FARENHEITO IR CELSIJAUS TEMPERATŪROS SKALIŲ PALYGINIMAS

	Farenheito skalė	Celsijaus skalė
Virimo taškas	212°	100°
	194°	90°
	176°	80°
	158°	70°
	140°	60°
	122°	50°
	104°	40°
	86°	30°
	68°	20°
	50°	10°
Užšalimo taškas	32°	0°
	14°	-10°
	0°	-17,8°
Absoliutinio nulio temperatūra	-459,67	-273,15

$$°F = \frac{9C}{5} + 32$$

$$°C = (F - 32)\frac{5}{9}$$

ATSTŪMAS NUO VILNIAUS IKI KAI KURIŲ PASAULIO VALSTYBIŲ SOSTINIŲ AR DIDŽIAUSIŲ MIESTŲ

Amsterdam Amsterdamas 1368 km
Athens Atėnai 1858 km
Belgrade Belgradas 1147 km
Berlin Berlynas 819 km
Bern Bernas 1514 km
Bratislava Bratislava 917 km
Brussels Briuselis 1467 km
Bucharest Bukareštas 1142 km
Budapest Budapeštas 909 km
Buenos Aires Buenos Airės 12 710 km
Cairo Kairas 2778 km
Chicago Čikaga 7550 km
Copenhagen Kopenhaga 814 km
Delhi Delis 5028 km
Dublin Dublinas 2049 km
Helsinki Helsinkis 606 km
Johannesburg Johanesburgas 8987 km
Kiev Kijevas 589 km
Kishinev Kišiniovas 888 km
Lisbon Lisabona 3118 km
London Londonas 1727 km
Luxembourg Liuksemburgas 1418 km

Madrid Madridas 2662 km
Melbourne Melburnas 15 169 km
Minsk Minskas 169 km
Montreal Monrealis 6525 km
Moscow Maskva 793 km
New York Niujorkas 6945 km
Oslo Oslas 1047 km
Paris Paryžius 1697 km
Prague Praha 895 km
Reykjavik Reikjavikas 2793 km
Riga Ryga 263 km
Rio de Janeiro Rio de Žaneiras 10 785 km
Rome Roma 1703 km
Sofia Sofija 1343 km
Stockholm Stokholmas 676 km
Tallinn Talinas 527 km
Tel Aviv Tel Avivas 2619 km
Tokyo Tokijas 8183 km
Vienna Viena 947 km
Warsaw Varšuva 393 km
Washington Vašingtonas 7264 km
Wellington Velingtonas 17 318 km

DIDYSIS ANGLŲ– LIETUVIŲ KALBŲ ŽODYNAS

THE ENGLISH-LITHUANIAN DICTIONARY

Bronislovas Piesarskas

DIDYSIS ANGLŲ– LIETUVIŲ KALBŲ ŽODYNAS

THE ENGLISH-LITHUANIAN DICTIONARY

Aštuntasis leidimas

Mokslinė redaktorė

ELENA STASIULEVIČIŪTĖ

Alma littera

VILNIUS / 2010

UDK 801.3=20-882
Pi 27

Mokslinė redaktorė
ELENA STASIULEVIČIŪTĖ
Lietuviškosios dalies redaktoriai:
FELIKSAS JUKNA (A–I, Q–R, įvadas, priedai)
DOVILĖ SVETIKIENĖ (J–P)
RITA ŠEPETYTĖ (S–Z)

Viršelio dailininkas
AGNIUS TARABILDA

Aštuntasis leidimas
Pirmasis leidimas 1998
Antrasis leidimas 1999
Trečiasis leidimas 2000
Ketvirtasis leidimas 2002
Penktasis leidimas 2004
Šeštasis leidimas 2005
Septintasis leidimas 2007

Bronislovas Piesarskas

Didysis anglų–lietuvių kalbų žodynas
The English-Lithuanian Dictionary

Korektorės LIDIJA GIREVIČIENĖ, RITA MARTIŠIENĖ,
ASTA ŽERNIENĖ, INGRIDA DUBAUSKIENĖ
Maketavo SAULIUS JUOZAPAITIS

Tiražas 2000 egz.
Išleido leidykla „Alma littera",
© Bronislovas Piesarskas, 1998, 2000
© Leidykla „Alma littera", 1998, 2000
Ulonų g. 2, LT-08245 Vilnius
Interneto svetainė: www.almalittera.lt
Spaudė Standartų spaustuvė,
ISBN 978-9986-02-900-7
S. Dariaus ir S. Girėno g. 39, LT-02189 Vilnius

ĮVADAS

Šis leidinys yra didžiausias iš visų iki šiol Lietuvoje ir užsienyje išleistų anglų-lietuvių kalbų žodynų. Tai bendrojo tipo žodynas, kurio svarbiausias uždavinys – verstiniais lietuviškais atitikmenimis aprašyti anglų kalbos leksiką, pirmiausia daugiau ar mažiau nusistojusius bei norminius kalbos faktus. Žodyne daug dėmesio skiriama anglų kalbos žodžių reikšmėms diferencijuoti, stengiamasi pavyzdžiais parodyti būdingiausias žodžių vartosenos ypatybes.

Nuo ligi šiol plačiai vartojamo A. Laučkos, B. Piesarsko, E. Stasiulevičiūtės „Anglų-lietuvių kalbų žodyno" (1975, 1982, 1986, 1992) šis žodynas daug kuo skiriasi:

a) žodyno vardynas papildytas naujais žodžiais, parinktais daugiausia iš šnekamosios kalbos; įdėta daugiau įvairių mokslo ir technikos sričių terminų; atsisakyta kai kurių labai retų, nebevartojamų žodžių;

b) pateikiama daugiau antraštinių žodžių reikšmių, iš dalies pakeistas jų leksikografinis aprašymas;

c) patikslintas anglų kalbos žodžių semantinis skaidymas ir jų lietuviški atitikmenys, atsižvelgiant į šių kalbų leksinių ir semantinių sistemų ypatybes; daugiau pateikiama atitikmenų;

d) daugiau yra ir žodžių vartoseną iliustruojančių pavyzdžių, frazeologizmų, veiksmažodinių **to give up** tipo junginių; pastarieji tiksliau skiriami nuo tų pačių veiksmažodžių junginių su prielinksniais ir prieveiksmiais;

e) papildyti angliškų ir lietuviškų žodžių santrumpų sąrašai; patikslintos stilistinės, mokslo bei technikos terminų ir kt. pažymos;

f) panaujinti leksikografijos šaltiniai, daugiau remiamasi naujausiais anglų kalbos aiškinamaisiais žodynais;

g) iš dalies pakeisti vadinamieji žodyno priedai, pvz., asmenvardžiai ir geografiniai vardai pateikiami kaip antraštiniai žodžiai pagrindinėje žodyno dalyje; įdėta „D. Britanijos ir JAV matavimo vienetų išraiška metriniais vienetais" ir kt.

Tais pakeitimais stengiamasi patobulinti žodyną, pritaikyti jį šiuolaikinėms reikmėms. Vieno ar kito žodžių leksikografinio aprašymo būdo pasirinkimą lėmė noras, kad žodynas būtų kuo patogesnis ir labiau tiktų daugumai vartotojų. Tikiuosi, kad žodynas bus pravartus visiems, kam anglų kalbos prisireikia mokslinei ir praktinei veiklai – mokslininkams, vertėjams, mokytojams, dėstytojams, studentams.

Nuoširdžiai dėkoju dr. E. Stasiulevičiūtei, šio žodyno mokslinei redaktorei, talkinusiai visais žodyno rengimo etapais, didžiai dėkingas dr. G. Kirvaičiui, Mokslų akademijos Anglų kalbos katedros vedėjui, ir dr. A. Kubilius, Niu Hempšyro universiteto profesorei, susipažinusiems su žodyno rankraščiu ir davusiems vertingų pastabų. Noriu padėkoti įvairių mokslo ir technikos sričių specialistams, konsultavusiems terminų klausimais. Labai ačiū leidyklai „Alma littera", ypač redaktoriams F. Juknai, R. Šepetytei ir D. Svetikienei, už kruopštų šio žodyno parengimą spaudai.

Trečiajame leidime patikslintas antraštinių žodžių tarimas, abėcėliškumas, sutartinių ženklų, šriftų ir sutrumpinimų vartojimas. Ištaisytos pastebėtos rašybos klaidos. Kartais pataisyti lietuviškieji atitikmenys.

Autorius

ŽODYNO SANDARA

Vardynas

Žodyno vardynas aprėpia didelę neutraliosios anglų kalbos leksikos dalį, daug šnekamosios kalbos žodžių ar jų reikšmių, posakių, nemažai terminų, būdingiausių kuriai nors mokslo ir technikos šakai. Vartotojai žodyne ras slengo, tarmybių, archaizmų, istorizmų bei neologizmų. Pagrindinėje žodyno dalyje pateikiama ir geografinių vardų bei asmenvardžių. Tačiau ir didelis dvikalbis žodynas negali aprėpti visų kalbos žodžių; ypač tai pabrėžtina kalbant apie išvestinius ir sudurtinius žodžius. Todėl, be žodžių, į žodyno vardyną įtraukta ir aprašyta žodžių darybos priemonių – priešdėlių, priesagų bei sudurtinių žodžių dėmenų (pvz., **-eyed, -logy, thermo-** ir kt.). Joms skirti straipsniai padės išversti į žodyną nepatekusius išvestinius ir sudurtinius žodžius. Žodyne pateikiami išvestiniai žodžiai su produktyviomis priesagomis, jei jie labai dažnai vartojami, turi naujų reikšmių arba vartojimo ypatumų. Taupant vietą, kai kurių išvestinių daiktavardžių su priesagomis **-ness, -(a)tion, -ing** ir kt. rašomas tik pirmasis arba du pirmieji atitikmenys, o po to nurodomas pamatinis žodis, pvz.:

acridity [ə'krɪdətɪ] *n* aštrumas *ir pan., žr.* **acrid**

Taigi, čia nepateikiami atitikmenys *aitrumas, gailumas, piktumas, kandumas,* nes žodyno vartotojai iš būdvardžio **acrid** straipsnio nesunkiai gali patys susidaryti reikiamus daiktavardžius.

Sudėtiniai terminai, sudaryti iš dviejų atskirai rašomų dėmenų, pateikiami pagal vieną iš tų dėmenų. Kaip antraštiniai žodžiai išskiriami tik tie svetimos kilmės (dažniausiai lotynų, prancūzų kalbų) žodžių junginiai, kurių savarankiškų dėmenų vardyne nėra, pvz., **ipso facto, lingua franca, par exellence.**

Žodyno straipsnis

Vienam žodyno straipsniui priklauso vienos ar kelių kalbos dalių identiškos rašybos semantiškai susiję žodžiai. Kiekviena kalbos dalis pradedama aprašyti nauja eilute. Kad vartotojams būtų patogiau, kalbos dalies pažymos, jei jų yra daugiau kaip dvi, pateikiamos iš karto po antraštinio žodžio, pvz.:

back [bæk] <*n, a, v, adv, part*>...

Tai reiškia, kad antraštinis žodis gali būti daiktavardis (*n*), būdvardis (*a*), veiksmažodis (*v*), prieveiksmis (*adv*) ir dalelytė (*part*). Dideliuose straipsniuose taip pateikiamos ir dviejų kalbos dalių pažymos.

Tipiška žodyno straipsnio struktūra yra tokia: po antraštinio žodžio lauztiniuose skliausteliuose rašoma fonetinė transkripcija, tada kalbos dalies pažyma (anglų kalba), stilistinės ir kt. pažymos, lietuviški atitikmenys ir iliustraciniai pavyzdžiai. Kartais sekà gali būti ir kitokia. Tarkim, kai kitoks antraštinio žodžio tarimas priklauso nuo kalbos dalies, transkripcija rašoma *po* kalbos dalies pažymos; kai žodžio semantinė ar stilistinė charakteristika tinka ne vienai kalbos daliai, atitinkama pažyma rašoma *prieš* pirmosios kalbos dalies pažymą, pvz.:

alternate... *a* [ɔːlˈtəːnət]...
v [ˈɔːltəneɪt]...
n [ɔːlˈtəːnət]...
scale-winged [ˈskeɪlwɪŋd] *zool. n* žvynasparniai *(vabzdžiai)*
a žvynasparnis

Čia pažyma *zool.* (= zoologija) apibūdina tiek daiktavardį, tiek būdvardį.
Daugiareikšmių antraštinių žodžių reikšmės skiriamos pusjuodžiais arabiškais skaitmenimis. Įvairios žodžio reikšmės dėstomos taip. Pirmoji paprastai yra pagrindinė, dažniausiai vartojama reikšmė; toliau eina semantiškai siauresnės, konkretesnės ir perkeltinės reikšmės. Po neutraliųjų reikšmių eina reikšmės, vartojamos ribotai (stiliaus, mokslo šakos, geografiniu ar kitu požiūriu). Šios reikšmės žymimos atitinkamomis pažymomis, pvz., *šnek.* (= šnekamoji kalba), *sl.* (= slengas), *niek.* (= niekinamai), *kar.* (= karinis terminas), *bot.* (= botanika), *šiaur.* (vartojama Anglijos šiaurėje ir Škotijoje). Be to, dėstant reikšmes, atsižvelgiama į jų tarpusavio prasminius, loginius ryšius ir į lietuviškų atitikmenų semantiką. Pavyzdžiui, dažnai norima parodyti, kad viena žodžio reikšmė išplaukia iš ankstesniosios, nors ir rečiau vartojamos reikšmės. Retos ir pasenusios reikšmės pateikiamos žodyno straipsnio pabaigoje.
Daugiareikšmio antraštinio žodžio ir jo lietuviško atitikmens reikšmių (trijų ir daugiau) sutapimas nurodomas pažyma *įv. reikšm.* (= įvairiomis reikšmėmis).
Leksiniai homonimai žymimi truputį aukščiau išspausdintais arabiškais skaitmenimis po antraštinio žodžio. Vienodai tariamų homonimų fonetinė transkripcija rašoma tik prie pirmojo homonimo, pvz.:

gyp[1] [dʒɪp] *n (tik v.) ist.* tarnas
gyp[2] *amer. šnek. n* **1** sukčiavimas...
v (ap)sukti, (ap)vogti; sukčiauti
gyp[3] *n šnek.: to give smb* ~ skaudėti kam, varginti ką

Iliustraciniai pavyzdžiai dedami, kai norima patikslinti ir sukonkretinti antraštinio žodžio semantinę apimtį, jo vertimus, pašalinti lietuviškų atitikmenų dviprasmiškumą ir pan. Antraštinis žodis iliustraciniuose pavyzdžiuose dažnai verčiamas kitaip – ne pateiktais atitikmenimis, nes kai kurie žodžio reikšmės atspalviai paaiškėja tik iš konteksto. Prie reikšmių pateikiami ir pastovūs žodžių junginiai, jei antraštinio žodžio reikšmė posakyje lieka ta pati ar mažai pakitusi, pvz.:

hungry [ˈhʌŋgrɪ] *a* **1** alkanas, išalkęs, badaujantis; *to get* ~ išalkti; *to go* ~ badauti; *as* ~ *as a hunter* ≅ alkanas kaip šuo... **4** (su)keliantis alkį; ~ *work* darbas, didinantis apetitą

Priežodžiai, patarlės, frazeologizmai, aiškiai nesusiję nė su viena iš antraštinio žodžio reikšmių, dedami po visų reikšmių, už rombo ženklo ◊. Jie paprastai pateikiami daiktavardžio straipsnyje (arba prie pirmojo daiktavardžio, jei į frazeologizmo sudėtį įeina jų keletas). Tačiau ši taisyklė neretai pažeidžiama. Pvz., jei daiktavardis žodžių junginyje išlaiko savo tiesioginę reikšmę, idioma dedama prie kito junginio dėmens (dažnai veiksmažodžio); vietos taupymo sumetimais frazeologiniai variantai, kuriuose alternatyviai vartojami du ar daugiau daiktavardžių, dedami vieną kartą, paprastai veiksmažodžio straipsnyje, pvz.:
to throw a chest atstatyti krūtinę (dėta prie **throw**, nes pakitusi jo reikšmė, o **chest** išlaiko savo pagrindinę reikšmę)
to hold one's drink/liquor/alcohol galėti daug išgerti (dėta prie **hold**, nekartojant šio posakio kiekvieno daiktavardžio straipsnyje)
Frazeologizmų ir pastovių žodžių junginių reikšmės atskiriamos mažosiomis raidėmis su skliausteliu, pvz.:

home... ◊ *to be at* ~ *(in)* a) gerai mokėti *(pvz., kalbą);* b) jaustis patogiai

Veiksmažodžių straipsniuose po reikšmių aprašymo pateikiami veiksmažodžių junginiai su prieveiksminėmis dalelytėmis **about, around, away, back** ir kt. Nuo reikšmių jie atskirti ženklu ▫, o po jų dedami frazeologizmai, jei jų yra. Atitinkami daiktavardžiai ar būdvardžiai (pvz., **make-up, sit-down**), rašomi su brūkšneliu ar kartu, dedami kaip antraštiniai žodžiai.

Rašyba ir tarimas

Anglų kalbos žodžiai rašomi pagal *britiškojo* rašybos varianto normas. Antraštinių žodžių rašybos variantai atskiriami kableliu, jei nepažeidžiama abėcėlė; jei šie skiriasi viena raide žodžio viduryje ar gale, ta raidė susliaučiama, pvz.:

anchoret, anchorite ['æŋkərət, -raɪt] *n knyg.* atsiskyrėlis
adjudg(e)ment [ə'dʒʌdʒmənt] *n* **1** teismo nuosprendis...

Jei rašybos variantai pagal abėcėlę yra skirtingose vietose arba kitaip tariami, jie pateikiami pagal abėcėlę su nuoroda į pagrindinį variantą, pvz.:

baloney [bə'ləʊnɪ] *n amer. šnek.* = **boloney**
ampoule ['æmpu:l] *n med.* ampulė
ampule ['æmpju:l] *n amer.* = **ampoule**

Amerikietiškasis rašybos variantas pateikiamas pagal abėcėlę, po lygybės ženklo nurodant britiškąjį variantą. Reguliarios koreliacijos rašybos variantai paprastai nepateikiami, pvz., tempo**rize** (britiškasis anglų kalbos variantas – ir tempo**rise**). Tuo remiantis, kartais (ypač išvestiniuose ir sudurtiniuose žodžiuose) nepateikiami tokie amerikietiškosios rašybos variantai, kaip sombre-somber *amer.* (t. y. -re <–> -er), splendour-splendor *amer.* (t.y. -our <–> -or). Vietos taupymo sumetimais šie rašybos variantai abėcėliškai gretimuose žodžiuose gali būti susliaučiami, pvz.,

anaemia, *amer.* **anemia** [ə'ni:mɪə] (kituose analogiškuose žodžiuose tie rašybos variantai sukliausti, žr. **an(a)emic, an(a)erobic** ir kt.).

Jei antraštinis žodis vienoje savo reikšmių rašomas didžiąja raide, prie tos reikšmės skliausteliuose rašoma didžioji raidė su tašku. Galimi ir priešingi atvejai: antraštinis žodis, rašomas didžiąja raide, vienoje savo reikšmių rašomas mažąja raide, pvz. :

archer ['a:tʃə] *n* **1** lankininkas, kilpininkas **2** *(A.)* šaulys...
John [dʒɔn] *n* **1** Džonas... **2** *(j.) amer. sl.* meilužis

Kirčiuotuose skiemenyse sudvigubėję žodžio galo priebalsiai, pridėjus **-ed, -ing** ir kt. balsėmis prasidedančias galūnes ir priesagas, žodyne nepateikiami. Galinė priebalsė **-l** ir kai kurių veiksmažodžių galinės **-p, -s** sudvigubėja ir po *nekirčiuoto* skiemens (tai ypač būdinga britiškajam anglų kalbos variantui). Šie atvejai žodyne pateikiami taip:

cancel ['kænsl] *v (-ll-)... (rašykite:* cance**ll**ed, cance**ll**ing)
handicap ['hændɪkæp] *v (-pp-)... (rašykite:* handica**pp**ed, handica**pp**ing)
focus ['fəʊkəs] *v (-ss-)... (rašykite:* focu**ss**ed, focu**ss**ing)

Daugelis anglų kalbos s u d u r t i n i ų žodžių turi ne vieną rašybos variantą. Jei jie gali būti rašomi su brūkšneliu arba kartu, pirmenybė teikiama antrajam variantui – rašoma kartu; jei – atskirai arba su brūkšneliu, antraštiniai žodžiai rašomi tik su brūkšneliu.

Antraštinių žodžių t a r i m u i užrašyti vartojami tarptautinės fonetinės transkripcijos ženklai. Daug žodžių tariama ne vienaip. Pasirenkant tarimo variantą, atsižvelgiama į naujausių britiškųjų anglų kalbos žodynų praktiką, tarimo kitimo tendencijas.

Dažnai rašomi du maždaug vienodai paplitę žodžio tarimo variantai, pvz.:

forehead ['fɔrɪd, 'fɔ:hed]
year [jɪə, jə:]

Fakultatyvius garsus žymintys ženklai išspausdinti eilutėje truputį aukščiau, pvz.:

patent ['peɪtᵊnt] (*skaitykite* ['peɪtənt] *arba* ['peɪtnt])

Transkribuojamo žodžio kirtis žymimas prieš kirčiuotąjį skiemenį: pagrindinis – viršuje ['...], antrinis – apačioje [ˌ...]. Daugelis tarnybinių žodžių turi skirtingus tarimo variantus kirčiuotose ir nekirčiuotose pozicijose. Žodyne pirma pateikiama nekirčiuota forma, o po kabliataškio – kirčiuotoji. Kai kurie antraštiniai žodžiai (ypač sudurtiniai) pažymėti dviem pagrindiniais kirčiais, nors sakinyje ar frazėje lieka vienas pagrindinis kirtis (tai dažnai priklauso nuo žodžio pozicijos sakinyje), pvz.:

fifteen ['fɪfˈtiːn]: **page fifteen** ['peɪdʒ fɪfˈtiːn] ir **fifteen years** ['fɪftiːnˈjɪəz]
inborn ['ɪnˈbɔːn] – tariama ['ɪnbɔːn] *arba* [ɪnˈbɔːn]

Prie svetimos kilmės žodžių, išlaikiusių savo tarimo ir/ar rašybos ypatumus, rašoma jų kilmės pažyma, pvz., *pr.* (= prancūzų kalba), *vok.* (= vokiečių kalba).

Gramatika

Antraštiniai kaitomų kalbos dalių žodžiai pateikiami pradine forma: daiktavardis - vienaskaitos bendrojo linksnio forma (common case, singular), būdvardis – nelyginamojo laipsnio forma (positive degree), veiksmažodis – bendraties forma (infinitive).

Be kalbos dalies pažymos, veiksmažodžių, įvardžių ir skaitvardžių straipsniuose gali būti nurodyta ir žodžių klasė tų kalbos dalių viduje, pvz.:

can[1] ... *v mod* (*skaitykite:* modalinis veiksmažodis)
hers ... *pron poss* (*skaitykite:* savybinis įvardis)

Jei viena daiktavardžio reikšmių yra daugiskaitinė, ji turi pažymą *pl*, pvz.:

glass [glaːs] *n* **1** stiklas... **5** *pl* akiniai... (*skaitykite:* glasses)

Dauguma anglų kalbos daiktavardžių, pavadinančių gyvas būtybes, žymi tiek vyriškosios, tiek moteriškosios lyties asmenis ar gyvūnus. Jų lietuviški atitikmenys pateikiami tik vyriškosios giminės forma. Tuo atveju, kai anglų kalbos daiktavardis reiškia tik vyriškąją lytį, vartojama pažyma *(tik v.)*, pvz.:

glutton ... apsirijėlis, besotis, rajūnas... (numanoma ir apsirijėlė, besotė, rajūnė, t. y. reiškia ir moteriškosios lyties asmenis)
gink ... *(tik v.) šnek.* keistuolis, savotiškas žmogus (t. y. žymi tik vyriškosios lyties asmenis)
gobbler ... *(tik v.) šnek.* kalakutas (ne kalakutė)

N e t a i s y k l i n g o s daiktavardžių daugiskaitos, laipsniavimo formos, netaisyklingųjų veiksmažodžių pagrindinės formos pateikiamos lenktiniuose skliausteliuose, tuoj pat po kalbos dalies pažymos, pvz.:

foot [fut] *n* (feet) ...
good [gud] *a* (better; best) ...
take [teɪk] *v* (took; taken) ...

Čia kabliataškiu atskirti būdvardžio **good** aukštesnysis ir aukščiausiasis laipsnis, o veiksmažodžio **take** – būtasis laikas ir dalyvis I. Kablelis, rašomas tarp veiksmažodžio formų, rodo, kad jos abi vartojamos ir kaip būtasis laikas, ir kaip dalyvis II; jei šios formos sutampa, forma rašoma tik vieną kartą, pvz.:

learn ... *v* (learnt, learned)...
put[1] ... *v* (put)...

Netaisyklingos gramatinės formos pateikiamos dar ir kaip antraštiniai žodžiai, nurodant jų žodyninę arba pradinę formą tada, kai dėl rašybos skirtybių kiti antraštiniai žodžiai pagal abėcėlę ją atskiria, pvz.:

hooves [huːvz] *pl žr.* **hoof** (nes tarp **hoof** ir **hooves** įsiterpia kiti antraštiniai žodžiai)

Svetimos kilmės (ypač lotynų ir graikų kalbų) daiktavardžių daugiskaita nurodoma parašant kamieno galą su galūne, pvz.:

larva [ˈlaːvə] *n* (*pl* -vae [-viː]) lerva, vikšras
phenomenon [fəˈnɔmɪnən] *n* (*pl* -ena) **1** reiškinys ...
terminus [ˈtəːmɪnəs] *n* (*pl* ~es, -ni) **1** galinė/paskutinė stotis

Daugelis šių daiktavardžių turi ir taisyklingą anglišką daugiskaitos formą, kuri pateikiama greta netaisyklingosios formos (žr., pvz., **terminus**). Taisyklingos formos tariamos pagal bendrąsias taisykles. Daiktavardžiai su galine **-o** daugiskaitoje turi galūnę **-es** arba **-s,** ir šių galūnių tarimas nurodomas, pvz.:

jumbo [ˈdʒʌmbəu] *n* (*pl* ~s [-z]) ...

Daiktavardis, einantis pažyminiu ir esantis prieš kitą daiktavardį, bet netampantis tikru būdvardžiu, žymimas *attr* (= attribute), pvz.:

war [wɔː] *n* **1** karas ... **2** kova ... **3** *attr* karinis, karo ...

Būdvardis (ar tam tikra jo reikšmė), vartojamas tik vardine tarinio dalimi, žymimas *predic* (= predicative), pvz.:

astir [əˈstəː] *a predic knyg.* **1** judantis **2** atsikėlęs...
ill [ɪl] *a* **1** *predic* sergantis...

Prie lietuviškų atitikmenų dažnai pateikiamas anglų kalbos prielinksnis, rodantis anglų kalbos žodžių, ypač veiksmažodžių, valdymą, pvz.:

get ... **7** (at)vykti, pasiekti *(to);* prieiti *(at);* patekti *(into)*

Jei veiksmažodis kuria nors reikšme visada vartojamas su tuo pačiu prielinksniu, šis gali būti pateiktas prieš lietuviškus atitikmenis, pvz.:

make ... **19** *(for)* vykti; mestis, pulti...

Lietuviškų atitikmenų valdymas dažniausiai nenurodomas. Bet norint patikslinti angliško prielinksnio reikšmę, kartais rašomas ir lietuviškas prielinksnis, pvz.:

glance ... *v* **1** žvilgtelėti, žvilgčioti *(at – į)*

Jei veiksmažodis turi tą pačią reikšmę ir junginiuose su prieveiksminėmis dalelytėmis, tai nurodo atitinkamos pažymos skliausteliuose, pvz.:

gulp ... *v* **1** godžiai/paskubomis ryti, (nu)gurkti *(ppr. ~ down)*... **3** (pra)ryti *(ašaras)*, (su)valdyti *(jaudinimąsi) (t. p. ~ back)*

Kai žodžio reikšmė yra susijusi su specifine sakinio struktūra, prieš lietuviškus atitikmenis apibendrintai nurodomas gramatinis modelis, pvz.:

make ... **13** *(+n/pron+inf)* (pri)versti ką daryti; *that made him think* tai privertė jį pagalvoti.

ŽODYNO PRIEDAI

1. Dažniau vartojamos anglų kalbos santrumpos
2. D. Britanijos ir JAV matavimo vienetų išraiška metriniais vienetais
3. Farenheito ir Celsijaus temperatūros skalių palyginimas
4. Atstumas nuo Vilniaus iki kai kurių pasaulio valstybių sostinių ar didžiausių miestų

SUTARTINIAI ŽENKLAI

~ tildė, pakeičianti antraštinį žodį straipsnyje; šio žodžio gramatiniams pakitimams žymėti prie tildės rašoma galūnė, pvz.:

glass... *to clink ~es* (*skaitykite: to clink glasses*)

= ženklas, nurodantis rašybos variantus ir žodžius ar jų reikšmes, kurių lietuviškieji atitikmenys yra tie patys.

≅ ženklas, vartojamas prieš lietuviškus frazeologinius posakius, patarles, pvz.:

tale ... *to tell ~s out of school* a) ≅ teršti savo lizdą...

/ ženklas reiškia „arba" ir rašomas tarp žodžių, kurie gali vienas kitą pakeisti angliškame ar lietuviškame žodžių junginyje, pvz.:

gill ... *to be [to look] rosy/red [green] about the ~s* būti [atrodyti] sveikam [nesveikam]. Žodžių **rosy** ir **red** lietuviškas atitikmuo yra tas pats („sveikas"), todėl tarp jų rašomas įstrižas brūkšnys /.

[ ] laužtiniuose skliausteliuose, be fonetinės transkripcijos, pateikiami semantiškai skirtingi žodžių junginių ar sakinių variantai (žr. aukščiau įdėtame pavyzdyje **to look** ir **green** bei lietuviškus atitikmenis „atrodyti", „nesveikam").

( ) lenktiniuose skliausteliuose pateikiama:
a) reikšmės aiškinimas ir žodžių valdymas;
b) netaisyklingos gramatinės formos;
c) fakultatyvūs žodžiai arba jų dalys, pvz.: **to get it (hot)** (*skaitykite:* **to get it** *arba* **to get it hot**).

strengthen ... *v* (su)stiprinti, (su)tvirtinti (*skaitykite:* stiprinti *arba* sustiprinti; tvirtinti *arba* sutvirtinti).

, kablelis rašomas tarp lietuviškų atitikmenų ir žymi angliško žodžio reikšmės artumą.
; kabliataškis žymi angliško žodžio reikšmės viduje esančius prasminius ar stilistinius atspalvius.

Pastaba. Dėl kablelio ir kabliataškio vartojimo su netaisyklingomis formomis žr. 8 ir 10 psl.

: dvitaškis rašomas tada, kai antraštinis žodis (arba tam tikra jo reikšmė) pateikiamas tik žodžių junginyje arba kai vietoj lietuviškų atitikmenų aiškinama antraštinio žodžio reikšmė ar vartosena, pvz.:

malic ... *a:* ~ *acid chem.* obuolių rūgštis
they ... 2 *asm. neapibrėžtuose sakiniuose:* ~ *say* sakoma, (žmonės) kalba.

+ pliuso ženklas reiškia „vartojamas su".

◊ ženklas rašomas prieš frazeologizmus, idiomas, patarles ir priežodžius.

□ ženklas rašomas prieš veiksmažodinius junginius **to give in, to sit down** *ir pan.*

LEKSIKOGRAFINIAI ŠALTINIAI

The American Heritage Dictionary, Houghton Mifflin Company, Boston, 1991.
Chambers Twentieth Century Dictionary, ed. by E. M. Kirkpatrick. – Bungay, Suffolk, 1983.
Collins Cobuild English Language Dictionary, ed. by I. Sinclair, London and Glasgow, 1990.
Collins Cobuild English Dictionary, ed. by I. Sinclair, 1997.
The Concise Oxford Dictionary of Current English, ninth edition, ed. by D. Thompson, Clarendon Press, 1995.
Cowie A. P., Mackin R. Oxford Dictionary of Current Idiomatic English, vol. 1: Verbs with Prepositions & Particles, London, 1976.
Hornby A. S. Oxford Advanced Learner's Dictionary of Current English, fifth edition, ed. by I. Crowther, Oxford, 1995.
Jones D. Everyman's English Pronouncing Dictionary, rev. and ed. by A. C. Gimson, 14th ed., London, 1982.
Longman Dictionary of Contemporary English, Longman, 1978; 3d ed., 1995.
Longman Dictionary of English Idioms, Longman, 1991.
Longman Dictionary of English Language and Culture, Longman, 1992.
Longmans English Larousse, London and Harlow, 1968.
The Oxford-Duden Pictorial English Dictionary, Oxford University Press, 1982.
The Random House College Dictionary, ed. by I. Stein, N. Y., 1988.
The Shorter Oxford English Dictionary, 3d ed., Oxford, Clarendon, 1990.
Webster's Third New International Dictionary of the English Language, unabridged. Springfield, Mass., USA, 1971
Wilson E. A. M. The Modern Russian Dictionary for English Speakers, 2nd ed., Moscow, Oxford, 1984.

Dabartinės lietuvių kalbos žodynas, III pataisytas ir papildytas leidimas, Vilnius, 1993.
Laučka A., Piesarskas B., Stasiulevičiūtė E. Anglų-lietuvių kalbų žodynas, IV stereotipinis leidimas, Vilnius, 1992.
Lietuvių kalbos žodynas. I-XVI t., Vilnius, 1941-1995.
Piesarskas B., Svecevičius B. Lietuvių-anglų kalbų žodynas, Vilnius, 1997.
Tarptautinių žodžių žodynas, Vilnius, 1985.
The Oxford-Hashette French Dictionary, French-English/English-French, ed. by M. H. Correard, Valerie Grundy. Oxford University Press, 1994.
Апресян Ю. Д., Медникова Э. М. и др. Новый большой англо-русский словарь, в 3-х томах, Москва, 1983.
Большой англо-русский словарь, под рук. И. Р. Гальперина, т. 1-2, Москва, 1972.
Be to, rengiant žodyną buvo naudojamasi ir kitais dvikalbiais (anglų-latvių, anglų-lenkų, anglų-rusų, anglų-vokiečių kalbų) žodynais bei lietuviškais įvairių mokslo sričių ir technikos terminų žodynais.

ANGLŲ KALBOS TERMINŲ SANTRUMPOS

a	adjective	būdvardis
adv	adverb	prieveiksmis
attr	attributive	vart. pažyminiu
aux	auxiliary	pagalbinis, tarnybinis
card	cardinal (numeral)	kiekinis (skaitvardis)
comp	comparative (degree)	aukštesnysis (laipsnis)
conj	conjunction	jungtukas
demonstr	demonstrative (pronoun)	parodomasis (įvardis)
emph	emphatic (pronoun)	pabrėžiamasis (įvardis)
etc.	et cetera *(lot.)*	ir kita, ir taip toliau
ger	gerund	gerundijus
imp	imperative (mood)	liepiamoji (nuosaka)
impers	impersonal (pronoun)	beasmenis (įvardis)
indef	indefinite (pronoun)	nežymimasis (įvardis)
inf	infinitive	bendratis
int	interjection	jaustukas, ištiktukas
mod	modal	modalinis (veiksmažodis); modalinis žodis
n	noun	daiktavardis
num	numeral	skaitvardis
ord	ordinal (numeral)	kelintinis (skaitvardis)
pI	participle I	pirmasis dalyvis
pII	participle II	antrasis dalyvis
part	particle	dalelytė
pass	passive (voice)	neveikiamoji (rūšis)
past	past tense	būtasis laikas
pers	personal (pronoun)	asmeninis (įvardis)
pl	plural	daugiskaita
poss	possessive (pronoun)	savybinis (įvardis)
predic	predicative	vart. vardine tarinio dalimi
pref	prefix	priešdėlis

prep	preposition	prielinksnis
pron	pronoun	įvardis
refl	reflexive (pronoun)	sangrąžinis (įvardis); vart. su įvardžiais oneself, one's *(prie veiksmažodžių)*
rel	relative (pronoun, adverb)	santykinis (įvardis, prieveiksmis)
sg	singular	vienaskaita
smb	somebody	kas nors *(apie asmenis ir gyvūnus)*
smth	something	kas nors *(apie daiktus)*
suff	suffix	priesaga
superl	superlative (degree)	aukščiausiasis (laipsnis)
v	verb	veiksmažodis

LIETUVIŲ KALBOS ŽODŽIŲ SANTRUMPOS

air.	airiškai, vart. anglų kalboje Airijoje		*fiziol.*	fiziologija
amer.	amerikanizmas, vart. anglų kalboje JAV ir Kanadoje		*flk.*	folkloras
			fon.	fonetika, fonologija
anat.	anatomija		*fot.*	fotografija
arab.	arabų kalba		*geod.*	geodezija
archeol.	archeologija		*geogr.*	geografija
archit.	architektūra		*geol.*	geologija
asm.	asmuo		*geom.*	geometrija
astr.	astronomija		*glžk.*	geležinkelis
austral.	vart. anglų kalboje Australijoje ir N. Zelandijoje		*gr.*	graikų (kalba); graikiškas
			gram.	gramatika
aut.	automobilis, automobilizmas		*her.*	heraldika
av.	aviacija		*hidr.*	hidrotechnika, hidrologija
bažn.	bažnytinis terminas		*ind.*	vart. anglų kalboje Indijoje ir Pakistane
bdv.	būdvardis			
bibl.	Biblija		*iron.*	ironiškai
biol.	biologija		*isp.*	ispanų kalbos kilmės žodis
bot.	botanika		*ist.*	istorizmas; istorija
buh.	buhalterija		*it.*	italų kalbos kilmės žodis
chem.	chemija		*įv. reikšm.*	įvairiomis reikšmėmis
d.	didysis		*jap.*	japonų kalbos kilmės žodis
dgs.	daugiskaita, daugiskaitinis		JT	Jungtinės Tautos
dial.	dialektizmas, tarmybė		*juok.*	juokaujamai
dipl.	diplomatija		*jūr.*	jūrininkystė, laivininkystė
dktv.	daiktavardis		*kalb.*	kalbotyra
džn.	dažnai, dažniau		*kar.*	karyba, karinis terminas
ekon.	ekonomika		*kas.*	kasyba
el.	elektra, elektrotechnika, elektronika		*kin.*	kinas, kinematografija
esam.	esamasis (laikas)		*klaus.*	klausiamasis
euf.	eufemizmas		*knyg.*	knyginis žodis
fam.	familiariai		*kom.*	komercija
farm.	farmacija		*komp.*	kompiuteris, kompiuterijos terminas
filos.	filosofija		*kosm.*	kosmonautika
fin.	finansai		*kt.*	kitas
fiz.	fizika		*kul.*	kulinarija

kuop.	kuopine prasme	*rad.*	radijas; radiotechnika
l.	laikas *(gramatine prasme)*	*rel.*	religija
lit.	literatūros teorija/istorija; literatūrinis	*ret.*	retai
log.	logika	*rus.*	rusų kalbos kilmės žodis
lot.	lotynų kalba	*sen.*	senovė, senasis
mat.	matematika	*sl.*	slengas, žargonas
maž.	mažybinis	*spec.*	specialus terminas, vart. įvairiose
med.	medicina		mokslo ir technikos srityse
medž.	medžioklė	*sport.*	sportas
men.	menas	*stat.*	statyba
menk.	menkinamai	*sudurt.*	sudurtinis
metal.	metalurgija	*sutr.*	sutrumpintas; santrumpa
meteor.	meteorologija	*š.*	šiaurė
min.	mineralogija	*šach.*	šachmatai
mit.	mitologija	*šiaur.*	vart. Anglijos šiaurėje ir Škotijoje
mok.	mokyklinis; mokinių kalboje	*škot.*	škotiškai, vart. škotų tarmėje
muz.	muzika; muzikinis	*šnek.*	šnekamoji kalba
n.	naujasis	*teatr.*	teatras
neig.	neigiamas(is); neigiamai	*tech.*	technika
niek.	niekinamai	*teig.*	teigiamas(is); teigiamai
ofic.	oficialus	*teis.*	teisė, juridinis terminas
opt.	optika	*tekst.*	tekstilė
p.	pietūs	*tel.*	televizija
pan.	panašiai	*tik v.*	tik vyriškosios lyties asmuo/gyvūnas
parl.	parlamentas	*t. p.*	taip pat
pat.	patarlė, priežodis	*v.*	vakarai
paž.	pažodžiui	*vaik.*	vaikų kalbos žodis/posakis
plg.	palygink	*vart.*	vartojama(s)
poet.	poetizmas	*vet.*	veterinarija
poligr.	poligrafija	*vid.*	vidurinis
polit.	politika	*vksm.*	veiksmažodis
ppr.	paprastai	*vns.*	vienaskaita
pr.	prancūzų kalbos kilmės žodis	*vok.*	vokiečių kalbos kilmės žodis
prk.	perkeltine reikšme	*vulg.*	vulgariai, tabu
psn.	pasenęs žodis/posakis	*zool.*	zoologija
psich.	psichologija	*žr.*	žiūrėk
pvz.	pavyzdžiui	*ž. ū.*	žemės ūkis
r.	rytai		

ANGLŲ KALBOS ABĖCĖLĖ

Aa	Bb	Cc	Dd	Ee	Ff	Gg
Hh	Ii	Jj	Kk	Ll	Mm	Nn
Oo	Pp	Qq	Rr	Ss	Tt	Uu
Vv	Ww	Xx	Yy	Zz		

GARSŲ TARIMO PAVYZDŽIAI

Ženklas	Žodžio tarimas	Pavyzdys
æ	[bæg]	bag
ɑ:	[bɑ:θ]	bath
e	[hed]	head
ɪ	[mɪlk]	milk
i:	[fi:l]	feel
ɔ	[bɔks]	box
ɔ:	[hɔ:l]	hall
u	[fut]	foot
u:	[blu:]	blue
ʌ	[lʌv]	love
ə	['rɪbən]	ribbon
ə:	[fə:st]	first
aɪ	[faɪn]	fine
au	[laud]	loud
eɪ	[peɪn]	pain
ɛə	[hɛə]	hair
ɪə	[hɪə]	here
ɔɪ	[dʒɔɪn]	join
əu	[gəu]	go
uə	[puə]	poor
p	[peɪdʒ]	page
b	[bɔ:l]	ball
t	['teɪbl]	table
d	[dɔg]	dog
k	[kɪk]	kick
g	[get]	get
m	[mæd]	mad
n	[neɪm]	name
ŋ	[bæŋ]	bang
l	[leɪk]	lake
r	[reɪs]	race
f	[fi:t]	feet
v	[vɔɪs]	voice
θ	[θɪŋ]	thing
ð	[ðəu]	though
s	[seɪf]	safe
z	[zu:]	zoo
ʃ	[ʃɪp]	ship
ʒ	['meʒə]	measure
h	[hɑ:f]	half
w	[weɪt]	wait
j	[jʌŋ]	young
tʃ	[tʃi:z]	cheese
dʒ	['dʒækɪt]	jacket

A, a¹ [eɪ] *n* (*pl* As, A's [eɪz]) **1** *pirmoji anglų kalbos abėcėlės raidė* **2** *sutartinis pirmosios pagal eilę vietos ženklas* **3** (**A.**) aukščiausias balas *(moksleivio, studento darbo įvertinimas);* **straight A** vien tik penketais/dešimtukais, tvirtas penketas/dešimtukas **4** *muz.* la ◊ **from A to Z** nuo a ligi ž, nuo pradžios ligi galo

a² [ə; *kirčiuota forma* eɪ] *nežymimasis artikelis* **1** *žymint neapibrėžtumą, ppr.* neverčiamas: **she is a teacher** ji – mokytoja **2** vienas; **a pound** vienas svaras sterlingų; **an hour a day** po valandą kasdien **3** vienas, toks, kažkoks; **a Mr John Smith** toks ponas Džonas Smitas **4** *junginiuose*: **a few** nedaug, keletas; **a little** truputį; **a great/ good many** daug **5** tas pats; **all of a size** visi to paties ar vieno dydžio/numerio

a-¹ [ə-] *pref* **1** *žymint būseną, verčiamas džn. dalyviais, dktv. vietininko linksniu:* **afire** degantis, ugnyje; **aglow** spindintis, švytintis; įkaitęs **2** *žymint būdą, džn.* verčiamas *prieveiksmiais:* **aloud** garsiai

a-² *pref* a-, ne-, be- *(reiškiant neigimą);* **amoral** amoralus; **asymmetric** asimetrinis, nesimetriškas; **asexual** belytis

A-1 [ˌeɪˈwʌn] *a šnek.* aukščiausios rūšies, geriausias; puikiai; **an A-1 dinner** nuostabūs/šaunūs pietūs; **feeling A-1** kas nepaprastai gerai jaučiasi, puikiai jaučiantysis *n jūr.* pirma klasė Loido laivų registre

ab- [əb-, æb-] *pref* ne- *(reiškiant neigimą);* **abnormal** nenormalus

abaca [ˈæbəkə] *n* **1** abaka, Manilos kanapių pluoštas **2** *bot.* pluoštinis bananas

aback [əˈbæk] *adv psn.* atgal; užpakalyje; atbulomis ◊ **to stand ~** *(from)* laikytis nuošaliai, vengti; **to be taken ~** būti nustebintam/užkluptam

abacus [ˈæbəkəs] *n* **1** skaitytuvai **2** *archit.* abakas, viršutinė kapitelio dalis

Abaddon [əˈbædən] *n* **1** *knyg.* požemio karalystė, pragaras **2** Abadonas *(požemio karalystės valdovas)*

abaft [əˈbɑːft] *jūr. adv* laivagalyje, į laivo galą *prep* užpakalyje

abandon [əˈbændən] *n* **1** laisvumas, nesivaržymas; **with ~** laisvai, nerūpestingai, nesivaržant; užsimiršus **2** *spec.* abandonas
v **1** palikti, pamesti *(šeimą, laivą ir pan.)* **2** nustoti *(ką darius),* mesti, atsisakyti; **to ~ one's plans** atsisakyti savo planų **3** *refl knyg.* pasiduoti *(jausmui),* pasinerti *(to);* **to ~ oneself to grief** įsiliūdėti

abandoned [əˈbændnd] *a* **1** paliktas, pamestas; **~ call** neįvykęs pasikalbėjimas telefonu **2** *knyg.* nevaržomas, beatodairiškas **3** *ret.* nedoras

abandonment [əˈbændənmənt] *n* **1** palikimas, pametimas *(šeimos ir pan.);* atsisakymas **2** laisvumas, nesivaržymas **3** *teis.* atsisakymas *(ieškinio ir pan.)*

abase [əˈbeɪs] *v* (pa)žeminti; *refl* žemintis *(before)*
abasement [əˈbeɪsmənt] *n* (pa)žeminimas
abashed [əˈbæʃt] *a* sugėdintas; sukonfūzytas; **to be/feel much ~** būti/jaustis labai sumišusiam

abashment [əˈbæʃmənt] *n* sumišimas; susigėdimas
abate [əˈbeɪt] *v* **1** (su)mažėti, (su)silpnėti, (nu)rimti; (nu)sekti, (nu)slūgti *(apie vandenį);* **the flood is abating** potvynis slūgsta **2** (su)mažinti, (pa)lengvinti **3** nuleisti *(kainą)* **4** (at)šipinti, (at)bukinti; (ap)tašyti *(akmenį)* **5** *teis.* (pa)naikinti, anuliuoti; nutraukti **6** *metal.* atleisti *(plieną)*
abatement [əˈbeɪtmənt] *n* **1** (su)mažėjimas; (nu)slūgimas; *(vėjo ir pan.)* (nu)rimimas **2** (su)mažinimas, palengvinimas; **tax ~** mokesčių (su)mažinimas **3** nuolaida **4** *teis.* panaikinimas, anuliavimas; nutraukimas
abatis [ˈæbətɪs] *n* (*pl* ~ [-tiːz], ~es) *ist.* barikada, medžių užtvara
abattoir [ˈæbətwɑː] *pr. n* skerdykla
abb [æb] *n tekst.* ataudai
abbacy [ˈæbəsɪ] *n* abatija, abatystė
abbatial [əˈbeɪʃl] *a* abatijos, abatiškas
abbé [ˈæbeɪ] *pr. n* kunigas; dvasiškasis tėve *(kreipinys)*
abbess [ˈæbɪs, ˈæbes] *n* abatė, vienuolyno viršininkė
abbey [ˈæbɪ] *n* **1** abatija, vienuolynas **2** *(the A.) šnek.* Vestminsterio vienuolynas
abbot [ˈæbət] *n* abatas
abbreviate [əˈbriːvɪeɪt] *v* (su)trumpinti *(apsakymą, kalbą, žodį ir pan.)*
abbreviation [əˌbriːvɪˈeɪʃn] *n* **1** (su)trumpinimas **2** *kalb.* santrumpa, abreviatūra; **graphic ~** grafinė santrumpa, sutrumpinimas
ABC [ˌeɪbiːˈsiː] *n* **1** abėcėlė, alfabetas **2** (*pl* ABC's) pagrindai, pradmenys *(of)* **3** abėcėlinė geležinkelių rodyklė **4** *attr* elementarus, paprastas
ABC-book [ˌeɪbiːˈsiːbuk] *n* elementorius
abdicate [ˈæbdɪkeɪt] *v* **1** atsisakyti, atsižadėti *(teisių, pareigų ir pan.)* **2** atsižadėti *(sosto);* atsistatydinti
abdication [ˌæbdɪˈkeɪʃn] *n* atsisakymas *ir pan., žr.* **abdicate**
abdomen [ˈæbdəmən, æbˈdəumən] *n* **1** *anat.* pilvas, pilvo ertmė **2** *zool. (vabzdžio)* pilvelis
abdominal [æbˈdɔmɪnl] *a anat.* pilvo, pilvinis
abdominous [æbˈdɔmɪnəs] *a ret. (ypač juok.)* storas, pilvotas
abducent [æbˈdjuːsənt] *a anat.* atitraukiamasis *(apie raumenį)*
abduct [əbˈdʌkt] *v* pagrobti, prievarta/apgavyste išvesti *(moterį, vaiką)*
abduction [əbˈdʌkʃn] *n* **1** pagrobimas *ir pan., žr.* **abduct 2** *fiziol.* abdukcija
abductor [əbˈdʌktə] *n* **1** pagrobėjas **2** *anat.* abduktorius, atitraukiamasis raumuo *(t.p. ~ muscle)*
abeam [əˈbiːm] *adv jūr.* traversu, statmenai laivo kursui
abecedarian [ˌeɪbiːsiːˈdɛərɪən] *a* **1** išdėstytas abėcėlės tvarka **2** elementarus
n kas mokosi, mokantysis rašto
abed [əˈbed] *a, adv psn.* (gulintis) lovoje
Abel [ˈeɪbəl] *n bibl.* Abelis
Aberdeen [ˌæbəˈdiːn] *n* Aberdinas *(Škotijos miestas)*

aberdevine [ˌæbədə'vaɪn] *zool.* alksninukas
aberrance, -cy [ə'berəns, -sɪ] *n biol.* nukrypimas nuo normos, aberacija
aberrant [ə'berənt] *a* **1** neįprastas, nenormalus; pasikeitęs; nukrypęs *(nuo kurso)* **2** *biol.* nukrypęs nuo normos; netipiškas
aberration [ˌæbə'reɪʃn] *n* **1** nenormalumas, nukrypimas nuo normos **2** proto aptemimas; išsiblaškymas **3** *spec.* aberacija, nukrypimas; ~ *of the needle* magneto rodyklės nukrypimas
abet [ə'bet] *v* kurstyti, raginti, padėti *(bloga darant);* **to be accused of aiding and ~ting** būti apkaltintam bendrininkavimu
abetment [ə'betmənt] *n* kurstymas, raginimas
abetter, abettor [ə'betə] *n* kurstytojas, bendrininkas
abeyance [ə'beɪəns] *n teis.* (įstatymo, teisės) laikinas sustabdymas/panaikinimas ◊ *in* ~ a) nežinioje, suglumęs, neapsisprendęs; b) be savininko *(apie palikimą),* be pretendento *(apie paveldimą titulą);* c) laikinai negaliojantis *(apie įstatymą);* **to fall into** ~ būti panaikintam/nebepraktikuojamam/nebetaikomam
abhor [əb'hɔ:] *v* bjaurėtis; neapkęsti; *nature ~s vacuum* gamta nemėgsta tuštumos
abhorrence [əb'hɔrəns] *n* **1** bjaurėjimasis; neapkentimas; **to hold smth in** ~ bjaurėtis kuo **2** kas nors pasibjaurėtina
abhorrent [əb'hɔrənt] *a* **1** bjaurus, nepakenčiamas, atstumiantis *(to)* **2** nesuderinamas *(to – su)*
abidance [ə'baɪdəns] *n* **1** laikymasis; ~ *by rules* taisyklių laikymasis **2** *knyg.* buvimas, gyvenimas
abide [ə'baɪd] *v* **1** likti ištikimam; tvirtai laikytis *(įstatymo, susitarimo ir pan.; by);* **to ~ by the circumstances** susitaikyti su aplinkybėmis **2** pakęsti; *I cannot ~ him* aš nepakenčiu jo **3** (abode) *psn.* gyventi *(kur nors)*
abiding [ə'baɪdɪŋ] *a* tvirtas, patvarus, nuolatinis
ability [ə'bɪlətɪ] *n* **1** galėjimas; gebėjimas; **to the best of one's ~** kuo geriau, *(stengiantis)* iš visų jėgų **2** *(džn. pl)* gabumai, talentas; *teaching abilities* pedagoginiai sugebėjimai **3**: ~ **to pay** *kom.* mokumas, mokamasis pajėgumas; *competitive* ~ konkurencingumas **4** *teis.* veiksnumas; kompetencija **5** *fiz.* geba
-ability [-ə'bɪlətɪ] *suff* -umas *(žymint būseną, savybę); suitability* tinkamumas
ab initio [ˌæb ɪ'nɪʃɪəʊ] *lot.* nuo pradžios
abiogenesis [ˌeɪbaɪə'dʒenɪsɪs] *n biol.* abiogenezė, savaiminis gyvybės atsiradimas
abject ['æbdʒekt] *a* **1** nusižeminęs, žemas; ~ *apology* nuolankus atsiprašymas **2** apgailėtinas, nelaimingas; *in ~ misery/poverty* didžiausiame skurde
abjection [æb'dʒekʃn] *n* žemumas, niekingumas; nusižeminimas
abjuration [ˌæbdʒu'reɪʃn] *n knyg.* išsižadėjimas, atsisakymas; *oath of ~ amer.* priesaikinis ankstesnės pilietybės atsisakymas
abjure [əb'dʒuə] *v* **1** *knyg.* išsižadėti, atsisakyti **2** *teis.* neigti su priesaika
ablactation [ˌæblək'teɪʃn] *n* **1** *(kūdikio)* nujunkymas **2** *(augalų)* skiepijimas suglaudimu
ablate [æb'leɪt] *v med.* amputuoti
ablation [æb'leɪʃn] *n* **1** *med.* pašalinimas, amputacija **2** *geol.* abliacija
ablative ['æblətɪv] *gram. n* abliatyvas, įnagininkas *a* abliatyvo, įnagininko
ablaut ['æblaut] *n kalb.* abliautas, šaknies balsių kaita
ablaze [ə'bleɪz] *a predic* **1** degantis, liepsnojantis; ugnyje, liepsnose **2** žvilgantis, spindintis *(with)* **3** susijaudinęs, sujaudintas *(with); his eyes were ~ with anger* jo akys degė pykčiu
able ['eɪbl] *a* **1** galintis, pajėgus, sugebantis; **to be ~** *(+inf)* galėti, sugebėti, pajėgti **2** gabus **3** *teis.* veiksnus
-able [-əbl] *suff žymint* **1** *veiksmo (įvykdymo) galimybę, verčiamas neveikiamaisiais dalyviais: eatable* valgomas; *explicable* paaiškinamas; *avoidable* išvengiamas **2** *atliktino veiksmo savybę, verčiamas reikiamybės dalyviu: payable* (ap)mokėtinas **3** *savybę* -ingas, -us; *fashionable* madingas; *admirable* žavus
able-bodied ['eɪbl'bɔdɪd] *a* tvirtas, stiprus; tinkamas *(karo tarnybai);* ~ *population* darbingi gyventojai; ~ *seaman* antros klasės jūreivis
abled ['eɪbld] *a* = **able-bodied**
ablet ['æblɪt] *n zool.* aukšlė
abloom [ə'blu:m] *a predic* žydintis, sužydęs
ablush [ə'blʌʃ] *a predic* sumišęs, paraudęs
ablution [ə'blu:ʃn] *n* **1** *(ppr. pl) knyg., juok.* nu(si)plovimas; apsiplovimas **2** *tech.* (pra)plovimas **3** *rel.* abliucija
ably ['eɪblɪ] *adv* sumaniai, gerai
abnegate ['æbnɪgeɪt] *v knyg.* **1** atsisakyti *(teisių, patogumų ir pan.);* neleisti sau *(ko)* **2** neigti
abnegation [ˌæbnɪ'geɪʃn] *n knyg.* **1** atsisakymas; pasiaukojimas **2** (pa)neigimas
abnormal [æb'nɔ:ml] *a* nenormalus; anomalus; ~ *psychology* psichopatologija; ~ *termination komp.* avarinė baigtis
abnormality [ˌæbnɔ:'mælətɪ] *n* **1** nenormalumas **2** anomalija; išsigimimas
abnormity [æb'nɔ:mətɪ] *n* = **abnormality**
abo ['æbəʊ] *n austral. niek.* aborigenas
aboard [ə'bɔ:d] *adv, prep* **1** laive, vagone, lėktuve; į laivą, į vagoną, į lėktuvą; **to go/climb ~ a ship** lipti į laivą **2** išilgai, palei; **to keep the land ~** plaukti palei krantą ◊ *all ~!* (įspėjimas keleiviams) laivas išplaukia!; traukinys/autobusas išeina!; **to fall ~** susidurti, užkliudyti *(kitą laivą)*
abode[1] [ə'bəʊd] *n knyg., juok.* būstas; buveinė; **to take up one's ~, to make one's ~** įsikurti, apsigyventi; *of/with no fixed ~ teis.* neturintis nuolatinės gyvenamosios vietos; *the right of ~* teisė gyventi kurioje nors šalyje
abode[2] *past žr.* **abide** 3
abolish [ə'bɔlɪʃ] *v* panaikinti *(įstatymą, mokesčius ir pan.)*
abolishment [ə'bɔlɪʃmənt] *n* = **abolition**
abolition [ˌæbə'lɪʃn] *n* panaikinimas
abolitionism [ˌæbə'lɪʃənɪzm] *n ist.* abolicionizmas *(judėjimas JAV dėl negrų vergovės panaikinimo)*
abolitionist [ˌæbə'lɪʃənɪst] *n* **1** *(įstatymo ir pan.)* panaikinimo šalininkas **2** *amer. ist.* abolicionistas *(negrų vergovės priešininkas)*
A-bomb ['eɪbɔm] *n* atominė bomba
abominable [ə'bɔmɪnəbl] *a* **1** šlykštus, pasibjaurėtinas; atstumiantis **2** *šnek.* bjaurus *(apie orą, maistą ir pan.)*
abominate [ə'bɔmɪneɪt] *v* bjaurėtis, šlykštėtis; neapkęsti
abomination [əˌbɔmɪ'neɪʃn] *n* bjaurėjimasis; šlykštumas, šlykštybė, bjaurastis; **to hold smth in ~** bjaurėtis kuo; **to be smb's pet ~** (su)kelti kam pasibjaurėjimą
aboriginal [ˌæbə'rɪdʒənl] *a* **1** vietinis, senasis **2** pirmykštis, pirminis; ~ *forests* pirmykštės girios
n čiabuvis, vietinis gyventojas/augalas *ir pan.;* aborigenas
aborigine [ˌæbə'rɪdʒənɪ] *n* **1** aborigenas *(ypač Australijos);* čiabuvis, vietinis **2** *pl* vietinė gyvūnija/augalija
abort [ə'bɔ:t] *n* **1** *(skridimo ir pan.)* nutraukimas **2** *komp.* avarinė baigtis, stabda

aborted   19   **absent**

v **1** persileisti, prieš laiką gimdyti; nutraukti *(nėštumą)* **2** nutraukti, sustabdyti *(paleidimą, bandymą ir pan.);* sustoti, nutrūkti **3** *biol.* abortuotis, neišsiplėtoti; tapti nevaisingam

aborted [ə'bɔːtɪd] *a* **1** prieš laiką gimęs, neišnešiotas **2** *biol.* neišsiplėtojęs, rudimentinis

abortion [ə'bɔːʃn] *n* **1** abortas, persileidimas; *(nėštumo)* nutraukimas; *to have* ~ padaryti abortą **2** išsigimėlis **3** *kar. (skridimo, paleidimo, bandymo ir pan.)* nutraukimas, sustabdymas **4** *biol.* organo neišsiplėtojimas, nepakankama plėtotė

abortionist [ə'bɔːʃənɪst] *n* **1** gydytojas/akušeris, nelegaliai darantis abortus **2** abortų įteisinimo šalininkas

abortive [ə'bɔːtɪv] *a* **1** priešlaikinis *(apie gimdymą)* **2** nepavykęs, nevaisingas; ~ *coup* sužlugęs valstybės perversmas; *to prove* ~ visiškai nepasisekti; *to render* ~ sužlugdyti *(bandymą ir pan.)* **3** *biol.* neišsiplėtojęs

abound [ə'baund] *v* būti pertekus/gausu; gausiai turėti; *fish* ~ *in this lake, this lake* ~*s in fish* šiame ežere gausu žuvų; *to* ~ *in courage* būti labai drąsiam

abounding [ə'baundɪŋ] *a* pertekęs, gausus

about¹ [ə'baut] ⟨*adv, part, prep*⟩ *adv* **1** aplink, visur; *rumours are* ~ eina gandai **2** netoli(ese), aplink; *he is somewhere* ~ jis kažkur (čia) netoli; *he is not* ~ jo čia nėra, jis išėjęs **3** apie, maždaug, arti; *it is* ~ *four o'clock* beveik ketvirta valanda **4** aplink, į kitą pusę; *to face* ~ atsigręžti; ~ *turn!, amer.* ~ *face! kar.* aplink! **5**: *to be* (+ *inf*) *žr.* be □ ◊ ~ *and* ~ *amer.* panašiai, vienodai; ~ *right!* gerai!, puiku!
part (vart. su vksm.) verčiamas priešdėliniais vksm.: ***to come*** ~ atsitikti; ***to bring smth*** ~ sukelti, *žr. atitinkamus vksm. po ženklo* □
prep **1** apie, arti, prie, po *(žymint vietą); the forests* ~ *the town* miškai prie miesto; *look* ~ *you!* būk atidus!, atsargiai!; *to walk* ~ *the streets [the garden, the room]* vaikščioti gatvėmis [po sodą, po kambarį] **2** apie, arti *(žymint laiką);* ~ *nightfall* pavakare, vakarop **3** apie, dėl; *see* ~ *it* pasirūpink tuo; *be quick* ~ *it!* sutvarkyk tai greitai!; *go* ~ *your own business!* žiūrėk savo reikalų! **4** su *(savimi); I have no money* ~ *me* neturiu pinigų su savimi ◊ *what/how* ~ ...? *šnek.* o ką, jeigu ...?; *what* ~ *going to the country?* ar nenuvažiavus į kaimą?, gal važiuojame į kaimą?; *that's* ~ *it/all* štai ir viskas (ką žinau)

about² *v jūr.* keisti kursą

about-face [ə,baut'feɪs] *n* = **about-turn**

about-turn [ə,baut'tɜːn] *n* **1** *kar.* komanda „aplink"; apsisukimas **2** *(nuomonės ir pan.)* visiškas pasikeitimas, apsivertimas

above [ə'bʌv] ⟨*adv, prep, a, n*⟩ *adv* **1** viršuje, aukščiau; į viršų, aukštyn **2** aukščiau *(puslapyje, tekste); as stated [mentioned]* ~ kaip nurodyta/teigta [minėta] aukščiau **3** daugiau; *twenty and* ~ 20 ir daugiau
prep **1** virš, ties; *the plane was* ~ *the clouds* lėktuvas buvo virš debesų **2** daugiau negu; *don't let the temperature get* ~ *thirty degrees* neleiskite temperatūrai pakilti virš trisdešimt laipsnių ◊ *that is* ~ *me* tai man per sunku, tai man nesuvokiama/nepasiekiama; ~ *all* pirmiausia, svarbiausia; ~ *oneself* a) per daug pasitikintis savimi; b) susijaudinęs
a aukščiau minėtas, aukščiau esantis
n (*the* ~) tai, kas aukščiau išdėstyta

above-board [ə,bʌv'bɔːd] *a* sąžiningas, tiesus, atviras *adv* sąžiningai, tiesiai

above-ground [ə,bʌv'graund] *a* **1** antžeminis **2** gyvas, gyvenantis

above-mentioned [ə'bʌv'menʃnd] *a attr* aukščiau minėtas, minėtasis

above-named [ə'bʌv'neɪmd] *a attr* aukščiau minėtas/išvardytas

abracadabra [,æbrəkə'dæbrə] *n* burtažodis, užkeikimas *int* abrakadabra!, nesąmonė!

abradant [ə'breɪdənt] = **abrasive** *n*

abrade [ə'breɪd] *v* **1** nutrinti, nubrūžinti *(odą)* **2** *tech.* šlifuoti, (nu)dilinti **3** *geol.* eroduoti

Abraham ['eɪbrəhæm] *n bibl.* Abraomas ◊ ~'s *bosom* rojus

abranchial, abranchiate [əb'ræŋkɪəl, -ɪeɪt] *a zool.* bežiaunis

abrasion [ə'breɪʒn] *n* **1** *(odos)* nutrynimas, nubrėžimas, įbrėžimas **2** *tech.* šlifavimas; nudilinimas; išdilimas, susidėvėjimas **3** *geol.* abrazija; krantų irimas **4** *attr:* ~ *marks fot. (emulsijos sluoksnio)* subraižymai; ~ *testing tech.* atsparumo dilimui/susidėvėjimui bandymas

abrasive [ə'breɪsɪv] *a* **1** kandus, dygus, įžūlus **2** *tech.* abrazyvinis; šlifuojamasis
n tech. abrazyvai, šlifuojamosios medžiagos

abreast [ə'brest] *adv* **1** greta, viena linija, neatsiliekant; *walking three* ~ einant trise greta; *to be* ~ *(of), to keep* ~ *(with)* neatsilikti *(nuo),* eiti kartu su, koja kojon *(su); to keep* ~ *of/with the times* žengti kartu su gyvenimu **2** *jūr.* statmenai laivo kursui

abridge [ə'brɪdʒ] *v* **1** (su)trumpinti, (su)traukti **2** (su)siaurinti, (ap)riboti *(teises ir pan.)* **3** atimti *(of)*

abridg(e)ment [ə'brɪdʒmənt] *n* **1** (su)trumpinimas, sutraukimas **2** *(teisių)* apribojimas **3** sutrumpintas variantas/leidinys/konspektas *ir pan.*

abroad [ə'brɔːd] *adv* **1** užsienyje, į užsienį; *from* ~ iš užsienio **2** plačiai, visur; *there is a rumour* ~ *that...* sklinda gandas, kad...; *the news quickly spread* ~ greitai žinia paplito plačiai; *to get* ~ plisti **3** *šnek.* paklydęs; *to be all* ~ a) paklysti; b) pasimesti, sumišti **4** *psn.* lauke, ore

abrogate ['æbrəgeɪt] *v* panaikinti, anuliuoti *(įstatymą);* išnaikinti *(paprotį)*

abrogation [,æbrə'geɪʃn] *n* panaikinimas, anuliavimas *(įstatymo ir pan.);* abrogacija

abrupt [ə'brʌpt] *a* **1** staigus, netikėtas **2** šiurkštus, atžarus **3** status, skardingas **4** nelygus *(apie stilių)*

abruption [ə'brʌpʃn] *n* **1** *ret.* (at)trūkimas, atplėšimas **2** *geol. (sluoksnio)* išėjimas į paviršių

abruptness [ə'brʌptnɪs] *n* **1** staigumas **2** šiurkštumas, atžarumas **3** statumas; nelygumas

abscess ['æbses] *n* **1** *med.* abscesas, pūlinys **2** *tech.* pūslė *(metale)*

abscissa [æb'sɪsə] *n* (*pl* ~s [-z], -sae [-siː]) *mat.* abscisė

abscission [æb'sɪʒn] *n med.* nupjovimas, amputavimas

abscond [əb'skɒnd] *v* pabėgti, pasislėpti *(nuo teismo, bausmės ir pan.; from, with); to* ~ *with the funds* pabėgti pasisavinus pinigus

abseil ['æbseɪl] *v* nusileisti virve *(nuo uolos; ppr.* ~ *down) n* nusileidimas

absence ['æbsəns] *n* **1** nebuvimas, neatvykimas; *in/during my* ~ man nesant; *leave of* ~ nemokamos atostogos; ~ *without leave kar.* savavališkas pasišalinimas; ~*s from school* pamokų praleidinėjimas **2** trūkumas, stoka, neturėjimas; ~ *of mind* išsiblaškymas

absent *a* ['æbsənt] **1** nesantis, nedalyvaujantis, neatvykęs; *to be* ~ *from school* praleisti pamokas; *(to)* ~ *friends!* už draugus, kurių čia nėra! *(tostas)* **2** išsiblaškęs *(apie žvilgsnį ir pan.)*
v [əb'sent] *refl* nedalyvauti, nebūti; vengti *(from)*

absentee [ˌæbsən'tiː] *n* **1** nesantysis; **~ landlord** gyvenantis kitur savininkas/žemvaldys **2** vengiantysis, nedalyvaujantysis *(susirinkime ir pan.)*

absenteeism [ˌæbsən'tiːɪzm] *n* **1** praleidinėjimas, pravaikšta **2** absenteizmas *(vengimas dalyvauti rinkimuose ir pan.)*

absentia [əb'sentiə] *n: in ~ knyg.* nedalyvaujant *(atsakovui ir pan.)*

absently ['æbsəntlɪ] *adv* neatidžiai, išsiblaškius

absent-minded ['æbsənt'maɪndɪd] *a* išsiblaškęs

absent-mindedness [ˌæbsənt'maɪndɪdnɪs] *n* išsiblaškymas, neatidumas

absinth(e) ['æbsɪnθ] *n* **1** absentas, metelių trauktinė **2** = **absinthium**

absinthium [æb'sɪnθɪəm] *n bot.* metelė, pelynas

absolute ['æbsəluːt] *a* **1** absoliutus, absoliutinis; visiškas; besąlygis, neribotas; **~ majority** absoliutinė dauguma; **~ temperature** *fiz.* absoliutinė temperatūra; **~ ruler** absoliutus valdovas **2** grynas, be priemaišų; **~ alcohol** grynas spiritas **3** tikras, neabejotinas; **~ proof** neabejotinas įrodymas **4** *gram.* absoliutinis
n (the ~) absoliutas

absolutely ['æbsəluːtlɪ] *adv* **1** visiškai, absoliučiai; neabejotinai **2** savarankiškai, neribotai
mod taip, žinoma; **~ not!** jokiu būdu!

absoluteness ['æbsəluːtnɪs] *n* absoliutumas *ir pan. žr.* **absolute** 1, 2, 3

absolution [ˌæbsə'luːʃn] *n* **1** atleidimas, dovanojimas **2** *rel.* absoliucija, nuodėmių atleidimas **3** *teis.* išteisinimas; atleidimas nuo bausmės

absolutism ['æbsəluːtɪzm] *n polit.* absoliutizmas

absolve [əb'zɔlv] *v* atleisti *(nuo bausmės, įpareigojimų ir pan.; t. p. rel.);* išteisinti

absorb [əb'zɔːb] *v* **1** sugerti, absorbuoti **2** patraukti *(dėmesį ir pan.);* suimti į save, įsiminti, perimti *(žinias, mintis ir pan.)* **3** amortizuoti *(smūgius)* **4** sunaudoti *(daug lėšų, laiko)*

absorbable [əb'zɔːbəbl] *a* absorbuojamas, sugeriamas

absorbed [əb'zɔːbd] *a predic* įnikęs, atsidėjęs; **~ in thoughts** paskendęs mintyse

absorbedly [əb'zɔːbɪdlɪ] *adv* įnikusiai, atsidėjus, sutelkus dėmesį

absorbent [əb'zɔːbənt] *a* sugeriantis; **~ cotton wool** higroskopinė vata; **~ carbon** aktyvintoji anglis
n absorbentas, sugėriklis

absorber [əb'zɔːbə] *n tech.* **1** sugėriklis, absorberis **2** slopintuvas; amortizatorius *(t. p. shock ~)*

absorbing [əb'zɔːbɪŋ] *a* patrauklus, magus

absorption [əb'zɔːpʃn] *n* **1** absorbcija, absorbavimas, sugėrimas **2** pasinėrimas *(mintyse),* įsigilinimas, susidomėjimas **3** *attr:* **~ factor** absorbcijos koeficientas; **~ tower/column** *chem.* sugeriamoji kolonėlė

absorptive [əb'zɔːptɪv] *a* absorbuojamasis, sugeriamasis; **~ power** absorbcijos/sugėrimo geba

abstain [əb'steɪn] *v* susilaikyti *(t. p. balsuojant);* **to ~ from drinking** negerti, būti abstinentu

abstainer [əb'steɪnə] *n* **1** abstinentas, blaivininkas **2** susilaikantysis *(balsuojant ir pan.)*

abstemious [əb'stiːmɪəs] *a* **1** saikingas *(apie valgytoją, gėrėją)* **2** taupus

abstention [əb'stenʃn] *n* susilaikymas *(from);* nedalyvavimas *(balsavime);* **carried with two ~s** priimta dviem susilaikius

abstinence ['æbstɪnəns] *n* **1** susilaikymas, abstinencija **2** blaivumas, visiškas svaiginamųjų gėrimų nevartojimas *(t. p. total ~)*

abstinent ['æbstɪnənt] *a* **1** susilaikantis **2** blaivus, negeriantis

abstract ⟨*a, n, v*⟩ *a* ['æbstrækt] **1** abstraktus, atsietinis **2** sunkiai suprantamas **3** *šnek.* teorinis
n ['æbstrækt] **1** abstrakcija, abstrakti sąvoka; **in the ~** abstrakčiai, teoriškai **2** konspektas, santrauka, reziumė; **to make an ~** *(of)* konspektuoti, daryti santrauką **3** abstrakčiojo meno kūrinys
v [əb'strækt] **1** reziumuoti; abstrahuoti(s) **2** atitraukti *(dėmesį)* **3** ištraukti, išimti; išskirti, gauti **4** *euf.* ištraukti, paglemžti *(pinigus ir pan.)* **5** *refl* pasitraukti *(iš veiklos, gyvenimo)*

abstracted [əb'stræktɪd] *a* **1** užsisvajojęs, išsiblaškęs **2** išskirtas, atskiras

abstractedly [əb'stræktɪdlɪ] *adv* **1** išsiblaškius, užsisvajojus **2** atskirai

abstractedness [əb'stræktɪdnɪs] *n* **1** išsiblaškymas **2** abstraktumas

abstraction [əb'strækʃn] *n* **1** abstrakcija **2** išsiblaškymas **3** *tech.* nuvedimas, nukreipimas; išskyrimas, gavimas *(pvz. geležies iš rūdos)* **4** *teis.* išgavimas, išgava

abstractiveness [əb'stræktɪvnɪs] *n* abstraktumas

abstruse [əb'struːs] *a* **1** sunkiai suprantamas, neaiškus **2** painus, sudėtingas

absurd [əb'səːd] *a* **1** absurdiškas, beprasmiškas **2** kvailas, juokingas
n (the ~) filos., teatr. absurdas

absurdity [əb'səːdətɪ] *n* **1** absurdas, nesąmonė **2** kvailystė, juokingumas

abundance [ə'bʌndəns] *n* gausa, gausybė, perteklius; **in ~** gausiai, apsčiai; **to live in ~** gyventi visko pertekus; **~ of the heart** jausmų perteklius; **~ in words** žodingumas

abundant [ə'bʌndənt] *a* gausus, apstus; **to be ~** turėti sočiai/gausiai; būti pertekusiam *(in – ko)*

abundantly [ə'bʌndəntlɪ] *adv* **1** gausiai **2** akivaizdžiai

abuse *n* [ə'bjuːs] **1** piktnaudžiavimas **2** plūdimasis, koneveikimas; užgauliojimas **a term of ~** plūstamasis/koneveikiamasis žodis **3** prievartavimas, blogas/šiurkštus elgimasis *(su);* tvirkinamieji veiksmai
v [ə'bjuːz] **1** piktnaudžiauti **2** koneveikti, plūsti; užgaulioti **3** prievartauti, blogai elgtis *(su)*

abusive [ə'bjuːsɪv] *a* plūstamas; užgaulus, įžeidžiamas; **~ language** plūdimas; **to get/become ~** imti keikti/koneveikti/plūsti

abut [ə'bʌt] *v* šlietis(s), liestis(s), ribotis *(apie pastatą, žemę; on);* remtis *(on, against)*

abutment [ə'bʌtmənt] *n stat.* kontraforsas, ramstis, atrama; atramos vieta; pėda

abuttal [ə'bʌtl] *n* **1** *(pastato, žemės)* prisišliejimas; buvimas greta **2** *pl (žemės)* ribos

abutter [ə'bʌtə] *n teis.* gretimo žemės sklypo savininkas

abuzz [ə'bʌz] *a predic* sujudęs, sukrutęs

abysm [ə'bɪzm] *n poet.* bedugnė, praraja

abysmal [ə'bɪzml] *a* **1** bedugnis, gilus **2** labai blogas, baisus; visiškas; **~ ignorance** visiškas tamsumas/nemokšiškumas

abyss [ə'bɪs] *n* **1** bedugnė, pragarmė, praraja *(t. p. prk.);* giluma, gelmė **2** pirminis chaosas **3** *spec.* abisalė, abisalinė zona

abyssal [ə'bɪsəl] *a* **1** neišmatuojamas **2** *spec.* abisalinis, giluminis, gelminis

acacia [ə'keɪʃə] *n bot.* akacija

academe ['ækədi:m] *n* **1** akademinė aplinka **2** *poet.* mokykla, universitetas
academia [ˌækə'di:miə] *n* universiteto/koledžo gyvenimas ir aplinka
academic [ˌækə'demɪk] *a* **1** akademinis, universitetinis **2** akademiškas, akademinis, moksliškas; teorinis **3** mokslo, mokymo; ~ *year* mokslo metai **4** mąstantis, gabus
n dėstytojas, profesorius, mokslininkas
academical [ˌækə'demɪkl] *a* akademinis, universiteto
n pl universiteto/koledžo akademinė uniforma *(apsiaustas ir kepurė)*
academician [əˌkædə'mɪʃn] *n* akademikas
academy [ə'kædəmɪ] *n* **1** akademija; *Royal A.* Karališkoji meno akademija **2** aukštojo mokslo įstaiga; *military* ~ karo akademija **3** vidurinio mokslo įstaiga *(amer. privati)* **4** specialioji mokykla; *riding* ~ jojimo mokykla; ~ *of music* muzikos mokykla **5** *(the A.) ist.* Platono akademija
academy-figure [ə'kædəmɪˌfɪgə] *n men.* aktas *(piešinys)*
acanthus [ə'kænθəs] *n (pl* ~es [-ɪz], -thi [-θaɪ]) *bot., archit.* akantas
a cappella [ˌæ kə'pelə] *muz.* a cappella, be muz. instrumentų pritarimo *(apie dainavimą, giedojimą)*
acarpous [ə'kɑ:pəs] *a bot.* bevaisis
accede [ək'si:d] *v knyg. (to)* **1** pradėti eiti pareigas; įžengti *(į sostą)* **2** prisijungti, prisidėti **3** sutikti, pritarti
accelerant [ək'selərənt] *n chem.* katalizatorius
accelerate [ək'selərɪt] *v* **1** (pa)greitinti; (pa)spartinti **2** didinti greitį, greitėti
acceleration [əkˌselə'reɪʃn] *n* **1** (pa)greitinimas; greitėjimas; akceleracija **2** *fiz.* pagreitis
accelerator [ək'selərɪtə] *n* **1** *tech.* akceleratorius **2** *tech.* greitiklis **3** *fiz.* greitintuvas **4** *chem.* katalizatorius
accent *n* ['æksənt] **1** *kalb.* kirtis; priegaidė; kirčio ženklas; *pitch/tonic/chromatic* ~ toninis kirtis **2** tarsena; akcentas **3** svarbiausias/skiriamasis bruožas **4** *pl poet.* kalba
v [ək'sent] **1** kirčiuoti **2** pabrėžti, akcentuoti
accentual [ək'sentʃuəl] *a* kirčio; toninis; ~ *prosody* toninė eilėdara
accentuate [ək'sentʃueɪt] *v* **1** kirčiuoti **2** pabrėžti; išskirti, paryškinti
accentuation [əkˌsentʃu'eɪʃn] *n* **1** kirčiavimas; ~ *class/paradigm* kirčiuotė **2** pabrėžimas **3** *(ryški)* tarsena
accept [ək'sept] *v* **1** priimti **2** sutikti, pritarti; pripažinti; *to* ~ *the fact...* susitaikyti su faktu... **3** būti palankiam; *to* ~ *persons* būti neobjektyviam/šališkam **4** *kom.* akceptuoti *(vekselį)*
acceptability [əkˌseptə'bɪlətɪ] *n* priimtinumas
acceptable [ək'septəbl] *a* **1** priimtinas **2** mielas, laukiamas
acceptance [ək'septəns] *n* **1** priėmimas **2** pritarimas, sutikimas; pripažinimas **3** palankumas; ~ *of persons* šališkumas, neobjektyvumas **4** *kom.* akceptas
acceptation [ˌæksep'teɪʃn] *n* įprastinė žodžio/posakio reikšmė
accepted [ək'septɪd] *a* priimtinas; (visų) pripažintas; *in the* ~ *sense of the word* įprastine žodžio reikšme
acceptor [ək'septə] *n* **1** *kom.* akceptantas **2** *fiz., chem.* akceptorius
access ['ækses] *n* **1** priėjimas; ~ *road* privažiavimo kelias; *easy of* ~ lengvai prieinamas/pasiekiamas; ~ *to the sea* prieiga prie jūros **2** įėjimas; galimybė/leidimas įeiti/gauti/naudotis; *to gain* ~ a) įeiti, patekti; b) prieiti *(to)* **3** *komp.* kompiuteryje esamos informacijos paieška; kreiptis *(į atmintį)*; ~ *time* kreipties laikas **4** *psn. (ligos, pykčio)* priepuolis
v gauti/imti informaciją *(iš kompiuterio)*
accessary [ək'sesərɪ] *a* = **accessory** 3
n = **accessory** 1
accessibility [əkˌsesə'bɪlətɪ] *n (patogus, lengvas)* prieinamumas
accessible [ək'sesəbl] *a* **1** prieinamas, pasiekiamas, gaunamas **2** pasiduodantis; ~ *to bribery* paperkamas
accession [ək'seʃn] *n* **1** (pa)didėjimas, (pa)daugėjimas; *(kolekcijos, knygų fondo)* pa(si)pildymas **2** *teis.* pritarimas, sutikimas; prisijungimas *(prie tarptautinės sutarties)* **3** *knyg.* įžengimas *(į sostą)*; pradėjimas eiti pareigas **4** *attr:* ~ *book (bibliotekos)* inventoriaus knyga; ~ *catalogue* naujai gautų dalykų katalogas
v **1** kataloguoti *(knygas)* **2** papildyti *(kolekciją)*
accessorize [ək'sesəraɪz] *v* ap(si)rūpinti aksesuarais/priedais
accessory [ək'sesərɪ] *a* **1** papildomas, pridėtinis **2** antraeilis, antrinis **3** *teis.* prisidėjęs, įveltas
n **1** *teis.* bendrininkas; ~ *after the fact* netiesioginis bendrininkas, slėpėjas; ~ *before the fact* nusikaltimo kurstytojas **2** *(the accessories) pl* aksesuarai; furnitūra; *(mašinos ir pan.)* priedai, dalys; santechnikos armatūra; *body accessories aut.* kėbulo reikmenys
accidence ['æksɪdəns] *n* **1** *gram.* žodžių kaityba **2** dalyko pagrindai/pradmenys
accident ['æksɪdənt] *n* **1** atsitikimas, atvejis; *by* ~ atsitiktinai **2** nelaimingas atsitikimas; avarija, katastrofa; *to meet with an* ~ patekti į avariją, patirti katastrofą; *fatal* ~ nelaimingas atvejis, pasibaigęs mirtimi **3** atsitiktinumas; *by a happy* ~ dėl laimingo atsitiktinumo **4** *attr:* ~ *insurance* ap(si)draudimas nuo nelaimingų atsitikimų, avarijų; ~ *prevention* saugos technika; ~ *rate* avaringumas; ~ *frequency rate amer.* pramoninio traumatizmo koeficientas ◊ ~*s will happen (in the best regulated families)* ≡ nėra namų be dūmų; *to have an* ~ susišlapinti *(apie vaiką)*
accidental [ˌæksɪ'dentl] *a* **1** atsitiktinis **2** antraeilis, neesminis
n **1** atsitiktinumas **2** neesminis/atsitiktinis bruožas
accident-prone [ˌæksɪdənt'prəun] *a* patiriantis nesėkmių, kuriam nesiseka
acclaim [ə'kleɪm] *v* **1** audringai sveikinti, ploti **2** pripažinti, paskelbti *(ypač audringai pritariant)*
n **1** audringas sveikinimas, audringi plojimai **2** pritarimas; pripažinimas
acclamation [ˌæklə'meɪʃn] *n* **1** audringas pritarimas; *to carry vote by* ~ priimti audringu/vieningu pritarimu *(be balsavimo)* **2** *(ppr. pl)* sveikinimo šūkiai, ovacijos
acclamatory [ə'klæmətərɪ] *a* pritariamas, pritarimo
acclimate ['æklɪmeɪt] *v (ypač amer.)* = **acclimatize**
acclimation [ˌæklaɪ'meɪʃn] *n (ypač amer.)* = **acclimatization**
acclimatization [əˌklaɪmətaɪ'zeɪʃn] *n* aklimatizacija
acclimatize [ə'klaɪmətaɪz] *v* aklimatizuoti(s); pri(si)taikyti prie sąlygų/aplinkybių
acclivity [ə'klɪvətɪ] *n ret.* (pa)kilimas; šlaitas, įkalnė
acclivous [ə'klaɪvəs] *a* kylantis
accolade ['ækəleɪd] *n* **1** pagerbimas, apdovanojimas **2** *ist.* akoladė, išventinimas į riterius
accommodate [ə'kɒmədeɪt] *v* **1** apgyvendinti, duoti patalpą; (su)talpinti; *I can't* ~ *a freezer* man netelpa šaldyklė **2** pri(si)derinti, pri(si)taikyti *(to)* **3** aprūpinti, su-

accommodating 22 **accumulation**

teikti, paskolinti; *to* ~ *with a loan* paskolinti **4** patarnauti; daryti paslaugą **5** sutaikyti, suderinti
accommodating [əˈkɔmədeɪtɪŋ] *a* **1** paslaugus; malonus **2** nuolaidus, sukalbamas, sugyvenamas **3** prisitaikantis
accommodation [əˌkɔməˈdeɪʃn] *n* **1** patalpa, būstas; prieglobstis; *the hotel has ~ for 200 guests* viešbutyje gali gyventi 200 žmonių **2** patogumas; *(buto)* patogumai **3** pri(si)taikymas **4** suderinimas, su(si)tarimas; *to come to an ~ with smb* susitarti su kuo **5** *(trumpalaikė)* paskola **6** *pl amer.* vieta *(traukinyje ir pan. su aptarnavimu)* **7** *kar.* dalinių apgyvendinimas **8** *spec.* akomodacija
accommodation-bill [əˌkɔməˈdeɪʃnbɪl] *n kom.* įsakomasis vekselis
accommodation-ladder [əˌkɔməˈdeɪʃnˌlædə] *n jūr.* užbortinis trapas
accommodation-train [əˌkɔməˈdeɪʃntreɪn] *n amer.* vietinis *(dažnai sustojantis)* keleivinis traukinys
accompaniment [əˈkʌmpənɪmənt] *n* **1** lydėjimas **2** priedas *(pagražinimui)* **3** *muz.* akompanimentas; akompanavimas; *with piano* ~ akompanuojant pianinu
accompanist [əˈkʌmpənɪst] *n* akompaniatorius
accompany [əˈkʌmpənɪ] *v* **1** (pa)lydėti **2** *muz.* akompanuoti
accomplice [əˈkʌmplɪs] *n (nusikaltimo)* bendrininkas; *(blogų darbų)* bendras
accomplish [əˈkʌmplɪʃ] *v* **1** įvykdyti, atlikti; nuveikti, užbaigti **2** tobulinti
accomplished [əˈkʌmplɪʃt] *a* **1** atliktas, užbaigtas; *~ fact* įvykęs faktas **2** kvalifikuotas, prityręs; *~ violinist* puikus smuikininkas **3** rafinuotas *(apie manieras)*
accomplishment [əˈkʌmplɪʃmənt] *n* **1** atlikimas, įvykdymas **2** laimėjimas **3** *(ppr. pl)* elegantiškumas, rafinuotumas, geros manieros **4** *(džn. pl)* kvalifikacija, teigiamos savybės
accord [əˈkɔːd] *n* **1** sutarimas, sutikimas, bendra nuomonė **2** susitarimas **3** harmonija, atitikimas **4** *muz.* akordas, sąskambis ◊ *with one* ~ visi kaip vienas, vieningai; *of one's own* ~ savo noru; *of its own* ~ savaime
v **1** derintis, atitikti *(with)* **2** (su)teikti, rodyti palankumą; *to* ~ *a hearty welcome* nuoširdžiai sutikti; *to* ~ *due praise* išgirti
accordance [əˈkɔːdəns] *n* **1** sutarimas; atitikimas; *in* ~ *with* pagal, remiantis kuo **2** suteikimas
accordant [əˈkɔːdənt] *a* **1** darnus **2** atitinkantis
according [əˈkɔːdɪŋ] ⟨*adv, conj, prep*⟩ *adv* = **accordingly**
conj: ~ *as* pagal tai, kaip/kiek, remiantis tuo, kad...; *we are paid* ~ *as we work* mums moka pagal darbą
prep: ~ *to* pagal; ~ *to newspaper accounts* laikraščių pranešimais; ~ *to him* anot jo, jo žodžiais
accordingly [əˈkɔːdɪŋlɪ] *adv* **1** atitinkamai **2** todėl, taigi
accordion [əˈkɔːdɪən] *n muz.* akordeonas; armonika
accost [əˈkɔst] *n* užkabin(ėj)imas; užkalbinimas
v **1** užkabin(ė)ti, prikibti, prisikabinti *(ppr. apie prostitutes)* **2** prieiti ir užkalbinti
accouchement [əˈkuːʃmɑ̃ːŋ] *pr. n* gimdymas
accoucheur [ˌæːkuːˈʃəː] *pr. n* akušeris
accoucheuse [ˌæːkuːˈʃəːz] *pr. n* akušerė
account [əˈkaʊnt] ⟨*n, v*⟩ *n* **1** sąskaita; *(pl t. p.)* atsiskaitymai; *credit/amer. charge ~ kom.* pirkėjo sąskaita *(parduotuvėje); current/amer. checking* ~ einamoji sąskaita; *deposit* ~ a) terminuotasis indėlis; b) indėlio sąskaita; *to keep ~s buh.* tvarkyti knygas; *for ~ of smb* kieno sąskaita; *on* ~ kreditan *(dar plg.* 5); *to settle/square ~s with smb* atsiskaityti, atkeršyti, suvesti/suvedinėti sąskaitas su kuo *(t. p. prk.)* **2** ataskaita; pasakojimas: *to give an ~ of smth* atsiskaityti už ką; papasakoti apie ką; *to bring/call to* ~ (pa)reikalauti atsiskaityti/pasiaiškinti **3** pranešimas; *by his own* ~ jo paties žodžiais **4** nuomonė, įvertinimas; *by/from all ~s* pagal visų atsiliepimus; *not to hold of much* ~ būti nelabai geros nuomonės **5** priežastis, pagrindas; *on* ~ dėl *(dar plg.* 1); *on her mother's* ~ dėl savo motinos; *on what ~?* kokiu pagrindu? **6** reikšmė, svarba; *of no/little* ~, *amer. no* ~ nesvarbu(s), nereikšminga(s); *to make little* ~ *(of)* nelabai kreipti dėmesį; *to take into* ~ atsižvelgti, pagalvoti; *to take no* ~, *to leave out of* ~ ne(at)kreipti dėmesio; *to lay (one's)* ~ *(on, for, with)* tikėtis; atsižvelgti **7** nauda, pelnas; *to turn to* ~ išnaudoti, gauti naudos **8** prekybos balansas **9** *komp.* paskyra ◊ *on no* ~ jokiu būdu; *on one's own* ~ a) savo naudai; b) savo iniciatyva; savarankiškai; *the great* ~ *rel.* paskutinis teismas; *to be called to one's* ~, *to go to one's* ~, *amer. to hand in one's* ~ mirti, stoti į paskutinį teismą; *to give a good* ~ *of oneself* gerai užsirekomenduoti/pasirodyti, palikti gerą įspūdį *(in)*
v **1** laikytis nuomonės; *refl* jaustis *(laimingam ir pan.)* **2** atsiskaityti *(for)* **3** paaiškinti, būti priežasčiai *(for); his illness ~s for his absence* jo nebuvimo priežastis – liga **4** *šnek.* užmušti, nušauti, sugauti *(for)*
accountability [əˌkaʊntəˈbɪlətɪ] *n* **1** atsakingumas **2** atskaitomybė, atskaitingumas
accountable [əˈkaʊntəbl] *a* **1** atsakingas *(to – kam, for – už ką)* **2** atskaitingas **3** paaiškinamas
accountancy [əˈkaʊntənsɪ] *n* sąskaityba, buhalterija; *to go into* ~ tapti sąskaitininku/buhalteriu
accountant [əˈkaʊntənt] *n* **1** buhalteris; finansininkas; sąskaitininkas, apskaitininkas; *chartered* ~ diplomuotas buhalteris **2** *teis.* atsakovas
accountant-general [əˈkaʊntəntˌdʒenərəl] *n* vyriausiasis buhalteris
account-book [əˈkaʊntbʊk] *n* buhalterinė knyga
accounting [əˈkaʊntɪŋ] *n* **1** sąskaityba **2** apskaita; apskaičiavimas; ~ *cost* kalkuliacija ◊ *there is no ~ for tastes* dėl skonio nesiginčijama
accouter [əˈkuːtə] *v amer.* = **accoutre**
accoutre [əˈkuːtə] *pr. v* aprūpinti, ekipuoti, įdėti išrangos
accoutrements [əˈkuːtrəmənts] *n pl* **1** *kar.* ekipuotė, asmeninė išranga *(išskyrus drabužius ir ginklus)* **2** *juok.* manta
Accra [əˈkrɑː] *n* Akra *(Ganos sostinė)*
accredit [əˈkredɪt] *v* **1** įgalioti; akredituoti **2** priskirti *(to, with)* **3** pripažinti
accreditation [əˌkredɪˈteɪʃn] *n* akreditavimas
accredited [əˈkredɪtɪd] *a* **1** įgaliotas; akredituotas **2** pripažintas, priimtas
accrete [əˈkriːt] *a bot.* suaugęs
v **1** suaugti **2** apaugti, apželti
accretion [əˈkriːʃn] *n* **1** išaugimas; priaugi(ni)mas **2** suaugi(ni)mas **3** padidėjimas **4** *med.* sąauga **5** *spec.* akrecija; *(žemės)* sąnašos
accrual [əˈkruːəl] *n fin.* priaugimas, padidėjimas
accrue [əˈkruː] *v* **1** *fin.* didėti, (pri)augti; *~d interests* priaugusios palūkanos **2** sukaupti, įgyti; atitekti *(to)*
acculturation [əˌkʌltʃəˈreɪʃn] *n* sukultūrėjimas; akultūracija
accumulate [əˈkjuːmjʊleɪt] *v* kaupti(s), su(si)kaupti, rinkti(s); akumuliuoti
accumulation [əˌkjuːmjʊˈleɪʃn] *n* **1** kaupimas(is), su(si)kaupimas, (su)rinkimas; akumuliavimas, akumuliacija; *pri-*

mitive ~ *ekon.* pirminis *(kapitalo)* kaupimas 3 sankaupos; telkinys, masė
accumulative [ə'kju:mjulətɪv] *a* 1 sukauptas 2 kaupiamasis; linkęs kaupti
accumulator [ə'kju:mjuleɪtə] *n* 1 *tech.* akumuliatorius; ~ *room* akumuliatorinė 2 *komp.* kaupiklis; sumatorius, sumavimo įrenginys 3 gobšuolis
accuracy ['ækjərəsɪ] *n* 1 tikslumas; ~ *to size* mato tikslumas, dydžio atitikimas 2 kruopštumas
accurate ['ækjərət] *a* 1 tikslus; ~ *within 1 mm* milimetro tikslumu 2 kruopštus 3 *kar.* taiklus, glaustas *(apie sklaidą)* 4 *tech.* kalibruotas
accurateness ['ækjərətnɪs] *n* tikslumas *ir pan., žr.* **accurate**
accursed [ə'kə:sɪd, ə'kə:st] *a* 1 *attr* neapkenčiamas, bjaurus 2 prakeiktas
accusation [ˌækju'zeɪʃn] *n* 1 (ap)kaltinimas 2 *teis.* kaltinamasis aktas
accusative [ə'kju:zətɪv] *gram. a* galininko
n galininkas, akuzatyvas
accusatorial [əˌkju:zə'tɔ:rɪəl] *a teis.* kaltinimo, kaltintojo
accusatory [ə'kju:zətərɪ] *a* kaltinamasis, smerkiamas *(apie žvilgsnį, pastabą)*
accuse [ə'kju:z] *v* (ap)kaltinti *(of – kuo)*
accused [ə'kju:zd] *(ypač teis.) a* kaltinamas, apkaltintas
n (the ~) kaltinamasis; kaltinamieji
accuser [ə'kju:zə] *n* kaltintojas
accustom [ə'kʌstəm] *v* (į)pratinti; *refl* įprasti, priprasti *(to – prie)*
accustomed [ə'kʌstəmd] *a* 1 įpratęs, papratęs; *to get/ become ~ (to)* įprasti 2 *attr* įprastinis, įprastas, kasdieninis
ace [eɪs] ⟨*n, a, v*⟩ *n* 1 *(kortų, žaidimo kauliukų)* akis; taškas 2 tūzas *(korta); the ~ of trumps* a) pagrindinis švietalas; b) pats rimčiausias argumentas 3 *šnek.* asas; pasižymėjęs/garsus lakūnas/sportininkas *ir pan.* 4 neatmušamas padavimas *(tenise)* ◊ *the ~ of the ~s* geriausias iš geriausių; *within an ~ (of)* vos ne, per plauką *(nuo); to have an ~ up one's sleeve arba in the hole* turėti atsarginį švietalą
a šnek. puikus, meistriškas *(apie lakūną, vairuotoją, žaidėją ir pan.)*
v 1 laimėti tašką *(žaidžiant)* 2 *amer. šnek.* labai gerai išlaikyti *(egzaminą)*, labai gerai parašyti *(rašomąjį)*
acephalous [ə'sefələs] *a* 1 *zool.* begalvis *(apie moliuskus)* 2 *juok.* neturintis vadovo, be vadovo 3 be pirmos eilutės *(apie eilėraštį)*
acerbic [ə'sə:bɪk] *a* 1 aitrus, aštrus, rūgštus 2 kandus, nuožmus
acerbity [ə'sə:bətɪ] *n knyg.* 1 aitrumas, rūgštumas 2 kandumas, nuožmumas, rūstumas
acetate ['æsɪteɪt] *n* 1 *chem.* acetatas, acto rūgšties druska 2 *attr:* ~ *silk* acetatinis šilkas
acetic [ə'si:tɪk] *a chem.* acto; ~ *acid* acto rūgštis
acetify [ə'setɪfaɪ] *v chem.* (pa)rūgštinti; virsti actu
acetone ['æsɪtəun] *n chem.* acetonas
acetous ['æsɪtəs] *a* acto; rūgštus
acetylation [ˌæsetɪ'leɪʃn] *n chem.* acetilinimas
acetylene [ə'setɪli:n] *n chem.* acetilenas
ache [eɪk] *n (ilgai trunkantis)* skausmas; gėla 2 troškimas
v 1 skaudėti, gelti; *my head ~s* man skauda galvą 2 labai norėti, trokšti
acheless ['eɪkləs] *a* neskausmingas
achievable [ə'tʃi:vəbl] *a* pasiekiamas
achieve [ə'tʃi:v] *v* 1 pasiekti; įgyti; *to ~ victory* pasiekti pergalę 2 nuveikti, užbaigti 3 sektis

achievement [ə'tʃi:vmənt] *n* 1 pasiekimas, laimėjimas; pasieka 2 žygdarbis; *heroic ~s* didvyriški žygiai
achiever [ə'tʃi:və] *n* pirmūnas, pirmaujantysis *(t. p. high ~)*
Achilles [ə'kɪli:z] *n mit.* Achilas; ~ *heel prk.* Achilo kulnas; ~ *tendon anat.* Achilo/kulninė sausgyslė
achoo [ə'tʃu:] *int amer.* = **atishoo**
achromatic [ˌækrə'mætɪk] *a* achromatinis; bespalvis
achromatopsy [əˌkrəumə'tɔpsɪ] *n med.* achromatopsija
achy ['eɪkɪ] *a šnek.* skausmingas, skaudus
acid ['æsɪd] *n* 1 rūgštis; *nicotinic ~* nikotino rūgštis 2 *šnek.* narkotikas LSD; ~ *head sl.* LSD vartotojas; ~ *trip* LSD sukeltos haliucinacijos
a 1 rūgštus *(t. p. prk.);* ~ *drops* rūgštūs ledinukai; ~ *look* rūgšti mina 2 *prk.* kandus, aitrus, dygus 3 *chem.* rūgščių, rūgštus; ~ *dye* rūgštiniai dažai; ~ *rain* rūgštusis lietus; ~ *salt* rūgščioji druska; ~ *test* a) (iš)bandymas rūgštimi; b) *prk.* rimtas išbandymas; ~ *value* rūgštingumo koeficientas
acid-house ['æsɪdhaus] *n* šokių muzika, griežiama elektroniniais instrumentais
acidic [ə'sɪdɪk] *a* 1 labai rūgštus 2 rūgštingas
acidify [ə'sɪdɪfaɪ] *v chem.* (pa)rūgštinti; rūgštėti
acidity [ə'sɪdətɪ] *n* 1 rūgštingumas; rūgštumas 2 *prk.* kandumas
acidize ['æsɪdaɪz] *v chem.* (pa)rūgštinti
acid-proof ['æsɪdpru:f] *a* atsparus rūgštims
acid-resistant ['æsɪdrɪˌzɪstənt] *a* = **acid-proof**
acidulated [ə'sɪdjuleɪtɪd] *a* parūgštintas; ~ *drops* vaisiniai ledinukai
acidulous [ə'sɪdjuləs] *a* 1 rūgštokas 2 nepatenkintas
aciform ['æsɪfɔ:m] *a bot.* spygliškas, spyglio/adatos pavidalo
ack-ack [ˌæk'æk] *n šnek. ret.* 1 zenitinis pabūklas 2 zenitinės artilerijos šaudymas
acknowledge [ək'nɔlɪdʒ] *v* 1 pripažinti; *to ~ one's defeat* prisipažinti nugalėtam 2 patvirtinti, pareikšti; *to ~ the receipt* patvirtinti *(siuntinio)* gavimą 3 apdovanoti, pažymėti; pareikšti padėką 4 pažinti; *nowadays they don't ~ us* dabar jie mūsų net pažinti nenori
acknowledg(e)ment [ək'nɔlɪdʒmənt] *n* 1 pripažinimas 2 (gavimo) patvirtinimas/pranešimas 3 *(ppr. pl)* padėka *(knygoje);* padėkos pareiškimas/laiškas 4 *teis.* oficialus pareiškimas
aclinic [ə'klɪnɪk] *a* horizontalus; nepasvirtęs, nenukrypęs; ~ *line spec.* geomagnetinis pusiaujas
acme ['ækmɪ] *gr.* aukščiausias/kulminacinis taškas; ~ *of perfection* tobulybės viršūnė
acne ['æknɪ] *n med.* aknė, spuogas, inkštiras *(ant veido);* riebalų liaukos uždegimas
acock [ə'kɔk] *adv* ant šalies, ant ausies *(apie kepurę)*
acolyte ['ækəlaɪt] *n* 1 *bažn.* patarnautojas *(religinėse apeigose);* psalmininkas 2 *knyg.* patarnautojas, padėjėjas
aconite ['ækənaɪt] *n bot.* kurpelė
acorn ['eɪkɔ:n] *n* gilė
acoustic [ə'ku:stɪk] *a* 1 garso, akustinis 2 ne elektroninis *(apie muz. instrumentą)* 3 *anat.* klausos
acoustics [ə'ku:stɪks] *n* akustika
acquaint [ə'kweɪnt] *v* 1 supažindinti; *pass* būti susipažinusiam/pažįstamam *(with – su); to ~ oneself (with), to become/get ~ed (with)* susipažinti *(su)* 2 pranešti, informuoti
acquaintance [ə'kweɪntəns] *n* 1 pažįstamas; *an ~ of mine* vienas mano pažįstamas 2 pažintis; supažindinimas; *nodding/passing ~* menka/oficiali pažintis *(kai tik sveikinamasi); speaking ~* oficiali pažintis *(kai kalbamasi); on closer/further ~* artimiau susipažinus; *to make the ~*

acquaintanceship | 24 | **activity**

of smb, *to make smb's* ~ susipažinti su kuo; *to cultivate the* ~ *(of)* palaikyti pažintį *(su)*; *to curry* ~ ieškoti pažinčių

acquaintanceship [ə'kweɪntənsʃɪp] *n* **1** pažintis **2** pažįstamų ratas

acquest [ə'kwest] *n teis.* įsigytas turtas *(ne paveldėtas)*

acquiesce [ˌækwɪ'es] *v (nenoromis, tylint)* sutikti, priimti *(in, to)*

acquiescence [ˌækwɪ'esns] *n (tylus, nenorus)* sutikimas; paklusnumas

acquiescent [ˌækwɪ'esnt] *a* paklusnus, nuolankus *n ret.* paklusnus žmogus

acquire [ə'kwaɪə] *v* **1** į(si)gyti; iš(si)ugdyti, išmokti **2** *juok.* sukombinuoti **3** *spec.* surasti ir sekti objektą *(radaru ir pan.)*

acquired [ə'kwaɪəd] *a* į(si)gytas; iš(si)ugdytas; ~ *taste* įgytas skonis/polinkis

acquirement [ə'kwaɪəmənt] *n* **1** į(si)gijimas **2** *pl* įgytos žinios, įgyti įgūdžiai

acquisition [ˌækwɪ'zɪʃn] *n* **1** į(si)gijimas; įgijinys **2** išmokimas, *(darbo)* perpratimas

acquisitive [ə'kwɪzɪtɪv] *a* **1** mėgstantis kolekcionuoti; gobšus **2** lengvai išmokstantis/perprantantis

acquit [ə'kwɪt] *v* **1** išteisinti *(of, on)* **2** atleisti *(nuo įpareigojimų ir pan.; of, from)* **3** atlikti *(pareigą)*; atsiteisti; *to* ~ *oneself of a promise* įvykdyti pažadą **4** *refl* elgtis; *to* ~ *oneself well [badly]* gerai [blogai] elgtis

acquittal [ə'kwɪtl] *n* **1** *teis.* išteisinimas **2** atleidimas, dovanojimas *(skolos ir pan.)* **3** įvykdymas

acquittance [ə'kwɪtəns] *n* **1** *(skolos)* sumokėjimas; atleidimas **2** *(skolos ir pan.)* sumokėjimo pakvitavimas

acre ['eɪkə] *n* **1** akras (≈ 0,4 ha) **2** *pl* valdos, žemė **3** *pl šnek.* daugybė ◊ *God's A.* kapo duobė; kapai *(šventoriuje)*

acreage ['eɪkərɪdʒ] *n* akrai, žemės plotas akrais

acrid ['ækrɪd] *a* **1** aštrus; aitrus, gailus; erzinantis **2** piktas; kandus

acridity [ə'krɪdətɪ] *n* aštrumas *ir pan., žr.* **acrid**

acrimonious [ˌækrɪ'məunɪəs] *a* piktas; kandus, dygus, pašaipus, sarkastiškas

acrimony ['ækrɪmənɪ] *n* piktumas; kandumas, dygumas

acrobat ['ækrəbæt] *n* akrobatas

acrobatic [ˌækrə'bætɪk] *a* akrobatinis; akrobatiškas

acrobatics [ˌækrə'bætɪks] *n* akrobatika; *aerial* ~ *av.* figūriniai skridimai, aukštasis pilotažas

acronym ['ækrənɪm] *n kalb.* akronimas

acropolis [ə'krɒpəlɪs] *n* akropolis

across [ə'krɒs] ⟨*adv, part, prep*⟩ *adv* **1** skersai; *three metres* ~ trys metrai skersai **2** anapus; į kitą pusę; *he is already* ~ jis jau anapus **3** už; *a mile* ~ a) už mylios; b) mylios platumo **4** kryžmai; *with arms* ~ sukryžiuotomis rankomis *part (vart. su vksm.)* per-; *to swim/sail* ~ perplaukti, *žr.* atitinkamus vksm. po ženklo □
prep **1** per; skersai; *a bridge* ~ *the river* tiltas per upę; *to lie* ~ *the bed* gulėti skersai lovos; ~ *the country* tiesiai, ne keliais **2**: ~ *from* priešais ◊ *to put one/it* ~ *smb šnek.* apgauti, apmauti ką

across-the-board [ə'krɒsðə'bɔːd] *a* visuotinis; visa apimantis

acrostic [ə'krɒstɪk] *n lit.* akrostichas

acrylic [ə'krɪlɪk] *n (ppr. pl)* akrilo dažai *(t. p.* ~ *paint) a:* ~ *acid chem.* akrilo rūgštis

act [ækt] *n* **1** veiksmas, poelgis, aktas; *criminal* ~ *teis.* nusikalstama veika; ~ *of bravery* drąsus poelgis, žygdarbis; ~ *of God* Dievo rykštė *(stichinė nelaimė)*; *terrorist* ~ teroristinis aktas; *to be in the* ~ *of doing smth* būti ką bedarančiam, ketinti ką (pa)daryti **2** *(pjesės)* veiksmas **3** įstatymas, nutarimas **4** dokumentas, aktas; ~ *and deed* oficialus raštas, įpareigojimas **5** *(varjetės, cirko)* numeris **6** *šnek.* apsimetimas ◊ *to get one's* ~ *together* susiimti, susikaupti
v **1** veikti, elgtis; *to* ~ *immediately [resolutely]* veikti nedelsiant [ryžtingai]; *to* ~ *up to a promise* vykdyti pažadą; *to* ~ *the fool* elgtis kaip kvailiui **2** *(laikinai)* dirbti, darbuotis; *to* ~ *as interpreter* dirbti vertėju; *this wire* ~*s as a lightning conductor* šis laidas naudojamas kaip žaibolaidis **3** imtis žygių, veikti *(pagal kieno patarimą ir pan.; on, upon)* **4** (pa)veikti, daryti poveikį *(apie vaistus ir pan.; on)* **5** *teatr.* vaidinti; *to* ~ *(the part of) Hamlet* vaidinti Hamletą **6** apsimesti; vaidinti **7** atstovauti *(for);* veikti kieno vardu *(t. p.* ~ *on smb's behalf)* □ ~ *out* pavaizduoti; suvaidinti; ~ *up šnek.* blogai veikti/elgtis; darkytis, išsidarinėti

actable ['æktəbl] *a* **1** įvykdomas **2** *teatr.* pastatomas, tinkamas statyti

acting ['æktɪŋ] *n teatr.* vaidinimas, atlikimas; vaidyba; ~ *copy* pjesės tekstas su režisieriaus pastabomis
a **1** veikiantis **2** *(laikinai)* einantis pareigas; *the* ~ *director* einantis direktoriaus pareigas

actinia [æk'tɪnɪə] *n (pl* -ae [-iː], ~s [-z]) *zool.* aktinija

actinic [æk'tɪnɪk] *a chem., fiz.* aktinio; ~ *rays fiz.* aktinio spinduliai *(violetiniai ir ultravioletiniai)*

actinism ['æktɪnɪzm] *n chem., fiz.* jautrumas šviesai, aktinizmas

actinium [æk'tɪnɪəm] *n chem.* aktinis

action ['ækʃn] *n* **1** veiksmas, poelgis, pasielgimas; žygis; *to take (prompt)* ~ (nedelsiant) veikti, imtis žygių **2** *pl* elgesys, veiksmai **3** veikimas, poveikis **4** *polit.* akcija; *industrial* ~ streikas, darbininkų akcija **5** veikla, darbas; mechanizmo veikimas; *a man of* ~ veiklus/energingas žmogus; ~ *of the heart* širdies veikla/darbas; *to put out of* ~ išvesti iš rikiuotės; *to put/set into* ~ įjungti, paleisti dirbti; ~ *group* darbo grupė **6** *teis.* kaltinimas; ieškinys, teismo procesas; *civil* ~ civilinis ieškinys; ~ *for damages* ieškinys dėl nuostolių **7** kova, mūšis; *to bring into* ~ įvesti į mūšį; *to go into* ~ stoti į kovą; *to break off an* ~ nutraukti kovą; *to be killed [to fall] in* ~ žūti [kristi] kovoje; ~ *stations! kar.* užimti pozicijas! ◊ ~*s speak louder than words* ≡ ne pagal žodžius sprendžiama, o pagal veiksmus

actionable ['ækʃnəbl] *a teis.* teistinas, baustinas

action-packed ['ækʃn'pækt] *a* gausus įvykių *(apie filmą ir pan.)*

activate ['æktɪveɪt] *v* **1** aktyvinti, daryti veiklesnį **2** *chem., biol.* aktyvinti; ~*d carbon* aktyvintosios anglys **3** daryti radioaktyvų **4** *amer. kar.* sudaryti, komplektuoti

active ['æktɪv] *a* **1** aktyvus, veiklus **2** energingas, gyvas; *the market is* ~ rinkoje – pagyvėjimas **3** veikiantis **4** *gram.* veikiamoji *(apie rūšį);* ~ *voice* veikiamoji rūšis; aktyvas **5** *fin.* palūkanų, duodantis palūkanas **6** *kar.:* ~ *forces* reguliarioji kariuomenė; ~ *list* tikrosios tarnybos karininkų sąrašas; ~ *service* karinė tarnyba; *amer.* tikroji karinė tarnyba
n (the ~) *gram.* veikiamoji rūšis

activism ['æktɪvɪzm] *n* agitavimas, agitacija

activist ['æktɪvɪst] *n* aktyvistas; agitatorius

activity [æk'tɪvətɪ] *n* **1** aktyvumas, veiklumas; gyvumas; energija; *there's a lot of* ~ *on the site* statybos aikštelėje labai gyva **2** veikla, darbas; *out-of-school activities* popamokinė veikla

actor ['æktə] *n* **1** aktorius; *(dramos, kino)* artistas; *film ~* kino artistas/aktorius **2** *(įvykio)* dalyvis; veikėjas, veikiantysis asmuo **3** *gram.* veikėjas, agentas

actress ['æktrıs] *n* aktorė; *(dramos, kino)* artistė

actual ['æktʃuəl] *a* **1** faktinis, tikras(is); *in ~ fact* iš tikrųjų; *the ~ speed* tikrasis greitis **2** dabartinis, dabar esantis; *the ~ position of the moon* dabartinė mėnulio padėtis; *the ~ campaign runs for two or three months* pati kampanija vyksta du ar tris mėnesius

actuality [,æktʃu'ælətı] *n* **1** tikrovė; realybė **2** *pl* faktai, esamos sąlygos

actualize ['æktʃuəlaız] *v* **1** realizuoti, įgyvendinti, įvykdyti **2** realistiškai (pa)vaizduoti

actually ['æktʃuəlı] *adv* **1** iš tikrųjų, tikrai; faktiškai **2** *mod* tiesą sakant; tarp kitko **3** net; nors ir keista; *he ~ struck her* jis net sudavė jai

actuarial [,æktʃu'ɛərıəl] *a (draudimo)* statistikos, statistinis; registracinis

actuary ['æktʃuərı] *n* **1** *(draudimo)* statistikos ekspertas, aktuarijus **2** registratorius; *(teismo)* raštininkas

actuate ['æktʃueıt] *v* **1** įjungti, paleisti *(mechanizmą)* **2** skatinti, stimuliuoti **3** *el.* sužadinti

actuation [,æktʃu'eıʃn] *n* **1** įjungimas, paleidimas **2** skatinimas

actuator ['æktʃueıtə] *n* **1** *tech.* pavara, pavaros rankena; *electromagnetic ~* traukos elektromagnetas **2** *el.* solenoidas

acuity [ə'kju:ətı] *n* aštrumas; regumas; klausumas; *mental ~* proto šviesumas

acumen ['ækjumən] *n* įžvalgumas, sumanumas

acuminate *a* [ə'kju:mınət] *biol., zool.* aštrus, smailėjantis *v* [ə'kju:mıneıt] aštrinti, smailinti

acupressure ['ækju,preʃə] *n med.* taškinis masažas

acupuncture ['ækju,pʌŋktʃə] *n med.* adatų terapija, akupunktūra

acute [ə'kju:t] *a* **1** aštrus **2** *prk.* aštrus, stiprus; *~ eyesight* aštrus regėjimas; *~ pain* stiprus/veriamas skausmas; *~ appendicitis* ūminis apendicitas **3** įžvalgus, pastabus, nuovokus **4** režiantis, spiegiamas *(apie garsą)* **5** *geom.* smailus *(apie kampą)* **6** *kalb.* akūtinis; *~ accent* akūtas, dešininis kirčio ženklas

acuteness [ə'kju:tnıs] *n* aštrumas *ir pan., žr.* **acute**

-acy [-əsı] *suff* = **-cy**

ad [æd] *n šnek.* (**advertisement** *sutr.*) skelbimas

Ada ['eıdə] *n* Ada *(vardas)*

adage ['ædıdʒ] *n* patarlė, priežodis, posakis

adagio [ə'dɑ:dʒıəu] *it. n, a, adv muz.* adagio

Adam ['ædəm] *n* Adomas, Adamas; *~'s apple anat.* Adomo obuolys ◊ *~'s ale/wine juok.* vanduo; *not to know smb from ~* visiškai ko nepažinti, nieko apie ką nežinoti

adamant ['ædəmənt] *n* **1** *psn.* kietas metalas/mineralas; deimantas **2** *prk.* kas nors tvirta/kieta; *will of ~* geležinė valia
a **1** kietas, tvirtas **2** nepalaužiamas, nepalenkiamas

adamantine [,ædə'mæntaın] *a* **1** kietas, tvirtas **2** nepalaužiamas

adapt [ə'dæpt] *v* **1** pri(si)taikyti **2** adaptuoti; perdirbti sutrumpinant ir suprastinant; *to ~ a novel* a) adaptuoti romaną; b) inscenizuoti romaną

adaptability [ə,dæptə'bılətı] *n* pri(si)taikomumas; pri(si)taikymas

adaptable [ə'dæptəbl] *a* **1** mokantis prisitaikyti **2** lengvai pritaikomas

adaptation [,ædəp'teıʃn] *n* **1** *įv. reikšm.* adaptacija **2** pri(si)taikymas; perdirbimas; *~ of a musical composition* muzikos kūrinio aranžuotė

adapter, -or [ə'dæptə] *n* **1** tas, kuris pritaiko, adaptuotojas **2** *tech.* adapteris; ėmiklis; jungiklis; štuceris

add [æd] *v* **1** pridėti, papildyti *(to)* **2** sudėti, (su)sumuoti *(t. p. ~ together/up); to ~ two and six* sudėti du ir šešis **3** pridurti *(kalbant, rašant)* □ *~ in* įtraukti, įdėti; *~ on* pridėti; pristatyti *(padidinant namą); ~ up* a) siekti, išaugti *(to – iki);* b) *šnek.* susidėti, būti sudarytam *(iš ko)* ◊ *~(ed) to this/that, if you ~ to this* be to *(kas pasakyta)*

addendum [ə'dendəm] *n (pl* -da [-də]*) (knygos)* priedas, papildymas; adendas

adder¹ ['ædə] *n* sumavimo įrenginys

adder² *n zool.* **1** gyvatė **2** *amer.* žaltys

addict *n* ['ædıkt] **1** narkomanas *(t. p. drug ~); alcohol ~* alkoholikas **2** didelis mėgėjas, entuziastas; *he is a TV ~* jo neatplėši nuo televizoriaus
v [ə'dıkt] būti įpratusiam *(daryti ką nors bloga); to be ~ed to smoking [drinking, stealing]* daug rūkyti [gerti, vogti]

addiction [ə'dıkʃn] *n* polinkis; žalingas įprotis; *drug ~* narkomanija

addictive [ə'dıktıv] *a* **1** įprantamas *(apie narkotikus);* tampantis nenugalimu įpročiu, **2** malonus, užkrečiamas

Addis Ababa [,ædıs'æbəbə] *n* Adis Abeba *(Etiopijos sostinė)*

addition [ə'dıʃn] *n* **1** pridėjimas, papildymas; priedas; *in ~ (to)* be to, (ir) dar **2** *amer.* priestatas **3** *mat.* sudėtis **4** *chem.* priemaiša

additional [ə'dıʃnəl] *a* papildomas, pridėtinis; *~ charges* papildomos išlaidos

additionally [ə'dıʃnəlı] *adv* **1** papildomai; dar (labiau) **2** be to

additive ['ædıtıv] *spec. n* priedas, priemaiša; *fuel ~* kuro priedas
a adityvus

addle ['ædl] *v* **1** gesti; kliuksėti *(apie kiaušinį)* **2** painioti(s); *to ~ one's head* susipainioti; prisikimšti galvą

addle-brained ['ædl'breınd] *a* susipainiojęs, puskvailis

addled ['ædld] *a* **1** supuvęs, sugedęs; *~ egg* kliukis **2** tuščias, papaikęs; padrikas

addle-head ['ædl,hed] *n* pakvaišęs žmogus, pusgalvis

addlement ['ædlmənt] *n* painiava

addle-pate ['ædl,peıt] *n* = **addle-head**

add-on ['ædɔn] *n (ypač komp.)* priedas, papildomas įrenginys

address [ə'dres] *n* **1** adresas; *forwarding ~* naujas/kitas adresas *(duodamas korespondencijai persiųsti)* **2** kreipimasis, kalba **3** taktas; elgesys, manieros **4** *pl* asistavimas; *to pay one's ~es to a lady* asistuoti moteriai **5** *komp.* adresas, rinkmenos numeris *(kompiuterio atmintyje)*
v **1** užrašyti adresą; adresuoti **2** sakyti kalbą; *to ~ a meeting* kalbėti susirinkime **3** kreiptis; nukreipti; *to ~ oneself to the audience* kreiptis į auditoriją **4** imtis *(to);* (at)kreipti dėmesį: *to ~ oneself to business* imtis kokio reikalo/dalyko

addressee [,ædre'si:] *n* adresatas

adduce [ə'dju:s] *v* pateikti, duoti *(įrodymų, pavyzdį ir pan.)*

adducent [ə'dju:sənt] *a anat.* pritraukiamasis *(apie raumenį)*

Adela ['ædılə] *n* Adela *(vardas)*

Adelaide ['ædəleıd] *n* Adelaidė *(vardas, miestas)*

Aden ['eıdn] *n* Adenas

adenoids ['ædınɔıdz] *n pl anat., med.* adenoidai

adept *n* ['ædept] **1** mokovas, ekspertas **2** alchemikas
a [ə'dept] gerai žinantis/mokantis, nusimanantis *(at, in)*

adequacy ['ædıkwəsı] *n* **1** adekvatumas; atitikimas; proporcingumas **2** pakankamumas

adequate ['ædɪkwət] *a* **1** adekvatus; atitinkantis, atitinkamas; ~ **definition** tikslus apibrėžimas **2** pakankamas **3** galintis, kompetentingas

adequation [ˌædɪ'kweɪʃn] *n* **1** sulyginimas **2** ekvivalentas

adhere [əd'hɪə] *v* **1** prikibti, prilipti **2** tvirtai laikytis; būti ištikimam/atsidavusiam/prisirišusiam **3** prisijungti, prisidėti *(prie sutarties)*

adherence [əd'hɪərəns] *n* **1** ištikimybė, atsidavimas **2** griežtas *(taisyklių ir pan.)* laikymasis; ~ **to specification** techninių sąlygų laikymasis **3** *tech.* sukibimas

adherent [əd'hɪərənt] *n* šalininkas, sekėjas
a **1** kibus, lipnus **2** prigludęs

adherer [əd'hɪərə] = **adherent** *n*

adhesion [əd'hi:ʒn] *n* **1** prilipimas, sulipimas **2** atsidavimas; sutarimas **3** *tech.* sukibimas; ~ **wheel** sankabos diskas **4** *fiz.* adhezija, priekiba **5** *med.* adhezija, suaugimas, sąauga

adhesive [əd'hi:sɪv] *a* **1** lipnus; rišlus; ~ **tape** lipnioji juostelė, traukas, pleistras **2** *spec.* adhezinis; sąauginis; ~ **power** adhezijos/priekibos jėga/geba
n klijai, lipni/rišli medžiaga

adhesiveness [əd'hi:sɪvnɪs] *n* **1** lipnumas **2** *psich.* gebėjimas asocijuoti

adhibit [əd'hɪbɪt] *v ret.* **1** pritaisyti, pritvirtinti **2** taikyti, duoti, įleisti *(vaistų)*

ad hoc [ˌæd'hɔk] *lot.* specialus, šiam tikslui

adieu [ə'dju:] *pr. int* sudie!, lik sveikas!
n (pl ~s, ~x [-z]) *ret.* atsisveikinimas; **to make/take one's** ~ atsisveikinti

ad infinitum [ˌædɪnfɪ'naɪtəm] *lot.* be galo, iki begalybės

adios [ædɪ'ɔs] *isp. int* = **adieu**

adipose ['ædɪpəus] *n* gyvuliniai riebalai
a riebalinis, riebalų

adiposity [ˌædɪ'pɔsətɪ] *n* riebumas, nutukimas

adit ['ædɪt] *n* **1** įėjimas; prieiga **2** *kas.* nuožulnioji galerija

adjacency [ə'dʒeɪsᵊnsɪ] *n* gretimumas, gretimybė; kaimynystė

adjacent [ə'dʒeɪsᵊnt] *a* **1** gretimas **2** *geom.* gretutinis

adjectival [ˌædʒɪk'taɪvl] *a gram.* būdvardinis, vartojamas kaip būdvardis

adjective ['ædʒɪktɪv] *n gram.* būdvardis
a **1** pridėtinis, papildomas, priklausantis; ~ **colours** papildomosios spalvos **2** *gram.* būdvardinis

adjoin [ə'dʒɔɪn] *v* šlietis, liestis; prieiti, ribotis; **this room** ~**s my study** šis kambarys yra greta mano kabineto

adjoinment [ə'dʒɔɪnmənt] *n gram.* (pri)šliejimas

adjourn [ə'dʒə:n] *v* **1** atidėti *(posėdį ir pan.)* **2** pertraukti, (pa)daryti *(susirinkimo ir pan.)* pertrauką **3** pereiti *(į kitą vietą; to)*; perkelti *(posėdį į kitą vietą/laiką)*

adjournment [ə'dʒə:nmənt] *n* **1** atidėjimas **2** pertrauka

adjudge [ə'dʒʌdʒ] *v knyg.* **1** nuteisti; pripažinti; **to** ~ **smb (to be) guilty** *(of)* pripažinti ką (esant) kaltu **2** priteisti *(kompensaciją ir pan.; to)*

adjudg(e)ment [ə'dʒʌdʒmənt] *n* **1** teismo nuosprendis **2** *(kompensacijos ir pan.)* priteisimas

adjudicate [ə'dʒu:dɪkeɪt] *v* **1** (nu)spręsti, nutarti; būti *(konkurso, varžybų)* teisėju **2** *teis.* pripažinti; (nu)teisti **3** *šach.* nagrinėti/analizuoti pozicijas

adjudicator [ə'dʒu:dɪkeɪtə] *n teis.* arbitras

adjunct ['ædʒʌŋkt] *n* **1** padėjėjas; ~ **professor** *amer.* profesorius adjunktas **2** priedas; papildymas *(to)*; neesminė/atsitiktinė savybė **3** *gram.* priklausomas žodis *(papildinys, pažyminys, aplinkybė)*

adjuration [ˌædʒuə'reɪʃn] *n* **1** maldavimas **2** priesaika

adjure [ə'dʒuə] *v* **1** maldauti **2** *teis.* prisaikdinti

adjust [ə'dʒʌst] *v* **1** pri(si)taikyti **2** (pri)derinti; (pa)koreguoti; (su)reguliuoti; ~**ed fire** *kar.* įsišaudymas **3** (su)tvarkyti; (pa)taisyti

adjustable [ə'dʒʌstəbl] *a* reguliuojamas, pritaikomas; stumdomas, kilnojamas; ~ **spanner/wrench** *tech.* skečiamasis raktas

adjuster [ə'dʒʌstə] *n* **1** montuotojas, rinkėjas; reguliuotojas **2** *tech.* reguliatorius; įveržimo įtaisas/varžtas **3**: *loss/amer.* **insurance** ~ draudimo ekspertas, apskaičiuojantis *(avarijos ir pan.)* nuostolius

adjusting [ə'dʒʌstɪŋ] *a tech.* **1** reguliuojamas, nustatomas; ~ **gear** reguliuojamasis mechanizmas **2** (su)renkamasis, montažinis; ~ **shop** surinkimo/montavimo dirbtuvė/cechas

adjustment [ə'dʒʌstmənt] *n* **1** (su)reguliavimas; pataisymas, pakeitimas **2** pri(si)taikymas, pri(si)derinimas **3** *kar. (ugnies)* koregavimas; ~ **in direction [in range]** krypties [nuotolio] koregavimas; ~ **of sight** taikiklio nustatymas **4** *fin.* išmokėtinos sumos nustatymas

adjutancy ['ædʒutənsɪ] *n* adjutanto laipsnis/pareigos

adjutant ['ædʒutənt] *n* **1** adjutantas **2** *ret.* padėjėjas, asistentas **3** *zool.* didžiagūžis gandras *(Indijoje; t. p.* ~ **bird/stork)**

adjuvant ['ædʒuvənt] *n* padėjėjas
a naudingas, pagalbinis

ad-lib [ˌæd'lɪb] *lot. šnek.* <*n, adv, a, v*> *n* ekspromtas, improvizacija
adv **1** laisvai, kiek patinka **2** ekspromtu
a improvizuotas, neparengtas *(iš anksto)*
v improvizuoti, kalbėti ekspromtu

adman ['ædmæn] *n (pl* -men) *šnek.* reklamuotojas

admass ['ædmæs] *n* patiklios masės, lengvai pasiduodančios reklamos *ir pan.* įtakai

admeasure [æd'meʒə] *v* (at)matuoti, nustatyti ribas

admen ['ædmen] *n pl žr.* **adman**

admin ['ædmɪn] *n šnek.* = **administration**

administer [əd'mɪnɪstə] *v* **1** valdyti; tvarkyti *(reikalus)* **2** vykdyti *(teisingumą)*; teisti, bausti; **to** ~ **an oath to smb** prisaikdinti ką **3** suduoti *(smūgį ir pan.)*; spirti **4** duoti, (pa)skirti *(vaistų)*; **to** ~ **relief** padėti, suteikti pagalbą **5** *bažn.* suteikti *(sakramentą)*

administrate [əd'mɪnɪstreɪt] *v amer.* valdyti; kontroliuoti

administration [ədˌmɪnɪ'streɪʃn] *n* **1** valdymas; tvarkymas; ~ **expenses** valdymo išlaidos **2** *(teisingumo)* vykdymas **3** administracija; valdyba; *(ypač amer.)* vyriausybė; ~ **building/block** administracinis pastatas **4** ministerija **5** *(vaistų)* prirašymas, davimas

administrative [əd'mɪnɪstrətɪv] *a* **1** administracinis; valdymo **2** vykdomasis *(apie valdžią)*

administrator [əd'mɪnɪstreɪtə] *n* **1** valdytojas; administratorius **2** oficialus pareigūnas **3** *teis.* globėjas

admirable ['ædmərəbl] *a* pasigėrėtinas, puikus, žavus

admiral ['ædmərəl] *n* **1** admirolas; **A. of the Fleet**, *amer.* **A. of the Navy** laivyno admirolas **2** *zool.* admirolas *(drugys; t. p.* **red** ~)

Admiralty ['ædmərəltɪ] *n* **1** admiralitetas; *ist. (D. Britanijos)* jūrų ministerija; **First Lord of the A.** *ist.* pirmasis admiraliteto lordas *(D. Britanijos jūrų ministras)* **2** *attr:* ~ **mile/knot** anglų jūrmylė *(= 1853,248 m)*

admiration [ˌædmə'reɪʃn] *n* susižavėjimas; žavėjimasis, grožėjimasis; gėrėjimasis; **in** ~ susižavėjęs

admire [əd'maɪə] *v* **1** žavėtis, su(si)žavėti; grožėtis; gėrėtis **2** *amer. šnek.* norėti

admirer [əd'maɪərə] *n* garbintojas, gerbėjas

admissibility [ədˌmɪsə'bɪlətɪ] *n teis.* leistinumas

admissible [əd'mɪsəbl] *a (ypač teis.)* priimtinas; leistinas(is)
admission [əd'mɪʃn] *n* **1** priėmimas; *to gain* ~ būti priimtam *(to – į)* **2** (į)leidimas; įėjimas; *free* ~ nemokamas įėjimas *(to – į)* **3** *(ppr. pl)* (į)stojimas; *~s procedure* stojimo tvarka *(į universitetą ir pan.);* **4** pri(si)pažinimas; sutikimas **5** *attr tech*.: *~ space* pripildymo tūris; *~ stroke* įsiurbimo eiga; *~ valve* įsiurbimo vožtuvas
admit [əd'mɪt] *v* **1** priimti, prileisti; *to be ~ted to the bar* gauti teisę advokatauti teisme **2** (į)leisti; *dogs not ~ted* šunys neįleidžiami **3** sutikti; pri(si)pažinti; *he ~s to making a mistake* jis prisipažįsta padaręs klaidą **4** tilpti *(patalpoje);* **the hall ~s 500 persons** salėje telpa 500 žmonių **5** leisti *(atsitikti, būti; of); it does not ~ of doubt* negalima abejoti, nėra jokios abejonės; *the problem ~s of no delay* klausimas neatidėliotinas
admittance [əd'mɪtəns] *n* **1** įėjimas; leidimas įeiti; *no ~! (pašaliniams)* įeiti draudžiama!; *no ~ except on business* įeiti galima tik su reikalu **2** *el.* tariamasis laidumas
admittedly [əd'mɪtɪdlɪ] *adv* **1** visų sutikimu/pripažinimu **2** *mod* reikia pripažinti, žinoma
admix [əd'mɪks] *v* įmaišyti, pri(si)maišyti; su(si)maišyti *(with)*
admixture [əd'mɪkstʃə] *n* **1** įmaišymas; mišinys, įmaišalas **2** *spec.* priemaiša
admonish [əd'mɒnɪʃ] *v* **1** įspėti, perspėti; priminti *(of)* **2** įtikinėti, patarti **3** padaryti pastabą
admonishment [əd'mɒnɪʃmənt] *n* = **admonition**
admonition [ˌædmə'nɪʃn] *n* **1** perspėjimas **2** įtikinėjimas, patarimas **3** pastaba
admonitory [əd'mɒnɪtərɪ] *a* perspėjamasis; *~ glance* priekaištingas žvilgsnis
ad nauseam [ˌæd'nɔːzɪəm] *lot.* iki koktumo
ado [ə'duː] *n* **1** subruzdimas, triukšmas, bėgiojimas; rūpesčiai; *much ~ about nothing* daug triukšmo dėl nieko; *without more/further ~* negaištant be reikalo, iš karto **2** sunkumai; *with much ~* su dideliais sunkumais
adobe [ə'dəʊbɪ] *isp. n* **1** nedegta plyta, plaušaplytė **2** plūktinis/plaušamolio statinys **3** kalkėtasis priemolis
adolescence [ˌædə'lesns] *n* paauglystė
adolescent [ˌædə'lesnt] *a* paaugliškas; paauges *n* paauglys
Adolphus [ə'dɒlfəs] *n* Adolfas *(vardas)*
Adonis [ə'dəʊnɪs] *n* **1** *mit.* Adonis **2** *prk.* gražuolis
adopt [ə'dɒpt] *v* **1** įvaikinti, įsūnyti, įdukrinti; *~ed son* įsūnis **2** priimti; paimti, pasisavinti; *to ~ a resolution* priimti rezoliuciją; *to ~ the attitude* užimti tam tikrą poziciją; *to ~ smb's methods* perimti kieno metodus **3** *kalb.* skolintis **4** *polit.* pasirinkti
adoptee [ˌædɒp'tiː] *n* įvaikis, augintinis
adoption [ə'dɒpʃn] *n* **1** įvaikinimas, įsūnijimas, įdukrinimas **2** priėmimas, pasisavinimas **3** *kalb.* skolinimas(is) **4** *polit.* pasirinkimas
adoptive [ə'dɒptɪv] *a* **1** įvaikintas, įsūnytas, įdukrinta; *~ mother* įmotė **2** priimantis, perimantis; imlus
adorable [ə'dɔːrəbl] *a* **1** garbintinas **2** *šnek.* puikus, nuostabus
adoration [ˌædə'reɪʃn] *n* garbinimas, dievinimas *(t. p. prk.)*
adore [ə'dɔː] *v* **1** garbinti, dievinti **2** *šnek.* dievinti, nepaprastai mėgti/mylėti
adorn [ə'dɔːn] *v* (pa)puošti; (pa)gražinti; būti *(ko)* papuošimu/puošmena
adornment [ə'dɔːnmənt] *n* **1** puošimas **2** papuošimas, puošmena

adrenal [ə'driːnl] *anat. a* antinkstinis
n antinkstis
adrenalin [ə'drenəlɪn] *n spec.* adrenalinas
Adriatic [ˌeɪdrɪ'ætɪk] *a: the ~ Sea* Adrijos jūra
adrift [ə'drɪft] *a, adv predic* **1** pasroviui, dreifuojantis, nevaldomas, vėjo ir bangų nešamas; *to cut ~* (pa)leisti pasroviui; *to cut oneself ~ (from)* nutraukti ryšius *(su)*, atitrūkti *(nuo); to go ~* a) dreifuoti; b) *šnek.* dingti **2** atsidavęs likimo valiai; *to turn ~* at(s)iduoti likimo valiai; išvaryti *(iš namų, iš tarnybos)*
adroit [ə'drɔɪt] *a* gudrus, sumanus; mitrus
adroitness [ə'drɔɪtnɪs] *n* sumanumas; mitrumas
adscititious [ˌædsɪ'tɪʃəs] *a knyg.* papildomas
adsorb [əd'sɔːb] *v chem.* adsorbuoti
adsorbent [əd'sɔːbənt] *n chem.* adsorbentas
adsorption [əd'sɔːpʃn] *n chem.* adsorbcija
adspeak ['ædspiːk] *n* reklamų žargonas
adulate ['ædʒʊleɪt] *v* liaupsinti; meilikauti, pataikauti
adulation [ˌædʒʊ'leɪʃn] *n* liaupsinimas; meilikavimas
adulatory ['ædʒʊleɪtərɪ] *a* pataikaujamas
adult ['ædʌlt] *n* suaugėlis, subrendėlis; pilnametis; *for ~s only* tik suaugusiems *(užrašas)*
a suaugęs, subrendęs; pilnametis
adulterant [ə'dʌltərənt] *n* priemaiša
adulterate *v* [ə'dʌltəreɪt] **1** primaišyti, atskiesti **2** klastoti, falsifikuoti
a [ə'dʌltərɪt] **1** atskiestas **2** falsifikuotas, suklastotas
adulteration [əˌdʌltə'reɪʃn] *n* primaišymas; falsifikavimas, klastotė
adulterer [ə'dʌltərə] *n* svetimautojas, svetimoteris, svetimoteriautojas
adulteress [ə'dʌltərɪs] *n* svetimautoja
adultery [ə'dʌltərɪ] *n (sutuoktinio)* neištikimybė; svetimavimas
adulthood ['ædʌlthʊd] *n* suaugusiojo amžius, pilnametystė
adultify [ə'dʌltɪfaɪ] *v* per anksti subrandinti *(vaiką)*, paankstinti *(vaiko)* brandą
adumbrate ['ædʌmbreɪt] *v knyg.* **1** nubrėžti, nužymėti, škicuoti; duoti tik bendrą vaizdą/supratimą **2** pranašauti **3** mesti šešėlį, užstoti
adust [ə'dʌst] *a* **1** *(saulės)* išdegintas, sukepęs **2** įdegęs *(saulėje)* **3** *psn.* niūrus
ad valorem [ˌædvə'lɔːrəm] *lot.* pagal kainą/vertę
advance [əd'vɑːns] <*n, a, v*> *n* **1** žengimas į priekį; pažanga, progresas **2** *kar.* puolimas **3** paankstinimas, paskuba *(t. p. tech.); spark/ignition ~* uždegimo paankstinimas; *in ~* iš anksto; *in ~ (of) (ko)* priekyje, pirma *(ko);* prieš, anksčiau; *to be in ~* a) aplenkti; b) skubėti *(apie laikrodį)* **4** paaukštinimas, (pa)kėlimas *(tarnyboje)* **5** *(kainų ir pan.)* didėjimas, kilimas; *any ~ on £100?* šimtas svarų sterlingų, kas daugiau *(aukcione ir pan.)* **6** *kom.* avansas ◊ *to make ~s* stengtis susidraugauti/ suartėti
a attr išankstinis; *~ party* a) *kar.* priekinis žygio būrys, avangardas; b) = *~ team; ~ team (aukšto pareigūno)* komanda, organizuojanti vizitus/susitikimus *ir pan.*
v **1** žengti/eiti į priekį; daryti pažangą, progresuoti **2** pulti *(on; t. p. kar.)* **3** paaukštinti, (pa)kelti *(tarnyboje)* **4** paankstinti, atkelti *(anksčiau)* **5** pateikti *(aptarimui);* (pa)remti **6** (pa)kilti; (pa)kelti *(kainas ir pan.)* **7** mokėti avansą; duoti paskolą
advanced [əd'vɑːnst] *a* **1** esantis priešakyje, priešakinis **2** pažangus, progresyvus **3** (daugiau) pažengęs į priekį; aukštesnio tipo, sudėtingesnis **4**: *~ in years* senyvas, senyvo amžiaus

advance-guard [əd'vɑ:nsgɑ:d] *n kar.* avangardas
advancement [əd'vɑ:nsmənt] *n* **1** pažanga, progresas, žengimas į priekį **2** paaukštinimas *(pareigų)*
advantage [əd'vɑ:ntɪdʒ] *n* **1** pranašumas, pirmenybė; *to gain an ~ (over)* įgyti pranašumą *(palyginti su); to have the ~ (of)* būti pranašesniam, pirmauti **2** palanki padėtis, dėkingos aplinkybės; privalumas, nauda; *to ~ į* gera, naudinga linkme; *to take ~ of smth, to turn smth to ~* pasinaudoti kuo **3** *sport.* *(kieno)* persvara *(po lygaus rezultato); ~ in* „daugiau" *(servuojančiojo naudai); ~ out* „mažiau" ◊ *to take ~ of smb* išnaudoti, apgauti ką; *to take smb at ~* ką užklupti; *you have the ~ of me* jūs žinote apie tai, o aš ne
v knyg. suteikti pranašumą; prisidėti, duoti naudos
advantaged [əd'vɑ:ntɪdʒd] *a* pranašesnis; privilegijuotas *n (the ~) kuop.* privilegijuotieji
advantageous [ˌædvən'teɪdʒəs] *a* palankus, naudingas
advent ['ædvənt] *n* **1** atėjimas, atvykimas; pasirodymas *(of)* **2** *(A.) rel.* adventas; *bažn.* advento pasninkas
Adventist ['ædvəntɪst] *n bažn.* adventistas
adventitious [ˌædvən'tɪʃəs] *a* **1** atsitiktinis; neesminis **2** *bot.* pridėtinis, papildomas
adventure [əd'ventʃə] *n* **1** nuotykis; *~ story* nuotykių apysaka/romanas **2** rizikingas žygis, avantiūra
v rizikuoti; išdrįsti
adventurer [əd'ventʃərə] *n* avantiūristas, nuotykių ieškotojas
adventuress [əd'ventʃərɪs] *n* avantiūristė, nuotykių ieškotoja
adventurous [əd'ventʃərəs] *a* **1** drąsus, linkęs rizikuoti **2** nuotykingas, rizikingas
adverb ['ædvə:b] *n gram.* prieveiksmis
adverbial [əd'və:bɪəl] *a gram.* prieveiksmio, prieveiksminis
adversarial [ˌædvə:'sɛərɪəl] *a polit., teis.* priešiškas
adversary ['ædvəsərɪ] *n* **1** priešininkas; konkurentas, varžovas **2** priešingoji šalis *(teisme)*
adversative [əd'və:sətɪv] *a* **1** priešingas **2** *gram.* priešpriešinis
adverse ['ædvə:s] *a* **1** neigiamas, nepalankus **2** priešiškas **3** esantis priešais; *~ wind* priešinis vėjas
adversity [əd'və:sətɪ] *n* nelaimė, bėda; nepalanki padėtis
advert¹ ['ædvə:t] *n šnek.* (advertisment *sutr.*) skelbimas, reklama *(laikraštyje, televizijoje)*
advert² [əd'və:t] *v* atkreipti *(savo)* dėmesį; turėti galvoje; paliesti, paminėti *(to)*
advertence, -cy [əd'və:təns, -sɪ] *n* dėmesys; dėmesingumas
advertise ['ædvətaɪz] *v* **1** reklamuoti **2** skelbti; įdėti skelbimą *(laikraštyje);* ieškoti pagal skelbimą *(for)*
advertisement [əd'və:tɪsmənt, *amer.* ˌædvər'taɪzmənt] *n* **1** reklama; reklamavimas(is) **2** skelbimas
advertiser ['ædvətaɪzə] *n* **1** reklamuotojas; skelbėjas **2** laikraštis/leidinys su skelbimais
advice [əd'vaɪs] *n* **1** *(tik sg)* patarimas *(t. p. a piece/word of ~);* patarimai; *(gydytojo, teisininko ir pan.)* konsultacija; *two pieces of ~* du patarimai; *to take legal ~* pasitarti su teisininku; *to give/offer smb ~* duoti kam patarimų; *take my ~* paklausykite mano patarimo **2** *(ppr. pl) kom.* informacija, pranešimas **3** *fin.* aviza *(t. p. ~ note)*
advisability [ədˌvaɪzə'bɪlətɪ] *n* protingumas
advisable [əd'vaɪzəbl] *a* **1** *predic* patartinas, rekomenduotinas, tikslingas **2** protingas
advise [əd'vaɪz] *v* **1** patarti; pasitarti *(with smb – su kuo, on/about smth – dėl ko); to ~ against smth* patarti ko nedaryti **2** konsultuoti *(on)* **3** pranešti, informuoti *(of)*

advised [əd'vaɪzd] *a* **1** informuotas **2** *(ppr. sudurt. žodžiuose)* apgalvotas
advisedly [əd'vaɪzɪdlɪ] *adv* apgalvotai, sąmoningai
adviser [əd'vaɪzə] *n* patarėjas, konsultantas *(ypač finansiniais, politiniais, teisiniais klausimais)*
advisor [əd'vaɪzə] *n amer.* = **adviser**
advisory [əd'vaɪzərɪ] *a* patariamasis; konsultacinis *(apie įstaigą, organizaciją)*
advocacy ['ædvəkəsɪ] *n* **1** gynimas, palaikymas **2** propagavimas **3** advokatūra
advocate *n* ['ædvəkət] **1** gynėjas, šalininkas; propaguotojas; *devil's ~* priešingo/nepopuliaraus požiūrio gynėjas *(diskusijai kurstyti)* **2** advokatas; *Lord A. škot.* generalinis prokuroras
v ['ædvəkeɪt] ginti, palaikyti; propaguoti
advowson [əd'vauzn] *n bažn.* teisė skirti parapiją/postą
adynamia [ˌædaɪ'neɪmɪə] *n med.* bejėgystė, adinamija
adynamic [ˌædaɪ'næmɪk] *a med.* bejėgis, adinaminis
adz(e) [ædz] *n tech.* skliutas
v skliutuoti, (nu)skliausti
Aegean [i:'dʒi:ən] *a: the ~ Sea* Egėjo jūra
aegis ['i:dʒɪs] *n knyg.* egida, apsauga, globa; *under the ~ (of)* saugomas, globojamas
Aeneas [i:'ni:əs] *n mit.* Enėjas
Aeolus ['i:ələs, i:'əuləs] *n mit.* Eolas
aeon ['i:ən] *n* **1** amžinybė **2** *geol.* era
aerate ['ɛəreɪt] *v* **1** vėdinti, ventiliuoti **2** prisotinti dujų, gazuoti
aeration [ɛə'reɪʃn] *n spec.* **1** vėdinimas, ventiliacija; aeracija **2** *(gėrimų)* gazavimas, prisotinimas dujų
aerial ['ɛərɪəl] *a* **1** oro, aviacinis; aero-, avia-; *~ mine* aviacinė mina; *~ acrobatics* aukštasis pilotažas; *~ ambulance* sanitarinis lėktuvas; *~ gunner* lėktuvo šaulys; *~ navigation* aeronavigacija; *~ reconnaissance* oro žvalgyba; *~ survey* fotografavimas iš lėktuvo; *~ sickness* skridimo *(lėktuvu)* liga; *~ railway/ropeway* kabamasis lynų kelias **2** radijo; *~ system* radijo tinklas; *~ wire* antena **3** nerealus
n antena; *frame/loop ~* rėminė antena
aerie ['ɛərɪ] *n* **1** *(plėšraus)* paukščio lizdas **2** *ret.* jaunikliai *(plėšraus paukščio lizde)* **3** tvirtovė/gyvenvietė kalnuose
aeriform ['ɛərɪfɔ:m] *a* oro pavidalo, dujinis
aerify ['ɛərɪfaɪ] *v* **1** (pa)versti dujomis **2** gazuoti, prisotinti dujų
aero- ['ɛərəu-] *(sudurt. žodžiuose)* aero-, aviacinis; *aerodynamics* aerodinamika; *aeromedicine* aviacinė medicina
aerobatics [ˌɛərə'bætɪks] *n* aukštasis pilotažas, figūrinis skraidymas
aerobic [ɛə'rəubɪk] *a* **1** *biol.* aerobinis **2** aerobikos
aerobics [ɛə'rəubɪks] *n* aerobika
aerobomb ['ɛərəbɔm] *n* aviacinė bomba
aerocamera [ˌɛərəu'kæmərə] *n* aerofotografijos aparatas
aerocarrier [ˌɛərəu'kærɪə] *n* lėktuvnešis
aerodrome ['ɛərədrəum] *n* aerodromas
aerodynamic [ˌɛərəudaɪ'næmɪk] *a* aerodinaminis
aerodynamics [ˌɛərəudaɪ'næmɪks] *n* aerodinamika
aerodyne ['ɛərəudaɪn] *n* už orą sunkesnis skraidymo aparatas
aeroembolism [ˌɛərəu'embəlɪzm] *n med.* kesoninė liga
aero-engine [ˌɛərəu'endʒɪn] *n* aviacinis variklis
aerofoil ['ɛərəfɔɪl] *n av.* aerodinaminis paviršius; *(sparno)* profilis; laikantysis sparnas
aerogramme ['ɛərəugræm] *n* aerograma
aerogun ['ɛərəugʌn] *n* aviacinis pabūklas/kulkosvaidis

aerolite ['ɛərəlaɪt] *n* aerolitas, akmeninis meteoritas
aeromechanics [ˌɛərəᵘmɪ'kænɪks] *n* aeromechanika
aeronaut ['ɛərənɔ:t] *n* aeronautas
aeronautic(al) [ˌɛərə'nɔ:tɪk(l)] *a* aviacinis, aeronavigacijos, aeronautikos
aeronautics [ˌɛərə'nɔ:tɪks] *n* aeronautika, oreivystė
aerophone ['ɛərəfəun] *n* garso stiprintuvas; audiofonas
aeroplane ['ɛərəpleɪn] *n* lėktuvas
aeroplankton [ˌɛərəᵘ'plæŋktən] *n biol.* aeroplanktonas *(mikroorganizmai)*
aerosol ['ɛərəsɔl] *n* aerozolis; **~ bomb** insekticidinis/dezinfekuojamasis aerozolis
aerospace ['ɛərəᵘspeɪs] *a* aerokosminis, aviacinis kosminis; **~ medicine** aviacinė kosminė medicina
aerostat ['ɛərəstæt] *n* aerostatas
aerostatics ['ɛərəstætɪks] *n* **1** aerostatika **2** oreivystė
Aeschylus ['i:skələs] *n* Eschilas
Aesop ['i:sɔp] *n* Ezopas
aesthete ['i:sθi:t] *n* estetas
aesthetic(al) [i:s'θetɪk(l)] *a* estetinis, estetiškas
aesthetics [i:s'θetɪks] *n* estetika
aestival [i:'staɪvl] *a knyg.* vasariškas
aether ['i:θə] *n* = **ether**
aetiology [ˌi:tɪ'ɔlədʒɪ] *n* = **etiology**
afar [ə'fɑ:] *adv knyg.* toli *(t. p.* **~ off)**; **from ~** iš toli
affability [ˌæfə'bɪlətɪ] *n* mielumas *ir pan., žr.* **affable**
affable ['æfəbl] *a* mielas, meilingas, malonus; draugiškas, mandagus
affair [ə'fɛə] *n* **1** reikalas, dalykas; **mind your own ~s** *šnek.* nesikišk į kitų reikalus; **an ~ of honour** a) garbės reikalas; b) dvikova; **a man of ~s** dalykiškas/išmananantis žmogus; **foreign ~s** užsienio reikalai; **~s of state** valstybės reikalai **2** *šnek.* istorija; daiktelis, daiktas; **a fine/ nice state of ~s!** *iron.* nieko sau reikaliukai! **3** meilės ryšys, romanas; **to have an ~ with smb** turėti meilės ryšių su kuo **4** *kar.* susidūrimas
affect¹ [ə'fekt] *n psich.* afektas
v **1** (pa)veikti **2** (su)jaudinti **3** paliesti, pakenkti
affect² *v knyg.* **1** apsimesti, dėtis; **to ~ ignorance [indifference]** apsimesti nežinančiam [abejingam] **2** mėgti *(vartoti);* nuolat dėvėti
affectation [ˌæfek'teɪʃn] *n* afektacija, maivymasis, apsimetimas; *(kalbos, stiliaus)* dirbtinumas
affected¹ [ə'fektɪd] *a* **1** paveiktas **2** sujaudintas **3** *(ligos)* pakenktas, paliestas, apimtas
affected² *a knyg.* dirbtinis, apsimestinis; afektuotas
affection [ə'fekʃn] *n* meilė, švelnumas, prisirišimas; *pl* meilės jausmai
affectionate [ə'fekʃᵊnət] *a* prieraišus, mylintis, meilus, švelnus
affective [ə'fektɪv] *a* emocinis; emocionalus
afferent ['æfərənt] *a fiziol.* aferentinis; įcentrinis
affiance [ə'faɪəns] *psn. n* **1** sužieduotuvės **2** pasitikėjimas
v (ppr. pass) pasižadėti, su(si)žieduoti
affiant [ə'faɪənt] *n teis.* prisaikdintas liudytojas
affidavit [ˌæfɪ'deɪvɪt] *n teis.* raštiškas parodymas su priesaika; **to swear/make an ~** duoti parodymus su priesaika
affiliate *n* [ə'fɪlɪət] bendrovės filialas; dukterinė bendrovė
v [ə'fɪlɪeɪt] **1** priimti nariu **2** pri(si)jungti, prijungti kaip filialą *(with, to);* **~d societies** filialai **3** užmegzti ryšius *(kultūrinius ir pan.)* **4** nustatyti kilmę/autorystę **5** *teis.* nustatyti tėvystę
affiliation [əˌfɪlɪ'eɪʃn] *n* narių priėmimas *ir pan., žr.* **affiliate** *v;* **~ order** teismo nurodymas mokėti alimentus

affined [ə'faɪnd] *a* giminingas
affinity [ə'fɪnətɪ] *n* **1** giminystė; giminingumas, bendri bruožai **2** artimumas, bendrumas, panašumas; **~ group** bendraminčių klubas **3** (pa)traukimas **4** *chem.* trauka
affirm [ə'fə:m] *v* **1** (pa)tvirtinti, teigti **2** *teis.* iškilmingai pažadėti
affirmation [ˌæfə'meɪʃn] *n* **1** (pa)tvirtinimas; teigimas; **word of ~** *gram.* teiginys **2** *teis.* iškilmingas pasižadėjimas
affirmative [ə'fə:mətɪv] *a* teigiamas(is); pritariamas(is); **~ sentence** *gram.* teigiamasis sakinys
n: **50 votes for the ~** 50 balsų „už"; **to answer in the ~** atsakyti teigiamai
affix *n* ['æfɪks] **1** pridėjimas, priedas **2** *gram.* afiksas
v [ə'fɪks] **1** pritvirtinti, priklijuoti **2** prijungti, pridėti **3** padėti *(parašą),* dėti *(antspaudą)*
afflatus [ə'fleɪtəs] *n knyg.* įkvėpimas, praregėjimas; **the divine ~** *rel.* apreiškimas
afflict [ə'flɪkt] *v (ppr. pass)* sukelti skausmą/kančias/nerimą, kamuoti; nuliūdinti
affliction [ə'flɪkʃn] *n* skausmas, liūdesys, sielvartas; vargas, bėda, nesveikata, negalavimas
affluence ['æfluəns] *n knyg.* **1** prabanga, turtai; gausa **2** *(žmonių)* antplūdis, užplūdimas
affluent ['æfluənt] *n* **1** *(upės)* intakas **2** *hidr.* patvanka, patvenkimas **3** *(the ~)* *kuop.* pasiturintieji, turtingieji
a **1** turtingas; gausus **2** laisvai tekantis, užliejantis, užliejamas
afflux ['æflʌks] *n* **1** pritekėjimas, prietaka; antplūdis **2** *med. (kraujo)* samplūdis
afford [ə'fɔ:d] *v* **1** pajėgti, (iš)galėti, įstengti *(įsigyti, išlaikyti, turėti ir pan.);* **they can ~ (to buy) a motor-car** jie gana turtingi, kad galėtų įsigyti automobilį; **I cannot ~ time** aš neturiu *arba* nerandu laiko **2** *knyg.* duoti, (pa)teikti; turėti; **to ~ basis** būti atrama; **to ~ ground** įgalinti, teikti galimybę *(for)*
affordable [ə'fɔ:dəbl] *a* prieinamas, įperkamas
afforest [ə'fɔrɪst] *v* želdinti mišką
afforestation [əˌfɔrɪ'steɪʃn] *n* miško želdinimas
affranchise [ə'fræntʃaɪz] *v knyg.* išlaisvinti, paleisti
affray [ə'freɪ] *n knyg.* skandalas, peštynės; *teis.* viešosios tvarkos pažeidimas, muštynės viešoje vietoje
affreightment [ə'freɪtmənt] *n jūr. (laivo)* frachtavimas
affricate ['æfrɪkət] *n fon.* afrikata
affright [ə'fraɪt] *psn. n* išgąstis, baimė
v gąsdinti
affront [ə'frʌnt] *n (viešas)* įžeidimas, užgaulė; afrontas; **to put an ~ upon smb, to offer an ~ to smb** įžeisti ką
v **1** *(ppr. pass)* įžeisti, užgauti **2** mesti iššūkį *(mirčiai, pavojui)*
affusion [ə'fju:ʒn] *n* apipylimas, apšlakstymas *(krikštijant ir pan.)*
Afghan ['æfgæn] *a* Afganistano; afganų, afganiškas
n **1** afganas **2** afganų kalba **3** afganų kurtas *(t. p.* **~ hound)** **4** *(a.) amer.* megztas vilnonis lovos apklotas
Afghanistan [æf'gænɪstæn] *n* Afganistanas
aficionado [əˌfɪʃɪə'nɑ:dəu] *isp. n (pl ~s [-z])* entuziastas, mėgėjas; aistruolis
afield [ə'fi:ld] *adv* **1** toli (nuo namų) *(t. p.* **far ~);** **to go too far ~** pasiklysti **2** į lauką; lauke; ne namie
afire [ə'faɪə] *adv, a predic* **1** ugnyje, liepsnose; **to set ~** padegti **2** *prk.* degantis *(with)*
aflame [ə'fleɪm] *adv, a predic* **1** liepsnose, ugnyje **2** *prk.* degantis, spindintis; **~ with curiosity** degdamas iš smalsumo

afloat [ə'fləut] *adv, a predic* **1** ant vandens *(paviršiaus),* vandenyje; ore; plaukiantis, plūduriuojantis **2** jūroje, laive *(apie jūreivį ir pan.)* **3** įkarštyje, pilnu tempu **4** neįsiskolinęs, be skolų **5** sklindantis *(apie kalbas); rumours are* ~ sklinda gandai

afoot [ə'fut] *a, adv predic* **1** rengiamas; *there is mischief* ~ rengiama kažkas negera **2** *psn.* pėsčias, pėsčiom(is); judantis

afore [ə'fɔ:] *psn., dial.* = **before** *adv, prep, conj*

afore- [ə'fɔ:-] *pref* anksčiau, aukščiau; *aforementioned* aukščiau minėtas, minėtasis; *aforesaid* aukščiau minėtas

aforethought [ə'fɔ:θɔ:t] *a teis.* iš anksto sumanytas/apgalvotas

aforetime [ə'fɔ:taɪm] *adv psn.* seniau, anksčiau, kadaise

afoul [ə'faul] *adv, a predic* susidūręs, susipykęs; *to run* ~ *(of)* a) *jūr.* susidurti; įsivelti *(į vandens augalus ir pan.);* b) sudaryti keblumų *(kam)*

afraid [ə'freɪd] *a predic* išsigandęs; *to be* ~ a) bijoti; nedrįsti; b) apgailestauti, gailėtis; *she is* ~ *of you [of the dark]* ji bijo jūsų [tamsos]; *I am* ~ *I can't agree* gaila, aš negaliu sutikti; *I'm* ~ *the house is in a mess* atsiprašau už netvarką namuose

afresh [ə'freʃ] *adv* naujai, iš naujo

Africa ['æfrɪkə] *n* Afrika; *Republic of South* ~ Pietų Afrikos Respublika

African ['æfrɪkən] *a* afrikiečių, afrikietiškas; Afrikos; ~ *American amer.* afrikiečių kilmės amerikietis *n* afrikietis; *South* ~ Pietų Afrikos gyventojai

Afrikaans [ˌæfrɪ'kɑ:ns] *n* afrikansas, būrų kalba *(Pietų Afrikoje)*

Afrikaner [ˌæfrɪ'kɑ:nə] *n* būras, Pietų Afrikos europietiškos kilmės gyventojas

Afro ['æfrəu] *a* afrikietiškas *(apie šukuoseną)*

Afro- [ˌæfrəu-] *pref* Afrikos, afrikietiškas; *Afro-Asian* Afrikos-Azijos

Afro-American [ˌæfrəuə'merɪkən] *amer. n* afrikiečių kilmės amerikietis *a* Amerikos negrų

aft [ɑ:ft] *adv, a* **1** *jūr.* laivagalyje, laivagalio; į laivagalį; *fore and* ~ per visą laivą, nuo vieno galo ligi kito **2** *av. (lėktuvo)* užpakalyje; į užpakalį

after ['ɑ:ftə] <*prep, conj, adv, a*> *prep* **1** po, paskui, už *(žymint laiką, vietą); to run* ~ *smb* bėgti/bėgioti/sekioti paskui ką, vytis ką; ~ *midnight* po vidurnakčio; *the day* ~ *tomorrow* poryt; *day* ~ *day* diena po dienos; *time* ~ *time* dažnai; *he entered* ~ *her* jis įėjo po jos, paskui ją; *the garage was 30 meters* ~ *the post office* garažas buvo 30 metrų už pašto **2** pagal; ~ *the latest fashion* paskutinės mados; ~ *Byron* Baironio stiliumi; *named* ~ *my uncle* turintis dėdės vardą, vadinamas dėdės vardu; *each works* ~ *his kind* kiekvienas dirba savaip **3** *apie, dėl; to ask/inquire* ~ *smb* klausti, teirautis apie ką **4** nepaisant, nors ir..., kad ir...; ~ *all my trouble [care] he has learnt nothing* nors aš labai stengiausi [rūpinausi], jis nieko neišmoko **5** *(+ ger) žymint veiksmų eilę, verčiamas būtojo l. dalyviu:* ~ *thinking it over...* apgalvojęs/apsvarstęs tai... ◊ ~ *you* po jūsų; prašom *(praleidžiant ką į priekį);* ~ *all* nepaisant visko; šiaip ar taip, juk, pagaliau; ~ *a manner/fashion* taip sau, nekaip; *what is he* ~*?* ko jam reikia?; *who is he* ~*?* ko *(kokio žmogaus)* jis ieško/nori? *conj* po to, kai
adv **1** iš paskos, užpakaly **2** vėliau, paskui; *shortly/soon* ~ greitai/tuoj po to
a **1** būsimas, kitas **2** *(ppr. jūr.)* užpakalinis; ~ *hold* užpakalinis triumas

afterbay ['ɑ:ftəbeɪ] *n jūr.* žemutinis bjefas
afterbirth ['ɑ:ftəbɜ:θ] *n anat.* placenta
aftercare ['ɑ:ftəkɛə] *n med.* sveikstančiojo slauga/priežiūra, reabilitacija
aftercrop ['ɑ:ftəkrɔp] *n ž. ū.* antrasis derlius; atolas
afterdamp ['ɑ:ftədæmp] *n kas.* nuodingas dujų mišinys *(po sprogimo kasykloje)*
afterdeck ['ɑ:ftədek] *n jūr.* jutas, užpakalinė denio dalis
after-effect ['ɑ:ftərɪfekt] *n* **1** *fiz.* poveiksmis **2** *pl* padariniai
after-game ['ɑ:ftəgeɪm] *n* **1** bandymas atsirevanšuoti/atsilošti; atsirevanšavimas **2** vėliau panaudota priemonė
afterglow ['ɑ:ftəgləu] *n* **1** vakaro žara **2** malonus prisiminimo jausmas **3** *fiz.* pošvytis
afterlife ['ɑ:ftəlaɪf] *n* **1** pomirtinis gyvenimas **2** likusioji gyvenimo dalis, likusieji gyvenimo metai
aftermath ['ɑ:ftəmæθ] *n* **1** padarinys, rezultatas **2** *ž. ū.* atolas, antroji žolė
aftermost ['ɑ:ftəməust] *a jūr.* esantis prie pat laivagalio, užpakalinis
afternoon *n* [ˌɑ:ftə'nu:n] popietė; *this* ~ šiandien popiet; *in the* ~ popiet; popietės metu; *good* ~*!* labą dieną!, viso labo!, sudie! *(pasveikinimas/atsisveikinimas antroje dienos pusėje)*
a attr ['ɑ:ftənu:n] popietinis; ~ *performance* dieninis spektaklis ◊ ~ *farmer* tinginys, dykinėtojas
afternoons [ˌɑ:ftə'nu:nz] *adv (ypač amer.)* po pietų *(kiekvieną dieną)*
afterpains ['ɑ:ftəpeɪnz] *n pl med.* postgimdyminiai sąrėmiai
afterpiece ['ɑ:ftəpi:s] *n* papildomas numeris po koncerto/spektaklio
afters ['ɑ:ftəz] *n pl šnek.* desertas; patiekalas, duodamas po pagrindinio (patiekalo)
after-school ['ɑ:ftəsku:l] *a* popamokinis
aftershave ['ɑ:ftəʃeɪv] *n* losjonas, vartojamas po skutimosi
aftertaste ['ɑ:ftəteɪst] *n* nemalonus skonis *(liekantis burnoje po valgymo); (prk. dar)* nuosėdos
afterthought ['ɑ:ftəθɔ:t] *n* **1** vėliau/pavėluotai atėjusi mintis; *I had an* ~ tik po to man tai atėjo į galvą **2** pradžioje neplanuotas priedas; kas pridėta vėliau
afterward(s) ['ɑ:ftəwəd(z)] *adv* po to, vėliau
again [ə'gen, ə'geɪn] *adv* **1** vėl, dar; ~ *and* ~ labai dažnai, nuolat; *time and* ~ dažnai, ne kartą; *to be oneself* ~ vėl būti tokiam pat, pasveikti **2** antra vertus; be to; *these* ~ *are more expensive* bet šie, antra vertus, brangesni **3** dvigubai; *as much/many* ~ dukart daugiau; *as far* ~ dvigubai toliau; *as much* ~ dar tiek pat; *half as high [old]* ~ *(as)* pusantro karto aukštesnis [senesnis] *(už)*
against [ə'genst, ə'geɪnst] *prep* **1** prieš; ~ *the hair/grain* prieš plauką *(t. p. prk.);* ~ *smb's will [wishes]* prieš kieno valią [norus]; ~ *a dark background* tamsiame fone; *to run* ~ *smb* netikėtai susitikti su kuo **2** į; *to lean* ~ *the wall* atsiremti į sieną; *to knock* ~ *a stone* atsitrenkti į akmenį; *to run* ~ *a rock* atsitrenkti į uolą, užplaukti ant uolos **3** iki; ~ *the end of the year* iki metų pabaigos; *be ready* ~ *his coming* pasiruošk(ite) iki jis ateis **4** dėl; *to store up food* ~ *winter* ruošti maisto atsargas žiemai; ~ *a rainy day* juodai dienai **5** nuo *(žymint paskirtį); to insure* ~ *fire* apdrausti nuo gaisro **6** palyginti su *(t. p. as* ~*); nine accidents this year as* ~ *five in 1989* devyni nelaimingi atsitikimai šiais metais, palyginti su penkiais 1989 metais ◊ *to talk* ~ *time* kalbėti, norint ką užlaikyti *arba* išlošti laiko; suspėti *(per nustatytą laiką); to run* ~ *time* stengtis viršyti rekordą; *to be up* ~ *(it)* susidurti su sunkumais;

to be up ~ smb/smth varžytis/kovoti su kuo; *to tell a story ~ smb* apkalbėti ką
Agamemnon [ˌægəˈmemnən] *n mit.* Agamemnonas
agamic [əˈgæmɪk] *a biol.* belytis
agape [əˈgeɪp] *a, adv predic* išsižiojęs *(nustebus, žiopsant)*
agar(-agar) [ˌeɪgɑːˈreɪgɑː] *n* agaras *(dumblių drebučiai)*
agaric [ˈægərɪk] *n* lakštabudinis grybas; *fly ~* musmirė
agate [ˈægət] *n min.* agatas
Agatha [ˈægəθə] *n* Agota, Agata *(vardas)*
agave [əˈgeɪvi] *n bot.* agava
agaze [əˈgeɪz] *a predic poet.* nustebęs; spoksantis
age [eɪdʒ] *n* **1** *(žmogaus)* amžius; *at the ~ of twenty* būdamas dvidešimties metų; *~ of discretion* amžius, kai žmogus laikomas atsakingu už savo veiksmus *(D. Britanijoje nuo 14 metų); to bear one's ~ well* atrodyti jaunesniam *(negu iš tikrųjų); awkward ~* pereinamasis amžius; *to be/act one's ~* elgtis pagal savo amžių, protingai **2** pilnametystė *(D. Britanijoje 21 m.); ~ of consent* santuokinis amžius; *to be [to come] of ~* būti [tapti] pilnamečiam; *under ~* nepilnametis **3** senatvė; *the infirmities of ~* senatvės negalavimai; *to advance in ~* senti **4** amžius, laikotarpis, epocha; *the Middle Ages* viduriniai amžiai, viduramžiai; *silver ~ mit.* sidabro amžius; *~ of fishes geol.* devonas **5** karta; *~s yet unborn* būsimosios kartos **6** *(džn. pl) šnek.* ilgas laikas, amžiai; *I haven't seen you for ~s!* šimtą metų nesimatėme!
v **1** senti, senėti **2** sendinti **3** (su)bręsti *(apie vyną ir pan.)*
-age [-ɪdʒ] *suff* -imas, -umas *(žymint veiksmą ir jo rezultatus, būseną); leakage* tekėjimas, sunkimasis; *shortage* trūkumas
aged *a* **1** [ˈeɪdʒɪd] senas, senyvas, nusenęs **2** [eɪdʒd] sulaukęs *(kokio)* amžiaus; *a boy ~ ten* dešimties metų berniukas **3** [eɪdʒd] subrendęs, išlaikytas *(apie vyną ir pan.)* *n* [ˈeɪdʒɪd] *(the ~) kuop.* seniai, senimas
ageing [ˈeɪdʒɪŋ] *n* **1** senėjimas **2** *(vyno ir pan.)* subrendimas, išlaikymas
ageism [ˈeɪdʒɪzm] *n* pagyvenusių žmonių diskriminacija
ageless [ˈeɪdʒləs] *a* **1** nesenstantis **2** amžinas
agelong [ˈeɪdʒlɔŋ] *a* labai ilgas, amžinas
agency [ˈeɪdʒənsɪ] *n* **1** agentūra, institucija, įstaiga; organas; *travel ~* kelionių biuras **2** jėga, veiksnys, faktorius **3** tarpininkavimas; atstovavimas; *through/by the ~ of friends* draugų tarpininkavimu
agenda [əˈdʒendə] *n* darbotvarkė; *an item on the ~* darbotvarkės klausimas; *to place a question on the ~* įtraukti klausimą į darbotvarkę
agent [ˈeɪdʒənt] *n* **1** agentas, atstovas, tarpininkas, įgaliotinis; *contact ~* dalykinių kontaktų agentas; *secret ~* slaptasis agentas; *forwarding ~* ekspeditorius; *station ~ amer.* stoties viršininkas; *to act as smb's ~* būti kieno atstovu **2** *pl* agentūra **3** veiksnys; veikiančioji jėga, faktorius **4** medžiaga; priemonė; *blasting ~* sprogstamoji medžiaga; *chemical ~* reagentas; *reducing ~ chem.* reduktorius; *physical ~* fizinis kūnas **5** *kalb.* veikėjas, agentas
agent provocateur [ˌæʒɔn prɔvɔkəˈtəː] *pr. n* provokatorius
age-old [ˈeɪdʒəuld] *a* ilgaamžis, labai senas
agglomerate <n, a, v> *n* [əˈglɔmərət] *geol., metal.* aglomeratas
a [əˈglɔmərət] aglomeratinis
v [əˈglɔməreɪt] su(si)rinkti, su(si)kaupti
agglomeration [əˌglɔməˈreɪʃn] *n* **1** su(si)kaupimas **2** *tech.* aglomeracija; sukepimas; sulipimas
agglutinate *v* [əˈgluːtɪneɪt] **1** suklijuoti **2** darytis klijais
a [əˈgluːtɪnət] **1** suklijuotas, priklijuotas **2** *kalb.* agliutinacinis

agglutination [əˌgluːtɪˈneɪʃn] *n* **1** su(si)klijavimas; sulipimas **2** *kalb., med.* agliutinacija
agglutinative [əˈgluːtɪnətɪv] *a* agliutinacinis *(apie kalbą)*
aggrandize [əˈgrændaɪz] *v* **1** (pa)didinti, stiprinti *(galią ir pan.);* kelti *(gerovę)* **2** (iš)aukštinti
aggrandizement [əˈgrændɪzmənt] *n* (pa)didinimas *ir pan., žr.* **aggrandize**
aggravate [ˈægrəveɪt] *v* **1** (ap)sunkinti, (pa)bloginti **2** *šnek.* (su)erzinti, (su)pykinti, įkyrėti
aggravating [ˈægrəveɪtɪŋ] *a* **1** *teis.* sunkinantis **2** *šnek.* erzinantis; įkyrus
aggravation [ˌægrəˈveɪʃn] *n* apsunkinimas, pabloginimas *ir pan., žr.* **aggravate**
aggregate <n, a, v> *n* [ˈægrɪgət] **1** visuma **2** *spec.* agregatas **3** *tech.* užpildas ◊ *in (the) ~* iš viso, apskritai
a [ˈægrɪgət] **1** bendras, visas; *~ membership* bendras narių skaičius; *~ capacity tech.* bendras galingumas **2** susidedantis iš skirtingų dalių: *bot.* augalų, *zool.* organizmų, *geol.* mineralų *ir pan.; ~ fruit bot.* sudėtinis vaisius
v [ˈægrɪgeɪt] **1** *(ppr. pass)* su(si)jungti, su(si)rinkti, kauptis **2** sudaryti *(kokią sumą)*
aggregation [ˌægrɪˈgeɪʃn] *n* **1** su(si)kaupimas, su(si)rinkimas **2** masė, konglomeratas; agregatas **3** *biol.* asociacija *(ir ekologijoje)*
aggression [əˈgreʃn] *n* **1** agresija, užpuolimas **2** agresyvumas; įžūlus elgesys
aggressive [əˈgresɪv] *a* **1** agresyvus; puolus, karingas **2** puolamasis *(apie ginklą)* **3** atkaklus, energingas, veržlus
aggressiveness [əˈgresɪvnɪs] *n* agresyvumas; įžūlus elgesys
aggressor [əˈgresə] *n* agresorius; pradėjėjas
aggrieved [əˈgriːvd] *a* **1** įžeistas, užgautas; pasipiktinęs, nepatenkintas **2** *teis.* nukentėjęs; *the ~ party* nukentėjusioji šalis
aggro [ˈægrəu] *n šnek.* **1** *(jaunuolių grupių)* muštynės, peštynės; *an ~ boy* mušeika **2** bėda, vargas, kebelis; *to have so much ~ (with)* turėti tiek daug vargo *(su, dėl)*
aghast [əˈgɑːst] *a predic* apstulbintas, priblokštas; siaubo apimtas *(at)*
agile [ˈædʒaɪl] *a* **1** judrus, mitrus, vikrus **2** guvus, gyvas *(apie protą)*
agility [əˈdʒɪlətɪ] *n* judrumas *ir pan., žr.* **agile**
aging [ˈeɪdʒɪŋ] *n amer.* = **ageing**
agio [ˈædʒɪəu] *n (pl ~s* [-z]*) fin.* ažio
agiotage [ˈædʒətɪdʒ] *n fin.* ažiotažas; biržos spekuliacijos
agism [ˈeɪdʒɪzm] *n amer.* = **ageism**
agitate [ˈædʒɪteɪt] *v* **1** jaudinti **2** (su)plakti, (su)kratyti, (su)skalanduoti; (su)maišyti **3** agituoti; *to ~ for smth* agituoti už ką, reikalauti ko
agitated [ˈædʒɪteɪtɪd] *a* susijaudinęs, sunerimęs
agitation [ˌædʒɪˈteɪʃn] *n* **1** jaudinimasis, susijaudinimas **2** *(skysčių)* (su)plakimas, (su)kratymas, (su)maišymas **3** agitacija, agitavimas
agitator [ˈædʒɪteɪtə] *n* **1** agitatorius **2** *tech.* maišytuvas; maišiklis
aglet [ˈæglɪt] *n* **1** raištelio metalinis galiukas **2** akselbantas **3** *bot.* žirginys
aglow [əˈgləu] *a predic* **1** liepsnojantis, spindintis **2** paraudęs, įkaitęs *(iki raudonumo)*, susijaudinęs *(with)*
agnail [ˈægneɪl] *n* šerpeta
agnate [ˈægneɪt] *n teis.* giminaitis iš tėvo pusės
a **1** *teis.* giminiškas iš tėvo pusės **2** *knyg.* giminingas, artimas
Agnes [ˈægnɪs] *n* Agnė, Agnesė *(vardas)*

agnomen [æg'nəumen] *lot. n (pl* -mina [-mɪnə]) pravardė
agnostic [æg'nɔstɪk] *filos. n* agnostikas
  a agnostinis
agnosticism [æg'nɔstɪsɪzm] *n filos.* agnosticizmas
Agnus Dei [ˌægnus'deɪi:] *lot. bažn.* **1** Dievo avinėlis *(Kristaus emblema)* **2** mišių dalis, prasidedanti žodžiais „Agnus Dei"
ago [ə'gəu] *adv* prieš; *an hour ~* prieš valandą; *long ~* seniai; *a while ~, not long ~* neseniai; *some time ~* prieš kurį laiką, senokai
agog [ə'gɔg] *a predic* nekantriai laukiantis, nesitveriantis *(at); to set smb's curiosity ~* sužadinti kieno smalsumą
à gogo [ə'gəugəu] *pr.* gausiai
agonic [ə'gɔnɪk] *a geogr.* nesudarantis kampo; *~ line (magnetinės rodyklės)* agonistinė linija
agonistic [ˌægə'nɪstɪk] *a knyg.* **1** poleminis, polemiškas; kovingas **2** siekiantis efekto
agonize ['ægənaɪz] *v* **1** kankinti(s) *(over)* **2** dėti paskutines pastangas, atkakliai kovoti
agonized ['ægənaɪzd] *a* kankinamas, kankinantis; agoniškas; *~ shrieks* desperatiški riksmai
agonizing ['ægənaɪzɪŋ] *a* kankinantis; skausmingas
agony ['ægənɪ] *n* **1** agonija; baisi kančia, kankinimasis **2** *(jausmo)* išsiveržimas **3** *attr: ~ column (laikraščio)* skiltis su skelbimais apie dingusius artimuosius, skyrybas *ir pan.; ~ aunt* žurnalistas, tvarkantis tą skiltį, žr. *~ column* ◊ *to pile/put on the ~ niek.* perdėtai vaizduoti *(savo kančias, tikintis užuojautos)*
agoraphobia [ˌægərə'fəubɪə] *n med.* agorafobija, didelės erdvės baimė
agrarian [ə'grɛərɪən] *a* **1** agrarinis, žemės, susijęs su žemės naudojimu **2** *bot.* laukinis *(apie augalą)*
  n **1** stambus žemvaldys/ūkininkas, agraras **2** agrarinės/žemės reformos šalininkas
agree [ə'gri:] *v* **1** sutikti, sutarti *(with smb – su kuo, to smth – dėl ko); I couldn't ~ more!* aš visiškai sutinku!; *they ~ well* jie gerai sutaria **2** susitarti *(on, upon, about); ~d!* sutarta!; *to ~ to differ* toliau laikytis savo nuomonės; nebejtikinėti **3** pritarti **4** atitikti *(with)* **5** būti tinkamam/naudingam/mėgstamam; *coffee does not ~ with me* kava man nesveika **6** suderinti, sutvarkyti *(sąskaitas, dokumentus)* **7** *gram.* derintis
agreeable [ə'gri:əbl] *a* **1** malonus, simpatiškas **2** pritariantis, mielai sutinkantis *(ką daryti; to)* **3** atitinkantis, priimtinas *(to)*
agreeably [ə'gri:əblɪ] *adv* **1** maloniai, su malonumu **2** atitinkamai; sutinkamai, pagal *(to)*
agreement [ə'gri:mənt] *n* **1** sutikimas, sutarimas; *to be in ~ (with)* sutikti, būti tokios pat nuomonės **2** sutartis, susitarimas; *to come to an ~* pasiekti susitarimą, susitarti; *under an ~* pagal susitarimą; *~ by piece* vienetinis atlyginimas **3** *gram.* derinimas
agri- ['ægrɪ-] = **agro-**
agricultural [ˌægrɪ'kʌltʃərəl] *a* žemės ūkio, agrokultūrinis; agronominis: *~ engineering* agrotechnika
agriculturalist [ˌægrɪ'kʌltʃərəlɪst] *n* **1** agronomas **2** žemdirbys
agriculture ['ægrɪkʌltʃə] *n* žemės ūkis, žemdirbystė; agronomija; *Board of A. (D. Britanijos)* žemės ūkio ministerija
agriculturist [ˌægrɪ'kʌltʃərɪst] *n* agronomas
agrimony ['ægrɪmənɪ] *n bot.* (vaistinė) dirvuolė
agro- ['ægrə-] *(t. p. agri-)* agro-; *agrochemical* agrocheminis; *agribusiness, agrobusiness* agrobiznis, ž. ū. verslas
agrobiological [ˌægrəᵘbaɪə'lɔdʒɪkl] *a* agrobiologinis, ž. ū. biologijos

agrobiology [ˌægrəᵘbaɪ'ɔlədʒɪ] *n* agrobiologija, ž. ū. biologija
agronomic(al) [ˌægrə'nɔmɪk(l)] *a* agronominis
agronomics [ˌægrə'nɔmɪks] *n* agronomija
agronomist [ə'grɔnəmɪst] *n* agronomas
agronomy [ə'grɔnəmɪ] *n* **1** agronomija **2** žemdirbystė, žemės ūkis
aground [ə'graund] *adv, a predic jūr.* (užplaukęs) ant seklumos
ague ['eɪgju:] *n med.* drugys, maliarija; drebulys
ague-cake ['eɪgju:keɪk] *n med.* blužnies padidėjimas sergant chroniška maliarija
ague-spleen ['eɪgju:spli:n] *n med.* padidėjusi blužnis
aguish ['eɪgju:ɪʃ] *a med.* **1** maliarinis, maliarijos **2** protarpinis
ah [ɑ:] *int* a!, o!, ak! *(reiškiant nustebimą, apgailestavimą, skausmą, džiaugsmą ir pan.)*
aha [ɑ:'hɑ:] *int* aha!, o! *(reiškiant supratimą, džiūgavimą, pasitenkinimą ir pan.)*
ahead [ə'hed] *<adv, part, prep> adv predic* priekyje, priešakyje; į priekį, pirmyn; *to be 30 points ~* pirmauti 30 taškų; *in line ~* víena greta *(apie karo laivus); who knows what lies ~?* kas žino, kas mūsų laukia?
  part (vart. su vksm.) pirmyn, toliau; *to look ~* žiūrėti į priekį, galvoti apie ateitį; *go ~!* toliau!, tęsk(ite)!; pirmyn!, žr. *atitinkamus vksm. po ženklo* ◻
  prep (~ of) prieš(ais); *to be/get ~ of smb* aplenkti ką
ahem [m'hm, ə'hem] *int* hm *(reiškiant abejonę, įspėjimą, nepritarimą; norint atkreipti dėmesį)*
-aholic [-ə'hɔlɪk] *suff šnek.* žymi asmenį, atsidavusį kam ar mėgstantį ką: *chocaholic* šokolado mėgėjas; *workaholic* darbštuolis, triūslys
ahorse [ə'hɔ:s] *a predic psn.* raitas, raitomis
ahoy [ə'hɔɪ] *int jūr.* ei!; *ship ~!* ei, visi, kas laive!; *all hands ~!* visi prie darbo!
aid [eɪd] *n* **1** pagalba **2** *amer.* padėjėjas **3** *pl* pagalbinės priemonės; *instructional/training ~s* mokymo priemonės; *(audio-)visual ~s* (audio)vizualinės priemonės; *~s and appliances* pagalbinės priemonės, įrenginiai **4** *pl ist.* mokesčiai, duoklė ◊ *what is ... in ~ of? šnek.* kodėl?, kam?
  v padėti, pagelbėti; *to ~ and abet teis., juok.* talkinti *(nusikaltėliui)*
aide [eɪd] *n* **1** patarėjas, padėjėjas **2** = **aide-de-camp**
aide-de-camp [ˌeɪddə'kɔm] *pr. n (pl* aides-de-camp [ˌeɪddə'kɔm]) adjutantas
Aids [eɪdz] (acquired immune deficiency syndrome *sutr.*) AIDS *(liga)*
aids-related [ˌeɪdzrɪ'leɪtɪd] *a: ~ complex* AIDS antroji stadija
aigrette ['eɪgret, eɪ'gret] *n* **1** garnio balta plunksna **2** *(plaukų, plunksnų)* kuokštas
aiguille ['eɪgwi:l] *pr. n (kalno)* smaili viršūnė
ail [eɪl] *v* **1** sirguliuoti, sirgti **2** skaudinti, jaudinti; *what ~s him?* kas jam yra?, kas jį kankina?
aileron ['eɪlərɔn] *n av.* eleronas
ailing ['eɪlɪŋ] *a* sergantis, ligotas, liguistas
ailment ['eɪlmənt] *n* sirgimas, negalavimas
aim [eɪm] *n* **1** tikslas **2** taikinys; (prisi)taikymas; *to take/lay ~* (prisi)taikyti *(at – į)*
  v **1** taikyti(s), nusitaikyti **2** siekti *(at, for); to ~ high* aukštai siekti, daug norėti **3** *pass* nukreipti, turėti galvoje *(at); that remark was ~ed at me* ta pastaba buvo skirta man
aimless ['eɪmləs] *a* betikslis
ain't [eɪnt] *sutr. šnek., dial.* = *am not, is not, are not, has not, have not*

air [ɛə] <n, a, v> n **1** oras; atmosfera *(t. p. prk.); by ~* lėktuvu; oro paštu; *to clear the ~* a) išvėdinti; b) *prk.* praskaidrinti atmosferą, išsiaiškinti; *stale ~* tvankus, troškus oras **2** dvelksmas, vėjelis; kvėpavimas; *to take the ~, to have fresh ~* pakvėpuoti grynu oru, pasivaikščioti gryname ore **3** mina, veido išraiška; *with a triumphant ~* su triumfo išraiška **4** *pl* afektacija, puikavimasis; *to put on ~s, to give oneself ~s, to assume ~s* išdidžiai laikytis, puikuotis, didžiuotis **5** arija, melodija, daina ◊ *to be in the ~* a) būti netikram/neaiškiam/nenuspręstam; kyboti ore; b) sklisti; *rumours are in the ~* sklinda gandai; *to melt/vanish into thin ~* išnykti be pėdsakų; ≡ tarytum skradžiai žemės prasmegti; *out of thin ~* iš niekur, iš nieko; *on the ~* per radiją, per televiziją; eteryje; *to pluck out of the ~* ≡ iš piršto išlaužti; *to be off the ~* baigti radijo/televizijos laidą; *up in the ~ šnek.* a) ≡ septintame danguje; b) *predic* dar neaišku; *to go up in the ~* supykti; *to live on ~* neturėti pragyvenimui lėšų; *hot ~ šnek.* tuščios kalbos, plepalai; *to give smb the ~ amer. šnek.* išmesti *(iš darbo); to take ~* pasidaryti žinomam, iškilti aikštėn; *to tread/walk on ~* džiūgauti, ≡ nejausti žemės po kojomis
a **1** oro, lėktuvų, aviacinis; *~ fight* oro kautynės; *~ fleet* oro laivynas; *~ force* karinis oro laivynas; *~ log amer.* altimetras; *~ pirate* oro piratas; *~ attack/strike kar.* aviacijos antskrydis; *~ trial* lėktuvo bandymas ore **2** pneumatinis; *~ bearing tech.* pneumatinis guolis; *~ hoist* pneumatinis keltuvas
v **1** vėdinti, ventiliuoti **2** džiovinti *(drabužius, patalynę)*; džiūti **3** (ap)skelbti; svarstyti **4** *rad., tel.* transliuoti
airbag ['ɛəbæg] *n aut.* avarinė apsaugos pagalvė
air-barrage ['ɛəˌbærɑːʒ] *n* oro užtvara *(aerostatais)*
airbase ['ɛəbeɪs] *n av.* aviacijos bazė
airbed ['ɛəbed] *n (guminis, plastikinis)* pripučiamasis matracas
air-bladder ['ɛəˌblædə] *n* plaukiojamoji pūslė
air-blast ['ɛəblɑːst] *n* oro srovė, šuoras; *tech.* orpūtė
v pripūsti oro
air-boat ['ɛəˌbəʊt] *n* valtis su lėktuvo motoru *(plaukioti seklumose, pelkėse)*
airborne ['ɛəbɔːn] *a* **1** gabenamas oro transportu **2** *kar.* desantinis **3** *predic* ore, pakilęs į orą; *to become ~* pakilti, atsiplėšti nuo žemės
airbrake ['ɛəbreɪk] *n tech.* pneumatinis stabdys
airbrick ['ɛəbrɪk] *n* tuščiavidurė plyta
airbrush ['ɛəbrʌʃ] *n* dažų purkštuvas
v dažyti purkštuvu
airbus ['ɛəbʌs] *n* aerobusas, didelis keleivinis lėktuvas
air-cell ['ɛəsel] *n anat.* plaučių alveolė
air-commodore ['ɛəˌkɔmədɔː] *n (D. Britanijos)* aviacijos brigados generolas
air-condition ['ɛəkənˌdɪʃn] *v* kondicionuoti orą
air-conditioner ['ɛəkənˌdɪʃnə] *n* kondicionierius
air-cooling ['ɛəˌkuːlɪŋ] *n tech.* vėsinimas/aušinimas oru
aircraft ['ɛəkrɑːft] *n* **1** skraidymo aparatas, lėktuvas; *~ carrier* lėktuvnešis **2** *kuop.* aviacija
aircraftman ['ɛəkrɑːftmən] *n (pl* -men [-mən]) *(tik v.) kar. (D. Britanijos)* karinių oro pajėgų eilinis
aircraftwoman ['ɛəkrɑːftˌwʊmən] *n (pl* -women [-ˌwɪmɪn]) *kar. (D. Britanijos)* karinių oro pajėgų eilinė
aircrew ['ɛəkruː] *n* lėktuvo įgula/ekipažas
air-cushion ['ɛəkʊʃn] *n* **1** pripučiamoji pagalvė **2** *tech.* oro/pneumatinė pagalvė
air-defence ['ɛədɪˌfens] *n* priešlėktuvinė gynyba/apsauga
air-driven ['ɛədrɪvn] *a* pneumatinis

airdrome ['ɛədrəʊm] *n amer.* aerodromas, oro uostas
airdrop ['ɛədrɔp] *n* **1** numetimas iš lėktuvo *(pašto, prekių)* **2** *kar.* desanto išmetimas
Airedale ['ɛədeɪl] *n* Erdeilio terjeras *(šunų veislė)*
airfield ['ɛəfiːld] *n* aerodromas
airfoil ['ɛəfɔɪl] *n amer.* = **aerofoil**
airforce ['ɛəfɔːs] *n* karinės oro pajėgos
airframe ['ɛəfreɪm] *n* lėktuvo karkasas
air-freighter ['ɛəˌfreɪtə] *n* krovininis lėktuvas
air-freshener ['ɛəˌfreʃnə] *n (kambarių)* oro dezodorantas
air-furnace ['ɛəˌfɜːnɪs] *n* natūralios traukos kūrykla
air-gap ['ɛəgæp] *n tech. (oro)* tarpas, prošvaisa
air-gauge ['ɛəgeɪdʒ] *n* manometras
airglow ['ɛəgləʊ] *n* atmosferos švytėjimas
airgun ['ɛəgʌn] *n* **1** pneumatinis šautuvas **2** *tech.* purkštuvas, pulverizatorius
air-hammer ['ɛəˌhæmə] *n* pneumatinis kūjis
air-hardening ['ɛəˌhɑːdnɪŋ] *n metal.* grūdinimas oru
airhead ['ɛəhed] *n šnek.* tuščiagalvis, bukagalvis
airhole ['ɛəhəʊl] *n* **1** orlaidė **2** *(ledo)* properša **3** *av.* oro duobė
airily ['ɛərɪlɪ] *adv* **1** lengvai, gracingai **2** nerūpestingai, lengvabūdiškai
airiness ['ɛərɪnɪs] *n* lengvumas *ir pan., žr.* **airy**
airing ['ɛərɪŋ] *n* **1** vėdinimas, ventiliacija, aeracija; džiovinimas ore: *to give an ~ (to)* gerai išdžiovinti/išvėdinti **2** pasivaikščiojimas, jodinėjimas; *to take, arba to go for, an ~* pasivaikščioti, pasijodinėti **3** *(nuomonės ir pan.)* (pa)skelbimas **4** *rad., tel.* transliavimas
airlane ['ɛəleɪn] *n* oro trasa
airless ['ɛələs] *a* **1** beoris **2** tvankus; sunkus *(apie orą kambaryje)* **3** ramus, be vėjo
airlift ['ɛəlɪft] *n* oro tiltas/desantas
airline ['ɛəlaɪn] *n* **1** avialinija, oro linija **2** oro transporto bendrovė
airliner ['ɛəˌlaɪnə] *n* reisinis lėktuvas, oro laineris
airlock ['ɛəlɔk] *n* **1** oro kamštis *(vamzdyje ir pan.)* **2** priešdujinės slėptuvės tambūras/kamera
airmail ['ɛəmeɪl] *n* oro paštas
v siųsti oro paštu
airman ['ɛəmən] *n (pl* -men [-mən]) *(tik v.)* lakūnas, aviatorius; *~ basic (JAV)* karinių oro pajėgų eilinis
airmanship ['ɛəmənʃɪp] *n* skraidymo menas
air-marshal ['ɛəˌmɑːʃl] *n (D. Britanijos)* aviacijos maršalas
air-mechanic ['ɛəmɪˌkænɪk] *n av.* bortmechanikas
air-minded ['ɛəˌmaɪndɪd] *a* nusimanantis apie aviaciją; susidomėjęs aviacija
airmobile [ɛəˈməʊbaɪl] *a amer.* desantinis *(apie kariuomenę)*
airplane ['ɛəpleɪn] *n amer.* lėktuvas
airplay ['ɛəpleɪ] *n rad., tel. (įrašytos muzikos)* transliavimas
air-pocket ['ɛəˌpɔkɪt] *n* **1** *av.* oro duobė **2** *metal.* pūslė, dujų pūslė
airport ['ɛəpɔːt] *n* oro uostas
air-powered ['ɛəˌpaʊəd] *a* pneumatinis
air-raid ['ɛəreɪd] *n* aviacijos antskrydis
air-route ['ɛəruːt] *n* oro linija/trasa, avialinija
airscrew ['ɛəskruː] *n* orsraigtis, propeleris
airshaft ['ɛəʃɑːft] *n* vėdinimo/ventiliacijos šachta
airshed ['ɛəʃed] *n* angaras
airship ['ɛəʃɪp] *n* dirižablis; *~ tender jūr.* plaukiojanti aerostatų bazė
airsick ['ɛəsɪk] *a* sergantis oro liga, sunkiai pakeliantis kelionę lėktuvu

airsickness ['ɛəˌsɪknɪs] *n* oro liga *(skrendant lėktuvu)*
airspace ['ɛəspeɪs] *n* **1** oro erdvė *(t. p. teis.)* **2** patalpos tūris
airspeed ['ɛəspi:d] *n* skridimo greitis
airstrip ['ɛəstrɪp] *n* kilimo ir tūpimo aikštelė, lauko aerodromas
air-taxi ['ɛəˌtæksɪ] *n* oro taksis *(nedidelis keleivinis lėktuvas privatiems skridimams)*
airtight ['ɛətaɪt] *a* nepraleidžiantis oro, hermetiškas
air-time ['ɛətaɪm] *n rad., tel.* laidos laikas/trukmė
air-to-air [ˌɛətə'ɛə] *a:* ~ *(guided) missile kar.* (valdoma) „oras-oras" tipo raketa
air-to-ground [ˌɛətə'graund] *a:* ~ *(guided) missile kar.* (valdoma) „oras-žemė" tipo raketa
air-traffic [ˌɛə'træfɪk] *n:* ~ *control av.* skrydžių kontroliavimas; skrydžių kontrolės punktas
air-unit ['ɛəˌju:nɪt] *n* aviacijos dalinys
airwaves ['ɛəweɪvz] *n pl* radijo bangos; **on the** ~ radijo bangomis, per radiją
airway ['ɛəweɪ] *n* **1** avialinija, oro linija/trasa **2** *anat.* kvėpavimo takai **3** *kas.* vėdinamasis štrekas
airwoman ['ɛəˌwumən] *n (pl* -women [-ˌwɪmɪn]) lakūnė
airworthy ['ɛəˌwə:ðɪ] *a* tinkamas saugiai skristi *(apie lėktuvą)*
airy ['ɛərɪ] *a* **1** lengvas; gracingas **2** nerūpestingas; lengvabūdiškas **3** tuščias *(apie mintis, pažadus)* **4** erdvus, turintis daug gryno oro *(apie patalpą)* **5** orinis, oro
airy-fairy [ˌɛərɪ'fɛərɪ] *a šnek.* svajotojiškas, nerealus
aisle [aɪl] *n* **1** perėjimas, tarpas *(tarp eilių salėje, vagone ir pan.)*, **2** *bažn.* šoninė nava ◊ **rolling in the ~s** *teatr.* leipstantis iš juoko; **to go/walk down the ~** ≡ eiti prie altoriaus *(tuoktis)*
Aistian ['aɪstɪən] *n* aistis, baltas
a aistiškas, aisčių, baltų
aitch [eɪtʃ] *n* h raidės skaitymas, h garso tarimas, eič; **to drop one's ~es** neištarti h žodžio pradžioje
aitchbone ['eɪtʃbəun] *n* **1** *(karvės)* kryžkaulis **2** šlauninė *(mėsa)*
ajar [ə'dʒɑ:] *a predic* praviras, pravertas
adv knyg. nesantaikoje, nesutariant
Ajax ['eɪdʒæks] *n mit.* Ajakas
aka ['ækə] (also known as *sutr.*) dar žinomas kaip *(vart. po tikrosios pavardės)*
akimbo [ə'kɪmbəu] *adv* įsisprendus, rankas į šonus įrėmus *(džn.* **with arms ~***)*
akin [ə'kɪn] *a predic* **1** giminingas *(to – kam)* **2** artimas, toks pat kaip, panašus *(to – į)*
-al[1] [-əl] *(t. p.* **-ial, -ual)** *suff* -inis; **constitutional** konstitucinis; **racial** rasinis; **sensual** jausminis, jutiminis
-al[2] [-əl] *suff* -imas, -ymas *(žymint veiksmą):* **arrival** atvykimas; **refusal** atsisakymas
à la [ˈælə, ˈɑːlɑː] *pr. prep* à la, pagal *(kieno stilių)*
Alabama [ˌælə'bæmə] *n* Alabama *(JAV valstija)*
alabaster ['æləbɑ:stə] *n* alebastras, statybinis gipsas
à la carte [ˌælə'kɑ:t] *pr. a, adv* pagal užsakymą *(apie patiekalą restorane)*
alack [ə'læk] *int psn.* deja!
alacrity [ə'lækrətɪ] *n* gyvumas, skubumas
Aladdin [ə'lædɪn] *n* Aladinas; **~'s cave [lamp]** Aladino ola [lempa]
à la mode [ˌælə'məud] *pr.* **1** pagal paskutinę madą/stilių **2** *amer. kul.* su ledais *(apie desertą)*
Alan ['ælən] *n* Alanas *(vardas)*

Aland ['ɑ:lənd] *a: the ~ Islands* Alandų salos
alar ['eɪlə] *a* **1** sparninis, sparno pavidalo **2** *zool., bot.* sparnuotas
alarm [ə'lɑ:m] *n* **1** aliarmas, pavojaus signalas; **to give/sound the ~** duoti pavojaus signalą, skelbti pavojų; ~ **bell** aliarminis/pavojaus varpas **2** nerimas, panika, baimė; **to take ~** nerimauti, sunerimti **3** = **alarm-clock**
v **1** duoti pavojaus signalą **2** jaudinti, kelti nerimą
alarm-clock [ə'lɑ:mklɔk] *n* žadintuvas; **to set the ~ for seven o'clock** nustatyti žadintuvą septintai valandai; **the ~ went off** žadintuvas nuskambėjo
alarmed [ə'lɑ:md] *a* sunerimęs, išsigandęs *(at, by)*
alarming [ə'lɑ:mɪŋ] *a* keliantis nerimą, jaudinantis
alarmist [ə'lɑ:mɪst] *n* panikos kėlėjas, gandų skleidėjas
alarum [ə'lɛərəm] *n psn.* **1** pavojaus signalas **2** žadintuvo skambutis **3** *(žadintuvo)* skambinimo mechanizmas ◊ **~s and excursions** triukšmas, sambrūzdis
alas [ə'læs] *int* deja!; o!
Alaska [ə'læskə] *n* Aliaska
alb [ælb] *n bažn.* alba
albacore ['ælbəkɔ:] *n zool.* ilgapelekis tunas
Albania [æl'beɪnɪə] *n* Albanija
Albanian [æl'beɪnɪən] *a* albanų, albaniškas; Albanijos
n **1** albanas **2** albanų kalba
albatross ['ælbətrɔs] *n* **1** *zool.* albatrosas **2** *prk.* sunki našta, kliūtis *(t. p.* **~ around smb's neck***)*
albeit [ɔ:l'bi:ɪt] *conj knyg.* nors ir
Albert ['ælbət] *n* Albertas *(vardas)*
albescent [æl'besənt] *a* bąlantis, baltokas
albino [æl'bi:nəu] *n (pl* ~s [-z]) albinosas
Albion ['ælbɪən] *n poet.* Albionas *(Britanija)*
album ['ælbəm] *n* **1** albumas **2** ilgai grojanti plokštelė; plokštelių albumas **3** autografų knyga
albumen ['ælbjumɪn] *n* **1** *(kiaušinio)* baltymas **2** *chem., biol.* albuminas; baltyminė medžiaga
albumin ['ælbjumɪn] *n chem.* albuminas
albuminous [æl'bju:mɪnəs] *a spec.* baltyminis
alburnum [æl'bə:nəm] *n bot.* balana *(medienos sluoksnis)*
alchemic(al) [æl'kemɪk(l)] *a* alcheminis
alchemist ['ælkəmɪst] *n* alchemikas
alchemy ['ælkəmɪ] *n* alchemija
alcohol ['ælkəhɔl] *n* **1** alkoholis, spiritas; **denatured ~** denatūratas **2** alkoholiniai gėrimai
alcohol-free [ˌælkəhɔl'fri:] *a* nealkoholinis
alcoholic [ˌælkə'hɔlɪk] *a* alkoholinis; spiritinis
n alkoholikas
alcoholism ['ælkəhɔlɪzm] *n* alkoholizmas
alcove ['ælkəuv] *n* **1** niša; baldais atitverta kambario dalis **2** lapinė, altana
alder ['ɔ:ldə] *n bot.* alksnis; **black ~** šaltekšnis
alderman ['ɔ:ldəmən] *n* **1** *ist.* oldermanas *(Anglijos ir Velso miesto/grafystės tarybos narys)* **2** *(JAV)* miesto tarybos narys
aldermanry ['ɔ:ldəmənrɪ] *n* **1** oldermano titulas **2** miesto savivaldybės rajonas
ale [eɪl] *n (šviesusis)* alus
aleatoric [ˌeɪlɪə'tɔrɪk] *a* = **aleatory**
aleatory ['eɪlɪətərɪ] *a* atsitiktinis; sąlyginis
alec(k) ['ælɪk] *n:* **smart ~** *šnek.* pasipūtėlis, akipleša; visažinis
alee [ə'li:] *adv, a predic jūr.* **1** pavėjui **2** užuovėjoje
alehouse ['eɪlhaus] *n ist.* smuklė, alinė
alembic [ə'lembɪk] *n* **1** *chem. ist.* distiliacijos indas **2:** **through the ~ of fancy** pro vaizduotės prizmę

alert [ə'lɜːt] <n, a, v> n **1** pavojus, pavojaus signalas; *air ~* oro pavojus; *on the ~* pasirengęs, budrus **2** *kar.* parengtis
a **1** budrus; pasirengęs *(pavojams; to)* **2** judrus, gyvas
v (ypač kar.) **1** kelti aliarmą, parengti sutikti pavojų **2** įspėti *(apie pavojų)*, padaryti budrų
alertness [ə'lɜːtnɪs] n **1** budrumas, suklusimas **2** judrumas, gyvumas
Aleutian [ə'luːʃɪən] *a: the ~ Islands* Aleutų salos
A-level ['eɪlevl] n (advanced level *sutr.*) *(mokomojo dalyko)* baigiamasis egzaminas
alewife[1] ['eɪlwaɪf] n *(pl* -wives [-waɪvz]) alinės laikytoja
alewife[2] n *amer. zool.* Atlanto silkė
Alex ['ælɪks] n Aleksas *(vardas)*
Alexander [ˌælɪg'zɑːndə] n Aleksandras *(vardas)*
Alexandria [ˌælɪg'zɑːndrɪə] n Aleksandrija *(miestas)*
alexandrine [ˌælɪg'zændraɪn] n *lit.* aleksandrinas *(šešiapėdė jambų eilutė)*
alexandrite [ˌælɪg'zændraɪt] n *min.* aleksandritas
alfalfa [æl'fælfə] n *amer. bot.* liucerna
Alfred ['ælfrɪd] n Alfredas *(vardas)*
alfresco [æl'freskəu] *a, adv* atvirame ore, lauke
algae ['ældʒiː, 'ælgaɪ] n pl *bot.* dumbliai
algebra ['ældʒɪbrə] n algebra
algebraic(al) [ˌældʒɪ'breɪɪk(l)] *a* algebrinis
Algeria [æl'dʒɪrɪə] n Alžyras *(valstybė)*
Algerian [æl'dʒɪərɪən] *a* alžyrietiškas, alžyriečių; Alžyro
n alžyrietis
algid ['ældʒɪd] *a med.* šaltas
Algiers [æl'dʒɪəz] n Alžyras *(miestas)*
ALGOL ['ælgɒl] n (algorithmic language *sutr.*) *komp.* algoritminė kalba
algorism ['ælgərɪzm] n **1** arabiška skaičiavimo sistema **2** algoritmas
algorithm ['ælgərɪðm] n *spec.* algoritmas
algorithmic [ˌælgə'rɪðmɪk] *a spec.* algoritminis
alias ['eɪlɪəs] n pravardė, slapyvardis *(ypač nusikaltėlio)*
adv kitaip, dar *(vadinamas),* dar žinomas kaip
alibi ['ælɪbaɪ] n **1** alibi, alibis **2** *šnek.* pasiteisinimas
Alice ['ælɪs] n Alisa *(vardas)*
alidade ['ælɪdeɪd] n *tech.* alidadė
alien ['eɪlɪən] n **1** svetimšalis, užsienietis **2** pašalietis, nepritapėlis **3** ateivis *(iš kitų planetų)*
a **1** užsieninis, svetimšalis **2** svetimas, nebūdingas, tolimas *(to)* **3** ateivių *(iš kitų planetų)*
alienable ['eɪlɪənəbl] *a teis.* nusavinamas, perleidžiamas
alienage ['eɪlɪənɪdʒ] n *teis.* pilietybės neturėjimas; svetimšalio statusas
alienate ['eɪlɪəneɪt] v **1** nusavinti, perleisti *(t. p. teis.)* **2** atstumti, atitolinti **3** *pass* nutolti, atitolti *(from)*
alienated ['eɪlɪəneɪtɪd] *a* atitolęs, susvetimėjęs
alienation [ˌeɪlɪə'neɪʃn] n **1** susvetimėjimas, atitolimas; atitolinimas, atstūmimas **2** *teis. (turto)* perleidimas, nusavinimas **3** *med.* proto sutrikimas *(ppr. mental ~)*
alienee [ˌeɪlɪə'niː] n *teis. (nusavinto turto)* gavėjas, perėmėjas
alienism ['eɪlɪənɪzm] n **1** = **alienage 2** psichiatrija
alienist ['eɪlɪənɪst] n *amer. psn.* psichiatras
aliform ['ælɪfɔːm] *a* sparno pavidalo, sparninis
alight[1] [ə'laɪt] v (alighted, alit) **1** išlipti, išeiti; nulipti **2** nusileisti, nutūpti *(t. p. av.; on, upon)* **3** *knyg.* užtikti *(on, upon)*
alight[2] *a predic* **1** degantis, uždegtas; *to set smth ~* padegti ką **2** šviesus, šviečiantis **3** spindintis, linksmas
align [ə'laɪn] v **1** rikiuoti(s); iš(si)rikiuoti į eilę **2** *refl, pass* jungtis, vienytis *(with)* **3** taikyti, vizuoti; *to ~ the sights of a rifle and the mark* nusitaikyti į taikinį **4** *tech.* tiesinti, (iš)lyginti; *to ~ the track* glžk. lyginti bėgių kelią
alignment [ə'laɪnmənt] n **1** (iš)lyginimas, reguliavimas; *~ of forces [of powers]* jėgų [valstybių] pasiskirstymas **2** lygiavimasis, iš(si)rikiavimas; *in ~* vienoje linijoje, lygiuojantis; *out of ~* nesilygiuojantis, netiesus **3** *(ypač polit.)* vienijimasis **4** *tech.* centravimas; vizavimas *(per keletą taškų);* horizontali projekcija
alike [ə'laɪk] *a predic* panašus, toks pat, vienodas
adv taip pat, panašiai, vienodai
aliment ['ælɪmənt] n **1** maistas **2** išlaikymas, parama
v išlaikyti; palaikyti, remti, šelpti
alimentary [ˌælɪ'mentərɪ] *a* **1** maisto, maistinis; *~ products* maisto produktai **2** maitinantis; *~ canal/tract* virškinimo traktas
alimentation [ˌælɪmən'teɪʃn] n **1** maitinimas **2** išlaikymas
alimony ['ælɪmənɪ] n alimentai; išlaikymas
A-line ['eɪlaɪn] *a* trapecinis, panašus į raidę A *(apie drabužį)*
aliquant ['ælɪkwənt] *a mat.* nekartotinis
aliquot ['ælɪkwɒt] n *chem.* bandinys, mėginys
a mat. kartotinis
alit [ə'lɪt] *past ir pII žr.* **alight**[1]
alive [ə'laɪv] *a predic* **1** gyvas; *any man ~* bet kas, bet kuris žmogus; *no man ~* niekas, nė vienas žmogus **2** judrus, gyvas; *~ and kicking* gyvas ir sveikas; *to bring ~* pagyvinti; *to come ~* a) pagyvėti; b) atgyti **3** suprantantis, jautriai reaguojantis; *to be (fully) ~ to smth* (aiškiai) suprasti ką **4** pilnas, knibždėte knibždantis *(with); the lake is ~ with boats* ežeras pilnas valčių **5** veikiantis, įjungtas; *to keep smth ~* a) palaikyti ką, neleisti kam išnykti; kurstyti *(ugnį);* b) skatinti *(susidomėjimą); the wire is ~* laidu teka srovė
alkalescence [ˌælkə'lesns] n *chem.* silpnas šarmingumas
alkalescent [ˌælkə'lesnt] *a chem.* silpnas šarminis, silpno šarmingumo
alkali ['ælkəlaɪ] n *(pl ~s* [-z]) **1** *chem.* šarmas **2** *attr: ~ soil* druskožemis
alkalimetry [ˌælkə'lɪmɪtrɪ] n *chem.* alkalimetrija
alkaline ['ælkəlaɪn] *a chem.* šarminis; šarmingas
alkalinity [ˌælkə'lɪnətɪ] n *chem.* šarmingumas
alkaloid ['ælkəlɔɪd] n *chem.* alkaloidas
all [ɔːl] *pron indef* **1** visas, visa; *~ his life* visas jo gyvenimas; visą savo gyvenimą **2** visiškas; *beyond ~ doubt/question* be jokios abejonės **3** viskas; *~ is well* viskas gerai; *their ~* jų visas turtas **4** visi; *they ~ came late* jie visi pavėlavo ◊ *and ~ šnek.* ir kita; *~ one (to)* vis tiek; *in ~* iš viso; *~ in* a) apskritai (paėmus); b) svarbiausias dalykas, viskas *(kam); ~ but* beveik, vos ne; *to cap/top/crown it ~* negana to, pagaliau *(paminint dar vieną nemalonų dalyką); it is ~ over/up with him* su juo baigta, jis – žuvęs žmogus; *he is not quite ~ there šnek.* ≡ jam ne visi namie
adv vis(išk)ai; *~ alone* a) visai/visiškai vienas; b) be jokios pagalbos, savarankiškai; *~ over* a) visur, aplink, dar žr. **over** *prep* 3; b) visiškai; *she is her mother ~ over* ji visai į motiną, ji – gyva motina; *~ (a)round* aplink, iš visų pusių
all- [ɔːl-] *(sudurt. žodžiuose)* visas; grynas, vien (tik); *all-American* visos Amerikos; tipiškai/grynai amerikietiškas; *all-wool* (iš) grynų vilnų; *all-male* vien tik vyrams
Allah ['ælə] n Alachas *(musulmonų dievas)*
Allan ['ælən] n Alanas *(vardas)*
all-around [ˌɔːlə'raund] *a amer.* universalus *(ypač apie sportininką)*

allay [ə'leɪ] v **1** nuraminti **2** sumažinti, sušvelninti *(baimę, įtarimą ir pan.)*
all-clear [ˌɔ:l'klɪə] n **1** oro pavojaus pabaigos signalas, oro pavojaus atšaukimas **2** signalas/leidimas pradėti veiksmus
all-comers [ˌɔ:l'kʌməz] n pl atvirų varžybų dalyviai
all-consuming [ˌɔ:lkən'sju:mɪŋ] a nežabotas *(apie aistrą ir pan.)*
all-day [ɔ:l'deɪ] a trunkantis visą dieną, visos dienos
allegation [ˌælɪ'geɪʃn] n **1** *(nepagrįstas)* tvirtinimas, teigimas; įtarimas **2** pareiškimas *(teismui)*
allege [ə'ledʒ] v **1** *(nepagrįstai)* teigti, tvirtinti; įtarti **2** pareikšti *(teismui)*; aiškinti *(kuo; teisinantis, įrodinėjant)*
alleged [ə'ledʒd] a **1** tariamas **2** įtariamas
allegedly [ə'ledʒədlɪ] adv tariamai, be įrodymų
Allegheny ['ælɪgenɪ] n: ~ **Mountains** Alegenio kalnai
allegiance [ə'li:dʒəns] n **1** ištikimybė, atsidavimas, lojalumas *(to)* **2** ist. vasalo priklausomybė
allegoric(al) [ˌælɪ'gɔrɪk(l)] a alegorinis, alegoriškas
allegorize ['ælɪgəraɪz] v **1** vaizduoti/interpretuoti alegoriškai **2** kurti alegoriją; reikšti mintis alegoriškai
allegory ['ælɪgərɪ] n alegorija
allegro [ə'leɪgrəu, ə'leg-] it. n, a, adv muz. allegro, gyvai, greitai
alleluia [ˌælɪ'lu:jə] n, int = **halleluiah**
all-embracing [ˌɔ:lɪm'breɪsɪŋ] a visa/visus apimantis
Allen ['ælən] n Alenas *(vardas)*
allergic [ə'lə:dʒɪk] a **1** fiziol. alerginis, alergiškas *(to)* **2** šnek. nepakenčiantis, nepakeliantis *(to)*
allergist ['ælədʒɪst] n alergologas
allergy ['ælədʒɪ] n **1** fiziol. alergija, padidėjęs jautrumas **2** šnek. nepakentimas *(to)*
alleviate [ə'li:vɪeɪt] v sumažinti, palengvinti *(kančią, skausmą ir pan.)*
alleviation [əˌli:vɪ'eɪʃn] n palengvinimas, sušvelninimas
alley[1] ['ælɪ] n **1** siaura gatvelė, skersgatvis; **blind ~** a) aklagatvis; b) prk. aklavietė, beviltiška padėtis **2** alėja *(sode, parke)* **3** perėjimas tarp eilių **4** kėglių takas ◊ *it is (right) up/down your ~* tai (kaip tik) jūsų sritis, tai (kaip tik) tau tinka
alley[2] n = **ally**[2]
alleyway ['ælɪweɪ] n amer. žr. **alley**[1] 1, 3
all-fired [ˌɔ:l'faɪəd] adv amer. šnek. nepaprastai, be galo; velniškai
Allhallows [ˌɔ:l'hæləuz] n bažn. Visų Šventųjų šventė
alliance [ə'laɪəns] n **1** sąjunga, susivienijimas; aljansas **2** bendrumas; draugystė, giminystė; **~ by marriage** santuoka, santuokinė sąjunga
allied ['ælaɪd] a **1** artimas, giminingas *(to)* **2** sąjunginis, koalicinis **3** *(A.)* sąjungininkų
alligator ['ælɪgeɪtə] n **1** zool. aligatorius **2** tech. žiauninis trupintuvas **3** attr krokodilo odos; **~ handbag** krokodilo odos rankinukas; **~ shears** žirklės
all-in [ˌɔ:l'ɪn] a **1** išvargęs **2** įskaitant viską *(apie kainą, atlyginimą)* **3** sport. leidžiantis visus veiksmus *(imtynės)*
all-inclusive [ˌɔ:lɪn'klu:sɪv] a = **all-in** 2
all-in-one ['ɔ:lɪn'wʌn] a **1** vientisas **2** tech. ne(iš)ardomas, neišnarstomas
alliteration [əˌlɪtə'reɪʃn] n lit. aliteracija
all-night ['ɔ:lnaɪt] a **1** naktinis *(apie restoraną ir pan.)* **2** trunkantis visą naktį
all-nighter [ˌɔ:l'naɪtə] n amer. šnek. studijavimas, darbų rašymas ir pan. visą naktį
allo- ['æləu-] *(sudurt. žodžiuose)* alo-; **allograph** alografas, grafemos variantas

allocate ['æləkeɪt] v **1** (pa)skirti *(to)* **2** (pa)skirstyti *(lėšas, išteklius ir pan.)*; išskirstyti, išdėstyti; amer. rezervuoti *(kreditus ir pan.)* **3** knyg. lokalizuoti
allocation [ˌælə'keɪʃn] n **1** paskyrimas **2** paskirstymas **3** lėšos, asignavimai **4** knyg. lokalizavimas
allocution [ˌæləu'kju:ʃn] n knyg. iškilminga/pamokoma kalba, kreipimasis
allodial [ə'ləudɪəl] a ist. atleistas nuo feodalinių prievolių, alodinis
allodium [ə'ləudɪəm] n ist. alodas
allomorph ['æləmɔ:f] n gram. alomorfas, morfemos variantas
allopathy [ə'lɔpəθɪ] n med. alopatija
allophone ['æləfəun] n fon. alofonas, fonemos variantas
allot [ə'lɔt] v **1** išskirstyti, (pa)skirstyti, padalyti **2** paskirti, teikti, duoti
allotment [ə'lɔtmənt] n **1** (pa)skirstymas; suteikimas **2** dalis **3** išnuomojamas žemės sklypelis *(daržui)*
allottee [ælɔ'ti:] n asmuo, gaunantis žemės sklypą; smulkus nuomininkas
all-out ['ɔ:l'aut] a attr **1** visiškas, visuotinis **2** atkaklus, varginantis
adv **1** visomis jėgomis; **to go ~** kovoti iš paskutiniųjų **2** visai, visiškai
all-over [ˌɔ:l'əuvə] a visas, visiškai, per visą plotą; ištisinis *(apie audinio ir pan. piešinį)*
all-overish [ˌɔ:l'əuvərɪʃ] a šnek. negaluojantis
allow [ə'lau] v **1** leisti; **to ~ the children to play** leisti vaikams žaisti **2** leisti, sudaryti sąlygas **3** numatyti, atsižvelgti, kreipti dėmesį *(for)* **4** *(reguliariai)* duoti, skirti, išmokėti; **to ~ discount** kom. daryti/suteikti nuolaidą; **how much are you ~ed for books?** kiek jums duoda pinigų knygoms? **5** pripažinti *(teisingu)*; sutikti **6** amer. dial. pareikšti, tvirtinti
allowable [ə'lauəbl] a leidžiamas, leistinas; pagal įstatymą
allowance [ə'lauəns] n **1** pašalpa, pinigai išlaikymui, priemoka; išmoka; amer. kišenpinigiai; **family ~** *(savaitinė)* pašalpa šeimai; **travel ~** kelionpinigiai **2** atsižvelgimas *(for)*; nuolaida *(t. p. fin.)*; **to make ~s** *(for)* daryti nuolaidų; atsižvelgti, turėti galvoje **3** išdavimo norma, davinys; **at no ~** neribotai; **what's the ~ per head?** kiek priklauso kiekvienam? **4** ret. leidimas **5** tech. tolerancija **6** pl kar. aprūpinimas
v (pa)skirti/aprūpinti nustatytais kiekiais
allowedly [ə'lauɪdlɪ] adv **1** legaliu/teisėtu būdu **2** visuotiniu pripažinimu
alloy n ['ælɔɪ] **1** lydinys **2** priemaiša, ligatūra **3** praba **4** attr legiruotas; **~ (treated) steel** legiruotasis plienas
v [ə'lɔɪ] **1** lydyti *(metalus; with)* **2** primaišyti **3** gadinti, drumsti *(džiaugsmą ir pan.)*
all-powerful ['ɔ:lpauəfəl] a visa galintis
all-purpose ['ɔ:l'pə:pəs] a attr universalus
all-right [ˌɔ:l'raɪt] *(ppr.* **all right**) <a, adv, int> a geras, tinka(mas); **he is ~** jis jaučiasi gerai
adv gerai, tinkamai, kaip reikiant
int gerai!, tvarka!
all-round a ['ɔ:lraund] universalus; įvairiapusis
adv [ˌɔ:l'raund] šnek. apskritai (kalbant)
all-rounder [ˌɔ:l'raundə] n universalus sportininkas/studentas ir pan.
allsorts ['ɔ:lsɔ:ts] n pl saldainių asorti; **liquorice ~** saldainių asorti su lakrica
allspice ['ɔ:lspaɪs] n kvapusis pipiras *(prieskonis)*
all-star ['ɔ:lsta:] a teatr., kin. susidedantis tik iš žvaigždžių, visų žvaigždžių *(apie komandą ir pan.)*

all-terrain ['ɔ:lterem] *a:* ~ ***vehicle*** *aut.* visureigis *(trimis/ keturiais ratais)*
all-time ['ɔ:ltaɪm] *a* visų laikų *(aukščiausias, geriausias ir pan.);* absoliutus *(apie rekordą ir pan.)*
allude [ə'lu:d] *v* priminti, užsiminti, daryti užuominą/aliuziją *(to – į)*
all-up ['ɔ:l,ʌp] *n av. (lėktuvo, keleivių, krovinio ir pan.)* bendras svoris ore *(t. p.* ~ ***weight)***
allure [ə'ljuə, ə'luə] *v* **1** vilioti, masinti **2** gundyti, žavėti, kerėti
n trauka; žavesys
allurement [ə'luəmənt, ə'ljuə-] *n* **1** žavesys; pagunda, masalas **2** viliojimas, traukimas
alluring [ə'luərɪŋ, ə'ljuə-] *a* masinantis, viliojantis; žavus, patrauklus, kerintis
allusion [ə'lu:ʒn] *n* **1** priminimas; rėmimasis *(kuo)* **2** užuomina **3** *lit.* aliuzija
allusive [ə'lu:sɪv] *a* primenantis; reiškiantis užuominą, su užuominomis
alluvia [ə'lu:vɪə] *pl žr.* **alluvium**
alluvial [ə'lu:vɪəl] *a geol.* aliuvinis; samplovinis, sąnašinis; ~ ***deposit*** aliuvinis sąnašynas; ~ ***gold*** *kas.* sąnašinis auksas
alluvion [ə'lu:vɪən] *n* pakrantės ruožas, susidaręs iš jūros/ upės nuosėdų
alluvium [ə'lu:vɪəm] *n (pl* -via, ~s [-z]) *geol.* **1** aliuvis, aliuviniai dariniai **2** *attr:* ~ ***period*** kvarteras, kvartero periodas
all-wool ['ɔ:l'wul] *a* (iš) grynų vilnų
ally[1] *n* ['ælaɪ] **1** sąjungininkas **2** pagalbininkas
v [ə'laɪ] **1** būti sąjungininku, sudaryti sąjungą **2** *pass, refl* jungtis, susijungti, suartėti *(with);* būti susijusiam *(kilme, giminystės ryšiais ir pan.; to)*
ally[2] ['ælɪ] *n (žaidimo)* marmurinis rutuliukas ◊ ***to give smb a fair show for an*** ~ garbingai su kuo pasielgti; duoti kam galimybę atsilošti
all-year-round [,ɔ:ljɪə'raund] *a* (veikiantis) ištisus metus *(apie kurortą ir pan.)*
Alma-Ata [,ɑ:lmɑ:ɑ:'tɑ:] *n* Alma Ata
alma mater [,ælmə'mɑ:tə] *lot.* **1** alma mater **2** *amer.* universiteto/mokyklos himnas
almanac(k) ['ɔ:lmənæk] *n* **1** almanachas **2** kalendorius
almighty [ɔ:l'maɪtɪ] <*a, n, adv*> *a* **1** *(A.) rel.* Visagalis **2** *šnek.* nepaprastas, didžiulis, baisus
n (the A.) Visagalis (Viešpats)
adv šnek. baisiai
almond ['ɑ:mənd] *n* migdolas *(t. p. bot.)*
almond-eyed ['ɑ:mənd'aɪd] *a* siauraakis
almoner ['ɑ:mənə] *n ist.* ligoninės tarnautojas, tvarkantis ligonių aptarnavimą, reabilitaciją *ir pan.*
almonry ['ɑ:mənrɪ] *n ist.* išmaldos dalinimo vieta
almost ['ɔ:lməust] *adv* beveik; vos ne; *I* ~ ***missed the train*** aš vos nepavėlavau į traukinį
alms [ɑ:mz] *n pl psn.* išmalda
alms-house ['ɑ:mzhaus] *n ist.* prieglauda, elgetynas
alnico ['ælnɪkəu] *n* alnis *(lydinys)*
alodium [ə'ləudɪəm] *n* = **allodium**
aloe ['æləu] *n* **1** *bot.* alavijas **2** *pl* alavijo pikis/sultys
aloft [ə'lɒft] *adv* viršuje, aukštai (ore); aukštyn ◊ ***to go*** ~ mirti
alogical [eɪ'lɒdʒɪkl] *a* nelogiškas; alogiškas, aloginis
aloha [ə'ləuhə] *int* sveikas!; sudie! *(Havajuose)*
alone [ə'ləun] *a predic* **1** vienas, vienišas; ~ ***together*** vieni du **2** vienintelis, unikalus ◊ ***to leave/let smb*** ~ palikti ką ramybėje, atstoti nuo ko, netrukdyti kam; ***to leave smth*** ~ neliesti ko; ***to leave/let well (enough)*** ~ palikti kaip yra *(kad nebūtų blogiau);* ***let*** ~ jau nekalbant apie
adv tik, vien; ***he*** ~ ***knew the truth*** tik jis žinojo tiesą
along [ə'lɒŋ] <*adv, part, prep*> *adv* **1** tolyn, į priekį **2** kartu; ta pačia kryptimi; ***come*** ~*!* einam!, eime!; ~ ***with me*** kartu su manimi ◊ ***all*** ~ visą laiką; iš pat pradžių; *(all)* ~ ***of*** *šnek.* dėl; ***right*** ~ *amer.* visada, nuolat; ~ ***here [there]*** (į) čia [ten]
part (vart. su vksm.) verčiamas priešdėliniais vksm.: ***to carry*** ~ palaikyti, padrąsinti, *žr. atitinkamus vksm. po ženklo* □
prep palei, išilgai; ~ ***the road*** išilgai kelio; ***to run*** ~ ***the road*** bėgti keliu
alongside [ə'lɒŋsaɪd] *adv* **1** šalia, greta; **2** *jūr.* išilgai/prie borto; ***to come*** ~ priplaukti prie borto
prep prie; šalia, kartu su; ***the car stopped*** ~ ***the kerb*** automobilis sustojo prie šaligatvio
aloof [ə'lu:f] *a predic* **1** esantis toliau/nuošaliai; ***to keep/ hold oneself*** ~ *(from)* laikytis nuošaliai **2** nuošalus, atitolęs, abejingas
aloofness [ə'lu:fnɪs] *n* nuošalumas; atitolimas; abejingumas
alopecia [,ælə'pi:ʃə] *n med.* alopecija, plikimas; plikumas
aloud [ə'laud] *adv* **1** garsiai; balsiai; ***to read*** ~ skaityti balsu **2** *šnek.* stipriai, baisiai
Aloysius [,ələu'ɪʃəs] *n* Aloyzas *(vardas)*
alp [ælp] *n* **1** *knyg.* kalno viršūnė; kalnas **2** alpinės ganyklos/pievos
alpaca [æl'pækə] *n* **1** *zool.* alpaka **2** alpakos vilnų audinys
alpenstock ['ælpənstɒk] *n sport.* alpenštokas
alpha ['ælfə] *n* **1** alfa *(pirmoji gr. abėcėlės raidė)* **2** *(A.) astr.* pagrindinė žvaigždyno žvaigždė ◊ ***the*** ~ ***and omega*** a) alfa ir omega, pradžia ir pabaiga; b) svarbiausia
alphabet ['ælfəbet] *n* alfabetas, raidynas, abėcėlė
alphabetic(al) [,ælfə'betɪk(l)] *a* abėcėlinis, alfabetinis
alphabetically [,ælfə'betɪklɪ] *adv* abėcėline/alfabetine tvarka
alphabetize ['ælfəbetaɪz] *v* išdėstyti abėcėlės tvarka
alphanumeric [,ælfənju:'merɪk] *a* raidinis skaitmeninis *(apie kodą ir pan.);* ~ ***data*** teksto duomenys
alpine ['ælpaɪn] *a* **1** alpinis, aukštikalnių; ~ ***plants*** alpinė augalija **2** *(A.)* Alpių; ~ ***combined competition*** Alpių/ kalnų dvikovė *(slidinėjimas)*
alpinist ['ælpɪnɪst] *n* alpinistas
Alps [ælps] *n pl (the* ~*)* Alpės
already [ɔ:l'redɪ] *adv* jau ◊ ***that's enough*** ~*! amer.* pakaks pagaliau!
alright [,ɔ:l'raɪt] = **all-right**
Alsace [æl'sæs] *n* Elzasas *(Prancūzijos sritis)*
Alsatian [æl'seɪʃn] *a* Elzaso; elzasiečių
n **1** elzasietis **2** vokiečių aviganis *(t. p.* ~ ***dog)*** **3** *ist.* skolininkas
also ['ɔ:lsəu] *adv* irgi, taip pat, be to; ***not only ... but*** ~ *...* ne tik ..., bet ir ...
also-ran ['ɔ:lsəuræn] *n* **1** lenktynininkas, nelaimėjęs prizo **2** nesėkmingai pasirodęs sportininkas; *(varžybų, rinkimų)* nevykėlis
alt [ælt] *n: in* ~ a) *muz.* oktava aukščiau; b) pakilios nuotaikos
Altai [æl'taɪ] *n* Altajus
altar ['ɔ:ltə] *n* **1** *bažn.* altorius; ~ ***boy*** berniukas, patarnaujantis per mišias **2** *ist.* aukuras **3** *tech. (pakuros)* slenkstis ◊ ***to lead to the*** ~ vesti prie altoriaus *(tuoktis)*
altar-piece ['ɔ:ltəpi:s] *n bažn.* altoriaus paveikslas/statula
alter ['ɔ:ltə] *v* **1** keisti(s); ***to*** ~ ***one's mind*** apsigalvoti, pakeisti nuomonę **2** perdirbti; persiūti **3** *amer. euf.* kastruoti *(kates, šunis)*
alterable ['ɔ:ltərəbl] *a* (pa)keičiamas

alteration [ˌɔːltəˈreɪʃn] *n* **1** pokytis, pakitimas, permaina; pakeitimas; perdirbimas **2** *(pastato)* perplanavimas **3** *tech.* deformacija **4** *med., muz.* alteracija
alterative [ˈɔːltərətɪv] *a* keičiantis
n med. alterantas, medžiagų apykaitą keičiantys/greitinantys vaistai
altercate [ˈɔːltəkeɪt] *v knyg.* kivirčytis, ginčytis, bartis
altercation [ˌɔːltəˈkeɪʃn] *n knyg.* kivirčas, vaidas, ginčas; kivirčijimasis
alter ego [ˌæltərˈiːgəu, -ˈegəu] *lot.* antrasis aš, artimas žmogus, bendramintis
alternate <*a, v, n*> *a* [ɔːlˈtɜːnət] **1** kintamas, keičiamas; kaitaliojamas; **on ~ days** kas antrą dieną; **~ materials** pakaitalai **2** atsarginis, papildomas; **~ design** projekto variantas **3**: **~ angles** *geom.* priešpriešiniai kampai
v [ˈɔːltəːneɪt] keisti(s); kaitalioti(s) *(between)*
n [ɔːlˈtɜːnət] *amer.* pavaduotojas
alternately [ɔːlˈtɜːnətlɪ] *adv* iš eilės; pakaitomis; **she cried and laughed ~** ji čia juokėsi, čia verkė
alternating [ˈɔːltəːneɪtɪŋ] *a* kintamas, kaitaliojamas; **~ current** *el.* kintamoji srovė; **~ motion** *tech.* grįžtamasis slenkamasis judesys
alternation [ˌɔːltəːˈneɪʃn] *n* kitimas, kaita, kaitaliojimas(is)
alternative [ɔːlˈtɜːnətɪv] *n* **1** alternatyva, pasirinkimas **2** *kalb.* dubletas
a **1** alternatyvus, alternatyvinis; **~ question** *gram.* pakaitinis/alternatyvinis klausimas **2** veikiantis pakaitomis, pakaitinis
alternatively [ɔːlˈtɜːnətɪvlɪ] *adv:* **or ~** arba kitaip/antraip
alternator [ˈɔːltəneɪtə] *n el.* kintamosios srovės generatorius, alternatorius
although [ɔːlˈðəu] *conj* nors (ir); net jei
altimeter [ˈæltɪˌmiːtə] *n av.* altimetras, aukščiamatis
altitude [ˈæltɪtjuːd] *n* **1** aukštis; aukštis virš jūros lygio; altitudė **2** *(ppr. pl)* aukštos vietos, aukštumos **3** *attr av.* aukštuminis, aukštybinis; **~ flight** aukštybinis skridimas
alto [ˈæltəu] *muz. n (pl ~s* [-z]) **1** altas *(balsas, instrumentas)* **2** kontraltas
a alto, altų; **~ clef** alto raktas
altogether [ˌɔːltəˈgeðə] *adv* **1** visai, visiškai; **that's another matter ~** tai visai kas kita **2** *mod* apskritai; **it was raining, but ~ it was a good trip** lijo, bet apskritai tai buvo gera išvyka **3** iš viso
n visuma ◊ **in the ~** *šnek.* nuogas, plikas; **for ~** visam laikui
altruism [ˈæltruɪzm] *n* altruizmas
altruist [ˈæltruɪst] *n* altruistas
altruistic [ˌæltruˈɪstɪk] *a* altruistinis
alum[1] [ˈæləm] *n min.* alūnas
alum[2] *n šnek.* = **alumnus**
alumina [əˈljuːmɪnə] *n chem.* aliuminio oksidas/deginys, molžemis
aluminium [ˌæljuˈmɪnɪəm] *n* aliuminis; **~ foil** aliuminio folija
aluminous [əˈljuːmɪnəs] *a* alūninis; aliuminio oksido
aluminum [əˈluːmɪnəm] *n amer.* = **aluminium**
alumna [əˈlʌmnə] *lot. n (pl* -ae [-iː]) *amer.* buvusi studentė, auklėtinė, *plg.* **alumnus**
alumnus [əˈlʌmnəs] *lot. n (pl* -ni [-naɪ]) *(tik v.) amer. (mokyklos, universiteto)* buvęs studentas, auklėtinis
alveolar [ˌælvɪˈəulə, ælˈviːələ] *a anat.* alveolinis; **~ abscess** *med.* fliusas, dantenų pūlinys
alveolus [ˌælvɪˈəuləs] *(pl* -li [-laɪ]) *anat.* alveolė
always [ˈɔːlwəz, -weɪz] *adv* **1** visada, visuomet; **why must you ~ tease your sister?** kodėl tu visą laiką erzini seserį? **2** amžinai

alyssum [ˈælɪsəm] *n bot.* laibenis
am [əm; *kirčiuota forma* æm] *esam. l. vns. 1 asm., žr.* **be**
amain [əˈmeɪn] *adv psn.* **1** visu greičiu, greitai, skubiai **2** iš visų jėgų, stipriai **3** nepaprastai
amalgam [əˈmælgəm] *n* **1** *spec.* amalgama **2** mišinys
amalgamate [əˈmælgəmeɪt] *v* **1** su(si)jungti, su(si)lieti **2** *metal.* amalgamuoti
amalgamation [əˌmælgəˈmeɪʃn] *n* **1** su(si)jungimas, su(si)liejimas **2** susimaišymas **3** *metal.* amalgamavimas, amalgamacija
amanuensis [əˌmænjuˈensɪs] *n (pl* -ses [-siːz]) *knyg.* sekretorius *(rašantis diktuojamą tekstą)*
amaranth [ˈæmərænθ] *n bot.* burnotis, amarantas
amaranthine [ˌæməˈrænθaɪn] *a* **1** nevystantis **2** purpurinis
amaryllis [ˌæməˈrɪlɪs] *n bot.* amarilis
amass [əˈmæs] *v* **1** kaupti *(turtą);* rinkti *(duomenis ir pan.)* **2** *poet.* kauptis, susikaupti
amassment [əˈmæsmənt] *n knyg.* **1** kaupimas, rinkimas **2** krūva
amateur [ˈæmətə] *n* **1** mėgėjas, neprofesionalas **2** diletantas
a **1** mėgėjų, mėgėjiškas; saviveiklinis; **~ dramatics** mėgėjų teatras; **~ art** meninė saviveikla; **~ yachtsman** jachtininkas mėgėjas **2** *menk.* diletantiškas
amateurish [ˈæmətərɪʃ] *a* **1** neprofesionalus, mėgėjiškas, saviveiklinis **2** diletantiškas; nevykęs
amateurism [ˈæmətərɪzm] *n* **1** *sport.* mėgėjo statusas **2** diletantizmas
amative [ˈæmətɪv] *a knyg. ret.* **1** greit įsimylintis **2** meilės
amatory [ˈæmətərɪ] *a knyg.* meilės, meilingas
amaze [əˈmeɪz] *v* (nu)stebinti; *pass* (labai) nustebti
amazement [əˈmeɪzmənt] *n* nustebimas, nuostaba
amazing [əˈmeɪzɪŋ] *a* nuostabus, stebinantis; nepaprastas
Amazon [ˈæməzən] *n* **1** **(the ~)** Amazonė *(upė)* **2** *mit.* amazonė **3** *(t. p. a.)* atletiška/vyriška moteris
ambassador [æmˈbæsədə] *n* **1** ambasadorius; **~ extraordinary and plenipotentiary** nepaprastasis ir įgaliotasis ambasadorius **2** šauklys, pasiuntinys; atstovas; **to act as smb's ~** atstovauti kam
ambassador-at-large [æmˈbæsədəətˈlɑːdʒ] *n (pl* **-s-at-large**) *amer. dipl.* pasiuntinys ypatingiems pavedimams
ambassadorial [æmˌbæsəˈdɔːrɪəl] *a* ambasadoriaus
ambassadorship [æmˈbæsədəʃɪp] *n* ambasadoriaus rangas; ambasadoriaus funkcijos ir įgaliojimai
ambassadress [æmˈbæsədrɪs] *n* **1** ambasadoriaus žmona **2** pasiuntinė; šauklė; atstovė **3** *ret.* ambasadorė
amber [ˈæmbə] *n* **1** gintaras **2** gintaro spalva **3** *(šviesoforo)* geltonas signalas; **~ gambler** *šnek.* neatsargus vairuotojas *(važiuojantis esant geltonam signalui)*
a gintarinis; gintaro spalvos
ambergris [ˈæmbəgriːs] *n* ambra
ambiance [ˈæmbɪəns] *n* = **ambience**
ambidexter [ˌæmbɪˈdekstə] *n* **1** abirankis žmogus **2** *psn.* dviveidis
ambidextrous [ˌæmbɪˈdekstrəs] *a* abirankis
ambience [ˈæmbɪəns] *n* **1** apsuptis, aplinka **2** atmosfera, bendra nuotaika
ambient [ˈæmbɪənt] *a spec.* supantis, aplinkos, esantis aplinkui; **~ air** aplinkos oras
ambiguity [ˌæmbɪˈgjuːətɪ] *n* **1** dviprasmybė; dviprasmiškumas **2** nevienareikšmiškumas, neaiškumas
ambiguous [æmˈbɪgjuəs] *a* **1** dviprasmiškas **2** neaiškus, neapibrėžtas
ambit [ˈæmbɪt] *n* **1** apimtis, ribos **2** *(vartojimo, veiklos)* sfera **3** *teis.* kompetencijos/jurisdikcijos ribos

ambition [æm'bɪʃn] *n* **1** ambicija; *(garbės, pripažinimo ir pan.)* troškimas **2** siekimas, tikslas; svajonė, svaja
ambitious [æm'bɪʃəs] *a* **1** ambicingas; siekiantis, trokštantis *(garbės, valdžios, turtų ir pan.)* **2** pretenduojantis, pretenzingas
ambivalence [æm'bɪvələns] *n* **1** dvilypumas; *to display ~ (about, towards)* turėti dvilypius jausmus **2** *psich.* ambivalencija
ambivalent [æm'bɪvələnt] *a* **1** dvejopas, dvilypis, prieštaringas **2** *psich.* ambivalentiškas
amble ['æmbl] *n* **1** eidinė *(arklio risčia)* **2** lengva eisena
v **1** bėgti eidine **2** joti ant eidininko **3** vaikštinėti; žingsniuoti/eiti palengva
ambler ['æmblə] *n* eidininkas
ambrosia [æm'brəʊzɪə] *n* **1** *mit.* ambrozija *(t. p. prk.)* **2** bičių duona
ambulance ['æmbjuləns] *n* **1** greitosios pagalbos automobilis *(t. p. ~ car)* **2** lauko ligoninė **3** *attr* sanitarinis; *~ airplane* sanitarinis lėktuvas
ambulance-chaser ['æmbjuləns,tʃeɪsə] *n amer. šnek.* teisininkas, nagrinėjantis nukentėjusių nuo nelaimingų atsitikimų transporte bylas
ambulanceman ['æmbjulənsmæn] *n (pl* -men [-men]) *(tik v.)* greitosios pagalbos automobilio vairuotojas/sanitaras
ambulant ['æmbjulənt] *a med.* **1** slankus, klajojantis **2** vaikščiojantis *(apie ligonį)* **3** ambulatorinis *(apie gydymą)*
ambulatory ['æmbjulətərɪ] *knyg. a* **1** kilnojamas, nestacionarinis **2** vaikščiojimo, vaikščiojamasis **3** klajojantis **4** *med.* ambulatorinis **5** *teis.* laikinas
n galerija pasivaikščioti; *(vienuolyno)* vidaus galerija
ambuscade [,æmbə'skeɪd] *psn.* = **ambush** *n, v*
ambush ['æmbuʃ] *n* pasala; *to make/lay an ~* surengti pasalą; *to lie in ~* tykoti/būti pasaloje; *to fall/run into an ~* pakliūti į pasalą
v **1** tykoti pasaloje **2** (už)pulti iš pasalos
ameba [ə'miːbə] *n amer.* = **amoeba**
ameer [ə'mɪə] *n* = **amir**
ameliorate [ə'miːlɪəreɪt] *v* gerinti; gerėti
amelioration [ə,miːlɪə'reɪʃn] *n* gerinimas; gerėjimas
ameliorative [ə'miːlɪərətɪv] *a* gerinantis; gerėjantis
amen [ɑː'men, eɪ'men] *int* **1** amen! **2** tebūnie taip!; *to say ~ to smth* sutikti su kuo, pritarti kam
amenability [ə,miːnə'bɪlətɪ] *n* **1** *teis.* atsakomybė; teismingumas **2** sukalbamumas; nuolaidumas
amenable [ə'miːnəbl] *a* **1** *teis.* atsakingas; teismingas **2** sukalbamas, nuolaidus; *he is always ~ to reason* jis visada paklūsta proto balsui **3** pasiduodantis *(bandymams, įtikinėjimams ir pan.)*
amend [ə'mend] *v* **1** taisyti(s), pa(si)taisyti; gerinti **2** redaguoti, (pa)daryti pataisas/pakeitimus *(įstatymo projekte, tekste)*
amendable [ə'mendəbl] *a* pataisomas
amendment [ə'mendmənt] *n* **1** (pa)taisymas; gerinimas **2** *(projekto, rezoliucijos)* pataisa *(to)*
amends [ə'mendz] *n pl* kompensavimas, kompensacija; *to make ~ (for)* kompensuoti, atlyginti nuostolius *(už)*
amenity [ə'miːnətɪ] *n* **1** malonumas, švelnumas **2** *pl* patogumai; malonumai
amenorrhea [eɪ,menə'rɪə] *n med.* mėnesinių nebuvimas, amonorėja
ament ['eɪmənt] *n* = **amentum**
amenta [ə'mentə] *n pl žr.* **amentum**

amentia [eɪ'menʃə] *n med.* silpnaprotystė, amencija
amentum [ə'mentəm] *lot. n (pl* -ta) *bot.* žirginys
Amerasian [,æmə'reɪʒn] *n* mišrios amerikiečių ir azijiečių kilmės žmogus
amerce [ə'mɜːs] *v knyg.* bausti *(savo nuožiūra)*
amercement [ə'mɜːsmənt] *n knyg.* bauda; baudimas
America [ə'merɪkə] *n* Amerika; *North [South] ~* Šiaurės [Pietų] Amerika
American [ə'merɪkən] *a* amerikietiškas, amerikiečių; Amerikos; *~ English* anglų kalbos amerikietiškasis variantas
n amerikietis
Americana [ə,merɪ'kɑːnə] *n* su Amerikos kultūra ir buitimi susiję dalykai *(dokumentai, leidiniai ir pan.)*
Americanism [ə'merɪkənɪzm] *n* amerikanizmas
Americanize [ə'merɪkənaɪz] *v* **1** amerikietinti, amerikinti **2** vartoti amerikanizmus
americium [,æmə'rɪsɪəm] *n chem.* americis
Amerind(ian) ['æmərɪnd(,æmər'ɪndɪən)] *n* Amerikos indėnas
amethyst ['æməθɪst] **1** *min.* ametistas **2** žydrai violetinė spalva
amiability [,eɪmɪə'bɪlətɪ] *n* draugiškumas *ir pan., žr.* **amiable**
amiable ['eɪmɪəbl] *a* **1** draugiškas, bičiuliškas, malonus, mielas **2** prielankus; geraširdiškas
amicability [,æmɪkə'bɪlətɪ] *n* draugiškumas, draugingumas
amicable ['æmɪkəbl] *a* draugingas, draugiškas; taikingas
amid [ə'mɪd] *prep* **1** per, vidury; *~ the noise of the crowd* per minios triukšmą **2** *knyg.* tarp
amides ['æmaɪdz] *n pl chem.* amidai, amidų grupė
amidship [ə'mɪdʃɪp] *adv amer.* = **amidships**
amidships [ə'mɪdʃɪps] *adv jūr., av. (laivo, lėktuvo)* viduryje, midelyje
amidst [ə'mɪdst] *prep* = **amid**
amines ['æmaɪnz] *n pl chem.* aminai
amino [ə'miːnəʊ] *n:* *~ acids chem.* amino rūgštys
amir [ə'mɪə] *arab. n* emyras
amiss [ə'mɪs] *a predic* **1** blogas, neteisingas; *not ~* neblogas, nekvailas **2** nesavalaikis ◊ *what's ~?* kas atsitiko? *adv* **1** blogai, neteisingai, negerai; *to do/deal ~* apsirikti; blogai elgtis; *to take ~* blogai suprasti, įsižeisti **2** ne laiku, ne vietoje; *nothing comes ~ to him* jis viską pastebi, jis su viskuo susitvarko; *a cup of tea wouldn't come ~* puodukas arbatos būtų ne pro šalį
amity ['æmətɪ] *n* draugystė, draugiški/taikingi santykiai
Amman [ə'mɑːn] *n* Amanas *(Jordanijos sostinė)*
ammeter ['æmɪtə] *n el.* ampermetras
ammo ['æməʊ] *n* **(ammunition** *sutr.) kar. šnek.* šaudmenys
ammonia [ə'məʊnɪə] *n chem.* amoniakas
ammonite ['æmənaɪt] *n geol.* amonitas
ammonium [ə'məʊnɪəm] *n chem.* amonis
ammunition [,æmju'nɪʃn] *n* **1** amunicija, šaudmenys, sprogstamosios medžiagos **2** *prk.* ginklas **3** *attr: ~ belt* šovinių diržas, šovininė; *~ box* a) šovinių dėžė; b) kulkosvaidžio kaspino dėžutė; c) niša šaudmenims *(apkase); ~ boots kar.* valdiški batai ◊ *~ leg* medinė koja, protezas
v tiekti šaudmenis
amnesia [æm'niːzɪə] *n med.* amnezija, atminties netekimas/susilpnėjimas
amnesiac [æm'niːzɪæk] *a* netekęs atminties
amnesty ['æmnəstɪ] *n* amnestija; *total ~* visiška amnestija
v amnestuoti
amnion ['æmnɪən] *n zool., fiziol.* amnionas

amoeba [ə'mi:bə] *n* (*pl* -ae [-i:], ~s) *zool.* ameba
amok [ə'mɔk] *adv* = **amuck**
among, amongst [ə'mʌŋ, ə'mʌŋst] *prep* tarp *(daugelio)*; iš; **they agreed [quarrelled] ~ themselves** jie susitarė [pešėsi] tarpusavyje; **this is just one example ~ many** tai tik vienas pavyzdys iš daugelio; **he is numbered ~ the dead** jis laikomas žuvusiu
amoral [eɪ'mɔrəl] *a* 1 amoralus 2 neutralus moralės atžvilgiu
amorous ['æmərəs] *a* 1 greit/lengvai įsimylintis 2 įsimylėjęs *(of)* 3 meilės, amūro; **~ songs** meilės dainos
amorousness ['æmərəsnɪs] *n* įsimylėjimas
amorphous [ə'mɔ:fəs] *a* 1 beformis, amorfinis 2 *chem.* amorfinis, nekristalinis 3 *kalb.* amorfinis, izoliacinis *(apie kalbus)*
amortization [ə,mɔ:tɪ'zeɪʃn] *n fin.* skolos išmokėjimas/grąžinimas *(dalimis)*; amortizacija
amortize [ə'mɔ:taɪz] *v fin.* amortizuoti; grąžinti skolą periodiniais mokėjimais
amount [ə'maunt] *n* 1 kiekis, mastas; **in large [small] ~s** dideliais [mažais] kiekiais; **any ~ (of)** daug, daugybė 2 suma; **the total ~** bendroji suma 3 reikšmingumas, svarba *v* 1 (pa)siekti, sudaryti *(apie sumą)* 2 būti lygiam, prilygti; **this ~s to refusal** tai lygu atsisakymui; **to ~ to very little, not to ~ to much** būti nereikšmingam, neturėti didelės reikšmės; **what does it ~ to?** ką tai reiškia?
amour [ə'muə] *n knyg.* *(slapta)* meilė, meilės ryšiai
amour-propre [,æmuə'prɔprə] *pr. n knyg.* savigarba; savimeilė
amp [æmp] *n šnek.* = **amplifier**
amperage ['æmpərɪdʒ] *n el.* srovės stiprumas amperais
ampere ['æmpɛə] *n el.* amperas; **~ turn** ampervija
ampere-hour ['æmpɛə,auə] *n el.* ampervalandė
amperemeter ['æmpɛə,mi:tə] *n el.* ampermetras
ampersand ['æmpəsænd] *n* ženklas & (= ir)
amphibia [æm'fɪbɪə] *n pl zool.* amfibijos, varliagyviai
amphibian [æm'fɪbɪən] *a* amfibinis
n 1 *zool.* amfibija 2 *kar.* tankas amfibija, lėktuvas amfibija
amphibious [æm'fɪbɪəs] *a* 1 amfibinis; gyvenantis ir vandenyje ir sausumoje; **~ vehicle** automobilis amfibija 2 *kar.* desantinis
amphibology [,æmfɪ'bɔlədʒɪ] *n knyg.* *(gramatinis)* dviprasmiškumas, dviprasmybė; amfibolija
amphitheatre, *amer.* **-ter** ['æmfɪ,θɪətə] *n* 1 amfiteatras 2 lyguma tarp kalvų
amphora ['æmfərə] *gr. n* (*pl* -ae [-i:], ~s) amfora
ample ['æmpl] *a* 1 platus, erdvus, didelis 2 pakankamas; gausus; **will that be ~ for your needs?** ar to jums pakaks?
amplification [,æmplɪfɪ'keɪʃn] *n* 1 (pa)didinimas 2 plėtimas, plėtojimas 3 *el., rad.* (su)stiprinimas 4 *kalb.* amplifikacija
amplifier ['æmplɪfaɪə] *n* 1 *el., rad.* stiprintuvas 2 lęšis *(už mikroskopo objektyvo)*
amplify ['æmplɪfaɪ] *v* 1 (pa)didinti, pabrėžti *(ko svarbą)* 2 plėsti, (iš)plėtoti *(mintį ir pan.)* 3 *el., rad.* (su)stiprinti
amplitude ['æmplɪtju:d] *n* 1 platumas, erdvumas; gausumas 2 veikimo nuotolis/spindulys 3 *astr., fiz.* amplitudė; **~ modulation** *rad.* amplitudinė moduliacija
amply ['æmplɪ] *adv* 1 gausiai, pakankamai 2 erdviai, plačiai
ampoule ['æmpu:l] *n med.* ampulė
ampule ['æmpju:l] *n amer.* = **ampoule**
amputate ['æmpjuteɪt] *v med.* amputuoti, nupjauti
amputation [,æmpju'teɪʃn] *n med.* amputavimas, amputacija; nupjovimas

amputee [,æmpju'ti:] *n* žmogus, kuriam amputuota koja/ranka
Amsterdam [,æmstə'dæm] *n* Amsterdamas
amuck [ə'mʌk] *adv:* **to run ~** siautėti; nesivaldyti
Amu-Darya [ɑ:'mu:'dɑ:rjɑ:] *n:* Amudarja *(upė)*
amulet ['æmjulət] *n* amuletas
Amur [ə'muə] *n* Amūras *(upė)*
amuse [ə'mju:z] *v* 1 linksminti, smaginti, juokinti; (pa)daryti pramogą 2 *(džn. refl)* linksmintis, smagintis; maloniai/linksmai leisti laiką
amused [ə'mju:zd] *a* linksmas, šypsantis; patenkintas; **to keep smb ~** nuolat linksminti, neleisti liūdėti
amusement [ə'mju:zmənt] *n* 1 linksminimas, sagninimas, juokinimas 2 malonumas 3 pramoga; pasilinksminimas 4 *pl* atrakcionai; **~ park** parkas su atrakcionais
amusing [ə'mju:zɪŋ] *a* įdomus, juokingas, linksminantis
amylase ['æmɪleɪz] *n chem.* amilazė
amyloid ['æmɪlɔɪd] *n* amiloidas
a krakmolingas, krakmoluotas
an [ən, n; *kirčiuota forma* æn] nežymimojo artikelio variantas, *vart. prieš žodžius, prasidedančius balsiu:* **an article, an hour;** *žr.* **a**[2]
-an [-ən] *(t. p.* **-ian, -ean)** *suff* -inis, -iškas *(sudarant santykinius būdvardžius); verčiamas ir dktv. kilmininko l.:* **proletarian** proletarinis; **Christian** krikščioniškas; **Canadian** kanadiškas, kanadiečių; Kanados; **Mephisthophelean** mefistofeliškas, Mefistofelio; **Roman** Romos
ana ['ɑ:nə] *n knyg.* posakių/sentencijų rinkinys; anekdotai apie kokį nors asmenį
Anabaptist [,ænə'bæptɪst] *n rel.* anabaptistas
anabolic [,ænə'bɔlɪk] *a fiziol.* anabolinis; **~ steroid** anabolinis steroidas
anachreontic [,ænəkrɪ'ɔntɪk] *a lit.* anakreontinis
anachronism [ə'nækrənɪzm] *n* anachronizmas; chronologijos klaida
anachronistic [ə,nækrə'nɪstɪk] *a* anachroninis, anachroniškas
anaconda [,ænə'kɔndə] *n zool.* anakonda
anaemia, *amer.* **anemia** [ə'ni:mɪə] *n med.* mažakraujystė, anemija
an(a)emic [ə'ni:mɪk] *a* 1 *med.* anemiškas, mažakraujis 2 *prk.* anemiškas, silpnas, blyškus
anaerobic [,ænə'rəubɪk] *a biol.* anaerobinis
an(a)esthesia [,ænɪs'θi:zɪə] *n med.* anestezija, nejautra
an(a)esthetic [,ænɪs'θetɪk] *med. a* anestezinis, anestezuojantis
n anestetikas, anestezuojamoji medžiaga
an(a)esthetist [ə'nɪsθətɪst] *n* anestezuotojas
an(a)esthetize [ə'ni:sθɪtaɪz] *v* anestezuoti, apmarinti
anagram ['ænəgræm] *n kalb.* anagrama
anal ['eɪnl] *a* 1 *anat.* išangės, išeinamosios žarnos, analinis 2 pedantiškas
analecta, analects [,ænə'lektə, 'ænəlekts] *n pl knyg.* analektai, literatūrinių ištraukų rinkinys
analgesia [,ænæl'dʒi:zɪə] *n med.* analgezija, skausmo nejautimas
analgesic [,ænæl'dʒi:sɪk] *med. a* skausmą mažinantis
n skausmo mažinamasis vaistas, analgetikas
analog ['ænəlɔg] *n amer.* = **analogue**
analogical [,ænə'lɔdʒɪkl] *a knyg.* analoginis, analogiškas
analogous [ə'næləgəs] *a* analogiškas; panašus *(to, with)*
analogue ['ænəlɔg] *n* 1 analogas, panašybė, paralelė 2 modeliuojamasis įrenginys; **~ computer** analoginis kompiuteris

analogy [ə'næləʤɪ] *n* analogija, panašumas; ***by ~ (with)***, ***on the ~ (of)*** pagal analogiją *(su)*; ***to draw an ~*** nustatyti/įžiūrėti analogiją

analysand [ə'nælɪsænd] *n* psichoanalizės objektas

analyse ['ænəlaɪz] *v* **1** analizuoti, tirti; nagrinėti *(t. p. gram.)* **2** *chem.* (su)skaidyti

analyser ['ænəlaɪzə] *n fiz., tech., fiziol.* analizatorius

analysis [ə'nælɪsɪs] *n (pl -ses* [-siːz]) **1** analizė, tyrimas; nagrinėjimas **2** *chem., fiz.* (su)skaidymas **3** psichoanalizė ◊ ***in the last/final ~*** iš esmės; galiausiai, pagaliau

analyst ['ænəlɪst] *n* **1** analitikas **2** apžvalgininkas, komentatorius **3** laborantas chemikas **4** psichoanalitikas, psichoanalizės specialistas

analytic(al) [ˌænə'lɪtɪk(l)] *a* analitinis; analizinis; ***~ form*** *gram.* analitinė/sudurtinė forma; ***~ geometry*** analizinė geometrija

analyze ['ænəlaɪz] *v amer.* = **analyse**

anamorphosis [ˌænə'mɔːfəsɪs] *n spec.* daikto atvaizdo iškreipimas; anamorfozė

ananas [ə'nɑːnəs] *n amer. bot.* ananasas

anapaest ['ænəpiːst] *n lit.* anapestas

anapest ['ænəpest] *n amer.* = **anapaest**

anaphora [ə'næfərə] *n lit.* anafora

anaphoric [ˌænə'fɔrɪk] *a kalb.* anaforinis

anaplasty ['ænəplæstɪ] *n med.* plastinė chirurgija

anarchic(al) [ə'nɑːkɪk(l)] *a* anarchiškas, anarchinis

anarchism ['ænəkɪzm] *n* anarchizmas

anarchist ['ænəkɪst] *n* anarchistas *a* anarchistinis, anarchistų

anarchistic [ˌænə'kɪstɪk] *a* = **anarchic(al)**

anarchy ['ænəkɪ] *n* anarchija *(t. p. prk.)*; netvarka

anastomosis [əˌnæstə'məʊsɪs] *n (pl -ses* [-siːz]) *anat., bot.* anastomozė

anathema [ə'næθəmə] *n* **1** *bažn.* anatema, atskyrimas nuo bažnyčios **2** prakeikimas; prakeiktasis **3** neapykantos/smerkimo objektas

anathematize [ə'næθəmətaɪz] *v bažn.* atskirti nuo bažnyčios; prakeikti

anatomic(al) [ˌænə'tɔmɪk(l)] *a* anatominis, anatomiškas

anatomist [ə'nætəmɪst] *n* **1** anatomas **2** analitikas

anatomize [ə'nætəmaɪz] *v* **1** naudotis anatomija **2** analizuoti; kruopščiai nagrinėti

anatomy [ə'nætəmɪ] *n* **1** anatomija **2** naudojimasis anatomija **3** kruopšti analizė **4** *(džn. juok.)* kūnas

-ance [-əns] *suff* **1** -imas, -ymas *(reiškiant veiksmą)*; ***disturbance*** ardymas, drumstimas **2** -umas *(reiškiant būseną, savybę)*; ***ignorance*** nemokšiškumas

ancestor ['ænsəstə, -ses-] *n* **1** protėvis, prosenelis **2** prototipas **3** *teis.* ankstesnis/buvusis savininkas

ancestral [æn'sestrəl] *a* paveldėtas, protėvių

ancestress [æn'sestrɪs] *n* pramotė, prosenelė

ancestry ['ænsəstrɪ] *n* **1** protėviai, proseneliai, sentėviai **2** kilmė; ***of Scottish ~*** škotų kilmės, kilęs iš Škotijos

anchor ['æŋkə] *n* **1** inkaras; ***to cast/drop ~*** nuleisti inkarą; ***to come to ~*** sustoti ir nuleisti inkarą, prisiinkaruoti; ***to be/ride/lie at ~*** stovėti nuleidus inkarą; ***to drag an ~*** vilkti inkarą; ***to drag the ~*** dreifuoti su inkaru; ***to weigh ~*** a) (pa)kelti inkarą; b) *prk.* tęsti nutrauktą darbą; ***the ~ comes home*** a) inkaras neišlaiko, laivas dreifuoja; b) *prk.* reikalas žlunga **2** *prk.* ramstis, pagrindas, viltis **3** *amer. rad., tel.* diktorius **4** *tech.* inkaras, ankeris **5** *attr:* ***~ ice*** dugninis arba giluminis ledas; ***~ head/shank*** inkaro kotas ◊ ***to put the ~s on šnek.*** nuspausti stabdį, staiga sustabdyti; ***to lay an ~ to windward*** imtis atsargumo priemonių *v* **1** nuleisti/išmesti inkarą, prisiinkaruoti **2** pritvirtinti; į(si)tvirtinti *(t. p. prk.)* **3** *amer. rad., tel.* skaityti žinias, būti diktoriumi ◊ ***to ~ one's hopes (in, on)*** dėti viltis *(į)*

anchorage ['æŋkərɪʤ] *n* **1** stovėjimo vieta *(nuleidus inkarą)*; stovėjimas nuleidus inkarą **2** *jūr.* uosto mokestis **3** *tech.* standus įtvirtinimas, pritvirtinimas **4** vieta kam gerai į(si)tvirtinti **5** *prk.* patikima atrama, viltis

anchoress ['æŋkərɪs] *n knyg.* atsiskyrėlė

anchoret, anchorite ['æŋkərət, -raɪt] *n knyg.* atsiskyrėlis

anchorman ['æŋkəmæn] *n (pl -men* [-men]) *(tik v.)* *n* **1** patikimas žmogus, atrama **2** *sport.* paskutinio etapo bėgikas **3** *rad., tel.* programos vadovas *(ypač diskusijos, forumo)*; *amer.* diktorius

anchorperson ['æŋkəˌpəːsn] *n amer.* = **anchorman** 3

anchorwoman ['æŋkəˌwumən] *n (pl -women* [-ˌwɪmɪn]) *tel., rad.* programos vadovė; *amer.* diktorė

anchovy ['ænʧəvɪ] *n zool.* ančiuvis *(žuvis)*

ancient ['eɪnʃənt] *a* **1** labai senas, senovinis; ***in ~ times*** senovėje **2** antikinis; ***the ~ world*** antikinis pasaulis *n* **1** *(the ~s)* *pl* senovės tautos, antikos gyventojai *(ypač graikai ir romėnai)* **2** *psn.* sentėvis, patriarchas

ancillary [æn'sɪlərɪ] *a* **1** pagalbinis *(apie darbuotojus)* **2** papildomas, ne pagrindinis, šalutinis

-ancy [-ənsɪ] *suff* **1** -ybė, -umas *(reiškiant būseną/ypatybę)*; ***brilliancy*** ryškumas; blizgesys **2** -imas, -ymas *(reiškiant veiksmą)*; ***resistance*** priešinimasis, pasipriešinimas

and [ənd; *kirčiuota forma* ænd] *conj* **1** ir; bei; ***cups ~ plates*** puodukai ir lėkštės; ***for miles ~ miles*** už šimto mylių, labai toli; ***for days ~ days*** labai ilgai; ***it gets easier ~ easier*** darosi vis lengviau ir lengviau **2** o, bet *(reiškiant priešpriešą)*; ***he's an engineer ~ I'm a teacher*** jis – inžinierius, o aš – mokytojas **3** su; ***you ~ me*** mes su tavimi/jumis; ***three ~ a half*** trys su puse **4** *(po kai kurių vksm. vart. vietoj dalelytės* to*)*: ***try ~ do it*** pabandyk(ite) tai padaryti; ***come ~ see*** ateik(ite) pažiūrėti **5** *(sudėtiniuose skaitvardžiuose neverčiamas)*: ***three hundred ~ sixty*** trys šimtai šešiasdešimt

andante [æn'dæntɪ] *n, adv, a it. muz.* andante

Andes ['ændiːz] *n* Andai *(kalnai)*

andiron ['ændaɪən] *n* geležinė atramėlė malkoms židinyje

Andrew ['ændruː] *n* Andrus, Andrius *(vardas)*

androgens ['ændrəʤənz] *n pl fiziol.* androgenai

androgynous [æn'drɔʤənəs] *a* **1** *biol.* dvilytis **2** turintis priešingų lytinių savybių

android ['ændrɔɪd] *n* į žmogų panašus robotas, androidas

Andromache [æn'drɔməkɪ] *n mit.* Andromachė

Andromeda [æn'drɔmɪdə] *n mit., astr.* Andromeda

anecdotal [ˌænɪk'dəʊtl] *a* anekdotinis

anecdote ['ænɪkdəʊt] *n* **1** epizodas; istorija **2** anekdotas

anecdotic [ˌænɪk'dɔtɪk] *a* anekdotinis; anekdotiškas

anemia [ə'niːmɪə] *n amer.* = **anaemia**

anemic [ə'niːmɪk] *a amer.* = **anaemic**

anemone [ə'nemənɪ] *n bot.* plukė

aneroid ['ænərɔɪd] *n* aneroidas *(barometras)*

anesthesia [ˌænɪs'θiːzɪə] *n amer.* = **anaesthesia**

anesthetic [ˌænɪs'θetɪk] *a amer.* = **anaesthetic**

anesthetize [ə'niːsθətaɪz] *v amer.* = **anaesthetize**

aneurism ['ænjuərɪzm] *n med.* aneurizma

anew [ə'njuː] *adv knyg.* **1** iš naujo, vėl **2** naujai, kitaip

anfractuous [æn'fræktjuəs] *a knyg.* vingiuotas; spirališkas

angary ['æŋgərɪ] *n teis.* angarija *(kariaujančios šalies praktika užgrobti ir panaudoti neutralios šalies nuosavybę vėliau kompensuojant)*

angel ['eɪnʤəl] *n* **1** *rel.* angelas *(t. p. prk.)*; ***be an ~ and fetch my spectacles*** būk geras, atnešk mano akinius

Angeleno 42 **Ann(e)**

2 *šnek.* asmuo, teikiantis finansinę/politinę paramą; *teatr.* globėjas, mecenatas **3** *ist.* auksinė moneta

Angeleno [ˌændʒəˈliːnəu] *n (pl* -os [-əuz]) *amer.* Los Andželo gyventojas

angelic [ænˈdʒelɪk] *a* **1** angeliškas; ~ *patience* angeliška kantrybė **2** angelų

angelica [ænˈdʒelɪkə] *n bot.* šventagaršvė

Angelica [ænˈdʒelɪkə] *n* Angelika, Andželika *(vardas)*

Angelina [ˌændʒɪˈliːnə] *n* Andželina, Angelina *(vardas)*

Angelino [ˌændʒəˈliːnəu] *n* = **Angeleno**

anger [ˈæŋgə] *n* pyktis; *in* ~ supykęs, pykčio pagautas *v* pykdyti, pykinti

angina [ænˈdʒaɪnə] *n med.* angina; ~ *pectoris* krūtinės angina, stenokardija

angiospermous [ˌændʒɪəˈspəːməs] *a:* ~ *plants bot.* gaubtasėkliai

angle[1] [ˈæŋgl] *n* **1** kampas; *right/straight* ~ *geom.* statusis kampas; ~ *of bank av.* polinkio/viražo kampas; ~ *of dip* magnetinė platuma, magnetinės inklinacijos kampas; ~ *of lag* vėlavimo kampas; *at an* ~ pakrypęs; *at a 60°* ~ 60° kampu **2** požiūris; *to look at the question from all* ~*s* išsamiai apsvarstyti klausimą **3** padėtis, situacija; *(reikalo, dalyko)* pusė **4** kampainis **5** *tech.* kampuotis *(t. p.* ~ *bar/iron)* **6** *attr* ~ *lever tech.* alkūninė svirtis *v* **1** pa(si)sukti, (pa)kreipti **2** iškraipyti *(informaciją, įvykius)*

angle[2] *n (meškerės ir pan.)* kabliukas *v* **1** meškerioti, žvejoti meškere **2** *prk.* zonduoti dirvą, atsargiai užsiminti, stengtis gauti *(for)*

Anglepoise [ˈæŋglpɔɪz] *n* sukiojamoji stalo lempa *(firminis pavadinimas; t. p.* ~ *lamp)*

angler [ˈæŋglə] *n* **1** meškeriotojas, žvejys **2** *zool.* jūrų velnias

Anglesey [ˈæŋglsɪ] *n* Anglesis *(sala)*

angleworm [ˈæŋglˌwəːm] *n* sliekas ant meškerės kabliuko

Anglican [ˈæŋglɪkən] *a* **1** anglikonų **2** *amer.* anglų, angliškas
n anglikonas

Anglicanism [ˈæŋglɪkənɪzm] *n* anglikonybė

Anglicism [ˈæŋglɪsɪzm] *n* **1** anglicizmas **2** angliškas paprotys, angliška realija

Anglicist [ˈæŋglɪsɪst] *n* anglistas

anglicize [ˈæŋglɪsaɪz] *v* anglinti, anglizuoti, padaryti angliškesnį

angling [ˈæŋlɪŋ] *n* meškeriojimas; ~ *line* meškerės valas; *to go* ~ meškerioti

Anglistics [æŋˈglɪstɪks] *n* anglistika

Anglo- [ˈæŋgləu-] *(sudurt. žodžiuose)* anglo-, anglų (ir); *anglomania* anglomanija; *Anglo-American* anglų ir amerikiečių

Anglo-Indian [ˌæŋgləuˈɪndɪən] *n* **1** metisas *(žmogus, gimęs iš anglų ir indų šeimos)* **2** *psn.* britas, gyvenantis Indijoje

Anglophone [ˈæŋgləuˈfəun] *a, n* kalbantis anglų kalba *(apie šalies gyventojus)*

Anglo-Saxon [ˌæŋgləuˈsæksən] *a* anglosaksų, anglosaksiškas
n **1** anglosaksas **2** anglosaksų kalba, senoji anglų kalba

Angola [æŋˈgəulə] *n* Angola

Angolan [æŋˈgəulən] *a* Angolos; angoliečių
n angolietis, Angolos gyventojas

angora [æŋˈgɔːrə] *n* **1** Angoros katė/ožka *(t. p.* ~ *cat/goat)* **2** audinys iš Angoros ožkų vilnų

angostura [ˌæŋgəˈstjuərə] *n* angostūra *(karti P. Amerikos rūtų šeimos medžių žievė ir skystis)*

angrily [ˈæŋgrɪlɪ] *adv* piktai

angry [ˈæŋgrɪ] *a* **1** piktas, susierzinęs, suerzintas; *to be* ~ pykti *(with smb – ant ko; at smth – dėl ko); to get* ~ *at smth* supykti dėl ko; *to make smb* ~ (su)pykinti, pykdyti ką **2** karščiuojantis, paraudęs ir skaudantis *(apie žaizdą)* **3** *knyg.* niūrus, grėsmingas *(apie debesis, jūrą ir pan.)*

angst [æŋst] *vok. n* baimės/nerimo jausmas

angstrom [ˈæŋstrəm] *n fiz.* angstremas

anguish [ˈæŋgwɪʃ] *n* kančia, didelis skausmas, sielvartas

anguished [ˈæŋwɪʃt] *a* kupinas kančios, kenčiantis; skausmingas; ~ *cry* desperatiškas riksmas

angular [ˈæŋgjulə] *a* **1** kampinis, kertinis; ~ *displacement tech.* kampinis poslinkis **2** kampuotas *(t. p. prk.);* ~ *movements* kampuoti/nerangūs judesiai **3** prakaulus, liesas

angularity [ˌæŋgjuˈlærətɪ] *n* **1** kampuotumas **2** liesumas, prakaulumas

anhydride [ænˈhaɪdraɪd] *n chem.* anhidridas

anhydrite [ænˈhaɪdraɪt] *n min.* anhidritas, bevandenis gipsas

anhydrous [ænˈhaɪdrəs] *a chem.* bevandenis; ~ *alcohol* grynas spiritas

anil [ˈænɪl] *n* indigas *(augalas ir dažai)*

anile [ˈeɪnaɪl] *a niek.* **1** būdingas senai moteriškei, senės **2** silpnas, silpnaprotis

aniline [ˈænɪliːn] *n chem.* anilinas

anility [æˈnɪlətɪ] *n (moterų)* senatvė, iškaršimas; senatvinė silpnaprotystė

anima [ˌænɪmə] *n psich. (žmogaus)* vidinė esmė, siela; jo tikrasis „aš"

animadversion [ˌænɪmædˈvəːʃn] *n knyg.* pastaba, kritika

animadvert [ˌænɪmædˈvəːt] *v knyg.* daryti pastabą, kritikuoti, peikti *(on, upon)*

animal [ˈænɪml] *n* **1** gyvulys *(t. p. prk.); fur-bearing* ~*s kuop.* kailiniai žvėrys; *to behave like* ~*s* elgtis kaip gyvuliams/žvėrims **2** gyvūnas
a **1** gyvulių, gyvulinis; ~ *bones* kaulamilčiai *(trąša);* ~ *breeding/husbandry* gyvulininkystė **2** gyvuliškas; kūniškas ◊ ~ *spirits* gyvumas, judrumas

animalcule [ˌænɪˈmælkjuːl] *n psn.* mikroskopinis gyvūnas

animalism [ˈænɪməlɪzm] *n* **1** kūniškumas; gyvuliškumas **2** *filos.* animalizmas

animate *a* [ˈænɪmət] **1** gyvas(is) *(ir prk.)* **2** įdvasintas
v [ˈænɪmeɪt] **1** (at)gaivinti, įkvėpti gyvybę; įdvasinti **2** pagyvinti

animated [ˈænɪmeɪtɪd] *a* **1** gyvas, judrus **2** animacinis; ~ *cartoon/film* animacinis/multiplikacinis filmas, animacija

animation [ˌænɪˈmeɪʃn] *n* **1** gyvumas; *(dvasios)* pakilimas; *suspended* ~ a) *med.* koma; b) neveiklos būsena **2** įdvasinimas **3** *kin.* animacija

animator [ˈænɪmeɪtə] *n* dailininkas animatorius

animism [ˈænɪmɪzm] *n filos.* animizmas

animosity [ˌænɪˈmɒsətɪ] *n* priešiškumas, pyktis, piktumas

animus [ˈænɪməs] *lot. n* **1** priešiškumas **2** *teis. (piktas)* ketinimas, kėslas

anis [æˈniːs] *n* anyžinė *(degtinė)*

anise [ˈænɪs] *n bot.* anyžius, anyžinė ožiažolė

aniseed [ˈænɪsiːd] *n* anyžių sėklos

Ankara [ˈæŋkərə] *n* Ankara

ankle [ˈæŋkl] *n anat.* kulkšnis, gurnelis

ankle-joint [ˈæŋkldʒɔɪnt] *n anat.* blauzdinis pėdos sąnarys

anklet [ˈæŋklɪt] *n* **1** kojos papuošalas **2** *pl* puskojinės

ankylosis [ˌæŋkɪˈləusɪs] *n med.* ankilozė

Ann(e) [æn] *n* Ana, Anė *(vardas)*

Annabel ['ænəbel] *n* Anabela *(vardas)*
annalist ['ænəlɪst] *n* metraštininkas, analistas
annals ['ænlz] *n pl* metraščiai, analai
anneal [ə'ni:l] *v* **1** *tech.* atkaitinti, atleisti; grūdinti *(t. p. prk.)* **2** (ap)deginti, (iš)degti *(stiklą, keramikos gaminius)*
annex *v* [ə'neks] **1** prijungti, aneksuoti **2** pridėti, papildyti **3** *šnek.* pagrobti, užgrobti
n ['æneks] **1** priestatas, sparnas, fligelis **2** *(dokumento ir pan.)* papildymas, priedas
annexation [ˌænɪk'seɪʃn] *n* prijungimas, aneksija; aneksuota teritorija
annexe ['æneks] = **annex** *n*
annihilate [ə'naɪəleɪt] *v* **1** (su)naikinti, išnaikinti; sugriauti *(argumentą ir pan.)* **2** sutriuškinti, nugalėti *(per varžybas, rinkimus)*
annihilation [əˌnaɪə'leɪʃn] *n* (su)naikinimas *ir pan., žr.* **annihilate**
anniversary [ˌænɪ'vɜ:sᵊrɪ] *n* sukaktis, metinės, jubiliejus
a **1** (kas)metinis **2** sukakties, jubiliejinis
Anno Domini [ˌænəᵘ'dɒmɪni:] *lot.* Viešpaties metais *(= po Kristaus gimimo, mūsų eros metais; sutr.* **AD***)*
annotate ['ænəteɪt] *v* anotuoti, (pa)aiškinti, komentuoti
annotation [ˌænə'teɪʃn] *n* **1** anotacija; pastaba **2** anotavimas, aiškinimas
announce [ə'naʊns] *v* **1** (pa)skelbti, pranešti; pareikšti; **2** pranešinėti *(apie atvykusius svečius, atskridusius lėktuvus)* **3** *rad., tel.* anonsuoti **4** *amer.* (iš)kelti savo kandidatūrą *(for)*
announcement [ə'naʊnsmənt] *n* **1** (pa)skelbimas, pranešimas **2** skelbimas; anonsas
announcer [ə'naʊnsə] *n* **1** *rad., tel.* pranešėjas, diktorius **2** skelbėjas; *(koncerto ir pan.)* vedėjas
annoy [ə'nɔɪ] *v* **1** (su)erzinti, (su)pykinti; *to be ~ed with smb* pykti ant ko; *she was ~ed with him for being late* ji buvo susierzinusi/nepatenkinta, kad jis vėlavo **2** neduoti ramybės, pristoti *(pvz., prie moters)*
annoyance [ə'nɔɪəns] *n* **1** apmaudas, su(si)erzinimas **2** nemalonus dalykas *(keliantis susierzinimą)*
annoyed [ə'nɔɪd] *a* susierzinęs, supykęs, pasipiktinęs *(about smth – dėl ko); I got ~ with him for being so stupid* jis suerzino mane savo kvailumu
annoying [ə'nɔɪɪŋ] *a* erzinantis; apmaudus; *how ~!* kaip apmaudu!
annual ['ænjuəl] *a* (kas)metinis
n **1** metraštis *(kasmetinis leidinys)* **2** vienmetis augalas
annually ['ænjuəlɪ] *adv* kasmet
annuitant [ə'nju:ɪtənt] *n* asmuo, gaunantis kasmetinę rentą
annuity [ə'nju:ətɪ] *n fin.* anuitetas; kasmetinė renta; *life ~* anuitetas/renta iki gyvos galvos; *terminable ~* terminuotoji metinė išmoka
annul [ə'nʌl] *v (-ll-)* panaikinti, anuliuoti; *to ~ a marriage teis.* pripažinti santuoką negaliojančią
annular ['ænjulə] *a* žiedinis, žiedo pavidalo; *~ nozzle tech.* žiedinė tūta
annulate ['ænjulət] *a* žiedinis; žieduotas
annulated ['ænjuleɪtɪd] *a* = **annulate**
annulet ['ænjulet] *n archit., her.* žiedelis
annuli ['ænjulaɪ] *pl žr.* **annulus**
annulment [ə'nʌlmənt] *n* panaikinimas, anuliavimas; *teis.* pripažinimas *(santuokos, sutarties)* negaliojančiu
annulus ['ænjuləs] *n (pl* -li, -es) *bot., tech.* žiedas
annunciate [ə'nʌnʃɪeɪt] *v knyg.* pranešti, skelbti
annunciation [əˌnʌnsɪ'eɪʃn] *n* **1** *knyg.* pranešimas, paskelbimas **2** *(the A.) bažn.* Apreiškimas Švenčiausiajai Mergelei Marijai *(šventė) (t. p.* **A. day***)*

anode ['ænəʊd] *n el.* anodas
anodic [ə'nɒdɪk] *a el.* anodo, anodinis
anodize ['ænədaɪz] *v el.* anodinti
anodyne ['ænəᵘdaɪn] *n* **1** skausmo mažinamasis *ar* raminamasis vaistas **2** *prk.* raminamoji priemonė
a **1** skausmo mažinamasis, raminamasis *(apie vaistą)* **2** raminamas; neužgaulus, nekandus
anoint [ə'nɔɪnt] *v* **1** (pa)tepti *(t. p. bažn.);* įtrinti *(kūną)* **2** išskirti *(pavedant svarbias pareigas ir pan.)*
anointment [ə'nɔɪntmənt] *n* (pa)tepimas *(t. p. bažn.);* įtrynimas
anomalous [ə'nɒmələs] *a* anomalus, nenormalus; netaisyklingas
anomaly [ə'nɒməlɪ] *n* anomalija; nenormalumas
anomie, anomy ['ænəmɪ] *n knyg.* anomija; moralinis nuopuolis; asmenybės skilimas
anon [ə'nɒn] *adv psn., knyg.* greitai; tuojau; *see you ~! juok.* iki (pasimatymo)! ◊ *ever and ~ poet.* nuolat
anonym ['ænənɪm] *n* **1** anonimas **2** slapyvardis, pseudonimas
anonymity [ˌænə'nɪmətɪ] *n* **1** anonimiškumas **2** *(miesto ir pan.)* beveidiškumas, monotoniškumas
anonymous [ə'nɒnɪməs] *a* **1** anoniminis, bevardis **2** beveidis, monotoniškas
anopheles [ə'nɒfɪli:z] *n zool.* maliarinis uodas
anorak ['ænəræk] *n* striukė su gobtuvu
anorexia [ˌænə'reksɪə] *n med.* nevalgumas, anoreksija; apetito nebuvimas
anorexic [ˌænə'reksɪk] *a med.* nevalgus; anoreksijos
another [ə'nʌðə] *pron indef* **1** kitas; *one ~* vienas kitą; *we'll get there one way or ~* vienaip ar kitaip mes ten nuvyksime **2** dar *(vienas); ~ five years* dar penkeri metai; *have ~ try* pamėgink dar kartą; *there is still ~ reason for staying* yra dar viena priežastis pasilikti; *can I have ~?* ar galima dar vieną? **3** antras; *he may be ~ Pele* jis gali tapti antruoju Pele ◊ *(taken) one with ~* a) kartu (paėmus); b) vidutiniškai (paėmus)
anoxaemia [ˌænɒk'si:mɪə] *n med.* deguonies stoka kraujyje, anoksemija
anoxia [ə'nɒksɪə] *n med.* deguonies stoka, anoksija
anserine ['ænsəraɪn] *a* **1** *zool.* žąsies, žąsinis **2** *prk.* kvailas kaip avinas
answer ['ɑ:nsə] *n* **1** atsakymas; replika; *in ~ to...* atsakydamas, atsiliepdamas į...; *there's no ~* niekas neatsako *(paskambinus)* **2** sprendinys; *(uždavinio ir pan.)* atsakymas **3** *teis.* kaltinamojo atsikirtimas; gynimas ◊ *to know all the ~s* viską žinoti; mokėti atsikirsti
v **1** atsakyti; atsiliepti; reaguoti; *to ~ the door/bell* atidaryti duris, įleisti *(suskambėjus skambučiui); to ~ the call* pakelti telefono ragelį; atsiliepti **2** atitikti *(kieno apibūdinimą, tikslą)* **3** (pa)tenkinti *(reiknes ir pan.); to ~ smb's hopes* pateisinti kieno viltis **4** paklusti, klausyti; *to ~ the helm jūr.* duotis vairuojamam *(apie laivą)* **5** laiduoti, atsakyti *(for – už)* ▢ *~ back* šiurkščiai atkirsti
answerable ['ɑ:nsᵊrəbl] *a* **1** atsakomas, atsakytinas; *such a question is not ~* į tokį klausimą negalima atsakyti **2** atsakingas *(to – kam; for – už)* **3** *psn.* atitinkantis
answerphone ['ɑ:nsəfəʊn] *n* atsakiklis
ant [ænt] *n zool.* skruzdė(lė); *white ~* termitas ◊ *to have ~s in one's pants šnek.* nenustygti
-ant [-ᵊnt] *suff* -ojas, -ovas *(žymint veikėją, asmenį);* -antas *(tarptautiniuose žodžiuose); inhabitant* gyventojas; *defendant* atsakovas; *emigrant* emigrantas
an't [ɑ:nt] *sutr.* = **ain't**
anta ['æntə] *n (pl* -tae [-ti:]) *archit.* kampinis piliastras

antacid [ˌænt'æsɪd] *med. n* rūgštingumą neutralizuojantis preparatas, antacidas
a neutralizuojantis rūgštingumą
Antaeus [æn'ti:əs] *n mit.* Antėjas
antagonise [æn'tægənaɪz] *v* = **antagonize**
antagonism [æn'tægənɪzm] *n* **1** priešiškumas, antagonizmas **2** priešinimasis
antagonist [æn'tægənɪst] *n* antagonistas; priešininkas, varžovas
antagonistic [ænˌtægə'nɪstɪk] *a* priešiškas, antagonistinis *(to, towards)*
antagonize [æn'tægənaɪz] *v* **1** sukelti priešiškas nuotaikas, antagonizmą **2** *amer.* priešintis
antarctic [æn'tɑ:ktɪk] *a* antarktinis, Pietų ašigalio; *the A. Circle* Pietų poliarinis ratas; *the A. (Regions)* Antarktis
Antarctica [æn'ɑ:ktɪkə] *n* Antarktida
ant-bear ['æntbɛə] *n zool.* skruzdėda
ante ['æntɪ] *n* statoma suma *(lošiant pokerį); penny ~*
a) lošimas iš vieno penso; b) smulkus reikalas; *attr* smulkus
v amer. šnek. statyti *(lošiant; t. p. ~ up)*
ante- ['æntɪ-] *pref* prieš-, iki-; *antebellum* prieškarinis, ikikarinis; *antehall* priešsalis
ant-eater ['æntˌi:tə] *n zool.* skruzdėda
antecedence [ˌæntɪ'si:dəns] *n* pirmumas, pirmenybė, prioritetas
antecedent [ˌæntɪ'si:dənt] *n* **1** visa, kas anksčiau įvyko; *pl (kaltinamojo)* praeitis **2** pirmtakas; *pl* senoliai, ainiai **3** *gram.* sakinio dalis, kurią atstoja/pakeičia įvardis
a **1** anksčiau/pirma įvykęs, pirmesnis **2** apriorinis
antechamber ['æntɪˌtʃeɪmbə] *n* **1** prieškambaris, vestibiulis **2** *tech.* prieškameris
antedate [ˌæntɪ'deɪt] *n* atgalinė data
v **1** pažymėti ankstyvesnę/atgalinę datą **2** *knyg.* anksčiau būti/įvykti; užbėgti už akių
antediluvian [ˌæntɪdɪ'lu:vɪən] *a bibl.* prieštvaninis; *(prk. t. p.)* senoviškas
n **1** labai senas žmogus **2** senamadis
antelope ['æntɪləʊp] *n zool.* antilopė
ante meridiem [ˌæntɪmə'rɪdɪəm] *lot. ret.* iki pietų, (iš) ryto *(sutr. a.m.)*
antenatal [ˌæntɪ'neɪtl] *a* antenatalinis, iki gimimo
antenna [æn'tenə] *n* **1** *(pl* -nae [-ni:]*) zool.* čiuptuvėlis **2** *(pl ~s) rad. (ypač amer.)* antena; *directional/directive ~* kryptinė antena; *coil/frame ~* rėminė antena
antenuptial [ˌæntɪ'nʌpʃl] *a teis.* ikisantuokinis
antepenultimate [ˌæntɪpɪ'nʌltɪmət] *a* trečiasis nuo galo *(apie skiemenį)*
antepost [ˌæntɪ'pəʊst] *a* išankstinės lažybos *(prieš lenktynes)*
anterior [æn'tɪərɪə] *a* **1** *anat.* priešakinis, priekinis **2** *knyg.* pirmesnis, ankstesnis
anteriority [ænˌtɪərɪ'ɒrətɪ] *n knyg.* pirmumas, pirmenybė
anteriorly [æn'tɪərɪəlɪ] *adv* **1** *knyg.* anksčiau **2** *anat.* iš priekio
ante-room ['æntrum] *n* **1** prieškambaris **2** laukiamasis
ant-fly ['æntflaɪ] *n* skraidančioji/sparnuotoji skruzdėlė
ant-heap ['ænthi:p] *n* = **anthill**
anthem ['ænθəm] *n* himnas; giesmė; *national ~* valstybės himnas
anther ['ænθə] *n bot.* dulkinė
anthericum [æn'θerəkəm] *n bot.* šiaudenis
anthill ['ænthɪl] *n* skruzdėlynas
anthology [æn'θɒlədʒɪ] *n* antologija
Anthony ['æntənɪ] *n* Antonis, Antanas *(vardas)*

anthracene ['ænθrəsi:n] *n chem.* antracenas
anthracite ['ænθrəsaɪt] *n* antracitas
anthrax ['ænθræks] *n* **1** *med.* piktvotė, karbunkulas **2** *vet.* juodligė
anthropo- ['ænθrəpəʊ-] *(sudurt. žodžiuose)* antropo-, žmog-; *antropocentric* antropocentrinis; *anthropophagi* žmogėdros
anthropoid ['ænθrəpɔɪd] *n* žmoginė beždžionė, antropoidas
a panašus į žmogų
anthropologist [ˌænθrə'pɒlədʒɪst] *n* antropologas
anthropology [ˌænθrə'pɒlədʒɪ] *n* antropologija
anthropomorphic [ˌænθrəpə'mɔ:fɪk] *a* antropomorfinis
anthropomorphism [ˌænθrəpə'mɔ:fɪzm] *n* antropomorfizmas
anthropomorphous [ˌænθrəpə'mɔ:fəs] *a* **1** žmoginis, panašus į žmogų **2** = **anthropomorphic**
anthropophagi [ˌænθrə'pɒfəgaɪ] *n pl* žmogėdros
anthropophagy [ˌænθrə'pɒfədʒɪ] *n* žmogėdrystė, antropofagija
anti ['æntɪ] *prep* prieš; *to be ~ smth* būti prieš ką
anti- ['æntɪ-] *pref* anti-, prieš-; *antiwar* antimilitaristinis, antikarinis; *antidote* priešnuodis, antidotas
antiabortionist [ˌæntɪə'bɔ:ʃənɪst] *n* abortų priešininkas
antiaircraft [ˌæntɪ'ɛəkrɑ:ft] *a attr* priešlėktuvinis, zenitinis
antiballistic [ˌæntɪbə'lɪstɪk] *a* priešraketinis; *~ missile* antiraketa
antibiosis [ˌæntɪbaɪ'əʊsɪs] *n biol.* antibiozė
antibiotic [ˌæntɪbaɪ'ɒtɪk] *n* antibiotikas
a antibiotinis
antibody ['æntɪˌbɒdɪ] *n fiziol.* antikūnis
antic ['æntɪk] *n* **1** *pl* darkymasis, kraipymasis, maivymasis; kvailiojimas **2** *ist.* juokdarys **3** *psn.* groteskas
a **1** *knyg.* keistas, kvailas **2** *psn.* groteskiškas
Antichrist ['æntɪkraɪst] *n* Antikristas
anticipant [æn'tɪsɪpənt] *n* tas, kas numato/nujaučia *ir pan., žr.* **anticipate**
a laukiantis, numatantis, nujaučiantis
anticipate [æn'tɪsɪpeɪt] *v* **1** numatyti, nujausti; laukti, tikėtis *(gauti)* **2** (pa)greitinti, (pri)artinti *(ko pradžią)* **3** (pa)daryti/pasakyti anksčiau, užbėgti už akių; *to ~ payment kom.* (su)mokėti pirma laiko, anksčiau **4** anksčiau išeikvoti/išleisti
anticipation [ænˌtɪsɪ'peɪʃn] *n* **1** laukimas, numatymas, nujautimas; *in ~ of smth* laukiant ko, tikintis ko; *thanking you in ~* iš anksto jums dėkingas *(laiško pabaigoje)* **2** anticipacija *(t. p. muz., psich.)* **3** *teis. (ko darymo)* priešlaikumas
anticipatory [ænˌtɪsɪ'peɪtərɪ] *a* **1** numatomas, išankstinis **2** *gram.* įvedamasis, įvadinis
anticlerical [ˌæntɪ'klerɪkl] *a* antiklerikalinis
anticlimax [ˌæntɪ'klaɪmæks] *n* **1** įtampos sumažėjimas, atoslūgis **2** *lit.* antiklimaksas, antigradacija
anticline ['æntɪklaɪn] *n geol.* antiklina
anticlockwise [ˌæntɪ'klɒkwaɪz] *adv* prieš laikrodžio rodyklę
anticoagulant [ˌæntɪkəʊ'ægjʊlənt] *med. n* antikoaguliantas
a mažinantis krešėjimą
anticoagulate [ˌæntɪkəʊ'ægjʊleɪt] *v biol.* apsaugoti nuo krešėjimo
anticonstitutional [ˌæntɪkɒnstɪ'tju:ʃnəl] *a* antikonstitucinis
anticorrosive [ˌæntɪkə'rəʊsɪv] *a* antikorozinis
anticrop ['æntɪkrɒp] *n ž. ū.* herbicidas
anticyclone [ˌæntɪ'saɪkləʊn] *n meteor.* anticiklonas
antidazzle [ˌæntɪ'dæzl] *a aut.* neakinantis *(apie žibintus)*

antidepresant [ˌæntɪdɪ'presᵊnt] *n farm.* antidepresantas
antidote ['æntɪdəʊt] *n* priešnuodis *(t. p. prk.)*, antidotas
anti-fascist [ˌæntɪ'fæʃɪst] *n* antifašistas
a antifašistinis
antifreeze ['æntɪfriːz] *n spec.* antifrizas, aušinamasis skystis
antifriction [ˌæntɪ'frɪkʃn] *a tech.* antifrikcinis
antigen ['æntɪdʒən] *n fiziol.* antigenas
antihero [ˌæntɪ'hɪərəʊ] *n lit.* antiherojus
antihistaminic [ˌæntɪhɪstə'mɪnɪk] *a farm.* antihistamininis
anti-inflation [ˌæntɪɪn'fleɪʃn] *a attr* antiinfliacinis
antijamming [ˌæntɪ'dʒæmɪŋ] *n rad.* trukdymų (pa)šalinimas
antiknock [ˌæntɪ'nɔk] *n aut., av.* antidetonatorius
Antilles [æn'tɪliːz] *n* Antilų salos; **Greater [Lesser]** ~ Didžiosios [Mažosios] Antilų salos
antilogy [æn'tɪlədʒɪ] *n knyg.* prieštaravimas
antimacassar [ˌæntɪmə'kæsə] *n (kėdės atramos)* apvalkalas, apdangalas
antimatter ['æntɪˌmætə] *n fiz.* antimedžiaga
antimissile [ˌæntɪ'mɪsaɪl] *kar. n* antiraketa
a priešraketinis
antimony ['æntɪmənɪ] *n chem.* stibis
antinomy [æn'tɪnəmɪ] *n* **1** *teis.* įstatymų prieštaravimas, antinomija **2** paradoksas
antiparticle [ˌæntɪ'pɑːtɪkl] *n fiz.* antidalelė
antipathetic [ˌæntɪpə'θetɪk] *a* **1** antipatiškas, atstumiantis; jaučiantis antipatiją **2** prieštaraujantis, priešingas *(to, towards)*
antipathy [æn'tɪpəθɪ] *n* **1** antipatija, pasibjaurėjimas **2** nesuderinamumas
antipersonnel [ˌæntɪpɜː.sə'nel] *a kar.* skirtas žmonėms naikinti; skeveldrinis *(apie bombą)*
antiperspirant [ˌæntɪpə'spaɪərənt] *n* vaistai nuo prakaitavimo
antiphlogistic [ˌæntɪfləʊ'dʒɪstɪk] *a med.* priešuždegiminis
antipodal [æn'tɪpɔdl] *a* antipodinis; diametraliai priešingas
antipodean [æn.tɪpə'diːən] *a* (kilęs iš) Australijos ir N. Zelandijos
antipodes [æn'tɪpədiːz] *n pl* **1** antipodai, priešingybės **2** priešingų pusrutulių šalys *(ppr. apie Australiją ir N. Zelandiją)*
antipole ['æntɪpəʊl] *n* **1** *fiz.* priešingas polius **2** *prk.* diametrali priešingybė
antipollution [ˌæntɪpə'luːʃn] *a* apsaugantis aplinką nuo užteršimo
antipyretic [ˌæntɪpaɪ'retɪk] *med. n* vaistas nuo karščiavimo; *pl* antipiretikai
a karštį mažinantis *(apie vaistus)*
antiquarian [ˌæntɪ'kwɛərɪən] *a attr* antikvarinis; ~ **bookshop** antikvariatas
n antikvaras
antiquary ['æntɪkwərɪ] *n* **1** antikvaras **2** antikvarinių daiktų žinovas
antiquated ['æntɪkweɪtɪd] *a* **1** pasenęs **2** išėjęs iš mados; senamadis
antique [æn'tiːk] *n* **1** senovinis/antikvarinis daiktas; ~ **shop** antikvarinė parduotuvė **2** senovės/antikinio meno kūrinys **3** *poligr.* antikva *(šriftas)*
a **1** senovinis, senasis **2** antikinis **3** senamadis
antiquity [æn'tɪkwətɪ] *n* **1** senovė; **high** ~ žila senovė **2** *(graikų, romėnų)* senovė, antika **3** *ppr. pl* senienos, senovės liekanos
antirrhinum [ˌæntɪ'raɪnəm] *n bot.* žioveinis
anti-rust [ˌæntɪ'rʌst] *a* apsaugantis nuo rūdijimo
anti-Semite [ˌæntɪ'siːmaɪt] *n* antisemitas

anti-Semitic [ˌæntɪsɪ'mɪtɪk] *a* antisemitinis, antisemitiškas
anti-Semitism [ˌæntɪ'semɪtɪzm] *n* antisemitizmas
antiseptic [ˌæntɪ'septɪk] *a* **1** *spec.* antiseptinis **2** nuobodus, blankus
n spec. antiseptikas
antiserum ['æntɪsɪərəm] *n fiziol.* antiserumas, imuninis serumas
antiskid [ˌæntɪ'skɪd] *a tech.* neslystantis
antisocial [ˌæntɪ'səʊʃl] *a* **1** antisocialinis, antivisuomeninis **2** antisocialus; nebendraujantis, nedraugingas
antispasmodic [ˌæntɪspæz'mɔdɪk] *a farm.* antispazminis
anti-strike [ˌæntɪ'straɪk] *a* nukreiptas prieš streikus
anti-tank [ˌæntɪ'tæŋk] *a kar.* prieštankinis
anti-terrorist [ˌæntɪ'terərɪst] *a* antiteroristinis
antithesis [æn'tɪθəsɪs] *n (pl* -ses [-siːz]) **1** antitezė *(t. p. lit.)* **2** priešybė, priešprieša
antithetic [ˌæntɪ'θetɪk] *a* **1** antitezinis **2** kontrastiškas, priešingas *(to)*
antitoxic [ˌæntɪ'tɔksɪk] *a* antitoksinis
antitoxin [ˌæntɪ'tɔksɪn] *a spec.* antitoksinas
antitrust [ˌæntɪ'trʌst] *a amer.* nukreiptas prieš trestus, dideles kompanijas *ir pan.*; ~ **legislation** antitrestiniai/antimonopolistiniai įstatymai
antiunion [ˌæntɪ'juːnɪən] *a amer.* antiprofsąjunginis
antiviral [ˌæntɪ'vaɪrəl] *a spec.* antivirusinis, priešvirusinis
antiwar [ˌæntɪ'wɔː] *a* antimilitaristinis, antikarinis
antler ['æntlə] *n (ppr. pl)* elnio ragai; ragų šaka
Antoinette [ˌæntwə'net] *pr. n* Antuanetė *(vardas)*
Antonio [æn'təʊnɪəʊ] *n* Antonijus *(vardas)*
antonomasia [ˌæntənə'meɪzɪə] *n lit.* antonomazija
antonym ['æntənɪm] *n kalb.* antonimas
antonymous [æn'tɔnəməs] *a kalb.* antoniminis, antonimiškas
Antrim ['æntrɪm] *n* Antrimas *(Š. Airijos grafystė)*
antsy ['æntsɪ] *a amer. šnek.* nenustygstantis; susierzinęs
Antwerp ['æntwɜːp] *n* Antverpenas
anus ['eɪnəs] *n anat.* išangė, išeinamoji/analinė anga
anvil ['ænvɪl] *n* priekalas *(t. p. anat.)* ◊ **to be on/upon the** ~ rengtis; svarstyti, nagrinėti; ~ **chorus** *amer.* nepatenkintų/protestuojančių balsai
anxiety [æŋ'zaɪətɪ] *n* **1** susirūpinimas, rūpestis **2** nerimas, neramumas; nerimastavimas *(about, over)* **3** troškimas *(for)*; **in his** ~ **to please her** trokšdamas jai įtikti
anxious ['æŋkʃəs] *a* **1** susirūpinęs, sunerimęs; neramus; **to be/feel** ~ nerimauti, būti susirūpinusiam *(about – dėl)* **2** nerimastingas **3** labai norintis, trokštantis *(for)*; **I'm not all that** ~ **to go there** nelabai noriu ten eiti ◊ **on the** ~ **seat/bench** *amer.* kaip ant adatų, nerimaujantis
anxiously ['æŋkʃəslɪ] *adv* **1** susirūpinusiai; neramiai, nerimastingai **2** nekantriai **3** *šnek.* labai
any ['enɪ] *pron indef* **1** kas nors, koks nors, kiek nors *(klaus. sakinyje)*; joks *(neig. sakinyje)*; **is there** ~ **hotel here?** ar yra čia koks nors viešbutis?; **I don't need** ~ **advice** man nereikia jokių patarimų; **he has hardly** ~ **money** jis beveik neturi pinigų **2** bet koks, bet kuris; **at** ~ **time** bet kuriuo metu; **if** ~ jeigu iš viso, jei ir
adv **1** kiek nors *(klaus. sakinyje)*; nė kiek *(neig. sakinyje)*; **is he** ~ **better?** ar jam kiek nors geriau?; **you are not** ~ **the better [the worse] for it** jūsų padėtis nuo to nė kiek nepagerėja [nepablogėja], tau nuo to nė kiek ne geriau [ne blogiau] **2** *amer.* iš viso, apskritai; **it does not matter** ~ iš viso tai neturi reikšmės
anybody ['enɪbɔdɪ] *pron indef* **1** kas nors *(klaus. sakinyje)*; niekas *(neig. sakinyje)*; **did you speak to** ~**?** ar jūs su kuo nors kalbėjote?; **I haven't spoken to** ~ **about it** aš su nie-

kuo nekalbėjau apie tai; ***without ~ knowing*** niekam nežinant **2** bet kas; ***~ can do that*** bet kas tai gali padaryti *n* svarbus asmuo, didelis žmogus; ***he'll never be ~*** iš jo nieko neišeis
anyhow ['enɪhau] *adv* **1** bet kokiu būdu, šiaip ar taip *(teig. sakinyje);* jokiu būdu, niekaip *(neig. sakinyje);* ***he could not get in ~*** jie niekaip negalėjo įeiti **2** bet kuriuo atveju; vis tiek, kaip buvę, kaip nebuvę; ***you won't be late ~*** vis tiek jūs nepavėluosite **3** bet kaip, nerūpestingai; ***to do one's work ~*** bet kaip dirbti ◊ ***to feel ~*** blogai jaustis; ***things are all ~*** reikalai šiaip sau
anymore [ˌenɪ'mɔː] *adv (su neiginiu)* daugiau ne; jau ne
anyone ['enɪwʌn] = **anybody** *pron*
anyplace ['enɪpleɪs] *adv amer. šnek.* bet kur; visur
anything ['enɪθɪŋ] *pron indef* **1** kas nors *(klaus. sakinyje);* niekas, nieko *(neig. sakinyje);* ***is he ~ like his father?*** ar jis kuo nors panašus į tėvą?; ***there's hardly ~ left*** beveik nieko neliko; ***not for ~*** nė už ką, už nieką **2** bet kas, bet kuris, bet koks; ***take ~ you like*** imk(ite), kas tik patinka; ***our dog will eat ~*** mūsų šuo ėda viską, ką duodi ◊ ***like ~*** *šnek.* labai, ypač; baisiai; ***to run like ~*** bėgti iš paskutiniųjų; ***if ~*** jei jau taip; ***for ~ I know*** kiek man žinoma; ***it's easy as ~*** *šnek.* tai visai lengva/paprasta; ***~ but mad [safe,** etc]* visai ne kvailas [ne saugus] *ir pan.*
anyway ['enɪweɪ] *adv* = **anyhow** 2, 3
anywhere ['enɪwɛə] *adv* **1** kur nors *(klaus. sakinyje);* niekur *(neig. sakinyje);* ***did you go ~ yesterday?*** ar jūs vakar kur nors ėjote?; ***there isn't ~ to sit*** nėra kur atsisėsti **2** bet kur, vis tiek kur; ***you can buy it ~*** tai galima nusipirkti bet kur ◊ ***~ from... to...*** kur nors tarp...; ***~ between... and...*** tarp... ir...; ***it costs ~ from five to ten dollars*** tai kainuoja maždaug tarp 5 ir 10 dolerių; ***not to get/go ~*** nieko nepasiekti *(ateityje)*
anywise ['enɪwaɪz] *adv psn.* kaip nors, kokiu nors būdu
aorist ['ɛərɪst] *n gram.* aoristas
aorta [eɪ'ɔːtə] *n anat.* aorta
aortic [eɪ'ɔːtɪk] *a anat.* aortinis
apace [ə'peɪs] *adv knyg.* greitai, sparčiai
apache [ə'pæʃ] *pr. n (Paryžiaus)* nusikaltėlis, chuliganas, apašas
Apache [ə'pætʃɪ] *n* apačas *(apačių genties indėnas)*
apanage ['æpənɪdʒ] *n knyg.* **1** *ist.* apanažas *(raštas, kuriuo karaliaus/princo vaikams suteikiamas koks nors turtas)* **2** turto dalis **3** savybė, atributas
apart [ə'pɑːt] <*adv, part, prep*> *adv* **1** nuošaliai, atskirai; skyrium *(from – nuo);* ***the house stands ~*** namas stovi nuošaliai; ***they live ~*** jie gyvena atskirai; ***our birthdays are exactly a month ~*** tarp mūsų gimimo dienų lygiai mėnesio skirtumas **2** neskaitant, išskyrus ◊ ***joking ~*** juokai juokais
part (vart. su vksm.) verčiamas priešdėliniais vksm.: ***to set ~*** atidėti; ***to grow ~*** nutolti *(vienam nuo kito);* žr. atitinkamus vksm. po ženklo □
prep ***(~ from)*** be ko, išskyrus; ***but ~ from that there are other considerations*** bet be to, yra ir kitų sumetimų
apartheid [ə'pɑːtheɪt, -aɪt] *n* apartheidas, rasinė segregacija
apartment [ə'pɑːtmənt] *n* **1** kambarys *(su baldais);* *pl* prabangus butas, apartamentai **2** *(ypač amer.)* butas; ***~ house/building*** daugiabutis namas
apathetic [ˌæpə'θetɪk] *a* abejingas, apatiškas
apathy ['æpəθɪ] *n* abejingumas, apatija
ape [eɪp] *n* beždžionė *(šimpanzė, gorila; t. p. prk.);* ***to act/ play the ~*** kvailioti, kraipytis; maivytis ◊ ***to go ~*** *(about, over)* *sl.* įsiusti, pamišti, eiti iš proto *(dėl)*
v mėgdžioti(s), beždžioniauti

apeak [ə'piːk] *adv* **1** stačiai **2** *jūr.* vertikaliai
Apennines ['æpənaɪnz] *n* Apeninai *(kalnai)*
aperient [ə'pɪərɪənt] *med. ret.* *n* vidurių paleidžiamieji vaistai
a vidurių paleidžiamasis
aperitif [əˌperɪ'tiːf] *n* aperityvas *(alkoholinis gėrimas apetitui žadinti)*
aperture ['æpətʃə] *n* **1** skylė, kiaurymė, anga, plyšys **2** *opt.* apertūra; *fot.* diafragma **3:** ***~ card*** apertūrinė korta *(informatika)*
apery ['eɪpərɪ] *n* **1** beždžioniavimas, (pa)mėgdžiojimas **2** beždžionių veisykla
apeshit ['eɪpʃɪt] *v:* ***to go ~*** *sl.* karščiuotis, triesti
apex ['eɪpeks] *n (pl ~es* [-ɪz], *apices*) **1** *spec.* viršūnė *(t. p. prk.);* aukščiausias taškas; ***the ~ of the triangle*** trikampio viršūnė **2** *stat.* stogo kraigas, šelmuo
aphasia [ə'feɪzɪə] *n med.* kalbos sutrikimas, afazija
aphelion [æ'fiːlɪən] *n astr.* afelis *(planetos/kometos orbitos taškas, labiausiai nutolęs nuo Saulės)*
aphid ['eɪfɪd] *n zool.* amaras
aphis ['eɪfɪs] *n (pl aphides* ['eɪfɪdiːz]) = **aphid**
aphonia [ə'fəunɪə] *n med.* balso netekimas, afonija
aphonic [ə'fɔnɪk] *a* begarsis; netekęs balso
aphorism ['æfərɪzm] *n* aforizmas
aphoristic [ˌæfə'rɪstɪk] *a* aforistinis, aforistiškas
aphrodisiac [ˌæfrə'dɪzɪæk] *med. a* skatinantis lytinę funkciją
n vaistas, skatinantis lytinę funkciją
Aphrodite [ˌæfrə'daɪtɪ] *n mit.* Afroditė
aphtha ['æfθə] *n (pl* -ae [-iː]) **1** *vet.* snukio ir nagų liga **2** *med.* afta
aphyllous [ə'fɪləs] *a bot.* belapis
apian ['eɪpɪən] *a* bičių, bitės
apiarian [ˌeɪpɪ'ɛərɪən] *a* bitininko, bitininkystės
n bitininkas
apiarist ['eɪpɪərɪst] *n* bitininkas
apiary ['eɪpɪərɪ] *n* bitynas
apical ['æpɪkl] *a* **1** viršūnės, viršūninis, esantis viršūnėje **2** *spec.* apikalinis
apices ['eɪpɪsiːz] *pl* žr. **apex**
apiculture ['eɪpɪˌkʌltʃə] *n* bitininkystė
apiece [ə'piːs] *adv* **1** vienetais, už vienetą **2** už kiekvieną, iš kiekvieno; kiekvienas; ***he gave them an apple ~*** jis davė kiekvienam po obuolį
apish ['eɪpɪʃ] *a* **1** beždžioniškas; beždžioniaujantis **2** kvailas, kvailokas
aplenty [ə'plentɪ] *adv* apsčiai, gausiai, apstu, gausu
aplomb [ə'plɔm] *pr. n* per didelis pasitikėjimas savimi, aplombas
apocalypse [ə'pɔkəlɪps] *n* apokalipsė
apocalyptic [əˌpɔkə'lɪptɪk] *a* apokaliptinis, apokalipsės
apocope [ə'pɔkəpɪ] *gr. n kalb.* paskutinio skiemens/garso atkritimas, apokopė
apocryphal [ə'pɔkrɪfl] *a* **1** *bažn., lit.* apokrifinis **2** neautentiškas, abejotinas
apogee ['æpədʒiː] *n* **1** *astr.* apogėjus **2** *prk.* aukščiausias taškas, apogėjus
apolitical [ˌeɪpə'lɪtɪkl] *a* abejingas politikai, apolitinis, apolitiškas
Apollo [ə'pɔləu] *n* **1** *mit.* Apolonas *(t. p. „Apolonas" JAV kosminis laivas)* **2** *prk.* gražuolis
Apollyon [ə'pəuljən] *n bibl.* Apolionas *(požemio karalius, velnias)*
apologetic(al) [əˌpɔlə'dʒetɪk(l)] *a* **1** atsiprašantis; ***he was very ~*** jis labai atsiprašinėjo **2** apologetinis, apologetiškas

apologetics [əˌpɒləˈdʒetɪks] *n* apologetika
apologia [ˌæpəˈləudʒɪə] *n* apologija, gynimas *(for)*
apologist [əˈpɒlədʒɪst] *n* apologetas, gynėjas
apologize [əˈpɒlədʒaɪz] *v ofic.* atsiprašyti *(for – dėl, to – ką)*
apologue [ˈæpəlɒg] *n* apologas, didaktinė pasakėčia
apology [əˈpɒlədʒɪ] *n* **1** atsiprašymas; *to make/offer an ~* atsiprašyti **2** *knyg.* teisinimas, gynimas; pasiaiškinimas **3** *šnek.* kas nors netikęs/prastas; *a mere ~ for a dinner* kokie gi čia pietūs!; *an ~ for a painting* irgi mat paveikslas
apophthegm [ˈæpəθem] *n ret.* apoftegma
apoplectic [ˌæpəˈplektɪk] *a* **1** įniršęs, išraudęs; lengvai suerzinamas/supykinamas **2** *med.* apopleksinis
apoplexy [ˈæpəpleksɪ] *n med.* apopleksija; paralyžius
apostasy [əˈpɒstəsɪ] *n knyg.* atsimetimas *(nuo įsitikinimų, principų),* atskalūnybė; apostazė; *(reikalo)* išdavimas
apostate [əˈpɒsteɪt] *knyg. n* atskalūnas, apostatas; atsimetėlis, išdavikas
a atskalūniškas
apostatize [əˈpɒstətaɪz] *v knyg.* atskilti, atsimesti *(nuo principų, įsitikinimų ir pan.)*
a posteriori [ˌeɪpɒsterɪˈɔːraɪ] *lot. spec.* a posteriori, aposterioriškai; aposteriorinis
apostle [əˈpɒsl] *n* **1** apaštalas **2** šalininkas, gynėjas
apostolic(al) [ˌæpəˈstɒlɪk(l)] *a* **1** apaštališkas, apaštalų **2** popiežiaus
apostrophe[1] [əˈpɒstrəfɪ] *n lit.* retorinis kreipinys, apostrofa
apostrophe[2] *n* apostrofas *(ženklas ')*
apostrophize[1] [əˈpɒstrəfaɪz] *v knyg.* kreiptis *(poemoje ir pan.)*
apostrophize[2] *v* dėti apostrofo ženklą
apothecary [əˈpɒθəkᵊrɪ] *n psn.* vaistininkas
apothegm [ˈæpəθem] *n amer.* = **apophthegm**
apotheosis [əˌpɒθɪˈəusɪs] *n (pl* -oses [-ˈəusiːz]*)* **1** garbinimas, dievinimas, (iš)aukštinimas; apoteozė **2** geriausias pavyzdys, idealas *(of)*
appal(l) [əˈpɔːl] *v (-ll-) (džn. pass)* gąsdinti, bauginti; *we were ~ed at the news* mus pritrenkė ta žinia
Appalachians [ˌæpəˈlætʃɪənz] *n pl* Apalačai *(kalnai)*
appalling [əˈpɔːlɪŋ] *a* baisus, pasibaisėtinas; atstumiantis
appaloosa [ˌæpəˈluːsə] *n amer.* širmas arklys
appanage [ˈæpənɪdʒ] *n* = **apanage**
apparatus [ˌæpəˈreɪtəs] *n (pl ~es* [-ɪz]*, t. p. ~)* **1** *(įv. reikšm.)* aparatas; *bureaucratic ~* biurokratinis aparatas **2** prietaisas, įrankis, mašina; aparatūra; *heating ~* šildymo prietaisai; *spraying ~* purkštuvas **3** *sport.* gimnastikos prietaisas
apparel [əˈpærəl] *n* **1** *psn., amer.* drabužiai; papuošalai **2** *jūr.* (škiperio) manta; laivo stiebai, burės, lynai, patrankos
v (-ll-) psn. **1** aprengti; puošti **2** parengti, apginkluoti
apparent [əˈpærənt] *a* **1** matomas, aiškus, tikrasis, akivaizdus **2** tariamas, menamas
apparently [əˈpærəntlɪ] *adv* **1** aiškiai, akivaizdžiai **2** *mod* matyt; *~ he has already left* matyt, jis jau išėjo
apparition [ˌæpəˈrɪʃn] *n* **1** šmėkla, vaiduoklis **2** *ret. (staigus)* pasirodymas **3** *astr. (dangaus kūno)* matomumo laikas
appassionato [əˌpæsjəˈnɑːtəu] *n muz.* aistringai, karštai
appeal [əˈpiːl] *n* **1** kreipimasis; atsišaukimas *(to); to make an ~ to force* griebtis/imtis jėgos **2** prašymas, maldavimas *(for);* apeliavimas; *~ for pardon* malonės prašymas; *to make an ~ to the umpire sport.* apeliuoti į teisėją **3** patrauklumas, žavumas, žavesys, potraukis; *to have ~* būti patraukliam, patikti **4** *teis.* apeliacija; apeliacinis skundas; *A. Court, Court of A.* apeliacinis teismas
v **1** kreiptis, apeliuoti; griebtis, remtis; *to ~ to smb for help* kreiptis į ką pagalbos; *to ~ to facts* remtis faktais; *to ~ to arms* griebtis ginklo **2** (pa)traukti; patikti; *this colour does not ~ to me* ši spalva man nepatinka **3** *teis.* (pa)duoti apeliacinį skundą, apeliuoti; apskųsti *(against); to ~ against the judge's decision* apskųsti teisėjo sprendimą
appealable [əˈpiːləbl] *a teis.* apskųstinas, apeliuotinas
appealing [əˈpiːlɪŋ] *a* **1** maldaujamas; apeliuojamas **2** žavus, patrauklus
appear [əˈpɪə] *v* **1** pasirodyti, rodytis; *to ~ in smb's presence* rodytis kam į akis, atvykti; *it ~s from this that...* iš to matyti, kad...; *where did she ~ from? šnek.* iš kur ji atsirado? **2** atrodyti; *you ~ to forget* jūs, atrodo, pamirštate; *strange as it may ~...* nors tai ir keistai atrodo... **3** išeiti, būti išleistam *(apie knygas ir pan.)* **4** pasirodyti *(žiūrovams, scenoje);* dalyvauti *(koncerto ir pan. programoje);* atlikti vaidmenį **5** stoti į teismą; kalbėti/dalyvauti teisme **6** figūruoti, būti *(sąraše, knygoje ir pan.)*
appearance [əˈpɪərəns] *n* **1** pasirodymas; atvykimas; *to put in an ~* trumpai pabūti, tik pasirodyti *(vakare, susirinkime)* **2** *(artisto)* pasirodymas; *to make a guest ~* dalyvauti programoje kviestiniu svečiu; *her first ~ was a success* jos debiutas buvo sėkmingas **3** išorė, išvaizda; *to judge by ~s* spręsti iš išvaizdos **4** regimybė; *by/to all ~s* iš visko sprendžiant/matyt **5** *(knygos ir pan.)* išėjimas **6** *(paslaptingas)* reiškinys **7** stojimas/atvykimas į teismą ◊ *to keep up ~s* laikytis mandagumo
appeasable [əˈpiːzəbl] *a* sukalbamas
appease [əˈpiːz] *v* **1** nuraminti; *to ~ an angry man* nuraminti supykusį žmogų **2** patenkinti; numalšinti *(alkį ir pan.)* **3** palengvinti, sušvelninti
appeasement [əˈpiːzmənt] *n* nuraminimas *ir pan., žr.* **appease**; *a policy of ~ (to)* susitaikėliška/nuolaidžiavimo politika
appellant [əˈpelənt] *a* **1** apeliuojantis, skundžiantis **2** *teis.* apeliacinis
n teis. apeliuojančioji pusė, apeliantas
appellate [əˈpelət] *a teis.* apeliacinis
appellation [ˌæpəˈleɪʃn] *n knyg.* vardas, pavadinimas
appellative [əˈpelətɪv] *a* **1** vardas, pavadinimas **2** *gram.* bendrinis daiktavardis, apeliatyvas
a gram. bendrinis
appellee [ˌæpeˈliː] *n teis.* apeliacijos atsakovas
append [əˈpend] *v* pridėti, papildyti, prijungti *(to – prie)*
appendage [əˈpendɪdʒ] *n* **1** priedas, priedėlis, papildymas, pridėjimas **2** *anat.* apendiksas, ataugą
appendant [əˈpendənt] *a* **1** *knyg.* susijęs, priklausantis *(to)* **2** *teis.* pridėtas
appendectomy [ˌæpənˈdektəmɪ] *n med.* apendikso pašalinimas, apendektomija
appendices [əˈpendɪsiːz] *pl žr.* **appendix**
appendicitis [əˌpendɪˈsaɪtɪs] *n med.* apendicitas
appendix [əˈpendɪks] *n (pl* -dices, ~es) **1** *(knygos, dokumento ir pan.)* papildymas, priedas **2** *anat.* apendiksas; *grumbling ~* chroniškas apendicitas
apperception [ˌæpəˈsepʃn] *n psich.* apercepcija
appertain [ˌæpəˈteɪn] *v knyg.* priklausyti, būti susijusiam *(to)*
appetence, -cy [ˈæpɪtᵊns, -sɪ] *n knyg.* **1** polinkis *(for, after)* **2** *(lytinis)* potraukis, aistra *(for)*
appetite [ˈæpɪtaɪt] *n* **1** apetitas *(t. p. prk.); to give smb an ~* (su)kelti/(su)žadinti kam apetitą; *healthy ~* geras apetitas **2** instinktyvus potraukis, troškimas ◊ *~ comes with eating* ≡ apetitas didėja bevalgant

appetizer ['æpɪtaɪzə] *n* **1** užkanda, skanėstas *(apetitui sužadinti)* **2** kas nors žadinantis/sukeliantis troškimą *ir pan*.

appetizing ['æpɪtaɪzɪŋ] *a* (su)keliantis apetitą, skanus; patrauklus

applaud [ə'plɔːd] *v* **1** ploti, kelti ovacijas **2** pritarti

applause [ə'plɔːz] *n* **1** plojimai, aplodismentai **2** pritarimas

apple ['æpl] *n* **1** obuolys **2** obelis ◊ *a bad/rotten* ~ netikėlis; ~ *of discord* nesantaikos obuolys; *the* ~ *of smb's eye* kieno numylėtinis

applecart ['æplkɑːt] *n* obuolių vežimas ◊ *to upset smb's* ~ *šnek*. suardyti kieno planus

apple-dumpling ['æpl͵dʌmplɪŋ] *n* tešloje įkeptas obuolys

applejack ['æpldʒæk] *n amer*. obuolių degtinė

apple-pie ['æpl'paɪ] *n* obuolinis pyragas
a **1** *amer*. tipiškai amerikietiškas **2**: ~ *bed* lova, kurioje negalima ištiesti kojų *(pokštas)* ◊ ~ *order* ideali tvarka

apple-polisher ['æpl͵pɔlɪʃə] *n amer*. pataikūnas, palaižūnas

apple-sauce [͵æpl'sɔːs] *n* **1** obuolių tyrė **2** *amer. šnek*. nesąmonė, absurdas

apple-tree ['æpltriː] *n* obelis

appliance [ə'plaɪəns] *n* **1** prietaisas, įtaisas, įrankis, reikmuo; *domestic electric* ~*s* buitiniai elektriniai prietaisai; ~ *load el*. buitinė apkrova **2** *ret*. pritaikymas, panaudojimas

applicable ['æplɪkəbl] *a* **1** (pri)taikomas **2** tinkamas, galiojantis

applicant ['æplɪkənt] *n* **1** pretendentas, kandidatas **2** pareiškimo/prašymo įteikėjas, prašytojas

application [͵æplɪ'keɪʃn] *n* **1** prašymas, pareiškimas; *on* ~ *(kieno)* prašymu; paprašius; ~ *blank/form* stojančiojo *(į darbą ir pan.)* anketa; *to hand/put in an* ~ paduoti prašymą/pareiškimą **2** (pri)taikymas; pritaikomumas; *the* ~ *of theory to practice* teorijos taikymas/panaudojimas praktikai **3** *(vaistų)* vartojimas; *(trauklapio, pleistro ir pan.)* uždėjimas, pridėjimas; kompresas; *(dažų ir pan.)* užtepimas **4** stropumas, uolumas *(t. p.* ~ *to work); to show* ~ *(in)* stengtis, būti stropiam **5** *attr* taikomasis; ~ *program komp*. taikomoji programa

applied [ə'plaɪd] *a* taikomas; ~ *art [science]* taikomasis menas [mokslas]

appliqué [ə'pliːkeɪ] *pr. n* aplikacija
v aplikuoti

apply [ə'plaɪ] *v* **1** kreiptis, prašyti *(ppr. raštu; for – dėl; to – į); to ~ for the job (of)* kreiptis *ar* (pa)rašyti prašymą dėl darbo **2** (pri)taikyti; tikti **3** (pa)naudoti, vartoti; *to* ~ *brakes* įjungti stabdžius, stabdyti **4** uždėti *(ant žaizdos ir pan.);* užtepti *(tepalo)* **5** liesti; *that does not* ~ *to you* tai jūsų neliečia **6** *refl* uoliai dirbti/užsiimti, nukreipti dėmesį/energiją *ir pan. (to)*

appoint [ə'pɔɪnt] *v* **1** (pa)skirti *(kuo); he was* ~*ed mayor* jis buvo paskirtas meru **2** nustatyti *(vietą, laiką)* **3** paskirti, nurodyti *(darbą)* **4** *ret*. pasirūpinti, įsakyti *(kad būtų padaryta)*

appointed [ə'pɔɪntɪd] *a* **1** nustatytas, sutartas, paskirtas **2** įrengtas, aprūpintas; *a well* ~ *house* gerai įrengtas namas

appointee [ə͵pɔɪn'tiː] *n* paskirtas asmuo *(į tarnybą, postą)*

appointive [ə'pɔɪntɪv] *a amer*. skiriamas, ne renkamas *(apie pareigybę)*

appointment [ə'pɔɪntmənt] *n* **1** paskyrimas *(į postą, tarnybą)* **2** tarnyba, postas; *to hold an* ~ užimti postą **3** pasimatymas, susitarimas susitikti; *to have/make an* ~ susitarti susitikti; *to keep [to break] an* ~ ateiti [neateiti] nustatytu laiku *ar* į nustatytą vietą; *by* ~ pagal susitarimą; *we're meeting him by* ~ *at six* mes susitarėme susitikti su juo šeštą valandą **4** *pl* įrengimai, apstatymas, baldai

apportion [ə'pɔːʃn] *v (proporcingai)* paskirstyti, padalyti *(among, between);* ~ *blame* nustatyti/pasakyti, kas kaltas

apportionment [ə'pɔːʃnmənt] *n (proporcingas)* paskirstymas

appose [ə'pəuz] *v knyg*. (pri)dėti; statyti greta/priešais

apposite ['æpəzɪt] *a knyg*. tinkamas, tikęs, (savo) vietoje; *an* ~ *remark* laiku pareikšta, gera pastaba

apposition [͵æpə'zɪʃn] *n* **1** pridėjimas; sustatymas greta; *the* ~ *of a seal* antspaudo prispaudimas **2** *gram*. priedėlis **3** *biol*. apozicija

appraisal [ə'preɪzl] *n* įvertinimas, įkainojimas

appraise [ə'preɪz] *v* įvertinti, nustatyti kainą/vertę

appraisement [ə'preɪzmənt] *n knyg*. įkainis

appreciable [ə'priːʃəbl] *a* jaučiamas, pastebimas, apčiuopiamas; pripažįstamas, vertinamas

appreciate [ə'priːʃɪeɪt] *v* **1** (į)vertinti; suprasti *(vertę)* **2** branginti; pripažinti; *I would* ~ *if...* būčiau dėkingas, jei... **3** jausti, skirti; *to* ~ *the distinction* jausti skirtumą; *to* ~ *colours* skirti spalvas **4** pakilti, padidėti *(apie vertę)*

appreciation [ə͵priːʃɪ'eɪʃn] *n* **1** *(geras)* įvertinimas; pripažinimas **2** supratimas; *to have an* ~ *of art* gerai suprasti meną **3** dėkingumas; *please accept this as a token of my* ~ priimkite tai kaip mano dėkingumo ženklą **4** *(teigiamas)* atsiliepimas, recenzija **5** *(vertės)* (pa)kilimas

appreciative [ə'priːʃətɪv] *a* **1** įvertinantis, suprantantis **2** dėkingas

apprehend [͵æprɪ'hend] *v knyg*. **1** sulaikyti, suimti *(vagį)* **2** suprasti, suvokti **3** *ret*. nujausti, nuogąstauti

apprehensible [͵æprɪ'hensəbl] *a* suprantamas, suvokiamas

apprehension [͵æprɪ'henʃn] *n* **1** *(džn. pl)* nuogąstavimas, baimingumas, bloga nuojauta **2** *knyg*. suvokimas, supratimas; *quick [dull] of* ~ greitai [sunkiai] suvokiantis **3** *knyg*. sulaikymas, areštas

apprehensive [͵æprɪ'hensɪv] *a* **1** susirūpinęs, nuogąstaujantis, baimingas; ~ *for one's life* nuogąstaujantis dėl savo gyvybės; ~ *of the future* būgštaujantis dėl ateities **2** *knyg*. nuovokus, sumanus

apprentice [ə'prentɪs] *n* **1** mokinys, pameistrys; *to bind* ~ išleisti mokytis *(amato; to – pas)* **2** naujokas, pradedantysis
v išleisti mokytis; *to* ~ *smb to a tailor [a shoemaker]* išleisti ką mokytis pas siuvėją [batsiuvį]

apprenticeship [ə'prentɪsʃɪp] *n* **1** mokymasis *(amato);* mokinystė, mokymosi laikas; *articles of* ~ meistro ir mokinio sutarties sąlygos; *to serve one's* ~ mokytis amato; tarnauti pas šeimininką mokiniu **2** (gamybinė) stažuotė *(po mokymosi)*

apprise [ə'praɪz] *v knyg*. pranešti, informuoti *(of)*

appro ['æprəu] *n* (approval *sutr.*) *kom*. pritarimas; *on* ~ išbandymui, patikrinimui *(apie prekę, kurią nusipirkus galima grąžinti)*

approach [ə'prəutʃ] *n* **1** pri(si)artinimas, (pri)artėjimas; (su)artėjimas; *at his* ~ jam prisiartinus **2** priėjimas *(t. p. prk.);* prievaža, privažiavimas *(kelias; t. p.* ~ *road); easy [difficult] of* ~ lengvai [sunkiai] prieinamas/pasiekiamas *(apie vietą, žmogų)* **3** *(ppr. pl)* prieiga; *at the* ~*es to the town kar*. miesto prieigose **4** požiūris, traktavimas; būdas **5** siūlymas **6** kontaktų ieškojimas, bandymas užmegzti *(asmeninius)* ryšius; *he made* ~*es to her* jis meilinosi jai

v **1** (pri)artėti, prisiartinti, prieiti *(t. p. prk.);* **to ~ a question** priartėti prie klausimo **2** nedaug tetrūkti *(ligi),* būti panašiam; ***his naivety ~es stupidity*** jo naivumas beveik prilygsta kvailumui **3** kreiptis; užkalbinti; pradėti derybas **4** traktuoti, nagrinėti *(tam tikru požiūriu)*
approachable [ə'prəutʃəbl] *a* **1** prieinamas, pasiekiamas **2** prieinamas, draugiškas
approbate ['æprəʊbeɪt] *v (ypač amer.)* pritarti; sankcionuoti, aprobuoti
approbation [ˌæprə'beɪʃn] *n knyg.* **1** pritarimas **2** sankcija, sutikimas, aprobacija; ***by ~*** su leidimu/sankcija, sutikus
approbatory [ˌæprə'beɪtərɪ] *a knyg.* pritariamas; aprobuojamas
appropriate *a* [ə'prəʊprɪət] **1** (ati)tinkamas **2** būdingas
v [ə'prəʊprɪeɪt] **1** savintis, pasisavinti **2** (pa)skirti, asignuoti *(for)*
appropriation [əˌprəʊprɪ'eɪʃn] *n* **1** *teis.* pasisavinimas **2** *fin.* paskyrimas; asignavimas; asignacija; ***~ account*** asignavimų sąskaita
approval [ə'pruːvl] *n* **1** pritarimas, palanki nuomonė; ***in ~*** pritariamai; ***to meet with ~*** susilaukti pritarimo; ***on ~*** žr. **appro** **2** aprobavimas, sankcija; patvirtinimas **3** svarstymas; ***to submit for ~*** pateikti svarstyti/aptarti
approve [ə'pruːv] *v* **1** pritarti; ***to ~ of smb's choice*** pritarti kieno pasirinkimui **2** patvirtinti; sankcionuoti, aprobuoti; ***to ~ an agenda*** patvirtinti darbotvarkę **3** *refl psn.* pasirodyti, užsirekomenduoti
approved [ə'pruːvd] *a:* **~ school** valstybinė nepilnamečių nusikaltėlių mokykla/kolonija, pataisos namai
approvingly [ə'pruːvɪŋlɪ] *adv* pritariamai, palankiai
approximate *a* [ə'prɒksɪmət] **1** apytikris, apytikslis **2** artimas, esantis arti *(to – prie)*
v [ə'prɒksɪmeɪt] **1** būti apytikriai panašiam/lygiam *(to)* **2** prisiartinti, (pri)artėti *(prie kokio skaičiaus, dydžio ir pan.)*
approximately [ə'prɒksɪmətlɪ] *adv* apytikriai, apytiksliai, maždaug, beveik; ***highly ~*** labai apytikriai/apytiksliai; ***to ~ five o'clock*** maždaug penktą valandą
approximation [əˌprɒksɪ'meɪʃn] *n* **1** apytikslis skaičius, suma *ir pan.;* apytikrė reikšmė **2** prisiartinimas, (pri)artėjimas *(of, to)* **3** *(įstatymų)* derinimas **4** *mat.* aproksimacija
approximative [ə'prɒksɪmətɪv] *knyg.* = **approximate** *a*
appurtenance [ə'pɜːtɪnəns] *n* **1** *(ppr. pl) knyg.* priedas; priklausiniai, reikmenys **2** *teis.* pirmenybės teisė dėl turto valdymo
appurtenant [ə'pɜːtɪnənt] *n* = **appurtenance** **2**
a **1** *knyg.* priklausantis; susijęs **2** *teis.* valdantis pagal nuosavybės teisę
apraxia [eɪ'præksɪə] *n med.* apraksija, prarastas tikslingų judesių (su)gebėjimas
apricot ['eɪprɪkɒt] *n* **1** abrikosas *(vaisius, medis)* **2** abrikoso spalva *(t. p. ~ colour)*
April ['eɪprəl] *n* balandis *(mėnuo)* ◊ ***~ weather*** a) permainingas oras; čia saulė, čia lietus; b) *prk.* čia juokas, čia ašaros; ***~ fool*** apgautas balandžio pirmąją; ***~ Fools' trick, ~ fish*** balandžio pirmosios pokštas
a priori [ˌeɪpraɪ'ɔːraɪ] *lot.* a priori, aprioriškai; apriorinis
apriority [ˌeɪpraɪ'ɒrətɪ] *n* aprioriškumas
apron ['eɪprən] *n* **1** prijuostė, prikyštė **2** kojų užklotas *(karietoje)* **3** *teatr.* avanscena *(t. p. ~ stage)* **4** *av.* betonuota aikštelė prieš angarą **5** *tech. (suporto)* skydas **6** *hidr.* priekinė užslenkstė
apron-string ['eɪprənstrɪŋ] *n* prijuostės raištis ◊ ***to be tied/pinned to one's wife's [mother's] ~s*** ≅ būti po žmonos [motinos] padu

apropos ['æprəpəʊ] *pr. knyg. a* savalaikis, savo vietoje, tinkamas
adv **1** ta pačia proga, tarp kita ko; ***~ of nothing*** nei iš šio, nei iš to **2** dėl, ryšium; ***~ of your remark...*** dėl jūsų pastabos...
apse [æps] *n archit.* apsidė
apsis ['æpsɪs] *n (pl* apsides [æp'saɪdiːz]) *astr.* apsidė
apt [æpt] *a* **1** tinkamas, tikęs, pavykęs, gerai parinktas; ***an ~ remark*** tinkama/vykusi pastaba **2** *predic* linkęs, turintis tendenciją; galimas, įmanomas; ***he is ~ to succeed*** jam greičiausiai pavyks; ***~ to take fire*** greitai/lengvai užsidegantis **3** gabus, mokslus *(at)*
apterous ['æptərəs] *a zool.* besparnis
apteryx ['æptərɪks] *n zool.* kivis *(paukštis)*
aptitude ['æptɪtjuːd] *n* **1** gabumas, mokslumas *(for)* **2** tinkamumas **3** palinkimas, polinkis *(for)*
aptness ['æptnɪs] *n* = **aptitude**
aqua ['ækwə] *sutr.* = **aquamarine** *n* 2
aquaculture ['ækwəkʌltʃə] *n* vandens gyvių ir augalų veisimas
aqua fortis [ˌækwə'fɔːtɪs] **1** *chem.* koncentruota azoto rūgštis **2** *men.* akvaforta, ofortas
aquafortist [ˌækwə'fɔːtɪst] *n* ofortistas
aqualung ['ækwəlʌŋ] *n* akvalangas
aquamarine [ˌækwəmə'riːn] *n* **1** *min.* akvamarinas **2** žalsvai melsva/žydra spalva
a **1** akvamarininis **2** žalsvai melsvas/žydras
aquaplane ['ækwəpleɪn] *n sport.* akvaplanas
aqua regia [ˌækwə'riːdʒɪə] *chem.* karališkasis vanduo, druskos ir azoto rūgščių mišinys
aquarelle [ˌækwə'rel] *n* akvarelė
aquarium [ə'kwɛərɪəm] *n (pl ~* s, -ia [-ɪə]) akvariumas
Aquarius [ə'kwɛərɪəs] *n* Vandenis *(žvaigždynas ir zodiako ženklas)*
aquatic [ə'kwætɪk] *a* vandens, vandeninis; ***~ sports*** vandens sportas; ***~ plants*** vandens augalai
aquatint ['ækwətɪnt] *n men.* akvatinta *(grafikos technika ir kūrinys)*
aqua vitae [ˌækwə'vaɪtiː] *lot.* degtinė; stiprus alkoholinis gėrimas
aqueduct ['ækwɪdʌkt] *n* **1** akvedukas *(vandentakio dalis)* **2** *anat.* kanalas, vamzdelis
aqueous ['eɪkwɪəs] *a* **1** *spec.* vandens, vandeninis, vandeningas; ***~ solution*** vandeninis tirpalas **2** *geol.* nuosėdinis; ***~ rock*** nuosėdinė uoliena
aquifer ['ækwɪfə] *n geol.* vandeningasis horizontas/sluoksnis
aquiferous [ə'kwɪfərəs] *a geol.* vandeningas
aquiline ['ækwɪlaɪn] *a* ereliškas; lenktas *(kaip erelio snapas; apie nosį)*
-ar [-ə] *suff* -inis *(santykiniams būdvardžiams sudaryti);* ***molecular*** molekulinis
Arab ['ærəb] **1** arabas; ***street ~, street a.*** beglobis/gatvės vaikas **2** arabų (veislės) arklys
a arabiškas, arabų
Arabella [ˌærə'belə] *n* Arabela *(vardas)*
arabesque [ˌærə'besk] *n* **1** *archit., muz.* arabeska **2** arabeskas *(klasikinio šokio poza)*
a **1** papuoštas arabeskomis **2** fantastiškas
Arabia [ə'reɪbə] *n* Arabija *(pusiasalis)*
Arabian [ə'reɪbɪən] *a* arabiškas, arabų; ***the ~ Sea*** Arabijos jūra; ***~ Nights, ~ Nights' Entertainments*** „Tūkstantis ir viena naktis" *(pasakos)*
n **1** arabas **2** *amer.* = **Arab** **2**
Arabic ['ærəbɪk] *a* arabiškas, arabų; ***~ numerals/figures*** arabiškieji skaitmenys
n arabų kalba

arable ['ærəbl] ž. ū. a ariamas; ~ *farming* žemdirbystė, laukininkystė
 n arimas, ariamoji žemė
arachnid [ə'ræknɪd] n zool. voragyvis
Aramaic [ˌærə'meɪɪk] n kalb. aramėjų kalba
Ararat ['ærəræt] n Araratas (kalnas)
arb [ɑːb] n šnek. = **arbitrageur**
arbalest ['ɑːbələst] n ist. arbaletas, kilpinis lankas
arbiter ['ɑːbɪtə] n 1 teis. arbitras, trečiųjų teismo teisėjas 2 (likimo) lėmėjas 3 sport. arbitras, vyriausiasis teisėjas
arbitrage n 1 ['ɑːbɪtrɪdʒ, 'ɑːbɪtrɑːʒ] arbitražas, trečiųjų teismas 2 [ˌɑːbɪ'trɑːʒ] ekon. arbitražas
arbitrager ['ɑːbɪtrɪdʒə] n = **arbitrageur**
arbitrageur [ˌɑːbɪtrɑː'ʒɜː] pr. n arbitražo narys
arbitral ['ɑːbɪtrəl] a arbitražinis
arbitrament [ɑː'bɪtrəmənt] n teis. 1 arbitražas 2 arbitro nuosprendis
arbitrary ['ɑːbɪtrᵊrɪ] a 1 arbitriškas, sutartinis; pasirenkamas; ~ *signs and symbols* poligr. sutartiniai ženklai 2 knyg. despotiškas 3 knyg. kaprizingas; savavališkas
arbitrate ['ɑːbɪtreɪt] v teis. 1 spręsti; būti arbitru (trečiųjų teismo teisėju) 2 perduoti spręsti arbitrui
arbitration [ˌɑːbɪ'treɪʃn] n teis. arbitražas (trečiųjų teismas; t. p. ~ *tribunal*)
arbitrator ['ɑːbɪtreɪtə] n teis. arbitras
arbor ['ɑːbə] n 1 amer. medis; *A. Day* medžių sodinimo šventė; ~ *vitae* a) anat. gyvybės medis; b) bot. tuja 2 tech. ašis, velenas, stiebas 3 amer. = **arbour**
arboreal [ɑː'bɔːrɪəl] a 1 spec. medžių, medinis 2 zool. gyvenantis medžiuose
arboreous [ɑː'bɔːrɪəs] a 1 miškingas 2 mediškas, panašus į medį
arborescent [ˌɑːbə'resnt] a medžio pavidalo, mediškas
arboretum [ˌɑːbə'riːtəm] lot. n (pl -ta [-tə]) medelynas, botanikos sodas
arboriculture ['ɑːbərɪkʌltʃə] n miškininkystė, medžių/krūmų auginimas
arboriculturist [ˌɑːbərɪ'kʌltʃərɪst] n miškininkas, medžių ir krūmų augintojas
arbour ['ɑːbə] n lapinė, altana, pavė(si)nė
arc [ɑːk] n 1 arka, skliautas 2 geom. (apskritimo) lankas 3 elektros lankas (t. p. *electric* ~); ~ *lamp* lankinė lempa; ~ *welding* lankinis (su)virinimas, (su)virinimas elektros lanku
 v 1 daryti lanką, judėti lanku 2 el. sudaryti lanką
arcade [ɑː'keɪd] n 1 archit. arkada (arkų galerija/eilė) 2 pasažas (parduotuvės; t. p. *shopping* ~)
Arcadia [ɑː'keɪdɪə] n ist. Arkadija (Graikijos sritis)
Arcadian [ɑː'keɪdɪən] a arkadinis, idiliškas
arcane [ɑː'keɪn] a knyg. paslaptingas
arcanum [ɑː'keɪnəm] n (pl -na [-nə]) knyg. paslaptis
arch¹ [ɑːtʃ] n 1 archit. arka; (arkinis) skliautas; *false* ~ dekoratyvinė arka 2 lankas; išlinkimas
 v 1 statyti arką; suteikti arkos formą 2 išlenkti lanku; *the cat ~ed its back* katė išrietė nugarą
arch² a 1 šelmiškas, vylingas (apie žvilgsnį, šypseną) 2 išdidus; suktas
arch- [ɑːtʃ-] pref 1 arch(i)-, arki- (žymint bažnytinių laipsnių vyresnumą); *archbishop* arkivyskupas; *archimandrite* archimandritas 2 (pats) didžiausias, užkietėjęs; *archliar* užkietėjęs melagis; *archrogue* didžiausias sukčius, sukčių sukčius
archaean [ˌɑː'kiːən] a geol. archajinis, archėjaus (apie erą)
archaeological [ˌɑːkɪə'lɒdʒɪkl] a archeologinis
archaeologist [ˌɑːkɪ'ɒlədʒɪst] n archeologas

archaeology [ˌɑːkɪ'ɒlədʒɪ] n archeologija
archaic [ɑː'keɪɪk] a 1 archajiškas; pasenęs 2 senovės, senovinis
archaism ['ɑːkəɪzm] n 1 archaizmas 2 archajinimas
archaize ['ɑːkeɪaɪz] v archajinti; vartoti archaizmus
archangel ['ɑːkeɪndʒl] n 1 rel. arkangelas 2 bot. skudutis
archbishop [ˌɑːtʃ'bɪʃəp] n arkivyskupas
archbishopric [ˌɑːtʃ'bɪʃəprɪk] n arkivyskupystė, arkivyskupija
archdeacon [ˌɑːtʃ'diːkən] n arkidiakonas
archdiocese [ˌɑːtʃ'daɪəsɪs] n arkivyskupija
archduchess [ˌɑːtʃ'dʌtʃɪs] n ist. erchercogienė
archduke [ˌɑːtʃ'djuːk] n ist. erchercogas
archean [ɑː'kiːən] a amer. = **archaean**
arched [ɑːtʃt] a 1 lenktas, lanko pavidalo; ~ *eyebrows* lenkti/riesti antakiai 2 skliautuotas, skliautinis 3 arkinis; ~ *girder* stat. arkinė santvara/sija; ~ *bridge* arkinis tiltas
arch-enemy [ˌɑːtʃ'enɪmɪ] n 1 didžiausias priešas 2 (the ~) knyg. šėtonas
archeological [ˌɑːkɪə'lɒdʒɪkl] a amer. = **archaeological** ir pan.
archeozoic [ˌɑːkɪ'zəʊɪk] a geol. archeozojinis
archer ['ɑːtʃə] n 1 lankininkas, kilpininkas 2 (A.) Šaulys (žvaigždynas ir zodiako ženklas)
archery ['ɑːtʃərɪ] n šaudymas iš lanko/kilpinio
archetypal [ˌɑːkɪ'taɪpl] a tipiškiausias, būdingiausias
archetype ['ɑːkɪtaɪp] n 1 prototipas 2 kalb. archetipas
Archibald ['ɑːtʃɪbəld] n Arčibaldas, Archibaldas (vardas)
Archimedes [ˌɑːkɪ'miːdiːz] n Archimedas; ~*'s principle* Archimedo dėsnis
archipelago [ˌɑːkɪ'peləgəʊ] n (pl ~(e)s [-z]) 1 salynas, archipelagas 2 jūra su grupe mažų salų
architect ['ɑːkɪtekt] n 1 architektas; *naval* ~ laivų inžinierius 2 prk. kūrėjas; ~ *of one's own fortune* savo laimės/likimo kalvis
architectonic [ˌɑːkɪtek'tɒnɪk] a 1 architektūrinis 2 architektoninis
architectonics [ˌɑːkɪtek'tɒnɪks] n architektonika
architectural [ˌɑːkɪ'tektʃᵊrəl] a architektūrinis; ~ *engineering* statybos technika
architecturally [ˌɑːkɪ'tektʃᵊrəlɪ] adv architektūriškai; architektūros požiūriu
architecture ['ɑːkɪtektʃə] n 1 architektūra 2 architektūrinis stilius 3 konstrukcija, struktūra, sandara; ~ *of speech* kalbos sandara
architrave ['ɑːkɪtreɪv] n archit. architravas; apvadas
archival [ɑː'kaɪvl] a archyvinis
archive [ɑː'kaɪv] n archyvas; pl archyvai (sukaupti dokumentai ir saugykla)
archivist ['ɑːkɪvɪst] n archyvaras
archly ['ɑːtʃlɪ] adv 1 vylingai, šelmiškai 2 išdidžiai
archway ['ɑːtʃweɪ] n 1 arkų galerija; perėja po arka 2 arkinis įėjimas
archwise ['ɑːtʃwaɪz] adv arkos pavidalu, išlenktai
arcing ['ɑːkɪŋ] n el. kibirkščiavimas; lanko į(si)žiebimas/už(si)degimas
arctic ['ɑːktɪk] a 1 arktinis, šiaurės, poliarinis; *the A. Circle* Šiaurės poliaratis, speig(i)ratis; *the A. Ocean* Arkties vandenynas 2 labai šaltas
 n 1 (the A.) Arktis 2 pl amer. neperšlampamieji batai
arcticize ['ɑːktɪsaɪz] v pritaikyti darbui Arkties sąlygomis
arcuate(d) ['ɑːkjʊeɪt(ɪd)] a arkos/lanko pavidalo, lankiškas, lenktas
ardency ['ɑːdᵊnsɪ] n knyg. = **ardour**

Ardennes [ɑ:'den] *pr. n* Ardėnai *(kalnai)*
ardent ['ɑ:dənt] *a* aistringas, aistrus, karštas; ~ *love* aistringa/karšta meilė; ~ *supporter* aistringas/entuziastingas šalininkas ◊ ~ *spirits* stiprūs svaiginamieji gėrimai
ardo(u)r ['ɑ:də] *n* 1 aistra, karštumas 2 užsidegimas, entuziazmas; *to cool/damp smb's* ~ atšaldyti kieno karštį
arduous ['ɑ:djuəs] *a* 1 sunkus, reikalaujantis daug pastangų/energijos; įtemptas *(apie darbą)* 2 atkaklus, energingas
are[1] [ə; *kirčiuota forma* ɑ:] *esam. l. vns. 2 asm. ir esam. l. dgs., žr.* **be**
are[2] [ɑ:] *pr. n* aras (= *100 m²*)
area ['ɛərɪə] *n* 1 plotas *(t. p. geom.)*; ~ *of a room [of a triangle]* kambario [trikampio] plotas; ~ *of bearing tech.* atramos paviršius 2 rajonas, sritis, zona; *housing/residential* ~ gyvenamųjų namų rajonas 3 *rad., tel.* zona; plotas; *mush [service]* ~ blogo [gero] radijo bangų priėmimo zona; *picture* ~ kadro plotas 4 *(veikimo ir pan.)* sritis, sfera; užmojis; *wide* ~ *of thought* platus akiratis; *the* ~*s of disagreement* klausimai, dėl kurių nesutariama 5 atitverta aikštelė žemiau šaligatvio įeiti į pusrūsį
areal ['ɛərɪəl] *a spec.* zoninis; arealinis; ~ *deformation tech.* paviršiaus deformacija
areca ['ærɪkə] *n bot.* areka
arena [ə'ri:nə] *n* arena *(t. p. prk.)*; veiksmo vieta; kovos laukas
arenaria [ˌærɪ'nɛərɪə] *n bot.* smiltė
aren't [ɑ:nt] *sutr. šnek.* 1 = **are not** 2 = **am not** *(ypač aren't I?)*
areola [ə'ri:ələ] *n (pl* -ae [-i:], ~s) areolė *(t. p. anat.)*
arête [ə'ret] *pr. n* smaili kalno ketera *(alpinizmas)*
argent ['ɑ:dʒənt] *poet., her. a* sidabraspalvis, sidabrinis *n* sidabras; sidabro spalva
argentic [ɑ:'dʒentɪk] *a chem.* turintis sidabro; ~ *chloride* sidabro chloridas
argentiferous [ˌɑ:dʒən'tɪfərəs] *a* turintis sidabro *(apie rūdą)*
Argentina [ˌɑ:dʒən'ti:nə] *n* Argentina
Argentine ['ɑ:dʒəntaɪn] *a* argentinietiškas; Argentinos *n* argentinietis
argentine ['ɑ:dʒəntaɪn] *a* sidabrinis; sidabriškas, panašus į sidabrą
Argentinean [ˌɑ:dʒən'tɪnɪən] = **Argentine** *a, n*
argil ['ɑ:dʒɪl] *n* baltmolis, puodžiaus molis
argillaceous [ˌɑ:dʒɪ'leɪʃəs] *a* molingas, molinis
argillite ['ɑ:dʒɪlaɪt] *n min.* argilitas
arginine ['ɑ:dʒɪni:n] *n chem.* argininas
argon ['ɑ:gɔn] *n chem.* argonas
Argonaut ['ɑ:gənɔ:t] *n* 1 *mit.* argonautas 2 *(a.) amer.* nuotykių ieškotojas
argosy ['ɑ:gəsɪ] *n* 1 *ist.* didelis prekybos laivas 2 *poet.* laivas
argot ['ɑ:gəʊ] *pr. n kalb.* argo, žargonas
arguable ['ɑ:gjuəbl] *a* 1 diskutuojamas; ginčytinas 2 įrodomas
arguably ['ɑ:gjuəblɪ] *adv* be abejonės, tikriausiai
argue ['ɑ:gju:] *v* 1 ginčytis *(with, against* – *su; about, over* – *dėl)* 2 įrodinėti; argumentuoti; *to* ~ *against smth* pareikšti nuomonę prieš ką; *to* ~ *in favour of smth* pareikšti nuomonę už ką; *he* ~*d that...* jis įrodinėjo, kad...; *no arguing!* be prieštaravimų! 3 įtikin(ė)ti *(into)*; paveikti *(kad ko nedarytų, pakeistų nuomonę; out of)* 4 *knyg.* liudyti, byloti □ ~ *away* atremti *(argumentą ir pan.)*; ~ *out* išdiskutuoti, gerai apsvarščius, susitarti
argufy ['ɑ:gjufaɪ] *v šnek.* ginčytis dėl ginčo

argument ['ɑ:gjumənt] *n* 1 argumentas, įrodymas *(for* – *už, against* – *prieš)*; *I'm open to* ~ aš pasiruošęs išklausyti kitas nuomones 2 argumentavimas 3 ginčas; diskusija; *a matter of* ~ ginčytinas dalykas; *to get into an* ~ susiginčyti, leistis į ginčą; *to hold an* ~ diskutuoti 4 trumpas *(knygos)* turinys 5 *mat.* argumentas, nepriklausomas kintamasis dydis
argumentation [ˌɑ:gjumen'teɪʃn] *n* 1 argumentacija 2 ginčas; debatai, diskusija
argumentative [ˌɑ:gju'mentətɪv] *a* 1 mėgstantis ginčytis/ įrodinėti 2 ginčytinas, diskusinis 3 bylojantis, liudijantis *(of* – *apie)*
Argus ['ɑ:gəs] *n* 1 *mit.* Argas 2 budrus sargas
Argus-eyed ['ɑ:gəs.aɪd] *a poet.* budrus, akylas
argy-bargy [ˌɑ:dʒɪ'bɑ:dʒɪ] *n šnek.* vaidai, barniai
argyle [ɑ:'gaɪl] *n* spalvotas rombinis mezgimo raštas; taip numegztos kojinės *ir pan.*
aria ['ɑ:rɪə] *n muz.* arija
Ariadne [ˌærɪ'ædnɪ] *n mit.* Ariadnė; ~'*s clew* Ariadnės siūlas
-arian [-ɛərɪən] *suff* -aras, -ininkas *(reiškiant ko šalininką, specialybę)*; *vegetarian* vegetaras; *librarian* bibliotekininkas; *authoritarian* autoritarinio valdymo šalininkas; autoritarinis
arid ['ærɪd] *a* 1 sausas, sausringas; *(meteor. t. p.)* aridinis; ~ *wind* sausvėjis 2 *prk.* sausas, nuobodus 3 tuščias, bergždžias *(apie studijas, metus ir pan.)*
aridity [ə'rɪdətɪ] *n* sausumas *(t. p. prk.)*; sausringumas
Aries ['ɛəri:z] *n* Avinas *(žvaigždynas ir zodiako ženklas)*
aright [ə'raɪt] *adv* teisingai; *to set smth* ~ išspręsti *(problemas, reikalus)*
aril ['ærɪl] *n bot. (sėklos)* kevalas, lukštas, žievelė, kiautas
arioso [ˌɑ:rɪ'əʊzəʊ] *n, adv muz.* ariozo
arise [ə'raɪz] *v* (arose; arisen [ə'rɪzn]) 1 (iš)kilti, pasirodyti; *should the opportunity* ~ jei pasitaikys proga 2 atsirasti rezultatui, kilti, išplaukti *(from, out of)* 3 *poet.* sukilti, pakilti 4 *knyg., psn.* atsikelti; atsistoti *(apie sėdintįjį)*
arista [ə'rɪstə] *lot. n (pl* -ae [-i:]) *bot.* akuotas
aristocracy [ˌærɪ'stɔkrəsɪ] *n* aristokratija, diduomenė
aristocrat ['ærɪstəkræt] *n* aristokratas
aristocratic [ˌærɪstə'krætɪk] *a* aristokratiškas, aristokratinis
Aristotelian [ˌærɪstə'ti:lɪən] *a* aristoteliškas; Aristotelio *n* Aristotelio sekėjas
Aristotle ['ærɪstɔtl] *n* Aristotelis
arithmetic *n* [ə'rɪθmətɪk] aritmetika; skaičiavimas *a* [ˌærɪθ'metɪk] aritmetinis
arithmetical [ˌærɪθ'metɪkl] *a* aritmetinis
arithmetician [əˌrɪθmə'tɪʃn] *n* aritmetikas
arithmometer [ˌærɪθ'mɔmɪtə] *n* aritmometras
Arizona [ˌærɪ'zəʊnə] *n* Arizona *(JAV valstija)*
ark [ɑ:k] *n* 1 dėžė, skrynia 2 baržа, erdvus laivas; *the A. bibl.* Nojaus laivas ◊ *out of the* ~ *šnek.* senoviškas, priešptvaninis; *to lay hands on* arba *to touch, the* ~ išniekinti, suteršti
Arkansas ['ɑ:kənsɔ:] *n* Arkanzasas *(JAV valstija ir upė)*
arm[1] [ɑ:m] *n* 1 ranka *(nuo plaštakos iki peties)*; *child/ infant in* ~*s* dar nevaikštantis vaikas; *to fold in one's* ~*s* apkabinti; *to fold one's* ~*s* sėdėti sudėjus rankas *(nedirbti)*; *to take smb by the* ~ vesti ką už parankės; ~ *in* ~ už parankės, susikibus rankomis 2 atšaka; *the* ~ *of the river* upės atšaka 3 *(krėslo)* atrama 4 rankovė 5 *tech.* petys; rankena; stipinas; *(malūno)* sparnas; *(krano)* strėlė; *lever* ~ sverto petys; ~*s of a balance* svarstyklių svirtis ◊ *to chance one's* ~ *šnek.* surizikuo-

ti; **to keep/hold at ~'s length** nesileisti į familiarumą, išlaikyti atstumą; **to twist smb's ~s** *šnek.* paspausti ką, priversti ką *(ką daryti)*; **to cost an ~ and a leg** *šnek.* brangiai kainuoti; **would give one's right ~** *šnek.* kažin ką atiduotų *(for – už)*

arm[2] *n* **1** *(ppr. pl)* ginklas; **small ~s** šaulių ginklai; **under ~s** ginkluotas *(apie kareivius)*; **to bear ~s** a) nešioti ginklą; b) tarnauti kariuomenėje; **to take up ~s, to appeal to ~s** griebtis ginklo; **to lay down ~s** sudėti ginklus, pasiduoti **2** karo tarnyba, karinė profesija **3** ginklo/kariuomenės rūšis; **the air ~** karinės oro pajėgos **4** *pl her.* herbas *(ppr. coat of ~s)* **5** *attr:* **~s control/limitation** ginklavimosi apribojimas/mažinimas ◊ **up in ~s** a) pasiruošęs kovai; b) sukilęs; c) pasipiktinęs
v **1** ginkluoti(s), ap(si)ginkluoti *(t. p. prk.; with)* **2** *kar.* užtaisyti

armache ['ɑːmeɪk] *n* rankos skausmas *(ypač reumatinis)*
armada [ɑːˈmɑːdə] *n kar.* armada
armadillo [ˌɑːməˈdɪləʊ] *n (pl ~s [-z]) zool.* šarvuotis
Armageddon [ˌɑːməˈgedn] *n bibl.* armagedonas; *(prk. t. p.)* pasaulio žūtis
Armagh [ɑːˈmɑː] *n* Arma *(Š. Airijos grafystė)*
armament [ˈɑːməmənt] *n* **1** ap(si)ginklavimas, ginklavimasis; **~ race/drive** ginklavimosi varžybos **2** *(džn. pl)* ginklai, ginkluotė, amunicija; *(karinio laivo, tanko)* sunkieji pabūklai **3** *(džn. pl)* psn. ginkluota jėga; ginkluotosios pajėgos
armature [ˈɑːmətʃə] *n* **1** *kar.* apsauginis ap(si)ginklavimas **2** *kar., zool., bot.* šarvai, šarvas **3** *el.* inkaras **4** *tech.* armatūra
armband [ˈɑːmbænd] *n* rankovės raištis
armchair [ˈɑːmtʃɛə] *n* krėslas, fotelis
a kabinetinis, nepraktiškas *(apie kritiką, mokslininką ir pan.)*
armed [ɑːmd] *a* **1** ginkluotas, apsiginklavęs; **~ robbery** ginkluotas apiplėšimas; **the ~ forces** *(krašto)* ginkluotosios pajėgos **2** *prk.* apsiginklavęs, apsišarvavęs, šarvuotas *(with)*
Armenia [ɑːˈmiːnɪə] *n* Armėnija
Armenian [ɑːˈmiːnɪən] *a* armėniškas, armėnų; Armėnijos
n **1** armėnas **2** armėnų kalba
armful [ˈɑːmfʊl] *n* glėbys, gabana
armhole [ˈɑːmhəʊl] *n (drabužio)* prakarpa rankovei įstatyti
arming [ˈɑːmɪŋ] *n* ginklavimas(is); apsiginklavimas
armistice [ˈɑːmɪstɪs] *n* paliaubos
armless[1] [ˈɑːmləs] *a* **1** berankis **2** be šakų, bešakis
armless[2] *a* beginklis
armlet [ˈɑːmlɪt] *n* **1** antrankovis, raištis *(ant rankovės)* **2** apyrankė **3** *(upės)* nedidelė šaka; *(jūros)* įlankėlė
armor [ˈɑːmə] *n amer.* = **armour**
armorial [ɑːˈmɔːrɪəl] *a* heraldinis, herbinis
n herbynas *(knyga)*
armory [ˈɑːmərɪ] *n* **1** heraldika **2** *amer.* = **armoury 3** *amer.* karinis fabrikas **4** *amer.* mokomasis maniežas
armour [ˈɑːmə] *n* **1** apsišarvavimas **2** *(riterio, laivo, tanko)* šarvai *(t. p. zool., bot.)* **3** *prk.* šarvai, apsauga **4** šarvuočiai, tankai **5** *(naro)* skafandras
v (ap)šarvuoti, (už)dengti šarvais
armour-bearer [ˈɑːməˌbɛərə] *n ist.* ginklanešys
armour-clad [ˈɑːməklæd] *a* šarvuotas
n šarvuotis
armoured [ˈɑːməd] *a* **1** šarvuotas *(t. p. zool.)*; **~ troops** šarvuočių ir tankų daliniai; **~ car** šarvuotasis automobilis **2** *tech.* armuotas, sustiprintas; **~ concrete** armuotasis betonas

armourer [ˈɑːmərə] *n* ginklininkas; ginklakalys, ginklų gamintojas
armour-piercer [ˈɑːməˌpɪəsə] *n* prieššarvinis sviedinys
armour-plate [ˈɑːməpleɪt] *n* šarvaplokštė, šarvo plokštė
armour-plated [ˈɑːməˈpleɪtɪd] *a* šarvuotas
armoury [ˈɑːmərɪ] *n* **1** ginklų sandėlis **2** arsenalas *(t. p. prk.)*; ginklų gamykla
armpit [ˈɑːmpɪt] *n* pažastis
armrest [ˈɑːmrest] *n* porankis, atrama rankoms
arm-saw [ˈɑːmsɔː] *n* rankinis/vienarankis pjūklas
arm-twisting [ˈɑːmtwɪstɪŋ] *n* tiesioginis spaudimas *(kam)*
army [ˈɑːmɪ] *n* **1** kariuomenė, armija; **A. in the Field** veikiančioji kariuomenė; **A. at Home** metropolijos kariuomenė; **standing ~** reguliarioji kariuomenė; **to enter/join the ~, to go into the ~** stoti į kariuomenę; **~ corps** kariuomenės korpusas; **~ headquarters** kariuomenės štabas **2** *prk.* daugybė, armija; **the ~ of the unemployed** bedarbių armija
army-list [ˈɑːmɪlɪst] *n* kariuomenės karininkų sudėtis *(sąrašas)*
army-rank [ˈɑːmɪræŋk] *n* tikrasis karinis laipsnis/rangas *(ne laikinasis, ne garbės)*
arnica [ˈɑːnɪkə] *n bot.* arnika
Arnold [ˈɑːnəld] *n* Arnoldas *(vardas)*
aroma [əˈrəʊmə] *n* **1** aromatas **2** subtili savybė, atspalvis, niuansas
aromatherapy [əˌrəʊməˈθerəpɪ] *n* gydymas kvapiosiomis medžiagomis, kvapais
aromatic [ˌærəˈmætɪk] *a* aromatinis, aromatiškas; **~ compound** *chem.* aromatinis junginys
arose [əˈrəʊz] *past žr.* **arise**
around [əˈraʊnd] <*adv, part, prep*> *adv* **1** aplink(ui), ratu; **all ~** visur, iš visų pusių **2** arti, netoliese; **~ here** čia, šioje vietoje ◊ **to have been ~** *šnek.* turėti gyvenimo patirties; daug pragyventi
part = **round**
prep **1** apie, aplink **2** po; už; **to walk ~ the town** vaikščioti po miestą; **~ the corner** už kampo **3** apie, apytikriai; **he is ~ sixty** jam apie 60 metų
arousal [əˈraʊzl] *n* sužadinimas; sujaudinimas
arouse [əˈraʊz] *v* **1** sukelti, (su)žadinti; (su)jaudinti; (su)erzinti **2** (pa)kelti, (pa)žadinti
arpeggio [ɑːˈpedʒɪəʊ] *it. n (pl ~os[-z]) muz.* arpedžo, arpeggio
arquebus [ˈɑːkwɪbəs] *n* = **harquebus**
arrack [ˈærək] *arab. n* arakas *(stiprus alkoholinis gėrimas)*
arraign [əˈreɪn] *v (ypač teis.)* patraukti atsakomybėn/teisman, pareikšti kaltinimą; kaltinti
arraignment [əˈreɪnmənt] *n* **1** *teis.* patraukimas tieson/teisman, kaltinimo pareiškimas **2** griežta kritika, smerkimas
arrange [əˈreɪndʒ] *v* **1** (su)rengti, (su)organizuoti; **to ~ a concert [an excursion]** rengti koncertą [ekskursiją] **2** (su)tvarkyti *(reikalus ir pan.)*; išdėstyti; klasifikuoti **3** su(si)tarti *(with)*; **to ~ to meet** su(si)tarti susitikti **4** baigti ginčą, susitarti **5** imtis priemonių, (pa)ruošti *(for)* **6** pritaikyti, perdirbti *(pvz., scenai)* **7** *muz.* aranžuoti **8** *tech.* montuoti
arrangement [əˈreɪndʒmənt] *n* **1** rengimas *(koncerto ir pan.)* **2** (su)tvarkymas; iš(si)dėstymas; klasifikavimas; **flower ~** puokščių sudarymas, gėlių dėstymas/komponavimas **3** susitarimas; suderinimas; **I'll make ~s for smb to meet you at the airport** aš susitarsiu, kad kas nors sutiktų tave oro uoste **4** *(džn. pl)* rengimasis, pasirengimai, planai; **I've made all the ~s for my journey**

aš jau susirengiau į kelionę 5 perdirbimas, pritaikymas *(scenai ir pan.)* 6 *(gėlių)* kompozicija 7 *muz.* aranžuotė 8 *tech.* montažas

arranger [ə'reɪndʒə] *n muz.* aranžuotojas

arrant ['ærənt] *a menk.* užkietėjęs, visiškas; ~ *nonsense* visiška nesąmonė; ~ *thief* nepataisomas vagis

arras ['ærəs] *n ist.* sienų gobelenas ◊ *behind the* ~ *juok.* pasislėpęs; paslėptas

array [ə'reɪ] *n* 1 rinkinys, komplektas *(tvarkingai išdėstytas)* 2 kariuomenė; *battle* ~ kautynių rikiuotė 3 daugybė 4 *poet.* (*puošnūs šventiški)* drabužiai 5 *spec.* masyvas; vektorius; matrica 6 *teis.* prisiekusiųjų (tarėjų) sąrašas *v* 1 išdėstyti/išrikiuoti kovos tvarka; *to* ~ *against smb* sukilti prieš ką 2 *poet.* puošti, rengti *(in)* 3 *teis.* sudaryti prisiekusiųjų teisėjų sąrašą

arrearage [ə'rɪərɪdʒ] *n* 1 atsilikimas; įsiskolinimas 2 *pl* skolos 3 *psn.* atsarga, liekana

arrears [ə'rɪəz] *n pl* nepadaryti/nebaigti darbai; (uždelstos) skolos, įsiskolinimas, nepriemoka; atsilikimas; ~ *of correspondence* neatsakyti laiškai; *to be in* ~ a) būti įsiskolinusiam/skolingam; b) atsilikti *(darbe ir pan.)*

arrest [ə'rest] *n* 1 suėmimas, areštas; *under* ~ suimtas, areštuotas; ~ *to the room* namų areštas; ~ *in quarters* kareivinių areštas 2 *(plėtros ir pan.)* (su)stabdymas, sulaikymas 3 *teis. (turto)* areštas, areštavimas 4 *tech.* stabdymo mechanizmas *v* 1 suimti, areštuoti 2 (su)stabdyti, (su)laikyti; *to* ~ *inflation* sustabdyti infliaciją; *to* ~ *growth* sulaikyti augimą 3 patraukti *(dėmesį)* 4 *teis.* areštuoti *(turtą)*

arrestable [ə'restəbl] *a* suimtinas

arrestee [əre'sti:] *n amer.* suimtasis, areštuotasis

arrester [ə'restə] *n* 1 *el.* iškroviklis; *lightning* ~ žaibo iškroviklis 2 *tech.* aretyras, prietaiso stabdiklis

arresting [ə'restɪŋ] *a* 1 patraukiantis *(dėmesį)*, įspūdingas, žavus 2 *tech.* sulaikantis, sustabdantis

arrhythmia [ə'rɪðmɪə] *n med.* aritmija, širdies ritmo sutrikimas

arris ['ærɪs] *n archit.* briauna, aštrus kraštas, smailusis kampas

arrival [ə'raɪvl] *n* 1 atvykimas *(at, in);* atėjimas 2 *(ko)* pasiekimas; *(išvadų)* gavimas 3 atvykėlis; *have you met the new* ~*s?* ar jūs sutikote naujai atvykusius? 4 gimimas 5 *juok.* naujagimis

arrive [ə'raɪv] *v* 1 atvykti *(in, at);* ateiti 2 prieiti, pasiekti, gauti *(at); to* ~ *at a conclusion* prieiti prie išvados, padaryti išvadą; *to* ~ *at an understanding* pasiekti savitarpio supratimą 3 gimti 4 tapti pripažintam, pagarsėti; padaryti karjerą

arriviste [,ærɪ'vi:st] *pr. n menk.* karjeristas

arrogance ['ærəgəns] *n* arogancija, išdidumas, pasipūtimas, išpuikimas

arrogant ['ærəgənt] *a* arogantiškas, išdidus, pasipūtęs, išpuikęs

arrogate ['ærəgeɪt] *v knyg.* pretenzingai/įžūliai reikalauti, nepagrįstai pretenduoti; *to* ~ *to oneself the right* savintis/prisiskirti teisę

arrogation [,ærə'geɪʃn] *n knyg.* pretenzingas/nepagrįstas reikalavimas

arrow ['ærəu] *n* 1 strėlė 2 rodyklė, strėlė ◊ *an* ~ *left in one's quiver* paskutinis švietalas, paskutinė priemonė, pasilikta atsargai; *broad* ~ Anglijos vyriausybės ženklas *(rodantis jos nuosavybę); danger* ~ žaibo ženklas *(aukštai įtampai žymėti); straight* ~ *šnek.* sąžiningas žmogus

arrowhead ['ærəuhed] *n* 1 strėlės smaigalys 2 *bot.* papliauška

arrow-headed ['ærəu,hedɪd] *a* smailus, pleištiškas, pleišto pavidalo; ~ *characters* pleištaraštis

arrowroot ['ærəurut] *n bot.* marantė *(Amerikos atogrąžų augalas)*

arrowy ['ærəuɪ] *a* 1 strėliškas, strėlės pavidalo 2 aštrus, kandus

arse [ɑ:s] *vulg. n* 1 šikna, šikinė, subinė; *to lick smb's* ~ ≡ laižyti kam užpakalį/šikinę/subinę 2 subingalvis ◊ *not to know one's* ~ *from one's elbow sl.* nė velnio nenutuokti, nieko nenurаukti *v:* ▢ ~ *about/around* tinginiauti, subinuoti

arsehole ['ɑ:shəul] = **arse** *n*

arsenal ['ɑ:snəl] *n* 1 arsenalas *(t. p. prk.)* 2 ginklų sandėlis/atsargos

arsenic *chem. n* ['ɑ:snɪk] 1 arsenas 2 arseno trioksidas, arsenikas, aršenikas *(nuodai)* *a* [ɑ:'senɪk] arseno; arseno trioksido

arsenical [ɑ:'senɪkl] = **arsenic** *a*

arson ['ɑ:sn] *n teis. (tyčinis)* padegimas

arsonist ['ɑ:sənɪst] *n* padegėjas

art[1] [ɑ:t] *n* 1 menas; *the fine* ~*s* vaizduojamasis menas, dailė; ~*s and crafts* taikomoji dailė; namų amatai *(drožyba, siuvinėjimas ir pan.)* 2 meistriškumas, menas; sugebėjimas; *the* ~ *of listening* mokėjimas išklausyti 3 gudrybė, suktybė 4 *pl* humanitariniai mokslai; *the faculty of* ~*s, the* ~*s faculty* humanitarinių mokslų fakultetas 5 *attr:* ~ *school* meno mokykla; ~ *critic* menotyrininkas, dailėtyrininkas ◊ *manly* ~ boksas; *to have/ be* ~ *and part (in)* būti *(ko)* bendrininku; *to have/get smth down to a fine* ~ puikiai ką atlikti

art[2] *psn.* esi *(esam. l. vns. 2 asm.) žr.* **be**

artefact ['ɑ:tɪfækt] *n* 1 žmogaus darbo produktas; istorinis įrankis/ginklas *ir pan.* 2 *biol.* artefaktas

Artemis ['ɑ:tɪmɪs] *n mit.* Artemidė

arterial [ɑ:'tɪərɪəl] *a* 1 *anat.* arterinis 2 šakotas, išsišakojęs 3 magistralinis; ~ *road* magistralė; ~ *traffic* eismas pagrindiniais keliais, pagrindinėmis gatvėmis

arteriosclerosis [ɑ:,tɪərɪəusklə'rəusɪs] *n med.* arteriosklerozė

artery ['ɑ:tərɪ] *n anat.* arterija *(t. p. prk.)* 2 magistralė

artesian [ɑ:'ti:zɪən] *a* artezinis; ~ *well* artezinis šulinys

artful ['ɑ:tfəl] *a* 1 gudrus, apsukrus 2 apgaulingas; klastingas

artfulness ['ɑ:tfəlnɪs] *n* gudrumas *ir pan., žr.* **artful**

arthritic [ɑ:'θrɪtɪk] *a med.* artritinis

arthritis [ɑ:'θraɪtɪs] *n med.* artritas, sąnario uždegimas

arthropod ['ɑ:θrəpɔd] *n zool.* artropodas

Arthur ['ɑ:θə] *n* Artūras *(vardas)*

artichoke ['ɑ:tɪtʃəuk] *n bot.* artišokas; *globe* ~ tikrasis artišokas; *Jerusalem* ~ bulvinė saulėgrąža, topinambas

article ['ɑ:tɪkl] *n* 1 straipsnis; *the* ~ *says that...* straipsnyje rašoma/sakoma, kad... 2 *(dokumento, įstatymo)* straipsnis, skirsnis, punktas; *the Thirty-nine Articles* 39 Anglikonų bažnyčios dogmos 3 *pl* įstatai; sutartis, susitarimas; *to be under* ~*s* būti susijusiam pagal sutartį 4 daiktas, dalykas; ~ *of luxury* prabangos daiktas 5 produktas, dirbinys, gaminys, prekė; *an* ~ *of food* maisto produktas; ~*s of daily necessity* kasdienio būtinumo reikmenys 6 *gram.* artikelis, skirtis ◊ *in the* ~ *of death* mirties momentu *v* 1 pateikti kaltinimus *(pagal straipsnius; against)* 2 išdėstyti pastraipsniui 3 atiduoti mokytis pagal sutartį *(to)*

articled ['ɑ:tɪkəld] *a:* ~ *clerk* studentas stažuotojas/praktikantas *(ypač apie teisininkus)*

articular [ɑ:'tɪkjulə] *a anat., med.* sąnarių, sąnarinis

articulate *a* [ɑːˈtɪkjulət] **1** artikuliuotas, aiškiai tariamas **2** ryškus, aiškus **3** aiškiai reiškiantis mintis **4** *spec.* sąnarinis, nariuotas, segmentinis **5** *tech.* šarnyrinis
v [ɑːˈtɪkjuleɪt] **1** ryškiai/aiškiai tarti; artikuliuoti **2** aiškiai reikšti *(mintis, jausmus)* **3** *anat. (ppr. pass)* jungti(s), (su)nerti
articulated [ɑːˈtɪkjuleɪtɪd] *a tech.* šarnyrinis; lankstinis; ~ *lorry* sunkvežimis su priekaba
articulation [ɑːˌtɪkjuˈleɪʃn] *n* **1** *fon.* artikuliacija, tarimas **2** *(minčių, jausmų)* (iš)reiškimas **3** *anat., zool.* sąnarys, sąnara **4** *tech.* sunėrimas, sujungimas; sąnara, šarnyro centras
artifact [ˈɑːtɪfækt] *n amer.* = **artefact**
artifice [ˈɑːtɪfɪs] *n* **1** išmonė, machinacija; gudrus pokštas **2** gudrybė, gudrumas, apsimetimas
artificer [ɑːˈtɪfɪsə] *n* **1** amatininkas **2** išradėjas *(of)* **3** šaltkalvis, mechanikas **4** *jūr., kar.* technikas
artificial [ˌɑːtɪˈfɪʃl] *a* **1** dirbtinis; ~ **intelligence** dirbtinis intelektas; ~ **respiration** dirbtinis kvėpavimas; ~ **butter** margarinas; ~ **atmosphere** *tech.* kondicionuotas oras; ~ **numbers** *mat.* logaritmai; ~ **year** kalendoriniai metai *(ne astronominiai)* **2** netikras, nenatūralus, apsimestinis
artillerist [ɑːˈtɪlərɪst] *n* artileristas
artillery [ɑːˈtɪlərɪ] *n* artilerija; ~ **emplacement** *amer.* artilerijos apkasas; ~ **range** artilerijos poligonas
artilleryman [ɑːˈtɪlərɪmən] *n (pl* -men [-mən]) artileristas
artisan [ˌɑːtɪˈzæn] *n* amatininkas; meistras
artist [ˈɑːtɪst] *n* **1** menininkas, dailininkas **2** artistas **3** *(savo darbo/srities)* meistras, mokovas; ~ **in words** žodžio meistras
artiste [ɑːˈtiːst] *pr. n* dainininkas/šokėjas profesionalas; estrados artistas
artistic(al) [ɑːˈtɪstɪk(l)] *a* **1** artistinis; meninis, meno; ~ **training** meninis lavinimas **2** meniškas, artistiškas **3** turintis skonį, skoningas
artistry [ˈɑːtɪstrɪ] *n* **1** meniškumas, artistiškumas **2** meistriškumas
artless [ˈɑːtləs] *a* **1** paprastas, be gudrybių; natūralus, nedirbtinis **2** neprityręs, nemokantis
artsy-craftsy [ˌɑːtsɪˈkrɑːftɪ] *a amer.* = **arty-crafty**
artsy-fartsy [ˌɑːtsɪˈfɑːtsɪ] *a amer.* = **arty-farty**
artwork [ˈɑːtwɜːk] *n kuop.* **1** *(leidinio)* iliustracijos **2** *amer.* meno kūriniai
arty [ˈɑːtɪ] *a šnek.* pretenduojantis į meniškumą/skoningumą; susižavėjęs menu
arty-crafty [ˌɑːtɪˈkrɑːftɪ] *a* **1** *(džn. menk.)* amatininkiškas; ekstravagantiškas, pretenzingas **2** užsiimantis namų amatais *(drožyba, siuvinėjimu ir pan.)*
arty-farty [ˌɑːtɪˈfɑːtɪ] *a šnek.* rodantis savo domėjimąsi menu, pretenduojantis į menininkus
arum [ˈɛərəm] *n bot.* aronas; ~ **lily** taškuotasis aronas
-ary [-ərɪ] *suff* -inis *(sudarant santykinius būdvardžius); exemplary* pavyzdinis, tipinis
Aryan [ˈɛərɪən] *a* arijų, ariškas
n arijas
as [əz; *kirčiuota forma* æz] <*conj, prep, adv, pron*> *conj* **1** kai, kada; *he came in as we were speaking* jis įėjo, kai mes kalbėjomės **2** nes, kadangi; *we stayed at home as it was cold* mes pasilikome namie, nes buvo šalta **3** kaip; *do as I do* daryk, kaip aš **4** nors; *young as he is* nors jis ir jaunas; *the help slight as it is* pagalba, nors ir menka **5** (+*inf*) kad *(nusakant tikslą, pasekmę);* **keep quiet, so as not to wake the baby** netriukšmaukite, kad nepažadintumėte kūdikio; *be so good/kind as to do* būk(ite) toks malonus, padaryk(ite) **6**: *as if/though* lyg, tartum

◊ *as it is* a) pasikeitus aplinkybėms; b) jau ir taip; *as it were* taip sakant; *as to, as concerning/concerns/regards* dėl, o dėl; *as for her, I never want to see her again* o jos aš nenoriu daugiau matyti; *to inquire as to...* teirautis apie...; *as you were!* *kar.* palikt! *(komanda)*
prep, adv **1** kaip; *dar verčiamas įnagininku;* **speaking as a beginner...** kalbėdamas kaip pradedantysis...; *to work as an engineer* dirbti inžinieriumi; *man as described by scientists* žmogus, kaip apibūdintas mokslininkų **2** kaip antai, pavyzdžiui; *some animals as the fox and the wolf* kai kurie gyvūnai, pavyzdžiui, lapė ir vilkas **3**: *as... as...* taip/toks pat... kaip...; *he is as tall as you are* jis tokio pat ūgio kaip jūs; *as much as* kiek tik; *(just) as soon as not* vis tiek, vienodai, tas pats; *just as soon not* geriau ne; *as sure as* tikrai kaip
pron rel kuris; *the same... as* tas pats... kuris/kaip; *this is the same book as I lost* tai tokia pat knyga, kaip ta, kurią aš pamečiau; *such... as* tas/toks... kuris; *such as are old* tie, kurie seni; *such a plan as...* toks planas, kuris/kaip...
asbestine [æsˈbestɪn] *a* asbestinis
asbestos [æsˈbestəs] *n min.* asbestas
ascend [əˈsend] *v* **1** (pa)kilti, keltis; *in ~ing order* didėjančia tvarka; *to ~ a river* eiti palei upę, plaukti upe prieš srovę; ~ *the throne* įžengti į sostą **2** lipti, kopti
ascendancy [əˈsendənsɪ] *n* dominavimas, viršenybė, įtaka *(over)*
ascendant [əˈsendənt] *n:* **in the ~** dominuojantis *(apie įtaką, galią ir pan.)*
a **1** kylantis **2** dominuojantis
ascendency [əˈsendənsɪ] *n* = **ascendancy**
ascension [əˈsenʃn] *n* **1** (pa)kilimas; (už)lipimas; ~ *to power* valdžios paėmimas, atėjimas į valdžią **2** įkalnė **3**: *A. Day rel.* Kristaus žengimo į dangų šventė, Šeštinės
ascensional [əˈsenʃnəl] *a* **1** kylantis **2** keliamas; ~ *power av.* keliamoji galia; ~ *rate av.* (pa)kilimo greitis
ascent [əˈsent] *n* **1** (pa)kilimas, kėlimasis; kopimas **2** statuma, pakiluma **3** laiptatakis **4** perėjimas iš kybojimo į atremtį *(gimnastika)*
ascertain [ˌæsəˈteɪn] *v* nustatyti, iš(si)aiškinti, įsitikinti; *to ~ the cause of the crash* nustatyti avarijos priežastį
ascertainable [ˌæsəˈteɪnəbl] *a* patikrinamas, nustatomas, išaiškinamas
ascetic [əˈsetɪk] *a* asketiškas
n asketas; atsiskyrėlis
asceticism [əˈsetɪsɪzm] *n* asketizmas
ascorbic [əˈskɔːbɪk] *a:* ~ *acid farm., chem.* askorbino rūgštis
Ascot [ˈæskət] *n* **1** Askotas *(žirgų lenktynių vieta netoli Vindzoro ir pačios lenktynės)* **2** *amer.* kaklaskarė
ascribable [əˈskraɪbəbl] *a* priskiriamas *(to – kam)*
ascribe [əˈskraɪb] *v* **1** aiškinti *(to); this loss of human lives can be ~d to three causes* šią žmonių gyvybių netektį galima aiškinti trimis priežastimis **2** priskirti *(to)*
ascription [əˈskrɪpʃn] *n* **1** priskyrimas **2** aiškinimas
asepsis [eɪˈsepsɪs] *n med.* aseptika
aseptic [eɪˈseptɪk] *a* aseptinis; sterilus
n aseptikas
asexual [eɪˈsekʃuəl] *a* **1** aseksualus **2** belytis
ash[1] [æʃ] *n* **1** *(ppr. pl)* pelenai; *to burn/reduce to ~es* paversti pelenais, visiškai sudeginti; *to lay in ~es* sugriauti, išdeginti **2** *pl* palaikai; *peace to his ~es* tegu ilsisi ramybėje
ash[2] *n bot.* uosis; *mountain/wild ~* šermukšnis

ashamed [ə'ʃeɪmd] *a predic* susigėdęs, sugėdintas; *to be ~ of smth* gėdytis, drovėtis ko; *he is ~ to tell the truth* jam gėda sakyti tiesą
ashbin ['æʃbɪn] *n* **1** *amer.* = **ashcan 2** *tech.* pelenų dėžė
ash-box ['æʃbɔks] *n tech.* pelenų dėžė; pūstuvė
ashcan ['æʃkæn] *n amer.* šiukšlių/sąšlavų kibiras/dėžė
ash-content ['æʃˌkɔntənt] *n chem., tech.* peleningumas
ashen[1] ['æʃn] *a* **1** peleninis, pelenų **2** pelenų spalvos; mirtinai išbalęs/išblyškęs
ashen[2] *a* uosinis, uosio
ashen-faced ['æʃn'feɪst] *a* labai išblyškęs/išbalęs
ashery ['æʃərɪ] *n tech.* peleninė
ashet ['æʃɪt] *n dial.* didelis dubuo
ash-key ['æʃki:] *n bot.* sparnavaisis *(uosio sėkla)*
Ashkhabad [ˌɑ:ʃkɑ:'bɑ:d] *n* Aščabadas
ashlar, ashler ['æʃlə] *n stat.* tašytas akmuo; *~ facing* tašytų akmenų apdaras
ashore [ə'ʃɔ:] *adv* ant kranto, krante; į krantą; *to come/go ~* (iš)lipti į krantą; *to run ~, to be driven ~* užplaukti ant seklumos
ashpan ['æʃpæn] *n* pelenė *(po grotelėmis)*
ash-pit ['æʃpɪt] *n* **1** *tech.* pelenų duobė, pelenė **2** *amer. glžk.* kontrolinis griovys
ashpot ['æʃpɔt] *n* pelenė *(t. p. tech.)*
ashstand ['æʃstænd] *n* = **ashtray**
ashtray ['æʃtreɪ] *n* **1** peleninė **2** *tech.* pelenų dėžė
Ash-Wednesday [ˌæʃ'wenzdɪ] *n bažn.* Pelenų diena
ashy ['æʃɪ] *a* **1** peleniškas, peleninis, pelenų **2** išbalęs, išblyškęs
Asia ['eɪʃə] *a* Azija
Asian ['eɪʃn] *a* Azijos, azijinis; azijietiškas, azijiečių *n* azijietis
Asiatic [ˌeɪʃɪ'ætɪk] = **Asian** *a*
aside [ə'saɪd] <*adv, prep, part, n*> *adv* **1** į šalį, šalin, šalia; *to speak ~* kalbėti į šalį *(apie aktorių); to take ~* nu(si)vesti į šalį **2** šalia to; atskirai
prep (~ from) (ypač amer.) be; išskyrus
part (vart. su vksm.) verčiamas priešdėliniais *vksm.: to put ~* atidėti; *žr. atitinkamus vksm. po ženklo* ▢
n **1** *teatr.* aktoriaus į šalį sakomi žodžiai **2** patylomis ištarti žodžiai **3** šalutinė pastaba/tema *ir pan.;* nukrypimas
asinine ['æsɪnaɪn] *a knyg.* **1** asiliškas, asilo **2** kvailas
ask [ɑ:sk] *v* **1** klausti, klausinėti; *to ~ smb smth* klausti ką ko; *to ~ smb a question* užduoti kam klausimą **2** teirautis *(about, after, for)* **3** (pa)prašyti; *to ~ 2000 dollars for the car* prašyti 2000 dolerių už automobilį; *he ~ed my help, ar me for help, ar me to help* jis prašė mano pagalbos, mane padėti **4** kviesti *(t. p. ~ in/out)* **5** būti reikalingam; *it ~s (for) attention* tam reikia dėmesio ◊ *~ me another! šnek.* nežinau, neklausk(ite) manęs; *to be ~ing for trouble, to be ~ing for it šnek.* ieškoti/prašytis bėdos, šauktis nelaimę; *I ~ you! šnek.* tik įsivaizduok/pamanyk! *(reiškiant nustebimą)*
askance [ə'skæns] *adv* **1** kreivai, įstrižai **2** žvairai, su nepasitikėjimu, šnairomis; *to look/glance ~ (at)* žiūrėti su nepasitikėjimu, nepritariamai, žvairuoti, šnairuoti *(į)*
askant [ə'skænt] *adv* = **askance**
askew [ə'skju:] *adv* **1** kreivai, pakreiptai; *to have one's hat on ~* nešioti skrybėlę ant šono **2** šnairai; *to look ~ at smb* nežiūrėti kam tiesiai į veidą, šnairuoti į ką
asking ['ɑ:skɪŋ] *n* **1** (pa)prašymas; *for the ~* tik paprašius, užtenka tik paprašyti; *to be had for the ~* gauti veltui/dykai; tuojau pat gauti **2** *attr: ~ price (pardavėjų)* prašoma/reikalaujama kaina

aslant [ə'slɑ:nt] *adv* įstrižai, nuožulniai
prep skersai
asleep [ə'sli:p] *a predic* **1** miegantis; *to be ~* miegoti; *to fall ~* užmigti **2** *šnek.* užsisvajojęs; išsiblaškęs *(dėl nuovargio)* **3** užtirpęs *(apie koją, ranką)*
aslope [ə'sləup] *adv* nuožulniai, nuolaidžiai, šlaitu
asocial [ə'səʊʃl] *a* asocialus, nevisuomeniškas
asp[1] [æsp] *n bot.* epušė, drebulė
asp[2] **1** *zool.* aspidas **2** *šnek.* nuodinga gyvatė
asparagus [ə'spærəgəs] *n bot.* šparagas; smidras
aspect ['æspekt] *n* **1** atžvilgis, aspektas; pusė; *to consider a question in all its ~s* išnagrinėti klausimą visais požiūriais **2** išraiška, žvilgsnis; *the fierce ~ of the robber* baisi plėšiko išvaizda **3** kryptis, padėtis; *the house has a south ~* namas fasadu į pietus **4** *gram.* veikslas
aspectual [ə'spektʃuəl] *a gram.* veikslo
aspen ['æspən] *n* = **asp**[1]
a epušinis, drebulinis; *to tremble like an ~ leaf* drebėti kaip epušės lapui
asperity [əs'perətɪ] *n knyg.* **1** šiurkštumas, nelygumas **2** *(klimato)* atšiaurumas **3** atžarumas, griežtumas **4** *(ppr. pl)* atžarybė, šiurkštybė **5** *(ppr. pl)* sunkumai, nepriteklius
asperse [ə'spɜ:s] *v* šmeižti, juodinti, nepagrįstai kaltinti
aspersion [ə'spɜ:ʃn] *n (ppr. pl)* šmeižtas; šmeižimas; *to cast ~s on smb's character* šmeižti ką
asphalt ['æsfælt] *n* asfaltas; bitumas; *~ works* asfaltavimas
v asfaltuoti
asphodel ['æsfədel] *n* **1** *bot.* asfodelas **2** *poet.* geltonasis narcizas
asphyxia [əs'fɪksɪə] *n med.* deguonies badas, asfiksija, dusulys, dusas; dusinimas
asphyxiant [əs'fɪksɪənt] *n* dusinanti nuodinga medžiaga
asphyxiate [əs'fɪksɪeɪt] *v med.* **1** dusinti, sukelti asfiksiją **2** (už)dusti
asphyxiation [əsˌfɪksɪ'eɪʃn] *n med.* **1** dusinimas **2** (už)dusimas
aspic[1] ['æspɪk] *n kul.* drebučiai
aspic[2] *bot.* levanda
aspidistra [ˌæspɪ'dɪstrə] *n bot.* aspidistra
aspirant [ə'spaɪərənt] *n* kandidatas, pretendentas *(to, for, after)*
a ret. siekiantis, trokštantis
aspirate <*n, a v*> *n* ['æspᵊrət] *fon.* **1** aspirata **2** aspiracijos ženklas
a ['æspᵊrət] aspiruotas
v ['æspəreɪt] **1** *fon.* aspiruoti; tarti garsą h **2** *med.* išsiurbti, ištraukti *(skystį, dujas)*
aspiration [ˌæspə'reɪʃn] *n* **1** *(ppr. pl)* troškimas, siekimas; aspiracija **2** *(oro)* įkvėpimas **3** *fon.* aspiracija, aspiravimas **4** *med. (skysčio)* išsiurbimas
aspirator ['æspəreɪtə] *n spec.* aspiratorius, siurbtuvas
aspire [ə'spaɪə] *v* trokšti, siekti *(to, after); he ~d to become president* jis troško tapti prezidentu
aspirin ['æspᵊrɪn] *n med.* aspirinas
aspiring [ə'spaɪərɪŋ] *a* trokštantis; siekiantis karjeros
asquint [ə'skwɪnt] *adv* kreivai, šnairai; *to look ~* žvairuoti, kreivai žiūrėti
ass[1] [æs] *n* **1** *zool.* asilas **2** *prk. šnek.* asilas, kvailys; *to play/act the ~* kvailioti; *to make an ~ of smb* juoktis iš ko, kvailinti ką; *to make an ~ of oneself* a) kvailioti; b) apsikvailinti; *to be an ~ for one's pains* likti kvailiu, būti apgautam
ass[2] *amer.* = **arse** *n* ◊ *kiss my ~ vulg.* pabučiuok man į užpakalį/šikinę/subinę

assagai ['æsəgaɪ] *n* = **assegai**
assail [ə'seɪl] *v* **1** (už)pulti, atakuoti **2** *(prk. t. p.)* apipilti, užversti; *to ~ with questions* apipilti klausimais; *to be ~ed by doubts* būti kamuojamam/apimtam abejonių **3** *(karštai, energingai, ryžtingai)* imtis, griebtis *(sunkaus darbo ir pan.)*
assailable [ə'seɪləbl] *a* pažeidžiamas, lengvai užpuolamas
assailant [ə'seɪlənt] *n* užpuolikas, užpuolėjas
assassin [ə'sæsɪn] *n* **1** samdytas žudikas **2** teroristas
assassinate [ə'sæsɪneɪt] *v* **1** (nu)žudyti **2** įvykdyti teroristinį aktą
assassination [əˌsæsɪ'neɪʃn] *n* **1** (nu)žudymas **2** teroro aktas
assault [ə'sɔːlt] *n* **1** (už)puolimas; ataka, šturmas *(t. p. prk.)*; *~ at/of arms* kariniai pratimai *(kapojimas, fechtuotė ir pan.)*; *to take/carry a fortress by ~* paimti tvirtovę šturmu; *an ~ on Mt Everest* Everesto šturmas **2** *teis.* grasinimas smurtu/prievarta; *indecent ~* seksualinis smurtas; *~ and battery* grasinimai ir įžeidimas veiksmu **4** *kar.* desanto išlaipinimas kaunantis **5** *attr kar.* šturmuojamasis; *~ team/group* šturmavimo grupė; *~ boat* desantinis kateris; *~ wire amer.* lauko kabelis *v* **1** pulti, atakuoti, šturmuoti *(t. p. prk.)* **2** užsipulti **3** *euf.* išprievartauti **4** *teis.* grasinti fiziniu smurtu
assaulter [ə'sɔːltə] *n* **1** puolantysis, atakuojantysis **2** *teis.* asmuo, įžeidęs veiksmu *ar* grasinantis fiziniu smurtu
assay [ə'seɪ] *n* **1** *(metalo ir pan.)* (iš)tyrimas, prąba, analizė; (iš)bandymas **2** bandinys, bandomasis pavyzdys **3** bandymo/analizės rezultatai
v **1** *chem., min.* tirti, daryti kiekybinę analizę; prabuoti **2** *knyg.* stengtis, bandyti
assayer [ə'seɪə] *n* prabuotojas, laborantas chemikas
assay-number [ə'seɪˌnʌmbə] *n* prabos rodiklis
ass-backwards [ˌæs'bækwədz] *amer. sl. a* be sąryšio *adv* atvirkščiai, priešingai
assegai ['æsəgaɪ] *n (Afrikos genčių)* ietis
assemblage [ə'semblɪdʒ] *n* **1** su(si)rinkimas **2** grupė; kolekcija **3** *tech.* montažas; sunarstymas, surinkimas **4**: *~ of curves mat.* kreivių šeima
assemble [ə'sembl] *v* **1** su(si)rinkti **2** sudėti, sutvarkyti **3** *tech.* (su)montuoti, (su)rinkti
assembler [ə'semblə] *n* **1** (su)rinkėjas, montuotojas **2** *komp.* asembleris
assembly [ə'semblɪ] *n* **1** asamblėja, susirinkimas, draugija **2** įstatymų leidžiamasis susirinkimas *(kai kuriose JAV valstijose)* **3** sambūris **4** *kar.* rinkimosi signalas **5** *tech.* surinkimas, montažas; agregatas; *~ shop* surinkimo cechas
assembly-line [ə'semblɪlaɪn] *n tech.* surinkimo linija/konvejeris; *~ production* srovinė gamyba
assemblyman [ə'semblɪmən] *n (pl* -men [-mən]*) (tik v.) amer.* vietinio įstatymų leidžiamojo organo narys
assembly-room [ə'semblɪrum] *n* susirinkimų/šokių *ir pan.* salė/kambarys
assent [ə'sent] *n* **1** pritarimas, sutarimas, sutikimas; *by common ~* bendru pritarimu, visų sutikimu **2** leidimas, sankcija; *the Royal ~* karaliaus/karalienės sankcija/pritarimas
v sutikti, pritarti *(to)*; *to ~ to a proposal* sutikti su pasiūlymu, pritarti pasiūlymui
assentation [ˌæsən'teɪʃn] *n* greitas sutikimas *(norint įtikti)*; pataikavimas
assert [ə'sɜːt] *v* **1** tvirtinti, pareikšti **2** *(ryžtingai)* ginti, įrodinėti *(savo teises)* **3** *refl* pasirodyti, pasireikšti; *he likes ~ing himself* jis mėgsta pasirodyti
assertion [ə'sɜːʃn] *n* **1** tvirtinimas, teigimas, pareiškimas; *a mere ~* nepagrįstas/neargumentuotas tvirtinimas **2** *(teisių)* gynimas **3** *log.* sprendinys

assertive [ə'sɜːtɪv] *a* **1** tvirtinantis; kategoriškas **2** pernelyg atkaklus, užsispyręs
assess [ə'ses] *v* **1** (į)vertinti *(padėtį, kieno charakterį ir pan.)*; atestuoti **2** nustatyti, apskaičiuoti *(mokesčius, baudą, nuostolius)* **3** *fin.* apmokestinti; įvertinti turtą *(dėl mokesčių; at)*
assessable [ə'sesəbl] *a* apmokestinamas
assessment [ə'sesmənt] *n* **1** (į)vertinimas; atestavimas **2** apmokestinimas; mokesčių dydis
assessor [ə'sesə] *n* **1** *(egzamino, turto)* vertintojas **2** apmokestintojas; mokesčių inspektorius **3** *teis.* ekspertas, konsultantas
asset ['æset] *n* **1** vertingas dalykas, turtas *(to – kam)*; *he is a great ~ to the team* jis – didelis turtas komandai **2** *(ppr. pl) teis. (subankrutavusios firmos, neišsigalinčio skolininko)* turtas, panaudojamas skoloms išmokėti **3** aprašo *ar* inventoriaus sąrašo punktas **4** *pl fin.* aktyvai; lėšos; *~s and liabilities* aktyvai ir pasyvai; *circulating/current ~* apyvartinės lėšos
asseverate [ə'sevəreɪt] *v teis.* kategoriškai tvirtinti, prisiekinėti; iškilmingai pareikšti
asseveration [əˌsevə'reɪʃn] *n teis.* kategoriškas tvirtinimas; iškilmingas pareiškimas
asshole ['æshəul] *n (ypač amer.) vulg.* **1** šikna, šikinė, subinė **2** subingalvis, žioplys
assiduity [ˌæsɪ'djuːətɪ] *n* **1** stropumas, uolumas **2** *pl* dėmesys, atsidavimas
assiduous [ə'sɪdjuəs] *a* **1** uolus, stropus; atkaklus **2** dėmesingas, atsidavęs
assiduousness [ə'sɪdjuəsnɪs] *n* = **assiduity**
assign [ə'saɪn] *v* **1** pavesti *(užduotį, darbą)* **2** (pa)skirti, nustatyti; *to ~ a day for trial* paskirti teismo dieną **3** paskirti *(į tarnybą)*; *to ~ workers to various sections* paskirstyti darbininkus po barus **4** skirti, asignuoti **5** atiduoti; priskirti; *to ~ a quotation to Shakespeare* priskirti citatą Šekspyrui **6** *teis.* perleisti, perduoti *(teises ir pan.)*
n **1** *teis.* teisių perėmėjas **2** *spec.* priskyrimas; *~ command* priskyrimo komanda
assignation [ˌæsɪg'neɪʃn] *n* **1** sutartas/slaptas susitikimas; įsimylėjėlių susitikimas **2** paskyrimas, asignavimas **3** *teis. (teisių, nuosavybės)* perdavimas
assignee [ˌæsɪ'niː] *n* **1** įgaliotinis, atstovas, agentas **2** *teis. (teisių, turto)* perėmėjas
assigner [ə'saɪnə] *n* skyrėjas; asignuotojas; įgaliotojas
assignment [ə'saɪnmənt] *n* **1** užduotis, pavedimas **2** *mok.* užduotis; *to do one's ~* daryti pamokas **3** paskyrimas; paskirstymas; *~ to a position* paskyrimas į tarnybą **4** *teis. (turto, teisių)* perdavimas; perdavimo aktas/raštas; cesija; *~ clause* perdavimo sąlyga
assignor [ə'saɪnə] *n teis. (teisės, turto)* perdavėjas; cedentas
assimilate [ə'sɪmɪleɪt] *v* **1** asimiliuoti(s) *(t. p. biol., kalb.)*; supanašėti; (su)panašinti **2** absorbuoti, įsisavinti; *fish is easily ~d* žuvis lengvai virškinama, žuvį organizmas lengvai pasisavina **3** (su)lyginti *(to, with)*
assimilation [əˌsɪmɪ'leɪʃn] *n* **1** *(įv. reikšm.)* asimiliacija; *(kalb. t. p.)* supanašėjimas **2** supanašinimas; sulyginimas **3** absorbavimas; įsisavinimas
assist [ə'sɪst] *v* **1** pagelbėti, padėti; *to ~ smb to his/her feet* padėti kam atsistoti; *to ~ smb in [out]* padėti kam įeiti [išeiti] **2** dalyvauti, asistuoti *(in)* **3** būti *(at)*
n **1** *sport.* asistavimas, dalyvavimas *(laiminti tašką)* **2** *tech.* pagalbinis mechanizmas
assistance [ə'sɪstəns] *n* pagalba, parama; *to render ~* teikti pagalbą; *could I be of any ~?* ar galėčiau kuo nors padėti?

assistant [ə'sɪstᵊnt] *n* **1** padėjėjas; asistentas; *junior [senior] research ~* jaunesnysis [vyresnysis] mokslinis bendradarbis **2** pardavėjas *(t. p. shop ~)* **3** pavaduotojas; *~ manager* viršininko pavaduotojas

assize [ə'saɪz] *n* **1** teisminis nagrinėjimas **2** *pl ist.* prisiekusiųjų teismo išvažiuojamoji sesija **3** *ist.* nustatytas dydžio/mato *ir pan.* standartas

associate <*n, a, v*> *n* [ə'səuʃɪət, ə'səusɪ-] **1** kolega, bendradarbis, kompanionas, partneris **2** bendrininkas, sąjungininkas **3** *(universiteto korporacijos, meno akademijos)* jaunesnysis narys
a [ə'səuʃɪət, ə'səusɪ-] jungtinis, susijęs; *~ member* asocijuotasis narys; *~ societies* susijungusios bendrovės; *~ editor amer.* redaktoriaus pavaduotojas; *~ professor amer.* profesorius adjunktas
v [ə'səuʃɪeɪt, ə'səusɪ-] **1** jungti(s), sieti(s); asocijuoti(s) **2** bendrauti, draugauti, susidėti *(with)* **3** *refl* prisijungti *(with);* tapti partneriu *(in); I don't wish to ~ myself with that opinion* aš nenoriu palaikyti tos nuomonės

associated [ə'səuʃɪeɪtɪd, ə'səusɪ-] *a* **1** jungtinis, susivienijęs, asocijuotas **2** kartu/išvien veikiantis; susijęs *(with); the plan and its ~ problems* projektas ir su juo susijusios problemos

association [ə,səusɪ'eɪʃn, ə,səuʃɪ'eɪʃn] *n* **1** asociacija, bendrovė, draugija; susivienijimas **2** *(minčių ir pan.)* asociacija **3** ryšiai, bendravimas, draugystė **4** su(si)jungimas *(veiksmas); in ~ with* kartu su **5** *biol.* bendrija, cenozė **6** *attr: A. football* futbolas *(pagal D. Britanijos Nacionalinės futbolininkų asociacijos taisykles)*

associational [ə,səusɪ'eɪʃnəl] *a* asociatyvus; asociacijų, asocijavimo

associative [ə'səuʃɪətɪv] *a* asociacinis; asociatyvus; siejantis; *~ law log.* jungiamumo/asociatyvumo dėsnis

assonance ['æsənəns] *n* **1** sąskambis, asonansas **2** *lit.* netikslus rimas

assonant ['æsənənt] *a* skambus, harmoningas

assort [ə'sɔ:t] *v* **1** rūšiuoti, grupuoti; klasifikuoti **2** aprūpinti *(parduotuvę)* reikiamu asortimentu **3** tikti, derintis *(with)*

assorted [ə'sɔ:tɪd] *a* **1** įvairiarūšis, įvairus **2** gerai/tinkamai parinktas, tinkamas *(apie porą); ~ colours* suderintos spalvos

assortment [ə'sɔ:tmənt] *n* **1** asortimentas, pasirinkimas **2** *spec.* sortimentas; rūšiavimas

assuage [ə'sweɪdʒ] *v knyg.* **1** (nu)raminti *(pyktį ir pan.)*, (su)švelninti, (pa)lengvinti *(skausmą, kaltę)* **2** (nu)malšinti *(alkį, troškulį)*

assuagement [ə'sweɪdʒmənt] *n knyg.* **1** raminimas, (su)švelninimas **2** skausmo malšinamasis vaistas

assuasive [ə'sweɪsɪv] *a knyg.* raminamas, palengvinantis

assume [ə'sju:m] *v* **1** manyti, tarti; *let us ~ that...* sakykime, kad... **2** imtis, prisiimti; *to ~ responsibility* prisiimti atsakomybę; *to ~ command* imtis vadovauti; *to ~ control* imtis kontroliuoti/vadovauti; užvaldyti; *to ~ measures* imtis žygių/priemonių; *to ~ office* pradėti eiti pareigas **3** įgyti, įgauti *(formą, pobūdį); his illness ~d a very grave character* jo liga tapo labai rimta **4** apsimesti, dėtis; *to ~ a look of innocence* apsimesti nekaltam

assumed [ə'sju:md] *a* **1** tariamas **2** apsimestinis **3** išgalvotas, fiktyvus; *under an ~ name* pramanytu, ne savo vardu

assuming [ə'sju:mɪŋ] *a* išdidus, pasipūtęs; pretenzingas
conj tariant, kad *(t. p. ~ that)*

assumption [ə'sʌmpʃn] *n* **1** prielaida, manymas; *a false ~* klaidinga hipotezė **2** pri(si)ėmimas; *~ of power* valdžios paėmimas **3** apsimetimas **4** išdidumas **5** *rel.* dangun ėmimas; Švenčiausiosios Mergelės Marijos ėmimo į dangų šventė, Žolinė

assumptive [ə'sʌmptɪv] *a* **1** manomas **2** arogantiškas, pasipūtęs

assurance [ə'ʃuərəns] *n* **1** garantija, patikinimas; *he gave me his ~ that...* jis man garantavo, kad... **2** pasitikėjimas *(savimi);* įsitikinimas, tikrumas; *to make ~ double/doubly sure* kad būtų tikriau, dar kartą patikrinti; būti dvigubai tikram **3** perdėtas pasitikėjimas savimi; arogantiškumas, įžūlumas; *to have the ~ (to)* turėti akiplėšiškumo **4** (ap)draudimas; *life ~* gyvybės draudimas **5** *attr: ~ factor tech.* atsargos koeficientas

assure [ə'ʃuə] *v* **1** patikinti, garantuoti; *he ~d me of loyalty* jis patikino mane savo lojalumu **2** įtikinėti, drąsinti **3** (ap)drausti; *to ~ one's life with/in a company* apdrausti gyvybę draudimo bendrovėje **4** *refl* įsitikinti

assured [ə'ʃuəd] *a* **1** pasitikintis (savimi); akiplėšiškas **2** tikras, garantuotas; *you can rest ~ that...* galite būti tikras, kad...
n draudėjas *(kas apsidraudęs)*

assuredly [ə'ʃuərɪdlɪ, ə'ʃɔ:rɪdlɪ] *adv* tikrai, tvirtai; įtikinamai, neabejotinai

assuredness [ə'ʃuədnɪs] *n* **1** tikrumas **2** pasitikėjimas savimi; akiplėšiškumas

assurer [ə'ʃuərə] *n* draudėjas; draudikas

Assyria [ə'sɪrɪə] *n ist.* Asirija

Assyrian [ə'sɪrɪən] *ist. a* asiriškas, asirų; Asirijos
n **1** asiras **2** asirų kalba

astatic [ə'stætɪk] *a* **1** nepastovus, neramus **2** *fiz.* astatinis

astatine ['æstəti:n] *n chem.* astatinas

aster ['æstə] *n bot.* astra, astras

asteria [æs'tɪ:rɪə] *n min.* korundas

asterisk ['æstərɪsk] *poligr.* n žvaigždutė, asteriskas
v (pa)žymėti žvaigždute/asterisku

asterism ['æstərɪzm] *n ret.* žvaigždynas, žvaigždžių grupė

astern [ə'stə:n] *jūr. adv* **1** užpakalinėje laivo dalyje, laivagalyje; užpakalyje **2** atgal; *to fall ~* atsilikti; *full speed ~!* visu greičiu atgal!
a atbulinis, atbulinės eigos

asteroid ['æstərɔɪd] *n* **1** *astr.* asteroidas **2** *zool.* jūrų žvaigždė
a žvaigždiškas, žvaigždės pavidalo

asthenia [æs'θi:nɪə] *n med.* astenija, silpnumas, bejėgiškumas

asthma ['æsmə] *n med.* dusulys, astma

asthmatic [æs'mætɪk] *a med.* **1** astminis **2** sergantis astma
n astmatikas

astigmatic [,æstɪg'mætɪk] *a opt., med.* astigmatinis

astigmatism [ə'stɪgmətɪzm] *n opt., med.* astigmatizmas

astir [ə'stə:] *a predic knyg.* **1** judantis **2** atsikėlęs *(iš lovos); to be early ~* darbuotis nuo ankstyvo ryto **3** susijaudinęs, sujaudintas *(at, with)*

astonish [ə'stɔnɪʃ] *v* (nu)stebinti, (ap)stulbinti; *I was ~ed at his behaviour* mane nustebino/apstulbino jo elgesys

astonishing [ə'stɔnɪʃɪŋ] *a* nuostabus, stebinantis

astonishment [ə'stɔnɪʃmənt] *n* nustebimas, nuostaba, nustebinimas; nuostabus dalykas; *to everybody's ~* visų nuostabai; *in ~* nustebęs

astound [ə'staund] *v* pritrenkti, priblokšti, apstulbinti; *I was ~ed by his insolence* mane pritrenkė jo įžūlumas

astounding [ə'staundɪŋ] *a* stulbinantis, pritrenkiantis, nuostabus

astraddle [ə'strædl] *a predic ret.* apžergęs; raitas

astragal ['æstrəgəl] *n archit.* astragalas, žiedas *(kolonos viršuje)*
astragalus [ə'strægələs] *n (pl* -li [-laɪ]) **1** *anat.* šokikaulis **2** *bot.* kulkšnė, astragalas
astrakhan [ˌæstrə'kæn] *rus. n* **1 (A.)** Astrachanė **2** karakulis
astral ['æstrəl] *a* **1** *knyg.* žvaigždinis, astralinis **2** *biol.* žvaigždiškas
astray [ə'streɪ] *adv* klaidingai, klaidingu būdu; **to go ~** a) paklysti, pasimesti; b) suklysti, nueiti klaidingu keliu *(t. p. prk.);* **to lead smb ~** a) paklaidinti ką; b) suklaidinti ką, nuvesti ką blogu keliu *(t. p. prk.)*
astrictive [ə'strɪktɪv] = **astringent** *n, a*
astride [ə'straɪd] *prep, adv predic* raitas, raitomis; apžergęs; **to ride ~ (a horse)** joti ant arklio
astringent [ə'strɪndʒənt] *n* sutraukiamasis vaistas *a* **1** sulaikantis kraujavimą, sutraukiamasis *(apie vaistą)* **2** griežtas, kandus, dygus
astro- ['æstrəu-] *(sudurt. žodžiuose)* astro-, žvaigždžių; **astrodynamics** astrodinamika, žvaigždžių dinamika
astrolabe ['æstrəleɪb] *n astr. ist.* astroliabija
astrologer [ə'strɔlədʒə] *n* astrologas
astrological [ˌæstrə'lɔdʒɪkl] *a* astrologijos, astrologinis
astrology [ə'strɔlədʒɪ] *n* astrologija
astronaut ['æstrənɔ:t] *n* astronautas, kosmonautas
astronautic(al) [ˌæstrə'nɔ:tɪk(l)] *a* astronautinis, kosmonautinis
astronautics [ˌæstrə'nɔ:tɪks] *n* astronautika, kosmonautika
astronomer [ə'strɔnəmə] *n* astronomas
astronomic(al) [ˌæstrə'nɔmɪk(l)] *a* **1** astronomijos, astronominis **2** astronominis, didžiulis *(apie skaičius ir pan.)*
astronomy [ə'strɔnəmɪ] *n* astronomija
astrophysics [ˌæstrəu'fɪzɪks] *n* astrofizika
astroturf ['æstrəutə:f] *n (sporto aikštės)* dirbtinė danga/veja
astute [ə'stju:t] *a* **1** gudrus, suktas **2** nuovokus, sumanus
Asunción [ˌəsunsɪ'əun] *n* Asunsjonas *(Paragvajaus sostinė)*
asunder [ə'sʌndə] *adv knyg.* **1** atskirai, dalimis, skyrium; **to rush ~** mestis/išsisklaidyti į visas puses **2** į gabalus, pusiau; **to tear ~** draskyti į gabalus
asylant [ə'saɪlənt] *n knyg.* pabėgėlis
asylum [ə'saɪləm] *n* **1** prieglobstis, prieglauda, slėptuvė; **to seek political ~** *teis.* prašyti politinio prieglobsčio **2** *ret.* bepročių namai *(t. p. lunatic/insane ~)*
asymmetric [ˌeɪsɪ'metrɪk] *a* asimetrinis, asimetriškas, nesimetriškas
asymmetry [eɪ'sɪmɪtrɪ, æ'sɪmɪtrɪ] *n* asimetrija, nesimetriškumas
asymptomatic [əˌsɪmptə'mætɪk, eɪ-] *a med.* besimptomis, neturintis ligos požymių
asymptote [ə'sɪmptəut] *n mat.* asimptotė
asynchronous [eɪ'sɪŋkrənəs] *a* asinchroniškas, asinchroninis, nevienalaikis
asyndetic [ˌæsɪn'detɪk] *a gram.* asindetinis, bejungtukis
asyndeton [æ'sɪndɪtən] *n kalb.* asindetonas, jungtuko nebuvimas *(stilistinė figūra)*
at [ət; *kirčiuota forma* æt] *prep reiškiant* **1** *vietą:* prie; pas; *džn. verčiama vietininko linksniu;* **at the door** prie durų; **at John's** pas Džoną *(Džono namuose);* **at Oxford** Oksforde; **at a meeting** susirinkime **2** *kryptį:* į, prie; **to look at smth** pažvelgti į ką; **to rush at smb** pulti prie ko **3** *laiką: verčiama galininko linksniu, prieveiksmiu;* **at two o'clock** antrą valandą; **at night** naktį; **at present** dabar; **at times** kartais; **at Christmas** per Kalėdas **4** *padėtį, būk-lę, užsiėmimą, verčiama vietininko/įnaginiko linksniu, dalyviu, būdvardžiu;* **at peace** taikoje; **at leisure** laisvalaikiu; **at work** a) darbe; b) veikiantis; **at liberty** laisvas **5** *veiksmo būdą, verčiama įnaginiko linksniu, prieveiksmiu, būdiniu;* **at a gulp** vienu gurkšniu; **at full speed** visu greičiu; **at a run** bėgčia, bėgte **6** *priežastį:* iš; džn. *verčiama įnaginiko linksniu, dalyviu;* **to laugh at smb** juoktis iš ko; **at smb's request** kieno prašymu; **sad at hearing such news** liūdnas, sužinojęs tokią naujieną **7** *kainą, kiekį:* po; *džn. verčiama įnaginiko linksniu;* **at a shilling a pound** po šilingą už svarą; **at a high price** aukšta kaina; **at a speed of 80 km** 80 km greičiu **8** *gabumų pasireiškimo sritį, verčiama naudininko linksniu;* **clever at physics** gabus fizikai; **I'm no good at sewing** aš nemoku siūti ◊ **at all** visai, visiškai, **at that** ir dar, o be to dar; **while we are at it** šnek. kol dar čia esame; **they are at it again!** šnek. jie vėl pradeda! *(kivirčą ir pan.)*
atavism ['ætəvɪzm] *n* atavizmas
atavistic [ˌætə'vɪstɪk] *a* atavistinis
ataxic [ə'tæksɪk] *a med.* ataksinis, susijęs su ataksija
ataxy [ə'tæksɪ] *n med.* ataksija
ate [et, eɪt] *past žr.* **eat**
-ate[1] [-ət, -eɪt] *suff* -atas *(žymint rangą, titulą);* **consulate** konsulatas; **magistrate** magistratas, teisėjas
-ate[2] [-eɪt] *suff* -inti, -uoti; **facilitate** (pa)lengvinti; **formulate** formuluoti
atelier [ə'telɪeɪ] *pr. n* ateljė, studija, dirbtuvė
atheism ['eɪθɪɪzm] *n* ateizmas
atheist ['eɪθɪɪst] *n* ateistas
atheistic(al) [ˌeɪθɪ'ɪstɪk(l)] *a* ateistinis
Athena [ə'θi:nə] *n mit.* Atėnė
athenaeum [ˌæθɪ'ni:əm] *n* **1** literatų/mokslininkų klubas; **the A.** Londono literatų klubas **2** biblioteka, skaitykla **3** literatūros/meno žurnalas
Athene [ə'θi:nɪ] = **Athena**
atheneum [ˌæθɪ'ni:əm] *n amer.* = **athenaeum**
Athenian [ə'θi:nɪən] *a* Atėnų; atėniečių *n* atėnietis
Athens ['æθɪnz] *n* Atėnai
athirst [ə'θə:st] *a predic psn., poet.* **1** ištroškęs **2** trokštantis, pasiilgęs *(for)*
athlete ['æθli:t] *n* **1** sportininkas; lengvaatletis **2** atletas
athletic [æθ'letɪk] *a* **1** atletiškas **2** atletinis; sporto; **~ field** stadionas, sporto aikštelė; **~ club** sporto klubas
athletics [æθ'letɪks] *n* atletika, sportas; **track and field ~** lengvoji atletika; **amateur ~** mėgėjiškas sportas
at-home [ət'həum] *n ret.* svečių priėmimas nustatytu laiku, nedidelis pažmonys
athwart [ə'θwɔ:t] *knyg. ret. adv* **1** kreivai; įstrižai; statmenai **2** priešais
prep **1** įstrižai, per **2** prieš; **~ my plans** priešingai, negu aš planavau, prieš mano planus
-ation [-eɪʃn] *suff* -imas, -ymas *(žymint veiksmą, procesą, veiksmo rezultatą, būseną); (tarptautiniuose žodžiuose t. p.)* -acija; **reconciliation** taikinimas; susitaikymas; **restoration** atstatymas, atkūrimas; restauracija; **stabilization** stabilizavimas; stabilizacija
atishoo [ə'tɪʃu:] *int* apči! *(žymint čiaudėjimą);* **to go ~** (su)čiaudėti
-ative [-ətɪv] *suff* -(atyv)us, -ingas *(reiškiant kokybę);* -(ac)inis, -amas(is) *(reiškiant santykį);* **informative** informatyvus, informacingas; **talkative** kalbus, šnekus; **consultative** konsultacinis, patariamas
Atlantic [ət'læntɪk] *n (the ~)* Atlantas, Atlanto vandenynas *a* Atlanto, atlantinis

Atlantis [ət'læntɪs] *n mit.* Atlantida, Atlantidė
Atlas ['ætləs] *n mit.* **1** Atlantas **2** Atlasas
atlas[1] ['ætləs] *n* **1** *geogr., bot., zool.* atlasas **2** *archit., anat.* atlantas **3** *poligr.* didelis popieriaus formatas
atlas[2] *n tekst.* atlasas
atmosphere ['ætməsfɪə] *n* **1** atmosfera; *(prk. t. p.)* aplinka **2** oras *(mieste, patalpoje ir pan.)*
atmospheric(al) [,ætməs'ferɪk(l)] *a* **1** atmosferinis, atmosferos; **~ pressure** atmosferos slėgis **2** meteorologinis, oro; **~ conditions** oro sąlygos **3** kosminis, mistinis *(apie muziką ir pan.)*
atmospherics [,ætməs'ferɪks] *n pl rad.* atmosferiniai trukdžiai
atoll ['ætɔl] *n geogr.* atolas, koralų sala
atom ['ætəm] *n* **1** atomas; **~ bomb** atominė bomba; **~ fission/splitting** atomų skaldymas(is) **2** *šnek.* truputis; smulkiausia dalelytė; **to break/smash/blow to ~s** sudaužyti į šipulius; **not an ~ of evidence** nė menkiausio įrodymo
atomic [ə'tɔmɪk] *a* atominis; **~ bomb** atominė bomba; **~ energy** atominė energija; **~ energy plant** atominė elektrinė; **~ heat** atominė šiluminė talpa; **~ number** atominis skaičius; **~ weight** atominė masė; **~ pile** atominis katilas/reaktorius; **~ warfare** atominis karas
atomicity [,ætə'mɪsətɪ] *n chem.* valentingumas
atomism ['ætəmɪzm] *n spec.* atomizmas, atomistika
atomistic [,ætə'mɪstɪk] *a* **1** atomistinis, atomistikos **2** susmulkintas; susidedantis iš smulkių dalelių/elementų
atomize ['ætəmaɪz] *v* **1** atomizuoti; skaldyti, smulkinti **2** (su)naikinti, (su)griauti *(branduoliniu ginklu)* **3** purkšti
atomizer ['ætəmaɪzə] *n* **1** pulverizatorius **2** *tech.* purkštuvas; purkštukas
atom-smasher [,ætəm'smæʃə] *n fiz.* dalelių greitintuvas
atomy ['ætəmɪ] *n psn.* skeletas; iššekusi būtybė
atonal [eɪ'təunl, æ't-] *a muz.* atonalus
atonality [,eɪtəu'nælətɪ] *n muz.* atonalumas
atone [ə'təun] *v knyg.* išpirkti, atpirkti *(kaltę, nuodėmes)*, gauti atleidimą *(for);* atitaisyti *(klaidą; for)*
atonement [ə'təunmənt] *n knyg.* išpirkimas, atpirkimas *(kaltės ir pan.)*
atonic [æ'tɔnɪk] *a* **1** *fon.* nekirčiuotas **2** *med.* atoniškas, suglebęs, nusilpęs
atony ['ætənɪ] *n med.* atonija, nusilpimas
atop [ə'tɔp] *knyg., amer. adv* aukštai, viršuje *prep* virš, ant
atrabilious [,ætrə'bɪlɪəs] *a knyg.* **1** melancholiškas **2** tulžingas, piktas
atria ['eɪtrɪə] *pl žr.* **atrium**
atrip [ə'trɪp] *a predic:* **to be ~** *jūr.* pakilti nuo dugno *(apie keliamą inkarą)*
atrium ['eɪtrɪəm] *n (pl* atria, ~s) **1** *anat.* priešširdis **2** *archit.* atriumas
atrocious [ə'trəuʃəs] *a* **1** žiaurus, žvėriškas, brutalus **2** *šnek.* baisus; **~ weather** baisus oras
atrocity [ə'trɔsətɪ] *n* **1** *(ppr. pl)* žiaurumas, žvėriškumas **2** *šnek.* kas nors baisus; **that film is an ~** tai tiesiog baisus filmas
atrophied ['ætrəfɪd] *a* **1** atrofavęsis, atrofuotas **2** iššekęs, sunykęs, išsigimęs
atrophy ['ætrəfɪ] *n* **1** *med.* atrofija **2** nusilpimas, išsekimas *v* **1** atrofuoti(s) **2** iššekti, (nu)silpti, (su)nykti
atropine ['ætrəpɪn] *n farm.* atropinas
attaboy ['ætəbɔɪ] *int amer. šnek.* bravo!, šaunuolis!
attach [ə'tætʃ] *v* **1** pritvirtinti, pridėti, prijungti; **to ~ a stamp** priklijuoti ženklą; **to ~ a seal to a document** uždėti antspaudą ant dokumento; **please find copy ~ed** kopija pridedama **2** *refl, pass* prisirišti, prijunkti; **to be ~ed to smb** būti prisirišusiam prie ko **3** *refl* prisidėti, prisijungti *(to)* **4** priskirti; prikomandiruoti; **to ~ a teacher to a class** priskirti mokytoją klasei **5** teikti, skirti; **to ~ importance** *(to)* laikyti *(ką)* svarbiu dalyku; **to ~ the blame** suversti kaltę *(to – kam, for – už)* **6** *teis.* areštuoti; uždrausti naudotis *(turtu)*
attaché [ə'tæʃeɪ] *pr. n* atašė; **military [air, naval, commercial]** ~ karo [aviacijos, jūrų, prekybos] atašė; **~ case** aplankas, portfelis *(dokumentams)*
attachment [ə'tætʃmənt] *n* **1** prisirišimas, atsidavimas *(to)* **2** pritvirtinimas, pri(si)dėjimas, pri(si)jungimas **3** priskyrimas; **on ~** priskirtas; prikomandiruotas **4** *teis.* areštas, areštavimas; **~ of earnings** išskaita iš atlyginimo **5** *tech.* prietaisas, įtaisas; **~ axle** papildomasis tiltas
attack [ə'tæk] *n* **1** (už)puolimas; ataka *(t. p. sport.);* **under ~** puolamas **2** užsipuolimas *(on);* **to go on the ~** užsipulti **3** *(ligos)* priepuolis, susirgimas; **heart ~** širdies priepuolis; **to have an ~ of flu** susirgti gripu
v **1** (už)pulti; atakuoti *(t. p. sport.)* **2** užsipulti, kritikuoti **3** (pa)kenkti; užeiti, suimti *(apie ligą)* **4** griauti, ėsti *(apie rūgštis)* **5** imtis, griebtis *(darbo, klausimo)*
attackable [ə'tækəbl] *a* menkai apsaugotas, pažeidžiamas
attacker [ə'tækə] *n* (už)puolėjas, puolantysis
attain [ə'teɪn] *v* **1** gauti, pasiekti **2** sulaukti *(amžiaus)*
attainability [ə,teɪnə'bɪlətɪ] *n* pasiekiamumas
attainable [ə'teɪnəbl] *a* pasiekiamas
attainder [ə'teɪndə] *n teis. ist.* piliečio teisių atėmimas, turto konfiskacija
attainment [ə'teɪnmənt] *n* **1** pasiekimas, įgijimas; **for the ~ of his purpose...** siekdamas tikslo, jis... **2** *(ppr. pl)* žinios, mokėjimas; **a man of varied ~s** universalus žmogus
attaint [ə'teɪnt] *n* **1** gėda, negarbė **2** = **attainder**
v **1** *teis. ist.* atimti piliečio teises, konfiskuoti turtą **2** *ret.* daryti gėdą, teršti
attar ['ætə] *n* eterinis aliejus; **~ of roses** rožių aliejus
attempt [ə'tempt] *n* **1** pastanga, mėginimas, bandymas; **on one's first ~** pirmu bandymu; **to make an ~** (pa)bandyti **2** kėsinimasis, pasikėsinimas *(on);* **to make an ~ on smb's life** kėsintis į kieno gyvybę
v **1** stengtis, mėginti, bandyti; **~ed robbery** bandymas apiplėšti **2** kėsintis *(on)*
attend [ə'tend] *v* **1** lankyti *(mokyklą, bažnyčią ir pan.)* **2** dalyvauti *(paskaitose, posėdžiuose);* **to ~ a conference** dalyvauti konferencijoje **3** rūpintis, sekti, pasidomėti; **I'll ~ to the baby** aš pasirūpinsiu vaiku; **orders will be ~ed to** įsakymai/užsakymai bus įvykdyti; **to ~ to work** rimtai žiūrėti į darbą; **to what I am saying** klausykite, ką sakau **4** slaugyti, prižiūrėti, gydyti **5** aptarnauti, patarnauti *(to; parduotuvėje, restorane)* **6** lydėti, būti/eiti kartu; **may good luck ~ you!** telydi jus laimė!
attendance [ə'tendəns] *n* **1** lankymas; lankomumas **2** buvimas, dalyvavimas *(at);* **to be in ~** dalyvauti, būti; *dar žr.* 4; **hours of ~** tarnybos/darbo laikas/valandos **3** publika, auditorija, susirinkusieji **4** priežiūra, slaugymas; aptarnavimas; **medical ~** gydytojo priežiūra; **to be in ~** *(on)* prižiūrėti, slaugyti ◊ **to dance ~ on smb** šokinėti apie ką, pataikauti kam
attendant [ə'tendənt] *n* **1** palydovas; *(muziejaus)* tarnautojas **2** patarnautojas; aptarnaujantis asmuo; **medical ~** gydytojas; **cloakroom ~** drabužininkas
a **1** lydintis; kartu einantis/vykstantis; **~ circumstances** susijusios/lydinčiosios aplinkybės/sąlygos **2** dalyvaujantis **3** aptarnaujantis *(on, upon)*

attention [ə'tenʃn] *n* **1** dėmesys; atidumas; *to pay ~* kreipti dėmesį; *to attract/catch smb's ~* patraukti/atkreipti kieno dėmesį; *to call smb's ~ to smth* atkreipti kieno dėmesį į ką; *to slip smb's ~* netyčia nepastebėti, neatkreipti dėmesio; *to give ~* įdėmiai klausyti/stebėti; *to be all ~* atidžiai klausyti(s) **2** rūpinimasis **3** *(medicinos, techninis ir pan.)* aptarnavimas, priežiūra **4** *pl* mandagumas, paslaugumas; asistavimas, garbinimas; *to pay ~s to a lady* asistuoti moteriai/merginai **5** *kar.* padėtis „ramiai"; *~!* ramiai!; *to call to ~* sukomanduoti „ramiai"; *to stand at [to come to] ~* stovėti [stoti] ramiai *(po komandos)*

attentive [ə'tentɪv] *a* **1** dėmesingas, atidus; rūpestingas **2** mandagus, paslaugus

attenuate *a* [ə'tenjuət] **1** liesas, plonas; *~ hands* plonos/liesos rankos *(plaštakos)* **2** praskiestas
v [ə'tenjueɪt] *knyg.* **1** išsekinti, suliesinti; *ret.* suliesėti, suplonėti **2** sumažinti, susilpninti **3** atskiesti, praskiesti

attenuation [ə͵tenju'eɪʃn] *n knyg.* **1** išsekinimas, išsekimas **2** susilpninimas, nusilpimas *(t. p. biol.);* (su)mažinimas **3** (pra)skiedimas **4** *fiz., tech.* silpninimas, silpimas; *~ constant rad.* silpimo/silpninimo koeficientas

attest [ə'test] *v* **1** liudyti, pažymėti, patvirtinti **2** *teis.* prisaikdinti

attestation [͵æte'steɪʃn] *n knyg.* **1** (pa)liudijimas, patvirtinimas **2** *teis.* prisaikdinimas

attester, attestor [ə'testə] *n teis.* liudytojas

Attic ['ætɪk] *a* **1** *ist.* Atikos, atikinis **2** klasikinis *(apie stilių)* ◊ *~ salt* švelnus sąmojis; *~ taste* subtilus skonis

attic ['ætɪk] *n* **1** mansarda, pastogė, pastogės kambarys, pusaukštis **2** *archit.* atikas; frontonas ◊ *to have rats in the ~ sl.* būti trenktam, ≅ ne visi namie

atticism ['ætɪsɪzm] *n knyg.* atikizmas, kalbinės raiškos šmaikštumas; stiliaus skoningumas

attic-stor(e)y ['ætɪk͵stɔːrɪ] *n* pastogė, atikas

Attila ['ætɪlə] *n ist.* Atila

attire [ə'taɪə] *n* **1** *knyg.* drabužiai, drapanos **2** *medž., her.* elnio ragai
v (ppr. pass) knyg. aprengti, puošti

attitude ['ætɪtjuːd] *n* **1** nusistatymas, nuostata, pozicija, pažiūra, požiūris *(towards – į);* *~ of mind* galvosena **2** poza, laikysena; elgsena; *to strike an ~* pozuoti, teatrališkai elgtis **3** *av.* lėktuvo padėtis *(ore)*

attitudinize [͵ætɪ'tjuːdɪnaɪz] *v menk.* pozuoti, kalbėti/rašyti dirbtiniu stiliumi

attorney [ə'təːnɪ] *n* **1** įgaliotasis asmuo, patikėtinis, atornėjus; *letter/warrant of ~* įgaliojimas *(raštas); by ~* per įgaliotą asmenį, patikėtinį **2** *amer.* teisininkas, advokatas; *district/circuit ~ amer.* apygardos prokuroras

Attorney-General [ə͵təːnɪ'dʒenərəl] *n* **1** generalinis atornėjus *(vyriausiasis Anglijos juriskonsultas)* **2** *amer.* teisingumo ministras

attract [ə'trækt] *v* **1** (pa)traukti; (pri)traukti *(apie magnetą ir pan.)* **2** vilioti, žavėti, masinti, traukti

attraction [ə'trækʃn] *n* **1** traukimas; trauka *(t. p. fiz.),* potraukis *(to – į)* **2** masinimas, viliojimas **3** patrauklumas, žavumas **4** *(ppr. pl)* apžavai, masalas **5** atrakcionas

attractive [ə'træktɪv] *a* **1** patrauklus; masinantis, viliojantis **2** žavus **3**: *~ force fiz.* traukos jėga

attributable [ə'trɪbjutəbl] *a* priskirtinas *(to – kam);* aiškintinas *(to – kuo)*

attribute *n* ['ætrɪbjuːt] **1** *(būdingas, specifinis)* požymis, bruožas; savybė, atributas **2** *gram.* pažyminys
v [ə'trɪbjuːt] **1** priskirti *(to – kam)* **2** aiškinti *(to – kuo); to what do you ~ his failure?* kuo aiškini jo nesėkmę?

attribution [͵ætrɪ'bjuːʃn] *n* **1** priskyrimas *(to); spec.* atribucija **2** savybė, pobūdis, charakteris **3** *(valdovo, delegato ir pan.)* valdžia, kompetencija

attributive [ə'trɪbjutɪv] *gram. a* pažyminio, atributinis
n pažyminys, atributas

attrition [ə'trɪʃn] *n* **1** trynimas, trintis; dil(in)imas, nudilimas **2** *(priešo)* (iš)sekinimas, (nu)alinimas; *war of ~* sekinamasis karas, ilgai trunkantis karas priešui išsekinti

attune [ə'tjuːn] *v* **1** (su)derinti *(muz. instrumentą)* **2** pripratinti; *pass, refl* priprasti *(to)*

atypical [eɪ'tɪpɪkl] *a* netipiškas, atipinis, atipiškas

aubergine ['əubəʒiːn] *pr. n bot.* baklažanas

auburn ['ɔːbən] *a* tamsiai rudas, kaštonų spalvos *(ppr. apie plaukus)*

auction ['ɔːkʃn] *n* varžytynės, aukcionas; *to put up to/for/ amer. at ~, to sell by/amer. at ~* parduoti iš varžytynių, išvaržyti; *Dutch ~* aukcionas, kuriame kaina mažinama tol, kol atsiranda pirkėjų
v parduoti iš varžytynių □ *~ off* išparduoti iš varžytynių

auctioneer [͵ɔːkʃə'nɪə] *n* aukcionatorius, (iš)varžytojas

audacious [ɔː'deɪʃəs] *a* **1** drąsus, ryžtingas, rizikuojantis **2** įžūlus

audaciousness [ɔː'deɪʃəsnɪs] *n =* **audacity**

audacity [ɔː'dæsətɪ] *n* **1** drąsumas, ryžtingumas **2** įžūlumas; įžūlybė

audibility [͵ɔːdə'bɪlətɪ] *n* girdimumas

audible ['ɔːdəbl] *a* girdimas, gana garsus; *he was barely/ scarcely ~* jį vos buvo galima girdėti

audibly ['ɔːdəblɪ] *adv* girdimai; garsiai, aiškiai

audience ['ɔːdɪəns] *n* **1** auditorija, publika; žiūrovai, klausytojai **2** audiencija; *to give/grant smb an ~* suteikti kam audienciją, išklausyti ką **3** *teis.* išklausymas, bylos svarstymas *(teisme)*

audio ['ɔːdɪəu] *a attr* girdimasis; audio-; *~ frequency* girdimasis dažnis; *~ cassette* audiokasetė, garso kasetė

audiograph ['ɔːdɪəugrɑːf] *n* audiografas

audiometer [͵ɔːdɪ'ɒmɪtə] *n* audiometras

audiotape ['ɔːdɪəuteɪp] *n* garso įrašymo juosta, garsajuostė

audiotypist ['ɔːdɪəu͵taɪpɪst] *n* mašininkė, rašanti iš įrašų

audiovisual [͵ɔːdɪəu'vɪʒuəl] *a* audiovizualinis, garsinis regimasis

audit ['ɔːdɪt] *n buh.* patikrinimas, revizija, auditas
v **1** *buh.* tikrinti, atlikti auditą, revizuoti **2** *amer.* lankyti paskaitų kursą *(koledže)* laisvu klausytoju

audition [ɔː'dɪʃn] *n* **1** (iš)klausymas **2** klausa **3** *teatr., kin., tel. (balso, vaidybos sugebėjimų)* tikrinimas; *(dainininkų, aktorių ir pan.)* konkursas
v **1** (iš)klausyti **2** *teatr., kin., tel.* demonstruoti *(balsą, klausą ir pan.);* tikrinti *(vaidybos sugebėjimus, balsą ir pan.)*

auditive ['ɔːdɪtɪv] *a =* **auditory**

auditor ['ɔːdɪtə] *n* **1** *buh.* nepriklausomas tikrintojas, auditorius, kontrolierius, **2** *ret.* klausytojas, tas, kas klausosi

auditoria [͵ɔːdɪ'tɔːrɪə] *pl žr.* **auditorium**

auditorial [͵ɔːdɪ'tɔːrɪəl] *a* revizinis, kontrolinis

auditorium [͵ɔːdɪ'tɔːrɪəm] *n (pl ~s, -ria)* **1** žiūrovų salė; auditorija **2** *(ypač amer.)* pastatas *(susirinkimams, koncertams ir pan.);* mokyklos salė

auditory ['ɔːdɪtərɪ] *a spec.* girdimasis, girdėjimo; klausos

au fait [əu'feɪ] *pr. a predic* susipažinęs, supažindintas, informuotas; *to put smb ~ of smth* informuoti ką apie ką

Augean [ɔː'dʒiːən] *a mit.* Augijo; *~ stables* Augijo arklidės *(labai apleista, užteršta vieta)*

auger ['ɔːgə] *n tech.* **1** *(spiralinis)* grąžtas; *~ bit* grąžto smaigalys **2** *(konvejerio)* sraigtas

aught [ɔːt] *pron psn.*, *dial.* šis tas, kai kas, kas nors; *for ~ I know* kiek aš žinau
augment *n* [ˈɔːgmənt] *gram.* augmentas
v [ɔːgˈment] **1** papildyti, (pa)didinti; (pa)didėti, (pri)augti **2** *gram.* gauti/pridėti augmentą
augmentation [ˌɔːgmenˈteɪʃn] *n* **1** papildymas, (pa)didinimas **2** (pa)didėjimas, (pri)augimas, priedas
augmentative [ɔːgˈmentətɪv] *a* **1** (pa)didinantis; (pa)didėjantis, priaugantis **2** *gram.* augmentinis
augur [ˈɔːgə] *n ist.* augūras, pranašas *(sen. Romoje)*
v knyg. pranašauti, lemti, reikšti; *to ~ well [ill] (for)* būti geru [blogu] ženklu, lemti gera [bloga]
augural [ˈɔːgjurəl] *a knyg.* pranašaujantis, lemiantis; *~ sign* nelaimės ženklas
augury [ˈɔːgjurɪ] *n knyg.* **1** pranašystė; pranašingas ženklas **2** nujautimas **3** būrimas
August [ˈɔːgəst] *n* rugpjūtis; *in ~* rugpjūčio mėnesį
august [ɔːˈgʌst] *a knyg.* didingas, impozantiškas
Augustan [ɔːˈgʌstən] *a ist., lit.* Augusto; *~ age* Augusto amžius/epocha; literatūros ir meno klasikinis amžius
Augustine [ɔːˈgʌstɪn] *n* **1** Augustinas **2** *rel.* augustinų ordinas
Augustus [ɔːˈgʌstəs] *n* Augustas *(pirmasis Romos imperatorius)*
auk [ɔːk] *n zool.* alka *(paukštis)*
au lait [əuˈleɪ] *pr.* su pienu
auld lang syne [ˌɔːldlæŋˈsaɪn, -ˈzaɪn] *škot.* seniai praėję metai; senieji gerieji laikai
aunt [ɑːnt] *n* teta, tetulė; dėdienė ◊ *my (sainted) ~!* Viešpatie!, čia tai bent! *(reiškiant nustebimą)*
auntie, aunty [ˈɑːntɪ] *n šnek.* tetulė, tetulytė
au pair [ˌəuˈpɛə] *pr.* ruošos pagalbininkė *(svetimtautė, dirbanti už butą/maistą ir kartu kalbos mokymąsi; t. p. ~ girl)*
aura [ˈɔːrə] *n* **1** dvelkimas, aromatas **2** atmosfera *(of – ko)* **3** *med.* aura *(simptomai prieš priepuolį)*
aural [ˈɔːrəl] *a* **1** ausų; *~ surgeon* = **aurist 2** klausos; akustinis; *~ test* klausos (pa)tikrinimas
aurally [ˈɔːrəlɪ] *adv* žodžiu; iš klausos
aureate [ˈɔːrɪət] *a knyg.* paauksuotas; aukso spalvos
Aurelia [ɔːˈriːlɪə] *n* Aurelija *(vardas)*
Aurelius [ɔːˈriːlɪəs] *n ist.* Aurelijus
aureola, aureole [ɔːˈrɪələ, ˈɔːrɪəul] *n* **1** aureolė **2** *astr.* šviesratis, aureolė
au revoir [ˌəurəˈvwɑː] *pr.* iki pasimatymo!, kol kas!
auric [ˈɔːrɪk] *a* **1** *chem.* turintis aukso **2** *kas.* auksingas
auricle [ˈɔːrɪkl] *n anat.* **1** išorinė ausis **2** *(širdies)* ausytė; prieširdis
auricula [əˈrɪkjulə] *n (pl ~s, -ae [-iː])* *bot.* ausytoji raktažolė, aurikula
auricular [ɔːˈrɪkjulə] *a* **1** ausų, klausos **2** pasakytas į ausį, slaptas **3** *anat.* prieširdžio; *~ appendix* prieširdžio ausytė
auriferous [ɔːˈrɪfərəs] *a* auksingas, turintis aukso
auriform [ˈɔːrɪfɔːm] *a* ausies pavidalo
Auriga [ɔːˈraɪgə] *n astr.* Vežėjas *(žvaigždynas)*
aurist [ˈɔːrɪst] *n* ausų gydytojas
aurochs [ˈɔːrɔks] *n zool.* stumbras
aurora [əˈrɔːrə] *n* **1** *(A.) mit.* Aurora **2** *poet.* aurora, aušra **3**: *A. borealis [australis]* Šiaurės [Pietų] pašvaistė
auroral [ɔːˈrɔːrəl] *a* **1** *poet.* aušrinis, aušros **2** *poet.* rausvas, spindintis **3** sukeltas pašvaistės
auscultate [ˈɔːskəlteɪt] *v med.* auskultuoti
auscultation [ˌɔːskəlˈteɪʃn] *n med.* auskultacija, auskultavimas, (iš)klausymas

auspices [ˈɔːspɪsɪz] *n pl* **1** geras ženklas; *under favourable ~* palankiomis aplinkybėmis **2** globa; *under the ~ (of) (kieno)* globojamas, remiamas; *(kam)* globojant, remiant; *under the ~ of the cultural exchange program* pagal kultūrinių mainų programą
auspicious [ɔːˈspɪʃəs] *a* **1** palankus, žadantis sėkmę **2** laimingas
Aussie [ˈɔzɪ] *šnek.* = **Australian** *a, n*
Austen [ˈɔːstɪn] *n: Jane ~* Džeinė Osten *(anglų rašytoja)*
austere [ɔˈstɪə, ɔːˈstɪə] *a* **1** griežtas, rūstus; rimtas **2** asketiškas; *~ life* asketiškas gyvenimas **3** labai paprastas; be papuošimų **4** aitrus *(apie vyną)*
austerity [ɔˈsterətɪ, ɔːˈsterətɪ] *n* **1** griežtumas, rūstumas **2** asketizmas **3** paprastumas **4** griežta ekonomija, ekonominiai sunkumai *(per karą, po karo)*
austral [ˈɔːstrəl] *a* pietinis, pietų
Australasia [ˌɔstrəˈleɪʒə] *n* Australazija *(Australija, N. Zelandija ir kt. salos)*
Australia [əˈstreɪlɪə] *n* Australija
Australian [əˈstreɪlɪən] *a* australiškas, australų; Australijos
n **1** australas, australietis **2** australų kalbos; Australijos anglų kalba
Austria [ˈɔstrɪə] *n* Austrija
Austrian [ˈɔstrɪən] *a* austriškas, austrų; Austrijos
n austras
Austro- [ˈɔstrəu-] *(sudurt. žodžiuose)* **1** Australijos ir **2** Austrijos ir; *Austro-Hungarian* Austrijos ir Vengrijos
autarchy [ˈɔːtɑːkɪ] *n* **1** = **autocracy 2** = **autarky**
autarky [ˈɔːtɑːkɪ] *n ekon.* autarkija *(uždaras ūkis)*
authentic [ɔːˈθentɪk] *a* **1** autentiškas, tikras; patikimas **2** *šnek.* nuoširdus
authenticate [ɔːˈθentɪkeɪt] *v* paliudyti/patvirtinti autentiškumą
authenticity [ˌɔːθenˈtɪsətɪ] *n* autentiškumas, tikrumas
author [ˈɔːθə] *n* **1** autorius; rašytojas **2** kūrėjas; pradininkas
authoress [ˈɔːθərɪs] *n ret.* autorė, rašytoja
authoritarian [ɔːˌθɔrɪˈtɛərɪən] *a* autoritarinis
n autoritarinio valdymo šalininkas
authoritarianism [ɔːˌθɔrɪˈtɛərɪənɪzm] *n* autoritarizmas
authoritative [ɔːˈθɔrɪtətɪv] *a* **1** autoritetingas; patikimas **2** įsakmus, valdingas
authority [ɔːˈθɔrətɪ] *n* **1** valdžia; įgaliojimai, kompetencijos sfera; *a man set in ~* turintis valdžią asmuo **2** *(ppr. the authorities pl)* valdžios organai/įstaigos, administracija, vyresnybė; *local authorities* vietos valdžia **3** autoritetas, įtaka, svoris, reikšmė; *to carry ~* turėti įtakos **4** autoritetas, autoritetingas specialistas, dalyko mokovas **5** autoritetingas šaltinis *(knyga, dokumentas); I have it on good ~ that...* iš patikimo šaltinio žinau, kad... **6** autoritetingas tvirtinimas, įrodymas; *on the ~ of the press* pagal spaudą, remiantis spauda
authorization [ˌɔːθəraɪˈzeɪʃn] *n* **1** įgaliojimų/teisių/valdžios suteikimas **2** įgaliojimas, sankcija; leidimas
authorize [ˈɔːθəraɪz] *v* **1** įgalioti **2** leisti, sankcionuoti **3** pateisinti, paaiškinti; *his conduct was ~d by the situation* jo elgesį pateisino situacija
authorized [ˈɔːθəraɪzd] *a* **1** autorizuotas; leistas, sankcionuotas; *A. Version* angliškas Biblijos vertimas, priimtas Anglikonų bažnyčios *(1611 m.); ~ capital ekon.* įstatinis kapitalas **2** įgaliotas
authorless [ˈɔːθələs] *a* be autoriaus, anoniminis
authorship [ˈɔːθəʃɪp] *n* **1** autorystė **2** rašytojo veikla/profesija

autism ['ɔːtɪzm] *n med.* autizmas, patologinis uždarumas
auto ['ɔːtəu] (automobile *sutr.*) *amer. n (pl ~s[z])* automobilis
a automobilių
auto- ['ɔːtəᵘ-] *(sudurt. žodžiuose)* **1** auto-, sava-, savaiminis, pats; *autosuggestion* savitaiga, autosugestija; *autoignition* savaiminis užsidegimas; *autogamous* autogaminis; pats apsidulkinantis **2** (automobile *sutr.*) automobilių; *autocade* automobilių kolona
autobahn ['ɔːtəᵘbɑːn] *vok. n* autostrada, automobilių magistralė
autobiographic(al) [ˌɔːtəˌbaɪə'græfɪk(l)] *a* autobiografinis, autobiografiškas
autobiography [ˌɔːtəbaɪ'ɔgrəfɪ] *n* **1** autobiografija **2** autobiografinė literatūra
autocar ['ɔːtəᵘkɑː:] *n psn.* autokaras, automobilis
autochthon [ɔː'tɔkθən] *n (pl ~s [-z], ~es [-iːz]) (ppr. pl)* **1** senbuviai, autochtonai **2** *biol.* autochtonai
autochthonous [ɔː'tɔkθənəs] *a spec.* autochtoninis
autoclave ['ɔːtəkleɪv] *n tech.* autoklavas
autocracy [ɔː'tɔkrəsɪ] *n* autokratija, vienvaldystė
autocrat ['ɔːtəkræt] *n* **1** autokratas, vienvaldys **2** despotas
autocratic [ˌɔːtə'krætɪk] *a* **1** autokratinis, autokratiškas, vienvaldis **2** despotiškas
autocross ['ɔːtəukrɔs] *n* automobilių krosas
autocue ['ɔːtəukjuː] *n* televizijos sufleris, telesufleris *(įrenginys tekstui nepastebimai skaityti)*
auto-da-fe [ˌɔːtəᵘdɑː'feɪ] *n (pl autos-* [ˌɔːtəuz-]) *ist.* autodafė
autogamous [ɔː'tɔgəməs] *a* **1** *biol.* autogaminis **2** *bot.* pats apsidulkinantis
autogenesis [ˌɔːtəᵘ'dʒenɪsɪs] *n* autogenezė, savaiminis gyvybės atsiradimas
autogenous [ɔː'tɔdʒɪnəs] *a* autogeninis, autogeniškas; *~ cutting [welding] tech.* dujinis pjaustymas [suvirinimas]
autogiro [ˌɔːtəᵘ'dʒaɪərəu] *n av.* autožyras, malūnsparnis
autograph ['ɔːtəgrɑːf] *n* **1** autografas **2** rankraščio originalas
v pasirašinėti, duoti autografus
autographic [ˌɔːtə'græfɪk] *a* autografinis, savo ranka rašytas
autogravure [ˌɔːtəgrə'vjuə] *n* autograviūra
autogyro [ˌɔːtəᵘ'dʒaɪərəu] *n =* **autogiro**
autoimmune [ˌɔːtəʊɪ'mjuːn] *a biol.* autoimuninis; *~ disease* autoimuninė liga
autointoxication [ˌɔːtəᵘɪnˌtɔksɪ'keɪʃn] *n* autointoksikacija, apsinuodijimas savomis medžiagomis
automaker ['ɔːtəuˌmeɪkə] *n amer.* automobilių gamintojas; automobilių gamintojų bendrovė
automat ['ɔːtəmæt] *n amer.* automatinė kavinė, automatinis restoranas
automata [ɔː'tɔmətə] *pl žr.* **automaton**
automate ['ɔːtəmeɪt] *v* automatizuoti *(gamybos procesą)*; mechanizuoti
automatic [ˌɔːtə'mætɪk] *a* **1** automatinis; *~ pilot* automatinis pilotas, autopilotas; *~ rifle* automatinis šautuvas; rankinis kulkosvaidis; *~ rifleman* rankinio kulkosvaidžio kulkosvaidininkas; *~ stoker* mechaninė kūrykla **2** automatiškas, nesąmoningas, mašinalus, mechaniškas
n **1** automatas, automatinis įrenginys **2** automatinis ginklas **3** automobilis su automatine pavara
automation [ˌɔːtə'meɪʃn] *n* automatizacija; automatika
automatism [ɔː'tɔmətɪzm] *n* automatizmas, nesąmoningas veiksmas/judesys
automaton [ɔː'tɔmətən] *n (pl ~s [-z], -ta)* automatas *(ypač žmogaus pavidalo; t. p. apie žmogų)*; robotas

automobile ['ɔːtəməbiːl] *n (ypač amer.)* automobilis
a **1** auto-, automobilių; *~ railway car glžk.* automotrisa; *~ transportation* automobilių transportas; *~ wagon* sunkvežimis; *A. Association* automobilininkų klubas *(D. Britanijoje)* **2** savaeigis
automotive [ˌɔːtə'məutɪv] *a* **1** savaeigis **2** automobilių; *~ industry* automobilių pramonė
autonomic [ˌɔːtə'nɔmɪk] *a (ypač fiziol.)* autonominis; *~ nervous system* vegetacinė nervų sistema
autonomist [ɔː'tɔnəmɪst] *n* autonomistas, autonomijos šalininkas
autonomous [ɔː'tɔnəməs] *a* **1** autonominis, savavaldis **2** savarankiškas
autonomy [ɔː'tɔnəmɪ] *n* **1** autonomija, savivalda; autonomijos teisė **2** autonominė valstybė/sritis **3** savarankiškumas
autopilot ['ɔːtəˌpaɪlət] *n* automatinis pilotas, autopilotas
autopsy ['ɔːtɔpsɪ] *n (lavono)* skrodimas, autopsija
autorifle ['ɔːtəraɪfl] *n amer.* rankinis kulkosvaidis
autostrada ['ɔːtəˌstrɑːdə] *it. n* autostrada, automobilių magistralė
autosuggestion [ˌɔːtəsə'dʒestʃən] *n psich.* savitaiga, autosugestija
autotimer ['ɔːtəᵘˌtaɪmə] *n spec.* autotaimeris
autotraining ['ɔːtəᵘˌtreɪnɪŋ] *n* autotreningas, autogeninė treniruotė
autotype ['ɔːtəᵘtaɪp] *poligr. n* autotipija, autotipinis atspaudas
v daryti autotipinius atspaudus
autumn ['ɔːtəm] *n* ruduo *(t. p. prk.)*; *deep ~* vėlyvas ruduo
autumnal [ɔː'tʌmnəl] *a* rudeninis, rudeniškas; rudens
auxiliary [ɔːg'zɪlɪərɪ] *a* **1** pagalbinis *(t. p. gram.)* **2** atsarginis, pridėtinis
n **1** pagalbininkas **2** *gram.* pagalbinis veiksmažodis **3** *pl* pagalbinis/aptarnaujantis personalas **4** *(ppr. pl)* samdyta kariuomenė **5** *tech.* pagalbinis įtaisas/mechanizmas
auxins ['ɔːksɪnz] *n pl bot., chem.* auksinai
avail [ə'veɪl] *n* nauda, naudingumas; *of no ~* nenaudingas, nenaudingai; *to no ~, without ~* nenaudingai, nesėkmingai; *of what ~ is it?* kokia iš to nauda?
v **1** būti naudingam, duoti naudos; *his efforts did not ~ him* pastangos jam nepadėjo **2** *refl* pasinaudoti, išnaudoti *(galimybę, pasiūlymą; of)*
availability [əˌveɪlə'bɪlətɪ] *n* **1** tinkamumas, naudingumas **2** buvimas **3** *fin.* likvidumas
available [ə'veɪləbl] *a* **1** turimas, esamas; gaunamas, pasiekiamas, prieinamas; *by all/every ~ means* visomis galimomis/turimomis priemonėmis **2** laisvas; per daug neužsiėmęs; *~ surface* laisvas plotas **3** galiojantis; tinkamas, naudingas; *tickets ~ for one day only* bilietai, galiojantys tik vieną dieną
avalanche ['ævəlɑːnʃ] *n* **1** lavina, griūtis **2** *prk.* kruša, srautas *(of)*
avant-corps [ɑːˌvɑːŋ'kɔː] *pr. n archit. (pastato)* fasado iškyša
avant-garde [ˌævɔŋ'gɑːd] *pr. n (the ~) kuop.* avangardistai
a avangardistinis, avangardistų
avarice ['ævərɪs] *n knyg.* šykštumas, godumas
avaricious [ˌævə'rɪʃəs] *a knyg.* šykštus, godus
avast [ə'vɑːst] *int jūr.* stok!, stop!
avatar [ˌævə'tɑː] *n ind. mit. (dievybės)* įsikūnijimas
avaunt [ə'vɔːnt] *int psn. niek.* šalin!, lauk!
ave ['ɑːvɪ] *lot. n* **1** pasisveikinimas, atsisveikinimas **2** *(A.) bažn.* Sveika, Marija *(malda; t. p. A. Maria)*

avenge / 63 / **away**

int **1** likit sveiki!, sudiev! **2** sveikas!, sveiki!
avenge [ə'vendʒ] *v knyg.* keršyti; *refl* at(si)keršyti *(on – kam, for – už ką)*
avengeful [ə'vendʒfəl] *a* kerštingas
avenger [ə'vendʒə] *n* keršytojas
avens ['eɪvənz] *n bot.* žiognagė
avenue ['ævənjuː] *n* **1** kelias, alėja *(iš abiejų pusių apsodinta medžiais)* **2** plati gatvė, prospektas, alėja, aveniu **3** būdas, kelias; *to explore every (possible) ~, to leave no ~ unexplored* išnaudoti visas galimybes, visus būdus **4**: *~ of approach kar.* prieiga
aver [ə'vəː] *v* **1** *knyg.* tvirtinti **2** *teis.* įrodinėti
average ['ævərɪdʒ] <*n, a, v*> *n* **1** *(bendras)* vidurkis; *on the/an ~* vidutiniškai; *on ~* apskritai (paėmus); *above [below] the ~* daugiau [mažiau] kaip vidurkis, aukščiau [žemiau] vidurkio; *rough ~* apytikris vidurkis; *to strike an ~* apskaičiuoti/imti bendrą vidurkį **2** *jūr. kom.* avarija, nuostolis dėl laivo avarijos; to nuostolio paskirstymas tarp krovinio ir laivo savininkų; *~ adjuster* dispašeris *(laivo avarijos nuostolių apskaičiavimo ekspertas)*; *~ statement* dispaša; *~ contribution/payment* avarinė įmoka
a **1** vidutinis, vidutiniškas; *~ rate of profit* vidutinė pelno norma; *of ~ height* vidutinio ūgio; *a very ~ writer menk.* labai vidutiniškas rašytojas **2** normalus, paprastas
v **1** apskaičiuoti/imti *(bendrą)* vidurkį **2** vidutiniškai būti lygiam, vidutiniškai siekti/prilygti/duoti *(t. p. ~ out)*; *I ~ eight hours work a day* aš dirbu vidutiniškai aštuonias valandas per dieną □ *~ out* iš(si)lyginti
averment [ə'vəːmənt] *n* **1** *knyg.* (pa)tvirtinimas **2** *teis.* įrodymas, įrodinėjimas
averruncator [ˌævə'rʌŋkeɪtə] *n* sodo žirklės, sekatorius
averse [ə'vəːs] *a* nelinkęs, nenusiteikęs, nemėgstantis; *not ~ to a good dinner* ne pro šalį gerai papietauti
aversion [ə'vəːʃn] *n* **1** nemėgimas, bjaurėjimasis, antipatija **2** pasibjaurėjimo/antipatijos objektas/dalykas **3** nenoras
aversive [ə'vəːsɪv] *a* sukeliantis bjaurėjimąsi *(alkoholiu ir pan.)*
avert [ə'vəːt] *v* **1** nukreipti *(žvilgsnį)*, atitraukti *(mintis) (from – nuo)*; *to ~ one's face* nusigręžti **2** išvengti *(smūgio, nelaimingo atsitikimo)*
avertible [ə'vəːtəbl] *a* išvengiamas
aviary ['eɪvɪərɪ] *n* paukštidė, paukščių skyrius *(zoologijos sode)*; voljeras
aviate ['eɪvɪeɪt] *v* **1** skristi lėktuvu, dirižabliu *ir pan.* **2** vairuoti lėktuvą/dirižablį
aviation [ˌeɪvɪ'eɪʃn] *n* **1** aviacija; aviacijos pramonė; *~ fuel* aviaciniai degalai **2** skraidymo menas
aviator ['eɪvɪeɪtə] *n psn.* aviatorius, lakūnas, pilotas
aviculture ['eɪvɪˌkʌltʃə] *n* paukštininkystė
aviculturist [ˌeɪvɪ'kʌltʃərɪst] *n* paukščių augintojas
avid ['ævɪd] *a* godus, gobšus; trokštantis *(for)*; *he is an ~ reader* jis ryte ryja knygas
avidity [ə'vɪdətɪ] *n* godumas, gobšumas
avifauna [ˌeɪvɪ'fɔːnə] *n zool. (tam tikros vietos)* paukščiai, paukščių fauna
avigation [ˌævɪ'geɪʃn] *n amer.* aeronavigacija
avionics [ˌeɪvɪ'ɔnɪks] *n* aviacijos elektronika
aviso [ə'vaɪzəʊ] *n (pl ~s* [-z]) *kom.* aviza
avocado [ˌævə'kɑːdəʊ] *n bot.* avokada *(medis)*; avokados vaisius *(t. p. ~ pear)*
avocation [ˌævə'keɪʃn] *n knyg.* **1** mėgstamas užsiėmimas; šalutinis/antraeilis darbas **2** profesija, pašaukimas
avocet ['ævəset] *n zool.* avocetė *(paukštis)*

avoid [ə'vɔɪd] *v* **1** (iš)vengti; išsisukinėti, šalintis; *he ~s driving at the rush hours* jis vengia važinėti piko valandomis **2** *teis.* panaikinti, anuliuoti
avoidable [ə'vɔɪdəbl] *a* išvengiamas
avoidance [ə'vɔɪdəns] *n* **1** (iš)vengimas; šalinimasis **2** *teis.* panaikinimas, anuliavimas; *tax ~* teisėtas mokesčių sumos sumažinimas *(perskaičiavimo ir pan. būdu)*
avoirdupois [ˌævədə'pɔɪz] *n* **1** *ist.* anglų masės matavimo vienetų sistema *(visoms prekėms, išskyrus tauriuosius metalus, brangakmenius ir vaistus; 1 svaras = 16 uncijų = 454 g; t. p. ~ weight)* **2** *šnek.* svoris, apkūnumas
avouch [ə'vautʃ] *v knyg.* **1** įtikinėti, įrodinėti; (pa)tvirtinti **2** *(t. p. refl)* prisipažinti **3** *psn.* garantuoti, laiduoti *(for)*
avow [ə'vau] *v knyg.* **1** *(atvirai, viešai)* pripažinti; viešai (pa)reikšti **2** *refl* prisipažinti
avowal [ə'vauəl] *n knyg.* pri(si)pažinimas
avowedly [ə'vauɪdlɪ] *adv* atvirai, tiesiai, viešai
avulsion [ə'vʌlʃn] *n* **1** *knyg.* atplėšimas, atskyrimas *(prievarta)*; atplėštoji/atskiroji dalis **2** *teis.* žemės ploto atitekimas kitam savininkui dėl potvynio *ar* upės vagos pakitimo
avuncular [ə'vʌŋkjulə] *a* dėdės, dėdžių; tėviškas, globėjiškas
await [ə'weɪt] *v* **1** laukti; *eagerly ~ed* nekantriai laukiamas **2** būti prieš akis; *a warm welcome ~s you* tavęs laukia šiltas priėmimas
awake [ə'weɪk] *v* (awoke, awaked; awoken, awaked) **1** (pa)budinti; (su)kelti, (su)žadinti *(t. p. prk.)* **2** pabusti *(t. p. prk.)*; atsikelti **3** suprasti *(to)*; *to ~ to the fact that...* suprasti, kad...; *to ~ to one's danger* suvokti pavojų
a predic **1** nemiegantis, pabudęs, išsibudinęs; *to be ~* nemiegoti **2** budrus, ausis pastatęs; *to be ~ (to)* aiškiai suprasti/matyti
awaken [ə'weɪkən] *v knyg.* = **awake** *v*
awakening [ə'weɪknɪŋ] *n* pabudimas *(t. p. prk.)* ◊ *rude ~* staigus supratimas *(ko nors nemalonaus)*; baisus/kartus nusivylimas
award [ə'wɔːd] *n* **1** apdovanojimas; *(dovanos, premijos, pensijos)* paskyrimas, įteikimas **2** premija, dovana; stipendija **3** *(teisėjo, arbitro)* sprendimas
v **1** apdovanoti; suteikti, (pa)skirti *(premiją ir pan.)*, premijuoti **2** *teis.* nuspręsti; priteisti
aware [ə'wɛə] *a* **1** *predic* žinantis, informuotas, suprantantis; *to be ~ (of; that)* žinoti, suprasti; *so/as far as I am ~* kiek man žinoma **2** sąmoningas; *politically ~* politiškai sąmoningas
awareness [ə'wɛənɪs] *n* supratimas; įsisąmoninimas; *political ~* politinis sąmoningumas
awash [ə'wɔʃ] *a predic* **1** užtvindytas *(t. p. prk.; with)* **2** *(bangų, potvynio)* užliotas, plaunamas **3** *(bangų)* mėtomas; plūduriuojantis
away [ə'weɪ] <*adv, part, a*> *adv* **1** toli, atokiai; šalin; *~ from home* toli nuo namų; *~ with you!* pasitrauk!, šalin!, lauk!; *~ with it!* išmeskite tai; *he is ~* jo nėra *(namie)*; *to play ~* žaisti išvykoje **2** už; *a month ~* po mėnesio; *Kaunas is 100 kilometres ~* Kaunas yra už 100 kilometrų; *~ back* seniai, labai seniai
part (vart. su vksm.) **1** iš-, nu- *(reiškiant judėjimo/veiksmo kryptį tolyn)*; *to go ~* išeiti; *to run ~* nubėgti; *to carry ~* nunešti **2** at-, iš- *(reiškiant atskyrimą/pa(si)šalinimą/išvykimą)*; *to pull ~* išsivaduoti, ištrūkti, ištraukti, atitraukti; *to boil ~* išgaruoti **3** tebe-, toliau *(reiškiant nenutrūkstamą veiksmą)*; *he was still working ~* jis dar tebedirbo
a žaidžiamas išvykoje *(apie rungtynes)* ◊ *to be well ~ šnek.* būti išgėrusiam

away-team [ə‚weɪ'tiːm] *n* svečių komanda
awe [ɔː] *n (pagarbi)* baimė, pagarba; **to stand in ~ of smb/ smth** bijoti ko; jausti kam pagarbią baimę, pagarbiai į ką žiūrėti; **to strike with ~** kelti pagarbią baimę *v (ppr. pass) knyg.* kelti pagarbią baimę, pagarbos jausmą
aweary [ə'wɪərɪ] *a poet.* nuvargęs
awe-inspiring ['ɔːɪn‚spaɪərɪŋ] *a* keliantis pagarbą/baimę; įspūdingas
awesome ['ɔːsəm] *a* bauginantis; stulbinantis, nuostabus
awestricken ['ɔːstrɪkən] *a* = **awestruck**
awestruck ['ɔːstrʌk] *a* apimtas *(pagarbios)* baimės
awful ['ɔːfəl] *a* **1** baisus, baisingas; keliantis baimę; **~ sight** siaubingas reginys **2** *šnek.* bjaurus *(apie orą ir pan.);* **to be in an ~ hurry** baisiai skubėti **3** *psn., poet.* labai įspūdingas; didingas
awfully *adv* **1** ['ɔːfəlɪ] baisiai **2** ['ɔːflɪ] *šnek.* labai, baisiai, siaubingai
awhile [ə'waɪl] *adv* kurį laiką, neilgai
awkward ['ɔːkwəd] *a* **1** nerangus, nevikrus; nemiklus; **an ~ gait** kerėpliška/nerangi/gremėzdiška eisena; **the ~ age** brendimo/pereinamasis amžius **2** nepatogus; neparankus *(apie įrankį);* **to be sitting in an ~ position** sėdėti nepatogiai **3** keblus; blogas; **to make things ~** pridaryti keblumų; **an ~ silence** nesmagi tyla; **to look ~** prastai atrodyti **4** *šnek.* sunkus *(džn. apie žmogų);* **~ customer** sunkus/pavojingas tipas
awkwardness ['ɔːkwədnɪs] *n* **1** nerangumas **2** nepatogumas, nesmagumas; keblumas
awl [ɔːl] *n* yla
awn [ɔːn] *n bot. (varpos)* akuotas
awning ['ɔːnɪŋ] *n* tentas, stoginė, uždanga *(nuo saulės, lietaus)*
awoke [ə'weuk] *past žr.* **awake**
awoken [ə'wəukən] *pII žr.* **awake**
awry [ə'raɪ] *a predic* **1** kreivas; iškreiptas, iškraipytas; **a face ~ with pain** skausmo iškreiptas veidas **2** neteisingas; **our plans have gone ~** mūsų planai sužlugo, nuėjo niekais
adv **1** kreivai; žvairai **2** neteisingai, negerai; **to take smth ~** negerai ką priimti/aiškinti
ax [æks] *n amer.* = **axe**
axe [æks] *n (pl* axes) **1** kirvis **2** *ist. (the ~)* mirties bausmė **3** *(asignavimų, biudžeto)* (su)mažinimas **4** *amer. šnek.* muzikos instrumentas, *ypač* saksofonas, gitara ◊ **to fit/ put the ~ in/on the helve** nugalėti/įveikti sunkumus; **to hang up one's ~** a) atsitraukti nuo reikalų; b) atsisakyti tuščio sumanymo; **to have an ~ to grind** a) siekti egoistinių tikslų; b) griežti dantį *(ant ko);* **to get the ~** *šnek.* a) būti staiga atleistam *(iš darbo);* b) būti nutrauktam/ sužlugdytam *(apie planą ir pan.; ppr. dėl lėšų stokos);* **to give the ~** *šnek.* a) atleisti *(iš darbo);* b) nutraukti, panaikinti, atšaukti *(planą ir pan.)*
v **1** kapoti, tašyti **2** mažinti, apkarpyti; (su)žlugdyti *(planus)* **3** *šnek.* staiga atleisti *(iš darbo)*

axeman ['æksmæn] *n (pl* -men [-men]) *(tik v.)* **1** žudikas *(peiliu ir pan.)* **2** viršininkas, atleidinėjantis žmones iš darbo
axes[1] ['æksɪz] *pl žr.* **axe**
axes[2] ['æksiːz] *pl žr.* **axis**[1]
axe-stone ['æksstəun] *n min.* nefritas
axial ['æksɪəl] *a* ašinis, ašies; **~ displacement** *tech.* ašies poslinkis; **~ disorder** *tech.* ašies persikreipimas
axil ['æksɪl] *n bot. (lapo)* makštis
axilla [æk'sɪlə] *n (pl* -lae [-liː]) **1** *anat.* pažastis **2** *bot.* = **axil**
axillar, axillary [æk'sɪlə, -rɪ] *a anat., bot.* pažastinis
axiom ['æksɪəm] *n* aksioma
axiomatic(al) [‚æksɪə'mætɪk(l)] *a* **1** *mat.* aksiominis **2** *prk.* aksiominis, aiškus be įrodymų
axis[1] ['æksɪs] *n (pl* axes) ašis; geometrinė ašis; **~ of abscissas [ordinates]** *mat.* abscisių [ordinačių] ašis; **apparent/false ~** *tech.* menamoji ašis
axis[2] *n zool.* aksis *(elnias; t. p.* **~ deer**)
axle ['æksl] *n tech.* ašis; velenas; **driving/live ~** varomoji ašis; **~ grease** ratų tepalas, solidolis; **~ shaft** pusašis
axle-bearing ['æksl‚bɛərɪŋ] *n* **1** *aut.* ašies guolis; ašies atrama **2** *glžk.* ašies dėžutė
axle-box ['ækslbɔks] *n glžk.* ašies dėžutė
axle-pin ['ækslpɪn] *n tech.* kaištis
axletree ['æksltriː] *n tech.* ratų velenas
axolotle [‚ækə'lɔtl] *n zool.* aksolotlis *(ambistomos larva)*
ay [aɪ] = **aye**[1]
ayah ['aɪə] *ind. n (vaikų)* auklė tarnaitė
ayatollah [‚aɪə'tɔlə] *n* ajatola *(musulmonų šiitų religinis vadas)*
aye[1] [aɪ] *int dial., poet.* **1** taip **2**: **~ ~ sir** *jūr.* klausau! *n (pl* ayes [aɪz]) teigiamas atsakymas; balsas už *(balsuojant);* **the ~s have it** dauguma už
aye[2] [eɪ] *adv psn., poet.* visada; **for ~, for ever and ~** amžinai
azalea [ə'zeɪlɪə] *n bot.* azalija
Azerbaijan [‚ɑːzə:baɪ'dʒɑː] *n* Azerbaidžanas *a* Azerbaidžano; azerbaidžaniečių
Azerbaijani [‚ɑːzə:baɪ'dʒɑːni] *n* **1** azerbaidžanietis **2** azerbaidžaniečių kalba
a = **Azerbaijan** *a*
Azerbaijanian [‚ɑːzə:baɪ'dʒɑːnɪən] *a* azerbaidžanietiškas
n = **Azerbaijani** 1
azimuth ['æzɪməθ] *astr., geod. n* azimutas
a azimutinis
azoic [ə'zəuɪk] *a* **1** be gyvybės, negyvas **2** *geol.* azojinis, archėjinis *(apie erą)*
azote [ə'zəut] *n chem.* azotas
azotic [ə'zɔtɪk] *n chem.* azotinis; **~ acid** azoto rūgštis
Aztec ['æztek] *n* **1** actekas *(actekų genties indėnas)* **2** actekų kalba
azure ['æʒə, 'æʒuə] *n (dangaus)* mėlynė, žydrynė; žydrumas
a mėlynas, žydras; **~ stone** lazuritas

B

B, b [bi:] *n* (*pl* Bs, B's [bi:z]) **1** antroji anglų abėcėlės raidė **2** sąlyginis/sutartinis ko nors antro pagal eilę žymėjimas; *to get a B mok.* gauti gerą pažymį *(bet ne labai gerą)* **3** *muz.* si ◊ *not to know B from a bull's foot* neturėti nė menkiausio supratimo; *B flat juok.* blakė

baa [bɑː] <*n, v, int*> *n (avių)* bliovimas
v bliauti
int bē

baa-lamb ['bɑːlæm] *n vaik.* avinėlis, avinukas

baas [bɑːs] *n* šeimininkas, ponas *(kreipinys; vart. P. Afrikoje)*

baba ['bɑːbɑː] *pr. n kul.* romo boba

babbit(t) ['bæbɪt] *v metal.* babitas
v tech. lieti babitą

Babbitt ['bæbɪt] *n amer.* miesčionis, biurgeris

babble ['bæbl] *v* **1** vapalioti, vapenti, vapėti, veblėti, kvailai kalbėti **2** prasitarti, išplepėti *(t. p. ~ out)* **3** čiurlenti
n **1** vapaliojimas, vapėjimas; vaiko šnekėjimas **2** klegesys **3** sunkiai suprantama kalba; plepalai **4** čiurlenimas

babblement ['bæblmənt] = **babble** *n*

babbler ['bæblə] *n* vapalius, plepys

babe [beɪb] *n* **1** *poet.* kūdikis, kūdikėlis **2** gražuolė, brangusis, vaikuti *(kreipiantis į merginą, žmoną, vyrą ir pan.)*
◊ *~ in arms* naujokas, visiškas neišmanėlis; *~ in the woods amer.* naivus, lengvatikis žmogus

babel ['beɪb(ə)l] *n* **1** *(B.) bibl.* Babelio bokštas *(t. p. the tower of B.)* **2** klegesys, triukšmas; baisi sumaištis

baboo ['bɑːbuː] *n ind.* **1** ponas *(kreipinys)* **2** valdininkas indas *(rašantis angliškai); B. English menk. (indų valdininkų)* pompastiška anglų kalba

baboon [bə'buːn] *n zool.* babuinas *(beždžionė)*

babu ['bɑːbuː] *n* = **baboo**

baby ['beɪbɪ] *n* **1** kūdikis, vaikas; *blue ~* kūdikis, gimęs su įgimta širdies yda; *~'s formula* maistingas mišinys vaikams; *he's the ~ of the family* jis – pagrandukas, jis – mūsų jaunylis/jaunėlis **2** *(gyvulio)* jauniklis **3** vaikiškas, suvaikėjęs žmogus **4** *sl. (ypač amer.)* = **babe 2** ◊ *to carry/hold the ~* prisiimti nemalonią atsakomybę; *to plead the ~ act* remtis jaunumu/nepatyrimu *(kaip kaltę švelninančia aplinkybe); to throw the ~ out with the bathwater* kartu su vandeniu išpilti iš vonios ir kūdikį; ≅ kartu su raugėmis išrauti ir kviečius
a **1** vaikų, vaikiškas, kūdikiškas; *~ carriage (ypač amer.)* vaikų vežimėlis; *~ boom* staigus gimstamumo padidėjimas; *~ break* atostogos vaikui auginti **2** mažas; *~ car* mažalitražis automobilis; *~ elephant* drambliukas; *~ grand (piano)* kabinetinis fortepijonas; *~ birds* paukščių jaunikliai, paukščiukai **3**: *~ blue* šviesiai mėlyna spalva

baby-faced ['beɪbɪfeɪst] *a* kūdikiško/nekalto veido *(apie suaugusį žmogų)*

babyhood ['beɪbɪhud] *n* kūdikystė

babyish ['beɪbɪʃ] *a* kūdikiškas, kūdikio; vaikiškas

Babylon ['bæbɪlən] *n ist.* Babilonas

Babylonia [ˌbæbɪ'ləunɪə] *n ist.* Babilonija

baby-minder ['beɪbɪˌmaɪndə] *n* auklė, prižiūrinti vaikus savo namuose *(kol jų tėvai darbe)*

baby's-breath ['beɪbɪzbreθ] *n bot.* muilinė guboja

babysit ['beɪbɪsɪt] *v* (babysat ['beɪbɪsæt]) prižiūrėti vaikus tėvams išvykus *(už užmokestį)*

babysitter ['beɪbɪˌsɪtə] *n* **1** ateinanti auklė, vaikų prižiūrėtoja(s); *žr.* **babysit 2** *amer.* = **baby-minder**

baby-talk ['beɪbɪtɔːk] *n (vaikų)* vapaliojimas; vogrojimas, vogravimas

bacaalaureate [ˌbækə'lɔːrɪət] *n* bakalauro laipsnis

baccara(t) ['bækərɑː] *pr. n* bakara *(kortų lošimas)*

Bacchanal ['bækənl] *a* Bakcho; lėbautojiškas
n **1** lėbautojas, triukšmingas girtuoklis; Bakcho pasekėjas **2** daina/šokis Bakcho garbei; triukšmingas puotavimas

bacchanalia [ˌbækə'neɪlɪə] *n pl* bakchanalija; triukšmingas puotavimas, orgija

bacchanalian [ˌbækə'neɪlɪən] *a knyg.* bakchanališkas

bacchante [bə'kæntɪ] *n* bakchantė

Bacchic ['bækɪk] *a* Bakcho

Bacchus ['bækəs] *n mit.* Bakchas

baccy ['bækɪ] *n* (tobacco *sutr.) šnek.* tabakėlis, tabokėlė

Bach [bɑːk] *n: Johann Sebastian ~* Johanas Sebastianas Bachas *(kompozitorius)*

bach [bætʃ] *v amer. sl.* gyventi viengungiškai/savarankiškai *(t. p. ~ it)*

bachelor ['bætʃələ] *n* **1** viengungis; *old ~* senbernis; *~ girl euf.* mergina, gyvenanti savarankiškai, netekėjusi moteris **2** bakalauras; *B. of Arts* humanitarinių mokslų bakalauras

bachelorhood ['bætʃələhud] *n* **1** viengungystė, viengungio gyvenimas **2** bakalauro laipsnis

bachelorship ['bætʃələʃɪp] *n* = **bachelorhood**

bacillus [bə'sɪləs] *n (pl -li [-laɪ])* **1** bacila **2** *šnek.* bakterija

back¹ [bæk] <*n, a, v, adv, part*> *n* **1** nugara; *on one's ~* aukštielninkas, ant nugaros; *~ to front* a) nugara į priekį *(apie drabužį);* b) nurodymai *(mokėti)* **2** *(ko)* užpakalis; išvirkščioji/atvirkščioji/atbuloji pusė; *~ of the head* pakaušis; *~ of the hand* viršutinė plaštakos pusė; *~ of the ship jūr.* laivo kilis; *out/round the ~* už namo *(iš kiemo pusės); to sit in the ~* sėdėti (automobilio) užpakalyje; *the knife fell down the ~ of the fridge* peilis užkrito už šaldytuvo **3** *(kėdės, sofos ir pan.)* atrama, atlošas **4** *(bangos, kalvos)* gūbrys, ketera **5** *(knygos)* nugarėlė; *(knygos, laikraščio)* paskutiniai puslapiai **6** *sport.* gynėjas **7** pentis **8** *kas. (kasinio)* kraigas ◊ *to be at the ~ (of)* būti kaltam/atsakingam, atsakyti *(už)*, būti *(ko)* slapta priežastimi; *at the ~ of one's mind* pasąmonėje; *in the ~ of beyond* ≅ pasaulio krašte; užkampyje; *behind smb's ~* ≅ už nugaros, slapta, be kieno žinios; *to put one's (into) šnek.* smarkiai/energingai dirbti; *to put/ get/set smb's ~ up šnek.* (su)pykdyti ką; *to be (flat) on*

one's ~ gulėti *(sergant);* **to turn one's ~** *(on)* nusisukti, nusigręžti *(nuo),* palikti; **to see the ~ of smb** atsikratyti ko; **with one's ~ to the wall** sunkioje padėtyje, priremtas prie sienos; **on the ~ of it** ir dar, o be to; **to break the ~** *(of)* baigti/padaryti *(ko)* sunkiausią dalį; **to cover one's ~** *šnek.* apsidrausti nuo kritikos; **you scratch my ~ and I'll scratch yours** ≡ ranka ranką plauna, nei arklys arklio veltui nekaso; **get off my ~** ≡ eik nuo mano galvos
a **1** užpakalinis; tolimas, esantis toliau/toli, nutolęs; **~ entrance** užpakalinis įėjimas; **~ country [street]** atkampi vieta [gatvė]; **~ alley** įtartina vieta; **~ areas** *kar.* užnugaris; **~ vowel** *fon.* užpakalinės eilės balsis **2** atgalinis, atbulinis; **~ date** atgalinė data **3** pavėluotas; **~ pay [rent, taxes]** *amer.* laiku nesumokėtas atlyginimas [nuoma, mokesčiai] ◊ **~ number** a) *(periodinio leidinio)* senas numeris; b) atsilikęs žmogus; c) kas nors pasenęs
v **1** važiuoti/trauktis atbulam; varyti atgal; **to ~ a car** pavažiuoti automobilį atgal; **to ~ the oars** irkluoti atgal *(norint valtį apsukti)* **2** palaikyti, remti *(planą ir pan.);* finansuoti **3** būti *(ko)* atrama/fonu *ir pan.* **4** dėti pamušalą, pamušti **5** pritaisyti *(knygai)* nugarėlę **6** statyti *(lažybose),* lažintis; **to ~ a card** rizikuoti, statyti ant kortos **7** pratinti arklį prie balno; sėsti į balną **8** *(ppr. pass)* muz. akompanuoti **9** *fin.* indosuoti *(vekselį)* **10** *amer.* ribotis/prieiti užpakaline dalimi *(on, upon)* □ **~ away** trauktis atgal *(from - nuo);* **~ down** nusileisti, atsisakyti, pasitraukti *(prisipažįstant nugalėtam);* **~ out** išsisukinėti, atsisakyti *(of);* **~ up** a) palaikyti, paremti; b) pa(si)traukti atgal; c) įjungti atbulinę pavarą
adv **1** atgal; **~ and forth** į priekį ir atgal **2** prieš; **a few years ~** prieš keletą metų **3:** **~ from** nuošaliai nuo *part (vart. su vksm.)* at- *(reiškiant atsakomąjį veiksmą);* **to pay ~** atsimokėti, atsilyginti; **to love ~** atsakyti meile
back² *n* kubilas, bakas
backache ['bækeɪk] *n* nugaros/juosmens skausmas
back-alley ['bæk͵ælɪ] *a* nedoras, negražus *(apie elgesį ir pan.)*
backbench [͵bæk'bentʃ] *n* užpakalinės suolų eilės *(kur sėdi eiliniai Bendruomenių rūmų nariai)*
backbencher [͵bæk'bentʃə] *n* eilinis parlamento narys
backbite ['bækbaɪt] *v* (backbit [-bɪt]; backbitten [-͵bɪtn]) apkalbėti, liežuvauti, šmeižti
backbiting ['bækbaɪtɪŋ] *n* apkalbos
back-blocks ['bækblɒks] *n pl austral. šnek.* **1** atoki vieta **2** lindynių rajonas
back-blow ['bæk͵bləʊ] *n* **1** netikėtas smūgis **2** *kar.* atatranka; *(pabūklo)* atošliauža
backboard ['bækbɔːd] *n* **1** *(vežimo)* užpakalinė lenta; sėdynės medinė atrama **2** *sport.* krepšinio lenta
backbone ['bækbəʊn] *n* **1** *anat.* stuburas **2** *(charakterio, valios)* tvirtumas, jėga; drąsa **3** pagrindinė jėga, atrama, pagrindas; **such people are the ~ of the country** tokie žmonės – krašto atrama ◊ **to the ~** visiškai
backbreaking ['bækbreɪkɪŋ] *a* sekinantis, labai sunkus *(apie darbą)*
backchat ['bæktʃæt] *n šnek.* įžūlus atsikalbinėjimas
backcloth ['bækklɒθ] *n* **1** *teatr.* atpakalys *(užpakalinė dekoracija)* **2** *prk.* fonas
backcomb ['bækkəʊm] *v* aukštai šukuoti, šiaušti *(plaukus)*
back-country ['bæk͵kʌntrɪ] *n (ypač amer.)* užkampis, atkampi vieta
a tolimas *(nuo centro)*
backdate [͵bæk'deɪt] *v* datuoti/žymėti atgaline data

backdoor [͵bæk'dɔː] *a* užkulisinis; slaptas, paslėptas
backdown ['bækdaʊn] *n* nusileidimas, pasitraukimas; atsisakymas
back-draught ['bækdrɑːft] *n tech.* atbulinė eiga/trauka
backdrop ['bækdrɒp] *n* = **backcloth**
back-end [͵bæk'end] *n* **1** užpakalis; **the ~ of a car** automobilio užpakalis **2** *ret.* vėlyvas ruduo; *(metų, sezono)* pabaiga
backer ['bækə] *n* **1** rėmėjas, palaikytojas; finansuotojas **2** lažybininkas
back-fill ['bækfɪl] *v* užberti/užkasti *(duobę)*
backfiller ['bæk͵fɪlə] *n* užpiltuvas; tranšėjų užkasimo mašina *(paklojus vamzdžius)*
backfire *n* ['bæk͵faɪə] **1** *tech.* atgalinis pliūpsnis; *(dujų)* ankstyvasis uždegimas, sprogimas *(variklio cilindro);* šovinio sprogimas *(šautuve ir pan.)* **2** *amer.* priešpriešinis gaisras *(miško gaisro gesinimo būdas)*
v [͵bæk'faɪə] duoti netikėtą/priešingą rezultatą; **to ~ on smb** atsisukti/atsigręžti prieš ką patį
backfisch ['bækfɪʃ] *vok. n* paauglė
back-formation ['bækfɔː͵meɪʃn] *n kalb.* atgalinė/retrogradinė daryba
backgammon ['bækgæmən] *n* trik trak *(žaidimas)*
background ['bækgraʊnd] *n* **1** fonas, antrasis planas *(t. p. prk.);* **against a dark ~** tamsiame fone; **theoretical ~** teorinis pagrindas; **to keep [to stay] in the ~** laikytis [likti] nuošaliai/šešėlyje **2** *(karo, krizės ir pan.)* prielaida **3** biografijos faktai, kilmė, išsilavinimas, kvalifikacija **4** *attr:* **~ application** *komp.* foninė programa; **~ radiation** natūrali radiacija
backhand ['bækhænd] *n* kairinis smūgis *(tenise; t. p. ~ stroke)*
backhanded [͵bæk'hændɪd] *a* **1** atgalia ranka *(apie smūgį)* **2** nenuoširdus, dviprasmiškas *(apie komplimentą)* **3** įstrižas, pakrypęs į kairę *(apie rašyseną)*
backhander ['bækhændə] *n* **1** smūgis atgalia ranka **2** *(užmaskuotas)* įžeidimas, kritika **3** *šnek.* kyšis
back-haul ['bækhɔːl] *n spec.* atgalinis tranzitas/krovinys
backing ['bækɪŋ] *n* **1** parama, pagalba; palaikymas **2** šalininkai, rėmėjai **3** akompanimentas **4** sukimasis prieš laikrodžio rodyklę **5** pamušalas; pagrindas *(medžiaga sustiprinimui)* ◊ **~ and filling** *amer.* svyravimas, neryžtingumas
backlash ['bæklæʃ] *n* **1** nepalanki/neigiama reakcija *(į politinį įvykį ir pan.; against)* **2** *tech.* tuščioji eiga; tarpelis, laisvumas
v amer. **1** atsakyti smūgiu į smūgį **2** sukelti neigiamą reakciją
backlist ['bæklɪst] *n (leidyklos)* išleistų ir dar turimų knygų sąrašas
backlog ['bæklɒg] *n* **1** neatlikti darbai **2** *ekon.* įsiskolinimas *(atiduodant gatavą produkciją),* atsilikimas; neįvykdytas užsakymas **3** *(prekių, medžiagų)* rezervas, atsarga
backmost ['bækməʊst] *a* pats užpakalinis/paskutinis
backpack ['bækpæk] *n (ypač amer.)* kuprinė
v **1** keliauti su kuprine, dalyvauti turistiniame žygyje **2** būti alpinistu
backpage ['bækpeɪdʒ] *n (knygos)* kairysis puslapis
backpedal [͵bæk'pedl] *v (-ll-)* **1** stabdyti *(važiuojant dviračiu)* **2** *prk. šnek.* trauktis atgal, atsimesti *(nuo savo žodžio ir pan.)*
backrest ['bækrest] *n* atkaltė, atlošas *(nugarai)*
backroom ['bækrum] *n* slaptas skyrius, slapta laboratorija; **~ boys** *šnek.* įslaptinti mokslinio instituto darbuotojai; svarbūs, bet mažai žinomi specialistai

backscratcher ['bækskrætʃə] n lazdelė nugarai pasikasyti
backshift ['bækʃɪft] n vakarinė pamaina
backside ['bæksaɪd] n šnek. užpakalis, sėdynė
backsight ['bæksaɪt] n 1 kar. taikiklis 2 geod. atgalinis vizavimas
backslapping ['bækslæpɪŋ] n menk. familiarus tapšnojimas per petį, familiarumas, triukšmingas liaupsinimas
backslash ['bækslæʃ] n įžambus brūkšnys (\)
backslide [ˌbæk'slaɪd] v 1 vėl (į)pulti (į ką nors bloga), vėl imti blogai elgtis 2 atsimesti (nuo religijos ir pan.)
backslider [ˌbæk'slaɪdə] n recidyvistas
backspace ['bækspeɪs] n (rašomosios mašinėlės, kompiuterio) atbulinės eigos ar grąžinamasis klavišas, klavišas „atgal" (į eilutės pradžią; t. p. ~ **key**)
backstage a ['bæksteɪdʒ] attr užkulisinis, užkulisio (t. p. prk.)
adv [ˌbæk'steɪdʒ] užkulisiuose (t. p. prk.)
backstair(s) ['bæk'stɛə(z)] a slaptas; užkulisinis; ~ **influence** slapta įtaka
backstay ['bæksteɪ] n jūr. bakštagas (takelažo elementas)
backstitch ['bækstɪtʃ] n atbulinis peltakys
backstreet ['bækstri:t] n maža gatvelė, skersgatvis
a nelegalus, slaptas
backstroke ['bækstrəuk] n 1 atsakomasis smūgis 2 sport. plaukimas nugara
backsword ['bæksɔ:d] n ist. kardas
backtalk ['bæktɔ:k] n (ypač amer.) šnek. šiurkštus atsakymas, atsikirtimas; įžūlus atsikalbinėjimas
back-to-back [ˌbæktə'bæk] a: ~ **houses** namai, kurie šliejasi vienas prie kito užpakalinėmis sienomis
backtrack ['bæktræk] v 1 grįžti tuo pačiu keliu (pametus ką ir pan.) 2 = **backpedal** 2
backup ['bækʌp] n 1 parama; kar. pastiprinimas 2 kosm. dubliavimas; atsarginė schema/programa ir pan.; dubleris
backward ['bækwəd] a 1 atgalinis, atbulinis (apie judesį); ~ **step** prk. žingsnis atgal 2 atsilikęs; neišsirutuliojęs; ~ **child** (protiškai) atsilikęs vaikas 3 pavėlavęs, vėlyvas 4 lėtas 5 nedrąsus, drovus, svyruojantis
adv amer. = **backwards**
backwardation [ˌbækwə'deɪʃn] n fin. deportas
backward-looking ['bækwədˌlukɪŋ] a menk. pasenęs, atsilikęs
backwardness ['bækwədnɪs] n 1 atsilikimas; neišsirutuliojimas 2 drovumas; svyravimas
backwards ['bækwədz] adv 1 atgal; atbulomis, užpakaliu; ~ **and forwards** pirmyn ir atgal 2 atbulai, priešingai, priešinga kryptimi ◊ **to know** ~ **(and forwards** amer.) mokėti atmintinai/gerai
backwash ['bækwɔʃ] n 1 laivo keliamas bangavimas; atbulinis srautas, priešinga srovė 2 šnek. padarinys, atbalsis
backwater ['bækˌwɔ:tə] n 1 užtakis, užutėkis; tvenkinys 2 užkampis
backwoods ['bækwudz] n pl 1 miško tankmė 2 provincija, užkampis
backwoodsman ['bækwudzmən] n (pl -men [-mən]) 1 miško tankmių gyventojas 2 šnek. provincialas, retai teatvykstąs į miestą; iron. „svečias iš provincijos" (ypač apie D. Britanijos Lordų rūmų narį, retai atvykstantį į posėdžius)
backyard [ˌbæk'jɑ:d] n 1 kiemas už namo, užpakalinis kiemas 2 amer. daržas/sodelis kieme už namo
bacon ['beɪkən] n 1 rūkytas/sūdytas bekonas (puskiaulio mėsa); ~ **and eggs** kiaušinienė su kumpiu 2 šnek. grynas pelnas ◊ **to save one's** ~ šnek. išgelbėti savo kailį; išvengti nuostolių; **to bring home the** ~ šnek. a) pakankamai uždirbti (aprūpinant šeimą); b) pasisekti, turėti sėkmę
Bacon ['beɪkən] n: **Francis** ~ Fransis Bekonas/Beikonas (anglų filosofas)
bacteria [bæk'tɪərɪə] pl žr. **bacterium**
bacterial [bæk'tɪərɪəl] a bakterinis, bakterijų
bactericide [bæk'tɪərɪsaɪd] n baktericidas
bacteriological [bækˌtɪərɪə'lɔdʒɪkl] a bakteriologinis
bacteriologist [bækˌtɪərɪ'ɔlədʒɪst] n bakteriologas
bacteriology [bækˌtɪərɪ'ɔlədʒɪ] n bakteriologija
bacterium [bæk'tɪərɪəm] n (pl -ria) bakterija
baculine ['bækjulɪn] a knyg. lazdos, mušimo; ~ **discipline in the classroom** lazdos drausmė klasėje
bad [bæd] a (worse; worst) 1 blogas; prastas, netikęs; **to be in a** ~ **temper** būti prastos nuotaikos; **to feel** ~ a) prastai jaustis; b) būti gaila/gėda (about); ~ **coin** netikra/padirbta moneta; **it/that is too** ~ labai blogai, gaila (bet nieko nepadarysi); **not** ~, **not too** ~, **not half** ~ šnek. ne taip blogai, gana gerai; **it's** ~ **enough...** gana jau to, kad... (turint dar kitą bėdą); **to be** ~ **(at)** nelabai sugebėti/mokėti 2 sugedęs; **to go** ~ gesti, pūti 3 žalingas, kenksmingas (for) 4 sergantis; skaudamas; **to be taken** ~ susirgti; **to be** ~ sirgti; **to be in a** ~ **way** a) sunkiai sirgti; b) būti labai nelaimingam 5 aštrus, smarkus, stiprus; **a** ~ **cold** stipri sloga 6 amoralus, nedoras; ~ **language** keiksmai, plūdimasis; **to act in** ~ **faith** negarbingai/nesąžiningai elgtis 7 teis. negaliojantis ◊ ~ **egg/hat/lot** šnek. sukčius; nevykėlis; **to go from** ~ **to worse** dar (pa)blogėti
n 1 nesėkmė, nelaimė; **to be in** ~ a) būti bėdoje, patirti bėdą; b) (with) būti (kieno) nemalonėje; nepatikti (kam); **to take the** ~ **with the good** kantriai pakelti likimo smūgius 2 nuostolis; **to the** ~ nuostolingai 3 blogis; pražūtis; nusmukimas; **to go to the** ~ pagesti, degraduoti; **she only sees the** ~ **in him** ji mato tik jo blogąsias savybes
baddie, baddy ['bædɪ] n šnek. nenaudėlis; piktadarys, piktadario vaidmuo (filme ir pan.); **baddies and goodies** (filmo, knygos) neigiamieji ir teigiamieji veikėjai
bade [bæd, beɪd] past žr. **bid** v
badge [bædʒ] n 1 ženklelis 2 ženklas; emblema; požymis; ~ **of office** valdžios simbolis
badger ['bædʒə] n 1 zool. barsukas, opšrus; **to draw the** ~ a) išvyti barsuką iš olos; b) prk. priversti ką prasitarti/išsiduoti 2 teptukas iš barsuko plaukų (t. p. ~ **brush**) 3 (B.) amer. šnek. Viskonsino valstijos gyventojas; **B. State** juok. Viskonsino valstija
v kaulyti; kamuoti, kankinti (prašymais, klausimais); erzinti
badger-baiting ['bædʒəˌbeɪtɪŋ] n barsukų medžioklė
badger-dog ['bædʒədɔg] n taksis (šunų veislė)
badger-drawing ['bædʒəˌdrɔ:ɪŋ] n = **badger-baiting**
badger-fly ['bædʒəflaɪ] n dirbtinė muselė (jaukas)
badinage ['bædɪnɑ:ʒ] pr. n draugiškas šaipymasis, juokavimas
badlands ['bædləndz] n pl amer. erozijos suskaidytos žemės; nederlingos žemės
badly ['bædlɪ] adv (worse; worst) 1 blogai, prastai; **to think** ~ **(of)** būti prastos nuomonės (apie) 2 labai; **I want/need it** ~ man to labai reikia 3 sunkiai, smarkiai; ~ **wounded** sunkiai sužeistas

badly-off [ˌbædlɪˈɔf] *a* (worse-off; worst-off) sunkioje *(materialinėje)* padėtyje; *the school is ~ for equipment* mokyklai trūksta įrangos

bad-mannered [ˌbædˈmænəd] *a* blogų manierų *(apie žmogų)*

badminton [ˈbædmɪntən] *n sport.* plunksninis, badmintonas

bad-mouth [ˈbædmauð] *v (ypač. amer.) šnek.* (ap)juodinti, (ap)šmeižti

badness [ˈbædnɪs] *n* **1** blogumas, prastumas **2** blogis

bad-off [ˌbædˈɔf] *a amer.* = **badly-off**

bad-tempered [ˈbædˈtempəd] *a* piktas, irzlus

baffle [ˈbæfl] *n tech.* droselis; reflektorinė pertvara, duslintuvas, slopintuvas; ekranas, skydas
v **1** (su)gluminti, (su)trikdyti **2** trukdyti, kliudyti; ardyti, griauti *(planus ir pan.)* **3** *spec.* keisti *(dujų, skysčių, garso bangų ir pan.)* srauto kryptį

baffled [ˈbæfld] *a* suglumęs, sutrikęs

bafflegab [ˈbæflgæb] *n amer. menk.* sunkiai suprantama ir klaidinanti oficialių dokumentų kalba; biurokratinis žodžių kratinys

bafflement [ˈbæflmənt] *n* suglumimas, sutrikimas

baffler [ˈbæflə] *n tech.* **1** reflektorius; reflektorinė pertvara **2** slopintuvas

baffling [ˈbæflɪŋ] *a* gluminantis, trikdantis, sunkus

bag [bæg] *n* **1** krepšys, krepšelis; maišas, maišelis; *to empty the ~* a) ištuštinti krepšį; b) *prk.* viską atskleisti/išpasakoti **2** rankinukas; portfelis; lagaminėlis **3** *(medžiotojo)* kuprinė; laimikis; *to make the ~* nušauti daugiau už kitus medžioklės dalyvius **4** balionas **5** tešmuo **6** *geol. (uolienos)* ertmė; maišelis **7** *pl* maišeliai, padribos *(po akimis)* **8** *pl šnek.* kelnės *(t. p. pair of ~s)* **9** *pl šnek.* begalė, daugybė; *we've get ~s of time* turime daugybę laiko **10** diplomatinis paštas *(ppr. diplomatic ~)* **11** *sl.* boba, merga *(apie negražią, apsileidusią moterį)* **12** *sl.* mėgstamas užsiėmimas; pašaukimas **13** *sl.* nuotaika ◊ *~ and baggage* a) su visa manta; b) visiškai; *to pack one's ~s šnek.* išsikraustyti su visa manta *(ypač susipykus); a mixed ~ šnek. (žmonių, daiktų)* mišinys, maišalas; *~ of bones šnek.* ≡ vieni kaulai, tik oda ir kaulai; *~ of wind amer. šnek.* ≡ plepalų maišas; *the whole ~ of tricks* a) visokios gudrybės; b) viskas; *in the bottom of the ~* blogiausiu atveju; *in the ~ šnek.* ≡ reikalas tikras; *to leave smb holding the ~* palikti ką bėdoje; *to put smb in the ~* paimti viršų, laimėti prieš ką; *to bear/carry the ~* tvarkytis savarankiškai, būti padėties šeimininku; *to make a (good) ~* užgrobti, sunaikinti; *to set one's ~ (for) amer.* gvieštis, tykoti *(ko)*
v **1** dėti į krepšį *ir pan.* **2** sumedžioti **3** numušti *(lėktuvą)* **4** rinkti, kolekcionuoti **5** išsipūsti, išsiduobti; kabėti kaip maišui *(apie drabužį) (t. p. ~ out)* **6** *šnek.* nugriebti, imti nepasiklausus; užsiimti *(vietas; for – dėl)* □ *~ up* pridėti krepšius, sudėti į krepšius/maišus *ir pan.*

bagasse [bəˈgæs] *n (cukranendrių, cukrinių runkelių)* išspaudos

bagatelle [ˌbægəˈtel] *n* **1** menkniekis, mažmožis **2** angliškasis biliardas **3** *muz.* bagatelė

bagel [ˈbeɪgl] *n* apskrita bandelė

bagful [ˈbægful] *n* maišas *(kaip matas)*

baggage [ˈbægɪdʒ] *n* **1** bagažas *(t. p. prk.); ideological ~* ideologinis bagažas **2** *kar.* kariuomenės vežiojamas turtas *(mundiruotė, palapinės ir pan.)* **3** *vulg.* mergšė; boba; *impudent ~* įžūli mergiotė **4** *juok.* išdykėlė, pramuštgalvė

baggagemaster [ˈbægɪdʒmɑːstə] *n amer.* nešikas

baggage-room [ˈbægɪdʒrum] *n amer.* bagažo saugojimo kamera

bagger [ˈbægə] *n* pakuotojas/pylėjas į maišus

bagging [ˈbægɪŋ] *n* **1** maišinis audeklas **2** (į)pakavimas į maišus

baggy [ˈbægɪ] *a* maišo, kaip maišas; dukslus, apsmukęs *(apie drabužį)*

Baghdad [bægˈdæd] *n* Bagdadas *(Irako sostinė)*

bagman [ˈbægmən] *n (pl* -men [-mən]) **1** keliaujantis prekiautojas; komivojažierius **2** *amer., austral. šnek.* reketininkas

bagpipes [ˈbægpaɪpz] *n pl* dūdmaišis *(muzikos instrumentas)*

bag-sleeve [ˈbægsliːv] *n* plati rankovė

baguette [bæˈget] *n* **1** *archit.* bagetas; *men.* bagetas *(brangakmenis)* **2** ilgas batonas *(ypač Prancūzijoje)*

bah [bɑː] *int* fui!, fe! *(reiškiant panieką)*

Bahamas [bəˈhɑːməs] *n (the ~)* Bahamų salos

Bahrain [bɑːˈreɪn] *n* Bahreinas *(Azijos šalis)*

bail[1] [beɪl] *teis. n* **1** užstatas, garantija, laidas; *out on ~* paleistas už užstatą; *to save one's ~, to surrender to one's ~* nustatytu laiku atvykti į teismą *(apie paleistą už užstatą); to accept/allow/take ~, to admit/hold/let to ~* išleisti už užstatą, laiduotinai **2** laiduotojas; *to give/offer ~* rasti sau laiduotoją; *to go/stand ~ (for)* laiduoti (už) ◊ *to give leg ~ šnek.* pabėgti
v teis. **1** paleisti už užstatą, laiduoti *(džn. ~ out)* **2** išpirkti, išgelbėti *(nuo bankroto ir pan.; ppr. ~ out)*

bail[2] *n* perdarynė, gardas *(arklidėje, tvarte)*

bail[3] *v* **1** išsemti/išpilti vandenį *(iš valties; t. p. ~ out)* **2** (iš)šokti su parašiutu *(gelbstintis; out of)*

bail[4] *n* rankena, *(kibiro)* lankelis

bailable [ˈbeɪləbl] *a teis.* paleistinas už užstatą, laiduojamas

bailee [ˌbeɪˈliː] *n teis.* saugotojas; depozitarijus *(asmuo, priimantis vertybes saugoti)*

bailer [ˈbeɪlə] *n* **1** kaušas, samtis, semtuvas **2** vandens iš valties sėmėjas

bailey [ˈbeɪlɪ] *n* **1** *ist.* tvirtovės išorinė siena; tvirtovės kiemas **2**: *Old B.* Londono centrinis *(baudžiamasis)* teismas

Bailey [ˈbeɪlɪ] *n* **1**: *Donald ~* Donaldas Beilis *(anglų išradėjas)* **2**: *~ bridge kar.* surenkamasis metalinis tiltas

bailiff [ˈbeɪlɪf] *n* **1** *teis.* antstolis **2** *amer.* šerifo padėjėjas **3** *(dvaro)* prievaizdas

bailment [ˈbeɪlmənt] *n* **1** išleidimas už užstatą **2** deponavimas; *(turto)* perdavimas saugoti, pasauga

bailor [ˈbeɪlə] *n teis.* pasaugos davėjas; deponentas; depozitorius *(asmuo, perduodantis vertybes saugoti)*

bailout [ˈbeɪlaut] *n fin.* finansinė pagalba, subsidija

bailsman [ˈbeɪlzmən] *n (pl* -men [-mən]) *teis.* laiduotojas *(už suimtąjį)*

bain marie [ˌbænmɑˈriː] *pr.* puodas virti garuose

bairn [bɛən] *n šiaur.* vaikas

bait [beɪt] *n* **1** masalas, jaukas **2** pagunda, vilionė **3** *psn.* arklių šėrimas kelionėje ◊ *to rise to the ~, to swallow the ~* ≡ užkibti ant meškerės, pakliūti į spąstus
v **1** užsmeigti jauką, užmauti masalą *(ant kabliuko);* dėti masalą *(į spąstus)* **2** vilioti, gundyti **3** erzinti, pasišaipyti, užgaulioti **4** pjudyti *(šunimis)* **5** *psn.* šerti *(arklį kelionėje);* sustoti kelionėje pailsėti

baize [beɪz] *n tekst.* bajus; gelumbė *(ppr. žalia; vart. lošimo stalams aptraukti)*

bake [beɪk] *v* **1** kepti; *to ~ a cake* kepti pyragą **2** džiūti saulėje; (su)kietėti **3** degti *(plytas)* **4** degintis, kepintis

bakehouse / ballad

(saulėje); it is baking hot today šiandien saulė smarkiai kepina **5** *šnek.* perkaisti; *open the window – it's baking in here* atidaryk langą – čia iš karščio gali apalpti *n* **1** kepimas **2** apkepas **3** pobūvis, kuriame vaišinama kepiniais

bakehouse ['beɪkhaus] *n* kepykla

bake-off ['beɪkɔf] *n amer.* pyragų kepimo konkursas

baker ['beɪkə] *n* kepėjas; *the ~'s (shop)* duonos parduotuvė

baker-legged ['beɪkə'legd] *a* kreivakojis

bakery ['beɪkərɪ] *n* kepykla; duonos parduotuvė

bakestone ['beɪkstəun] *n (krosnies)* padas, laitas

baking ['beɪkɪŋ] *n* **1** kepimas **2** iškėpis, iškeptasis kiekis *a* kepinantis, pliskinantis; karštas

baking-powder ['beɪkɪŋ‚paudə] *n* kepimo milteliai

baksheesh [‚bæk'ʃiːʃ] *n* bakšišas; kyšis; arbatpinigiai

Baku [bɑː'kuː] *n* Baku *(Azerbaidžano sostinė)*

balalaika [‚bælə'laɪkə] *rus. n* balalaika

balance ['bæləns] *n* **1** balansas, pusiausvyra *(t. p. prk.);* *heat/thermal ~* šilumos balansas; *~ of forces* jėgų pusiausvyra; *~ of mind* ramybė, dvasinė pusiausvyra; *~ of power* politinė *(valstybių)* pusiausvyra; *to keep one's ~* išlaikyti pusiausvyrą, neprarasti pusiausvyros *(t. p. prk.);* *to lose one's ~* netekti pusiausvyros *(t. p. prk.);* *to be (thrown) off (one's) ~* būti išmuštam iš *(dvasinės)* pusiausvyros **2** atsvara; *~ weight* atsvaras **3** švytuoklė; balansyras **4** svarstyklės; *quick/Roman ~* spyruoklinės svarstyklės, svertuvas **5** *(B.)* Svarstyklės *(žvaigždynas ir Zodiako ženklas)* **6** likutis, liekana; *~ of an account* sąskaitos likutis **7** *fin.* balansas, saldas *(t. p. ~ in hand); active trade ~* aktyvus prekybos balansas; *to strike a ~* a) sudaryti balansą, subalansuoti; b) *prk.* rasti teisingą sprendimą ◊ *on ~* atsižvelgus į viską; *to be/hang in the ~* kyboti ant plauko *(esant dviem lygioms galimybėms); to be weighed in the ~ and found wanting* nepateisinti vilčių; *to hold the ~* turėti lemiamą įtaką *(esant lygioms jėgoms)* *v* **1** balansuoti, išlaikyti pusiausvyrą; būti pusiausvyros padėtyje **2** (ap)svarstyti, (ap)galvoti, pasverti, (su)gretinti *(with, against)* **3** svyruoti *(between)* **4** *buh.* (su)balansuoti, (su)sumuoti *(sąskaitas ir pan.); the accounts don't ~* sąskaitos nesueina □ *~ out* su(si)balansuoti

balance-beam ['bælənsbiːm] *n* **1** *(svarstyklių)* svirtis, petys, svertas, svirtelė **2** balansyras **3** *sport.* buomas

balance-bridge ['bælənsbrɪdʒ] *n* pakeliamasis tiltas

balanced ['bælənst] *a* **1** subalansuotas **2** harmoningas, proporcingas **3** išlaikantis pusiausvyrą, ramus

balance-master ['bæləns‚mɑːstə] *n* ekvilibristas

balancer ['bælənsə] *n* **1** ekvilibristas, lyno akrobatas **2** *tech.* kompensatorius, stabilizatorius

balance-sheet ['bælənsʃiːt] *n fin.* balansas

balance-step ['bælənsstep] *n kar.* mokomasis žingsnis

balance-wheel ['bælənswiːl] *n (laikrodžio)* balansyras

balconied ['bælkənɪd] *a* su balkonu, su balkonais

balcony ['bælkənɪ] *n* balkonas *(t. p. teatr., kin.)*

bald [bɔːld] *a* **1** plikas, nuplikęs, praplikęs; *to go ~* plikti **2** nuogas, apnuogintas; be augmenijos, be plunksnų, be kailio **3** nuogas, nepridengtas; nepagražintas; *~ facts* nuogi/pliki faktai; *~ lie* įžūlus melas **4** blankus, neraiškus *(apie stilių ir pan.)* **5** nuvažinėtas, lygus *(apie padangą)*

baldachin ['bɔːldəkɪn] *n* baldakimas

bald-coot ['bɔːldkuːt] *n =* **coot**

balderdash ['bɔːldədæʃ] *n* nesąmonė, niekai; tauškalas

bald-faced ['bɔːld'feɪst] *a* **1** = **bald-headed** 2 **2** *amer.* = **bald** 3

bald-headed ['bɔːld'hedɪd] *a* **1** plikas, plikagalvis **2** su balta dėme/žvaigžde kaktoje *(apie gyvulius)* *adv: to go ~ (into, for) sl.* beprotiškai veržtis; viskuo rizikuoti

balding ['bɔːldɪŋ] *a* plinkantis

baldly ['bɔːldlɪ] *adv* **1** atvirai; *to put it ~ mod* tiesiai/atvirai sakant **2** menkai, vargingai

baldness ['bɔːldnɪs] *n* plikumas, nuplikimas *ir pan., žr.* **bald**

baldric ['bɔːldrɪk] *n kar.* perpetė

baldy ['bɔːldɪ] *n menk.* plikis

bale¹ [beɪl] *n* **1** ryšulys, pakas; gniutulas **2** *pl* prekės *v* rišti *(į ryšulius),* pakuoti

bale² *n psn., poet.* vargas, nelaimė

bale³ *v =* **bail³**

Balearic [‚bælɪ'ærɪk] *a: the ~ Islands* Balearų salos

baleen [bə'liːn] *n* banginio ūsas

balefire ['beɪl‚faɪə] *n* **1** signalinė ugnis **2** laužas

baleful ['beɪlfəl] *a poet.* pražūtingas, grėsmingas; *~ look* piktas/negeras žvilgsnis

balestra [bə'lestrə] *n* šuoliukas į priekį su įtūpstu *(fechtavimas)*

balk [bɔːk] *n* **1** rąstas, sienojas, sija, tašas **2** *(the ~s) pl* pastogė **3** kliūtis, kliuvinys **4** *ž. ū.* vogis, nesuartos žemės ruožas **5** *jūr.* bimsas ◊ *to make a ~ of good ground* praleisti gerą progą *v* **1** atsisakyti, užsispirti, spyriotis *(t. p. apie arklį; at)* **2** apeiti, praleisti; ignoruoti **3** kliudyti, trukdyti **4** vengti *(atlikti pareigą)* **5** nepateisinti *(vilčių),* apvilti *(of, in)*

Balkan ['bɔːlkən] *a* Balkanų, balkaniškas

Balkans ['bɔːlkənz] *n (the ~) pl* Balkanai *(kalnai)*

balky ['bɔːkɪ] *a* užsispyręs *(apie gyvulį; amer. t. p. apie žmogų)*

ball¹ [bɔːl] <*n, a, v*> *n* **1** rutulys, rutuliukas; *(siūlų)* kamuolys; *to curl up in a ~* susiriesti į kamuolį **2** sviedinys, kamuolys; *to play at ~, to have a game at ~* žaisti (su) sviediniu **3** smūgis *(sviediniu); a good ~* geras smūgis **4** *amer.* beisbolas *(t. p. ~ game)* **5** *ist.* kulka, sviedinys **6** *anat. (piršto)* pilvelis; *(kelio)* girnelė **7** *vet.* piliulė **8** *pl šnek.* niekai, nesąmonės; *to make ~s (of)* pripainioti, padaryti painiavą/netvarką **9** *pl vulg.* patai **10** *pl vulg.* įžūlybė, drąsa ◊ *the whole ~ of wax* viskas pasaulyje; viskas nuo pradžios ligi galo; *~ of fortune* likimo žaislas; *three (golden) ~s* palūkininko iškaba; *to have the ~ at one's feet* būti padėties šeimininku; *to strike the ~ under the line* nepasisekti; *to take up the ~* a) įsikišti/įsimaišyti į pokalbį; b) imtis *(ko); to start/set the ~ rolling* pradėti *(pokalbį, veiklą); to keep the ~ rolling, to keep up the ~* a) palaikyti *(pokalbį ir pan.);* b) toliau dirbti; *to catch/take the ~ before the bound* per anksti veikti; *the ~ is in your court, the ~ is with you* jūsų eilė *(veikti); to be on the ~ šnek.* greitai susigaudyti; įsimanyti savo dalyką; *get on the ~! amer. šnek.* greičiau!; *to carry the ~ amer. šnek.* aktyviai veikti; *to play ~ šnek.* noriai bendradarbiauti/vykdyti *a* rutulinis, rutuliškas; *~ mill tech.* rutulinis malūnas; *~ lightning* kamuolinis žaibas *v* **1** sukti(s), vynioti(s) į kamuolį; surutulioti *(t. p. ~ up)* **2** *amer. vulg.* išdulkinti □ *~ up sl.* su(si)maišyti, su(si)painioti

ball² *n* puota, pokylis, balius, šokių vakaras; *to open the ~* a) pradėti puotą; b) *prek.* pradėti veikti, imtis iniciatyvos ◊ *to have a ~ šnek. (smarkiai)* pasilinksminti

ballad ['bæləd] *n* baladė *(siužetinis, ppr. liaudies kūrybos eilėraštis/poema); (liaudiška)* meilės daina

ballad-monger ['bæləd͵mʌŋgə] *n* 1 *ist.* baladžių autorius/ pardavinėtojas 2 *niek.* eiliakalys, eiliadirbys

ball-and-socket ['bɔːlənd'sɔkɪt] *a:* ~ *joint tech.* rutulinis šarnyras

ballast ['bæləst] *n* 1 balastas; ~ *trimming jūr.* balasto pasiskirstymas; *the ship is in* ~ laivas pakrautas balasto 2 tvirtumas; pastovumas; *mental* ~ charakterio tvirtumas; santūrumas; *to lack/have no* ~ būti nepastovaus būdo 3 skalda
v 1 pakrauti/pripilti balasto 2 teikti pastovumo 3 grįsti skalda

ball-bearing [͵bɔːl'bɛərɪŋ] *n tech.* rutulinis guolis

ballcock ['bɔːlkɔk] *n tech.* plūdė

ballerina [͵bælə'riːnə] *n* balerina

ballet ['bæleɪ] *pr. n* baletas

ballet-dancer ['bælɪ͵dɑːnsə] *n* baleto artistas; balerina

ballet-master ['bælɪ͵mɑːstə] *n* baletmeisteris

balletomane ['bælɪtəᵘmeɪn] *n* baleto mėgėjas, baletomanas

ballgown ['bɔːlgaun] *n* balinė suknelė

ballistic [bə'lɪstɪk] *a* balistinis; ~ *missile* balistinė raketa

ballistics [bə'lɪstɪks] *n* balistika

ballocks ['bɔləks] *n* = **bollocks**

balloon [bə'luːn] *n* 1 balionas 2 nevaldomas aerostatas; *captive* ~ pririšamasis aerostatas; *observation* ~, ~ *on bearings* pririšamasis stebėjimo aerostatas; ~ *observation* žvalgyba iš pririšamųjų aerostatų; ~ *barrage* priešlėktuvinė aerostatų užtvara 3 *chem.* kolba 4 karikatūros personažo žodžiai *(apibrėžti apskritimu)* ◊ *the* ~ *went up* veiksmas prasidėjo; *to go down like a lead* ~ nesulaukti norėtos reakcijos *(apie sąmojį ir pan.)*
v 1 kilti *(skristi aerostatu, kaip balionui)* 2 pūstis, išsipūsti *(t. p.* ~ *out)*

balloon-car [bə'luːnkɑː] *n* aerostato gondola, kabina, krepšys

ballooning [bə'luːnɪŋ] *n* balionų sportas

balloonist [bə'luːnɪst] *n* aeronautas, skraidantis aerostatu, oreivis

ballot ['bælət] *n* 1 rinkimų biuletenis; *tissue* ~ *amer.* rinkimų biuletenis iš rūkomojo popieriaus 2 *(slaptas)* balsavimas *(t. p. secret* ~); *amer.* balsavimas *(t. p. atviras)*; *to elect/vote by* ~, *to take a* ~ balsuoti; *absentee* ~ *amer.* balsavimas paštu 3 paduotų balsų skaičius 4 burtų traukimas
v 1 balsuoti 2 apklausti *(slaptu balsavimu)* 3 traukti burtus

ballot-box ['bælətbɔks] *n* 1 rinkimų urna/dėžė; *to stuff the* ~ *amer.* primesti urną suklastotų biuletenių 2 demokratiniai rinkimai

ballot-paper ['bælətpeɪpə] *n* rinkimų biuletenis

ball-park ['bɔːlpɑːk] *a* apytikris, apytikslis; ~ *figure* apytikslis skaičius/kiekis
n amer. beisbolo aikštė

ballplayer ['bɔːl͵pleɪə] *n* žaidėjas profesionalas *(ypač beisbolo)*

ballpoint ['bɔːlpɔɪnt] *n* tušinukas, šratinukas *(t. p.* ~ *pen)*

ball-proof ['bɔːlpruːf] *a* kulkų nepramušamas

ballroom ['bɔːlrum] *n* šokių/banketų salė; ~ *dancing* pramoginiai šokiai

balls [bɔːlz] *sl. int* šūdas!, kvailystės! *(reiškiant nepritarimą, nusivylimą)*
v: ~ *up* patirti nesėkmę, sujaukti

balls-up ['bɔːlzʌp] *n sl.* jovalas, sujaukimas

ballsy ['bɔːlzɪ] *a amer.* drąsus ir ryžtingas

ball-up ['bɔːlʌp] *n amer.* = **balls-up**

bally ['bælɪ] *sl. a* prakeiktas; velniškas
adv baisiai, velniškai

ballyhoo [͵bælɪ'huː] *n šnek.* triukšmas, triukšminga reklama, bumas

ballyrag ['bælɪræg] *v sl.* 1 šiurkščiai šaipytis, įžūliai juoktis 2 keikti

balm [bɑːm] *n* 1 balzamas; skausmo raminamieji vaistai 2 *poet.* paguoda

balm-cricket ['bɑːm͵krɪkɪt] *n zool.* cikada

balmy ['bɑːmɪ] *a* 1 švelnus *(apie vėjelį)*; malonus *(apie orą)* 2 aromatingas 3 balzamo, balzaminis 4 gydomasis, raminamasis 5 *amer. sl.* kvailas

balneology [͵bælnɪ'ɔlədʒɪ] *n med.* balneologija

baloney [bə'ləunɪ] *n amer. šnek.* 1 nesąmonė, kvailystė 2 = **bologna**

balsa ['bɔːlsə] *isp. n bot.* ochroma, balza

balsam ['bɔːlsəm] *n* 1 balzamas 2 *bot.* balzammedis 3 *bot.* balzaminas

balsamic [bɔːl'sæmɪk] *a* = **balmy** 2 *ir* 4

Balthazar [bæl'θæzə] *n* Baltazaras *(vardas)*

Baltic ['bɔːltɪk] *a* 1 Baltijos; Baltijos jūros; *B. States* Baltijos/Pabaltijo valstybės 2 baltų, baltiškas; ~ *studies* baltistika
n 1 baltų kalbų šaka 2 *(the* ~) Baltijos jūra

Balts [bɔːlts] *n pl* baltai, aisčiai

baluster ['bæləstə] *n stat.* 1 baliustra, turėklų stulpelis 2 *pl* baliustrada

balustrade [͵bælə'streɪd] *n* baliustrada

bamboo [bæm'buː] *n (pl* ~s [-z]) bambukas *(augalas, jo stiebas)*

bamboozle [bæm'buːzl] *v šnek.* (ap)mulkinti, apgaud(inė)ti; mistifikuoti

ban [bæn] *n* 1 (už)draudimas *(on)*; *to put/lay/place under a* ~ (už)drausti 2 *bažn. psn.* prakeikimas, anatema; *under the* ~ atskirtas nuo bažnyčios 3 *ist.* ištrėmimo nuosprendis; *B. of the Empire* paskelbimas esančiu už įstatymo ribų *(Romos imperijoje)* 4 *pl psn.* = **banns**
v 1 (už)drausti; *he was* ~*ned from driving* jam uždrausta vairuoti 2 *psn.* prakeikti; atskirti nuo bažnyčios

banal [bə'nɑːl, bə'næl] *a* banalus

banality [bə'nælətɪ] *n* banalumas; banalybė

banana [bə'nɑːnə] *n* bananas ◊ *the big* ~ didelis viršininkas/žmogus; ~ *republic niek.* bananinė respublika

bananas [bə'nɑːnəz] *a šnek.* pamišęs, kvailas ◊ *to go* ~ *šnek.* pasiusti, padūkti

band[1] [bænd] *n* 1 raištis, ryšys, kaspinas; *faggot* ~ žabų ryšelis 2 juosta; žiedas, lankas; apvadas; ~ *conveyor* juostinis transporteris; ~ *brake aut.* juostinis stabdys 3 ruožas, ruoželis 4 *el., rad. (dažnių)* juosta; diapazonas *(t. p. prk.)*; *citizens'* ~ vietinis radijo ryšys *(tam tikrame diapazone)* 5 *pl* dvi baltos juostelės prie *(teisėjo, dvasininko)* apykaklės
v 1 rišti 2 *(ppr. pass)* apjuosti juostele *(with)* □ ~ *together* surišti

band[2] *n* 1 *muz.* grupė; orkestras 2 būrys, grupė *(of)* 3 gauja, banda ◊ *to beat the* ~ *šnek.* smarkiai; gausiai; *when the* ~ *begins to play šnek.* kai bus rimta padėtis, kai prasidės nemalonumai
v jungti(s), vienyti(s) □ ~ *together* susiburti, susitelkti; susivienyti

bandage ['bændɪdʒ] *n* 1 aprišalas, tvarstis, bintas; tvarstomoji medžiaga 2 *(akių)* raištis 3 *spec.* bandažas
v aprišti, (su)tvarstyti, (su)bintuoti *(t. p.* ~ *up)*

bandan(n)a [bæn'dænə] *n* didelė spalvota skarelė *(ppr. nešiojama ant kaklo)*

bandbox ['bændbɔks] *n (kartoninė)* dėžutė *(skrybėlėms, kaspinams ir pan.)* ◊ **to look as if one had just come out of a ~** atrodyti švarutėliam ir elegantiškam
bandeau ['bændəu] *pr. n (pl ~x [-z])* kaspinas, juostelė *(plaukams)*
banderol(e) ['bændərəul] *n* **1** vėliavėlė, gairelė **2** *men. (graviūros)* legenda, įrašas **3** *archit.* banderolė, juostos pavidalo skulptūrinė puošmena su įrašu
band-iron ['bænd,aɪən] *n tech.* juostinė geležis
bandit ['bændɪt] *n* ginkluotas plėšikas, banditas
banditry ['bændɪtrɪ] *n* banditizmas
bandleader ['bændli:də] *n* orkestro vadovas
bandmaster ['bændmɑ:stə] *n* kapelmeisteris
bandog ['bændɔg] *n* **1** grandine pririštas šuo **2** anglų veislės dogas; pėdsekys
bandoleer, bandolier [,bændə'lɪə] *n kar.* šovininė, šovinių diržas
bandsaw ['bændsɔ:] *n tech.* juostinis pjūklas
bandsman ['bændzmən] *n (pl -men [-mən]) (tik. v.)* orkestrantas, orkestro muzikantas
bandstand ['bændstænd] *n* orkestro estrada/pakyla *(parke)*
bandwagon ['bændwægən] *n* **1** furgonas **2** *(rinkimus)* laimėjusi pusė ◊ **to jump/climb on the ~** prisidėti prie populiarios nuomonės, pelningos veiklos
bandy¹ ['bændɪ] *v* **1** mėtytis, mušti, svaidyti *(kamuolį)* **2** persimesti, keistis *(mintimis, smūgiais ir pan.)*; **to ~ words** *(with)* bartis, išsibarti ☐ **~ about/around** dažnai teigti/minėti; skleisti *(gandus);* **to have one's name bandied about** būti (ap)kalbų objektu
bandy² *a* šleivas, kreivas *(apie kojas)*
bandy-legged ['bændɪ'legd] *a* šleivakojis, kreivakojis
bane [beɪn] *n* pražūtis, nelaimė; bausmė, prakeikimas; **drink has been the ~ of his life** girtuokliavimas buvo jo pražūtis/nelaimė
baneful ['beɪnfəl] *a knyg.* pražūtingas
bang¹ [bæŋ] *<n, v, adv, int> n* **1** smūgis; **he got a nasty ~ on the head** jis smarkiai susitrenkė galvą **2** trenksmas, trinktelėjimas, pokštelėjimas; **the door shut with a ~** durys užsidarė su trenksmu, smarkiai trinktelėjo **3** *amer. šnek.* didžiulis malonumas ◊ **to go off/over with a ~** puikiai pavykti
v **1** trenkti; trankyti(s) *(t. p. ~ about)* **2** trinktelėti, pokštelėti *(apie duris, šūvį ir pan.);* **to ~ one's fist on the table, to ~ the table with one's fist** trinktelėti kumščiu į stalą **3** trenktis, susitrenkti *(galvą ir pan.)* **4** *šnek.* aplenkti, pranokti **5** *vulg.* (iš)dulkinti ☐ **~ away** darbuotis, triūsti *(at);* **~ in** įkalti, įvaryti; **~ off** *(tuščiai)* iššaudyti, išpyškinti *(šovinius);* **~ on** įkyriai kartoti *(tą patį);* **~ out** išpyškinti *(muzikos instrumentu, rašomąja mašinėle);* **~ up** sumušti, sužeisti
adv šnek. **1** staiga **2** kaip tik, tiesiai; **to arrive ~ on time** atvykti kaip tik laiku
int bumbt!, pokšt!
bang² *n (ppr. pl)* karčiukai *(šukuosena)*
v apkirpti plaukus paliekant karčiukus
banger ['bæŋə] *n šnek.* **1** dešrelė **2** fejerverkas **3** klebetas, kledaras *(apie seną automobilį; ppr.* **old ~**)
Bangkok [,bæn'kɔk] *n* Bankokas *(Tailando sostinė)*
Bangladesh [,bæŋglə'deʃ] *n* Bangladešas *(valstybė)*
bangle ['bæŋgl] *n* apyrankė
bang-on [,bæŋ'ɔn] *a šnek.* kaip tik, tikslus; puikus
bang-up ['bæŋgʌp] *a amer. šnek.* pirmarūšis, puikus
banian ['bænɪən] *n* = **banyan**

banish ['bænɪʃ] *v* **1** (iš)varyti, (iš)vyti; (iš)tremti **2** atsikratyti; išmesti iš galvos
banishment ['bænɪʃmənt] *n* **1** ištrėmimas; tremtis **2** *ret.* (iš)varymas
banister ['bænɪstə] *n* **1** = **baluster** 1 **2** *pl* laiptų turėklai, baliustrada
banjo ['bændʒəu] *n (pl ~(e)s [-z])* **1** *muz.* bandža **2** *tech.* dėžė, gaubtas, karteris
bank¹ [bæŋk] *n* **1** *(upės, ežero)* krantas; **to break its ~s** išsilieti/išeiti iš krantų *(apie upę)* **2** pylimas **3** rėva; banka **4** sąnašos, samplovos, sankaupos *ir pan.;* **~ of snow** sniego pusnis; **cloud ~s** debesų kalnai/virtinės **5** *av. (lėktuvo)* pasvirimas; viražas **6** *kas.* klodas, telkinys **7** *tech. (prietaisų, aparatų)* grupė; **~ of cylinders** cilindrų blokas
v **1** (su)pilti pylimą **2** (su)nešti, (už)versti *(apie smėlį; t. p.* **~ up**) **3** (su)krauti, (su)dėti į eiles **4** (už)tvenkti **5** *av., aut.* pakrypti, daryti viražą **6** varyti kamuolį prie krašto, atmušti į kraštą *(biliarde)*
bank² *n* **1** bankas *(t. p. lošimuose);* **~ of circulation** emisijos bankas; **~ holiday** a) tarnautojų nedarbo dienos *(kai bankai nedirba; D. Britanijoje);* b) *amer.* savaitės diena, kai bankai uždaryti; **to break the ~** paimti banką *(lošime)* **2** atsargos; atsargų laikymo vieta; **blood ~** a) donorų punktas; b) konservuoto kraujo atsargos ◊ **you can't put it in the ~** *šnek.* iš to jokios naudos; **it won't break the ~** tai nieko nesužlugdys/nesubankrutuos
v **1** dėti *(pinigus)* į banką; laikyti *(pinigus)* banke **2** būti bankininku **3** dėti viltis *(on – į)*
bank³ *n* **1** *ist. (galeros)* suolas, irklų eilė **2** *(vargonų, rašomųjų mašinėlių)* klaviatūra
bankable ['bæŋkəbl] *a* **1** atnešantis pelną, naudą *ir pan.* **2** *fin.* priimamas, priimtinas *(banke);* **~ bill** patikimasis vekselis
bank-ballance ['bæŋk,bæləns] *n fin.* sąskaitos likutis *(banke)*
bankbill ['bæŋkbɪl] *n fin.* banko vekselis
bankbook ['bæŋkbuk] *n fin.* banko knygutė; asmeninė sąskaita
banked [bæŋkt] *a* su viražu *(apie kelio posūkį)*
banker¹ ['bæŋkə] *n* **1** bankininkas **2** banko laikytojas *(lošimuose)*
banker² *n* **1** laivas, žvejojantis menkes prie Niufaundlando krantų **2** žvejys, gaudantis menkes
banking¹ ['bæŋkɪŋ] *n fin.* bankininkystė; banko operacijos; **~ hours** bankų darbo valandos
banking² *n av., aut., jūr.* krenas, pokrypis, viražas
banking-house ['bæŋkɪŋ,haus] *n ret.* bankas
banknote ['bæŋknəut] *n* banknotas
bank-rate ['bæŋkreɪt] *n fin.* banko norma *(ppr. centrinio banko diskonto palūkanų norma)*
bankroll ['bæŋkrəul] *n* lėšos; finansų atsargos
v šnek. finansuoti, skirti lėšų
bankrupt ['bæŋkrʌpt] *n* subankrutavęs asmuo, beviltiškas skolininkas, bankrotas *(asmuo);* **discharged ~** bankrotas, kurio teises atkūrė teismas
a **1** subankrutavęs; **to go ~** (su)bankrutuoti **2** nepajėgus *(ką gera daryti)* **3** visiškai netekęs *(kurios nors geros savybės);* **~ in reputation** prastos reputacijos; **to be morally ~** morališkai (su)bankrutuoti
v (su)bankrutuoti; privesti prie bankroto
bankruptcy ['bæŋkrʌptsɪ] *n* bankrotas; (su)bankrutavimas *(t. p. prk.); (planų ir pan.)* žlugimas; **next door to ~** prie pat bankroto, bankrutuojantis
bankseat ['bæŋksi:t] *n (tilto)* atrama

banner ['bænə] *n* **1** transparantas, plakatas **2** stambi antraštė *(per visą laikraščio puslapį; t. p. ~ headline)* **3** *knyg.* vėliava ◊ *to join/follow the ~ (of)* eiti *(su)*, prisidėti *(prie)*, stoti/būti *(kieno)* pusėje; *to carry the ~* a) propaguoti, karštai palaikyti; b) *amer. iron.* slankioti visą naktį *(nemiegoti)*
a amer. geriausias, puikiausias, rekordinis
banner-bearer ['bænə‚bɛərə] *n* vėliavnešys
banner-cry ['bænəkraɪ] *n* kovos šūkis
bannister ['bænɪstə] n = **banister**
bannock ['bænək] *n šiaur.* miežinis/avižinis paplotėlis
banns [bænz] *n pl bažn.* užsakai; *to ask/call/publish the ~* paduoti/paskelbti užsakus; *to forbid the ~* protestuoti dėl paskelbtos santuokos
banquet ['bæŋkwɪt] *n* banketas, kviestiniai pietūs; puota ◊ *~ of brine* gailios/kruvinos ašaros
v **1** surengti banketą/puotą **2** dalyvauti bankete/puotoje; puotauti
banqueter ['bæŋkwɪtə] *n* banketo dalyvis, puotautojas
banquette [bæŋ'ket] *n* **1** minkštasuolis prie sienos *(restorane)* **2** *stat.* berma **3** *kar.* šaudymo laiptelis/pakopa
banshee [bæn'ʃiː] *n air., škot. mit.* šmėkla, kurios riksmas pranašauja mirtį
bantam ['bæntəm] *n* **1** bantamų veislės vištos **2** *šnek.* peštukas **3** *attr:* *~ car* mažalitražis automobilis
bantamweight ['bæntəmweɪt] *n sport.* lengviausiasis svoris, lengviausiojo svorio boksininkas *ar* sunkumų kilnotojas
banter ['bæntə] *n* geraširdiškas pajuokavimas
v geraširdiškai pajuokauti/paerzinti/pasišaipyti
bantering ['bæntərɪŋ] *a* mėgstantis juokauti, žaismingas
banting[1] ['bæntɪŋ] *n* nutukimo gydymas dieta
banting[2] *a* juokaujamas
bantling ['bæntlɪŋ] *n niek.* išpera *(apie vaiką)*
Bantu ['bæn'tuː] *n* bantai *(Afrikos tautų grupė, jų kalbos)*
banyan ['bænɪən] *n* **1** indas prekiautojas **2** platus, laisvi marškiniai, chalatas **3** *bot.* banjanas, bengalinis fikas *(t. p. ~ tree)*
baobab ['beɪəbæb] *n bot.* baobabas *(medis)*
bap [bæp] *n dial.* apskrita bandelė
baptism ['bæptɪzm] *n* krikštas *(t. p. prk.)*; krikštijimas; *~ of fire* kovos krikštas
baptismal [bæp'tɪzml] *a* krikšto, krikštijimo; *~ certificate* krikšto liudijimas
baptist ['bæptɪst] *n* **1** krikštytojas **2** baptistas
baptist(e)ry ['bæptɪstərɪ] *n* krikštykla; baptisterija
baptize [bæp'taɪz] *v* krikštyti
bar[1] [bɑː] *n* **1** *(bet koks pailgas)* gabalas; luitas, strypas, juosta; *~ of soap* muilo gabalėlis; *~ of chocolate* šokolado plytelė; *~ of gold* aukso luitas **2** laužtuvas, dalba **3** užtvaras, buomas; *(durų)* skląstis, užšovas **4** *pl* grotos; *behind ~s šnek.* už grotų *(kalėjime)* **5** kliūtis; *to let down the ~s* pašalinti kliūtis **6** sėklius, bara; sekluma **7** *(šviesos, spalvos)* ruožas **8** *kar. (ordino)* juostelė **9** *sport.* kartelė; *to clear the ~* peršokti kartelę, pasiekti tam tikrą aukštį; *horizontal ~* skersinis; *parallel ~s* lygiagretės; *monkey ~s* a) švediškoji sienelė; b) *amer.* lipynės *(vaikams laipioti)* **10** *muz.* taktas, takto brūkšnys *(t. p. ~ line)*
v **1** užsklęsti/užtumti skląsčiu/užšovu *(t. p. ~ up)* **2** užtverti, užstoti, stabdyti **3** drausti, neleisti **4** *(ppr. pass)* suruožuoti *(dryžiais, juostomis)* □ *~ in* neišleisti, užrakinti *(viduje)*; *~ out* neįleisti, palikti lauke
bar[2] *n* **1** prekystalis; bufetas **2** baras, užkandinė *(t. p. public ~); saloon/lounge ~ (restorano, viešbučio)* (ištaigingas) baras

bar[3] *n teis.* **1** barjeras, skiriantis teisiamąjį nuo teisėjų; *the prisoner at the ~* teisiamasis **2** *(the ~, the B.)* advokatūra; *~ and bench* advokatūra ir teismas; advokatai ir teisėjai; *to be called, ar to go, to the ~* a) gauti advokato praktikos teisę; b) *amer.* tapti teisininku; *to be at the B.* advokatauti; *to read for the B.* rengtis advokatūrai, studijuoti teisę; *to be called within the B.* būti paskirtam karališkuoju advokatu *(D. Britanijoje)* **3** nuožiūra, įvertinimas, teismas; *the ~ of public opinion* viešosios nuomonės teismas **4** teisinė kliūtis, draudimas
bar[4] *n fiz.* baras *(slėgio vienetas)*
bar[5] *prep knyg.* išskyrus; *all ~ two* visi, išskyrus du; *~ none* be išimties
barb [bɑːb] *n* **1** *(kabliuko, strėlės)* dantelis, užkarpa **2** *(vielos)* spyglys, akstinas **3** *(varpos)* akuotas **3** kandi pastaba, replika
v dantyti, daryti užkarpas/spyglius
Barbados [bɑː'beɪdəuz] *n* Barbadosas *(sala ir valstybė)*
Barbara ['bɑːbərə] *n* Barbora, Barbara *(vardas)*
barbarian [bɑː'bɛərɪən] *n* barbaras *(t. p. prk.)*
a barbariškas
barbaric [bɑː'bærɪk] *a* **1** šiurkštus, žiaurus, barbariškas **2** barbarų; pirmykštis
barbarism ['bɑːbərɪzm] *n* **1** barbarystė; barbariškumas **2** *kalb.* barbarizmas, svetimybė
barbarity [bɑː'bærətɪ] *n* **1** barbariškumas; žiaurumas, beširdiškumas **2** *(stiliaus, skonio)* šiurkštumas
barbarize ['bɑːbəraɪz] *v* **1** barbarinti; pa(si)daryti laukiniu **2** darkyti *(kalbą)*, užteršti *(kalbą)* barbarizmais
barbarous ['bɑːbərəs] *a* **1** barbariškas, laukinis **2** šiurkštus, žiaurus
barbate ['bɑːbeɪt] *a* **1** *bot.* akuotuotas **2** *zool.* barzdotas, ūsuotas
barbecue ['bɑːbɪkjuː] *n* **1** rėmas, ant kurio kepama skerdiena *(virš atviros ugnies lauke)* **2** iškepta skerdiena **3** šventė, kurios metu kepama skerdiena; piknikas, kurio metu mėsa kepama ant atviros ugnies **4** aikštelė kavos pupelėms džiovinti
v kepti mėsą ant rėmo *(lauke)*
barbed [bɑːbd] *a* **1** spygliuotas; *~ wire* spygliuotoji viela **2** kandus; *~ remark* kandi pastaba
barbel ['bɑːbəl] *n* **1** *zool.* ūsorius *(žuvis)* **2** *(žuvies)* ūseliai **3** *vet.* snukio ir nagų liga
barbell ['bɑːbel] *n sport.* štanga
barber ['bɑːbə] *n (vyrų)* kirpėjas; *the ~'s* kirpykla; *~'s pole* kirpėjo iškaba *(baltai ir raudonai spirale nudažyta kartelė)* ◊ *every ~ knows that* tai visi žino
barberry ['bɑːbərɪ] *n bot.* raugerškis *(t. p. uoga)*
barbershop ['bɑːbəʃɔp] *n* **1** *amer.* vyrų kirpykla **2**: *~ quartet* vyrų kvartetas, dainuojantis a cappella
barbican ['bɑːbɪkən] *n kar. ist.* barbakanas
barbie ['bɑːbɪ] *sutr. šnek.* = **barbecue** *n*
barbitone ['bɑːbɪtəun] *n farm.* barbitalis
barbiturate [bɑː'bɪtjurət] *n farm.* barbitūratas
barbituric [‚bɑːbɪ'tjuərɪk] *a*: *~ acid* barbitūro rūgštis
barbola [bɑː'bəulə] *n* smulkios lipdytinės puošmenos
barbwire [‚bɑː'baɪə] *n amer.* spygliuotoji viela
barcarol(l)e ['bɑːkərəul] *n muz.* barkarolė
Barcelona [‚bɑːsɪ'ləunə] *n* Barselona *(miestas)*
barcode ['bɑːkəud] *n (prekės)* brūkšninis kodas
bard[1] [bɑːd] *n poet.* dainius, bardas ◊ *the B. of Avon* Šekspyras
bard[2] *n kul.* lašinių bryzelis
bardic ['bɑːdɪk] *a ist.* bardų, bardiškas

bare [bɛə] *a* **1** nuogas, plikas *(t. p. prk.)*; ~ *trees* pliki/nuogi medžiai; ~ *feet* basos kojos; ~ *facts* nuogi/gryni faktai **2** tuščias, skurdus; *a room ~ of furniture* tuščias *(neapstatytas)* kambarys **3** (nu)nešiotas, (pa)dėvėtas **4** nepagražintas, paprastas **5** labai menkas; mažiausias; *a ~ majority* labai nežymi dauguma; ~ *possibility* mažiausia galimybė **6** (vien) tik; *at the ~ mention (of)* vien tik paminėjus; *to believe smth at smb's ~ word* patikėti kieno vien tik žodžiais **7** *el.* neizoliuotas, plikas *(apie laidą)*
v apnuoginti, nudengti, atidengti; *to ~ one's heart/soul* atverti širdį
bare-ass(ed) ['bɛəræs(t)] *a amer. sl.* nuogalius, plikis, plikarūris
bareback ['bɛəbæk] *a* nepabalnotas; nepabalnotu žirgu
adv be balno
barefaced ['bɛəfeɪst] *a* **1** pliku veidu *(be barzdos, kaukės)* **2** begėdiškas, įžūlus
barefoot ['bɛəfut] *a* basas
adv basomis
barefooted ['bɛə'futɪd] *a* basas, basakojis
barehanded ['bɛə'hændɪd] *a* plikomis rankomis *(be pirštinių, be įrankių, be ginklų)*
bareheaded ['bɛə'hedɪd] *a* vienplaukis, plika galva *(be kepurės, skrybėlės)*
barelegged ['bɛə'legd] *a* plikablauzdis, plikakojis
barely ['bɛəlɪ] *adv* **1** tik, vos; *we ~ caught the train* vos suspėjome į traukinį **2** skurdžiai; paprastai **3** *ret.* tiesiai, atvirai
barenecked ['bɛə'nekt] *a* nuogakaklis, plikakaklis; su iškirpte
bareness ['bɛənɪs] *n* **1** nuogumas, plikumas **2** skurdumas
Barents ['bɑ:rənts] *n*: *the ~ Sea* Barenco jūra
barf [bɑ:f] *v amer. šnek.* vemti, ≡ ožius lupti
barfly ['bɑ:flaɪ] *n amer. šnek.* nuolatinis barų lankytojas
bargain ['bɑ:gɪn] *n* **1** sandėris, susitarimas, derybos; sandėris; *to make/strike/settle/close/conclude a ~* (pa)daryti sandėrį, su(si)derėti, susitarti; *a good [bad, loosing] ~* geras/pelningas [prastas/nepelningas, nuostolingas] sandėris; *to drive a hard ~* atkakliai derėtis, nusiderėti; daug užsiprašyti; *to bind a ~* duoti avanso; *wet/Dutch ~* sandėris su magaryčiomis **2** *(a ~)* pigus pirkinys, pigiai pirkta prekė; *to buy at a ~* pigiai pirkti ◊ *into the ~* be to, dar; *to make the best of a bad ~* nenusiminti dėl nepasisekimo; *that's a ~!* sutarta!, duok ranką!
v **1** derėtis, tartis, lygti *(for)* **2** laukti, tikėtis *(for, on)*; *he got more than he ~ed for* jis gavo daugiau, negu tikėjosi □ *~ away* paaukoti; užleisti, perleisti *(su kokiu nors išskaičiavimu)*
bargain-basement ['bɑ:gɪnˌbeɪsmənt] *n* universalinės parduotuvės apatinis aukštas, kur prekiaujama nupigintomis prekėmis
bargainer ['bɑ:gɪnə] *n* **1** pirklys **2** derėtojas *(kuris derasi)*
bargaining ['bɑ:gɪnɪŋ] *n* **1** derėjimasis, derybos **2** sandėrio sudarymas
bargain-sale ['bɑ:gɪnseɪl] *n* išpardavinėjimas, išpardavimas
barge [bɑ:dʒ] *n* **1** barža; *dumb ~* nesavaeigė barža **2** pasivažinėjimo/ekskursijų laivas **3** *amer.* ekskursijų autobusas **4** *jūr.* admirolo kateris
v **1** vežti barža/laivu **2** sunkiai/nevikriai judėti; *to ~ through a crowd* prasigrūsti/prasibrauti per minią **3** susidurti, atsitrenkti *(against, into)*; įsikišti *(into)*; *to ~ into a queue* įlįsti/įsibrauti į eilę □ *~ in* a) veržtis, grūstis *(į vidų)*; b) įsikišti, kištis *(on)*

bargee [bɑ:'dʒi:] *n* baržos valtininkas/škiperis ◊ *he's a regular ~* jis baisus storžievis; *to swear like a ~* keiktis kaip vežikui
bargeman ['bɑ:dʒmən] *n amer.* = **bargee**
bargepole ['bɑ:dʒpəul] *n* kablys, kartis *(valčiai atstumti/vairuoti)* ◊ *I wouldn't touch him [it] with a ~* šnek. nenoriu net pažiūrėti į jį [tai]
barhop ['bɑ:hɔp] *v amer. šnek.* slampinėti/šliaužioti po barus
baric ['bɛərɪk] *a chem.* bario, turintis bario
baritone ['bærɪtəun] *n muz.* baritonas
barium ['bɛərɪəm] *n chem.* baris
bark¹ [bɑ:k] *n* **1** *(medžio)* žievė **2** chininas *(t. p. Jesuit's/Peruvian/China ~)* **3** *sl.* oda ◊ *a man with the ~ on* amer. netašytas žmogus, storžievis; *to come/go between the ~ and the tree* kištis į svetimus *(ypač šeimyninius)* reikalus; *to take the ~ off* apnuoginti, nuskurdinti
v **1** (nu)skusti/(nu)lupti žievę **2** apsidengti/apsitraukti žieve **3** nubraukti, nubrozdinti, nuplėšti *(odą)* **3** rauginti *(kailius)*
bark² *n* **1** lojimas **2** *(šūvio)* garsas, trenksmas **3** *šnek.* kosėjimas ◊ *his ~ is worse than his bite* šnek. jis tik barasi, bet nepyksta, jis ne toks piktas, kaip atrodo
v **1** loti *(at)* **2** rėkti, šaukti *(at – ant)*; rėkauti, šūkauti **3** trenkti *(apie šūvius)* **4** *šnek.* kosėti □ *~ out* sušukti
bark³ *n* **1** barkas *(tristiebis burinis laivas)* **2** *poet.* laivas, laivelis
barkeep(er) ['bɑ:ki:p(ə)] *n amer.* bufetininkas, baro šeimininkas/savininkas
barken ['bɑ:kən] *v* rauginti *(medžių žieves)*
barker¹ ['bɑ:kə] *n* **1** lojikas **2** rėksnys **3** varžytynių/aukciono vedėjas **4** pardavėjas *(rėksmingai siūlantis prekes)* **5** *(ypač amer.)* kvieslys *(į cirką ir pan.)* **6** *šnek.* šaunamasis ginklas *(ppr. revolveris)* ◊ *great ~s are no biters* piktai lojantys šunys nekanda; ne tas kanda, kuris loja
barker² *n spec. (žievės)* luptuvas
barkery ['bɑ:kərɪ] *n* kailių raugykla
bark-pit ['bɑ:kpɪt] *n* rauginimo kubilas/bakas
barky ['bɑ:kɪ] *a* žievėtas; gru(o)blėtas
barley ['bɑ:lɪ] *n bot.* miežis; *kuop.* miežiai ◊ *to cry ~* škot. prašyti pasigailėti/susitaikyti *(vaikų žaidimuose)*
barley-break ['bɑ:lɪbreɪk] *n* gaudynės *(žaidimas)*
barleycorn ['bɑ:lɪkɔ:n] *n* **1** miežiai *(grūdai)* **2** ist. trečdalis colio *(senovinis ilgio matas – 0,85 mm)*
barley-sugar ['bɑ:lɪˌʃugə] *n* ledinukas *(karamelė)*
barley-water ['bɑ:lɪˌwɔ:tə] *n* miežių nuoviras; misa
barley-wine [ˌbɑ:lɪ'waɪn] *n* stiprus alus
barling ['bɑ:lɪŋ] *n* kartis
barlow ['bɑ:ləu] *n* didelis lenktinis kišeninis peilis *(t. p. ~ knife)*
barm [bɑ:m] *n (alaus)* mielės
barmaid ['bɑ:meɪd] *n* bufetininkė
barman ['bɑ:mən] *n (pl* -men [-mən]) *(tik v.)* barmenas, bufetininkas
barmy ['bɑ:mɪ] *a* **1** putojantis, rūgstantis **2** *šnek.* kvailokas; pakvaišęs, apkiautęs *(t. p. ~ on the crumpet)*; *to go ~* pakvaišti
barn¹ [bɑ:n] *n* **1** svirnas, klėtis, daržinė, klojimas; *Dutch ~* pastogė šienui/šiaudams; *~ dance (kaimo)* šokiai, vakarėlis *(džn. daržinėje)* **2** nedailus pastatas, „daržinė" **3** *amer.* tvartas **4** *amer.* tramvajų parkas
barn² [bɑ:n] *n fiz.* barnas *(dalelių skerspjūvio vienetas)*
barnacle ['bɑ:nəkl] *n* **1** *zool.* baltaskruostė berniklė *(paukštis)* **2** *zool. pl* polipai *(prilimpantys prie laivo dugno, uolų ir pan.)* **3** *šnek.* įkyrus/neatstojantis žmogus

barn-door [ˌbɑːnˈdɔː] *n* daržinės durys; **~ fowl** naminiai paukščiai ◊ **as big as a ~** – didžiulis, labai didelis; **not to be able to hit a ~** būti labai prastam šauliui; **to nail to the ~** ≡ (pri)kalti prie gėdos stulpo
barney [ˈbɑːnɪ] *n* **1** bokso mačas *(dėl prizo)* **2** *šnek.* kivirčas, barnis
barn-owl [ˈbɑːnaul] *n zool.* liepsnotoji pelėda
barnstorm [ˈbɑːnstɔːm] *v* **1** vaidinti klojime *(apie keliaujančią trupę)* **2** *(ypač amer.)* sakyti kalbas rinkimų kampanijose **3** gastroliuoti
barnstormer [ˈbɑːnstɔːmə] *n* aistringas oratorius
barnyard [ˈbɑːnjɑːd] *n* sodybos kiemas; diendaržis *(paukščiams);* **~ grass** *bot.* paprastoji rietmenė ◊ **~ humour** ne visai padorus humoras
baro- [ˈbærəu-] *(sudurt. žodžiuose)* baro-; **barodynamics** barodinamika
barograph [ˈbærəugrɑːf] *n* barografas
barometer [bəˈrɔmɪtə] *n* barometras; **newspapers are often called ~s of public opinion** spauda dažnai vadinama visuomenės nuomonės barometru
barometric(al) [ˌbærəˈmetrɪk(l)] *a* barometrinis
baron [ˈbærən] *n* **1** baronas **2** *(pramonės ir pan.)* magnatas; **drug ~** narkotikų karalius **3**: **~ of beef** stora filė, nugarinė
baronage [ˈbærənɪdʒ] *n* **1** *kuop.* baronai, perai, baronija **2** = **barony**
baroness [ˈbærənɪs] *n* baronienė; baronaitė
baronet [ˈbærənɪt] *n* baronetas
v suteikti baroneto titulą
baronetcy [ˈbærənɪtsɪ] *n* baroneto titulas
baronial [bəˈrəunɪəl] *a* **1** baronų, baroniškas **2** prašmatnus
barony [ˈbærənɪ] *n* baronystė; barono titulas
baroque [bəˈrɔk, bəˈrəuk] *n* barokas, baroko stilius
a **1** barokinis **2** įmantrus, groteskinis; netaisyklingos formos
baroscope [ˈbærəskəup] *n* baroskopas
barouche [bəˈruːʃ] *n* keturvietė karieta, lando
barque [bɑːk] *n* = **bark**[3]
barrack[1] [ˈbærək] *v* **1** nušvilpti, nutraukti *(kalbantįjį);* protestuoti **2** *austral.* švilpti, šaukti *(ypač palaikant savo sportininkus)*
barrack[2] *v* apgyvendinti barakuose/kareivinėse
barracks [ˈbærəks] *n pl* **1** kareivinės **2** barakas, prastas/ negražus namas
barracuda [ˌbærəˈkjuːdə] *n zool.* barakuda, kefalžuvė
barrage [ˈbærɑːʒ] *n* **1** užtvara; užtvanka **2** *av., jūr.* baražas **3** *kar.* užtveriamoji ugnis; *(artilerijos)* ugnies ruožas *(t. p.* **~ fire)** **4** *prk. (klausimų, priekaištų ir pan.)* kruša
v **1** užtverti; užtvenkti **2** pažerti kaltinimus *ir pan.*
barrator [ˈbærətə] *n* **1** *amer.* bylininkas, intrigantas **2** *jūr. teis.* laivo kapitonas/įgula, tyčia padariusi žalos laivui/kroviniui
barratry [ˈbærətrɪ] *n* **1** *amer.* bylinėjimasis, intrigavimas **2** *jūr. teis.* baratrija *(laivo kapitono/įgulos padaryta žala laivui/kroviniui)*
barred [bɑːd] *a* **1** grotuotas **2** su įvairių spalvų ruoželiais *(apie audinį ir pan.)*
barrel [ˈbærəl] *n* **1** statinė, šulė **2** barelis *(skysčių/biralų tūrio vienetas)* **3** *(ginklo)* vamzdis **4** *(gyvulio)* liemuo, korpusas **5** *šnek.* daugybė *(juoko ir pan.)* **6** *tech.* cilindras, būgnas, velenas; įvorė **7** *anat. (ausies)* būgninė ertmė ◊ **to have smb over the ~** *šnek.* ≡ priremti ką prie sienos; **to holler down a rain ~** niekus taukšti, tuščiai kalbėti; **to scrape (the bottom of) the ~** *šnek.* sunaudoti paskutinius likučius/išteklius

v **1** *(-ll-)* supilstyti į statines **2** *amer. šnek.* lėkti, dumti
☐ **~ along: to go ~ling along** lėkti kaip viesului
barrel-head [ˈbærəlˌhed] *n* statinės viršus
barrelhouse [ˈbærəlˌhaus] *n amer. sl.* smuklė; **~ jazz** smuklės džazas
barrel-organ [ˈbærəlˌɔːgən] *n* ryla
barrel-roll [ˈbærəlˌrəul] *n av.* „statinė" *(aukštojo pilotažo figūra)*
barrel-scraping [ˈbærəlˌskreɪpɪŋ] *n šnek.* likučių grandymas; paskutinių išteklių (su)rinkimas
barren [ˈbærən] *a* **1** tuščias, bergždžias; skurdus, neįdomus; bevertis **2** nederlingas, nualintas **3** bevaisis, bergždžias **4** neturintis *(of – ko)*
n (ppr. pl) nederlinga žemė, dykvietė
barret [ˈbærət] *n* beretė
barrette [bəˈret] *n amer.* plaukų segtukas
barricade [ˌbærɪˈkeɪd] *n* barikada; užtvara
v už(si)barikaduoti; už(si)tverti; **the streets were ~d** gatvėse buvo įrengtos barikados
barrier [ˈbærɪə] *n* **1** barjeras; užtvara; užkardas; **crash ~** *aut.* barjeras, skiriantis priešingos krypties eismo juostas **2** *prk.* barjeras, kliūtis; **language ~** kalbos barjeras
v užtverti, uždaryti *(t. p.* **~ in/off)**
barrier-reef [ˌbærɪəˈriːf] *n* barjerinis koralų rifas
barring[1] [ˈbɑːrɪŋ] *prep* **1** išskyrus **2** jeigu ne; **~ accidents** jeigu nieko neatsitiks
barring[2] *n* **1** *tech. (mašinos)* paleidimas, užvedimas **2** *kas. (kasinio)* kraigo tvirtinimas
barring[3] *p I žr.* **bar**[1] *v*
barrio [ˈbærɪəu] *n (ypač amer.)* ispaniškai kalbančių miesto kvartalas
barrister [ˈbærɪstə] *n teis.* baristeris, advokatas; **revising ~** *parl.* rinkimų sąrašų tikrintojas; **utter ~** jaunesnysis advokatas, neturintis karališkojo advokato titulo
barrister-at-law [ˌbærɪstərətˈlɔː] *(pl* barristers-) = **barrister**
barroom [ˈbɑːrum] *n amer.* bufetas, baras
barrow[1] [ˈbærəu] *n archeol.* milžinkapis, pilkapis; kalva
barrow[2] *n* **1** karutis, stumiamasis vežimėlis; vienratis **2** vežimėlis su prekystaliu *(prekiauti gatvėje);* **~ boy** gatvės prekiautojas *(iš vežimėlio)* **3** neštuvai
bartend [ˈbɑːtend] *v šnek.* dirbti su bufetininku
bartender [ˈbɑːˌtendə] *n amer.* bufetininkas, baro padavėjas
barter [ˈbɑːtə] *n* prekių mainai, mainikavimas; mainų prekyba *(t. p.* **~ trade)**
v **1** mainyti, mainikauti **2** derėtis *(with – su, for – dėl)*
☐ **~ away** a) *(labai pigiai)* pardavinėti; b) *prk.* iškeisti, netekti *(laisvės, garbės ir pan.)*
barterer [ˈbɑːtərə] *n* keitėjas, mainikautojas
Bartholomew [bɑːˈθɔləmjuː] *n bibl.* Bartolomėjus, Baltramiejus
bartizan [ˈbɑːtɪzæn] *n archit. ist.* sargybos bokštas
barton [ˈbɑːtn] *n psn.* **1** sodyba, *(sodybos)* kiemas **2** išnuomotos sodybos dalis, likusi savininko žinioje
baryon [ˈbærɪɔn] *n fiz.* barionas
barytone [ˈbærɪtəun] *n* = **baritone**
basal [ˈbeɪsl] *a anat., med., bot.* pagrindinis, bazinis
basalt [ˈbæsɔːlt] *n min.* bazaltas
basaltic [bəˈsɔːltɪk] *a min.* bazaltinis
bascule [ˈbæskjuː] *n (tilto)* pakabinė santvara
bascule-bridge [ˈbæskjuːlbrɪdʒ] *n* varstomasis tiltas
base[1] [beɪs] *n* **1** pagrindas, pamatas; bazė; atramos taškas/punktas; **the ~ of a triangle** trikampio pagrindas; **to stand on a sound ~** turėti tvirtą pamatą, būti pamatuotam *(apie išvadas ir pan.)* **2** *(kalno)* papėdė **3** *archit.*

pjedestalas; cokolis 4 *kar., chem.* bazė 5 *kalb.* šaknis 6 *sport.* finišo vieta *(beisbole)* 7 *attr* pagrindinis; bazinis; ~ *frequency* *fiz.* pagrindinis dažnis; ~ *price* pagrindinė/bazinė kaina ◊ *to be off one's* ~ *amer. šnek.* a) būti ne viso proto; b) baisiai klysti; *to change one's* ~ *amer. šnek.* (pa)sprukti, pabėgti; *to get to first* ~ *amer. šnek.* pasiekti pirmuosius laimėjimus; žengti pirmą žingsnį tikslo link
v 1 paremti, pagrįsti *(on, upon)* 2 dėti pagrindą 3 *(ppr. pass, refl)* apsistoti, apsigyventi; bazuotis
base² *a knyg.* 1 žemas, niekingas, niekšiškas; ~ *passions* žemos aistros 2 netaurusis *(apie metalą); of* ~ *alloy* prastos prabos; ~ *coin* padirbta/netikra moneta
baseball ['beɪsbɔ:l] *n sport.* beisbolas
baseboard ['beɪsbɔ:d] *n archit., stat.* grindjuostė, plintas
base-born ['be:ɪsbɔ:n] *n psn.* 1 prastos/žemos kilmės 2 nesantuokinis *(apie vaiką)*
base-court ['beɪskɔ:t] *n* užpakalinis kiemas
baseless ['beɪsləs] *a* nepagrįstas, be pagrindo, neargumentuotas
baseline ['beɪslaɪn] *n* 1 *(teniso/badmintono aikštelės)* galinė linija 2 *spec.* pradinis/išeities taškas
basely ['beɪslɪ] *adv* negarbingai, žemai, niekšiškai
basement ['beɪsmənt] *n* 1 pagrindas 2 rūsys, pusrūsis, (pus)rūsio aukštas
base-rate ['beɪsreɪt] *n fin.* bazinė palūkanų norma
bases 1 ['beɪsi:z] *pl žr.* **basis** 2 ['beɪsɪz] *pl žr.* **base¹**
bash¹ [bæʃ] *šnek. n* 1 stiprus smūgis; *my car has a* ~ *on the door* mano automobilio durelės deformuotos *(nuo smūgio)* 2 mėginimas; *to have a* ~ *(at)* pamėginti
v smarkiai trenkti(s)/mušti; pliekti; *to* ~ *into a tree* trenktis į medį □ ~ *down* išlaužti *(duris);* ~ *on* toliau dirbti *(dažn. nenoromis; with);* ~ *up* sumušti
bash² *n šnek.* puota, išgertuvės
bashful ['bæʃfəl] *a* nedrąsus, drovus
basic ['beɪsɪk] *a* 1 pagrindinis, fundamentalus, bazinis, svarbiausias; ~ *human rights* pagrindinės žmogaus teisės; ~ *industry* a) pagrindinė pramonės šaka; b) sunkioji pramonė 2 elementarus, pradinis; *the accomodation was rather* ~ patogumai buvo patys būtiniausi
BASIC ['beɪsɪk] *n komp.* programavimo kalba pradedantiesiems, beisikas *(t. p.* ~ *language)*
basically ['beɪsɪklɪ] *adv* iš esmės
basicity [bə'sɪsətɪ] *n chem.* valentingumas
basics ['beɪsɪks] *n pl* svarbiausi/pagrindiniai dalykai; pagrindai
basil¹ ['bæzl] *n bot.* bazilikas
basil² *n* briauna; nupjautas/nusklembtas kraštas
v aštrinti; sklembti
basilica [bə'zɪlɪkə] *n* bazilika
basilisk ['bæzɪlɪsk] *n* 1 *mit.* basiliskas 2 *zool.* basiliskas *(driežų rūšis)*
a nuodingas, mirtinas
basin ['beɪsn] *n* 1 dubuo 2 *(vonios)* kriauklė 3 baseinas, *(dirbtinis)* vandens telkinys 4 *(upės, akmens anglių)* baseinas 5 nedidelė įlanka
basinet ['bæsɪnet] *n ist.* plieno šalmas
basinful ['beɪsɪnful] *n* pilnas dubuo *(kiekis)*
basis ['beɪsɪs] *n (pl bases)* 1 pagrindas; *on this* ~ tuo remiantis; *on a good and neighbourly* ~ gerų kaimynų santykių pagrindu 2 bazė
bask [bɑ:sk] *v* 1 šildytis *(saulėje, prie ugnies)* 2 mėgautis, džiaugtis *(ramybe, laime ir pan.; in)*
basket ['bɑ:skɪt] *n* 1 pintinė, krepšys; krepšelis, krait(el)ė; *laundry/linen* ~ skalbinių krepšys/pintinė 2 *sport. (krep-*

šinio) krepšys; *to make/score/shoot a* ~ įmesti į krepšį 3 *(automobilio)* kėbulas; *(aerostato)* krepšys/gondola 4 *ist. (diližano)* išorinės sėdynės 5 *attr:* ~ *picnic/dinner/lunch amer.* piknikas ◊ *to be left in the* ~ nieko nepešti; *to give the* ~ atsisakyti tekėti; *like a* ~ *of chips amer. juok.* labai malonu/miela
v 1 mesti į pintinę *(šiukšlių dėžę)* 2 apipinti viela
basketball ['bɑ:skɪtbɔ:l] *n sport.* 1 krepšinis 2 krepšinio kamuolys
basketballer ['bɑ:skɪtˌbɔ:lə] *n sport.* krepšininkas
basket-case ['bɑ:skɪtkeɪs] *n šnek.* psichas, nenormalus žmogus
basket-fish ['bɑ:skɪtfɪʃ] *n zool.* jūrų žvaigždė
basketful ['bɑ:skɪtful] *n* pilnas krepšys *(of – ko)*
basket-hilt ['bɑ:skɪthɪlt] *n* efesas *(kardo, špagos ir pan. rankena su apgaubu)*
basket-maker ['bɑ:skɪtˌmeɪkə] *n* krepšių/pintinių pynėjas/pynikas
basketry ['bɑ:skɪtrɪ] *n* 1 pintinių/krepšių pynimas 2 pinti/pintiniai daiktai
basketwork ['bɑ:skɪtwə:k] *n* = **basketry**
basnet ['bæsnɪt] *n* = **basinet**
Basque [bæsk] *n* 1 baskas 2 baskų kalba
a baskų, baskiškas
basque [bæsk] *n* 1 korsetas 2 *tech.* aptaisymas, apdaras
bas-relief ['bɑ:rɪˌli:f, 'bæsrɪˌli:f] *n* bareljefas
bass¹ [beɪs] *muz. n* bosas *(balsas ir instrumentas)*
a bosinis, boso, žemas; ~ *clef* boso raktas
bass² [bæs] *n (pl* ~*) zool.* ešerys; *sea* ~ didžiadantė
bass³ *n (liepos)* karna, plaušai
basset¹ ['bæsɪt] *n* taksas *(t. p.* ~ *hound)*
basset² *n geol.* sluoksnių išeiga
bassinet [ˌbæsɪ'net] *n amer.* pintas lopšys/vežimėlis
basso ['bæsəu] *n (pl* ~s [-z]) *muz.* bosas
bassoon [bə'su:n] *n muz.* fagotas
bassoonist [bə'su:nɪst] *n* fagotininkas
bass-viol ['beɪsˌvaɪəl] *n* violončelė; kontrabosas
basswood ['bæswud] *n bot.* amerikinė liepa
bast [bæst] *n* karna, luobas, plaušai; ~ *mat* plaušinis patiesalas/užtiesalas
bastard ['bæstəd, 'bɑ:-] *n* 1 *sl. juok., iron.* tipelis 2 *sl.* šunsnukis, išpera 3 *sl.* gyva bėda, gyvas vargas 4 pavainikis 5 *biol.* bastardas, mišrūnas, hibridas
a 1 nesantuokinis; ~ *slip* a) pavainikis; b) atžala *(iš medžio šaknų)* 2 dirbtinis, apsimestinis; ~ *good nature* tariamasis geraširdiškumas 3 prastos rūšies; netaisyklingos formos; neįprasto dydžio; negrynas, netikras; ~ *French* darkyta prancūzų kalba
bastardize ['bæstədaɪz] *v* 1 pripažinti pavainikiu 2 (su)gadinti, (su)darkyti *(kalbą ir pan.)*
baste¹ [beɪst] *v* (su)daigstyti, dygsniuoti
baste² *v* laistyti kepsnį *(kepant)*
baste³ *v* 1 mušti *(ppr. lazda)* 2 *prk.* apipilti klausimais/pastabomis
bastille [bæ'sti:l] *pr. n ist.* kalėjimas, tvirtovė; *the B.* Bastilija; *B. day* Bastilijos paėmimo diena *(Prancūzijos nacionalinė šventė)*
bastinado [ˌbæstɪ'neɪdəu] *psn. n (pl* ~es [-z]) bastonada, lazdų kirčiai per padus *(bausmė Rytuose)*
v mušti lazdomis *(per padus)*
basting ['beɪstɪŋ] *n* (su)daigstymas *(drabužio);* dygsnis
bastion ['bæstɪən] *n* 1 *kar., archit.* bastionas 2 *prk.* tvirtovė
bat¹ [bæt] *n* 1 vėzdas, kuoka, lazda 2 blokštas *(beisbole, krikete); ret. (stalo teniso)* raketė 3 = **batsman** 4 staigus smūgis 5 *šnek.* žingsnis, tempas; *to go at full* ~ greitai ei-

ti **6** *stat.* pusplytė **7** *min.* skalūninis molis ◊ ***off one's own ~*** *šnek.* savo iniciatyva; be pagalbos iš šalies; ***right off the ~*** *amer. šnek.* nedelsiant, tučtuojau, tuojau pat; ***to come to ~*** *amer. šnek.* susidurti su sunkiu uždaviniu; ***to go to ~ for smb*** *amer. šnek.* užstoti, palaikyti ką
v **1** mušti lazda/blokštu **2** mušti kamuolį *(tinklinis)* □ ***~ around*** *šnek.* aptarti *(ko gerąsias ir blogąsias savybes)*

bat² *n zool.* šikšnosparnis; ***long-cared*** rudasis ausylis; ***pond ~*** peliaausis šikšnosparnis ◊ ***as blind as a ~*** aklas kaip kurmis, visiškai aklas; ***old ~ šnek.*** sena ragana, žiežula; ***to have ~s in one's belfry*** *šnek.* būti trenktam; ***like a ~ out of hell*** *šnek.* labai greitai, kaip pašėlęs

bat³ *v:* ***to ~ one's eyes*** mirksėti; ***not to ~ an eyelid*** nė nemirktelėti *(nenustebti, nepasimesti)*

bat⁴ *n amer. sl.* išgertuvės

bat⁵ *n ind. šnek.* šnekamoji kalba; svetima kalba; ***to sling the ~*** kalbėti darkyta kalba; bendrauti su vietiniais jų kalba

bat⁶ *n tekst.* vatalinas, vatinas

batata [bæ'tɑ:tə] *n bot.* batatas, saldžioji bulvė

bat-blind ['bætblaɪnd] *a* visiškai aklas

batch [bætʃ] *n* **1** grupė; partija, siunta; krūva, pluoštas *(laiškų ir pan.)* **2** *komp.* paketas **3** vienu kartu kepamos duonos *ir pan.* kiekis **4** *stat. (skiedinio)* maišymas; maišalas ◊ ***of the same ~*** tos pačios rūšies

batcher ['bætʃə] *n tech.* bunkeris; tiekiklis, maitintuvas, dozatorius

batching ['bætʃɪŋ] *n* **1** *spec.* dozavimas **2** rūšiavimas

bate¹ [beɪt] *v* (abate *sutr.*) **1** (su)mažinti, silpninti **2** silpnėti, mažėti **3** patenkinti *(smalsumą)*

bate² *n* skiedinys odoms minkštinti po rauginimo

bate³ *n šnek.* įniršis, rūstybė; ***to get in a ~*** įniršti

bat-eyed ['bæt'aɪd] *a* **1** nelabai išmintingas, bukokas **2** nepastabus, neįžvalgus

batfowl ['bætfaul] *v* gaudyti paukščius naktį *(apakinant šviesa ir numušant lazda)*

bath [bɑ:θ] *(pl* baths [bɑ:ðz]) *n* **1** vonia; ***to turn on a ~*** paleisti vandenį į vonią; ***to run a ~*** prileisti vandens į vonią; ***~ of sunshine*** saulės vonia **2** maudymasis *(vonioje);* ***to take/have a ~*** išsimaudyti vonioje **3** *(ppr. pl)* pirtis; maudyklės; ***swimming ~s*** plaukimo baseinas; ***Order of the B.*** Pirties ordinas **4** *fot., poligr., tekst.* vonia, vonelė
v plauti(s), maudyti(s)

bath-brick ['bɑ:θbrɪk] *n* akmuo metalui valyti

bath-chair [,bɑ:θ'tʃɛə] *n ist.* invalidų vežimėlis

bathe [beɪð] *n* maudymasis; ***to have a ~*** išsimaudyti
v **1** maudyti(s); pasinerti **2** (nu)plauti; ***to ~ a wound*** plauti žaizdą **3** skalauti *(krantą)* **4** *(ppr. pass) poet.* užlieti *(apie šviesą)*

bather ['beɪðə] *n* **1** tas, kas maudosi, maudytojas **2** *pl austral.* maudymosi kostiumas

bathhouse ['bɑ:θhaus] *n* pirtis

bathing-box ['beɪðɪŋbɔks, 'beɪθ-] *n* persirengimo kabina

bathing-cap ['beɪθɪŋkæp] *n* maudymosi kepuraitė

bathing-costume ['beɪðɪŋ,kɔstju:m] *n =* **bathing-suit**

bathing-machine ['beɪθɪŋməʃi:n] *n ist.* persirengimo kabina *(ant ratų)*

bathing-place ['beɪθɪŋpleɪs] *n* maudykla; pajūrio kurortas

bathing-suit ['beɪθɪŋsu:t] *n* maudymosi kostiumas

bathmat ['bɑ:θmæt] *n* vonios kilimėlis

bathometer [bə'θɔmɪtə] *n* batometras *(prietaisas vandens gyliui matuoti)*

bathos ['beɪθɔs] *n* **1** *lit.* staigus perėjimas nuo aukšto stiliaus prie komiško/prozaiško **2** giluma, gelmė, bedugnė; ***the ~ of stupidity*** didžiausias kvailumas

bathrobe ['bɑ:θrəub] *n* **1** maudymosi chalatas **2** *amer.* chalatas

bathroom ['bɑ:θrum, -ru:m] *n* **1** vonia, vonios kambarys **2** *(ypač amer.) euf.* tualetas

bath-towel ['bɑ:θtauəl] *n* didelis frotinis rankšluostis

bathtub ['bɑθtʌb] *n (ypač amer.)* vonia

bathymetry [bə'θɪmɪtrɪ] *n* batimetrija *(vandens gylio matavimas)*

bathyscaphe ['bæθɪskæf] *n spec.* batiskafas

bathysphere ['bæθɪsfɪə] *n spec.* batisfera

batik ['bætɪk, bə'ti:k] *n tekst.* batika

batiste [bæ'ti:st] *n tekst.* batistas

batman ['bætmən] *n (pl* -men [-mən]) *(tik v.)* kareivis pasiuntinys/tarnas

baton ['bætən] *n* **1** lazda *(valdžios simbolis)* **2** dirigento lazdelė, batuta; ***under the ~*** *(of) (kieno)* diriguojamas **3** *sport.* estafetės lazdelė; ***to pass the ~*** perduoti estafetę **4** policininko lazda **5** *mok.* rodomoji lazdelė
v mušti lazda *(apie policininką)*

bats [bæts] *a sl.* kvanktelėjęs, trenktas; ***to go ~*** kvanktelėti, pakvaišti

batsman ['bætsmən] *n (pl* -men [-mən]) mušėjas *(krikete, beisbole)*

battalion [bə'tælɪən] *n kar.* batalionas; *(amer. t. p.)* artilerijos divizionas

battels ['bætlz] *n pl* Oksfordo koledžo finansinė ataskaita

batten¹ ['bætn] *n* lentjuostė, lenta *(sutvirtinimui);* ***~ wall*** lentų pertvara
v **1** sutvirtinti/apkalti lentomis/juostelėmis **2** *jūr.* sandarinti, užtaisyti *(liukus; ppr.* ***~ down)***

batten² *v* **1** nusipenėti, tukti **2** prabangiai gyventi iš kitų *(on, upon)* **3** tręšti *(dirvą)*

batter¹ ['bætə] *n* **1** (su)plakta tešla **2** minkytas molis; tirštas lipnus purvas **3** *kar.* smarki artilerijos ugnis
v **1** smarkiai mušti/daužyti/trankyti; ***to ~ smb to death*** užmušti, mirtinai sumušti **2** smarkiai kritikuoti, triuškinti **3** kalti, ploti, ploninti *(metalą)* **4** *spec.* minkyti *(molį)* **5** sudaužyti, pramušti; daužytis *(at, on);* ***the ship was ~ed to pieces by the storm*** audra sudaužė laivą į šipulius □ ***~ down*** išlaužti *(duris ir pan.)*

batter² *archit. n (sienos)* nuolydis, šlaitas
v (nu)krypti

batter³ *n =* **batsman**

battered ['bætəd] *a* **1** apdaužytas, sudaužytas **2** sulamdytas, aplamdytas *(apie skrybėlę ir pan.)* **3** išvargintas, iškamuotas; sukiužęs **4** mušamas *(apie vaiką, žmoną)*

battering-ram ['bætərɪŋræm] *n ist.* taranas, murdaužys

battery ['bætərɪ] *n* **1** *kar.* baterija; *(lengvosios artilerijos)* divizionas; *jūr.* laivo artilerija **2** *el.* baterija; ***~ cell*** baterijos elementas, akumuliatorius; ***~ charger*** prietaisas baterijoms įkrauti; ***~ ignition*** *aut.* baterinis uždegimas; ***~ locomotive*** elektrovežis **3** rinkinys, komplektas; *prk. (klausimų ir pan.)* kruša; ***test ~*** *psich.* testų rinkinys; ***cooking ~*** virtuvės rakandai/reikmenys **4** *teis.* įžeidimas veiksmu, sumušimas ◊ ***to mask one's batteries*** slėpti savo tikslus/norus; ***to recharge one's batteries*** *šnek.* atgauti jėgas, pailsėti

batting ['bætɪŋ] *n* vatinas

battle ['bætl] *n* **1** kova, mūšis, kautynės; ***~ alarm*** kovos aliarmas; signalas pasiruošti kovai; ***~ honour*** kariniai pasižymėjimo ženklai; ***general's ~*** vadovybės sumanumu laimėtas mūšis; ***soldier's ~*** kareivių didvyriškumu laimėtas mūšis; ***to do ~*** *(for)* kovoti *(dėl)* **2** pergalė, laimėjimas; ***to fight a losing ~*** kovoti neturint galimybių laimėti; ***to have the ~*** laimėti **3** batalijos, ginčas;

~ *royal* muštynės, peštynės; *running* ~ ilgai trunkantis ginčas ◊ *the* ~ *of the books* mokslinė diskusija; *to fight one's* ~*s over again* vėl išgyventi praeitį; *to come unscathed out of the* ~ ≡ išeiti sausam iš vandens; *above the* ~ nešališkas; *that's half the* ~ tai jau didelis žingsnis į priekį *(siekiant ko)*
v kovoti, kautis *(for – dėl; with, against – su)* ☐ ~ *out:* ~ *it out* įnirtingai kovoti iki pergalės
battle-array ['bætlə‚reɪ] *n* kautynių rikiuotė
battleaxe ['bætlæks] *n* **1** *ist*. bardišius, ilgakotis kirvis; alebarda **2** *šnek.* boba kaip kazokas
battlecraft ['bætlkrɑːft] *n* kovinis meistriškumas
battlecruiser ['bætl‚kruːzə] *n ist.* linijinis kreiseris
battle-cry ['bætlkraɪ] *n* **1** kovos šūkis **2** lozungas
battledore ['bætldɔː] *n sport.* raketė, muštukas; ~ *and shuttlecock* badmintonas
battledress ['bætldres] *n kar.* žygio/kovos uniforma
battlefield ['bætlfiːld] *n* mūšio/kovos laukas; ~ *missile* taktinė raketa „žemė-žemė"
battle-fleet ['bætlfliːt] *n* linijinis laivynas
battle-grey ['bætlgreɪ] *a* dengiamos/apsauginės spalvos *(uniforma ir pan.)*
battleground ['bætlgraund] *n* **1** mūšio laukas; karo veiksmų teatras **2** ginčo objektas
battlements ['bætlmənts] *n pl* **1** *(bokšto, tvirtovės)* dantyta siena *(su šaudymo angomis)* **2** dantytos kalnų viršūnės
battle-order ['bætl‚ɔːdə] *n* **1** kautynių rikiuotė **2** kovos įsakymas
battle-piece ['bætlpiːs] *n men.* batalinis paveikslas
battle-scarred ['bætlskɑːd] *a* nukentėjęs/sugadintas kovoje; *prk.* ≡ vėtytas ir mėtytas
battle-seasoned ['bætl‚siːznd] *a* **1** užgrūdintas/užsigrūdinęs kovose **2** kovingas
battleship ['bætlʃɪp] *n jūr.* šarvuotlaivis; linijinis laivas
battle-tested ['bætl'testɪd] *a* = **battle-tried**
battle-tried ['bætltraɪd] *a kar.* turintis kovos patirtį; apšaudytas
battle-wagon ['bætl‚wægn] *n amer. jūr. šnek.* linijinis laivas
battue [bæ'tuː] *pr. n* **1** medžioklė su varovais **2** nuodugni krata **3** skerdynės *(ypač taikių gyventojų)*
batty ['bætɪ] *a šnek.* pakvaišęs, trenktas; *to go* ~ pakvaišti
bauble ['bɔːbl] *n* žaisliukas, dailus mažmožis ◊ *fool's* ~ juokdario lazda *(su asilo ausimis)*
baubling ['bɔːblɪŋ] *a* nereikšmingas, menkas
baud [bɔːd] *n komp.* bodas *(informacijos perdavimo greičio vienetas)*
baulk [bɔːk] = **balk** *n, v*
baulky ['bɔːkɪ] *a* = **balky**
bauxite ['bɔːksaɪt] *n min.* boksitas
Bavaria [bə'vɛərɪə] *n* Bavarija
bawbee [‚bɔː'biː] *n škot.* pusė penso; *šnek.* variokas
bawd [bɔːd] *n psn.* sąvadautoja; viešųjų namų laikytoja
bawdry ['bɔːdrɪ] *n psn.* nešvankybės, nešvankios kalbos
bawdy ['bɔːdɪ] *a* nešvankus, nepadorus
n nešvankios kalbos
bawdy-house ['bɔːdɪhaus] *n psn.* viešieji namai
bawl [bɔːl] *n* riksmas, rėksmas, rėkimas
v rėkti; šūkauti, rėkauti; *to* ~ *and squall* plyšoti, laidyti gerklę; *to* ~ *smth after smb* kam iš paskos ką sušukti/šaukti ☐ ~ *out šnek.* šaukti, barti; *to* ~ *out abuse* garsiai keiktis; *to* ~ *smb out* aprėkti, apšaukti ką
bay[1] [beɪ] *n* įlanka; įlankėlė; užtėkis; *the B. (of Biscay)* Biskajos įlanka
bay[2] *n* **1** skyrius, baras, aptvaras *(kam laikyti)* **2** niša **3** *archit.* erkeris, švieslangis *(t. p.* ~ *window)* **4** *stat.* tarpas, protarpis *(tarp kolonų); (tilto)* tarpatramis **5** *jūr.* špacija **6** *glžk.* platforma; depo sekcija; ~ *lines* platformos linijos **7** = **sickbay**
bay[3] *n* lojimas ◊ *to bring/drive to* ~ a) *medž.* užvaryti, įvaryti *(žvėrį);* b) priremti prie sienos; c) *kar.* priversti priešą kautis; *at* ~ beviltiškoje padėtyje; *to hold/keep at* ~ atbaidyti, nepri(si)leisti; *to stand at* ~, *to turn to* ~ atkakliai gintis
v **1** loti, skalyti **2** persekioti, versti *(ką duoti, atsakyti)*
bay[4] *n* **1** *bot.* lauras *(medis; t. p.* ~ *tree);* ~ *leaf kul.* laurų lapai **2** *pl* laurai, laurų vainikas **3** *amer.* magnolija
bay[5] *a* bėras; *light* ~ sartas, šviesbėris
n bėrasis, bėris
bayadère [‚bɑːjə'dɛə] *pr. n* **1** bajaderė *(Indijos šokėja)* **2** dryžuota medžiaga
bayberry ['beɪberɪ] *n bot.* sotvaras
bayonet ['beɪənət] *n* **1** durtuvas *(užmautas ant šautuvo); at the point of the* ~ ginklo jėga **2** *el.* jungiamasis kaištis
v **1** durti/badyti durtuvu **2** priversti *(ginklo jėga; into)*
bayou ['baɪuː] *n amer.* upelis, tekantis per pelkėtą vietą; užtakis, upės atšaka *(JAV pietuose)*
bazaar [bə'zɑː] *n* **1** turgus *(Rytų šalyse)* **2** didelė parduotuvė; *Christmas* ~ eglučių papuošalų mugė **3** labdaros mugė
bazoo [bə'zu] *n amer. šnek. (žmogaus)* snukis; kakarinė
bazooka [bə'zuːkə] *n kar.* bazuka, reaktyvinis prieštankinis granatsvaidis
be [bɪ; *kirčiuota forma* biː] *v (sg* was, *pl* were; been) **1** būti, egzistuoti; *to be or not to be* būti ar nebūti **2** būti *(kur); I was at the concert* aš buvau koncerte; *are they often in London?* ar jie dažnai būna Londone?; *there were a lot of books on the shelves* lentynose buvo daugybė knygų **3** *vardinio tarinio jungtis:* *she is a student* ji yra studentė; *I am cold* man šalta **4** tapti; *what are you going to be when you grow up?* kuo tu būsi, kai užaugsi? **5** kainuoti; *the book is 5 shillings* knyga kainuoja 5 šilingus; *how much is it?* kiek tai kainuoja? **6** (į)vykti; *the concert was last night* koncertas įvyko vakar vakare **7** *aux neveikiamajai rūšiai sudaryti:* *the letter was written by him* laiškas buvo jo rašytas **8** *aux eigos* (Continuous) *veikslui sudaryti:* *they are working* jie dirba **9** *mod* turėti, reikėti; *he is to come at 3 o'clock* jis turi ateiti 3 valandą; *it is to be regretted* reikia apgailestauti; *you are not to do it* jums/tau negalima taip daryti **10** *(after)* ieškoti; stengtis pagauti/gauti **11** *(at)* ruoštis, ketinti, planuoti; *what would you be at?* ką jūs manote toliau daryti? ☐ *be about* a) *(+ to inf)* rengtis, ketinti, taisytis, būti ką bedarančiam; *I was about to go* aš jau rengiausi eiti, buvau beeinąs; b) būti kuo užsiėmusiam; c) būti atsikėlusiam, negulėti; *be away* būti išvykus, nebūti; *be back* grįžti, būti grįžusiam; *be in* a) būti namie/viduje; b) ateiti, atvažiuoti, atplaukti *(apie traukinį, laivą; apie metų laiką);* c) nokti, sirpti; d) ateiti į valdžią, valdyti; e) *(on)* dalyvauti; žinoti; *be off* išeiti; nebūti namie/viduje; *I must be off* man laikas eiti; *be on* a) degti, būti įjungtam *(apie dujas ir pan.);* b) vykti, atsitikti; c) būti statomam/rodomam *(teatre, kine); what's on today?* kas šiandien eina *(kine, teatre)?; be out* a) nedegti, būti išjungtam *(apie šviesą ir pan.);* b) nebūti namie, būti išėjusiam; c) išaiškėti *(apie paslaptį);* d) pasirodyti, būti pardavinėjamam; e) būti be sąmonės; f) *šnek.* streikuoti; *be over* a) baigtis; b) ateiti; aplankyti; *be through* (už)baigti; *be up* a) baigtis; b) atsikelti; negulti; c) didėti, kilti *(apie kainas);* d) atsitikti, įvykti ◊ *how is this?* kaip tai?, ką tai reiškia?, kaip čia dabar?; *that is nothing to me* man tai nie-

ko nereiškia; ***to let be*** palikti ramybėje; ***it is not in him to do such a thing*** tai nepanašu į jį; tai jam nebūdinga; ***I've been there*** *šnek.* tai niekam ne naujiena; ***you've been (and gone) and done it*** *šnek.* na, ir prisivirei košės
be- [bɪ-] *pref* **1** ap- *(žymint aptraukimą, apsupimą ir pan.);* ***bedew*** (ap)rasoti; ***begird*** apjuosti; ***bemoan*** apverkti **2** at-, nu- *(žymint atskyrimą, atėmimą);* ***bereave*** atplėšti, atimti; ***behead*** nukirsti galvą **3** iš-, nu-, su- *(žymint intensyvumą);* ***berate*** (iš)plūsti; ***befuddle*** nugirdyti; ***bestir*** sujudėti
beach [biːtʃ] *n* paplūdimys, pliažas; pajūris, jūros pakraštys; **~ *ball*** a) didelis sviedinys žaisti paplūdimyje; b) hermetiška sfera kosmonautui gelbėti *(pereinant į gelbėjimo laivą);* ***to hit the*** ~ priplaukti krantą, išlipti ◊ ***to be on the*** ~ a) nusmukti, nusigyventi, nuskursti; b) *jūr. sl.* likti krante, būti atsargoje
v **1** užplaukti/užplukdyti ant seklumos **2** ištraukti ant kranto *(laivą, valtį)*
beachcomber [ˈbiːtʃˌkəʊmə] *n* **1** *šnek.* neturtingas Ramiojo vandenyno salų gyventojas, dirbantis atsitiktinius darbus **2** pajūrio bastūnas/valkata, neturintis nuolatinio darbo **3** vandenyno banga, užbėganti ant kranto
beached [biːtʃt] *a* išmestas/ištrauktas į krantą; **~ *whale*** išmestas į krantą banginis
beach-grass [ˈbiːtʃgrɑːs] *n bot.* (pajūrinė) smiltlendrė
beachhead [ˈbiːtʃhed] *n* **1** *kar.* pakrantės placdarmas *(išlaipinant desantą)* **2** *(technikos ir pan.)* perversmas
Beach-la-mar [ˌbiːtʃləˈmɑː] *n* Polinezijos salų anglų kalbos žargonas
beach-rescue [ˈbiːtʃˌreskjuː] *n (skęstančiųjų)* gelbėtojas; gelbėjimo stoties darbuotojas
beachwear [ˈbiːtʃwɛə] *n* paplūdimio drabužiai
beacon [ˈbiːkən] *n* **1** švyturys *(t. p. prk.);* bakenas, plūduras; ***to shine like a*** ~ *prk.* šviesti kaip švyturiui **2** signalinis žiburys, švyturio žibintas *(t. p.* **~ *fire/light*)** **3** radijo švyturys **4** ženklas „perėjimas" *(mirkčiojantis šviesoforo signalas; t. p.* ***Belisha*** **~)**
v **1** apšviesti signaliniais žiburiais **2** *prk.* šviesti, rodyti kelią; būti švyturiu **3** *jūr.* įrengti ženklus *(bakenus, plūdurus)*
beaconage [ˈbiːkənɪdʒ] *n* švyturių/bakenų rinkliava
bead [biːd] *n* **1** rutuliukas, kamuoliukas; karolis **2** *pl* karoliai **3** *pl bažn.* rožinis; ***to say/tell one's*** ~s kalbėti rožinį **4** *(prakaito, rasos)* lašas, lašelis **5** *(oro)* pūslelė **6** *(the ~s)* *šnek.* likimas **7** *kar. (šautuvo taikiklio)* kryptukas; ***to draw a*** ~ ***(on)*** tiksliai taikytis/nusitaikyti *(į)* **8** *tech., stat.* bortas, rumbelė, briaunelė, užkarpa ◊ ***to pray without one's*** ~s apsiskaičiuoti *(apsirikti)*
v **1** verti *(karolius);* ***the houses are ~ed along the river*** namai, vienas prie kito sustatyti palei upę **2** puošti karoliais; išsiuvinėti karoliukais **3** *pass* išmušti *(apie prakaitą; with)* **4** *tech.* atlenkti kraštą/bortą
beading [ˈbiːdɪŋ] *n* puošyba/ornamentas iš karolių/rutuliukų *ir pan. (baldams, durims ir pan. papuošti)*
beadle [ˈbiːdl] *n* **1** *(universiteto)* ceremonijų tvarkdarys **2** *ist.* parapijos seniūnas
beadledom [ˈbiːdldəm] *n* formalizmas; kanceliarizmas
beadsman [ˈbiːdzmən] *n (pl* -men [-mən]) *ist.* **1** prieglaudos išlaikytinis **2** elgeta/vargeta, kuris meldžiasi už savo išlaikytoją
beady [ˈbiːdɪ] *a* **1** panašus į karoliuką, mažas ir blizgantis; **~ *eyes*** akys kaip karoliukai **2** aprasojęs ◊ ***to have/keep one's*** ~ ***eyes (on)*** atidžiau stebėti, nenuleisti akių *(nuo)*
beagle [ˈbiːgl] *n* **1** skalikas; ***a pack of*** ~s skalikų gauja **2** *niek.* seklys

beagling [ˈbiːglɪŋ] *n (kiškių)* medžioklė su skalikais
beak [biːk] *n* **1** snapas **2** *juok.* didelė kumpa nosis **3** *jūr. ist.* išsišovęs laivo priekis **4** *sl.* teisėjas **5** *sl. (mokyklos)* direktorius, mokytojas **6** *archit.* laštakas
beaked [biːkt] *a* **1** su snapu; turintis snapą **2** išsikišęs *(apie uolą, kyšulį)*
beaker [ˈbiːkə] *n* **1** laboratorinė stiklinė, menzūra **2** *(geriamoji)* taurė
be-all [ˈbiːˌɔːl]: ~ ***and end-all*** *(gyvenimo, veiklos)* prasmė, esmė; visko pradžia ir pabaiga
beam [biːm] *n* **1** spindulys; *(spindulių, šviesos)* pluoštas; ***high [low]*** ~ *aut.* tolimosios [artimosios] šviesos **2** švytinti išvaizda/šypsena **3** *(skersinė)* sija; strypas, tašas **4** *tekst.* metmenų velenas **5** *tech.* balansyras *(t. p.* ***walking/working*** **~)**; *(svarstyklių)* svirtis; ***to kick/strike the*** ~ a) pakilti *(apie svarstyklių lėkštelę);* b) *prk.* pralaimėti **6** *sport.* buomas **7** *jūr.* bimsas; *(laivo)* plotis; traversa; ***on the*** ~ skersai; ***on the starboard [port]*** ~ *(laivo)* dešinėje [kairėje], iš dešinės [iš kairės]; ***half/short*** ~ pusbimsis; ~ ***sea*** šoninis bangavimas **8** *(plūgo)* valdas **9** radiosignalas *(lėktuvui)* **10** *rad.* veikimo spindulys; ~ ***aerial*** kryptinė/siauraryptė antena ◊ ***the*** ~ ***in one's own eye*** *bibl.* didelis savo paties trūkumas; ***to be on the*** ~ eiti teisingu keliu; ***to be off (the)*** ~ klysti; ***to be off one's*** ~ *amer. vulg.* kvanktelėti, kuoktelėti, pakvaišti; ***to tip/turn the*** ~ (nu)lemti įvykių eigą; ***broad in the*** ~ *šnek.* plataus užpakalio *(apie žmogų)*
v **1** šviesti, spindėti **2** džiugiai šypsotis **3** spinduliuoti, skleisti **4** radaru nustatyti lėktuvo buvimo vietą **5** *rad., tel.* transliuoti tam tikra kryptimi
beam-ends [ˌbiːmˈendz] *n:* ***to be on its*** ~ būti pasvirus ant šono *(apie laivą);* ***to be on one's*** ~ *šnek.* būti sunkioje padėtyje *(ypač finansinėje)*
beaming [ˈbiːmɪŋ] *a* spinduliuojantis, spinduliuotas *(t. p. prk.)*
bean [biːn] *n* **1** pupa *(t. p.* ***broad*** **~)**; ***kidney/French*** **~s** pupelės; ***string*** ~ *(ypač amer.)* vijoklinė pupelė **2** *sl.* makaulė, smegeninė ◊ ***not to have a*** ~ *šnek.* neturėti nė skatiko; ***full of*** **~s** a) labai gyvas/energingas; b) karštas *(apie arklį);* ***like*** **~s** visu greičiu, kiek įkabinant; ***to give smb*** **~s** *šnek.* a) priluptí ką, duoti kam pylos; b) nugalėti ką *(rungtynėse);* ***to get*** **~s** *šnek.* gauti į kailį; ***to spill the*** **~s** a) prasitarti, išplepėti *(paslaptį);* b) išardyti planus; ***every*** ~ ***has its black*** ≅ nėra namų be dūmų; ***he found a*** ~ ***in the cake*** jam pasisekė; ***not to know*** **~s** *(ypač amer.) šnek.* visiškai nenusimanyti *(about – apie);* ***B. Town*** *šnek.* Bostonas *(JAV miestas);* ***a hill of*** **~s** *amer.* menkniekiai; ***old*** **~!** *šnek.* draugūži!
v sl. trenkti/tvoksti per guogę
beanbag [ˈbiːnbæg] *n (polistirolo rutuliukų)* pagalvėlė atsisėsti
beanery [ˈbiːnərɪ] *n amer. sl.* pigi užkandinė/valgykla
beanfeast [ˈbiːnfiːst] *n šnek.* puota, balius, šventė
beanie [ˈbiːnɪ] *n* apskrita kepuraitė *(panaši į tiubeteiką)*
beano [ˈbiːnəʊ] *n (pl* ~s [-z]) *šnek.* = **beanfeast**
bean-pod [ˈbiːnpɒd] *n* pupos ankštis
beanpole [ˈbiːnpəʊl] *n* **1** vytys, lazdelės *(vijoklinėms pupelėms)* **2** *šnek.* ištįsėlis, išstypėlis, stypynė
beanstalk [ˈbiːnstɔːk] *n* pupos stiebas/virkščia, pupienojas
bear[1] [bɛə] *n* **1** lokys, meška **2** meškinas; šiurkštus/neišauklėtas žmogus; ***to play the*** ~ a) šiurkščiai elgtis; b) kenkti **3** *kom.* biržos spekuliantas *(prekiaujantis akcijomis);* ~ ***market*** „meškų" rinka *(padėtis rinkoje, kai krinta akcijų kursas)* **4** *(B.) astr.:* ***the Great [Little] B.*** Didieji [Mažieji] Grįžulo Ratai **5** skylamušis presas,

skylėjimo prietaisas 6 *jūr. šnek.* plaušinė šluota *(deniui plauti)* ◊ ***cross/sulky/surly as a ~, like a ~ with a sore head*** *šnek.* piktas kaip šuo; ***to take a ~ by the tooth*** be reikalo rizikuoti; ***had it been a ~, it would have bitten you*** *psn.* ne taip baisu, kaip jūs manėte, jūs apsirikote *v kom.* spekuliuoti biržoje ir siekti numušti vertybinių popierių kursą

bear² *v* (bore; borne) **1** (iš)laikyti, (pa)kelti; ***will the ice ~ today?*** ar kels/išlaikys šiandien ledas? **2** gimdyti; duoti *(vaisių; t. p. prk.)*; ***she has borne him five children*** ji pagimdė jam penkis vaikus; ***the bonds ~ 5 interest*** obligacijos duoda 5% pelno **3** pakęsti, pakelti *(naštą, skausmą ir pan.)*; ***I can't ~ him*** aš jo nepakenčiu **4** jausti, prisiimti, turėti *(atsakomybę, piktumą ir pan.)*; ***to ~ little resemblance*** *(to)* būti nelabai panašiam *(į)* **5** *refl* laikytis, elgtis; ***he bore himself bravely*** jis elgėsi narsiai **6** sukti, krypti *(to);* ***~ right at the church*** prie bažnyčios pasukite į dešinę **7** (pa)veikti, būti susijusiam, liesti *(on);* ***to bring pressure to ~*** daryti spaudimą *(on – kam)* **8** *knyg.* neš(io)ti; pernešti, gabenti; ***borne on the wind*** vėjo nešiojamas **9** susitaikyti, būti kantriam/nuolaidžiam *(with);* ***~ with me*** prašom truputį palaukti *(kol aš pabaigsiu ir pan.)* ☐ ***~ along*** (nu)nešti *(su savimi);* ***~ away*** a) nu(si)nešti; b) laimėti *(prizą, taurę ir pan.);* būti nugalėtoju; c) *jūr.* pasukti pavėjui; d): ***to be borne away*** susidomėti, įsitraukti, susižavėti; ***~ down*** a) įveikti, nugalėti; b) stengtis; c) *jūr.* priplaukti iš vėjo pusės; d) mestis, *(grėsmingai)* (pri)artėti *(on, upon – prie);* e) slėgti *(on);* f) griežtai bausti *(on);* ***~ in: to be borne in on smb*** paaiškėti kam; ***~ off*** nukrypti; ***~ out*** patvirtinti, palaikyti; ***~ up*** a) palaikyti, padrąsinti; b) atkakliai/tvirtai laikytis *(under);* c) remti, laikyti *(under);* d) *jūr.* leistis pavėjui; pasukti *(for – į, link)*

bearable ['bɛərəbl] *a* pakeliamas, pakenčiamas

bear-baiting ['bɛəˌbeɪtɪŋ] *n ist.* lokio pjudymas šunimis

beard [bɪəd] *n* **1** barzda **2** *bot. (varpos)* akuotas **3** *(mezgimo kabliuko)* galiukas, užkarpa ◊ ***to laugh at smb's ~*** a) atvirai iš ko juoktis; b) bandyti ką apmulkinti; ***to laugh in one's ~*** juoktis slapčia; ***to speak in one's ~*** murmėti; ***to pluck/take by the ~*** ryžtingai pulti
v **1** imti/griebti už barzdos **2** drąsiai priešintis, reikšti priešingą nuomonę **3** aptašyti *(lentos)* kraštą

bearded ['bɪədɪd] *a* **1** barzdotas **2** *bot.* akuotuotas

beardless ['bɪədləs] *a* bebarzdis; *prk.* jaunuoliškas

bearer ['bɛərə] *n* **1** nešėjas; nešikas **2** *(laiško)* įteikėjas; *(čekio, vekselio)* pateikėjas, pareiškėjas **3** *teis. (dokumento)* savininkas **4** vaisinis augalas; ***the tree is a good ~*** tas medis gerai dera **5** *tech.* pagrindinė sija, ilginis, atrama, padėklas **6** *(ypač ind.; tik v.)* tarnas

beargarden ['bɛəˌgɑːdn] *n* **1** *ist.* meškų pjudymo vieta **2** triukšmingas sambūris, triukšminga vieta, *šnek.* turgus

bear-hug ['bɛəhʌg] *n* meškiškas apsikabinimas; karštas apsikabinimas, kad net kaulai braška

bearing ['bɛərɪŋ] *n* **1** elgesys; laikysena **2** kantrumas, pakanta; ***beyond/past all ~*** nepakenčiamas, nepakeliamas; nepakenčiami; ***there is no ~ with him*** neįmanoma jo pakęsti **3** ryšys, santykis, sąryšys; ***this has no ~ on the question*** tai nesusiję, neturi nieko bendra su šiuo klausimu; ***to consider a question in all its ~s*** apsvarstyti klausimą visais požiūriais **4** neši(oji)mas **5** gimdymas **6** vaisių vedimas **7** *(žodžio)* reikšmė **8** *her.* devizas *(herbe)* **9** *tech.* guolis; ***~ bush [cap]*** guolio įvorė [dangtelis] **10** *tech.* atrama, atramos taškas; ***~ capacity*** keliamoji galia; leistinoji apkrova **11** *(džn. pl) spec.* pelengas, azimutas, rumbas; orientacija; ***~ deviation*** pelengo nuokrypis; ***~ line*** rumbo/vizyro linija; ***to lose one's ~s*** paklysti, prarasti orientaciją; *(prk. t. p.)* pasimesti; ***to take one's ~s*** susiorientuoti *(t. p. prk.);* nustatyti padėtį; ***to take a ~*** išmatuoti pelengą, pelenguoti
a **1** laikantis; *spec.* laikantysis, atraminis **2** gimdantis; vedantis vaisius

bearish ['bɛərɪʃ] *a* **1** lokio, meškos **2** šiurkštus **3** *kom.* siekiantis žemesnio kurso biržoje; susijęs su kainų kritimu *(apie rinką)*

bearpit ['bɛəpɪt] *n* aptvaras lokiams *(duobė)*

bearskin ['bɛəskɪn] *n* **1** meškena, lokena, meškos/lokio kailis **2** D. Britanijos gvardiečių *(meškos kailio)* kepurė **3** storas vilnonis audinys

beast [biːst] *n* **1** žvėris, gyvulys *(t. p. prk.);* ***~ of burden*** nešulinis gyvulys; ***~ of prey*** plėšrusis žvėris **2** *šnek.* bjaurus žmogus, bjaurybė; ***to make a ~ of oneself*** bjauriai elgtis **3** *kuop.* penimi gyvuliai/galvijai ◊ ***~ of a job*** sunkus/bjaurus darbas/dalykas

beastliness ['biːstlɪnɪs] *n* gyvuliškumas; kiaulystė

beastly ['biːstlɪ] *a* **1** gyvuliškas, galvijiškas **2** *šnek.* baisus, bjaurus
adv šnek. baisiai, bjauriai

beat [biːt] <*n, a, v*> *n* **1** mušimas, smūgis, dūžis; *(širdies)* pulsavimas, plakimas **2** *(švytuoklės)* švytavimas **3** taktas; takto mušimas; ***~ frequency*** mušimo dažnis **4** ritmas; mūša; ***the measured ~ of the waves*** ritminga bangų mūša **5** apėjimas *(nustatytu maršrutu),* patruliavimas; patrulių rajonas; ***to be on the ~*** apeiti, patruliuoti **6** medžioklės rajonas **7** *amer. šnek.* = **beatnik 8** *amer. sl.* laikraščio sensacija *(paskelbta anksčiau negu kituose laikraščiuose)* **9** *amer. sl.* dykinėtojas **10** *šnek.* kas nors puikus; geriausias *(sportininko)* pasirodymas; ***I've never seen his ~*** jis buvo tiesiog nuostabus ◊ ***to be off*** arba ***out of one's ~*** imtis ne savo įprastinės veiklos; nebūti tos srities žinovu; ***without missing a ~*** nerodydamas susijaudinimo/nustebimo
a **1** *šnek.* nusivarges, išvargęs **2** *attr šnek.* bytnikų; ***~ generation*** bytnikų karta/judėjimas
v (beat; beat, beaten ['biːtn]) **1** mušti, daužyti; ***to ~ smb to death*** užmušti ką **2** plakti *(kiaušinienę ir pan.)* **3** išdaužyti, išdulkinti *(drabužius, kilimą)* **4** grūsti, malti *(t. p. ~ small)* **5** plakti, pulsuoti, plastėti *(apie širdį)* **6** plasnoti, plastėti *(apie sparnus)* **7** dužti, daužytis, mušti *(apie bangas);* ***rain was ~ing on the windows*** lietus barbeno į langus **8** nugalėti, sumušti; ***we were ~en 2–1*** mus nugalėjo *(rezultatu)* 2–1 **9** pralenkti, būti geresniam/pranašesniam; ***you can't ~ Americans for friendliness*** amerikiečių neaplenksi draugiškumu; ***I'll ~ you to the summit*** aš greičiau už tave pasieksiu viršūnę; ***that ~s everything I ever heard*** tai nuostabu, niekada nieko panašaus nesu girdėjęs **10** prasimušti, prasibrauti *(through, out of)* **11** mušti *(būgną, taktą ir pan.)* **12** *amer. šnek.* apgauti; apeiti *(įstatymą ir pan.)* **13** *medž.* išvaryti *(paukščius, žvėris)* į atvirą lauką **14** *jūr.* laviruoti, ***to ~ against the wind*** laviruoti prieš vėją **15** *tech.* kalti *(metalą)* ☐ ***~ about*** a) ieškoti *(for);* b) *jūr.* keisti kryptį; ***~ back*** atmušti; ***~ down*** a) sumušti, nugalėti; b) numušti *(kainą);* ***to ~ smb down in price*** priversti ką nuleisti kainą; c) deginti, kepinti *(apie saulę);* ***~ in*** pramušti, išmušti; praskelti *(galvą);* ***~ off*** = ***~ back;*** ***~ out*** a) (iš)mušti *(melodiją; būgnu ir pan.);* b) iškalti *(metalą);* c): ***to ~ out the meaning*** išaiškinti reikšmę; d) užgesinti *(ugnį; mušant);* e) ***pass*** *amer.* būti visiškai be jėgų; ***~ up*** a) sumušti, žiauriai elgtis; b) išplakti *(kiau-*

beaten   80   **bedew**

šinį); c) verbuoti; kviesti d) *amer.* primušti *(ypač jaunesnį, silpnesnį)* ◊ *to ~ smb to it* būti greitesniam už ką, aplenkti ką; *to ~ it* sprukti, (iš)kurti; *~ it! sl.* spausk greičiau!, lauk!; *can you ~ that/it?* na, ar galite įsivaizduoti ką nors panašaus?; *it ~s me* (ir pats) nesuprantu, nebežinau

beaten ['bi:tn] *a* 1 sumuštas, sudaužytas, nugalėtas 2 banalus, nuvalkiotas 3 išvargęs; nukankintas 4 pramintas; *~ path/track* pramintas takas, išvažinėtas kelias 5 kaltinis *(apie metalą)* 6 *kar.* apšaudomas *(apie vietą)*

beater ['bi:tə] *n* 1 mušėjas, mušikas 2 muštuvas, mušeklis 3 plaktuvas 4 *amer. šnek.* senas/iškleręs automobilis 5 *tekst.* br(a)uktuvė; plaktuvas 6 *ž. ū.* kultuvas 7 *medž.* varovas ◊ *he is no ~ about the bush* jis tiesmukas žmogus

beatific(al) [ˌbi:əˈtɪfɪk(l)] *a poet.* (pa)laimingas

beatify [bɪˈætɪfaɪ] *v* 1 padaryti laimingą 2 *bažn.* kanonizuoti

beatitude [bɪˈætɪtju:d] *n* palaima *(t. p. bažn.)*

beatle ['bi:tl] *n* bitlas

beatnik ['bi:tnɪk] *n* bytnikas

Beatrice, Beatrix ['bɪətrɪs, -ks] *n* Beatričė *(vardas)*

beat-up ['bi:tʌp] *a šnek.* sudaužytas, apdaužytas; panešiotas, sudėvėtas

beau [bəu] *pr. n (pl* -x [-z], ~s) *(tik v.) ret.* 1 stileiva, frantas 2 kavalierius, garbintojas; simpatija

beau ideal [ˌbəui:ˈdeɪæl] *pr. n* grožio/tobulumo idealas

beau-monde [ˌbəuˈmɔnd] *pr. n* aukštuomenė

beaut [bju:t] *n amer., austral. šnek.* kas nors nepaprasta

beauteous ['bju:tɪəs] *a poet.* puikus, gražus

beautician [bju:ˈtɪʃn] *n* kosmetologas; kosmetikė

beautiful ['bju:tɪfəl] *a* gražus, puikus, nuostabus

beautify ['bju:tɪfaɪ] *v* gražinti, puošti

beauty ['bju:tɪ] *n* 1 grožis, grožybė, gražumas 2 gražuolė 3 *(ppr. sport.) šnek.* gražuolis, nuostabus *(apie smūgį, įvartį ir pan.)*; *a ~ of a car* nuostabus automobilis 4 *attr* grožio; kosmetikos, kosmetinis; *~ queen* grožio karalienė; *~ salon/amer. parlor* kosmetikos kabinetas ◊ *~ is but skin-deep* išorė apgaulinga, negalima spręsti iš išorės; *you are a ~ iron.* geras tu, nėra ko sakyti!

beauty-sleep ['bju:tɪsli:p] *n (ppr. juok.)* grožio miegas, ankstyvas miegas *(iki vidurnakčio)*

beaver¹ ['bi:və] *n* 1 *zool.* bebras 2 bebrena, bebro kailis 3 *tekst.* kastoras; bebriukas *(audinys)* 4 *sl.* barzda 5 *sl.* barzdyla 6 *(B.) amer.* Oregono valstijos gyventojas ◊ *eager ~ šnek.* darbštuolis; (per) didelis entuziastas *v:* *~ away šnek.* stropiai darbuotis, triūsti

beaver² *n ist. (šalmo)* antveidis

bebop ['bi:bɔp] *n* sudėtingų ritmų džiazo muzika

becalm [bɪˈkɑ:m] *v pass* sustoti *(apie burlaivį nurimus vėjui)*

became [bɪˈkeɪm] *past žr.* **become**

because [bɪˈkɔz] *conj* nes, kadangi, todėl, kad; *I couldn't come ~ the trains weren't coming* negalėjau atvykti, nes traukiniai nevažiavo; *it was ~ I didn't want to hurt you that I didn't tell you* aš tau nesakiau todėl, kad nenorėjau tavęs užgauti
prep (~ of) dėl; *this is all ~ of your laziness* tai vis dėl tavo tingumo

beck¹ [bek] *n poet.* 1 mostelėjimas, mojimas 2 *(ypač škot.)* linktelėjimas *(sveikinantis)* ◊ *to be at smb's ~ and call* visiškai nuo ko priklausyti
v 1 pamoti, duoti ženklą 2 *škot.* linktelėti *(sveikinantis)*

beck² *n šiaur.* upelis

beckon ['bekən] *v* 1 pamoti, pašaukti *(mostu, pirštu)* 2 kviesti, vilioti; *a bright future ~s you in Europe* Europoje tavęs laukia šviesi ateitis

becloud [bɪˈklaud] *v* 1 apsiniaukti, apsiblausti, aptemti 2 aptemdyti *(protą)*

become [bɪˈkʌm] *v* (became; become) 1 *(vardinio tarinio jungtis)* tapti, pasidaryti, (pa)virsti; *džn.* verčiamas iš būdvardžio padarytu vksm.; *to ~ cold* atšalti 2 atsitikti, nutikti *(of)*; *what's ~ of him?* kas jam nutiko? 3 (pri)tikti; *that dress ~s you* ta suknelė jums tinka

becoming [bɪˈkʌmɪŋ] *a* 1 tinkamas *(apie drabužį)* 2 deramas; gražus
n filos. tapsmas

becquerel ['bekərəl] *n fiz.* bekerelis *(radioaktyvumo vienetas)*

bed [bed] *n* 1 lova; patalas, guolis; čiužinys, matracas; *double [single] ~* dvigulė [viengulė] lova; *~ of straw* šiaudų čiužinys, šiaudai; *to make the ~* kloti lovą; *to go to ~* a) eiti gulti/miegoti; b) *šnek.* gulti, gulėti *(turėti lytinius santykius; with – su)*; *to take to one's ~* atsigulti *(susirgus ir pan.)*; *to keep to (one's) ~* nesikelti iš lovos, sirgti; *to leave one's ~* atsikelti iš lovos, pasveikti 2 vieta *(ligoninėje, viešbutyje)* 3 lysvė, ežia 4 *(jūros, ežero, upės)* dugnas; *(upės, kanalo)* vaga 5 *poet.* kapas; *the ~ of honour* kovoje kritusio kapas; *to put to ~ with a shovel* laidoti 6 *geol.* sluoksnis, klodas 7 *glžk.* balasto sluoksnis; sankasa 8 *stat. (pamatų)* pagrindas; *~ plate* pamatų plokštė 9 *tech.* stovas ◊ *you've made your ~, and you must lie on/in it pat.* ≡ kaip pasiklosi, taip išmiegosi; *a ~ of roses/flowers* lengvas dalykas/gyvenimas; *a ~ of thorns/nails* sunki/nemaloni padėtis; *~ and board* būstas ir maistas; *~ and breakfast* nakvynė ir pusryčiai *(privačiame name, nedideliame viešbutyje)*; *to be brought to ~ (of twins)* pagimdyti (dvynukus); *to die in one's ~* mirti savo mirtimi; *to go to ~ with the lamb and rise with the lark* anksti gulti ir anksti keltis; *to get out of ~ on the wrong side* ≡ ne ta koja išlipti iš lovos, būti blogos nuotaikos; *to go to ~ in one's boots sl.* būti labai girtam
v 1 guldyti į lovą 2 gulti į lovą; *to ~ with smb* gulėti/(per)miegoti su kuo 3 pataisyti guolį, pakreikti *(arkliui)* 4 sodinti į lysves/ežias 5 dėti, kloti *(ant tinkamo pagrindo)*, įtvirtinti ▢ *~ down* a) paguldyti *(nakčiai)*; b) pergulėti, įsitaisyti *(kur)*; *~ in* įtaisyti, įtvirtinti; *~ out* persodinti *(augalus į lysves)*

bedabble [bɪˈdæbl] *v* aptaškyti, aplaistyti

bedaub [bɪˈdɔ:b] *v (ppr. pass)* apteplioti, apgleizoti *(with)*

bedazzle [bɪˈdæzl] *v* apakinti *(blizgesiu; t. p. prk.)*

bedbug ['bedbʌg] *n zool.* patalinė blakė

bedchamber ['bedtʃeɪmbə] *n psn.* = **bedroom**

bedclothes ['bedkləuðz] *n pl* patalynė, lovos skalbiniai

beddable ['bedəbl] *a sl.* gundanti, seksuali *(apie moterį)*

bedder ['bedə] *n* 1 daigas, diegas *(sodinamas į lysvę)* 2 *šnek. (studentų kambarių)* valytojas, tvarkytojas

bedding ['bedɪŋ] *n* 1 patalynė 2 pakratai, kraikas 3 pagrindas, pamatas, posluoksnis 4 *geol.* sluoksniavimasis, stratifikacija 5: *~ plant* metinis augalas, persodintas prieš žydėjimą

bede [bi:d] *n kas.* kirstuvas

bedeck [bɪˈdek] *v (ppr. pass) knyg.* (pa)puošti *(with)*

bedel(l) [beˈdel] *n* = **beadle** 1

bedevil [bɪˈdevl] *v (-ll-) (ppr. pass)* 1 kankinti, kamuoti; *~led by remorse* sąžinės graužiamas 2 (su)glumyti, sutrikdyti

bedew [bɪˈdju:] *v (ppr. pass) knyg.* aprasoti; suvilgyti rasa; *eyes ~ed with tears poet.* nuo ašarų sudrėkusios akys

bedfast ['bedfɑːst] *a amer. (ligos)* prirakintas prie lovos
bedfellow ['bed,feləu] *n* **1** priegulas, miegantis kartu vienoje lovoje **2** partneris, kompanionas ◊ *misfortune/misery makes strange ~s* su kuo tik nesusidedi bėdoje
bed-foot ['bedfut] *n* lovos kojūgalis
Bedfordshire ['bedfədʃə] *n* Bedfordšyras *(Anglijos grafystė)*
bedgown ['bedgaun] *n* moteriški naktiniai marškiniai
bedhead ['bedhed] *n* lovos galvūgalis
bed-hop ['bedhop] *v sl.* turėti atsitiktinius lytinius santykius
bedim [bɪ'dɪm] *v (ppr. pass) knyg.* aptemdyti; užtraukti *(rūku)*
bedizen [bɪ'daɪzn] *v poet.* iš(si)puošti
bedlam ['bedləm] *n* **1** suirutė, visiška netvarka; didžiausias triukšmas **2** *ist.* bepročių namai
bedlamite ['bedləmaɪt] *n ret.* pamišėlis
bedlinen ['bedlɪnɪn] *n* lovos baltiniai *(paklodės, užvalkalai ir pan.)*
bedmaker ['bedmeɪkə] *n* = **bedder** 2
bedouin ['beduɪn] *n (džn.* **B.)** beduinas
bedpan ['bedpæn] *n med.* antis *(ligoniams)*
bedpost ['bedpəust] *n* lovos koja ◊ *between you and me and the ~* tik tarp mūsų; konfidencialiai
bedraggled [bɪ'drægld] *a* susivėlęs, susitaršęs, apsileidęs
bedrid(den) ['bed,rɪd(n)] *a* **1** *(ligos)* prirakintas prie lovos **2** bejėgis; *a bedrid argument* silpnas argumentas
bedrock ['bedrɔk] *n* **1** *geol.* pamatinė/paklotinė uoliena **2** pagrindiniai principai; *to get down to ~, to reach ~* išaiškinti/surasti dalyko esmę
bedroll ['bedrəul] *n (ypač amer.)* susukta kelioninė patalynė; miegmaišis
bedroom ['bedrum, -ruːm] *n* miegamasis; *single [double] ~* miegamasis su viena lova [dviem lovomis]; *~ suburb* priemiesčio gyvenamieji kvartalai
bedside ['bedsaɪd] *n* lovos kraštas; *to sit/watch at/by smb's ~* sėdėti prie ligonio, slaugyti; *to have a good ~ manner* mokėti elgtis su ligoniu *(apie gydytoją)*
bedsit(ter) [,bed'sɪt(ə)] *n šnek.* gyvenamasis kambarys *(kartu ir miegamasis)*
bedsore ['bedsɔː] *n* pragula, nuogula
bedspace ['bedspeɪs] *n* vietų skaičius *(viešbutyje);* vietų skaičius *(ligoninėje, bendrabutyje)*
bedspread ['bedspred] *n* lovadengtė, lovatiesė
bedstead ['bedsted] *n* lova, lovos rėmai
bedstraw ['bedstrɔ] *n bot.* lipikas, *lady's ~* tikrasis lipikas
bedtick ['bedtɪk] *n* čiužinio antvalkalas/aptraukalas
bedtime ['bedtaɪm] *n* ėjimo gulti metas; *my ~ is 11 o'clock* aš einu gulti 11 valandą
bedwetting ['bed,wetɪŋ] *n med.* šlapinimasis lovoje, enurezė
bee [biː] *n* **1** *zool.* bitė; *mother/queen ~* bičių motinėlė **2** *amer.* talka; kaimynų sueiga *(bendram darbui)* ◊ *a busy ~ šnek.* ≡ vargo pelė; *to have a ~ in one's bonnet šnek.* būti keistokam; būti apsėstam *(įkyrios minties)*
Beeb [biːb] *n šnek.* Bi bi si
beech [biːtʃ] *n* **1** *bot.* bukas *(medis),* bukmedis **2** buko mediena
beechen ['biːtʃən] *a* buko, bukinis
beechnut ['biːtʃnʌt] *n* buko riešutas
bee-eater ['biː,iːtə] *n zool.* bitininkas *(paukštis)*
beef [biːf] *n* **1** jautiena; *horse ~* arkliena **2** *(pl beeves, amer. ~s)* penimas/mėsinis gyvulys; *~ cattle* mėsiniai galvijai **3** *šnek.* storulis, mėsos kalnas *(apie žmogų)* **4** *šnek.* raumenys; jėga, energija **5** *šnek.* skundas, pretenzija; *what's the ~ this time?* kokios bėdos dabar? ◊ *where's the ~? (ypač amer.)* tai gerai, bet kas iš to?
v šnek. skųstis *(about)* ☐ *~ up šnek.* sustiprinti, paremti *(faktais, lėšomis ir pan.)*
beefburger ['biːfbəːgə] *n* maltas žlėgtainis/bifšteksas, įkeptas bandelėje
beefcake ['biːfkeɪk] *n šnek.* raumeningas patrauklus vyras *(džn. jų fotografijos)*
beefeater ['biːf,iːtə] *n* **1** Londono Tauerio sargybinis **2** dvaro rūmų sargybinis
beefsteak ['biːfsteɪk] *n* žlėgtainis, bifšteksas
beef-tea [,biːf'tiː] *n* jautienos sultinys *(ligoniams)*
beef-witted ['biːfwɪtɪd] *a ret.* kvailas
beefy ['biːfɪ] *a* **1** jautienos; mėsingas **2** stiprus, raumeningas
beehive ['biːhaɪv] *n* **1** bičių avilys **2** aukšta moteriška šukuosena (t. p. *~ hairdo)*
beekeeper ['biː,kiːpə] *n* bitininkas
beekeeping ['biː,kiːpɪŋ] *n* bitininkystė
beeline ['biːlaɪn] *n šnek.* tiesi linija, tiesiausias kelias; *to make a ~* (nu)eiti/(nu)drožti tiesiausiai *(for – į, pas)*
Beelzebub [bɪ'elzɪbʌb] *n mit.* Belzebubas; šėtonas
bee-master ['biː,mɑːstə] *n* bitininkas
been [bɪn; *kirčiuota forma* biːn] *pII žr.* **be**
beep [biːp] *n (telefono ir pan.)* pypsėjimas; telemetrinis signalas
v pypsėti, pypti, pyptelėti
beeper ['biːpə] *n* pyplys *(prietaisas, primenantis, ką daryti)*
beer [bɪə] *n* alus; *small ~* a) silpnas alus; b) *prk.* mažmožis, menkniekis; c) *prk.* smulki žuvelė *(apie žmogų);* **to do a ~** išgerti bokalą alaus; *~ belly/gut šnek.* didelis *(alaus gėrikų)* pilvas ◊ *not all ~ and skittles* ne vien tik malonumai/pasilinksminimai; *to be in ~ šnek.* būti išgėrusiam; *to think no small ~ of oneself* būti geros nuomonės apie save
beer-engine ['bɪər,endʒɪn] *n* alaus siurblys *(iš statinės)*
beerfest ['bɪəfest] *n* alaus šventė
beerhouse ['bɪəhaus] *n* alinė, aludė
beerswilling ['bɪəswɪlɪŋ] *a* prisigėręs alaus
beery ['bɪərɪ] *a* alaus, alinis; atsiduodantis alumi; alaus paveiktas; *~ exuberance* išgėrusio gyvumas; *~ face* girtuoklio veidas
beestings ['biːstɪŋz] *n pl* krekenos
beeswax ['biːzwæks] *n* vaškas ◊ *none of your ~ amer.* ≡ nekišk nosies, kur nereikia, ne tavo reikalas/dalykas
v vaškuoti
beeswing ['biːzwɪŋ] *n* **1** paviršėliai *(seno, išlaikyto vyno viršutinis sluoksnis)* **2** senas vynas
beet [biːt] *n* **1** *bot.* valgomasis runkelis/burokas; *sugar/white ~* cukrinis runkelis **2** *amer.* = **beetroot**
Beethoven ['beɪthəuvn] *n: Ludwig van ~* Liūdvigas van Bethovenas
beetle[1] ['biːtl] *n* **1** vabalas; *Colorado ~* kolorado vabalas **2** *šnek.* tarakonas ◊ *blind as a ~, ~ blind* visiškai aklas
v šnek. (nu)skubėti *(t. p. ~ off); ~ off!* drožk iš čia!
beetle[2] *n tech.* plūtuvas, kaltuvas ◊ *between the ~ and the block* ≡ tarp kūjo ir priekalo, beviltiškoje padėtyje
v **1** plūkti **2** skaldyti *(akmenis)*
beetle[3] *a* pakibęs, nukarręs, kyšantis
v pakibti, nukarti, karoti; kyšoti
beetle-browed ['biːtlbraud] *a* **1** atsikišusiais antakiais **2** paniuręs, susiraukęs
beetle-head ['biːtlhed] *n šnek.* kvailys
beetling ['biːtlɪŋ] *a* kyšantis, pakibęs

beetroot ['bi:tru:t] *n* runkelis, burokėlis; *~ soup* burokėlių sriuba, barščiai; *as red as a ~* raudonas kaip burokas ◊ *to go ~ šnek.* parausti *(sumišus)*

beeves [bi:vz] *pl žr.* **beef** 2

befall [bɪ'fɔ:l] *v* (befell [bɪ'fel]; befallen [bɪ'fɔ:lən]) *poet.* atsitikti, įvykti, ištikti; *what has ~en him?* kas (jam) nutiko?

befit [bɪ'fɪt] *v* (pri)tikti, priderėti

befitting [bɪ'fɪtɪŋ] *a* tinkamas, deramas

befog [bɪ'fɔg] *v* aptraukti rūku; aptemdyti; *his mind ~ged with drink* jo protas aptemęs nuo gėrimo/alkoholio

befool [bɪ'fu:l] *v* apkvailinti

before [bɪ'fɔ:] <*adv, prep, conj*> *adv* **1** anksčiau, jau; *he spent last year in America and the year ~ in Spain* praėjusius metus jis praleido Amerikoje, o metus prieš tai – Ispanijoje **2** *psn.* priešais, priešaky
prep **1** prieš, priešais; *she stood ~ him* ji stovėjo prieš jį; *~ going to bed* prieš miegą; *ten ~ six* šešios valandos be dešimties minučių; *~ my very eyes* man pačiam matant, mano akyse **2** (jau) greičiau..., negu...; verčiau; *he would die ~ betraying his country* jis (jau) greičiau mirs, negu išduos tėvynę **3** labiau/geriau už; *I love him ~ myself* aš myliu jį labiau negu save; *Tom is ~ the other boys in his class* Tomas geresnis už kitus jo klasės berniukus
conj anksčiau negu, prieš, kol; *I'll ring you ~ I leave* aš tau paskambinsiu prieš išeidamas; *~ I forget, here's your key* kol neužmiršau, štai tavo raktas

beforehand [bɪ'fɔ:hænd] *adv* anksčiau, iš anksto, pirma laiko; *to be ~ with smth* iš anksto ką surengti/sutvarkyti/numatyti; *to be ~ with smb* padaryti pirma ko, pralenkti ką; *to be rather ~ in conclusions* per anksti daryti išvadas

before-mentioned [bɪ'fɔ:ˌmenʃənd] *a* anksčiau/aukščiau (pa)minėtas

before-tax [bɪ'fɔ:tæks] *a* priskaičiuotas prieš apmokestinant; *~ earnings* uždarbis neišskaičius mokesčių

befoul [bɪ'faul] *v poet.* apibjauroti, apteršti, suteršti

befriend [bɪ'frend] *v* būti draugiškam, padėti; susidraugauti

befringe [bɪ'frɪndʒ] *v* apkraštuoti, apvedžioti, apsiuvinėti

befuddle [bɪ'fʌdl] *v* apsvaiginti, sumaišyti, supainioti

beg [beg] *v* **1** prašyti, maldauti *(for);* *to ~ pardon* prašyti atleisti/dovanoti, atsiprašyti; *to ~ leave to do smth* prašyti leidimo/leisti ką daryti **2** elgetauti, prašyti išmaldos **3** tarnauti, stovėti ant paskutinių kojų *(apie šunį)* **4** *ofic.* išdrįsti, leisti sau *(ką daryti);* *I ~ to differ* atleiskite, bet aš nesutinku, leiskite papriešarauti; *we ~ to enclose* pridedame *(laiške);* *we ~ to inform you* pranešame jums □ *~ off* atsiprašyti *(už save/kitą, kad negali ko padaryti, dalyvauti kur)* ◊ *to go ~ging* likti, pasilikti *(nenupirktam, nesuvalgytam ir pan.)*

begad [bɪ'gæd] *int psn. šnek.* prisiekiu!

began [bɪ'gæn] *past žr.* **begin**

beget [bɪ'get] *v* (begot, *psn.* begat [bɪ'gæt]; begot, begotten) **1** *psn.* pradėti gyvybę **2** *prk.* gimdyti, sukurti, sukelti

begetter [bɪ'getə] *n* **1** *ret.* tėvas, gimdytojas **2** *prk.* (su)kūrėjas, įkvėpėjas

beggar ['begə] *n* **1** elgeta **2** *šnek.* vyrukas, gudruolis; žmogelis; *poor ~* vargšas; *insolent ~* akiplėša; *cheerful ~* linksmuolis, *stubborn ~* užsispyrėlis; *little ~s* mažiukai, vaikiukai, jaunikliai *(apie vaikus ir gyvulius)* ◊ *~s can't/ musn't be choosers* elgetos nesirenka; elgeta neturi būti išrankus; *the ~ may sing before the thief* elgetai nėra ko bijoti vagies; *a ~ on horseback* išsišokėlis; *set a ~ on horseback and he'll ride to the devil* ≡ įleisk kiaulę į bažnyčią, ji užlips ir ant altoriaus
v **1** paversti elgeta, nuskurdinti **2** *refl* nusigyventi, nuskursti ◊ *it ~s (all) description* neįmanoma aprašyti

beggarly ['begəlɪ] *a* **1** elgetiškas; skurdus, vargingas **2** nepakankamas, menkas
adv **1** elgetiškai **2** maldaujamai

beggary ['begərɪ] *n* **1** skurdas **2** elgetavimas **3** *kuop.* elgetos

begging ['begɪŋ] *n* elgetavimas; *to go ~* a) *(eiti)* elgetauti; b) likti, pasilikti *(nenupirktam, nesuvalgytam ir pan.);* būti niekam nereikalingam

begin [bɪ'gɪn] *v* (began; begun) **1** pra(si)dėti; imti; *džn. verčiamas vksm. priešdėliais, reiškiančiais veiksmo pradžią;* *to ~ at the beginning* pradėti nuo (pat) pradžios; *to ~ at the wrong end* pradėti ne iš to galo; *it begin to rain* ėmė lyti; *when does the concert ~?* kada prasideda koncertas?; *to ~ to blow* padvelkti; *to ~ to sing* uždainuoti; *to ~ to speak* prašnekti, prakalbėti **2** *(on)* pulti *(prie),* imtis *(darbo)* □ *~ over* vėl pradėti iš naujo ◊ *to ~ with* a) visų pirma, pirmiausia; b) iš pradžių; *can't ~ to understand [to imagine]* neįmanoma suprasti [įsivaizduoti]

beginner [bɪ'gɪnə] *n* pradedantysis; naujokas

beginning [bɪ'gɪnɪŋ] *n* **1** pradžia; *from ~ to end* nuo pradžios ligi galo **2** išeities taškas, priežastis, šaltinis; *pl* ištakos, pirmieji žingsniai ◊ *a good ~ is half the battle, a good ~ makes a good ending* ≡ gera pradžia – pusė darbo; *a bad ~ makes a bad ending* ≡ ką pasėsi, tą ir pjausi, kaip pasiklosi, taip išmiegosi

begird [bɪ'gə:d] *v* (begirt [bɪ'gə:t]) *ret.* (ap)juosti

begone [bɪ'gɔn] *int psn.* lauk!, šalin!; *tell him to ~* liepk jam išsinešdinti

begonia [bɪ'gəunɪə] *n bot.* begonija

begorra [bɪ'gɔrə] *int air. šnek.* dievaž!, dievaži!

begot [bɪ'gɔt] *past žr.* **beget**

begotten [bɪ'gɔtn] *pII žr.* **beget**

begrime [bɪ'graɪm] *v ret.* **1** suodinti **2** *prk.* (ap)juodinti

begrudge [bɪ'grʌdʒ] *v* **1** pavydėti **2** gailėti(s), nenoromis duoti

beguile [bɪ'gaɪl] *v* **1** maloniai (pra)leisti *(laiką);* *we ~d the time by telling jokes* mes leidome laiką juokaudami **2** apgauti; *to ~ smb into doing smth (apgaule)* įkalbėti/ sukurstyti ką daryti ką **3** patraukti dėmesį, (su)žavėti

beguilement [bɪ'gaɪlmənt] *n* **1** malonus laiko leidimas, užsiėmimas laikui leisti **2** apgavystė

beguiling [bɪ'gaɪlɪŋ] *a* viliojantis, kerintis, žavus

begum ['beɪgəm] *ind. n* begumė, ponia *(musulmonų moters titulas)*

begun [bɪ'gʌn] *pII žr.* **begin**

behalf [bɪ'hɑ:f] *n: on/amer. in ~ (of)* a) dėl, *(kieno)* naudai; *in/on my ~* man, dėl manęs; b) *(kieno)* vardu; *in/ on ~ of my friends* mano draugų vardu

behave [bɪ'heɪv] *v* **1** elgtis; *you didn't have to ~ like that!* tau nereikėjo taip elgtis!; *~ yourself!* elki(tė)s kaip pridera! **2** dirbti, veikti *(apie mašiną, prietaisą);* funkcionuoti

behavior [bɪ'heɪvɪə] *n amer.* = **behaviour**

behaviour [bɪ'heɪvɪə] *n* **1** elgimasis, elgsena, elgesys, manieros; *to be on one's good [best] ~* stengtis gerai [kuo geriau] elgtis; *to put smb on his good ~* duoti galimybę kam pasitaisyti, perspėti ką **2** *spec.* funkcionavimas; *thermal ~ fiz.* šiluminės savybės; *elastic ~* tamprusis būvis; *time ~* laiko režimas

behaviourism [bɪ'heɪvɪərɪzm] *n psich.* biheviorizmas
behead [bɪ'hed] *v* nukirsti galvą
beheld [bɪ'held] *past, pII žr.* **behold**
behemoth [bɪ'hi:mɔθ] *n* 1 begemotas, hipopotamas 2 *prk. knyg.* monstras, didžiulė baidyklė, pabaisa
behest [bɪ'hest] *n knyg.* įsakymas, (pa)liepimas; priesakas; *at the ~ (of) (kam)* įsakius, *(kieno)* prašymu
behind [bɪ'haɪnd] *<adv, part, prep, n> adv* 1 užpakalyje; *to leave ~* palikti užpakalyje; *to be ~ (in/with one's work)* vėluotis, atsilikti (su savo darbu); *there's more ~* tai dar ne viskas 2 atgal; *go ~ and look* eik atgal ir pažiūrėk *part (vart. su vksm.) verčiamas priešdėliniais vksm.: to fall ~* atsilikti, nesuspėti
prep 1 už, užpakalyje; *there was a kitchen garden ~ the house* už namo buvo daržas; *the sun came out from ~ the clouds* saulė išlindo iš už debesų; *what's ~ it?* kas už to slypi? 2 paskui; *they are coming just ~ us* jie ateina tuoj paskui mus; *~ time* pavėlavus, pavėluotai 3 mažiau, blogiau; *3 points ~ the team in first place* 3 taškais mažiau už komandą, užėmusią pirmąją vietą; *he is ~ other boys of his class* jis atsilieka nuo kitų klasės berniukų
n euf. šnek. užpakalis *(sėdynė); to be on one's ~* sėdėti, trinti kėdę
behindhand [bɪ'haɪndhænd] *a predic* 1 atsilikęs, pavėlavęs; *he is ~ in his schoolwork* jis atsilieka moksle; *~ with one's answer* uždelsęs atsakyti 2 įsiskolinęs, laiku nesumokėjęs *(with)*
adv: to be wise ~ per vėlai suvokti, būti gudriam po laiko
behind-the-scenes [bɪˌhaɪndðə'si:nz] *a* užkulisinis
behold [bɪ'həʊld] *v* (beheld) *poet., psn.* (pa)matyti, pastebėti; žiūrėti
int psn. žiūrėk!, štai!
beholden [bɪ'həʊldn] *a predic* turintis būti dėkingas *(to – kam, for – už ką)*
beholder [bɪ'həʊldə] *n knyg., poet.* žiūrovas, stebėtojas ◊ *beauty is in the eye of the ~* kiekvienas savaip supranta grožį
behoof [bɪ'hu:f] *n psn.* nauda; *in/on/for/to one's ~, in/on/to/for the ~ (of) (kieno)* naudai
behoove [bɪ'hu:v] *v amer.* = **behove**
behove [bɪ'həʊv] *v impers knyg.* (pri)derėti, (pri)tikti, reikėti; *it ~s you to work harder* jums reikia daugiau dirbti
beige [beɪʒ] *pr. n* rusvai gelsva spalva, smėlio spalva
a rusvai gelsvas, smėlio spalvos
be-in ['bi:ɪn] *n šnek.* draugų sueiga *(parke ir pan.)*
being ['bi:ɪŋ] *n* 1 buvimas, būtis, gyvenimas, egzistavimas; *social ~ determines consciousness filos.* būtis (nu)lemia sąmonę; *in ~* gyvas, gyvenantis, esantis; *to come into ~* atsirasti, būti sukurtam; *to call into ~, to give ~ (to)* sukurti, iškelti 2 būtybė; padaras; *living ~* gyvis, gyvas padaras; *human ~* žmogus; *the Supreme B.* aukščiausioji būtybė, Dievas 3 *knyg.* esmė; *to the very roots of one's ~* iki širdies gilumos/gelmių *(sukrėstas ir pan.)*
a 1 esantis, egzistuojantis; *for the time ~* a) šiuo metu; b) kuriam laikui, kurį laiką 2: *~ as šnek.* nes, kadangi
Beirut ['beɪru:t, beɪ'ru:t] *n* Beirutas *(Libano sostinė)*
bejab(b)ers [bɪ'dʒæbəz] *šnek. n: to scare the ~ out of smb* įvaryti kam baimės
int Dieve mano!, Viešpatie!
bejewelled, *amer.* **bejeweled** [bɪ'dʒu:əld] *a* pasipuošęs brangakmeniais
bel [bel] *n fiz.* belas

belabour, *amer.* **belabor** [bɪ'leɪbə] *v* 1 be reikalo kalbėti/polemizuoti/užsipulti; krapštinėtis *(su)* 2 *(pakartotinai)* pabrėžti *(mintį, faktą)* 3 *ret.* apdaužyti, apmušti
Belarus [ˌbjelə'rus] *n* Gudija, Baltarusija
belated [bɪ'leɪtɪd] *a* 1 per vėlus, pavėluotas 2 nakties/tamsos užkluptas
belay [bɪ'leɪ] *(ypač jūr.) v* pritvirtinti, užkabinti *(virvę) int sl.* stop!, užteks!
belch [beltʃ] *n* 1 raugėjimas, raugulys 2 *(ugnies, dūmų)* kamuolys, stulpas
v 1 raugėti 2 (iš)mesti, (iš)versti *(dūmus, ugnį, lavą; t. p. ~ forth/out)*
beldam(e) ['beldəm] *n psn.* senė; sena ragana
beleaguer [bɪ'li:gə] *v (ppr. pass)* 1 apgulti, apsiausti 2 persekioti, neduoti ramybės
Belfast [ˌbel'fɑ:st] *n* Belfastas *(miestas)*
belfry ['belfrɪ] *n* varpinė, bokštas su varpu
Belgian ['beldʒən] *a* belgų, belgiškas; Belgijos
n belgas
Belgium ['beldʒəm] *n* Belgija *(valstybė)*
Belgrade [ˌbel'greɪd] *n* Belgradas *(Jugoslavijos sostinė)*
Belial ['bi:lɪəl] *n* velnias, demonas, piktoji dvasia ◊ *a man of ~* niekšas
belie [bɪ'laɪ] *v* 1 nuslėpti, neatskleisti; neteisingai nušviesti 2 nepateisinti *(vilčių)*
belief [bɪ'li:f] *n* 1 tikėjimas *(t. p. rel.; in); beyond/past ~* neįtikėtinas; nepaprastai; *wealthy [stupid] beyond ~* nepaprastai turtingas [kvailas] 2 įsitikinimas, nuomonė; *contrary to popular ~* priešingai paplitusiai nuomonei; *to the best of my ~* mano tvirtu įsitikinimu
believable [bɪ'li:vəbl] *a* patikimas; įtikimas, tikėtinas; tikroviškas
believe [bɪ'li:v] *v* 1 tikėti *(t. p. rel.); to ~ in God* tikėti (į) Dievą; *we soon ~ what we desire* mes mielai tikime tuo, kuo norime tikėti; *~ it or not* nori tikėk, nori ne 2 manyti; laikyti; *I ~ so* aš manau taip; *I ~ not* nemanau, manau, kad ne; *I ~ him (to be) honest* aš laikau jį sąžiningu 3 *refl* laikyti save *(kuo)*, įsivaizduoti ◊ *you'd better ~ it! šnek.* tai tikras dalykas!, gali(te) būti tikras dėl to!; *to make ~* įsivaizduoti; apsimesti
believer [bɪ'li:və] *n* 1 *rel.* tikintysis 2 palaikantysis, šalininkas *(in); he is a (great) ~ in homoeopathy* jis (labai) tiki homeopatija
belike [bɪ'laɪk] *adv psn.* gal, galbūt
belittle [bɪ'lɪtl] *v* (su)mažinti, (su)menkinti, nuvertinti; *to feel ~d* jaustis neįvertintam
bell¹ [bel] *n* 1 varpas; varpelis, žvangutis; *church ~s* skambinimas varpais *(pamaldoms); to ring the ~s* skambinti varpais; *wooden ~s* skrabalai 2 *(elektrinis)* skambutis; *to ring the ~* paspausti skambutį; *to give smb a ~ šnek.* paskambinti kam *(telefonu)* 3 *(varpo/piltuvėlio formos)* paplatėjimas 4 *bot.* taurelė 5 *jūr. (laivo)* varpas; *to strike the ~s* mušti pusvalandžius *(laive)* 6 *geol.* kupolas 7 *sport.* štanga, svarmuo ◊ *to bear the ~* būti vadu, pirmauti; *to bear/carry away the ~* rungtynėse laimėti prizą; *to lose the ~* pralaimėti, negauti prizo; *to bear the cap and ~s* vaidinti juokdarį; *to be saved by the ~ šnek.* išsisukti/išsigelbėti paskutiniu momentu; *by/with ~, book and candle šnek.* visokiais būdais; *to crack the ~* nepasisekti; sužlugdyti reikalą; *to ring the ~ šnek.* turėti pasisekimą, patikti; *to ring one's own ~* reklamuotis; *to ring a ~ šnek.* būti girdėtam, priminti ką
v įtaisyti/pakabinti varpus/skambučius
bell² *n* elnio bliovimas *(rujos metu)*
v bliauti

belladonna [ˌbeləˈdɔnə] *n* **1** *bot.* beladona, vaistinė šunvyšnė **2** *farm.* atropinas; hiosciaminas
bell-bottoms [ˈbelˌbɔtəmz] *n pl* į apačią platėjančios kelnės
bellboy [ˈbelbɔɪ] *n* berniukas pasiuntinys *(viešbutyje, klube)*
bell-buoy [ˈbelbɔɪ] *n jūr.* bakenas su skambučiu
belle [bel] *n* gražuolė; *the ~ of the ball* puotos karalienė
belles-lettres [ˌbelˈletrə] *pr. n* beletristika, grožinė literatūra
bell-flower [ˈbelflauə] *n bot.* katilėlis
bellhop [ˈbelhɔp] *n amer.* = **bellboy**
bellicose [ˈbelɪkəus] *a* **1** karingas **2** linkęs peštis
bellicosity [ˌbelɪˈkɔsətɪ] *n* **1** karingumas **2** polinkis peštis/muštis
belligerence, -cy [bɪˈlɪdʒərəns, -sɪ] *n* **1** karo padėtis **2** karingumas, agresyvumas
belligerent [bɪˈlɪdʒərənt] *n teis.* kariaujančioji šalis/pusė
a **1** *teis.* kariaujantis **2** karingas, agresyvus
bellman [ˈbelmən] *n (pl* -men [-mən]) *ist.* **1** skelbėjas, šauklys **2** naktinis sargas, panaktinis
bellow [ˈbeləu] *n* baubimas, maurojimas, riaumojimas, bliovimas; *~s of laughter* kvatojimas
v baubti; mauroti, riaumoti *(t. p. prk.)*; bliauti; *to ~ with laughter* kvatoti □ *~ out* surikti; išrėkti *(keiksmą ir pan.)*
bellows [ˈbeləuz] *n pl (kalvio, armonikos, fotokameros)* dumplės
bellpull [ˈbelpul] *n* skambučio rankenėlė/virvutė
bell-punch [ˈbelpʌntʃ] *n (konduktoriaus)* komposteris, žymeklis
bell-push [ˈbelpuʃ] *n* skambučio mygtukas
bell-ringer [ˈbelrɪŋə] *n* varpininkas
bell-tent [ˈbeltent] *n* varpo formos palapinė
bellwether [ˈbelˌweðə] *n* **1** avinas, bandos vedlys *(su varpeliu po kaklu)* **2** *prk.* avangardas; *(madų)* lėmėjas, nustatytojas
belly [ˈbelɪ] *n* **1** pilvas; *(smulkių gyvūnų)* pilvelis; skilvis, skrandis; *~ button (ypač vaik.)* bamba **2** *(muzikos instrumento)* viršutinė deka **3** kas nors iškilęs/išsipūtęs/pastorėjęs; *jūr.* burės iš(si)pūtimas; *geol.* sluoksnio/gyslos sustorėjimas ◊ *the ~ has no ears, hungry bellies have no ears* ≡ pasakomis sotus nebūsi; *to go ~ up šnek.* a) dvėsti *(apie žuvį)*; b) (su)bankrutuoti
v iš(si)pūsti *(t. p. ~ out)*
bellyache [ˈbelɪeɪk] *šnek. n* **1** pilvo skausmas **2** nusiskundimas
v zirzti, niurzgėti, skųstis *(about – dėl)*
bellyband [ˈbelɪbænd] *n (balno)* paspręstė
belly-dance [ˈbelɪdɑːns] *n* pilvo šokis
bellyflop [ˈbelɪflɔp] *n šnek.* kritimas į vandenį ant pilvo
bellyful [ˈbelɪful] *n šnek.* pakankamas kiekis; sotumas, persisotinimas; *to get a ~ of smth* persisotinti kuo, gauti ko per daug
belly-landing [ˈbelɪˌlændɪŋ] *n av.* lėktuvo nutūpimas ant fiuzeliažo *(ne ant važiuoklės)*
belly-pinched [ˈbelɪpɪntʃt] *a šnek.* išalkęs, alkanas
belong [bɪˈlɔŋ] *v* **1** priklausyti *(to)*; *who does this ~ to?* kam tai priklauso?; *to ~ to the Labour party* priklausyti leiboristų partijai, būti leiboristų partijos nariu **2** kilti; *I ~ here* a) aš kilęs iš čia; b) čia mano vieta **3** tikti, pritapti, būti; *the keys that ~ to this cupboard* raktai, kurie tinka šiai spintai; *these books ~ on that shelf šnek.* šios knygos iš tos lentynos □ *~ together* tikti, derėti, derintis
belonging [bɪˈlɔŋɪŋ] *n* **1** ryšys; *(interesų ir pan.)* bendrumas; *feeling of not ~* svetimumo jausmas **2** *pl* manta, savi daiktai; visa, kas savo **3** *pl* priestatai, pagalbiniai pastatai

Belorussian [ˌbeləuˈrʌʃn] *a* gudų, gudiškas, baltarusių; Gudijos, Baltarusijos
n **1** gudas **2** gudų/baltarusių kalba
beloved [bɪˈlʌvɪd] *a [t. p.* bɪˈlʌvd] mylimas
n [bɪˈlʌvd] **1** mylimasis, mylimoji **2** *knyg.* mylimieji *(kreipinys)*
below [bɪˈləu] *adv* **1** žemiau; apačioje; *the captain has gone ~* kapitonas nuėjo į apačią; *as it will be said ~* kaip bus toliau pasakyta **2** *teatr.* avanscenoje
prep **1** žemiau; *~ zero/freezing* žemiau nulio; *a lieutenant is ~ a captain* leitenantas – žemesnis laipsnis už kapitono; *put it ~ some books* padėk tai po knygomis **2** blogiau, menkiau *(apie kokybę, padėtį ir pan.)*; *~ the mark* prastos kokybės; menkos sveikatos **3** į pietus nuo *(Anglijoje)*; *~ London* į pietus nuo Londono
below-the-belt [bɪˌləuðəˈbelt] *n attr* žemiau juostos, klastingas *(apie smūgį ir pan.)*
belt [belt] *n* **1** diržas, juosta *(t. p. tech.)*; *black ~ sport.* juodasis diržas *(karatė, dziudo)*; *conveyor ~* transporterio juosta **2** ruožas, zona; *shelter ~ (miškų)* saugos juosta; *fire ~ kar.* ugnies užtvara **3** siauras sąsiauris **4** *archit. (profilio)* detalė ◊ *to hit/strike/tackle below the ~* a) *sport.* smogti žemiau juostos; b) klastingai smogti; *to have/got smth under one's ~* sukaupti ką nors naudinga/svarbu; *to have the champion's ~* būti bokso čempionu; *Black B.* pietiniai JAV rajonai *(kur dauguma gyventojų – negrai)*
v **1** ap(si)juosti diržu/juosta *ir pan.* **2** mušti diržu **3** *šnek.* drožti, (už)duoti *(kumščiu)* **4** lėkti galvotrūkčiais *(ppr. ~ along/down)* □ *~ out šnek.* plėšti *(dainą)*; smarkiai groti; *~ up* a) *šnek.* užsičiaupti, užčiaupti kakarinę; b) *aut.* užsijuosti saugos diržą
Beltane [ˈbelteɪn] *n ist.* keltų laužų šventė *(Airijoje, gegužės 1 d.)*
belt-conveyor [ˈbeltkənˌveɪə] *n* juostinis transporteris/konvejeris
belted [ˈbeltɪd] *a* **1** su juosta/diržu *(apie apsiaustą ir pan.)* **2** *tech.* su diržine pavara
belt-line [ˈbeltlaɪn] *n amer.* **1** talija **2** *(tramvajaus, metropoliteno ir pan.)* žiedinė linija
belt-saw [ˈbeltsɔː] *n* juostinis pjūklas
beltway [ˈbeltweɪ] *n amer.* žiedinis kelias *(aplink miestą)*
beluga [bɪˈluːgə] *n zool.* **1** didysis eršketas **2** baltasis delfinas
belvedere [ˈbelvɪdɪə] *n archit.* belvederis
bemire [bɪˈmaɪə] *v* aptaškyti purvu; *pass* įstrigti purve
bemoan [bɪˈməun] *v* **1** apraudoti, apverkti **2** skųstis, dejuoti
bemused [bɪˈmjuːzd] *a* suglumintas, sukonfūzytas, susipainiojęs
ben [ben] *n škot.* **1** dviejų kambarių namo antrasis kambarys; *but and ~* pirmasis ir antrasis kambarys *(visas namas)* **2** kalnas *(džn. geografiniuose pavadinimuose)*; *B. Nevis* Ben Nevisas *(kalnas Škotijoje)* ◊ *to be far ~ with smb* artimai su kuo bendrauti
bench [bentʃ] *n* **1** suolas; *deacon's ~* medinė dvivietė sofutė **2** suolelis, sėdynėlė *(valtyje)* **3** *(džn. pl)* vietos *(parlamente)*; *treasury ~* ministrų suolas *(D. Britanijos bendruomenių rūmuose)* **4** teisėjo kėdė/vieta; teismas; *kuop.* teisėjai; *to be raised to the B.* tapti teisėju, gauti teisėjo vietą; *to sit on the ~* būti teisėju; teisti **5** darbastalis, varstotas, staklės **6** *sport.* atsarginių suolelis **7** *geol.* terasa **8** *stat.* atbraila, karnizas **9** *jūr.* banka, rėva **10** *(šunų)* paroda
v **1** pastatyti suolus; apstatyti suolais **2** demonstruoti parodoje *(šunis)* **3** *amer. sport.* pašalinti iš aikštės

benchboard ['bentʃbɔːd] *n el.* valdymo pultas
bencher ['bentʃə] *n* teisininkų korporacijos seniūnas *(Londone)*
benchmark ['bentʃmɑːk] *n* **1** *geod.* (aukščio, lygio) pažyma, reperis **2** etalonas; gairė **3** *komp.* kompiuterių sistemos darbo (iš)bandymas
bench-plane ['bentʃpleɪn] *n* darbastalio viršus
bench-show ['bentʃʃəu] *n* gyvulių *(ppr. šunų)* paroda
bench-vice ['bentʃvaɪs] *n tech.* darbastalio spaustuvai/ veržtuvai
bench-warmer ['bentʃˌwɔːmə] *n šnek.* **1** benamis, bedarbis **2** *sport.* atsarginis žaidėjas *(retai žaidžiantis)*
bench-warrant ['bentʃˌwɔrənt] *n teis.* suėmimo orderis
bend [bend] *n* **1** (su)lenkimas; išlinkimas, lankas **2** *(kelio, upės)* posūkis, vingis, užuolanka **3** *jūr.* (virvės) mazgas; *pl* špantai; *carrick* ~ plokščiasis mazgas **4** *tech.* alkūnė **5** *pl* kesoninė liga ◊ *on the* ~ negarbingai, negarbingu būdu; *above one's* ~ *amer.* ne pagal jėgas/sugebėjimus; *round the* ~ *šnek.* pakvaišęs, išprotėjęs
v (bent) **1** (pa)linkti; (pa)lenkti *(t. p. prk.);* su(si)lenkti, iš(si)lenkti; riesti(s); *to* ~ *the knees* a) (su)lenkti kelius; b) *prk.* nusižeminti *(to – prieš);* *to* ~ *one's neck* nulenkti galvą, pasiduoti; *trees* ~ *under the wind* medžiai linksta nuo vėjo **2** krypti, linkti *(for – į)* **3** nukreipti *(mintis ir pan.; to);* susikoncentruoti; *he is bent on going to the theatre tonight* jis užsimanė šiandien vakare eiti į teatrą **4** *jūr.* (pri)rišti *(lynus, bures)* ☐ *to* ~ *back* at(si)lenkti; *to* ~ *down* nu(si)lenkti ◊ *to* ~ *over backwards šnek.* ≡ nertis iš kailio *(norint kam padėti);* *to* ~ *to the oars* užgulti irklus
bender ['bendə] *n* **1** replės **2** lankstytuvas, lenktuvas **3** *šnek.* išgertuvės; *to go on a* ~ (pa)ūžti; pasigerti; *to be on a* ~ būti girtam **4** *niek.* pederastas
bendy ['bendɪ] *a* **1** vingiuotas **2** lankstus **3** *her.* padalytas į lyginį juostų skaičių *(ppr. šešias; apie skydą)*
beneath [bɪ'niːθ] *adv* žemiau, žemai; *he was standing on the bridge gazing down at the river* ~ jis stovėjo ant tilto ir žiūrėjo į upę apačioje
prep **1** po; žemiau; *to sit* ~ *a tree* sėdėti po medžiu; ~ *our (very) eyes* (tiesiai) mūsų akyse; *to be* ~ *notice* būti nevertam dėmesio; *to marry* ~ *one* vesti ką *ar* ištekėti už ko, žemesnio socialiniu atžvilgiu; ~ *me,* ~ *my dignity* man per žema, man nedera **2** nevertas; *to be* ~ *contempt* nebūti vertam net paniekos
benedick ['benɪdɪk] *n* pagaliau vedęs užkietėjęs viengungis
Benedict ['benɪdɪkt, benɪt] *n* Benediktas *(vardas)*
Benedictine *n* **1** [ˌbenɪ'dɪktɪn] benediktinas *(vienuolis)* **2** [ˌbenɪ'dɪktiːn] *(b.)* benediktinas *(likeris)*
benediction [ˌbenɪ'dɪkʃn] *n bažn.* palaiminimas
benedictory [ˌbenɪ'dɪktərɪ] *a bažn.* laimnantis
benefaction [ˌbenɪ'fækʃn] *n* **1** geradarystė, mielaširdystė; labdaringumas **2** auka
benefactor ['benɪfæktə] *n* geradarys; labdarys; aukotojas
benefactress ['benɪfæktrɪs] n geradarė; labdarė; aukotoja
benefication [ˌbenɪfə'keɪʃn] *n kas.* įsodrinimas
benefice ['benɪfɪs] *n bažn.* beneficija; parapija
beneficence [bɪ'nefɪsəns] *n* **1** labdarystė **2** geradarybė, geradarystė
beneficent [bɪ'nefɪsənt] *a* **1** geradariškas, geraširdiškas, mielaširdingas **2** palankus, geras
beneficial [ˌbenɪ'fɪʃl] *a* **1** palankus; naudingas **2** gydantis, gydomasis
beneficiary [ˌbenɪ'fɪʃərɪ] *n* **1** pasipelnytojas **2** fundacijos/ turto gavėjas; paveldėtojas, beneficiantas

benefit ['benɪfɪt] *n* **1** nauda, pelnas; privilegija; *it's for your own* ~ tai tavo paties naudai; *for your special* ~ specialiai jums; *to be denied the* ~*s* nesinaudoti privilegijomis; *to give smb the* ~ *of one's experience [knowledge]* perteikti kam savo patyrimą [žinias]; *we're reaping the* ~*s of last year's work* skiname praėjusių metų darbo vaisius **2** *teatr.* benefisas *(t. p. a* ~ *night/perfomance);* ~ *concert* benefisas; labdaros koncertas **3** *(draudimo ir pan.)* pašalpa, išmoka; *to be on* ~ gauti pašalpą; *sickness* ~ pašalpa dėl ligos; *child* ~ vaiko pašalpa *(daugiavaikei šeimai);* *retirement* ~ a) pensija; b) vienkartė išmoka, išeinant į pensiją; *fringe* ~ papildomos lengvatos, priemokos ◊ *to give smb the* ~ *of the doubt* a) išteisinti ką dėl įkalčių trūkumo; b) patikėti; ~ *of clergy* a) *ist.* dvasininkijos neteismingumas *(nebažnytiniame teisme);* b) bažnyčios palaiminimas/pritarimas; *to take the* ~ *amer.* pasiskelbti subankrutavusiam
v **1** padėti, duoti naudos; palankiai veikti, būti naudingam *(kam)* **2** turėti naudos *(from, by – iš)*
benefit-society ['benɪfɪtsə'saɪətɪ] *n* savišalpos draugija/kasa
Benelux ['benɪlʌks] *n* Beniliuksas *(Belgija, Olandija ir Liuksemburgas)*
benevolence [bɪ'nevələns] *n* **1** geranoriškumas, palankumas **2** dosnumas, labdaringumas
benevolent [bɪ'nevələnt] *a* **1** geranoriškas, palankus **2** labdaringas
Bengal [beŋ'gɔːl] *n* Bengalija *(ist. sritis);* *the Bay of* ~ Bengalijos įlanka
a bengalų, bengališkas; ~ *light* bengališkoji ugnis; ~ *tiger* Bengalijos tigras
Bengali [beŋ'gɔːlɪ] *n* **1** bengalas **2** bengalų kalba
a bengalų, bengališkas; Bengalijos
benighted [bɪ'naɪtɪd] *a knyg.* **1** nakties užkluptas **2** tamsus, tamsuoliškas
benign [bɪ'naɪn] *a* **1** švelnus, mielas **2** švelnus, malonus *(apie klimatą ir pan.)* **3** derlingas **4** *med.* lengvas *(apie susirgimą);* gėrybinis, nepiktybinis *(apie auglį)*
benignant [bɪ'nɪgnənt] = **benign**
benignity [bɪ'nɪgnətɪ] *n* gerumas, švelnumas
Benin ['benɪn] *n* Beninas *(šalis ir miestas)*
Benjamin ['bendʒəmɪn] *n* **1** Bendžaminas, Benjaminas *(t. p. bibl.)* **2** jauniausiasis sūnus; mylimas/išlepintas vaikas ◊ ~*'s mess* žymi dalis
benjamin ['bendʒəmɪn] *n* = **benzoin**
benny ['benɪ] *n šnek.* narkomanų, vartojančių benzedriną, žargonas
bent[1] [bent] *n* **1** palinkimas, polinkis, potraukis *(for);* *to follow one's* ~ daryti tai, kas įdomu **2** *stat.* rėminė atrama
a **1** sulinkęs; palinkęs **2** sulenktas, sulankstytas; išlenktas; *tech.* alkūninis **3** nusistatęs, pasiryžęs *(on, upon)* **4** *šnek.* nesąžiningas, paperkamas **5** *niek.* iškrypęs, išsigimęs *(apie pederastą)*
past ir pII žr. **bend** *v*
bent[2] *n* **1** *bot.* smilga *(t. p.* ~ *grass)* **2** pieva, laukas ◊ *to flee/go/take to the* ~ bėgti *(nuo pavojaus, kreditorių ir pan.)*
Benthamism ['bentəmɪzm] *n* bentamizmas, Bentamo doktrina, utilitarizmas
benumb [bɪ'nʌm] *v* **1** (su)stingdyti, (su)grubinti **2** (at)bukinti *(jausmus)*
benumbed [bɪ'nʌmd] *a* **1** sustingęs, sugrubęs *(nuo šalčio)* **2** atbukęs *(apie jausmus)*
Benzedrine ['benzədriːn] *n* benzedrinas *(firminis narkotiko pavadinimas)*

benzene ['benzi:n] *n* benzolas
benzine ['benzi:n] *n* benzinas
v valyti benzinu
benzoin ['benzəuɪn] *n* benzojinė derva
benzol(e) ['benzɔl, -zəul] *n amer.* benzolas
bequeath [bɪ'kwi:ð] *v* **1** *teis.* testamentu palikti *(turtą)* **2** perduoti palikuonims
bequest [bɪ'kwest] *n teis.* palikimas
berate [bɪ'reɪt] *v* plūsti, keikti
Berber ['bə:bə] *n* **1** berberas **2** berberų kalba
a berberų, berberiškas
berberis ['bə:bərɪs] *n bot.* raugerškis
bereave [bɪ'ri:v] *v* (bereaved, bereft) *(ppr. pass)* atimti, atplėšti; netekti; *her cheeks were bereft of colour* jos skruostai neteko rausvumo
bereaved [bɪ'ri:vd] *a* netekęs *(artimo žmogaus)*, labai liūdintis, sielvartaujantis
bereavement [bɪ'ri:vmənt] *n (artimųjų)* netekimas, netektis
bereft [bɪ'reft] *past ir pII žr.* **bereave**
a **1** netekęs; neturintis, be; *~ of reason* a) netekęs proto, pamišęs; b) be sąmonės **2** labai vienišas/nusiminęs
beret ['bereɪ] *pr. n* beretė
berg [bə:g] *n* ledkalnis, aisbergas
bergamot ['bə:gəmɔt] *n bot.* bergamotė *(1 citrusinis medis* **2** *kriaušių veislė)*
beribboned [bɪ'rɪbənd] *a* papuoštas kaspinais
beriberi [,berɪ'berɪ] *n med.* beriberis *(B₁ avitaminozė)*
Bering ['berɪŋ] *n* Beringas; *the ~ Strait* Beringo sąsiauris
berk [bə:k] *n sl.* kvaiša, kvanka
berkelium [bə:'ki:lɪəm] *n chem.* berklis
Berkshire ['bɑ:kʃə] *n* **1** Berkšyras *(Anglijos grafystė)* **2** berkšyras *(kiaulių veislė)*
Berlin [bə:'lɪn] *n* Berlynas
berlin [bə'lɪn] *n* **1** senovinė karieta **2** *aut.* kėbulo tipas
Berliner [bə'li:nə] *n* berlynietis
berm [bə:m] *n* berma
Bermuda(s) [bə'mju:də(z)] *n* Bermudų salos
Bern [bə:n] *n* Bernas *(Šveicarijos sostinė)*
Bernard ['bə:nəd] *n* Bernardas *(vardas);* *St ~ (dog)* senbernaras *(šunų veislė)*
Bernardine ['bə:nədɪn] *n* bernardinas *(vienuolis)*
berry ['berɪ] *n* **1** uoga **2** *(javo, kavos)* grūdas **3** *(žuvies)* ikras
v **1** duoti uogų **2** rinkti uogas, uogauti
berserk [bə'sə:k] *a* įsiutęs; *to go ~* įniršti, įsiusti, (su)žvėrėti
berserker [bə'sə:kə] *n* **1** *ist.* senovės skandinavų didvyris **2** įsiutęs žmogus
berth¹ [bə:θ] *n* **1** gultas *(laive);* miegamoji vieta *(vagone);* vieta *(diližane ir pan.)* **2** *jūr.* inkarą išmetusio laivo stovėjimo vieta *(jūroje, uoste);* prieplauka; *building ~* stapelis; *covered ~* elingas **3** *šnek.* vieta, tarnyba ◊ *to give smb/smth a wide ~* šalintis, toli atsilenkti ko; apeiti ką iš tolo
v **1** *jūr.* pritvirtinti laivą, švartuoti **2** duoti gultą/vietą miegoti
berth² *v jūr.* apkalti/uždengti lentomis
Berwick ['berɪk] *n* Bervikas *(Anglijos grafystė)*
beryl ['berɪl] *n min.* berilas
beryllium [be'rɪlɪəm] *n chem.* berilis
beseech [bɪ'si:tʃ] *v* (beseeched, besought) *knyg.* prašyti, maldauti
beseem [bɪ'si:m] *v psn.* priderėti, tikti; *it ill ~s you to refuse* jums netinka atsisakyti

beset [bɪ'set] *v* (beset) **1** (ap)supti, apgulti *(miestą)* **2** apipulti; *to ~ with questions* apiberti klausimais; *he was ~ with doubts* jį apniko abejonės **3** užtverti *(kelią)* **4** *archit.* puošti ornamentais
besetting [bɪ'setɪŋ] *a* nuolat persekiojantis/lydintis; *~ sin (džn. juok.)* dažniausia/pagrindinė nuodėmė; *~ difficulty* nuolatinis sunkumas
beside [bɪ'saɪd] *prep* **1** šalia, ties, prie; *to sit ~ the driver* sėdėti šalia vairuotojo; *~ the river* prie upės **2** palyginti su; *my work is poor ~ yours* palyginti su tavuoju, mano darbas – menkas **3** pro šalį; *~ the mark* šalia taikinio; *~ the question* ne į tą temą ◊ *to be ~ oneself (with)* nebesivaldyti, visiškai nebesivaldyti *(iš pykčio, džiaugsmo ir pan.)*
besides [bɪ'saɪdz] *adv* be to, dar; *and much else ~* ir dar daug ko
prep be; *there were four guests ~ myself* be manęs, buvo dar keturi svečiai
besiege [be'si:dʒ] *v* **1** apgulti, apsiausti **2** *(ppr. pass)* apspisti; apnikti; *we were ~d by journalists* mus apspito žurnalistai **3** *pass* apipilti *(klausimais, prašymais)*
besmear [bɪ'smɪə] *v knyg.* **1** apteplioti; sutepti, sutaukuoti **2** = **besmirch**
besmirch [bɪ'smə:tʃ] *v knyg.* (ap)juodinti; teršti *(vardą ir pan.)*
besom ['bi:zəm] *n* **1** šluota **2** *dial.* ragana *(apie moterį)* ◊ *to jump the ~* susituokti be didelių apeigų
v (iš)šluoti *(t. p. ~ away/out)*
besotted [bɪ'sɔtɪd] *a* apsvaigintas, apsvaigęs, apkvaišęs, netekęs galvos *(with);* apimtas *(įkyrios minties; with)*
besought [bɪ'sɔ:t] *past ir pII žr.* **beseech**
bespangled [bɪ'spæŋgld] *a poet.* nužertas/papuoštas blizgučiais
bespatter [bɪ'spætə] *v* **1** aptaškyti, apdrabstyti **2** apšmeižti
bespeak [bɪ'spi:k] *v* (bespoke; bespoken) *knyg.* **1** už(si)sakyti iš anksto; susitarti; *to ~ smb's favour* iš anksto įgyti kieno palankumą **2** rodyti, liudyti
bespectacled [bɪ'spektəkld] *a* su akiniais, akiniuotas
bespoke [bɪ'spəuk] *a knyg.* užsakytas, padarytas pagal užsakymą; darantis pagal užsakymą; *~ department* užsakymų skyrius
past žr. **bespeak**
bespoken [bɪ'spəukən] *pII žr.* **bespeak**
bespread [bɪ'spred] *v* (bespread) *ret.* apkloti, apdengti, padengti
besprinkle [bɪ'sprɪŋkl] *v ret.* apšlakstyti; apiberti
Bessemer ['besɪmə] *n: Henry ~* Henris Besemeris; *~ process metal.* Besemerio procesas
best [best] <*a, n, adv, v*> *a* (good, well *superl*) **1** geriausias; tinkamiausias; *easily the ~* pats geriausias; *he feels ~ in the morning* geriausiai jis jaučiasi rytą **2** didysis; didžiausias; *the ~ part (of) (ko)* didžioji/didesnioji dalis, beveik visas; *~ liar* didžiausias melagis ◊ *~ man* vyriausiasis pajaunys/pabrolys
n tai, kas geriausia; *(ko)* aukščiausias laipsnis; *the ~ of wives* geriausia žmona; *all the ~!* viso geriausio!, sėkmės!; *it's not the ~ of times to do* ne pats tinkamiausias/geriausias momentas veikti; *it's all for the ~* viskas eina geryn; *at ~* geriausiu atveju; *to be at one's ~* geriausiai atrodyti/pasirodyti; *at the ~ of times* geriausiomis/palankiausiomis sąlygomis ◊ *to get/have the ~ of it* laimėti, nugalėti; *to give smb ~* pripažinti kieno viršų/pranašumą; *to have the ~ of both worlds* naudotis pranašumais *(išplaukiančiais iš priešingų galimybių);* *to make the ~ of smth* a) kuo geriausiai ką išnaudoti; b) susi-

taikstyti su tuo, kas neišvengiama; ***to make the ~ of it ar of a bad business/job*** nenuliūsti dėl sunkumų; ***to make the ~ of one's way*** kuo greičiau eiti, skubėti; ***to send one's ~*** siųsti sveikinimus/linkėjimus; ***to think the ~ of smb*** manyti apie ką geriausiai; ***with the ~ (of them)*** šnek. kartu su kitais, ne blogiau už kitus; ***bad is the ~*** ateityje bus dar blogiau
adv (well *superl*) **1** geriausia(i); ***you had ~ go at once*** jums geriausia eiti tuojau; ***he is ~ forgotten*** geriausia jį užmiršti **2** labiausiai, daugiausia; ***which do you like ~?*** kuris jums labiausiai patinka?
v **1** gauti viršų, nugalėti; ***to be ~ed in an argument*** pralaimėti ginčą **2** apgauti, apsukti
best-before [ˌbestbɪˈfɔː] *a:* ***~ date*** *(maisto produktų, gėrimų)* vartojimo terminas *(rašomas ant taros)*
bestial [ˈbestɪəl] *a* **1** žvėriškas *(t. p. prk.)* **2** gyvuliškas; *(prk. t. p.)* gašlus; ištvirkęs
bestiality [ˌbestɪˈælətɪ] *n* **1** gyvuliškumas; ištvirkimas **2** žvėriškumas **3** *teis.* zoofilija *(lytinis iškrypimas)*
bestir [bɪˈstəː] *v refl knyg.* sujusti, sukrusti; ***~ yourself!*** pajudėk!, greičiau!
best-known [ˈbestˈnəun] *a* žinomiausias, garsiausias
best-off [ˈbestˈɔf] *a superl žr.* **well-off**
bestow [bɪˈstəu] *v ofic. (on, upon)* suteikti *(kam);* (ati)duoti; skirti *(kam);* ***to ~ a title*** suteikti titulą/vardą; ***to ~ attention*** atkreipti dėmesį *(į)*
bestowal [bɪˈstəuəl] *n ofic.* suteikimas
bestrew [bɪˈstruː] *v* (bestrewed; bestrewed, bestrewn [bɪˈstruːn]) *knyg.* **1** apibarstyti, nubarstyti, nukloti *(with)* **2** išmėtyti
bestride [bɪˈstraɪd] *v* (bestrode [bɪˈstrəud]; bestridden [bɪˈstrɪdn]) *knyg.* **1** užšokti ant arklio; apžergti **2** sėdėti apžargomis; stovėti išsižergus **3** jungti su kita puse *(apie tiltą, vaivorykštę)* **4** peržengti
bestseller [ˌbestˈselə] *n* **1** bestseleris **2** bestselerių autorius
best-selling [ˌbestˈselɪŋ] *a* **1** labai perkamas *(apie knygą)* **2** populiarus *(apie rašytoją, autorių)*
bet [bet] *n* **1** lažybos; ***to have/make a ~*** eiti lažybų; ***to lose [to win] a ~*** pralaimėti [laimėti] lažybas; ***my ~ is (that)...*** lažinuos, galiu lažintis, kad...; manau, kad...; ***do you want a ~?*** nori lažintis?, lažinkimės! **2** susilažinta suma/daiktas **3** lažinys, lažybų objektas *(žmogus/dalykas, iš kurio lažinamasi)* ◊ ***to hedge one's ~s*** nerizikuoti, apsidrausti; ***smb's best ~*** geriausias dalykas *(patariant kam ką daryti)*
v (bet, betted) lažintis, eiti/kirsti lažybų; ***to ~ on [against] smth*** lažintis, kad kas įvyks [neįvyks]; ***to ~ each way*** lažintis dėl prizinės vietos; ***I ~!, I'll ~!*** galiu lažintis!, esu tikras!; ***I ~ you anything you like he'll be late*** lažinkimės iš ko tik nori – jis pavėluos ◊ ***I'll ~ my life, ar my bottom dollar*** šnek., *(that)...* ≅ guldau/dedu galvą, kad...; ***you ~!*** žinoma!, be abejo!
beta [ˈbiːtə] *n* beta *(antroji graikų abėcėlės raidė);* ***~ decay*** *fiz.* beta skilimas; ***~ rays*** *fiz.* beta spinduliai/spinduliavimas ◊ ***~ plus*** truputį geriau už antrąją rūšį
beta-blocker [ˈbiːtəˌblɔkə] *n farm.* vaistai nuo infarkto
betake [bɪˈteɪk] *v* (betook; betaken [bɪˈteɪkən]) *refl* **1** *knyg.* vykti *(to – kur)* **2** *psn.* imtis, griebtis *(priemonių),* kreiptis *(to – į)*
betatron [ˈbiːtətrɔn] *n fiz.* betatronas
betel [ˈbiːtl] *n bot.* betelis; ***~ palm*** areka, betelio palmė
bête-noir [ˌbetˈnwɑː] *pr. n* neapkenčiamas žmogus; neapykantos objektas
bethink [bɪˈθɪŋk] *v* (bethought) *refl psn.* prisiminti, pagalvoti *(of);* sugalvoti *(to)*

Bethlehem [ˈbeθlɪhem] *n* Betliejus *(Kristaus gimimo vieta)*
bethought [bɪˈθɔːt] *past ir pII žr.* **bethink**
betide [bɪˈtaɪd] *v (vart. tik tariamojoje nuosakoje) psn.:* ***whate'er ~, whatever may ~*** kad ir kas atsitiktų
betimes [bɪˈtaɪmz] *adv poet., psn.* **1** anksti **2** *(tinkamu)* laiku **3** greitai
betoken [bɪˈtəukən] *v knyg.* **1** reikšti, rodyti **2** pranašauti
betook [bɪˈtuk] *past žr.* **betake**
betray [bɪˈtreɪ] *v* **1** išduoti *(žmogų, tėvynę ir pan.)* **2** nepateisinti *(vilčių ir pan.)* **3** apgauti; suvilioti **4** atskleisti, išduoti; *refl* išsiduoti
betrayal [bɪˈtreɪəl] *n* išdavystė; išdavimas; ***~ of trust*** piktnaudžiavimas pasitikėjimu
betrayer [bɪˈtreɪə] *n* išdavikas
betroth [bɪˈtrəuð] *v psn.* sužieduoti *(to – su)*
betrothal [bɪˈtrəuðl] *n psn.* sužieduotuvės
betrothed [bɪˈtrəuðd] *n psn.* susižiedavęs; ***smb's ~*** sužadėtinis
better[1] [ˈbetə] *n* lažybininkas
better[2] <*a, n, adv, v*> *a* (good, well *comp*) **1** geresnis; tinkamesnis; ***one of the ~ schools*** viena iš geresniųjų mokyklų; ***he is no ~ than a thief*** jis ne geresnis už vagį; ***it would be ~ to wait*** būtų geriau palaukti **2** *predic* sveikesnis; ***to get ~*** (pa)sveikti; ***I am much ~*** man daug geriau **3** didesnis; ***the ~ part/half*** *(of) (ko)* dauguma, didesnė pusė ◊ ***the ~ half*** šnek. antroji pusė *(žmona, vyras);* ***no ~ than*** beveik kaip
n kas nors geresnis; ***for the ~*** į gerąją pusę; ***that's my idea: can you think of a ~?*** tai mano mintis; ar tu gali sugalvoti ką nors geriau? ◊ ***for ~ or (for) worse*** kas būtų, kas nebūtų, varge ir džiaugsme; ***one's ~s*** vyresnieji, kompetentingesni/išmanantys asmenys; viršininkai; ***to be one's ~*** pralenkti, būti pranašesniam; ***to get the ~ (of)*** paimti viršų, įveikti
adv (well *comp*) geriau, daugiau; ***they are ~ off now*** jie dabar geriau gyvena; ***he always knows ~*** jis visada daugiau už kitus žino; ***to like smth ~*** mėgti ką labiau; ***(or) ~ still*** (arba) dar geriau; ***all the ~, so much the ~*** tuo geriau; ***you had ~ go*** tu geriau eitum ◊ ***you'd be all the ~ (for)*** jums būtų ne pro šalį...; ***twice as long and ~*** daugiau negu dvigubai ilgesnis
v **1** (pa)gerinti, (pa)taisyti; (pa)gerėti **2** pralenkti, prašokti **3** *refl* daugiau uždirbti; būti paaukštintam, gauti geresnę tarnybą
betterment [ˈbetəmənt] *n* **1** (pa)gerinimas, (pa)taisymas; (pa)gerėjimas **2** paaukštinimas **3** *ž. ū.* melioracija *(t. p. ~ of land)* **4** *teis. (nekilnojamojo turto)* vertės padidėjimas
better-off [ˌbetərˈɔf] *a comp žr.* **well-off**
n (the ~) turtingesnieji
bettor [ˈbetə] *n* lažybininkas
between [bɪˈtwiːn] *prep* **1** tarp; ***~ two fires*** tarp dviejų ugnių; ***it happened ~ one and two*** tai atsitiko tarp pirmos ir antros valandos; ***divide it ~ two children*** padalyk tai dviem vaikams **2** dėl; ***~ the children, my job and the cooking I haven't a minute*** vaikai, darbas ir virtuvė nepalieka man nė valandėlės laisvos ◊ ***~ ourselves, ~ you and me*** tarp mūsų (kalbant), konfidencialiai; ***~ this and that*** laisvalaikiu
adv tarp *(t. p.* **in ~***); **far ~*** retai, su dideliais tarpais; ***the school consists of two buildings with a swimming pool in ~*** mokyklos yra du pastatai ir baseinas tarp jų
between-brain [bɪˈtwiːnˌbreɪn] *n anat.* tarpinės smegenys

betweentimes, betweenwhiles [bɪ'twiːntaɪmz, bɪ'twiːnwaɪlz] *adv* protarpiais, tarpais
betwixt [bɪ'twɪkst] *prep, adv psn., poet.* tarp ◊ *~ and between* tarpinis, nepriklausantis nė vienam
bevel ['bevl] <*n, a, v*> *n tech.* **1** nuožulnumas, nuožulna, nuožambis; *~ pinion* kūginis krumpliaratis **2** kampainis *(t. p. ~ square)*
a **1** įkypas, nuožulnus; *~ cut* įstrižasis pjūvis **2** kūginis
v (-ll-) (nu)sklembti, nuožulniai nupjauti; nulinkti, nuožulnėti
bevel-gear ['bevlgɪə] *n tech.* kūginė krumplinė/frikcinė pavara
beverage ['bevᵊrɪdʒ] *n* gėrimas *(ypač alkoholinis)*
bevy ['bevɪ] *n* **1** *(putpelių, vieversių ir pan.)* pulkas, pulkelis **2** *(stirnų)* banda **3** *(ypač moterų)* kompanija, draugija, grupė
bewail [bɪ'weɪl] *v* apraudoti; liūdėti, sielvartauti
beware [bɪ'wɛə] *v* saugotis; *~ of the dog!* saugokitės šuns!; *~ lest..., ~ that... not...* saugokitės, kad ne...; *~ when crossing the road* būkite atsargūs eidami per gatvę
bewigged [bɪ'wɪgd] *a* su peruku
bewilder [bɪ'wɪldə] *v* (su)gluminti, (su)painioti, išmušti iš vėžių
bewildered [bɪ'wɪldəd] *a* suglumęs, sumišęs
bewilderment [bɪ'wɪldəmənt] *n* sumišimas, susipainiojimas; maišatis
bewitch [bɪ'wɪtʃ] *v* **1** užburti, apkerėti **2** apžavėti, sužavėti
bewitching [bɪ'wɪtʃɪŋ] *a* kerintis, užburiantis, žavus
bewitchment [bɪ'wɪtʃmənt] *n* **1** užbūrimas, (ap)kerėjimas **2** (su)žavėjimas
bey [beɪ] *n ist.* bėjus, ponas *(Vid. Rytų šalyse)*
beyond [bɪ'jɔnd] <*prep, adv, n*> *prep* **1** anapus, už; *~ the river* anapus/už upės **2** po, vėliau; *don't stay there ~ midnight* nepasilik ten po vidurnakčio **3** per (daug), virš *(reiškiant lyginimą); the book is ~ me* knyga man per sunki, nesuprantama; *it is ~ my strength* tai prašoka/pranoksta mano jėgas, tai virš mano jėgų; *to live ~ one's means/income* plačiai gyventi *(ne pagal pajamas); to be ~ a joke* būti nepaprastai rimtam, nemėgti juokų; *~ control* nesuvaldomas; *~ hope* beviltiškai **4** išskyrus, be; *has she anything ~ her pension?* ar ji turi kokį nors uždarbį be pensijos?
adv **1** anapus, toli(au), tolumoje **2** po to, vėliau; *up to the year 2000 and ~* iki 2000 metų ir vėliau
n (the ~) knyg. anapusinis/pomirtinis gyvenimas, nežinomybė
bezel ['bezl] *n* **1** *(kalto ir pan.)* nuožambis, nusklembtas kraštas **2** *(žiedo/laikrodžio akmens)* lizdas **3** griovelis *(laikrodžio stiklui)*
bhaji ['bɑːdʒɪ] *ind. n* keptas daržovių paplotėlis
bhang [bæŋ] *ind. n* **1** *bot.* kanapė **2** hašišas
bi- [baɪ-] *pref* dvi-; *biangular* dvikampis; *biannual (išeinantis ir pan.)* du kartus per metus
bias ['baɪəs] *n* **1** šališkumas, tendencingumas; *~ in favour of ar towards, smb* šališkumas kieno atžvilgiu; *without ~* nešališkai; *political ~* politinė diskriminacija **2** nukrypimas, palinkimas, polinkis **3** įžambus ruožas, įstriža linija **4** *fiz.* poslinkis **5** paklaida *(statistikoje)*
v nuteikti; palenkti, daryti įtaką
bias(s)ed ['baɪəst] *a* **1** šališkas; *~ opinion* šališka/neobjektyvi nuomonė; *to be ~ against smb* būti prieš ką nusistačiusiam **2** *spec.* pasislinkęs, iškrypęs iš vietos; nesimetriškas
biathlete [baɪ'æθliːt] *n sport.* biatlonininkas
biathlon [baɪ'æθlɔn] *n sport.* biatlonas

bib¹ [bɪb] *n* **1** seilinukas **2** prijuostės viršutinė dalis ◊ *one's best ~ and tucker juok.* kieno geriausi drabužiai
bib² *v šnek. psn.* girtuokliauti
bibasic [baɪ'beɪsɪk] *a chem.* dvibazis
bibb [bɪb] *n* kamštis; kaištis
bibber ['bɪbə] *n psn.* girtuoklis, gėrėjas
bib-cock [,bɪbkɔk] *n* čiaupas su žemyn užlenktu snapeliu
Bible ['baɪbl] *n* **1** Biblija **2** *(b.)* parankinė knyga
Bible-basher ['baɪbl,bæʃə] *n* karštas evangelistas
Bible-thumper ['baɪbl,θʌmpə] *n* = **Bible-basher**
biblical ['bɪblɪkl] *a* Biblijos, biblinis, bibliškas
biblio- ['bɪblɪəᵘ-] *(sudurt. žodžiuose)* biblio-, knygo-; *bibliometry* bibliometrija; *biblioklept* knygų vagis
bibliographer [,bɪblɪ'ɔgrəfə] *n* bibliografas
bibliographic(al) [,bɪblɪə'græfɪk(l)] *a* bibliografijos, bibliografinis
bibliography [,bɪblɪ'ɔgrəfɪ] *n* bibliografija
bibliomania [,bɪblɪəᵘ'meɪnɪə] *n* bibliomanija
bibliomaniac [,bɪblɪəᵘ'meɪnɪæk] *n* bibliomanas
bibliophile ['bɪblɪəfaɪl] *n* bibliofilas, knygų mėgėjas
bibliopole ['bɪblɪəᵘpəul] *n* bibliopola, bukinistas
bibulous ['bɪbjuləs] *a (džn. juok.)* girtaujantis
bicameral [baɪ'kæmərəl] *a* dvejų rūmų *(apie parlamentą)*
bicarb [baɪ'kɑːb] *n šnek.* = **bicarbonate**
bicarbonate [baɪ'kɑːbənət] *a chem.* hidrokarbonatas, bikarbonatas *(t. p. ~ of soda)*
bice [baɪs] *n* žalsvai melsva spalva, žalsvai melsvi dažai
bicentenary [,baɪsen'tiːnərɪ] *n* dušimtosios metinės, dviejų šimtų metų sukaktis
a dušimtmetinis
bicentennial [,baɪsen'tenɪəl] *a* dušimtmetinis; pasikartojantis kas 200 metų
n (ypač amer.) = **bicentenary**
bicephalous [baɪ'sefələs] *a bot., zool.* dvigalvis
biceps ['baɪseps] *n (pl ~) anat.* bicepsas
bichloride [,baɪ'klɔːraɪd] *n chem.* dichloridas; *~ of mercury* sublimatas, gyvsidabrio dichloridas
bichromate [,baɪ'krəumeɪt] *n chem.* bichromatas
bicker ['bɪkə] *n* barniai, peštynės *(ppr. dėl mažmožių)*
v **1** bartis, peštis *(about, over – dėl)* **2** *poet.* ūžti, šniokšti *(apie vandenį, lietų, liepsną ir pan.)*
bicky ['bɪkɪ] *n šnek.* = **biscuit** 1
biconcave [baɪ'kɔnkeɪv] *a opt.* abipus įgaubtas
biconvex [baɪ'kɔnveks] *a opt.* abipus išgaubtas/iškilas
bicuspid [,baɪ'kʌspɪd] *n anat.* krūminis dantis
a **1** dvidantis **2** dviburis *(apie širdies vožtuvą)*
bicuspidate [,baɪ'kʌspɪdət] = **bicuspid** *a*
bicycle ['baɪsɪkl] *n* dviratis; *to ride a ~* važiuoti dviračiu
v važiuoti/važinėtis dviračiu
bicycler ['baɪsɪklə] *n amer.* = **bicyclist**
bicyclist ['baɪsɪklɪst] *n* dviratininkas
bid [bɪd] *n* **1** kainos (pa)siūlymas *(varžytynėse, aukcione)* **2** *(pirkėjo)* siūloma kaina; *final/last ~* galutinė kaina **3** pretenzija; siekimas, paraiška; *to make a ~ (for)* reikšti pretenziją, stengtis gauti, siekti, reikalauti **4** *amer. šnek.* kvietimas **5** šaukimas *(žaidžiant kortomis)*
v (bid, *psn.* bade; bid, *psn.* bidden) **1** siūlyti kainą *(varžytynėse, aukcione; for)*; *to ~ more [less]* (pa)siūlyti didesnę [mažesnę] kainą **2** kviesti, prašyti, siūlytis *(for)* **3** šaukti *(kortų spalvą, kirčių kiekį)* **4** *knyg., psn.* sveikinti, linkėti; *to ~ farewell/goodbye* atsisveikinti **5** *knyg., psn.* įsakyti; *do as you are bid(den)* daryk(ite), kaip įsakyta □ *~ up* didinti/kelti kainą ◊ *to ~ fair (+inf)* teikti vilčių, žadėti sėkmę; *our plans ~ fair to succeed* atrodo, kad mūsų planai pavyks

biddable ['bɪdəbl] *a* paklusnus
bidden ['bɪdn] *pII žr.* **bid** *v*
bidder ['bɪdə] *n* kainos siūlytojas *(varžytynėse)*
bidding ['bɪdɪŋ] *n* **1** kainos siūlymas; derybos dėl kainos **2** varžytynės *(t. p. competitive ~)* **3** įsakymas; *to do smb's ~* vykdyti kieno įsakymus **4** kvietimas, raginimas
biddy ['bɪdɪ] *n: old ~ šnek.* sena boba
bide [baɪd] *v* (bided, bode; bided) *psn., dial.* gyventi, (pasi)likti ◊ *to ~ one's time* laukti geros progos
bidet ['biːdeɪ] *pr. n* bidė *(unitazas sėdint apsiplauti)*
bidirectional [ˌbaɪdɪ'rekʃnəl] *a* dvikryptis, funkcionuojantis dviem kryptimis
biennial [baɪ'enɪəl] *a* dvimetis, įvykstantis kas dveji metai *n* dvimetis augalas
bier [bɪə] *a* **1** karsto neštuvai; gedulingas vežimas **2** karstas, kapas
biff [bɪf] *šnek. n* stiprus smūgis *(kumščiu)*
v trenkti *(į veidą, galvą)*
bifid ['baɪfɪd] *a knyg.* perskeltas pusiau
bifocal [ˌbaɪ'fəukl] *a spec.* dvižidinis, dviejų židinių, bifokalinis
bifocals [baɪ'fəuklz] *n pl* dvižidiniai akiniai
bifoliate [ˌbaɪ'fəulɪeɪt] *a* dvilapis
bifurcate *a* [baɪ'fəːkət] išsiskyręs į dvi šakas; dvišakas
v ['baɪfəkeɪt] išsiskirti į dvi šakas, išsišakoti
bifurcation [ˌbaɪfə'keɪʃn] *n* išsiskyrimas į dvi šakas, išsišakojimas; bifurkacija
big [bɪg] *a* **1** didelis; stambus, aukštas; *B. Ben* Didysis Benas *(D. Britanijos parlamento rūmų laikrodis); ~ game* stambus žvėris; *~ landowners* stambieji žemvaldžiai; *~ repair* kapitalinis remontas; *~ tree* a) aukštas medis; b) *amer. bot.* sekvoja; *~ noise* a) didelis triukšmas; b) gyrimasis; c) *iron.* didelis viršininkas/ponas, tūzas, šefas; *~ bang (theory)* didysis sprogimas *(visatos kilmės teorija)* **2** išsipūtęs, išpūstas, pripildytas *(with); ~ with news* pilnas naujienų **3** nėščia *(t. p. ~ with child)* **4** svarbus, reikšmingas; *that's ~ news* tai svarbi naujiena **5** pagyrūniškas; *~ talk* gyrimasis; *to look ~* būti išdidžiam, pūstis **6** kilnus, dosnus; *he has a ~ heart* jis geros širdies; *that's ~ of you iron.* tai labai gražus tavo poelgis **7** vyresnysis; *~ brother* a) vyresnysis brolis; b) despotas **8** *(ypač amer.) šnek.* labai populiarus; sėkmingas *(in); to make it ~* labai pasisekti
adv šnek. **1** išdidžiai, pasipūtus; *to talk ~* girtis **2** sėkmingai; *to go over ~* turėti didžiausią pasisekimą, puikiausiai pasisekti
bigamist ['bɪgəmɪst] *n* turintis dvi žmonas; turinti du vyrus
bigamous ['bɪgəməs] *a* bigamiškas
bigamy ['bɪgəmɪ] *n* dvipatystė, bigamija
biggie ['bɪgɪ] *n šnek.* kas nors didelis/svarbus; *Hollywood ~* Holivudo magnatas
biggin ['bɪgɪn] *n* vaikiška kepuraitė
biggish ['bɪgɪʃ] *a šnek.* didokas
bighead ['bɪghed] *n šnek.* pasipūtėlis, pagyrūnas
big-headed ['bɪg'hedɪd] *a šnek.* pasipūtėliškas
big-hearted ['bɪg'hɑːtɪd] *a* kilniaširdis, kilniaširdiškas
bighorn ['bɪghɔːn] *n zool.* snieginis avinas *(Uoliniuose kalnuose; t. p. ~ sheep)*
bight [baɪt] *n* **1** įlanka **2** *(upės)* vingis, užtakis **3** *jūr. (virvės, troso)* kilpa; buchta
bigmouth ['bɪgmauθ] *n šnek.* plepys, pagyrų puodas/maišas
big-mouthed ['bɪg'mauðd] *a šnek.* pagyrūniškas
bigness ['bɪgnɪs] *n* didumas, didybė; stambumas, aukštumas
bigot ['bɪgət] *n* fanatiškas šalininkas, fanatikas
bigoted ['bɪgətɪd] *a* fanatiškas, aklas; nepakantus, netolerantiškas
bigotry ['bɪgətrɪ] *n* aklas prisirišimas; fanatiškumas
big-ticket ['bɪgtɪkɪt] *a attr (ypač amer.)* brangus, brangiai kainuojantis
big-time ['bɪgtaɪm] *a šnek.* žymus, didžiausias; turintis sensacingą pasisekimą
big-timer ['bɪgˌtaɪmə] *n šnek.* garsenybė, įžymybė *(apie žmogų)*
bigwig ['bɪgwɪg] *n šnek.* didelis viršininkas, svarbus asmuo
bijou ['biːʒuː] *pr. n (pl ~x)* dailus mažmožis; brangenybė
a attr mažas ir dailus, elegantiškas
bijouterie [bɪ'ʒuːtərɪ] *pr. n* bižuterija
bike [baɪk] *šnek. n* **1** dviratis **2** motociklas, motoroleris ◊ *on your ~!* išnyk!, nešdinkis iš čia!
v važiuoti dviračiu
biker ['baɪkə] *n šnek.* **1** dviratininkas **2** motociklininkas
bikini [bɪ'kiːnɪ] *n* **1** *(B.)* Bikinis *(sala)* **2** bikinis *(moteriškas maudymosi kostiumas)*
bilabial [baɪ'leɪbɪəl] *a fon.* bilabialinis, abilūpinis
bilabiate [baɪ'leɪbɪɪt] *a bot.* dvilūpis
bilateral [baɪ'lætərəl] *a* dvišalis, abipusis; bilateralinis; *~ agreement* dvišalė sutartis; *~ trade* abipusė prekyba
bilberry ['bɪlbərɪ] *n bot.* mėlynė; *red ~* bruknė; *great ~* girtuoklė, vaivoras
bilbo ['bɪlbəu] *n ist.* **1** *(pl ~ es [-z]) (ppr. pl)* kojų grandinės **2** *(pl ~(e)s [-z])* ispaniškas kardas
bile [baɪl] *n* **1** *fiziol.* tulžis; *~ cyst [duct] anat.* tulžies pūslė [latakas] **2** *knyg.* tulžingumas, irzlumas; *to give vent to one's ~* (iš)lieti tulžį
bi-level ['baɪlevl] *n* dviaukščio buto namas
bilge [bɪldʒ] *n* **1** *(laivo korpuso)* žiauna **2** triumo vanduo *(t. p. ~ water)* **3** plačiausioji statinės dalis **4** *šnek.* niekai, nesąmonės *(t. p. ~ water)* **5** *tech.* įlinkis; *~ keel jūr.* šoninis kilis
v jūr. pramušti dugną/žiauną
bilharzia [ˌbɪl'hɑːtsɪə] *a med.* bilharciozė
biliary ['bɪlɪərɪ] *a fiziol.* tulžies
bilingual [baɪ'lɪŋgwəl] *a* dvikalbis; bilingvistinis; *she is ~ in Lithuanian and German* ji kalba dviem kalbomis – lietuvių ir vokiečių
bilingualism [baɪ'lɪŋgwəlɪzm] *n* dvikalbystė; bilingvizmas
bilious ['bɪlɪəs] *a* **1** tulžingas; irzlus **2** *fiziol.* tulžies; sergantis tulžies išsiliejimu; *~ attack* tulžies išsiliejimas
bilirubin [ˌbɪlɪ'ruːbin] *n spec.* bilirubinas *(tulžies pigmentas)*
bilk [bɪlk] *v šnek.* **1** apgaudinėti; (iš)vilioti *(pinigus; out of);* **2** vangstytis/vengti mokėti *(skolas ir pan.)*
bilker ['bɪlkə] *n* apgavikas, sukčius
bill[1] [bɪl] *n* **1** snapas **2** *(kepurės)* snapelis **3** *geogr.* siauras kyšulys/ragas
v bučiuotis snapais *(apie balandžius)* ◊ *to ~ and coo knyg., juok.* glamonėtis
bill[2] *n* **1** sąskaita; *hotel [telephone] ~* viešbučio [telefono] sąskaita; *~ of costs* išlaidų sąskaita; *(advokato ir pan.)* sąskaita klientui už reikalų tvarkymą; *to make out a ~* išrašyti sąskaitą; *to run up a ~* turėti sąskaitą *(parduotuvėje ir pan.)* **2** įstatymo projektas, bilis; *to pass [to throw out] the ~* priimti [atmesti] įstatymo projektą **3** *(koncerto ir pan.)* programa; afiša, skelbimas, *to head/top the ~* būti svarbiausiu programos numeriu; *double ~ kin., teatr.* dviejų dalių programa *(du filmai, du spektakliai)* **4** *amer.* banknotas **5** vekselis *(t. p. ~ of exchange); short ~* trumpalaikis vekselis **6** sąrašas, dokumentas; *~ of credit* akredityvas; *~ of entry* muitinės deklaracija; *~ of fare* valgiaraštis, meniu; *~ of health* sveikatos/ka-

rantino pažymėjimas; sanitarinis pasas; ~ *of lading (krovinio)* lydraštis, važtaraštis; konosamentas; ~ *of parcels* prekyraštis, faktūra; ~ *of sale* įkaito/užstato raštas 7 *teis*. ieškinys; ~ *of particulars* ieškininis pareiškimas; turtinių reikalavimų išvardijimas; **to find a true** ~ perduoti bylą į teismą; **to ignore the** ~ nutraukti bylą ◊ ~ *of rights* pagrindinės piliečių teisės (užrašytos šalies konstitucijoje); *B. of Rights ist.* a) Teisių bilis *(Anglijoje)*; b) pirmosios 10 JAV konstitucijos pataisų; *GI Bill (of Rights) amer. šnek.* lengvatos demobilizuotiesiems; **to fill/fit the** ~ tikti, patenkinti poreikius; **to give smb/smth a clean ~ of health** patvirtinti kieno gerą sveikatą, gerą darbą.

v 1 išrašyti/(at)siųsti/pateikti sąskaitą *(for)* 2 (pa)skelbti afišose; (iš)klijuoti afišas 3 įtraukti į programą; (pa)skelbti, (iš)garsinti 4 *pass* reklamuoti *(as)*

bill³ *n* 1 *ist.* alebarda 2 = **billhook**

Bill [bɪl] *n* (William *sutr.*) Bilas

billabong ['bɪləbɒŋ] *n austral.* upės atšaka, upės žiotys

billboard ['bɪlbɔːd] *n* skelbimų/afišų lenta

bill-broker ['bɪl͵brəʊkə] *n* vekselių makleris

billet¹ ['bɪlɪt] *n* 1 *kar.* namas, skirtas kariuomenės postoviui 2 *kar.* orderis postoviui 3 *šnek.* užsiėmimas, darbas, tarnyba

v paskirstyti po butus *(kareivius)*

billet² *n* 1 malka, pliauska 2 stora lazda 3 *metal.* ruošinys, metalo strypas 4 *archit.* dantytas ornamentas

billet-doux [͵bɪleɪ'duː] *pr. n (pl* billets-doux [-duːz]) *juok., knyg.* meilės laiškelis

billfold ['bɪlfəʊld] *n amer.* piniginė *(banknotams)*

billhead ['bɪlhed] *n* faktūros blankas

billhook ['bɪlhʊk] *n* žirklės medžių šakoms genėti *ir pan. (su ilgu kotu),* gaidukas

billiard ['bɪlɪəd] *a* biliardo, biliardinis; ~ *cue* biliardo lazda; ~ *room* biliardinė

biliard-marker ['bɪlɪəd͵mɑːkə] *n* markeris *(žaidžiant biliardą)*

billiards ['bɪlɪədz] *n* biliardas

billion ['bɪljən] *card num, n* 1 milijardas, bilijonas *(1 000 000 000)* 2 trilijonas *(1 000 000 000 000; D. Britanijoje, Vokietijoje)*

billionaire [͵bɪljə'neə] *n* milijardierius

billon ['bɪlən] *n* bilonas; žemos prabos sidabras/auksas

billow ['bɪləʊ] *n* 1 volas, didelė banga 2 lavina; ~*s of dust* dulkių debesys 3 *poet.* jūra

v 1 banguoti, plaikstytis 2 *poet.* kilnotis, kilti *(t. p. ~ up)* ◻ ~ *out* a) išsipūsti *(apie burę ir pan.);* b) kilti *(apie garsus)*

billowy ['bɪləʊɪ] *a poet.* banguojantis

billposter ['bɪl͵pəʊstə] *n* afišų/skelbimų klijuotojas

billsticker ['bɪl͵stɪkə] *n* = **billposter**

billy ['bɪlɪ] *n* 1 turistinis katiliukas/puodas 2 *amer. (policininko)* lazda *(t. p. ~ club)* 3 *dial.* draugužis, bičiulis 4 = **billy-goat**

Billy ['bɪlɪ] *n* (William *sutr.*) Bilis

billycan ['bɪlɪkæn] *n* = **billy** 1

billycock ['bɪlɪkɒk] *n psn.* katiliukas *(skrybėlė)*

billy-goat ['bɪlɪgəʊt] *n (ypač vaik.)* ožys

billy-o ['bɪlɪəʊ] *n*: *like* ~ *sl.* smarkiai; *it's raining like* ~ lietus pila kaip iš kibiro

biltong ['bɪltɒŋ] *n (saulėje)* išdžiovinta mėsa *(supjaustyta siauromis juostelėmis; P. Afrikoje)*

bimbo ['bɪmbəʊ] *n menk.* mergšė *(džn. įsivėlusi į meilės nuotykius su politikais),* tuščiagalvė

bimestrial [baɪ'mestrɪəl] *a* 1 dvimėnesinis 2 = **bimonthly**

bimetallic [͵baɪmɪ'tælɪk] *a* bimetalinis

bimetallism [baɪ'metəlɪzm] *n fin.* bimetalizmas

bimillenary [͵baɪmɪ'lenərɪ] *a knyg.* dviejų tūkstančių *(metų; apie sukaktį)*

bimonthly [͵baɪ'mʌnθlɪ] <*a, adv, n*> *a* 1 išeinantis/vykstantis kas du mėnesiai 2 išeinantis/vykstantis du kartus per mėnesį

adv 1 kas du mėnesiai 2 dukart per mėnesį

n žurnalas, išeinantis kas du mėnesiai

bin [bɪn] *n* 1 aruodas, bunkeris; dėžė 2 šiukšlių dėžė *(t. p. litter ~)* 3 = **loony-bin**

v 1 laikyti aruode *ir pan.* 2 *šnek.* išmesti *(į šiukšlių dėžę ir pan.)*

binary ['baɪnərɪ] *a spec.* 1 dvigubas, dvigubinis; dvejetainis *(apie kodą, skaičiavimo sistemą);* ~ *digit* dvejetainis skaitmuo; dvejetainė skiltis 2 binarinis, dvinaris; ~ *star astr.* dvinarė žvaigždė

bind [baɪnd] *v* (bound) 1 (su)rišti; pririšti *(to)* 2 įrišti *(knygą)* 3 jungti, sieti; *their common interests* ~ *them together* juos sieja bendri interesai 4 (su)varžyti, (ap)riboti *(t. p. ~ down)* 5 įpareigoti; (su)saistyti *(by); refl* įsipareigoti 6 kietėti, (su)tvirtėti *(apie purvą, sniegą ir pan.)* 7 *kul.* sutirštinti *(padažą ir pan.);* sutirštėti 8 apkraštuoti, sutvirtinti pakraščius *(apsiuvant juostele);* apkalti *(geležimi)* ◻ ~ *over teis.* a) įpareigoti atvykti į teismą; *to* ~ *over to keep the peace* įpareigoti laikytis viešosios rimties; b) nuteisti lygtinai; ~ *up* a) perrišti žaizdą, sutvarstyti, subintuoti; b) įrišti; c) susieti

n 1 surišimas; ryšys 2 *prk. šnek.* kankynė, našta, jungas; padėtis be išeities *(džn. a bit of a ~); to be in a* ~ būti keblioje padėtyje, bėdoje

binder ['baɪndə] *n* 1 knygrišys 2 segtuvas, aplankas *(popieriams, žurnalams ir pan.)* 3 rišamoji medžiaga, rišiklis 4 *ž. ū.* pėdarišė, rišamoji *(mašina)* 5 *stat.* trumpainis 6 *amer.* rankpinigiai 7 *amer.* laikina draudimo sutartis

bindery ['baɪndərɪ] *n* knygrišykla

binding ['baɪndɪŋ] *n* 1 įrišimas; apkalimas 2 apvadas 3 *(slidžių ir pan.)* apkaustai 4 *el. (laidų)* sudūrimas

a 1 rišamasis 2 privalomas, įpareigojantis, saistantis

bindweed ['baɪndwiːd] *n bot.* vijoklis; *trailing* ~ dirvinis vijoklis

bine [baɪn] *n bot.* 1 *(šliaužiančiųjų augalų)* ūselis, ūglis 2 *(apynio)* virkščia

binge [bɪndʒ] *šnek. n* išgertuvės, (per didelis) įsismaginimas

v prisivalgyti, prisikimšti; įsismaginti

bingo ['bɪŋgəʊ] *n* bingas *(azartinis žaidimas, panašus į loto) int* aš laimėjau!, man pasisekė!, puiku!

binman ['bɪnmæn] *n (pl -* men [-men]) *(tik v.)* šiukšlininkas

binnacle ['bɪnəkl] *n jūr.* kompaso gaubtas/spintelė, naktouzas

binocular [bɪ'nɒkjulə] *a opt.* binokulinis, abiakis; ~ *vision* abiakis regėjimas

binoculars [bɪ'nɒkjuləz] *n pl* žiūronai

binomial [baɪ'nəʊmɪəl] *(ypač mat.) n* binomas, dvinaris; ~ *theorem* Niutono binomas

a dvinaris; ~ *sentence gram.* dvinaris sakinys; ~ *nomenclature/classification* dvinarė klasifikacija *(nurodanti rūšį ir giminę)*

binominal [͵baɪ'nɒmɪnl] = **binomial** *a*

bint [bɪnt] *n vulg.* merga, boba

bio- ['baɪəʊ-] *(sudurt. žodžiuose)* bio-; *biogeography* biogeografija; *biogenetic* biogenetinis

biochemist [͵baɪəʊ'kemɪst] *n* biochemikas

biochemistry [͵baɪəʊ'kemɪstrɪ] *n* biochemija

biodata ['baɪəʊ͵deɪtə] *n amer.* = **curriculum vitae**

biodegradable [ˌbaɪəʊdɪ'greɪdəbl] *a spec.* mikroorganizmų (su)skaidomas
biodiversity [ˌbaɪəʊdaɪ'vɜːsɪtɪ] *n* biologinė įvairovė
biodot ['baɪədɔt] *n tech.* biodotas *(prietaisas stresui nustatyti)*
bioelectronics [ˌbaɪəɪlek'trɔnɪks] *n* **1** bioelektronika **2** kvantinė biochemija
biogenesis [ˌbaɪəʊ'dʒenɪsɪs] *n* biogenezė
biographer [baɪ'ɔgrəfə] *n* biografas
biographic(al) [ˌbaɪə'græfɪk(l)] *a* biografinis, biografijos
biography [baɪ'ɔgrəfɪ] *n* biografija
biologic (al) [ˌbaɪə'lɔdʒɪkl] *a* biologinis; ~ *warfare* biologinis karas; ~ *cybernetics* biokibernetika, bionika
biologist [baɪ'ɔlədʒɪst] *n* biologas
biology [baɪ'ɔlədʒɪ] *n* biologija
biolysis [baɪ'ɔlɪsɪs] *n biol.* organinės medžiagos irimas
biomass ['baɪəʊmæs] *n spec.* biomasė, biologinė masė
biome ['baɪəum] *n* biomas
bionics [baɪ'ɔnɪks] *n* bionika
biophysics [ˌbaɪəʊ'fɪzɪks] *n* biofizika
biopic ['baɪəʊpɪk] *n šnek.* biografinis filmas
bioplasm, bioplast ['baɪəʊplæzm, 'baɪəʊplæst] *n* bioplazma, protoplazma
biopsy ['baɪɔpsɪ] *n med.* biopsija
biorhythm ['baɪəʊrɪðm] *n* bioritmas, biologinis ritmas
biosensor ['baɪəsensə] *n fiziol.* biodaviklis
biosphere ['baɪɔsfɪə] *n* biosfera
biosynthesis [ˌbaɪəʊ'sɪnθɪsɪs] *n* biosintezė
biota [baɪ'əutə] *n (tam tikros teritorijos)* flora ir fauna
biotechnology [ˌbaɪəʊtek'nɔlədʒɪ] *n spec.* biotechnologija
biotic [baɪ'ɔtɪk] *a biol.* biotinis
bipartisan [ˌbaɪpɑ:tɪ'zæn] *a polit.* dvipartinis
bipartite [baɪ'pɑ:taɪt] *a* **1** dvipusis, dvišalis *(apie susitarimą ir pan.)* **2** *spec.* susidedantis iš dviejų dalių
biped ['baɪped] *n, a biol.* dvikojis *(gyvūnas)*
bipedal [baɪ'pi:dl, 'baɪ'pedl] *a* dvikojis *(apie gyvūną)*
biplane ['baɪpleɪn] *n av.* biplanas *(dvisparnis lėktuvas)*
bipod ['baɪpɔd] *n kar.* stovas, dvikojis
bipolar [baɪ'pəulə] *a el.* dvipolis, bipolinis
biquadratic [ˌbaɪkwɔ'drætɪk] *mat. a* bikvadratinis, dvikvadratis
n bikvadratas
birch [bɜ:tʃ] *n* **1** *bot.* beržas **2** *(the ~)* beržinė rykštė, beržo košė
v lupti rykšte, įkrėsti beržo košės
birchen ['bɜ:tʃən] *a* beržinis
birch-rod ['bɜ:tʃrɔd] *n* = **birch** 2
bird [bɜ:d] *n* **1** paukštis, paukštelis; *wading ~* pelkinis paukštis; ~ *of prey* plėšrusis paukštis; ~ *sanctuary* ornitologijos draustinis **2** *šnek.* vyrukas, vaikinas; *old ~* senas žvirblis, geras paukštis; *an old ~ is not caught with chaff* seno žvirblio lengvai nesugausi; *a gay [queer] ~* linksmuolis [keistuolis] **3** *sl. menk.* paukštytė, mergužėlė ◊ *he's an early ~* jis yra vieversys *(anksti keliasi); the ~s and the bees euf. juok.* lytinio gyvenimo paslaptys *(ypač vaikams); like a ~* lengvai, noriai, greitai; *a ~ in the bush* kas nors netikra; *a ~ in the hand* kas nors tikra/realu; *a ~ in the hand is worth two in the bush* ≡ geriau žvirblis rankoje, negu briedis miške; *~s of a feather (flock together)* ≡ toks tokį pažino (ir į svečius pavadino); *the ~ has flown* ieškomasis prapuolė/paspruko; *(it is) the early ~ (that) catches the worm* ≡ ankstyvoji varna dantis rakinėja, vėlyvoji – akis krapštinėja; *to kill two ~s with one stone* ≡ vienu šūviu du zuikius nušauti; *a little ~ told me šnek.* man kažkas sakė; *(strictly) for the ~s amer. šnek.* kvaila, neverta; *to do ~ sl.* atsėdėti *(kalėjime); to get the ~ šnek.* a) būti atleistam; b) būti nušvilptam *(apie aktorių); to give smb the ~ šnek.* nušvilpti *(aktorių, kalbantįjį ir pan.)*
bird-brained ['bɜ:dbreɪnd] *a šnek.* kvailokas, tuščias
birdcage ['bɜ:dkeɪdʒ] *n (paukščių)* narvelis
bird-call ['bɜ:dkɔ:l] *n* **1** paukščio riksmas **2** dūdelė *(paukščiams vilioti)*
bird-dog ['bɜ:ddɔg] *n* **1** *medž.* paukštinis šuo **2** *sl. (firmos)* agentas, pristatantis prekes pagal užsakymus
birder ['bɜ:də] *n* **1** paukštininkas **2** *(ypač amer.)* = **birdwatcher**
bird-fancier ['bɜ:dˌfænsɪə] *n* **1** paukštininkas, paukščių mėgėjas/augintojas **2** paukščių pardavėjas
bird-feeder ['bɜ:dfi:də] *n* lesalinė
birdie ['bɜ:dɪ] *n* **1** *vaik.* paukštelis, paukštytis **2** *(badmintono)* kamuoliukas su plunksnomis, plunksninukas ◊ *watch the ~* žiūrėk/nemirkčiok – tuoj paukščiukas išskris *(sakoma fotografuojant vaikus)*
birdlike ['bɜ:dlaɪk] *a* paukštiškas
birdlime ['bɜ:dlaɪm] *n* **1** klijai paukščiams gaudyti **2** spąstai
bird-nest ['bɜ:dnest] *n* = **bird's-nest**
bird-nesting ['bɜ:dnestɪŋ] *n* = **bird's-nesting**
birdseed ['bɜ:dsi:d] *n* paukščių lesalas
bird's-eye ['bɜ:dzaɪ] *n bot.* raktažolė ◊ ~ *view* a) vaizdas/panorama iš viršaus; b) bendras vaizdas
bird's-foot ['bɜ:dzfut] *n (pl -foots) bot.* seradėlė
bird's-nest ['bɜ:dznest] *n* **1** paukščio lizdas **2** kregždės lizdas *(kinų skanėstas)* **3** *bot.* rusvoji lizduolė
bird's-nesting ['bɜ:dznestɪŋ] *n* paukščių lizdų ieškojimas; *to go ~* kiaušiniauti paukščių lizduose
birdsong ['bɜ:dsɔŋ] *n* paukščių čiulbesys/čiulbėjimas
birdwatcher ['bɜ:dˌwɔtʃə] *a* paukščių stebėtojas *(natūraliomis sąlygomis)*
biretta [bɪ'retə] *n* kampuota kunigo kepuraitė
Birmingham ['bɜ:mɪŋəm] *n* Birmingamas *(miestas)*
biro ['baɪərəu] *n (pl ~s[z])* tušinukas, šratinukas
birth [bɜ:θ] *n* **1** gimdymas; *to give ~ (to)* a) (pa)gimdyti; b) duoti pradžią *(kam); two at a ~* dvynukai **2** gimimas; *an artist by ~* menininkas iš prigimties **3** *prk.* gimimas, pradžia, atsiradimas; ~ *of a new party* naujos partijos gimimas/atsiradimas **4** kilmė; *she is English by ~* ji yra anglų tautybės; *he is of good ~* jis kilęs iš geros šeimos
birth-control ['bɜ:θkənˌtrəul] *n* **1** gimdymų reguliavimas **2** vaistai nėštumui išvengti, kontraceptiniai preparatai
birthday ['bɜ:θdeɪ] *n* gimimo diena; ~ *party* gimtuvės; *happy ~ (to you)!* daug laimės gimtadienio proga!, sveikinu (jus) gimtadienio proga! ◊ *in one's ~ suit šnek. euf.* ≡ Adomo/Ievos kostiumu
birthmark ['bɜ:θmɑ:k] *n* apgamas
birthplace ['bɜ:θpleɪs] *n* gimimo vieta, gimtinė
birthrate ['bɜ:θreɪt] *n* gimimų koeficientas, gimstamumas
birthright ['bɜ:θraɪt] *n* **1** pirmagimystės teisė **2** prigimtinė teisė
bis [bɪs] *it. adv* bis, dar kartą
Biscay ['bɪskeɪ] *n* Biskaja *(įlanka)*
biscuit ['bɪskɪt] *n* **1** sausainis, biskvitas; *ship's ~* džiūvėsis **2** *amer.* bandelė, sklindis *(ppr. valgomas karštas su sviestu)* **3** neglazūruotas porcelianas **4** šviesiai ruda, biskvitinė spalva ◊ *to take the ~ šnek.* pralenkti viską, būti geriausiam/blogiausiam
bisect [baɪ'sekt] *v* **1** pusiau perpjauti/padalyti **2** *geom.* kirsti/dalyti pusiau *(kampą, liniją)*
bisector [baɪ'sektə] *n geom.* pusiaukampinė, bisektrisė
bisectrix [baɪ'sektrɪks] *n (pl* -rices [ˌbaɪsek'traɪsi:z]) = **bisector**

bisexual [baɪˈsekʃuəl] *biol. a* dvilytis, biseksualinis
n biseksualistas

bishop [ˈbɪʃəp] *n* **1** vyskupas **2** *šach.* rikis ◊ *the ~ has played the cook* *paž.* virėjas buvo vyskupas *(apie prisvilusį valgį)*

bishopric [ˈbɪʃəprɪk] *n* **1** vyskupo rangas/titulas **2** vyskupija, vyskupystė

bisk [bɪsk] *n* = **bisque**²

bismuth [ˈbɪzməθ] *n chem.* bismutas

bison [ˈbaɪsn] *n (pl ~) zool.* bizonas; *European* ~ stumbras

bisque¹ [bɪsk] *n* = **biscuit** 3

bisque² *n* **1** tiršta sriuba *(su paukštiena, triušiena)*; *lobster* ~ omarų sriuba **2** trinta pomidorų sriuba

bisque³ *n sport.* foras *(išankstinė nuolaida silpnesniam žaidėjui)*

bissextile [bɪˈsekstaɪl] *knyg. a* keliamieji *(apie metus); the ~day* vasario 29 d.
n keliamieji metai

bister [ˈbɪstə] *n amer.* = **bistre**

bistre [ˈbɪstə] *n* tamsiai ruda spalva; bistras *(dažai)*

bistro [ˈbiːstrəu] *n (pl ~s[z])* bistro, užkandinė, restoranėlis

bit¹ [bɪt] *n* **1** gabaliukas; kąsnelis; *to pull/cut/tear to ~s* sudraskyti į gabalus; *to go/come to ~s* suirti; *this table comes to ~s* šį stalą lengva išardyti **2** *(a ~) (vart. prieveiksmiškai)* truputį, nedaug; *every ~ as* tiek pat, kiek; *not a ~* visai ne, nė kiek ne; *I am a ~ tired* aš esu truputį pavargęs; *~ by ~* a) po gabaliuką; b) pamažu, po truputį; *quite a ~* gana daug; *he is a ~ of a coward* jis gana bailus **3** *psn.* smulki moneta; *amer.* 12¹/₂ cento moneta **4** *attr: ~ part* epizodinis vaidmuo ◊ *to do one's ~* įdėti savo *(kuklų)* indėlį, padaryti savo darbo dalį; *to get a ~ on šnek.* būti išgėrusiam/įkaušusiam; *to get the ~ between one's teeth* ryžtingai imtis darbo; *a ~ of skirt/stuff/fluff šnek.* graži mergšė; *a ~ of all right sl.* patrauklus *(apie moterį, vyrą); ~s and bobs/pieces šnek.* įvairiausi mažmožiai, visoks šlamštas; nuotrupos, gabaliukai; *she is a ~ long in the tooth* ji jau nebe vaikas

bit² *n* **1** žąslai; *to draw the ~* įtempti pavadžius/vadeles *(stabdant arklį); to take the ~ between its/one's teeth* a) sukąsti žąslus, nesiduoti suvaldomam; b) būti nesulaikomam *(nuo darbo),* pulti/veržtis į darbą **2** *(įrankio, prietaiso)* ašmenys, pjaunančioji briauna **3** *(obliaus)* drožiamasis peilis **4** *(gręžtuvo)* grąžtas **5** *(rakto)* liežuvėlis, barzdelė ◊ *to champ/chafe at the ~* nenustygti, ne(nu)rimti, būti nesuvaldomam
v **1** (į)žaboti **2** suvaldyti

bit³ *n komp.* bitas *(dvejetainis informacijos vienetas)*

bit⁴ *past žr.* **bite** *v*

bitbrace [ˈbɪtbreɪs] *n tech.* alkūninis gręžtuvas

bitch [bɪtʃ] *n* **1** kalė; *~ wolf* vilkė **2** *šnek. niek.* kalė, boba; bjaurybė **3** *amer. šnek.* kankynė, vargas
v šnek. skųstis, niurzgėti, bambėti *(about – apie);* bambasyti

bitchy [ˈbɪtʃɪ] *a šnek.* priekabus; piktas, klastingas, bjaurus

bite [baɪt] *n* **1** (į)kandimas, kandžiojimas; (į)gėlimas **2** įkąsta/įgelta vieta, (į)kandis, randas **3** kąsnis; *he took a ~ out of the pear* jis atsikando kriaušės **4** lengvas užkandis *(t. p. ~ to eat); to have a ~* užkąsti **5** *(žuvies)* kibimas *(t. p. prk.); the house is up for sale but we haven't had any ~s yet* namas parduodamas, bet dar neatsirado pirkėjų **6** aštrumas; kandumas; *his speech has ~* jo kalba turi kandumo/aštrumo **7** ėsdinimas *(graviruojant)* **8** *tech.* sukibimas **9** *med.* sankanda, sukandimas ◊ *neither ~ nor supper, without ~ or sup* ≡ nei valgęs, nei gėręs
v (bit; bitten) **1** (į)kąsti, kandžioti(s); (į)gelti; *to ~ one's lips* sukąsti lūpas *(slepiant pyktį, nepasitenkinimą); to ~ one's tongue* a) įsikąsti liežuvį; b) *prk.* prikąsti liežuvį **2** deginti, kąsti *(apie pipirus, šaltį ir pan.)* **3** (įsi)ėsti *(apie rūgštį)* **4** kibti *(apie žuvį)* **5** kandžiai kalbėti, pašiepti **6** nusitverti, pasigauti *(kieno mintis, planą)* **7** imti veikti/varžyti, pasijusti *(apie mokesčius, sankcijas ir pan.)* **8** (su)kibti, nebuksuoti; *the wheels will not ~* ratai slysta **9** įsispausti, įsiveržti *(apie raištį ir pan.; into)* ☐ *~ back* atsikirsti; *~ off* atkąsti, nukąsti ◊ *to ~ off more than one can chew* per daug apžioti, imtis ne pagal jėgas; *she won't ~ you!* ji gi tau neįkąs!; *what's biting you?* kas tau įkando?, ko nerimsti?; *to be bitten by the bug/craze šnek.* būti užvaldytam, užsikrėsti *(kokia idėja ir pan.)*

biter [ˈbaɪtə] *n* kandikas, kandėjas, kandžiotojas ◊ *the ~ bit* apgavikas apsigavo, pats sau duobę išsikasė

bite-sized [ˈbaɪtsaɪzd] *a* kąsnio dydžio

biting [ˈbaɪtɪŋ] *a* **1** aštrus, geliantis, žvarbus; *~ cold* spiginantis šaltis **2** kandus

bitsy [ˈbɪtsɪ] *a amer. šnek.* mažytis

bitt [bɪt] *jūr. n* **1** bitengas **2** *pl* = **bollard**
v užkabinti trosą už bitengo

bitten [ˈbɪtn] *pII žr.* **bite** *v* ◊ *once ~ twice shy* ≡ kas liežuvį nudega nuo karšto, tas ir šaltą pučia, kopūstais nudegęs ir pro daržą eidamas pučia

bitter [ˈbɪtə] *<a, adv, n> a* **1** kartus *(t. p. prk.);* aitrus; *~ as gall/wormwood* kartus kaip tulžis; *~ earth chem.* magnezija; *~ truth* karti tiesa; *~ disappointment* kartus nusivylimas **2** aštrus, kandus, geliantis *(apie žodžius ir pan.)* **3** pasipiktinęs, įsižeidęs; *to be ~ about smth* pykti, niršti dėl ko **4** nuožmus, rūstus, piktas *(apie priešą, kovą ir pan.)* ◊ *to the ~ end* ligi pat galo, ligi paskutinio kraujo lašo *(kovoti ir pan.); that which is ~ to endure may be sweet to remember* kartais malonu prisiminti tai, ką buvo sunku iškęsti; ≡ pikto neprityręs, doro nepažinsi
adv **1** karčiai; aštriai, kandžiai **2** labai, baisiai; *it is ~ cold* baisiai šalta
n **1** kartumas **2** kartus alus

bitterender [ˈbɪtərˌendə] *n šnek.* principingas, principialus, nepripažįstantis kompromisų žmogus

bitterish [ˈbɪtərɪʃ] *a* kartokas, apykartis, karstelėjęs

bitterling [ˈbɪtəlɪŋ] *n zool.* kartuolė *(žuvis; t. p. European ~)*

bitterly [ˈbɪtəlɪ] *adv* **1** karčiai **2** piktai **3** labai, smarkiai, baisiai

bittern [ˈbɪtən] *n zool.* (didysis) baublys

bitterness [ˈbɪtənɪs] *n* **1** kartumas, kartybė; aitrumas **2** kartėlis, pyktis

bitters [ˈbɪtəz] *n pl* **1** kartus antpilas **2** kartūs vaistai ◊ *to get one's ~ amer. iron.* gauti ko nusipelnei

bittersweet [ˈbɪtəˈswiːt] *a* **1** kartus saldus; saldžiai kartus **2** malonus ir liūdnas *(apie atsiminimus ir pan.)*

bitty [ˈbɪtɪ] *a* **1** padrikas, nerišlus, fragmentiškas; atskiras; nepilnas *(apie rinkinį)* **2** *amer.* mažytis *(t. p. little ~)*

bitumen [ˈbɪtʃumɪn] *n* bitumas; asfaltas

bituminous [bɪˈtjuːmɪnəs] *a* bituminis

bivalent [baɪˈveɪlənt] *a spec.* dvivalentis

bivalve [ˈbaɪvælv] *zool. n* dvigeldė
a dvigeldis

bivouac [ˈbɪvuæk] *pr. n (kareivių, alpinistų)* lauko stovykla, bivakas
v stovyklauti, nakvoti lauke *(ppr. apie kareivius)*

biweekly [baɪˈwiːklɪ] *<a, adv, n> a* **1** einantis/vykstantis kas dvi savaitės **2** einantis/vykstantis du kartus per savaitę

adv 1 kas dvi savaitės 2 dukart per savaitę
n leidinys, einantis kas dvi savaitės
biz [bɪz] *n sutr. šnek.* = **business** 2
bizarre [bɪˈzɑː] *pr. a* keistas, keistuoliškas; įmantrus
blab [blæb] *v šnek.* 1 išplepėti, išpasakoti *(t. p.* ~ *out)* 2 taukšti, plepėti
blabber [ˈblæbə] *n* plepys; liežuvautojas
v plepėti; postringauti *(t. p.* ~ *on)*
blabbermouth [ˈblæbəmauθ] *n šnek.* plepys, tarškynė, plepūnas
black [blæk] <*a, n, v*> *a* 1 juodas; tamsus; ~ *night* juoda/tamsi naktis; ~ *earth* juodžemis; ~ *art/magic* juodoji magija; ~ *letter/character* senoviškas anglų gotiškas šriftas 2 juodaodžių; *comtemporary* ~ *music* šiuolaikinė juodaodžių/negrų muzika 3 purvinas, nešvarus, juodas *(apie rankas, marškinius)* 4 niūrus, liūdnas; *to look* ~ niūriai atrodyti; *things look* ~ padėtis atrodo beviltiška 5 piktas; ~ *looks* pikti žvilgsniai; *to look* ~ *in the face* pamėlynuoti *(iš pykčio, nuo įtampos); as* ~ *as thunder* baisiai supykęs, įniršęs, piktas kaip širšė 6 *knyg.* blogas; ~ *mark (charakterio)* dėmė; ~ *deeds* blogi darbai/poelgiai ◊ *he is not so* ~ *as he is painted* jis ne toks blogas, kaip žmonės šneka; *to go* ~ aptemti *(netenkant sąmonės);* ~ *and blue* vienos mėlynės; ~ *and tan* a) terjerų veislės šuo; b) *(ppr. B. and Tans) ist.* anglų baudžiamieji būriai Airijoje po I pasaulinio karo; c) kartaus alaus ir porterio mišinys *(gėrimas); in* ~ *and white* juodu ant balto, raštu, raštiškai
n 1 juodumas, juoda spalva 2 juodi dažai; *Berlin* ~ juodas metalo lakas 3 juodaodis 4 juodi *(gedulo)* drabužiai; *she was dressed in* ~ ji buvo apsirengusi juodais drabužiais 5 *šach.* juodosios figūros; juodieji langeliai ◊ *to be in the* ~ turėti pinigų *(banko sąskaitoje); to swear* ~ *is white* juoda vadinti balta
v 1 juodai dažyti; *to* ~ *shoes/boots* tepti batus juodu tepalu 2 *prk.* juodinti 3 atsisakyti bendradarbiauti, boikotuoti *(apie profesines sąjungas)* ☐ ~ *out* a) juodai užtepti tekstą *(apie cenzorių);* nepraleisti, uždrausti; b) *kar.* užtemdyti, maskuoti; c) *teatr.* išjungti šviesas; d) apalpti, netekti sąmonės; e) nutraukti *(radijo/televizijos programą)*
blackamoor [ˈblækəmuə] *n psn. niek.* negras; juodaodis, juodis
black-and-white [ˈblækəndˈwaɪt] *a* 1 *tel., fot., kin.* juodas baltas, nespalvotas 2 kraštutinis, kontrastingas; visiškai aiškus/akivaizdus
blackball [ˈblækbɔːl] *v* balsuoti prieš *(priimant į klubą ir pan.)*
black-beetle [ˌblækˈbiːtl] *n zool.* juodasis tarakonas
blackberry [ˈblækbərɪ] *n* gervuogė; ~ *bush* gervuogės krūmas
blackbird [ˈblækbəːd] *n zool.* juodasis strazdas
blackboard [ˈblækbɔːd] *n* klasės lenta ◊ ~ *jungle* prasta mokykla
blackcap [ˈblækkæp] *n zool.* juodagalvė devynbalsė
blackcock [ˈblækkɔk] *n* tetervinas
blackcurrant [ˌblækˈkʌrənt] *n bot., kul.* juodieji serbentai
blacken [ˈblækən] *v* 1 juodinti, tepti *(t. p. prk.)* 2 juosti, juodėti; nudegti *(saulėje)*
black-eyed [ˈblækˈaɪd] *a* juodaakis; ~ *Susan bot.* plaukuotoji rudbekija
blackface [ˈblækfeɪs] *n* 1 juodagalvė avis 2 *teatr.* negras; aktorius, atliekantis negro vaidmenį; *to appear in* ~ vaidinti negrą
blackfly [ˈblækflaɪ] *n zool. (pupinis)* amaras

blackguard [ˈblægɑːd] *n psn.* niekšas, piktadarys, nevidonas
v keiktis, plūsti
blackguardism [ˈblægɑːdɪzm] *n psn.* 1 niekšiškas elgesys 2 plūdimas(is)
blackguardly [ˈblægɑːdlɪ] *a psn.* niekšiškas
adv niekšiškai
blackhead [ˈblækhed] *n med.* inkštiras
black-hearted [ˈblækˈhɑːtɪd] *a poet.* blogas; piktas
blacking [ˈblækɪŋ] *n* 1 boikotavimas *(of)* 2 juodas batų tepalas 3 *tech.* apdulka
blackish [ˈblækɪʃ] *a* juodokas, apyjuodis, juosvas
blackjack [ˈblækdʒæk] *v amer.* mušti kuoka
n 1 akis, „dvidešimt vienas" *(kortų lošimas)* 2 ąsotis *(alui ir pan.)* 3 *amer.* kuoka, vėzdas 4 *min.* sfaleritas
blacklead [ˈblækled] *n min.* grafitas
blackleg [ˈblækleg] *n* 1 streiklaužys 2 apgavikas, sukčius
v būti streiklaužiu
black-letter [ˈblækˈletə] *a* išspausdintas senovišku *(anglų gotiškuoju)* šriftu ◊ ~ *day* a) šiokia diena, šiokiadienis; b) nesėkmių diena
black-light [ˈblæklaɪt] *n fiz.* juodoji šviesa *(infraraudonieji, ultravioletiniai spinduliai)*
blacklist [ˈblæklɪst] *n* juodasis sąrašas
v įtraukti į juodąjį sąrašą
blackly [ˈblæklɪ] *adv* 1 juodai; tamsiai 2 piktai 3 liūdnai, niūriai
blackmail [ˈblækmeɪl] *n* šantažas
v šantažuoti; šantažu priversti *(into)*
blackmailer [ˈblækmeɪlə] *n* šantažistas, šantažuotojas
blackness [ˈblæknɪs] *n* 1 juodumas; tamsumas 2 niūrumas
blackout [ˈblækaut] *n* 1 *teatr.* šviesos išjungimas salėje ir scenoje 2 *kar.* užtemdymas, šviesos maskavimas 3 elektros srovės nutrūkimas 4 sąmonės aptemimas; trumpas sąmonės netekimas 5 *(informacijos)* pateikimo sustabdymas 6 *rad., tel.* programos nutraukimas
a užtemdytas
Blackpool [ˈblækpuːl] *n* Blakpulis *(Anglijos miestas ir kurortas)*
blackshirt [ˈblækʃəːt] *n ist.* juodmarškinis *(italas fašistas)*
blacksmith [ˈblæksmɪθ] *n* kalvis
blackstrap [ˈblækstræp] *n* pigus portveinas/romas su sirupu
blackthorn [ˈblækθɔːn] *n bot.* laukinė kryklė, dygioji slyva
black-tie [ˈblækˈtaɪ] *a* vyrams su oficialiais drabužiais *(apie pobūvį ir pan.)*
blacktop [ˈblæktɔp] *n amer.* asfalto danga; asfaltas
blacky [ˈblækɪ] *a* juodokas, juosvas
bladder [ˈblædə] *n* 1 *anat.* pūslė 2 *(sviedinio ir pan.)* kamera 3 *bot.* pūslelė
bladderwort [ˈblædəwəːt] *n. bot.* skendenis
bladdery [ˈblædərɪ] *a* 1 pūslėtas 2 tuščias, tuščiaviduris
blade [bleɪd] *n* 1 ašmenys; *(obliaus, pjūklo)* geležtė 2 *(vairo, irklo ir pan.)* mentė 3 žolės stiebelis, žolelė 4 *glžk. (semaforo)* rodyklė 5 *šnek. ret.* vaikinas; *a jolly old* ~ linksmas vyrukas
blaeberry [ˈbleɪbərɪ] *n šiaur.* mėlynė *(uoga)*
blag [blæg] *v sl.* išvilioti, gauti per gudrybes, pavogti
blague [bleɪg] *pr.* gyrimasis, akių dūmimas
blah [blɑː] *n sl.* 1 nesąmonė 2 *(the ~s) pl amer.* niūri nuotaika
blah-blah-blah [ˌblɑːblɑːˈblɑː] *adv šnek.* ir taip toliau, ir taip toliau
blain [bleɪn] *n* votis, skaudulys
blamable [ˈbleɪməbl] *a* = **blameworthy**

blame [bleɪm] *n* **1** kaltė; *to bear/take the ~ upon oneself (for)* prisiimti kaltę *(už)*; *to lay/put the ~ (up) on smb for smth* apkaltinti ką už ką; *to shift/cast the ~ on smb* suversti kam kaltę; *to lay the ~ at the right door arba on the right shoulders* apkaltinti kaltąjį; *where does the ~ lie for our failure?* kas yra mūsų nesėkmės priežastis? **2** peikimas, priekaištas; *to deserve some of the ~* nusipelnyti priekaištų *v* **1** laikyti kaltu, kaltinti; peikti *(for – dėl, už)*; *he is to ~ for it* jis dėl to kaltas; *she ~d it on him* ji kaltino tuo jį; *who is to ~?* kas kaltas? **2** priskirti, paaiškinti *(on)*; *the fire can be ~d on a short circuit* gaisrą galima paaiškinti trumpu jungimu

blameful [ˈbleɪmfəl] *a* peiktinas, kaltintinas

blameless [ˈbleɪmləs] *a* nepriekaištingas; nekaltas

blameworthy [ˈbleɪmˌwəːðɪ] *a* peiktinas, smerktinas; kaltintinas

blanch [blɑːntʃ] *v* **1** išbalti, išblykšti *(iš baimės ir pan.)* **2** baltinti, balinti **3** apvirti ir nulupti lukštą/žievelę; blanširuoti **4** (ap)kaupti *(daržoves)* **5** alavuoti **6** blizginti *(metalą)* ☐ *~ out* išteisinti

blancmange [bləˈmɒnʒ] *pr. n kul.* blanmanžė *(drebučiai)*

bland [blænd] *a* **1** mandagus; mielas **2** švelnus *(apie klimatą ir pan.)* **3** prėskas, be skonio *(apie maistą)*; raminamas *(apie vaistus)* **4** nuobodus; ramus, negyvas

blandish [ˈblændɪʃ] *v* **1** palenkti/įkalbėti švelnumu/pataikavimu **2** meilikauti, gerintis

blandishment [ˈblændɪʃmənt] *n (ppr. pl)* meilikavimas; pataikaujamos/meilios kalbos

blank [blæŋk] <*a, n, v*> *a* **1** tuščias; švarus, neprirašytas; neužpildytas *(apie blanką, dokumentą)*; *~ cheque* neužpildytas čekis **2** neapstatytas *(apie vietą)* **3** tuščias *(apie šautuvą, šovinį)* **4** be turinio, neturiningas; *~ look* bereikšmis žvilgsnis **5** sumišęs, sutrikęs; *to look ~* būti sumišusiam **6** visiška neviltis; *~ refusal* kategoriškas atsisakymas **7** ištisinis; *~ wall* aklina siena *(be durų, langų)* **8** *amer.* N, X *ir pan.* (kai pavadinimas neskelbiamas); *the B. Pursuit Squadron* naikintuvų eskadrilė ◊ *my mind went ~* man protas aptemo; *his memory was completely ~* jis visiškai nieko neatsiminė *n* **1** tuščia/laisva vieta; *leave a ~ for the date* palikite vietos datai **2** blankas **3** brūkšnys *(praleisto žodžio vietoj)* **4** tuščias *(loterijos)* bilietas; *to draw a ~* a) ištraukti tuščią bilietą; b) *prk.* patirti nesėkmę **5** *(dvasinė)* tuštuma; *my mind is a complete ~* mano visai tuščia galva, aš visai neatsimenu **6** tuščias šovinys *(t. p. ~ cartridge)* **7** *kar.* taikinys **8** *tech.* ruošinys *v* **1** *amer.* suduoti triuškinamą smūgį; „sausai" aplošti **2** *amer.* staiga nebeprisiminti; išbraukti iš atminties **3** *tech.* štampuoti/išpjauti ruošinius *(t. p. ~ out)* ☐ *~ out* užtemdyti

blanket [ˈblæŋkɪt] <*n, a, v*> *n* **1** vilnonė antklodė, apklotas **2** gūnia **3** danga *(t. p. prk.)*; *a ~ of snow* sniego danga; *a ~ of fog* tirštas rūkas **4** *(jausmų)* perteklius, gausumas ◊ *born on the wrong side of the ~ euf. ret.* gimęs ne iš santuokos; *a wet ~* žmogus, gadinantis kitiems nuotaiką; niurzga; *to put a wet ~ on smb, to throw a wet ~ over smb* atvėsinti/atšaldyti kieno įkarštį *a* **1** visiškas, visa apimantis, išsamus **2**: *~ sheet amer.* didelio formato laikraščio lapas *v* **1** uždengti/apkloti antklode **2** nukloti *(sniegu ir pan.; with, in)* **3** užgožti, nuslopinti, nustelbti *(triukšmą, radijo laidą; t. p. ~ out)* **4** viską apimti **5** *kar.* apmėtyti *(bombomis)* **6** *jūr.* užstoti *(vėją)*

blankety-blank [ˌblæŋkətɪˈblæŋk] *a attr amer. euf.* šioks toks, šioks ne toks *(vietoj prakeiktas ir pan.)*

blankly [ˈblæŋklɪ] *adv* **1** tuščiai; abejingai **2** tiesiai, ryžtingai **3** visiškai

blare [blɛə] *n* trimitų garsai; *(sirenos ir pan.)* kaukimas *v (džn. ~ out)* **1** garsiai trimituoti, kaukti **2** skelbti, būgnyti

blarney [ˈblɑːnɪ] *šnek. n* meilikavimas ◊ *to kiss the ~ stone* mokėti meilikauti/saldžialiežuvauti *v* apgaudinėti meilikaujant, meilikauti

blasé [ˈblɑːzeɪ] *pr. n* abejingas, persisotinęs

blaspheme [blæsˈfiːm] *v* burnoti prieš Dievą; koneveikti Dievą; šventvagiškai kalbėti

blasphemous [ˈblæsfəməs] *a* šventvagiškas; nepadorus

blasphemy [ˈblæsfəmɪ] *n* šventvagiškos kalbos, burnojimas prieš Dievą; šventvagystė

blast [blɑːst] <*n, v, int*> *n* **1** stiprus ir staigus vėjo šuoras **2** *(pučiamųjų instrumentų)* garsas; kaukimas **3** sprogimas; sprogimo banga **4** sprogdinamasis užtaisas **5** *šnek.* linksmybė; *to have a ~* linksmintis **6** *tech.* forsuota trauka; pūtimas; *hot ~* karštasis pūtimas; *to be out of ~* nedirbti; stovėti *(apie aukštakrosnę)* **7** *tech.* orpūtė ◊ *(at) full ~* visu tempu; visu garsu *(apie radiją ir pan.)* *v* **1** (su)naikinti, (su)ardyti; *to ~ smb's hopes* sugriauti/sužlugdyti kieno viltis; *the frost has ~ed the fruit buds* šalna nukando vaismedžių pumpurus, nušalo vaismedžių pumpurai **2** (su)sprogdinti; išmušti *(duobę; sprogdinant)* **3** prasibrauti *(šaudant, sprogdinant)* **4** trimituoti, būgnyti *(t. p. ~ away/out)* **5** nušauti **6** *šnek.* sukritikuoti, sudirbti; *euf.* prakeikti **7** *tech.* (pra)pūsti ☐ *~ off* pakilti *(apie raketą)* *int* po velnių!

blasted [ˈblɑːstɪd] *a* **1** suvytęs; pakenktas; perkūno perskeltas/suskaldytas *(apie medį)* **2** sugriautas, sužlugęs *(apie viltis ir pan.)* **3** *euf.* prakeiktas; *where's the ~ screwdriver?* kur atsuktuvas, po šimts kelmų?

blastema [blæsˈtiːmə] *n biol.* blastema *(užuomazginė medžiaga)*

blast-furnace [ˈblɑːstˌfəːnɪs] *n* aukštakrosnė

blasting [ˈblɑːstɪŋ] *a* **1** pražūtingas, žalingas **2** sprogstamasis, sprogdinamasis; *~ oil* nitroglicerinas *n* **1** gadinimas, naikinimas **2** sprogdinimas **3** *tech.* pūtimas **4** *rad. (garsiakalbio)* blerbimas

blastoderm [ˈblæstəᵘdəːm] *n biol.* blastoderma

blast-off [ˈblɑːstɒf] *n (raketos)* (pa)kilimas

blastula [ˈblæstjulə] *n biol.* blastulė, gemalo pūslelė

blatancy [ˈbleɪtənsɪ] *n* rėksmingumas *ir pan., žr.* **blatant**

blatant [ˈbleɪtənt] *a* **1** rėksmingas, triukšmingas; *~ colours (akį)* rėžiančios spalvos **2** baisus; *~ injustice* baisi neteisybė **3** aiškus, akivaizdus *(apie melą)*

blather [ˈblæðə] *šnek. n* plepalai, nesąmonės *v* plepėti nesąmones/kvailystes

blatherskite [ˈblæðəskaɪt] *n šnek.* **1** plepys **2** = **blather**

blaze[1] [bleɪz] *n* **1** liepsna; *to burst a ~* suliepsnoti **2** ryški šviesa/spalva *(of)* **3** gaisras **4** spindesys *(t. p. prk.)*; *in a ~ of glory* šlovės spinduliuose **5** *(aistros)* suliepsnojimas; *in a ~ of anger* pykčio pagautas **6** *(kulkosvaidžių ir pan.)* tratėjimas **7** *pl sl.* pragaras; *(the ~s)* po velnių *(ppr. klaus. sakiniuose)*; *go to ~s!* eik po velnių!; *like ~s* kaip pašėlęs, pasiutiškai *v* **1** liepsnoti *(t. p. prk.)* **2** spindėti **3** degti *(pykčiu ir pan.; with)* ☐ *~ away* a) *kar.* intensyviai šaudyti, tratėti; b) greitai ir karštai kalbėti; c) su užsidegimu dirbti; *~ away!,* duok!; varyk!; *~ up* įsiliepsnoti, suliepsnoti; užsiplieksti; žybtelėti

blaze² *n* **1** balta žvaigždė *(gyvulio kaktoje)* **2** žymė, įspaudas *(medyje)*
v žymėti, ženklinti *(medžius ir pan.)*; ***to ~ the trail*** a) nužymėti kelią per mišką įkartomis medžiuose; b) *prk.* nutiesti kelią
blaze³ *v (ppr. pass)* išplatinti, pranešti *(sensacingą naujieną; džn. **~ abroad)***
blazer ['bleɪzə] *n* bleizeris, trumpas sportinis švarkelis/striukė *(džn. su mokyklos/klubo ženklu)*
blazing ['bleɪzɪŋ] *a* **1** liepsnojantis, karštas **2** ryškus; **~ scent** *medž.* karštos pėdos **3** karštas, smarkus *(apie ginčą ir pan.)*
blazon ['bleɪzn] *n* **1** *her.* herbas; emblema **2** išgarsinimas
v **1** puošti heraldikos ženklais **2** *pass* būti aiškiai parašytiems *(apie žodžius)* **3** išplatinti, paskelbti *(džn. ~ abroad/forth/out)*
blazonry ['bleɪznrɪ] *n* **1** herbai **2** heraldika **3** spindesys
bleach [bli:tʃ] *n* **1** balinimo medžiaga; chlorkalkės **2** balinimas **3** *(plaukų)* šviesiklis
v balinti, blukinti; šviesinti *(plaukus);* balti, netekti spalvos ☐ **~ out** išblukinti, panaikinti spalvą
bleacher ['bli:tʃə] *n* **1** balintojas; baliklis **2** balinimo bakas **3** *pl amer. sport.* pigios vietos *(stadione ne po stogu)*
bleak¹ [bli:k] *a* **1** plikas, be augmenijos *(apie vietą)* **2** atviras, neapsaugotas *(nuo vėjo)* **3** šaltas, atšiaurus *(apie orą; t. p. prk.);* **~ welcome** šaltas sutikimas **4** tamsus, niūrus; **~ prospects** liūdnos perspektyvos; **to paint a ~ picture** *(of)* nupiešti *(ko)* niūrų vaizdą
bleak² *n zool.* aukšlė
blear [blɪə] *psn. a* neryškus, blausus *(apie akis)*
v aptraukti rūku *(akis);* aptemdyti *(akis, protą),* padaryti sunkiai įžiūrimą
bleary ['blɪərɪ] *a* apsiblausęs, pasmėlęs *(apie akis);* **to feel ~** būti apsiblaususiam
bleary-eyed ['blɪərɪ'aɪd] *a* **1** apsiblaususiomis/pasmėlusiomis akimis; matantis kaip per rūką **2** neįžvalgus; kvailokas
bleat [bli:t] *n* bliovimas, mekenimas
v **1** bliauti, mekenti **2** mykti, dejuoti
bleb [bleb] *n* pūslė, pūslelė *(odoje; stikle, metale)*
bleed [bli:d] *v* (bled [bled]) **1** kraujuoti, netekti kraujo; **my heart ~s** man širdis krauju srūva **2** lieti kraują **3** nuleisti kraują **4** tekėti, sunktis *(apie sulą, sultis);* leisti/varvinti sakus **5** nuleisti *(vandenį, orą),* ištuštinti *(baką ir pan.)* **6** nublukti *(po skalbimo)* **7** išlupti, *(šantažu)* išvilioti *(pinigus; for)* **8** *tech.* išleisti *(vandenį, dujas; iš radiatoriaus ir pan.)* **9** *poligr.* apipjauti lapą iki teksto *(nepaliekant pakraščių)* ◊ **to ~ smb white/dry** atimti iš ko viską ligi paskutinio skatiko
a poligr. išspausdintas per visą puslapį, be pakraščių
bleeder ['bli:də] *n* **1** kas nuleidžia kraują, kraujo leidėjas **2** žmogus, turintis palinkimą kraujuoti; sergantis hemofilija **3** prievartautojas **4** *tech.* alsuoklis; apsauginis vožtuvas; vamzdis/čiaupas vandeniui nuleisti **5** *sl.* nemalonus/bjaurus tipas; vargšas *(t. p. poor ~)*
bleeding ['bli:dɪŋ] *n* **1** kraujavimas **2** kraujo (nu)leidimas
a **1** kraujuojantis **2** netekęs kraujo, bejėgis **3** užjaučiantis, galintis; **~ heart** krauju pasrūvusi/paplūdusi širdis; jautri/atjaučianti širdis **4** *sl.* prakeiktas; **~ idiot!** prakeiktas kvailys!
bleeding-heart [ˌbli:dɪŋ'hɑ:t] *a iron.* minkštaširdis, jautriaširdis
bleep [bli:p] *n* signalas; pypsėjimas
v **1** signalizuoti; pypsėti **2** (iš)kviesti *(signalu)*
bleeper ['bli:pə] *n šnek.* = **beeper**

blemish ['blemɪʃ] *n* **1** trūkumas, defektas; ***without ~*** be priekaištų **2** dėmė; ***a name without ~*** nesuterštas vardas
v **1** (pa)gadinti, (pa)kenkti **2** (su)tepti, (su)teršti
blench¹ [blentʃ] *v* suvirpėti, krūptelėti, atšokti *(iš baimės)*
blench² *v* baltinti, balinti
blend [blend] *n* **1** mišinys, derinys *(of – ko)* **2** perėjimas iš vienos spalvos į kitą **3** *kalb.* maišinys, sulietinis žodis
v **1** su(si)maišyti **2** derinti(s) *(with)* **3** pereiti iš vieno atspalvio į kitą **4** išnykti *(apie skirtumus);* susilieti *(into)* ☐ **~ in** a) derintis; b) įmaišyti, pridėti
blende [blend] *n min.* sfaleritas, cinko sulfidas
blender ['blendə] *n* **1** maišytojas; maišiklis **2** *kul.* trintuvas, maišytuvas, plaktuvas, mikseris
Blenheim ['blenɪm] *n* **1** spanielių veislės šuo *(t. p. ~ spaniel)* **2:** **~ Orange** blenimas *(obuolių veislė)*
bless [bles] *v* (blessed, blest) **1** laiminti; šventinti **2** dėkoti *(for);* šlovinti **3** *pass* būti apdovanotam *(gabumais ir pan.; with);* **she is ~ed with good health** sveikatos Dievas jai nepagailėjo **4** *iron.* prakeikti ◊ **~ me!, ~ my/your soul/heart!, God ~me/you!, I'm blest!** dievaži! *(reiškiant nustebimą/nepasitenkinimą ir kt.);* **~ you** į sveikatą! *(sučiaudėjus)*
blessed ['blesɪd] *a* **1** šventas(is) **2** palaimintas(is); (pa)laimingas **3** *euf. sl.* prakeiktas ◊ **(I'm) ~ed if I know** neturiu nė mažiausio supratimo
blessedness ['blesɪdnɪs] *n* laimė, palaima; **single ~** *juok.* smagi viengungystė
blessing ['blesɪŋ] *n* **1** (pa)laiminimas; **to give one's ~** duoti palaiminimą/pritarimą, palaiminti **2** palaima **3** malda *(prieš ir po valgio)* ◊ **~ in disguise** ≡ nėra to bloga, kas neišeitų į gera; **to be a mixed ~** turėti ir gerų, ir blogų savybių; **to count one's ~s** prisiminti, ką gera turi; (pa)ieškoti gerųjų savybių
blest [blest] *past ir pII žr.* **bless**
blether ['bleðə] *(ypač škot.)* = **blather** *n, v*
bletherskate ['bleðəskeɪt] *n (ypač škot.)* = **blatherskite**
blew [blu:] *past žr.* **blow¹** *v*
blight [blaɪt] *n* **1** rūdys, amaras *(augalų liga)* **2** amarai *(augalų parazitai)* **3** tvanki atmosfera **4** tai, kas gadina nuotaiką, ardo planus *ir pan.;* nusiminimas, nusivylimas **5** žlugimas; pragaištis, prapultis
v **1** kenkti *(augalams)* **2** gadinti *(nuotaiką ir pan.);* žlugdyti; **he cast a ~ on the whole day** jis sugadino *(mums)* visą dieną; **our hopes are ~ed** mūsų viltys žlugo
blighter ['blaɪtə] *n sl.* **1** bjaurus/atgrasus tipas **2:** **a lucky ~** laimingasis, laimės kūdikis; **poor little ~** vargšelis
Blighty ['blaɪtɪ] *n šnek.* **1** tėvynė, Anglija **2** *kar. ist.* sužeidimas, duodantis teisę grįžti į tėvynę
blimey ['blaɪmɪ] *int šnek.* negali būti!, žiūrėk tu man! *(reiškiant nustebimą; t. p. cor ~)*
blimp [blɪmp] *n* **1** mažas dirižablis **3** *(B.)* blimpas *(konservatyvių pažiūrų žmogus; t. p. Colonel B.)*
blimpish ['blɪmpɪʃ] *a* konservatyvus; reakcingas
blind [blaɪnd] <*a, n, v*> *a* **1** aklas *(t. p. prk.);* **to go/become ~** apakti; **~ obedience** aklas paklusnumas; **~ flying** *av.* aklas skridimas; **~ of an eye** viena akimi aklas **2** nepastebintis, nekreipiantis dėmesio, nesugebantis įvertinti *(to);* **to be ~ to smb's faults/drawbacks** nepastebėti kieno trūkumų; **not to take a ~ bit of notice** visai nekreipti jokio dėmesio **3** neryškus, neaiškus; **~ hand** sunkiai išskaitoma rašysena; **~ path** vos įžiūrimas takas; **~ letter** laiškas be adreso; laiškas su sunkiai išskaitomu *ar* nepilnu adresu **4** veikiantis aklai/neapgalvotai; **to go it ~** a) lošti patamsy *(nematęs savo kortų);* b) veikti aklai

blindage   96   **blockbuster**

5 aklinas *(apie sieną ir pan.)* 6 *kas.* neišeinantis į paviršių *(apie šachtą)* 7 *šnek.* akis užsipylęs *(ppr. ~ drunk); ~ to the world* girtas kaip maišas ◊ *~ pig/tiger amer. sl.* baras, kuriame nelegaliai pardavinėjami alkoholiniai gėrimai; *none so ~ (as those who will not see)* aklam neįrodysi *(apie žmogų, kuris nepaiso kitos pusės argumentų); to swear ~* kategoriškai tvirtinti
n 1 *(the ~) kuop.* aklieji 2 *(pakeliama)* užuolaida, žaliuzės, langinės 3 dingstis; apgavystė 4 *amer.* priedanga *(paukščiams, gyvūnams stebėti)* 5 *opt.* diafragma; blendė ◊ *(it is a case of) the ~ leading the ~* ≡ aklas neregį vedžioja
v 1 (ap)akinti *(t. p. prk.); pass* netekti regėjimo 2 (už)temdyti 3 *opt.* diafragmuoti

blindage [ˈblaɪndɪdʒ] *n kar.* blindažas
blind-alley [ˌblaɪndˈælɪ] *a* be išeities, neperspektyvus
blinder [ˈblaɪndə] *n* 1 *(ypač sport.) šnek.* puikus žaidimas *ir pan.* 2 *pl amer. (arklio)* akidangčiai
blindfold [ˈblaɪndfəʊld] <*n, a, adv, v*> *n* raištis akims užrišti
a 1 užrištomis akimis 2 veikiantis aklai/neapgalvotai
adv užrištomis akimis; *to know one's way ~* gerai žinoti kelią
v užrišti akis
blinding [ˈblaɪndɪŋ] *a* 1 akinantis, akinamas 2 stebinantis, nuostabus; velniškas
blindman's-buff [ˌblaɪndmænzˈbʌf] *n* gūžynės; *to play the ~* gūžinėti, lauminėti
blindness [ˈblaɪndnɪs] *n* 1 aklumas, aklybė *(t. p. prk.)* 2 neapgalvojimas, nekreipimas dėmesio
blindside [ˈblaɪndsaɪd] *v amer. šnek.* 1 trenkti *(į automobilį ir pan.)* iš šono 2 nemaloniai nustebinti, pritrenkti
blind-spot [ˈblaɪndspɒt] *n* 1 silpna vieta *(mažai pažįstama sritis)* 2 *(vairuotojui)* prastai matomas kelio ruožas 3 *rad.* tylos zona 4 *anat. (akies)* akloji dėmė
blindworm [ˈblaɪndwəːm] *n zool.* gluodenas
blink [blɪŋk] *n* 1 mirkčiojimas; mirksnis, akimirka; *in the ~ of an eye* akimirksniu 2 mirksėjimas, mirgėjimas ◊ *on the ~ šnek.* prastai veikiantis, netvarkingas *(apie aparatą, mašiną); to be on the ~* patirti avariją *(apie įrengimus);* išeiti iš rikiuotės;
v 1 mirkčioti 2 mirksėti, mirgėti 3 nepaisyti, stengtis nepastebėti/negalvoti *(at); to ~ the fact that...* ignoruoti *(tą)* faktą, kad... ☐ *~ back: to ~ back one's tears* sulaikyti ašaras mirkčiojant akimis ◊ *before you could ~* žaibiškai, bemat
blinkered [ˈblɪŋkəd] *a* 1 su akidangčiais *(apie arklį)* 2 neatsižvelgiantis į kitų nuomonę; ribotas *(apie pažiūras ir pan.)*
blinkers [ˈblɪŋkəz] *n pl* 1 *(arklio)* akidangčiai 2 nežinojimas, nesupratimas *(padėties ir pan.)* 3 *amer. aut. (posūkio, avariniai ir pan.)* mirkčiojantys signalai
blinking [ˈblɪŋkɪŋ] *a* 1 mirkčiojantis 2 *šnek. euf.* velniškas, prakeiktas
blip [blɪp] *n* 1 *el.* vaizdas radaro ekrane 2 signalas, pyptelėjimas 3 trumpalaikis nuosmukis/pokytis
bliss [blɪs] *n* palaima, laimė
blissful [ˈblɪsfəl] *a* palaimingas, laimingas; *to be in ~ ignorance* nežinoti, kas žinotina *(apie nemalonius dalykus)*
blister [ˈblɪstə] n 1 pūslė *(nuo trynimo, nudegimo);* pūslelė, išsipūtimas, *(lapo, dažyto paviršiaus ir pan.)* iškilimas 2 *av.* kabina *(kulkosvaidžiui)*
v 1 pūslėti 2 sutrinti pūsles, prisitrinti pūslių
blister-beetle [ˈblɪstəbiːtl] *n* = **blister-fly**
blistered [ˈblɪstəd] *a* pūslėtas

blister-fly [ˈblɪstəflaɪ] *n zool.* ispaninis vabalas
blister-gas [ˈblɪstəgæs] *n kar.* odą žalojančios nuodingos dujos
blistering [ˈblɪstərɪŋ] *a* 1 alpinantis, alpus *(apie karštį)* 2 kandus, sarkastiškas, piktas 3 *(ypač sport.): ~ speed/pace* žaibiškas tempas/greitis
blithe [blaɪð] *a* 1 nerūpestingas 2 *poet.* linksmas, džiaugsmingas; laimingas
blithering [ˈblɪðərɪŋ] *a šnek.* 1 plepus 2 visiškas; *~ fool/idiot* visiškas/paskutinis kvailys
blithesome [ˈblaɪðsəm] *a* = **blithe**
blitz [blɪts] *n* 1 aviacijos antskrydis; bombardavimas 2 *šnek.* energinga veikla; *to have a ~ (on)* smarkiai susiimti, griebtis *(ką)* užbaigti
v (ppr. pass) bombarduoti; pulti
blitzed [blɪtst] *a (ypač amer.) šnek.* nusivaręs, nusigėręs
blitzkrieg [ˈblɪtskriːg] *vok. n* žaibo karas, blickrygas
blizzard [ˈblɪzəd] *n* 1 pūga; *there's a ~* pusto 2 daugybė
bloat¹ [bləʊt] *v* iš(si)pūsti, (iš)pampti, (iš)tinti; (iš)brinkti
n vet. išsipūtimas
bloat² *v* rūkyti *(žuvis)*
bloated [ˈbləʊtɪd] *a* išsipūtęs, išpampęs, išpurtęs; *~ aristocrat* pasipūtėlis; *~ armaments* per daug išpūstas apsiginklavimas
bloater [ˈbləʊtə] *n* rūkyta žuvis, *džn.* silkė *(t. p. Yarmouth ~)*
blob [blɒb] *n* 1 *(žemės, molio, dažų ir pan.)* gniužulėlis, gniutulėlis, gumulėlis *(of)* 2 dažų dėmė 3 lašas 4 kas nors neaiškiai matomas ◊ *on the ~ sl.* žodžiu
v daryti dėmę, sutepti
blobber-lipped [ˈblɒbəˈlɪpt] *a* storalūpis
bloc [blɒk] *pr. n polit.* blokas, grupuotė
block [blɒk] *n* 1 *(miesto)* kvartalas; gyvenamųjų namų masyvas 2 korpusas; daugiabutis namas *(t. p. ~ of flats); tower ~* aukštuminis namas 3 vienodų daiktų grupė/daugybė; *~ of seats teatr.* keletas eilių; *~ of shares fin.* akcijų paketas; *in ~* bendrai, urmu 4 trinka, rąstas, rąstgalys 5 *(akmens, granito)* luitas 6 *komp., stat.* blokas 7 medinė/metalinė spausdinimo forma; *~ letters/capitals* didžiosios spausdintinės raidės; *~ printing* ksilografija 8 forma *(skrybėlėms siūti)* 9 bloknotas 10 *(koncentrato)* kubelis 11 *pl* kubiukai *(žaislas)* 12 užtvara, kliūtis; *there was a ~ in the pipe* vamzdis užsikimšo 13 *sport.* užtvara, blokas, blokavimas 14 *glžk.* blokuotė, blokpostas 15 *med., psich.* blokada, (nu)slopinimas 16 *tech.* blokas; skriemulys; *engine ~* variklio blokas 17 *ist.* budelio trinka, ešafotas; *to be sent to the ~* būti budelio nukirstam ◊ *to knock smb's ~ off šnek.* nusukti kam galvą *(sakoma grasinant/keikiant); writer's ~* rašytojo kūrybinė krizė, įkvėpimo praradimas
v 1 blokuoti *(t. p. sport.);* (su)stabdyti, (su)kliudyti, (su)trukdyti 2 užtverti, užkimšti, užkirsti *(kelią ir pan.; t. p. ~ up)* 3 užstoti *(šviesą ir pan.; t. p. ~ off)* 4 daryti/piešti eskizą *(ppr. ~ in/out)* 5 *fin.* įšaldyti *(šalies valiutą)* 6 spausdinti be įtraukų
blockade [blɒˈkeɪd] *n* 1 blokada; *to lift/raise [to break] a ~* panaikinti [pralaužti] blokadą 2 *amer. (eismo)* kliūtis, sulaikymas, sutrikimas
v blokuoti
blockade-runner [blɒˈkeɪdˌrʌnə] *n. kar.* laivas, bandantis pralaužti blokadą
blockage [ˈblɒkɪdʒ] *n* blokavimas; už(si)kimšimas, kamščio susidarymas
blockbuster [ˈblɒkbʌstə] *n šnek.* 1 didelė fugasinė aviacinė bomba 2 kas nors labai populiarus/įspūdingas *(ypač filmas, knyga)*

blockhead ['blɔkhed] *n šnek.* bukagalvis
blockhouse ['blɔkhaus] *n* **1** fortas; *ist.* blokhausas **2** *stat.* rentinys
blocking ['blɔkɪŋ] *n* **1** *glžk.* blokavimas, blokuotė **2** *el.* blokavimas **3** *stat.* sienų jungimas įlaidais **4** *teatr.* mizanscenų planavimas, artistų išdėstymas
blockish ['blɔkɪʃ] *n* bukas, puskvailis, pusgalvis
block-signal ['blɔk,sɪgnəl] *n glžk.* blokavimo signalas
bloke [bləuk] *n šnek.* vyrukas; tipelis; *he is quite a decent* ~ jis – neblogas vyrukas
blokish ['bləukɪʃ] *a juok.* vyriškas *(apie darbus ir pan.)*
blond(e) [blɔnd] *n* blondinas *a* šviesiaplaukis, geltonplaukis; šviesus
blonde [blɔnd] *n* blondinė; *strawberry* ~ rusvaplaukė blondinė
blood [blʌd] *n* **1** kraujas; ~ *group/type* kraujo grupė; ~ *pressure* kraujo spaudimas; ~ *test* kraujo tyrimas/analizė; *to suck the* ~ *(of) prk.* siurbti kraują **2** temperamentas, charakteris, būdas; nuotaika; *bad* ~ nesantaika; *to make bad* ~ *(between)* pasėti nesantaiką *(tarp)*, supykdyti, sukiršinti; *in cold* ~ šaltakraujiškai, žiauriai, apgalvotai; *hot* ~ karštakraujiškumas, ūmumas; *to make smb's* ~ *boil [creep]* siutinti [(į)gąsdinti] ką; *it makes my* ~ *run cold* kraujas man stingsta gyslose; *his* ~ *is up* jam užvirė kraujas, jis įsiuto **3** kilmė, giminystė; kilmingumas; *high/blue* ~ aristokratiška kilmė; „mėlynas kraujas"; *full* ~ grynakraujis gyvūnas; *it runs in his* ~ tai jo kraujyje, tai jam įgimta **4** nužudymas, kraujo praliejimas; *he is out for my* ~ jis trokšta mano kraujo **5** sensacija, sensacinis romanas **6** *(vaisių, augalų)* sultys **7** *psn.* dabita; *young* ~s auksinis jaunimas ◊ ~ *is thicker than water* ≅ kraujas – ne vanduo; *he's after my* ~ *šnek.* jis man neatleis; *to have smb's* ~ *on one's hand* jausti atsakomybę už kieno mirtį; *it's like getting* ~ *out of a stone* iš jo nieko/niekaip neišgausi
v **1** nuleisti kraują **2** *medž.* įpratinti šunį prie kraujo **3** leisti patirti/pajusti *(ką nors sunkų/nemalonų)*
blood-and-guts [,blʌdənd'gʌts] *a amer. šnek.* žutbūtinis; žiaurus
blood-and-thunder [,blʌdənd'θʌndə] *a attr* **1** smurtinis; siaubingas, siaubo *(apie filmą ir pan.)* **2** griausmingas
bloodbath ['blʌdbɑ:θ] *n* skerdynės
bloodcurdling ['blʌd,kə:dlɪŋ] *a* baisus, stingdantis kraują
blood-guilty ['blʌd,gɪltɪ] *a teis.* kaltas dėl žmogžudystės/mirties
blood-heat ['blʌdhi:t] *n* normali kūno temperatūra
blood-horse ['blʌdhɔ:s] *n* grynakraujis arklys
bloodhound ['blʌdhaund] *n* **1** pėdsekys *(šunų veislė)* **2** seklys
bloodiness ['blʌdɪnɪs] *n* kraugeriškumas
bloodless ['blʌdləs] *a* **1** bekraujis **2** išbalęs, išblyškęs **3** be kraujo praliejimo **4** bejausmis, abejingas
bloodletting ['blʌd,letɪŋ] *n* **1** kraujo nuleidimas **2** = bloodshed
bloodlust ['blʌdlʌst] *n* kraujo troškimas
blood-poisoning ['blʌd,pɔɪznɪŋ] *n* kraujo užkrėtimas
blood-pudding ['blʌd,pudɪŋ] *n kul.* kraujinė dešra, kraujiniai vėdarai
blood-red ['blʌd'red] *a* raudonas kaip kraujas, kraujo spalvos
bloodshed ['blʌdʃed] *n* kraujo praliejimas
bloodshot ['blʌdʃɔt] *a* pasruvęs krauju *(apie akis)*
bloodstain ['blʌdsteɪn] *n* kraujo dėmė
bloodstained ['blʌdsteɪnd] *a* **1** kruvinas, suteptas krauju **2** kaltas dėl žmogžudystės, susitepęs krauju

bloodstock ['blʌdstɔk] *n kuop.* grynakraujai/grynaveisliai žirgai
bloodstone ['blʌdstəun] *n min.* heliotropas *(pusbrangis akmuo)*
bloodsucker ['blʌd,sʌkə] *n* **1** siurbėlė **2** kraugerys, parazitas, išnaudotojas
bloodthirsty ['blʌdθə:stɪ] *a* kraujo trokštantis, kraugeriškas
blood-vessel ['blʌd,vesl] *n* kraujagyslė, kraujo indas
bloodworm ['blʌdwə:m] *n zool.* sliekas
bloody ['blʌdɪ] <*a, adv, v*> *a* **1** kruvinas; kraujuotas; ~ *nose* kruvina nosis, kraujavimas iš nosies **2** kraugeriškas; žiaurus **3** *vulg.* velniškas, prakeiktas ◊ *not* ~ *likely!* *sl.* nė velnio!, nieko panašaus!
adv vulg. velniškai, labai
v sukruvinti ◊ *bloodied but unbowed* ≅ sumuštas, bet nenugalėtas
bloody-minded ['blʌdɪ'maɪndɪd] *a* **1** žiaurus, kraugeriškas **2** *vulg.* bjaurus, darantis dėl patyčių
bloom¹ [blu:m] *n* **1** žiedas; žydėjimas, pražydimas; *in* ~ žydintis, apsipylęs žiedais; *to come into* ~ pražysti **2** klestėjimas; pats gražumas; *to take the* ~ *(off)* sunaikinti/pakenkti pačiam žydėjime **3** rausvumas, rauzganumas **4** pūkeliai *(ant vaisių)*
v žydėti; pražysti *(t. p. prk.)*
bloom² *n tech.* luitas, bliumas
bloomer ['blu:mə] *n* **1** žydintis augalas **2** *šnek.* didelė/apmaudi klaida
bloomers ['blu:məz] *n pl ist.* moteriškas sportinis kostiumas; moteriškos sportinės kelnės, plačkelnės *(rauktos prie kelių)*
blooming¹ ['blu:mɪŋ] *a* **1** žydintis *(t. p. prk.)* **2** *šnek.* velniškas, prakeiktas; ~ *fool* paskutinis kvailys
adv šnek. velniškai
blooming² *n tech.* bliumingas
blooming³ *n tel.* vaizdo išskydimas
bloomy ['blu:mɪ] *a* žydintis
blooper ['blu:pə] *n amer. šnek.* apmaudi klaida
blossom ['blɔsəm] *n* **1** žiedas; *kuop.* žiedai *(ypač vaismedžių)*; *in* ~ apsipylęs žiedais **2** (su)žydėjimas *(t. p. prk.)*; *to burst into* ~ sužydėti
v (su)žydėti, išsiskleisti *(prk. t. p.)* suklestėti *(džn. forth/out)*
blot [blɔt] *n* **1** *(rašalo ir pan.)* dėmė, tiškalas, juodulys **2** *prk.* dėmė; sutepimas; gėda, negarbė ◊ *the new cinema [the village, etc] is a* ~ *on the landscape* naujasis kino teatras [kaimas *ir pan.*] gadina visą kraštovaizdį
v **1** sutepti *(ypač rašalu)* **2** teršti, žeminti; *without a* ~ *on one's character* nepriekaištingos reputacijos **3** nusausinti sugeriamuoju popieriumi; nusausinti, nušluostyti *(t. p.* ~ *up)* **4** užtepti dažų pagrindą, gruntuoti □ ~ *out* a) išbraukti, užtepti; uždengti, paslėpti; b) *prk.* užtemdyti, užtrinti; c) sunaikinti
blotch [blɔtʃ] *n* **1** dėmė *(ypač ant veido)*, spuogas **2** *(rašalo ir pan.)* dėmė; *(medžio žievės, lapo)* karpa
v dėmėti; aptaškyti, sutepti
blotchy ['blɔtʃɪ] *a* **1** dėmėtas; spuoguotas **2** suteptas *(rašalu ir pan.)*
blotter ['blɔtə] *n* **1** spaustukas *(rašalui)*; sugeriamasis popierius **2** bloknotas su sugeriamuoju popieriumi **3** *amer.* registracijos/užrašų knyga
blottesque [blɔ'tesk] *a knyg.* nutapytas stambiais potėpiais *(apie paveikslą)*
blotting-pad ['blɔtɪŋpæd] *n* biuvaras *(aplankas)*
blotting-paper ['blɔtɪŋ,peɪpə] *n* sugeriamasis popierius
blotto ['blɔtəu] *a sl.* girtas girtutėlis, girtas kaip maišas

blouse [blauz] *n* palaidinukė

blouson ['blu:zɔn] *n* bluzonas

blow¹ [bləu] *n* **1** pūtimas, dvelkimas, dvelksmas; *to go for a good ~* eiti pakvėpuoti tyru oru **2** *(nosies)* šnypštimas; *have a good ~!* gerai papūsk *(valant nosį)* **3** *tech.* pūtimas; Besemerio procesas **4** gyrimasis **5** kiaušinėlių dėjimas *(apie muses)*
v (blew; blown) **1** pūsti, dvelkti; *the wind's ~ing from the north* vėjas pučia iš šiaurės; *to ~ smoke in smb's face* pūsti dūmus kam į veidą **2** plaikstytis *(vėjyje);* kedenti *(plaukus),* varyti, ginti *(apie vėją)* **3** įpūsti *(ugnį);* pūsti *(stiklo gaminius; muilo burbulus);* prapūsti *(vamzdį ir pan.)* **4** šnypšti *(nosį)* **5** sunkiai kvėpuoti, pukšėti **6** griežti *(pučiamuoju instrumentu); to ~ the whistle* a) švilpti švilpuku; b) atskleisti, pranešti *(apie negerovę; on)* **7** skambėti, skardėti **8** sprogti; sprogdinti **9** *el.* perdegti *(apie saugiklius; t. p. ~ out)* **10** *šnek.* girti **11** *šnek.* prapilti, švaistyti *(pinigus; on)* **12** *šnek.* praleisti *(progą ir pan.)* **13** *sl.* (pra)keikti **14** dėti kiaušinėlius *(apie muses)* ☐ *~ about* a) sklaidyti(s), plaikstyti(s) *(vėjyje);* b) plisti *(apie gandus, žinias); ~ away (ypač amer.) šnek.* a) nupilti, nušauti; b) *(ypač sport.)* sutriuškinti; c) apstulbinti; *~ down* nuvirsti, nuversti, nugriauti *(audros metu); ~ in* a) įpūsti; paleisti *(gręžinį, aukštakrosnę);* b) *šnek.* staiga pasirodyti, įlėkti, įpulti; *~ off* a) nupūsti; b) *tech.* prapūsti; c) *šnek.* švaistyti *(pinigus);* d) *sl.* persti; *~ out* a) užpūsti, užgesinti; užgesti; b) išpūsti *(skruostus ir pan.);* c) sprogti *(apie padangą ir pan.);* d) *amer. šnek.* lengvai įveikti, sutriuškinti; *~ over* a) praeiti *(apie audrą, krizę, pyktį);* b) nupūsti, nuversti *(tvorą ir pan.);* nuversti; c) būti užmirštam; *~ up* a) pripūsti; išsipūsti; b) (iš)sprogdinti; (su)sprogti, išlėkti į orą; c) *fot.* didinti; d) *prk.* išpūsti, perdėti; e) *šnek.* supykti, užsipliėksti *(pykčiu);* barti, keikti; f) kilti, įsisiautėti *(apie audrą, krizę)* ◊ *~ high, ~ low* žūtbūt, kas bebūtų; *to ~ (wide) open šnek.* a) atskleisti *(paslaptį ir pan.);* b) paaiškėti; *he ~s hot and cold* ≡ jis vartosi kaip pirštinė *(dažnai keičia savo nuomonę); to ~ one's own trumpet/horn* girtis, reklamuotis; *~ me/it!* po šimts kelmų!, velniai rautų!; *to ~ town amer. šnek.* sprukti

blow² *n* **1** smūgis; kirtis; *at a/one ~* vienu smūgiu, iškart; *to come to ~s* susimušti, imti muštis; *to deal/deliver/strike a ~* suduoti/kirsti smūgį, smogti; *to stop a ~ with one's head juok.* kvailai pakišti galvą **2** nelaimė, *(likimo)* smūgis ◊ *to strike a ~ (for, against)* imtis žygių, kovoti *(už, su)*

blow³ *n* žiedai; žydėjimas
v (blew; blown) žydėti

blowball ['bləubɔ:l] *n (kiaulpienės)* pūkuota galvutė

blow-by-blow ['bləubaɪ'bləu] *a attr* detalus, smulkus, nuoseklus

blow-dry ['bləudraɪ] *n (plaukų)* džiovinimas fenu
v džiovinti *(plaukus)* fenu

blower ['bləuə] *n* **1** pūtėjas, pūtikas **2** trimitininkas **3** *šnek.* telefonas **4** *šnek.* garsiakalbis **5** *amer.* pagyrūnas **6** *tech. (oro)* pūstuvas, orpūtė; ventiliatorius; fenas **7** *kas.* plyšys, pro kurį eina dujos

blowfly ['bləuflaɪ] *n* mėsinė musė

blowgun ['bləugʌn] *n amer.* = **blowpipe**

blow-hard ['bləuhɑ:d] *n amer. šnek.* pagyrūnas

blowhole ['bləuhəul] *n* **1** kiaurymė, pūslė *(metale)* **2** ventiliatorius, ventiliacijos skylė **3** eketė *(vandens gyvūnams kvėpuoti)*

blowing ['bləuɪŋ] *n* **1** pūtimas; *~ engine/machine* oro pūtimo mašina **2** ventiliatorius **3** *(garo, dujų)* nuotėkis

blowlamp ['bləulæmp] *n* litavimo lempa

blown¹ [bləun] *pII žr.* **blow¹,³** *v*

blown² *a* uždusęs, vos atgaunantis kvapą

blown³ *a* žydintis, pražydęs

blow-off ['bləuɔf] *n* **1** prapūtimas; *(garo)* išleidimas **2** *šnek.* pagyrūnas

blow-out ['bləuaut] *n* **1** *(padangos ir pan.)* sprogimas **2** *(naftos, dujų)* tryškimas iš gręžinio, fontanas **3** *šnek.* didelė triukšminga puota; *(gausios)* vaišės **4** *amer.* lengva pergalė, sutriuškinimas **5** *el.* perdegimas; *there's been a ~ somewhere* kažkur perdegė kamščiai **6** *el. (kibirkšties, lanko)* gesintuvas **7** *av. (reaktyvinio variklio)* (su)gedimas

blowpipe ['bləupaɪp] *n* **1** vamzdis *(apnuodytoms strėlėms ir pan.)* šaudyti **2** pūtimo vamzdis

blowsy ['blauzɪ] *a* = **blowzy**

blowtorch ['bləutɔ:tʃ] *n amer.* = **blowlamp**

blow-up ['bləuʌp] *n* **1** sprogimas **2** *(pykčio)* protrūkis, skandalas **3** *fot.* padidinta nuotrauka
a pripučiamas *(apie žaislą ir pan.)*

blowy ['bləuɪ] *a šnek.* vėjuotas *(apie orą)*

blowzy ['blauzɪ] *a* storas, nevalyvas, apsileidęs *(ppr. apie moterį)*

blub [blʌb] *sutr. šnek.* = **blubber¹** *v*

blubber¹ ['blʌbə] *n* verksmas, rėkimas
v bliauti, rėkti, žliumbti

blubber² *n* varvelis *(banginio/ruonio taukai)*

blubber³ *a* storas, atsikišęs *(apie lūpas)*

blubbered ['blʌbəd] *a* užverktas

bluchers ['blu:tʃəz] *n pl ist. (vyriški)* aukštai varstomi batai

bludge [blʌdʒ] *v austral. sl.* **1** vengti darbo, išsisukinėti **2** gauti veltui

bludgeon ['blʌdʒən] *n* kuoka, vėzdas
v **1** mušti kuoka/vėzdu **2** priversti *(ką daryti),* terorizuoti *(into)*

blue [blu:] <*a, n, v*> *a* **1** mėlynas, žydras; *dark/navy ~* tamsiai mėlynas **2** pamėlynavęs; su mėlynėmis; *he was ~ with cold* jis pamėlynavo nuo šalčio **3** išsigandęs; nusiminęs; *to look ~* liūdnai atrodyti; *~ fear/funk šnek.* panika **4** *šnek.* nepadorus; *~ film/movie* pornografinis filmas; *to make/turn the air ~* burnoti, keikti(s) **5** *šnek.* priklausantis konservatorių partijai; *true ~* a) konservatyvus; b) ištikimas, patikimas **6** *iron.* mokytas *(apie moterį)* ◊ *to drink till all's ~* nusigerti ligi žemės graibymo
n **1** mėlyna/žydra spalva; *dressed in ~* apsirengęs mėlynais drabužiais; *Oxford/Saxon ~* tamsiai mėlyna spalva; *Cambridge ~* šviesiai mėlyna spalva **2** mėlyni/žydri dažai, mėlis, melsvė; *Paris [Berlin] ~* Paryžiaus [Berlyno] mėlis *(dažai); Indian ~* indigas **3** *poet. (the ~)* dangus, dangaus mėlynė; jūros žydrynė, žydruma, jūra **4** *(the ~s) šnek.* prasta nuotaika, melancholija **5** *(the ~s) muz.* bliuzas **6** *ret.* konservatorius; *a true ~* a) tikras toris; b) patikimas žmogus **7** *amer. ist.* Šiaurės armijos kareivis **8** *šnek.* = **bluestocking** ◊ *out of the ~* visai netikėtai; kaip perkūnas iš giedro dangaus; *to vanish/disappear into the ~* staiga/nelauktai išnykti; *Dark/Oxford [Light/Cambridge] Blues* Oksfordo [Kembridžo] studentai *(sporto varžybose); the men/gentlemen/boys in ~* a) policininkai; b) jūrininkai; c) amerikiečių federalinė kariuomenė
v **1** dažyti mėlynai/žydrai; mėlinti, melsvinti *(baltinius)* **2** *šnek.* švaistyti *(pinigus)* **3** juodinti *(plieną)*

Bluebeard ['blu:bɪəd] *n* Mėlynbarzdis *(pasakose);* žmonų žudikas

bluebell ['blu:bel] *n bot.* **1** katilėlis **2** scilė
blueberry ['blu:bərɪ] *n bot.* girtuoklė, vaivoras
blue-black ['blu:'blæk] *a* melsvai juodas
blue-blooded ['blu:'blʌdɪd] *a* mėlyno kraujo, mėlynkraujis *(apie kilmingą asmenį)*
blue-book ['blu:buk] *n* **1** mėlynoji knyga *(oficialių dokumentų rinkinys, parlamento stenogramos ir pan.)* **2** *amer.* valstybinių pareigūnų sąrašas **3** *amer.* automobilininkų vadovas **4** *amer.* sąsiuvinis egzaminų rašomiesiems darbams
bluebottle ['blu:ˌbɒtl] *n* **1** *bot.* rugiagėlė **2** *zool.* mėsinė musė
blue-chip ['blu:'tʃɪp] *a* pelningas ir saugus *(apie akcijas, bendrovę)*
bluecoat ['blu:kəʊt] *n* **1** kas apsirengęs mėlyna uniforma *(kareivis; jūrininkas; policininkas)* **2** *amer. ist.* Šiaurės armijos kareivis
blue-collar ['blu:'kɒlə] *a:* ~ **worker** darbininkas *(ne tarnautojas)*
blue-eyed ['blu:aɪd] *a* mėlynakis ◊ ~ **boy** *šnek. (viršininko ir pan.)* numylėtinis
bluefish ['blu:fɪʃ] *n zool.* melsvažuvė, melsvanugaris ešerys
bluegrass ['blu:grɑ:s] *n* **1** *bot.* miglė **2** *amer.* polifoninė kantri muzika
blueing ['blu:ɪŋ] *n* **1** *(skalbinių)* melsvinimas **2** mėlis, melsvė **3** *(plieno)* juodinimas
bluejacket ['blu:dʒækɪt] *n šnek.* karo laivyno jūreivis
bluejay ['blu:dʒeɪ] *n zool.* mėlynasis kėkštas *(Š. Amerikoje)*
blue-pencil [ˌblu:'pensl] *v* redaguoti; (su)trumpinti, (iš)braukyti
blueprint ['blu:prɪnt] <*n, a, v*> *n* **1** mėlynas šviesoraščio popierius **2** projektas, planas
 a pradinis
 v amer. planuoti, numatyti
blue-sky ['blu:skaɪ] *a:* ~ **law** *amer.* įstatymas, draudžiantis išleisti negarantuotas akcijas
bluestocking ['blu:ˌstɒkɪŋ] *n iron.* mokyta moteris, pedantė *(apie moterį be moteriško žavesio)*
bluestone ['blu:stəʊn] *n* vario sulfatas
bluet ['blu:ɪt] *n bot. amer.* rugiagėlė
bluethroat ['blu:θrəʊt] *n zool.* mėlyngurklė
bluey ['blu:ɪ] *n austral.* brūzgynų gyventojų mantos ryšulėlis; **to hump** ~ klajoti, bastytis
bluff¹ [blʌf] *a* **1** status, skardingas **2** smarkus, tiesus, šiurkštokas, bet geraširdiškas **3** *jūr.* bukas *(apie laivo priekį/ užpakalį)*
 n status krantas; stačia uola
bluff² *n* apgavystė *(gąsdinant, grasinant);* blefas ◊ **to call smb's** ~ nesiduoti kieno apgaunamam, nepasiduoti kieno provokuojamam
 v **1** apgauti, apgaudinėti *(apsimetant stipresniu/gudresniu ir pan.);* akis dumti, blefuoti **2** įtikinti, įgyti *(apgaulės būdu; into)* ▭ ~ **out:** ~ **it out** išsisukti
bluffy ['blʌfɪ] = **bluff¹** *a* 1, 2
bluing ['blu:ɪŋ] *n* = **blueing**
bluish ['blu:ɪʃ] *a* melsvas, žydras
blunder ['blʌndə] *n* apmaudi/didžiulė klaida *(dėl kvailumo, neapdairumo)*
 v **1** eiti apgraibomis, klupti, knapsėti *(t. p.* ~ **about/along)** **2** atsitiktinai aptikti, užtikti *(on, upon)* **3** skaudžiai apsirikti/suklysti **4** nesusidoroti *(su kuo);* pripainioti, įsipainioti *(into)* ▭ ~ **away** praleisti; **to** ~ **away one's chance** praleisti gerą progą; ~ **out** nusišnekėti, leptelėti
blunderbuss ['blʌndəbʌs] *n ist.* muškieta
blunderer ['blʌndərə] *n* nenuovoka, stuobrys

blundering ['blʌndərɪŋ] *a* **1** kvailas; klaidingas **2** nemiklus, negrabus
blunge [blʌndʒ] *v* minkyti/minti molį
blunt [blʌnt] *a* **1** bukas; neaštrus, atšipęs; ~ **angle** bukasis kampas **2** stačiokiškas; tiesus, šiurkštokas **3** nesupratingas, nenuovokus
 v **1** bukinti, (at)šipinti **2** *prk.* (at)bukinti, atvėsinti
blur [blɜ:] *n* **1** *(rašalo ir pan.)* dėmė; išsklidusi/išsiplėtusi dėmė **2** *(ko)* neryškūs kontūrai **3** *prk.* migla, miglotumas
 v **1** sutepti, pridaryti dėmių **2** padaryti neaiškų/miglotą; užtemdyti *(akis, sąmonę)* **3** susilieti *(apie kontūrus ir pan.);* **the writing is ~red** (visos) raidės susilieja ▭ ~ **out** užtrinti, užlyginti *(skirtumus ir pan.)*
blurb [blɜ:b] *n (knygos)* trumpa anotacija, reklama knygos superviršelyje
blurred [blɜ:d] *a* neaiškus, neryškus, miglotas
blurt [blɜ:t] *v* išplepėti *(paslaptį),* leptelėti, prasitarti, išpyškinti *(ppr.* ~ **out)**
blush [blʌʃ] *n* **1** paraudimas, nukaitimas, raudonis; **to spare smb's ~es** neversti ko raudonuoti, pagailėti kieno drovumo **2** *amer.* = **blusher** ◊ **at first** ~ *knyg.* iš pirmo žvilgsnio
 v **1** (pa)rausti, užkaisti, (pa)raudonuoti *(iš gėdos, drovumo; for, with);* **to** ~ **like a rose** parausti kaip rožei **2** gėdytis, jausti gėdą; **I** ~ **to say** man gėda sakyti
blusher ['blʌʃə] *n* raudoni dažai *(veidui)*
blushful ['blʌʃfəl] *a* **1** drovus, kuklus **2** rausvas, raudonas
bluster ['blʌstə] *n* **1** *(audros)* siautėjimas, siautimas **2** triukšmingas gąsdinimas/prieštaravimas; gyrimasis
 v **1** siautėti, siausti, ūžti **2** smarkauti, triukšmauti; gąsdinti; girtis
blusterer ['blʌstərə] *n* rėksnys; pagyrūnas
blustery ['blʌstərɪ] *a* **1** audringas; šuoruotas **2** triukšmingas; pagyrūniškas
B-movie ['bi:mu:vɪ] *n* pigus ir prastas filmas
bo [bəʊ] = **boo** *int*
boa ['bəʊə] *n* **1** *zool.* smauglys, boa *(t. p.* ~ **constrictor)** **2** boa, moteriškas ilgas šalikas *(iš plunksnų; t. p. feather ~)*
boar [bɔ:] *n* **1** kuilys, tekis; šernas *(t. p.* **wild** ~) **2** kuiliena, šerniena
board¹ [bɔ:d] *n* **1** lenta; **bed of ~s** gultai; **ironing** ~ laidymo/lyginimo lenta **2** skelbimų lenta **3** *psn.* stalas; **groaning** ~ skanėstais apkrautas stalas **4** maistas, valgymai, maitinimas; ~ **and lodging** butas ir maistas; pensionas; **half** ~ *(viešbučio)* kambarys, įskaitant pusryčius ir pietus **5** *(laivo, lėktuvo)* bortas; **on** ~ laive, lėktuve; *(traukinio, tramvajaus)* vagone; **to come/go on** ~ sėsti į laivą; **to go by the** ~ a) iškristi už borto; b) *prk.* būti išmestam už borto, žlugti, žūti **6** *jūr.* halsas; **to make ~s** laviruoti **7** lentyna **8** komutatorius; **control** ~ valdymo pultas; **instrument** ~ prietaisų skydas **9** *pl* scena, pakyla; **to be [to go] on the ~s** būti [tapti] aktoriumi **10** plokštė; *(storas)* kartonas **11** *(knygos)* įrišimas, viršelis **12** *pl amer.* stojamieji egzaminai *(į koledžą)* ◊ **to sweep the** ~ a) paimti banką *(lošiant);* b) laimėti viską, labai pasisekti; **to take smth on** ~ sutikti *(su),* priimti *(pasiūlymą ir pan.);* **across the** ~ visiems *(vienodai);* **above** ~ = **above-board**
 v **1** kloti grindis; apkalti/užkalti lentomis *(t. p.* ~ **up)** **2** maitintis, valgyti *(with);* maitinti, duoti maistą, duoti visą išlaikymą *(nuomininkui ir pan.);* **to** ~ **out** valgyti ne namie **3** gyventi bendrabutyje *(apie moksleivius, studentus)* **4** sėsti *(į laivą, lėktuvą, traukinį, autobusą)* **5** *ist.* aborduoti, atakuoti laivą abordažu **6** *jūr.* laviruoti

board² n *(džn. B.)* valdyba; taryba; komisija, kolegija; departamentas; ministerija; **~ meeting** valdybos ir pan. posėdis; ***B. of directors*** direktorių taryba/valdyba; ***B. of Education*** a) psn. švietimo ministerija; b) *amer. (vietinis)* švietimo skyrius; ***B. of Trade*** a) *(D. Britanijos)* Prekybos ministerija; b) *(JAV)* Prekybos rūmai; **~ of examiners** egzaminų komisija

boarder ['bɔ:də] n **1** pensionininkas; internato mokinys; ***these students are ~s*** šie studentai gyvena bendrabutyje **2** nuomininkas, gaunantis visą išlaikymą

boarding ['bɔ:dɪŋ] n **1** kas nors padaryta/pastatyta iš lentų; apkalimas/apmušimas lentomis; apkala; lentos **2** kambarių *(su baldais ir maistu)* nuomojimas **3** (į)sėdimas, (į)lipimas *(į laivą, lėktuvą, traukinį ir pan.)*; **~ has begun for flight number five** laipinama/sodinama į lėktuvo penktąjį reisą

boarding-card ['bɔ:dɪŋkɑ:d] n įsėdimo/įlipimo talonas

boarding-house ['bɔ:dɪŋhaus] n **1** pensionas *(su nakvyne ir maistu)* **2** internatinės mokyklos bendrabutis

boarding-school ['bɔ:dɪŋsku:l] n pensionas, internatinė mokykla

boardroom ['bɔ:drum] n valdybos/tarybos posėdžių kabinetas/patalpa

board-wages ['bɔ:dweɪdʒɪz] n pl **1** mokestis už maistą **2** alga, įskaitant buto ir maisto išlaidas

boardwalk ['bɔ:dwɔ:k] n *amer.* lentomis nukloti takai *(paplūdimyje)*

boast¹ [bəust] n gyrimasis, pasigyrimas; didžiavimasis, pasididžiavimas; ***to make ~ of smth*** girtis, didžiuotis kuo ◊ ***great ~, small roast*** ≅ daug šnekų, maža darbų

v **1** girti(s) *(of, about; that)*; ***not much to ~ of*** nedaug kuo galima pasigirti **2** didžiuotis; ***the town ~s a beautiful church*** miestas didžiuojasi gražia bažnyčia

boast² v (ap)tašyti *(akmenį)*

boaster¹ ['bəustə] n pagyrūnas

boaster² n *(akmentašio)* kaltas, kirstukas

boastful ['bəustfəl] a pagyrūniškas

boat [bəut] n **1** valtis; laivas; kateris; botas; ***to go by ~*** plaukti valtimi/garlaiviu; ***open ~*** bedenis laivas; ***to take a ~ (for, to)*** plaukti *(į)* **2** laivo formos indas ◊ ***to be in the same ~*** turėti vienodas sąlygas, būti vienodoje padėtyje; ***to sail in the same ~*** veikti bendrai/išvien/kartu; ***to sail one's own ~*** veikti savarankiškai; ***to push the ~ out*** šnek. ūžti, triukšmingai linksmintis *(nesiskaitant su pinigais)*; ***to rock the ~*** *(be reikalo)* trikdyti, drumsti ramybę; išsiskirti *(iš kitų)*

v **1** plauk(io)ti valtimi **2** vežti valtimi

boatel [bəu'tel] n **1** viešbutis, keliaujantiems valtimis **2** laivas su viešbučio patogumais

boater ['bəutə] n plokščia šiaudinė skrybėlė *(t. p. **straw ~**)*

boatful ['bəutful] n **1** laivo keleiviai ir įgula **2** pilna valtis *(kiek leidžiama)*

boat-hook ['bəuthuk] n valties kabeklis, kartis irtis *(su kabliu)*; *jūr.* laivakablis

boathouse ['bəuthaus] n pastogė/stoginė valtims; elingas

boating ['bəutɪŋ] n irklavimas; plaukiojimas valtimi; ***to go ~*** irstytis, pasiirstyti

boatload ['bəutləud] n laivo krovinys; ***~s of tourists*** laivai pilni turistų

boatman ['bəutmən] n *(pl* -men [-mən]*) (tik v.)* valtininkas; valčių nuomotojas

boat-race ['bəutreɪs] n irklavimo varžybos; valčių lenktynės

boatswain ['bəusn] n bocmanas; ***~'s chair*** virvinis lopšys *(ypač darbui prie laivo šonų)*

boat-tailed ['bəutteɪld] a aptakus, aptakios formos

boat-train ['bəuttreɪn] n traukinys, kurio tvarkaraštis suderintas su laivo tvarkaraščiu

bob¹ [bɔb] n **1** *(moterų)* trumpai pakirpti plaukai **2** švytuoklė, švytuoklės pasvaras **3** plūdė; sliekas ant kabliuko **4** *(galvos)* linktelėjimas **5** tūpsnis, pritūpimas **6** *(arklio)* pakirpta uodega **7** *(aitvaro)* uodega **8** priedainis, refrenas; ***to bear a ~*** choru dainuoti priedainį **9** išdaiga, pokštas; ***to give smb the ~*** apgauti ką **10** *spec.* svambalas **11 = bobsleigh**

v **1** trumpai kirptis *(apie moteris)* **2** suptis, sūpuotis *(ant bangų)* **3** šoktelėti; šokinėti, striuoksėti *(t. p. **~ up and down**)* **4** linktelėti *(galva)* **5** tūptelėti, pritūpti **6** gaudyti *(ungurius sliekais)* **7** gaudyti lūpomis *(obuolius vandeny, kabančias vyšnias; žaidimas; at, for)* □ **~ up** iškilti *(į paviršių; t. p. prk.)*; ***to ~ up like a cork*** atgyti, atgauti ūpą

bob² n *(pl ~)* šnek. šilingas

Bob [bɔb] n (Robert *sutr.*) Bobas *(vardas)* ◊ ***~'s your uncle*** šnek. viskas gerai

bobber ['bɔbə] n plūdė

Bobbie ['bɔbɪ] n (Robert *sutr.*) Bobis *(vardas)*

bobbin ['bɔbɪn] n **1** ritė *(t. p. tech.)* **2** šeiva, verpstė

bobbinet ['bɔbɪnet] n *tekst.* mašininiai nėriniai, (užuolaidinis) tiulis

bobbin-reel ['bɔbɪnri:l] n *tekst.* lenktuvas

bobble ['bɔbl] n **1** *(kepuraitės ir pan.)* bumbulas **2** *amer.* apmaudi klaida, neapsižiūrėjimas

v *amer.* suklysti, neapsižiūrėti

bobby ['bɔbɪ] n **1 (B.)** = **Bobbie 2** šnek. bobis *(D. Britanijos policininkų pravardžiavimas)*

bobby-pin ['bɔbɪpɪn] n *amer., austral. (plaukų)* segtukas

bobbysocks, bobbysox ['bɔbɪsɔks] n pl *amer.* šnek. trumpos kojinaitės

bobcat ['bɔbkæt] n *amer. zool.* rusvoji lūšis

bobsled ['bɔbsled] n *amer.* = **bobsleigh**

bobsleigh ['bɔbsleɪ] *sport.* n bobslėjus; sportinės kalnų rogės *(su vairu)*

v važiuoti bobslėjumi

bobstay ['bɔbsteɪ] n *jūr.* vateršagas

bobtail ['bɔbteɪl] n **1** pakirpta uodega **2** arklys/šuo su pakirpta uodega

v pakirpti; sutrumpinti

bob-tailed ['bɔbteɪld] a trumpauodegis, striukauodegis

boche [bɔʃ] n *niek.* bošas *(vokiečių pravardžiavimas)*

bock [bɔk] a **1** stiprus tamsus alus *(t. p. **~ beer**)* **2** *šnek.* alaus stiklinė

bod [bɔd] n šnek. **1**. žmogus, vyras, vaikinas; ***odd ~*** keistas žmogus **2** *amer. (žmogaus)* kūnas

bode¹ [bəud] v *knyg.* reikšti, pranašauti, būti ženklu; ***to ~ well [ill] (for)*** lemti/reikšti gera [bloga]

bode² *past žr.* **bide**

bodega [bə'di:gə] *isp.* n vyno rūsys

bodge [bɔdʒ] = **botch** n, v

bodice ['bɔdɪs] n kiklikas, liemenė; korsažas

bodiless ['bɔdɪləs] a bekūnis

bodily ['bɔdɪlɪ] a kūno, fiziškas; ***~ injury*** kūno sužalojimas

adv **1** asmeniškai, pačiam *(atvykti)* **2** ištisai; neišardžius; ***he picked the child up ~ and carried it to bed*** jis pakėlė vaiką ant rankų ir nunešė į lovą

bodkin ['bɔdkɪn] **1** yla; ilga buka adata **2** ilgas smeigtukas plaukams ◊ ***to sit [to travel] ~*** sėdėti [važiuoti] suspaustam tarp dviejų kaimynų; ***to walk ~*** eiti už parankės su dviem moterimis *(apie vyriškį)*

Bodleian [bɔd'li:ən] *a: the ~ library (Oksfordo universiteto)* Bodlio biblioteka

body ['bɔdɪ] *n* **1** kūnas *(t. p. astr., fiz.); heavenly ~* dangaus kūnas, šviesulys; *foreign ~* svetimkūnis; *~ temperature* kūno temperatūra **2** *(mirusiojo)* kūnas, lavonas, numirėlis, palaikai; *over my dead ~ ≡* tik per mano lavoną **3** *(kūno, medžio)* liemuo **4** korpusas; kėbulas; šasi; fiuzeliažas; *(staklių)* stovas; *~ accesories* kėbulo reikmenys **5** *(ko)* pagrindinė/svarbiausioji dalis; *(bažnyčios)* pagrindinė nava; *~ of a book* pagrindinė knygos dalis *(be įžangos, pastabų ir pan.); ~ of the order* įsakymo tekstas; *the main ~ kar.* pagrindinės jėgos **6** organas, organizacija, institucija; visuomenės dalis; *~ of electors* rinkėjų visuma, rinkėjai; *student ~ amer.* studentai; *the ~ politic* valstybės piliečiai; *autonomous bodies* savivaldos organai; *learned ~* mokslinė draugija **7** juridinis asmuo **8** karinė dalis; *~ of troops* karinis dalinys **9** *(ko)* didelis kiekis, masė; *water ~* vandenys, vandens masė/telkinys; *a ~ of information* daugybė informacijos **10** *šnek.* žmogus; *she is a dear/nice old ~* ji – maloni senutė **11** konsistencija, tirštumas **12** *(vyno)* stiprumas ◊ *in a ~* visi drauge, in corpore; *~ and soul* visiškai, visa esybe; *to keep ~ and soul together* palaikyti gyvybę, pragyventi *v ret.* suteikti formą; įkūnyti *(ppr. ~ forth)*

body-blow ['bɔdɪbləʊ] *n* **1** smūgis į korpusą *(bokse)* **2** *prk.* skaudus smūgis, rimta kliūtis

body-builder ['bɔdɪˌbɪldə] *n* **1** *sport.* kultūristas **2** *spec.* treniruoklis

body-check ['bɔdɪtʃek] *n sport.* blokavimas *(ledo ritulys)*

body-cloth ['bɔdɪklɔθ] *n* gūnia, mitukas

bodyguard ['bɔdɪgɑ:d] *n* asmeninė apsauga, eskortas; asmens sargybinis

body-language ['bɔdɪˌlæŋgwɪdʒ] *n* **1** *(nesąmoningas)* gestikuliavimas ir mimika **2** *kalb.* gestų kalba, kinesika

body-search ['bɔdɪsɑ:tʃ] *n* asmens krata

body-stocking ['bɔdɪˌstɔkɪŋ] *n (moterų; baleto artistų)* aptemptas drabužis, dengiantis liemenį *ir džn.* kojas bei rankas

bodywork ['bɔdɪwɜ:k] *n aut.* kėbulas

Boeotian [bɪ'əʊʃɪən] *knyg. a* nekultūringas; bukas *n* bukagalvis, nemokša

Boer [bɔ:, 'bəʊə] *n* būras *(olandų kolonistas Pietų Afrikoje) a* būrų; *the ~ War* būrų karas

boffin ['bɔfɪn] *n šnek.* mokslininkas, tyrėjas; specialistas

bog [bɔg] *n* **1** pelkė, bala **2** *šnek.* išvietė *v (džn. pass)* **1** nuklimpti *(pelkėje)* **2** *prk.* įklimpti *(į smulkmenas ir pan.; ppr. ~ down)* □ *~ off: ~ off! sl.* nešdinkis!, dink!

bog-berry ['bɔgˌberɪ] *n bot.* spanguolė, spalgena

bogey ['bəʊgɪ] *n* **1** problema, sunki padėtis **2** *šnek.* snarglys **3** = **bogeyman**

bogeyman ['bəʊgɪmæn] *n (pl* -men [-men]) vaiduoklis; baisybė, baidyklė

boggle ['bɔgl] *v* **1** bijoti, baidytis; *he ~d at the idea of protesting officially* jis pabijojo protestuoti oficialiai **2** svyruoti, abejoti *(at, about, over)* **3** daryti nemokšiškai, gadinti **4** gudrauti, išsisukinėti **5** stulbinti; *the mind/imagination ~s!* sunku įsivaizduoti!

boggy ['bɔgɪ] *n* pelkėtas, balotas

bogie ['bəʊgɪ] *n* **1** vežimėlis **2** *glžk. (garvežio, vagono)* dviašis vežimėlis

bogle ['bəʊgl] *n* = **bogeyman**

Bogota [ˌbɔgəʊ'tɑ:] *n* Bogota *(Kolumbijos sostinė)*

bog-standard [ˌbɔg'stændəd] *a šnek.* vidutiniškas, niekuo neišsiskiriantis

bog-trotter ['bɔgˌtrɔtə] *n niek.* airis *(kaimietis)*

bogus ['bəʊgəs] *a* netikras, fiktyvus, tariamas; *~ science* netikras mokslas, pseudomokslas

bogy ['bəʊgɪ] *n* = **bogeyman**

boh [bəʊ] = **boo** *int*

Bohemia [bəʊ'hi:mɪə] *n* **1** *ist.* Bohemija **2** *kuop.* bohema

Bohemian [bəʊ'hi:mɪən] *a* **1** *ist.* Bohemijos, bohemiškas **2** *(b.)* bohemos, bohemiškas
n **1** *ist.* bohemietis **2** *(b.)* bohemos gyvenimą gyvenantis asmuo

boil[1] [bɔɪl] *n* virimas, virimo taškas; *to bring to the ~* užvirinti; *to keep on/at the ~* palaikyti virimo temperatūrą; *to come to the ~* pradėti virti; užvirti *(t. p. prk.) v* **1** vir(in)ti; užvir(in)ti; *to put the potatoes on to ~* užkaisti bulves **2** susijaudinti, virti *(apie žmogų, kraują);* kunkuliuoti; *I'm ~ing with rage* aš tiesiog verdu iš įniršio □ *~ away* a) toliau virti; b) *(visai)* išvirti; išgaruoti *(t. p. prk.); ~ down* a) nuvir(in)ti, nugaruoti, sutirštėti; nugarinti, sutirštinti; b) su(si)traukti, sumažėti, sumažinti; c) slypėti *(kur); the whole matter ~s down to this* visas dalykas slypi štai kur; *~ over* a) pervirti, išbėgti; b) nesitverti pykčiu; pereiti *(into – į; apie ginčą); ~ up* užvirinti; užvirti *(t. p. prk. apie ginčą, krizę); a dispute is ~ing up over it* dėl to bręsta ginčas

boil[2] *n* šunvotė, skaudulys, furunkulas

boiled [bɔɪld] *a* virtas; *~ dinner amer.* virtas patiekalas iš mėsos ir daržovių; *~ (linseed) oil* pokostas

boiler ['bɔɪlə] *n* **1** *(garo)* katilas; boileris **2** virintuvas; virinto vandens bakas **3** virti tinkamos daržovės **4** *(muilo ir pan.)* virėjas **5** broileris *(višta sriubai)* ◊ *to burst one's ~ amer. šnek.* susilaukti bėdos, blogai baigtis; *to burst smb's ~ amer. šnek.* įstumti ką į bėdą

boiler-house ['bɔɪləhaʊs] *n* katilinė

boiler-plate ['bɔɪləpleɪt] *n* katilinė geležis

boiler-room ['bɔɪlərum] *n* katilinė, boilerinė

boiler-suit ['bɔɪləsu:t] *n* kombinezonas

boiling ['bɔɪlɪŋ] *n* vir(in)imas; *~ heat fiz.* specifinė garavimo šiluma *(esant virimo temperatūrai)* ◊ *the whole ~ sl.* visa draugija/draugė/kompanija
a verdantis, labai karštas *(t. p. ~ hot)*

boisterous ['bɔɪstərəs] *a* **1** audringas **2** smarkus, padūkęs, triukšmingas

bold [bəʊld] *a* **1** drąsus **2** įžūlus, begėdiškas; *as ~ as brass* akiplėšiškas **3** ryškus, raiškus *(apie braižą, kontūrus)* **4** juodas, pusjuodis *(apie šriftą)* **5** status ◊ *to be/make (so) ~ (as) to say* drįsti sakyti

boldfaced ['bəʊldfeɪst] *a* **1** įžūlus **2** juodas, pusjuodis *(apie šriftą)*

bole[1] [bəʊl] *n knyg. (medžio)* kamienas

bole[2] *n* geležingas kalkinis molis

bolection [bəʊ'lekʃn] *n archit.* iškili detalė

bolero *n (pl ~s[z])* **1** [bə'lɛərəʊ] bolero *(ispaniškas šokis)* **2** ['bɔlərəʊ] trumpa striukė, bolero

boletus [bə'li:təs] *n bot.* skylėtbudžių šeimos grybas; *edible ~* baravykas

bolide ['bəʊlɪd] *n astr.* bolidas

bolivar ['bɔlɪvɑ:] *n* bolivaras *(Venesuelos piniginis vienetas)*

Bolivia [bə'lɪvɪə] *n* Bolivija *(valstybė)*

Bolivian [bə'lɪvɪən] *a* boliviečių, boliviškas; Bolivijos
n bolivietis

boliviano [bəˌli:'vjɑ:nəʊ] *n (pl ~s* [-z]) **1** bolivianas *(Bolivijos piniginis vienetas)* **2** vieno boliviano vertės moneta/banknotas

boll [bəʊl] *n bot.* sėklinė

bollard ['bɔləd, -ɑ:d] *n* **1** *(betoninis)* stulpas *(užtveriantis kelią automobiliams)*; stulpelis *(kelio viduryje; džn. su žibintais)* **2** *jūr.* knechtai, pri(si)švartavimo stulpeliai, užkabos

bollock ['bɔlək] *v sl.* parodyti, kur pipirai auga; velnių duoti

bollocks ['bɔləks] *n vulg.* **1** pautai **2** nesąmonė; *~!* po velnių!

bologna [bə'ləunjə] *n* Bolonės *(rūkyta)* dešra *(t. p. ~ sausage)*

boloney [bə'ləunɪ] *n* = **bologna**

Bolshevik, Bolshevist ['bɔlʃəvɪk, 'bɔlʃəvɪst] *ist. n* bolševikas
a bolševikiškas, bolševikinis, bolševikų

bolshie, bolshy ['bɔlʃɪ] *a šnek.* smarkaujantis, maištaujantis; nepadedantis, nepaslaugus

bolster ['bəulstə] *n* **1** velenėlis pagalvei atremti **2** *tech.* padėklas; kakliukas **3** buferis
v **1** atremti *(pagalve)* į velenėlį **2** palaikyti, paremti *(t. p. ~ up)*

bolt[1] [bəult] <*n, v, adv*> *n* **1** skląstis, sklendė; užšovas, bruklys; *(šautuvo)* spyna **2** varžtas; **butterfly/wing-headed** ~ sparnuotasis varžtas **3** žaibas, perkūno trenkimas **4** bėgimas, lėkimas; **to make/do a** ~ *(for)* mestis, pulti *(prie);* pabėgti **5** *amer.* atsisakymas savo partijos/principų *ir pan.* **6** greitas valgymas, rijimas **7** *(audeklo, sienos apmušalų)* rietimas, ritinys **8** *ist.* strėlė ◊ **a ~ from ar out of the blue** ≡ (kaip) perkūnas iš giedro dangaus, visiškas netikėtumas; **to shoot one's (last)** ~ *šnek.* atiduoti visas jėgas, dėti paskutines pastangas; **behind ~ and bar** po raktu, už grotų
v **1** užstumti, užsklęsti, užšauti **2** sutvirtinti/suveržti varžtais **3** bėgti, lėkti; pabėgti **4** mestis, pasileisti lėkti *(apie arklį)* **5** (su)ryti nekramtant *(t. p. ~ down)* **6** *amer.* atsisakyti savo partijos, nepalaikyti jos kandidato
adv: ~ **upright** visiškai tiesiai, tiesiai kaip strėlė *(sėdėti, stovėti)*

bolt[2] *n psn.* sietas, kretilas
v **1** sijoti; išsijoti, atsijoti *(t. p. ~ out)* **2** *prk.* nuodugniai ištirti

bolter[1] ['bəultə] *n* **1** *amer.* persimetėlis, atsimetėlis, atskalūnas **2** nartus arklys

bolter[2] *n* sietas, kretilas

bolthole ['bəulthəul] *n* užuoglauda, slėpynė, slėptuvė

bolus ['bəuləs] *n* **1** *farm.* didelė piliulė **2** rutuliukas

bomb [bɔm] *n* **1** *kar.* bomba; **smart** ~ kompiuteriu valdoma bomba; **anti-tank** ~ prieštankinė granata; **flying/winged** ~ lėktuvas sviedinys; ~ **dropper** *av.* bombonešis **2** (**the ~**) *polit.* atominė bomba, branduolinis ginklas **3** *šnek.* dideli pinigai, turtas **4** *šnek.* didžiulis pasisekimas; **to go like a** ~ a) turėti didžiulį pasisekimą; b) dumti, labai greitai lėkti *(apie automobilį)* **5** *amer. šnek.* nesėkmė, fiasko ◊ **to throw a** ~ *(into)* sukelti sensaciją/sąmyšį
v **1** bombarduoti, mesti bombas **2** *šnek.* dumti, lėkti *(ppr.* ~ **along/off**) **3** *amer. šnek.* patirti nesėkmę, nepavykti □ ~ **out** subombarduoti *(namus);* likti be pastogės; ~ **up** pa(si)krauti bombų

bombard *n* ['bɔmbɑ:d] *ist.* bombarda
v [bɔm'bɑ:d] **1** bombarduoti **2** *prk.* bombarduoti, už(si)pulti, apipilti *(klausimais)* **3** *fiz.* apšaudyti

bombardier [,bɔmbə'dɪə] *n* **1** bombardyras, artilerijos puskarininkis **2** bombarduotojas, bomboneš io lakūnas

bombardment [bɔm'bɑ:dmənt] *n* **1** bombardavimas; **preliminary** ~ artilerinis parengimas **2** už(si)puolimas *(klausimais, skundais)* **3** *fiz.* apšaudymas

bombasine ['bɔmbəsi:n] *n tekst.* bombazinas *(šilkinis audinys, ppr. juodos spalvos)*

bombast ['bɔmbæst] *n* kalbos išpūstumas, pompastiškumas; išpūsta/pompastiška kalba

bombastic [bɔm'bæstɪk] *a* išpūstas, pompastiškas

bombazine ['bɔmbəzi:n] *n* = **bombasine**

bombed [bɔmd] *a sl.* **1** girtas kaip dūmas **2** apdujęs *(nuo narkotikų)*

bomber ['bɔmə] *n* **1** *av.* bombonešis; **stealth** ~ *amer.* radarų nesusekamas bombonešis **2** asmuo, padėjęs bombą; sprogdintojas *(teroristas)*

bombing ['bɔmɪŋ] *n kar.* bombardavimas; bombų mėtymas

bombproof ['bɔmpru:f] *kar. a* bombų nepramušamas/nesugriaunamas
n slėptuvė, priedanga *(nuo bombų)*

bombshell ['bɔmʃel] *n* **1** bomba **2** stulbinanti/sensacinga naujiena ◊ **blonde** ~ *juok.* žavinga blondinė

bombshelter ['bɔm,ʃeltə] *n* slėptuvė

bombsight ['bɔmsaɪt] *n kar.* aviacinis taikiklis

bombsite ['bɔmsaɪt] *n* subombarduota vieta, plotas, kuriame bomba sunaikino visus pastatus

bona fide [,bəunə'faɪdɪ] *lot.* sąžiningas, -ai; tikras, -ai

bona fides [,bəunə'faɪdɪ:z] *lot.* sąžiningumas; sąžiningas ketinimas

bonanza [bə'nænzə] *n* **1** (su)klestėjimas; *(netikėtas)* pasisekimas **2** pelningas dalykas, „aukso kasykla"

bonbon ['bɔnbɔn] *pr. n* saldainis

bonce [bɔns] *n sl.* makaulė

bond [bɔnd] *n* **1** ryšys *(t. p. prk.);* ~**s of friendship** draugystės ryšiai/saitai **2** *pl* pančiai, grandinės *(t. p. prk.);* įkalinimas; **in** ~**s** įkalintas **3** įsipareigojimas; pasižadėjimas; **his word is as good as his** ~ jis visada laikosi duoto žodžio **4** garantija, užstatas; **to stand ~ from smb** laiduoti už ką **5** *fin.* bonas; obligacija; **government** ~**s** valstybinės obligacijos; **premium** ~ premijinė obligacija, obligacija su priemoka **6** *(muitinės)* įkaitinis raštas; **in** ~ laikomas muitinėje iki muito sumokėjimo **7** *spec.* sukibimas; perriša *(mūrijant plytomis);* **common** ~ daugiaeilė perriša
v **1** rišti, sieti **2** sukibti *(apie klijuojamus paviršius)* **3** įkeisti/užstatyti turtą **4** įsipareigoti, pasirašyti įsipareigojimą **5** *fin.* leisti bonus/obligacijas **6** palikti prekes muitinėje iki muito sumokėjimo

bondage ['bɔndɪdʒ] *n* **1** vergovė, vergija; baudžiava **2** priklausomybė

bonded ['bɔndɪd] *a* **1** *fin.* laiduojamas bonais/obligacijomis **2** laikomas muitinės sandėliuose; ~ **warehouse** muitinės sandėlis prekėms, už kurias neužmokėti muitai **3** suklijuotas, dvilypis *(apie medieną, audinį)*

bonder ['bɔndə] *n* = **bondstone**

bondholder ['bɔnd,həuldə] *n* obligacijų turėtojas/savininkas

bondmaid ['bɔndmeɪd] *n ist.* vergė; baudžiauninkė

bondman ['bɔndmən] *n (pl* -men [-mən]) *(tik v.) ist.* baudžiauninkas; vergas

bondsman ['bɔndzmən] *n (pl* -men [-mən]) **1** = **bondman 2** laiduotojas

bondstone ['bɔndstəun] *n stat.* trumpainis

bondswoman ['bɔndz,wumən] *n (pl* -women [-,wɪmɪn]) **1** = **bondmaid 2** laiduotoja

bone [bəun] <*n, a, v*> *n* **1** kaulas; **drenched to the** ~ kiaurai permerktas; **frozen to the** ~ sušalęs į kaulą/ragą **2** *kuop.* kaulo dirbiniai **3** *pl* skeletas; kaulai, kūnas; **to lay one's ~s** pakloti kaulus, būti palaidotam *(kur)* **4** *pl (lošimo)* kauleliai; domino; kastanjetės; tarškutis **5** *(ban-*

ginio) ūsas **6** = **bone-spavin** ◊ *the bare ~s* tai, kas svarbiausia; *(dalyko)* esmė; *close to the* ~ arti tiesos; įžeidžiamas; *the ~ of contention* ≡ nesantaikos obuolys; *to cast (in) a ~ (between)* pasėti nesantaiką *(tarp); to cut costs etc to the ~* sumažinti išlaidas *ir pan.* iki minimumo; *to feel/know in one's ~s* būti visiškai tikram; *to make no ~s (about, of)* nesvyruoti; nesigėdyti; *to have a ~ to pick with smb* turėti kam pretenzijų; *to have a ~ in one's/the arm/leg juok.* būti pavargusiam, negalėti nė pajudėti; *to have a ~ in one's/the throat juok.* nepajėgti ištarti nė žodžio; *to keep the ~s green* išlaikyti gerą sveikatą; *he will not make old ~s* jis nesulauks senatvės, jis ilgai negyvens; *bred in the ~* giliai įsišaknijęs; *what is bred in the ~ will not go out of the flesh* ≡ kuprotą tik karstas išlygins; *the nearer the ~ the sweeter the flesh/meat* kas pabaigoj – geriausia
a kaulinis
v **1** nuimti mėsą nuo kaulų; išimti kaulus *(iš mėsos, žuvies)* **2** tręšti kaulų miltais **3** *sl. psn.* vogti ☐ *~ up šnek.* kalti, mokytis *(on)*
bone-black ['bəʊnblæk] *n* kaulų anglys
bone-coal ['bəʊnkəʊl] *n* molingos anglys
boned [bəʊnd] *a* be kaulų, išimtais kaulais *(apie mėsą)*
bone-dry ['bəʊn'draɪ] *a* visiškai sausas
bone-dust ['bəʊndʌst] *n* = **bonemeal**
bonehead ['bəʊnhed] *n šnek.* bukagalvis
bone-idle ['bəʊnaɪdl] *a šnek.* baisiai tingus
boneless ['bəʊnləs] *a* bekaulis, be kaulų
bonemeal ['bəʊnmiːl] *n* kaulamilčiai *(trąša)*
boner ['bəʊnə] *n amer. šnek.* didelė klaida, liapsusas
boneshaker ['bəʊnˌʃeɪkə] *n juok.* klebetas, senas dviratis/vežimas, išklebęs automobilis
bone-spavin ['bəʊnˌspævɪn] *n vet.* kaulų špatas *(arklių liga)*
bonfire ['bɒnfaɪə] *n* laužas; *to make a ~ (of)* (su)deginti *(ant laužo),* (su)naikinti; *B. Night* lapkričio penktoji *(kai Gajaus Fokso atvaizdas deginamas ant laužo)*
bong [bɒŋ] *n (varpo)* gausmas, gaudesys
bongo(e)s ['bɒŋgəʊz] *n pl* du pirštais mušami būgneliai
bonhomie ['bɒnəmɪ] *n* bičiuliškumas; linksmumas
bonito [bə'niːtəʊ] *n zool. (dryžnugaris)* tuniukas, pelamidė *(žuvis)*
bonk [bɒŋk] *v šnek.* **1** su(si)trenkti, suduoti *(galva)* **2** *juok.* mylėtis; išdulkinti *(išprievartauti)*
bonkers ['bɒŋkəz] *a šnek.* pakvaišęs, kuoktelėjęs ◊ *to drive smb ~* ≡ varyti ką iš proto
bon mot [ˌbɒn'məu] *pr. (pl* bons mots) sąmojis, sąmojingas posakis
bonnet ['bɒnɪt] *n* **1** moteriška skrybėlaitė; vaikiška kepurytė *(surišama po kaklu);* kykas; vyriška škotiška kepuraitė **2** *aut.* gaubtuvas; *(variklio)* dangtis, gaubtas **3** *(sukčiaus ir pan.)* bendrininkas ◊ *to fill smb's ~* užimti kieno vietą, būti lygiam su kuo, prilygti kam
v **1** užsidėti/užsimaukšlinti skrybėlę **2** gesinti *(ugnį)*
bonny ['bɒnɪ] *a šiaur.* **1** gražus *(džn. apie mergaitę)* **2** sveikai/puikiai atrodantis; geras, sumanus
bonny-clabber ['bɒnɪˌklæbə] *n air.* rūgštus pienas
bonsai ['bɒnsaɪ] *jap. n (pl ~)* bonsas *(vazoninis nykštukinis medelis)*
bons mots [ˌbɒn'məuz] *pl žr.* **bon mot**
bonus ['bəʊnəs] *n spec.* bonusas, premija; tantjema, papildomasis dividendas; *~ interest* premijinės palūkanos; *~ job* akordinis darbas; *cost-of-living ~* pragyvenimo priemoka *(dėl kainų kilimo)*
bon vivant/viveur [ˌbon viː'vɒnt/viː'vəː] *pr. knyg.* bonvivanas

bon voyage [ˌbɒnvɔɪ'jɑːʒ] *pr.* laimingos kelionės!
bony ['bəʊnɪ] *a* **1** kaulėtas, kauluotas **2** kaulingas; ašakotas *(apie žuvį)*
bonzer ['bɒnzə] *a austral.* puikus, prašmatnus
boo [buː] <*int, n, v*> *int* bet!, et! *(reiškiant nepasitenkinimą, protestą)* ◊ *wouldn't/couldn't say ~ to a goose šnek.* labai bailus/nedrąsus
n (artisto ir pan.) nušvilpimas
v **1** nušvilpti *(kalbėtoją, artistą)* **2** nuvyti
boob [buːb] *šnek. n* **1** kvaila klaida, liapsusas **2** *amer.* mulkis
v **1** padaryti kvailą klaidą, apsirikti **2** susikirsti, susimauti *(per egzaminą)*
booboo ['buːbuː] = **boob** *n* 1
boobs [buːbz] *n pl vulg.* papai
booby ['buːbɪ] *n* **1** bukagalvis, mulkis **2** sportininkas, blogiausiai pasirodęs varžybose, pirmas nuo galo; *~ prize* paguodos prizas *(užėmusiam paskutinę vietą)*
booby-hatch ['buːbɪhætʃ] *n* **1** *jūr.* įėjimo liuko tambūras **2** *amer. sl.* beprotnamis
booby-trap ['buːbɪtræp] *n* **1** paslėpta/užmaskuota bomba/mina **2** *prk.* spąstai, pokštas *(kam nustebinti)*
v **1** padėti bombą/miną **2** *prk.* paspęsti spąstus
boodle ['buːdl] *n sl.* **1** šutvė; gauja **2** krūva *(pinigų);* grobis **3** kyšis
booger ['buːgə] *n amer. sl.* **1** tipas, tipelis **2** snarglys
boogie ['buːgɪ] *v šnek.* šokti bugivugį
boogie-woggie, boogy-woogy [ˌbuːgɪ'wuːgɪ] *n* bugivugis *(šokis; džiazo rūšis)*
boohoo [ˌbuː'huː] *v* žliumbti, kūkčioti
int u hu hu! *(reiškiant verksmą)*
book [buk] *n* **1** knyga; knygelė; tomas; *account ~s* buhalterijos/apskaitos knygos; *cheque ~* čekių knygelė; *~ of stamps* pašto ženklų knygelė **2** sąsiuvinis; *exercise ~* pratimų sąsiuvinis **3** *(muzikinio kūrinio)* tekstas, libretas **4** lažybų registracija *(lenktynėse)* **5** *šnek.* telefonų knyga *(t. p. phone ~)* ◊ *a closed ~* a) kažkas nesuprantama, ≡ neįkandamas riešutas; b) neišspręstas klausimas/reikalas; *he is an open ~* jį lengva suprasti; *to read smb like a ~* matyti/pažinti ką kiaurai; *to speak by the ~* kalbėti remiantis tiksliais duomenimis; *to speak like a ~* kalbėti štampais, standartinėmis frazėmis; *to know a thing like a ~* pažinti ką kaip penkis pirštus; *by the ~* pagal nurodymus/taisykles; *in my ~* mano nuomone; *without ~* a) iš atminties; b) neturint teisės/įgaliojimų; *to be on the ~s* būti *(nariu)* sąraše; *to be in smb's good [bad/black] ~s* būti kieno malonėje [nemalonėje]; *to bring to ~* pareikalauti pasiaiškinti, patraukti atsakomybėn; *to suit smb's ~* atitikti kieno planus/norus; *to throw the ~ (at) šnek.* apkaltinti iš karto keliais nusižengimais/nusikaltimais; *to cook the ~s šnek.* (su)klastoti dokumentus *(ypač norint neteisėtai gauti pinigų); one for the ~s šnek.* kažkas neprasta/nuostabu; *he wrote the ~ on it šnek.* ≡ jis ant to dantis praėdęs
v **1** įtraukti į knygą; (už)registruoti **2** užsakyti *(vietą viešbutyje, stalą restorane);* užsakyti, pirkti *(bilietą); all the seats are ~ed* visi bilietai užsakyti/parduoti **3** priimti užsakymus *(bilietams ir pan.); we are heavily ~ed for the next six months* mes užversti užsakymais pusmečiui į priekį **4** būti užimtam *(t. p. ~ up); the hotel is ~ed up until May* viešbutyje nėra laisvų vietų iki gegužės mėnesio; *are you ~ed (up) on Tuesday?* ar jūs užimtas antradienį? **5** kviesti *(į darbą; aktorių ir pan.)* **6** (ap)kaltinti, (nu)bausti; *I'm ~ed* aš įkliuvau **7** *sport.* įspėti, pa-

bookable

rodyti geltoną kortelę ☐ ~ *in* a) užsakyti vietą *(viešbutyje);* b) užsiregistruoti *(atvykus);* ~ *through* pirkti bilietą visam keliui *(keliaujant su persėdimais)*
bookable ['bukəbl] *a* **1** iš anksto parduodamas *(apie bilietą);* rezervuojamas *(apie vietą)* **2**: ~ *offence* įspėjimas, teisėjo įrašomas į knygą, futbolininkui prasižengus
bookbinder ['buk͵baɪndə] *n* knygrišys
bookbindery ['buk͵baɪndərɪ] *n* **1** knygrišystė **2** knygrišykla
bookbinding ['buk͵baɪndɪŋ] *n* knygų įrišimas
book-burning ['buk͵bə:nɪŋ] *n ist.* autodafė
bookcase ['bukkeɪs] *n* knygų spinta
book-club ['bukklʌb] *n* knygos mėgėjų klubas
booked [bukt] *a* **1** užsakytas **2** užimtas
bookends ['bukendz] *n pl* knygų atramėlės *(kad knygos neparvirstų)*
bookie ['bukɪ] *n šnek.* bukmekeris
booking ['bukɪŋ] *n* **1** užsakymas; užsakymo registravimas **2** *sport.* įspėjimo įrašymas *(futbolininkui);* **to get a ~** gauti geltoną kortelę
booking-clerk ['bukɪŋ͵klɑ:k] *n glžk., teatr.* kasininkas
booking-office ['bukɪŋ͵ɔfɪs] *n* **1** *glžk., teatr.* bilietų kasa **2** *(viešbučio)* kontora
bookish ['bukɪʃ] *a* knyginis, knygiškas; mokslingas; ~ *person* knygius
bookkeeper ['buk͵ki:pə] *n* buhalteris; sąskaitininkas
bookkeeping ['buk͵ki:pɪŋ] *n* buhalterija; sąskaityba
book-learning ['buk͵lə:nɪŋ] *n* knyginės žinios, teorija *(atitrūkusi nuo gyvenimo)*
bookless ['bukləs] *a* **1** neišsilavinęs **2** be knygų
booklet ['buklɪt] *n* lankstukas, brošiūra; knygelė
bookmaker ['buk͵meɪkə] *n* **1** kompiliuotojas **2** lažybininkas, bukmekeris *(ypač arklių lenktynėse)*
bookman ['bukmən] *n (pl* -men [-mən]) *(tik v.)* **1** mokslininkas **2** knygininkas; knygų pardavėjas
bookmark ['bukmɑ:k] *n (knygos)* žymeklis, žymelė *(skaitomai vietai užsidėti)*
bookmobile ['bukməbi:l] *n amer.* kilnojamoji biblioteka *(automobilyje),* bibliobusas
bookplate ['bukpleɪt] *n* ekslibrisas
bookrack ['bukræk] *n* **1** pultas *(atverstai knygai)* **2** knygų lentyna
bookrest ['bukrest] *n* pultas *(atverstai knygai)*
bookseller ['buk͵selə] *n* knygų pardavėjas; **second-hand ~** bukinistas
bookselling ['buk͵selɪŋ] *n* knygų prekyba
bookshelf ['bukʃelf] *n* knygų lentyna
bookshop ['bukʃɔp] *n* knygynas
bookstall ['bukstɔ:l] *n (knygų, laikraščių ir pan.)* kioskas
bookstand ['bukstænd] *n* **1** knygų lentyna/stelažas/stendas **2** pultas *(didelei knygai, žodynui ir pan.)*
bookstore ['bukstɔ:] *n amer.* knygynas
bookwork ['bukwə:k] *n* darbas su knyga
bookworm ['bukwə:m] *n* **1** *zool.* knygų utėlė **2** knygų graužikas, knygėdis *(apie žmogų)*
boom¹ [bu:m] *n* **1** *(pabūklų, didelio būgno ir pan.)* dundesys, dundėjimas, griaudimas **2** ūžimas, gaudimas, zvimbimas **3** *(ekonominis)* pakilimas, bumas **4** išpopuliarėjimas; sensacinga/triukšminga reklama; *aerobics* ~ aerobikos bumas
v **1** griausti, griaudėti, dundėti **2** ūžti, zvimbti *(apie vabalus, bites ir pan.)* **3** sparčiai augti; *business [trade] is ~ing* biznis [prekyba] klesti **4** *amer.* duoti impulsą; sukelti triukšmą/sensaciją; (iš)reklamuoti ☐ ~ *out* sugriaudėti *(apie balsą ir pan.)*

bootee

boom² *n* **1** *jūr.* gikas **2** *jūr.* fonas, plūduriuojanti užtvara **3** *tech. (krano)* strėlė, iškyša **4** *kin., tel.* mikrofoninė gervė ◊ *to lower the* ~ *on smb šnek.* užsipulti ką
boomer ['bu:mə] *n austral.* kengūros patinas
boomerang ['bu:məræŋ] *n* **1** bumerangas **2** argumentas/motyvas, atsigręžiantis prieš jo autorių
v veikti kaip bumerangui; grįžti bumerangu
boomtown ['bu:mtaun] *n* sparčiai augantis miestas
boon¹ [bu:n] *n* **1** palaima, gėrybė, patogumas, nauda **2** *psn.* prašymas; malonė; **to ask a ~** *(of)* prašyti malonės
a **1** *knyg.* malonus; ~ *companion* malonus, linksmas bičiulis **2** *psn., poet.* palankus, švelnus, dosnus *(apie gamtą ir pan.)*
boon² *n* **1** *(medžio)* šerdis **2** *ž. ū.* spaliai
boondocks ['bu:ndɔks] *n pl amer. šnek.* užkampis, atkampi/nuošali vieta
boondoggle ['bu:n͵dɔgl] *amer. šnek. n* sudėtingas ir brangus sumanymas/dalykas
v švaistyti, be reikalo eikvoti
boonies ['bu:nɪz] *n pl* = **boondocks**
boor [buə] *n* grubus, neišauklėtas žmogus; stuobrys
boorish ['buərɪʃ] *a* neišauklėtas, šiurkštus
boost [bu:st] *n* **1** *(kainų, populiarumo, pasitikėjimo ir pan.)* augimas, didėjimas, **to give smb a ~** *(up, to)* pakelti aukštyn **2** paskatinimas; **to give smth/smb a ~** paskatinti ką; būti kam paskatinimu **3** reklamavimas, reklama **4** *el.* papildomoji įtampa
v **1** iškelti, pakelti *(aukštyn; t. p. prk.);* **to ~** *prices [smb's spirits]* (pa)kelti kainas [kieno nuotaiką] **2** paskatinti, padrąsinti; **to ~ smb's confidence** įkvėpti kam pasitikėjimo **3** reklamuoti, palaikyti; *advertising has ~ed their sales* parduoti prekes jiems padėjo reklama **4** *tech.* (pa)didinti *(spaudimą, slėgį);* forsuoti *(variklį);* el. (pa)didinti įtampą
booster ['bu:stə] *n* **1** kas nors skatinantis **2** vaistas, stimuliuojantis anksčiau pavartoto vaisto veikimą **3** *amer. šnek.* karštas šalininkas/rėmėjas; reklamuotojas **4** *tech.* stiprintuvas; pūstuvas **5** *tech.* startinis variklis; ~ *rocket* nešančioji raketa **6** *fiz.* busteris **7** *spec.* krovikis **8** *attr* ~ *cushion/amer. chair (vaiko)* paaukštinta sėdynė/kėdutė
boot¹ [bu:t] *n* **1** batas; *high/riding* ~ aulinis batas **2** *pl sport.* bucai **3** *šnek.* spyris; pyla; **to give smth a ~** spirti *(į duris ir pan.)* **4** *(automobilio)* bagažinė; *dust* ~ apsauginis gaubtas ◊ **to die in one's ~s, to die with one's ~s on** a) staiga mirti; būti nužudytam; b) mirti einant pareigas; **to get the ~** *šnek.* būti atleistam *(iš darbo);* **to give smb the ~** *šnek.* atleisti ką *(iš darbo);* **to hang up one's ~s** baigti karjerą *(sportinę ir pan.);* **to move/start one's ~s** *šnek.* išeiti, išvykti; **to put the ~ in** *šnek.* a) spardyti, mušti *(ppr. gulintį ant žemės);* b) užsipulti *(nepagrįstai);* **too big for one's ~s** *šnek.* per daug pasitikintis savimi; *like old ~s sl.* energingai, iš visų jėgų; ~ *and saddle!* ant arklių! *(kavalerijos komanda);* **the ~ is on the other foot/leg** ≡ *(viskas)* apsivertė aukštyn kojomis
v **1** apsiauti batus **2** *šnek.* spirti batu **3** *šnek.* atleisti iš darbo **4** paruošti kompiuterį *(naudoti; t. p.* ~ *up)* ☐ ~ *out/round šnek.* išvyti, išvaryti
boot² *n komp.* pradinė paleistis, įkrova, įkrovimas ◊ *to* ~ dar, be to
v psn. padėti; *what ~s it?* kokia nauda iš to?
boot³ *n amer. kar. šnek.* naujokas; ~ *camp* naujokų mokymo stovykla
bootblack ['bu:tblæk] *n amer.* batų valytojas
bootee ['bu:ti:, bu:'ti:] *n* **1** minkštas batelis **2** megztas vaikiškas batukas

booth [buːð] *n* **1** būdelė, kabina; *telephone* ~ telefono būdelė; *voting* ~ balsavimo kabina **2** kioskas; palapinė
bootjack [ˈbuːtdʒæk] *n* suolelis *(auliniams)* batams nusimauti, battraukis
bootlace [ˈbuːtleɪs] *n* batų raištelis, batraištis
bootleg [ˈbuːtleg] <*n, a, v*> *n* **1** *(bato)* aulas **2** slaptai pardavinėjami alkoholiniai gėrimai **3** neteisėtas muzikos įrašas
 a attr kontrabandinis, neteisėtas
 v slaptai pardavinėti *(alkoholinius gėrimus, muzikos įrašus)*
bootlegger [ˈbuːtˌlegə] *n (alkoholinių gėrimų)* kontrabandininkas; prekiautojas neteisėtais muzikos įrašais
bootless [ˈbuːtləs] *a psn.* nenaudingas, bergždžias, tuščias
bootlicker [ˈbuːtˌlɪkə] *n šnek.* batlaižys, palaižūnas
bootmaker [ˈbuːtˌmeɪkə] *n* batsiuvys
bootpolish [buːtpɔlɪʃ] *n* batų tepalas
boots [buːts] *n (tik v.) (viešbučio)* tarnas
bootstrap [ˈbuːtstræp] *n komp.* įkėla; plėtra
bootstraps [ˈbuːtstræps] *n: by one's own* ~ savarankiškai, be kitų pagalbos
boot-top [ˈbuːttɔp] *n* bato aulas/auliukas
boot-tree [ˈbuːttriː] *n* kurpalis
booty [ˈbuːtɪ] *n* grobis; prisiplėštas turtas ◊ *to play* ~ tyčia pralošti, norint suvilioti nepatyrusį žaidėją
booze [buːz] *šnek. n* **1** gėralas, gėrimas **2** išgėrimas, girtuokliavimas; *to be on the* ~ girtuokliauti; *he's off the* ~ jis nustojo girtuokliavęs
 v girt(uokli)auti
boozer [ˈbuːzə] *n šnek.* **1** girtuoklis; *he's a bit of a* ~ jis mėgsta išgerti **2** alinė, baras
booze-up [ˈbuːzʌp] *n šnek.* išgertuvės
boozy [ˈbuːzɪ] *a šnek.* girtas; mėgstantis išgerti
bop [bɔp] *šnek. n* **1** smūgis *(į veidą ir pan.)* **2** šokis **3** = **bebop**
 v **1** suduoti, kumštelėti **2** šokti, trepsenti
bo-peep [bəuˈpiːp] *n* žaidimas su vaiku *(pasislepiant ir staiga pasirodant)*
boracic [bəˈræsɪk] *a chem.* boro; ~ *acid* boro rūgštis
borage [ˈbɔrɪdʒ] *n bot.* agurklė
borax [ˈbɔːræks] *n chem.* boraksas; ~ *soap* boro muilas
Bordeaux [bɔːˈdəu] *pr. n* **1** Bordo *(miestas)* **2** Bordo vynas
bordello [bɔːˈdeləu] *n* = **brothel**
border [ˈbɔːdə] *n* **1** siena; riba *(t. p. prk.); to cross the Lithuanian* ~ kirsti/pereiti Lietuvos sieną; *to cross the* ~ *into bad taste prk.* peržengti gero skonio ribas; ~ *zone* pasienio zona; *the B.* a) siena tarp Anglijos ir Škotijos; b) siena tarp Šiaurės ir Pietų Airijos **2** *(miško, ežero ir pan.)* pakraštys, kraštas **3** kraštelis, briaunelė; apsiuvas **4** *spec.* frizas; bordiūras
 v **1** ribotis, turėti bendrą sieną *(on)* **2** būti/prieiti prie *(ko)* krašto **3** būti artimam/panašiam *(on, upon); this* ~*s on insanity* tai arti pamišimo **4** apkraštuoti, apsiūti
borderer [ˈbɔːdərə] *n* pasienio gyventojas *(ypač Anglijos ir Škotijos pasienyje)*
borderland [ˈbɔːdəlænd] *n* **1** pasienio sritis/ruožas **2** gretutinė/gretima sritis *(moksle)* **3** kas nors neapibrėžtas/tarpinis
borderless [ˈbɔːdələs] *a* beribis, begalinis
borderline [ˈbɔːdəlaɪn] *n (valstybės)* siena; demarkacijos linija
 a **1** pasienio, pasieninis **2** tarpinis, abejojamas; ~ *candidates* kandidatai, dėl kurių abejojama/neapspręsta
bordure [ˈbɔːdjuə] *n her.* skydo krašto apvadas

bore[1] [bɔː] *n* **1** nuobodus žmogus, nuoboda **2** nuobodus darbas/užsiėmimas; nuobodybė; *it's an awfull* ~ *having to wait* baisi nuobodybė, kai reikia laukti **3** išgrąža, išgręžta skylė; gręžinys **4** *kar., tech. (vamzdžio)* kanalas, kalibras; *(cilindro)* skersmuo
 v **1** įkyrėti, įgristi; *pass* nuobodžiauti; *to* ~ *smb to death/tears* įkyrėti kam iki gyvo kaulo; *I'm* ~*d doing nothing* man nuobodu nieko neveikiant **2** *(su vargu)* skintis kelią **3** (iš)gręžti, ištekinti **4** (kiaurai) verti, skrosti *(akimis; through, into)*
bore[2] *n* stipri priešpriešinė potvynio banga *(upių žiotyse)*
bore[3] *past žr.* **bear**[2]
boreal [ˈbɔːrɪəl] *a astr.* šiaurinis, šiaurės, borealinis
Boreas [ˈbɔrɪæs] *n poet.* šiaurės vėjas, borėjas
borecole [ˈbɔːkəul] *n bot.* lapinis kopūstas
boredom [ˈbɔːdəm] *n* nuobodulys; *(darbo ir pan.)* monotoniškumas
borehole [ˈbɔːhəul] = **bore**[1] *n* **3**
borer [ˈbɔːrə] *n* **1** gręžtuvas, grąžtas **2** gręžėjas **3** *zool.* medgręžis
boric [ˈbɔːrɪk] *a chem.* boro
boring [ˈbɔːrɪŋ] *n* **1** gręžimas; ~ *mill* gręžimo staklės **2** išgręžta kiaurymė; gręžinys **3** įkyrėjimas **4** *pl (gręžimo)* drožlės
 a nuobodus, įkyrus; *deadly* ~ baisiai nuobodus
born [bɔːn] *a* **1** gimęs; ~ *in 1960* gimęs 1960 metais; *to be* ~ gimti; ~ *and bred* gimęs ir užaugęs *(tam tikroje vietoje);* tikras *(apie tam tikros vietos gyventoją)* **2** apsigimęs; įgimtas, iš prigimties; ~ *poet* apsigimęs poetas ◊ *in all one's* ~ *days šnek.* per visą savo gyvenimą; *not* ~ *yesterday* ≅ nebe mažas, ne toks naivus; *there's one* ~ *every minute! šnek.* koks mulkis/kvailys!
born-again [ˈbɔːnəgeɪn] *a* **1** perėjęs į kitą tikėjimą **2** pakeitęs gyvenimo būdą *(metęs rūkyti, tapęs vegetaru ir pan.)*
borne [bɔːn] *pII žr.* **bear**[2]
borné [ˈbɔːneɪ] *pr. a* ribotas, siauras, siauro akiračio
Borneo [ˈbɔːnɪəu] *n* Borneo *(sala; kitaip Kalimantanas)*
boron [ˈbɔːrɔn] *n chem.* boras
borough [ˈbʌrə] *n* **1** miestelis, didelio miesto rajonas *(turintis savivaldos privilegijų); municipal* ~ savavaldis/municipalinis miestas; *Parliamentary* ~ miestas, atstovaujamas parlamente; *rotten* ~ *ist.* „supuvęs miestelis" *(kurio jau nebėra, bet jo vardu tebesiunčiami deputatai į parlamentą); close/pocket* ~ *ist.* miestas, kuriame rinkimus kontroliuoja faktiškai vienas asmuo; ~ *council* miesto/municipalinė taryba **2** *amer.* vienas iš penkių Niujorko rajonų
borough-English [ˌbʌrəˈɪŋglɪʃ] *n teis. ist.* nekilnojamojo turto atitekimas jauniausniajam sūnui *(kai kuriuose miestuose ir miesteliuose)*
borrow [ˈbɔrəu] *v* **1** skolintis, pasiskolinti, imti į skolą *(from, off – iš)* **2** (pa)imti *(knygas iš bibliotekos)*
 n komp. skolinys
borrowed [ˈbɔrəud] *a* **1** pasiskolintas **2** svetimas, pasisavintas ◊ *to live on* ~ *time* gyventi ilgiau negu tikėtasi
borrowing [ˈbɔrəuɪŋ] *n* **1** skolinimasis **2** *kalb.* skolinys
borsch [bɔːʃ] *n* = **bortsch**
borstal [ˈbɔːstl] *n (džn. B.) ist.* nepilnamečių nusikaltėlių kolonija
bortsch [bɔːtʃ] *rus. n* barščiai
borzoi [ˈbɔːzɔɪ] *rus. n* kurtas *(medžioklinis šuo)*
boscage [ˈbɔskɪdʒ] *n poet.* giraitė, šilas
bosh[1] [bɔʃ] *sl. n* nesąmonė, kvailystė
 int niekai!

bosh² *n tech.* **1** vonia įrankiui atšaldyti **2** *pl (aukštakrosnės)* lydykla
bosk [bɔsk] *n poet., psn.* giraitė
boskage ['bɔskɪdʒ] *n* = **boscage**
bosket ['bɔskɪt] *n* giraitė; bosketas
bosky ['bɔskɪ] *a knyg.* apaugęs mišku/krūmais
bo's'n [bəusn] *n* = **bosun**
Bosnia-Herzegovina [ˌbɔznɪəˌhəːtsəgəu'viːnə] *n* Bosnija ir Hercegovina *(valstybė)*
bosom ['buzəm] *n* **1** krūtinė *(t. p. prk.)*; užantis, antis; **to put in one's ~** kišti už ančio, į užantį **2** *pl* krūtys **3** drabužio dalis, dengianti krūtinę **4** prieglobstis; **in the ~ of one's family** (savo) šeimoje, šeimos židinyje **5** *knyg.* širdis, siela ◊ **to take one's ~** a) vesti, tuoktis, susituokti; b) suartėti, pamilti
a artimas, intymus; **~ friend/buddy** artimas draugas
bosomy ['buzəmɪ] *a* krūtingas *(apie moterį)*
Bosporus ['bɔspərəs] *n* Bosforas *(sąsiauris)*
bosquet ['bɔskɪt] *n* = **bosket**
boss¹ [bɔs] <*n, v, a*> *šnek. n* **1** šeimininkas, darbdavys; viršininkas, bosas; **we'll show them who's ~** mes parodysime jiems kas čia viršininkas **2** *amer.* politinės partijos vadovas, bosas **3** dešimtininkas; **straw ~** laikinas viršininkas *(ypač apie dešimtininką, brigadininką)*; meistro, darbų vykdytojo pavaduotojas **4** kasyklų technikas/ meistras
v būti šeimininku; įsakinėti, šeimininkauti *(t. p. ~ about/ around)*
a amer. puikus, gražus
boss² *n* **1** bumbulas, iškilimas, sustorėjimas, gumbas **2** *tech.* prielaja, kyšulys **3** *(rato)* stebulė, įvorė **4** *archit.* reljefinis papuošimas/pagražinimas, kampinis ornamentas **5** *geol.* štokas
v **1** daryti iškilus/reljefinius papuošimus **2** tekinti stebulę
boss³ *šnek. n* **1** apsirikimas; nepataikymas **2** painiava
v **1** apsirikti; nepataikyti **2** pripainioti, sugadinti
bossanova [ˌbɔsə'nəuvə] *n* bosanova *(šokis, muzika)*
boss-eyed ['bɔsaɪd] *a šnek.* žvairas
bossy¹ ['bɔsɪ] *a* **1** išgaubtas, iškilas **2** gumburiuotas, gumbuotas
bossy² *a šnek.* mėgstantis įsakinėti/nurodinėti
Boston ['bɔstən] *n* **1** Bostonas *(miestas)* **2** *(b.)* bostonas *(1 lėtasis valsas 2 kortų žaidimas)*
bosun ['bəusən] *n jūr.* bocmanas
botanical [bə'tænɪkl] *a* botanikos, botaninis; botaniškas
botanist ['bɔtənɪst] *n* botanikas
botanize ['bɔtənaɪz] *v* rinkti/studijuoti augalus
botany ['bɔtənɪ] *n* botanika
botch [bɔtʃ] *šnek. n* lopymas; madaras, prastai atliktas darbas; **to make a ~ of smth** prastai ką padaryti
v nevykusiai (su)lopyti; (su)gadinti *(darbą ir pan.; t. p. ~ up)*; **I've ~ed things/it** aš visą reikalą *ar* viską sugadinau
botcher ['bɔtʃə] *n* prastas darbininkas
botch-up ['bɔtʃʌp] = **botch** *n*
botfly ['bɔtflaɪ] *n zool.* gylys
both [bəuθ] *pron indef* abu; **they are ~ teachers, ~ of them are teachers** jie abu – mokytojai
conj: **~... and...** ir... ir...; tiek..., tiek...; ne tik..., bet ir...; **he ~ speaks and writes German** jis ir kalba, ir rašo vokiškai; **he is ~ tired and hungry** jis ne tik pavargęs, bet ir alkanas
bother ['bɔðə] <*n, v, int*> *n* **1** sunkumai, nepatogumas, rūpestis; **it's too much ~** per daug rūpesčių; **did you have any ~ in finding the house?** ar lengvai suradote mūsų namą?; **what a ~!** kaip pikta!, kaip gaila! **2** įkyruolis, kliuvinys **3** = **bovver**

v **1** trukdyti; įgristi; **his bad leg is ~ing him** jam neduoda ramybės nesveika koja **2** rūpintis, nerimauti *(about – dėl)*; **to ~ one's head** *(about)* kvaršinti galvą *(dėl)*; **he didn't even ~ to phone** jis nesiteikė net paskambinti; **I'm not ~ed** man nesvarbu ◊ **~ (it)!, ~ the flies!, oh, ~ you!** kad tave kur!, Viešpatie! *(reiškiant nekantrumą, nepasitenkinimą)*; **can't [couldn't] be ~ed** nesinori [nesinorėjo] *(kam ko daryti)*
int po šimts pypkių!
botheration [ˌbɔðə'reɪʃn] *int ret.* kaip pikta!, net pikta (darosi)
bothersome ['bʌðəsəm] *a* įkyrus; neramus
Bothnia ['bɔθnɪə] *n*: **Gulf of ~** Botnijos įlanka
bothy ['bɔθɪ] *n škot.* namelis, lūšna; barakas *(dirbantiems fermoje/statyboje)*
bo-tree ['bəutriː] *ind. n* figos medis, figmedis *(šventasis budistų medis)*
Botswana [bɔt'swɑːnə] *n* Botsvana *(Afrikos šalis)*
bottle ['bɔtl] *n* **1** butelis; flakonas; **to crack/crush/split a ~** ištuštinti/išgerti butelį *(vyno ir pan.)* **2** buteliukas *(kūdikiams maitinti; t. p.* **baby's ~**); **to bring up on the ~** išmaitinti *(kūdikį)* dirbtiniu maistu **3** svaigalas; vynas; **to be fond of the ~** mėgti išgerti; **to flee from the ~** vengti svaiginamųjų gėrimų; **to hit the ~** (imti) girtuokliauti; **to take to the ~** įprasti gerti; **on/over a ~** prie vyno butelio; **to be on the ~** mėgti smarkiai išgerti **4** *šnek.* drąsa; **to lose one's ~** pabūgti ◊ **black ~** *amer.* nuodai; **to know smb from his ~ up** pažinti ką nuo pat lopšio
v **1** pilstyti/pilti į butelius; laikyti buteliuose **2** konservuoti *(vaisius, daržoves)* stiklainiuose □ **~ off** a) supilstyti į butelius; b) netekti drąsos, pabūgti; **~ out** *šnek.* pabijoti; **~ up** a) (su)tramdyti, (pa)slėpti *(jausmus)*; b) *kar. jūr.* užblokuoti siauroje vietoje
bottle-baby ['bɔtlˌbeɪbɪ] *n* dirbtiniu maistu maitintas kūdikis
bottle-brush ['bɔtlbrʌʃ] *n* šepetys buteliams plauti
bottled ['bɔtld] *a* **1** butelinis *(apie alų ir pan.)* **2** laikomas balionuose *(apie dujas)*
bottle-feed ['bɔtlfiːd] *v* (-fed [-fed]) maitinti *(kūdikį)* dirbtiniu būdu; **bottle-fed baby** = **bottle-baby**
bottleful ['bɔtlful] *n (pilnas)* butelis *(of – ko)*
bottle-green ['bɔtlgriːn] *a* tamsiai žalias, butelio stiklo spalvos
bottle-holder ['bɔtlˌhəuldə] *n* **1** *(boksininko)* sekundantas **2** padėjėjas; šalininkas
bottleneck ['bɔtlnek] *n* **1** butelio kaklas/gurklys **2** kelio susiaurėjimas; susigrūdimas **3** silpna vieta, kliūtis *(gamyboje)*
bottlenose ['bɔtlnəuz] *n* stora, ištinusi nosis
bottle-screw ['bɔtlskruː] *n* kamščiatraukis
bottle-washer ['bɔtlˌwɔʃə] *n* **1** butelių plovėjas **2** *šnek.* patarnautojas, parankinis *(smulkiems pavedimams)* ◊ **chief cook and ~ iron.** viską dirbantis, visų galų/amatų meistras
bottom ['bɔtəm] <*n, a, v*> *n* **1** dugnas; apačia; **false ~** dvigubas dugnas; **at the ~ of the sea** jūros dugne; **at the ~ of the page** puslapio apačioje; **~ up(wards)** dugnu/ apačia aukštyn; **to have no ~** a) neturėti dugno, būti be dugno; b) *prk.* būti neišsenkamam; ≡ būti kiauram maišui; **to go to the ~** skęsti; **to send to the ~** skandinti; **to touch ~** a) pasiekti dugną; b) pasiekti žemiausią lygį *(apie kainas)*; c) *prk.* nuleisti rankas, palūžti *(dėl nesėkmių)*; **there's a shop at the ~ of the street** gatvės gale yra parduotuvė; **I am at the ~ of my class in maths** iš matematikos aš paskutinis klasėje; **~ view** vaizdas iš

bottom-land apačios 2 pagrindas, esmė; priežastis; *to be at the ~ (of)* būti *(ko)* priežastimi/pradėjėju/organizatoriumi *ir pan.*; *I think Tom is at the ~ of this* manau, kad tai pradėjo Tomas; *at ~, he's not reliable* iš esmės, jis nėra patikimas; *to knock the ~ out of smth* išmušti kam pagrindą iš po kojų, paneigti ką; *to get (down) to/at the ~ (of)* išsiaiškinti *(ko)* esmę 3 *kom., jūr.* laivas; povandeninė laivo dalis; *in English ~s* anglų laivais/laivuose 4 dirva, gruntas 5 *(kėdės)* sėdynė 6 *(kūno, drabužio)* užpakalis, sėdynė 7 *(ppr. pl) (upės)* žemuma, slėnis 8 nuosėdos 9 *psn.* gyvybingumas, ištvermingumas ◊ *to the ~ of one's soul* iki širdies gelmių; *from the ~ of the heart* iš visos širdies; *to stand on one's own ~* būti nepriklausomam/savarankiškam; *there is no ~ to it* galo nematyti; *~s up!* iki dugno! *(raginant išgerti)*
a apatinis, žemutinis; paskutinis; *~ price* žemiausia/mažiausia kaina; *~ rung* apatinis *(kopėčių)* skersinis; *one's ~ dollar* paskutinis doleris ◊ *~ line* a) *fin.* galutinis rezultatas *(t. p. prk.); that's the ~ line* štai kur problemos esmė; b) žemiausia kaina *(for)*
v 1 dėti dugną 2 matuoti gylį 3 surasti priežastį, suprasti 4 *(ppr. pass)* pagrįsti *(on, upon)* □ *~ out* pasiekti žemiausią lygį ir nustoti smukti
bottom-land ['bɒtəmlænd] *n amer.* užliejamasis slėnis, žemuma
bottomless ['bɒtəmləs] *a* 1 bedugnis, neišmatuojamas 2 neišsenkamas *(apie fondus ir pan.)* 3 be sėdynės *(apie kėdę)*
bottom-line [ˌbɒtəm'laɪn] *a* 1 suinteresuotas tik pelnu 2 pragmatiškas, praktiškas 3 galutinis
bottommost ['bɒtəmməʊst] *a* pats žemiausias, pats apatinis
bottomry ['bɒtəmrɪ] *n jūr.* bodmerėja
bottom-up ['bɒtəmˌʌp] *a* kylantis; einantis nuo smulkmenų prie bendrųjų principų
botulism ['bɒtʃʊlɪzm] *n med.* botulizmas
bouclé ['buːkleɪ] *pr. n tekst.* buklė
boudoir ['buːdwɑː] *pr. n* buduaras
bouffant ['buːfɒŋ] *pr. n* (iš)pūstas *(apie drabužį, šukuoseną)*
bough [baʊ] *n (medžio)* šaka
bought [bɔːt] *past ir pII žr.* **buy**
bougie ['buːʒiː] *pr. n* 1 vaškinė žvakė 2 *med.* plėtiklis, bužas
bouillabaisse ['buːjəbes, ˌbuːjə'bes] *pr. n* žuvienė *(su aštriais prieskoniais)*
bouillon ['buːjɒŋ] *pr. n* sultinys, buljonas
boulder ['bəʊldə] *n* didelis akmuo, riedulys
boulevard ['buːlvɑːd] *pr. n* 1 bulvaras 2 *amer.* prospektas
boulter ['bəʊltə] *n* ilgas valas su keliais kabliukais, dugninė ūda
bounce [baʊns] *n* 1 šuolis; atšokimas; pasišok(in)ėjimas; *with a ~* vienu šuoliu; *to catch the ball on the ~* sugauti atšokusį sviedinį 2 smarkus, staigus smūgis 3 stangrumas, elastingumas 4 gyrimasis, perdėjimas 5 energija, gyvumas; *he is full of ~* jis pilnas energijos 6 lėktuvo šoktelėjimas leidžiantis
v 1 atšokti *(apie sviedinį);* suduoti, mušti *(sviedinį į žemę, kad atšoktų)* 2 šokinėti; pasišokinėti; *to ~ out of [into] the room* išlėkti iš kambario [įlėkti vidun] 3 šokinti, šokdinti *(vaiką ant kelių)* 4 *šnek.* girti(s) 5 priversti, įtikinti *(apgaule; into)* 6 šoktelėti *(apie tupiantį lėktuvą)* 7 *fin.* būti banko grąžintam, būti negaliojančiam *(apie čekį)* □ *~ back* atsigauti *(po įžeidimo ir pan.)*

bouncer ['baʊnsə] *n* 1 tai, kas atšoka/pa(si)šok(in)ėja 2 *šnek.* pagyrūnas, melagis; gyrimasis, melas 3 *šnek.* tvarkdarys, stipruolis *(budintis prie klubo ir pan. durų)*
bouncing ['baʊnsɪŋ] *n (automobilio, tupiančio lėktuvo)* šoktelėjimas
a rubuilis, sveikas *(ypač apie vaiką)*
bouncy ['baʊnsɪ] *a* 1 gyvas, energingas, žvalus 2 šokus, šoklus *(apie sviedinį)* 3 elastingas, standus
bound¹ [baʊnd] *n (ppr. pl)* riba, apribojimas; *beyond the ~s of the city* už miesto ribų; *to put/set ~s (to)* apriboti; *to stay/keep within ~* neperžengti ribų; *his anger knew no ~s* jo pykčiui nebuvo ribų; *it is not beyond the ~s of possibility that...* visai galimas daiktas, kad... ◊ *out of ~s* uždrausta(s) *(kur įeiti; kariškiams, moksleiviams ir pan.)*
v 1 apriboti; sulaikyti 2 *pass* ribotis, būti siena/riba *(by)*
bound² *n* 1 šuolis; *a ~ forward* šuolis į priekį, spartus žengimas pirmyn 2 *(sviedinio)* atšokimas, atsimušimas; *on the ~* atšokęs, atsimušęs, esantis ore
v 1 šok(inė)ti, greitai bėgti, lėkti; *the dog ~ed across the fence* šuo peršoko per tvorą 2 atsimušti, atšokti □ *~ up* pašokti
bound³ *past ir pII žr.* **bind**
a 1 susijęs *(ppr. ~ up; with – su);* susaistytas *(by); to be ~ up (in)* labai domėtis/mėgti; užsiimti *(kuo)* 2 privalomas, priverstinis, būtinas; *~ to military service* karo prievolininkas; *it was ~ to be* to ir reikėjo laukti; *I feel ~ to say...* aš jaučiu pareigą *ar* privalau pasakyti... 3 tikras, garantuotas; *he is ~ to win* jis tikrai laimės, jis turi laimėti 4 pasiryžęs *(ką daryti)* 5 pririštas *(to – prie)* 6 įrištas *(apie knygą)* 7 *gram.* sietinis *(apie morfemą)*
bound⁴ *a* pasiruošęs vykti, vykstantis; *where are you ~ (for)?* kur jūs vykstate?; *homeward ~* grįžtantis/vykstantis namo; *outward ~* išvykstantis, vykstantis į užsienį, išplaukiantis į jūrą; *to be ~ east [north]* plaukti į rytus [į šiaurę]
boundary ['baʊndərɪ] *n* 1 riba, siena; *the boundaries of human knowledge* žmogaus pažinimo ribos; *~ dispute* pasienio ginčas; *~ layer fiz.* paribio sluoksnis 2 ežia *(tarp laukų); ~ stone* ežios akmuo *(ženklas)* 3 *sport.* aikštės ribos
bounden ['baʊndən] *a:* *in ~ duty knyg.* iš pareigos
bounder ['baʊndə] *n šnek.* chamas, storžievis
boundless ['baʊndləs] *a* beribis, bekraštis, neribotas
bounteous ['baʊntɪəs] *a* = **bountiful**
bountiful ['baʊntɪfəl] *a poet.* dosnus; gausus
bounty ['baʊntɪ] *n* 1 dosnumas 2 dovana 3 *(vyriausybės)* skatinamoji premija; subsidija; *price ~* piniginis atlygis/prizas 4 *kar.* premija savanoriams, stojantiems į karo tarnybą
bouquet [buˈkeɪ, bəʊˈkeɪ] *pr. n* 1 puokštė 2 *(vyno)* aromatas, puokštė 3 gyrimas; *to hand smb a ~ (for),* *to throw ~s at smb* išgirti ką, apiberti ką komplimentais
bourbon ['bɜːbən, 'bʊəbən] *n* 1 burbonas, reakcionierius 2 *amer.* kukurūzų/kviečių degtinė *(t. p. ~ whisky)*
bourgeois¹ ['bʊəʒwɑː] *pr. n (pl ~)* 1 buržua, buržujus 2 *ist.* miestietis
a buržuazinis; *petty/petit ~* smulkiaburžuazinis
bourgeois² [bɔːˈdʒɔɪs] *n polig.* borgis, borgesas
bourgeoisie [ˌbʊəʒwɑːˈziː] *pr. n* buržuazija
bourn¹ [bʊən] *n psn.* upelis
bourn² *n psn.* 1 tikslas 2 riba
bourrée ['bʊəreɪ] *pr. n* burė *(prancūzų liaudies šokis)*
bourse [bʊəs] *pr. n* vertybinių popierių, fondų birža *(kontinentinėje Europoje, ypač Prancūzijoje)*

bout [baut] *n* **1** *(ligos)* priepuolis; *(jausmo)* protrūkis; *a ~ of coughing* užsikosėjimas **2** *(kokios nors veiklos)* tarpas, trukmė; kas nors padaryta vienu kartu/tarpu; *this ~ ši sykį, šiuo tarpu; I did a good ~ in the garden today* aš šiandien gerai padirbėjau sode **3** *sport. (bokso, imtynių)* susitikimas; susirėmimas

'bout [baut] *šnek.* = **about**¹ *adv, prep*

boutique [bu:'ti:k] *pr. n* **1** nedidelė brangių moteriškų drabužių ir reikmenų parduotuvė **2** universalinės parduotuvės moteriškų prekių skyrius

boutonniere [bu:ˌtɔnɪ'ɛə] *n amer.* butonjerė *(gėlė, segama prie švarko atlapo)*

bouzouki [bu'zu:kɪ] *n* buzukis *(graikų styginis muz. instrumentas)*

bovine ['bəuvaɪn] *a* **1** *spec.* galvijų; jaučio, buliaus **2** lėtas, lėtabūdis, bukas

bovver ['bɔvə] *n šnek.* gatvės muštynės *(ypač tarp gaujų); ~ boots* batai geležinėmis nosimis, pakalti vinimis; *~ boys* gatvės chuliganai

bow¹ [bau] *n* nusilenkimas; *to give/make smb a ~* nusilenkti, linktelėti kam; *to make one's ~* atsisveikinti, išeiti; *to take a ~* nusilenkti *(dėkojant už plojimus)*
v **1** lenkti(s); (pa)linkti *(t. p. ~ down);* *~ed down by cares* rūpesčių prislėgtas; *the old man was ~ed with age* senukas sulinko nuo amžiaus **2** nusilenkti *(iš pagarbos, nuolankumo ir pan.);* *to ~ to fate* nusilenkti/pasiduoti likimui; *to ~ one's thanks* nusilenkti dėkojant, dėkoti nusilenkiant **3** nuleisti *(galvą);* nusileisti *(t. p. ~ down);* *to ~ down to one's enemies* nusileisti priešams □ *~ out* a) pasitraukti *(iš kokios veiklos);* b) neįvykdyti *(pažado, susitarimo)* ◊ *to ~ and scrape* nuolankiai lankstytis

bow² [bəu] *n* **1** lankas **2** vaivorykštė *(t. p. rain ~)* **3** *(smuiko)* strykas **4** raištelis; kokarda, įrištas kaspinas; raištelio kilpa **5** *stat.* erkeris ◊ *to draw a ~ at a venture* (mėginti) atsitiktinai įspėti
v **1** išlinkti **2** griežti, braukyti stryku

bow³ [bau] *n (laivo, diržablio)* priekis, pirmagalys; *~ lantern* laivapriekio žibintas

bow-backed ['baubækt] *a* sulinkęs, sukumpęs

bow-compass(es) ['bəuˌkʌmpəs(ɪz)] *n (pl)* nulinis skriestuvas

bowdlerize ['baudləraɪz] *v* išmesti *(iš knygos, pjesės ir pan.)* visa, kas nepageidautina *(vaikams, moterims)*

bowel ['bauəl] *n (ppr. pl)* **1** žarna, žarnos; viduriai; *to evacuate the ~s med.* išvalyti skrandį; *to move/empty one's ~s* išsituštinti; *~ movement* tuštinimasis **2** *(žemės)* gelmės **3** *psn.* užuojauta; *the ~s of pity* gailestis, gailesčio jausmas; *to have no ~s* būti negailestingam ◊ *to get one's ~s in an uproar* susierzinti, sukelti triukšmą

bower¹ ['bauə] *n poet.* **1** lapinė, pavėsinė **2** *psn.* buduaras

bower² *n (kortų)* švietalo valetas/berniukas *(t. p. right ~); the left ~* tos pačios spalvos kitas valetas/berniukas

bower³ *n jūr.* didysis/mažasis inkaras *(laivo priekyje)*

bower-anchor ['bauəˌæŋkə] *n* = **bower**³

bowery¹ ['bauərɪ] *a* apsodintas medžiais/krūmais; ūksmingas

bowery² *n amer.* **1** *ist.* vienkiemis, ferma **2** girtuoklių/valkatų miesto rajonas

bowfin ['bəufɪn] *n zool.* amija, dumbliažuvė

bowie(-knife) ['bəuɪ(naɪf)] *n (pl -knives* [-naɪvz]) ilgas *(medžioklinis)* peilis

bowk [bauk] *n kas.* kubilas

bowl¹ [bəul] *n* **1** dubuo; *soup ~* sriubos dubuo, sultinio puodelis; *sugar ~* cukrinė **2** vaza **3** taurė; *the flowing ~ kuop.* alkoholiniai gėrimai; *the ~ poet.* puota, pasilinksminimas **4** kas nors dubens pavidalo; *toilet ~* tualeto kriauklė, unitazas **5** *(šaukšto ir pan.)* iduba, įdubimas **6** *tech.* dubenėlis, rezervuaras; *glass ~* sėsdintuvas

bowl² **1** rutulys, kamuolys **2** *pl* žaidimas rutuliais *(ant žolės) v* **1** žaisti rutuliais **2** ridenti *(rutulį, lanką ir pan.)* **3** *sport.* paduoti/išmesti sviedinį *(beisbole, krikete)* □ *~ along* a) riedėti, greitai važiuoti; b) sklandžiai vykti *(apie darbą ir pan.);* *~ off* pasitraukti iš žaidimo; *~ out* pašalinti iš žaidimo; *~ over* a) pargriauti *(lekiant);* b) nustebinti; padaryti įspūdį

bow-legged ['bəuˌlegd] *a* šleivakojis, kreivakojis

bowler¹ ['bəulə] *n* kieta vyriška skrybėlė, katiliukas *(t. p. ~ hat)* ◊ *to get the ~ hat* būti paleistam iš karinės tarnybos

bowler² *n* žaidėjas, paduodantis sviedinį *(krikete)*

bowlful ['bəulful] *n* (pilnas) dubuo *(of – ko)*

bowling ['bəulɪŋ] *n* **1** boulingas *(žaidimas, panašus į kėglius);* *to go ~* žaisti boulingą

bowling-alley ['bəulɪŋˌælɪ] *n* medinis takas *ar* pastatas boulingui žaisti

bowling-green ['bəulɪŋgri:n] *n* pievelė žaisti boulingą

bowman¹ ['bəumən] *n (pl -men* [-mən]) *(tik v.) sport.* lankininkas

bowman² ['bəumən] *n (pl -men* [-mən]) *(tik v.) jūr.* irkluotojas, sėdintis valties priekyje

bowsaw ['bəusɔ:] *n* rėminis pjūklas

bowse [bauz] *v jūr.* sutraukti *(takelažą)*

bowser ['bauzə] *n* aviacinių degalų cisterna *(oro uoste)*

bowshot ['bəuʃɔt] *n* strėlės lėkimo nuotolis

bowsprit ['bausprɪt] *n jūr.* bušpritas *(įstrižas burlaivio priekio stiebas burėms iškišti)*

bowstring ['bəustrɪŋ] *n* lanko templė

bow-tie [ˌbəu'taɪ] *n* peteliškė, varlytė *(kaklaraištis)*

bow-window [ˌbəu'wɪndəu] *n archit.* erkeris *(pusapvalės formos)*

bow-wow ['bauwau] *n* **1** šuns lojimas **2** *vaik.* šuo *int vaik.* au au! *(reiškiant lojimą)*

box¹ [bɔks] *n* **1** dėžė, dėžutė; *a ~ of chocolates [of matches]* šokoladinių saldainių [degtukų] dėžutė **2** Kalėdų dovana *(su dėžute)* **3** *(the ~) šnek.* televizorius **4** *šnek.* karstas *(t. p. the eternity ~)* **5** *teatr.* ložė **6** *sport.* aikštės dalis; *penalty ~* baudos aikštelė **7** *(sargybinio; telefono)* būdelė, kabina **8** abonentinė pašto dėžutė *~ number* pašto dėžutės numeris *(vietoj adreso)* **9** langelis *(kam įrašyti)* **10** *(medžiotojų ir pan.)* namelis **11** *(arklio)* gardas **12** *(garažo)* boksas; boksas *(smuklėje, teisme ir pan.)* **13** atitvaras teismo salėje **14** *(vežiko)* pasostė **15** anglių kasyklos vagonetė **16** *tech.* įvorė, guolio lizdas; *cable ~* kabelinė mova ◊ *to be in a (tight) ~* būti sunkioje/keblioje padėtyje; *to be in the wrong ~* nejaukiai jaustis, jaustis kaip ne savo kailyje; *to be in the same ~ with smb* būti vienodoje padėtyje su kuo; *to be in one's thinking ~* rimtai susimąstyti; *to be out of one's ~ sl.* būti smarkiai įkaušusiam
v **1** įdėti į dėžę; sudėti į dėžes *(t. p. ~ up);* uždaryti dėžėje **2** apibrėžti/apvesti langelį/rėmelį **3** įteikti *(dokumentą)* teismui □ *~ in* negalėti išeiti/išvažiuoti *(dėl žmonių/automobilių grūsties);* *~ off* atskirti pertvara; *~ up* a) įkišti, įsprausti; b) gadinti, painioti reikalą; daryti netvarką

box² *n* **1** smūgis; *a ~ on the ear* antausis **2** *sport.* boksas
v **1** mušti/duoti kumščiu; muštis kumščiais; *to ~ smb's ear* skelti/rėžti kam antausį **2** *sport.* boksuoti(s)

box³ *n bot.* buksmedis *(t. p. ~ tree)*
boxcalf ['bɔkskɑːf] *n (pl* -calves [-kɑːvz]) chromu rauginta veršelio oda
boxcar ['bɔkskɑː] *n amer.* prekinis vagonas
box-couch ['bɔkskautʃ] *n* tachta su dėže *(patalynei)*
boxed [bɔkst] *a* parduodamas dėžutėje
boxer ['bɔksə] *n* **1** boksininkas **2** bokseris *(šunų veislė)*
boxing¹ ['bɔksɪŋ] *n sport.* boksas
boxing² *n* **1** pakavimas į dėžes **2** įpakavimo fanera/medžiaga **3** tara, dėklas
Boxing-day ['bɔksɪŋdeɪ] *n* Kalėdų antroji diena
boxing-gloves ['bɔksɪŋɡlʌvz] *n pl* bokso pirštinės
boxing-match ['bɔksɪŋmætʃ] *n* bokso rungtynės
box-kite ['bɔkskaɪt] *n* dėžinis aitvaras
box-office ['bɔks,ɔfɪs] *n (teatro, kino, koncertų)* bilietų kasa *a šnek.* turintis didelį pasisekimą *(apie filmą, spektaklį ir pan.)*
box-pleat ['bɔkspliːt] *n* dvikraštė klostė *(ypač sijono)*
boxroom ['bɔksrum] *n* sandėliukas, kamara
box-seat ['bɔkssiːt] *n* **1** *(vežimo)* pasostė, pasėstas **2** vieta ložėje
box-up ['bɔksʌp] *n sl.* netvarka, painiava
box-van ['bɔksvæn] *n: ~ truck* krovininis furgonas
boxwood ['bɔkswud] *n* **1** buksmedžio mediena **2 = box³**
boxy ['bɔksɪ] *a (džn. menk.)* kaip dėžutė *(apie pastatus ir pan.)*
boy [bɔɪ] *n (tik v.)* **1** berniukas; *~s will be ~s* berniukai lieka berniukai **2** vaikinas **3** sūnus **4** žmogus; *šnek.* senis *(nepriklausomai nuo amžiaus); my (dear) ~* draugas, *bičiulis (kreipiantis)* **5** draugužis *(kreipiantis į gyvulį); easy ~!* ramiai, draugeli! **6** *amer. niek.* juodis *(apie negrą)* **7** *jūr.* junga ◊ *mother's ~, amer. mama's ~* mamos sūnelis, lepūnėlis; *the ~ next door* paprastas vaikinas/vyras *(kurio mergaitės tėvai pageidautų žentu); you can only get things done through the old ~ network* tik per draugus ir galima ką nors gauti *int (t. p. oh ~!)* oho!, na! *(reiškiant susižavėjimą ir pan.);* to betrūko! *(reiškiant nusivylimą ir pan.)*
boycott ['bɔɪkɔt] *n* boikotas
v boikotuoti
boyfriend ['bɔɪfrend] *n (tik v.) (moters)* mylimasis, draugužis, bičiulis
boyhood ['bɔɪhud] *n* vaikystė, paauglystė
boyish ['bɔɪɪʃ] *a* berniuko, berniokiškas; gyvas
boyishness ['bɔɪɪʃnɪs] *n* vaikiškumas
boyo ['bɔɪəu] *n (pl ~*s [-z]) *air. šnek.* berniukas, berniokas
bozo ['bəuzəu] *n (pl ~*s [-z]) *šnek.* kvailiukas, kvailys
bra [brɑː] *n* liemenėlė
brace [breɪs] *n* **1** sąvarža, sankaba; surišimas; atrama **2** *(pl ~) medž.* pora *(apie paukščius, žvėris)* **3** *pl* petnešos **4** *pl* riestiniai skliausteliai **5** *med.* ortodontinė plokštelė/kabė **6** *tech.* alkūninis gręžtuvas; *~ and bit* gręžtuvas su grąžteliu **7** *jūr.* brasas *(laivavirvė)* ◊ *they are a ~* jie abu labu tokiu; *in a ~ of shakes sl.* tučtuojau; *to splice the main ~ sl.* gaivintis svaigalais *(po sunkaus darbo)*
v **1** (su)tvirtinti, (su)rišti; atremti, palaikyti **2** (su)stiprinti *(nervus, sveikatą)* **3** *refl* įsitempti; susiimti, pasiryžti □ *~ up* (pa)drąsinti
bracelet ['breɪslɪt] *n* **1** apyrankė, antrankis **2** *pl šnek.* antrankiai
bracer ['breɪsə] *n* **1** sąvara, sankaba **2** sutvirtinimas **3** *šnek.* tonizuojantis gėrimas; skystimėlis *(degtinė, vynas)*
brachycephalic [,brækɪsɪ'fælɪk] *a spec.* trumpagalvis
bracing ['breɪsɪŋ] *a* gaivinantis, gaivus *(apie orą, klimatą)*
bracken ['brækən] *n bot.* (stambialapis) šakys

bracket ['brækɪt] *n* **1** skliaustelis, skliaustas; *angle ~s* laužtiniai skliausteliai **2** *tech.* kronšteinas, gembė; konsolė; laikytuvas **3** lentyna/spintelė ant kronšteinų **4** sieninis šviestuvas, bra **5** rubrika, kategorija, grupė; *age ~* amžiaus grupė **6** *jūr.* braketė; knica **7** *sport.* skliaustas *(čiuožimo figūra)*
v **1** (pa)imti į skliaustelius, susklausti **2** sugretinti, sulyginti, vienodai vertinti *(t. p. ~ together); I'd ~ those subjects under one heading* aš sujungčiau tas temas viena antrašte **3** priskirti tai pačiai grupei/ kategorijai
brackish ['brækɪʃ] *a* sūrokas *(apie vandenį)*
bract [brækt] *n bot.* pažiedė
brad [bræd] *n* vinis su maža galvute; kaištukas
bradawl ['brædɔːl] *n* yla
brae [breɪ] *n škot.* status krantas, kalno šlaitas
brag [bræg] *n* **1** gyrimasis **2** pagyrūnas **3** kortų žaidimas *(panašus į pokerį)*
v girtis
braggadocio [,brægə'dəuʃɪəu] *it. n knyg.* gyrimasis
braggart ['brægət] *n* pagyrūnas
braggery ['brægərɪ] *n* gyrimasis
Brahman ['brɑːmən] *ind. n* brahmanas
brahmaputra [,brɑːmə'puːtrə] *n* **1** *(B.)* Brahmaputra *(upė)* **2** bramaputra *(Azijos vištų veislė)*
Brahmin ['brɑːmɪn] *n* **1 = Brahman 2** *(ppr. b.)* intelektualas, eruditas; *iron.* mokslo vyras
braid [breɪd] *n* **1** juostelė, kaspinas; galionas **2** *(plaukų)* kasa
v **1** apsiūti juostele **2** (su)pinti *(kasas)*, surišti plaukus juostele/kaspinu **3** *poet., dial.* pinti
brail [breɪl] *n jūr.* gitovas
Braille [breɪl] *n* Brailio šriftas, aklųjų rašto sistema; *in ~, in b.* Brailio raštu
brain [breɪn] *n* **1** smegenys; *~ fever* smegenų uždegimas; *dish of ~s* smegenys *(patiekalas)* **2** protas, intelektas; *to have a good ~* būti protingam **3** *pl šnek.* protiniai sugebėjimai; protai, galvos; *~(s) trust* smegenų trestas, ekspertai; *the best ~s of the country* geriausieji šalies protai **4** *šnek.* elektroninis protas ◊ *to cudgel/puzzle/ rack/ransack one's ~s (about, over)* laužyti/sukti galvą *(dėl); to blow smb's [one's] ~s out* paleisti kam [sau] kulką į kaktą; *to crack one's ~(s)* išeiti iš proto; *to have one's ~s on ice šnek.* būti šaltakraujiškam; *to have smth on the ~ šnek.* be paliovos galvoti apie ką; *an idle ~ is the devil's workshop* iš dyko buvimo nebėžino ką daro; *to pick smb's ~s* a) smulkiai išklausinėti; pasisavinti svetimas mintis; b) paprašyti kieno patarimo, pasitarti su kuo; *to turn smb's ~s* apsukti kam galvą; *use your ~s* ≅ pakrutink smegenis!, pagalvok!; *to be the ~s behind smth* būti ko iniciatoriumi
v **1** suknežinti galvą **2** *šnek.* smarkiai užvožti per galvą
brainbox ['breɪnbɔks] *n šnek.* gudruolis, išminčius
brainchild ['breɪntʃaɪld] *n (pl* -children [-tʃɪldrən]) *(kieno)* proto kūrinys/vaisius, idėja
brain-drain ['breɪndreɪn] *n* protinio potencialo nutekėjimas *(dėl emigracijos)*
brainfag ['breɪnfæg] *n* nervinis išsekimas
brainless ['breɪnləs] *a* besmegenis, tuščiagalvis
brainpan ['breɪnpæn] *n šnek.* kaukolė
brainpower ['breɪn,pauə] *n* **1** protiniai sugebėjimai **2** *kuop.* protaujantys žmonės, intelektualusis elitas
brainsick ['breɪnsɪk] *a* pamišęs
brainstorm ['breɪnstɔːm] *n* **1** proto aptemimas; dvasinis sukrėtimas **2** *amer.* staigi mintis/idėja

brainstorming ['breɪnstɔ:mɪŋ] *n* kolektyvinis naujų idėjų svarstymas
v kolektyviai svarstyti/spręsti
brain-teaser ['breɪnti:zə] *n šnek.* nelengva problema, galvosūkis
brain-twister ['breɪntwɪstə] *n* = **brain-teaser**
brainwash ['breɪnwɔʃ] *v* „(pra)plauti smegenis", paveikti, (su)agituoti
brainwave ['breɪnweɪv] *n* **1** gera mintis, šovusi į galvą **2** *pl med.* elektroencefalograma
brainwork ['breɪnwə:k] *n* protinis darbas
brainy ['breɪnɪ] *a šnek.* protingas, gabus, galvotas
braise [breɪz] *n* troškinta mėsa
v troškinti *(mėsą, daržoves)*
brake[1] [breɪk] *n* stabdys *(t. p. prk.);* stabdiklis; *foot [hand]* ~ *aut.* kojinis [rankinis] stabdys; ~ *fuel aut.* stabdžių skystis; ~ *action* stabdymas; *put the* ~ *on* paspauskite stabdį ◊ *to put the/a* ~ *(on)* suvaržyti, sustabdyti *(veiksmą, vyksmą)*
v stabdyti *(t. p. prk.);* paspausti stabdį
brake[2] *n* **1** *(linų)* mintuvai **2** *(tešlos)* minkytuvas
v **1** minti *(linus)* **2** minkyti *(tešlą)* **3** daužyti, smulkinti *(grumstelius; akėčiomis)*
brake[3] *n* **1** tankynas, krūmynas **2** = **bracken**
brake-lights ['breɪklaɪts] *n aut.* raudonosios šviesos *(įjungiamos stabdant)*
braking ['breɪkɪŋ] *n (ypač aut.)* stabdymas; ~ *distance* stabdymo kelias; ~ *system* stabdžių sistema
braky ['breɪkɪ] *a* apaugęs krūmais
braless ['brɑ:ləs] *a* be liemenėlės, nedėvinti liemenėlės
bramble ['bræmbl] *n bot.* (raukšlėtoji) gervuogė
brambling ['bræmblɪŋ] *n zool.* šiaurinis kikilis
bran [bræn] *n* sėlenos; atsijos, nuosijos
branch [brɑ:ntʃ] *n* **1** *(medžio)* šaka **2** sritis, šaka; ~ *of industry* pramonės šaka **3** *(organizacijos ir pan.)* skyrius, poskyris; filialas *(t. p.* ~ *establishment/office)* **4** *(upės)* atšaka; upelis **5** *(kelio)* atsišakojimas; ~ *track* gžk. manevrinis/šoninis kelias **6** *(giminystės)* linija **7** kariuomenės rūšis *(t. p.* ~ *of the service)* **8** *(B.) amer.* valdžia; *the Executive B.* vykdomoji valdžia **9** *tech.* atvamzdis
v **1** (iš)skleisti/(iš)leisti šakas; šakoti(s), išsišakoti **2** išsiplėsti, atsiskirti, užsiimti nauja veikla *(t. p.* ~ *out)* □ ~ *off* a) išsišakoti; atsišakoti; b) nukrypti *(nuo temos)*
branched [brɑ:ntʃt] *a* = **branchy**
branchiae ['bræŋkɪi:] *n pl zool.* žiaunos
branchial, branchiate ['bræŋkɪəl, 'bræŋkɪət] *a zool.* žiaunų, žiauninis, žiaunų pavidalo
branchless ['brɑ:ntʃləs] *a* **1** be šakų, nešakotas **2** be atšakų, be atsišakojimo *(apie kelią ir pan.)*
branch-line ['brɑ:ntʃlaɪn] *n glžk.* atšaka
branchy ['brɑ:ntʃɪ] *a* šakotas; išsišakojęs
brand [brænd] *n* **1** fabriko ženklas/etiketė **2** *(prekių, gaminių)* kategorija, rūšis; *the best* ~ geriausia rūšis **3** savitumas, savotiškumas, skirtingumas; *he has his own* ~ *of humour* jo humoras – savotiškas **4** įdeginta žymė, įdagas, įspaudas *(atpažinti);* **5** nuodėgulis **6** *poet.* deglas, fakelas **7** *poet.* kardas ◊ *to snatch a* ~ *from the burning/fire* išgelbėti nuo gresiančio pavojaus
v **1** įdaguoti, įspausti įdagą, įdeginti įspaudą/ženklą **2** priklijuoti etiketę, pasmerkti **3** įstrigti atmintyje
branded ['brændɪd] *a attr* firminis, su etikete *(apie gaminį)*
brandish ['brændɪʃ] *v* **1** mojuoti, mosikuoti *(ginklu, lazda, laikraščiu ir pan.)* **2** reklamuoti
brandling ['brændlɪŋ] *n zool.* sliekas

brand-new [‚brænd'nju:] *a* visiškai naujas, naujutėlis, naujutėlaitis
brandy ['brændɪ] *n* konjakas; brendis
brant [brænt] *n amer.* = **brent**
brash[1] [bræʃ] *n* nuolaužos, sąvartos
a **1** arogantiškas, akiplėšiškas **2** ryškus, krintantis į akis, išsiskiriantis **3** *amer.* trapus, lūžus
brash[2] *n* **1** rėmuo, (atsi)raugėjimas; sublogimas **2** staigi liūtis
Brasilia [brə'zɪlɪə] *n* Brazilija *(miestas)*
brass [brɑ:s] <*n, a, v*> *n* **1** žalvaris; žalvario dirbiniai; *red* ~ tombakas *(vario ir cinko lydinys)* **2** *(the* ~*) knyg.* variniai pučiamieji instrumentai; ~ *band* dūdų orkestras **3** varinė memorialinė lenta **4** *šnek.* įžūlumas; *to have the* ~ turėti įžūlumo/drąsos **5** *šnek.* pinigai, variokai **6** *šnek.* viršininkai, vadovybė *(t. p. top* ~*); big* ~ aukštieji karininkai
a **1** (žal)varinis; *a* ~ *plate* lentelė prie buto/įstaigos durų su pavarde **2** *šnek.* akiplėšiškas, įžūlus ◊ *I don't care a* ~ *farthing* man vis tiek, man nusispjauti; *to get down to* ~ *tacks* pereiti prie esmės, prie rimtų dalykų
v: ~ *off (ppr. pass) šnek.* įgristi kam, įgristi iki gyvo kaulo
brassard ['bræsɑ:d] *n* rankovės raištis
brasserie ['bræsərɪ] *pr. n* baras, alinė
brass-hat [brɑ:s'hæt] *n kar. šnek.* štabo karininkas
brassiere ['bræzɪə] *pr. n* liemenėlė
brass-monkey ['brɑ:s'mʌŋkɪ] *a sl.* žvarbus, baisiai/pasiutiškai šaltas *(apie orą)*
brass-works ['brɑ:swə:ks] *n* vario liejykla
brassy ['brɑ:sɪ] *a* **1** (žal)varinis **2** metalinis *(apie garsą)* **3** neskoningas; vulgarus **4** begėdiškas, įžūlus
brat [bræt] *n menk.* vaikėzas, vaikiščias, vaikigalis; ~ *pack šnek.* kylančios žvaigždės *(apie jaunus menininkus, sportininkus)*
Bratislava [‚brætɪ'slɑ:və] *n* Bratislava *(Slovakijos sostinė)*
brattle ['brætl] *(ypač škot.) n* trinksėjimas, trypimas
v trinksėti, trypti, dardėti
bravado [brə'vɑ:dəʊ] *n (pl* ~(e)s [-z]) bravūra, gyrimasis drąsa, demonstratyvus drąsumas
brave [breɪv] <*a, n, v*> *a* **1** drąsus, narsus **2** *knyg.* orus, didingas, puikus
n **1** indėnų karys **2** *(the* ~*) kuop.* narsuoliai; *none but the* ~ *deserve the fair* tik drąsieji viską gali
v drąsiai sutikti *(pavojų ir pan.);* mesti iššūkį □ ~ *out: to* ~ *it out* iššaukiančiai elgtis; nepasimesti
bravery ['breɪvərɪ] *n* **1** drąsa, narsumas **2** *knyg.* didingumas, puikumas
bravo[1] [‚brɑ:'vəʊ] *int* bravo!, puiku!
bravo[2] ['brɑ:vəʊ] *it. n (pl* ~(e)s [-z]) *ist.* bravas, samdomasis žudikas
bravura [brə'vjʊərə] *it. n* bravūra *(efektingas muz. kūrinio atlikimas)*
braw [brɔ:] *a škot.* **1** gražus *(apie moterį)* **2** puikus, geras *(apie orą)*
brawl [brɔ:l] *n* **1** triukšmingos peštynės, gatvės skandalas **2** *(upės)* šniokštimas
v **1** peštis, kelti triukšmą *(gatvėje ir pan.)* **2** šniokšti *(apie upę)*
brawler ['brɔ:lə] *n* triukšmadarys, rėksnys, skandalistas
brawn [brɔ:n] *n* **1** raumenys; raumenų jėga **2** *kul. (kiaulės galvos)* slėgtainis ◊ *all* ~ *no brain* daug jėgos – maža proto
brawny ['brɔ:nɪ] *a* raumeningas, stiprus
bray[1] [breɪ] *n* **1** *(asilo)* bliovimas; rėkimas **2** šaižus, nemalonus garsas

v **1** rėkti, bliauti *(apie asilą)* **2** nemaloniai/šaižiai juoktis/skambėti
bray² *v psn.* trinti, grūsti
braze [breɪz] *v* lituoti vario ir cinko lydiniu
brazen ['breɪzn] *a* **1** begėdiškas, begėdis **2** varinis, bronzinis **3** metalinis *(apie garsą)*
v: ***to ~ it out*** įžūliai/begėdiškai elgtis; įžūliai išsisuk(inė)ti
brazen-faced ['breɪznfeɪst] *a* įžūlus, begėdiškas
brazier ['breɪzɪə] *n* žarijų indas, gorė *(pasišildyti dirbant lauke)*
brazil ['bræzɪl] *n min.* piritas
Brazil [brə'zɪl] *n* Brazilija *(valstybė)*
Brazilian [brə'zɪlɪən] *a* brazilų, braziliškas; Brazilijos *n* brazilas
brazing ['breɪzɪŋ] *n* litavimas kietuoju lydmetaliu; *plg.* **braze**
Brazzaville ['bræzəvɪl] *n* Brazavilis *(Kongo sostinė)*
breach [briːtʃ] *n* **1** *(įstatymo, pažado ir pan.)* nesilaikymas, (su)laužymas; pažeidimas; **~ *of faith*** ištikimybės (su)laužymas; išdavystė; **~ *of justice*** neteisingumas, neteisėtumas; **~ *of order*** tvarkos/ reglamento nesilaikymas; **~ *of privilege*** parlamento teisių pažeidimas; **~ *of the peace*** viešosios tvarkos pažeidimas; ***to be in ~ (of)*** sulaužyti *(įstatymą, susitarimą ir pan.)* **2** *(pralaužta, pramušta)* skylė, spraga; pralauža, išlauža; pra(si)laužimas; **~ *of prison*** pabėgimas iš kalėjimo **3** *(santykių, ryšių)* nutraukimas **4** intervalas, tarpas; ***without a ~ of continuity*** be pertraukos **5** *jūr.* bangos, atsimušančios į laivą; ***clean ~*** banga, nunešanti nuo laivo stiebus *ir pan.;* ***clear ~*** banga, persiritanti per laivą nesuduždama ◊ ***to heal the ~*** baigti seną nesantaiką; ***to stand in the ~*** prisiimti pagrindinį smūgį; ***to step into the ~*** užpildyti spragą *(atliekant nesančiojo/negalinčiojo darbą);* ***to throw oneself into the ~*** pulti/šokti padėti *(bėdos/pavojaus atveju);* ***to be honoured in the ~*** nebebūti gerbiamam
v **1** pra(si)laužti; pramušti skylę, padaryti spragą **2** sulaužyti *(įstatymą, susitarimą ir pan.)* **3** iššokti iš vandens *(apie banginį)*
bread [bred] *n* **1** duona; maistas; ***French ~*** batonas; ***daily ~*** *prk.* kasdieninė duona; **~ *and cheese*** paprastas/prastas maistas; **~ *and butter*** a) sumuštinis, sviestainis, buterbrodas; b) pragyvenimas *(lėšos, reikmenys);* **~ *and scrape*** plonai užtepta duona **2** *prk.* duonos kąsnis; pragyvenimas; ***to earn/make one's ~*** užsidirbti pragyvenimui; ***to have one's ~ buttered for life*** būti aprūpintam visą gyvenimą; ***to take the ~ out of one's mouth*** atimti iš ko duoną **3** *šnek.* pinigai ◊ ***to break ~ with smb*** ≅ sėstis su kuo prie vieno stalo; ***to cast one's ~ upon the waters*** elgtis nesavanaudiškai/pasiaukojamai; ***to eat smb's ~ and salt*** būti kieno svečiu; ***to eat the ~ of affliction*** patirti vargo; ***to know which side one's ~ is buttered on*** ≅ žinoti, iš kur vėjas pučia, rūpintis savo nauda; ***to quarrel with one's ~ and butter*** mesti darbą ir prarasti pragyvenimą; veikti prieš save, savo nenaudai; **~ *buttered on both sides*** gerovė; **~ *and circuses*** ≅ duona ir žaidimai
v (pa)volioti džiūvėsėliuose
bread-and-butter ['bredənd'bʌtə] *a* **1** gyvybinis, gyvybiškai svarbus **2** praktiškas, konkretus **3** kasdieniškas, kasdieninis **4** vaikiškas, jaunatviškas; **~ *miss*** mokinė **5**: **~ *letter*** laiškas, kuriuo dėkojama už svetingumą
breadbasket ['bred,bɑːskɪt] *n* **1** duonos krepšys/pintinė **2** svarbiausias grūdų rajonas, krašto aruodas **3** *šnek.* pilvas
breadbin ['bredbɪn] *n* duoninė *(duonai laikyti)*
breadboard ['bredbɔːd] *n* **1** lentelė duonai raikyti/pjaustyti **2** elektroninės schemos maketas

breadbox ['bredbɒks] *n amer.* duoninė *(duonai laikyti)*
breadcrumb ['bredkrʌm] *n* **1** duonos minkštimas **2** *pl* duonos trupiniai
breadfruit ['bredfruːt] *n* **1** *bot.* duonmedis *(t. p. ~ tree)* **2** *kul.* duonmedžio vaisius
breadknife ['brednaɪf] *n (pl* -knives [-naɪvz]) duonriekis *(peilis)*
breadline ['bredlaɪn] *n amer. (bedarbių, nukentėjusiųjų ir pan.)* eilė prie maisto ◊ ***near [below] the ~*** arti [žemiau] skurdo ribos; ***to be on the ~*** būti prie skurdo ribos
breadstuffs ['bredstʌfs] *n pl* **1** grūdai; miltai **2** duonos gaminiai
breadth [bredθ] *n* **1** plotis; platumas, platybė; ***in ~*** pločio, platumu **2** *(akiračio)* platumas, *(interesų)* įvairovė; platus užmojis ◊ ***to a hair's ~*** tiksliai; ***to be within a hair's ~ (of)*** būti per plauką *(nuo)*
breadthways, breadthwise ['bredθweɪz, 'bredθwaɪz] *adv* į plotį, platumu, skersai
bread-ticket ['bred,tɪkɪt] *n* duonos kortelė
breadwinner ['bred,wɪnə] *n (šeimos)* maitintojas, duondavys, duonpelnys
break [breɪk] *n* **1** lūžis, pralauža, pralaužimas, pradauža; **~ *in a wall*** sienos pradauža/spraga **2** *(ledo, debesų)* properša **3** pertrauka *(t. p. mok.);* pauzė; ***coffee ~*** pertrauka kavai gerti; ***without a ~*** be pertraukos, visą laiką **4** aušra; dienos brėškimas; ***at (the) ~ of dawn (dienai)*** vos brėkštant **5** skilimas; trūkimas; *(santykių)* nutrūkimas, nutrūkimas; trūkis; ***to make a ~ with smb*** nutraukti ryšius su kuo **6** klaida, apsirikimas, riktas; ***to make a bad ~*** a) padaryti klaidą; b) prasitarti, ne taip pasakyti; c) bankrutuoti **7** pabėgimas *(ypač iš kalėjimo);* ***to make a ~ for it*** pasileisti bėgti, sprukti šalin **8** *amer.* staigus kainų kritimas **9** *šnek.* gera galimybė, proga; ***to get the ~s*** gauti progą, pasinaudoti palankiomis aplinkybėmis; ***I had a lucky ~*** man pasisekė, turėjau laimę **10** *dial. (ko)* daugybė, begalė **11** *sport.* atsitraukimas *(po susiėmimo bokse);* komanda "breik" **12** *geor.* pertrauktis **13** *geol.* sprūdis ◊ ***give me a ~!*** *amer. šnek.* negali būti!
v (broke; broken) **1** laužti; (su)laužyti; (su)lūžti; (su)daužyti; (su)dužti; ***to ~ smth in two*** perlaužti ką perpus; ***he broke his leg*** jis susilaužė koją **2** (nu)traukti, (nu)trūkti *(apie virvę, stygą ir pan.);* ***to ~ a thread*** pertraukti siūlą **3** pertraukti, nutraukti *(darbą, pokalbį, ryšius ir pan.);* padaryti pertrauką **4** pralaužti *(frontą);* įsilaužti *(into)* **5** palaužti; palūžti *(apie žmogų, sveikatą)* **6** sumušti *(priešą ir pan.)* **7** viršyti *(rekordą)* **8** aušti, brėkšti **9** prasidėti, kilti *(apie audrą)* **10** (su)silpninti, (pri)stabdyti *(vėją; smūgį, kritimą)* **11** keistis *(apie orą);* atsileisti, (su)mažėti, sprogti *(apie šaltį)* **12** nuplėšti, sužeisti *(odą)* **13** nuplėšti *(pašto siuntos)* antspaudą, atplėšti *(voką)* **14** atkimšti *(butelį, statinę)* **15** (iš)keisti, (iš)mainyti *(pinigus)* **16** pažeisti, nusižengti *(įstatymui);* sulaužyti *(pažadą ir pan.);* ***to ~ the stillness*** sudrumsti ramybę **17** atskleisti, išaiškinti *(paslaptį ir pan.)* **18** pranešti *(naujieną)* **19** užlūžti/užsikirsti *(apie balsą)* **20** *(into)* staiga pradėti; praimti *(pinigus);* ***to ~ into laughter*** prapliupti juokais; ***to ~ into a run [a gallop]*** imti bėgti [pasileisti šuoliais] **21** pripratinti *(arklį prie kamanų; to);* dresuoti, mokyti **22** atprasti, atpratinti *(of – nuo)* **23** išsiveržti *(apie šauksmą ir pan.)* **24** atsiverti, pratrūkti *(apie votį)* **25** *el.* pertraukti *(grandinę)* ☐ **~ *away*** a) pabėgti, ištrūkti; b) atsiskirti, atskilti; c) atsikratyti, mesti; **~ *down*** a) išlaužti, išgriauti, išardyti; b) sulūžti, sugesti; c) sutriuškinti, palaužti; palūžti *(apie pasipriešinimą);* d) pa-

blogėti *(apie sveikatą);* e) nutrūkti, sužlugti; f) neišlaikyti, nesusivaldyti *(neverkus);* g) analizuoti *(išlaidas ir pan.);* h) išskirstyti, išdalyti, klasifikuoti *(into);* i) *chem.* su(si)skaidyti *(into);* **~ forth** išsiveržti, prasiveržti; **~ in** a) įsilaužti, įsiveržti; išlaužti; b) įsikišti, įsiterpti *(į pokalbį);* c) įpratinti; dresuoti; d) pranešioti, praavėti; **~ off** a) nulaužti; nulūžti; b) staiga nutraukti *(pokalbį, draugystę ir pan.);* pertraukti savo kalba; c) prasimušti *(iš apsupimo);* **~ out** a) išlaužti; pabėgti *(iš kalėjimo);* b) staiga kilti/prasidėti *(apie karą, audrą);* c) išberti *(spuogais);* d) pratrūkti *(juokais ir pan.);* **~ through** a) prasiveržti; prasilaužti; b) pasirodyti; **~ up** a) sudužti; b) (su)silpnėti; c) iš(si)skirstyti; d) baigtis *(apie mokslą);* paleisti *(mokinius)* atostogų; e) iširti, suirti; f) išformuoti; g) *amer.* prajuokinti ◊ **to ~ even** nepralošti ir neišlošti; išsilyginti, susibalansuoti; **who ~s, pays** ≡ prisivirei košės, tai ir srėbk

breakable ['breɪkəbl] *a* dužus, dūžtamas, trapus, lūžus *n pl* lengvai dūžtantys daiktai *(indai ir pan.)*

breakage ['breɪkɪdʒ] *n* **1** dužimas; lūžimas, sulūžusi dalis; *pl* sulaužyti/sudaužyti daiktai, duženos **2** avarija; avarijos nuostoliai; avarijos nuostolių padengimas

breakaway ['breɪkəweɪ] *n* **1** atskilimas, atsiskyrimas; **~ wing** atskilęs *(partijos ir pan.)* sparnas **2** *sport.* atitrūkimas, atsiplėšimas *(nuo grupės lenktynėse ir pan.)* **3** *sport.* bėglys *(apie atsiplėšusį dviratininką)* **4** *(ypač austral.)* *(arklių, galvijų)* paniškas bėgimas

breakdown ['breɪkdaun] *n* **1** *(mechanizmo, mašinos ir pan.)* (su)gedimas, avarija; **~ truck/lorry** techninės pagalbos automobilis; **~ gang** avarinė komanda **2** visiškas *(jėgų, sveikatos)* išsekimas; **nervous ~** nervinis išsekimas/pairimas **3** žlugimas, žuvimas; iširimas **4** išardymas, išskirstymas; klasifikacija **5** analizė **6** organizacijos schema **7** breikas *(šokis)* **8** *el.* pramušimas

breaker¹ ['breɪkə] *n* **1** didžiulė banga **2** *(įstatymo ir pan.)* pažeidėjas, laužytojas **3** daužytojas, smulkintojas **4** *(arklio)* dresuotojas **5** *tech.* smulkintuvas, trupintuvas **6** *tekst.* *(linų, kanapių ir pan.)* brukamoji *(mašina)* **7** *el.* pertraukiklis; **circuit ~** srovės pertraukiklis **8** *hidr.* lytlauža ◊ **~s ahead!** atsargiai!, priekyje pavojus!

breaker² *n jūr.* nedidelė statinaitė

break-even [ˌbreɪk'iːvn] *n fin. (bendrovės veiklos)* nenuostolingumas, pelno ir nuostolių susibalansavimas

breakfast ['brekfəst] *n* pusryčiai; **continental ~** lengvi pusryčiai *(kava su sviestainiu);* **English ~** angliški pusryčiai *(kiaušinienė su kumpiu, pakepinta duona ir marmeladas, arbata/kava)* ◊ **laugh before ~ you'll cry before supper** ≡ negirk dienos be vakaro; **she eats men like you for ~** *šnek.* su tokiais kaip tu jai susidoroti – vieni niekai *v* pusryčiauti

break-in ['breɪkɪn] *n* **1** įsilaužimas **2** apmokymas, pirminė praktika; dresavimas

breaking ['breɪkɪŋ] *n* **1** lūžis; (su)laužymas, daužymas; smulkinimas **2** *(virvės ir pan.)* trūkimas; nutraukimas *(t. p. prk.);* **~ of a contract** sutarties nutraukimas **3** *(pažado ir pan.)* sulaužymas; nusižengimas *(įstatymui)* **4** *amer.* dirvonų plėšimas **5** bangų mūša **6** pradžia; **~ of May** gegužės pradžia **7** *kalb.* sudvibalsėjimas, diftongizacija **8** *el. (srovės)* nutraukimas *(grandinėje);* išjungimas **9** *tekst.* braukimas ◊ **~ and entering** *teis.* įsilaužimas į patalpą

breakneck ['breɪknek] *a* nutrūktagalviškas, pavojingas; **at a ~ pace/speed** pasiutusiu greičiu, galvotrūkčiais

breakout ['breɪkaut] *n* **1** prasilaužimas *(iš apsupties)* **2** pabėgimas *(iš kalėjimo ir pan.)*

breakstone ['breɪkstəun] *n stat.* skalda

breakthrough ['breɪkθruː] *n* **1** *kar.* prasilaužimas, prasiveržimas **2** laimėjimas; didelis atradimas, perversmas *(moksle)*

breakup ['breɪkʌp] *n* **1** žlugimas, suirimas **2** *(santykių)* nutrūkimas **3** mokyklos uždarymas *(atostogoms)* **4** (su)smulkinimas

breakwater ['breɪkˌwɔːtə] *n* molas, bangolaužis

bream¹ [briːm] *n zool.* karšis; **blue ~** sparis; **silvery ~** plakis

bream² *v jūr. ist.* valyti *(laivo povandeninę dalį apdeginant)*

breast [brest] *n* **1** krūtinė; **to beat one's ~** muštis į krūtinę **2** krūtis; *anat.* pienliaukė; **~ cancer** krūties vėžys **3** *knyg.* sąžinė, širdis **4** *stat.* sienos dalis nuo grindų iki palangių, palanginė sienelė **5** *(plūgo)* verstuvė ◊ **to make a clean ~ of it** nuoširdžiai ką prisipažinti *v* **1** stoti, kilti *(prieš),* priešintis **2** skirti/atstumti krūtine **3** pasiekti kalno viršūnę

breastbone ['brestbəun] *n anat.* krūtinkaulis

breast-feed ['brestfiːd] *v* (-fed [-fed]) maitinti krūtimi

breast-high [ˌbrest'haɪ] *a* iki krūtinės, siekiantis krūtinę

breast-pin ['brestpɪn] *n* kaklaraiščio smeigtukas; sagė

breastplate ['brestpleɪt] *n* **1** antkrūtinis, krūtinės šarvas **2** ženklas *(ant krūtinės)*

breast-pocket [ˌbrest'pɔkɪt] *n (vyriško švarko)* vidaus kišenė

breaststroke ['breststrəuk] *n sport.* brasas

breastwork ['brestwɜːk] *n* **1** *archit.* parapetas **2** *kar.* brustveras

breath [breθ] *n* **1** kvapas, kvėpavimas; įkvėpis, įkvėpimas; **with bated ~** sulaikęs kvapą; **deep ~** atokvėpis, atsidusimas; **to be out of ~** sunkiai gaudyti kvapą, sunkiai kvėpuoti; **to catch one's ~** a) gniaužti kvapą *(susijaudinus);* b) atsipūsti, atsikvėpti; **to hold one's ~** sulaikyti kvėpavimą/kvapą; **to lose one's ~** uždusti, pritrūkti oro; **to take ~** atsikvėpti, pailsėti; **to take a deep ~** giliai įkvėpti **2** kvapas *(iš burnos);* **I could smell alcohol on his ~** iš kvapo jutau, kad jis išgėręs **3** gyvenimas; gyvybė; **to draw the first ~** gimti, išvysti dienos šviesą; **to draw one's last ~** išleisti paskutinį atodūsį, mirti **4** dvelkimas ◊ **below/under one's ~** tyliai, pašnibždomis; **to take smb's ~ away** nustebinti ką, užimti kam kvapą; **to waste one's ~** tuščiai kalbėti; **to save one's ~** nustoti tuščiai kalbėjus; **save one's ~ (to cool one's porridge)** ≡ neaušink burnos *(be reikalo);* verčiau patylėk; **second ~** naujas energijos antplūdis, naujos jėgos; **in the same ~** kartu, tuo pačiu metu; **in/with one ~** pirma, pirmiausia; **to stop smb's ~** *šnek. ret.* pasmaugti ką

breathalyse, -yze ['breθəlaɪz] *v* nustatyti girtumo laipsnį

breathalyser, -yzer ['breθəlaɪzə] *n* respiratorinis vamzdelis *(girtumui nustatyti)*

breathe [briːð] *v* **1** kvėpuoti; įkvėpti *(t. p. prk.);* atsikvėpti; **to ~ freely/again** a) laisvai atsikvėpti; b) pajusti palengvėjimą; **to ~ new life into smth** įkvėpti/prikelti ką naujam gyvenimui **2** gyventi, egzistuoti; **a better fellow does not ~** nerasi geresnio žmogaus už jį **3** skleisti malonų kvapą **4** dvelkti *(apie vėją)* **5** tyliai kalbėti; **not to ~ a word** neprasitarti, laikyti liežuvį už dantų **6** rodyti, išreikšti *(apie veidą, išorę)* **7** gadinti reputaciją *(upon)* □ **~ in** a) įkvėpti; b) atidžiai/dėmesingai klausyti; **~ out** iškvėpti

breather ['briːðə] *n* **1** kvėpuotojas; **he's a mouth ~** jis kvėpuoja pro burną **2** *šnek.* atokvėpis, poilsis **3** respiratorius **4** *tech.* alsuoklis

breathing ['bri:ðɪŋ] *n* **1** kvėpavimas; *heavy ~* sunkus alsavimas, dūsavimas **2** *(vėjelio)* dvelkimas, dvelksmas **3** *fon.* aspiracija

breathing-space ['bri:ðɪŋspeɪs] *n* atokvėpis, atsikvėpimas, pertrauka poilsiui

breathless ['breθləs] *a* **1** uždusęs; dūstantis **2** užimantis kvapą/žadą; sulaikęs kvapą; *~ attention* įtemptas dėmesys **3** tvankus; be vėjo **4** *poet.* be gyvybės žymių, nekvėpuojantis

breathtaking ['breθteɪkɪŋ] *a* kvapą užimantis, pagaunantis, patraukiantis

breathy ['breθɪ] *a* kvėpčiojantis *(apie balsą, dainavimą)*

bred [bred] *past ir pII žr.* **breed** *v*
a: *~ in the bone* įgimtas; *he is a town ~ boy* jis – miesto vaikas

breech [bri:tʃ] *n* **1** *med.* gimdymas kūdikio kojomis į priekį (t. p. *~ delivering/birth*) **2** *kar.* *(pabūklo)* uoksas

breech-block ['bri:tʃblɔk] *n kar. (pabūklo)* spyna

breeches ['brɪtʃɪz] *n pl* **1** bridžiai **2** *juok.* kelnės; *~ part* vyro vaidmuo, atliekamas moters

breeches-buoy ['brɪtʃɪzˌbɔɪ] *n* gelbėjamasis plūduras *(paimti žmonėms iš avarijos ištikto laivo)*

breech-loader ['bri:tʃˌləudə] *n kar.* pabūklas, užtaisomas pro spyną

breech-sight ['bri:tʃsaɪt] *n kar.* taikiklis

breed [bri:d] *n* **1** veislė, rūšis **2** giminė, kilmė; *this required a new ~ of actors* tai reikalavo naujo tipo aktorių
v (bred) **1** auginti, veisti **2** veisti(s), dauginti(s); perėti(s); *to ~ true* duoti veislinį prieauglį **3** auginti, prižiūrėti, auklėti, duoti išsiauklėjimą **4** sukelti, būti priežastimi, gimdyti ◊ *to ~ in and in* tuoktis su giminaičiais, tarp giminių

breeder ['bri:də] *n* **1** *(gyvulių)* augintojas; *sheep ~* avių augintojas **2** veislininkas, reproduktorius *(apie gyvulį)*

breeding ['bri:dɪŋ] *n* **1** *(gyvulių)* auginimas, veisimas; perėjimas; *cattle ~* galvijininkystė; *sheep ~* avininkystė **2** iš(si)auklėjimas; geros manieros

breeding-ground ['bri:dɪŋgraund] *n* **1** veislynas; perykla, perėjimo vieta **2** terpė

breeks [bri:ks] *n pl škot.* = **breeches**

breeze[1] [bri:z] *n* **1** švelnus vėjelis, brizas **2** *jūr.* vėjas **3** *šnek.* triukšmas, barniai **4** *šnek.* lengvutis uždavinys/darbas; *in a ~* lengvai ◊ *to fan the ~s* dirbti tuščią, beprasmišką darbą; *to bat/shoot the ~ amer. šnek.* taukšti, niekus tauzyti
v **1** greitai pralėkti *(t. p. ~ along)* **2** *šnek.* daryti skubotai, praeiti lengvai *(through)* **3** *ret.* pūsti, dvelkti □ *~ in* lengvai/nerūpestingai įeiti, įlėkti; *~ out* lengvai/nerūpestingai išeiti, išlėkti; *~ up jūr.* stiprėti *(apie vėją)*

breeze[2] *n zool.* gylys

breeze[3] *n* anglių dulkės, smulkios anglys

breezeblock ['bri:zblɔk] *n stat.* šlakbetonio blokas

breezeway ['bri:zweɪ] *n amer.* dengtas perėjimas tarp namo ir garažo

breezy ['bri:zɪ] *a* **1** vėjuotas, vėsus **2** linksmas; pasitikintis savimi

brekkie, brekky ['brekɪ] *n šnek.* pusryčiai

brent [brent] *n zool.* paprastoji berniklė (t. p. *~ goose*)

brethren ['breðrən] *n pl (žr.* **brother**) *psn., bažn.* broliai, brolija

Breton ['bretən] *a* bretoniškas, bretonų; Bretanės
n **1** bretonas **2** bretonų kalba

breve [bri:v] *n* **1** *(popiežiaus)* brevė **2** *poligr.* balsio trumpumo ženklas ant raidės (ŭ) **3** *muz.* dviguba sveikoji nata

brevet ['brevɪt] *n* **1** privilegijų suteikimo raštas **2** *kar.* aukštesnio laipsnio suteikimas *(nedidinant atlyginimo)* **3** *av.* piloto liudijimas
v kar. pakelti laipsnį paliekant tą patį atlyginimą

breviary ['bri:vɪərɪ] *n bažn.* brevijorius

brevier [brə'vɪə] *n poligr.* petitas

brevity ['brevətɪ] *n* trumpumas; *(kalbos)* glaustumas

brew [bru:] *n* **1** *(alaus ir pan.)* darymas **2** alus; arbata
v **1** daryti *(alų)* **2** virti, užpilti *(arbatą, kavą);* gaminti punšą *ir pan.* **3** rengti, planuoti *(sąmokslą, sukilimą ir pan.)* **4** bręsti *(apie krizę ir pan.);* telktis *(apie audrą)*
□ *~ up* užvirinti *(arbatą)* ◊ *drink as you have ~ed* ≡ ką pasėsi, tą ir pjausi

brewage ['bru:ɪdʒ] *n* **1** *(alaus ir pan.)* darymas **2** alus; gėrimas, gėralas

brewer ['bru:ə] *n* aludaris; *~'s yeast* alaus mielės

brewery ['bru:ərɪ] *n* alaus darykla

briar[1] ['braɪə] *n* = **brier**[1]

briar[2] *n* = **brier**[2]

bribable ['braɪbəbl] *a* paperkamas

bribe [braɪb] *n* kyšis, papirkimas; *he was accused of taking ~s* jį apkaltino kyšininkavimu, kyšių ėmimu
v duoti kyšį, papirkti

briber ['braɪbə] *n* kyšio davėjas, papirkėjas

bribery ['braɪbərɪ] *n* kyšininkavimas; papirkimas

bribetaker ['braɪbˌteɪkə] *n* kyšininkas, kyšio ėmėjas

bric-a-brac ['brɪkəbræk] *pr. n kuop.* blizgučiai; smulkios puošmenos/senienos

brick [brɪk] *n* **1** plyta; *to lay ~s* mūryti; *~ wall* mūrinė siena, mūras **2** *(muilo)* gabaliukas; *(arbatos)* pakelis; *(ledų)* porcija *ir pan.; a box of ~s* žaidimo kaladėlės **3** *šnek.* šaunus žmogus, šaunuolis ◊ *to drop a ~* padaryti netaktą; *to shit ~s sl.* triesti *(labai bijoti/jaudintis); to have a ~ in one's hat sl.* būti girtam; *like a ton/pile/hundred/thousand of ~s šnek.* a) nepaprastai supykęs; b) labai smarkiai, su didžiule jėga; *to make ~s without straw* dirbti neturint reikiamos medžiagos
v mūryti, dėti plytas, iškloti plytomis □ *~ in* užmūryti, apmūryti, išmūryti sieną; *~ off* atitverti/atskirti mūrine siena; *~ over* užmūryti; *~ up* = *~ in*

brickbat ['brɪkbæt] *n* **1** plytgalys, plytos nuolauža **2** *šnek.* šiurkštūs žodžiai, užsipuolimas

brick-built ['brɪkbɪlt] *a* plytinis, iš plytų

brick-field ['brɪkfi:ld] *n* plytinė

brickie ['brɪkɪ] *n šnek.* mūrininkas

brick-kiln ['brɪkkɪln] *n* plytų degimo krosnis

bricklayer ['brɪkˌleɪə] *n* mūrininkas

bricklaying ['brɪkˌleɪɪŋ] *n* plytų dėjimas, mūrijimas

brick-red ['brɪkred] *a* plytinis *(apie spalvą)*

brickwork ['brɪkwə:k] *n* plytų mūrinys, iš plytų išmūryta pastato dalis

brickyard ['brɪkjɑ:d] *n* plytinė

bridal ['braɪdl] *a* nuotakos, jaunosios; vestuvinis; *the ~ party* jaunosios pulkas

bride [braɪd] *n* nuotaka, jaunoji; jaunamartė ◊ *~'s basket* krištolinė vaza su sidabriniu aptaisu *(su rankena); the B. of the Sea* Jūros nuotaka *(apie Veneciją)*

bridegroom ['braɪdgru:m, 'braɪdgrum] *n (tik v.)* jaunikis, jaunasis, jaunavedys

bridesmaid ['braɪdzmeɪd] *n* pamergė ◊ *always the ~ never the bride* amžinai antras

bridesman ['braɪdzmən] *n (pl* -men [-mən]) *(tik v.)* pajaunys, pabrolys

bride-to-be [ˌbraɪdtə'bi:] *n* būsimoji nuotaka

bridewell ['braɪdwəl] *n psn.* pataisos namai *(kalinimo vieta)*

bridge¹ [brɪdʒ] *n* **1** tiltas; *swing/turning* ~ pasukamasis tiltas; *~ of boats, pontoon* ~ pontoninis tiltas; **2** *prk.* jungiamoji grandis; *gold/silver* ~ garbingo atsitraukimo būdas **3** *jūr.* tiltelis; *captain's* ~ kapitono tiltelis **4** tiltas, tiltelis *(dantų protezas)* **5** *anat.* viršunosė, tarpuakis *(t. p. ~ of the nose)* **6** *(stygų)* ramstukas **7** *el.* lygiagretusis sujungimas, šuntas ◊ *don't cross your ~s before you come to them* nesirūpink iš anksto, viskas savo laiku
v **1** statyti/tiesti tiltą **2** jungti tiltu; perdengti **3** aprėpti, apimti *(kelis laikotarpius)* □ *~ over* a) įveikti, nugalėti *(sunkumus)*; b) pagelbėti *(tam kartui)*
bridge² *n* bridžas *(kortų lošimas)*
bridge-board ['brɪdʒbɔ:d] *n stat.* templė; laiptasijė
bridgebuilder ['brɪdʒˌbɪldə] *n* **1** tiltininkas, tiltų statytojas **2** *prk.* tarpininkas, šalininkas
bridgehead ['brɪdʒhed] *n kar.* prietiltis, placdarmas
bridle ['braɪdl] *n* **1** apynasris, kamanos; *to give a horse the* ~ a) atleisti vadeles; b) *prk.* duoti laisvę; *to turn* ~ pasukti atgal **2** *jūr.* bridelis ◊ *to put a ~ (on)* pažaboti, sutramdyti *(jausmus ir pan.)*
v **1** užmauti apynasrį/kamanas **2** (su)valdyti, tramdyti; *to ~ one's tongue* laikyti liežuvį **3** užriesti galvą, šokti piestu *(iš pykčio ir pan.)*
bridle-hand ['braɪdlhænd] *n* raitelio kairioji ranka
bridlepath ['braɪdlpɑ:θ] *n* raitųjų takas
bridleway ['braɪdlweɪ] *n* = **bridlepath**
brie [bri:] *pr. n* minkštas prancūziškas sūris
brief [bri:f] *<a, n, v> a* **1** trumpas; trumpalaikis; *to have a ~ word* trumpai šnektelėti **2** (su)glaustas, konspektyvus **3** šiurkštus, atžarus
n **1** *(kieno)* funkcijos, veiklos baras/sritis **2** trumpa informacija; direktyvos; *in* ~ trumpai; glaustai **3** *pl* trumpikės *(kelnaitės)* **4** *teis.* trumpas bylos išdėstymas; *to have plenty of ~s* turėti didelę praktiką *(apie advokatą)*; *to take a* ~ sutikti atstovauti klientui teisme, imtis bylos; *to throw down one's* ~ atsisakyti toliau tirti bylą; *watching* ~ įgaliotojo asmens pavedimas advokatui stebėti bylą **5** *av.* instrukcija lakūnui *(prieš skridimą)* **6** popiežiaus raštas; brevė ◊ *to hold no ~ (for)* nebūti *(ko)* šalininku
v **1** iš anksto informuoti *(on – apie)*; duoti nurodymus/direktyvas **2** *teis.* pavesti *(advokatui)* bylą teisme **3** *kar.* (pa)instruktuoti *(lakūnus prieš skridimą)*
brief-bag ['bri:fbæg] *n* lagaminėlis *(ppr. odinis)*
briefcase ['bri:fkeɪs] *n* **1** = **brief-bag 2** portfelis
briefing ['bri:fɪŋ] *n* **1** instruktažas, instruktavimas, informavimas **2** instrukcijos **3** bryfingas, trumpas pasitarimas
briefless ['bri:fləs] *a* neturintis klientų *(apie advokatą)*
briefly ['bri:flɪ] *adv* **1** trumpai; trumpam **2** trumpai sakant
briefness ['bri:fnɪs] *n* trumpumas, glaustumas
brier¹ ['braɪə] *n bot.* erškėtis, erškėtrožė
brier² *n* **1** *bot.* šilžiurkštis, erika **2** pypkė iš erikos šaknies
briery ['braɪərɪ] *a* spygliuotas, dygus
brig [brɪg] *n* **1** *jūr.* brigas *(dvistiebis burlaivis)* **2** *amer.* patalpa suimtiesiems *(jūrininkams, kareiviams)*
brigade [brɪ'geɪd] *n* **1** *kar.* brigada; ~ *major* brigados štabo žvalgybos skyriaus viršininkas **2** komanda, būrys; *fire* ~ gaisrininkų komanda **3** *niek., juok.* grupė; *he is one of the old* ~ *juok.* jis iš senosios gvardijos
v **1** sudaryti brigadą **2** skirstyti grupėmis
brigadier [ˌbrɪgə'dɪə] *n* **1** brigadininkas *(kar. laipsnis)*; brigados vadas **2** brigados generolas *(t. p. ~ general)*
brigand ['brɪgənd] *n psn., knyg.* plėšikas, banditas
brigandage ['brɪgəndɪdʒ] *n psn., knyg.* plėšikavimas, banditizmas
brigantine ['brɪgəntaɪn] *n jūr.* brigantina
bright [braɪt] *a* **1** ryškus; šviesus *(t. p. prk.)*; skaistus, blizgantis; ~ *colour* ryški spalva; ~ *future* šviesi ateitis **2** šviesus, permatomas *(apie skystį)* **3** gabus, sumanus; protingas **4** nuostabus, puikus *(apie mintį)* **5** linksmas, gyvas *(t. p. ~ and breezy)* **6** giedras; *cloudy with ~ intervals* debesuota su pragiedruliais **7** poliruotas
adv ryškiai, šviesiai; ~ *red* skaisčiai/ryškiai raudonas ◊ *~ and early* labai anksti *(rytą)*
Bright [braɪt] *n:* ~'*s disease med.* chroniškas nefritas
brighten ['braɪtn] *v* **1** (pa)gyvinti, (pa)gyvėti, nušvisti *(t. p. ~ up)* **2** šviesėti, šviestis, giedrytis *(t. p. prk.)* **3** šviesinti, šveisti, poliruoti **4** gerinti, lengvinti
bright-eyed ['braɪt'aɪd] *a* skaisčių akių; šviesus *(t. p. prk.)* ◊ *~ and bushy-tailed šnek.* gyvas, linksmas
brightness ['braɪtnɪs] *n* ryškumas *ir pan., žr.* **bright**
brights [braɪts] *n pl amer. aut. šnek.* priešakinės šviesos
brill¹ [brɪl] *n zool.* otas, krepštuvė
brill² *int šnek.* nuostabu!, puiku!
brilliance, -cy ['brɪlɪəns, -sɪ] *n* **1** ryškumas; blizgėjimas, spindėjimas, blizgesys, spindesys **2** talentingumas, talentas
brilliant ['brɪlɪənt] *n* briliantas *(t. p. poligr.)*
a **1** blizgantis, spindintis, žvilgantis, žvilgus **2** talentingas **3** *šnek.* nuostabus, puikus; ~*!* puiku!
brilliantine ['brɪlɪəntiːn] *n* briliantinas
brim [brɪm] *n* **1** *(indo)* kraštas, briauna; *full to the ~* sklidinas **2** *(skrybėlės)* atbraila, graižas
v pri(si)pildyti ligi kraštų □ *~ over* lietis per kraštus *(t. p. prk.)*; *he ~s over with health* jis trykšta sveikata
brimful ['brɪmful] *a predic* pilnas ligi kraštų; sklidinas, kupinas *(t. p. prk.)*
brimless ['brɪmləs] *a* be graižo, be atbrailų *(apie skrybėlę)*
brimmer ['brɪmə] *n* pilnas stiklas/bokalas
brimstone ['brɪmstən] *n psn.* siera
brindle(d) ['brɪndl(d)] *a* margas, rainas, rudmargis
brine [braɪn] *n* **1** sūrymas, sūrus tirpalas **2** jūros vanduo; druskingas vanduo
v sūdyti, marinuoti
bring [brɪŋ] *v* (**brought**) **1** atnešti, atvežti, atvesti, atgabenti, pristatyti **2** įvesti *(into)*; *to ~ into fashion/vogue* įvesti madą, padaryti madingą; *to ~ into practice* pradėti praktiką, imti vartoti **3** įtraukti, suskirstyti *(under)* **4** būti priežastimi, sukelti; priversti; *it brought a blush to her cheeks* tai privertė ją paraudonuoti/paraustį; *to ~ to a fixed proportion* nustatyti tam tikrą proporciją/santykį **5** įtikinti; *refl* prisiversti; *he couldn't ~ himself to apologize* jis negalėjo prisiversti atsiprašyti **6** (iš)kelti *(bylą)*; (iš)kelti *(klausimą komisijoje/parlamente)* □ *~ about* a) sukelti; b) *jūr.* ap(si)sukti, keisti kryptį; *~ along* pasiimti su savimi; *~ around* = *~ round*; *~ away* nu(si)nešti, iš(si)vežti; *~ back* a) grąžinti; atstatyti; b) priminti; *~ down* a) sumažinti *(kainas ir pan.)*; b) nutupdyti *(lėktuvą)*; c) numušti *(lėktuvą)*; pašauti *(žvėrį, paukštį)*; d) pargriauti, parmesti *(t. p. sport.)* e) nuversti *(vyriausybę ir pan)*; f) už(si)traukti *(nemalonę; on)*; g) *šnek.* duoti atkirtį, sutramdyti; h) *šnek.* liūdinti, gadinti nuotaiką; *~ forth* (pa)gimdyti *(t. p. prk.)*; sukelti; *~ forward* a) iškelti, pateikti *(klausimą, pasiūlymą)*; b) atkelti *(į ankstesnę datą/laiką)*; c) *buh.* perkelti sumą *(į kitą puslapį)*; *~ in* a) įnešti; įvežti; b) duoti, atnešti *(pelną)*; c) pateikti *(svarstyti)*; d) įtraukti, įvesti *(naują madą ir pan.)*; e) *teis.* paskelbti *(nuosprendį)*; *to ~ in guilty* nuteisti; f) suimti, atvesti į nuovadą; *~ off* a) išgelbėti *(iš skęstančio laivo)*; b) sėkmingai užbaig-

bringdown   115   broadloom

ti; **~ on** a) sukelti *(kosulį, ligą);* būti *(ko)* priežastimi; b) prisidėti, padėti *(augti, plėtotis; in);* **~ out** a) išimti; b) padrąsinti; duoti *(kam)* pasireikšti, at(si)skleisti; c) išspausdinti; išleisti; d) išvesti, parodyti; e) išryškinti; f) ištarti *(žodį);* g) išberti *(odą; in);* **~ over** a) parsivežti iš užjūrio *(šeimą ir pan.);* b) patraukti į savo pusę *(to);* **~ round** a) atsivesti *(su savimi);* b) atgaivinti *(nualpusį);* c) *jūr.* ap(si)sukti, keisti kryptį; d) nukreipti *(pokalbį; to);* e) perkalbėti; **we brought them round to our point of view** mes juos įtikinome; **~ through** a) išgydyti, išgelbėti; b) padėti įveikti/išgyventi *(sunkumus ir pan.)* **~ to** a) atgaivinti; b) *jūr.* sulaikyti, sustabdyti *(laivą);* **~ together** suvesti *(ypač vyrą ir moterį);* sutaikyti; **~ under** pajungti, priversti paklusti; **~ up** a) išauginti, išauklėti; b) iškelti *(klausimą);* c) *teis.* patraukti į teismą, pateikti *(kaltinimą);* d) *šnek.* išvemti; e) sustabdyti; sustoti

bringdown ['brɪŋdaun] *n šnek.* **1** tai, kas liūdina/slegia **2** nuoboda, įkyruolis **3** šiurkšti pastaba *(norint pažeminti ir pan.)*

brink [brɪŋk] *n knyg.* status krantas; *(bedugnės, prarajos)* kraštas; riba ◊ **on the ~ of the grave** prie mirties slenksčio; **on the ~ of war** ant karo slenksčio; **on the ~ of ruin** per plauką nuo pražūties; **to be on the ~ of doing smth** rengtis ką (pa)daryti

brinkmanship ['brɪŋkmənʃɪp] *n (ypač polit.)* balansavimas ties pavojinga riba, ant karo slenksčio *ir pan.*

briny ['braɪnɪ] *a* sūrus
n (the ~) šnek. ret. jūra, vandenynas

brio ['briːəu] *it. n* smarkumas, gyvumas, linksmumas, smagumas

brioche ['briːɔʃ] *pr. n kul.* sviestinė bandelė

briquet(te) [brɪ'ket] *n* briketas
v briketuoti

brisk [brɪsk] *a* **1** smarkus, gyvas; greitas, judrus; praktiškas; **~ trade** gyva prekyba **2** gaivus *(apie orą, vėją)*
v (pa)gyvinti, (pa)gyvėti *(t. p. ~ up)* ⬜ **~ about** skubėti, greitai judėti

brisket ['brɪskɪt] *n kul.* krūtinkaulis, krūtininė *(mėsa)*

briskness ['brɪsknɪs] *n* smarkumas *ir pan., žr.* **brisk**

bristle ['brɪsl] *n* šerys, šeriai; gyvulių plaukai ◊ **to set up one's ~s** pasišiaušti, supykti
v **1** apaugti šeriais/plaukais **2** šerius statyti, šiauštis, pasišiaušti *(t. p. ~ up); he ~s at criticism* jis šiurkščiai atsako į pastabas **3** turėti *(ko)* daugybę *(with);* **to ~ with difficulties** turėti daug sunkumų, susidurti su daugybe sunkumų

bristle-grass ['brɪslɡrɑːs] *n bot.* šerytė

bristling ['brɪslɪŋ] *a* **1** = **bristly** 1 **2** veržlus, smarkus

bristly ['brɪslɪ] *a* **1** šeriuotas; duriantis; šiurkštus **2** *prk.* šiurkštus, ūmus

Bristol ['brɪstl] *n* Bristolis *(miestas);* **~ board** Bristolio kartonas ◊ **~ compliment** dovana, nereikalinga pačiam dovanotojui; **~ fashion** *jūr.* pavyzdingai tvarkingas

bristols ['brɪstlz] *n pl sl.* krūtys, papai

Brit [brɪt] *n šnek.* britas

Britain ['brɪtn] *n* Britanija *(Anglija, Velsas ir Škotija);* **Great ~** Didžioji Britanija

Britannia [brɪ'tænɪə] *n poet.* Didžioji Britanija *(t. p. D. Britanijos simbolis – moters figūra monetose ir pan.)*

Britannic [brɪ'tænɪk] *a* britų, britaniškas; D. Britanijos *(karaliaus/karalienės diplomatiniame titule)*

britches ['brɪtʃɪz] *n pl amer.* = **breeches**

Briticism ['brɪtɪsɪzm] *n* anglicizmas *(ne amerikanizmas)*

British ['brɪtɪʃ] *a* britų, britaniškas; (Didžiosios) Britanijos; angliškas; **~ English** anglų kalbos britiškasis variantas; **the ~ Isles** Britanijos salos; **the ~ ambassador** Didžiosios Britanijos ambasadorius; **~ thermal unit** *tech.* anglų šilumos kiekio vienetas; **she is ~** ji britė/anglė
n: (the ~) kuop. britai, anglai

Britisher ['brɪtɪʃə] *n amer.* britas, anglas

Britishism ['brɪtɪʃɪzm] *n* = **Briticism**

Briton ['brɪtn] *n* **1** britas, anglas; **North ~** škotas **2** *ist.* britas *(keltų giminės žmogus)*

Brittany ['brɪtənɪ] *n* Bretanė *(pusiasalis, ist. provincija)*

brittle ['brɪtl] *a* **1** trapus, lūžus, dužus **2** *prk.* trapus, netvirtas **3** ūmus, nervingas *(apie charakterį)* **4** nejautrus, šiurkštus

bro [brəu] *n šnek.* **1** brolis **2** *amer.* sveikas! *(sveikinantis su draugu)*

broach [brəutʃ] *n* **1** iešmas **2** volė **3** bokšto smailė/špilis *(t. p. ~ spire)* **4** *tech.* plėstuvas
v **1** pradėti kalbėti, iškelti *(sunkų/nepatogų klausimą)* **2** ištraukti volę; atkimšti *(butelį)* **3** *tech.* pradurti, pramušti *(skylę)* **4** *kas.* pradėti eksploatuoti

broad [brɔːd] <*a, adv, n*> *a* **1** platus *(t. p. prk.);* **to grow ~er** platėti; **in a ~ sense** plačiąja prasme; **the river is six metres ~** upės plotis – šeši metrai **2** erdvus, didelis; **~ fields** platūs/didžiuliai laukai **3** aiškus, neabejotinas, aiškiai pastebimas; **~ accent** ryškus akcentas; **~ hint** aiški užuomina **4** liberalus; **B. Church** *ist.* Anglikonų bažnyčios liberalusis sparnas **5** svarbiausias, pagrindinis; bendras; **in ~ outline** bendrais bruožais **6** šiurkštus, nepadorus *(apie juoką, anekdotą)* **7** *fon.* atvirasis, platusis ◊ **it is as ~ as it is long** *(galutinis)* rezultatas tas pats; vis tiek, ≡ tas pats velnias
adv ret. **1** plačiai **2** atvirai, erdviai **3** visiškai; **~ awake** visai pabudęs, nebemieguistas **4** su ryškiu akcentu; **to speak ~** kalbėti su ryškiu akcentu
n **1** *(ppr. pl)* (upės ir pan.) paplatėjimas, *(ko)* platuma **2** *amer. vulg.* boba, mergšė

broadax(e) ['brɔːdæks] *n* dailidės/medkirčio kirvis

broadband ['brɔːdbænd] *n spec.* plačiajuostė radijo signalų sistema

broad-based [ˌbrɔːd'beɪst] *a* bendras, visuotinis; labai įvairus/platus

broad-brim ['brɔːdbrɪm] *n* **1** skrybėlė su plačiais graižais, plačiakraštė skrybėlė **2** *šnek.* kvakeris *(sektos narys)*

broad-brush ['brɔːdbrʌʃ] *a* apibendrintas, platus; apytikris

broadcast ['brɔːdkɑːst] <*n, a, v*> *n rad., tel.* laida, transliacija; programa; **live ~** tiesioginė laida
a **1** radijo; televizijos; transliacijos; **~ time** laidos/transliacijos laikas **2** plačiai paskleistas/paplitęs
v (broadcast) **1** perduoti/transliuoti per radiją/televiziją; vesti radijo/televizijos laidą **2** (pa)skleisti, (iš)platinti

broadcaster ['brɔːdkɑːstə] *n rad., tel.* diktorius

broadcasting ['brɔːdkɑːstɪŋ] *n rad., tel.* laida, transliavimas; **television ~** televizijos laida; **children's ~** laida vaikams

broadcloth ['brɔːdklɔθ] *n tekst.* juodas vilnonis dvigubo pločio audinys

broaden ['brɔːdn] *v* **1** (pa)platėti *(t. p. prk.);* **his outlook has ~ed** jo akiratis paplatėjo **2** (pa)platinti; (pra)plėsti *(t. p. prk.)* ⬜ **~ out** a) išsiplėsti, išplatėti; b) ilgiau apsistoti *(kalbant)*

broad-gauge ['brɔːdɡeɪdʒ] *a* **1** *glžk.* plačiabėgis, platusis; **~ line** platusis geležinkelis **2** liberalus, plačių pažiūrų

broad-leaved ['brɔːd'liːvd] *a bot.* plačialapis

broadloom ['brɔːdluːm] *a* austas plačiomis staklėmis *(apie kilimą)*

broadly ['brɔːdlɪ] *adv* **1** plačiai; **~ based coalition** plati koalicija **2** svarbiausia, maždaug **3** *mod* apskritai, apskritai imant/kalbant *(t. p. ~ speaking)*
broadminded ['brɔː'd'maɪndɪd] *a* plačių pažiūrų, plataus akiračio; liberalus
broadness ['brɔːdnɪs] *n* **1** platumas **2** *(juoko, kalbos)* šiurkštumas, grubumas
broadsheet ['brɔːdʃiːt] *n* laikraštis/skelbimas viename dideliame popieriaus lape
broadside ['brɔːdsaɪd] <*n, adv, v*> *n* **1** *(laivo)* bortas; **~ wave** bortinė banga; **~ on/to smth** bortu/šonu į ką **2** vieno borto patrankos; **to give a ~** *jūr.* paleisti salvę **3** už(si)puolimas; **to give smb a ~** už(si)pulti ką **4** = **broadsheet**
adv bortu, šonu *(t. p. ~ on)*
v (ypač amer.) trenktis į *(kito automobilio)* šoną
broadsword ['brɔːdsɔːd] *n* palašas *(kardas)*
Broadway ['brɔːdweɪ] *n* Brodvėjus *(pagrindinė Niujorko gatvė)*
broadways ['brɔːdweɪz] *adv* platumon, į plotį, skersai
broadwise ['brɔːdwaɪz] *adv* = **broadways**
brocade [brə'keɪd] *n* brokatas *(audinys)*
v puošti *(audinį)* brokato raštu
broccoli ['brɔkəlɪ] *n bot., kul.* brokolis, šparaginis kopūstas
brochure ['brəʊʃə] *n* brošiūra
brock [brɔk] *n zool.* opšrus, barsukas
brocket ['brɔkɪt] *n* dvejų metų elnias
brogue[1] [brəʊg] *n (ppr. pl)* tvirti raštuotos odos batai *(su skylutėmis)*
brogue[2] *n* tarmiškas *(ypač airiškas, škotiškas)* akcentas
broil[1] [brɔɪl] *n* triukšmas, barniai, vaidai
broil[2] *n* **1** kepi(ni)mas, karštis **2** *kul.* kepsnys
v **1** kepti *(ant atviros ugnies)* **2** degintis, kepintis *(saulėje)*
broiler[1] ['brɔɪlə] *n* **1** broileris, mėsinis viščiukas *(t. p. ~ chicken)* **2** *šnek.* labai karšta diena **3** *amer.* = **grill**[1] 1
broiler[2] *n šnek.* vaidininkas, peštukas, kurstytojas
broke [brəʊk] *past žr.* **break**
a šnek. subankrutavęs; **flat/stony ~** visiškai subankrutavęs; **to go ~** subankrutuoti ◊ **to go for ~** ≡ viską ant kortos statyti, rizikuoti
broken ['brəʊkən] *pII žr.* **break**
a **1** sulaužytas, sulūžęs; sudaužytas, sudužęs; **~ stone** skalda **2** *prk.* sulaužytas *(apie įstatymą ir pan.)* **3** sugedęs *(apie aparatūrą, variklį ir pan.)* **4** nualintas, nusmukęs, nusmukdytas, subankrutavęs **5** sužlugdytas, žlugęs *(apie viltis, žmogų)* **6** netaisyklingas, laužytas *(apie kalbą, liniją ir pan.)* **7** raižytas *(apie vietą, kraštovaizdį)* **8** palaužtas *(apie sveikatą)* **9** nutrauktas, pertrauktas *(apie miegą, kelionę)* **10** lūžtantis, (nu)trūkstantis *(apie balsą)* **11** išjodinėtas, dresuotas *(apie arklį)* **12** nepastovus *(apie orą)* **13**: **~ bread/meat** maisto likučiai; **~ tea** išgerta arbata
broken-bellied ['brəʊkən'belɪd] *a* turintis išvaržą
broken-down ['brəʊkən'daʊn] *a* **1** palaužtas; nualintas **2** sulūžęs, susidėvėjęs; sugedęs *(apie automobilį ir pan.)* **3** subankrutavęs **4** apgriuvęs *(apie pastatą)*
broken-hearted ['brəʊkən'hɑːtɪd] *a* susisielojęs, prislėgtas *(nelaimės)*
brokenly ['brəʊkənlɪ] *adv* **1** su pertraukomis, pertrūkiais **2** trūkčiojamai; mėšlungiškai
broken-winded ['brəʊkən'wɪndɪd] *a vet.* dusulingas *(apie arklį)*
broker ['brəʊkə] *n* **1** brokeris, makleris; komisionierius; agentas; tarpininkas **2** prekiautojas vartotais daiktais **3** įkainotojas **4** asmuo, parduodantis aprašytą turtą
v dirbti makleriu; tarpininkauti

brokerage ['brəʊkərɪdʒ] *n* **1** brokerio tarpininkavimas, maklerystė **2** kurtažas *(atlyginimas makleriui už tarpininkavimą)*
broking ['brəʊkɪŋ] *n* maklerystė, tarpininkavimas
brolly ['brɔlɪ] *n* **1** *šnek.* skėtis, lietsargis **2** *sl.* parašiutas; **~ hop** šuolis su parašiutu
brome [brəʊm] *n bot.* dirsė *(t. p. ~ grass);* **false ~** striugė
bromide ['brəʊmaɪd] *n* **1** *chem.* bromidas **2** migdomasis vaistas **3** *šnek.* banalybė, banali frazė **4** *šnek.* eilinis/ nuobodus žmogus
bromine ['brəʊmiːn] *n chem.* bromas
bronc [brɔŋk] *n šnek.* = **bronco**
bronchi, bronchia ['brɔŋkaɪ, -kɪə] *n pl anat.* bronchai
bronchial ['brɔŋkɪəl] *a* bronchinis, bronchų
bronchiole ['brɔŋkɪəʊl] *n anat.* bronchiolė
bronchitis [brɔŋ'kaɪtɪs] *n med.* bronchitas
bronco ['brɔŋkəʊ] *n (pl ~s [-z]) amer.* pusiau laukinis arklys, mustangas
broncobuster ['brɔŋkəʊˌbʌstə] *n amer. šnek.* kaubojus, dresuojantis mustangus
Brontë ['brɔntɪ] *n:* **Charlotte, Emily, Anne ~** Šarlotė, Emilė, Anė Brontės *(seserys rašytojos)*
brontosaurus [ˌbrɔntə'sɔːrəs] *n* brontozauras
bronze [brɔnz] <*n, a, v*> *n* **1** bronza **2** bronzos spalva **3** bronzos dirbinys **4** bronzos medalis (t. p. **~ medal**)
a bronzinis; bronzinės spalvos; **the B. Age** bronzos/žalvario amžius
v **1** bronzuoti **2** įdegti *(saulėje)*
brooch [brəʊtʃ] *n* sagė *(papuošalas)*
brood[1] [bruːd] <*n, a, v*> *n* **1** *(paukščių)* jaunikliai **2** *juok.* vaikai, šeimyna, šeimynėlė
a veislinis; **~ mare** veislinė kumelė
v **1** perėti **2** galvoti, mąstyti *(džn. susirūpinus; about);* ilgai svarstyti; užsisvajoti *(on, over)* **3** pakibti, kyboti, dunksoti *(over)*
brood[2] *n geol.* bergždžias, bergždžioji uoliena
brooder ['bruːdə] *n* **1** nuolat užsisvajojęs/susimąstęs žmogus **2** bruderis *(viščiukams auginti)*
brood-hen ['bruːdhen] *n* perekšlė
brooding ['bruːdɪŋ] *n* **1** perėjimas **2** susimąstymas; *pl* rūpesčiai
a slegiantis, gąsdinantis
broody ['bruːdɪ] *a* **1** susimąstęs, susirūpinęs; prislėgtas **2** linkusi perėti, perinti **3** norinti turėti vaiką
brook[1] [brʊk] *v (ppr. vart. su neiginiu) knyg.* pakęsti, toleruoti
brook[2] *n* upelis, upokšnis
brooklet ['brʊklɪt] *n* upeliukas
Brooklyn ['brʊklɪn] *n* Bruklinas *(Niujorko miesto dalis)*
broom [bru(ː)m] *n* **1** šluota, *(grindų)* šepetys **2** *bot.* palėpštis ◊ **a new ~ sweeps clean** ≡ nauja šluota gražiai šluoja
v šluoti
broomrape ['bruːmreɪp] *n bot.* džioveklė
broomstick ['bruːmstɪk] *n* šluotkotis ◊ **to marry over the ~** su(si)tuokti pakrūmėje
broth [brɔθ] *n* sriuba, sultinys; **chicken ~** vištienos sultinys; **Scotch ~** daržovių sriuba su smulkinta jautiena/ aviena ◊ **a ~ of a boy** *air. šnek.* šaunuolis
brothel ['brɔθl] *n* viešieji namai
brother ['brʌðə] *n (pl ~s dar žr.* **brethren***) (tik v.)* **1** brolis; **blood ~ , ~ german** tikras brolis; **sworn ~s** įbroliai **2** bendražygis, kolega; **~s in arms** ginklo draugai; **~ of the brush** kolega dailininkas; **~ of the quill** plunksnos draugas *(rašytojas)* **3** kraštietis **4** *bažn.* brolis, brolijos narys
int: **oh ~!** oho!, na! *(reiškiant nustebimą/nusivylimą ir pan.)*

brotherhood ['brʌðəhud] *n* **1** brolystė, brolybė; broliškumas; broliški santykiai **2** vienos profesijos žmonės **3** *amer.* geležinkelininkų profesinė sąjunga **4** *bažn.* brolija
brother-in-law ['brʌðərɪnlɔ:] *n (pl* brothers-in-law) *(tik v.)* svainis *(žmonos brolis; sesers vyras);* dieveris *(vyro brolis)*
brotherly ['brʌðəlɪ] *a* broliškas
adv psn. broliškai
brothers-in-law ['brʌðəzɪnlɔ:] *pl* žr. **brother-in-law**
brougham ['bru:əm] *n ist.* dvivietė karieta
brought [brɔ:t] *past ir pII* žr. **bring**
brouhaha ['bru:hɑ:hɑ] *n šnek.* sujudimas, sambrūzdis; sensacija; skandalas
brow [brau] *n* **1** kakta **2** *(ppr. pl)* antakis; ***to bend/knit/ crease one's ~s*** suraukti antakius, susiraukti **3** *(kalno, uolos ir pan.)* kraštas, briauna; viršūnė
brow-ague ['brau‚eɪgju:] *n med.* migrena
browbeat ['braubi:t] *n* (browbeat, browbeaten [-‚bi:tn]) gąsdinti, bauginti *(rėksmu, žvilgsniu)*
brown [braun] <*a, n, v*> *a* **1** rudas; rusvas; ***~ bread*** juoda duona; ***~ coal*** rudosios anglys; ***~ hair*** kaštoniniai plaukai; ***~ paper*** vyniojamasis popierius; ***~ sugar*** bastras *(vieną kartą valytas cukrus)* **2** tamsus, įdegęs *(saulėje)* **3** rudaodis *(rasės požymis)*
n **1** ruda spalva; rudi dažai; ***Vandyke ~*** tamsiai ruda spalva; ***dressed in ~*** apsirengęs rudais drabužiais **2** mulatas
v **1** rudai/rusvai dažyti **2** įdegti *(saulėje);* paruduoti **3** *kul.* parusvinti, paskrudinti **4** juodinti *(metalą)* □ ***~ off*** *šnek.* suerzinti; ***I'm ~ed off with it*** man tai įgriso
brown-bag ['braunbæg] *v amer.* **1** atsinešti į darbą priešpiečius *(ppr. rudame popieriniame pakete)* **2** atsinešti svaigalų į restoraną/klubą *(kuriame jie nepardavinėjami)*
brownie ['braunɪ] *n* **1** aitvaras, naminis *(geroji dvasia)* **2 (B.)** skautė *(8–11 m. amžiaus; D. Britanijoje; t. p.* **B. Guide);** **~ points** a) taškai *(skautei)* už gerą darbą; b) *šnek.* gudrus žingsnis *(ypač norint įsiteikti viršininkui);* paskatinimas **3** *amer.* šokoladinis pyragaitis
browning[1] ['braunɪŋ] *n kar.* brauningas
browning[2] *n* **1** paskrudinimas **2** rudas pradaras/uždaras *(padažui)* **3** glazūravimas
brownish ['braunɪʃ] *a* rusvas
brown-nose ['braunnəuz] *v šnek.* meilikauti, pataikauti *(viršininkui, mokytojui ir pan.)*
brownout ['braunaut] *n amer.* **1** silpnesnis *(gatvių, vitrinų)* apšvietimas **2** dalinis užtemdymas
brownstone ['braunstəun] *n* **1** rausvas smiltakmenis *(vart. statyboje)* **2** *amer.* namas su rausvo smiltakmenio fasadu
brownware ['braunwɛə] *n* moliniai indai; rudos glazūros keramika
browse [brauz] *n* **1** jaunos atžalos **2** atžalų skabymas **3** žiūrinėjimas, vartymas *(knygų)*
v **1** skabyti/nukandžioti atžalas **2** ganyti(s) **3** paskaitinėti, pavartyti *(knygą; through)* **4** žiūrinėti *(knygyne/parduotuvėje ieškant ko nors įdomaus)*
browser ['brauzə] *n šnek. (knygyno, parduotuvės)* lankytojas, žiūrinėjantis prekes/knygas *ir pan.*
brucellosis [‚bru:sə'ləusɪs] *n vet., med.* bruceliozė
Bruin ['bru:ɪn] *n* meška *(pasakose)*
bruise [bru:z] *n* **1** mėlynė, sumušimas **2** *(vaisių)* su(si)daužymas
v **1** su(si)mušti, už(si)gauti *(iki mėlynių)* **2** su(si)daužyti *(apie vaisius)* **3** *medž.* nutrūktgalviškai lėkti, dumti *(t. p.* **~ along)**
bruiser ['bru:zə] *n* **1** *šnek.* mušeika, chuliganas **2** *sport.* profesionalas boksininkas; imtynininkas **3** *tech.* optinių stiklų šlifavimo prietaisas

bruising ['bru:zɪŋ] *n med.* mėlynės, kraujosruvos
bruit [bru:t] *n med. (širdies, plaučių)* ūžesys
v (ppr. pass) knyg. pasklisti *(apie gandus ir pan.; ppr.* **~ abroad/about)**
Brum [brʌm] *n šnek.* Birmingamas *(miestas)*
brumal ['bru:məl] *a knyg.* žieminis, žiemos
brume [bru:m] *n knyg.* rūkas, migla, ūkas
Brummagem ['brʌmədʒəm] *a* pigus, bevertis; suklastotas
Brummie, Brummy ['brʌmɪ] *n šnek.* birmingamietis
brumous ['bru:məs] *a knyg.* miglotas, ūkanotas
brunch [brʌntʃ] *n* vėlyvieji pusryčiai *(kartu su priešpiečiais)*
brunette [bru:'net] *n* brunetė, tamsiaplaukė
brunt [brʌnt] *n* pagrindinis/stipriausias smūgis; ***to bear/ take the ~*** prisiimti svarbiausią smūgį
brush[1] [brʌʃ] *n* **1** šepetys, valiklis **2** teptukas; *prk.* dailininko stilius/menas **3** valymas šepečiu; ***to give a ~*** (pa)valyti/šukuoti šepečiu **4** prisilietimas *(praeinant)* **5** susirėmimas, susikirtimas; ***to have a ~ with the police*** turėti reikalų su policija **6** *(lapės)* uodega **7** *el.* šepetėlis ◊ ***daft as a ~*** *šnek.* ≡ kvailas per visą pilvą
v **1** valyti *(šepečiu, šepetėliu)* **2** šukuoti *(plaukus)* **3** lengvai paliesti *(against);* ***her skirt ~ed the floor*** jos sijonas šlavė grindis **4** praslinkti, praeiti *(past)* **5** *kul.* tepti *(with – kuo)* □ ***~ aside/away*** a) nubraukti; nustumti; b) atmesti, nepaisyti *(sunkumų ir pan.);* **~ down** nu(si)valyti; iš(si)valyti; ***~ off*** a) iš(si)valyti *(šepečiu);* b) atmesti, neklausyti; atstumti, nebendrauti; **~ up** a) ap(si)valyti, su(si)tvarkyti; b) atnaujinti *(žinias, kalbos įgūdžius),* atšviežinti, prisiminti
brush[2] *n* **1** *amer.* krūmai, brūzgynai **2** = **brushwood**
brush-off ['brʌʃɔf] *n* atstūmimas; ***to give smb the ~*** atstumti ką
brushup ['brʌʃʌp] *n (žinių)* atnaujinimas, pakartojimas; prisiminimas
brushwood ['brʌʃwud] *n* žabai
brushwork ['brʌʃwe:k] *n* **1** tapymo maniera, tapysena **2** dažymas teptuku
brushy[1] ['brʌʃɪ] *a* **1** panašus į šepetį **2** šiurkštus
brushy[2] *a* apaugęs brūzgynais
brusque [bru:sk, brusk] *a* stačiokiškas, šiurkštus
v stačiokiškai/šiurkščiai elgtis
Brussels ['brʌslz] *n* **1** Briuselis *(Belgijos sostinė)* **2 (b.)** *pl šnek.* briuseliniai kopūstai *(t. p.* **~ sprouts)**
brut [bru:t] *a* sausasis *(apie vyną, šampaną)*
brutal ['bru:tl] *a* **1** brutalus, žiaurus, žvėriškas, sužvėrėjęs **2** šlykštus; ***~ weather*** bjaurus oras
brutality [bru:'tælətɪ] *n* brutalumas, žiaurumas, žvėriškumas
brutalize ['bru:təlaɪz] *v* **1** sugyvulėti; pavirsti/paversti gyvuliu **2** brutaliai/žiauriai elgtis
brute [bru:t] *n* **1** gyvulys *(t. p. prk.)* **2** žiaurus žmogus; žvėris **3 (the ~)** gyvuliški instinktai
a **1** grubus, gyvuliškas; žiaurus **2** neprotingas, beprasmis
brutish ['bru:tɪʃ] *a* **1** žvėriškas, gyvuliškas; grubus **2** neprotingas, bukas
bryology [braɪ'ɔlədʒɪ] *n* briologija, mokslas apie samanas
B-side ['bi:saɪd] *n (plokštelės įrašo)* antroji, ne taip svarbi pusė

bub [bʌb] *n (tik v.) amer. sl.* vaikėze!, žmogau! *(kreipiantis)*
bubal ['bjubəl] *n zool.* Š. Afrikos antilopė
bubble ['bʌbl] *n* **1** burbulas **2** burbuliavimas **3** *(oro)* pūslė, pūslelė *(skystyje, stikle ir pan.)* **4** tuščia svajonė, „muilo burbulas" **5** *kom., fin.* išpūstoji kaina ◊ ***to burst smb's ~*** sužlugdyti kieno viltis
v **1** burbuliuoti; leisti burbulus; kilti burbulais *(t. p.* **~ up)** **2** kunkuliuoti, virti, užti *(t. p.* **~ away)** **3** *prk.* kun-

kuliuoti *(apie jausmus; t. p.* **~ over***); to* **~ over with fun** nepristigti humoro/linksmumo
bubble-and-squeak [ˌbʌblən'skwiːk] *n* **1** virtų kopūstų ir bulvių su svogūnais apkepas **2** paauglių mėgstamas filmas, žurnalas, roko muzikos kūrinys *ir pan.*
bubblegum ['bʌblgʌm] *n* kramtomoji guma, kuria galima išpūsti burbulą
a amer. (skirtas) 7-13 metų vaikams
bubbler ['bʌblə] *n amer.* geriamojo vandens fontanėlis
bubbly ['bʌblɪ] *a* **1** pilnas burbulų/pūslelių/pūslių **2** kunkuliuojantis *(apie žmogų)*
n šnek. šampanas; putojantis vynas
bubo ['bjuːbəu] *n (pl* ~es [-z]) *med.* bubonas
bubonic [bjuː'bɔnɪk] *a med.* buboninis; **~ plague** buboninis maras
buccaneer [ˌbʌkə'nɪə] *n* piratas *(t. p. prk.)*
v plėšikauti jūrose
buccinator ['bʌksɪneɪtə] *n anat.* žandinis raumuo
Bucharest [ˌbjuːkə'rest] *n* Bukareštas *(Rumunijos sostinė)*
buck[1] [bʌk] <n, a, v> *n* **1** *(elnio, zuikio, triušio)* patinas **2** P. Afrikos antilopė **3** ožys *(malkoms pjauti)* **4** spyriojimasis, ožiavimasis **5** *amer., austral. šnek.* doleris **6** *šnek.* pinigai; **big ~s** dideli pinigai; **to make a fast/quick ~** greitai pralobti, užsikalti pinigo **7** *psn.* puošeiva, dabita, dendis ◊ **to pass the ~** *(to)* neprisiimti atsakomybės, suversti atsakomybę *(kitam);* **the ~ stops here** atsakomybė tenka jums; **to feel [to look] like a million ~s** *amer. šnek.* jaustis [atrodyti] puikiai
a amer. kar. paprastas, eilinis
v **1** šokinėti, spardytis *(norint numesti raitelį/krovinį)* **2** *(ypač amer.) šnek.* priešintis, spyriotis **3** stengtis įsiteikti/iškilti *(tarnyboje; for)* **4** *amer.* trūkčioti *(apie automobilį)* **5** pjauti medžius rąstams □ **~ off** numesti *(nuo arklio),* išmesti *(iš balno);* **~ up** *šnek.* a) pakelti *(nuotaiką ir pan.);* b) *(džn. imp)* atgyti, sukrusti ◊ **to feel/be (greatly) ~ed** jaustis padrąsintam/atgijusiam
buck[2] *n* šarmas *(pelenų tirpalas skalbimui)*
v skalbti šarme
buckaroo [ˌbʌkə'ruː] *n amer. vaik.* kaubojus
bucked [bʌkt] *a šnek.* labai patenkintas
bucket ['bʌkɪt] *n* **1** kibiras, kibirėlis **2** *(žemsemės)* kaušas, samtis ◊ **to give the ~** atleisti iš darbo; **to kick the ~** *šnek.* mirti, ≡ kojas pakratyti; **to weep/cry ~s** *šnek. (smarkiai)* žliumbti; **by the ~** *šnek.* gausiai; **to sweat ~s** *šnek.* smarkiai prakaituoti; **to rain ~s** *šnek.* lyti/pilti kaip iš kibiro
v **1** semti **2** varyti *(arklį)* iš paskutiniųjų; nutrūktgalviškai lėkti *(t. p.* **~ along)** **3** *šnek.* pilti *(apie lietų; t. p.* **~ down)**
bucketful ['bʌkɪtful] *n* (pilnas) kibiras ◊ **by the ~** glėbiais *(parduoti ir pan.)*
bucket-shop ['bʌkɪtʃɔp] *n* **1** firma, atliekanti spekuliacines operacijas fondų biržoje **2** agentūra, pigiai parduodanti bilietus į lėktuvus
Buckingham ['bʌkɪŋəm] *n:* **~ Palace** Bakingamo rūmai
Buckinghamshire ['bʌkɪŋəmʃə] *n* Bakingamšyras *(Anglijos grafystė)*
buckish ['bʌkɪʃ] *a* **1** dabitiškas **2** smarkus, staigus
buckle ['bʌkl] *n* **1** sagtis **2** *tech.* sulinkimas, sąvara
v **1** už(si)segti sagtimi *(t. p.* **~ up)** **2** pasiruošti *(for);* energingai imtis *(t. p.* **~ down; to)** **3** sulenkti, išlenkti; išlinkti **4** sulinkti *(apie kojas, kelius)* **5** palūžti, nusileisti □ **~ up** *šnek.* užsisegti diržą *(automobilyje, lėktuve)*
buckled ['bʌkld] *a* užsegamas sagtimi; su sagtimi *(apie batus)*
buckler ['bʌklə] *n* **1** *ist.* nedidelis apvalus skydas **2** priedanga, apsauga
v ginti; (pri)dengti

buck-passing ['bʌkpɑːsɪŋ] *n* atsakomybės suvertimas *(kitam)*
buckram ['bʌkrəm] *n* **1** klijuotė; kolenkoras **2** manieringumas
a manieringas
bucksaw ['bʌksɔː] *n* rėminis pjūklas
buckshee [ˌbʌk'ʃiː] *sl. a* nemokamas
adv nemokamai; veltui, dykai
buckshot ['bʌkʃɔt] *n* stambūs šratai
buckskin ['bʌkskɪn] *n* **1** elnena, elnio oda **2** *pl* elnio odos kelnės/batai
buckthorn ['bʌkθɔːn] *n bot.* šunobelė; **sea ~** *(dygliuotasis)* šaltalankis
bucktooth [ˌbʌk'tuːθ] *n (pl* -teeth [-'tiːθ]) išsikišęs priekinis dantis
buckwheat ['bʌkwiːt] *n bot.* **1** grikiai **2** grikių miltai *(t. p.* **~ flour)**
bucolic [bjuː'kɔlɪk] *a* **1** *lit.* bukolinis, piemenų **2** *juok.* kaimiškas
n **1** *(ppr. pl) lit.* bukolika **2** *juok.* kaimietis
bud [bʌd] *n* **1** *bot.* pumpuras; **in ~** su pumpurais **2** *bot.* žiedpumpuris, butonas **3** *šnek.* paauglė **4** = **buddy** **1** ◊ **to check/crush/nip in the ~** sunaikinti užuomazgoje, užgniaužti pačioje pradžioje
v **1** pumpuruoti, krauti/leisti pumpurus **2** plėtotis **3** *ž. ū.* skiepyti akute, akiuoti
Budapest [ˌbjuːdə'pest] *n* Budapeštas *(Vengrijos sostinė)*
Buddha ['budə] *n rel.* Buda
Buddhism ['budɪzm] *n* budizmas
Buddhist ['budɪst] *n* budistas
a budistų; budizmo
buddhistic [bu'dɪstɪk] *a* budistiškas, budistų
budding ['bʌdɪŋ] *a* **1** *bot.* pumpuruojantis, su pumpurais **2** *prk.* susidarantis, pradedantysis; **~ poet** pradedantysis poetas
buddy ['bʌdɪ] *n (tik v.) amer. šnek.* **1** draugužis, bičiulis **2** žmogus, draugaujantis su sergančiuoju AIDS ir padedantis jam
buddy-buddy ['bʌdɪˌbʌdɪ] *a amer. šnek.* draugiškas
budge[1] [bʌdʒ] *v (neig. sakiniuose)* **1** (pa)judėti; pasislinkti *(t. p.* **~ up/over);** (pa)judinti *(iš vietos)* **2** nusileisti, atsisakyti *(nuomonės ir pan.)*
budge[2] *n* avikailis
budgerigar ['bʌdʒərɪgɑː] *n zool.* banguotoji papūgėlė
budget ['bʌdʒɪt] <n, a, v> *n* **1** biudžetas; finansinė sąmata; **draft ~** biudžeto projektas; **to stay within ~** neviršyti biudžete numatytų išlaidų; **to be on a tight ~** neturėti daug lėšų išlaidoms **2** atsarga; **~ of news** begalė naujienų
a pigus, nebrangus
v **1** sudaryti biudžetą **2** skirti/numatyti lėšas, asignuoti *(for);* **we hadn't ~ed for such large heating bills** mes nenumatėme tokių didelių išlaidų šildymui **3** *amer.* skirti *(laiko; for)*
budgetary ['bʌdʒɪtərɪ] *a* biudžetinis
budgie ['bʌdʒɪ] *n šnek.* = **budgerigar**
Buenos Aires [ˌbwenəs'aɪərɪz] *n* Buenos Airės *(Argentinos sostinė)*
buff [bʌf] <n, a, v> *n* **1** buivolo/jaučio oda **2** tamsiai geltona *(buivolo odos spalva)* **3** *šnek.* mėgėjas, entuziastas, mokovas ◊ **in the ~** *juok.* nuogas; **to strip to the ~** *šnek.* nuogai nusirengti
a **1** iš buivolo odos **2** buivolo odos spalvos **3** *šnek.* nuogas
v **1** poliruoti *(odą ir pan.)* **2** (su)švelninti *(smūgius)*
buffalo ['bʌfələu] *n (pl* ~es [-z], ~) *zool.* buivolas; bizonas

buffer ['bʌfə] *n* **1** *tech.* buferis; amortizatorius; slopintuvas **2** tai, kas (su)švelnina smūgį/sunkumus; **~ state** buferinė valstybė ◊ **old ~ šnek. niek.** seniokas, senis
v (su)švelninti *(neigiamus padarinius)*
buffet[1] ['bʌfɪt] *n* smūgis *(ranka; t. p. prk.)*
v **1** smogti, mušti **2** blaškyti, mėtyti *(t. p.* **~ about)* **3** kovoti *(su bangomis)* **4** skverbtis
buffet[2] *n* **1** ['bufeɪ] *(restorano ir pan.)* bufetas, baras; **~ car** vagonas-restoranas, vagonas su bufetu **2** ['bufeɪ] švediškas stalas; **~ lunch** lengvi priešpiečiai **3** ['bʌfɪt] bufetas *(indams)*
buffo ['bufəu] *n (pl* ~s, buffi ['bufɪ]) *(operos, estrados)* aktorius komikas
a komiškas
buffoon [bə'fu:n] <*n, a, v*> *n* juokdarys, klounas
a juokdariškas
v vaidinti juokdarį, krėsti pokštus/išdaigas
buffoonery [bə'fu:nərɪ] *n* bufonada; juokų krėtimas; vulgarus juokas/juokavimas
bug [bʌg] *n* **1** *zool.* blakė **2** *(ypač amer.) (mažas)* vabzdys; vabalas **3** *šnek.* infekcija, virusas; **tummy/stomach ~** pilvo skausmai **4** slapto klausymosi aparatas; slaptas mikrofonas **5** *(nedidelis automobilio)* defektas; *(kompiuterio programos)* klaida **6** *šnek.* manija, šišas, pakvaišimas; **bitten by a ~** šišo pagautas **7** *amer. šnek.* didelis entuziastas/mėgėjas ◊ **to go ~s** *amer. sl.* eiti iš proto
v **1** įtaisyti slaptą klausymosi aparatą **2** *šnek.* jaudinti, erzinti ☐ **~ off** *amer. sl.* nešdintis, mauti; **~ out** *amer. šnek.* a) išlėkti, pabėgti; b): **her eyes ~ out** jos akys išsprogusios
bugaboo ['bʌgəbu:] *n (pl* ~s [-z]) baubas, maumas
bugbear ['bʌgbeə] *n* (tikra) kankynė; baubas
bug-eyed ['bʌg'aɪd] *a* su išsprogusiomis/išverstomis akimis
bugger ['bʌgə] <*n, v, int*> *n* **1** *vulg.* žioplys, bukagalvis, šunsnukis **2** *vulg.* pederastas **3** *sl.* šelmis; **poor ~** vargšelis **4** *sl.* katorga, velniškas darbas; (tikra) kankynė
v vulg., teis. būti pederastui ☐ **~ about** kvailioti; **~ off** *(džn. imp)* išsinešdinti; **~ up** sugadinti, suardyti *(planus ir pan.)*
int sl. po šimts kelmų/velnių *(t. p.* **~ it!)*
bugger-all [ˌbʌgər'ɔ:l] *pron, a sl.* nieko nenusimanantis *ir pan.*
buggered ['bʌgəd] *a sl.* **1** nusikamavęs, nusiplūkęs **2** amžinai sugedęs
buggery ['bʌgərɪ] *n teis.* pederastija, sodomija
buggy[1] ['bʌgɪ] *n* **1** lengvas vežimėlis, ratukai; brikelė; **beach/**amer. **dune ~** automobilis važiuoti per smėlį **2** *amer.* vaikų vežimėlis
buggy[2] *a* pilnas blakių
bughouse ['bʌghaus] *n amer. sl.* beprotnamis
bug-hunter ['bʌghʌntə] *n* peteliškių/vabzdžių gaudytojas/kolekcionierius
bugle[1] ['bju:gl] *n* medžioklės ragas; trimitas
v trimituoti
bugle[2] *n* stiklinis karolis *(siuvinėjimui)*
bugle[3] *n bot.* vaisgina
bugler ['bju:glə] *n* trimitininkas
bugloss ['bju:glɔs] *n bot.* godas
bugrake ['bʌgreɪk] *n sl. juok.* šukos
build [bɪld] *n* **1** *(pastato ir pan.)* konstrukcija, forma, stilius **2** kūno sudėjimas, kompleksija
v (built) **1** statyti **2** tiesti *(kelią ir pan.)* **3** kurti *(organizaciją, visuomenę ir pan.)*; (pa)daryti *(karjerą)* **4** kurtis, formuotis *(t. p.* **~ up)* **5** sukti, lipdyti *(lizdą)* **6** įmontuoti, įstatyti, įtaisyti; įtraukti *(into; t. p.* **~ in)* **7** *spec.* kons-truoti **8** remtis *(on, upon)* **9** didėti, augti *(apie įtampą, greitį ir pan.)* ☐ **~ on** pristatyti *(priestatą);* **~ up** a) sukurti; pastatyti; b) užtaisyti *(plytomis);* c) apstatyti *(teritoriją);* d) montuoti *(automobilį);* e) su(si)kaupti; f) plačiai reklamuoti; g) atkurti, atgauti *(jėgas)*
builder ['bɪldə] *n* **1** statybininkas **2** statytojas, kūrėjas
building ['bɪldɪŋ] *n* **1** pastatas, statinys; **none of these ~s were up in those days** nė vieno šių pastatų tada dar nebuvo **2** statymas; statyba **3** *(kelių)* tiesimas, tiesyba
building-lease ['bɪldɪŋli:s] *n* žemės sklypo (iš)nuomojimas statybai
building-society ['bɪldɪŋsəˌsaɪətɪ] *n* namų statybos ir kreditavimo kooperacija/kooperatyvas/bendrovė
buildup ['bɪldʌp] *n* **1** *(pramonės, karinių pajėgų ir pan.)* kūrimas **2** *(jėgų, lėšų ir pan.)* kaupimas, telkimas; susikaupimas, padidėjimas **3** reklama; giriamieji komentarai *(prieš radijo/televizijos laidą)*
built [bɪlt] *past ir pII žr.* **build**
a sudėtas; **he's powerfully ~** jis tvirto sudėjimo, tvirtai sudėtas
built-in [ˌbɪlt'ɪn] *a* **1** įmontuotas; **~ cupboard** sieninė spinta **2** esantis neatskiriama *(ko)* dalimi; įgimtas **3** *komp.* standartinis
built-up [ˌbɪlt'ʌp] *a* **1** apstatytas *(apie vietą)* **2** sudėtinis
bulb [bʌlb] *n* **1** *bot.* svogūnėlis, svogūnas **2** elektros lemputė, lempa; kolba **3** kas nors kolbos/svogūno pavidalo: buteliukas, balionas *ir pan.* **4** išgaubtumas; stormena
v įgauti svogūno formą
bulbous ['bʌlbəs] *a* **1** svogūno/kolbos pavidalo **2** išgaubtas **3** *bot.* svogūninis, augantis iš svogūno
Bulgaria [bʌl'gɛərɪə] *n* Bulgarija *(valstybė)*
Bulgarian [bʌl'gɛərɪən] *n* **1** bulgaras **2** bulgarų kalba
a bulgariškas, bulgarų; Bulgarijos
bulge [bʌldʒ] *n* **1** išsipūtimas, pūpsojimas, išsikišimas; *(linijos)* kreivumas **2** *(kiekio, masto)* laikinas padidėjimas; **demographic [statistical] ~** demografinis [statistinis] padidėjimas **3** *amer. šnek.* pranašumas; **to have the ~ on smb** būti pranašesniam už ką **4** *kar. (fronto)* kyšulys, smaigalys
v **1** pūpsoti; atsikišti, išsikišti; iš(si)pūsti *(t. p.* **~ out)* **2** deformuoti(s) **3** (pa)storėti, pri(si)pildyti *(apie kišenę, kuprinę ir pan.);* **his pockets were bulging with apples** jo kišenės buvo prikimštos obuolių
bulging ['bʌldʒɪŋ] *a* pūpsantis, išsipūtęs; atsikišęs, iškilęs; **~ eyes** išsprogusios/išverstos akys
bulgy ['bʌldʒɪ] *a* išsipūtęs
bulimia [bju:'lɪmɪə] *n med.* bulimija, vilkiškas alkis
bulimic [bu:'lɪmɪk] *a* sergantis bulimija
bulk [bʌlk] <*n, a, v*> *n* **1** mastas, tūris **2** didmenos, didelis kiekis; masė; dideli gabaritai; **to sell in ~** parduoti didmenomis/urmu **3** didžioji dalis *(of)* **4** *(pastato, žmogaus)* korpusas **5** *(laivo)* krovinys; **to break ~** pradėti iškrauti; **~ cargo** piltinis/biralinis krovinys
a **1** didmeninis **2** *spec.* tūrinis, tūrio
v **1** atrodyti dideliam/svarbiam *(ppr.* **to ~ large)* **2** supilti, suversti *(į krūvą)* ☐ **~ out** išplėsti, praplėsti *(pridedant ką);* **~ up** *(to)* siekti *(apie sumą)*
bulk-buy ['bʌlkbaɪ] *v* (bulk-bought [-bɔ:t]) pirkti didmenomis/urmu
bulkhead ['bʌlkhed] *n* **1** *(laivo, lėktuvo)* pertvara **2** *(pastato)* antstatas; atraminė siena
bulky ['bʌlkɪ] *a* **1** stambus, didžiulis; storas **2** griozdiškas, nepatogus *(nešti ir pan.)*
bull[1] [bul] *n* **1** jautis, bulius **2** *(stambių gyvulių)* patinas; **~ elephant** drambilys **3** *kom.* biržos spekuliantas *(prekiau-*

jantis akcijomis, tikėdamasis jų kurso kilimo); **~ market** padėtis rinkoje, kai kyla akcijų kursas **4** *(B.) astr.* Tauras *(žvaigždynas ir Zodiako ženklas)* **5** taikinio centras **6** *sl.* = **bullshit** ◊ *like a* **~** *in a China shop šnek.* drambliškas, nerangus, nugrubnagis; *to take the* **~** *by the horns šnek.* ≡ griebti jautį už ragų; drąsiai sutikti pavojų/nemalonumą; *to shoot the* **~** *amer. šnek.* šnekučiuotis, plepėti *v* **1** naudotis/spekuliuoti biržos kainų (pa)kilimu **2** kelti kainas; (pa)branginti **3** klestėti **4** prastumti; *to* **~** *one's way* brautis **5** *sl.* = **bullshit**

bull² *n* bulė *(popiežiaus raštas)*

bull³ *n, int šnek.* (aiški) nesąmonė, niekų kalbos

bull⁴ *n kar. sl.* perdėta drausmė

bull-calf ['bulkɑ:f] *n (pl* -calves [-kɑ:vz]) **1** jaučiukas, veršiukas **2** pusgalvis

bulldog ['buldɔg] *n* **1** buldogas **2** atkaklus žmogus **3** *šnek.* revolveris **4** *šnek.* pypkė

bulldoze ['buldəuz] *v* **1** nugriauti *(pastatą)* buldozeriu, versti *(medžius)* buldozeriu **2** lyginti *(žemę)* buldozeriu **3** priversti; šantažuoti; *he ~d his opponents into agreeing* grasinimais/šantažu jis privertė savo priešininkus sutikti

bulldozer ['buldəuzə] *n* buldozeris

bullet ['bulɪt] *n* **1** kulka **2** pasvaras, grimzdas, gramzdiklis **3** *sl. (kortų)* tūzas ◊ *every* **~** *has its billet* nuo likimo nepabėgsi; *to bite (on) the* **~** ≡ sukąsti dantis, kantriai/ narsiai (iš)kęsti; *to give the* **~** *šnek.* atleisti iš darbo; *to sweat ~s amer. šnek.* baisiai jaudintis, persigąsti

bullet-head ['bulɪthed] *n* **1** apvaliagalvis žmogus **2** *amer.* užsispyrėlis

bullet-headed ['bulɪt'hedɪd] *a* apvaliagalvis, turintis apvalią galvą

bulletin ['bulətɪn] *n* **1** biuletenis **2** suvestinė **3** *attr:* **~ board** *amer.* skelbimų lenta
v leisti biuletenį

bulletproof ['bulɪtpru:f] *a* nepršaunamas, kulkų nepramušamas

bullfight ['bulfaɪt] *n* bulių kova, korida

bullfighter ['bul,faɪtə] *n* toreadoras, matadoras

bullfinch¹ ['bulfɪntʃ] *n zool.* sniegena

bullfinch² *n* tanki gyvatvorė su grioviu

bullfrog ['bulfrɔg] *n zool.* varlė kvarkuolė

bullhead ['bulhed] *n* **1** *zool.* kūjagalvis *(žuvis)* **2** bukagalvis

bull-headed ['bul'hedɪd] *a* užsispyręs, atkaklus, pramuštgalvis

bullhorn ['bulhɔ:n] *n amer.* portatyvinis megafonas

bullion ['buliən] *n* **1** *(aukso, sidabro)* luitai, lydiniai **2** auksinis/metalinis siūlas

bullish ['bulɪʃ] *a* **1** jautiškas, jautinis **2** pasitikintis, optimistiškas **3** *kom.* susijęs su kainų kilimu biržoje

bull-necked ['bul'nekt] *a* storu ir trumpu kaklu, jaučiasprandis

bullock ['bulək] *n (kastruotas)* jautis; jautukas, jaučiokas

bullring ['bulrɪŋ] *n* **1** bulių kovos arena **2** *amer.* apskrita arena, apskritas stadionas

bull's-eye ['bulzaɪ] *n* **1** taikinio centras; *to hit the* **~** tiksliai pataikyti **2** didinamasis stiklas **3** apskritas ledinukas *(karamelė)*

bullshit ['bulʃɪt] *vulg. n* šūdas *(t. p. load of ~);* nesąmonė, niekai, melas
v taukšti niekus, meluoti, apgau(dinė)ti

bullshitter ['bulʃɪtə] *n sl.* tauškalius, niektauza, melagis

bull-trout ['bultraut] *n zool.* šlakys

bully¹ ['bulɪ] *n* **1** chuliganas; peštukas **2** pagyrūnas **3** suteneris
v **1** prievartauti, (į)bauginti *(silpnesnįjį)* **2** ieškoti priekabių

bully² *a šnek.* puikus, pirmarūšis ◊ **~** *for you/him!* na ir gerai!, na ir kas!

bully³ *n šnek.* jautienos konservai *(t. p.* **~** *beef)*

bully-boy ['bulɪbɔɪ] *n šnek.* chuliganas *(džn. pasamdytas, kad sumuštų ką)*

bullyrag ['bulɪræg] *v* = **ballyrag**

bulrush ['bulrʌʃ] *n bot.* meldas, viksvameldis

bulwark ['bulwək] *n* **1** pylimas **2** tvirtovė; atrama, apsauga, laidas; **~** *of freedom* laisvės tvirtovė **3** molas **4** *(ppr. pl) jūr.* falšbortas *(apsauginis bortas)*
v ret. **1** sustiprinti pylimu **2** būti atrama/apsauga/laidu

bum¹ [bʌm] *n šnek.* užpakalis, sėdynė

bum² <*n, a, v*> *šnek. n* **1** valkata, bastūnas, dykūnas; *to go on the* **~** gyventi iš kitų **2** neišmanėlis, netikėlis
a attr **1** blogas, prastas, menkavertis **2** melagingas
v **1** valkatauti, dykinėti, bastytis *(t. p.* **~** *around/about);* gyventi iš kitų **2** (pa)prašyti *(off)*

bumbag ['bʌmbæg] *n* pailgas krepšelis prie diržo *(raktams, pinigams ir pan.)*

bum-bailiff ['bʌm,beɪlɪf] *n ist.* teismo prievaizdas

bumble ['bʌmbl] *v* **1** *(neaiškiai)* vapenti, vapėti, murmėti *(t. p.* **~** *on)* **2** drimblinti, kėblinti *(t. p.* **~** *around)*

bumblebee ['bʌmblbi:] *n zool.* kamanė, laukinė bitė

bumbling ['bʌmblɪŋ] *a* viską painiojantis, nemokantis, neapsukrus

bumboat ['bʌmbəut] *n ret.* valtis, pristatanti šviežią maistą į laivus

bumboy ['bʌmbɔɪ] *n sl.* jaunas pederastas

bumf [bʌmf] *n šnek.* **1** *niek.* skaitalas, popieriai, dokumentai *(kuriuos reikia perskaityti/pasirašyti ir pan.)* **2** makulatūra **3** tualetinis popierius

bumfreezer ['bʌmfri:zə] *n šnek.* trumpa striukė

bummer ['bʌmə] *n sl. (tikra)* kankynė, apmaudas

bump¹ [bʌmp] <*n, v, adv*> *n* **1** smūgis, susidūrimas; bumptelėjimas; trinktelėjimas **2** guzas, patinimas **3** *(paviršiaus)* iškilumas, nelygumas, duobė **4** *šnek.* sugebėjimas; *the* **~** *of locality* sugebėjimas orientuotis vietoje **5** *pl av.* lėktuvo mėtymas; oro duobės
v **1** trenkti(s), atsitrenkti; bumbtelėti **2** dardėti *(apie vežimą)* **3** susidurti, susimušti *(into; t. p.* **~** *together)* **4** *sport.* laimėti buriavimo varžybose □ **~** *off šnek.* užmušti, nužudyti; **~** *up šnek.* padidinti, pakelti
adv staiga; bumpt

bump² *n (baublio)* baubimas
v baubti *(apie baublį)*

bumper ['bʌmpə] *n* **1** *aut.* buferis, bamperis; **~** *car amer.* elektrinis automobiliukas su buferiu *(atrakcionas)* **2** *amer.* amortizatorius **3** *ret.* sklidinas bokalas/taurė
a attr labai didelis; **~** *crops/harvest* gausus/geras derlius

bumper-to-bumber ['bʌmpətə,bʌmpə] *a* susigrūdęs, lėtai judantis *(apie eismą)*

bumph [bʌmf] *n* = **bumf**

bumpkin ['bʌmpkɪn] *n šnek.* prasčiokas, *(kaimo)* stuobrys *(t. p. country ~)*

bumptious ['bʌmpʃəs] *a* pasipūtęs, išdidus; įžūlus

bumpy ['bʌmpɪ] *a* nelygus, kratus, duobėtas *(apie kelią);* nepatogus *(apie kelionę)*

bun¹ [bʌn] *n* **1** saldi bandelė; *current/Chelsea* **~** bandelė su razinomis **2** *(plaukų)* kuodas ◊ *to get a* **~** *on* išmesti po burnelę; išgerti; *to have a* **~** *in the oven šnek.* lauktis kūdikio; *to take the* **~** laimėti prizą, užimti pirmąją vietą; *it takes the* **~** *šnek.* tai viską pranoksta, neįtikėtina

bun² *n* triušelis, voverėlė *(maloninis pavadinimas pasakose)*

Buna, buna ['bu:nə] *n* buna *(sintetinio kaučiuko rūšis)*

bunch [bʌntʃ] *n* **1** *(vienodų daiktų)* ryšelis, pluoštelis; **~ of carrots [of radishes]** morkų [ridikėlių] ryšuliukas; **~ of keys** raktų ryšulys **2** puokštė **3** kekė **4** *šnek. (žmonių)* grupė, susibūrimas; **what a ~!** na ir kompanija! **5** *sport. (dviratininkų)* grupė **6** *amer. šnek.* daugybė ◊ **the pick/best of the ~** geriausias iš visų; **~ of fives** *sl.* a) penki pirštai, kumštis; b) smūgis kumščiu
v **1** surišti/sudėti pluošteliais **2** susiburti, susimesti, susigrupuoti *(t. p.* **~ together***)* **3** sugniaužti *(kumščius)* **4** klostyti(s) *(apie drabužį)*

bunching ['bʌntʃɪŋ] *n* **1** susigrūdimas **2** *fiz. (elektronų)* grupavimas(is)

bunchy ['bʌntʃɪ] *a* **1** išsipūtęs, iškilas **2** augantis kekėmis; kekėtas **3** *kas.* slūgsantis nevienodame gylyje

bunco ['bʌŋkəu] *amer. šnek. n (pl* ~s[-z]*)* apgavystė, sukčiavimas
v **1** gauti apgaulės būdu **2** sukčiauti, sukti *(lošiant kortomis)*

buncombe ['bʌŋkəm] *n* = **bunkum**

bund(er) ['bʌnd(ə)] *ind. n* krantinė; prieplauka

bundle ['bʌndl] *n* **1** ryšulys, ryšuliukas; paketas **2** gniutulas, gumulas **3** pluoštas; **electrical ~** laidų pynė **4** *šnek.* daugybė pinigų; **to make a ~** užkalti gražaus pinigo ◊ **a ~ of nerves** nervingas; ≡ nervų kamuolys; **not to go a ~ (on)** *šnek.* nelabai mėgti
v **1** rišti į ryšulį **2** (su)dėti/sumesti daiktus *(prieš kelionę)* **3** su(si)grūsti, sukišti *(into)* **4** išsiųsti, išgrūsti, atsikratyti *(ppr.* **~ away/off/out***)* **5** išdumti, išmauti *(ppr.* **~ out/off***)* □ **~ up** a) surinkti, surišti; b) šiltai ap(si)rengti

bung [bʌŋ] <*n, v, a*> *n* **1** volė, didelis kamštis **2** *sl.* kyšis
v **1** užkimšti, užkišti *(ppr.* **~ up***)* **2** susimušti *(akį)* **3** *šnek.* įkišti, įgrūsti *(into, in)* **4** *šnek.* mesti, sviesti □ **~ off** *šnek.* pabėgti; **~ up** *(ppr. pass)* užgulti *(apie nosį)*
a austral. sl. **1** miręs **2** subankrutavęs; žlugęs

bungalow ['bʌŋgələu] *n* vieno aukšto namas *(su veranda);* bungalas *(Indijoje)*

bunghole ['bʌŋhəul] *n* statinės skylė/anga

bungle ['bʌŋgl] *n* **1** prastai atliktas, prastas darbas **2** klaida; painiava
v prastai/nemokšiškai dirbti; pripainioti; **I've ~d it** aš viską sugadinau

bungled ['bʌŋgld] *a* ne(pa)vykęs

bungler ['bʌŋglə] *n* prastas darbininkas, atgrubnagis

bunion ['bʌnjən] *n med.* kojos didžiojo piršto skaudulys

bunk¹ [bʌŋk] *n* gultas, gulimoji vieta *(laive, traukinyje; džn. dviem aukštais; t. p.* **~ bed***)*
v miegoti ant gulto; eiti miegoti □ **~ down** (atsi)gulti, pergulėti *(kur)*

bunk² *n:* **to do a ~** *šnek.* pabėgti
v: **~ off** *mok. šnek.* praleisti pamokas, pabėgti iš pamokų

bunk³ *n šnek.* nesąmonė, plepalai

bunker ['bʌŋkə] *n* **1** *jūr.* laivo bunkeris *(kietajam kurui);* **ash ~** pelenų dėžė **2** *kar.* įtvirtinimas, bunkeris, blindažas **3** *sport.* duobelė *(golfo aikštelėje)* **4** siloso duobė
v **1** *jūr.* krauti *(anglis)* **2** *sport.* įvaryti kamuolį į duobelę; patekti į duobelę **3** *(ppr. pass)* atsidurti keblioje padėtyje

bunkhouse ['bʌŋkhaus] *n* barakas *(darbininkams)*

bunko ['bʌŋkəu] = **bunco** *n, v*

bunkum ['bʌŋkəm] *n šnek.* tuščios kalbos, plepalai; **to talk ~** taukšti niekus/nesąmones

bunk-up ['bʌŋkʌp] *n:* **to give smb a ~** *šnek.* padėti kam užlipti/užkopti

bunny ['bʌnɪ] *n vaik.* triušelis *(t. p.* **~ rabbit***)* **2** *(naktinio baro)* padavėja, pasipuošusi triušio ausimis ir uodega *(t. p.* **~ girl***)* **3** *šnek.* katytė, kiškelis *(apie mergytę)*

buns [bʌnz] *n pl amer. šnek.* užpakalis, užpakaliukas

Bunsen ['bʌnsn] *n tech.* Bunzeno degiklis *(t. p.* **~ burner***)*

bunt¹ [bʌnt] *dial. n* badymas *(galva, ragais)*
v badyti; pastumti, stumtelėti

bunt² *n bot.* kūlės

bunting¹ ['bʌntɪŋ] *n* **1** audeklas vėliavoms siūti **2** *kuop.* vėliavos *(gatvėms puošti)*

bunting² *n zool.* starta; **corn [masked] ~** pilkoji [žilagalvė] starta; **snow ~** sniegstartė

buoy [bɔɪ] *n jūr.* plūduras, buja, gairė, bakenas
v **1** įrengti/išdėstyti bakenus/plūdurus **2** (pa)laikyti paviršiuje; (leisti) plūduriuoti, iškelti į paviršių *(t. p.* **~ up***)* □ **~ up** a) kelti, palaikyti *(nuotaiką, viltį ir pan.);* padrąsinti, pralinksminti; b) *fin.* stimuliuoti

buoyancy ['bɔɪənsɪ] *n* **1** plūdrumas; laikymasis vandens paviršiuje **2** gyvumas, žvalumas, nenusiminimas **3** *fin.* kilimo/pagyvėjimo tendencija *(biržoje)*

buoyant ['bɔɪənt] *a* **1** plūdrus, gebantis išsilaikyti paviršiuje **2** žvalus, džiugus, gyvas **3** *fin.* kylantis, klestintis *(apie rinką, ekonomiką ir pan.)*

bur [bə:] *n žr.* **burr²**, **burr³** 1, 4

Burberry ['bə:bərɪ] *n* „Barberis" *(prekybinis ženklas);* neperšlampamas lietpaltis *(iš „Barberio" medžiagos)*

burble ['bə:bl] *v* **1** čiurlenti **2** burbuliuoti *(neaiškiai kalbėti)*

burbot ['bə:bət] *n zool.* vėgėlė

burbs [bə:bz] *n pl amer. šnek.* priemiesčiai

burden¹ ['bə:dn] *n* **1** našta *(t. p. prk.);* sunkenybė, sunkmena; prievolė; **the ~ of taxation** mokesčių našta; **the ~ of proof** *teis.* pareiga įrodyti *(savo tiesą);* **a ~ of one's choice is not felt** ≡ sava našta nesunki **2** *jūr. (laivo)* tonažas
v **1** (ap)krauti **2** apsunkinti

burden² *n* **1** priedainis, refrenas **2** esmė, pagrindinė mintis/tema

burdensome ['bə:dnsəm] *a* apsunkinantis, sunkus

burdock ['bə:dɔk] *n bot.* varnalėša

bureau ['bjuərəu] *n (pl* ~s, ~x [-z]*)* **1** biuras; kontora; skyrius, valdyba; **design/drawing ~** konstravimo biuras **2** biuras, rašomasis stalas/pultas **3** *amer.* komoda

bureaucracy [bjuə'rɔkrəsɪ] *n* **1** biurokratija **2** biurokratizmas

bureaucrat ['bjuərəkræt] *n* biurokratas

bureaucratic [,bjuərə'krætɪk] *a* biurokratinis; biurokratiškas

bureaux ['bjuərəuz] *pl žr.* **bureau**

burette [bju'ret] *n chem.* biuretė

burg [bə:g] *n amer. šnek.* miestas

burgee ['bə:dʒi:] *n jūr.* trikampė vėliavėlė

burgeon ['bə:dʒən] *poet. n* pumpuras; daigas
v **1** pumpuruoti(s), skleistis; leisti daigus **2** *prk.* augti, klestėti

burger ['bə:gə] *n šnek.* suvožtinis, kotletas, įdėtas į bandelę

burgess ['bə:dʒɪs] *n* municipalinio miesto pilietis/gyventojas; miestietis

burgh ['bʌrə] *n škot.* miestas *(turintis savivaldos privilegijų)*

burgher ['bə:gə] *n ist., juok.* miestietis, biurgeris

burglar ['bə:glə] *n* vagis, įsilaužėlis; naktinis plėšikas; **cat ~** vagis, įlipantis į pastatą

burglar-alarm ['bə:gləə,lɑ:m] *n* signalizacijos įtaisas *(įspėjantis apie vagis)*

burglarize ['bə:gləraɪz] *v amer.* įsilaužus apvogti/apiplėšti

burglar-proof ['bə:gləpru:f] *a* apsaugotas nuo vagių; neišlaužiamas; neatrakinamas visrakčiu

burglary ['bə:glərɪ] *n teis.* įsilaužiamoji vagystė

burgle ['bə:gl] *v* įsilaužus apvogti, įsilaužti

burgomaster ['bɜːgəmɑːstə] *n* burmistras *(ypač Vokietijoje, Olandijoje)*
burgoo [bɜː'guː] *n* **1** *amer.* troškintos daržovės su mėsa *(konservai)* **2** *jūr. šnek.* avižinė košė
Burgundy ['bɜːgəndɪ] *n* **1** burgundiškas vynas **2** bordo spalva **3** *ist.* Burgundija
burial ['berɪəl] *n* laidotuvės; laidojimas
burial-ground ['berɪəlgraʊnd] *n* kapinės, kapai, laidojimo vieta
burial-service ['berɪəl͵sɜːvɪs] *n* gedulingos pamaldos/ apeigos
burin ['bjʊərɪn] *n* *(graverio)* raižiklis
burk [bɜːk] *n* = **berk**
burke [bɜːk] *v* **1** užgniaužti *(kalbas ir pan.)*; sužlugdyti *(diskusiją)*; uždrausti leisti *(knygą)* **2** nužudyti, pasmaugti
burl [bɜːl] *n* **1** *tekst.* audinio siūlo mazgas **2** *(medžio)* ruplė
burlap ['bɜːlæp] *n* storas, šiurkštus audinys *(maišams)*, maišinis audeklas
burlesque [bɜː'lesk] <*n, a, v*> *n* burleska; parodija, karikatūra
a parodijinis, parodijiškas; juokingas
v parodijuoti
burly ['bɜːlɪ] *a* stambus, apkūnus; tvirtas
Burma ['bɜːmə] *n* Birma *(valstybė)*
Burmese [͵bɜː'miːz] *n* **1** birmietis **2** birmiečių kalba
a birmiečių, birmietiškas; Birmos
burn[1] [bɜːn] *n* **1** nudegimas, nu(si)deginimas; *third-degree* ~ trečiojo laipsnio nudegimas **2** augmenijos išdeginimas dirbti skirtoje žemėje ◊ *to give smb a ~* mesti į ką triuškinantį žvilgsnį; *slow ~ šnek.* pamažu kylantis/susikaupęs įtūžis/apmaudas
v (burnt, burned) **1** (su)deg(in)ti; išdeg(in)ti; *to ~ to a crisp/cinder* visiškai sudeginti; *to ~ a hole* pradeginti skylę *(in – kur)* **2** *prk.* degti, liepsnoti; *he was ~ing with shame* jis degė iš gėdos **3** *prk.* degti, labai norėti **4** apdeg(in)ti; nudeg(in)ti; *refl* nusideginti **5** įdegti *(saulėje)* **6** išdeginti *(ženklą; into)* **7** *kul.* pridegti, (pri)svilti; *the milk is ~t* pienas prisvilo **8** *(ppr. pass)* įsmigti, įsirėžti *(into)* **9** *med.* pridėginti **10** *amer. šnek.* bausti mirtimi elektros kėdėje □ *~ away* a) išdegti, sudegti; b) toliau degti; *~ down* a) sudeg(in)ti iki pamatų, pavirsti/paversti pelenais; b) silpnėti *(apie ugnį)*; *~ off* nudeginti; sudeginti; *~ out* a) išdeg(in)ti; b) baigti degti, sudegti; c) *el.* perdegti; d) *refl* nuvargti, išsekti, persidirbti; *~ up* a) sudeg(in)ti; b) įsidegti, įsiliepsnoti; c) *šnek.* lėkti, dumti *(keliu)*; d) *amer. šnek.* supykdyti ◊ *to ~ one's boats/bridges (behind one)* ≡ sudeginti tiltus, užkirsti sau kelią atgal; nutraukti ryšius su praeitimi; *to ~ the wind/earth* ≡ lėkti lyg padai sviltų; *his money ~s hole in his pocket* pinigai jam greitai išslysta
burn[2] *n šiaur.* upelis
burnbag ['bɜːnbæg] *v* sudeginti *(popierius)*; išsiųsti sudeginti *(slaptus dokumentus)*
burner ['bɜːnə] *n* **1** degintojas, degėjas, degikas **2** *tech.* degiklis; *gas-stove ~* dujinės viryklės degiklis ◊ *to put smth on the back ~ šnek.* atidėti *(klausimą)* vėliau svarstyti
burnet ['bɜːnɪt] *n bot.* kraujalakė
burning ['bɜːnɪŋ] *n* **1** degi(ni)mas; *there's a smell of ~* smirdi degėsiais **2** apdegi(ni)mas
a **1** deg(in)antis; svilinantis, karštas *(t. p. prk.)*; *~ hot* labai karštas *(apie saulę, paviršių)*; *~ oil* žibalas; *~ shame* svilinanti gėda; *~ desire* karštas noras **2** svarbus, opus *(apie klausimą ir pan.)*

burning-glass ['bɜːnɪŋglɑːs] *n* uždegamasis stiklas
burnish ['bɜːnɪʃ] *n* **1** blizgesys **2** poliravimas
v **1** blizginti, poliruoti *(metalą)*; juodinti *(plieną)* **2** (pa)gerinti *(įvaizdį)*
burnisher ['bɜːnɪʃə] *n* **1** poliruotojas **2** *(metalo poliruotojo)* šveitiklis
burnoose [bɜː'nuːs] *n amer.* = **burnous**
burnous [bɜː'nuːs] *arab. n* burnusas *(apsiaustas su gobtuvu)*, storas apsiaustas
burn-out ['bɜːnaʊt] *n* **1** pervargimas, išsekimas **2** *av.* kuro pasibaigimas *(reaktyviniam varikliui)*
burns [bɜːnz] *n pl amer. šnek.* žandenos, bakenbardai
Burns [bɜːnz] *n: Robert ~* Robertas Bernsas *(škotų poetas)*
burnt [bɜːnt] *past ir pII žr.* **burn**[1] *v*
a sudegęs, degintas; pridegęs, prisvilęs; *a ~ taste* degėsių kvapas; *~ gas* (pa)naudotosios/išmetamosios dujos; *~ offering* a) sudegintas gyvulys/augalas *(auka dievybei)*; b) *juok.* prisvilęs valgis
burnt-out ['bɜːntaʊt] *a* **1** sudegęs **2** perdegęs *(apie elektros lemputę)* **3** sugedęs, nebetinkamas *(apie automobilį)* **4** išsekęs, užgesęs *(apie entuziazmą, poetą ir pan.)*
burp [bɜːp] *šnek. n.* atsirūgimas, raugulys
v raugėti; raugčioti
burr[1] [bɜː] *n* **1** *(automobilio ir pan.)* burzgimas, ūžimas, blerbimas **2** *fon.* r tarimas liežuvio užpakaline dalimi; greblavimas; neaiškus tarimas
v **1** burgzti, ūžti, blerbti, gausti **2** *fon.* tarti r liežuvio užpakaline dalimi; grebluoti; neaiškiai tarti
burr[2] *n* kibusis dagys, varnalėša ◊ *to stick like a ~* prikibti/ pristoti *(kaip sakai)*
burr[3] *n* **1** atplaiša, šerpeta **2** girnų akmuo **3** galąstuvas; kalkakmenis, klintis **4** *med.* bormašinė
bur-reed ['bɜːriːd] *n bot.* šiurpis
burro ['bʊrəʊ] *isp. n (pl ~s [-z]) (ypač amer.)* asiliukas
burrow ['bʌrəʊ] *n* urvas, ola
v **1** kasti/rausti urvą/olą; rausti(s) *(in, under)* **2** slėptis urve; gyventi oloje **3** raustis *(knygose, kišenėje ir pan.; into)* **4** glaustis, priglusti *(to)*; susivynioti *(into)*
bursa ['bɜːsə] *n (pl ~s, -ae [-iː])* *anat. (tepalinis)* maišelis
bursar ['bɜːsə] *n* **1** *(koledžo, mokyklos)* iždininkas **2** stipendiatas
bursary ['bɜːsərɪ] *n* **1** *(koledžo, mokyklos)* iždininko raštinė **2** stipendija
bursitis [bɜː'saɪtɪs] *n med.* bursitas, tepalinio maišelio uždegimas
burst [bɜːst] *n* **1** sprogimas; trūkimas **2** *(jausmų ir pan.)* staigus išsiveržimas; netikėtas pasirodymas; *~ of applause* aplodismentų audra; *~ of laughter* juoko protrūkis **3** *(liepsnos ir pan.)* pliūptelėjimas **4** *(perkūno)* trenksmas; staigus šaudymas **5** *sport.* spurtas **6** *šnek.* girtavimas; *to be on the ~* girtauti
v (burst) **1** sprogti, pratrūkti, (per)plyšti; (su)sprogdinti; *a tyre has ~* padanga sprogo **2** išsiveržti, prasiveržti; *to ~ open* a) staiga atsidaryti/atsiverti; b) išlaužti; c) išgriauti, išsprogdinti; *to ~ the banks* išsiveržti/išsilieti iš krantų *(apie upę)*; *to ~ into the room* įsiveržti/ įgriūti į kambarį **3** perplėšti, sudraskyti, suardyti **4** staiga užeiti/prasidėti *(apie audrą)* **5** *šnek.* knietėti, labai norėti; *she was ~ing to tell me all about it* jai knietėjo viską man papasakoti **6** būti pilnam/prikimštam *(with)*; *to be ~ing with plenty* lūžti nuo perteklaius □ *~ in* staiga įeiti/įsiveržti *(on)*; *~ out* a) prasidėti *(apie karą, epidemiją ir pan.)*; *to ~ out laughing [crying]* pratrūkti/ prapliupti juoktis [verkti]; b) sušukti; *~ up* a) sprogti; b) *šnek.* sužlugti, pralaimėti

burster ['bə:stə] *n* **1** *kar.* sprogstamasis užtaisas **2** *astr.* barsteris
burthen ['bə:ðən] *psn., poet. žr.* **burden**[1, 2]
burton[1] ['bə:tən] *n tech.* skridinys, blokas
burton[2] *n: gone for a* ~ *šnek.* a) sugedęs, (su)žlugęs; b) dingęs be žinios, žuvęs
Burundi [bə'rundɪ] *n* Burundis *(Afrikos valstybė)*
bury ['berɪ] *v* **1** (pa)laidoti **2** užkasti *(žemėje)* **3** slėpti, dengti; *to* ~ *one's face in one's hands* užsidengti veidą rankomis; *to* ~ *one's hands in one's pockets* susikišti rankas į kišenes; *to* ~ *oneself in books* apsiversti knygomis; *to* ~ *oneself in the countryside* pasitraukti į kaimą *(ieškant vienumos)* **4** užmaršinti, užmiršti *(nuoskaudą, praeitį)* **5** *refl* įstrigti
bus [bʌs] *n* **1** autobusas; *articulated [touring]* ~ autobusas su priekaba [turistinis autobusas]; *to travel by* ~ važiuoti/keliauti autobusu **2** *šnek.* lėktuvas, automobilis **3** *el.* šyna
v **1** važiuoti autobusu **2** *amer.* vežioti *(mokinius)* autobusu į mokyklą **3** *amer.* nurinkti nešvarius indus nuo stalų restorane *(ppr.* ~ *tables)*
busboy ['bʌsbɔɪ] *n (tik v.) amer.* oficianto padėjėjas, nurenkantis nešvarius indus nuo stalų restorane
busby ['bʌzbɪ] *n (gvardiečių, husarų)* kailinė kepurė
bush[1] [buʃ] *n* **1** krūmas, krūmelis **2** *(the* ~*)* krūmynai, brūzgynai *(Australijoje, Afrikoje)* **3** tankūs plaukai **4** lapės uodega **5** *ist.* gebenės šaka *(smuklės iškaba Anglijoje);* smuklė ◊ *to beat about/around the* ~ kalbėti išsisukinėjant, išsisukinėti; *to take to the* ~ tapti valkata
v **1** apsodinti krūmais **2** tankiai suaugti, (iš)krūmoti *(ppr.* ~ *out)*
bush[2] *tech. n* įvorė, įdėklas
v įdėti įvorę
bushbaby ['buʃbeɪbɪ] *n zool.* galagas *(pusbeždžionė)*
bushed [buʃt] *a* **1** apaugęs krūmais **2** *šnek.* išvargęs
bushel[1] ['buʃl] *n* bušelis *(biralų ir skysčių tūrio vienetas D. Britanijoje – apie 36,4 l)* ◊ *to hide one's light under a* ~ užkasti/slėpti savo talentą; *to measure others' coin by one's own* ~ kitus matuoti savo saiku, spręsti apie kitus pagal save
bushel[2] *v amer.* lopyti, taisyti
bushfire ['buʃfaɪə] *n* miško gaisras
bushing ['buʃɪŋ] = **bush**[2] *n*
bush-league ['buʃli:g] *a amer. šnek.* prastas, nepriimtinas
Bushman ['buʃmən] *n (pl* -men [-mən]) **1** bušmenas *(Afrikos tautybė)* **2** Australijos brūzgynų gyventojas; kaimietis; fermeris
bushranger ['buʃˌreɪndʒə] *n austral. ist.* pabėgęs nusikaltėlis
bush-telegraph ['buʃˌtelɪgræf] *n* greitas naujienų/gandų plitimas
bushwhack ['buʃwæk] *v* **1** *amer.* (už)pulti iš pasalų **2** *amer., austral.* skintis kelią *(per tankmę, brūzgynus)* **3** *amer., austral.* gyventi miško tankmėje
bushwhacker ['buʃˌwækə] *n* **1** *amer., austral.* kaimietis; miško tankmės gyventojas **2** *amer.* partizanas
bushy ['buʃɪ] *a* **1** krūmingas, apaugęs krūmais **2** tankus *(apie antakius, barzdą ir pan.)* **3** pūkuotas *(apie lapės ir pan. uodegą)*
n šnek. = **bushwhacker** 1
business ['bɪznɪs] *n* **1** reikalas, dalykas; *let's get down to* ~ eikime prie reikalo; *on* ~ su reikalais; *what's your* ~*?* kokiu jūs reikalu?; *the* ~ *of the day/sitting* posėdžio darbotvarkė; *any other* ~ *(darbotvarkės)* įvairūs klausimai; *we were talking* ~ mūsų pokalbis buvo dalykiškas; *now we are talking* ~ čia kitas dalykas, čia kita kalba **2** komercinė veikla, prekyba, verslas, biznis; *man of* ~ a) verteiva, komersantas; b) agentas, patikėtinis; *big* ~ a) stambusis kapitalas; b) *kuop.* pramonės ir bankų magnatai; *to go to* ~ eiti į darbą; *to go into* ~ užsiimti verslu *(firmoje ir pan.)* **3** firma, komercinė įmonė; verslamonė; *small* ~*es* smulkios įmonės **4** *(prekybinė, biržos)* operacija, sandėris; *a good stroke/piece of* ~ geras sandėris **5** pareiga; teisė; *to make it one's* ~ laikyti tai savo pareiga; *to have no* ~ *to do it* neturėti teisės to daryti **6** reikalas, istorija; *I am sick of the whole* ~ man visa ta istorija nusibodo **7** *teatr.* vaidyba, judesiai, mimika *(ne kalba)* **8** *attr:* ~ *college* komercijos mokykla; ~ *plan* verslo/biznio planas; ~ *hours* darbo/priėmimo valandos; ~ *address* tarnybinis adresas ◊ *to mean* ~ rimtai kalbėti, nejuokauti; rimtai imtis; *to go about one's* ~ dirbti įprastinius darbus; *to know one's own* ~ nesikišti į svetimus reikalus; *to send smb about his* ~ išprašyti, išvaryti ką: *to do smb's, to do the* ~ *for smb* sukelti kam bankrotą, nusmukdyti ką; *it's/that's none of your* ~ tai ne tavo reikalas, tavęs/jūsų neliečia; *everybody's* ~ *is nobody's* ~ ≡ kelios auklės – vaikas be galvos; *like nobody's* ~ *šnek.* puikiai; sparčiai; apsčiai; *to be in* ~ *šnek.* turėti visa, ko reikia; *to stick to* ~ nesiblaškyti, laikytis temos
businesslike ['bɪznɪslaɪk] *a* dalykiškas, praktiškas
businessman ['bɪznɪsmən] *n (pl* -men [-mən]) *(tik v.)* **1** komersantas, verslininkas; įmonininkas **2** biznierius, verteiva
businesswoman ['bɪznɪsˌwumən] *n (pl* -women [-ˌwɪmɪn]) komersantė, verslininkė *ir pan., žr.* **businessman**
busk [bʌsk] *v šnek.* griežti, dainuoti *(apie gatvės muzikantą)*
busker ['bʌskə] *n šnek.* gatvės muzikantas
buskin ['bʌskɪn] *n teatr.* **1** *ist.* koturnos **2** tragedija; *the* ~ *and the sock* tragedija ir komedija
busload ['bʌsləud] *n* autobusu vežami keleiviai
busman ['bʌsmən] *n (pl* -men [-mən]) autobuso vairuotojas ◊ ~*'s holiday* atostogos/šventadienis, praleistas dirbant įprastinį darbą
buss [bʌs] *v amer.* draugiškai (pa)bučiuoti
busser ['bʌsə] *n amer.* = **busboy**
bus-shelter ['bʌsˌʃeltə] *n* autobusų stotelė *(pastatas)*
bus-stop ['bʌsstɔp] *n* autobusų stotelė
bust[1] [bʌst] *n* **1** biustas **2** *euf. (moters)* krūtinė, biustas; ~ *size/measurement* krūtinės apimtis
bust[2] *šnek. n* **1** nesėkmė; bankrotas **2** policijos reidas **3** *amer.* girtavimas
v (busted, bust) **1** (su)bankrutuoti **2** suimti, areštuoti **3** padaryti reidą/kratą, apieškoti **4** *kar.* pažeminti laipsnį □ ~ *out* pabėgti *(iš kalėjimo);* ~ *up* a) susibarti; išsiskirti, nutraukti draugystę; b) nutraukti, sugadinti *(varžybas, susirinkimą ir pan.)*
bust[3] *šnek. v* sudaužyti *(laikrodį)*
a **1** sudaužytas; sugedęs **2** subankrutavęs; *to go* ~ (su)bankrutuoti
bustard ['bʌstəd] *n zool.* (didysis) einis *(paukštis)*
buster ['bʌstə] *n šnek.* **1** kas nors nepaprastas **2** išgertuvės **3** *(ypač amer.) menk.* žmogeli, nenaudėli *(kreipiantis)* **4** smarkus vėjas *(ypač Australijoje)*
bustle[1] ['bʌsl] <*n, v, int*> *n* triukšmas, bruzdesys, sujudimas
v skubėti, bruzdėti, bėgioti □ ~ *about* bėginėti; triūsti; *she* ~*s about cooking dinner* ji triūsia ruošdama pietus *int* greičiau!
bustle[2] *n ist.* turniūras *(pagalvėlė suknelei išpūsti)*
bustling ['bʌslɪŋ] *a* judrus, gyvas *(apie gatvę ir pan.)*

bust-up ['bʌstʌp] *n šnek.* **1** susibarimas, išsiplūdimas, barnis **2** *(santykių)* nutrūkimas

busty ['bʌstɪ] *a* krūtin(in)ga

busy ['bɪzɪ] <*a, v, n*> *a* **1** užsiėmęs; daug dirbantis *(at, with, in, about)*; ~ *as a bee/beaver* labai užsiėmęs; *to keep oneself ~* rasti kuo užsiimti; *to get ~ šnek.* kibti į darbą **2** užimtas; *the line is ~ (telefono, telegrafo)* linija užimta; *~ signal (telefono)* signalas "užimta" **3** judrus; nenustygstantis; *~ idleness* tuščias energijos švaistymas **4** įtemptas, sunkus *(apie dieną ir pan.)* **5** perkrautas smulkmenų *(apie paveikslą, raštą ir pan.)*
v **1** duoti/skirti darbą **2** *refl* užsiimti *(with)*
n sl. seklys, policininkas

busybody ['bɪzɪˌbɒdɪ] *n* **1** nenuorama **2** žmogus, mėgstantis kištis į kitų reikalus

busyness ['bɪzɪnɪs] *n ret.* užimtumas

busywork ['bɪzɪwɜːk] *n amer.* tuščias darbas

but¹ [bət; *kirčiuota forma* bʌt] <*conj, adv, prep, pron, n*> *conj* **1** bet, o; tačiau; *poor ~ proud* neturtingas, bet išdidus; *not ten ~ eleven* ne 10, o 11; *~ he did not come* bet jis neatėjo; *~ then* bet antra vertus **2** *(neig. sakiniuose): nothing remains ~ to return* nelieka nieko kita, kaip grįžti; *I cannot ~ agree with you* negaliu nesutikti su tavimi/jumis **3** *(~ that)* jei ne; kad; *she would have fallen ~ that I caught her* ji būtų pargriuvusi, jei aš nebūčiau sulaikęs
adv tik, vos; *~ an hour ago* vos prieš valandą; *she is ~ a child* ji dar vaikas; *~ just* ką tik; *all ~* beveik, vos ne; *he all ~ died of his wounds* jis vos nemirė nuo žaizdų
prep **1** be, išskyrus; *all ~ him* visi, išskyrus jį; *the last ~ one* priešpaskutinis; *anything ~* a) bet kas/koks, tik ne; jokiu būdu ne; *he is anything ~ a poet* jis – kas tik nori, tik ne poetas; b) toli gražu ne, anaiptol ne; *it is anything ~ clear* tai toli gražu neaišku **2** *(~ for)* jei ne; *she would have fallen ~ for me* jei ne aš, ji būtų pargriuvusi
pron kas ne; *there is no one ~ knows* nėra nė vieno, kas to nežinotų; *not a man ~ had tears in his eyes* nebuvo nė vieno žmogaus be ašarų akyse
n: (*~ me*) *no ~s* (nekalbėk man) jokių "bet"

but² *n škot.* pirmasis/darbo kambarys dviejų kambarių name

butane ['bjuːteɪn] *n chem.* butanas

butch [bʊtʃ] *šnek. n* vyriška moteris
a vyriškas

butcher ['bʊtʃə] *n* **1** mėsininkas; skerdėjas; *~'s meat* šviežia mėsa *(išskyrus paukštieną)*; *the ~'s (shop)* mėsinė **2** žudikas; budelis ◊ *~'s bill* kare žuvusių sąrašas; *the ~, the baker and the candlestick-maker* visokie žmonės; *to have/take a ~'s šnek.* pažvelgti *(at – į)*
v **1** skersti, pjauti *(gyvulius)* **2** žiauriai (nu)žudyti **3** (su)gadinti, prastai dirbti

butcher-bird ['bʊtʃəbɜːd] *n zool.* plėšrioji medšarkė

butcherly ['bʊtʃəlɪ] *a* žiaurus, kraugeriškas

butchery ['bʊtʃərɪ] *n* **1** skerdykla **2** mėsos prekyba *(t. p. ~ business)* **3** skerdynės

butler ['bʌtlə] *n* vyresnysis liokajus

butt¹ [bʌt] *n* statinė *(skysčiams)*

butt² *n* **1** šaudyklos pylimas **2** *pl* šaudykla, poligonas **3** taikinys **4** *(pajuokos, kritikos)* objektas *(žmogus)*

butt³ *n* **1** drūtgalys **2** *(šautuvo)* buožė **3** nuorūka *(t. p. cigarette ~)* **4** *(ypač amer.) šnek.* užpakalis, subinė; *get off your ~!* pakelk užpakalį!, pajudėk! **5** *tech.* sandūra, sudūrimas *(galais)*
v sudurti *(galais)*, pridurti

butt⁴ *n* smūgis, dūris *(galva, ragais)*

v **1** suduoti, mušti *(galva)* **2** durti *(ragais)*; badyti(s) **3** trenkti(s), atsitrenkti *(against – į)* **3** išsikišti □ *~ in* įsikišti, įsiterpti *(on, to)*; *~ out šnek.* a) *(ypač amer.)* nesikišti; b) *amer.* liautis

butte [bjuːt] *n amer.* kalnas stačiais šlaitais ir plokščia viršūne

butter ['bʌtə] *n* **1** sviestas; *the ~ will not come* sviestas nesusisuka/nesusimuša **2** *šnek.* pataikavimas, meilikavimas ◊ *~ to ~ is no relish* vienodumas nusibosta; *he looks as if ~ would not melt in his mouth šnek.* jis tik atrodo toks gerutėlis/romutėlis
v tepti sviestu; sviestuoti □ *~ up šnek.* pataikauti, meilikauti

butter-and-eggs ['bʌtərəndˌegz] *n bot.* paprastoji linažolė

butterball ['bʌtəbɔːl] *n* **1** sviesto gniužuliukas **2** rubuilis

butter-boat ['bʌtəbəʊt] *n* padažo indas

butterbur ['bʌtəbɜː] *n bot.* šaukštis

buttercream ['bʌtəkriːm] *n* sviestinis kremas

buttercup ['bʌtəkʌp] *n bot.* vėdrynas

butter-dish ['bʌtədɪʃ] *n* sviestinė

butter-fingers ['bʌtəˌfɪŋgəz] *n šnek.* gvėra, vėpla, atgrubnagis

butterfly ['bʌtəflaɪ] *n* **1** drugelis, peteliškė **2** lengvabūdiškas, nepastovus žmogus **3** *sport.* peteliškė *(plaukimo būdas; t. p. ~ stroke)* ◊ *to have butterflies (in one's stomach) šnek.* labai nervintis, ≡ kinkas drebėti *(prieš egzaminą ir pan.)*

butterfly-nut ['bʌtəflaɪnʌt] *n tech.* sparnuotoji veržlė

butterfly-screw ['bʌtəflaɪskruː] *n tech.* sparnuotasis varžtas

buttermilk ['bʌtəmɪlk] *n* pasukos

butterscotch ['bʌtəskɒtʃ] *n* irisinis saldainis *(iš sviesto ir deginto cukraus)*

butterwort ['bʌtəwɜːt] *b bot.* tuklė *(vabzdžiaėdis augalas)*

buttery¹ ['bʌtərɪ] *n* sandėliukas maisto produktams, gėrimams *(ypač koledže)*

buttery² *a* sviestinis, sviesto; sviestuotas

buttery-hatch ['bʌtərɪhætʃ] *n* langelis, pro kurį paduodami produktai iš sandėliuko

butting ['bʌtɪŋ] *n* riba

butt-joint ['bʌtdʒɔɪnt] *n tech.* sandūra, sudūrimas

buttock ['bʌtək] *n* **1** sėdmuo, bulis **2** *pl* sėdmenys, sėdimoji vieta, sėdynė

button ['bʌtn] *n* **1** saga **2** mygtukas; *cancel ~ spec.* atsisakymo mygtukas **3** *amer.* ženkliukas **4** *(augalo)* pumpuras **5** jaunas grybas ◊ *he's a ~ short šnek.* ≡ jam vieno šulo trūksta; *he has not all his ~s šnek.* ≡ jam ne visi namie; *on the ~ (ypač amer.) šnek.* kaip tik, kaip tik laiku; *to press/push the panic ~* veikti panikos apimtam, panikuoti; *to have all one's ~s šnek.* būti sveiko proto
v **1** (su)sagstyti, (su)segti **2** (į)siūti sagą □ *~ up* a) užsegti/užsagstyti visas sagas; b) *kar.* visiškai pasiruošti; c) užsidaryti; d) *šnek.* užbaigti *(darbą);* e) *šnek.* atkakliai tylėti *(t. p. to ~ up one's mouth)* ◊ *to ~ up one's purse/pockets šnek.* pašykštėti; *~ it! šnek.* nutilk!

button-down ['bʌtndaʊn] *a* su sagutėmis kampuose *(apie marškinių apykaklę)*

buttoned-up ['bʌtndˌʌp] *a šnek.* uždaras, užsidaręs *(apie žmogų)*

buttonhole ['bʌtnhəʊl] *n* **1** sagos kilpa **2** gėlė prie atlapo
v **1** siūti/apmėtyti kilpas **2** priversti *(ką)* klausyti *(ką kitas sako)*

buttonhook ['bʌtnhʊk] *n ist.* kabliukas *(susegti/suvarstyti batams)*

button-on ['bʌtnɒn] *a* prisagstomas, prisegamas

buttons ['bʌtnz] *n ret. (viešbučio)* berniukas pasiuntinys su livrėja

button-through ['bʌtnθru:] *a* ištisai susegamas *(apie suknelę, sijoną)*

buttress ['bʌtrɪs] *n* **1** atrama, ramstis **2** *stat.* kontraforsas; *flying ~* arkbutanas, arkinis kontraforsas
v **1** palaikyti, paremti, sutvirtinti *(t. p. ~ up); to ~ up by facts* paremti faktais **2** *stat.* sutvirtinti kontraforsu

butty[1] ['bʌtɪ] *n šnek.* draugas, bičiulis; kompanionas

butty[2] *n šiaur.* sumuštinis

butyl ['bju:tɪl] *n chem.* butilas

butyric [bju:'tɪrɪk] *a chem.* susijęs su sviesto rūgšties su(si)darymu; *~ acid* sviesto rūgštis

buxom ['bʌksəm] *a* krūtinga, apkūni, sveika, pilna *(apie moterį)*

buy [baɪ] *v* (bought) **1** (nu)pirkti; *to ~ over smb's head* nupirkti pasiūlius aukštesnę kainą **2** papirkti **3** *šnek. (stengtis)* pasiekti, laimėti *(laiko, laisvės ir pan.)* **4** *(ypač amer.) šnek.* (pa)tikėti *(nesąmone ir pan.); I will not ~ that* tuo aš nepatikėsiu, to nebus ☐ *~ in* supirkti; užpirkti; *~ off* atsipirkti; papirkti; *~ out* išpirkti partneriui priklausančias akcijas *(įgyjant visišką kontrolę); ~ over* papirkti, patraukti į savo pusę; *~ up* supirkti ◊ *I'll ~ it!* pasiduodu *(neatspėjus)*, pasakyk!; *to (have) bought it šnek.* žūti
n šnek. **1** pirkimas **2** pirkinys; *a good ~* geras pirkinys; *to be on the ~* pirkti didelius pirkinius

buyable ['baɪəbl] *a* parduodamas, perkamas

buyer ['baɪə] *n* pirkėjas; *~'s over kom.* paklausa prašoka pasiūlą; *~s' market kom.* pirkėjams palanki konjunktūra *(pasiūla prašoka paklausą)*

buying ['baɪɪŋ] *n* pirkimas; *bulk ~* masinis supirkimas, supirkimas urmu

buyout ['baɪaʊt] *n kom.* išpirkimas *(akcijų)*

buzz[1] [bʌz] *n* **1** zvimbimas, bimbimas **2** *šnek. (telefono)* skambutis; *to give smb a ~* paskambinti kam telefonu **3** *šnek.* jaudulys, malonumas; *driving fast gives him a real ~* greitas važiavimas teikia jam daug malonumo **4** gaudesys, gausmas **5** *šnek.* gandai, žinios ◊ *to get a ~ on amer. sl.* apsvaigti *(nuo svaigalų, narkotikų)*
v **1** zvimbti, bimbti, birbti, zirzti *(apie vabzdžius)* **2** skristi pažeme; skristi skutamuoju skridimu **3** gausti, ūžti, burgzti **4** skleisti *(gandus)* **5** skambinti *(vidaus telefonu);* iškviesti skambučiu *(sekretorę ir pan.)* ☐ *~ about/ around* sukinėtis; šmižinėti, bėgioti; *~ off sl.* sprukti, išnykti, pasitraukti

buzz[2] *v* išgerti ligi dugno *(stiklinę, butelį)*

buzzard ['bʌzəd] *n zool.* **1** suopis **2** *amer.* grifas

buzzer ['bʌzə] *n* **1** *tech.* zirzeklis, zumeris **2** švilpukas; *works ~* fabriko sirena **3** *šnek. (elektros)* skambutis

buzz-saw ['bʌzsɔ:] *n amer.* diskinis pjūklas ◊ *to monkey with a ~* ≡ žaisti su ugnimi

buzzword ['bʌzwə:d] *n šnek.* madingas/populiarus žodelis/posakis *ar* specialus terminas

by [baɪ] *<prep, adv, part> prep* **1** prie, šalia, greta; *we had a day ~ the seaside* mes praleidome dieną prie jūros; *~ my side* šalia manęs **2** pagal, palei, pro *(šalį); a path ~ the river* takas palei upę; *she passed ~ me* ji praėjo pro mane **3** per; *they went to Japan ~ Siberia* į Japoniją jie važiavo per Sibirą; *we came ~ the fields* mes atėjome laukais **4** už *(už ko imama/laikoma ir pan.); to lead ~ the hand* vesti už rankos **5** iki, ligi; *~ tomorrow* iki rytojaus; *~ 4 o'clock* iki ketvirtos valandos; *~ now* ligi šiol; *~ then* ligi to laiko **6** laiku, metu; *~ day [night]* dieną [naktį] **7** *verčiama kilmininku reiškiant veikėją: a novel ~ Dickens* Dikenso romanas **8** *verčiama įnagininku reiškiant priemonę: ~ bus [rail, steamer]* autobusu [traukiniu, garlaiviu]; *~ phone* telefonu **9** iš *(reiškiant priežastį; t. p. daliklį, daugiklį); ~ experience* iš patirties; *~ starvation* iš bado; *ten divided ~ two* dešimt, padalyta iš dviejų **10** verčiama įnagininku reiškiant matą, kiekį; po; *~ the yard [pound, dozen]* jardais [svarais, tuzinais]; *older ~ two years* dvejais metais vyresnis; *cheaper ~ a shilling* vienu šilingu pigesnis; *one ~ one* po vieną; *~ threes* po tris **11** pagal; *džn. verčiama prieveiksmiu reiškiant veiksmo pobūdį/būdą; ~ agreement* pagal susitarimą; *~ law* pagal įstatymą; *~ chance* atsitiktinai; *~ chute/gravity* savaime, savieiga; *little ~ little* pamažėle; *~ degrees* pamažu; *~ heart* mintinai; *(all) ~ oneself* a) (visiškai) savarankiškai; b) vienas; ◊ *~ the way/by(e) šnek.* beje, tiesa, tarp kita ko; *to have [to keep] smth ~ one* turėti [laikyti] ką po ranka
adv **1** greta, šalia; *close/hard ~* visai šalia; *to stand ~* a) stovėti greta; b) *jūr.* būti pasirengus **2** pro šalį; *to pass ~* praeiti pro šalį; *in days gone ~* seniai praėjusiais laikais **3** *(ypač amer.) šnek.* į svečius *(užeiti); why don't you stop ~ for a drink after work* kodėl neužeini atsigerti po darbo ◊ *~ and ~* vėliau, netrukus; *~ and large* apskritai (paėmus)
part (vart. su vksm.) **1** pra- *(žymint judėjimą pro šalį); to run ~* prabėgti **2** *(su vksm.* keep, lay, put, set*)* atidėti *(ateičiai)*

by- [baɪ-] *pref* šalutinis; esantis greta/netoli; *bystreet* šalutinė gatvė; *bypasser* praeivis

by-blow ['baɪbləʊ] *n* **1** atsitiktinis smūgis; *prk.* nenumatytas atvejis **2** pavainikis, nesantuokinis vaikas

bye [baɪ] *n* **1** kas nors nesvarbus **2** *sport.* varžybų sistema su nelyginiu dalyvių skaičiumi; *to draw/have the ~* būti laisvam, nežaisti *(automatiškai patenkant į aukštesnį varžybų etapą)*

bye(-bye) [,baɪ'baɪ] *int šnek.* viso (labo)!

bye-byes ['baɪbaɪz] *n vaik.* čiūčia liūlia, miegutis; *to go to ~* eiti miegučio

by-effect ['baɪɪ,fekt] *n spec.* šalutinis reiškinys

byelaw ['baɪlɔ:] *n* = bylaw

by-election ['baɪɪ,lekʃn] *n* papildomi rinkimai

Byelorussia [,bɪelə'rʌʃə] *n* = Belarus

Byelorussian [,bɪelə'rʌʃn] *a* gudiškas, gudų, baltarusiškas, baltarusių; Gudijos, Baltarusijos
n **1** gudas, baltarusis **2** gudų/baltarusių kalba

by-end ['baɪend] *n* šalutinis/slaptas tikslas

bygone ['baɪgɒn] *a* praėjęs, praeities
n pl praeitis ◊ *let ~s be ~s* kas praėjo, tai praėjo; kas buvo, tas žuvo

bylaw ['baɪlɔ:] *n* **1** vietinės valdžios potvarkis **2** *amer. (bendrovės, korporacijos)* įstatai

byline ['baɪlaɪn] *n (laikraščio, žurnalo)* eilutė su straipsnio autoriaus pavarde

byname ['baɪneɪm] *n* pravardė

bypass ['baɪpɑ:s] *n* **1** apėjimas **2** aplinkkelis, aplinkinis kelias *(ypač aplink miestą)* **3** aplenkiamasis kanalas **4** *spec.* šuntas; *~ surgery med.* šuntavimas
v **1** apeiti, aplenkti; vykti aplinkiniu keliu **2** (iš)vengti *(kliūčių, sunkumų ir pan.)* **3** ignoruoti, apeiti *(viršininką ir pan.)* **4** *spec.* šuntuoti

bypath ['baɪpɑ:θ] *n* šalikelė, nuošalus kelias/takas; šuntakis

byplay ['baɪpleɪ] *n* **1** nebyli scena; *(pjesės)* epizodas **2** *(pokalbio)* potekstė

by-plot ['baɪplɒt] *n lit.* antraeilė *(pjesės)* intriga; šalutinė siužeto linija

by-product ['baɪˌprɔdəkt] *n ekon.*, *biol.* šalutinis produktas
byre ['baɪə] *n ret.* tvartas
byroad ['baɪrəud] *n* šalutinis kelias, šunkelis
Byron ['baɪərən] *n:* **George Noel** ~ Džordžas Noelis Baironas *(anglų poetas)*
Byronic [baɪ'rɔnɪk] *a* baironiškas; Bairono
bystander ['baɪˌstændə] *n (įvykių)* liudininkas, stebėtojas; pašalinis asmuo *(kuriam padaryta žala)*
bystreet ['baɪstri:t] *n* šalutinė gatvė/gatvelė, skersgatvis
by-talk ['baɪtɔ:k] *n* pošnekis, pasišnekučiavimas, šnektelėjimas
byte [baɪt] *n komp.* baitas *(informacijos kiekio vienetas)*

by-wash ['baɪwɔʃ] *n* vandens nuleidžiamasis kanalas
byway ['baɪweɪ] *n* **1** antraeilis, mažiau važinėjamas kelias; keliukas, kelelis, šunkelis *(t. p. prk.)* **2** *(mokslo ir pan.)* mažai ištirta nelabai svarbi sritis
byword ['baɪwə:d] *n* **1** pertaras, priežodis **2** *(ko nors bloga)* įkūnijimas, simbolis
by-work ['baɪwə:k] *n* pašalinis/šalutinis darbas
Byzantine [baɪ'zæntaɪn, bɪ'z-] *a* **1** bizantinis; Bizantijos **2** *(b.) knyg.* įmantrus, sudėtingas **3** *knyg.* klastingas *n ist.* bizantietis
Byzantinesque [bɪˌzæntɪ'nesk] *a* bizantinis *(apie stilių)*
Byzantium [bɪ'zæntɪəm] *n ist.* Bizantijas *(miestas)*

C

C,c [si:] *n* (*pl* Cs, C's [si:z]) **1** trečioji anglų kalbos abėcėlės raidė **2** *muz.* do; *C flat* ces; *C sharp* cis; *C major* c-dur; *C minor* c-mol **3** vidutiniškai *(pažymys)* **4**: *C3, C₃* a) trečios rūšies/eilės; b) netinkamas karinei tarnybai
cab [kæb] *n* **1** taksis; *to take a* ~ (pa)imti taksį **2** *(autobuso, sunkvežimio ir pan.)* vairuotojo kabina; *glžk.* mašinisto būdelė **3** *ist.* kebas, samdomas ekipažas/karieta/ vežimas
v šnek. važiuoti samdyta karieta/vežimu/taksiu
cabal [kə'bæl] *n* **1** politinė grupuotė/klika **2** intriga, sąmokslas, politinis manevras
v intriguoti; rengti sąmokslą
cabala [kə'bɑ:lə] *n* = **cabbala**
cabalistic [ˌkæbə'lɪstɪk] *a* = **cabbalistic**
cabana [kə'bɑ:nə] *isp. n* **1** namukas, kotedžas **2** *amer.* persirengimo kabina *(paplūdimyje)*
cabaret ['kæbəreɪ] *pr. n* **1** kabaretas, nedidelis restoranas, naktinis baras **2** naktinio baro, kabareto pramoginė programa
cabbage ['kæbɪdʒ] *n* **1** *bot.* kopūstas; ~ *white/butterfly zool.* kopūstinis baltukas, kopūstdrugis **2** *kul.* kopūstai **3** *šnek.* kopūstgalvis
v susisukti *(kaip kopūsto gūžei)*
cabbage-head ['kæbɪdʒhed] *n* **1** kopūsto galva/gūžė **2** *šnek.* kopūstgalvis, bukagalvis
cabbage-rose ['kæbɪdʒrəʊz] *n bot.* centifolija
cabbala [kə'bɑ:lə] *n rel.* kabala
cabbalistic [ˌkæbə'lɪstɪk] *a* **1** *rel.* kabalistinis **2** paslaptingas
cabbie, cabby ['kæbɪ] *n šnek.* taksistas
cabdriver ['kæbdraɪvə] *n* taksio vairuotojas, taksistas
caber ['keɪbə] *n škot.* kartis, šatra *(mėtoma aukštyn per sporto varžybas)*
cabin ['kæbɪn] *n* **1** trobelė, namelis; kotedžas **2** kabina, kajutė; ~ *class* antra klasė *(tarp pirmos ir turistinės; keleiviniuose laivuose)* **3** *av.* uždara kabina *(ekipažui)*; salonas **4** *glžk.* blokpostas, iešmininko būdelė
v **1** laikyti kabinoje, ankštoje patalpoje **2** gyventi trobelėje/kotedže
cabin-boy ['kæbɪnbɔɪ] *n (tik v.) jūr.* junga
cabin-cruiser ['kæbɪnˌkru:zə] *n* didelis motorlaivis *(su kajute, kajutėmis)*
cabined ['kæbɪnd] *a* suspaustas, ankštas
cabinet ['kæbɪnɪt] *n* **1** *(ppr. the C.)* ministrų kabinetas, vyriausybė; ~ *council* ministrų taryba; ~ *crisis* vyriausybės krizė; *shadow* ~ *(D. Britanijos)* šešėlinis ministrų kabinetas; *in* ~ ministrų kabineto posėdyje **2** spintelė su stalčiais; įstiklinta spintelė, vitrina **3** dėžė, dėžutė *(televizoriui ir pan.)*; *filing* ~ kartotekos dėžutė **4** *psn.* kambarėlis; kabinetas
cabinetmaker ['kæbɪnɪtˌmeɪkə] *n* stalius, baldžius
cabinetwork ['kæbɪnɪtwə:k] *n* **1** gero staliaus darbas **2** staliaus amatas

cable ['keɪbl] *n* **1** stora tvirta virvė; trosas, lynas; inkaro grandinė; *to slip the* ~ *jūr.* (iš)leisti laivavirvę; ~ *railway* funikulierius; ~ *car* funikulieriaus vagonas **2** kabelis, laidas; *screened/shielded* ~ ekranuotas laidas **3** kabelinė televizija *(t. p.* ~ *television)* **4** kablograma *(kabeliu perduodama telegrama)* **5** *archit.* pynelinis ornamentas **6** *jūr.* kabeltovas *(ilgio matas = 183,2 m, amer. = 219 m; t. p.* ~*'s length)*
v **1** pririšti/pritvirtinti lynu/trosu **2** pasiųsti kablogramą **3** *(ppr. pass)* prijungti prie kabelinės televizijos sistemos **4** *archit.* puošti pyneliniu ornamentu
cable-cast ['keɪblkɑ:st] *v* transliuoti kabeline televizija
cablegram ['keɪblgræm] = **cable** *n* 4
cable-knit ['keɪblnɪt] *a* megztas pynės raštu
cablese ['keɪbli:z] *n šnek.* telegramų stilius
cablet ['keɪblɪt] *n jūr.* perlynis *(kanapinis lynas)*
cableway ['keɪblweɪ] *n* **1** lynų kelias **2** kabelinis kranas
cabling ['keɪblɪŋ] *n* **1** kabelio tiesimas/klojimas **2** trosų/lynų sukimas/vijimas
cabman ['kæbmən] *n (pl* -men [-mən]) *(tik v.) ist.* vežikas
caboodle [ˌkə'bu:dl] *n: the whole* ~ *šnek.* a) visa draugė/šutvė; b) viskas, visa manta
caboose [kə'bu:s] *n* **1** *jūr.* kambūzas, laivo virtuvė **2** *amer.* tarnybinis vagonas *(prie prekinio traukinio)*
cabotage ['kæbətɑ:ʒ] *n* **1** *jūr.* kabotažas **2** *av.* vietinis oro transportas
cab-rank ['kæbræŋk] *n* taksių stovėjimo vieta
cabriole [ˌkæbrɪ'əʊl] *a* lenktinis *(apie baldų koją)*
cabriolet ['kæbrɪəleɪ] *pr. n* **1** *ist.* kabrioletas *(dviratis vežimas su nuleidžiamu viršumi)* **2** *psn.* automobilis *(su nuleidžiamais kraštais ir viršumi)*
cabstand ['kæbstænd] *n amer.* = **cab-rank**
ca'canny [kɑ:'kænɪ] *n* lėtas darbas *(streiko rūšis)*
cacao [kə'kɑ:əʊ, kə'keɪəʊ] *n* **1** *bot.* kakavmedis **2** kakava *(pupelės ir gėrimas)*
cacao-tree [kə'kɑ:əʊtri:] *n bot.* kakavmedis
cachalot ['kæʃəlɒt] *n zool.* kašalotas
cache [kæʃ] *n* **1** slėptuvė, slaptynė, slaptavietė; *(ginklų, maisto atsargų ir pan.)* slaptas sandėlis; ~ *memory komp.* atsargos atmintis **2** tai, kas paslėpta
v laikyti/(pa)slėpti slaptavietėje
cachectic [kə'kektɪk] *a knyg., med.* liguistas, išsekęs
cachet ['kæʃeɪ] *pr. n* **1** *knyg. (skiriamasis)* bruožas; prestižas, privalumas **2** *ret.* antspaudas **3** *farm.* kapsulė, oblatė
cachexy [kə'keksɪ] *n med.* kacheksija, organizmo išsekimas
cacique [kə'si:k] *isp. n* **1** kacikas *(indėnų genčių vadas)* **2** politinis vadovas *(Ispanijoje, Lotynų Amerikoje)*
cack-handed ['kæk'hændɪd] *a šnek.* **1** negrabus **2** kairiarankis
cackle ['kækl] *n* **1** kudakavimas; gagenimas, gagesys kikenimas **3** *šnek.* plepėjimas, tarškimas; *to cut the* ~ liautis plepėti; eiti prie reikalo
v **1** kudakuoti; gagenti **2** kikenti **3** plepėti, tarkšti

cacology [kə'kɔlədʒɪ] *n knyg.* prasta kalba *(yra klaidų, netaisyklingas tarimas ir pan.)*
cacophonous [kə'kɔfənəs] *a* kakofoninis, nedarnus
cacophony [kə'kɔfᵊnɪ] *n* kakofonija, garsų nedarna
cactaceous [kək'teɪʃəs] *a bot.* kaktusų *(šeimos),* kaktusinis
cactus ['kæktəs] *n (pl* ~es, -ti [-taɪ]) *bot.* kaktusas
cacuminal [kə'kju:mɪnl] *fon. a* kakuminalinis, retrofleksinis
  n kakuminalinis garsas
cad [kæd] *n* storžievis, chamas, niekšas
cadastral [kə'dæstrəl] *a teis., geogr.* kadastro, kadastrinis
cadastre [kə'dæstə] *n teis., geogr.* kadastras
cadaver [kə'deɪvə] *n med.* lavonas
cadaveric [kə'dævərɪk] *a med.* lavono, lavoniškas
cadaverous [kə'dævᵊrəs] *a* **1** *med.* lavono, lavoniškas **2** *knyg.* išbalęs kaip lavonas
caddie ['kædɪ] = **caddy¹** *n, v*
caddish ['kædɪʃ] *a* šiurkštus, vulgarus; niekšiškas
caddy¹ [kædɪ] *n* **1** ūkinis krepšys su rateliais **2** patarnaujantysis žaidžiant golfą
  v patarnauti žaidžiančiam golfą *(for)*
caddy² *n* arbatžolių dėžutė *(t. p. tea ~)*
cade¹ [keɪd] *n bot.* kadagys, ėglis
cade² *n ret.* statinėlė
cade³ *n* dirbtinai maitinamas ėriukas/kumeliukas
  a prijaukintas, dirbtinai maitinamas *(apie gyvulį)*
cadence ['keɪdᵊns] *n* **1** *(balso)* moduliacija **2** ritmas **3** *muz.* kadencija **4** *kar.* ritmingas žingsnis; ėjimas į koją
cadency ['keɪdᵊnsɪ] *n* **1** = **cadence 2** jaunesnioji linija/karta *(genealogijoje)*
cadenza [kə'denzə] *n* = **cadence** 3
cadet [kə'det] *n* **1** kariūnas, karo mokyklos auklėtinis; kadetas; ~ *corps* a) kadetų korpusas; b) karinis parengimas *(iki 18 metų)* **2** jaunesnysis sūnus
cadge [kædʒ] *v menk.* prašinėti, išprašyti; *he is always cadging cigarettes* jis amžinai kaulija cigarečių
cadger ['kædʒə] *n* **1** *menk.* prašinėtojas, įkyrus elgeta; veltėdys **2** *(ypač škot.)* žmogus, nešiojantis smulkias prekes po kaimus ir supirkinėjantis maisto produktus
cadi ['kɑ:dɪ] *arab. n* kadis *(musulmonų dvasininkas teisėjas)*
Cadilac ['kædɪlæk] *n* **1** „Kadilakas" *(automobilis)* **2** *amer. šnek. (gaminio)* aukščiausios kokybės pavyzdys
cadmium ['kædmɪəm] *n chem.* kadmis
cadre ['kɑ:də] *n* **1** kadriniai *(politiniai, kariniai ir pan.)* darbuotojai; kadrai *(t. p. kar.)* **2** schema, griaučiai
caduceus [kə'dju:sɪəs] *lot. n (pl* -cei [-sɪaɪ]) *mit.* kaducėjus *(t. p. medicinos profesijos simbolis)*
caducity [kə'dju:sətɪ] *n* **1** nukaršimas *(senatvėje)* **2** praeinamumas, netvarumas
caducous [kə'dju:kəs] *a* **1** *bot.* anksti nukrintantis **2** *biol.* atkrintantis, laikinas
caecum ['si:kəm] *n (pl* caeca ['si:kə]) *anat.* akloji žarna
Caedmon ['kædmən] *n* Kedmonas *(anglų poetas)*
Caernarvon [kə'nɑ:vən] *n* Karnarvonas *(Velso miestas)*
Caesar ['si:zə] *n* **1** *ist.* Cezaris **2** cezaris, imperatorius *(sen. Romoje)* **3** vienvaldys, autokratas ◊ *render unto ~ what is ~'s* ≡ kas ciesoriaus – ciesoriui
Caesarean [sɪ'zɛərɪən] *a* **1** cezario, valdovo; Cezario **2** vienvaldiškas, autokratiškas
  n med. cezario pjūvis, gimdos pjūvis *(t. p. ~ section)*
caesium ['si:zɪəm] *n chem.* cezis
caesura [sɪ'zjuərə] *n* **1** *lit.* cezūra **2** *knyg.* pertrauka
café ['kæfeɪ] *pr. n* kavinė; ~ *society* nuolatiniai kavinių, naktinių klubų *ir pan.* lankytojai

cafe-au-lait [‚kæfeɪəu'leɪ] *pr. n* kava su pienu
cafeteria [‚kæfɪ'tɪərɪə] *n* kafeterija; savitarnos užkandinė/valgykla *(gamykloje, mokykloje ir pan.)*
caff [kæf] *n šnek.* nedidelė kavinė/užkandinė
caffeine ['kæfi:n] *n farm.* kofeinas
caffeine-free ['kæfi:nfri:] *a* be kofeino
caftan ['kæftæn] *n* kaftanas
cage [keɪdʒ] *n* **1** narvas, narvelis **2** *prk.* kalėjimas **3** *šnek.* karo belaisvių stovykla **4** *(lifto)* kabina **5** *(kasyklos)* keltuvas **6** *tech. (guolio)* apkaba **7** *sport. (krepšinio)* krepšys; *(ledo ritulio)* vartai
  v **1** uždaryti į narvą/narvelį **2** *šnek.* uždaryti į kalėjimą *(t. p. prk.; džn.* ~ *in)*
caged [keɪdʒd] *a* laikomas narvelyje/narve
cagey ['keɪdʒɪ] *a šnek.* **1** vengiantis atsakymo, išsisukinėjantis *(about);* nekalbus; paslaptingas; *don't be ~!* sakyk(ite) tiesiai!, neišsisukinėk(ite)! **2** *amer.* gudrus
cagily ['keɪdʒɪlɪ] *adv šnek.* **1** atsargiai; išsisukinėjant **2** *amer.* gudriai
cagoule [kə'gu:l] *n* nepermšlampamoji striukė su gobtuvu
cahoots [kə'hu:ts] *n pl* sankalba, sąmokslas; *to go* ~ lygiai dalytis *(išlaidas, pajamas); to be in* ~ slaptai susitarti/susibausti *(with)*
caiman ['keɪmən] *n* = **cayman**
Cain [keɪn] *n* **1** *bibl.* Kainas **2** brolžudys ◊ *to raise* ~ *šnek.* sukelti triukšmą/skandalą
caique [kaɪ'i:k] *n* kajikas *(turkų laivelis/valtis)*
cairn [kɛən] *n* piramidė iš akmenų *(paminklas, sąlyginis ženklas ir pan.)* ◊ *to add a stone to smb's* ~ girti ką po mirties
Cairo ['kaɪərəu] *n* Kairas *(Egipto sostinė)*
caisson ['keɪsən, kə'su:n] *n* **1** *tech.* kesonas *(povandeniniams darbams)* **2** *stat.* uždoris **3** *kar.* sprogmenų dėžė
caitiff ['keɪtɪf] *poet., psn. n* bailys, niekšas
  a bailus; nekenčiamas
cajole [kə'dʒəul] *v* **1** palenkti meilikavimu, įtikinti *(into);* išprašyti, įtikinti *(ko nedaryti; out of)* **2** pataikauti, meilikauti; apgaudinėti
cajolement [kə'dʒəulmənt] *n* meilikavimas, pataikavimas
cajolery [kə'dʒəulərɪ] *n* = **cajolement**
cake [keɪk] *n* **1** pyragaitis, keksas; pyragas; tortas **2** paplotėlis, sklindis **3** purvo/molio gabaliukas *(pridžiūvęs prie drabužių)* **4** gabaliukas, plytelė, briketas; *a ~ of soap* muilo gabaliukas; ~ *ice* ižas; *a ~ of tobacco* presuoto tabako plytelė **5** *ž. ū.* išspaudos **6** *spec. (filtravimo)* nuosėdos ◊ *~s and ale* linksmybės, malonumai; *a share/slice/cut of the* ~ *(kam)* priklausanti dalis; *you can't have your* ~ *and eat it (too) šnek.* negalima norėti ko negalima, neįmanoma suderinti nesuderinamų dalykų; *to go/sell like hot ~s šnek.* kaip mat išgraibstyti, griebte griebti *(parduodamas prekes);* ≡ eiti kaip iš pypkės; *to have one's* ~ *baked* būti turtingam, gerai gyventi; *to take the* ~ *amer. šnek.* blogiau nebegali būti, viską pranokti; *it's a piece of* ~ *šnek.* ≡ vieni juokai; labai lengva/paprasta; *my* ~ *is dough* man nenusisekė/nepavyko; ≡ mano blynas prisvilo
  v (ppr. pass) pridžiūti; sudžiūti, sukepti
cakehole ['keɪkhəul] *n sl.* burna
cake-mix ['keɪkmɪks] *n* milteliai tortui/keksui
cakewalk ['keɪkwɔ:k] *n amer.* **1** keikvokas *(šokis)* **2** tai, kas labai lengva; ≡ vieni juokai
calabash ['kæləbæʃ] *n* **1** *bot.* (paprastasis) ilgmoliūgis **2** butelis/pypkė iš ilgmoliūgio

calaboose [ˌkælə'buːs] *n amer. šnek.* kalėjimas, cypė
calabrese ['kæləbriːs, ˌkælə'breɪzɪ] *n bot., kul.* brokolis
calamanco [ˌkælə'mæŋkəu] *n tekst.* lininis satinas
calamine ['kæləmaɪn] *n min.* kalaminas; **~ lotion** skystasis kalaminas *(skaudamai odai)*
calamitous [kə'læmɪtəs] *a* pražūtingas, katastrofiškas; nelaimingas
calamity [kə'læmɪtɪ] *n* didžiulė nelaimė; katastrofa, baisus įvykis; **~ howler/prophet/Jane** žmogus, pranašaujantis nelaimę; pesimistas
calamus ['kæləməs] *n bot.* ajeras; **sweet ~** balinis ajeras
calash [kə'læʃ] *n ist.* lengva dengta karieta, puskarietė
calcareous [kæl'kɛərɪəs] *a* kalkinis, kalkingas
calces ['kælsiːz] *pl žr.* **calx**
calciferol [kæl'sɪfərɔl] *n* vitaminas D
calcification [ˌkælsɪfɪ'keɪʃn] *n* (su)kalkėjimas; (su)kietėjimas
calcify ['kælsɪfaɪ] *v* kalkėti, kietėti; kalkinti, kietinti
calcimine ['kælsɪmaɪn] *n stat.* kalkių skiedinys *(tinkui ir pan.)*
calcination [ˌkælsɪ'neɪʃn] *n tech.* kalcinacija, kalcinavimas; kalkių degimas
calcine ['kælsaɪn] *n tech.* degenos; kalcinacijos produktas
v **1** *tech.* kalcinuoti, (ap)deg(in)ti; degti kalkes; versti kalkėmis **2** visiškai sudeginti; sudegti į plėnis
calcite ['kælsaɪt] *n min.* kalcitas, kalkių špatas
calcitrant ['kælsɪtrənt] *a spec.* ugniai atsparus; sunkiai lydomas
calcium ['kælsɪəm] *n chem.* kalcis; **~ phosphate** kalcio fosfatas; **~ hydroxide** gesintos kalkės; **~ oxide** negesintos kalkės
calculable ['kælkjuləbl] *a* **1** apskaičiuojamas, išmatuojamas **2** patikimas
calculate ['kælkjuleɪt] *v* **1** (ap)skaičiuoti, išskaičiuoti; kalkuliuoti; **to ~ a square root** *mat.* (iš)traukti kvadratinę šaknį **2** pasikliauti, pasitikėti *(on)* **3** numatyti, planuoti *(on)* **4** *(ppr. pass)* skirti, numatyti; *his remark was ~d to annoy me* savo pastaba jis norėjo mane supykinti **5** *amer.* manyti
calculated ['kælkjuleɪtɪd] *a* **1** apskaičiuotas **2** apgalvotas, suplanuotas *(apie nusikaltimą ir pan.)*
calculating ['kælkjuleɪtɪŋ] *a* **1** skaičiuojamasis, skaičiavimo **2** apskaičiuojantis; suktas, gudrus
calculation [ˌkælkju'leɪʃn] *n* **1** (ap)skaičiavimas; kalkuliacija; **to get one's ~s wrong** apsiskaičiuoti, suklysti skaičiuojant **~ of exchange** *fin.* valiutos kurso apskaičiavimas **2** (ap)svarstymas, (ap)galvojimas **3** *menk.* išskaičiavimas, sumetimas **4** *amer.* numatymas
calculator ['kælkjuleɪtə] *n* **1** kalkuliatorius **2** klavišinė skaičiavimo mašina, aritmometras; skaičiuoklis
calculus[1] ['kælkjuləs] *n (pl* -li [-laɪ], ~es) *med. (inkstų)* akmuo
calculus[2] *n mat.* skaičiavimas; **differential [integral] ~** diferencialinis [integralinis] skaičiavimas
Calcutta [kæl'kʌtə] *n* Kalkuta *(miestas)*
caldron ['kɔːldrən] *n =* **cauldron**
Caldwell ['kɔːldwel] *n:* **Erskine Preston ~** Erskinas Prestonas Koldvelis *(amerikiečių rašytojas)*
Caledonia [ˌkælɪ'dəunɪə] *n* **1** Kaledonija **2** *poet.* Škotija
calefactory [ˌkælɪ'fæktərɪ] *n bažn.* šildomas vienuolyno kambarys
a šildymo, kaitinimo
calendar ['kælɪndə] *n* **1** kalendorius; bažnytinis kalendorius **2** aprašas; rodyklė; rejestras; sąrašas **3** *teis.* svarstymui parengtų bylų sąrašas **4** *amer.* dienotvarkė; tvarkaraštis, kalendorius
v **1** registruoti, įtraukti į sąrašą; sudaryti rodyklę **2** žymėti kalendoriuje
calender ['kælɪndə] *tech. n* kalandras; blizginimo/lyginimo presas
v kalandruoti, blizginti, lyginti
calends ['kæləndz] *n pl* kalendos, pirmoji mėnesio diena *(Sen. Romoje)* ◊ **on/at the Greek ~** *juok.* niekada
calendula [kə'lendjulə] *n bot.* medetka
calf[1] [kɑːf] *n (pl* calves) **1** veršiukas, veršelis; **cow in/with ~** veršinga, turėsianti karvė **2** *(elnio, dramblio, banginio ir pan.)* jauniklis **3** veršiuko oda, veršena **4** apykvailis, keistokas vaikinas, mulkis **5** nedidelė plaukianti lytis ◊ **~ love** vaikiška meilė; **golden ~** aukso veršis *(auksas, pinigai);* **to kill the fatted ~** *bibl.* papjauti nupenėtą veršį, džiaugsmingai sutikti ką kaip sūnų paklydėlį
calf[2] *n (pl* calves) blauzda
calfbone ['kɑːfbəun] *n anat.* šeivikaulis
calf-length ['kɑːfleŋθ] *a* siekiantis blauzdas/kulkšnis *(apie drabužį, batus)*
calfskin ['kɑːfskɪn] *n =* **calf**[1] 3
caliber ['kælɪbə] *n amer. =* **calibre**
calibrate ['kælɪbreɪt] *v spec.* **1** kalibruoti; graduoti; taruoti **2** (pa)tikrinti, sutikrinti *(tikslumą)*
calibration [ˌkælɪ'breɪʃn] *n spec.* **1** kalibravimas; gradavimas; taravimas **2** sutikrinimas
calibre ['kælɪbə] *n* **1** išsilavinimas, erudicija; moralinės savybės; *(asmenybės)* reikšmingumas **2** *spec.* kalibras; diametras
calico ['kælɪkəu] *n (pl* ~(e)s [-z]) *tekst.* **1** kolenkoras **2** mitkalis *(audinys)* **3** *amer.* kartūnas
calico-printer ['kælɪkəuˌprɪntə] *n tekst.* kartūno margintojas
calico-printing ['kælɪkəuˌprɪntɪŋ] *n tekst.* kartūno marginimas
calif ['keɪlɪf] *n =* **caliph**
California [ˌkælɪ'fɔːnɪə] *n* Kalifornija *(JAV valstija)*
californium [ˌkælɪ'fɔːnɪəm] *n chem.* kalifornis
calipers ['kælɪpəz] *n amer. =* **callipers**
caliph ['keɪlɪf, 'kælɪf] *n ist.* kalifas
caliphate ['keɪlɪfeɪt, 'kælɪfeɪt] *n ist.* kalifatas
calisthenics [ˌkælɪs'θenɪks] *n amer. =* **callisthenics**
calk[1] [kɔːk] *n* **1** *(pasagos)* įsukamasis nagas, kapliukas, grifas **2** *amer. (kulno)* pasagėlė
v **1** kaustyti pasagomis su kapliukais **2** *amer.* (pri)kalti *(kulno)* pasagėles
calk[2] *v* kopijuoti *(brėžinį)*
calk[3] *n* negesintos kalkės
calk[4] *v amer. =* **caulk**
call [kɔːl] *n* **1** šaukimas, šauksmas, riksmas; **~ for help** pagalbos šauksmas; **to give smb a ~** pašaukti ką **2** šūkis; signalas **3** *(gydytojo ir pan.)* (iš)kvietimas, (iš)šaukimas *(t. p. teatr.);* **she took five (curtain) ~s** ją iškvietė ar ji atėjo į sceną penkis kartus *(dėl ilgų plojimų)* **4** telefono skambutis, pokalbis telefonu *(t. p. telephone ~);* **to make a ~** paskambinti **5** ap(si)lankymas, vizitas; **duty ~** oficialus vizitas; **to make a ~** *(on)* aplankyti; **to pay a ~** a) padaryti vizitą, aplankyti; b) *euf.* (nu)eiti į tualetą **6** *(laivo)* įplaukimas į uostą; *(traukinio)* sustojimas stotyje **7** (pa)šaukimas, potraukis; **the ~ of nature** *euf.* gamtos reikalas, potraukis šlapintis; **~ of duty** pareiga, pareigos šaukimas **8** pareikalavimas *(t. p. kom.);* reikalavimas *(grąžinti skolą);* **on/at ~** a) pagal pareikalavimą; b) budintis, pasirengęs *(patarnauti);* **~ loan/money**

paskola iki pareikalavimo; *I have many ~s on my time* aš visai neturiu laisvo laiko; *there isn't much ~ (for)* nėra didelio pareikalavimo **9** *ekon.* opcionas **10** reikalas, būtinumas; *there is no ~ for you to worry* jums nėra ko rūpintis **11** *sport. (teisėjo)* sprendimas **12** *medž.* viliojamoji dūdelė ◊ *within ~* netoli, šūksnio atstumu
v **1** vadinti; duoti vardą; *they ~ed the child Vytas after his uncle* vaikui parinko Vyto vardą dėdės garbei; *what is this ~ed in Lithuanian?* kaip tai vadinasi lietuviškai? **2** šaukti, sušukti, rėkti **3** iššaukti, (iš)kviesti; pašaukti; sušaukti; *to ~ a doctor [a taxi]* iškviesti/pakviesti gydytoją [taksį]; *to ~ smb's name* pašaukti vardu *(iš sąrašo);* iššaukti *(tikrinant); to ~ a press conference* sušaukti/(su)kviesti spaudos konferenciją; *to ~ a strike* skelbti/organizuoti streiką **4** (pa)skambinti *(telefonu; t. p. ~ up); who's ~ing?* kas kalba? **5** pažadinti **6** *pass* jausti pašaukimą, būti pašauktam *(ką daryti)* **7** *refl* vadintis; apsimesti **8** padaryti vizitą; aplankyti, užeiti *(on smb; at smb's place; t. p. ~ round);* what time shall I ~ *for you?* kada man užeiti tavęs paimti? **9** kreiptis *(on, upon – į)* **10** sustoti stotyje *(apie traukinį, autobusą; at);* įplaukti į uostą **11** reikalauti *(for); letters to be ~ed for* laiškai iki pareikalavimo **12** manyti, traktuoti; *I ~ it a good house* aš manau, kad tai geras namas **13** *sport.* mesti monetą *(sprendžiant, kam servuoti, ir pan.);* nuspręsti ☐ *~ away* iškviesti, iššaukti; *~ back* a) atšaukti, pašaukti atgal; b) vėl paskambinti; c) grįžti; vėl aplankyti; *~ down* a) šauktis *(dangaus keršto ir pan.),* užtraukti *(bėdą);* b) *sl.* sudirbti, sutaršyti *(kritikuojant);* c) *amer.* piktai išbarti; *~ forth* a) sukelti; b) pareikalauti *(įtempti jėgas ir pan.); ~ in* a) iššaukti, iškviesti; b) (pa)reikalauti grąžinti/atsiteisti; c) išimti iš apyvartos; d) paskambinti *(džn. į darbovietę);* e) užsukti *(on, at);* f) pašaukti į kariuomenę; *~ off* a) atšaukti; panaikinti; nutraukti; b) atitraukti *(dėmesį);* pašaukti *(šunį; nuo užpultojo); ~ out* a) surėkti, sušukti; b) iššaukti, kreiptis *(į);* c) raginti streikuoti; d) reikalauti *(for); ~ up* a) paskambinti telefonu; b) priminti; c) pašaukti į kariuomenę; d) iššaukti, iškviesti; e) *sport.* pakviesti į rinktinę ◊ *don't ~ us, we'll ~ you (ppr. juok.)* pasž. jūs mums neskambinkite, mes patys paskambinsime *(reiškiant nesidomėjimą kuo)*
callable ['kɔ:ləbl] *a fin.* išpirktinas *(apie vertybinius popierius);* pareikalaujamas, iki pareikalavimo *(apie obligacijas)*
callback ['kɔ:lbæk] *n* prastos kokybės produkcijos atšaukimas *(kad gamintojas galėtų pašalinti defektus)*
call-bell ['kɔ:lbel] *n* signalinis/iškvietimo skambutis
call-box ['kɔ:lbɔks] *n* telefono būdelė/kabina, taksofonas, telefonas automatas
call-boy ['kɔ:lbɔɪ] *n (tik v.)* berniukas pasiuntinys, kurjeris
call-button ['kɔ:l͵bʌtn] *n* iškvietimo mygtukas
caller[1] ['kɔ:lə] *n* **1** svečias, lankytojas **2** sąrašo skaitytojas *(patikrinimo metu)* **3** skambintojas telefonu
caller[2] *a škot.* **1** šviežias **2** vėsus
call-girl ['kɔ:lgə:l] *n* prostitutė *(iškviečiama telefonu)*
calligrapher [kə'lɪgrəfə] *n* kaligrafas
calligraphic(al) [͵kælɪ'græfɪk(l)] *a* kaligrafinis, kaligrafiškas
calligraphy [kə'lɪgrəfɪ] *n* **1** kaligrafija, dailyraštis **2** gražus braižas/rašysena
call-in ['kɔ:lɪn] *n* **1** iškvietimo signalas **2** *amer.* = **phone-in**
calling ['kɔ:lɪŋ] *n* **1** pašaukimas *(būti kunigu ir pan.)* **2** profesija
callipers ['kælɪpəz] *n pl* **1** skriestuvas; *screw ~ tech.* sraigtinis matuoklis; *sliding/vernier ~ tech.* slankma-
tis; *inside ~* vidmatis; *outside ~* išorės matuoklis **2** ortopedinis įtvaras
callisthenics [͵kælɪs'θenɪks] *n* ritminė gimnastika; *free ~* a) laisvieji pratimai; b) meninė gimnastika
callosity [kə'lɔsətɪ] *n* **1** *(odos)* sukietėjimas; nuospauda **2** = **callousness**
callous ['kæləs] *a* **1** sukietėjęs, surambėjęs, pritrintas, pūslėtas **2** bejausmis, beširdis; beširdiškas
calloused ['kæləst] *a* sukietėjęs, įdiržęs, pritrintas *(apie rankas, kojas);* nuospauduotas
callousness ['kæləsnɪs] *n* beširdiškumas; šiurkštumas
call-out ['kɔ:laut] *n* iškvietimas *(meistro ir pan.)*
callow ['kæləu] *a* neprityręs, žalias *(apie jaunuolį)*
call-sign ['kɔ:lsaɪn] *n* raidės ir skaičiai radijo siųstuvui nustatyti
call-up ['kɔ:lʌp] *n* **1** šaukimas į kariuomenę; *~ papers* šaukimas *(dokumentas)* **2** šaukimo kontingentas; šaukiamieji
callus ['kæləs] *n* **1** *med.* sukietėjimas; nuospauda **2** *bot.* antauga, kalius
calm [ka:m] *<n, a, v> n* **1** tyla, ramybė **2** *(žmogaus)* ramumas **3** *jūr.* tyka, štilis
a **1** ramus, tylus; *keep/stay ~!* nesijaudinkite! **2** nevėjuotas; nebanguojantis **3** *šnek.* nesidrovintis
v (nu)raminti ☐ *~ down* nusiraminti, (nu)rimti
calmative ['kælmətɪv, 'ka:mətɪv] *farm. a* raminantis, raminamasis
n raminamasis vaistas
calmness ['ka:mnɪs] *n* **1** ramumas, tylumas **2** šaltakraujiškumas
calomel ['kæləmel] *n chem.* kalomelis; gyvsidabrio chloridas
caloric [kə'lɔrɪk] *spec. n ist.* šiluma
a kalorijų; šiluminis; *~ content* kaloringumas
calorie ['kælərɪ] *n fiz., fiziol.* kalorija; *large [small] ~* didžioji [mažoji] kalorija
calorific [͵kælə'rɪfɪk] *a spec.* šiluminis; kaloringas; *~ capacity/power/value fiz.* šilumingumas, kaloringumas
calorification [kə͵lɔrɪfɪ'keɪʃn] *n spec.* šilumos išskyrimas
calorifics [͵kælə'rɪfɪks] *n* šiluminė technika
calorimeter [͵kælə'rɪmɪtə] *n fiz.* kalorimetras
calory ['kælərɪ] *n* = **calorie**
calotte [kə'lɔt] *n* **1** šlikė, dvasininko kepuraitė **2** *archit.* apvalusis skliautas
calque [kælk] *n kalb.* vertinys, kalkė
caltrop ['kæltrəp] *n kar. ist. (kamuolio pavidalo)* vielų kliūtis
calumet ['kæljumet] *n* kalumetas *(indėnų taikos pypkė)*
calumniate [kə'lʌmnɪeɪt] *v* šmeižti; apkalbėti
calumniation [kə͵lʌmnɪ'eɪʃn] *n* apkalbėjimas; šmeižimas
calumniator [kə'lʌmnɪeɪtə] *n* šmeižikas
calumniatory [kə'lʌmnɪətᵊrɪ] *a* šmeižikiškas
calumnious [kə'lʌmnɪəs] *a* = **calumniatory**
calumny ['kæləmnɪ] *n* šmeižtas; apkalba
calvados ['kælvədɔs] *n* kalvadosas
Calvary ['kælvərɪ] *n* **1** *bibl.* Kalvarija **2** krucifiksas, kryžius su nukryžiuotuoju; kančia
calve [ka:v] *v* **1** apsiveršiuoti; atsivesti jauniklius *(drambliuką, ruoniuką ir pan.)* **2** atsiskirti nuo ledyno/ledkalnio/aisbergo *(apie lytis)* **3** *kas.* užgriūti
calves [ka:vz] *pl žr.* **calf**[1, 2]
Calvinism ['kælvɪnɪzm] *n rel.* kalvinizmas
Calvinist ['kælvɪnɪst] *n* kalvinistas
calvish ['ka:vɪʃ] *a* **1** veršiškas **2** kvailas
calx [kælks] *n (pl* calces) nuodegos, geležies kibirkštys
calyces ['keɪlɪsi:z] *pl žr.* **calyx**
calypso [kə'lɪpsəu] *n (pl ~s[z])* kalipsas *(ekspromtu sukurta daina aktualia tema; Vest Indijoje)*

calyx ['keɪlɪks] *n* (*pl* ~es [-ɪz], calyces) *bot.* taurelė
cam [kæm] *tech.* n kumštelis, pirštas; ~ *disc* kumštelinis diskas; *eccentric* ~ ekscentrikas
v pakelti, kilnoti (*kumšteliu*)
camaraderie [ˌkæməˈrɑːdərɪ] *pr. n* bičiulystė, draugystė
camber ['kæmbə] *n* **1** *spec.* išlinkis, išgauba; ~ *of arch* arkos pakyla **2** *aut.* priekinių ratų išvirtimas
v spec. išlenkti, išgaubti
cambist ['kæmbɪst] *n fin.* kambistas (*valiutos operacijų specialistas*)
cambium ['kæmbɪəm] *n bot.* kambis; brazdas
Cambodia [kæmˈbəʊdɪə] *n* Kambodža (*valstybė*)
Cambrian ['kæmbrɪən] *n geol.* kambras
cambric ['keɪmbrɪk] *n tekst.* batistas
Cambridge ['keɪmbrɪdʒ] *n* **1** Kembridžas (*Anglijos miestas*) **2** Kembridžo universitetas
Cambridgeshire ['keɪmbrɪdʒʃə] *n* Kembridžšyras (*Anglijos grafystė*)
camcorder ['kæmkɔːdə] *n* portatyvinė videokamera ir videomagnetofonas (*kartu*)
came [keɪm] *past žr.* **come**
camel ['kæml] *n* kupranugaris; *Arabian* ~ vienkupris kupranugaris; *Bactrian* ~ dvikupris kupranugaris
cameleer [ˌkæmɪˈlɪə] *n* kupranugarių varovas
camelhair ['kæmlhɛə] *n* **1** kupranugarių plaukai/vilnos **2** vilnonis paltinis audinys **3** voverės uodegos plaukai (*teptukams*)
camellia [kəˈmiːlɪə] *n bot.* kamelija
camelry ['kæməlrɪ] *n kar.* kupranugarių dalinys
camembert ['kæməmbɛə] *pr. n* kamamberas (*prancūziškas sūris, iš paviršiaus baltas, vidus geltonas*)
cameo ['kæmɪəʊ] *n* (*pl* ~s [-z]) **1** kamėja (*papuošalas*) **2** *teatr., tel., kin.* epizodinis vaidmuo, suvaidintas žymaus artisto
a **1** miniatiūrinis **2** *teatr.* epizodinis
camera ['kæmərə] *n* **1** fotografijos aparatas, fotoaparatas **2** televizijos/kino kamera, telekamera; *video* ~ filmavimo kamera **3** *teis.* teisėjo kabinetas; *in* ~ teisėjo kabinete (*ne atvirame teismo posėdyje*); slapta ◊ ~ *eye amer.* gera regimoji atmintis
cameraman ['kæmərəmən] *n* (*pl* cameramen [-mən]) **1** fotoreporteris **2** *kin., tel.* operatorius
camera-shy ['kæmərəʃaɪ] *a:* *to be* ~ nejaukiai jaustis prieš kino/televizijos kamerą, prieš fotografijos aparatą
Cameroon ['kæməruːn] *n* Kamerūnas (*Afrikos valstybė*)
cam-gear ['kæmgɪə] *n tech.* kumštelinis skirstymas/mechanizmas
camiknickers ['kæmɪˌnɪkəz] *n pl* liemenėlė ir kelnaitės (*moteriškas apatinis drabužis*)
Camilla [kəˈmɪlə] *n* Kamila (*vardas*)
Camille [kəˈmiːl] *n* Kamilė (*vardas*)
camisole ['kæmɪsəʊl] *n* puošni liemenėlė
camlet ['kæmlɪt] *n tekst.* kamlotas
camomile ['kæməmaɪl] *n bot.* ramunėlė; *large* ~ taurusis bobramunis; ~ *tea* ramunėlių arbata
camouflage ['kæməflɑːʒ] *pr. n* **1** maskuotė; maskavimas; (*kar. t. p.*) kamufliažas **2** priedanga
v **1** maskuoti, užsimaskuoti (*t. p. kar.*) **2** pridengti, paslėpti
camp [kæmp] <*n, v, a*> *n* **1** stovykla (*t. p. prk.*); *concentration* ~ koncentracijos stovykla **2** (*turistų*) sustojimo/nakvynės vieta; stovyklavietė; *to break/strike* ~ išsikelti, palikti stovyklos vietą **3** kareivinės, barakai; gyvenvietė **4** *amer.* vasarnamis, namelis (*miške*) **5** *šnek.* manieringumas, maivymasis ◊ *to take into* ~ užmušti; *in the same* ~ vienodos galvosenos
v **1** įsikurti/gyventi stovykloje; stovyklauti; *to* ~ *out* nakvoti palapinėje *ar* po atviru dangumi **2** gyventi be patogumų ◊ *to* ~ *it up šnek.* manieringai elgtis, maivytis
a šnek. **1** manieringas; beskonis, neskoningai apsirengęs **2** būdingas homoseksualistams
campaign [kæmˈpeɪn] *n* **1** kampanija, žygis (*against, for*); ~ *biography amer.* kandidato (*ypač į prezidento postą*) biografija, skelbiama prieš rinkimus **2** darbymetis (*žemės ūkyje*) **3** *kar.* operacija; kampanija
v rengti/vykdyti kampaniją, agituoti; dalyvauti žygyje
campaigner [kæmˈpeɪnə] *n* kampanijos dalyvis; šalininkas; *old* ~ senas karys, veteranas; daug matęs žmogus
campanile [ˌkæmpəˈniːlɪ] *pr. n archit.* varpinė
campanula [kəmˈpænjulə] *n bot.* katilėlis
camp-bed [ˌkæmpˈbed] *n* sudedamoji lova
camp-chair [ˌkæmpˈtʃɛə] *n amer.* sudedamoji kėdė
camper ['kæmpə] *n* **1** stovyklautojas **2** namelis ant ratų; (*turistinis*) automobilis furgonas (*t. p.* ~ *van*)
campfire ['kæmpfaɪə] *n* stovyklos laužas
camp-follower ['kæmpˌfɒləʊə] *n* **1** (*organizacijos*) šalininkas, rėmėjas **2** *ret.* civilis, vykstantis kartu su kariuomene (*džn. prostitutė*)
campground ['kæmpgraʊnd] *n* (*ypač amer.*) = **campsite**
camphor ['kæmfə] *n farm.* kamparas
camphoric [kæmˈfɒrɪk] *n chem.* kamparo, kamparinis
camping ['kæmpɪŋ] *n* stovyklavimas; *to go* ~ turistauti, stovyklauti
campion ['kæmpɪən] *n bot.* **1** lichnis **2** naktižiedė; *bladder* ~ paprastoji naktižiedė
campsite ['kæmpsaɪt] *n* stovyklavietė
campstool ['kæmpstuːl] *n* sudedamoji taburetė/kėdutė
campus ['kæmpəs] *n* universiteto/mokyklos miestelis/teritorija
camshaft ['kæmʃɑːft] *n tech.* skirstomasis/kumštelinis velenas; ~ *sprocket* varomoji žvaigždutė
can¹ [kən; *kirčiuota forma* kæn] *v mod* (could) **1** galėti; *I'll help you if I* ~ padėsiu jums, jei galėsiu; *I'd help you if I could* padėčiau jums, jei galėčiau; *I would have helped you if I could* būčiau jums padėjęs, jei būčiau galėjęs; *the engine could explode* variklis galėjo sprogti **2** mokėti; *she* ~ *speak French* ji moka (*kalbėti*) prancūziškai **3** turėti teisę, galėti; *you* ~ *go* gali(te) eiti, jūs laisvas; *you can't play football here* čia negalima žaisti futbolo **4** gali(ma), gal, galbūt; *where* ~ *it be?* kur tai gali būti?; *it could have been thrown out* gal aš tai išmečiau **5** negali būti (*neig. sakiniuose*); *it can't be true* to negali būti; *she can't have done it* negali būti, kad ji būtų taip padariusi; *you can't mean that!* negali būti!, nejaugi!, ką tu sakai! **6** *su jutimo vksm. ppr.* neverčiamas; *I* ~ *hear smb whistling* girdžiu, kad kažkas švilpia; ~ *you see her?* ar tu ją matai?
can² [kæn] *n* **1** bidonas; metalinė dėžutė/dėžė; *a* ~ *of petrol* benzino kanistras **2** skardinė; konservų dėžutė **3** (*the* ~) *sl.* kalėjimas **4** (*the* ~) *amer. sl.* klozetas, išvietė **4** *amer. sl.* užpakalis, sėdynė ◊ *to be in the* ~ *šnek.* būti visiškai parengtam/gatavam (*ypač apie filmą*); *to carry the* ~ *šnek.* atsakyti, ≡ būti atpirkimo ožiu; ~ *of worms* krūva bėdų/problemų
v **1** konservuoti (*maisto produktus*) **2** *sl.* įrašyti; įrašinėti (*muziką*) **3** *amer.* atsikratyti; atleisti **3** *amer. sl.* pasodinti į kalėjimą ◊ ~ *it! amer. sl.* nustok!, nutilk!, užsičiaupk!
Canada ['kænədə] *n* Kanada (*valstybė*)

Canadian [kə'neɪdɪən] *a* kanadietiškas, kanadiečių; Kanados
n kanadietis; **English ~** kanadiečiai, kalbantys anglų kalba
canaille [kə'neɪl, kə'nɑːɪ] *pr. n niek.* padugnės, prastuomenė
canal [kə'næl] *n* **1** kanalas; **~ lock** šliuzas; **~ rays** *fiz.* kanaliniai spinduliai **2** *anat.* kanalas, traktas
canalization [ˌkænəlaɪ'zeɪʃn] *n* **1** kanalizacija; kanalų sistema **2** kanalų tiesyba/kasimas **3** *(pastangų ir pan.)* nukreipimas
canalize ['kænəlaɪz] *v* **1** gilinti, tiesinti, platinti *(upę)* **2** nukreipti/pasukti kanalais; suteikti kryptį **3** sutelkti, nukreipti *(jausmus, veiklą; tam tikru tikslu)*
canapé ['kænəpeɪ] *pr. n* nedidelis sumuštinis *(su ikrais, sūriu ir pan.)*
canard ['kænɑːd, kæ'nɑːd] *pr. n* gandas; *(spaudos)* antis
canary [kə'nɛərɪ] *n* **1** *zool.* kanarėlė **2** skaisčiai geltona spalva **3**: **C. Islands** Kanarų salos
a skaisčiai geltonas *(t. p.* **~ yellow)**
canary-grass [kə'nɛərɪgrɑːs] *n bot.* kanarinis strypainis
Canberra ['kænbərə] *n* Kanbera *(Australijos sostinė)*
cancan ['kænkæn] *pr. n* kankanas *(šokis)*
cancel ['kænsl] *n* **1** *poligr.* (iš)braukymas *(skiltyse)* **2** *poligr.* perspausdintas lapas **3** *(ppr. pl)* komposteris *(t. p.* **pair of ~s)**
v (-ll-) **1** panaikinti, anuliuoti, atšaukti; paskelbti negaliojančiu, nutraukti *(sutartį, santuoką);* **to ~ leave** atšaukti atostogas; **~! ** *kar.* palikt! *(atšaukiant pirmesnę komandą)* **2** išbraukyti, išbraukti **3** antspauduoti, nuvertinti *(ženklus)* **4** *mat.* su(si)prastinti *(t. p.* **~ out)** □ **~ out** sulyginti, kompensuoti, neutralizuoti
cancellated ['kænsəleɪtɪd] *a* grotelinis, tinklinis
cancellation [ˌkænsə'leɪʃn] *n* **1** panaikinimas, nutraukimas, atšaukimas, anuliavimas; paskelbimas negaliojančiu; **they'll let me know if there are any ~s on the flight** man praneš, jei kas nors atsisakys skristi **2** (iš)braukymas **3** *(pašto ženklų)* antspaudavimas, nuvertinimas; antspaudas *(ant pašto ženklų)* **4** *mat.* su(si)prastinimas
cancer ['kænsə] *n* **1** *med.* vėžys, piktybinis navikas; **to have lung ~** sirgti plaučių vėžiu **2** *prk.* nelaimė, rykštė **3** *(C.)* Vėžys *(žvaigždynas ir Zodiako ženklas)*
cancer-causing ['kænsəˌkɔːzɪŋ] *a* sukeliantis vėžį, kancerogeninis
cancerous ['kænsərəs] *a med.* vėžio, vėžinis
cancroid ['kæŋkrɔɪd] *a zool., med.* vėžio pobūdžio, vėžinis, piktybinis
candela [kæn'diːlə] *n fiz.* kandela, naujoji žvakė
candelabra, -rum [ˌkændɪ'lɑːbrə, -rəm] *n* kandeliabras *(didelė žvakidė);* sietynas
candescence [kæn'desns] *n* įkaitinimas iki baltumo
candescent [kæn'desnt] *a* įkaitintas iki baltumo, šviečiantis
candid ['kændɪd] *a* **1** atviras, tiesus; **to be ~** atvirai kalbant **2**: **~ camera** a) miniatiūrinis fotografijos aparatas *(slaptai fotografuoti žmonėms);* b) paslėptoji kamera
candida ['kændɪdə] *n med.* mieliagrybiai, sukeliantys kandidamikozę
candidacy ['kændɪdəsɪ] *n* kandidatūra
candidate ['kændɪdət] *n* **1** kandidatas; **a ~ for the presidency, a presidential ~** kandidatas į prezidentus **2** egzaminuojamasis
candidature ['kændɪdətʃə] *n =* **candidacy**
candied ['kændɪd] *a* **1** cukruotas; cukruje virtas; **~ fruits/peel** cukatos **2** susicukravęs *(apie medų)* **3** lipšnus, saldus, saldžialiežuvis

candle ['kændl] *n* **1** žvakė; **to dip ~s** lieti žvakes **2** dujų degiklis ◊ **to burn the ~ at both ends** *šnek.* netvarkingai gyventi; neprotingai eikvoti *(jėgas, sveikatą);* **to hold a ~ to the devil** nueiti blogais keliais; pritarti kam aiškiai blogam; **not to be fit to hold a ~, cannot hold a ~** *(to)* būti nevertam, neprilygti *(kam)*
v tikrinti kiaušinius peršviečiant
candlebomb ['kændlbɔm] *n av.* šviečiamoji bomba
candle-end ['kændlend] *n* žvakigalis
candlelight ['kændllaɪt] *n* **1** žvakės šviesa; dirbtinis apšvietimas **2** prietema, sutemos, prieblanda
Candlemas ['kændlməs] *n* Grabnyčios *(bažn. šventė vasario mėn. 2 d.)*
candlepower ['kændlˌpauə] *n el.* šviesos stiprumas; **a burner of 25 ~** 25 žvakių lemputė
candlestick ['kændlstɪk] *n* žvakidė
candlewick ['kændlwɪk] *n* **1** žvakės dagtis **2** *(lovatiesės ir pan.)* kilpinis/frotinis audimas/siuvinėjimas
can-do [ˌkæn'duː] *a attr šnek.* uolus ir optimistiškas; **~ boys** „bus padaryta" tipo vyrai
candor ['kændə] *n amer.* = **candour**
candour ['kændə] *n* atvirumas, tiesumas
candy ['kændɪ] *n* **1** ledinukas, karamelė **2** *(ypač amer.)* saldainiai; saldumynai
v **1** konservuoti virinant ištirpusiame cukruje **2** cukruoti(s)
candyfloss ['kændɪflɔs] *n* cukraus vata *(ant pagaliuko)*
candy-striped ['kændɪˌstraɪpt] *a* ruožuotas, dryžuotas *(apie audeklą)*
cane [keɪn] *n* **1** nendrė, nendrės stiebas, vytelė; **~ chair** pinta/nendrinė kėdė **2** *(nendrinė, bambukinė)* lazdelė; lazdelė *(pasiramsčiuoti)* **3** lazda, rykštė *(mušti);* **to get [to give] the ~** gauti [duoti] lazdų
v **1** mušti vytele **2** pinti/taisyti baldus *(naudojant nendres)* **3** įkalti žinias/pamoką *(kam į galvą; into)*
cane-brake ['keɪnbreɪk] *n amer.* nendrių brūzgynai
cane-sugar ['keɪnˌʃugə] *n* cukranendrių cukrus
canicular [kə'nɪkjulə] *a:* **~ days** karštosios *(liepos, rugpjūčio)* dienos
canine ['keɪnaɪn] *a* **1** šuns, šuniškas; **~ madness** pasiutligė, pasiutimo liga **2** *zool.* šunų šeimos, kanidų ◊ **~ appetite/hunger** žvėriškas/šuniškas apetitas
n iltinis dantis *(t. p.* **~ tooth)**
canister ['kænɪstə] *n* **1** skardinė dėžutė *(miltams, cukrui, arbatžolėms, kavai)* **2** *(dujokaukės, ašarinių dujų ir pan.)* dėžutė **3** kanistras
canister-shot ['kænɪstəʃɔt] *n kar. ist.* kartečė
canker ['kæŋkə] *n* **1** *med.* gangreninis stomatitas; opa **2** *bot., vet.* vėžys **3** *prk.* piktžaizdė, opa, yda
v **1** pažeisti *(apie ligą)* **2** *bot.* sirgti vėžiu
cankered ['kæŋkəd] *a* **1** piktas, irzlus **2** = **cankerous** **3**
cankerous ['kæŋkərəs] *a* **1** įsiėdantis, pažeidžiantis *(apie ligą)* **2** pražūtingas, žalingas **3** *bot.* sergantis nekroze
cannabic ['kænəbɪk] *a* kanapinis
cannabis ['kænəbɪs] *n* **1** *bot.* kanapė **2** narkotikas iš kanapių, marihuana, hašišas
canned [kænd] *a* **1** konservuotas; skardinėse *(apie alų, konservus);* **~ goods** konservai **2** *šnek. menk.* įrašytas, netikras; **I hate ~ music in restaurants** nekenčiu muzikos iš magnetofoninių įrašų restoranuose **3** *predic sl.* girtas
cannelure ['kænəljuə] *n* **1** *tech.* griovelis, išėma **2** *archit.* kaneliūra
cannery ['kænərɪ] *n* konservų fabrikas
Cannes [kæn] *n* Kanai *(Prancūzijos kurortas)*

cannibal ['kænɪbl] *n* **1** žmogėdra, kanibalas **2** gyvulys, ėdantis panašius į save
a žmogėdriškas
cannibalism ['kænɪbəlɪzm] *n* žmogėdrystė; kanibalizmas
cannibalize ['kænɪbəlaɪz] *v* išimti *(iš sudaužyto automobilio ir pan.)* dalis kitam automobiliui *ir pan.* remontuoti
cannikin ['kænɪkɪn] *n* **1** skardinė **2** puodukas; bidonėlis
canning ['kænɪŋ] *n* konservavimas; ~ *factory* konservų fabrikas
cannon[1] ['kænən] *n* (*pl* ~, ~s) **1** *kar. ist.* pabūklas, patranka **2** *tech.* cilindrinė tūta, kuri sukasi ant veleno **3** = **cannon-bit**
cannon[2] *n* karambolis *(biliarde)*
v **1** padaryti karambolį **2** atsimušti, susidurti *(into)*
cannonade [,kænə'neɪd] *n* kanonada, pabūklų/artilerijos ugnis
v apšaudyti artilerijos ugnimi
cannon-ball ['kænənbɔːl] *n* (*pl* ~) *ist.* patrankos sviedinys
cannon-bit ['kænənbɪt] *n* žąslai, žabokliai
cannoneer [,kænə'nɪə] *n ist.* kanonierius, artileristas
cannon-fodder ['kænən,fɔdə] *n* patrankų mėsa
cannonry ['kænənrɪ] *n* **1** kanonada **2** *kuop.* pabūklai; artilerija
cannon-shot ['kænənʃɔt] *n* (*pl* ~) **1** pabūklo šūvis; artilerijos sviedinys **2** pabūklo šaudymo nuotolis
cannot ['kænɔt] *esam. l. neig. forma, žr.* **can**[1]
cannula ['kænjulə] *n* (*pl* -lae [-liː]) vamzdelis, kaniulė
canny ['kænɪ] *a* **1** apdairus, gudrus, apsukrus **2** *šiaur.* malonus, jaukus
canoe [kə'nuː] *n* kanoja, baidarė *(t. p. sport.)* ~ *single* vienvietė kanoja/baidarė ◊ *to paddle one's own* ~ *šnek.* veikti savarankiškai; pasikliauti tik savimi
v plaukti kanoja/baidare
canoeist [kə'nuːɪst] *n sport.* kanojininkas, baidarininkas
canoe-pair [kə'nuːpɛə] *n sport.* dvivietė kanoja/baidarė
canon[1] ['kænən] *n* **1** *bažn., men., muz.* kanonas; ~ *law bažn.* kanonų teisė **2** taisyklė; kriterijus ~*s of good manners* gero elgesio taisyklės **3** autentiškų autoriaus raštų sąrašas
canon[2] *n bažn.* kanauninkas
cañon ['kænjən] *isp. n* = **canyon**
canonical [kə'nɔnɪkl] *a* kanoninis, kanonų
n pl bažnytiniai drabužiai
canonization [,kænənaɪ'zeɪʃn] *n bažn.* kanonizacija, paskelbimas šventuoju
canonize ['kænənaɪz] *v (ppr. pass) bažn.* kanonizuoti, paskelbti šventuoju
canonry ['kænənrɪ] *n bažn.* kanau(ni)ninkystė
canoodle [kə'nuːdl] *v šnek.* glamonėtis
can-opener ['kæn,əupnə] *n* peilis konservų dėžutei prapjauti
canopy ['kænəpɪ] *n* **1** baldakimas; tentas; priedanga **2** *(medžio šakų ir pan.)* skliautas; ~ *of heaven poet.* dangaus skliautas **3** parašiuto kupolas **4** *(traktoriaus, lėktuvo)* kabinos viršus **5** viršutinė liustros rozetė ◊ *under the* ~ žemėje; *what under the* ~ *does he want?* ko jam po galais reikia?
v uždengti baldakimu/priedanga
canorous [kə'nɔːrəs] *a knyg.* melodingas
canst [kænst] *psn. esam. l. vns. 2 asmuo, žr.* **can**[1]
cant[1] [kænt] *n* **1** nuožulnumas, nuotakumas **2** pakrypimas, pasvirimas; pakreipimas **3** *tech.* nusklembimas, nuosklemba; briauna
v **1** (nu)sklembti **2** (pa)kreipti, (pa)versti; kampu pasukti **3** pakrypti, virsti □ ~ *over* ap(si)versti

cant[2] <*n, a, v*> *n* **1** žargonas, argo; *thieves'* ~ vagių argo **2** veidmainiavimas, veidmainystė **3** *(elgetos)* verksmingas tonas
a **1** žargoniškas; ~ *phrase* paplitęs posakis **2** veidmainiškas
v **1** kalbėti žargonu **2** veidmainiauti **3** prašinėti *(kaip elgetai)* **4** *dial.* apkalbėti
can't [kɑːnt] *sutr. šnek.* = **cannot**
Cantab ['kæntæb] *sutr.* Kembridžo universitetas *(vart. po mokslinio vardo)*
cantabile [kæn'tɑːbɪlɪ] *adv muz.* cantabile *(skaityk* kantabile*),* dainuojamai
Cantabrigian [,kæntə'brɪdʒɪən] *ret. a* Kembridžo
n Kembridžo universiteto studentas/auklėtinis
cantaloup(e) ['kæntəluːp] *n bot.* kantalupa *(melionų rūšis)*
cantankerous [kæn'tæŋkərəs] *a* bjaurus, vaidingas, barnus
cantata [kæn'tɑːtə] *n muz.* kantata
canteen [kæn'tiːn] *n* **1** bufetas, valgykla *(kareivinėse, gamykloje, įstaigoje); dry [wet]* ~ kareiviška parduotuvė be svaiginamųjų gėrimų [su svaiginamaisiais gėrimais] **2** vežiojamoji virtuvė *(džn. furgone; kareiviams, policininkams)* **3** *(kareiviška)* gertuvė **4** valgymo įrankių komplektas *(dėžė)*
canter[1] ['kæntə] *n* **1** kalbantysis žargonu **2** veidmainis **3** prašinėtojas, elgeta
canter[2] *n* **1** lengvas galopas; risčia **2** pasijodinėjimas risčia; *preliminary* ~ a) arklio prajodinėjimas prieš lenktynes; b) pirminis/preliminarinis apskaičiavimas/projektas ◊ *to win in a* ~ lengvai laimėti
v joti/pasileisti risčia
Canterbury ['kæntəbərɪ] *n* Kenteberis *(miestas); the* ~ *Tales* „Kenterberio pasakojimai" *(Dž. Čoserio knygos pavadinimas);* ~ *bell bot.* katilėlis
canticle ['kæntɪkl] *n bažn.* giesmė, himnas
cantilever ['kæntɪliːvə] *n stat.* konsolė, kronšteinas, gembė; ~ *crane tech.* gembinis kranas
canting ['kæntɪŋ] *a* veidmainiškas, nenuoširdus
canto ['kæntəu] *n* (*pl* ~s [-z]) giesmė *(ilgos poemos dalis)*
canton ['kæntɔn] *n* kantonas
v **1** [kæn'tɔn] dalyti į kantonus **2** [kən'tuːn] paskirstyti *(kareivius)* po butus
cantonal ['kæntənl] *a* kantoninis, kantonų
Cantonese [,kæntə'niːz] *n* kinų kalbos Kantono *(dabar Gvangdžou)* tarmė
cantonment [kən'tuːnmənt] *n* **1** *(kariuomenės)* paskirstymas po butus **2** karinis miestelis, kareivinės
cantor ['kæntɔː] *n* **1** *(bažn. choro)* kantorius, chorvedys **2** kantorius *(sinagogoje)*
cantrip ['kæntrɪp] *n škot.* **1** burtai, apžavai **2** pokštas
canty ['kæntɪ] *a dial.* linksmas
Canuck [kə'nʌk] *n amer. menk.* kanadietis *(ypač prancūzų kilmės)*
canvas ['kænvəs] *n* **1** stora drobė, brezentas *(palapinėms, burėms ir pan.)* **2** paveikslas *(tapytas drobėje)* **3** tekst. kanva **4** *sport. (ringo)* paklotas ◊ *under* ~ a) palapinėse; b) *jūr.* išskleistomis burėmis
canvass ['kænvəs] *n* **1** priešrinkiminė agitacija *(lankantis pas rinkėjus);* rinkimų kampanija **2** *(gyventojų)* apklausa **3** svarstymas **4** *(prekių užsakymų)* (su)rinkimas
v **1** agituoti *(for – už); to* ~ *for votes* organizuoti rinkimų kampaniją **2** propaguoti *(žurnalo)* prenumeratą; rinkti *(aukas, nario mokestį)* **3** apklausti, (iš)tirti *(gyventojų nuomonę)* **4** svarstyti **5** *kom.* ieškoti *(prekių)* užsakymų

canvasser ['kænvəsə] *n* **1** agitatorius *(rinkimų kampanijos metu)* **2** *(bendrovės, firmos)* atstovas, agentas **3** *(surašymo)* apskaitininkas

cany ['keɪnɪ] *a* nendrinis

canyon ['kænjən] *n* kanjonas, gilus tarpeklis

caoutchouc ['kautʃuk] *n* kaučiukas

cap [kæp] *n* **1** kepurė, kepuraitė; kykas; *cloth [flat] ~* audeklinė [plokščia] kepurė; *snow ~ prk.* sniego kepurė **2** dangtis, dangtelis **3** viršūnėlė, galvutė; *~ of a mushroom* grybo galvutė **4** *(žaislinio šautuvo)* kapsulė **5** gaubtukas neštumui išvengti *(t. p. Dutch ~)* **6** *(danties)* karūnėlė, vainikėlis **7** *fin.* viršutinė riba **8** *tech.* gaubtuvas, gaubtelis, užmova **9** *el. (lempos)* cokolis **10** *archit. (kolonos)* kapitelis ◊ *~ and gown* Anglijos studentų ir profesorių akademiniai drabužiai *(kepuraitė ir apsiaustas)*; *to go ~ in hand* nuolankiai/nusižeminus prašyti; *if the ~ fits (wear it) (to)* jeigu jums tinka *(apie pastabą ir pan.)*; *to fling/throw one's ~ over the mill* nepaisyti elgesio normų, spjauti į visas elgesio taisykles; *to set one's ~ (at; amer. for)* bandyti prisivilioti jaunikį
v **1** užsidėti/nusiimti kepurę **2** (už)dengti; *the hills were ~ped with snow* kalvos buvo snieguotos **3** suteikti mokslinį laipsnį *(ir uždėti akademinę kepuraitę)* **4** *sport.* atstovauti šalies rinktinei **5** įdėti kapsulę *(į žaislinį šautuvą)* **6** uždėti *(danties)* karūnėlę, vainikėlį **7** užbaigti *(kuo geriau, netikėtai)*; *to ~ the climax/globe* peržengti bet kokias ribas, viršyti viską; *to ~ a quotation* į citatą atsakyti dar geresne citata; *to ~ the misery a rain began* negana visų bėdų, dar lyti pradėjo **8** *fin.* nustatyti *(biudžetinių išlaidų)* ribą/limitą ◊ *to ~ it all* be viso to *(prisidėjo dar daugiau džn. nemalonių dalykų)*

capability [ˌkeɪpəˈbɪlətɪ] *n* **1** (su)gebėjimas; gabumai; *outside/beyond my capabilities* ne mano sugebėjimams **2** pajėgumas; *military ~* karinė galia **3** *teis.* veiksnumas, teisnumas

capable ['keɪpəbl] *a* **1** galintis, (su)gebantis, mokantis; *he is ~ of anything* jis viską gali/sugeba **2** gabus **3** pasiduodantis; įmanomas; *~ of explanation* išaiškinimas, paaiškinimas; *the plan is ~ of improvement* planą galima pataisyti, planas pataisomas **4** *teis.* veiksnus, teisnus

capacious [kəˈpeɪʃəs] *a* **1** erdvus, talpus **2** platus; *~ mind* imlus protas

capacitance [kəˈpæsɪtəns] *n el.* talpa; talpinė varža; *~ box* talpynas

capacitate [kəˈpæsɪteɪt] *v* **1** sudaryti sąlygas, įgalinti **2** *teis.* padaryti kompetentingą *(for)*

capacitor [kəˈpæsɪtə] *n el.* kondensatorius

capacity [kəˈpæsətɪ] *n* **1** talpa, talpumas; erdvumas; *filled to ~* pilnas, sklidinas, sausakimšas; *~ house* pilnas teatras; *seating ~ of 500* 500 sėdimų vietų *(apie salę)* **2** tūris, mastas; *measure of ~* tūrio matas **3** (su)gebėjimas; gabumai **4** kompetencija; *within [out of] one's ~* kompetentingas [nekompetentingas] **5** *(tarnybinė)* padėtis, postas; pareigos; *in the ~ of an engineer* kaip inžinierius, inžinieriumi *(dirbti)* **6** *teis.* teisnumas **7** *tech.* galia, galingumas; pajėgumas; *lifting ~* keliamoji galia; *~ trial* galingumo bandymas **8** *ekon.* našumas, produktyvumas; *carrying ~* praleidžiamasis pajėgumas **9** *spec.* talpa; geba; *memory/storage ~ komp.* atminties talpa; *blocking ~ el.* užtvarinė geba

cap-a-pie [ˌkæpəˈpiː] *pr. adv ret.* nuo galvos ligi kojų

caparison [kəˈpærɪsn] *n* **1** *ist.* puošni gūnia, mitukas **2** *(ppr. pl)* papuošimai
v **1** *ist.* uždengti gūnia **2** pa(si)puošti, iš(si)puošti

Capcom ['kæpkɔm] *n (Capsule Communicator sutr.)* asmuo, kalbantis su kosmonautu iš valdymo centro

cape¹ [keɪp] *n geogr.* (iš)kyšulys, ragas; *the C. (of Good Hope)* Gerosios vilties kyšulys; *C. Canaveral* Kanaveralio kyšulys

cape² *n* **1** apsiaustas su gobtuvu; pelerina **2** gobtuvas

capelin ['kæpəlɪn] *n zool.* stintenė

caper¹ ['keɪpə] *n* **1** šoktelėjimas, pasišokėjimas; *to cut ~s* a) šokinėti *(iš džiaugsmo)*; b) kvailioti **2** išdaiga **3** *šnek.* avantiūra, blogas sumanymas *(vagystė, apiplėšimas)* ◊ *and all that ~* ir panašios kvailystės/nesąmonės
v šokinėti; kvailioti; išdykauti

caper² *n* **1** *bot. (dygliuotasis)* kaparis **2** *(ppr. pl) kul.* kapariai *(prieskonis)*

capercaillie, capercailzie [ˌkæpəˈkeɪlɪ, ˌkæpəˈkeɪlzɪ] *n zool.* kurtinys

Capetown ['keɪptaun] *n* Keiptaunas *(P. Afrikos Respublikos miestas)*

capful ['kæpful] *n (ko)* pilna kepurė ◊ *~ of wind* lengvas vėjo šuoras

capias ['keɪpɪæs] *lot. n teis.* suėmimo orderis

capillarity [ˌkæpɪˈlærətɪ] *n fiz.* kapiliarumas

capillary [kəˈpɪlərɪ] *spec. n* kapiliaras
a kapiliarinis; kapiliarų; *~ attraction fiz.* kapiliarinė trauka

capital¹ ['kæpɪtl] *n* **1** *ekon.* kapitalas *(t. p. prk.)*; turtas; *fixed [circulating/floating] ~* pagrindinis [apyvartinis] kapitalas; *authorized ~* įstatinis kapitalas; *account ~* lėšos/sumos sąskaitoje; *~ expenditure* kapitalo sąnaudos; *to make a political ~ (of)* laimėti politinio kapitalo *(iš)* **2** kapitalistų klasė; *~ and labour* kapitalas ir darbas

capital² *n* **1** sostinė *(t. p. ~ city)* **2** *(pramonės, veiklos ir pan.)* centras **3** didžioji raidė *(t. p. ~ letter)*; *write in block ~s* parašykite didžiosiomis raidėmis
a **1** pagrindinis, svarbiausias, kapitalinis; *~ point* svarbiausias/pagrindinis klausimas; *of ~ importance* labai svarbus **2** *šnek.* puikus; nuostabus; *~ speech* puiki kalba; *~!* puiku!, labai gerai! **3** *teis.* baudžiamas mirtimi; *~ sentence* mirties nuosprendis; *~ punishment* mirties bausmė; *~ offence* nusikaltimas, už kurį baudžiama mirties bausme

capital³ *n archit.* kapitelis

capital-intensive ['kæpɪtlɪnˈtensɪv] *a ekon.* reikalaujantis didelių kapitalinių įdėjimų

capitalism ['kæpɪtəlɪzm] *n* kapitalizmas

capitalist ['kæpɪtəlɪst] *n* kapitalistas
a kapitalistinis

capitalistic [ˌkæpɪtəˈlɪstɪk] *a* kapitalistinis

capitalization [ˌkæpɪtəlaɪˈzeɪʃn] *n* kapitalizacija, (pa)vertimas kapitalu

capitalize¹ ['kæpɪtəlaɪz] *v* **1** kapitalizuoti, (pa)versti kapitalu **2** krauti(s), su(si)krauti kapitalą *(on, upon – iš)*; *to ~ on the errors of a rival firm* pasinaudoti konkuruojančios firmos klaidomis

capitalize² *v* **1** spausdinti/rašyti didžiosiomis raidėmis **2** pradėti/rašyti *(žodį)* didžiąja raide

capitally ['kæpɪtlɪ] *adv* **1** puikiai, nuostabiai **2** ypatingai **3**: *to punish ~* bausti mirtimi

capitate(d) ['kæpɪteɪt(ɪd)] *a spec.* turintis galvos formą; turintis galvutę

capitation [ˌkæpɪˈteɪʃn] *n* pagalvės mokestis *(imamas iš kiekvieno gyventojo; t. p. ~ tax)*; *~ grant* dotacija pagal žmonių skaičių

Capitol ['kæpɪtl] *n* **1** Kapitolijus *(sen. Romoje)* **2** *(JAV)* Kongreso rūmai; *(valstijos)* valstybinės valdžios rūmai

capitular [kəˈpɪtjulə] *n bažn.* kapitulos narys

capitulate [kəˈpɪtʃuleɪt] *v* kapituliuoti, pasiduoti

capitulation [kəˌpɪtʃuˈleɪʃn] *n* kapituliacija
cap'n [ˈkæpm] *šnek.* = **captain** *n*
capo [ˈkæpəu] *it. n (pl ~s [-z])* mafijos šefas
capon [ˈkeɪpən] *n* 1 kastruotas gaidys 2 bailys ◊ *Norfolk ~* rūkyta silkė
capote [kəˈpəut] *n* 1 *ist.* apsiaustas su gobtuvu; ilga milinė 2 moteriška skrybėlaitė su raišteliais 3 *(variklio)* dangtis, kapotas 4 nuimamas ekipažo viršus
capping [ˈkæpɪŋ] *n* 1 *tech.* galvutė; užmova 2 *stat.* skersinis 3 *spec.* kaptažas
cappuccino [ˌkæpuˈtʃiːnəu] *it. n* balinta kava *(su šokoladu)*
Capri [ˈkæpriː] *n* Kapris *(sala)* ◊ *~ pants (moteriškos)* kelnės *(aptemptos, su skeltuku)*
capriccio [kəˈprɪtʃɪəu] *it. n muz.* kapričo
caprice [kəˈpriːs] *n* 1 kaprizas, užgaida 2 nepastovumas
capricious [kəˈprɪʃəs] *a* 1 kaprizingas, užgaidus 2 nepastovus
Capricorn [ˈkæprɪkɔːn] *n astr.* Ožiaragis, Ožys *(žvaigždynas ir Zodiako ženklas)*
caprine [ˈkæpraɪn] *a* ožiškas
capsicum [ˈkæpsɪkəm] *n bot.* ankštinis pipiras
capsize [kæpˈsaɪz] *v* apvirsti, ap(si)versti *(apie laivą, vežimą)*
capstan [ˈkæpstən] *n jūr.* kabestanas *(suktuvas su vertikaliu velenu)*, špilis
capsule [ˈkæpsjuːl] <*n, a, v*> *n* 1 *farm.* kapsulė 2 *anat., biol.* kapsulė, apvalkalas, apvalkalėlis, plėvelė 3 *av., kosm.* nuleidžiamoji kapsulė 4 *tech.* membrana 5 *bot.* sėklinė
a glaustas, sutrumpintas
v 1 įdėti į kapsulę 2 reziumuoti, (su)sumuoti *(rezultatus)*
captain [ˈkæptɪn] *n* 1 vadas, vadovas; *~s of industry* pramonės magnatai 2 *kar.* kapitonas; *(amer. t. p.)* kuopos/eskadrono/baterijos vadas; *~ of the day* budintis karininkas 3 *jūr.* 1-ojo/2-ojo rango kapitonas; *(karo laivo)* vadas; *(prekinio laivo)* kapitonas 4 *av. (lėktuvo)* vadas; *amer.* kapitonas 5 komandos kapitonas *(ypač sport.)* 6 *amer.* metrdotelis
v 1 vadovauti 2 būti kapitonu
captaincy [ˈkæptɪnsɪ] *n* kapitono laipsnis/rangas
captainship [ˈkæptɪnʃɪp] *n* 1 = **captaincy** 2 karvedžio menas/meistriškumas
caption [ˈkæpʃn] *n* 1 antraštė 2 titras; užrašas, paaiškinimas *(ekrane, po paveikslėliu)* 3 *teis.* teisinio dokumento pavadinimas, įžanginė dalis
v (už)rašyti užrašą *(po paveikslu, fotografija)*
captious [ˈkæpʃəs] *a knyg.* priekabus, kliautingas
captivate [ˈkæptɪveɪt] *v* (su)žavėti, patraukti
captivating [ˈkæptɪveɪtɪŋ] *a* žavus, patrauklus
captive [ˈkæptɪv] *n* belaisvis
a paimtas į nelaisvę; *to take ~* imti į nelaisvę; *to hold ~* laikyti nelaisvėje ◊ *~ audience* žiūrovai/klausytojai per prievartą
captivity [kæpˈtɪvətɪ] *n* nelaisvė
captor [ˈkæptə] *n* imantysis į nelaisvę, pagrobėjas
capture [ˈkæptʃə] *n* 1 paėmimas į nelaisvę 2 (už)grobimas, užėmimas 3 sugavimas *(vagies ir pan.)* 4 grobis 5 *fiz.* pagavimas *(neutronų ir pan.)* 6 *jūr.* prizas, jūros trofėjus
v 1 (pa)imti į nelaisvę 2 (už)grobti, užimti 3 sugauti, pagauti *(gyvulį; t. p. fiz.)* 4 laimėti *(prizą)* 5 patraukti; vilioti; *to ~ the attention* patraukti dėmesį; *to ~ smb's heart* užkariauti kieno širdį 6 užfiksuoti *(filme, žodžiuose ir pan.)* 7 *šach.* nuimti *(figūrą)*
Capuchin [ˈkæpjutʃɪn] *n* 1 kapucinas *(vienuolis)* 2 *zool.* kapucinas *(beždžionė; t. p. ~ monkey)* 3 *ist.* apsiaustas su gobtuvu

car [kɑː] *n* 1 automobilis, lengvasis automobilis; *racing ~* lenktyninis automobilis; *by ~* automobiliu; *self-drive/drive-yourself ~* nuomojamasis automobilis be vairuotojo 2 *(ypač amer.)* glžk. vagonas *(t. p. tramvajaus); hand ~* drezina 3 vežimas, vežimėlis; vagonetė 4 *(dirižablio ir pan.)* gondola 5 *(lifto)* kabina
carabineer, -nier [ˌkærəbɪˈnɪə] *n kar. ist.* karabinierius
caracal [ˈkærəkæl] *n zool.* karakalas
Caracas [kəˈrækəs] *n* Karakas(as) *(Venesuelos sostinė)*
caracole [ˈkærəkəul] *n sport. (arklio)* pasisukimas vietoje
carafe [kəˈræf] *n* grafinas
caramel [ˈkærəmel] *n* karamelė (1 degintas cukrus, dedamas į konditerijos gaminius 2 saldainis); *crème ~* pieninė karamelė *(saldainis)*
caramelize [ˈkærəməlaɪz] *v spec.* karamelinti
carapace [ˈkærəpeɪs] *n zool. (krabų, vėžlių ir pan.)* skydas, šarvas *(t. p. prk.),* karapaksas
carat [ˈkærət] *n* karatas *(brangakmenių masės/svorio vienetas = 200 mg)*
caravan [ˈkærəvæn] *n* 1 karavanas, vilkstinė 2 automobilis-furgonas; dengtas vežimas 3 namelis-autopriekaba
v: to go ~ning keliauti/stovyklauti su nameliu-autopriekaba *(per atostogas)*
caravanner [ˈkærəvænə] *n* keliaujantysis su nameliu-automobiline priekaba
caravansary [ˌkærəˈvænsərɪ] *n amer.* = **caravanserai**
caravanserai [ˌkærəˈvænsəraɪ] *n* 1 *ist.* karavansarajus, karavankiemis, vilkstinių užvažiuojamieji namai 2 pulkas, grupė
caravel [ˈkærəvel] *n jūr. ist.* karavelė
caraway [ˈkærəweɪ] *n bot.* kmynas; *~ seeds* kmynai *(sėklos)*
carbamate [ˈkɑːbəmeɪt] *n chem.* karbamidas
carbarn [ˈkɑːbɑːn] *n amer. (tramvajų, autobusų)* parkas
carbide [ˈkɑːbaɪd] *n chem.* karbidas
carbine [ˈkɑːbaɪn] *n kar.* karabinas
carbohydrate [ˌkɑːbəuˈhaɪdreɪt] *n* 1 *chem.* angliavandenis 2 *(ppr. pl)* maistas, kuriame yra daug angliavandenių
carbolic [kɑːˈbɔlɪk] *a chem.* karbolio, karbolinis
n karbolis *(t. p. ~ acid)*
carbon [ˈkɑːbən] *n* 1 *chem.* anglis *(elementas); ~ black/monoxide* anglies monoksidas/viendeginis, smalkės; *~ dating* radioaktyvinis datavimo metodas; *~ oil* benzolas; *~ steel* anglinis plienas 2 kalkė, anglinis popierius *(t. p. ~ paper); ~ copy* a) nuorašas/egzempliorius, padarytas per kalkę; b) tiksli kopija; *(tėvo ir pan.)* gyvavaizdis 3 *el.* anglinis elektrodas
carbonaceous [ˌkɑːbəʊˈneɪʃəs] *a* 1 *chem.* anglies, anglinis 2 *spec.* karbonatinis
Carbonari [ˌkɑːbəˈnɑːrɪ] *it. n pl ist.* karbonarai
carbonate [ˈkɑːbəneɪt] *n chem., min.* karbonatas *(anglies rūgšties druska)*
carbonated [ˈkɑːbəneɪtɪd] *a* prisotintas angliarūgštės *(apie gėrimą)*
carbon-date [ˈkɑːbəndeɪt] *v spec.* datuoti remiantis anglies radioaktyviuoju skilimu
carbonic [kɑːˈbɔnɪk] *a* anglies, anglinis; *~ acid* angliarūgštė; *~ oxide* anglies oksidas/deginys
carboniferous [ˌkɑːbəˈnɪfərəs] *a* 1 anglingas(is) 2 *(C.) geol.* karbono
n (the C.) geol. karbonas
carbonite [ˈkɑːbənɪt] *n* 1 koksas 2 karbonitas *(sprogstamoji medžiaga)*
carbonization [ˌkɑːbənaɪˈzeɪʃn] *n tech.* 1 karbonizacija, (su)anglinimas 2 cementacija, įanglinimas 3 koksavimas(is)

carbonize ['kɑ:bənaɪz] *v tech.* **1** karbonizuoti, anglinti **2** koksuoti

carborundum [ˌkɑ:bə'rʌndəm] *n spec.* karborundas, silicio karbidas

carboy ['kɑ:bɔɪ] *n spec.* apipintas butelis *(rūgštims)*

carbuncle ['kɑ:bʌŋkl] *n* **1** *med.* karbunkulas, piktvotė **2** raudonasis granatas *(brangakmenis)*

carburation [ˌkɑ:bju'reɪʃn] *n tech.* karbiuracija

carburet ['kɑ:bjuret] *v tech.* karbiuruoti, degalus maišyti su oru

carburetter, carburet(t)or [ˌkɑ:bə'retə] *n tech.* karbiuratorius

carcajou ['kɑ:kədʒu:] *n amer. zool.* ernis

carcase ['kɑ:kəs] *n* = **carcass**

carcass ['kɑ:kəs] *n* **1** skerdena *(paskerstas gyvulys be vidurių);* ~ *meat* šviežia mėsa **2** lavonas, kūnas, kaulai *(niek. ir apie gyvą žmogų);* **to save one's** ~ gelbėti savo kailį **3** *(laivo ir pan.)* karkasas, griaučiai, korpusas **4** *(automobilio ir pan.)* laužas **5** *stat.* armatūra; strypynas

carcinogen [kɑ:'sɪnədʒən] *n med.* kancerogeninė medžiaga

carcinogenic [ˌkɑ:sɪnə'dʒenɪk] *a med.* kancerogeninis

carcinogenicity [ˌkɑ:sɪnədʒɪ'nɪsəti] *n med.* kancerogeniškumas

carcinoma [ˌkɑ:sɪ'nəumə] *n med.* karcinoma

card[1] [kɑ:d] *n* **1** kortelė; vizitinė kortelė; *library/reader's* ~ abonementinė kortelė, skaitytojo bilietas; *ration* ~ maisto kortelė; *wild* ~ neapibrėžta vieta *(kompiuterio rinkmenoje); gold* ~ kreditinė kortelė *(suteikianti papildomų lengvatų);* ~ *index* kartoteka; *to leave* ~s *(on)* ap(si)lankyti, vizituoti **2** *(nario)* bilietas; *press* ~ žurnalisto pažymėjimas; ~ *man/holder amer. šnek.* profesinės sąjungos narys **3** *(koncerto ir pan.)* bilietas, pakvietimas; ~ *of admission* (pa)kvietimas *(į susirinkimą, vakarą)* **4** atvirukas; *Christmas* ~ kalėdinis atvirukas **5** korta; *pl* kortos, kortų lošimas; *pack/amer. deck of* ~s kortų malka; *to play a* ~ a) neturėti kokios kortos; b) statyti ant kokios kortos **6** plonas kartonas **7** *pl šnek.* dokumentai *(ypač valstybinio draudimo)* **8** *amer.* skelbimas *(laikraštyje)* **9** *šnek.* žmogus, tipas *(juokingas, keistas ir pan.); an odd* ~, *a queer* ~ keistuolis; ◊ *house of* ~s kortų namelis; *on the* ~s *that...* galbūt, galimas daiktas, kad...; *one's best/strongest* ~ kieno stipriausias švietalas/argumentas; *to get ar to be given one's* ~s *šnek.* būti atleistam *(iš darbo); to go through the (whole)* ~ *šnek.* svarstyti visas galimybes; *to play one's* ~s *right* elgtis teisingai/gerai; *to play the wrong* ~ apsiskaičiuoti; *to have another* ~ *up one's sleeve* turėti atsarginį švietalą; turėti slaptą atsarginį planą; *to play/keep/hold one's* ~s *close to the chest* slapukauti, paslapčiauti; *to speak by the* ~ ≅ kalbėti kaip iš rašto; *to throw up one's* ~s pasiduoti, pasuoti; *to put/lay one's* ~s *on the table* ≅ atversti kortas, atskleisti sumanymus/planus; *that's the* ~ kaip tik to ir reikėjo
v amer. **1** pritvirtinti/priklijuoti prie kortelės **2** užrašyti kortelėje **3** *amer.* prašyti pateikti asmens amžiaus pažymėjimą

card[2] *tekst. n* karštuvai, šukuočiai
v šukuoti, karšti

cardamom ['kɑ:dəməm] *n bot.* kardamonas *(t. p. prieskonis)*

cardamum [kɑ:dəməm] *n* = **cardamom**

cardan-joint ['kɑ:dəndʒɔɪnt] *n tech.* kardaninis sujungimas/šarnyras

cardan-shaft ['kɑ:dənʃɑ:ft] *n tech.* kardaninė pavara

cardboard ['kɑ:dbɔ:d] *n* kartonas
a **1** kartoninis **2** netvirtas **3** negyvenimiškas, netikroviškas *(apie personažus ir pan.)*

card-carrying ['kɑ:dˌkærɪŋ] *a* **1** turintis nario bilietą, priklausantis organizacijai/partijai **2** tipiškas, aiškus

carder ['kɑ:də] *n tekst.* **1** šukuotojas; karšėjas **2** šukavimo mašina, karštuvai

cardholder ['kɑ:dhəuldə] *n* kredito kortelės turėtojas

cardiac ['kɑ:dɪæk] *n šnek.* širdininkas
a med. kardialinis, širdies; ~ *arrest* širdies sustojimas

cardie ['kɑ:dɪ] *n šnek.* = **cardigan**

cardigan ['kɑ:dɪgən] *n* megzta palaidinė, megztinis, nertinis *(susegamas ar su užtrauktuku)*

cardinal ['kɑ:dɪnl] *n* **1** *bažn.* kardinolas **2** *gram.* kiekinis skaitvardis **3** *zool.* kardinolas *(paukštis)*
a **1** kardinalus, svarbiausias, pagrindinis; ~ *events* svarbiausieji įvykiai **2** *gram.* kiekinis *(apie skaitvardį)* **3** ryškiai raudonas *(t. p.* ~ *red)* ◊ ~ *winds* vėjai iš šiaurės/vakarų/pietų/rytų

cardinalate ['kɑ:dɪnəleɪt] *n* **1** kardinolo titulas **2** kardinolų kolegija

card-index ['kɑ:dˌɪndeks] *v* sudaryti kartoteką *(of)*

cardio- ['kɑ:dɪəu-] *(sudurt. žodžiuose)* kardio-, širdies; *cardiograph* kardiografas; *cardiologist* kardiologas, širdies ligų specialistas

cardioactive [ˌkɑ:dɪəu'æktɪv] *a med.* stimuliuojantis širdies veiklą

cardiogram ['kɑ:dɪəugræm] *n med.* kardiograma

cardiology [ˌkɑ:dɪ'ɔlədʒɪ] *n med.* kardiologija

cardiovascular [ˌkɑ:dɪəu'væskjulə] *a anat.* širdies ir kraujagyslių

cardioversion ['kɑ:dɪəuˌvɜ:ʃn] *n med.* kardiostimuliacija elektrošoku

carditis [kɑ:'daɪtɪs] *n med.* karditas

cardphone ['kɑ:dfəun] *n* kortelinis telefonas

cardsharp, cardsharper ['kɑ:dʃɑ:p, 'kɑ:dʃɑ:pə] *n* kortuotojas/kortininkas sukčiautojas

cardy ['kɑ:dɪ] *n šnek.* = **cardigan**

care [kɛə] *n* **1** rūpinimasis; priežiūra; slaugymas; rūpyba, globa *(t. p. teis.); to take* ~ *of smb* rūpintis, pasirūpinti kuo, prižiūrėti ką; *follow-up* ~ dispanserizacija *(po gydymo ligoninėje); in* ~ *(of) (kieno)* globojamas; *under the* ~ *of a physician* gydytojo prižiūrimas; *my nephew has been left in my* ~ sūnėnas liko mano globojamas **2** rūpestis; *he hasn't a* ~ *in the world* jis neturi jokių rūpesčių **3** atidumas, atsargumas; *with* ~ atsargiai; *take* ~! a) atsargiai!, saugoki(tė)s! *(t. p. have a* ~!); b) sudie!, iki!; *take* ~ *not to waken the baby* žiūrėk/tyliau, nepažadink vaiko ◊ ~ *of (sutr. c/o)* perduoti kam kitam *(laiško adrese); Mr. A. Smith c/o Mr. B. Brown* ponui Smitui per pono Brauno malonę
v **1** rūpintis *(about, for); he doesn't* ~ *about his work any more* jis nebesirūpina savo darbu **2** domėtis, mėgti *(for); to* ~ *for music* domėtis muzika **3** nesijaudinti, būti vis tiek *(neig. sakiniuose); I don't* ~ *man (tai)* nerūpi, man vis tiek; *I couldn't* ~ *less!* man tai visai nerūpi! **4** turėti noro, norėti (+ *inf*); *I don't [I wouldn't]* ~ aš nenoriu [nenorėčiau]; *would you* ~ *for a drink?* ar nenorėtumėte išgerti? ◊ *I don't* ~ *if I do šnek.* aš sutikčiau tai padaryti, aš nieko prieš neturėčiau; *I don't* ~ *a damn/button/twopence/farthing/fig/feather/rap/straw/whoop šnek.* man *(tai)* visiškai nerūpi, man vis tiek, ≅ man nusispjauti; *for all I* ~ ... *šnek.* dėl manęs tai...

careen [kə'ri:n] v **1** *jūr.* pakreipti/paversti laivą ant šono *(norint valyti ir pan.);* pasvirti ant šono *(apie laivą)* **2** *amer.* svirduliuoti, virtuliuoti *(apie transporto priemonę)*

career [kə'rɪə] <n, a, v> n **1** karjera **2** profesinė veikla, profesija; **~'s officer/adviser** konsultantas profesinės orientacijos klausimais; **throughout his school ~** per visą savo mokytojavimą **3** greitis, greitas judėjimas; **in full ~** visu greitumu/greičiu
a profesinis; profesionalus; **~ education** *(mokinių)* profesinis rengimas; **~ master** konsultantas profesinės orientacijos klausimais *(mokykloje);* **~ diplomat/man** diplomatas profesionalas; **~ girl [woman]** karjeros siekianti mergaitė [moteris]
v lėkti; bėgioti *(t. p.* **~ about);** **to ~ off the road** nulėkti nuo kelio *(apie automobilį)*

careerist [kə'rɪərɪst] *n* karjeristas

carefree ['kɛəfri:] *a* **1** be rūpesčių, laimingas **2** neatsakingas

careful ['kɛəfəl] *a* **1** atsargus; **one can't be too ~** atsargumas nekenkia, atsargumas gėdos nedaro; **~!** atsargiai! **2** atidus; kruopštus; tikslus **3** rūpestingas, paisantis *(for, about);* **to be ~ about one's health** rūpintis savo sveikata **4** taupus; **he's ~ with his money** jis nemėgsta švaistyti pinigų

carefulness ['kɛəfəlnɪs] *n* atsargumas *ir pan., žr.* **careful**

caregiver ['kɛəgɪvə] *n (vaiko, ligonio)* globėjas, slaugytojas

care-laden ['kɛəleɪdn] *a knyg.* rūpesčių prislėgtas

careless ['kɛələs] *a* **1** neatsargus; nerūpestingas; **~ work** nerūpestingas/nekruopštus darbas **2** nesirūpinantis, nepaisantis *(of);* **~ of danger** nepaisantis pavojaus **3** natūralus, ne dirbtinis **4** lengvabūdis, neatsakingas

carelessness ['kɛələsnɪs] *n* nerūpestingumas; neatsargumas; neatidumas; **a piece of ~** neapgalvotas/neatsargus poelgis

carer ['kɛərə] *n* slaugytojas, globėjas *(prižiūrintis namie invalidą, ligonį ir pan.)*

caress [kə'res] *n* glamonėjimas
v glamonėti; glostyti

caret ['kærət] *n poligr.* įterpinio ženklas ∧ *(žymint praleidimą tekste; t. p.* **~ mark/sign)**

caretaker ['kɛəteɪkə] *n (namo, mokyklos, muziejaus ir pan.)* prižiūrėtojas
a laikinai pavaduojantis, laikinas; **~ government** laikinoji vyriausybė

careworn ['kɛəwɔ:n] *a* rūpesčių iškankintas/prislėgtas

carfare ['ka:fɛə] *n amer. (tramvajaus, autobuso)* bilieto kaina

cargo ['ka:gəu] *n (pl* ~(e)s [-z]) *(laivo, lėktuvo)* krovinys; kargas; **return ~** atgalinis krovinys; **smuggled ~** kontrabandinis krovinys; **~ bus** krovininis keleivinis automobilis; **~ ship/boat/vessel** prekinis/krovinių laivas; **~ module** *(kosminio laivo)* krovinių sekcija; **~ tank** tankeris

carhop ['ka:hɒp] *n amer.* **1** restorano padavėjas/oficiantas, aptarnaujantis klientus automobilyje **2** automobilių saugotojas *(ypač viešbučio aikštelėje)*

Caribbean [ˌkærɪ'bi:ən] *a* Karibų; **the ~ Sea** Karibų jūra

caribou ['kærɪbu:] *n zool.* karibus, šiaurinis elnias

caricatural ['kærɪkətʃuərəl] *a* karikatūriškas

caricature ['kærɪkətʃuə] *n* **1** karikatūra *(t. p. prk.); (grafinis)* šaržas **2** parodija; parodijavimas
v karikatūrinti, piešti karikatūras

caricaturist ['kærɪkətʃuərɪst] *n* karikatūrininkas, karikatūristas

caries ['kɛəri:z] *n (pl* ~) *med.* ėduonis, kariesas

carillon ['kærɪljən, kə'rɪ-] *n* **1** varpų komplektas **2** varpų melodija

caring ['kɛərɪŋ] *n* užjautimas; prisirišimas
a **1** užjaučiantis; prisirišęs **2** globėjiškas; globos, slaugos

cariole ['kærɪəul] *n* = **carriole**

cariosity [ˌkærɪ'ɒsətɪ] *n med.* kariozės procesas, kaulinių audinių irimas

carious ['kɛərɪəs] *a med.* kariozinis, ėduonies pažeistas *(apie dantį)*

carjacking ['ka:dʒækɪŋ] *n* automobilio pagrobimas

Carl [ka:l] *n* **1** Karlas, Karolis *(vardas)* **2 (k.)** *škot.* valstietis; *niek.* kaimietis, prasčiokas

carling ['ka:lɪŋ] *n jūr.* karlingsas

carload ['ka:ləud] *n* pilnas automobilis *(of – ko);* vagono krovinys, vagonas *(krovinio kiekis)*

Carlyle ['ka:laɪl] *n:* **Thomas ~** Tomas Karlailis *(škotų rašytojas ir istorikas)*

Carmelite ['ka:məlaɪt] *n* karmelitas *(vienuolių ordino narys)*

carminative ['ka:mɪnətɪv] *n med.* karminatyvai, vaistai nuo vidurių pūtimo

carmine ['ka:maɪn] *n* karminas *(ryškiai/tamsiai raudona spalva/dažai)*
a ryškiai/tamsiai raudonas; karmino spalvos

carnage ['ka:nɪdʒ] *n* skerdynės, pjautynės

carnal ['ka:nl] *a knyg.* kūniškas; kūninis; **~ desires** kūno geiduliai; **~ knowledge** *euf. (ypač teis.)* lytiniai santykiai

carnality [ka:'nælətɪ] *n knyg.* kūniškumas, geidulingumas

carnation [ka:'neɪʃn] *n* **1** *bot.* gvazdikas **2** ryškiai raudonų tonų atspalviai **3** *pl men.* paveikslo dalys, vaizduojančios nuogą kūną
a skaisčiai raudonas

carnelian [ka:'ni:lɪən] *n* = **cornelian**

carnet ['ka:neɪ] *pr. n* **1** muitinės licencija pervežti automobilį per sieną **2** leidimas naudotis stovyklaviete

carnival ['ka:nɪvl] *n* **1** karnavalas; festivalis **2** karnavalų metas *(kelios savaitės prieš gavėnią)* **3** *amer.* atrakcionai *(pramoga)*

Carnivora [ka:'nɪvərə] *n pl zool.* plėšrieji žinduoliai

carnivore ['ka:nɪvɔ:] *n* **1** *zool.* mėsėdis *(gyvūnas)* **2** *bot. ret.* vabzdžiaėdis, mėsėdis augalas

carnivorous [ka:'nɪvərəs] *a* **1** *zool.* mėsėdis **2** *bot.* vabzdžiaėdis

carob ['kærəb] *n bot.* saldžiavaisis pupmedis

carol ['kærəl] *n* džiaugsminga giesmė; **Christmas ~s** Kalėdų giesmės
v (-ll-) **1** džiaugsmingai giedoti/dainuoti **2** apdainuoti, garbinti

Carolina [ˌkærə'laɪnə] *n* Karolina; **North [South] ~** Šiaurės [Pietų] Karolina *(JAV valstijos)*

Caroline ['kærəlaɪn] *n* Karolina *(vardas)*
a ist. Karolio I ir II laikų

Carolingian [ˌkærə'lɪndʒɪən] *a ist.* Karolingų dinastijos

carom ['kærəm] *amer. n* karambolis
v atšokti *(apie biliardo kamuolį)*

carotene ['kærəti:n] *n* karotinas

carotid [kə'rɒtɪd] *n anat.* miego arterija *(t. p.* **~ artery)**

carotin ['kærətɪn] *n* = **carotene**

carousal [kə'rauzl] *n knyg.* išgertuvės; girtavimas

carouse [kə'rauz] *n* = **carousal**
v knyg. girtauti; ūžti; užauti, triukšmauti *(išgėrus)*

carousel [ˌkærə'sel] *n* **1** *(ypač amer.)* karuselė *(pramoginis įrenginys)* **2** sukamasis įrenginys bagažui išduoti *(oro uoste)*

carp[1] [ka:p] *n (pl* ~) *zool.* karpis; **silver ~** baltasis plačiakaktis; **wild ~** laukinis karpis, sazanas

carp² *v* **1** kabinėtis, kabintis, ieškoti priekabių *(at)* **2** bambėti, niurzgėti; ***to ~ to smb at smth*** zirsti kam dėl ko
carpal ['kɑːpl] *n anat.* riešinis, riešo
carpark ['kɑːpɑːk] *n* parkingas; automobilių stovėjimo aikštelė
Carpathians [kɑːˈpeɪθɪənz] *n pl* Karpatai *(kalnai)*
carpel ['kɑːpl] *n bot.* vaislapėlis
carpenter ['kɑːpəntə] *n* dailidė *(statybininkas, ne baldžius);* **~'s bench** staliaus darbastalis, varstotas
v dailidžiauti *(dirbti namų/tiltų/laivų ir pan. medines dalis)*
carpentry ['kɑːpəntrɪ] *n* dailidės darbas/amatas
carper ['kɑːpə] *n* priekabus žmogus, kliautininkas
carpet ['kɑːpɪt] *n* **1** kilimas *(t. p. prk.),* kilimėlis, patiesalas; **magic ~** skraidantis kilimas *(pasakose);* ***a ~ of flowers*** gėlių kilimas **2** *stat.* danga **3** *tech.* apsauginis sluoksnis ◊ **red ~** iškilmingas sutikimas/priėmimas; **on the ~** a) svarstomas *(apie klausimą);* b) *šnek.* gaunantis pylos, baramas
v **1** iškloti/nutiesti kilimais **2** *pass* nusėti, padengti *(gėlėmis ir pan.)* **3** *šnek.* (iškviesti ir) duoti pastabą/garo
carpetbag ['kɑːpɪtbæg] *n* kelionmaišis, sakvojažas
carpetbagger ['kɑːpɪtˌbægə] *n (ypač amer.)* **1** politikas, negyvenantis rinkimų apygardoje *ar* atvažiavęs į ją politiniais sumetimais **2** politinis avantiūristas
carpeting ['kɑːpɪtɪŋ] *n* **1** kiliminis audinys **2** *kuop. (pakloti)* kilimai, kiliminė danga
carpet-rod ['kɑːpɪtrɒd] *n* metalinė lazdelė, prilaikanti kilimą ant laiptų
carpet-sweeper ['kɑːpɪtˌswiːpə] *n* kilimų valytuvas
car-phone ['kɑːfəun] *n* automobilio radijo telefonas
carpi ['kɑːpaɪ] *pl žr.* **carpus**
carport ['kɑːpɔːt] *n* pastogė automobiliui *(prišlieta prie namo)*
carpus ['kɑːpəs] *n (pl* -pi) *anat.* riešas
carrag(h)een ['kærəgiːn] *n bot.* karagenas, džiovinti raudondumbliai
carrel ['kærəl] *n (skaitytojo)* darbo kabina *(bibliotekoje)*
carriage ['kærɪdʒ] *n* **1** *(keleivinis)* vagonas; ***to change ~s*** persėsti **2** karieta, vežimas; ***a ~ and pair*** *ist.* karieta, traukiama poros arklių **3** *(rašomosios mašinėlės)* vežimėlis **4** *tech.* suportas **5** *kar.* lafetas **6** (per)vežimas; vežiojimas; transportas; vežimo išlaidos; **~ forward** transporto išlaidos, apmokamos gavėjo, **~ free/paid** transporto išlaidos, apmokamos tiekėjo; pervežimas apmokėtas **7** *(projekto ir pan.)* (į)vykdymas; *(rezoliucijos)* priėmimas **8** laikysena; eisena, stovėsena, sėdėsena
carriage-drive ['kærɪdʒdraɪv] *n* kelias į sodybą
carriageway ['kærɪdʒweɪ] *n (kelio)* važiuojamoji dalis; **dual ~** *(kelio)* skiriamoji juosta
carrier ['kærɪə] *n* **1** neškas, vežikas, vežėjas **2** *(infekcijos ir pan.)* nešėjas, nešiotojas **3** *(dažn. pl)* transporto/vežėjų agentūra/bendrovė **4** *(dviračio, motociklo)* bagažinė **5** *amer.* laiškanešys **6** *jūr.* lėktuvnešis **7** *kar.* transporteris **8** *tech.* laikiklis, atraminė gembė, kronšteinas, atrama **9** *tech.* važiuoklė; pavažos **10** = **carrier-bag**
carrier-bag ['kærɪəbæg] *n* **1** ūkinis krepšys *(pirkiniams)* **2** popierinis/plastiko krepšelis *(duodamas parduotuvėje su pirkiniais)*
carrier-borne ['kærɪəˈbɔːn] *a kar.* lėktuvnešio; **~ aircraft** lėktuvnešio lėktuvai/aviacija; **~ attack** oro ataka iš lėktuvnešio
carrier-nation ['kærɪəˌneɪʃn] *n* valstybė, kurios laivai gabena kitų šalių prekes

carrier-pigeon ['kærɪəˌpɪdʒɪn] *n* pašto balandis
carrier-plane ['kærɪəpleɪn] *n* lėktuvnešio lėktuvas
carriole ['kærɪəul] *n* **1** dviratis vežimas, kariolė **2** kanadiečių rogės
carrion ['kærɪən] *n* dvėsena, maita, stipena, pūvanti mėsa
a **1** pūvantis; bjaurus **2** mintantis dvėsena
Carroll ['kærəl] *n:* **Lewis ~** Lujis Karolis *(anglų rašytojas)*
carrot ['kærət] *n* **1** *bot.* morka **2** *pl* rudi plaukai; rudaplaukis žmogus *(t. p. ~* **top)** **3** *šnek.* pažadas, vilionė; **the stick and the ~** rimbas ir pažadai *(apie įtikinėjimo metodą ir pan.)*
carroty ['kærətɪ] *a* morkinis, morkų spalvos; rudaplaukis
carrousel [ˌkærəˈsel] *n* = **carousel**
carry ['kærɪ] *v* **1** neš(io)ti; nešiotis *(pinigų, ginklą ir pan.);* vež(io)ti; gabenti; ***to ~ the child across the river*** pernešti vaiką per upę; ***the wind carried the ash towards the town*** vėjas nešė pelenus link miesto; ***to ~ a burden/load*** *prk.* nešti/vilkti sunkią naštą; daug dirbti: ***he ran off as fast as his legs would ~ him*** jis nubėgo kiek kojos neša; ***the wine will not ~ well*** tas vynas genda vežiojamas **2** nešioti, platinti *(ligas ir pan.)* **3** tiekti, perduoti; ***the oil is carried in pipes*** nafta tiekiama vamzdžiais **4** išrutulioti, privesti *(to);* **to ~ to extremes** pasiekti kraštutinumą; **to ~ to its logical conclusion** prisikasti prie logiškos išvados **5** turėti (savyje), būti *(kokiam);* **his words ~ weight** jo žodžiai svarūs **6** nugalėti; (pa)imti šturmu *(tvirtovę ir pan.);* **to ~ an election** nugalėti per rinkimus **7** patraukti, įtikinti; **to ~ one's audience** įtikinti auditoriją **8** užtraukti *(bausmę)* **9** sklisti, toli girdėtis *(apie garsą)* **10** siekti, nulėkti *(apie šūvį, sviedinį)* **11** (iš)laikyti *(svorį; apie kolonas, tiltą ir pan.)* **12** išsilaikyti; pakelti *(geriant nepasigerti)* **13** laikyti mintyje *(t. p. mat.);* **to ~ one** laikyti vieną mintyje **14** vežti, dirbti už kitus **15** *(džn. pass)* priimti; **to ~ a resolution** priimti rezoliuciją/nutarimą; **the bill was carried** įstatymo projektas buvo priimtas **16** *refl* laikytis; **to ~ oneself with dignity** oriai laikytis **17** nešioti, būti nėščiai **18** perkelti *(į kitą puslapį ir pan.);* **to ~ the war into the enemy's country** perkelti karą į priešo teritoriją **19** spausdinti *(apie laikraštį);* pranešti *(per radiją)* **20** *kom.* prekiauti, pardavinėti; **we ~ a wide range** *(of)* mes siūlome platų asortimentą *(ko)* ☐ **~ away** a) nunešti; b) *(ppr. pass)* būti sužavėtam/pagautam; nesusivaldyti; **~ back** a) grąžinti atgal; b) nukelti į praeitį, priminti praeitį; **~ forward** a) paspartinti *(reikalą);* b) atidėti vėlesniam laikui; c) gabenti; d) *buh.* perkelti *(į kitą skiltį/puslapį ir pan.);* **~ in** įnešti; įvežti; **~ off** a) nunešti, pagrobti; b) sėkmingai užbaigti; išlaikyti; c) laimėti *(prizą ir pan.);* **~ on** a) tęsti; b) toliau vykdyti/vykti; **to ~ on a conversation** toliau kalbėtis; c) *šnek.* flirtuoti *(with);* d) *šnek.* nervintis, karščiuotis, elgtis *(kokiu būdu);* **don't ~ on so!** ramiau elki(tė)s!; **~ out** a) išnešti; b) (už)baigti; c) atlikti, (į)vykdyti *(bandymus, nurodymus ir pan.);* **~ over** a) pernešti, pergabenti; b) nukelti, perkelti *(vėlesniam laikui ir pan.);* c) = **~ forward** d); **~ through** a) įvykdyti *(iki galo);* b) padėti, palaikyti ◊ **to ~ all/everything before one** *knyg.* įveikti visas kliūtis; turėti didelį pasisekimą; **to ~ smth too far** persistengti, ≡ nueiti per toli
n **1** (per)gabenimas, pervilkimas **2** pervalkas **3** *spec.* pernaša **4** *kar. (sviedinio ir pan.)* lėkimo nuotolis/atstumas **5** *kar.* padėtis/komanda „šautuvą ant peties"
carryall ['kærɪˌɔːl] *n amer.* **1** kelionmaišis; didelis krepšys **2** automobilis su dviem šoniniais suolais
carrycot ['kærɪkɒt] *n* nešiojamasis lopšys su dvejomis rankenomis

carryings-on ['kærɪɪŋz'ɔn] *n pl šnek.* = **carry-on** 2

carry-on ['kærɪɔn] *n* **1** kelioninis krepšys, rankinis bagažas *(ypač skrendant lėktuvu; t. p. ~ bag/case)* **2** *šnek.* kvailystė, nereikalingas triukšmas; lengvabūdiškas elgesys

carry-out ['kærɪaut] *a amer., škot.* parduodamas išsineštinai *(apie gatavus patiekalus)*

carry-over ['kærɪˌəuvə] *n* **1** *(žodžio)* perkėlimas *(į kitą eilutę)* **2** pereinamasis likutis; liekana **3** *buh.* transportas, perkėlimas **4** *fin.* reportas *(sandėrio termino atidėjimas)*

carsick ['kɑːsɪk] *a* jaučiantis blogumą, bloguojantis *(važiuojant automobiliu); I was* ~ man pasidarė bloga

cart [kɑːt] *n* **1** ratai, vežimas **2** *amer.* rankinis vežimėlis ◊ *to put/set the* ~ *before the horse* pradėti ne nuo to galo, daryti/dirbti atvirkščiai; *in the* ~ *šnek.* keblioje padėtyje
v **1** važiuoti/vežti vežime **2** *šnek.* tampyti su savimi *(bagažą, pirkinius; t. p. ~ about/around)* □ ~ *off* nugabenti per prievartą *(ypač į kalėjimą)*

cartage ['kɑːtɪdʒ] *n* **1** gabenimas/vežimas vežimais **2** vežimo išlaidos/mokestis

carte blanche [ˌkɑːt'blɑːnʃ] *pr.: to give smb* ~ duoti kam visišką veiksmų laisvę, duoti kam valią

cartel [kɑːˈtel] *n* **1** *ekon.* kartelis **2** politinių grupių susivienijimas dėl bendrų veiksmų **3** kariaujančių kraštų susitarimas *(dėl pasikeitimo belaisviais, paštu ir pan.)*

carter ['kɑːtə] *n ret.* vežėjas

Cartesian [kɑːˈtiːzɪən] *a filos.* Dekarto, dekartiškas

cartful ['kɑːtful] *n* pilnas vežimas *(of – ko)*

Carthage ['kɑːθɪdʒ] *n ist.* Kartagina

carthamus ['kɑːθəməs] *n bot.* dygminas

carthorse ['kɑːthɔːs] *n* sunkusis arklys

cartilage ['kɑːtɪlɪdʒ] *n* kremzlė

cartilaginous [ˌkɑːtɪˈlædʒɪnəs] *a* kremzlinis

cartload ['kɑːtləud] *n* = **cartful**

cartographer [kɑːˈtɔgrəfə] *n* kartografas

cartographic(al) [ˌkɑːtəᵘˈgræfɪk(l)] *a* kartografinis

cartography [kɑːˈtɔgrəfɪ] *n* kartografija

cartomancy ['kɑːtəmænsɪ] *n* būrimas kortomis

carton ['kɑːtn] *n* **1** kartono dėžutė; *(ledų, pieno ir pan.)* kartono pakelis **2** kartonas **3** *amer. (cigarečių ir pan.)* blokas **4** baltas ratelis taikinio centre

cartoon [kɑːˈtuːn] *n* **1** karikatūra *(ypač politinė);* šaržas **2** animacinis/multiplikacinis filmas, multiplikacija *(t. p. animated ~)* **3** *men.* kartonas, etiudas kartone
v **1** piešti karikatūras/šaržus **2** vaizduoti karikatūrose/šaržuose

cartoonist [kɑːˈtuːnɪst] *n* karikatūrininkas, karikatūristas

cartouche [kɑːˈtuːʃ] *pr. n* **1** *archit.* kartušas *(ornamentas)* **2** *kar.* šovininė

cartridge ['kɑːtrɪdʒ] *n* **1** šovinys, patronas **2** fotografinis filmas su kasete **3** gramofono galvutė **4** *(šratinuko)* šerdelė

cartridge-belt ['kɑːtrɪdʒbelt] *n* **1** šovininė **2** šovinių juosta

cartridge-case ['kɑːtrɪdʒkeɪs] *n* šovinio gilzė

cartridge-clip ['kɑːtrɪdʒklɪp] *n* šovinių apkaba

cartridge-paper ['kɑːtrɪdʒˌpeɪpə] *n* storas popierius *(piešti, gilzėms gaminti)*

cartridge-pouch ['kɑːtrɪdʒpautʃ] *n* šovininė

cart-road, cart-track ['kɑːtrəud, -trʌk] *n* šunkelis, lauko keliukas

cartwheel ['kɑːtwiːl] *n* **1** vežimo ratas **2** vertimasis kūliais; *to turn/throw ~s* vartytis kūliais **3** persivertimas šonu *(gimnastika)*
v verstis kūliais

cartwright ['kɑːtraɪt] *n* ratų/vežimų dirbėjas

carve [kɑːv] *v* **1** (iš)pjaustyti *(iš medžio, kaulo);* iškalti, nukalti *(iš akmens)* **2** drožinėti, raižyti *(medyje; in, on)* **3** (su)pjaustyti *(virtą mėsą; t. p. ~ up);* atpjauti **4** smulkinti, (pa)dalyti *(ppr. ~ up)* **5** ardyti, graužti *(gruntą),* eroduoti, sukelti eroziją □ ~ *out* prasimušti, išgarsėti *(sunkiu darbu); to ~ out a ~* padaryti karjerą; ~ *up šnek.* a) sužeisti, supjaustyti *(peiliu);* b) *šnek.* užlįsti į priekį *(aplenkus kitą automobilį)*

carvel ['kɑːvəl] *n jūr. ist.* karavelė

carver ['kɑːvə] *n* **1** raižytojas, drožėjas **2** pjaustytojas **3** peilis mėsai pjaustyti; *a pair of ~s* didelis peilis ir šakutė

carvery ['kɑːvərɪ] *n* restoranas, kuriame kepsnys pjaustomas klientų akivaizdoje

carve-up ['kɑːvʌp] *n šnek.* **1** nedora sankalba **2** pa(si)dalijimas *(grobio, teritorijos ir pan.)*

carving ['kɑːvɪŋ] *n* **1** *(medžio)* drožinys; raižinys **2** drožyba; raižyba **3** (iš)pjaustymas; supjaustymas

carving-knife ['kɑːvɪŋnaɪf] *n* didelis peilis mėsai pjaustyti

caryatid [ˌkærɪˈætɪd] *n archit.* kariatidė

cascade [kæˈskeɪd] *n* **1** kaskada *(krioklių grupė; t. p. prk.); to fall in ~s* kristi kaskadomis *(apie vešlius plaukus ir pan.)* **2** *fiz.* kaskadas; pakopa, pakopinis slenkstis **3** *komp.* kaskada
v leistis kaskadomis

case[1] [keɪs] *n* **1** atvejis; pavyzdys; reikalas; *in* ~ *(I forget)* tokiu atveju, jei (aš pamiršiu); *in that* ~ esant tokiai padėčiai, tokiu atveju; *in any* ~ bet kokiu atveju; bent jau; *in* ~ *of fire, break the glass* kilus gaisrui, išdaužkite stiklą; *in no* ~ jokiu būdu; *a* ~ *in point* geras/tipiškas *(ko)* pavyzdys; *it's a clear* ~ *of carelessness* tai ryškus nerūpestingumo pavyzdys; *to put the* ~ *that...* sakysime/tarkime, kad...; *take an umbrella just in* ~ dėl visa ko paimk(ite) skėtį; *it's a* ~ *of conscience* tai sąžinės reikalas; *it was a* ~ *of making a quick decision* reikėjo skubiai spręsti, priimti sprendimą **2** argumentai, faktai *(for, against); to state one's* ~ išdėstyti savo argumentus/įrodymus; *to make out one's* ~ pateikti argumentus; įrodyti savo tiesą; *to argue the* ~ *for privatization* pateikti argumentų privatizacijos naudai; *the ~ for the defendant* faktai teisiamojo naudai; *there's a strong* ~ *for refusing* yra rimtų priežasčių atsisakyti **3** *teis.* byla; parodymas; *civil* ~ civilinė byla **4** *teis.* precedentas **5** *med.* ligonis, pacientas; sužeistasis; *cot* ~ gulintis ligonis **6** *med.* susirgimas; *30 ~s of chickenpox* 30 susirgimų vėjaraupiais **7** *gram.* linksnis **8** *šnek.* tipas, keistuolis, kvaiša ◊ *to be on smb's* ~ *šnek.* bambėti, priekaištauti kam; *get off my* ~! *šnek.* atstok(it) nuo mano galvos!

case[2] *n* **1** dėžutė, dėžė; *jewel* ~ brangakmenių dėžutė **2** lagaminėlis **3** makštis, dėklas, futliaras; *(laikrodžio)* korpusas; *cigarette* ~ portsigaras **4** vitrina; *(muziejaus)* stendas **5** *stat. (lango, durų)* stakta **6** *tech.* gaubtas, gaubtuvas; karkasas **7** *poligr. (renkamoji)* raidžių kasa; *lower* ~ mažųjų raidžių skyrius; *upper* ~ didžiųjų raidžių skyrius
v **1** dėti į dėžutę *ir pan.* **2** įreminti, įtverti **3** *pass* būti aptrauktam/apsuptam **4** *šnek.* apžiūrinėti, apsižiūrėti *(rengiantis apiplėšti; t. p. ~ the joint)*

casebook ['keɪsbuk] *n (gydytojo, teisininko ir pan.)* žurnalas; *(straipsnių)* rinkinys

case-harden ['keɪsˌhɑːdn] *v* **1** *tech.* grūdinti cementavimu *(plieną)* **2** *prk.* užgrūdinti, daryti nejautrų

case-history ['keɪsˌhɪstᵊrɪ] *n* **1** ligos istorija **2** = **case-study**

casein ['keɪsɪɪn] *n chem.* kazeinas
case-knife ['keɪsnaɪf] *n* peilis su makštimi
case-law ['keɪslɔː] *n teis.* precedentinė teisė
caseload ['keɪsləud] *n (gydytojo ir pan.)* krūvis; **to have a heavy ~** turėti daug pacientų
casemate ['keɪsmeɪt] *n kar.* kazematas
casement ['keɪsmənt] *n* lango rėmai; suveriamasis langas *(t. p. ~ window)*
caseous ['keɪsɪəs] *a ret.* sūriškas, kaip sūris
case-record ['keɪsˌrekɔːd] *n* ligos istorija; *(ambulatorinė, dispanserinė)* kortelė
case-shot ['keɪsʃɔt] *n kar.* kartečė
case-study ['keɪsˌstʌdɪ] *n (tam tikro laikotarpio)* socialiniai tyrimai
casework ['keɪswəːk] *n* socialinė rūpyba
caseworker ['keɪsˌwəːkə] *n* socialinės rūpybos darbuotojas
case-worm ['keɪswəːm] *n zool. (vabzdžio)* lėliukė
cash [kæʃ] *n* 1 grynieji *(pinigai; t. p.* **hard/ready ~**); atsiskaitymas grynaisiais *(t. p.* **~ down**); **in ~** a) grynaisiais; b) pinigingas, turtingas; **~ flow** grynųjų pinigų cirkuliacija; **~ on delivery** *(sutr.* **C.O.D.**) apmokama įteikiant, išperkamuoju mokesčiu; **~ payment** apmokėjimas/atsiskaitymas grynaisiais; **~ price** kaina mokant grynaisiais 2 *šnek.* pinigai, turtas; **short/out of ~** be pinigų *v* 1 mokėti grynaisiais 2 gauti/iškeisti pinigus *(pagal čekį; t. p.* **~ in**) □ **~ in** pasipelnyti *(on – iš)*; pasinaudoti *(on – kuo)*; **~ up** suskaičiuoti *(parduotuvėje)* gautus dienos pinigus
cash-account [ˌkæʃəˈkaunt] *n buh.* kasos sąskaita
cash-and-carry [ˌkæʃəndˈkærɪ] *n* didelė didmeninė parduotuvė *(atsiskaitant grynaisiais)*
cashbook ['kæʃbuk] *n* kasos knyga
cash-box ['kæʃbɔks] *n* seifas pinigams
cashcard ['kæʃkɑːd] *n* banko kortelė *(pinigams atsiimti iš automato)*
cashew ['kæʃuː, kəˈʃuː] *n* kišju riešutas *(t. p.* **~ nut**)
cashier[1] [kæˈʃɪə] *n* kasininkas
cashier[2] [kəˈʃɪə, kæ-] *v* 1 atleisti *(iš karinės tarnybos už netinkamą elgesį)* 2 panaikinti, atmesti
cash-in-hand ['kæʃɪn'hænd] *a* grynaisiais *(pinigais; apie apmokėjimą)*
cashless ['kæʃləs] *a* be grynųjų pinigų; neturintis grynųjų
cashmere [kæʃˈmɪə, 'kæʃmɪə] *n* kašmyras *(audinys)*
cash-register ['kæʃˌredʒɪstə] *n* kasos aparatas
casing ['keɪsɪŋ] *n* 1 aptaisas, apvalkalas 2 *(durų, lango)* stakta 3 *aut.* padanga 4 *tech.* karteris; futliaras; gaubtas 5 *(gręžinio)* vamzdis
casino [kəˈsiːnəu] *n (pl ~s* [-z]) kazino *(lošimo namai; restoranas)*
cask [kɑːsk] *n* statinaitė, statinė *(skysčiams, ypač alui, vynui)*
casket ['kɑːskɪt] *n* 1 *(brangenybių ir pan.)* dėžutė 2 *amer.* karstas 3 *spec.* konteineris *(radioaktyvioms medžiagoms)*
Caspian ['kæspɪən] *a* Kaspijos; **the ~ (Sea)** Kaspijos jūra
casque [kɑːsk] *n ist., poet.* šalmas
Cassandra [kəˈsændrə] *n mit.* Kasandra *(t. p. prk.)*
cassation [kəˈseɪʃn] *n teis.* kasacija, kasavimas
cassava [kəˈsɑːvə] *n bot.* manijokas *(t. p. miltai iš to augalo)*
casserole ['kæsərəul] *n* 1 *(molinis, stiklinis)* dengtas indas *(troškinimui orkaitėje)* 2 mėsos/žuvų patiekalas, troškinamas dengtame inde orkaitėje *v* troškinti orkaitėje *(mėsą, žuvis ir pan.)*
cassette [kəˈset] *n* 1 kasetė; **video~** vaizdo kasetė, vaizdajuostė 2 kasetinis magnetofonas/grotuvas *(t. p.* **~ player/recorder**)

cassia ['kæsɪə] *n bot.* kasija
cassock ['kæsək] *n bažn.* sutana
cassowary ['kæsəwərɪ] *n zool.* kazuaras *(paukštis)*
cast [kɑːst] *n* 1 *(meškerės, tinklo ir pan.)* (už)metimas 2 metimo nuotolis 3 tai, kas išmetama/numetama 4 *teatr., kin. (aktorių)* sudėtis, veikiantieji asmenys; vaidmenų paskirstymas 5 rizika; **to set/stake/put on a ~** rizikuoti, statyti ant kortos; **the last ~** paskutinis šansas 6 liejimo forma; *(gipso)* išlaja, kopija 7 gipso tvarstis 8 pavyzdys 9 atspalvis 10 *(charakterio, mąstymo)* tipas; **mind of philosophic ~** filosofinis mąstymo/galvosenos būdas 11 nukrypimas; **a ~ in the eye** žvairumas 12 apskaičiavimas 13 *zool.* išnara, išmova; išmatos *v* (cast) 1 mesti, mėtyti, svaidyti; **to ~ ashore** išmesti į krantą; **to ~ smth from one's mind** išmesti iš galvos *(abejones, būgštavimus ir pan.)*; **to ~ a line [a net]** (už)mesti meškerę [tinklą]; **to ~ a look/glance** mesti žvilgsnį, pažvelgti, žvilgtelėti *(at, over, on)*; **her eyes were ~ downwards** ji buvo nudelbusi akis; **he was ~ into prison without trial** jį įmetė į kalėjimą be teismo 2 mesti, keisti *(dantis, ragus, kailį, lapus)* 3 išsimesti *(apie gyvulius)* 4 vaizduoti, apibūdinti *(as – kaip)* 5 (ap)skaičiuoti *(t. p.* **~ up**) 6 *tech.* (iš)lieti *(metalus)* 7 *teatr., kin.* skirstyti vaidmenis; parinkti aktorių *(vaidmeniui)* □ **~ about/around** laužyti galvą, svarstyti; dairytis *(ieškant ko)*; **~ aside** išmesti, atmesti; atsikratyti; **~ away** a) atmesti; b) *pass* būti išmestam į krantą *(laivui sudužus)*; **~ back: to ~ one's mind/thought back to/on the past** mintimis grįžti į praeitį; **~ down** a) nuversti, nugriauti; b) nuleisti *(akis, galvą)*; c) *(ppr. pass)* nuliūdinti, prislėgti; **~ off** a) numesti, pamesti; atsikratyti; b) *jūr.* atsišvartuoti, atrišti laivą *(nuo prieplaukos įtaiso)*; c) nuleisti, mažinti *(akis, baigiant megzti)*; **~ on** uždėti *(akis mezgant)*; **~ out** išvaryti; išmesti; **~ up** a) mesti aukštyn, pakelti *(akis)*; b) išmesti *(ant kranto)*
castanets [ˌkæstəˈnets] *n pl* kastanjetės
castaway ['kɑːstəweɪ] *n* 1 išsigelbėjęs, išmestas į krantą žmogus *(laivui sudužus)* 2 atmestasis, atstumtasis *a* atstumtas, paniekintas
caste [kɑːst] *n* kasta *(Indijoje; t. p. prk.)*; luomas ◊ **to lose ~** netekti privilegijuotos padėties *(visuomenėje)*; degraduoti
castellan ['kæstələn] *n ist.* kaštelionas, pilies komendantas/prižiūrėtojas
castellated ['kæstəleɪtɪd] *a archit.* 1 pastatytas pilies stiliumi 2 dantytas *(apie sieną)*
caster[1] ['kɑːstə] *n* 1 liejikas 2 liejamoji mašina
caster[2] = **castor**[1]
castigate ['kæstɪgeɪt] *v* 1 barti, griežtai kritikuoti 2 pliekti *(ydas ir pan.)* 3 taisyti *(trūkumus)*
castigation [ˌkæstɪˈgeɪʃn] *n* 1 barimas, griežta kritika 2 pliekimas *(ydų ir pan.)* 3 taisymas *(trūkumų)*
casting ['kɑːstɪŋ] *n* 1 (už)metimas *(meškerės ir pan.)* 2 *tech.* liejimas; liejinys 3 *(medienos)* rietimasis, persimetimas 4 *teatr., kin.* aktorių parinkimas; vaidmenų paskirstymas
cast-iron ['kɑːst'aɪən] *a* 1 ketinis, ketaus 2 *prk.* tvirtas, tikras; **~ excuse** rimta priežastis; **~ will** geležinė valia
castle ['kɑːsl] *n* 1 pilis, tvirtovė; rūmai 2 *šach.* bokštas ◊ **~s in the air, ~s in Spain** svajonės, nerealūs planai *v šach.* rokiruoti
castle-builder ['kɑːslˌbɪldə] *n* fantastas, svajotojas
castling ['kɑːslɪŋ] *n šach.* rokiruotė; **queen's side ~** ilgoji rokiruotė

cast-off ['kɑːstɔf] *a* **1** atmestas, atstumtas *(apie mylimąjį)* **2** nebetinkamas, nebereikalingas; nudėvėtas *n (ppr. pl)* **1** nudėvėti drabužiai/batai **2** *(visuomenės)* atstumtieji

castor[1] ['kɑːstə] *n* **1** indelis su skylėtu dangteliu *(druskai, pipirams ir pan.);* **~ sugar** cukraus pudra **2** *(sunkių baldų kojų)* ratukas, ritinėlis

castor[2] *n* **1** bebro/triušio kailio skrybėlė **2** *tekst.* kastoras

castrate [kæˈstreɪt] *n* kastratas, išdaris
v **1** kastruoti, romyti **2** trumpinti *(tekstą)*

castration [kæˈstreɪʃn] *n* kastracija, kastravimas, romijimas

casual [ˈkæʒuəl] *a* **1** atsitiktinis; nenumatytas; **~ sex** atsitiktiniai lytiniai santykiai **2** nerūpestingas; atsainus, abejingas; **~ manners** atsainios manieros **3** kasdienis, paprastas *(apie drabužį)* **4** nenuolatinis; **~ labourer/worker** laikinas darbininkas; darbininkas be nuolatinio darbo; **~ poor** laikinai/retkarčiais gaunantieji neturto pašalpą *n* **1** laikinas darbininkas **2** atsitiktinis klientas/pirkėjas *ir pan.* **3** *pl* kasdieniai drabužiai/batai

casualize [ˈkæʒuəlaɪz] *v* perkelti nuolatinius darbininkus į laikinuosius

casualty [ˈkæʒuəltɪ] *n* **1** *(nelaimingo atsitikimo)* auka, nukentėjėlis **2** nukentėjusių nuo nelaimingų atsitikimų skyrius/palata *(t. p.* **~ departament/ward)** **3** *kar.* sužeistasis, žuvusysis; *pl (karo)* nuostoliai; **to sustain/suffer heavy casualties** turėti didelių nuostolių; **~ list** žuvusių, sužeistų ir dingusių be žinios sąrašas; **~ rate** žuvusių ir sužeistų skaičius

casuist [ˈkæʒuɪst] *n* kazuistas, kazuistikos specialistas

casuistic(al) [ˌkæʒuˈɪstɪk(l)] *a* kazuistinis

casuistry [ˈkæʒuɪstrɪ, ˈkæzjuɪstrɪ] *n* kazuistika; sofistika

casus belli [ˌkɑːsəsˈbelɪ, ˌkeɪsəsˈbelaɪ] *lot.* dingstis karui paskelbti

cat [kæt] *n* **1** katė, katinas **2** *zool.* kačių šeimos žinduolis *(liūtas, tigras; t. p.* **big ~)** **3** *šnek.* ragana, pikčiurna, barninga/vaidinga moteris **4** vagis, įsibrovėlis *(t. p.* **~ burglar)** **5** rimbas **6** vikšrinis traktorius **7** *jūr.* vienstiebis burlaivis, ketas **8** *jūr.* aparatas/inkaras paskendusiems daiktams traukti **9** *sl.* džiazo muzikantas/mėgėjas **10** *sl. ret.* žmogus, vyrukas; **cool ~** a) savas žmogus; b) ramus žmogus ◊ **fat ~** *šnek.* piniguočius, biznierius *(finansuojantis politinę partiją);* **to bell the ~** *(išdrįsti)* rizikuoti *(kitų naudai),* imtis žygių rizikingu reikalu; **to fight like ~ and dog** peštis kaip šuniui su kate; **to look like something the ~ brought/dragged in** atrodyti apgailėtinai; **to let the ~ out of the bag** *šnek.* išplepėti paslaptį; **to play ~ and mouse (with)** ≡ žaisti kaip katei su pele; **to rain ~s and dogs** ≡ pilti kaip iš kibiro *(apie lietų);* **to put/set the ~ among the pigeons** sukelti sąmyšį; **to shoot the ~** *šnek.* ≡ ožius lupti, vemti *(apie pasigėrusį žmogų);* **to see which way the ~ jumps, to wait for the ~ to jump** ≡ palaukti/pažiūrėti, iš kur vėjai pučia; **a ~ may look at a king** ir menkiausias padaras turi šiokių tokių teisių; **that ~ won't jump** nieko neišeis, nepavyks; **it was enough to make a ~ laugh** *šnek.* ≡ buvo galima mirti iš juoko; **like a ~ on hot bricks** *ar* **on a hot tin roof** *šnek.* ≡ kaip ant adatų, kaip nesavas; **(has the) ~ got your tongue?** ar žado netekai?, ar liežuvį prarijai? *(apie tylintį)*
v **1** plakti *(rimbu)* **2** *vulg.* vemti **3** *jūr.* iškelti inkarą

cataclysm [ˈkætəklɪzm] *n* kataklizmas *(t. p. prk.);* staigus politinio/visuomeninio gyvenimo perversmas

cataclysmic [ˌkætəˈklɪzmɪk] *a knyg.* kataklizminis; staigus, katastrofiškas

catacombs [ˈkætəkuːmz] *n pl* katakombos; požemiai

catadioptre [ˈkætədɪˌɔptə] *n aut.* atšvaitas

catafalque [ˈkætəfælk] *n* katafalkas

Catalan [ˈkætəlæn] *n* **1** katalonas **2** katalonų kalba *a* katalonų; Katalonijos

catalepsy [ˈkætəlepsɪ] *n med.* katalepsija

cataleptic [ˌkætəˈleptɪk] *a med.* katalepsinis

catalog(ue) [ˈkætəlɔg] *n* **1** katalogas; **card ~** kortelių katalogas; **subject ~** dalykinis/šakinis katalogas; **firm ~** firmos/gaminių katalogas **2** sąrašas; žinynas **3** *(nelaimių, nusikaltimų ir pan.)* serija
v **1** kataloguoti; **to ~ an item** įrašyti daikto pavadinimą į katalogą **2** įtraukti į sąrašą

cataloguer [ˈkætəlɔgə] *n* katalogo sudarytojas, kataloguotojas

Catalonia [ˌkætəˈləunɪə] *n* Katalonija *(Ispanijos sritis)*

catalpa [kəˈtælpə] *n bot.* katalpa *(medis, krūmas)*

catalysis [kəˈtælɪsɪs] *n (pl ~ses* [-siːz]) *chem.* katalizė

catalyst [ˈkætəlɪst] *n chem.* katalizatorius *(t. p. prk.)*

catalytic [ˌkætəˈlɪtɪk] *a chem.* katalizės, katalizinis

catamaran [ˌkætəməˈræn] *n* **1** *jūr.* katamaranas *(burinis plaustas ar dvi valtys, sujungtos plaustu)* **2** *šnek.* bjauri vaidinga boba

catamount [ˈkætəmaunt] *n =* **catamountain**

catamountain [ˌkætəˈmauntɪn] *n zool.* **1** kačių šeimos laukinis žinduolis **2** *amer.* lūšis

cat-and-dog [ˌkætəndˈdog] *a* vaidingas, linkęs į kivirčus; **to lead a ~ life** pjautis kaip šuniui su kate

cataplasm [ˈkætəplæzm] *n med.* kataplazma, šuteklis *(karštas kompresas)*

catapult [ˈkætəpʌlt] *n* **1** laidynė, laidyklė, timpa **2** *av.* katapulta; **~ launching** katapultos išmetamo lėktuvo pakilimas **3** *kar. ist.* svaidytuvas, katapulta
v **1** šaudyti iš laidynės **2** *av.* išmesti katapulta, katapultuoti **3** *ist.* svaidyti iš katapultos ◊ **to ~ smb to fame/stardom** iškelti, išaukštinti, išgarsinti ką

cataract [ˈkætərækt] *n* **1** krioklys, *(upės)* sraunuma **2** *med.* katarakta

catarrh [kəˈtɑː] *n* **1** *med.* kataras **2** *šnek.* persišaldymas

catarrhal [kəˈtɑːrəl] *a med.* katarinis

catastrophe [kəˈtæstrəfɪ] *n* **1** katastrofa; nelaimė **2** *knyg. (dramos ir pan.)* atomazga

catastrophic [ˌkætəˈstrɔfɪk] *a* katastrofinis, katastrofiškas

catastrophize [kəˈtæstrəfaɪz] *v amer.* paversti katastrofa *(nereikšmingus dalykus)*

catatonia [ˌkætəˈtəunɪə] *n med.* katatonija *(schizofrenijos forma)*

catbird [ˈkætbəːd] *n zool.* amerikinis strazdas ◊ **to be in the (sitting) ~ seat** *amer. šnek.* turėti gerą padėtį, pranašumą

catcall [ˈkætkɔːl] *n* (nu)švilpimas
v (nu)švilpti

catch [kætʃ] *n* **1** pagavimas, sugavimas **2** sužvejojimas; sužvejotos/pagautos žuvys **3** laimikis, grobis; **he's quite a ~** jis – pavydėtinas jaunikis **4** nauda; **it is not much of a ~** iš to nedaug naudos **5** gudrybė, suktybė; spąstai; **that's ~** čia visa gudrybė **6** *(kvapo)* sulaikymas; *(žado)* netekimas **7** velkė, skląstis, sklendė; *(piniginės ir pan.)* susegimas, sąsaga **8** *tech.* laikomasis/griebiamasis/pagaunamasis įtaisas; griebtuvas; aretyras
v (caught) **1** sugauti, pagauti *(t. p. prk.);* gaudyti; **to ~ mice** gaudyti peles; **to ~ a ball [a fish, a runaway prisoner]** sugauti/pagauti sviedinį [žuvį, pabėgusį kalinį]; **to ~ smb's meaning** pagauti/suprasti kieno mintį; **to ~ the eye** a) pagauti žvilgsnį; b) atkreipti dėmesį **2** nutverti;

užklupti; *he was caught smoking* jį nutvėrė rūkant; *to be caught in the rain* būti lietaus užkluptam; *to ~ oneself thinking that...* nutverti save galvojant apie...; *to ~ smb in the act* užklupti ką nusikaltimo vietoje **3** (pa)čiupti, stverti(s), griebti(s) *(at)*; *she caught the boy by the hand* ji sugriebė berniuką už rankos **4** užsikrėsti *(from, off – nuo)*; *to ~ an illness* susirgti; *to ~ a cold* gauti slogą, persišaldyti **5** suspėti *(į traukinį ir pan.)*; *I caught the last minute of it* suspėti (pamatyti/užgirsti) paskutinę minutę *(televizijos laidos ir pan.)* **6** užkliūti, užsikabinti *(on)*; įkliūti, įstrigti *(in)* **7** suduoti, pataikyti *(on, in)*; *I caught him one in the eye* aš įdėjau jam mėlynę paaky **8** pertraukti, nutraukti **9** užsidegti **10** *dial.* apsitraukti ledu *(apie upę; t. p. ~ over)* **11** *refl* susigriebti *(ko nedaryti)* ▢ *~ away* nutempti; *~ on* a) suprasti *(to)*; b) tapti madingam, prigyti; *~ out* a) sučiupti, nutverti *(meluojant ir pan.)*; b) būti netikėtai užkluptam; *~ up* a) pagriebti; b) pa(si)vyti *(with)*; c) atsigriebti *(už atsilikimą ir pan.; on)*; d) *pass* būti įveltam/įtrauktam *(in)* ◊ *to ~ it šnek.* gauti į kailį; *~ me (doing it)!* aš niekad (to nedaryčiau)!

catch-22 [ˌkætʃtwentɪ'tu:] *n šnek.* ≡ užburtas ratas *(t. p. ~ situation)*

catchall[1] ['kætʃɔ:l] *a* visa aprėpiantis, labai bendras

catchall[2] *n amer.* spintelė/stalčius *ir pan.* įvairiems daiktams sudėti

catch-as-catch-can ['kætʃəz'kætʃˌkæn] *a* naudojantis visa, kas po ranka

catcher ['kætʃə] *n* **1** gaudytojas **2** *tech.* gaudytuvas, gaudyklė

catching ['kætʃɪŋ] *a* **1** užkrečiamas **2** patrauklus **3** nepastovus *(apie orą)* **4** *tech.* sulaikantis, sugriebiantis, užkabinantis

catchment ['kætʃmənt] *n* **1** *(ligoninės, mokyklos ir pan.)* mikrorajonas *(t. p. ~ area)* **2** *(upės, ežero)* baseinas *(t. p. ~ area, ~ basin)* **3** *spec.* kaptažas

catchpenny ['kætʃpenɪ] *a* pigus; patrauklus, prašmatnus *(tik išore; ypač apie leidinius)*

catchphrase ['kætʃfreɪz] *n* madingas/populiarus posakis

catchpole, catchpoll ['kætʃpəʊl] *n* teismo anstolis; teismo vykdytojas

catchup ['kætʃʌp] *n =* **ketchup**

catchword ['kætʃwə:d] *n* **1** madingas/populiarus žodis/posakis; šūkis, lozungas **2** *poligr.* *(žodynų, enciklopedijų)* kolontitulas, puslapinė antraštė **3** *(žodyno)* antraštinis žodis **4** *teatr.* replika

catchy [kætʃɪ] *a* **1** patrauklus, (pa)traukiantis dėmesį **2** lengvai įsimenamas *(apie melodiją)* **3** gudrus, suktas; sunkus **4** šuoringas *(apie vėją)*

catechism ['kætɪkɪzm] *n* **1** *bažn.* katekizmas **2** klausimų ir atsakymų sąrašas; klausinėjimas; *to put smb through his ~* nuodugniai išklausinėti ką

catechist ['kætɪkɪst] *n* katechetas

catechize ['kætɪkaɪz] *v* **1** išdėstyti klausimų ir atsakymų forma **2** tardyti **3** *bažn.* mokyti katekizmo, katekizuoti

catechu ['kætɪtʃu:] *n spec.* raugų ekstraktas, džiovinti raugalai

catechumen [ˌkætɪ'kju:men] *n* **1** *bažn.* katechumenas; atverstasis į kitą tikėjimą **2** naujokas, pradedantysis

categorical [ˌkætɪ'gɒrɪkl] *a* **1** kategoriškas, besąlyginis **2** *filos.* kategorinis

categorize ['kætɪgəraɪz] *v* skirstyti kategorijomis/klasėmis

category ['kætɪgərɪ] *n* kategorija; klasė; skyrius

catena [kə'ti:nə] *lot. n* (*pl* -nae [-ni:], ~s [-z]) grandinė, eilė

catenary [kə'ti:nərɪ] *n* **1** *fiz., mat.* grandininė kreivė **2** *tech.* laikomasis lynas **3** *el.* kontaktinis tinklas *a* grandininis *(apie kreivę)*; *~ suspension (elektrinio geležinkelio)* grandininė pakaba

catenate ['kætɪneɪt] *v knyg.* sukabinti, (su)jungti

catenation [ˌkætɪ'neɪʃn] *n mat., chem.* sukabinimas, grandinės sudarymas

cater ['keɪtə] *v* **1** aprūpinti maistu ir gėrimais *(for)* **2** aptarnauti *(lankytojus, žiūrovus; valgykloje, teatre ir pan.)* **3** teikti malonumą, įtikti *(to, for)*; *this magazine does not ~ for low tastes* šis žurnalas nesistengia pataikauti/įtikti prastam skoniui

cater-corner(ed) ['keɪtəˌkɔ:nə(d)] *a* įstrižas, įžambus, esantis priešingame gatvės kampe

cater-cousin ['keɪtəˌkʌzn] *n psn.* artimas draugas, bičiulis

caterer ['keɪtərə] *n* maisto ir gėrimų tiekėjas *(pobūviams)*

catering ['keɪtərɪŋ] *n* visuomeninis/viešasis maitinimas *(t. p. public ~)*; aprūpinimas maistu ir gėrimais

caterpillar ['kætəpɪlə] *n* **1** *zool.* vikšras **2** *tech.* vikšras *(t. p. ~ track)*; vikšrinė važiuoklė; *~ ordnance* vikšrinė savaeigė artilerija **3** vikšrinis traktorius *(t. p. ~ tractor)*

caterwaul ['kætəwɔ:l] *n (kačių)* kniaukimas; kaukimas *v* **1** kniaukti *(katino balsu)*; nedarniai/kakofoniškai groti; kaukti **2** peštis, pjautis *(kaip katinams ant stogo)*

catfish ['kætfɪʃ] *n zool.* šamas; *Channel ~* katžuvė, amerikinis šamas

catgut ['kætgʌt] *n* ketgutas; *(muzikos instrumento, raketės)* styga

catharsis [kə'θɑ:sɪs] *n* **1** *filos., psich.* katarsis **2** *med.* skilvio (iš)valymas

cathartic [kə'θɑ:tɪk] *n med.* vidurių paleidžiamasis vaistas *a* **1** *knyg.* katarsio, iškrovos; tyrinantis **2** *med.* vidurių paleidžiamasis

cathead ['kæthed] *n jūr.* krambolas, inkaro keltuvas

cathedral [kə'θi:drəl] *n* katedra *(bažnyčia)* *a* katedros, katedrinis

Catherine ['kæθərɪn] *n* Kotryna, Katerina, Katrina *(vardas)*

catherine-wheel ['kæθərɪnwi:l] *n* **1** ugnies ratas *(fejerverkas)* **2** virtimas kūliais

catheter ['kæfɪtə] *n med.* kateteris

cathode ['kæθəʊd] *n fiz.* katodas

catholic ['kæθəlɪk] *a* **1** *(C.) bažn.* katalikiškas, katalikų **2** platus, visa aprėpiantis; *a man of ~ interests* plačių interesų žmogus *n (C.) bažn.* katalikas

Catholicism [kə'θɒlɪsɪzm] *n bažn.* katalikybė, katolicizmas

catholicity [ˌkæθə'lɪsətɪ] *n* **1** *(C.) bažn.* katalikybė **2** *(interesų, pomėgių)* platumas, universalumas

catholicize [kə'θɒlɪsaɪz] *a* **1** *(C.) bažn.* at(si)versti į katalikybę **2** *knyg.* daryti universalų, viską aprėpiantį

cathouse ['kæthaʊs] *n amer. šnek.* viešnamis

cat-ice ['kætaɪs] *n* sausledis

catkin ['kætkɪn] *n bot.* žirginys, kačiukas

cat-lap ['kætlæp] *n šnek.* labai silpna arbata, gėrimas

catlick ['kætlɪk] *v šnek.* apsiprausti bet kaip, nerūpestingai

catlike ['kætlaɪk] *a* kačių, katės; katiškas

catling ['kætlɪŋ] *n med.* **1** chirurgo peilis *(naudojamas amputacijai)* **2** plonas ketgutas

catmint ['kætmɪnt] *n bot.* katžolė

catnap ['kætnæp] *n* prisnūdimas, nusnūdimas, pogulis *v* prisnūsti, nusnūsti

catnip ['kætnɪp] *n amer.* = **catmint**

cat-o'-nine-tails [ˌkætə'naɪnteɪlz] *n ist.* rimbas *(suvytas iš devynių sluoksnų)*

cat's-eye ['kætsaɪ] *n* **1** *(C.)* kelio rodyklė su atšvaitu *(rodanti važiuojamosios dalies ribas tamsoje)* **2** *min.* rainuotasis kvarcas

cat's-meat ['kætsmi:t] *n* arkliena *(perkama katėms)*

cat's-paw ['kætspɔ:] *n* **1** įrankis kieno rankose *(asmuo, naudojamas kieno nors tikslams)* **2** *jūr.* lengvas brizas

cat's-tail ['kætsteɪl] *n bot.* švendras

catsuit ['kætsu:t] *n (moteriškas)* aptemptas drabužis *(kombinezono fasono)*

catsup ['kætsəp] *n amer.* = **ketchup**

cattery ['kætərɪ] *n* vieta, kurioje galima palikti prižiūrėti katę *(išvykstant)*

cattish ['kætɪʃ] *a* **1** *ret.* kačių **2** piktas, kandus; gudrus, klastingas

cattle ['kætl] *n* galvijai

cattle-dealer ['kætl‚di:lə] *n* galvijų pirklys

cattle-feeder ['kætl‚fi:də] *n* pašaro paskirstymo ir padavimo mašina

cattle-leader ['kætl‚li:də] *n* žiedas, įvertas į gyvulio nosį

cattle-lifter ['kætl‚lɪftə] *n* galvijų vagis

cattleman ['kætlmən] *n (pl* -men [-mən]) *(tik v.; ypač amer. ir austral.)* **1** galvijų prižiūrėtojas **2** galvijų augintojas

cattle-market ['kætl‚mɑ:kɪt] *n* **1** gyvulių turgus **2** *menk.* grožio konkursas *(kuriame atsižvelgiama tik į fizinį patrauklumą)*

cattle-pen ['kætlpen] *n* gyvulių gardas

cattle-plague ['kætlpleɪg] *n vet.* galvijų maras

cattle-ranch ['kætlrænʧ] *n* gyvulininkystės ferma, ranča

cattle-rustler ['kætl‚rʌslə] *n amer.* = **cattle-lifter**

cattle-show ['kætlʃəu] *n* gyvulininkystės paroda

cattle-truck ['kætltrʌk] *n* gyvulinis vagonas; automobilis gyvuliams vežti

cattleya ['kætlɪə] *n bot.* katlėja

catty ['kætɪ] *a šnek.* = **cattish** 2

catty-cornered ['kætɪ‚kɔ:nəd] *a* = **cater-corner(ed)**

catwalk ['kætwɔ:k] *n* **1** siauras tiltelis/klojinys *ir pan.* **2** siaura pakyla *(madoms demonstruoti)*

Caucasian [kɔ:'keɪzɪən] *a* kaukazietiškas, kaukaziškas, kaukaziečių; Kaukazo
n kaukazietis

Caucasus ['kɔ:kəsəs] *n: the* ~ Kaukazas

caucus ['kɔ:kəs] *polit. n* **1** partijos lyderių pasitarimas *(svarbiais klausimais; prieš rinkimus)* **2** *(ypač amer.)* grupuotės/frakcijos pasitarimas
v susirinkti į uždarą pasitarimą

caudal ['kɔ:dl] *a anat., zool.* uodegos, uodeginis

caudate ['kɔ:deɪt] *a zool.* uodegotas, su uodega

caudillo [kau'di:ljəu] *isp. n (pl* ~s [-z]) *(karinis, politinis)* vadas, kaudiljas

caught [kɔ:t] *past ir pII žr.* **catch** *v*

caul [kɔ:l] *n anat.* **1** vaisiaus odelė/apvalkalas **2** didžioji taukinė

cauldron ['kɔ:ldrən] *n* **1** *psn., knyg.* katilas, virintuvas **2** *geol.* kaldera; jūros dugno įduba

caulescent [kɔ:'lesənt] *a bot.* stiebinis, stiebo

cauliflower ['kɔlɪ‚flauə] *n bot., kul.* žiedinis kopūstas, kalafioras; ~ *cheese* sūris su žiediniais kopūstais *(patiekalas)*

caulk [kɔ:k] *v* (už)kamšyti, užtaisyti *(plyšius, laivo tarpus)*

caulker ['kɔ:kə] *n* **1** kamšytojas **2** kamšiklis

causal ['kɔ:zl] *a* priežastinis, priežastingas; kauzalus, kauzalinis; ~ *clause gram.* priežasties aplinkybės šalutinis sakinys

causality [kɔ:'zælətɪ] *n filos.* priežastingumas, kauzalumas; priežastinis ryšys

causation [kɔ:'zeɪʃn] *n* **1** sukėlimas, buvimas priežastimi **2** = **causality**

causative ['kɔ:zətɪv] *a* **1** priežastinis; kauzalus, kauzalinis **2** *gram.* priežastinis, kauzatyvinis

cause [kɔ:z] *n* **1** priežastis; pagrindas, motyvas; *without good* ~ be rimtos priežasties; *to give* ~ *for complaint* duoti pagrindo nepasitenkinimui **2** reikalas, dalykas; *lost* ~ beviltiškas/bergždžias reikalas; *in the* ~ *of freedom [peace]* dėl laisvės [taikos], laisvės [taikos] vardu; *to work in a good* ~ dirbti kilnų darbą; *to make common* ~ *(with)* susijungti bendram reikalui, išvien/kartu veikti; *he did much for the* ~ *of science* jis daug padarė mokslui **3** *teis.* byla; procesas; *to plead a* ~ ginti bylą teisme
v **1** būti priežastimi, sukelti; *she ~d me a lot of trouble* ji pridarė man daug rūpesčių/nemalonumų **2** priversti; *to* ~ *smth to be done* liepti ką padaryti

'cause [kəz] *conj dial., psn.* = **because**

cause célèbre [‚kəuzse'lebrə] *pr.* daug triukšmo sukėlusi byla; skandalinga byla/istorija

causeless ['kɔ:zləs] *a* nepagrįstas, be priežasties

causer ['kɔ:zə] *n* kaltininkas

causeway ['kɔ:zweɪ] *n* **1** kelias pylimu; klojinys *(per klampynę)* **2** grindinys, grįstas keliukas/takas
v pilti pylimą; grįsti

caustic ['kɔ:stɪk] *n chem.* kaustikas; *lunar* ~ sidabro nitratas
a **1** *chem.* kaustinis; ~ *lime* negesintos kalkės; ~ *soda* natrio hidroksidas/šarmas **2** kandus, dygus, sarkastiškas

causticity [kɔ:'stɪsətɪ] *n* **1** kaustiškumas **2** dygumas, kandumas

cauterization [‚kɔ:tərɑɪ'zeɪʃn] *n med.* prideginimas

cauterize ['kɔ:təraɪz] *v* **1** *med.* prideginti **2** daryti beširdį, nejautrų

cautery ['kɔ:tərɪ] *n med.* **1** prideginimas **2** prideginamoji medžiaga **3** termokauteris

caution ['kɔ:ʃn] *n* **1** atsargumas, apdairumas; *to drive with* ~ vairuoti atsargiai; ~*!* atsargiai! **2** įspėjimas, perspėjimas *(t. p. teis.);* ~ *board* perspėjimo ženklas, lentelė su įspėjamuoju užrašu; *to be under* ~ būti įspėtam **3** *šnek. psn.* keistuolis; keistybė ◊ *to throw* ~ *to the wind(s)* nepaisyti pavojų, beatodairiškai elgtis
v perspėti, įspėti *(t. p. teis.; against, about); to be ~ed for speeding* būti įspėtam už greičio viršijimą

cautionary ['kɔ:ʃənərɪ] *a* perspėjamas; pamokomas; ~ *word/comment* perspėjimas, įspėjimas; ~ *tale* pamokoma istorija

cautious ['kɔ:ʃəs] *a* atsargus, apdairus; ~ *optimism* atsargus optimizmas; *be* ~ *how you step* atsargiai, žiūrėk kur eini

cavalcade [‚kævl'keɪd] *n* kavalkada, automobilių/raitelių/vežimų virtinė/vora

cavalier [‚kævə'lɪə] *n* **1** *psn., iron.* galantiškas vyras, kavalierius **2** *psn.* raitininkas, kavaleristas **3** *(C.) ist.* rojalistas *(Karolio I šalininkas)*
a **1** nesiskaitantis; išdidus **2** nerūpestingas, galantiškas **3** *(C.) ist.* rojalistinis

cavalry ['kævəlrɪ] *n* **1** *kuop.* kavalerija, raitininkai **2** *kar.* artilerija; lengvieji šarvuočiai

cavalryman ['kævlrɪmən] *n (pl* -men [-mən]) *(tik v.)* kavaleristas, raitininkas

cave [keɪv] *n* **1** urvas, ola **2** tuštuma, įdubimas **3** *polit., ist.* frakcija **4** *geol.* karstas
v (iš)kasti, skaptuoti ▫ ~ *in* a) įgriūti; nusėsti; įlenkti; b) *šnek.* nusileisti, pasiduoti; c) *šnek.* žlugti *(apie firmą ir pan.)*

caveat ['kævɪət, 'keɪvɪæt] *n* **1** *knyg.* įspėjimas, protestas **2** *teis.* perspėjimas apie suinteresuotumą
caveat emptor [ˌkævɪæt'emptɔ:] *lot. teis.* tegu pirkėjas būna apdairus *(kokybė – pirkėjo rizika)*
cave-dweller ['keɪvˌdwelə] *n* urvinis žmogus, trogloditas *(t. p. prk.)*
caveman ['keɪvmæn] *n (pl* -men [-men]) = **cave-dweller**
caver ['keɪvə] *n* urvų tyrėjas, speleologas
cavern ['kævən] *n* **1** didelis urvas **2** *med.* kaverna
cavernous ['kævənəs] *a* **1** turintis daug urvų/olų **2** giliai įdubęs, įkritęs; panašus į urvą **3** duslus, lyg iš po žemių *(apie garsą)* **4** *med.* kaverninis
caviar(e) ['kævɪɑ:] *n* ikrai ◊ *to be ~ to the general knyg.* būti per daug rafinuotam neišlavintam skoniui, būti skirtam elitui
cavil ['kævɪl] *n* priekabė
v **(-ll-)** kabinėtis, ieškoti priekabių *(at)*
caviller ['kævɪlə] *n* priekabus žmogus, priekabininkas, priekabių ieškotojas
caving ['keɪvɪŋ] *n* urvų tyrimas, speleologija
cavity ['kævɪtɪ] *n* įduba, ertmė *(t. p. anat.);* kaverna; tuštuma *(ko viduje);* **abdominal ~** pilvo ertmė; **to fill cavities** plombuoti dantis
cavort [kə'vɔ:t] *v šnek.* šokinėti, kojas raityti *(t. p.* **~ about/ around)**
cavy ['keɪvɪ] *n zool.* jūrų kiaulytė
caw [kɔ:] *n* krankimas, kranksėjimas
v krankti, kranksėti
cay [keɪ, ki:] *n* **1** koralų rifas **2** *(pakrantės)* smėlis, sekluma
cayenne [keɪ'en] *n bot.* raudonasis ankštinis pipiras *(t. p.* **~ pepper)**
cayman ['keɪmən] *n zool.* kaimanas *(krokodilas)*
cease [si:s] *v* liautis, nustoti, baigtis; **to ~ fire** nutraukti ugnį; **to ~ talking** nutilti; **to ~ payment** nustoti mokėti, bankrutuoti; **the rain has ~d** lietus liovėsi ◊ **wonders/ miracles will never ~** *juok.* stebuklų vis dar pasitaiko, stebuklų visada reikia laukti
n: **without ~** be paliovos, nepaliaujamai
cease-and-desist ['si:səndɪ'sɪst] *a:* **~ order** *teis.* nutartis, draudžianti toliau neteisėtai veikti
ceasefire ['si:sfaɪə] *n kar.* ugnies nutraukimas; trumpos paliaubos
ceaseless ['si:sləs] *a* nepaliaujamas, nenutrūkstamas
Cecil ['sesɪl, se'si:l] *n* Sesilė *(vardas)*
Cecilia, Cecily [sɪ'sɪlɪə, 'sɪsɪlɪ] *n* Cecilija, Sesilija *(vardas)*
cecum ['si:kəm] *n* = **caecum**
cedar ['si:də] *n bot.* kedras; **~ of Lebanon** Libano kedras; **eastern red ~** virgininis kadagys; **~ pine** sibirinė pušis; **~ nuts** kedro riešutai
cedar-bird ['si:dəbɜ:d] *n zool.* svirbelis *(paukštis)*
cede [si:d] *v* **1** užleisti *(teritoriją; to – kam)* **2** nusileisti, atsisakyti; **to ~ rights** perleisti teises
cedilla [sɪ'dɪlə] *n kalb.* sedilė *(diakritinis ženklas, rašomas apačioje raidės, pvz.,* ☐*)*
ceil [si:l] *v stat.* apmušti; tinkuoti lubas
ceilidh ['keɪlɪ] *n* vakarėlis *(su airių/škotų dainomis ir šokiais)*
ceiling ['si:lɪŋ] *n* **1** lubos **2** *stat.* perdanga; apdanga, apkala **3** *av.* aukščio riba **4** *ekon.* aukščiausia riba; *(kainų, darbo užmokesčio)* maksimumas; **to set a ~ of 10% on wage rises** nustatyti 10% darbo užmokesčio kilimo maksimumą **5** *jūr.* vidaus klojinys ◊ **to hit the ~** *amer.* perpykti, nebesivaldyti
celandine ['seləndaɪn] *n bot.* ugniažolė *(t. p.* **the greater ~)**; **the lesser ~** vėdrynas švitriešis
celeb [sə'leb] *n šnek.* = **celebrity** 1

Celebes [se'li:bɪz] *n* Sulavesis, Celebesas *(sala)*
celebrant ['seləbrənt] *n* **1** *bažn.* celebrantas *(kunigas, laikantis mišias)* **2** sukaktuvininkas
celebrate ['seləbreɪt] *v* **1** švęsti, iškilmingai (pa)minėti; **to ~ a birthday [a victory]** švęsti gimtadienį [pergalę] **2** garbinti, aukštinti **3** *bažn.* laikyti pamaldas
celebrated ['seləbreɪtɪd] *a* garsus, žymus *(for)*
celebration [ˌselə'breɪʃn] *n* **1** šventimas, iškilmės, iškilmingas (pa)minėjimas **2** aukštinimas, garbinimas **3** pamaldos
celebratory ['selə'breɪtərɪ] *a attr* šventinis, šventiškas; iškilmingas
celebrity [sɪ'lebrətɪ] *n* **1** garsi/įžymi asmenybė, garsenybė **2** garsas, šlovė
celerity [sɪ'lerətɪ] *n knyg.* greitumas, spartumas
celery ['selərɪ] *n bot.* salieras
celestial [sɪ'lestɪəl] *a* **1** dangaus; **~ bodies** dangaus kūnai/šviesuliai; **~ pole** *astr.* dangaus ašigalis/polius **2** *prk.* dangiškas; puikus
n knyg. dangaus gyventojas
celibacy ['selɪbəsɪ] *n* celibatas; viengungystė; **a vow of ~** skaistybės įžadai
celibatarian [ˌselɪbə'tɛərɪən] *ret. a* nusistatęs prieš santuoką
n celibato šalininkas
celibate ['selɪbət] *n* **1** viengungis **2** žmogus, davęs įžadą nevesti/netekėti
a nevedęs; davęs įžadą nevesti/netekėti
cell [sel] *n* **1** *biol.* ląstelė; **~ division** ląstelių dalijimasis; **~ carrier** fagocitas **2** *(vienuolyno)* celė **3** *(kalėjimo)* kamera; **solitary ~** vienutė; **condemned ~** mirtininkų kamera **4** *(korio)* akis, narvelis **5** *polit.* kuopelė **6** *tech.* ląsta, kamera **7** *el.* elementas; narvelis; **solar ~** *fiz.* saulės baterijos elementas
cellar ['selə] *n* **1** rūsys, pogrindis **2** vynrūsis; **to keep a good ~** turėti gerą vyno atsargą
v laikyti rūsyje
cellarage ['selərɪdʒ] *n* **1** rūsiai *(talpa)* **2** laikymas rūsiuose **3** mokestis už laikymą rūsyje
cellarer ['selərə] *n ist.* vienuolyno ūkvedys
cellaret ['selə'ret] *n* vyno spintelė/bufetas *(valgomajame)*
cellblock ['selblɒk] *n* kalėjimo korpusas
cellist ['tʃelɪst] *n* (**violoncellist** *sutr.*) violončelininkas, violončelistas
cello ['tʃeləu] *n (pl ~s* [-z]) (**violoncello** *sutr.*) violončelė
cellophane ['seləfeɪn] *n* celofanas ◊ **wrapped in ~** išdidus, nepasiekiamas
cellphone ['selfəun] *n* kilnojamasis radijo telefonas
cellular ['seljulə] *a* **1** *biol.* ląstelių, ląstelinis; **~ tissue** *anat.* ląstelynas **2** akytas, korytas; **~ concrete** *stat.* akytasis cementas **3** akytas, tinklinis *(apie audinį)*; **~ shirt** tinkliniai marškinėliai **4** *jūr.* narvelinis
cellulate ['seljuleɪt] *a* susidedantis iš ląstelių
celluloid ['seljulɔɪd] *n* **1** celiulioidas **2** kinas; kino juosta
cellulose ['seljuləus] *n chem.* celiuliozė; **~ nitrate** nitroceliuliozė
Celsius ['selsɪəs] *n* Celsijus; **~ scale** Celsijaus skalė; **about twenty degrees ~** apie dvidešimt laipsnių Celsijaus
Celt [kelt, selt] *n* keltas *(genties narys)*
Celtic ['keltɪk, 'seltɪk] *a* keltiškas, keltų
n keltų kalba
celtuce ['seltəs] *n* salierio ir salotos hibridas
cembalo ['tʃembələu] *n (pl ~s* [-z]) *muz.* cimbolai
cement [sɪ'ment] *n* **1** cementas; **~ mixer** cemento maišyklė **2** rišamoji medžiaga; glaistas **3** ryšys

cementation   145   **cerebra**

v **1** (su)cementuoti *(t. p. prk.);* (su)tvirtinti **2** užcementuoti *(t. p. ~ over);* pricementuoti, pritvirtinti *(to)* **3** cementuotis, (su)tvirtėti

cementation [ˌsiːmenˈteɪʃn] *n* cementavimas; (su)tvirtinimas

cementum [sɪˈmentəm] *n anat. (danties)* cementas

cemetery [ˈsemətrɪ] *n* kapinės, kapai

cenotaph [ˈsenətɑːf] *n* **1** kenotafas *(simbolinis antkapinis paminklas be kapo)* **2** nežinomojo kareivio kapas; **the C.** paminklas žuvusiems per Antrąjį pasaulinį karą *(Londone)*

cense [sens] *v bažn.* smilkyti

censer [ˈsensə] *n bažn.* smilkytuvas, smilkyklė

censor [ˈsensə] *n* **1** cenzorius **2** priekabus kritikuotojas **3** *psich.* cenzūra
v cenzūruoti; *that paragraph was ~ed* cenzūra išmetė tą pastraipą

censorial [senˈsɔːrɪəl] *a* cenzūros, cenzūrinis; cenzoriaus

censorious [senˈsɔːrɪəs] *a* griežtas; kritiškas, priekabus; **~ remarks** kritiškos pastabos

censorship [ˈsensəʃɪp] *n* **1** cenzūra **2** cenzoriaus tarnyba/pareigos

censurable [ˈsenʃərəbl] *a* smerktinas

censure [ˈsenʃə] *n* (pa)smerkimas, (pa)peikimas; nepritarimas; *vote of ~* nepasitikėjimo votumas
v smerkti, peikti; nepritarti

census [ˈsensəs] *n* surašymas; *population ~* gyventojų surašymas; *to take a ~ (of)* atlikti surašymą

census-paper [ˈsensəsˌpeɪpə] *n* surašymo blankas

cent [sent] *n* **1** centas **2** šimtas, šimtinė; *per~* procentas; *ten per~* dešimt procentų ◊ *not to have a red ~* neturėti nė skatiko; *to put/get in one's two ~s (worth) amer. šnek.* ≡ pridėti savo trigrašį

cental [ˈsentl] *n* anglų kvintalas *(biralų masės vienetas, lygus 100 anglų svarų = 45,36 kg)*

centaur [ˈsentɔː] *n* **1** *mit.* kentauras **2** *(C.) astr.* Kentauro žvaigždynas

centaury [ˈsentɔːrɪ] *n bot.* širdažolė

centenarian [ˌsentɪˈnɛərɪən] *a* šimtametis
n šimtametis žmogus

centenary [senˈtiːnərɪ] *n* šimtmetis, šimtmečio jubiliejus/sukaktis, šimtosios metinės
a šimtmetinis; *~ celebration(s)* šimtmečio sukaktuvės

centennial [senˈtenɪəl] *a* **1** šimtmetinis, šimtametis **2** įvykstantis kartą per 100 metų
n = **centenary**

center [ˈsentə] *n amer.* = **centre**

centesimal [senˈtesɪml] *a spec.* šimtainis; šimtasis; padalytas į šimtą dalių; *~ balance* šimtainės svarstyklės

centi- [ˈsentɪ-] *(sudurt. žodžiuose)* šimta-, centi-; *centilitre* centilitras; *centipede* šimtakojis

centigrade [ˈsentɪgreɪd] *a* šimtalaipsnis; šimto laipsnių; padalytas į šimtą laipsnių; *~ thermometre* Celsijaus termometras

centigram(me) [ˈsentɪgræm] *n* centigramas

centime [ˈsɒntiːm] *pr. n* santimas *(franko šimtoji dalis)*

centimeter [ˈsentɪˌmiːtə] *n amer.* = **centimetre**

centimetre [ˈsentɪˌmiːtə] *n* centimetras

centipede [ˈsentɪpiːd] *n zool.* šimtakojis

centner [ˈsentnə] *n* centneris *(= 50 kg; Anglijoje = 100 svarų, arba 45,36 kg);* *metric ~* metrinis centneris *(=100 kg)*

central [ˈsentrəl] *a* **1** centrinis; vidurinis; *C. Asia* Vidurio/Vidurinė/Centrinė Azija; *our house is very ~* mūsų namas pačiame *(miesto)* centre **2** svarbiausias; *~ bank* centrinis bankas; *~ committee* centro komitetas; *~ government* centrinė valdžia/vyriausybė; *~ idea* pagrindinė tema
n amer. ret. telefono centrinė

centralism [ˈsentrəlɪzm] *n* centralizmas

centralist [ˈsentrəlɪst] *a* centralizuotas; centro

centralization [ˌsentrəlaɪˈzeɪʃn] *n* centralizacija

centralize [ˈsentrəlaɪz] *v* centralizuoti

centre [ˈsentə] <*n, a, v*> *n* **1** centras *(t. p. geom., polit.);* vidurys; *~ of a circle* apskritimo centras; *I live near the ~ of Vilnius* aš gyvenu prie Vilniaus centro; *in the ~ of the square* aikštės viduryje; *at the ~ of events* (pačiame) įvykių centre; *to be right of ~ polit.* būti į dešinę nuo centro **2** centras *(įstaiga);* punktas; *shopping ~* prekybos centras; *control ~* valdymo centras/punktas **3** *sport.* vidurio žaidėjas, centras *(puolėjas, gynėjas)*
a centrinis; *a ~ party* centro partija; *~ bearing tech.* vidurinis guolis
v **1** padėti, įtaisyti, pakabinti centre *(paveikslą ir pan.)* **2** koncentruoti(s), su(si)kaupti *(on);* *to ~ one's hopes in/on smb* dėti visas viltis į ką **3** suktis *(around, round – apie),* liesti *(apie diskusiją ir pan.)* **4** *tech.* centruoti **5** *sport.* perduoti į aikštės centrą

centreboard [ˈsentəbɔːd] *n jūr.* švertas, bekilio laivo skydas; pakeliamasis kilis *(t. p. ~ keel)*

centrefold [ˈsentəfəʊld] *n poligr. (laikraščio, žurnalo)* du viduriniai puslapiai: nuotrauka per abu puslapius

centre-forward [ˌsentəˈfɔːwəd] *n sport.* centro puolėjas

centrepiece [ˈsentəpiːs] *n* **1** *(kolekcijos ir pan.)* centrinis objektas/dalykas **2** *(sidabro, krikštolo ir pan.)* papuošimas *(stalo viduryje)* **3** *prk. (ko)* pasididžiavimas; *the ~ of a concert* koncerto programos svarbiausias numeris

centric(al) [ˈsentrɪk(l)] *a knyg.* centrinis, centro

centrifugal [senˈtrɪfjugl, ˌsentrɪˈfjuːgl] *a fiz.* išcentrinis; *~ force* išcentrinė jėga; *~ machine* centrifuga
n = **centrifuge**

centrifuge [ˈsentrɪfjuːdʒ] *n* centrifuga

centring [ˈsentrɪŋ] *n* **1** *stat. (arkos, skliauto)* laikina atrama; vidinis išlankis **2** *tech.* centravimas

centripetal [senˈtrɪpɪtl] *a fiz.* įcentrinis; *~ force* įcentrinė jėga

centrist [ˈsentrɪst] *polit. n* centristas
a centristinis, centristų

centuple [ˈsentjupl] *ret. a* šimteriopas
v šimteriopai (pa)didėti/(pa)daugėti

centuries-old [ˈsentʃərɪzˌəʊld] *a* šimtametis, labai senas

centurion [senˈtjuərɪən] *n ist.* centurionas, šimtininkas

century [ˈsentʃərɪ] *n* **1** šimtmetis, amžius; *half a ~* pusamžis; *for centuries* amžiais **2** *šnek.* šimtinė *(svarų sterlingų, dolerių)* **3** *ist.* centurija

century-plant [ˈsentʃərɪˌplɑːnt] *n bot.* amerikinė agava

cephalic [keˈfælɪk, səˈfælɪk] *a anat.* galvos, galvinis

cephalitis [ˌsefəˈlaɪtɪs] *n med.* encefalitas

ceramic [sɪˈræmɪk] *a* keraminis, puodžiaus

ceramicist [sɪˈræmɪsɪst] *n* puodžius, keramikas

ceramics [sɪˈræmɪks] *n* **1** keramika **2** *pl* keramikos gaminiai/dirbiniai

ceramist [ˈserəmɪst] *n* = **ceramicist**

Cerberus [ˈsəːbərəs] *n mit.* Cerberis

cereal [ˈsɪərɪəl] *n* **1** *(maistiniai)* javai, grūdai **2** *(miltų, kruopų)* košė
a grūdinis, duoninis

cerebellum [ˌserɪˈbeləm] *n (pl ~s, -lla [-lə]) anat.* smegenėlės

cerebra [ˈserɪbrə] *n pl žr.* **cerebrum**

cerebral ['serɪbrəl] *n* **1** *anat.* cerebrinis, smegeninis; ~ *haemorrhage* kraujo išsiliejimas į smegenis ~ *hemispheres* galvos smegenų pusrutuliai **2** *fon.* cerebrinis, retrofleksinis **3** *knyg.* racionalus, intelektualus
n fon. cerebrinis/retrofleksinis garsas

cerebration [ˌserɪ'breɪʃn] *n* **1** *spec.* smegenų veikla **2** *knyg., juok.* svarstymas; galvos laužymas

cerebrum ['serɪbrəm] *n* (*pl* ~s, -ra) *anat.* didžiosios smegenys

cerecloth ['sɪəklɔθ] *n* impregnuotas/vaškuotas/gumuotas audinys

cerement ['sɪəmənt] *n* **1** = **cerecloth 2** *pl* įkapės, mirusiojo drabužiai

ceremonial [ˌserə'məʊnɪəl] *a* ceremonialinis, apeiginis; formalus
n ceremonialas, apeigos

ceremonious [ˌserə'məʊnɪəs] *a* **1** ceremoninis, ceremonialinis, ceremonijos, ceremonialo **2** ceremoningas

ceremony ['serəmənɪ] *n* **1** ceremonija; apeigos; *to stand on/upon* ~ daryti ceremonijas; laikytis ceremonialo/etiketo; *not to stand on* ~ nesivaržyti; *without* ~ be ceremonijų, be formalumų **2** ceremoningumas, formalumas

cerise [sə'riːz, sə'riːs] *n* vyšninė spalva
a vyšnių spalvos, vyšninis

cerium ['sɪrɪəm] *n chem.* ceris

cermet ['sə:met] *n tech.* metalo keramika

ceroplastics [ˌsɪərəʊ'plæstɪks] *n* ceroplastika *(vaško lipdyba)*

cert [sə:t] *n šnek.* tikras/garantuotas dalykas *(t. p. dead ~)*

certain ['sə:tn] *a* **1** tikras, įsitikinęs, neabejojantis, neabejotinas; *for* ~ tikrai, tvirtai; *to face* ~ *death* eiti į tikrą mirtį; *to make* ~ *(of)* pa(si)tikrinti; už(si)garantuoti tikrumą; *I'm* ~ *I've seen her somewhere* aš įsitikinęs, kad ją kažkur esu matęs **2** *predic* (+*inf*) būtinai; *he is* ~ *to come* jis būtinai ateis **3** *attr* koks nors, kažkoks; tam tikras; *a* ~ *Mr. Smith* kažkoks ponas Smitas; *under* ~ *conditions* tam tikromis sąlygomis **4** *euf:* *a woman of* ~ *description* demimondo dama; *in a* ~ *position* nėščia; ~ *disease* venerinė liga

certainly ['sə:tnlɪ] *adv* **1** tikrai, neabejotinai; *it is* ~ *true that they treated him unfairly* tikra tiesa, kad su juo pasielgė neteisingai **2** *mod* žinoma, aišku; ~ *not* žinoma, ne; jokiu būdu

certainty ['sə:tntɪ] *n* **1** neabejotinas faktas **2** tikrumas; *with* ~ tikrai, tvirtai; *for/to a* ~ tikrai, be jokios abejonės; *we have no* ~ *of success* mes nesame įsitikinę/tikri, kad pasiseks

certifiable [ˌsə:tɪ'faɪəbl] *a* **1** paliudytinas, neabejotinas **2** pripažintas nepakaltinamu/neveiksniu **3** *šnek.* aiškiai ne viso proto

certificate *n* [sə'tɪfɪkət] **1** liudijimas, pažymėjimas, sertifikatas, aktas *(dokumentas);* *birth* ~ gimimo metrikai/liudijimas/pažymėjimas; *health* ~ sveikatos pažymėjimas; *acceptance* ~ priėmimo aktas; ~ *of quality* *kom.* kokybės sertifikatas **2** atestatas, *(vidurinės mokyklos)* baigimo pažymėjimas; diplomas **3** *(prietaisų, įrengimų)* pasas
v [sə'tɪfɪkeɪt] išduoti pažymėjimą; pažymėti, liudyti *(pažymėjimu)*

certificated [sə'tɪfɪkeɪtɪd] *a* diplomuotas *(apie mokytoją ir pan.)*

certification [ˌsə:tɪfɪ'keɪʃn] *n* **1** pažymėjimas, atestacija **2** pažymėjimo išdavimas

certified ['sə:tɪfaɪd] *a* **1** patvirtintas; *a* ~ *copy* patvirtintas nuorašas **2** patikrintas, garantuotas **3** atestuotas

certify ['sə:tɪfaɪ] *v* **1** patvirtinti, paliudyti, pažymėti **2** laiduoti, garantuoti; *I can* ~ *to his character* aš galiu už jį garantuoti **3** pripažinti; *the doctor certified him as insane* gydytojas pripažino jį psichiniu ligoniu **4** išduoti pažymėjimą

certitude ['sə:tɪtjuːd] *n* tikrumas, įsitikinimas

cerulean [sɪ'ruːlɪən] *a poet.* žydras

cerumen [sɪ'ruːmen] *n* ausies siera

ceruse ['sɪəruːs] *n* švino baltieji dažai

cervelat ['sə:vɪlɑːt] *pr. n* servilatas

cervical ['sə:vɪkl] *a anat.* **1** sprando, kaklo, kaklinis, cervikalinis **2** gimdos kaklelio; ~ *cancer* gimdos kaklelio vėžys

cervices ['sə:vɪsiːz] *pl žr.* **cervix**

cervine ['sə:vaɪn] *a* elnių, elninis

cervix ['sə:vɪks] *lot. n* (*pl* -vices, ~es [-ɪz]) *anat.* kaklas, kaklelis; ~ *uteri* gimdos kaklelis

Cesarean [sɪ'zɛərɪən] *a* = **Caesarean**

cesium ['siːzɪəm] *n amer.* = **caesium**

cess [ses] *n dial.* mokestis ◊ *bad* ~ *to you!* kad tu prasmegtum!

cessation [se'seɪʃn] *n* nustojimas, nutraukimas; pertrauka; ~ *of arms/hostilities* karo veiksmų nutraukimas, paliaubos

cession ['seʃn] *n teis.* *(teisių, teritorijos)* perleidimas, perdavimas, atidavimas; cesija

cessionary ['seʃənərɪ] *n teis.* asmuo, kuriam perleidžiamos teisės, teisių perėmėjas

cesspit ['sespɪt] *n* **1** pamazgų/išmatų duobė, pamazginė **2** = **cesspool** 1

cesspool ['sespuːl] *n* **1** kloaka *(t. p. prk.)* **2** *tech.* nusodintuvas

cetacean [sɪ'teɪʃn] *zool. a* banginio, banginių
n banginių šeimos gyvulys

cetaceous [sɪ'teɪʃəs] *a zool.* panašus į banginį, banginių

Ceylon [sɪ'lɔn] *n* Ceilonas *(sala; valstybė, dabar Sri Lanka)*

cha-cha, cha-cha-cha ['tʃɑːtʃɑː, ˌtʃɑːtʃɑː'tʃɑː] *n* ča ča *(greito tempo šokis)*
v šokti ča ča

chaconne [ʃə'kɔn] *n muz.* čakona

Chad [tʃæd] *n* Čadas *(Afrikos valstybė)*

chador ['tʃɑːdɔː, 'tʃɑːdə] *n* čadra

chafe [tʃeɪf] *n* **1** nutrynimas; įbrėžimas, įdrėskimas **2** suerzinimas; *in a* ~ suerzintas, susierzinęs
v **1** trinti(s), įtrinti **2** trintis *(apie gyvulius; on, against – į)* **3** susierzinti, nervintis, karščiuotis *(at, under – dėl)*

chafer ['tʃeɪfə] *n zool.* grambuolys, karkvabalis

chaff[1] [tʃɑːf] *n* **1** pelai; *to separate the wheat from the* ~ *prk.* (at)skirti pelus nuo grūdų **2** pjaustinys, kapojai; kapoti šiaudai; ~ *bed* šiaudų čiužinys **3** spaliai **4** atliekos
v kapoti, pjaustyti *(šiaudus ir pan.)*

chaff[2] *šnek. psn. n* šaipymasis, juokavimas
v (draugiškai) šaipytis, pasišaipyti, (pa)juokauti

chaff-cutter ['tʃɑːfˌkʌtə] *n ž. ū.* šiaudapjovė, šiaudų pjaustymo mašina

chaffer ['tʃæfə] *n* derėjimas(is), lygimas(is)
v derėti(s), lygti(s)

chaffinch ['tʃæfɪntʃ] *n zool.* kikilis

chaffy ['tʃɑːfɪ] *a* **1** pelų; spalių **2** menkavertis, netinkamas; ~ *thoughts* tuščios mintys

chafing-dish ['tʃeɪfɪŋdɪʃ] *n* kilnojamoji viryklėlė *(maistui šildyti prie stalo);* elektrinis termosas

chagrin ['ʃægrɪn] *n* nusivylimas; susigraužimas, graužatis
v (ppr. pass) nu(si)vilti; susigraužti; *to be/feel ~ed (at, by, that)* būti nusivylusiam/susigraužusiam

chain [tʃeɪn] *n* **1** grandinė(lė); *safety* ~ durų grandinėlė; *a* ~ *of mountains* kalnų grandinė/virtinė; *a* ~ *of events* įvykių grandinė; ~ *of order* pavaldumo/subordinacijos tvarka **2** *(ppr. pl) prk.* pančiai, grandinės; *in* ~*s* pavergtas; kalinamas **3** matavimo grandinė **4** *(vienos kompanijos/asmens parduotuvių, viešbučių)* tinklas **5** *spec.* čeinas *(ilgio vienetas; = 22 jardams, ≈ 20 m)* **6** *attr* grandininis; ~ *reaction* grandininė reakcija; ~ *bridge* grandininis tiltas; ~ *belt/gear tech.* grandininė pavara; ~ *hoist/block tech.* grandininė gervė
v **1** pririšti, pirakinti *(grandine; to; t. p.* ~ *down/up); to* ~ *(up) a dog* pririšti šunį **2** *(ppr. pass) prk.* būti prirakintam; ~*ed to one's desk* prirakintas prie *arba* neatsitraukiantis nuo rašomojo stalo **3** sukaustyti, supančioti *(t. p.* ~ *together)*
chain-chew ['tʃeɪntʃu:] *v amer.* be perstojo kramtyti gumą
chain-gang ['tʃeɪŋgæŋ] *n* kalinių grupė, sukaustyta bendra grandine
chainlet ['tʃeɪnlɪt] *n* grandinėlė
chain-mail ['tʃeɪnmeɪl] *n ist.* grandeliniai šarvai; šarviniai marškiniai
chainsaw ['tʃeɪnsɔ:] *n* grandininis pjūklas
chain-smoke ['tʃeɪnsməʊk] *v* rūkyti cigaretę po cigaretės, labai daug rūkyti
chain-smoker ['tʃeɪnsməʊkə] *n* daug, be paliovos rūkantis
chain-stitch ['tʃeɪnstɪtʃ] *n* siuvinėjimas grandinėle
chain-store ['tʃeɪnstɔ:] *n* viena iš firmai priklausančių parduotuvių *(prekiaujančių tomis pačiomis prekėmis)*
chair [tʃɛə] *n* **1** kėdė; krėslas *(t. p. easy* ~*); to fall off one's* ~ a) nukristi nuo kėdės; b) labai nustebti; *to take a* ~ atsisėsti **2** profesoriaus pareigos, profesūra; katedra; *to be appointed to a* ~ gauti katedrą **3** pirmininkavimas *(susirinkime);* pirmininkas; *to be/sit in the* ~ pirmininkauti; *to take the* ~ imtis pirmininkauti; pradėti posėdį/susirinkimą; *to address the* ~ kreiptis į pirmininką; *to leave the* ~ užbaigti susirinkimą; ~*!,* ~*!* tvarkos! **4** elektros kėdė *(t. p. electric* ~*); to send to the* ~ pasmerkti mirti elektros kėdėje; *to go to the* ~ būti pasmerktam mirti elektros kėdėje **5** *amer.* liudytojo vieta teisme **6** *glžk.* bėgių padėklas
v **1** pirmininkauti *(susirinkime ir pan.)* **2** skirti pareigoms **3** iškilmingai nešti *(nugalėtoją)*
chair-bed ['tʃɛəbed] *n* krėslas-lova, gulimasis fotelis
chair-car ['tʃɛəkɑ:] *n glžk.* vagonas-salonas *(su krėslais)*
chairlift ['tʃɛəlɪft] *n* krėslinis keltuvas, lynų kelias *(kalnuose)*
chairman ['tʃɛəmən] *n (pl* -men [-mən]) pirmininkas; pirmininkaujantysis
chairmanship ['tʃɛəmənʃɪp] *n* pirmininkavimas, pirmininko pareigos
chairperson ['tʃɛəˌpɜ:sən] *n (susirinkimo ir pan.)* pirmininkaujantis asmuo, pirmininkas, -ė *(vart. nenurodant pirmininkaujančiojo lyties)*
chairwoman ['tʃɛəˌwʊmən] *n (pl* -women [-ˌwɪmɪn]) pirmininkė
chaise [ʃeɪz] *pr. n* **1** *ist.* fajetonas **2** pašto vežimas
chaise-longue [ˌʃeɪz'lɔŋ] *pr. n* šezlongas
chalcedony [kæl'sedənɪ] *n min.* chalcedonas
chalcography [kæl'kɔgrəfɪ] *n* chalkografija; graviravimas varyje
chalet ['ʃæleɪ] *pr. n* **1** namelis su stačiašlaičiu stogu, trobelė *(Šveicarijoje)* **2** *(šveicariško stiliaus)* namelis, vasarnamis *(ypač kalnuose, poilsiavietėje);* šalė
chalice ['tʃælɪs] *n* **1** *bažn., poet.* taurė **2** *bot.* taurelė ◊ *poisoned* ~ ≡ nuodų taurė *(lemianti nelaimę)*

chalk [tʃɔ:k] *n* **1** kreida *(t. p. spalvotoji); a stick/piece of* ~ kreidos gabaliukas; *French* ~ siuvėjų kreida **2** kreidingas dirvožemis **3** kreditas, skola **4** *(žaidimo)* rezultatas **5** žymė, įbrėžimas *(kreida)* ◊ *not to know* ~ *from cheese* visiškai nesiorientuoti, nesuvokti paprasčiausių dalykų; *as different as* ~ *and cheese, as like as* ~ *to cheese* absoliučiai nieko bendra; ~*s away, by a long* ~*, by long* ~*s* žymiai, smarkiai, nepalyginamai; *not by a long* ~ *šnek.* visai ne, toli gražu ne; *to walk the* ~ a) eiti tiesiai pagal nubrėžtą liniją *(įrodant blaivumą);* b) nepriekaištingai elgtis; *to walk/stump one's* ~*s sl.* nešdintis
v **1** rašyti/piešti/žymėti kreida **2** kalkinti *(dirvą)* □ ~ *out* a) nubrėžti kreida; b) eskizuoti, apmesti *(planą, projektą);* c) užrašyti *(skolą);* ~ *up* a) kreida (už)rašyti *(žaidimo)* rezultatą; b) prirašyti *(į kieno sąskaitą; to);* c) laimėti; skinti *(pergales)* ◊ *to* ~ *it up to experience* pasimokyti iš nesėkmės
chalkboard ['tʃɔ:kbɔ:d] *n amer.* = **blackboard**
chalkpit ['tʃɔ:kpɪt] *n* kreidos karjeras
chalk-stone ['tʃɔ:kstəʊn] *n* **1** *min.* klintis **2** *pl med.* podagrinis sąnarių sustorėjimas
chalky ['tʃɔ:kɪ] *a* **1** kreidos, kreidinis; kalkinis **2** kreiduotas; kalkė **3** *med.* podagrinis
challenge ['tʃælɪndʒ] *n* **1** iššūkis; (iš)šaukimas, (iš)kvietimas *(į dvikovą, lenktyniauti); to accept a* ~ priimti iššūkį **2** sunkumas, išbandymas *(jėgų); the work is hard, but I like the* ~ darbas sunkus, bet sunkumų aš nebijau **3** *(sargybinio)* šūktelėjimas, šūksmas **4** *jūr.* atpažinimo signalas **5** *teis. (prisiekusiųjų)* nušalinimas
v **1** mesti iššūkį; iššaukti, iškviesti *(lenktyniauti ir pan.); to* ~ *smb to a game of tennis* iškviesti ką teniso žaisti **2** abejoti; (nu)ginčyti; *the teacher* ~*d my knowledge* mokytojas suabejojo mano žiniomis; *to* ~ *smb's right to smth* ginčyti kieno teisę į ką **3** reikalauti *(jėgų, dėmesio, pagarbos);* išmėginti *(kieno kantrybę ir pan.)* **4** pašaukti, šūktelėti *(apie sargybinį);* reikalauti slaptažodžio **6** *jūr.* rodyti atpažinimo ženklus **7** *teis.* nušalinti *(prisiekusiuosius);* prieštarauti
challenger ['tʃælɪndʒə] *n* **1** šauklys, kvieslys, kvietėjas *(į dvikovą ir pan.)* **2** varžovas; pretendentas **3** abejojantysis, prieštaraujantysis
challenging ['tʃælɪndʒɪŋ] *a* **1** reikalaujantis visų jėgų, sunkus *(apie darbą, žaidimą ir pan.)* **2** iššaukiantis; raginantis **3** kviečiantis, viliojantis, įdomus; ~ *idea* įdomi mintis; ~ *smile* viliojanti šypsena
chalybeate [kə'lɪbɪət] *a* geležingas *(apie mineralinį vandenį ir pan.)*
chamber ['tʃeɪmbə] *n* **1** *(parlamento ir pan.)* rūmai; *Lower C., C. of Deputies* žemieji rūmai; *Upper C.* aukštieji rūmai; *C. of Commerce* prekybos rūmai **2** kamera *(t. p. tech.); gas* ~ dujų kamera; *freezing [combustion, pressure]* ~ šaldymo [degimo, slėgimo] kamera **3** salė; kambarys *(seniau ppr. miegamasis)* **4** *pl* advokato kontora; teisėjo kabinetas **5** *kar.* šovinio lizdas **6** *spec.* ertmė
a **1** kamerinis *(apie muziką);* ~ *concert* kamerinis koncertas **2** *teis.:* ~ *practice* juridinė konsultacija; ~ *counsel* advokatas, konsultuojantis savo kontoroje, bet nedalyvaujantis teisme
chamberlain ['tʃeɪmbəlɪn] *n (karaliaus, didiko)* dvaro rūmų valdytojas; kamerheras
chambermaid ['tʃeɪmbəmeɪd] *n (viešbučio)* kambarinė
chamber-pot ['tʃeɪmbəpɔt] *n* naktinis puodas
chameleon [kə'mi:lɪən] *n zool.* chameleonas *(t. p. prk.)*
chamfer ['tʃæmfə] *stat. n* **1** griovelis, latakas, lovys; *hollow* ~ lovelinė lentjuostė **2** nuskliausta briauna, nuožul-

na, paapvalinimas; ~ **angle** briaunos nusklembimo kampas
v **1** daryti griovelius/išėmas **2** nusklembti briaunas/kampus, paapvalinti
chamois ['ʃæmwɑ:] *pr. n* **1** *zool.* gemzė **2** *(t. p.* ['ʃæmɪ]) zomša *(t. p.* **~ leather)**
chamomile ['kæməmaɪl] *n* = **camomile**
champ[1] [tʃæmp] *v* **1** čiaukš(no)ti, čiauškėti, čepsėti **2** *(nekantriai)* kandžioti, krimsti *(žąslus)* **3** nekantrauti, labai norėti *(ką daryti; ppr.* **be ~ing at the bit)**
champ[2] *n šnek.* čempionas
champagne [ʃæm'peɪn] *pr. n* šampanas
champagne-cup [ʃæm'peɪnkʌp] *n* šampano taurė
champaign ['tʃæmpeɪn] *n poet.* platybė, atviras laukas
champers ['ʃæmpəz] *n šnek.* šampanas
champignon [tʃæm'pɪnjən] *pr. n bot.* pievagrybis, šampinjonas
champion ['tʃæmpɪən] <*n, a, v*> *n* **1** čempionas; **tennis ~** teniso čempionas; **a ~ boxer** bokso čempionas; **reigning ~** dabartinis čempionas **2** *(konkurso ir pan.)* nugalėtojas; pirmojo prizo gavėjas *(apie žmogų, gyvulį, gėlę ir pan.)* **3** kovotojas, šalininkas; **~ of liberty [of peace]** kovotojas dėl laisvės [dėl taikos]
a šnek. aukščiausios kategorijos, pirmos klasės, puikus
v kovoti, ginti; **to ~ smb** paremti ką
championship ['tʃæmpɪənʃɪp] *n* **1** *sport.* pirmenybės, čempionatas **2** *sport.* čempiono vardas/titulas; pirmavimas **3** kova, gynimas *(of)*
chance [tʃɑ:ns] <*n, a, v*> *n* **1** galimybė; proga, šansas; **to take the ~** naudotis proga; **to miss a ~** praleisti progą; **to stand a (good) ~** turėti šansų/galimybių; **it's the ~ of a lifetime** tokia proga pasitaiko kartą gyvenime; **give me a/another ~** leisk(ite) man dar pasitaisyti, atleisk(ite) man šį kartą **2** tikimybė; **theory of ~s** *mat.* tikimybių teorija; **the ~s are that...** tikriausiai...; **there's no ~ of anyone seeing us** mūsų tikriausiai niekas nepamatys **3** laimė, atsitiktinumas, rizika; **by ~** atsitiktinai; **pure/ sheer/blind ~ that...** grynas atsitiktinumas, kad...; **to take (one's) ~s** (pa)bandyti (savo) laimę; **to take a ~** rizikuoti; **to take no ~s** nenorėti rizikuoti; **to leave smth to ~** palikti ką likimui ◊ **no/fat ~!** *šnek.* niekada!, beviltiška!; **as ~ would have it** kaip tyčia; **by any ~ ...?** gal, gal kartais...? *(mandagiai klausiant)*
a atsitiktinis; **~ meeting** atsitiktinis susitikimas
v **1** atsitikti, pa(si)taikyti; **it ~d that...** atsitiko taip, kad... **2** atsitiktinai būti/įvykti *ir pan.;* **I ~d to see him yesterday** aš jį atsitiktinai sutikau vakar **3** netikėtai rasti, susidurti; **I ~d on a rare book in the library** aš užtikau retą knygą bibliotekoje **4** pabandyti, (su)rizikuoti *(t. p.* **~ it** *šnek.)*
chance-comer ['tʃɑ:ns͵kʌmə] *n* atsitiktinis/ netikėtas/nelauktas lankytojas
chancel ['tʃɑ:nsl] *n bažn.* presbiterija
chancellery ['tʃɑ:nsələrɪ] *n* **1** kanclerio titulas/pareigos **2** *(konsulato, pasiuntinybės)* kanceliarija
chancellor ['tʃɑ:nsələ] *n* **1** kancleris; **C. of the Exchequer** iždo kancleris *(D. Britanijos finansų ministras);* **Lord C.** lordas kancleris *(vyriausiasis teisėjas; teisingumo ministras)* **2** pirmasis pasiuntinybės sekretorius **3** *(D. Britanijos universitetų)* garbės rektorius; *amer.* rektorius
chancellorship ['tʃɑ:nsələʃɪp] *n* kanclerio titulas
chancellory ['tʃɑ:nsələrɪ] *n* = **chancellery**
chance-medley ['tʃɑ:ns͵medlɪ] *n teis.* nelaimingas atsitiktinumas, netyčinė žmogžudystė
chancer ['tʃɑ:nsə] *n šnek.* žmogus, nepraleidžiantis progos

chancery ['tʃɑ:nsərɪ] *n* **1** *(C.) ist.* lordo kanclerio teismas *(ppr.* **C. Court**); **in ~** a) lordo kanclerio teisme; b) beviltiškoje padėtyje **2** *amer.* sąžinės teismas **3** archyvas, kanceliarija **4** = **chancellery** 2
chancre ['ʃæŋkə] *n med.* kietasis šankeris, kietoji opa *(t. p.* **indurated ~**)
chancroid ['ʃæŋkrɔɪd] *n med.* minkštasis šankeris, minkštoji opa
chancy ['tʃɑ:nsɪ] *šnek. a* **1** rizikingas; netikras **2** atsitiktinis
chandelier [ʃændə'lɪə] *n* sietynas, šviestuvas, liustra
chandler ['tʃɑ:ndlə] *n* **1** smulkus pirklys; **ship's ~** laivo tiekėjas **2** *psn.* žvakių pardavėjas
chandlery ['tʃændlərɪ] *n* **1** žvakių sandėlis **2** smulkios prekės
change [tʃeɪndʒ] *n* **1** keitimas(is), pa(si)keitimas, pakitimas; permaina, poslinkis; **~ of air** a) aplinkos pakeitimas; b) *tech.* oro apykaita; **~ for the better** teigiamas poslinkis; **~ of heart** požiūrio pasikeitimas; **~ of life** *med.* klimaksas; **~ gear** *tech.* pavarų keitimo mechanizmas; **to make a ~ of direction** a) pakeisti kryptį; b) pakeisti nuomonę **2** įvairumas; **for a ~** dėl įvairumo **3** persirengimas; *(drabužių, baltinių)* pakeitimas; pakaita; **a ~ of underwear** apatinių baltinių pakaita **4** grąža; smulkūs pinigai, monetos; *(pinigų)* (iš)keitimas; **in ~ monetomis**; **small ~** a) smulkūs pinigai; b) kas nors nesvarbus, smulkmena; **loose ~** palaidos monetos *(kišenėje, krepšyje)*; **can you give me ~ for a dollar?** ar galite iškeisti man dolerį?; **~ machine** monetų keitimo automatas **5** persėdimas *(į kitą traukinį ir pan.)*; **no ~ for Oxford** tiesiog(inis) į Oksfordą, be persėdimo į Oksfordą **6** nauja mėnulio fazė; jaunatis **7** *fiz.* pokytis, kitimas, virsmas **8** *(ppr. pl)* varpų skambėjimas ◊ **to get no ~ out of smb** *šnek.* nieko iš ko neišpešti; **to ring (the) ~s** *(on smth)* visaip kaitalioti *(vis tą patį);* **to take the ~ on smb** *šnek.* apgauti, apmauti ką; **to take the ~ out of smb** *šnek.* atkeršyti kam, duoti kam atgal
v **1** keisti(s), mainyti(s); **to ~ the beds** pakeisti lovos skalbinius; **to ~ one's flat [one's job]** pakeisti butą [darbą]; **to ~ places with smb** pasikeisti/apsikeisti vietomis su kuo; **to ~ gear** *aut.* pakeisti pavarą; **to ~ one's note/ tune** *prk.* pakeisti toną; **times ~** laikai keičiasi **2** (iš)keisti *(pinigus)* **3** persirengti, persiauti; **i'm going to ~ into my jeans** aš persirengsiu džinsais; **don't bother changing** persirengti nereikia **4** persėsti *(į kitą traukinį, autobusą);* **all ~!** traukinys/autobusas toliau nevažiuoja **5** (pa)virsti, (pa)versti *(into)* ▢ **~ (a)round** perstatyti *(baldus ir pan.);* **~ down** *aut.* perjungti į žemesnę pavarą; **~ over** a) pasikeisti, ap(si)keisti; išmainyti *(to – į);* b) pereiti *(from – nuo, to – prie);* **~ up** *aut.* perjungti į aukštesnę pavarą
Change, 'Change [tʃeɪndʒ] *n* (**Exchange** *sutr.*) *ist.* birža; **the ~** Londono birža
changeability [͵tʃeɪndʒə'bɪlətɪ] *n* kintamumas, permainingumas; nepastovumas
changeable ['tʃeɪndʒəbl] *a* kintamas, permainingas, kintantis; nepastovus
changed [tʃeɪndʒd] *a* pasikeitęs; kitoks, kitas *(apie žmogų)*
changeful ['tʃeɪndʒfəl] *a poet.* nuolat kintantis, netikras
changeless ['tʃeɪndʒləs] *a* nekintamas, nesikeičiantis
changeling ['tʃeɪndʒlɪŋ] *n flk.* daiktas/vaikas, paliktas vietoj pagrobtojo *(pasakose);* sukeistas vaikas
change-maker ['tʃeɪndʒ͵meɪkə] *n* monetų keitimo automatas
changeover ['tʃeɪndʒ͵əʊvə] *n* per(si)tvarkymas, pa(si)keitimas; apsikeitimas

changing-room ['tʃeɪndʒɪŋrum] *n* persirengimo kambarys *(ypač sportininkams)*

channel ['tʃænl] *n* **1** kanalas; *(kanalo/upės)* vaga, farvateris; nutekėjimas; *irrigation* ~ drėkinimo griovys; *~ width* farvaterio plotis **2** *(informacijos, ryšių; t. p. fiz.)* kanalas; *television* ~ televizijos kanalas; *through official ~s* oficialiais kanalais **3** sąsiauris; *the (English) C.* Lamanšas; *C. tunnel* tunelis po Lamanšu **4** *stat., tech.* griovelis, išdroža **5** *archit.* kaneliūra
v (-ll-) **1** (iš)kasti kanalą **2** leisti/pasukti *(vandenį)* kanalu/grioviu; prasigraužti *(apie upę)* **3** nukreipti *(pastangas, atsargas, lėšas ir pan.; t. p. ~ off)* **4** *stat.* daryti įkartas/išdrožas **5:** ~ *hop/amer. surf tel.* junginėti kanalus

channel-flick ['tʃænlflɪk] *v tel. šnek.* junginėti kanalus

channelize ['tʃænəlaɪz] *v* nukreipti, duoti kryptį

chant [tʃɑ:nt] *n* **1** monotoniškas dainavimas, skandavimas **2** *bažn.* giedojimas **3** *poet.* giesmė
v **1** skanduoti; monotoniškai kalbėti/dainuoti **2** apdainuoti; girti, liaupsinti **3** *bažn.* giedoti

chanter ['tʃɑ:ntə] *n* **1** giedotojas; choristas **2** bažnytinio choro regentas **3** dūdmaišio vamzdelis *(su skylutėmis pirštams)*

chanterelle [,tʃæntə'rel] *n* voveraitė, gaidelis *(grybas)*

chanticleer [,tʃæntɪ'klɪə] *n flk.* gaidys

chantry ['tʃɑ:ntrɪ] *n bažn.* už aukas pastatyta koplytėlė *(t. p. ~ chapel)*

chanty ['ʃæntɪ] *n* = **shanty**[2]

Chanukah ['hɑ:nukə] *n* = **Hanukkah**

chaos ['keɪɒs] *n* chaosas; netvarka

chaotic [keɪ'ɒtɪk] *a* chaotiškas; netvarkingas

chap[1] [tʃæp] *n (tik v.) šnek.* vaikinas, vyrukas; *nice* ~ puikus vyrukas, šaunuolis; *old* ~ draugužis, bičiulis

chap[2] *n* žandas *(ypač gyvulio)*

chap[3] *n (ppr. pl)* įtrūkimas, supleišėjimas, plyšys
v sutrūkinėti; (su)skeldėti, (su)pleišėti, (su)skerdėti

chapbook ['tʃæpbuk] *n* pasakų/padavimų *ir pan.* knygelė

chape [tʃeɪp] *n* **1** *(kardo ir pan.)* makšties metaliniai apkaustai **2** *(diržo)* sagties kabliukas

chapel ['tʃæpl] *n* **1** koplytėlė; koplyčia, bažnytėlė **2** *(metodistų, baptistų ir pan.)* maldos namai **3** *(rūmų)* kapela **4** šarvojimo patalpa **5** spaustuvės darbuotojų profesinė sąjunga
a nonkonformistas, nepriklausantis Anglikonų/Katalikų bažnyčiai

chaperon(e) ['ʃəpərəun] *n* **1** *ist. (jaunos mergaitės)* palydovė *(į vaišes ir pan.)* **2** *amer.* globotoja, vadovė *(prižiūrinti vaikų/paauglių elgesį pobūvyje ir pan.)*
v **1** lydėti *(jauną mergaitę)* **2** globoti

chapfallen ['tʃæp,fɔ:lən] *a* **1** (su) nukarusiu/nudribusiu žandu **2** nusiminęs, susikrimtęs

chapiter ['tʃæpɪtə] *n archit.* kolonos kapitelis

chaplain ['tʃæplɪn] *n* kapelionas

chaplaincy ['tʃæplɪnsɪ] *n* **1** kapeliono darbo vieta *(įstaiga)* **2** kapeliono pareigos/titulas

chaplet ['tʃæplɪt] *n* **1** vainikas *(ant galvos)*, girlianda **2** *(karolių ir pan.)* vėrinys **3** *bažn.* rožinis, rožančius

chapman ['tʃæpmən] *n (pl* -men [-mən]) *ist.* keliaujantis pirklys

chappal ['tʃæpəl] *ind. n* sandalas

chappie, chappy ['tʃæpɪ] *n šnek.* vaikinukas, berniokas

chapstick ['tʃæpstɪk] *n* balti lūpų dažai *(higieniniai)*; tepalas *(nuo lūpų skeldėjimo ir pan.)*

chapter ['tʃæptə] *n* **1** *(knygos)* skyrius; *to the end of the ~* a) iki skyriaus pabaigos; b) *prk.* ligi pat galo; *~ and verse* a) Biblijos skyrius ir pastraipa; b) *prk. (teiginio)* visos smulkmenos; tiksli nuoroda *(kur rasti informacijos šaltinį)* **2** *(gyvenimo, istorijos)* puslapis **3** *kuop. bažn.* kapitula, kapitulos nariai; kanauninkai, vienuoliai; *(kanauninkų, vienuolių)* susirinkimas *(t. p. meeting of the ~)* **4** *(ypač amer.) (draugijos, klubo)* skyrius, kuopelė ◊ *the ~ of accidents* nemalonumų/nesėkmių virtinė; netikėtas aplinkybių susiklostymas; *the ~ of possibilities* galima įvykių raida
v skirstyti knygą skyriais

chapter-house ['tʃæptəhaus] *n* kapitulos narių susirinkimo vieta

char[1] [tʃɑ:] *n* kas nors apdegęs/suanglėjęs/apanglėjęs
v apdegti, apanglėti; apdeginti

char[2] *šnek. n* = **charwoman**
v dirbti valytoja, ruoštis *(namuose)*

char[3] *n zool.* šalvis

char[4] *n ret., psn.* arbata

charabanc ['ʃærəbæŋ] *pr. n* **1** *ist.* šarabanas *(autobusas su keliomis skersinių sėdynių eilėmis)* **2** *ret.* autobusas *(ekskursijoms)*

character ['kærəktə] *n* **1** charakteris; būdas *a man of ~* žmogus su charakteriu; *a man of no ~* žmogus be charakterio, silpnavalis **2** pobūdis, charakteringa/būdinga žymė; *to be out of ~* būti nebūdingam; *that's quite in ~ for him* tai jam būdinga **3** reputacija; *irreproachable ~* nepriekaištinga reputacija; *~ assassination* reputacijos (su)griovimas **4** asmenybė; *public ~* visuomenės veikėjas **5** rekomendacija, charakteristika **6** *šnek.* originalas, savotiškas/įdomus žmogus; *quite a ~* keistokas/ originalus tipas **7** *(filmo, pjesės ir pan.)* personažas, veikėjas, herojus; veikiantysis asmuo; *a good/sympathetic [bad] ~* teigiamas [neigiamas] veikėjas **8** raidė, rašmuo, skaitmuo, ženklas; *Chinese ~* kinų hieroglifai **9** *attr* charakterinis; *~ actor* charakterinis aktorius; *~ type psich.* charakterio tipas ◊ *to be in ~ with smth* derintis su kuo, atitikti ką; *to be out of ~ with smth* nesiderinti su kuo, neatitikti ko
v psn. **1** įrėžti, įrašyti **2** apibrėžti, apibūdinti *(charakterį)*

characteristic [,kærəktə'rɪstɪk] *n* **1** būdingas bruožas, savybė, ypatybė **2** *spec.* charakteristika *(t. p. logaritmo)*
a charakteringas; būdingas, tipiškas *(of)*

characteristically [,kærəktə'rɪstɪklɪ] *adv* charakteringai; būdingai, tipiškai; *~, he said nothing* kaip paprastai, jis nieko nesakė

characterization [,kærəktəraɪ'zeɪʃn] *n* **1** charakteristika, charakterizavimas; apibūdinimas **2** *lit.* menas kurti *(tikroviškus)* charakterius

characterize ['kærəktəraɪz] *v* **1** charakterizuoti; apibūdinti *(as)* **2** išsiskirti, pasižymėti *(kokiu nors bruožu)*; būti būdingam

characterless ['kærəktələs] *a* be charakterio, neturintis savo veido; blankus, neįdomus

charade [ʃə'rɑ:d] *n* **1** šarada **2** akivaizdi apgaulė, apsimetimas

charbroil ['tʃɑ:brɔɪl] *v amer.* kepti ant žarijų

charcoal ['tʃɑ:kəul] *n* **1** medžio anglys **2** anglinis pieštukas **3** piešinys angliml *(t. p. ~ drawing)*
v žymėti/piešti anglimi

charcoal-burner ['tʃɑ:kəul,bə:nə] *n* **1** anglius, angliadegys **2** viryklė/krosnis, kūrenama medžio anglimis

chard [tʃɑ:d] *n bot.* mangoldas, cviklinis runkelis *(t. p. Swiss ~)*

charge [tʃɑ:dʒ] *n* **1** kaltinimas; *robbery ~* kaltinimas apiplėšimu; *to bring a ~ (against)* apkaltinti; *to lay smth to*

chargeable 150 **chase¹**

smb's ~ kaltinti ką kuo; *to appear on a* ~ *(of)* stoti į teismą dėl kaltinimo **2** mokestis, kaina, rinkliava; *pl* išlaidos; *service* ~ priemoka už aptarnavimą *(restorane);* *extra* ~*s* pridėtinės išlaidos; *port* ~*s* uosto rinkliava; *at one's own* ~ savo sąskaita; *electricity* ~*s will rise in July* elektros kainos kils liepos mėnesį **3** atsakomybė, pareiga; globa; *to be/take in* ~ *(of)* vadovauti, būti atsakingam; prižiūrėti, globoti; *to give smb in* ~ perduoti ką policijai; *who's in* ~ *here?* kas čia viršininkas? **4** globotinis, auklėtinis **5** įpareigojimas, pavedimas **6** *kar., sport.* staigus antpuolis; ataka **7** *(sprogstamosios medžiagos)* užtaisas **8** *el.* krūvis, įkrova **9** *teis.* turto suvaržymas; turto/žemės įkeitimas **10** *teis.* teisėjo baigiamasis žodis prisikusiesiems **11** *bažn. (vyskupo)* raštas parapijiečiams ◊ *to get a* ~ *out of smth amer.* patirti pasitenkinimą, malonumą
v **1** (ap)kaltinti; *to* ~ *with murder* kaltinti žmogžudyste **2** prašyti, imti, nustatyti kainą; *what ar how much do you* ~ *for it?* kiek jūs prašote už tai? **3** užrašyti *(skolon; t. p.* ~ *up); amer.* užmokėti kreditine kortele; *to* ~ *smth to smb's account* įrašyti į kieno sąskaitą **4** pulti, atakuoti **5** bėgti, lėkti *(into, out of)* **6** įsakyti, įpareigoti; *to* ~ *oneself with smth* imtis atsakomybės už ką **7** pavesti, patikėti *(with); I was* ~*d to give you this letter* man pavesta perduoti jums tą laišką **8** pripildyti *(stikliukus ir pan.)* **9** *el.* pakrauti *(akumuliatorių, bateriją)* **10** nurodyti, reikalauti *(apie teisėją, vyskupą);* kreiptis *(į prisiekusiuosius);* *to* ~ *to obey* reikalauti paklusti **11** imti *(mokesčius ir pan.)* **12** *ret.* užtaisyti *(ginklą)* ☐ ~ *down* nubėgti, nulėkti *(laiptais ar pan. žemyn);* ~ *up* užbėgti *(laiptais ir pan.)*
chargeable ['tʃɑːdʒəbl] *a* **1** apkaltintas, kaltintinas **2** apmokėtinas **3** apmokestintinas
charge-cap ['tʃɑːdʒkæp] *v* apriboti *(savivaldybių)* biudžetines lėšas
charged ['tʃɑːdʒd] *a* pripildytas, pilnas *(jausmų);* įtemptas
chargé d'affaires [ˌʃɑːʒeɪdæˈfɛə] *pr. n (pl* chargés d'affaires [ˌʃɑːʒeɪ-]) *dipl.* **1** *(laikinasis)* reikalų patikėtinis **2** *(misijos)* pasiuntinys
chargehand ['tʃɑːdʒhænd] *n* vyresnysis darbininkas
charger ['tʃɑːdʒə] *n* **1** kaltintojas **2** *el.* įkrovos agregatas; *trickle* ~ akumuliatoriaus įkroviklis **3** *kar.* užtaisytojas **4** *ist., poet.* žirgas
charge-sheet ['tʃɑːdʒʃiːt] *n teis.* **1** suimtųjų sąrašas *(policijos nuovadoje)* **2** kaltinimo aktas
chargrilled ['tʃɑːgrɪld] *a* keptas ant žarijų
chariot ['tʃærɪət] *n ist., poet.* kovos/lenktynių/iškilmių vežimas
charioteer [ˌtʃærɪəˈtɪə] *n* **1** *psn.* vežėjas **2** *(C.) astr.* Vežėjas *(žvaigždynas)*
charisma [kəˈrɪzmə] *n* **1** *rel.* charizma, Dievo malonė **2** žavesys; Dievo dovana, talentas
charismatic [ˌkærɪzˈmætɪk] *a* **1** žavus, kerintis **2** *rel.* charizmatinis
charitable ['tʃærɪtəbl] *a* **1** geraširdi(ška)s; dosnus **2** labdaringas; ~ *institution* labdaros įstaiga; ~ *work* labdaros veikla, labdaringi darbai
charity ['tʃærɪtɪ] *n* **1** geraširdiškumas; dosnumas **2** labdara, labdaringumas, labdarybė; *to live on* ~ gyventi iš labdaros; ~ *school ist.* labdaros mokykla vargšų vaikams **3** aukos *(vargšams)* **4** *pl* labdaros įstaigos ◊ ~ *begins at home* ≡ savo marškiniai arčiau kūno
charivari [ˌʃɑːrɪˈvɑːrɪ] *pr. n* klegesys, ūžesys, triukšmas
charlady ['tʃɑːleɪdɪ] *n* = **charwoman**
charlatan ['ʃɑːlətən] *n* šarlatanas, apgavikas; šundaktaris
Charles ['tʃɑːlz] *n* Čarlsas, Karolis *(vardas)*

Charleston ['tʃɑːlstən] *n* čarlstonas *(šokis)*
Charley, Charlie ['tʃɑːlɪ] *n* **1** Čarlis *(vardas; t. p. flk. lapinas)* **2** *amer. kar.* raidė C, trečias **3** *attr:* **charley horse** *amer.* mėšlungis, traukulys
charlie ['tʃɑːlɪ] *n šnek.* kvailiukas, mulkis
charlock ['tʃɑːlɔk] *n bot.* dirvinė garstyčia, garstukas
charlotte ['ʃɑːlət] *n* **1** *kul.* obuolių pudingas **2** *(C.)* Šarlotė *(vardas)*
charm [tʃɑːm] *n* **1** žavumas, žavesys; *to turn on the* ~ stengtis/bandyti sužavėti **2** *(džn. pl)* burtai, kerai; *under a* ~ užburtas **3** amuletas, talismanas; karulys *(ant apyrankės)* ◊ *like a* ~ *šnek.* nuostabiai, puikiai
v **1** (su)žavėti **2** (už)burti, (už)kerėti; *to* ~ *a secret out of smb* išgauti iš ko paslaptį **3** nuraminti, numalšinti *(skausmą)*
charmed [tʃɑːmd] *a* kerintis ◊ ~ *circle menk.* uždaras išrinktųjų ratas
charmer ['tʃɑːmə] *n* **1** žavėtojas, kerėtojas; burtininkas **2** gyvačių kerėtojas *(t. p.* **snake** ~)
charming ['tʃɑːmɪŋ] *a* žavus, žavingas
charmless ['tʃɑːmləs] *a* negražus, nepatrauklus
charnel-house ['tʃɑːnlhaus] *n (koplyčios, bažnyčios)* rūsys *(su mirusiųjų palaikais)*
charred [tʃɑːd] *a* suanglėjęs, apdegęs
chart [tʃɑːt] *n* **1** diagrama, schema, lentelė; *graphical* ~ grafikas **2** jūrlapis; žvaigždėlapis *(t. p. celestial/star* ~) **3** *(the* ~*s) pl (savaitės)* populiariausių įrašų sąrašas **4** *attr:* ~ *room jūr.* šturmano kabina; ~ *text spec.* diagramos tekstas
v **1** nubraižyti, pavaizduoti diagrama *ir pan.* **2** sudaryti, apmesti *(veiksmų planą)* **3** žymėti jūrlapyje; braižyti jūrlapį
charter ['tʃɑːtə] *n* **1** chartija, teisių suteikimo raštas; *The Great C.* Didžioji laisvių chartija *(1215 m.)* **2** teisė, privilegija **3** statutas; įstatai **4** *kom.* čarteris; *(laivo, lėktuvo)* nuomojimas, frachtavimas; frachtavimo sutartis; ~ *flight (lėktuvo)* užsakomasis/nuomojamasis reisas; ~ *period* frachto trukmė **5** *(automobilių ir pan.)* nuomojimas
v **1** suteikti privilegiją **2** parengti statutą/įstatus *(organizacijai steigti)* **3** frachtuoti *(laivą)* **4** užsakyti, nuomoti *(autobusą, lėktuvą ir pan.)*
charterer ['tʃɑːtərə] *n* **1** frachtuotojas **2** *(lėktuvo, autobuso)* užsakytojas
charter-party ['tʃɑːtəˌpɑːtɪ] *n jūr. kom.* frachtavimo sutartis/kontraktas
Chartism ['tʃɑːtɪzm] *n ist.* čartizmas
Chartist ['tʃɑːtɪst] *n ist.* čartistas
chartreuse [ʃɑːˈtrɜːz] *pr. n* **1** šartrezas *(likerio rūšis)* **2** žalsvai geltona spalva
chart-topping ['tʃɑːtˌtɔpɪŋ] *n* užimantis pirmą vietą populiariausių *(savaitės)* įrašų sąraše
charwoman ['tʃɑːˌwumən] *n (pl* -women [-ˌwɪmɪn]) namų darbininkė; valytoja
chary ['tʃɛərɪ] *a* **1** atsargus; *to be* ~ *of giving offence* stengtis neįžeisti; *he is* ~ *of catching cold* jis saugosi peršaldyti **2** šykštus *(žodžiui, pagyrimams; of)*
Charybdes [kəˈrɪbdɪs] *n žr.* **Scylla**
chase¹ [tʃeɪs] *n* **1** persekiojimas, vijimasis; *to give* ~ *(imti)* vytis, persekioti **2** vaikymas(is), gainiojimas(is) **3** medžioklė *(su šunimis)* **4** persekiojamas gyvulys/laivas *ir pan.*
v **1** vytis, persekioti **2** vaikyti(s), gainioti(s); *in* ~ *(of)* vaikydamasis, ieškodamas *(ko); she has been chasing round the shops all day* ji lakstė po parduotuves visą dieną **3** išvyti, nuvyti *(t. p.* ~ *away/off)* **4** medžioti ☐ ~ *up* a) *(bandyti)* suieškoti; b) priminti, paraginti, pas-

kubinti *(ką daryti)* ◊ **go ~ yourself!** *šnek.* išnyk!, dink iš akių!
chase² *n* **1** *(brangakmenio)* aptaisas **2** *tech.* falcas, užlankas; griovelis **3** *kar. (pabūklo)* vamzdinė dalis *v* **1** graviruoti *(ornamentą)* **2** *ret.* įsmigti, įsirėžti *(apie įspūdį)* **3** *tech.* įsriegti
chaser¹ ['tʃeɪsə] *n* **1** persekiotojas **2** *šnek.* mergišius, mergininkas **3** *šnek.* gurkšnelis alaus/vandens *(geriant degtinę)* **4** *av.* naikintuvas
chaser² *n* **1** *(metalo)* graveris, kalinėtojas **2** *tech.* sriegpjovė
chasm ['kæzm] *n* **1** gilus plyšys; bedugnė *(t. p. prk.)* **2** *(pažiūrų, skonio)* skirtingumas
chassis ['ʃæsɪ] *pr. n (pl* ~ ['ʃæsɪz]) *tech.* važiuoklė, šasi
chaste [tʃeɪst] *a* **1** skaistus, tyras; **~ kiss** nekaltas bučinys **2** neįmantrus, paprastas *(apie stilių)*
chasten ['tʃeɪsn] *v* **1** bausti *(norint pataisyti)* **2** drausminti **3** taisyti *(stilių)*
chastise [tʃæ'staɪz] *v* **1** griežtai įspėti, išbarti **2** bausti *(džn. fizine bausme)*; lupti
chastisement ['tʃæstɪzmənt] *n* baudimas; lupimas
chastity ['tʃæstətɪ] *n* **1** skaistybė, tyrumas **2** *(stiliaus)* paprastumas, griežtumas **3** santūrumas, susilaikymas
chasuble ['tʃæzjubl] *n bažn.* arnotas
chat [tʃæt] *n* pasišnekėjimas, pasikalbėjimas, šneka; plepalai; **to drop in for a ~** užeiti paplepėti *v* šnekučiuotis, kalbėtis *(t. p.* **~ away)** □ **~ up** *šnek.* kalbinti *(ypač mergaites, moteris)*
château ['ʃætəu] *pr. n (pl* ~x [-z], ~s) pilis, užmiesčio rūmai
chatelaine ['ʃætleɪn] *pr. n* **1** pilies/rūmų savininkė/šeimininkė **2** *ist.* grandinėlė ant diržo *(raktams ir pan.)*
chatline ['tʃætlaɪn] *n* skambintojų bendro pokalbio telefono ryšys *(t. p.* **~ service)**
chattel ['tʃætl] *n* **1** *(ppr. pl) teis.* kilnojamasis turtas; **goods and ~s** visas turtas, manta; **~s real** nekilnojamasis turtas **2** *attr:* **~ slavery system** katorginio darbo sistema
chatter ['tʃætə] *n* **1** plepėjimas, tauškimas **2** *(paukščių)* čiulbėjimas, čirškimas *(rašomosios mašinėlės ir pan.)* tarškėjimas **4** kalenimas *(dantimis)* **5** *(upelio)* čiurlenimas **6** *tech.* virpėjimas, vibracija *v* **1** plepėti, taukšti **2** čiulbėti; čirkšti, čerkšti, čirškėti, čiauškėti, čeksėti **3** tarškėti, barškėti **4** kalenti *(dantimis)* **5** čiurlenti **6** *tech.* vibruoti
chatterbox ['tʃætəbɒks] *n* plepys, tuščiakalbis, pliurpa
chatterer ['tʃætərə] *n* plepys, tuščiakalbis, niektauza
chatty ['tʃætɪ] *a* **1** plepus, šnekus **2** šnekamasis *(apie stilių);* **I got a ~ letter from her** gavau iš jos laišką, pilną visokių naujienų
Chaucer ['tʃɔːsə] *n:* **Geoffrey ~** Džefris Čoseris *(anglų rašytojas)*
Chaucerian [tʃɔː'sɪərɪən] *n* Čoserio *(laikų, stiliaus),* čoseriškas
chauffer ['tʃɔːfə] *n* kilnojamoji metalinė krosnelė
chauffeur ['ʃəufə, ʃəu'fəː] *pr. n (privataus lengvojo automobilio)* samdytas vairuotojas *v* būti *(kieno)* vairuotoju □ **~ around** vežioti
chauffeuse [ʃəu'fəːz] *n* samdyta vairuotoja
chauvinism ['ʃəuvɪnɪzm] *n* **1** šovinizmas **2** išdidus elgesys, žiūrėjimas iš aukšto *(į kitos lyties asmenis ir pan.)*
chauvinist ['ʃəuvɪnɪst] *n* **1** šovinistas **2** žmogus, žiūrintis iš aukšto, su panieka *(į moteris, senus žmones ir pan.);* **male ~** moterų diskriminacijos šalininkas
chauvinistic [ʃəuvɪ'nɪstɪk] *a* **1** šovinistinis **2** diskriminuojantis, niekinantis *(ypač moteris)*

chaw [tʃɔː] *v dial.* čiaupsėti; žiautaroti
cheap [tʃiːp] <*a, adv, n*> *a* **1** pigus; lengvai įgyjamas; **~ money** a) pigūs kreditai *(už mažas palūkanas);* b) nuvertėję pinigai; **~ victory** lengva pergalė **2** papigintas **3** blogas, prastas; bevertis; **to feel ~** a) prastai/nejaukiai jaustis; b) jausti gėdą, gėdytis; **to hold smth ~** visai nebranginti/nevertinti ko; **to make oneself ~** netinkamai *ar* per laisvai elgtis **4** *(ypač amer.)* šykštus *adv* **1** pigiai; **~ and nasty** pigu ir prasta **2** lengvai; **to get off ~** lengvai atsipirkti/išsisukti *n* **1: on the ~** pigiai, kuo pigiau **2** *pl* pigios prekės *(ypač knygos minkštais viršeliais)*
cheapen ['tʃiːpən] *v* **1** (nu)piginti; pigti **2** žeminti *(savo orumą ir pan.); refl* nusižeminti; **you mustn't ~ yourself** jūs turite laikytis oriai
cheapjack ['tʃiːpdʒæk] *a* **1** pigus, prastas **2** bandantis praturtėti iš gaminamų/parduodamų prastų prekių *n* prastų prekių pardavėjas *(mažomis kainomis)*
cheaply ['tʃiːplɪ] *adv* **1** pigiai **2** lengvai
cheapo ['tʃiːpəu] *a šnek.* nebrangus, pigus
cheapskate ['tʃiːpskeɪt] *a šnek.* šykštuolis
cheat [tʃiːt] *n* **1** apgavystė, apgaulė, apgavimas **2** sukčius, apgavikas *v* **1** apgau(dinė)ti, sukčiauti **2** (iš)vilioti *(pinigus ir pan.; of, out of)* **3** *(on)* negarbingai elgtis *(kieno atžvilgiu);* būti neištikimam *(kam)* **4** (iš)vengti; **to ~ the gallows** išsisukti nuo kartuvių; **to ~ time** stumti/leisti laiką; **to ~ the journey** leisti laiką kelionėje
cheater ['tʃiːtə] *n* **1** = **cheat** **2** *pl amer. sl.* akiniai
check [tʃek] <*n, v, int*> *n* **1** tikrinimas, kontrolė; **ticket ~** bilietų tikrinimas; **eye ~** *med.* akių tikrinimas; **to keep a ~ (on)** nuolat/reguliariai kontroliuoti/tikrinti; **to hold/keep in ~** kontroliuoti, valdyti; **she keeps a careful ~ on household expenses** ji labai ekonomiškai tvarko namų ūkį **2** stabdymas, trukdymas; kliūtis, kliuvinys; *(juoko ir pan.)* sulaikymas; **our advance met with a ~** mūsų žengimas į priekį buvo sustabdytas **3** *(drabužinės)* numeriukas; *(bagažinės)* kvitas; **coat ~** *amer.* drabužinė; **claim ~** kvitas *(už užsakytus, ar taisyti atiduotus, daiktus)* **4** kontramarkė; talonas **5** kontrolinis antspaudas; „paukščiukas" *(tikrinimo ženklas)* **6** *(ypač amer.)* sąskaita *(restorane)* **7** langelis *(audeklo raštas);* languotas audinys **8** *šach.* šachas; **perpetual ~** amžinasis šachas **9** *amer.* = **cheque** **10** *spec.* plyšys ◊ **to hand/pass in one's ~s** *šnek.* mirti; **to take a rain ~ (on)** *(ypač amer.)* pasinaudoti vėliau *(pasiūlymu ir pan.);* **~s and balances** įstatymų leidybos, vykdomosios valdžios ir teismo savitarpio priklausomybės principas
v **1** tikrinti, kontroliuoti; **they ~ed the hotel for bombs** jie patikrino, ar nėra bombų viešbutyje **2** stabdyti, trukdyti, kliudyti; sulaikyti *(ašaras, pyktį ir pan.);* **I ~ed myself just in time** aš laiku susilaikiau **3** įspėti, daryti pastabą; **she ~ed her son for his greed** ji prikišo sūnui gobšumą **4** atitikti, sutapti *(patikrinus; with, against; t. p.* **~ out) 5** *amer.* atiduoti saugoti *(drabužinėje, bagažinėje ir pan.)* **6** *amer.* (pa)žymėti, (pa)dėti „paukščiuką" **7** išdėstyti šachmatų tvarka **8** *šach.* skelbti šachą **9** *sport.* blokuoti *(ledo ritulys)* □ **~ in** a) registruoti(s), į(si)registruoti; b) *(ypač amer.)* grąžinti *(bibliotekai ir pan.; pagal parašą);* **~ off** a) (pa)žymėti *(sąraše);* b) išskaičiuoti *(profesinės sąjungos mokesčius iš darbo užmokesčio);* **~ out** a) iš(si)registruoti *(iš viešbučio ir pan.);* b) *amer.* pasižymėti išeinant po dienos darbo; c) kruopščiai ištirti/aptarti; d) *amer.* imti *(knygas iš bibliotekos);* **~ over** a) peržiūrėti *(ar nėra klaidų);*

b) ištirti, patikrinti *(kieno sveikatą)*; **~ up** patikrinti, ištirti
int **1** *šach.* šachas! **2** *amer. šnek.* sutinku!, gerai!
checkbook ['tʃekbuk] *n amer.* = **chequebook**
checked [tʃekt] *a* languotas *(apie audinį)*
checker[1] ['tʃekə] *v* = **chequer**
checker[2] *n* **1** tikrintojas, kontrolierius **2** *amer.* kasininkas *(didelėje parduotuvėje)*
checker[3] *n amer.* šaškė
checkerboard ['tʃekəbɔ:d] *n amer.* = **chequerboard**
checkered ['tʃekəd] *a amer.* = **chequered**
checkerman ['tʃekəmæn] *n (pl* -men [-men]) *amer.* šaškė
checkers ['tʃekəz] *n amer.* šaškės *(žaidimas)*
check-in ['tʃekɪn] *n* **1** kontrolės postas; registracijos vieta *(oro/jūrų uoste)* **2** registravimas
checklist ['tʃeklɪst] *n (knygų, prekių ir pan.)* kontrolinis sąrašas; katalogas
checkmate ['tʃekmeɪt] *n* **1** *šach.* šachas ir matas **2** *(visiškas)* sutriuškinimas **3** aklavietė
v **1** duoti matą **2** *(visiškai)* sutriuškinti, paralyžiuoti *(priešą)* **3** vesti į aklavietę
check-nut ['tʃeknʌt] *n tech.* kontrveržlė
check-off ['tʃekɔf] *n* išskaitymai iš darbo užmokesčio
checkout ['tʃekaut] *n* **1** kontrolės punktas *(prie išėjimo iš bibliotekos, savitarnos parduotuvės)* **2** savitarnos parduotuvės kasa *(t. p.* **~ counter)**; **~ assistant/operator** kasininkas **3** išregistravimo laikas *(viešbutyje)*
checkpoint ['tʃekpɔɪnt] *n* kontrolės punktas/postas *(ypač pasienyje)*
checkroom ['tʃekrum] *n (ypač amer.)* **1** drabužinė **2** *(rankinio)* bagažo saugykla
checkrow ['tʃekrəu] *n ž. ū.* kvadratinis lizdinis sėjos/sodinimo būdas
check-taker ['tʃek,teɪkə] *n* **1** *teatr.* bilietų kontrolierius **2** *glžk.* konduktorius
check-up ['tʃekʌp] *n* **1** medicininis patikrinimas **2** revizija; kontrolė; **~ committee** revizijos komisija **3** *aut.* techninė apžiūra
cheddar ['tʃedə] *n* čederis *(kietas sūris)*
cheek [tʃi:k] *n* **1** skruostas, žandas **2** įžūlumas, akiplėšiškumas; **to have the ~ to ask** turėti įžūlumo prašyti **3** *pl šnek.* sėdmenys, užpakalis **4** *(džn. pl) tech.* šonas, šoninė plokštuma, žiauna ◊ **~ by jowl** a) greta; b) ankštai; **to one's own ~** viską tik sau vienam; **to turn the other ~** nekeršyti, nesiginti; ≡ atsukti kitą skruostą; **~ brings success** drąsa visada laimi
v šnek. įžūliai elgtis/kalbėti
cheekbone ['tʃi:kbəun] *n anat.* skruostikaulis
cheek-tooth ['tʃi:ktu:θ] *n* krūminis dantis
cheeky ['tʃi:kɪ] *a* akiplėšiškas, įžūlus; šelmiškas
cheep [tʃi:p] *n* cyp(sėj)imas *(apie peles, paukščiukus)*
v cyp(sė)ti
cheeper ['tʃi:pə] *n* paukščiukas; cipukas
cheer [tʃɪə] *n* **1** džiaugsmo/pritarimo šūksmas; **(to give) three ~s (for)** (sušukti) triskart valio *(kam)* **2** *pl* aplodismentai *(sutinkant ką)* **3** nuotaika; **to be of good [bad] ~** būti geros [prastos] nuotaikos; **to make good ~** puotauti ir linksmintis **4** *knyg.* linksmumas
v **1** džiūgauti **2** džiaugsmingai sveikinti; sveikinti pritarimo šūksmais **3** (nu)džiuginti, pradžiuginti □ **~ on** drąsinti *(šūksmais);* **~ up** nu(si)raminti, pralinksmėti; **~ up!** nusiramink!, nenusimink!, aukščiau galvą!
cheerful ['tʃɪəfəl] *a* **1** linksmas; **in a ~ mood** linksmos nuotaikos, linksmai nusiteikęs **2** šviesus; malonus
cheerie-bye [,tʃɪərɪ'baɪ] *int* = **cheerio** 1

cheerio [,tʃɪərɪ'əu] *int šnek.* **1** viso labo!, lik sveikas! **2** į sveikatą!
cheerleader ['tʃɪə,li:də] *n* aistruolių vadas/organizatorius/ kapitonas *(sporto varžybose)*
cheerless ['tʃɪələs] *a* liūdnas, nelinksmas; niūrus, rūškanas
cheers [tʃɪəz] *int* **1** valio! **2** į sveikatą! **3** *šnek.* ačiū **4** *šnek.* viso (labo)!
cheery ['tʃɪərɪ] *a* linksmas, gyvas; džiugus
cheese [tʃi:z] *n* **1** sūris; **Cheshire ~** česteris *(kietas rūgštus sūris);* **green ~** a) šviežias sūris; b) *prk.* pavydas **2** kas nors sūrio formos **3** *amer. šnek.* bukagalvis, pusgalvis ◊ **say ~!** šypsokitės *(fotografuojant);* **big ~** *sl.* didelis viršininkas/žmogus; **hard ~!** *šnek.* kokia nesėkmė! *(bet man tai nerūpi);* **quite the ~, that's the ~** *sl.* kaip tik tai, ko reikia; **to get the ~** nepasisekti
v: **~ off** *šnek.* priversti *(ką)* sunkiai dirbti, išnaudoti *(ką)* ◊ **~ it!** *sl.* a) *psn.* nutilk!; liaukis!; b) *amer.* bėk!, mauk tolyn!
cheeseburger ['tʃi:zbə:gə] *n* sūrainis, sūrio suvožtinis
cheesecake ['tʃi:zkeɪk] *n* **1** varškės tortas; bandelė su varške **2** *sl.* nuogų/pusnuogių moterų fotografijos
cheesecloth ['tʃi:zklɔθ] *n* marlė
cheesed-off [,tʃi:zd'ɔf] *a šnek.* supykęs, nusivylęs *(with)*
cheese-making ['tʃi:zmeɪkɪŋ] *n* sūrininkystė
cheesemonger ['tʃi:zmʌŋgə] *n* prekiautojas pieno produktais
cheeseparing ['tʃi:zpɛərɪŋ] *n* **1** šykštumas; smulkmeniškas taupumas **2** sūrio žievelė **3** *pl* atliekos
a šykštus
cheesy ['tʃi:zɪ] *a* **1** sūrio, sūriškas **2** *šnek.* prastas, prastos kokybės, nemadingas
cheetah ['tʃi:tə] *n zool.* gepardas
chef [ʃef] *pr. n* vyriausiasis virėjas
chef-d'oeuvre [ʃeɪ'də:vrə] *pr. n (pl* chefs- [ʃeɪ-]) šedevras
cheiromancy ['kaɪərəumænsɪ] *n* = **chiromancy**
chela ['ki:lə] *n (pl* -lae [-li:]) *zool. (vėžiagyvių)* žnyplė
chemical ['kemɪkl] *a* cheminis, chemiškas, chemijos; **~ warfare** cheminis karas; **~ defence** *kar.* priešcheminė gynyba
n pl chemikalai, cheminiai preparatai
chemise [ʃə'mi:z] *n* **1** moteriški marškiniai **2** tiesaus kirpimo suknelė
chemist ['kemɪst] *n* **1** chemikas **2** vaistininkas; **the ~'s (shop)** vaistinė
chemistry ['kemɪstrɪ] *n* **1** chemija **2** cheminės savybės **3** *prk. šnek. (būdo ir pan.)* panašumas, giminingumas; temperamentas; **sexual ~** seksualinis patrauklumas
chemotherapy [,kemə⁰u'θerəpɪ] *n med.* chemoterapija
cheque [tʃek] *n fin.* čekis; **cashier's ~** banko čekis; **blank [crossed] ~** neužpildytas [krosuotasis] čekis; **to cash a ~** gauti *(pinigus)* pagal čekį; **to draw a ~** išrašyti čekį ◊ **to give smb a blank ~** duoti kam veiksmų laisvę
v: **to ~ out** gauti pagal čekį
chequebook ['tʃekbuk] *n* čekių knygutė ◊ **~ journalism** prastos kokybės sensacinė spauda *(brangiai mokanti už išskirtinę teisę skelbti medžiagą)*
chequer ['tʃekə] *v* **1** marginti; įvairinti **2** grafuoti langeliais; (iš)dėstyti šachmatų tvarka
chequerboard ['tʃekəbɔ:d] *n* šachmatų lenta
chequered ['tʃekəd] *a* **1** languotas, margas **2** įvairus, permainingas *(apie praeitį, karjerą ir pan.)*
chequers ['tʃekəz] *n* **1** languotas audinys **2** = **checkers**
chequerwise ['tʃekəwaɪz] *adv* šachmatų tvarka
cherish ['tʃerɪʃ] *v* **1** puoselėti *(viltį, mintį)* **2** saugoti, branginti *(atminimą)* **3** mylėti

cheroot [ʃə'ru:t] *pr. n* manilinis cigaras *(kurio abu galai nupjauti)*
cherry ['tʃerɪ] *n* **1** *bot.* vyšnia *(t. p. uoga);* **sweet** ~ trešnė **2** vyšninė spalva ◊ *to lose one's* ~ *šnek.* prarasti skaistybę; *another ar a second bite at the* ~ dar viena galimybė *(padaryti, gauti ką)*
a vyšninis, vyšnių spalvos; vyšnių; ~ *brandy* vyšnių likeris
cherryade ['tʃerɪeɪd] *n* vyšnių gėrimas; gazuotas vanduo su vyšnių sirupu
cherrypick ['tʃerɪpɪk] *v* išsirinkti *(tai, kas reikalingiausia/geriausia)*
cherry-pie [ˌtʃerɪ'paɪ] *n* **1** pyragas su vyšniomis **2** *bot.* raukšlius, heliotropas
cherry-stone ['tʃerɪstəun] *n* vyšnios kauliukas
cherry-tree ['tʃerɪtri:] *n bot.* vyšnia
chert [tʃə:t] *n min.* silicio skalūnas
cherub ['tʃerəb] *n (pl* ~s, ~im) **1** cherubinas *(t. p. rel.)* **2** *šnek.* angelas, angelėlis *(apie vaiką)*
cherubic [tʃə'ru:bɪk] *a* cherubiniškas; panašus į angeliuką, angeliškas
cherubim ['tʃerəbɪm] *n pl žr.* **cherub**
chervil ['tʃə:vɪl] *n bot.* daržinis builis
Cheshire ['tʃeʃə] *n* Češyras *(Anglijos grafystė)* ◊ *to grin like a* ~ *cat* ≡ rodyti dantis
chess[1] [tʃes] *n* šachmatai; *let's have a game of* ~ sužaiskime šachmatų partiją
chess[2] *n* lango rėmas
chessboard ['tʃesbɔ:d] *n* šachmatų lenta
chessman ['tʃesmæn] *n (pl* -men [-men]) šachmatų figūra
chess-player ['tʃesˌpleɪə] *n* šachmatininkas
chest [tʃest] *n* **1** krūtinės ląsta; *weak* ~ silpni plaučiai **2** skrynia, dėžė; ~ *of drawers* komoda; *medicine* ~ namų vaistinėlė; ~ *of tea kom.* arbatos pakas *(108 svarai)* **3** iždas, kasa, fondas ◊ *to get smth off one's* ~ *šnek.* išsipasakoti, išlieti širdį
chesterfield ['tʃestəfi:ld] *n* **1** gili sofa *(su iškeltais galais)* **2** ilgas paltas
chestnut ['tʃesnʌt] *n* **1** *bot. (valgomasis)* kaštainis *(t. p. vaisius)* **2** kaštonas arklys **3** kaštono *(vaisiaus)* spalva ◊ *old/hoary* ~ *šnek.* senas anekdotas; *to put the ~s in the fire* ≡ pri(si)virti košės; *to pull the ~s out of the fire* ≡ lįsti į ugnį *(dėl ko)*
a kaštoninis, kaštonų spalvos; ~ *hair* kaštoniniai plaukai
chesty ['tʃestɪ] *a šnek.* **1** krūtinga, pilnakrūtė **2** krūtininis *(apie balsą, kosėjimą)* **3** sergantis bronchitu
cheval-glass [ʃə'vælglɑ:s] *n* aukštas veidrodis su kilnojamais rėmais
chevalier [ˌʃevə'lɪə] *pr n ret.* **1** *(ordino)* kavalierius **2** kavalierius **3** *ist.* riteris ◊ ~ *of fortune/industry* avantiūristas
cheviot ['tʃevɪət] *n tekst.* ševiotas
chevron ['ʃevrən] *n* **1** *kar.* ševronas **2** *stat.* suremtų gegnių pora **3** *attr:* ~ *gear tech.* ševroninė pavara
chevy ['tʃevɪ] *v* = **chiv(v)y**
chew [tʃu:] *n* **1** kramtymas; *have a good* ~ gerai sukramtyk **2** kas nors kramtomas; kramtomasis tabakas; saldainis *(iriso tipo)*
v **1** kramtyti; *to* ~ *gum [one's fingernails]* kramtyti gumą [nagus] **2** pragraužti, prakrimsti **3** *šnek.* svarstyti, (ap)galvoti *(on, over)* □ ~ *out (ypač amer.) šnek.* (iš)barti; ~ *over* gerai pagalvoti, apgalvoti; ~ *up* a) sukramtyti; b) *pass* susirūpinti *(about – dėl)*
chewing-gum ['tʃu:ɪŋgʌm] *n* kramtomoji guma
chewy ['tʃu:ɪ] *a* sunkiai kramtomas
chiaroscuro [kɪˌɑ:rə'skuərəu] *it. n men.* **1** kiaroskuras **2** šviesšešėliai, šviesotamsa, šviesos ir tamsos žaismas

chiasmus [kaɪ'æzməs] *n* chiazmas *(stilistinė figūra)*
chic [ʃi:k] *pr. a* elegantiškas, madingas; prašmatnus
n elegancija, elegantiškumas; prašmatnumas
Chicago [ʃɪ'kɑ:gəu] *n* Čikaga *(miestas)*
chicane [ʃɪ'keɪn] *n* **1** = **chicanery** **1 2** machinacija **3** S formos posūkis *(trasoje)*
v kabinėtis, ieškoti priekabių
chicanery [ʃɪ'keɪnərɪ] *n* **1** priekabė; priekabių ieškojimas **2** sofistika
Chicano [tʃɪ'kɑ:nəu, tʃɪ'keɪnəu] *n (pl* ~s [-z]) meksikiečių kilmės amerikietis *(gyvenantis JAV)*
chichi ['ʃi:ʃi:] *a šnek.* pretenzingas; pernelyg madingas, prašmatnus
chick [tʃɪk] *n* **1** viščiukas **2** paukščiukas **3** *sl.* vaikutis *(apie jauną mergaitę)*
chicken ['tʃɪkɪn] <*n, a, v*> *n* **1** višta; viščiukas **2** višta, vištiena; ~ *soup* vištienos sultinys **3** paukščiukas **4** *šnek.* vaikutis; *she is no* ~ ji jau nebe vaikas, ji jau ne tokia jauna **5** *šnek.* bailutis ◊ *don't count your ~s (before they're hatched)* ≡ negirk dienos be vakaro; žiūrėsim, kai dugną dėsim; *your ~s have come home to roost* už šunybes tenka pačiam atkentėti
a šnek. bailus
v: ~ *out šnek.* pabijoti *(ką daryti);* pasitraukti *(dėl gresiančių nemalonumų)*
chicken-and-egg ['tʃɪkɪnənd'eg] *a attr* (susijęs su tuo,) kas buvo anksčiau – višta ar kiaušinis; ~ *problem* atvejis, kai sunku atskirti priežastį ir pasekmę
chickenfeed ['tʃɪkɪnfi:d] *n* **1** naminių paukščių lesalas **2** *šnek.* skatikai, niekai, menka suma *(pinigų)*
chicken-hearted ['tʃɪkɪn'hɑ:tɪd] *a* bailus (kaip kiškis)
chicken-liver ['tʃɪkɪnˌlɪvə] *n* bailys
chicken-livered ['tʃɪkɪn'lɪvəd] *a* bailus
chickenpox ['tʃɪkɪnpɔks] *n med.* vėjaraupiai
chickenshit ['tʃɪkɪnʃɪt] *n amer. sl.* niekingas bailys
chickling ['tʃɪklɪŋ] *n* **1** vištelis, viščiukas **2** *bot.* sėjamasis pelėžirnis *(t. p.* ~ *vetch)*
chickpea ['tʃɪkpi:] *n bot.* sėjamasis avinžirnis, nutas
chickweed ['tʃɪkwi:d] *n bot.* **1** smiltė **2** žliugė
chicle ['tʃɪkl] *n amer.* kramtomoji guma *(t. p.* ~ *gum)*
chicory ['tʃɪkərɪ] *n* **1** *bot.* trūkažolė, cikorija; ~ *salad* cikorijų lapų salotos **2** cikorija *(milteliai)*
chide [tʃaɪd] *v* (chided [-ɪd], chid [tʃɪd]; chided, chidden ['tʃɪdn]) *knyg.* barti, priekaištauti
chief [tʃi:f] *n* **1** vadovas, viršininkas; ~ *of staff [of police]* štabo [policijos] viršininkas **2** *(genties)* vadas **3** *šnek.* šefas, bosas ◊ *in* ~ ypač, svarbiausia; *too many ~s and not enough indians* daug viršininkų – mažai darbininkų
a **1** vyriausiasis; *C. Justice* vyriausiasis teisėjas; teismo pirmininkas; ~ *delegate* delegacijos vadovas **2** pagrindinis, svarbiausias; ~ *wall* kapitalinė siena
chiefly ['tʃi:flɪ] *adv* **1** daugiausia; dažniausiai **2** svarbiausia; ypač
chieftain ['tʃi:ftən] *n* **1** *(genties, klano)* vadas **2** *(gaujos)* vadeiva, atamanas **3** *poet.* karo vadas
chieftaincy, chieftainship ['tʃi:ftənsɪ, -ʃɪp] *n knyg.* vado/atamano padėtis/valdžia; vadovavimas
chiffchaff ['tʃɪfˌtʃæf] *n zool.* krosnilanda
chiffon ['ʃɪfɔn] *n* plonas audinys *(suknelėms, šalikams),* šifonas
chiffonnier [ˌʃɪfə'nɪə] *n* šifonjerė *(spintelė baltiniams ir smulkiems daiktams)*
chignon ['ʃi:njɔn] *pr. n* šinionas *(moterų šukuosena)*
chilblain ['tʃɪlbleɪn] *n med.* nušalimas, nušalusi vieta, nuožvarba

child [tʃaɪld] *n* (*pl* ~ren) **1** vaikas, berniukas, mergaitė; sūnus; duktė; ***Mother/Madonna and*** ~ Madona su kūdikiu *(paveikslas)*; ***from a*** ~ nuo vaikystės; ***to be with*** ~ *psn.* būti nėščiai **2** atžala, palikuonis **3** *prk.* kūdikis, kūrinys, padaras; ***fancy's*** ~ fantazijos padaras ◊ **~'s play** a) ≡ vaikų žaidimas; b) kas nors nereikšminga, mažmožis; ***to throw out the*** ~ ***along with the bathwater*** kartu su vandeniu išpilti ir kūdikį; ***the*** ~ ***is father of the man*** ≡ į ką jaunas įprasi, tą senas atrasi
childbearing [ˈtʃaɪldˌbɛərɪŋ] *n* gimdymas
childbed [ˈtʃaɪldbed] *n psn.* gimdymas
childbirth [ˈtʃaɪldbəːθ] *n* **1** gimdymas; ***to die in*** ~ mirti gimdant **2** gimimų skaičius
childcare [ˈtʃaɪldkɛə] *n* vaikų priežiūra *(tėvų darbo metu)*
childhood [ˈtʃaɪlhud] *n* vaikystė; ~ *disease* vaikų liga; ***to be in one's second*** ~ suvaikėti
childish [ˈtʃaɪldɪʃ] *a* **1** vaikiškas; vaikų **2** nerimtas
childless [ˈtʃaɪldləs] *a* bevaikis
childlike [ˈtʃaɪldlaɪk] *a* patiklus/naivus/nuoširdus kaip vaikas
childminder [ˈtʃaɪldˌmaɪndə] *n* kvalifikuota vaikų auklė
childminding [ˈtʃaɪldˌmaɪndɪŋ] *n* vaikų priežiūra *(ne namie)*
childproof [ˈtʃaɪldpruːf] *a* vaikams nekenkiantis; nesugadinamas; ~ *locks* užraktai, kurių vaikai negali atrakinti
children [ˈtʃɪldrən] *pl žr.* **child**
Chile [ˈtʃɪli] *n* Čilė *(valstybė)*
Chilean [ˈtʃɪliən] *n* čiliečių, čilietiškas; Čilės *n* čilietis
chili [ˈtʃɪli] *n amer.* = **chilli**
chiliad [ˈkɪliæd] *n* **1** tūkstantis **2** tūkstantmetis
chill [tʃɪl] <*n*, *a*, *v*> *n* **1** vėsa, vėsuma, šaltis; ***to take the*** ~ ***off*** pašildyti **2** peršalimas, persišaldymas; ***to catch a*** ~ peršalti, persišaldyti; ***~s and fever*** maliarija **3** *prk.* drebulys, šiurpas, šiurpulys; ***to send a*** ~ ***down smb's spine*** sukelti kam šiurpulį, pašiurpinti ką **4** *(santykių)* šaltumas; ***to cast a*** ~ atšaldyti, sudaryti nemalonią atmosferą **5** *tech.* grūdinimas
a **1** nemaloniai vėsus, šaltas; atšalęs **2** *prk.* šaltas; šiurpus **3** *tech.* užgrūdintas
v **1** šaldyti, aušinti, vėsinti **2** *(ppr. pass)* (su)šalti; *I was ~ed to the bone/marrow* sušalau į ožio ragą **3** atšaldyti *(atmosferą ir pan.)*; atbaidyti; *~ed with terror* pašiurpęs iš baimės **4** *tech.* grūdinti ☐ ~ *out šnek.* atsipalaiduoti, nusiraminti
chiller [ˈtʃɪlə] *n* **1** aušintuvas **2** siaubo romanas/filmas *(apie žmogžudystes, smurtą, vaiduoklius ir pan.)*
chilli [ˈtʃɪli] *n* **1** *bot.* paprika, ankštinis pipiras **2** pupelių ir mėsos troškinys su raudonaisiais pipirais (t. p. ~ *con carne*) **3** malti raudonieji pipirai *(t. p.* ~ *powder)*
chilling [ˈtʃɪlɪŋ] *n tech.* grūdinimas
a šiurpinantis, keliantis šiurpą; šiurpus
chill-out [ˈtʃɪlaut] *a* raminantis; ramybės, atsipalaidavimo *(apie vietą)*
chilly [ˈtʃɪli] *a* **1** šaltas, šaltokas, vėsus **2** sušalęs **3** *prk.* šaltas, nedraugiškas
chimaera [kaɪˈmɪərə] *n* = **chimera**
chime[1] [tʃaɪm] *n* **1** *(ppr. pl)* varpai, kurantai **2** *(varpų, kurantų, durų skambučio)* skambesys, melodija **3** sąskambis, harmonija; *in* ~ darniai, harmoningai
v **1** skambėti *(apie varpus)*; skambinti *(varpais melodiją)*; *the doorbell* ~ suskambėjo durų skambutis **2** (iš)mušti *(valandas)* **3** atitikti, derintis *(t. p.* ~ *in; with)* ☐ ~ *in* įsiterpti į bendrą pokalbį *(pritariant, sutinkant; with)*
chime[2] *n (statinės)* graižtai; ~ *hoop (statinės)* lankas
chimera [kaɪˈmɪərə] *n* **1** *(C.) gr. mit.* Chimera **2** *archit., zool.* chimera **3** neįtikima fantazija

chimeric(al) [kaɪˈmerɪk(l)] *a* chimeriškas, fantastiškas
chimney [ˈtʃɪmni] *n* **1** dūmtraukis, kaminas **2** lempos stiklas **3** *(ugnikalnio)* krateris **4** siauras tarpeklis, kuriuo galima užlipti į stačią uolą
chimney-breast [ˈtʃɪmnibrest] *n* vidinė siena aplink dūmtraukį
chimney-piece [ˈtʃɪmnipiːs] *n* lentyna virš/prie židinio
chimney-pot [ˈtʃɪmnipɒt] *n* **1** dūmtraukis, kaminas *(jo dalis virš stogo)* **2** *stat.* deflektorius **3** *attr:* ~ *hat šnek.* cilindras *(skrybėlė)*
chimney-stack [ˈtʃɪmnistæk] *n* **1** *(fabriko)* dūmtraukio/kamino dalis virš stogo **2** bendra kelių dūmtraukių viršutinė dalis
chimney-stalk [ˈtʃɪmnistɔːk] *n* fabriko dūmtraukis/kaminas
chimney-sweep [ˈtʃɪmnisiːp] *n* kaminkrėtys
chimp [tʃɪmp] *n šnek.* šimpanzė
chimpanzee [ˌtʃɪmpənˈziː] *n zool.* šimpanzė
chin [tʃɪn] *n* smakras; *double* ~ pagurklis ◊ *up to the* ~ sočiai, ligi ausų; *to take it on the* ~ nenusiminti, laikytis žvaliai; *(keep your)* ~ *up!* ≡ aukščiau galvą!, nenusimink!
v **1** *refl sport.* prisitraukti *(ant skersinio, ppr.* ~ *up)* **2** *amer. psn.* plepėti
China [ˈtʃaɪnə] *n* Kinija ◊ *from* ~ *to Peru* visame pasaulyje
a kiniškas
china [ˈtʃaɪnə] *n* porcelianas; porceliano indai ◊ *to break* ~ sukelti sąmyšį
a porcelianinis; ~ *shop* porceliano parduotuvė
China-aster [ˌtʃaɪnəˈæstə] *n bot.* kininis ratilis
china-clay [ˌtʃaɪnəˈkleɪ] *n min.* kaolinas
china-grass [ˈtʃaɪnəɡrɑːs] *n bot.* pluoštinė bemerija
Chinaman [ˈtʃaɪnəmən] *n* *(pl* -men [-mən]) *(tik v.) niek.* kinas
Chinatown [ˈtʃaɪnətaun] *n* kinų kvartalas *(ne Kinijos mieste)*
chinaware [ˈtʃaɪnəˌwɛə] *n* porceliano dirbiniai
Chinawoman [ˈtʃaɪnəˌwumən] *n (pl* -women [-ˌwɪmɪn]) kinė
chinchilla [tʃɪnˈtʃɪlə] *n* **1** *zool.* šinšila **2** šinšilos kailis, šinšila
chin-chin [ˌtʃɪnˈtʃɪn] *šnek. v* **1** sveikinti, skelbti tostą **2** iš lėto rimtai kalbėtis
int **1** sveikas!; viso (labo)! **2** į sveikatą! *(geriant)*
chine [tʃaɪn] *n* **1** gyvulio stuburas **2** *kul.* nugarinė, filė **3** kalnų ketera **4** *jūr. (laivo korpuso)* aštri žiauna
Chinese [ˈtʃaɪˈniːz] *a* **1** kinų, kiniškas; Kinijos **2** *bot., zool.* kininis; ~ *cabbage* kininis bastutis
n **1** kinas; *the* ~ *kuop.* kinai **2** kinų kalba
Chink [tʃɪŋk] *n niek.* činkas *(JAV kino pravardžiavimas)*
chink[1] [tʃɪŋk] *n* **1** *(monetų, stiklinių)* skambėjimas, žvangėjimas **2** *(svirplių)* čirškimas **3** *šnek.* monetos, pinigai
v skambėti, žvangėti
chink[2] *n* plyšys, įskilimas ◊ ~ *in smb's armour šnek.* kieno silpna vieta
v užtaisyti plyšius *(moliu ir pan.)*
chinless [ˈtʃɪnləs] *a* **1** su mažu smakru, su nuolaidžiu, lyg nuskobtu smakru **2** silpnavalis, silpnabūdis
chino [ˈtʃiːnəu] *n (pl* ~s [-z]) **1** *tekst.* chaki spalvos tvilas; stiprus medvilninis audinys **2** *pl* chaki spalvos kelnės
chinoiserie [ʃiːnˈwɑːzəri] *pr. n* kiniški dailės mažmožiai
chinook [tʃɪˈnuːk] *n amer.* činukas *(pietvakarių vėjas)*
chinstrap [ˈtʃɪnstræp] *n (kepurės, šalmo)* pasmakrės dirželis
chintz [tʃɪnts] *n tekst.* kartūnas *(audinys)*
chin-up [ˈtʃɪnʌp] *n amer.* prisitraukimas *(ant skersinio)*

chinwag ['tʃɪnwæg] *šnek. n* (pasi)plepėjimas
v (pasi)plepėti, pasišnekėti
chip [tʃɪp] *n* **1** nuolauža, šukė, atplaiša **2** skiedra; karna, plėša *(krepšiams ir pan. pinti);* ~ *basket* pintinėlė *(gėlėms, vaisiams)* **3** išmušimas, išdužimas, nulūžimas **4** *(ppr. pl) (keptų bulvių)* šiaudeliai; *amer.* traškučiai; *(obuolių)* griežinėliai; *fish and ~s* žuvis su traškučiais **5** *(ppr. pl)* loštukas, žetonas *(lošimuose)* **6** *pl šnek.* pinigai, monetos **7** *pl* skalda; ~ *rejector tech.* skaldos rūšiavimo įrenginys **8** smulkmena, menkniekis **9** *(ypač polit.)* derėjimosi objektas *(t. p. bargaining ~)* **10** *fiz.* puslaidininkinis kristalas su integrine schema; lustas **11** *sport.* *(kamuolio)* spyris aukštyn ◊ *a* ~ *off the old block* sūnus – gyvas tėvas, duktė – gyva motina; *to cash/pass in one's ~s šnek. euf.* mirti; *to have had one's ~s* nepasisekti, būti nugalėtam; išnaudoti paskutinį šansą; *to have a ~ on one's shoulder (visada)* būti pasiruošusiam ginčytis, apmaudauti *(jaučiantis pažemintam); when the ~s are down* lemiamu/sunkiu momentu; *let the ~s fall where they may* kad ir kas atsitiktų; kas bus, tas bus
v **1** nudauž(y)ti, išdaužti, išmušti; nulaužti, atplėš(inė)ti, nulupti *(t. p.* ~ *away/off)* **2** dužti, lūžinėti, apsidaužyti; atplyšti **3** pjaustyti *(bulves)* griežinėliais **4** kaltis, prasikalti *(apie viščiuką)* **5** *sport.* spirti aukštyn *(kamuolį)* ☐ ~ *in* a) prisidėti *(užmokant už ką);* b) įsiterpti *(į pokalbį)*
chipboard ['tʃɪpbɔːd] *n* medienos drožlių plokštė
chipmunk ['tʃɪpmʌŋk] *n zool.* burundukas *(graužikas)*
chipolata [,tʃɪpə'lɑːtə] *n* plona dešrelė
chipper ['tʃɪpə] *a amer. šnek.* linksmas, gyvas
chippings ['tʃɪpɪŋz] *n pl* skalda, skaldinėlis
chippy ['tʃɪpɪ] *a* **1** išdaužtas, nudaužtas; aplaužytas **2** sausas kaip skiedra **3** *šnek., dial.* irzlus **4** *amer.* agresyvus *(apie ledo ritulininką ir pan.)*
n šnek. žuvies gaminių parduotuvė, *ypač* pardavinėjanti žuvis su traškučiais, keptomis bulvėmis *(ppr.* ~ *shop)*
chirk [tʃəːk] *(ypač amer.) šnek. a* gyvas, atgijęs, linksmas
v pralinksmėti, palinksminti, pralinksminti *(ppr.* ~ *up)*
chiromancer ['kaɪərəᵘmænsə] *n* chiromantas
chiromancy ['kaɪərəmænsɪ] *n* chiromantija
chiropodist [kɪ'rɔpədɪst] *n* žmogus, atliekantis pedikiūrą; pedikiūrininkas; nuospaudų pjovėjas
chiropody [kɪ'rɔpədɪ] *n* pedikiūras *(kojų pirštų priežiūra)*
chirp [tʃəːp] *n (paukščių, žiogų)* čirškimas; čiulbesys
v **1** čirkšti, čiulbėti **2** spygauti, suspigti
chirpy ['tʃəːpɪ] *a šnek.* gyvas, linksmas
chirr [tʃəː] *n (žiogų)* čirškimas, čirpimas
v **1** čirkšti, čirpti **2** čežėti *(apie sausas nendres)*
chirrup ['tʃɪrəp] *n* čiulbesys; čirškesys
v čiulbėti; čirkšti
chisel ['tʃɪzl] *n* kaltas, kaltelis, kirstukas; *cold* ~ plieninis kirstukas *(akmeniui/metalui kirsti)*
v (-ll-) **1** (iš)kalti *(marmurą ir pan.)* **2** kalti kaltu/kirstuku *ir pan.* **3** apdoroti, išbaigti *(kūrinį);* (ap)dailinti, šlifuoti *(stilių)* **4** *šnek.* apgauti; apsukti; išvilioti *(t. p.* ~ *out)* ☐ ~ *in šnek.* įsikišti; prikibti, prisikabinti, pristoti
chiseller ['tʃɪzlə] *n šnek.* sukčius
chit[1] [tʃɪt] *n* **1** vaikutis **2** *menk., juok.* mergiūkštė *(t. p. a ~ of a girl)*
chit[2] *n* **1** trumpas raštelis/laiškas; sąskaita *(už maistą, gėrimus)* **2** pažyma, pažymėjimas
chit-chat ['tʃɪttʃæt] *šnek. n* šnekučiavimas(is), plepėjimas; plepalai, šnekos
v šnekučiuoti(s), plepėti
chiton ['kaɪtən] *n* **1** *ist.* chitonas *(graikų drabužis)* **2** *zool.* chitonas *(moliuskas)*

chitter ['tʃɪtə] *v* čirkšti, čerkšti
chitterlings ['tʃɪtəlɪŋz] *n pl kul. (kiaulės)* žarnokai
chitty ['tʃɪtɪ] *n* = **chit**[2]
chivalric ['ʃɪvəlrɪk] *a knyg.* = **chivalrous** 1
chivalrous ['ʃɪvᵊlrəs] *a* **1** riteriškas **2** kilnus, mandagus, galantiškas, taurus
chivalry ['ʃɪvᵊlrɪ] *n* **1** riteriškumas **2** kilnumas, taurumas; galantiškumas **3** *kuop. ist.* riteriai
chive [tʃaɪv] *n* **1** *bot.* laiškinis česnakas **2** *pl* česnako laiškai *(prieskonis)*
chiv(v)y ['tʃɪvɪ] *v* įkyriai skubinti/raginti
chloral ['klɔːrəl] *n chem.* chloralis
chlorate ['klɔːrɪt] *n chem.* chloratas
chloric ['klɔːrɪk] *a chem.* chloratinis; ~ *acid* chloratinė rūgštis
chloride ['klɔːraɪd] *n chem.* chloridas; *sodium* ~ natrio chloridas, valgomoji druska
chlorinate ['klɔːrɪneɪt] *v* chloruoti, dezinfekuoti chloru
chlorine ['klɔːriːn] *n chem.* chloras
chlorite ['klɔːraɪt] *n* **1** *chem.* chloritas *(chloritinės rūgšties druska)* **2** *min.* chloritas
chlorofluorocarbon ['klɔːrəuˌfluərəu'kɑːbən] *n chem.* chlorfluormetanas, freonas
chloroform ['klɔrəfɔːm] *n chem.* chloroformas
v med. chloroformuoti
chlorophyll ['klɔrəfɪl] *n bot.* chlorofilas
chlorosis [klə'rəusɪs] *n bot., med.* chlorozė
chlorous ['klɔːrəs] *a chem.* chloritinis; ~ *acid* chloritinė rūgštis
choc [tʃɔk] *n* (chocolate *sutr.) šnek.* šokoladas
chocaholic [ˌtʃɔkə'hɔlɪk] *n* = **chocoholic**
choccy ['tʃɔkɪ] *šnek.* = **chocolate** *n* 3
cho-cho ['tʃuːtʃuː] *n vaik.* traukinys
choc-ice ['tʃɔkaɪs] *n* ledai, glaistyti šokoladu
chock [tʃɔk] *n* **1** pleištas; *(stabdymo, atraminis)* kaištis **2** atrama, ramstis **3** stabdžio trinkelė **4** *jūr.* puskliuzis
v atremti, paremti ☐ ~ *up* įkalti pleištą; užstatyti
chock-a-block [ˌtʃɔkə'blɔk] *a predic* kimštė prikimštas, sausakimšas *(with – ko)*
chock-full ['tʃɔkful] *a predic* kimštė prikimštas; *the garden was ~ of weeds* sodas buvo želte prižėlęs piktžolių
chocoholic [ˌtʃɔkə'hɔlɪk] *n šnek.* šokolado mėgėjas
chocolate ['tʃɔklət] *n* **1** šokoladas **2** karštas šokoladas *(gėrimas; t. p. hot ~)* **3** *pl* šokoladiniai saldainiai
a šokolado spalvos
chocolate-box ['tʃɔklətbɔks] *a attr menk.* **1** išgražintas, dirbtinai gražus **2** saldus, sentimentalus
choice [tʃɔɪs] *n* **1** pa(si)rinkimas; alternatyva; *wide/large [poor]* ~ didelis [menkas] pasirinkimas; *to make/take one's* ~ pasirinkti; *he had no* ~ *but to go* jam nebuvo kitos išeities, kaip eiti, jis norom nenorom turėjo eiti; *by* ~ savo noru; *for* ~ a) pasirinktinai; b) apskritai **2** kas nors geriausias/rinktinis
a **1** rinktinis, geriausias **2** rinklus, atsargus; *to be ~ of one's company* būti atsargiam užmezgant pažintis **3** šiurkštus, įžeidžiantis *(apie žodžius ir pan.)*
choicely ['tʃɔɪslɪ] *adv* atsargiai, pasirenkant
choir ['kwaɪə] *n* **1** choras *(ypač bažnytinis, mokyklinis)* **2** choro ansamblis, kapela **3** choro vieta *(bažnyčioje)*
v dainuoti/giedoti choru
choirboy ['kwaɪəbɔɪ] *n* bažnytinio choro choristas *(apie berniuką)*
choirgirl ['kwaɪəgəːl] *n* bažnytinio choro choristė *(apie mergaitę)*
choirmaster ['kwaɪəˌmɑːstə] *n* choro vadovas, chorvedys

choke [tʃəuk] *n* **1** dusulys, dusinimas; (už)dusimas; dusulio priepuolis **2** užrištas maišo galas **3** *tech.* droselinė sklendė; droselis **4** *el.* droselinė ritė *(t. p.* **~ coil)** *v* **1** dusinti; (už)dusti, (už)trokšti; *to* **~ with rage** dusti iš pykčio; *the smoke almost ~d me* vos neužtroškau nuo dūmų **2** (pa)springti, užspringti *(with); to* **~ on a bone** paspringti kaulu; *to* **~ over one's food** užspringti valgant **3** smaugti **4** slopinti, užgniaužti; *to* **~ a fire** gesinti ugnį **5** (nu)stelbti, (už)gožti *(apie augalus)* **6** (už)teršti, užkimšti; *the chimney is ~d with soot* kaminą užkimšo suodžiai **7** netekti žado; vos ištarti *(t. p.* **~ out) 8** *amer. šnek.* persitempti *(apie sportininką)* **9** *tech.* droseliuoti ▫ **~ back** užgniaužti *(pyktį, ašaras);* **~ down** a) sunkiai/vos nuryti; (pra)ryti nekramčius; b) = **~ back; ~ in** *amer. šnek.* susilaikyti, nesikišti *(į pokalbį);* **~ off** *šnek.* a) atgrasyti, priversti atsisakyti; b) (nu)slopinti *(protestą, pasipriešinimą);* (su)stabdyti; **~ up** a) užteršti, užkimšti; b) užgožti *(apie piktžoles);* c) užnešti, užtvenkti *(upę smėliu);* d) *pass* pasimesti, supykti *(about)*
choked [tʃəukt] *a* **1** prislopintas; užgniaužtas **2** supykęs, nusiminęs, pasimetęs
choke-damp ['tʃəukdæmp] *n (kasyklų, šulinių ir pan.)* troškinančios dujos
choker ['tʃəukə] *n* **1** vėrinys, priglundantis prie moters kaklo **2** ankšta aukšta apykaklė
chok(e)y ['tʃəukɪ] *n sl.* cypė, šaltoji, kalėjimas
choky *a* dusinantis, tvankus
choler ['kɔlə] *n poet., psn.* pyktis
cholera ['kɔlərə] *n med.* cholera; *hog* **~** kiaulių maras
choleraic [ˌkɔlə'reɪk] *a* choleros, cholerinis
choleric ['kɔlərɪk] *a* irzlus, lengvai suerzinamas; choleriškas *(apie temperamentą)*
cholesterol [kə'lestərɔl] *n chem.* cholesterolis
Chomolungma [ˌtʃəumə'luŋgma:] *n* Džomolungma *(kalnas)*
chomp [tʃɔmp] *v šnek.* = **champ¹** 1 *ir* 2
choose [tʃu:z] *v* (chose; chosen) **1** (iš)rinkti, pa(si)rinkti; *we chose him as our leader* mes išsirinkome jį savo atstovu; *not much arba nothing to* **~ between them** nėra ko rinktis, abu vienodi **2** apsispręsti; *he chose to stay at home* jis nusprendė likti namie **3** norėti, patikti; *just as you* **~** kaip jums patinka, kaip norite; *he did not* **~** *to see her* jis nepanoro jos matyti; *cannot* **~ but...** nieko kito nelieka, kaip...; *I cannot* **~ but obey** aš negaliu nepaklusti ▫ **~ up** *amer. šnek.* išrinkti, surinkti *(komandos narius)*
choos(e)y ['tʃu:zɪ] *a* išrankus *(about)*
chop¹ [tʃɔp] *n* **1** kirtis; kapojimas **2** *kul.* kapotinis, muštinis, žlėgtainis, natūralus kotletas **3** kapotas pašaras, kapojai ◊ *to get the* **~** *šnek.* a) būti atleistam iš darbo; b) nutraukti *(projektą ir pan.);* sumažinti *(mokestį)* *v* **1** kapoti; skelti, skaldyti *(malkas)* **2** prakapoti, praskinti *(taką; t. p.* **~ one's way through) 3** pjaustyti, smulkinti *(maistą)* **4** (su)mažinti *(išlaidas)* **5** kirsti, duoti *(į snukį; t. p.* **~ down) 6** *(džn. pass) šnek.* (su)žlugdyti, (su)stabdyti ▫ **~ down** nukirsti; **~ off** atkirsti; **~ up** susmulkinti, supjaustyti; sukapoti, suskaldyti
chop² *n* **1** permaina, svyravimas **2** šaršas *v* **1** keisti **2** keistis *(apie vėją; ppr.* **~ about/round)** ◊ *to* **~ and change** *šnek.* kaitalioti pažiūras/planus; neturėti tvirtos nuomonės
chop³ *n (ppr. pl) šnek.* žandas; *menk.* snukis; *to hit smb in the* **~s** duoti kam į snukį
chop⁴ *n psn. (fabriko)* ženklas; antspaudas ◊ *(ypač austral.)* *not much* **~(s)** nieko nepaprasta, ne koks
chop-chop [ˌtʃɔp'tʃɔp] *int šnek.* greičiau greičiau!

chophouse ['tʃɔphaus] *n* restoranas, garsėjantis mėsos patiekalais
chopper ['tʃɔpə] *n* **1** *(mėsininko)* peilis; kapoklis, kaponė **2** skeltuvas, skaldymo kirvis **3** *šnek.* helikopteris, malūnsparnis **4** *šnek.* motociklas **5** *pl šnek.* dantys *(ypač dirbtiniai)* **6** *el.* pertraukiklis
chopping-block ['tʃɔpɪŋblɔk] *n* trinka, trinkelė ◊ *to be on the* **~** grėsti žlugimu/sunaikinimu *(apie biznį ir pan.)*
chopping-board ['tʃɔpɪŋbɔ:d] *n* lenta mėsai, daržovėms pjaustyti
choppy ['tʃɔpɪ] *a* **1** banguotas *(apie jūrą, ežerą)* **2** šuoringas *(apie vėją)* **3** nepastovus, kintamas, kaitus, mainus
chopsticks ['tʃɔpstɪks] *n pl (kinų, japonų)* valgomosios lazdelės
chop-suey [ˌtʃɔp'su:ɪ] *n kul.* kiniškas ragu
choral ['kɔ:rəl] *a* chorinis; **~ society** dainininkų ansamblis, choras
choral(e) [kɔ'ra:l] *n muz.* choralas, religinis himnas
chord¹ [kɔ:d] *n* **1** *geom.* styga *(t. p. prk.); to touch a* **~** paliesti jautrią stygą **2** *zool., anat.* chorda **3** *anat.* raištis **4** *stat.* juosta ◊ *to strike a* **~** susilaukti pritarimo *(apie kalbą, mintį ir pan.)*
chord² *n* **1** akordas **2** *(spalvų)* harmonija, gama
chore [tʃɔ:] *n* **1** namų ruoša; *to do the* **~s** ruoštis po namus, apsiruošti **2** nemalonus/nuobodus darbas; *it's a real* **~ having** (+ *to inf)* tikra kankynė *(ką daryti)*
chorea [kɔ'rɪə] *n med.* chorėja *(liga)*
choree [kɔ'ri:] *n lit.* chorėjas, trochėjas
choreograph ['kɔrɪəgra:f] *v* statyti baletą; būti choreografu
choreographer [ˌkɔrɪ'ɔgrəfə] *n* choreografas
choreographic [ˌkɔrɪə'græfɪk] *a* choreografinis
choreography [ˌkɔrɪ'ɔgrəfɪ] *n* choreografija
chorine ['kɔurɪn] *n amer. šnek.* choristė
chorister ['kɔrɪstə] *n* choristas *(džn. berniukas)*
chortle ['tʃɔ:tl] *n* **1** prunkštimas *(iš juoko)*, kikenimas **2** džiūgavimas *v* **1** prunkšti, kikenti **2** džiūgauti
chorus ['kɔ:rəs] *n* **1** choras *(t. p. muz. kūrinys);* choro ansamblis; *in* **~** choru **2** *prk.* choras, darnūs balsai; *to swell the* **~** prisidėti prie daugumos balsų **3** priedainis, dainuojamas choro; refrenas **4** kordebaletas *v* dainuoti/ kartoti choru
chose [tʃəuz] *past žr.* **choose**
chosen ['tʃəuzn] *pII žr.* **choose**
chouse [tʃaus] *v šnek. psn.* apgau(dinė)ti; išvilioti *(of, out of)*
chow [tʃau] *n* **1** čau *(kinų veislės šuo)* **2** *sl.* maistas, ėdalas
chow-chow ['tʃautʃau] *n* = **chow** 1
chowder ['tʃaudə] *n* tiršta sriuba iš žuvų/moliuskų
chowderhead ['tʃaudəhed] *n amer. sl.* bukagalvis, mulkis
chrism ['krɪzm] *n bažn.* **1** patepimas **2** šventasis aliejus
Christ [kraɪst] *n* **1** Kristus; *honour be to Jesus* **~** garbė Jėzui Kristui; *praised be Jesus* **~** tegul bus pagarbintas Jėzus Kristus **2** *(the* **~)** mesijas *int* Viešpatie!, Dieve mano!
christen ['krɪsn] *v* **1** *bažn.* (pa)krikštyti **2** duoti vardą/ pravardę **3** *šnek.* pirmąkart panaudoti; *to* **~ one's new car** pirmąkart išvažiuoti nauju automobiliu
Christendom ['krɪsndəm] *n* krikščioniškasis pasaulis
christening ['krɪsnɪŋ] *n* krikštas, krikštijimas; krikštynos
Christian¹ ['krɪstʃən] *n* krikščionis *a* **1** krikščioniškas, krikščionių; **~ name** vardas *(ne pavardė)* **2** geras, sąžiningas, teisingas
Christian² *n* Kristijonas, Kristianas *(vardas)*
Christianity [ˌkrɪstɪ'ænətɪ] *n* krikščionybė

Christianize ['krɪstɪənaɪz] v apkrikštyti, atversti į krikščionybę
Christine ['krɪstiːn] n Kristina *(vardas)*
Christmas ['krɪsməs] n Kalėdos; *the ~ holidays* Kalėdų atostogos; *~ Day* Kalėdų pirmoji diena *(gruodžio 25-oji); ~ Eve* Kūčių vakaras, Kūčios; *~ tree* Kalėdų eglutė; *Father ~* Kalėdų senelis; *Merry ~!* linksmų Kalėdų švenčių!
Christmas-box ['krɪsməsbɔks] n Kalėdų dovanų dėžutė
Christmassy ['krɪsməsɪ] a *šnek*. kalėdinis, Kalėdų
Christmastime ['krɪsməstaɪm] n pokalėdinė savaitė, Atkalėdis *(iki Trijų Karalių)*
Christopher ['krɪstəfə] n Kristupas, Kristoferis *(vardas)*
chromatic [krəʊ'mætɪk] a **1** *spec*. chromatinis, spalvotas; spalvinis; *~ aberration opt*. chromatinė aberacija **2** *muz*. chromatinė
chromatics [krəʊ'mætɪks] n spalvų mokslas
chrome [krəum] n **1** chromo lydinys; chromavimo medžiaga **2** geltona spalva; chromo dažai; geltonasis kronas *(t. p. ~ yellow)* **3** = **chromium**
chromic ['krəumɪk] a *chem*. chromo, chrominis; *~ acid* chromo rūgštis
chromium ['krəumɪəm] n *chem*. chromas
chromium-plated [ˌkrəumɪəm'pleɪtɪd] a aptrauktas chromu, chromuotas
chromolithograph [ˌkrəuməʊ'lɪθəgrɑːf] n chromolitografija, spalvotoji litografija
chromosome ['krəuməsəum] n *biol*. chromosoma; *X ~* x chromosoma
chronic ['krɔnɪk] a **1** chroniškas; įsisenėjęs *(apie ligą); ~ alcoholic* chroniškas alkoholikas **2** *prk*. chroniškas, nuolatinis, įprastinis; *~ doubts* amžinos abejonės **3** *šnek*. baisus; baisiai prastas; *something ~* kažkas baisu
chronicle ['krɔnɪkl] n kronika; metraštis
v vesti kroniką; užrašyti, surašyti *(kronikoje, dienoraštyje, spaudoje)*
chronicler ['krɔnɪklə] n kronikininkas; metraštininkas
chronograph ['krɔnəgrɑːf] n chronografas *(prietaisas)*
chronologic(al) [ˌkrɔnə'lɔdʒɪk(l)] a chronologinis, chronologiškas
chronology [krə'nɔlədʒɪ] n **1** chronologija **2** chronologinė/chronologijos lentelė
chronometer [krə'nɔmɪtə] n chronometras
chrysalis ['krɪsəlɪs] n *(pl ~es* [-ɪz], -lides [-lɪdiːz]*) zool*. lėliukė
chrysanth [krɪ'sænθ] n *šnek*. = **chrysanthemum**
chrysanthemum [krɪ'sænθəməm] n *bot*. chrizantema
chrysolite ['krɪsəlaɪt] n *min*. chrizolitas
chub [tʃʌb] n *zool*. šapalas
chubby ['tʃʌbɪ] a putlus, išsipūtęs
chubby-cheeked ['tʃʌbɪ'tʃiːkt] a išpūstažandis
chuck¹ [tʃʌk] n **1** metimas, mėtymas **2** *(pasmakrės)* glostymas **3** *šnek*. atleidimas; *to give smb the ~* atleisti ką iš darbo; nutraukti su kuo santykius
v *šnek*. **1** sviesti, mesti **2** išvaryti, išmesti *(t. p. ~ off/out)* **3** glostyti *(pasmakrę)* **4** palikti, pamesti *(draugą, draugę)* ☐ *~ in šnek*. mesti *(darbą, studijas); ~ up sl*. vemti ◊ *~ it!* liaukitės!, užteks!, gana!
chuck² n **1** *kul. (jautienos)* mentė *(t. p. ~ steak)* **2** *tech*. kumštelinis griebtuvas, laikiklis
v *tech*. suspausti griebtuvu
chuck³ n **1** = **cluck¹** **2** *dial*. pupytė *(kreipinys)*
v *žr*. **cluck¹**
chuck⁴ n *amer. dial*. maistas
chucker-out [ˌtʃʌkər'aut] n *šnek*. tvarkdarys *(išmetantis tvarkos pažeidėjus)*

chuck-farthing ['tʃʌkˌfɑːðɪŋ] n žaidimas su moneta
chucking-out [ˌtʃʌkɪŋ'aut] n: *~ time (baro, klubo ir pan.)* uždarymo laikas
chuckle ['tʃʌkl] n **1** tylus juokas, kikenimas *(iš pasitenkinimo, džiaugsmo);* džiaugsmas **2** kudakavimas
v **1** tyliai juoktis, kikenti; džiaugtis **2** kudakuoti
chucklehead ['tʃʌklˌhed] n *amer. šnek*. vėpla
chuff¹ [tʃʌf] n storžievis
chuff² v pukšnoti, šniokštuoti, pūškuoti *(apie garvežį ir pan.)*
chuffed [tʃʌft] a *šnek*. labai patenkintas *(about)*
chug [tʃʌg] v pupsėti, pukšėti *(apie motorą, garvežį)* ☐ *~ away* nupukšnoti
chug-a-lug ['tʃʌgəˌlʌg] v *amer. šnek*. išgerti vienu mauku
chukka ['tʃʌkə] n *sport*. kėlinys *(žaidžiant polą)*
chukker ['tʃʌkə] n *amer*. = **chukka**
chum [tʃʌm] *šnek*. n **1** draugužis, bičiulis **2** *psn. (kambario, kameros ir pan.)* draugas ◊ *new ~ austral*. naujas persikėlėlis
v **1** draugauti **2** kartu gyventi *(with; t. p. ~ together)* ☐ *~ up (with)* artimai susidraugauti
chummage ['tʃʌmɪdʒ] n kelių žmonių apgyvendinimas viename kambaryje
chummery ['tʃʌmərɪ] n **1** gyvenimas viename bendrame kambaryje **2** keleto žmonių apgyventas kambarys
chummy ['tʃʌmɪ] a *šnek*. draugingas, draugus
chump [tʃʌmp] n **1** trinka, pliauska **2** *(ko)* drūtgalis **3** *(avienos)* filė **4** *šnek*. kvailelis, žioplelis, mulkis ◊ *off one's ~* pakvaišęs, netekęs galvos
chunder ['tʃʌndə] v *austral. šnek*. vemti
chunk¹ [tʃʌŋk] n **1** *(mėsos, sūrio ir pan.)* storas/didelis gabalas **2** *(ko)* didelė dalis; didelis kiekis **3** *amer*. kresnas žmogus/arklys
chunk² v trinksėti, dunksėti, burgzti *(apie automobilį)*
chunky ['tʃʌŋkɪ] a **1** kresnas, stambus; storas **2** didelis; dideliais gabalais *(apie maistą ir pan.)*
Chunnel ['tʃʌnl] n *šnek*. Lamanšo tunelis
church [tʃəːtʃ] n bažnyčia *(t. p. pastatas); C. of England, Anglican C.* Anglikonų bažnyčia; *High [Low] C.* Anglikonų bažnyčios konservatyvioji [evangelikų] kryptis; *to go to ~* a) lankyti bažnyčią; b) vesti, ištekėti; *to enter the C., to go into the C.* tapti dvasininku; *to establish a C.* paversti bažnyčią valstybine ◊ *as poor as a ~ mouse* ≡ plikas kaip tilvikas
a bažnytinis; *~ law teis*. bažnytinė teisė
churchgoer ['tʃəːtʃˌgəuə] n nuolat lankantis bažnyčią, tikintysis
Churchill ['tʃəːtʃɪl] n: *Winston Leonard Spencer ~* Vinstonas Leonardas Spenseris Čerčilis *(D. Britanijos valstybės veikėjas)*
churchkey ['tʃəːtʃkiː] n *amer. šnek. (butelių)* atkimštuvas
churchman ['tʃəːtʃmən] n *(pl* -men [-mən]*) (tik v.)* dvasininkas; bažnytininkas
church-rate ['tʃəːtʃreɪt] n *ist*. vietinis mokestis bažnyčiai išlaikyti
church-text [tʃəːtʃtekst] n *poligr*. angliškas gotiškasis šriftas
churchwarden [ˌtʃəːtʃ'wɔːdn] n **1** bažnyčios seniūnas **2** ilga pypkė
churchwoman ['tʃəːtʃˌwumən] n *(pl* -women [-ˌwɪmɪn]*)* dvasininkė; bažnytininkė
churchy ['tʃəːtʃɪ] a **1** atsidavęs bažnyčiai; davatkiškas **2** bažnytinis, bažnytiniškas
churchyard ['tʃəːtʃjɑːd] n **1** šventorius **2** kapinės *(prie bažnyčios)*
churinga [tʃʌ'rɪŋgə] n *austral*. amuletas, talismanas

churl [tʃəːl] *n* **1** storžievis **2** *psn.* prasčiokas, prastuolis *(ypač kaimietis)*
churlish ['tʃəːlɪʃ] *a* **1** neišauklėtas, nemandagus, šiurkštus; irzlus, piktas **2** šykštus **3** sunkiai dirbamas *(apie žemę)* **4** nelydus *(apie metalą)*
churn [tʃəːn] *n* **1** muštuvis **2** maišytuvas **3** (didelis) pieno bidonas
v **1** (su)mušti, (su)sukti *(sviestą)* **2** (su)plakti *(į putas)*, teliuskuoti(s) *(t. p. ~ up)* **3** susukti *(apie vidurius)*; supykti *(apie širdį)* **4** grįžti mintimis *(prie)* □ *~ out* a) gaminti dideliais kiekiais; ≡ kepti kaip blynus; b) rėžti *(kalbas); ~ up* a) sujaudinti, supykinti; b) išrausti, išmindžioti
churn-staff ['tʃəːnstɑːf] *n* maišiklis, menturis
chut [tʃʌt] *int* na!, nagi! *(reiškiant nekantrumą)*
chute[1] [ʃuːt] *n* **1** nuleistuvas, nuleidžiamasis vamzdis; latakas, lovelis **2** vandens kritimas, sraujymė
chute[2] *n* (parachute *sutr.) šnek.* parašiutas
chutist ['ʃuːtɪst] *n* (parachutist *sutr.) šnek.* parašiutininkas
chutney ['tʃʌtnɪ] *n (vaisių, daržovių)* salotos *(prie mėsos, sūrio)*
chutzpah ['hutspə] *n šnek.* akiplėšiškumas, chamiškumas
chyme [kaɪm] *n fiziol.* chimusas, maisto košelė *(skrandžio virškinimo produktas)*
ciao [tʃau] *it. int šnek.* čiau!, iki! *(vart. susitikus/atsisveikinant)*
cicada [sɪˈkɑːdə] *n zool.* cikada
cicatrice, cicatrix ['sɪkətrɪs, 'sɪkətrɪks] *n (pl* cicatrices [ˌsɪkəˈtraɪsiːz]) *med.* randas
cicatrize ['sɪkətraɪz] *v med.* užgydyti, randuoti; užgyti, (su)randėti *(apie žaizdą)*
Cicero ['sɪsərəu] *n: Marcus Tullius ~* Markas Tulijus Ciceronas *(romėnų oratorius, filosofas)*
cicerone [ˌtʃɪtʃəˈrəunɪ] *it. n (pl* -ni [-niː]) *knyg.* vadovas, gidas, čičeronė
cider ['saɪdə] *n* sidras *(putojantis obuolių vynas); bread ~* duonos gira
ciderkin ['saɪdəkɪn] *n* prastos rūšies sidras
cider-press ['saɪdəpres] *n* spaustuvas obuolių sultims spausti
cig [sɪg] *n šnek.* cigaretė, cigaras
cigar [sɪˈgɑː] *n* cigaras ◊ *close, but no ~ amer. šnek.* arti tiesos/sėkmės
cigaret [ˌsɪgəˈret] *n amer.* = **cigarette**
cigarette [ˌsɪgəˈret] *n* cigaretė, papirosas; *a packet of ~s* cigarečių pakelis; *have a ~!* užrūkykite!
v pavaišinti cigarete
cigarette-case [ˌsɪgəˈretkeɪs] *n* portsigaras
cigarette-end [ˌsɪgəˈretend] *n* nuorūka, papirosgalis
cigarette-holder [ˌsɪgəˈretˌhəuldə] *n* kandiklis
cigarette-lighter [ˌsɪgəˈretˌlaɪtə] *n* žiebtuvėlis
cigarette-paper [ˌsɪgəˈretˌpeɪpə] *n* papirosinis popierius
cigar-shaped [sɪˈgɑːʃeɪpt] *a* cigaro formos, cigariškas
ciggie, ciggy ['sɪgɪ] *n šnek.* cigaretė
cilia ['sɪlɪə] *n pl* **1** *anat.* blakstienos **2** *zool., bot.* žiuželiai, blakstienėlės
cilice ['sɪlɪs] *n* ašutinis audinys
cinch [sɪntʃ] *amer. <n, v, a> n* **1** *(balno)* pavarža **2** *šnek.* kas nors tikra/lengva; tikras/lengvas dalykas; *it was a ~!* tai buvo vieni juokai
v **1** priveržti/patempti pavaržą *(t. p. ~ up)* **2** *šnek.* daryti, kad įvyktų, (nu)lemti
a tamprus, elastingas *(apie diržą ir pan.)*
cinchona [sɪŋˈkəunə] *n* **1** *farm.* chininas **2** *bot.* chininmedis; chininmedžio žievė

cincture ['sɪŋktʃə] *n* **1** *knyg.* juosta, diržas **2** *archit. (kolonos)* žiedas
v apjuosti, apsupti
cinder ['sɪndə] *n* **1** šlakas, gargažė, išdagos **2** *(ppr.pl) (karšti)* pelenai, žarijos ◊ *burnt to a ~* sudegintas, suskrudintas *(apie valgį)*
cinder-block ['sɪndəblɔk] *n amer.* šlakbetonio blokas
cinder-box ['sɪndəbɔks] *n tech.* pelenų dėžė, peleninė
Cinderella [ˌsɪndəˈrelə] *n* Pelenė
cinder-path, -track ['sɪndəpɑːθ, -træk] *n sport.* šlako takas
cine ['sɪnɪ] *a attr (t. p. sudurt. žodžiuose) šnek.* kino
cineast(e) ['sɪnɪæst] *pr. n* kino mėgėjas ir mokovas
cinecamera [ˌsɪnɪˌkæmərə] *n* kino kamera, filmavimo kamera/aparatas
cinefilm ['sɪnɪfɪlm] *n* kino juosta *(filmavimui)*
cinema ['sɪnɪmə] *n* **1** kino teatras **2** kinas; kinematografija
cinema-circuit ['sɪnɪməˌsəːkɪt] *n* vienai kompanijai priklausantys kino teatrai
cinema-goer ['sɪnɪməgəuə] *n* kino žiūrovas/mėgėjas
cinemascope ['sɪnɪməskəup] *n* sinemaskopas *(viena iš plačiaekranio kino sistemų)*
cinematic [ˌsɪnɪˈmætɪk] *a* kinematografijos, kino
cinematics [ˌsɪnɪˈmætɪks] *n fiz.* kinematika
cinematograph [ˌsɪnɪˈmætəgrɑːf] *n ist.* kinematografas, kino aparatas
cinematographer [ˌsɪnɪməˈtɔgrəfə] *n =* **cameraman** 2
cinematographic [ˌsɪnɪmætəˈgræfɪk] *a* kinematografinis, kinematografijos
cinematography ['sɪnɪməˈtɔgrəfɪ] *n* kinematografija
cine-projector ['sɪnɪprəˌdʒektə] *n* kino projektorius
cinerama [ˌsɪnɪˈrɑːmə] *n* sinerama *(viena iš plačiaekranio kino sistemų)*
cinerarium [ˌsɪnəˈrɛərɪəm] *lot. n (pl* -ria [-rɪə]) niša urnai su palaikais
cinerary ['sɪnərərɪ] *a* pelenų; *~ urn* urna su palaikais; laidojimo urna
cinereous [sɪˈnɪərɪəs] *a knyg.* peleninis; pelenų spalvos
cinnabar ['sɪnəbɑː] *n min.* cinoberis *(t. p. raudoni dažai)*
a ryškiai raudonas
cinnamon ['sɪnəmən] *n* **1** *bot.* cinamonas *(t. p. prieskonis)* **2** šviesiai ruda spalva
a šviesiai rudas
cinq(ue) [sɪŋk] *n* penketas, penki taškai, penkios akys *(lošiant domino, kortomis)*
cipher ['saɪfə] *n* **1** šifras; *in ~* užšifruotas; *~ clerk* šifruotojas **2** *(arabiškas)* skaitmuo; *a number of three ~s* triženklis skaitmuo **3** *knyg.* nulis **4** *menk.* niekas, menkysta; *to stand for ~* būti tuščia vieta, visiška menkysta
v **1** (už)šifruoti; žymėti sutartiniais ženklais **2** *psn.* skaičiuoti □ *~ out* apskaičiuoti, apgalvoti
circa ['səːkə] *lot. prep knyg.* apie *(ypač apie datas)*
circadian [səːˈkeɪdɪən] *a attr biol.* circadinis, paros *(ypač apie ritmą)*
Circassian [səːˈkæsɪən] *a* čerkesiškas, čerkesų
n **1** čerkesas **2** čerkesų kalba
Circe ['səːsɪ] *n gr. mit.* Kirkė
circle ['səːkl] *n* **1** ratas; apskritimas, skritulys; *to draw a ~* apibrėžti apskritimą; *the students gathered round him in a ~* studentai susirinko apie jį ratu **2** ratas, grupė; būrelis; *the ~ of one's friends* draugų ratas **3** sritis, sfera; *ruling ~s* valdantieji sluoksniai **4** ciklas, ratas; *~ of the seasons* metų laikų ciklas **5** *astr.* orbita **6** *astr.* ratilas, ratas *(apie Mėnulį ir pan.)* **7** *teatr.* aukštas; *dress ~* beletažas; *upper ~* balkonas ◊ *to come/turn full ~*

grįžti į pradinę padėtį/situaciją; *to go round in ~s* blaškytis *(nerandant atsakymo/sprendimo); ~s under one's eyes* ratilai apie akis
v **1** judėti ratu, suktis; sukti ratu, apsukti ratą **2** apibrėžti rateliu *(teisingą atsakymą ir pan.)* **3** perduoti/siųsti aplink *(užkandą, vyną ir pan.)*
circlet ['sə:klıt] *n* **1** ratelis **2** vainikas; apyrankė
circs [sə:ks] *n pl* (circumstances *sutr.*) *šnek.* **1** sąlygos, aplinkybės **2** materialinė padėtis
circuit ['sə:kıt] *n* **1** apėjimas, apvažiavimas, apvažinėjimas; *to make/take a ~ (of)* apeiti, apvažiuoti, apvažinėti; *to fly a ~* apskristi *(rajoną); the postman's ~* laiškanešio kelias/maršrutas **2** *(teisėjo, kunigo, teatro trupės)* lankymasis, važinėjimas *(po savo rajoną);* apylinkė, apygarda, rajonas; *~ of action* veikimo vieta/rajonas **3** *teis.* išvažiuojamoji teismo sesija *(t. p. ~ court)* **4** *sport.* lenktynių trasa/maršrutas **5** *el.* grandinė, kontūras; schema; *open [broken, closed] ~* atviroji [išjungtoji, uždaroji] grandinė; *input [output] ~* įeinamasis [išeinamasis] kontūras; *short ~* trumpasis jungimas; *memory ~* atminties schema
v apeiti *(aplink);* suktis
circuit-breaker ['sə:kıtˌbreıkə] *n el.* automatinis grandinės pertraukiklis
circuitous [sə:'kju:ıtəs] *a* aplinkinis, netiesioginis *(apie kelią ir pan.)*
circuitry ['sə:kıtrı] *n el.* schema; *electronic ~* elektroninė schema
circular ['sə:kjulə] *a* **1** apvalus, apskritas; *~ motion* judėjimas apskritimu/ratu **2** žiedinis, einantis ratu; *~ railway* žiedinis geležinkelis; *~ ticket* bilietas žiediniam maršrutui; *~ stairs* suktiniai/sraigtiniai laiptai **3** aplinkraštinis, cirkuliarinis; *~ letter* cirkuliaras; *~ note* a) aplinkraštis; b) akredityvas **4** nelogiškas *(apie įrodymą, teoriją);* kuris sukasi vis apie tą patį *(apie ginčą ir pan.)*
n **1** aplinkraštis, cirkuliaras **2** reklama, prospektas *(siuntinėjami į namus); it's only a ~* tai tik reklama
circularity [ˌsə:kju'lærətı] *n* **1** apvalumas, apskritumas **2** nelogiškumas
circularize ['sə:kjulərαız] *v* siuntinėti aplinkraščius/cirkuliarus/prospektus
circulate ['sə:kjuleıt] *v* **1** plisti; platinti; *rumours are circulating that...* sklinda gandai, kad...; *he ~d the letter round the table* jis paleido/pasiuntė laišką aplink stalą **2** išsiųsti, išsiuntinėti **3** cirkuliuoti **4** vaikščioti nuo vieno žmogaus prie kito *(pobūvyje ir pan.)* **5** *fin.* būti apyvartoje **6** *mat.* pasikartoti *(apie periodinės trupmenos skaitmenį)*
circulating ['sə:kjuleıtıŋ] *a* **1** cirkuliacinis; cirkuliuojantis; plintantis **2** *fin.* apyvartinis; *~ medium* cirkuliacijos priemonė; pinigai
circulation [ˌsə:kju'leıʃn] *n* **1** cirkuliacija; apytaka *(ypač kraujo)* **2** apyvarta; *to put into ~* paleisti į apyvartą; *withdrawn from ~, out of ~* išimtas iš apyvartos **3** *(periodinio leidinio)* tiražas **4** plitimas; platinimas; *~ department (žurnalo ir pan.)* platinimo skyrius **5** (su)grįžimas į normalų gyvenimą *(po ligos); he has been out of ~ for a long time because of his illness* jis seniai niekur nesirodo dėl ligos
circulator ['sə:kjuleıtə] *n (gandų ir pan.)* platintojas
circulatory [ˌsə:kju'leıtərı] *a* cirkuliuojantis; *~ system* kraujo apytakos sistema
circum- ['sə:kəm-] *pref* apie, aplink; ap-; *circumsolar* aplink Saulę esantis; arti Saulės esantis; *circumambulate* vaikščioti aplink, apvaikščioti

circumambient [ˌsə:kəm'æmbıənt] *a* supantis *(apie atmosferą, vandenyną ir pan.)*
circumambulate [ˌsə:kəm'æmbjuleıt] *v knyg.* vaikščioti aplink, apvaikščioti
circumcise ['sə:kəmsαız] *v rel.* apipjaustyti
circumcision [ˌsə:kəm'sıʒn] *n rel.* apipjaustymas
circumference [sə'kʌmfərəns] *n* **1** *(apskritimo, apskrito daikto, vietos)* pakraštys; periferija **2** *geom.* perimetras
circumflex ['sə:kəmfleks] *n kalb.* riestinis kirčio ženklas, cirkumfleksas *(diakritinis ženklelis kirčiui, garso ilgumui žymėti)*
circumfluent [sə'kʌmfluənt] *a* skalaujantis/supantis iš visų pusių
circumjacent [ˌsə:kəm'dʒeısənt] *n* aplink esantis/išsidėstęs
circumlocution [ˌsə:kəmlə'kju:ʃn] *n* **1** daugiažodiškumas **2** išsisukinėjimas **3** *kalb.* perifrazė
circumlunar [ˌsə:kəm'lu:nə] *a (esantis, judantis)* aplink Mėnulį
circummeridian [ˌsə:kəmmə'rıdıən] *a astr.* esantis arti dienovidinio *(apie žvaigždę ir pan.)*
circumnavigate [ˌsə:kəm'nævıgeıt] *v* apiplaukti *(Žemę, pasaulį, salą)*
circumscribe ['sə:kəmskrαıb] *v* **1** apriboti; *to ~ smb's power* apriboti kieno valdžią/teises **2** *geom.* apibrėžti apskritimą *(aplink trikampį, kvadratą)*
circumscription [ˌsə:kəm'skrıpʃn] *n* **1** apribojimas; riba **2** rajonas **3** užrašas *(ant monetos/ženklo ir pan. pakraščio)*
circumspect ['sə:kəmspekt] *a* **1** apdairus, atsargus **2** apgalvotas *(apie atsakymą, sprendimą ir pan.)*
circumspection [ˌsə:kəm'spekʃn] *n* apdairumas, atsargumas
circumstance ['sə:kəmstəns] *n* **1** *pl* aplinkybės, sąlygos, padėtis; *in/under the ~s* tokiomis sąlygomis, tokioje padėtyje; *in suspicious ~s* įtartinomis aplinkybėmis; *under no ~s* jokiu atveju, niekada; *to depend on ~s* priklausyti nuo aplinkybių/padėties **2** *pl* materialinė padėtis; *in easy/good [reduced/poor] ~s* geroje [prastoje] materialinėje padėtyje **3** atvejis, faktas, detalė; *lucky ~* laimingas atvejis; *the ~ that...* tai, kad... **4** ceremonija; *to receive with great ~* iškilmingai sutikti
circumstanced ['sə:kəmstənst] *a knyg.* sąlygojamas aplinkybių
circumstantial [ˌsə:kəm'stænʃl] *a* **1** smulkus, išsamus, detalus **2** *teis.* paremtas detalėmis, šalutiniais faktais; *~ evidence* netiesioginiai įrodymai
n ret. smulkmena, detalė
circumstantiate [ˌsə:kəm'stænʃıeıt] *v knyg.* pateikti smulkias detales *(apie įvykį);* patvirtinti *(teiginį)*
circumterrestrial [ˌsə:kəmtı'restrıəl] *a astr.* aplink Žemę esantis; *~ orbit* orbita apie Žemę
circumvent [ˌsə:kəm'vent] *v* **1** apeiti *(įstatymą ir pan.)* **2** sutrukdyti, suardyti *(kieno)* planus; pergudrauti
circumvention [ˌsə:kəm'venʃn] *n* apgavystė; gudrybė
circumvolution ['sə:kəmvə'lju:ʃn] *n* **1** sukimasis; apsisukimas **2** išlinkimas
circus ['sə:kəs] *n* **1** cirkas; *~ act* cirko numeris **2** *prk.* balaganas, triukšmas **3** apskrita aikštė su radialiniu gatvių tinklu
cirque [sə:k] *n* **1** *geol.* kara **2** *poet.* arena, amfiteatras
cirrhosis [sı'rousıs] *n med.* kepenų cirozė
cirrus ['sırəs] *n (pl* cirri ['sırαı]) **1** *meteor.* plunksniniai debesys **2** *bot., zool.* ūseliai, čiuptuvėliai
cisatlantic [ˌsısət'læntık] *a knyg.* šioje/europinėje Atlanto vandenyno dalyje

cisco ['siskəu] *n amer. zool.* seliava
cissy ['sɪsɪ] *n šnek.* išlepėlis, lepūnėlis
cistern ['sɪstən] *n* 1 *(tualeto)* bakas; ***flushing*** ~ klozeto bakelis 2 cisterna *(t. p. anat.);* rezervuaras
citadel ['sɪtədəl] *n* citadelė, tvirtovė *(t. p. prk.)*
citation [saɪ'teɪʃn] *n* 1 pagyrimas, pagyrimo raštas; *kar.* padėkos pareiškimas *(įsakymu)* 2 citavimas, nuoroda 3 (iš)vardijimas, (su)minėjimas *(faktų)* 4 *teis.* šaukimas į teismą
cite [saɪt] *v* 1 cituoti, remtis; ***to*** ~ ***a precedent*** remtis precedentu; ***to*** ~ ***an instance*** duoti pavyzdį 2 pareikšti pagyrimą/padėką *(for)* 3 (pa)minėti 4 *teis.* šaukti/iškviesti į teismą
citified ['sɪtɪfaɪd] *n* miestietiškas, miesčioniškas
citizen ['sɪtɪzn] *n* 1 pilietis 2 miesto gyventojas, miestietis; ***the*** ~**s** ***of Oxford*** Oksfordo gyventojai 3 *amer.* civilis
citizenry ['sɪtɪznrɪ] *n kuop.* piliečiai; gyventojai, miestiečiai
citizenship ['sɪtɪznʃɪp] *n* pilietybė; ***to be admitted to*** ~ gauti piliečio teises
citrate ['sɪtreɪt] *n chem.* citratas, citrinos rūgšties druska
citric ['sɪtrɪk] *a* citrinos, citrininis; ~ ***acid*** citrinos rūgštis
citrine [sɪ'triːn] *n min.* citrinos
 a citrininės spalvos, citrininis
citron ['sɪtrən] *n* 1 *bot.* citronas *(t. p. vaisius)* 2 citrininė spalva *(t. p.* ~ ***colour)***
citrous ['sɪtrəs] *a* citrusinis
citrus ['sɪtrəs] *n bot.* citrinmedis, citrusas, citrusinis augalas
 a citrusinis; ~ ***fruit*** citrusiniai vaisiai
cits [sɪts] *n pl amer.* = **civvy** 1
city [sɪtɪ] *n* 1 didelis miestas; miestas, turintis vietinę savivaldą *(JAV);* ~ ***council*** municipaliteto taryba; ~ ***hall*** *(ypač amer.)* municipaliteto rūmai, rotušė; municipalitetas 2 ***(the C.)*** Sitis, Londono centras *(senamiestis su didžiausių kompanijų/bendrovių valdybomis, birža);* Londono finansiniai ir komerciniai sluoksniai; ***C. man*** finansininkas, komersantas; ***C. article*** laikraščio straipsnis finansų/komercijos klausimais ◊ ***in fat*** ~ *amer. šnek.* ≡ pinigų kaip šieno, praturtėjęs
city-state [ˌsɪtɪ'steɪt] *n ist.* polis, miestas valstybė
citywide ['sɪtɪwaɪd] *a (ypač amer.)* miesto mastu; aprėpiantis visą miestą
civet ['sɪvɪt] *n* 1 *zool.* civeta *(t. p.* ~ ***cat)*** 2 cibetas *(medžiaga, vart. parfumerijoje)*
civic ['sɪvɪk] *a attr* 1 pilietinis, piliečių; ~ ***duties [rights]*** piliečio pareigos [teisės] 2 miesto, miestiečių; ~ ***centre*** miesto administracinis centras *(kvartalas su rotuše, miesto biblioteka, ligonine ir pan.)*
civic-minded ['sɪvɪk'maɪndɪd] *a* turintis pilietinės atsakomybės jausmą
civics ['sɪvɪks] *n* civilinė teisė *(dėstomasis dalykas)*
civies ['sɪvɪz] *n pl amer.* civiliniai drabužiai
civil ['sɪvl] *a* 1 pilietinis; ~ ***war*** pilietinis karas; ~ ***disobedience*** *polit.* pilietinis nepaklusnumas 2 civilinis *(ne kriminalinis);* ~ ***law*** civilinė teisė; ~ ***marriage*** civilinė santuoka 3 civilinis *(ne karinis);* ~ ***servant*** valstybės *(civilinės įstaigos)* tarnautojas/pareigūnas; ~ ***airliner*** civilinės aviacijos lėktuvas; ~ ***defence(s)*** civilinė gynyba; ~ ***list*** civilinis lakštas *(parlamento skiriama monarchui alga)* 4 mandagus, paslaugus; ***it is*** ~ ***of them to offer to help*** labai malonu, kad jie pasisiūlė padėti
civilian [sɪ'vɪlɪən] *n* 1 civilis; *pl* civiliai gyventojai 2 *teis.* civilinės teisės specialistas
 a civilinis

civilianize [sɪ'vɪlɪənaɪz] *v* priimti dirbti civilius asmenis *(karinėje įstaigoje)*
civility [sɪ'vɪlətɪ] *n* 1 mandagumas, paslaugumas 2 *(ppr. pl)* mandagumo gestas; meilūs žodžiai, komplimentai
civilization [ˌsɪvɪlaɪ'zeɪʃn] *n* 1 civilizacija 2 civilizuotasis pasaulis 3 civilizuotumas
civilize ['sɪvɪlaɪz] *v* civilizuoti(s)
civilized ['sɪvɪlaɪzd] *a* 1 civilizuotas 2 išauklėtas, kultūringas
civilly ['sɪvəlɪ] *adv* 1 mandagiai, maloniai 2 *teis.* pagal civilinę teisę
civvy ['sɪvɪ] *n šnek.* 1 *pl* civiliniai drabužiai; ***in civvies*** *(apsirengęs)* civiliniais drabužiais 2 civilis; ***C. Street*** *ret.* civilinis *(ne kariškas)* gyvenimas
clabber ['klæbə] *air. n* rūgštus/rūgusis pienas, rūgpienis
clack [klæk] *n* 1 taukšėjimas, tarškėjimas, traškėjimas 2 tauškimas; klegesys 3 barškutis
 v 1 taukšėti, tarškėti 2 taukšti; klegėti
clack-valve ['klækvælv] *n tech.* atlošiamasis vožtuvas
clad [klæd] *a* 1 *knyg.* apsirengęs *(in – kuo);* apdengtas *(ypač sudurt. žodžiuose);* ***snow-clad*** sniego apdengtas 2 *tech.* plakiruotas
cladding ['klædɪŋ] *n tech.* plakiravimas; apdaras
claim [kleɪm] *n* 1 tvirtinimas *(džn. nepagrįstas);* ***I make no*** ~ ***to understand the complexities of the situation*** aš visai netvirtinu, kad suprantu padėties sudėtingumą 2 pretenzija; pretenzijų reiškimas; reikalavimas; teisė pretenduoti; ~**s *for compensation*** kompensacijos reikalavimai; ***a*** ~ ***to an inheritance*** pretenzija į paveldėjimo teisę; ***to lay*** ~ ***(to)*** pretenduoti, reikšti pretenzijas; ***to set up a*** ~ ***(to), to put in a*** ~ ***(for)*** pareikalauti *(turint teisę);* ***there are too many*** ~**s *on her generosity*** piktnaudžiaujama jos gerumu 3 žemės gelmėms tirti skirtas sklypas; paraiška tokiam sklypui; ***to jump a*** ~ neteisėtai užgrobti kitam skirtą sklypą; ***to stake (out) a*** ~ a) pažymėti skirto sklypo ribas; b) įtvirtinti savo teises *(į)* 4 *teis.* ieškinys; ***civil*** ~ civilinis ieškinys 5 *pl kom.* kleimsai
 v 1 tvirtinti, pareikšti *(džn. be pagrindo);* ***to*** ~ ***the victory*** savintis pergalę; ***to*** ~ ***to be innocent*** tvirtinti, kad esi nekaltas; ***he*** ~**s *to be a doctor*** jis laiko save gydytoju 2 pretenduoti, reikšti pretenzijas/teises, reikalauti; ***to*** ~ ***damages*** reikalauti atlyginti nuostolius; ***to*** ~ ***one's rights [smb's attention]*** reikalauti savo teisių [kieno dėmesio]; ***he*** ~**ed *the property as his*** jis pretendavo į tą turtą; ***who*** ~**s *these gloves?*** kieno šios pirštinės? 3 pareikalauti aukų/gyvybių *(apie karą, žemės drebėjimą ir pan.)* 4 *teis.* pareikšti ieškinį *(dėl nuostolių atlyginimo)*
claimant ['kleɪmənt] *n* pretendentas; ieškovas; ~ ***state*** valstybė, pareiškusi pretenzijas
clairvoyance [kleə'vɔɪəns] *n knyg.* aiškiaregystė; įžvalgumas
clairvoyant [kleə'vɔɪənt] *knyg. n* aiškiaregys; įžvalgus žmogus
 a aiškiaregis, įžvalgus
clam [klæm] *n* 1 valgomasis jūrų moliuskas 2 *šnek.* užsidaręs, nekalbus žmogus ◊ ***to shut up like a*** ~ užsičiaupti, staiga liautis kalbėjus; ***as happy as a*** ~ *šnek.* nepaprastai patenkintas/laimingas, ≡ kaip žuvis vandenyje
 v rinkti moliuskus □ ~ ***up*** *šnek.* netarti nė žodžio, neprasižioti, nutilti, nuščiūti
clamant ['kleɪmənt] *a knyg.* 1 triukšmingas; rėkiantis 2 primygtinis, neatidėliotinas
clambake ['klæmbeɪk] *n (ypač amer.)* 1 piknikas ant jūros kranto *(kur kepami ir valgomi moliuskai)* 2 *šnek.* balaganas, triukšmingas pobūvis/susirinkimas

clamber ['klæmbə] *n* karstymasis, laipiojimas
v ropštis, karstytis, kabarotis; *to ~ down the cliff* nusiropšti nuo uolos
clamminess ['klæmɪnɪs] *n* lipnumas
clammy ['klæmɪ] *a* 1 lipnus 2 šaltas ir drėgnas
clamor ['klæmə] *amer.* = **clamour** *n, v*
clamorous ['klæmərəs] *a knyg.* triukšmingas, rėksmingas; rėkiantis
clamour ['klæmə] *n* 1 šūkavimas, klegesys; triukšmas 2 triukšmingas protestas/reikalavimas
v 1 triukšmingai reikalauti *(for);* triukšmingai reikšti, protestuoti; *to ~ against new taxes* protestuoti dėl naujų mokesčių; 2 triukšmauti; rėkti □ *~ down* priversti nutilti *(perrėkiant)*
clamp[1] [klæmp] *n* 1 *tech.* spaustuvas, veržtuvas, veržiklis; gnybtas, apkaba; *spring ~* spyruoklinis spaustukas; *~ bolt* suveržimo varžtas 2 *prk.* suvaržymas *(on)*
v suspausti, suveržti; *to ~ handcuffs* uždėti antrankius
□ *~ down* imtis griežtų žygių, suvaržyti, apriboti, uždrausti *(veiklą ir pan.; on); ~ on* a) uždengti, užspausti *(dangtelį);* b) *prk.* (pa)skirti *(sankcijas ir pan.)*
clamp[2] *n (bulvių)* kaupas; *(durpių ir pan.)* krūva, rietuvė
v dėti į kaupus/krūvas/rietuves
clamp[3] *amer. n* sunki eisena
v sunkiai eiti
clampdown ['klæmpdaun] *n* griežta priemonė, griežtas suvaržymas, uždraudimas
clamshell ['klæmʃel] *n* 1 moliusko geldelė 2 *tech.* griebtuvo/greiferio kaušas; *~ crane* greiferinis kranas
clan [klæn] *n* 1 klanas *(ypač škotų);* gentis 2 *juok.* visa giminė
clandestine [klæn'destɪn] *a* slaptas; nelegalus
clang [klæŋ] *n (varpų)* skambėjimas; *(metalo)* žvangėjimas
v skambėti, žvangėti; žvanginti; *to ~ glasses together* susidaužti *(taurėmis)*
clanger ['klæŋə] *n šnek.* aiški klaida, apsirikimas; *to drop a ~* padaryti netaktą
clango(u)r ['klæŋgə] *n* žvangesys, žvangėjimas, skambesys
clank [klæŋk] *n* žvangėjimas, džerškėjimas
v žvangėti, dzingsėti, džerškėti, čerškėti *(apie metalinius daiktus);* žvanginti
clannish [klænɪʃ] *a* 1 gentinis, genties, klano 2 atsidavęs savo genčiai/klanui 3 atsiskyręs, užsidaręs tarp savųjų *(apie žmonių grupę)*
clanship ['klænʃɪp] *n* 1 priklausymas/atsidavimas savo klanui/genčiai 2 *menk.* grupiškumas, izoliuotumas; užsidarymas tarp savųjų
clansman ['klænzmən] *n (pl* -men [-mən]) *(tik v.)* klano dalyvis; giminės narys
clanswoman ['klænzwumən] *n (pl* -women [-ˌwɪmɪn]) klano dalyvė; giminės narė
clap[1] [klæp] *n* 1 *(rankų)* plojimas; *to give smb a ~* paploti kam 2 patapšnojimas *(per petį)* 3 *(perkūno)* trenkimas
v 1 ploti; pliaukšėti; *he ~ped his hand to his forehead* jis pliaukštelėjo sau per kaktą 2 (pa)tapšnoti, (pa)plekšnoti *(per petį)* 3 užtrenkti *(duris, dangtį ir pan.); to ~ smb in prison/jail [irons]* uždaryti ką į kalėjimą/cypę [sukaustyti ką] 4 uždėti, užmesti *(t. p. ~ on); to ~ duties on goods* apmuitinti prekes; *to ~ a hat on one's head* užsimaukšlinti skrybėlę ant galvos; *to ~ on a tackle jūr.* įtempti talę □ *~ along* ploti į taktą *(to – su); ~ up* paskubomis organizuoti/sudaryti *(sandėrį, sutuoktuves ir pan.)*
clap[2] *n sl.* triperis, gonorėja

clapboard ['klæpbɔːd] *n amer. stat.* sienų apkala; nusklembta lenta *(ypač apkalai)*
clapnet ['klæpnet] *n* raizgai, pinklės *(paukščiams gaudyti)*
clapped-out ['klæpt'aut] *a šnek.* 1 apdaužytas, iškleręs *(apie automobilį ir pan.)* 2 išvargęs
clapper ['klæpə] *n* 1 *(varpo)* šerdis 2 terkšlė *(paukščiams baidyti)* 3 samdytas plojikas ◊ *to run like the ~s šnek.* labai greitai bėgti, lėkti
claptrap ['klæptræp] *n* 1 skambi frazė, pigaus efekto priemonė 2 *šnek.* nesąmonė, kvailystė
claque [klæk] *pr. n* klakeriai, klaka, samdyti plojikai/švilpikai
Clara ['klɛərə] *n* Klara *(vardas)*
Clare [klɛə] *n* Klerė *(moters vardas)*
clarence ['klærəns] *n* 1 *ist.* uždara keturvietė karieta 2 *(C.)* Klarensas *(vardas)*
claret ['klærət] *n* 1 raudonasis vynas, bordo 2 bordo spalva 3 *sl. psn.* kraujas
a tamsiai raudonas, bordo spalvos
claret-cup ['klærətkʌp] *n* kriušonas iš raudonojo vyno
clarification [ˌklærɪfɪ'keɪʃn] *n* 1 paaiškinimas, išaiškinimas; išaiškėjimas 2 *kul.* valymas; skaidrinimas *(skysčių)*
clarify ['klærɪfaɪ] *v* 1 paaiškinti, išaiškinti; išaiškėti; *to ~ the disputes* išspręsti ginčus 2 *kul.* valyti; (nu)skaidrinti *(skysčius);* skaidrėti
clarinet [ˌklærɪ'net] *n muz.* klarnetas
clarinet(t)ist [ˌklærɪ'netɪst] *n* klarnetininkas
clarion ['klærɪən] *n poet.* 1 ragas, trimitas 2 rago/trimito garsas; *~ call* garsus šūkis/raginimas *(imtis veiksmų)*
Clarissa [klə'rɪsə] *n* Klarisa *(vardas)*
clarity ['klærətɪ] *n* 1 aiškumas 2 *(vandens)* skaidrumas, tyrumas; *(brangakmenio)* grynumas
clary ['klɛərɪ] *n bot.* kvapusis šalavijas
clash [klæʃ] *n* 1 susidūrimas; konfliktas; *~ of interests [of opinions]* interesų [nuomonių] susikirtimas; *~ with the police* susirėmimas su policija 2 *(spalvų ir pan.)* nesiderinimas 3 sutapimas; *there's a ~ of classes* pratybos vyksta tuo pačiu metu 4 žvangėjimas, tarškėjimas, džerškėjimas; *(varpų)* skambėjimas
v 1 susidurti, susikirsti *(apie interesus ir pan.);* susiremti, susikauti *(on, over – dėl)* 2 nesiderinti; *these colours ~* šios spalvos nesiderina; *the two statements ~* abu teiginiai prieštarauja vienas kitam 3 sutapti, vykti tuo pačiu metu *(with)* 4 žvangėti, tarškėti, džerškėti; skambėti; žvanginti, džerškinti
clasp [klɑːsp] *n* 1 sagtis, sąsaga 2 *(rankos)* paspaudimas; apkabinimas
v 1 apkabinti *(rankomis); to ~ in one's arms* apkabinti, apglėbti 2 tvirtai suimti/spausti *(rankoje); to ~ smb's hand* (pa)spausti kam ranką; *to ~ one's hands* sunerti rankas; *to ~ smb to one's chest* spausti ką prie krūtinės 5 už(si)segti *(apie sagtį); to ~ a handbag shut* užsegti rankinuką
clasp-knife ['klɑːspnaɪf] *n* lenktinis peilis
clasp-pin ['klɑːspɪn] *n* segtukas
class [klɑːs] <*n, a, v*> *n* 1 *(visuomenės)* klasė; *the working ~* darbininkų klasė; *the middle ~* vidurinė klasė; *the upper ~* aukštuomenė; aristokratija; *the ~es and masses* visi visuomenės sluoksniai 2 klasės *(daiktų/žmonių klasifikacijoje; t. p. biol.);* kategorija; *~ of mammals* žinduolių klasė; *~es of weight sport.* svorio kategorijos; *~ of problems* klausimų ratas 3 *(mokyklos)* klasė, skyrius; *to hold the attention of the ~* valdyti klasės dėmesį 4 pratybos, kursai; *an English ~* anglų kalbos pratybos; *to take ~es (in)* mokytis *(kursuose); to take a ~* vado-

vauti pratyboms, mokyti **5** pamokų laikas, pamoka; *after ~es* po pamokų; *when is ~?* kada prasideda pamokos? **6** *(vertinimo, baigimo)* laipsnis *(t. p. ~ of degree); to get/obtain a ~* baigti *(aukštąją mokyklą)* su pagyrimu **7** *(aptarnavimo)* klasė *(geležinkelyje, laive)* **8** *jūr. (laivo)* tipas **9** *(ypač amer.) (mokinių, studentų)* vienų metų laida **10** *kar.* tų pačių metų šaukiamieji **11** rūšis, kokybė; *first ~, ~ A* aukščiausios rūšies; *to show ~* parodyti aukštą lygį/meistriškumą; *to be in a ~ of its/one's own, to be in a ~ by itself/oneself* išsiskirti, būti neprilygstamam/labai geram; *he is no ~ šnek.* jis – niekam tikęs žmogus **12** *šnek.* elegancija, grakštumas; *to have ~* turėti elegancijos, būti elegantiškam
a **1** klasinis; *~ society* klasinė visuomenė **2** *šnek.* aukščiausios klasės, puikus *(apie žaidėją, artistę ir pan.)*
v **1** klasifikuoti; priskirti *(kuriai kategorijai; t. p. ~ together)* **2** pažymėti, pagirti *(per egzaminus aukštojoje mokykloje); he obtained a degree, but was not ~ed* jis gavo laipsnį, bet be pagyrimo **3** įvertinti, susidaryti nuomonę

class-conscious [ˈklɑːsˌkɔnʃəs] *a* suvokiantis savo priklausomybę kuriai nors klasei; *~ worker* sąmoningas darbininkas

class-consciousness [ˈklɑːsˌkɔnʃəsnɪs] *n* klasinis sąmoningumas

class-fellow [ˈklɑːsˌfeləu] *n* bendraklasis, klasės draugas

classic [ˈklæsɪk] *n* **1** klasikinis kūrinys/pavyzdys; *that ballet is a ~* tas baletas – klasika **2** klasikas **3** *psn.* klasikinės filologijos specialistas
a **1** klasikinis; klasiškas; pavyzdinis **2** aukščiausios klasės/rūšies

classical [ˈklæsɪkl] *a* **1** klasikinis; *~ languages* klasikinės kalbos; *~ scholar* filologas klasikas **2** klasikinis *(apie muziką, baletą ir pan.)* **3** paprastas, santūrus *(apie stilių)*

classicism [ˈklæsɪsɪzm] *n* **1** klasicizmas **2** klasikinių kalbų ir literatūros nagrinėjimas

classicist [ˈklæsɪsɪst] *n* **1** filologas klasikas **2** klasicistas

classicize [ˈklæsɪsaɪz] *v knyg.* **1** (pa)daryti klasikinį **2** (pa)mėgdžioti klasikinį stilių

classics [ˈklæsɪks] *n pl* klasika *(klasikinė literatūra, filologija ir istorija)*

classifiable [ˈklæsɪfaɪəbl] *a* klasifikuojamas, galimas klasifikuoti

classification [ˌklæsɪfɪˈkeɪʃn] *n* **1** klasifikacija; klasifikavimas; *library/book ~* bibliotekinė klasifikacija; *~ rules/regulations* klasifikacijos taisyklės **2** įslaptinimas

classified [ˈklæsɪfaɪd] *a* **1** klasifikuotas; sisteminis **2** slaptas, įslaptintas **3** priskirtas tam tikrai kategorijai *(apie kelią)*
n skelbimėlis *(pirkti, parduoti ką; t. p. ~ ad)*

classify [ˈklæsɪfaɪ] *v* **1** klasifikuoti; priskirti tam tikrai klasei/kategorijai **2** įslaptinti *(informaciją)*

classing [ˈklɑːsɪŋ] *n sport.* įvertinimas; *~ by points [by time]* įvertinimas taškais [pagal laiką]

classism [ˈklæsɪzm] *n* diskriminacija socialiniu požiūriu

classless [ˈklɑːsləs] *a* **1** neklasinis, beklasis; *~ society* beklasė visuomenė **2** nepriklausantis kuriai nors klasei *(apie kalbos variantą)*

class-list [ˈklɑːslɪst] *n* **1** klasės mokinių sąrašas **2** absolventų sąrašas *(pagal egzaminų rezultatus)*

classmate [ˈklɑːsmeɪt] *n* bendraklasis, klasės/mokslo draugas

classroom [ˈklɑːsrum] *n* klasė *(kambarys)*; auditorija

classy [ˈklɑːsɪ] *a šnek.* **1** pirmaklasis, geriausias, puikus **2** madingas, prašmatnus

clastic [ˈklæstɪk] *a geol.* nuotrupinis, klastinis

clatter [ˈklætə] *n* **1** tarškėjimas, barškėjimas, kaukšėjimas **2** tarškesys, klegesys, triukšmas
v **1** tarškėti, barškėti, dardėti; tarškinti, barškinti; *the pans ~ed to the floor* puodai tarškėdami nukrito ant grindų **2** klegėti □ *~ down* nudardėti; *~ in* įdardėti

Claudius [ˈklɔːdɪəs] *n ist.* Klaudijus

clause [klɔːz] *n* **1** *(dokumento)* straipsnis, skirsnis, punktas; *(sutarties)* išlyga, klauzulė; *currency/exchange ~* išlyga dėl valiutinių operacijų **2** *gram.* sakinys *(sudėtinio sakinio dėmuo); main/principal [subordinate/dependant] ~* pagrindinis [šalutinis] sakinys

clause-by-clause [ˈklɔːzbaɪˈklɔːz] *a parl.* pastraipsniui svarstomas/vykdomas

claustrophobia [ˌklɔːstrəˈfəubɪə] *n med.* klaustrofobija, uždarų patalpų baimė

clave [kleɪv] *past. psn. žr.* **cleave**[2]

clavichord [ˈklævɪkɔːd] *n muz.* klavikordas

clavicle [ˈklævɪkl] *n anat.* raktikaulis

clavier *n muz.* **1** [ˈklævɪə] klaviatūra **2** [kləˈvɪə] klavyras

claw [klɔː] *n* **1** *(gyvulio, paukščio)* nagas; koja/letena su nagais **2** *(vėžiagyvių)* žnyplės **3** viniatraukis *(plaktuko dalis)* **4** *tech.* kumštelis, letena, krumplys, replės ◊ *to put out a ~* ≡ parodyti nagus; *to draw in one's ~s* apsiraminti; *to cut/clip/pare smb's ~s* ≡ aplaužyti kam ragus, pakirpti kam sparnus; *to get one's ~s into smb* prikibti prie ko
v **1** įsikibti; draskyti nagais; *to ~ hold of smth* įsitverti, įsikibti į ką **2** prisiglemžti *(pinigų)* □ *~ back* a) atgauti, susigrąžinti *(kas buvo sunkiai pasiekta);* b) kompensuoti išlaidas papildomais mokesčiais *(apie vyriausybę)*
◊ *to ~ one's way up/along* slinkti užsitveriant už ko

claw-hammer [ˈklɔːˌhæmə] *n* **1** plaktukas su skeltu galu *(vinims traukti)* **2** *juok.* frakas *(t. p. ~ coat)*

clay [kleɪ] *n* **1** molis; molžemis; *expanded ~* keramzitas **2** purvas, dumblas **3** *poet. (žmogaus)* kūnas; palaikai **4** molinė pypkė *(t. p. ~ pipe)* ◊ *to moisten one's ~* ≡ išmesti burnelę/stikliuką
v aptepti moliu

clayey [ˈkleɪɪ] *a* **1** molingas; *~ soil* priemolis **2** molėtas, molinas, moliuotas

claymore [ˈkleɪmɔː] *n ist.* škotų kalniečių kardas

clean [kliːn] *<a, n, adv, v> a* **1** švarus; *my hands are ~* mano rankos švarios *(t. p. prk.); to keep one's house ~* palaikyti namų švarą; *as ~ as a new pin, as ~ as a whistle* švarut švarutėlis **2** grynas, be priemaišų; nevartotas **3** *prk.* nesuteptas; *~ living* doras gyvenimas; *to have a ~ record* turėti gerą vardą/reputaciją; *it was all good ~ fun* viskas buvo labai padoru **4** dailus, lygus; gerai sudėtas *(apie žmogų);* gražios formos *(apie automobilį)* **5** techniškai švarus; vikrus; *~ blow/stroke* tikslus smūgis **6** visiškas; *I've made a ~ break/cut with my past* aš visiškai nutraukiau ryšius su praeitimi **7** *šnek.* nekaltas, neprasikaltęs **8** neturintis/nebevartojantis narkotikų **9** *spec.* neradioaktyvus; švarus, neužterštas *(radioaktyviomis medžiagomis)* **10** *sport.* doras, garbingas ◊ *to come ~* pasakyti visą teisybę, prisipažinti *(melavus ir pan.); keep it ~!* nekalbėk nešvankybių!; elkis padoriai
n valymas; švarinimas; *to give it a ~* (iš)valyti
adv **1** visai, visiškai, švariai; *I ~ forgot about it* aš visiškai pamiršau, man tai visai išėjo iš galvos **2** švariai **3** kiaurai; tiesiai
v **1** valyti; švarinti, tvarkyti; *I've been ~ing all morning* švarinausi/tvarkiausi visą rytą **2** (iš)doroti, (iš)darinėti *(vištą, žuvį ir pan.)* □ *~ down* a) nušveisti, nuvalyti,

nušluostyti *(dulkes nuo sienų);* b) valyti, šukuoti *(arklį);* **~ off** nuvalyti; (iš)sivalyti; **~ out** a) išvalyti *(vidų);* b) *šnek.* apšvarinti, apvogti; **~ up** a) išvalyti; sutvarkyti; b) *šnek.* gerai pasipelnyti *(iš komercinės veiklos ir pan.);* c) pagerinti, pakelti *(savo reputaciją)*

clean-cut ['kli:n'kʌt] *a* **1** apibrėžtas, griežtas **2** aiškus, ryškus **3** švarus ir tvarkingas

cleaner ['kli:nə] *n* **1** valytojas **2** valymo medžiaga/priemonė **3** valytuvas; valiklis; grandiklis; dulkių siurblys **4** cheminės valyklos savininkas/darbuotojas **5** *amer.* = **cleaner's**

cleaner's ['kli:nəz] *n* cheminė valykla ◊ **to take to the ~** *šnek.* a) apiplėšti, apgrobti, apkrauseti; b) sutriuškinti

clean-fingered ['kli:n'fɪŋgəd] *a* nepaperkamas

clean-handed ['kli:n'hændɪd] *a* doras

cleaning ['kli:nɪŋ] *n (patalpų, baldų ir pan.)* valymas; **~ lady/woman** valytoja; **dry ~** cheminis valymas; **wet ~** (iš)plovimas; **to do the ~** (iš)valyti

clean-limbed ['kli:n'lɪmd] *a* lieknas

cleanliness ['klenlɪnɪs] *n* švarumas, švara, valyvumas, tvarkingumas

clean-living [ˌkli:n'lɪvɪŋ] *a* doras, sąžiningas

cleanly *a* ['klenlɪ] *knyg.* švarus, valyvas
adv ['kli:nlɪ] švariai

cleanness ['kli:nnɪs] *n* švara, švarumas

clean-out ['kli:naut] *n šnek.* pagrindinis valymas

cleanse [klenz] *v* **1** (ap)valyti; dezinfekuoti *(žaizdą)* **2** *prk. knyg.* gryninti **3** *bažn.* atleisti nuodėmes

cleanser ['klenzə] *n* valiklis, valymo priemonė; skystis veido dažams nuplauti

clean-shaven ['kli:n'ʃeɪvn] *a* (švariai) nusiskutęs

clean-up ['kli:nʌp] *n* (iš)valymas; apsišvarinimas; **~ party** *amer.* valytojai; **~ campaign** a) *(miesto)* švarinimo kampanija; b) valymo kampanija *(vidaus politikoje)*

clear [klɪə] <*a, adv, v, n*> *a* **1** aiškus, ryškus; šviesus; **~ head** šviesi galva; **~ sky** giedras dangus; **~ sight** geros akys **2** suprantamas; aiškus; neabejotinas; **let's get it ~** išsiaiškinkime tai; **as ~ as mud** visiškai nesuprantamas; **do I make myself ~?** ar (tau) aišku? *(supykus)* **3** skaidrus, permatomas; **~ honey** skaidrus skystas medus **4** švarus, grynas, tyras *(apie orą, vandenį; t. p. prk.);* **~ conscience** švari sąžinė **5** laisvas; saugus; **all ~!** kelias laisvas!; saugu!; **next Monday is ~** kitas pirmadienis – laisvas/neužimtas **6** laisvas *(nuo rūpesčių, įtarimų ir pan.)* **7** grynas *(apie svorį, pelną);* **he gets £150 a week ~** jis gauna 150 svarų per savaitę grynais *(į rankas)* **8** visas, ištisas *(apie laiką);* **a ~ month** visas mėnuo ◊ **to get away ~** išsisukti; **to keep ~ of smth** vengti, saugotis ko *adv* **1** aiškiai; **I heard him loud and ~** aš aiškiai jį girdėjau **2** visiškai, ištisai; **three feet ~** per visas/ištisas tris pėdas; **to keep/stay ~** *(of)* laikytis nuošaliai
v **1** valyti(s), tvarkyti(s); **to ~ a room** tvarkyti kambarį; **to ~ the table** nukraustyti stalą; **to ~ the streets of snow** valyti sniegą gatvėse; **to ~ a space** padaryti vietos *(for – kam)* **2** giedrėti *(apie dangų);* skaidrėti, pasidaryti skaidriam *(apie vandenį, vyną)* **3** *prk.* išsklaidyti *(abejones);* iš(si)aiškinti *(nesusipratimą);* praskaidrinti *(atmosferą, galvą ir pan.);* pragiedrėti *(apie veidą)* **4** sklaidytis, išsisklaidyti *(apie rūką)* **5** užbaigti *(darbą ir pan.)* **6** pritarti *(pasiūlymui ir pan.)* **7** duoti leidimą, leisti *(vykti, skristi, plaukti)* **8** *(ppr. pass)* išteisinti **9** praeiti, pravažiuoti pro šalį *(neužkliudant);* nepaliesti, peršokti; **to ~ an obstacle** įveikti kliūtį **10** sumokėti *(skolą);* išskaičiuoti *(mokestį, išlaidas);* atsiskaityti *(čekiu)* per atsiskaitymų rūmus **11** gauti grynais *(atskaičius mokesčius ir pan.);* gauti gryną pelną **12** išparduoti *(ppr. nepaklausias prekes)* **13** *amer.* susitarti, suderinti *(with)* **14** *spec.* iššifruoti ☐ **~ away** a) nukraustyti *(stalą),* nuimti *(indus nuo stalo);* sutvarkyti, sudėti *(daiktus);* b) iš(si)sklaidyti; **~ off** a) atsikratyti *(nerimo ir pan.);* b) giedrytis; c) *šnek.* sprukti, išnykti, dingti; **~ out** a) išvalyti; b) iš(si)kraustyti; c) *šnek.* išnykti, išsinešdinti; **~ up** a) sutvarkyti, aptvarkyti; b) išaiškinti *(reikalą);* c) nusigiedryti, giedrytis; d) susitvarkyti *(apie bėdas ir pan.);* praeiti *(apie ligą)* *n sport.* išsilaisvinimas, atsikratymas *(gynėjo; futbole)* ◊ **in ~** a) nešifruotai, paprastu raštu; b) *tech.* šviesoje; **in the ~** nekaltas; neįtariamas

clearance ['klɪərəns] *n* **1** = **clearing** 1 **2** *(miško)* iškirtimas *(ištisai)* **3** *(oficialus)* leidimas; **certificate of customs ~** muitinės pažymėjimas **4** *(lėktuvo, laivo)* dokumentų (su)tvarkymas *(įskrendant, išskrendant, įplaukiant, išplaukiant)* **5** atsiskaitymas *(čekiu)* per atsiskaitymų rūmus **6** *kom.* muito apmokėjimas **7** gabaritas; ribotas aukštis *(tarp kelio ir virš esančio statinio)* **8** *tech.* tarpas, tarpelis, prošvaisa; **bearing ~** guolio laisvumas **9** *aut.* klirensas, prošvaistė **10** *sport.* kliūties įveikimas *(lengvoji atletika);* smūgis nuo vartų *(futbolas)* **11** *attr:* **~ sale** *kom.* papigintas pardavimas; **~ order** leidimas nugriauti

clear-cut ['klɪə'kʌt] *a* aiškus; ryškus; **a ~ distinction** ryškus skirtumas

clear-headed ['klɪə'hedɪd] *a* blaiviai galvojantis, blaiviagalvis

clearing ['klɪərɪŋ] *n* **1** (iš)valymas, tvarkymas; atsikratymas *(nereikalingų daiktų);* nugriovimas **2** išvalytas miško plotas *(paruoštas dirvai);* proskyna, skynimas **3** *ekon.* kliringas; **bank ~** kliringo atsiskaitymas tarp bankų **4** *attr:* **~ station** evakuacijos punktas

clearing-house ['klɪərɪŋhaus] *n* **1** atsiskaitymų rūmai/kontora **2** informacijos rinkimo, apdorojimo ir skleidimo centras

clearing-off ['klɪərɪŋˌɔf] *n* atsiskaitymas

clearing-up ['klɪərɪŋˌʌp] *n* su(si)tvarkymas

clearly ['klɪəlɪ] *adv* **1** aiškiai; ryškiai **2** *mod* neabejotinai

clearness ['klɪənɪs] *n* aiškumas, ryškumas *ir pan., žr.* **clear** *a*

clear-out ['klɪəraut] *n šnek. (kambario)* išvalymas, sutvarkymas

clear-sighted ['klɪə'saɪtɪd] *a* įžvalgus

clearstarch ['klɪəˌstɑːtʃ] *v* krakmolyti

clearway ['klɪəweɪ] *n* greitkelis, kuriame galima sustoti tik sugedus automobiliui

cleat [kliːt] *n spec.* **1** lentelė, lentjuostė; plokštė **2** pakala; *pl amer.* batai su pakala **3** pleištas; spraustelis; gnybtas **4** traukimo lenta *(vielai)* **5** *jūr.* antelė *(virvėms tvirtinti)*

cleavage ['kliːvɪdʒ] *n* **1** (į)skilimas; (į)skėlimas **2** *prk.* skilimas, susiskaldymas **3** tarpas tarp krūtų *(matomas dėvint dekoltuotą suknelę)* **4** *biol. (apvaisinto kiaušinio)* segmentacija **5** *geol.* sluoksniuotumas

cleave[1] [kliːv] *v* (cleaved, clove, cleft; cleaved, cloven, cleft) *knyg.* **1** skilti, skelti *(džn.* **~ asunder, ~ in two)** **2** skrosti *(bangas, orą)*

cleave[2] *v* (cleaved, clave; cleaved) *knyg.* **1** lipti **2** būti/likti ištikimam/atsidavusiam *(to)*

cleaver ['kliːvə] *n* **1** skaldytojas **2** kapoklė, kaponė *(mėsai/daržovėms kapoti)*

cleavers ['kliːvəz] *n (pl* ~) *bot.* lipikas

clef [klef] *n muz.* raktas; **treble ~** smuiko raktas

cleft [kleft] *n* **1** *(žemės, odos)* (į)skilimas; plyšys, įtrūkimas **2** *(visuomenės)* skilimas

a (į)skeltas, persleltas *past, pII žr.* **cleave¹**
cleg [kleg] *n dial.* gylys, aklys
clem [klem] *v šiaur.* badauti; marinti badu
clematis ['klemətıs, klə'meıtıs] *n bot.* raganė
clemency ['klemənsı] *n* **1** malonė; gailestingumas, atlaidumas **2** *(klimato)* švelnumas
clement ['klemənt] *a* **1** gailestingas, atlaidus **2** švelnus *(apie klimatą)*
Clement ['klemənt] *n* Klementas *(vardas)*
Clementina [,klemən'ti:nə] *n* Klementina *(vardas)*
Clementine ['klemən taın] *n* Klementina *(vardas)*
clench [klentʃ] *n* **1** *(kumščių)* (su)gniaužimas, gniaužymas **2** *(dantų)* sukandimas **3** įtikinamas argumentas **4** = **clinch**
v **1** (su)spausti, (su)gniaužti *(kumščius)* **2** sukąsti *(dantis)* **3** (su)spausti, sugriebti *(ranka, dantimis)* **4** galutinai patvirtinti, nuspręsti
Cleopatra [kli:ə'pætrə] *n ist.* Kleopatra
clerestory ['klıəstərı] *n archit.* bažnyčios sienos viršutinė dalis su langais
clergy ['klə:dʒı] *n kuop.* dvasininkija, dvasininkai
clergyman ['klə:dʒımən] *n (pl* -men [-mən]) *(tik v.)* dvasininkas ◊ **~'s week [fortnight]** atostogos su dviem [trimis] sekmadieniais
clergywoman ['klə:dʒı,wumən] *a (pl* -women [-,wımın]) dvasininkė
cleric ['klerık] *n* dvasininkas; klerikalas
clerical ['klerıkl] *a* **1** kanceliarinis, klerko; **~ error** kanceliarijos/perrašinėtojo klaida; **~ work** kanceliarijos/kontoros darbas **2** klerikalinis, dvasininkų; **~ student** seminaristas
clericalism ['klerıkəlızm] *n* klerikalizmas
clericalist ['klerıkəlıst] *a* klerikalizmo šalininkas
clerihew ['klerıhju:] *n* humoristinis dvieilis/ketureilis eilėraštukas
clerisy ['klerısı] *n knyg.* mokslininkai, intelektualai; inteligentija
clerk [klɑ:k] *n* **1** klerkas, raštininkas, kontoros tarnautojas; **bank ~** banko tarnautojas **2** valdininkas; sekretorius; valdytojas; **town ~** miesto savivaldybės sekretorius; **~ of (the) works** *(statybos)* darbų vykdytojas **3** *amer. (viešbučio)* administratorius **4** *(ypač amer.)* pardavėjas **5** *(teismo)* sekretorius; praktikantas **6** *psn., teis.* dvasininkas; **~ in holy orders** bažnyčios tarnas *(diakonas, kunigas, vyskupas)*
v **1** tarnauti *(klerku)*, būti valdininku/klerku **2** *amer.* dirbti pardavėju *(parduotuvėje)* **3**: **to be a ~ to a judge** *amer.* būti teisėjo stažuotoju/praktikantu
clerkly ['klɑ:klı] *a* raštingas; gražiai rašantis; **~ hand** gražus braižas, graži rašysena
clerkship ['klɑ:kʃıp] *n* **1** klerko/sekretoriaus darbas/tarnyba **2** *psn.* graži rašysena; raštingumas
Cleveland ['kli:vlənd] *n* Klivlandas *(Anglijos grafystė)*
clever ['klevə] *a* **1** sumanus; gabus, protingas; **~ student** sumanus/protingas studentas; **to be ~** *(at, with)* būti gabiam *(kam)* **2** gudrus; **~ trick** gudrus pokštas; **too ~ by half** *menk.* pernelyg jau gudrus; **~ clogs/Dick** *šnek.* gudragalvis **3** miklus; **~ piece of work** dailus darbas; **he's ~ with his hands** jis turi geras rankas **4** *dial.* tinkamas; patogus
clever-clever ['klevə'klevə] *a iron.* laikantis save protingesniu už kitus; **don't be ~, old thing** negudrauk, seni
cleverness ['klevənıs] *n* **1** sumanumas; protingumas **2** miklumas
clevis ['klevıs] *n tech.* prikabinamoji ąsa, apkaba *(su varžtu)*

clew [klu:] *n* **1** *(siūlų)* kamuolys **2** = **clue** **3** *jūr.* žemutinis burės kampas; šotas; **~ ring** metalinis žemutinio burės kampo žiedas, šoto žiedas
v **1** vynioti į kamuolį **2** *jūr.* kelti/nuleisti bures laivavirve su metaliniais žiedais
cliché ['kli:ʃeı] *pr. n* **1** *poligr.* klišė **2** *prk.* šablonas, štampas; banali frazė
clichéd ['kli:ʃeıd] *pr. a* stereotipinis, stereotipiškas, šabloniškas
click [klık] *n* **1** *(mechanizmo)* spragtelėjimas, trakštelėjimas **2** *tech.* strektė, spragtukas, įsprauda
v **1** spragtelėti, trakštelėti; **to ~ the door** klepteletė/ spragtelėti duryse *(apie užraktą)*; **to ~ one's tongue** pliaukštelėti liežuviu; **to ~ one's heels together** sumušti kulnimis **2** *šnek.* toptelėti/šauti į galvą **3** *šnek.* turėti pasisekimą **4** *šnek.* susiderinti; pamilti, susidraugauti *(with)* **5** *komp.* bakstelėti *("pelės" mygtuką)*
clickety-click [,klıkətı'klık] *n* tuk tuk tuk *(apie traukinio ratus)*
client ['klaıənt] *n* **1** klientas; nuolatinis pirkėjas; užsakovas **2** globojama/satelitinė valstybė *(t. p.* **~ state)**
clientele [,kli:ən'tel] *pr. n kuop.* klientai, klientūra
cliff [klıf] *n* stati *(pajūrio)* uola; status skardis, klifas
cliffhang ['klıfhæŋ] *v šnek.* **1** kaboti ant plauko **2** nutraukti filmą/pasakojimą įdomiausioje vietoje
cliffhanger ['klıf,hæŋə] *n šnek.* įtampa dėl varžybų/pjesės *ir pan.* baigties nežinojimo; įvykis/filmas *ir pan.* su neaiškia baigtimi
cliffhanging ['klıfhæŋıŋ] *a šnek.* keliantis įtampą, pavojingas
Clifford ['klıfəd] *n* Klifordas *(vardas)*
cliffy ['klıfı] *a* uolėtas; uolinis
climacteric [klaı'mæktərık] *n* **1** *fiziol.* klimakterinis amžius **2** kritiškas periodas
a **1** *fiziol.* klimakterinis **2** kritiškas, krizinis, pavojingas
climactic [klaı'mæktık] *a* kulminacinis, aukščiausias
climate ['klaımıt] *n* **1** klimatas **2** tam tikro klimato rajonas **3** *prk.* klimatas, atmosfera, nuotaikos; **political ~** politinis klimatas; **~ of opinion** visuomenės nuomonė
climatic [klaı'mætık] *a* klimato, klimatinis; **~ treatment** klimato terapija
climatology [,klaımə'tɔlədʒı] *n* klimatologija
climax ['klaımæks] *n* **1** aikščiausias/kulminacijos taškas, viršūnė **2** *fiziol.* orgazmas **3** *lit.* klimaksas, stiprinys *(stiliaus figūra)*
v **1** pasiekti kulminacijos tašką **2** *fiziol.* turėti orgazmą
climb [klaım] *n* **1** kopimas, lipimas **2** (pa)kilimas; kilimo vieta; **rate of ~** *av.* kilimo greitis **3** stati uola
v **1** kopti, lipti *(t. p.* **~ up)**; **to ~ (up) a tree [a mountain]** (į)lipti/(į)kopti į medį [kalną]; **children love ~ing trees** vaikai mėgsta laipioti/karstytis po medžius **2** ropštis, (į)lįsti, (į)lipti *(į automobilį ir pan.; into)* **3** kilti *(t. p. av.)*; **to ~ to power** siekti valdžios **4** vijotis, stiebtis *(apie augalus)* ⬜ **~ down** a) nulipti, nukopti; b) nusileisti *(ginče)*, prisipažinti *(klydus)*; **~ over** perlipti
climb-down ['klaımdaun] *n* nusileidimas *(ginče)*, prisipažinimas *(klydus)*
climber ['klaımə] *n* **1** laipiotajas; alpinistas **2** vijoklinis augalas **3** garbėtroška, karjeristas *(t. p.* **social ~)**
climbing ['klaımıŋ] *n* **1** lipimas, kopimas; laipiojimas **2** *sport.* alpinizmas; **to go ~** užsiiminėti alpinizmu
a **1** laipiojantis, lipantis; mėgstantis laipioti, laipus *(apie gyvulį)* **2** *bot.* vijoklinis
climbout ['klaımaut] *n av.* staigus pakilimas

clime [klaɪm] *n poet.* **1** šalis, kraštas *(turintis tam tikrą klimatą)* **2** klimatas

clinch [klɪntʃ] *n* **1** klinčas, susikabinimas *(bokse)* **2** suspaudimas; *(vinies ir pan.)* užlenkimas **3** *šnek.* apsikabinimas
v **1** galutinai nuspręsti, susitarti; *to ~ a bargain/deal* sudaryti sutartį/sandėrį; užbaigti reikalą; *to ~ an argument* išspręsti ginčą **2** *šnek.* apsikabinti **3** įkalti vinį ir užlenkti galvutę **4** kniedyti

clincher ['klɪntʃə] *n* **1** kniedytojas **2** kniedė, varžtas, sankaba **2** *šnek.* lemiamas argumentas

cline [klaɪn] *n biol.* požymių gradientas, pereinamosios formos

cling [klɪŋ] *v* (clung) **1** tvirtai laikytis, įsitvėrus laikytis, kabintis *(t. p. prk.)*; lipti; *to ~ together* laikytis kartu; *wet clothes ~ to the body* šlapi drabužiai limpa prie kūno **2** likti ištikimam *(draugams, prisiminimams ir pan.)* **3** *(glaudžiai)* aptempti *(apie drabužį)* **4** laikytis netoli *(kranto ir pan.)*

clinging ['klɪŋɪŋ] *a* **1** *(glaudžiai)* prigulantis, aptempiantis *(apie drabužį)* **2** nesavarankiškas, per daug prikibęs *(prie ko)*

clingstone ['klɪŋstəun] *n (persiko ir pan.)* nesiskiriantis kauliukas

clingy ['klɪŋɪ] *a* **1** = **clinging** **2** lipnus; kabus, kibus

clinic ['klɪnɪk] *n* **1** klinika; poliklinika *(prie ligoninės)*; *maternity ~* moterų konsultacija **2** studentų medikų pratybos klinikoje **3** privati ligoninė/gydykla **4** *(specialistų, vadovų ir pan.)* seminaras; tobulinimosi kursai

clinical ['klɪnɪkl] *a* **1** klinikinis; *~ record* ligos istorija; *~ teaching* mokymas klinikoje; *~ thermometer spec.* maksimumo termometras **2** bešalis, nešališkas; šaltas, indiferentiškas

clinician [klɪ'nɪʃn] *n* gydytojas praktikas, klinicistas

clink[1] [klɪŋk] *n* skambėjimas, dzingsėjimas
v skambėti, dzingsėti; dzingtelėti; *to ~ glasses* susidaužti stikleliais/taurėmis

clink[2] *n sl.* kalėjimas, cypė; *to go to the ~* sėsti į kalėjimą

clinker[1] ['klɪŋkə] *n* **1** šlakas **2** sustingusi lava **3** *stat., sport.* klinkeris

clinker[2] *amer. šnek.* klaida; žlugimas, nesėkmė; *the play was a real ~* pjesė nepavyko/sužlugo

clinometer [klaɪ'nɒmɪtə] *n spec.* klinometras

clip[1] [klɪp] *n* **1** sąvarža, veržtukas, spaustukas, gnybtas; apkaba; *alligator ~ el.* krokodilinis gnybtas; *pipe/tube ~* vamzdžių kabė **2** *(kanceliarinė)* sąvaržėlė **3** *kar. (šovinių)* apkaba *(t. p. cartridge ~)*
v prisegti, pri(si)tvirtinti *(sąvarža ir pan.)*; *to ~ together* susegti

clip[2] *n* **1** apkarpymas; kirpimas **2** *(laikraščio)* iškarpa *(from)* **3** *kin., tel.* klipas *(from)* **4** *austral.* prikirptų vilnų kiekis, prikirpis ◊ *to give smb a ~ on the ear šnek.* duoti antausį
v **1** (nu)kirpti *(avį, šunį)* **2** apkarpyti *(t. p. prk.)*; apipjaustyti, nukapoti; *to ~ a hedge [a moustache]* apkarpyti gyvatvorę [ūsus] **3** iškirpti *(straipsnį iš laikraščio)* **4** pramušti, pradurti *(bilietą ir pan.)* **5** praryti *(žodžius)*; *kalb.* trumpinti *(žodžius)* **6** suduoti, trenkti(s) **7** pulti po kojų iš užpakalio *(pražanga futbole)*

clip[3] *šnek. n* greitis, *at a fast ~* labai greitai
v greitai eiti, bėgti

clip-clop ['klɪpklɒp] *n (kanopų)* bildesys
v kaukšėti *(apie arklio kanopas)*

clip-joint ['klɪpdʒɔɪnt] *n šnek.* naktinis klubas, kuriame daug lupama/plėšiama, nuolat sukčiaujama, lupykla

clip-on ['klɪpɒn] *a* prisegamas/pritvirtinamas sąvarža/sankaba *ir pan.*; *~ motor* prikabinamasis variklis; *~ earrings* aussagai, aussagės, auskabės

clipped [klɪpt] *a* **1** gražiai apkirptas/pakirptas/apkarpytas *(apie plaukus, ūsus, gyvatvorę)* **2** glaustas, aiškus *(apie stilių)* **3** trumpasakis, kapotas *(apie kalbą)*

clipper[1] ['klɪpə] *n* **1** kirpėjas, karpytojas **2** *pl (sodininko)* žirklės, sekatorius **3** *pl* plaukams kirpti mašinėlė; nagams karpyti įtaisas **4** *pl tech.* žnyplės

clipper[2] *n* **1** *ist.* kliperis *(greitas burlaivis)* **2** greitas transokeaninis lėktuvas

clippie ['klɪpɪ] *n šnek. (autobuso)* konduktorė

clipping ['klɪpɪŋ] *n* **1** *(laikraščio)* iškarpa **2** *(ppr. pl)* atkarpos, nuokarpos **3** (nu)pjaustymas; (iš)kirpimas; *~ room* filmų montavimo skyrius **4** *kalb.* trumpinys, sutrauktinis žodis

clippity-clop [ˌklɪpətɪ'klɒp] = **clip-clop** *n*

clique [kliːk] *pr. n* klika, gauja; uždara grupė

cliquey ['kliːkɪ] *pr. a* **1** klikos pobūdžio **2** uždaras

cliquish ['kliːkɪʃ] *a* = **cliquey**

clitoris ['klɪtərɪs] *n anat.* klitoris, varputė

cloaca [kləu'eɪkə] *n (pl* -cae [-kiː]) **1** kanalizacijos vamzdis; kanalas *(nešvarumams nutekėti)* **2** *anat.* kloaka

cloak [kləuk] *n* **1** apsiaustas; mantija **2** danga **3** *prk.* skraistė, priedanga; *under the ~ (of; ko)* priedangoje; *to serve smb as a ~* tarnauti kam priedanga **4** *pl* = **cloakroom** 4
v **1** apgobti/apsiausti apsiaustu/mantija **2** slėpti, maskuoti, (pri)dengti

cloak-and-dagger [ˌkləukənd'dægə] *a* **1** paslaptingas, slaptas **2** nuotykinis *(apie filmą, romaną ir pan.)*

cloakroom ['kləukrum] *n* **1** drabužinė **2** *glžk.* nešulinė, *(rankinio)* bagažo saugykla **3** *amer. šnek.* kuluarai **4** *euf.* tualetas

clobber ['klɒbə] *šnek. n* **1** manta **2** drabužiai
v **1** primušti, apdaužyti **2** sutriuškinti

cloche [klɒʃ] *n* **1** stiklinis/plastiko gaubtas *(augalams apsaugoti nuo šalnų)* **2** moteriška skrybėlaitė *(t. p. ~ hat)*

clock [klɒk] *n* **1** *(sieninis, stalinis, bokšto)* laikrodis; *cuckoo ~* laikrodis su gegute; *grandfather ~* senoviškas aukštas laikrodis *(stovintis ant grindų)*; *it's two by this ~* pagal tą laikrodį dabar dvi valandos; *to put/set the ~ back* a) atgal atsukti laikrodžio rodykles; b) bandyti pasukti istorijos ratą atgal; *to set the ~ for six* nustatyti, kad žadintuvas žadintų šeštą valandą **2** *aut.* kilometražo skaitiklis; spidometras; taksometras **3** kontrolinis laikrodis *(darbo laikui žymėti)* **4** *sport.* chronometras **5** *vulg.* marmūzė ◊ *against the ~* labai skubant, stengiantis aplenkti laiką; *like a ~* tiksliai, punktualiai; *round the ~* ištisą parą; dieną naktį; *to sleep [to work] the ~ round* išmiegoti [dirbti] *(iš eilės)* dvylika valandų; *to run out of the ~, to kill the ~* laikyti sviedinį/kamuolį *(žaidimo pabaigoje)*
v **1** sukarti *(tiek kilometrų per tiek laiko)*; *the police ~ed him doing 150 km an hour* policija sulaikė jį važiuojant 150 km per valandą greičiu **2** *aut. šnek.* atsukti atgal kilometražo skaitiklį **3** *vulg.* duoti į/per marmūzę *(t. p. ~ one)* □ *~ in* a) pa(si)žymėti savo atėjimą į darbą; b) užregistruoti *(tam tikrą laiką, svorį ir pan.)*; *~ off* pa(si)žymėti iš darbo išėjimo laiką; *~ on* = *~ in* a); *~ out* = *~ off*; *~ up* a) pasiekti *(tam tikrą greitį, laiką)*, sukarti, nuvažiuoti *(tam tikrą nuotolį)*; b) dirbti *(tam tikrą valandų skaičių)* ◊ *~ this/that! šnek.* žiūrėk(ite)!, atkreipk(ite) dėmesį!

clock-case ['klɒkkeɪs] *n* laikrodžio dėklas/futliaras

clock-face ['klɔkfeɪs] *n* ciferblatas

clock-house ['klɔkhaus] *n amer. (fabriko ir pan.)* kontrolinė

clocking-in [ˌklɔkɪŋ'ɪn] *n* atėjimo į darbą laiko registravimas

clockmaker ['klɔkmeɪkə] *n* laikrodininkas

clock-watch ['klɔkwɔtʃ] *n* žvilgčioti į laikrodį *(laukiant darbo pabaigos ir pan.)*, stengtis nepersidirbti

clockwise ['klɔkwaɪz] *a* judantis pagal laikrodžio rodyklę; ~ *direction* laikrodžio rodyklės kryptis
adv pagal laikrodžio rodyklę

clockwork ['klɔkwə:k] *n* laikrodžio mechanizmas ◊ *like* ~ sklandžiai; reguliariai
a **1** tikslus; sklandus **2** prisukamas, mechaniškas *(apie žaisliuką)*

clod [klɔd] *n* **1** grumstas, lui(s)tas **2** *poet.* žemė, dulkės, pelenai *(tai, kas žemiška)* **3** *šnek.* kvailys
v **1** supulti į grumstus **2** mėtyti grumstus

cloddish ['klɔdɪʃ] *a* **1** kvailas **2** nerangus; liurbiškas

clodhopper ['klɔdˌhɔpə] *n* **1** *šnek.* stuobrys, drimba; liurbis **2** *pl juok.* sunkūs batai

clog [klɔg] *n* **1** klumpė; ~ *dance* klumpakojis **2** *psn.* kliūtis; kas nors trukdantis judėti; balastas, pančiai *ir pan.* ◊ *to pop one's ~s juok.* ≡ nuo klumpių nuvirsti, mirti
v **1** apsunkinti, trukdyti, kliudyti **2** užkimšti, užteršti *(t. p. ~ up);* *the roads were ~ged with cars/traffic* kelius buvo užtvenkę automobiliai **3** už(si)mauti klumpes **4** pančioti *(arklį)*

cloggy ['klɔgɪ] *a* **1** supuolęs į grumstus **2** tankus, klampus **3** lengvai užsiteršiantis

cloister ['klɔɪstə] *n* **1** vienuolynas **2** *archit.* dengta arkada
v **1** už(si)daryti į vienuolyną **2** *(džn. refl)* at(si)skirti nuo žmonių/visuomenės ◻ ~ *oneself away/up* užsidaryti tarp keturių sienų *(daug dirbant)*

cloistered ['klɔɪstəd] *a* **1** atsiskyręs *(nuo žmonių, pasaulio);* vienišas **2** *archit.* apsuptas arkadomis

cloistral ['klɔɪstrəl] *a* **1** vienuolyno; vienuolių **2** vienišas, atsiskyręs

clonal ['kləunl] *a biol.* dauginamas vegetaciniu būdu

clone [kləun] *n* **1** *biol.* klonas *(organizmo palikuonis, kilęs vegetacinio dauginimosi būdu)* **2** panašybė, sutapimas
v daginti(s) vegetaciniu būdu

cloning ['kləunɪŋ] *n biol.* vegetacinis dauginimasis

clonk [klɔŋk] *n* duslus garsas *(daiktams susitrenkus)*
v dusliai dunksėti, džerškėti; trinktelėti

clonus ['kləunəs] *n fiziol.* raumenų susitraukimas ir atsipalaidavimas, klonas

clop [klɔp] *n (kanopų)* bildėjimas; dzak dzak dzak

close¹ [kləus] *a* **1** artimas *(t. p. prk.);* arti esantis/stovintis; *the ~st house to us* mums artimiausias namas; *a ~ friend* artimas draugas; *~ to death* arti mirties; *at ~ range/quarters* iš arti **2** glaudus; *~ contact* glaudus ryšys/kontaktas; *the dress is a ~ fit* suknelė glaudžiai aptempia figūrą **3** nuodugnus, rūpestingas; atidus; tikslus; *~ investigation* nuodugnus tyrimas; *~ translation* tikslus vertimas; *~ resemblance* didelis panašumas; *to take a ~ look at smth* atidžiai pažiūrėti **4** tvankus **5** tankus *(apie audinį, mišką);* *~ order* sutankinta/glausta rikiuotė **6** glaustas *(apie stilių, braižą)* **7** slaptas, uždaras; *to keep smth ~* laikyti ką paslaptyje; *to keep oneself ~* būti uždaram, nebendrauti; *to lie ~* slėptis, slapstytis **8** beveik lygus *(apie galimybes ir pan.);* pasibaigęs mažu skirtumu *(apie rungtynes ir pan.);* *~ vote* beveik vienodai pasidalijęs balsai **9** šykštus *(with)* **10** *fon.* uždarasis *(apie balsį)* ◊ *(by) a ~ call/shave* vos vos
adv **1** arti, netoli *(t. p. ~ by);* *~ up* netoliese, iš arti; *to follow smb ~* eiti įkandin ko; *the time is ~ when...* arti laikas, kada... **2** beveik, arti *(džn. apie kiekį; to, on);* *~ on three million unemployed* beveik trys milijonai bedarbių; *to run smth/smb ~* beveik pavyti ką, būti beveik lygiam su kuo; *to run smb ~* būti pavojingu kieno konkurentu; *to come ~ to (doing) smth* vos nepadaryti ko **3** trumpai; *to cut one's hair ~* trumpai apsikirpti; *~ cropped* trumpai apkirptas

close² [kləuz] *n* **1** galas, pabaiga; *to bring to a ~* užbaigti; *to draw to a ~* baigti(s), artėti/prieiti prie pabaigos **2** uždarymas, užbaigimas **3** *muz.* kadencija
v **1** už(si)daryti; *to ~ a door [the frontier]* uždaryti duris [sieną]; *to ~ an account* uždaryti sąskaitą; *to ~ the curtains* užtraukti užuolaidas; *the window won't ~* langas neužsidaro **2** užsimerkti, užmerkti akis **3** baigti(s); *to ~ a discussion* baigti svarstymą; *the exhibition (was) ~d* paroda uždaryta **4** priartėti, vytis, pasivyti *(on)* **5** suartėti; *kar.* sueiti į sąlytį *(with);* *the boxer ~d with his opponent* boksininkai suėjo į artimą kovą **6** sutikti *(su pasiūlymu; with)* **7** sudaryti *(sandorį)* **8** *fin.* turėti kainą *(biržos darbo dienos pabaigoje)* ◻ *~ about* apsiausti, apsupti; *~ down* a) uždaryti *(gamyklą, mokyklą ir pan.);* užsidaryti; b) *rad., tel.* baigti transliaciją/programą; *~ in* a) priartėti ir apsupti *(on, around);* b) trumpėti *(apie dienas);* *~ off* atskirti, izoliuoti; uždaryti; *~ out amer. kom.* pigiai išparduoti; *~ round* apsupti; *~ up* a) už(si)daryti; b) susispausti, susiburti; *kar.* susitelkti, suglausti gretas; c) užgyti *(apie žaizdą);* užsiūti *(žaizdą);* d) užsisklęsti savyje *(slepiant mintis/jausmus)*

close³ [kləus] *n* **1** aptverta vieta **2** *(mokyklos)* žaidimų aikštelė **3** aklagatvis, *(uždara, siaura)* gatvė *(vart. ypač gatvių pavadinimuose)*

close-cropped ['kləus'krɔpt] *a* trumpai apsikirpęs; trumpai nupjautas *(apie žolę)*

closed [kləuzd] *a* **1** uždarytas, uždaras; *„Road ~d"* „kelias uždarytas", „važiuoti draudžiama" *(užrašas)* **2** uždaras *(apie bendriją ir pan.);* *~ port* uždaras uostas **3** užmerktas *(apie akis)* **4** *fon.* uždarasis

closed-circuit [kləuzd'sə:kɪt] *a:* *~ television* kabelinė televizija

closed-door [ˌkləuzd'dɔ:] *a* uždaras, slaptas *(apie susirinkimą, derybas ir pan.)*

closedown ['kləuzdaun] *n* **1** *(gamyklos ir pan.)* uždarymas **2** *rad., tel.* transliacijos/programos pabaiga

close-fisted ['kləus'fɪstɪd] *a* šykštus

close-fitting [ˌkləus'fɪtɪŋ] *a* aptemptas, glaudžiai priglęs prie kūno *(apie drabužį)*

close-grained ['kləus'greɪnd] *a* smulkiagrūdis; smulkiaplaušis

close-knit [ˌkləus'nɪt] *a* glaudus, glaudžiai susijęs

closely ['kləuslɪ] *adv* **1** artimai; glaudžiai; *~ linked* glaudžiai susijęs **2** nuodugniai; atidžiai **3** labai, smarkiai

close-mouthed ['kləus'mauðd] *a* slapus, nutylintis

closeness ['kləusnɪs] *n* **1** artimumas **2** tvankumas **3** tankumas; *~ of texture* audinio tankumas **4** šykštumas

closeout ['kləuzaut] *a:* *~ sale amer.* pigus išpardavimas

closet ['klɔzɪt] *<n, a, v>* *n* **1** *amer.* drabužinė, sieninė spinta **2** *ret.* asmeninis kambariukas, kabinetas **3** *ret.* išvietė, klozetas ◊ *to come out of the ~* atsiskleisti, iškelti aikštėn, atskleisti *(savo pažiūras, įpročius)*
a slaptas *(apie homoseksualistą, alkoholiką ir pan.)*
v pass, refl užsidaryti; *he was ~ed with the director for two hours* direktorius tarėsi su juo dvi valandas

close-up ['kləusʌp] *n* **1** *fot., kin.* stambus planas; *to take a ~* nufilmuoti stambiu planu; fotografuoti iš arti **2** *amer.* nuodugnus apžiūrėjimas

closing ['kləuzɪŋ] *a attr* (už)baigiamasis; *~ price* kaina, uždarant biržą; *~ date* paskutinė diena/data; *~ time* uždarymo laikas

closure ['kləuʒə] *n* **1** uždarymas; užbaigimas; *a one-week ~ of schools* mokyklų uždarymas savaitei **2** dangtis; tai, kuo uždaroma **3** *fon.* uždarumas **4** *parl.* debatų nutraukimas; *~ motion* pasiūlymas baigti diskusiją *v* nutraukti debatus *(parlamente ir pan.)*

clot [klɔt] *n* **1** gumulėlis, gniužuliukas **2** *(kraujo)* krešulys, trombas **3** *šnek.* mulkis, avigalvis
v krešėti; tirštėti; sutraukti *(apie pieną)*

clot-bur ['klɔtbə:] *n bot.* dagišius

cloth [klɔθ] *n* **1** audinys, audeklas; drobė; *~ of gold [silver]* aukso [sidabro] brokatas; *bound in ~* įrištas drobe *(apie knygą); green ~* a) *(biliardo stalo)* žalia gelumbė; b) lošimo stalas **2** skuduras; staltiesė; *damp ~* drėgnas skuduras; *to lay the ~* (ap)dengti stalą **3** *(the ~) knyg.* dvasininkija, dvasininkai ◊ *made up out of whole ~ amer. šnek.* baltais siūlais siūta *(apie išgalvotą pasiteisinimą ir pan.)*

cloth-binding ['klɔθˌbaɪndɪŋ] *n* drobinis įrišimas

cloth-cap ['klɔθ'kæp] *a* darbininkiškas, darbininkų klasės

clothe [kləuð] *v* (clothed, clad) *knyg.* **1** ap(si)rengti; *she was ~d in black* ji buvo apsirengusi juodais drabužiais **2** (ap)dengti, apgaubti; *~d with autority* turintis valdžią

cloth-eared ['klɔθˈɪəd] *a šnek.* apykurtis

clothes [kləuðz] *n pl* **1** drabužiai, apdarai; *in plain ~* civiliniais drabužiais; *she makes her own ~* drabužius ji siuvasi pati **2** *(lovos)* baltiniai ◊ *in long ~* kūdikystėje

clothes-bag ['kləuðzbæg] *n* = **clothes-basket**

clothes-basket ['kləuðzˌbɑːskɪt] *n* skalbinių pintinė

clothes-brush ['kləuðzbrʌʃ] *n* drabužių šepetys

clothes-hanger ['kləuðzˌhæŋgə] *n* drabužių pakabas

clothes-horse ['kləuðzhɔːs] *n* **1** sudedamas rėmas skalbiniams džiauti *(patalpoje)* **2** *šnek.* puošeiva *(ypač apie moterį);* dabita

clothes-line ['kləuðzlaɪn] *n* skalbinių virvė

clothes-moth ['kləuðzmɔθ] *n zool.* drabužinė kandis

clothes-peg ['kləuðzpeg] *n* skalbinių spaustukas

clothes-pin ['kləuðzpɪn] *n amer.* = **clothes-peg**

clothes-press ['kləuðzpres] *n* drabužių komoda, drabužinė

clothier ['kləuðɪə] *n* manufaktūros savininkas, vyriškų drabužių pirklys

clothing ['kləuðɪŋ] *n* **1** drabužiai, apdaras, apranga **2** *kar.* mundiruotė **3** *spec.* apkalimas, apmuša

Clotilda [kləˈtɪldə] *n* Klotilda *(vardas)*

clotted ['klɔtɪd] *a* **1** gumuliuotas **2** sukrešėjęs; sutirštėjęs; *~ cream* šviežiai sutirštėjusi grietinė

cloture ['kləutʃə] *n amer. polit.* diskusijų baigimas *(dėl įstatymo projekto)*

clou [kluː] *pr. n* įdomiausias dalykas; pagrindinė mintis

cloud [klaud] *n* **1** debesis; *~s of dust [of smoke]* dulkių [dūmų] kamuoliai/debesys; *a ~ on one's happiness prk.* debesėlis, temdantis kieno laimę **2** *prk.* debesis, daugybė *(apie uodus, paukščius, strėles, raitelius ir pan.)* **3** *(ppr. pl)* dangus; *to drop from the ~s (kaip)* iš dangaus nukristi; *in the ~s* nerealus, skrajojantis padangėse **4** dėmė; *a ~ on one's reputation* reputacijos dėmė; *to cast a ~* mesti šešėlį; sukelti *(santykių)* atšalimą **5** priedanga ◊ *a ~ on one's brow* niūri išvaizda; *on ~ nine* ≅ kaip devintajame danguje; *under a ~* a) sunkioje padėtyje; b) nemalonėje; įtariamas; *to be under a ~ (of suspicion)* būti įtariamam; *every ~ has a/its silver lining* ≅ nėra to bloga, kas neišeitų į gera
v **1** debes(i)uoti(s), ap(si)dengti/ap(si)traukti debesimis; niauktis **2** (ap)rasoti *(apie akinius, veidrodį; t. p. ~ over/up)* **3** (ap)temdyti *(akis, atmintį ir pan.);* aptemti; *that is only ~ing the issue* tai tik (su)painioja reikalą **4** (su)drumsti, drumstis *(t. p. ~ up)* □ *~ over* apsiniaukti *(t. p. prk.)*

cloudbank ['klaudbæŋk] *n* tiršti žemi debesys

cloudberry ['klaudberɪ] *n bot.* tekšė

cloudburst ['klaudbəːst] *n* staigi liūtis

cloud-capped ['klaudkæpt] *a* debesų uždengtas/užklotas *(apie kalnų viršūnes)*

cloud-castle ['klaudkɑːsl] *n* svajonė, fantazija

cloud-cuckoo-land [ˌklaudˈkukuːlænd] *n menk.* pasakų šalis; svajonių pasaulis

cloud-land ['klaudlænd] *n poet.* svajonių pasaulis

cloudless ['klaudləs] *a* be debesų, giedras

cloudlet ['klaudlɪt] *n* debesėlis

cloud-world ['klaudwəːld] *n* = **cloud-land**

cloudy ['klaudɪ] *a* **1** debesuotas, debesingas **2** drumstas, drumzlinas, nepermatomas *(apie skystį);* rasotas, aprasojęs *(apie stiklą)* **3** *prk.* miglotas, neaiškus, blausus **4** dėmėtas, su tarpgyslėmis *(apie marmurą)*

clough [klʌf] *n dial.* gilus tarpeklis

clout [klaut] *šnek. n* **1** sudavimas, smūgis **2** įtaka, spaudimas *(ypač politinis)* **3** *šiaur.* drabužis ◊ *ne'er cast a ~ till May be out pat.* ≅ lig Sekminių nemesk kailinių
v (su)duoti, (su)šerti

clout-nail ['klautneɪl] *n* vinis su plokščia galvute

clove¹ [kləuv] *past žr.* **cleave²**

clove² *n (česnako)* skiltelė

clove³ *n* gvazdikėliai *(prieskonis); oil of ~s* gvazdikėlių aliejus

cloven [kləuvn] *pII žr.* **cleave²**
a skeltas, dviskakis; *~ hoof* skelta kanopa

clove-pink ['kləuvpɪŋk] *n bot.* tikrasis gvazdikas

clover ['kləuvə] *n* **1** *bot.* dobilas; *four-leaved ~* keturlapis dobilas **2** *kuop.* dobilai; *~ sod* dobiliena ◊ *to be [to live] in ~* ≅ būti [gyventi] kaip inkstui taukuose

cloverleaf ['kləuvəliːf] *n* **1** dobilo lapas **2** „dobilo lapo" tipo sankryža *(t. p. ~ junction)*

clove-tree ['kləuvtriː] *n bot.* kvapusis gvazdikmedis

clow [klau] *n* šliuzo vartai

clown [klaun] *n* **1** klounas **2** juokdarys, pokštininkas **3** kvailys; *to make a ~ of oneself* apsikvailinti
v linksminti kvailiojant, kvailioti, juokus krėsti *(t. p. ~ about/around)*

clownery ['klaunərɪ] *n* klounada

clownish ['klaunɪʃ] *a* **1** klouniškas, juokdariškas; klouno **2** kvailas

cloy [klɔɪ] *v* persotinti; tapti šleikščiu/neskaniu; *to be ~ed with pleasure* persisotinti malonumų

cloying ['klɔɪɪŋ] *a* keliantis šleikštulį/blogumą, neskanus, šleikštus

cloze [kləuz] *n* praleistų žodžių įstatymas *(pratimas; ppr. ~ test)*

club¹ [klʌb] *n* klubas; *chess [football] ~* šachmatų [futbolo] klubas; *youth ~* jaunimo klubas; *lonely heart ~* pažinčių klubas; *Pen C.* Pen klubas ◊ *in the ~ juok.* nėščia; *join, amer. welcome to the ~* ir mano padėtis tokia pat *(kitam pasiskundus dėl savo padėties)*
v **1** susirinkti **2** susimesti, su(si)dėti pinigus *(kam pirkti; ppr. ~ together)*

club² *n* **1** lazda, vėzdas, kuoka **2** *sport.* ritmuša, riedmuša; kuokelė *(gimnastika, t. p.* **Indian ~)** **3** *pl* kryžiai, gilės *(kortų spalva)*
v **1** mušti *(lazda, buože)* **2** *kar.* klaidinti rikiuotę netinkamomis komandomis

clubbable ['klʌbəbl] *a* tinkamas būti klubo nariu; draugus, mėgstantis bendrauti

clubber ['klʌbə] *n šnek.* nuolatinis naktinių klubų lankytojas

clubbing ['klʌbɪŋ] *n:* **to go ~** *šnek.* lankyti naktinius klubus

clubby ['klʌbɪ] *a šnek.* **1** visuomeniškas, mėgstantis draugiją **2** uždaras; intymus *(apie klubo/draugijos atmosferą ir pan.)*

club-foot ['klʌbfut] *n* šleivumas, klišumas; deformuota pėda

club-footed ['klʌb'futɪd] *a* šleivas, klišas

club-grass ['klʌbɡrɑːs] *n bot.* viksvameldis

clubhouse ['klʌbhaus] *n* **1** klubo pastatas/patalpa **2** klubo drabužinė

clubland ['klʌblænd] *n* Londono aristokratiškųjų klubų rajonas netoli Pikadilio; naktinių klubų rajonas

club-law¹ ['klʌblɔː] *n* klubo įstatai

club-law² *n* kumščio teisė

clubman ['klʌbmən] *n (pl* -men [-mən]) *(tik v.)* klubo narys

club-moss ['klʌbmɒs] *n bot.* pataisas; **common ~** pataisas šarkakojis; **marsh ~** mažasis pataisas

club-shaped ['klʌbʃeɪpt] *a* vėzdo pavidalo, kaip vėzdas, vėzdiškas

clubwoman ['klʌbˌwumən] *n (pl* -women [-ˌwɪmɪn]) klubo narė, nuolatinė klubo lankytoja

cluck¹ [klʌk] *n (vištos)* kudakavimas, kvaksėjimas
v **1** kvaksėti, kudakuoti *(t. p. apie moteris);* **~ing hen** perekšlė **2** pliaukštelėti *(liežuviu)*

cluck² *n amer. šnek.* mulkis, avigalvis

clue [kluː] *n* **1** būdas; priemonė, raktas *(problemai spręsti, paslapčiai išaiškinti)* **2** *(nusikaltimo)* detalė, įkaltis ◊ **not to have a ~** *šnek.* visiškai nesuprasti, nieko nežinoti
v: **~ in** *šnek.* padėti suprasti/išsiaiškinti

clued-in [ˌkluːˈdɪn] *a amer.* = **clued-up**

clued-up [ˌkluːˈdʌp] *a šnek.* nusimanantis; gerai informuotas *(about)*

clueless ['kluːləs] *a šnek.* neišmanantis, nemokša

clump [klʌmp] *n* **1** *(medžių, pastatų, žmonių ir pan.)* grupė; **~ of grass** žolės guotas/kuokštas **2** gabalas, grumstas; gniužulas, luitas **3** sunkių žingsnių garsas **4** dvigubas padas
v **1** sodinti grupėmis *(t. p.* **~ together)** **2** supulti *(apie virtus ryžius ir pan.),* burtis, spiestis *(t. p.* **~ together)** **3** plumpinti, plumpti, rioglinti *(t. p.* **~ along)*;* pliumpinėti, slankioti *(t. p.* **~ about/around)** **4** pumptelėti, bumbtelėti, drėbtelėti *(t. p.* **~ down)**

clumsy ['klʌmzɪ] *a* **1** griozdiškas; griozdas, gremėzdas *(apie žmogų);* sunkus, nevikrus **2** grubus; netaktiškas

clung [klʌŋ] *past ir pII žr.* **cling**

clunk [klʌŋk] = **clonk** *n, v*

clunker ['klʌŋkə] *n amer. šnek.* išklerusi mašina, iškleręs automobilis

clunky ['klʌŋkɪ] *a šnek.* **1** trankus, storapadis *(apie batus)* **2** nerangus **3** apdriskęs, skurdus

cluster ['klʌstə] *n* **1** grupė, grupelė, būrelis; **a ~ of cottages** namelių grupė **2** telkinys; susibūrimas **3** guotas, krūmelis; puokštė **4** *(vaisių)* kekė **5** spiečius **6** *fiz.* kekė, klasteris **7** *komp.* blokinys **8** *attr:* **~ bomb** kasetinė bomba
v **1** rinktis, grupuotis, burtis, susiburti, spiestis **2** augti kekėmis/krūmeliais *ir pan.*

clutch¹ [klʌtʃ] *n* **1** *(rankos)* suspaudimas; pagriebimas **2** *pl prk.* nagai, letenos; **to get/fall into smb's ~es** patekti kam į nagus; **to get out of smb's ~es** ištrūkti/išsivaduoti iš kieno nagų **3** *tech.* (su)veržiamasis įtaisas; sankaba, mova; **to let out the ~** atleisti sankabą; **to throw in [out] the ~** įjungti [išjungti] sankabą, sukabinti [atkabinti] movą; **~ coupling,** *amer.* **dog ~** kumštelinė mova ◊ **when it comes to the ~** *amer. šnek.* kai nutiks bėda
v **1** griebti, pagauti; suspausti **2** griebtis *(at);* **to ~ at any excuse** griebtis bet kokio pasiteisinimo

clutch² *n* **1** *(vištos, žąsies)* perimi kiaušiniai **2** jaunikliai
v perėti

clutch-bag ['klʌtʃbæɡ] *n* rankinukas be rankenos

clutching ['klʌtʃɪŋ] *n aut.* sukabinimas

clutter ['klʌtə] *n* **1** griozdai, griozdynė **2** netvarka, chaosas; **the room is in a ~** kambaryje – gyvas chaosas
v **1** užgriozdinti *(t. p.* **~up);** **to ~ up a room with furniture** užgriozdinti kambarį baldais **2** (pa)daryti netvarką; (su)jaukti; **the book is ~ed with details** knyga pilna smulkmenų

Clwyd [klɪd] *n* Kluidas *(Š. r. Velso grafystė)*

clyster ['klɪstə] *n med. psn.* klizma

C-note ['siːnəut] *n amer. šnek.* šimto dolerių banknotas

co- [kəʊ-] *pref* ko- *(reiškiant bendrumą, buvimą kartu, bendrą veikimą ir pan.);* bendrininkas; **coeducation** koedukacija; **coexist** koegzistuoti; **coguardian** globojimo bendrininkas

coach¹ [kəutʃ] *n* **1** turistinis tarpmiestinis autobusas **2** keleivinis vagonas **3** karieta, ekipažas **4** *amer. (lėktuvo, traukinio)* antroji klasė ◊ **to drive a ~ and horses through** *šnek.* sugriauti, sutriuškinti *(argumentus, vyriausybės planą ir pan.)*
v važiuoti/vežti karieta

coach² *n* **1** treneris; instruktorius **2** repetitorius
v **1** treniruoti *(komandą);* instruktuoti **2** rengti *(egzaminui);* dirbti repetitoriumi, repetuoti ◊ **to drive a ~ and horses** sutriuškinti, suniokoti

coach-and-four [ˌkəutʃəndˈfɔː] *n* karieta, pakinkyta ketvertu arklių

coach-box ['kəutʃbɒks] *n (karietos)* pasostė

coachbuilder ['kəutʃˌbɪldə] *n* automobilio kėbulo gamintojas

coachload ['kəutʃləud] *n* turistinio autobuso keleiviai, pilnas autobusas

coachman ['kəutʃmən] *n (pl* -men [-mən]) **1** *ist.* vežėjas, vežikas **2** dirbtinė musė *(vart. žvejų)*

coachwork ['kəutʃwəːk] *n* automobilio kėbulas

coadjutor [kəuˈædʒutə] *n* **1** padėjėjas **2** *bažn.* koadjutorius, vyskupo padėjėjas

coagulant [kəuˈæɡjulənt] *n chem.* koaguliantas

coagulate [kəuˈæɡjuleɪt] *v* koaguliuoti, krekėti, krešėti; tirštėti; tirštinti

coagulation [kəuˌæɡjuˈleɪʃn] *n* koaguliacija, krekėjimas, krešėjimas

coal [kəul] *n* **1** *(akmens)* anglys; **blind ~** antracitas; **white ~** baltosios anglys, vandens energija **2** *(ppr. pl)* žarijos *(t. p.* **hot/live ~)** ◊ **to drag/haul over the ~s** *šnek.* išpeikti, išbarti; **to carry ~s to Newcastle** dirbti nenaudingą darbą, ≡ nešti vandenį į upę; **to heap ~s of fire on smb's head** atsilyginti kam geru už bloga; **to haul/rake/drag smb over the ~s** ≡ duoti pipirų, užkurti pirtį kam
v **1** ap(si)rūpinti anglimis **2** apanglėti

coal-bed ['kəulbed] *n* anglių klodas

coal-black ['kəul'blæk] *a* juodas kaip anglis

coal-breaker ['kəulˌbreɪkə] *n* **1** anglių sodrinimo fabrikas **2** anglių trupintuvas

coal-burner ['kəul‚bə:nə] *n* garlaivis, kūrenamas anglimis
coal-dust ['kəuldʌst] *n* smulkios anglys, anglių dulkės
coaler ['kəulə] *n* **1** *glžk., jūr.* angliavežis **2** anglių krovėjas
coalesce [‚kəuə'les] *v* **1** susilieti, suaugti **2** jungtis, susijungti, vienytis, susivienyti
coalescence [‚kəuə'lesns] *n* **1** suaugimas, susiliejimas **2** susijungimas, susivienijimas
coalface ['kəulfeɪs] *n* anglių kirtavietė ◊ *at the ~ (dirbantis)* konkretų darbą *(ne planuojantis, ne vadovaujantis)*
coalfield ['kəulfi:ld] *n* akmens anglių baseinas/telkinys
coalfish ['kəulfɪʃ] *n zool.* polakas; juodžuvė
coal-gas ['kəulgæs] *n* akmens anglių dujos
coal-heaver ['kəul‚hi:və] *n* anglių vežikas, anglianešys
coal-hole ['kəulhəul] *n* rūsys anglims laikyti; anga anglims supilti į rūsį
coalhouse ['kəulhaus] *n* anglių sandėlis
coaling ['kəulɪŋ] *n* anglių krovimas/(su)pylimas
coaling-station ['kəulɪŋ‚steɪʃn] *n* anglių bazė
coalition [‚kəuə'lɪʃn] *n* koalicija; sąjunga; *~ government* koalicinė vyriausybė
coalman ['kəulmən] *n (pl* -men [-mən]) *(tik v.)* anglių pristatytojas *(į namus)*
coalmine ['kəulmaɪn] *n* anglių kasykla
coalminer ['kəulmaɪnə] *n* angliakasys
coal-scuttle ['kəul‚skʌtl] *n* kibiras/dėžė anglims laikyti
coal-seam ['kəulsi:m] *n* = **coal-bed**
coal-tar ['kəulta:] *n* akmens anglių degutas/derva
coal-tit ['kəultɪt] *n zool.* juodoji zylė
coaly ['kəulɪ] *a* **1** anglių, anglinis; anglingas **2** juodas kaip anglis
coaming ['kəumɪŋ] *n jūr.* komingsas, apytvaras
coarse [kɔ:s] *a* **1** šiurkštus, nedailus; *~ skin* šiurkšti oda; *~ furniture* grubūs/neapdailinti baldai **2** šiurkštus, nemandagus; vulgarus; *~ language* šiurkštūs žodžiai; *~ story* nepadorus anekdotas **3** rupus, stambus; *~ sand* rupus smėlis **4** prastas *(apie maistą, vyną)* **5** neapdirbtas, žalias *(apie medžiagą)*
coarse-grained ['kɔ:sgreɪnd] *a* **1** stambiagrūdis *(apie medieną ir pan.)* **2** stačiokiškas
coarsen ['kɔ:sn] *v* padaryti šiurkštų/grubų; pasidaryti šiurkščiam/grubiam, (pa)šiurkštėti
coast [kəust] *n* **1** *(jūros)* pakrantė, pajūris; krantas; *off the ~* jūroje netoli kranto **2** *amer.* snieguota kalva **3** *amer.* važinėjimas rogutėmis nuo kalno **4** *(the C.) amer.* Ramiojo vandenyno pakrantė ◊ *the ~ is clear* kelias laisvas, pavojaus nebėra
v **1** važiuoti nuokalnėn išjungus variklį, neminant pedalų **2** *šnek.* daryti *(ką)* lengvai, be pastangų **3** *amer.* važinėti rogutėmis nuo kalno **4** *jūr.* plaukioti palei krantą
coastal ['kəustl] *a* kranto, pakrantės; *~ shipping/navigation* kabotažas, pakrantės laivyba; *~ climate* pajūrio klimatas
coaster ['kəustə] *n* **1** kabotažinis laivas **2** padėklas *(buteliui ant stalo ir pan.)* **3** *amer.* = **roller-coaster**
coastguard ['kəustga:d] *n* **1** pakrantės sargybinis **2** *(the C.)* pakrantės sargyba, kranto apsauga
coastguardsman ['kəustga:dzmən] *n amer.* = **coastguard** 1
coasting ['kəustɪŋ] *n* kabotažinis plaukiojimas, kabotažas
coastline ['kəustlaɪn] *n* kranto linija; *ragged ~* raižytas krantas
coast-to-coast [‚kəusttə'kəust] *a attr* visoje šalyje/teritorijoje *(apie paiešką ir pan.)*
coastwise ['kəustwaɪz] *a* plaukiojantis pakrante, kabotažinis; *~ service* pakrantės tarnyba
adv išilgai kranto, pakrante
coat [kəut] *n* **1** paltas, apsiaustas **2** švarkas; *~ and skirt* moteriškas kostiumas **3** *(gyvulio, žvėries)* kailis, vilnos; *(paukščio)* plunksnos **4** danga; sluoksnis; *~ of snow* sniego danga; *~ of dust [of paint]* dulkių [dažų] sluoksnis **5** *tech.* apmušalas, apsiuva, apdaras ◊ *to cut one's ~ according to one's cloth* ≡ gyventi pagal kišenę; *to dust smb's ~* ≡ įkrėsti kam į kailį; apkulti kam šonus; *to turn one's ~* ≡ išversti kailį, pereiti į priešo pusę
v **1** (pa)dengti; apmušti, aptaisyti **2** *kul.* padengti, apibarstyti, aptepti
coatdress ['kəutdres] *n* apsiausto kirpimo suknelė
coated ['kəutɪd] *a* padengtas *(kuo); ~ tongue med.* apneštas liežuvis
coatee [kəu'ti:] *n* trumpa palaidinukė
coat-hanger ['kəut‚hæŋə] *n* pakabas
coati [kəu'a:tɪ] *n zool.* ilganosis meškėnas
coating ['kəutɪŋ] *n* **1** *(dažų ir pan.)* sluoksnis, gruntas **2** paltinis audinys **3** *tech.* danga, apmušalas, apsiuva; aptepas **4** (pa)dengimas, apmušimas; aptepimas
coatrack ['kəutræk] *n* kabykla
coatroom ['kəutrum] *n amer.* drabužinė
coattails ['kəutteɪlz] *n pl* **1** *(frako ir pan.)* skvernai **2** ryšiai su aukštais pareigūnais/veikėjais; protekcija; *to ride on smb's ~* pasinaudoti ryšiais; iškilti įtakingo žmogaus dėka
co-author [kəu'ɔ:θə] *n* bendraautoris, koautorius
coax [kəuks] *v* **1** įtikinėti, įkalbinėti; pasiekti ką įkalbinėjant/meilikaujant *ir pan.; to ~ smb into doing smth* įkalbėti ką padaryti ką; *to ~ smth out of smb* išgauti ką iš ko **2** kantriai siekti/daryti; švelniai paleisti *(variklį ir pan.); to ~ a fire to burn* kantriai kurstyti ugnį
coaxial [‚kəu'æksɪəl] *a spec.* koaksialus, bendraašis, turintis bendrą ašį
cob [kɔb] *n* **1** gulbinas **2** kresnas trumpakojis arklys **3** *(anglių, rūdos, akmens)* gabalas, luitas **4** *(duonos)* apskritas kepaliukas **5** kukurūzų burbuolės kotas **6** = **cobnut 7** *stat.* plaušamolis
cobalt ['kəubɔ:lt] *n chem.* kobaltas
cobaltite [kə'bɔ:ltaɪt] *n min.* kobaltinas, kobalto rūda
cobber ['kɔbə] *n austral. šnek.* drauguži *(vyrui kreipiantis į vyrą)*
cobble[1] ['kɔbl] *n* **1** grindinio akmuo **2** *pl* grindinys **3** *pl* stambios anglys
v grįsti *(grindinį)*
cobble[2] *n* prastai padarytas darbas
v **1** taisyti *(batus),* lopyti *(drabužį)* **2** *šnek.* sumeistrauti, paskubomis padaryti/sudaryti *(ppr. ~ together)*
cobbler ['kɔblə] *n* **1** kurpius, batsiuvys *(taisantis batus)* **2** prastas meistras **3** *pl šnek.* nesąmonė, niekai **4** *amer.* vaisiai, kepti tešloje
cobblestone ['kɔblstəun] *n (džn. pl)* grindinio akmuo
cobbly ['kɔblɪ] *a* grįstas akmenimis, akmenų *(apie grindinį)*
cobby ['kɔbɪ] *a* žemas, kresnas
coble ['kəubl] *n* plokščiadugnė žvejų valtis
cobnut ['kɔbnʌt] *n* **1** *bot.* stambiavaisis lazdynas, riešutmedis **2** riešutas
cobra ['kəubrə] *n zool.* kobra
cobweb ['kɔbweb] *n* **1** voratinklis **2** plonas permatomas audinys **3** *pl* raizgalynė, painiava; *she has ~s in her head* jos galvoje minčių kratinys **4** *pl* gudrybės ◊ *to blow the ~s away* pasivaikščioti gryname ore, atsigaivinti, atsigauti
v **1** aptraukti voratinkliu, regzti voratinklį **2** *prk.* painioti, raizgyti

coca ['kəukə] *n bot.* kokamedis
Coca-Cola [ˌkəukə'kəulə] *n* kokakola
cocaine [kəu'keɪn] *n* kokainas; ~ *addict* kokainininkas, kokainistas
cocainist [kə'keɪnɪst] *n* kokainininkas, kokainistas
coccus ['kɔkəs] *n (pl* cocci ['kɔksaɪ]) *med.* kokai *(bakterijos)*
coccyx ['kɔksɪks] *n (pl* coccyges [kɔk'saɪdʒiːz], coccyxes) *anat.* stuburgalis
cochair ['kəutʃɛə] *n* = **cochairman**
v pirmininkauti *(būnant vienam iš pirmininkų)*
cochairman ['kəutʃɛəmən] *n (pl* -men [-mən]) *(tik v.)* vienas iš kelių pirmininkaujančiųjų
cochineal [ˌkɔtʃɪ'niːl] *n* košenilis *(ryškiai raudoni dažai)*
cochlea ['kɔklɪə] *n (pl* -leae [-lɪaɪ], ~s) *anat.* sraigė *(vidinės ausies dalis)*
cock¹ [kɔk] *n* **1** gaidys ~ *of the wood* kurtinys, tetervinas **2** patinas *(apie paukščius);* ~ *sparrow* žvirblis patinas **3** *prk.* gaidys, peštukas, vadas, vadovas; *the* ~ *of the school* žaidimų/išdaigų vadovas *(mokykloje)* **4** čiaupas *(t. p. water* ~*)* **5** vėjarodis **6** *(šautuvo)* gaidukas **7** *(svarstyklių, saulės laikrodžio)* rodyklė **8** *av.* lakūno sėdynė **9** draugužis *(kreipiantis; t. p. old* ~*)* **10** *vulg. (vyro)* varpa **11** *sl.* nesąmonės, kvailystės **12** *psn.* gaidgystė, gaidžio giedojimas *(naktį)*, gaidžiai ◊ *the* ~ *of the walk šnek.* vadeiva; padėties šeimininkas; *that* ~ *won't fight* tas dalykas nepavyks
v **1** pakelti, pastatyti *(t. p.* ~ *up); to* ~ *(up) one's ears* pastatyti ausis; *to* ~ *one's eye (at) (reikšmingai)* mirktelėti; *to* ~ *one's hat* nusmaukti skrybėlę ant pakaušio; *to* ~ *one's nose* (už)riesti nosį; *to* ~ *one's pistol* atlaužti pistoleto gaiduką **2** užlaužti smūgiui pakeltą ranką □ ~ *up* sujaukti, supainioti
cock² *n (šieno ir pan.)* kupeta
v dėti/krauti į kupetas, kupetuoti
cockade [kɔ'keɪd] *n* kokarda
cock-a-doodle-doo [ˌkɔkəˌduːdl'duː] *n* **1** kakarieku, kakarykū **2** *vaik.* gaidelis
cock-a-hoop [ˌkɔkə'huːp] *a predic šnek.* džiūgaujantis; pagyrūniškas
cock-a-leekie [ˌkɔkə'liːkɪ] *n škot.* vištienos sriuba su porais *(t. p.* ~ *soup)*
cockamamie ['kɔkəˌmeɪmɪ] *a amer. šnek.* absurdiškas, kvailas, juokingas, tik juoko vertas
cock-and-bull [ˌkɔkənd'bul] *a:* ~ *story* nebūti dalykai, pasakos
cockatoo [ˌkɔkə'tuː] *n* **1** *zool.* kakadu **2** *austral. šnek.* smulkus fermeris
cockboat ['kɔkbəut] *n* laivo valtis
cockchafer ['kɔktʃeɪfə] *n zool.* paprastasis karkvabalis, grambuolys
cockcrow ['kɔkkrəu] *n* gaidgystė, aušra; *at* ~ gaidžiams giedant, su gaidžiais
cocked [kɔkt] *a* pakeltas, užriestas į viršų; ~ *hat* trikampė skrybėlė; *to keep the ear* ~ klausyti ausis pastačius
cocker¹ ['kɔkə] *n* **1** gaidžių peštynių mėgėjas/globėjas **2** kokeris *(šunų veislė; t. p.* ~ *spaniel)*
cocker² *v* lepinti *(vaikus)*
cockerel ['kɔkərəl] *n* gaidžiukas
cock-eye ['kɔkaɪ] *n šnek.* žvaira akis
cock-eyed ['kɔkaɪd] *a šnek.* **1** įstrižas, įkypas **2** žvairas **3** kvailas, absurdiškas
cockfight(ing) ['kɔkfaɪt(ɪŋ)] *n* gaidžių peštynės
cockhorse ['kɔkhɔːs] *n psn.* **1** arkliukas *(lazda; žaislas)* **2** papildomai prikinkomas arklys *(sunkiame kelyje)*

cockiness ['kɔkɪnɪs] *n* įžūlumas
cockle¹ ['kɔkl] *n* **1** *zool.* širdutė *(valgomas moliuskas)* **2** = **cockleshell** ◊ *to warm the* ~*s of one's heart* džiuginti; ≡ glostyti širdį
cockle² *n* raukšlė, (su)glamžymas
v **1** raukšlėti(s), glamžyti(s) **2** putoti *(apie jūrą)* **3** sukti(s) ratu/spirale
cockle³ *n bot.* dirvinė raugė
cockleshell ['kɔklʃel] *n* **1** *(moliusko)* kiaukutas, kriauklė, geldutė **2** *knyg.* plokščiadugnė valtelė, luotas
cock-loft ['kɔklɔft] *n* mansarda, gyvenamoji patalpa pastogėje, aukštas
cockney ['kɔknɪ] *n* kokni *(londonietis, kilęs iš žemiausių sluoksnių; londoniečių prastakalbė)*
cockpit ['kɔkpɪt] *n* **1** gaidžių peštynių vieta **2** *prk.* kovos arena **3** *av.* lakūno kabina **4** *aut. (lenktyninio automobilio vairuotojo)* atvira kabina **5** *jūr.* kokpitas, kubrikas
cockroach ['kɔkrəutʃ] *n zool.* tarakonas
cockscomb ['kɔkskəum] *n* **1** gaidžio skiauterė **2** juokdario kepurė **3** *bot.* skiauterėtoji celiozija **4** dantytasis grandiklis
cocksfoot ['kɔksfut] *n bot.* paprastoji šunažolė
cockshead ['kɔkshed] *n bot.* esparcetas, bandvikis
cockshot ['kɔkʃɔt] *n* = **cockshy**
cockshy ['kɔkʃaɪ] *n* **1** mėtymas į taikinį; į taikinį mėtomas daiktas **2** pajuokos/kritikos objektas
cocksure [ˌkɔk'ʃuə] *a menk.* visiškai savimi pasitikintis, pasipūtęs
cockswain ['kɔkswɛɪn, 'kɔksn] *n* = **coxswain**
cocktail ['kɔkteɪl] *n* **1** kokteilis; ~ *bar/lounge* kokteilių baras *(viešbutyje ir pan.)* **2** *(krevečių, vaisių ir pan.)* užkanda; *fruit* ~ vaisių salotos **3** mišinys *(of – ko)*
v gerti kokteilį
cock-up ['kɔkʌp] *n* **1** užraitas **2** *sl.* makalynė, maišalienė, maišatis
cocky ['kɔkɪ] *a* pasipūtęs, pasitikintis savimi; įžūlus
cocky-leeky [ˌkɔkɪ'liːkɪ] *n* = **cock-a-leekie**
coco ['kəukəu] *n (pl* ~s [-z]) *bot.* kokoso palmė
cocoa ['kəukəu] *n* **1** kakava *(milteliai; gėrimas);* ~ *bean* kakavos pupelė **2** ruda spalva
coco(a)nut ['kəukənʌt] *n* kokosas, kokoso riešutas; ~ *milk* kokoso pienas, ~ *palm* kokoso palmė
cocoon [kə'kuːn] *n* **1** kokonas **2** tai, kuo galima įsisupti/apsitūloti **3** apsauga, prieglobstis
v apsiausti, apgaubti *(ypač norint apsaugoti)*
cod¹ [kɔd] *n (pl* ~, ~s) *zool.* menkė
v gaudyti menkes
cod² *šnek. n* **1** apgaulė, pokštas **2** parodija
v **1** mulkinti, kvailinti **2** parodijuoti
cod³ *n sl.* niekai, nesąmonė
coda ['kəudə] *n* **1** *muz.* koda **2** *(knygos, kalbos)* pabaiga, užbaigimas; epilogas
coddle¹ ['kɔdl] *v* **1** slaugyti **2** lepinti
coddle² *v* virti ant mažos ugnies *(kiaušinius)*
code [kəud] *n* **1** kodeksas, įstatymų sąvadas/rinkinys; *civil [criminal]* ~ civilinis [baudžiamasis] kodeksas **2** *(garbės, moralės)* kodeksas, principai, elgesio normos; *to break the* ~ pažeisti elgesio normas **3** kodas; simbolių/signalų sistema; *dialling/amer. area* ~ telefono kodas *(skambinant į kitą šalį/rajoną); genetic* ~ *biol.* genetinis kodas; *postal/amer. zip* ~ pašto indeksas; *to break/crack a* ~ iššifruoti kodą; ~ *name* kodinis vardas/pavadinimas
v **1** koduoti; šifruoti pagal kodą **2** *biol.* nustatyti genetinį kodą

code-breaker ['kəudbreɪkə] *n* dešifruotojas
co-defendant [ˌkəudɪ'fendənt] *n teis.* bendraatsakovis
codeine ['kəudi:n] *n farm.* kodeinas
codex ['kəudeks] *lot. n (pl* codices) kodeksas, senoviškas rankraštis, rankraščių rinkinys
codfish ['kɔdfɪʃ] = **cod¹** *n*
codger ['kɔdʒə] *n šnek.* keistuolis; *old ~* senukas
codices ['kəudɪsi:z] *pl žr.* **codex**
codicil ['kəudɪsɪl] *n teis.* kodicilas, testamento prierašas/papildymas/pataisa
codification [ˌkəudɪfɪ'keɪʃn] *n* kodifikavimas, kodifikacija
codify ['kəudɪfaɪ] *v* **1** kodifikuoti **2** sudaryti sistemą, sisteminti **3** šifruoti
codling¹ ['kɔdlɪŋ] *n* nedidelė menkė, menkelė
codling² *n* **1** neprinokęs obuolys **2** obuoliai, vartojami virti
cod-liver [ˌkɔdlɪvə] *n: ~ oil* žuvų taukai
codpiece ['kɔdpi:s] *n ist. (kelnių)* kilpinė
co-driver [kəu'draɪvə] *n (lenktyninio automobilio ir pan.)* pakaitinis vairuotojas
codswallop ['kɔdzwɔləp] *n sl.* nesąmonė, kvailystė *(t. p. load of ~)*
coed [ˌkəu'ed] *n amer. šnek.* mišraus koledžo/universiteto studentė
a = **coeducational**
coedit [kəu'edɪt] *v* kartu redaguoti
coeducation [ˌkəuedʒu'keɪʃn] *n* bendras berniukų ir mergaičių mokymas, koedukacija
coeducational [ˌkəuedʒu'keɪʃnəl] *a* mišrus, bendras *(abiem lytims; apie mokyklą)*
coefficient [ˌkəuɪ'fɪʃnt] *n spec.* koeficientas; *~ of efficiency* naudingumo koeficientas; *expansion ~ fiz.* plėtimosi koeficientas
a veikiantis kartu, prisidedantis, paremiantis
coelacanth ['si:ləkænθ] *n zool.* latimerija
coeliac ['si:lɪæk] *a anat.* esantis pilvo ertmėje, pilvinis
coenobite ['si:nəbaɪt] *n bažn.* vienuolis
coequal [kəu'i:kwəl] *a knyg.* lygus *(laipsniu ir pan.; with)*
coerce [kəu'ə:s] *v* (pri)versti *(into);* daryti spaudimą; *to ~ smb to sign a document* priversti ką pasirašyti dokumentą
coercible [kəu'ə:sɪbl] *a* priverčiamas
coercion [kəu'ə:ʃn] *n* (pri)vertimas, prievarta; *under ~* iš prievartos, prievarta, priverstinai
coercive [kəu'ə:sɪv] *a* priverstinis, prievartos
coeval [kəu'i:vl] *knyg. n* vienmetis; amžininkas, bendralaikis
a vienmetis, to paties amžiaus; bendralaikis *(with)*
coexist [ˌkəuɪg'zɪst] *v* koegzistuoti, egzistuoti/gyvuoti greta/kartu
coexistence [ˌkəuɪg'zɪstᵊns] *n* sambūvis, koegzistencija
coexistent [ˌkəuɪg'zɪstᵊnt] *a* koegzistuojantis, egzistuojantis/esantis kartu
coextensive [ˌkəuɪk'stensɪv] *n* vienodo ilgio/trukmės
coffee ['kɔfɪ] *n* **1** kava *(gėrimas; milteliai);* kavos puodelis; *white ~* balinta kava, kava su pienu; *we'll have two ~s please* prašom du puodukus kavos **2** *bot.* kavamedis *(t. p. ~ tree)* **3** šviesiai ruda, kavos spalva ◊ *wake up and smell the ~ amer.* atsikvošėk!
coffee-and ['kɔfɪ'ænd] *n šnek.* kava su spurgomis, pyragaičiais *ir pan.*
coffee-bar ['kɔfɪbɑ:] *n* kavinė, užkandinė
coffee-bean ['kɔfɪbi:n] *n* kavos pupelė
coffee-berry ['kɔfɪˌberɪ] *n* kavamedžio vaisius
coffee-break ['kɔfɪbreɪk] *n* nedidelė pertraukėlė *(darbo metu; kavai gerti)*

coffee-cake ['kɔfɪkeɪk] *n* bandelė, keksas *(ppr. su riešutais ir razinomis)*
coffee-cup ['kɔfɪkʌp] *n* puodelis kavai gerti
coffee-grinder ['kɔfɪˌgraɪndə] *n =* **coffee-mill**
coffee-grounds ['kɔfɪgraundz] *n pl* kavos tirščiai
coffee-house ['kɔfɪhaus] *n* kavinė
coffee-klatch ['kɔfɪklætʃ] *n amer.* suėjimas/pasisėdėjimas prie kavos staliuko; pasišnekėjimas *(geriant kavą)*
v šnek. taukšti ir liežuvauti, apšnekėti
coffee-mill ['kɔfɪmɪl] *n* kavamalė
coffee-morning ['kɔfɪˌmɔ:nɪŋ] *n* labdaros kavutė *(rytą);* pasišnekėjimas *(geriant kavą)*
coffee-pot ['kɔfɪpɔt] *n* kavinukas
coffee-room ['kɔfɪrum] *n (viešbučio)* valgykla, bufetas
coffee-shop ['kɔfɪʃɔp] *n* **1** kavinukė *(viešbutyje, parduotuvėje)* **2** *amer.* užkandinė
coffee-stall ['kɔfɪstɔ:l] *n* kilnojamasis bufetas, kioskelis
coffee-table ['kɔfɪˌteɪbl] *n* žemas staliukas *(kavai, laikraščiams ir žurnalams); ~ book* iliustruotas didelio formato leidinys
coffer ['kɔfə] *n* **1** *(metalinė)* dėžė *(vertybėms)* **2** *pl* iždas; fondai; *the nation's ~s* valstybės iždas **3** *archit., tech.* kesonas
v įdėti į dėžę; užrakinti dėžutėje
cofferdam ['kɔfədæm] *n* **1** *hidr.* kesonas *(įrenginys darbams po vandeniu)* **2** *jūr.* koferdamas, užtūra, nepralaidi vandeniui užtvara
coffin ['kɔfɪn] **1** karstas **2** *jūr. šnek.* senas laivas, laivapalaikis
v dėti į karstą
coffin-nail ['kɔfɪnneɪl] *n šnek.* cigaretė
coffret ['kɔfrɪt] *n* dėžutė, skrynelė
cog¹ [kɔg] *n* **1** *(rato)* krumplys, dantis **2** *prk.* sraigtelis; *a ~ in the machine/wheel* mažas didelės mašinos sraigtelis *(apie žmogų)*
cog² *v* **1** apgau(dinė)ti **2** sukčiauti žaidžiant kauliukais
cogency ['kəudʒᵊnsɪ] *n (išvadų ir pan.)* įtikimumas, nenuginčijamumas, nesugriaunamumas
cogent ['kəudʒᵊnt] *a* įtikimas, nenuginčijamas
cogged [kɔgd] *a* dantytas
cogitable ['kɔdʒɪtəbl] *a* įmanomas, suprantamas
cogitate ['kɔdʒɪteɪt] *v* (ap)mąstyti, svarstyti *(about, on)*
cogitation [ˌkɔdʒɪ'teɪʃn] *n* **1** (ap)mąstymas, svarstymas **2** *pl* numatyti planai
cogitative ['kɔdʒɪtətɪv] *a* **1** mąstantis, galvojantis **2** mąstymo, svarstymo
cognac ['kɔnjæk] *n* konjakas
cognate ['kɔgneɪt] *kalb. n (skirtingų kalbų)* etimologiškai giminingas žodis, bendrašaknis, kognatas
a giminingas, artimas
cognation [kɔg'neɪʃn] *n teis., kalb.* giminingumas, giminystė
cognisant ['kɔgnɪzᵊnt] *a =* **cognizant**
cognition [kɔg'nɪʃn] *n* **1** *spec.* pažinimas, žinojimas; gebėjimas pažinti **2** *knyg.* supratimas
cognitive ['kɔgnɪtɪv] *a spec.* pažinimo, pažintinis; kognityvus
cognizable ['kɔgnɪzəbl] *a* **1** *knyg.* pažinus, galimas pažinti **2** *teis.* teismingas; *the cause is not ~ by the court* byla neteisminga tam teismui
cognizance ['kɔgnɪzᵊns] *n* **1** *knyg.* žinojimas, pažinimas; *to take ~ of smth* susipažinti su kuo ir panaudoti *(priimant sprendimą, darbe ir pan.)* **2** kompetencija; *within one's ~* kieno kompetencijos **3** teismingumas **4** herbas; skiriamasis ženklas

cognizant ['kɔgnɪzənt] *a knyg.* žinantis, informuotas *(of)*

cognize [kɔg'naɪz] *v* **1** *knyg.* žinoti; pastebėti **2** *filos.* pažinti, suvokti

cognomen [kɔg'nəumen] *n* **1** pravardė; vardo priedėlis *(pvz., Vytautas, the Great)* **2** pavardė *(ypač sen. romėnų)*

cognoscenti [ˌkɔnjəu'ʃentɪ] *it. n pl knyg. (kurios nors srities)* mokovai

cogwheel ['kɔgwi:l] *n tech.* krumpliaratis; **~ railway** keltuvas, funikulierius

cohabit [kəu'hæbɪt] *v* gyventi kartu *(kaip vyras ir žmona)*

cohabitant [kəu'hæbɪtənt] *n* sugyventinis

cohabitation [ˌkəuhæbɪ'teɪʃn] *n knyg.* gyvenimas kartu/nesusituokus

cohabitee [ˌkəuhæbɪ'ti:] *n* sugyventinis

coheir [ˌkəu'ɛə] *n teis.* bendraįpėdinis, bendraveldis

coheiress [ˌkəu'ɛərɪs] *n teis.* bendraįpėdinė, bendraveldė

cohere [kəu'hɪə] *v* **1** jungtis, būti sujungtam/susijusiam; būti sukibusiam, sukibti **2** derintis, sietis

coherence, -cy [kəu'hɪərəns, -sɪ] *n* **1** ryšys, sąsaja **2** rišlumas; darna, darnumas **3** *spec.* koherentiškumas

coherent [kəu'hɪərənt] *a* **1** susijęs, susietas, sujungtas **2** rišlus, nuoseklus, sąryšingas **3** aiškus, suprantamas **4** *fiz.* koherentus, koherentinis

cohesion [kəu'hi:ʒn] *n* **1** ryšys/sąryšis, sąsajos jėga **2** susitelkimas, glaudumas; sanglauda **3** *spec.* sankiba, sukibimas, kohezija

cohesive [kəu'hi:sɪv] *a* **1** (su)rišantis, (su)kimbantis; sankabus **2** rišlus; darnus

cohort ['kəuhɔ:t] *n* **1** *ist.* kohorta *(t. p. prk.)* **2** *(ypač menk.) (žmonių)* būrys, gauja **3** *(ppr. pl)* dalinys, kariuomenė **4** *amer.* padėjėjas, bendrininkas, bendras

coif [kɔɪf] *n* **1** kepuraitė, gobtuvas *(ypač vienuolių)* **2** *(ypač amer.) šnek.* = **coiffure**
v šnek. **1** sušukuoti **2** už(si)dėti ant galvos *(kepuraitę ir pan.)*

coiffure [kwɑ:'fə:, kwɔ'fjuə] *pr. n* šukuosena

coign [kɔɪn] *n archit.* išorinis kampas ◊ **~ of vantage** vieta, iš kurios gerai matyti, patogi pozicija

coil [kɔɪl] *n* **1** *(virvės, laido ir pan.)* ritinys, ringė; virvė *(susukta į ritinį)* **2** vija; spiralė *(t. p. kontraceptikas)* **3** *el.* ritė; **antenna ~** antenos ritė **4** *tech.* gyvatukas *(t. p.* **~ pipe***)*
v **1** vynioti(s) spirale/ringėmis; raityti(s); su(si)sukti, su(si)vynioti *(t. p.* **~ up***);* **to ~ a rope** ringuoti virvę/lyną **2** vinguriuoti; rangytis, susirangyti **3** *sport.* suriesti koją *(apie lipantį alpinistą)*

coin [kɔɪn] *n* **1** moneta; metaliniai pinigai; **to toss/flip a ~** mesti monetą *(pasirenkant, spendžiant ką)* **~ changer** monetų keitimo automatas; **~ slot** automato anga/plyšelis monetai įmesti; **false ~** netikra moneta; b) *prk.* klastotė, padirbinys **2** *spec.* štampas, puansonas; įspaudiklis ◊ **to pay smb back in their own ~** atsimokėti kam tuo pačiu
v **1** kaldinti, kalti *(pinigus, medalius ir pan.);* štampuoti; **to be ~ing money/it** *prk.* uždirbti nemaža pinigų **2** nukalti, sudaryti *(naujus žodžius/posakius)*

coinage ['kɔɪnɪdʒ] *n* **1** monetų kalimas **2** *kuop.* monetos **3** pinigų sistema **4** *(naujų žodžių/posakių)* kalimas, sudarymas **5** naujadaras, neologizmas *(t. p.* **recent ~***)*

coincide [ˌkəuɪn'saɪd] *v* **1** sutapti *(apie įvykius ir pan.; with)* **2** atitikti, būti lygiam; **his story ~s with the facts** jo pasakojimas atitinka faktus

coincidence [kəu'ɪnsɪdəns] *n* **1** atsitiktinumas, atsitiktinis sutapimas, supuolimas; **by ~** atsitiktinai **2** sutapimas, atitikimas **3** *spec.* sutaptis

coincident [kəu'ɪnsɪdənt] *a* sutampantis; atitinkantis; **to be ~ with smth** sutapti su kuo

coincidental [kəuˌɪnsɪ'dentl] *a* **1** atsitiktinis **2** sutampantis

coiner ['kɔɪnə] *n* **1** *(monetų)* kalėjas, štampuotojas **2** netikrų pinigų dirbėjas **3** pramanytojas

coin-op ['kɔɪn'ɔp] *n* skalbykla, turinti skalbimo automatus, automatinė skalbykla

coir ['kɔɪə] *n* kokoso palmės pluoštas, koiras *(vart. virvėms vyti ir pan.)*

coition [kəu'ɪʃn] *n* = **coitus**

coitus ['kɔɪtəs] *n med.* lytinis aktas, kopuliacija

coke[1] [kəuk] *n* koksas
v koksuoti

coke[2] *n šnek.* **1** kokainas **2** = **Coca-Cola**

col- [kɔl-, kəl-] *pref (prieš priebalsę l)* = **com-**

cola[1] ['kəulə] *n bot.* kola, kolamedis *(t. p.* **~ tree***)*

cola[2] *n* nealkoholinis angliarūgštės prisotintas gėrimas

colander ['kʌləndə] *n* kiaurasamtis

colchicum ['kɔltʃɪkəm] *n bot.* vėlyvis

cold [kəuld] <*a, adv, n*> *a* **1** šaltas; **~ hands** šaltos rankos; **~ waves** a) šalto oro banga; b) šaltasis sušukavimas; **to be/feel ~** šalti, žvarbti, jausti šaltį; **I am/feel ~** man šalta; **your dinner is getting ~** tavo pietūs aušta/šąla; **~ colours** šaltos spalvos; **~ iron/steel** šaltasis ginklas; **~ brittleness** *tech.* trapumas šaltyje; **(as) ~ as charity/ice/marble** a) šaltas kaip ledas/varlė; b) nejautrus, beširdis **2** *prk.* šaltas; abejingas; nesvetingas; **~ greeting** šaltas/oficialus pasveikinimas/sutikimas; **~ look** šaltas žvilgsnis; **~ war** šaltasis karas; **to leave smb ~** palikti ką abejingą; **he is a ~ man** jis šaltas/beširdis žmogus **3** silpnas, nežymus; **~ comfort** menka paguoda; **~ scent/trail** neryškus, išblėsęs pėdsakas **4** toli nuo tikslo, teisingo atsakymo *(žaidžiant);* **you're getting ~er!** šalčiau!, šalčiau! **5** *tech.* neveikiantis ◊ **to be out ~** būti be sąmonės *(nualpus, pasigėrus ir pan.);* **to go ~ all over** nustėrti *(iš baimės ir pan.)*
adv **1** ekspromtu, nepasiruošus **2** *(ypač amer.) šnek.* visiškai; **to stop smth ~** visiškai nutraukti/sustabdyti ką; **to know smth ~** visiškai tiksliai žinoti ką
n **1** šaltis; **to be dead with ~** sušalti į ožio ragą; **to leave out in the ~** a) palikti šaltyje; b) tretiruoti, ignoruoti **2** persišaldymas, peršalimas; **to catch/take (a) ~** persišaldyti; **a ~ in the head, common ~** sloga; **a ~ in the chest** gripo būklė ◊ **to be (out) in the ~** būti vienišam/nereikalingam *(pobūvyje ir pan.);* **to come in from the ~** a) tapti priimtam/pripažintam; b) grįžti pas savuosius, pasijusti tarp savųjų

cold-blooded ['kəuld'blʌdɪd] *a* **1** šaltakraujiškas, šaltas; abejingas **2** bijantis šalčio, jautrus šalčiui **3** *zool.* šaltakraujis

cold-bloodedness [ˌkəuld'blʌdɪdnɪs] *n* šaltakraujiškumas, šaltumas; abejingumas

cold-hearted ['kəuld'hɑ:tɪd] *a* kietaširdis

coldish ['kəuldɪʃ] *a* šaltokas

cold-livered ['kəuld'lɪvəd] *a* šaltas, nesujaudinamas

coldness ['kəuldnɪs] *n* šaltumas *(t. p. prk.);* šaltybė

cold-short ['kəuldʃɔ:t] *a metal.* trapus šaltyje

cold-shoulder [ˌkəuld'ʃəuldə] *v* ignoruoti, nenorėti pažinti; visiškai atmesti *(pasiūlymą ir pan.)*

coleopteran [ˌkɔlɪ'ɔptərən] *n (pl* -ra [-rə]*) zool.* kietasparnis *(vabalas)*

coleopterous [ˌkɔlɪ'ɔptərəs] *a zool.* kietasparnis

Coleridge ['kəulrɪdʒ] *n:* **Samuel Taylor ~** Samjuelis Teiloras Kolridžas *(anglų poetas)*

coleslaw ['kəulslɔ:] *n* kopūstų salotos *(su morkomis, svogūnais ir pan. ir su majonezu)*
coleus ['kəulıəs] *n bot.* margenis
colic ['kɔlık] *n* aštrus skausmas, dieglys *(viduriuose)*
colicky ['kɔlıkı] *a* dieglinis; dieglių pobūdžio; kenčiantis nuo dieglių
colitis [kə'laıtıs] *n med.* kolitas, storosios žarnos uždegimas
collaborate [kə'læbəreıt] *v* **1** bendradarbiauti **2** bendradarbiauti su priešu/okupantu *(with)*
collaboration [kə‚læbə'reıʃn] *n* **1** bendradarbiavimas; *in ~ with* bendradarbiaujant su **2** kolaboravimas, išdavikiškas bendradarbiavimas *(with)*
collaborationist [kə‚læbə'reıʃənıst] *n ist.* kolaboracionistas *(išdavikas)*
collaborative [kə'læbərətıv] *a attr* bendras, atliktas bendradarbiaujant
collaborator [kə'læbəreıtə] *n* **1** bendradarbis **2** kolaborantas
collage [kɔ'lɑ:ʒ] *pr. n* **1** *men.* koliažas; abstrakti kompozicija *(suklijuota iš nuotraukų, bilietų, audinio gabalų ir pan.)* **2** mišinys, kratinys
collagen ['kɔlədʒən] *n biol.* kolagenas, siūlinis baltymas
collapsable [kə'læpsəbl] *a* = **collapsible**
collapse [kə'læps] *n* **1** *(namų)* (su)griuvimas **2** suirimas, žlugimas; *~ of hopes* vilčių žlugimas/sudužimas **3** *(jėgų)* išsekimas; *med.* kolapsas **4** *(finansinis)* krachas, bankrotas
v **1** (su)griūti *(apie namus ir pan.)* **2** suirti, (su)žlugti *(apie planus, viltis ir pan.)* **2** susmukti, (par)griūti *(iš nuovargio, silpnumo ir pan.)*; staiga susilpnėti, išsekti *(apie sveikatą)* **4** būti sulankstomam/sudedamam *(apie sėdynę ir pan.)*; išardyti **5** sutrumpinti, suspausti
collapsible [kə'læpsəbl] *a* **1** sudedamas, sulankstomas, sustumiamas, išardomas; *~ bed* sudedamoji lova **2** atlenkiamas, atlošiamas
collar ['kɔlə] *n* **1** apykaklė; *stand-up ~* stačia apykaklė; *mandarin ~ (suknelės)* stačia apykaklė **2** karoliai, vėrinys, kaspinas, grandinėlė **3** kaklasaitis, antkaklis; *to slip the ~* a) nusimesti kaklasaitį; b) *prk.* nusimesti jungą **4** pavalkai, kaklininkas **5** kaklinė *(gyvulio kaklo mėsa)* **6** *tech.* žiedas, lankas, riebokšlis; sandariklis ◊ *against the ~* su dideliu įtempimu; *to be in ~* turėti darbą; *out of ~* be darbo; *to feel smb's ~ sl.* suimti nusikaltėlį/įtariamąjį; *to work up to the ~* dirbti išsijuosus; *to get hot under the ~ šnek.* netekti kantrybės, supykti
v **1** pagauti, (pa)griebti *(už apykalės)*, (pa)imti už pakarpos **2** užmauti kaklasaitį/pavalkus **3** *šnek.* (nu)čiupti, (nu)tverti
collarbone ['kɔləbəun] *n anat.* raktikaulis
collard ['kɔləd] *n bot.* lapinis kopūstas *(t. p. ~ greens)*
collarette [‚kɔlə'ret] *n* apykaklaitė
collar-stud ['kɔləstʌd] *n* apykaklės segutis
collar-work ['kɔləwə:k] *n* sunkus, įtemptas darbas
collate [kə'leıt] *v* **1** (su)gretinti, (su)lyginti **2** *poligr.* sutikrinti brošiūruojamos knygos lankus
collateral [kə'lætərəl] *a* **1** šoninis, šalutinis **2** lygiagretus **3** papildomas, antrinis **4** tolimesnis, netiesioginis *(apie giminystę)*
n **1** įkeistas turtas, įkaitas; *(išlaidų)* padengimas **2** tolima giminystė, tolimas giminė
collation [kə'leıʃn] *n* **1** (su)gretinimas, (su)lyginimas **2** lengvas užkandis **3** *poligr.* brošiūruojamos knygos lankų (su)tikrinimas

colleague ['kɔli:g] *n* kolega, darbo/mokslo/profesijos draugas
collect <*n, v a*> *n* ['kɔlıkt] *bažn.* trumpa malda
v [kə'lekt] **1** (su)rinkti; *to ~ information* (su)rinkti žinias/informaciją; *to ~ (money) for smth* daryti rinkliavą, rinkti aukas kam **2** kolekcionuoti, rinkti **3** gauti, paimti *(pinigus kaip skolą, mokestį ir pan.)*; *to ~ the post* paimti paštą; *to ~ the ball sport.* gauti/paimti kamuolį; *I have to ~ the children from school* aš turiu užeiti paimti vaikų iš mokyklos **4** rinktis, kaupti(s); *dust quickly ~s on bookshelves* dulkės greitai kaupiasi knygų lentynose **5** *refl* susikaupti, susikoncentruoti; *to ~ one's thoughts/wits* susikaupti; *to ~ one's faculties* susitvardyti **6** *fin.* inkasuoti
a [kə'lekt] apmokamas adresato; *the telegram is sent ~ amer.* už telegramą apmoka gavėjas
collectable [kə'lektəbl] *a* kolekcionuotinas; kolekcionuojamas, kolekcionierių vertinamas
n pl kolekcionuojami dalykai
collected [kə'lektıd] *a* **1** surinktas; *the ~ works of Tolstoy* Tolstojaus raštai *(kartu išleisti)* **2** susikaupęs, ramus
collectible [kə'lektəbl] *a* = **collectable**
collection [kə'lekʃn] *n* **1** rinkinys; kolekcija; *to add to a ~ of stamps* papildyti pašto ženklų kolekciją **2** *(žmonių)* samburis, susibūrimas **3** (su)rinkimas; *~ of signatures* parašų rinkimas **4** *(pinigų, aukų)* rinkliava; *to make a ~, to take (up) a ~* rengti rinkliavą **5** *(vieno modeliuotojo)* naujų drabužių modelių kolekcija **6** *(dulkių, vandens ir pan.)* susikaupimas, sankaupa **7** laiškų išėmimas *(iš pašto dėžutės)* **8** paėmimas, atsiėmimas; *your bicycle [suit] is ready for ~* galite atsiimti savo dviratį [kostiumą] **9** *pl* egzaminai semestro gale *(Oksfordo universitete)* **10** *fin.* inkasavimas *(t. p. ~ of payments)*
collective [kə'lektıv] *a* **1** kolektyvinis, kolektyvus; bendras; *~ opinion* bendroji nuomonė; *~ agreement* kolektyvinė sutartis; *~ bargaining (įmonininkų ir profesinės sąjungos)* kolektyvinės derybos **2** *gram.* kuopinis; *~ noun* kuopinis daiktavardis
n **1** kolektyvas **2** kooperatyvas
collectively [kə'lektıvlı] *adv* **1** kolektyviai; bendrai **2** kartu, drauge
collectivism [kə'lektıvızm] *n* kolektyvizmas
collectivization [kə‚lektıvaı'zeıʃn] *n* kolektyvizacija, sukolektyvinimas
collectivize [kə'lektıvaız] *n* (su)kolektyvinti, kolektyvizuoti
collector [kə'lektə] *n* **1** rinkėjas; *refuse ~* šiukšliavežis; *garbage ~ amer.* šiukšlininkas, šiukšlių surinkėjas **2** kolekcionierius; *~'s item/piece* kolekcijos retenybė **3** inkasatorius **4** *(bilietų)* kontrolierius **5** *tech.* kolektorius, rinktuvas
colleen ['kɔli:n] *n air.* mergaitė
college ['kɔlıdʒ] *n* **1** *(universiteto)* koledžas **2** *amer. (nedidelis)* universitetas, koledžas; *junior ~* dvimetis koledžas **3** *(karo, jūreivystės ir pan.)* specialioji mokykla **4** korporacija; kolegija; *C. of Surgeons* chirurgų korporacija; *electoral ~ amer.* rinkėjų kolegija *(prezidentui rinkti)* ◊ *to give smth the old ~ try amer.* mielai ką pabandyti
college-bound ['kɔlıdʒbaund] *a* numatęs/apsisprendęs studijuoti universitete/koledže
collegial [kə'li:dʒıəl] *a* **1** = **collegiate 2** kolegialus
collegian [kə'li:dʒıən] *n* **1** koledžo narys **2** buvęs koledžo auklėtinis
collegiate [kə'li:dʒıət] *a* **1** koledžo, koledžų **2** akademinis, universiteto
collenchyma [kə'leŋkımə] *n bot.* kolenchima *(augalų audinys)*

collet ['kɔlɪt] *n* **1** *tech.* įvorė; pavalkėlis; žiedas **2** brangakmenio lizdas *(žiede);* akmens lizdas *(laikrodžio mechanizme)*
collide [kə'laɪd] *v* **1** susidurti; *the motor cars ~d* automobiliai susidūrė **2** susikirsti, nesutarti *(over); our interests ~d* mūsų interesai susikirto
collie ['kɔlɪ] *n* kolis, škotų aviganis *(šuo)*
collier ['kɔlɪə] *n* **1** angliakasys **2** anglių vežiojamasis laivas
colliery ['kɔljərɪ] *n* akmens anglių kasykla
colligate ['kɔlɪgeɪt] *v log.* sieti, rišti; apibendrinti
collimate ['kɔlɪmeɪt] *v geod.* vizuoti
collimation [ˌkɔlɪ'meɪʃn] *n spec.* kolimacija
collision [kə'lɪʒn] *n* **1** *(traukinių, laivų ir pan.)* susidūrimas; *to come into ~ (with)* (*t. p. prk.*) susidurti *(su)* **2** *prk.* susidūrimas, susikirtimas; kolizija
collocate ['kɔləkeɪt] *v* **1** *knyg.* išdėstyti **2** *kalb.* jungti(s) *(į žodžių junginius)*
collocation [ˌkɔlə'keɪʃn] *n* **1** iš(si)dėstymas **2** *kalb.* žodžių jungimas *(sakinyje);* žodžių junginys/samplaika, kolokacija
collocutor [kə'lɔkjutə] *n* pašnekovas
collodion [kə'ləudɪən] *n chem.* kolodijus
collogue [kə'ləug] *v dial.* paslapčia kalbėtis/tartis
colloid ['kɔlɔɪd] *n chem.* koloidas
colloidal [kə'lɔɪdəl] *a* koloidinis, koloidų
collop ['kɔləp] *n psn. (mėsos)* plonas gabaliukas, bryzelis
colloquial [kə'ləukwɪəl] *a* šnekamosios/gyvosios kalbos *(apie posakį, žodį, stilių)*
colloquialism [kə'ləukwɪəlɪzm] *n* šnekamosios kalbos žodis/posakis, kolokvializmas
colloquium [kə'ləukwɪəm] *n (pl ~s, -quia* [-kwɪə]) *ret.* kolokviumas, pokalbis *(seminaras)*
colloquy ['kɔləkwɪ] *n* **1** oficialus pokalbis **2** *amer.* pasikeitimas replikomis
v kalbėtis, pasikeisti replikomis/pastabomis
collotype ['kɔləᵘtaɪp] *n fot.* želatinos fotografinė plokštelė
collude [kə'lu:d] *v knyg., teis.* slaptai/nelegaliai bendrininkauti
collusion [kə'lu:ʒn] *n* sąmokslas (*t. p. teis.*); *to act in ~ with smb* veikti išvien/susimokius
collusive [kə'lu:sɪv] *a* slaptai sutartas, sąmoksliškas
colly ['kɔlɪ] *n dial.* suodžiai, paišai
collywobbles ['kɔlɪwɔblz] *n pl šnek.* vidurių gurgėjimas/sutraukimas *(iš baimės ir pan.)*
cologne [kə'ləun] *a* **1** odekolonas **2** *(C.)* Kelnas *(miestas)*
Colombia [kə'lɔmbɪə] *n* Kolumbija *(valstybė)*
colon[1] ['kəulən] *n* dvitaškis
colon[2] *n anat.* gaubtinė žarna
colonel ['kɜ:nl] *n* pulkininkas
colonelcy ['kɜ:nlsɪ] *n* pulkininko laipsnis
colonial [kə'ləunɪəl] *a* **1** kolonijinis, kolonijų; *C. Office ist.* D. Britanijos kolonijų ministerija **2** *biol.* kolonijinis, gyvenantis kolonijomis **3** *amer. archit.* kolonijinio stiliaus
n ret. kolonijos gyventojas, kolonistas
colonialism [kə'ləunɪəlɪzm] *n* kolonializmas
colonialist [kə'ləunɪəlɪst] *n* kolonizatorius; kolonializmo šalininkas
colonist ['kɔlənɪst] *n* kolonistas
colonization [ˌkɔlənaɪ'zeɪʃn] *n* kolonizacija, kolonializmas
colonize ['kɔlənaɪz] *v* **1** kolonizuoti **2** apgyvendinti; apsigyventi
colonizer ['kɔlənaɪzə] *n* **1** kolonizatorius **2** kolonistas
colonnade [ˌkɔlə'neɪd] *n archit.* kolonada
colonnaded [ˌkɔlə'neɪdɪd] *a* su kolonomis

colony ['kɔlənɪ] *n (iv. reikšm.)* kolonija; *the Italian ~ in London* italų kolonija Londone
colophon ['kɔləfən] *n poligr.* **1** užsklanda, vinjetė **2** kolofonas, knygos metrika *(senų knygų pabaigoje)*
colophony [kə'lɔfənɪ] *n* kanifolija
color ['kʌlə] *n amer.* = **colour**
Colorado [ˌkɔlə'rɑ:dəu] *n* Koloradas *(JAV valstija)*
coloration [ˌkʌlə'reɪʃn] *n* **1** nudažymas **2** spalva, spalvos
coloratura [ˌkɔlərə'tuərə] *it. n muz.* **1** koloratūra **2** koloratūrinis sopranas *(t. p. ~ soprano)*
colorific [ˌkɔlə'rɪfɪk] *a* **1** (nu)dažantis **2** spalvotas, spalvingas
colorimeter [ˌkʌlə'rɪmɪtə] *n spec.* kolorimetras
colorize ['kʌləraɪz] *v kin.* padaryti spalvotą kopiją
colossal [kə'lɔsl] *a* kolosalus, milžiniškas, didžiulis
colossus [kə'lɔsəs] *n (pl* collossi [-saɪ], ~es) kolosas, milžinas
colostrum [kə'lɔstrəm] *n fiziol.* priešpienis, krekenos
colour ['kʌlə] <*n, a, v*> *n* **1** spalva; atspalvis, tonas; *primary/simple/fundamental ~s* pagrindinės spalvos; *dead ~ men.* grunto spalva; *all the ~s of rainbow* visos vaivorykštės spalvos; *full of ~* spalvingas; *out of ~* išblukęs; *without ~* blankus, bespalvis; *the sky was the ~ of lead* dangus buvo švino spalvos; *what ~ are your eyes?* kokios spalvos tavo akys? **2** dažai, pigmentas; *lip ~* lūpų dažai; *to paint in bright [dark] ~s* piešti/vaizduoti ryškiomis [niūriomis] spalvomis **3** *(veido)* spalva; nuraudimas; *to change ~* persimainyti *(paraustii; išblykšti); to lose ~* išbalti, (iš)blukti; *to gain ~* parausvėti, paraustii; *to have a high ~* būti paraudusiam *(susirgus); man/person of ~* spalvotasis, ne baltosios rasės žmogus **4** pateikimas, pavaizdavimas; *to give a false ~ (to), to put a false ~ (on)* iškraipyti, netiksliai nušviesti/pavaizduoti; *to come out* arba *to show oneself in one's true ~s* parodyti savo tikrąjį veidą **5** koloritas; *local ~* vietos koloritas **6** pretekstas; *under ~ of* ta dingstimi, kad... **7** *pl* spalvoti kaspinai/ženkleliai/kepuraitės/drabužiai *(kaip mokyklos/klubo ir pan. spalva); to get one's ~s* būti apdovanotam *(atitinkamos spalvos)* ženklu/kepure *ir pan.; to dress in ~s* apsirengti ryškių spalvų drabužiais **8** *pl* vėliava, vėliavos; *regimental ~s* pulko vėliava; *King's [Queen's] ~s* karaliaus [karalienės] vėliava; *to salute the ~s* atiduoti pagarbą vėliavai **9** *muz.* atspalvis, tembras, niuansas ◊ *off ~* a) negaluojantis; b) nepadorus; *with flying ~s* pergalingai, labai sėkmingai; *to call to the ~s* mobilizuoti, (pa)šaukti į kariuomenę; *to follow/join the ~s* stoti į kariuomenę; *to lower/strike one's ~s* pasiduoti; *to nail one's ~s to the mast* atvirai ginti/skelbti savo įsitikinimus; *to sail under false ~s* apsimesti, veidmainiauti; *to see the ~ of smb's money* įsitikinti, kad kas turi pinigų *(ir gali užmokėti); to stick to one's ~s* būti ištikimam savo partijai/įsitikinimams; *to take one's ~s from smb* (pa)mėgdžioti ką
a spalvotas; *~ television [photograph]* spalvotoji televizija [fotografija]
v **1** raudonuoti, paraustii *(apie veidą, vaisių; t. p. ~ up)* **2** (nu)spalvinti; dažyti(s), nu(si)dažyti **3** paveikti; gražinti, iškraipyti *(tikrąją padėtį)*
colourable ['kʌlərəbl] *a* **1** dažomas **2** atrodantis tikras; vykęs
colouration [ˌkʌlə'reɪʃn] *n* = **coloration**
colour-bar ['kʌləbɑ:] *n* rasinė diskriminacija
colour-blind ['kʌləblaɪnd] *a* **1** daltoniškas, neskiriantis spalvų; *he is ~* jis – daltonikas **2** be rasinių prietarų; nešališkas rasių atžvilgiu

colour-blindness [ˈkʌləˌblaɪndnɪs] *n* daltonizmas
colour-box [ˈkʌləbɔks] *n* dažų dėžutė
colourcast [ˈkʌləkɑːst] *n* spalvotoji televizija, spalvotosios televizijos laida
colour-code [ˈkʌləkəud] *n (laidų ir pan.)* sutartinis nuspalvinimas/nudažymas; rūšiavimas/skirstymas pagal sutartines spalvas
v (nu)dažyti/(nu)spalvinti sutartinėmis spalvomis *(bilietus, laidus ir pan.)*; identifikuoti/rūšiuoti pagal sutartines spalvas
colour-coordinated [ˈkʌləkəuˌɔːdɪneɪtɪd] *a* suderintų spalvų *(apie drabužius ir pan.)*
coloured [ˈkʌləd] *a* **1** (nu)dažytas; spalvotas; spalvingas **2** *niek.* spalvotas *(apie žmonių rasę)*
n **1** *niek.* negras; mulatas **2** *pl* spalvoti skalbiniai
colour-fast [ˈkʌləfɑːst] *a* neblunkantis *(apie audinį)*
colourful [ˈkʌləfəl] *a* **1** spalvingas **2** ryškus, įdomus, nepaprastas; *he is a ~ personality* jis – ryški asmenybė **3** pilnas keiksmažodžių *(apie kalbą)*
colouring [ˈkʌlərɪŋ] *n* **1** dažymas, spalvinimas **2** spalvos; dažai **3** *(odos, plaukų)* spalva **4** koloritas
colourist [ˈkʌlərɪst] *n* koloristas *(tapytojas)*
colourless [ˈkʌlələs] *a* **1** bespalvis *(t. p. prk.)* **2** blankus
colour-process [ˈkʌləˌprəuses] *n* spalvotosios fotografijos procesas
colour-scheme [ˈkʌləskiːm] *n* spalvų derinys
colour-wash [ˈkʌləwɔʃ] *n* klijiniai dažai
Colt [kəult] *n* koltas *(revolveris)*
colt [kəult] *n* **1** kumeliukas, asiliukas *ir pan.* **2** *(džn. menk.)* naujokas
colter [ˈkəultə] *n amer.* = **coulter**
coltish [ˈkəltɪʃ] *a* **1** smarkus, bet nemitrus/nevikrus **2** žaismingas
coltsfoot [ˈkəultsfut] *n bot.* **1** šalpusnis **2** pipirlapė
columbarium [ˌkɔləmˈbɛərɪəm] *n* kolumbariumas, nišos urnoms su palaikais
Columbia [kəˈlʌmbɪə] *n* **1** Kolumbija *(miestas, upė)* **2** *poet.* Jungtinės Amerikos Valstijos, Amerika; **District of C.** *amer.* Kolumbijos apygarda, Kolumbijos federalinis rajonas *(su Vašingtonu)*
columbine [ˈkɔləmbaɪn] *n bot.* sinavadas
Columbus [kəˈlʌmbəs] *n*: *Christopher ~* Kristupas Kolumbas *(Amerikos atradėjas)*
column [ˈkɔləm] *n* **1** *archit.* kolona **2** stulpas, stulpelis; *a ~ of mercury (termometro)* gyvsidabrio stulpelis; *a ~ of smoke* dūmų stulpas; *~s of figures* skaitmenų stulpeliai **3** *(laikraščio/žurnalo puslapio)* skiltis **4** *(humoro, sporto ir pan.)* skyrelis laikraštyje; *personal ~* asmeninių skelbimų skyrelis **5** *tech.* kolona; *(vairo, variklio ir pan.)* kolonėlė **6** *kar.* kolona, vora ◊ *fifth ~* penktoji kolona
columnar [kəˈlʌmnə] *a* **1** kolonos/stulpo pavidalo; kolonų **2** palaikomas kolonų **3** išdėstytas skiltimis/stulpeliais *(spaudinio tekstas)*
columnist [ˈkɔləmnɪst] *n (laikraščio, žurnalo)* straipsnių autorius; *(laikraščio)* skyrelio redaktorius; feljetonistas
colza [ˈkɔlzə] *n bot.* rapsas
com- [kɔm-, kəm-] *pref* prieš b, p, m *(t. p.* col-, con,- cor-) ko-, bendra-; su-; *collaboration* bendradarbiavimas, kolaboravimas; *collaborationist* kolaboracionistas; *commixture* su(si)maišymas; *conflux* sutekėjimas; santaka; *correlate* koreliatas
coma[1] [ˈkəumə] *n med.* koma
coma[2] *n (pl* comae [ˈkəumiː]) **1** *astr.* koma *(kometos skraistė)* **2** *fot.* nesimetrinė aberacija

comatose [ˈkəumətəus] *a* **1** *med.* kominis, komos **2** be sąmonės, netekęs sąmonės; išvargęs, atbukęs
comb [kəum] *n* **1** šukos; šepetys *(plaukams); fine-tooth/small-tooth ~* tankios šukos **2** *(vilnų)* karštuvai; *(linų)* šukuočiai **3** skiauterė **4** korys ◊ *to cut the ~ of smb* ≡ aplaužyti kam ragus; *to go over/through with a fine-tooth ~* nuodugniai apieškoti
v **1** (su)šukuoti; *to ~ smb's hair the wrong way prk.* pašukuoti/paglostyti ką prieš plauką **2** nuodugniai išieškoti *(for)* **3** karšti *(vilnas);* šukuoti *(linus)* **4** dužti, lūžti *(apie bangas)* ▢ *~ out* a) iššukuoti; b) išvalyti *(atsikratant nereikalingų daiktų);* c) atsikratyti *(nereikalingų darbuotojų);* d) suieškoti; atsirinkti *(from)*
combat [ˈkɔmbæt] *n* kova, mūšis; *single ~* dvikova, grumtynės; *~ fatigue* psichinė trauma, streso būklė *(kovos veiksmų padarinys); ~ suit amer.* žygio uniforma; *~ team amer.* sustiprintas *(taktinis)* dalinys
v **1** kovoti, kautis, grumtis **2** stengtis įveikti
combatant [ˈkɔmbətənt] *n* **1** kovotojas; mūšio dalyvis; kombatantas **2** kovojančioji pusė
a **1** kovos, kovinis; kovojantis; *~ officer* rikiuotės karininkas **2** karingas
combative [ˈkɔmbətɪv] *a* kovingas, karingas; mėgstantis peštis
combativity [ˌkɔmbəˈtɪvətɪ] *n* kovingumas
combe [kuːm] *n* = **coomb**
comber [ˈkəumə] *n* **1** *tekst.* karšėjas **2** *tekst.* karšimo/šukavimo mašina **3** didelė banga
combinability [ˌkɔmbɪnəˈbɪlətɪ] *n kalb.* junglumas
combination [ˌkɔmbɪˈneɪʃn] *n* **1** kombinacija *(t. p. šach.);* derinys **2** su(si)jungimas, su(si)derinimas; *to act in ~ with smb* veikti bendromis jėgomis, susijungus **3** sąjunga, susivienijimas **4** motociklas su priekaba **5** *pl (moterų)* apatinukas, triko; kelnės ir marškiniai *(vyriškas apatinis drabužis)* **6** *kalb.* samplaika; junginys
combination-room [ˌkɔmbɪˈneɪʃnrum] *n* = **common-room**
combinative [ˈkɔmbɪnətɪv] *a* kombinacinis; kombinuotas; *~ change fon.* kombinatorinis pakitimas
combinatorial [kəmˌbɪnəˈtɔːrɪəl] *a mat.* kombinatorinis
combinatorics [ˌkɔmbɪnəˈtɔrɪks] *n mat.* kombinatorika
combine *n* [ˈkɔmbaɪn] **1** sindikatas, koncernas, susivienijimas **2** *ž. ū.* kombainas *(t. p. ~ harvester)*
v [kəmˈbaɪn] **1** jungti(s); *she ~s good looks and intelligence* ji ir graži, ir protinga **2** kombinuoti, (su)derinti; derintis **3** su(si)maišyti *(t. p. chem.)* **4** [ˈkɔmbaɪn] *ž. ū.* nuimti *(derlių)* kombainu
combined [kəmˈbaɪnd] *a* **1** sujungtas; jungtinis; *~ efforts* bendros pastangos **2** *chem., fiz.* sujungtasis, surištasis
combo [ˈkɔmbəu] *n (pl ~s* [-z]) *šnek.* nedidelis estradinis ansamblis, nedidelė grupė; *jazz ~* džiazo ansamblis/grupė
comb-out [ˈkəumaut] *n* **1** iššukavimas; sušukavimas **2** *(narių, darbuotojų)* valymas **3** *(vietos)* apieškojimas
combust [kəmˈbʌst] *v* **1** degti, įsidegti; įsiliepsnoti **2** deginti
combustibility [kəmˌbʌstəˈbɪlətɪ] *n* degumas, užsidegamumas, užsiliepsnojamumas
combustible [kəmˈbʌstəbl] *a* **1** degus, lengvai užsidegantis/užsiliepsnojantis; *~ mixture* degusis mišinys **2** greitai įsikarščiuojantis
n pl degalai
combustion [kəmˈbʌstʃən] *n* **1** degimas; sudeg(in)imas; *~ chamber tech.* degimo kamera; *~ stroke tech. (variklio)* darbo eiga **2** *chem.* oksidavimas(is)

come [kʌm] <v, int, n> v (came; come) **1** ateiti; atvykti; atvažiuoti; *to ~ and see* ateiti aplankyti; *to ~ to power* ateiti į valdžią; *to ~ into the room* įeiti į kambarį; *when the time ~s* kai ateis laikas; *they are coming for the weekend* jie atvyksta savaitgaliui; *will you ~ with me to the hospital?* ar tu eisi su manimi į ligoninę?; *~ here!* (at)eik(ite) čia!; *did you ~ on a coach or by train?* ar važiavai autobusu, ar traukiniu? **2** prieiti *(to)*; *to ~ to the conclusion* prieiti prie išvados; *to ~ at the problem from a different angle* pažiūrėti į klausimą iš kitos pusės; *guests came in crowds* priėjo/užgriuvo daug svečių **3** užeiti; *winter came* užėjo žiema; *he came to get the book* jis užėjo/užvažiavo knygos **4** atsitikti; būti; *how did it ~ that...?* kaip atsitiko, kad...?; *how ~...?* kodėl...?, kaip (tai) atsitiko?; *it came as a complete surprise* tai man buvo didelė staigmena; *~ what may* kad ir kas atsitiktų, kad ir kaip ten būtų **5** tapti, pasidaryti; *things will ~ right* viskas bus gerai; *to ~ open* atsidaryti *(apie duris, butelį ir pan.); the knot has ~ undone* mazgas atsirišo **6** atitekti *(kam); this work ~s to me* šis darbas tenka man; *it came on my head* tai užgriuvo ant mano galvos **7** (+ *inf*) pradėti, imti; *to ~ to like smb/smth* pradėti ką mylėti, pamėgti, pamilti ką **8** būti gaunamam/gautam; išeiti *(apie rezultatą); wisdom ~s with age* išmintis įgyjama/ateina su amžiumi; *nothing came of it* iš to nieko neišėjo; *what will ~ of him?* kas iš jo bus? **9** sudaryti, būti lygiam *(apie sumą; to)* **10** kilti *(from, out of);* būti kilusiam; *to ~ of a working family* būti kilusiam iš darbininko šeimos **11** *(+pI)* at-, pri- *(žymint veiksmą, vykstantį kalbančiojo link); he came riding* jis atjojo; *they came running towards us* jie pribėgo prie mūsų **12** *(across)* (atsitiktinai) susitikti, susidurti; užtikti **13** *(at)* (už)pulti **14** *(after)* vaikytis, persekioti **15** *(into)* paveldėti **16** *(over)* apimti, pagauti *(apie jausmą)* **17** *(through)* iškęsti, išgyventi; išlikti *(gyvam)* **18** *(under)* patirti *(grasinimus, įtarimus ir pan.)* **19** *šnek.* patirti orgazmą **20** *(inf po dktv., ypač žyminčių laiką): the time to ~, times to ~* ateitis; *things to ~* ateities dalykai; *in days to ~* ateityje; *the life to ~* būsimasis gyvenimas; *two years ~ June šnek.* birželio mėnesį bus dveji metai □ *~ about* a) įvykti, atsitikti; b) *jūr.* krypti, suktis *(apie vėją); ~ across* a) būti suprastam/išgirstam; būti perteiktam; b) *šnek.* atiduoti *(pinigus ir pan.; with);* c) daryti įspūdį, atrodyti *(as); ~ along* a) eiti *(kartu); ~ along!* einam!; greičiau!; b) pasirodyti; pasitaikyti *(apie galimybę ir pan.);* c) vykti *(apie reikalus);* sektis; *~ apart* suirti, subyrėti; *~ around* a) užeiti, ap(si)lankyti; b) sutikti, pakeisti savo požiūrį; c) = *~ round* c); *~ away* a) išeiti; b) *(from) (lengvai)* atsiskirti; nukrypti *(nuo); ~ back* a) grįžti; *to ~ back into fashion* grįžti į madą; b) iškilti atmintyje, atsiminti; c) atsigauti; būti grąžintam/atstatytam; d) at(si)kirsti *(at, with); ~ by* a) praeiti/pravažiuoti pro šalį; užvažiuoti, užeiti; b) *(sunkiai)* gauti, įsigyti; *~ down* a) kristi *(apie kritulius);* b) įkristi, įgriūti; c) nulipti; leistis, nusileisti; d) sumažėti *(apie kainas ir pan.);* e) išlikti, pereiti *(iš kartos į kartą; apie tradiciją, turtą ir pan.; to);* f) atvykti, atvažiuoti; g) pargriūti, nugriūti; sudužti *(apie lėktuvą);* h) baigti *(universitetą; from);* i) susirgti *(with);* j) užsipulti *(on);* k) bausti *(on);* l) pareikalauti *(on);* m) slypėti *(to); ~ forward* a) (iš)eiti į priekį; b) siūlyti paslaugas; siūlytis; *~ in* a) įeiti; b) atvykti, ateiti *(apie traukinį ir pan.);* c) įeiti į madą; d) už(si)dirbti *(pinigų);* e) ateiti į valdžią; pradėti eiti pareigas; f) prinokti, subręsti; g) įsiterpti *(į pokalbį);* h) dalyvauti *(on);* i) turėti *(ką)* bendra, liesti; j) būti naudingam; *to ~ in handy/useful* pra(si)versti; *where do I ~ in?* kokios mano pareigos?, koks mano vaidmuo?; k) patvinti *(apie potvynį);* l) gauti, patirti *(kritikos, įžeidinėjimų ir pan.; for);* m) *sport.* pasiekti finišą *(pirmuoju ir pan.); ~ off* a) atsiskirti, nusilupti *(apie dažus ir pan.);* b) ištrūkti, nutrūkti *(apie sagą, rankeną);* c) įvykti; praeiti *(gerai, blogai);* d) pavykti, pasisekti; e) nukristi *(nuo arklio, dviračio);* f) baigti(s); *~ on* a) ateiti; priartėti; *~ on!* eime!; greičiau!; b) išeiti *(į sceną),* pasirodyti; c) užeiti *(apie slogą ir pan.);* d) prasidėti *(apie radijo/televizijos programą);* pradėti veikti/dirbti *(apie centrinį šildymą ir pan.);* e) užsidegti *(apie šviesas);* e) iškelti *(klausimą, mintį);* f) daryti pažangą, eiti į priekį; g) sektis *(with);* h) būti svarstomam *(teisme); ~ out* a) išeiti; pasirodyti; b) išsiskleisti *(apie gėlę);* c) *prk.* atsiskleisti; išaiškėti, paaiškėti; d) (su)streikuoti; e) prisipažinti, nebeslėpti; f) pareikšti nuomonę *(against, for); (netikėtai, staiga)* pareikšti *(with);* g) išnykti, išblukti; išsiimti *(apie dėmes);* h) išberti *(spuogais ir pan.; in); ~ over* a) atvykti, pervažiuoti, persikelti *(į kitą šalį);* b) pereiti *(į kitą pusę);* prisidėti, pritarti; c) užeiti, ap(si)lankyti; d) perteikti *(mintį, reikšmę; auditorijai, skaitytojui);* e) *šnek.* pasidaryti; *to ~ over ill* susirgti; *to ~ over shy* susigėsti; *~ round* a) = *~ around;* b) įvykti *(kaip įprasta);* c) atsigauti *(po nualpimo);* d) pralinksmėti; *~ through* a) persisunkti; b) pasiekti tikslą; padaryti tai, ko reikia, kas numatyta; c) persiduoti *(auditorijai ir pan.);* d) ateiti, būti paskelbtam *(apie žinią ir pan.); ~ to* a) atsigauti, atgauti sąmonę; b) *jūr.* sustoti; *~ up* a) prieiti, užeiti į viršų, užlipti; b) būti svarstomam/minimam; iškilti; *to ~ up for discussion* būti svarstymo objektu *(pagal planą);* c) (pa)kilti, (pa)tekėti *(apie saulę, mėnulį);* d) atsitikti *(kažkas netikėta);* e) pasitaikyti, atsirasti *(apie darbą);* f) sustiprėti *(apie garsą, vėją);* užsidegti *(apie šviesą);* g) sudygti; h) pasiekti lygį, prilygti *(to);* i) artėti *(to – prie);* j) susidurti *(su sunkumais, problema; against);* k) pasivyti *(with);* l) rasti; pasiūlyti *(with);* m) *teis.* stoti *(į teismą)* ◊ *~ again? šnek.* ką sakai?, pakartok(ite) *(neišgirdus); to ~ down in buckets/sleets šnek.* pilti *(apie lietų); to ~ and go* greitai keistis *(apie madas); not to know whether you are coming or going* nežinoti, kas yra, būti visiškai susipainiojusiam *(dėl užimtumo); ~ to think of it* kai pagalvoji, pagalvojus *(modalinis posakis); ~ to that, if it ~s to that* tiesą sakant *(priduriant); to ~ it over/with smb šnek.* a) pūstis prieš ką; b) bandyti ką įtikinti; *to ~ right out and say [ask] smth* tiesiai pasakyti ką [paklausti ko]; *~ off it! šnek.* nepaistyk niekų!; *to get what is coming (to) šnek.* gauti tai, kas priklauso *(apie bausmę ir pan.); as ... as they ~ šnek.* kaip tik gali būti *(apibūdinant žmogaus savybes);* nebegali būti *(geresnis, blogesnis ir pan.); as it ~s* nesvarbu *(koks); how ~?* kaip čia yra, kad...?; *what is it all coming to?* kuo tai gali baigtis?; *easy ~, easy go* lengvai įgyta – lengvai praleista/prarasta; *up you ~!* opa-pa! *(keliant vaiką)*
int na!, nagi! *(raginant ką daryti, raminant); ~ , ~, be not so hasty!* na, na, neskubėk(ite) (taip)
n sl. (vyro) sėkla
come-at-able [ˌkʌm'ætəbl] *a* prieinamas
comeback ['kʌmbæk] *n* **1** grįžimas *(į valdžią, normalią būseną ir pan.); to make a ~* a) vėl grįžti *(apie madas);* b) sugrįžti, vėl turėti pasisekimą *(apie artistą, politiką ir pan.)* **2** atsikirtimas, prieštaravimas; *he made a witty ~* jis sąmojingai atkirto **3** kompensavimas, atlyginimas

comedian [kə'mi:dɪən] *n* **1** komikas, juokdarys **2** komediantas, komikas *(aktorius)*
comedienne [kə‚mi:dɪ'en] *pr. n* komikė *(aktorė)*
comedo ['kɔmɪdəu] *n med.* juodasis spuogas, komedonas
comedown ['kʌmdaun] *n* **1** (nu)smukimas; pažeminimas **2** nusivylimas
comedy ['kɔmədɪ] *n* **1** komedija; ~ *of manners lit.* papročių komedija **2** *prk.* komedija, juokas, žaismingas atsitikimas; žaismingumas
come-hither [‚kʌm'hɪðə] *a šnek.* viliojantis, viliojamas, gundantis *(apie žvilgsnį, akis)*
comeliness ['kʌmlɪnɪs] *n poet.* mielumas, gražumas
comely ['kʌmlɪ] *a poet.* mielas, gražus
come-on ['kʌmɔn] *n šnek.* vilionė; jaukas; *to give smb the* ~ vilioti ką *(ypač apie moterį)*
comer ['kʌmə] *n* **1** ateivis, atvykėlis; *late* ~*s* pavėlavusieji **2** *(bet kuris)* pretendentas, varžovas; *for all* ~*s* visiems *(pageidaujantiems)*; *against all* ~*s* prieš bet ką
comestible [kə'mestəbl] *n (ppr. pl) knyg., juok.* valgomi dalykai
comet ['kɔmɪt] *n astr.* kometa
come-uppance [‚kʌm'ʌpəns] *n šnek.* pelnyta bausmė, atpildas
comfit ['kʌmfɪt] *n psn.* cukruoti vaisiai *(saldainis)*
comfort ['kʌmfət] *n* **1** nu(si)raminimas; paguoda; *Dutch* ~ menka paguoda; galėjo būti ir blogiau; *to find* ~ *in one's children* guostis vaikais **2** patogumas, jaukumas; komfortas, ištaiga; *home* ~*s* buitiniai patogumai **3** poilsis, ramybė ◊ *it's (a bit) too close for* ~ dėl to *(truputį)* neramu
v (pa)guosti, (nu)raminti
comfortable ['kʌmfətəbl] *a* **1** patogus; jaukus; ištaigingas; *make yourself* ~ įsitaisykite patogiai **2** pasiturintis **3** geras, padorus *(apie uždarbį)* **4** *predic* ramus, patenkintas **5** patenkinamas *(apie sveikatos būklę)* **6** paguodžiamas
comforter ['kʌmfətə] *n* **1** ramintojas, (pa)guodėjas **2** čiulptukas, žindukas **3** *amer.* šilta *(vatinė, plunksninė)* antklodė **4** *psn.* šiltas vilnonis šalikas
comfortless ['kʌmfətləs] *a* **1** nejaukus, nepatogus **2** nepaguodžiamas, nenuraminamas
comfrey ['kʌmfrɪ] *n bot.* taukė
comfy ['kʌmfɪ] *a šnek.* = **comfortable** 1, 4
comic ['kɔmɪk] *a* **1** komiškas, humoristinis, juokingas; ~ *book amer.* komiksas *(žurnalas, ppr. vaikams)* **2** komedijos, komedinis; ~ *writer* komedijos autorius, humoristas *(rašytojas)*
n **1** komikas **2** *(the* ~*)* komizmas **3** *pl* komiksai
comical ['kɔmɪkəl] *a* komiškas, juokingas, keistas
comicality [‚kɔmɪ'kælətɪ] *n* juokingumas, komiškumas
comic-strip ['kɔmɪkstrɪp] *n* komiksas
coming ['kʌmɪŋ] *n* **1** atvykimas, atėjimas; *the* ~*s and goings of guests* atvykstančių ir išvykstančių svečių srautas **2** *(ko nors nauja)* atsiradimas
a **1** artėjantis, ateinantis; būsimas; ~ *generations* būsimosios kartos **2** daug žadantis *(apie poetą ir pan.)*
coming-out [‚kʌmɪŋ'aut] *n (damos)* oficialus pristatymas *(ppr. pokylyje)*
comity ['kɔmətɪ] *n* mandagumas, pagarbumas; *the* ~ *of nations* abipusis kitų tautų įstatymų ir papročių gerbimas/pripažinimas
comma ['kɔmə] *n* kablelis; *inverted* ~*s* kabutės
command [kə'mɑ:nd] *n* **1** komanda, įsakymas; *at the word of* ~ pagal komandą; *I did it at his* ~ aš tai padariau jo įsakymu **2** vadovavimas, komandavimas; *to be in* ~ *(of)* vadovauti, komanduoti; *to take* ~ *(of)* imti vadovauti; perimti vadovavimą; ~ *of the air* dominavimas ore *(apie aviaciją)*; ~ *of the sea* viešpatavimas jūroje **3** *(kariuomenės)* vadovybė; ~ *post* vadavietė **4** *(kieno)* vadovaujama kariuomenė, komanda, daliniai; karinė apygarda *(D. Britanijoje)* **5** kontroliavimas, valdymas; (su)gebėjimas *(valdyti, kontroliuoti)*; *at one's* ~ turimas, valdomas; *to be at smb's* ~ būti kieno žinioje/dispozicijoje; ~ *of one's emotions* (su)gebėjimas valdyti jausmus **6** mokėjimas, supratimas; *to have a good* ~ *of the language* gerai mokėti kalbą **7** *komp.* trumpa programa; komanda; *compare* ~ lyginimo komanda **8** *attr:* ~ *economy* komandinė ekonomika; ~ *module (erdvėlaivio)* valdymo sekcija
v **1** įsakyti, įsakinėti; *to* ~ *silence* įsakyti tylėti **2** komanduoti, vadovauti; *to* ~ *the regiment* komanduoti pulkui; *to* ~ *the seas* viešpatauti jūrose **3** valdyti; *refl* valdytis, tvardytis **4** turėti savo žinioje, disponuoti; *yours to* ~ jūsų žinioje/dispozicijoje, pasiruošęs vykdyti jūsų įsakymus **5** nusipelnyti, užsitarnauti *(pagarbą, simpatijas ir pan.)* **6** būti vertam aukštos kainos *(apie prekę)* **7** būti iškilusiam, iškilti; *the hill* ~*s a good view* nuo kalnelio matyti gražus vaizdas; *the window* ~*s a lovely view* pro langą matyti puikus vaizdas **8** *kar.* kontroliuoti, apšaudyti; *the castle* ~*s the plain below* iš pilies kontroliuojama žemiau esanti lyguma
commandant [‚kɔmən'dænt] *n* **1** *(stovyklos, tvirtovės ir pan.)* komendantas **2** *kar.* viršininkas, vadas
commandeer [‚kɔmən'dɪə] *v* **1** rekvizuoti, prievarta imti *(kariuomenei)* **2** prievarta imti į kariuomenę **3** pasisavinti
commander [kə'mɑ:ndə] *n* **1** *kar.* vadas, viršininkas **2** *jūr.* vyresnysis kapitono padėjėjas; trečiojo rango kapitonas **3** aukštas policijos pareigūnas **4** = **wing-commander**
commander-in-chief [kə‚mɑ:ndərɪn'tʃi:f] *n* **1** vyriausiasis kariuomenės vadas **2** *jūr.* laivyno *ar* atskirosios eskadros vadas
command-in-chief [kə‚mɑ:ndɪn'tʃi:f] *n* vyriausioji vadovybė
commanding [kə'mɑ:ndɪŋ] *a* **1** vadovaujantis; dominuojantis; ~ *officer (dalinio, dalies)* vadas **2** įsakmus; įtaigus; *in a* ~ *voice* įsakmiu balsu **3** iškilęs virš ko *(apie pastatą)*; atveriantis vaizdą
commandite [kə'mɑ:ndɪt] *n kom.* komanditinė bendrovė
commandment [kə'mɑ:ndmənt] *n* įsakymas; *the Ten Commandments* dešimt Dievo įsakymų
commando [kə'mɑ:ndəu] *n (pl* ~(e)s [-z]) komandosas; komandosų būrys
commemorate [kə'meməreɪt] *v* **1** (pa)minėti, pažymėti; švęsti **2** įamžinti
commemoration [kə‚memə'reɪʃn] *n* **1** *(sukakties)* (pa)minėjimas, pažymėjimas; *in* ~ *(of) (kam)* pažymėti **2** įamžinimas
commemorative [kə'memᵊrətɪv] *a* memorialinis, atminimo *(apie medalį, pašto ženklą ir pan.)*
commence [kə'mens] *v knyg.* pra(si)dėti; *to* ~ *a lawsuit* iškelti bylą
commencement [kə'mensmənt] *n knyg.* **1** pradžia **2** *(ypač amer.)* aktas *(diplomų įteikimas, laipsnių suteikimas)*
commend [kə'mend] *v* **1** gerai įvertinti; (pa)girti; *his thesis was highly* ~*ed* jo disertacija buvo labai giriama **2** rekomenduoti; *not to have much to* ~ *it* nebūti geram/patenkinamam **3** *refl* patikti, patraukti dėmesį *(to)*; *the plan does not* ~ *itself to me* tas planas man nepatinka **4** *ret.* patikėti; *to* ~ *one's soul to God* patikėti sielą Dievui

commendable [kəˈmendəbl] *a* (pa)girtinas
commendation [ˌkɔmənˈdeɪʃn] *n* **1** pagyrimas **2** rekomendacija **3** *kar.* padėka *(įsakyme)*
commendatory [kəˈmendətᵊrɪ] *a* **1** giriamasis **2** rekomendacinis
commensal [kəˈmensᵊl] *n* **1** stalo bendras/draugas **2** *biol.* simbiontas
commensurable [kəˈmenʃᵊrəbl] *a* **1** = **commensurate 2** bendramatis **3** *mat.* dalus iš to paties skaičiaus
commensurate [kəˈmenʃərət] *a* **1** atitinkamas; sulyginamas, proporcingas **2** lygus, vienodas
comment [ˈkɔment] *n* **1** komentaras; *(kritiška)* pastaba; *any ~s?* ar yra pastabų?; *no ~* a) negaliu atsakyti *(interviu metu, spaudos konferencijoje);* b) komentarų nereikia, aišku ir be komentarų **2** aiškinimas, komentavimas
v **1** komentuoti; aiškinti; *to ~ on a text* komentuoti tekstą **2** pareikšti nuomonę, daryti kritiškas pastabas; duoti neigiamą vertinimą; *critics ~ed unfavourably on his play* kritikai neigiamai atsiliepė apie jo pjesę
commentary [ˈkɔməntᵊrɪ] *n* **1** komentaras; *to be a sad ~ (on)* neigiamai vertinti **2** *rad., tel. (rungtynių ir pan.)* reportažas *(t. p. running ~); ~ box* komentatoriaus kabina
commentate [ˈkɔmənteɪt] *v* daryti reportažą, komentuoti *(on)*
commentation [ˌkɔmənˈteɪʃn] *n* **1** komentavimas; *(teksto)* aiškinimas **2** anotacija
commentator [ˈkɔmənteɪtə] *n* **1** *rad., tel.* komentatorius **2** aiškintojas, mokovas; apžvalgininkas
commerce [ˈkɔməːs] *n* **1** komercija; *(didmeninė)* prekyba; *home ~* vidaus prekyba **2** *ret.* bendravimas; santykiavimas; *to have no ~ with smb* nieko bendra su kuo neturėti
commercial [kəˈməːʃl] *n* *rad., tel.* skelbimas; komercinė reklama
a **1** komercinis; prekybinis; *~ academy* aukštoji komercijos mokykla; *~ aviation* civilinė aviacija; *~ break rad., tel.* pertraukėlė komercinei reklamai; *~ broadcast* komercinė radijo reklama *(laida); ~ law [treaty]* prekybos teisė [sutartis]; *~ paper* a) trumpalaikis komercinis vekselis; b) *pl amer.* komerciniai popieriai *(čekiai ir pan.)* **2** verteiviškas; siekiantis pelno
commercialese [kəˌməːʃəˈliːz] *n* komercinių raštų stilius
commercialism [kəˈməːʃəlɪzm] *n* komercializmas; vertelgiškumas
commercialize [kəˈməːʃəlaɪz] *v* sukomercinti, paversti pelno šaltiniu
commie [ˈkɔmɪ] *n* *šnek.* (communist *sutr.*) komunistas
commination [ˌkɔmɪˈneɪʃn] *n* *knyg.* gąsdinimas, grasinimas *(džn. dangaus bausme)*
comminatory [ˈkɔmɪnətᵊrɪ] *a* *knyg.* grasinamasis, grėsmingas
commingle [kəˈmɪŋgl] *v* *knyg.* su(si)maišyti
comminute [ˈkɔmɪnjuːt] *v* **1** smulkinti, trinti **2** dalyti *(turtą)*
comminution [ˌkɔmɪˈnjuːʃn] *n* smulkinimas
commiserate [kəˈmɪzəreɪt] *v* užjausti, reikšti užuojautą; *to ~ with smb on his misfortune* (iš)reikšti užuojautą kam dėl nelaimės
commiseration [kəˌmɪzəˈreɪʃn] *n* užuojauta
commiserative [kəˈmɪzərətɪv] *a* užjaučiamas
commissar [ˈkɔmɪsɑː] *n* *ist.* komisaras
commissariat [ˌkɔmɪˈsɛərɪət] *n* **1** *kar.* intendantūra; aprūpinimas maisto produktais **2** *ist.* komisariatas

commissary [ˈkɔmɪsərɪ] *n* **1** *amer. kar. (maisto, aprangos)* parduotuvė **2** bufetas *(ypač kino studijoje)* **3** *kar.* intendantas **4** *ret.* įgaliotinis, delegatas
commission [kəˈmɪʃn] *n* **1** įgaliojimas; pavedimas; *to be in ~* būti įgaliotam; *to go beyond one's ~* peržengti/viršyti įgaliojimus **2** užsakymas *(ypač dailininkui)* **3** komisija; *interia [standing] ~* laikina [nuolatinė] komisija **4** komisas, komiso rinkliava; komispinigiai; *buying ~* pirkimo nuolaida; *to sell on ~* pardavinėti komiso tvarka; *to charge a ~ of 10%* imti 10% komispinigių **5** nusikaltimas, nusikaltimo įvykdymas; *~ of murder* nužudymas, žmogžudystės įvykdymas **6** *(karininko laipsnio, teisėjo vardo ir pan.)* skyrimas **7** *jūr. (laivo)* tinkamumas plaukioti; *to come into ~* stoti į rikiuotę *(apie laivą); in ~* tebeplaukiojantis, tinkamas plaukioti/kovai; *out of ~* a) išėjęs iš rikiuotės; sugedęs; b) *šnek.* susirgęs, sužeistas
v **1** įgalioti, pavesti *(ką atlikti už atlyginimą);* užsakyti *(portretą ir pan.); he was ~ed to design a theatre* jam pavedė sukurti teatro projektą **2** *kar.* skirti *(pareigoms)* **3** *jūr.* atiduoti *(laivą)* eksploatuoti, sukomplektuoti komandą
commissionaire [kəˌmɪʃəˈnɛə] *pr. n* šveicorius, durininkas
commissioned [kəˈmɪʃnd] *a* **1** įgaliotas, turintis pavedimą **2** *kar.* pakeltas į karininkus **3** *jūr.* naudojamas/tinkamas plaukioti, sukomplektuotas *(apie laivą)*
commissioner [kəˈmɪʃnə] *n* **1** komisijos narys **2** įgaliotinis, komisaras; *High C.* vyriausiasis *(dominijos)* komisaras **3** *amer.* sporto federacijos pirmininkas
commissure [ˈkɔmɪsjuə] *n* *anat., bot.* jungtis, sąauga, komisūra
commit [kəˈmɪt] *v* **1** (pa)daryti *(ką bloga); to ~ a crime [an error]* padaryti nusikaltimą [klaidą]; *to ~ rape* (iš)prievartauti; *to ~ suicide* nusižudyti **2** skirti *(pinigų, laiko; to – kam)* **3** (už)fiksuoti; *to ~ to memory* išmokti mintinai; *to ~ to paper/writing* užrašyti **4** įpareigoti; *refl* įsipareigoti; prisiimti atsakomybę; *this doesn't ~ you to anything* tai jūsų nieko neįpareigoja **5** pavesti, patikėti; *to ~ a task* pavesti užduotį; *they ~ted the child to the care of her aunt* jie patikėjo vaiką globoti tetai **6** perduoti *(saugoti, svarstyti ir pan.); to ~ a bill parl.* perduoti įstatymo projektą komisijai; *to ~ smb for trial* (ati)duoti ką į teismą; *to ~ smb to prison/jail* uždaryti/pasodinti ką į kalėjimą; *to ~ to attack [battle]* mesti/siųsti į ataką [mūšį]
commitment [kəˈmɪtmənt] *n* **1** įsipareigojimas; pasižadėjimas; *to meet one's ~s* gerbti įsipareigojimus **2** atsidavimas, pasišventimas **3** perdavimas, atidavimas *(saugoti, svarstyti ir pan.)* **4** *(nusikaltimo ir pan.)* įvykdymas **5** *(ypač amer.)* skyrimas *(lėšų ir pan.)*
committal [kəˈmɪtl] *n* **1** perdavimas, siuntimas *(į kalėjimą, psichiatrinę ligoninę)* **2** laidojimas
committed [kəˈmɪtɪd] *a* **1** atsidavęs, pasiaukojęs; *to be politically ~* būti politiškai angažuotam **2** turintis įsipareigojimų **3** skirtas *(apie lėšas, laiką)*
committee[1] [kəˈmɪtɪ] *n* komitetas; komisija; *steering ~* organizacinis komitetas; reglamento/darbotvarkės rengimo komisija; *Joint C.* tarpžinybinė/tarpparlamentinė komisija; *select ~ parl.* specialioji komisija; *Ways and Means C. (parlamento, amer. Kongreso)* biudžeto komisija; *C. of the whole (House)* parlamento plenumas, svarstantis įstatymo projektą; *the House goes into C., the House resolves itself into C.* parlamento rūmai pasiskelbia komisija *(kokiam klausimui svarstyti); on the ~ are...* komitetas/komisija susideda iš...

committee² [ˌkɔmɪˈtiː] *n teis.* globėjas
committeeman [kəˈmɪtɪmən] *n (pl* -men [-mən]) *(tik v.)* komiteto/komisijos narys; miesto tarybos narys
committeewoman [kəˈmɪtɪˌwumən] *n (pl* -women [-ˌwɪmɪn]) komiteto/komisijos narė; miesto tarybos narė
commix [kəˈmɪks] *v psn., poet.* su(si)maišyti
commixture [kəˈmɪkstʃə] *n knyg.* su(si)maišymas, mišinys
commode [kəˈməud] *n* **1** naktipuodžio kėdutė **2** *amer. euf.* tualetas **3** *ret.* komoda
commodious [kəˈməudɪəs] *a* erdvus *(apie kambarį, pastatą)*
commodity [kəˈmɔdətɪ] *n* **1** prekė; reikmuo *(ypač plataus vartojimo);* **primary commodities** būtiniausieji vartojimo reikmenys; **staple commodities** svarbiausios prekės; **~ capital** prekinis kapitalas; **~ market** prekių rinka; **~ production** prekinė gamyba **2** *ekon.* produktas
commodore [ˈkɔmədɔː] *n* **1** *jūr.* komodoras, laivų junginio vadas **2** jachtklubo viršininkas
common [ˈkɔmən] *a* **1** dažnai pasitaikantis; paplitęs, įprastas; *a* **~ error** dažna klaida; **the word is in ~ use in English** tas žodis dažnai vartojamas anglų kalboje **2** bendras; visų; **~ bathroom** bendras vonios kambarys; **by ~ agreement** bendru susitarimu/sutikimu; **~ nuisance** visiems įgrisęs dalykas; **for the ~ good** visų labui; **~ land** bendra žemė/ganykla; žemė, po kurią galima vaikščioti visiems **3** paprastas; **~ honesty** elementarus sąžiningumas/dorumas; **the ~ people** paprasti žmonės; *a* **man of no ~ abilities** nepaprastų gabumų žmogus; **~ soldier** *kar.* eilinis **4** prastas, neišauklėtas *(apie žmogų);* **~ woman** vulgari moteris; prostitutė **5** šiurkštus, vulgarus *(apie manieras ir pan.);* **~ accent** nenorminė tarsena/kalba; **~ expression** šiurkštus/vulgarus posakis **6** *mat.* bendras; **~ factor [multiple]** bendras daliklis [daugiklis] **7** *gram.* bendrasis; **~ case** bendrasis linksnis; **~ gender** bendroji giminė; **~ noun** bendrinis daiktavardis
n **1** tai, kas bendra; **in ~** bendrai; **in ~ with** kartu su; **to have nothing in ~** nieko bendra neturėti; **out of the ~** neeilinis, nepaprastas; **nothing out of the ~** nieko nepaprasta, taip sau **2** *(viso kaimo)* bendros pievos/ganyklos
commonable [ˈkɔmənəbl] *a* **1** bendrai/visų naudojamas **2** ganomas bendroje ganykloje
commonage [ˈkɔmənɪdʒ] *n* **1** bendros ganyklos teisė **2** = **commonalty**
commonalty [ˈkɔmənltɪ] *n ist.* trečiasis luomas, prastuomenė
commoner [ˈkɔmənə] **1** prasčiokas, nekilmingas žmogus; žmogus, nepriklausantis kilmingųjų/perų luomui **2** studentas, negaunantis stipendijos
common-law [ˈkɔmənˈlɔː] *a* **1** neregistruotas *(apie santuoką);* **~ husband** sugyventinis **2** nerašyto įstatymo
commonly [ˈkɔmənlɪ] *adv* **1** bendrai **2** paprastai, dažniausiai **3** prastai; vulgariai
common-or-garden [ˌkɔmənəˈgɑːdn] *a* paprastas, eilinis
commonplace [ˈkɔmənpleɪs] <*n, a, v*> *n* **1** įprastas/kasdieninis dalykas **2** banalybė; šablonas; **it's a mere ~** tai banalus posakis
a paplitęs, eilinis, kasdieniškas; banalus
v **1** kartoti žinomus dalykus **2** užrašinėti į sąsiuvinį
common-room [ˈkɔmənrum] *n* mokytojų/dėstytojų kambarys; profesoriumas *(Oksfordo universitete; t. p.* **senior ~**); **junior ~** studentų salė
commons [ˈkɔmənz] *n* **1** *(the C.)* Bendruomenių rūmai *(D. Britanijos parlamento žemieji rūmai; t. p.* **the House of C.**) **2** paprasti žmonės, liaudis *(ne aukštuomenė)* **3** *ist.* trečiasis luomas, prastuomenė **4** *(maisto)* davinys, porcija; **to be on short ~** stokoti maisto **5** *amer. (universiteto, koledžo)* valgykla
common-sense [ˈkɔmənˈsens] *a attr* protingas, blaivus
commonweal [ˈkɔmənwiːl] *n knyg., psn.* visuotinė gerovė
commonwealth [ˈkɔmənwelθ] *n* **1** *(the C.)* Britanijos tautų sandrauga *(t. p.* **the C. of Nations**) **2** *knyg.* valstybė; respublika; federacija; **the C. of Australia** Australijos Federacija
commotion [kəˈməuʃn] *n* **1** sambrūzdis, bruzdesys **2** sujudimas; sumišimas, sąmyšis
communal [ˈkɔmjunl, kəˈmjuːnl] *a* **1** bendras; kolektyvinis; komunalinis; **~ ownership** bendra nuosavybė **2** *(nacionalinių, religinių)* bendruomenių, bendruomeninis
communard [ˈkɔmjunɑːd] *pr. n ist.* komunaras *(Paryžiaus komunos dalyvis)*
commune *n* [ˈkɔmjuːn] **1** komuna; **the (Paris) C.** Paryžiaus komuna **2** *ist.* bendruomenė
v [kəˈmjuːn] **1** *knyg., poet.* kalbėtis; bendrauti **2** *bažn.* eiti komunijos
communicable [kəˈmjuːnɪkəbl] *a* perduodamas; persiduodantis; **~ disease** užkrečiamoji liga
communicant [kəˈmjuːnɪkənt] *n* **1** informuotojas, naujienų pranešėjas **2** *bažn.* einantysis komunijos
communicate [kəˈmjuːnɪkeɪt] *v* **1** pranešti, perduoti; *refl* persiduoti; **to ~ one's thoughts** perduoti savo mintis; **her anxiety ~s itself to others** jos nerimas persiduoda kitiems **2** užkrėsti *(liga; t. p. prk.);* **to ~ melancholy** užkrėsti melancholija **3** susisiekti, susižinoti; bendrauti **4** susisiekti, susieiti *(apie kambarius, teritoriją ir pan.)* **5** suprasti *(vienas kitą);* turėti dvasinį ryšį **6** *bažn.* eiti komunijos; dalyti komuniją
communicating [kəˈmjuːnɪkeɪtɪŋ] *a* susisiekiantis; gretimas *(apie kambarius)*
communication [kəˌmjuːnɪˈkeɪʃn] *n* **1** komunikacija; susisiekimas; *pl* komunikacijos, ryšiai; **means of ~** susisiekimo/ryšių priemonė *(geležinkelis, telegrafas, telefonas ir pan.);* **wireless ~** radijo ryšys; **~ channel** ryšio kanalas *(informacijai perduoti);* **~s satellite** ryšių palydovas; **~ service** ryšių tarnyba **2** bendravimas; susižinojimas; **lack of ~ , ~ gap** vienas kito nesupratimas, nekomunikabilumas; **to be in ~ (with)** bendrauti, susirašinėti *(su)* **3** pranešimas, perdavimas; informacija; **vocal ~** pranešimas žodžiu
communicative [kəˈmjuːnɪkətɪv] *a* **1** mėgstantis bendrauti; kalbus; komunikabilus **2** komunikacinis, komunikacijos **3** masinės informacijos priemonių
communicator [kəˈmjuːnɪkeɪtə] *n tech.* perdavimo aparatas/mechanizmas, komunikatorius
communion [kəˈmjuːnɪən] *n* **1** *(emocinis)* bendravimas; **to hold ~ with oneself** apmąstyti **2** *(C.) bažn.* komunija *(t. p.* **Holy C.**) **3** *(religinė)* bendrija; to paties tikėjimo žmonės
communiqué [kəˈmjuːnɪkeɪ] *pr. n* komunikatas, oficialus pranešimas
communism [ˈkɔmjunɪzm] *n* komunizmas
communist [ˈkɔmjunɪst] *n* komunistas
a komunistinis, komunistiškas; **the ~ party** komunistų partija
communistic [ˌkɔmjuˈnɪstɪk] *a* komunistinis
communitarian [kəˌmjuːnɪˈtɛərɪən] *n ret.* komunos narys; komunos šalininkas
community [kəˈmjuːnətɪ] *n* **1** bendruomenė; **Lithuanian World C.** Pasaulio lietuvių bendruomenė; **~ centre** bendruomenės klubas/centras **2** bendrija; visuomenė; **relations between the police and the ~** policijos ir visuo-

communize 180 **compassionately**

menės/gyventojų santykiai; ~ *singing* visų dalyvaujančiųjų dainavimas/giedojimas **3** bendrumas; bendrystė; ~ *of thoughts and feelings* minčių ir jausmų bendrumas; ~ *property teis.* sutuoktinių bendroji nuosavybė, turto bendrumas **4** *biol. (augalų, gyvūnų)* bendrija, biocenozė

communize ['kɔmjunaɪz] *v* sukolektyvinti, suvisuomeninti *(nekilnojamąjį turtą)*

commutable [kə'mju:təbl] *a* **1** *teis.* sušvelninamas *(apie bausmę)* **2** *fin.* iškeičiamas, pakeičiamas

commutation [ˌkɔmju'teɪʃn] *n* **1** *(ypač amer.)* važinėjimas *(traukiniu)* į darbą ir atgal **2** (pa)keitimas *(ypač vienos apmokėjimo formos kita)* **3** *teis. (bausmės)* sušvelninimas **4** *el.* komutacija, komutavimas

commutative [kə'mju:tətɪv] *a mat., log.* komutatyvus, perstatomasis; ~ *law* perstatomumo/komutatyvumo dėsnis

commutator ['kɔmjuteɪtə] *n el.* komutatorius; srovės keitiklis

commute [kə'mju:t] *v* **1** reguliariai važinėti į darbą ir atgal **2** (pa)keisti *(vieną apmokėjimo formą kita)* **3** *teis.* (su)švelninti *(bausmę);* **to ~ a *death sentence to life imprisonment*** pakeisti mirties nuosprendį kalėjimu iki gyvos galvos **4** *el.* perjungti *(srovę)*
n (ypač amer.) važinėjimas į darbą

commuter [kə'mju:tə] *n* važinėjantysis į darbą ir atgal su nuolatiniu bilietu; ~ *belt* priemiesčio rajonai, kurių daug gyventojų važinėja į darbą mieste

Comoros ['kɔmərauz] *n pl* Komorai *(valstybė)*

comp [kɔmp, kʌmp] *šnek. n* **1** (accompaniment *sutr.*) akompanimentas **2** *amer.* nemokamas bilietas **3** = **competition** 2, 4
v akompanuoti

compact[1] ['kɔmpækt] *n* susitarimas, sutartis
v sudaryti sutartį, susitarti

compact[2] <*a, n, v*> *a* [kəm'pækt] **1** kompaktiškas **2** glaustas *(apie stilių)* **3** *geol.* kompaktinis, ištisinis *(apie masę, uolieną)*
n ['kɔmpækt] **1** pudrinė *(t. p.* **powder ~**) **2** *(ypač amer.)* nedidelis automobilis *(t. p.* ~ *car)*
v [kəm'pækt] suspausti, suglausti

compactor [kəm'pæktə] *n: trash* ~ *amer.* šiukšlių presas

companion [kəm'pænjən] *n* **1** draugas; partneris; *faithful* ~ ištikimas draugas; ~ *in adversity/misfortune* nelaimės draugas **2** kelionės draugas **3** pašnekovas; kompanionas; *poor* ~ nuobodus pašnekovas **4** *(senyvos damos)* kompanionė *(t. p.* **paid ~**) **5** vienas iš daiktų, sudarančių porą *(apie pirštinę ir pan.);* ~ *portrait* dviejų žmonių portretas **6** vadovas *(vadovėlis);* **The Gardener's C.** sodininko vadovas **7** ordino kavalierius
v lydėti; būti kompanionu

companionable [kəm'pænjənəbl] *a* draugiškas, šnekus, mėgstantis kompaniją; malonus

companion-in-arms [kəm'pænjənɪnˌɑ:mz] *n* ginklo draugas

companion-ladder [kəm'pænjənˌlædə] = **companionway**

companionship [kəm'pænjənʃɪp] *n* **1** draugavimas, draugystė **2** draugė, draugija, kompanija; *I enjoy his* ~ man patinka būti jo draugijoje/kompanijoje

companionway [kəm'pænjənweɪ] *n jūr.* trapas

company ['kʌmpənɪ] *n* **1** bendrovė, kompanija; įmonė; *holding* ~ a) holdingas, holdingo/kontroliuojančioji bendrovė; b) bendrovė steigėja; *insurance* ~ draudimo bendrovė **2** draugija, kompanija; *for* ~ dėl draugijos/ kompanijos; *in* ~ *(with)* a) draugijoje, kompanijoje *(su);* b) kartu, tuo pačiu metu *(su);* **to keep smb ~** sudaryti kam draugiją/kompaniją; **to keep ~ with smb** a) drau-

gauti, susitikinėti su kuo; b) susidėti, bendrauti; **to keep good [bad]** ~ bendrauti su gera [bloga] draugija/kompanija; **to get into bad** ~ susidėti su bloga draugija/ kompanija **3** svečiai; **to expect** ~ laukti svečių; **to receive a great deal of** ~ priimti daug svečių **4** pašnekovas; **to be good [poor, bad]** ~ būti įdomiam [nuobodžiam] pašnekovui **5** *(artistų)* trupė, ansamblis **6** *(laivo)* įgula, ekipažas **7** *kar.* kuopa; *bearer* ~ sanitarų kuopa ◊ *to part* ~ *(with)* a) išsiskirti, nutraukti pažintį/ryšius *(su);* b) nesutikti *(su);* **present ~ excepted** apie esančius nekalbu, išskyrus čia esančius; *a man is known by the* ~ *he keeps* ≅ pasakyk, kas tavo draugai, ir aš pasakysiu, kas tu esi; *and* ~ ir jo(s) draugai *(vart. po asmens vardo); two's* ~, *three's a crowd* ≅ tarp dviejų trečias nebe svečias; kur du, trečias nereikalingas

comparable ['kɔmpərəbl] *a* **1** (su)lyginamas, palyginamas; lygintinas **2** panašus *(dydžiu, kokybe ir pan.)*

comparative [kəm'pærətɪv] *a* **1** santykinis, reliatyvus; *he was listened to in* ~ *silence* jo klausėsi palyginti tyliai **2** lyginamasis *(apie metodą ir pan.);* ~ *linguistics* lyginamoji kalbotyra
n gram. aukštesnysis laipsnis *(t. p.* ~ *degree/form)*

comparatively [kəm'pærətɪvlɪ] *adv* **1** *mod* palyginti; ~ *easy [high]* palyginti lengvas [aukštas] **2** lyginimo būdu

comparator ['kɔmpəreɪtə] *n spec.* komparatorius

compare [kəm'pɛə] *v* **1** (pa)lyginti, (su)gretinti, sulyginti, statyti greta; *(as) ~d with/to* palyginti su; *he cannot* ~ *with you* jo nepalyginsi su tavimi **2** skirtis; *to ~ favourably [unfavourably] with smth* būti geresniam [blogesniam/prastesniam] už ką **3** *gram.* būti laipsniuojamam *(apie būdvardį, prieveiksmį)*
n: beyond/past/without ~ *poet.* nesulyginamas, nepalyginamas

comparison [kəm'pærɪsn] *n* **1** (pa)lyginimas, (su)gretinimas; **to make a** ~ palyginti; **to invite** ~ priminti *(ką nors panašų);* **to bear/stand** ~ *(with)* pasirodyti neblogesniam *(už);* **beyond (all)** ~ nesulyginamai, nepalyginamai; *by/in* ~ palyginti, palyginus; *in* ~ *with/to* palyginti su; *on* ~ sulyginus; *there's no* ~ *between them* jų negalima nė lyginti **2** *gram.* laipsniavimas; *degrees of* ~ *(būdvardžių, prieveiksmių)* laipsniai

compartment [kəm'pɑ:tmənt] *n* **1** *(vagono)* kupė **2** skyrius; sekcija, kamera; *watertight* ~ *jūr.* vandeniui nelaidus skyrius

compartmentalize [ˌkɔmpɑ:t'mentəlaɪz] *v* dalyti į skyrius/ sekcijas

compass ['kʌmpəs] <*n, a, v*> *n* **1** kompasas; busolė **2** *pl* skriestuvas *(t. p.* **pair of ~es**) **3** apskritimas, ratas; *to go/fetch a* ~ eiti aplink, daryti lankstą **4** apimtis; riba, ribos; **to be beyond one's** ~ būti nepasiekiamam/nesuprantamam; **to keep one's desires within** ~ apriboti savo norus; *within the* ~ *of a lifetime* žmogaus gyvenimo laikotarpiu **5** *(balso, muz. instrumento)* diapazonas
a **1** kompaso; ~ *bearing* kompaso pelengas **2** pusapvalis
v knyg. **1** pasiekti *(tikslą)* **2** suprasti

compassion [kəm'pæʃn] *n* gailestis, užuojauta *(for);* **to have/take** ~ *(on)* gailėtis, pasigailėti, užjausti

compassionate *a* [kəm'pæʃənət] gailintis, užjaučiantis; gailiaširdis; labdaringas; ~ *allowance* labdaros pašalpa; ~ *feelings* užuojautos jausmai; ~ *leave* išleidimas iš darbo dėl asmeninių priežasčių
v [kəm'pæʃəneɪt] gailėtis, užjausti

compassionately [kəm'pæʃənətlɪ] *adv* užjaučiamai, su užuojauta

compass-saw ['kʌmpəsɔ:] *n tech.* siaurapjūklis
compatibility [kəmˌpætə'bɪlətɪ] *n* suderinamumas
compatible [kəm'pætəbl] *a* **1** suderinamas, sutaikomas **2** atitinkantis *(charakteriu, pažiūromis ir pan.)*; *they are not ~* jie negali sugyventi *(vienas su kitu)*
compatriot [kəm'pætrɪət] *n* tėvynainis
compeer [kəm'pɪə] *n knyg.* **1** lygus *(su kuo)*; *to have no ~* neturėti sau lygaus **2** bendrininkas, draugas
compel [kəm'pel] *v (-ll-)* **1** priversti; *to ~ obedience [silence]* priversti paklusti [nutilti] **2** patraukti, prikaustyti *(dėmesį ir pan.)*
compelling [kəm'pelɪŋ] *a* **1** įtikinamas *(apie argumentą ir pan.)* **2** prikaustantis/patraukiantis dėmesį; nepaprastai įdomus
compendia [kəm'pendɪə] *pl žr.* **compendium**
compendious [kəm'pendɪəs] *a* trumpas, glaustas
compendium [kəm'pendɪəm] *lot. n (pl ~s, -dia)* **1** kompendiumas, vadovas *(knyga)*; konspektas, santrauka **2** rinkinys; *~ of games* stalo žaidimų rinkinys *(dėžutė)*
compensate ['kɔmpənseɪt] *v* **1** kompensuoti; išmokėti kompensaciją, atlyginti *(nuostolius)*; *she used her good looks to ~ for her lack of intelligence* savo gera išvaizda ji kompensavo/dangstė intelekto stoką **2** *spec.* balansuoti, (iš)laikyti pusiausvyrą; išlyginti; *to ~ the compass* panaikinti kompaso deviaciją
compensation [ˌkɔmpən'seɪʃn] *n* **1** kompensacija, kompensavimas; *(žalos)* atlyginimas; *by way of ~* kompensuojant, kaip kompensacija **2** *spec.* balansavimas, pusiausvyros/pastovumo išlaikymas; išlyginimas
compensative [kəm'pensətɪv] *a =* **compensatory**
compensatory [ˌkɔmpən'seɪtᵊrɪ, kəm'pensətᵊrɪ] *a* **1** kompensacinis, kompensavimo **2** kompensuojamasis, atlyginamasis
compère ['kɔmpɛə] *pr. rad., tel. n (pramoginės laidos)* vadovas, vedėjas, konferansjė
v būti vadovu/vedėju/konferansjė, vesti *(estradinio koncerto ir pan.)* programą
compete [kəm'pi:t] *v* **1** varžytis, konkuruoti *(against, with – su, for – dėl)* **2** rungtyniauti; *to ~ in a race* lenktyniauti, dalyvauti lenktynėse
competence, -cy ['kɔmpətəns, -sɪ] *n* **1** (su)gebėjimas, mokėjimas; kompetentingumas; *smb's ~ to lead the team* kieno sugebėjimas vadovauti komandai **2** *teis.* kompetencija; *that is not within the ~ of the court* tai ne teismo kompetencija **3** *ret.* gera materialinė padėtis, pasiturintis gyvenimas
competent ['kɔmpətənt] *a* **1** kompetentingas; *she is a ~ authority in this field* ji – šios srities specialistė **2** pakankamas, gana geras **3** *teis.* pilnateisis; turintis teisę; atitinkantis reikalavimus **4** *teis.* pakaltinamas, veiksnus
competition [ˌkɔmpə'tɪʃn] *n* **1** konkurencija **2** rungtynės, lenktynės, varžybos, turnyras; lenktyniavimas; *be in ~ (with)* lenktyniauti *(su)* **3** *(the ~)* varžovai, varžove **4** konkursas; konkursinis egzaminas; *beauty ~* grožio konkursas; *entry into university is by ~* į universitetą priimama konkurso tvarka
competitioner [ˌkɔmpə'tɪʃnə] *n* **1** varžovas, konkurentas **2** rungtynių/varžybų/konkurso dalyvis
competitive [kəm'petətɪv] *a* **1** konkuruojantis, rungtyniaujantis; konkurentinis; *~ firm* firma konkurentė; *~ spirit* konkuravimo/rungtyniavimo dvasia/nuotaika **2** konkursinis; *~ examination* konkursinis egzaminas **3** *ekon.* konkurencingas, gebantis konkuruoti *(apie prekes)*
competitor [kəm'petɪtə] *n* konkurentas; varžovas *(t. p. sport.)*

compilation [ˌkɔmpɪ'leɪʃn] *n* **1** kompiliacija **2** *(medžiagos)* rinkimas *(iš įvairių šaltinių)*
compile [kəm'paɪl] *v* **1** kompiliuoti **2** sudaryti *(indeksą, katalogą ir pan.)* **3** rinkti, kaupti *(faktus, medžiagą)*
compiler [kəm'paɪlə] *n* **1** kompiliatorius; sudarytojas **2** *komp.* kompiliatorius *(programa)*
complacence, -cy [kəm'pleɪsns, -sɪ] *n (džn. menk.)* pasitenkinimas, nusiraminimas
complacent [kəm'pleɪsnt] *a (džn. menk.)* pernelyg patenkintas *(tuo, kas pasiekta)*, nusiraminęs
complain [kəm'pleɪn] *v* skųstis, nusiskųsti, reikšti nepasitenkinimą *(of, about – dėl, kuo; to – kam)*; *she ~ed to me of a headache* ji skundėsi man galvos skausmu
complainant [kəm'pleɪnənt] *n teis.* skundėjas; ieškovas
complaint [kəm'pleɪnt] *n* **1** nusiskundimas, skundimasis, nepasitenkinimas; *he's full of ~s* jis amžinai skundžiasi; *my chief ~ is that...* pagrindinė mano nusiskundimo priežastis yra ta, kad... **2** *teis.* skundas; ieškinys; *to lodge/ make a ~ (against)* paduoti skundą **3** liga, negalavimas; *nervous [skin] ~* nervų [odos] liga
complaisance [kəm'pleɪzᵊns] *n knyg.* paslaugumas; mandagumas; nuolaidumas
complaisant [kəm'pleɪzᵊnt] *a knyg.* paslaugus; mandagus, nuolaidus
complected [kəm'plektɪd] *a amer.: fair [dark] ~ amer.* šviesiaodis [tamsiaodis]
complement *n* ['kɔmplɪmənt] **1** papildymas; *~ of an angle geom.* papildomasis kampas **2** visa sudėtis *(t. p. full ~)*; *the ship's ~* laivo įgula/komanda **3** komplektiškumas; komplektas **4** *gram.* papildinys
v ['kɔmplɪment] **1** papildyti; *we ~ed one another* mes papildėme vienas kitą **2** komplektuoti
complementary [ˌkɔmplɪ'mentᵊrɪ] *a* **1** papildantis vienas kitą **2** papildomas; *~ colours fiz.* papildomosios spalvos; *~ angles geom.* papildomieji kampai
complete [kəm'pli:t] *a* **1** visiškas; *he is a ~ stranger to me* aš jo visai nepažįstu; *he is a ~ fool* jis – visiškas kvailys **2** visas; pilnutinis, pilnas; *to design a ~ town from scratch* projektuoti visą miestą iš pradžių; *a ~ edition of Maironis* pilnas Maironio raštų rinkinys; *~ sentence gram.* pilnasis sakinys **3** puikus *(apie futbolininką, mokovą ir pan.)* **4** (už)baigtas; *his work is now ~* jo darbas dabar (už)baigtas
v **1** užbaigti; *to ~ a second [third] year* užbaigti antrą [trečią] kursą **2** sukomplektuoti, baigti komplektuoti **3** užpildyti *(blanką, anketą)*, užbaigti *(sakinius; pratime)*
completely [kəm'pli:tlɪ] *adv* visai; visiškai; ištisai
completeness [kəm'pli:tnɪs] *n* visuma, visybė, pilnatvė, pilnatis; užbaigtumas
completion [kəm'pli:ʃn] *n* **1** (už)baigimas; *payment on ~* apmokėjimas užbaigus darbą; *~ date* (už)baigimo/įvykdymo terminas **2** *teis. (namo)* pardavimo pasirašymas
complex ['kɔmpleks] *n* kompleksas *(t. p. psich.)*; *a vast ~ of buildings* didžiulis pastatų kompleksas; *sports ~* sporto kompleksas; *~ of problems* klausimų/problemų ratas
a **1** sudėtingas, komplikuotas **2** sunkus, painus **3** sudėtinis; kompleksinis; *~ sentence gram.* sudėtinis prijungiamasis sakinys; *~ numbers mat.* kompleksiniai skaičiai
complexion [kəm'plekʃn] *n* **1** veido spalva; *people with dark ~* tamsaus veido žmonės, juodbruviai **2** pobūdis; aspektas; *that puts a different ~ on it* tai keičia padėtį
complexity [kəm'pleksətɪ] *n* sudėtingumas, painumas; painiava

compliance [kəm'plaɪəns] *n* **1** sutikimas; *in ~ with your wishes* atsižvelgiant į jūsų norus **2** nuolaidumas, paklusnumas; laikymasis *(susitarimo ir pan.)*
compliant [kəm'plaɪənt] *a* nuolaidus, paklusnus; greitai sutinkantis *(to)*
complicacy ['kɔmplɪkəsɪ] *n* = **complexity**
complicate ['kɔmplɪkeɪt] *v* komplikuoti(s); *to ~ a situation [matters]* sukomplikuoti/supainioti [padėtį] reikalus
complicated ['kɔmplɪkeɪtɪd] *a* **1** sudėtingas, sunkus *(suprasti)* **2** komplikuotas; *~ disease* liga su komplikacijomis
complication [ˌkɔmplɪ'keɪʃn] *n* **1** sudėtingumas, komplikuotumas, painumas; *there is a further ~* yra dar kita problema **2** *(ppr. pl) med.* komplikacija
complicit [kəm'plɪsɪt] *a* prisidėjęs, žinantis *(apie nusikaltimą ir pan.)*
complicity [kəm'plɪsətɪ] *n* bendrininkavimas *(nusikaltime ir pan.)*
compliment *n* ['kɔmplɪmənt] **1** komplimentas; pagyrimas; *to angle/fish for ~s* prašytis komplimentų; *to pay/make a ~* pasakyti komplimentą; *to return the ~* a) atsakyti komplimentu į komplimentą; b) atsakyti tuo pačiu; *back-handed/amer. left-handed ~* nenuoširdus/abejotinas komplimentas; *they paid me the ~ of inviting me to lecture* jie suteikė man garbę pakviesdami skaityti paskaitą **2** *pl* sveikinimai, linkėjimai; *~s of the season* Kalėdų ir Naujųjų metų sveikinimai/linkėjimai; *with ~s (from)* geriausi linkėjimai *(kieno; ant atviruko ir pan.); with the author's ~s (pasirašo)* autorius *(užrašas ant dovanojamos knygos); my ~s to your wife* perduok(ite) linkėjimų žmonai
v ['kɔmplɪment] **1** sakyti komplimentus, girti; *he ~ed me on my dress* jis pagyrė mano suknelę **2** sveikinti; *to ~ smb with the degree of Master of Arts* sveikinti ką, gavusį humanitarinių mokslų magistro laipsnį **3** *knyg.* apdovanoti *(with)*
complimentary [ˌkɔmplɪ'mentərɪ] *a* **1** giriamasis; sveikinamasis *(apie kalbą ir pan.); to be ~ about smb's work* (iš)girti kieno darbą **2** duodamas veltui *(apie pakvietimą ir pan.); ~ ticket* kontramarkė; *~ seat* vieta turinčiam pakvietimą *(teatre, koncerte)*
compline ['kɔmplɪn] *n bažn.* vakarinės pamaldos
comply [kəm'plaɪ] *v* **1** sutikti, nusileisti; *to ~ with a request* patenkinti/įvykdyti prašymą **2** laikytis *(taisyklių; with)*
compo[1] ['kɔmpəʊ] *n* (*pl* -s [-z]) (composition *sutr.*) cemento ir kalkių mišinys *(tinkavimui, lipdybai)*
compo[2] *a* (composite *sutr.*) *šnek.* mišrus, kombinuotas; *~ pack* maisto produktų rinkinys *(kelioms dienoms)*
compo[3] *n* (compensation *sutr.*) *austral. šnek.* kompensacija dėl gamybinės traumos
component [kəm'pəʊnənt] *n* **1** komponentas, sudedamoji dalis **2** *(džn. pl)* detalės **3** *tech.* blokas, mazgas **4** *fiz.* dedamoji, komponentė; *force [velocity] ~* jėgos [greičio] dedamoji **5** *kalb.* sandas, dėmuo, komponentas
a sudedamasis; *~ parts* sudedamosios dalys; *~ analysis kalb.* komponentinė analizė
comport [kəm'pɔːt] *n knyg.* **1** *refl* elgtis **2** derintis *(with)*
compose [kəm'pəʊz] *v* **1** sudaryti; (su)komponuoti **2** (su)kurti, (pa)rašyti *(poemą, muziką ir pan.)* **3** *pass* susidaryti, susidėti *(of)* **4** *(džn. refl)* nusiraminti, susikaupti **5** *poligr.* rinkti
composed [kəm'pəʊzd] *a* ramus, santūrus
composedly [kəm'pəʊzɪdlɪ] *adv* ramiai; susikaupęs
composer [kəm'pəʊzə] *n* **1** kompozitorius **2** kūrėjas, autorius

composing [kəm'pəʊzɪŋ] *a* **1** sudaromasis; sudedamasis **2** raminamasis
composing-room [kəm'pəʊzɪŋrum] *n poligr.* rinkykla
composite ['kɔmpəzɪt] *n* **1** mišinys, kas nors sudėtinis **2** fotorobotas **3** *bot.* graižažiedis **4** *archit.* kompozicinis orderis *(t. p. ~ order)*
a **1** sudėtinis, mišrus; kombinuotas; *~ sentence gram.* sudėtinis sakinys **2** *bot.* graižažiedis
composition [ˌkɔmpə'zɪʃn] *n* **1** sudėtis; sudedamosios dalys; struktūra; *the ~ of the soil* dirvožemio sudėtis; *chemical ~* cheminė sudėtis; *the ~ of trade* prekių apyvartos struktūra **2** sudarymas; sukūrimas; (su)komponavimas **3** *(meno kūrinio)* kompozicija **4** kompozicija, muzikos kūrinys **5** mokyklinis rašinys; *~ book amer.* sąsiuvinis *(pratimams)* **6** *kalb. (sudurt. žodžių)* daryba, sandūra **7** *teis.* kompromisas, kompromisinis susitarimas **8** *poligr.* rinkimas
compositor [kəm'pɔzɪtə] *n poligr.* rinkėjas
compos mentis [ˌkɔmpəs'mentɪs] *lot. teis. (esantis)* sveiko proto; pakaltinamas
compost ['kɔmpɔst] *n* kompostas; *~ heap* komposto krūva
v **1** tręšti kompostu **2** daryti kompostą
composure [kəm'pəʊʒə] *n* ramumas, šaltakraujiškumas
compote ['kɔmpəʊt] *n* **1** kompotas **2** vaza su aukšta kojele *(vaisiams, saldainiams ir pan.)*
compound <*n, a, v*> *n* ['kɔmpaʊnd] **1** mišinys; junginys *(t. p. fiz., chem.)* **2** *kalb.* sudurtinis žodis
a ['kɔmpaʊnd] sudėtinis, sudurtinis; *a ~ sentence gram.* sudėtinis sujungiamasis sakinys; *~ interest* procentų procentai; *~ wound* sumušimo žaizda
v [kəm'paʊnd] **1** sumaišyti, sujungti; sudaryti **2** *pass* susidėti *(of);* būti pagamintam *(apie valgį; of – iš)* **3** apsunkinti, pasunkinti, padidinti *(klaidą ir pan.)* **4** *teis.* priimti kompromisinį sprendimą *(su kreditoriumi);* padengti skolos dalį **5** *amer. fin.* priskaičiuoti procentų procentus
compound[2] ['kɔmpaʊnd] *n* **1** aptverta teritorija *(gamykla, darbininkų barakai ir pan.)* **2** aptverta belaisvių stovykla
comprehend [ˌkɔmprɪ'hend] *v* **1** gerai suprasti, suvokti **2** *knyg.* apimti
comprehensibility [ˌkɔmprɪˌhensə'bɪlətɪ] *n* suprantamumas; supratingumas
comprehensible [ˌkɔmprɪ'hensəbl] *a* suprantamas, suvokiamas
comprehension [ˌkɔmprɪ'henʃn] *n* **1** supratimas; supratingumas; *it is beyond my ~* tai man nesuprantama; *listening ~* supratimo/klausymo pratimas **2** apimtis, apėmimas; *a term of wide ~* platus terminas
comprehensive [ˌkɔmprɪ'hensɪv] *n* **1** valstybinė bendrojo lavinimo mokykla *(t. p. ~ school)* **2** *(ppr. pl) amer. šnek. (pagrindinės disciplinos)* egzaminas iš viso kurso
a **1** visapusis, išsamus, platus; *~ insurance* visapusis draudimas; *~ list* išsamus sąrašas; *~ term* platus terminas **2** vidurinis *(apie mokslą, mokyklą)*
compress *n* ['kɔmpres] kompresas
v [kəm'pres] **1** su(si)spausti **2** su(si)slėgti **3** (su)mažinti, (su)trumpinti *(straipsnį ir pan.)*
compressibility [kəmˌpresə'bɪlətɪ] *n* suspaudžiamumas; spūdumas
compressible [kəm'presəbl] *a* susispaudžiantis, suspaudžiamas; *~ fluid fiz.* spūdusis skystis
compression [kəm'preʃn] *n* **1** (su)spaudimas, (su)slėgimas **2** *(knygos ir pan.)* (su)mažinimas, (su)trumpinimas **3** *tech.* suspaudimas, kompresija; gniuždymas **4** *tech.* tarpiklis, kamšalas

compressor [kəm'presə] *n tech.* kompresorius
comprise [kəm'praɪz] *v* **1** susidėti, susidaryti; *to be ~d of smth/smb* susidėti iš ko; *the council ~d ten members* taryba susidėjo iš dešimties žmonių **2** sudaryti, apimti; *the chapters that ~ part one* skyriai, kurie sudaro pirmąją dalį
compromise ['kɔmprəmaɪz] *n* **1** kompromisas; *to agree to a ~* sutikti su kompromisu **2** vidurys, kas nors tarpinis *(between)*
v **1** eiti į kompromisą; išspręsti kompromisu **2** statyti į pavojų **3** kompromituoti; *refl* susikompromituoti
compromising ['kɔmprəmaɪzɪŋ] *a* kompromituojantis
comptometer [kɔmp'tɔmɪtə] *n* aritmometras
comptroller [kən'trəulə] *n* = **controller 1**
compulsion [kəm'pʌlʃn] *n* **1** prievarta; *under ~* iš prievartos, prievarta; priverstas **2** neįveikiamas potraukis; manija
compulsive [kəm'pʌlsɪv] *a* **1** neįveikiamas; turintis neįveikiamą potraukį; *~ liar* nepataisomas melagis; *he is a ~ eater* jis visą laiką ką nors valgo, jis visą laiką nori valgyti **2** intriguojantis, verčiantis toliau skaityti/žiūrėti *ir pan.;* įdomus
compulsory [kəm'pʌlsərɪ] *a* priverstinis, privalomas; *~ education* privalomasis mokymas; *~ measures* prievartos priemonės
n pl sport. (dailiojo čiuožimo) privalomoji programa
compunction [kəm'pʌŋkʃn] *n* sąžinės graužimas; gėdos/kaltės jausmas; *without the slightest ~* be jokio sąžinės graužimo, be jokios gėdos
compunctious [kəm'pʌŋkʃəs] *a* jaučiantis sąžinės graužimą
computable [kəm'pju:təbl] *a* apskaičiuojamas
computation [ˌkɔmpju'teɪʃn] *n* (ap)skaičiavimas; *~ centre* skaičiavimo centras
compute [kəm'pju:t] *v* **1** (ap)skaičiuoti; (į)vertinti *(kokia suma; at)* **2** *spec.* apdoroti *(duomenis)* kompiuteriu
computer [kəm'pju:tə] *n* **1** kompiuteris, elektroninė skaičiavimo mašina; *~ dating* sutuoktinių parinkimas kompiuteriu **2** skaičiuotojas **3** skaičiuoklis, skaičiuotuvas
computer-aided [kəmˌpju:tər'eɪdɪd] *a (atliekamas)* kompiuteriu
computerese [kəmˌpju:tə'ri:z] *n* **1** *komp.* programavimo kalba **2** *juok.* kompiuterių specialistų žargonas
computerize [kəm'pju:təraɪz] *v* **1** kompiuterizuoti; apskaičiuoti/apdoroti kompiuteriu **2** įvesti informaciją į kompiuterį
computer-literate [kəm'pju:tə'lɪtərət] *a* mokantis naudotis kompiuteriu
computernik [kəm'pju:tənɪk] *n šnek.* kompiuterininkas; programuotojas
computing [kəm'pju:tɪŋ] *n* naudojimasis kompiuteriu
comrade ['kɔmreɪd] *n* **1** draugas **2** tos pačios profesinės sąjungos, partijos narys
comrade-in-arms [ˌkɔmreɪdɪn'ɑ:mz] *n (pl* comrades-) ginklo draugas, bendražygis
comradely ['kɔmreɪdlɪ] *a* draugiškas
comradeship ['kɔmreɪdʃɪp] *n* draugiški santykiai, draugystė
comsat ['kɔmsæt] *n* (communications satellite *sutr.*) ryšių palydovas
con[1] [kɔn] *<n, a, v> šnek. n* apgavystė, (iš)viliojimas *(pinigų) (t. p. ~ trick/game)*
a apgavikiškas
v apgau(dinė)ti; išgauti apgaule, (iš)vilioti *(pinigus; out of)*
con[2] *adv, n šnek.* prieš *(ginče) žr.* **pro**[1]; *he is very ~ (it)* jis labai prieš (tai)

con[3] *n* (convict *sutr.*) *šnek.* kalinys; atliekantis bausmę nusikaltėlis
con[4] *jūr. n* komandos davimas *(vairininkui)*
v vairuoti/vesti laivą
con[5] *v psn.* stropiai mokytis, kalti *(t. p. ~ over); to ~ a lesson* stropiai rengti pamoką
con- [kɔn-, kən-] *pref (prieš priebalsius, išskyrus b, h, l, m, p, r, w)* = **com-**
Conacry ['kɔnəkrɪ] *n* Konakris *(Gvinėjos sostinė)*
con-artist ['kɔnˌɑ:tɪst] *n šnek.* sukčius, apgavikas
concatenate [kən'kætɪneɪt] *v knyg.* sujungti, surišti
concatenation [kənˌkætɪ'neɪʃn] *n* **1** *knyg.* tarpusavio ryšys, sąryšys; *~ of circumstances* aplinkybių susipynimas **2** *tech.* grandinė **3** *kalb.* konkatenacija
concave ['kɔnkeɪv] *<a, n, v> a* įgaubtas; įdubęs
n **1** įdubimas; įgaubtas paviršius **2** *poet.* dangaus skliautas
v įgaubti
concavity [kɔn'kævətɪ] *n* įgaubtumas; įgaubimas, įgaubtas paviršius
concavo-concave [kɔn'keɪvəu'kɔnkeɪv] *a* abipusiškai įgaubtas *(apie lęšį)*
concavo-convex [kɔn'keɪvəu'kɔnveks] *a* įgaubtai iškilas *(apie lęšį)*
conceal [kən'si:l] *v* **1** slėpti; maskuoti **2** laikyti paslaptyje; nuslėpti, nutylėti
concealment [kən'si:lmənt] *n* **1** slėpimas; maskavimas; *stay in ~ till the danger has passed* slėpkitės, kol pavojus praeis **2** slaptavietė *(t. p. place of ~)*
concede [kən'si:d] *v* **1** pri(si)pažinti; *the government was forced to ~ defeat* vyriausybė turėjo prisipažinti pralaimėjusi **2** užleisti, perleisti *(teritoriją, teises; to)* **3** nusileisti, pasiduoti *(varžybose, ginče)* **4** suteikti *(teisę, privilegiją ir pan.; to)*
conceit [kən'si:t] *n* **1** pasipūtimas, išpuikimas, išdidumas; *to be full of ~* būti labai geros nuomonės apie save **2** *lit.* savotiškas palyginimas, įmantri metafora ◊ *to be out of ~ (with)* nusivilti, būti nepatenkintam *(kuo)*
conceited [kən'si:tɪd] *a* pasipūtęs, išpuikęs, išdidus
conceivable [kən'si:vəbl] *a* suvokiamas, įsivaizduojamas, įmanomas, galimas
conceive [kən'si:v] *v* **1** įsivaizduoti *(of)* **2** suvokti, suprasti; *I cannot ~ why...* negaliu suprasti, kodėl... **3** sumanyti, sugalvoti *(planą ir pan.)* **4** pastoti, tapti nėščia **5** pajusti; *to ~ an affection for smb* prisirišti prie ko; *to ~ a dislike for smb* (pradėti) nebemėgti ko
concenter [kɔn'sentə] *v amer.* = **concentre**
concentrate ['kɔnsəntreɪt] *n* **1** *(maisto)* koncentratas; prisodrintas produktas **2** *ž. ū.* koncentruotas pašaras, koncentratas
v **1** koncentruoti, su(si)koncentruoti, kaupti(s), susikaupti *(on)* **2** sutelkti, sukoncentruoti *(kariuomenę ir pan.)* **3** *spec.* sodrinti
concentrated ['kɔnsəntreɪtɪd] *a* **1** koncentruotas, sutelktas; *~ load tech.* sutelktoji apkrova **2** *prk.* intensyvus, didelis
concentration [ˌkɔnsən'treɪʃn] *n* **1** koncentravimas, koncentracija, telkimas; *~ of troops* kariuomenės telkimas; koncentracija **2** kaupimas(is), susikaupimas; susitelkimas; *he listened with ~* jis susikaupęs klausėsi **3** *spec.* sodrinimas
concentre [kɔn'sentə] *v knyg.* **1** koncentruoti(s) **2** (su)eiti/(su)vesti į bendrą centrą
concentric [kən'sentrɪk] *a geom.* koncentrinis
concentrically [kən'sentrɪkəlɪ] *adv* koncentruotai
concentricity [ˌkɔnsən'trɪsətɪ] *n knyg.* koncentriškumas

concept ['kɔnsept] *n* sąvoka, idėja; bendras supratimas, koncepcija; *architectural* ~ architektūrinis sprendimas

conception [kən'sepʃn] *n* 1 samprata, koncepcija; *(menininko ir pan.)* sumanymas 2 supratimas, suvokimas; *he has no ~ of the difficulties involved* jis net neįsivaizduoja, kokių gali iškilti sunkumų 3 *filos.* sąvoka 4 *fiziol.* pastojimas; apvaisinimas

conceptual [kən'septʃuəl] *a* abstraktus, spekuliatyvus; sąvokinis, konceptualus; *~ art* konceptualusis menas *(abstrakcionizmo rūšis)*

conceptualism [kən'septʃuəlɪzm] *n filos.* konceptualizmas

conceptualize [kən'septʃuəlaɪz] *v* suvokti; su(si)kurti sampratą/koncepciją

concern [kən'sə:n] *n* 1 susirūpinimas, rūpinimasis; rūpestis, nerimas; *to feel ~ (about)* rūpintis, nerimauti *(dėl); a matter of great ~* keliantis didelį susirūpinimą, labai svarbus reikalas 2 reikalas, dalykas; *it's no ~ of mine* ne mano reikalas; *mind your own ~s* nesikišk į kitų reikalus 3 interesas; dalyvavimas; *business ~s* komerciniai interesai; *to have a ~ in a business* būti suinteresuotam bizniu, dalyvauti kokiame biznyje 4 įmonė, firma; koncernas; *a going ~* veikianti pelninga įmonė/firma
v 1 liesti, sietis, turėti ryšį; *that doesn't ~ you at all* tai visai jūsų neliečia; *as ~s...* dėl...; *as far as I'm ~ed...* dėl manęs, (tai)...; *where smth is ~ed* kai kalbama *(apie); to whom it may ~* tiems, kuriuos tai liečia *(oficialaus laiško pradžioje)* 2 rūpėti, jaudinti; *I was ~ed by/at the decision* nutarimas man nedavė ramybės 3 *pass, refl* domėtis *(with);* rūpintis *(about); don't ~ yourself about us* dėl mūsų nesirūpinkite

concerned [kən'sə:nd] *a* 1 susijęs *(with, in)* 2 susirūpinęs *(about, for)* 3 suinteresuotas; *all ~* visi suinteresuotieji 4 susidomėjęs, kas domisi *(ypač socialinėmis problemomis)*

concerning [kən'sə:nɪŋ] *prep* dėl, apie; *a book ~ gardening* knyga apie sodininkystę

concernment [kən'sə:nmənt] *n psn., knyg.* 1 svarbumas, svarba 2 dalyvavimas; suinteresuotumas 3 susirūpinimas

concert *n* ['kɔnsət] 1 koncertas; *~ grand* koncertinis fortepionas; *Dutch ~* dainavimas, kai kiekvienas traukia kitaip 2 harmonija; sutarimas ◊ *in ~* a) kartu, išvien, bendrai *(with);* b) *predic* dainuojantis/dalyvaujantis koncerte
v [kən'sə:t] susitarti, suderinti; veikti kartu

concerted [kən'sə:tɪd] *a* sutartinis, suderintas, koordinuotas, bendras *(apie pastangas, veiksmus)*

concertgoer ['kɔnsətgəuə] *n* koncertų lankytojas

concertina [ˌkɔnsə'ti:nə] *n* koncertina *(chromatinė armonika)*
v susiploti *(ypač apie automobilį per avariją)*

concertino [ˌkɔntʃə'ti:nəu] *n muz.* koncertinas

concertmaster ['kɔnsətˌmɑ:stə] *n amer.* koncertmeisteris

concerto [kən'tʃɛətəu, kən'tʃə:təu] *it. n (pl ~s [-z])* koncertas *(muzikos kūrinys)*

concession [kən'seʃn] *n* 1 nuolaida; *tax ~s* mokesčių lengvatos; *to make ~s on both sides* daryti abipuses nuolaidas 2 nusileidimas (ginče) 3 *spec.* koncesija 4 *knyg.* teisės/lengvatos suteikimas 5 *amer.* bufetui/kioskui išnuomota firmos patalpos dalis

concessionaire [kənˌseʃə'nɛə] *pr. n* koncesininkas

concessionary [kən'seʃənᵊrɪ] *a* 1 koncesinis 2 su nuolaida

concessive [kən'sesɪv] *a* 1 nuolaidus 2: *~ clause gram.* nuolaidos šalutinis sakinys

conch [kɔntʃ, kɔŋk] *n* 1 *zool.* kriauklė 2 *archit.* koncha, puskupolis

concha ['kɔŋkə] *n (pl* -ae [-i:]) *anat.* kriauklė

conchie, conchy ['kɔnʃɪ] *n* (conscientious objector *sutr.*) *šnek. žr.* **objector**

concierge [ˌkɔnsɪ'ɛəʒ] *pr. n* konsjeržas, durininkas, šveicorius

conciliate [kən'sɪlɪeɪt] *v* 1 taikytis, *(stengtis)* įgyti prielankumą; *(stengtis)* palenkti į save 2 su(si)taikyti

conciliation [kənˌsɪlɪ'eɪʃn] *n* 1 su(si)taikymas, sutaikinimas 2 *teis.* taikinimas; *~ commission* taikinamoji komisija

conciliative [kən'sɪlɪətɪv] *a* = **conciliatory**

conciliator [kən'sɪlɪeɪtə] *n* taikytojas, (su)taikintojas; tarpininkas

conciliatory [kən'sɪlɪətᵊrɪ] *a* linkęs taikytis/taikintis; sutaikantis; susitaikėliškas, taikomasis, taikinamasis, taikstomasis

concise [kən'saɪs] *a* glaustas, trumpas

conciseness [kən'saɪsnɪs] *n* glaustumas

conclave ['kɔŋkleɪv] *n* 1 slaptas pasitarimas 2 *bažn.* konklava

conclude [kən'klu:d] *v* 1 (pa)daryti išvadą; nuspręsti 2 (už)baigti *(kalbą, paskaitą ir pan.);* baigtis; *he ~d by saying that...* pabaigoje/baigdamas jis pasakė, kad...; *to ~...* reziumuojant..., baigiant...; *to be ~d* pabaiga kitame numeryje; *tel.* pabaiga kitoje laidoje 3 sudaryti *(sutartį ir pan.)*

concluding [kən'klu:dɪŋ] *a* baigiamasis; *~ instalment* paskutinė įmoka; *~ remarks* baigiamasis žodis, baigiamosios pastabos

conclusion [kən'klu:ʒn] *n* 1 išvada; *to arrive at a ~, to come to a ~* prieiti prie išvados; *to draw a ~* (pa)daryti išvadą; *to jump/leap to a ~* daryti skubotą išvadą, per anksti daryti išvadą; *it's a foregone ~* tai iš anksto nuspręsta 2 užbaigimas, pabaiga; *in ~* (už)baigiant; *to bring to a ~* užbaigti 3 *(sutarties, sandėrio)* sudarymas ◊ *to try ~s (with)* rungtis, varžytis *(su stipresniu)*

conclusive [kən'klu:sɪv] *a* 1 įtikinamas *(apie įrodymus ir pan.)* 2 galutinis, sprendžiamasis; baigiamasis

concoct [kən'kɔkt] *v* 1 išvirti, pagaminti; *I'll ~ smth for supper* aš sugalvosiu ką nors vakarienei 2 išgalvoti, sugalvoti, prasimanyti *(pasiaiškinimą ir pan.)*

concoction [kən'kɔkʃn] *n* 1 *(valgio, gėrimo)* pagaminimas; mišinys 2 sugalvojimas, prasimanymas

concomitance [kən'kɔmɪtəns] *n knyg.* vyksmų sutapimas *(laiko prasme),* lygiagretus vyksmas

concomitant [kən'kɔmɪtənt] *knyg. a* vykstantis kartu, lydintis; susijęs *(with)*
n lydinčioji aplinkybė

concord ['kɔŋkɔ:d] *n* 1 santarvė, sutarimas 2 susitarimas, sutartis 3 *gram.* derinimas 4 *muz.* harmonija

concordance [kən'kɔ:dᵊns] *n* 1 sutikimas, atitikimas, harmonija; *in ~ with* pagal ką, remiantis kuo 2 knygos/autoriaus žodžių su citatomis abėcėlinė rodyklė, konkordancija

concordant [kən'kɔ:dᵊnt] *a* sutinkantis, atitinkantis; harmoningas

concordat [kən'kɔ:dæt] *n* 1 *bažn.* konkordatas 2 sutartis

concourse ['kɔŋkɔ:s] *n* 1 *(rūmų)* didelė salė; *(pagrindinis)* vestibiulis 2 aikštė, į kurią sueina kelios gatvės 3 *knyg. (žmonių)* suėjimas, suplaukimas; minia

concrescence [kən'kresəns] *n biol.* suaugimas

concrete[1] ['kɔŋkri:t] <*n, a, v*> *n* betonas; *pre-stressed ~* įtemptasis betonas

a betono, betoninis
v **1** betonuoti *(over)* **2** [kən'kri:t] kietėti, tirštėti, suaugti; kietinti, tirštinti
concrete² *a* konkretus; realus, materialus
n kas nors konkretus/realus; *in the* ~ konkrečiai, realiai; praktiškai
concrete-mixer ['kɔŋkri:t͵mıksə] *n stat.* betonmaišė
concretion [kən'kri:ʃn] *n* **1** suaug(in)imas **2** sukietėjusi masė **3** tirštėjimas; nusėdimas, koaguliacija **4** *med.* akmeningas darinys, konkrementas **5** *geol.* konkrecijos
concretize ['kɔŋkri:taɪz] *v* (su)konkretinti, (su)konkretizuoti
concubinage [kɔn'kju:bɪnɪdʒ] *n* nesantuokinis gyvenimas
concubine ['kɔŋkjubaɪn] *n* **1** sugulovė **2** jaunesnioji žmona *(poligaminėse tautose)*
concupiscence [kən'kju:pɪsᵊns] *n knyg.* gašlumas; geidulys
concupiscent [kɔn'kju:pɪsᵊnt] *a knyg.* gašlus
concur [kən'kə:] *v* **1** sutikti, būti tokios pat nuomonės *(with)* **2** sutapti **3** veikti išvien
concurrence [kən'kʌrəns] *n* **1** sutikimas, pritarimas *(with)* **2** *(įvykių, nuomonių)* sutapimas *(of)*
concurrent [kən'kʌrənt] *a* **1** sutampantis; vykstantis tuo pačiu metu; *my opinion is* ~ *with yours* mano nuomonė sutampa su jūsų **2** veikiantis kartu **3** *geom.* turintis tik vieną bendrą tašką, susikertantis *(apie linijas)*
n neatsiejama dalis; lydinti aplinkybė
concuss [kən'kʌs] *v* **1** sukrėsti, sutrenkti **2** *med.* sukelti smegenų sukrėtimą
concussion [kən'kʌʃn] *n* **1** *med.* smegenų sukrėtimas; kontūzija **2** smūgis
condemn [kən'dem] *v* **1** (pa)smerkti *(t. p. prk.); to* ~ *smb's actions* smerkti kieno veiksmus; *~ed for human rights abuses* pasmerktas už žmogaus teisių pažeidinėjimą; *I was ~ed to hang round in London all summer* aš buvau pasmerktas tūnoti Londone visą vasarą **2** nuteisti; *to* ~ *to death* nuteisti mirti **3** pripažinti netinkamu *(gyventi, vartoti);* (iš)brokuoti **4** konfiskuoti **5** išduoti *(apie elgesį, išvaizdą)*
condemnation [͵kɔndem'neɪʃn] *n* **1** (pa)smerkimas **2** nuteisimas **3** konfiskavimas, priverstinis nusavinimas
condemnatory [kən'demnətᵊrı, ͵kondem'neɪtᵊrı] *a* smerkiamas; smerkiantis; *teis.* kaltinantis
condemned [kən'demd] *a* pasmerktas mirti; ~ *man* mirtininkas; ~ *cell* mirtininkų kamera
condensable [kən'densəbl] *a* suspaudžiamas, sutirštinamas; suskystinamas, kondensuojamas *(apie dujas, garus)*
condensate [kən'denseɪt] *n tech.* kondensatas
condensation [͵kɔnden'seɪʃn] *n* **1** kondensacija, kondensavimas(is); (su)tirštinimas; (su)tirštėjimas **2** kondensuota masė **3** (su)trumpinimas; *(stiliaus)* glaustumas
condense [kən'dens] *v* **1** kondensuoti(s); (su)tirštinti; (su)tirštėti **2** glaustai išdėstyti, trumpai išreikšti; (su)trumpinti
condenser [kən'densə] *n* **1** *tech., el.* kondensatorius; ~ *capacitance* kondensatoriaus talpa **2** *opt.* kondensorius
condensible [kən'densəbl] *a* = **condensable**
condescend [͵kɔndɪ'send] *v* **1** maloneti, teiktis *(t. p. menk.); he ~ed to hear my request* jis teikėsi išklausyti mano prašymą **2** nusileisti, nusižeminti *(to – iki);* patronuoti
condescending [͵kɔndɪ'sendɪŋ] *a (išdidžiai)* maloningas, globėjiškas

condescension [͵kɔndɪ'senʃn] *n* **1** teikimasis, malonėjimas; maloningumas **2** nusileidimas *(iki);* patronavimas; globėjiškumas
condign [kən'daɪn] *a knyg.* vertas, pelnytas *(apie bausmę)*
condiment ['kɔndɪmənt] *n* prieskonis, pagardai *(apie druską, pipirus, padažą ir pan.)*
condition [kən'dɪʃn] *n* **1** būklė, padėtis; *in [out of]* ~ geros [prastos] būklės; *in good* ~ tinkamai vartoti; *to be in no* ~ būti netinkamam/negalinčiam *(ką daryti)* **2** *(susitarimo ir pan.)* sąlyga; *~s of sale* pardavimo sąlygos; *hire/rent ~s* nuomos sąlygos; *it is a ~ of the contract that you work 37 hours per week* sutartyje sąlygojama/numatyta, kad jūs dirbate 37 valandas per savaitę; *under the ~s of the agreement* pagal susitarimo sąlygas; *on ~ (that)...* su sąlyga (, kad)... **3** *pl* sąlygos, aplinkybės, padėtis; *living ~s* gyvenimo sąlygos; *weather ~s* oro sąlygos; *under such ~s* tokiomis sąlygomis/aplinkybėmis; *economic ~s* ekonominė padėtis/konjunktūra **4** *(sveikatos)* būklė; būsena; liga; *the patient was in a critical* ~ ligonio būklė buvo kritiška **5** visuomeninė padėtis; *people of every* ~ visokios visuomeninės padėties žmonės; *to change one's* ~ vesti, ištekėti; *favourable ~s ekon.* palanki konjunktūra **6** *amer.* laiku neišlaikytas egzaminas/įskaita, skola ◊ *on no* ~ jokiu būdu, niekad
v **1** sąlygoti, lemti; *prices are ~ed by supply and demand* kainas lemia pasiūla ir paklausa **2** daryti įtaką, veikti, formuoti *(charakterį ir pan.)* **3** (ap)mokyti; treniruoti **4** (pa)gerinti fizinę būklę; įmitinti, nupenėti *(šunį, arklį)* **5** gerai prižiūrėti/išlaikyti *(odą, plaukus ir pan.)* **6** kondicionuoti *(orą)* **7** tirti/nustatyti *(prekių, gaminių)* kokybę **8** *(ppr. pass)* būti kontroliuojamam **9** *amer. mok.* laikyti įsiskolinimą; priimti/pervesti su skolomis
conditional [kən'dɪʃᵊnəl] *a* **1** sąlyginis, sąlygotas; lygtinis; ~ *sale* sąlyginis pardavimas; pardavinėjimas su pridėtine preke **2** *gram.* sąlygos *(apie šalutinį sakinį);* ~ *mood* sąlyginė/tariamoji nuosaka
n gram. **1** sąlygos *(šalutinis)* sakinys **2** sąlyginė/tariamoji nuosaka
conditionally [kən'dɪʃnəlı] *adv* lygtinai; su sąlyga, sąlygiškai
conditioned [kən'dɪʃnd] *a* **1** sąlygotas, sąlygojamas; ~ *reflex* sąlyginis refleksas **2** kondicinis, atitinkantis standartą **3** kondicionuotas
conditioner [kən'dɪʃnə] *n* **1** minkštiklis *(plaukams, skalbiniams)* **2** kondicionierius
conditioning [kən'dɪʃnɪŋ] *n* **1** priemonės gerai būklei išlaikyti **2** įtaka, poveikis *(charakterio formavimui ir pan.)* **3** *(oro)* kondicionavimas **4** *sport.* grūdinimas(is), už(si)grūdinimas
condo ['kɔndəʊ] *n amer. šnek.* = **condominium** 2
condolatory [kən'dəʊlətrı] *a* reiškiantis užuojautą, užjaučiantis
condole [kən'dəʊl] *v* užjausti, reikšti užuojautą *(with – kam; over, upon – dėl)*
condolence [kən'dəʊləns] *n (džn. pl)* užuojauta; *to present/offer one's ~s (to)* pareikšti užuojautą
condom ['kɔndəm] *n* prezervatyvas
condominium [͵kɔndə'mɪnɪəm] *n* **1** *amer.* bendra nuosavybė **2** *amer.* kooperatinis namas, kurio butai – privati savininko nuosavybė; kooperatinis butas *(t. p.* ~ *unit)* **3** *polit.* kondominiumas; bendras valdymas
condonation [͵kɔndə'neɪʃn] *n teis.* atleidimas, dovanojimas
condone [kən'dəʊn] *v* dovanoti, atleisti *(neištikimybę ir pan.);* toleruoti

condor ['kɔndɔ:] *n zool.* kondoras
conduce [kən'dju:s] *v* padėti, prisidėti *(to, towards)*
conducive [kən'dju:sɪv] *a* palankus, padedantis, prisidedantis *(to)*
conduct *n* ['kɔndʌkt] **1** elgesys; ~ *mark mok.* elgesio pažymys **2** vadovavimas, vedimas, tvarkymas
v [kən'dʌkt] **1** vadovauti, vesti; tvarkyti *(reikalus); to ~ a meeting [an inquiry]* vadovauti susirinkimui [tyrimui] **2** nuvesti, (pa)lydėti *(as far as, to – iki);* vedžioti, aprodyti *(muziejų ir pan.; round)* **3** *refl* elgtis **4** *muz.* diriguoti **5** *fiz.* praleisti *(elektrą, šviesą),* būti laidžiam/laidininkui **6** dirbti *(autobuso)* konduktoriumi
conductance [kən'dʌktəns] *n fiz.* laidumas, aktyvusis laidumas
conduction [kən'dʌkʃn] *n fiz.* laidumas
conductive [kən'dʌktɪv] *a fiz.* laidus; ~ *sheeting* laidusis apvalkalas
conductivity [ˌkɔndʌk'tɪvətɪ] *n fiz., el.* savitasis/specifinis laidumas
conductor [kən'dʌktə] *n* **1** *(autobuso, tramvajaus, amer. ir traukinio)* konduktorius, palydovas **2** dirigentas **3** vadovas **4** *el.* laidininkas; laidas; konduktorius
conductress [kən'dʌktrɪs] *n (autobuso, tramvajaus)* konduktorė
conduit ['kɔndɪt] *n* **1** *(vandentiekio, dujų)* vamzdis; vamzdynas; ~ *head* rezervuaras **2** *(t. p.* ['kɔndjuɪt]) *el.* izoliacinis vamzdis **3** *(žinių, ginklų ir pan.)* perdavimo/persiuntimo kanalas
condyle ['kɔndɪl] *n anat.* krumplys
cone [kəun] *n* **1** *geom.* kūgis **2** kūgio pavidalo daiktas, *pvz.* vaflinis/popierinis indelis *(ledams); traffic ~* kūgio formos kelio ženklas; ~ *of rays fiz.* spindulių pluoštas **3** kankorėžis
v suteikti kūgio formą □ ~ *off* statyti kūgio formos *(įspėjamąjį)* kelio ženklą
cone-shaped ['kəun'ʃeɪpt] *a* turintis kūgio formą, kūgio formos
coney ['kəunɪ] *n* = **cony**
confab ['kɔnfæb] *šnek. n* = **confabulation** 1
v = **confabulate**
confabulate [kən'fæbjuleɪt] *v knyg.* draugiškai šnekėtis, šnekučiuotis
confabulation [kənˌfæbju'leɪʃn] *n* **1** *knyg.* draugiškas šnekėjimasis, šnekučiavimas **2** *psich.* konfabuliacija
confection [kən'fekʃn] *n* **1** saldumynai, konditerijos gaminiai **2** saldumynų gaminimas **3** moteriško tualeto reikmuo
v **1** gaminti konditerijos gaminius **2** gaminti moteriško tualeto reikmenis
confectioner [kən'fekʃnə] *n* konditeris; ~'s konditerijos parduotuvė
confectionery [kən'fekʃənərɪ] *n* **1** saldumynai, konditerijos gaminiai; konditerija **2** konditerijos parduotuvė
confederacy [kən'fedərəsɪ] *n* **1** konfederacija; sąjunga, susivienijimas; *the Southern C. amer. ist. (JAV)* Pietinių valstijų konfederacija **2** sąmokslas
confederate <*n, a, v*> *n* [kən'fedərət] **1** konfederatas, sąjungininkas **2** bendrininkas, bendras
a [kən'fedərət] sąjunginis, konfederacinis
v [kən'fedəreɪt] susijungti, sudaryti konfederaciją/sąjungą *(with)*
confederation [kənˌfedə'reɪʃn] *n* **1** konfederacija, sąjunga **2** susivienijimas, konfederacijos sudarymas
confer [kən'fə:] *v* **1** tartis, pasitarti *(with)* **2** suteikti, pripažinti *(laipsnį, vardą, titulą; on)*

conferee [ˌkɔnfə'ri:] *n* **1** konferencijos/pasitarimo dalyvis **2** žmogus, gavęs mokslinį laipsnį *ir pan.*
conference ['kɔnfərəns] *n* **1** pasitarimas, posėdis; *to be in* ~ būti pasitarime, posėdžiauti **2** konferencija; *a linguistics* ~ konferencija kalbotyros klausimais; *press/amer. news* ~ spaudos konferencija **3** *(sporto komandų, bažnyčių ir pan.)* asociacija **4** *attr:* ~ *call* keleto žmonių telefono pokalbis *(vienu metu)*
conferment [kən'fə:mənt] *n (laipsnio, titulo, vardo)* suteikimas, pripažinimas
confess [kən'fes] *v* **1** prisipažinti; *to ~ to having lied* prisipažinti melavus; *I (must)* ~ *I don't want to go* atvirai kalbant, aš nenoriu eiti **2** *bažn.* išpažinti *(nuodėmes);* klausyti išpažinties
confessant [kən'fesənt] *n bažn.* išpažinėjas
confessed [kən'fest] *a* prisipažinęs, atviras
confessedly [kən'fesɪdlɪ] *adv* visų pripažinimu; (savo) paties prisipažinimu
confession [kən'feʃn] *n* **1** *(kaltės, klaidos)* pri(si)pažinimas; išpažinimas **2** *bažn.* išpažintis **3** konfesija, religija
confessional [kən'feʃnəl] *n bažn.* **1** klausykla **2** *(the ~)* išpažintis; *in the* ~ per išpažintį
a **1** religinis; ~ *strife* religinė nesantaika **2** išpažinimo, atgailos
confessor [kən'fesə] *n* **1** nuodėmklausys **2** išpažinėjas
confetti [kən'fetɪ] *it. n* konfeti
confidant [ˌkɔnfɪ'dænt] *n (tik v.)* patikimas/artimas draugas
confidante [ˌkɔnfɪ'dænt] *n* patikima/artima draugė
confide [kən'faɪd] *v* **1** iš(si)pasakoti *(paslaptis ir pan.; to – kam);* pasikliauti *(in – kuo)* **2** *knyg.* patikėti *(to); the children were ~d to the care of the nurse* vaikus prižiūrėti patikėjo auklei
confidence ['kɔnfɪdəns] *n* **1** pa(si)tikėjimas; pasikliovimas; *to enjoy smb's* ~ turėti kieno pasitikėjimą; *to place* ~ *in smb* pasitikėti kuo; *to misplace one's* ~ pasikliauti tuo, kuris to nevertas; *I haven't much* ~ *in what he says* aš nelabai tikiu tuo, ką jis sako **2** tikrumas, įsitikinimas, pasitikėjimas, tikėjimas *(savo teisumu); she lacks* ~ *in herself* jai trūksta pasitikėjimo savimi **3** slaptas/konfidencialus pranešimas, paslaptis; *(paslapties ir pan.)* patikėjimas, atskleidimas *(t. p. breach of* ~*); to take smb into one's* ~ patikėti/išsipasakoti kam *(paslaptis ir pan.); in strict* ~ visai slaptai/konfidencialiai ◊ ~ *trick/amer. game* pinigų išgavimas apgaule, piktnaudžiaujant pasitikėjimu, išviliojimas; ~ *man* apgavikas
confidence-building ['kɔnfɪdənsˌbɪldɪŋ] *a* stiprinantis pasitikėjimą
confident ['kɔnfɪdənt] *a* **1** įsitikinęs, tikras; ~ *of victory* įsitikinęs/tikras pergale; *to be* ~ *that...* tikėti, kad... **2** pasitikintis
n psn. = **confidant**
confidential ['kɔnfɪ'denʃl] *a* **1** konfidencialus; slaptas; ~ *papers* slapti dokumentai **2** patikintis *(paslaptis)* **3** patikimas *(apie darbuotoją)*
confidentiality [ˌkɔnfɪdenʃɪ'ælətɪ] *n* **1** konfidencialumas; slaptumas **2** mokėjimas laikyti paslaptį
confidentially [ˌkɔnfɪ'denʃəlɪ] *adv* **1** konfidencialiai; slaptai **2** *mod* tarp mūsų *(kalbant)*
confiding [kən'faɪdɪŋ] *a* patiklus, pasikliaunantis
configuration [kənˌfɪgə'reɪʃn] *n spec.* konfigūracija; forma; *river-bed* ~ upės vagos reljefas
confine [kən'faɪn] *v* **1** ap(si)riboti; *to ~ the use of a word* apriboti žodžio vartojimą; *the damage is ~d to outbuildings* nukentėjo tik ūkiniai pastatai **2** *refl* apsiriboti, pri-

sitaikyti; ***to ~ oneself strictly to the subject*** griežtai laikytis temos **3** uždaryti, izoliuoti, neišleisti; įkalinti; ***to be ~ed to bed [to one's room]*** būti ligos prirakintam prie lovos [negalėti išeiti iš kambario] **4** *(ppr. pass)* gimdyti
confinement [kən'faɪnmənt] *n* **1** įkalinimas, izoliavimas; ***in ~*** a) įkalintas; b) uždarytas psichiatrinėje ligoninėje; ***close/solitary ~*** kalinimas vienutėje; ***in close ~*** griežtai prižiūrimas *(apie kalinį)* **2** *(laisvės, judėjimo)* apribojimas **3** gimdymas
confines ['kɒnfaɪnz] *n pl* ribos; apribojimai; ***within the ~ (of) (miesto ir pan.)*** plote, teritorijoje; kiek leidžia *(įstatymas ir pan.)*
confirm [kən'fə:m] *v* **1** patvirtinti; ***his suspicions were ~ed*** jo įtarimai pasitvirtino **2** ratifikuoti, (pa)tvirtinti; ***his appointment has been ~ed*** jo paskyrimas buvo patvirtintas **3** sutvirtinti, sustiprinti *(nuomonę ir pan.)* **4** *(ppr. pass)* *bažn.* konfirmuoti, teikti sutvirtinimo sakramentą
confirmation [ˌkɒnfə'meɪʃn] *n* **1** patvirtinimas **2** *bažn.* konfirmacija, sutvirtinimo sakramentas
confirmative [kən'fə:mətɪv] *a* (pa)tvirtinantis
confirmatory [kən'fə:mətᵊrɪ] *a* patvirtinamasis
confirmed [kən'fə:md] *a* chroniškas; įsitikinęs, nepataisomas; ***~ bachelor*** užkietėjęs viengungis
confirmee [ˌkɒnfə'mi:] *n bažn.* konfirmantas
confiscate ['kɒnfɪskeɪt] *v* konfiskuoti
confiscation [ˌkɒnfɪs'keɪʃn] *n* konfiskacija, konfiskavimas
confiscatory [kən'fɪskətᵊrɪ, 'kɒnfɪskeɪtᵊrɪ] *a* **1** konfiskavimo, konfiskuojamasis **2** lupikiškas, grobikiškas *(apie mokesčius ir pan.)*
confiture ['kɒnfɪtʃə] *n* uogienė
conflagration [ˌkɒnflə'greɪʃn] *n knyg.* didelis gaisras; didžiulis/visuotinis sukrėtimas
conflate [kən'fleɪt] *v spec.* sujungti *(tekstus ir pan.)*
conflation [kən'fleɪʃn] *n spec. (tekstų)* sujungimas
conflict *n* ['kɒnflɪkt] **1** konfliktas, susidūrimas; ***~ area*** ginčijamas rajonas; ***he came into ~ with his boss*** tarp jo ir viršininko kilo konfliktas **2** prieštaravimas; kolizija
v [kən'flɪkt] **1** susidurti **2** prieštarauti; ***do our laws ~ with any international laws?*** ar mūsų įstatymai prieštarauja tarptautiniams?
conflicting [kən'flɪktɪŋ] *a* prieštaraujantis; prieštaringas
confluence ['kɒnfluəns] *n* **1** *(upių)* santaka **2** sutekėjimas; susiliejimas; *(kelių)* suėjimas **3** *knyg.* suplūdimas, sambūris
confluent ['kɒnfluənt] *a* sutekantis, susiliejantis *(apie upę)*; sueinantis *(apie kelią)*
n viena iš sutekančių upių; intakas
conflux ['kɒnflʌks] *n =* **confluence**
conform [kən'fɔ:m] *v* **1** pri(si)taikyti, pri(si)derinti *(prie elgesio normų; to)* **2** paklusti *(taisyklėms, papročiams, madai; to, with)*; ***his interpretation of the facts does not ~ with the accepted view*** jo faktų vertinimas nesiderina su pripažinta nuomone **3** atitikti *(to); **all the new buildings must ~ to the sanitary regulations*** visi nauji pastatai turi atitikti sanitarines normas
conformability [kənˌfɔ:mə'bɪlətɪ] *n* **1** atitikimas **2** prisitaikomumas
conformable [kən'fɔ:məbl] *a* **1** atitinkamas *(to)* **2** paklūstantis, sutinkantis
conformal [kən'fɔ:ml] *a geom.* konforminis
conformance [kən'fɔ:məns] *n* **1** prisitaikymas **2** atitikimas **3** konformizmas
conformation [ˌkɒnfɔ:'meɪʃn] *n* **1** struktūra, forma, pavidalas **2** pri(si)taikymas *(to)* **3** *geogr. (vietos)* reljefas **4** *chem.* konformacija

conformist [kən'fɔ:mɪst] *n* **1** prisitaikėlis **2** konformistas, tradicionalistas *(mene ir pan.)* **3** *ist.* konformistas, Anglikonų bažnyčios narys
a prisitaikantis; prisitaikėliškas; konformistinis
conformity [kən'fɔ:mətɪ] *n* **1** atitikimas, su(si)derinimas; ***in ~ with*** *ofic.* remiantis kuo, pagal **2** panašumas **3** ortodoksiškumas; Anglikonų bažnyčios dogmų laikymasis
confound [kən'faund] *v* **1** (ap)stulbinti, (su)gluminti, pritrenkti **2** *knyg.* (su)maišyti, (su)painioti; ***to ~ words*** painioti žodžius **3** *knyg.* (su)ardyti, (su)griauti *(planus ir pan.);* nugalėti *(priešą)* ◊ ***~ it!*** velniai griebtų!, po velnių!, po šimts kelmų!
confounded [kən'faundɪd] *a* **1** apstulbintas, sugluminats **2** *šnek.* prakeiktas; ***a ~ bore/nuisance*** *šnek.* baisi nuobodybė *(apie žmogų)*
confoundedly [kən'faundɪdlɪ] *adv šnek.* baisiai; ypač
confraternity [ˌkɒnfrə'tə:nətɪ] *n (religinė)* brolija
confrère ['kɒnfrɛə] *pr. n* bendradarbis, kolega
confront [kən'frʌnt] *v* **1** susidurti; ***to be ~ed with difficulties [with demands]*** susidurti su sunkumais [su reikalavimais] **2** stovėti/stoti priešais; ***to ~ a danger*** žiūrėti pavojui į akis; ***when I am ~ed by a microphone...*** kai atsiduriu prie mikrofono... **3** (su)gretinti, konfrontuoti **4** *teis.* (su)rengti akistatą, statyti akistaton; pateikti *(įrodymų; with)* ***they ~ed him with the accusers*** jam surengė akistatą su kaltintojais
confrontation [ˌkɒnfrən'teɪʃn] *n* **1** konfrontacija **2** susidūrimas **3** *teis.* akistata
confrontational [ˌkɒnfrən'teɪʃnəl] *a (ypač polit.)* konfrontacinis
Confucianism [kən'fju:ʃɪənɪzm] *n* konfucianizmas, Konfucijaus mokslas
Confucius [kən'fju:ʃəs] *n* Konfucijus *(kinų filosofas)*
confuse [kən'fju:z] *v* **1** painioti, su(si)painioti; maišyti, su(si)maišyti; ***to ~ the issue*** supainioti reikalą/klausimą; ***I was completely ~d*** man galvoje viskas susimaišė; ***you must be confusing me with somebody else*** jūs tikriausiai mane maišote su kuo nors kitu **2** kelti sąmyšį; ***to ~ the enemy troops*** kelti priešo kariuomenės sąmyšį
confused [kən'fju:zd] *a* **1** supainiotas, painus **2** susipainiojęs; sumišęs; ***to get/become ~*** susipainioti, su(si)maišyti
confusedly [kən'fju:zɪdlɪ] *adv* **1** supainiotai, neaiškiai **2** sumišai
confusing [kən'fju:zɪŋ] *a* painus, sudėtingas
confusion [kən'fju:ʒn] *n* **1** (su)painiojimas, (su)maišymas **2** painiava; netvarka; ***there was some ~ over the dates*** buvo tam tikra painiava dėl datų; ***~ worse confounding*** visiška painiava **3** maišatis, sumaištis, sąmyšis **4** sumišimas, sutrikimas; ***in ~*** sumišęs, sutrikęs
confutation [ˌkɒnfju:'teɪʃn] *n (klaidingumo, klaidos)* įrodymas
confute [kən'fju:t] *v* įrodyti *(klaidingumą);* paneigti
conga ['kɒŋgə] *n* konga *(kubiečių šokis)*
congé ['kɒnʒeɪ] *pr. n* **1** *(formalus, ceremoningas)* atsisveikinimas **2** staigus atleidimas/paleidimas
congeal [kən'dʒi:l] *v* (su)šalti, (su)stingti *(apie skystį)*; stingdyti, šaldyti
congee[1] ['kɒndʒi:] *n =* **conjee**
congee[2] *n =* **congé**
congelation [ˌkɒndʒɪ'leɪʃn] *n* šalimas, stingimas; šaldymas; ***point of ~*** užšalimo temperatūra
congener ['kɒndʒɪnə] *n* **1** giminaitis *(apie gyvūnus, augalus)* **2** giminingas dalykas

congeneric(al) [ˌkɔndʒɪˈnerɪk(l)] *a biol.* vienarūšis, giminingas

congenerous [kənˈdʒenərəs] *a spec.* giminingas, turintis giminingą funkciją

congenial [kənˈdʒiːnɪəl] *a* **1** tinkamas; *~ employment* tinkama tarnyba **2** malonus, palankus; *~ weather* palankus oras **3** bendramintis; kongenialus

congeniality [kənˌdʒiːnɪˈælətɪ] *n* giminingumas, artimumas *(savo dvasia, galvosena)*

congenital [kənˈdʒenɪtl] *a* **1** *med.* įgimtas **2** apsigimęs; *~ liar* apsigimęs melagis

conger [ˈkɔŋgə] *n zool.* jūrinis ungurys *(t. p. ~ eel)*

congeries [kɔnˈdʒɪərɪːz] *n (pl ~)* daugybė, gausybė, aibė

congest [kənˈdʒest] *v (ppr. pass)* **1** perpildyti, perkrauti **2** *med.* perpildyti kraujo *(organus)*

congested [kənˈdʒestɪd] *a* **1** perpildytas *(apie kelius ir pan.);* per tankiai gyvenamas/apgyventas *(apie rajoną)* **2** *med.* priplūdęs/perpildytas kraujo

congestion [kənˈdʒestʃən] *n* **1** perpildymas, perkrovimas; *(transporto ir pan.)* susigrūdimas, grūstis; *~ of population* per didelis gyventojų tankumas/susikimšimas **2** *med. (kraujo)* priplūdimas, kongestija

conglobate [ˈkɔnglɔubeɪt] *ret. a* sferinis, rutulio pavidalo *v* suteikti/įgauti rutulio formą

conglobulation [kɔnˌglɔubjuˈleɪʃn] *n ret.* globalinis/pasaulinis susivienijimas; globalinė/pasaulinė sistema

conglomerate *n* [kənˈglɔmərət] konglomeratas *(t. p. ekon., geol.)*
v [kənˈglɔməreɪt] susikaupti; virsti/versti ištisine mase

conglomeration [kənˌglɔməˈreɪʃn] *n* susikaupimas; konglomeracija

conglutinate [kənˈgluːtɪneɪt] *v ret.* sulipti; suaugti

Congo [ˈkɔŋgəu] *n* Kongas *(upė, valstybė)*

Congolese [ˌkɔŋgəuˈliːz] *n (pl ~)* kongietis
a Kongo; kongiečių

congrats [kənˈgræts] *int (congratulations sutr.) šnek.* sveikinu!

congratulate [kənˈgrætʃuleɪt] *v* **1** (pa)sveikinti *(on, upon); I ~ you on winning the competition* sveikinu laimėjusį konkursą **2** *refl* didžiuotis *(on – kuo)*

congratulation [kənˌgrætʃuˈleɪʃn] *n (džn. pl)* sveikinimas; *a telegram of ~s* sveikinimo telegrama; *~s!* sveikinu!

congratulatory [kənˈgrætʃulətərɪ] *a* sveikinimo, sveikinamasis

congregate [ˈkɔŋgrɪgeɪt] *v* rinkti(s); su(si)rinkti *(apie žmones, gyvulius)*

congregation [ˌkɔŋgrɪˈgeɪʃn] *n* **1** *(iv. reikšm.)* kongregacija **2** susirinkimas, suėjimas **3** akademinis susirinkimas, mokslinė taryba *(D. Britanijos universitetuose)* **4** *bažn.* tikintieji; parapijiečiai

congregational [ˌkɔŋgrɪˈgeɪʃnəl] *a* **1** kongregacinis **2** parapijos

congress [ˈkɔŋgres] *n* **1** kongresas, suvažiavimas **2** *(the C.)* JAV Kongresas *(parlamentas)* **3**: *Indian National C.* Indijos Nacionalinis kongresas *(politinė partija)* **4** *knyg.* suėjimas, susitikimas

congressional [kənˈgreʃnəl] *a* kongreso, suvažiavimo; *amer.* Kongreso

congressman [ˈkɔŋgresmən] *n (džn. C.) (pl* -men [-mən]) *(tik v.) amer.* Kongreso narys, kongresmenas

congresswoman [ˈkɔŋgresˌwumən] *n (džn. C.) (pl* -women [-ˌwɪmɪn]) *amer.* Kongreso narė

congruence [ˈkɔŋgruəns] *n* **1** atitikimas; sutapimas **2** *geom.* kongruencija

congruent [ˈkɔŋgruənt] *a* **1** = **congruous** **2** *geom.* kongruentus, kongruentinis

congruity [kɔŋˈgruːɪtɪ] *n* atitikimas; sutapimas

congruous [ˈkɔŋgruəs] *a* atitinkantis, sutinkantis; sutampantis *(with)*

conic [ˈkɔnɪk] *a geom.* kūgio, kūginis

conical [ˈkɔnɪkl] *a* kūgiškas, kūginis, kūgio formos/pavidalo

conicality [ˌkɔnɪˈkælətɪ] *n* kūgiškumas

conidium [kəuˈnɪdɪəm] *n (pl* -dia [-dɪə]) *n bot.* konidija

conifer [ˈkəunɪfə, ˈkɔnɪfə] *n bot.* spygliuotis (medis)

coniferous [kəuˈnɪfərəs] *a* spygliuotas, spygliuotis; *~ wood* spygliuočių miškas

coniform [ˈkəunɪfɔːm] *a* = **conical**

conjectural [kənˈdʒektʃərəl] *a* spėjamas, hipotetinis

conjecture [kənˈdʒektʃə] *n* **1** spėjimas, numanymas; *to hazard a ~* spėti, numanyti **2** *kalb.* konjektūra
v spėti, spėlioti, numanyti

conjee [ˈkɔndʒɪ] *ind. n* ryžių nuoviras

conjoin [kənˈdʒɔɪn] *v knyg.* jungti(s), su(si)jungti

conjoint [kənˈdʒɔɪnt] *a* jungtinis, bendras

conjointly [kənˈdʒɔɪntlɪ] *adv* drauge, išvien

conjugal [ˈkɔndʒugl] *a* santuokinis, vedybinis; sutuoktinių

conjugality [ˌkɔndʒuˈgælətɪ] *n* santuoka, santuokinis gyvenimas; moterystė

conjugate *a* [ˈkɔndʒugət] **1** sujungtas, jungtinis; suporuotas **2** *bot.* porinis *(apie lapus)* **3** *kalb.* bendrašaknis
v [ˈkɔndʒugeɪt] **1** *gram.* asmenuoti; *in English „to have" ~s irregularly* to have (= turėti) anglų kalboje asmenuojamas netaisyklingai **2** *biol.* jungtis, poruotis

conjugation [ˌkɔndʒuˈgeɪʃn] *n* **1** *gram.* asmenavimas; asmenuotė **2** su(si)jungimas **3** *biol. (ląstelių)* jungimasis; konjugacija **4** *fiz.* jungtinumas; sąsaja

conjunct [kənˈdʒʌŋkt] *a* sujungtas, jungtinis; susijęs

conjunction [kənˈdʒʌŋkʃn] *n* **1** *(įvykių, aplinkybių ir pan.)* susidėjimas, sutapimas **2** sąjunga, sąsaja; *in ~ (with)* bendrai, kartu *(su)* **3** *astr., log.* konjunkcija **4** *gram.* jungtukas

conjunctiva [ˌkɔndʒʌŋkˈtaɪvə] *n (pl ~s, -ae* [-iː]) *anat. (akies)* junginė

conjunctive [kənˈdʒʌŋktɪv] *a* **1** jungiantis, jungiamasis **2** *gram.* jungiamasis; *~ adverb [pronoun]* jungiamasis prieveiksmis [įvardis]; *~ mood* tariamoji nuosaka, konjunktyvas
n gram. jungiamasis žodis

conjunctivitis [kənˌdʒʌŋktɪˈvaɪtɪs] *n med.* konjunktyvitas, junginės uždegimas

conjuncture [kənˈdʒʌŋktʃə] *n* konjunktūra; *(įvykių, aplinkybių)* susidėjimas

conjure [ˈkʌndʒə] *v* **1** rodyti fokusus/pokštus **2** burti, kerėti, užsiimti magija **3** nepaprastai greitai/lengvai padaryti/surengti *(t. p. ~ up)* **4** iškviesti dvasias; išvaryti dvasias *(out of – iš ko; t. p. ~ away)* **5** [kənˈdʒuə] *ret.* maldauti □ *~ up* a) įsivaizduoti; b) sukelti *(vaizduotėje)* ◊ *a name to ~ with* a) įtakingas vardas; b) labai ilgas pavadinimas *(sunku pasakyti)*

conjurer, conjuror [ˈkʌndʒərə] *n* burtininkas; fokusininkas, pokštininkas

conk [kɔŋk] *šnek. n* **1** nosis **2** *(variklio)* trūkčiojimas
v trenkti/vožti/žiebti į galvą □ *~ out* a) išklerti, subyrėti *(apie automobilį, variklį ir pan.);* b) sudribti, nusilpti; nualpti c) *(ypač amer.)* užmigti

conker [ˈkɔŋkə] *n* kaštonas *(vaisius)*

conman [ˈkɔnmæn] *n (pl* -men [-men]) (confidence man *sutr.*) *sl.* apgavikas, sukčius

conn [kɔn] *n amer.* = **con**[4]
connate ['kɔneɪt] *a* 1 įgimtas 2 giminingas, kongenialus 3 kartu, vienu metu gimęs/atsiradęs
connatural [kə'nætʃrəl] *a knyg.* 1 įgimtas 2 giminingas, vienarūšis
connect [kə'nekt] *v* 1 jungti(s); pri(si)jungti *(to – prie); this road ~s Vilnius and Kaunas* šis kelias jungia Vilnių su Kaunu 2 sujungti *(t. p. telefonu)* 3 būti suderintam *(pagal tvarkaraštį – apie traukinius, autobusus ir pan.; with)* 4 sieti(s); asocijuoti(s) *(with); I have never ~ed these two ideas* aš niekada nesiejau tų dviejų idėjų 5 *amer.* pataikyti *(į tikslą)* 6 *šnek.* sklandžiai veikti *(apie sistemas ir pan.)* 7 *amer. šnek.* gauti/nusipirkti narkotikų □ **~ up** prijungti; sujungti
connected [kə'nektɪd] *a* 1 susijęs; *he is ~ with that firm* jis susijęs su ta firma 2 turintis giminystės ryšių; *he is well ~* jo giminės užima aukštus postus 3 rišlus, nuoseklus *(apie pasakojimą ir pan.)* 4 sujungtas *(to, with – su)*
connecter [kə'nektə] *n* = **connector**
Connecticut [kə'netɪkət] *n* Konektikutas *(JAV valstija)*
connecting-link [kə'nektɪŋlɪŋk] *n* 1 jungiamoji grandis 2 *tech.* jungė
connecting-rod [kə'nektɪŋrɔd] *n tech.* švaistiklis
connection [kə'nekʃn] *n* 1 ryšys; sąryšis; sąsaja; *in ~ with* ryšium su; *in this/that ~* ryšium su tuo, turint tai omenyje 2 (pri)jungimas *(to);* sujungimas; *~ of wires* laidų sujungimas 3 *(traukinių, lėktuvų ir pan.)* tvarkaraščio suderinimas; *good rail ~s* geras susisiekimas traukiniais; *to miss one's ~* nesuspėti persėsti *(į kitą traukinį ir pan.)* 4 *(ppr. pl)* ryšiai, pažintys; klientūra; *business ~* komerciniai ryšiai; *to cut the ~* nutraukti ryšius 5 *(ppr. pl)* giminės, giminaičiai *(t. p. family ~s)* 6 *sl.* narkotikų tiekėjas
connective [kə'nektɪv] *a* jungiantis, jungiamasis; *~ tissue biol.* jungiamasis audinys
n gram. jungiamasis žodis
connector [kə'nektə] *n* 1 (su)jungėjas 2 *tech.* jungtis, jungiamasis elementas
connexion [kə'nekʃn] *n* = **connection**
conning-tower ['kɔnɪŋ‚tauə] *n jūr.* 1 *(karo laivo)* šturmano kabina 2 *(povandeninio laivo)* stebėjimo bokštelis
conniption [kə'nɪpʃn] *n amer. šnek. (isterijos, siuto ir pan.)* priepuolis *(t. p. ~ fit)*
connivance [kə'naɪvəns] *n (ppr. menk.)* nuolaidžiavimas, nuolankavimas; *with the ~ (of – kam)* nuolaidžiaujant
connive [kə'naɪv] *v* 1 nuolaidžiauti, žiūrėti pro pirštus *(at)* 2 *menk.* baustis; susibausti, susimokyti *(with; t. p. ~ together)*
connoisseur [‚kɔnə'sə:] *pr. n* mokovas
connotation [‚kɔnə'teɪʃn] *n* konotacija, priereikšmis; papildomas reikšmės atspalvis; tai, kas numanoma/turima galvoje
connotative ['kɔnəteɪtɪv] *a* konotacinis
connote [kə'nəut] *v* 1 turėti šalutinę papildomą prasmę, turėti konotaciją *(apie žodį)* 2 kartu reikšti/pažymėti
connubial [kə'nju:bɪəl] *a knyg.* vedybinis, santuokinis
conquer ['kɔŋkə] *v* 1 užkariauti *(t. p. prk.);* nukariauti; *the band has still to ~ America* orkestras dar turi užkariauti Ameriką 2 įveikti, nugalėti
conqueror ['kɔŋkərə] *n* 1 užkariautojas; nugalėtojas; *the C. ist.* Vilhelmas Užkariautojas 2 *sport. šnek.* lemiamoji partija
conquest ['kɔŋkwest] *n* 1 užkariavimas *(t. p. prk.);* nugalėjimas, pergalė; *the ~ of space* kosmoso užkariavimas; *to make a ~ of smb* a) nugalėti ką; b) užkariauti kieno širdį, laimėti kieno simpatijas 2 užkariauta teritorija, užgrobtas turtas *ir pan.*
conquistador [kɔn'kwɪstədɔ:] *isp. n* konkistadoras
Conrad ['kɔnræd] *n* Konradas *(vardas); Joseph ~* Džozefas Konradas *(anglų rašytojas)*
consanguine [kɔn'sæŋgwɪn] *a* = **consanguineous**
consanguineous [‚kɔnsæŋ'gwɪnɪəs] *a* giminingas, bendros kilmės; viengentis
consanguinity [‚kɔnsæŋ'gwɪnətɪ] *n (kraujo)* giminystė, giminingumas; artimumas
conscience ['kɔnʃəns] *n* sąžinė; *good/clear [bad/evil] ~* švari [nešvari] sąžinė; *for ~' sake* sąžinei nuraminti; *freedom/liberty of ~* sąžinės laisvė; *it is a matter of ~* tai sąžinės reikalas; *it is on my ~ that I've not yet gone to see her in hospital* mane sąžinė graužia, kad dar neaplankiau jos ligoninėje; *to have the ~ to do/say smth* turėti sąžinės/įžūlumo ką padaryti/pasakyti; *to have no ~ about smth* nesijausti kaltam dėl ko ◊ *in all ~* atvirai kalbant, tiesą sakant; *~ money* a) užmirštos skolos grąžinimas; b) anoniminis nuostolio/skolos padengimas
conscienceless ['kɔnʃənsləs] *a* be sąžinės
conscience-stricken ['kɔnʃəns‚strɪkən] *a* sąžinės graužiamas
conscientious [‚kɔnʃɪ'enʃəs] *a* sąžiningas, doras; *~ worker* sąžiningas darbininkas; *~ piece of work* sąžiningai atliktas darbas
conscious ['kɔnʃəs] *n psich. (the ~)* sąmonė
a 1 suvokiantis, suprantantis; jaučiantis; *to be ~ of smth* suprasti, suvokti ką; *with ~ superiority* suprasdamas savo pranašumą; *I became ~ of being followed* aš pajutau, kad mane seka 2 susipratęs, sąmoningas; *politically ~* politiškai sąmoningas; *he made a ~ effort to overcome that failing* jis sąmoningai stengėsi įveikti tą savo trūkumą 3 turintis sąmonę; *to be ~ to the last* turėti sąmonę iki paskutinio atodūsio 4 mąstantis; *man is a ~ being* žmogus – sąmoninga/mąstanti būtybė 5 jaučiantis *(skausmą, šaltį, nepatogumą)*
consciousness ['kɔnʃəsnɪs] *n* 1 sąmonė; *to lose ~* netekti sąmonės, apalpti; *to regain/recover ~* atgauti sąmonę, atsigauti 2 sąmoningumas; susipratimas 3 suvokimas; (pa)jutimas 4 savimonė
conscript <*n, a, v*> *n* ['kɔnskrɪpt] šauktinis *(į karo tarnybą),* naujokas
a ['kɔnskrɪpt] šaukiamas, šaukiamojo amžiaus; mobilizuotas
v [kən'skrɪpt] *(ppr. pass)* 1 šaukti į karo tarnybą, imti į kariuomenę *(into)* 2 rekrutuoti, mobilizuoti
conscripted [kən'skrɪptɪd] *a* 1 pašauktas į karo tarnybą 2 užverbuotas
conscription [kən'skrɪpʃn] *n* karo prievolė; naujokų šaukimas, ėmimas į karo tarnybą
consecrate ['kɔnsɪkreɪt] *v* 1 *knyg.* paskirti 2 *bažn.* (pa)šventinti; išventinti *(į vyskupus ir pan.)*
consecration [‚kɔnsɪ'kreɪʃn] *n* 1 *knyg.* (pa)skyrimas 2 *bažn.* (pa)šventinimas; išventinimas
consecution [‚kɔnsɪ'kju:ʃn] *n* 1 nuoseklumas 2 *(įvykių ir pan.)* seka, eilė
consecutive [kən'sekjutɪv] *a* 1 einantis iš eilės; nuoseklus; *for the fifth ~ time* penktą kartą iš eilės 2 *gram.: ~ clause* padarinio šalutinis sakinys
consecutively [kən'sekjutɪvlɪ] *adv* iš eilės *(be pertraukos)*
consensual [kən'senʃuəl] *a teis.* sudarytas konsenso pagrindu, remiantis konsensu; visų šalių sutikimu

consensus [kən'sensəs] *n (nuomonių)* vienodumas; sutarimas; konsensas; *the ~ of opinion was that...* bendra nuomonė buvo ta, kad...

consent [kən'sent] *n* sutikimas; leidimas; *by common/general ~, with one ~* visų sutikimu; *silence gives ~* tylėjimas reiškia sutikimą; *to withhold one's ~* neduoti sutikimo; *to carry the ~ of smb* gauti kieno sutikimą
v sutikti, leisti; pritarti *(to); to ~ to an operation* sutikti būti operuojamam

consentaneous [ˌkɔnsen'teɪnɪəs] *a knyg.* 1 sutinkantis; atitinkantis 2 suderintas, bendras

consentient [kən'senʃənt] *a knyg.* 1 linkęs sutikti/prisiderinti 2 vienodas, bendras

consenting [kən'sentɪŋ] *a* sulaukęs pilnametystės; sulaukęs santuokos amžiaus

consequence ['kɔnsɪkwəns] *n* 1 padarinys, rezultatas; *in ~* vadinasi, taigi; *in ~ of* dėl *(ko); to take/suffer the ~s* atsakyti *ar* būti atsakingam už padarinius 2 reikšmė, svarba; *of no ~* neesminis, nesvarbus 3 įtakingumas; *a person of some ~* įtakingas asmuo

consequent ['kɔnsɪkwənt] *a* 1 einantis *(po) (on, upon);* išplaukiantis *(iš); the confusion ~ upon the earthquake* sąmyšis, kilęs po/dėl žemės drebėjimo 2 logiškas, nuoseklus
n 1 padarinys, rezultatas 2 *mat.* antrasis proporcijos narys

consequential [ˌkɔnsɪ'kwenʃl] *a* 1 logiškai išplaukiantis 2 svarbus 3 išdidus, pasipūtęs

consequently ['kɔnsɪkwəntlɪ] *adv* todėl, dėl tos priežasties; taigi, vadinasi

conservancy [kən'sə:vənsɪ] *n (vandenų, miškų ir pan.)* (ap)sauga; gamtos (ap)saugos tarnyba

conservation [ˌkɔnsə'veɪʃn] *n* 1 *(gamtos)* (ap)sauga; *~ area* draustinis 2 *(pastatų, paveikslų ir pan.)* konservacija, saugojimas, (iš)laikymas 3 *ret. (vaisių ir pan.)* konservavimas 4 *fiz.* tvermė; *mass ~* masės tvermė; *~ of energy* energijos tvermė

conservationist [ˌkɔnsə'veɪʃənɪst] *n* 1 gamtosaugininkas, gamtos (ap)saugos darbuotojas/aktyvistas 2 senovės paminklų/pastatų *ir pan.* išlaikymo šalininkas

conservatism [kən'sə:vətɪzm] *n* 1 konservatizmas 2 *(C.)* konservatorių partijos politinė linija

conservative [kən'sə:vətɪv] *a* 1 konservatyvus; *~ in habits* konservatyvių įpročių 2 *(C.)* konservatorių; *the C. party* konservatorių partija 3 tradicinis, kuklus *(apie drabužius, šukuoseną ir pan.)* 4 atsargus, sumažintas *(apie apskaičiavimus ir pan.)*
n 1 konservatorius 2 *(C.)* konservatorių partijos narys, konservatorius

conservatoire [kən'sə:vətwa:] *pr. n* konservatorija

conservator [kən'sə:vətə] *n* 1 saugotojas, globėjas 2 *(muziejaus)* prižiūrėtojas

conservatory [kən'sə:vətrɪ] *n* 1 oranžerija, šiltnamis 2 *amer.* konservatorija

conserve [kən'sə:v] *v* 1 (iš)saugoti, išlaikyti, tausoti *(energiją, sveikatą ir pan.); to ~ ruins* apsaugoti griuvėsius 2 *ret.* konservuoti
n ['kɔnsə:v] konservuoti vaisiai, vaisių konservai

consider [kən'sɪdə] *v* 1 manyti, būti nuomonės; laikyti; *I ~ him my friend* aš laikau jį savo draugu; *we ~ that you are not to blame* mes manome, kad jūs nekaltas 2 svarstyti; (ap)galvoti; *all things ~ed* viską apsvarsčius; atsižvelgus į visas aplinkybes; *he had no time to ~ the matter* jis neturėjo laiko apgalvoti to reikalo 3 atsižvelgti, skaitytis; turėti omenyje; *to ~ others* skaitytis su kitais; *we must ~ the feelings of other people* mes privalome tausoti kitų žmonių jausmus 4 atidžiai apžiūrėti

considerable [kən'sɪdərəbl] *a* žymus; didelis; *to a ~ degree* žymiu mastu; *we had ~ difficulty in finding the house* su dideliu vargu suradome tą namą

considerably [kən'sɪdərəblɪ] *adv* žymiai, daug; *~ colder* žymiai šalčiau

considerate [kən'sɪdərət] *a* atidus, dėmesingas, malonus, taktiškas *(of, to, towards); ~ driver* mandagus/malonus vairuotojas; *to be ~ of smb's point of view* gerbti kieno požiūrį

consideration [kənˌsɪdə'reɪʃn] *n* 1 (ap)svarstymas, aptarimas; *under ~* svarstomas, nagrinėjamas 2 sumetimas; aplinkybė; *political [tactual] ~s* politiniai [taktiniai] sumetimai; *that's a ~* tai svarbi aplinkybė 3 dėmesys, atidumas; *(žmonių)* tausojimas; *to show great ~ for smb* labai tausoti ką, būti labai paslaugiam kam 4 atlyginimas, kompensacija; *for a small ~* už mažą atlyginimą; *in ~ of* atsilyginant už 5 *ret.* reikšmė, svarba; *cost was of no ~* kaina neturėjo reikšmės ◊ *to leave out of ~* pamiršti, išleisti iš akių; *to take into ~* atsižvelgti, turėti galvoje; *in ~ of* turint omenyje, atsižvelgiant; *on no ~* jokiu būdu

considered [kən'sɪdəd] *a* 1 apgalvotas *(ypač apie nuomonę); in my ~ opinion* mano įsitikinimu 2 gerbiamas; vertinamas

considering [kən'sɪdərɪŋ] *prep, conj* atsižvelgiant (į), turint omenyje *(kad); John did quite well in his exams ~ how little he studied* atsižvelgiant į tai, kiek mokėsi, Džonas egzaminus išlaikė gana gerai
mod šnek. apskritai; *that's no so bad ~* apskritai, ne taip jau blogai

consign [kən'saɪn] *v knyg.* 1 nugabenti, *(kur)* atiduoti *(kaip nereikalingą)* 2 perduoti, pavesti, patikėti *(to)* 3 *kom.* (pa)siųsti, nusiųsti *(krovinį, prekes)*

consignation [ˌkɔnsaɪ'neɪʃn] *n kom.* konsignacija, prekių siuntimas

consignee [ˌkɔnsaɪ'ni:] *n kom. (krovinio, prekių)* gavėjas, adresatas

consigner [kən'saɪnə] *n* = **consignor**

consignment [kən'saɪnmənt] *n kom.* 1 krovinys; *(prekių)* siunta, partija; *on ~* užmokant už prekes, kai bus parduotos 2 krovinio/prekių siuntimas 3 važtaraštis, konosamentas

consignor [kən'saɪnə] *n kom.* 1 *(krovinių, prekių)* siuntėjas 2 konsignantas; komitentas

consist *v* [kən'sɪst] 1 susidėti, susidaryti *(of – iš)* 2 būti, glūdėti; būti neatsiejamam *(in – nuo); the difficulty ~s in this* čia ir yra/glūdi visas sunkumas 3 *knyg.* derintis, sutapti *(with)*
n ['kɔnsɪst] *spec.* sudėtis

consistence [kən'sɪstəns] *n spec.* konsistencija, tankumas, tirštumas

consistency [kən'sɪstənsɪ] *n* 1 nuoseklumas, logiškumas; pastovumas 2 darna, derinimas(is) 3 *komp.* neprieštaringumas 4 = **consistence**

consistent [kən'sɪstənt] *a* 1 nuoseklus, pastovus; *he is not ~* jis, jo elgesys nenuoseklus 2 atitinkantis, derinąsis; *~ pattern* dėsningumas; *to be not ~ (with)* nesiderinti, prieštarauti 3 *spec.* konsistencinis, geros konsistencijos, tirštas

consistorial [ˌkɔnsɪ'stɔ:rɪəl] *a bažn.* konsistorijos

consistory [kən'sɪstərɪ] *n bažn.* konsistorija

consolable [kən'səuləbl] *a* paguodžiamas, (nu)raminamas

consolation [ˌkɔnsə'leɪʃn] *n* paguoda; (nu)raminimas, guodimas; *~ prize* paguodos prizas

consolatory [kən'sɔlətərɪ] *a* paguodos, raminamasis

console[1] [kən'səul] *v* (pa)guosti, (nu)raminti

console[2] ['kɔnsəul] *n* **1** *(mašinos, aparato)* valdymo pultas **2** dėžė, spintelė *(radijo aparatui, televizoriui, kompiuteriui)* **3** *tech.* kronšteinas **4** *archit.* konsolė, gembė **5** *muz.* vargonų klaviatūra

consolidate [kən'sɔlɪdeɪt] *v* **1** (su)tvirtinti, (su)stiprinti *(padėtį, valdžią ir pan.)*; sutvirtinti; įtvirtinti *(žinias)*; konsoliduoti(s) **2** jungti(s), su(si)jungti; vienyti(s), suvienyti; *to ~ territories [banks]* jungti teritorijas [bankus] **3** kietėti, tvirtėti **4** *fin.* konsoliduoti *(paskolas)*

consolidated [kən'sɔlɪdeɪtɪd] *a* **1** konsoliduotas; *~ annuities fin.* konsolai **2** bendras, jungtinis; *~ return* suvestinė; *~ ticket office amer.* centrinė bilietų kasa

consolidation [kənˌsɔlɪ'deɪʃn] *n* **1** *(padėties, valdžios ir pan.)* (su)tvirtinimas, (su)stiprinimas; (su)tvirtėjimas; konsolidacija **2** jungimas(is), su(si)jungimas; (su)vienijimas **3** kietėjimas; *(grunto)* tankinimas **4** *fin.* konsolidacija

consoling [kən'səulɪŋ] *a* teikiantis paguodą, guodžiantis, guodžiamas

consols ['kɔnsəlz] *n pl* (consolidated annuities *sutr.*) *fin.* konsolai

consommé [kən'sɔmeɪ, 'kɔnsəmeɪ] *pr. n (mėsos, daržovių)* sultinys

consonance ['kɔnsənəns] *n* **1** sąskambis, konsonansas, harmonija **2** sutarimas, sandora; *in ~ with ofic.* pagal

consonant ['kɔnsənənt] *n kalb.* priebalsis; priebalsė; *noise/breath ~ fon.* trankusis priebalsis; *~ shift* priebalsių kaita *a* **1** darnus, harmoningas *(t. p. muz.)* **2** derinąsis; *to be ~ with smth* derintis su kuo

consonantal [ˌkɔnsə'næntl] *a fon.* priebalsinis

consort *n* ['kɔnsɔ:t] **1** karaliaus žmona, karalienė *(t. p. Queen C.)*; karalienės vyras *(t. p. Prince C.)* **2** *muz. ret.* senosios muzikos ansamblis **3** *jūr.* lydintysis laivas *(plaukiantis kartu su kitu)* ◊ *in ~ with smb* kartu su kuo *v* [kən'sɔ:t] **1** bendrauti; susidėti *(with)* **2** *knyg.* derintis, atitikti *(with, to)*

consortium [kən'sɔ:tɪəm] *lot. n (pl* -tia [-tɪə], ~s) *fin.* konsorciumas

conspectus [kən'spektəs] *lot. n* **1** apžvalga **2** konspektas, santrauka

conspicuous [kən'spɪkjuəs] *a* **1** išsiskiriantis, krintantis į akis, (gerai) pastebimas; *put them in a ~ place* padėk juos gerai matomoje vietoje; *he is ~ by his absence* jo nebuvimas (visiems) krito į akis, jo (visi) pasigedo **2** žymus, ryškus; *~ poster* ryški afiša; *to make oneself ~* atkreipti į save dėmesį

conspiracy [kən'spɪrəsɪ] *n* **1** sąmokslas, sankalbis; *~ of silence* susitarimas nekalbėti viešai apie ką **2** konspiracija; bendrininkavimas

conspirator [kən'spɪrətə] *n* sąmokslininkas; bendrininkas

conspiratorial [kənˌspɪrə'tɔ:rɪəl] *a* **1** sąmokslininkiškas; sąmokslininkų **2** slaptas, konspiratyvus

conspire [kən'spaɪə] *v* **1** rengti sąmokslą; susimokyti *(against, with)* **2** klostytis *(apie įvykius)*; veikti kartu *(apie veiksnius)*

constable ['kʌnstəbl] *n* **1** policininkas, konsteblis; *Chief C.* policijos viršininkas **2** *ist.* konsteblis

constabulary [kən'stæbjulərɪ] *n (miesto, rajono, šalies)* policija; *mounted ~* raitoji policija *a* policijos

Constance ['kɔnstəns] *n* Konstancija *(vardas)*

constancy ['kɔnstənsɪ] *n* **1** pastovumas; *~ of will* valios tvirtybė **2** ištikimybė

constant ['kɔnstənt] *n* **1** *mat., fiz.* konstanta **2** kas nors pastovu *a* **1** pastovus; nuolatinis; *~ pain [visitor]* nuolatinis skausmas [lankytojas] **2** ištikimas

Constantine ['kɔnstəntaɪn] *n* Konstantainas; Konstantinas *(vardas)*

Constantinople [ˌkɔnstæntɪ'nəupl] *n ist.* Konstantinopolis

constantly ['kɔnstəntlɪ] *adv* nuolat; pastoviai

constellate ['kɔnstəleɪt] *v astr.* sudaryti žvaigždyną

constellation [ˌkɔnstə'leɪʃn] *n* **1** *astr.* žvaigždynas; konsteliacija **2** *poet.* plejada; daugybė

consternation [ˌkɔnstə'neɪʃn] *n* siaubas; nustėrimas; *there was general ~* visus apėmė siaubas; *to my ~* mano didžiam nustebimui

constipate ['kɔnstɪpeɪt] *v med.* kietinti vidurius; turėti kietus vidurius

constipation [ˌkɔnstɪ'peɪʃn] *n med.* vidurių užkietėjimas, prietvaras

constituency [kən'stɪtjuənsɪ] *n* **1** rinkimų apygarda **2** *kuop.* rinkėjai; šalininkai; *to sweep a ~* gauti balsų daugumą; *~ party* vietinis partijos skyrius **3** klientūra *(pirkėjai, prenumeratoriai ir pan.)*

constituent [kən'stɪtuənt] *n* **1** dedamoji, sudėtinė/sudedamoji dalis **2** rinkėjas **3** *teis. ret.* įgaliotojas *a* **1** sudedamasis, sudėtinis *(apie dalį)* **2** turintis balsavimo teisę; turintis teisę sudaryti/keisti konstituciją; *~ assembly* steigiamasis susirinkimas

constitute ['kɔnstɪtju:t] *v* **1** sudaryti, būti; *to ~ a menace* sudaryti pavojų; *to ~ justification* būti pateisinamam **2** įkurti, įsteigti *(komitetą ir pan.)*; *to ~ a commission* sudaryti komisiją **3** (pa)skirti *(pareigoms)* **4** išleisti *(įstatymą)*

constitution [ˌkɔnstɪ'tju:ʃn] *n* **1** konstitucija *(įstatymas)* **2** *(kūno)* sudėjimas, konstitucija; *poor [strong] ~* silpnas [tvirtas] sudėjimas/organizmas; *by ~* iš prigimties **3** sudėtis, struktūra **4** sudarymas; įkūrimas **5** įstatai, nuostatai

constitutional [ˌkɔnstɪ'tju:ʃnəl] *a* **1** konstitucinis; *~ law* konstitucinė teisė; *~ amendment* konstitucijos pataisa **2** esantis *(ko)* neatskiriama dalimi; būdingas **3** *med.* organizmo, sudėjimo **4** *spec.* sudarymo, struktūrinis; *~ formula chem.* struktūrinė formulė *n* pasivaikščiojimas, mocionas

constitutionalism [ˌkɔnstɪ'tju:ʃnəlɪzm] *n* **1** konstitucinė valdymo sistema **2** konstitucionalizmas

constitutionality [ˌkɔnstɪtju:ʃə'nælətɪ] *n teis.* konstitucingumas

constitutionally [ˌkɔnstɪ'tju:ʃnəlɪ] *adv* **1** pagal konstituciją, remiantis konstitucija; *he was not ~ appointed* jo paskyrimas prieštarauja konstitucijai **2** pagal *(savo)* charakterį; pagal kūno sudėjimą

constitutive ['kɔnstɪtju:tɪv] *a* **1** sudarantis, sudėtinis, sudedamasis **2** esminis **3** steigiamasis

constitutor ['kɔnstɪtju:tə] *n* steigėjas

constrain [kən'streɪn] *v* **1** (pri)versti **2** (su)varžyti, sukaustyti **3** *ret.* įkalinti

constrained [kən'streɪnd] *a* **1** priverstas; priverstinis; *I felt ~ to intervene* aš buvau priverstas įsikišti **2** suvaržytas; sukaustytas *(apie judesius ir pan.)*; *~ silence* įtempta tyla; *~ smile* nenatūrali šypsena

constrainedly [kən'streɪnɪdlɪ] *adv* **1** priverstinai; per prievartą, prievarta **2** suvaržytai; sukaustytai, įtemptai

constraint [kən'streɪnt] *n* **1** spaudimas, prievarta; *to act under ~* veikti prievarta/spaudžiamam **2** sukaustymas,

constrict | 192 | **contain**

suvaržymas **3** apribojimas *(on);* ~ *on the rules of grammar* gramatikos taisyklių apribojimas **4** *fiz.* ryšys
constrict [kən'strɪkt] *v* **1** (su)varžyti *(t. p. prk.);* (su)veržti; (su)siaurinti; *to* ~ *a muscle* sutraukti raumenį; *rules that ~ed his predecessor* taisyklės, varžiusios jo pirmtaką **2** suspausti *(gerklę, krūtinę)*
constricted [kən'strɪktɪd] *a* **1** suvaržytas **2** siauras *(apie požiūrį ir pan.)*
constriction [kən'strɪkʃn] *n* **1** (su)varžymas *(t. p. prk.);* (su)veržimas **2** *(gerklės, krūtinės)* suspaudimas **3** *spec.* suslėgimas
constrictive [kən'strɪktɪv] *a* varžantis, veržiantis; siaurinantis
constrictor [kən'strɪktə] *n* **1** *anat.* sutraukiamasis raumuo, konstriktorius **2** *zool.* boa, smauglys
constringe [kən'strɪndʒ] *v spec.* sutraukti, (su)spausti
constringency [kən'strɪndʒənsɪ] *n fiziol.* suspaudimas, sutraukimas
constringent [kən'strɪndʒənt] *a anat.* sutraukiamasis
construct *v* [kən'strʌkt] **1** statyti *(namą ir pan.);* konstruoti *(automobilį ir pan.); to* ~ *a triangle* braižyti trikampį **2** sumanyti, sugalvoti; *to* ~ *a theory* sukurti/sugalvoti teoriją **3** *gram.* sudaryti *(sakinį)*
n ['kɔnstrʌkt] *knyg.* **1** konstruktas **2** *(ko)* vaizdinys; *a false* ~ *of the self* netikslus savo asmenybės supratimas
construction [kən'strʌkʃn] *n* **1** statyba; statymas; *road* ~ kelių tiesyba; *under* ~, *in process of* ~ statomas **2** konstravimas **3** statinys, pastatas **4** konstrukcija *(t. p. gram.); the new theatre is a strange* ~ naujojo teatro pastatas yra keistos konstrukcijos **5** aiškinimas, interpretacija, vertinimas; *to put a wrong* ~ *(on)* klaidingai vertinti/suprasti; *to put a bad* ~ *(on)* blogai aiškinti/suprasti, įžiūrėti ką bloga
constructional [kən'strʌkʃnəl] *a* **1** statybos, statybinis **2** konstrukcinis, konstrukcijos
constructionism [kən'strʌkʃnɪzm] *n men.* konstruktyvizmas
constructive [kən'strʌktɪv] *a* **1** konstruktyvus; ~ *criticism* konstruktyvi/dalykiška kritika **2** konstrukcinis, konstrukcijos **3** *teis.* numanomas, netiesioginis
constructor [kən'strʌktə] *n* konstruktorius; statybininkas
construe [kən'stru:] *v* **1** aiškinti, vertinti, interpretuoti *(as – kaip); his remarks were wrongly ~d* jo pastabos buvo neteisingai vertinamos **2** *gram.* konstruoti, jungti *(su kitais žodžiais)* **3** versti pažodžiui *(ypač iš graikų/lotynų kalbos)*
consubstantiation [ˌkɔnsəbˌstænʃɪ'eɪʃn] *n rel.* konsubstancija, vienesybiškumas
consuetude ['kɔnswɪtju:d] *n* paprotys, nerašytas įstatymas *(ypač Škotijoje)*
consul ['kɔnsəl] *n* konsulas *(t. p. ist.)*
consular ['kɔnsjulə] *a* konsulo, konsulinis
consulate ['kɔnsjulət] *n* **1** konsulatas **2** konsulo pareigos/rangas
Consul-general ['kɔnsəlˌdʒenərəl] *n* generalinis konsulas
consulship ['kɔnsəlʃɪp] *n* konsulo pareigos
consult [kən'sʌlt] *v* **1** konsultuoti(s), tartis *(smb, amer. with smb; about smth); to* ~ *a doctor* pasitarti su gydytoju; kreiptis į gydytoją **2** ieškoti informacijos; *to* ~ *a dictionary [a watch]* pasižiūrėti į žodyną [laikrodį] **3** dirbti konsultantu *(for)* **4** atsižvelgti *(į interesus ir pan.); we must* ~ *his convenience* mes turime atsiklausti, ar jam tai patogu
consultancy [kən'sʌltənsɪ] *n* **1** konsultacinė/konsultantų firma *(t. p.* ~ *firm)* **2** konsultacija **3** *med.* konsultanto tarnyba

consultant [kən'sʌltənt] *n* **1** konsultantas **2** *(ligoninės)* gydytojas konsultantas
consultation [ˌkɔnsəl'teɪʃn] *n* **1** konsultacija; specialistų pasitarimas; simpoziumas, konsiliumas; *to hold a* ~ tartis; *after/in* ~ *with* pasitarus su **2** pasitikrinimas, ieškojimas *(informacijos)*
consultative [kən'sʌltətɪv] *a* konsultacinis, konsultatyvus, patariamasis; *in a* ~ *capacity* kaip patarėjas
consulting [kən'sʌltɪŋ] *n* konsultavimas; *fin.* konsultacinė tarnyba
a konsultuojantis; konsultacinis; ~ *physician* gydytojas konsultantas
consulting-room [kən'sʌltɪŋrum] *n (gydytojo)* kabinetas; priimamasis
consumables [kən'sju:məblz] *n pl kom.* vartojimo reikmenys
consume [kən'sju:m] *v* **1** (su)valgyti, (su)ėsti, (su)lesti; (iš)gerti **2** suvartoti *(kuro ir pan.)* **3** (pra)leisti *(laiką);* (iš)eikvoti *(energiją ir pan.)* **4** sunaikinti, sudeginti, praryti *(apie ugnį)* **5** *pass* būti apimtam; graužti *(apie pavydą); he was ~d by curiosity* jis degė iš smalsumo
consumer [kən'sju:mə] *n* vartotojas; ~ *commodities/goods* plataus vartojimo prekės; *the* ~ *society* vartotojų visuomenė
consumerism [kən'sju:mərɪzm] *n* vartotojų interesų/teisių gynimas
consuming [kən'sju:mɪŋ] *a attr* dominuojantis, svarbiausias; nepasotinamas *(apie troškimą ir pan.)*
consummate *knyg. a* [kən'sʌmət] **1** tobulas; įgudęs, patyręs **2** visiškas, absoliutus
v ['kɔnsəmeɪt] **1** (už)baigti **2** išbaigti, (iš)tobulinti
consummately [kən'sʌmətlɪ] *adv knyg.* **1** visai, visiškai **2** tobulai
consummation [ˌkɔnsə'meɪʃn] *n knyg.* **1** (už)baigimas; *(tikslo)* pasiekimas **2** tobulumas, tobulybė **3** pabaiga
consumption [kən'sʌmpʃn] *n* **1** (su)naudojimas, (su)vartojimas; ~ *of food* maisto (su)vartojimas **2** (iš)eikvojimas *(kuro, energijos ir pan.)* **3** *psn. (plaučių)* džiova
consumptive [kən'sʌmptɪv] *a* **1** *psn.* džiovos, tuberkuliozinis **2** sekinantis, varginantis
n psn. džiovininkas
contact ['kɔntækt] *<n, a, v> n* **1** sąlytis, susilietimas; *to come into* ~ pri(si)liesti, susiliesti; sueiti į sąlytį, susidurti *(with); he has been in* ~ *with a case of smallpox* jis turėjo kontaktų su sergančiu raupais **2** bendravimas; ryšys; *to lose* ~ netekti ryšio *(with); to make* ~, *to get into* ~ susisieti *(with)* **3** *pl* kontaktai, pažintys; ryšiai; *to make useful social ~s* užmegzti naudingas pažintis; *diplomatic [sporting] ~s* diplomatiniai [sportiniai] ryšiai **4** *spec.* kontaktas; *to make [to break]* ~ *el.* įjungti [išjungti] srovę; *a* kontaktinis; ~ *wear tech.* kontaktinis susidėvėjimas; ~ *man šnek.* a) *(įtartinų)* pažinčių tarpininkas; b) *(įstaigos, organizacijos)* atstovas; ~ *lens* kontaktinės linzės
v **1** pri(si)liesti; susidurti **2** susijungti, susisiekti *(telefonu ir pan.)*
contact-breaker ['kɔntæktˌbreɪkə] *n el.* pertraukiklis
contactor [kən'tæktə] *n el.* kontaktorius
contagion [kən'teɪdʒən] *n* **1** užkrėtimas, infekcija *(prisilietus)* **2** infekcinė/užkrečiamoji liga **3** *(minčių, jausmų ir pan.)* plitimas; bloga įtaka
contagious [kən'teɪdʒəs] *a* **1** infekcinis; užkrečiamas *(t. p. prk. apie juoką, entuziazmą, idėjas ir pan.)* **2** užkrečiantis *(apie ligonį)*
contain [kən'teɪn] *v* **1** turėti *(savyje);* būti *(kur); what does this box ~?* kas yra šioje dėžėje? **2** tilpti; *the hall cannot*

contained 193 **continental**

~ *all the members of the club* salėje netelpa visi klubo nariai; *a gallon ~s four quarts* galonas lygus keturioms kvortoms 3 varžyti, neleisti plisti *(epidemijai, terorizmui ir pan.)* 4 sulaikyti *(pyktį, džiaugsmą ir pan.); refl* susivaldyti, susilaikyti 5 *mat.* dalytis be liekanos 6 *geom.* būti sudarytam *(apie kampą)*
contained [kən'teɪnd] *a* susivaldantis, susitvardantis, santūrus
container [kən'teɪnə] *n* 1 tara *(dėžė, statinė, butelis ir pan.); disposal* ~ vienkartė tara 2 konteineris; ~ *ship/carrier* konteinervežis 3 talpykla, rezervuaras
containerize [kən'teɪnəraɪz] *v* vežti konteineriais/konteinervežiais; krauti į konteinerius
containment [kən'teɪnmənt] *n* 1 sulaikymas, sutramdymas 2 *(agresoriaus ir pan.)* varžymo politika
contaminant [kən'tæmɪnənt] *n* teršalas
contaminate [kən'tæmɪneɪt] *v* 1 teršti, užkrėsti *(vandenį, maistą ir pan.)* 2 užkrėsti radioaktyviosiomis medžiagomis 3 *(džn. pass)* užsikrėsti *(žalingomis mintimis ir pan.)* 4 *kalb.* kontaminuoti
contamination [kən,tæmɪ'neɪʃn] *n* 1 užteršimas, užkrėtimas *(t. p. radioaktyviosiomis medžiagomis)* 2 *kalb.* kontaminacija
contango [kən'tæŋgəʊ] *n fin.* reportas *(atsiskaitymų fondų biržoje atidėjimas);* kontangas *(kainos priedas ar mokestis, imamas už tokį atidėjimą)*
contemn [kən'tem] *v knyg.* niekinti
contemplate ['kɒntempleɪt] *v* 1 mąstyti, svarstyti, (ap)galvoti; *to ~ the day's events* apmąstyti/apgalvoti dienos įvykius; *I ~ going to Scotland* aš svarstau, ar nevažiuoti į Škotiją 2 stebėti susimąsčius 3 ruoštis, ketinti
contemplation [,kɒntəm'pleɪʃn] *n* 1 (ap)mąstymas, (ap)galvojimas, (ap)svarstymas; *sunk in* ~ paskendęs mintyse, susimąstęs 2 stebėjimas *(t. p. filos.);* kontempliacija 3 ketinimas, numatymas; *to have in* ~ galvoti, planuoti
contemplative [kən'templətɪv] *a* kontempliatyvus, mąslus; apmąstantis, linkęs į (ap)mąstymą *n rel.* medituotojas
contemporaneity [kən,tempərə'niːətɪ] *n* vienalaikiškumas
contemporaneous [kən,tempə'reɪnɪəs] *a* 1 vienalaikis; *these events were ~ with the reign of Mindaugas* šie įvykiai vyko Mindaugo laikais 2 dabartinis
contemporaneously [kən,tempə'reɪnɪəslɪ] *adv* vienu metu *(with)*
contemporary [kən'tempərərɪ] *n* 1 amžininkas; vienlaikis; *he was a ~ of mine at university* mes mokėmės universitete vienu laiku 2 bendraamžis, vienmetis; *he and I are contemporaries* mes su juo bendraamžiai/vienmečiai *a* 1 šiuolaikinis, šiuometinis, dabartinis 2 buvęs/vykęs tuo pačiu metu, tuometinis
contemporize [kən'tempəraɪz] *v* 1 sinchronizuoti; priderinti, susieti *(su kokiu laiku/įvykiu)* 2 vykti vienu metu
contempt [kən'tempt] *n* 1 panieka *(for – kam); to have/hold in ~* žiūrėti su panieka; *he is beneath ~* jis nevertas net paniekos 2 negarbė; *to bring ~ upon oneself, to fall into ~* užsitraukti negarbę 3 nepaisymas *(pavojaus ir pan.; for)* 4 *teis.* teismo negerbimas *(t. p. ~ of court)*
contemptible [kən'temptəbl] *a* niekingas, paniekos vertas
contemptuous [kən'temptʃʊəs] *a* 1 (pa)niekinamas, (pa)niekinantis; *~ look* (pa)niekinamas žvilgsnis 2 nepaisantis *(of)*
contend [kən'tend] *v* 1 kovoti, varžytis *(against, with – su, for – dėl)* 2 susidurti; *I have many difficulties to ~ with* aš susidūriau su daugeliu sunkumų 3 tvirtinti *(that – kad)* 4 ginčytis

contender [kən'tendə] *n* varžovas, konkurentas, pretendentas; *the top ~* favoritas
content[1] [kən'tent] <*n, a, v*> *n* 1 pasitenkinimas 2 lordų rūmų narys, balsuojantis už; balsas už ◊ *to one's heart's ~* sočiai, iki valios
a predic 1 patenkintas *(with); to be ~ with very little* tenkintis mažu 2 norintis, sutinkantis *(ką daryti)*
v 1 patenkinti 2 *pass, refl* tenkintis *(with); to be easily ~ed* tenkintis mažu
content[2] ['kɒntent] *n* 1 *(ppr. pl)* turinys; *the ~ (s) of an article [speech]* straipsnio [kalbos] turinys; *table of ~s* turinys *(knygos, žurnalo pabaigoje/pradžioje); form and ~ lit.* forma ir turinys 2 tai, kas yra *(kame, ko viduje); (esamas)* kiekis, buvimas sudėtyje *(ko); salt ~* druskingumas; *no other food has so high an iron ~* jokiame kitame maiste nėra tiek daug geležies 3 *spec.* talpa
contented [kən'tentɪd] *a* patenkintas (with); *he's a ~ child* jis – laimingas vaikas
contention [kən'tenʃn] *n* 1 ginčas, nesutarimas; *in ~* ginčijamas; *this is no time for ~* dabar ne laikas ginčytis 2 požiūris *(ginče);* tvirtinimas; *my ~ is that...* aš tvirtinu/manau, kad... 3 varžymasis, kova; *to be in ~ (for)* varžytis, kovoti *(dėl prizo ir pan.)*
contentious [kən'tenʃəs] *a* 1 ginčytinas, ginčijamas 2 mėgstantis ginčytis, vaidingas; priekabus
contentment [kən'tentmənt] *n* pasitenkinimas; *to smile with ~* patenkintam šypsotis
conterminal [kən'tɜːmɪnl] *a* = **conterminous**
conterminous [kən'tɜːmɪnəs] *a knyg.* 1 gretutinis, turintis bendrą sieną/ribą *(to, with – su)* 2 sutampantis
contest *n* ['kɒntest] 1 varžybos, rungtynės; konkursas; *sports ~* sporto varžybos; *beauty ~* grožio konkursas; *to enter a ~* dalyvauti varžybose/konkurse 2 kova *(dėl vadovavimo ir pan.)* 3 ginčas, disputas
v [kən'test] 1 (nu)ginčyti, užginčyti, užprotestuoti *(nutarimą, kieno teisę ir pan.)* 2 varžytis, rungtyniauti; dalyvauti *(konkurse, rinkimuose ir pan.)* 3 kovoti *(with); to ~ a seat in Parliament* kovoti dėl vietos parlamente
contestable [kən'testəbl] *a* ginčijamas, ginčytinas
contestant [kən'testənt] *n* 1 varžovas, varžybų/konkurso dalyvis 2 pretendentas, konkurentas
contestation [,kɒntes'teɪʃn] *n* 1 ginčas; užginčijimas 2 ginčijamas klausimas
context ['kɒntekst] *n* 1 kontekstas *(t. p. prk.); out of ~* konteksto 2 situacija, fonas; *in the ~ of today's Lithuania* šių dienų Lietuvos sąlygomis
contextual [kən'tekstʃʊəl] *a* konteksto
contextualize [kən'tekstʃʊəlaɪz] *v* 1 *kalb.* nagrinėti *(žodžius ir pan.)* kontekste 2 *knyg.* derinti *(veiklą)* su tam tikra situacija
contexture [kən'tekstʃə] *n ret.* 1 su(si)pynimas 2 audinys 3 *(literatūros kūrinio)* sandara, kompozicija, struktūra
contiguity [,kɒntɪ'gjuːətɪ] *n* 1 *knyg.* gretimumas, artimumas; susiliestamas 2 *psich. (minčių, įspūdžių)* asociacija
contiguous [kən'tɪgjʊəs] *a knyg.* ribojąsis, susiliečiantis, gretimas, artimas *(to, with)*
continence ['kɒntɪnəns] *n* susilaikymas; santūrumas
continent[1] ['kɒntɪnənt] *a* susilaikantis; santūrus
continent[2] ['kɒntɪnənt] *n* 1 kontinentas, žemynas; *the Dark C.* juodasis žemynas *(Afrika)* 2 *(the C.)* Europos žemynas *(priešpriešinant Britų saloms); I'm going to the C.* vykstu į Europą *(iš Britanijos)*
continental [,kɒntɪ'nentl] *a* 1 kontinentinis, žemyninis 2 europinis, užsieninis *(ne britaniškas)*

continent-wide | 194 | **contradiction**

n (C.) **1** Europos žemyno gyventojas *(ne D. Britanijos)* **2** *euf.* imigrantas iš Indijos/Pakistano ◊ *not worth a ~ amer.* ≡ skatiko nevertas, bevertis

continent-wide ['kɔntɪnənt,waɪd] *a* apimantis visą žemyną; paplitęs po visą žemyną

contingency [kən'tɪndʒənsɪ] *n* atsitiktinumas; netikėtumas; nenumatytas atvejis; *~ funds ekon.* specialieji fondai *(nenumatytoms išlaidoms); ~ fee amer.* atsilyginimas advokatui laimėjus bylą

contingent [kən'tɪndʒənt] *n* **1** *(delegatų ir pan.)* grupė *(atstovaujanti šaliai/organizacijai); ~ of tourists [of competitors]* turistų [varžybų dalyvių] grupė **2** kontingentas *(ypač kar.)*
a **1** atsitiktinis, nenumatytas, galimas **2** priklausantis *(on – nuo); ~ fee on cure* atsilyginimas gydytojui už gydymą

continua [kən'tɪnjuə] *pl* žr. **continuum**

continual [kən'tɪnjuəl] *a* **1** nuolatinis; *~ pain* nepaliaujamas skausmas **2** dažnai pasitaikantis, nuolat pasikartojantis; *he has a ~ cough* jis visą laiką kosi

continually [kən'tɪnjuəlɪ] *adv* nuolat; be perstojo

continuance [kən'tɪnjuəns] *n* **1** tęsimasis, trukmė; *the ~ in power of the Democratic party* užsitęsęs Demokratų partijos valdymas; *~ performance* kino filmo demonstravimas be pertraukų tarp seansų *(nuolat įleidinėjant žiūrovus); during the ~ of the war* karui vykstant **2** išbuvimas *(poste ir pan.)* **3** seka **4** *teis. (bylos svarstymo)* atidėjimas

continuant [kən'tɪnjuənt] *n fon.* pučiamasis priebalsis

continuation [kən,tɪnju'eɪʃn] *n* **1** tęsimas **2** tęsinys **3** pratęsimas; atidėjimas *(ypač fin.)*

continue [kən'tɪnju:] *v* **1** tęsti(s), trukti; toliau vykti/eiti/daryti *ir pan.; to be ~d* bus daugiau; tęsinys kitame numeryje; *if you ~ to be so obstinate* jei ir toliau spyriosiesi/atkaklausi **2** pa(si)likti; *to ~ smb in office* palikti ką eiti pareigas **3** *teis.* atidėti bylos nagrinėjimą

continued [kən'tɪnju:d] *a* užtrukęs; dažnai pasikartojantis

continuity [,kɔntɪ'nju:ətɪ] *n* **1** tęsiamumas, nenutrūkstamumas, nepertraukiamumas; tolydumas; *~ of service* nepertraukiamas darbo stažas **2** perimamumas; nuoseklumas; *out of ~* nepaeiliui, nenuosekliai **3** *kin., tel.* (su)montavimas; *~ girl* montažininkė **4** *kin., rad., tel. (filmo, programos)* jungiamasis tekstas/komentarai *ir pan.;* režisierinis scenarijus **5** *fiz.* tolydumas

continuous [kən'tɪnjuəs] *a* **1** nepertraukiamas, tolydus, nenutrūkstamas; *~ current el.* nuolatinė srovė; *~ performance* filmo demonstravimas be pertraukų tarp seansų **2** *spec.* ištisinis; *~ beam/girder stat.* ištisinė sija; *~ flow* vientisasis srautas **3** *gram.* eigos *(apie veikslą)*

continuously [kən'tɪnjuəslɪ] *adv* nepertraukiamai visą laiką, be perstojo

continuum [kən'tɪnjuəm] *n (pl* -nua, ~s) **1** kontinuumas *(t. p. mat.)* **2** *fiz.* ištisinė aplinka

contort [kən'tɔ:t] *v* iškreipti, iškraipyti; perkreipti; *his face was ~ed with pain* jo veidas persikreipė iš skausmo

contortion [kən'tɔ:ʃn] *n* iš(si)kraipymas; iškreipimas, per(si)kreipimas

contortionist [kən'tɔ:ʃənɪst] *n* **1** akrobatas, „žmogus be kaulų" **2** iškraipytojas

contour ['kɔntuə] *n (džn. pl)* **1** kontūras, apybrėžos **2** *geogr.* horizontalė, izohipsė *(t. p. ~ line); ~ map* kontūrinis žemėlapis
v **1** tiesti *(kelią)* pagal žemės paviršiaus kontūrus **2** brėžti/piešti kontūrus **3** išvesti horizontales

contoured ['kɔntuəd] *a* **1** atitinkantis *(kieno)* formą **2** *(gražiai)* išlenktas

contra ['kɔntrə] *lot. <n, adv, prep> n* kontrrevoliucionierius, kontra *(Nikaragvoje)*
adv priešingai
prep prieš

contra- ['kɔntrə-] *pref* kontr(a)-; *contraindication* kontraindikacija

contraband ['kɔntrəbænd] *n* kontrabanda; kontrabandinės prekės; *~ of war* karinė kontrabanda
a kontrabandinis

contrabandist ['kɔntrəbændɪst] *n* kontrabandininkas

contrabass [,kɔntrə'beɪs] *n muz.* kontrabosas

contraception [,kɔntrə'sepʃn] *n* apsisaugojimas nuo pastojimo, kontracepcija; kontraceptikų vartojimas

contraceptive [,kɔntrə'septɪv] *n* kontraceptikas
a kontraceptinis; *~ device* kontraceptikas

contract[1] *n* ['kɔntrækt] **1** kontraktas, sutartis, sandėris; rangos sutartis; *employment ~* darbo sutartis; *to be on a ~, to be under ~* pasirašyti sutartį *(dirbti tik tai firmai ir pan.); to make a ~ (with), to enter into a ~ (with)* sudaryti kontraktą/sutartį *(su); ~ price* sutartinė kaina **2** vestuvių, sužieduotuvių sutartis; sužieduotuvės **3** *šnek.* susitarimas ką nužudyti; *there is a ~ out on him and he's hiding* yra pasamdytas žudikas jam pašalinti, todėl jis slapstosi
v [kən'trækt] **1** sudaryti kontraktą/sutartį; kontraktuoti; įsipareigoti; *I've ~ed out of the trip* aš atsisakiau išvykos **2** susijungti, susituokti **3** susipažinti, užmegzti *(pažintį ir pan.)* **4** įgyti, gauti *(įprotį, ligą ir pan.); to ~ pneumonia* susirgti plaučių uždegimu **5** skolintis □ *~ in* oficialiai pasižadėti, pareikšti *(apie dalyvavimą); ~ out* a) oficialiai atsisakyti *(dalyvauti);* b) sudaryti rangos sutartį *(su kita bendrove)*

contract[2] [kən'trækt] *v* **1** su(si)traukti, (su)mažinti; (su)mažėti, (su)siaurėti; *to ~ the efforts* mažinti/silpninti pastangas; *to ~ the brows [forehead]* suraukti antakius [kaktą] **2** *kalb.* sutrukti, kontraktuoti *(žodžius)*

contractile [kən'træktaɪl] *a* sutraukiamas; su(si)traukiantis

contractility [,kɔntræk'tɪlətɪ] *n* su(si)traukiamumas

contracting [kən'træktɪŋ] *a: ~ parties* susitariančiosios šalys; *~ authority* užsakovas

contraction[1] [kən'trækʃn] *n* **1** su(si)tuokimas, su(si)žiedavimas **2** *(įpročio ir pan.)* įgijimas; *~ of a disease* susirgimas

contraction[2] *n* **1** su(si)traukimas; sumažėjimas; susiaurėjimas; (su)mažinimas, sutrumpinimas **2** *kalb., fiziol.* sutraukimas, kontrakcija

contractive [kən'træktɪv] *a* susitraukiantis, sutraukiamasis, sutrauktinis

contractor[1] [kən'træktə] *n* rangovas; sutarties dalyvis

contractor[2] *n anat.* sutraukiamasis raumuo

contractual [kən'træktʃuəl] *a* kontraktinis, kontrakto, sutartinis, sutarties; *~ obligations* sutartiniai įsipareigojimai

contractually [kən'træktʃuəlɪ] *adv* pagal sutartį; *to be ~ bound to do smth* būti sutarties susaistytam ką daryti

contradict [,kɔntrə'dɪkt] *v* **1** prieštarauti; priešgyniauti, priešingauti; *he often ~s himself* jis dažnai pats sau prieštarauja **2** neigti; *to ~ rumours* (pa)neigti gandus

contradiction [,kɔntrə'dɪkʃn] *n* **1** prieštaravimas; priešgyniavimas; *~ in terms* loginis/akivaizdus prieštaravimas; *~ law log.* prieštaros dėsnis **2** paneigimas

contradictious [ˌkɔntrə'dɪkʃəs] *a* mėgstantis prieštarauti, prieštarus

contradictor [ˌkɔntrə'dɪktə] *n* 1 oponentas, priešininkas 2 ginčininkas, kas mėgsta ginčytis

contradictory [ˌkɔntrə'dɪktərɪ] *a* prieštaringas; prieštaraujantis, nesuderinamas *(to);* ~ **news** prieštaringos, viena kitai prieštaraujančios žinios

contradistinction [ˌkɔntrədɪ'stɪŋkʃn] *n knyg.* išskyrimas; priešybė; *in* ~ *to* skirtingai nuo, priešingai kam

contradistinguish [ˌkɔntrədɪ'stɪŋgwɪʃ] *v knyg.* (su)priešinti; išskirti *(from)*

contraflow ['kɔntrəfləu] *n* abiejų krypčių eismas viena kelio puse *(dėl kitos pusės kelio taisymo)*

contrail ['kɔntreɪl] *n* (condensation trail *sutr.) av. (lėktuvo)* inversijos pėdsakas

contrailer ['kɔntreɪlə] *n* puspriekabė-konteineris

contraindication [ˌkɔntrəˌɪndɪ'keɪʃn] *n med.* kontraindikacija

contralto [kən'træltəu] *it. n (pl* ~s [-z]) *muz.* kontraltas

contraposition [ˌkɔntrəpə'zɪʃn] *n* 1 priešprieša; (su)priešinimas 2 *log.* kontrapozicija

contraption [kən'træpʃn] *n šnek.* keistas naujas prietaisas, keistenybė *(apie mašiną, aparatą)*

contrapuntal [ˌkɔntrə'pʌntl] *a muz.* kontrapunktinis; polifoninis

contrapuntist ['kɔntrəpʌntɪst] *n muz.* kontrapunktininkas

contrariety [ˌkɔntrə'raɪətɪ] *n knyg.* priešingumas, priešingybė, prieštaravimas, neatitikimas

contrarily ['kɔntrərəlɪ] *adv* 1 priešingai 2 [kən'trɛərəlɪ] užsispyrus, kaprizingai

contrariness [kən'trɛərənɪs] *n* užsispyrimas

contrariwise ['kɔntrərɪwaɪz] *adv* 1 priešingai 2 priešinga kryptimi/linkme

contrarotation [ˌkɔntrərəu'teɪʃn] *n* priešpriešinis sukimasis

contrary ['kɔntrərɪ] <*n, a, prep*> *n* priešingybė, priešingumas; *on the* ~ priešingai; *to the* ~ a) kitaip, atvirkščiai; b) nepaisant *(ko); by contraries* atvirkščiai, priešingai, kitaip *(negu tikėtasi); the* ~ *seems to be the case* reikalas, atrodo, yra kaip tik priešingas

a 1 priešingas 2 nepalankus *(apie orą);* priešpriešinis *(apie vėją)* 3 [kən'trɛərɪ] užsispyręs, užgaidus, kaprizingas *prep* (~ *to)* priešingai, prieš, nepaisant; *to act* ~ *to one's own principles* elgtis prieš savo paties principus

contra-seasonal [ˌkɔntrə'si:znəl] *a* neatitinkantis metų laiko

contrast *n* ['kɔntra:st] 1 kontrastas; priešingybė; *by* ~ priešingai; *in* ~ *to smth* priešingai kam; *there's a striking* ~ *between the two brothers* du broliai labai skirtingi; *he is a great* ~ *to his predecessor* jis visiška savo pirmtako priešingybė 2 priešpriešinimas, (su)gretinimas 3 *fot., tel.* kontrastingumas
v [kən'tra:st] 1 (su)priešinti, priešpriešinti; (su)gretinti 2 sudaryti kontrastą, kontrastuoti 3 skirtis; *his actions* ~ *sharply with his promises* jo veiksmai griežtai skiriasi nuo pažadų

contrasting [kən'tra:stɪŋ] *a* kontrastuojantis, kontrastiškas; prieštaringas

contrastive [kən'tra:stɪv] *a* kontrastinis; gretinamasis *(apie kalbotyrą ir pan.)*

contravene [ˌkɔntrə'vi:n] *v* 1 pažeisti, (su)laužyti *(įstatymą, paprotį ir pan.)* 2 prieštarauti; neatitikti *(apie faktus ir pan.)* 3 ginčyti, (su)abejoti *(ko teisingumu)*

contravention [ˌkɔntrə'venʃn] *n (įstatymo, papročių ir pan.)* pažeidimas, (su)laužymas; *in* ~ *of the law* pažeidžiant įstatymą

contretemps ['kɔntrətɒŋ] *pr. n (pl* ~) 1 nenumatyta kliūtis/komplikacija 2 *šnek.* nesutarimas, ginčas

contribute [kən'trɪbju:t] *v* 1 aukoti, duoti *(pinigų; to, towards)* 2 prisidėti, padėti, teikti pagalbą; *the professor also* ~*d to the discussion* profesorius irgi dalyvavo svarstyme 3 įnešti indėlį/įnašą *(į mokslą ir pan.; to)* 4 bendradarbiauti *(spaudoje)*

contribution [ˌkɔntrɪ'bju:ʃn] *n* 1 prisidėjimas, padėjimas, pagalba 2 indėlis, įnašas *(to, toward)* 3 bendradarbiavimas *(spaudoje);* straipsnis; ~*s should be sent to the editor* rankraščius siųsti redaktoriui 4 (pa)aukojimas, aukos 5 įmoka; *national insurance* ~ socialinio draudimo įmoka 6 mokestis; kontribucija; *to lay under* ~ skirti kontribuciją

contributor [kən'trɪbjutə] *n* 1 *(laikraščio, žurnalo)* bendradarbis, *(straipsnio)* autorius 2 pagalbininkas; aukotojas 3 tai, kas prisideda/sukelia; veiksnys; *drinking alcohol is another possible* ~ *to liver cancer* alkoholio vartojimas irgi gali sukelti kepenų vėžį

contributory [kən'trɪbjutərɪ] *a* 1 prisidedantis, padedantis 2 aukojantis; darantis įnašus 3 darantis įnašą 4 *(daromas)* įmokų pagrindu *(apie pensijas, draudimą)*

contrite ['kɔntraɪt] *a* atgailaujantis, gailintis; ~ *words* atgailos žodžiai

contrition [kən'trɪʃn] *a* atgaila(vimas)

contrivance [kən'traɪvəns] *n* 1 išradimas, išrastas aparatas/įtaisas 2 gudrybė, gudrus veiksmas 3 išmonė; sumanymas

contrive [kən'traɪv] *v* 1 sumanyti, išgalvoti 2 išrasti *(ką nors gudru, nepaprasta)* 3 įsigudrinti, sugebėti; *she somehow* ~*s to make both ends meet* ji šiaip taip sugeba/įsigudrina sudurti galą su galu

contrived [kən'traɪvd] *a menk.* 1 išgalvotas, prigalvotas 2 dirbtinis, netikras

contriver [kən'traɪvə] *n* išradingas/išmoningas žmogus; *she is a good* ~ ji – išradinga šeimininkė

control [kən'trəul] *n* 1 valdymas; *remote/distance* ~ distancinis valdymas; *under* ~ valdomas; pavaldus; *to bring under* ~ pajungti; *to get under* ~ suvaldyti; *to lose* ~ *(of)* nesuvaldyti *(automobilio ir pan.):* ~ *of epidemics* kova su epidemijomis 2 susivaldymas, susitvardymas; *to gain* ~ *of oneself* susitvardyti, susivaldyti; *to lose* ~ *(of oneself)* netekti savitvardos 3 kontrolė; kontroliavimas, (pa)tikrinimas; *quality [radiation]* ~ kokybės [radiacijos] kontrolė; *building* ~ statybos priežiūra; *to be in* ~ *(of), to have* ~ *(over)* kontroliuoti; *out of* ~ nekontroliuojamas 4 reguliavimas; *rent* ~ buto nuomos reguliavimas; *temperature* ~ temperatūros reguliavimas 5 *(džn. pl) spec.* valdymo svirtys; *(aparato)* valdymo rankenėlės; *brightness [volume]* ~ *tel.* mygtukas/rankenėlė, reguliuojanti ryškumą [garsą] 6 *(džn. pl)* kontrolės punktas *(uoste, oro uoste ir pan.)* 7 kontrolės grupė *(eksperimente; t. p.* ~ *group)* 8 kontrolinis kirtis/dūris *(fechtavimas)*
v 1 kontroliuoti; tikrinti 2 reguliuoti; *to* ~ *traffic [prices]* reguliuoti eismą [kainas] 3 valdyti, tvarkyti; *to* ~ *the class with a firm hand* tvirtai valdyti klasę 4 *(džn. refl)* valdyti(s), tvardyti(s) 5 eksperimentuoti *(lyginant su kontrolės grupe)*

control-gear [kən'trəulgɪə] *n tech.* pavarų dėžės svirtis; valdymo mechanizmas

controllable [kən'trəuləbl] *a* kontroliuojamas; valdomas; reguliuojamas; ~ *spacecraft* valdomas erdvėlaivis; ~ *pitch tech.* reguliuojamas žingsnis

controlled [kən'trəuld] *a* 1 valdomas, reguliuojamas; kontroliuojamas 2 ramus, susitvardantis

controller [kən'trəulə] *n* **1** kontrolierius; revizorius **2** skyriaus viršininkas **3** *av.*, *glžk.* dispečeris **4** *tech.* reguliatorius; kontroleris; **vacuum** ~ vakuminis kontroleris **5** *komp.* valdiklis **6** *sport.* distancijos viršininkas

controversial [ˌkɔntrə'və:ʃl] *a* **1** ginčytinas, diskusinis, polemiškas **2** prieštaringas; linkęs ginčytis

controversy ['kɔntrəvə:sɪ] *n* diskusija, ginčas, polemika; nesutarimas; **beyond/without** ~ neginčytinas, neabejotinas

controvert ['kɔntrəvə:t] *v ret.* **1** ginčytis, diskutuoti **2** prieštarauti, ginčyti *(argumentą, pareiškimą)*

contumacious [ˌkɔntju'meɪʃəs] *a* **1** nepaklusnus, nepaklūstantis; užsispyręs **2** *teis.* neatvykstantis į teismą pagal šaukimą; nepaklūstantis teismo sprendimui

contumacy ['kɔntjuməsɪ] *n* **1** nepaklusnumas; užsispyrimas **2** *teis.* neatvykimas į teismą; teismo neklausymas

contumelious [ˌkɔntju'mi:lɪəs] *a knyg.* įžeidžiamas; įžūlus

contumely ['kɔntju:mlɪ] *n knyg.* įžūlumas, įžūlybė; įžeidimas

contuse [kən'tju:z] *v med.* sumušti, kontūzyti

contusion [kən'tju:ʒn] *n med.* sumušimas, kontūzija

conundrum [kə'nʌndrəm] *n knyg.* **1** mįslė, galvosūkis **2** *(sunki, paini)* problema

conurbation [ˌkɔnə:'beɪʃn] *n* konurbacija, aglomeracija, miestų susiliejimas; miesto didėjimas prijungiant priemiesčius

convalesce [ˌkɔnvə'les] *v* (pa)sveikti, (iš)gyti, (su)stiprėti

convalescence [ˌkɔnvə'lesns] *n* (pa)sveikimas, (iš)gijimas

convalescent [ˌkɔnvə'lesnt] *n* sveikstantis ligonis *a* gyjantis, sveikstantis; ~ **home** gydykla, sanatorija

convection [kən'vekʃn] *n spec.* konvekcija; ~ **current** konvekcinė srovė

convector [kən'vektə] *n stat.* konvektorius *(t. p.* ~ **heater)**

convene [kən'vi:n] *v* **1** (su)šaukti *(posėdį, suvažiavimą)* **2** šaukti, (iš)kviesti *(į teismą)* **3** susirinkti *(į posėdį ir pan.)*

convener [kən'vi:nə] *n (komisijos, draugijos ir pan.)* narys, įpareigotas šaukti susirinkimus

convenience [kən'vi:nɪəns] *n* **1** patogumas; **at your (own)** ~ kaip jums patogiau; **please reply at your earliest** ~ prašom atsakyti kuo greičiau; **for** ~ **(sake)** dėl patogumo; **to await/suit smb's** ~ prisitaikyti prie ko; ~ **foods** maisto pusfabrikačiai **2** *(džn. pl)* patogumai; **a house with modern** ~**s** namas su šiuolaikiniais patogumais **3** nauda; **to make a** ~ **of smb** išnaudoti ką savo tikslams, piktnaudžiauti kieno draugyste/įtaka *ir pan.* **4** *euf.* tualetas; **public** ~ viešasis tualetas

convenient [kən'vi:nɪənt] *a* **1** patogus, tinkamas; **our house is** ~ **for the station** iš mūsų namo patogu vykti į stotį **2** esantis čia pat; **put the hamper on a** ~ **chair** padėk pintinę ant artimesnės kėdės

convenor [kən'vi:nə] *n =* **convener**

convent ['kɔnvənt] *n* vienuolynas *(džn. moterų);* **to go into a** ~ tapti vienuole; ~ **school** vienuolyno mokykla *(ypač mergaičių)*

conventicle [kən'ventɪkl] *n ist.* **1** *(slaptas)* sektantų susirinkimas **2** sektantų maldos namai

convention [kən'venʃn] *n* **1** konvencija, susitarimas *(on)* **2** paprotys, įsigalėjusi tvarka, formalumas; **to defy** ~ ignoruoti formalumus **3** *men.* sąlygiškumas **4** susirinkimas, suvažiavimas **5** *ist.* Konventas

conventional [kən'venʃnəl] *a* **1** visuotinai įprastas; tradicinis; **it's** ~ **here to dine late** čia įprasta vėlai pietauti; ~ **wisdom** įprastinis požiūris; tradicinė galvosena **2** paprastas, įprastinis; konvencionalus; ~ **weapons** įprastiniai/konvenciniai ginklai *(ne branduoliniai);* ~ **attack** puolimas su paprastaisiais ginklais; ~ **memory** *komp.*

paprastoji atmintis **3** sutartinis *(apie ženklą ir pan.)* **4** *tech.* standartinis

conventionalism [kən'venʃnəlɪzm] *n* **1** tradiciškumas *(t. p. men.);* įprastumas **2** *filos.* konvencionalizmas

conventionality [kənˌvenʃə'nælətɪ] *n* **1** sutartinumas, įprastumas, šabloniškumas; sąlygotumas, sąlyginumas **2** *pl* įprastinės normos, tradicijos

conventionalize [kən'venʃnəlaɪz] *v* **1** daryti įprastinį/šablonišką/sutartinį **2** *men.* vaizduoti tradiciniu stiliumi *(ne originaliai)*

conventioneer [kənˌvenʃə'nɪə] *n amer.* suvažiavimo delegatas

conventual [kən'ventʃuəl] *a* vienuolyno *n* vienuolis

converge [kən'və:dʒ] *v* **1** su(si)eiti *(apie linijas, kelius ir pan.)* **2** susirinkti, suvažiuoti *(iš visur);* **the armies ~d on the town** kariuomenė puolė miestą iš visų pusių **3** susilieti *(apie draugijas, tendencijas ir pan.)* **4** suvesti, nukreipti *(į vieną tašką)* **5** *mat.* konverguoti

convergence [kən'və:dʒəns] *n* **1** suėjimas, suvedimas **2** susiliejimas **3** *spec.* konvergencija

convergent [kən'və:dʒənt] *a spec.* sueinantis *(į vieną tašką);* konverguojantis; konvergencijos

conversable [kən'və:səbl] *a* kalbus, šnekus, malonus *(apie pašnekovą)*

conversance [kən'və:səns] *n* susipažinimas, išmanymas

conversant [kən'və:sənt] *a* **1** susipažinęs; išmanantis, nusimanantis; **I am not** ~ **with the rules** aš nesusipažinęs su taisyklėmis **2** *amer.* susišnekantis *(svetima kalba)*

conversation [ˌkɔnvə'seɪʃn] *n* **1** pokalbis, pasikalbėjimas; ~ **piece** a) pokalbio tema; b) *men.* žanrinis paveikslas; ~ **classes** šnekamosios kalbos pratybos, konversacija; **to get into (a)** ~ užkalbinti, imti kalbėtis; **to strike up a** ~ užmegzti pokalbį **2**: **criminal** ~ *teis.* svetimavimas

conversational [ˌkɔnvə'seɪʃnəl] *a* **1** šnekamasis; pokalbio; ~ **style** šnekamosios kalbos stilius; ~ **English** šnekamoji anglų kalba **2** kalbus, šnekus

conversationalist [ˌkɔnvə'seɪʃnəlɪst] *n* geras pokalbininkas/pašnekovas

conversazione [ˌkɔnvəsætsɪ'əunɪ] *it. n* (*pl* -ni [-ni:], ~s [-z]) vakaras, skirtas literatūrai/menui *ir pan.*

converse[1] [kən'və:s] *v* kalbėtis, šnekučiuoti(s) *(with – su, about, on – apie)*

converse[2] ['kɔnvə:s] *n* atvirkščias/priešingas tvirtinimas; priešingybė *a* atvirkščias, atvirkštinis; priešingas

conversely [kən'və:slɪ] *adv* atvirkščiai, priešingai

conversion [kən'və:ʃn] *n* **1** (pa)virtimas, virsmas; (pa)vertimas; pa(si)keitimas; **the** ~ **of water into steam** vandens virtimas garais; **frequency** ~ *fiz.* dažnio pakeitimas **2** at(si)vertimas, perėjimas *(į kitą religiją/partiją ir pan.)* **3** perskaičiavimas *(kitais vienetais);* **the** ~ **of dollars into pounds** dolerių perskaičiavimas į svarus **4** *(namo)* perstatymas; perstatytas namas, padalytas į butus **5** *teis. (pinigų, turto)* pasisavinimas **6** *tech.* pavertimas, perdirbimas; transformacija **7** *spec.* konversija; ~ **of a loan** *fin.* paskolos konversija; **internal** ~ *fiz.* vidinė konversija

convert *n* ['kɔnvə:t] **1** *rel.* atsivertėlis, naujatikis **2** *polit.* persivertėlis
v [kən'və:t] **1** (pa)virsti; paversti; pa(si)keisti *(to, into)* **2** at(si)versti *(į kitą tikėjimą ir pan.; to)* **3** perstatyti, rekonstruoti *(pastatą);* **they ~ed the cellar into bathroom** jie rūsį perdirbo į vonią **4** *fin.* konvertuoti **5** *teis.* pasisavinti

converter [kən'vɜ:tə] *n spec.* keitiklis; konverteris; ~ *control tech.* keitiklio valdymas
convertibility [kən͵vɜ:tə'bɪlətɪ] *n* **1** paverčiamumas, pakeičiamumas **2** *fin.* konvertuojamumas, konvertabilumas
convertible [kən'vɜ:təbl] *a* **1** atkeliamas, nudengiamas *(apie automobilio viršų);* sulankstomas *(apie baldus)* **2** paverčiamas, (pa)keičiamas; ~ *husbandry ž. ū.* vaismainis; vaismainio ūkis; ~ *terms* sinonimai **3** *fin.* konvertuojamas *(apie valiutą)*
n automobilis su nudengiamu/sulankstomu viršumi
convertiplane [kən'vɜ:təpleɪn] *n* konvertoplanas
convertor [kən'vɜ:tə] *n* = **converter**
convex ['kɒnveks, kən'veks] *a* išgaubtas, iškilas
convexity [kən'veksətɪ] *n* išgaubtumas, iškilumas
convexo-concave [kən'veksəu'kɒnkeɪv] *a* išgaubtai įgaubtas
convexo-convex [kən'veksəu'kɒnveks] *a* abipusiai išgaubtas
convey [kən'veɪ] *v* **1** perteikti *(minti ir pan.);* (iš)reikšti *(idėjas, jausmus);* *please ~ my thanks to her* prašom perduoti jai mano padėką **2** informuoti, pranešti; *the name ~s nothing to me* tas vardas man nieko nesako **3** (per)vežti, (per)gabenti, vežioti, transportuoti **4** perduoti *(energiją ir pan.)* **5** *teis.* perduoti *(nuosavybės)* teises *(to)*
conveyance [kən'veɪəns] *n* **1** perteikimas; informavimas **2** vežimas, gabenimas, transportavimas **3** vežimo/transporto priemonė *(t. p. means of ~)* **4** *teis. (nuosavybės teisių)* perdavimas; perdavimo dokumentas
conveyancer [kən'veɪənsə] *n teis.* teisininkas, tvarkantis turto perdavimo dokumentus
conveyer [kən'veɪə] *n* = **conveyor**
conveyor [kən'veɪə] *n* **1** (per)teikėjas **2** (per)vežėjas, transportuotojas **3** *tech.* konvejeris, juostinis transporteris *(t. p. ~ belt)*
convict *n* ['kɒnvɪkt] nuteistasis; kalinys; katorgininkas
v [kən'vɪkt] **1** *teis.* pripažinti kaltu, nuteisti; *to ~ smb of theft* nuteisti ką už vagystę **2** įteigti, leisti suvokti *(kaltę, klaidą)*
conviction [kən'vɪkʃn] *n* **1** įsitikinimas; tikrumas; *it is my ~ that...* aš įsitikinęs, kad... **2** įsitikinimas; *to carry ~* įtikinti; *that is my view, but I am open to ~* tokia mano nuomonė, bet gal kas mane įtikins kitaip **3** *teis.* nuteisimas; apkaltinamasis nuosprendis; *summary ~* nuosprendis, padarytas be prisiekusiųjų; *previous ~(s)* teistumas
convince [kən'vɪns] *v* įtikinti; *he ~d her of his innocence* jis įtikino ją esąs nekaltas; *I was ~d ar I ~d myself that I had failed* aš buvau įsitikinęs, kad man nepavyko
convinced [kən'vɪnst] *a* įsitikinęs; ~ *Christian* tvirtai tikintis krikščionis
convincing [kən'vɪnsɪŋ] *a* įtikinantis; įtikinamas; *he's a very ~ speaker* jis kalba labai įtikinamai
convivial [kən'vɪvɪəl] *a* **1** linksmas, nuotaikingas; šventiškas **2** mėgstantis draugiją, linksmas
conviviality [kən͵vɪvɪ'ælətɪ] *n* linksmumas, šventiška/linksma nuotaika *(per vaišes)*
convocation [͵kɒnvə'keɪʃn] *n* **1** sušaukimas, sukvietimas **2** susirinkimas **3** *amer.* diplomų įteikimo aktas, absolventų išleistuvės
convoke [kən'vəuk] *v ofic.* sušaukti, sukviesti *(susirinkimą ir pan.)*
convolute ['kɒnvəlu:t] *a bot.* susuktas *(apie lapamakštę)*
convoluted ['kɒnvəlu:tɪd] *a* **1** susuktas *(spirale),* (su)rangytas **2** (su)riestas, suktas *(apie ožio ragus ir pan.)* **3** suktas, sudėtingas, įmantrus

convolution [͵kɒnvə'lu:ʃn] *n* **1** susukimas, surangymas, vingulys **2** *(ppr. pl) (siužeto, pasakojimo ir pan.)* vingiai, vingrybės **3** *(spiralės)* apvija **4** *anat. (smegenų)* vingė, vingis
convolve [kən'vɒlv] *v (ppr. pass)* su(si)sukti, vingiuoti, su(si)pinti
convolvulaceous [kən͵vɒlvju'leɪʃəs] *a bot.* vijoklinis, vijoklinių šeimos
convolvulus [kən'vɒlvjuləs] *lot. n bot.* vijoklis
convoy ['kɒnvɔɪ] *n* **1** konvojus; palyda, lydėjimas; *under ~* lydimas konvojaus **2** *jūr.* laivų vilkstinė su konvojumi; karavanas **3** automobilių kolona
v konvojuoti, lydėti *(su ginklu)*
convulse [kən'vʌls] *v* **1** sukelti konvulsijas; *pass* raitytis dėl konvulsijų **2** *pass* raitytis *(iš juoko, pykčio ir pan.; with); he was ~d with laughter* jis konvulsiškai juokėsi **3** sudrebinti, supurtyti; *the whole island was ~d by the earthquake* visa sala virpėjo nuo žemės drebėjimo **4** *prk.* sukrėsti; *the news ~d the country* žinia sukrėtė šalį
convulsed [kən'vʌlst] *a* iškreiptas, iškraipytas, persikreipęs *(apie veidą)*
convulsion [kən'vʌlʃn] *n* **1** konvulsija, mėšlungis, traukuliai; *he went into ~s, he fell into a fit of ~s* jį ištiko konvulsijos/mėšlungis **2** nesuvaldomas juokas, juoko priepuolis *(ppr. ~ of laughter)* **3** drebėjimas, virpėjimas; *~ of nature* žemės drebėjimas, ugnikalnio išsiveržimas *ir pan.* **4** *prk.* sukrėtimas; *civil ~s* socialiniai sukrėtimai
convulsive [kən'vʌlsɪv] *a* konvulsinis, konvulsiškas, mėšlungiškas
cony ['kəunɪ] *n* **1** dažytas triušio kailiukas *(kad būtų panašus į kito žvėrelio kailį)* **2** *psn., dial.* triušis
coo [ku:] <*n, v, int*> *n* burkavimas
v burkuoti, ulbėti *(t. p. prk.); to ~ one's words* kalbėti burkuojančiu balsu
int šnek. oho!, na jau!, nejaugi! *(reiškiant nustebimą, netikėjimą ir pan.);* *~, is that really the time?* nejaugi jau taip vėlu?
co-ocur [͵kəuə'kɜ:] *v* įvykti kartu/sykiu *(with)*
cook [kuk] *n* virėjas; *jūr.* kokas ◊ *too many ~s spoil the broth* ≅ tarp dviejų auklių vaikas be galvos
v **1** gaminti valgį; virti, kepti; *to ~ dinner* virti/gaminti pietus **2** *šnek.* (su)fabrikuoti, padirbti; *to ~ accounts* (su)klastoti sąskaitas **3** *šnek.* brėsti *(apie įvykius ir pan.); what's ~ing?* kas čia darosi? ☐ *~ up* a) skubomis paruošti *(valgį);* b) *šnek.* sugalvoti, išrasti *(pasiteisinimą ir pan.)*
cookbook ['kukbuk] *n (ypač amer.)* = **cookery-book**
cook-chill ['kuktʃɪl] *n* iš anksto pagaminti valgiai *(pašildomi pateikiant; t. p. ~ foods)*
cooker ['kukə] *n* **1** viryklė; virimo aparatas **2** *(ppr. pl)* vaisiai kompotams virti **3** *kar.* lauko virtuvė
cookery ['kukərɪ] *n* valgių gaminimas/virimas; kulinarija
cookery-book ['kukərɪbuk] *n* valgių gaminimo knyga
cookhouse ['kukhaus] *n* lauko virtuvė; vasaros virtuvė
cookie ['kukɪ] *n* **1** *amer.* sausainis, biskvitas; *bunny ~s* kiškio pyragas **2** *škot.* saldi bandelė **3** *amer. šnek.* tipas; *clever/smart ~* gudruolis, apsukruolis **4** *šnek.* mieloji, brangioji *(kreipiantis į mergaitę)* ◊ *that's the way the ~ crumbles šnek.* taip būna, nieko nepadarysi; *to toss one's ~s amer. šnek.* vemti
cooking ['kukɪŋ] *n* = **cookery**
a virimo, kepimo; tinkamas virti/kepti
cook-off ['kukɒf] *n amer.* valgių gaminimo konkursas

cookout ['kukaut] *n (ypač amer.)* piknikas *(gaminant valgius vietoje)*
cookshop ['kukʃɔp] *n* valgykla; užeiga
cookware ['kukwɛə] *n* virtuvės reikmenys
cooky ['kukɪ] *n* 1 = **cookie** 2 *šnek.* virėjas
cool [ku:l] <*a, n, v*> *a* 1 vėsus; ~ *morning [weather]* vėsus rytas [oras]; *to get* ~ (at)vėsti; (at)aušti 2 šaltas *(apie spalvas, tonus)* 3 *prk.* šaltas, šaltokas; *we got a* ~ *reception* mus priėmė šaltokai 4 šaltakraujis, ramus; *to keep* ~ nesikarščiuoti, nesijaudinti; *to stay* ~ likti šaltakraujiškam; ~ *customer/hand* šaltakraujis žmogus; akiplėša 5 *šnek.* apskritas *(apie sumą); a* ~ *thousand* visas tūkstantis, tūkstantėlis *(pinigų); a* ~ *twenty miles* gerų dvidešimt mylių 6 *šnek.* nuostabus; prašmatnus, madingas
n 1 vėsa, vėsuma; *the* ~ *of the evening* vakaro vėsa/vėsuma 2 šaltakraujiškumas, ramumas; *to lose one's* ~ imti karščiuotis; *he kept his* ~ jis liko šaltakraujiškas, ramus
v 1 (at)vėsti; (at)aušti; aušinti; vėsinti; *I'm letting my tea* ~ laukiu, kol atauš arbata 2 *prk.* (at)vėsti, (at)aušti; *her passion for Henry began to* ~ jos aistra Henrikui ėmė vėsti ◻ ~ *down/off* a) atvėsti, ataušti *(t. p. prk.); the weather has ~ed down a lot* oras smarkiai atvėso; *his enthusiasm has ~ed off* jo užsidegimas atvėso; b) atšaldyti, ataušinti *(t. p. prk.);* nuraminti; ~ *out* nusiraminti, prislopinti džiūgavimą ◊ ~ *it šnek.* nusiraminkite!, nesijaudinkite!
coolant ['ku:lənt] *n tech.* aušalas, aušinamasis/šaldomasis skystis/mišinys
cool-bag ['ku:lbæg] *n* rankinė-šaldytuvas
cool-box ['ku:lbɔks] *n* = **cool-bag**
cooler ['ku:lə] *n* 1 aušintuvas; šaldytuvas 2 indas vyno buteliui atšaldyti 3 *tech.* aušinimo bokštas 4 *(the ~) sl.* kalėjimas, kamera; *kar.* areštinė
cool-headed ['ku:l'hedɪd] *a* šaltakraujiškas, ramus
cool-house ['ku:lhaus] *n* klimatronas, dirbtinio klimato patalpa
coolie ['ku:lɪ] *n* kulis *(juodadarbis/nešikas Azijos kraštuose)*
cooling-off ['ku:lɪŋˌɔf] *n (konfliktuojančių pusių)* aistrų atvėsimas; ~ *period* derybų pertrauka apsigalvoti *(tarp įmonininkų ir profesinės sąjungos, tarp valstybių ir pan.)*
coolness ['ku:lnɪs] *n* 1 vėsa, vėsuma 2 šaltakraujiškumas, ramumas 3 *(santykių, balso ir pan.)* šaltis, šaltumas
cooly ['ku:lɪ] *n* = **coolie**
coomb [ku:m] *n* dauba; siauras slėnis; tarpeklis
coon [ku:n] *n* 1 (racoon *sutr.) zool. šnek.* meškėnas 2 *sl., niek.* juodis, negras ◊ *gone* ~ *amer. šnek.* ≡ žuvęs žmogus; *in a ~'s age amer. šnek.* šimtas metų, be galo seniai
coonskin ['ku:nskɪn] *n* meškėno kailis, meškena
coop [ku:p] *n* 1 narvelis *(paukščiams, triušiams ir pan.);* vištidė 2 várža, bučius ◊ *to fly the* ~ *amer. šnek.* pasprukti *(iš kalėjimo ir pan.)*
v laikyti/uždaryti narvelyje/vištidėje ◻ ~ *up* laikyti uždarius *(ankštoje patalpoje; in)*
co-op ['kəʊɔp] *n* (cooperative *sutr.*) 1 kooperatyvas *(parduotuvė, bendrovė); on the* ~ kooperaciniais pagrindais 2 kooperatinis butas
cooper ['ku:pə] *n* 1 kubilius 2 alkoholinis gėrimas
v dirbti kubilius/statines *ir pan.*
Cooper ['ku:pə] *n: James Fenimore* ~ Džeimsas Fenimoras Kūperis *(amerikiečių rašytojas)*
cooperage ['ku:pərɪdʒ] *n* kubiliaus amatas/dirbtuvė; kubilininkystė
cooperate [kəʊ'ɔpəreɪt] *v* 1 kooperuotis, jungtis, susijungti 2 bendradarbiauti; padėti 3 *kar.* sąveikauti

cooperation [kəʊˌɔpəˈreɪʃn] *n* 1 kooperacija, kooperavimas(is) 2 bendradarbiavimas; parama, pagalba; *in* ~ *(with)* bendradarbiaujant, veikiant kartu *(su)*
cooperative [kəʊ'ɔpərətɪv] *a* 1 kooperatinis, kooperacinis; ~ *society* kooperacinė bendrovė; ~ *shop/store* kooperatyvo parduotuvė 2 linkęs bendradarbiauti/padėti, paslaugus; *in a* ~ *spirit* bendradarbiavimo dvasia
n kooperatyvas; *consumers' [producers']* ~ vartotojų [gamybos] kooperatyvas
cooperator [kəʊ'ɔpəreɪtə] *n* 1 bendradarbis 2 kooperatyvo narys, kooperatininkas
co-opt [kəʊ'ɔpt] *v* kooptuoti, papildomai įtraukti *(into, onto – į)*
co-optation [ˌkəʊɔp'teɪʃn] *n* kooptacija, kooptavimas
co-optee [ˌkəʊɔp'ti:] *n (komiteto ir pan.)* kooptuotas, papildomai įtrauktas narys
coordinate <*a, n, v*> *a* [kəʊ'ɔ:dɪnət] 1 to paties laipsnio/rango; vienos kategorijos, lygus 2 *spec.* koordinačių; ~ *graphics* koordinačių grafika 3 *gram.* sujungiamasis *(apie sakinį, jungtuką)*
n [kəʊ'ɔ:dɪnət] 1 kas nors koordinuota/suderinta 2 *pl* suderintų spalvų moteriškų drabužių komplektas *(palaidinukė ir sijonas, švarkas ir kelnės)* 3 *pl spec.* koordinatės; koordinačių ašys
v [kəʊ'ɔ:dɪneɪt] koordinuoti, (su)derinti; *to* ~ *movements [actions]* koordinuoti judesius [veiksmus]; *to* ~ *policies* suderinti politinį kursą
coordinating [kəʊ'ɔ:dɪneɪtɪŋ] *a:* ~ *conjunction gram.* sujungiamasis jungtukas
coordination [kəʊˌɔ:dɪ'neɪʃn] *n* 1 koordinacija, koordinavimas, (su)derinimas 2 *gram.* sujungimas
coordinator [kəʊ'ɔ:dɪneɪtə] *n* koordinatorius
coot [ku:t] *n* 1 *zool.* laukys *(paukštis)* 2 *šnek.* pusgalvis, kvaiša ◊ *as bald as a* ~ *šnek.* ≡ plikas kaip tilvikas
cooties ['ku:tɪz] *n pl amer. šnek.* utėlės
co-owner [kəʊ'əʊnə] *n* bendrasavininkis, bendravaldis
co-ownership [kəʊ'əʊnəʃɪp] *n* bendra nuosavybė
cop[1] [kɔp] *šnek. n* policininkas, polismenas ◊ *it's a fair* ~ *šnek.* prisipažįstu kaltas, pasiduodu; *not much* ~ *šnek.* ne kažin kas
v 1 pagauti, sučiupti 2 trenkti, (su)duoti *(kam)* 3: *to* ~ *a plea teis.* prisipažinti kaltam *(padarius mažesnį nusikaltimą, norint išvengti bausmės už didesnį)* ◻ ~ *out šnek.* išsisukinėti, išsisukti *(of, on)* ◊ *to* ~ *it šnek.* a) ≡ gauti pipirų; b) žūti, mirti
cop[2] *n tekst.* šeiva
copacetic [ˌkəʊpə'setɪk] *a amer. sl.* puiku, viskas gerai
copal ['kəʊpəl] *n* kopalas *(gamtinė derva)*
coparcenary [ˌkəʊ'pɑ:sənərɪ] *n teis.* bendras, nepadalytas paveldėjimas
coparcener [ˌkəʊ'pɑ:sənə] *n teis.* bendraįpėdinis
copartner [ˌkəʊ'pɑ:tnə] *n* 1 draugijos narys 2 kompanionas, dalininkas
copartnership [ˌkəʊ'pɑ:tnəʃɪp] *n* dalyvavimas pasiskirstant pelnu; bendra partnerių nuosavybė
cope[1] [kəʊp] *v* 1 susidoroti, susitvarkyti *(with)* 2 susidurti, pakęsti *(sunkumus ir pan.; with)*
cope[2] *n* 1 *bažn.* arnotas 2 (prie)danga; *the* ~ *of night* nakties priedanga; *the* ~ *of heaven poet.* dangaus skliautas 3 *metal.* liejimo formos dangtis
v (ap)dengti
copeck ['kəʊpek] *n* kapeika
Copenhagen [ˌkəʊpn'heɪgən] *n* Kopenhaga *(Danijos sostinė)*
coper ['kəʊpə] *n* arklių pirklys/vertelga

Copernican [kə'pə:nɪkən] *a* Koperniko; **~ theory** Koperniko mokslas/teorija
Copernicus [kə'pə:nɪkəs] *n:* **Nicolaus ~** Mikalojus Kopernikas *(lenkų astronomas)*
copestone ['kəupstəun] *n* = **coping-stone**
copier ['kɔpɪə] *n* **1** kopijuotojas **2** kopijavimo/dauginimo aparatas
copilot [kəu'paɪlət] *n av.* antrasis pilotas
coping ['kəupɪŋ] *n stat.* **1** *(plytų)* sienos/tvoros stogelis, dengiamoji plokštė **2** užtvankos viršus
coping-stone ['kəupɪŋstəun] *n* **1** parapeto plyta *(sienai apsaugoti)* **2** *poet. (darbo)* užbaigimas; pabaigtuvių vainikas
copious ['kəupɪəs] *a* **1** gausus; **she took ~ notes** ji daug ką užsirašė **2** produktyvus; **~ writer** produktyvus rašytojas
co-planner [kəu'plænə] *n* projekto bendraautoris
copolymerize [kəu'pɔlɪməraɪz] *n chem.* kopolimerizuoti
cop-out ['kɔpaut] *n šnek.* išsisukinėjimas; vengimas; atsisakymas
copper[1] ['kɔpə] <*n, a, v*> *n* **1** varis **2** *pl* variokai, varinės monetos **3** vario spalva **4** vario katilas ◊ **to cool the hot ~s** išsipagirioti
a **1** varinis, vario; **~ coin** varinis pinigas, varinukas; **C. Age** žalvario amžius **2** vario spalvos, varinis
v aptraukti variu, variuoti
copper[2] *n šnek.* policininkas, polismenas
copperas ['kɔpərəs] *n chem.* geležies sulfatas, žaliasis akmenėlis
copper-bottomed ['kɔpə'bɔtəmd] *a* **1** apkaltas variu *(apie laivo dugną)* **2** patikimas, tikras
Copperfield ['kɔpəfi:ld] *n* Koperfildas *(Č. Dikenso romano personažas)*
copper-plate ['kɔpəpleɪt] *n* **1** varinė graviravimo plokštė **2** vario graviūra *(atspaudas)* **3** kaligrafiška rašysena
a kaligrafiškas
coppersmith ['kɔpəsmɪθ] *n* varininkas, varkalys
coppery ['kɔpərɪ] *a* **1** vario spalvos **2** turintis vario
coppice ['kɔpɪs] *n* giraitė, miškelis
copra ['kɔprə] *n* kopra *(išdžiovintas kokoso riešutų branduolys)*
co-production [ˌkəuprə'dʌkʃn] *n (filmo, spektaklio ir pan.)* bendras pastatymas
co-property [kəu'prɔpətɪ] *n* bendra nuosavybė
coprophagous [kɔ'prɔfəgəs] *a zool.* mėšlinis; **~ beetle** mėšlavabalis
copse [kɔps] *n* = **coppice**
cop-shop ['kɔpʃɔp] *n šnek.* policijos nuovada
copter ['kɔptə] *n* (helicopter *sutr.) šnek.* sraigtasparnis
Coptic ['kɔptɪk] *n* koptų kalba
a koptų
copula ['kɔpjulə] *n anat., gram.* jungtis
copulate ['kɔpjuleɪt] *v biol.* kopuliuoti; poruotis
copulation [ˌkɔpju'leɪʃn] *n biol.* kopuliacija; *(gyvulių)* (su)kergimas, poravimas(sis)
copulative ['kɔpjulətɪv] *a* **1** *biol.* kopuliacijos, kopuliacinis **2** *gram.* kopuliacinis, sudedamasis
n gram. sudedamasis jungtukas
copy ['kɔpɪ] *n* **1** kopija, nuorašas; **hard [soft] ~** informacija, nurašyta nuo kompiuterio [įrašyta kompiuterio atmintyje/ekrane] **2** egzempliorius; **advance ~** signalinis egzempliorius; **top ~** *(teksto)* pirmasis egzempliorius **3** rankraštis; **fair/clean ~** švarraštis; **rough/foul ~** juodraštis **4** reprodukcija **5** medžiaga straipsniui/knygai; **good ~** įdomi medžiaga *(spaudai)* **6** reklaminio skelbimo tekstas **7** pavyzdys

v **1** (nu)kopijuoti, (pa)daryti kopiją **2** nurašyti, perrašyti *(t. p.* **~ down/out)* **3** nusirašinėti, nusirašyti *(per egzaminą ir pan.)* **4** *prk.* kopijuoti, pamėgdžioti
copybook ['kɔpɪbuk] *n* **1** *ret. (dailyraščio)* sąsiuvinis **2** *amer. (laiškų, dokumentų)* kopijų sąsiuvinis/aplankas ◊ **to blot one's ~** *šnek.* sugadinti savo reputaciją; negražiai pasielgti
a **1** įprastinis; šabloniškas; **~ maxims** žinomos/nuvalkiotos tiesos **2** parodomasis, pavyzdinis; atliktas pagal taisykles
copycat ['kɔpɪkæt] *n menk., juok.* **1** (pa)mėgdžiotojas; **~ crime** nusikaltimas, mėgdžiojantis kitą nusikaltimą **2** mokinys, nusirašinėjantis nuo kitų
copyhold ['kɔpɪhəuld] *n ist.* kopiholdas, žemės valda; žemės nuomos teisė
copyholder ['kɔpɪhəuldə] *n* **1** *ist.* dvaro žemės nuomininkas, kopiholderis **2** *poligr.* laikiklis, tenaklis
copying-pencil ['kɔpɪŋpensl] *n* cheminis pieštukas
copyist ['kɔpɪɪst] *n* **1** perrašinėtojas **2** kopijuotojas **3** imituotojas, mėgdžiotojas
copyread ['kɔpɪri:d] *v* (copyread ['kɔpɪred]) redaguoti *(spaudai rengiamą knygą/laikraštį)*
copyreader ['kɔpɪˌri:də] *n* **1** redaktoriaus pavaduotojas, jaunesnysis redaktorius **2** *(laikraščio)* literatūrinis darbuotojas **3** *(leidyklos)* recenzentas, atrenkantis rankraščius spausdinti
copyright ['kɔpɪraɪt] <*n, a, v*> *n* autorinė teisė; **~ reserved** autorius pasilieka visas teises
a saugomas autorinės teisės
v saugoti autorinę teisę; pažymėti *(kūrinį)* autorinės teisės ženklu
copywriter ['kɔpɪraɪtə] *n* reklaminių skelbimų sudarytojas
coquet [kɔ'ket, kəu'ket] *pr. v* koketuoti, flirtuoti
coquetry ['kɔkɪtrɪ, 'kəukɪtrɪ] *pr. n* koketavimas
coquette [kɔ'ket, kəu'ket] *pr. n* koketė
coquettish [kɔ'ketɪʃ, kəu'ketɪʃ] *a* koketiškas
cor [kɔ:] *int sl.* Dievuliau! *(reiškiant nustebimą)*
cor- [kɔ-, kə-] *pref (prieš -r)* = **com-**
coracle ['kɔrəkl] *n* žvejų luotelis *(supintas iš vytelių ir aptrauktas oda; Airijoje, Velse)*
coral ['kɔrəl] *n* **1** koralas **2** *šnek.* polipas *(duobagyvis)*
a **1** koralų; **~ island** koralų sala; **~ reef** koralų rifas; **the C. Sea** Koralų jūra **2** koralų spalvos
cor anglais [ˌkɔ:r'ɔŋgleɪ] *pr. n muz.* anglų ragas, altinis obojus
corbel ['kɔ:bəl] *n* **1** *archit.* kyšulys, išsikišimas **2** *tech.* kronšteinas
v (-ll-) stat. mūryti karnizus
corbie ['kɔ:bɪ] *n škot.* varnas
cord [kɔ:d] <*n, a, v*> *n* **1** *(plona)* virvė, špagatas **2** laidas; **communication ~** *glžk.* avarinio stabdymo laidas **3** styga; **vocal ~s** *anat.* balso stygos **4** *tekst.* kordas **5** *(audeklo)* rumbelis **6** *pl* rumbuoto pliso kelnės **7** malkų matas *(=3,62 m³)*
a plisinis, aksominis
v (ap)rišti, surišti
cordage ['kɔ:dɪdʒ] *n* **1** virvės **2** *jūr.* takelažas
cordate ['kɔ:deɪt] *a bot.* širdiškas, širdies pavidalo *(apie lapą)*
corded ['kɔ:dɪd] *a* su rumbeliais *(apie audinį)*
Cordelia [kɔ:'di:lɪə] *n* Kordelija *(vardas)*
cordial ['kɔ:dɪəl] *a* **1** širdingas, nuoširdus **2** didelis, stiprus *(apie neapykantą ir pan.)*
n **1** gaivinamasis gėrimas *(su vaisių sultimis)* **2** vaistas, stimuliuojantis širdies veiklą **3** *amer.* likeris
cordiality [ˌkɔ:dɪ'ælətɪ] *n* širdingumas, nuoširdumas

cordillera [ˌkɔːdɪˈljɛərə] *isp. n* **1** kalnynas **2** *(C.)* Kordiljeros *(kalnai)*
cordite [ˈkɔːdaɪt] *n* korditas *(bedūmis parakas)*
cordless [ˈkɔːdləs] *a el.* be jungiamųjų laidų *(ypač maitinamas iš baterijos)*
cordon [ˈkɔːdn] *n* **1** užtvaras, kordonas **2** *(ordino ir pan.)* juosta **3** *archit.* viršutinis cokolio kraštas
v užtverti, atitverti/apsupti kordonu *(ppr. ~ off)*
cordon bleu [ˌkɔːdɒnˈbləː] *pr.* **1** puikus virėjas *(t. p. ~ chef)* **2** pirmarūšė kulinarija; prizas už aukštos kokybės valgius
Cordova [ˈkɔːdəvə] *n* Kordoba *(Ispanijos sritis ir miestas)*
cordovan [ˈkɔːdəvən] *n* **1** minkštos odos rūšis **2** *(C.)* Kordobos gyventojas
corduroy [ˈkɔːdərɔɪ] *n* **1** rumbuotas plisas; velvetas **2** *pl* pliso/velveto kelnės **3** *(ypač amer.)* rąstų kelias *(t. p. ~ road)*
v rąstais grįsti *(kelią)*
core [kɔː] *n* **1** *(vaisiaus)* šerdis **2** *prk.* šerdis, pagrindas; esmė; **the ~ of the problem** problemos esmė; **they represent the hard ~ of the Conservatives** jie atstovauja konservatorių partijos branduoliui; **~ curriculum** *mok.* pagrindiniai mokymo dalykai; **~ subject** *mok.* pagrindinė programos medžiaga **3** centras, branduolys; **~ of the planet** planetos centras/branduolys **4** *tech.* šerdesas, šerdis **5** *kas.* kernas ◊ **to the ~** ≡ iki gyvo kaulo; visiškai; kiaurai
v kul. išimti/išpjauti šerdį *(obuolio ir pan.)*
cored [kɔːd] *a* tuščiaviduris
coregent [kəʊˈriːdʒənt] *n* koregentas
coreligionist [ˌkəʊrɪˈlɪdʒənɪst] *n* to paties tikėjimo išpažinėjas, bendratikys
coreopsis [ˌkɔrɪˈɒpsɪs] *n bot.* gludas, koreopsis
corespondent [ˌkəʊrɪˈspɒndənt] *n teis.* bendraatsakovis *(dėl ištuokos)*
corf [kɔːf] *(pl* corves) **1** skiaurė *(krepšys/tinkliukas gyvoms žuvims laikyti vandenyje)* **2** *kas. ist.* vagonėlis
Corfu [kɔːˈfuː] *n* Korkyra *(sala)*
corgi [ˈkɔːgɪ] *n* Velso veislės šuo
coriaceous [ˌkɒrɪˈeɪʃəs] *a* panašus į odą; kietas *(kaip oda)*
coriander [ˌkɒrɪˈændə] *a bot.* kalendra, koriandras
Corinth [ˈkɒrɪnθ] *n* Korintas
Corinthean [kəˈrɪnθɪən] *a* Korinto, korintinis; **~ order** *archit.* korintinis orderis
n **1** korintietis **2** *amer.* jachtininkas mėgėjas
cork [kɔːk] <*n, a, v*> *n* **1** kamščiamedžio žievė **2** kamštis **3** kamštinė plūdė ◊ **to blow one's ~** *amer. šnek.* įsiusti *a* kamštinis; **~ jacket [vest]** gelbėjimosi diržas [liemenė]
v **1** užkimšti kamščiu *(t. p. ~ up)* **2** *prk.* užgniaužti, (nu)slopinti, (su)laikyti *(jausmus)* **3** tepti degintu kamščiu *(ppr. veidą)*
corkage [ˈkɔːkɪdʒ] *n* **1** butelių užkimšimas/atkimšimas **2** lankytojų mokestis už leidimą gerti atsineštus alkoholinius gėrimus
corked [kɔːkt] *a* atsiduodantis kamščiu *(apie vyną)*
corker [ˈkɔːkə] *n šnek.* **1** kas nors pritrenkiantis/nepaprastas/stebinantis **2** lemiamas argumentas; lemiama aplinkybė **3** drąsus melas
corking [ˈkɔːkɪŋ] *a šnek.* puikus, nepaprastas, nuostabus
cork-oak [ˈkɔːkəʊk] *n bot.* kamštinis ąžuolas
corkscrew [ˈkɔːkskruː] <*n, a, v*> *n* **1** kamščiatraukis **2** spiralė
a spiralinis, spiralės pavidalo
v judėti spirale/zigzagu
cork-tipped [ˈkɔːkˈtɪpt] *a* su kamštiniu filtru *(apie cigaretę)*

cork-tree [ˈkɔːktriː] *n bot.* amūrinis kamštenis
corkwood [ˈkɔːkwʊd] *n bot.* kamščiamedis
corky [ˈkɔːkɪ] *a* **1** kamštinis; kamštiškas **2** atsiduodantis kamščiu *(apie gėrimą)*
corm [kɔːm] *n bot.* gumbasvogūnis
cormorant [ˈkɔːmərənt] *n* **1** *zool. (didysis)* kormoranas, jūrvarnis **2** besotis, rajūnas
corn[1] [kɔːn] *n* **1** javai; **to sell ~ standing** parduoti nenupjautus javus **2** grūdai, ypač kviečiai *(maistui)*; *škot.* avižos *(arkliams)* **3** grūdas, grūdelis **4** *amer., austral.* kukurūzai *(t. p.* **Indian ~)** **5** prinokusių kukurūzų spalva *(t. p. ~ colour)*
v **1** bręsti, nokti *(apie grūdus)* **2** sėti kviečius/*amer.* kukurūzus **3** *spec.* granuliuoti
corn[2] *v* sūdyti *(mėsą)*; **~ed beef** sūdyta mėsa
corn[3] *n* **1** nuospauda, trynė; **soft ~** šlapiuojanti nuospauda **2** *šnek.* kas nors banalu/sentimentalu
cornaceous [kɔːˈneɪʃəs] *a bot.* sedulos, sedulų
cornball [ˈkɔːnbɔːl] *a attr amer. šnek.* nuvalkiotas, pasenęs *(apie juokus ir pan.)*
cornbread [ˈkɔːnbred] *n* kukurūzinė duona
corncob [ˈkɔːnkɒb] *n* kukurūzų burbuolės kotas
corncockle [ˈkɔːnˌkɒkl] *n bot.* raugė
corncrake [ˈkɔːnkreɪk] *n zool.* griežlė
corncrib [ˈkɔːnkrɪb] *n amer.* kukurūzų džiovykla
corn-dodger [ˈkɔːnˌdɒdʒə] *n =* **dodger** 2
cornea [ˈkɔːnɪə] *n anat.* akies ragena
corneal [ˈkɔːnɪəl] *a anat.* ragenos, susijęs su ragena
cornel [ˈkɔːnəl] *n bot.* sedula
cornelian [kɔːˈniːlɪən] *n min.* karneolis
corneous [ˈkɔːnɪəs] *a spec.* rago, raginis
corner [ˈkɔːnə] <*n, a, v*> *n* **1** kampas, kampelis; kertė; **the house on the ~** kampinis namas; **to cut off a ~** nukirsti kampą, eiti/pasukti tiesiai; **to turn the ~** a) pasukti už kampo; b) *prk.* išsisukti iš bėdos; atlaikyti ligos krizę; **round the ~** a) už kampo; b) čia pat, visai arti; c) greitai, tučtuojau **2** užkampis, slaptavietė; **done in a ~** padarytas patylomis/slaptai **3** *(kelio)* posūkis; **sharp ~!** staigus posūkis! **4** šalis, pusė; **the four ~s of the earth/world** keturios pasaulio šalys **5** *kom.* korneris; spekuliacinis prekių supirkimas **6** *sport.* kampinis *(t. p. ~ kick)* ◊ **to get smb in a tight ~, to drive/force/put smb into a ~** priremti/prispirti ką prie sienos; **to see/watch smb out of the ~ of one's eye** matyti/stebėti ką iš šalies
a kampinis; **~ house** kampinis namas
v **1** priremti prie sienos, pastūmėti į sunkią padėtį; pagauti **2** *kom.* supirkti spekuliacijos tikslais; **to ~ the market** monopolizuoti rinką superkant prekes **3** *aut.* nukirsti/nurėžti kampus; **he ~s much too fast** jis daro per staigius posūkius
corner-boy [ˈkɔːnəbɔɪ] *n =* **corner-man** 1
corner-man [ˈkɔːnəmæn] *n (pl* -men [-men]) *(tik v.)* **1** dykinėtojas, chuliganas **2** *kom.* stambus biržos spekuliantas
cornerstone [ˈkɔːnəstəʊn] *n* kertinis akmuo *(t. p. prk.)*
cornerwise [ˈkɔːnəwaɪz] *adv* įstrižai
cornet [ˈkɔːnɪt] *n* **1** kornetas *(muz. instrumentas)* **2** kūgio pavidalo popierinis maišelis, vaflinis ledų indelis *ir pan.*
cornet(t)ist [kɔːˈnetɪst] *n* kornetininkas
corn-exchange [ˈkɔːnɪksˌtʃeɪndʒ] *n* grūdų birža
cornfed [ˈkɔːnfed] *a* **1** šertas kukurūzais **2** tryškstantis sveikata
cornfield [ˈkɔːnfiːld] *n* javų laukas
corn-flag [ˈkɔːnflæg] *n bot.* darželinis kardelis

cornflakes ['kɔ:nfleɪks] *n pl* kukurūzų dribsniai
cornflour ['kɔ:nflauə] *n* 1 kukurūziniai/ryžiniai miltai *(sriuboms ir pan.* tirštinti) 2 *škot.* avižiniai miltai
cornflower ['kɔ:nflauə] *n bot.* rugiagėlė
cornice ['kɔ:nɪs] *n* 1 *archit.* atbraila, karnizas; **open ~** stogo atbraila 2 pakibęs *(sniego ir pan.)* luitas
cornish ['kɔ:nɪʃ] *n* pajūrio kelias *(t. p.* **~ road)**
Cornish ['kɔ:nɪʃ] *a* Kornvalio; **~ pasty** pyragėlis su mėsos ir daržovių įdaru
n 1 *ist.* kornų kalba 2 *(the ~)* Kornvalio gyventojai
cornmeal ['kɔ:nmi:l] *n* kukurūziniai miltai
cornopean [kə'nəupɪən] *n* = **cornet** 1
cornrow ['kɔ:nrəu] *n* šukuosena iš standžiai supintų kaselių *(ypač negrių)*
cornstalk ['kɔ:nstɔ:k] *n amer.* kukurūzo stiebas
cornstarch ['kɔ:nstɑ:tʃ] *n amer.* = **cornflour** 1
cornucopia [ˌkɔ:nju'kəupɪə] *n* gausybės ragas
cornuted ['kɔ:nju:tɪd] *a* 1 raguotas 2 ragiškas
Cornwall ['kɔ:nwəl] *n* Kornvalis *(Anglijos grafystė)*
corny[1] ['kɔ:nɪ] *a* 1 grūdinis; grūdingas 2 *šnek.* pasenęs, nuvalkiotas; šiurkštus; **~ joke** banalus pokštas
corny[2] *a* pritrintas, su nuospaudomis
corolla [kə'rɔlə] *n bot.* vainikėlis
corollary [kə'rɔlərɪ] *n* 1 padarinys, rezultatas *(of)* 2 *log.* išvada, konsekvencija
corona [kə'rəunə] *n (pl* ~s, -nae) 1 *astr. (Saulės, Mėnulio)* vainikas *(visiško užtemimo metu);* žiedas, ratas *(apie Mėnulį, Saulę)* 2 *anat., bot., fiz.* vainikas 3 *archit.* vainikinis karnizas 4 ilgų cigarečių rūšis
coronach ['kɔrənək] *n air., škot.* laidotuvių giesmė/muzika
coronae [kə'rəunɪ:] *pl žr.* **corona**
coronal *n* ['kɔrənl] *poet., spec. n* karūna, vainikas; diadema
a [kə'rəunl] vainiko, karūnos
coronary ['kɔrənᵊrɪ] *med. a* vainikinis, koronarinis; vainikinių arterijų
n vainikinių arterijų trombozė *(t. p.* **~ thrombosis); he's had a ~** jam buvo infarktas
coronation [ˌkɔrə'neɪʃn] *n* vainikavimas, karūnavimas
coroner ['kɔrənə] *n teis.* koroneris; **~'s inquest** koronerio apžiūrėjimas *(lavono)*
coronet ['kɔrənɪt] *n* 1 *(pero, princo)* karūnėlė 2 diadema; *(gėlių)* vainikėlis *(ant galvos)*
coronograph [kə'rɔnəgrɑ:f] *n* koronografas
corpora ['kɔ:pərə] *pl žr.* **corpus**
corporal[1] ['kɔ:pᵊrəl] *a knyg.* fizinis, kūno; **~ punishment** fizinė bausmė
corporal[2] *n* kapralas; **a ship's ~** policijos kapralas *(karo laive)*
corporate ['kɔ:pᵊrət] *a* 1 korporacinis, korporacijos; korporatyvus 2 bendras, kolektyvinis; **~ property** bendras turtas; **~ town** miestas, turintis savivaldą
corporation [ˌkɔ:pə'reɪʃn] *n* 1 korporacija, įmonė **~ tax** pelno mokestis *(mokamas firmos/korporacijos)* 2 *amer.* akcinė bendrovė 3 municipalitetas *(t. p.* **municipal ~)** 4 *šnek. juok.* didelis pilvas
corporator ['kɔ:pəreɪtə] *n* korporacijos/municipaliteto narys
corporeal [kɔ:'pɔ:rɪəl] *a knyg.* 1 kūno, kūniškas 2 fizinis, materialus
corporeality [kɔ:ˌpɔ:rɪ'ælətɪ] *n knyg.* materialumas; kūniškumas
corporeity [ˌkɔ:pɔ:'ri:ətɪ] *n* = **corporeality**
corps [kɔ:] *pr. n (pl* ~ [kɔ:z]) 1 korpusas; **the diplomatic ~, the C. Diplomatique** *pr.* diplomatinis korpusas 2 *kar.* korpusas *(kariuomenės junginys);* karo tarnybos rūšis; **medical ~** karo medicinos tarnyba
corps de ballet [ˌkɔ:də'bæleɪ] *pr.* kordebaletas
corpse [kɔ:ps] *n* lavonas
corpulence ['kɔ:pjuləns] *n* storumas, apkūnumas, korpulencija
corpulent ['kɔ:pjulənt] *a* storas, apkūnus, korpulentiškas
corpus ['kɔ:pəs] *lot. n (pl* corpora, ~es) 1 *kalb., lit.* rinkinys; kodeksas; **the ~ of Shakespear's works** Šekspyro kūrinių rinkinys 2 *fin.* pagrindinis kapitalas/fondas *(ne palūkanos, ne pelnas)*
corpuscle ['kɔ:pʌsl] *n spec.* dalelė, korpuskulė; **the red and white ~s** raudonieji ir baltieji kraujo kūneliai
corpuscular [kɔ:'pʌskjulə] *a spec.* korpuskulinis
corral [kə'rɑ:l] *n (ypač amer.)* 1 užtvara *(galvijams, arkliams)* 2 stovykla *(aptverta vežimais norint apsisaugoti nuo užpuolimo)*
v (-ll-) 1 uždaryti/suvaryti į užtvarą 2 padaryti stovyklą *(aptveriant vežimais)* 3 *amer. šnek.* pasisavinti
correct [kə'rekt] *a* 1 teisingas, teisus; **am I ~ in thinking that...?** ar aš teisus, manydamas, kad...? 2 taisyklingas, tikslus; **~ pronunciation** taisyklinga tartis; **can you tell me the ~ time?** ar galite man pasakyti tikslų laiką? 3 korektiškas; tinkamas *(apie elgesį/apsirengimą kokia nors proga);* **~ behaviour** korektiškas elgesys; **it is not ~ to speak while one's mouth is full** netinka kalbėti su pilna burna
v 1 (iš)taisyti, pataisyti; *refl* pasitaisyti *(suklydus);* **to ~ a mistake** ištaisyti klaidą; **~ me if I'm wrong** pataisykite mane, jei klystu; **I stand ~ed** *ofic.* pripažįstu savo klaidą 2 (pa)tikslinti, koreguoti; padaryti pataisą 3 (pa)daryti pastabą; bausti; **to ~ a child for rudeness** padaryti vaikui pastabą už nemandagumą 4 neutralizuoti, šalinti *(žalingą veikimą ir pan.)*
correction [kə'rekʃn] *n* 1 (iš)taisymas, pataisymas, atitaisymas; **to speak under ~** kalbėti iš anksto paprašius pataisyti netikslumus 2 (nu)baudimas; **he doesn't like ~** jis nemėgsta, kai jam daro pastabas 3 *spec.* pataisa; koregavimas, korekcija; **~ for wind** vėjo pataisa
correctional [kə'rekʃnəl] *a* (iš)taisymo; pataisos; **~ institutions** pataisos įstaigos
correctitude [kə'rektɪtju:d] *n knyg.* korektiškumas
corrective [kə'rektɪv] *a* 1 pataisomasis, pataisos 2 korekcinis 3 *farm.* neutralizuojantis, taisomasis *(apie vaistus ir pan.)*
n 1 korektyva; pataisa 2 *farm.* neutralizuojantis vaistas
correctness [kə'rektnɪs] *n* teisingumas, teisumas *ir pan., žr.* **correct** *a*
corrector [kə'rektə] *n* (iš)taisytojas; **~ of the press** korektorius
correlate ['kɔrəleɪt] *n* koreliatas, koreliatyvus dalykas, koreliatyvi sąvoka
v būti koreliatyviam/siejamam, santykiauti *(with);* (su)sieti tarpusavyje *(with, to)*
correlation [ˌkɔrə'leɪʃn] *n* 1 santykiavimas, tarpusavio santykis/ryšys 2 *spec.* koreliacija, sąsaja
correlative [kə'relətɪv] *a* koreliatyvus, susijęs, sąsajus; **~ conjunctions** *gram.* koreliatyviniai jungtukai
n koreliatas
correspond [ˌkɔrɪ'spɔnd] *v* 1 atitikti, derintis *(to, with);* **to ~ to sample** *kom.* atitikti *(prekės)* pavyzdį; **the house exactly ~s to my needs** namas kaip tik toks, kokio man reikia 2 susirašinėti *(with)*
correspondence [ˌkɔrɪ'spɔndəns] *n* 1 korespondencija, laiškai; susirašinėjimas; **to do one's ~** rašyti laiškus,

atsakyti į laiškus; *tuition by* ~ neakivaizdinis mokymas; ~ *course(s)* neakivaizdiniai kursai *(susirašinėjant)* **2** atitikimas; ~ *between sounds and letters* garsų ir raidžių atitikimas **3** panašumas, analogija

correspondent [ˌkɔrɪˈspɔndənt] *n* **1** korespondentas **2** susirašinėtojas; *he is a good [bad]* ~ jis dažnai [retai] rašo
a ret. atitinkantis, atitinkamas *(with, to)*

corresponding [ˌkɔrɪˈspɔndɪŋ] *a* atitinkamas, atitinkantis

corrida [kɔːˈriːdə] *isp. n* korida, kova su buliumi

corridor [ˈkɔrɪdə, -dɔː] *n* koridorius; ~ *train* traukinys iš kupinių vagonų *(kitu vagono šonu eina koridorius)*

corrie [ˈkɔrɪ] *n (ypač škot.)* kara, duburys aukštuose kalnuose

corrigendum [ˌkɔrɪˈdʒendəm] *lot. n (pl -da [də])* **1** spaudos klaida **2** *pl* klaidų sąrašas *(knygoje)*

corrigible [ˈkɔrɪdʒəbl] *a* (iš)taisomas, pataisomas

corroborate [kəˈrɔbəreɪt] *v* patvirtinti, paremti *(nuomonę, teiginį, teoriją)*

corroboration [kəˌrɔbəˈreɪʃn] *n* **1** patvirtinimas; parėmimas **2** patvirtinamoji informacija

corroborative [kəˈrɔbərətɪv] *a* patvirtinamasis, paremiamasis; patvirtinantis

corroboratory [kəˈrɔbərətərɪ] *a* = **corroborative**

corroboree [kəˈrɔbərɪ] *n austral.* **1** aborigenų šokis, šokamas iškilmingomis progomis **2** *šnek.* triukšmingas pobūvis *ir pan.*

corrode [kəˈrəud] *v* **1** (iš)ėsti; (iš)ėsdinti; būti korozijos veikiamam, rūdyti **2** *prk.* graužti, ardyti, naikinti

corrosion [kəˈrəuʒn] *n* **1** korozija; rūdijimas; oksidavimasis; ~ *prevention/protection* apsauga nuo korozijos **2** rūdys

corrosive [kəˈrəusɪv] *a* **1** ėdantis; korozinis **2** *prk.* graužiantis, naikinantis; ~ *influence* pražūtinga įtaka **3** įnirtingas *(apie kritiką ir pan.)*
n ėdančioji medžiaga

corrugate [ˈkɔrəgeɪt] *v* **1** raukšlėti(s) **2** *tech.* gofruoti, rifliuoti; ~*d paper* gofruotasis/raukšlintasis popierius; ~*d iron* gofruotoji/rifliuotoji geležis

corrugation [ˌkɔrəˈgeɪʃn] *n* **1** raukšlė **2** *tech.* gofruotumas, rifliuotumas, raukšlėtumas **3** *(kelio)* duobė, nelygumas

corrupt [kəˈrʌpt] *a* **1** paperkamas, korumpuotas; ~ *practices* kyšininkavimas, korupcija **2** sugadintas, sugedęs; ištvirkęs; ~ *society* sugedusi visuomenė **3** iškraipytas, nepatikimas *(apie tekstą)*
v **1** (su)gadinti *(morališkai);* (iš)tvirkinti; ištvirkti **2** papirkti **3** iškraipyti *(tekstą);* užteršti *(kalbą)* **4** gesti, pūti **5** *teis.* atimti pilietybės teises *(sunkiai nusikaltus)*

corruptibility [kəˌrʌptəˈbɪlətɪ] *n* **1** paperkamumas, parsidavėliškumas **2** greitas gedimas

corruptible [kəˈrʌptəbl] *a* **1** paperkamas **2** gendantis

corruption [kəˈrʌpʃn] *n* **1** korupcija, paperkamumas **2** gedimas, puvimas **3** ištvirkimas; tvirkinimas **4** *(teksto ir pan.)* (iš)kraipymas; *(kalbos)* (už)teršimas

corsac [ˈkɔːsæk] *n zool.* korsakas

corsage [kɔːˈsɑːʒ] *n* **1** korsažas, kiklikas **2** prie korsažo/krūtinės prisegta puokštelė

corsaire [ˈkɔːsɛə] *n ist.* **1** piratas, korsaras **2** kaperis *(plėšikų laivas)*

corsak [ˈkɔːsæk] *n* = **corsac**

corse [kɔːs] *n psn., poet.* = **corpse**

corselet [ˈkɔːslət] *n* **1** gracija *(korsetas, apimantis liemenį ir palaikantis krūtinę)* **2** *ist.* šarvai

corset [ˈkɔːsɪt] *n* korsetas *(t. p. med.)*

Corsica [ˈkɔːsɪkə] *n* Korsika *(sala)*

Corsican [ˈkɔːsɪkən] *n* **1** korsikietis **2** italų kalbos korsikiečių tarmė
a Korsikos; korsikiečių

corslet [ˈkɔːslət] *n* = **corselet**

cortege [kɔːˈteɪʒ] *pr. n* kortežas; *(laidotuvių)* iškilminga eisena, procesija

cortex [ˈkɔːteks] *n (pl -*tices) **1** *anat. (smegenų)* žievė; *the cerebral* ~ didžiųjų smegenų žievė **2** *bot.* žievė

cortical [ˈkɔːtɪkl] *a spec.* žievinis, žievės, kortikalinis

corticate [ˈkɔːtɪkeɪt] *a* žievės *(pavidalo);* žievėtas

corticated [ˈkɔːtɪkeɪtɪd] *a* = **corticate**

cortices [ˈkɔːtɪsiːz] *pl žr.* **cortex**

corticoid [ˈkɔːtɪkɔɪd] *n* = **corticosteroid**

corticosteroid [ˌkɔːtɪkəuˈstɪərɔɪd] *n fiziol., farm.* kortikosteroidas

cortisone [ˈkɔːtɪzəun] *n farm.* kortizonas

corundum [kəˈrʌndəm] *n min.* korundas

coruscate [ˈkɔrəskeɪt] *v knyg.* blizgėti, žvilgėti

coruscation [ˌkɔrəˈskeɪʃn] *n knyg.* blizgėjimas

corvée [ˈkɔːveɪ] *pr. n* **1** *ist.* baudžiava **2** sunkus priverstinis darbas

corves [kɔːvz] *pl žr.* **corf**

corvette [kɔːˈvet] *n jūr. ist.* korvetė

corvine [ˈkɔːvaɪn] *a zool.* varnų šeimos

corymb [ˈkɔrɪmb] *n bot.* skėtiškoji kekė, skydelis

coryphaeus [ˌkɔrɪˈfiːəs] *gr. n (pl -*phaei [-fiːaɪ]) **1** korifėjus *(sen. graikų tragedijoje)* **2** choro vadovas/dirigentas; kordebaleto pagrindinis šokėjas

coryza [kəˈraɪzə] *n med.* sloga

cos[1] [kɔs] *n bot.* salotos ilgais siaurais lapais *(t. p.* ~ *lettuce)*

cos[2] [kɔs, kɔz] *n sutr.* = **cosine**

'cos [kəz] *conj sutr. šnek.* = **because**

Cosa Nostra [ˈkəuzəˈnɔstrə] *it.* „Cosa nostra" *(JAV slapta organizacija, susijusi su mafija)*

co-scriptor [ˌkəuˈskrɪptə] *n (scenarijaus)* bendraautoris

cose [kəuz] *v* patogiai/jaukiai įsitaisyti

cosec [ˈkəusek] *n sutr.* = **cosecant**

cosecant [kəuˈsiːkənt] *n geom.* kosekantas

cosh [kɔʃ] *šnek. n* sunkus vėzdas, smogiamasis ginklas
v smogti/trenkti vėzdu

cosh-boy [ˈkɔʃbɔɪ] *n sl.* gatvės plėšikas

cosignatory [ˌkəuˈsɪgnətərɪ] *n* pasirašęs sutartį asmuo/valstybė *(kartu su kitu asmeniu/valstybe)*

cosily [ˈkəuzɪlɪ] *adv* jaukiai

cosine [ˈkəusaɪn] *n geom.* kosinusas

cosiness [ˈkəuzɪnɪs] *n* jaukumas

cosmetic [kɔzˈmetɪk] *n* **1** *(ppr. pl)* kosmetika, kosmetikos priemonės **2** *(tikrovės)* (pa)gražinimas
a **1** kosmetikos, kosmetinis; ~ *repairs (namo)* kosmetinis remontas *(dėl vaizdo)* **2** plastinis *(apie chirurgiją)*

cosmetician [ˌkɔzməˈtɪʃn] *n* kosmetologas; kosmetininkas

cosmetologist [ˌkɔzmɪˈtɔlədʒɪst] *n* kosmetologas, kosmetikos specialistas

cosmetology [ˌkɔzmɪˈtɔlədʒɪ] *n* **1** kosmetika **2** kosmetologija **3** plastinė chirurgija

cosmic [ˈkɔzmɪk] *a* **1** kosminis; ~ *flight* kosminis skrydis **2** visuotinis; pasaulinis; *of* ~ *importance* pasaulinės reikšmės **3** begalinis, didžiulis

cosmodrome [ˈkɔzmədrəum] *n* kosmodromas

cosmogony [kɔzˈmɔgənɪ] *n* kosmogonija

cosmography [kɔzˈmɔgrəfɪ] *n* kosmografija

cosmology [kɔzˈmɔlədʒɪ] *n* kosmologija

cosmonaut [ˈkɔzmənɔːt] *n* kosmonautas

cosmopolitan [ˌkɔzməˈpɔlɪtən] *n* kosmopolitas
a kosmopolitinis, kosmopolitiškas

cosmopolitanism [ˌkɔzməˈpɔlɪtənɪzm] *n* kosmopolitizmas
cosmopolite [kɔzˈmɔpəlaɪt] = **cosmopolitan** *n, a*
cosmopolitism [ˌkɔzməˈpɔlɪtɪzm] *n* = **cosmopolitanism**
cosmos [ˈkɔzmɔs] *gr. n* **1** kosmosas, visata **2** darni sistema
Cossack [ˈkɔsæk] *n* kazokas; ~ *hat* papacha *(kazokų kepurė)*
cosset [ˈkɔsɪt] *v* lepinti
cossie [ˈkɔzɪ] *n šnek.* maudymosi kostiumas
cost [kɔst] *n* **1** kaina *(t. p. prk.)*; *the ~ of meat* mėsos kaina; *at a ~ of £ 100* už šimtą svarų sterlingų; *at any ~, at all ~s* bet kuria kaina; ≡ trūks plyš; *at the ~ of his health* savo sveikatos kaina; *at no ~* veltui **2** savikaina *(t. p. first/prime ~, ~ price)*; *at ~* už savikainą; *below ~* pigiau negu savikaina **3** *(ppr. pl)* išlaidos; *full/total ~s* bendrosios išlaidos; *production ~s* gamybos išlaidos; *~ accountant/clerk (firmos ir pan.)* gamybos išlaidų kalkuliuotojas; *~ of living* (pra)gyvenimo minimumas; *living ~s* (pra)gyvenimo išlaidos **4** *pl* teismo išlaidos ◊ *at smb's ~* iš kieno sąskaitos; *to one's ~* iš savo patirties; *to count the ~* apsvarstyti visas galimybes/aplinkybes
v **1** (cost) kainuoti, atsieiti *(t. p. prk.)*; *it ~ me plenty/prk. dear* tai man daug kainavo **2** (costed) *kom.* nustatyti kainą, įkainoti *(prekę)* *(t. p. ~ out)*; *the project was ~ed at £ 3 million* projektas buvo įkainotas 3 milijonais svarų sterlingų
costal [ˈkɔstl] *a anat.* šonkaulių, šonkaulinis
co-star [ˈkəustɑː] *n* vienas iš pagrindinių *(filmo, spektaklio)* aktorių
v kin., teatr. vaidinti pagrindinius vaidmenis *(kartu su kitu garsiu aktoriumi)*
costard [ˈkʌstəd] *n* **1** stambių angliškų obuolių rūšis **2** *psn., juok.* galva
Costa Rica [ˌkɔstəˈriːkə] Kosta Rika *(valstybė)*
cost-benefit [ˌkɔstˈbenɪfɪt] *a*: *~ analysis fin.* išlaidų ir gautos naudos analizė
cost-cutting [ˈkɔstkʌtɪŋ] *n* išlaidų (su)mažinimas
cost-effective [ˌkɔstɪˈfektɪv] *a* rentabilus
coster(monger) [ˈkɔstə(ˌmʌŋgə)] *n psn. (vaisių, daržovių)* gatvės prekiautojas
costing [ˈkɔstɪŋ] *n (projekto ir pan.)* įkainojimas; savikainos/išlaidų kalkuliacija
costive [ˈkɔstɪv] *a* **1** *ret.* sergantis vidurių užkietėjimu **2** *psn.* lėtas
costliness [ˈkɔstlɪnɪs] *n* didelė kaina; brangumas
costly [ˈkɔstlɪ] *a* **1** brangus *(t. p. prk.)*; *it was a ~ victory* ta pergalė daug kainavo **2** atimantis daug laiko, reikalaujantis daug pastangų *ir pan.*
costmary [ˈkɔstmɛərɪ] *n bot.* balzaminis skaistenis
cost-of-living [ˈkɔstəvˌlɪvɪŋ] *a*: *~ allowance [bonus]* pragyvenimo išlaidos/išmoka *[priemoka]*
cost-plus [ˈkɔstˈplʌs] *a attr kom.* apmokantis išlaidas ir dalį pelno *(apie sutarties sąlygas)*
cost-push [ˈkɔstpuʃ] *n*: *~ inflation fin.* infliacija dėl gamybos išlaidų *(o ne dėl paklausos)*
costume [ˈkɔstjuːm] *n* **1** kostiumas *(t. p. teatr.)*; drabužiai; *national ~* tautiniai drabužiai; *~ ball* balius maskaradas; *~ piece/play teatr.* istorinė pjesė **2** *ret.* moteriškas kostiumas
v (ap)rengti maskaradiniu/teatriniu kostiumu
costumier [kɔˈstjuːmɪə] *n teatr.* kostiumininkas
cosy [ˈkəuzɪ] <*a, n, v*> *a* **1** jaukus; patogus; *~ atmosphere* jauki atmosfera **2** draugiškas, malonus; *~ chat* draugiškas pasišnekėjimas
n (arbatinuko ir pan.) apdangalas
v: *~ up amer. šnek.* įsigyti *(kieno)* palankumą, įsiteikti *(to)*

cot[1] [kɔt] *n* **1** vaikiška lovytė **2** *(ypač amer.)* sulankstomoji lova **3** *jūr.* gultas
cot[2] *n* **1** užtvara, gardas, pastogė *(gyvuliams)* **2** *poet.* lūšnelė
cotangent [kəuˈtændʒənt] *n geom.* kotangentas
cot-case [ˈkɔtkeɪs] *n* gulintis ligonis
cot-death [ˈkɔtdeθ] *n* staigi kūdikio mirtis *(miegant)*
cote [kəut] *n* aptvaras, tvartas, avidė; karvelidė
co-tenant [kəuˈtenənt] *n teis.* bendranuomininkai
coterie [ˈkəutərɪ] *n* **1** *(literatų, aktorių)* būrelis **2** uždaras išrinktųjų ratas
coterminous [kəuˈtəːmɪnəs] *a* = **conterminous**
cothurnus [kəuˈθəːnəs] *n (pl* -ni [-naɪ]) **1** koturna *(antikos aktorių scenos apavas)* **2** *(antikinės tragedijos)* aukštasis stilius
cotill(i)on [kəˈtɪljən] *n* **1** kotiljonas *(prancūzų šokis; jo muzika)* **2** *(ypač amer.)* šokių vakaras *(jame pristatomos debiutantės)*
cottage [ˈkɔtɪdʒ] *n* **1** kotedžas; *(užmiesčio)* namelis, vasarnamis **2** pirkia, lūšna **3** *(ypač austral.)* vienaaukštis namas **4** *attr*: *~ cheese* kaimiškas sūris; *~ hospital* maža kaimo ligoninė *(įsikūrusi keliuose kotedžuose)*; *~ industry* namudinė pramonė/gamyba; *~ loaf* duonos kepalas iš dviejų dalių *(mažesnysis uždėtas ant didesniojo)*; *~ piano* nedidelis pianinas
cottager [ˈkɔtɪdʒə] *n* **1** gyvenantis kotedže/vasarnamyje **2** smulkus ūkininkas; samdinys **3** *(tik v.) sl.* pederastas, ieškantis partnerių tualetuose *ir pan.*
cottag(e)y [ˈkɔtɪdʒɪ] *a* būdingas/tipiškas kotedžui; vasarnamio tipo
cottar [ˈkɔtə] *n škot., ist.* samdinys, kumetis
cotter[1] [ˈkɔtə] *n* = **cottar**
cotter[2] *n tech.* pleištas, spraustelis, kaištis; *~ pin* fiksuojamasis vielokaištis
cotton[1] [ˈkɔtn] *n* **1** medvilnė *(t. p. bot.)*; medvilninis audinys/drabužis; *printed ~* kartūnas **2** *(medvilninis)* siūlas; *a needle and ~* adata su siūlu **3** *amer.* vata; *~ candy* cukraus vata *(su pagaliuku)*
a medvilninis; *~ print* margintas kartūnas; *~ waste* medvilnės atliekos; skudurai
cotton[2] *v (ypač amer.) šnek.* **1** susidraugauti *(to)* **2** pritarti *(sumanymui ir pan.)* ▢ *~ on šnek.* suprasti *(to)*; *he didn't ~ on to what he was supposed to do* jis nesuprato, ką jam reikia daryti; *~ up amer. šnek.* stengtis įsiteikti *(to – kam)*
cotton-coke [ˈkɔtnkeɪk] *n* medvilnės sėklų išspaudos *(pašaras)*
cotton-gin [ˈkɔtndʒɪn] *n* medvilnės valymo mašina
cotton-grass [ˈkɔtngrɑːs] *n bot.* švylys
cotton-mill [ˈkɔtnmɪl] *n* medvilnės verpimo fabrikas
cottonocracy [ˌkɔtnˈɔkrəsɪ] *n* medvilnės prekybos ir pramonės magnatai
cotton-picker [ˈkɔtnˌpɪkə] *n* **1** medvilnės rinkėjas **2** medvilnės dorojimo mašina
cotton-picking [ˈkɔtnˌpɪkɪŋ] *a attr amer. šnek.* bjaurus, šlykštus, prakeiktas *(pabrėžiant)*
cotton-plant [ˈkɔtnplɑːnt] *n bot.* medvilnė *(augalas)*
cotton-planter [ˈkɔtnˌplɑːntə] *n* **1** medvilnės augintojas **2** medvilnės sėjamoji
cottonseed [ˈkɔtnsiːd] *n* medvilnės sėklos; *~ oil* medvilnės aliejus
cottontail [ˈkɔtnteɪl] *n zool. amer.* baltauodegis triušis
cottonweed [ˈkɔtnwiːd] *n bot.* katpėdė
cotton-wool [ˌkɔtnˈwul] *n* **1** vata **2** medvilnės žaliava ◊ *to wrap smb in ~* lepinti, saugoti *(nuo nemalonumų, pavojų ir pan.)*

a **1** vatinis; apdėtas vata **2** apsaugotas nuo šalčio/nemalonumų *ir pan.*
cottony ['kɔtnɪ] *a* **1** medvilninis **2** pūkuotas, švelnus
cotyledon [ˌkɔtɪ'liːdən] *n bot.* sėklaskiltė; skilčialapis
couch¹ [kautʃ] *n* **1** sofa; ***studio ~*** gulimoji sofa *(be atlošo)* **2** kušetė *(gydytojo kabinete)* **3** *šnek.* gydymas psichoanalizės metodu **4** *knyg.* guolis, lova **5** *men.* gruntas ◊ ***~ potato*** *šnek.* namisėda *(leidžiantis laiką prie televizoriaus)* *v* **1** *(ppr. pas)* (iš)dėstyti, formuluoti, (iš)reikšti *(in)* **2** tykoti; prigulti *(ruošiantis šuoliui/puolimui; apie žvėris)* **3** laikyti *(ietį ir pan.)* atstatytą *(pulti)* **4** daiginti *(salyklui)* **5** gulėti krūvoje ir pūti *(apie lapus)* **6** *med.* pašalinti kataraktą
couch² *n* = **couch-grass**
couchant ['kautʃənt] *a her.* gulintis pakelta galva *(apie žvėrį)*
couchette [kuː'ʃet] *n* miegamoji vieta *(vagone)*
couch-grass ['kautʃgrɑːs] *n bot.* varputis
cougar ['kuːgə] *zool. amer.* puma, kuguaras
cough [kɔf] *n* kosulys; ***to give a slight ~*** a) tyliai sukosėti *(perspėjant);* b) atsikosėti; ***dry/hacking ~*** sausas kosulys *v* **1** kosėti **2** atsikosėti *(t. p.* **~ out/up)** **3** čiaudėti *(apie variklį)* **4** *sl.* prisipažinti padarius nusikaltimą □ **~ down** kosėjimu priversti *(kalbantįjį)* nutilti; **~ up** *šnek.* a) *(nenoromis)* atskleisti, pasakyti; b) *(nenoromis)* sumokėti, pakloti *(pinigų)*
cough-drop ['kɔfdrɔp] *n* **1** pastilė/vaistai nuo kosulio **2** *šnek.* nemalonus žmogus, niurzga, kniauklys; keistuolis **3** *šnek.* netikėtas nemalonumas
cough-lozenge ['kɔfˌlɔzɪndʒ] *n* tabletė nuo kosulio
could [kəd; *kirčiuota forma* kud] *past žr.* **can¹**
couldn't ['kudnt] = **could not**
couldst [kudst]: *thou* **~** *psn.* tu galėjai
coulee ['kuːlɪ] *n* **1** *geol.* lavos srautas **2** *amer.* gilus tarpeklis
coulisse [kuː'liːs] *pr. n* **1** *(ppr. pl) teatr.* kulisai; **~ *gossip*** užkulisių paskalos/apkalbos **2** *tech.* kulisė; išpjova **3** *kom.* kulisė *(neoficiali fondų birža)*
couloir ['kuːlwɑː] *pr. n geogr.* tarpeklis
coulomb ['kuːlɔm] *n el.* kulonas
coulter ['kəultə] *n ž. ū. (plūgo)* rėžtuvas, peilis
council ['kaunsl] *n* **1** taryba; ***common ~*** savivaldybės taryba; ***Security C.*** Saugumo Taryba; ***city/town ~*** municipalitetas, miesto taryba; ***Privy C.*** *(D. Britanijos)* slaptoji valstybės taryba **2** pasitarimas; **~ *of physicians*** gydytojų konsiliumas; **~ *of war*** a) karinės tarybos posėdis; b) posėdis iškilusiai problemai spręsti **3 *(C.)*** bažnyčios susirinkimas
a municipaliteto tarybos; komunalinis *(apie namus, butus ir pan.);* **~ *worker*** municipaliteto/savivaldybės darbuotojas
council-board ['kaunslbɔːd] *n* **1** tarybos posėdis **2** tarybos posėdžių stalas
council-chamber ['kaunslˌtʃeɪmbə] *n* tarybos posėdžių salė
councillor ['kaunsələ] *n* tarybos/municipaliteto narys
councilman ['kaunslmən] *n (pl* -men [-mən]) *(tik v.) amer. (municipaliteto)* tarybos narys
councilwoman ['kaunslˌwumən] *n (pl* -women [-ˌwɪmɪn]) *amer. (municipaliteto)* tarybos narė
counsel ['kaunsl] *n* **1** patarimas; ***to give good ~*** duoti gerą patarimą **2** pasitarimas, svarstymas; ***to take/hold ~ (with)*** tartis, konsultuotis *(su)* **3** planai, ketinimas **4** *(pl ~) teis.* advokatas, advokatai; **~ *for the defence*** teisiamojo gynėjas; ***King's/Queen's C.*** karališkasis advokatas *(paskirtas vyriausybės)* ◊ ***to keep one's (own) ~*** (nu)slėpti, laikyti paslaptyje
v (-ll-) patarti; rekomenduoti; ***to ~ patience*** patarti būti kantriam; ***the doctor ~led him against going abroad*** gydytojas nepatarė jam važiuoti į užsienį
counsel(l)ing ['kaunsəlɪŋ] *n* **1** patarimas; *(psichologo)* konsultacija **2** *mok.* orientavimas; ***careers ~*** profesinis orientavimas
counsel(l)or ['kaunsələ] *n* **1** patarėjas; ***guidance ~*** *amer.* konsultantas *(mokykloje)* **2** = **counsellor-at-law**
counselor-at-law ['kaunsələət'lɔː] *n amer.* advokatas
count¹ [kaunt] *n* **1** skaičiavimas; ***to keep ~ (of)*** skaičiuoti, vesti apskaitą; ***to lose ~*** pasimesti/apsirikti skaičiuojant **2** skaičiavimo rezultatas, nustatytas skaičius; ***at the last ~*** paskutiniais apskaičiavimais; ***body ~*** žuvusiųjų/aukų skaičius; ***blood ~*** statistinė kraujo analizė; hemograma; ***red ~*** *med.* eritrocitų kiekis **3** atsižvelgimas; ***to take [no] ~ (of)*** atsižvelgti [neatsižvelgti] *(į); on other ~s* (visais) kitais atžvilgiais **4** *teis.* kaltinamojo akto punktas ◊ ***to be out for the ~*** a) pralaimėti; būti nokautuotam; b) būti be sąmonės, kietai miegoti
v **1** skaičiuoti; suskaičiuoti *(t. p.* **~ up)**; ***to ~ the votes*** *polit.* skaičiuoti balsus; ***to ~ up change*** suskaičiuoti grąžą; ***to ~ up to ten*** suskaičiuoti iki dešimties **2** priskaičiuoti *(t. p.* **~ in)**; ***if you're planning a trip to Palanga, ~ me in*** jei ketinate vykti į Palangą, priimkite ir mane; ***forty people not ~ing the children*** keturiasdešimt žmonių, neskaitant vaikų **3** būti svarbiam, skaitytis; ***that does not ~*** tai nesvarbu, tai nieko nereiškia; ***every little thing ~s*** svarbu kiekviena smulkmena; ***he does not ~*** a) su juo nėra ko skaitytis; b) jo neskaičiuokime *(jis nepriklauso paminėtiems);* ***to ~ for much [little]*** daug [mažai] reikšti; ***to ~ for nothing*** nieko nereikšti, nesiskaityti **4** laikyti; ***children over 15 are ~ed as adults*** vyresni kaip 15 m. vaikai laikomi suaugusiais; ***I ~ myself lucky to be here*** aš esu laimingas, būdamas čia **5** *(against)* būti prieš; ***his age will ~ against him*** jis netiks dėl amžiaus **6** *(on, upon)* tikėtis, dėti viltis; pasitikėti □ **~ down** skaičiuoti *(laiką)* atgal *(prieš kam įvyksiant/prasidedant);* **~ in** įtraukti *(į kokią veiklą);* **~ out** a) neskaičiuoti, praleisti; **~ *me out for this trip*** netraukite manęs į tą išvyką; b) *parl.* atidėti posėdį dėl kvorumo trūkumo; c) *sport.* paskelbti nokautą
count² *n* grafas *(titulas)*
countable ['kauntəbl] *a* **1** skaičiuojamas **2** *gram.* skaičiuotinis
countdown ['kauntdaun] *n* **1** laiko skaičiavimas atgal *(pvz., prieš paleidžiant erdvėlaivį)* **2** kritiškas/lemiamas momentas
countenance ['kauntənəns] *n* **1** veido išraiška, veidas; ***to change (one's) ~*** persimainyti, pasikeisti, keisti veido išraišką **2** užjaučiantis žvilgsnis, moralinė parama, padrąsinimas; ***to give/lend one's ~ (to)*** padrąsinti; pritarti *(planui)* ◊ ***to keep (one's) ~*** neišsiduoti, susitvardyti, iš(si)laikyti *(nesusijuokus);* ***to lose ~*** neišlaikyti, nesitvardyti; ***to put/stare smb out of ~*** sukonfūzyti ką
v palaikyti; pritarti; ***he won't ~ violence*** jis yra prieš smurtą
counter¹ ['kauntə] *n* **1** prekystalis, bufetas; ***to sell under the ~*** parduoti iš po prekystalio; ***to serve behind the ~*** tarnauti parduotuvėje; ***over the ~*** be recepto *(apie vaistus)* **2** *(banko)* langelis **3** *amer.* = **worktop**
counter² *n* **1** *(žaidimo)* figūrėlė; šaškė **2** skaičiuotojas **3** *tech.* skaitiklis; tachometras
counter³ <*n, a, prep, v*> *n* **1** kas nors priešinga/priešiška; ***as a ~ to smth*** kaip priešprieša kam **2** smūgio atmušimas, kontrasmūgis; pasitinkamasis kirtis *(fechtavime)*

3 *(arklio)* sprandas 4 užkulnis 5 aštuoniukė *(čiuožimo figūra)*
a priešingas, priešiškas, kontr(a)-
prep (~ to) prieš; *to run ~ to smth* prieštarauti kam, eiti prieš ką; *to act ~ to smb's wishes* veikti prieš kieno norus
v 1 būti prieš, priešintis; *they ~ed our proposal with one of their own* prieš mūsų pasiūlymą jie iškėlė kontrapasiūlymą 2 atremti, atmušti
counter- ['kauntə-] *pref* prieš-, kontr(a)-; *counterclockwise* prieš laikrodžio rodyklę; *contraproposal* kontrapasiūlymas
counteract [ˌkauntər'ækt] *v* veikti prieš; neutralizuoti *(t. p. prk.); to ~ the snake's poison* neutralizuoti gyvatės nuodus
counteraction [ˌkauntə'rækʃn] *n* atoveikis, priešingas veikimas, priešveiksmis; neutralizacija
counteractive [ˌkauntər'æktɪv] *a* 1 veikiantis prieš 2 neutralizuojamasis
counterargument ['kauntərˌɑ:gjumənt] *n* kontrargumentas
counterattack ['kauntərətæk] *n* kontrataka
v kontratakuoti
counterattraction ['kauntərəˌtrækʃn] *n* 1 *fiz.* priešinga/konkuruojanti trauka 2 kas nors atitraukiantis
counterbalance *n* ['kauntəˌbæləns] atsvaras *(t. p. tech.)*
v [ˌkauntə'bæləns] atsverti, kompensuoti; daryti pusiausvyrą
counterblast ['kauntəblɑ:st] *n* 1 priešingo vėjo šuoras 2 atsikirtimas, energingas protestas; kontrapriemonė
counterblow ['kauntəbləu] *n* kontrsmūgis, atsakomasis smūgis
counterchange ['kauntətʃeɪndʒ] *v* sukeisti vietomis/dalimis
countercharge ['kauntətʃɑ:dʒ] *teis. n* priešpriešinis kaltinimas; kontrakaltinimas
v [ˌkauntə'tʃɑ:dʒ] pateikti kontrakaltinimą
countercheck ['kauntətʃek] *n* priešinimasis, kliūtis
counterclaim ['kauntəkleɪm] *teis. n* priešieškinis; priešpriešinis reikalavimas
v pareikšti priešieškinį
counterclockwise [ˌkauntə'klɔkwaɪz] *adv, a amer.* prieš laikrodžio rodyklę
counterculture ['kauntəˌkʌltʃə] *n* kontrkultūra *(neigianti tradicinę kultūrą ir gyvenseną)*
countercurrent ['kauntəˌkʌrənt] *n* priešsrovė, priešpriešinė srovė
counterespionage [ˌkauntər'espɪənɑːʒ] *n* kontržvalgyba
counterfeit ['kauntəfɪt] *<n, a, v> n* klastotė, falsifikacija
a 1 padirbtas, netikras, suklastotas 2 apsimestinis
v 1 klastoti, padirbti *(pinigus, parašą ir pan.)* 2 apsimesti, apgaudinėti 3 (pa)mėgdžioti
counterfeiter ['kauntəfɪtə] *n* 1 apsimetėlis, apgavikas 2 klastotojas, padirbėjas 3 imitatorius, (pa)mėgdžiotojas
counterflow ['kauntəfləu] *n* priešpriešinis tekėjimas, priešsrovė, atgalinis srautas
counterfoil ['kauntəfɔɪl] *n (čekio, kvito, perlaidos)* šaknelė
counterforce ['kauntəfɔ:s] *n fiz.* atoveikio jėga
counterfort ['kauntəfɔ:t] *n stat.* kontraforsas, atspyris
counterinflationary [ˌkauntərɪn'fleɪʃnrɪ] *a* priešinfliacinis
counterinsurgency [ˌkauntərɪn'sə:dʒənsɪ] *n* baudžiamosios akcijos prieš sukilėlius *(t. p. ~ operations)*
counterintelligence [ˌkauntərɪn'telɪdʒəns] *n* kontržvalgyba
counterirritant [ˌkauntər'ɪrɪtənt] *n med.* atitraukiamasis vaistas *(mažinantis didesnį kitos kūno vietos skausmą)*
counter-jumper ['kauntəˌdʒʌmpə] *n šnek. žr.* **counterman**

counterman ['kauntəmən] *a (pl* -men [-mən]) padavėjas, išdavėjas *(kavinėje, valgykloje);* barmenas
countermand [ˌkauntə'mɑ:nd] *n* priešingas įsakymas; įsakymas, pakeičiantis ankstesnį
v atšaukti įsakymą/užsakymą *(džn. duodant/pateikiant kitą); unless ~ed* jei nebus atšauktas
countermarch ['kauntəmɑ:tʃ] *kar. n* kontrmaršas
v pakeisti maršo/žygio kryptį
countermark ['kauntəmɑ:k] *n* kontrolinė žymė, kontrolinis įspaudas *(aukse ir sidabre)*
countermeasure ['kauntəˌmeʒə] *n* atsakomoji priemonė
countermine *n* ['kauntəmaɪn] 1 *kar.* kontrmina 2 priešpriešinis planas
v [ˌkauntə'maɪn] 1 *kar.* dėti kontrminas 2 (su)ardyti planus/kėslus
countermissile ['kauntəmɪsaɪl] *n* antiraketa
countermove ['kauntəmu:v] *n* atsakomasis žingsnis
counter-offensive [ˌkauntərə'fensɪv] *n kar.* kontrpuolimas
counter-offer ['kauntərɔfə] *n* kontrapasiūlymas
counterpane ['kauntəpeɪn] *n* lovatiesė, lovos užtiesalas
counterpart ['kauntəpɑ:t] *n* 1 kolega, pareigūnas, einantis analogiškas pareigas *(kitoje įstaigoje/šalyje ir pan.); he is my ~ here* jis čia užima postą, atitinkantį mano 2 dublikatas, kopija 3 kas nors vienas kitą papildantis
counterplot ['kauntəplɔt] *n* kontrsąmokslas
v rengti kontrsąmokslą
counterpoint ['kauntəpɔɪnt] *n muz.* kontrapunktas
counterpoise ['kauntəpɔɪz] = **counterbalance** *n, v*
counterproductive [ˌkauntəprə'dʌktɪv] *a* duodantis priešingus rezultatus
counter-proposal [ˌkauntəprə'pəuzl] *n* kontrapasiūlymas
counter-revolution [ˌkauntərevə'lu:ʃn] *n* kontrrevoliucija
counter-revolutionary [ˌkauntərevə'lu:ʃnərɪ] *n* kontrrevoliucionierius
a kontrrevoliucinis
counterscarp ['kauntəskɑ:p] *n kar.* kontreskarpas
countershaft ['kauntəʃɑ:ft] *n tech.* tarpinis velenas
countersign ['kauntəsaɪn] *n* 1 *kar.* slaptažodis, parolis 2 patvirtinantis/paliudijantis parašas *(dokumente)*
v patvirtinti parašu *(kito parašą dokumente)*
countersink ['kauntəsɪŋk] *tech. n* 1 skylės pradžios platinimas *(varžto/sraigto galvutei įleisti į vidų);* varžto galvutės įleidimas 2 *(išgręžtų angų)* platintuvas, gilintuvas
v (kūgiškai) gilinti, (pa)platinti skylės pradžią *(varžto galvutei įleisti);* įleisti varžto galvutę
counterspy ['kauntəspaɪ] *n* kontržvalgas
counterstroke ['kauntəstrəuk] *n* kontrsmūgis, atsakomasis smūgis
countertenor [ˌkauntə'tenə] *n muz.* kontratenoras *(vyro balsas, panašus į altą)*
countertrade ['kauntətreɪd] *n ekon.* prekių mainai
countervail [ˌkauntə'veɪl] *v* 1 kompensuoti, išlyginti 2 priešintis, pasipriešinti *(against)*
counterweigh [ˌkauntə'weɪ] *v* atsverti
counterweight ['kauntəweɪt] *n* atsvaras
counterwork *n* ['kauntəwə:k] priešingas veikimas
v [ˌkauntə'wə:k] veikti prieš; (su)ardyti *(priešo)* planus
countess ['kauntɪs] *n* grafienė
counting-house ['kauntɪŋhaus] *n* kontora, buhalterija *(patalpa)*
counting-room ['kauntɪŋrum] *n amer.* = **counting-house**
countless ['kauntləs] *a* nesuskaičiuojamas
count-out ['kauntaut] *n* posėdžio/susirinkimo uždarymas dėl kvorumo nebuvimo

countrified ['kʌntrɪfaɪd] *a* kaimo, kaimiškas; kaimietiškas

country ['kʌntrɪ] *n* **1** šalis, kraštas; šalies teritorija/gyventojai; *underdeveloped [developing] countries* silpnos [stiprios] ekonomikos šalys **2** tėviškė, gimtinė, tėvynė *(t. p. mother ~); to die for one's ~* mirti už tėvynę; *to leave the ~* išvykti į užsienį **3** *(the ~)* kaimas *(ne miestas); to live in the ~* gyventi kaime; *to spend a day in the ~* praleisti dieną užmiestyje; *in the open ~* gamtos prieglobstyje **4** vieta, teritorija; *mountainous [wooded] ~* kalnuota [miškinga] vieta; *the West C.* pietvakarinė Anglija; *to cut across ~* eiti per laukus ir miškus *(nesilaikant kelių)* **5** *(žinių ir pan.)* sritis, sfera *(džn. smb's line of ~)* **6** kaimiškoji/kantri muzika *(pagrįsta folkloru)* ◊ *to go/appeal to the ~* rengti/skelbti priešlaikinius parlamento rinkimus *(apie vyriausybę)*
a **1** kaimo; užmiestinis; *~ road* kaimo kelias; *~ club* užmiesčio klubas *(su kortais, plaukimo baseinu ir pan.)* **2** kaimiškas; kaimietiškas

country-and-western [ˌkʌntrɪən'westən] *n amer.* stilizuota liaudies muzika

country-dance ['kʌntrɪdɑ:ns] *n* kontradansas *(anglų liaudies šokis)*

countrified ['kʌntrɪfaɪd] *a* = **contrified**

countryfolk ['kʌntrɪfəuk] *n kuop.* kaimo gyventojai

country-house [ˌkʌntrɪ'haus] *n* užmiesčio namas, vila

countryman ['kʌntrɪmən] *n (pl* -men [-mən]) **1** tėvynainis, tautietis **2** kaimietis; kaimo gyventojas

country-seat [ˌkʌntrɪ'si:t] *n* dvaras *(jo savininkas turi namą ir mieste)*

countryside ['kʌntrɪsaɪd] *n* **1** kaimas; *we go out into the ~ on Sundays* sekmadieniais mes išvažiuojame į užmiestį **2** kaimo gyventojai

countrywoman ['kʌntrɪˌwumən] *n (pl* -women [-ˌwɪmɪn]) **1** tautietė **2** kaimietė

county ['kauntɪ] *n* **1** grafystė *(Anglijos administracinis vienetas);* apygarda *(JAV); ~ town/amer. seat* grafystės/apygardos centras; *~ family* dvarininko šeima; šeima, kurios daug kartų gyveno toje grafystėje; *home counties (šešios)* grafystės apie Londoną; *~ borough ist.* miestas, turintis tuos pačius valdžios įgaliojimus, kaip grafystė **2** *(džn. iron.)* dvarininkai, grafystės gyventojai
a šnek. dvarininkiškas; aristokratiškas

coup [ku:] *pr. n* **1** sėkmingas/gudrus ėjimas/manevras/žingsnis **2** = **coup d'état**

coup de grâce [ˌku:də'grɑ:s] *pr.* **1** pribaigiamasis smūgis/šūvis *(iš gailesčio kenčiančiam žmogui/gyvuliui)* **2** *prk.* lemiamas/ mirtinas smūgis *(to)*

coup d'état [ˌku:deɪ'tɑ:] *pr.* valstybės perversmas

coupé ['ku:peɪ] *pr. n* **1** dengtas automobilis *(su dviem sėdynėmis; t. p. ~ two-seater)* **2** *ist.* dvivietė karieta **3** *glžk.* dvivietė kupė

couple ['kʌpl] **1** *(sutuoktinių, įsimylėjėlių)* pora; *to go/hunt/run in ~s* būti kaip surištiems, būti visada dviese **2** pora, du, dvejetas; *a ~ of apples* du obuoliai; *dancing ~s* šokančios poros; *~ of forces fiz.* jėgų dvejetas **3** *šnek.* keletas; *to stay a ~ of days* apsistoti keletui/porai dienų; *we had a ~ in the bar* mes truputį išgėrėme bare
v **1** (su)jungti, sukabinti **2** sieti, asocijuoti *(with)* **3** poruoti(s), susiporuoti **4** mylėtis □ *~ on* prikabinti *(vagonus ir pan.)*

coupler ['kʌplə] *n* **1** sukabinėtojas, sujungėjas **2** *tech.* sukabinamasis prietaisas; (su)jungiamoji mova **3** *rad.* šakotuvas

couplet ['kʌplɪt] *n lit.* rimuotas dvieilis, kupletas; *heroic ~* herojinis kupletas *(dešimties skiemenų eilutė, susidedanti iš penkių pėdų)*

coupling ['kʌplɪŋ] *n* **1** su(si)jungimas, jungimas(is); sukabin(ėj)imas **2** poravimas(is) **3** *fiz.* sankaba; ryšys **4** *tech.* mova; *~ plate/disc* movos diskas

coupon ['ku:pɒn] *n* **1** kuponas **2** talonas *(prekėms)*

courage ['kʌrɪdʒ] *n* drąsa, drąsumas, narsa, vyriškumas; *Dutch ~* girto drąsa/narsumas; *to show ~* (pa)rodyti drąsą; *to take ~* reikėti drąsos; *to take one's ~ in both hands* pasiruošti/susikaupti drąsiam žygiui; *to lose ~* išsigąsti; *to have the ~ of one's convictions/opinions* turėti drąsos (ap)ginti savo įsitikinimus, elgtis/pasielgti pagal savo įsitikinimus; *I hadn't the ~ to tell her the truth* man neužteko drąsos pasakyti jai tiesą

courageous [kə'reɪdʒəs] *a* drąsus, narsus

courgette [kuə'ʒet] *n bot.* cukinija

courier ['kurɪə] *n* **1** kurjeris, pasiuntinys **2** *(kelionių firmos, ekskursijų biuro)* atstovas, lydintis turistus *(kelionėje),* gidas
v pasiųsti per kurjerį

Courland ['kuələnd] *n ist.* Kuržemė

course [kɔ:s] <*n, mod, v*> *n* **1** eiga; *~ of events* įvykių eiga; *in the ~ of time* laikui bėgant, su laiku; *in/during the ~ of* (*kokį laiką*), metu; *in the ~ of this month* per šį mėnesį; *in/during the ~ of conversation* pokalbio metu; *the theatre is in ~ of construction* teatras statomas **2** kryptis, kursas, kelias, maršrutas; *to be on ~ (for)* būti kelyje *(į); to be on the right ~* eiti/plaukti gera/tinkama kryptimi; *to run/take one's ~* natūraliai plėtotis, vykti/eiti savo keliu *(apie įvykius, reikalus, ligą ir pan.); to stay the ~* tęsti iki galo *(nepaisant sunkumų); compass ~* kryptis pagal kompasą **3** *(mokymo, paskaitų, gydymo)* kursas; *preliminary ~s* parengiamieji kursai **4** patiekalas; *a three-~ dinner* trijų patiekalų pietūs **5** *(pasirinktas)* elgesys, manieros; *~ of action* veikimo būdas; *they discussed several possible ~s and decided to follow the middle ~* jie apsvarstė keletą galimų variantų ir nutarė laikytis vidurio linijos **6** tvarka, eilė; *in ~* iš eilės, paeiliui **7** *sport. (bėgimo ir pan.)* takas; trasa; distancija **8** *stat.* horizontali *(plytų ir pan.)* eilė; sluoksnis; *damp/damp-proof ~ (mūrinės sienos)* drėgmės izoliuojamasis sluoksnis **9** *jūr.* žemutinė tiesioji burė **10** *geol.* sluoksnis, gysla **11** *pl fiziol.* menstruacijos ◊ *of ~* žinoma; savaime aišku; *(as) a matter of ~* kas nors savaime suprantama, kitaip neįsivaizduojama; aiškus daiktas
mod šnek. žinoma
v **1** tekėti, bėgti **2** *medž.* persekioti, vytis

coursebook ['kɔ:sbuk] *n* vadovėlis

courser[1] ['kɔ:sə] *n poet.* eiklus žirgas, ristūnas

courser[2] *n* **1** medžiotojas **2** skalikas

court [kɔ:t] *n* **1** teismas *(t. p. ~ of law/justice); district ~* apygardos teismas; *C. of Session (Škotijos)* Aukščiausiasis civilinių bylų teismas; *to bring/take smb to ~* paduoti ką į teismą; *to come before the ~* stoti į teismą; *to take a case to ~* spręsti bylą teisme; *to settle affairs [a quarrel/dispute] out of ~* išspręsti reikalus [ginčą] be teismo *(draugiškai); to be out of ~* a) netekti teisės į ieškinį; b) netekti galios, pasenti; *to rule/put out of ~* a) neleisti būti svarstomam teisme; b) sutrukdyti, atsisakyti *(nesvarsčius)* **2** karališkojo dvaro rūmai; dvariškiai; *to hold a ~* surengti priėmimą dvare **3** karališkoji taryba **4** kiemas **5** *(žaidimų)* aikštelė, kortas; *hard ~*

courtage   207   **covert**

kietos dangos kortas **6** merginimas, asistavimas; *to pay ~ (to)* = **court** *v* 1, 2 ◊ *to hold ~* įdomiai pasakoti, būti dėmesio centre; *to laugh out of ~* išjuokti; nemanyti, kad tai rimta *(apie nuomonę ir pan.)*; *a friend in ~* įtakingas draugas

v **1** merginti(s); asistuoti, pirštis **2** siekti *(prielankumo ir pan.)*; stengtis įsiteikti; *to ~ popularity* siekti populiarumo **3** rizikuoti užsitraukti/prisišaukti *(kokių nemalonumų)*

courtage ['kɔ:tɪdʒ] *n kom.* kurtažas; brokerio atlyginimas

court-card ['kɔ:tka:d] *n* korta su paveikslėliu, ponuotoji korta

courteous ['kɔ:tɪəs] *a* mandagus, pagarbus, paslaugus

courtesan [ˌkɔ:tɪ'zæn] *n* kurtizanė, prostitutė

courtesy ['kɔ:təsɪ] *n* **1** mandagumas, pagarbumas, etiketas **2** *pl* mandagybės, meilūs žodžiai, komplimentai *(susitikus)* **3** malonus sutikimas, leidimas, malonė; *by ~ of* a) su kieno maloniu sutikimu; b) dėl, dėka **4** *attr: ~ light aut.* plafonas, automatiškai užsidegantis atidarant duris; *~ title* pagarbumo titulas *(lordo dukters/ sūnaus atžvilgiu)*; *~ call/visit* mandagumo vizitas

courthouse ['kɔ:thaus] *n* **1** *(ypač amer.)* teismo pastatas/ rūmai **2** *amer.* apygardos valdžios pastatas

courtier ['kɔ:tɪə] *n ist.* *(karališkojo dvaro)* dvariškis, rūmininkas

courtliness ['kɔ:tlɪnɪs] *n* **1** kilnumas, mandagumas **2** rafinuotumas

courtly ['kɔ:tlɪ] *a* **1** kilnus, mandagus; *~ love ist.* riteriška meilė **2** rafinuotas

court-martial [ˌkɔ:t'ma:ʃl] *n (pl* courts-martial [kɔ:ts-], ~s) karo lauko teismas; *drumhead ~* karo lauko teismas kovos lauko nusikaltimams tirti

v (-ll-) teisti karo lauko teisme

courtroom ['kɔ:trum] *n* teismo salė

courtship ['kɔ:tʃɪp] *n* piršimasis, meilikavimas

courtyard ['kɔ:tja:d] *n* kiemas

cousin [ˌkʌzn] *n* **1** pusbrolis, pusseserė *(t. p. first ~)*; *second ~* antros eilės pusbrolis/pusseserė; *first ~ once removed* pusbrolio/pusseserės vaikas **2** giminaitis; *to call ~(s) with smb* laikyti ką gimine, pretenduoti į giminystę su kuo **3** *pl* bendraminčiai, draugai ◊ *country ~* provincialas, kaimietis *(patekęs į miestą)*

cousin-german ['kʌzn'dʒɜ:mən] *n (pl* cousins- ['kʌznz-]) = **cousin** 1

couth [ku:θ] *a juok.* išauklėtas, mandagus

couture [ku:'tjuə] *pr. n* madingų moteriškų drabužių modeliavimas ir siuvimas; madingi moteriški drabužiai

couturier [ku:'tjuərɪeɪ] *pr. n* moteriškų drabužių siuvėjas/ modeliuotojas

cove[1] [kəuv] *n* **1** įlankėlė; prieplauka **2** saugi vieta prie uolėto jūros kranto **3** *stat.* skliautas

cove[2] *n sl.* vyrukas, vaikinas; *he's an odd ~* jis kažkoks keistas

coven ['kʌvn] *n* raganų *(ypač 13)* sąlėkis

covenant ['kʌvənənt] *n* **1** susitarimas; įsipareigojimas **2** *teis.* sutarties sąlyga/straipsnis; *deed of ~* sutarties dokumentas **3** paktas **4** *bibl.* testamentas; *land of the ~* pažadėtoji žemė

v **1** įsipareigoti, pasižadėti **2** sudaryti susitarimą/sutartį, susitarti

covenantee [ˌkʌvənən'ti:] *n teis.* kontrahentas *(asmuo, kurio atžvilgiu įsipareigojama)*, viena sutarties šalių

Coventry ['kɔvəntrɪ] *n* Koventris *(miestas)* ◊ *to send smb to ~* nutraukti ryšius su kuo, nustoti bendrauti su kuo, boikotuoti ką

cover ['kʌvə] *n* **1** dangtis, dangtelis, uždangalas, apdangalas, danga **2** *(lovos)* apklotas; *(baldų ir pan.)* apmovas, apmautas *(t. p. loose ~)* **3** *(knygos, žurnalo)* viršelis; *~ girl* graži mergaitė *(kurios nuotrauka spausdinama žurnalo viršelyje)*; *to read from ~ to ~* perskaityti nuo pirmojo iki paskutinio puslapio **4** priedanga *(t. p. kar.)*; *to take ~* pasislėpti; *to break ~* išeiti iš priedangos; išeiti iš krūmų/tankmės *(apie gyvulius)*; *under ~ (of) (ko)* priedangoje, po priedanga **5** priedanga, pretekstas, dingstis; *a ~ for murder* dingstis/priedanga įvykdyti žmogžudystei; *under ~ of patriotism* prisidengiant patriotizmu **6** vokas; įpakavimas; *under the same [separate] ~* tame pačiame [kitame] voke/pakete **7** stalo reikmenų komplektas *(vienam valgytojui)* **8** *fin.* draudimas; garantinis fondas; *~ note* laikinas draudimo liudijimas *(brokerio išduodamas draudėjui)*

v **1** (už)dengti, apdengti *(t. p. ~ up)*; užtiesti *(stalą)*; (ap)dangstyti; *~ your mouth when you yawn* prisidenkite ranka burną žiovaudamas **2** apkloti, užkloti, apgaubti; apmušti *(baldus, sienas)* **3** apdrabstyti, aptaškyti *(purvais)*, apnešti *(dulkėmis) (with)* **4** apsaugoti; pridengti *(puolant)*; *to ~ the retreat* pridengti atsitraukimą **5** nueiti, nubėgti *(tam tikrą nuotolį)* **6** užimti *(kokį plotą, teritoriją)* **7** apimti, aprėpti *(apie paskaitą, knygą ir pan.)* **8** numatyti *(instrukcijose, sutarties straipsniuose ir pan.)* **9** ap(si)drausti *(t. p. prk.)*; *he only said that to ~ himself* jis pasakė tai, norėdamas apsidrausti **10** slėpti; *to ~ one's confusion [arrogance]* neparodyti sumišimo [pykčio] **11** kompensuoti, padengti *(išlaidas, nuostolius)*; patenkinti *(poreikius, reikalavimus)* **12** nušviesti *(įvykius spaudoje ir pan.)*; *the game will be ~ed live on BBC* susitikimas bus tiesiogiai transliuojamas per BBC **13** laikyti *(ginklą)* nukreiptą/nutaikytą *(į)*; taikyti(s); *to ~ smb with a gun* taikytis į ką šautuvu **14** pavaduoti *(neatvykusį; for)* **15** (nu)kirsti *(lošiant kortomis)* **16** *sport.* dengti *(žaidėją)*; ginti **17** *ž. ū.* (su)kergti □ *~ in* apdengti; apipilti *(žemėmis)*; *~ over* uždengti; *~ up* a) gerai užkloti, užkamšyti; b) paslėpti; nuslėpti *(for)*

coverage ['kʌvərɪdʒ] *n* **1** *(įvykių)* nušvietimas spaudoje, per radiją *ir pan.*; *sport gets too much TV ~* sportui skiriama per daug laiko televizijoje **2** apimtis, aprėpimas **3** *spec.* veikimo/stebėjimo zona **4** *fin. (išlaidų, valiutos)* padengimas; draudimas, draudimo suma; apsauga **5** *kar.* dengimas, sauga

coveralls ['kʌvərɔ:lz] *n pl* darbo drabužiai; kombinezonas

cover-charge ['kʌvətʃa:dʒ] *n* papildomas mokestis už aptarnavimą *(restorane, bare)*

covered ['kʌvəd] *a* **1** (už)dengtas, pridengtas; apsaugotas; su dangčiu/dangteliu **2** su skrybėle *ir pan.*; *to remain ~* nenusiimti skrybėlės *ir pan.*

covering ['kʌvərɪŋ] *n* **1** (ap)dengimas, uždengimas; apklojimas, užklojimas **2** danga; *ice ~* ledo danga, apledėjimas **3** *fin.* supirkimo operacijos **4** *ž. ū.* (su)kergimas

a kartu einantis, lydintis; *~ letter* lydraštis, kartu pridedamas laiškas *(siunčiamas su siuntiniu, kitu laišku)*; *~ party kar.* priedangos padalinys; *~ sergeant* puskarininkis, einantis rikiuotėje paskutinis

coverlet ['kʌvəlɪt] *n* lovatiesė; užtiesalas

coverlid ['kʌvəlɪd] *n* = **coverlet**

cover-point ['kʌvəˌpɔɪnt] *n sport.* **1** gynėjas **2** gynėjo vieta *(krikete)*

covert ['kʌvət] *n* **1** prieglauda, slėptuvė **2** *medž.* prieglauda/prieglobstis žvėrims/paukščiams *(miškas, tankmė)*;

covertue / 208 / **crack**

to draw a ~ ieškoti tankumyne *(lapių ir pan.)* **3** *tekst.* koverkotas **4** *pl (sparno, uodegos)* plunksnos *a* (pusiau) paslėptas, slaptas, užmaskuotas; ~ *glance* žvilgsnis vogčiomis; ~ *sneer* užmaskuota pašaipa
coverture ['kʌvətʃuə] *n* **1** prieglobstis, prieglauda **2** *teis. ist.* ištekėjusios moters statusas
cover-up ['kʌvərʌp] *n* **1** *(tiesos)* (nu)slėpimas **2** pasyvi kova *(boksas)*
covet ['kʌvɪt] *n* trokšti, geisti *(ppr. ko nors svetimo)*
covetous ['kʌvɪtəs] *a* **1** geidus, godus, gobšus *(of)* **2** pavydus
covey ['kʌvɪ] *n* **1** *(kurapkų ir pan.)* pulkelis; *to spring a* ~ išbaidyti paukščių pulkelį **2** *juok. (moterų, vaikų)* būrelis
cow[1] [kau] *n* **1** karvė; galvijas; *dry* ~ bergždžia/užtrūkusi/nemelžiama karvė **2** *(dramblio/banginio ir kt.)* patelė **3** *šnek. niek.* karvė *(apie moterį)* ◊ *sacred* ~ *menk.* šventas/nekritikuotinas dalykas/reikalas; *till the* ~*s come home šnek.* ilgai, be galo; *to have a* ~ *amer. šnek.* niršti, būti įtūžusiam/pritrenktam
cow[2] *v (ppr. pass)* (į)gąsdinti, (į)baugintį, terorizuoti
coward ['kauəd] *n* bailys
a bailus, baugštus
cowardice ['kauədɪs] *n* bailumas
cowardliness ['kauədlɪnɪs] *n* = **cowardice**
cowardly ['kauədlɪ] *a* bailus
adv psn. bailiai
cowbane ['kaubeɪn] *n bot.* nuodingoji nuokana
cowbell ['kaubel] *n* varpelis karvei po kaklu
cowberry ['kaubərɪ] *n bot.* brukne
cowboy ['kaubɔɪ] *n* **1** *amer.* kaubojus; *ist.* piemuo **2** *šnek.* nutrūktgalvis *(apie vairuotoją)* **3** *šnek.* neprityręs/nerūpestingas ir nesąžiningas darbininkas
cowcatcher ['kau‚kætʃə] *n amer. glžk.* įtaisas kliūtims pašalinti *(garvežio ir pan. priekyje)*
cower ['kauə] *v* susigūžti, susitraukti, susiriesti *(nuo šalčio, iš baimės)*
cowgirl ['kaugəːl] *n* kaubojiškai apsirengusi mergaitė *(džn. dirbanti galvijų rančoje)*
cowhand ['kauhænd] *n* piemuo; galvijų prižiūrėtojas *(rančoje)*
cowheel ['kauhiːl] *n* jautienos šaltiena *(iš kojų)*
cowherd ['kauhəːd] *n* piemuo; galvijų prižiūrėtojas
cowhide ['kauhaɪd] *n* **1** karvės oda **2** karvės odos rimbas
v plakti rimbu
cow-house ['kauhaus] *n* tvartas, karvidė
cowl [kaul] *n* **1** gobtuvas, gaubtuvas *(ypač vienuolių)*; sutana su gobtuvu **2** *(dūmtraukio)* gaubtas **3** *tech. (variklio)* gaubtas, priekinis skydas
cowleech ['kauliːtʃ] *n šnek.* veterinaras
cowlick ['kaulɪk] *n (pasišiaušusių plaukų)* verpetas, kuodas
cowling ['kaulɪŋ] *n av.* variklio apdanga
cowman ['kaumən] *n (pl* -men [-mən]) **1** galvijų prižiūrėtojas **2** *amer.* galvijų rančos savininkas
co-worker [‚kəu'wəːkə] *n* bendradarbis
cowpat ['kaupæt] *n euf.* karvės banda *(mėšlas)*
cowpoke ['kaupəuk] *n amer. šnek.* = **cowpuncher**
cowpox ['kaupɔks] *n vet., med.* karvių raupai
cowpuncher ['kau‚pʌntʃə] *n amer. šnek.* kaubojus
cowrie, -ry ['kaurɪ] *n* geldutė, kriauklelė *(seniau vartota kaip pinigas Azijoje, Afrikoje)*
cowshed ['kauʃed] *n* tvartas, karvidė
cowslip ['kauslɪp] *n bot.* **1** raktažolė **2** *amer.* puriena
cow-tail ['kauteɪl] *n (avies užpakalinių kojų)* menkaruošės vilnos

cox [kɔks] (coxswain *sutr.*) *šnek. n* vairininkas *(valčių lenktynėse)*
v vairuoti *(valtį)*; ~*ed pairs [fours]* dvivietė [keturvietė] valtis su vairininku
coxa ['kɔksə] *n (pl* -ae [-iː]) *anat.* klubas, dubuo; klubo sąnarys
coxcomb ['kɔkskəum] *n psn.* tuščiagalvis puošeiva
coxcombical [kɔks'kɔmɪkl] *a psn.* pasipūtęs, tuščias, dabitiškas
coxcombry ['kɔks‚kəumrɪ] *n psn.* pasipūtimas; dabitiškumas
coxswain ['kɔksweɪn; *jūr.* 'kɔksn] *n* **1** *(lenktyninės valties)* vairininkas **2** valties vyresnysis *(laive)*
coy [kɔɪ] *a* **1** drovus, kuklus *(ypač apie moterį)*, koketiškas **2** vengiantis *(viską)* pasakyti, išsisukinėjantis *(about)*
coyote ['kɔɪəut, kɔɪ'əutɪ] *n zool.* kojotas, prerijų vilkas
coypu ['kɔɪpuː] *n zool.* nutrija
coz [kʌz] *n psn., amer.* = **cousin**
cozen ['kʌzn] *v psn.* apgauti, apmulkinti; apgaule įtikinti *(into)*; išvilioti *(out of)*
cozenage ['kʌznɪdʒ] *n psn.* apgavystė
cozy ['kəuzɪ] *amer.* = **cosy** *a, n, v*
crab[1] [kræb] *n* **1** *zool., kul.* krabas **2** *(C.)* Vėžys *(žvaigždynas ir Zodiako ženklas)* **3** gaktinė utėlė *(t. p.* ~ *louse)* **4** *tech.* gervė, keltuvas, suktuvas ◊ *to catch a* ~ per giliai kabinti irklu
v **1** gaudyti krabus *(ppr. go ~bing)* **2** *jūr., av.* (nu)nešti pavėjui; kreipti *(laivą, lėktuvą)* į šoną *(kompensuojant vėjo poveikį)*
crab[2] *šnek. n* niurzga, bambeklis
v **1** bambėti, niurzgėti, zirsti **2** sudirbti, (su)kritikuoti *(knygą, pjesę ir pan.)*
crab[3] *n* **1** laukinė obelis, šunobelė **2** laukinis obuolys
crab-apple ['kræb‚æpl] *n* = **crab**[3]
crabbed ['kræbɪd] *a* **1** irzlus, niurzgus **2** sunkiai išskaitomas, smulkus, neryškus *(apie rašyseną)* **3** sunkiai suprantamas *(apie kūrinius, stilių, rašytoją)*
crabby ['kræbɪ] *a* irzlus, niurzgus
crabwise ['kræbwaɪz] *adv* atbulom(is), atžagariom(is)
crack [kræk] <*n, a, v*> *n* **1** plyšys **2** įtrūkimas, įtrūkis, įskilimas, įlūžimas **3** *prk.* spraga; *to paper/paste/cover over the* ~*s* užkaišioti spragas, užtušuoti trūkumus **4** trakštelėjimas, pliaukštelėjimas; poškėjimas, pykšėjimas **5** smarkus smūgis **6** pokštas, juokas, sąmojis, kandi pastaba *(about)* **7** *šnek.* laimė, sėkmė; *(laimės)* bandymas *(at)*; *I'll have a* ~ *at translating it* aš pabandysiu tai išversti **8** *šnek.* pašnekėjimas, linksma kompanija **9** *(balso)* lūžis **10** kokainas *(narkotikas; t. p.* ~ *cocaine)* ◊ *in a* ~ akimirksniu; *the* ~ *of doom (džn. juok.)* pasaulio pabaigos pradžia; *a fair* ~ *of the whip šnek.* gera proga *(ką padaryti)*; *at the* ~ *of dawn* auštant; *what's the* ~*? šnek.* kas čia darosi?, kas atsitiko?
a attr puikus, pirmaklasis, gerai parengtas *(apie komandą, žaidėją ir pan.)*; ~ *troops* rinktinė kariuomenė
v **1** sprogti, (į)plyšti, (į)trūkti, sutrūkti, (į)skilti, (į)lūžti, ižti; *boiling water will* ~ *glass* nuo verdančio vandens sprogs stiklinė; *my hands are* ~*ed* mano rankų oda suskirdo/supleišėjo **2** trakštelėti, pokštelėti, pliaukštelėti; traškėti, poškėti, tratėti; pliaukšėti, pliaukšėti, pliauškinti *(botagu ir pan.)* **3** traškinti, triauškinti *(riešutus)*; pradaužti *(kiaušinį)* **4** suduoti, (su)trenkti, (su)knežninti *(galvą ir pan.)* **5** išspręsti *(sunkų klausimą ir pan.)* **6** keistis, persilaužti *(apie balsą)* **7** išlaužti *(seifą)* **8** palūžti, sugniužti *(t. p.* ~ *up)*; pairti *(apie nervus; t. p.* ~ *up)*; *he* ~*ed under the strain* jis neišlaikė įtampos

9 suardyti; (su)irti; *to ~ a spy network* suardyti šnipų tinklą; *the empire starts to ~* imperija pradeda irti **10** *tech.* krekinguoti *(naftą)* ☐ *~ down* (su)varžyti, imtis griežtesnių žygių *(on);* palaužti *(pasipriešinimą); the police are ~ing down on gambling* policija kovoja su azartiniais žaidimais; *~ on* suskasti, užgulti *(norint ką užbaigti);* ~ *up šnek.* plyšti juokais ◊ *to get ~ing šnek.* sukrusti, subruzti; *it/he is not all it/he is ~ed up to be* nėra toks įdomus/gražus, talentingas *ir pan.*, kaip kalbama

crackbrained ['krækbreɪnd] *a šnek.* **1** pamišęs **2** beprotiškas, neprotingas

crackdown ['krækdaun] *n* griežtos priemonės *(kovojant su nusikaltimais, įvedant tvarką ir pan.)*

cracked [krækt] *a* **1** sprogęs, (į)skilęs, (į)trūkęs, sukiužęs, suskilęs, sutrūkinėjęs; *~ wheat* susmulkinti kviečiai **2** gergždžiantis, šaižus *(apie balsą)* **3** *predic šnek.* išėjęs iš proto, pamišęs **4** praviras *(apie duris ir pan.)*

cracker ['krækə] *n* **1** krekeris *(kietas nesaldus sausainis)* **2** fejerverkas **3** papliauška *(žaisliukas; t. p. Christmas ~)* **4** *(ppr. pl)* riešutų spaustukai **5** *šnek.* kas nors juokinga/žavu, *pvz.*, gražuolė, gražus įvartis **6** *amer.* neturtingas baltasis *(iš pietryčių JAV)* **7** *tech.* smulkintuvas

crackerjack ['krækədʒæk] *amer. sl. n* kas nors puiku; puikus specialistas/vadovas; nuostabus pokštas *a* puikus, nuostabus, meistriškas

crackers ['krækəz] *a predic šnek.* kuoktelėjęs, išprotėjęs

crackhead ['krækhed] *n šnek.* kokaino vartotojas

cracking ['krækɪŋ] <*n, a, adv*> *n tech.* krekingas *a šnek.* **1** greitas, žaibiškas **2** puikus, nuostabus *adv šnek.* nuostabiai

crack-jaw ['krækdʒɔː] *a šnek.* sunkiai ištariamas *(apie žodį)*

crackle ['krækl] *n* **1** trakšėjimas, traškėjimas, traškesys, spragsėjimas **2** smulkūs keramikos dirbinio paviršiaus įtrūkimai/įskilimai, kraklė *v* **1** traškėti, triuškėti, spragsėti; traškinti **2** įtrūkti *(apie keraminio dirbinio glazūrą)*

crackling[1] ['kræklɪŋ] *n* **1** paskrudusi kiaulienos odelė; *pl* spirgai **2** = **crackle** 1

crackling[2] *n kuop. sl.* patrauklios/žavios moterys

cracknel ['kræknl] *n* **1** trapus sausainis **2** *amer. kul.* paskrudinta kiauliena; *pl* spirgai, spirginiai

crackpot ['krækpɔt] *šnek. n* pakvaišėlis, paklaikėlis; beprotis *a* pakvaišęs; beprotiškas

cracksman ['kræksmən] *n (pl* -men [-mən]) *sl.* įsibrovėlis, įsilaužėlis

crackup ['krækʌp] *n šnek.* **1** avarija; katastrofa **2** *(nervų)* pairimas; *(stipri)* depresija **3** suirimas, žlugimas

crack-willow ['kræk,wɪləu] *n bot.* trapusis gluosnis

cracky ['krækɪ] *a* **1** sutrūkinėjęs **2** *šnek.* pakvaišęs

Cracow ['krækəv] *n* Krokuva *(miestas)*

-cracy [-krəsɪ] *(t. p.* -ocracy) *(sudurt. žodžiuose)* -(o)kratija; *theocracy* teokratija

cradle ['kreɪdl] *n* **1** lopšys *(t. p. prk.); from the ~ to the grave* nuo lopšio ligi karsto, visą gyvenimą; *Greece was the ~ of Western civilization* Graikija buvo Vakarų civilizacijos lopšys **2** *(telefono)* svirtelė **3** *tech.* lopšys, atrama ◊ *to rob the ~ amer. juok.* turėti už save žymiai vyresnį meilužį/meilužę *v* **1** supti lopšyje, liūliuoti **2** atsargiai laikyti *(rankose)* **3** *kas.* plauti *(auksingą smėlį)*

cradle-robber ['kreɪdl,rɔbə] *n amer.* = **cradle-snatcher**

cradle-snatcher ['kreɪdl,snætʃə] *n menk.* senas jaunos moters vyras/meilužis; sena jauno vyro žmona/meilužė

cradlesong ['kreɪdlsɔŋ] *n* lopšinė

craft [krɑːft] *n* **1** profesija, menas, mokėjimas **2** gudrybė, apgaulė **3** *(pl ~*s) amatas **4** *(amatininkų)* sąjunga, cechas; *~ union* profesinė sąjunga, organizuota cechų pagrindu **5** *(the C.)* masonų brolija **6** *(pl ~)* laivelis; laivynas; *kuop.* laivai **7** lėktuvas; *kuop.* lėktuvai **8** erdvėlaivis, kosminis laivas *(t. p. space ~)* *v (ppr. pass) (ypač amer.)* meistriškai padaryti/sukurti

craft-brother ['krɑːft,brʌðə] *n* amato draugas

craftily ['krɑːftɪlɪ] *adv* gudriai, klastingai

craftsman ['krɑːftsmən] *n (pl* -men [-mən]) *(tik v.)* meistras; amatininkas

craftsmanship ['krɑːftsmənʃɪp] *n* meistriškumas

craftswoman ['krɑːfts,wumən] *n (pl* -women [-,wɪmɪn]) meistrė; amatininkė

crafty ['krɑːftɪ] *a* gudrus, klastingas

crag [kræg] *n* stati uola

cragged ['krægɪd] *n* = **craggy**

craggy ['krægɪ] *a* **1** uolėtas, uolingas; status **2** stambių/ aštrių bruožų *(apie veidą)*

cragsman ['krægzmən] *n (pl* -men [-mən]) alpinistas

crake [kreɪk] *n zool.* griežlė; *little ~* plovinė vištelė; *spotted ~* švygžda

cram [kræm] *n* **1** kamšatis, grūstis, spūstis **2** mechaniškai iškaltos, paviršutiniškos žinios; kalimas *v* **1** (su)kimšti, (su)grūsti, pri(si)grūsti, pri(si)kimšti; *to ~ clothes into a trunk* sukimšti drabužius *ar* prikimšti drabužių į lagaminą; *to ~ food into one's mouth* prisikimšti burną maisto **2** (iš)kalti *(pamoką ir pan.);* skubotai/paviršutiniškai pa(si)rengti *(egzaminui)* **3** *refl* prisikimšti, prisivalgyti *(saldumynų ir pan.; with)*

crambo ['kræmbəu] *n* **1** rimo ieškojimas *(žodžiui, eilėraščio eilutei; žaidimas)* **2** *menk.* rimas; eiliakalystė

cram-full ['kræm'ful] *a* = **crammed**

crammed [kræmd] *a predic* sausakimšas, kimšte prikimštas *(with; t. p. ~ full of);* perkrautas *(apie tvarkaraštį ir pan.); the hall was ~* salė buvo sausakimša

crammer ['kræmə] *n* **1** kalikas, skubotai rengiantysis egzaminui **2** repetitorius

cramp [kræmp] *n* **1** spazmas, mėšlungis; sutraukimas; *writer's ~* pirštų sustingimas/skaudėjimas nuo ilgo rašymo; *I've got ~ in my leg* man sutraukė koją **2** *pl (ypač amer.)* pilvo diegliai *(t. p. stomach ~s)* **3** *tech. (tvirtinimo)* apkaba, sąvara, sankaba; veržtuvas *v* **1** sukelti spazmus/mėšlungį **2** (su)varžyti, (su)trukdyti *(judėjimą, raidą ir pan.; t. p. ~ up)* **3** *tech.* (su)tvirtinti, (su)kabinti

cramped ['kræmpt] *a* **1** ankštas; suvaržytas; *we were very ~ for room in our flat* bute buvo labai ankšta **2** per daug glaustas *(apie stilių)* **3** neišskaitomas *(apie raštą)* **4** ribotas, ribotų gabumų

cramp-iron ['kræmpaɪən] = **cramp** *n* 3

crampon ['kræmpən] *n (ppr. pl)* **1** *(alpinisto batų)* kapliukas **2** žiaunos *(keliamam kroviniui suimti)* **3** *bot.* orinės šaknys

crampy ['kræmpɪ] *a* mėšlungiškas, spazminis

cranage ['kreɪnɪdʒ] *n* **1** keliamojo krano naudojimas **2** mokestis už kraną

cranberry ['krænbərɪ] *n bot.* spanguolė; *high ~* paprastasis putinas

crane [kreɪn] *n* **1** *zool.* gervė **2** *tech.* keliamasis kranas; *mobile ~* savaeigis kranas; *~ attendant/operator* kranininkas

cranefly 210 **crayon**

v **1** (iš)tiesti kaklą *(kad būtų geriau matyti; t. p.* **~ out/over/down)** **2** kelti kranu **3** *šnek.* (su)abejoti/(su)svyruoti dėl sunkumų/pavojų *(at)*
cranefly ['kreɪnflaɪ] *n zool.* ilgakojis uodas
cranesbill ['kreɪnzbɪl] *n bot.* snaputis
crania ['kreɪnɪə] *pl žr.* **cranium**
cranial ['kreɪnɪəl] *a anat.* kaukolinis, kaukolės; kranialinis
cranium ['kreɪnɪəm] *n (pl* ~s, -nia) *anat.* kaukolė, kiaušas
crank[1] [kræŋk] *n* **1** *aut. (paleidimo)* rankena **2** *tech.* skriejikas; alkūninis svertas; **~ engine** švaistiklinis variklis
v tech. **1** įsukti, priversti suktis ratu **2** užsukti *(t. p.* **~ up)**; **to ~ up an engine** paleisti variklį *(sukant rankeną)* □ **~ out** *(ypač amer.) šnek.* kepte kepti *(naujus romanus ir pan.)*; **~ up** a) *amer.* pasirengti, sukaupti jėgas; b) *šnek.* pagarsinti *(muziką)*
crank[2] *n šnek.* **1** fanatikas, pamišėlis *(dėl sveiko maisto ir pan.)* **2** ekscentriškumas, keista idėja **3** *amer.* bambeklis, niurzga
a netvirtas, pašlijęs; pairęs
crankcase ['kræŋkkeɪs] *n tech.* karteris
crankpin ['kræŋkpɪn] *n tech.* skriejiko pirštas; švaistiklio kakliukas
crankshaft ['kræŋkʃɑːft] *n tech.* alkūninis velenas
crankweb ['kræŋkweb] *n tech.* žastas
cranky ['kræŋkɪ] *a* **1** keistas, pakvaišęs; ekscentriškas **2** kaprizingas, bjauras, viskuo nepatenkintas **3** sulūžęs, sugedęs, išklibęs *(apie mašiną)* **4** *dial.* pašlijęs, pairęs *(apie sveikatą)* **5** kreivas, vingiuotas
crannied ['krænɪd] *a* sutrūkinėjęs, supleišėjęs
cranny ['krænɪ] *n* plyšys, plyšelis, įtrūkimas
crap[1] [kræp] <*n, a, v*> *sl. n* **1** šlamštas; nesąmonė; **to be a load/bunch of ~** būti visiškam šlamštui **2** *vulg.* šūdas; šikimas
a labai prastas, šūdas
v vulg. šikti □ **~ up** sušikti, sugadinti *(darbą, reikalą)*
crap[2] *n* = **craps**
crape [kreɪp] *n* **1** krepo gedulo juostelė **2** krepas *(audinys)*
craped [kreɪpt] *a* **1** papuoštas krepu **2** gedulingas, gedulo **3** susuktas, surangytas
crapehanger ['kreɪpˌhæŋə] *n amer. šnek.* niurgzlys, bambeklis
crapper ['kræpə] *n sl.* išvietė, šikininkas
crappy ['kræpɪ] *a sl.* niekam tikęs, šlamštinis; bjauras
craps [kræps] *n amer.* azartinis žaidimas su dviem kauliukais; **to shoot ~** žaisti žaidimą su kauliukais
crapulence ['kræpjuləns] *n ret.* **1** pagirios **2** girtuokliavimas
crapulent ['kræpjulənt] *a ret.* pagiringas; persigėręs, persivalgęs
crapulous ['kræpjuləs] *a ret.* **1** linkęs persigerti/persivalgyti **2** = **crapulent**
crapy ['kreɪpɪ] *a* krepo, krepinis
crash[1] [kræʃ] <*n, a, adv, v*> *n* **1** susidūrimas, avarija; *(lėktuvo)* sudužimas; **train ~** geležinkelio katastrofa **2** trenksmas, dundėjimas, dardesys; **the ~ of thunder** perkūno trenksmas **3** *fin.* krachas, bankrotas
a **1** skubus; avarinis **2** intensyvus *(apie mokymo kursą ir pan.)*
adv triukšmingai, su trenksmu
v **1** nukristi, sudužti *(apie lėktuvą)*; sudaužyti *(automobilį, lėktuvą ir pan.)*; **the train ~ed at the (level) crossing** traukinį ištiko katastrofa prie pervažos **2** su trenksmu kristi, (nu)dardėti, (nu)tarškėti *(t. p.* **~ down)**; **the dishes ~ed to the floor** indai nutarškėjo ant grindų **3** trenkti; trenktis; atsitrenkti *(into)*; **thunder ~ed** perkūnas trenkė; **he ~ed his fist on the table** jis trenkė kumščiu į stalą **4** *fin.* patirti krachą, (su)bankrutuoti **5** *šnek.* prasmukti be bilieto; ateiti be kvietimo; **to ~ a party** ateiti į svečius nekviestam **6** *šnek.* griūti į lovą ir greit užmigti *(pavargus; t. p.* **~ out)** **7** *amer. šnek.* pernakvoti, pergulėti
crash[2] *n* šiurkštus audinys *(rankšluosčiams ir pan.)*
crash-dive ['kræʃdaɪv] *jūr. n (povandeninio laivo)* panirimas, panėrimas *(vengiant užpuolimo)*
v greitai panerti
crash-helmet ['kræʃˌhelmɪt] *n (lakūno, motociklininko)* šalmas
crashing ['kræʃɪŋ] *a šnek.* visiškas, baisus, nepaprastas; **~ bore** baisi nuobodybė
crash-land ['kræʃlænd] *v* nutupdyti *(lėktuvą)* dėl gedimo
crash-landing ['kræʃˌlændɪŋ] *n av.* priverstinis nusileidimas/nutūpimas
crashproof ['kræʃpruːf] *a tech.* nedūžtantis
crass [kræs] *a* **1** kvailas, netaktiškas, šiurkštus **2** visiškas *(apie kvailystę, tamsumą ir pan.)*
crassitude ['kræsɪtjuːd] *n knyg.* kraštutinis kvailumas/bukumas
-crat [-kræt] *(t. p.* -ocrat) *(sudurt. žodžiuose)* -kratas; **plutocrat** plutokratas
cratch [krætʃ] *n dial.* ėdžios *(atvirame ore)*
crate [kreɪt] *n* **1** *(įpakavimo)* dėžė *(vaisiams, buteliams)*; rėmas, apkala *(baldams transportuoti)* **2** *šnek.* išgveręs/iškleręs automobilis/lėktuvas
v įpakuoti, sudėti į dėžę *(t. p.* **~ up)**
crater ['kreɪtə] *n* **1** *geol., astr., fiz.* krateris **2** *(bombos ir pan.)* išrausta duobė
cravat [krəˈvæt] *pr. n* **1** kaklaskarė, kaklajuostė **2** *ist.* kaklaraištis
crave [kreɪv] *v* **1** trokšti, geisti *(for, after)* **2** maldauti; **to ~ smb's mercy** maldauti ką pasigailėjimo **3** *knyg.* reikalauti *(apie aplinkybes)*
craven ['kreɪvən] *a* bailus
n bailys
craving ['kreɪvɪŋ] *n* **1** troškimas, geismas **2** pamėgimas, pomėgis, potraukis; pasiilgimas
craw [krɔː] *n* **1** *(paukščio, vabzdžio)* gūžys, gurklys **2** *(gyvulio)* skrandis ◊ **to stick in one's ~** *amer.* ≡ skersai gerklę atsistoti
crawfish ['krɔːfɪʃ] *n* = **crayfish**
crawl [krɔːl] *n* **1** ropojimas, šliaužimas; slinkimas; **to go at a ~** lėtai slinkti **2** *sport.* kraulis *(plaukimo būdas)*
v **1** ropoti, rėplioti, šliaužti, šliaužioti; **to ~ to the door** (nu)šliaužti iki durų **2** lėtai slinkti *(apie transporto priemonę)* **3** knibždėte knibždėti *(apie vabzdžius; t. p. prk. apie žmones; with)* **4** nueiti pagaugais per kūną *(apie šiurpą)* **5** *šnek.* šliaužioti, padlaižiauti *(to)* □ **~ by** lėtai slinkti *(apie laiką)*; **~ in** a) įšliaužti, įropoti; b) lėtai įslinkti *(apie transporto priemonę)*
crawler ['krɔːlə] *n* **1** pataikūnas, palaižūnas, keliaklupsčiautojas **2** roplys; *amer.* sliekas **3** tai, kas lėtai važiuoja/juda *(ypač transporto priemonė)* **4** *tech.* vikšrinė važiuoklė *(t. p.* **~ tread)**; vikšrinis traktorius *(t. p.* **~ tractor)* **5** *pl (kūdikių)* šliaužtinukai, mautinukai
crawling ['krɔːlɪŋ] *a* **1** knibždėte knibždantis **2**: **~ peg** *fin. (valiutos kurso)* dirbtinis palaikymas
crawly ['krɔːlɪ] *a šnek.* jaučiantis/sukeliantis šiurpulius
crayfish ['kreɪfɪʃ] *n zool.* vėžys
crayfishing ['kreɪˌfɪʃɪŋ] *n* vėžių gaudymas
crayon ['kreɪən] *n* **1** spalvotas pieštukas, spalvota kreida; pastelė **2** piešinys spalvotais pieštukais, pastelė; **~ paper** piešimo popierius **3** *el.* lankinės lempos elektrodas
v piešti spalvotu pieštuku *ar* spalvota kreida

craze [kreɪz] *n* **1** mada, visuotinis žavėjimasis/susižavėjimas *(for)*; **to be the ~** būti labai madingam; *long skirts are the latest* ~ ilgi sijonai – naujausia/paskutinė mada **2** manija, pamišimas **3** *spec.* *(glazūros)* įtrūkimas; kapiliarinis plyšelis
v (ppr. pass) **1** eiti/(iš)varyti iš proto **2** *spec.* daryti kapiliarinius plyšelius *(glazūroje)*
crazed [kreɪzd] *a* **1** pamišęs **2** su kapiliariniais plyšeliais, sutrūkinėjęs *(apie glazūrą)*
crazy ['kreɪzɪ] *a* **1** keistuoliškas, kvailas **2** *šnek.* pamišęs; beprotiškas; *like* ~ kaip pamišęs; pašėlusiai greitai/smarkiai; *to go* ~ pamišti, išprotėti **3** *šnek.* susižavėjęs *(about – kuo)*; *everyone was jazz* ~ visi buvo susižavėję džiazu **4** sutrūkinėjęs *(apie glazūrą)* **5** *psn.* apgriuvęs, aplūžęs *(apie pastatus, laivus ir pan.)*
n (ypač amer.) šnek. **1** beprotis, kvailys, psichopatas **2** ekstremistas, fanatikas
creak [kri:k] *n* girgždėjimas
v girgždėti
creaky ['kri:kɪ] *a* girgždantis
cream [kri:m] <*n, a, v*> *n* **1** grietinė *(t. p. sour ~)*; grietinėlė; *single* ~ pilstoma *(netiršta)* grietinė; *double* ~ tiršta *(separuota)* grietinėlė; *whipped* ~ plakta grietinėlė; ~ *cheese* baltasis sūris; ~ *ice* grietininiai ledai **2** *prk.* grietinėlė, kas nors geriausia/rinktinis; *the* ~ *of the society* rinktinė visuomenė, visuomenės grietinėlė **3** kremas *(kosmetikoje, kulinarijoje)*; *chocolate* ~ šokoladinis kremas; *face* ~ veido kremas; ~ *puff* a) pyragaitis, pripildytas kremo; b) silpnas, negyvenimiškas žmogus **4** tepalas *(t. p. farm.)*; *shoe* ~ batų tepalas **5** grietininis saldainis **6** kremo/kreminė spalva
a kreminis, kremo spalvos
v **1** padaryti *(bulvių ir pan.)* tyrę *(su pienu ar grietine ir pienu)* **2** išmaišyti *(darant tortą, padažą)* **3** išsukti *(sviestą)* iki grietinės tirštumo **4** nugriebti grietinę **5** *amer. šnek.* sumušti, sutriuškinti ☐ ~ *off* atsirinkti *(geriausius)*
cream-coloured ['kri:m‚kʌləd] *a* kremo spalvos
creamer ['kri:mə] *n* **1** grietininė; ąsotėlis grietinėlei **2** grietinėlės pakaitalas **3** *(pieno)* separatorius
creamery ['kri:mərɪ] *n* **1** pieninė, sūrinė **2** pieno produktų parduotuvė
cream-laid ['kri:m‚leɪd] *a:* ~ *paper* kreminis popierius *(laiškams)*
creamy ['kri:mɪ] *a* **1** grietininis; riebus; ~ *milk* riebus pienas **2** kreminis *(apie spalvą)*
crease [kri:s] *n* **1** *(drabužių, popieriaus ir pan.)* raukšlė; sulenkimas **2** *(išlygintų kelnių)* klostė, kantas **3** *(kriketo aikštelės)* linija, riba
v **1** glamžyti(s), raukšlėti(s) **2** lyginti *(kelnes)*, (į)dėti klostes **3** raukšlinti, vagoti *(veidą ir pan.)* **4** *šnek.* (pra)juokinti *(t. p. ~ up)*
crease-resistant ['kri:srɪ‚zɪstənt] *a* nesiglamžantis, nesiraukšlėjantis
creasy ['kri:sɪ] *a* **1** suglamžytas; raukšlėtas **2** klostėtas
create [kri(:)'eɪt] *v* **1** (su)kurti; *to* ~ *an epic* sukurti epinę poemą; *to* ~ *good working conditions* sudaryti geras darbo sąlygas **2** (pa)daryti *(įspūdį)*; (su)kelti *(jausmą, sensaciją)* **3** *šnek.* kelti triukšmą, jaudintis *(about – dėl)* **4** *ofic.* suteikti *(pero)* titulą
creatine ['kriəti:n] *n chem.* kreatinas
creation [krɪ'eɪʃn] *n* **1** (su)kūrimas; sudarymas; *the* ~ *of the world* pasaulio sukūrimas **2** tai, kas sukurta/padaryta; padaras **3** kūryba; *(meno, mokslo ir pan.)* kūrinys **4** pasaulis, visata *(t. p. the whole ~)* **5** madingas drabužis **6** prašmatni šukuosena; prašmatnus valgis **7** *ofic. (pero)* titulo suteikimas **8** *attr:* ~ *data [time] spec.* duomenų [laiko] nurodymas/užrašymas
creationism [krɪ'eɪʃnɪzm] *n filos.* kreacionizmas
creative [krɪ'eɪtɪv] *a* **1** kūrybingas, kūrybiškas **2** kuriamasis, kūrybinis; ~ *work* kūryba
creator [krɪ'eɪtə] *n* **1** (su)kūrėjas, autorius **2** *(the C.) bažn.* Kūrėjas
creature ['kri:tʃə] *n* **1** gyvas padaras *(t. p. living ~)*; gyvis **2** būtybė; *she's a lovely* ~ ji – žavinga būtybė; ~*s from outer space* ateiviai iš kosmoso **3** *knyg.* kreatūra; įrankis *(kieno rankose; of)*; ~ *of habit* įpročio vergas **4** *(the* ~*) juok.* alkoholiniai gėrimai ◊ ~ *comforts* žemiškos gėrybės *(maistas, gėrimai, drabužiai ir pan.)*
crèche [kreɪʃ] *pr. n* **1** vaikų lopšelis **2** *amer. bažn.* Kalėdų prakartėlė
cred [kred] *n šnek.* = **credibility**
credence ['kri:dəns] *n* (pa)tikėjimas; *to give* ~ *(to)* (pa)tikėti *(kuo)*
credenda [krɪ'dendə] *lot. n pl rel.* tikėjimo dogmos
credentials [krɪ'denʃlz] *n pl* **1** kvalifikacijos; *to establish one's* ~*s as a writer* subręsti kaip rašytojui **2** kredencialai, skiriamieji/akreditavimo raštai; mandatas; rekomendacija; ~ *committee* mandatų komisija
credibility [‚kredɪ'bɪlətɪ] *n* **1** tikėtinumas, (į)tikimumas **2** patikimumas; ~ *gap* a) pasitikėjimo krizė; b) neatitikimas, nedermė *(between – tarp)*
credible ['kredəbl] *a* **1** (pa)tikėtinas, įtikimas; ~ *rumour* įtikimas gandas; *it's hardly* ~ *that...* vargu ar galima tikėti, kad... **2** patikimas
credibly ['kredəblɪ] *adv* patikimai; *we are* ~ *informed* mums pranešė iš patikimų šaltinių
credit ['kredɪt] *n* **1** (pasi)tikėjimas; *to give* ~ *to smth* tikėti kuo; *to put/place* ~ *(in)* (pasi)tikėti **2** geras vardas, reputacija, garbė; *to add to one's* ~ pakelti savo reputaciją; *to do smb* ~, *to do* ~ *to smb, to be a* ~ *to smb* daryti kam garbę; *to be to one's* ~ pateisinti savo vardą/reputaciją; *on the* ~ *side* apibūdinant gerąsias savybes; *to take/get* ~ į(si)gyti gerą vardą *(for – už; džn. nepelnytai)*; *to give smb* ~ *(for) (gerai)* manyti apie ką, *(tinkamai)* įvertinti ką **3** *kom., fin.* kreditas, skola; paskola; ~ *balance* kredito likutis/saldas; *to buy [to sell] on* ~ pirkti [parduoti] kreditan; *to raise* ~ imti kreditą, naudotis paskola; ~ *card* kredito kortelė **4** *fin.* akredityvas **5** *(ypač amer.) mok.* įskaita; pažymėjimas apie kurso baigimą *(t. p. course ~)* **6** *pl kin., tel. (filmo, programos)* kūrėjų sąrašas *(ppr. rodomas pabaigoje)*
v **1** (pa)tikėti **2** *(ppr. pass)* priskirti *(nuopelnus; to, with)* **3** *kom., fin.* papildomai įdėti/įrašyti sumą pinigų *(į kieno sąskaitą)* **4** *fin.* kredituoti, paskolinti
creditable ['kredɪtəbl] *a* **1** gana geras, neblogas **2** pagirtinas, darantis garbę
creditor ['kredɪtə] *n* kreditorius, skolintojas
creditworthiness ['kredɪt‚wə:ðɪnɪs] *n kom., fin.* kreditingumas
creditworthy ['kredɪt‚wə:ðɪ] *a kom., fin.* kreditingas
credo ['kri:dəu, 'kreɪdəu] *lot. n (pl* ~s [-z]*)* **1** *bažn.* credo, tikėjimo išpažinimas **2** *prk.* credo, įsitikinimai
credulity [krɪ'dju:lətɪ] *n* lengvatikybė, patiklumas; *to strain/stretch* ~ būti pernelyg neįtikėtinam
credulous ['kredjuləs] *a* lengvatikis, patiklus; lengvai apgaunamas
creed [kri:d] *n* **1** tikėjimas, religija **2** pažiūros, įsitikinimai, credo

creek [kri:k] *n* **1** nedidelė įlanka, užtakis **2** *amer., austral.* upelis ◊ **up the ~** *šnek.* a) sunkioje padėtyje, bėdoje; b) blogas, klaidingas; keistas

creel [kri:l] *n* **1** pintinėlė, krepšelis *(sugautoms žuvims)* **2** bučius, varža

creep [kri:p] *n* **1** šliaužimas; *(smėlio ir pan.)* lėtas slinkimas **2** *niek.* padlaižys, pataikūnas **3** *(ypač amer.) šnek.* bjaurybė, gyvatė *(apie žmogų)*; **4** *tech.* valkšnumas ◊ **to give smb the ~s** krėsti kam šiurpą, priversti ką suvirpėti, įvaryti kam baimės
v (crept) **1** šliaužti, ropoti **2** sėlinti **3** slinkti; *he crept out of the room so as not to wake her* jis išslinko iš kambario, kad jos nepažadintų; *old age ~s upon one unnoticed* senatvė atslenka nepastebimai **4** įsibrauti *(apie klaidą ir pan.)*; įsismelkti *(į širdį ir pan.)*; *a suspicion crept into my mind* man kilo įtarimas **5** *šnek.* pataikauti, padlaižiauti *(to – kam)* **6** vijotis *(apie augalus)* ◊ **~ along/forward** lėtai slinkti *(ypač apie transporto priemonę)*; **~ in** a) įslinkti; b) įsibrauti *(apie klaidą ir pan.)*; c) įsismelkti *(apie jausmus)*; d) (pa)plisti *(apie papročius)*; **~ up** prislinkti, prisėlinti *(on)*

creeper ['kri:pə] *n* **1** *bot.* vijoklis; šliaužiantysis augalas **2** *zool.* roplys, ropojantysis vabzdys **3** *pl* batų kapliai, kapliukai **4** *pl amer.* *(kūdikių)* šliaužtinukai, mautinukai

creeping ['kri:pɪŋ] *a* **1** šliaužiantis; ropojantis **2** *prk.* lėtai (at)slenkantis, šliaužiantis *(apie procesą)*

creepy ['kri:pɪ] *a* **1** šiurpus, baisus; (su)keliantis šiurpą/baimę **2** šliaužiantis, ropojantis **3** driekus, šliaužiantis *(apie augalą)*

creepy-crawly [ˌkri:pɪ'krɔ:lɪ] *n šnek.* šliaužiantysis/ropojantysis vabalas

cremate [krɪ'meɪt] *v* (su)deginti krematoriume

cremation [krɪ'meɪʃn] *n* kremacija, (su)deginimas

crematorium [ˌkremə'tɔ:rɪəm] *n* (*pl* ~s, -ria [-rɪə]) krematoriumas

crematory ['kremətərɪ] *n (ypač amer.)* = **crematorium**

crème de la crème [ˌkremdəlɑ:'krem] *pr.* visuomenės žiedas/elitas

crème de menthe [ˌkremdə'mɒnθ] *pr.* šaltmėtinis likeris

crenel ['krenəl] *n archit.* ambrazūra

crenel(l)ated ['krenəleɪtɪd] *a* dantytas *(apie tvirtovės sieną)*

crenelle [krɪ'nel] *n* = **crenel**

creole ['kri:əul] *n (džn. C.)* **1** kreolas **2** mišrioji/kreolinė kalba
a kreolinis

creosote ['kri:əsəut] *n chem.* kreozotas
v tepti kreozotu

crêpe [kreɪp] *pr. n* **1** krepas *(audinys)*; **~ de Chine** krepdešinas **2** krepas *(natūralusis kaučiukas; t. p.* **~ rubber***);* **~ shoes** batai su rumbuotais kaučiuko padais **3** krepinas *(t. p.* **~ paper***)* **4** lietinis *(su įdaru)*

crepitate ['krepɪteɪt] *v* **1** čirkšti, čerkšti *(apie svirplius, žiogus ir pan.)*; traškėti, trakšėti, braškėti **2** garg(aliuo)ti, kriokti

crepitation [ˌkrepɪ'teɪʃn] *n* **1** čirškimas; traškėjimas **2** *med.* krepitacija; gargimas, gargulys

crept [krept] *past ir pII žr.* **creep** *v*

crepuscular [krɪ'pʌskjulə] *a* **1** *knyg.* prietemos, blausus **2** *zool.* naktinis

crescendo [krɪ'ʃendəu] *it. n* **1** *muz.* crescendo **2** *prk.* augimas, stiprėjimas **3** aukščiausias taškas, kulminacija
adv muz. crescendo

crescent ['kresnt] *n* **1** mėnulio pjautuvas, pusmėnulis *(t. p. kaip islamo religijos simbolis)* **2** pusratis; kas nors pusračio formos: gatvė, namų eilė ◊ **Red C.** Raudonasis pusmėnulis
a **1** pusmėnulio formos **2** augantis, didėjantis

cresol ['kri:sɒl] *n chem.* krezolis

cress [kres] *n bot.* pipirnė *(prieskoninis augalas)*

cresset ['kresɪt] *n ist.* deglas, žibintas, fakelas

crest [krest] *n* **1** *(kalno, bangos ir pan.)* viršūnė, ketera; gūbrys; **on the ~ of the wave** a) ant bangos keteros; b) *prk.* šlovės viršūnėje **2** *(gyvulių, žuvų)* ketera **3** *(paukščio)* skiauterė, kuodas **4** *(herbo, šalmo)* papuošalas **5** ornamentas *(žymintis ko priklausymą kilmingai šeimai, miestui, organizacijai ir pan.)* **6** *tech. (apkrovos)* maksimumas **7** *fiz. (bangos)* iškyla ◊ **to be riding on the ~ of the wave** ≡ šuoliuoti ant balto žirgo; būti šlovės viršūnėje
v **1** būti viršune/ketera, būti iškilusiam, vainikuoti **2** pasiekti viršūnę **3** (iš)kilti *(apie bangas)*

crested ['krestɪd] *a* **1** su skiautere, su kuodu **2** su ornamentu

crestfallen ['krest,fɔ:lən] *a* nusiminęs, prislėgtas

cretaceous [krɪ'teɪʃəs] *a spec.* kreidinis; *the C. period geol.* kreidos periodas

Cretan ['kri:tn] *n* Kretos; kretiečių, kretietiškas
n kretietis

Crete [kri:t] *n* Kreta *(sala)*

cretin ['kretɪn] *n med.* kretinas *(t. p. niek.)*

cretinous ['kretɪnəs] *a niek.* silpnaprotis, puskvailis

cretonne ['kretɒn, kre'tɒn] *n tekst.* kretonas *(medvilninis audinys užuolaidoms/uždangalams)*

crevasse [krɪ'væs] *n* įtrūkimas, įskilimas *(ledyne)*

crevice ['krevɪs] *n* siauras plyšys; *(sienos, uolos)* įtrūkimas

crew[1] [kru:] *n* **1** *(laivo, lėktuvo, erdvėlaivio)* įgula, komanda, ekipažas **2** *(darbininkų)* brigada **3** *šnek.* draugė, draugija, kompanija; šutvė; **a motley ~** marga draugija/publika **4** *kar. (pabūklo, kulkosvaidžio)* tarnyba **5** *sport.* irkluotojų komanda
v būti įgulos nariu

crew[2] *past psn. žr.* **crow**[2] *v*

crew-cut ['kru:kʌt] *n* apkirpimas ežiuku; **to have a ~** ap(si)kirpti ežiuku

crewel ['kru:əl] *n* vilnoniai siūlai *(siuvinėti)*

crewman ['kru:mən] *n* (*pl* -men [-mən]) įgulos/ekipažo komandos narys

crib [krɪb] *n* **1** vaikiška lovelė **2** ėdžios, prakartas **3** *bažn.* Kalėdų prakartėlė **4** *šnek.* pažodinis vertimas; slaptas konspektėlis, „špargalka" **5** *šnek.* nusirašymas, plagiatas *(from)* **6** *amer.* aruodas; svirnas **7** *sl.* butas, namelis, krautuvė; **to crack a ~** apvogti įsilaužiant **8** *stat.* rentinys, sąranta **9** *šnek.* = **cribbage** 1
v **1** *šnek.* naudotis slaptu konspektėliu; paslapčia nusirašinėti **2** *šnek.* nusirašyti, plagijuoti *(from – nuo)* **3** uždaryti ankštoje patalpoje

cribbage ['krɪbɪdʒ] *n* **1** kribidžas *(kortų lošimas)* **2** *šnek.* plagiatas

cribble ['krɪbl] *n* sietas, rėtis, kretilas

crick [krɪk] *n* raumenų patempimas *(ypač kaklo, sprando)*
v patempti raumenis

cricket[1] ['krɪkɪt] *n zool.* svirplys ◊ **chirpy/lively/merry as a ~** linksmas, gyvas

cricket[2] *n sport.* kriketas ◊ **it/that is not ~** tai negarbinga/negražu
v žaisti kriketą

cricketer ['krɪkɪtə] *n* kriketo žaidėjas

crier ['kraɪə] *n* **1** šauklys; **town ~** *ist.* miesto šauklys **2** rėksnys

crikey ['kraɪkɪ] *int šnek.* oho!, vaje! *(reiškiant nustebimą)*
crime [kraɪm] *n* **1** nusikaltimas, nusižengimas; *organized ~* organizuotas nusikalstamumas; nusikalstama grupuotė; *the ~of murder [of theft]* žmogžudystė [vagystė] **2** piktadarybė, piktadarystė
v kar. bausti už statuto nesilaikymą
Crimea [kraɪ'mɪə] *n (the ~)* Krymas *(pusiasalis)*
Crimean [kraɪ'mɪən] *n* Krymo
crime-story ['kraɪm‚stɔːrɪ] *n kin.* detektyvinis filmas
criminal ['krɪmɪnl] *a* **1** kriminalinis; baudžiamasis; *~ case [law]* baudžiamoji byla [teisė] **2** nusikalstamas; nusikaltėlių; *~ behavior* nusikalstamas elgesys; *~ gang* nusikaltėlių gauja
n nusikaltėlis; *war ~* karo nusikaltėlis
criminalist ['krɪmɪnəlɪst] *n* kriminalistas
criminality [‚krɪmɪ'nælətɪ] *n* nusikalstamumas
criminalize ['krɪmɪnəlaɪz] *v* **1** laikyti nusikaltimu **2** padaryti/paversti nusikaltėliu
criminally ['krɪmɪnəlɪ] *adv* **1** nusikalstamai **2** pagal baudžiamąją teisę
criminate ['krɪmɪneɪt] *v knyg.* **1** apkaltinti; inkriminuoti **2** priimti kaltinamąjį nuosprendį
criminative ['krɪmɪnətɪv] *a knyg.* kaltinamasis
criminatory ['krɪmɪnətrɪ] *a knyg.* kaltinantis
criminology [‚krɪmɪ'nɔlədʒɪ] *n* kriminologija, kriminalistika
crimp[1] [krɪmp] *n (ppr. pl)* garbanos, susukti plaukai
v **1** garbanoti, (su)sukti **2** gofruoti
crimp[2] *n (kareivių, jūrininkų ir pan.)* verbuotojas
v verbuoti
crimp[3] *n amer. sl.* kliūtis; *to put a ~ in a scheme* sugriauti/išardyti planus
crimpy ['krɪmpɪ] *a* garbanotas, banguotas
crimson ['krɪmzn] <*a, n, v*> *a* tamsiai raudonas; *to turn/go ~* išrausti
n **1** tamsiai raudona spalva **2** raudonis
v paraudonuoti, parausti
cringe [krɪndʒ] *n* keliaklupsčiavimas
v **1** susiriesti, susitraukti, gūžtis *(iš baimės, drovumo)* **2** keliaklupsčiauti, žemintis *(before, to)*
crinkle ['krɪŋkl] *n* **1** klostė, raukšlė **2** vingis
v **1** raukšlėti(s) **2** vingiuoti(s) **3** garbanoti *(plaukus)*
crinkle-cut ['krɪŋklkʌt] *a* nupjautas vingiuota linija *(apie daržoves)*
crinkly ['krɪŋklɪ] *a* **1** raukšlėtas; klostytas **2** garbanotas
crinoid ['kraɪnɔɪd] *n zool.* krinoidėjai, jūrų lelijos
crinoline ['krɪnəlɪn] *n* **1** *ist.* krinolinas **2** *tekst.* įdėklinis audinys, klijuotė
cripes [kraɪps] *int sl.* Viešpatie! *(reiškiant nustebimą; t. p. by ~)*
cripple ['krɪpl] *n menk.* invalidas, luošys; *emotional ~* emocionaliai suluošintas/traumuotas
v **1** (su)luošinti, (su)žaloti **2** (ap)gadinti **3** *prk.* (su)paralyžiuoti, (su)varžyti *(ekonomiką, šalį ir pan.); our activities are ~d by lack of money* mūsų veikla nutrūko/sustojo dėl lėšų stokos **4** šlubuoti, šlubčioti
crippling ['krɪplɪŋ] *n tech.* deformavimas
a **1** luošinantis, sunkus *(apie ligą ir pan.)* **2** *prk.* nepakeliamas *(apie mokesčius, naštą ir pan.);* paralyžiuojantis
crisis ['kraɪsɪs] *n (pl* crises ['kraɪsiːz]) **1** krizė, persilaužimas; *things are coming to a ~* artėja krizė, artėja kritiškas momentas **2** *ekon., polit., med.* krizė; *governmental [overproduction] ~* vyriausybės [perprodukcijos] krizė
crisis-ridden ['kraɪsɪs‚rɪdn] *a* krizės ištiktas

crisp [krɪsp] <*n, a, v*> *n (ppr. pl) (bulvių)* traškučiai ◊ *to a ~ šnek.* smarkiai *(apdegęs, nudegęs),* sugruzdėjęs
a **1** traškus *(apie maistą)* **2** šiugždantis, šiugždus *(apie popierius, drabužius, skalbinius ir pan.);* gurgždantis *(apie sniegą, drabužius ir pan.)* **3** gaivus *(apie orą)* **4** glaustas, trumpas *(apie kalbą, telegramą ir pan.)* **5** ryškių kontūrų *(apie pastatą)* **6** aiškus, ryžtingas *(apie atsakymą ir pan.)* **7** garbanotas
v **1** traškėti *(apie pyragaičius ir pan.)* **2** garbanoti(s) **3** raibuliuoti *(apie vandens paviršių)* ☐ *~ up* sugruzdėti; sugruzdinti
crispbread ['krɪspbred] *n* duonos traškučiai
crispy ['krɪspɪ] *a* **1** traškus, šviežias *(apie maistą)* **2** garbanotas
criss-cross ['krɪskrɔs] <*n, a, adv, v*> *n* **1** susikryžiavimas **2** kryžiukai *(vaikų žaidimas)* **3** *sport.* kryžminis padavimas/perdavimas
a susikryžiuojantis, kryžminis; *~ pattern* siuvinėjimas kryžiukais; *~ offence* puolimas aštuoniuke *(krepšinis)*
adv **1** kryžmai **2** įstrižai
v **1** kryžiuoti(s), susikryžiuoti **2** žymėti sukryžiuotomis linijomis
cristate ['krɪsteɪt] *a spec.* kuoduotas, skiauterėtas
crit [krɪt] *n sutr. šnek.* **1** = **critique 2** = **criticism**
criterion [kraɪ'tɪərɪən] *n (pl* -ria [-rɪə]) kriterijus, vertinimo pagrindas, matas
critic ['krɪtɪk] *n* kritikas; kritikuotojas
critical ['krɪtɪkl] *a* **1** kritiškas, lemiamas; *~ moment* kritiškas/lemiamas momentas **2** kritiškas, pavojingas; *~ condition (of health)* kritiška (sveikatos) būklė **3** svarbus, vertingas *(apie įnašą ir pan.)* **4** kritinis, kritiškas; *~ article* kritinis/kritikos straipsnis; *~ attitude* kritiška pažiūra; *to be ~ of smb/smth* kritikuoti ką **5** *fiz.* krizinis; *~ mass* krizinė masė; *~ point* krizinis taškas
critically ['krɪtɪklɪ] *adv* **1** kritiškai **2** pavojingai; labai
criticism ['krɪtɪsɪzm] *n* **1** kritika; *beneath ~* nevertas net kritikos **2** kritiškas nagrinėjimas/įvertinimas; kritiška pastaba; kritikos straipsnis; *he wrote a positive ~ of the book* jis parašė teigiamą knygos recenziją
criticize ['krɪtɪsaɪz] *v* **1** kritikuoti; *well ~d* susilaukęs gerų atsiliepimų, palankiai priimtas kritikos **2** kritiškai nagrinėti/vertinti; recenzuoti
critique [krɪ'tiːk] *pr. n* **1** kritikos straipsnis; recenzija **2** kritika; kritikavimas
v amer. recenzuoti
critter ['krɪtə] *n amer. šnek.* padaras; būtybė
croak [krəuk] *n* krankimas, kvarkimas
v **1** kvarkti, kvarksėti; krankti *(apie varną)* **2** krenkšti, krankti *(peršalus)* **3** kranktelėti, gargti *(apie seną žmogų ir pan.)* **4** pranašauti *(bėdą, nelaimę)* **5** *sl.* nusikapanoti, nukeipti
croaker ['krəukə] *n* **1** kvarklys, kvarkalas, krankalas **2** blogo pranašautojas **3** *amer. šnek.* gydytojas *(ypač kalėjimo)*
Croat ['krəuət] *n* **1** kroatas, chorvatas, Kroatijos gyventojas **2** kroatų/chorvatų kalba
Croatia [krəu'eɪʃɪə] *n* Kroatija, Chorvatija
Croatian [krəu'eɪʃɪən] *a* kroatų; Kroatijos, Chorvatijos
n = **Croat**
croc [krɔk] *n šnek.* = **crocodile**
crochet ['krəuʃeɪ] *pr. n* **1** nėrimas vąšeliu **2** vąšelis
v nerti vąšeliu
croci ['krəukaɪ, 'krəukiː] *n pl žr.* **crocus**
crock[1] [krɔk] *n* **1** *psn.* molinis ąsotis/puodas **2** *pl* moliniai indai; molinės šukės

crock² *šnek. n* **1** kledaras, išklerėlis *(apie seną dviratį, automobilį ir pan.)* **2** sugriuvėlis *(apie seną bejėgį žmogų)* *v* nusilpti, sugriūti, nusenti; palaužti *(sveikatą; t. p.* **~ up***)*
crocked [krɔkt] *a* **1** nusilpęs, palūžęs **2** sudužęs **3** *amer. šnek.* prisilakęs, girtas
crockery ['krɔkərɪ] *n (moliniai, porcelianiniai)* indai
crocket ['krɔkɪt] *n archit. (lapų pavidalo)* ornamentas
crocodile ['krɔkədaɪl] *n* **1** *zool.* krokodilas **2** krokodilo oda **3** *juok. (mokinių)* pasivaikščiojimas poromis *(ilga eile)* ◊ **to shead ~ tears** lieti krokodilo ašaras
crocodilian [ˌkrɔkə'dɪlɪən] *a* krokodilų
crocoite ['krəukaɪt] *n min.* krokoitas
crocus ['krəukəs] *n (pl ~es, -ci)* **1** *bot.* krokas, šafranas; **autumn ~** rudeninis vėlyvis **2** *tech.* poliravimo milteliai, krokas
Croesus ['kriːsəs] *n mit.* Krezas, nesuskaičiuojamų turtų savininkas
croft [krɔft] *n* **1** nedidelis laukas/sklypas *(prie sodybos)* **2** *škot.* nedidelė ferma, ūkelis
crofter ['krɔftə] *n (ypač škot.)* smulkus fermeris/ūkininkas
croissant ['krwɑːsɔŋ] *pr. n* pusmėnulio formos raguolis
cromlech ['krɔmlek] *n archeol.* kromlechas
Cromwell ['krɔmwᵊl] *n: Oliver ~* Oliveris Kromvelis *(Anglijos valstybės veikėjas)*
crone [krəun] *n niek.* senė
crony ['krəunɪ] *n (džn. menk.)* artimas draugas, senas bičiulis
crook [kruk] <*n, a, v*> *n* **1** *(rankos, kojos)* sulenkimas **2** *(kerdžiaus, vyskupo)* lazda *(riestu galu)* **3** kablys **4** *(kelio, upės)* vingis, kilpa **5** *šnek.* sukčius, apgavikas ◊ **on the ~** apgaulės būdu; **a ~ in the lot** sunkus išbandymas, likimo smūgis
a austral. šnek. **1** bjaurus, prastas *(apie orą, maistą)* **2** skaudamas, nesveikas **3** negarbingas
v **1** (iš)linkti; (su)lenkti, su(si)riesti **2** gaudyti/pagauti kabliu(ku)
crookback ['krukbæk] *n* kuprius
crook-backed ['krukbækt] *a* kuprotas
crooked ['krukɪd] *a* **1** sulenktas, suriestas; susikūprinęs **2** išlenktas, kreivas *(apie gatvę, šaką ir pan.)* **~ smile** kreiva šypsena **3** nedoras, negarbingas; negarbingai įgytas **4** [krukt] pasirėmęs lazda
croon [kruːn] *n* tylus, sentimentalus dainavimas
v **1** tyliai, sentimentaliai dainuoti **2** (už)niūniuoti
crooner ['kruːnə] *n psn., juok.* sentimentalių dainų atlikėjas
crop [krɔp] *n* **1** pasėliai; **(land) in/under ~** apsėta (žemė); **out of ~** neapsėta **2** *ž. ū.* javai; **green ~** pašarinės žolės; **technical/industrial ~s** techniniai augalai; **grain ~s** javai; **cash ~** prekiniai augalai **3** derlius; užderėjimas; **the ~s have failed this year** šiais metais derlius prastas **4** *juok.* daugybė, begalybė; **a fine ~ of hair** tankių plaukų kupeta/kuokštas **5** *(jauniklių)* vada **6** *(mokinių, studentų)* kontingentas, laida **7** *(paukščio)* gurklys, gūžys **8** botkotis, botago kotas **9** trumpai nukirpti plaukai; **Eton ~** trumpa moteriška šukuosena
v **1** apsėti, apsodinti *(lauką);* užauginti *(derlių, javus)* **2** užderėti **3** nuimti derlių **4** ganytis, (nu)ėsti *(žolę)* **5** trumpai nupjauti, nukirpti *(plaukus, arklio uodegą);* apkarpyti *(fotografiją)* ☐ **~ out** *geol.* atsidengti, išlįsti *(apie sluoksnį);* **~ up** a) netikėtai iškilti/pasirodyti/atsirasti; b) = **~ out**
crop-dusting ['krɔpˌdʌstɪŋ] *n amer.* = **crop-spraying**
crop-eared ['krɔpˌɪəd] *a* **1** trumpaausis, kirptaausis **2** trumpai nukirptas, kirptaplaukis

cropper ['krɔpə] *n* **1** (už)derantys *ar* duodantys derlių augalai; **a good/heavy [poor] ~** derlūs [nederlūs] augalai/javai **2** derliaus (nu)ėmėjas, pjovėjas **3** *amer.* pusininkas **4** *(uodegos, plaukų)* nupjovėjas, nukirpėjas **5** pjaunamoji, kertamoji *(mašina)* ◊ **to come a ~** *šnek.* a) nukristi *(nuo arklio/dviračio)* žemyn galva; b) (su)klupti, patirti krachą *(per egzaminą ir pan.)*
crop-spraying ['krɔpspreɪɪŋ] *n ž. ū.* pasėlių purškimas chemikalais
croquet ['krəukeɪ] *pr. n* kroketas *(žaidimas)*
croquette [krəu'ket] *pr. n kul. (mėsos/žuvų ir pan.)* kroketas, maltinukas
crore [krɔː] *ind. n* dešimt milijonų *(rupijų)*
crosier ['krəuʒə] *n* vyskupo lazda
cross [krɔs] <*n, a, v*> *n* **1** *bažn.* kryžius; kryžiaus ženklas; **to make the sign of the ~** žegnotis, persižegnoti; **she wore a tiny golden ~** ji nešiojo auksinį kryželį **2** *bažn.* nukryžiuotasis; rūpintojėlis **3** *prk.* kryžius, našta, vargas; **to bear one's ~** nešti savo kryžių/kryželį; vargti savo vargelį **4** kryžma; kryželis, kryžiukas; **to make one's ~** parašyti kryžiukus *(vietoj parašo);* **to mark with a red ~** pažymėti raudonu kryžiuku **5** raidžių t, f brūkšnelis **6** kryžius *(ordinas);* **Victoria ~** Viktorijos kryžius **7** *biol.* kryžminimas *(veislių);* hibridas, mišrūnas *(between)* **8** *prk.* mišinys *(between)* **9** *tech.* kryžmė; kryžminis iešmas ◊ **Red C.** a) Raudonasis kryžius; b) Šv. Jurgio kryžius *(D. Britanijos nacionalinė emblema);* **on the ~** įstrižai; **to take the ~** *ist.* tapti kryžiuočiu
a **1** suerzintas, piktas; **to be ~ (with)** pykti *(ant);* **as ~ as two sticks** piktas kaip velnias **2** skersinis; kryžminis **3** priešingas **4** priešinis *(apie vėją);* nepalankus *(apie orą)*
v **1** kirsti, eiti skersai, pereiti, pervažiuoti; **to ~ the finishing line** kirsti finišo liniją; **to ~ a road** pereiti per kelią; **to ~ the Channel** perkirsti/perplaukti Lamanšą **2** kirstis, susikirsti, susikryžiuoti *(apie kelius, linijas)* **3** pereiti, įveikti *(tam tikrą ribą);* **to ~ the class [race] divide** įveikti klasinį [rasinį] barjerą **4** apsilenkti; **our letters always seem to ~** mūsų laiškai, atrodo, visada apsilenkia **5** (su)kryžiuoti, kryžmai sudėti *(rankas, kojas)* **6** perbraukti; **to ~ a letter** a) išbraukti raidę; b) užrašyti *(rezoliuciją ir pan.)* skersai parašyto teksto; **to ~ a cheque** *kom.* krosuoti čekį **7** (per)žegnoti; *refl* persižegnoti **8** priešintis, priešgyniauti; trukdyti **9** *biol.* (su)kryžminti, hibridizuoti *(veisles; with)* ☐ **~ off/out** išbraukti; **~ over** a) pereiti *(į kitą partiją/tikėjimą);* b) susikryžiuoti ◊ **to ~ smb's palm/hand (with silver)** patepti ką, duoti kam pinigų *(buriančiam, turinčiam gerų naujienų);* **to have/get one's lines/wires ~ed** *šnek.* susipainioti, susimaišyti; būti nesuprastam
crossarm ['krɔsɑːm] *n tech.* skersinė *(sija),* traversa
cross-armed ['krɔsɑːmd] *a predic* sukryžiavęs rankas
crossbar ['krɔsbɑː] *n* **1** *tech.* skersinis, spyrys **2** *sport.* *(futbolo vartų)* skersinis; kartelė *(šuoliuose)*
crossbeam ['krɔsbiːm] *n* skersinė sija, skerssijė
cross-benches ['krɔsbentʃɪz] *n pl parl.* nepartinių parlamentarų vietos
crossbill ['krɔsbɪl] *n zool.* (eglinis) kryžiasnapis; **parrot ~** pušinis kryžiasnapis
crossbones ['krɔsbəunz] *n pl* du sukryžiuoti kaulai *(mirties emblema)*
crossbow ['krɔsbəu] *n ist.* arbaletas
crossbred ['krɔsbred] *a spec.* hibridinis, mišrūninis; sukryžmintas
crossbreed ['krɔsbriːd] *n* hibridas, mišrūnas
v (crossbred) *biol.* kryžminti(s)

crosscheck [ˌkrɔs'tʃek] v kryžmiškai (pa)tikrinti *(skaičiuojant įvairiais būdais, iš įvairių šaltinių)*

cross-correlation [ˌkrɔskɔrə'leɪʃn] n kryžminė koreliacija *(statistikoje)*

cross-country [ˌkrɔs'kʌntrɪ] n sport. krosas *(t. p. ~ race/run)*
a, adv *(einantis)* tiesiai, raižyta vieta; visur praeinantis; ~ *vehicle* visureigis; ~ *flight* av. maršrutinis skrydis; *to walk* ~ eiti per laukus

cross-cultural [ˌkrɔs'kʌltʃᵊrəl] a skirtingų šalių, visuomenės grupių, kultūrų

crosscurrent ['krɔsˌkʌrənt] n 1 skersinė banga 2 nuomonė, priešinga daugumos/paplitusiai nuomonei; ≡ prieš srovę

crosscut ['krɔskʌt] n 1 tiesiausias kelias 2 skersinis pjūvis a skersinis

cross-disciplinary [ˌkrɔs'dɪsɪplɪnərɪ] a esantis mokslų sandūroje

cross-dress [ˌkrɔs'dres] v rengtis drabužiais, dėvimais kitos lyties žmonių

cross-examination [ˌkrɔsɪgzæmɪ'neɪʃn] n teis. kryžminė apklausa

cross-examine [ˌkrɔsɪg'zæmɪn] v teis. kryžmiškai apklausti

cross-eye ['krɔsaɪ] n med. žvairumas

cross-eyed ['krɔsaɪd] a žvairas

cross-fertilize [ˌkrɔs'fɜːtɪlaɪz] v 1 bot. kryžmiškai apdulkinti 2 biol. kryžmiškai apvaisinti

crossfire ['krɔsfaɪə] n kar. kryžminė ugnis *(t. p. prk.)*; *to be caught in the* ~ patekti į kryžminę ugnį

cross-grained ['krɔs'greɪnd] a 1 pranarus, skersapluoštis *(apie medieną)* užsispyręs; nesukalbamas, nesugyvenamas

cross-hatch ['krɔshætʃ] v graviruoti/brūkšniuoti kryžmai

cross-hauling ['krɔsˌhɔːlɪŋ] n ekon. priešpriešiniai vežimai, gabenimas į abi puses

cross-heading ['krɔsˌhedɪŋ] n paantraštė *(antrinė antraštė)*

crossing ['krɔsɪŋ] n 1 kryžkelė, sankryža; sankirta 2 perėja, perėjimas *(per gatvę ir pan.)*; *pelican* ~ perėja, kuri pereinama mygtuku įžiebus atitinkamą šviesoforo signalą 3 glžk. pervaža *(t. p. level/amer. grade ~)* 4 susikryžiavimas, susikirtimas 5 perkėla, pervažiavimas, persikėlimas *(per upę ir pan.)* 6 tech. kryžmė 7 biol. (su)kryžminimas

cross-legged ['krɔs'legd] a sukryžiavęs kojas, uždėjęs koją ant kojos; *to sit* ~ sėdėti turkiškai

cross-light ['krɔslaɪt] n 1 susikryžiuojantieji spinduliai 2 apšvietimas iš įvairių taškų 3 *(dalyko)* nušvietimas įvairiais požiūriais

crossly ['krɔslɪ] adv piktai

cross-member ['krɔsˌmembə] n tech. skersinis

crossness ['krɔsnɪs] n piktumas, irzlumas; *(charakterio)* bjaurumas

crossover ['krɔsəuvə] n 1 viadukas 2 glžk. susieinantys bėgiai *(į kitą kelią pervažiuojant)* 3 perėjimas *(iš vienos partijos į kitą ir pan.)*

cross-party ['krɔspɑːtɪ] a bendras kelioms partijoms; įvairių partijų, apimantis įvairias partijas

crosspatch ['krɔspætʃ] n šnek. niurzga, suirzęs/bjaurus žmogus

crosspiece ['krɔspiːs] n skersinis, kryžmė

crossply ['krɔsplaɪ] a radialinė *(apie padangą)*

cross-pollinate [ˌkrɔs'pɔlɪneɪt] v = **cross-fertilize** 1

cross-purposes [ˌkrɔs'pɜːpəsɪz] n pl nesusipratimai, nesu(si)tarimai; *to be at* ~ nesuprasti vienas kito, nesusitarti *(dėl nesusipratimo)*; *to talk at* ~ kalbėti apie visai skirtingus dalykus *(patiems to nesuprantant)*

cross-question [ˌkrɔs'kwestʃᵊn] v = **cross-examine**

cross-rate ['krɔsreɪt] n valiutos kursas, santykis

cross-refer [ˌkrɔsrɪ'fɜː] v nukreipti, duoti nuorodą *(į kitą vietą toje pačioje knygoje)*

cross-reference [ˌkrɔs'refᵊrəns] n dalinė nuoroda *(į kitą vietą toje pačioje knygoje)*

crossroad ['krɔsrəud] n 1 skerskelis; kelias, jungiantis du pagrindinius kelius 2 pl kryžkelė *(t. p. prk.)*; sankryža; *at the first ~s* prie pirmos sankryžos; *we have come to the ~s* prk. mes esame kryžkelėje

cross-section ['krɔsˌsekʃn] n 1 skersinis pjūvis, skerspjūvis, profilis 2 *(visuomenės)* atrankinė grupė, tipiškas pavyzdys

cross-shaped ['krɔsʃeɪpt] n kryžiaus formos/pavidalo

cross-stitch ['krɔsstɪtʃ] n 1 kryžiuko dygsnis *(siuvinėjant)* 2 siuvinėjimas kryžiukais

crosstalk ['krɔstɔːk] n 1 *(telefono ir pan.)* pokalbio trukdymas 2 teatr. greitas pasikeitimas replikomis

crosstie ['krɔstaɪ] n amer. glžk. pabėgis

cross-town ['krɔstaun] a amer. einantis per ar kertantis miestą

cross-train ['krɔstreɪn] v mokyti(s) kelių gretimų specialybių

crosstrees ['krɔstriːz] n pl jūr. salingas

crosswalk ['krɔswɔːk] n pėsčiųjų perėja

crosswind ['krɔswɪnd] n šoninis vėjas

crosswise ['krɔswaɪz] adv 1 kryžmiškai, kryžmais 2 skersai

crossword ['krɔswɜːd] n kryžiažodis *(t. p. ~ puzzle)*

crotch [krɔtʃ] n 1 *(medžio)* šakumas, išsišakojimas, tarp(u)šakis 2 tarpkojis, šakumas *(t. p. drabužio)* 3 stat. trišakis

crotchet ['krɔtʃɪt] n 1 kablys, kabliukas 2 užgaida, keista mintis 3 muz. ketvirtinė nata/gaida

crotcheteer [ˌkrɔtʃɪ'tɪə] n keistuolis, pilnas užgaidų

crotchety ['krɔtʃɪtɪ] a 1 įnoringas, užgaidus, keistas 2 irzlus, gižlus

croton-bug ['krəutənbʌg] n zool. amer. naminis prūsokas

crouch [krautʃ] v 1 susigūžti, susiriesti *(iš baimės, slepiantis)*; priglusti; pritūpti *(džn. apie gyvulį, kuris rengiasi pulti)* 2 pasilenkti *(t. p. ~ down)*

croup[1] [kruːp] n med. krupas, krupinis laringitas *(vaikų liga)*

croup[2] n *(arklio)* kryžius

croupier ['kruːpɪə] pr. n krupjė *(lošimo namų tarnautojas)*

crouton ['kruːtɔn] pr. n *(ppr. pl)* kul. spurgutės, skrebučiai *(sultiniui)*

crow[1] [krəu] n zool. varna; *carrion [hooded]* ~ juodoji [pilkoji] varna; *white* ~ ≡ balta varna ◊ *as the* ~ *flies* ≡ nosies tiesumu, tiesiai, tiesa kryptimi/linija; *to eat* ~ *(ypač amer.)* šnek. nusiżeminti, prisipažinti klydus/nugalėtam; *to have a* ~ *to pluck with smb* turėti sąskaitų su kuo

crow[2] n 1 *(gaidžio)* giedojimas 2 *(kūdikio)* krykštavimas v (crowed, crew; crowed) 1 giedoti *(apie gaidį)* 2 krykštauti *(apie kūdikį)* 3 piktdžiugiauti, džiūgauti, girtis *(pergale ir pan.; over, about)*

crow[3] n laužtuvas

crowbar ['krəubɑː] n tech. laužtuvas, geležinė dalba

crowberry ['krəubᵊrɪ] n bot. varnauogė

crow-bill ['krəubɪl] n chirurginės žnyplės/replės

crowd [kraud] n 1 minia; *he writes his books for the* ~ jis rašo knygas paprastiems žmonėms *(ne specialistams)* 2 sporto mėgėjai, žiūrovai *(stadione)*; *the* ~ *went wild* tribūnos siautėjo/šėlo 3 šnek. daugybė, begalė *(of)* 4 šnek. draugija, kompanija; *I don't care for their* ~

man nepatinka jų draugija ◊ *he might/would pass in a ~* jis atrodo ne blogesnis už kitus; *to follow ar to go/move with the ~* elgtis/daryti kaip dauguma, neišsiskirti; *to rise ar to raise oneself above the ~* išsiskirti, pasižymėti *(in – kuo)*
v **1** susirinkti, suplūsti, susiburti *(t. p.* ~ *together);* apspisti, spiestis *(about, around)* **2** grūstis; pri(si)grūsti, su(si)grūsti *(into);* apgulti; *she ~s too much detail into her pictures* ji perkrauna savo paveikslus daugybe detalių **3** sugriūti *(t. p.* ~ *in)* **4** *šnek.* daryti spaudimą, skubinti; įkyrėti *(prašymais ir pan.)* **5** *amer. šnek.* sueiti, sukakti *(apie metus)* ▫ ~ *in* apnikti, griūte užgriūti *(apie mintis, prisiminimus ir pan.);* ~ *out* išstumti
crowded ['kraudɪd] *a* **1** perpildytas; pilnutėlis; *a ~ bus* pilnutėlis autobusas; *a week ~ with events* savaitė pilna įvykių **2** labai tankiai gyvenamas *(apie rajoną ir pan.)* **3** prigrūstas; susigrūdęs; *the shop is terribly ~* parduotuvėje baisi grūstis
crowd-pulling ['kraud‚pulɪŋ] *a* pritraukiantis daug publikos/žiūrovų, turintis pasisekimą
crowfoot ['krəufut] *n (pl* -foots [-s]) *bot.* vėdrynas
crown [kraun] *n* **1** karūna **2** *(gėlių, lapų)* vainikas **3** *(džn. C.)* karaliaus sostas/valdžia; karalius, karalienė; *to succeed to the ~* paveldėti karaliaus karūną/sostą; *C. Colony* Britanijos kolonija *(be savivaldos);* ***C. Prince*** kronprincas *(artimiausias sosto paveldėtojas)* **4** *teis.* prokuroro priežiūra; *~ law* baudžiamoji teisė **5** *(the C.) teis.* valstybės kaltinimas **6** pakaušis, galva **7** *(skrybėlės)* viršus **8** *(kalno ir pan.)* viršūnė *(t. p. prk.);* *the ~ of his career* jo karjeros viršūnė **9** čempiono titulas **10** *(danties)* karūnėlė **11** *ist.* krona *(5 šilingų moneta)* **12** popieriaus formatas *(maždaug 40x50 cm)* **13** *tech.* vainikėlis **14** *archit. (arkos)* sąvara
v **1** (ap)vainikuoti, karūnuoti **2** būti viršuje, (ap)vainikuoti; *a tower ~ed with a spire* bokštą vainikuoja špilis **3** (už)baigti, (ap)vainikuoti *(darbą);* *the end ~s the work* pabaiga vainikuoja darbą; *our efforts were ~ed with success* mūsų pastangas apvainikavo sėkmė **4** paversti šaške dama **5** uždėti karūnėlę *(ant danties)* **6** *sl.* skelti į galvą; *refl* smarkiai susitrenkti ◊ *to ~ it all šnek.* negana to, be viso to, dar
crown-wheel ['kraunwi:l] *n tech.* reketas; kūginis varomasis krumpliaratis
crow-quill ['krəukwɪl] *n* **1** varnos plunksna **2** plona plieninė plunksna
crow's-feet ['krəuzfi:t] *n pl* **1** raukšlės apie akis **2** *kar.* vielų raizgai
crow's-nest ['krəuznest] *n* **1** varnos lizdas **2** *jūr.* marsas, stebėjimo aikštelė/punktas *(ant stiebo)*
crozier ['krəuʒə] *n* = **crosier**
crucial ['kru:ʃl] *a* **1** kritiškas, lemiamas; *~ problem* pagrindinė/svarbiausia problema **2** kryžiškas **3** *sl.* puikus
crucials ['kru:ʃɪəlz] *n pl bot.* kryžmažiedžiai
crucian ['kru:ʃn] *n zool.* karosas *(t. p. ~ carp)*
cruciate ['kru:ʃɪeɪt] *a spec.* kryžiaus pavidalo
crucible ['kru:sɪbl] *n* **1** tiglis *(indas medžiagoms lydyti)* **2** *prk.* sunkus išbandymas
crucifix ['kru:sɪfɪks] *n* nukryžiuotasis, kryžius su kančia
crucifixion [‚kru:sɪ'fɪkʃn] *n* **1** nukryžiavimas **2** *(the C.)* Kristaus mirtis ant kryžiaus
cruciform ['kru:sɪfɔ:m] *a* kryžiškas, kryžiaus pavidalo
crucify ['kru:sɪfaɪ] *v* **1** (nu)kryžiuoti **2** *prk. šnek.* (nu)linčiuoti, susidoroti
crud [krʌd] *n* **1** *šnek.* šlamštas, kiaulystė, nesąmonė **2** *sl.* šunsnukis, bjaurybė

crude [kru:d] *a* **1** šiurkštus, grubus; *~ expressions* bjaurūs/šiurkštūs posakiai, bjaurastys; *~ manners* šiurkščios/storžieviškos manieros **2** paprastas, nesudėtingas; *a ~ drawing* primityvus piešinys **3** žalias, neapdirbtas; *~ spirit* žalias/nerafinuotas spiritas; *~ oil* žaliavinė nafta **4** rėkiantis *(apie spalvą)* **5** apytikris, apgrabus
n žaliavinė nafta
crudeness ['kru:dnɪs] *n* = **crudity**
crudity ['kru:dətɪ] *n* **1** šiurkštumas, grubumas **2** šiurkštybė, bjaurastis
cruel [kruəl] *a* **1** žiaurus, negailestingas; *he is ~ to animals* jis žiauriai elgiasi su gyvuliais **2** kankinantis, baisus, nuožmus ◊ *you have to be ~ to be kind pat.* = kas myli, tas ir baudžia
cruelty ['kruəltɪ] *n* žiaurumas, beširdiškumas; žiaurus elgesys; *cruelties of war* karo žiaurybės
cruet ['kru:ɪt] *n* **1** padėkliukas su indeliais *(atskirai druskai, pipirams ir pan.)* **2** buteliukas, indelis *(aliejui, actui ir pan.)* **3** *bažn.* liturginė taurė, monstrancija
cruet-stand ['kru:ɪtstænd] *n* = **cruet** 1
cruise [kru:z] *n* **1** turistinė jūros kelionė, kruizas; plaukiojimas **2** sparnuotoji raketa *(t. p. ~ missile)*
v **1** daryti reisus; kreisuoti *(t. p. kar.)* **2** važiuoti/plaukti/skristi *(tam tikru)* racionaliu/kreiseriniu greičiu **3** važinėti(s), apvažinėti *(gatves, miestą)* **4** *šnek.* šlaistytis po barus *(ieškant nuotykių)* **5** *šnek.* nesunkiai įveikti/pasiekti ◊ *to be cruising for a bruising amer. šnek.* kliaučių ieškoti
cruiser ['kru:zə] *n* **1** *jūr.* kreiseris **2** turistinių kelionių laivas **3** = **cabin-cruiser** **4** *amer.* policijos automobilis
cruiser-carrier ['kru:zə‚kærɪə] *n jūr.* kreiseris lėktuvnešis
cruiserweight ['kru:zə‚weɪt] *n sport.* pussunkio svorio boksininkas
cruising ['kru:zɪŋ] *a: ~ speed (laivo, lėktuvo)* kreiserinis greitis; *~ taxi* taksis, važinėjantis gatvėmis ir ieškantis keleivių
cruller ['krʌlə] *n amer.* sukta bandelė *(kepta riebaluose)*
crumb [krʌm] *n* **1** *(duonos ir pan.)* trupinys; *to drop ~s on the floor* trupinti duoną ant grindų **2** *(duonos)* minkštimas **3** truputis, trupinys; *pl* nuotrupos; *I picked up a few ~s of information* prisirinkau šiek tiek informacijos **4** *(ypač amer.) šnek.* nenaudėlis
v **1** (su)trupinti **2** *kul.* apiberti trupiniais **3** nubraukti trupinius *(nuo stalo);* sušluoti trupinius
crumble ['krʌmbl] *v* **1** (su)trupėti; (su)byrėti **2** (su)trupinti *(t. p. ~ up);* trupiniuoti **3** *prk.* (su)irti, griūti, žlugti ▫ *~ away/off* nubyrėti, nutrupėti *(apie tinką, dažus ir pan.)*
n (vaisių, daržovių) apkepas
crumbly ['krʌmblɪ] *a* trupus, trupantis, trapus; purus *n šnek.* sukriošėlis
crumbs [krʌmz] *int šnek.* oho!, vaje!
crumby ['krʌmɪ] *a* **1** trupiniuotas **2** minkštas **3** *šnek.* = **crummy** 1
crummy ['krʌmɪ] *a šnek.* **1** prastas, niekingas; pigus **2** nesveikuojantis, silpnas
crump [krʌmp] *n* **1** *šnek.* stiprus smūgis **2** *kar. sl.* stambaus sviedinio sprogimo garsas; stambus sviedinys
v **1** *šnek.* stipriai smogti **2** *kar. sl.* (ap)šaudyti stambiais sviediniais
crumpet ['krʌmpɪt] *n* **1** minkšta bandelė *(subadyta viena puse; valgoma karšta)* **2** *sl.* patrauklis moteris; *kuop.* patrauklios moterys
crumple ['krʌmpl] *v* **1** glamžyti(s), su(si)glamžyti *(t. p. ~ up);* maigyti(s), raukšlėti(s) *(apie drabužį, popierių ir*

crumpler | 217 | **crystal**

pan.) 2 palūžti, susmukti, sugriūti 3 pakirsti, sumušti *(priešą) (džn. ~ up)*

crumpler ['krʌmplə] *n* raitelio kritimas kartu su arkliu

crunch [krʌntʃ] *n* 1 *(sniego ir pan.)* girgždėjimas, girgždesys; traškėjimas 2 *šnek.* lemiamas momentas; krizė; *energy ~* energijos krizė; *when/if it comes to the ~* lemiamu momentu 3 *amer.* pinigų trūkumas
v 1 triuškinti *(sausainius, kaulą)*, traškinti *(riešutus ir pan.)* 2 traškėti *(po kojomis, ratais);* girgždėti *(apie sniegą)*

crunchy ['krʌntʃɪ] *a* 1 traškus 2 girgždantis *(apie sniegą)*

crupper ['krʌpə] *n* 1 pabrukas *(pakinktų dalis)* 2 *(arklio)* kryžius

crural ['kruərəl] *a anat.* blauzdinis, blauzdos

crusade [kru:'seɪd] *n* 1 žygis, kampanija *(against – prieš, for – dėl, už); temperance ~* kampanija prieš alkoholizmą 2 *ist.* kryžiaus žygis
v dalyvauti kampanijoje/žygyje, kovoti; *she is crusading for women's rights* ji kovoja dėl moterų teisių

crusader [kru:'seɪdə] *n* 1 žygio/kampanijos dalyvis; kovotojas 2 *ist.* kryžiuotis

cruse [kru:z] *n psn.* molinis ąsotis/puodas ◊ *widow's ~ (ko)* neišsenkama atsarga

crush [krʌʃ] *n* 1 spūstis, grūstis 2 *šnek.* didžiulis triukšmingas susibūrimas 3 vaisių sulčių gėrimas 4 (su)spaudimas; išspaudimas, sunkimas 5 traiškymas 6 *šnek.* susižavėjimas, aistringa meilė *(ypač paauglių); to have a ~ on smb* būti aistringai įsimylėjusiam ką
v 1 (su)traiškyti; *to ~ an insect* sutraiškyti vabzdį; *he was ~ed to death by a lorry* jį mirtinai suvažinėjo sunkvežimis 2 smulkinti; *to ~ to powder* smulkinti/trinti į miltelius 3 (su)glamžyti 4 triuškinti; *to ~ one's enemies* (su)triuškinti priešus 5 sugniuždyti *(apie žinią, nesėkmę ir pan.); our hopes have been ~ed* mūsų viltys sudužo 6 *(ppr. pass)* spaustis, grūstis 7 spausti *(uogas, aliejų)* ▫ *~ down* a) priplakti *(prie žemės; augalus);* b) prislėgti; palaužti *(pasipriešinimą);* c) susmulkinti; *~ in* į(si)grūsti, su(si)grūsti; *~ out* išspausti; *~ up* a) susmulkinti, sugrūsti, sutrinti; b) *šnek.* susispausti *(automobilyje ir pan.)*

crush-barrier ['krʌʃˌbærɪə] *n* metalinis barjeras *(stadione, stotyje ir pan.)*

crusher ['krʌʃə] *n* 1 smulkintuvas, trupintuvas; smulkintojas 2 spaudėjas 3 *šnek.* pritrenkianti naujiena, nepaprastas įvykis

crush-hat ['krʌʃhæt] *n* minkšta fetrinė skrybėlė

crushing ['krʌʃɪŋ] *a* triuškinantis; pritrenkiantis *(apie žinią); ~ defeat* triuškinantis pralaimėjimas; *~ sorrow* nepakeliamas sielvartas

crushproof ['krʌʃpru:f] *a* nesiglamžantis; standus *(apie įpakavimą)*

crush-room ['krʌʃrum] *n teatr. šnek.* fojė

crust [krʌst] *n* 1 *(duonos, pyrago)* pluta, plutelė; plutgalis 2 *(ledo, žemės ir pan.)* pluta; *a ~ of snow* sniegplutė, čerkšnas, šerkšnas 3 *med. (žaizdos)* plutelė, šašas 4 *amer. šnek.* įžūlumas 5 *austral. sl.* pragyvenimas; *what do you do for a ~?* iš ko tu pragyveni?, kaip tu duoną užsidirbi? ◊ *off one's ~ sl. ret.* kvanktelėjęs, pakvaišęs
v ap(si)traukti pluta/plutele *(t. p. ~ over)*

crustacean [krʌ'steɪʃn] *n zool.* vėžiagyvis

crusted ['krʌstɪd] *a* 1 apsitraukęs pluta 2 *šnek.* įsisenėjęs, senas

crustily ['krʌstɪlɪ] *adv* irzliai, susierzinusiai; šiurkščiai

crusty ['krʌstɪ] *a* 1 apsitraukęs, su plutele; kietas 2 lengvai susierzinantis, irzlus; šiurkštus

crutch [krʌtʃ] *n* 1 *(ppr. pl)* ramentas 2 *prk.* ramstis, atrama 3 *jūr.* (pa)sukamoji įkaba *(irklams)* 4 = **crotch** 2

crux [krʌks] *n (ko)* svarbiausias dalykas, sunkiausia *(dalyko)* dalis; *the ~ of the matter* dalyko esmė

cruzeiro [kru'zeɪrəu] *n (pl ~s [-z])* kruzeiras *(Brazilijos piniginis vienetas)*

cry [kraɪ] *n* 1 verksmas, verkimas; *to have a good ~* gerai išsiverkti 2 riksmas; šūksmas; rėkimas; *to give a ~* surėkti, sušukti; *a great ~ went up* kilo didelis riksmas 3 šūkis, lozungas; *popular ~* visuomenės nuomonė, liaudies balsas 4 šnekos, kalbos; *on the ~* iš nuogirdų, iš girdų 5 *(paukščių)* garsas; *(šuns)* lojimas, *(vilko)* staugimas *ir pan.* ◊ *much ~ and little wool* daug šnekos, mažai naudos; *a far ~ (from)* didelis atstumas/skirtumas; *within ~* žmogaus balso atstumu; *to be in full ~* a) visu balsu protestuoti, smarkiai kritikuoti; b) *medž.* smarkiai vytis *(apie šunis)*
v 1 verkti, raudoti *(over, about – dėl); to ~ oneself to sleep* užmigti su ašaromis akyse; *to ~ with laughter* juoktis iki ašarų 2 šaukti; rėkti; *to ~ for help* šauktis pagalbos 3 maldauti, prašyti *(su ašaromis; for)* 4 *knyg.* (pa)skelbti *(žinią, įsakymą);* reklamuoti *(prekes)*, siūlyti pirkti *(apie gatvės pardavėją)* 5 leisti garsus *(apie paukščius, gyvulius)* ▫ *~ down* a) (su)kritikuoti, (su)menkinti; b) numušti *(kainą);* c) perrėkti; *~ off* išsižadėti, atsisakyti; *~ out* a) išverkti; *to ~ one's eyes/heart out* išverkti visas ašaras, graudžiai verkti; b) sušukti, surikti, šūktelėti; c) skųstis, nesutikti *(against);* d) prašyti, maldauti *(for);* e) labai reikėti *(paramos, remonto ir pan.; for); ~ up* girti ◊ *for ~ing out loud!* po velnių!, galų gale!

cry-baby ['kraɪˌbeɪbɪ] *n šnek.* rėksnys, verksnys

crying ['kraɪɪŋ] *n* verksmas
a 1 verkiantis; rėkiantis 2 papiktinamas, didžiulis *(ypač neig. prasme); ~ needs* gyvybinis reikalas *(for)*

cryobiology [ˌkraɪəʊbaɪ'ɒlədʒɪ] *n* kriobiologija

cryochemistry [ˌkraɪəʊ'kemɪstrɪ] *n* kriochemija, žemų temperatūrų chemija

cryogene ['kraɪəʊdʒən] *n chem.* šaldymo mišinys

cryohydrate [ˌkraɪəʊ'haɪdreɪt] *n chem.* kriohidratas

cryolite ['kraɪəlaɪt] *n min.* kriolitas

cryosurgery [ˌkraɪəʊ'sɜ:dʒərɪ] *n med.* kriochirurgija

cryotherapy [ˌkraɪəʊ'θerəpɪ] *n med.* krioterapija, gydymas šalčiu

crypt [krɪpt] *n bažn.* kripta, požeminė patalpa *(ypač laidojimui)*

cryptic ['krɪptɪk] *a* slaptas; paslaptingas, sunkiai suvokiamas

crypto ['krɪptəʊ] *n (pl ~s [-z]) (organizacijos)* slaptas dalyvis; *(partijos ir pan.)* slaptas narys

crypto- ['krɪptəʊ-] *(sudurt. žodžiuose)* kripto- *(reiškiant slaptumą); cryptography* kriptografija, slaptaraštis

cryptogam ['krɪptəʊgæm] *n bot.* kriptogamas, sporinis augalas

cryptogram ['krɪptəʊgræm] *n* kriptograma, šifruotas raštas

cryptographer [krɪp'tɒgrəfə] *n* šifruotojas

cryptonym ['krɪptəʊnɪm] *n* kriptonimas, slapyvardis

crystal ['krɪstl] *n* 1 kristalas 2 krištolas *(t. p. prk.);* krištolo dirbinys; *rock ~* kalnų krištolas; *as clear as ~* skaidrus kaip krištolas 3 *amer. (laikrodžio)* stiklas 4 *rad.* detektoriaus kristalas; *~ set* detektorinis radijo imtuvas
a 1 kristalinis 2 krištolinis *(t. p. prk.)* 3 permatomas, skaidrus

crystal-clear ['krıstl'klıə] *a* **1** skaidrus kaip krištolas **2** aiškus kaip diena; nekeliantis abejonių
crystal-gazing ['krıstl͵geızıŋ] *n* būrimas su „magiškuoju krištolu"
crystalline ['krıstəlaın] *a* kristalinis, kristališkas *(t. p. prk.)*; permatomas; **~ rocks** kristalinės uolienos; **~ lens** *anat.* akies lęšiukas
crystallite ['krıstəlaıt] *n* kristalitas
crystallization [͵krıstəlaı'zeıʃn] *n* kristalizacija
crystallize ['krıstəlaız] *v* **1** kristalizuoti(s), kristalinti(s) **2** cukruoti *(vaisius)*; **the jam has ~d** uogienė susicukravo **3** įgauti formą, susikristalizuoti, išsikristalizuoti *(apie mintis, planus; t. p.* **~ out)**
crystallography [͵krıstə'lɔgrəfı] *n* kristalografija
crystalloid ['krıstəlɔıd] *n min.* kristaloidas
a spec. kristališkas
csárdás ['tʃɑ:dɑ:ʃ] *n* čardašas *(vengrų šokis)*
C-section ['si:͵sekʃn] *n amer. šnek.* Cezario pjūvis
ctenoid ['ti:nɔıd] *a zool.* šukų pavidalo
cub [kʌb] *n* **1** *zool. (žvėries)* jauniklis; **lion ~** liūtukas **2** *juok., menk.* pienburnis, jauniklis, vaikėzas; **unlicked ~** naujokas, nepatyręs jaunuolis **3** *(tik v.)* jaunasis skautas *(8-11 amžiaus; t. p.* **C. Scouts)**
v **1** (at)vesti jauniklius **2** medžioti lapiukus
Cuba ['kju:bə] *n* Kuba *(valstybė)*
cubage ['kju:bıdʒ] *n* kubatūra
Cuban ['kju:bən] *a* kubietiškas, kubiečių; Kubos
n kubietis
cubbing ['kʌbıŋ] *n* lapiukų medžioklė
cubbish ['kʌbıʃ] *a* **1** nevikrus, nerangus **2** prastai išauklėtas
cubby(hole) ['kʌbı(həul)] *n* ankšta patalpa; mažytis kambarėlis, sandėliukas
cube [kju:b] *n* **1** kubas *(t. p. geom., mat.)*; **the ~ of 4 is 64** 4 kubu lygu 64 **2** tašytas akmuo *(grindiniui)*
v **1** *mat.* (pa)kelti kubu **2** apskaičiuoti kubatūrą **3** grįsti tašytais akmenimis/plytomis **4** suteikti kubo formą; **to ~ ice** pjaustyti ledą į kubus
cubic ['kju:bık] *a* **1** *spec.* kubinis; **~ metre** kubinis metras **2** = **cubical**
cubical ['kju:bıkl] *a* kubiškas
cubicle ['kju:bıkl] *n* **1** vienvietis kambariukas *(bendrabutyje ir pan.)* **2** kabina *(pliaže, skaitykloje ir pan.)*
cubiform ['kju:bıfɔ:m] *a* kubo pavidalo, kubiškas
cubism ['kju:bızm] *n men.* kubizmas
cubit ['kju:bıt] *n ist.* uolektis *(ilgio matas = 45-56 cm)*
cuboid ['kju:bɔıd] *n geom.* kuboidas
a kubiškas, kubo pavidalo
cucking-stool ['kʌkıŋstu:l] *n ist.* gėdos kėdė
cuckold ['kʌkəld] *menk. ret. n* žmonos apgaudinėjamas vyras, raguotas vyras
v būti neištikimai savo vyrui
cuckoo <*n, v, a, int*> *n* ['kuku:] **1** *zool.* gegutė **2** kukavimas
v **1** kukuoti **2** nuolat kartoti
a predic šnek. trenktas, paikas
int [͵ku'ku:] kukū!
cuckoo-flower ['kuku:͵flauə] *n bot.* **1** kartenė **2** šilkažiedė gaisrena
cucumber ['kju:kʌmbə] *n bot.* **1** agurkas; **squirting ~** tryškenis **2: sea ~** *zool.* holoturija ◊ **(as) cool as a ~** ramus, šaltakraujis
cucumber-tree ['kju:kʌmbətri:] *n bot.* **1** amerikinė magnolija **2** tulpmedis
cucurbit [kju'kə:bıt] *n bot.* moliūgas **2** *chem.* distiliacijos indas, retorta

cud [kʌd] *n* atrajojimas, gromulys, atraja; **to chew the ~** a) gromuliuoti, atrajoti; b) *prk.* mąstyti/galvoti vis apie tą patį
cudbear ['kʌdbɛə] *n* lakmusas *(dažai)*
cuddle ['kʌdl] *n* apkabinimas, apglėbimas
v **1** apkabinti, apglėbti, glamonėti **2** pri(si)glausti *(t. p.* **~ up;** *to)*; **to ~ together** susiglausti **3** gulėti prisiglaudus/susirietus *(į kamuoliuką)*; įsitaisyti *(lovoje)*
cuddly ['kʌdlı] *a* **1** putlus, pūkuotas, minkštutis *(apie gyvuliukus, žaislus ir pan.)* **2** meilus, mėgstantis glamonėti
cuddy[1] ['kʌdı] *n* **1** *jūr.* nedidelė kajutė **2** sandėliukas
cuddy[2] *n (ypač škot.)* **1** asilas **2** kvailys
cudgel ['kʌdʒəl] *n* vėzdas ◊ **to take up the ~s** *(for)* ginti, palaikyti, užstoti
v (-ll-) **1** mušti/smogti vėzdu/lazda **2** pliekti, kritikuoti
cue[1] [kju:] *n* **1** *teatr.* replika **2** užuomina; ženklas, signalas; **on ~** pamačius/užgirdus signalą; **to give smb the ~** priminti kam; duoti kam ženklą; **to take one's ~ from smb** pasinaudoti kieno užuomina/patirtimi; pasekti kieno pavyzdžiu **3** *kin.* titras ◊ **right on ~** *(kaip tik)* laiku
v **1** replikuoti **2** duoti ženklą *(t. p.* **~ in)** □ **~ in** *tel., kin.* įterpti į scenarijų
cue[2] *n* **1** *(biliardo)* lazda; **~ bill** biliardo kamuoliukas **2** *(plaukų)* kasa ◊ **to drop a ~** *sl.* mirti
cueist ['kju:ıst] *n* biliardo žaidėjas
cuesta ['kwestə] *n geogr., geol.* kuesta
cuff[1] [kʌf] *n* **1** rankogalis **2** *(ypač amer.)* *(kelnių)* atvartas, atraitas **3** *pl* antrankiai ◊ **off the ~** nepasiruošus, ekspromtu; **to buy on the ~** *amer. šnek.* pirkti kreditan
v uždėti antrankius
cuff[2] *n* smūgis plaštaka; **she gave him a ~ on the ear** ji davė jam antausį
v šerti plaštaka *(per galvą, veidą)*
cufflink ['kʌflıŋk] *n (ppr. pl)* rankogalių segtukas/sąsaga
cuirass [kwı'ræs] *n* **1** *kar. ist.* kirasa *(nugaros ir krūtinės šarvai)* **2** *zool. (vėžlio ir pan.)* šarvas **3** dirbtinio kvėpavimo prietaisas
cuirassier [͵kwırə'sıə] *n kar. ist.* kirasyras
cuisine [kwı'zi:n] *pr. n* virtuvė, kulinarija *(valgiai)*; kulinarijos menas
cul-de-sac ['kʌldə͵sæk] *pr. n* **1** aklagatvis; **~ station** glžk. galinė/paskutinė stotis **2** aklavietė, padėtis be išeities **3** *anat.* aklas maišas, uždara ertmė
culinary ['kʌlınərı] *a* **1** kulinarinis, virtuvės **2** tinkamas virti
cull [kʌl] *v* **1** pa(si)rinkti, at(si)rinkti *(from – iš)* **2** *ž. ū.* skersti, pjauti *(brokuotus gyvulius)* **3** *knyg.* skinti, raškyti *(gėles, vaisius)*
n ž. ū. **1** brokuotų gyvulių skerdimas **2** brokuoti gyvuliai
cullender ['kʌlındə] *n* = **colander**
cully ['kʌlı] *psn. n* apgautasis, žioplys
v apgauti, apsukti
culm[1] [kʌlm] *n bot. (žolių, javų)* stiebelis
culm[2] *n* anglių/antracito dulkės
culminate ['kʌlmıneıt] *v* **1** pasiekti kulminacinį/aukščiausią tašką; baigtis *(in – kuo)* **2** *astr.* pasiekti kulminaciją/apogėjų
culmination [͵kʌlmı'neıʃn] *n* **1** aukščiausias/kulminacinis taškas **2** *astr.* kulminacija, zenitas
culottes [kju:'lɔts] *n pl* **1** sijonkelnės **2** *ist.* kiulotai
culpability [͵kʌlpə'bılətı] *n teis.* kaltumas
culpable ['kʌlpəbl] *a* kaltas, kaltintinas; baustinas; nusikalstamas; **to hold smb ~** laikyti ką kaltu/baustinu
culprit ['kʌlprıt] *n* **1** kaltininkas, nusikaltėlis, nusižengėlis **2** *šnek. (ko)* kaltininkas, pagrindinė priežastis

cult [kʌlt] *n rel.* kultas; *(prk. t. p.)* dievinimas, garbinimas; *the ~ of personality* asmenybės kultas

cult-figure ['kʌlt‚fɪgə] *n* stabas, dievukas *(apie žmogų)*

cultish ['kʌltɪʃ] *a* pagarbus; *~ devotion* susižavėjimas, paverstas kultu

cultivable ['kʌltɪvəbl] *a* kultivuojamas; dirbamas *(apie žemę)*

cultivate ['kʌltɪveɪt] *v* **1** (į)dirbti, apdirbti *(žemę)* **2** kultivuoti, auginti *(augalus)* **3** ugdyti; lavinti, kultivuoti; plėtoti, rutulioti *(mintį); to ~ one's memory* lavinti atmintį **4** *(džn. menk.)* palaikyti ryšius; *to ~ smb's friendship* palaikyti draugystę su kuo *(ppr. egoistiniais tikslais)*

cultivated ['kʌltɪveɪtɪd] *a* **1** išsilavinęs, kultūringas **2** *ž. ū.* kultivuojamas, (ap)dirbamas; įdirbtas; *~ crop* kaupiamieji augalai; *~ plants* kultūriniai augalai

cultivation [‚kʌltɪ'veɪʃn] *n* **1** *(žemės)* (į)dirbimas, apdirbimas; *under ~* (į)dirbamas **2** *(kultūrinių augalų)* auginimas, kultivavimas **3** ugdymas, kultivavimas **4** *(pažinčių, ryšių)* palaikymas

cultivator ['kʌltɪveɪtə] *n* **1** augintojas, žemdirbys **2** *ž. ū.* kultivatorius; tarpueilių purentuvas

cultural ['kʌltʃərəl] *a* kultūrinis, kultūros; *~ lag* kultūrinis atsilikimas; *~ centre* kultūros centras *(ppr. didelis miestas)*

culturally ['kʌltʃərəlɪ] *adv* kultūriškai; kultūros požiūriu/ atžvilgiu *(t. p. ~ speaking)*

culture ['kʌltʃə] *n* **1** kultūra *(t. p. ž. ū., biol.); a man of ~* kultūringas žmogus; *a ~ of streptococci* streptokokų kultūra **2** *(organizacijos, žmonių grupės)* principai, nusistatymai **3** auginimas, kultivavimas; *~ pearl* kultūrinis *(išaugintas)* perlas **4** bakterijų auginimas *(laboratorijoje)* **5** pavadinimai ir pažymėjimai topografiniuose žemėlapiuose

culture-bound ['kʌltʃəbaund] *a* **1** priklausomas nuo kultūros **2** *kalb.* būdingas tam tikrai kultūrai

cultured ['kʌltʃəd] *a* **1** kultūringas; gerai išauklėtas **2** auginamas, kultivuojamas

culture-fair ['kʌltʃəfɛə] *a amer.* nepriklausantis jokiai kultūrai, universalus

culture-shock ['kʌltʃəʃɔk] *n* kultūrinis šokas, sutrikimas susidūrus su svetima kultūra

culvert ['kʌlvət] *n* **1** *(vandens, dujų, kanalizacijos)* vamzdis, pralaida *(po keliu, geležinkeliu)* **2** *(elektros)* požeminiai laidai

cum- [kʌm] *lot. (sudurt. žodžiuose)* kartu ir; *a bed-cumsitting room* miegamasis, kartu ir gyvenamasis kambarys

cumber ['kʌmbə] *ret. n* sunkumas, kliūtis
v apsunkinti, (su)varžyti, trukdyti

cumbersome ['kʌmbəsəm] *a* **1** sunkus ir nepatogus, griozdiškas, gremėzdiškas **2** (ap)sunkinantis, (su)varžantis; sudėtingas; įmantrus

Cumbria ['kʌmbrɪə] *n* Kambrija *(Anglijos grafystė)*

Cumbrian ['kʌmbrɪən] *a* Kambrijos
n Kambrijos gyventojas

cumbrous ['kʌmbrəs] *a knyg.* = **cumbersome**

cumin ['kʌmɪn] *n* kmynas *(augalas ir prieskonis)*

cum laude [‚kʌm'lɔ:dɪ, ‚kum'laudeɪ] *amer.* su pagyrimu *(apie diplomą)*

cummerbund ['kʌməbʌnd] *n* platus diržas, juosta *(susijuosti)*

cummin ['kʌmɪn] *n =* **cumin**

cumulate *ret. a* ['kju:mjulət] sukauptas, surinktas
v ['kju:mjuleɪt] (su)kaupti

cumulation [‚kju:mju'leɪʃn] *n* kaupimas(is), su(si)kaupimas; kumuliacija

cumulative ['kju:mjulətɪv] *a* **1** augantis, didėjantis **2** sukauptas, surinktas; suvestinis; kumuliacinis; *~ preference shares kom.* privilegijuotosios akcijos su garantuotais dividendais; *~ evidence* įkalčių visuma

cumuli ['kju:mjulaɪ] *pl žr.* **cumulus**

cumulonimbus [‚kju:mjuləu'nɪmbəs] *n (pl* -bɪ [-baɪ], ~es) *meteor.* audros debesis

cumulus ['kju:mjuləs] *n (pl* -li) **1** *meteor.* kamuolinis debesis **2** krūva, daugybė

cuneiform ['kju:nɪfɔ:m] *a* pleištinis, pleištiškas; *~ characters* pleištaraščio/dantiraščio raidės/ženklai
n ist. pleištaraštis, dantiraštis

cunning ['kʌnɪŋ] *n* **1** gudrybė, suktybė **2** sugebėjimas, sumanumas
a **1** gudrus; suktas, klastingas **2** gabus, sumanus **3** *amer.* gražus, žavus, mielas; pikantiškas

cunt [kʌnt] *n vulg.* **1** šiknius, šunsnukis **2** moters lyties organas

cup [kʌp] *n* **1** puodelis, puodukas **2** *(liemenėlės)* dubenėlis **3** taurė *(varžybų prizas); C. Final (futbolo, kriketo)* taurės finalas; *challenger ~* pereinamoji taurė; *Davis C. (teniso)* Deiviso taurė **4** *prk. (kančių, džiaugsmo ir pan.)* taurė; *a bitter ~* karti taurė; *to fill up the ~* perpildyti kantrybės taurę **5** taurė, taurelė *(gėrimo);* kokteilis; *to be fond of the ~* mėgti taurelę, mėgti išgerti; *in one's ~s* girtas, išgėręs **6** *bot.* taurelė **7** *bažn.* taurė ◊ *to dash the ~ from smb's lips* neleisti/sukliudyti išsipildyti *(apie viltis, norus); another ~ of tea* kas kita, visai kitas reikalas; *he is not my ~ of tea šnek.* jis ne mano skonio; *poetry/travelling, etc. isn't his ~ of tea* kelionės/poezija ir pan. – ne jo stichija
v **1** suteikti/įgauti taurės formą; *to ~ a flaming match* pridengti delnu degantį degtuką **2** paimti, laikyti *(rankose, saujoje)* **3** *med.* statyti taures

cupbearer ['kʌp‚bɛərə] *n (ypač ist.)* taurininkas

cupboard ['kʌbəd] *n* spinta, spintelė; bufetas ◊ *~ love* savanaudiška meilė

cupcake ['kʌpkeɪk] *n* apskritas keksas *(keptas gofruotoje formoje)*

cupel ['kju:pəl] *v (-ll-)* nustatyti *(brangiųjų metalų)* prabą

cupful ['kʌpful] *n (ko)* pilnas puodukas, pilna taurė

cupid ['kju:pɪd] *n* **1** *(C.) mit.* Kupidonas **2** *men.* kupidonas, amūras ◊ *to play ~* piršti, piršliauti

cupidity [kju:'pɪdətɪ] *n* godumas, *(turto)* troškimas

cupola ['kju:pələ] *n* **1** *archit.* kupolas **2** *tech.* lydkrosnė **3** *kar.* sukiojamas šarvuotas bokštelis

cuppa, cupper ['kʌpə] *n šnek.* puodelis arbatos

cupping ['kʌpɪŋ] *n med.* taurių statymas

cupping-glass ['kʌpɪŋglɑ:s] *n med.* taurė

cupreous ['kju:prɪəs] *a* varinis; turintis vario

cupric ['kju:prɪk] *a chem.* vario

cupriferous [kju:'prɪfərəs] *a min.* turintis vario, su variu

cuprite ['kju:praɪt] *n min.* kupritas

cupronickel [‚kju:prəu'nɪkl] *n* melchioras *(lydinys)*

cuprous ['kju:prəs] *a chem.* turintis *(vienvalenčio)* vario

cup-tie ['kʌptaɪ] *n sport.* taurės varžybos

cur [kə:] *n* **1** *(piktas)* šuo; sarginis šuo **2** *psn.* vaidingas žmogus; nepraustaburnis; bailys

curability [‚kjuərə'bɪlətɪ] *n* **1** išgydomumas **2** tinkamumas džiovinti/sūdyti *ir pan.*

curable ['kjuərəbl] *a* **1** išgydomas *(apie ligą)* **2** tinkamas džiovinti/sūdyti

curaçao [‚kjuərə'səu] *n* **1** *(C.)* Kiurasao *(sala)* **2** apelsininis likeris

curacy [ˈkjuərəsɪ] *n* **1** dvasininkystė; klebonavimas, pastoriavimas **2** parapija
curare [kjuˈrɑːrɪ] *n* kurarė *(nuodai)*
curate [ˈkjuərət] *n* pastoriaus/klebono padėjėjas; vikaras ◊ ***to be like the ~'s egg*** būti ir geram, ir blogam; turėti ir gerų, ir blogų savybių
curative [ˈkjuərətɪv] *a* gydomasis
n gydomoji priemonė; vaistas
curator [kjuəˈreɪtə] *n* **1** *(muziejaus, bibliotekos)* saugotojas, prižiūrėtojas; direktorius **2** *austral.* sporto aikštelės prižiūrėtojas
curb [kə:b] *n* **1** *(kamanų, apynasrio)* grandinėlė, dirželis *(arklio pažandėje);* kamanos, apynasris; **~ bit** kamanų žąslai **2** *prk.* varžtai, grandinės; pažabojanti jėga; ***keep a ~ on your anger*** tramdykite savo pyktį **3** *amer.* šaligatvio kraštas, bordiūras **5** *(šulinio)* rentinys
v **1** (už)mauti apynasrį/kamanas *(arkliui)* **2** *amer.* užmauti antsnukį *(šuniui)* **3** (pa)žaboti; *(prk. t. p.)* (su)tramdyti; ***to ~ inflation*** sulaikyti/sustabdyti infliaciją **4** daryti bordiūrą *(kelkraštyje)*
curbstone [ˈkə:bstəun] *n* bordiūrinis akmuo
curcuma [ˈkə:kjumə] *n bot.* kurkuma, ciberžolė
curd [kə:d] *n (ppr. pl)* varškė
curdle [ˈkə:dl] *v* **1** sutraukti; (su)krekėti *(apie pieną)* **2** (su)krešėti *(apie kraują)* **3** (su)stingti *(iš baimės);* ***to make the blood ~*** stingdyti kraują
curdy [ˈkə:dɪ] *a* sugižęs, sutrauktas
cure [kjuə] *n* **1** vaistas; ***a ~ for a cough, cough ~*** vaistas nuo kosulio **2** *prk.* priemonė; ***a ~ for inflation*** priemonė infliacijai pažaboti; ***the situation is beyond ~*** padėtis nepataisoma/beviltiška **3** gydymas, gydymo kursas **4** išgydymas; išgijimas **5** *bažn.* sielų ganymas **6** *spec. (gumos)* vulkanizacija; *stat.* išlaikymas; apdorojimas
v **1** (iš)gydyti; ***to ~ a disease [a patient]*** (iš)gydyti ligą [ligonį] **2** atsikratyti, (iš)naikinti *(blogį);* ***to be ~d of smoking*** atprasti nuo rūkymo **3** konservuoti, apsaugoti *(maistą nuo gedimo);* ***to ~ fish*** (iš)rūkyti žuvį **4** *spec.* vulkanizuoti *(gumą);* apdoroti; rauginti *(kailius)*
curé [kjuəˈreɪ] *pr. n* klebonas, kiurė *(Prancūzijoje)*
cure-all [ˈkjuərɔ:l] *n* panacėja, vaistas nuo visų ligų
cureless [ˈkjuələs] *a* neišgydomas
curettage [kjuəˈretɪdʒ] *n med.* (iš)grandymas
curette [kjuəˈret] *n (chirurgo)* grandiklis
curfew [ˈkə:fju:] *n* **1** komendanto valanda; ***to impose a ~ (on)*** įvesti komendanto valandą; ***to lift/end the ~*** panaikinti komendanto valandą **2** *ist.* vakaro varpas *(signalas žiburiams gesinti)*
curia [ˈkjuərɪə] *n* **1** *(the C.)* popiežiaus kurija **2** *ist.* kurija
curie [ˈkjuəri] *n fiz.* kiuris *(radioaktyvumo vienetas)*
curio [ˈkjuərɪəu] *n (pl ~s [-z])* retas, antikvarinis dalykas, retenybė
curiosity [ˌkjuərɪˈɔsətɪ] *n* **1** žinių troškimas, noras sužinoti/pažinti; ***I'm filled with ~ about Africa*** mane labai domina Afrika **2** smalsumas **3** retenybė; keist(en)ybė, kuriozas ◊ ***~ killed the cat*** ≡ daug žinosi, greit pasensi; smalsumas prie gero neprives
curious [ˈkjuərɪəs] *a* **1** norintis sužinoti **2** smalsus; ***don't be so ~!*** nesmalsauk! **3** keistas, neįprastas, kurioziškas; ***a ~ thing happened yesterday*** vakar atsitiko kurioziškas įvykis **4** *euf.* erotinis, pornografinis
curiously [ˈkjuərɪəslɪ] *adv* **1** smalsiai **2** neįprastai, nepaprastai; keistai; ***~ enough*** nors ir keista
curium [ˈkjuərɪəm] *n chem.* kiuris *(dirbtinis elementas)*
curl [kə:l] *n* **1** *(ppr. pl)* garbanos; garbanoti plaukai **2** garbanotumas **3** apvija, spiralė, garankštis; *(dūmų)* kamuolėlis **4** *spec.* sūkurys, sūkuriavimas ◊ ***out of ~*** ištižęs, suglebęs
v **1** garbanoti(s), raityti(s), sukti(s) *(apie plaukus)* **2** raitytis, susiraityti; virsti kamuoliais *(apie dūmus, debesis)* **3**: ***to ~ one's lip*** *(pašaipiai, paniekinamai)* patempti lūpą □ **~ up** a) užsirięsti, užsiraityti, užsilankstyti; b) susiraityti, susirangyti; c) *šnek.* jausti šleikštulį; ***his fawning manner makes me ~ up*** nuo jo pataikaujamo elgesio man darėsi koktu
curler [ˈkə:lə] *n* **1** *(plaukų)* suktukas, bigudi **2** kerlingo žaidėjas
curlew [ˈkə:lju:] *n zool.* žiurlys, didžioji kuolinga
curlicue [ˈkə:lɪkju:] *n* raitytas pagražinimas, išraitymas, užraitas
curling [ˈkə:lɪŋ] *n sport.* kerlingas *(žaidimas ant ledo)*
curling-irons [ˈkə:lɪŋˌaɪənz] *n* = **curling-tongs**
curling-tongs [ˈkə:lɪŋtɔŋz] *n pl* žnyplės plaukams garbanoti
curlpaper [ˈkə:lˌpeɪpə] *n* papiliotė *(popierius plaukams raityti)*
curly [ˈkə:lɪ] *a* **1** garbanotas, raitytas, banguotas **2** išlenktas, susilankstęs; ***~ grain*** skersasluoksniuotumas *(apie medieną)*
curmudgeon [kə:ˈmʌdʒən] *n* **1** pikčius, pikčiurna, irzlus žmogus **2** šykštuolis
curmudgeonly [kə:ˈmʌdʒənlɪ] *a* **1** irzlus, piktas **2** šykštus
Curonia [ku:ˈrəunɪə] *n ist.* Kuršas, Kuržemė
Curonian [ku:ˈrəunɪən] *a* kuršiškas, kuršių; Kuršo; ***the ~ Bay/Gulf/Lagoon*** Kuršių marios, Kuršmarės; ***the ~ Spit/Isthmus*** Kuršių nerija
n ist. **1** kuršis **2** kuršių kalba
curr [kə:] *v* murkti, murkuoti *(apie katę)*
currant [ˈkʌrənt] *n* **1** smulkios besėklės razinos **2** serbentai *(krūmai, uogos)*
currency [ˈkʌrənsɪ] *n* **1** valiuta; ***hard ~*** a) tvirtoji valiuta; laisvai konvertuojama valiuta; b) *(kurios nors šalies)* deficitinė valiuta; ***soft ~*** minkštoji valiuta *(prastai konvertuojama, nestabilaus kurso);* ***do you change foreign ~?*** ar jūs keičiate užsienio valiutą? **2** pinigai; pinigų cirkuliacija **3** *(idėjų, žodžių ir pan.)* paplitimas, vartosena; ***to gain ~*** paplisti; ***to give ~ to smth*** paleisti ką į apyvartą
current [ˈkʌrənt] *n* **1** *(oro, vandens ir pan.)* srovė; tėkmė, tekėjimas; ***surface ~*** paviršinė tėkmė; ***against the ~*** *prk.* prieš srovę; ***to breast the ~*** *prk.* eiti prieš srovę **2** *(įvykių ir pan.)* tėkmė, eiga; ***~ of time*** laiko tėkmė **3** *el.* srovė; ***(constant) direct ~*** (pastovioji) nuolatinė srovė; ***forward ~*** tiesioginė srovė
a **1** einamasis; dabartinis; ***~ information*** einamoji informacija; ***~ affairs*** *(pasaulio)* dabartiniai/einamieji įvykiai; ***the ~ week [month]*** ši savaitė [mėnuo]; ***the ~ issue*** šio mėnesio, šios savaitės *ir pan. (žurnalo)* numeris **2** paplitęs, *(labai)* vartojamas; esantis apyvartoje; ***~ coin*** a) apyvartoje esanti moneta; b) *prk.* labai paplitusi nuomonė; ***to go/pass/run ~*** būti visų pripažįstamam, būti labai paplitusiam **3** *komp.* veikiamasis *(apie katalogo įrašą)*
currently [ˈkʌrəntlɪ] *adv* dabar, šiuo metu
curricle [ˈkʌrɪkl] *n ist.* lengva dviratė karieta *(ppr. dvikinkė)*
curriculum [kəˈrɪkjuləm] *n (pl ~s, -la [-lə])* *(universiteto, instituto, mokyklos)* mokymo planas/programa
curriculum vitae [kəˈrɪkjuləmˈvi:taɪ] *lot.* gyvenimo aprašymas, autobiografija
currier [ˈkʌrɪə] *n* odininkas, odadirbys
currish [ˈkə:rɪʃ] *a* **1** šuniškas **2** bailus, niekingas, bjaurus

curry¹ ['kʌrɪ] *n* **1** aštrių prieskonių mišinys **2** troškinys su aštriais prieskoniais, aštrus ragu
v gaminti aštrų patiekalą
curry² *v* **1** valyti, šukuoti *(arklį)* **2** išdirbti *(odą)*
curry-comb ['kʌrɪkəum] *n* grandyklė *(arkliams šukuoti)*
curry-powder ['kʌrɪˌpaudə] *n* malti prieskoniai
curse [kə:s] *n* **1** keikimas(is); keiksmas, keiksmažodis **2** prakeikimas; *to call down ar to lay ~s (on)* prakeikti; *~s!* prakeikimas! **3** nelaimė, vargas, bėda, kryžius; *what a ~!* gyvas vargas! **4** atskyrimas nuo bažnyčios **5** *(the ~) euf.* mėnesinės ◊ *not worth a ~* nevertas nė skatiko, niekam tikęs; *~s (like chickens) come home to roost* ≡ nekask duobės kitam, nes pats įkrisi
v **1** keikti(s), keiksnoti; *to ~ and swear* keiktis kaip vežikui **2** prakeikti **3** atnešti/užtraukti nelaimę **4** atskirti nuo bažnyčios
cursed *a* ['kə:sɪd] **1** prakeiktas **2** *šnek.* bjaurus; *~ boy* bjaurus berniūkštis
cursedly ['kə:sɪdlɪ] *adv* bjauriai; velniškai
cursive ['kə:sɪv] *n* **1** greitraštis **2** kursyvas; rankraštinis šriftas *(t. p. ~ script)*
a **1** greitraščio; greitraščiu (pa)rašytas **2** kursyvinis, rankraštinis
cursor ['kə:sə] *n* **1** *tech. (skalės)* rodyklė **2** *komp.* žymeklis, *(ekrano)* zuikelis
cursorial [kə:'sɔ:rɪəl] *a zool.* bėgiojamas; bėgiojantis
cursory ['kə:sərɪ] *a* **1** paviršutiniškas, greitomis padarytas *(apie darbą, apžiūrėjimą ir pan.); he gave the letter a ~ glance* jis prabėgomis dirstelėjo į laišką **2** laisvas, kursorinis *(apie skaitymą)*
curst [kə:st] *a psn.* = **cursed**
curt [kə:t] *a* trumpas ir atžarus *(apie atsakymą ir pan.); he had been ~ with Gertrude* jis buvo šiurkštus Gertrūdai
curtail [kə:'teɪl] *v* **1** (su)trumpinti *(kalbą, žodžius, vizitą ir pan.)* **2** (su)mažinti, (ap)riboti *(išlaidas, teises, laisvę ir pan.)*
curtailment [kə:'teɪlmənt] *n* **1** (su)mažinimas, (ap)ribojimas; *the ~ of military aid* karinės pagalbos (su)mažinimas **2** (su)trumpinimas *(kalbos, atostogų ir pan.)*
curtain ['kə:tn] *n* **1** užuolaida; portjera; *to draw the ~* užtraukti/atitraukti užuolaidą **2** *(scenos)* uždanga; *to raise/lift [to drop] the ~* pakelti [nuleisti] uždangą; *after the last/final ~* spektakliui pasibaigus; *behind the ~* a) užkulisiuose; b) *prk.* neviešai **3** *(dūmų ir pan.)* uždanga, priedanga ◊ *to bring/ring the ~ down (on)* užbaigti, padaryti galą; *it'll be ~s for smb/smth if... šnek.* ≡ bus kam galas, jei...; *to draw the ~ over smth* nutylėti ką
v uždengti užuolaida; (pa)kabinti užuolaidas/portjeras
□ *~ off* atskirti užuolaida/uždanga
curtain-fire ['kə:tnˌfaɪə] *n kar.* ugnies užtvara
curtain-lecture ['kə:tnˌlektʃə] *n juok.* žmonos priekaištai vyrui *(kai niekas negirdi)*
curtain-raiser ['kə:tnˌreɪzə] *n* vienaveiksmė pjesė, rodoma prieš spektaklį; trumpas filmas prieš rodant pagrindinį
curtain-rod ['kə:tnrɔd] *n* karnizas užuolaidoms/portjeroms
curtilage ['kə:tɪlɪdʒ] *n teis.* sklypas prie namo
curts(e)y ['kə:tsɪ] *n* reveransas; *to make/drop a ~* padaryti reveransą
v daryti reveransą
curvaceous [kə:'veɪʃəs] *a šnek.* gracingas, gundantis *(apie moters figūrą)*
curvature ['kə:vətʃə] *n spec.* **1** kreivumas; kreivis; išlinkis, išlinkimas; užlenkimas **2** *med. (stuburo ir pan.)* iškrypimas

curve [kə:v] *n* **1** *spec.* kreivė; *~ of growth ekon.* augimo kreivė; *error ~* paklaidų kreivė **2** *(kelio ir pan.)* linkis, vingis, išlanka; kreivuma; *~ of arch archit.* skliauto išlenkimas/išlinkis **3** *tech.* lekalas ◊ *to throw smb a ~ amer.* nustebinti ką *(sunkiu klausimu)*
v kreivinti; iš(si)lenkti; vingiuoti; *the river ~s around the town* upė riečia/juosia miestą
curved [kə:vd] *a* kreivas, išlenktas; *~ nose* kumpa nosis, nosis su kuprele; *~ motion/movement* kreivaeigis judėjimas
curvet [kə:'vet] *n* kurbetas *(arklio šuolis užpakalinėmis kojomis)*
curvilinear [ˌkə:vɪ'lɪnɪə] *a* kreivalinijinis, kreivinis
curvy ['kə:vɪ] *a* **1** išlenktas **2** = **curvaceous**
cushion ['kuʃn] *n* **1** pagalvėlė *(ant sofos, kėdės ir pan.)* **2** *prk.* apsisaugojimas, garantija *(against);* pinigai atidėti juodai dienai **3** *(biliardo)* bortas **4** *tech.* padėklas, paklotas; ertmė; *~ of air* pneumatinė/oro pagalvė
v **1** padėti pagalvėlę **2** sušvelninti *(pralaimėjimą ir pan.); to ~ a shock* sušvelninti smūgį **3** ap(si)saugoti; *the rich are ~ed against the effects of the recession* turtingieji yra apsaugoti nuo nuosmukio pasekmių **4** statyti rutulį prie biliardo stalo borto
cushioncraft ['kuʃnkrɑ:ft] *n* transporto priemonė su oro pagalve
cushioned ['kuʃnd] *a* **1** su pagalvėlėmis; minkštas, švelnus *(apie sėdynę; apie nusileidimą)* **2** lengvas, be rūpesčių *(apie gyvenimą)*
cushiony ['kuʃənɪ] *a* minkštas, panašus į pagalvėlę
cushy ['kuʃɪ] *a šnek.* lengvas *(apie darbą, gyvenimą ir pan.); ~ wound* lengvas sužeidimas ◊ *a ~ job/number* ≡ šilta vietelė
cusp [kʌsp] *n* **1** smailuma; smaigalys; viršūnė **2** *(mėnulio)* ragas **3** *geom. (dviejų kreivių)* susikirtimo taškas
cuspid ['kʌspɪd] *n anat.* iltis
cuspidal ['kʌspɪdl] *a* smailiu/aštriu galu
cuspidate(d) ['kʌspɪdeɪt(ɪd)] *a bot.* dygliaviršūnis *(apie lapą)*
cuspidor ['kʌspɪdɔ:] *n amer.* spjaudyklė
cuss [kʌs] *(ypač amer.) šnek. n* **1** prakeikimas; *~ word* keiksmažodis **2** žmogysta, padaras
v keiktis, nusikeikti □ *~ out* iškeikti, išplūsti, iškoneveikti
cussed ['kʌsɪd] *a šnek.* **1** užsispyręs **2** prakeiktas, bjaurus
cussedness ['kʌsɪdnɪs] *n šnek.* **1** užsispyrimas **2** bjaurumas
custard ['kʌstəd] *n* saldus kremas *(su pienu, kiaušiniu)* ◊ *cowardly ~ šnek.* ≡ šlapia višta; ištižėlis
custodial [kʌ'stəudɪəl] *a* **1** apsaugos, globos; globėjiškas **2** *teis.* laisvės atėmimo; *~ sentence* įkalinimo terminas
custodian [kʌ'stəudɪən] *n* **1** sargas; saugotojas, prižiūrėtojas; *~ of moral values* moralinių vertybių saugotojas **2** globėjas
custody ['kʌstədɪ] *n* **1** globa; *to be in the ~ (of)* būti *(kieno)* globojamam **2** pasauga, saugojimas, laikymas; *to have the ~ (of)* saugoti **3** suėmimas, kardomasis kalinimas; *to take into ~* suimti, uždaryti į kalėjimą *(iki teismo)*
custom ['kʌstəm] *n* **1** paprotys; įprastas dalykas; *it is the ~ here* čia toks paprotys, čia taip įprasta; *it is the ~ with him* tai jam įprasta **2** *kom.* klientūra, pirkėjai **3** *teis.* paprotinė/paproočių teisė
a amer. padarytas pagal užsakymą; *~ clothes* pagal užsakymą siūti drabužiai; *~ tailor* siuvėjas, siuvantis pagal individualius užsakymus
customable ['kʌstəməbl] *a* apmuitinamas, apmuitintinas
customary ['kʌstəmərɪ] *a* įprastinis; įprastas *(apie elgesio normas); ~ law teis.* paprotinė teisė; *as is ~* kaip įprasta

custom-built ['kʌstəm'bɪlt] *a* pagamintas/pastatytas pagal užsakymą

customer ['kʌstəmə] *n* **1** pirkėjas, klientas; užsakovas **2** *šnek.* tipas; *queer/rum* ~ keistuolis, keistabūdis; *awkward* ~ sunkus tipas

custom-house ['kʌstəmhaus] *n (ypač amer.)* muitinė

customize ['kʌstəmaɪz] *v* gaminti pagal užsakymą; pritaikyti individualiam vartotojui

custom-made ['kʌstəm'meɪd] *a* padarytas/pagamintas pagal užsakymą

customs ['kʌstəmz] *n pl* **1** muitinė; *to clear* ~, *to go through* ~ pereiti muitinę, atlikti muitinės formalumus **2** muitas, muito mokestis; ~ *free* neapmuitinamas, be muito *a* muito, muitinis; muitinės; ~ *entry/declaration* muitinės deklaracija

customs-house ['kʌstəmzhaus] *n* muitinė; ~ *officer* muitininkas

cut [kʌt] <*v, n, a*> *v* (cut) **1** (per)pjauti, pjaustyti, at(si)pjauti; *this knife won't* ~ tas peilis nepjauna; *to* ~ *in two [three]* (su)pjaustyti/perpjauti į dvi [tris] dalis; *to* ~ *into pieces [halves]* (su)pjaustyti gabalais [perpjauti pusiau] **2** *(džn. refl)* į(si)pjauti; *he* ~ *his finger* jis įsipjovė pirštą; *to* ~ *one's head open* prasikirsti galvą *(iki kraujo)* **3** (ap)kirpti; (nu)karpyti, apkarpyti; iškirpti *(out of);* *to have one's hair* ~ apsikirpti; *to* ~ *one's fingernails/toenails* nusikarpyti nagus **4** sukirpti *(drabužį)* **5** pjauti, kirsti *(javus);* kirsti *(mišką); to* ~ *the grass* (nu)pjauti žolę **6** kirsti(s), susikirsti *(apie linijas, kelius)* **7** eiti skersai, kirsti *(across, through)* **8** skrosti *(vandens paviršių ir pan.)* **9** kirsti, pulti *(peiliu, kardu ir pan.; at)* **10** rėžti, raižyti *(stiklą);* graviruoti; šlifuoti *(brangakmenį)* **11** gręžti; kasti *(tunelį, kanalą)* **12** kaltis, prasikalti *(apie dantis)* **13** (su)mažinti *(išlaidas, infliaciją ir pan.)* **14** (su)trumpinti *(straipsnį ir pan.);* iškirpti *(tai, kas nespausdintina, nedemonstruotina filme ir pan.)* **15** (su)trumpinti *(laiką)* **16** įžeisti; įskaudinti **17** išjungti, nutraukti *(elektrą, dujas ir pan.);* aut. išjungti *(šviesas)* **18** nutraukti *(pažintį ir pan.); to* ~ *smb dead* ne(be)sisveikinti su kuo, visiškai ignoruoti ką; *to* ~ *(oneself) loose from the family* nutraukti ryšius su šeima **19** išlaisvinti *(from; t. p.* ~ *free/loose)* **20** *šnek.* praleisti, nedalyvauti; *to* ~ *a lecture* praleisti paskaitą; *to* ~ *classes/school* nebūti/nedalyvauti pamokose/pratybose **21** (per)kelti *(kortų malką)* **22** į(si)rašyti *(į plokštelę, juostelę; apie dainininką, muziką)* **23** atskiesti *(with – kuo)* **24** *spec.* kastruoti *(gyvulį)* **25** *šnek.* (pa)bėgti, sprukti; *I must* ~ man reikia bėgti **26** *šnek.* baigti *(ką daryti);* ~ *the chatter* liaukitės plepėję; ~*!* baigta!, užteks!, išjungti kamerą! *(režisieriaus komanda filmuojant)* □ ~ *along* skubėti; ~ *away* a) nupjauti, nukirsti; nukapoti; b) *šnek.* pasprukti; ~ *back* a) (nu)genėti; b) (su)mažinti *(gamybą ir pan.; on);* c) *kin.* (pa)kartoti anksčiau rodytą kadrą *(efektui sustiprinti);* ~ *down* a) sumažinti *(išlaidas ir pan.);* b) iškirsti *(mišką),* nukirsti *(medžius);* c) patrumpinti *(drabužius ir pan.);* sutrumpinti *(straipsnį ir pan.);* d) nusiderėti; e) *(džn. pass)* pakirsti *(apie mirtį);* ~ *in* a) įsikišti, įsiterpti *(į pokalbį);* b) staiga įsiterpti/įlįsti *(aplenkus kitą automobilį);* c) *šnek.* įtraukti *(į kokią pelningą veiklą; on);* d) *tech., el.* į(si)jungti; ~ *off* a) atpjauti; nupjauti; b) apkapoti; nukirsti; c) nutraukti *(pagalbą, tiekimą, telefono pokalbį ir pan.);* d) neskirti turto/pinigų *(ypač po mirties);* e) neleisti užbaigti, pertraukti *(kalbantįjį);* f) *(ppr. pass)* atkirsti, atskirti *(miestą, karinę grupuotę ir pan.);* g) nu(si)kirpti *(plaukus);* ~ *out* a) iškirsti, išpjauti, iškirpti; b) sukirpti *(drabužį);* c) nurungti, nukonkuruoti; d) praleisti, išbraukti, išmesti *(žodžius, detales ir pan.);* e) neįtraukti *(į komandą ir pan.);* f) nušalinti *(nuo operacijos);* g) atsisakyti *(žalingų įpročių);* mesti, nebevartoti *(alkoholio, cigarečių, cukraus ir pan.);* h) išsijungti *(apie variklį, radiatorių ir pan.);* i) tikti, būti tinkamam, turėti reikalingų savybių *(for);* ~ *up* a) supjaustyti; sukapoti į gabalus; b) sutriuškinti, sukritikuoti; c) *(ppr. pass)* sužeisti, sudaužyti *(avarijoje ir pan.);* liūdnai baigtis; d) *pass* būti prislėgtam, krimstis *(about)* ◊ *to* ~ *and come again* suvalgyti ir dar paprašyti; *to* ~ *and run* pasprukti; *to* ~ *up rough/nasty* (į)širsti, (į)niršti; *to* ~ *short* nutraukti; pertraukti *(kalbantįjį); to* ~ *it fine/close* vos suspėti; vos užtekti *(pinigų ir pan.);* ~ *it/that out šnek.* liaukitės!, nustokite! *(triukšmavę, kalbėję)*

n **1** į(si)pjovimas, įpjova, pjautinė žaizda; pjūvis; įkirtimas, įkirtis; *to get a* ~ *from smth* įsipjauti į ką **2** kirtis, smūgis *(rakete, botagu, kardu ir pan.)* **3** įžeidimas; *in his speech he got one or two* ~*s at me* savo kalboje jis ne kartą man įgėlė **4** kirpimas; nukirptos vilnos; *(plaukų)* ap(si)kirpimas **5** *(drabužių)* sukirpimas, fasonas **6** *(pjesės, filmo ir pan.)* (su)trumpinimas **7** išpjova, išpjovimas, išpjauta/iškirpta vieta; pjovinys; kupiūra **8** *kul. (mėsos)* atpjova, gabalas; *cold* ~*s amer.* šalta mėsa *(užkandis)* **9** *(išlaidų, mokesčių ir pan.)* (su)mažinimas **10** *šnek. (pelno ir pan.)* dalis **11** *(kortų)* (per)kėlimas **12** *(muzikos)* įrašymas *(į juostelę, plokštelę)* **13** raižinys, graviūra **14** *(elektros ir pan.)* išjungimas **15** *ret.* pažinties nutraukimas; *to give smb the* ~ *direct* nutraukti pažintį su kuo **16** *spec.* kanalas, iškasa, išėma **17** *stat. (tilto)* tarpatramis ◊ *a* ~ *above* visa galva pranokstantis/geresnis; lengvesnis būdas; *the* ~ *and thrust (of) (nuomonių, minčių)* susikirtimas

a **1** supjaustytas, atpjautas, atriektas *(apie duoną ir pan.);* ~ *flowers* skintos gėlės **2** sužeistas; įpjautas, prakirstas *(iki kraujo)* **3** sukirptas *(apie drabužį)* **4** graviruotas; šlifuotas *(apie deimantą)*

cut-and-dried ['kʌtənd'draɪd] *a (iš anksto)* nustatytas, išspręstas, suplanuotas, visiškai aiškus *(apie nuomones, rezultatus, politiką ir pan.)*

cutaneous [kju:'teɪnɪəs] *a anat., med.* odos

cutaway ['kʌtəweɪ] *n* frakas *(t. p.* ~ *coat)*
a iškirptas, išpjautas; nukirptas

cutback ['kʌtbæk] *n (gamybos, patarnavimų ir pan.)* (su)mažinimas

cute [kju:t] *a šnek.* **1** gražus, žavus **2** patrauklus, lipšnus, mielas **3** *(ypač amer.)* protingas, gudrus, apsukrus; *to get* ~ *with smb* bandyti ką apgauti

cutesy ['kju:tsɪ] *a šnek.* pretenduojantis į originalumą/sąmojingumą; ~ *title* pretenzingas pavadinimas

cutey ['kju:tɪ] *n* = **cutie**

cut-glass ['kʌtglɑ:s] *n* krištolas
a krištolinis

cut-grass ['kʌt'grɑ:s] *n bot.: rice* ~ ryžinė ravenė

cuticle ['kju:tɪkl] *n anat., bot.* **1** odelė; kutikulė **2** epidermis

cutie ['kju:tɪ] *n šnek.* gražutė, gerutė *(ypač apie mergaitę)*

cutie-pie ['kju:tɪpaɪ] *n amer. šnek.* = **cutie**

cut-in ['kʌtɪn] *n kin.* įterptasis kadras

cutis ['kju:tɪs] *n anat.* oda

cutlass ['kʌtləs] *n jūr. ist.* trumpas kardas

cutler ['kʌtlə] *n* peiliakalys, peilininkas; peilių pardavėjas

cutlery ['kʌtlərɪ] *n* **1** *kuop.* peiliai *(parduotuvėje);* peiliai, šakutės ir šaukštai **2** peiliakalio/peiliadirbio amatas

cutlet ['kʌtlɪt] *n* **1** *(avienos, veršienos)* pjausnys **2** *(mėsos, daržovių ir pan.)* kotletas

cutoff ['kʌtɔf] *n* **1** galutinė riba, galas **2** atpjova **3** *spec. (vandens, dujų, garo ir pan. tiekimo)* nutraukimas; *(srovės)* išjungimas; užteršimas **4** *amer.* upių kelio tiesinimas kanalais; naujas tiesesnis kelias **5** *amer. (kelio)* (su)trumpinimas, trumpesnis kelias **6** *pl (iki kelių)* sutrumpinti (ir panešioti) džinsai

cutout ['kʌtaut] *n* **1** piešinys, modelis *(raižyti, kirpti);* išpjova **2** kontūras, apybraiža, profilis **3** *el.* saugiklis; automatinis išjungiklis **4** *komp.* iškarpa
a iškirptas, iškarpytas

cut-price ['kʌt'praɪs] *a* parduodamas mažesnėmis kainomis, atpigintas; ~ **shop** nukainotų prekių parduotuvė

cutpurse ['kʌtpəːs] *n psn.* kišenvagis

cut-rate ['kʌtreɪt] *a amer.* = **cut-price**

cutter ['kʌtə] *n* **1** pjovikas, pjaustytojas; raižytojas; kirtėjas **2** sukirpėjas **3** pjovimo įrankis, pjoviklis, pjaustytuvas **4** rėžiklis, rėžtuvas **5** *pl* žnyplės **6** *jūr.* kateris; tenderis *(uosto motorlaivis)* **7** *amer.* dvivietės rogės

cutthroat ['kʌtθrəut] *n* **1** *psn.* žudikas, galvažudys **2** skustuvas *(t. p.* ~ *razor)*
a galvažudiškas; ~ *competition* žiauri/žvėriška konkurencija

cutting ['kʌtɪŋ] *n* **1** pjovimas, pjaustymas **2** kirtimas **3** raižymas; šlifavimas **4** (su)kirpimas **5** *(kainų ir pan.)* (su)mažinimas **6** *(laikraščio ir pan.)* iškarpa **7** auginys, gyvašakė *(sodinti)* **8** *pl* pjuvenos, drožlės, atraižos, nuopjovos **9** *stat.* iškasa, išėma *(keliui)*
a **1** aštrus, kandus **2** šaižus, žvarbus *(apie vėją)* **3** pjaunantis, aštrus; pjaustymo

cutting-board ['kʌtɪŋbɔːd] *n amer.* = **chopping-board**

cuttle ['kʌtl] *n zool.* sepija

cuttlefish ['kʌtlfɪʃ] *n* = **cuttle**

cutty ['kʌtɪ] *šiaur. n* **1** trumpa pypkė **2** trumpas šaukštas
a sutrumpintas; nenormaliai trumpas

cutty-stool ['kʌtɪstuːl] *n ist.* žema taburetė

cutup ['kʌtʌp] *n* **1** supjaustymas **2** *amer. šnek.* pokštininkas; pamaiva
a susikrimtęs, prislėgtas

cutwater ['kʌtwɔːtə] *n* **1** *jūr.* vandenskrodis *(laivo priekio dalis)* **2** *hidr.* bangolaužis; lytlauža

cutworm ['kʌtwəːm] *n zool.* kopūstinio baltuko vikšras

-cy [-sɪ] *(t. p.* -acy) *suff* -umas *(reiškiant savybę);* -ybė *(reiškiant būseną);* **constancy** pastovumas, ištikimybė; **obstinacy** užsispyrimas; atkaklumas

cyan ['saɪən] *a* žalsvai mėlynas
n žalsvai mėlyna spalva

cyanamide [saɪ'ænəmaɪd] *n chem.* cianamidas

cyanide ['saɪənaɪd] *n chem.* cianidas

cyanogen [saɪ'ænədʒən] *n chem.* cianas

cyanosis [ˌsaɪə'nəusɪs] *n med.* cianozė

cyber- [saɪbə-] *pref* susijęs su kompiuteriais/kibernetika; *cyberphobic* žmogus, nenusimanantis apie kompiuterius

cybernetic(al) [ˌsaɪbə'netɪk(l)] *a* kibernetinis, kibernetikos

cybernetics [ˌsaɪbə'netɪks] *n* kibernetika

cyberpunk ['saɪbəpʌŋk] *n* kibernetinė fantastika

cyberspace ['saɪbəspeɪs] *n* kibernetinė erdvė *(moksliniėje fantastikoje)*

cyborg ['saɪbɔːg] *n* kiborgas, kibernetinis organizmas *(moksliniėje fantastikoje)*

Cyclades ['sɪklədiːz] *n* Kikladų salynas

cyclamen ['sɪkləmən] *n bot.* ciklamenas, alpinė našlaitė

cycle¹ ['saɪkl] *n* **1** ciklas; ratas; *the* ~ *of the seasons* metų laikų ciklas; *a* ~ *of songs* dainų ciklas **2** ilgas laiko tarpas; *reporting* ~ ataskaitinis laikotarpis **3** *spec.* taktas, ciklinis procesas; ~ *per second fiz.* hercas
v **1** padaryti visą ciklą **2** daryti apsisukimus

cycle² *n* (bicycle *sutr.*) **1** dviratis **2** *amer.* motociklas
v važinėtis/važiuoti dviračiu; *to* ~ *15 miles* nuvažiuoti dviračiu 15 mylių (24 km)

cyclecar ['saɪklkɑː] *n* mažalitražis automobilis

cycler ['saɪklə] *n amer.* = **cyclist**

cycle-track ['saɪkltræk] *n* dviračių trekas

cyclic(al) ['saɪklɪk(l)] *a* ciklo, ciklinis

cycling ['saɪklɪŋ] *n* **1** važiavimas/važinėjimas dviračiu **2** dviračių sportas

cyclist ['saɪklɪst] *n* dviratininkas

cyclo-cross ['saɪkləukrɔs] *n sport.* dviračių krosas

cyclometer [saɪ'klɔmɪtə] *n spec.* ciklometras

cyclone ['saɪkləun] *n meteor.* ciklonas

cyclonic [saɪ'klɔnɪk] *a meteor.* cikloninis, ciklioniškas

cyclop(a)edia [ˌsaɪklə'piːdɪə] *n* (encyclop(a)edia *sutr.*) *ret.* enciklopedija

cyclop(a)edic [ˌsaɪklə'piːdɪk] *a ret.* enciklopedinis

Cyclopean [saɪ'kləupɪən] *a* kiklopiškas, ciklopiškas; milžiniškas

Cyclops ['saɪklɔps] *n* (*pl* ~(e)s, cyclopes [saɪ'kləupiːz]) **1** *mit.* kiklopas, ciklopas *(vienaakis milžinas)* **2** *(c.) zool.* ciklopas

cyclotron ['saɪklətrɔn] *n fiz.* ciklotronas

cyder ['saɪdə] *n* = **cider**

cygnet ['sɪgnət] *n* jauniklė gulbė

cylinder ['sɪlɪndə] *n* **1** *geom.* cilindras; ritinys **2** *tech.* cilindras, velenėlis; būgnas **3** *(dujų)* balionas ◊ *to be firing/ working on all* ~*s šnek.* būti geriausios formos

cylindrical [sɪ'lɪndrɪkl] *a* cilindro, cilindrinis

cymbal ['sɪmbl] *n (ppr. pl) muz.* lėkštės

cymophane ['saɪməfeɪn] *n min.* cimofanas

Cymric ['kɪmrɪk] *a* Velso, velsiškas

cynic ['sɪnɪk] *n* cinikas

cynical ['sɪnɪkl] *a* ciniškas, begėdiškas

cynicism ['sɪnɪsɪzm] *n* cinizmas; ciniška pastaba

cynocephalus [ˌsaɪnəu'sefələs] *n* **1** *mit.* šungalvis **2** *zool.* pavianas

cynosure ['sɪnəzjuə, 'saɪnəzjuə] *n* **1** kelrodė žvaigždė **2** *knyg.* dėmesio centras

cypher ['saɪfə] = **cipher** *n, v*

cypress ['saɪprəs] *n bot.* kiparisas; *false* ~ puskiparisis

Cyprian ['sɪprɪən] *a* Kipro; kiprietiškas, kipriečių
n kiprietis

Cypriot ['sɪprɪət] *n* Kipro gyventojas, kiprietis
a Kipro; kiprietiškas, kipriečių

Cyprus ['saɪprəs] *n* Kipras *(sala, valstybė)*

Cyrillic [sɪ'rɪlɪk] *a*: ~ *alphabet* kirilica *(senoji slavų abėcėlė)*

cyst [sɪst] *n* **1** *med.* cista **2** *anat.* pūslė

cystic ['sɪstɪk] *a* **1** *med.* cistos, cistų **2** *anat.* pūslės

cystitis [sɪs'taɪtɪs] *n med.* cistitas, šlapimo pūslės uždegimas

cytological [ˌsaɪtə'lɔdʒɪkl] *a* citologijos, citologinis

cytology [saɪ'tɔlədʒɪ] *n* citologija *(mokslas apie ląsteles)*

cytoplasm ['saɪtəplæzm] *n biol.* citoplazma

czar [zɑː] *rus. n* **1** caras **2** *amer. (kurios nors srities)* karalius, valdovas; *drug* ~ narkotikų karalius

czardas ['tʃɑːdəʃ] *n* čardašas *(vengrų šokis)*

czarina [zɑː'riːnə] *rus. n* carienė

czarism ['zɑːrɪzm] *rus. n* carizmas

czarist ['zɑːrɪst] *a* caro, carinis, carizmo

Czech [tʃek] *n* **1** čekas **2** čekų kalba
a čekų, čekiškas; Čekijos

Czechia ['tʃekɪə] *n* Čekija *(valstybė)*

D

D, d [di:] *n (pl* Ds, D's [di:z]) **1** *ketvirtoji anglų kalbos abėcėlės raidė* **2** *muz.* re **3** 500 *(romėniškas skaitmuo)* **4** *(D.)* labai prastas pažymys **5** *(ppr. sudurt. žodžiuose)* turintis D raidės formą

'd [d] *sutr.* **1** = **would, should;** *I'd go* aš eičiau **2** = **had;** *I asked if he'd gone* aš paklausiau, ar jis išėjęs **3** = **do**[1] *(klaus. sakiniuose; ypač prieš you); d'you know him?* ar tu jį pažįsti?

-d [-d] *suff (po balsės* e*)* = **-ed**

dab[1] [dæb] *n* **1** lengvas prisilietimas, palytėjimas **2** teptelėjimas, brūkštelėjimas *(teptuku ir pan.);* potėpis **3** *(dažų)* dėmė **4** truputis; *a ~ of turpentine will clean it* truputis/lašelis terpentino, ir dėmė išnyks **5** *pl šnek.* pirštų atspaudai
v **1** palytėti, liestelėti *(at)* **2** tekštelėti, pridėti *(ką nors šlapią, drėgną); to ~ at one's eyes* šluostytis akis nosinės kampeliu **3** (už)tepti, teptelėti *(teptuku ir pan.); to ~ some powder on one's face* truputį papudruoti veidą

dab[2] *n šnek.* savo srities mokovas, meistras *(at; t. p. ~ hand)*

dab[3] *n zool.* limanda, gelsvapelekė plekšnė

dabble ['dæbl] *v* **1** paviršutiniškai domėtis, mėgėjiškai dirbti; *to ~ in/at politics [art]* politikuoti, domėtis politika [menu] **2** taškytis, pliuškentis *(vandenyje, purve)* **3** šlakstyti, šlėkti, taškyti; *to ~ one's fingers (in)* (su)vilgyti pirštus

dabbler ['dæblə] *n (džn. menk.)* mėgėjas, diletantas

dabchick ['dæbtʃɪk] *n zool.* mažasis kragas

da capo [ˌdɑː'kɑːpəu] *muz.* nuo pradžios *(kartojimo ženklas)*

Dacca ['dækə] *n* Daka *(Bangladešo sostinė)*

dace [deɪs] *n (pl ~) zool.* strepetys

dacha ['dætʃə] *rus. n* vasarnamis

dachshund ['dækshund] *vok. n* taksas *(šunų veislė)*

Dacron ['deɪkrɒn] *n amer.* dakronas *(poliesterinio pluošto prekinis pavadinimas)*

dactyl ['dæktɪl] *n* **1** *lit.* daktilis **2** *zool. (gyvulio)* pirštas

dactylic [dæk'tɪlɪk] *a lit.* daktilinis

dactylogram [dæk'tɪləgræm] *n ret.* piršto atspaudas

dactylography [ˌdæktɪ'lɒgrəfɪ] *n* daktiloskopija

dactylology [ˌdæktɪ'lɒlədʒɪ] *n* daktilologija *(kalba pirštais)*

dad [dæd] *n šnek.* tėvelis, tėtis

dadaism ['dɑːdeɪzm] *n men.* dadaizmas

daddy ['dædɪ] *n* = **dad**

daddylonglegs [ˌdædɪ'lɒŋlegz] *n (pl ~)* ilgakojis uodas

dado ['deɪdəu] *n (pl ~s* [-z]) *archit.* **1** cokolis **2** *(sienos)* panelis
v iškloti paneliais

Daedalus ['diːdələs] *n gr. mit.* Dedalas

daemon ['diːmən] *n mit.* demonas, dvasia

daemonic [diː'mɒnɪk] *a* = **demonic**

daff [dæf] *n sutr. šnek.* = **daffodil**

daffodil ['dæfədɪl] *n* **1** *bot.* gelsvasis narcizas *(t. p. nacionalinė velsiečių emblema)* **2** gelsva spalva
a gelsvas *(t. p. ~ yellow)*

daffy ['dæfɪ] *a šnek.* = **daft**

daft [dɑːft] *a šnek.* **1** kvailas, idiotiškas; *don't be ~* nekvailiok **2** netekęs galvos, susižavėjęs *(about – kuo)*

dag [dæg] *n austral. sl.* keistuolis

dagga ['dægə] *n* P. Afrikos kanapė *(narkotikas)*

dagger ['dægə] *n* **1** durklas, kinžalas **2** *poligr.* kryželis *(ženklas)* ◊ *to be at ~s drawn (with)* nesugyventi, būti piktuoju *(su); to look ~s* piktai žiūrėti *(at – į)*
v persmeigti durklu/kinžalu

daggle ['dægl] *v psn.* vilkti per purvą/rasą

dago ['deɪgəu] *n (pl ~(e)s* [-z]) *niek.* dagas *(ispanų, portugalų, italų pravardžiavimas)*

daguerreotype [də'gerəutaɪp] *n fot. ist.* dagerotipas

dahlia ['deɪlɪə] *n bot.* jurginas

Dahomey [də'həumɪ] *n* Dahomėja *(Afrikos šalis; dabar Beninas)*

Dįil (Éireann) [ˌdɔɪl ('ɛərən)] *n (the ~) air.* Airijos parlamento žemieji rūmai

daily ['deɪlɪ] *<a, n, adv> a* **1** (kas)dieninis; *it is of ~ occurrence* tai atsitinka kasdien, tai kasdieninis reiškinys; *~ duty* kasdieninis budėjimas; *~ paper* dienraštis; *~ living needs* buitiniai/kasdieniniai poreikiai **2** paros; *~ forecast* paros prognozė; *the ~ allowance on official business is ten dollars* komandiruotasis gauna dešimt dolerių per parą
n **1** dienraštis **2** *šnek.* ateinančioji tarnaitė *(t. p. ~ help)*
adv kasdien; *he is expected ~* jo laukiama diena po dienos

daintiness ['deɪntɪnɪs] *n* **1** dailumas, elegantiškumas **2** išrankumas *(valgiui)*

dainty ['deɪntɪ] *n* skanėstas, skanumynas, gardumynas
a **1** dailus; žavus; elegantiškas **2** skoningas; išrankus; *a ~ eater* išrankus valgytojas

daiquiri ['daɪkərɪ] *n (romo)* saldus kokteilis *(su citrinos sultimis)*

dairy ['dɛərɪ] *n* **1** pieninė *(įmonė, parduotuvė)* **2** *attr* pieninis, pieno; *~ products* pieno produktai; *~ cattle* pieningos karvės

dairy-farm ['dɛərɪfɑːm] *n* pienininkystės ferma

dairying ['dɛərɪŋ] *n* pienininkystė; pieno perdirbimas

dairymaid ['dɛərɪmeɪd] *n* **1** pienininkė **2** pienininkystės fermos darbininkė, melžėja

dairyman ['dɛərɪmən] *n (pl* -men [-mən]) *(tik v.)* **1** pienininkas; pieno produktų pardavėjas **2** pienininkystės fermos darbininkas/savininkas

dais ['deɪs] *n* pakyla, paaukštinimas *(katedrai, stalui ir pan.)*

daisy ['deɪzɪ] *n* **1** *bot.* saulutė **2** *amer. bot.* baltagalvė **3** kas nors puikus/nuostabus **4** *(D.)* Deizė *(vardas)* ◊ *fresh as a ~* trykštantis sveikata; žvalus, ≡ skaisti kaip rožė; *to push up the daisies šnek.* ≡ kojas pakratyti, šaukštą padėti

daisy-chain ['deɪzɪtʃeɪn] *n* saulučių vainikėlis
daisy-cutter ['deɪzɪˌkʌtə] *n* **1** arklys, žemai keliantis kojas *(bėgdamas)* **2** sviedinys, lekiantis pažeme *(krikete)*
dak [dɑːk] *ind. n ist.* pašto gabenimas keičiamais arkliais arba nešimas pakaitinių nešikų; **~ bungalow** pakelės viešbutis
Dakar ['dækə] *n* Dakaras *(Senegalo sostinė)*
Dakota [də'kəʊtə] *n* Dakota; **North [South] ~** Šiaurės [Pietų] Dakota *(JAV valstijos)*
Dalai Lama [ˌdælaɪ'lɑːmə] dalailama *(lamaistų dvasininko titulas)*
dale [deɪl] *n šiaur., poet.* slėnis *(džn. vietovardžiuose)*
dalesman ['deɪlzmən] *n* slėnio gyventojas *(Anglijos šiaurėje)*
Dallas ['dæləs] *n* Dalasas *(JAV miestas)*
dalles [dælz] *n pl amer. (upės)* sraujymės, slenksčiai *(siauruose tarpekliuose)*
dalliance ['dælɪəns] *n knyg.* **1** tuščias laiko gaišimas/leidimas **2** flirtavimas, flirtas
dally ['dælɪ] *v* **1** niekais užsiiminėti, dykinėti **2** gaišti *(laiką);* delsti **3** vis pagalvoti/pasvajoti *(with – apie)* **4** flirtuoti; **to ~ with a woman's affections** žaisti moters jausmais ☐ **~ away** a) tuščiai leisti *(laiką);* b) praleisti progą
Dalmatian [dæl'meɪʃn] *n* dalmatinas *(t. p. ~ dog)*
dalmatic [dæl'mætɪk] *n bažn.* dalmatika *(liturginis drabužis)*
daltonism ['dæltənɪzm] *n med.* daltonizmas
dam¹ [dæm] *n* **1** damba, užtvanka, užtvara **2** užtvenktas vanduo, tvenkinys
v (už)tvenkti *(t. p. ~ up)* ☐ **~ up** suvaldyti, (su)tramdyti *(jausmus)*
dam² *n (gyvulių)* veislinė patelė
damage ['dæmɪdʒ] *n* **1** nuostolis; žala; apgadinimas; pakenkimas; *(automobilio ir pan.)* sugadinimas; **storm ~** audros padaryta žala, padaryti nuostoliai; **to the ~ of smth** ko nenaudai/žalai; **not much ~ was done to the car** automobilis nebuvo labai sugadintas **2** *pl teis.* kompensacija/atlyginimas už nuostolius/sužalojimą; **to bring an action of ~s against smb** pateikti kam ieškinį dėl nuostolių atlyginimo **3** *(džn. pl) šnek.* vertė; **what's the ~?** kiek mokėti?; **I will stand the ~** aš sumokėsiu
v **1** (su)gadinti, apgadinti; **~d goods** sugadintos prekės **2** pakenkti; padaryti nuostolių/žalos; **to ~ smb's interests** pakenkti kieno interesams; **he ~d his leg** jis susižeidė koją **3** diskredituoti, kenkti, gadinti *(reputaciją)*
damageable ['dæmɪdʒəbl] *a* lengvai sugadinamas/gendantis
damaging ['dæmɪdʒɪŋ] *a* kenkiantis, kenksmingas *(to – kam);* žalingas; nuostolingas; **it was a ~ admission** tas prisipažinimas smarkiai pakenkė *(kam)*, diskreditavo *(ką)*
daman ['dæmən] *n zool.* damanas
damascene ['dæməsiːn] *<a, n, v> a (D.)* Damasko; damaskiškas
n (D.) Damasko gyventojas
v inkrustuoti *(metalo dirbinius)* aukso/sidabro gijelėmis; juodinti *(plieną)*
Damascus [də'mæskəs] *n* Damaskas *(Sirijos sostinė)*
damask ['dæməsk] *<n, a, v> n* **1** damastas *(audinys staltiesėms, užuolaidoms ir pan.)* **2** *ist.* Damasko plienas **3** *poet.* skaisčiai raudona spalva
a **1** damastinis *(apie audinį)* **2** *ist.* Damasko plieno **3** *poet.* skaisčiai raudonas; **~ rose** skaisčiai raudona rožė
v raštuotai austi; ornamentuoti

dame [deɪm] *n* **1 (D.)** dama *(moteris, turinti Britanijos imperijos ordiną)* **2** *amer. šnek.* dama, moteris
dammit ['dæmɪt] *int* kad jį perkūnas!, po velnių! ◊ **as near as ~** *šnek.* (tai) tas pats kaip..., vos ne...
damn [dæm] *<n, a, adv, v, int> šnek. n* prakeikimas; keiksmas ◊ **not worth a ~** niekam vertas; **I don't give/ care a ~** ≅ man nusispjauti
a attr prakeiktas, bjaurus
adv velniškai, labai ◊ **~ all** nieko, nė kiek; **~ well** būtiniausiai *(pabrėžiant);* **to know ~ well** puikiai žinoti *(sakoma supykus ant ko)*
v **1** prakeikti **2** pasmerkti *(t. p. bažn.);* **he can't be ~ed just for that** tik už tai jo nepasmerks **3** (su)kritikuoti, sudirbti; **to ~ a play** šaltai sutikti pjesę
int prakeikimas!, po šimts velnių! *(t. p. ~ it);* **~ him!** velniai jį griebtų!
damnable ['dæmnəbl] *a* **1** smerktinas **2** *šnek.* bjaurus, šlykštus
damnation [dæm'neɪʃn] *n* **1** prakeikimas **2** pasmerkimas, žiauri kritika; *(pjesės)* nušvilpimas **3** *bažn.* pasmerkimas amžinoms kančioms pragare
int prakeikimas!
damnatory ['dæmnətərɪ] *a* **1** smerkiantis **2** pražūtingas
damned [dæmd] *<a, n, adv> a* **1** prakeiktas; pasmerktas *(t. p. bažn.)* **2** *šnek.* kvailas; velniškas, bjaurus; **none of your ~ nonsense!** užteks tų kvailų nesąmonių!; **it's a ~ lie** tai bjaurus melas ◊ **~ if you do, ~ if you don't** ir taip negerai, ir taip blogai
n (the ~) kuop. bažn. pasmerktieji
adv šnek. velniškai; visiškai; **it is ~ hot** velniškai karšta
damnedest ['dæmdɪst] *šnek. n:* **to do one's ~** ≅ nertis iš kailio, (pa)daryti, kas įmanoma
a nuostabiausias, nepaprasčiausias, baisiausias; **it was the ~ thing** tai nuostabiausias/negirdėtas dalykas
damn-fool ['dæmfuːl] *a šnek.* kvailiausias
damnification [ˌdæmnɪfɪ'keɪʃn] *n teis.* žalos darymas
damnify ['dæmnɪfaɪ] *v teis.* daryti žalą/nuostolį
damning ['dæmɪŋ] *a* **1** smerkiantis, demaskuojantis **2** *teis.* užtraukiantis bausmę
Damocles ['dæməkliːz] *n mit.* Damoklas; **a/the sword of ~** *prk.* Damoklo kardas
damp [dæmp] *<n, a, v> n* **1** drėgmė, drėgnumas; **rising ~** kylanti drėgmė *(per mūrinio pastato sienas)* **2** nusiminimas, liūdnumas; **to cast a ~ over smb** nuliūdinti, prislėgti ką **3** *kas.* kasyklų dujos
a drėgnas; **~ climate [room]** drėgnas klimatas [kambarys]; **~ sheets** drėgnos paklodės
v **1** drėkinti, vilgyti **2** *prk.* (at)vėsinti *(jausmus),* (su)švelninti, (su)mažinti *(krizę ir pan.) (t. p. ~ down);* **to ~ (down) smb's spirits** prislėgti ką, sugadinti kieno nuotaiką **3** (pri)slopinti *(garsą)* **4** *fiz.* (su)mažinti svyravimų amplitudę **5** *tech.* stabdyti, slopinti; amortizuoti ☐ **~ down** sumažinti ugnį *(kūrykloje)*
damp-course ['dæmpkɔːs] *n stat.* hidroizoliacinis sluoksnis
dampen ['dæmpən] *v* **1** (ati)drėkinti; atidrėkti **2 = damp** *v* 2
dampener ['dæmpənə] *n amer.* = **damper** 2
damper ['dæmpə] *n* **1** drėkintuvas **2** kempinė pašto ženklų klijams suvilgyti **3** *tech.* duslintuvas; amortizatorius; slopintuvas, dempferis **4** *tech. (dūmtraukio)* sklendė; krosniakaištis **5** *muz.* dempferis ◊ **to put a ~ (on), to act as a ~ (on)** *šnek.* sugadinti/prislėgti nuotaiką, sumažinti viltis
dampish ['dæmpɪʃ] *a* drėgnokas, apydrėgnis
dampness ['dæmpnɪs] *n* drėgnumas, drėgmė

damp-proof ['dæmppru:f] *a* neperdrėkstantis; atsparus drėgmei

dampy ['dæmpɪ] *a* **1** drėgnokas **2** *kas.* dujinis

damsel ['dæmzl] *n psn., poet.* panelė; **~ in distress** *juok.* vargšytė, bėdulė *(ypač apie jauną mergaitę)*

damselfly ['dæmzlflaɪ] *n zool.* laumžirgis

damson ['dæmzᵊn] *n bot.* aitrioji slyva *(t. p. vaisius);* **~ cheese** slyvų marmeladas
a rausvai mėlynas, tamsiai violetinis

dan¹ [dæn] *n jūr.* plūduras

dan² *n* juodasis diržas *(karatė, dziudo)*

Danaides [də'neɪɪdi:z] *n pl mit.* Danaidės *(karaliaus Danajo dukterys)*

dance [dɑ:ns] *n* **1** šokis **2** šokių muzika **3** šokių vakaras, šokiai, puota *(su šokiais)* ◊ **to lead smb a (pretty/merry) ~** gerokai pašokinti ką; ≡ (pa)vedžioti ką už nosies; priversti ką pasikamuoti
v **1** šokti; **to ~ a waltz** šokti valsą **2** šokinėti *(t. p. ~ about);* **to ~ for joy** šokinėti iš džiaugsmo; **to ~ with pain** blaškytis iš skausmo **3** šokinti, šokdinti ▫ **~ away** nušok(d)inti ◊ **to ~ on/upon nothing** *ret.* būti pakartam

dance-floor ['dɑ:nsflɔ:] *n* šokių aikštelė *(restorane, naktiniame klube)*

dancer ['dɑ:nsə] *n* šokėjas; balerina ◊ **merry ~s** *dial.* Šiaurės pašvaistė

dancing ['dɑ:nsɪŋ] *n* šokimas; šokiai; **~ master/teacher** šokių mokytojas; **~ party** šokių vakaras
a poet. šokinėjantis *(apie bangas ir pan.);* žvitrus *(apie akis)*

dandelion ['dændɪlaɪən] *n bot.* kiaulpienė; **~ clock** pūkuota kiaulpienės galvutė

dander ['dændə] *n šnek.* pyktis; **to get/have one's ~ up** *(over, about)* supykti *(dėl);* **to get/put smb's ~ up** supykdyti ką, išvesti ką iš kantrybės

dandified ['dændɪfaɪd] *a* dabitiškai apsirengęs; išsipuošęs

dandle ['dændl] *v* kykoti, supti *(vaiką ant rankų/kelių)*

dandriff ['dændrɪf] *n* = **dandruff**

dandruff ['dændrʌf] *n* pleiskanos

dandy ['dændɪ] *n* **1** *(tik v.)* puošeiva, dabita **2** *šnek.* kas nors labai gera
a **1** puošeiviškas, dabitiškas **2** *(ypač amer.) šnek.* puikus, nuostabus; **that's all fine and ~** viskas labai puiku/gražu

dandy-brush ['dændɪbrʌʃ] *n* šepetys *(arkliui valyti)*

dandyism ['dændɪɪzm] *n knyg.* dendizmas, puošeiviškumas, dabitiškumas

dandy-line ['dændɪlaɪn] *n jūr.* silkinė ūda

Dane [deɪn] *n* **1** danas; **the ~** *kuop.* danai **2** danų veislės dogas

Danelagh, Danelaw ['deɪnlɔ:] *n ist.* **1** danų įstatymai *(X a. Šiaurės rytų Anglijoje)* **2** danų įstatymų galiojimo teritorija *(Anglijoje)*

danger ['deɪndʒə] *n* pavojus; grėsmė; **in ~** pavojuje; **he is in ~ of losing his job** jam gresia netekti darbo; **out of ~** ne(be)pavojingoje padėtyje; tebesergantis *(bet nebepavojingai);* **to keep out of ~** vengti pavojaus; **~ to peace** grėsmė taikai; **~ area/zone** pavojinga zona; **~ money/** *amer.* **pay** priemoka už pavojingą darbą ◊ **to be on the ~ list** būti kritiškoje būsenoje *(apie ligonį);* **there is no ~ of that** nėra ko bijoti, to nebus

dangerous ['deɪndʒᵊrəs] *a* pavojingas; **~ illness** pavojinga/sunki liga; **~ driving** pavojingas važiavimas; **to look ~** atrodyti suerzintam/pavojingam

danger-signal ['deɪndʒə,sɪgnl] *n* **1** pavojaus signalas **2** *glžk.* „kelias uždarytas" *(signalas)*

dangle ['dæŋgl] *v* **1** tabaluoti, kyburiuoti, kaboti, karoti; pakabinti; **to ~ one's legs** tabaluoti/maskatuoti kojas **2** vilioti, gundyti *(in front of, before);* **to keep smb dangling** laikyti ką nežinioje **3** bėgioti, sekioti *(after – paskui)* **4** dykinėti, sukiotis aplink *(t. p. ~ about/around)*

dangle-dolly ['dæŋl,dɔlɪ] *n šnek.* lėlė talismanas *(kabantis prie automobilio priekinio stiklo)*

dangler ['dæŋglə] *n* **1** dykinėtojas **2** mergininkas

Daniel ['dænjəl] *n* Danielius *(vardas)*

Danish ['deɪnɪʃ] *a* daniškas, danų; Danijos
n **1 (the ~)** *kuop.* danai **2** danų kalba **3** *šnek.* sluoksninis pyragaitis *(t. p. ~ pastry)*

dank [dæŋk] *a* drėgnas ir šaltas *(kenksmingas sveikatai)*

Dante ['dæntɪ] *n:* **~ Alighieri** Dantė Aligjeris

Danube ['dænju:b] *n* Dunojus *(upė)*

dap [dæp] *n dial.* **1** *(sviedinio)* pasišokinėjimas **2** įkarpa, įkirtimas
v **1** meškerioti *(judinant jauką)* **2** pamerkti, įleisti negiliai *(į vandenį)* **3** at(si)mušti į žemę; pašokinėti *(apie sviedinį, akmenuką vandenyje)*

daphne ['dæfnɪ] *n* **1** *bot.* raudonžiedis žalčialunkis **2** *(D.) mit.* Dafera

daphnia ['dæfnɪə] *n zool.* dafnija, vandens blusa

Daphnis ['dæfnɪs] *n mit.* Dafnis

dapper ['dæpə] *a* **1** dabitiškai apsirengęs; puošnus **2** žvitrus, judrus

dapple ['dæpl] *v knyg.* išmarginti taškais/dėmėmis

dappled ['dæpld] *a* taškuotas, dėmėtas, išmargintas; **~ deer** dėmėtasis elnias; **a sky ~ with clouds** kerotas dangus

dapple-grey [,dæpl'greɪ] *n* obuolmušys
a obuolmušis *(apie arklį)*

darby ['dɑ:bɪ] *n stat. (tinkuotojo)* tiesiklis; *(mūrininko)* mentė ◊ **D. and Joan** sena įsimylėjusių sutuoktinių pora; **D. and Joan club** pagyvenusių žmonių klubas

Dardanelles [,dɑ:də'nelz] *n pl* Dardanelai *(sąsiauris)*

dare [dɛə] *v* (dared, *psn.* durst; *esam. l. vns.* trečiasis asmuo dare *ir* dares) **1** (iš)drįsti; turėti drąsos; **I don't know whether he ~d (to) try** nežinau, ar jis išdrįso pabandyti; **he daren't do it** jis ne(iš)drįsta to daryti; **~ I say it** drįsčiau pasakyti; **how ~ you** (+inf)**!** kaip drįsti...!; **don't you ~ tell lies** nedrįsk(it) meluoti; **I ~ swear** esu tikras, galiu prisiekti **2** *knyg.* rizikuoti, ignoruoti *(pavojų)* **3** drąsinti, skatinti; **I ~ you to jump over the stream** na, pabandyk peršokti upelį ◊ **I ~ say** manau, manyčiau; **who ~s wins** drąsieji laimi; ≡ drąsiems ir Dievas padeda
n iššūkis; **to take a ~** priimti iššūkį

daredevil ['dɛə,devl] *n* drąsuolis, nutrūktgalvis
a beprotiškai drąsus, nutrūktgalviškas

daresay [dɛə'seɪ] *v (aš)* manau; turbūt; **you're right, I ~** jūs teisus, aš manau

daring ['dɛərɪŋ] *n* drąsa, bebaimiškumas
a drąsus; bebaimis; **~ plan** drąsus planas

dark [dɑ:k] *a* **1** tamsus; **~ eyes** tamsios/juodos akys; **~ dress** tamsi suknelė; **~ red** tamsiai raudonas; **it is getting/growing ~** pradeda temti, temsta; **the sky went ~** dangus aptemo **2** tamsiaveidis, tamsiaplaukis, juodbruvas **3** *prk.* tamsus, niūrus; **~ mood** niūri nuotaika; **the ~ powers/forces** tamsiosios jėgos; **to look on the ~ side of things** liūdnai žiūrėti į pasaulį, būti pesimistui; **the ~ humour** juodasis humoras **4** nekultūringas, neapsišvietęs, tamsu(oliška)s; **the D. Ages** *(ankstyvieji)* viduriniai amžiai **5** paslaptingas, nesuprantamas, neaiškus; **~ hint** neaiški užuomina; **to**

keep smth ~ laikyti ką paslaptyje **6** sodrus, žemas *(apie balsą)*
n **1** tamsa, tamsuma; patamsis; *after* ~ sutemus; *before* ~ iki sutemų; *at* ~ patamsyje; *in the* ~ *of the moon* a) jaunaties mėnesienoje, jauno mėnulio metu; b) visiškoje tamsoje **2** tamsumas, tamsybė *(t. p. prk.); the* ~ *of her eyes* jos akių tamsumas **3** nežinojimas; *to be in the* ~ *(about)* nieko nežinoti; *to keep smb in the* ~ slėpti nuo ko, neinformuoti ko **4** *men.* šešėlis ◊ *to work in the* ~ dirbti apgraibomis

dark-complexioned ['dɑ:kkəm'plekʃnd] *a* tamsios veido spalvos, tamsiaveidis

darken ['dɑ:kən] *v* **1** tamsėti *(apie dangų, spalvas);* (ap)temti *(t. p. prk.); his face* ~*ed with anger* jo veidas pajuodo iš pykčio **2** temdyti, tamsinti *(t. p. prk.); to* ~ *smb's light* užtamsinti/užstoti kam šviesą; *nothing must* ~ *this happy day* niekas neturi užtemdyti šios laimingos dienos **3** *men.* pasodrinti spalvas

darkie ['dɑ:kɪ] *n niek.* juodis, juodaodis *(apie negrą)*

darkle ['dɑ:kl] *v ret.* **1** tamsėti; temti; tamsuoti **2** niauktis

darkly ['dɑ:klɪ] *adv* **1** tamsiai; niūriai, piktai **2** paslaptingai, neaiškiai; *he hinted* ~ *that...* jis neaiškiai užsiminė, kad...

darkness ['dɑ:knɪs] *n* tamsumas; tamsa, tamsybė; *pitch* ~ visiška tamsa, ≡ tamsu, nors į akį durk; ~ *falls* temsta

darkroom ['dɑ:krum] *n fot.* tamsus kambariukas

dark-skinned ['dɑ:k'skɪnd] *a* tamsiaodis

darksome ['dɑ:ksəm] *a poet.* **1** tamsus; niūrus **2** tamsokas, tamsvas, apytamsis

darky ['dɑ:kɪ] *n* = **darkie**

darling ['dɑ:lɪŋ] *n* **1** numylėtinis; labai mielas žmogus; *the* ~ *of fortune* likimo numylėtinis **2** mylimasis, brangusis, širdelė *(kreipiantis)*
a attr **1** mylimas, brangus **2** *šnek.* žavingas, nuostabus

darn¹ [dɑ:n] *n* adymas; suadyta vieta
v adyti

darn² *euf.* = **damn** *a, adv, int*

darnel ['dɑ:nl] *n bot.* svidrė

darner ['dɑ:nə] *n* **1** adytojas **2** adymo grybas

darning ['dɑ:nɪŋ] *n* **1** adymas **2** adinys

darning-needle ['dɑ:nɪŋˌni:dl] *n* **1** adomoji adata, adiklis **2** *amer. dial.* žiogas

dart [dɑ:t] *n* **1** lėkimas, smarkus bėgimas; *to make a* ~ *for the door* mestis link durų **2** įėmis, įsiuvas; išsiūtinė siūlė **3** *(trumpa)* strėlė; *sport.* smigė **4** *prk.* strėlė; ~*s of love* meilės strėlės **5** *pl (vart. kaip sg) sport.* smiginis *(strėlių mėtymas į taikinį)*
v **1** greitai lakstyti, lėkti; *to* ~ *down (wards)* a) mestis žemyn; b) *av.* pikiruoti **2** mesti, sviesti *(ietį, strėlę; prk. žvilgsnį ir pan.)* □ ~ *away* išlėkti kaip kulkai

dartboard ['dɑ:tbɔ:d] *n* smiginio taikinys

darter ['dɑ:tə] *n* **1** *(strėlės, ieties)* metikas **2** *amer.* smulki ešerinių šeimos žuvis

dartle ['dɑ:tl] *v ret.* mėtyti, svaidyti

Darwin ['dɑ:wɪn] *n: Charles* ~ Čarlsas Darvinas *(anglų mokslininkas)*

Darwinian [dɑ:'wɪnɪən] *n* darvinistas
a Darvino, darvinistinis

Darwinism ['dɑ:wɪnɪzm] *n* darvinizmas

Darwinist ['dɑ:wɪnɪst] *n* darvinistas

dash [dæʃ] <*n, v, int*> *n* **1** staigus, smarkus judesys/bėgimas; staigus išvažiavimas; veržimasis, puolimas; *at a* ~ kaip žaibas; *to make a* ~ *(for)* mestis, pulti *(prie, į); to make a* ~ *(against, at)* pulti, atakuoti; *at one/a* ~ iškart; *to go off at a* ~ staiga pasileisti į priekį **2** *amer. sport. (trumpo nuotolio)* bėgimas, sprintas; spurtas **3** truputis; priemaiša; *a* ~ *of humour* truputis humoro; *add a* ~ *of papper* įdėkite žiupsnelį pipirų; *I'll have a brandy with a* ~ *of soda* man konjako su trupučiu sodos vandens; *red with a* ~ *of purple* raudonas su violetiniu atspalviu **4** veržlumas, ryžtas; šaunumas; *a man of skill and* ~ sumanus ir veržlus žmogus **5** *(vandens)* taškymasis; *(bangų)* daužymasis **6** brūkštelėjimas *(plunksna, teptuku)* **7** brūkšnys, brūkšnelis *(t. p. gram.); swung* ~ tildė; ~ *and line* brūkšniuotoji linija **8** *stat.* tinko skiedinys **9** *amer.* = **dashboard** **1** ◊ *to cut a* ~ puikuotis *(kuo)*, išsiskirti *(ekstravagancija)*
v mestis, pulti, veržtis; *I must* ~ man reikia lėkti/ skubėti **2** sviesti, mesti; trenkti(s) **3** daužytis, plaktis *(apie bangas)* **4** priplakti *(apie lietų ir pan.)* **5** tėkšti, taškyti *(vandenį, dažus ir pan.)* **6** (su)griauti *(viltis, planus)* **7** (at)skiesti, (su)maišyti, atmiešti **8** brūkštelėti, pabrėžti *(laišką ir pan.; ppr.* ~ *off)* **9** *euf.* = **damn** *v* □ ~ *about/around* bėgioti šen ir ten
int po kelmais!, po šimts pypkių! *(t. p.* ~ *it all)*

dashboard ['dæʃbɔ:d] *n* **1** *(lėktuvo, automobilio ir pan.)* prietaisų skydas **2** *(vežimo)* sparnas **3** *stat.* nuolajos/ palangės lenta

dashed [dæʃt] *a* **1** nusiminęs, nusivylęs **2** *euf.* = **damned**

dasher ['dæʃə] *n* menturis *(sviestui mušti)*

dashiki ['dɑ:ʃɪkɪ] *n* ryškių spalvų palaidinė trumpomis rankovėmis *(dėvima negrų)*

dashing ['dæʃɪŋ] *a* **1** šaunus, prašmatnus **2** veržlus, smarkus

dashpot ['dæʃpɔt] *n tech.* buferis, amortizatorius

dastardly ['dæstədlɪ] *a knyg.* niekšiškas, niekšiškai bailus; piktadariškas

data ['deɪtə] *n pl* **1** *(vart. ir kaip sg)* duomenys, faktai, informacija; ~ *unit* duomenų vienetas; ~ *protection* informacijos apsauga **2** *žr.* **datum**

data-bank ['deɪtəbæŋk] *n* duomenų/informacijos bankas

database ['deɪtəbeɪs] *n* duomenų bazė; ~ *management system* duomenų bazės valdymo sistema

datable ['deɪtəbl] *a* datuojamas

data-processing [ˌdeɪtə'prəusesɪŋ] *n* **1** *komp.* duomenų (ap)dorojimas **2** informacijos biuras

data-sheet ['deɪtəʃi:t] *n* specifikacija

date¹ [deɪt] *n* **1** data; *(mėnesio)* diena; *to set a* ~ *for the wedding* (pa)skirti vestuvių datą; *what's the* ~ *to-day?* kelinta šiandien *(mėnesio)* diena?; *what* ~*s in March will you be free?* kuriomis kovo dienomis būsite laisvas?; ~ *of birth* gimimo diena **2** laikotarpis, epocha; metas; *Roman* ~ senovės Romos epocha; *at that* ~ tuo metu; *at a later* ~, *at some future* ~ kada nors vėliau/ ateityje **3** *kom.* terminas, laikas; *delivery* ~ pristatymo terminas **4** *šnek.* pasimatymas, susitikimas; *to have a* ~ *(with)* turėti pasimatymą/susitikimą *(su); to make a* ~ skirti pasimatymą, susitikti **5** *(ypač amer.)* tas, su kuriuo skiriamas pasimatymas; *who's your* ~ *tonight?* su kuo tu susitinki šįvakar?; *blind* ~ a) pasimatymas su nepažįstamu žmogumi; b) nepažįstamasis, su kuriuo paskirtas pasimatymas ◊ *to* ~ ligi šiol, iki dabar; kol kas
v **1** priskirti *(kokiam laikotarpiui, amžiui)*; būti *(iš kokio periodo)*, prasidėti *(from – nuo) (t. p.* ~ *back; to); the vase* ~*s back to the first century* ta vaza yra iš I amžiaus **2** datuoti; užrašyti/nurodyti datą; *a letter* ~*d July 21st* laiškas datuotas liepos 21 d. **3** (pa)senti, išeiti iš mados; sendinti; *this textbook is beginning to* ~ šis vadovėlis jau sensta **4** *(ypač amer.) šnek.* skirti pasimatymą; *to* ~ *a girl* skirti pasimatymą mergaitei; *he is dating Rasa* jis susitikinėja su Rasa

date² *n* **1** datulė *(vaisius)* **2** = **date-palm**
datebook ['deɪtbuk] *n* susitikimų dienynas/kalendorius
dated ['deɪtɪd] *a* pasenęs
dateless ['deɪtləs] *a* **1** nedatuotas, be datos **2** nesenstantis; ilgaamžis
dateline ['deɪtlaɪn] *n* **1** *astr., jūr.* demarkacinė paros laiko linija **2** *(korespondencijos, straipsnio ir pan.)* datos ir vietos nurodymas **3** *poligr.* leidimo duomenys
date-palm ['deɪtpɑ:m] *n bot.* datulė, finikinė palmė
date-stamp ['deɪtstæmp] *v* žymėti/užrašyti datą
dative ['deɪtɪv] *n gram.* datyvas, naudininkas *(t. p.* **~ case**)
datum ['deɪtəm] *n (pl* **data**) **1** tam tikras dydis; charakteristika **2** *spec.* nulinė atskaita
datum-level ['deɪtəm,levl] *n spec.* atskaitos lygis/lygmuo; aukščio nulis, nulinis aukštis
datum-line ['deɪtəm,laɪn] *n spec.* bazinė/atskaitos linija
datura [də'tjuərə] *n bot.* durnaropė
daub [dɔ:b] *n* **1** tinkas, glaistas; aptepas **2** aptepimas; tepliojimas **3** prastas paveikslas; teplionė, terlionė *v* **1** tinkuoti, glaistyti **2** (ap)tepti, užtepti, sutepti **3** teplioti, terlioti; prastai tapyti/piešti; *she ~ed makeup on her face, she ~ed her face with makeup* ji pasitepliojo/pasidažė veidą *(neskoningai)*
dauber ['dɔ:bə] *n* prastas tapytojas, tepliotojas, terlius
daubster ['dɔ:bstə] *n* = **dauber**
dauby ['dɔ:bɪ] *a* **1** prastai nutapytas **2** lipnus
Daugava ['daugɑ:vɑ:] *n* Dauguva *(upė)*
daughter ['dɔ:tə] *n* **1** duktė, dukra **2** *attr* dukterinė; *~ enterprise* dukterinė įmonė
daughter-in-law ['dɔ:təʳrɪnlɔ:] *n (pl* **daughters-in-law** ['dɔ:təz-]) marti, sūnaus žmona
daughterly ['dɔ:təlɪ] *a* dukteriškas, dukters
daunt [dɔ:nt] *v (ppr. pass) knyg.* bauginti, gąsdinti; atimti ryžtą/drąsą; *nothing ~ed* nė kiek nesutrikus, nepraradus ryžto/drąsos
daunting ['dɔ:ntɪŋ] *a* atimantis drąsą/ryžtą; bauginantis, gąsdinantis; *starting a new job can be ~* pradėti naują darbą – nelengvas dalykas
dauntless ['dɔ:ntləs] *a knyg.* bebaimis; ryžtingas
dauphin ['dɔ:fɪn] *n ist.* dofinas *(Prancūzijos karaliaus vyriausiasis sūnus)*
davenport ['dævnpɔ:t] *n* **1** *amer.* gulimoji sofa **2** *psn.* nedidelis rašomasis stalas
David ['deɪvɪd] *n* Dovydas, Deividas *(vardas)* ◊ *to be like ~ and Jonathan* būti neatskiriamiems draugams
davit ['dævɪt] *n jūr.* keltuvas *(laive); boat ~* valčių keltuvas
Davy ['deɪvɪ] *n* **1** Deivis *(vardas; pavardė)* **2** *(šachtininkų)* apsauginė Deivio lempa *(t. p.* **~ lamp**) ◊ *~ Jones, ~ Jones's Locker sl.* jūros dugnas *(nuskendusiųjų kapai)*
daw [dɔ:] *n zool.* kuosa
dawdle ['dɔ:dl] *v* **1** dykinėti, maklinėti; *to ~ the streets* slampinėti gatvėse **2** gaišti, tuščiai (pra)leisti *(laiką; t. p. ~ away); he ~d over his homework* jis krapštėsi prie namų darbo *(apie mokinį)*
dawdler ['dɔ:dlə] *n* dykinėtojas
dawn [dɔ:n] *n* **1** aušra; *at ~* apyaušriu, auštant; *from ~ till dusk* nuo aušros/tamsos ligi tamsos; *~ breaks* aušta **2** *prk. poet.* aušra, pradžia; *at the ~ of civilization* civilizacijos apyaušriu/apyaušryje ◊ *a false ~* apgaulinga viltis *v* **1** (iš)aušti, (pra)švisti; *a new era had ~ed prk.* išaušo nauja era **2** paaiškėti, imti susivokti *(on); light ~ed upon her at last* pagaliau ji susivokė; *it ~ed on me that...* aš supratau, kad..., man atėjo į galvą, kad ... **3** *poet.* prabusti *(apie viltis ir pan.)*

day [deɪ] *n* **1** diena; *a hard ~* sunki diena; *by ~* dieną, dienos metu; *~ and night, night and ~* dieną naktį, visą laiką; *before ~* prieš dieną/aušrą, iki aušros; *at ~* auštant; *all (the) ~ (long)* visą dieną; *by the ~* padieniui *(apie apmokėjimą); the ~ after tomorow* poryt; *~ after ~* kasdien, kiekvieną dieną, diena po dienos; *~ by ~* su kiekviena diena; *~ in, ~ out* dienų dienas, diena po dienos *(apie pasikartojančius/nesibaigiančius veiksmus); the other ~* neseniai, šiomis dienomis *(praeityje); one ~* a) kartą, vieną kartą *(praeityje);* b) kada nors, kurią nors dieną *(ateityje); one of these ~s* artimiausiomis dienomis; *some ~* kada nors; *to a ~* diena dienon, lygiai *(tiek laiko); this ~ month* lygiai po mėnesio; *first ~ (of the week)* sekmadienis; *between two ~s amer.* naktį; *~ out* a) diena, praleista ne namie; b) *(tarnaitės)* išeiginė diena; *what ~ (of the week) is it?* kuri šiandien (savaitės) diena? **2** para; *I work an eight-hour ~* aš dirbu aštuonias valandas per parą/dieną; *astronomical [solar] ~* astronominė [tikroji Saulės] para *(nuo 12 val. dienos); civil ~* civilinė para *(nuo 12 val. nakties)* **3** žymi diena; *New-Year's D.* Naujųjų metų diena, sausio pirmoji; *Victory D.* Pergalės diena; *banner ~* šventė; *to name the ~* paskirti *(vestuvių ir pan.)* dieną **4** *(džn. pl)* metas, laikas, epocha; *these ~s* šiuo metu; *in those ~s* tuo metu; *in the ~s of old* senovėje; *in Shakespeare's ~(s)* Šekspyro laikais/epochoje; *those were the ~s* tai buvo geri laikai; *she was a beauty in her ~* kadaise ji buvo gražuolė; *men of the ~* to meto garsenybės **5** *(džn. pl) (žmogaus)* amžius, gyvenimas; *one's early ~s* jaunystė; *to have had one's/its ~* pasenti; atitarnauti; *chair ~s (laiminga)* senatvė; *to close/end one's ~s* baigti gyvenimo dienas; *to one's dying ~* iki paskutinių gyvenimo dienų **6** pergalė; *to carry/gain/win the ~* nugalėti, laimėti pergalę; *to lose the ~* pralaimėti mūšį; *the ~ is ours* mes laimėjome **7** (su)klestėjimo/žydėjimo laikas; *you'll have your ~ soon* netrukus ateis tavo/jūsų diena ◊ *any ~ (of the week)* bet kuriomis sąlygomis; bet kuriuo atveju; *any ~ (now)* greitai, netrukus; *to this ~* ligi šiol; *in this ~ and age* šiais laikais; *one of those ~s* nesėkmių/bloga diena; *a ~ after the fair* ≡ šaukštai po pietų; *if a ~* kaip tik, nei daugiau, nei mažiau *(kaip); she is fifty if she is a ~* jai kaip tik 50 metų; *to be on one's ~* būti gerai nusiteikus; būti geros formos; *to make a ~ of it* gerai praleisti *(visą)* dieną; *to make smb's ~* pradžiuginti, pralinksminti ką; *to name in/on the same ~ (with)* (su)gretinti; pasirodyti neblogesniam *(sugretinus); to call it a ~* būti patenkintam rezultatais, tarti, kad *(reikalas, dienos darbas ir pan.)* užbaigtas; *to pass the time of ~ with smb* pasisveikinti ir stabtelėti trumpai pasišnekėti su kuo; *to save the ~* a) rasti išeitį iš padėties; b) *sport.* baigti savo naudai nesėkmingai pradėtą kovą; lemti pergalę; *to turn the ~ against one* pakeisti jėgų santykį kieno nenaudai; *every ~ is not Sunday* ne kasdien žmogui sekasi; *that will be the ~!* *šnek.* vargu ar to galima tikėtis; tai nelabai įtikimas dalykas; *not to have all ~* *šnek.* neturėti daug laiko
day-bed ['deɪbed] *n* kušetė, tachta
daybill ['deɪbɪl] *n* afiša
day-boarder ['deɪ,bɔ:də] *n mok.* pailgintos dienos mokyklos mokinys
daybook ['deɪbuk] *n* **1** paskyrimų knyga, dienynas **2** *buh.* žurnalas
dayboy ['deɪbɔɪ] *n (tik v.) mok.* mokinys, lankantis pensioną, bet gyvenantis namie
daybreak ['deɪbreɪk] *n* aušra; *at ~* auštant

day-care ['deɪkɛə] *a attr* vaikų priežiūros *(apie darželius ir pan.);* ~ *centre* a) vaikų darželis; *amer.* vaikų lopšelis; b) *(senelių, invalidų)* priežiūros namai *(dienos metu)*
daydream ['deɪdri:m] *n* svajonės; fantazija
v svajoti
daydreamer ['deɪˌdri:mə] *n* svajotojas, svajoklis, fantastas
day-fly ['deɪflaɪ] *n zool.* lašalas *(vienadienė peteliškė)*
daygirl ['deɪgə:l] *n mok.* mokinė, lankanti pensioną, bet gyvenanti namie
day-labour ['deɪleɪbə] *n* padienis darbas
day-labourer ['deɪˌleɪbərə] *n* padienis darbininkas
daylight ['deɪlaɪt] *n* **1** dienos šviesa; dieninis/natūralus apšvietimas **2** aušra **3** viešuma; *in broad* ~ prie dienos šviesos; vidury dienos, atvirai, viešai; *to let* ~ *(into)* a) viešai paskelbti; b) *sl.* užmušti ◊ *to see* ~ a) praregėti, pagaliau suprasti; b) pasirodyti; išeiti iš spaudos; *to beat/knock the (living)* ~*s out of smb šnek.* primušti ką iki sąmonės netekimo; *to scare/frighten the (living)* ~*s out of smb šnek.* mirtinai išgąsdinti ką
daylight-saving [ˌdeɪlaɪtˈseɪvɪŋ] *n* laikrodžio pavarymas į priekį vasaros metu; ~ *time amer.* vasaros laikas
day-long ['deɪlɒŋ] *adv* visą dieną
a visos dienõs
dayman ['deɪmən] *n (pl* -men [-mən]) padienis darbininkas, padienininkas; dieninės pamainos darbininkas/jūreivis
day-release [ˌdeɪrɪˈliːs] *n* vienos dienos per savaitę suteikimas *(darbininkui)* kvalifikacijai kelti koledže
day-room ['deɪrum] *n* fojė
days [deɪz] *adv (ypač amer.)* dienomis, dienos metu; *to work* ~ dirbti dieninėje pamainoje
day-school ['deɪskuːl] *n* dieninė mokykla *(ne pensiono/ sekmadieninė/vakarinė mokykla)*
day-shift ['deɪʃɪft] *n* dieninė pamaina
dayspring ['deɪsprɪŋ] *n psn., poet.* aušra
daytime ['deɪtaɪm] *n* dienos metas, diena; *in the* ~ dieną, dienos metu
day-to-day [ˌdeɪtəˈdeɪ] *a* **1** kasdienis, kasdieninis **2** vienadienis
day-trip ['deɪtrɪp] *n* vienos dienos ekskursija *(grįžtama tą pačią dieną)*
day-tripper ['deɪtrɪpə] *n* ekskursantas, iškylautojas
daywork ['deɪwə:k] *n ekon.* **1** dienos išdirbis **2** padienis darbas
daze [deɪz] *n* apstulb(in)imas, apsvaig(in)imas; pritrenkimas; *in a* ~ apsvaigęs, pritrenktas
v pass apsvaiginti; apstulbti; *he was* ~*d by the news* jį pritrenkė ta naujiena
dazedly ['deɪzɪdlɪ] *adv* apsvaigus, apstulbus
dazzle ['dæzl] *n* **1** apakinimas; *in a* ~ *(šviesos)* apakintas **2** akinantis blizgesys; spindesys; ~ *paint jūr. (karo laivų)* dengiamoji spalva, maskuotė
v **1** (ap)akinti; *the lights of the car* ~*d me* automobilio šviesos apakino mane **2** *(ppr. pass)* apstulbinti **3** *jūr.* maskuoti *(nudažant laivą)*
dazzling ['dæzlɪŋ] *a* **1** akinantis, akinamas; ~ *light* akinanti šviesa **2** žavus, nuostabus; ~ *prospects* puikios perspektyvos; *she is a* ~ *beauty* ji – nuostabiai graži
d-d [dæmd] *sutr. euf.* = **damned** *a*
D-day ['di:deɪ] *n* **1** karinės operacijos pradžios diena **2** *šnek.* lemiamoji diena **3** *ist.* antrojo fronto atidarymo diena *(1944 birželio 6 d.)*
de- [dɪ-, di:-] *pref* de-, iš-, at(i)- *(reiškiant priešingą veiksmą, atskyrimą, pašalinimą, panaikinimą); decipher* dešifruoti, iššifruoti; *decolouration* dekoloracija, išblukinimas, spalvos pašalinimas; *detrain* išlipti/išlaipinti iš traukinio; *defreeze* atitirpinti, atšildyti
deaccession [ˌdi:əkˈseʃn] *n* parduoti *(muziejaus eksponatą, paveikslą)* norint pirkti reikalingesnius *(muziejui ir pan.)* eksponatus
deacon ['di:kən] *n (tik v.) bažn.* diakonas
v amer. **1** garsiai skaityti psalmes **2** *šnek.* sudėti viršuje geriausius *(parduodant vaisius, daržoves)*
deaconess ['di:kənɪs, ˌdi:kəˈnes] *n bažn.* **1** diakonė **2** diakonienė
deactivate [di:ˈæktɪveɪt] *v* **1** *spec.* dezaktyvuoti **2** (pa)daryti nekenksmingą *(miną ir pan.)* **3** *kar.* išformuoti; demobilizuoti
dead [ded] <*a, n, adv*> *a* **1** miręs, negyvas *(t. p. prk.);* ~ *language* mirusi(oji) kalba; ~ *and gone* seniai miręs; *the D. Sea* Negyvoji jūra; *his love for her is now* ~ jo meilė jai mirė; *Mars is a* ~ *planet* Marsas – negyva planeta **2** pastipęs, kritęs **3** sausas, nuvytęs **4** apmiręs, sugrubęs, nutirpęs *(apie koją ir pan.);* ~ *fingers* sužvarbę pirštai; ~ *with cold* sužvarbęs, sustiręs **5** nejautrus, kurčias *(to – kam); he is* ~ *to reason* jis negirdi proto balso **6** užgesęs, ne(be)veikiantis *(apie televizorių, ugnikalnį ir pan.);* ~ *motor* užgesęs variklis; ~ *match* nudegintas/ panaudotas degtukas; ~ *steam* išnaudotas garas; *the line has gone* ~ telefonas nutilo/išsijungė **7** visiškas; mirtinas; ~ *certainty* visiškas tikrumas; ~ *failure* visiškas nepasisekimas; ~ *loss kom.* grynasis nuostolis; ~ *silence* mirtina tyla; ~ *stop* visiškas sustojimas; *in the* ~ *centre of the room* pačiame kambario viduryje **8** duslus *(apie garsą);* blankus *(apie spalvą);* ~ *gold* matinis auksas **9** *šnek.* nusikamavęs, nusivaręs **10** nederlingas, nederlus *(apie žemę)* **11** nejudantis, stovintis *(apie orą, vandenį ir pan.)* **12** *sport.* nežaidžiamas *(apie kamuolį);* ~ *heat* a) lygiosios; vienodas taškų skaičius; b) finišo pasiekimas vienu metu **13** *teis.* ne(be)galiojantis, nenaudojamas ◊ ~ *and burried* amžinai užmirštas/palaidotas *(apie reikalą ir pan.); the affair is* ~ *but it won't lie down* tas reikalas toli gražu nepalaidotas; ~ *with hunger* išbadėjęs; ~ *men/soldiers šnek. juok. (svaigalų)* tušti/išgerti buteliai; *more* ~ *than alive* nei gyvas, nei miręs; *I wouldn't be seen* ~ *... šnek.* aš nieku gyvu *(ko nedaryčiau);* ~ *men tell no tales pat.* mirusieji nekalba
n (the ~*)* **1** *kuop.* mirusieji, numirėliai, negyvėliai; *to rise from the* ~ prisikelti iš numirusių; *loud enough to wake the* ~ toks garsus, kad galėtų prikelti numirėlį **2** gūduma; vėlyvas metas; *in the* ~ *of night* nakties gūdumoje; *in the* ~ *of winter* viduržiemį
adv **1** visiškai; mirtinai; ~ *certain* visiškai tikras; ~ *asleep* kietai miegantis; ~ *tired* mirtinai nuvargęs; *he is* ~ *straight* jis nepriekaištingai doras **2** tiesiai; tiksliai; ~ *against* a) tiesiai į veidą *(apie vėją);* b) kategoriškai prieš; ~ *ahead* tiesiai į priekį; ~ *on time* kaip tik laiku
dead-and-alive [ˌdedəndəˈlaɪv] *a* **1** be gyvybės; nuobodus *(apie vietą, darbą ir pan.)* **2** susikrimtęs, liūdnas
dead-beat ['ded'bi:t] *a* **1** *šnek.* nusikamavęs, mirtinai nuvargęs **2** nurimęs *(apie magneto rodyklę ir pan.)*
n **1** *(ypač amer.) šnek.* veltėdis, dykaduonis; dykūnas **2** *menk.* bytnikas
deadbolt ['dedbəʊlt] *n (ypač amer.) (durų)* įleistinė spyna
deaden ['dedn] *v* **1** slopinti *(garsą, skausmą);* duslinti **2** atimti, (su)mažinti *(jėgą, džiaugsmą ir pan.)* **3** daryti bejausmį; darytis bejausmiam, atbukti
dead-end [ˌdedˈend] *n* aklina gatvė, aklagatvis **2** *prk.* aklavietė; *to come to a* ~ atsidurti aklavietėje
a be perspektyvų *(apie darbą ir pan.)*

dead-eye ['dedaɪ] *n jūr.* **1** liuversas *(burės anga virvei)* **2** jufersas

deadfall ['dedfɔːl] *n amer.* **1** spąstai **2** suversti medžiai

deadhead ['dedhed] *n* **1** žmogus, turintis teisę nemokamai lankyti teatrus *ar* važinėti be bilieto **2** neryžtingas žmogus, menkysta, bukagalvis
v **1** (pa)šalinti nuvytusius žiedus **2** *amer.* baigti kelionę tuščiu autobusu/traukiniu *ir pan.*

dead-heat [,ded'hiːt] *v* finišuoti/atbėgti/atjoti kartu

deadlatch ['dedlætʃ] *n* spragtukinis užraktas

dead-letter ['dedletə] *n:* ~ *office* neįteiktų laiškų pašto skyrius

deadlight ['dedlaɪt] *n jūr.* aklinasis iliuminatorius

deadline ['dedlaɪn] *n* **1** *(laikraščio išėjimo, skolos grąžinimo ir pan.)* galutinis/paskutinis terminas; *to meet a ~* atlikti laiku **2** linija/riba, kurios negalima peržengti

deadlock ['dedlɔk] *n* **1** padėtis be išeities, aklavietė; *to be at a ~* būti aklavietėje; *to break the ~* ištrūkti/išeiti iš aklavietės **2** saugi spyna
v patekti/įstumti į aklavietę

deadly ['dedlɪ] *a* **1** mirtinas, mirtinis *(apie nuodus, nuodėmę, smūgį ir pan.)* **2** nepermaldaujamas, negailestingas; *~ logic* negailestinga logika; *~ enemy* mirtinas priešas **3** *šnek.* baisus; nuobodus; *~ gloom* klaikus niūrumas; *in ~ haste* baisiai skubant; *the play was ~* pjesė buvo baisiai/mirtinai nuobodi
adv **1** mirtinai; *~ pale* mirtinai nubalęs **2** *šnek.* baisiai; *~ serious [boring]* baisiai rimtas [nuobodus]

deadness ['dednɪs] *n* **1** negyvumas **2** abejingumas; liūdnumas

dead-nettle ['ded,netl] *n bot.* akloji dilgėlė, notrelė

dead-office ['ded,ɔfɪs] *n* laidojimo ceremonija

deadpan ['dedpæn] *a* **1** neišraiškingas, bejausmis *(apie veidą)* **2** *(apsimetamai)* visiškai rimtas, nejuokaujamas

dead-point ['dedpɔɪnt] *n* mirties taškas

dead-set ['dedset] *a* kupinas ryžto

dead-water ['ded,wɔːtə] *n* stovintis vanduo; užtakis

dead-weight ['ded'weɪt] *n* **1** sunkenybė, sunkybė; sunki našta **2** keliamoji galia **3** *stat. (pačios)* konstrukcijos svoris; savitasis svoris **4** *jūr.* dedveitas

deadwood ['dedwud] *n* **1** pasausė, sausuolis **2** nebereikalingi žmonės/daiktai **3** *jūr.* deidvudas

deaf [def] *a* kurčias *(t. p. prk.);* ~ *on an ear, in one ear* kurčias viena ausimi; *~ without speech* kurčnebylys; *he was ~ to their complaints* prk. jis buvo kurčias jų skundams ◊ *~ as a post šnek.* kurčias kaip pėdas/kelmas; *to turn a ~ ear (to)* neklausyti *(ko)*, nekreipti dėmesio *(į)*
n (the ~) kuop. kurtieji

deaf-aid ['defeɪd] *n* klausos aparatas

deaf-and-dumb ['defən'dʌm] *n* kurčnebylys; *the ~ kuop.* kurčnebyliai
a kurčias ir nebylus/bežadis

deafen ['defn] *v* **1** (ap)kurtinti **2** (nu)slopinti *(garsą)*, (pa)daryti nelaidų *(garsui)*, izoliuoti *(garsą)*

deafener ['defnə] *n (triukšmo)* duslintuvas, slopintuvas

deafening ['defnɪŋ] *n* garso izoliavimo medžiaga
a kurtinantis

deaf-mute [,def'mjuːt] = **deaf-and-dumb** *n, a*

deaf-mutism [,def'mjuːtɪzm] *n* kurčnebylystė

deafness ['defnɪs] *n* kurtumas

deal¹ [diːl] *n* **1** kiekis; *a good/great ~ (of)* daug; *a great ~ better* daug geresnis **2** sandėris, susitarimas; *to do/make/strike/cut a ~ (with)* sudaryti sandėrį *(su)*; *to get a good ~* nusipirkti prieinama kaina; *the ~ is off* sandėris nutrauktas; *it's a ~!* sutarta!, sumuškime rankas! **3** elgesys; *he was given a fair ~* su juo garbingai/dorai pasielgė **4** vyriausybės *(politikos)* kursas; *new ~* naujas kursas; socialinių/ekonominių reformų programa **5** kortų dalijimas; *my ~* man dalyti ◊ *big ~ šnek.* didelis čia daiktas *(laikant ką nereikšmingu); it's no ~!* iš to nieko neišeis!
v (dealt) **1** būti *(kieno)* klientu *(with)*, nuolat pirkti *(at; kokioje parduotuvėje)* **2** prekiauti *(in – kuo; with – su)*, turėti prekybinių ryšių *(with)* **3** užsiimti, imtis žygių; *to ~ with a matter* užsiimti reikalu, tvarkyti reikalą; *to ~ with an attack* atmušti ataką; *to ~ with fires* kovoti su gaisrais **4** nagrinėti, spręsti; *to ~ with a problem* nagrinėti/spręsti klausimą **5** elgtis; *to ~ honourably [cruelly] with/by smb* garbingai [žiauriai] elgtis su kuo **6** (iš)dalyti, (pa)skirstyti *(t. p. ~ out); to ~ (out) cards* (iš)dalyti kortas **7** *knyg.* smogti *(smūgį); to ~ a blow (at, to)* trenkti smūgį ⬜ *~ in* įtraukti *(į kortų ir pan. lošimą)*

deal² *n* **1** pušinė/eglinė lenta; pjautiniai rąstai **2** spygliuočių mediena
a pušinis, eglinis; lentos, lentinis

dealer ['diːlə] *n* **1** prekiautojas, pirklys; *used-car ~* prekiautojas senais automobiliais **2** *(narkotikų)* (per)pardavinėtojas **3** tarpininkas, prekybos agentas **4** kortų dalytojas

dealership ['diːləʃɪp] *n (firmos)* verslas, biznis

dealing ['diːlɪŋ] *n* **1** elgesys; *honest ~* doras/sąžiningas elgesys **2** *pl* (komerciniai) reikalai; prekybos ryšiai; sandėriai; *to have ~s (with)* turėti (prekybos) reikalų *(su)* **3** nelegali prekyba *(ginklais, narkotikais)* **4** paskirstymas; *(kortų)* dalijimas

dealt [delt] *past ir pII žr.* **deal¹** *v*

dean¹ [diːn] *n* **1** *(fakulteto)* dekanas; *~'s list amer.* geriausių studentų sąrašas **2** *bažn.* dekanas *(dvasininkas, pagal hierarchiją esantis po vyskupo);* klebonas **3** diplomatinio korpuso seniūnas

dean² *n* siauras slėnis/klonis

deanery ['diːnərɪ] *n bažn.* **1** dekanystė **2** *(parapijos)* dekanatas **3** dekano/klebono namai

deanship ['diːnʃɪp] *n* **1** dekanavimas **2** = **deanery** 2

dear [dɪə] <*a, n, adv, int*> *a* **1** brangus, mielas; *her ~est wish* jos puoselėjama svajonė; *D. Sir* gerbiamas pone *(ofic. laiške)* **2** puikus, šaunus; *a ~ little thing* puikus dalykėlis **3** brangus, daug kainuojantis; *~ year* brangymetis; *~ shop* krautuvė, kurioje prekių kainos didesnės
n **1** brangusis, mielasis *(ypač kreipiantis); you poor ~* mano vargšelis *(sakoma vaikui); be a ~ and make me some coffee* būk geras, išvirk kavos **2** *šnek.* puikumėlis; *that old lady is such a ~* ta senutė tokia miela/nuostabi
adv brangiai *(ppr. prk.)*
int: *(oh) ~!, ~ me!* oi!, ai!, ai-ai-ai! *(reiškiant nusistebėjimą, nusiminimą); ~ me, no!* žinoma ne!

dear-bought ['dɪəbɔːt] *a* brangiai įgytas

dearie ['dɪərɪ] = **deary** *n, int*

dearly ['dɪəlɪ] *adv* **1** mielai, švelniai, labai; *to love smb ~* labai ką mylėti **2** brangiai *(džn. prk.); I paid ~ for my mistake* aš brangiai sumokėjau už savo klaidą

dearly-beloved [,dɪəlɪbɪ'lʌvd] *a* labai mylimas

dearth [dəːθ] *n* **1** *(produktų)* trūkumas ir brangumas, badas; *in time of ~* badmetyje **2** stoka, trūkumas; *~ of workmen* darbo rankų trūkumas

deary ['dɪərɪ] *šnek. n* brangusis, mielasis *(ppr. kreipinyje)*
int: *~ me!* Dieve mano *(reiškiant nustebimą, nusivylimą ir pan.)*

death [deθ] *n* **1** mirtis; mirimas, mirties faktas/atvejis; *a fight to the ~* žūtbūtinė kova; *to put to ~* įvykdyti mirties bausmę, nužudyti; *to sentence to* ~ nuteisti mirtimi, mirties bausme; *wounded to* ~ mirtinai sužeistas; *bored/sick/tired to* ~ mirtinai įgrisęs; *dry* ~ smurtinė mirtis *(ne nuskandinant ir be kraujo praliejimo)*; *to catch one's* ~ *of cold šnek.* baisiai/mirtinai peršalti; *the Black D. ist.* juodoji mirtis, maras 2 pražūtis, galas; *the* ~ *of one's plans [hopes, ambitions]* planų [vilčių, siekimų] žlugimas; *a living* ~ ne gyvenimas, o katorga; beviltiškas egzistavimas; *this will be the* ~ *of me* tai nuvarys mane į kapus ◊ *to be at the* ~*'s door* būti prie mirties; *to be in at the* ~ būti lemiamų veiksmų liudininku; *to feel like* ~ *warmed up šnek.* jaustis prastai/nusikamavusiam; *like grim* ~ iš visų jėgų; atkakliai, ryžtingai; *to be done to* ~ būti nuvalkiotam *(apie dainą ir pan.)*; *to flog to* ~ nuvalkioti, subanalinti; *worse than* ~ blogesnis nebegali būti; *to go into sudden* ~ pratęsti žaidimą *(kai rezultatas lygus)*

deathbed ['deθbed] *n* 1 mirties patalas 2 priešmirtinė būklė, paskutinės minutės prieš mirtį; ~ *repentance* pavėluota atgaila ◊ *to be on one's* ~ a) būti prie mirties; b) *juok.* jaustis labai prastai

deathblow ['deθbləu] *n* mirtinas smūgis *(t. p. prk.)*

death-cup ['deθkʌp] *n bot.* žalsvoji musmirė

death-duty ['deθˌdju:tɪ] *n teis. ist.* paveldėjimo mokestis

death-feud ['deθfju:d] *n* mirtina neapykanta

death-house ['deθhaus] *n amer.* mirtininkų kamera/kalėjimas

death-knell ['deθnel] *n* 1 laidotuvių varpai 2 galas, pražūtis *(of)*; *to sound the* ~ reikšti *(ko, kam)* galą

deathless ['deθləs] *a* 1 nemirtingas 2 *juok.* prastas, nuobodus *(apie eiles, prozą ir pan.)*

deathlike ['deθlaɪk] *a* panašus į mirtį, kaip mirtis

deathly ['deθlɪ] *a* mirties, mirtinas; ~ *hush/silence* kapų tyla
adv mirtinai; ~ *afraid* mirtinai išsigandęs

death-mask ['deθmɑ:sk] *n* pomirtinė kaukė

death-rate ['deθreɪt] *n* mirtingumas; mirtingumo procentas

death-rattle ['deθˌrætl] *n* priešmirtinis kriokimas/gargaliavimas

death-roll ['deθrəul] *n* žuvusiųjų sąrašas

death's-head ['deθshed] *n* kaukolė *(mirties emblema)*; ~ *moth zool.* kaukolėtasis sfinksas *(drugys)* ◊ *to look like a* ~ *on a mopstick* būti panašiam į numirėlį

death-throes ['deθθrəuz] *n pl* merdėjimas, agonija *(t. p. prk.)*

death-toll ['deθtəul] *n* = **death-roll**

death-trap ['deθtræp] *n šnek.* pavojingas dalykas, spąstai *(apie seną automobilį, pastatą)*

death-warrant ['deθˌwɔrənt] *n* 1 įsakymas įvykdyti mirties nuosprendį 2 kas nors tolygus mirties nuosprendžiui *(gydytojo diagnozė ir pan.)*; *to sign one's own* ~ *prk.* pasirašyti sau mirties nuosprendį

deathwatch ['deθwɔtʃ] *n* 1 budėjimas prie mirštančiojo 2 *zool.* skaptukas *(t. p.* ~ *beetle)*

death-wish ['deθwɪʃ] *n psich.* mirties noras/instinktas

deb [deb] *n* (debutante *sutr.*) *šnek.* debiutantė

debacle, débâcle [deɪ'bɑ:kl] *pr. n* 1 *(vyriausybės ir pan.)* žlugimas, kritimas 2 *(kariuomenės)* paniškas bėgimas 3 ledonešis; stichiškas vandens prasiveržimas

debag [di:'bæg] *v šnek.* numauti kelnes

debar [dɪ'bɑ:] *v ofic.* ne(pri)leisti, nušalinti, atimti *(teisę)*; *to* ~ *smb from voting* atimti kam balsavimo teisę

debark¹ [dɪ'bɑ:k] *v* išlaipinti, išpilti; iškrauti, būti iškraunamam *(į krantą)*

debark² *v* (nu)lupti *(medžio)* žievę

debarkation [ˌdi:bɑ:'keɪʃn] *n* išlaipinimas; iškrovimas

debase [dɪ'beɪs] *v* 1 nuvertinti; (su)menkinti, pabloginti *(kokybę)*; *to* ~ *a language* (nu)skurdinti kalbą 2 (pa)žeminti; *refl* sugadinti *(savo reputaciją)*, žemintis, nusižeminti *(by)*

debasement [dɪ'beɪsmənt] *n* 1 nuvertinimas; *(kokybės)* pabloginimas; ~ *of the coinage* monetų nuvertinimas 2 (pa)žeminimas, menkinimas

debatable [dɪ'beɪtəbl] *a* 1 ginčytinas, diskusinis 2 ginčijamas *(apie teritoriją ir pan.)*

debate [dɪ'beɪt] *n* 1 diskusija, debatai, polemika *(on, over, about)*; *the abortion* ~ diskusija dėl abortų; *beyond* ~ neginčijamai; *the matter is under* ~ klausimas svarstomas 2 *pl* parlamento posėdžių oficiali ataskaita
v diskutuoti, svarstyti; ginčytis, polemizuoti; *to* ~ *a matter in one's mind* apgalvoti/apsvarstyti klausimą; *I am debating whether to leave* svarstau, ar man neišeiti

debater [dɪ'beɪtə] *n* 1 debatų/diskusijų dalyvis 2 ginčininkas

debating [dɪ'beɪtɪŋ] *n* diskutavimas; ~ *club [society]* debatų/diskusijų klubas [draugija]

debauch [dɪ'bɔ:tʃ] *n* 1 debošas, ištvirk(av)imas 2 išgertuvės, orgija
v 1 (iš)tvirkinti 2 (su)gadinti *(skonį)* 3 *psn.* suvedžioti *(moterį)*

debauched [dɪ'bɔ:tʃt] *a* nedoras, patvirkęs, ištvirkęs, pasileidęs

debauchee [ˌdɪbɔ:'tʃi:] *n* ištvirkėlis

debauchery [dɪ'bɔ:tʃərɪ] *n* 1 ištvirkimas, ištvirkavimas, pasileidimas 2 girtavimas

debenture [dɪ'bentʃə] *n spec.* 1 skolinis įsipareigojimas 2 *(akcinės bendrovės, kompanijos)* obligacija *(t. p.* ~ *bond)*; ~ *stocks* obligacijos/akcijos su garantuotomis palūkanomis 3 *(muitinės)* debentūra *(t. p.* **customs** ~*)*

debilitate [dɪ'bɪlɪteɪt] *v med.* silpninti *(t. p. prk.)*; ~*d economy* susilpnėjusi ekonomika

debilitating [dɪ'bɪlɪteɪtɪŋ] *a med.* silpninantis *(t. p. prk.)*; ~ *disease* sekinanti liga

debilitation [dɪˌbɪlɪ'teɪʃn] *n med.* silpninimas; silpnumas

debility [dɪ'bɪlɪtɪ] *n (ypač med.)* silpnumas, debilumas

debit ['debɪt] *buh. n* debetas; *to put to smb's* ~ įrašyti kam į debetą; *to the buyer's* ~ pirkėjo sąskaita *(priskaityti išlaidas ir pan.)*; ~ *balance* pasyvusis saldas
v 1 debetuoti; įrašyti į debetą 2 nurašyti nuo *(kieno)* banko sąskaitos

debonair [ˌdebə'neə] *a* malonus, linksmas; galantiškas

debone [dɪ'bəun] *v* išimti kaulus *(iš mėsos)*

debouch [dɪ'bautʃ] *v* 1 ištekėti iš tarpeklio/miško į atvirą vietą *(apie upę)*; įtekėti *(into)* 2 pereiti, išeiti *(į kitą, didesnę vietą)* 3 *kar.* išeiti iš uždangos

debouchment [dɪ'bautʃmənt] *n* 1 ištekėjimas iš tarpeklio; *(upės)* žiotys 2 *kar.* išėjimas iš uždangos

debrief [di:'bri:f] *v* apklausinėti *(diplomatą, lakūną, žvalgą ir pan. po kokio nors žygio)*; išklausyti *(kieno)* ataskaitą

debris ['debri:, deɪbri:] *pr. n* 1 lūženos, nuolaužos; *(statybinis)* laužas 2 griuvėsiai *(po bombardavimo, katastrofos)* 3 *geol. (uolų)* nuolaužos, nuosėdos

debt [det] *n* skola; įsiskolinimas; *to contract* ~**s** pri(si)daryti skolų; *to go/run/get into* ~ įsiskolinti, lįsti/bristi į skolas; *to be out of* ~ išsimokėti skolas; *clear of* ~**s** neskolingas; *bad* ~ beviltiškoji skola; *floating* ~ trumpalaikė skola; *national* ~ valstybės skola; *to be in smb's* ~ a) būti kam skolingam; b) būti kam dėkingam; *she*

debt-laden — **decentralize**

is $1,000 in ~ ji turi 1000 dolerių skolos ◊ *to pay the ~ of nature* ≡ žemės kelionę baigti, mirti
debt-laden ['det‚leɪdn] *a* prasiskolinęs
debtor ['detə] *n* skolininkas
debug [‚di:'bʌg] *v* **1** surasti ir pašalinti *(mašinos defektus, kompiuterio programos klaidas);* suderinti *(kompiuterio programą)* **2** pašalinti/atjungti slaptus klausymosi aparatus
debugger [‚di:'bʌgə] *n komp.* derinimo programa
debunk [‚di:'bʌŋk] *v* **1** iškelti aikštėn, demaskuoti *(apgavystę, mitą)* **2** nuvainikuoti *(garsenybę)*
debus [di:'bʌs] *v* išlipti, išlaipinti; iškrauti *(iš automobilio)*
debut ['deɪbju:] *pr. n* debiutas; *to make one's* ~ a) debiutuoti; b) pirmą kartą pasirodyti aukštuomenėje *(apie panelę)*
v **1** debiutuoti **2** pirmą kartą atlikti *(kūrinį)*
debutant ['debjutɑ:] *pr. n (tik v.)* debiutantas
debutante ['debjutɑ:nt] *pr. n* **1** debiutantė **2** panelė, pirmą kartą pasirodanti aukštuomenėje
deca- ['dekə-] *pref* deka-, dešimt-; *decalogue* dekalogas, dešimt Dievo įsakymų
decachord ['dekəkɔ:d] *n (senovės graikų)* dešimtstygė arfa
decadal ['dekədl] *a* dešimtmečio; *(vykstantis, atsitinkantis)* kas dešimt metų
decade ['dekeɪd, dɪ'keɪd] *n* **1** dešimtmetis; *a ~ ago* prieš dešimt metų **2** dešimties grupė, dešimtukas
decadence ['dekədəns] *n* **1** dekadansas, smukimas; (su)nykimas **2** *lit., men.* dekadentizmas
decadent ['dekədənt] *n men.* dekadentas
a **1** *menk.* nusmukęs, sunykęs **2** *men.* dekadentinis, dekadentiškas
decaf ['di:kæf] *a šnek.* = **decaffeinated**
decaffeinated [di:'kæfəneɪtɪd] *a* turintis mažai kofeino *(apie kavą)*
decagon ['dekəgən] *n geom.* dekagonas, dešimčiakampis
decagonal [dɪ'kægənl] *a* dešimčiakampis
decagram(me) ['dekəgræm] *n* dekagramas
decahedral [‚dekə'hi:drəl] *a* dešimčiašonis
decahedron [‚dekə'hi:drən] *n geom.* dekaedras, dešimčiasienis
decal ['di:kæl] *n (ypač amer.)* atvaizdas, perkeliamas nuo popieriaus į stiklą *ir pan.*
decalcify [di:'kælsɪfaɪ] *v* sumažinti kalio kiekį *(kauluose, dantyse);* dekalcinuoti
decalitre ['dekə‚li:tə] *n* dekalitras
Decalogue ['dekəlɔg] *n bibl.* dekalogas, dešimt Dievo įsakymų
decametre ['dekəmi:tə] *n* dekametras
decamp [dɪ'kæmp] *v* **1** likviduoti stovyklą; išvykti iš stovyklos *(ypač apie kareivius)* **2** išvykti *(slapta, paskubomis);* pabėgti
decampment [dɪ'kæmpmənt] *n* **1** išvykimas iš stovyklos **2** pabėgimas
decanal [dɪ'keɪnl] *a bažn.* dekano, dekaniškas
decandrous [dɪ'kændrəs] *a bot.* turintis dešimt kuokelių
decangular [de'kæŋgjulə] *a geom.* dešimčiakampis
decant [dɪ'kænt] *v* **1** filtruoti, dekantuoti *(nupilti nuo nuosėdų);* **to ~ wine** perpilti vyną iš vieno indo į kitą *(paliekant nuosėdas)* **2** *šnek. (laikinai)* perkelti *(į kitą gyvenamąją/darbo vietą)*
decanter [dɪ'kæntə] *n* grafinas
decaphyllous [‚dekə'fɪləs] *a bot.* dešimčialapis
decapitate [dɪ'kæpɪteɪt] *v* nukirsti galvą
decapitation [dɪ‚kæpɪ'teɪʃn] *n* galvos nukirtimas
decapod ['dekəpɔd] *a zool.* dešimtkojis, dekapodas

decarbonate [di:'kɑ:bəneɪt] *v* = **decarbonize**
decarbonize [di:'kɑ:bənaɪz] *v spec.* dekarbonizuoti; pašalinti anglį/nuodegas
decastich ['dekəstɪk] *n lit.* dešimteilis, decima
decastyle ['dekəstaɪl] *n archit.* dešimties kolonų portikas
decasualize [di:'kæzjuəlaɪz] *v spec.* sustabdyti darbo jėgos kaitą
decasyllabic [‚dekəsɪ'læbɪk] *a lit.* dešimtskiemenis *(apie eiliavimą)*
decathlete [dɪ'kæθli:t] *n sport.* dešimtkovininkas
decathlon [dɪ'kæθlɔn] *n sport.* dešimtkovė
decay [dɪ'keɪ] *n* **1** puvimas, irimas; dūlėjimas **2** *(danties)* ėduonis, kariesas **3** *(obuolio)* išpuvusi dalis **4** *(šeimos, valstybės ir pan.)* smukimas, (su)irimas, (su)nykimas, žlugimas; *to fall into ~* (su)irti, (su)griūti, (su)žlugti; virsti griuvėsiais **5** *(sveikatos)* pašlijimas **6** *fiz. (radioaktyvusis)* skilimas; gesimas; *~ of oscillation* virpesių slopimas
v **1** pūti, irti, gesti; dūlėti; *teeth ~ rapidly in old age* dantys greit genda senatvėje **2** blogėti; smukti; *his powers are beginning to ~* jo jėgos ima silpnėti **3** irti, žlugti *(apie šeimą, valstybę)*
decayed [dɪ'keɪd] *a* **1** supuvęs *(t. p. prk.);* sugedęs, išgedęs **2** sunykęs, išblukęs *(apie grožį)* **3** *fiz.* suskilęs
decease [dɪ'si:s] *n teis.* mirtis
v mirti natūralia mirtimi
deceased [dɪ'si:st] *teis., ofic. n (the ~)* velionis
a neseniai miręs
decedent [dɪ'si:dənt] *n amer. teis.* mirusysis
deceit [dɪ'si:t] *n* **1** apgavystė, apgaulė; apgavimas **2** suktybė; melas
deceitful [dɪ'si:tfəl] *a* apgaudinėjantis; apgaulingas; melagingas; *it was ~ of him* jis pasielgė nesąžiningai
deceive [dɪ'si:v] *v* **1** apgau(dinė)ti; *to ~ smb into doing smth* apgaule įtikinti ką daryti ką; *if my memory doen't ~ me* jei mano atmintis neapgauna **2** (su)klaidinti **3** būti neištikimam **4** *refl* turėti iliuzijų
deceiver [dɪ'si:və] *n* apgavikas
decelerate [‚di:'selereɪt] *v (ypač aut.)* (su)mažinti/(su)lėtinti greitį; pradėti lėtėti/lėtinti
deceleration [di:‚selə'reɪʃn] *n* **1** *aut.* greičio (su)mažinimas/(su)lėtinimas **2** *fiz.* lėtėjimas, lėtinimas; *reactive ~* reaktyvusis stabdymas
December [dɪ'sembə] *n* gruodis
decemvir [dɪ'semvə] *n (pl t. p.* -ri [-raɪ]) **1** decemviras *(sen. Romos dešimties kolegijos narys)* **2** *pl* dešimties žmonių taryba/kolegija
decency ['di:snsɪ] *n* **1** gera/tinkama elgsena; *common ~* elementarios elgesio normos; *a breach of ~* elgesio normų laužymas **2** padorumas; mandagumas; *~ in dress* maniera kukliai rengtis; *to observe the decencies* laikytis mandagumo taisyklių
decennary [dɪ'senərɪ] *knyg. n* dešim̃tmetis
a dešimties metų *(laikotarpio),* dešimtmėtis
decennial [dɪ'senɪəl] *a knyg.* dešimtmėtis; trunkantis dešimt metų; pasikartojantis kas dešimt metų
decent ['di:snt] *a* **1** padorus, švankus; *~ behaviour* padorus elgesys; *~ people* padorūs žmonės; *that story is not ~* tai nešvankus anekdotas/pasakojimas; *are you ~?* ar tu apsirengęs? **2** tinkamas, geras; *~ wages* neblogas/ padorus uždarbis **3** malonus, šaunus; *that's very ~ of you* jūs labai šaunus, jūs pasielgėte labai šauniai **4** *mok.* geras, negriežtas, atlaidus
decentralization [‚di:sentrəlaɪ'zeɪʃn] *n* decentralizacija
decentralize [di:'sentrəlaɪz] *v* decentralizuoti

decent-sized ['di:snt'saɪzd] *a* gana didelis
deception [dɪ'sepʃn] *n* **1** apgavystė, apgaulė; *to practise* ~ apgaudinėti, griebtis apgaulės **2** gudrybė, suktybė
deceptive [dɪ'septɪv] *a* apgaulingas; klaidinantis; *appearances are often* ~ išorė dažnai esti apgaulinga
deci- ['desɪ-] *pref* deci- *(žymint matų vienetų dešimtąją dalį);* **decilitre** decilitras
decibel ['desɪbel] *n fiz.* decibelas
decide [dɪ'saɪd] *v* **1** nuspręsti, nutarti; *to* ~ *to do smth* nuspręsti, ką daryti; *to* ~ *that ...* nutarti, kad ...; *I ~d against inviting him* nusprendžiau jo nekviesti; *that ~s me!* nuspręsta! **2** ryžtis, apsispręsti; *I'm quite ~d* aš galutinai apsisprendžiau **3** išspręsti *(problemą, bylą ir pan.); to* ~ *against [in favour of] smb* išspręsti kieno nenaudai [naudai] **4** nulemti, būti priežastimi; *his goal ~d the match* jo įvartis nulėmė susitikimo baigtį; *what was it that finally ~d you to give up your job?* kas pagaliau nulėmė tai, kad jūs metėte darbą? **5** *(on)* išsirinkti, apsistoti *(prie); he ~d on a career in the army* jis pasirinko kariškio karjerą
decided [dɪ'saɪdɪd] *a* **1** aiškus, neabejotinas; *a* ~ *difference [superiority]* aiškus skirtumas [pranašumas] **2** ryžtingas; *he is a very* ~ *character* jis – ryžtingas žmogus
decidedly [dɪ'saɪdɪdlɪ] *adv* **1** aiškiai, neabejotinai; *the man was* ~ *drunk* vyras buvo aiškiai girtas **2** ryžtingai; *to speak* ~ kalbėti ryžtingai/kategoriškai
decider [dɪ'saɪdə] *n sport.* lemiamas taškas/bėgimas/susitikimas *ir pan. (ypač po lygiųjų)*
deciding [dɪ'saɪdɪŋ] *a* lemiamas; ~ *factor* lemiamas veiksnys
deciduous [dɪ'sɪdjuəs] *a* **1** *bot.* nukrintantis *(apie lapus);* ~ *trees* lapuočiai **2** periodiškai numetamas *(apie ragus)* **3** pieninis *(apie dantis)* **4** *(greitai)* kintantis, praeinantis
decigram(me) ['desɪgræm] *n* decigramas
deciliter ['desɪˌli:tə] *n amer.* = **decilitre**
decilitre ['desɪˌli:tə] *n* decilitras
decimal ['desɪml] *a* dešimtainis; ~ *coinage/currency* dešimtainė pinigų sistema; ~ *notation* dešimtainė skaičiavimo sistema; ~ *point* dešimtainės trupmenos taškas *(atitinkantis lietuviškos vartosenos kablelį); to go* ~ priimti dešimtainę sistemą
n dešimtainė trupmena; *circulating/recurring* ~ dešimtainė periodinė trupmena
decimalism ['desɪməlɪzm] *n* dešimtainės sistemos taikymas, decimalizmas
decimalize ['desɪməlaɪz] *v* **1** pertvarkyti/transformuoti į dešimtainę sistemą **2** paversti dešimtaine trupmena
decimally ['desɪməlɪ] *adv* pagal dešimtainę sistemą
decimate ['desɪmeɪt] *v* **1** (iš)naikinti, sunaikinti *(daug žmonių/gyvulių)* **2** sumažinti *(dešimtąja dalimi)* **3** *kar.* nubausti/sušaudyti kas dešimtą
decimation [ˌdesɪ'meɪʃn] *n* **1** (iš)naikinimas, sunaikinimas; (su)mažinimas **2** *kar. ist.* kas dešimto nubaudimas/sušaudymas
decimeter ['desɪˌmi:tə] *n amer.* = **decimetre**
decimetre ['desɪˌmi:tə] *n* decimetras
decipher [dɪ'saɪfə] *v* dešifruoti, iššifruoti; išskaityti; *to* ~ *an ancient inscription* iššifruoti senovinį užrašą; *to* ~ *smb's handwriting* išskaityti/įskaityti kieno rašyseną
decipherable [dɪ'saɪfərəbl] *a* iššifruojamas; išskaitomas, įskaitomas
decision [dɪ'sɪʒn] *n* **1** sprendimas, nutarimas; *to make/take a* ~, *to come to a* ~ nuspręsti; *split* ~ nevienbalsiai priimtas nutarimas **2** *teis.* nutartis **3** ryžtas, ryžtingumas; apsisprendimas; *a man of* ~ žmogus, žinantis, ko nori, ryžtingas žmogus; *to lack* ~ svyruoti, nemokėti apsispręsti
decision-making [dɪ'sɪʒnˌmeɪkɪŋ] *n (organizacijos, vyriausybės)* sprendimų priėmimas
decisive [dɪ'saɪsɪv] *a* **1** lemiamas, sprendžiamasis; ~ *battle* sprendžiamasis mūšis **2** ryžtingas; ~ *character* ryžtingas žmogus; ~ *action* ryžtingos priemonės, ryžtingi veiksmai **3** įtikinantis, aiškus; ~ *advantage/superiority* aiškus pranašumas
decisively [dɪ'saɪsɪvlɪ] *adv* **1** ryžtingai, tvirtai **2** aiškiai, įtikinamai
decivilize [dɪ'sɪvɪlaɪz] *v* padaryti laukinį/necivilizuotą
deck [dek] *n* **1** denis; *upper [lower]* ~ viršutinis [apatinis] denis; *summer/weather* ~ atvirasis denis; *on* ~ a) ant denio; b) *(ypač amer.)* pasiruošęs; c) *(ypač amer.)* kitas; *all hands on* ~! visi ant denio! *(komanda); to tread on the* ~ būti jūrininku; ~ *landing av.* leidimasis ant denio; ~ *start av.* startas nuo denio **2** *(dviaukščio autobuso)* aukštas; *bottom [top]* ~ apatinis [viršutinis] aukštas **3** *(nuimamas automobilio, vagono ir pan.)* viršus **4** *(ypač amer.) (kortų)* malka, komplektas **5** *(gramofono)* sukamasis diskas; magnetofonas be stiprintuvo **6** *stat.* paklotas **7** *amer. sl.* nedidelė dozė heroino ◊ *to clear the ~s* pasiruošti *(kovai, veiklai); to hit the* ~ *šnek.* pargriūti
v **1** kloti denį **2** *(džn. pass)* (iš)puošti *(vėliavomis, gėlėmis ir pan.; t. p.* ~ *out);* puoštis **3** *sl.* partrenkti, pargriauti
deck-cabin [ˌdek'kæbɪn] *n* denio kajutė
deckchair ['dektʃɛə] *n* šezlongas
deckhand ['dekhænd] *n (tik v.)* denio jūreivis *(valantis denį ir dirbantis kitus atsitiktinius darbus)*
deck-house ['dekhaus] *n jūr.* denio kabina
deckle-edged ['dekl'edʒd] *a* neapipjaustytais kraštais *(apie popierių, nuotraukas ir pan.)*
deck-light ['deklaɪt] *n jūr.* denio iliuminatorius
deck-passenger ['dekˌpæsɪndʒə] *n* denio keleivis *(neturintis kajutės)*
deck-roof ['dekru:f] *n* plokščias stogas
declaim [dɪ'kleɪm] *v* **1** deklamuoti *(eilėraštį)* **2** kalbėti/ (pa)sakyti su patosu **3** smerkti, plūsti; protestuoti *(against)*
declamation [ˌdeklə'meɪʃn] *n* **1** vieša kalba, prakalba; jausminga kalba, protestas *(against)* **2** deklamacija, deklamavimas **3** oratoriaus menas, retorika
declamatory [dɪ'klæmətərɪ] *a* **1** oratoriškas **2** deklamacinis **3** pompastiškas, išpūstas *(apie stilių)*
declarant [dɪ'klɛərənt] *n teis.* pareiškėjas; ~ *state* valstybė pareiškėja
declaration [ˌdeklə'reɪʃn] *n* **1** pareiškimas; deklaracija; *a customs* ~ muitinės deklaracija; *D. of Rights* Teisių deklaracija, Teisių bilis *(1689 m., Anglija); D. of Independence amer.* Nepriklausomybės deklaracija *(1776 m.);* ~ *of taxable earnings* apmokestinamųjų pajamų deklaravimas; **2** paskelbimas; ~ *of war* karo paskelbimas; ~ *of the poll* balsavimo rezultatų paskelbimas **3** *(meilės)* prisipažinimas
declarative [dɪ'klærətɪv] *a* **1** deklaratyvus **2** *gram.* konstatuojamasis *(apie sakinį)*
declaratory [dɪ'klærətərɪ] *a* **1** deklaratyvus **2** aiškinamasis
declare [dɪ'klɛə] *v* **1** (pa)skelbti; *to* ~ *war (on, upon)* paskelbti karą *(kam); to* ~ *trumps* paskelbti švietalą *(kortų)* **2** pareikšti; *he ~d (that) he was right* jis pareiškė esąs teisus **3** *(džn. refl)* (aiškiai) pareikšti nuomonę, būti *(against – prieš, for – už); he ~d himself innocent*

jis sakėsi (esąs) nekaltas **4** pripažinti *(invalidu ir pan.);* ***to ~ one's love*** prisipažinti, kad myli **5** deklaruoti *(pajamas);* išvardyti/pateikti apmuitinamus dalykus *(muitinėje);* ***have you anything to ~?*** ar turite apmuitinamų dalykų? **6** *teis.* pareikšti ieškinį □ **~ off** atsisakyti; nutraukti *(sandėrį)* ◊ ***well, I ~!*** nejaugi?!, ką tu sakai! *(reiškiant nustebimą, netikėjimą)*

declared [dɪˈklɛəd] *a* viešai paskelbtas/prisipažinęs; viešas

declassed [ˌdiːˈklɑːst] *a* deklasuotas

declassify [diːˈklæsɪfaɪ] *v* padaryti nebeslaptą *(dokumentus ir pan.)*

declension [dɪˈklenʃn] *n* **1** *gram.* linksniuotė; linksniavimas **2** *knyg.* kritimas; nukrypimas *(nuo standarto)* **3** *knyg.* *(vietos)* (pa)žemėjimas ◊ ***in the ~ of years*** senatvėje

declensional [dɪˈklenʃnəl] *a gram.* linksnių; linksniuočių, linksniavimo

declinable [dɪˈklaɪnəbl] *a gram.* linksniuojamas

declination [ˌdeklɪˈneɪʃn] *n* **1** *knyg.* palenkimas, pakreipimas; pasvirimas **2** *astr., fiz.* deklinacija, nuokrypis, nukrypimas; ***magnetic ~*** magnetinė deklinacija **3** *ret.* atmetimas, nepriėmimas

declinator [ˈdeklɪneɪtə] *n* deklinatorius

declinatory [dɪˈklaɪnətərɪ] *a* **1** nukrypstantis, nukreipiantis **2** atmetantis, nepriimantis

decline [dɪˈklaɪn] *n* **1** smukimas, nuosmukis, nykimas, mažėjimas; ***on the ~*** smunkantis, nykstantis; ***to fall/go into ~*** smukti, nykti; ***a ~ in trade*** prekybos nuosmukis/smukimas; ***a ~ in the birthrate*** gimimų skaičiaus (su)mažėjimas **2** *(sveikatos)* prastėjimas; *(jėgų)* (iš)sekimas **3** *(dienos)* pabaiga; ***the ~ of life*** gyvenimo pabaiga/saulėlydis
v **1** smukti, nykti, (su)mažėti **2** prastėti, blogėti, silpti *(apie sveikatą ir pan.)* **3** nepriimti *(pakvietimo ir pan.);* atsisakyti; ***to ~ a protest*** atmesti protestą; ***he ~d to answer the questions*** jis atsisakė atsakinėti į klausimus; ***he ~d the responsibility*** jis išvengė atsakomybės **4** eiti į pabaigą *(apie dieną ir pan.)* **5** eiti žemyn; leistis *(apie saulę)* **6** nuleisti; nulinkti **7** *gram.* linksniuoti

declining [dɪˈklaɪnɪŋ] *a* mažėjantis, smunkantis ◊ ***~ years*** senatvė, paskutiniai gyvenimo metai

declinometer [ˌdeklɪˈnɒmɪtə] *n* nuolydžio matuoklis, deklinometras

declivitous [dɪˈklɪvɪtəs] *a knyg.* gana status, statokas *(apie kalną, įkalnę ir pan.)*

declivity [dɪˈklɪvətɪ] *n knyg.* nuožulnuma, nuolaiduma; nuolydis

declivous [dɪˈklaɪvəs] *a knyg.* nuožulnus, nuolaidus

declutch [ˌdiːˈklʌtʃ] *v tech.* išjungti sankabą

decoct [dɪˈkɒkt] *v* nuvirinti

decoction [dɪˈkɒkʃn] *n* **1** nuvirinimas **2** *farm.* nuoviras, dekoktas

decode [ˌdiːˈkəud] *v* dekoduoti, dešifruoti, iššifruoti

decoder [ˌdiːˈkəudə] *n* iškodavimo įrenginys, dekoderis, dešifratorius

decoke [ˌdiːˈkəuk] *n aut.* pašalinti nuodegas

decollate [diːˈkɒleɪt] *v psn.* nukirsti galvą/viršūnę

décolletage [ˌdeɪkɒlˈtɑːʒ] *pr. n* dekoltė, iškirptė

décolleté [deɪˈkɒlteɪ] *pr. a* dekoltuotas, su iškirpte

decolonization [diːˌkɒlənaɪˈzeɪʃn] *n* dekolonizacija

decolo(u)r [diːˈkʌlə] *v* (iš)blukinti, panaikinti spalvą; išblukti

decolo(u)rant [diːˈkʌlərənt] *n* blukinanti medžiaga

decolo(u)ration [diːˌkʌləˈreɪʃn] *n* (iš)blukinimas, dekoloracija

decolo(u)rize [diːˈkʌləraɪz] *v* = **decolo(u)r**

decommission [ˌdiːkəˈmɪʃn] *v* sustabdyti atominį reaktorių; ***to ~ a nuclear plant*** uždaryti atominę elektrinę

decompensation [diːˌkɒmpənˈseɪʃn] *n med.* dekompensacija, kompensacijos sutrikimas

decompose [ˌdiːkəmˈpəuz] *v* **1** irti, pūti *(t. p. prk.)* **2** *chem., fiz.* (su)irti, skaidytis į dalis, su(si)skaidyti

decomposite [dɪˈkɒmpəzɪt] *a spec.* susidedantis iš dalių

decomposition [ˌdiːkɒmpəˈzɪʃn] *n* **1** irimas, puvimas **2** *fiz., chem.* skaldymas(is), skaidymas(is); ***force ~*** *fiz.* jėgos skaidymas(is)

decompound [ˌdiːkəmˈpaund] *spec. a* sudėtas/susidedantis iš dalių
v **1** su(si)dėti iš dalių **2** suirti/suskilti į sudedamąsias dalis

decompress [ˌdiːkəmˈpres] *v spec.* sumažinti spaudimą/slėgimą

decompression [ˌdiːkəmˈpreʃn] *n spec.* slėgio/spaudimo mažėjimas/(su)mažinimas; dekompresija *(t. p. med.);* ***~ sickness*** kesoninė liga

decongestant [ˌdiːkənˈdʒestənt] *n* vaistai, mažinantys kraujo priplūdimą; vaistai nuo slogos

deconsecrate [ˌdiːˈkɒnsɪkreɪt] *v* supasaulietinti *(bažnyčios žemes/turtą)*

deconstruction [ˌdiːkənˈstrʌkʃn] *n lit.* dekonstrukcija

decontaminate [ˌdiːkənˈtæmɪneɪt] *v* **1** dezaktyvuoti, degazuoti; padaryti nekenksmingą **2** pašalinti *(iš dokumento)* slaptą informaciją *(prieš spausdinant ir pan.)*

decontrol [ˌdiːkənˈtrəul] *spec. n (valstybės)* kontrolės panaikinimas; nebekontroliavimas
v nebekontroliuoti, panaikinti suvaržymus; ***to ~ prices*** paleisti kainas

décor [ˈdeɪkɔː] *pr. n* **1** *(kambario ir pan.)* apstatymas **2** *archit.* dekoras **3** *teatr.* dekoracija

decorate [ˈdekəreɪt] *v* **1** (pa)puošti; (pa)dailinti; ***to ~ with flowers*** (pa)puošti gėlėmis **2** dekoruoti *(kambarį)* **3** *(ppr. pass)* apdovanoti *(pasižymėjimo ženklu, ordinu; with)*

decoration [ˌdekəˈreɪʃn] *n* **1** (pa)puošimas, puošyba **2** *(namo)* apdaila, apdailos darbai; dekoravimas **3** puošmena, puošmuo, papuošalas; *pl* šventinės vėliavos, girliandos; ***the fireplace is only for ~*** šis židinys – tik puošmena **4** pasižymėjimo ženklas, apdovanojimas; ***to confer a ~ on smb*** apdovanoti ką pasižymėjimo ženklu, ordinu

decorative [ˈdekərətɪv] *a* **1** dekoratyvinis **2** dekoratyvus, efektingas

decorator [ˈdekəreɪtə] *n* **1** dekoratorius *(architektas, dailininkas)* **2** dažytojas, *(sienų)* apmušėjas *ir pan.*

decorous [ˈdekərəs] *a* padorus, orus, prideramas *(apie elgesį, išvaizdą)*

decorticate [diːˈkɔːtɪkeɪt] *v spec.* nulukštenti, nuimti žievelę, apvalkalą *ir pan.;* dekortikuoti

decorum [dɪˈkɔːrəm] *lot. n (išorinis)* padorumas; etiketas; tinkamas/prideramas elgesys; ***to behave with ~*** tinkamai elgtis

decoy [dɪˈkɔɪ] *n* **1** *medž.* masalas, jaukas; ***~ bird*** paukštis – jaukas **2** *prk.* spąstai **3** *kar.* maketas
v vilioti į spąstus; įvilioti *(into)*

decrease *n* [ˈdiːkriːs] mažėjimas; mažinimas; ***~ of population*** gyventojų (su)mažėjimas; ***to be on the ~*** mažėti
v [dɪˈkriːs] (su)mažėti; (su)mažinti; ***to ~ speed*** (su)mažinti greitį

decree [dɪˈkriː] *n* **1** potvarkis, įsakas, dekretas; įstatymas; ***~ of nature*** gamtos įstatymas **2** *(ypač amer.) teis.* sprendimas, nutarimas, nutartis

decrement   235   **deep-set**

v **1** išleisti/paskelbti įsaką/dekretą; pareikšti **2** *teis.* priimti sprendimą/nutarimą/nutartį
decrement ['dekrımənt] *n* **1** *knyg.* (su)mažėjimas, (su)silpnėjimas **2** *fiz.* dekrementas **3** *tech.* slopinimas, raminimas
decrepit [dı'krepıt] *a* **1** aptriušęs, apgriuvęs *(apie namą)* **2** nusenęs, nukaršęs
decrepitate [dı'krepıteıt] *v tech.* apdeginti/degti iki sutrūkinėjimo
decrepitation [dı‚krepı'teıʃn] *n tech.* apdeginimas *(kristalų),* dekrepitacija
decrepitude [dı'krepıtju:d] *n knyg.* **1** aptriušimas, apgriuvimas **2** nusenimas
decrescent [dı'kresnt] *a* mažėjantis; dylantis *(džn. apie mėnulį)*
decretal [dı'kri:tᵊl] *n bažn.* **1** popiežiaus dekretas **2** *pl* dekretalijos
decretive [dı'kri:tıv] *a* **1** dekreto, dekretinis **2** turintis dekreto galią
decretory [dı'kri:tərı] *a* **1** dekretinis, dekreto **2** nustatytas dekretu
decrial [dı'kraıəl] *n knyg.* viešas pasmerkimas
decriminalize [di:'krımınəlaız] *v* dekriminalizuoti, nebelaikyti kriminaliniu nusikaltimu
decry [dı'kraı] *v* **1** viešai pasmerkti **2** (su)menkinti, nelabai vertinti
decuman ['dekjumən] *a* **1** *knyg.* stiprus, galingas; ~ *wave* ≡ devintoji banga **2** *ist.* dešimtosios kohortos *(sen. Romoje)*
decumbent [dı'kʌmbənt] *a* **1** *ret.* gulintis **2** *bot.* šliaužiantis/driekiantis žeme
decury ['dekjurı] *n ist.* dekurija, dešimtinė *(sen. Romoje)*
decussate [dı'kʌsət] *a* **1** *knyg.* susikertantis stačiu kampu **2** *bot.* kryžmiškai išsidėstęs, kryžminis *(apie lapus)*
decussated ['dekəseıtıd] *a knyg.* kryžiškas
dedicate ['dedıkeıt] *v* **1** (pa)skirti; dedikuoti; *to ~ one's life to art* skirti savo gyvenimą menui **2** *refl* pasiaukoti, atsidėti, atsiduoti **3** pašventinti *(bažnyčią)*
dedicated ['dedıkeıtıd] *a* pasišventęs, pasiaukojęs, atsidavęs
dedicatee [‚dedıkə'ti:] *n* asmuo, kuriam kas skiriama/dedikuojama
dedication [‚dedı'keıʃn] *n* **1** paskyrimas; dedikacija **2** atsidavimas, pasiaukojimas; *he works with ~* jis visiškai atsiduoda darbui **3** pašventinimas *(bažnyčios ir pan.)*
dedicator ['dedıkeıtə] *n* asmuo, kuris skiria/dedikuoja
dedicatory ['dedıkətᵊrı] *a* paskyrimo, dedikacijos, dedikacinis
deduce [dı'dju:s] *v* **1** (pa)daryti išvadą; išvesti *(formulę)* **2** pasekti, nustatyti *(ko raidą, kilmę)*
deducible [dı'dju:səbl] *a* išvedamas *(apie teoriją ir pan.)*
deduct [dı'dʌkt] *v* išskaityti, atskaityti, atimti *(t. p. mat.); 30% of my salary is ~ed for tax* iš mano atlyginimo išskaitoma 30% mokesčių
deduction [dı'dʌkʃn] *n* **1** išvados darymas, padaryta išvada **2** išskaitymas, atskaitymas, atėmimas; *income ~* išskaitymas iš pelno **3** *mat.* atimtis **4** nuolaida; *tax ~* mokesčių nuolaida/lengvata **5** *log.* dedukcija
dee [di:] *n* **1** di *(d raidės pavadinimas)* **2** kas nors D formos **3** *fiz.* duantas
deed [di:d] *n* **1** veiksmas, poelgis, darbas; *good ~* geras poelgis; *in word and ~* darbais ir žodžiais; *in ~ and not in name* ne žodžiais, bet darbais; iš tikrųjų **2** žygdarbis, didvyriškas žygis *(t. p. heroic ~)* **3** *teis.* dokumentas, aktas; *~ of conveyance* perdavimo/pirkimo aktas; *to draw up a ~* sudaryti dokumentą ◊ *to do one's good ~ for the day juok.* padaryti *(kam)* gerą darbą, padėti *v amer.* perduoti pagal aktą
deed-poll ['di:dpəul] *n teis.* vienašalis įsipareigojimas
deejay ['di:dʒeı] *n šnek.* = **disc-jockey**
deem [di:m] *v knyg.* manyti, būti nuomonės
deemphasize [di:'emfəsaız] *v* (su)mažinti, (su)menkinti *(reikšmę, vaidmenį)*
deemster ['di:mstə] *n* vienas iš dviejų teisėjų Meno saloje
deep [di:p] <*a, n, adv*> *a* **1** gilus; giluminis, gelminis; *~ water* giluma, gelmė; *~ wound* gili žaizda; *~ mining* požeminis anglių kasimas; *the river was three metres ~ there* upė ten buvo trijų metrų gylio **2** *prk.* gilus, stiprus, didelis; *~ sleep* kietas miegas; *~ sorrow* (didelis) sielvartas; *~ knowledge* nuodugnios žinios; *~ in love* labai įsimylėjęs; *~ delight* didžiulis malonumas; *to my ~ regret* man labai gaila; didžiai apgailestauju; *with ~ regret* su didžiu liūdesiu *(pranešame, kad...)* **3** įsigilinęs, įsitraukęs; įklimpęs; *~ in a book* įsigilinęs į knygą; *~ in debt* prasiskolinęs, sulindęs į skolas; *~ in thought/ meditation* didžiai susimąstęs **4** sunkus, sunkiai suprantamas, paslaptingas; *to keep smth a ~ secret* laikyti ką didelėje paslaptyje **5** tamsus, tirštas; prisotintas *(apie spalvą, dažus)* **6** žemas *(apie garsą)* ◊ *a ~ one* ≡ gudri/sukta lapė; perėjūnas
n **1** gili vieta, giluma **2** *poet.* jūra, jūros gelmės; gelmenys **3** kas nors slapta/brangu
adv **1** giliai *(t. p. prk.); to dig ~* kasti giliai; *to go ~* gilintis *(into – į); ~ into the night* ligi išnakčių; *~ in the forest* giliai/toli miške; *~ down, ~ in one's heart* giliai širdyje, širdies gilumoje **2** labai, smarkiai **3** *(keliomis)* eilėmis; *to stand three ~ on either side of the street* stovėti trimis eilėmis iš abiejų gatvės pusių
deep-brown ['di:p'braun] *a* tamsiai rudas
deep-chested ['di:p'tʃestıd] *n* **1** plačiakrūtinis, plačiapetis **2** duslus *(apie balsą, juoką)*
deep-drawn ['di:p'drɔ:n] *a* gilus, išsiveržęs giliai iš krūtinės *(apie atodūsį)*
deep-dyed ['di:p'daıd] *a* nepataisomas; *~ villain* paskutinis niekšas
deepen ['di:pᵊn] *v* **1** gilinti, gilėti *(t. p. prk.); to ~ a ditch* gilinti griovį; *to ~ one's knowledge* gilinti žinias; *the crisis ~ed* krizė stiprėjo **2** tamsinti, tamsėti *(apie spalvas); his colour ~ed* jis paraudo *(iš pykčio ir pan.)* **3** žeminti, žemėti *(apie garsą, balsą)*
deep-felt ['di:p'felt] *a* labai/stipriai išgyventas
deep-freeze ['di:pfri:z] *n* šaldyklė, fryzeris
v (-froze [-frəuz], -frozen [-‚frəuzn]) laikyti/šaldyti *(produktus)* fryzeryje/šaldyklėje
deep-fry ['di:p'fraı] *v kul.* kepti gruzdintuvėje
deep-laid ['di:p'leıd] *a* **1** giliai įleistas **2** detaliai apgalvotas ir laikomas paslaptyje *(apie planą)*
deeply ['di:plı] *adv* **1** giliai **2** *prk.* giliai; labai, didžiai; *~ religious people* labai religingi žmonės; *to feel ~* labai jaudintis
deep-mouthed ['di:pmauðd] *a* **1** skardus **2** garsiai lojantis
deep-rooted ['di:p'ru:tıd] *a* labai įsišaknijęs; *~ habit* labai įsišaknijęs įprotis
deep-sea ['di:p'si:] *a* giliavandenis, giluminis; *~ fishing* žvejyba giliuose vandenyse, giluminė žūklė
deep-seated ['di:p'si:tıd] *a* **1** giliai įsišaknijęs, įleidęs šaknis; tvirtas *(apie įsitikinimą)* **2** visiškai paslėptas *(apie jausmą ir pan.); ~ illness* paslėpta liga
deep-set ['di:p'set] *a* giliai įdubęs *(apie akis)*

deep-six [ˌdiːpˈsɪks] v **1** laidoti *(ypač jūroje)* **2** *prk.* palaidoti *(projektą ir pan.)*
deer [dɪə] n *(pl ~) zool.* elnias; **red ~** taurusis elnias; **sika ~** dėmėtasis elnias ◊ **to run like ~** lėkti kaip kulkai
deer-forest [ˈdɪəˌfɔrɪst] n elnių draustinis
deerhound [ˈdɪəhaund] n škotų kurtas *(šuo)*
deer-neck [ˈdɪənek] n *(arklio)* plonas kaklas
deer-park [ˈdɪəpɑːk] n = **deer-forest**
deerskin [ˈdɪəskɪn] n **1** elnena *(kailis)* **2** zomša
deerstalker [ˈdɪəˌstɔːkə] n **1** elnių medžiotojas **2** veltinė skrybėlė
deerstalking [ˈdɪəˌstɔːkɪŋ] n elnių medžioklė
de-escalate [diːˈeskəleɪt] v (su)mažinti, (su)siaurinti; deeskaluoti; (su)mažėti; **to ~ the war** pristabdyti karo veiksmus
deface [dɪˈfeɪs] v **1** (su)gadinti, (su)darkyti **2** išbraukti, išbraukyti, padaryti sunkiai skaitomą
defacement [dɪˈfeɪsmənt] n **1** (su)gadinimas, (su)darkymas **2** išbraukymas, padarymas *(ko)* nebeišskaitomu
de facto [ˌdeɪˈfæktəu] *lot.* faktiškai; faktinis; de facto
defalcate [ˈdiːfælkeɪt] v *teis.* išeikvoti svetimus pinigus
defalcation [ˌdiːfælˈkeɪʃn] n *teis.* neteisėtas *(turto, pinigų)* pasisavinimas/išeikvojimas; išeikvota suma
defalcator [ˈdiːfælkeɪtə] n *teis.* (iš)eikvotojas
defamation [ˌdefəˈmeɪʃn] n šmeižtas, šmeižimas, difamacija; **~ of character** diskreditacija
defamatory [dɪˈfæmətᵊrɪ] a įžeidžiantis, šmeižikiškas
defame [dɪˈfeɪm] v šmeižti, teršti *(kieno)* gerą vardą, dergti
defatted [diːˈfætɪd] a be riebalų, suliesintas
default [dɪˈfɔːlt] n *(ypač teis.)* **1** *(finansinių)* į(si)pareigojimų nevykdymas; **~ of payment** neišmokėjimas **2** neatvykimas į teismą/varžybas *ir pan.*; **by ~** *(laimėti)* varžovui neatvykus, nesant varžovų; **to lose by ~** pralaimėti bylą/varžybas pačiam neatvykus; **to inherit by ~** paveldėti nesant kitų įpėdinių; **judgement by ~** užakinis nuosprendis **3** nebuvimas; trūkumas; **in ~ of** *(ko)* nesant, trūkstant **4** *attr komp.* numatytasis
v **1** nevykdyti *(finansinių)* į(si)pareigojimų **2** neatvykti į teismą/varžybas *ir pan.* **3** *teis.* daryti užakinį nuosprendį/sprendimą
defaulter [dɪˈfɔːltə] n **1** asmuo, nevykdantis *(finansinių)* įsipareigojimų; nemokėtojas, (iš)eikvotojas **2** *teis.* asmuo, neatvykęs į teismą **3** sportininkas, iškritęs iš varžybų *(joms nepasibaigus)* **4** *kar.* drausmės pažeidėjas; **~ sheet** nusikaltimų/bausmių registracijos knyga
defeasance [dɪˈfiːzns] n **1** *teis.* panaikinimas, anuliavimas **2** išlyga *(dokumentui anuliuoti)*
defeasible [dɪˈfiːzəbl] a (pa)naikinamas, anuliuojamas
defeat [dɪˈfiːt] n **1** *(priešo)* nugalėjimas, sumušimas; įveikimas **2** pralaimėjimas; **to meet with ~, to suffer/sustain ~** patirti pralaimėjimą, pralaimėti **3** *(planų, vilčių)* žlugimas **4** *teis.* anuliavimas, panaikinimas
v **1** nugalėti, sumušti, įveikti *(kovoje, rungtyje ir pan.)*; **to ~ smb on points** *sport.* įveikti ką taškais **2** *pass* pralaimėti **3** (su)žlugdyti *(planus, viltis)* **4** *teis.* anuliuoti, (pa)naikinti; atmesti *(pasiūlymą ir pan.)*
defeatism [dɪˈfiːtɪzm] n defetizmas, pralaimėjimo politika
defeatist [dɪˈfiːtɪst] n *polit.* defetistas
a defetistinis; pralaimėjimo; **~ mood** defetistinė nuotaika
defeature [dɪˈfiːtʃə] v *ret.* iškraipyti, padaryti neatpažįstamą
defecate [ˈdefɪkeɪt] v **1** *fiziol.* išsituštinti **2** *spec.* valyti(s); nusistoti, skaidrėti; skaidrinti, defekuoti *(sultis)*
defecation [ˌdefɪˈkeɪʃn] n **1** *fiziol.* išsituštinimas, defekacija **2** *spec.* valymas(is); *(sulčių)* skaidrinimas; skaidrėjimas

defect n [ˈdiːfekt, dɪˈfekt] defektas, trūkumas; yda; **speech ~** kalbos trūkumas/yda; **birth/congenital ~** įgimtinė yda
v [dɪˈfekt] dezertyruoti; palikti *(tėvynę, partiją)*; **to ~ to the enemy** pereiti į priešo pusę
defection [dɪˈfekʃn] n *knyg.* **1** dezertyravimas, pasitraukimas *(iš šalies, partijos ir pan., pereinant į kitą)* **2** renegatystė; neištikimumas
defective [dɪˈfektɪv] a **1** su defektais, su trūkumais; sugedęs; netobulas; **~ goods** prekės su defektais **2** silpnas *(apie atmintį, klausą)* **3** *psich.* *(protiškai)* atsilikęs, defektyvus **4** *gram.* trūkstamasis *(apie veiksmažodį)*
n *gram.* trūkstamasis veiksmažodis
defectology [ˌdiːfekˈtɔlədʒɪ] n defektologija
defector [dɪˈfektə] n dezertyras, persimetėlis, renegatas
defence [dɪˈfens] n **1** gynyba *(t. p. sport.)*; gynimas(is), apsigynimas; apsauga; **in ~ of** ginant *(ką)*; **best ~ is offence** geriausia gynyba – puolimas; **~ against the wind** apsauga nuo vėjo; **national ~** krašto apsauga; **man-to-man ~** asmeninė gynyba *(krepšinis)*; **to make a ~** gintis **2** *pl kar.* gynybos įtvirtinimai; gynybos priemonės/sistema **3** *teis.* gynyba *(bylos šalis)*; **witnesses for the ~** gynybos liudytojai **4** *teis.* *(teisiamojo)* ginamoji kalba; gynimas(is)
defenceless [dɪˈfensləs] a neginamas, neapsaugotas; negalintis ap(si)ginti
defencist [dɪˈfensɪst] n *polit.* gynybininkas, gynimosi politikos šalininkas
defend [dɪˈfend] v **1** ginti(s), saugoti(s); apginti; **to ~ the goal** *sport.* ginti/saugoti vartus; **to ~ one's point of view** (ap)ginti savo požiūrį **2** *teis.* ginti, būti gynėju; **to ~ the case** gintis, ginti bylą
defendant [dɪˈfendənt] n *teis.* teisiamasis, kaltinamasis; atsakovas
defender [dɪˈfendə] n **1** gynėjas *(t. p. teis.)* **2** *sport.* gynėjas; čempionas, ginantis savo titulą
defense [dɪˈfens] n *amer.* = **defence**
defensible [dɪˈfensəbl] a **1** apginamas; parankus gynybai **2** pateisinamas
defensive [dɪˈfensɪv] n gynyba, gynimosi pozicija; **to be/stand on the ~** gintis, teisintis; **to throw smb on the ~** priversti ką gintis
a **1** ginamasis, gynybos; apsauginis; kuris teisinasi; **~ moves** gynimosi taktika; **~ tandem** *sport.* gynybos/gynėjų pora **2** stabilus *(apie pramonės šaką)*
defer[1] [dɪˈfɜː] v **1** atidė(lio)ti; **to ~ payments** atidėti mokesčius **2** *amer.* atidėti karo prievolę
defer[2] v skaitytis *(to – su)*, nusileisti, sutikti *(su patarimu, pasiūlymu) (to)*; **to ~ to smb [to smb's opinion]** sutikti su kuo [su kieno nuomone]
deference [ˈdefᵊrəns] n skaitymasis *(su nuomone, patarimu ir pan.)*; pagarbumas, pagarba; **to pay/show ~ to smb** pagarbiai elgtis su kuo, gerbti ką; **in ~, out of ~** *(to)* iš pagarbos *(kam)*
deferent[1] [ˈdefᵊrənt] a nuleidžiantis, nuleidžiamasis/išleidžiantis *(apie kanalus, arterijas ir pan.)*
deferent[2] a *ret.* pagarbus
deferential [ˌdefəˈrenʃl] a pagarbus
deferment [dɪˈfɜːmənt] n *knyg.* **1** atidė(lio)jimas **2** *amer.* karo prievolės atidėjimas
deferred [dɪˈfɜːd] a *(ypač ekon.)* atidėtas; **~ annuity** atidėtas kasmetinės rentos mokėjimas; **~ shares** atidėtosios akcijos, akcijos, kurių dividendai išmokami vėliau; **~ income** būsimųjų metų pajamos
defervescence [ˌdiːfəˈvesns] n *med.* temperatūros kritimas *(iki normalios)*

defiance [dɪ'faɪəns] *n* **1** atviras ne(pa)klusnumas, nepaisymas, ignoravimas; *(pavojaus)* niekinimas; *in ~ of* ignoruojant, nepaisant, neklausant, prieš; *to bid ~ (to), to set at ~* ignoruoti, nesiskaityti; visai nevertinti **2** iššūkis, iškvietimas *(į kovą, ginčą)*

defiant [dɪ'faɪənt] *a* nepaklūstantis, nesiskaitantis, ignoruojantis; įžūlus; *his manner was ~* jis elgėsi įžūliai

defibrillate [ˌdi:'fɪbrɪleɪt] *v med.* defibriliuoti *(atitaisyti širdies ritmą)*

defibrillation [ˌdi:fɪbrɪ'leɪʃn] *n med.* defibriliacija *(širdies skilvelių/prieširdžių virpėjimo pašalinimas)*

deficiency [dɪ'fɪʃnsɪ] *n* stoka, trūkumas, deficitas; nepakankamumas; *~ disease med.* avitaminozė, vitaminų stoka *(liga); heart ~ med.* širdies nepakankamumas

deficient [dɪ'fɪʃnt] *a* **1** stokojantis *(in);* trūkstamas; *~ amount* trūkstama suma *(pinigų)* **2** nepakankamas; netobulas; *mentally ~* protiškai atsilikęs, silpnaprotis

deficit ['defɪsɪt] *n* deficitas, stoka, trūkumas; *to meet a ~* padengti trūkumą; *budget [payments] ~* biudžeto [mokėjimo balanso] deficitas; *~ in calcium* kalcio trūkumas; *~ spending* deficitinės išlaidos

defilade [ˌdefɪ'leɪd] *kar. n* priedanga
v pri(si)dengti vietos reljefu

defile[1] [dɪ'faɪl] *v* **1** (su)teršti, užteršti **2** (iš)niekinti *(tai, kas šventa; jausmus)*

defile[2] *n* [dɪ'faɪl, 'dɪ:faɪl] *knyg. (siauras)* tarpeklis
v [dɪ'faɪl] žygiuoti siaura kolona *(apie kariuomenę)*

defilement [dɪ'faɪlmənt] *n knyg.* **1** (už)teršimas **2** (iš)niekinimas

definable [dɪ'faɪnəbl] *a* apibrėžiamas, apibūdinamas; nustatomas

define [dɪ'faɪn] *v* **1** apibrėžti, apibūdinti; charakterizuoti; *the powers of the President are clearly ~d in the Constitution* prezidento įgaliojimai aiškiai apibrėžti konstitucijoje **2** apibrėžti/nustatyti *(žodžio ir pan.)* reikšmę **3** *(ppr. pass)* nubrėžti, nustatyti *(ribas, kontūrus);* išsiskirti, būti aiškiai matomam *(against)*

definite ['defɪnɪt] *a* **1** aiškus, apibrėžtas, tikslus; nustatytas; *~ answer* aiškus atsakymas; *the ~ article gram.* žymimasis artikelis; *for a ~ period* tam tikram laikotarpiui; *to be ~ (about)* aiškiai pasakyti; būti tikram **2** neabejotinas; *~ success* neabejotinas pasisekimas **3** įsakmus, tvirtas *(apie žmogų, elgesį)*

definitely ['defɪnɪtlɪ] *adv* **1** aiškiai, apibrėžtai; neabejotinai; *she's ~ not there* jos ten tikrai nėra **2** įsakmiai **3** *mod* žinoma, būtinai *(atsakant į klausimus); you will come, won't you? – D.* tu ateisi? – Būtinai/Žinoma, ateisiu

definition [ˌdefɪ'nɪʃn] *n* **1** apibrėžimas, definicija **2** aiškumas, tikslumas **3** *tel., fot. (vaizdo)* ryškumas ◊ *by ~* iš esmės

definitive [dɪ'fɪnɪtɪv] *a* **1** galutinis *(apie atsakymą, pasiūlymą, sprendimą ir pan.)* **2** pavyzdinis, geriausias **3** *biol.* visiškai išsirutuliojęs

deflagrate ['defləgreɪt] *v* greitai sudeg(in)ti

deflagration [ˌdeflə'greɪʃn] *n* **1** deflagracija, sprogstamųjų medžiagų sudegi(ni)mas *(be sprogimo)* **2** *(magnio)* tvykstelėjimas, blykstelėjimas

deflagrator ['defləgreɪtə] *n fot.* blykstė

deflate [dɪ'fleɪt] *v* **1** išleisti *(orą, dujas);* supliukšti, sukristi *(apie balioną ir pan.)* **2** atimti pasitikėjimą, pažeminti, nusodinti; netekti pasitikėjimo; *he looked ~d* jis atrodė kaip vandeniu perlietas **3** *fin.* mažinti pinigų emisiją/išleidimą; nustatyti pastovias *(sumažintas)* kainas *(po infliacijos)* **4** *ekon.* įgyvendinti defliacijos politiką

deflation [dɪ'fleɪʃn] *n* **1** *(oro, dujų)* išleidimas, išsiurbimas **2** *ekon., geol.* defliacija

deflationary [dɪ'fleɪʃənərɪ] *a ekon.* defliacijos, defliacinis

deflationist [dɪ'fleɪʃənɪst] *n ekon.* defliacijos politikos šalininkas

deflect [dɪ'flekt] *v* **1** atremti *(kritiką ir pan.);* atitraukti, nukreipti *(dėmesį; from – nuo)* **2** pakeisti kryptį/kursą; *pass* nukrypti **3** *opt.* kreipti *(spindulius)*

deflection [dɪ'flekʃn] *n* **1** nukreipimas, nukrypimas, pa(si)sukimas, pa(si)slinkimas į šalį **2** *fiz.* nuokrypis, nukrypimas; kreipimas; *~ probability* nukrypimo tikimybė **3** *tech.* įlinkis, nuosvyra **4** *kar.* horizontalaus taikymo kampas

deflective [dɪ'flektɪv] *a* nukreipiantis, pakreipiantis, kreipiamasis

deflector [dɪ'flektə] *n spec.* kreiptuvas, deflektorius; *air ~* oro sklendė

deflexion [dɪ'flekʃn] *n* = **deflection**

deflorate [dɪ'flɔ:rət] *n bot.* nužydėjęs

defloration [ˌdi:flɔ:'reɪʃn] *n knyg.* **1** žiedų (nu)draskymas/(nu)skynimas **2** defloracija, nekaltybės atėmimas

deflower [dɪ'flauə, ˌdi:'flauə] *v* **1** (nu)skinti/(nu)draskyti žiedus **2** atimti nekaltybę; (nu)plėšti garbę, išniekinti

defocus [ˌdi:'fəukəs] *v fiz.* iš(si)fokusuoti

Defoe [dɪ'fəu] *n: Daniel ~* Danielis Defo *(anglų rašytojas)*

defog [di:'fɔg] *v amer. aut., av.* (nu)valyti aprasojusį stiklą

defoliant [di:'fəulɪənt] *n* defoliantas *(cheminis preparatas)*

defoliate *a* [di:'fəulɪɪt] *ret.* be lapų
v [di:'fəulɪeɪt] (pa)šalinti lapus *(ypač defoliantais)*

defoliation [ˌdi:fəulɪ'eɪʃn] *n bot.* lapų šalinimas, defoliacija

deforest [di:'fɔrɪst] *v* (iš)kirsti/(iš)naikinti mišką

deforestation [di:ˌfɔrɪ'steɪʃn] *n* (iš)kirtimas/(su)deginimas *(miško tam tikrame rajone)*

deform [dɪ'fɔ:m] *v* **1** deformuoti(s); (iš)kraipyti, (su)darkyti **2** (su)bjaurinti, (su)bjauroti

deformation [ˌdi:fɔ:'meɪʃn] *n* **1** deformavimas(is), deformacija **2** *(formos, vaizdo)* (su)darkymas, (iš)kraipymas **3** (su)bjaurinimas

deformity [dɪ'fɔ:mətɪ] *n* **1** iškrypimas; deformuotumas **2** išsigimimas, nenormalumas

defraud [dɪ'frɔ:d] *v* apgau(dinė)ti, (su)klaidinti; (iš)vilioti; *to ~ smb of his/her rights* neteisėtai atimti iš ko teises; *with intent to ~ teis.* siekiant apgauti

defrauder [dɪ'frɔ:də] *n* apgavikas, sukčius

defray [dɪ'freɪ] *v kom.* apmokėti; *to ~ the expenses/costs* padengti/apmokėti išlaidas

defrayal [dɪ'freɪəl] *n kom. (išlaidų)* apmokėjimas

defrayment [dɪ'freɪmənt] *n* = **defrayal**

defrock [ˌdi:'frɔk] *v* atimti dvasininko titulą, kunigystę *ir pan.*

defrost [ˌdi:'frɔst] *v* **1** atšildyti, atitirpdyti *(šaldytuvo ledą, sušaldytus produktus);* atitirpti; defrostuoti **2** *amer.* = **demist**

defroster [ˌdi:'frɔstə] *n tech., aut.* defrosteris; *windscreen ~ aut.* priekinio stiklo šildytuvas

deft [deft] *a* miklus, mitrus; *~ hands* miklios/mitrios rankos

defunct [dɪ'fʌŋkt] *a knyg.* **1** miręs **2** nebeegzistuojantis, išnykęs, išmiręs; *the law is ~* tas įstatymas atgyveno/paseno
n (the ~) velionis

defuse [ˌdi:'fju:z] *v* **1** išimti *(bombos)* sprogdiklį **2** *prk.* (su)švelninti, (su)mažinti *(įtampą, padėties aštrumą),* praskaidrinti *(atmosferą)*

defy [dɪ'faɪ] *v* **1** nepaklusti, nepaisyti, ignoruoti; *to ~ the law [public opinion]* ignoruoti įstatymą [visuomeninę nuomonę]; *to ~ danger* nepaisyti pavojaus, niekinti pavojų **2** iškviesti *(į kovą, ginčą ir pan.);* mesti iššūkį; *I ~ you to do it* dedu galvą, kad tu to nepadarysi **3** būti per daug sunkiam/neįveikiamam; *the problem defies solution* problema neišsprendžiama; *the door defied all efforts to open it* durų niekaip nebuvo galima atidaryti

degas [di:'gæs] *v* degazuoti

degauss [di:'gaus] *v spec.* išmagnetinti *(laivą, šasi ir pan.)*

degeneracy [dɪ'dʒenərəsɪ] *n* **1** išsigimimas, degeneracija **2** degeneratyvumas, neatsparumas

degenerate <*n, a, v*> *n* [dɪ'dʒenərət] išsigimėlis, degeneratas
a [dɪ'dʒenərət] išsigimęs; degeneravęs
v [dɪ'dʒenəreɪt] **1** išsigimti, degeneruoti **2** prastėti, blogėti; *the debate soon ~d into petty squabbling* diskusija greitai perėjo į smulkius ginčus

degeneration [dɪˌdʒenə'reɪʃn] *n* išsigimimas, degeneracija

degenerative [dɪ'dʒenərətɪv] *a* išsigimstantis, degeneruojantis; degeneracinis

degradation [ˌdegrə'deɪʃn] *n* **1** degradacija; smukimas, blogėjimas; išsigimimas **2** pažeminimas **3** *(laipsnio, titulo ir pan.)* atėmimas **4** *fiz.* nuvertėjimas, degradavimas

degrade [dɪ'greɪd] *v* **1** (pa)žeminti, (su)menkinti **2** mažinti *(vertę ir pan.)* **3** degraduoti, atimti laipsnį *ir pan.* **4** *refl* nusižeminti, smukti, degraduoti; *don't ~ yourself by telling lies* nenusižemink iki melavimo **5** *biol.* degraduoti, išsigimti **6** *geol.* išplauti; suardyti

degrading [dɪ'greɪdɪŋ] *a* žeminantis; degraduojantis

degreasing [di:'gri:sɪŋ] *n aut., av.* riebalų šalinimas

degree [dɪ'gri:] *n* **1** laipsnis, mastas; *by ~s* palaipsniui, pamažu; *not in the least/slightest ~* nė kiek, nė trupučio; *to a high/considerable ~* žymiu mastu; žymiai; *to a very large ~* labai dideliu laipsniu/mastu; *to the last ~* aukščiausio laipsnio, nepaprastai; *to what ~?* kokiu lygiu/mastu?; *to a (certain) ~, to/in some ~* tam tikru laipsniu/mastu; *to such a ~ that...* tokiu laipsniu/mastu, kad..., tiek, kad... **2** *spec.* laipsnis; *prohibited ~s teis.* giminystės laipsniai, kurių subjektams draudžiamos vedybos; *ten ~s of frost* 10° šalčio; *an angle of 90 ~s geom.* 90° kampas; *the third ~* a) *mat.* trečiasis laipsnis, kubas; b) tardymas kankinant; *~ of freedom fiz.* laisvės laipsnis; *~s of comparison gram.* laipsniavimas, laipsniai **3** mokslinis laipsnis; *to take one's ~* gauti laipsnį, baigti universitetą **4** *teis. (nusikaltimo)* sunkumas; *murder in the first ~* pirmojo laipsnio nužudymas **5** *psn.* padėtis, rangas *(visuomenėje);* *a lady of high ~* kilminga dama ◊ *to give smb the third ~* šnek. išklausinėti, iškvosti

degression [dɪ'greʃn] *n* (su)mažėjimas; *(mokesčių ir pan.)* (su)mažinimas

degressive [dɪ'gresɪv] *a* proporcingai mažėjantis/mažinamas

dehisce [dɪ'hɪs] *v* **1** žiojėti *(apie žaizdą)* **2** atsiskleisti, (su)sprogti *(apie sėklidę)*

dehorn [ˌdi:'hɔ:n] *v* pašalinti ragus *(gyvuliams)*

dehumanize [ˌdi:'hju:mənaɪz] *v* **1** dehumanizuoti **2** padaryti laukinį/barbarišką; *pass* pasidaryti mechanišku/blankiu

dehumidify [ˌdi:hju:'mɪdɪfaɪ] *v* (nu)sausinti, džiovinti

dehydrate [ˌdi:'haɪdreɪt] *v* **1** *spec.* dehidruoti; (pa)šalinti vandenį **2** netekti daug vandens *(organizme)*

dehydration [ˌdi:haɪ'dreɪʃn] *n* **1** *spec.* dehidratacija **2** *med.* dehidracija

dehydrogenate [ˌdi:haɪ'drɔdʒəneɪt, ˌdi:'haɪdrədʒəneɪt] *v chem.* dehidrinti

dehypnotize [di:'hɪpnətaɪz] *v* dehipnotizuoti

deice [di:'aɪs] *v av., aut.* apsaugoti nuo apledėjimo; pašalinti apledėjimą, nutirpdyti *(ledą)*

deictic ['daɪktɪk] *a* **1** *log.* tiesiogiai įrodantis **2** *gram.* nurodantis; parodomasis

deideologize [ˌdi:aɪdɪ'ɔlədʒaɪz] *v* deideologizuoti

deification [ˌdi:ɪfɪ'keɪʃn] *n* (su)dievinimas

deify ['di:ɪfaɪ] *v* **1** (su)dievinti **2** garbinti kaip Dievą *(pinigus ir pan.)*

deign [deɪn] *v* teiktis, maloneti, nusižeminti; *in the end she ~ed to reply* pagaliau ji teikėsi atsakyti

deism ['di:ɪzm] *n* deizmas

deist ['di:ɪst] *n* deistas

deity ['di:ətɪ] *n* **1** dievybė; *the D.* Dievas; *the deities of ancient Greece* senovės Graikijos dievai **2** dieviškumas

déjà-vu [ˌdeɪʒɑ:'vju:] *pr. n psich.* paramnezija, apgaulioji atmintis

dejecta [dɪ'dʒektə] *n pl spec.* išmatos

dejected [dɪ'dʒektɪd] *a* prislėgtas, nuliūdęs

dejection [dɪ'dʒekʃn] *n* prislėgta nuotaika, nusiminimas

de jure [di:'dʒʊərɪ, deɪ'dʒʊəreɪ] *lot.* de jure, teisiškai, juridiškai; juridinis, teisiškai įformintas

dekko ['dekəʊ] *n šnek.: to have a ~* pažiūrėti

delabialization [di:ˌleɪbɪəlaɪ'zeɪʃn] *n fon.* delabializacija

delate [dɪ'leɪt] *v psn.* **1** įskųsti **2** *amer. (plačiai)* paskelbti

delation [dɪ'leɪʃn] *n psn.* įskundimas

delator [dɪ'leɪtə] *n psn.* įskundėjas

Delaware ['deləwɛə] *n* Delaveras *(JAV valstija)*

delay [dɪ'leɪ] *n* **1** atidė(lio)jimas; *without ~* neatidėliojant; nedelsiant **2** sulaikymas, užlaikymas; vilkinimas, (su)trukdymas; vėlinimas(is) **3** (už)delsimas, delsa, (su)gaišimas, (su)gaištis; *after an hour's ~* po valandos sugaišties
v **1** atidė(lio)ti **2** sulaikyti, užlaikyti; vilkinti; *the train was ~ed by fog* traukinys vėlavo dėl rūko; *I was ~ed* mane sutrukdė **3** (už)delsti, gaišti; *don't ~!* negaiškite!

delayed [dɪ'leɪd] *a* uždelstas, uždelstinis; *~ action* uždelstas veikimas; *~ drop av.* uždelstinis šuolis; *~ neutron fiz.* vėluojantysis neutronas; *~ ignition tech.* vėlyvasis uždegimas; *to have a ~ effect* veikti po tam tikro laiko

delayed-action [dɪˌleɪd'ækʃn] *a* uždelsto veikimo *(apie bombą ir pan.)*

dele ['di:lɪ] *lot. poligr. n (korektūros)* išmetimo ženklas
v išmesti, išbraukti

delectable [dɪ'lektəbl] *a* **1** *poet., iron.* malonus, žavus, nuostabus **2** skanus

delectation [ˌdi:lek'teɪʃn] *n knyg.* pasitenkinimas, malonumas

delegacy ['delɪgəsɪ] *n* **1** delegacija **2** delegavimas **3** delegato įgaliojimai

delegate *n* ['delɪgət] **1** delegatas, atstovas **2** *amer.* teritorijos deputatas Kongrese
v ['delɪgeɪt] **1** deleguoti, paskirti atstovu **2** įgalioti, pavesti; *he ~d the work to his assistant* jis pavedė tai padaryti savo padėjėjui **3** *teis.* perduoti teises *(kreditoriui; dėl skolos padengimo)*

delegation [ˌdelɪ'geɪʃn] *n* **1** delegacija **2** delegavimas **3** pavedimas, įgaliojimas *(deputatui)*; *~ of powers* įgaliojimų perdavimas

delete [dɪ'li:t] *v* išbraukti *(iš teksto, sąrašo);* ištrinti, pašalinti, panaikinti

deleterious [ˌdelɪ'tɪərɪəs] *a* žalingas *(sveikatai; t. p. prk.);* *~ influence* žalinga įtaka

deletion [dɪ'li:ʃn] *n* **1** išbraukimas, ištrynimas **2** tai, kas išbraukta: raidė, žodis *ir pan.*

delft [delft] *n* (Delfto) fajansas

delftware ['delftwɛə] *n =* **delft**

Delhi ['delɪ] *n* Delis *(Indijos sostinė)*
deli ['delɪ] *n šnek.* = **delicatessen** 1
deliberate *a* [dɪ'lɪbərət] **1** tyčinis; apgalvotas, sąmoningas; **~ act/action** sąmoningas poelgis/žygis; **~ intent** iš anksto apgalvotas ketinimas **2** lėtas; atsargus; **~ in speech** lėtai kalbantis; *he entered the room with ~ steps* jis įėjo į kambarį neskubėdamas
v [dɪ'lɪbəreɪt] (ap)galvoti, (ap)svarstyti; pasitarti; **to ~ upon/about a matter** apsvarstyti klausimą
deliberately [dɪ'lɪbərətlɪ] *adv* **1** tyčia; apgalvotai, sąmoningai **2** apdairiai, atsargiai; lėtai
deliberation [dɪˌlɪbə'reɪʃn] *n* **1** (ap)galvojimas, (ap)svarstymas; *what was the outcome of your ~s?* koks buvo jūsų svarstymų rezultatas? **2** apdairumas, atsargumas; lėtumas; *with great ~* labai atsargiai/apdairiai
deliberative [dɪ'lɪbərətɪv] *a* **1** (ap)svarstymo, aptarimo; rimtai apsvarstytas **2** patariamasis; **~ body/assembly** patariamasis organas
delicacy ['delɪkəsɪ] *n* **1** subtilumas; taktas; *a matter of great ~* dalykas, reikalaujantis daug takto **2** švelnumas; **~ of skin** odos švelnumas **3** gležnumas, trapumas **4** *(klausimo, padėties)* delikatumas, keblumas **5** *(aparatūros ir pan.)* jautrumas **6** skanėstas, delikatesas; *the delicacies of the season* ankstyvieji vaisiai, ankstyvosios daržovės
delicate ['delɪkət] *a* **1** subtilus, rafinuotas; **~ work** dailus darbas **2** delikatus *(apie žmogų);* švelnus; **~ fragrance** švelnus aromatas; **~ hint** švelni užuomina **3** trapus, gležnas; **~ health** gležna sveikata; **~ plant** trapus augalas; **~ lungs** silpni plaučiai **4** delikatus, keblus *(apie klausimą, padėtį)* **5** jautrus *(apie klausą, aparatūrą ir pan.)*
delicatessen [ˌdelɪkə'tesn] *vok. n* **1** skanėstai, delikatesai **2** kulinarijos parduotuvė
delicious [dɪ'lɪʃəs] *a* **1** nepaprastai skanus; *what a ~ cake!* koks skanus tortas! **2** nuostabus, labai malonus, puikus
delict ['di:lɪkt] *n teis. psn.* deliktas, nusikaltimas, teisės pažeidimas; *in flagrant ~* nusikaltimo vietoje
delight [dɪ'laɪt] *n* **1** džiaugsmas; gėrėjimasis, pasigėrėjimas, žavėjimasis; *to the ~ (of) (kieno)* džiaugsmui **2** malonumas; *to take (a) ~ in smth* patirti malonumą dėl ko
v **1** džiuginti; žavėti; *his singing ~ed everyone* jo dainavimas visus žavėjo **2** gėrėtis, žavėtis, turėti malonumą; *to ~ in music* gėrėtis muzika; *to ~ in doing smth* patirti malonumą ką darant
delighted [dɪ'laɪtɪd] *a* sužavėtas; patenkintas *(with — kuo);* *I shall be ~ to come* su mielu noru ateisiu; *(I'm) ~ to meet you* džiaugiuosi galėdamas su jumis susipažinti; *~!* su malonumu!
delightful [dɪ'laɪtfəl] *a* žavus, žavingas
Delilah [dɪ'laɪlə] *n bibl.* Delila *(vardas)*
delimit(ate) [dɪ'lɪmɪt(eɪt)] *v* nustatyti ribas, atriboti
delimitation [dɪˌlɪmɪ'teɪʃn] *n* **1** ribų nustatymas, atribojimas **2** riba, siena
delineate [dɪ'lɪnɪeɪt] *v* **1** apibrėžti, nubrėžti, nužymėti *(kontūrus)* **2** (pa)vaizduoti, aprašyti
delineation [dɪˌlɪnɪ'eɪʃn] *n* **1** *(kontūrų)* nužymėjimas, apibrėžimas **2** pavaizdavimas, aprašymas **3** apybraiža, brėžinys
delineator [dɪ'lɪnɪeɪtə] *n* **1** apibrėžiantis dydį/kontūrus *ir pan.;* braižytojas, projektuotojas **2** *(drabužių sukirpimo)* iškarpa
delinquency [dɪ'lɪŋkwənsɪ] *n* **1** nusikalstamumas *(ypač paauglių)* **2** smulkūs nusikaltimai; prasižengimas; **~ list** *kar.* nusikaltimų/prasižengimų sąrašas/duomenys

delinquent [dɪ'lɪŋkwənt] *n* nusikaltėlis, teisės pažeidėjas *(ypač apie paauglius)*
a **1** nusikaltęs; nusikaltėlių **2** *amer.* nesumokėtas *(apie mokestį ir pan.)*
deliquesce [ˌdelɪ'kwes] *v* **1** *knyg.* (iš)tirpti **2** *chem.* virsti skysčiu
deliquescence [ˌdelɪ'kwesns] *n chem.* tirpumas
deliquescent [ˌdelɪ'kwesnt] *a chem.* tirpus
deliriant [dɪ'lɪrɪənt] *a med.* sukeliantis kliedėjimą
delirious [dɪ'lɪrɪəs] *a* **1** kliedintis; *to be ~ with fever* kliedėti iš karščio **2** paklaikęs, ekstazės apimtas; **~ with delight** netveriantis iš džiaugsmo
deliriously [dɪ'lɪrɪəslɪ] *adv* beprotiškai; entuziastiškai; **~ happy** beprotiškai laimingas
delirium [dɪ'lɪrɪəm] *n* **1** kliedesys, kliedėjimas; **~ tremens** *med.* baltoji karštligė **2** svaičiojimas; paklaikimas; ekstazė
delitescence [ˌdelɪ'tesns] *n med.* **1** latentinė būklė; inkubacinis laikotarpis **2** staigus ligos požymių pranykimas, delitescencija
delitescent [ˌdelɪ'tesnt] *a med.* latentinis, paslėptas
deliver [dɪ'lɪvə] *v* **1** (iš)nešioti *(korespondenciją),* pristatyti *(korespondenciją, prekes);* atgabenti; tiekti **2** įteikti, pateikti; *to ~ a message* įteikti pranešimą; *to ~ smb to the enemy* atiduoti ką į priešo rankas **3** suteikti; *to ~ smb one's support* suteikti kam paramą **4** skaityti *(paskaitą);* (pa)sakyti *(kalbą);* *to ~ oneself of an opinion ofic.* pareikšti savo nuomonę **5** išvaduoti, išgelbėti *(nuo pavojaus, tironijos, pagundos; from)* **6** įvykdyti, tesėti *(pažadą);* *to ~ on one's pledge* įvykdyti įsipareigojimą **7** paskelbti *(nuomonę, sprendimą)* **8** smogti *(smūgį; t. p. kar.);* *to ~ an attack* atakuoti **9** *med.* priimti naujagimį; *pass* pagimdyti *(of)* ☐ **~ over** perduoti *(to – kam);* **~ up** a) atiduoti, užleisti *(priešui miestą);* b) *refl* pasiduoti *(valdžios organams)*
deliverance [dɪ'lɪvərəns] *n knyg.* **1** išvadavimas, išgelbėjimas *(from)* **2** viešai paskelbta nuomonė, oficialus pareiškimas
deliverer [dɪ'lɪvərə] *n* **1** *(prekių)* pristatytojas **2** išvaduotojas
delivery [dɪ'lɪvərɪ] *n* **1** pristatymas; atgabenimas; *(korespondencijos)* išnešiojimas; *including ~* pristatytinai; *on ~* pristačius; **~ at door,** **~ to smb's door** užsakymų pristatymas į namus; *express/special ~* skubus pristatymas; *bulk ~ kom.* pristatymas didelėmis partijomis; **~ note** *kom.* važtaraštis **2** įteikimas, išdavimas; **~ of a telegram** telegramos įteikimas; *recorded ~* įteikimas pasirašytinai; **~ desk/room** knygų išdavimo vieta; abonementas **3** *(kalbos)* (pa)sakymas; kalbėsena, dėstysena; *good [poor] ~* gera [prasta] dikcija **4** *(elektros, vandens, anglių)* tiekimas; *to stop ~* nutraukti tiekimą **5** gimdymas; **~ room** gimdymo palata **6** = **deliverance** 2
deliveryman [dɪ'lɪvərɪmən] *n (pl* -men [-mən]) pristatytojas
dell [del] *n knyg.* miškingas slėnis
delly ['delɪ] *n šnek.* **1** kulinarija *(parduotuvė)* **2** šalti užkandžiai
delouse [di:'laus] *v* (iš)naikinti utėles; atsikratyti *(utėlių; t. p. prk.)*
delousing [di:'lausɪŋ] *n* utėlių naikinimas, dezinsekcija
Delphian ['delfɪən] *a* = **Delphic**
Delphic ['delfɪk] *a* **1** Delfų; **~ oracle** Delfų orakulas **2** *knyg.* nesuprantamas, paslaptingas; dviprasmis
delphinium [del'fɪnɪəm] *n bot.* pentinius, šarkakojis

delta ['deltə] *n* **1** delta *(graikų raidė; t. p. mat.);* ~ *connection el.* trikampis jungimas **2** *geogr. (upės)* delta; *the Nile* ~ Nilo delta

deltaic [del'teɪɪk] *a* **1** deltinis, deltiškas **2** sudarantis deltą

deltoid ['deltɔɪd] *a* deltos/trikampio pavidalo; ~ *leaf bot.* deltiškasis lapas; ~ *muscle anat.* deltinis raumuo

delude [dɪ'lju:d] *v* apgauti, suklaidinti; *refl* apsigauti; turėti iliuzijų; *he ~d himself into thinking his wife would recover* jis guodėsi viltimi, kad žmona pasveiks

deluge ['delju:dʒ] *n* **1** potvynis, tvanas; *the D. bibl.* pasaulio tvanas **2** liūtis **3** *(žodžių, klausimų, laiškų ir pan.)* srautas; *(lankytojų)* antplūdis
v **1** užtvindyti **2** *(ppr. pass) prk.* užplūsti, užversti; *the editorial office was ~d with letters* redakciją užvertė laiškais

delusion [dɪ'lu:ʒn] *n* **1** klydimas; apgaulė, iliuzija; *to be under a* ~ klysti, klaidingai manyti **2** *psich.* haliucinacija; manija; ~ *of grandeur* didybės manija; *to suffer from ~s* sirgti haliucinacijomis

delusive, delusory [dɪ'lu:sɪv, -sərɪ] *a* **1** apgaulingas, klaidinantis **2** iliuzinis, nerealus

deluxe [də'lʌks] *pr. a* liuksusinis, prabangus; *an edition ~, a ~ edition* puošnus, liuksusinis leidinys

delve [delv] *v* **1** knistis, knaisiotis, raustis *(knygose, dokumentuose; spintoje, krepšyje, kišenėse)* **2** *psn., poet.* kasti

demagnetization [ˌdi:mægnətaɪ'zeɪʃn] *n* išmagnetinimas

demagnetize [ˌdi:'mægnətaɪz] *v* išmagnetinti

demagog ['deməgɔg] *n amer.* = **demagogue**

demagogic [ˌdemə'gɔgɪk] *a* demagogiškas, demagoginis

demagogue ['deməgɔg] *n* demagogas

demagoguery [ˌdemə'gɔgərɪ] *n* = **demagogy**

demagogy ['deməgɔgɪ] *n* demagogija

demand [dɪ'mɑ:nd] *n* **1** (pa)reikalavimas; *wage* ~ reikalavimas padidinti darbo užmokestį; *to have many ~s on one's purse [time]* turėti daug išlaidų [reikalų]; *on* ~ pareikalavus, pagal pareikalavimą *(apie apmokėjimą ir pan.);* ~ *deposit* neterminuotasis indėlis **2** *ekon.* paklausa; poreikis; ~ *factor* paklausos koeficientas; *in (great)* ~ a) turintis (didelę) paklausą; b) (labai) populiarus, pageidaujamas *(pobūvyje ir pan.)* ◊ *to make ~s* daryti spaudimą *(on – kam)*
v **1** reikalauti *(of, from – iš); to ~ an explanation from/ of smb* reikalauti pasiaiškinti ką; *he ~ed that she should stay in Vilnius* jis reikalavo, kad ji liktų Vilniuje **2** reikėti, būti reikalingam; *this letter ~s immediate answer* į šį laišką reikia tuojau atsakyti; *he has all of the qualities ~ed of a leader* jis turi daug vadovo savybių **3** (pa)klausti, (už)duoti klausimą

demandant [dɪ'mɑ:ndənt] *n teis.* ieškovas

demanding [dɪ'mɑ:ndɪŋ] *a* **1** sunkus, reikalaujantis daug pastangų/laiko **2** reiklus; reikalaujantis daug dėmesio

demand-pull [dɪ'mɑ:ndpul] *n ekon.* paklausos infliacija *(t. p. ~ inflation)*

demanning [ˌdi:'mænɪŋ] *n* darbo jėgos sumažinimas/sumažėjimas

demarcate ['di:mɑ:keɪt] *v* **1** atriboti, atskirti **2** nužymėti demarkacijos liniją

demarcation [ˌdi:mɑ:'keɪʃn] *n* **1** ribų nustatymas; demarkacija; *a line of* ~ demarkacijos linija **2** at(si)ribojimas

démarche ['deɪmɑ:ʃ] *pr. n dipl.* demaršas

demasculinize [di:'mæskjulɪnaɪz] *v* feminizuoti *(vyrą);* silpninti vyrų įtaką; *to ~ society* stiprinti moterų įtaką visuomenėje

demean [dɪ'mi:n] *v* (pa)žeminti; *refl* žemintis, negarbingai elgtis

demeano(u)r [dɪ'mi:nə] *n* elgesys, maniera

demented [dɪ'mentɪd] *a* išprotėjęs; *to be/become ~* išeiti iš proto

démenti [ˌdeɪmɑ:'ŋ'ti:] *pr. n dipl. (gandų ir pan.)* oficialus paneigimas

dementia [dɪ'menʃə] *n med.* demencija, silpnaprotystė; *senile ~* senatvinė silpnaprotystė/demencija

demerara [ˌdemə'rɛərə] *n* rudasis nendrių cukrus *(iš Vest Indijos; ppr. ~ sugar)*

demerge [dɪ'mə:dʒ] *v* išskirti *(įmones ir pan.)*

demerger [dɪ'mə:dʒə] *n ekon.* susijungusių įmonių išskyrimas

demerit [di:'merɪt] *n* **1** trūkumas, defektas; smerktinas/ blogas bruožas; *the merits and ~s* privalumai ir trūkumai **2** *amer.* drausminė nuobauda; ~ *mark mok.* prastas/blogas pažymys

demeritorious [di:ˌmerɪ'tɔ:rɪəs] *a ret.* smerktinas, peiktinas *(apie elgesį)*

demesne [dɪ'meɪn] *n psn., teis.* **1** nekilnojamojo turto valdymas **2** *(žemės)* valdos; *Royal ~* karališkosios šeimos žemės nuosavybė; *State ~* valstybinė žemė **3** sklypas prie rūmų *(sodas, parkas)*

demi- ['demɪ-] *pref* **1** pus-, pusiau *(žymint pusę, dalį);* *~circle* pusratis; *~official* pusiau oficialus **2** demi-, mažas, trumpas; *~season* demisezoninis; *~lance* trumpa ietis

demigod ['demɪgɔd] *n mit.* pusdievis *(t. p. prk.)*

demijohn ['demɪdʒɔn] *n* didelis apipintas butelis, krežinė

demilitarization [di:ˌmɪlɪtəraɪ'zeɪʃn] *n* demilitarizavimas, demilitarizacija

demilitarize [ˌdi:'mɪlɪtəraɪz] *v* demilitarizuoti

demimonde [ˌdemɪ'mɔnd] *pr. n* demimondas, kokočių aplinka

demirep ['demɪrep] *n psn.* abejotino elgesio moteris

demisable [dɪ'maɪzəbl] *a teis.* nuomojamas, arenduojamas, paveldimas *(apie turtą)*

demise [dɪ'maɪz] *n* **1** *(ko)* baigtis, galas **2** *(ypač teis.)* mirtis **3** *teis.* turto perdavimas testamentu **4** *teis.* nekilnojamojo turto išnuomojimas **5** *polit.* sosto perėjimas paveldėtojui *(ypač ~ of the crown)*
v teis. **1** palikti, perduoti *(turtą testamentu);* būti paveldėtam **2** išnuomoti *(turtą)* **3** perduoti *(valdžią, titulą)*

demisemiquaver [ˌdemɪ'semɪkweɪvə] *n muz.* trisdešimtantrinė gaida

demist [di:'mɪst] *v aut.* valyti aprasojusį priekinį stiklą, (pa)šalinti aprasojimą

demit [dɪ'mɪt] *v ret.* atsisakyti *(pareigų ir pan.);* atsistatydinti

demitasse ['demɪtæs] *pr. n* mažas puodelis *(kavai)*

demiurge ['di:mɪə:dʒ] *n* **1** pasaulio kūrėjas, demiurgas *(Platono filosofijoje)* **2** *ist.* demiurgas

demo ['deməu] *n (pl ~s [-z]) šnek.* **1** demonstracija **2** demonstravimas, rodymas; *to give smb a ~* parodyti kam, kaip veikia, kaip daroma

demob [ˌdi:'mɔb] *šnek. n* demobilizacija
v demobilizuoti

demobee [ˌdi:mə'bi:] *n šnek.* demobilizuotasis

demobilization [di:ˌməubɪlaɪ'zeɪʃn] *n* demobilizacija

demobilize [di:'məubɪlaɪz] *v* demobilizuoti

democracy [dɪ'mɔkrəsɪ] *n* **1** demokratija; *social ~* socialdemokratija **2** demokratinė šalis/valstybė **3** demokratizmas; demokratiškumas

democrat ['deməkræt] *n* **1** demokratas; *social ~* socialdemokratas **2** *(D.) amer.* Demokratų partijos narys, demokratas

democratic [ˌdeməˈkrætɪk] *a* **1** demokratinis; demokratiškas **2** *(D.) amer.* Demokratų partijos, demokratų
democratization [dɪˌmɔkrətaɪˈzeɪʃn] *n* demokratizavimas; demokratinimas; demokratėjimas
democratize [dɪˈmɔkrətaɪz] *v* demokratizuoti(s); (su)demokratinti; (su)demokratėti
Democritus [dɪˈmɔkrɪtəs] *n* Demokritas *(gr. filosofas)* ◊ *to dine with* ~ pražiopsoti pietus; likti alkanam iš kvailumo
démodé [deɪˈməudeɪ] *pr. a* išėjęs iš mados, nebemadingas
demoded [dɪˈməudɪd] *a* pasenęs, išėjęs iš mados
demographic [ˌdeməˈgræfɪk] *a* demografinis
demographics [ˌdeməˈgræfɪks] *n* demografiniai duomenys; demografinė statistika
demography [dɪˈmɔgrəfɪ] *n* demografija
demolish [dɪˈmɔlɪʃ] *v* **1** (su)griauti, išgriauti, nugriauti, nuversti *(namą)* **2** *prk.* sugriauti, sukritikuoti *(argumentą, teoriją)* **3** *šnek.* sušveisti, sukirsti *(maistą)* **4** *sport. šnek.* sutriuškinti
demolition [ˌdeməˈlɪʃn] *n* **1** (su)griovimas, išgriovimas, nugriovimas; išardymas **2** *kar.* sprogstamasis užtaisas; ~ *bomb* fugasinė bomba; ~ *work* sprogdinimo darbai
demon [ˈdiːmən] *n* **1** demonas, piktoji dvasia, velnias; *a regular* ~ *šnek.* tikras velnias/velniūkštis **2** energingas žmogus; *he is a* ~ *for work* jis dirba kaip arklys; ~ *card-player* azartiškas lošėjas
demonetize [ˌdiːˈmʌnətaɪz] *v spec.* **1** demonetizuoti; atsisakyti naudoti *(auksą, sidabrą)* kaip piniginę prekę **2** išimti iš apyvartos; nuvertinti *(monetas)*
demoniac [dɪˈməunɪæk] *a* **1** velnio apsėstas **2** velniškas; velniškai piktas *n* apsėstasis
demoniacal [ˌdiːməˈnaɪəkl] = **demoniac** *a*
demonic [dɪˈmɔnɪk] *a* **1** demoniškas, velniškas **2** dvasinis; sudvasintas
demonology [ˌdiːməˈnɔlədʒɪ] *n* demonologija
demonstrable [ˈdemənstrəbl, dɪˈmɔnstrəbl] *a* įrodomas
demonstrably [dɪˈmɔnstrəblɪ] *adv* aiškiai, akivaizdžiai
demonstrate [ˈdemənstreɪt] *v* **1** *(akivaizdžiai)* (pa)rodyti; įrodyti; *to* ~ *a theorem* įrodyti teoremą; *as* ~*d by this experiment* kaip rodo šis bandymas **2** demonstruoti, rodyti; *to* ~ *how the machine works* demonstruoti, kaip mašina veikia **3** dalyvauti demonstracijoje; *to* ~ *against smth* dalyvauti protesto demonstracijoje prieš ką
demonstration [ˌdemənˈstreɪʃn] *n* **1** demonstracija; masinis mitingas; *to hold/stage a* ~ surengti demonstraciją **2** demonstravimas; *to dislike* ~ *of feelings* nemėgti demonstruoti jausmų **3** akivaizdus parodymas, įrodymas **4** *attr* parodomasis
demonstrational [ˌdemənˈstreɪʃnəl] *a* demonstracinis, demonstravimo
demonstrative [dɪˈmɔnstrətɪv] *a* **1** neslepiantis *(jausmų)*; nesantūrus, nesivaldantis; ~ *greetings* audringi sveikinimai; ~ *nature* nuoširdus charakteris **2** demonstratyvus **3** akivaizdus, įtikinamas **4** *gram.* parodomasis *n gram.* parodomasis įvardis
demonstrator [ˈdemənstreɪtə] *n* **1** demonstrantas, demonstracijos dalyvis **2** demonstratorius, demonstruotojas **3** laborantas, asistentas *(D. Britanijos universitetuose)* **4** *šnek.* demonstruojamasis/parodomasis automobilis
demoralization [dɪˌmɔrəlaɪˈzeɪʃn] *n* demoralizacija, demoralizavimas
demoralize [dɪˈmɔrəlaɪz] *v* demoralizuoti; ardyti/griauti drausmę, tvarką
demos [ˈdiːmɔs] *gr. ist. n* liaudis, demas

Demosthenes [dɪˈmɔsθəniːz] *n* Demostenas *(Atėnų polit. veikėjas, oratorius)*
Demosthenic [ˌdemɔsˈθenɪk] *a* demosteniškas, iškalbingas
demote [dɪˈməut] *v* pažeminti *(pareigas)*; nustumti į žemesnę vietą
demotic [dɪˈmɔtɪk] *a* liaudiškas, liaudies
demount [dɪˈmaunt] *v* išardyti, demontuoti
demountable [dɪˈmauntəbl] *a* išardomas, išmontuojamas
demulcent [dɪˈmʌlsənt] *med. n* minkštinamasis/raminamasis vaistas
a minkštinamasis, raminamasis, raminantis
demur [dɪˈmɜː] *n* prieštaravimas; *without* ~ be prieštaravimo, neatsikalbinėjant
v **1** nesutikti, prieštarauti; *to* ~ *to a proposal* prieštarauti pasiūlymui; *to* ~ *at working on Sundays* nesutikti dirbti sekmadieniais **2** *teis.* reikalauti nutraukti bylą
demure [dɪˈmjuə] *a* **1** kuklus, santūrus; rimtas **2** apsimestinai kuklus *(apie šypseną ir pan.)*
demurrage [dɪˈmʌrɪdʒ] *n kom.* **1** *(laivo, vagono ir pan.)* prastova **2** demeredžas, bauda/netesybos už *(laivo, vagono)* prastovą
demurrer [dɪˈmɜːrə] *n* **1** prieštaravimas **2** *teis.* procesinis nušalinimas *(vienos pusės reikalavimas nutraukti/sustabdyti bylą, remiantis tuo, kad antrosios pusės pareiškimai neturi nieko bendra su byla/teismu);* **to put in, to enter, a** ~ reikalauti nutraukti bylą
demy [dɪˈmaɪ] *n* popieriaus formatas *(maždaug 40x50 cm)*
demystify [diːˈmɪstɪfaɪ] *v* **1** demistifikuoti *(mitus ir pan.)* **2** atskleisti, padaryti suprantamą
den [den] *n* **1** guolis, urvas **2** narvas *(zoologijos sode)* **3** *(vagių ir pan.)* lindynė, landynė; ~ *of iniquity* nepadorybių/blogio lizdas **4** jaukus darbo kambarėlis; *(ypač amer.)* poilsio kambarys **5** vaikams žaisti slėpykla
denarius [dɪˈnɛərɪəs] *n (pl* -rii [-rɪaɪ]) *ist.* denaras *(sidabrinė moneta)*
denary [ˈdiːnərɪ] *a* dešimtainis
denationalization [diːˌnæʃnəlaɪˈzeɪʃn] *n* **1** denacionalizacija, denacionalizavimas **2** nutautinimas, nutautimas
denationalize [diːˈnæʃnəlaɪz] *v* **1** denacionalizuoti **2** atimti iš tautos teises, jai būdingus bruožus; nutautinti
denaturalize [diːˈnætʃrəlaɪz] *v* **1** denatūralizuoti, atimti pilietybę **2** atimti įgimtus bruožus
denature [diːˈneɪtʃə] *v* **1** keisti/atimti įgimtas/natūralias savybes **2** denatūruoti *(spiritą)*
dendriform [ˈdendrɪfɔːm] *a* medžio pavidalo, mediškas
dendrite [ˈdendraɪt] *n anat., min.* dendritas
dendritic [denˈdrɪtɪk] *a* medžio pavidalo; išsišakojęs
dendrology [denˈdrɔlədʒɪ] *n* dendrologija
dene[1] [diːn] *n* slėnis, klonis
dene[2] *n* pajūrio smėlis, kopos
dene-hole [ˈdiːnhəul] *n archeol.* dirbtinis urvas, dirbtinė ola *(kreidos kalnuose)*
dengue [ˈdeŋgɪ] *n* dengė karštligė *(šiltųjų kraštų virusinė liga)*
deniable [dɪˈnaɪəbl] *a* paneigiamas; ginčytinas
denial [dɪˈnaɪəl] *n* **1** (pa)neigimas, išsigynimas; atmetimas; *a flat* ~ kategoriškas paneigimas **2** atsisakymas; atsižadėjimas *(savo žodžio ir pan.);* **to take no** ~ nepriimti atsisakymo; ~ *of justice teis.* atsisakymas vykdyti teisingumą
denier[1] [ˈdenɪə] *n* denjė *(siūlo linijinio tankio vienetas)*
denier[2] [dɪˈnaɪə] *n* **1** paneigėjas **2** atsisakytojas
denigrate [ˈdenɪgreɪt] *v* juodinti, žeminti, šmeižti
denigration [ˌdenɪˈgreɪʃn] *n* juodinimas, šmeižimas
denim [ˈdenɪm] *n* **1** medvilninis audinys *(džinsams, sijonams)* **2** *pl* džinsai *(t. p.* ~ *jeans)*

denizen ['denɪzn] *knyg. n* **1** natūralizavęsis svetimšalis **2** aklimatizavęsis augalas/gyvūnas **3** prigijęs skolinys *(žodis)* **4** *(rajono, vietos)* gyventojas
v **1** priimti piliečiu, natūralizuoti **2** *ret.* apgyvendinti *(gyvenvietę)* išeiviais iš kitos šalies

Denmark ['denmɑ:k] *n* Danija *(valstybė)*

denominate [dɪ'nɔmɪneɪt] *v* **1** duoti pavadinimą/vardą, (pa)vadinti, pažymėti *(žodžiu)* **2** *fin.* išreikšti *(doleriais ir pan.)*

denomination [dɪˌnɔmɪ'neɪʃn] *n* **1** pavadinimas; *to reduce to the same ~* a) išreikšti bendru pavadinimu; b) *mat.* subendravardiklinti **2** klasė, kategorija, tipas **3** *fin.* (nominalioji) vertė; nominalas; *coins of small ~s* mažos vertės monetos **4** *rel.* denominacija, sekta

denominational [dɪˌnɔmɪ'neɪʃnəl] *a* **1** pavadinimo **2** denominacijos, sektos; sektantiškas; *~ school* mokykla, kurios mokiniai vieno tikėjimo

denominative [dɪ'nɔmɪnətɪv] *a* **1** nominalinis, vardinis; pavadinimo, atliekantis pavadinimo funkciją **2** *gram.* denominatyvinis *(išvestas iš vardažodžio)*
n gram. denominatyvas *(vedinys iš vardažodžio)*

denominator [dɪ'nɔmɪneɪtə] *n mat.* vardiklis; daliklis; *common ~* bendravardiklis; *to reduce to a common ~* subendravardiklinti

denormalization [ˌdi:nɔ:məlaɪ'zeɪʃn] *n (ligoninės ir pan.)* režimo pažeidimas

denotation [ˌdi:nəᵘ'teɪʃn] *n* **1** (pa)žymėjimas; denotacija **2** ženklas; nurodymas **3** *kalb.* denotacija; denotatas; *(daikto, reiškinio)* pavadinimas

denotative [dɪ'nəutətɪv] *a* **1** (pa)žymintis, reiškiantis **2** nurodantis **3** *kalb.* denotacinis

denote [dɪ'nəut] *v* **1** (pa)žymėti, reikšti **2** (nu)rodyti; būti *(ko)* ženklu

denotement [dɪ'nəutmənt] *n ret.* **1** pažymėjimas; nurodymas **2** ženklas

dénouement [deɪ'nu:mɔŋ] *pr. n* **1** *(romano ir pan.)* atomazga **2** baigiamasis epizodas

denounce [dɪ'nauns] *v* **1** (pa)smerkti; demaskuoti; *to ~ smb's actions* pasmerkti kieno veiksmus; *to ~ smb as an impostor* demaskuoti ką kaip apgaviką; *to be ~d as a thief* būti apkaltintam vagyste **2** *teis.* įskųsti *(to)* **3** *dipl.* paskelbti nebegaliojančiu, denonsuoti *(sutartį)*

denouncement [dɪ'naunsmənt] *n* = **denunciation**

denouncer [dɪ'naunsə] *n* įskundėjas

dense [dens] *a* **1** tankus *(apie mišką ir pan.; t. p. fiz.)*; sūdrus *(apie medžiagą); ~ crowd* tiršta/didelė minia **2** tirštas *(apie rūką, dūmus)* **3** sunkiai suprantamas, sudėtingas, pilnas minčių, gilus *(apie knygą, filmą)* **4** *šnek.* bukas, kvailas

densely ['densli] *adv* tankiai; tirštai; *it's a ~ wooded district* tas rajonas – ištisi miškai

densimeter [den'sɪmɪtə] *n chem., fiz.* tankiamatis, densimetras

densitometer [ˌdensɪ'tɔmɪtə] *n fot.* densitometras

density ['densətɪ] *n* **1** tankumas; tirštumas; sūdrumas; *~ of a negative fot.* negatyvo sūdrumas **2** bukumas, kvailumas **3** *(knygos, filmo)* sudėtingumas, gilumas **4** *fiz., komp.* tankis

dent [dent] *n* **1** įdubimas, įspaudimas; įlenkimas; *there's a ~ on the wing* automobilio sparnas įlenktas **2** apmažinimas; *to make a ~ (in)* apmažinti *(ko kiekį)*, padaryti gerą pradžią **3** *tech.* krumplys; įranta, įkarta
v **1** įduobti, įspausti; įlenkti *(buferį ir pan.)* **2** (ap)mažinti, sumažinti; (pri)versti pakeisti *(savo nuomonę)* **3** *tech.* įkirsti, įrantyti

dental ['dentl] *a* **1** dantinis, danties; *~ decay* dantų ėduonis, kariesas **2** dantisto, dantų gydymo; *~ nurse* dantų gydytojo seselė **3** *fon.* dantinis, dentalinis
n fon. dantinis/dentalinis priebalsis *(t. p. ~ consonant)*

dentate ['denteɪt] *a bot., zool.* dantytas

dentation [den'teɪʃn] *n bot., zool.* dantytumas

denticle ['dentɪkl] *n zool.* dantelis

denticular [den'tɪkjulə] *a* = **denticulate**

denticulate [den'tɪkjulət] *a bot., zool.* smulkiai dantytas, turintis dantelius

dentiform ['dentɪfɔ:m] *a* danties formos/pavidalo

dentifrice ['dentɪfrɪs] *n* dantų pasta/milteliai

dentil ['dentɪl] *n archit.* dentikulas *(danties pavidalo papuošimas)*

dentilabial [ˌdentɪ'leɪbɪəl] *a fon.* dantinis lūpinis

dentilingual [ˌdentɪ'lɪŋgwəl] *a fon.* dantinis liežuvinis

dentin ['dentɪn] *n amer.* = **dentine**

dentine ['denti:n] *n anat.* dentinas

dentist ['dentɪst] *n* dantų gydytojas, dantistas, stomatologas

dentistry ['dentɪstrɪ] *n* dantų gydymas

dentition [den'tɪʃn] *n* **1** dantų kalimasis/prasikalimas **2** dantų iš(si)dėstymas

dentures ['dentʃəz] *n pl* dantų protezas

denuclearize [di:'nju:klɪəraɪz] *v* paversti nebranduoline zona

denudation [ˌdi:nju:'deɪʃn] *n* **1** *knyg.* apnuoginimas, atidengimas **2** *geol.* denudacija

denudative [dɪ'nju:dətɪv] *a knyg.* apnuoginantis

denude [dɪ'nju:d] *v* **1** apnuoginti, atidengti **2** atimti; *to ~ of hope [money]* atimti viltį [pinigus]

denuded [dɪ'nju:dɪd] *a* apnuogintas, atidengtas; plikas; *trees ~ of leaves* pliki medžiai; *rocks ~ of soil* plikos uolos

denunciation [dɪˌnʌnsɪ'eɪʃn] *n* **1** pasmerkimas; demaskavimas **2** *teis.* denunciacija, (į)skundimas **3** *dipl.* denonsacija, denonsavimas, paskelbimas negaliojančiu

denunciative [dɪ'nʌnsɪətɪv] *a* = **denunciatory**

denunciator [dɪ'nʌnsɪeɪtə] *n* **1** smerkėjas **2** *teis.* (į)skundėjas

denunciatory [dɪ'nʌnsɪətərɪ] *a* smerkiamasis, pasmerkimo; demaskuojamas(is)

Denver ['denvə] *n* Denveris *(Kolorado valstijos sostinė)*

deny [dɪ'naɪ] *v* **1** (pa)neigti, nuneigti; atmesti; *to ~ the charge* paneigti/atmesti kaltinimą; *to ~ a request* atmesti prašymą; *to ~ this to be the case* tvirtinti, kad reikalas ne tas; *there's no ~ing his popularity* niekas negali nuneigti jo populiarumo **2** at(si)sakyti; neduoti; *to ~ smb help* atsisakyti suteikti pagalbą, atsisakyti padėti; *permission was denied* leidimo nedavė **3** neįleisti, nepriimti; *to ~ oneself to visitors* nepriimti lankytojų/svečių; *to be denied admittance* būti neįleistam/nepriimtam; *to ~ possession kar.* neleisti užimti **4** išsiginti, atsižadėti, neprisipažinti *(savo parašo/žodžių ir pan.)*

deodar ['di:əᵘdɑ:] *n bot.* Himalajų kedras

deodorant [di:'əudərənt] *n* dezodorantas
a (pa)šalinantis *(blogą)* kvapą

deodorize [di:'əudəraɪz] *v* (pa)šalinti *(blogą)* kvapą, dezodoruoti

deoil [ˌdi:'ɔɪl] *v* pašalinti riebalus

deontology [ˌdi:ɔn'tɔlədʒɪ] *n* deontologija *(medicinos etika)*

deorbit [di:'ɔ:bɪt] *v* išeiti/išvesti iš orbitos

deoxidize [di:'ɔksɪdaɪz] *v chem.* pašalinti deguonį, dezoksiduoti

deoxigenate [di:'ɔksɪdʒəneɪt] *v chem.* (pa)šalinti deguonį, deoksigenuoti

depalatalization [di:ˌpælətəlaɪ'zeɪʃn] *n fon.* depalatizacija

depart [dɪ'pɑ:t] *v* **1** išvykti, išeiti, išskristi; išplaukti, išvažiuoti *(from); the delegation is ~ing this morning* delegacija išvyksta šį rytą **2** nukrypti, nesilaikyti *(from); to ~ from tradition* nesilaikyti tradicijų; *to ~ from one's word [promise]* nesilaikyti/netesėti duoto žodžio [pažado]; *to ~ from one's plans* keisti planus

departed [dɪ'pɑ:tɪd] *knyg. a* **1** *euf.* miręs **2** praėjęs, buvęs; *~ joys* praeities džiaugsmai
n (the ~) euf. velionis; *kuop.* mirusieji

department [dɪ'pɑ:tmənt] *n* **1** *(banko, ligoninės, parduotuvės ir pan.)* skyrius; *account/accountant's/accounting ~* buhalterija **2** departamentas, skyrius, valdyba, žinyba; ministerija; *the State D.* Valstybės departamentas *(JAV užsienio reikalų ministerija); the managing ~* reikalų valdyba **3** *(mokėjimų, veiklos)* sritis; *that's not my ~* tai ne mano sritis/reikalas **4** cechas, skyrius **5** fakultetas; katedra

departmental [ˌdi:pɑ:t'mentl] *a* **1** žinybinis; skyriaus, departamento, ministerijos **2** fakulteto; katedros

departmentalism [ˌdi:pɑ:t'mentəlɪzm] *n* **1** rūpinimasis žinybiniais interesais **2** biurokratizmas

departmentalize [ˌdi:pɑ:t'mentlaɪz] *v* dalyti/skirstyti į skyrius

departure [dɪ'pɑ:tʃə] *n* **1** išvykimas, išvažiavimas, išskridimas, išplaukimas, išėjimas; *to take one's ~* išvykti; *~ platform glžk. (traukinio)* išvykimo platforma; *there are several ~s for Kaunas every day* kiekvieną dieną į Kauną išvyksta keletas autobusų/traukinių **2** pasitraukimas, išėjimas *(iš organizacijos ir pan.); ~s board (lėktuvų, traukinių)* išvykimo tvarkaraštis **3** pradinis taškas; naujas dalykas; *a new ~* nauja linija *(politikoje ir pan.); ~ position* pradinė padėtis **4** nukrypimas; nesilaikymas; *~ from the rules [the subject]* nukrypimas nuo taisyklių [temos]; *in a ~ from standard practice...* priešingai negu įprasta

depasture [di:'pɑ:stʃə] *v* ganyti(s); (iš)varyti *(gyvulius)* į ganyklą

depauperize [ˌdi:'pɔ:pəraɪz] *v* (iš)gelbėti nuo skurdo, kratytis/atsikratyti skurdo

depend [dɪ'pend] *v* **1** pasitikėti, pasikliauti; *I ~ upon you* aš pasikliauju jumis; *I ~ on you to do it* aš tikiuosi, kad jūs tai padarysite; *~ upon it, he'll come* būkite tikras, kad jis ateis, tikriausiai jis ateis **2** priklausyti, pareiti *(on, upon – nuo); the length of the treatment ~s on the severity of the illness* gydymo trukmė priklauso nuo ligos sunkumo **3** būti priklausomam/išlaikomam; *he ~s on writing for his living* jis užsidirba pragyvenimą literatūriniu darbu **4** būti svarstomam *(teisme, parlamente);* laukti sprendimo ◊ *it/that ~s* ≡ kaip (čia) pasakius, dar neaišku, pažiūrėsim

dependability [dɪˌpendə'bɪlətɪ] *n* patikimumas

dependable [dɪ'pendəbl] *a* patikimas *(apie žmogų, prekes);* tikras *(apie žinias)*

dependance [dɪ'pendəns] *n* = **dependence**

dependant [dɪ'pendənt] *n* **1** išlaikytinis **2** *psn.* pavaldinys

dependence [dɪ'pendəns] *n* **1** priklausomybė, priklausomumas, priklausymas *(on – nuo); to live in ~* būti priklausomam/išlaikomam **2** (pasi)tikėjimas; *to place/put ~ on smb's abilities* (pasi)tikėti/pasikliauti kieno gabumais **3** poreikis *(vartoti narkotikus, alkoholį); alcohol ~* alkoholizmas **4** *teis.* nagrinėjimas, svarstymas; nuosprendžio/sprendimo laukimas

dependency [dɪ'pendənsɪ] *n* **1** priklausoma teritorija, kolonija **2** = **dependence** 1, 3

dependent [dɪ'pendənt] *a* **1** priklausantis *(on);* priklausomas, pavaldus; *~ countries* priklausomosios šalys **2** išlaikomas; *she is ~ on her daughter* ją išlaiko duktė; *he's totally ~ on sleeping pills* jis negali užmigti be migdomųjų *(vaistų)*
n amer. = **dependant**

depending [dɪ'pendɪŋ]: *~ on prep* atsižvelgiant į, pagal; *~ on the situation* atsižvelgiant į aplinkybes, žiūrint, kokios aplinkybės; *the temperature varies ~ on the season* temperatūra kinta pagal sezonus

depersonalize [ˌdi:'pɜ:sənəlaɪz] *v* nuasmeninti, atimti asmeniškas/individualias savybes

depict [dɪ'pɪkt] *v* (nu)piešti, (pa)vaizduoti; aprašyti

depiction [dɪ'pɪkʃn] *n* **1** vaizdavimas, aprašymas **2** paveikslas

depilate ['depɪleɪt] *v* (pa)šalinti plaukus *(nuo kūno)*

depilatory [dɪ'pɪlətərɪ] *a* (pa)šalinantis plaukus; depiliacinis
n vaistai plaukams šalinti

deplane [ˌdi:'pleɪn] *v (ypač amer.) av.* išlipti iš lėktuvo; išlaipinti iš lėktuvo

deplete [dɪ'pli:t] *v* **1** (iš)eikvoti, (iš)semti *(jėgas, atsargas); pass* išsekti **2** *med.* (iš)valyti žarnyną **3** *med.* nuleisti kraują

depletion [dɪ'pli:ʃn] *n* **1** *(jėgų, atsargų)* išsėmimas, išeikvojimas; *the ~ of the ozone layer* ozono sluoksnio suplonėjimas **2** *med.* žarnyno (iš)valymas **3** *med.* kraujo nuleidimas

depletive [dɪ'pli:tɪv] *med. a* vidurius paleidžiantis, vidurių paleidžiamasis
n vidurių paleidžiamasis vaistas

depletory [dɪ'pli:tərɪ] = **depletive** *a*

deplorable [dɪ'plɔ:rəbl] *a* **1** apgailėtinas, apverktinas, liūdnas; *~ fact* apgailėtinas/liūdnas faktas **2** bjaurus; *~ behaviour* labai blogas elgesys

deplore [dɪ'plɔ:] *v* **1** apgailėti, apgailestauti **2** laikyti smerktinu, smerkti

deploy [dɪ'plɔɪ] *v* **1** iš(si)dėstyti; dislokuoti *(raketas ir pan.)* **2** *kar.* iš(si)skleisti

deployment [dɪ'plɔɪmənt] *n* **1** iš(si)dėstymas; dislokavimas **2** *kar.* iš(si)skleidimas

deplume [dɪ'plu:m] *v* **1** nupešti plunksnas **2** nuplėšti *(garbę),* atimti *(turtus, valdžią ir pan.)*

depod [di:'pɒd] *v* (iš)gliaudyti *(žirnius ir pan.)*

depolarization [di:ˌpəʊləraɪ'zeɪʃn] *n* **1** *fiz., med.* depoliarizacija **2** *polit.* kompromisas

depolarize [di:'pəʊləraɪz] *v* **1** *fiz.* depoliarizuoti **2** sustabdyti susipriešinimą, suartinti *(pažiūras, partijas)*

depolute [ˌdi:pə'lu:t] *v* (pa)šalinti gyvenamosios aplinkos užteršimą

depone [dɪ'pəʊn] *v teis.* duoti rašytinius parodymus *(su priesaika)*

deponent [dɪ'pəʊnənt] *n teis.* prisiekusysis liudytojas; asmuo, duodantis rašytinius parodymus

depopulate [di:'pɒpjʊleɪt] *v* (su)mažinti gyventojų skaičių *(gyvenvietėje),* palikti *(gyvenvietę)* be gyventojų; (su)mažėti *(apie gyventojus)*

depopulation [di:ˌpɒpju'leɪʃn] *n* gyventojų (su)mažinimas/(su)mažėjimas; depopuliacija

deport[1] [dɪ'pɔ:t] *v* išsiųsti, ištremti, deportuoti

deport[2] *v refl knyg.* elgtis

deportation [ˌdi:pɔ:'teɪʃn] *n* išsiuntimas, (iš)trėmimas, deportacija, deportavimas

deportee [ˌdiːpɔːˈtiː] *n* tremtinys, deportuotasis
deportment [dɪˈpɔːtmənt] *n* laikysena; elgsena, manieros
depose [dɪˈpəʊz] *v* **1** (pa)šalinti, atleisti *(iš pareigų)*; nuversti *(nuo sosto)*; ***to ~ a deputy*** atšaukti deputatą **2** *teis.* (pa)liudyti *(su priesaika)*; apklausti prisiekusį liudytoją
deposit [dɪˈpɔzɪt] *n* **1** *(banko)* indėlis; depozitas; ***money on ~*** banke laikomi pinigai **2** įmoka *(kreditui dengti)*; ***to put down a ~ on a house*** mokėti įmoką už namą **3** rankpinigiai; užstatas; pinigai, mokami už tarą *(perkant pieną, vyną ir pan.)* **4** *(dumblo ir pan.)* nusėdimas **5** *(ppr. pl)* nuosėdos, sąnašos **6** *geol.* telkinys, klodas **7** *polit.* kandidato užstatas *(rinkimų kampanijos metu)*; ***to lose one's ~*** nesurinkti reikiamo balsų skaičiaus *v* **1** dėti į banką *(pinigus)*; deponuoti **2** atiduoti saugoti *(lagaminą, brangenybes)* **3** duoti rankpinigių/užstatą **4** (pa)dėti, palikti *(kur)*; numesti **5** nusėsti, leistis (į dugną) *(apie nuosėdas)*, sunešti/palikti sluoksnį *(upėje ir pan.)*
depositary [dɪˈpɔzɪtərɪ] *n* **1** *teis.* patikėtinis; saugotojas **2** *kom.* asmuo, kuriam patikimi indėliai/įnašai *ir pan.*
deposition [ˌdepəˈzɪʃn] *n* **1** nuvertimas *(nuo sosto)*; (pa)šalinimas, atleidimas *(iš pareigų)* **2** *teis.* raštiškas parodymas, paliudijimas *(su priesaika)* **3** *bibl.* nuėmimas nuo kryžiaus **4** *geol.* nusėdimas; nuosėdos
depositor [dɪˈpɔzɪtə] *n fin.* indėlininkas, deponentas, depozitorius
depository [dɪˈpɔzɪtərɪ] *n* **1** saugykla **2** *prk.* lobynas; ***he is a ~ of knowledge*** jis — tikras mokslo/žinių lobynas
depot [ˈdepəʊ] *n* **1** sandėlis, saugykla **2** bazė; ***sales ~*** realizavimo bazė; ***~ ship*** plaukiojančioji bazė; ***~ aerodrome*** bazinis aerodromas **3** *glžk.* depas; *aut.* parkas **4** *amer.* [ˈdiːpəʊ] geležinkelio/autobusų stotis **5** *kar. (naujokų)* mokymo bazė; ***~ battery*** atsarginė *(mokomoji)* baterija
depravation [ˌdeprəˈveɪʃn] *n* **1** tvirkinimas, gadinimas **2** (pa)blogėjimas, gedimas
deprave [dɪˈpreɪv] *v* tvirkinti; gadinti
depraved [dɪˈpreɪvd] *a* ištvirkęs, sugedęs, moraliai puolęs, nedoras
depravity [dɪˈprævətɪ] *n* **1** ištvirkimas, tvirkavimas; ydingumas **2** *bažn.* nuodėmingumas
deprecate [ˈdeprəkeɪt] *v* griežtai smerkti, protestuoti; prieštarauti; ***to ~ war*** griežtai smerkti karą; ***to ~ hasty actions*** pasmerkti skubotus veiksmus
deprecating [ˈdeprəkeɪtɪŋ] *a* = **deprecatory**
deprecation [ˌdeprəˈkeɪʃn] *n* (pa)smerkimas; protestas, prieštaravimas, nepritarimas
deprecative [ˈdeprəkeɪtɪv] *a* nepritariamas; smerkiantis
deprecatory [ˈdeprəkeɪtərɪ] *a* **1** nepritariamas, nepritarimo **2** žadinantis gailestį, keliantis pasigailėjimą
depreciate [dɪˈpriːʃɪeɪt] *v* **1** nuvertinti; nuvertėti, nustoti vertės; ***property has ~d*** nuosavybė neteko vertės **2** menkinti, mažinti vertę, nepakankamai vertinti
depreciatingly [dɪˈpriːʃɪeɪtɪŋlɪ] *adv* nepagarbiai, atsainiai
depreciation [dɪˌpriːʃɪˈeɪʃn] *n* **1** nuvertinimas; nuvertėjimas, vertės (su)mažėjimas, devalvacija **2** nevertinimas; ***to speak in a tone of ~*** kalbėti niekinamai **3** nuolaida dėl amortizacijos **4** *tech.* amortizacija, nusidėvėjimas; ***~ expenses*** amortizacijos atskaitymai
depreciatory [dɪˈpriːʃɪətərɪ] *a* nuvertinantis, mažinantis *(vertę)*; ***~ remarks*** niekinamos pastabos
depredate [ˈdeprɪdeɪt] *v knyg.* **1** nusiaubti, suniokoti **2** plėšti, grobti
depredation [ˌdeprɪˈdeɪʃn] *n (džn. pl) knyg.* **1** (su)niokojimas, (su)griovimas **2** plėšimas, grobstymas

depredator [ˈdeprɪdeɪtə] *n knyg.* **1** niokotojas **2** plėšikas
depress [dɪˈpres] *v* **1** (pri)slėgti, liūdinti **2** slopinti, silpninti; mažinti *(kainą, uždarbį ir pan.)*; ***to ~ the voice*** prislopinti/pažeminti balsą; ***to ~ the action of the heart*** silpninti širdies veiklą **3** nuspausti *(mygtuką ir pan.)*; nuleisti *(svertą)*
depressant [dɪˈpresənt] *med. n* raminamasis/slopinamasis vaistas
depressed [dɪˈprest] *a* **1** prislėgtas, nusiminęs *(about, at – dėl)* **2** smunkantis, smukęs, sumažėjęs *(apie ekonominį aktyvumą ir pan.)*; ***~ areas*** rajonai, kuriuose didelis nedarbas; ***when the economy is ~*** ... kai ekonomika sustingusi... **3** įlenktas; įdubęs
depressing [dɪˈpresɪŋ] *a* slegiantis, liūdnas
depression [dɪˈpreʃn] *n* **1** nusiminimas, prislėgta nuotaika, depresija **2** *ekon.* depresija, nuosmukis, sąstingis; ***business ~*** ekonominė krizė **3** *(paviršiaus)* įdubimas, žemuma; ***~ in the ground*** įduba, loma **4** nuspaudimas **5** (su)mažėjimas; *(balso)* (pri)slopinimas **6** *meteor.* depresija, žemo atmosferos slėgio sritis **7** *fiz.* depresija, nuosmukis **8** *tech.* išretėjimas
depressive [dɪˈpresɪv] *a* **1** slegiantis, liūdnas **2** *med.* depresinis; ***~ illness*** depresija
depressurize [ˌdiːˈpreʃəraɪz] *v* **1** (su)mažinti slėgį *(inde, kameroje ir pan.)* **2** iš(si)hermetizuoti *(apie erdvėlaivio kabiną ir pan.)*
deprivation [ˌdeprɪˈveɪʃn] *n* **1** netekimas, atėmimas *(laisvės, teisių, laipsnio ir pan.)* **2** nepriteklius, trūkumas; skurdas
deprive [dɪˈpraɪv] *v* **1** atimti *(laisvę, teises ir pan.; of)*; netekti *(of)*; ***to ~ smb of life*** atimti kam gyvybę **2** ne(pri)leisti; atskirti
deprived [dɪˈpraɪvd] *a* gyvenantis skurde; ***~ areas of the city*** skurdžių/nuskurdę miesto kvartalai
n (the ~) skurdžiai; vargšai
depth [depθ] *n* **1** gylis; giluma(s), gelmės *(t. p. prk.)*; ***at a ~ of ten centimetres*** dešimties centimetrų gyliu; ***in ~*** giliai; nuodugniai; ***in the ~ of one's heart*** širdies gilumoje; ***the ~ of one's feelings*** jausmų gilumas; ***the ~ of the crisis*** krizės stiprumas; ***a man of great ~*** eruditas **2** vidurys; ***in the ~ of night*** vidurnaktį; nakties gludumoje; ***in the ~s of winter*** žiemos viduryje, viduržiemį; ***in the ~ of the country*** užkampyje, gūdžioje provincijoje **3** *(spalvų)* tirštumas, sodrumas; *(garso)* stiprumas, intensyvumas; *fot. (vaizdo)* ryškumas **4** *jūr. (borto)* aukštis ◊ ***to be out of*** arba ***beyond one's ~*** a) nesiekti dugno *(gilioje vietoje)*; b) būti neįkandamam, nesuprasti; ***to get/go out of one's ~*** nebesusigaudyti, ≡ nebejausti žemės po kojų; ***to plumb the ~s (of)*** nugrimzti *(į liūdesį, nusivylimą)*; ***(down) in the ~s of despair*** visiškoje neviltyje
depth-bomb [ˈdepθbɔm] *n jūr.* giluminė bomba
depth-charge [ˈdepθtʃɑːdʒ] *n* = **depth-bomb**
depth-gauge [ˈdepθgeɪdʒ] *n* vandens lygio matuoklė; gylmatis, gilumo matuoklė; *(upės)* limnigrafas; *(jūros, vandenyno)* mareografas
depurate [ˈdepjʊreɪt] *v* gryninti, ap(si)valyti *(from – nuo)*
depuration [ˌdepjʊˈreɪʃn] *n* valymas, ap(si)valymas; gryninimas
deputation [ˌdepjʊˈteɪʃn] *n* **1** deputacija, delegacija **2** delegavimas
depute [dɪˈpjuːt] *v* **1** įgalioti; suteikti įgaliojimus; deleguoti **2** skirti atstovu, paskirti pavaduoti *(ligos metu, išvykus)*
deputize [ˈdepjʊtaɪz] *v* **1** atstovauti *(for – kam)*, pavaduoti *(for – ką)* **2** *(ypač amer.)* skirti deputatu **3** dubliuoti *(aktorių ir pan.)*

deputy ['depjutɪ] *n* **1** deputatas; atstovas; *by* ~ per atstovą **2** pavaduotojas; ~ *premier* vicepremjeras; *the former D. Chairman of the Commission* buvusis komisijos pirmininko pavaduotojas **3** *amer.* šerifo pavaduotojas *(t. p.* ~ *sheriff)*

deracinate [dɪ'ræsɪneɪt] *v knyg.* (iš)rauti su šaknimis; (pa)šalinti, (iš)naikinti

derail [dɪ'reɪl] *v (ppr. pass)* nuversti/nuleisti nuo bėgių; nueiti nuo bėgių *(apie traukinį, tramvajų)*

derailment [dɪ'reɪlmənt] *n (traukinio)* katastrofa, nuėjimas/nuleidimas nuo bėgių

derange [dɪ'reɪndʒ] *v* **1** išvesti iš proto **2** (su)ardyti, (su)trikdyti, (su)žlugdyti *(darbą, planus)* **3** (su)gadinti *(automobilį ir pan.)*

deranged [dɪ'reɪndʒd] *a* **1** išprotėjęs, pamišęs; *to be (mentally)* ~ būti pamišusiam/išprotėjusiam **2** sutrikdytas, sugadintas

derangement [dɪ'reɪndʒmənt] *n* **1** *(protinis)* nenormalumas, pamišimas **2** sutrikimas, pairimas, tvarkos suardymas

derate [di:'reɪt] *v* (su)mažinti mokesčių normas; atleisti *(įmonę ir pan.)* nuo vietinių mokesčių

deration [di:'ræʃn] *v* panaikinti *(produktų)* normavimą *(kortelių sistemą ir pan.)*

Derby ['dɑ:bɪ] *n* **1** Derbis *(Anglijos miestas ir grafystė)* **2** derbis, ristūnų lenktynės; ~ *Day* metinės ristūnų lenktynės Epsome *(prie Londono)* **3** *(d.)* ['də:bɪ] *amer.* katiliukas *(kieta vyriška skrybėlė)*

derecognize [ˌdi:'rekəgnaɪz] *v* atimti teisę atstovauti *(ypač apie profesines sąjungas)*

deregulate [ˌdi:'regjuleɪt] *v* **1** panaikinti valstybės reguliavimą *(kainų ir pan.)* **2** *tech.* iš(si)reguliuoti

derelict ['derəlɪkt] *a* **1** apleistas, paliktas be priežiūros, pamestas; bešeimininkis *(apie turtą);* ~ *house* apleistas namas **2** *amer.* nusižengiantis, neatliekantis *(pareigos)*
n **1** visų apleistas žmogus; benamis **2** *amer.* žmogus, neatliekantis savo pareigos **3** bešeimininkis turtas **4** *(įgulos)* paliktas laivas **5** *teis.* sausuma, susidariusi atsitraukus jūrai

dereliction [ˌderə'lɪkʃn] *n* **1** apleidimas, apleistumas, neprižiūrėjimas **2** pareigos nevykdymas *(ppr.* ~ *of duty)* **3** jūros atsitraukimas nuo kranto; kranto samplovos

derequisition [ˌdi:rekwɪ'zɪʃn] *v* grąžinti *(savininkui)* rekvizuotą turtą

derestrict [ˌdi:rɪ'strɪkt] *v* panaikinti apribojimus *(ypač greičio)*

deride [dɪ'raɪd] *v* išjuokti, pajuokti

de rigueur [dərɪ'gə:] *pr.* būtinas pagal etiketą

derision [dɪ'rɪʒn] *n* **1** išjuokimas, pajuoka, pašaipa; *an object of* ~ pajuokos objektas; *to hold/have in* ~ pajuokti; *to be the* ~ *(of)*, *to be in* ~ būti pajuokos/pašaipų objektu; *to bring into* ~ padaryti pajuokos objektu

derisive [dɪ'raɪsɪv] *a* **1** pajuokiamas, pašaipus; ~ *tone* pajuokiamas tonas **2** juokingas, nevykęs *(apie pastangas ir pan.)*

derisory [dɪ'raɪsᵊrɪ] *a* **1** juokingas, tik juoko vertas; *the compensation offered to me was* ~ man pasiūlė juokingai mažą kompensaciją **2** = **derisive** 1

derivable [dɪ'raɪvəbl] *a* gaunamas, išvedamas

derivation [ˌderɪ'veɪʃn] *n* **1** kilmė; šaltinis; kilmės nustatymas; *a word of Latin* ~ lotyniškos kilmės žodis **2** *kalb.* žodžių vedyba, derivacija **3** *spec.* derivatas **4** *mat. (teoremos)* išvedimas, sprendimas **5** *el.* atsišakojimas, šuntas

derivative [dɪ'rɪvətɪv] *n* **1** *gram.* išvestinis žodis, vedinys, derivatas **2** *chem.* darinys, derivatas
a išvestinis; nesavitas, nurašytas, neoriginalus

derive [dɪ'raɪv] *v* **1** gauti; įgyti; *to* ~ *benefit [pleasure]* turėti naudą [malonumą] *(from – iš)* **2** kilti, būti kilus *(apie žodžius ir pan.); French* ~*s from Latin* prancūzų kalba kilusi iš lotynų kalbos **3** nustatyti kilmę, kildinti; išvesti **4** nuvesti *(vandenį)* **5** *el.* šuntuoti

derm(a) ['də:m(ə)] *n anat.* oda

dermal ['də:ml] *a med.* odos, odinis

dermatitis [ˌdə:mə'taɪtɪs] *n med.* dermatitas

dermatologist [ˌdə:mə'tɔlədʒɪst] *n* dermatologas

dermatology [ˌdə:mə'tɔlədʒɪ] *n* dermatologija

dermatosis [ˌdə:mə'təusɪs] *n med.* dermatozė, odos liga

dermis ['də:mɪs] *n* = **derm(a)**

dernier ['də:njəɪ] *pr. a* paskutinis; ~ *cri* [kri:] paskutinis mados žodis; ~ *resort* paskutinė priemonė

derogate ['derəgeɪt] *v knyg.* **1** menkinti, mažinti *(nuopelnus); to* ~ *from smb's rights* (su)varžyti kieno teises; *to* ~ *from* ~ *smb's reputation* griauti/paliesti kieno reputaciją **2** žeminti savo garbę/orumą **3** vengti atlikti

derogation [ˌderə'geɪʃn] *n knyg.* **1** *(nuopelnų)* menkinimas; *(teisių)* varžymas; *(reputacijos)* griovimas **2** žeminimas **3** vengimas; nukrypimas

derogatory [dɪ'rɔgətᵊrɪ] *a* **1** menkinantis, menkinamasis **2** žeminantis, užgaulus

derrick ['derɪk] *n* **1** *tech.* derikas, strėlinis kranas *(t. p.* ~ *crane); creeper* ~ vikšrinis derikas **2** gręžimo bokštas

derričre ['derɪɛə] *pr. n juok., euf.* užpakalis

derring-do [ˌderɪŋ'du:] *n psn., juok.* beprotiška drąsa, didvyriškas darbas

derringer ['derɪndʒə] *n* pistoletas

derv [də:v] *n* dyzelinis kuras

dervish ['də:vɪʃ] *n* dervišas

desalinate, desalinize [di:'sælɪneɪt, di:'sælənaɪz] *v* = **desalt**

desalt [ˌdi:'sɔ:lt] *v* gėlinti, daryti gėlą *(vandenį)*

descale [ˌdi:'skeɪl] *v* pašalinti/valyti nuoviras/nuodegas

descant *n* ['deskænt] **1** *muz.* diskantas; sopranas **2** *poet.* daina, melodija
v [dɪ'skænt] **1** dainuoti/griežti diskantu **2** *knyg.* daug kalbėti, smulkiai dėstyti *(on, upon)*

descend [dɪ'send] *v* **1** nusileisti, leisti/eiti žemyn; nužengti; *to* ~ *in a field* nusileisti lauke *(apie balioną ir pan.); to* ~ *a hill* nusileisti nuo kalvos **2** kilti, būti kilus *(from); he* ~*s, arba is* ~*ed, from a French family* kilimo jis prancūzas **3** persiduoti, pereiti *(iš kartos į kartą); to* ~ *from father to son* pereiti/persiduoti iš tėvo sūnui **4** užeiti, stoti *(apie tylą, tamsą; on, over)* **5** užpulti; užklupti, užgriūti *(upon, on); the enemy* ~*ed on them by night* priešas užpuolė juos naktį; *they* ~*ed on their friends for the night* jie užgriuvo pas draugus nakvynės **6** nusileisti, nusižeminti *(to – iki)*

descendable [dɪ'sendəbl] *a* = **descendible**

descendant [dɪ'sendənt] *n* palikuonis, įpėdinis

descendible [dɪ'sendəbl] *a* perduodamas, pereinantis *(paveldėjimo būdu)*

descending [dɪ'sendɪŋ] *a* **1** nusileidžiantis, einantis žemyn, žemyneigis **2** *mat.* mažėjantis *(apie skaičių eilę)*

descent [dɪ'sent] *n* **1** nusileidimas, leidimasis; *to make a parachute* ~ nusileisti su parašiutu **2** *(kalno)* šlaitas, nuokalnė **3** *(balso ir pan.)* (pa)žemėjimas; *(temperatūros)* kritimas **4** *(moralinis)* smukimas *(into)* **5** staigus užpuolimas; išsikėlimas, desantas; *to make a* ~ *(on,*

upon) užpulti; užgriūti **6** kilmė, kilimas; ***she's of Lithuanian ~ ji*** — lietuvių kilmės **7** *teis.* perėjimas, paveldėjimas ◊ ***D. from the Cross*** nuėmimas nuo kryžiaus
descramble [ˌdiːˈskræmbl] *v* iššifruoti; dekoduoti
describe [dɪˈskraɪb] *v* **1** aprašyti, pavaizduoti; apibūdinti, charakterizuoti; ***I wouldn't ~ him as stupid*** aš nepasakyčiau, kad jis kvailas **2** *geom.* apibrėžti *(apskritimą)*
description [dɪˈskrɪpʃn] *n* **1** aprašymas, apibūdinimas, pavaizdavimas; ***to answer/fit a ~*** atitikti aprašymą; ***to beggar/baffle/defy ~*** būti neaprašomam; ***beyond/past ~*** neapsakomas, neaprašomas **2** rūšis, tipas; ***of every ~*** įvairiausias; ***of the worst ~*** blogiausios rūšies **3** *geom.* apibrėžimas *(apskritimo)*
descriptive [dɪˈskrɪptɪv] *a* aprašomasis; vaizduojamasis; ***~ geometry*** braižomoji geometrija; ***~ style*** aprašomasis stilius; ***~ attribute*** *gram.* aprašomasis pažyminys
descriptor [dɪˈskrɪptə] *n spec.* deskriptorius; ***~ language*** deskripcinė kalba
descry [dɪˈskraɪ] *v knyg., psn.* **1** įžiūrėti, pastebėti **2** surasti, atskleisti
Desdemona [ˌdezdɪˈməʊnə] *n* Dezdemona *(vardas)*
desecrate [ˈdesɪkreɪt] *v* **1** išniekinti *(šventovę)*, profanuoti **2** sudarkyti, subjaurinti *(peizažą ir pan.)*
desecration [ˌdesɪˈkreɪʃn] *n* **1** išniekinimas, profanacija **2** sudarkymas
deseed [ˌdiːˈsiːd] *v* išimti/pašalinti sėklas *(iš daržovių ir pan.)*
desegregate [diːˈsegrɪgeɪt] *v* panaikinti segregaciją, desegreguoti
deselect [ˌdiːsɪˈlekt] *v polit.* nebekelti *(parlamentaro)* kandidatu kitiems rinkimams
desensitize [diːˈsensɪtaɪz] *v* **1** daryti ne taip jautrų, (su)mažinti jautrumą **2** *fot., med.* desensibilizuoti
desert[1] <*n, a, v*> *n* [ˈdezət] **1** dykuma, negyvenama vieta **2** *prk.* gūdi provincija, nuobodi tema *ir pan.*
a [ˈdezət] dykumos; negyvenamas; ***~ island*** negyvenama sala
v [dɪˈzɜːt] **1** palikti, mesti *(šeimą ir pan.)* **2** palikti; ***to ~ a village*** palikti kaimą; ***his courage [his appetite] ~ed him*** jis neteko drąsos [apetito] **3** *(ypač kar.)* dezertyruoti, pabėgti *(from);* ***to ~ to the enemy camp*** perbėgti į priešo pusę
desert[2] [dɪˈzɜːt] *n (ppr. pl)* nuopelnai; kas nors nusipelnyta/užtarnauta *(ypač bloga);* ***to treat people according to their ~s*** elgtis su žmonėmis pagal jų nuopelnus; ***to get/obtain one's (just) ~s, to meet with one's ~s*** gauti pagal nuopelnus
deserted [dɪˈzɜːtɪd] *a* tuščias, apleistas; negyvenamas
deserter [dɪˈzɜːtə] *n (ypač kar.)* dezertyras, pabėgėlis; perbėgėlis
desertion [dɪˈzɜːʃn] *n* **1** *(šeimos ir pan.)* palikimas, pametimas; apleidimas; ***in utter ~*** visų apleistas; ***~ of one's duty*** pareigos ne(į)vykdymas **2** *(ypač kar.)* dezertyravimas, pabėgimas
deserve [dɪˈzɜːv] *v* už(si)tarnauti, nusipelnyti; ***to ~ well [ill]*** būti vertam [nevertam], užsitarnauti pagyrimą [bausmę]; ***to ~ well of one's country*** turėti nuopelnų tėvynei; ***this picture ~s special attention*** tas paveikslas ypač vertas dėmesio; ***he ~s to be helped*** jam verta padėti
deserved [dɪˈzɜːvd] *a* pelnytas; ***~ punishment*** pelnyta bausmė
deservedly [dɪˈzɜːvɪdli] *adv* pelnytai, pagal nuopelnus; ***~ so*** visai pelnytai

deserving [dɪˈzɜːvɪŋ] *a* nusipelnęs; vertas; ***to be ~ (of)*** būti vertam *(pagarbos ir pan.)*
desex [diːˈseks] *v* **1** kastruoti, sterilizuoti **2** (pa)daryti mažiau seksualų
desexualize [ˌdiːˈsekʃuəlaɪz] *v* atimti *(ko)* seksualumą
desiccant [ˈdesɪkənt] *n chem., med.* desikantas, sausiklis
desiccate [ˈdesɪkeɪt] *v spec.* (iš)džiovinti; (iš)džiūti
desiccated [ˈdesɪkeɪtɪd] *a spec.* (iš)džiovintas; ***~ milk*** pieno milteliai; ***~ apples*** džiovinti obuoliai
desiccation [ˌdesɪˈkeɪʃn] *n spec.* (iš)džiovinimas, (iš)džiūvimas; desikacija
desiccator [ˈdesɪkeɪtə] *n* **1** *spec.* džiovinimo krosnis/spinta; džiovintuvas **2** *chem.* eksikatorius
desiderata [dɪˌzɪdəˈreɪtə, -ˈrɑːtə] *pl žr.* **desideratum**
desiderate [dɪˈzɪdəreɪt] *v psn.* jausti trūkumą, pasigesti; trokšti, geisti
desiderative [dɪˈzɪdərətɪv] *a* **1** reiškiantis norą **2** *kalb.* dezideratyvinis
desideratum [dɪˌzɪdəˈreɪtəm] *lot. (pl -ta) n* **1** kas nors trūkstama/norima **2** *pl* dezideratai
design [dɪˈzaɪn] *n* **1** projektas; dizainas; konstrukcija **2** kompozicija, piešinys, eskizas; ***the ~ of a painting*** paveikslo eskizas/kompozicija; ***ornamental ~*** ornamentas **3** modelis; dizainas; ***this season's new ~s*** šio sezono naujieji modeliai **4** sumanymas, planas, ketinimas; ***by ~*** tyčia; ***to have ~s on smth*** dométis kuo *(tikintis ką gauti);* ***he has ~s on your daughter*** jis turi *(rimtų)* ketinimų dėl jūsų dukters **5** *(džn. pl)* kėslai, užmačios; ***to have/harbour ~s on/against smb*** kėsintis į ką **6** projektavimas; konstravimas
v **1** projektuoti; konstruoti *(mašinas ir pan.);* būti projektuotoju/konstruktoriumi **2** piešti/daryti eskizus **3** (su)kurti, sudaryti; modeliuoti; ***~ dresses*** kurti naujus drabužių modelius **4** *pass* skirti, numatyti
designate *a* [ˈdezɪɡnət] paskirtas, bet dar nepradėjęs eiti pareigų
v [ˈdezɪɡneɪt] **1** pažymėti, nustatyti; ***to ~ boundaries on the map*** pažymėti ribas žemėlapyje **2** pavadinti, nurodyti **3** skirti; ***the funds ~d for this project*** lėšos skirtos šiam projektui; ***he's been ~d ambassador to France*** jį paskyrė ambasadoriumi į Prancūziją
designation [ˌdezɪɡˈneɪʃn] *n* **1** pažymėjimas; pavadinimas; nurodymas **2** (pa)skyrimas **3** *fiz.* žyminys
designed [dɪˈzaɪnd] *a* **1** projektinis; konstrukcinis **2** skirtas, planuotas; ***this course is ~ed for foreigners*** šis kursas skirtas užsieniečiams **3** tyčinis
designedly [dɪˈzaɪnɪdli] *adv* tyčia
designer [dɪˈzaɪnə] *n* **1** konstruktorius, projektuotojas **2** dailininkas modeliuotojas, modelininkas; dizaineris; ***costume ~*** *teatr.* kostiumininkas **3** pinklininkas, intriguotojas
designing [dɪˈzaɪnɪŋ] *n* **1** projektavimas **2** *(drabužių)* modeliavimas
a gudrus, klastingas
desilting [diːˈsɪltɪŋ] *n* dumblo šalinimas
desirability [dɪˌzaɪərəˈbɪləti] *n* **1** pageidaujamumas **2** patrauklumas, žavumas
desirable [dɪˈzaɪərəbl] *a* **1** pageidaujamas, norimas; geidžiamas; ***it is ~ that he should be present*** pageidautina, kad jis dalyvautų **2** patrauklus; gražus, tinkamas *(džn. reklamoje)*
desire [dɪˈzaɪə] *n* **1** *(stiprus)* noras, norėjimas, troškimas *(for);* ***at the ~ of the public*** publikos pageidavimu **2** geismas, aistra; ***sexual ~*** lytinis potraukis **3** troškimo objektas, svajonė

desirous

v **1** trokšti, labai norėti; *to obtain the ~d effect* gauti trokštamą/norimą rezultatą **2** prašyti, reikalauti; *I ~ that you (should) go at once* aš prašau/reikalauju, kad jūs nueitumėte tuojau ◊ *it leaves much ar a lot, a great deal to be ~d* gali/galėtų būti geresnis *(apie darbą ir pan.)*
desirous [dɪ'zaɪərəs] *a* trokštantis; *to be ~ to succeed ar of success* trokšti pasisekimo
desist [dɪ'zɪst] *v knyg.* liautis, nustoti; *to ~ from attempts* nebebandyti, liautis bandžius
desk [desk] *n* **1** rašomasis stalas; *roll-top ~* rašomasis stalas su atlenkiamu viršumi; *~ book* žinynas, vadovas; *~ diary [set]* stalinis kalendorius [telefonas] **2** mokyklinis suolas *(t. p. school ~)* **3** biuvaras *(t. p. ~ pad)* **4** *tech.* pultas; *control ~* valdymo pultas **5** *(viešbučio ir pan.)* informacijos stalas; registratūra *(t. p. reception ~); ~ clerk (ypač amer.)* registratorius **6** *muz.* piupitras **7** *(laikraščio)* redakcija; *sports ~ (redakcijos ir pan.)* sporto skyrius
desk-bound ['deskbaund] *a* sėdimas *(apie darbą); we were ~ all week* mes neatsikėlėme nuo rašomojo stalo visą savaitę
deskill [ˌdiː'skɪl] *v* **1** (su)mažinti darbo įgūdžių svarbą *(pasikeitus darbo sąlygoms)* **2** paversti kvalifikuotą darbininką nekvalifikuotu
desktop ['desktɒp] *n komp.* darbalaukis; *~ computer* stalinis kompiuteris
deskwork ['deskwəːk] *n* **1** kanceliarinis darbas *(kontoroje, valdyboje ir pan.)*; administracinė tarnyba **2** darbas prie rašomojo stalo
desman ['desmən] *n zool.* kurmėnas
Des Moines [dɪ'mɔɪn] *n* Di Moinas *(JAV Ajovos valstijos sostinė)*
desolate *a* ['desələt] **1** negyvenamas, be žmonių, tuščias **2** vienišas, apleistas; nelaimingas
v ['desəleɪt] **1** (su)niokoti, (nu)siaubti **2** palikti, apleisti **3** *(ppr. pass)* kelti neviltį; (pa)daryti nelaimingą; *she was ~d by the death of her husband* ji sunkiai išgyveno savo vyro mirtį
desolation [ˌdesə'leɪʃn] *n* **1** nusiaubimas, suniokojimas **2** tuštumas, vienuma; vienišumas **3** vargas, sielvartas; *abomination of ~ iron.* visiškas sunykimas
despair [dɪ'spɛə] *n* **1** neviltis, nusivylimas; beviltiškumas; nusiminimas; *to fall into ~* pulti į neviltį; *out of ~* iš nevilties **2** sielvarto/širdgėlos priežastis
v **1** neturėti vilties, būti neviltyje; *I ~ of ever succeeding* neturiu vilties, kad man kada nors pasiseks **2** netekti vilties, nusiminti *(of); his life is ~ed of* jo sveikatos būklė yra beviltiška
despairing [dɪ'spɛərɪŋ] *a* kupinas nevilties, beviltiškas; netekęs vilties
despairingly [dɪ'spɛərɪŋli] *adv* beviltiškai, neviltyje
despatch [dɪ'spætʃ] = **dispatch** *n, v*
desperado [ˌdespə'rɑːdəu] *isp. n (pl ~(e)s [-z])* beatodairiškas banditas; desperatas
desperate ['despərət] *a* **1** beviltiškas, desperatiškas; *the economy of the country is ~* šalies ekonomika arti katastrofos **2** žūtbūtinis; ignoruojantis pavojų; *they were ~* jie buvo pasiryžę viskam **3** baisus, smarkus; *~ storm* baisiausia audra; *~ daring* pašėlusi drąsa; *~ fool* visiškas kvailys; *~ gambler* smarkus/pašėlęs lošėjas
desperation [ˌdespə'reɪʃn] *n* neviltis, desperacija; *in ~* apimtas nevilties; desperatiškai; *to drive smb into ~ šnek.* įvaryti į neviltį, įsiutinti ką
despicable ['despɪkəbl] *a* nepakenčiamas; žemas, niekingas; *it's ~!* kaip bjauru!

desuetude

despise [dɪ'spaɪz] *v* neapkęsti, niekinti; *he was ~d by his classmates* klasės draugai jį niekino
despite [dɪ'spaɪt] *n psn.* neapykanta, pyktis; *in smb's ~* tyčia, iš keršto kam *(ką padaryti)*
prep nepaisant; *~ our efforts* nepaisant mūsų pastangų, nors mes stengėmės; *~ the fact that...* nors/kad ir...; *~ oneself* prieš savo norą
despiteful [dɪ'spaɪtfəl] *a psn., poet.* piktas, žiaurus
despoil [dɪ'spɔɪl] *v knyg.* **1** grobti, (api)plėšti **2** atimti *(of)*
despoilment [dɪ'spɔɪlmənt] *n knyg.* (api)plėšimas
despoliation [dɪˌspəulɪ'eɪʃn] *n knyg.* grobimas, plėšimas
despond [dɪ'spɒnd] *v* nusiminti, netekti vilties
despondence [dɪ'spɒndəns] *n* = **despondency**
despondency [dɪ'spɒndənsɪ] *n* nusiminimas, liūdnumas
despondent [dɪ'spɒndənt] *a* nusiminęs, liūdnas, prislėgtas
despot ['despɒt] *n* despotas
despotic [de'spɒtɪk] *a* despotiškas
despotism ['despətɪzm] *n* despotizmas
desquamate ['deskwəmeɪt] *v med.* pleiskanoti, luptis
des res [ˌdez'rez] *šnek.* žavus namas *(dominantis pirkėjus)*
dessert [dɪ'zəːt] *n* desertas; *~ wine* desertinis vynas
dessertspoon [dɪ'zəːtspuːn] *n* desertinis šaukštas
destabilization [ˌdiːsteɪbɪlaɪ'zeɪʃn] *n* destabilizavimas
destabilize [diː'steɪbɪlaɪz] *v* destabilizuoti
destination [ˌdestɪ'neɪʃn] *n* **1** paskyrimo vieta; *(kelionės ir pan.)* tikslas; *what is your ~?* kur jūs vykstate? **2** paskirtis, paskyrimas
destine ['destɪn] *v (ppr. pass)* **1** lemti; *they were ~d never to meet again* jiems nebebuvo lemta susitikti **2** (pa)skirti, numatyti; *to ~ smb for the navy* skirti ką į laivyną **3** vykti; *a vessel ~d for Klaipėda* laivas, plaukiantis į Klaipėdą
destiny ['destɪnɪ] *n* likimas; lemtis
destitute ['destɪtjuːt] *a* **1** skurstantis, esantis skurde; *to be ~* skursti; *they were left ~* jie liko be lėšų **2** neturintis *(of – ko); ~ of feeling* bejausmis
n (the ~) beturčiai, skurdžiai
destitution [ˌdestɪ'tjuːʃn] *n* **1** skurdas, skursna **2* neturėjimas *(of – ko)*
destress [diː'stres] *v* **1** *fiziol.* (su)mažinti stresą **2** *gžk.* (su)mažinti krovinių gabenimo intensyvumą
destroy [dɪ'strɔɪ] *v* **1** (su)naikinti, (su)griauti *(t. p. prk.)*; (su)ardyti; *to ~ smb's hopes* (su)griauti kieno viltis **2** sunaikinti *(gyventojus, priešą);* užmušti *(gyvulį)*
destroyer [dɪ'strɔɪə] *n* **1** griovėjas; naikintojas **2** *jūr.* eskadrinis minininkas
destruct [dɪ'strʌkt] *v* **1** likvidavimas/su(si)naikinimas skridimo metu *(raketos/sviedinio)* **2** įrengimų/medžiagų (su)naikinimas *(kad priešas neužgrobtų)*
v su(si)naikinti
destructible [dɪ'strʌktəbl] *a* sunaikinamas
destruction [dɪ'strʌkʃn] *n* **1** griovimas; (su)naikinimas; (su)ardymas **2** žlugimas; pražūtis; *~ of hopes* vilčių žlugimas; *gambling was his ~* jį pražudė azartiniai žaidimai
destructive [dɪ'strʌktɪv] *a* **1** griaunamasis, naikinamasis; ardomasis; *~ agency* griovimo priemonė **2** žalingas, pragaištingas; *~ to health* žalingas sveikatai; *~ criticism* triuškinama kritika
n griovėjas; griovimo priemonė, griaunamoji jėga
destructor [dɪ'strʌktə] *n* **1** *ret.* griovėjas **2** *(šiukšlių, atliekų)* deginimo krosnis
desuetude [dɪ'sjuːɪtjuːd, 'deswɪtjuːd] *n (įstatymo, papročio ir pan.)* pasenimas; nebevartojimas, išėjimas iš mados; *to fall into ~* pasenti, išeiti iš mados, būti nebevartojamam

desulphurize [diːˈsʌlfəraɪz] v chem. pašalinti sierą, desulfuruoti

desultory [ˈdesəltərɪ] a padrikas, nesistemingas, be (są)ryšio; **~ conversation** padrikas/nerišlus pokalbis; **~ reading** nesistemingas skaitymas; **~ remarks** padrikos/nesusijusios pastabos; **~ fighting** kar. pavieniai susidūrimai/susišaudymai; **~ fire** kar. netvarkingas susišaudymas

desurfacing [diːˈsəːfɪsɪŋ] n viršutinio sluoksnio pašalinimas

detach [dɪˈtætʃ] v 1 at(si)skirti; at(si)segti; nuplėšti; atjungti, atkabinti 2 kar., jūr. skirti dalinį tam tikram uždaviniui vykdyti

detachable [dɪˈtætʃəbl] a atskiriamas, nuplėšiamas, nuimamas

detached [dɪˈtætʃt] a 1 atskiras, pavienis (apie namą ir pan.) 2 nešališkas, savarankiškas (apie nuomonę, požiūrį ir pan.); **I'm trying to be ~ about it** aš stengiuosi žiūrėti į tai objektyviai 3 kar. komandiruotas; **~ duty** komandiruotė; **to place on ~ service** komandiruoti (dirbti, mokytis ir pan.)

detachment [dɪˈtætʃmənt] n 1 atskyrimas, išskyrimas; atjungimas, atkabinimas 2 objektyvumas, nešališkumas; atsiskyrimas, abejingumas (aplinkai, pasauliui) 3 kar., jūr. (specialios paskirties) padalinys; (pabūklo) tarnyba, komanda

detail [ˈdiːteɪl] n 1 detalė, smulkmena; **in ~** smulkiai, detaliai; **in more/greater ~** smulkiau, detaliau; **to go/enter into ~(s)** leistis į detales/smulkmenas; smulkiai apibūdinti 2 pl (mašinos, pastato ir pan.) detalės, elementai 3 kar., jūr. būrys, komanda
v 1 smulkiai aprašinėti/(nu)pasakoti/(iš)dėstyti, detalizuoti 2 (ypač kar.) (pa)skirti, pavesti (atlikti uždavinį); **to ~ for guard** skirti į sargybą

detailed [ˈdiːteɪld] a detalus, smulkus

detailing [ˈdiːteɪlɪŋ] n (drabužio, automobilio ir pan.) puošmenos, papuošimai

detain [dɪˈteɪn] v 1 sulaikyti (nusikaltėlį ir pan.) 2 užlaikyti, (su)trukdyti, (su)gaišinti, užgaišinti; **he was ~ed by business** jį sugaišino/užlaikė/sutrukdė reikalai

detainee [ˌdiːteɪˈniː] n sulaikytasis, areštuotasis (ypač dėl politinių priežasčių)

detainer [dɪˈteɪnə] n teis. 1 neteisėtas (turto) užlaikymas 2 nurodymas toliau laikyti suimtąjį

detangle [diːˈtæŋgl] v (ypač amer.) atnarplioti, išraizgyti

detank [ˌdiːˈtæŋk] v kar. išlipti/išlaipinti iš tanko

detect [dɪˈtekt] v 1 susekti, atskleisti, išaiškinti, aptikti 2 pajusti; **to ~ a flicker of irony in smb's voice** pajusti ironišką gaidelę kieno balse 3 rad. lyginti, detektuoti

detectable [dɪˈtektəbl] a susekamas, atskleidžiamas; (pa)juntamas

detection [dɪˈtekʃn] n 1 susekimas, atskleidimas ir pan., žr. **detect**; **crime ~** kova su nusikalstamumu 2 rad. detektavimas, detekcija

detective [dɪˈtektɪv] n seklys, detektyvas
a 1 seklio; **~ force** kriminalinė policija 2 detektyvinis; **~ novel** detektyvinis romanas

detector [dɪˈtektə] n 1 spec. detektorius; ieškiklis 2 chem. indikatorius

detent [dɪˈtent] n tech. užkirtiklis, stabdiklis, strektė

détente [ˌdeɪˈtɑːnt] pr. n polit. detantas, (tarptautinių santykių) įtampos mažinimas

detention [dɪˈtenʃn] n 1 sulaikymas; areštas, areštavimas, įkalinimas (ypač dėl politinių priežasčių); **preventive ~** prevencinis sulaikymas; **~ camp** internuotųjų stovykla; **~ centre/home** (nepilnamečių) kardomasis kalėjimas 2 užlaikymas, užtrukimas 3 (mokinio) palikimas po pamokų

deter [dɪˈtəː] v sulaikyti, atbaidyti, atgrasinti (from); **I was ~red by the cost** mane atbaidė kaina

deterge [dɪˈtəːdʒ] v med. valyti

detergent [dɪˈtəːdʒənt] n detergentas, valymo/dezinfekavimo priemonė
a valantis, dezinfekuojantis; **~ additive** tech. plovimo priedas

deteriorate [dɪˈtɪərɪəreɪt] v 1 blogėti; gesti; gadinti; **his deteriorating health** jo blogėjanti sveikata; **fruit ~s quickly in hot weather** vaisiai greit genda per karščius 2 (into) (pa)virsti; **the meeting soon ~d into a fight** susirinkimas greit virto muštynėmis

deterioration [dɪˌtɪərɪəˈreɪʃn] n 1 (pa)blogėjimas; gedimas 2 (fizinis) nusidėvėjimas

deteriorative [dɪˈtɪərɪəreɪtɪv] a blogėjantis; bloginantis

determinable [dɪˈtəːmɪnəbl] a 1 apibrėžiamas; nustatomas 2 teis. galimas nutraukti, pasibaigiantis (apie sutartį)

determinant [dɪˈtəːmɪnənt] n lemiamas veiksnys/faktorius; determinantas (t. p. mat.)
a sąlygojantis, lemiantis, lemiamas

determinate [dɪˈtəːmɪnət] a 1 apibrėžtas, nustatytas; **~ order** nustatyta tvarka 2 lemiamas; galutinis, nuspręstas 3 ryžtingas (apie charakterį)

determination [dɪˌtəːmɪˈneɪʃn] n 1 ryžtingumas; pasiryžimas; **dogged ~** didžiulis ryžtas; **he tackled the job with ~** jis ryžtingai ėmėsi darbo 2 nustatymas; (sąvokos ir pan.) apibrėžimas; determinacija; **~ of price** kainos apskaičiavimas 3 teis. nutarimas, sprendimas

determinative [dɪˈtəːmɪnətɪv] a 1 sąlygojantis, sprendžiamasis 2 apibrėžiantis, apribojantis
n 1 lemiamasis/sprendžiamasis veiksnys 2 gram. pažymimasis žodis

determine [dɪˈtəːmɪn] v 1 (nu)lemti, sąlygoti, lemti; determinuoti 2 nustatyti; apibrėžti (sąvoką ir pan.); **to ~ boundaries** nustatyti ribas 3 nuspręsti; **he ~d to leave tomorrow** jis nusprendė išvykti rytoj 4 teis. nutraukti, užbaigti

determined [dɪˈtəːmɪnd] a 1 pasiryžęs 2 ryžtingas

determiner [dɪˈtəːmɪnə] n gram. determinantas

determinism [dɪˈtəːmɪnɪzm] n filos. determinizmas

deterrent [dɪˈterənt] n sulaikymo/atbaidymo/atgrasinimo priemonė; **nuclear ~** branduolinis ginklas (kaip priešo atgrasinimo priemonė); **the long journey is a bit of a ~ to me** ilga kelionė mane šiek tiek baido
a sulaikantis, atbaidantis, atgrasantis, atgrasomasis

detersive [dɪˈtəːsɪv] = **detergent** n, a

detest [dɪˈtest] v neapkęsti; šlykštėtis, bjaurėtis; **I ~ sweet wines** aš labai nemėgstu saldžių vynų

detestable [dɪˈtestəbl] a neapkenčiamas; šlykštus, bjaurus

detestation [ˌdiːteˈsteɪʃn] n 1 neapkentimas, neapykanta 2 neapykantos/pasibjaurėjimo objektas; šlykštybė

dethrone [dɪˈθrəʊn] v 1 nuversti nuo sosto 2 atleisti (iš aukštų pareigų); prk. nuvainikuoti

dethronement [dɪˈθrəʊnmənt] n 1 nuvertimas nuo sosto 2 atleidimas (iš aukštų pareigų); prk. nuvainikavimas

detinue [ˈdetɪnjuː] n teis. neteisėtas turto (už)valdymas; **action in ~** ieškinys dėl neteisėtai valdomo turto grąžinimo

detonate [ˈdetəneɪt] v 1 spec. detonuoti, sprogti; sprogdinti 2 sukelti (karą, prieštaravimus ir pan.)

detonation [ˌdetəˈneɪʃn] n spec. detonacija, sprogimas; sprogdinimas

detonator [ˈdetəneɪtə] n detonatorius (medžiaga; kapsulė); sprogdiklis

detour ['di:tuə] *pr. n* aplinkkelis, aplinkinis kelias, lankstas; **to make a ~** daryti lankstą
v daryti lankstą, važiuoti aplink; pakreipti kita kryptimi
detox ['di:tɔks] *(ypač amer.) šnek. n* = **detoxi(fi)cation**
v = **detoxify**
detoxi(fi)cation [di:ˌtɔksı(fı)'keıʃn] *n* detoksikacija, intoksikacijos (pa)šalinimas
detoxify [di:'tɔksifaı] *v* (pa)šalinti intoksikaciją, nuodingas savybes
detract [dı'trækt] *v* atimti, mažinti, menkinti *(from);* **that does not ~ from his merit** tai nemažina jo nuopelnų
detraction [dı'trækʃn] *n* atėmimas, mažinimas, menkinimas *(from)*
detractive [dı'træktıv] *a* mažinantis, menkinantis *(nuopelnus, vertę)*
detractor [dı'træktə] *n* pavyduolis, niekintojas, peikėjas
detractory [dı'træktərı] *a* = **detractive**
detrain [di:'treın] *v* **1** išlipti, išlaipinti *(iš traukinio)* **2** iškrauti *(vagonus)*
detriment ['detrımənt] *n* nuostolis, žala; **to the ~** *(of)* pakenkiant, darant žalą/nuostolį *(kam);* **without ~** *(to)* nekenkiant, nedarant žalos/nuostolio *(kam);* **I know nothing to his ~** aš nežinau apie jį nieko bloga
detrimental [ˌdetrı'mentl] *a* žalingas; nuostolingas; **~ to one's health** kenksmingas sveikatai
n juok. nepavydėtinas partneris *(apie jaunikį)*
detrition [dı'trıʃn] *n* išsidėvėjimas, susitrynimas
detritus [dı'traıtəs] *n* **1** griuvėsiai, nuolaužos, liekanos **2** *spec.* detritas
de trop [də'trəu] *pr.* per daug; nereikalingas *(tam tikroje situacijoje)*
detruck [di:'trʌk] *v amer.* išlipti, išlaipinti *(iš sunkvežimio)*
detruncate [di:'trʌŋkeıt] *v ret.* nupjauti, (su)trumpinti
detumescence [ˌdi:tju'mesns] *n med. (patinimo, pabrinkimo)* atslūgimas
detune [di:'tju:n] *v muz., rad.* iš(si)derinti
deuce [dju:s] *n* **1** *(kortų, kauliukų)* dvi akys; dviakė *(korta)* **2** lygus rezultatas, lygiosios *(40:40 tenise)* **3** *šnek.* velnias *(keiksmažodis);* **~ take it!** velniai griebtų!; **what the ~ is that?** kas tai, po velnių?!; kas čia per velnias!; **go to the ~!** eik po velnių! ◊ **the ~ a bit!** nė kiek!; **a/the ~ of** didžiulis, baisus, velniškas; **to play the ~** *(with)* pridaryti velniavos *(kam)*
deuced [dju:st] *šnek. a* velniškas, velnioniškas, baisus; **in a ~ hurry** baisiai skubantis
adv velniškai, velnioniškai
deuteride ['dju:təraıd] *n fiz.* deuteridas
deuterium [dju:'tıərıəm] *n fiz., chem.* deuteris, sunkusis vandenilis
deuteron ['dju:tərɔn] *n fiz., chem.* deuteronas, deutonas
deutzia ['dju:tsıə] *n bot.* radastas *(uolaskėlinių šeimos dekoratyvinis krūmas)*
Deva ['deıvə] *n ind. mit.* Deva, Devas
devaluation [di:ˌvælju'eıʃn] *n* **1** nuvertėjimas; nuvertinimas **2** *fin.* devalvacija, devalvavimas
devalue [di:'vælju:] *v* **1** nuvertinti, sumenkinti **2** *fin.* devalvuoti, atlikti devalvaciją
devastate ['devəsteıt] *v (ppr. pass)* **1** (nu)siaubti, (nu)niokoti **2** *prk.* priblokšti; **we were simply ~d by the news of the defeat** žinia apie pralaimėjimą mus tiesiog pribloškė
devastating ['devəsteıtıŋ] *a* **1** niokojamas(is); nusiaubiantis **2** triuškinantis *(apie argumentą ir pan.);* sukrečiantis, pribloškiantis *(apie žinią ir pan.)* **3** *šnek.* nuostabus
devastation [ˌdevə'steıʃn] *n* nusiaubimas, (nu)niokojimas
develop [dı'veləp] *v* **1** plėtoti(s), rutulioti(s), vystyti(s), iš(si)vystyti; **~ed countries** ekonomiškai stiprios šalys; **~ing**

countries ekonomiškai silpnos šalys **2** formuotis; (iš)augti; lavėti; **his talent was just starting to ~** jo talentas tik buvo pradėjęs formuotis; **plants ~ from seeds** augalai išauga iš sėklų; **to ~ a paunch** *šnek.* užsiauginti pilvą; **Tom has ~ed into a charming young man** Tomas užaugo ir tapo gražiu jaunuoliu **3** klostytis *(įvykiams);* plėstis, stiprėti *(apie epidemiją, krizę, ligą ir pan.);* **to ~ measles** susirgti tymais **4** įgyti *(savybę, įprotį);* **to ~ self-confidence** įgyti pasitikėjimo; **to ~ an awareness of smth** įsisąmoninti, suprasti ką **5** apstatyti *(sklypą);* panaudoti statyboms *(žemės plotą)* **6** ugdyti, (iš)prusinti, (iš)lavinti *(atmintį, protą ir pan.)* **7** (pa)aiškėti; (iš)aiškinti; **it ~ed that he had made a mistake** paaiškėjo, kad jis padarė klaidą; **to ~ the enemy** išžvalgyti priešą **8** išrutulioti, išdėstyti *(mintį);* atskleisti *(motyvus ir pan.)* **9** sukurti *(gaminį, metodiką ir pan.)* **10** *fot.* (iš)ryškinti **11** *amer. kar.* iš(si)skleisti; **to ~ an attack** priversti priešą išsiskleisti
developer [dı'veləpə] *n* **1** *(žemės, pastatų)* supirkėjas *(naujoms statyboms ir pan.);* **property ~** statybos vykdytojas **2** *fot.* ryškalas
development [dı'veləpmənt] *n* **1** plėtojimas(is), plėtra, plėtotė, augimas, plėtimas(is); vystymas(is), iš(si)vystymas; **strength ~** stiprumo didėjimas **2** raida, evoliucija; **~ of events** įvykių raida; **~ theory** evoliucijos teorija; **recent ~s in Europe** neseni/paskutiniai įvykiai Europoje **3** gerinimas, tobulinimas; *(naujų medžiagų ir pan.)* (su)kūrimas; **new ~** naujovė, patobulinimas; **~ type** bandomasis pavyzdys **4** parengimas eksploatuoti, panaudojimas *(žemės ploto)* statyboms *ir pan.;* apstatymas, apstatymo projektas; statyba **5** gyvenamasis rajonas, gyvenamieji namai *(t. p.* **housing ~)** **6** aplinkybė, įvykis; **to meet unexpected ~s** susidurti su nenumatytomis aplinkybėmis; **what are the latest ~s?** kokios paskutinės naujienos? **7** *fot.* ryškinimas **8** *kas. (telkinio)* parengiamieji darbai **9** *spec.* išklotinė
developmental [dıˌveləp'mentl] *a* plėtros, raidos; vystymo(si); **~ teaching** lavinamasis mokymas; **~ diseases** augimo ligos
deviance, deviancy ['di:vıəns, 'di:vıənsı] *n* nukrypimas *(nuo normos)*
deviant ['di:vıənt] *n* nukrypėlis *(nuo normos);* iškrypėlis; **sexual ~s** lytiniai iškrypėliai
a nukrypęs *(nuo normos);* **~ social behaviour** antisocialinis elgesys
deviate *v* ['di:vıeıt] nukrypti; atsitraukti; **to ~ from the truth** nutolti nuo tiesos; **to ~ ships** priversti laivus keisti kursą
a ['di:vıət] *amer.* = **deviant** *a*
deviation [ˌdi:vı'eıʃn] *n* **1** nukrypimas; **~ from the rules** nukrypimas nuo taisyklių **2** *spec.* nuokrypis, deviacija **3** *polit.* nukrypimas, pakraipa; **left-wing ~** kairysis nukrypimas, kairioji pakraipa **4** *jūr. kom.* nukrypimas nuo reiso/kurso
deviationist [ˌdi:vı'eıʃənıst] *n polit.* nukrypėlis
device [dı'vaıs] *n* **1** įtaisas, prietaisas, įrenginys, mechanizmas, aparatas; **closing ~** uždariklis; **stopping ~** stabdys **2** priemonė; **stylistic ~s** stilistinės/stiliaus priemonės **3** devizas; emblema **4** bomba, sprogmuo *(t. p.* **explosive ~)** **5** planas, kėslas, užmačia ◊ **to leave smb to his own ~s** palikti ką likimo valiai *(nepadėti);* palikti vieną, be priežiūros
devil ['devl] *n* **1** velnias, nelabasis, šėtonas *(šnek. t. p. apie blogą žmogų);* piktoji dvasia; **like the ~** *šnek.* kaip velnias; **do you know what those ~s have done?** ar žinai, ką tie nelabieji/šėtonai padarė? 2 *šnek.* po velnių!, po galais! *(reiškiant nepasitenkinimą ir pan.);* **go to the ~!**

eik(it) velniop!; *how [what, where, why] the ~...?* kaip [ką, kur, kodėl], po velnių, po galais...?; *what the ~ do you mean?* ką, po šimts galų, tu nori tuo pasakyti? **3** *šnek.* žmogus, vyrukas; *lucky ~* laimingasis; *poor ~* vargšas; *a ~ of a fellow* drąsus vyrukas; *little/young ~ juok.* velniūkštis, tikras velnias **4** *šnek.* velniškas/didžiulis darbas/kiekis *ir pan.*; *we had the ~ of the time* mums buvo velniškai sunku; *he's a ~ for work* jis dirba kaip arklys; *~ bit of money did he give!* nė velnio/cento jis nedavė!; *there will the ~ of a row* bus didžiulis skandalas; *it's the ~ of a mess* čia baisi netvarka, palaida bala; *that girl has the luck of the ~* tai mergaitei velniškai sekasi; *a ~ to eat* valgantis už du **5** *(keptos mėsos, žuvies)* aštrus patiekalas **6** *tech.* draskytuvas ◊ *the blue ~s* niūri nuotaika, nusiminimas; *between the ~ and the deep blue sea* ≡ tarp kūjo ir priekalo; *to give the ~ his due* reikia pripažinti *(norint būti teisingam kieno atžvilgiu);* *(the) ~ take the hindmost!* paskutiniam blogiausia!, kiekvienas už save; *talk/speak of the ~ and he is sure to appear* ≡ vilką mini — vilkas čia; *the ~ is not so bad as he is painted* velnias ne toks baisus, kaip jį piešia; *he that sups with the ~ needs ar must have a long spoon* ≡ neik su velniu obuoliauti — liksi be obuolių ir be maišo; *to tell the truth and shame the ~* pasakyti visą/gryną tiesą; *be a ~* būk žmogus *(raginant ką daryti);* *there will be the ~ to pay when he finds out!* bus blogai, kai jis sužinos!, *we won — the ~ looks after his own juok.* mes laimėjome — velnias savo vaikais rūpinasi
v (-ll-) **1** dirbti *(for – kam);* dirbti juodą darbą *(for – už ką)* **2** troškinti *(mėsą ir pan.)* **3** draskyti į gabalus **4** *amer. šnek.* įgristi, erzinti
devildom ['devldəm] *n* **1** velniava **2** *kuop.* velniai
devilfish ['devlfɪʃ] *n zool.* **1** raja; jūrų velnias **2** aštuonkojis
devilish ['devlɪʃ] *a* velniškas, šėtoniškas
adv šnek. baisiai, velniškai
devilkin ['devlkɪn] *n* velniūkštis
devilled ['devɪld] *a kul.* su specijomis, su aštriais prieskoniais
devil-may-care [ˌdevlmeɪ'kɛə] *a* nerūpestingas, beatodairiškas, pramuštgalviškas; *~ attitude* visiškas nerūpestingumas
devilment ['devlmənt] *n* = **devilry**
devilry ['devlrɪ] *n* **1** beatodairiškumas, pramuštgalviškumas; šėtoniškas linksmumas; *he is up to some ~ again* jis vėl kažką rengia **2** blogybė; žiaurumas **3** velnio burtai, juodoji magija
devil's-bit ['devlzbɪt] *n bot.* pievinė miegalė
devil's-milk ['devlzmɪlk] *n bot.* karpažolė
devils-on-horseback [ˌdevɪlzɒn'hɔːsbæk] *n* kumpis, įdarytas slyvomis *(aštrus užkandis)*
deviltry ['devltrɪ] *n* = **devilry**
devil-worship ['devlˌwɔːʃɪp] *n* velnio/šėtono kultas/garbinimas
devious ['diːvɪəs] *a* **1** aplinkinis, netiesus, vingiuotas *(apie kelią)* **2** *prk.* vingrus; suktas, nesąžiningas; *he got rich by ~ means* jis praturtėjo nesąžiningu būdu **3** nukrypęs *(nuo tiesaus kelio),* klaidžiojantis
devisable [dɪ'vaɪzəbl] *a* **1** sugalvojamas, sumanomas **2** *teis.* paliekamas/perduodamas testamentu
devise [dɪ'vaɪz] *n* **1** sugalvojimas, sumanymas, išradimas **2** *teis.* palikimas, pagal testamentą paliekamas turtas
v **1** sugalvoti, išrasti, surasti *(būdą, planą ir pan.);* *he ~d a gadged for cleaning windows* jis sugalvojo/išrado įtaisą langams plauti **2** *teis.* palikti testamentu *(t. p. ~ and bequeath)*

devisee [dɪˌvaɪ'ziː, ˌdevɪ'ziː] *n teis. (nekilnojamojo turto)* paveldėtojas
deviser [dɪ'vaɪzə] *n* **1** sugalvotojas, išradėjas **2** *teis. (turto)* palikėjas
devisor [ˌdevɪ'zɔː] *n teis. (turto)* palikėjas, testatorius
devitalize [ˌdiː'vaɪtəlaɪz] *v* atimti gyvybiškumą, gyvybingumą
devocalization [diːˌvəʊkəlaɪ'zeɪʃn] *n fon.* devokalizacija
devoice [diː'vɔɪs] *v fon.* duslinti
devoid [dɪ'vɔɪd] *a* neturintis, be *(of);* *~ of sense* kvailas *(apie žmogų);* beprasmi(ška)s; *~ of fear* bebaimis; *~ of substance* be pagrindo; *he's totally ~ of humour* jis visai neturi humoro jausmo, jis visai nesupranta juokų
devoir [də'vwɑː] *pr. n (ppr. pl) psn.* mandagumo pareiškimas; *to pay one's ~s (to)* išreikšti pagarbą; padaryti vizitą
devolution [ˌdiːvə'luːʃn] *n* **1** *(valdžios, pareigų ir pan.)* perdavimas *(žemesnei instancijai, vietinei valdžiai);* decentralizavimas **2** *(turto, sosto)* perėjimas *(tiesioginiam paveldėtojui);* devoliucija **3** *biol.* išsigimimas, regresas
devolve [dɪ'vɒlv] *v* **1** perduoti, pavesti *(pareigas, įgaliojimus ir pan.)* **2** pereiti, atitekti *(kitam asmeniui; upon, on)* **3** *teis.* pereiti pagal testamentą *(apie turtą; to)* **4** *biol.* išsigimti
Devon ['devn] *n* Devonas *(Anglijos grafystė)*
Devonian [de'vəʊnɪən] *a* **1** Devono grafystės **2** *geol.* devono
n **1** Devono grafystės gyventojas **2** *geol.* devonas, devono periodas
devote [dɪ'vəʊt] *v* **1** skirti *(savo laiką/lėšas ir pan.; to)* **2** *refl* atsidėti, atsiduoti, pasiaukoti *(to);* *he ~d himself to his studies* jis atsidavė mokslui/studijoms
devoted [dɪ'vəʊtɪd] *a* **1** ištikimas, mylintis **2** atsidavęs, pasiaukojęs *(to);* *~ angler* aistringas meškeriotojas
devotee [ˌdevə'tiː] *n* **1** atsidavėlis; aistruolis, entuziastas; *a ~ of Bach* Bacho *(muzikos)* gerbėjas **2** pamaldus/dievobaimingas žmogus
devotion [dɪ'vəʊʃn] *n* **1** atsidavimas; ištikimybė **2** skyrimas *(laiko, energijos ir pan.; to)* **3** dievobaimingumas, pamaldumas **4** *pl* religinės apeigos, maldos; *he is at his ~s* jis meldžiasi
devotional [dɪ'vəʊʃnəl] *a* pamaldus, religingas; religinis
devour [dɪ'vauə] *v* **1** (su)ryti, (su)ėsti **2** *prk.* (pra)ryti; *to ~ novel after novel* ryti romaną po romano; *to ~ every word* ryti/gaudyti kiekvieną žodį **3** *pass* užvaldyti *(apie jausmus);* *to be ~ed by curiosity [anxiety]* mirti iš smalsumo [baisiai jaudintis] **4** (su)naikinti, apimti *(apie gaisrą, puvinį)*
devourer [dɪ'vauərə] *n* rijikas
devouring [dɪ'vauərɪŋ] *a* užvaldantis, *(t. p. prk.)* viešpataujantis *(apie jausmus);* naikinamasis
devouringly [dɪ'vauərɪŋglɪ] *adv* godžiai
devout [dɪ'vaut] *a* **1** pamaldus, dievotas, dievobaimingas **2** nuoširdus, širdingas *(apie padėką, linkėjimus ir pan.)*
dew [djuː] *n* **1** rasa **2** ašara; *(prakaito ir pan.)* lašas **3** *poet.* skaistumas, gaivumas; *the ~ of youth* jaunystės skaistumas
v **1** drėkinti, (ap)šlakstyti **2** *poet.* rasoti; *it is beginning to ~, it ~s* dedasi rasa, ima rasoti
dewater [diː'wɔːtə] *v* pašalinti vandenį *(iš)*
dewberry ['djuːbərɪ] *n* gervuogė
dew-claw ['djuːklɔː] *n zool.* piršto pavidalo rudimentinė atauga *(ant šuns, šerno ir pan. letenos)*
dewdrop ['djuːdrɒp] *n* rasos lašas

dewfall ['dju:fɔ:l] *n knyg.* **1** rasos kritimas **2** vakaro rasa, vakaras
dewiness ['dju:ınıs] *n* rasotumas
dewlap ['dju:læp] *n* pagurklis
dewomb [di:'wu:m] *v med.* pašalinti gimdą
dewy ['dju:ı] *a* **1** rasotas, aprasojęs; ~ *beads* rasos lašeliai **2** drėgnas, sudrėkęs; ~ *eyes* sudrėkusios *(nuo ašarų)* akys **3** *poet.* skaistus, gaivus
dewy-eyed ['dju:ı'aıd] *a* **1** drėgnų akių, su drėgnomis akimis **2** *iron.* skaistus, naivus
Dexedrine ['deksədri:n] *n farm.* deksedrinas
dexter ['dekstə] *a her.* dešinysis, esantis dešinėje pusėje
dexterity [dek'sterətı] *n* **1** miklumas, vikrumas **2** sumanumas, gabumas
dexterous ['dekstᵊrəs] *a* **1** vikrus, miklus, nagingas; ~ *hands* mitrios/vikrios rankos **2** sumanus; *to be ~ in business* sumaniai tvarkyti reikalus
dextrin(e) ['dekstrın] *n chem.* dekstrinas
dextrorse ['dekstrɔ:s] *a bot.* kuris vejasi iš kairės į dešinę *(apie stiebą)*
dextrose ['dekstrəus] *n chem.* dekstrozė; gliukozė
dextrous ['dekstrəs] *a* = **dexterous**
dharma ['dɑ:mə] *n ind. mit.* darma, dharma
dhoti ['dəutı] *ind. n* dotis *(indų vyriškas drabužis)*
dhow [dau] *arab. n* vienstiebis kabotažinis laivas
di- [dı-, daı-] *pref* dvi-, di-; *diatomic* dviatomis; *dioxide* dioksidas, dvideginis
dia- [daıə-] *pref* dia- *(reiškiant prasiskverbimą, pasiskirstymą ir pan.)*; *diamagnetism* diamagnetizmas; *diathermic* diaterminis
diabase ['daıəbeıs] *n min.* diabazas
diabetes [ˌdaıə'bi:ti:z] *n med.* diabetas, cukraligė
diabetic [ˌdaıə'betık] *n* diabetikas
a diabetinis
diabolic [ˌdaıə'bɔlık] *a* = **diabolical** 1, 2
diabolical [ˌdaıə'bɔlıkl] *a* **1** velnio, velniškas, šėtoniškas **2** žiaurus, piktas **3** *šnek.* baisus *(vart. norint pabrėžti)*
diabolism [daı'æbəlızm] *n* **1** velnio garbinimas/kultas **2** tarnavimas velniui; raganavimas **3** žiaurumas
diachronic [ˌdaıə'krɔnık] *a spec.* diachroniškas
diacritic [ˌdaıə'krıtık] *kalb. n* diakritinis ženklas
a diakritinis, atskirtinis
diacritical [ˌdaıə'krıtıkl] = **diacritic** *a*
diadem ['daıədem] *n* **1** diadema, karūna; vainikas **2** karaliaus valdžia
v karūnuoti, vainikuoti diadema/karūna
diaeresis [daı'ıərısıs] *n (pl* diaereses [-si:z]) *kalb.* **1** trema *(du taškeliai, rašomi virš raidės, pvz.,* naïve) **2** dierezė
diagnose ['daıəgnəuz] *v* **1** *med.* nustatyti diagnozę, diagnozuoti **2** nustatyti, kontaktuoti
diagnosis [ˌdaıəg'nəusıs] *n (pl* diagnoses [-si:z]) **1** *med.* diagnozė, ligos nustatymas; *to make a ~* nustatyti diagnozę **2** tikslus apibūdinimas, įvertinimas; *my ~ of the situation is as follows...* štai kaip aš aiškinu susiklosčiusią padėtį...
diagnostic [ˌdaıəg'nɔstık] *a* diagnostinis, diagnozės, diagnozavimo; ~ *skill* mokėjimas diagnozuoti
n **1** *(ligos)* simptomas **2** diagnozė
diagnostician [ˌdaıəgnɔ'stıʃn] *n* diagnozuotojas
diagnostics [ˌdaıəg'nɔstıks] *n* diagnostika
diagonal [daı'ægənl] *a* įstrižas, įstrižinis; *a ~ path across a field* keliukas, einantis įstrižai lauko
n geom. įstrižainė
diagram ['daıəgræm] *n* diagrama; grafikas; schema; *assembled ~* suvestinė diagrama; *~ of blood circulation* kraujo apytakos schema; *in ~ form* grafiškai, schemiškai

v (pa)vaizduoti/pateikti schemos/diagramos pavidalu; sudaryti diagramą/schemą
diagrammatic(al) [ˌdaıəgrə'mætık(l)] *a* schem(at)inis, schem(at)iškas; grafinis, grafiškas
diagrammatize [ˌdaıə'græmətaız] = **diagram** *v*
dial [daıᵊl] *n* **1** *(matavimo prietaiso, laikrodžio)* ciferblatas; apskritoji skalė **2** *(telefono aparato)* diskas **3** *rad.* stoties nustatymo įtaisas **4** saulės laikrodis
v (-ll-) **1** (su)rinkti telefono numerį; ~ *the police station* (pa)skambinkite į policijos skyrių **2** matuoti/nustatyti pagal skalę/ciferblatą *ir pan.*
dialect ['daıəlekt] *n kalb.* tarmė, dialektas; ~ *story* anekdotas, paremtas tarmybėmis; *to speak ~* kalbėti tarmiškai
dialectal [ˌdaıə'lektl] *a kalb.* tarminis, dialektinis
dialectic [ˌdaıə'lektık] *n* **1** dialektika **2** mokėjimas polemizuoti
a = **dialectical**
dialectical [ˌdaıə'lektıkl] *a filos.* dialektinis; dialektiškas; ~ *method* dialektinis metodas
dialectician [ˌdaıəlek'tıʃn] *n filos.* dialektikas
dialectics [ˌdaıə'lektıks] *n* dialektika
dialectologist [ˌdaıəlek'tɔlədʒıst] *n* dialektologas
dialectology [ˌdaıəlek'tɔlədʒı] *n* dialektologija, tarmių mokslas
dialling ['daıəlıŋ] *n* telefono numerio (su)rinkimas; ~ *tone* signalas „linija neužimta"
dialog ['daıəlɔg] *amer.* = **dialogue** *n, v*
dialogic(al) [ˌdaıə'lɔdʒık(l)] *a* dialoginis, dialogiškas
dialogue ['daıəlɔg] *n* dialogas *(t. p. polit.);* pokalbis
v **1** kalbėtis **2** (iš)reikšti mintis dialogo forma
dialyser [ˌdaıə'laızə] *n chem.* dializatorius
dialysis [daı'ælısıs] *n (pl* -ses [-si:z]) *chem.* dializė
diamagnetism [ˌdaıə'mægnətızm] *n fiz.* diamagnetizmas
diamanté [ˌdaıə'mæntı, dıə'mɔnteı] *pr. a* papuoštas dirbtiniais deimantais
diameter [daı'æmıtə] *n* skersmuo, diametras; *two feet in ~* dviejų pėdų skersmens
diametric(al) [ˌdaıə'metrık(l)] *a* **1** diametrinis, skersmeninis; ~ *clearance tech.* radialinis tarpas **2** diametralus, visiškas *(apie priešingumą)*
diametrically [ˌdaıə'metrıkᵊlı] *adv* diametraliai; ~ *opposed views* diametraliai/visiškai priešingos nuomonės
diamond ['daıəmənd] <*n, a, v*> *n* **1** deimantas, briliantas; *black ~* juodasis briliantas; *black ~s* akmens anglys; *rough ~* a) nešlifuotas deimantas; b) *prk.* šiurkščių manierų, bet geros širdies žmogus *(amer.* ~ *in the rough)* **2** rėžtukas, deimantas *(stiklui rėžti)* **3** *geom.* rombas **4** *pl (kortų)* būgnai **5** beisbolo aikštelė
a deimantinis, briliantinis; ~ *necklace* deimantų vėrinys; ~ *anniversary/jubilee* deimantinis jubiliejus *(šešiasdešimties metų sukaktis; amer. t. p.* septyniasdešimt penkerių metų sukaktis); *a ~ ring* žiedas su briliantu; *the D. State amer.* Delavero valstija
v puošti deimantais
diamond-field ['daıəməndfi:ld] *n* deimantų kasykla
diamond-point ['daıəməndpɔınt] *n* **1** graviravimo adata su deimantiniu antgaliu **2** *glžk.* bėgių sankirta *(smailiu kampu)*
diamond-shaped ['daıəmənd'ʃeıpt] *a* rombinis, rombiškas, rombo pavidalo
Diana [daı'ænə] *n* **1** Diana *(vardas; t. p. mit.)* **2** *poet.* mėnulis
dianthus [daı'ænθəs] *n bot.* gvazdikas

diapason [ˌdaɪə'peɪsn] *n* **1** diapazonas *(t. p. muz.)* **2** *muz.* vargonų pagrindinis registras **3** *muz.* kamertonas

diapause ['daɪəpɔːz] *n zool. (vabzdžių)* diapauzė

diaper ['daɪəpə] *n* **1** raštuota drobė *(staltiesėms, rankšluosčiams, vystyklams)* **2** rombinis raštas *(t. p. ~ pattern)* **3** *amer.* vystyklas
v **1** puošti rombiniu raštu **2** *amer.* keisti vystyklus, vystyti *(į vystyklus)*

diaphanous [daɪ'æfənəs] *a* permatomas, persišviečiantis *(apie audinį)*

diaphoretic [ˌdaɪəfə'retɪk] *farm. a* prakaito varomasis *n* prakaito varomasis vaistas

diaphragm ['daɪəfræm] *n* **1** *anat.* diafragma, perdanga **2** *fiz., tech.* diafragma, pertvara; membrana **3** *bot., zool.* plėnelė, plėvelė **4** *med.* gaubtukas, padedantis išvengti nėštumo

diaphragmatic [ˌdaɪəfræg'mætɪk] *a* diafragminis

diarchy ['daɪɑːkɪ] *n* dvivaldystė

diarist ['daɪərɪst] *n* žmogus, rašantis dienoraštį

diarize ['daɪəraɪz] *v* rašyti dienoraštį

diarrhea [ˌdaɪə'rɪə] *n amer.* = **diarrhoea**

diarrhoea [ˌdaɪə'rɪə] *n med.* viduriavimas, diarėja; *to have ~* viduriuoti

diary ['daɪərɪ] *n* **1** dienoraštis; *to keep a ~* rašyti dienoraštį **2** užrašų knygutė su kalendoriumi

diaspora [daɪ'æspərə] *n* **1** diaspora; žmonės, išsisklaidę po kitas šalis, imigrantai **2** *(kultūros ir pan.)* plitimas; *the ~ of English speech* anglų kalbos paplitimas kitose šalyse **3** *(the D.) ist. (žydų)* išsisklaidymas *(užgrobus Babiloniją)*

diastase ['daɪəsteɪz] *n chem.* diastazė

diastole [daɪ'æstəlɪ] *n fiziol.* diastolė

diathesis [daɪ'æθɪsɪs] *n (pl* -ses [-siːz]) *med.* diatezė

diatom ['daɪətəm] *n bot.* titnagdumblis, diatominis dumblis

diatomic [ˌdaɪə'tɒmɪk] *a chem.* dviatomis

diatomite [daɪ'ætəmaɪt] *n min.* diatomitas

diatonic [ˌdaɪə'tɒnɪk] *a muz.* diatoninis

diatribe ['daɪətraɪb] *n knyg.* diatribė; griežta kritika, tulžinga/priekaipi kalba

diazepam [daɪ'æzɪpæm] *n farm.* diazepamas

dib [dɪb] = **dap** *v*

dibasic [daɪ'beɪsɪk] *a chem.* dvibazis

dibber ['dɪbə] = **dibble** *n*

dibble ['dɪbl] *ž. ū. n* kuoliukas *(augalams sodinti)*
v sodinti, kuoliuku padarant duobutes

dice [daɪs] *n* **1** *(pl ~) (žaidžiamasis)* kauliukas, kauliukai **2** žaidimas kauliukais ◊ *no ~ (ypač amer.) šnek.* nieko neišeis/neišeina
v **1** žaisti/lošti kauliukais **2** mesti kauliuką *(buriant; for); he ~d me for which of us should marry the girl* jis metė burtus, kuriam iš mūsų vesti tą mergaitę **3** *kul.* pjaustyti kubeliais *(t. p. ~ up)* **4** (iš)braižyti/siuvinėti langeliais/kvadratėliais □ *~ away* a) pralošti; b) pražaisti *(kurį laiką)* ◊ *to ~ with death* žaisti su mirtimi

dicer ['daɪsə] *n* žaidėjas kauliukais

dicey ['daɪsɪ] *a šnek. (truputį)* rizikingas, pavojingas; *their future is ~* nežinia, kaip susiklostys jų ateitis

dichogamy [daɪ'kɒɡəmɪ] *n bot.* dichogamija

dichotomy [daɪ'kɒtəmɪ] *n spec.* dichotomija; dalijimas(is)/skirstymas(is) į dvi dalis

dichromatic [ˌdaɪkrə'mætɪk] *a spec.* dichromatinis, dvispalvis

dichromic [daɪ'krəʊmɪk] *a* skiriantis tik dvi pagrindines spalvas

dick[1] [dɪk] *n* **1 (D.)** (Richard *sutr.)* Dikas *(vardas)* **2** *sl.* mulkis, žmogėnas **3** *amer. sl.* seklys **4** *vulg.* vyro varpa

dick[2] *n sl.: to take one's ~ (that)...* prisiekti, tvirtinti (kad)...

dickens ['dɪkənz] *n šnek.* **1** kipšas, velnias; *as pretty as the ~ amer.* velniškai gražus **2** po galais! *(po* what, who, where, why); *what the ~ do you want?* ko, po galais, tau čia reikia?

Dickens ['dɪkənz] *n: Charles ~* Čarlsas Dikensas *(anglų rašytojas)*

Dickensian [dɪ'kenzɪən] *a* Dikenso; dikensiškas

dicker ['dɪkə] *šnek. n* smulkus sandėris; daiktai/prekės kaip mainų/mokėjimo priemonė; mainai
v derėtis dėl smulkmenų

dickey ['dɪkɪ] *n* = **dicky**[1]

dickhead ['dɪkhed] *n sl.* mulkis, idiotas

dicky[1] ['dɪkɪ] *n* **1** antkrūtinis, krūtinėlė **2** prijuostė; seilinukas **3** vežiko/liokajaus sėdynė karietos užpakalyje; *(senovinio dviviečio automobilio)* sudedamoji užpakalinė sėdynė **4** = **dickybird**

dicky[2] ['dɪkɪ] *a šnek.* silpnas; netvirtas *(ant kojų); ~ heart/ticker* silpna širdis; *I feel a bit ~ after the flight* po skridimo aš jaučiuosi nekaip

dickybird ['dɪkɪbɜːd] *n vaik.* paukščiukas ◊ *not to say a ~* nė žodelio, nieko nesakyti, tylėti

dicotyledon [ˌdaɪkɒtɪ'liːdən] *n bot.* dviskiltis augalas

dicta ['dɪktə] *pl žr.* **dictum**

dictaphone ['dɪktəfəʊn] *n* diktofonas

dictate *n* ['dɪkteɪt] **1** įsakymas, (pa)liepimas; *the ~ of conscience [of reason]* sąžinės [proto] balsas **2** *polit.* diktatas
v [dɪk'teɪt] **1** diktuoti *(laišką ir pan.)* **2** (į)sakyti, liepti *(to); to ~ terms to the enemy* diktuoti sąlygas priešui; *common sense ~s that...* sveikas protas sako/nurodo, kad...

dictation [dɪk'teɪʃn] *n* **1** diktavimas; tai, kas diktuojama; *to write at smb's ~* rašyti kam diktuojant; *to take ~* a) rašyti diktuojant; b) paklusti įsakymui **2** liepimas, įsakymas **3** *mok.* diktantas **4** *polit.* diktatas

dictator [dɪk'teɪtə] *n* diktatorius *(t. p. prk.)*

dictatorial [ˌdɪktə'tɔːrɪəl] *a* **1** diktatorinis, diktatoriaus **2** diktatoriškas; valdingas

dictatorship [dɪk'teɪtəʃɪp] *n (įv. reikšm.)* diktatūra

diction ['dɪkʃn] *n* **1** dikcija, tarsena; minčių reiškimo maniera/stilius **2** žodžių/frazių parinkimas; *poetic ~* poezijos kalba

dictionary ['dɪkʃənrɪ] *n* **1** žodynas *(knyga); ~ of place-names* vietovardžių žodynas **2** žinynas *(sudarytas abėcėlės tvarka)*

dictum ['dɪktəm] *n (pl ~s* [-z], dicta) **1** posakis, aforizmas **2** *ofic.* autoritetingas pareiškimas **3** *teis.* teisėjo nuomonė/pareiškimas *(neturintis nuosprendžio galios)*

did [dɪd] *past žr.* **do**[1] *v*

didactic [dɪ'dæktɪk, daɪ'dæktɪk] *a* **1** didaktinis, pamokomas **2** didaktiškas, mėgstantis (pa)mokyti

didacticism [dɪ'dæktɪsɪzm] *n* didaktizmas

didactics [dɪ'dæktɪks] *n* didaktika

didapper ['daɪdæpə] *n amer. dial.* = **dabchick**

diddle ['dɪdl] *v šnek.* **1** apgau(dinė)ti, sukčiauti; *to ~ smb out of his money* išvilioti iš ko pinigus **2** *amer.* tuščiai (pra)leisti *(laiką; t. p. ~ away)*

diddle-dee [ˌdɪdl'diː] *n bot.* raudonoji varnauogė

diddly (-squat) ['dɪdlɪ(ˌskwɒt)] *n amer. šnek.* nė kiek, nieko; *not to know ~* ničnieko nežinoti

didicoi ['dɪdɪkɔɪ] *n sl.* čigonas

didn't ['dɪdnt] = **did not**

dido ['daɪdəʊ] *n (pl ~(e)s* [-z]) *amer. šnek.* išdaiga, pokštas; *to cut ~es* kvailioti

Dido ['daɪdəʊ] *n mit.* Didonė
didst [dɪdst] *psn. vksm.* **do** *būtojo l. vns. 2 asmuo*
didy ['dɪdɪ] *n vaik.* vystyklėlis
die[1] [daɪ] *n* **1** *tech.* štampas; *(preso)* antgalis **2** *tech.* sriegiamoji galvutė; sriegpjovė **3** *(pl* dice) *psn., amer.* žaidimo kauliukas ◊ *straight as a ~* doras, sąžiningas; *to set smth upon the ~* ≡ statyti ką ant kortos; *the ~ is cast/thrown* burtai mesti
die[2] *v (pI* dying) **1** mirti *(t. p. prk.; of, from – nuo; for – už, dėl) to ~ in action/battle* žūti kovoje; *to ~ in one's bed* mirti savo mirtimi; *to ~ laughing* mirti iš juoko; *true love never ~s* tikroji meilė niekada nemiršta **2** išnykti, būti užmirštam; *colonial traditions ~ hard* kolonijinės tradicijos (iš)nyksta iš lėto, sunkiai **3** (nu)dvėsti, (nu)stipti **4** nuvysti *(apie augalus)* **5** silpnėti *(apie šviesą ir pan.);* nykti *(apie spalvas)* **6** (už)gesti *(apie variklį, cigaretę ir pan.)* **7** (iš)garuoti *(apie skystį)* **8** *šnek.* mirti, trokšti, baisiai norėti; *to be dying to do smth* labai norėti/trokšti ką padaryti; *I was dying of boredom [of thirst, for a drink]* aš miriau iš nuobodulio [iš troškulio] □ *~ away* a) silpnėti, (iš)nykti, (nu)tilti; b) (ap)alpti; *~ back* (nu)vysti; *~ down* nurimti, silpnėti *(apie audrą, vėją, gaisrą, jausmus, juoką, revoliuciją ir pan.); ~ off* išmirti *(vienam po kito); ~ out* a) išmirti; b) išnykti *(apie papročius ir pan.)*
die-casting ['daɪˌkɑːstɪŋ] *n metal.* liejimas slėgimu/slegiant
diehard ['daɪhɑːd] *n* **1** žmogus, neatsisakantis pasenusių idėjų/papročių **2** *polit.* kietakaktis, (ultra)konservatorius
dielectric [daɪɪ'lektrɪk] *fiz. n* dielektrikas, nelaidininkas *a* dielektrinis
dieresis [ˌdaɪ'ɪərɪsɪs] *n amer.* = **diaeresis**
diesel ['diːzl] *n* dyzelis, dyzelinis variklis *(t. p. ~ engine/ motor); ~ fuel* dyzelinis kuras
dieses ['daɪɪsiːz] *pl žr.* **diesis**
die-sinker ['daɪsɪŋkə] *n* antspaudų/štampų raižytojas
diesis ['daɪɪsɪs] *n (pl* dieses) *muz.* diezas
diestock ['daɪstɔk] *a tech.* sriegtuvas
diet[1] ['daɪət] *<n, a, v> n* **1** maistas **2** dieta; *to be on a ~* laikytis dietos; *~ pills* tabletės nuo nutukimo, liesinamosios tabletės
a dietinis
v paskirti dietą; laikytis dietos
diet[2] *n ist.* suvažiavimas, kongresas; tarptautinė konferencija **2** *(ne D. Britanijos)* parlamentas
dietary ['daɪətərɪ] *n* **1** maisto davinys **2** dieta
a **1** dietinis; *~ foods* dietiniai produktai **2** mitybos
dietetic [ˌdaɪə'tetɪk] *a* dietinis; dietetikos, dietologijos
dietetics [ˌdaɪə'tetɪks] *n* dietetika, dietologija
dietician, dietitian [ˌdaɪə'tɪʃn] *n* dietetikas, dietologas, dietologijos specialistas
diff [dɪf] *n (difference sutr.) šnek.* skirtumas; *what's the ~?* koks skirtumas?
differ ['dɪfə] *v* **1** skirtis *(from – nuo, in – kuo); to ~ in opinion* skirtis nuomonėms **2** nesutikti, nesutarti; *he ~ed with his brother about/on/over a political question* jis nesutarė su broliu politiniu klausimu; *I ~ from you there* čia aš nesutinku su jumis ◊ *tastes ~* ≡ dėl skonio nesiginčijama
difference ['dɪfrəns] *n* **1** skirtumas *(t. p. mat.);* skirtingumas; skirtis; *~ in age [in price]* amžiaus [kainų] skirtumas; *to make a ~ (between)* daryti/įžiūrėti skirtumą *(tarp); it makes no ~* nėra jokio skirtumo; visai nesvarbu; *a world of ~* didžiulis skirtumas **2** nesutarimas, nuomonių skirtingumas *(t. p. ~ of opinion); to have ~s*

ginčytis, nesutarti; *to settle the ~s* išspręsti nesutarimus, susitaikyti **3** skiriamasis požymis ◊ *with a ~* kitoks ir geresnis, nepaprastas ir įdomus *(pritariant); to split the ~* a) padalyti pusiau *(lygstamos kainos skirtumą);* b) susitarti kompromiso būdu; *to make all the ~* smarkiai *(viską)* pakeisti
v **1** skirti(s) **2** *mat.* apskaičiuoti skirtumą **3** *her.* modifikuoti herbą *(giminės atšakoms skirti)*
different ['dɪfrənt] *a* **1** skirtingas; nepanašus; įvairus; *to be ~ from other people* skirtis nuo kitų žmonių; *I rang at three ~ times* skambinau triskart įvairiu laiku **2** kitoks, kitoniškas, kitas; *I feel a ~ person now* dabar aš jaučiuosi visai kitas/kitoks žmogus **3** *šnek.* nepaprastas; *it's certainly ~!* tai tikrai originalu!
differentia [ˌdɪfə'renʃɪə] *n (pl* -tiae [-ʃiː:]) skiriamasis *(klasės, rūšies)* požymis
differential [ˌdɪfə'renʃl] *n* **1** *mat., tech.* diferencialas **2** *kom.* diferencinis tarifas **3** *glžk.* skirtinga bilieto kaina važiuojant į tą pačią vietą įvairiais maršrutais
a **1** skiriamasis, diferencinis; skirtuminis; atskirtinis **2** *mat., tech.* diferencialinis; *~ calculation* diferencialinis skaičiavimas
differentiate [ˌdɪfə'renʃɪeɪt] *v* **1** skirti(s), at(si)skirti; *to ~ one from another* skirti vieną nuo kito **2** diferencijuoti *(t. p. mat.);* diferencijuotis
differentiation [ˌdɪfərenʃɪ'eɪʃn] *n* **1** atskyrimas **2** diferenciacija; diferenciavimas(is); *price [wage] ~* kainų [atlyginimų] diferenciacija
differently ['dɪfrəntlɪ] *adv* **1** kitaip, kitoniškai; *I'd have done it ~* aš būčiau tai padaręs kitaip **2** skirtingai
difficile ['dɪfɪsiːl] *pr. a knyg.* sunkus, nesukalbamas, įnoringas
difficult ['dɪfɪkəlt] *a* **1** sunkus; keblus; varginantis; *she finds it ~ to climb the stairs* jai sunku lipti laiptais; *it is ~ to imagine* sunku įsivaizduoti; *to make life ~ for smb* apsunkinti kam gyvenimą **2** sunkiai sukalbamas, (vis) nepatenkintas; *~ child* sunkus *(sunkiai auklėjamas)* vaikas
difficulty ['dɪfɪkəltɪ] *n* **1** sunkumas; *to find ~ in understanding smb/smth* sunkiai ką suprasti; *without ~* nesunkiai, be vargo; *with much ~* vargais negalais; *the tests vary in ~* testai yra įvairaus sunkumo **2** kliūtis, apsunkinimas; *to make/raise difficulties* kliudyti, daryti kliūtis **3** *(džn. pl)* kebli padėtis; *(materialiniai)* sunkumai; *to be in difficulties* turėti materialinių sunkumų; būti keblioje padėtyje; *to get/run into ~* patekti į keblią padėtį; *to get out of ~* įsipainioti iš keblios padėties
diffidence ['dɪfɪdəns] *n* drovumas; drovėjimasis, drova; nepasitikėjimas savimi
diffident ['dɪfɪdənt] *a* drovus; nepasitikintis savimi; *to be ~ (about)* drovėtis
diffract [dɪ'frækt] *n fiz.* išsklaidyti *(spindulį);* difraguoti
diffraction [dɪ'frækʃn] *n fiz.* difrakcija
diffractive [dɪ'fræktɪv] *a fiz.* difrakcinis
diffuse *a* [dɪ'fjuːs] **1** difuzinis; išsisklaidęs, išsklaidytas; *~ light fiz.* išsklaidytoji šviesa **2** ištęstas, daugiažodis
v [dɪ'fjuːz] **1** iš(si)sklaidyti *(apie šviesą, šilumą);* (iš)sklisti *(apie rašalą ir pan.)* **2** skleisti *(informaciją, mokslą, džiaugsmą ir pan.);* (pa)sklisti
diffuseness [dɪ'fjuːsnɪs] *n* **1** ištęstumas, daugiažodiškumas **2** *(organizacijos)* padrikumas, išsisklaidymas
diffuser [dɪ'fjuːzə] *n tech.* difuzorius; skleidytuvas
diffusible [dɪ'fjuːzəbl] *a* pasklindantis, išsisklaidantis; galintis difunduoti
diffusion [dɪ'fjuːʒn] *n* **1** iš(si)sklaidymas **2** *(mokslo ir pan.)* skleidimas **3** *fiz.* difuzija

diffusive [dɪ'fju:sɪv] *a* **1** sklindantis **2** daugiažodis **3** *fiz.* išsklaidytas, difuzinis

dig [dɪg] *v* (dug) **1** kasti, kasioti; *to ~ a well* (iš)kasti šulinį; *to ~ a vegetable garden* sukasti daržą; *to ~ a pit for smb prk.* kasti kam duobę **2** knaisiotis, ieškoti *(knygos ir pan.; for); to ~ for information* ieškoti informacijos; *to ~ into the bag* raustis krepšyje **3** kasti *(bulves ir pan.)* **4** kasinėti *(archeologiniais tikslais)* **5** bakstelėti, (į)besti, badyti *(into)* **6** įgelti, užgauti, užgaulioti *(at)* **7** *amer. šnek.* uoliai darbuotis, kalti *(pamoką ir pan.; into)* **8** *sl.* išmanyti, suprasti **9** *sl.* mėgti, vertinti ▢ *~ in* a) įkasti, apkasti *(ypač kar.); refl* apsikasti *(apkasuose);* b) *refl šnek.* įsitaisyti, įsitvirtinti *(tarnyboje, gyventi kur);* c) *šnek.* pulti *(prie valgio);* d): *to ~ in manure* (pa)tręšti žemę mėšlu; *~ out* a) atkasti; iškasti; b) surasti; c) *amer. šnek.* išbėgti, iškurti, išnykti; *~ over (iš naujo)* pergalvoti; *~ up* a) iškasti, atkasti; b) sukasti, suarti *(lauką, ganyklą ir pan.);* c) suieškoti, atskleisti; d) *šnek.* sukrapštyti *(pinigų)*
n **1** kasimas; kasinėjimas; *to give the garden a ~* sukasti daržą **2** bakstelėjimas *(pašonėn); to give smb a ~* bakstelėti kam **3** *šnek.* įgėlimas *(kandžia pastaba; at)* **4** *pl šnek.* išsinuomotas kambarys **5** *archeol.* kasinėjimai

digamist ['dɪgəmɪst] *n* digamistas

digamy ['dɪgəmɪ] *n* digamija, dvipatystė, dvivyrystė

digest *n* ['daɪdʒest] **1** santrauka, reziumė; kompendiumas, rinkinys; periodikos apžvalga **2** *teis.* sisteminis įstatymas, teismo nutarimas *ir pan.;* sąvadas, rinkinys
v [daɪ'dʒest, dɪ-] **1** (su)virškinti *(maistą; t. p. prk.);* **chicken is easily ~ed** vištiena lengvai virškinama; *I need time to ~ what I have read* man reikia laiko suvirškinti tai, ką perskaičiau **2** asimiliuoti, pasisavinti, suprasti; *to ~ the events* susiorientuoti įvykiuose **3** pakęsti, iškęsti **4** sisteminti, klasifikuoti, sudaryti rodyklę **5** *ž. ū.* ruošti kompostą, kompostuoti

digester [daɪ'dʒestə, dɪ-] *n* **1** virškinimo skatinamasis vaistas **2** greitpuodis, hermetiškai užsidarantis verdamasis indas **3** *tech.* autoklavas

digestibility [daɪˌdʒestə'bɪlətɪ, dɪ-] *n* suvirškinamumas

digestible [daɪ'dʒestəbl, dɪ-] *a (lengvai)* virškinamas, pasisavinamas, asimiliuojamas

digestion [daɪ'dʒestʃn, dɪ-] *n* **1** maisto virškinimas **2** *(žinių ir pan.)* įgijimas, suvokimas

digestive [daɪ'dʒestɪv, dɪ-] *n* **1** = **digester** 1 **2** *kul.* trupininis pyragaitis *(t. p. ~ biscuit)*
a **1** virškinimo; *~ trouble* virškinimo sutrikimas **2** padedantis virškinti

digger ['dɪgə] *n* **1** kasamoji, kasimo mašina; ekskavatorius; *potato ~* bulvių kasamoji mašina **2** žemkasys, kasėjas **3** angliakasys, šachtininkas **4** *austral. šnek. (Australijos)* kareivis; australietis **5** *pl ist.* digeriai

digging ['dɪgɪŋ] *n* **1** kasimas, žemės darbai **2** kasykla; *(iškasenų)* gavyba **3** iškasenos **4** *pl* = **dig** 4 **5** *pl amer. šnek.* rajonas, gyvenvietė

dight [daɪt] *a psn., poet.* pasipuošęs, apsirengęs

digit ['dɪdʒɪt] *n* **1** *anat.* pirštas **2** piršto plotis *(kaip matas = 0,75 colio ≈ 1,9 cm)* **3** *mat.* vienaženklis skaičius, skaitmuo *(nuo 0 iki 9)*

digital ['dɪdʒɪtl] *a* **1** skaitmeninis; *~ computer* skaitmeninis kompiuteris; *~ code [recording]* skaitmeninis kodas [įrašas] **2** *anat.* pirštų; piršto pavidalo

digitalin [ˌdɪdʒɪ'teɪlɪn] *n chem.* digitalinas

digitalis [ˌdɪdʒɪ'teɪlɪs] *n* **1** *bot.* digitalis **2** = **digitalin**

digitate(d) ['dɪdʒɪteɪt(ɪd)] *a zool.* turintis išsirutuliojusius pirštus **2** *bot.* pirštiškas, pirštuotas

digitize ['dɪdʒɪtaɪz] *v komp.* pervesti *(informaciją)* į skaitmeninę formą

dignified ['dɪgnɪfaɪd] *a* orus, kilnus; vertas pagarbos; *to behave in a ~ way* elgtis oriai

dignify ['dɪgnɪfaɪ] *v* **1** teikti orumo/kilnumo **2** vadinti garbingu vardu, suteikti titulą *ir pan.*

dignitary ['dɪgnɪtərɪ] *n* aukštą/garbingą postą užimantis žmogus *(ypač dvasininkas)*

dignity ['dɪgnətɪ] *n* **1** orumas, kilnumas; garbingumas; *to stand (up) on one's ~* oriai laikytis; reikalauti sau pagarbos; *beneath one's ~* nesilaikantis deramo orumo, neprideramas kam **2** titulas, garbingas vardas **3** *kuop. (tituluotoji)* aukštuomenė

digraph ['daɪgrɑ:f] *n* digrafas *(dvi raidės vienam garsui žymėti)*

digress [daɪ'gres] *v* nukrypti, nutolti *(nuo temos ir pan.)*

digression [daɪ'greʃn] *n* nutolimas, nukrypimas; digresija; *lyrical ~ lit.* lyrinis nukrypimas

digressive [daɪ'gresɪv] *a* nutolstantis, nukrypstantis *(nuo temos)*

dihedral [daɪ'hi:drəl] *a geom.* sudaromas dviejų susikertančių plokštumų *(apie kampą)*

dike¹ [daɪk] *n* **1** pylimas, užtvanka, damba **2** *prk.* užtvara, kliūtis **3** nutekamasis griovys
v **1** apsaugoti/atitverti pylimu/užtvanka; daryti pylimą/užtvanką **2** iškasti griovį aplink; nusausinti vietą *(grioviais)* **3** mirkyti *(linus, kanapes)*

dike² *n sl.* lesbietė

diktat ['dɪktæt] *vok. n* diktatas

dilapidated [dɪ'læpɪdeɪtɪd] *a* apgriuvęs, aplūžęs, apšiuręs, nutriušęs; *~ car* iškleręs automobilis, kledaras

dilapidation [dɪˌlæpɪ'deɪʃn] *n* **1** apgriuvimas, aplūžimas, aptriušimas **2** *pl* kompensacija už žalą, padarytą nuomojamam namui, už bažnytinio turto valdymą

dilatable [daɪ'leɪtəbl] *a spec.* išplečiamas; platėjantis

dilatation [ˌdaɪleɪ'teɪʃn] *n spec.* iš(si)plėtimas, plėtimas(is); *linear ~* tiesinis ilgėjimas

dilatator ['daɪləˌteɪtə] *n* = **dilator**

dilate [daɪ'leɪt] *v* **1** iš(si)plėsti *(apie akies vyzdį ir pan.)* **2** *fiz.* plėstis **3** *knyg.* plačiai kalbėti *(on, upon – apie)*

dilation [daɪ'leɪʃn] *n* = **dilatation**

dilative [daɪ'leɪtɪv] *a* iš(si)plečiantis, plečiantis

dilator [daɪ'leɪtə] *n* **1** *med.* plėtiklis, dilatatorius **2** *anat.* dilatatorius *(raumuo)* **3** *tekst.* plėstuvas

dilatory ['dɪlətərɪ] *a* **1** delsiamas, delsiantis **2** *knyg.* delsus, lėtas

dilemma [dɪ'lemə, daɪ'lemə] *n* dilema *(t. p. log.);* būtinybė pasirinkti; *to be put into a ~, to be in a ~* susidurti su dilema; *to be on the horns of a ~* nežinoti, kurį iš dviejų nemalonių dalykų pasirinkti

dilettante [ˌdɪlɪ'tæntɪ] *it. n (pl* -ti [-tɪ], ~s [-z]) mėgėjas, diletantas
a diletantiškas, mėgėjiškas

dilettantism [ˌdɪlɪ'tæntɪzm] *n* diletantizmas

diligence¹ ['dɪlɪdʒəns] *n* stropumas, uolumas; darbštumas

diligence² ['dɪlɪdʒəns, 'dɪlɪʒɑ:ns] *pr. n ist.* diližanas

diligent ['dɪlɪdʒənt] *a* **1** stropus, uolus; darbštus **2** kruopštus, kruopščiai padarytas

dill [dɪl] *n bot.* krapas; *~ pickle* marinuotas agurkas su krapais

dilly ['dɪlɪ] *n (ypač amer.) šnek.* žavumas, puikybė; *a ~ of a movie* žavus/nuostabus filmas

dillydally ['dɪlɪˌdælɪ] *v šnek.* delsti *(nesiryžtant ką daryti);* gaišti

diluent ['dɪljuənt] *chem. a* atskiedžiantis, praskiedžiantis
n skiediklis
dilute [daɪ'lju:t] *v* **1** (at)skiesti, (at)miešti *(skystį)* **2** susilpninti, sumenkinti *(programą, principus ir pan.)*
a atskiestas, atmieštas
dilutee [ˌdaɪlju:'ti:] *n* nelabai kvalifikuotas darbininkas
dilution [daɪ'lju:ʃn] *n* **1** (at)skiedimas, atmiešimas **2** silpninimas
diluvial [daɪ'lu:vɪəl] *a geol.* deliuvinis
diluvium [daɪ'lu:vɪəm] *n geol.* deliuvis, deliuvinės nuogulos
dim [dɪm] *a* **1** blausus, blankus *(apie šviesą, patalpą)* **2** neaiškus, neryškus; **~ memories** neaiškūs/migloti prisiminimai **3** silpnas *(apie regėjimą)* **4** *šnek.* bukas, neišmanantis ◊ **to take a ~ view of smth** *šnek.* skeptiškai/pesimistiškai/neigiamai žiūrėti į ką, nemėgti ko
v **1** blankti, blaustis, apsiblausti **2** (pri)tem(dy)ti; **to ~ one's lights/headlights** *amer. aut.* perjungti šviesas, įjungti artimąsias šviesas; **her eyes were ~med with tears** ašaros aptemdė jos akis **3** (iš)blukti *(apie prisiminimus ir pan.)* **4** (at)bukinti, (at)vėsinti *(jausmus)*
dime [daɪm] *n amer.* dešimties centų moneta; **~ novel** pigus bulvarinis romanas; **~ store** *amer.* parduotuvė/krautuvė, prekiaujanti pigiomis prekėmis ◊ **a ~ a dozen** *šnek.* ≡ pigiau grybų, pigus; lengvai prieinamas; **to stop on a ~** *šnek.* ≡ sustoti kaip įbestam
dimension [dɪ'menʃn] *n* **1** *(problemos, situacijos)* aspektas *(to);* **to take on a whole new ~** gauti visiškai naują aspektą **2** mastas, užmojis; svarba; **a scheme of vast ~s** didelės svarbos, plataus užmojo planas **3** *(ppr. pl)* matmuo *(t. p. mat.);* dimensija *(t. p. fiz.);* dydis; **of three ~s** trijų matmenų; **the ~s of the room** kambario plotas *(matmenys);* **overall ~** gabaritų matmuo
v pažymėti/nustatyti (reikiamus) dydžius
dimensional [dɪ'menʃnəl] *a* matuojamasis, matavimo; erdvės, erdvinis
dimentionless [dɪ'menʃnləs] *a* **1** *spec.* bematis, nedimensinis **2** neišmatuojamas
dimerous ['dɪmərəs] *a bot., zool.* dvidalis, *(susidedantis)* iš dviejų dalių
dimeter ['dɪmɪtə] *n lit.* dvipėdis eilėraštis, dvipėdė eilutė
dimethyl [daɪ'meθɪl] *n chem.* etanas
dimidiate *a* [dɪ'mɪdɪət] padalytas į dvi lygias dalis
v [dɪ'mɪdɪeɪt] dalyti pusiau
diminish [dɪ'mɪnɪʃ] *v* **1** mažinti; mažėti; **to ~ suspicions** (iš)sklaidyti įtarimus **2** silpninti *(jėgas ir pan.)* **3** (su)menkinti, (pa)žeminti
diminishable [dɪ'mɪnɪʃəbl] *a* (su)mažinamas
diminished [dɪ'mɪnɪʃt] *a* **1** sumažėjęs, sumažintas; **~ column** *archit.* į viršų plonėjanti kolona; **~ responsibility** *teis.* ribotas pakaltinamumas *(dėl protinės būsenos)* **2** pažemintas; **to feel ~** jaustis pažemintam
diminuendo [dɪˌmɪnjuˈendəu] *it. adv, n muz.* diminuendo, decrescendo
diminution [ˌdɪmɪˈnju:ʃn] *n* **1** mažėjimas; mažinimas **2** *archit. (kolonos)* plonėjimas
diminutival [dɪˌmɪnjuˈtaɪvl] *gram. a* mažybinis
n mažybinė priesaga, mažybinis sufiksas
diminutive [dɪ'mɪnjutɪv] *a* **1** mažas, miniatiūrinis **2** *gram.* mažybinis; **~ suffix** mažybinė priesaga
n gram. mažybinis žodis, diminutyvas
dimity ['dɪmətɪ] *n* kanifasas *(audinys užuolaidoms/užtiesalams ir pan.)*
dimmer ['dɪmə] *n* **1** *el.* srovės/įtampos reguliatorius *(reostatas; t. p.* **~ switch)** **2** *amer. aut.* artimųjų šviesų perjungiklis

dimmish ['dɪmɪʃ] *a* blankokas, blausokas
dimness ['dɪmnɪs] *n* blausumas *ir pan., žr.* **dim** *a*
dimorphic [daɪ'mɔ:fɪk] *a spec.* dimorfinis
dimorphism [daɪ'mɔ:fɪzm] *n spec.* dimorfizmas
dimorphous [daɪ'mɔ:fəs] *a* = **dimorphic**
dim-out ['dɪmaut] *n (šviesų)* pritemdymas, užtemdymas
dimple ['dɪmpl] *n* **1** *(skruosto, smakro)* duobutė **2** įduba, įdubimas **3** bangelės *(ant vandens)*
v **1** susidaryti duobutei *(ant skruosto)* **2** raibuliuoti *(apie vandenį)*
dimpled, dimply ['dɪmpld, 'dɪmplɪ] *a* **1** su duobutėmis **2** raibuliuojantis *(apie vandenį)*
dimwit ['dɪmwɪt] *n šnek.* kvaiša, bukagalvis
dim-witted ['dɪm'wɪtɪd] *a šnek.* bukas, bukaprotis
din [dɪn] *n* ūžesys, gausmas; **the children are making a terrible ~** vaikai baisiai triukšmauja
v **1** ūžti, gausti; (ap)kurtinti **2** išūžti ausis *(atsibodusiomis kalbomis)* **3** nuolat kartoti; **to ~ into smb's head** (į)kalti kam į galvą
dinar ['di:nɑ:] *n* dinaras *(pinigas)*
dine [daɪn] *v* **1** pietauti; **to ~ in [out]** pietauti namie [ne namie]; **to ~ out on smth** būti kviečiamam pietums, kad papasakotum įdomių dalykų; **to ~ off/on smth** valgyti ką pietų; **to ~ off smb** pietauti iš kieno sąskaitos **2** vaišinti pietumis, duoti pietus **3** sutalpinti *(pietaujančius);* **this table [room] ~s twelve comfortably** prie šio stalo [šiame kambaryje] lengvai gali pietauti 12 žmonių
diner ['daɪnə] *n* **1** pietautojas, pietaujantysis *(restorane)* **2** *amer.* vagonas-restoranas **3** *amer.* pigi užkandinė *(ypač pakelėje)*
dinero ['daɪnərəu, dɪ'nɛərəu] *n amer. šnek.* pinigai
diner-out [ˌdaɪnər'aut] *n* žmogus, dažnai pietaujantis ne namie
dinette [daɪ'net] *n* mažas valgomasis *(džn. nišoje prie virtuvės);* **~ set** pietų staliukas su kėdutėmis
ding [dɪŋ] *n (varpo)* skambesys
v **1** skambėti *(apie metalą)* **2** *šnek.* įkyriai kartoti tą patį
ding-a-ling ['dɪŋə'lɪŋ] *n* **1** = **ding 2** *amer. šnek.* pusprotis, bukagalvis
dingbat ['dɪŋbæt] *n amer., austral.* = **ding-a-ling 2**
ding-dong ['dɪŋ'dɒŋ] *<n, a, adv> n* **1** bim bam; *(varpo ir pan.)* skambėjimas, skambesys **2** monotoniškas kartojimas **3** *šnek.* peštynės
a permainingas; **~ fight** permaininga kova
adv smarkiai, atkakliai; kartojant
dinghy ['dɪŋgɪ] *n* **1** *(laivo)* valtis; gelbėjimo valtis **2** pramoginė valtis
dingle ['dɪŋgl] *n* miškingas įklonis
dingo ['dɪŋgəu] *n (pl ~es* [-z]) *zool.* dingas *(šuo)*
dingus ['dɪŋgəs] *n amer. šnek.* nematytas daiktas; kaip jis ten vadinasi? *(vart. vietoj užmiršto žodžio/vardo)*
dingy ['dɪndʒɪ] *a* **1** tamsus, purvinas, aprūkęs; **~ room** niūrus kambarys **2** apiplyšęs, nutriušęs
dining-car ['daɪnɪŋkɑ:] *n* vagonas-restoranas
dining-room ['daɪnɪŋrum] *n* valgomasis; valgykla *(viešbutyje)*
dining-table ['daɪnɪŋˌteɪbl] *n* valgomasis stalas
dink [dɪŋk] = **dinky** *n*
dinkey ['dɪŋkɪ] *n amer.* nedidelis manevrinis garvežys
dinkum ['dɪŋkəm] *a austral. šnek.* **1** tikras *(t. p.* **fair ~)* **2** doras, sąžiningas
dinky ['dɪŋkɪ] *a šnek.* **1** žavus, dailus; miniatiūrinis **2** *amer.* prastokas, menkavertis, smulkus
n gerai uždirbančios bevaikės šeimos vyras/žmona

dinner ['dɪnə] *n* **1** pietūs; *to have/take ~* pietauti; *~ pail* indų komplektas pietums atnešti **2** oficialūs/kviestiniai pietūs *(t. p. formal ~); to give a ~* duoti/surengti pietus

dinner-bell ['dɪnəbel] *n* pietų skambutis

dinner-dance ['dɪnədɑːns] *n* kviestiniai pietūs su šokiais

dinner-jacket ['dɪnəˌdʒækɪt] *n* smokingas

dinner-party ['dɪnəˌpɑːtɪ] *n* kviestiniai pietūs

dinner-service, dinner-set ['dɪnəˌsəːvɪs, -set] *n* pietų servizas/rinkinys

dinner-table ['dɪnəˌteɪbl] *n* pietų stalas

dinnertime ['dɪnətaɪm] *n* pietų laikas/metas

dinner-wagon ['dɪnəˌwægən] *n* vežimėlis *(indams gabenti valgykloje)*

dinosaur ['daɪnəsɔː] *n* dinozauras

dint [dɪnt] <*n, prep, v*> *n (ypač poet.)* smūgio žymė, įduba, įspauda *(nuo smūgio)*
prep: by ~ of dėl, per; *by ~ of hard labour* atkakliu darbu
v palikti pėdsaką, įduobti, įspausti

diocesan [daɪˈɔsɪsn] *bažn. a* vyskupijos
n vyskupas

diocese ['daɪəsɪs] *n bažn.* vyskupija

diode ['daɪəud] *n el., rad.* diodas

dioecious [daɪˈiːʃəs] *n* **1** *bot.* dvinamis **2** *biol.* skirtalytis

Diogenes [daɪˈɔdʒɪniːz] *n* Diogenas *(graikų filosofas)*

Dionysus [ˌdaɪəˈnaɪsɪs] *n mit.* Dionisas *(graikų vyno dievas)*

diopter *amer.,* **dioptre** [daɪˈɔptə] *n opt.* **1** dioptrija **2** dioptras

dioptrics [daɪˈɔptrɪks] *n opt.* dioptrika

diorama [ˌdaɪəˈrɑːmə] *n men.* diorama

dioxide [daɪˈɔksaɪd] *n chem.* dioksidas, dvideginis; *sulphur ~* sieros dioksidas/dvideginis; *carbon ~* anglies dioksidas/dvideginis, angliarūgštė

dip [dɪp] *n* **1** pa(si)nėrimas; panardinimas, įmerkimas; *to have/take a ~, to go for a ~ (trumpai, greitai)* pasimaudyti, paplaukioti **2** dezinfekuojamasis skystis *(gyvulių parazitams naikinti)* **3** lietinė žvakė *(t. p. ~ candle)* **4** vėliavos saliutas *(truputį nuleidžiant)* **5** nuokalnė, nuolaiduma; kryptis **6** dauba, įdubimas; *(kalnų)* slėnis **7** *(kainų)* kritimas, mažėjimas **8** *(knygos ir pan.)* peržiūrėjimas *(into)* **9** *kul.* padažas, dažinys, mirkalas **10** *av.* kritimas, nėrimas žemyn **11** *sport.* nusileidimas ant ištiestų rankų **12** *fiz.* nuosvyra **13** *geol. (sluoksnio)* polinkis **14** *amer. šnek.* nemokša, mulkis
v **1** pa(si)nerti; (pa)nardinti, (į)merkti; *to ~ one's finger in water* panerti/įmerkti pirštą į vandenį; *to ~ a pen in(to) the ink* padažyti plunksną į rašalą; *to ~ one's pen in gall* tulžingai rašyti; *to ~ a dress* dažyti drabužį *(panardinant); to ~ sheep* maudyti *(dezinfekuoti)* avis **2** leistis žemyn *(apie kelią, saulę ir pan.)* **3** linktelėti *(galva)* **4** truputį nuleisti *(vėliavą);* saliutuoti *(truputį nuleidžiant vėliavą)* **5** mažėti, kristi *(apie pelną ir pan.)* **6** *(paviršutiniškai)* peržiūrėti, žvilgtelėti, pažvelgti *(into); to ~ into a book* paskaitinėti knygą; *to ~ into the future* pažvelgti į ateitį **7** kišti, kaišioti *(ranką į krepšį ir pan.; into)* **8** *aut.* perjungti šviesas *(kad neakintų važiuojančių priešais)* **9** *av.* nerti/kristi žemyn **10** *tech.* grūdinti *(metalą)* **11** *ž. ū.* maudyti, dezinfekuoti *(avis ir pan.)* □ *~ in* (pasi)imti savo dalį *(siūlomo maisto ir pan.); ~ out/up* išsemti

diphase, diphasic [daɪˈfeɪz, daɪˈfeɪzɪk] *a el.* dvifazis

diphosgene [daɪˈfɔsdʒiːn] *n chem.* difosgenas

diphtheria [dɪfˈθɪərɪə] *n med.* difterija, difteritas

diphtheric [dɪfˈθerɪk] *a med.* difterijos, difterito, difterinis

diphtheritic [ˌdɪfθəˈrɪtɪk] *a* = **diphtheric**

diphthong ['dɪfθɔŋ] *n fon.* diftongas, dvibalsis

diphthongize ['dɪfθɔŋgaɪz] *v fon.* dvibalsinti, diftongizuoti; sudaryti dvibalsį, (pa)versti dvibalsiu

diploid ['dɪplɔɪd] *n biol.* diploidas

diploma [dɪˈpləumə] *n* **1** diplomas; *teaching ~* mokytojo diplomas; *~ in architecture [in engineering]* architekto [inžinieriaus] diplomas; *~ mill amer. niek.* diplomų fabrikas **2** oficialus dokumentas
v ret. išduoti diplomą

diplomacy [dɪˈpləuməsɪ] *n* **1** diplomatija; *shuttle ~* šaudyklinė diplomatija *(diplomatui važinėjant iš vienos šalies į kitą)* **2** diplomatiškumas, taktas

diplomaed [dɪˈpləuməd] *a* diplomuotas
n diplomantas

diplomat ['dɪpləmæt] *n* diplomatas *(t. p. prk.)*

diplomate ['dɪpləmeɪt] *n (ypač amer.)* diplomo turėtojas; diplomuotas gydytojas/inžinierius *ir pan.*

diplomatic [ˌdɪpləˈmætɪk] *a* **1** diplomatinis; *~ body/corps* diplomatinis korpusas; *~ service* diplomatinė tarnyba **2** diplomatiškas; taktiškas; *~ reply* diplomatiškas atsakymas; *to be ~* turėti takto **3** *spec.* diplomatikos; pažodinis; *~ copy* tiksli kopija

diplomatics [ˌdɪpləˈmætɪks] *n* diplomatika

diplomatist [dɪˈpləumətɪst] *n* = **diplomat**

diplomatize [dɪˈpləumətaɪz] *v ret.* rengti diplomatines derybas; būti diplomatu

diplopia [dɪˈpləupɪə] *n med.* diplopija, dvejinimasis akyse

dip-needle ['dɪpˌniːdl] *n* magnetinė rodyklė *(nuosvyros kampui matuoti)*

dipnet ['dɪpnet] *n* meškeriotojo tinklelis *(su rankena)*

dipnoan ['dɪpnəuən] *n (pl -noi [-nəuɪ]) zool.* dvikvapė žuvis

dipolar [daɪˈpəulə] *a fiz.* dvipolis, dvipolinis, dviejų polių

dipole ['daɪpəul] *n el., rad.* dipolis

dipper ['dɪpə] *n* **1** samtis, kaušas **2** *niek.* (ana)baptistas **3** *(ypač amer.): the (Big) D.* Didieji Grįžulo Ratai; *the Little D.* Mažieji Grįžulo Ratai **4** *zool.* vandeninis strazdas

dipping-needle ['dɪpɪŋˌniːdl] *n* = **dip-needle**

dippy ['dɪpɪ] *a šnek.* pakvaišęs, pamišęs

dipshit ['dɪpʃɪt] *n amer. sl.* kvaiša, žioplys

dipso ['dɪpsəu] *n (pl ~s [-z]) šnek.* girtuoklis

dipsomania [ˌdɪpsəˈmeɪnɪə] *n med.* dipsomanija; alkoholizmas

dipsomaniac [ˌdɪpsəˈmeɪnɪæk] *n* alkoholikas

dipstick ['dɪpstɪk] *n* **1** *tech. (skysčio)* lygio matuoklis **2** *sl.* idiotas

dipswitch ['dɪpswɪtʃ] *n aut.* artimųjų šviesų perjungiklis

Diptera ['dɪptərə] *n pl zool.* dvisparniai *(vabzdžių būrys)*

dipteral ['dɪptərəl] *a* **1** *zool., bot.* dvisparnis **2** *archit.* apjuostas portiku su dviem eilėmis kolonų
n archit. dipteris *(pastatas su dviem sparnais; graikų šventovė su dviem eilėmis kolonų)*

dipterous ['dɪptərəs] = **dipteral** *a* 1

diptych ['dɪptɪk] *n* diptikas *(t. p. men.)*

dire ['daɪə] *a* **1** baisus, skaudus; *~ calamity* baisi/skaudi nelaimė; *~ necessity* skaudi būtinybė **2** žūtbūtinis *(apie reikalą)*

direct ['dɪrekt] <*a, adv, v*> *a* **1** tiesioginis *(t. p. gram., mat.); ~ descendant* tiesioginis palikuonis; *~ hit/shot kar.* tiesioginis pataikymas; *~ position kar.* atvira pozicija; *~ tax* tiesioginis mokestis; *~ contact* tiesioginis kontaktas; *~ drive tech.* tiesioginė pavara; *~ speech gram.* tiesioginė kalba **2** tiesus; *~ road* tiesus kelias; *in a ~ line with smth* vienoje linijoje su kuo **3** atviras,

tiesus; aiškus *(apie atsakymą, melą ir pan.)*; **~ person** tiesus žmogus **4** visiškas; **~ contrast** visiška priešingybė **5** *astr.* judantis iš vakarų į rytus
adv **1** tiesiai; tiesiog, tiesiogiai; **to come ~ to London** atvykti tiesiai į Londoną **2** tuojau pat, tučtuojau
v **1** nukreipti *(at, towards – į)*; **to ~ one's efforts [attention]** nukreipti/sutelkti savo pastangas [dėmesį]; **to ~ one's steps** pasukti *(kuria kryptimi)* **2** adresuoti *(laišką ir pan.)*; (pa)siųsti; **to ~ a remark** skirti/taikyti/adresuoti pastabą **3** (pa)rodyti kelią; **can you ~ me to the cemetery?** prašom parodyti kelią į kapines **4** vadovauti; **to ~ a business** vadovauti įmonei/firmai **5** diriguoti *(apie dirigentą)* **6** režisuoti; statyti *(apie režisierių)* **7** įsakyti, liepti; nurodyti; **I have been ~ed to apply to you** man nurodė kreiptis į jus

directing-post [dɪˈrektɪŋpəʊst] *n* kelio rodyklė, kelrodis
direction [dɪˈrekʃn] *n* **1** kryptis, linkmė; pusė; **in the ~** *(of)* link, kryptimi; **sense of ~** a) mokėjimas orientuotis; b) *(gyvenimo)* tikslo supratimas; **~ sign** kelio *(krypties)* ženklas; **they scattered in all ~s** jie išsisklaidė į visas puses **2** *(veiklos ir pan.)* aspektas, pusė, sritis **3** vadovavimas; **to work under the ~** *(of)* dirbti *(kieno)* vadovaujamam **4** vadovybė, direkcija **5** *(spektaklio, filmo)* pastatymas; režisūra **6** *pl* instrukcijos; nurodymai; direktyvos; **~s for use** naudojimosi taisyklės **7** *pl* adresas *(ant laiško ir pan.)*; **the ~s on the parcel were wrong** siuntinys buvo netiksliai adresuotas
directional [dɪˈrekʃnəl] *a spec.* kryptinis; **~ transmitter** radijo pelengatoriaus stotis, siųstuvas
direction-finder [dɪˈrekʃn ˌfaɪndə] *n* radijo pelengatorius
directive [dɪˈrektɪv] *n* direktyva
a nukreipiantis; nurodomasis, direktyvinis
directly [dɪˈrektlɪ] *adv* **1** tiesiai; tiesiog(iai); **he looked ~ at her** jis pažiūrėjo jai tiesiai į akis **2** *(džn.* [ˈdreklɪ]) tuojau pat; netrukus **3** atvirai
conj (t. p. [ˈdreklɪ]) kai tik; **let me know ~ he comes** praneškite) man, kai tik jis ateis
directness [dɪˈrektnɪs] *n* **1** tiesumas **2** atvirumas
director [dɪˈrektə] *n* **1** vadovas, direktorius; **executive ~** valdytojas; **financial ~** finansų skyriaus viršininkas **2** *(bendrovės, organizacijos)* valdybos narys **3** *kin., teatr., tel.* režisierius *(t. p.* **artistic ~***); film ~* kino režisierius; **art ~** a) filmo dailininkas; *(teatro, kino studijos)* meno vadovas; b) *(žurnalo, reklamos agentūros ir pan.)* vyriausiasis dailininkas **4** dirigentas **5** *kar. (valdybos, tarnybos)* viršininkas **6** *kar.* busolė
directorate [dɪˈrektərət, daɪ-] *n* **1** direkcija, direktoratas, valdyba **2** direktoriavimas; direktorystė
directorial [dɪˌrekˈtɔːrɪəl, daɪ-] *a* **1** direktoriaus **2** *kin., teatr.* režisieriaus
directorship [dɪˈrektəʃɪp, daɪ-] *n* direktorystė
directory [dɪˈrektərɪ, daɪ-] *n* adresų knyga; žinynas; katalogas; **~ enquiries**/*amer.* **assistance** telefonų tinklo informacijos biuras; **telephone ~** telefono abonentų knyga; **trade ~** prekybos firmų žinynas/katalogas
a direktyvinis, instruktažinis
directress [dɪˈrektrɪs, daɪ-] *n* direktorė
directrix [dɪˈrektrɪks, daɪ-] *lot. n* (*pl* directrices [ˌdɪrekˈtraɪsiːz]) *geom.* direktrisė
direful [ˈdaɪəfəl] *a poet.* siaubus, baisus
dirge [dəːdʒ] *n* laidotuvių giesmė; graudulinga melodija
dirham [ˈdɪərhəm] *arab. n* dirhamas *(piniginis vienetas)*
dirhem [dɪrˈhem] *n* = **dirham**
dirigible [ˈdɪrɪdʒəbl] *n* dirižablis; *(valdomas)* aerostatas
a valdomas, vairuojamas

diriment [ˈdɪrɪmənt] *a teis.* anuliuojantis, anuliuojamasis, panaikinantis
dirk [dəːk] *škot. ist. n* durklas
v durti durklu
dirndl [ˈdəːndl] *n* **1** tiroliečių moterų kostiumas **2** platus parauktas sijonas
dirt [dəːt] *n* **1** purvas **2** nešvarumai; nešvara; užsiteršimas; **dog ~** šuns išmatos **3** *šnek.* nešvankios kalbos, keiksmai; **to fling ~ about** burnoti; **to cast/fling/throw ~** *(at)*, **to dish ~** *(on)* drabstyti purvais, dergti **4** žemė, dirva, gruntas; **~ floor** *(plūktinė)* asla; **~ road** *amer.* gruntkelis, žvyruotas kelias **5** *geol.* sąnašos; sąnašynų auksas ◊ **to do smb ~** *šnek.* ≅ daryti/krėsti šunybes, (pa)kenkti kam; **to treat smb like ~** paniekinamai elgtis su kuo, laikyti ką už nieką; **to eat ~** iškęsti/pakelti nuoskaudą/įžeidimą; **as cheap as ~** ≅ pigiau grybų; **yellow ~** *sl.* auksas
dirtbike [ˈdəːtbaɪk] *n* motociklas važinėti labai raižyta vieta
dirt-cheap [ˌdəːtˈtʃiːp] *šnek. a* labai pigus
adv pigiau grybų
dirtily [ˈdəːtɪlɪ] *adv* **1** purvinai; nešvariai **2** niekšiškai, negarbingai
dirtiness [ˈdəːtɪnɪs] *n* **1** purvinumas, nešvarumas; apskretimas **2** niekšiškumas, žemumas
dirt-track [ˈdəːttræk] *n sport.* motociklų lenktynių trekas
dirty [ˈdəːtɪ] <*a, adv, n, v*> *a* **1** purvinas, nešvarus; **to get ~** susipurvinti; **to get/make smth ~** supurvinti, sutepti **2** drumzlinai/purvinai pilkas *(apie atspalvį)*; **~ green** drumzlinai žalias **3** netinkamas, nešvankus, nepadorus *(apie elgesį, anekdotą ir pan.)*; **~ player** nesąžiningas žaidėjas; **~ work** a) juodas/nuobodus darbas; b) *prk.* nešvarus darbas; negarbingas poelgis **4** bjaurus; **~ weather** bjaurus oras; **you're a ~ liar!** tu – bjaurus melagis! **5** *med.* nesterilus; užkrėstas *(apie žaizdą)* **6** *spec.* radioaktyvus; duodantis radioaktyvias nuosėdas ◊ **~ weekend** *juok.* savaitgalis, praleistas su meilužiu/meiluže
adv šnek. **1** labai; **~ great/big** didžiulis **2** nepadoriai; nesąžiningai
n: **to do the ~ on smb** *šnek.* (pa)daryti kam šunybę/ niekšybę
v purvinti(s), tepti(s), su(si)purvinti, su(si)tepti
dis- [dɪs-] *pref* **1** at-, iš-, nu- *(žymint atskyrimą, atėmimą ir pan.)*; **disconnect** atjungti, išjungti; **disburden** nuimti naštą **2** ne-, nu- *(žymint priešingą veiksmą, neigimą)*; **disapprove** nepritarti; **disarm** nu(si)ginkluoti; **disloyal** nelojalus, neištikimas
disability [ˌdɪsəˈbɪlətɪ] *n* **1** negalia, negebėjimas; bejėgiškumas **2** nedarbingumas; **~ pension** invalidumo pensija **3** *teis.* neveiksnumas, ribotas teisnumas
disable [dɪsˈeɪbl] *v* **1** daryti bejėgį/nepajėgų **2** sugadinti; išvesti iš rikiuotės *(t. p. kar.)* **3** *teis.* apriboti veiksnumą
disabled [dɪsˈeɪbld] *a* suluošintas, sužalotas; neįgalus; **~ soldier** karo invalidas; **~ worker** darbo invalidas
n (**the ~**) *kuop.* invalidai
disablement [dɪsˈeɪblmənt] *n* **1** invalidumas, darbingumo netekimas; išvedimas iš rikiuotės **2** teisių atėmimas
disabuse [ˌdɪsəˈbjuːz] *v* atverti akis *(klystančiam, suklaidintam)*; **to ~ one's mind** liautis manius, išmesti iš galvos; **we must ~ him of the idea** mums reikia įtikinti, kad yra ne taip, kaip jis mano
disaccord [ˌdɪsəˈkɔːd] *n* nesutarimas
v nesutarti, būti skirtingų nuomonių *(with)*
disaccustom [ˌdɪsəˈkʌstəm] *v knyg.* atpratinti
disadvantage [ˌdɪsədˈvɑːntɪdʒ] *n* **1** nenauda; kliūtis, nepatogumas; **to smb's ~** kieno nenaudai; **to be at a ~** būti nenaudingoje/nepatogioje padėtyje; **to put smb**

disadvantaged 258 **discard**

at a ~ statyti ką į nepalankią padėtį **2** nuostolis, žala **3** *šach.* netekimas
disadvantaged [ˌdɪsəd'vɑːntɪdʒd] *a* **1** *(socialiai)* nuskriaustas; neturintis palankių sąlygų **2** *euf.* beturtis, nepasiturintis
disadvantageous [ˌdɪsædvən'teɪdʒəs] *a* nenaudingas, nepalankus
disaffected [ˌdɪsə'fektɪd] *a* nepatenkintas *(ypač vyriausybe);* nelojalus *(to, towards)*
disaffection [ˌdɪsə'fekʃn] *n* nepasitenkinimas *(vyriausybe, politiniais idealais);* nelojalumas *(to, towards)*
disaffiliate [ˌdɪsə'fɪlɪeɪt] *v* atsiskirti *(apie organizaciją; from)*
disaffirm [ˌdɪsə'fəːm] *v* **1** neigti **2** *teis.* panaikinti, anuliuoti *(nuosprendį)*
disaffirmation [dɪsˌæfə'meɪʃn] *n* **1** neigimas **2** *teis. (nuosprendžio)* panaikinimas
disafforest [ˌdɪsə'fɔrɪst] *v* (iš)kirsti/(iš)naikinti mišką
disagree [ˌdɪsə'griː] *v* **1** nesutarti; nesutikti *(with);* **he and I always** ~ mes su juo visada nesutariame; **we** ~**d about the charge for the room** mes negalėjome susitarti dėl mokesčio už kambarį **2** nesutapti, skirtis; **the two reports** ~ tos dvi ataskaitos smarkiai skiriasi; **to** ~ **with the facts** prieštarauti faktams **3** netikti, būti kenksmingam *(apie maistą, klimatą; with)*
disagreeable [ˌdɪsə'griːəbl] *a* **1** nemalonus **2** sunkiai sugyvenamas, kivirčnus
n (džn. pl) nemalonumai
disagreement [ˌdɪsə'griːmənt] *n* **1** nesutarimas, nesutikimas; nesantaika; **to be in** ~ nesutarti **2** *(nuomonių ir pan.)* nesutapimas, skirtingumas; prieštaravimas
disallow [ˌdɪsə'lau] *v* atmesti, nepriimti; nepripažinti; **the goal was** ~**ed** įvartis nebuvo įskaitytas
disallowance [ˌdɪsə'lauəns] *n* atmetimas, nepriėmimas; nepripažinimas
disambiguate [ˌdɪsæm'bɪgueɪt] *v* pašalinti dviprasmiškumą
disannul [ˌdɪsə'nʌl] *v* anuliuoti, panaikinti *(kontraktą ir pan.)*
disappear [ˌdɪsə'pɪə] *v* **1** (pra)dingti, prapulti; **to** ~ **from view** dingti iš akių; **where did you** ~ **to** kur tu prapuolei? **2** (iš)nykti; **these beautiful birds are fast** ~**ing** šie gražūs paukščiai greit nyksta
disappearance [ˌdɪsə'pɪərəns] *n* (iš)nykimas; dingimas, (pra)žuvimas
disappoint [ˌdɪsə'pɔɪnt] *v* **1** apvilti, nuvilti; **I was** ~**ed in you [with the book]** aš nusivyliau tavimi [ta knyga] **2** (su)ardyti *(planus),* (su)žlugdyti *(viltis)*
disappointed [ˌdɪsə'pɔɪntɪd] *a* **1** nusivylęs, apviltas; nuliūdintas; **are you very** ~ **about/at losing the race?** ar tu labai nusiminęs, kad pralaimėjai lenktynes? **2** žlugęs *(apie planą, viltis)*
disappointing [ˌdɪsə'pɔɪntɪŋ] *a* apviliantis, keliantis nusivylimą; liūdnas, nelinksmas; **how** ~! koks nusivylimas!
disappointment [ˌdɪsə'pɔɪntmənt] *n* **1** nusivylimas; **to smb's (great)** ~ kieno (dideliam) nusivylimui **2** nemalonumas; nesėkmė
disapprobation [dɪsˌæprə'beɪʃn] *n* nepritarimas; (pa)smerkimas
disapprobative, disapprobatory [dɪs'æprəᵘbeɪtɪv, -təri] *a* nepritariamas, smerkiamas
disapproval [ˌdɪsə'pruːvl] *n* nepritarimas; **to shake one's head in** ~ nepritariamai papurtyti galvą
disapprove [ˌdɪsə'pruːv] *v* nepritarti, nepalankiai žiūrėti *(of – į)*
disapprovingly [ˌdɪsə'pruːvɪŋlɪ] *adv* nepritariamai
disarm [dɪs'ɑːm] *v* **1** nuginkluoti *(t. p. prk.);* nusiginkluoti; **to** ~ **the terrorist groups** nuginkluoti teroristines gru-

puotes; **her smile** ~**ed me** jos šypsena nuginklavo mane **2** padaryti nekenksmingą
disarmament [dɪs'ɑːməmənt] *n* nu(si)ginklavimas
disarmer [dɪs'ɑːmə] *n* branduolinio ginklo uždraudimo šalininkas
disarrange [ˌdɪsə'reɪndʒ] *v* suardyti; dezorganizuoti; **to** ~ **smb's hair** (su)taršyti kam plaukus
disarrangement [ˌdɪsə'reɪndʒmənt] *n* suardymas; dezorganizacija
disarray [ˌdɪsə'reɪ] *n* **1** netvarka, pairimas; sutrikimas; **to fall into** ~ sutrikti, pairti **2** netvarkingas apsirengimas; **in** ~ netvarkingas *(apie drabužius, plaukus ir pan.)*
v **1** padaryti netvarką; sutrikdyti, sukelti sumišimą **2** *poet.* nurengti
disassemble [ˌdɪsə'sembl] *v* išardyti, išmontuoti
disassociate [ˌdɪsə'səuʃɪeɪt] *v refl* atsiriboti *(from – nuo)*
disaster [dɪ'zɑːstə] *n* **1** nelaimė, negandos; baisus atsilikimas, katastrofa; **natural** ~ stichinė nelaimė; **rail** ~ geležinkelio katastrofa; **to court/invite** ~ už(si)traukti nelaimę/bėdą **2** nesėkmė, nemalonumas; **my cake was a** ~ *šnek.* pyragas man nenusisekė
disastrous [dɪ'zɑːstrəs] *a* pražūtingas, pragaištingas; ~ **effects** pragaištingi padariniai; ~ **policy** pražūtinga politika
disavow [ˌdɪsə'vau] *v* **1** (pa)neigti; atsisakyti, išsižadėti, neprisipažinti **2** *spec.* dezavuoti
disavowal [ˌdɪsə'vauəl] *n* **1** (pa)neigimas; atsisakymas, išsižadėjimas, neprisipažinimas **2** *spec.* dezavacija
disbalance [dɪs'bæləns] *n* disbalansas; pusiausvyros suardymas/suirimas
disband [dɪs'bænd] *v* **1** paleisti, išformuoti *(organizaciją ir pan.)* **2** išsiskirstyti, išsisklaidyti
disbar [dɪs'bɑː] *v (džn. pass)* teis. atimti advokato laipsnį, advokatūros teisę, uždrausti verstis advokato praktika
disbark [dɪs'bɑːk] *v spec.* nulupti žievę
disbelief [ˌdɪsbɪ'liːf] *n* ne(pa)tikėjimas
disbelieve [ˌdɪsbɪ'liːv] *v* ne(pa)tikėti; **to** ~ **in telepathy** netikėti telepatija; **there is no reason to** ~ **him** nėra pagrindo ne(pa)tikėti juo
disbeliever [ˌdɪsbɪ'liːvə] *n knyg.* netikintysis
disbench [dɪs'bentʃ] *v* atimti *(D. Britanijos)* juristų korporacijos prezidiumo nario vardą
disbowel [dɪs'bauəl] *v* = **disembowel**
disbranch [dɪs'brɑːntʃ] *v spec.* nupjaustyti šakas
disbud [dɪs'bʌd] *v spec.* apipjaustyti/pašalinti *(nereikalingus)* pumpurus
disburden [dɪs'bəːdn] *v* nu(si)imti naštą, nu(si)mesti sunkumą *(t. p. prk.);* **to** ~ **one's mind** *(of)* išsipasakoti
disburse [dɪs'bəːs] *v* (iš)mokėti, apmokėti *(iš fondo, iš valstybės lėšų)*
disbursement [dɪs'bəːsmənt] *n fin.* **1** išmoka **2** *pl* išlaidos
disc [dɪsk] *n* **1** diskas; skridinys, plokštė; **brake** ~ stabdžių diskas; **buffer** ~ *glžk.* buferinė lėkštė/plokštė; **slipped** ~ *med.* slankstelio poslinkis/dislokacija; **tax** ~ *aut.* metinis mokestis užmokėtas *(užrašas);* ~ **brake** diskinis stabdys; ~ **harrow** *ž. ū.* lėkštinės akėčios **2** *(gramofono)* plokštelė, diskas; **compact** ~ kompaktinis diskas
v **1** suteikti disko formą **2** įrašyti į plokštelę **3** *ž. ū.* akėti lėkštinėmis akėčiomis
discal ['dɪskl] *a* disko pavidalo
discard *n* ['dɪskɑːd] **1** kortų išmetimas; išmesta korta **2** *ret.* kas nors išmesta/nebereikalinga/nebetinkama; **to throw in the** ~ išmesti kaip nereikalingą
v [dɪ'skɑːd] **1** (iš)mesti kaip nebereikalingą/netinkamą; **we** ~ **warm clothing in summer** vasarą atsisakome šiltų

drabužių 2 atmesti *(hipotezę ir pan.)*; atsisakyti *(pažiūrų, draugystės)*; **to ~ one's lover** atstumti meilužį 3 išmesti *(kortą, kortas)* 4 *ekon.* brokuoti; nurašyti *(netinkamus įrengimus ir pan.)*

discern [dɪ'sə:n] *v* 1 (at)skirti, matyti skirtumą; **to ~ no difference** neįžiūrėti skirtumo; **to ~ right and/from wrong** skirti teisybę nuo neteisybės 2 išskirti, įžiūrėti *(tamsoje, tolumoje)*

discernible [dɪ'sə:nəbl] *a* įžiūrimas, išskiriamas; pastebimas

discerning [dɪ'sə:nɪŋ] *a* įžvalgus; nusimanantis; **~ mind** aštrus/įžvalgus protas

discernment [dɪ'sə:nmənt] *n* išskyrimas, įžiūrėjimas; įžvalgumas; nu(si)manymas

discharge [dɪs'tʃɑ:dʒ] *n* 1 paleidimas *(iš kalėjimo, kariuomenės)*; rekomendacija *(duodama paleidžiamajam)*; išrašymas *(iš ligoninės)* 2 atleidimas *(iš darbo)* 3 *(pareigų)* ėjimas; *(įsipareigojimų)* vykdymas 4 *(skolų)* mokėjimas; **~ of one's liabilities** atsiskaitymas pagal įsipareigojimus 5 *(dujų ir pan.)* ištekėjimas, nuotėkis; *(vandens)* debitas 6 *(pūlių ir pan.)* iš(si)skyrimas; išskyros 7 iššovimas, salvė 8 *(krovinio)* iškrovimas 9 *el.* išlydis, iš(si)elektrinimas; iškrova 10 *tekst., chem.* išblukinimas, išblukimas 11 *tech.* išmetamoji anga; išmetimas; **~ pipe** išmetamasis vamzdis 12 *teis.* išteisinimas
v 1 paleisti *(iš kalėjimo, kariuomenės)*; išrašyti *(iš ligoninės)* 2 atleisti *(iš darbo)* 3 eiti *(pareigas)*; vykdyti *(įsipareigojimus)* 4 (su)mokėti, apmokėti *(skolas)* 5 išmesti, išleisti *(dūmus, kanalizacinius vandenis ir pan.)*; **pollutants being ~d into the atmosphere** į atmosferą išmetami teršalai 6 pratrūkti *(apie pūlinį)*; išskirti *(pūlius)* 7 nešti vandenis, įtekėti *(into – į; apie upę)* 8 iššauti *(at, into)* 9 iškrauti *(laivą ir pan.)*; išlaipinti *(keleivius)*; **the aircraft ~d its passengers** keleiviai išlipo iš lėktuvo 10 *el.* iš(si)krauti, iš(si)elektrinti 11 *teis.* išteisinti; panaikinti *(sprendimą)* 12 *chem., tekst.* išblukinti; išblukti

dischargee [ˌdɪstʃɑ:'dʒi:] *n amer.* paleistasis iš kariuomenės, demobilizuotasis

discharger [dɪs'tʃɑ:dʒə] *n* 1 paleidėjas, išrašytojas *ir pan. žr.* **discharge** *v* 2 *el.* kibirkštinis iškroviklis; **lightning ~** žaibo iškroviklis

disciple [dɪ'saɪpl] *n* 1 mokinys, sekėjas 2 *rel.* apaštalas

discipleship [dɪ'saɪplʃɪp] *n* mokinystė

disciplinarian [ˌdɪsɪplɪ'nɛərɪən] *n* griežtos drausmės palaikytojas/šalininkas

disciplinary ['dɪsɪplɪnərɪ] *a* 1 drausminis, disciplinarinis; **~ punishment** drausminė nuobauda 2 drausminantis

discipline ['dɪsɪplɪn] *n* 1 drausmė, disciplina; drausmingumas, disciplinuotumas; **to keep/maintain ~** palaikyti drausmę 2 bausmė; *prk.* rykštė, botagas 3 *(mokymo)* metodas, būdas; treniruotė 4 *(mokslo)* dalykas, disciplina
v 1 drausminti, disciplinuoti 2 treniruoti; pratinti; **I've ~d myself to rise early** aš įpratau anksti keltis 3 bausti

disciplined ['dɪsɪplɪnd] *n* drausmingas, disciplinuotas; metodiškas, sistemingas

discipular [dɪ'sɪpjulə] *a knyg.* mokinio, mokiniškas

disc-jokey ['dɪskˌdʒɔkɪ] *n rad., tel.* programos, sudarytos iš įrašų, vedėjas

disclaim [dɪs'kleɪm] *v* 1 neigti, nepripažinti; **they ~ed responsibility for it** jie tvirtino, kad nėra atsakingi už tai 2 *teis.* atsisakyti, išsižadėti

disclaimer [dɪs'kleɪmə] *n* 1 (pa)neigimas, nepripažinimas 2 *teis.* atsisakymas, išsižadėjimas 3 pastaba apie sutapimų atsitiktinumą *(pvz., apie knygos personažų panašumą su gyvais žmonėmis)*

disclamation [ˌdɪsklə'meɪʃn] *n* = **disclaimer**

disclose [dɪs'kləuz] *v* 1 atskleisti, demaskuoti 2 atidengti, parodyti, paskelbti

disclosure [dɪs'kləuʒə] *n* 1 atskleidimas, demaskavimas 2 atidengimas, paskelbimas

disco ['dɪskəu] *šnek. n (pl* ~s [-z]) diskoteka
v lankyti diskoteką

discobolus [dɪ'skɔbələs] *n (pl* -li [-laɪ]) disko metikas *(sen. Graikijoje; t. p. jo statula)*

discography [dɪ'skɔgrəfɪ] *n muz.* įrašų sąrašas

discoid ['dɪskɔɪd] *a* disko formos/pavidalo

discolo(u)r [dɪs'kʌlə] *v* 1 keisti spalvą; (iš)bluk(in)ti 2 tepti(s)

discolo(u)ration [dɪsˌkʌlə'reɪʃn] *n* 1 spalvos keitimas, (iš)bluk(in)imas 2 dėmė; **mottled ~** dėmėtumas

discombobulate [ˌdɪskəm'bɔbjuleɪt] *v juok.* visiškai supainioti

discomfit [dɪs'kʌmfɪt] *v knyg.* 1 sutrikdyti, sudrumsti ramybę; *pass* sumišti, sutrikti 2 (su)ardyti, (su)griauti *(planus ir pan.)*

discomfiture [dɪs'kʌmfɪtʃə] *n knyg.* 1 sumišimas 2 *(planų)* suardymas

discomfort [dɪs'kʌmfət] *n* 1 nepatogumas; neramumas *(at)* 2 *(džn. pl)* sunkumai, keblumai 3 *med.* diskomfortas
v sudaryti nepatogumų; varžyti, varginti

discomfortable [dɪs'kʌmfətəbl] *a psn.* nepatogus

discommend [ˌdɪskə'mend] *v knyg.* nepritarti, smerkti

discommode [ˌdɪskə'məud] *knyg.* = **discomfort** *v*

discommodity [ˌdɪskə'mɔdətɪ] *n psn.* nepatogumas

discompose [ˌdɪskəm'pəuz] *v* trikdyti, drumsti ramybę, jaudinti

discomposedly [ˌdɪskəm'pəuzɪdlɪ] *adv* neramiai; susijaudinus

discomposure [ˌdɪskəm'pəuʒə] *n* jaudinimasis, susijaudinimas; sutrikimas

disconcert [ˌdɪskən'sə:t] *v* 1 sutrikdyti; *pass* sutrikti, susinervinti 2 suardyti *(planus)*

disconcerting [ˌdɪskən'sə:tɪŋ] *a* trikdantis, (su)keliantis nerimą

disconnect [ˌdɪskə'nekt] *v* atjungti, išjungti; atkabinti, atskirti; **we have been ~ed** mus išjungė *(kalbantis telefonu)*; mums išjungė *(dujas, elektrą ir pan.)*

disconnected [ˌdɪskə'nektɪd] *a* nesusijęs, nerišlus, padrikas

disconnectedly [ˌdɪskə'nektɪdlɪ] *adv* padrikai, be sąryšio

disconnection [ˌdɪskə'nekʃn] *n* atjungimas, išjungimas; atkabinimas, atskyrimas

disconnector [ˌdɪskə'nektə] *n el.* skyriklis

disconnexion [ˌdɪskə'nekʃn] *n* = **disconnection**

disconsolate [dɪs'kɔnsələt] *a* 1 liūdnas, nelaimingas 2 *knyg.* nepaguodžiamas

discontent [ˌdɪskən'tent] <*n, a, v*> *n* nepasitenkinimas, apmaudas
a nepatenkintas, nepasitenkinantis *(with)*
v (su)kelti nepasitenkinimą

discontented [ˌdɪskən'tentɪd] = **discontent** *a*

discontentedly [ˌdɪskən'tentɪdlɪ] *adv* su nepasitenkinimu, su apmaudu

discontentment [ˌdɪskən'tentmənt] *n* nepasitenkinimas

discontiguous [ˌdɪskən'tɪgjuəs] *a ret.* nesusijęs, be sąlyčio

discontinuance [ˌdɪskən'tɪnjuəns] *n* 1 pertraukimas, nutraukimas 2 *teis.* bylos proceso sustabdymas; bylos nutraukimas

discontinuation [ˌdɪskəntɪnju'eɪʃn] *n* nutraukimas, sustabdymas; nutrūkimas

discontinue [ˌdɪskən'tɪnjuː] *v* **1** nutraukti, nebetęsti; sustoti, nutrūkti; *to ~ subscription/subscribing* nutraukti prenumeravimą; *to ~ a unit* amer. kar. išformuoti dalinį; *~d line* kom. nutraukta *(gaminio)* gamyba **2** teis. sustabdyti, nutraukti *(bylą ir pan.)*

discontinuity [ˌdɪskɒntɪ'njuːətɪ] *n* **1** pertraukiamumas **2** nutrūkimas; pertrauka **3** spec. netolydumas; trūkis

discontinuous [ˌdɪskən'tɪnjuəs] *a* nutrūkstantis, nutrūkstamas; pertrauktas, pertraukiamas; netolydus, nenuolatinis; *~ line* neištisinė/trūkinėjanti linija

discord *n* ['dɪskɔːd] **1** nesantaika, nesutarimas; vaidai **2** nedarnūs garsai, triukšmas **3** *muz.* disonansas
v [dɪ'skɔːd] **1** nesutarti, skirtis nuomonėms; *to ~ with smb on two points* nesutarti su kuo dviem klausimais **2** *muz.* skambėti disonansu, disonuoti

discordance [dɪ'skɔːdəns] *n* **1** nesutarimas **2** *muz.* disonansas

discordant [dɪ'skɔːdənt] *a* **1** nesiderinantis, prieštaringas **2** disonuojantis, nedarniai skambantis, rėžiantis ausį

discotheque ['dɪskətek] *n* diskoteka

discount *n* ['dɪskaunt] **1** *kom.* nuolaida; *at a ~* a) su nuolaida, nukainotas; b) *prk.* nuvertintas; nepopuliarus; *~ price* kaina su nuolaida **2** *fin. (vekselių)* diskontas; nuolaidos procentas; *~ house* a) diskonto kontora; b) *amer.* parduotuvė, kurioje pardavinėjama su nuolaida *(t. p. ~ store)*
v [dɪs'kaunt] **1** *fin.* diskontuoti *(vekselį)*; iš anksto gauti palūkanas *(už skolinamus pinigus)* **2** *kom.* daryti nuolaidą; kompensuoti **3** neatsižvelgti, nekreipti dėmesio; *not to ~ the possibility (of)* neatmesti galimybės; *I ~ his opinion* aš neatsižvelgiu į jo nuomonę **4** nepriimti už gryną tiesą

discountenance [dɪs'kauntɪnəns] *v* **1** nepritarti, nepalankiai žiūrėti **2** sugluminti, sutrikdyti

discourage [dɪs'kʌrɪdʒ] *v* **1** atimti drąsą/norą; *to become ~d* netekti drąsos; *failure ~d him* nesėkmė prislėgė jį **2** neskatinti, varžyti, trukdyti **3** atkalbėti *(from – nuo)*

discouragement [dɪs'kʌrɪdʒmənt] *n* **1** drąsos/noro atėmimas/netekimas **2** varžymo/atbaidymo priemonė **3** atkalb(in)ėjimas

discouraging [dɪs'kʌrɪdʒɪŋ] *a* atimantis drąsą, sukeliantis nusiminimą

discourse ['dɪskɔːs] *knyg.* *n* **1** paskaita, pranešimas, kalba **2** pokalbis, pasikalbėjimas **3** *kalb.* diskursas; tekstas
v [dɪs'kɔːs] **1** dėstyti, sakyti kalbą, skaityti paskaitą *(on, upon)* **2** kalbėtis

discourteous [dɪs'kɜːtɪəs] *a knyg.* neišauklėtas, nemandagus

discourtesy [dɪs'kɜːtəsɪ] *n knyg.* **1** nemandagumas **2** šiurkšti pastaba, šiurkštybė

discover [dɪs'kʌvə] *v* **1** atrasti; (su)rasti; *to ~ America* iron. atrasti Ameriką **2** atskleisti, išaiškinti, atidengti; *to ~ a plot* atskleisti sąmokslą; *he was ~ed to have been drunk at the time* paaiškėjo, kad jis tuo metu buvo girtas

discoverer [dɪs'kʌvərə] *n* atradėjas

discovert [dɪs'kʌvət] *a teis.* netekėjusi, našlė

discovery [dɪs'kʌvərɪ] *n* **1** atradimas; (su)radimas; *the ~ of adrenalin* adrenalino atradimas; *D. Day* amer. Amerikos atradimo diena *(spalio 12)* **2** atskleidimas, atidengimas **3** *teis. (dokumentų, faktų)* pateikimas *(teismui)*, supažindinimas

discredit [dɪs'kredɪt] *n* **1** diskreditavimas, diskreditacija, pasitikėjimo griovimas; kompromitacija; *to bring ~ on oneself* diskredituoti save **2** (su)abejojimas, netikėjimas; *to throw ~ on smth* suabejoti, nepatikėti kuo **3** *kom.* kredito atėmimas
v **1** diskredituoti, griauti pasitikėjimą; kompromituoti; *such behaviour will ~ him with the public* toks elgesys sukompromituos jį žmonių akyse **2** (su)abejoti, ne(pa)tikėti; *this report is ~ed* šiuo pranešimu netikima

discreditable [dɪs'kredɪtəbl] *a* diskredituojantis; kompromituojantis; gėdingas

discreet [dɪ'skriːt] *a* **1** diskretiškas, taktiškas; diskretus(is) **2** atsargus, apdairus; protingas; *he maintained a ~ silence* jis apdairiai tylėjo **3** neatkreipiantis *(į save)* dėmesio; atkampus

discrepancy [dɪs'krepənsɪ] *n* skirt(ing)umas, prieštaringumas; nesutapimas, neatitikimas; *there's ~ between the two accounts* tos dvi ataskaitos prieštarauja viena kitai

discrepant [dɪs'krepənt] *a* skirtingas, nepanašus, prieštaraujantis, prieštaringas

discrete [dɪ'skriːt] *a* **1** atskiras, pavienis; diskretus **2** abstraktus

discretion [dɪ'skreʃn] *n* **1** veiksmų laisvė; nuožiūra; *the age/years of ~* amžius, nuo kurio žmogus laikomas atsakingu už savo veiksmus *(D. Britanijoje – 14 m.)*; *at the ~ of smb* kieno nuožiūra; *at ~* savo nuožiūra; *use your own ~* elkis savo nuožiūra **2** diskretiškumas, taktiškumas **3** protingumas; mokėjimas laikyti paslaptį, apdairumas; *to act with ~* protingai elgtis; *to show ~* būti protingam ◊ *~ is the better part of valour* neverta be reikalo rizikuoti

discretionary [dɪ'skreʃənərɪ] *a* paliktas savo paties nuožiūrai; veikiantis savo paties nuožiūra, savarankiškas; *~ powers* diskrecinė valdžia; *~ expenditures* kom. išlaidų didinimas kylant pajamoms

discriminant [dɪ'skrɪmɪnənt] *n mat.* diskriminantas

discriminate *a* [dɪ'skrɪmɪnət] aiškus, ryškus, aiškiai iš(si)skiriantis
v [dɪ'skrɪmɪneɪt] **1** (at)skirti *(between)*; išskirti *(from)* **2** diskriminuoti, skirtingai vertinti/traktuoti; *to ~ in favour of smb* statyti ką į geresnę padėtį; *to ~ against smb* statyti ką į blogesnę padėtį

discriminating [dɪ'skrɪmɪneɪtɪŋ] *a* **1** skiriantis, mokantis (at)skirti; išmanantis; *~ taste* subtilus skonis **2** diferencijuotas; diskriminacinis

discrimination [dɪˌskrɪmɪ'neɪʃn] *n* **1** sugebėjimas/mokėjimas (at)skirti/išrinkti; nusimanymas; *he reads every sort of book without ~* jis skaito visas knygas nesirinkdamas **2** diskriminacija, diskriminavimas, nevienodas vertinimas/traktavimas; *racial/race ~* rasinė diskriminacija; *sex ~* lyčių diskriminacija

discriminative [dɪ'skrɪmɪnətɪv] *a* = **discriminating**

discriminator [dɪ'skrɪmɪneɪtə] *n el.* diskriminatorius

discriminatory [dɪ'skrɪmɪnətərɪ] *a* **1** diskriminacinis, šališkas **2** įžvalgus

discrown [dɪs'kraun] *v* nuvainikuoti, pašalinti/nuversti nuo sosto

discursive [dɪ'skɜːsɪv] *a* **1** neaiškus, padrikas; šokinėjantis nuo vieno klausimo prie kito; *~ style* stiliaus padrikumas **2** *log.* diskursyvus

discus ['dɪskəs] *n sport.* diskas; disko metimas *(t. p. ~ throw/throwing)*

discuss [dɪ'skʌs] *v* (ap)svarstyti, aptarti; diskutuoti *(with)*; *we ~ed what to do* mes svarstėme, ką daryti; *there's nothing to ~* daugiau čia nieko nepasakysi

discussant [dɪ'skʌsənt] *n* diskusijos dalyvis

discussion [dɪ'skʌʃn] *n* **1** (ap)svarstymas, aptarimas; *to bring smth up for ~* pateikti ką apsvarstyti; *the question is under ~* klausimas svarstomas **2** diskusija; *a lively ~ took place* vyko gyva diskusija

disdain [dɪs'deɪn] *n* panieka, niekinimas
v **1** niekinti; laikyti žemesniu už save, žiūrėti iš aukšto **2** nepaisyti *(patarimų ir pan.)*; nesiteikti *(atsakyti ir pan.)*

disdainful [dɪs'deɪnfəl] *a* niekinamas, žeminantis; **~ look [tone]** niekinamas žvilgsnis [tonas]

disease [dɪ'ziːz] *n* liga *(t. p. prk.)*; **blue ~** cianozė; **social ~** *euf.* venerinė liga; **~s of society** *prk.* visuomenės ligos; **to catch/contract a ~** užsikrėsti *(kokia)* liga; **to spread ~** platinti ligas
v užpulti *(apie ligą)*; sukelti ligą

diseased [dɪ'ziːzd] *a* **1** ligotas, nesveikas **2** *prk.* liguistas; **~ imagination** liguista vaizduotė

diseconomy [ˌdɪsɪ'kɔnəmɪ] *n* neekonomiškumas; efektyvumo (su)mažėjimas

disembark [ˌdɪsɪm'bɑːk] *v* **1** išlipti, išlaipinti *(iš laivo, lėktuvo, autobuso)* **2** iškrauti *(iš laivo)*

disembarkation [ˌdɪsembɑː'keɪʃn] *n* **1** išlipimas, išlaipinimas **2** iškrovimas *(į krantą)*

disembarras [ˌdɪsɪm'bærəs] *v* atpalaiduoti, palaisvinti *(nuo ko nors sunkaus/sudėtingo ir pan.; of)*; išpainioti *(iš bėdos; of)*

disembodied [ˌdɪsɪm'bɔdɪd] *a* **1** atsietas (nuo konkretaus pavidalo; *apie idėją ir pan.)*; **~ voices** *(nematomų žmonių)* balsai **2** *rel.* atskirtas nuo kūno, bekūnis *(apie sielą)*

disembogue [ˌdɪsɪm'bəʊg] *v* įtekėti *(apie upę; into)*; iš(si)lieti

disembosom [ˌdɪsɪm'buzəm] *v knyg.* **1** patikėti *(paslaptį ir pan.)* **2** *refl* atverti širdį, išsipasakoti *(to)*

disembowel [ˌdɪsɪm'baʊəl] *v (-ll-)* (iš)darinėti, (iš)mėsinėti, išskrosti

disembroil [ˌdɪsɪm'brɔɪl] *v* iš(si)painioti, iš(si)narplioti *(iš keblumų, sunkumų)*

disempower [ˌdɪsɪm'paʊə] *v* atimti galias

disenable [ˌdɪsɪn'eɪbl] *v knyg.* daryti netinkamą/negalintį

disenchant [ˌdɪsɪn'tʃɑːnt] *v* atkerėti; išsklaidyti iliuzijas; **to be ~ed with this world** nusivilti šiuo pasauliu

disencumber [ˌdɪsɪn'kʌmbə] *v knyg.* palengvinti, išvaduoti, išlaisvinti *(nuo sunkumų, nepatogumų ir pan.; of, from)*

disendow [ˌdɪsɪn'daʊ] *v* atsiimti *(ypač tai, kas buvo paaukota bažnyčiai)*

disenfranchise [ˌdɪsɪn'fræntʃaɪz] *v teis.* atimti pilietines *(ypač rinkimų)* teises

disengage [ˌdɪsɪn'geɪdʒ] *v* **1** iš(si)laisvinti, at(si)laisvinti *(rankas ir pan.)*; **to ~ oneself from smb's embrace** ištrūkti iš kieno glėbio **2** *tech.* atjungti, išjungti; **to ~ the clutch** *aut.* išjungti sankabą **3** *kar.* pasitraukti iš mūšio, atsitraukti nuo priešo

disengaged [ˌdɪsɪn'geɪdʒd] *a* **1** laisvas, neužimtas **2** neužsiangažavęs, neutralus *(ypač politiškai)* **3** *tech.* išjungtas

disengagement [ˌdɪsɪn'geɪdʒmənt] *n* **1** iš(si)laisvinimas; iš(si)painiojimas **2** *(įsipareigojimų, skolų ir pan.)* neturėjimas **3** susižadėjimo nutraukimas **4** *(elgesio)* laisvumas, natūralumas **5** *chem.* išskyrimas **6** *kar.* pasitraukimas iš mūšio, atitrūkimas nuo priešo; kovojančios kariuomenės išvedimas *(iš tam tikros zonos)*

disentail [ˌdɪsɪn'teɪl] *v teis.* leisti paveldėtojui bet kam palikti turtą

disentangle [ˌdɪsɪn'tæŋgl] *v* **1** atnarplioti *(mazgą)*; atraizgyti, išraizgyti *(virvę ir pan.)* **2** *prk.* išpainioti, išnarplioti; atskirti *(gera nuo bloga ir pan.)*; *refl* išsipainioti, išsinarplioti

disenthral(l) [ˌdɪsɪn'θrɔːl] *v (-ll-) knyg.* paleisti į laisvę, išlaisvinti iš vergovės

disentitle [ˌdɪsɪn'taɪtl] *v knyg.* atimti teisę/titulą *ir pan. (to)*

disentomb [ˌdɪsɪn'tuːm] *v knyg.* **1** iškasti iš kapo **2** surasti, suieškoti

disequillibrium [ˌdɪsiːkwɪ'lɪbrɪəm, ˌdɪse-] *n knyg.* pusiausvyros nebuvimas/sutrikimas/netekimas; nestabilumas

disestablish [ˌdɪsɪ'stæblɪʃ] *v ofic.* **1** sugriauti, panaikinti *(kas anksčiau įtvirtinta)* **2** atskirti bažnyčią nuo valstybės

disestablishment [ˌdɪsɪ'stæblɪʃmənt] *n ofic.* bažnyčios atskyrimas nuo valstybės

disfavo(u)r [ˌdɪs'feɪvə] *n* **1** nepalankumas, nemėgimas; **to look/regard with ~** nepalankiai žiūrėti *(on – į)* **2** nemalonė; **to fall into ~** *(with)* patekti į *(kieno)* nemalonę; **to be in ~** būti nemalonėje
v nemėgti, nepalankiai žiūrėti, nepritarti

disfeature [dɪs'fiːtʃə] *v knyg.* (su)darkyti, (iš)kraipyti

disfiguration [dɪsˌfɪgjʊ'reɪʃn] *n* = **disfigurement**

disfigure [dɪs'fɪgə] *v* **1** (su)bjauroti, (su)darkyti *(veidą)* **2** (su)gadinti; **the park was ~d by piles of litter** šiukšlių krūvos gadino parko vaizdą

disfigurement [dɪs'fɪgəmənt] *n* **1** (su)darkymas, (su)bjaurojimas **2** fizinis trūkumas/defektas

disforest [dɪs'fɔrɪst] *v* (iš)kirsti/(iš)naikinti miškus

disfranchise [dɪs'fræntʃaɪz] *v* = **disenfranchise**

disfrock [dɪs'frɔk] *v* atimti dvasininko teises/titulą

disgorge [dɪs'gɔːdʒ] *v* **1** išmesti, (iš)versti *(lavą, dūmus ir pan.)* **2** (iš)vemti **3** *knyg.* (iš)tuštinti; paplūsti *(iš kino, autobuso ir pan.; apie žmones)* **4** įtekėti, įsilieti *(apie upę; into)* **5** grąžinti/atiduoti savininkui *(tai, kas neteisėtai pasisavinta)*

disgrace [dɪs'greɪs] *n* **1** gėda, negarbė; **to bring ~ on/upon smb [oneself]** užtraukti kam [užsitraukti] gėdą; **you're a ~ to your family** tu darai gėdą savo šeimai **2** nemalonė; **to be in (deep) ~** *(with)* būti *(kieno)* nemalonėje; **to fall into ~** patekti į nemalonę
v **1** (pa)daryti gėdą, (su)teršti; *refl* užsitraukti gėdą, apsigėdinti; **to ~ one's name** suteršti savo vardą/reputaciją **2** *(ppr. pass)* patekti į nemalonę

disgraceful [dɪs'greɪsfəl] *a* gėdingas, negarbingas; **~!** gėda!

disgruntle [dɪs'grʌntl] *v* pykinti, erzinti

disgruntled [dɪs'grʌntld] *a* nepatenkintas, susierzinęs, suirzęs; **he is in a ~ mood** jis prastai nusiteikęs

disguise [dɪs'gaɪz] *n* **1** maskavimas(is), slėpimas(is); persirengimas; **in ~** a) pakeitęs išvaizdą, persirengęs *(kad nepažintų)*; b) užmaskuotas **2** apgaulinga išorė, kaukė; **to throw off one's ~** nusimesti kaukę
v **1** *(džn. refl)* per(si)rengti *(kad nepažintų)*, maskuoti(s) *(as, with – kuo)*; **a door ~d as a bookcase** durys, atrodančios kaip knygų spinta **2** (nu)slėpti; **to ~ one's intentions [feelings]** slėpti savo ketinimus [jausmus]; **there's no ~ing the fact that...** negalima slėpti to fakto, kad...

disgust [dɪs'gʌst] *n* bjaurėjimasis, pasibjaurėjimas, pasišlykštėjimas; šlykštulys, šlykštumas
v (su)kelti pasibjaurėjimą/pasišlykštėjimą; *pass* bjaurėtis; šlykštėtis, pasišlykštėti, piktintis, pasipiktinti; **I'm ~ed at/with you** jūs man bjaurus/šlykštus

disgustful [dɪs'gʌstfəl] *a* = **disgusting**

disgusting [dɪs'gʌstɪŋ] *a* bjaurus, šlykštus, šleikštus; **it is ~ to look** *(at)* šlykštu žiūrėti *(į)*

disgustingly [dɪs'gʌstɪŋlɪ] *adv* **1** bjauriai, šlykščiai **2** *šnek.* baisiai *(pabrėžiant)*

dish [dɪʃ] *n* **1** dubuo, pusdubenis, lėkštė; **developing ~** *fot.* ryškinimo vonelė **2** *pl* indai; **to do/wash the ~es** (su)plauti indus **3** valgis, patiekalas; **standing ~** a) nuolatinis patiekalas; b) *prk.* įprastinė tema **4** įdubimas; įgaubtumas; **~ of a wheel** *tech.* rato išvirtimas **5** *tel.*

parabolinė antena *(t. p.* ***satellite*** *~)* **6** *šnek.* gražuolė, gražuolis ◊ ***to have a hand in the*** *~* būti įveltam *(į)*
v **1** dėti į dubenį/lėkštę, nešti ant stalo *(t. p.* *~* ***out/up***); ***come along I am*** *~ing* ***up the soup [the meat]*** eikite greičiau, aš jau pilstau sriubą [dėlioju mėsą] **2** *šnek.* pražudyti *(žmogų);* (su)žlugdyti *(planus, viltis ir pan.)* **3** išlenkti, įgaubti ☐ *~* ***out*** (iš)dalyti, duoti; davinėti *(patarimus ir pan.);* ***our uncle always*** *~es* ***out £1 each at Xmas*** mūsų dėdė visada duoda po vieną svarą sterlingų Kalėdoms; *~* ***up*** pateikti; ***to*** *~* ***up other people's ideas*** pateikti svetimas mintis kaip savas ◊ ***to*** *~* ***it out to smb*** *šnek.* pliekti, kritikuoti
dishabille [ˌdɪsə'biːl] *pr. n. amer.* dezabijė; nepilnas apsirengimas; ***in*** *~* nepilnai apsirengus
disharmonious [ˌdɪshɑː'məʊnɪəs] *a* nedarnus, neharmoningas, disharmoniškas
disharmony [dɪs'hɑːmənɪ] *n* nesutarimas, nedarna, disharmonija
dishcloth ['dɪʃklɔθ] *n* pašluostė, šluostas *(indams);* *~* ***gourd*** šiūruoklė
dishearten [dɪs'hɑːtn] *v* (nu)liūdinti, priblokšti, atimti drąsą; ***don't be*** *~ed* nenusimink(ite)
disherison [dɪs'herɪzn] *n* = **disinheritance**
dishevel [dɪ'ʃevl] *v (-ll-)* (su)taršyti, (su)šiaušti *(plaukus)*
dishevel(l)ed [dɪ'ʃevld] *a* netvarkingas, nesusitvarkęs; susivėlęs, susitaršęs, pasišiaušęs
dishful ['dɪʃful] *n* pilnas dubuo, pilna lėkštė *(ko)*
dishonest [dɪs'ɔnɪst] *a* nedoras, nesąžiningas, apgavikiškas
dishonesty [dɪs'ɔnəstɪ] *n* nedorumas, nesąžiningumas
dishono(u)r [dɪs'ɔnə] *n* **1** negarbė, gėda; ***to bring*** *~* ***on smb*** užtraukti kam gėdą **2** *fin. (vekselio ir pan.)* neapmokėjimas, atsisakymas apmokėti
v **1** plėšti garbę, įžeisti; ***to*** *~* ***one's word [promise]*** laužyti duotą žodį [pažadą] **2** *fin.* atsisakyti apmokėti, neakceptuoti *(vekselio, čekio)*
dishono(u)rable [dɪs'ɔnərəbl] *a* negarbingas, gėdingas *(apie žmogų, elgesį);* *~* ***discharge*** atleidimas iš kariuomenės dėl amoralaus elgesio
dishorn [dɪs'hɔːn] *v ž. ū.* pašalinti ragus
dishouse [dɪs'haus] *v* atimti pastogę
dishpan ['dɪʃpæn] *n amer.* indų plautuvė
dishrag ['dɪʃræg] *n amer.* = **dishcloth**
dishtowel ['dɪʃtauəl] *n amer. (indų)* pašluostė
dishwasher ['dɪʃˌwɔʃə] *n* **1** indų plovėjas **2** indų plovimo įrenginys, indų plautuvas
dishwater ['dɪʃˌwɔːtə] *n* pamazgos/paplavos; ***like*** *~* kaip pamazgos *(apie silpną arbatą/kavą)*
dishy ['dɪʃɪ] *a šnek.* patrauklus, gundantis
disillusion [ˌdɪsɪ'luːʒn] *n* iliuzijų praradimas, nusivylimas
v sugriauti iliuzijas; apvilti, nuvilti; ***I was*** *~ed* ***with him [with Paris]*** jis [Paryžius] mane apvylė
disillusionize [ˌdɪsɪ'luːʒənaɪz] = **disillusion** *v*
disillusionment [ˌdɪsɪ'luːʒnmənt] *n* nusivylimas, neviltingumas
disimprove [ˌdɪsɪm'pruːv] *v knyg.* **1** (pa)gadinti, (pa)bloginti **2** (pa)blogėti, (pa)gesti
disincentive [ˌdɪsɪn'sentɪv] *n* neskatinimas, stabdys; ***low pay is a*** *~* ***to productivity*** mažas atlyginimas trukdo darbo našumui augti
disinclination [ˌdɪsɪnklɪ'neɪʃn] *n* nenoras *(for)*
disincline [ˌdɪsɪn'klaɪn] *v* **1** atimti norą; *pass* nenorėti *(to)* **2** neturėti/nejausti potraukio/polinkio
disinclined [ˌdɪsɪn'klaɪnd] *a* nelinkęs; nenorintis
disincorporate [ˌdɪsɪn'kɔːpəreɪt] *v* paleisti, uždaryti *(draugiją, korporaciją)*

disinfect [ˌdɪsɪn'fekt] *v* dezinfekuoti
disinfectant [ˌdɪsɪn'fektənt] *n* dezinfekavimo/dezinfekcijos priemonė
a dezinfekuojantis
disinfection [ˌdɪsɪn'fekʃn] *n* dezinfekcija, dezinfekavimas
disinfest [ˌdɪsɪn'fest] *v spec.* naikinti graužikus, kenksmingus vabzdžius
disinfestation [ˌdɪsɪn'festeɪʃn] *n spec.* graužikų, kenksmingų vabzdžių naikinimas
disinflation [ˌdɪsɪn'fleɪʃn] *n ekon.* antiinfliacinės priemonės; defliacija
disinformation [ˌdɪsɪnfə'meɪʃn] *n* dezinformacija
disingenuous [ˌdɪsɪn'dʒenjuəs] *a* nenuoširdus, nesąžiningas
disinherit [ˌdɪsɪn'herɪt] *v* atimti paveldėjimo teisę
disinheritance [ˌdɪsɪn'herɪtəns] *n* paveldėjimo teisės atėmimas
disinsectization [ˌdɪsɪnˌsektə'zeɪʃn] *n spec.* dezinsekcija, kenksmingų vabzdžių ir erkių naikinimas
disintegrate [dɪs'ɪntɪgreɪt] *v* **1** skaidyti(s)/skilti į sudedamąsias dalis; dezintegruoti(s) **2** (su)irti, griūti, subyrėti
disintegration [dɪsˌɪntɪ'greɪʃn] *n* **1** skaidymas(is)/skilimas į sudedamąsias dalis; dezintegracija **2** (su)irimas
disintegrator [dɪs'ɪntəgreɪtə] *n tech.* dezintegratorius, smulkintuvas
disinter [ˌdɪsɪn'tɜː] *v* **1** *knyg.* (iš)kasti/atkasti kapą, ekshumuoti **2** *prk.* atkasti, iškasti, suieškoti
disinterest [dɪs'ɪntərɪst] *n* nesidomėjimas; nesuinteresuotumas *(in – kuo)*
disinterested [dɪs'ɪntrɪstɪd] *a* **1** nesuinteresuotas; nesavanaudis, nesavanaudiškas; nešališkas; *~* ***help*** nesavanaudiška pagalba **2** nesidomintis, abejingas; ***we are not*** *~* mes nesame abejingi
disinterment [ˌdɪsɪn'tɜːmənt] *n knyg.* kapo atkasimas, ekshumacija
disinvestment [ˌdɪsɪn'vestmənt] *n ekon.* kapitalinių įdėjimų mažinimas; finansinės pagalbos (su)stabdymas
disject [dɪs'dʒekt] *v* išmėtyti, išsklaidyti
disjoin [dɪs'dʒɔɪn] *v* (per)skirti, atskirti
disjoint [dɪs'dʒɔɪnt] *v* **1** (iš)skirstyti, išdalyti **2** iš(si)narinti; išnarstyti; išardyti
a mat. nesusikertantysis *(apie aibes)*
disjointed [dɪs'dʒɔɪntɪd] *a* nerišlus, nesusietas, padrikas
disjunct [dɪs'dʒʌŋkt] *a* atskirtas, atjungtas
disjunction [dɪs'dʒʌŋkʃn] *n* **1** atskyrimas, perskyrimas **2** *log.* disjunkcija
disjunctive [dɪs'dʒʌŋktɪv] *n* **1** *gram.* skiriamasis jungtukas **2** *log.* alternatyva
a **1** (at)skiriantis **2** *gram.* skiriamasis **3** *knyg.* alternatyvinis **4** *log.* disjunktyvus
disjuncture [dɪs'dʒʌŋktʃə] *n* atskyrimas, atskirtis
disk [dɪsk] *n* **1** *(ypač amer.)* = **disc 2** *komp.* diskinis atminties įrenginys *(t. p.* *~* ***storage***); ***floppy*** *~* diskelis; **blank** *~* neįrašytos/tuščios diskelės
v = **disc**
diskette [dɪ'sket] *n* diskelis
disleaf, disleave [dɪs'liːf, -'liːv] *v* nuskinti/pašalinti lapus
dislike [dɪs'laɪk] *n* nemėgimas *(of, for);* ***I took an instant*** *~* ***to him*** aš iš karto pajutau jam antipatiją
v nemėgti, nepatikti
dislocate ['dɪsləkeɪt] *v* **1** iš(si)narinti *(koją ir pan.)* **2** (su)trikdyti, (su)trukdyti *(eismą ir pan.);* ***the strike has completely*** *~d* ***the factory's schedule*** dėl streiko gamykla smarkiai nukrypo nuo grafiko
dislocation [ˌdɪslə'keɪʃn] *n* **1** išnirimas; išnarinimas **2** sutrikdymas, sutrukdymas **3** *spec.* dislokacija

dislodge [dɪs'lɔdʒ] v 1 nustumti, iškelti, išjudinti, pašalinti 2 priversti išeiti/palikti; išstumti, išmušti *(priešą iš pozicijų)*

disloyal [dɪs'lɔɪəl] a 1 nelojalus, neištikimas *(to)* 2 išdavikiškas

disloyalty [dɪs'lɔɪəltɪ] n 1 nelojalumas, neištikimumas 2 išdavystė

dismal ['dɪzməl] a 1 niūrus, liūdnas; slogus *(apie orą)*; ~ **mood** niūri/prislėgta nuotaika 2 visiškas; ~ **failure** visiškas žlugimas 3 *šnek.* prastas, silpnas; ~ **performance** prastas spektaklis ◊ **the** ~ **science** *juok.* ekonomika n 1 *(the ~s) pl šnek.* prislėgta nuotaika 2 *amer. dial.* bala

dismantle [dɪs'mæntl] v 1 išmontuoti, demontuoti; išardyti, išnarstyti *(variklį ir pan.)* 2 išardyti, sugriauti *(organizaciją, politinę sistemą ir pan.)* 3 ištuštinti *(kambarį)*

dismantlement [dɪs'mæntlmənt] n išmontavimas, išardymas

dismast [dɪs'mɑːst] v *jūr.* nuleisti stiebus

dismay [dɪs'meɪ] n 1 nerimas, baimė; *in* ~ su baime; *there was general* ~ visus apėmė nerimas 2 nusiminimas; *to my* ~... mano nusivylimui... v 1 kelti nerimą; *I was ~ed to hear that...* sunerimau užgirdęs, kad... 2 nuliūdinti; *we were ~ed at the cost of the repairs* mus nuliūdino remonto kaina

dismember [dɪs'membə] v 1 dalyti, (su)skaldyti *(šalį, organizaciją ir pan.)* 2 nutraukti, nuplėšti *(rankas, kojas)*

dismemberment [dɪs'membəmənt] n 1 (pa)dalijimas, (su)skaldymas 2 nutraukimas, nuplėšimas *(rankų, kojų)*

dismiss [dɪs'mɪs] v 1 vyti/(iš)mesti iš galvos *(mintis ir pan.)*; atmesti *(nesvarsčius)*, laikyti nesvarbiu; *to ~ doubts* liautis abejoti; *to ~ a subject* nutraukti klausimo svarstymą 2 *(ppr. pass)* atleisti *(iš darbo, kariuomenės)* 3 paleisti; *to ~ the class* paleisti mokinius 4 *teis.* nutraukti *(bylą)*; atmesti *(ieškinį, kaltinimą)*

dismissal [dɪs'mɪsl] n 1 atleidimas *(iš darbo)*; *unfair ~* neteisėtas atleidimas 2 paleidimas *(klausytojų ir pan.)* 3 *(minčių)* vijimas; atmetimas *(minties ir pan.)* 4 *teis. (bylos)* nutraukimas

dismissive [dɪs'mɪsɪv] a duodantis suprasti *(kad pokalbis baigtas, klausimas nesvarstytinas ir pan.)*, laikomas nesvarbiu

dismount [dɪs'maʊnt] v 1 nulipti *(nuo arklio, dviračio; from)* 2 nuimti *(nuo atramos, pjedestalo ir pan.)*; išimti *(iš rėmų ir pan.)*; *to ~ a gun* nuimti pabūklą nuo lafeto 3 išardyti, demontuoti *(mašiną)*

dismountable [dɪs'maʊntəbl] a *tech.* išardomas, išnarstomas

disobedience [ˌdɪsə'biːdɪəns] n ne(pa)klusnumas, neklausymas

disobedient [ˌdɪsə'biːdɪənt] a ne(pa)klusnus

disobey [ˌdɪsə'beɪ] v nepaklusti, neklausyti; *to ~ one's parents* neklausyti tėvų

disoblige [ˌdɪsə'blaɪdʒ] v nesiskaityti, nepaisyti, nedraugiškai/nepaslaugiai elgtis

disobliging [ˌdɪsə'blaɪdʒɪŋ] a nepaslaugus; nedraugiškas

disobligingly [ˌdɪsə'blaɪdʒɪŋlɪ] adv nedraugiškai, nesiskaitant su kitais

disorder [dɪs'ɔːdə] n 1 netvarka; *to put into ~* (pa)daryti netvarką, (su)jaukti; *in ~* netvarkingas; netvarkingai 2 *(džn. pl)* neramumai, bruzdėjimas 3 *med.* sutrikimas; *mental ~* proto sutrikimas v 1 daryti netvarką 2 *med. psich.* (su)trikdyti, ardyti *(sveikatą)*

disordered [dɪs'ɔːdəd] a 1 netvarkingas, sujauktas 2 sutrikęs, nesveikas; ~ *mind* aptemęs protas

disorderly [dɪs'ɔːdəlɪ] a 1 netvarkingas, nesutvarkytas; ~ *room* nesutvarkytas kambarys 2 nepažabotas, siautėjantis 3 *teis.* pažeidžiantis įstatymą; ~ *conduct* chuliganizmas; ~ *house* a) viešieji namai; b) lošimo namai adv 1 netvarkingai 2 triukšmingai

disorganization [dɪsˌɔːgənaɪ'zeɪʃn] n dezorganizacija; pairimas, netvarka

disorganize [dɪs'ɔːgənaɪz] v dezorganizuoti; (su)trikdyti, (su)ardyti; *the timetable is ~d because of exams* tvarkaraštis suiro dėl egzaminų

disorient [dɪs'ɔːrɪənt] v = **disorientate**

disorientate [dɪs'ɔːrɪənteɪt] v dezorientuoti, (su)klaidinti; *pass* netekti orientacijos; pasimesti

disorientation [dɪsˌɔːrɪən'teɪʃn] n dezorientacija, (su)klaidinimas; dezorientavimas

disown [dɪs'əʊn] v atsisakyti, nepri(si)pažinti, išsižadėti; *to ~ one's son* išsižadėti sūnaus; *he ~ed the pistol* jis sakė, kad tai ne jo pistoletas

disparage [dɪ'spærɪdʒ] v peikti, blogai/nepagarbiai atsiliepti; menkinti, nevertinti

disparagement [dɪ'spærɪdʒmənt] n peikimas, nepagarbus atsiliepimas; neįvertinimas

disparaging [dɪ'spærɪdʒɪŋ] a nepagarbus, menkinamas

disparate ['dɪspərət] a iš esmės kitoks/skirtingas; nesulyginamas, nesugretinamas n pl nesulyginami dalykai

disparity [dɪ'spærətɪ] n skirtumas, nelygumas; nesugretinamumas; ~ *in/of age [position]* amžiaus [padėties] skirtumas/neatitikimas

dispark [dɪs'pɑːk] v perduoti parko teritoriją naudoti kitais tikslais

dispassionate [dɪs'pæʃnət] a 1 bešalis, nešališkas 2 beaistris, šaltakraujis

dispatch [dɪ'spætʃ] n 1 (iš)siuntimas, pasiuntimas 2 skubus pranešimas, depeša; *mentioned in ~es* *kar.* paminėtas pranešimuose vyriausybei *(apie pasižymėjusius mūšyje)* 3 skuba, greitumas, greitas atlikimas; *to do smth with ~* greitai daryti ką; *the matter requires ~* reikalas skubus; ~ *money* *kom.* dispačas *(premija už priešlaikinį pakrovimą/iškrovimą)* 4 mirties bausmė; *happy ~* a) charakiris; b) greita mirtis *(vykdant mirties bausmę)* v 1 (iš)siųsti, pasiųsti *(pasiuntinį, telegramą ir pan.)* 2 greitai atlikti/su(si)tvarkyti; *to ~ one's dinner* *šnek.* greitosiomis papietauti 3 *euf.* nužudyti, užmušti, pribaigti

dispatch-box, -case [dɪ'spætʃbɔks, -keɪs] n *(kurjerio)* krepšys/aplankas oficialiems dokumentams

dispatch-dog [dɪ'spætʃdɔg] n *kar.* ryšių šuo

dispatcher [dɪ'spætʃə] n ekspeditorius; dispečeris; ~ *office* dispečerinė

dispatch-rider [dɪ'spætʃˌraɪdə] n *kar.* ryšių motociklininkas

dispatch-station [dɪ'spætʃˌsteɪʃn] n *glžk.* išsiuntimo/siunčiamoji stotis

dispel [dɪ'spel] v *(-ll-)* (iš)sklaidyti, (iš)blaškyti *(abejones, baimę, rūką ir pan.)*

dispensable [dɪ'spensəbl] a 1 nebūtinas, nebūtinai reikalingas; neesminis 2 *bažn.* atleidžiamas

dispensary [dɪ'spensərɪ] n 1 *(ligoninės, mokyklos)* vaistinė; labdaros vaistinė 2 *amer.* ambulatorija

dispensation [ˌdɪspən'seɪʃn] n 1 išdavimas, (pa)skirstymas 2 vykdymas, atlikimas; ~ *of justice* *teis.* teisingumo vykdymas 3 atleidimas *(nuo įžado, į(si)pareigojimo)* 4 *teis., rel.* leidimas, duodamas išimtiniais atvejais, ypatinga malonė; *marriage ~* leidimas tuoktis giminaičiams 5 *polit., rel.* sistema

dispensatory [dɪ'spensət^ərɪ] *n* farmakopėja
dispense [dɪ'spens] *v* **1** (iš)dalyti, (iš)duoti, (pa)skirstyti **2** atlikti, vykdyti; *a judge ~s justice* teisėjas vykdo teisingumą **3** (pa)ruošti ir išduoti vaistus **4** atleisti *(nuo įžado, įsipareigojimo; from)* **5** apsieiti, išsiversti *(with – be);* **to ~ with smb's services** apsieiti be kieno paslaugų; **machinery ~s much labour** mašinos pavaduoja daug darbo rankų
dispenser [dɪ'spensə] *n* **1** farmacininkas; vaistininkas **2** išdavimo įtaisas; dalytuvas; pardavinėjimo automatas
dispeople [dɪs'pi:pl] *v* palikti be gyventojų, (su)mažinti gyventojų skaičių
dispersal [dɪ'spɜ:sl] *n* **1** iš(si)sklaidymas, iš(si)skirstymas, iš(si)barstymas; išvaikymas; **~ field** *av.* atsarginis aerodromas **2** *(informacijos)* skleidimas, (iš)platinimas
disperse [dɪ'spɜ:s] *v* iš(si)sklaidyti, iš(si)skirstyti, išsimėtyti, iš(si)barstyti; **to ~ a crowd** išsklaidyti/išvaikyti minią **2** išplisti; išplatinti **3** (pa)statyti *(policininkus, sargybą)*
dispersion [dɪ'spɜ:ʃn] *n* **1** iš(si)sklaidymas, iš(si)mėtymas **2** *opt., chem.* dispersija, sklaida *(t. p. statistikoje)* **3** *(the D.)* = **diaspora** 3
dispersive [dɪ'spɜ:sɪv] *a opt.* dispersinis, (iš)sklaidantis, sklaidomasis
dispersoid [dɪ'spɜ:sɔɪd] *n chem.* koloidas
dispirit [dɪ'spɪrɪt] *v* (nu)liūdinti, prislėgti
dispirited [dɪ'spɪrɪtɪd] *a* nuliūdęs, netekęs vilties
dispiteous [dɪ'spɪtɪəs] *a knyg.* negailestingas
displace [dɪs'pleɪs] *v* **1** išstumti, pakeisti; **the chairman has been ~d by his deputy** pirmininką pakeitė jo pavaduotojas **2** perkelti *(žmones, gyvulius)* **3** perdėti *(kitur)* **4** turėti tonažą *(apie laivą)*
displaced [dɪs'pleɪst] *a:* **~ persons** perkeltieji asmenys, dipukai
displacement [dɪs'pleɪsmənt] *n* **1** išstūmimas, pakeitimas **2** *(žmonių, gyvulių)* perkėlimas **3** *jūr.* laivo tonažas, vandentalpa; **a ship of 5,000 tons ~** 5000 tonų talpos laivas **4** *tech. (cilindro)* litražas; *(siurblio ir pan.)* pajėgumas; **~ pump** tūrinis siurblys **5** *fiz.* poslinkis, slinktis **6** *psich. (neapykantos ir pan.)* perkėlimas nuo vieno objekto į kitą; vieno elgesio modelio pakeitimas kitu
display [dɪ'spleɪ] *n* **1** paroda, parodymas, išstatymas; **fashion ~** madų rodymas/demonstravimas; **simultaneous ~** *šach.* simultanas **2** gyrimasis, savęs demonstravimas; **he did it for ~** jis tai padarė norėdamas pasirodyti **3** *(drąsos ir pan.)* (pa)rodymas, at(si)skleidimas, pasireiškimas; **in a ~ of solidarity** rodant solidarumą **4** *spec.* displėjus; monitoriaus ekranas **5** *poligr.* išskyrimas kitu šriftu
v **1** (pa)rodyti, išstatyti; **to ~ the national flag** iškabinti tautinę vėliavą **2** demonstruoti *(savo žinias, turtus ir pan.);* girtis **3** parodyti, atskleisti; pasireikšti *(apie jausmus);* **to ~ courage** parodyti narsą **4** *kom.* eksponuoti **5** rodyti ekrane/displėjuje *(ypač apie kompiuterį)* **6** *poligr.* išskirti kitu šriftu
displease [dɪs'pli:z] *v* nepatikti; (su)pykdyti, erzinti; *pass* būti nepatenkintam/supykusiam/susikrimtusiam *(at, with)*
displeasing [dɪs'pli:zɪŋ] *a* atstumiantis, nemalonus; **the decoration of the room is ~ to me** kambario apdaila man nepatinka
displeasure [dɪs'pleʒə] *n* nepasitenkinimas, apmaudas; **much to the ~** *(of) (kieno)* dideliam nepasitenkinimui; **to take ~** užsigauti; **to incur smb's ~** užsitraukti pyktį; **to be in ~ with smb** būti kieno nemalonėje
v psn. sukelti nepasitenkinimą; (su)pykdyti, (su)erzinti

disport [dɪ'spɔ:t] *n psn.* pramoga
v (ppr. refl) juok. linksmintis, dūkti, pramogauti, smagintis
disposable [dɪ'spəuzəbl] *a* **1** išmetamas, vienkartis *(apie vystyklus, nosines, butelius ir pan.)* **2** turimas savo žinioje, disponuojamas; **~ income** disponuojamos/grynosios pajamos *(likusios sumokėjus mokesčius)*
n (the ~s) pl išmetami/nereikalingi *ar* vienkarčio naudojimo daiktai
disposal [dɪ'spəuzl] *n* **1** dispozicija, turėjimas savo žinioje; **at one's [smb's] ~** savo [kieno] žinioje/dispozicijoje **2** *(turto)* perdavimas, perleidimas; disponavimas; **to place at smb's ~** atiduoti, perleisti kam **3** atsikratymas, apsivalymas; **for ~** išmetimui; **~ of radioactive waste** radioaktyviųjų atliekų (pa)šalinimas/(su)naikinimas **4** *(reikalų)* atlikimas, tvarkymas; **the ~ of that item on the agenda was a matter of minutes** su tuo darbotvarkės klausimu mes susidorojome per kelias minutes **5** = **disposition** 3
dispose [dɪ'spəuz] *v* **1** atsikratyti, atmesti *(of);* **to ~ of an argument** atmesti/sukritikuoti argumentą **2** perleisti, perduoti; disponuoti; atsisakyti *(turto ir pan.; of)* **3** atlikti, užbaigti, sutvarkyti *(reikalą ir pan.; of)* **4** susidoroti, nužudyti *(of)* **5** *pass* būti linkusiam/nusiteikusiam, norėti; **to be well/kindly [ill] ~d** *(towards, to)* būti palankiai [priešiškai] nusiteikusiam *(kieno/ko atžvilgiu)* **6** *kar.* iš(si)dėstyti, dislokuoti(s)
disposition [ˌdɪspə'zɪʃn] *n* **1** charakteris, būdas; nusiteikimas; **to be of a cheerful [cruel] ~** būti linksmo [žiauraus] būdo; **person of changeable ~** nuotaikos žmogus **2** polinkis *(to – į, prie);* **social ~** polinkis bendrauti **3** iš(si)dėstymas; *(kar. t. p.)* dispozicija; **~ of rooms** kambarių išdėstymas **4** dispozicija; **to have the ~** *(of),* **to have in one's ~** turėti savo žinioje, disponuoti **5** atsisakymas, atsikratymas; **the ~ of property** turto perdavimas **6** *(reikalų ir pan.)* sutvarkymas **7** *pl knyg.* pasiruošimas; **to make ~s for a campaign** rengtis kampanijai/žygiui **8** *teis.* bylos užbaigimas; nubaudimas
dispossess [ˌdɪspə'zes] *v* **1** *teis.* atimti nuosavybės teises *(of)* **2** iškelti, iškraustyti **3** atimti kamuolį; *pass* prarasti kamuolį *(futbole)*
dispossession [ˌdɪspə'zeʃn] *n* **1** *teis.* nuosavybės teisių atėmimas **2** iškėlimas, iškraustymas
dispraise [dɪs'preɪz] *knyg. n* nepritarimas, peikimas
v nepritarti, peikti
disproof [dɪs'pru:f] *n* paneigimas
disproportion [ˌdɪsprə'pɔ:ʃn] *n* disproporcija, neproporcingumas
disproportionate [ˌdɪsprə'pɔ:ʃnət] *a* neproporcingas *(to)*
disprove [dɪs'pru:v] *v* (nu)neigti, paneigti, įrodyti klaidingumą
disputable [dɪ'spju:təbl] *a* ginčijamas, abejotinas
disputant [dɪ'spju:t^ənt] *n knyg., teis.* disputo/diskusijos dalyvis; disputantas
disputation [ˌdɪspju'teɪʃn] *n knyg.* debatai; disputas; ginčas
disputatious [ˌdɪspju'teɪʃəs] *a knyg.* mėgstantis ginčytis
dispute *n* [dɪ'spju:t, 'dɪspju:t] **1** disputas, debatai, polemika; **beyond/past ~** neginčijamas, neabejotinas; **without ~** be abejonės; **in/under ~** ginčijamas, diskutuojamas **2** ginčas, konfliktas; **industrial ~** darbo ginčas/konfliktas *(tarp darbininkų ir darbdavio);* **to be in ~ with smb** ginčytis su kuo
v [dɪ'spju:t] **1** diskutuoti, ginčytis, polemizuoti *(with, against – su; about, on – dėl)* **2** aptarti; **to ~ a question** aptarti klausimą **3** abejoti *(dokumento ir pan.)* tikru-

mu/teisėtumu; (už)ginčyti *(teiginį, teisę ir pan.)* **4** priešintis; ***to ~ every inch of the ground*** ginti kiekvieną žemės pėdą **5** peštis, varžytis
disputed [dɪ'spju:tɪd] *a* ginčijamas; abejotinas; *~ territory* ginčijama teritorija
disqualification [dɪsˌkwɔlɪfɪ'keɪʃn] *n* **1** diskvalifikacija *(t. p. sport.);* teisės atėmimas; ***driving ~*** vairuotojo teisių atėmimas **2** netinkamumas *(tarnybai ir pan.)* **3** *teis.* neteisnumas; pripažinimas neveiksniu
disqualify [dɪs'kwɔlɪfaɪ] *v* **1** daryti netinkamą; pripažinti netinkamu **2** diskvalifikuoti *(t. p. sport.);* atimti teises/privilegijas; ***to be disqualified from working because of age*** netekti teisės dirbti dėl amžiaus
disquiet [dɪs'kwaɪət] *n* nerimas, neramumas, susirūpinimas *(over – dėl)*
v jaudinti, kelti nerimą; *pass* jaudintis, nerimauti
disquietude [dɪs'kwaɪətju:d] *n knyg.* neramumas, nerimas
disquisition [ˌdɪskwɪ'zɪʃn] *n knyg.* nagrinėjimas, gvildenimas *(žodžiu, raštu); (ilgas)* svarstymas, aiškinimas
disquisitional [ˌdɪskwɪ'zɪʃnəl] *a knyg.* tiriamasis, nagrinėjimo pobūdžio
disrate [dɪs'reɪt] *v* (pa)žeminti *(jūrininką)* kategorija/rangu
disregard [ˌdɪsrɪ'gɑ:d] *n* nepaisymas, ignoravimas, dėmesio nekreipimas *(of, for);* ***he works till all hours with complete ~ for his own health*** jis dirba iki vėlumos, visiškai nepaisydamas savo paties sveikatos
v nekreipti dėmesio, nepaisyti, ignoruoti; nesiskaityti
disrelish [dɪs'relɪʃ] *ret. n* nemėgimas, antipatija
v nemėgti, jausti antipatiją
disremember [ˌdɪsrɪ'membə] *v dial.* pamiršti, neatsiminti
disrepair [ˌdɪsrɪ'pɛə] *n* prasta būklė, remonto reikalingumas, aplūžimas; *in ~* aplūžęs, užleistas
disreputable [dɪs'repjutəbl] *a* **1** turintis prastą vardą/reputaciją; *~ looking fellow* įtartinas tipas **2** diskredituojantis, gėdingas **3** susidėvėjęs, nusinešiojęs
n abejotinos reputacijos žmogus
disreputableness [dɪs'repjutəblnɪs] *n* prasta/abejotina reputacija
disrepute [ˌdɪsrɪ'pju:t] *n* prasta reputacija; ***to fall [to bring] into ~*** užsitraukti [užtraukti] prastą reputaciją, nešlovę; ***to be in ~*** turėti prastą vardą
disrespect [ˌdɪsrɪ'spekt] *n* nepagarba, negerbimas; ***to treat with ~, to show ~*** nepagarbiai elgtis; ***no ~ to smb...*** nors ir gerbdamas ką, turiu pasakyti, kad...
v nepagarbiai/šiurkščiai elgtis
disrespectful [ˌdɪsrɪ'spektfəl] *a* nepagarbus, nemandagus
disrobe [dɪs'rəub] *v ofic., juok.* nu(si)rengti *(darbo/iškilmių drabužius)*
disroot [dɪs'ru:t] *v* (iš)rauti su šaknimis; (iš)naikinti
disrupt [dɪs'rʌpt] *v* (su)žlugdyti, (su)ardyti, (su)griauti; ***to ~ a meeting*** sužlugdyti susirinkimą; ***to ~ electricity supply*** nutraukti elektros energijos tiekimą
disruption [dɪs'rʌpʃn] *n* **1** žlugdymas, griovimas, ardymas **2** žlugimas, irimas; *~ of an empire* imperijos žlugimas/krachas **3** *el.* pramušimas
disruptive [dɪs'rʌptɪv] *a* **1** griaunamasis, ardomasis **2** trikdantis, trukdantis **3** *el.* pramušamasis; išlydžio, iškrovos
diss [dɪs] *v amer. sl.* šmeižti
dissatisfaction [dɪsˌsætɪs'fækʃn] *n* nepasitenkinimas
dissatisfactory [dɪsˌsætɪs'fæktəri] *a* nepatenkinamas
dissatisfied [dɪsˌsætɪsfaɪd] *a* nepatenkintas *(with — kuo)*
dissatisfy [dɪs'sætɪsfaɪ] *v* nepatenkinti
dissaving [dɪs'seɪvɪŋ] *n ekon.* **1** santaupų išleidimas **2** išlaidų perviršis palyginti su pajamomis, neigiamosios santaupos

dissect [dɪ'sekt] *v* **1** *anat.* skrosti, perpjauti **2** smulkiai analizuoti, kritiškai nagrinėti
dissection [dɪ'sekʃn] *n* **1** *anat.* skrodimas, perpjovimas **2** analizė, nagrinėjimas
disseise, disseize [ˌdɪs'si:z] *v teis. (neteisėtai, prievarta)* atimti nuosavybę *(ypač žemės valdą)*
disseisee, disseizee [ˌdɪssi:'zi:] *n teis.* asmuo, iš kurio neteisėtai atimta nuosavybė
disseisin, disseizin [dɪs'si:zɪn] *n teis. (neteisėtas)* nuosavybės atėmimas, turto nusavinimas
dissemble [dɪ'sembl] *v* **1** slėpti, maskuoti *(jausmus, norus ir pan.); **to ~ one's anger*** ne(pa)rodyti pykčio **2** apsimesti, veidmainiauti; ***there is no need to ~*** nereikia apsimetinėti
dissembler [dɪ'semblə] *n* veidmainis, apsimetėlis
disseminate [dɪ'semɪneɪt] *v* **1** skleisti, platinti *(pažiūras, žinias ir pan.)* **2** sėti, berti
dissemination [dɪˌsemɪ'neɪʃn] *n* **1** skleidimas, platinimas **2** išsisėjimas
dissension [dɪ'senʃn] *n* nesutarimas, nesantarvė, nesantaika; vaidai, barniai
dissent [dɪ'sent] *n* **1** nuomonių skirtumas; nesutikimas; ***he expressed his ~ from the general view*** jis išreiškė nesutikimą su bendrąja nuomone **2** *amer. teis. (teisėjo)* atskiroji nuomonė **3** *bažn.* sektantiškumas; skilimas
v **1** skirtis nuomonėms; nesutikti *(from – su)* **2** *bažn.* atitolti nuo ortodoksinės/valstybinės bažnyčios dogmų, priklausyti sektai
dissenter [dɪ'sentə] *n* **1** disidentas **2** *bažn. psn.* atskalūnas, sektantas **3** *pl ist.* disenteriai
dissentient [dɪ'senʃɪənt] *n* **1** disidentas; kitamintis, kitų pažiūrų žmogus **2** balsas prieš; ***the motion was passed with only two ~s*** pasiūlymas buvo priimtas tik dviem balsavus prieš
a nesutinkantis, kitaip manantis; ***without a ~ vote*** vienu balsu už
dissepiment [dɪ'sepɪmənt] *n bot., zool.* pertvara
dissertate [ˌdɪsə'teɪt] *v knyg.* išsamiai nagrinėti/tirti; rašyti disertaciją
dissertation [ˌdɪsə'teɪʃn] *n* disertacija; traktatas; ***graduation ~*** diplominis darbas
disserve [dɪs'sə:v] *v* padaryti blogą paslaugą; pakenkti
disservice [dɪs'sə:vɪs] *n* pakenkimas, bloga paslauga; ***to do smb a ~*** padaryti kam blogą paslaugą, meškos patarnavimą, pakenkti
dissever [dɪs'sevə] *v knyg.* at(si)skirti; dalyti, atkirsti
disseverance [dɪs'sevərəns] *n knyg.* atskyrimas; dalijimas
dissidence ['dɪsɪdəns] *n knyg.* nesutarimas, skilimas; *(pažiūrų)* skirtingumas
dissident ['dɪsɪdənt] *n* disidentas; atskalūnas
a disidentinis; kitaip manantis
dissimilar [dɪ'sɪmɪlə] *a* nepanašus, skirtingas *(to, from)*
dissimilarity [ˌdɪsɪmɪ'lærəti] *n* nepanašumas, skirtingumas
dissimilate [dɪ'sɪmɪleɪt] *v kalb.* disimiliuoti
dissimilation [ˌdɪsɪmɪ'leɪʃn] *n kalb.* disimiliacija
dissimilitude [ˌdɪsɪ'mɪlɪtju:d] *n knyg.* nepanašumas
dissimulate [dɪ'sɪmjuleɪt] *v* **1** slėpti *(jausmus ir pan.)* **2** apsimesti, veidmainiauti
dissimulation [dɪˌsɪmju'leɪʃn] *n* **1** apsimetimas, veidmainiavimas **2** *med.* disimiliacija, ligos slėpimas
dissimulator [dɪ'sɪmjuleɪtə] *n* veidmainis, apsimetėlis
dissipate ['dɪsɪpeɪt] *v* **1** (iš)sklaidyti, (iš)blaškyti, (iš)vaikyti *(debesis, baimę, abejones ir pan.);* išsisklaidyti *(apie rūką, debesis, minią ir pan.)* **2** veltui gaišti, eikvoti *(jė-*

gas, energiją); švaistyti *(pinigus)* **3** užti, palaidai/linksmai gyventi

dissipated ['dɪsɪpeɪtɪd] *a* **1** palaidas, pasileidęs; *to lead a ~ life* palaidai gyventi **2** išsklaidytas, išblaškytas; išsvaistytas

dissipation [ˌdɪsɪ'peɪʃn] *n* **1** iš(si)sklaidymas, išblaškymas **2** eikvojimas; (iš)švaistymas; *~ of energy* a) energijos/jėgų eikvojimas; b) *fiz.* energijos sklaida/disipacija **3** *(lengvabūdiškas)* linksminimasis; palaidas gyvenimas

dissociable [dɪ'səʊʃəbl] *a ret.* **1** atskiriamas, (pa)dalomas **2** *knyg.* nevisuomeniškas, asocialus

dissocial [dɪ'səʊʃl] *a* nevisuomeniškas, nedraugiškas

dissociate [dɪ'səʊʃɪeɪt] *v* **1** atskirti, atsieti *(from)* **2** *refl* atsiriboti, nesusidėti; *to ~ oneself from others* atsiriboti nuo kitų **3** *chem.* skaidyti; disocijuoti

dissociation [dɪˌsəʊʃɪ'eɪʃn] *n* **1** atskyrimas, atsiejimas **2** at(si)ribojimas **3** *psich.* disociacija **4** *chem., fiz.* disociacija; (su)irimas, skilimas **5** *tech. (naftos)* krekingavimas

dissociative [dɪ'səʊʃɪətɪv] *a* atskiriantis, atsiejantis

dissolubility [dɪˌsɒljʊ'bɪlətɪ] *n spec.* (iš)tirpstamumas, tirpumas; skaidomumas

dissoluble [dɪ'sɒljʊbl] *a* **1** (iš)tirpdomas, (iš)skaidomas **2** anuliuojamas, (pa)naikinamas *(apie sutartį)*

dissolute ['dɪsəluːt] *a* pasileidęs, amoralus; *~ life* palaidas gyvenimas

dissolution [ˌdɪsə'luːʃn] *n* **1** išformavimas, likvidavimas; *~ of partnership* bendrovės išformavimas **2** *(parlamento)* paleidimas *(prieš rinkimus)* **3** *(sutarties ir pan.)* (pa)naikinimas, anuliavimas; *(santuokos)* nutraukimas **4** ištirpi(ni)mas; susiskaidymas, skaidymasis **5** *(valstybės)* žlugimas **6** galas, išnykimas, mirtis

dissolvable [dɪ'zɒlvəbl] *a* **1** (pa)naikinamas **2** (su)skaidomas, (pa)dalomas

dissolve [dɪ'zɒlv] *v* **1** tirpti, skystėti; (iš)tirpinti, skystinti; *sugar ~s in water* cukrus tirpsta vandenyje **2** skaidyti(s) **3** paleisti *(parlamentą, organizaciją)* **4** (pa)naikinti, nutraukti *(sutartį ir pan.)* **5** silpnėti; pamažu (iš)nykti *(apie vaizdą)* **6** pasileisti *(into)*; *to ~ into tears [laughter]* apsipilti ašaromis [pasileisti juokais]

dissolvent [dɪ'zɒlvənt] *n chem.* tirpiklis, skiediklis
a tirpinantis

dissonance ['dɪsənəns] *n* **1** *muz.* disonansas, nedarna, nedermė **2** disharmonija, neatitikimas

dissonant ['dɪsənənt] *a* **1** *muz.* nedarnus, neskambus **2** neharmoningas; prieštaraujantis, neatitinkantis

dissuade [dɪ'sweɪd] *v* atkalb(in)ėti, įtikinti *(ko nedaryti, kitaip pasielgti; from)*

dissuasion [dɪ'sweɪʒn] *n* atkalb(in)ėjimas

dissuasive [dɪ'sweɪsɪv] *a* atkalbinėjantis; kitaip (į)tikinantis, perkalbantis; *~ advice* patarimas nedaryti *(ko)*

dissyllabic [ˌdɪsɪ'læbɪk] *a* dviskiemenis

dissyllable [dɪ'sɪləbl] *n* dviskiemenis žodis

dissymmetric(al) [ˌdɪsɪ'metrɪk(l)] *a* **1** nesimetrinis, nesimetriškas **2** disimetriškas *(apie rankas ir pan.)*

dissymmetry [dɪ'sɪmɪtrɪ] *n* **1** asimetrija, nesimetriškumas **2** disimetrija

distaff ['dɪstɑːf] *n* **1** verpstė **2** moterų darbas, moteriškas dalykas; moterys; *the ~ side* moteriškoji linija *(genealogijoje);* *on the ~ side* iš motinos pusės

distal ['dɪstəl] *a anat.* distalinis, tolimasis, nutolęs nuo centro

distance ['dɪstəns] *n* **1** atstumas, nuotolis; *stopping/braking ~ aut.* stabdymo kelias; *a good ~ off* gana toli; *from/at a ~* iš tolo, iš atstumo; *at a ~ of two kilometres* dviejų kilometrų atstumu; *out of ~, beyond striking ~*

toli, nepasiekiamas; *no ~ at all* visai čia pat; *within/in walking ~* arti, galima pėsčiomis nueiti **2** *sport.* nuotolis, distancija; *a long ~ race* ilgų nuotolių bėgimas; *to hit the ~* nubėgti nuotolį **3** toluma, tolis; *in the ~* tolumoje; *to look into the ~* žiūrėti tolumon/tolyn, į tolį **4** laiko tarpas; *at this ~ of time* tiek laiko praėjus, po tiek laiko; *to look back over a ~ of fifty years* pažvelgti į praėjusių 50 metų laikotarpį **5** santūrumas, oficialumas; distancija; *to keep one's ~ (from smb)* a) laikytis atokiai *(nuo ko);* b) vengti artimai draugauti *(su kuo);* būti santūriam *(su kuo);* *to keep smb at a ~* laikyti ką atokiau nuo savęs **6** *men.* perspektyva; *the middle ~* vidutinis planas **7** *muz.* intervalas tarp dviejų natų ◊ *to go the ~* užbaigti, kovoti ligi galo *(ypač sport.)*
v **1** palikti užpakalyje, pralenkti **2** atitolti *(from);* atitolinti **3** *refl* atsiriboti *(from – nuo)*

distant ['dɪstənt] *a* **1** tolimas, nutolęs; *~ journey* tolima kelionė; *the ~ future [past]* tolima ateitis [praeitis]; *~ relative* tolimas giminaitis; *~ likeness* nedidelis panašumas **2** santūrus, oficialus, nedraugiškas; *~ politeness* šaltas mandagumas; *to be on ~ terms* turėti labai oficialius santykius

distantly ['dɪstəntlɪ] *adv* **1** menkai, silpnai, vos vos **2** atokiai; tolimai **3** toli **4** oficialiai, santūriai

distaste [dɪs'teɪst] *a* nemėgimas, antipatija *(for); he has a ~ for travel* jis nemėgsta keliauti
v nemėgti

distasteful [dɪs'teɪstfəl] *a* nemalonus, atstumiantis, bjaurus

distemper[1] [dɪ'stempə] *n* **1** negalavimas; dvasinis sutrikimas **2** *(šunų, kačių)* maras

distemper[2] *n* **1** klijiniai dažai **2** *men.* tempera; paveikslas, tapytas tempera
v tapyti tempera

distend [dɪ'stend] *n* iš(si)pūsti *(apie šnerves ir pan.)*

distensible [dɪ'stensəbl] *a* tampus, elastingas

distension [dɪ'stenʃn] *n* išpūtimas; ištempimas, išplėtimas; *~ of the stomach* vidurių (iš)pūtimas

distent [dɪ'stent] *a* išpūstas

distention [dɪ'stenʃn] *n amer.* = **distension**

distich ['dɪstɪk] *n lit.* dvieilis, distichas

distichous ['dɪstɪkəs] *a bot.* dvieilis, išsidėstęs dviem eilėmis

distil(l) [dɪ'stɪl] *v (-ll-)* **1** distiliuoti; valyti **2** varyti *(spiritą)* **3** gėlinti *(vandenį)* **4** sunktis, varvėti, lašėti **5** ištraukti *(kas svarbiausia),* išgauti *(esmę); he ~ed a theory out of his experience* iš jo patirties susikristalizavo (visa) teorija

distillate ['dɪstɪlət] *n* distiliatas, distiliacijos produktas

distillation [ˌdɪstɪ'leɪʃn] *n* distiliacija, distiliavimas; valymas, rektifikacija; *destructive ~* sausas distiliavimas, sausoji distiliacija

distillatory [dɪ'stɪlɪtərɪ] *a* distiliacinis, distiliuojamasis; varymo; *~ vessel* distiliavimo katilas

distiller [dɪ'stɪlə] *n* **1** distiliatorius *(žmogus)* **2** spirito varytojas

distillery [dɪ'stɪlərɪ] *n* **1** spirito varykla **2** spirito varymo aparatūra

distinct [dɪ'stɪŋkt] *a* **1** skirtingas; *as ~ from...* skirtingai nuo..., kitaip negu...; *you should keep the two ideas ~* reikia skirti tas dvi idėjas **2** atskiras, individualus **3** aiškus, ryškus; *~ pronunciation* aiški tartis

distinction [dɪ'stɪŋkʃn] *n* **1** skirt(ing)umas; *to draw/make a ~ (between)* daryti skirtumą *(tarp),* skirti; *a ~ without a difference* praktiškai jokio skirtumo; *all without ~* visi be išimties **2** individualumas, savitumas **3** pasižymėjimas, garsumas; *a poet of* ~ žinomas poetas; *to win* ~ pasižymėti **4** pasižymėjimo ženklas, apdovanojimas; *to confer a* ~ *(on)* apdovanoti; *to win a* ~ *for bravery* būti apdovanotam už drąsą; *he got a* ~ *in maths* jis buvo labai gerai įvertintas iš matematikos

distinctive [dɪ'stɪŋktɪv] *a* savitas, charakteringas; skiriamasis, atskirtinis *(apie požymius, ženklus);* **he has very** ~ **handwriting** jo labai savita/charakteringa rašysena

distinctly [dɪ'stɪŋktlɪ] *adv* **1** aiškiai, ryškiai *(kalbėti, girdėti, matyti)* **2** žymiai; labai; *he is* ~ *better today* jam šiandien žymiai geriau; *it's* ~ *awkward* tai labai nepatogu

distinctness [dɪ'stɪŋktnɪs] *n* aiškumas, ryškumas

distingué [dɪ'stæŋgeɪ] *pr. a* grakštus, elegantiškas, rafinuotas

distinguish [dɪ'stɪŋgwɪʃ] *v* **1** (at)skirti, daryti skirtumą *(between)* **2** (iš)skirti *(spalvas, garsus);* įžiūrėti, įmatyti *(detales, iš tolo)* **3** *pass* išsiskirti *(by, for – kuo);* **he was ~ed for his talent** jis išsiskyrė savo gabumais **4** *refl* pasižymėti *(kovoje ir pan.)*

distinguishable [dɪ'stɪŋgwɪʃəbl] *a* **1** atskiriamas *(from);* **the two cars are not easily** ~ tuos du automobilius nelengva atskirti **2** išskiriamas *(tamsoje ir pan.)*

distinguished [dɪ'stɪŋgwɪʃt] *a* (į)žymus; pasižymėjęs; ~ **guest** garbingas svečias; *he had a* ~ *career* jis padarė nepaprastą karjerą

distinguishing [dɪ'stɪŋgwɪʃɪŋ] *a* skiriamasis; ~ *features* skiriamieji bruožai; ypatingos žymės

distort [dɪ'stɔ:t] *v* **1** iškraipyti, iškreipti *(faktus, tiesą ir pan.)* **2** deformuoti **3** *pass* persikreipti *(apie veidą)*

distortion [dɪ'stɔ:ʃn] *n* **1** iškraipymas, iškreipimas; *(fiz. t. p.)* distorsija **2** deformavimas **3** *(veido)* persikreipimas

distortionist [dɪ'stɔ:ʃnɪst] *n* **1** *(prasmės, faktų ir pan.)* kraipytojas **2** akrobatas **3** karikatūrininkas

distract [dɪ'strækt] *v* atitraukti, (iš)blaškyti *(dėmesį ir pan.);* *refl* išsiblaškyti; *I was ~ed by the noise* triukšmas man neleido/trukdė susikaupti

distracted [dɪ'stræktɪd] *a* **1** išsiblaškęs **2** suglumęs, suglumintas; *to drive smb* ~ a) suglumintį ką; b) (iš)varyti ką iš proto

distraction [dɪ'strækʃn] *n* **1** *(dėmesio)* atitraukimas; iš(si)blaškymas; kas nors (iš)blaškantis **2** pramoga, pasilinksminimas **3** *(stiprus)* su(si)erzinimas, su(si)jaudinimas; pamišimas; *to love smb to* ~ beprotiškai ką mylėti; *the children drive me to* ~ vaikai varo mane iš proto

distrain [dɪ'streɪn] *v teis.* aprašyti, areštuoti *(turtą),* uždėti areštą *(turtui; skoloms padengti; upon)*

distrainee [ˌdɪstreɪ'ni:] *n teis.* asmuo, kurio turtas aprašytas

distrainer [dɪ'streɪnə] *n teis.* skolintojas, perėmęs skolininko turtą *(skoloms padengti)*

distrainment [dɪ'streɪnmənt] *n* = **distraint**

distraint [dɪ'streɪnt] *n teis.* turto aprašymas/areštas

distrait [dɪ'streɪ] *pr. a* išsiblaškęs, neatidus

distraught [dɪ'strɔ:t] *a* netekęs galvos, pamišęs, išėjęs iš proto; *she was* ~ *with anxiety* ji tiesiog pametė galvą iš rūpesčių

distress [dɪ'stres] *n* **1** sielvartas, susikrimtimas; kančia; *her* ~ *was such that she could neither eat nor sleep* ji buvo taip sielvarto priblokšta, kad negalėjo nei valgyti, nei miegoti **2** bėda, nelaimė; *a ship in* ~ skęstantis laivas; ~ *signal* nelaimės signalas *(SOS)* **3** vargas, skurdas; *to relieve* ~ padėti vargstantiems/kenčiantiems **4** nuovargis, išsekimas **5** *teis.* namo savininko teisė uždėti areštą nuomos nesumokėjusių nuomininkų turtui **6** *teis.* turto areštas; aprašytas turtas

v **1** (su)kelti sielvartą; atnešti vargą/kančias **2** *refl* sielvartauti, sielotis **3** *pass* krimstis, susikrimsti, graužtis, susigraužti **4** *pass* būti išsekintam/išvargintam **5** *teis.* = **distrain**

distressed [dɪ'strest] *a* **1** apimtas sielvarto; kenčiantis **2** vargingas, skurdus; ~ *area* nelaimės ištikta zona

distressful [dɪ'stresfəl] *a* sielvartingas, nelaimingas; ~ *uncertainty* kankinanti nežinia

distressing [dɪ'stresɪŋ] *a* keliantis sielvartą, pribloškiantis, kankinantis

distributable [dɪ'strɪbjutəbl] *a* paskirstytinas

distributary [dɪ'strɪbjutərɪ] *n* upės atšaka

distribute [dɪ'strɪbju:t] *v* **1** (iš)dalyti, (iš)platinti *(lapelius ir pan.; among, to);* **to** ~ **letters among the addressees** išnešioti laiškus adresatams **2** skirstyti, pa(si)skirstyti; *to* ~ *wealth* pa(si)skirstyti turtą; *to* ~ *into groups* paskirstyti į grupes **3** iš(si)barstyti, iš(si)skleisti; paplisti

distributing [dɪ'strɪbju:tɪŋ] *a* skirstomasis; ~ *board [shaft] tech.* skirstomasis skydas [velenas]

distribution [ˌdɪstrɪ'bju:ʃn] *n* **1** (iš)dalijimas, (iš)platinimas **2** (iš)skirstymas, pa(si)skirstymas; iš(si)dėstymas; ~ *of demand ekon.* paklausos pasiskirstymas; *territorial* ~ *of population* teritorinis gyventojų išsidėstymas **3** išsibarstymas; paplitimas **4** *spec.* distribucija

distributive [dɪ'strɪbjutɪv] *a* **1** skirstomasis; skirstantis, dalijantis; ~ *law log.* skirstomumo/distributyvumo dėsnis; *the* ~ *trades* geležinkelių ir jūrų transportas **2** *gram.* skiriamasis *(apie įvardį)* **3** *kalb.* distribucinis

distributor [dɪ'strɪbjutə] *n* **1** dalytojas; (pa)skirstytojas **2** *tech.* skirstytuvas

district ['dɪstrɪkt] *n* rajonas, sritis; apygarda; *country/rural* ~ kaimo/kaimiškasis rajonas/gyvenvietė/apylinkė; ~ *council* apygardos/rajono taryba; *electoral* ~ rinkimų apygarda; *the Lake D.* Leik Distriktas *(Anglijos šiaurėje);* ~ *heating* šiluminė centrinė

v dalyti į rajonus/apygardas

distrust [dɪs'trʌst] *n* nepasitikėjimas, įtarimas *(of);* *to look at smb with* ~ nepatikliai žiūrėti į ką

v nepasitikėti, įtar(inė)ti

distrustful [dɪs'trʌstfəl] *a* nepasitikintis *(of);* įtarus

distune [dɪs'tju:n] *v* išderinti *(muzikos instrumentą)*

disturb [dɪ'stə:b] *v* **1** trukdyti; *don't* ~ *father* netrukdyk tėvo; *sorry to* ~ *you* atsiprašau, kad sutrukdžiau jus; *please don't* ~ *yourself on my account* prašom nesitrukdyti/nesivarginti dėl manęs **2** (su)trikdyti, (su)ardyti; *to* ~ *the stillness* (su)trikdyti/(su)drumsti ramybę **3** kelti neramumus; jaudinti(s); *to* ~ *the peace teis.* pažeisti viešąją tvarką; (su)kelti peštynes; *they were ~ed to learn...* jie sunerimo/susijaudino sužinoję... **4** ardyti, griauti *(planus ir pan.);* *to* ~ *confidence* (su)griauti pasitikėjimą

disturbance [dɪ'stə:bəns] *n* **1** *(tvarkos, ramybės ir pan.)* (su)ardymas, (su)trikdymas, (su)drumstimas **2** *polit.* neramumai; bruzdėjimas **3** *teis.* pažeidimas, pažaida; *business* ~ komercinės veiklos pažeidimas; *to cause a* ~ pažeisti viešąją tvarką **4** *fiz.* trikdys; *atmospheric* ~ atmosferos trikdys

disturbed [dɪ'stə:bd] *a* **1** sutrikęs, sunerimęs; susijaudinęs, netekęs pusiausvyros **2** neramus, sutrikdytas *(apie miegą, naktį)*

disturber [dɪ'stə:bə] *n* **1** *(ramybės)* trikdytojas, drumstėjas **2** *teis.* pažeidėjas

disturbing [dɪ'stə:bɪŋ] *a* neramus, keliantis nerimą

disunion [dɪs'ju:nɪən] *n* **1** perskyrimas, atskyrimas **2** nesutarimas, nesantaika

disunite [ˌdɪsju:'naɪt] v (per)skirti, atskirti; (su)skaldyti *(žmones, žmonių vienybę)*
disunity [dɪs'ju:nətɪ] n 1 nevieningumas, susiskaldymas 2 = **disunion** 2
disuse [dɪs'ju:s] n ne(be)vartojimas; *to come/fall into ~* būti nebevartojamam, išeiti iš apyvartos
disused [dɪs'ju:zd] a nebenaudojamas, nebevartojamas; *~ well* nebenaudojamas/apleistas šulinys
disyllabic [ˌdaɪsɪ'læbɪk, ˌdɪsɪ'læbɪk] a dviskiemenis *(apie žodį)*
ditch [dɪtʃ] n 1 griovys 2 tranšėja, kanalas ◊ *to die in the last ~, to fight up to the last ~* kovoti/laikytis iš paskutiniųjų *arba* iki paskutinio kraujo lašo
v 1 kasti/taisyti/valyti griovį 2 drenuoti dirvą atvirais grioviais 3 įvažiuoti į griovį; nuvažiuoti nuo kelio 4 atsikratyti 5 *šnek.* pamesti *(mylimąjį ir pan.)* 6 *av. šnek.* nutupdyti *(lėktuvą)* ant vandens *(avarijos atveju)*
ditcher ['dɪtʃə] n 1 grioviakasys, žemkasys 2 grioviakasė; tranšėjų kasamoji; *multiscoop ~* daugiakaušė grioviakasė
ditchwater ['dɪtʃˌwɔ:tə] n griovių vanduo ◊ *dull as ~ šnek.* neapsakomai nuobodus
ditheism ['daɪθɪɪzm] n religinis dualizmas, diteizmas
dither ['dɪðə] n 1 *šnek.* dvejonė; jaudinimasis, susijaudinimas, nervinimasis; *to be in a ~, to be all of a ~* būti labai sujaudintam, nervintis; nesiryžti 2 *dial.* drebėjimas, drebulys
v 1 *šnek.* dvejoti, svyruoti; jaudintis, nervintis 2 *dial.* drebėti, virpėti
ditherer ['dɪðərə] n neryžtingas/svyruojantis žmogus
dithering-grass ['dɪðərɪŋɡrɑ:s] n *bot.* ašarėlės
dithyramb ['dɪθɪræmᵇ] n ditirambas *(t. p. prk.)*
ditsy ['dɪtsɪ] a = **ditzy**
dittander [dɪ'tændə] n *bot.* plačialapė pipirnė
dittany ['dɪtənɪ] n *bot.* diktonas
ditto ['dɪtəu] <n, v, adv> n *(pl ~s [-z])* 1 tas pats, tiek pat *(sąskaitose/sąrašuose, vengiant to paties žodžio kartojimo); paid to Mr. Jones £ 10, ~ to Mr. Brown* sumokėta ponui Džonsonui 10 svarų, ponui Braunui tiek pat; *I say ~ (to) šnek.* aš pritariu, ir aš taip manau 2 pasikartojimo ženklas, kabutės *(– " –) (rašomos kartojamo žodžio apačioje; t. p. ~ mark)* 3 *pl psn.* visas kostiumas iš to paties audinio
v *šnek.* kartoti
adv *šnek.* taip pat, irgi
ditty ['dɪtɪ] n *juok.* trumpa paprasta dainelė
ditty-bag, -box ['dɪtɪbæɡ, -bɔks] n *(jūreivio, žvejo)* maišelis/dėžutė siūlams, adatoms *ir pan.*
ditzy ['dɪtsɪ] a *amer. šnek.* lengvabūdiškas, kvailokas *(ypač apie moterį)*
diuresis [ˌdaɪju'ri:sɪs] n *med.* diurezė, šlapimo iš(si)skyrimas
diuretic [ˌdaɪju'retɪk] *med.* a šlapimo varomasis, diurezinis
n diuretikas
diurnal [daɪ'ə:nl] a 1 *knyg.* dienos, dieninis *(priešpriešinant nakčiai)* 2 *astr.* parōs
diva ['di:və] *it.* n primadona
divagate ['daɪvəɡeɪt] v *knyg.* nukrypti *(nuo temos; from)*
divagation [ˌdaɪvə'ɡeɪʃn] n *knyg.* nukrypimas, nuo temos nukrypusios kalbos
divalent [daɪ'veɪlənt] a *chem.* dvivalentis
divan [dɪ'væn] n 1 sofa; kušetė *(t. p. ~ bed)* 2 *ist.* divanas *(Turkijos valstybės taryba)*
divaricate *(ypač bot., zool.)* a [daɪ'værɪkət] labai išsišakojęs, šakotas
v [daɪ'værɪkeɪt] šakotis, išsišakoti, išsiskirti

dive [daɪv] n 1 nėrimas, nardymas *(vandenyje, ore)* 2 *(povandeninio laivo)* pasinėrimas 3 *sport.* šuolis į vandenį; *pike ~* šuolis susilenkus; *platform/springboard ~* šuolis nuo bokšto 4 *av.* pikiravimas 5 puolimas *(į šoną, į priekį); to make a ~ for the nearest door* pulti prie artimiausių durų 6 *šnek.* prastas/pigus restoranas, naktinis klubas *ir pan.*
v *(amer. past t. p. dove)* 1 nerti, nirti, nardyti; šokti į vandenį 2 pasinerti, nertis *(apie povandeninį laivą)* 3 *av.* pikiruoti, smigti 4 staiga pulti, mestis, nerti; *the thief ~d into a side street* vagis nėrė į skersgatvį 5 kišti *(ranką į kišenę ir pan.; into)* 6 pasinerti, įsitraukti *(į veiklą; t. p. ~ in)* 7 ieškoti *(perlų ir pan.; for)* □ *~ in* pulti *(prie; raginant pradėti valgyti)*
dive-bomb ['daɪvbɔm] v *kar.* bombarduoti pikiruojant
dive-bomber ['daɪvbɔmə] n *kar.* pikiruojamasis bombonešis
diver ['daɪvə] n 1 naras *(žmogus)* 2 *sport.* šuolininkas į vandenį 3 *zool.* naras; *pl* narūnų šeimos paukščiai 4 perlų ieškotojas
diverge [daɪ'və:dʒ] v 1 skirtis, išsiskirti *(apie kelius, linijas; t. p. prk.); their opinions [paths] ~d* jų nuomonės [keliai] išsiskyrė 2 nukrypti *(nuo normos, standarto; from)* 3 *mat.* diverguoti
divergence, -cy [daɪ'və:dʒəns, -sɪ] n 1 skyrimasis, išsiskyrimas, skirtingumas 2 nukrypimas *(nuo normos, temos; from)* 3 *spec.* divergencija
divergent [daɪ'və:dʒənt] a 1 išsiskiriantis, skirtingas *(apie būdus, nuomones ir pan.)* 2 nukrypstantis 3 *opt.* sklaidomasis *(apie lęšį)*
divers ['daɪvəz] a *attr knyg., psn.* įvairūs, skirtingi
diverse [daɪ'və:s] a įvairus, įvairiapusis; skirtingas
diversification [daɪˌvə:sɪfɪ'keɪʃn] n 1 įvairinimas 2 *ekon.* diversifikavimas, diversifikacija; realizuojamo asortimento (iš)plėtimas *~ of economy* visokeriopas ekonomikos plėtimas 3 *amer.* kapitalo įdėjimas į įvairiarūšius vertybinius popierius
diversiform [daɪ'və:sɪfɔ:m] a *knyg.* įvairus, įvairialytis, įvairių formų
diversify [daɪ'və:sɪfaɪ] v 1 įvairinti 2 *ekon.* diversifikuoti; plėsti asortimentą; gaminti įvairius gaminius 3 *amer.* įvairiai investuoti kapitalą
diversion [daɪ'və:ʃn] n 1 *(dėmesio ir pan.)* nukreipimas, atitraukimas; *to create a ~* atitraukti dėmesį *(tyčia); the ~ of a river* upės nukreipimas *(kita vaga)* 2 aplinkkelis, aplinkinis kelias 3 malonus užsiėmimas, pramoga 4 *kar.* apgaulinga ataka, diversija
diversionary [daɪ'və:ʃənrɪ] a 1 atitraukiantis dėmesį 2 *kar.* apgaulingas, netikras *(apie manevrą ir pan.)*
diversionist [daɪ'və:ʃnɪst] n diversantas
diversity [daɪ'və:sətɪ] n 1 įvairovė, įvairybė, įvairumas; skirtingumas 2 *poet.* margumas *(t. p. ~ of colours)*
divert [daɪ'və:t] v 1 nukreipti; *to ~ the traffic* nukreipti eismą 2 atitraukti *(dėmesį)* 3 linksminti, smaginti; užimti *(vaikus, svečius)*
divertimento [dɪˌvə:tɪ'mentəu] *it.* n *muz.* divertismentas
diverting [daɪ'və:tɪŋ] a pramoginis, lengvo žanro *(apie komediją ir pan.)*
divertissement [dɪ'və:tɪsmənt] *pr.* n 1 *(įv. reikšm.)* divertismentas 2 linksminimas
divest [daɪ'vest] v *knyg.* 1 atimti; *to ~ smb of his right* atimti iš ko teisę 2 *refl* atsisakyti, atsikratyti *(minties, įsitikinimų ir pan.; of)* 3 *refl* nusirengti, nusivilkti *(drabužius; of)*; nusiimti, pasidėti *(krepšį ir pan.)*

divestiture [daɪ'vestɪtʃə] *n knyg.* **1** *(teisių ir pan.)* atėmimas **2** nusirengimas **3** *fin.* aktyvų išpardavimas
divestment [daɪ'vestmənt] *n* **1** = **divestiture 2** *amer.* = **disinvestment**
divi ['dɪvɪ] *n* (dividend *sutr.*) *šnek.* dividendas
divide [dɪ'vaɪd] *n* **1** kas nors dalantis/skiriantis **2** *geogr.* takoskyra *(t. p. prk.)* ◊ *the Great D. amer.* a) Uoliniai kalnai; b) *poet.* mirtis; *to cross the great ~* mirti
v **1** dalyti(s), pa(si)dalyti *(into, in – į, among, between – tarp); to ~ smth four ways* padalyti ką į keturias (lygias) dalis; *to ~ and rule polit.* skaldyti ir valdyti **2** skirstyti, klasifikuoti *(according to, by – pagal);* (at)skirti *(from – nuo; t. p. ~ off)* **3** *(ppr. pass)* skirtis; *opinions are ~d on the question* šiuo klausimu nuomonės skiriasi **4** graduoti *(skalę)* **5** *mat.* dalytis be liekanos; *30 ~d by 6 is/ gives 5* 30 padaliję iš 6, gauname 5 **6** *parl.* balsuoti; *to ~ the House* (su)rengti balsavimą parlamento rūmuose; *the proposal ~d the meeting* balsuojant dėl šio pasiūlymo, susirinkimo dalyvių balsai pasidalijo ▢ *~ out* išdalyti; *~ up* pa(si)dalyti; pasiskirstyti *(darbą ir pan.)*
divided [dɪ'vaɪdɪd] *a* **1** pasidalijęs; padalytas į dalis **2** *tech.* išardomasis
dividend ['dɪvɪdənd] *n* **1** *mat.* dalijamasis, dalinys **2** *fin.* dividendas **3** išlošiama suma *(įspėjus futbolo rungtynių rezultatus)* **4** *teis.* kvota *(parduodant bankroto turtą)* ▢ *to pay ~s* atsimokėti, atsipirkti, pateisinti įdėtą triūsą, lėšas
divider [dɪ'vaɪdə] *n* **1** dalytojas **2** perdaras, skiriamoji sienelė **3** *el.* dalytuvas **4** *pl* skriestuvas
dividing [dɪ'vaɪdɪŋ] *a* dalijamasis; skiriamasis; *~ line* skiriamoji/demarkacinė linija
dividual [dɪ'vɪdjuəl] *a psn.* **1** atskiras; padalytas **2** (pa)dalomas
divination [ˌdɪvɪ'neɪʃn] *n* **1** *(ateities)* būrimas, pranašavimas **2** geras numatymas, tiksli prognozė
divine [dɪ'vaɪn] <*n, a, v*> *n* **1** *ret.* teologas **2** *(the D.) rel.* Apvaizda, Dievas
a **1** dieviškas; Dievo **2** *šnek.* nuostabus
v **1** *knyg.* pranašauti, burti *(ateitį);* spėti, spėlioti **2** ieškoti *(požeminio vandens, mineralų; for)*
diviner [dɪ'vaɪnə] *n* **1** pranašautojas **2** *(požeminio vandens, mineralų)* ieškotojas
diving ['daɪvɪŋ] *n* **1** nardymas; nirimas, nėrimas **2** *sport.* šuoliai į vandenį *(nuo tramplino)*
a **1** nardomasis; *~ bell* nardomasis varpas **2** *av.* pikiruojantis
divingboard ['daɪvɪŋbɔːd] *n* šuolių į vandenį tramplinas
diving-dress, -suit ['daɪvɪŋdres, -suːt] *n* naro kostiumas, skafandras
divinity [dɪ'vɪnətɪ] *n* **1** teologija; *~ school amer.* kunigų seminarija **2** dieviškumas **3** dievybė; *the D.* Dievas; *pagan divinities* pagonių dievai
divinize ['dɪvɪnaɪz] *v ret.* dievinti
divisibility [dɪˌvɪzɪ'bɪlətɪ] *n* **1** dalomumas **2** *mat.* dalumas
divisible [dɪ'vɪzəbl] *a* **1** dalomas **2** *mat.* dalus
division [dɪ'vɪʒn] *n* **1** dalijimas(is) *(into);* pa(si)dalijimas *(between); ~ of labour ekon.* darbo pasidalijimas **2** *mat.* dalyba; *~ sign* dalybos ženklas **3** skyrimasis, skirtingumas; skilimas **4** *(krepšio, piniginės ir pan.)* perdalijimas, skyrelis **5** *(organizacijos)* skyrius, sektorius **6** nesutarimas, nevieningumas **7** *parl.* balsavimas, balsų pasiskirstymas; *~ bell* varpelis, kviečiantis parlamentarus balsuoti **8** *sport. (futbolo ir pan.)* lyga; *to be in ~ one, to be in the first ~* būti pirmojoje lygoje **9** *kar.* divizija **10** *jūr.* divizionas

divisional [dɪ'vɪʒnəl] *a* **1** dalymo, dalybos **2** skyriaus **3** *kar.* divizijos
divisive [dɪ'vaɪsɪv] *a* **1** dalomasis; skirstomasis **2** sukeliantis skilimą; kurstantis/sėjantis nesantaiką
divisor [dɪ'vaɪzə] *n mat.* daliklis
divorce [dɪ'vɔːs] *n* **1** skyrybos, ištuoka; *~ case/suit* skyrybų byla; *to sue/file for ~* iškelti skyrybų bylą **2** at(si)skyrimas, iš(si)skyrimas *(between)*
v **1** iš(si)tuokti, iš(si)skirti; *to ~ one's wife [one's husband]* išsiskirti su žmona [su vyru] **2** atskirti; *this question has become totally ~d from reality* šis klausimas neturi jokio ryšio su tikrove
divorcé [dɪˌvɔː'seɪ] *pr. n amer. (tik v.)* išsiskyrėlis, išsituokėlis
divorcee [dɪˌvɔː'siː] *n* = **divorcé, divorcée**
divorcée [dɪˌvɔː'seɪ] *pr. n amer.* išsiskyrėlė, išsituokėlė
divorcement [dɪ'vɔːsmənt] *n* **1** at(si)skyrimas **2** *psn.* skyrybos
divot ['dɪvət] *n* atskverbta velėna *(pvz., žaidžiant golfą)*
divulgation [ˌdaɪvʌl'geɪʃn] *n knyg. (paslapties)* atskleidimas
divulge [daɪ'vʌldʒ, dɪ-] *v* atskleisti *(paslaptį, planus ir pan.); ~ your sources* atskleisk *(informacijos)* šaltinį, pasakyk, iš kur žinai
divulgement [dɪ'vʌldʒmənt] *n (paslapties)* atskleidimas
divulgence [dɪ'vʌldʒəns] *n* = **divulgement**
divvy[1] ['dɪvɪ] *šnek. n* pajus, dalis; dividendas
v dalyti(s); būti pajininku ▢ *~ up* pasidalyti
divvy[2] *n sl.* pusgalvis, nepilnaprotis
Dixie ['dɪksɪ] *n amer. šnek.* = **dixieland** ◊ *I'm not just whistling ~ amer.* aš nejuokauju
dixieland ['dɪksɪlænd] *n (džn. D.)* Diksilandas *(neofic. JAV pietinių valstijų pavadinimas); ~ jazz* diksilendas, džiazo ansamblis
dizain [dɪ'zeɪn] *n lit.* dešimteilis posmas/eilėraštis
dizzily ['dɪzɪlɪ] *adv* svaiginančiai, svaiginamai
dizziness ['dɪzɪnɪs] *n* galvos sukimasis, svaigimas, svaigulys, kvaitulys; *~ with success prk.* apsvaigimas nuo laimėjimų
dizzy ['dɪzɪ] *a* **1** apsvaigęs; *to make ~* apsvaiginti; *I am/feel ~* man svaigsta/sukasi galva **2** svaiginantis, svaiginamas *(apie aukštį, greitį ir pan.); the ~ heights prk. juok.* svaiginančios aukštumos **3** *šnek.* išsiblaškęs
v knyg. (ap)svaiginti, (ap)kvaitinti
Djakarta [dʒə'kɑːtə] *n* Džakarta *(Indonezijos sostinė)*
Djibouti [dʒɪ'buːtɪ] *n* Džibutis *(valstybė ir miestas)*
djinn [dʒɪn] *n* džinas, dvasia *(arabų pasakose)*
do[1] [duː] *v* (did; done) **1** daryti; *to ~ smb good [harm]* daryti kam gera [bloga]; *I'll ~ what I can* padarysiu viską, ką galiu; *it can't be done* to negalima padaryti; *there's nothing to be done about it* (čia) nieko nepadarysi; *~ as you are told* daryk, kaip tau sakoma; *what should I ~ next?* ką man toliau daryti?; *what can I ~ for you?* kuo galiu jums padėti/pasitarnauti? **2** tvarkyti, valyti; ruošti(s) *(for); to ~ the room* tvarkyti kambarį; *to ~ one's hair* susišukuoti (plaukus); *to ~ the windows* valyti langus; *~ your teeth* valykite dantis **3** atlikti, vykdyti; *to ~ one's duty* atlikti pareigą, vykdyti prievolę; *he is ~ing his military service* jis atlieka karinę tarnybą; *I did three years of teaching before that* prieš tai aš trejus metus mokytojavau **4** atlikti *(vaidmenį);* vaidinti; *to ~ Hamlet* vaidinti Hamletą **5** gaminti valgį, virti, kepti *(t. p. ~ the cooking); to ~ brown* a) gerai paskrudinti *(kepsnį);* b) *šnek.* apmauti, apdumti; *I'll ~ the supper* aš paruošiu vakarienę; *done to a turn* nuostabiai paruoštas; *to like one's fish [meat] done very well* mėgti gerai apkepintą žuvį [mėsą] **6** apžiūrėti *(įžymybes); to ~*

the town [museum] apžiūrėti miestą [muziejų] **7** veikti; dirbti; užsiimti; *to ~ nothing* nieko neveikti; *to ~ one's work* dirbti savo darbą; *to ~ the packing* pakuoti *(daiktus); she is ~ing some gardening* ji dirbinėja sode; *what are you ~ing tomorow?* ką tu veiksi rytoj?; *what ~ you ~?* kuo tu užsiimi? **8** darytis, vykti; *what's ~ing?* kas čia darosi? **9** tikti, patenkinti; pasitenkinti *(with); he will ~ for us* jis mums tiks; *this room will ~ me very well* šis kambarys man labai tiks; *the car could ~ with a wash* būtų ne pro šalį automobilį nuplauti; *it doesn't ~ to complain* netinka/neverta skųstis/dejuoti **10** užtekti; *can you make $ 5 ~?* ar jums užteks 5 dolerių?; *that will ~!* užteks!, gana! **11** (už)baigti; *he is done for* su juo baigta; *that does/did it!* viskas baigta!; *let's have done with it* baikime (su tuo); *have done!* baik(ite); užteks! **12** mokytis, studijuoti **13** spręsti *(uždavinį, kryžiažodį)* **14** parašyti *(biografiją, vertimą ir pan.)* **15** sektis; *the children are ~ing very well at school* vaikams mokykloje sekasi labai gerai; *how are you ~ing?* kaip sekasi? **16** pasiekti *(kokį greitį, kiekį ir pan.); we did 300 miles that day* tą dieną nuvažiavome 300 mylių **17** *šnek.* aptarnauti *(viešbutyje ir pan.);* užimti *(svečius)* **18** *šnek.* atsėdėti savo laiką *(kalėjime)* **19** *šnek.* apgauti; *you have been done* jus apgavo **20** *šnek.* (už)duoti; nubausti *(for – už); your Dad'll ~ you when he finds out* tėvas tau duos, kai sužinos **21** (pa)mėgdžioti; *to ~ smb well* gerai ką pamėgdžioti **22** *šnek.* elgtis *(by); ~ as you would be done by* elkis su kitais taip, kaip norėtum, kad kiti su tavimi elgtųsi; *he felt hard done by* jis manė, kad su juo blogai pasielgė **23** *šnek.* užmušti, pribaigti *(for); to ~ for oneself* nusižudyti **24** *šnek.* apiplėšti *(banką)* **25** *šnek.* sterilizuoti **26** pakęsti, pakelti *(with); I can't ~ with loud music* negaliu pakęsti garsios muzikos **27** apsieiti *(without – be); we haven't got meat, so we'll have to make ~ with bread* mes neturime mėsos, todėl teks tenkintis duona **28** manytis, verstis *(for); to ~ for oneself* apsieiti be pagalbos, išsiversti; *what/how will ~ for food when you are camping?* kaip versitės su maistu stovyklaudami? **29** *aux* a) Present *ir* Past Indefinite *laikų klaus. ir neig. formai sudaryti: ~ you understand?* ar suprantate?; *he did not see me* jis manęs nematė; *you know John, don't you?* tu pažįsti Džoną, ar ne?; b) *liepiamosios nuosakos neig. formai sudaryti: ~ not go* neik(ite) **30** *aux* a) *veiksmui pabrėžti: ~ come* būtinai ateik(ite); *I did say no and I ~ say so now* aš tikrai taip sakiau ir dabar sakau; b) *mandagiai siūlant: ~ have a cup of tea* prašom išgerti puoduką arbatos **31** *aux vengiant veiksmažodžio kartojimosi: who took that? – I did* kas tai paėmė? – Aš (paėmiau); *you didn't go, nor did I* jūs nėjote, aš irgi **32** *aux reiškiant inversiją: well ~ I remember it* aš tai tikrai gerai prisimenu ▫ *~ again* perdirbti, perdaryti; *~ away (with)* a) panaikinti, atsikratyti; b) užmušti; *to ~ away with oneself* nusižudyti; *~ down šnek.* a) apgauti, akis apdumti; b) (su)menkinti; (nu)peikti; *~ in šnek.* a) nudėti, nudobti, užmušti; b) nu(si)kamuoti; *I'm really done in* aš tikrai nusikamavau; *~ out* a) sutvarkyti, išvalyti *(spintą, patalpą ir pan.);* išgražinti *(kambarį);* b) nusukti, apsukti *(of); ~ over* a) *amer.* perdaryti, perdirbti; b) perdažyti, pertepti; c) *šnek.* užpulti, sumušti; d) *šnek.* apiplėšti, apgrobti; *~ up* a) užsegioti *(sagas);* už(si)rišti *(raištelius);* susisegti; b) sutvarkyti *(plaukus);* c) paremontuoti, padažyti *(namą ir pan.);* d) *(ppr. refl)* pa(si)gražinti; e) *(ppr. pass)* įvynioti, suvynioti; f) *pass* išvargti, nusikamuoti; *done up* išvargęs ◊ *how ~ you ~?* sveiki! *(susipažįstant); to ~ well* a) taisytis, sveikti; gerai augti; *to ~ well for oneself* klestėti; b) gerai pasirodyti; *I didn't ~ well in my exams* man nelabai pasisekė per egzaminus; c) būti dosniam *(by – kam);* d) eiti į naudą; *to ~ oneself well* pasidaryti sau malonumą; *to ~ or die* nugalėti arba mirti, įvykdyti žygdarbį; *done (with you)!* gerai!, sutarta!
n šnek. **1** apgavystė **2** pobūvis; *we've get a ~ tonight* šįvakar rengiame puotą ◊ *fair ~s* a) lygios dalys; b) *šnek.* būkime objektyvūs/teisingi; *~s and dont's šnek.* nurodymai, taisyklės

do² [dəu] *n muz.* do
doable ['du:əbl] *a* padaromas; įvykdomas
Dob(bin) ['dɔb(ɪn)] *n* Dob(in)as *(vardas)*
dobbin ['dɔbɪn] *n poet.* arklys *(ppr. senas, ramus)*
Doberman ['dəubəmən] *vok. n* dobermanas *(t. p. ~ pinscher, šunų veislė)*
dobi ['dəubɪ] *n amer. šnek.* = **adobe**
doc [dɔk] *n šnek.* daktaras
docent [dəu'sent] *n amer.* **1** docentas **2** *(muziejaus, dailės galerijos)* gidas
docile ['dəusaɪl] *a* **1** romus, paklusnus **2** gabus, supratingas
docility [dəu'sɪlətɪ] *n* **1** romumas, paklusnumas **2** supratingumas
dock¹ [dɔk] *n* **1** dokas; *to be in ~* stovėti doke; *dry/graving ~* sausasis dokas; *floating ~* plūduriuojantysis dokas; *wet ~* šlapiasis dokas **2** *amer.* prieplauka
v **1** statyti *(laivą)* į doką, įplaukti į doką **2** su(si)jungti *(apie erdvėlaivius)*
dock² *n teis.* teisiamųjų suolas; *the prisoner in the ~* teisiamasis, kaltinamasis
dock³ *n bot.* rūgštynė
dock⁴ *n* **1** stimburys, kietoji uodegos dalis **2** nupjauta/ nukirpta uodega
v **1** nupjauti, nukirpti *(uodegą)* **2** (su)mažinti, apkarpyti *(algą, atlyginimą ir pan.);* išskaičiuoti
dockage¹ ['dɔkɪdʒ] *n* **1** *(laivų)* stovėjimas doke **2** dokavimo rinkliava **3** doko įrenginiai
dockage² *n (atlyginimo)* (su)mažinimas, apkarpymas
docker ['dɔkə] *n* dokininkas, doko darbininkas
docket ['dɔkɪt] *n* **1** *kom.* etiketė, lentelė *(su krovinio gavėjo adresu)* **2** muito mokesčio kvitas **3** *(pirkėjo)* deklaracija *(apie reikalavimus priimamoms prekėms)* **4** prierašas/priedas prie dokumento su trumpu turinio išdėstymu **5** *teis.* registracijos žurnalas; teismo įrašai **6** *amer. teis. (bylų)* sąrašas, rejestras; *trial ~* nagrinėti parengtų bylų sąrašas; *to clear the ~* išnagrinėti visas parengtas bylas; *on the ~ šnek.* svarstomas, nagrinėjamas
v **1** *kom.* klijuoti etiketes, (su)žymėti **2** užrašyti ant laiškų/dokumentų trumpą jų turinį **3** *amer. teis.* įrašyti bylos turinį į rejestrą
dockland ['dɔklænd] *n (miesto)* dokų rajonas
dock-master ['dɔk‿mɑ:stə] *n* doko viršininkas
dockworker ['dɔk‿wə:kə] *n* doko darbininkas/krovikas
dockyard ['dɔkjɑ:d] *n* **1** laivų remonto įmonė **2** laivų statykla
doctor ['dɔktə] *n* **1** gydytojas, daktaras; *family ~* šeimos gydytojas, visų ligų gydytojas; *I saw the ~ yesterday* vakar buvau pas gydytoją **2** daktaras *(mokslinis laipsnis); to take one's ~'s degree* gauti daktaro laipsnį; *Doctor's Commons* teisininkų asociacija; *~s differ/disagree* autoritetų nuomonės nesutampa/skiriasi **3** *šnek.* taisytojas, remontininkas **4** dirbtinė muselė *(meškeriotojų)* **5** surogatas; sufalsifikuotas/sugadintas produktas ◊ *just what the ~ ordered šnek.* kaip tik tai, ko *(kam)* reikia

doctoral 271 **dog-end**

v šnek. **1** gydyti **2** taisyti, remontuoti **3** klastoti; pakeisti *(norint apgauti/įsiteikti ir pan.)* **4** falsifikuoti **5** įdėti nuodų; (at)skiesti *(gėrimus)* **6** *euf.* kastruoti, sterilizuoti *(gyvulį)*
doctoral ['dɔktᵊrəl] *a* daktaro, daktarinis; **~ degree** daktaro laipsnis
doctorate ['dɔktᵊrət] *n* daktaro laipsnis, doktoratas
v suteikti daktaro laipsnį
doctorial [dɔk'tɔ:rɪəl] *a* = **doctoral**
doctrinaire [ˌdɔktrɪ'nɛə] *n ret.* doktrinierius
a doktrinieriškas
doctrinal [dɔk'traɪnl] *a* doktriniškas, dogmatiškas
doctrinarian [ˌdɔktrɪ'nɛərɪən] = **doctrinaire** *n*
doctrine ['dɔktrɪn] *n* **1** doktrina; **~ of descent** *biol.* rūšių kilmės teorija **2** dogma, tikėjimas
doctrinist ['dɔktrɪnɪst] *n* aklas kokios nors doktrinos šalininkas
docudrama ['dɔkjuˌdrɑ:mə] *n* vaidybinis dokumentinis televizijos filmas
document *n* ['dɔkjumənt] dokumentas; liudijimas, pažymėjimas; **source ~** pirminis dokumentas
v ['dɔkjument] **1** dokumentuoti; pagrįsti/patvirtinti dokumentais **2** *(ypač jūr.)* aprūpinti dokumentais
documentary [ˌdɔkju'mentᵊrɪ] *a* dokumentinis; **~ evidence** dokumentinis įrodymas; **~ bill of exchange** dokumentuotasis vekselis
n **1** dokumentinis filmas **2** *rad., tel.* dokumentinė apybraiža *ir pan.*
documentation [ˌdɔkjumən'teɪʃn] *n* **1** dokumentacija **2** dokumentavimas; patvirtinimas/pagrindimas dokumentais
dodder¹ ['dɔdə] *n bot.* brantas, traukutis; **lesser ~** smulkusis brantas
dodder² *v* **1** drebėti, kretėti *(iš silpnumo, senatvės)* **2** krypuoti, šlitiniuoti, kretėti *(drebant eiti)*
doddered ['dɔdəd] *a* be viršūnės, (su) sužalota viršūne *(apie medį)*
dodderer ['dɔdərə] *n menk.* sukriošėlis, iškaršėlis
doddering, doddery ['dɔdərɪŋ, 'dɔdərɪ] *a* silpnai vaikštantis, kretantis; sukriošęs
doddle ['dɔdl] *n šnek.* lengvas dalykas, vieni juokai/niekai
dodecagon [dəu'dekəgən] *n geom.* dvylikakampis, dodekagonas
dodecahedron [ˌdəudekə'hi:drən] *n (pl* -ra [rə], ~s) *geom.* dvylikasienis, dodekaedras
dodge [dɔdʒ] *n* **1** staigus judesys, metimasis į šalį *(norint ko išvengti);* vengimas **2** *sport.* apgaulingas judesys **3** *šnek.* išsisuk(inėj)imas; apgavystė; gudrybė *(t. p.* **cunning ~**); **to be up to all the ~s** žinoti visas gudrybes/machinacijas **4** būdas, metodas; **a good ~ for remembering names** geras būdas vardams įsiminti
v **1** (iš)vengti, mestis į šalį *(vengiant smūgio)* **2** slėptis *(behind, under)* **3** išsisuk(inė)ti, apgau(dinė)ti; vangstytis, vengti; **to ~ the issue** vengti atsakyti į klausimą
dodgem ['dɔdʒəm] *n* elektrinis automobiliukas su buferiu *(atrakcionas; t. p.* **~ car**); **to go on the ~s** pasivažinėti elektriniais automobiliukais
dodger ['dɔdʒə] *n* **1** mokantis išsisuk(inė)ti, mitruolis, gudragalvis, lapė *amer.* kukurūzinis paplotėlis **3** *jūr.* tentas, brezentinė stoginė *(ant kapitono tiltelio ir pan.)*
dodgery ['dɔdʒərɪ] *n* išsisukinėjimas
dodgy ['dɔdʒɪ] *a šnek.* **1** mokantis išsisuk(inė)ti; mitrus, gudrus **2** apgaulingas; nesąžiningas **3** rizikingas, pavojingas, sunkus; **his health is a bit ~** jo sveikata gana silpna

dodo ['dəudəu] *n (pl* ~(e)s [-z]) **1** drontas *(iškastinis paukštis)* **2** *šnek.* bukagalvis ◊ **to be as dead as a ~** visiškai išnykti/pasenti
doe [dəu] *n (elnio, triušio, kiškio, pelių, žiurkių ir pan.)* patelė
doer ['du:ə] *n* **1** tas, kuris daro/dirba/veikia; atlikėjas; veiklus žmogus, veiklūnas; **he is a ~, not a talker** jis dirba, o ne plepa **2** *škot. teis.* patikėtinis, agentas **3**: **a good [bad] ~** augalas, kuris gerai [prastai] auga/žydi
does [dəz; *kirčiuota forma* dʌz] *vksm.* do *esam. l. vns. 3 asmuo*
doeskin ['dəuskɪn] *n* elnio oda; zomša
doesn't ['dʌzᵊnt] *sutr. šnek.* = **does not**
doff [dɔf] *v psn.* nu(si)imti (skrybėlę); nu(si)mesti *(drabužius); refl* nusirengti
dog [dɔg] *n* **1** šuo **2** lapinas *(t. p.* **~ fox**); vilkas *(patinas)* **3** *šnek.* šunsnukis, blogas žmogus; baidyklė *(apie negražią moterį);* **dirty ~** kiaulė, o ne žmogus **4** *šnek.* vyrukas; **gay/jolly ~** linksmas vyrukas; **lucky ~** laimingas žmogus **5** *šnek.* kas nors netikęs, labai prastas; **dead ~** niekam tikęs žmogus/daiktas, šlamštas **6** *pl* kurtų lenktynės **7** *tech.* sąvara; strektė; kumštelis; viniatraukis **8** *jūr.* užveržtukas, sandarusis uždoris ◊ **~s of war** *poet.* karo baisumai/padariniai; **a ~'s age** *šnek.* ilgas laikas; **to go to the ~s** ≡ išeiti šunims šėko pjauti; **to help a lame ~ over a stile** padėti bėdoje; **to lead a ~'s life** šuniškai gyventi; **to give/lead smb a ~'s life** versti ką gyventi šunišką gyvenimą, visą laiką neduoti kam ramybės; **to make a ~'s breakfast** *(of)* sujaukti, sugadinti; **to throw to the ~s** ≡ palikti *(ką)* šuns vietoje; **let sleeping ~s lie** neieškok bėdos; **every ~ has his day** ≡ ateis šventė ir į mūsų namus; ir mes kada nors pasidžiaugsime; **hot ~** dešrainis; **hot ~!** *amer. šnek.* puiku! *(pritarimo šūktelėjimas);* **to put on the ~** *amer. šnek.* pūstis, puikuotis; **~ on it!** velniop!; **dressed/done up like a ~'s dinner** *menk.* pernelyg išsičiustijęs/išsipustęs; **love me, love my ~** myli mane, mylėk tokį, koks esu; nori branduolio, krimsk ir kevalą; **give a ~ a bad name (and hang him)** blogo vardo lengvai neatsikratysi; **you can't teach an old ~ new tricks** senų žmonių naujaip gyventi neišmokysi; **it's ~ eats ~** žmogus žmogui – vilkas; vilkiškas įstatymas
v **1** sek(io)ti *(iš paskos);* **to ~ smb's steps** eiti/sekti paskui ką **2** persekioti; **he is ~ged by misfortunes** jį persekioja nelaimės
dog-ape ['dɔgeɪp] *n zool.* šunbeždžionė, babuinas
dogate ['dəugeɪt] *n ist.* dožo titulas
dog-bane ['dɔgbeɪn] *n bot.* stepukas
dogberry ['dɔgbᵊrɪ, 'dɔgberɪ] *n* sedulos uogos; nuodingos uogos
dog-biscuit ['dɔgˌbɪskɪt] *n* galeta iš kaulų miltų *ir pan.* *(šunims šerti)*
dogcart ['dɔgkɑ:t] *n* **1** dviratė karieta **2** šuns/šunų traukiamas vežimėlis
dogcatcher ['dɔgˌkætʃə] *n amer.* šungaudys
dog-collar ['dɔgˌkɔlə] *n* **1** šuns kaklasaitis **2** *šnek.* balta kieta apykaklė *(dėvima dvasininkų)*
dog-days ['dɔgdeɪz] *n pl (vasaros)* karštosios dienos, karštymetis
doge [dəudʒ] *n ist.* dožas
dog-eared ['dɔgɪəd] *a* (su) užlankstytais kampais *(apie knygos/popieriaus lapus)*
dog-eat-dog [ˌdɔgi:t'dɔg] *a attr* vilkiškas, žvėriškas; negailestingas *(apie konkurenciją ir pan.)*
dog-end ['dɔgend] *n* **1** *šnek.* nuorūka **2** atliekalas, liekana

dogface ['dɔgfeɪs] *n amer. šnek.* eilinis, *ypač* pėstininkas *(II pasaulinio karo metu)*
dog-faced ['dɔgfeɪst] *a* su šuns snukiu *(apie beždžionę)*
dog-fennel ['dɔg͵fenl] *n bot.* bobramunis
dogfight ['dɔgfaɪt] *n* **1** *(šunų)* riejimasis **2** durtynės **3** *av. šnek.* oro mūšis
dogfish ['dɔgfɪʃ] *n zool.* ryklys
dog-fox ['dɔgfɔks] *n zool.* lapinas
dogged ['dɔgɪd] *a* atkaklus, užsispyręs ◊ *it's ~ as does it šnek.* atkaklumas viską nugali
doggedness ['dɔgɪdnɪs] *n* užsispyrimas, atkaklumas
dogger ['dɔgə] *n (olandų žvejų)* dvistiebis laivas
doggerel ['dɔgᵊrəl] *n* menka(vertė) poezija, prastos eilės *a* prastas, netikęs, kvailas *(apie eilėraštį)*
doggery ['dɔgᵊrɪ] *n* **1** šunybė, šuniškas elgesys **2** *kuop.* šunauja, šunija, šunys
doggie ['dɔgɪ] = **doggy** *n*
doggish ['dɔgɪʃ] *a* **1** šuniškas **2** *šnek.* prašmatnus, pernelyg madingas
doggo ['dɔgəu] *adv:* **to lie ~** *šnek.* glūdėti, glūdoti, tūnoti, slypėti
doggone ['dɔgɔn] *amer. sl. a* prakeiktas *v* prakeikti; **~ it!** prakeikimas!, po šimts velnių!
doggoned ['dɔgɔnd] = **doggone** *a*
doggy ['dɔgɪ] *n* **1** *vaik.* šuniukas, šunytis **2** *kar. sl.* jaunas/geltonsnapis karininkėlis *a* **1** šuns, šuniškas **2** mėgstantis šunis
doggy-paddle ['dɔgɪ͵pædl] *v* = **dog-paddle**
dog-hole ['dɔghəul] *n* šuns būda
dog-hook ['dɔghuk] *n* **1** *jūr.* užgriebiamasis kablys **2** *tech.* veržlių raktas
doghouse ['dɔghaus] *n* šuns būda ◊ **to be in the ~** *šnek.* būti nemalonėje; ≅ būti šuns vietoje
dogie ['dəugɪ] *n amer.* veršelis, nuklydęs nuo karvės
dog-in-the-manger ['dɔgɪnðə'meɪndʒə] *a attr* egoistiškas *(apie elgesį, požiūrį)*
dog-Latin [͵dɔg'lætɪn] *n* (su)darkyta lotynų kalba
dog-lead ['dɔgli:d] *n* pavadėlis/grandinė(lė) šuniui vedžioti
dogleg ['dɔgleg] *n aut.* staigus posūkis
doglike ['dɔglaɪk] *a* šuniškas
dogma ['dɔgmə] *n* dogma
dogmatic [dɔg'mætɪk] *a* **1** dogmatiškas **2** diktatoriškas; kategoriškas
dogmatically [dɔg'mætɪkᵊlɪ] *adv* **1** dogmatiškai **2** autoritetingai
dogmatics [dɔg'mætɪks] *n rel.* dogmatika
dogmatism ['dɔgmətɪzm] *n* dogmatizmas; dogmatiškumas
dogmatist ['dɔgmətɪst] *n* dogmatikas
dogmatize ['dɔgmətaɪz] *v* **1** dogmatizuoti **2** autoritetingu/pamokomu tonu kalbėti
do-gooder [du:'gudə] *n (džn. iron.)* geradarys, geras dėdė *(apie filantropą, reformatorių ir pan.)*
dog-paddle ['dɔg͵pædl] *v* plaukti šuniuku
dog-rose ['dɔgrəuz] *n bot.* paprastasis erškėtis, šunrožė
dogsbody ['dɔgz͵bɔdɪ] *n šnek.* juodnugaris, juodadarbis; pastumdėlis *(t. p. general ~)*
dog's-ear ['dɔgzɪə] *n* užlankstytas *(nuo vartojimo)* knygos/popieriaus lapas
dog's-grass ['dɔgzgrɑ:s] *n bot.* varputis
dogshow ['dɔgʃəu] *n* šunų paroda
dogskin ['dɔgskɪn] *n* šuns oda *(pirštinėms)*
dogsled ['dɔgsled] *n* šunų traukiamos rogutės
dog-sleep ['dɔgsli:p] *n* jautrus miegas; miegas su pertrūkiais
dog's-meat ['dɔgzmi:t] *n* mėsa šunims; dvėsena

dog's-nose ['dɔgznəuz] *n* alaus ir degtinės mišinys
dog('s)-tail ['dɔg(z)teɪl] *n bot.* kietavarpė
dog-star ['dɔgstɑ:] *n* Sirijus *(žvaigždė)*
dog's-tooth ['dɔgztu:θ] *n bot.* šundantė
dog-tag ['dɔgtæg] *n* **1** šuns registracijos numeris **2** *amer. kar. šnek.* metalinis asmens ženklas *(dėvimas ant kaklo)*
dog-tired [͵dɔg'taɪəd] *a šnek.* baisiai išvargęs, nusivaręs
dogtooth ['dɔgtu:θ] *n (pl* -teeth [ti:θ]) **1** iltis **2** *archit. ist.* mažas smailus ornamentas
dog-tree ['dɔgtri:] *n* = **dogwood**
dogtrot ['dɔgtrɔt] *n* risčia, ristelė
dogwatch ['dɔgwɔtʃ] *n jūr.* budėjimas *(po pietų)*
dog-wolf ['dɔgwulf] *n* vilkas *(patinas)*
dogwood ['dɔgwud] *n bot.* sedula
doh [dəu] *n* = **do**²
doily ['dɔɪlɪ] *n* servetėlė *(lėkštutėje pyragėliui ir pan. padėti)*
doing ['du:ɪŋ] *n* **1** darbas; dalykas; **this mess is all your ~** ši painiava – tavo darbas; **fine ~s these!** gražūs dalykėliai (dedasi)! **2** *šnek.* pyla, barimas, mušimas **3** *pl amer. šnek.* įmantrūs valgiai **4** *pl šnek.* daikteliai, daiktelis *(nežinant/užmiršus tikrąjį daikto pavadinimą)* ◊ **it takes/wants some ~!** tai nėra taip lengva!; **this is none of my ~** čia aš nieko dėtas
doit [dɔɪt] *n psn.* smulkpinigiai, smulkūs; **not worth a ~** niekam vertas
do-it-yourself [͵du:ɪtjə'self] *a* pasidaryk pats *(apie parduotuves, įrankių rinkinį ir pan.)*
do-it-yourselfer [͵du:ɪtjə'selfə] *n* nagingas žmogus, meistras
dojo ['dəudʒəu] *n (dziudo, sambo ir pan.)* treniruočių salė
Dolby ['dɔlbɪ] *n* triukšmo (su)mažinimo sistema *(darant įrašus)*
doldrums ['dɔldrəmz] *n pl* **1** prasta nuotaika; depresija; **in the ~** a) be nuotaikos; b) neveiklumo/stagnacijos būsenoje *(apie rinką ir pan.)* **2** *jūr., meteor.* tyka, štilis, tykos juosta *(prie ekvatoriaus)*
dole¹ [dəul] *n* **1** bedarbio pašalpa; **to be/go on the ~** gauti pašalpą; **the ~ queue** a) eilė žmonių, laukiančių bedarbio pašalpos; b) bedarbių skaičius **2** pašalpėlė, šalpa; labdaros dalijimas
v menkai remti, šelpti *(mažais kiekiais, nenoromis)* □ **~ out** išdalyti
dole² *n psn., poet.* graudis, sielvartas
doleful ['dəulfəl] *a* graudulingas, graudingas, liūdnas, melancholiškas
dolichocephalic [͵dɔlɪkəuˢɪ'fælɪk] *a med.* ilgagalvis
doll [dɔl] *n* **1** lėlė; **Paris ~** manekenas **2** *(ypač amer.) šnek.* lėlytė, lėlė *(apie gražią/išsipuošusią mergaitę/moterį);* gražuolis
v: **~ up** *šnek.* (iš)puošti, (iš)gražinti; *refl* išsipuošti, išsigražinti
dollar ['dɔlə] *n* doleris; **the ~s** pinigai, turtas ◊ **I'd bet my bottom ~ that...** dedu galvą, kad...; **the 64 thousand ~ question** *šnek.* pats svarbiausias, lemiamas klausimas
dollarwise ['dɔləwaɪz] *adv* **1** perskaičiavus į dolerius; **how much is it ~?** kiek tai yra doleriais? **2** finansiniu požiūriu
dollhouse ['dɔlhaus] *n amer.* lėlių namelis
dollish ['dɔlɪʃ] *a* panašus į lėlę
dollop ['dɔləp] *n šnek.* **1** *(ištekėjusios grietinės ir pan.)* dribsnis **2** *(skysto maisto)* mažas kiekis, šlakas, lašas *(of)*
dolly ['dɔlɪ] *n* **1** *vaik.* lėlytė *(t. p. apie gražią moterį)* **2** vežimėlis – platforma sunkiems daiktams vežioti **3** *kin., tel.* judama platforma operatoriui **4** siaurojo ge-

ležinkelio garvežys **5** kultuvė; maišyklė *(skalbiniams)* **6** *tech.*, laikiklis; tvoklės padėklas
v velėti kultuve
dolly-bird [ˈdɔlɪbəːd] *n šnek.* lėlytė *(apie išsipuošusią mergaitę)*
dolly-shop [ˈdɔlɪʃɔp] *n šnek.* **1** krautuvė, parduotuvė **2** lindynė
dolly-trailer [ˈdɔlɪˌtreɪlə] *n aut.* prikabinamasis vežimėlis
dolmen [ˈdɔlmen] *n archeol.* dolmenas
dolomite [ˈdɔləmaɪt] *n min.* dolomitas
Dolores [dəˈlɔriːz] *n* Doloresa *(vardas)*
dolorous [ˈdɔlərəs] *a poet.* liūdnas, sielvartingas
dolo(u)r [ˈdɔlə] *n poet.* sielvartas, liūdesys
dolphin [ˈdɔlfɪn] *n* **1** *zool.* delfinas **2** *jūr.* prieplaukos stulpas
dolphinarium [ˌdɔlfɪˈnɛərɪəm] *n (pl* ~s, -ia [-ɪə]) delfinariumas
dolt [dəult] *n* kvailys, bukaprotis
doltish [ˈdəultɪʃ] *a* kvailas, bukas
-dom [-dəm] *suff* **1** -ystė *(žymint padėtį, paplitimo sritį)*: **kingdom** karalystė **2** -ija *arba dktv. dgs. (žymint žmonių visumą, jų profesinę priklausomybę)*: **officialdom** valdininkija; **teacherdom** mokytojai **3** titulas; **dukedom** hercogo/kunigaikščio titulas
domain [dəˈmeɪn] *n* **1** valda; teritorija; *eminent* ~ *teis.* valstybės teisė nusavinti privatinę nuosavybę **2** *(veiklos, interesų)* sritis, sfera **3** *fiz.* domenas, sritis
dome [dəum] *n* **1** kupolas **2** *(dangaus)* skliautas **3** *šnek.* galva, plikė **4** *psn., poet.* didingas pastatas
v **1** dengti kupolu **2** iškilti kaip kupolui
domed [dəumd] *a* kupolo formos; su kupolu
Domesday [ˈduːmzdeɪ] *n:* ~ *Book ist.* Anglijos *(žemės)* nuosavybės aprašymo knyga *(1086 m.)*
domestic [dəˈmestɪk] *a* **1** vidaus, krašto; *the* ~ *affairs of a country* šalies vidaus reikalai; ~ *industry* vietinė pramonė/gamyba **2** šeimyniškas, šeimyninis; mėgstantis šeimyninį gyvenimą; *he has* ~ *troubles* jis turi nemalonumų šeimoje **3** namų, naminis; ~ *help (ateinanti)* namų darbininkė; ~ *science* namų ruoša *(kaip disciplina)* **4** naminis, prijaukintas *(apie gyvulius)*
n **1** namų darbininkė; tarnas **2** *pl* vietinės gamybos prekės
domesticable [dəˈmestɪkəbl] *a* prijaukinamas
domestically [dəˈmestɪklɪ] *adv* (šalies) viduje; ~, *the decision was a disaster* vidaus politikos požiūriu sprendimas buvo pražūtingas
domesticate [dəˈmestɪkeɪt] *v* **1** (pri)jaukinti *(gyvulius)* **2** kultivuoti, aklimatizuoti *(augalus)* **3** įpratinti prie šeimos gyvenimo; išmokyti tvarkyti namų ūkį; *she is not at all ~d* ji nemėgsta ruoštis, šeimininkauti **4** civilizuoti
domestication [dəˌmestɪˈkeɪʃn] *n* **1** *(gyvulių)* (pri)jaukinimas; domestikacija **2** prisirišimas prie namų, šeimos gyvenimo
domesticity [ˌdəumeˈstɪsətɪ] *n* **1** šeimyninis/šeimos gyvenimas **2** prisirišimas prie šeimos **3** *(the domesticities) pl* namų reikalai
domett [dəuˈmet] *n* pusvilnonio audinio rūšis
domic(al) [ˈdəumɪk(l)] *a* kupolo pavidalo
domicile [ˈdɔmɪsaɪl] *n* **1** *knyg.* nuolatinė gyvenamoji vieta **2** *teis. (firmos, asmens)* juridinis adresas **3** *fin. (vekselio)* mokėjimo adresas
v **1** *(ypač teis.)* nuolat (apsi)gyventi **2** nurodyti *(vekselio mokėjimo vietą; at)*
domiciliary [ˌdɔmɪˈsɪlɪərɪ] *a knyg., teis.* namo, gyvenamosios vietos; ~ *visit* namų apžiūrėjimas, krata

dominance [ˈdɔmɪnəns] *n* **1** dominavimas, vyravimas **2** viešpatavimas, valdymas; įtaka
dominant [ˈdɔmɪnənt] *a* **1** dominuojantis, vyraujantis **2** viešpataujantis; svarbiausias
n spec. dominantė
dominate [ˈdɔmɪneɪt] *v* **1** dominuoti, vyrauti; *an area ~d by factories* rajonas, kuriame vyrauja gamyklos **2** valdyti, viešpatauti **3** daryti poveikį **4** būti iškilusiam *(virš); the mountain ~s the valley* kalno aukštumą pabrėžia slėnis
domination [ˌdɔmɪˈneɪʃn] *n* **1** dominavimas, vyravimas **2** viešpatavimas; valdžia
domineer [ˌdɔmɪˈnɪə] *v* despotiškai valdyti *(over)*
domineering [ˌdɔmɪˈnɪərɪŋ] *a* despotiškas, valdingas
Dominic [ˈdɔmɪnɪk] *n* Dominikas, Dominykas, Domininkas *(vardas)*
dominical [dəˈmɪnɪkl] *a bažn.* **1** Viešpaties **2** sekmadieninis; ~ *day* sekmadienis
Dominican[1] [dəˈmɪnɪkən] *n* dominikonas
a **1** dominikonų **2** Dominyko
Dominican[2] *n* Dominikos Respublikos gyventojas
a Dominikos; *the ~ Republic* Dominikos Respublika
dominie [ˈdɔmɪnɪ] *n* **1** *škot.* mokytojas **2** *amer.* dvasininkas
dominion [dəˈmɪnɪən] *n* **1** *knyg.* viešpatavimas, valdžia **2** *ist.* dominija **3** *pl* valdos
domino[1] [ˈdɔmɪnəu] *n (pl ~es* [-z]) **1** dominas *(maskarado kostiumas/kaukė)* **2** maskarado dalyvis
domino[2] *n (pl ~es* [-z]) dominas *(kauliukas); pl (vart. kaip sg)* dominas *(žaidimas)* ◊ *it's ~ (with, for)* viskas baigta *(su kuo)*
don[1] [dɔn] *n* **1** *(D.)* donas *(ispanų titulas)* **2** ispanas **3** įžymi asmenybė **4** *(Oksfordo, Kembridžo)* koledžo dėstytojas **5** *(universiteto)* dėstytojas **6** *amer. sl.* mafijos vadeiva
don[2] *v knyg.* apsirengti; užsidėti *(skrybėlę);* užsimauti *(pirštines)*
Donald [ˈdɔnld] *n* Donaldas *(vardas)*
donate [dəuˈneɪt] *v* (pa)dovanoti; (pa)aukoti; *to ~ blood* duoti kraujo *(apie donorą)*
donation [dəuˈneɪʃn] *n* **1** dovana, auka **2** dovanojimas, aukojimas
donative [ˈdəunətɪv] *n* dovana, auka
a dovanojimo; dovanotas, paaukotas
donatory [ˈdəunətərɪ] *n teis.* dovanos/aukos gavėjas
done [dʌn] *pII žr.* **do**[1] *v*
donee [dəuˈniː] *n teis.* apdovanotasis, dovanos gavėjas
doneness [ˈdʌnnɪs] *n (ypač kul.)* paruoštumas; *test the meat for ~* pažiūrėkite, ar mėsa gatava
dong [dɔŋ] *n* varpo skambesys
v skambėti *(apie varpą)*
donjon [ˈdɔndʒən] *n archit.* donžonas, pagrindinis pilies bokštas
Don Juan [ˌdɔnˈdʒuːən] *n* donžuanas
donkey [ˈdɔŋkɪ] *n* **1** asilas *(t. p. prk.)* **2** = **donkey-engine** ◊ ~*'s years šnek.* daug metų
donkey-engine [ˈdɔŋkɪˌendʒɪn] *n tech.* **1** nedidelis pagalbinis variklis **2** *jūr.* keltuvas
donkey-jacket [ˈdɔŋkɪˌdʒækɪt] *n (darbinė)* šilta striukė
donkeywork [ˈdɔŋkɪwəːk] *n šnek.* sunkus ir nuobodus darbas, juodas darbas
donnish [ˈdɔnɪʃ] *a* akademiškas; pedantiškas
donor [ˈdəunə] *n* **1** donoras *(t. p. fiz.)* **2** aukotojas, dovanotojas
do-nothing [ˈduːˌnʌθɪŋ] *n* dykinėtojas, tinginys
a **1** tingus, dykas **2** pasyvus; ~ *policy* lūkuriavimo politika

Don Quixote [ˌdɔn'kwɪksət] *isp.* Don Kichotas
don't [dəunt] *sutr. šnek.* = **do not; ~!** nereikia!, liauki(tė)s!
n draudimas; *I'm tired of your don'ts* man nusibodo tavo perspėjimai/draudimai
donut ['dəunʌt] *n amer.* = **doughnut**
doodad ['du:dæd] *n amer.* = **doodah**
doodah ['du:dɑ:] *n šnek.* **1** blizgutis, mažmožis **2** kaip jis ten vadinasi? *(užmiršus/nežinant ko pavadinimo)*
doodle ['du:dl] *v* braižinėti, paišinėti *(galvojant apie ką nors kita)*
doodlebug ['du:dlbʌg] *n ist.* lėktuvas-sviedinys
doodoo ['du:du:] *vaik. n* kaka
v kakoti
doolally [du:'læli] *a šnek.* pamišęs
doom [du:m] *n* **1** *(sunki)* lemtis, likimas **2** pražūtis; *to spell ~ (for)* reikšti galą *(kam)* **3** *psn.* pasmerkimas, nuosprendis **4** *ist.* statutas, dekretas
v lemti; pasmerkti; *~ed to failure* pasmerktas nesėkmei/žlugti; *he was ~ed to be killed in a car crash* jam buvo lemta žūti automobilio avarijoje
doom-laden ['du:mleɪdn] *a* lemiantis pražūtį; niūrus *(apie prognozę ir pan.)*
dooms [du:mz] *adv* labai; baisiai
doomsayer ['du:msaɪə] *n* = **doomster**
doomsday ['du:mzdeɪ] *n* **1** lemtinga diena, lemtingas metas **2** *rel.* paskutinio teismo diena; pasaulio pabaiga ◊ *(from now) till ~* amžinai
doomster ['du:mstə] *n šnek.* niūrus pesimistas
door [dɔ:] *n* **1** durys; durelės; *French ~s (ypač amer.)* stiklinės durys į sodą/balkoną; *front [back] ~* paradinės [užpakalinės] durys; *next ~* a) gretimos durys, gretimas namas; b) kaimynystėje, greta, šalia *(to)*, dar žr. *next-door*; *two [three, etc.] ~s off* antrame [trečiame *ir t. t.*] name; *(from) ~ to ~* a) nuo vienų durų prie kitų; b) nuo pradžios iki galo *(apie nuotolį, kelionę)*; *to come through the ~* įeiti pro duris; *to answer/get the ~* atidaryti duris *(pabeldus, paskambinus)*; *to close the ~* a) uždaryti duris *(upon smb – paskui ką)*; b) užkirsti kelią *(to, on – kam)*; *to show smb to the ~* palydėti iki durų *(išleidžiant)* **2** *prk.* durys, kelias; *the ~ to success* kelias į pasisekimą; *the new discovery will open the ~ to prosperity* naujasis atradimas atvers kelią į suklestėjimą **3** įėjimas; *'pay at the ~'* „mokėkite prie įėjimo" ◊ *to lay smth at smb's ~* primesti ką kam, apkaltinti kuo ką; *to show smb the ~ šnek.* išvaryti ką; ≡ parodyti kam duris; *to shut/slam the ~ in smb's face* ≡ užtrenkti duris kam prieš nosį; atsisakyti kalbėti; *to get in through/by the back ~* gauti darbą nesąžiningu būdu; *behind closed/locked ~s* ≡ už uždarų durų, uždaromis durimis; *without ~ parl.* už parlamento sienų; *never darken my ~ again* daugiau (niekada) nekelk kojos per mano slenkstį *ar* į mano namus
doorbell ['dɔ:bel] *n* durų skambutis
doorcase ['dɔ:keɪs] *n* = **doorframe**
do-or-die [ˌdu:ə'daɪ] *a attr* **1** žūtbūtinis **2** mirtinas *(apie pavojų ir pan.)*; kritiškas *(apie momentą)*
doorframe ['dɔ:freɪm] *n* durų stakta
doorjamb ['dɔ:dʒæm] *n* durų staktos šulas
doorkeeper ['dɔ:ˌki:pə] *n* durininkas, šveicorius
doorknob ['dɔ:nɔb] *n* rutulio formos durų rankena, durų rankenos bumbulas
doorman ['dɔ:mən] *n (pl* -men [-mən]) = **doorkeeper**
doormat ['dɔ:mæt] *n* **1** patiesalas prie durų *(kojoms valyti)* **2** *šnek.* žmogus be chrakterio, ištižėlis, mazgotė

doornail ['dɔ:neɪl] *n: dead as a ~* a) visiškai negyvas; b) neveikiantis, nedirbantis
doorplate ['dɔ:pleɪt] *n* durų lentelė *(su pavarde)*
doorpost ['dɔ:pəust] *n* durų staktos šulas
doorscraper ['dɔ:skreɪpə] *n* grandyklė, grandiklis *(kojoms valyti prie lauko durų)*
doorstep ['dɔ:step] *n* **1** laiptelis prie lauko durų **2** *šnek.* stora riekė ◊ *on the ~* ≅ ant slenksčio, arti, čia pat
doorstepping ['dɔ:stepɪŋ] *n* rinkėjų lankymas namuose
doorstop ['dɔ:stɔp] *n* **1** įtaisas, laikantis duris atviras *(kablys ir pan.)* **2** durų ribotuvas/atrama *(kad neatsitrenktų į sieną)*
door-to-door ['dɔ:tə'dɔ:] *a* nuo durų ligi durų; pagal butus *(apie lankymą, apėjimą ir pan.)*
doorway ['dɔ:weɪ] *n* **1** tarpduris; *in the ~* tarpduryje **2** prieduris
dooryard ['dɔ:jɑ:d] *n amer.* kiemas prie durų
doozy ['du:zɪ] *n amer. šnek.* kas nors nepaprasta/neįtikėtina
dope [dəup] *n* **1** *šnek.* dopingas; narkotikas **2** *šnek.* (slapta) informacija *(on – apie)*; *~ story* a) politinių įvykių apžvalga *(laikraštyje)*; b) informacija iš patikimų šaltinių *(jų nenurodant)* **3** *šnek.* kvailelis, kvailys **4** *aut., tech.* tirštas tepalas; pasta
v **1** įdėti narkotikų *(į valgį, gėrimą)*; duoti narkotikų *(t. p. ~ up)*; (ap)svaiginti narkotikais **2** vartoti narkotikus **3** *sport.* duoti dopingo ▢ *~ out* atskleisti *(planus ir pan.)*
dopehead ['dəuphed] *n sl.* narkomanas
dopey ['dəupɪ] *a šnek.* **1** apsnūdęs, apdujęs **2** kvailokas
doppelganger ['dɔpəlgæŋə] *vok. n* gyvavaizdis, antrasis „aš"
dopy ['dəupɪ] *a* = **dopey**
dor [dɔ:] *n* vabalas *(karkvabalis, juodvabalis)*
dor-beetle ['dɔ:ˌbi:tl] *n* = **dor**
Dorian ['dɔ:rɪən] *n* **1** Dorianas *(vardas)* **2** *ist.* dorėnas
Doric ['dɔrɪk] *a* **1** *archit.* dorėninis **2** *ist.* dorėnų
dork [dɔ:k] *n amer., austral. šnek.* keistuolis; kvailokas/nerimtas žmogus
dorm [dɔ:m] *n sutr. šnek.* = **dormitory**
dormancy ['dɔ:mənsɪ] *n* **1** neveiklumas, neveikimas **2** snaudulys, apsnūdimas **3** *(žvėrių)* įmigis
dormant ['dɔ:mənt] *a* **1** neveikiantis; *~ volcano* neveikiantis/užgesęs ugnikalnis/vulkanas **2** potencialus, slypintis *(apie jėgas, gabumus ir pan.)*; *to lie ~* neišryškėti, slypėti; neveikti **3** *biol.* miegantis žiemos miegu *(apie žvėris)*; esantis ramybės būklėje *(apie augalus)* **4** *ekon.* potencialus, nepanaudojamas *(apie kapitalą)* **5** *her.* gulintis, snaudžiantis *(apie žvėrį)*
dormer ['dɔ:mə] *n* mansardos langas *(t. p. ~ window)*; *deck/external ~* stoglangis
dormice ['dɔ:maɪs] *pl žr.* **dormouse**
dormitory ['dɔ:mɪtrɪ] *n* **1** *(mokyklos-pensiono)* miegamasis **2** ['dɔ:ˌmɪtəːrɪ] *amer.* studentų bendrabutis **3** darbininkų gyvenvietė *(priemiestyje)*; priemiestis *(t. p. ~ town)*
Dormobile ['dɔ:məbi:l] *n* namelis-automobilinė priekaba *(stovyklauti)*
dormouse ['dɔ:maus] *n (pl* dormice) *zool.* miegapelė; *common ~* lazdyninė miegapelė
Dorothy ['dɔrəθɪ] *n* Dorotėja, Dorotė *(vardas)*
dorp [dɔ:p] *n* kaimas, miestelis *(ypač Pietų Afrikoje)*
dorsal ['dɔ:sl] *a* **1** *zool., anat.* dorsalinis, nugarinis, nugaros **2** *fon.* dorsalinis
Dorset ['dɔ:sɪt] *n* Dorsetas *(Anglijos grafystė)*
dorsum ['dɔ:səm] *n anat., zool.* nugara, nugarėlė
dory ['dɔ:rɪ] *n* dorė, plokščiadugnė žvejų valtis

dosage ['dəusɪdʒ] *n* **1** dozė **2** *ret.* dozavimas
dose [dəus] *n* **1** *(vaistų)* dozė **2** *(radiacijos ir pan.)* dozė, porcija **3** *vulg.* gonorėja ◊ *in small ~s* trumpai, neilgai; *like a ~ of salts šnek.* žaibiškai, greit ir gerai *v* **1** duoti vaistus *(dozėmis);* dozuoti; *I ~d myself with aspirin* aš išgėriau aspirino **2** pridėti *(į vyną spirito);* primaišyti □ *~ up* duoti didelę dozę
dosh [dɔʃ] *n sl.* pinigai
dosimeter [dəu'sɪmɪtə] *n fiz.* dozimetras
dosimetric [ˌdəusɪ'metrɪk] *a fiz.* dozimetrinis
dosimetry [dəu'sɪmɪtrɪ] *n fiz.* dozimetrija
doss [dɔs] *šnek. n* **1** lova *(nakvynės namuose)* **2** numigimas, nusnūdimas **3** lengvas darbas/dalykas, ≡ vieni juokai *v:* **~** *down* numigti, nusnūsti *(prastoje/nepatogioje vietoje)*
dosser ['dɔsə] *n šnek.* benamis valkata *(džn. nakvojantis nakvynės namuose)*
doss-house ['dɔshaus] *n šnek.* pigūs nakvynės namai
dossier ['dɔsɪeɪ] *pr. n* dosjė, aplankas
dost [dəst; *kirčiuota forma* dʌst] *psn. vksm.* do *esam. l. vns.* 2-ojo asmens forma
dot[1] [dɔt] *n* **1** taškas; taškelis; *~s and dashes* taškai ir brūkšniai *(Morzės abėcėlės ženklai)* **2** kas nors smulkus; *a ~ of a child* mažas vaikutis ◊ *on the ~ šnek.* minutė minutėn; tiksliai; *(since/from) the year ~ šnek. (džn. juok.)* nuo seniausių laikų, senų seniausiai *v* **1** dėti taškus/tašką **2** brėžti/žymėti punktyru **3** *kul.* (pa)puošti; (iš)marginti *(with)* **4** *(džn. pass)* būti išmėtytam *(apie kaimus ir pan.);* nusėti, nuberti *(with – kuo)* **5** *šnek.* trenkti, smogti ◊ *to ~ the i's and cross the t's* ≡ sudėti taškus ant i, sutvarkyti viską iki smulkmenų *(prieš užbaigiant kokį dalyką); to ~ and carry one* perkelti skaičių į kitą skiltį *(sudedant)*
dot[2] *n teis.* kraitis
dotage ['dəutɪdʒ] *n* senatvinė silpnaprotystė; *to be in one's ~* būti suvaikėjusiam
dot-and-dash ['dɔtənˌdæʃ] *a: ~ code* Morzės abėcėlė
dot-and-go-one ['dɔtən'gəuwʌn] *n ret.* **1** šlubčiojimas, klypinėjimas **2** invalidas su medine koja
dotard ['dəutəd] *n* suvaikėjęs senis; senas kvailys
dote [dəut] *v* **1** beprotiškai mylėti *(on, upon)* **2** suvaikėti
doth [dəθ; *kirčiuota forma* dʌθ] *psn. vksm.* do *esam. l. vns.* 3-ojo asmens forma
doting ['dəutɪŋ] *a* beprotiškai mylintis/įsimylėjęs, dievinantis
dotted ['dɔtɪd] *a* **1** taškuotas, taškinis; *~ line* taškinė/punktyrinė linija, taškuotė, punktyras **2** išmėtytas, išsibarstęs *(apie kaimus ir pan.)* ◊ *to sign on the ~ line* a) pasirašyti dokumentą; b) sutikti
dotterel ['dɔtrəl] *n zool.* mornelis *(paukštis)*
dottle ['dɔtl] *n* pypkėje likęs nebaigtas rūkyti tabakas
dotty[1] ['dɔtɪ] *a šnek.* **1** paikas, kvaištelėjęs **2** susižavėjęs, pakvaišęs *(about)*
dotty[2] *a* = dotted 1
double ['dʌbl] <*n, a, v, adv*> *n* **1** dvigubas kiekis **2** *(degtinės ir pan.)* dviguba porcija **3** gyvavaizdis, antrininkas **4** *kin.* kaskadininkas **5** *teatr.* dubleris **6** *teatr.* dviejų vaidmenų atlikėjas *(viename spektaklyje)* **7** *pl sport.* dvejeto žaidimas; *mixed ~s* mišrūs dvejetai **8** spartus žingsnis *(t. p. kar.); at/on the ~* skubant, kuo greičiausiai **9** staigus posūkis **10** *(upės)* kilpa **11** *medž.* dupletas, dvigubas šūvis ◊ *~ or quits*/*amer.* *nothing* lošimas – dviguba suma arba nieko
a **1** dvigubas; sudvejintas; *~ agent* dvigubas agentas; *~ window* dvigubas langas; *his income is ~ what it was* jo pajamos padidėjo dvigubai; *he is ~ her age* jis du kartus vyresnis už ją; *~ bind* dilema **2** porinis, skirtas dviem; *~ bed* dvigulė lova; *~ room* kambarys dviem *(viešbutyje)* **3** dvejopas; *the phrase has a ~ meaning* tas posakis dvireikšmis **4** dvilinkas **5** *bot.* pilnaviduris
v **1** dvigubinti, dvejinti; dvigubėti, dvejėti; *the world population is doubling every thirty-five years* pasaulio gyventojų skaičius padvigubėja kas 35 metai **2** pavaduoti; tarnauti dviem tikslams; eiti dvejas pareigas; *the bedroom ~s as a study* miegamasis naudojamas ir kaip darbo kambarys **3** vaidinti du vaidmenis *(toje pačioje pjesėje); this actor ~s as the king in Act II* šis aktorius atlieka ir karaliaus vaidmenį antrajame veiksme **4** dubliuoti, būti dubleriu **5** sulenkti *(per pusę, dvigubai; t. p. ~ over)* **6** sugniaužti, suspausti *(kumščius)* **7** daryti vingį/kilpą *(apie upę)* **8** mėtyti pėdas, staiga keisti kryptį *(apie persekiojamą žvėrį)* **9** *jūr.* apiplaukti *(kyšulį)* **10** *kar.* eiti greitu žingsniu □ *~ back* a) mėtyti pėdas *(apie žvėrį);* b) staiga sustoti ir grįžti atgal *(savo pėdomis);* c) atlenkti *(paklodės)* viršutinį kraštą *(klojant lovą); ~ in* palenkti/įlenkti į vidų; *~ up* a) susiriesti *(iš skausmo, juoko);* suriesti *(apie skausmą);* b) linkti *(apie kelius);* c) dalytis/naudotis dviese *(patalpa ir pan.; on – kuo; with – su kuo)*
adv **1** dvigubai; dukart (tiek); *to pay ~* mokėti dvigubai; *I need ~ this amount* man reikia dukart daugiau **2** dviese; *to ride ~* joti dviese ant vieno arklio **3** dvejopai; *to play ~* veidmainiauti; *he sees ~* jam dvejinasi akyse **4** dvilinkai; *to bend ~* susilenkti dvilinkam
double-acting ['dʌblˌæktɪŋ] *a tech.* dvipusio veikimo *(apie mechanizmą)*
double-barrelled ['dʌbl'bærəld] *a* **1** dvivamzdis *(apie šautuvą)* **2** dvireikšmis, dviprasmis **3** rašomas su brūkšneliu *(apie pavardę)*
double-bass [ˌdʌbl'beɪs] *n muz.* **1** kontrabosas **2** kontrabosininkas
double-book [ˌdʌbl'buk] *v* skirti tą pačią vietą *(lėktuve, teatre ir pan.)* ne vienam žmogui
double-breasted [ˌdʌbl'brestɪd] *a* dvieilis *(apie švarką ir pan.)*
double-check [ˌdʌbl'tʃek] *v* **1** pakartotinai (pa)tikrinti **2** *šach.* skelbti dvigubą šachą
double-chinned ['dʌbl'tʃɪnd] *a* pagurkliuotas, su pagurkliu
double-cross [ˌdʌbl'krɔs] *v šnek.* pergudrauti; apgauti, išduoti
double-date [ˌdʌbl'deɪt] *v* susitikinėti dviem poroms
double-dealer [ˌdʌbl'di:lə] *n* apgavikas; dviveidis
double-dealing [ˌdʌbl'di:lɪŋ] *n* dviveidiškumas: veidmainiavimas
a veidmainiškas
double-decker [ˌdʌbl'dekə] *n* **1** dviaukštis autobusas/tramvajus **2** dvidenis laivas **3** *av. šnek.* biplanas
a (susidedantis) iš dviejų sluoksnių; *~ sandwich* suvožtas sumuštinis
double-digit [ˌdʌbl'dɪdʒɪt] *a amer.* dviženklis *(apie skaitmenį)*
double-dip [ˌdʌbl'dɪp] *v amer. šnek.* gauti dvigubus pinigus *(algą ir pensiją ir pan.)*
double-Dutch [ˌdʌbl'dʌtʃ] *n šnek.* nesuprantama kalba, vapaliojimas
double-dyed ['dʌbl'daɪd] *a* **1** dusyk dažytas **2** užkietėjęs *(apie melagį ir pan.)*
double-eagle ['dʌblˌi:gl] *n* **1** *her.* dvigalvis erelis **2** *amer. ist.* 20 dolerių auksinė moneta
double-edged ['dʌbl'edʒd] *a* **1** dvejaip suprantamas, dviprasmiškas **2** dviašmenis

double-entendre [ˌdu:blɔn'tɔndrə] *pr. n* dviprasmis/dviprasmiškas žodis/posakis
double-entry [ˌdʌbl'entrɪ] *n buh.* dvejybinė buhalterija *(bendrovės; t. p. ~ bookkeeping)*
double-faced ['dʌblfeɪst] *a* **1** dvipusis *(apie audinį)* **2** dviveidis, nenuoširdus
double-feature [ˌdʌbl'fi:tʃə] *n kin.* dvigubas seansas, dviejų pilnametražių filmų programa
double-figure [ˌdʌbl'fɪgə] *a* dviženklis *(apie skaičių)*
double-glaze [ˌdʌbl'gleɪz] *v* įdėti/įtaisyti dvigubus langus
double-hearted ['dʌblˌhɑ:tɪd] *a* klastingas, dviveidis
double-jointed ['dʌbl'dʒɔɪntɪd] *a* nepaprastai lankstus; lankstomas į abi puses *(ypač apie pirštų sąnarius)*
double-lock ['dʌblˌlɔk] *v* du kartus pasukti raktą *(užrakinant)*
double-minded ['dʌbl'maɪndɪd] *a* **1** neryžtingas, svyruojantis **2** klastingas, dviveidis
double-park [ˌdʌbl'pɑ:k] *v* statyti automobilį šalia kito *(trukdant eismą)*
double-quick [ˌdʌbl'kwɪk] <*a, adv, v*> *a* labai greitas; *in ~ time* kaipmat, viens du
adv **1** skubiausiai, labai greitai **2** *kar.* sparčiu/forsuotu žingsniu
v amer. kar. (įsakyti) eiti sparčiu/forsuotu žingsniu
double-sided ['dʌbl'saɪdɪd] *a* dvipusis *(apie diskelį ir pan.)*
double-space [ˌdʌbl'speɪs] *v* spausdinti dviem intervalais
doublespeak ['dʌblspi:k] = **double-talk** *n, v*
double-stop [ˌdʌbl'stɔp] *v* groti smuiku iš karto dviem stygomis
doublet ['dʌblət] *n* **1** dubletas *(t. p. fiz., kalb.)* **2** *ist.* liemenė
double-take [ˌdʌbl'teɪk] *n šnek.* **1** pakartotinis ap(si)žiūrėjimas, įsižiūrėjimas **2** reakcija *(ypač nustebimas)* pagalvojus; vėlyvesnis ir tikslesnis įvertinimas
double-talk ['dʌblˌtɔ:k] *n* dviprasmybės, kalbėjimas dviprasmybėmis; tušti žodžiai/pažadai; demagogija
v **1** išsisukti tuščiais pažadais; įtikinti gražiais žodžiais **2** kalbėti dviprasmybėmis/nesuprantamai
doublethink ['dʌblθɪŋk] *n menk. (žmonių)* dvilypumas
double-tongued ['dʌbl'tʌŋd] *a* melagingas
doubling ['dʌblɪŋ] *n* dvigubinimas, (su)dvejinimas *ir pan., žr.* **double** *v*
doubloon [dʌ'blu:n] *n ist.* dublonas *(Ispanijos auksinė moneta)*
doubly ['dʌblɪ] *adv* dvigubai; dvejopai; *to be ~ careful* būti ypač atsargiam
doubry ['du:brɪ] *n šnek.* daiktelis *(nežinant tikrojo pavadinimo)*
doubt [daut] *n* abejonė, abejojimas; *in ~* abejojant; abejotinas, su abejone; *beyond a ~, without ~, no ~* be abejonės, neabejotinai; *to have ~s* abejoti; *I am in no ~ about his ability* aš neabejoju dėl jo gabumų; *there is some ~ as to whether he will be able to come* kažin ar jis galės ateiti
v **1** abejoti, būti netikram; *I very much ~ it!* aš tuo labai abejoju! **2** netikėti; *I ~ if this is true* aš nemanau, kad tai tiesa; *do you ~ my word?* ar tu netiki mano žodžiu?
doubter ['dautə] *n* abejojantysis, skeptikas; netikintysis
doubtful ['dautfəl] *a* **1** abejotinas; įtartinas; *a ~ character* įtartinas tipas **2** abejojantis, abejamas; *I am ~ what I ought to do* nežinau, ką man daryti **3** neaiškus *(apie ateitį, orą)*
doubtfulness ['dautfəlnɪs] *n* **1** abejotinumas, netikrumas **2** įtartinumas

doubtless ['dautləs] *adv* **1** neabejotinai; *John will ~ come on time* Džonas neabejotinai ateis laiku **2** greičiausiai, tikriausiai
douce [du:s] *a škot.* ramus, romus
douche [du:ʃ] *pr. n* **1** dušas; *(like) a cold ~ prk.* kaip šaltas dušas **2** ap(si)liejimas; apsiplovimas
v **1** naudotis dušu **2** ap(si)lieti vandeniu, plauti(s)
dough [dəu] *n* **1** tešla **2** tiršta masė, pasta **3** *šnek.* pinigai
doughboy ['dəubɔɪ] *n amer. ist., šnek.* kareivis, pėstininkas
doughface ['dəufeɪs] *n amer.* žmogus be charakterio, minkštabūdis, silpnavalis
doughnut ['dəunʌt] *n* **1** spurga *(pyragėlis)* **2** didelių matmenų poveržlė
doughtiness ['dautɪnɪs] *n psn.* šaunumas, vyriškumas
doughty ['dautɪ] *n psn., juok.* drąsus, vyriškas, šaunus
doughy ['dəuɪ] *a* **1** tešlinis, panašus į tešlą **2** prastai iškeptas, (per) minkštas *(apie pyragą ir pan.)* **3** papurtęs; išblyškęs *(apie veido spalvą)*
dour [duə] *a* **1** griežtas, rūstus **2** atšiaurus; niūrus, paniuręs; *~ silence* slogi tyla
douse [daus] *v* **1** (už)gesinti *(užpilant vandens)* **2** panardinti *(į vandenį ir pan.);* *to ~ oneself with perfume* apsipilti kvepalais
dove[1] [dʌv] *n* **1** *zool.* balandis, karvelis **2** *polit. (ypač amer.)* taikos šalininkas
dove[2] [dəuv] *past žr.* **dive** *v*
dove-colour ['dʌvˌkʌlə] *n* rusvai/melsvai pilka spalva
dovecot(e) ['dʌvkɔt, 'dʌvkəut] *n* karvelidė ◊ *a flutter in the ~ (ramių žmonių)* sąmyšis, sumaištis
dove-eyed ['dʌv'aɪd] *a* su nekalta veido išraiška
dove-hawk ['dʌvhɔ:k] *n zool.* javinė lingė
dovekie ['dʌvkɪ] *n zool.* **1** mažoji alka **2** taistė
dove-like ['dʌvlaɪk] *a* švelnus, romus
Dover ['dəuvə] *n* Duvras, Doveris *(miestas)*
dovetail ['dʌvteɪl] *n stat., tech.* skėst(a)dygis, trapecinis dygis; kregždės uodega *(sunėrimo būdas; t. p. ~ joint)*
v **1** (ati)tikti, su(si)derinti, pritikti *(with, into)* **2** *stat.* sunerti/suleisti skėst(a)dygiu
dovish ['dʌvɪʃ] *a polit.* taikus, taikingas
dowager ['dauədʒə] *n* **1** kilminga našlė *(paveldėjusi vyro titulą)* **2** *šnek.* turtinga/didinga dama
dowdy ['daudɪ] *n* prastai/neskoningai apsirengusi moteris
a **1** prastai/neskoningai apsirengęs *(ypač apie moterį)* **2** nemadingas, neelegantiškas *(apie drabužį)*
dowdyish ['daudɪɪʃ] *a* neskoningas, neelegantiškas
dowel ['dauəl] *stat. n* spraustelis, kaištis, įlaidas; *pressure ~* atraminis įdėklas
v sutvirtinti spraustelių/spraustelių *ir kt., žr. n*
dower ['dauə] *n* **1** *knyg. (palikimo)* našlės dalis **2** *poet., psn.* kraitis **3** *poet.* gamtos dovana, talentas
v knyg., poet. **1** palikti palikimą *(našlei)* **2** duoti kraitį **3** apdovanoti talentu
dower-chest ['dauətʃest] *n* kraičio skrynia
down[1] [daun] <*adv, part, prep, n, a, v*> *adv* **1** žemyn; *to lift the box ~ from the shelf* nukelti dėžę nuo lentynos; *every man from the general ~* visi nuo generolo iki kareivio **2** žemai, apačioje; *he is already ~* jis jau apačioje; *the sun is ~* saulė nusileido; *the salt is on the third shelf ~* druska žemiau, ant trečios lentynos **3** ligi galo; *to read ~ to the last page* perskaityti iki paskutinio puslapio **4** žymint judėjimą iš centro į pakraštį, iš šiaurės į pietus, į upės žemupį: *to go ~ to the country* važiuoti į kaimą; *to go ~ to Brighton* važiuoti į Braitoną *(iš Londono)* **5** *amer.* žymint judėjimą į miesto centrą, sostinę, į pietus: *trains going ~* į pietus einantys

traukiniai **6** *žymint sumažėjimą, pablogėjimą:* ***to be very much*** **~** žymiai sumažėti, kristi *(apie temperatūrą ir pan.);* ***to get one's weight*** **~** sublogti, suliesėti; ***demand is*** **~** paklausa sumažėjo **7** *žymint buvimą horizontalioje padėtyje:* **~** *on his back* aukštielninkas; *he lay face* **~** jis gulėjo kniūbsčias; *he is* **~** *with pneumonia* jis serga plaučių uždegimu **8** *sport.* mažiau, atsilikęs *(taškais);* ***to be one*** **~** atsilikti vienu tašku/įvarčiu **9** gulti!, tūpti! *(įsakant šuniui)* ◊ ***to be*** **~** ***and out*** a) būti nokautuotam *(apie boksininką);* b) (su)žlugti; tapti benamiu; ***to hit/kick smb when he's*** **~** ≅ mušti gulintį; ***to be*** **~** ***on smb*** nemėgti ko, pykti ant ko; ***to be*** **~** ***for smth*** būti užsirašiusiam, būti sąraše *(ką atlikti);* **~** ***with...!*** šalin...!; ***to be*** **~** ***with one's last pound/dollar/litre*** mažai likti ko; **~** ***with your money*** klok pinigus *(jei nori pirkti)*
part **1** nu-, par- *(žymint veiksmo kryptį žemyn);* ***to throw*** **~** numesti, parmesti **2** su-, už- *ir kitais priešdėliais (žymint veiksmo baigtumą);* ***to burn*** **~** sudeginti; ***to write*** **~** užrašyti **3** per-, nu- *(suteikiant priežastinę reikšmę);* ***to shout*** **~** perrėkti, priversti nutilti *(šauksmais);* ***to talk*** **~** perkalbėti; nuraminti *(žodžiais)*
prep **1** nuo, žemyn; **~** *the river* pasroviui; **~** *the road* keliu; ***to go/walk*** **~** ***the street*** eiti gatve žemyn; *he ran* **~** *the hill* jis nubėgo nuo kalno **2** *(džn.* **~** *to)* ligi, per *(žymint laiką);* **~** *to here* ligi šiol; **~** *the ages* per amžius; **~** *all the years I have lived in this house* visus tuos metus, kai gyvenau šiame name ◊ **~** *the road/line/pike amer.* kada nors ateityje
n **1** nusileidimas, kritimas **2** (su)mažėjimas; pablogėjimas ◊ ***to have a*** **~** ***on smb*** šnek. ≅ dantį galąsti ant ko, pykti ant ko, nemėgti ko, būti prastos nuomonės apie ką
a **1** einantis žemyn **2** einantis iš centro į pakraštį *ar* į pietus *(apie traukinį ir pan.)* **3** *predic* nusiminęs; *she is a bit* **~** *today* ji šiandien prastokos nuotaikos **4** *predic komp.* neveikiantis, sugedęs **5** *šnek.* baigtas *(apie ką nors atliktą);* *one* **~** *five to go* vienas padarytas/baigtas, penki liko **6** *predic šnek.* prastos nuomonės *(on – apie)*
v **1** pargriauti; numušti *(lėktuvą)* **2** nugalėti, įveikti *(priešą ir pan.)* **3** praryti; išmaukti, išlenkti *(bokalą alaus ir pan.)*

down² *n* kalva, plika aukštuma; *the Downs* Daunso aukštumos *(P. Anglijoje)*

down³ *n* pūkas; pūkelis

down-and-out ['daunənd'aut] *n* žlugęs/sužlugdytas žmogus, nevykėlis; valkata
a **1** be skatiko, netekęs visko **2** *sport.* negalintis toliau kovoti, nokautuotas

down-at-heel ['daunət'hi:l] *a* **1** numintais užkulniais *(apie batus);* dėvintis batus numintais užkulniais **2** vargingai atrodantis, netvarkingas

downbeat ['daunbi:t] *n muz. (dirigento)* mostas žemyn
a šnek. **1** niūrus, liūdnas, pesimistiškas **2** ramus, atsipalaidavęs

downcast ['daunkɑ:st] *a* **1** prislėgtas, nusiminęs **2** nuleistas žemyn *(ppr. apie akis)*

downer ['daunə] *n šnek.* **1** slopinamieji vaistai **2** kas nors slegiantis, sukeliantis depresiją; ***to be on a*** **~** būti nusiminusiam, apimtam depresijos; *what a* **~!** kaip gaila!, koks nusivylimas!

downfall ['daunfɔ:l] *n* **1** kritimas, žlugimas, smukimas; *drink was his* **~** jį pražudė gėrimas **2** liūtis; smarkus sniegas

down-flow ['daunfləu] *n tech.* **1** krintančioji tėkmė **2** perpylimo vamzdis

downgrade ['daungreɪd] *n (ypač amer.)* **1** nuokalnė **2** pažeminimas; kritimas
v **1** (su)menkinti; pabloginti, (pa)prastinti **2** pažeminti *(tarnyboje)*

downhearted [ˌdaun'hɑ:tɪd] *a* liūdnas, nusiminęs

downhill ['daun'hɪl] <*n, a, adv*> *n* **1** šlaitas, nuolaiduma **2** gyvenimo pabaiga
a **1** nuožulnus, einantis į pakalnę; **~** *skiing* slidinėjimas nuo kalno; kalnų slidinėjimas **2** lengvas
adv žemyn, pakalniui; ***to go*** **~** a) eiti/važiuoti į pakalnę; b) *prk.* ristis į pakalnę, smukti; blogėti, menkėti

downhome ['daunhəum] *a (ypač amer.)* paprastas, be pretenzijų; kaimiškas

downiness ['daunɪnɪs] *n* pūkuotumas; pūkeliai

Downing ['daunɪŋ] *n:* **~** *Street* Dauning Strytas (**1** *Londono gatvė, kurioje yra oficiali ministro pirmininko rezidencija* **2** *prk. D. Britanijos vyriausybė)*

downlead ['daunli:d] *n rad.* antenos vertikalioji dalis

download [daun'ləud] *v komp.* perkelti *(duomenis, programą)* iš vienos sistemos dalies į kitą

downmarket [ˌdaun'mɑ:kɪt] *a* pigus ir prastos kokybės

down-payment [ˌdaun'peɪmənt] *n kom. (dalies kainos)* mokėjimas grynaisiais

downpipe ['daunpaɪp] *n* laštakas, stogvamzdis

downplay ['daunpleɪ] *v* (su)menkinti *(svarbą, vertę ir pan.)*

downpour ['daunpɔ:] *n* liūtis

downright ['daunraɪt] *n attr* **1** tiesus, atviras **2** visiškas, absoliutus *(apie nesąmonę, melą ir pan.);* *he's a* **~** *fool* jis — visiškas kvailys
adv visiškai, absoliučiai

downriver [daun'rɪvə] *adv* į žemupio pusę; pavandeniui

down-run ['daunrʌn] *n* nusileidimas *(slidinėjant)*

downshift ['daunʃɪft] *n aut.* žemesnės pavaros įjungimas

downside ['daunsaɪd] *n* **1** *(ko)* neigiamas aspektas, neigiama savybė **2** *kom. (kainų)* kritimas

downspout ['daunspaut] *n amer.* = **downpipe**

downstage ['daunsteɪdʒ] *a* **1** avansceninis, avanscenos, priešscenio
adv avanscenoje, priešscenyje, priešscenio/avanscenos kryptimi

downstair ['daun'stɛə] = **downstairs** *a*

downstairs ['daun'stɛəz] <*a, n, adv*> *a* esantis apatiniame/žemutiniame aukšte; *the* **~** *rooms* žemutinio aukšto kambariai
n (the **~**) apatinis/žemutinis aukštas
adv **1** žemyn *(laiptais);* ***to go*** **~** nusileisti žemyn **2** žemai, apačioje; žemutiniame aukšte; *he fell* **~** jis nukrito nuo laiptų; *we live* **~** mes gyvename pirmame aukšte

downstream *adv* [daun'stri:m] pasroviui
a ['daunstri:m] plaukiantis pasroviui

downswing ['daunswɪŋ] *n* = **downtrend**

downthrow ['daunθrəu] *n* **1** permetimas **2** *geol.* sprūdis

downtime ['dauntaɪm] *n* prastova; prastovos trukmė

down-to-earth ['dauntə'ə:θ] *a* žemiškas, praktiškas

downtown ['dauntaun] <*n, a, adv*> *(ypač amer.) n* komercinė/prekybinė miesto dalis; miesto centras
a prekybinės miesto dalies; centrinis; **~** *Boston* Bostono centras
adv komerciniame miesto rajone; miesto centre, į miesto centrą

downtrend ['dauntrend] *n (ypač ekon.)* mažėjimo/smukimo tendencija

downtrodden ['daunˌtrɔdn] *a* prislėgtas, pažemintas, paniekintas

downturn ['dauntə:n] *n (ypač ekon.)* smukimas, nuosmukis

down-under ['daun'ʌndə] *šnek. n* Australija; Naujoji Zelandija
adv į Australiją; į Naująją Zelandiją
downward ['daunwəd] *a* **1** einantis žemyn **2** smunkantis, žemėjantis, žemėjimo *(apie tendenciją ir pan.)* **3** prislėgtas, nusiminęs
adv žemyn; *to look* ~ žiūrėti žemyn
downwards ['daunwədz] = **downward** *adv*
downwind [ˌdaun'wɪnd] *a* pavėjinis
adv pavėjui
downy[1] ['daunɪ] *a* **1** pūkinis, pūkų; ~ *feather beds* pūkiniai patalai **2** pūkuotas
downy[2] *a ret.* kalvotas, banguotas
dowry ['dauərɪ] *n* **1** kraitis **2** įgimtas talentas
dowse[1] [daus] *v* = **douse**
dowse[2] [dauz] *v* ieškoti požeminio vandens *ar* mineralų su ievos/lazdyno šakele
dowser ['dauzə] *n* požeminio vandens ieškotojas
doxology [dɒk'sɒlədʒɪ] *n bažn.* religinis himnas; šlovinimas
doxy[1] ['dɒksɪ] *n šnek. psn.* doktrina; religiniai įsitikinimai
doxy[2] *n sl. psn.* **1** elgeta, valkata **2** prostitutė
doyen ['dɔɪən] *pr. n (tik v.)* **1** duajenas, *(diplomatinio korpuso, korporacijos)* seniūnas **2** *(profesijos ir pan.)* veteranas, šulas
doyenne [dɔɪ'en] *pr. n* **1** duajenė, seniūnė **2** veteranė, seniausia narė; *plg.* **doyen**
Doyle [dɔɪl] *n: Arthur Conan* ~ Artūras Konanas Doilis *(anglų rašytojas)*
doyl(e)y ['dɔɪlɪ] *n* = **doily**
doze[1] [dəuz] *n* snaudulys, snūstelėjimas; *I fell into a* ~ mane apėmė snaudulys
v snausti ☐ ~ *away* pasnausti, nusnūsti; ~ *off* užsnūsti
doze[2] *v* nugriauti, nukasti, pašalinti *(buldozeriu)*
dozen ['dʌzn] *n* **1** tuzinas; *by* ~s tuzinais **2** *(ppr. pl)* daugybė, begalė; *I told you so* ~s *of times* tai aš tau tūkstantį kartų sakiau ◊ *baker's/devil's* ~ ≡ velnio tuzinas; *to do one's daily* ~ daryti rytinę mankštą
dozer ['dəuzə] *n sutr. šnek.* = **bulldozer**
dozy ['dəuzɪ] *a* **1** mieguistas, apsnūdęs, snaudžiantis; keliantis snaudulį **2** *šnek.* kvailas, bukas
drab[1] [dræb] *n* **1** pilkai/gelsvai rusva spalva; tokios spalvos storas audinys **2** vienodumas, pilkuma
a **1** pilkai/gelsvai rusvas **2** vienodas, pilkas, nuobodus
drab[2] *n* **1** apsileidėlė **2** *psn.* šliundra
drabble ['dræbl] *v* ap(si)taškyti, su(si)purvinti, su(si)tepti
dracaena [drə'si:nə] *n bot.* dracena
drachm [dræm] *n* **1** = **drachma 2** = **dram**
drachma ['drækmə] *n (pl* ~s, -mae [-mi:]) drachma *(graikų moneta ir masės vienetas)*
Draco ['dreɪkəu] *n astr.* Slibinas, Drakonas *(žvaigždynas)*
Draconian, Draconic [drə'kəunɪən, drə'kɒnɪk] *a* drakoniškas, žiaurus; ~ *laws* drakoniški įstatymai
draff [dræf] *n* **1** pamazgos, atmatos; atliekos **2** salyklojai, žlaugtai
draft [drɑ:ft] *n* **1** *(kalbos, knygos ir pan.)* metmenys, apmatai; planas; projektas; *rough/first* ~ juodraštis, pirmasis variantas; ~ *resolution* rezoliucijos projektas **2** brėžinys, eskizas **3** *fin.* vekselis; sąskaita; *bank/banker's* ~ trata *(ppr. pateikiama vieno banko kitam); to make a* ~ *on a fund* a) paimti dalį indėlio iš einamosios sąskaitos; b) *prk.* gauti naudos, pasinaudoti *(draugyste, gerais santykiais ir pan.)* **4** *(the* ~) *amer.* šaukimas į kariuomenę; pašauktųjų kontingentas; ~ *board* šaukimo komisija; ~ *dodger* žmogus, vengiantis stoti į kariuomenę **5** *amer.* = **draught**

v **1** apmesti, rašyti *(laiško, pranešimo ir pan.)* juodraštį, pirmąjį variantą; rengti planą/projektą **2** braižyti, projektuoti **3** *(ppr. pass) amer.* imti/šaukti į kariuomenę **4** komandiruoti, pasiųsti *(t. p.* ~ *in)* **5** *sport.* atrinkti
draftee [ˌdrɑ:f'ti:] *n amer.* pašauktasis atlikti karo prievolės, naujokas
drafter ['drɑ:ftə] *n* **1** projekto rengėjas **2** darbinis arklys
drafting ['drɑ:ftɪŋ] *n* **1** *(dokumento, įstatymo projekto)* sudarymas, redagavimas **2** braižymas; ~ *room amer.* braižykla
draftsman ['drɑ:ftsmən] *n (pl* -men [-mən]) **1** *(dokumento)* sudarytojas, *(įstatymo projekto)* autorius **2** *amer.* = **draughtsman**
draftsmanship ['drɑ:ftsmənʃɪp] *n amer.* = **draughtsmanship**
drafty ['drɑ:ftɪ] *a amer.* = **draughty**
drag [dræg] *n* **1** draga *(daiktams traukti iš dugno)* **2** žemsiurbė **3** vilkimas, tempimas **4** stabdymas; lėtas judėjimas; *(oro)* pasipriešinimas *(skrendant, važiuojant)* **5** stabdys, stabdžių trinkelė **6** *prk.* stabdys, našta, kliūtis; *to be a* ~ *on smb/smth* būti kam stabdžiu/našta **7** *šnek.* nuobodybė; *what a* ~! kokia nuobodybė! **8** *ž. ū.* valktis, valkčiai, velketas; sunkios akėčios **9** *medž. (žvėries)* pėdsakas; dirbtinis pėdsakas *(padaromas velkant žeme ką nors su stipriu kvapu)* **10** velkamas tinklas *(žuvims/paukščiams gaudyti)* **11** kelių lygintuvas **12** *šnek.* už(si)traukimas *(rūkant); to take a* ~ *on a cigarette* užsitraukti cigaretę **13** *amer. šnek.* pažintys, ryšiai **14** *(pederasto, transvestito)* moteriški drabužiai ◊ *the main* ~ *amer. šnek. (miesto)* pagrindinė gatvė, magistralė
v **1** vilkti, tempti, traukti; *to* ~ *smth along the ground* vilkti ką per žemę; *to* ~ *the table to the window* pritraukti stalą prie lango; *to* ~ *smth out of smb* ištraukti iš ko *(paslaptį ir pan.); to* ~ *one's feet* a) vilkti kojas; b) vilkinti, daryti tingiai/nenoromis **2** *refl* vilktis, slinkti *(t. p.* ~ *along);* nusivilkti, nusikasti, nusikapstyti *(to* – *prie, kur)* **3** vilktis iš paskos, atsilikti **4** neįdomiai/nuobodžiai vykti/praeiti *(apie užsiėmimus ir pan.);* užsitęsti, ilgai trukti *(t. p.* ~ *on);* the days ~ *on* dienos slenka lėtai **5** valyti *(upės, ežero ir pan.)* dugną **6** tempti buksyru ☐ ~ *along* atsitempti, atsivesti *(to – į);* ~ *away* a) nutempti, nuvilkti; b) at(s)itraukti; at(si)plėšti *(akis ir pan.);* ~ *down* a) tempti žemyn; b) (pri)slėgti; daryti blogą įtaką; ~ *in* įsiterpti, paminėti *(nesusijusį dalyką);* ~ *out* a) ištraukti; b) ištempti *(į koncertą ir pan.);* c) ištęsti *(pasakojimą ir pan.);* užtęsti, vilkinti *(reikalą, derybas);* ~ *up* a) ištraukti; b) priminti, vėl iškelti *(klausimą be reikalo);* c) *šnek.* blogai išauklėti
drag-chain ['drægtʃeɪn] *n glžk.* traukos grandinė
dragée ['drɑ:ʒeɪ] *pr. n* dražė
draggle ['drægl] *v* **1** traukti/vilkti(s) per purvą **2** purvinti(s) **3** vilktis iš paskos
draggy ['drægɪ] *a šnek.* nuobodus
dragline ['dræglaɪn] *n tech.* draglainas
drag-link ['dræglɪŋk] *n aut.* išilginė vairo traukė
dragnet ['drægnet] *n* **1** bradinys, dvibradis, tribradis **2** nusikaltėlių paieškos/gaudymo priemonės
dragoman ['drægəmən] *n (pl* ~s, -men [-mən]) *psn.* dragomanas
dragon ['drægən] *n* **1** slibinas, drakonas **2** labai griežta moteris, duenja **3** *zool.* drakonas skraiduolis *(t. p. flying* ~) **4** *ist.* karabinas; karabinierius **5** *attr.: D. class yacht* „Drakono" klasės jachta ◊ *to chase the* ~ *sl.* vartoti heroiną/opiumą
dragon-fly ['drægənflaɪ] *n zool.* laumžirgis

dragoon [drə'gu:n] *n* **1** *kar. ist.* dragūnas **2** *(tik. v.)* šiurkštuolis, storžievis **3** naminių karvelių rūšis *v* **1** priversti *(jėga; into)* **2** siųsti baudžiamąją ekspediciją
dragster ['drægstə] *n* dragsteris *(lenktyninis automobilis)*
dragstrip ['drægstrıp] *n aut.* lenktynių trasa
drain [dreın] *n* **1** *(išteklių, turto ir pan.)* sekinimas, eikvojimas; *(sveikatos)* alinimas; **the night work was a great ~ on his health** nakties darbas nualino/išsekino jo sveikatą **2** drenažas; drenažo vamzdis/griovys, drena **3** kanalizacijos vamzdis; *pl* kanalizacija **4** *(vandens)* nuleidimas; nuotakas **5** *med.* drenas ◊ ***down the ~*** *šnek.* ≡ šuniui ant uodegos; išmestas kaip į balą *(apie pinigus)*; niekais nuėjęs, žuvęs be naudos; ***to laugh like a ~*** *šnek.* kvatoti
v **1** (nu)sausinti; drenuoti *(t. p. med.)* **2** suimti/surinkti vandenį *(apie upę)* **3** išleisti *(vandenį ir pan.)*; nutekėti, ištekėti *(t. p. ~ away/off); **to ~ oil from a tank*** išleisti alyvą/tepalą iš bako/rezervuaro/cisternos; **the water will soon ~ away from the fields** laukuose greitai nebeliks vandens **4** *kul.* leisti nuvarvėti; džiovinti; džiūti; ***to ~ dishes*** džiovinti indus **5** išgerti ligi dugno, ištuštinti *(t. p. **~ dry**)* **6** įrengti kanalizaciją **7** filtruoti **8** (iš)eikvoti, (iš)sekinti *(jėgas, lėšas ir pan.)*; išsekti *(t. p. **~ away/off**); **to ~ smb of money*** palikti ką be pinigų; **her face (was) ~ed of blood** jos veidas išbalo □ **~ away** nutekėti *(į kitas šalis; apie kvalifikuotus specialistus; to)*
drainage ['dreınıdʒ] *n* **1** drenažas; drenažo sistema; (nu)sausinimas **2** kanalizacija **3** nešvarumai **4** *med.* drenavimas
drainage-basin ['dreınıdʒ,beısn] *n* upės baseinas
drainboard ['dreınbɔ:d] *n amer.* = **draining-board**
draining-board ['dreınıŋbɔ:d] *n* indų džiovykla *(virš/šalia kriauklės)*
drainpipe ['dreınpaıp] *n* **1** nutekamasis vamzdis **2** kanalizacijos vamzdis
drake¹ [dreık] *n zool.* antinas, gaigalas
drake² *n* vienadienė muselė *(kaip masalas)*
dram [dræm] *n* **1** *farm.* drachma *(masės matas = 1/8 uncijos)* **2** gurkšnelis alkoholinio gėrimo; ***to be fond of a ~*** mėgti išgerti
drama ['drɑ:mə] *n (įv. reikšm.)* drama; ***to make a ~ out of smth*** *prk.* (pa)daryti iš ko dramą
dramatic [drə'mætık] *a* **1** draminis, dramos; teatrinis **2** dramatiškas **3** ryškus, jaudinantis, stulbinantis *(apie permainas, įvykius ir pan.)*; **~ woman** įspūdinga moteris **4** aktoriškas; teatrališkas *(apie gestą ir pan.)*
dramatics [drə'mætıks] *n* **1** dramos/teatro menas; vaidyba **2** *menk.* teatrališkumas **3** *pl (ppr. saviveiklos)* vaidinimai, spektakliai
dramatis personae [,dræmətıspə:'səunaı] *lot. pl (pjesės)* veikiantieji asmenys; veikiančiųjų asmenų sąrašas
dramatist ['dræmətıst] *n* dramaturgas
dramatization [,dræmətaı'zeıʃn] *n* **1** sudraminimas, inscenizavimas **2** dramatizavimas, perdėjimas
dramatize ['dræmətaız] *v* **1** sudraminti, inscenizuoti *(apsakymą, romaną ir pan.)* **2** dramatizuoti, perdėti
dramaturge ['dræmətɔ:dʒ] *n* dramaturgas
dramaturgic [,dræmə'tɔ:dʒık] *a* dramaturginis
dramaturgist ['dræmətɔ:dʒıst] *n* dramaturgas
dramaturgy ['dræmətɔ:dʒı] *n* dramaturgija
dramshop ['dræmʃɔp] *n psn.* baras; alinė; aludė
drank [dræŋk] *past žr.* **drink** *v*
drape [dreıp] *n* **1** *(ypač amer.)* portjera, užuolaida, drapiruotė **2** apmušalas
v **1** drapiruoti, išmušti audeklu; apdengti **2** ap(si)rengti plačiais drabužiais su klostėmis; būti gražiai nukarusiam *(apie šaliką ir pan.)*
draper ['dreıpə] *n* manufaktūros pirklys; ***the ~'s (shop)*** audinių parduotuvė
drapery ['dreıpərı] *n* **1** draperija **2** manufaktūra; audiniai; ***the ~ department of the store*** parduotuvės audinių skyrius **3** *pl* portjeros, *(sunkios, klostytos)* užuolaidos
drastic ['dræstık] *a* **1** griežtas, drastiškas *(apie priemones)* **2** radikalus, esminis *(apie pa(si)keitimus);* ***the ~ decline in flat-building*** ryškus/smarkus butų statybos mažėjimas **3** stiprus, stipriai veikiantis *(apie vaistus)*
drat [dræt] *int euf. šnek.* kad tu prasmegtum!, po šimts kelmų! *(t. p. **~ it!, ~ the man!**)*
dratted ['drætıd] *a šnek.* prakeiktas
draught [drɑ:ft] *n* **1** trauka, trauksmas, skersvėjis; **chimney ~** kamino trauka; **he has caught cold (by) sitting in a ~** jis suslogavo nuo skersvėjo; **there is a ~ here** čia traukia **2** traukimas, tempimas; **~ animals, beasts of ~** darbiniai gyvuliai *(arkliai, jaučiai)* **3** pilstymas; **beer on ~, ~ beer** alus iš statinės *(pilstomas)* **4** maukas, gurkšnis; ***to drink at a/one ~*** išgerti vienu mauku **5** *(vienas)* tinklo užmetimas, laimikis *(vienu tinklo užmetimu)* **6** šaškė; *pl* šaškės *(žaidimas)* **7** *ret.* vaistų dozė *(gerti)* **8** *jūr. (laivo)* grimzlė, gramzda ◊ ***to feel the ~*** *šnek.* jausti neigiamą nusistatymą savo atžvilgiu; būti varžomam nepalankių sąlygų
draughtboard ['drɑ:ftbɔ:d] *n* šaškių lenta
draught-excluder ['drɑ:ftık,sklu:də] *n (durų, lango)* sandariklis
draught-proof ['drɑ:ftpru:f] *v* užkamšyti *(durų, lango)* plyšius
draughtsman ['drɑ:ftsmən] *n (pl* -men [-mən]) **1** braižytojas, konstruktorius **2** piešėjas **3** šaškė
draughtsmanship ['drɑ:ftsmənʃıp] *n* braižyba
draughty ['drɑ:ftı] *a* su skersvėjais, vėjo traukiamas *(apie kambarį)*
draw [drɔ:] *n* **1** (iš)traukimas; **he is quick/fast on the ~** a) jis tuoj griebiasi pistoleto, jis šauna pirmas; b) *prk.* jis greitai reaguoja/susiorientuoja **2** burtų traukimas; loterijos lošimas; ***to win (smth in) a ~*** išlošti (ką) loterijoje **3** dūmo užtraukimas **4** kas nors viliojantis/(pa)traukiantis/populiarus *arba* turintis pasisekimą; **his appearance will be the ~ of the evening** jo pasirodymas bus svarbiausias vakaro programos numeris **5** *sport.* lygiosios; ***to call it a ~*** sutikti baigti lygiosiomis; ***I offer you a ~*** siūlau jums lygiąsias **6** provokuojanti pastaba; provokacinis klausimas **7** *amer. (komodos)* ištraukiamasis stalčius **8** *stat.* pakeliamoji tilto dalis **9** *bot.* atžala
v (drew; drawn) **1** (nu)piešti *(t. p. prk.);* (nu)brėžti, (nu)braižyti *(liniją, planą ir pan.);* ***to ~ a portrait [cartoons]*** (nu)piešti portretą [karikatūras]; **the carriage is ~n by two horses** vežimą traukia du arkliai **2** traukti, tempti; ***to ~ a rope*** tempti virvę; ***to ~ a train*** *glžk.* tempti sąstatą; **she drew her into the room** ji įtraukė ją į kambarį; ***to ~ tea*** pritraukti arbatą **3** traukti *(burtus);* ***to ~ for partners [for places]*** rinkti partnerius [vietas] burtais **4** (iš)traukti *(dantį, kamštį, pūlius, kortą iš malkos, vinį ir pan.);* ***to ~ a document from its folder*** išimti/ištraukti dokumentą iš aplanko; ***to ~ the knife*** grasinti peiliu **5** įtempti *(lanką, stygas ir pan.)* **6** užtraukti, atitraukti *(užuolaidas ir pan.)* **7** trauktis artyn; artėti *(t. p. **~ near/close**); **to ~ to an end*** eiti į pabaigą; **their wedding day was ~ing all the time** jų vestuvių diena vis artėjo **8** semti; ***to ~ water from a well*** semti vandenį iš

drawback | 280 | **dreamlike**

šulinio **9** (iš)gauti; (iš)imti *(t. p.* **~ out)**; *to ~ on the bank* imti pinigus iš banko; *to ~ a prize* laimėti/gauti prizą; *to ~ no reply* negauti atsakymo; *it was impossible to ~ the truth out of him* buvo neįmanoma išpešti iš jo tiesą **10** pasinaudoti *(patirtimi, atsargomis ir pan.; on)* **11** patraukti *(dėmesį ir pan.)*; sukelti *(susidomėjimą, ašaras ir pan.)*; *to ~ huge crowds* sutraukti didžiules minias; *to ~ troubles upon oneself* užsitraukti bėdą; *to ~ criticism/fire (from)* sukelti kritiką, būti kritikuojamam; *the play still ~s* pjesė tebeturi pasisekimą **12** įtraukti *(orą; t. p.* **~ in)**; *to ~ a deep breath* giliai įkvėpti; *to ~ on a cigarette* užsitraukti cigaretę; *the runner stopped to ~ breath* bėgikas sustojo atgauti kvapo **13** daryti *(išvadą, palyginimus ir pan.)* **14** sudaryti, įforminti *(dokumentą)*; išrašyti *(čekį)* **15** pripilti, pripildyti, (pri)košti; *to ~ beer from a cask* įleisti alaus iš statinės **16** sužeisti *(iki kraujo)* **17** traukti *(apie krosnį ir pan.)*; *the fire began to ~* ugnis įsidegė **18** *sport.* sužaisti/baigti lygiosiomis; *to ~ level* susilyginti *(su kitais bėgikais ir pan.)* **19** *jūr.* grimzti į vandenį *(apie laivo grimzlę)* **20** išdarinėti *(paukštį)* **21** *tech.* atleisti **22** *tech.* įsiurbti, įtraukti □ *~ ahead sport.* išsiveržti į priekį; *~ apart* atsiskirti; *~ aside* a) pa(si)traukti; pasivėdėti šalin; b) atitraukti *(užuolaidą ir pan.) ~ away* a) nuvažiuoti *(from – nuo)*; b) pasitraukti; c) *sport.* atitolti; *~ back* a) atsitraukti; b) pasitraukti, išeiti *(iš žaidimo ir pan.)*; atsižadėti; *~ down* a) nuleisti *(užuolaidą, uždangą ir pan.)*; b) užtraukti *(gėdą, pyktį ir pan.)*; *~ forth* sukelti *(ovacijas ir pan.)*; *~ in* a) įtraukti; b) trumpėti *(apie dieną)*; c) atvykti, įvažiuoti *(apie traukinį, automobilį)*; d) artėti *(prie pabaigos)*; *~ off* a) nutraukti, nuleisti *(vandenį, alų ir pan.)*; b) nusimauti *(kojines, pirštines)*; c) atitraukti, atsitraukti *(apie kariuomenę)*; *~ on* a) užsitraukti, užsidėti, užsimauti; b) artėti *(apie naktį, žiemą)*; *~ out* a) iš(si)traukti; b) ilgėti *(apie dienas, vakarus)*; c) išvykti, išvažiuoti *(apie traukinį)*; d) išjudinti, duoti *(kam)* pasireikšti; e) užtęsti *(susirinkimą ir pan.)*; (iš)tęsti *(garsą)*; f) sudaryti, atmesti *(bendrą planą ir pan.)*; *~ over tech.* distiliuoti, varyti; *~ round* susirinkti *(apie stalą, eglutę ir pan.)*; *~ up* a) sudaryti *(dokumentą, planą, sąrašą)*; b) sustoti *(kur; apie transportą)*; c) pri(si)traukti, pa(si)traukti *(arčiau)*; d) *refl* išsitiesti; e) *(džn. pass)* iš(si)rikiuoti ◊ *to ~ it strong* perdėti; *~ it mild!* neperdėkite!

drawback ['drɔːbæk] *n* **1** trūkumas **2** *kom. (kainos)* nuolaida; muito grąžinimas

drawbridge ['drɔːbrɪdʒ] *n* varstomasis/pakeliamasis tiltas

drawee [drɔːˈiː] *n fin.* trasatas *(asmuo, privalantis sumokėti pagal tratą)*

drawer[1] ['drɔː] *n* stalčius; *bottom ~* komodos stalčius, kuriame laikomas nuotakos kraitis; kraitis

drawer[2] ['drɔːə] *n* **1** braižytojas; piešėjas **2** *(dokumento)* sudarytojas; *(čekio)* išdavėjas **3** *fin.* trasantas *(asmuo, išduodantis tratą)*

drawers [drɔːz] *n pl psn., juok.* moteriškos kelnaitės *(t. p. a pair of ~)*

drawing ['drɔːɪŋ] *n* **1** piešimas, paišyba; braižymas, braižyba; *out of ~* neišlaikytos perspektyvos *(apie piešinį)* **2** piešinys; brėžinys **3** *(burtų)* traukimas **4** *tech.* traukimas; valcavimas **5** arbatžolių žiupsnelis **6** *attr: ~ bureau/office* konstravimo biuras

drawing-block ['drɔːɪŋblɔk] *n* piešimo sąsiuvinis/bloknotas

drawing-board ['drɔːɪŋbɔːd] *n* braižybos lenta ◊ *back to the ~!* pradėkime viską iš pradžios! *(po nesėkmės)*

drawing-knife ['drɔːɪŋnaɪf] *n (pl* -knives [-naɪvz]) drožtuvas, oblius

drawing-pad ['drɔːɪŋpæd] *n* piešimo bloknotas

drawing-paper ['drɔːɪŋˌpeɪpə] *n* piešimo/braižybos popierius

drawing-pen ['drɔːɪŋpen] *n* braižiklis

drawing-pin ['drɔːɪŋpɪn] *n* smeigtukas

drawing-room ['drɔːɪŋrum] *n* **1** svetainė, salonas **2** priimamasis **3** *amer. (saloninio vagono)* kupė

drawknife ['drɔːnaɪf] *n =* **drawing-knife**

drawl [drɔːl] *n* lėtas, tęsiamas tarimas
v tarti lėtai, tingiai *(nutęsiant žodžius)*

drawn [drɔːn] *pII žr.* **draw** *v*
a **1** užtrauktas *(apie užuolaidą)* **2** perkreiptas *(apie veidą)*; *she looks ~* ji išėjusi iš veido **3** nebaigtas *(apie kovą)* **4** *sport.* pasibaigęs lygiosiomis **5** lydytas *(apie sviestą)*

drawn-out ['drɔːnˌaut] *a* ištęstas; užsitęsęs

drawstring ['drɔːstrɪŋ] *n (krepšio, drabužių)* užtraukimo/užrišimo virvelė

draw-top ['drɔːtɔp] *a: ~ table* ištraukiamasis stalas

draw-trailer ['drɔːtreɪlə] *n aut.* teleskopinė priekaba

dray [dreɪ] *n ist.* vežimas, ratai *(be gardžių)*

dray-horse ['dreɪhɔːs] *n ist.* sunkusis arklys *(kroviniams vežti)*

drayman ['dreɪmən] *n (pl* -men [-mən]) *(tik v.) ist.* krovinių vežikas

dread [dred] <*n, v, a*> *n* **1** didelė baimė, bijojimas; *to have a ~ of smth* labai bijoti ko; *to be [to live] in constant ~ (of)* būti [gyventi] nuolatinėje baimėje **2** kas nors bauginantis, keliantis baimę
v labai bijoti, baimintis; *to ~ to think* bijoti ir pagalvoti; *he ~s (taking) responsibility* jis bijo atsakomybės
a psn., poet. baisus; keliantis baimę

dreaded ['dredɪd] *a* = **dreadful** 1

dreadful ['dredfəl] *a* **1** labai baisus, bauginantis **2** *šnek.* baisus, bjaurus; *~ coward* baisus niekšas

dreadlocks ['dredlɔks] *n pl* virvutėmis susukti plaukai *(juodaodžių šukuosena)*

dreadnought ['drednɔːt] *n* **1** *jūr. ist.* drednoutas **2** *psn.* stora gelumbė; storas gelumbės paltas

dream [driːm] *n* **1** sapnas; *to see a ~* sapnuoti; *to go to one's ~s* eiti miegoti, užmigti; *I had a bad ~* aš sapnavau baisų sapną **2** svajonė, svaja; *my ~ girl* mano svajonių mergaitė; *a ~ come out* išsipildžiusi svajonė; *beyond one's wildest ~s* net pačiose didžiausiose svajonėse *(nelaukti ko)* **3** vizija ◊ *like a ~ šnek.* a) nuostabiai; b) lengvai, be pastangų
v (dreamt, dreamed) **1** sapnuoti; *I must have ~t it* tikriausiai man tai prisisapnavo **2** svajoti *(of)* **3** įsivaizduoti; fantazuoti; *I never ~t that such a thing could happen* man nė į galvą neatėjo, kad taip gali atsitikti; *I wouldn't ~ of troubling him* visai neketinau jo trukdyti
□ *~ away* prasvajoti; *to ~ away one's time [life]* praleisti laiką [gyvenimą] svajojant, nieko neveikiant; *~ up šnek.* įsimanyti, sugalvoti *(ypač ką nors nepaprastą/nemalonų)*

dreamboat ['driːmbəut] *n šnek.* gražuolis, svajonė *(apie priešingos lyties asmenis)*

dreamer ['driːmə] *n* **1** svajotojas, fantazuotojas, fantastas **2** sapnuotojas

dream-hole ['driːmhəul] *n* šviesos anga *(bokšte ir pan.)*

dreamily ['driːməlɪ] *adv* užsisvajojus; išsiblaškius

dreamland ['driːmlænd] *n* svajonių/pasakų šalis/pasaulis

dreamless ['driːmləs] *a* ramus, be sapnų *(apie miegą)*

dreamlike ['driːmlaɪk] *a* pasakiškas, fantastiškas

dream-reader ['dri:mˌri:də] *n* sapnininkas, sapnų aiškintojas
dreamt [dremt] *past ir pII žr.* **dream** *v*
dream-world ['dri:mwə:ld] *n* = **dreamland**
dreamy ['dri:mɪ] *a* **1** svajotojiškas; svajingas; ~ *look* svajingas žvilgsnis **2** užsisvajojęs; nepraktiškas **3** pasakiškas, fantastiškas **4** raminantis; neryškus
drear [drɪə] *a poet.* = **dreary**
dreary ['drɪərɪ] *a* **1** niūrus, liūdnas **2** nuobodus
dredge[1] [dredʒ] *n* **1** = **dredger**[1] **2** *chem.* skenda
v **1** gilinti/valyti dugną **2** draguoti; naudotis draga *(ko ieškant);* **to ~ for oysters** gaudyti austres draga □ ~ **up** (iš)kelti *(į vandens paviršių; t. p. prk.);* **to ~ up the sad facts of the past** (iš)kelti liūdnus praeities faktus
dredge[2] *v* (api)barstyti *(miltais, cukrumi ir pan.; with)*
dredger[1] ['dredʒə] *n tech.* **1** gilintuvas; draga **2** žemsiurbė, žemsemė; **bucket/ladder ~** daugiakaušė žemsemė
dredger[2] *n* indas su skylėtu dangčiu *(miltams, cukrui ir pan. barstyti)*
dreggy ['dregɪ] *a* drumstas, su nuosėdomis
dregs [dregz] *n pl* **1** nuosėdos, drumzlės **2** *(visuomenės)* padugnės, atmatos ◊ **to drink/drain to the ~** išgerti ligi dugno
Dreiser ['draɪsə, 'draɪzə] *n: Theodore ~* Teodoras Draizeris *(amerikiečių rašytojas)*
drench [drentʃ] *n* **1** permerkimas **2** liūtis **3** didelė vaistų dozė *(gyvuliui)*
v **1** *(ppr. pass)* kiaurai permerkti; visam sušlapti **2** supilti *(gyvuliui)* vaistus
drencher ['drentʃə] *n* **1** *šnek.* liūtis **2** įtaisas vaistams supilti *(gyvuliams)*
drenching ['drentʃɪŋ] *a* pliaupiantis; smarkus *(apie lietų)*
dress [dres] *n* **1** suknelė; **evening ~** a) vakarinė suknelė; b) *(vyrų)* vakarinis tualetas; frakas; **~ goods** audeklas suknelėms **2** drabužis, apdaras; **cocktail ~** pusiau oficialus drabužis; smokingas; **morning ~** a) namų drabužiai; b) vizitinis kostiumas **3** uniforma; **full ~** paradinė uniforma; **~ cap** *amer. kar.* uniforminė kepurė **4** plunksnos, apsiplunksnavimas
v **1** rengti(s), ap(si)rengti **2** puošniai apsirengti; persirengti *(oficialiems pietums, vakarienei);* **~ed in one's (Sunday) best** apsirengęs išeiginiais drabužiais **3** puošti *(vitriną, gatvę ir pan.);* **to ~ a Christmas tree** puošti Kalėdų eglutę **4** šukuoti, daryti šukuoseną **5** valyti *(arklį)* **6** tvarstyti, perrišti *(žaizdą)* **7** (pa)ruošti, uždaryti *(valgį);* sutaisyti *(salotas)* **8** išdarinėti *(paukštį, žuvį)* **9** išdirbti *(odą; t. p.* **~ down)** **10** (ap)dailinti, (iš)lyginti; šlifuoti *(akmenį);* tašyti, obliuoti *(lentą)* **11** apipjaustyti, apkarpyti *(medį)* **12** *ž. ū.* (pa)tręšti, ruošti dirvą *(sėjai)* **13** *kar.* lygiuoti; **~ right!** dešinėn lygiuok! *(komanda)* **14** *metal.* sodrinti *(rūdą)* **15** *tekst.* šlichtuoti □ **~ down** a) kukliai pasipuošti *(einant į svečius);* b) *šnek.* išbarti, išdirbti, ≡ ištrinkti galvą; **~ up** a) iš(si)puošti; puošniai ap(si)rengti; b) ap(si)rengti *(scenos, maskarado)* drabužiais; **she likes ~ing up in her mother's clothes** ji mėgsta persirengti motinos drabužiais; c) pagražinti *(mintis, faktus ir pan.)*
dressage ['dresɑ:ʒ] *pr. n (arklių)* dresavimas, išjodinėjimas
dress-coat ['dreskəut] *n* frakas
dresser[1] ['dresə] *n* **1** dabita, puošeiva *(t. p.* **smart ~)** **2** *(vitrinų)* puošėjas, tvarkytojas **3** *med.* operacinės sesuo; asistentas *(operuojant)* **4** *teatr.* kostiumininkas **5** odininkas
dresser[2] *n* **1** virtuvės spintelė, virtuvės stalas *(su lentynomis);* bufetas *(indams)* **2** *amer.* tualetinis staliukas *(su stalčiais)*

dress-guard ['dresgɑ:d] *n (moteriško dviračio)* apsauginis tinklelis
dressing ['dresɪŋ] *n* **1** ap(si)rengimas **2** puošimas, dekoravimas, tvarkymas **3** *(žaizdos)* tvarstymas, perrišimas; tvarstis, tvarstomoji medžiaga, tvarsliava **4** padažas, užddaras, užkulas; **French ~** provanso aliejus su actu *(salotoms)* **5** *kul.* kamšalas, įdaras **6** *(mėsos)* išdarinėjimas **7** trąša, mėšlas **8** *tech.* (ap)tašymas; šlifavimas; (ap)dailinimas **9** *kar.* lygiavimas(is) **10** *metal.* sodrinimas **11** *tekst.* šlichtavimas
dressing-bell ['dresɪŋbel] *n* skambutis persirengti *(pietums, priėmimui ir pan.)*
dressing-case ['dresɪŋkeɪs] *n* neseseras
dressing-down ['dresɪŋdaun] *n* (iš)barimas, išdirbimas; **to give smb a good ~** išbarti ką, duoti kam garo
dressing-gown ['dresɪŋgaun] *n* chalatas
dressing-room ['dresɪŋrum] *n (artistų ir pan.)* persirengimo kambarys
dressing-station ['dresɪŋˌsteɪʃn] *n* tvarstykla; perrišimo punktas
dressing-table ['dresɪŋˌteɪbl] *n* tualetinis staliukas *(su stalčiais; miegamajame)*
dressmaker ['dresˌmeɪkə] *n (moteriškų drabužių)* siuvėjas *(džn. moteris)*
dressmaking [dresˌmeɪkɪŋ] *n (moteriškų drabužių)* siuvimas
dressy ['dresɪ] *a* **1** mėgstantis puošniai rengtis **2** puošnus, elegantiškas, madingas; prašmatnus
drew [dru:] *past žr.* **draw** *v*
drib [drɪb] *n* lašas, lašelis *(t. p. prk.);* **in ~s and drabs** po nedaug, nedideliais kiekiais/būreliais
dribble ['drɪbl] *n* **1** lašas; lašėjimas **2** seilės **3** *sport.* kamuolio varymas; driblingas
v **1** varvėti, lašėti; varvinti **2** seilėtis *(apie vaikus)* **3** varytis kamuolį, driblinguoti *(krepšinyje, futbole);* varyti biliardo rutulį į kišenę **4** lėtai eiti, slinkti
dribbler ['drɪblə] *n sport.* žaidėjas, varantis kamuolį
driblet ['drɪblɪt] *n* nedidelė suma; mažas kiekis; **by/in ~s** po truputį, po nedaug
dried [draɪd] *a* džiovintas; išdžiūvęs; sausas; **~ milk** sausasis pienas; **~ fish** vytinta žuvis
dried-up ['draɪdʌp] *a* **1** sudžiūvęs, išsekęs *(ypač apie seną žmogų)* **2** išdžiūvęs, sausas
drier ['draɪə] *n* = **dryer**
a comp žr. **dry** *a*
drift [drɪft] *n* **1** tėkmė, lėtas slinkimas; nešimas *(pasroviui, pavėjui)* **2** pasyvumas, ėjimas pasroviui; **the policy of ~** neveiklumo/savieigos politika **3** pusnis; *(smėlio, lapų ir pan.)* sąnaša, krūva **4** (nu)tekėjimas, migracija; **the ~ from the country side to the towns** migracija iš kaimo į miestą **5** *(kalbos, argumento ir pan.)* reikšmė, prasmė, esmė, kryptis **6** *fiz.* dreifas **7** *jūr.* dreifas, dreifavimas **8** *av.* deviacija **9** *kar.* derivacija **10** *tech.* tamprusis poveiksmis **11** *geol.* morena
v **1** dreifuoti; plaukti/nešti pasroviui/pavėjui **2** plukdyti *(rąstus)* **3** sunešti, supustyti **4** lėtai važiuoti; slinkti; **clouds ~ed across the sky** debesys lėtai slinko dangumi **5** klaidžioti, bastytis **6** krypti *(apie pokalbį; from ... to – nuo ... į)* **7** būti pasyviam; būti nešamam/traukiamam *(into – į ką, to – link ko; t. p.* **~ along) 8** *tech.* (pa)platinti/išmušti skyles □ **~ apart** susvetimėti, nutolti vienam nuo kito; **~ away** a) pasitraukti, pasišalinti; skirstytis, išsiskirstyti; b) *jūr.* nudreifuoti; **~ off** a) = **~ away** a); b) imti snūduriuoti

driftage ['drɪftɪdʒ] *n* **1** (nu)nešimas pasroviui/pavėjui **2** jūros į krantą išmesti daiktai **3** *jūr.* dreifas

drifter ['drɪftə] *n* **1** klajotojas, bastūnas, valkata **2** jūrininkas, plaukiojantis drifteriu **3** *jūr.* drifteris *(žvejybos laivas)*

drift-ice ['drɪftaɪs] *n* dreifuojantis ledas; plaukiojanti lytis

driftnet ['drɪftnet] *n* dreifuojantysis tinklaitis; **~ fishing** žūklė drifteriais

driftwood ['drɪftwud] *n* **1** plukdoma miško medžiaga **2** į krantą išmesti/išnešti medžiai

drill[1] [drɪl] *tech. n* grąžtas, grąžtuvas; *(dantų)* gręžimo mašina; **rotary [twist] ~** turbininis [spiralinis] grąžtas
v gręžti

drill[2] *n* **1** treniruojamasis pratimas *(įgūdžiams automatizuoti);* treniruotė **2** *kar.* rikiuotės mokymas, muštras; **~ ground** rikiuotės mokymo aikštė **3** *(įprastinis, teisingas)* veikimo būdas, darbo tvarka
v **1** mokyti treniruojamaisiais pratimais; treniruoti **2** (į)kalti į galvą *(into)* **3** *kar.* mokyti *(rikiuotės ir pan.)*

drill[3] *ž. ū. n* **1** eilinė sėjamoji **2** pasėlio eilutė, vagelė
v sėti/sodinti eilėmis

drill[4] *n tekst.* tikas *(tvirtas lininis/medvilninis audinys)*

drill[5] *n zool.* mandrilas

drill-book ['drɪlbuk] *n* **1** rikiuotės statutas **2** pratimų rinkinys, vadovėlis

driller[1] ['drɪlə] *n* rikiuotės instruktorius

driller[2] *n* **1** gręžėjas **2** gręžimo staklės

drill-hall ['drɪlhɔːl] *n* maniežas

drink [drɪŋk] *n* **1** gėrimas, gėralas; **to have a ~** (iš)gerti, atsigerti; **long ~, amer. tall ~** *(nealkoholinis, silpnas alkoholinis)* gėrimas, paduodamas aukštoje stiklinėje; **soft ~s** nealkoholiniai gėrimai; **strong ~** svaiginamasis/alkoholinis gėrimas; **small ~** alus **2** (iš)gėrimas, girt(uokli)avimas; **in ~** girtas; **fond of ~** mėgstantis išgerti; **to take to ~** įprasti gerti, tapti girtuokliu **3** *pl* išgertuvės, išgėrimas **4** gurkšnis **5** *(the ~) šnek.* jūra; **the big ~** *amer. juok.* a) Atlanto vandenynas; b) Misisipės upė
v (drank, drunk) **1** gerti; **to ~ tea** gerti arbatą; **to ~ to smb/smth [to the health of smb]** (iš)gerti už ką [į kieno sveikatą]; **to ~ brotherhood** gerti bruderšaftą; **what are you ~ing?** ko jūs norėtumėte išgerti? **2** girt(uokli)auti; nusigerti *(into, to);* **to ~ hard/heavily, to ~ like a fish** smarkiai girtauti/girtukliauti; **to ~ deep** a) išgerti didelį gurkšnį; b) girtukliauti; **to ~ oneself unconscious** nusigerti iki sąmonės netekimo; **to ~ all one's earnings** pragerti visą atlyginimą **3** sugerti/traukti drėgmę *(apie augalus)* □ **~ away** pragerti; skandinti stiklelyje *(vargus ir pan.);* **~ in** žavėtis, gėrėtis; gaudyti *(kiekvieną žodį);* **~ off/up** išgerti ligi dugno ◊ **I'll ~ to that!** aš už tai!

drinkable ['drɪŋkəbl] *a* **1** geriamas, tinkamas gerti **2** skanus gerti
n pl gėrimai

drink-driving [ˌdrɪŋk'draɪvɪŋ] *n* vairavimas (per daug) išgėrus

drinker ['drɪŋkə] *n* **1** gėrėjas, gėrikas; **social ~** žmogus, geriantis tik kompanijoje **2** girtuoklis

drinking-bout ['drɪŋkɪŋbaut] *n* išgertuvės, girtavimas

drinking-fountain ['drɪŋkɪŋˌfauntɪn] *n* geriamojo vandens fontanėlis

drinking-song ['drɪŋkɪŋsɔŋ] *n* užstalės daina

drinking-water ['drɪŋkɪŋˌwɔːtə] *n* geriamasis vanduo

drip [drɪp] *n* **1** varvėjimas, lašėjimas **2** lašų barbenimas/teškenimas **3** *med.* laš(el)inė **4** *archit.* laštakas **5** *šnek.* nuoboda, lepšis, ištižėlis
v **1** varvėti, lašėti; **it is ~ping from the roofs** nuo stogų laša/teška **2** lašinti, varvinti

drip-dry ['drɪpdraɪ] *a* greit džiūstantis ir nereikalaujantis lyginimo *(apie marškinius ir pan.)*

drip-feed *med. n* ['drɪpfiːd] **1** lašinimas į veną **2** = **drip** **3** *v* [ˌdrɪp'fiːd] lašinti į veną

drip-moulding ['drɪpˌmauldɪŋ] *n* latakas

dripping ['drɪpɪŋ] *n* taukai, varvantys nuo kepamos mėsos
a varvantis; **~ wet** šlaputėlis

dripping-pan ['drɪpɪŋpæn] *n* skarda varvantiems taukams *(nuo kepamos mėsos)* surinkti

dripstone ['drɪpstəun] *n* **1** *archit.* laštakas **2** stalaktitas **3** akyto akmens filtras

drive [draɪv] *n* **1** važiavimas, vairavimas; (pasi)važinėjimas; **to have a ~, to go for a ~** pasivažinėti **2** kelias *(gatvių pavadinimų dalis);* įvažiavimas, alėja *(iki garažo, paradinių durų)* **3** varymas, vijimas **4** veržlumas; (varomoji) jėga **5** paskata, skatulys, vidaus impulsas **6** skubėjimas, lenktynės; **armaments ~** ginklavimosi varžybos **7** vajus, kampanija; **to put on a ~** pradėti kampaniją; **a ~ to raise funds** lėšų rinkimo vajus; **economy ~** žygis/kova dėl ekonomijos režimo **8** *sport.* smūgis *(į kamuolį);* stiprus ir žemas smūgis *(tenise)* **9** *tech.* pavara; *attr* varantysis, pavaros; **~ disc** varantysis diskas **10** *kar.* veržlus puolimas, ataka **11** *komp.* diskasukis *(t. p.* **disk ~)**
v (drove; driven) **1** vairuoti *(automobilį);* valdyti, vadelioti *(arklį);* **can you ~?** ar tu moki vairuoti? **2** (nu)vežti, važiuoti *(automobiliu, vežimu);* pavežioti/(pa)važinėti; **he has ~n her home** jis parvežė ją namo **3** varyti, vyti, ginti; **to ~ smb out of their homes** išvaryti ką iš namų; **to ~ into a pasture** ginti į ganyklą; **dogs love driving cattle** šunys mėgsta vaikyti galvijus **4** paleisti *(į darbą),* varyti *(mechanizmą)* **5** (į)varyti, (į)stumti, privesti; **to ~ smb to despair** įstumti ką į neviltį; **to ~ smb crazy/mad, to ~ smb out of his senses** (iš)varyti ką iš proto **6** įkalti, įmušti; **to ~ a nail home** a) įkalti vinį į vietą; b) *prk.* įtikinti, užbaigti ligi galo **7** *sport.* įmušti, įvaryti *(kamuolį)* **8** nutiesti *(geležinkelį, tunelį ir pan.)* **9** energingai vykdyti; **to ~ trade** prekiauti **10** varyti, nešti *(apie vėją, vandenį)* **11** taikyti, sukti *(kalbant; at – į)* **12** išvarginti, perkrauti *(darbu);* **he will ~ himself into the ground** jis nuvarys save į kapus **13** *kas.* horizontaliai kasti(s) □ **~ away** a) išvaryti, išvyti; išsklaidyti; b) atkakliai dirbti *(at);* **~ back** atstumti; priversti atsitraukti/grįžti; **~ forward** atakuoti *(futbole);* **~ in** a) įvaryti; b) įkalti į galvą; c) įvažiuoti; **~ off** a) nuvažiuoti; b) nubaidyti, priversti pasišalinti; c) *kar.* atmušti; **~ out** a) išvaryti, išstumti; išsklaidyti; b) pa(si)važinėti; **~ through** apeiti įstatymą; **~ up** pakelti *(kainas ir pan.)* ◊ **to let ~ at smb with smth** suduoti kam kuo, pulti ką su kuo

drive-bushing ['draɪvbuʃɪŋ] *n tech.* kreipiamoji įvorė

drive-by ['draɪvbaɪ] *a (nužudytas)* šaudant iš važiuojančio automobilio

drive-in ['draɪvɪn] *n* įvažiuojamasis kino teatras, restoranas, parduotuvė *ir pan. (kur žmonės aptarnaujami automobilyje)*

drivel ['drɪvl] *n* kvailos kalbos, nesąmonė; tuščiažodžiavimas
v (**-ll-**) **1** kalbėti nesąmones, tauzyti/taukšti niekus; tuščiažodžiauti **2** seilėtis, snargliuotis

driveline ['draɪvlaɪn] *n aut.* transmisija

driveller ['drɪvlə] *n* **1** tauškalius; idiotas **2** seilius

driven ['drɪvn] *pII žr.* **drive** *v*
a attr tech. varomasis; **~ disc/member** varomasis diskas

driver ['draɪvə] *n* **1** vairuotojas, šoferis; vežėjas; mašinistas; **~'s education** *amer.* vairavimo kursai; **~'s license**

amer. vairuotojo teisės; **backseat** ~ *iron.* a) keleivis, mokantis vairuotoją, kaip važiuoti; b) žmogus, duodantis „vertingų" patarimų; žmogus, kuris rūpinasi tuo, kas jam nepriklauso **2** *(galvijų)* varovas **3** *sport.* golfo lazda **4** *tech.* varantysis ratas/skriemulys; pavara **5** *tech.* įrankis/prietaisas įkalti/įsukti *ir pan.* **6** *komp.* tvarkyklė

driveshaft ['draɪvʃɑ:ft] *n tech.* varantysis velenas

driveway ['draɪvweɪ] *n* kelias, įvažiavimas *(iki garažo, paradinių durų)*

driving ['draɪvɪŋ] *n* **1** *aut.* vairavimas **2** (į)kalimas *a* **1** smarkus; energingas; ~ *rain* smarkus lietus **2** vairavimo; vairuotojo; ~ *test* vairavimo egzaminas; ~ *seat* vairuotojo sėdynė **3** varomasis *(apie jėgą);* vadovaujantis *(apie politiką ir pan.)* **4** *tech.* pavarinis; varantysis; ~ *gear* varantysis krumpliaratis/mechanizmas; ~ *link* pavaros trauklė ◊ *to be in the ~ seat* kontroliuoti/valdyti padėtį

driving-belt ['draɪvɪŋbelt] *n tech.* pavaros diržas

driving-wheel ['draɪvɪŋwi:l] *n tech.* varantysis ratas

drizzle ['drɪzl] *n* smulkus lietus, dulksna
v **1** dulk(sno)ti, lynoti **2** *kul.* pašlakstyti

drizzly ['drɪzlɪ] *a* dulksnus, smulkus *(apie lietų)*

drogue [drəug] *n* **1** *jūr.* velkamasis inkaras **2** *av.* lėktuvo tempiamas taikinys

droll [drəul] *a* juokingas; keistas, komiškas

drollery ['drəulərɪ] *n* **1** humoras **2** juokai, išdaigos

drome [drəum] *n sutr. šnek., psn.* = **aerodrome**

dromedary ['drɒmədərɪ] *n zool.* vien(a)kupris kupranugaris, dromedaras

dromon ['drɒmən] *n* = **dromond**

dromond ['drɒmənd] *n ist.* dromonas *(greitas irklinis laivas)*

drone [drəun] *n* **1** tranas *(t. p. prk.)* **2** zvimbesys, ūžesys, zirzimas, ūžimas; gaudesys, gausmas **3** *av., jūr.* radijo bangomis valdomas lėktuvas/laivas **4** *muz.* burdonas
v **1** zirzti, zvimbti, ūžti, gausti **2** monotoniškai kalbėti/skaityti *(t. p.* ~ *on)* **3** gyventi iš svetimos kišenės; dykinėti

drongo ['drɒŋgəu] *n (pl* ~(e)s [-z]) **1** *zool.* drongas *(žvirblinis paukštis)* **2** *(ypač austral.) šnek.* kvaiša, vištagalvis

droningly ['drəunɪŋlɪ] *adv* monotoniškai, nuobodžiai

drool [dru:l] *n* **1** seilės **2** nesąmonė
v **1** seilėtis **2** taukšti kvailystes **3** (perdėtai) žavėtis, alpti, nesitverti *(iš džiaugsmo ir pan.; over, about)*

droop [dru:p] *n* **1** (nu)svirimas; nuleidimas, palinkimas **2** jėgų netekimas; vytimas **3** nuotaikos kritimas
v **1** (nu)svirti *(apie galvą, pečius ir pan.);* nuleisti, palinkti **2** netekti jėgų; vysti *(nuo sausros ir pan.);* **we were** *~ing* **from the heat** mes leipome iš karščio **3** nusiminti, kristi *(apie nuotaiką)* **4** *poet.* leistis žemyn, svirti *(apie saulę)*

droopy ['dru:pɪ] *a* **1** nusviręs; palinkęs **2** nusiminęs

drop [drɒp] *n* **1** lašas; ~ *by* ~ lašas po lašo **2** lašelis, truputis; *he hasn't a ~ of sense in his head* jis neturi proto nė už skatiką **3** stikliukas, gurkšnelis; *to have a ~ in one's eye* būti išgėrusiam; *to take a ~ too much* per daug išgerti, padauginti **4** *pl farm.* lašai, lašeliai **5** dražė, ledinukas **6** auskaras **7** kritimas; (su)mažėjimas; *a ~ in prices [temperature]* kainų [temperatūros] (su)mažėjimas/kritimas **8** staigus žemėjimas; atstumas *(nuo viršaus iki apačios)* **9** numetimas *(iš lėktuvo);* pristatymas; *to make a ~* atlikti šuolį *(apie parašiutininką)* **10** anga, plyšys *(korespondencijai ir pan. įmesti);* **mail** ~ *amer.* a) korespondencija, pristatyta ne tuo adresu; b) pašto dėžutė *(pašte)* **11** smūgis į kamuolį, atšokusį nuo žemės *(žaidžiant futbolą)* **12** krituoliai, pakritos *(vaisiai)* ◊ *a ~ in the bucket/ocean* ≡ lašas jūroje; *to get/have the ~ on smb šnek.* a) nutaikyti *(ginklą)* į ką; b) turėti pranašumą palyginti su kuo; *to ~ smb in it šnek.* įklampinti ką į bėdą
v **1** varvėti, lašėti **2** (iš)kristi, (iš)mesti; *he ~ped a glass* jis išmetė stiklinę, jam iškrito stiklinė **3** mesti, mėtyti; numesti *(iš lėktuvo); planes ~ped bombs all through the night* lėktuvai mėtė bombas visą naktį **4** mesti, nustoti; nutraukti; *to ~ smoking* mesti/nustoti rūkyti; *let's ~ this argument* nutraukime šį ginčą; ~ *it!* liauki(tė)s! **5** išsiųsti, įmesti *(laišką į pašto dėžutę)* **6** išmesti, pašalinti *(iš komandos ir pan.)* **7** pamesti, palikti *(draugą ir pan.)* **8** (nu)kristi, pulti, (su)mažėti *(apie temperatūrą, greitį, kainas ir pan.);* (su)mažinti *(greitį ir pan.)* **9** kristi, nusileisti *(į kėdę ir pan.)* **10** (nu)griūti, sugriūti *(pavargus, apalpus)* **11** leistis žemyn, pažemėti, nuslūgti *(apie paviršių)* **12** pasakyti, priminti; *to ~ a word in favour of smb* užtarti žodelį už ką **13** pritilti; prislopinti *(balsą)* **14** nuleisti *(akis, uždangą ir pan.);* panarinti **15** praleisti, išleisti *(garsą, raidę, žodį)* **16** išlaipinti, nuvežti, užvežti *(t. p.* ~ *off)* **17** veršiuotis, apsiveršiuoti, kumeliuotis *ir pan.;* at(si)vesti **18** partrenkti, pargriauti, parmušti **19** pralošti **20** pralaimėti *(varžybose);* (nu)kristi į žemesnę vietą **21** atsitiktinai rasti/sutikti *(across, upon)* **22** užsipulti, išbarti *(on, upon)* **23** *sl.* ryti *(narkotikus)* □ ~ *away* sumažėti, (su)silpnėti *(apie paramą, susidomėjimą ir pan.);* ~ *back* a) atsilikti; b) grįžti; ~ *behind* atsilikti; ~ *by/in* užeiti, užsukti; ~ *off* a) sumažėti; b) užsnūsti; ~ *on* (iš)barti, (nu)bausti; ~ *out* a) iškristi *(iš mokyklos, varžybų ir pan.);* b) nebedalyvauti, atsisakyti dalyvauti; c) išnykti, būti nebevartojamam *(apie žodį, posakį);* ~ *round* a) = ~ *by/in;* b) parnešti *(kam)* namo; ~ *through* (su)žlugti ◊ *to ~ dead* a) staiga mirti; b) *sl.* pasiųsti po velnių; ~ *dead!* kad tu sukeptum/prasmegtum!, liaukitės!

dropcloth ['drɒpklɒθ] *n amer.* patiesalas ant baldų, grindų *ir pan. (remontuojant kambarį)*

drop-curtain ['drɒpˌkə:tn] *n teatr.* iš viršaus nuleidžiama scenos uždanga

drop-dead ['drɒpded] *a sl.* nuostabus, nuostabiai gražus

drop-hammer ['drɒpˌhæmə] *n tech.* kaltuvas; poliakalės plaktas

drop-in ['drɒpɪn] *n* **1** atsitiktinis svečias **2** namai, į kuriuos galima užeiti be pakvietimo

dropkick ['drɒpkɪk] *n sport.* smūgis į atšokusį kamuolį

drop-leaf ['drɒpli:f] *n (sudedamojo stalo)* nuleidžiamoji lenta

droplet ['drɒplɪt] *n* lašelis

drop-letter ['drɒpˌletə] *n* vietinis laiškas

droplight ['drɒplaɪt] *n* elektros šviestuvas su spiraliniu laidu

drop-off ['drɒpɒf] *n* kritimas; (su)mažėjimas

dropout ['drɒpaut] *n* **1** žmogus už visuomenės ribų, hipis **2** žmogus, išmestas iš mokyklos, pusmokslis **3** *spec.* išsitrynusio įrašo gabaliukas *(magnetofono juostoje)*

dropper ['drɒpə] *n* **1** lašintuvas, lašiklis **2** dirbtinė muselė *(meškeriojant; t. p.* ~ *fly)* **3** *tech.* kontaktinė pakaba

droppings ['drɒpɪŋz] *n pl* **1** kas nors nukritęs/numestas/nulašėjęs *ir pan.* **2** *(gyvulių, paukščių)* mėšlas

drop-press ['drɒppres] *n* = **drop-hammer**

drop-scene ['drɒpsi:n] *n teatr.* **1** = **drop-curtain 2** baigiamoji scena

dropsical ['drɒpsɪkl] *a* **1** sergantis vandenlige **2** *med.* vandenligės *(pobūdžio),* patinęs

dropsy ['drɒpsɪ] *n med.* vandenligė, vandenė

dropwort ['drɒpwə:t] *n bot.* vingiorykštė

droshky ['drɔʃkɪ] *rus. n* lengvas vežimas, brikelė
drosophila [drə'sɔfɪlə] *n zool.* drozofila *(vaisinė muselė)*
dross [drɔs] *n* **1** *metal.* atliekos, nuodegos, šlakas *(lydyto metalo paviršiuje)* **2** menkavertis/bevertis dalykas
drought [draut] *n* **1** sausra **2** *(klimato, oro)* sausumas, drėgmės trūkumas
droughty ['drautɪ] *a* **1** sausringas; sausas, išdžiūvęs **2** *dial.* ištroškęs
drouth [drauθ] *n poet., škot.* = **drought**
drove[1] [drəuv] *past žr.* **drive** *v*
drove[2] *n* **1** *(gyvulių)* banda, kaimenė **2** *pl* pulkas, minia; **to stand in ~s** būriuoti(s), pulkuoti(s) **3** *tech.* kaltas akmenims tašyti *(t. p. ~ chisel)*
drover ['drəuvə] *n (gyvulių)* varovas *(ypač į turgų)*
drown [draun] *v* **1** (nu)skęsti; skandinti *(t. p. prk.); refl* skandintis, nusiskandinti; *pass* paskęsti, prigerti; **to ~ oneself in sleep** pasinerti į miegą, įmigti; **to ~ one's sorrows (in drink)** skandinti savo sielvartą taurelėje; *a ~ing man will catch at a straw* skęstantis ir šiaudo griebiasi **2** užlieti *(vietą)* **3** gausiai užpilti *(grietine ir pan.; with, in)* **4** nustelbti, užgožti *(stipresniu garsu; t. p. ~ out); his voice was ~ed in the hubbub* jo balsas paskendo klegesyje
drowned [draund] *a* **1** nuskendęs; paskandintas; **~ man/person** nuskendėlis, skenduolis **2** užlietas; **~ in tears** pilnas ašarų *(apie akis)*
drowse [drauz] *n* apsnūdimas, snaudulys; mieguistumas *v* **1** snausti, snūduriuoti; užmigti, (už)migdyti **2** tuščiai (pra)leisti *(laiką; t. p. ~ away)* □ **~ away** prasnausti *(popietę ir pan.)*
drowsily ['drauzɪlɪ] *adv* mieguistai; išglebusiai
drowsy ['drauzɪ] *a* **1** mieguistas, snaudžiantis; apsnūdęs, išglebęs **2** (už)migdantis, snaudulingas
drub [drʌb] *v* **1** (ap)mušti, (ap)kulti, plampinti *(lazda ir pan.)* **2** *prk.* (į)kalti *(į galvą; into);* išmušti *(iš galvos; out of)* **3** sumušti, nugalėti **4** trypti, belsti
drubbing ['drʌbɪŋ] *n šnek. (kitos komandos)* įveikimas, nugalėjimas
drudge [drʌdʒ] *n* darbininkas/darbuotojas, dirbantis sunkų, nuobodų darbą; ≡ darbo pelė, vargo bitelė
v dirbti sunkų, nuobodų darbą □ **~ away** prasiplūkti, prasikamuoti
drudgery ['drʌdʒərɪ] *n* sunkus, nuobodus darbas; **this is a sheer ~** tai tiesiog katorga
drudgingly ['drʌdʒɪŋlɪ] *adv* vargingai, sunkiai
drug [drʌg] *n* **1** vaistas; **~ plants** vaistiniai augalai **2** narkotikas; **soft ~s** nestiprūs narkotikai; **to be on ~s, to take ~s** vartoti narkotikus; **~ fiend/taker** narkomanas; **the ~ habit** narkomanija; **the ~s scene** narkomanų aplinka; narkomanijos paplitimas **3** įprotis, palinkimas ◊ **a ~ in/on the market** nepaklausi prekė
v **1** įmaišyti/įdėti narkotikų **2** duoti narkotikų; apsvaiginti narkotikais **3** vartoti narkotikus
drugget ['drʌgɪt] *n* **1** audinys *(grindų)* patiesalams/takams **2** *(grindų)* patiesalas
druggie ['drʌgɪ] *n* = **druggy**
druggist ['drʌgɪst] *n amer.* vaistininkas
druggy ['drʌgɪ] *n šnek.* narkomanas
drugstore ['drʌgstɔ:] *n amer.* vaistinė *(pardavinėjanti ir ledus, vaisių sultis ir pan.)*
drug-taking ['drʌgˌteɪkɪŋ] *n* narkotikų vartojimas; *sport.* dopingas
Druid ['dru:ɪd] *n ist.* druidas
drum [drʌm] *n* **1** būgnas; **to beat the ~** a) mušti būgną; b) *prk.* triukšmingai reklamuoti *(for)* **2** būgno mušimas, būgnijimas; **the ~ of the rain against my window** lietaus barbenimas į mano langą **3** statinė; bidonas **4** *anat. (ausies)* būgnelis **5** *tech.* cilindras, būgnas; **~ brake** cilindrinis stabdys
v **1** būgnyti, mušti būgną **2** barbenti *(pirštais; t. p. apie lietų);* trypti **3** (į)kalti *(į galvą; into)* □ **~ out** išvaryti, pašalinti *(iš kariuomenės, organizacijos);* **~ up** a) sukviesti, sušaukti; b) (iš)reklamuoti; (su)ieškoti *(apie paramą ir pan.)*
drumbeat ['drʌmbi:t] *n* būgnų mušimas
drumfire ['drʌmˌfaɪə] *n* **1** *kar.* patrankų būgnijimas; uraganiška artilerijos ugnis **2** *(kritikos ir pan.)* kruša
drumhead ['drʌmhed] *n* **1** būgno oda **2** *anat. (ausies)* būgnelis **3** *jūr.* špilio galvutė
drummer ['drʌmə] *n* **1** būgnininkas **2** *amer.* komivojažierius **3** *austral.* valkata
drum-roll ['drʌmrəul] *n* būgno tratėjimas
drumstick ['drʌmstɪk] *n* **1** būgnininko lazdelė **2** *kul.* paukščio kulšis
drunk [drʌŋk] *pII žr.* **drink** *v*
a predic **1** girtas; **to get ~** nusigerti; **~ as a lord/skunk** girtas kaip maišas/pėdas; **blind/dead ~** mirtinai nusigėręs; **~ and disorderly** *teis.* girtas ir pažeidęs viešąją tvarką *(apie kaltinamąjį);* **to make smb ~** nugirdyti ką **2** apsvaigęs *(nuo laimės ir pan.; with)*
n **1** girtuoklis; girtas(is) **2** *sl.* išgertuvės
drunkard ['drʌŋkəd] *n* girtuoklis, alkoholikas
drunk-driving [ˌdrʌŋk'draɪvɪŋ] *n amer.* = **drink-driving**
drunken ['drʌŋkən] *a attr* pasigėręs, girtas; **~ brawl** girtų peštynės
drunkenness ['drʌŋkənnɪs] *n* girtukliavimas
drunkometer [drʌŋ'kəumɪtə] *n amer. šnek.* prietaisas girtumo laipsniui nustatyti
drupe [dru:p] *n bot.* kaulavaisis *(slyva, vyšnia ir pan.)*
druthers ['drʌðəz] *n pl amer. šnek.:* **if I had my ~...** jei būtų mano valia..., jei priklausytų nuo manęs...
dry [draɪ] <*a, n, v* > *a* **1** *(įv. reikšm.)* sausas; **~ batery/cell** (elektros) sausoji baterija; **~ bread** a) sausa duona *(be sviesto, uogienės);* b) sudžiūvusi duona; **~ branch** sausa šaka; **~ climate** sausas klimatas; **~ cough** sausasis kosulys; **~ eyes** sausos akys *(be ašarų);* **~ firewood** sausos malkos; **~ food** sausas valgis; **~ hay** sausas šienas; **~ masonry** *stat.* sausasis mūrinys; **~ room** sausas kambarys; **~ wine** sausasis vynas; **as ~ as a bone** sausas kaip parakas **2** išdžiūvęs, perdžiūvęs; sudžiūvęs; **~ brook [well]** išdžiūvęs upelis [šulinys]; **~ wash** išdžiovinti *(dar nelyginti)* skalbiniai; **to run/go ~** išdžiūti *(apie upelį ir pan.); my throat is ~* mano gerklė išdžiūvo **3** sausringas; **~ year** sausringi metai **4** ištroškęs, norintis gerti; keliantis troškulį **5** nuobodus, neįdomus, sausas *(apie knygą, paskaitą ir pan.);* **(as) ~ as dust** labai nuobodus/neįdomus **6** šaltas, abejingas; **~ facts** sausi/pliki faktai; **~ voice** abejingas balsas **7** šiurkštus, šaižus *(apie garsą)* **8** *polit.* ultrakonservatoriškas **9** *amer.* antialkoholinis; **~ state [town]** valstija [miestas], kurioje uždrausta pardavinėti alkoholinius gėrimus; **to go ~** įvesti sausąjį įstatymą
n **1** sausra **2** sausuma **3** *šnek.* ultrakonservatorius **4** *amer. šnek.* sausojo įstatymo šalininkas, alkoholinių gėrimų (už)draudimo šalininkas
v **1** džiovinti; džiūti **2** nu(si)šluostyti *(rankšluosčiu);* iššluostyti *(sausai; indus; t. p. ~ up)* **3** užmiršti *(žodžius; apie artistą)* □ **~ off** a) apdžiūti, nudžiūti; b) apdžiovinti; **~ out** a) išdžiūti; išdžiovinti; b) gydyti(s) nuo alkoholizmo; **~ up** a) išdžiūti; nusekti; išsekti *(t. p. prk.);* b) išdžiovinti, sudžiovinti; c) nušluostyti *(ašaras);* d) nutilti; užsikirsti *(nežinant/užmiršus ką sakyti);* **~ up!**

dryad ['draɪəd] *n mit.* driadė, miškų nimfa
Dryasdust ['draɪəzdʌst] *n* nuoboda; pedantas
dry-clean [ˌdraɪ'kli:n] *v* chemiškai valyti
dry-cleaner('s) [ˌdraɪ'kli:nəz] *n* cheminė valykla
dry-cleaning [ˌdraɪ'kli:nɪŋ] *n* **1** cheminis valymas **2** chemiškai išvalyti/valytini drabužiai
dry-dock ['draɪdɔk] *n jūr.* sausasis dokas
dryer ['draɪə] *n* **1** džioviklis, džiovintuvas, džiovinimo aparatas **2** džiovintojas **3** *chem.* sikatyvas
dry-eyed ['draɪ'aɪd] *a* be ašarų, sausomis akimis
dry-fly ['draɪflaɪ] *n* dirbtinė musė *(masalas)*
dryish ['draɪɪʃ] *a* sausokas
dryness ['draɪnɪs] *n* **1** sausumas **2** *(satyros ir pan.)* kandumas
dry-nurse ['draɪnə:s] *n* auklė
v prižiūrėti vaiką
dry-point ['draɪpɔɪnt] *n* **1** adata graviruoti be rūgšties **2** graviravimas sausa adata **3** graviūra, padaryta sausa adata
dry-rot [ˌdraɪ'rɔt] *n* **1** sausasis puvinys; trūnijimas **2** *(moralinis)* pakrikimas, puvimas
drysalter ['draɪˌsɔ:ltə] *n* cheminių prekių, džiovintų vaisių, konservų pirklys
dry-shod [ˌdraɪ'ʃɔd] *adv* nesušlapus kojų
dual ['dju:əl] *a* **1** dvejopas, dvigubas; **~ citizenship/nationality** dviguboji pilietybė **2** dvilypis, susidedantis iš dviejų dalių
n gram. dviskaita *(t. p.* **~ number***)*
dualism ['dju:əlɪzm] *n filos.* dualizmas
dualistic [ˌdju:ə'lɪstɪk] *a filos.* dualistinis
duality [dju:'ælətɪ] *n* dvilypumas; dvejopumas
dualize ['dju:əlaɪz] *v* dvigubinti
dual-purpose ['dju:əlˌpə:pəs] *a spec.* dvejopos paskirties
dub[1] [dʌb] *v* **1** praminti, pravardžiuoti, duoti pravardę **2** *psn., poet.* išventinti į riterius
dub[2] *v kin.* dubliuoti *(filmą)*
dub[3] *v* **1** (ap)kapoti, (ap)tašyti; (ap)lyginti **2** (iš)tepti *(odą)* riebalais **3** (už)verti, (už)smeigti *(slieką, muselę)*
dub[4] *n šnek.* liurbis, drimba
dubbin ['dʌbɪn] *n* riebalai odai minkštinti
v tepti riebalais *(odinius daiktus)*
dubbing ['dʌbɪŋ] *n* **1** *kin.* dubliavimas **2** įvairių fonogramų perrašymas į vieną
dubiety [dju:'baɪətɪ] *n knyg.* **1** abejonė **2** kas nors abejotinas
dubious ['dju:bɪəs] *a* **1** abejotinas; įtartinas; **~ character** įtartina asmenybė **2** abejojantis, neapsisprendęs; *I am ~ about what to do* aš nežinau, ką daryti
dubitative ['dju:bɪtətɪv] *a* abejojantis; reiškiantis abejonę
Dublin ['dʌblɪn] *n* Dublinas *(Airijos sostinė)*
ducal ['dju:kl] *a* kunigaikštiškas, kunigaikščio; hercogiškas
ducat ['dʌkət] *n ist.* dukatas
duchess ['dʌtʃɪs] *n* kunigaikštienė; hercogienė
duchy ['dʌtʃɪ] *n* kunigaikštystė; hercogystė; *the Great D. of Lithuania* Lietuvos Didžioji Kunigaikštystė
duck[1] [dʌk] *n* **1** *zool.* antis; *long-tailed [tufted]* **~** ledinė [kuoduotoji] antis **2** antiena **3** *šnek.* gerutis; brangusis ◊ *dead ~ šnek.* ne(be)aktualus dalykas; *lame ~* a) nevykėlis; b) subankrutavęs biržos makleris; bankrotas; c) *amer.* tarnybos laiką baigiantis ar neperrinktas politinis veikėjas; d) *av. sl.* apgadintas lėktuvas; *~s and drakes* plokščių akmenėlių mėtymas, kad šokinėtų vandens paviršiuje; *to play ~s and drakes with smth* iššvaistyti, praūžti ką; rizikuoti kuo; *to take to smth like a ~ to water ar to the millpond* jaustis kaip žuviai vandenyje *(išmokus/įpratus ką daryti)*; *fine weather for young ~s juok.* lietingas oras

duck[2] *n* **1** pasinėrimas **2** staigus galvos palenkimas; staigus pasilenkimas
v **1** pa(si)nerti *(į vandenį)* **2** nerti, sprukti **3** staiga pasilenkti *(vengiant smūgio);* **he managed to ~ the blow** jam pasisekė išvengti smūgio **4** vengti *(atsakomybės ir pan.);* **don't try to ~ out of doing that unpleasant job** neišsisukinėk(ite) nuo to nemalonaus darbo
duck[3] *n* **1** kiltinis audinys *(burėms, darbo drabužiams)* **2** *pl* kelnės *(iš kiltinio audinio)*
duckbill ['dʌkbɪl] *n zool.* ančiasnapis
duckboards ['dʌkbɔ:dz] *n pl* lentų paklotas, lentos *(vaikščioti per purvyną)*
ducking ['dʌkɪŋ] *n* **1** pa(si)nėrimas *(į vandenį);* **to get a good ~** peršlapti **2** pasilenkimas; išsisuki(nėji)mas
ducking-stool ['dʌkɪŋstu:l] *n ist.* gėdos kėdė *(panardinama į vandenį)*
duckling ['dʌklɪŋ] *n* ančiukas
duck's-egg ['dʌkseg] *n* nulinis rezultatas *(krikete)*
duck-shot ['dʌkʃɔt] *n* smulkus šratas/rutuliukas
duckweed ['dʌkwi:d] *n bot.* plūdena
ducky ['dʌkɪ] *šnek. n* brangusis, mylimasis
a puikus; gražus
duct [dʌkt] *n* **1** vamzdis; vamzdelis **2** *anat.* latakas, kanalas
ductile ['dʌktaɪl] *a* **1** elastingas **2** tąsus, kalus, valkus *(apie metalą);* plastiškas, tinkamas lipdyti *(apie molį)* **3** pasiduodantis įtakai, paveikiamas
ductility [dʌk'tɪlətɪ] *n* elastingumas *ir pan., žr.* **ductile**
ductless ['dʌktləs] *a anat.* neturintis kanalo; **~ glands** belatakės liaukos, vidinės sekrecijos liaukos
dud [dʌd] *šnek. n* **1** niekam tikęs žmogus, skarmalas **2** netikras banknotas/pinigas, negaliojantis dokumentas **3** nesprogęs sviedinys; *the bomb was a ~* bomba nesprogo **4** *pl* skarmalai, skudurai *(apie drabužius)*
a netikras, fiktyvus, negaliojantis; **~ cheque** negaliojantis/nepadengtas čekis *(jo savininkas neturi indėlio banke)*
dude [dju:d] *n (tik v.) šnek. ret.* **1** dabita, puošeiva **2** *amer.* miestietis *(ypač atvykęs iš rytinės JAV dalies į vakarinę);* **~ ranch** rančа, pritaikyta poilsiaujantiems *(mokoma jodinėti ir pan.)*
duded-up ['dju:dɪdʌp] *a amer. šnek.* išsipuošęs, išsičiustijęs
dudgeon ['dʌdʒən] *n* įžeidimas, pa(si)piktinimas; *in high ~* labai pasipiktinęs
due [dju:] <*n, a, prep, adv*> *n* **1** tai, kas priklauso/užtarnauta *ir pan.;* **to give smb his/her due** atiduoti kam duoklę; reikia pripažinti, kad...; *he only got his ~* jis gavo pagal nuopelnus **2** *pl* rinkliava, mokestis, mokesčiai; **party ~s** partijos nario mokestis
a **1** apmokėtinas *(apie sąskaitą);* išmokėtinas, sumokėtinas *(apie algą ir pan.);* **to become/fall ~** sueiti mokėjimo terminui *(apie vekselį);* **to be ~** priklausyti *(už darbą ir pan.);* **~ date** mokėjimo terminas; *when is the rent ~?* kada mokėti nuomą? **2** reikiamas, (ati)tinkamas; *with ~ attention* su reikiamu dėmesiu; *with (all) ~ respect* nors ir gerbiu (jus); *in ~ course* tinkamu laiku; tinkamai; *in ~ form* pagal atitinkamą formą, pagal taisykles; *in ~ time* tinkamu laiku **3** *predic* laukiamas, turintis atvykti *(apie traukinį, lėktuvą ir pan.);* **the train is ~ and over** traukinys seniai turėjo ateiti **4** *predic* numatytas, nustatytas, turintis *(įvykti, daryti);* **he is ~ to speak at the meeting** jis turi kalbėti susirinkime
prep (**~ to**) dėl, ryšium su; *the accident was ~ to fog* avarija įvyko dėl rūko; **~ to the fact that...** dėl to, kad...
adv tiesiai, tiksliai; **~ south** tiesiai į pietus
duel ['dju:əl] *n* **1** dvikova **2** kova, rungtynės
v (-ll-) kautis dvikovoje
duellist ['dju:əlɪst] *n* dvikovos dalyvis

duenna [dju:'enə] *isp. n* duenja
duet [dju:'et] *n* duetas
duff[1] [dʌf] *n šnek.* pudingas su razinomis ◊ **up the ~** *sl.* nėščia
duff[2] *n amer. (miško)* paklotė
duff[3] *a šnek.* nenaudingas; sulūžęs, sugedęs
duff[4] *v šnek.* slėpti *(vogtus daiktus)* ☐ **~ up** *sl.* sumušti, primušti
duffel ['dʌfl] *n* 1 vilnonis bajus 2 *amer. (turisto, sportininko)* apranga ir daiktai 3 = **duffel-coat**
duffel-bag ['dʌflbæg] *n* kelioninis krepšys
duffel-coat ['dʌflkəut] *n* vyriškas laisvo sukirpimo paltas *(susegamas bruzguliais)*
duffer ['dʌfə] *n šnek.* bukaprotis, neišmanėlis
duffle ['dʌfl] *n* = **duffel**
dug[1] [dʌg] *past ir pII žr.* **dig** *v*
dug[2] *n (gyvulio)* spenys; tešmuo
dugout ['dʌgaut] *n* 1 luotas, iš rąsto išskaptuota valtis 2 *kar.* blindažas, slėptuvė 3 *amer. sport.* žaidėjų ir trenerių suolelis *(sporto aikštėje)*
duiker ['dʌɪkə] *n zool.* P. Afrikos antilopė
duke [dju:k] *n* kunigaikštis; hercogas
dukedom ['dju:kdəm] *n* 1 kunigaikštystė; hercogystė 2 kunigaikščio/hercogo titulas
dukes [dju:ks] *n pl sl.* kumščiai
dulcet ['dʌlsɪt] *a poet., juok.* švelnus, malonus *(apie garsus)*
dulcify ['dʌlsɪfaɪ] *v knyg.* švelninti, daryti malonesnį
dulcimer ['dʌlsɪmə] *n muz.* cimbolai
Dulcinea [ˌdʌlsɪ'nɪə] *n* Dulsinėja *(lit. personažas)*
dulia ['dju:lɪə] *n* šventųjų ir angelų garbinimas
dull [dʌl] *a* 1 nuobodus; **~ beggar/fish** nuobodus žmogus 2 išglebęs, vangus; apatiškas 3 *(neryškiai)* pilkas *(apie spalvą; t. p. prk.);* dulsvas *(apie šviesą);* **~ life** pilkas/monotoninis gyvenimas 4 apsiniaukęs; niūrus *(t. p. prk.);* **~ day** rūškana diena 5 prisilopintas *(apie garsą ir pan.);* **~ pain** bukas skausmas 6 silpnas *(apie klausą, regėjimą);* **~ of hearing** neprigirdintis 7 bukas, nenuovokus 8 atšipęs, atbukęs *(apie ašmenis)* 9 vangus *(apie prekybą, konjunktūrą, rinką);* nepaklausus *(apie prekę)*
v 1 daryti nuobodų 2 (at)buk(in)ti *(t. p. prk.);* raminti *(skausmą ir pan.)*
dullard ['dʌləd] *n* bukagalvis, bukaprotis
dullish ['dʌlɪʃ] *a* 1 pokvailis, kvailokas 2 nuobodokas
dullness ['dʌlnɪs] *n* nuobodumas *ir pan., žr.* **dull**
duly ['dju:lɪ] *adv* 1 tinkamai, deramai; **everybody ~ applauded** visi, kaip ir dera, ėmė ploti 2 tinkamu laiku
duma ['du:mə] *rus. n* dūma *(taryba)*
dumb [dʌm] *a* 1 nebylus; bežadis; **~ show** pantomima 2 nekalbantis, nekalbus; **the children were ~ from shyness** vaikai tylėjo iš kuklumo 3 netekęs žado; **to strike smb ~** atimti kam žadą; apstulbinti, priblokšti ką; **he was struck ~ with horror** jis neteko žado iš siaubo 4 *(ypač amer.) šnek.* kvailas
dumbbell ['dʌmbel] *n* 1 *pl sport.* hanteliai, svarmenys 2 *(ypač amer.) sl.* kvėša, dvokla
dumbfound [dʌm'faund] *v* priblokšti, apstulbinti
dumbly ['dʌmlɪ] *adv* nebyliai; be žodžių
dumbness ['dʌmnɪs] *n* nebylumas, nebylystė
dumbo ['dʌmbəu] *n (pl ~s[-z]) šnek.* kvaiša, puskvailis
dumbstruck ['dʌmstrʌk] *a* netekęs žado, be žado
dumbwaiter [ˌdʌm'weɪtə] *n* 1 sukiojamas staliukas užkandžiams sudėti 2 liftas paduoti valgiams iš virtuvės į valgomąjį, iš vieno aukšto į kitą
dumdum[1] ['dʌmdʌm] *n* dumdumas *(sprogstamoji kulka; t. p.* **~ bullet***)*

dumdum[2] *n sl.* žioplys, kvėša
Dumfries and Galloway [dʌm'fri:sənd'gæləweɪ] Damfrisas ir Galovėjus *(Škotijos rajonas)*
dummy ['dʌmɪ] *<n, a, v> n* 1 manekenas 2 dirbtinis/netikras daiktas *(apie įrankį, ginklą ir pan.);* maketas 3 žindukas, čiulptukas *(t. p.* **baby's ~***)* 4 fiktyvus asmuo; statytinis 5 *sport.* apgaulingas judesys, manevras 6 *šnek.* mulkis, kuoka, vėpla
a 1 padirbtas; fiktyvus, netikras 2 mokomasis *(apie šovinį ir pan.)* 3 *tech.* laikinas, laikinai pakeičiantis kitą detalę 4 *tech.* tuščias, tuščiaeigis, bergždžias
v sport. daryti apgaulingą judesį ☐ **~ up** *amer. šnek.* tylėti, nesakyti
dump[1] [dʌmp] *n* 1 sąvartynas; sąvarta, šiukšlių krūva *(t. p.* **rubbish ~***)* 2 *(kuro ir pan.)* rietuvė, šūsnis 3 *kar. (laikinas)* sandėlis 4 *šnek.* skylė *(apie prastą, nešvarų namą, miestą ir pan.);* lindynė 5 *komp. (informacijos)* perrašymas iš kompiuterio į diskelį *ir pan.; (atminties turinio)* iškloja, dampas
v 1 mesti; versti *(šiukšles ir pan. į krūvą)* 2 palikti, atsikratyti, pamesti 3 išmesti, išversti; iškrauti *(vagoną ir pan.);* išversti *(vagonetę)* 4 *šnek.* išlaipinti *(pavežtą žmogų)* 5 *ekon.* prekiauti dempingo pagrindais 6 *komp.* perrašyti iš vieno atminties įrenginio į kitą *(pvz., iš diskinio į juostinį)* 7 *kar.* sukrauti, laikyti sandėlyje *(ginklus, sprogmenis)* ☐ **~ on** *amer. šnek.* koneveikti, kernoti
dump[2] *n* 1 *(žaidimo)* švininė figūrėlė 2 *sl.* smulki moneta; *pl* pinigai 3 kresnas žmogus
dumpcar ['dʌmpkɑ:] *n* atviras savivartis vagonėlis, dumpkaras
dumper ['dʌmpə] *n* savivartis *(sunkvežimis),* dumperis
dumping ['dʌmpɪŋ] *n* 1 iškrovimas, išvertimas; **~ ground** sąvartynas; sąvarta 2 *ekon.* dempingas
dumpish ['dʌmpɪʃ] *a ret.* nusiminęs, liūdnas
dumpling ['dʌmplɪŋ] *n* 1 *kul.* virtinis, virtinukas, koldūnas 2 tešloje įkeptas obuolys 3 *šnek.* drūčkis
dumps [dʌmps] *n pl šnek.* nusiminimas; **down in the ~** kaip žemę pardavęs; labai nusiminęs, prastos nuotaikos
dumpster ['dʌmstə] *n amer. (šiukšlių, atliekų)* dėžė, konteineris
dumpy[1] ['dʌmpɪ] *a* žemo ūgio ir storas; kresnas
dumpy[2] *a amer.* nusiminęs, liūdnas
dun[1] [dʌn] *n* 1 pilkšvai ruda spalva 2 pelėkas arklys 3 dirbtinė musė *(masalas)*
a pilkšvai rudas; pelėkas
dun[2] *n* 1 įkyrus kreditorius 2 įkyrus reikalavimas grąžinti skolą
v įkyriai reikalauti, neduoti ramybės
dun-bird ['dʌnbə:d] *n zool.* rudagalvė antis
dunce [dʌns] *n* negabus mokinys; bukagalvis; **~'s cap** smaili popierinė kepurė *(seniau buvo uždedama nepažangiam mokiniui kaip bausmė)*
dunderhead ['dʌndəhed] *n* tuščiagalvis, bukaprotis
dune [dju:n] *n* kopa; **wandering/moving ~s** slenkančios kopos
dung [dʌŋ] *n* mėšlas; trąša; **liquid ~** srutos
v tręšti mėšlu
dungarees [ˌdʌŋgə'ri:z] *n pl* 1 kombinezonas 2 *amer.* šiurkštaus audinio darbinės kelnės
dung-beetle ['dʌŋbi:tl] *n zool.* mėšlavabalis
dungeon ['dʌndʒ\u1d34n] *n* 1 *ist.* požeminis kalėjimas 2 *psn.* = **donjon**
dunghill ['dʌŋhɪl] *n* 1 mėšlo krūva 2 kas nors nešvarus/bjaurus
dung-spreader ['dʌŋˌspredə] *n ž. ū.* mėšlo kratytuvas
dungy ['dʌŋɪ] *a* mėšlinas, mėšluotas, purvinas

dunk [dʌŋk] v **1** (pa)mirkyti, (pa)dažyti *(sausainį ir pan. arbatoje/sriuboje ir pan.)* **2** pa(si)nerti **3** dėti kamuolį iš viršaus *(krepšinyje)*
dunlin ['dʌnlɪn] n zool. juodkrūtis bėgikas *(paukštis)*
dunnage ['dʌnɪdʒ] n jūr. paklotas/pakloja po kroviniu; ~ **wood** medžio tarpiklis
dunno [də'nəu, 'dʌnəu] *šnek*. = **(I) do not know**
dunnock ['dʌnək] n zool. erškėtžvirblis
dunny ['dʌnɪ] n austral. sl. tualetas, išvietė *(lauke)*
duo ['dju:əu] n *(pl* ~s [-z]*)* duetas *(t. p. muz.)*
duodecimal [ˌdju:ə'desɪml] n **1** dvyliktoji dalis **2** mat. dvyliktainė/duodecimalinė skaičiavimo sistema a mat. duodecimalinis, dvyliktainis
duodenal [ˌdju:ə'di:nl] a anat. dvylikapirštis, duodeninis; ~ **ulcer** med. dvylikapirštės žarnos uždegimas
duodenum [ˌdju:ə'di:nəm] n anat. dvylikapirštė žarna
duologue ['djuələg] n = **dialogue**
duopoly [dju'ɔpəlɪ] n ekon. dvivalda, duopolija *(dviejų firmų monopolija)*
dupable ['dju:pəbl] a = **dupeable**
dupe [dju:p] n apgautasis, apgaulės auka; naivuolis v apgau(dinė)ti; (ap)kvailinti; ≅ akis apdumti
dupeable ['dju:pəbl] a lengvai apgaunamas; naivus
dupery ['dju:pərɪ] n apgavystė, apdūmimas
duplex ['dju:pleks] a dvipusis; dvigubas, sudvejintas n **1** dviejų butų namas *(t. p.* ~ *house)* **2** amer. dviaukštis butas, butas per du aukštus *(t. p.* ~ *apartment)*
duplicate <n, a, v> n ['dju:plɪkət] **1** dublikatas, kopija; nuorašas; *in* ~ dviem egzemplioriais **2** pl atsarginės dalys a ['dju:plɪkət] **1** tiksliai atitinkantis, identiškas; analogiškas **2** atsarginis **3** dvigubas, sudvigubintas, sudvejintas v ['dju:plɪkeɪt] **1** daryti kopiją/dublikatą, kopijuoti; dubliuoti; dauginti *(po 2 egzempliorius); can you* ~ *this key for me?* ar galite padaryti man šio rakto dublikatą? **2** dvigubinti, dvejinti; dvigubėti
duplication [ˌdju:plɪ'keɪʃn] n **1** dvigubinimas **2** kopijavimas
duplicator ['dju:plɪkeɪtə] n kopijavimo/dauginimo aparatas
duplicitous [dju:'plɪsɪtəs] a dviveidiškas
duplicity [dju:'plɪsətɪ] n **1** dviveidiškumas **2** *psn*. dvigubumas
durability [ˌdjuərə'bɪlətɪ] n patvarumas; ilgaamžiškumas *(t. p. tech.)*
durable ['djuərəbl] a **1** patvarus, tvirtas; ~ **foundation** tvirtas pagrindas **2** ilgalaikis, ilgaamžis *(apie draugystę ir pan.);* ~ **goods** ilgalaikio naudojimo reikmenys/prekės n pl ilgalaikio naudojimo prekės
duralumin [djuə'ræljumɪn] n metal. duraliuminis
duramen [djuə'reɪmen] n bot. *(medžio)* branduolinė mediena, šerdis
duration [dju'reɪʃn] n trukmė; *of short* ~ neilgas, neilgalaikis; *for the* ~ *of the war* per visą karą ◊ *for the* ~ neapibrėžtą laiką
durative ['djuərətɪv] a gram. nebaigtinis
durbar ['də:ba:] ind. n ist. iškilmingas priėmimas; audiencija
duress [djuə'res] n *(ypač teis.)* prievarta; *to make smth under* ~ (pa)daryti ką verčiamam, iš prievartos
durex ['djuəreks] n prezervatyvas
Durham ['dʌrəm] n Daramas *(Š. Anglijos grafystė ir miestas)*
during ['djuərɪŋ] prep per, metu; *džn. verčiamas įnagininko/vietininko linksniais;* ~ *the year I only saw him once* per tuos metus aš jį mačiau tik kartą; ~ *the Middle Ages* viduriniais amžiais; *they married* ~ *the second year at college* jie vedė (būdami) antrame kurse; ~ *his absence* jam nesant

durst [də:st] *past psn. žr*. **dare** v
dusk [dʌsk] <n, a, v> n prieblanda, sutemos; *at* ~ temstant a poet. tamsus v poet. temti
duskiness ['dʌskɪnɪs] n **1** prieblanda, tamsa **2** *(odos spalvos)* tamsumas
dusky ['dʌskɪ] a **1** tamsus; sutemų **2** tamsiaveidis
dust [dʌst] n **1** dulkės; *to raise* ~ kelti dulkes, (už)dulkinti; *radioactive* ~ radioaktyviosios dulkės; ~ *devil* smėlio/sūkurys uraganas **2** (iš)dulkinimas; *to give smth a* ~ nušluostyti/nuvalyti dulkes, išdulkinti ką **3** bot. dulkelės; žiedadulkės **4** = **dust-brand** ◊ *to raise/make a* ~, *to kick up a* ~ kelti triukšmą; *to bite/kiss/lick the* ~ žūti, būti nugalėtam; *to shake the* ~ *off one's feet* išeiti supykus/pasipiktinus; *to throw* ~ *in smb's eyes* dumti/muilinti akis kam; *not to see smb for* ~ *šnek*. sprukti kaip nuo ugnies; *to give the* ~ *to smb* amer. aplenkti ką; *to take the* ~ amer. atsilikti, vilktis iš paskos; *to turn to* ~ *and ashes* suirti, subyrėti, žlugti *(apie viltis); after/when the* ~ *settles* po to, kai viskas nusistos
v **1** (iš)dulkinti, valyti/šluostyti dulkes **2** (api)barstyti *(pudra, insekticidais ir pan.)* **3** (ap)dulkėti □ ~ *down* nu(si)valyti/iš(si)valyti dulkes; ~ *off* a) nu(si)valyti, nu(si)šluostyti *(dulkes, nešvarumus);* b) užmiršti sena ir pradėti iš naujo
dustbin ['dʌstbɪn] n šiukšlių dėžė/konteineris; ~ *man šnek*. šiukšlininkas, šiukšlių vežėjas
dust-brand ['dʌstbrænd] n bot. *(javų)* kūlės
dustcart ['dʌstkɑ:t] n šiukšliavežis
dustcloak ['dʌstkləuk] n = **dustcoat**
dustcoat ['dʌstkəut] n apsiaustas nuo dulkių, dulkinis
dust-colour ['dʌstˌkʌlə] n pilkai ruda spalva
dust-cover ['dʌstˌkʌvə] n amer. *(knygos)* aplankas
duster ['dʌstə] n **1** šluostas/skuduras dulkėms valyti **2** dulkių valytuvas/siurblys; dulkėgaudis **3** valytojas **4** (api)barstymo prietaisas, barstytuvėlis **5** amer. = **dustcoat 6** amer. *šnek*. = **dust-storm**
dusthole ['dʌsthəul] n šiukšlių duobė, šiukšlynas, šiukšlinė
dusting ['dʌstɪŋ] n **1** dulkių šluostymas/valymas **2** (api)barstymas; barstomieji antiseptiniai milteliai **3** jūr. *šnek*. smarkus štormas, jūros supimas
dust-jacket ['dʌstˌdʒækɪt] n = **dust-cover**
dustman ['dʌstmən] n *(pl* -men [-mən]*)* šiukšlininkas, šiukšlių vežėjas
dustpan ['dʌstpæn] n semtuvėlis šiukšlėms (su)semti
dustproof ['dʌstpru:f] a nepraleidžiantis dulkių
dustsheet ['dʌstʃi:t] n aptiesalas nuo dulkių
dust-shot ['dʌstʃɔt] n patys smulkiausi šratai
dust-storm ['dʌststɔ:m] n dulkių vėtra/audra
dustup ['dʌstʌp] n *šnek*. kivirčas, peštynės
dusty ['dʌstɪ] a **1** dulkėtas, dulkinas; *to get/become* ~ (ap)dulkėti **2** dulkinis, dulkiškas, kaip dulkės **3** pilkšvas **4** neaiškus, miglotas *(apie atsakymą)* **5** prk. sausas, neįdomus, negyvas ◊ *it's not so* ~ *šnek*. ne taip jau prastai
Dutch[1] [dʌtʃ] a olandiškas, olandų; Olandijos ◊ *to go* ~ mokėti savo *(išlaidų)* dalį *(restorane ir pan.)* n **1** *(the* ~*) kuop*. olandai **2** olandų kalba **3** ist. vokiečių kalba; *High* ~ vokiečių aukštaičių kalba; *Low* ~ vokiečių žemaičių kalba *(įskaitant ir Olandiją)*
Dutch[2] n dial., juok. žmona *(ppr. one's* ~*)*
Dutchman ['dʌtʃmən] n *(pl* -men [-mən]*)* **1** *(tik v.)* olandas **2** olandų laivas **3** *(d.)* stat. kaištis; antdėklas ◊ *Flying* ~ skrajojantis olandas; *I'm a* ~ *if I* ... tetrenkia mane perkūnas, jei aš...; aš nebūsiu aš, jei...; *(and) I'm a* ~*!* netikiu!

Dutchwoman ['dʌtʃˌwumən] n (pl -women [-ˌwɪmɪn]) olandė
duteous ['dju:tɪəs] a knyg. = **dutiful**
dutiable ['dju:tɪəbl] a apmuitinamas
dutiful ['dju:tɪfəl] a pareigingas; paklusnus
duty ['dju:tɪ] n **1** pareiga, prievolė; *one's ~ to one's country* pareiga tėvynei; *from a sense of ~* iš pareigos **2** tarnybinės pareigos; *to do ~ for smb* eiti/vykdyti kieno pareigas; *to do ~ for/as smth* pakeisti ką, tarnauti kuo; *~ journey* tarnybinė kelionė, komandiruotė **3** budėjimas; *on ~* dirbantis, atliekantis pareigas, budintis; *off ~* ne darbe, ne tarnyboje, laisvas; *~ officer* budintis karininkas **4** muitas; mokestis; rinkliava; *customs ~* muito mokestis/rinkliava; *export duties* eksporto muitas; *compound [countervailing] ~* mišrusis [kompensacinis] muitas **5** tech. (mašinos) našumas, galingumas; darbo režimas
duty-bound [ˌdju:tɪ'baund] a privalantis *(ką daryti)*
duty-free [ˌdju:tɪ'fri:] a neapmuitinamas, neapmokestinamas; *~ shop* neapmuitinamų prekių parduotuvė n neapmuitinamos prekės
duty-paid ['dju:tɪˌpeɪd] a su apmokėtu muitu/mokesčiu; muitas apmokėtas
duvet ['du:veɪ] *pr.* n pūkinė *(antklodė); ~ cover* pūkinis užvalkalas
duyker ['daɪkə] n = **duiker**
dwarf [dwɔ:f] <n, a, v> n (pl ~s, dwarves ['dwɔ:vz]) **1** neūžauga *(žmogus, gyvulys, augalas);* žemaūgis gyvulys/augalas **2** flk. nykštukas, gnomas
a žemaūgis, neužaugos; nykštukinis; *~ trees* žemaūgiai medžiai
v **1** atrodyti mažam *(ko nors didelio fone),* užgožti *(apie didelius pastatus ir pan.)* **2** trukdyti, stabdyti *(augimą)*
dwarfish ['dwɔ:fɪʃ] a žemaūgis, liliputiškas; nepakankamai išsirutuliojęs
dwell [dwel] v (dwelt, dwelled [-d]) **1** knyg. (apsi)gyventi **2** *(plačiau, ilgiau)* apsistoti, sustoti *(kalbant, galvojant; on, upon); to ~ on/upon the question* sustoti prie klausimo; *to allow the mind to ~ upon the past* persikelti mintimis į praeitį
dweller ['dwelə] n **1** gyventojas; *city/town ~s* miesto gyventojai **2** arklys, sustojęs prieš kliūtį
dwelling ['dwelɪŋ] n buveinė, būstas, namas
dwelling-house ['dwelɪŋhaus] n *(ypač teis.)* gyvenamasis namas
dwelling-place ['dwelɪŋpleɪs] n **1** gyvenamoji vieta **2** gyvenamasis plotas
dwelt [dwelt] past ir pII žr. **dwell**
dwindle ['dwɪndl] v **1** mažėti, nykti *(t. p. ~ away)* **2** netekti reikšmės, išsigimti
dyad ['daɪæd] gr. n **1** knyg. skaičius du, dvejetas; diada **2** chem. dvivalentis elementas ◊ *one's other ~ (kieno)* antrasis „aš", antrininkas
dyarchy ['daɪɑ:kɪ] n = **diarchy**
dye [daɪ] n **1** dažai; dažas, dažomoji medžiaga; *hair ~* plaukų dažai; *~ job* dažyti plaukai **2** spalva ◊ *of the deepest/ blackest ~* didžiausias *(apie niekšą, melagį ir pan.)*
v (nu)dažyti; nusidažyti, įgauti spalvą; *this material ~s well* ši medžiaga lengvai dažoma
dyeable ['daɪəbl] a lengvai dažomas
dyed-in-the-wool [ˌdaɪdɪnðə'wul] a **1** iš dažytų siūlų; gerai nusidažęs **2** užkietėjęs; ištvermingas; *~ republican* užkietėjęs respublikonas
dye-house ['daɪhaus] n dažykla
dyeing ['daɪɪŋ] n dažymas; dažininkystė
dyer ['daɪə] n dažytojas

dyestuff ['daɪstʌf] n *(džn. pl)* dažai, dažymo medžiaga
dyeworks ['daɪwə:ks] n dažykla
dying ['daɪɪŋ] n **1** mirtis, mirimas; *prk.* gesimas **2** *(the ~)* mirštantieji
a **1** mirštantis *(t. p. prk.)* **2** mirties; priešmirtinis; *~ hour* mirties valanda; *her ~ words* jos paskutiniai žodžiai **3** einantis į pabaigą *(apie metus ir pan.)*
dying-out ['daɪɪŋˌaut] n **1** išmirimas **2** fiz. gesimas
dyke¹ [daɪk] n = **dike**
dyke² n = **dike**
dynamic [daɪ'næmɪk] n = **dynamics**
a **1** dinaminis **2** dinamiškas; veiklus, energingas
dynamical [daɪ'næmɪkl] = **dynamic** a
dynamics [daɪ'næmɪks] n **1** dinamika *(t. p. fiz., muz.)* **2** pl *(istorijos, visuomenės ir pan.)* varomosios jėgos
dynamism ['daɪnəmɪzm] n dinamizmas *(t. p. filos.);* dinamiškumas
dynamite ['daɪnəmaɪt] n **1** dinamitas **2** kas nors stulbinantis/pavojingas *ir pan.; this story is political ~* šis straipsnis yra politinė bomba
v sprogdinti dinamitu
dynamiter ['daɪnəmaɪtə] n dinamitininkas
dynamitic [ˌdaɪnə'mætɪk] a dinamitinis, dinamito
dynamo ['daɪnəməu] n (pl ~s [-z]) **1** el. generatorius; dinama psn. **2** šnek. dinamiškas/energingas žmogus
dynamoelectric [ˌdaɪnəməuɪ'lektrɪk] a tech. elektromechaninis
dynamometer [ˌdaɪnə'mɔmɪtə] n tech. dinamometras, jėgomatis
dynast ['dɪnəst] n **1** dinastijos atstovas/įkūrėjas **2** *(sosto)* įpėdinis
dynastic [dɪ'næstɪk] a dinastijos, dinastinis
dynasty ['dɪnəstɪ] n dinastija
dynatron ['daɪnətrɔn] n el. dinatronas
dyne [daɪn] n fiz. dina *(jėgos vienetas)*
d'you [dju] = **do you**
dysenteric [ˌdɪsən'terɪk] a med. dizenterinis, dizenterijos
dysentery ['dɪsəntrɪ] n med. dizenterija
dysfunction [dɪs'fʌŋkʃn] n med. disfunkcija, funkcijos sutrikimas
dysfunctional [dɪs'fʌŋkʃnəl] a spec. **1** disfunkcinis **2** sutrikęs, sugedęs
dysgraphia [dɪs'græfɪə] n spec. disgrafija *(gebėjimo rašyti sutrikimas)*
dyslexia [dɪs'leksɪə] n spec. disleksija *(gebėjimo skaityti sutrikimas)*
dyslogistic [ˌdɪslə'dʒɪstɪk] a knyg. smerkiamasis; nepritariantis
dysmenorrhea [ˌdɪsmenə'ri:ə] n med. dismenorėja, mėnesinių sutrikimas
dyspepsia [dɪs'pepsɪə] n med. dispepsija, virškinimo sutrikimas
dyspeptic [dɪs'peptɪk] n **1** dispeptikas **2** prislėgtos nuotaikos žmogus
a **1** dispepsinis; sergantis dispepsija **2** prislėgtos nuotaikos
dysphasia [dɪs'feɪzɪə] n med. disfazija *(kalbos sutrikimas)*
dysphorea [dɪs'fɔ:rɪə] n med. disforija *(nuotaikos/savijautos sutrikimas)*
dyspnea [dɪsp'ni:ə] n amer. = **dyspnoea**
dyspnoea [dɪsp'ni:ə] n med. dusulys, dispnėja
dysprosium [dɪs'prəuzɪəm] n chem. disprozis
dystrophic [dɪs'trɔfɪk] a distrofinis, distrofijos, mitybos sutrikimo
dystrophy ['dɪstrəfɪ] n med. distrofija, mitybos sutrikimas
dysuria [dɪs'juərɪə] n med. dizurija, šlapinimosi sutrikimas

E

E, e [i:] *n* (*pl* Es, E's [i:z]) **1** penktoji anglų kalbos abėcėlės raidė **2** *muz.* mi **3** *jūr.* antros klasės laivas **4** *šnek.* ekstazis *(narkotikas)*

each [i:tʃ] *pron indef* kiekvienas; **~ and all** visi be išimties, visi be jokio skirtumo; **~ other** vienas kitą/kito/kitam *(ppr. apie du)*; **we'll see ~ other tomorow** (mes) rytoj pasimatysime; **he gave ~ child [of the children] an apple** jis davė kiekvienam vaikui [iš vaikų] po obuolį; **the tickets are $7 ~** bilietai po 7 dolerius

eager ['i:gə] *a* **1** trokštantis, siekiantis *(for, about, after)*; **~ for fame** trokštantis garbės; **to be ~ to be off** stengtis išeiti **2** nekantriai laukiantis, nekantrus; **to be ~ for smth** nekantriai laukti **3** energingas *(apie persekiojimą ir pan.)*; **~ pupil** labai stropus/uolus mokinys

eagerness ['i:gənɪs] *n* **1** troškimas; užsidegimas **2** nekantrumas

eagle ['i:gl] *n zool.* erelis *(t. p. emblema, herbas)*; **golden ~** kilnusis erelis, **short-toed ~** gyvatėdis; **~ eye** erelio žvilgsnis

eagle-eyed ['i:gl'aɪd] *a* erelio žvilgsnio; įžvalgus
eagle-owl ['i:gl'aul] *n zool.* didysis apuokas
eaglet ['i:glɪt] *n* ereliukas
eagre ['eɪgə] *n* didelis potvynis upės žiotyse
-ean [-ɪən] = **-an**

ear[1] [ɪə] *n* **1** ausis; **inner [middle] ~** *anat.* vidinė [vidurinė] ausis **2** klausa; **an ~ for music** muzikali klausa; **tin ~** nemuzikalumas; neturėjimas muzikinės klausos; **to have a good [bad] ~** turėti gerą [prastą] klausą; **to play by ~** griežti/skambinti iš klausos **3** *(palankus)* (iš)klausymas; **to give ~ to smb, to lend (smb) an ~** išklausyti (ką); **to have smb's ~(s)** naudotis kieno prielankumu, turėti kieno pasitikėjimą; **to keep one's ~s open** atidžiai klausytis, įsiklausyti **4** *tech.* ąsa, auselė, kilpa ◊ **to be all ~s** ≅ ausis pastatyti/išpūsti, suklusti; **to bring smth down about one's ~s** sužlugdyti ką; **to get a thick ~** ≅ gauti ausų, gauti mušti; **to give smb a thick ~** duoti kam ausų; **to play it by ~** elgtis pagal situaciją *(iš ankstos neapgalvojus)*; **let's play it by ~** ≅ pagyvensim – pamatysim; **to set by the ~s** (ap)stulbinti, priblokšti; **in at one ~ and out at the other** ≅ pro vieną ausį įėjo, pro kitą išėjo; **from ~ to ~** iki ausų *(apie šypsojimąsi)*; **up to one's ~s (in)** ≅ iki ausų, ligi kaklo *(darbo, rūpesčio ir pan.)*; **out on one's ~** *šnek.* išmestas *(dėl blogo elgesio)*; **I would give my ~s** aš viską padaryčiau; **were your ~s burning last night?** ar tau vakar vakare ausys nekaito?, ar tu vakar vakare nežagsėjai? *(klausiama apkalbėtą žmogų)*

ear[2] *n bot.* **1** varpa **2** *(kukurūzo)* burbuolė
v plauk(ė)ti *(varpoms rodytis/augti)*
earache ['ɪəreɪk] *n* ausies skausmas
ear-drop ['ɪədrɔp] *n* ilgas auskaras
ear-drops ['ɪədrɔps] *n pl* ausų lašai
eardrum ['ɪədrʌm] *n anat.* ausies būgnelis

eared[1] [ɪəd] *a* **1** ausuotas, ausytas *(t. p. bot., zool.)* **2** ąsotas, su ąsomis
eared[2] *a* su varpomis; su burbuolėmis
ear-flap ['ɪəflæp] *n* = **ear-lap** 2
earful ['ɪəful] *n šnek.* pyla; **to get an ~** gauti pylos; **to give smb an ~** duoti kam pylos
earl [ə:l] *n (anglų)* grafas
ear-lap ['ɪəlæp] *n* **1** *anat.* ausies spenelis/lezgelis **2** *(žieminės kepurės)* ausis
earldom ['ə:ldəm] *n* **1** grafo titulas **2** *ist.* grafo valda
earless ['ɪələs] *a* **1** beausis, be ausų **2** neturintis klausos **3** be ąsos *(apie indą)*
earlobe ['ɪələub] *n* = **ear-lap** 1
early ['ə:lɪ] *a* **1** ankstus, ankstyvas; **the ~ Middle Ages** ankstyvieji vid. amžiai; **the ~ bird** *juok.* ankstyvasis paukštis; **in ~ spring** anksti pavasarį; **in ~ December** gruodžio pradžioje; **in the earlier chapters** ankstesniuose skyriuose; **to be in one's ~ fifties [sixties** *etc.]* turėti apie 50–55 [60–65 *ir pan.*] metus; **it is ~ days yet** dar per anksti, dar ne laikas **2** anksti pribręstantis, ankstyvasis *(apie javus, vaisius)*; **~ vegetables** ankstyvosios daržovės **3** artimiausias, greitas; **at an ~ date** artimiausioje ateityje; **at the earliest** ne anksčiau *(kaip)*, anksčiausiai; **I hope for an ~ answer to my questions** tikiuosi greito atsakymo į mano klausimus **4** *(daromas, padarytas)* laiku, iš anksto; išankstinis; **I got an ~ warning** mane iš anksto perspėjo **5** pirmalaikis; **~ death** pirmalaikė/belaikė mirtis
adv **1** anksti; **to be up ~** anksti kelti(s); **~ in life** jaunystėje; **~ in the year** metų pradžioje; **~ in the day** a) anksti rytą; b) *prk.* iš anksto **2** iš anksto; pirma laiko; **earlier on** anksčiau
early-warning [ˌə:lɪ'wɔ:nɪŋ] *a:* **~ system** *kar.* išankstinio įspėjimo sistema
earmark ['ɪəmɑ:k] *n* **1** būdingas bruožas; skiriamasis ženklas **2** įdagas *(gyvulio)* ausyje; įspaudas **3** užlenktas knygos lapo kampas
v **1** *(ppr. pass)* (pa)skirti, atidėti *(for – kam)* **2** įspauduoti, žymėti **3** užlenkti knygos lapą
ear-minded ['ɪə'maɪndɪd] *a psich.* turintis (vyraujančią) girdimąją atmintį
earmuffs ['ɪəmʌfs] *n pl* ausinės *(kad ausys nešaltų)*
earn [ə:n] *v* **1** už(si)dirbti *(pragyvenimui)* **2** duoti, atnešti *(pelno)* **3** (nusi)pelnyti, užsitarnauti; **to ~ fame** išgarsėti
earner ['ə:nə] *n* **1** apmokamas darbuotojas; maitintojas **2** *šnek.* pajamų šaltinis; **a nice little ~** gražus pelno šaltinis, pelningas darbelis
earnest[1] ['ə:nɪst] *a* **1** rimtas; uolus; **~ student** rimtas/uolus studentas **2** įsitikinęs, nuoširdus; **it is my ~ wish that this should happen** aš nuoširdžiai noriu, kad taip būtų
n: **in ~** rimtai; nuoširdžiai; **in dead/real ~** visai rimtai; **it began to snow in real ~** pradėjo labai smarkiai snigti
earnest[2] *n* rankpinigiai, užstatas *(t. p.* **~ money***)*

earnings ['ɜ:nɪŋz] *n pl* **1** uždarbis, atlyginimas **2** pajamos; *(piniginės)* įplaukos

earnings-related ['ɜ:nɪŋzrɪ'leɪtɪd] *a* apskaičiuotas nuo pajamų *(apie pašalpą, pensiją)*

earphones ['ɪəfəunz] *n pl (radijo ir pan.)* ausinės

earpiece ['ɪəpi:s] *n* **1** *(kepurės)* ausinė **2** *(telefono ragelio)* kiaurymė **3** *(ppr. pl)* akinių lankeliai

earplug ['ɪəplʌg] *n* ausų užkamšalas

earring ['ɪərɪŋ] *n* auskaras

earshot ['ɪəʃɔt] *n* atstumas, per kurį girdėti garsas; **within** ~ girdimumo ribose; **out of** ~ už girdimumo ribos

ear-splitting ['ɪəˌsplɪtɪŋ] *a* kurtinantis, trankus

ear-tab ['ɪətæb] *n (kepurės)* ausis, ausinė

earth [ɜ:θ] *n* **1** *(t. p. E.)* Žemė, Žemės rutulys; **the E. goes/revolves round the Sun** Žemė sukasi aplink Saulę **2** sausuma, žemė **3** dirva, gruntas **4** ola, urvas; **to stop an** ~ užkišti olą; **to take** ~ slėptis oloje *(apie lapę)*; **to go to** ~ slėptis *(nuo priešų)* **5** *el.* įžeminimas; **connected to** ~ įžemintas **6** po galais, galų gale *(sustiprinant klausimą, neigimą)*; **how [why, where, who] on** ~**...?** kaip [kodėl, kur, kas] po galais...? **7** *šnek.* daugybė; didelis pinigas *(mokėti, kainuoti)* ◊ **the biggest [tallest** *etc.***] on** ~ didžiausias [aukščiausias *ir pan.*] pasaulyje; **to come back/down to** ~ grįžti į žemės tikrovę; **to run smb/smth to** ~ suieškoti ką *v* **1** užkasti žemėje, apkasti žemėmis **2** įvyti į olą; įsikasti į olą **3** *(ppr. pass) el.* įžeminti **4** *av.* tupdyti *(lėktuvą)*; **pass** priverstinai nusileisti ☐ ~ **up** *ž. ū.* (ap)kaupti

earth-born ['ɜ:θbɔ:n] *a* mirtingas; žmogiškas

earthbound ['ɜ:θbaund] *a* **1** žemiškas **2** negalintis pakilti nuo žemės *(apie vabzdžius)* **3** skrendantis/grįžtantis į Žemę *(apie erdvėlaivį ir pan.)*

earthen ['ɜ:θn] *a* **1** žemės **2** molio

earthernware ['ɜ:θnwɛə] *n* **1** molio dirbiniai/indai; keramikos gaminiai **2** molis *a* molinis; keraminis

earth-flax ['ɜ:θflæks] *n min.* asbestas; amiantas

earthing ['ɜ:ðɪŋ] *n el.* įžeminimas

earthling ['ɜ:θlɪŋ] *n* Žemės gyventojas, žemietis *(ypač fantastinėje literatūroje)*

earthly ['ɜ:θlɪ] *a* **1** *(šios)* žemės; žemiškas **2** *(neig. konstrukcijose) šnek.* joks; **no** ~ **use** visiškai nenaudingas; **there's no** ~ **reason why we shouldn't go there** mes neturime jokios priežasties ten neiti; **he hasn't an** ~ **chance** jis neturi nė mažiausios galimybės/vilties

earthly-minded ['ɜ:θlɪ'maɪndɪd] *a* perdėm praktiškas/žemiškas

earthman ['ɜ:θmən] *n (pl* -men [-mən]) = **earthling**

earthmover ['ɜ:θmu:və] *n* žemrausė, buldozeris

earthnut ['ɜ:θnʌt] *n bot.* žemės riešutas, arachis *(t. p. vaisius)*

earthquake ['ɜ:θkweɪk] *n* žemės drebėjimas

earthshaking ['ɜ:θʃeɪkɪŋ] *a* sukrečiantis; pasaulinės reikšmės, istorinis

earthshattering ['ɜ:θˌʃætərɪŋ] *a* stulbinantis; pribloškiantis

earthward(s) ['ɜ:θwəd(z)] *adv* į Žemę, link Žemės

earthwork ['ɜ:θwɜ:k] *n (ppr. pl)* **1** žemės darbai **2** *kar.* įtvirtinimai *(pylimai)*

earthworm ['ɜ:θwɜ:m] *n* **1** *zool.* sliekas **2** *prk.* sliekas, šliužas

earthy ['ɜ:θɪ] *a* **1** žemės; žemėtas **2** žemiškas; praktiškas **3** šiurkštus; tiesus, nesigėdintis *(sakyti į akis)*

ear-trumpet ['ɪəˌtrʌmpɪt] *n* klausymo vamzdelis *(apykurtiems)*

earwax ['ɪəwæks] *n* ausų siera

earwig ['ɪəwɪg] *n zool.* auslinda, žirklys *v psn.* prišnekėti, apkalbinėti

ease [i:z] *n* **1** lengvumas, laisvumas; ramumas; patogumas; **at** ~ laisvai, nevaržomai; **with** ~ lengvai; laisvai; ~ **of body and mind** fizinė ir dvasinė ramybė; **a life of** ~ ramus, lengvas gyvenimas; **for** ~ **of application/use** vartojimo patogumui, patogumo dėlei; **social** ~ mokėjimas laikytis, laikysenos/elgsenos paprastumas; **to feel ill at** ~ nejaukiai jaustis; **to put/set at** ~ nuraminti; **stand at** ~**!** *kar.* laisvai! *(stovėti; komanda)* **2** palengvėjimas; poilsis; **to take one's** ~ ilsėtis; nebesijaudinti
v **1** (pa)lengvinti *(skausmą, naštą)*; (pa)lengvėti **2** (nu)raminti; nurimti, nustoti *(apie vėją, lietų)* **3** susilpninti, sumažinti *(įtampą ir pan.)* **4** atleisti *(diržą ir pan.)*; atpalaiduoti **5** paplatinti *(išleidžiant drabužio siūles)*; palaisvinti **6** perdėti, pastatyti *(į vietą)*, įstatyti *(into; džn.* ~ **down/in)** ☐ ~ **down** sulėtinti *(greitį)*, sumažinti *(apkrovimą ir pan.)*; ~ **off** a) sumažinti, sumažėti *(apie pastangas, įtempimą ir pan.)*; b) *(on)* būti pakančiam *(kam)*, nebepulti *(ko)*; c) *jūr.* atleisti; ~ **out** išstumti, išvaryti *(iš tarnybos ir pan.)*; ~ **up** a) pasislinkti *(padarant kam vietos)*; b) *šnek.* sumažinti, sumažėti *(apie darbus, triukšmą ir pan.)*; c) atsipūsti, atsipalaiduoti; d) = ~ **off** b)

easeful ['i:zfəl] *a knyg.* **1** raminantis **2** ramus **3** nieko neveikiantis

easel ['i:zl] *n* **1** molbertas **2** stovas, stendas

easement ['i:zmənt] *n* **1** *knyg.* (pa)lengvinimas; (nu)raminimas; patogumas **2** *teis.* servitutas

easily ['i:zɪlɪ] *adv* **1** lengvai, nesunkiai **2** laisvai; be įtampos; noriai **3** neabejotinai

easiness ['i:zɪnɪs] *n* **1** lengvumas **2** laisvumas

east [i:st] <*n, a, adv*> *n* **1** rytai; **the E.** a) Rytų šalys; b) *amer.* šiaurės rytinė JAV dalis; **Middle E.** Viduriniai Rytai; **Near E.** Artimieji Rytai; **E. End** Ist Endas *(Londono rytinė dalis)* **2** rytų vėjas *(t. p.* ~ **wind)** ◊ **E. or West home is best** ≡ visur gera, bet namie geriausia
a rytinis, rytų; ~ **longitude** rytų ilguma
adv į rytus; **back E.** *amer.* į rytinę JAV dalį; **Vilnius is** ~ **of Kaunas** Vilnius yra į rytus nuo Kauno

eastbound ['i:stbaund] *a* vykstantis į rytus

Easter ['i:stə] *n* Velykos; ~ **egg** a) velykinis kiaušinis *(ppr. iš šokolado)*; b) *amer.* margutis; ~ **Monday** antroji Velykų diena

easterly ['i:stəlɪ] <*a, n, adv*> *a* rytinis, rytų; ~ **course** kursas į rytus
n rytų vėjas, rytys
adv į rytus; iš rytų *(apie vėją)*

eastern ['i:stən] *a* rytinis, rytų; **E. philosophy** Rytų filosofija

easterner ['i:stənə] *n amer.* JAV rytinės dalies gyventojas

easternmost ['i:stənməust] *a* esantis toliausiai rytuose, ryčiausias

Eastertide ['i:stətaɪd] *n bažn.* laikotarpis nuo Velykų iki Sekminių

east-facing [ˌi:st'feɪsɪŋ] *a* esantis į rytus

easting ['i:stɪŋ] *n* **1** rytų kryptis **2** *jūr.* plaukimas į rytus

eastside ['i:stsaɪd] *n (miesto ir pan.)* rytinė dalis

eastward ['i:stwəd] <*a, adv, n*> *a* vykstantis į rytus; esantis rytuose
adv į rytus, rytų kryptimi
n rytų kryptis

eastwards ['i:stwədz] *adv* į rytus, rytų kryptimi

easy ['i:zɪ] *a* **1** lengvas, nesunkus; **to come** ~ **to smb** būti kam nesunkiu dalyku **2** nevaržomas, laisvas; patogus; **she has got an** ~ **manner** ji elgiasi laisvai/nevaržomai; **if you get an** ~ **opportunity, ask him about it** patogiai progai pasitaikius, paklauskite jį apie tai **3** ramus; aprimęs; **to make**

easygoing / **economics**

one's mind ~ nusiraminti **4** pakantus, nuolaidus; ~ *to get on with* sugyvenamas; ~ *disposition* sugyvenamumas; *what would you like to do?* – *I'm* ~ ką tu norėtum daryti? – Man vis tiek **5** nuožulnus, nuolaidus **6** pasiturintis; *to live in* ~ *circumstances* gyventi pasiturinčiai **7** *šnek.* lengvo elgesio, palaidas; *a woman of* ~ *virtue* lengvo elgesio moteris **8** *kom.* lengvatinis; *on* ~ *terms* lengvatinėmis sąlygomis **9** *ekon.* neturintis paklausos; vangus *(apie prekybą ir pan.)* ◊ *as* ~ *as pie, as* ~ *as falling off a log* ≅ vieni juokai, juokų darbas *(ką atlikti);* ~ *on the eye* gražus pažiūrėti; ~ *on the ear* malonus paklausyti *adv* lengvai; ramiai ◊ *to go* ~ a) nepadauginti *(degtinės ir pan.; on);* b) nepersistengti; elgtis švelniai/santūriai *(on smb – su kuo);* būti taktiškam *(kieno atžvilgiu);* go ~! ramiau!, nepersistenk!; *to take it* ~ nepersistengti; ramiai/šaltai elgtis, nusiraminti; ~ *does it šnek.* ≅ skubos darbas – šuniui
easygoing [ˌiːzɪˈɡəʊɪŋ] *a* **1** neimantis į galvą, nerūpestingas, gero būdo **2** lengvas, ramus *(apie arklio bėgimą)*
easy-peasy [ˈiːzɪˈpiːzɪ] *a vaik.* lengvučiukas, lengvutėlis
eat [iːt] *v* (ate; eaten) **1** valgyti; maitintis *(kur);* to ~ *in [out]* valgyti namie [ne namie]; *to* ~ *well* a) turėti gerą apetitą; gerai maitintis; b) turėti malonų skonį; *where shall we* ~? kur eisime valgyti?, kur pietausime/pusryčiausime/vakarieniausime? **2** ėsti *(apie gyvulius)* **3** įsiėsti *(apie rūgštį; into; t. p.* ~ *in)* **4** *prk. šnek.* graužti *(t. p.* ~ *up);* *he was eaten up with jealousy* jį graužė pavydas **5** *prk.* ryti, eikvoti *(daug benzino ir pan.)* ☐ ~ *away* suėsti *(apie rūdis, rūgštis);* graužti *(apie koroziją ir pan.; t. p. prk.);* ~ *through* pragraužti; ~ *up* a) suvalgyti, suėsti, suryti *(t. p. prk.);* b) *prk.* (godžiai) ryti *(žodžius ir pan.)* ◊ ~, *drink, and be merry šnek.* linksminkis, kol gali
eatable [ˈiːtəbl] *a* valgomas
eatables [ˈiːtəblz] *n pl* maistas, maisto produktai, valgomi dalykai
eaten [ˈiːtn] *pII žr.* **eat**
eater [ˈiːtə] *n* **1** valgytojas; *light [fussy]* ~ menkas/prastas [išrankus] valgytojas **2** ėdikas; *heart* ~ *prk.* širdžių ėdikas **3** *šnek.* vaisiai *(valgomi žali; obuoliai, kriaušės)*
eatery [ˈiːtərɪ] *n (ypač amer.) šnek.* valgykla, užkandinė
eating-house [ˈiːtɪŋhaʊs] *n* valgykla, restoranas
eats [iːts] *n pl šnek.* valgiai, užkanda
eau-de-cologne [ˌəʊdəkəˈləʊn] *pr. n* odekolonas
eaves [iːvz] *n pl* **1** *archit.* pakraigė, karnizo nuosvyra; *under the* ~ pastogėje **2** *poet.* blakstienos
eavesdrop [ˈiːvzdrɒp] *v (-pp-)* slapta klausyti(s) *(on)*
eavesdropper [ˈiːvzdrɒpə] *n* žmogus, slapta pasiklausantis *(kitų pokalbio),* seklys
ebb [eb] *n* **1** atoslūgis; *the tide is on the* ~ potvynis slūgsta **2** permaina į blogąją pusę; kritimas; *to be at a low* ~ (nu)kristi, (nu)smukti; būti sunkioje padėtyje ◊ *the* ~ *and flow (of)* greita kaita, sėkmės ir nesėkmės
v **1** slūgti *(atoslūgio metu)* **2** *prk.* slūgti, mažėti, silpnėti *(t. p.* ~ *away)*
ebb-tide [ˌebˈtaɪd] *n* atoslūgis
ebonite [ˈebənaɪt] *n tech.* ebonitas
ebony [ˈebənɪ] *n* **1** *bot.* juodmedis **2** juodmedžio mediena
a **1** juodmedžio **2** *poet.* juodas
ebullience, -cy [ɪˈbʌlɪəns, -sɪ] *n knyg.* **1** *(jausmų ir pan.)* išsiveržimas; įsikarščiavimas, jaudulys; entuziazmas **2** (už)virimas
ebullient [ɪˈbʌlɪənt, ɪˈbʊlɪənt] *a* **1** krykštaujantis; įsikarščiavęs **2** *chem.* verdantis
ebullition [ˌebəˈlɪʃn] *n knyg.* **1** karščiavimasis; *(jausmų)* išsiveržimas **2** (už)virimas

ecaudate [ɪˈkɔːdeɪt] *a zool.* beuodegis
eccentric [ɪkˈsentrɪk] *a* **1** ekscentriškas, keistas, neįprastas **2** *geom., tech.* ekscentriškas, ekscentrinis
n **1** ekscentriškas žmogus, keistuolis **2** *tech.* ekscentrikas
eccentricity [ˌeksenˈtrɪsətɪ] *n* **1** ekscentriškumas, keistumas **2** *spec.* ekscentricitetas
Ecclesiastes [ɪˌkliːzɪˈæstiːz] *n bibl.* Ekleziastas *(Sen. testamento knyga)*
ecclesiastic [ɪˌkliːzɪˈæstɪk] *n* dvasininkas, ekleziastas
a = **ecclesiastical**
ecclesiastical [ɪˌkliːzɪˈæstɪkl] *a* bažnytinis, bažnyčios; dvasiškas; ~ *music* bažnytinė muzika
ecclesiology [ɪˌkliːzɪˈɒlədʒɪ] *n bažn.* ekleziologija
echelon [ˈeʃəlɒn] *n* **1** *kar.* ešelonas **2** *fiz.* ešelonas, laiptinė/pakopinė gardelė **3** *prk.* ešelonas, pakopa
echo [ˈekəʊ] *n (pl* ~es [-z]) **1** aidas, skardus atgarsis, atbalsis *(t. p. prk.);* *the* ~ *of the old quarrel* seno ginčo atgarsis **2** pamėgdžiojimas ◊ *to cheer to the* ~ sveikinti audringais plojimais, triukšmingai
v **1** aidėti, skardėti *(t. p. prk.);* at(si)liepti **2** (pa)kartoti **3** (pa)mėgdžioti
echoing [ˈekəʊɪŋ] *a* skardus
echolocation [ˌekəʊləˈkeɪʃn] *n spec.* echolokacija
echo-sounder [ˈekəʊˌsaʊndə] *n jūr.* echolotas
éclair [eɪˈklɛə, ɪˈklɛə] *pr. n* ekleras *(pyragaitis)*
eclampsia [ɪˈklæmpsɪə] *n med.* eklampsija *(traukulių priepuoliai)*
éclat [eɪˈklɑː] *pr. n* **1** *(didžiulis)* pasisekimas **2** išgarsėjimas, garsas; garbė
eclectic [ɪˈklektɪk] *a* eklektinis
n eklektikas
eclecticism [ɪˈklektɪsɪzm] *n* eklektizmas
eclipse [ɪˈklɪps] *n* **1** *astr.* užtemimas; *total [partial]* ~ visiškas [dalinis] užtemimas **2** *prk.* saulėlydis, smukimas; *(garbės ir pan.)* netekimas, išblėsimas
v **1** užtemti **2** *prk.* užtemdyti; *to* ~ *smb's fame* (už)temdyti kieno garbę
ecliptic [ɪˈklɪptɪk] *astr. n* ekliptika
a ekliptinis
eclogue [ˈeklɒɡ] *n lit.* eklogė
eco [ˈiːkəʊ] *n sutr.* = **ecology**
eco- [ˈiːkəʊ-] *(sudurt. žodžiuose)* eko-; gamtosaugos; *eco-sphere* ekosfera; *eco-warriors* gamtosaugininkai
ecocatastrophy [ˌiːkəkəˈtæstrəfɪ] *n* ekologinė katastrofa
eco-friendly [ˌiːkəʊˈfrendlɪ] *a* nežalingas aplinkai, ekologiškai švarus
ecological [ˌiːkəˈlɒdʒɪkl] *a* ekologinis
ecologist [ɪˈkɒlədʒɪst] *n* ekologas
ecology [ɪˈkɒlədʒɪ] *n* ekologija; gamtosauga
econometric [ɪˌkɒnəˈmetrɪk] *a* ekonometrinis
econometrics [ɪˌkɒnəˈmetrɪks] *n* ekonometrija
economic [ˌiːkəˈnɒmɪk] *a* **1** ekonominis, ūkinis; ~ *policy* ekonominė politika **2** rentabilus; *railways are no longer* ~ geležinkeliai nebėra rentabilūs/pelningi; *to make* ~ *sense* būti ekonomiškai naudingam; būti pelningam
economical [ˌiːkəˈnɒmɪkl] *a* **1** ekonomiškas, taupus; ūkiškas; ~ *car* ekonomiškas automobilis; ~ *housekeeper* taupi šeimininkė; *to be* ~ *on petrol* mažai eikvoti benzino **2** ekonominis, ekonomikos, ūkinis; ~ *system* ekonominė/ūkinė sistema **3** glaustas *(apie stilių, kalbą); to be* ~ *with words* glaustai pasakyti
economically [ˌiːkəˈnɒmɪkəlɪ] *adv* **1** ekonomiškai; taupiai **2** ekonomikos požiūriu
economics [ˌiːkəˈnɒmɪks] *n* **1** ekonomika *(mokslas)* **2** *(šalies, tautos ir pan.)* ūkis

economist [ɪ'kɔnəmɪst] *n* **1** ekonomistas **2** taupus/ekonomiškas žmogus/savininkas

economize [ɪ'kɔnəmaɪz] *v* taupyti; taupiai/ekonomiškai leisti/vartoti *(on)*; *to ~ one's strength* taupyti jėgas

economy [ɪ'kɔnəmɪ] *n* **1** ūkis; ekonomika; *national ~* tautos ūkis, krašto ekonomika; *market ~* rinkos ekonomika; *agricultural/rural ~* žemės ūkis; *water ~* vandens ūkis; *black/grey ~* šešėlinė ekonomika **2** ekonomija, taupymas; taupumas, ekonomiškumas; *to make economies* taupyti; *economies of scale kom.* masinės gamybos ekonominiai privalumai **3** *pl* santaupos, sankaupos *a* **1** pigus; *~ class* pigiausia/turistinė klasė *(džn. lėktuve)* **2** ekonomiškas *(apie automobilį ir pan.)*

ecosystem ['i:kəuˌsɪstəm] *n biol.* ekosistema, ekologinė sistema

ecotype ['i:kətaɪp] *n biol.* ekotipas

ecru ['eɪkru:] *pr. n* nebalintos drobės spalva

ecstasy ['ekstəsɪ] *n* **1** ekstazė; *to go into ecstasies* pulti į ekstazę **2** *(t. p. E.)* ekstazis *(narkotikas)*

ecstatic [ɪk'stætɪk, ek'stætɪk] *a* **1** ekstaziškas, ekstazės pagautas **2** transo būklėje

ectopia [ek'təupɪə] *n med.* **1** ektopija *(organo buvimas neįprastoje vietoje)* **2** negimdinis nėštumas

ectoplasm ['ektəplæzm] *n biol.* ektoplazma

ecu ['ekju:] *n* ekiu *(Europos Sąjungos piniginis vienetas)*

Ecuador ['ekwədɔ:] *n* Ekvadoras *(valstybė)*

Ecuador(i)an [ˌekwə'dɔ:r(ɪ)ən] *a* Ekvadoro *n* ekvadorietis, Ekvadoro gyventojas

ecumenic(al) [ˌi:kju'menɪk(l)] *a bažn.* **1** pasaulinis, visuotinis *(ypač apie susirinkimą)* **2** remiantis ekumenizmą; *~ movement* ekumeninis sąjūdis

ecumenism [ɪ'kju:menɪzm] *n bažn.* ekumenizmas

eczema ['eksɪmə] *n med.* egzema

-ed [-d, -t, -ɪd] *suff* **1** -ėtas, -(u)otas, -ingas, -us *(žymint savybę)*; *gloved* pirštinėtas; *haired* plaukuotas; *wooded* miškingas; *hurried* skubus **2** *(sudurt. būdvardžiuose) ppr. verčiamas sudurt. bdv. su galūne* -is, *žodžių junginiais su prielinksniu* su; *thick-walled* storasienis; *yellow-gloved* su geltonomis pirštinėmis

edacious [ɪ'deɪʃəs] *a knyg.* ėdrus; godus

edacity [ɪ'dæsətɪ] *n knyg., juok.* ėdrumas; godumas

Edam ['i:dæm] *n* olandiškas geltonas sūris

edaphology [ˌedə'fɔlədʒɪ] *n* dirvotyra

eddy ['edɪ] *n* **1** verpetas, sūkurys; *~ current el.* sūkurinė srovė **2** *(dūmų ir pan.)* kamuolys *v* **1** suktis verpetais, sūkuriuoti; (su)kelti sūkurius **2** virsti/verstis kamuoliais

edelweiss ['eɪdlvaɪs] *vok. n bot.* edelveisas, liūtpėdė

edema [ɪ'di:mə] *n amer.* = **oedema**

Eden ['i:dn] *n bibl.* rojus *(t. p. prk.)*

edentate [ɪ'denteɪt] *a* **1** *zool.* nepilnadantis **2** bedantis

Edgar ['edgə] *n* **1** Edgaras *(vardas)* **2** „Edgaras" *(metinė premija už detektyvinį romaną)*

edge [edʒ] *n* **1** kraštas, pakraštys; briauna; *~ of a wood* miško pakraštys; *on the ~ of the city* miesto pakraštyje; *~ iron tech.* kampuotis *(geležis)*; *to flow/run over the ~* lietis per kraštus **2** ašmenys; aštruma; *to put an ~ on a knife* (iš)galąsti peilį **3** *(kalno)* ketera **4** *(rakto)* liežuvėlis **5** kritiškas momentas; kritiška padėtis **6** *(ypač amer.)* pranašumas; *to have the ~ (on, over)* turėti pranašumą *(palyginti su kuo)*; *to win an ~ in the elections* laimėti per rinkimus nedidele persvara ◊ *(all) on ~* susierzinęs, susirūpinęs; *to give an ~ to one's appetite* (su)žadinti/(su)kelti apetitą; *to take/dull the ~ off one's appetite/hunger* (nu)malšinti alkį; *to take*

the ~ off smth (su)silpninti, (su)švelninti; *to give smb the (rough) ~ of one's tongue* aštriai su kuo kalbėti; *not to put too fine an ~ on it* stačiai kalbant; *to go over/off the ~ šnek.* išprotėti; *to be on the ~ šnek.* vos neišprotėti; *to be on the ~ of doing smth* apsispręsti, ką daryti

v **1** kraštuoti, daryti kraštus; apvedžioti; apsiuvinėti **2** *(ppr. pass)* (ap)supti *(with)* **3** galąsti, aštrinti *(t. p. prk.)* **4** apipjaustyti/(nu)lyginti kraštus **5** pamažu/atsargiai traukti/slinkti; sprausti(s), į(si)terpti *(into)* □ *~ away/off* atsargiai atsitraukti *(einant šonu)*; *~ out* a) laimėti nedidele persvara *(sporte ir pan.)*; b) išstumti *(iš sosto, tarnybos)*; *~ up* pamažu kilti *(apie kainas ir pan.)*

edge-bone ['edʒbəun] *n* = **aitchbone**

edgestone ['edʒstəun] *n* **1** girnos **2** bordiūro akmuo

edge-tool ['edʒtu:l] *n* aštrus pjaustymo įrankis

edgeways ['edʒweɪz] *adv* kraštu, šonu, smaigaliu *(į priekį)* ◊ *to get a word in ~* įterpti žodelį

edgewise ['edʒwaɪz] *adv* = **edgeways**

edging ['edʒɪŋ] *n* kraštas, kraštelis, apvadas, bordiūras; *~ saw* kraštų apipjaustymo pjūklas

edgy ['edʒɪ] *a* **1** aštrus; pjaunantis **2** *šnek.* sudirgęs, susierzinęs, susirūpinęs

edibility [ˌedɪ'bɪlətɪ] *n* valgomumas

edible ['edɪbl] *a* valgomas
n (ppr. pl) valgomi dalykai

edict ['i:dɪkt] *n* **1** ediktas, įsakas **2** *(ypač juok.)* įsakymas

edification [ˌedɪfɪ'keɪʃn] *n knyg.* (pa)mokymas; *(charakterio, proto)* tobulinimas

edifice ['edɪfɪs] *n* **1** didingas pastatas, rūmai **2** *knyg. (pažiūrų)* sistema

edify ['edɪfaɪ] *v* (pa)mokyti *(džn. iron.)*; tobulinti, tvirtinti *(tikėjimą, moralę)*

edifying ['edɪfaɪɪŋ] *a* pamokomas

Edinburgh ['edɪnbərə] *n* Edinburgas *(Škotijos sostinė)*

edit ['edɪt] *n* redagavimas, redakcija
v **1** redaguoti, rengti spaudai **2** redaguoti, leisti *(laikraštį, žurnalą; antologiją)* **3** *kin., tel., rad.* montuoti □ *~ out* (pa)šalinti *(iš knygos, filmo ir pan.)*

Edith ['i:dɪθ] *n* Edita *(vardas)*

edition [ɪ'dɪʃn] *n* **1** leidinys; leidimas; laida; *first [new] ~* pirmasis [naujas] leidimas; *evening ~* vakarinė laida **2** tiražas; *the ~ of the book is sold out* visas knygos tiražas parduotas

editor ['edɪtə] *n* **1** redaktorius; *City ~* laikraščio finansų skyriaus redaktorius; *city ~ amer.* miesto žinių skyriaus redaktorius; *make-up ~* techninis redaktorius **2** *kin., tel., rad.* redaktorius; montuotojas **3** *komp.* redagavimo programa

editorial [ˌedɪ'tɔ:rɪəl] *a* redakcijos, redakcinis; redaktoriaus; *~ comment* redakcijos pastaba; *~ board* redaktorių kolegija; *an ~ slip* redaktoriaus klaida
n vedamasis (straipsnis); redakcijos straipsnis

editorialize [ˌedɪ'tɔ:rɪəlaɪz] *v* **1** komentuoti *(o ne tik pateikti informaciją/faktus laikraštyje)* **2** pareikšti nuomonę *(aktualiu klausimu)*

editor-in-chief ['edɪtərɪn'tʃi:f] *n (pl editors-in-chief* ['edɪtəz-]) vyriausiasis redaktorius

editorship ['edɪtəʃɪp] *n* redaktoriaus pareigos/postas; redaktorystė; *under the ~ (of) (kieno)* redaguojamas

editress ['edɪtrɪs] *n ret.* redaktorė

Edmund ['edmənd] *n* Edmundas *(vardas)*

Edna ['ednə] *n* Edna *(vardas)*

educable ['edʒukəbl, 'edj-] *a* lavinamasis

educate ['edʒukeɪt] *v* **1** auklėti, ugdyti **2** mokyti, šviesti, lavinti; *to be ~d to the law* turėti teisės išsilavinimą **3** treniruoti, pratinti; *to ~ children to wash their hands before meals* pratinti vaikus plauti rankas prieš valgį

educated ['edʒukeɪtɪd] *a* **1** apsišvietęs, išsilavinęs **2** išlavintas *(apie skonį ir pan.)*
n (the ~) kuop. apsišvietusieji, išsilavinusieji

education [,edʒu'keɪʃn] *n* **1** auklėjimas; ugdymas; *~ of will* valios ugdymas; *general ~* bendrasis lavinimas **2** mokymas, išsimokslinimas; mokslas; švietimas; *primary/elementary ~* pradžios mokslas; *further ~* aukštesnysis mokslas *(po vidurinio mokslo); free ~* nemokamas mokymas; *man of ~* išsimokslinęs/apsišvietęs žmogus; *~ standards* švietimo lygis

educational [,edʒu'keɪʃnəl] *a* **1** mokomasis, mokymo; *~ book* mokymo priemonė; *~ qualification* išsilavinimo/mokslo cenzas **2** pedagoginis; auklėjamasis; *from the ~ point of view* pedagoginiu požiūriu **3** informatyvus *(apie programas ir pan.)*

education(al)ist [,edʒu'keɪʃn(əl)ɪst] *n* pedagogas; švietimo veikėjas; pedagogikos specialistas/teoretikas

educative ['edʒukətɪv] *a* auklėjamasis, šviečiamasis; švietėjiškas

educator ['edʒukeɪtə] *n* auklėtojas, pedagogas, ugdytojas

educe [ɪ'dju:s] *v* **1** išaiškinti, atskleisti **2** išvesti, daryti *(išvadą)* **3** *chem.* išskirti

eduction [ɪ'dʌkʃn] *n* **1** išaiškinimas, atskleidimas *(gabumų, galimybių)* **2** išvada **3** *chem.* išskyrimas

eduction-pipe [ɪ'dʌkʃn,paɪp] *n* išmetamasis/išleidžiamasis vamzdis

eductor [ɪ'dʌktə] *n tech.* čiurkšlinis siurblys

edulcorate [ɪ'dʌlkəreɪt] *v chem.* plaunant pašalinti rūgštis, druskas *ir pan.*

Edward ['edwəd] *n* Edvardas, Eduardas *(vardas)*

Edwardian [ed'wɔ:dɪən] *a* D. Britanijos karaliaus Eduardo VII (laikų)

-ee¹ [-i:] *suff* **1** -inis *(žymint asmenį, į kurį nukreiptas veiksmas); verčiamas ir iš neveikiamosios rūšies dalyvių sudarytais daiktavardžiais; adoptee* augintinis; *detainee* sulaikytasis, areštuotasis

-ee² *suff* atitinka mažybines priesagas: *bootee* batelis, batukas

eek [i:k] *int* ai!, oi! *(reiškiant nusistebėjimą, baimę)*

eel [i:l] *n zool.* ungurys; *electric ~* elektrinis ungurys

eelgrass ['i:lgrɑ:s] *n bot.* jūrinis andras

e'en [i:n] *poet.* = **even¹, even²** *adv*

e'er [ɛə] *adv poet.* = **ever**

-eer [-ɪə] *(t. p.* -ier) -istas, -ininkas *ir kt. priesagos, žyminčios asmenis pagal jų veiklą; pamphleteer* pamfletistas; rašeiva; *financier* finansininkas

eerie, eery ['ɪərɪ] *a* **1** nykus, klaikus **2** *dial.* prietaringai bailus

eff [ef] *v šnek. euf.* keiktis; vartoti vulgarius žodžius ☐ *~ off imp* atstok!; *to ~ and blind* ≡ keiktis kaip vežikui

efface [ɪ'feɪs] *v* **1** ištrinti, išbraukti, panaikinti; *the inscription was ~d* užrašas išsitrynė **2** *refl* nuošaliai laikytis, likti nepastebimam

effect [ɪ'fekt] *n* **1** padarinys, rezultatas; *the ~s of an illness* ligos padariniai **2** poveikis, veikimas; *side ~* šalutinis poveikis; *our arguments had no ~ on him* mūsų argumentai jo nepaveikė; *has the medicine taken ~?* ar vaistai padėjo? **3** (įsi)galiojimas; *in ~* a) galiojantis; b) tiesą sakant; *to go/come into ~, to take ~* įsigalioti *(apie įstatymą ir pan.); with ~ from today* įsigaliojantis nuo šios dienos; *to give ~ (to), to bring/carry/put into ~* įgyvendinti, įvykdyti **4** efektas, įspūdis *(on); the overall ~* bendras įspūdis; *to do smth for ~* daryti ką dėl akių/efekto **5** tikslas; *to the ~ that...* tuo tikslu, kad... **6** turinys; *I also wrote a letter to the same ~* aš irgi parašiau panašaus turinio laišką; *he called me a fool or words to that ~* jis pavadino mane kvailiu ar panašiais žodžiais **7** *pl* turtas, daiktai; *to leave no ~s* nepalikti turto po mirties **8** *fiz., kin.* efektas; *special ~s kin.* specialūs efektai *(gaisras, lietus, sniegas ir pan.)* **9** *tech.* naudingas veikimas, našumas
v įvykdyti, atlikti; pasiekti

effective [ɪ'fektɪv] *a* **1** veiksmingas, efektyvus **2** įsigaliojantis, pradedantis veikti *(apie įstatymą ir pan.); to become ~* įsigalioti **3** įspūdingas **4** faktinis, tikrasis; *they have lost ~ power* jie neteko realios galios/valdžios **5** *tech.* naudingas; *spec.* efektinis; *~ pressure fiz.* efektinis slėgis **6** *kar.* tinkamas *(karo tarnybai)*
n kar. **1** kareivis *(tinkamas rikiuotei/tarnybai)* **2** *pl* karių skaičius

effectively [ɪ'fektɪvlɪ] *adv* **1** veiksmingai, efektyviai **2** *mod* iš tikrųjų, iš esmės **3** įspūdingai

effectiveness [ɪ'fektɪvnɪs] *n* **1** veiksmingumas, efektyvumas **2** įspūdingumas

effectless [ɪ'fektləs] *a* neveiksmingas, neefektyvus, be rezultatų

effectual [ɪ'fektʃuəl] *a* **1** veiksmingas, efektyvus **2** *teis.* galiojantis

effectuate [ɪ'fektʃueɪt] *v knyg.* (į)vykdyti

effectuation [ɪ,fektʃu'eɪʃn] *n knyg.* (į)vykdymas

effeminacy [ɪ'femɪnəsɪ] *n* išlepimas, moteriškumas *(apie vyrą)*

effeminate [ɪ'femɪnət] *a* moteriškas, sumoterėjęs, išlepęs *(apie vyrą)*

effendi [e'fendɪ] *n* efendi, ponas *(mandagus turkų kreipimasis į vyrą)*

efferent ['efərənt] *a fiziol.* iščentrinis, eferentinis; *~ nerve* motorinis nervas

effervesce [,efə'ves] *v* **1** išsiskirti burbuliukų pavidalu *(apie dujas);* burbuliuoti, kunkuliuoti, šnypšti **2** *prk.* kunkuliuoti, bruzdėti, būti gerai nusiteikusiam; *to ~ with joy* spindėti džiaugsmu

effervescence, -cy [,efə'vesns, -sɪ] *n* **1** *(dujų)* burbuliukų išsiskyrimas, burbuliavimas, šnypštimas **2** *prk.* kunkuliavimas, bruzdėjimas

effervescent [,efə'vesnt] *a* **1** burbuliuojantis, putojantis, šnypščiantis **2** *prk.* kunkuliuojantis/spindintis džiaugsmu, trykštantis energija

effete [ɪ'fi:t] *a* **1** nualintas, bejėgis **2** išlepintas, išlepęs **3** smunkantis, išsigimstantis *(apie civilizaciją, poeziją)*

efficacious [,efɪ'keɪʃəs] *a* veiksmingas, efektyvus *(ypač apie vaistus, gydymą)*

efficacy ['efɪkəsɪ] *n* veiksmingumas, efektyvumas; veikmė

efficiency [ɪ'fɪʃənsɪ] *n* **1** veiksmingumas, efektyvumas; *the ~ of computers depends on their programmers* kompiuterių efektyvumas priklauso nuo programuotojų **2** *(darbo)* produktyvumas, našumas; darbingumas; dalykiškumas **3** *tech.* naudingumo koeficientas

efficient [ɪ'fɪʃnt] *a* **1** veiksmingas, efektyvus; *an ~ business* efektyviai dirbanti įmonė **2** produktyvus, našus *(apie darbą)* **3** darbus, stropus; dalykiškas; (su)gebantis, kvalifikuotas
n mat. faktorius; daugiklis

effigy ['efɪdʒɪ] *n (nekenčiamo/niekinamo žmogaus)* paveikslas, atvaizdas; *to burn [to hang] smb in ~* (su)deginti [(pa)karti] kieno paveikslą

effing ['efɪŋ] *sl. a* prakeiktas
  adv po velnių
effloresce [,eflə'res] *v knyg.* **1** pražysti **2** suklestėti **3** *spec.* išsikristalinti
efflorescence [,eflə'resns] *n knyg.* **1** pražydimas, išsiskleidimas **2** suklestėjimas **3** *spec.* išsikristalinimas **4** *med.* išbėrimas
efflorescent [,eflə'resnt] *a* **1** *bot.* pražystantis, išsiskleidžiantis **2** *chem.* dūlintis; išsikristalinęs
effluence ['efluəns] *n knyg.* ištekėjimas, emanacija
effluent ['efluənt] *n* **1** iš ežero ištekanti upė, ištakis **2** nutekamieji vandenys *(iš gamyklos)*
  a **1** ištekantis, prasidedantis **2** nutekamasis; ~ **drain** nutekamasis vamzdis
effluvium [ɪ'flu:vɪəm] *n (pl* -via [-vɪə]) **1** tvaikas, garai, miazma **2** emanacija
efflux ['eflʌks] *n* = **effluence**
effort ['efət] *n* **1** pastanga, stengimasis; **to make every** ~ dėti pastangas, daug pastangų; **to spare no** ~**s** negailėti pastangų; **to waste one's** ~**s** veltui stengtis; **without** ~ lengvai, be įtampos; **an** ~ **of will** valios pastanga **2** bandymas, mėginimas; **not bad for a first** ~ pirmam kartui – neblogai; **further** ~**s at negotiation have broken down** tolesni mėginimai susitarti žlugo **3** *tech.* įrąža; įtempimas
effortless ['efətləs] *a* **1** nereikalaujantis pastangų, lengvas; be pastangų **2** nededantis pastangų
effrontery [ɪ'frʌntərɪ] *n* įžūlumas; įžūlybė
effulgence [ɪ'fʌldʒəns] *n knyg.* blizgesys, spindėjimas; spindulingumas
effulgent [ɪ'fʌldʒənt] *a knyg.* spindintis, spinduliuojantis, spindulingas
effuse *a* [ɪ'fju:s] **1** *knyg.* išsiliejęs **2** *bot.* iš(si)kerojęs
  v [ɪ'fju:z] **1** (iš)tekėti, pratekėti *(apie dujas ir pan.)* **2** iš(si)lieti; pralieti *(apie kraują ir pan.)*
effusion [ɪ'fju:ʒn] *n* **1** iš(si)liejimas; ~ **of blood** a) kraujo išsiliejimas; b) kraujo netekimas **2** *(dujų, skysčių)* pratekėjimas, prasiveržimas; *(lavos)* išsiveržimas **3** *(jausmų)* iš(si)liejimas; *(žodžių ir pan.)* srautas
effusive [ɪ'fju:sɪv] *a* nesantūrus, ne(su)sivaldantis; perdėtas; **her** ~ **nature** jos ekspansyvus būdas; **to bestow** ~ **praise on smb** perdėtai išgirti, išliaupsinti
E-free ['i:'fri:] *a* be konservantų, be priedų *(apie maistą)*
eft [eft] *n zool.* tritonas
egad [ɪ'gæd] *int psn.* dievaži!
egalitarian [ɪ,gælɪ'tɛərɪən] *n* visuotinės lygybės šalininkas
  a egalitarinis; lygiavinis
egalitarianism [ɪ,gælɪ'tɛərɪənɪzm] *n* egalitarizmas
egest [i:'dʒest] *v med.* pašalinti *(iš organizmo)*
egg[1] [eg] *n* **1** kiaušinis; **fried** ~**s** neplakta kiaušinienė; ~ **rolling** margučių ridenimas; **with** ~ **on one's face** a) kiaušiniuotu veidu; b) *prk. (esantis)* kvailoje padėtyje, likęs kvailiu **2** į kiaušinį panašus daiktas **3** *biol.* kiaušinėlis *(t. p.* ~ **cell)** **4** užuomazga; **in the** ~ užuomazgoje; **to crush/kill smth in the** ~ sunaikinti/užgniaužti pačioje užuomazgoje/pradžioje **5** *kar. sl.* bomba, mina ◊ **bad** ~ a) netikėlis, blogas žmogus; b) nevykusi užmačia; **good** ~ *šnek.* puikus/doras žmogus; **to lay an** ~ *šnek.* a) supykti, nustebti; b) (su)žlugti *(apie spektaklį, pokštą ir pan.);* **to put all one's** ~**s in one basket** ≡ statyti viską ant kortos; **to tread on** ~**s** a) veikti apdairiai; b) liesti keblų klausimą; **as full as an** ~ kimštę prikimštas; **as sure as** ~**s is** ~**s** ≡ aišku kaip dieną, kaip dukart du – keturi
  v amer. šnek. apmėtyti kiaušiniais
egg[2] *v:* ~ **on** (su)kurstyti, siundyti, (su)gundyti

eggbeater ['eg,bi:tə] *n (kiaušinienės ir pan.)* plaktuvas
eggcup ['egkʌp] *n* indelis kiaušiniui įstatyti *(valgant)*
egg-dance ['egdɑ:ns] *n* **1** šokis užrištomis akimis tarp kiaušinių *(žaidimas)* **2** sunkiai išsprendžiamas uždavinys
egg-flip ['egflɪp] *n* = **eggnog**
egghead ['eghed] *n* **1** *(ppr. menk.)* inteligentas, teoretikas **2** *amer. šnek.* plikis
eggnog ['egnɔg] *n* alkoholinis gėrimas su kiaušinio tryniu ir cukrumi
eggplant ['egplɑ:nt] *n bot. (ypač amer.)* baklažanas
eggshell ['egʃel] *n* kiaušinio lukštas/kevalas
  a **1** trapus; ~ **china** plonas porcelianas **2** matinis *(apie dažus)*
egg-timer ['eg,taɪmə] *n* 3-5 minučių smėlio laikrodis
eggy ['egɪ] *a šnek.* suirzęs
egis ['edʒɪs] *n amer.* = **aegis**
eglantine ['egləntaɪn] *n bot.* erškėtis
ego ['egəʊ] *n* **1** *filos.* ego, aš (pats), mąstantis subjektas **2** savimeilė, egoizmas; **to have a big** ~ būti dideliam egoistui; ~ **trip** savęs aukštinimas
egocentric [,i:gəʊ'sentrɪk, ,egəʊ'sentrɪk] *a* egocentrinis
egocentricity [,egəʊsen'trɪsətɪ] *n* egocentrizmas
egoism ['egəʊɪzm] *n* egoizmas, savanaudiškumas
egoist ['egəʊɪst] *n* egoistas, savanaudis, savimeilis
egoistic(al) [,egəʊ'ɪstɪk(l)] *a* egoistinis, egoistiškas, savanaudiškas
egomania [,i:gəʊ'meɪnɪə, ,egəʊ'meɪnɪə] *n* kraštutinis egotizmas/individualizmas
egotism [,i:gətɪzm, 'egətɪzm] *n* egotizmas, savimana
egotist ['egətɪst] *n* egotistas, savimana
egotistical [,egə'tɪstɪkl] *a* egotistinis
ego-trip ['egəʊtrɪp] *v* elgtis egoistiškai
ego-tripper ['egəʊ,trɪpə] *n* savimeilis, egoistas
egregious [ɪ'gri:dʒəs] *a* didžiausias, nepaprastas, baisus *(apie klaidą, melą ir pan.)*
egress ['i:gres] *n* **1** *knyg.* išėjimas, pasitraukimas; išvažiavimas, išplaukimas **2** *teis.* išėjimo/pasitraukimo teisė
egression [i:'greʃn] *n knyg.* išėjimas
egret ['i:grɪt] *n* **1** *zool.* didysis baltasis garnys *(ppr.* **great white** ~*);* **cattle** ~ ibiškasis garnys **2** garnio plunksnų puokštė
Egypt ['i:dʒɪpt] *n* Egiptas *(valstybė)*
Egyptian [ɪ'dʒɪpʃn] *a* egiptietiškas, egiptiečių; Egipto
  n **1** egiptietis **2** Egipto medvilnė *(t. p.* ~ **cotton)**
Egyptology [,i:dʒɪp'tɔlədʒɪ] *n* egiptologija
eh [eɪ] *int* **1** a?, ar ne? *(reiškiant nustebimą, abejojimą, norint pritarimo)* **2** ką? *(neužgirdus)*
eider ['aɪdə] *n* **1** *zool.* gaga *(t. p.* ~ **duck) 2** = **eiderdown**
eiderdown ['aɪdədaun] *n* **1** gagos pūkai **2** dygsniuota pūkinė antklodė
eidolon [aɪ'dəʊlɔn] *gr. n (pl* ~s, -la [-lə]) **1** atvaizdas **2** vaiduoklis
eigenvalue ['aɪgən,vælju:] *n mat.* tikrinė vertė
eigenvector ['aɪgən,vektə] *n mat.* tikrinis vektorius
eight [eɪt] *num card* aštuoni
  n **1** aštuonetas, aštuoniukė; **figure of** ~ a) aštuoniukė *(figūra);* b) kas nors aštuoniukės pavidalo **2** *pl sport.* aštuonvietė ◊ **to have had one over the** ~ *šnek.* per daug paimti, nusigerti
eighteen ['eɪ'ti:n] *num card* aštuoniolika
eighteenth ['eɪ'ti:nθ] *num ord* aštuonioliktas
  n aštuonioliktoji dalis
eightfold ['eɪtfəʊld] *a* aštuonlinkas; aštuon(ia)lypis; aštuoneriopas
  adv aštuonlinkai; aštuoneriopai

eighth [eɪtθ] *num ord* aštuntas; **~ final** *sport.* aštuntfinalis; **~ note** *muz.* aštuntinė gaida
n aštuntoji dalis
eighties ['eɪtɪz] *n pl* **1** *(the ~)* *(šimtmečio)* devintasis dešimtmetis *(ypač XIX a.)* **2** devinta dešimtis *(amžius tarp 80 ir 89 metų)*
eightieth ['eɪtɪɪθ] *num ord* aštuoniasdešimtas
n aštuoniasdešimtoji dalis
eighty ['eɪtɪ] *num card* aštuoniasdešimt
eighty-six ['eɪtɪˌsɪks] *v sl.* neapatarnauti *(girto ir pan.)*; išvaryti *(iš baro ir pan.)*
einsteinium [aɪn'staɪnɪəm] *n chem.* einšteinis
Eire ['ɛərə] *n* = **Ireland**
eirenicon [aɪ'ri:nɪkɔn] *gr. n* taikingas pasiūlymas
eisteddfod [aɪ'stedvəd] *n* Velso poezijos, dainų ir muzikos festivalis
either ['aɪðə] <*pron, adv, conj*> *pron* **1** bet kuris *(iš dviejų)*; tas ar kitas; **~ will do** bet kuris tiks; **~ way** bet kuriuo atveju; ir taip, ir kitaip; **I don't like ~ (of them)** man nepatinka nė vienas, nė kitas **2** abu; kiekvienas; **on ~ side of the street** abiejose gatvės pusėse
adv taip pat, irgi *(neig. sakiniuose)*; **if you do not go I shall not ~** jeigu jūs neisite, aš irgi neisiu
conj arba; **~ ... or** arba... arba; **come ~ today or tomorrow** ateik(ite) arba šiandien, arba rytoj; **I wouldn't reward ~ John or Irene** aš neapdovanočiau nei Džono, nei Irenos
either-or ['aɪðər'ɔ:] *n* neišvengiamas apsisprendimas/pasirinkimas *(iš dviejų galimybių)*
ejaculate [ɪ'dʒækjuleɪt] *v* **1** *knyg.* sušukti **2** *fiziol.* išmesti *(sėklą)*
ejaculation [ɪˌdʒækju'leɪʃn] *n* **1** *knyg.* sušukimas, šauksmas **2** *fiziol. (sėklos)* išmetimas, ejakuliacija
eject [ɪ'dʒekt] *v* **1** išmesti, išleisti *(lavą, skystį ir pan.)* **2** išmesti *(from – iš)*; iškeldinti *(iš buto)* **3** *av.* katapultuoti
ejection [ɪ'dʒekʃn] *n* **1** išmetimas; išmesta masė/lava **2** išvarymas; atleidimas *(iš darbo)*; iškeldinimas
ejector [ɪ'dʒektə] *n* išmetiklis; išmetimo aparatas/mechanizmas; ežektorius, čiurkšlinis siurblys; **garbage/trash ~** šiukšlių ežektorius
ejector-seat [ɪ'dʒektəsi:t] *n av.* katapulto krėslas
eke¹ [i:k] *v:* **~ out** vos verstis, taupiai naudoti; **to ~ out a living** vos pragyventi
eke² *adv psn.* taip pat, irgi
elaborate *a* [ɪ'læbərət] **1** įmantrus, sudėtingas; prašmatnus *(apie pietus ir pan.)* **2** detaliai/nuodugniai parengtas; detalizuotas
v [ɪ'læbəreɪt] **1** detalizuoti, detaliau išdėstyti, smulkiau paaiškinti **2** rutulioti, plėtoti *(mintį ir pan.; on)*; (iš)tobulinti
elaboration [ɪˌlæbə'reɪʃn] *n* **1** detalizavimas, detalus (iš)dėstymas **2** *(minties ir pan.)* rutuliojimas, plėtojimas
élan ['eɪlɔn] *pr. n knyg.* veržlumas, pakilimas, šaunumas
elapse [ɪ'læps] *v* praeiti, praslinkti, prabėgti *(apie laiką)*
elastic [ɪ'læstɪk] *a* **1** tamprus, elastiškas, elastingas, lankstus; **~ coupling** *tech.* tamprusis sujungimas; **~ tyre** elastinė padanga; **~ limit** *tech.* tamprumo/elastiškumo riba **2** *prk.* lankstus, greitai pasikeičiantis/prisitaikantis *(apie charakterį)*; **~ conscience** lengvai nurimstanti sąžinė
n gumelė, guminė juostelė, elastingas dirželis; elastikas
elasticity [ˌelæs'tɪsətɪ] *n* elastingumas, elastiškumas, tamprumas, tampra, lankstumas
elate [ɪ'leɪt] *v (ppr. pass)* (pa)kelti nuotaiką, (pra)džiuginti
elated [ɪ'leɪtɪd] *a* pradžiugintas *(by)*; pakilus, pakilios nuotaikos
elation [ɪ'leɪʃn] *n* pakili nuotaika, pakilimas

Elba ['elbə] *n* Elba *(sala)*
Elbe [elb] *n* Elbė *(upė)*
elbow ['elbəu] *n* **1** alkūnė; **my jersey is out at the ~s** mano džersio alkūnės prasitrynė **2** *(krėslo)* ranktūris **3** *tech.* kampainis; alkūnė; **~ bend** vamzdžio alkūnė; **~ joint** alkūninis sujungimas ◊ **at one's ~** (sau) po ranka, prie savęs, greta; **at smb's ~** greta, šalia *(ko)*, čia pat; **out at ~(s)** apiplyšęs, apskurę, netvarkingas; **up to take ~s (in work)** paskendęs darbe; **to bend/lift/tip the ~** šnek. girtuokliauti, išgerti; **to give smb the ~** *šnek.* atstumti *(vyrą ir pan.)*; atleisti *(iš darbo)*; **to rub ~s with smb** *amer. šnek.* artimai bendrauti su kuo
v atstumti/stumdyti alkūnėmis; suduoti alkūne; **to ~ one's way through the crowd** alkūnėmis prasimušti pro žmones
elbow-chair ['elbəutʃɛə] *n* kėdė su ranktūriais
elbow-grease ['elbəugri:s] *n šnek.* sunkus darbas *(ypač šveitimas, valymas)*
elbow-rest ['elbəurest] *n (krėslo)* ranktūris, alkūnramstis
elbow-room ['elbəurum] *n* erdvė, laisvė *(judėti)*; **there is no ~ in my flat** mano bute nėra kur apsisukti; **they gave us no ~** jie mums neleido laisvai veikti
Elbrus ['elbrus] *n* Elbrusas *(kalnas)*
elder¹ ['eldə] *a* vyresnis *(ypač šeimoje)*
n **1** vyresnysis; **one's ~s** vyresnieji **2** *bažn.* seniūnas, vadovas
elder² *n bot.* šeivamedis
elderberry ['eldəbərɪ] *n* šeivamedžio uoga
elderly ['eldəlɪ] *a* **1** pagyvenęs, pagyvenusio amžiaus, senyvas **2** senas, pasenęs
n (the ~) pagyvenusieji, senyvi žmonės
eldest ['eldɪst] *a* vyriausias *(ypač šeimoje)*
El Dorado [ˌeldə'rɑ:dəu] *n* Eldoradas; pasakiškų turtų šalis
Eleanor ['elɪnə] *n* Eleonora, Elinora *(vardas)*
elect [ɪ'lekt] <*a, n, v*> *a* išrinktas; **bride ~** išrinktoji, sužadėtinė; **the President ~** išrinktasis prezidentas *(bet dar nepradėjęs eiti pareigų)*
n (the ~) kuop. išrinktieji
v **1** išrinkti; **to ~ smb chairman** išrinkti ką pirmininku **2** pasirinkti, apsispręsti, nutarti
electable [ɪ'lektəbl] *a* išrenkamas; galintis laimėti rinkimus *(apie partiją)*
election [ɪ'lekʃn] *n* **1** rinkimai; **general ~** visuotiniai rinkimai; **~ committee** rinkimų komisija **2** išrinkimas
electioneer [ɪˌlekʃɪ'nɪə] *v* rengti rinkimų kampaniją, agituoti už kandidatą
electioneerer [ɪˌlekʃɪ'nɪərə] *n* rinkimų kampanijos organizatorius, agitatorius
electioneering [ɪˌlekʃɪ'nɪərɪŋ] *n* rinkimų kampanija
elective [ɪ'lektɪv] *a* **1** renkamas, užimamas rinkimų tvarka *(apie postą ir pan.)* **2** rinkimų, rinkiminis; **the ~ constitution** rinkimų nuostatai; **~ body** rinkėjai **3** nebūtinas, nebūtinai reikalingas *(apie operaciją ir pan.)* **4** *amer.* fakultatyvus, pasirenkamas *(apie studijuojamą dalyką)*
n amer. mok. fakultatyvus dalykas
elector [ɪ'lektə] *n* **1** rinkėjas **2** *amer.* rinkėjų kolegijos narys
electoral [ɪ'lektərəl] *a attr* rinkimų, rinkiminis; rinkėjų; **~ reform** rinkimų reforma; **~ register/roll** rinkėjų sąrašas; **~ vote** *amer.* rinkėjų kolegijos narių balsai *(per prezidento rinkimus)*
electorate [ɪ'lektərət] *n (šalies)* elektoratas, rinkėjai, rinkėjų kontingentas
Electra [ɪ'lektrə] *n gr. mit.* Elektra
electress [ɪ'lektrɪs] *n* rinkėja

electret [ɪ'lektrɪt] *n el.* elektretas

electric [ɪ'lektrɪk] *a* **1** elektrinis, elektros; **~ arc** elektros lankas; **~ chair** elektros kėdė *(mirties bausmei vykdyti)* **2** *prk.* įelektrintas, įaudrintas *(apie atmosferą);* jaudinantis

electrical [ɪ'lektrɪkl] *a* **1** elektrinis, elektros; **~ engineer** inžinierius elektrikas **2** pritrenkiantis, stebinantis

electric-blue [ɪ'lektrɪkˌbluː] *a* žydras, žalsvai melsvas

electrician [ɪˌlek'trɪʃn] *n* **1** elektrikas, elektrotechnikas **2** elektromonteris

electricity [ɪˌlek'trɪsətɪ] *n* **1** elektra; **~ supply** elektros energijos tiekimas **2** jaudulys, susijaudinimas

electrics [ɪ'lektrɪks] *n pl* **1** *aut.* elektros įranga **2** elektrinės transporto priemonės

electrification [ɪˌlektrɪfɪ'keɪʃn] *n* **1** elektrifikacija, elektrifikavimas **2** *fiz.* elektrizacija, (į)elektrinimas

electrify [ɪ'lektrɪfaɪ] *v* **1** elektrifikuoti **2** *fiz.* elektrizuoti, (į)elektrinti **3** *prk.* įelektrinti, įaudrinti

electro- [ɪˌlektrəu-] *(sudurt. žodžiuose)* elektro-; **electrocardiagraph** elektrokardiografas; **electrochemical** elektrocheminis

electrocardiogram [ɪˌlektrəu'kɑːdɪəgræm] *n* elektrokardiograma

electrochemistry [ɪˌlektrəu'kemɪstrɪ] *n* elektrochemija

electrocute [ɪ'lektrəkjuːt] *v* **1** *(ppr. pass)* būti užmuštam elektros srove **2** įvykdyti mirties bausmę elektros kėdėje

electrocution [ɪˌlektrə'kjuːʃn] *n* **1** žuvimas nuo elektros srovės **2** mirties bausmė elektros kėdėje

electrode [ɪ'lektrəud] *n* elektrodas; **earth/ground ~** masės elektrodas

electrodynamic(al) [ɪˌlektrəudaɪ'næmɪk(l)] *a* elektrodinaminis

electroencephalogram [ɪˌlektrəuɪn'sefələgræm] *n med.* elektroencefalograma

electrofishing [ɪˌlektrəu'fɪʃɪŋ] *n* elektrinė žūklė

electroluminescense [ɪˌlektrəuluːmɪ'nesəns] *n chem.* elektroliuminescencija

electrolysis [ɪˌlek'trɒlɪsɪs] *n* elektrolizė

electrolyte [ɪ'lektrəlaɪt] *n* elektrolitas

electromagnet [ɪˌlektrəu'mægnɪt] *n* elektromagnetas

electromagnetic [ɪˌlektrəumæg'netɪk] *a* elektromagnetinis

electromagnetism [ɪˌlektrəu'mægnɪtɪzm] *a* elektromagnetizmas

electromechanics [ɪˌlektrəumɪ'kænɪks] *n* elektromechanika

electrometer [ɪˌlek'trɒmɪtə] *n* elektrometras

electromotor [ɪˌlektrəu'məutə] *n* elektros variklis, elektromotoras

electron [ɪ'lektrɒn] *n fiz.* elektronas; **lone ~** pavienis elektronas; **~ flux/flow/stream** elektronų srautas; **~ microscope** elektroninis mikroskopas

electronegative [ɪˌlektrəu'negətɪv] *a* elektriškai neigiamas

electronic [ɪˌlek'trɒnɪk] *a fiz., tech.* elektroninis; **~ media** elektroninės informacijos priemonės *(radijas, televizija)*

electronics [ɪˌlek'trɒnɪks] *n* **1** elektronika **2** elektronikos pramonė

electrooptics [ɪˌlektrəu'ɒptɪks] *n fiz.* elektrooptika

electropathy [ɪˌlek'trɒpəθɪ] *n med.* elektroterapija

electrophone [ɪ'lektrəfəun] *n* **1** radijo laidų transliavimas telefono laidais **2** klausos aparatas neprigirdintiems

electrophoresis [ɪˌlektrəufə'riːsɪs] *n spec.* elektroforezė

electroplate [ɪ'lektrəupleɪt] *n* galvanizuoti daiktai *v* galvanizuoti *(ppr. sidabru),* aptraukti metalu elektrolizės būdu

electropositive [ɪˌlektrəu'pɒzɪtɪv] *a* elektriškai teigiamas

electroscope [ɪ'lektrəuskəup] *n fiz.* elektroskopas

electrostatic(al) [ɪˌlektrəu'stætɪk(l)] *a* elektrostatinis

electrostatics [ɪˌlektrəu'stætɪks] *n* elektrostatika

electrotechnics [ɪˌlektrəu'teknɪks] *n* elektrotechnika

electrotherapy [ɪˌlektrəu'θerəpɪ] *n* elektroterapija, gydymas elektra

electrotype [ɪ'lektrəutaɪp] *n* elektrotipija, galvanoplastika

eleemosynary [ˌelɪiː'mɒsɪnərɪ] *a* **1** labdaringas **2** gyvenantis iš išmaldos

elegance, -cy ['elɪgəns, -sɪ] *n* elegancija, elegantiškumas

elegant ['elɪgənt] *a* **1** elegantiškas, gerų manierų **2** grakštus, dailus **3** aiškus, paprastas *(apie formuluotę, sprendimą ir pan.)*

elegiac [ˌelɪ'dʒaɪək] *a* **1** elegiškas, liūdnas **2** eleginis *n pl* elegiškos eilės

elegize ['elɪdʒaɪz] *v* **1** rašyti elegiją, elegiškas eiles **2** skųstis, dejuoti

elegy ['elɪdʒɪ] *n* elegija

element ['elɪmənt] *n* **1** elementas *(t. p. chem., fiz.)* **2** *(sudedamoji)* dalis; dalelytė; bruožas; **an ~ of truth** dalelė tiesos; **honesty is a basic ~ in his character** sąžiningumas – svarbiausias jo būdo bruožas **3** veiksnys, faktorius; **the time ~** laiko veiksnys **4** *pl (mokslo)* pradmenys, pagrindai **5** stichija; gaivalas; **the devouring ~** ugnis; **the four ~s** keturios stichijos *(ugnis, vanduo, oras, žemė);* **the criminal ~s** tamsūs gaivalai **6** *pl bažn. (komunijos)* duona ir vynas **7** *tech.* detalė; *(katilo ir pan.)* sekcija **8** *kar.* padalinys ◊ **to brave the ~s** išeiti prastu oru; **to be in one's ~** ≡ jaustis kaip žuviai vandenyje; **to be out of one's ~** ≡ jaustis ne savo kailyje, jaustis nejaukiai

elemental [ˌelɪ'mentl] *a* **1** stichinis; stichiškas, gaivališkas; **~ worship** gamtos jėgų garbinimas; **~ force** gaivalinga jėga **2** *chem.* pagrindinis, pradinis

elementary [ˌelɪ'mentərɪ] *a* **1** elementarus; **that's ~** tai elementaru **2** pradinis, pirminis; **~ school** *amer.* pradžios mokykla **3** *chem.* neskaidomas, neskaidus

elephant ['elɪfənt] *n* **1** *zool.* dramblys **2** *(rašomojo, braižomojo)* popieriaus formatas *(23×28 colių ≈ 58×71 cm)* ◊ **white ~** nereikalingas turtas/daiktas *(kurio nėra kur dėti);* **to see the ~, to get a look at the ~** pamatyti pasaulį, būti daug mačiusiam; **to see pink ~s** turėti haliucinacijų, haliucinuoti

elephantiasis [ˌelɪfən'taɪəsɪs] *n med.* dramblialigė, elefantiazė

elephantine [ˌelɪ'fæntaɪn] *a* **1** dramblio **2** drambliškas; sunkus, nerangus

elevate ['elɪveɪt] *v* **1** (iš)kelti; pakelti *(balsą ir pan.);* **to ~ smb's spirits** (pa)kelti kieno nuotaiką; **to ~ hopes** (su)kelti viltis **2** paaukštinti *(tarnyboje; to)* **3** ugdyti, tobulinti, kilninti

elevated ['elɪveɪtɪd] *a* **1** iškilus, pakilus; **~ style** aukštas stilius **2** iškeltas; aukštesnis, **~ railway,** *amer.* **~ railroad** estakadinis geležinkelis **3** *šnek.* truputį išgėręs/įtraukęs/išmetęs

elevating ['elɪveɪtɪŋ] *a* **1** kilninantis; **~ passion** kilninantis jausmas **2** keliamasis, kėlimo; **~ gear** kėlimo mechanizmas

elevation [ˌelɪ'veɪʃn] *n* **1** (pa)kėlimas, iškėlimas; **~ to the peerage** pakėlimas į perus **2** *(minties, stiliaus)* pakilumas, kilnumas **3** pakiluma, aukštuma **4** aukštis *(virš jūros lygio)* **5** *archit.* profilis, fasadas; vertikalioji projekcija; **front ~** priekinis fasadas; vaizdas iš priekio; **side ~** šoninis fasadas/vaizdas **6** *(the E.) bažn.* pakylėjimas

elevator ['elɪveɪtə] *n* **1** *(įv. reikšm.)* elevatorius **2** *amer.* liftas **3** *av.* aukščio vairas

eleven [ɪ'levn] *num card* vienuolika *n sport.* vienuolikė, vienuolikos žmonių komanda

elevenses [ɪ'levnzɪz] *n šnek.* lengvi priešpiečiai *(apie 11 val.)*

eleventh [ɪ'levnθ] *num ord* vienuoliktas *n* vienuoliktoji dalis

elf [elf] *n (pl* elves) **1** *flk.* nykštukas, elfas **2** išdykėlis

elfin ['elfɪn] *a* **1** nykštukų, elfų **2** pasakiškas, stebuklingas **3** smulkus, miniatiūriškas *n psn.* = **elf** 1

elfish ['elfɪʃ] *a* **1** nykštukiškas **2** išdykęs

elf-lock ['elflɔk] *n* sutaršyti plaukai

elicit [ɪ'lɪsɪt] *v* **1** sukelti *(reakciją, plojimus ir pan.)* **2** išaiškinti *(tiesą),* išgauti *(atsakymą; informaciją; from)*

elide [ɪ'laɪd] *v* **1** išleisti, praleisti *(garsą, skiemenį)* **2** praleisti, nutylėti

eligibility [ˌelɪdʒə'bɪlətɪ] *n* **1** teisė (būti renkamam) **2** tinkamumas

eligible ['elɪdʒəbl] *a* **1** galintis būti renkamas/išrinktas; *is he ~ for membership of the club?* ar jis turi teisę tapti klubo nariu? **2** tinkamas, pageidaujamas; *he is an ~ young man* jis tinkamas jaunikis

Elijah [ɪ'laɪdʒə] *n bibl.* Elijas

eliminate [ɪ'lɪmɪneɪt] *v* **1** (pa)šalinti, (iš)mesti, atmesti; *to ~ defects* (pa)šalinti trūkumus; *we've ~d that candidate* mes atmetėme tą kandidatūrą **2** (pa)naikinti, likviduoti **3** *šnek.* nudėti, nugalabyti **4** *(ppr. pass) sport.* iškristi *(iš varžybų ir pan.)* **5** *spec.* eliminuoti

elimination [ɪˌlɪmɪ'neɪʃn] *n* (pa)šalinimas *ir pan., žr.* **eliminate**

eliminator [ɪ'lɪmɪneɪtə] *n* (pa)šalinimo/išmetimo įtaisas/ aparatas; separatorius, skirtuvas

Elint ['elɪnt] *n* (electronic intelligence *sutr.)* elektroninė žvalgyba

Eliot ['elɪət] *n: George ~* Džordžas Eliotas *(anglų rašytojos pseudonimas); Thomas Stearns ~* Tomas Sternsas Eliotas *(anglų rašytojas)*

elision [ɪ'lɪʒn] *n kalb.* elizija *(balsio išleidimas)*

elite [ɪ'li:t, eɪ'li:t] *pr. n* elitas; *the ~ of society* visuomenės žiedas; *corps d' ~* rinktinė kariuomenė *a* elitinis, rinktinė, geriausias

elitism [eɪ'li:tɪzm] *n* elitarizmas

elitist [eɪ'li:tɪst] *a* elitinis

elixir [ɪ'lɪksə] *n* **1** eliksyras *(t. p. farm.)* **2** panacėja

Elizabeth [ɪ'lɪzəbəθ] *n* Elžbieta, Elizabeta *(vardas)*

Elizabethan [ɪˌlɪzə'bi:θn] *a* karalienės Elžbietos I laikų

elk [elk] *n zool.* **1** briedis **2** elnias vapitis *(Š. Amerikoje)*

ell[1] [el] *n ist.* elis *(ilgio vienetas = 114 cm)*

ell[2] *n* namo sparnas, priestatas

ellipse [ɪ'lɪps] *n geom.* elipsė

ellipsis [ɪ'lɪpsɪs] *n (pl* -ses [-si:z]) *kalb.* elipsė

ellipsoid [ɪ'lɪpsɔɪd] *n geom.* elipsoidas

elliptic(al) [ɪ'lɪptɪk(l)] *a geom., kalb.* elipsinis

elm [elm] *n bot.* guoba, vinkšna, skirpstas

elocution [ˌelə'kju:ʃn] *n* **1** iškalbos/oratoriaus menas, retorika **2** dikcija; raiškusis skaitymas

elocutionary [ˌelə'kju:ʃnərɪ] *a* oratoriškas; deklamatoriaus, deklamavimo

elocutionist [ˌelə'kju:ʃnɪst] *n* **1** retorikos mokytojas **2** skaitovas, deklamatorius

elongate ['i:lɔŋgeɪt] *v* (pa)ilginti, (iš)tęsti; pailgėti; pratęsti *(laiką)*

elongated ['i:lɔŋgeɪtɪd] *a* **1** ištįsęs, ilgas **2** *bot., zool.* ištęstas, pailgėjęs

elongation [ˌi:lɔŋ'geɪʃn] *n* **1** (pa)ilginimas, (pa)ilgėjimas *(t. p. tech.);* (pra)tęsimas, tęsinys **2** *astr.* elongacija

elope [ɪ'ləup] *v* pabėgti iš namų *(įsimylėjus, norint slapta susituokti)*

elopement [ɪ'ləupmənt] *n* pabėgimas *(su mylimuoju; pas meilužį)*

eloquence ['eləkwəns] *n* iškalba, iškalbingumas; elokvencija

eloquent ['eləkwənt] *a* **1** iškalbus, iškalbingas **2** išraiškingas; *~ silence* iškalbinga tyla

El Salvador [ˌel'sælvədɔ:] *n* Salvadoras *(Centrinės Amerikos valstybė)*

else [els] *part* **1** *(su klaus./nežymimaisiais įvardžiais/prieveiksmiais)* dar, be to; *anybody ~* dar kas nors; *where ~* kur dar; *somewhere/amer. someplace ~* dar kur nors; *what ~ can you say?* ką dar galite pasakyti?; *nobody ~ wanted to go* niekas daugiau nenorėjo eiti; *in the end she married somebody ~* galų gale ji ištekėjo už kažko kito **2** priešingu atveju, kitaip *(ppr. or ~) pron* kitas; *somebody ~'s hat* kieno kito skrybėlė; *everyone ~ had gone* visi kiti jau buvo išėję

elsewhere [ˌels'weə] *adv (kur nors)* kitur

elucidate [ɪ'lu:sɪdeɪt] *v* (iš)aiškinti, nušviesti

elucidation [ɪˌlu:sɪ'deɪʃn] *n* (iš)aiškinimas, nušvietimas

elucidative [ɪ'lu:sɪdeɪtɪv] *a* aiškinamasis; išaiškinantis

elucidatory [ɪ'lu:sɪdeɪtərɪ] *a* = **elucidative**

elude [ɪ'lu:d] *v* **1** (iš)vengti, išsisukti; *to ~ one's pursuers* pasprukti nuo persekiotojų **2** neprisiminti; likti nepastebėtam; *his name ~s me* aš negaliu prisiminti jo vardo **3** nepasiekti *(ko geidžiamo); success had so far ~d him* sėkmė kol kas jį aplenkė

elusion [ɪ'lu:ʒn] *n* vengimas, išsisukinėjimas

elusive [ɪ'lu:sɪv] *a* **1** nepagaunamas, išsisukinėjamas *(apie atsakymą)* **2** silpnas *(apie atmintį);* sunkiai įsimenamas/ suprantamas; *happiness is ~* laimė apgaulinga

elusory [ɪ'lu:sərɪ] *a* lengvai išsisukantis/išnykstantis

elution [ɪ'lju:ʃn] *n chem.* išplovimas

eluvium [ɪ'lju:vɪəm] *n geol.* eliuvis

elver ['elvə] *n* ungurio jauniklis, unguriukas

elves [elvz] *pl žr.* **elf**

Elvira [el'vaɪərə] *n* Elvyra, Elvaira *(vardas)*

elvish ['elvɪʃ] *a* = **elfish**

Elysian [ɪ'lɪzɪən] *a* **1** *mit.* Eliziejaus; *the ~ Fields* Eliziejaus laukai **2** rojaus; palaimingas

Elysium [ɪ'lɪzɪəm] *n* **1** *mit.* Eliziejus **2** rojus, palaimintųjų kraštas

'em [əm] *šnek. sutr.* = **them**

em- [em-] = **en-** *(prieš priebalsius b, p, m)*

emaciate [ɪ'meɪʃɪeɪt] *v* (iš)sekinti, (iš)varginti; (nu)alinti

emaciated [ɪ'meɪʃɪeɪtɪd] *a* išsekęs, išsekintas; nualintas

emaciation [ɪˌmeɪʃɪ'eɪʃn] *n* (iš)sekinimas, (nu)alinimas

e-mail ['i:meɪl] *n* elektroninis paštas *v* siųsti elektroniniu paštu

emanate ['eməneɪt] *v* **1** kilti, sklisti, išeiti *(from – iš)* **2** skleisti

emanation [ˌemə'neɪʃn] *n* **1** kilimas, sklidimas **2** *spec.* emanacija

emancipate [ɪ'mænsɪpeɪt] *v* **1** (iš)laisvinti, (iš)vaduoti *(from)* **2** emancipuoti *(moterį)*

emancipation [ɪˌmænsɪ'peɪʃn] *n* **1** (iš)laisvinimas **2** *spec.* emancipacija

emancipationist [ɪˌmænsɪ'peɪʃənɪst] *n* emancipacijos šalininkas

emasculate *v* [ɪ'mæskjuleɪt] **1** (iš)kastruoti **2** (su)silpninti, nusilpninti; nuskurdinti *(idėją)* **3** atimti vyriškumą

emasculation   298   emerald

a [ɪ'mæskjulɪt] **1** iškastruotas **2** nusilpnintas; nuskurdintas **3** sumoteriškėjęs

emasculation [ɪˌmæskju'leɪʃn] *n* **1** kastravimas **2** (nu)skurdinimas **3** bejėgiškumas

embalm [ɪm'bɑːm] *v* **1** balzamuoti **2** įamžinti, apsaugoti nuo užmiršimo **3** skleisti aromatą

embalmment [ɪm'bɑːmənt] *n* balzamavimas

embank [ɪm'bæŋk] *v* (su)stiprinti/apsaugoti pylimu/užtvanka; užtvenkti

embankment [ɪm'bæŋkmənt] *n* **1** *(kelio, geležinkelio)* pylimas **2** krantinė, damba, užtvanka; kranto sutvirtinimas

embargo [em'bɑːgəu] *n (pl* ~es [-z]) *ekon., polit.* (už)draudimas, embargas; **under an** ~ uždraustas; **to lay smth under an** ~ konfiskuoti, rekvizuoti; **to lay/place an** ~ **(on)** įvesti embargą; **to lift the** ~, **to take off the** ~ panaikinti embargą
v **1** įvesti embargą, uždrausti; **to** ~ **a ship** sulaikyti laivą uoste **2** konfiskuoti, rekvizuoti

embark [ɪm'bɑːk] *v* **1** pakrauti laivą; lipti/laipinti į laivą **2** pradėti, imtis, griebtis *(on)*; **to** ~ **on hostilities** pradėti karo veiksmus

embarkation [ˌembɑː'keɪʃn] *n* **1** laivo pakrovimas; įlaipinimas/įlipimas į laivą; ~ **card** įsėdimo/įlipimo talonas **2** laivo krovinys **3** pradėjimas *(naujo gyvenimo ir pan.; on)*

embarrass [ɪm'bærəs] *v* **1** varžyti, trikdyti, konfūzyti; *pass* sumišti, susidrovėti **2** sudaryti keblumų *(ypač vyriausybei, partijai)*

embarrassed [ɪm'bærəst] *a* **1** sutrikęs, sumišęs; drovus; **to feel** ~ drovėtis, jaustis nesmagiai/nejaukiai **2** įsiskolinęs *(t. p. financially* ~*)*

embarrassing [ɪm'bærəsɪŋ] *a* nesmagus, nepatogus; ~ **silence** nesmagi tyla; ~ **situation** kebli padėtis

embarrassment [ɪm'bærəsmənt] *n* **1** varžymasis, sumišimas, drovėjimasis, sutrikimas **2** sunkumas, keblumas; **financial** ~ finansiniai sunkumai **3** žmogus, darantis nepatogumų

embassy ['embəsɪ] *n* ambasada, pasiuntinybė

embattle [ɪm'bætl] *v* iš(si)rikiuoti mūšiui

embattled [ɪm'bætld] *a* **1** įtrauktas į karą; apsuptas priešų **2** varginamas/kamuojamas sunkumų

embayment [ɪm'beɪmənt] *n* įlankos susidarymas; įlanka

embed [ɪm'bed] *v (ppr. pass)* **1** įstatyti, įtvirtinti, įmontuoti **2** įsmigti, įstrigti *(t. p. prk. atmintyje ir pan.)* **3** *kalb.* įdėti, įterpti *(šalutinį sakinį; in)*

embellish [ɪm'belɪʃ] *v* **1** puošti **2** (pa)gražinti, (pa)dailinti *(pasakojant)*

embellishment [ɪm'belɪʃmənt] *n* **1** (pa)puošimas **2** *(pasakojimo)* (pa)gražinimas

ember ['embə] *n (ppr. pl)* žarijos; karšti pelenai

Ember ['embə] *a:* ~ **days** *bažn.* pasninko dienos

embezzle [ɪm'bezl] *v* pasisavinti, savintis, grobstyti, (iš)eikvoti *(svetimus pinigus)*

embezzlement [ɪm'bezlmənt] *n* pasisavinimas, savinimasis *(svetimo turto, svetimų pinigų);* (iš)eikvojimas, grobstymas

embezzler [ɪm'bezlə] *n* išeikvotojas

embitter [ɪm'bɪtə] *v (ppr. pass)* **1** apkartinti; jausti kartėlį **2** (su)irzti, (su)erzinti; **he is very** ~**ed about his daughter's marriage** jis labai susierzinęs dėl dukters vedybų

emblazon [ɪm'bleɪzn] *v* **1** *(ppr. pass)* išpiešti, išrašyti *(herbe, vėliavoje);* puošti *(with)* **2** (iš)garbinti, liaupsinti

emblem ['embləm] *n* emblema; simbolis; **National E.** valstybės herbas
v simbolizuoti, būti emblema

emblematic(al) [ˌemblə'mætɪk(l)] *a* embleminis, emblemos; simbolinis; **the crown is** ~ **of the power of a king** karūna simbolizuoja karaliaus valdžią

embodiment [ɪm'bɒdɪmənt] *n* **1** įkūnijimas **2** *kar.* dalinių sudarymas/formavimas

embody [ɪm'bɒdɪ] *v (ppr. pass)* **1** įkūnyti; įgyvendinti *(idėją)* **2** (iš)reikšti **3** apimti, jungti **4** turėti; **the new car embodies many improvements** naujasis automobilis turi daug patobulinimų **5** *kar.* sudaryti, formuoti

embolden [ɪm'bəuldən] *v* (pa)drąsinti; (pa)skatinti

embolism ['embəlɪzm] *n med.* embolija

embonpoint [ˌɒmbɒn'pwɔ̃] *pr.* apkūnumas, pilnumas

embosom [ɪm'buzəm] *v poet.* **1** puoselėti, slėpti *(širdyje)* **2** *(ppr. pass)* apsupti

emboss [ɪm'bɒs] *v (ppr. pass)* įspausti, iškalti; puošti reljefiniu ornamentu

embossed [ɪm'bɒst] *a* **1** reljefiškas, iškilus **2** kalinėtas, raižytas, lipdytinis

embouchure [ˌɒmbu'ʃuə] *pr. n (muz. instrumento)* pūstukas

embowel [ɪm'bauəl] *v psn.* (iš)darinėti, (iš)mėsinėti

embower [ɪm'bauə] *v poet.* apsupti, slėpti

embrace [ɪm'breɪs] *n* ap(si)kabinimas, glėbys
v **1** ap(si)kabinti **2** apimti, įtraukti, turėti savyje **3** naudotis, pasinaudoti *(pasiūlymu, proga)* **4** priimti *(teoriją, tikėjimą ir pan.);* tapti *(teorijos ir pan.)* šalininku **5** rinktis, pasirinkti *(profesiją)*

embranchment [ɪm'brɑːntʃmənt] *n* atsišakojimas; šakojimasis, išsišakojimas

embrasure [ɪm'breɪʒə] *n* **1** *archit. (durų, langų)* anga **2** *kar.* ambrazūra

embrittle [ɪm'brɪtl] *v metal.* daryti trapų

embrocate ['embrəkeɪt] *v* įtrinti/ištepti skysčiu, skystu tepalu *(skaudamą vietą)*

embrocation [ˌembrə'keɪʃn] *n* **1** įtrynimas, ištepimas **2** skystas tepalas

embroider [ɪm'brɔɪdə] *v* **1** (iš)siuvinėti **2** (pa)gražinti, (pa)dailinti *(pasakojant)*

embroidery [ɪm'brɔɪdərɪ] *n* **1** siuvinėjimas **2** išsiuvinėtas darbelis, siuviniys

embroil [ɪm'brɔɪl] *v* **1** (su)painioti *(dalyką, fabulą)* **2** *(ppr. pass)* į(si)velti, į(si)painioti *(į nemalonumus ir pan.)*

embrown [ɪm'braun] *v ret.* (nu)rudinti

embryo ['embrɪəu] *n (pl* ~s [-z]) **1** *biol.* embrionas, gemalas **2** *prk.* užuomazga; **in** ~ užuomazgoje, neišsirutuliojęs
a embrioninis; užuomazginis

embryogenesis [ˌembrɪəu'dʒenɪsɪs] *n biol.* embriogenezė

embryological [ˌembrɪə'lɒdʒɪkl] *a* embriologinis

embryologist [ˌembrɪ'ɒlədʒɪst] *n* embriologas

embryology [ˌembrɪ'ɒlədʒɪ] *n* embriologija

embryonic [ˌembrɪ'ɒnɪk] *a* **1** *biol.* embrioninis, gemalinis **2** *prk.* užuomazginis

embus [ɪm'bʌs] *v kar.* lipti/sėsti/sodinti/krauti į automobilius

emcee [ˌem'siː] *n amer. (radijo programos ir pan.)* vadovas; konferansjė

emend [ɪ'mend] *v* (pa)keisti, (iš)taisyti *(tekstą)*

emendate ['iːmendeɪt] *v* = **emend**

emendation [ˌiːmen'deɪʃn] *n* **1** *(teksto)* taisymas, keitimas **2** *(džn. pl)* ištaisymas, pataisymas

emerald ['emərəld] *n* **1** *min.* smaragdas **2** sodri žalia spalva
a smaragdinis; skaisčiai žalias *(t. p.* ~ **green**); **the E. Isle** *poet.* Airija

emerge [ɪ'mɜːdʒ] v **1** išeiti, pasirodyti; *the sun ~d from behind the clouds* saulė pasirodė iš už debesų; *to ~ victorious* išeiti nugalėtoju **2** paaiškėti; *it ~d that...* paaiškėjo, kad... **3** kilti; *here ~s the question as to...* čia kyla klausimas dėl... **4** atsirasti, susidaryti *(apie ekonominę/politinę sistemą ir pan.)* **5** *jūr.* išplaukti, iškilti *(į paviršių)*

emergence [ɪ'mɜːdʒəns] n pasirodymas; (iš)kilimas

emergency [ɪ'mɜːdʒənsɪ] n nenumatytas blogiausias atvejis; kritiška padėtis; avarija; *in case of ~, in an ~* blogiausiu/būtiniausiu atveju; *to rise to the ~* netikėtai gerai pasirodyti
a nepaprastas; avarinis; priverstinis; *~ door/exit* atsarginis išėjimas; *~ meeting* nepaprastasis susirinkimas; *~ powers* nepaprastieji įgaliojimai; *~ store/ration* neliečiamoji atsarga; *~ repair* avarinis remontas

emergent [ɪ'mɜːdʒənt] a attr **1** (staiga) pasirodantis, (iš)kylantis, atsirandantis **2** *polit.* neseniai tapęs savarankiškas *(apie šalį)*

emeritus [ɪ'merɪtəs] a garbės, nusipelnęs *(vart. prieš titulą); ~ professor* atsistatydinęs nusipelnęs profesorius

emersion [ɪ'mɜːʃn] n **1** pasirodymas; iškilimas **2** *astr.* emersija

emery ['emərɪ] n švitras, korundas

emery-paper ['emərɪˌpeɪpə] n švitrinis popierius

emery-wheel ['emərɪwiːl] n švitrinis šlifavimo diskas

emetic [ɪ'metɪk] *farm.* a vėmimo, vimdomasis *(apie vaistus)* n vimdomasis vaistas

emeu ['iːmjuː] n = **emu**

emigrant ['emɪgrənt] n emigrantas, išeivis
a emigruojantis, klajojantis

emigrate ['emɪgreɪt] v emigruoti, persikelti

emigration [ˌemɪ'greɪʃn] n **1** išeivystė, emigracija, emigravimas **2** *kuop.* išeivija, emigracija

emigratory ['emɪgreɪtərɪ] a emigracinis, emigracijos

émigré ['emɪgreɪ] *pr.* n politinis emigrantas

Emilia [ɪ'mɪlɪə] n Emilija *(vardas)*

Emily ['emɪlɪ] n Emilija, Emilė *(vardas)*

eminence ['emɪnəns] n **1** žymumas, aukšta padėtis; *a man of ~* žymus/garsus žmogus **2** *(E.)* eminencija, šventenybė *(kardinolo titulas)* **3** aukštuma, kalva

eminent ['emɪnənt] a **1** (į)žymus, garsus *(apie žmogų)* **2** iškilus, didelis

eminently ['emɪnəntlɪ] adv didžiai, itin

emir [e'mɪə] *arab.* n emyras

emirate ['emɪərət] *arab.* n emyratas; *United Arab Emirates* Jungtiniai Arabų Emyratai *(Azijos valstybė)*

emissary ['emɪsərɪ] n emisaras, pasiuntinys

emission [ɪ'mɪʃn] n **1** *(šviesos, šilumos, dujų ir pan.)* iš(si)skyrimas, atsipalaidavimas; skleidimas **2** *fiz.* emisija, spinduliavimas; *~ spectrum* emisijos spektras **3** *fin.* emisija, *(pinigų ir pan.)* (iš)leidimas

emissive [ɪ'mɪsɪv] a išskiriantis; išleidžiantis

emit [ɪ'mɪt] v **1** išskirti, atpalaiduoti *(šilumą ir pan.)*; spinduliuoti **2** (iš)leisti *(garsus, pinigus)* **3** skleisti *(kvapą)* **4** išmesti, leisti *(dūmus ir pan.)* **5** *fiz., fin.* emituoti

emitter [ɪ'mɪtə] n *fiz.* spinduolis

Emma ['emə] n Ema *(vardas)*

emmer ['emə] n *bot.* emeris, dvigrūdis kvietys

Emmy ['emɪ] n **1** Ema, Emė *(vardas)* **2** *amer. tel.* „Emi" *(prizas už geriausią televizijos laidą/filmą ir pan.)*

emollient [ɪ'mɒlɪənt] a **1** *farm.* minkštinamas(is), minkštinantis *(apie tepalą, vaistą)* **2** *prk.* raminamas *(apie žodžius ir pan.)*

emolument [ɪ'mɒljumənt] n *(ppr. pl) knyg.* pajamos, uždarbis; atsiteisimas

emote [ɪ'məʊt] v demonstruoti jausmus *(prieš kino kamerą ir pan.)*; įsijausti *(į vaidmenį)*

emotion [ɪ'məʊʃn] n **1** jausmas, emocija **2** jaudinimasis; jaudulys

emotional [ɪˌməʊʃnəl] a **1** emocinis **2** emocionalus, emocingas; jausmingas; *~ man* emocingas žmogus **3** jaudinantis; *~ speech* jaudinanti kalba

emotionalism [ɪ'məʊʃnəlɪzm] n (perdėtas) emocingumas; sentimentalumas

emotionality [ɪˌməʊʃə'nælətɪ] n emocionalumas

emotionless [ɪ'məʊʃnləs] n neemocionalus

emotive [ɪ'məʊtɪv] a **1** emocionalus **2** jaudinantis; keliantis/reiškiantis emocijas

empanel [ɪm'pænl] v *(-ll-)* įtraukti į prisiekusiųjų sąrašą; išrinkti prisiekusiuosius

empathic [em'pæθɪk] a įsijaučiantis *(į kitų žmonių jausmus, problemas ir pan.)*

empathize ['empəθaɪz] v išgyventi, jaudintis *(kartu; with)*; įsijausti *(į kito asmens būseną)*

empathy ['empəθɪ] n **1** jaudinimasis, išgyvenimas *(dėl kitų skausmo ir pan.)* **2** įsijautimas, empatija

emperor ['empərə] n imperatorius

emphasis ['emfəsɪs] n *(pl* -ses [-siːz]) **1** pabrėžimas, išryškinimas; *to lay/place/put special ~ (on)* ypač pabrėžti **2** *kalb.* emfazė; kirtis; *the ~ is on the pronoun* loginiu kirčiu pabrėžiamas įvardis **3** *poligr.* išskyrimo šriftas *(kursyvas, retinimas); ~ added* retinimas/kursyvas mūsų

emphasize ['emfəsaɪz] v **1** pabrėžti, akcentuoti **2** *kalb.* žymėti loginį kirtį

emphatic [ɪm'fætɪk] a **1** pabrėžtas; pabrėžiantis; ryškus, emfatiškas; *~ victory* aiški pergalė; *with an ~ gesture* išraiškingu mostu **2** tvirtas, kategoriškas; *~ denial* kategoriškas paneigimas; *he expressed his ~ opinion that...* jis pasakė savo tvirtą nuomonę, kad... **3** *kalb.* emfatinis

emphatically [ɪm'fætɪklɪ] adv **1** kategoriškai, pabrėžtinai; emfatiškai **2** neabejotinai, aiškiai

emphysema [ˌemfɪ'siːmə] n *med.* emfizema, išsipūtimas

Empire ['empaɪə] n ampyras *(stilius)*

empire ['empaɪə] n **1** imperija; *E. Day ist.* Britanijos imperijos diena *(gegužės 24); E. City* Niujorkas; *E. State* Niujorko valstija **2** viešpatavimas, aukščiausioji valdžia

empiric [ɪm'pɪrɪk] n **1** empirikas **2** *psn.* šundaktaris
a = **empirical**

empirical [ɪm'pɪrɪkl] a empirinis, patirtinis

empirically [ɪm'pɪrɪklɪ] adv empiriškai, patirties būdu

empiricism [ɪm'pɪrɪsɪzm] n *filos.* empirizmas

empiricist [ɪm'pɪrɪsɪst] n empirikas

emplacement [ɪm'pleɪsmənt] n **1** *kar.* pabūklo platforma; ugniavietė, ugnies taškas **2** *stat.* vietos nustatymas, planavimas

emplane [ɪm'pleɪn] v lipti/sodinti/krauti į lėktuvą

employ [ɪm'plɔɪ] v **1** samdyti, suteikti/duoti darbą; *pass* įsidarbinti, dirbti, tarnauti; *we ~ him as an adviser* mes samdome jį kaip konsultantą **2** (pra)leisti *(laiką)*, užsiimti *(kuo)* **3** (pa)vartoti, (pa)naudoti, taikyti; *to ~ a new method* (pri)taikyti naują metodą
n tarnyba, užsiėmimas; *to be in smb's ~* dirbti, tarnauti kur

employable [ɪm'plɔɪəbl] a darbus, darbingas

employé [əm'plɔɪeɪ] *pr.* n = **employee**

employed [ɪm'plɔɪd] a pradėjęs dirbti, įsidarbinęs; samdomas *(apie darbuotoją)*

employee [ˌemplɔɪ'iː] n tarnautojas, darbuotojas

employer [ɪm'plɔɪə] n darbdavys, samdytojas; įmonininkas

employment [ɪm'plɔɪmənt] *n* **1** tarnyba, darbas; užsiėmimas **2** užimtumas; *full ~* visiškas užimtumas; *~ agency* darbo agentūra **3** (pri)taikymas, panaudojimas

empoison [ɪm'pɔɪzn] *v poet.* apkartinti, (už)nuodyti, (su)gadinti *(gyvenimą)*

emporium [em'pɔ:rɪəm] *n (pl ~s, -ria [-rɪə])* **1** didelė/universalinė parduotuvė **2** prekybos centras; prekyvietė, turgus

empower [ɪm'pauə] *v* **1** įgalioti, suteikti teisę **2** įgalinti, suteikti galią

empress ['emprɪs] *n* **1** imperatorė **2** imperatorienė

empties ['emptɪz] *n pl* **1** tuščia tara; tušti buteliai/indai; *~ to be returned* grąžintina tara **2** *glžk.* tušti vagonai

emptiness ['emptɪnɪs] *n* **1** *(vietos)* tuštumas **2** *prk.* tuštuma

empty ['emptɪ] *a* **1** tuščias *(t. p. prk.)*; *~ streets [hands]* tuščios gatvės [rankos]; *~ promises* tušti pažadai **2** negyvenamas **3** alkanas; *to feel ~* a) jausti alkį; b) būti nusiminusiam **4** *tech.* neapkrautas, tuščiaeigis *v* **1** (iš)tuštinti, (iš)dykinti; išpilti, išlieti; *to ~ a bottle* ištuštinti/išgerti butelį **2** (iš)tuštėti **3** įtekėti *(apie upę; into; t. p. ~ out)*

empty-handed ['emptɪ'hændɪd] *a* tuščiomis rankomis

empty-headed ['emptɪ'hedɪd] *a* tuščiagalvis, kvailas

empurple [ɪm'pə:pl] *v poet.* paraudoninti, parausvinti

empyema [ˌempaɪ'i:mə] *n med.* pūlių susitelkimas ertmėje, empiema

empyreal [ˌempɪ'ri:əl] *a poet.* dangaus, dangiškas, nežemiškas

empyrean [ˌempɪ'ri:ən] *n poet.* empirėjus; aukštybės *a* = *empyreal*

emu ['i:mju:] *n zool.* emu *(Australijos paukštis)*

emulate ['emjuleɪt] *v* **1** (pa)mėgdžioti, kopijuoti, sekti pavyzdžiu **2** lenktyniauti, rungtyniauti

emulation [ˌemju'leɪʃn] *n* **1** (pa)mėgdžiojimas, sekimas pavyzdžiu **2** lenktyniavimas, rungtyniavimas **3** *spec.* emuliacija

emulative ['emjulətɪv] *a* **1** (pa)mėgdžiojamasis; imituojamasis **2** lenktyniavimo, varžymosi

emulous ['emjuləs] *a* **1** lenktyniaujantis, lenktyniavimo **2** trokštantis *(susilyginti, pralenkti; of)*

emulsifier [ɪ'mʌlsɪfaɪə] *n spec.* **1** emulsiklis *(medžiaga)* **2** emulsintuvas *(aparatas)*

emulsify [ɪ'mʌlsɪfaɪ] *v* daryti emulsiją, emulsuoti(s)

emulsion [ɪ'mʌlʃn] *n* emulsija *(t. p. fot.)*; emulsiniai dažai *(t. p. ~ paint)* *v* dažyti emulsiniais dažais

emulsive [ɪ'mʌlsɪv] *a* emulsinis

en- [ɪn-, en-] *(t. p.* em-) *pref* **1** ap-, į-, už- *(žymint padėjimą/uždarymą kur); enclose* apsupti; įdėti; *encage* uždaryti į narvą; *embed* įstatyti **2** -inti *(žymint savybės/būsenos suteikimą); enfeeble* (nu)silpninti; *embitter* (ap)kartinti

-en¹ [-ən] *suff* -inis *(žymint medžiagą);* **woollen** vilnonis

-en² *suff* -inti, -ėti *(žymint perėjimą į būseną, išreikštą dktv./bdv. kamienu);* **deepen** gilinti, gilėti; **strengthen** stiprinti, stiprėti

enable [ɪ'neɪbl] *v* įgalinti, leisti; suteikti/duoti galimybę/teisę; *Congress cannot ~ a state to legislate* Kongresas negali suteikti valstijai teisės leisti įstatymus; *the money from his uncle ~d him to go to university* dėdės pinigai sudarė sąlygas jam mokytis universitete

enact [ɪ'nækt] *v* **1** priimti *(įstatymą, nutarimą),* nutarti; *it was ~ed that...* teismas nusprendė, kad... **2** statyti scenoje; vaidinti *(vaidmenį)* **3** *(ppr. pass)* vykti, (į)vykdyti; *the place where the murder was ~ed* vieta, kur buvo įvykdyta žmogžudystė

enactment [ɪ'næktmənt] *n* **1** *(įstatymo)* priėmimas, patvirtinimas **2** įstatymas, potvarkis **3** (su)vaidinimas

enamel [ɪ'næml] *n* **1** emalis; emalio dažai *(t. p. ~ paint); collection of ~s* emalių kolekcija **2** glazūra **3** nagų lakas **4** *anat. (dantų)* emalis *v (-ll-)* **1** emaliuoti **2** *poet.* (iš)marginti *(gėlėmis ir pan.)*

enamelware [ɪ'næmlwɛə] *n* emaliuoti dirbiniai

enamour [ɪ'næmə] *v (ppr. pass)* žadinti meilę; (su)žavėti, (už)kerėti; *to be/become ~ed (of)* įsimylėti, susižavėti

en bloc [ɔn'blɔk] *pr.* visi kartu

encaenia [en'si:nɪə] *n (įkūrimo, pašventinimo)* metinių minėjimas

encage [ɪn'keɪdʒ] *v* uždaryti į narvą/narvelį

encamp [ɪn'kæmp] *v* **1** (į)rengti stovyklą **2** *(ppr. pass)* įkurdinti/įsikurti/kurtis stovykloje

encampment [ɪn'kæmpmənt] *n* **1** stovykla, stovyklavietė **2** stovyklos įrengimas

encapsulate [ɪn'kæpsjuleɪt] *v* **1** įdėti į kapsulę **2** sutraukti, sutrumpinti; apimti *(tik svarbiausius faktus/mintis ir pan.)*

encase [ɪn'keɪs] *v* **1** pakuoti, dėti *(į dėžę)* **2** padengti; aptaisyti *(marmuru ir pan.)*

encasement [ɪn'keɪsmənt] *n* **1** įpakavimas **2** dėžė, dėklas, futliaras **3** apdaras

encash [ɪn'kæʃ] *v kom.* **1** gauti grynais pinigais; inkasuoti **2** realizuoti, (pa)versti pinigais *(prekes)*

encaustic [en'kɔ:stɪk] *a* **1** enkaustinis **2** (ap)degtas, išdegtas *(apie keramiką, emalį ir pan.)* *n* tapyba vaško dažais, enkaustika

-ence [-əns] *suff* -imas, -ymas *(žymint veiksmą);* -ybė, -umas *(žymint būseną, savybę); existence* egzistavimas; *independence* nepriklausomybė, nepriklausomumas

enceinte¹ [õ'sænt] *pr. a psn.* nėščia

enceinte² *pr. n kar.* įtvirtinimo siena, tvirtovės aptvara

encephalic [ˌensɪ'fælɪk, ˌenkɪ'fælɪk] *a anat.* smegenų, encefalinis

encephalitis [enˌsefə'laɪtɪs, enˌkefə'laɪtɪs] *n med.* encefalitas

encephalon [en'sefəlɔn] *n med.* galvos smegenys

enchain [ɪn'tʃeɪn] *v* **1** (su)kaustyti, surakinti *(grandinėmis)* **2** prikaustyti *(dėmesį ir pan.)*

enchant [ɪn'tʃɑ:nt] *v* **1** (su)žavėti **2** (už)kerėti, užburti

enchanter [ɪn'tʃɑ:ntə] *n* (už)kerėtojas, burtininkas

enchanting [ɪn'tʃɑ:ntɪŋ] *a* kerintis, žavus, žavingas

enchantment [ɪn'tʃɑ:ntmənt] *n* **1** žavėjimas, žavesys **2** kerai, burtai

enchantress [ɪn'tʃɑ:ntrɪs] *n* **1** žavi moteris **2** žavėtoja, kerėtoja

enchiridion [ˌenkaɪ'rɪdɪən] *n knyg.* vadovas, vadovėlis

encipher [en'saɪfə] *n* šifruotas pranešimas *v* (už)šifruoti

encircle [ɪn'sə:kl] *v* (ap)supti *(t. p. kar.); we are ~d by the sea* mus supa jūra

encirclement [ɪn'sə:klmənt] *n* apsupimas, apsuptis; *~ of the enemy* priešo apsupimas/apsuptis

enclasp [ɪn'klɑ:sp] *v* apimti, apkabinti, apglėbti

enclave ['enkleɪv] *n* anklavas; svetimų valdų apsupta teritorija; *(žmonių)* uždara grupė

enclitic [ɪn'klɪtɪk] *kalb. n* enklitikas *a* enklitinis

enclose [ɪn'kləuz] *v* **1** apsupti, atitverti, aptverti **2** (į)dėti *(į voką);* pridėti *(kaip priedą); I ~ a cheque for your birthday* siunčiu tau čekį gimtadienio proga

enclosed [ɪn'kləuzd] *a* **1** atitvertas, apsuptas; uždaras; *~ body* uždaras kėbulas **2** pridėtas; *please find ~ the docu-*

ments in question *ofic.* pridedame, kartu siunčiame reikalingus dokumentus

enclosure [ɪnˈkləuʒə] *n* **1** aptvėrimas; aptvaras; aptvara **2** *(laiško, pašto siuntos)* įdėtis, indėlis, priedas

encode [ɪnˈkəud] *v* (už)koduoti, (už)šifruoti

encomiast [enˈkəumɪæst] *n knyg.* panegirikas

encomiastic [enˌkəumɪˈæstɪk] *a knyg.* panegiriškas, liaupsinamas

encomium [enˈkəumɪəm] *lot. n knyg. (pl* ~s, -ia [-ɪə]) panegirika

encompass [ɪnˈkʌmpəs] *v* **1** apimti; *the report ~es a number of problems* pranešimas apima/liečia daug klausimų **2** apsupti *(t. p. prk.; rūpesčiu ir pan.)* **3** pasiekti *(tikslą)*

encore [ˈɔŋkɔː] *pr. int, n* bis, dar
v šaukti „bis", reikalauti pakartoti

encounter [ɪnˈkauntə] *n* **1** netikėtas susitikimas **2** susidūrimas; susirėmimas **3** *sport.* susitikimas; varžybos **4** *attr:* ~ *group psich.* grupinis susitikimas *(atvirai pasikeisti nuomonėmis, atverti jausmus);* grupinė psichoterapija
v **1** netikėtai su(si)tikti **2** susidurti *(su pasipriešinimu, sunkumais ir pan.);* susiremti

encourage [ɪnˈkʌrɪdʒ] *v* **1** (pa)drąsinti **2** (pa)skatinti, (pa)raginti; remti; *don't* ~ *her by doing things for her* nepataikauk jos tinginiui, dirbdamas už ją

encouragement [ɪnˈkʌrɪdʒmənt] *n* **1** (pa)drąsinimas **2** (pa)skatinimas, (pa)raginimas; *to give* ~ *to smth* skatinti ką

encouraging [ɪnˈkʌrɪdʒɪŋ] *a* (pa)drąsinantis, (pa)drąsinamas; (pa)skatinamas; teikiantis vilčių/pasitikėjimo

encroach [ɪnˈkrəutʃ] *v* **1** kėsintis, pasikėsinti; *to* ~ *on smb's rights* kėsintis į kieno teises; *to* ~ *on smb's time* atimti kieno laiką **2** brautis, įsibrauti, įsiveržti *(apie jūrą ir pan.)*

encroachment [ɪnˈkrəutʃmənt] *n* **1** kėsinimasis **2** brovimasis, įsibrovimas

encrust [ɪnˈkrʌst] *v* **1** inkrustuoti **2** ap(si)traukti *(plėvele, rūdimis ir pan.);* uždengti, pa(si)dengti *(ledu, sniegu ir pan.)*

encrustation [ˌɪnkrʌsˈteɪʃn] *n* **1** inkrustacija **2** apsitraukimas; apsidengimas *(ledu, samanomis ir pan.)*

encumber [ɪnˈkʌmbə] *v* **1** apsunkinti, varžyti, trukdyti; *he could not walk fast as he was ~ed with a heavy suitcase* sunkus lagaminas trukdė jam greitai eiti **2** užgriozdinti *(kambarį ir pan.)* **3** varginti *(apie skolas, abejones ir pan.)*

encumbrance [ɪnˈkʌmbrəns] *n* **1** apsunkinimas, trukdymas; našta **2** išlaikytinis *(ppr. vaikas)* **3** *teis.* įkaitinis raštas; *(nuosavybės teisės)* apribojimas įkeitimu

encumbrancer [ɪnˈkʌmbrənsə] *n teis.* įkaito turėtojas

-ency [-ənsɪ] *suff* -umas, -ybė *(žymint savybę, būseną);* **exigency** būtinumas, būtinybė

encyclical [ɪnˈsɪklɪk(l), enˈsɪklɪk(l)] *n bažn.* enciklika *(t. p.* ~ *letter)*
a plačiai platinamas *(apie aplinkraštį)*

encyclop(a)edia [ɪnˌsaɪkləuˈpiːdɪə] *n* enciklopedija, enciklopedinis žodynas

encyclop(a)edic [ɪnˌsaɪkləuˈpiːdɪk] *a* enciklopedinis

encyclop(a)edist [ɪnˌsaɪkləuˈpiːdɪst] *n* **1** enciklopedininkas **2** *ist.* enciklopedistas

encyst [enˈsɪst] *v biol.* už(si)daryti į cistą/sėklinę

end [end] *n* **1** galas, pabaiga; *to come to an* ~ baigtis, pasibaigti; *to make an* ~ *of smth* užbaigti ką; *to put an* ~ *to smth* padaryti kam galą; *the* ~ *of a sentence [the street]* sakinio [gatvės] pabaiga; *at the* ~ *of August* rugpjūčio pabaigoje; *at the* ~ *of the garden* sodo gale; ~ *to* ~ galas prie galo *(sudedant viena eile); from* ~ *to* ~ nuo vieno galo ligi kito; *business* ~ *(ginklo, įrankio)* pavojingoji/veikiančioji dalis, *(šautuvo)* vamzdžio žiotys **2** liekana, gal(iuk)as; *loose ~s* neužbaigti darbai/reikalai; *the unburnt ~s of branches* nesudegę šakų galai **3** galas, mirtis **4** tikslas; *to this/that* ~ tuo tikslu; *to gain one's ~s* pasiekti (savo) tikslą; *any means to an* ~ bet kokios priemonės tikslui pasiekti **5** pusė; *to approach the subject from the wrong* ~ prieiti prie klausimo ne iš tos pusės; *to change ~s sport.* keistis aikštės pusėmis **6** dugnas, apačia; *egg* ~ sferinis dugnas; *stand the box on its* ~ statykite dėžę stačią **7** *attr* galinis, paskutinis; galutinis; *the* ~ *link* paskutinė grandis; *the* ~ *carriage [house]* paskutinis vagonas [namas] ◊ *at a loose* ~ be užsiėmimo, be (rimto) darbo; *at the* ~ *of the day* viską apsvarščius; *in the* ~ pagaliau, galų gale; *on* ~ ištisai, iš eilės *(apie dienas, valandas ir pan.); it's the* ~ *of the line/road* viskas baigta, galas; *to go to the ~s of the earth* eiti į pasaulio kraštą, eiti kur akys mato; *laid* ~ *to* ~ kartu paėmus; *no* ~ *šnek.* a) be galo, smarkiai; b) daugybė *(of – ko); he thinks no* ~ *of himself* jis labai geros nuomonės apie save; *to make (both/two) ~s meet* ≡ sudurti galą su galu, sudurti galus; *to go off the deep* ~ *šnek.* supykti; pasikarščiuoti; *to get hold of the wrong* ~ *of the stick* blogai suprasti; nesuprasti *(padėties); to keep/hold one's* ~ *up šnek.* nepalūžti, nenusileisti; nepasiduoti *(sunkumams, ligai); to get one's* ~ *away vulg.* pasidulkinti *(apie vyrą); you'll never hear the* ~ *of this* tam nebus galo, tai nesibaigs *(kažin kol); it's not the* ~ *of the world* ≡ tai dar ne pasaulio galas, dar ne viskas prarasta
v **1** (už)baigti; nutraukti; *he ~ed the programme with a folk song* jis baigė programą liaudies daina **2** baigtis; *to* ~ *in a draw* baigtis lygiosiomis **3** atsidurti *(with; t. p.* ~ *up)* ▢ ~ *off/up* (už)baigti; *they ~ed up by quarelling* jie galų gale susibarė ◊ *to* ~ *it all* nusižudyti

endanger [ɪnˈdeɪndʒə] *v* statyti į pavojų, kelti grėsmę

endangered [ɪnˈdeɪndʒəd] *a* esantis pavojuje; (iš)nykstantis *(apie gyvūnus)*

endear [ɪnˈdɪə] *v* padaryti mylimą; tapti mylimam/brangiam *(to); what ~s to me is her simplicity* mane žavi jos paprastumas

endearing [ɪnˈdɪərɪŋ] *a* mielas, žavintis; ~ *smile* žavi/viliojanti šypsena

endearment [ɪnˈdɪəmənt] *n* švelnumas, meilumas; *terms of* ~ meilūs žodeliai

endeavor [ɪnˈdevə] *amer.* = **endeavour** *n, v*

endeavour [ɪnˈdevə] *n* stengimasis, pastangos; siekimas; *I'll make every* ~ *to come* aš būtinai pasistengsiu ateiti
v stengtis, siekti; *to* ~ *to win* stengtis laimėti; *to* ~ *at perfection* siekti tobulumo

endemic [enˈdemɪk] *a* endeminis, būdingas *(tai vietai; apie ligą, nusikaltimą ir pan.)*
n endemija *(vietinė liga)*

endgame [ˈendgeɪm] *n* **1** *(kovos, karo ir pan.)* baigiamoji fazė **2** *šach.* endšpilis

ending [ˈendɪŋ] *n* **1** užbaigimas, pabaiga **2** *gram.* galūnė
a baigiamasis

endive [ˈendɪv] *n bot.* garbanotoji trūkažolė/cikorija

endless [ˈendləs] *a* **1** begalinis, nepabaigiamas, nesibaigiantis; ~ *arguments* begaliniai/amžini ginčai; ~ *belt tech.* begalinis diržas **2** nesuskaičiuojamas

endlessly [ˈendləslɪ] *adv* be galo; ~ *patient* be galo kantrus

endlong [ˈendlɔŋ] *adv psn.* **1** išilgai **2** stačiomis, stačiai

endmost ['endməust] *a* galiausias, paskutinis
endocardia [ˌendəʊ'kɑːdɪə] *pl žr.* **endocardium**
endocarditis [ˌendəʊkɑː'daɪtɪs] *n med.* endokarditas
endocardium [ˌendəʊ'kɑːdɪəm] *n (pl* -dia) *anat.* endokardas, vidinis širdies dangalas
endocrine ['endəʊkraɪn] *a fiziol.* endokrininis, vidaus sekrecijos
endocrinology [ˌendəʊkrɪ'nɔlədʒɪ] *n* endokrinologija
endogamy [en'dɔgəmɪ] *n* endogamija
endorse [ɪn'dɔːs] *v* **1** patvirtinti; paremti, pritarti; *I ~ all you say* aš patvirtinu visa, ką jūs sakote **2** pasirašyti *(dokumentą, čekį; ypač kitoje pusėje); fin.* indosuoti **3** *(ppr. pass)* (pa)žymėti pražangą *(vairuotojo teisių pažymėjime)*
endorsee [ˌendɔː'siː] *n fin.* indosatas, žiratas
endorsement [ɪn'dɔːsmənt] *n* **1** patvirtinimas; pritarimas **2** *aut.* pražangos pažyma *(vairuotojo teisių pažymėjime)* **3** *fin.* indosamentas, žiras
endosperm ['endəspəːm] *n bot.* endospermas
endothermic [ˌendəʊ'θəːmɪk] *a spec.* endoterminis, sugeriantis šilumą
endow [ɪn'dau] *v* **1** duoti, suteikti *(privilegijas ir pan.); (ppr. pass)* apdovanoti *(gabumais ir pan.; with)* **2** materialiai remti, šelpti, aukoti kapitalą *(mokyklai, ligoninei ir pan.)*
endowment [ɪn'daumənt] *n* **1** šelpimas, indėlio/fondo skyrimas *(koledžui ir pan.);* pastovus įnašas; labdaros fondas **2** auka, dovana **3** *(ppr. pl)* talentas, gabumai
endpaper ['endˌpeɪpə] *n poligr.* priešlapis *(tuščias lapas knygos pradžioje ir pabaigoje)*
end-pressure ['endˌpreʃə] *n tech.* atraminis slėgis
end-product ['endˌprɔdəkt] *n* galutinis produktas
endue [ɪn'djuː] *v knyg.* suteikti *(savybes ir pan.; with)*
endurable [ɪn'djuərəbl] *a* pakenčiamas
endurance [ɪn'djuərəns] *n* ištvermingumas, ištvermė; patvara, patvarumas *(t. p. tech.); beyond/past ~* nepakenčiamas
endure [ɪn'djuə] *v* **1** iškęsti, pakęsti, ištverti, pakelti, išlaikyti; *I can't ~ rudeness* aš negaliu pakęsti šiurkštumo **2** išlikti, trukti; *as long as life ~s* per visą gyvenimą
enduring [ɪn'djuərɪŋ] *a* **1** ilgalaikis; ilgai išsilaikęs/išlikęs **2** patvarus, tvirtas; *~ friendship* tvirta/ilga draugystė
enduro [ɪn'djuərəu] *n (pl ~s* [-z]) *amer. sport.* ištvermės lenktynės/bėgimas
end-user [endˌjuːzə] *n kom., komp.* tiesioginis vartotojas
end-view ['endvjuː] *n* vaizdas iš galo/šono
endways, endwise ['endweɪz, -waɪz] *adv* **1** galu *(į žiūrintį),* galu į priekį, iš galo *(t. p. ~ on)* **2** galais *(sudedant viena eile)*
enema ['enɪmə] *n med.* klizma
enemy ['enəmɪ] *n* **1** priešas; priešininkas; *the worst/bitterest ~* pikčiausias priešas; *to go over to the ~ kar.* pereiti į priešo pusę; *he's an ~ to reform* jis reformų priešininkas; *public ~ number one* pirmutinis/didžiausias visuomenės priešas **2** *juok.* laikas; *how goes the ~?* kiek laiko?; *to kill the ~* leisti/stumti laiką
a priešo, priešiškas; *~ troops* priešo kariuomenė; *under ~ occupation* priešo užimtas
energetic [ˌenə'dʒetɪk] *a* energingas, veiklus, aktyvus; *~ particle fiz.* didelės energijos dalelė
energetics [ˌenə'dʒetɪks] *n* energetika
energize ['enədʒaɪz] *v* **1** sukelti/teikti energiją; *to ~ needlessly* be reikalo eikvoti energiją/jėgas **2** *el.* tiekti energiją
energumen [ˌenə'gjuːmən] *n* velnio apsėstasis; fanatikas

energy ['enədʒɪ] *n* **1** energija *(t. p. fiz.); electrical [nuclear] ~* elektros [branduolinė] energija **2** energingumas, jėga; *he devotes all his energies to work* jis atiduoda visas jėgas darbui
energy-saving ['enədʒɪˌseɪvɪŋ] *a* energijos taupymo *(apie priemones ir pan.)*
enervate ['enəveɪt] *v* (nu)silpninti, (iš)varginti
enervated ['enəveɪtɪd] *a* nusilpęs, suglebęs, nualintas
enervating ['enəveɪtɪŋ] *a* silpninantis, alinantis; *~ day* alpi/tvanki diena
enervation [ˌenə'veɪʃn] *n* silpnumas; (nu)varginimas
enfant terrible [ˌɔnfɔnte'riːbl] *pr.* **1** žmogus, statantis kitus į keblią padėtį **2** nenuorama *(apie vaiką)*
enfeeble [ɪn'fiːbl] *v* (su)silpninti; *~d by illness* ligos nualintas, nusilpęs po ligos
enfetter [ɪn'fetə] *v knyg.* **1** sukaustyti, supančioti **2** pavergti *(to)*
enfold [ɪn'fəuld] *v* **1** apkabinti, apglėbti **2** supti; ap(si)supti; apsisiausti *(in, with); to ~ the shivering child in a blanket* susupti drebantį vaiką į antklodę
enforce [ɪn'fɔːs] *v* **1** versti, spausti; primesti; *to ~ obedience* versti paklusti; *he ~d silence on the class* jis privertė klasę nutilti **2** (pri)versti vykdyti *(įstatymą)*
enforceable [ɪn'fɔːsəbl] *a* įvykdomas *(apie įstatymą, planą)*
enforcement [ɪn'fɔːsmənt] *n* spaudimas, vertimas, reikalavimas *(ką vykdyti);* (priverstinis) vykdymas
enframe [ɪn'freɪm] *v* įrėminti
enfranchise [ɪn'fræntʃaɪz] *v* **1** duoti/suteikti rinkimų teisę **2** duoti *(miestui)* teisę siųsti atstovus į parlamentą **3** *ist.* išlaisvinti, paleisti *(iš vergijos ir pan.)*
enfranchisement [ɪn'fræntʃɪzmənt] *n* **1** *polit.* rinkimų teisės suteikimas **2** *ist.* paleidimas, išlaisvinimas
engage [ɪn'geɪdʒ] *v* **1** patraukti *(dėmesį);* sudominti; *to ~ smb in conversation* įtraukti ką į pokalbį **2** užsiimti *(in, on – kuo)* **3** įdarbinti, (pa)samdyti; angažuoti; *to ~ a guide* pasamdyti vadovą **4** iš(si)nuomoti, už(si)sakyti; *to ~ rooms in a hotel* užsakyti kambarius viešbutyje **5** įsipareigoti; laiduoti, garantuoti *(for); to ~ to do smth* pasižadėti ką padaryti **6** *(ppr. pass)* susižieduoti, susižadėti *(to)* **7** *tech.* (su)jungti, sukabinti; sukibti *(with); to ~ first gear aut.* įjungti pirmąją pavarą **8** *kar.* įvesti *(kariuomenę)* į mūšį; atidengti ugnį; *to be ~d in hostilities* būti įtrauktam į karo veiksmus
engagé [ˌɔŋgæ'ʒeɪ] *pr. a* užimantis tam tikrą visuomeninę politinę poziciją; įsipareigojęs; idėjiškas
engaged [ɪn'geɪdʒd] *a* **1** užimtas *(apie vietą, telefoną); ~ signal/tone (telefono)* signalas „užimta" **2** užsiėmęs; susidomėjęs; *to be otherwise ~* būti jau užsiangažavusiam *(kitur)* **3** susižiedavęs; *~ couple* sužieduotiniai, sužadėtiniai
engagement [ɪn'geɪdʒmənt] *n* **1** įsipareigojimas; pasižadėjimas; susitarimas **2** angažementas **3** susižadėjimas; *~ ring* sužieduotuvių žiedas **4** *kar.* mūšis, kova **5** *tech.* sukibimas; su(si)kabinimas
engaging [ɪn'geɪdʒɪŋ] *a* patrauklus, žavus
engarland [ɪn'gɑːlənd] *v* puošti girliandomis/vainikais
engender [ɪn'dʒendə] *v* sukelti, (pa)gimdyti, būti priežastimi
engine ['endʒɪn] *n* **1** variklis *(t. p. prk.),* motoras; mašina; *~ oil* mašininė alyva **2** garvežys, lokomotyvas
engine-crew ['endʒɪnkruː] *n* lokomotyvo brigada
engine-driver ['endʒɪnˌdraɪvə] *n gžk.* mašinistas
engineer [ˌendʒɪ'nɪə] *n* **1** inžinierius; *civil ~* inžinierius statybininkas; *designing ~* inžinierius konstruktorius **2** technikas, mechanikas; *chief ~ jūr.* vyriausiasis me-

engineering 303 **enough**

chanikas 3 *amer.* mašinistas 4 *kar.* pionierius; ***Royal Engineers,*** *amer.* ***Corps of Engineers*** inžinerijos *(pionierių)* daliniai
v **1** konstruoti, projektuoti **2** dirbti inžinieriumi/techniku **3** *(gudriai, slaptai)* rengti, organizuoti, ***he ~ed it all*** jis visa tai surengė/padarė

engineering [ˌendʒɪ'nɪərɪŋ] *n* **1** inžinieriaus profesija; ***~ degree*** inžinieriaus diplomas **2** inžinerija; technika; ***electrical ~*** elektrotechnika; ***radio ~*** radiotechnika; ***~ data*** techniniai duomenys **3** *(mašinų)* gamyba; ***an ~ works*** mašinų gamykla; ***civil ~*** kelių, tiltų, kanalų, dokų ir pan. statyba
a taikomasis *(apie mokslą)*

engine-house ['endʒɪnhaus] *n* garvežių depas
engine-room ['endʒɪnrum] *n* mašinų skyrius *(ypač laivo)*
enginery ['endʒɪnərɪ] *n kuop.* mašinos, technika
engird(le) [ɪn'gə:d(l)] *v* apjuosti
England ['ɪŋglənd] *n* Anglija *(šalis)*
English ['ɪŋglɪʃ] *<a, n, v>* *a* angliškas, anglų; Anglijos, Didžiosios Britanijos; ***~ teacher*** anglų kalbos mokytojas
n **1** anglų kalba; ***black ~*** *amer.* juodaodžių anglų kalba; ***Basic ~*** suprastinta anglų kalba *(850 žodžių);* ***what's the ~ for „vokas"?*** kaip angliškai „vokas"? **2** *(the~) kuop.* anglai ◊ ***in plain ~*** aiškiai, tiesiai
v versti į anglų kalbą
Englishism ['ɪŋglɪʃɪzm] *n* **1** anglicizmas **2** anglomanija
Englishman ['ɪŋglɪʃmən] *n (pl* -men [-mən]) *(tik v.)* anglas
Englishness ['ɪŋglɪʃnɪs] *n* tipiškai angliškas būdas/charakteris
Englishry ['ɪŋglɪʃrɪ] *n* **1** *ret.* Anglijos pilietybė; angliška kilmė **2** *ist.* anglai *(džn. gyvenantys Airijoje)*
English-speaking ['ɪŋglɪʃ'spi:kɪŋ] *a* angliškai kalbantis
Englishwoman ['ɪŋglɪʃˌwumən] *n (pl* -women [-ˌwɪmɪn]) anglė
engorge [ɪn'gɔ:dʒ] *v* **1** daug ir godžiai valgyti; (pra)ryti **2** *pass med.* pritvinkti kraujo
engraft [ɪn'grɑ:ft] *v* **1** skiepyti *(augalus; into, (up)on)* **2** *prk.* įskiepyti, įdiegti *(in)*
engrail [ɪn'greɪl] *v (ppr. pass; ypač her.)* išdantyti, išpjaustyti dantimis
engrain [ɪn'greɪn] *v* **1** (nu)dažyti *(imituojant marmurą, medį ir pan.)* **2** (į)diegti, (į)skiepyti
engrave [ɪn'greɪv] *v* **1** graviruoti, raižyti **2** daryti graviūros klišę **3** *(ppr. pass)* įsmigti, įsirėžti *(atmintyje; on, in)*
engraver [ɪn'greɪvə] *n* graveris; raižytojas
engraving [ɪn'greɪvɪŋ] *n* **1** graviravimas; raižyba **2** graviūra; estampas
engross [ɪn'grəus] *v* **1** labai sudominti; *refl, pass* būti įnikusiam/susidomėjusiam/įsigilinusiam *(in, with)* **2** (per)rašyti *(ypač dokumentą)* stambiomis raidėmis **3** *(ypač ist.)* supirkti, koncentruoti *(prekes);* monopolizuoti
engrossing [ɪn'grəusɪŋ] *a* įdomus, patrauklus *(apie knygą ir pan.)*
engulf [ɪn'gʌlf] *v* **1** praryti *(ppr. prk.);* ***the stormy sea ~ed the small boat*** audringa jūra prarijo laivelį **2** apimti *(apie jausmus ir pan.);* ***~ ed in flames*** apimtas ugnies, liepsnose
enhance [ɪn'hɑ:ns] *v* (pa)didinti, (su)stiprinti, (pa)kelti *(vertę, prestižą ir pan.);* ***the dim light only ~s her beauty*** blausi šviesa tik pabrėžia jos grožį
enharmonic [ˌenhɑ:'mɔnɪk] *a muz.* enharmoninis
enigma [ɪ'nɪgmə] *n* mįslė *(t. p. apie žmogų);* ***it remained an ~*** tai ir liko mįslė
enigmatic(al) [ˌenɪg'mætɪk(l)] *a* mįslingas, paslaptingas
enjambement [ɪn'dʒæmmənt] *n lit.* anžambemanas

enjoin [ɪn'dʒɔɪn] *v* **1** įsakyti, reikalauti; ***he ~ed obedience on the soldiers*** jis reikalavo paklusnumo iš kareivių **2** *amer. teis.* (už)drausti *(from)*
enjoy [ɪn'dʒɔɪ] *v* **1** gėrėtis, patirti malonumą; ***to ~ life*** mėgautis gyvenimu; ***how did you ~ yourself?*** kaip praleidote laiką?; ***~!*** *amer.,* ***~ yourselves!*** linksminkitės! **2** patikti; ***he ~s going there*** jam patinka ten vaikščioti **3** turėti *(teisę, pajamų, pasitikėjimą ir pan.);* ***to ~ good health*** turėti gerą sveikatą
enjoyable [ɪn'dʒɔɪəbl] *a* malonus
enjoyment [ɪn'dʒɔɪmənt] *n* **1** malonumas, pomėgis, gėrėjimasis, pasigėrėjimas; ***he found great ~ in his work*** darbas jam teikė didelį pasitenkinimą **2** turėjimas *(sveikatos ir pan.);* naudojimasis *(teisėmis ir pan.)*
enkindle [ɪn'kɪndl] *v poet.* kurstyti *(aistras)*
enlace [ɪn'leɪs] *v* apvynioti, apraizgyti; apsupti
enlarge [ɪn'lɑ:dʒ] *v* **1** (pa)didinti; (pa)didėti, plėstis, iš(si)plėsti; ***to ~ a photo*** padidinti nuotrauką; ***to ~ one's knowledge*** papildyti savo žinias **2** plačiau kalbėti/dėstyti *(on, upon)*
enlarged [ɪn'lɑ:dʒd] *a* padidintas, padidėjęs; išplėstas; ***~ heart*** padidėjusi širdis; ***~ meeting*** išplėstinis posėdis
enlargement [ɪn'lɑ:dʒmənt] *n* **1** didinimas; didėjimas; iš(si)plėtimas; ***~ of the heart*** širdies išsiplėtimas **2** *fot.* didinimas; padidinta nuotrauka **3** pristatymas, priestatas
enlarger [ɪn'lɑ:dʒə] *n fot.* didintuvas
enlighten [ɪn'laɪtn] *v* (ap)šviesti, informuoti; ***can you ~ me on/about these rumours?*** ar galite painformuoti mane apie šiuos gandus?
enlightened [ɪn'laɪtnd] *a* apsišvietęs, šviesus; ***~ person*** šviesuolis, apsišvietęs žmogus
enlightenment [ɪn'laɪtnmənt] *n* **1** švietimas; apsišvietimas **2** *(E.) ist.* Šviečiamasis amžius *(t. p.* ***the Age of E.****)*
enlist [ɪn'lɪst] *v* **1** imti/verbuoti/stoti į karo tarnybą **2** pritraukti *(darbui);* gauti, turėti *(paramą ir pan.)* **3** patraukti *(savo pusėn, į savo organizaciją ir pan.; in, into)*
enlisted [ɪn'lɪstɪd] *a: amer.* ***~ grade*** puskarininkiai; ***~ men/ personnel*** puskarininkiai ir eiliniai
enliven [ɪn'laɪvn] *v* pagyvinti, įsijudinti; ***he much ~ed the party*** jis labai pagyvino draugiją
en masse [ɔn'mæs] *pr.* ištisai, masiškai; kartu
enmesh [ɪn'meʃ] *v (ppr. pass)* į(si)painioti, susipainioti *(in)*
enmity ['enmətɪ] *n* priešiškumas; nesantaika; ***to be at ~ (with)*** būti nesantaikoje *(su)*
ennead ['enɪæd] *n* devynetas
ennoble [ɪ'nəubl] *v* **1** kilninti **2** suteikti pero titulą
ennui [ɔn'wi:] *pr. n* nuobodulys, nuobodumas, nuobodis
enormity [ɪ'nɔ:mətɪ] *n* **1** *(problemos ir pan.)* didumas, rimtumas **2** *(nusikaltimo)* baisingumas, siaubingumas **2** *(ppr. pl)* baisus nusikaltimas
enormous [ɪ'nɔ:məs] *a* **1** didžiulis, milžiniškas **2** siaubingas, baisingas
enormously [ɪ'nɔ:məslɪ] *adv* nepaprastai, ypač
enough [ɪ'nʌf] *<a, n, adv>* *a* pakankamas; ***we have ~ seat for everyone*** mes turime pakankamai vietų visiems; ***that's ~ for me*** man užtenka; ***~ work to last the whole day*** darbo užteks visai dienai
n pakankamas kiekis; ***to have ~ and to spare*** turėti daugiau negu reikia; ***I've had ~ of him*** jis man labai įgriso; ***~ (of that)!*** pakaks!, užtenka!, gana!
adv pakankamai, užtektinai, ganėtinai; gana; ***hot ~*** pakankamai/užtektinai/gana karštas; ***he worked ~*** jis užtektinai dirbo; ***you are old ~ to know that*** tu jau suaugęs ir turėtum tai žinoti ◊ ***fair ~*** (gana) teisinga; gerai; ***strangely/oddly ~...*** kad ir keista...

enounce [ɪ'nauns] *v* **1** pareikšti, paskelbti **2** (iš)tarti
en passant [ˌɔnpæ'sɑːnt, ˌɔn'pæsɔn] *pr.* tarp kitko
enplane [ɪn'pleɪn] *v (ypač amer.)* = **emplane**
enquire [ɪn'kwaɪə] *v* = **inquire**
enquiry [ɪn'kwaɪərɪ] *n* = **inquiry**
enrage [ɪn'reɪdʒ] *v* (į)siutinti, (į)niršti, (į)nirtinti
enraged [ɪn'reɪdʒd] *a* įsiutęs, įniršęs, įtūžęs
enrapture [ɪn'ræptʃə] *v* su(si)žavėti, nepaprastai džiuginti
enravish [ɪn'rævɪʃ] *v* = **enrapture**
enrich [ɪn'rɪtʃ] *v* **1** (pra)turtinti; *to ~ oneself at smb's expense* praturtėti iš kieno lėšų **2** pagerinti; tręšti; *to ~ one's diet by adding vitamins* pagerinti maistą vitaminais
enrichment [ɪn'rɪtʃmənt] *n* **1** praturtinimas; praturtėjimas **2** pagerinimas **3** dekoratyvusis elementas
enrobe [ɪn'rəub] *v* aprengti
enrol [ɪn'rəul] *v (-ll-)* **1** įtraukti į sąrašą, į(si)rašyti, už(si)registruoti; *I've ~led in a ballet class* aš užsirašiau į baleto būrelį **2** imti/verbuoti/stoti į kariuomenę
enrolment [ɪn'rəulmənt] *n* **1** įtraukimas į sąrašus, už(si)rašymas, registracija; *university ~s had risen by 50 per cent* priėmimas į universitetą padidėjo 50% **2** verbavimas/ėmimas į kariuomenę
en route [ˌɔn'ruːt] *pr.* kelyje, pakeliui
ensanguined [ɪn'sæŋgwɪnd] *a poet.* kraujuotas, sukruvintas, kruvinas
ensconce [ɪn'skɔns] *v refl, pass* patogiai/jaukiai įsitaisyti
ensemble [ɔn'sɔmbl] *pr. n* **1** bendras/visumos įspūdis **2** *muz., teatr., archit.* ansamblis **3** *(drabužių)* ansamblis
enshrine [ɪn'ʃraɪn] *v* **1** saugoti, puoselėti *(atminimą ir pan.)*; *to ~ the nation's ideals* puoselėti tautos idealus **2** *bažn.* įdėti į relikvijų skrynią
enshroud [ɪn'ʃraud] *v knyg.* (ap)dengti, (ap)gaubti
ensign ['ensaɪn], *jūr.* ['ensn] *n* **1** *(laivo)* vėliava; *~ ship* flagmano laivas; *red ~* D. Britanijos prekybos laivyno vėliava; *white ~* D. Britanijos karo laivyno vėliava **2** *amer.* ženklas, ženklelis, emblema, kokarda **3** *amer. jūr.* jaunesnysis leitenantas
ensilage ['ensɪlɪdʒ] *ž. ū. n* **1** silosavimas **2** silosas *v* silosuoti
ensile [en'saɪl] *v ž. ū.* silosuoti
enslave [ɪn'sleɪv] *v* pavergti; paversti/(pa)daryti vergu; *to be ~d by one's passions* būti savo aistrų vergu
enslavement [ɪn'sleɪvmənt] *n* pavergimas
enslaver [ɪn'sleɪvə] *n* pavergėjas
ensnare [ɪn'snɛə] *v* **1** pagauti spąstais **2** *prk.* įvilioti į spąstus/pinkles
ensue [ɪn'sjuː] *v* eiti paskui/vėliau, būti pasekme, įvykti *(tuoj po ko)*; *silence ~d* paskui prasidėjo tyla
ensuing [ɪn'sjuːɪŋ] *a* kitas, po to einantis/vykęs; *~ consequences* išplaukiantys padariniai
ensure [ɪn'ʃuə] *v* **1** laiduoti, garantuoti; *to ~ independence* garantuoti nepriklausomybę, rūpintis nepriklausomybe **2** suteikti, duoti *(to, for)*
-ent [-ənt] *suff* -entas, -ininkas *ir kt. asmenį/veikėją žyminčios priesagos; plg.* **-ant**; *opponent* oponentas, priešininkas
entablature [en'tæblətʃə] *n archit.* antablementas, perdanga
entablement [ɪn'teɪblmənt] *n* = **entablature**
entail [ɪn'teɪl] *n teis.* **1** žemės paveldėjimo aktas **2** *ist.* majoratas
v **1** sukelti, būti priežastimi; *that will ~ great expense* tai pareikalaus didelių išlaidų; *that will ~ an early start* tai reiškia, kad teks išvažiuoti anksti **2** *teis.* nustatyti *(turto)* paveldėjimo tvarką *(paliekant jį šeimos nariui)*

entangle [ɪn'tæŋgl] *v* įpainioti, įvelti; *pass, refl* įsinarplioti, įsivelti, įsipainioti; *to get/become ~d (with)* susinarplioti, susipainioti, susipinti; *to get ~d in debt* įsipainioti skolose
entanglement [ɪn'tæŋglmənt] *n* **1** įsipainiojimas; įsivėlimas **2** kliuvinys, keblumas **3** *(džn. pl) kar. (vielų)* užtvara
entasis ['entəsɪs] *n (pl -ses [-siːz]) archit.* entazis, kolonos liemens pastorėjimas/išgaubtumas
entente [ɔn'tɔnt] *pr. n* **1** *dipl.* valstybių susitarimas **2** *(the E.) ist.* Antantė
enter ['entə] *v* **1** įeiti; įžengti; įplaukti; *~ Hamlet* įeina Hamletas *(remarka)* **2** įstoti, tapti nariu **3** imtis, įsitraukti; *to ~ politics* įsitraukti į politinę veiklą **4** dalyvauti *(varžybose ir pan.)*; įregistruoti, už(si)rašyti *(dalyvauti kur nors)*; *to ~ oneself for an examination* pateikti paraišką egzaminui laikyti **5** įrašyti, užrašyti *(t. p. ~ up)*; įvesti *(informaciją)* į kompiuterį; *to ~ a sum in a ledger buh.* įrašyti sumą į didžiąją knygą; *to ~ a word in a dictionary* įtraukti žodį į žodyną **6** pradėti *(into, on, upon)*; *to ~ into negotiations* pradėti derybas; *to ~ into particulars/details* leistis į smulkmenas; *I ~ed my second year at university* aš pradėjau antruosius metus universitete; *the new teacher ~ed upon his duties in the autumn* naujasis mokytojas pradėjo eiti pareigas rudenį **7** būti sudedamąja dalimi, įeiti *(į kieno planus ir pan.; into)* **8** paveldėti *(on, upon)*; *to ~ upon one's inheritance* pradėti valdyti palikimą **9** deklaruoti *(prekes)* **10** *teis.* pradėti procesą; *to ~ a suit against smb* iškelti bylą kam; *to ~ a complaint* pateikti skundą; *to ~ a protest* pareikšti protestą
enteric [en'terɪk] *a anat.* žarninis, vidurių; *~ fever med.* vidurių šiltinė
n med. vidurių šiltinė
enteritis [ˌentə'raɪtɪs] *n med.* plonosios žarnos uždegimas
enterovirus [ˌentərəʊ'vaɪərəs] *n med.* enterovirusas
enterprise ['entəpraɪz] *n* **1** įmonė, verslamonė; verslas; *free [private] ~* laisvoji [privati] verslininkystė; *state-owned/governmental [business] ~* valstybinė [komercinė] įmonė; *industrial ~* pramonės įmonė, verslovė **2** verslumas; sumanumas **3** iniciatyva, sumanymas
enterpriser ['entəpraɪzə] *n* įmonininkas, verslininkas
enterprising ['entəpraɪzɪŋ] *a* verslus; sumanus; iniciatyvus
entertain [ˌentə'teɪn] *v* **1** vaišinti; *to ~ smb to/at dinner* vaišinti ką pietumis; *they ~ed us very well* jie mus labai gražiai priėmė **2** smaginti, linksminti, užimti *(with)* **3** atsižvelgti; laikytis *(nuomonės)*; puoselėti *(minčų)*; *to ~ a suggestion* reaguoti į pasiūlymą; *to ~ a proposal* atsižvelgti į pasiūlymą, svarstyti pasiūlymą; *to ~ a request* patenkinti prašymą; *to ~ doubts about smth* suabejoti kuo
entertainer [ˌentə'teɪnə] *n (publikos)* linksmintojas, komikas, konferansjė, pramogininkas *(profesija)*
entertaining [ˌentə'teɪnɪŋ] *a* linksminantis, linksmas, įdomus; pramoginis
entertainment [ˌentə'teɪnmənt] *n* **1** *(svečių)* priėmimas, vaišinimas; pobūvis; *~ allowance* pinigai reprezentacijai **2** (pasi)linksminimas, pramoga; divertismentas; *~ unit* artistų brigada
enthral [ɪn'θrɔːl] *v (-ll-) (ppr. pass)* pavergti, sužavėti *(apie knygą, pasakojimą ir pan.)*
enthrone [ɪn'θrəun] *v* **1** pasodinti į sostą **2** iškelti, išaukštinti *(idėją ir pan.)*; *~d in the hearts* užvaldęs širdis
enthronement [ɪn'θrəunmənt] *n* **1** pasodinimas į sostą **2** *bažn.* intronizacija

enthuse [ɪn'θju:z] v 1 entuziastingai/susižavėjus kalbėti *(about, over)* 2 sužadinti entuziazmą, uždegti, pradžiuginti, sudominti

enthusiasm [ɪn'θju:zɪæzm] n entuziazmas; pakilimas, užsidegimas; didelis susidomėjimas/susižavėjimas *(for, about)*; **to arouse smb to ~** sukelti kieno entuziazmą

enthusiast [ɪn'θju:zɪæst] n entuziastas; užsidegėlis

enthusiastic [ɪn,θju:zɪ'æstɪk] a pilnas entuziazmo/energijos, entuziastingas; entuziastiškas; *I have become ~ about fishing* aš labai pamėgau žvejybą

enthymeme ['enfɪmi:m] n log. entimema, sutrumpintas silogizmas

entice [ɪn'taɪs] v (su)gundyti, (su)vilioti, privilioti ☐ ~ *away* patraukti, nuvilioti; *she ~d my cook away* ji paviliojo mano virėją

enticement [ɪn'taɪsmənt] n 1 gundymas, viliojimas 2 pagunda, vilionė

enticing [ɪn'taɪsɪŋ] a gundantis, viliojantis, magus

entire [ɪn'taɪə] a 1 visas, ištisas; visiškas; *the ~ country [day]* visa šalis [diena]; *he has our ~ confidence* jis turi mūsų visišką pasitikėjimą 2 nekastruotas *(apie gyvulį)* n 1 ret. visuma 2 ž. ū. nekastruotas gyvulys

entirely [ɪn'taɪəlɪ] adv 1 vien tik, tiktai; išimtinai; *it's ~ my fault* tai tiktai mano klaida 2 visiškai, visai; *he is ~ convinced* jis visiškai įsitikinęs; *he is ~ ruined* jis visai nusigyveno

entirety [ɪn'taɪətɪ] n 1 visuma, visybė; bendra suma; *in its ~* visa apimtimi, pilnutinai 2 teis. bendras nepadalinto turto valdymas

entitle [ɪn'taɪtl] v (džn. pass) 1 duoti teisę; *to be ~d to do smth* turėti teisę daryti ką; *to be ~d to a leave* turėti teisę gauti atostogų 2 (pa)vadinti, duoti pavadinimą 3 psn. suteikti titulą/vardą

entitlement [ɪn'taɪtlmənt] n 1 teisė *(pašalpai ir pan. gauti; to)* 2 pavadinimas

entity ['entətɪ] n 1 būtis, objektyvioji realybė; esybė 2 *(valstybės ir pan.)* vientisumas; organizmas; *international ~ teis.* tarptautinių santykių subjektas

entomb [ɪn'tu:m] v 1 palaidoti 2 būti kapais

entombment [ɪn'tu:mmənt] n palaidojimas

entomological [,entəmə'lɒdʒɪkl] a entomologinis

entomologist [,entə'mɒlədʒɪst] n entomologas

entomologize [,entə'mɒlədʒaɪz] v 1 studijuoti entomologiją 2 rinkti ir tirti vabzdžius

entomology [,entə'mɒlədʒɪ] n entomologija, vabzdžių mokslas

entomophagus [,entə'mɒfəgəs] a zool. vabzdžiaėdis

entourage [,ɒntu'rɑ:ʒ] pr. n 1 palyda, lydintieji asmenys 2 aplinka

entr'acte ['ɒntrækt] pr. n teatr. pertrauka, antraktas

entrails ['entreɪlz] n pl 1 *(gyvulių, žmonių)* viduriai, žarnos 2 *(žemės)* gelmės

entrain[1] [ɪn'treɪn] v sėsti/sodinti/krauti į traukinį

entrain[2] v ret. 1 nešti *(su srove)* 2 tempti, traukti *(su savimi)*

entrance[1] ['entrəns] n 1 įėjimas, įvažiavimas *(vieta)*; įplaukimas; *back [front] ~* užpakalinės [paradinės] durys 2 įėjimas, įžengimas, įvažiavimas *(veiksmas)*; *„E. free"* „įėjimas nemokamas" 3 įstojimas; *~ fee/money* stojamasis mokestis *~ examinations* stojamieji egzaminai; *to gain ~ (to)* būti priimtam *(į klubą, universitetą ir pan.)* 4 teatr. *(artisto)* įeiga, įėjimas *(į sceną)*

entrance[2] [ɪn'trɑ:ns] v 1 sukelti ekstazę 2 sukelti džiaugsmą/nuostabą/baimę; pakerėti, užkerėti; *they listened ~d* jie klausėsi kaip užburti/pakerėti

entrancing [ɪn'trɑ:nsɪŋ] a kerintis, žavingas

entrant ['entrənt] n 1 įeinantysis, įvažiuojantysis 2 stojantysis *(į universitetą, tarnybą ir pan.)* 3 *(varžybų)* dalyvis

entrap [ɪn'træp] v 1 pagauti spąstais 2 apgauti, įpainioti į pinkles

entrapment [ɪn'træpmənt] n 1 pagavimas spąstais; sumedžiojimas 2 teis. baudžiamos veikos provokavimas; *police ~ ≡* policijos spąstai

entreat [ɪn'tri:t] v maldauti, melsti

entreaty [ɪn'tri:tɪ] n maldavimas, meldimas

entrecôte ['ɒntrəkəʊt] pr. n kul. antrekotas

entrée ['ɒntreɪ] pr. n 1 įėjimo teisė/privilegija; *he has the ~ to all the best houses* jis lankosi, yra (gerai) priimamas geriausiuose namuose 2 pirmasis patiekalas *(paduodamas tarp užkandžio ir kepsnio)*

entrench [ɪn'trentʃ] v 1 kar. iškasti apkasą, apsupti apkasais, apsikasti 2 *(ppr. pass/refl)* į(si)tvirtinti, įsigalėti; užsiimti gerą poziciją *(behind, against)* 3 pasikėsinti *(upon – į)*

entrenched [ɪn'trentʃt] a 1 kar. įsitvirtinęs; apsikasęs 2 prk. įsigalėjęs, tvirtas; *deeply ~ prejudices* giliai įsišaknijęs prietarai

entrenchment [ɪn'trentʃmənt] n 1 kar. tranšėja, įtvirtinimai 2 įsitvirtinimas

entre nous [,ɒntrə'nu:] pr. tarp mūsų (kalbant)

entrepôt ['ɒntrəpəʊ] pr. n tranzitinių krovinių sandėlis *(prie muitinių, uostų ir pan.)*

entrepreneur [,ɒntrəprə'nə:] pr. n 1 įmonininkas, verslininkas 2 antrepreneris

entresol ['ɒntrəsɒl] pr. n archit. antresolė

entropy ['entrəpɪ] n spec. entropija

entruck [ɪn'trʌk] v amer. sodinti/sėsti/lipti į sunkvežimį *(ypač apie kareivius)*

entrust [ɪn'trʌst] v patikėti *(with)*; pavesti *(to)*; *I ~ed the money to him, I ~ed him with the money* aš patikėjau jam pinigus

entry ['entrɪ] n 1 durys, vartai; perėjimas *(tarp namų)*; vestibiulis; *the thieves forced an ~ into the building* vagys įsibrovė į pastatą išlaužę duris 2 įėjimas, įžengimas; įvažiavimas; *~ permit/visa* įvažiavimo viza; *no ~* įeiti/įvažiuoti draudžiama *(užrašas)* 3 įstojimas *(į mokyklą, organizaciją, karą ir pan.)*; *he was refused ~* jo nepriėmė *(to — į)* 4 įtraukimas į sąrašą; *(varžybų ir pan.)* dalyvių sąrašas; *(varžybų)* dalyvis; *a large ~* didelis konkursas 5 įrašymas; įrašas *(t. p. buh.)*; 6 komp. *(duomenų)* įvestis; įeities vieta; elementas 7 *(žodyno, enciklopedijos ir pan.)* straipsnis, vokabula; *bibliographical ~* bibliografijos aprašas 8 *(muitinės)* deklaracija 9 *(upės)* žiotys 10 amer. *(mėnesio ir pan.)* pradžia

entry-level ['entri,levl] a tinkamas pradedantiesiems *(ypač mokantis dirbti su kompiuteriais)*

entryway ['entrɪweɪ] n amer. prieangis, prieškambaris

ents [ents] n pl (entertainments sutr.) šnek. kultūros renginiai, pramogos *(universitete)*

entwine [ɪn'twaɪn] v supinti, suvyti; įpinti; *pass* susipinti ☐ *~ around pass, refl* apsivynioti *(apie stiebą, medį ir pan.)*

E-number ['i:,nʌmbə] n cheminių priedų kodinis numeris *(ant maisto produktų pakuotės)*

enumerate [ɪ'nju:məreɪt] v išskaičiuoti, išvardyti

enumeration [ɪ,nju:mə'reɪʃn] n 1 išskaičiavimas, išvardijimas 2 sąrašas

enunciate [ɪ'nʌnsɪeɪt] v 1 (aiškiai) tarti *(žodžius)* 2 formuluoti, dėstyti *(mintis, teoriją ir pan.)*

enunciation [ɪ,nʌnsɪ'eɪʃn] n 1 geras tarimas, dikcija 2 *(minčių ir pan.)* formulavimas, dėstymas

enure [ɪ'njuə] v = **inure**

enuresis [ˌenjuə'riːsɪs] n med. enurezė, šlapimo nelaikymas

envelop [ɪn'veləp] v **1** (ap)vynioti, apgaubti, apsiausti; *the hills were ~ed in mist* kalnus gaubė migla **2** kar. apsupti, apeiti

envelope ['envələup] n **1** vokas **2** apvalkalas, apgaubas, apdanga *(of)* **3** komp. kadraženklis

envelopment [ɪn'veləpmənt] n **1** apvyniojimas, apsiautimas; apdanga **2** kar. apsupimas, apsuptis

envenom [ɪn'venəm] v **1** poet. užnuodyti **2** prk. apkartinti

enviable ['envɪəbl] a pavydėtinas, keliantis pavydą; *he is an ~ young man* tam jaunuoliui galima pavydėti

envious ['envɪəs] a pavydus; *she was ~ of her sister's beauty* ji pavydėjo seseriai grožio

environed [ɪn'vaɪərənd] a apsuptas *(by, with)*

environment [ɪn'vaɪərənmənt] n **1** aplinka, aplinkuma; *geographical [social] ~* geografinė [socialinė] aplinka; *~ control/protection* aplinkosauga **2** komp. terpė; *integrated ~* integruotoji terpė

environmental [ɪnˌvaɪərən'mentl] a aplinkos; *~ science* mokslas apie aplinką; *~ damage* žala aplinkai

environmentalist [ɪnˌvaɪərən'mentlɪst] n gamtosaugininkas, gamtosaugos šalininkas/darbuotojas

environment-friendly [ɪnˌvaɪərənmənt' frendlɪ] a nežalingas aplinkai

environs [ɪn'vaɪərənz, 'envɪrənz] n pl apylinkės, kaimynystė

envisage [ɪn'vɪzɪdʒ] v numatyti, įžvelgti, įsivaizduoti

envision [ɪn'vɪʒn] v amer. = **envisage**

envoy[1] ['envɔɪ] n **1** pasiuntinys; *~ extraordinary and minister plenipotentiary* nepaprastasis pasiuntinys ir įgaliotasis ministras **2** agentas, atstovas

envoy[2] n lit. baigiamasis poemos posmas

envy ['envɪ] n **1** pavydas; *out of ~* iš pavydo; *to burn with ~* netverti pavydu, sprogti iš pavydo **2** pavydo objektas; *his garden was the ~ of all* jo sodo visi pavydėjo v pavydėti; *I ~ him his good fortune* aš pavydžiu jam sėkmės

enwind [ɪn'waɪnd] v knyg. ap(si)vynioti

enwrap [ɪn'ræp] v knyg. suvynioti, apsupti, apsiausti

enzootic [ˌenzəu'ɔtɪk] n vet. enzootija

enzyme ['enzaɪm] n biol. fermentas, enzimas

eon ['iːən] n amer. = **aeon**

eosin ['iːəsɪn] n eozinas *(raudoni dažai)*

eparchy ['epɑːkɪ] n eparchija *(t. p. bažn.)*

epaulet(te) ['epəlet, ˌepə'let] n epoletai, *(paradiniai)* antpečiai

épée ['epeɪ] pr. n sport. kardas, espadronas

epenthesis [e'penθɪsɪs] n kalb. epentezė

epenthetic [ˌepen'θetɪk] a kalb. epentetinis, įterptinis

ephedrine ['efədrɪn] n farm. efedrinas

ephemera [ɪ'femərə] pl žr. **ephemeron** 2

ephemeral [ɪ'femərəl] a **1** efemerinis, efemeriškas, trumpalaikis, greit praeinantis **2** biol. vienadienis *(apie vabzdžius, gėles)*

ephemeris [ɪ'femərɪs] n (pl ephemerides [ˌefɪ'merɪdiːz]) astr. efemeridės

ephemeron [ɪ'femərɔn] n **1** (pl ~s) zool. efemeridė **2** (pl -ra) kas nors trumpalaikis, greitai praeinantis; *records, pictures of pop-stars, and other such ephemera* įrašai, popžvaigždžių nuotraukos ir panašūs dalykai

epic ['epɪk] n **1** epinė poema; epas **2** epopėja; kino epopėja
a **1** epinis, epiškas **2** didingas, įspūdingas

epical ['epɪkl] = **epic** a

epicenter ['epɪˌsentə] n amer. = **epicentre**

epicentre ['epɪˌsentə] n *(žemės drebėjimo)* epicentras

epicure ['epɪkjuə] n epikūrininkas

epicurean [ˌepɪkju'riːən] n epikūrininkas
a epikūriškas, epikūrininko; Epikūro

epicureanism [ˌepɪkjuə'riːənɪzm] n epikūrizmas

epicurism ['epɪkjuərɪzm] n = **epicureanism**

Epicurus [ˌepɪ'kjuərəs] n Epikūras *(graikų filosofas)*

epidemic [ˌepɪ'demɪk] n epidemija *(t. p. prk.); flu ~* gripo epidemija
a epideminis

epidemical [ˌepɪ'demɪkl] = **epidemic** a

epidemiologic(al) [ˌepɪˌdiːmɪə'lɔdʒɪk(l)] a epidemiologinis, epidemiologijos

epidemiology [ˌepɪdiːmɪ'ɔlədʒɪ] n epidemiologija

epidermal [ˌepɪ'dəːml] a anat. epiderminis

epidermic [ˌepɪ'dəːmɪk] a = **epidermal**

epidermis [ˌepɪ'dəːmɪs] n anat., bot. epidermis

epidiascope [ˌepɪ'daɪəskəup] n spec. epidiaskopas

epidural [ˌepɪ'djuərəl] a anat. epiduralinis, nugaros smegenų dangalo

epifauna ['epɪfɔːnə] n zool. epifauna, dugniniai gyvūnai

epiglottis [ˌepɪ'glɔtɪs] n anat. antgerklis

epigone ['epɪgəun] n epigonas, nekūrybiškas sekėjas, mėgdžiotojas

epigonous [ɪ'pɪgənəs] a epigoniškas, epigonų

epigram ['epɪgræm] n epigrama

epigrammatic [ˌepɪgrə'mætɪk] a **1** epigraminis, epigramos **2** mėgstantis rašyti epigramas

epigraph ['epɪgrɑːf] n epigrafas

epigraphic [ˌepɪ'græfɪk] a epigrafinis, epigrafų

epilepsy ['epɪlepsɪ] n med. epilepsija, nuomaris

epileptic [ˌepɪ'leptɪk] n epileptikas, nuomarininkas
a epileptinis, epilepsijos, nuomario; *~ fit* epilepsijos priepuolis

epilogue ['epɪlɔg] n epilogas

Epiphany [ɪ'pɪfənɪ] n bažn. Trys karaliai *(sausio 6 d.)*

epiphenomenon [ˌepɪfə'nɔmɪnən] n (pl -na [-nə]) spec. epifenomenas, šalutinis reiškinys

episcopacy [ɪ'pɪskəpəsɪ] n = **episcopate**

episcopal [ɪ'pɪskəpl] a bažn. **1** vyskupiškas, vyskupo **2** episkopalinis; *~ church* amer. episkopalinė bažnyčia

episcopalian [ɪˌpɪskə'peɪlɪən] n episkopalinės bažnyčios narys
a = **episcopal** 2

episcopate [ɪ'pɪskəpət] n bažn. episkopatas (**1** vyskupystė **2** kuop. vyskupai); vyskupija

episode ['epɪsəud] n **1** epizodas **2** *(televizijos filmo, radijo spektaklio ir pan.)* viena iš serijos dalių

episodic(al) [ˌepɪ'sɔdɪk(l)] a **1** epizodinis **2** atsitiktinis

epistle [ɪ'pɪsl] n **1** knyg., juok. laiškas, raštas **2** *(the Epistles)* bažn. apaštalų laiškai

epistolary [ɪ'pɪstələrɪ] a knyg. epistolinis; laiško formos/stiliaus; *~ novel* epistolinis romanas

epistyle ['epɪstaɪl] n archit. architravas

epitaph ['epɪtɑːf] n epitafija, antkapio įrašas

epithelium [ˌepɪ'θiːlɪəm] (pl ~s, -lia [-lɪə]) n biol. epitelis, dengiamasis audinys

epithet ['epɪθet] n epitetas

epitome [ɪ'pɪtəmɪ] n **1** įkūnijimas *(of – ko); the ~ of a philosopher* geriausias filosofas **2** ret. santrauka, reziumė, konspektas

epitomize [ɪ'pɪtəmaɪz] v **1** įkūnyti, būti *(ko)* įkūnijimu; tipizuoti *(apie kūrinį)* **2** ret. konspektuoti, sutraukti

epoch ['i:pɔk] *n* **1** epocha, era, laikotarpis **2** *(gyvenimo ir pan.)* posūkio/lūžio momentas/taškas; **to mark an ~** pradėti naują erą

epochal ['epɔkl] *a* epochinis, epochos

epoch-making ['i:pɔk‚meɪkɪŋ] *a* reikšmingas, istorinis, epochinis; **~ *discovery*** pasaulinės reikšmės atradimas

eponym ['epənɪm] *n kalb.* eponimas *(t. p. ist.)*

eponymous [ɪ'pɔnɪməs] *a* duodantis savo vardą; **~ *hero*** veikėjas, kurio vardu pavadintas kūrinys

epopee ['epəᵘpi:] *n ret.* epopėja

epos ['epɔs] *n* epas; epinė poema

epoxy [e'pɔksɪ] *n tech.* epoksidas, epoksidinė derva *(t. p* **~ *resin*)**, epoksidiniai klijai

equability [‚ekwə'bɪlətɪ] *n* **1** vienodumas, lygumas, pastovumas **2** santūrumas, ramumas

equable ['ekwəbl] *a* **1** pastovus, vienodas, lygus; **~ *climate*** pastovus klimatas **2** santūrus, nuosaikus, ramus; **~ *character*** santūrus charakteris

equal ['i:kwəl] <*a, n, v*> *a* **1** (to)lygus, vienodas; **~ *opportunities [rights]*** lygios galimybės [teisės]; **of ~ *value*** lygiavertis; **to *divide into* ~ *parts*** padalyti lygiai **2** prilygstantis, sulyginamas, nenusileidžiantis *(to)* **3** (su)gebantis, pajėgus, kompetentingas; **he *is not* ~ *to the task*** jis nesusidoros su uždaviniu **4** santūrus, ramus *(apie būdą)*
n (to)lygus daiktas, lygus *(apie žmogų);* **he *has no* ~** jis neturi sau lygių, niekas negali su juo susilyginti; **let *x be the* ~ *of y mat.*** tarkime, kad x yra lygus y; **~s *sign, amer.* ~ *sign*** lygybės ženklas
v (-ll-) **1** būti lygiam; **67 *minus* 12 ~s 55** 67 minus 12 lygu 55 **2** prilygti, susilyginti; **none *of us can* ~ *her*** nė vienas iš mūsų negali prilygti jai; **to ~ *the world record*** pakartoti pasaulio rekordą

equalitarian [ɪ‚kwɔlɪ'tɛərɪən] = **egalitarian** *n*

equality [ɪ'kwɔlətɪ] *n* lygybė; lygiateisiškumas *(t. p.* **~ *of rights)*; *sexual* ~** lyčių lygybė; **on *an* ~ *(with)*** lygiateisis, lygiais pagrindais, lygiomis sąlygomis

equalization [‚i:kwəlaɪ'zeɪʃn] *n* **1** sulyginimas, suvienodinimas *(teisių ir pan.)* **2** *spec.* išlyginimas **3** *fon.* visiškoji asimiliacija

equalize ['i:kwəlaɪz] *v* **1** (su)lyginti, (su)vienodinti **2** *sport.* išlyginti rezultatą

equalizer ['i:kwəlaɪzə] *n* **1** *sport.* išlyginamasis įvartis **2** *tech.* balansyras, svirtis **3** *el.* korektorius, ekvalaizeris **4** *amer. sl.* ginklas, šautuvas

equally ['i:kwəlɪ] *adv* **1** lygiai, lygiomis, vienodai; **they *shared the work* ~** jie pasidalijo darbą lygiomis **2** taip pat; **~, *we might say*...** taip pat galėtumėme pasakyti...

equanimity [‚ekwə'nɪmətɪ] *n* ramybė, šaltakraujiškumas, dvasinė pusiausvyra

equate [ɪ'kweɪt] *v* **1** prilyginti, sulyginti, laikyti lygiu **2** *mat.* nustatyti lygybę; sudaryti lygtį

equation [ɪ'kweɪʃn] *n* **1** išlyginimas; **the ~ *of supply and demand*** paklausos ir pasiūlos atitikimas **2** *mat., fiz.* lygtis; ***simple* ~ *mat.*** pirmojo laipsnio lygtis; **~ *of state fiz.*** būsenos lygtis

equator [ɪ'kweɪtə] *n geogr.* pusiaujas, ekvatorius

equatorial [‚ekwə'tɔ:rɪəl] *a* ekvatorinis, ekvatoriaus, pusiaujo

equerry [ɪ'kwerɪ, 'ekwərɪ] *n (tik v.)* **1** karališkosios šeimos tarnas **2** *ist.* karaliaus dvaro arklininkas

equestrian [ɪ'kwestrɪən] *n* raitelis; jojikas *(ypač cirko) a* jojimo; raitelio

equestrienne [ɪ‚kwestrɪ'en] *n* jojikė *(ypač cirko)*

equiangular [‚i:kwɪ'æŋgjulə] *a geom.* lygiakampis

equidistant [‚i:kwɪ'dɪstənt] *a* **1** esantis vienodu atstumu *(from – nuo)* **2** *geom.* vienodai nutolęs *(from – nuo)*

equilateral [‚i:kwɪ'lætərəl] *a geom.* lygiakraštis

equilibrate [‚i:kwɪ'laɪbreɪt] *v* iš(si)lyginti, balansuoti(s), su(si)balansuoti

equilibria [‚i:kwɪ'lɪbrɪə] *pl žr.* **equilibrium**

equilibrist [ɪ'kwɪlɪbrɪst] *n* ekvilibristas

equilibrium [‚i:kwɪ'lɪbrɪəm] *n (pl* ~s, -ria) pusiausvyra *(ir prk.);* **to *keep the economy in* ~** išlaikyti ekonomikos pusiausvyrą

equine ['ekwaɪn] *a* **1** arkliškas **2** *zool.* arklių

equinoctial [‚i:kwɪ'nɔkʃl, ‚ek-] *a* ekvinokcinis, ekvinokcijos, lygiadienio

equinox ['i:kwɪnɔks, ‚ek-] *n* ekvinokcija, lygiadienis; ***autumn(al) [spring/vernal]* ~** rudens [pavasario] ekvinokcija/lygiadienis

equip [ɪ'kwɪp] *v* **1** aprūpinti *(with, for);* įrengti; (pa)rengti; **to ~ *for a journey*** rengtis/išsirengti į kelionę; **to ~ *a factory*** įrengti fabriką **2** apginkluoti *(kar. ir prk. žiniomis ir pan.)*

equipage ['ekwɪpɪdʒ] *n* **1** aprūpinimas; apginklavimas **2** *ist.* kinkinys, ekipažas *(karieta, arkliai ir palyda)*

equipment [ɪ'kwɪpmənt] *n* **1** *(laboratorijos ir pan.)* įrengimas, įruošimas; aprūpinimas **2** aparatūra, įranga, įrenginiai, įrengimai; ***garden* ~** sodo inventorius; ***I have all the* ~ *I need for fishing*** aš turiu visus reikalingus žvejybos reikmenis **3** *kar.* apranga, apginklavimas, amunicija **4** *glžk.* riedmenys

equipoise ['ekwɪpɔɪz] *n* pusiausvyra; atsvara *v* išlyginti, sudaryti pusiausvyrą; atsverti

equiponderate [‚i:kwɪ'pɔndəreɪt] *v spec.* (su)pusiausvyrinti; atsverti

equisetum [‚ekwɪ'si:təm] *n (pl* ~s, -ta [-tə]) *bot.* asiūklis

equitable ['ekwɪtəbl] *a* teisingas, nešališkas; **~ *treaty*** lygiateisė sutartis

equitation [‚ekwɪ'teɪʃn] *n sport.* jojimas, jojimo menas

equity ['ekwətɪ] *n* **1** teisingumas, nešališkumas; ***tax* ~** teisingas apmokestinimas; ***Court of E.*** sąžinės teismas **2** *kom.* marža **3** *pl fin.* paprastosios akcijos *(be nustatyto dividendo)* **4** *(E.) teatr.* aktorių profesinė sąjunga

equivalence [ɪ'kwɪvələns] *n* ekvivalentumas, lygiavertiškumas *(t. p. log.);* atitikimas

equivalency [ɪ'kwɪvələnsɪ] *n* = **equivalence**

equivalent [ɪ'kwɪvələnt] *n* **1** ekvivalentas, atitikmuo **2** *šach.* kompensacija
a **1** ekvivalentiškas, lygiareikšmis, lygiavertis, lygiajėgis; tolygus; **it *is* ~ *to a catastrophy*** tai tolygu katastrofai **2** *geom.* lygiaplotis

equivocal [ɪ'kwɪvəkl] *a* **1** dviprasmis, dviprasmiškas; neaiškus; **~ *reply*** netiesus/neatviras atsakymas **2** abejotinas, įtartinas

equivocate [ɪ'kwɪvəkeɪt] *v* kalbėti dviprasmiškai/neaiškiai, išsisukinėti

equivocation [ɪ‚kwɪvə'keɪʃn] *n* išsisukinėjimas, kalbėjimas dviprasmybėmis

equivoke, equivoque ['i:kwɪvəuk, 'ekwɪvəuk] *n* dviprasmybė; kalambūras

er [ə, ə:] *int* hm *(reiškiant dvejojimą)*

-er [-ə] *suff* **1** -ojas, -ininkas, -ėjas, -ikas *(žymint veiksmo atlikėją, profesiją);* ***listener*** klausytojas; ***singer*** daininkas; ***player*** žaidėjas, žaidikas; ***geographer*** geografas **2** -ietis *(žymint gyvenamąją vietą);* ***Londoner*** londonietis; ***southerner*** pietietis **3** -iklis *(žymint prietaisą);* ***opener*** atidariklis, atkimštukas

era ['ɪərə] *n* era, epocha, laikotarpis; *to mark the end of an* ~ žymėti epochos pabaigą
eradiate [ɪ'reɪdɪeɪt] *v* (iš)spinduliuoti, skleisti spindulius
eradiation [ɪˌreɪdɪ'eɪʃn] *v* spinduliavimas, radiacija
eradicate [ɪ'rædɪkeɪt] *v* išrauti su šaknimis; *(prk. t. p.)* išnaikinti; *to ~ prejudices* išnaikinti prietarus
eradication [ɪˌrædɪ'keɪʃn] *n* išnaikinimas
erase [ɪ'reɪz] *v* 1 ištrinti; išskusti; nuvalyti 2 išdildyti *(iš atminties ir pan.)* 3 sunaikinti; panaikinti 4 *amer. šnek.* likviduoti, užmušti
eraser [ɪ'reɪzə] *n* 1 trintukas 2 šluostas, šluostė, kempinė *(lentai valyti)*
Erasmus [ɪ'ræzməs] *n* Erazmas Roterdamietis *(olandų mokslininkas)*
erasure [ɪ'reɪʒə] *n* 1 ištrynimas; išskutimas; išskusta vieta *(tekste)* 2 sunaikinimas; panaikinimas
erbium ['ɜːbɪəm] *n chem.* erbis
ere [ɛə] *poet., psn. prep* prieš, iki *(žymint laiką)*; *~ long* greitai, netrukus
conj greičiau/geriau... negu
erect [ɪ'rekt] *<a, adv, v> a* 1 tiesus, stačias 2 iškeltas; *with head ~ (aukštai)* iškelta galva; *with ears ~* pastatęs ausis
adv tiesiai, stačiai
v 1 (pa)statyti *(paminklą, pastatą, palapinę ir pan.)* 2 (iš)kelti; (iš)tiesinti 3 (su)kurti *(sistemą ir pan.)* 4 *tech.* montuoti, surinkti
erectile [ɪ'rektaɪl] *a* 1 išsitiesiantis 2 *fiziol.* erektilus
erection [ɪ'rekʃn] 1 (pa)statymas 2 statinys, antstatas 3 (iš)kėlimas; (iš)tiesinimas 4 *fiziol.* erekcija 5 *tech.* surinkimas, montavimas, montažas
erector [ɪ'rektə] *n* 1 statytojas; *(ženklo ir pan.)* iškėlėjas 2 surinkėjas, montuotojas
eremite ['erɪmaɪt] *n ret.* atsiskyrėlis
eremitic(al) [ˌerɪ'mɪtɪk(l)] *a ret.* atsiskyrėliškas, atsiskyrėlio
Erevan [ˌerɪ'vɑːn] *n* = **Yerevan**
erg [ɜːg] *n fiz.* ergas *(darbo ir energijos vienetas)*
ergative ['ɜːgətɪv] *kalb. n* ergatyvas
a ergatyvinis
ergo ['ɜːgəʊ] *lot. adv knyg., juok.* ergo, taigi, vadinasi
ergonomics [ˌɜːgə'nɒmɪks] *n* ergonomika; darbo procesų ir sąlygų tyrimas
ergonomist [ɜː'gɒnəmɪst] *n* ergonomistas, ergonomikos specialistas
ergot ['ɜːgət] *n bot.* paprastoji skalsė
Erie ['ɪəriː] *n: Lake ~* Erio ežeras
Erin ['ɪərɪn] *n poet., psn.* Airija *(sala ir valstybė)*
Erinys [e'rɪnɪs] *n (pl -yes [-iːz]) mit.* erinija *(viena iš trijų keršto ir bausmės deivių)*
eristic [e'rɪstɪk] *knyg. a* poleminis, eristinis
n 1 ginčų/diskusijų mėgėjas 2 eristika
Eritrea [ˌerɪ'treɪə] *n* Eritrėja *(valstybė)*
erk [ɜːk] *n av. sl.* eilinis *(kareivis)*
ermine ['ɜːmɪn] *n* 1 *zool.* šermuonėlis 2 šermuonėlio kailis 3 *(teisėjų, perų)* orumo simbolis; *to assume [to wear] the ~* tapti [būti] teismo nariu
erne [ɜːn] *n zool.* jūrinis erelis
Ernest ['ɜːnɪst] *n* Ernestas *(vardas)*
erode [ɪ'rəʊd] *v* 1 ėsti, graužti; *rust ~s iron* rūdys ėda geležį 2 *prk. (pamažu)* griauti, ardyti □ *~ away* a) išėsti, išgraužti; b) *(ppr. pass)* (su)griūti, (su)irti
Eros ['ɪərɒs] *n* 1 *mit.* Erotas, Erosas 2 *(e.) knyg.* erotas, aistra, meilė
erosion [ɪ'rəʊʒn] *n* 1 (iš)ėdimas, (iš)graužimas 2 *spec.* erozija *(t. p. prk.)*

erosive [ɪ'rəʊsɪv] *a* (iš)ėdantis; erozinis
erotic [ɪ'rɒtɪk] *a* meilės, erotinis; *~ love* jutiminė/kūniška meilė
n meilės eilėraštis
erotica [ɪ'rɒtɪkə] *n* erotika, erotinė literatūra, erotiniai filmai
eroticism [ɪ'rɒtɪsɪzm] *n* 1 erotiškumas 2 erotizmas
err [ɜː] *v* 1 (su)klysti, būti neteisiam; *to ~ is human* klysti – žmogiška 2 nusidėti ◊ *to ~ on the side of caution* būti per daug atsargiam
errand ['erənd] *n* pavedimas, pasiuntimas; *to go on an ~ for smb* eiti/vykti kieno pavedimu/įpareigojimu; *to run ~s (for)* būti *(kieno)* pasiuntiniu, būti siuntinėjamam
errand-boy ['erəndbɔɪ] *n* berniukas pasiuntinys
errant ['erənt] *a poet., juok.* 1 klystantis; paklydęs; *~ children* vaikai paklydėliai 2 neištikimas *(apie vyrą, žmoną)*
errantry ['erəntrɪ] *n poet.* klajojančio riterio nuotykiai
errata [e'rɑːtə] *pl žr.* **erratum**
erratic [ɪ'rætɪk] *a* 1 nepastovus, permainingas; padrikas *(apie mintis)* 2 nereguliarus; netvarkingas, nevienodas *~ pulse* neritmingas pulsas 3 *geol.* eratinis; *~ block* eratinis riedulys
n = *~ block*
erratum [e'rɑːtəm] *lot. n (pl* -ta) 1 spaudos klaida 2 *pl* spaudos klaidų sąrašas
erring ['ɜːrɪŋ] *a* paklydęs, nusidėjęs
erroneous [ɪ'rəʊnɪəs] *a* klaidingas *(apie nuomonę, įspūdį ir pan.)*
error ['erə] *n* 1 klaida, suklydimas; *in ~* per klaidą; *to commit/make an ~* padaryti klaidą; *to fall into ~* suklysti; *to lead smb into ~* suklaidinti ką; *~ of judgement* neteisingas sprendimas/įvertinimas 2 nuodėmė 3 *spec.* paklaida; *~ of the compass* kompaso paklaida
ersatz ['ɛəzæts] *vok. n* erzacas
Erse [ɜːs] *a* gėliškas
n 1 gėlų *(ypač Airijos keltų)* kalba 2 *psn.* airių
erstwhile ['ɜːstwaɪl] *a knyg.* buvęs; *our ~ friends* kadaise buvę mūsų draugai
adv psn. kadaise
erubescent [ˌeru'besnt] *a knyg.* raudonuojantis, raustantis *(t. p. med.)*; paraudęs
eruct(ate) [ɪ'rʌkt(eɪt)] *v ret.* 1 atsirūgti; raugėti 2 mesti, versti, veržtis *(apie ugnikalnį)*
eructation [ˌiːrʌk'teɪʃn] *n knyg.* 1 atsirūgimas; raugėjimas 2 *(ugnikalnio)* išsiveržimas
erudite ['erudaɪt] *n* eruditas
a didelės erudicijos, nepaprastai apsiskaitęs
erudition [ˌeru'dɪʃn] *n* erudicija, apsiskaitymas
erupt [ɪ'rʌpt] *v* 1 veržtis, išsiveržti *(apie ugnikalnį)* 2 prasiveržti *(apie juoką, ugnį ir pan.; from)* 3 staiga kilti/prasidėti *(apie karą, judėjimą ir pan.)* 4 (iš)berti 5 kaltis, prasikalti *(apie dantį)*
eruption [ɪ'rʌpʃn] *n* 1 *(ugnikalnio)* išsiveržimas, erupcija 2 *(juoko, pykčio ir pan.)* prasiveržimas, protrūkis, pratrūkimas 3 *(karo, epidemijos)* įsiliepsnojimas, prasidėjimas 4 *med.* erupcija, išbėrimas 5 *(dantų)* prasikalimas
eruptive [ɪ'rʌptɪv] *a* 1 *geol.* vulkaninis, erupcinis 2 *med.* erupcinis; išbėrimo; *~ stage* išbėrimo stadija
-ery [-ərɪ] *(t. p.* -ry) *suff* 1 -umas *(žymint savybę)*; *bravery* narsumas 2 -imas *(žymint elgesį)*; *foolery* kvailiojimas 3 -ystė *(žymint veiklos rūšį)*; *forestry* miškininkystė 4 -ija *(žymint visuomeninę ir pan. grupę)*; *verčiama ir dktv. dgs.*; *peasantry* valstietija; *infantry* pėstininkai 5 -ykla, -idė *(žymint gaminimo/laikymo ir pan. vietą)*; *bindery* knygrišykla; *piggery* kiaulidė

erysipelas [ˌerɪ'sɪpɪləs] *n med.* rožė
erythema [ˌerɪ'θi:mə] *n med.* eritema, raudonė
erythrocite [ɪ'rɪθrəsaɪt] *n fiziol.* eritrocitas
escalade [ˌeskə'leɪd] *ist. n (tvirtovės)* puolimas su kopėčiomis, eskalada
v pulti su kopėčiomis
escalate ['eskəleɪt] *v* **1** eskaluoti, plėtoti, plėsti *(karą ir pan.)*; *the conflict ~d into war* konfliktas peraugo į karą **2** greitai didėti, kilti *(apie kainas ir pan.)*
escalation [ˌeskə'leɪʃn] *n* **1** *(karo veiksmų ir pan.)* (iš)plėtimas, eskalacija; paaštrėjimas **2** *ekon.* priedų ir nuolaidų skalė
escalator ['eskəleɪtə] *n* **1** eskalatorius **2**: *~ clause ekon.* kainų išlyga *(dėl padidėjusios pragyvenimo kainos)*
escalope ['eskələup] *n kul.* eskalopas
escapade ['eskəpeɪd] *n* **1** linksma, padaužiška išdaiga; išsišokimas **2** pabėgimas *(iš kalėjimo)*
escape [ɪ'skeɪp] *n* **1** išsigelbėjimas, išvengimas; *to have a hair breadth/narrow ~* vos ne vos išsigelbėti, per plauką išvengti **2** pabėgimas **3** *(dujų, skysčių)* nuotėkis; nutekėjimas, prasiveržimas **4** *tech. (garo)* išleidimas, išėjimas; *~ valve* išleidimo vožtuvas **5** sulaukėjęs kultūrinis augalas **6** *komp.* išėjimo klavišas *(t. p. ~ key)* **7** *attr: ~ clause ekon.* atsakomybę ribojanti išlyga
v **1** išvengti *(atsakomybės, bausmės ir pan.)*; išsigelbėti *(nuo pavojaus, pražūties)*; *he ~d with scratches* jis atsipirko įdrėskimais **2** (pa)bėgti, ištrūkti *(iš kalėjimo, degančio namo ir pan.)* **3** išslysti *(iš atminties)*; ištrūkti, išsiveržti; *to ~ smb's notice* likti kieno nepastebėtam; *a groan ~ him* iš jo krūtinės išsiveržė dejonė; *a word ~d his lips arba him* jam ištrūko žodis **4** išsiveržti, išeiti, nutekėti *(apie dujas, garsą ir pan.)*
escaped [ɪ'skeɪpt] *a* pabėgęs, ištrūkęs
escapee [ɪˌskeɪ'pi:, ˌeskeɪ'pi:] *n knyg.* pabėgėlis *(iš kalėjimo)*
escape-hatch [ɪ'skeɪphætʃ] *n jūr.* gelbėjimosi/atsarginis liukas
escapement [ɪ'skeɪpmənt] *n (laikrodžio)* ankerinis mechanizmas; judėjimo reguliatorius
escapism [ɪ'skeɪpɪzm] *n* **1** atitrūkimas nuo tikrovės, tikrovės vengimas **2** *psich.* eskapizmas
escapist [ɪ'skeɪpɪst] *n* vengiantysis tikroviškumo/tikrovės; rašytojas eskapistas
a išblaškantis, padedantis užmiršti kasdienybę *(apie knygas, filmus ir pan.)*
escarp [ɪ'skɑ:p] *n* **1** status šlaitas, pylimas **2** *kar.* eskarpas
v stačiai nukasti, supilti statų šlaitą *(t. p. kar.)*
escarpment [ɪ'skɑ:pmənt] *n* **1** status šlaitas; statumas **2** *geol.* uolienos atidengimas
escheat [ɪs'tʃi:t] *teis. ist. n* išmarinis turtas
v konfiskuoti išmarinį turtą
eschew [ɪs'tʃu:] *v knyg.* vengti, susilaikyti
escort *n* ['eskɔ:t] **1** palyda, apsauga, sargyba **2** *(policijos, karinis)* eskortas, konvojus **3** *(moters)* palydovas, partneris
v [ɪ'skɔ:t] **1** palydėti *(ligi durų ir pan.)*; lydėti su apsauga, eskortuoti **2** lydėti *(moterį)*; *he ~ed her home* jis palydėjo ją namo
escribe [ɪ'skraɪb] *v geom.* brėžti pribrėžtinį (trikampio) apskritimą
escritoire [ˌeskri:'twɑ:] *pr. n* rašomasis stalas
escrow [e'skrəu] *n teis.* sąlyginis (raštiškas) į(si)pareigojimas *(dokumentą laiko trečiasis asmuo)*
esculent ['eskjulənt] *knyg. a* valgomas, tinkamas maistui
n valgomi produktai *(ypač daržovės)*

escutcheon [ɪ'skʌtʃən] *n* **1** *her.* herbo skydas **2** rakto skylės dangtelis ◊ *a blot on one's ~ (ppr. juok.)* gėdos dėmė, sutepta garbė
-ese [-i:z] *suff* **1** -ietis *(žymint asmenis pagal tautybę, gyvenamąją vietą)*; *Vietnamese* vietnamietis; vietnamiečių; *Milanese* milanietis, Milano gyventojas **2** stilius; *telegraphese* telegrafinis/lakoniškas stilius
Eskimo ['eskɪməu] *n* **1** eskimas **2** eskimų kalba
a eskimų, eskimiškas
esophagus [ɪ'sɔfəgəs] *n amer. anat.* stemplė
esoteric [ˌesə'terɪk] *a* **1** paslaptingas, mažai kam suprantamas **2** skirtas/žinomas tik siauram ratui; specialus
espadrilles [ˌespə'drɪlz, 'espədrɪlz] *pr. n pl* espadrilės, lengvi bateliai *(su virveliniais padais)*
espalier [ɪ'spælɪə] *pr. n (vaiskrūmių, vaismedžių)* špaleriai
especial [ɪ'speʃl] *a* ypatingas, specialus; *in ~* ypač; specialiai; *I do this for your ~ benefit* aš darau tai specialiai jums
especially [ɪ'speʃəlɪ] *adv* **1** ypač; itin; *the more ~ as...* tuo labiau, kad... **2** specialiai *(for – kam)*
Esperanto [ˌespə'ræntəu] *n* esperanto *(kalba)*
espionage ['espɪənɑ:ʒ] *pr. n* šnipinėjimas, špionažas
esplanade [ˌesplə'neɪd] *n* esplanada *(plati gatvė pasivaikščiojimams, ypač pajūrio miestuose; t. p. kar.)*
espousal [ɪ'spauzl] *n* **1** *knyg. (principo, teorijos ir pan.)* palaikymas **2** *(ppr. pl) psn.* vestuvės, sužieduotuvės
espouse [ɪ'spauz] *v* **1** *knyg.* palaikyti *(teoriją ir pan.)* **2** *psn.* vesti; (iš)leisti už vyro
espresso [e'spresəu] *it. n (pl ~s* [-z]) kava iš automato *(virta kavos aparatu „Ekspres"; t. p. ~ coffee)*
esprit ['espri:] *pr. n* sąmojingumas, gyvumas; *~ de corps knyg.* kolektyvumo/vieningumo dvasia
espy [ɪ'spaɪ] *v knyg., psn. (iš toli, staiga)* pastebėti, pamatyti
-esque [-esk] *suff* **1** stiliaus, manieros; *Kiplingesque* Kiplingo stiliaus/manieros **2** -iškas, -ingas, -us; panašus; *sculpturesque* skulptūriškas, turintis skulptūros bruožų; *picturesque* vaizdingas; vaizdus
Esquimau ['eskɪməu] *n (pl ~x* [-z]), *a* = **Eskimo**
esquire [ɪ'skwaɪə] *n* **1** ponas *(prierašas adrese po pavardės)* **2** *ist.* (e)skvairas *(titulas)*
-ess [-ɪs, -əs, -es] *suff* -ė, -a *(žymint moteriškos lyties asmenis/gyvulius)*; *poetess* poetė; *lioness* liūtė; *waitress* padavėja
essay *n* ['eseɪ] **1** *lit.* esė, apybraiža, etiudas **2** *mok.* rašinys, rašinėlis **3** *knyg.* bandymas, mėginimas
v [e'seɪ] *knyg.* (pa)bandyti, (pa)mėginti
essayist ['eseɪɪst] *n* eseistas, apybraižininkas
essence ['esns] *n* **1** esmė *(t. p. filos.)*; *in ~* iš esmės; *of the ~* esminis, gyvybiškai svarbus **2** esencija, ekstraktas; *vinegar ~* acto esencija **3** alkoholinis tirpalas
essential [ɪ'senʃl] *a* **1** svarbus, būtinas; *~ condition* būtina sąlyga; *it is ~ to arrive in time* būtina atvykti laiku **2** esminis; *the ~ thing* esminis/pagrindinis dalykas **3** esencijos, ekstrakto (pobūdžio); *~ oil* eterinis aliejus
n (ppr. pl) **1** būtiniausi dalykai **2** pagrindai, elementai; *in (all) ~s* svarbiausiais bruožais; iš esmės
essentiality [ɪˌsenʃɪ'ælətɪ] *n* esmingumas, esmė
essentially [ɪ'senʃəlɪ] *adv* **1** iš esmės; iš tikrųjų, tikrai **2** būtinai
Essex ['esɪks] *n* Eseksas *(Anglijos grafystė)*
-est [-ɪst] *(t. p. ~st) psn. vksm. vns. 2-jo asm. galūnė*: *findest* tu randi, *canst* tu gali
establish [ɪ'stæblɪʃ] *v* **1** (į)steigti, (į)kurti *(komisiją, organizaciją, valstybę ir pan.)*; (su)kurti *(teoriją ir pan.)*; *to ~ conditions under which...* sudaryti sąlygas, kuriomis...

2 nustatyti *(ryšį, priežastį, tvarką ir pan.);* **to ~ facts** nustatyti/atskleisti faktus **3** *(ppr. refl)* susidaryti, pakelti *(reputaciją; as)* **4** *refl* įsikurti, įsitaisyti *(bute ir pan.)* **5** *refl, pass* įsitaisyti, pradėti dirbti; **to ~ oneself as a butcher** įsitaisyti mėsininku; **he is ~ed in the Ministry** jis įsitaisė ministerijoje **6** *pass* nusisto(vė)ti, įsigalėti *(apie paprotį)* **7** *pass* prigyti *(apie augalus)* **8** *teis.* įrodyti, įrodinėti

established [ɪ'stæblɪʃt] *a* **1** nustatytas **2** nusisto(vė)jęs **3** pripažintas, žinomas; **~ authority** pripažintas autoritetas **4** valstybinis *(apie bažnyčią)*

establishment [ɪ'stæblɪʃmənt] *n* **1** (į)kūrimas, (į)steigimas; *(valdžios)* įvedimas **2** nustatymas *(minimalaus atlyginimo ir pan.)* **3** įstaiga; **higher education ~s** aukštojo mokslo įstaigos **4** personalas; *(tarnautojų)* etatai **5** namų ūkis, šeima **6 (the E.)** isteblišmentas, establišmentas; privilegijuotieji visuomenės sluoksniai; ≡ valstybės aparatas; **the medical/health ~** įtakingi medikų sluoksniai **7 (the E.)** valstybinė bažnyčia *(t. p.* **Church E.)**

estaminet [e'stæmɪneɪ] *pr. n* nedidelė kavinė, kavinukė

estate [ɪ'steɪt] *n* **1** dvaras **2** žemė *(arti miesto, mieste);* **housing [industrial] ~** žemės sklypas, apstatytas gyvenamaisiais namais [pramonės objektais] **3** *teis.* turtas; paveldėtas turtas; **personal [real] ~** kilnojamasis [nekilnojamasis] turtas; **~ agent** nekilnojamojo turto pardavimo ir pirkimo agentas **4** *ist.* luomas **5** *knyg., psn.* padėtis *(gyvenime);* **man's ~** subrendimas **6: ~ car** universalas, didelis automobilis *(su atlenkiamomis sėdynėmis ir bagažine)* ◊ **the fourth ~** ketvirtoji valdžia *(informacijos priemonės)*

esteem [ɪ'sti:m] *ofic. n* pagarba; **to hold in ~** gerbti *v* **1** gerbti; **highly ~ed** didžiai gerbiamas **2** laikyti *(garbe ir pan.);* **I'd ~ it a favour if you...** aš laikyčiau didele malone, jei jūs...

ester ['estə] *n chem.* esteris

Esther ['esθə] *n* Estera *(vardas)*

esthete ['esθi:t] *n,* **esthetic** [es'θetɪk] *a ir kt., amer.* = **aesthete, aesthetic**

estimable ['estɪməbl] *a* gerbtinas, vertas pagarbos

estimate *n* ['estɪmət] **1** (apytikris) apskaičiavimas; **at/on a conservative ~** pačiais kukliausiais (ap)skaičiavimais **2** įvertinimas **3** *kom.* sąmata; kalkuliacija; **the Estimates** D. Britanijos valstybinio biudžeto išlaidų projektas; **to give an ~ for building costs** pateikti/sudaryti statybos išlaidų sąmatą
v ['estɪmeɪt] **1** apytikriai apskaičiuoti; nustatyti *(kainą, apimtį ir pan.)* **2** (į)vertinti; **to ~ smb's knowledge** įvertinti kieno žinias **3** sudaryti sąmatą, kalkuliuoti

estimated ['estɪmeɪtɪd] *a* apskaičiuotas(is), (ap)skaičiuojamasis; apytikris

estimation [ˌestɪ'meɪʃn] *n* **1** (į)vertinimas, manymas, nuomonė; **in my ~** mano nuomone **2** pagarba; **to hold in ~** gerbti **3** (apytikris) apskaičiavimas, nustatymas; įvertinimas *(ypač statistikoje)*

estimator ['estɪmeɪtə] *n* **1** (į)vertintojas **2** statistinis įvertinimas

Estonia [ɪ'stəʊnɪə] *n* Estija *(valstybė)*

Estonian [ɪ'stəʊnɪən] *a* estiškas, estų; Estijos
n **1** estas **2** estų kalba

estop [ɪ'stɒp] *v teis.* atmesti pareiškimą, prieštaraujantį to paties asmens ankstesniam pareiškimui

estrange [ɪ'streɪndʒ] *v* **1** atitolinti, atstumti; **to ~ oneself from smb** nutolti nuo ko; **his behaviour ~d all his friends** savo elgesiu jis atstūmė visus draugus **2** at(si)skirti; nebeturėti ryšių; **they were ~d** jie gyveno atskirai/išsiskyrę *(apie vyrą/žmoną)*

estrangement [ɪ'streɪndʒmənt] *n* nutolimas, atitolimas *(nuo šeimos ir pan.); (santykių)* atšalimas

estray [ɪ'streɪ] *n teis.* priklydęs gyvulys

estrogen ['estrədʒən] *n,* **estrus** ['estrəs] *n ir kt., amer.* = **oestrogen, oestrus**

estuary ['estʃʊərɪ] *n* **1** estuarija, upės žiotys **2** *jūr.* limanas

-et [-ɪt, -ət] *suff* = **-ette**

et cetera, etcetera [ɪt'setrə] *lot.* ir taip toliau, ir kita

etch [etʃ] *v* **1** graviruoti; ėsdinti *(stiklą, metalą)* **2** (iš)raižyti **3** *pass* įsirėžti *(atmintyje)*

etcher ['etʃə] *n* graveris; graviruotojas; ofortistas

etching ['etʃɪŋ] *n* **1** graviravimas; ėsdinimas **2** graviūra; ofortas

eternal [ɪ'tɜ:nl] *a* amžinas; nepabaigiamas; pastovus; **~ quarrelling** amžini/nepabaigiami ginčai; **~ truths** amžinosios tiesos; **rest ~** amžiną atilsį
n **(the E.)** Viešpats

eternalize [ɪ'tɜ:nəlaɪz] *v* įamžinti

eternity [ɪ'tɜ:nətɪ] *n* **1** amžinybė; amžinumas; **for all ~** visiems laikams, amžinai **2** *pl* amžinosios tiesos

eternize [ɪ'tɜ:naɪz] *v* = **eternalize**

etesian [ɪ'ti:ʒɪən] *a meteor.* periodinis, kasmetinis *(apie vėjus)*

-eth [-ɪθ] *(t. p.* -th) **1** *psn., bibl. vksm. esam. l. vns. 3-jo asm. galūnė:* **he goeth** jis eina; **he doth** jis daro **2** = **-th** 1

ethane ['eθeɪn] *n chem.* etanas

ethanol ['eθənɒl] *n chem.* etanolis, etilo alkoholis

ether ['i:θə] *n* **1** *fiz., chem.* eteris **2** *poet.* padebesiai, padangės, dangus

ethereal [ɪ'θɪərɪəl] *a* **1** eterinis **2** lengvas; nežemiškas

ethereality [ɪˌθɪərɪ'ælətɪ] *n* eteriškumas; lengvumas

etherealize [ɪ'θɪərɪəlaɪz] *v* **1** (pa)versti eteriu **2** daryti lengvą

etherize ['i:θəraɪz] *v* **1** *med.* migdyti eteriu **2** *chem.* (pa)versti eteriu

ethic ['eθɪk] *n* etika; **work ~** darbo etika/drausmė
a = **ethical**

ethical ['eθɪkl] *a* **1** etiškas; moralinis; **this is not ~** tai neetiška **2** etinis, etikos

ethics ['eθɪks] *n* **1** etika; moralė; **Christian ~** krikščioniškoji moralė **2** *pl* etikos/moralės normos

Ethiopia [ˌi:θɪ'əʊpɪə] *n* Etiopija *(valstybė)*

Ethiopian [ˌi:θɪ'əʊpɪən] *a* etiopiškas, etiopų; Etiopijos
n etiopas

ethnic ['eθnɪk] *a* **1** etninis; **~ cleansing** etninis valymas; **~ group** etninė grupė; tautinė mažuma **2** *(ypač amer.)* egzotiškas
n amer., austral. etninės grupės *ar* tautinės mažumos narys

ethnical ['eθnɪkl] = **ethnic** *a*

ethnocentrism [ˌeθnəʊ'sentrɪzm] *n* etnocentrizmas

ethnographic(al) [ˌeθnə'græfɪk(l)] *a* etnografinis

ethnography [eθ'nɒgrəfɪ] *n* etnografija

ethnology [eθ'nɒlədʒɪ] *n* etnologija

ethnonym ['eθnɒnɪm] *n kalb.* tautovardis, etnonimas

ethology [i:'θɒlədʒɪ] *n* etologija

ethos ['i:θɒs] *n* etosas; moralinis charakteris/veidas

ethyl ['i:θaɪl, 'eθɪl] *n chem.* etilas; **~ alcohol** etilo alkoholis

ethylene ['eθɪli:n] *n chem.* etilenas

etiolate ['i:tɪəleɪt] *v* **1** *spec.* etioliuoti, neturėti chlorofilo *(auginant tamsoje)* **2** daryti išblyškusį/išbalusį

etiology [ˌetɪ'ɒlədʒɪ] *n med.* etiologija; priežasties nustatymas

etiquette ['etɪket] *n* **1** etiketas **2** *(gydytojo, mokslininko ir pan.)* etika

Etna ['etnə] *n* Etna *(ugnikalnis)*

Eton ['i:tn] *n* Itono koledžas *(t. p.* ~ *College);* ~ *coat/jacket* trumpas švarkas *(dėvimas Itono auklėtinių);* ~ *collar* plati atlenkiama apykaklė
Etonian [ɪ'təʊnɪən] *n* Itono koledžo auklėtinis *a* Itono, Itono koledžo
Etruscan [ɪ'trʌskən] *ist. n* **1** etruskas **2** etruskų kalba *a* etruskų
-ette [-et] *(t. p.* -et) *suff* **1** -elis, -iukas; -etė; *bannerette* vėliavėlė; *islet* salelė; *cigarette* cigaretė **2** -ė, -a *(žymint moteriškosios lyties asmenis); usherette* bilietininkė, tvarkos prižiūrėtoja
étude ['eɪtju:d] *pr. n muz.* etiudas
étui [e'twi:] *pr. n* dėžutė tualeto smulkmenoms, adatoms *ir pan.*
etyma ['etɪmə] *pl žr.* **etymon**
etymologic(al) [ˌetɪmə'lɔdʒɪk(l)] *a kalb.* etimologinis
etymologist [ˌetɪ'mɔlədʒɪst] *n* etimologas
etymologize [ˌetɪ'mɔlədʒaɪz] *v kalb.* etimologizuoti
etymology [ˌetɪ'mɔlədʒɪ] *n kalb.* etimologija; *folk/popular* ~ liaudies etimologija
etymon ['etɪmɔn] *n (pl* ~s, -ma) *kalb.* etimonas
eucalyptus [ˌju:kə'lɪptəs] *n (pl* ~es, -ti [-tai]) **1** *bot.* eukaliptas **2** eukaliptų aliejus *(t. p.* ~ *oil)*
Eucharist ['ju:kərɪst] *n bažn.* Eucharistija, komunija
euchre ['ju:kə] *n amer.* jukeris *(kortų lošimas)*
Euclid ['ju:klɪd] *n* **1** Euklidas *(graikų matematikas)* **2** Euklido geometrija
euclidean [ju:'klɪdɪən] *a* Euklido
Eugene ['ju:dʒi:n] *n* Eugenijus, Judžinas *(vardas)*
Eugenia [ju:'dʒi:nɪə] *n* Eugenija, Judžinija *(vardas)*
eugenic [ju:'dʒenɪk] *a biol.* eugeninis
eugenics [ju:'dʒenɪks] *n* eugenika
eulogist ['ju:lədʒɪst] *n* panegirikas
eulogistic(al) [ju:lə'dʒɪstɪk(l)] *a* panegirinis
eulogize ['ju:lədʒaɪz] *v* **1** girti, (iš)garbinti, šlovinti; kalbėti panegirikas **2** perdėtai žavėtis
eulogy ['ju:lədʒɪ] *n* panegirika; *to pronounce a* ~ *on smb* išgirti ką
eunuch ['ju:nək] *n* eunuchas, kastratas
eupepsia [ju:'pepsɪə] *n med.* eupepsija, normalus virškinimas
eupeptic [ju:'peptɪk] *a fiziol.* gerai virškinantis; skatinantis virškinimą
euphemism ['ju:fəmɪzm] *n kalb.* eufemizmas
euphemistic(al) [ju:fə'mɪstɪk(l)] *a* eufeminis
euphonic(al) [ju:'fɔnɪk(l)] *a* **1** darniai skambantis **2** *spec.* eufoninis
euphonious [ju:'fəʊnɪəs] *a* darniai skambantis, malonus ausiai; melodingas *(apie kalbą)*
euphony ['ju:fənɪ] *n* **1** skambėjimo darnumas; malonus skambėjimas **2** *spec.* eufonija
euphorbia [ju:'fɔ:bɪə] *n bot.* karpažolė
euphoria [ju:'fɔ:rɪə] *n med.* euforija; pakili nuotaika
euphoric [ju:'fɔrɪk] *a* euforiškas, *(nepagrįstai)* pakilios nuotaikos
euphrasy ['ju:frəsɪ] *n bot.* paprastoji akišveitė
Euphrates [ju:'freɪti:z] *n* Eufratas *(upė)*
euphuism ['ju:fjuɪzm] *n lit.* eufuizmas
Eurasia [juə'reɪʒə] *n* Eurazija *(žemynas)*
Eurasian [juə'reɪʒən] *a* **1** eurazinis, mišraus kraujo **2** Eurazijos
n eurazietis
eureka [juə'ri:kə] *gr. int* eureka!
eurhythmics [ju:'rɪðmɪks] *n (kūno judesių)* ritmika, ritminė gimnastika *(muzikos palydima)*

Euro ['juərəu] *a* **1** = **European 2** Europos Sąjungos
n **1** = **European 2** *(e.)* euras *(Europos Sąjungos piniginis vienetas)*
Euro- ['juərəu-] *(sudurt. žodžiuose)* Europos; Euro-; *Eurovision* Eurovizija; *Europarliament* Europos parlamentas
Eurobank ['juərəubæŋk] *n fin.* Europos bankas, Eurobankas
Eurocrat ['juərəukræt] *n (ypač iron.)* eurokratas, Europos Sąjungos administracijos darbuotojas
Euromarket ['juərəuˌmɑ:kɪt] *n* eurorinka, Europos rinka
Euro-MP [ˌjuərəuem'pi:] *n* Europos parlamento narys
Europe ['juərəp] *n* **1** Europa **2** Europa, Europos žemynas *(be D. Britanijos; vart. Anglijoje)* **3** Europos Sąjunga
European [juərə'pi:ən] *a* europietiškas, europiečių; europinis, Europos; ~ *Union* Europos Sąjunga
n europietis
Eurovision ['juərəuvɪʒn] *n tel.* Eurovizija
eurythmics [ju:'rɪðmɪks] *n amer.* = **eurhythmics**
Eustache ['ju:stəs] *n* Eustachijus, Justas *(vardas)*
Eustachian [ju:'steɪʃn] *a:* ~ *tube anat.* Eustachijaus vamzdis, ausies trimitas
euthanasia [ju:θə'neɪzɪə] *n* eutanazija; lengva, neskausminga mirtis
evacuate [ɪ'vækjueɪt] *v* **1** evakuoti *(gyventojus, sužeistuosius ir pan.)* **2** *fiziol.* tuštintis, išsituštinti **3** *tech.* išretinti, išsiurbti *(orą)*
evacuation [ɪˌvækju'eɪʃn] *n* **1** evakuacija, evakavimas *(t. p. kar.)* **2** *fiziol.* išsituštinimas
evacuee [ɪˌvækju'i:] *n* evakuotasis, evakuojamasis
evade [ɪ'veɪd] *v* **1** išvengti, išsisukti, vangstytis *(bausmės, smūgio, nuo atsakymo ir pan.)* **2** apeiti *(įstatymą ir pan.); to* ~ *military service* vengti karo tarnybos
evaluate [ɪ'væljueɪt] *v* **1** įvertinti, nustatyti vertę/apimtį; *to* ~ *smb's abilities* įvertinti kieno gabumus **2** *mat.* (iš)reikšti skaičiais, apskaičiuoti
evaluation [ɪˌvælju'eɪʃn] *n* (į)vertinimas; *(kokybės, kiekybės, tinkamumo ir pan.)* nustatymas; analizė
evanesce [ˌi:və'nes] *v knyg.* **1** išnykti *(iš akių)* **2** išdilti *(iš atminties)*
evanescence [ˌi:və'nesns] *n knyg.* išnykimas
evanescent [ˌi:və'nesnt] *a knyg.* greitai išnykstantis/pamirštamas
evangel [ɪ'vændʒəl] *n* **1** *psn.* evangelija **2** *amer.* = **evangelist**
evangelic [ˌi:væn'dʒelɪk] = **evangelical** *a*
evangelical [ˌi:væn'dʒelɪkl] *a* **1** evangelijos; evangeliškas **2** karštai propaguojantis savo tikėjimą/įsitikinimus *ir pan. n* evangelikas; protestantas
evangelist [ɪ'vændʒəlɪst] *n* **1** evangelistas **2** keliaujantis pamokslininkas
evangelize [ɪ'vændʒəlaɪz] *v* skelbti krikščionybę; (bandyti) atversti į krikščionybę
evaporate [ɪ'væpəreɪt] *v* **1** (iš)garuoti; (iš)garinti **2** (su)tirštinti; ~*d milk* sutirštintas pienas **3** *prk.* išgaruoti, išsisklaidyti, išnykti
evaporation [ɪˌvæpə'reɪʃn] *n* (iš)garavimas; (iš)garinimas; ~ *rate* garingumas
evaporative [ɪ'væpərətɪv] *a* išgaruojantis
evaporator [ɪ'væpəreɪtə] *n tech.* garintuvas
evasion [ɪ'veɪʒn] *n* **1** (iš)vengimas; išsisukinėjimas, išsisukimas; *tax* ~ vengimas mokėti mokesčius **2** *(įstatymo ir pan.)* apėjimas
evasive [ɪ'veɪsɪv] *a* **1** išsisukinėjantis; išsisukinėjamas; ~ *answer* išsisukinėjamas atsakymas **2** vengiantis; ~ *of the truth* vengiantis sakyti tiesą; *to take* ~ *action* stengtis išvengti, vengti *(susidūrimo ir pan.)*

evasiveness [ɪ'veɪsɪvnɪs] *n* išsisukinėjimas, vangstymasis
eve [i:v] *n* **1** išvakarės; *on the ~ (of) (ko)* išvakarėse **2** *poet., psn.* vakaras
Eve [i:v] *n* Ieva, Eva *(vardas)*
Evelina [ˌevɪ'li:nə] *n* Evelina *(vardas)*
even[1] ['i:vn] *n poet.* vakaras
even[2] <*a, adv, v*> *a* **1** vienodas, (to)lygus; *~ temperature* vienoda/pastovi temperatūra; *~ distribution* tolygus paskirstymas; *at an ~ pace/step* lygiu žingsniu; *the score is now ~* rezultatas dabar lygus **2** lygus *(apie paviršių)*; *~ road* lygus kelias **3** monotoniškas **4** ramus *(apie charakterį ir pan.)* **5** lyginis, dalus; *evenly ~* dalus iš keturių; *oddly/unevenly ~* dalus iš dviejų *(bet ne iš keturių)* ◊ *to get/be ~ with smb* suvesti sąskaitas, atsiskaityti su kuo
adv **1** net, netgi; *~ if/though* net jeigu; *he didn't ~ say goodbye* jis net neatsisveikino **2** *(prieš comp)* dar; *he ran ~ faster* jis bėgo dar greičiau **3**: *~ as* kaip tik tada, kai; *~ so* tačiau, vis tiek
v iš(si)lyginti, su(si)lyginti *(ppr. ~ out/up)*; *to ~ a score* išlyginti rezultatą
even-handed ['i:vn'hændɪd] *a* nešališkas, teisingas
evening ['i:vnɪŋ] *n* **1** vakaras; *this ~* šiandien vakare; *in the ~* vakare; *on Friday ~* penktadienio vakarą; *~ was coming on* vakarėjo **2** vakarėlis, vakaras; *literary ~* literatūros vakaras; *let's make an ~ of it* eime kur nors šį vakarą **3** *attr* vakarinis; *~ classes* vakariniai kursai; *~ star* Vakarė/Vakarinė žvaigždė
int šnek. labą vakarą!
evenings ['i:vnɪŋz] *adv (ypač amer.)* vakarais
evenly ['i:vnlɪ] *adv* **1** lygiai, vienodai; *to divide ~* dalyti po lygiai **2** ramiai **3** monotoniškai
even-minded ['i:vn'maɪndɪd] *a* ramus, lygus *(apie charakterį)*
evens ['i:vnz] *n pl* lygios galimybės *(lažybose)*
evensong ['i:vnsɔŋ] *n bažn.* mišparai
event [ɪ'vent] *n* **1** įvykis; atsitikimas; *happy ~* laimingas įvykis *(kūdikio gimimas, vestuvės);* *in the natural/normal course of ~s* normaliai klostantis įvykiams **2** renginys, susitikimas; *sporting ~* sporto renginys **3** atvejis; *in the ~ of war* karo atveju; *in any/either ~, at all ~s* bet kuriuo atveju **4** *sport.* rungtis; *(varžybų programos)* numeris; *jumping ~* šuolių rungtys/varžybos **5** *tech. (vidaus degimo variklio)* taktas ◊ *in the ~* galiausiai; iš tikrųjų; *wise after the ~* gudrus/protingas po laiko
even-tempered ['i:vn'tempəd] *a* ramus, nesupykstantis, nesusierzinantis
eventer [ɪ'ventə] *n* jojimo varžybų dalyvis
eventful [ɪ'ventfəl] *a* pilnas įvykių/atsitikimų
eventide ['i:vntaɪd] *n poet.* vakaras, pavakarė
eventless [ɪ'ventləs] *a* be įvykių
eventual [i'ventʃuəl] *a* **1** galutinis; *the ~ success of the enterprise shows that...* kad sumanymas galiausiai pavyko, rodo, jog... **2** galimas, įmanomas; *any ~ profit will be chared equally* galimas pelnas bus padalytas lygiomis
eventuality [ɪˌventʃu'ælətɪ] *n* galimas atvejis, galima pasekmė; atsitiktinumas
eventually [ɪ'ventʃuəlɪ] *adv* galų gale, pagaliau, galiausiai, ilgainiui
eventuate [ɪ'ventʃueɪt] *v knyg.* baigtis *(in – kuo)*
ever ['evə] *adv* **1** kada nors; *if ~* jei iš viso *(kada nors); have we ~ met before?* ar mes esame kada nors susitikę? **2** niekada *(neig. sakinyje); never ~* niekada niekada; *nothing ~ happens here* čia niekada nieko neatsitinka **3** visada; bet kada; *as ~* kaip visada; *~ yours* visada Jūsų *(laiško pabaigoje)* **4** *šnek.* gi, po galais *(vart. pabrėžti); did you ~!* nejaugi?; *when [where] ~ did you lose it?* kada [kur] gi po galais tu tai pametei?; *what ~ do you mean?* ką gi tu nori pasakyti?; *it was the most awful film ~* tai buvo pats baisiausias filmas; *I am colder than ~* man (dabar) dar šalčiau; *to make ~ large profits* gauti vis didesnes pajamas **5** *(prieveiksmių junginiuose): ~ so* a) itin, labai; *thank you ~ so much* labai ačiū; b) kad ir kaip; koks; *~ after* po to laiko *(iki galo); they lived happily ~ after* ir toliau laimingai gyveno *(pasakų pabaigoje)*
Everest ['evərɪst] *n* Everestas *(kalnas)*
everglade ['evəgleɪd] *n amer.* pelkėta žemuma
evergreen ['evəgri:n] *a* **1** amžinai žalias **2** *prk.* nevystantis; amžinai populiarus
n amžinai žaliuojantis augalas
everlasting [ˌevə'lɑ:stɪŋ] *a* **1** amžinas; *life ~* amžinasis gyvenimas **2** nuolatinis, nesiliaujantis; *I'm tired of her ~ complaints* man nusibodo jos nuolatiniai/amžini skundai
n **1** amžinybė; *from ~* nuo amžių **2** *poet.* Dievas **3** *bot.* darželinis šlamutis *(t. p. ~ flower)*
everlastingly [ˌevə'lɑ:stɪŋlɪ] *adv* amžinai; nuolat
evermore [ˌevə'mɔ:] *adv knyg.* amžinai, visada, visais laikais; *he will regret it for ~* jis gailėsis to visą gyvenimą
every ['evrɪ] *pron indef* **1** kiekvienas; *I heard ~ word you said* aš girdėjau kiekvieną jūsų žodį; *~ other week* kas antrą savaitę; *he works ~ third day* jis dirba kas trečią dieną **2** visas; *I've read ~ one of her books* perskaičiau visas jos knygas; *in ~ possible way, in ~ way possible* visaip, visokeriopai, kaip tik įmanoma; *~ kind* visokeriopas; *with ~ good wish* su geriausiais linkėjimais ◊ *she's ~ bit as clever [rude, etc] as her sister* ji (lygiai) tokia pat protinga [nemandagi *ir pan.*], kaip sesuo ◊ *~ now and then/again, ~ so often* kartkarčiais, retkarčiais
everybody ['evrɪbɔdɪ] *pron indef* kiekvienas, visi *(apie žmones); ~ else* visi kiti; *not ~ can do this* ne visi/kiekvienas gali tai padaryti; *~ does not like him* jis ne visiems patinka
everyday ['evrɪdeɪ] *a* kasdienis, kasdieniškas; įprastas; *~ cares [clothes]* kasdieniai rūpesčiai [drabužiai]
Everyman ['evrɪmæn] *n* paprastas, eilinis žmogus
everyone ['evrɪwʌn] *pron indef =* **everybody**
everyplace ['evrɪpleɪs] *adv amer.* visur, bet kur
everything ['evrɪθɪŋ] *pron indef* viskas; *art is ~ to her* menas jai – viskas; *~ was not lost* ne viskas buvo prarasta ◊ *and ~* ir kita, ir panašiai
everywhere ['evrɪwɛə] *adv* visur; *~ you go you meet tourists* kur tik eini, visur sutinki turistus
evict [ɪ'vɪkt] *v teis.* iškeldinti, iškraustyti *(ypač nuomininką);* išvaryti *(nuo žemės)*
eviction [ɪ'vɪkʃn] *n teis.* iškeldinimas, iškraustymas; *~ order* iškėlimo/iškeldinimo orderis
evidence ['evɪdəns] *n* **1** akivaizdumas, aiškumas; *to be in ~* būti matomam/pastebimam **2** požymis, įrodymas, pagrindas; *historical ~* istoriniai faktai; *there is ~ to suggest that...*, yra pagrindo manyti, kad...; *what is your ~ for this assertion?* kuo remdamasis, jūs tai tvirtinate? **3** *teis.* įkaltis, įrodymas; parodymai; *cumulative ~* įkalčių visuma; *to call in ~* kviesti į teismą parodymams; *to give ~* duoti parodymus, liudyti; *to turn King's /Queen's/ amer. State's ~* išduoti bendrininkus ir tapti kaltinimo liudytoju
v ret. **1** (pa)rodyti, liudyti **2** *pass* pasireikšti
evident ['evɪdənt] *a* aiškus, akivaizdus; *it is ~ that...* akivaizdu/aišku, kad...
evidential [ˌevɪ'denʃl] *a* pagrįstas akivaizdumu/aiškumu/ įrodymu

evidentiary [ˌevɪ'denʃərɪ] *a (ypač teis.)* įrodomas(is); ~ *material* įrodymai

evidently ['evɪdəntlɪ] *adv* **1** *mod* matyt **2** aiškiai; neabejotinai

evil ['i:vl] *n* **1** blogis; blogybė, piktžaizdė; *the social ~ euf.* socialinė blogybė *(prostitucija)*; *to think ~ of smb* blogai manyti apie ką; *of the two ~s choose the lesser* iš dviejų blogybių išsirink mažesnę **2** nelaimė; bėda **3** *bibl.* nuodėmė ◊ *hear no ~, see no ~, speak no ~ pat.* ≡ nekišk nosies/snapo, kur nereikia
a **1** blogas; piktas; *the ~ eye* bloga akis *(prietaruose)*; ~ *omen* nelaimę lemiantis ženklas; *deliver us from the E. One bibl.* gelbėk mus nuo pikto; *in an ~ hour* nelemtą valandą *(prasitarti ir pan.)* **2** žalingas, kenksmingas; *to have an ~ influence* turėti pragaištingą įtaką kam **3** nemalonus, bjaurus; *to fall on ~ days* nuskursti; paliegti ◊ *to put off the ~ day/hour* atidėlioti, vengti *(daryti ką nemalonu/sunku)*

evildoer [ˌi:vl'du:ə] *n* **1** piktadarys **2** nusidėjėlis

evil-minded ['i:vl'maɪndɪd] *a* piktas, piktavalis, piktanoris

evil-smelling ['i:vl'smelɪŋ] *a* dvokiantis, smirdintis

evil-tempered ['i:vl'tempəd] *a* piktabūdis, piktas

evince [ɪ'vɪns] *v* liudyti, (pa)rodyti *(drąsą, susidomėjimą ir pan.)*

eviscerate [ɪ'vɪsəreɪt] *v* **1** *spec.* išdarinėti, išdoroti *(vidurius)* **2** *prk.* (nu)skurdinti, (nu)susinti *(knygos turinį ir pan.)*, pašalinti *(pačią)* esmę

evocation [ˌevə'keɪʃn] *n* **1** *(jausmų, prisiminimų ir pan.)* sužadinimas; atkūrimas **2** *teis.* (iš)reikalavimas perduoti bylą aukštesnei instancijai

evocative [ɪ'vɔkətɪv] *a* sukeliantis, žadinantis *(jausmus ir pan.)*; atkuriantis, primenantis *(of)*

evoke [ɪ'vəuk] *v* **1** sukelti, (pa)žadinti *(jausmus ir pan.)*; priminti, atkurti; *to ~ admiration* (su)kelti susižavėjimą **2** *teis.* (iš)reikalauti perduoti bylą aukštesnei instancijai

evolute ['i:vəlu:t] *n geom.* evoliutė *(t. p. ~ curve)*

evolution [ˌi:və'lu:ʃn] *n* **1** evoliucija; plėtotė, raida, vystymasis **2** *pl* vingiai, išlankos; *(šokių ir pan.)* figūros **3** *mat.* šaknies traukimas **4** *spec. (šilumos, dujų)* iš(si)skyrimas

evolutional [ˌi:və'lu:ʃnəl] *a* = **evolutionary**

evolutionary [ˌi:və'lu:ʃənərɪ] *a* evoliucinis, evoliucijos; raidos, plėtotės, vystymosi

evolutionism [ˌi:və'lu:ʃənɪzm] *n* evoliucionizmas; evoliucijos teorija

evolutionist [ˌi:və'lu:ʃənɪst] *n* evoliucionistas
a = **evolutionistic**

evolutionistic [ˌi:və'lu:ʃə'nɪstɪk] *a* evoliucionistinis, evoliucionistų

evolutive ['i:vəlu:tɪv] *a* skatinantis raidą; augimo, plėtotės

evolve [ɪ'vɔlv] *v* **1** plėtotis, vystytis, išsivystyti, evoliucionuoti *(from, out of)* **2** plėtoti, rutulioti *(teoriją ir pan.)* **3** skleisti *(šilumą, kvapą)*

evolvent [ɪ'vɔlvənt] *n geom.* evolventė, išklotinė

evulgate [ɪ'vʌlgeɪt] *v knyg.* skelbti

ewe [ju:] *n* avis; *~ with lamb* ėringa avis

ewer ['ju:ə] *n ist.* didelis ąsotis

ex[1] [eks] *n* eks, iksas, raidės X pavadinimas

ex[2] *n šnek.* buvusi žmona; buvęs vyras

ex- [eks-] *pref* **1** iš-, eks- *(reiškiant atskyrimą, šalinimą ir pan.)*; *exterminate* išnaikinti, eksterminuoti **2** eks-, buvęs; *ex-president* ekspreziděntas, buvęs prezidentas

exacerbate [ɪg'zæsəbeɪt] *v knyg.* **1** (pa)bloginti, (pa)sunkinti *(ligą, skausmą ir pan.; t. p. prk.)*; gilinti *(krizę)*; *to ~ the tension* (pa)didinti įtampą **2** erzinti, su(si)erzinti

exacerbation [ɪgˌzæsə'beɪʃn] *n knyg.* **1** *(ligos ir pan.)* pabloginimas, pasunkinimas; pablogėjimas, paūmėjimas **2** su(si)erzinimas

exact [ɪg'zækt] *a* **1** tikslus; griežtas, tikras; *~ memory* gera atmintis; *dialects have no ~ limits* tarmių ribos nėra griežtos; *he is ten, to be ~ ten and a half* jam dešimt metų, tiksliau dešimt su puse **2** kruopštus *(apie žmogų)*
v **1** (atkakliai) reikalauti *(paklusnumo, nuolaidų ir pan.)* **2** pareikalauti; *this difficult operation will ~ all the doctor's skill* ši sunki operacija pareikalaus gydytojo meistriškumo **3** išieškoti *(mokesčius)*

exacting [ɪg'zæktɪŋ] *a* **1** reiklus, griežtas **2** įtemptas; *~ work* darbas, reikalaujantis didelio kruopštumo

exaction [ɪg'zækʃn] **1** *(pinigų ir pan.)* išreikalavimas, išieškojimas; *teis.* išieška **2** *menk.* prievartavimas, (api)plėšimas *(apie didžiulius mokesčius ir pan.)*

exactitude [ɪg'zæktɪtju:d] *n* tikslumas

exactly [ɪg'zæktlɪ] *adv* **1** tiksliai; *~ as promised* tiksliai kaip žadėta **2** kaip tik; būtent; *that's ~ what I expected* kaip tik to aš ir tikėjausi/laukiau; *how much ~?* kiek būtent? **3** visai teisingai *(atsakant)*; *not ~* ne visai (taip); *she is not ~ a beauty* jos gražuole nepavadinsi

exactness [ɪg'zæktnɪs] *n* tikslumas

exactor [ɪg'zæktə] *n* reikalautojas; prievartautojas

exaggerate [ɪg'zædʒəreɪt] *v* perdėti, padidinti, išpūsti

exaggerated [ɪg'zædʒəreɪtɪd] *a* perdėtas, išpūstas; nenormalus, nenormaliai padidėjęs

exaggeration [ɪgˌzædʒə'reɪʃn] *n* perdėjimas, išpūtimas; *given to ~* linkęs perdėti; *it is no ~ to say...* nebus perdėta pasakius...

exaggerative [ɪg'zædʒərətɪv] *a* perdėtas, besaikis

exalt [ɪg'zɔ:lt] *v* **1** iškelti, išaukštinti **2** išgirti; (iš)liaupsinti **3** (su)tirštinti *(spalvas ir pan.)*

exaltation [ˌegzɔ:l'teɪʃn] *n* **1** iškėlimas, išaukštinimas **2** dvasinis pakilimas, egzaltacija **3** sustiprinimas

exalted [ɪg'zɔ:ltɪd] *a* **1** aukštas *(apie žmogų, jo padėtį visuomenėje)*; *~ aims* aukšti/kilnūs tikslai **2** egzaltuotas, pakilus

exam [ɪg'zæm] *n* **1** egzaminas; *to pass [to fail] an ~* išlaikyti [neišlaikyti] egzamino **2** *amer.* egzamino užduotis **3** *amer. med.* (iš)tyrimas

examinant [ɪg'zæmɪnənt] *n ret.* egzaminatorius

examination [ɪgˌzæmɪ'neɪʃn] *n* **1** egzaminas; *equivalency ~* eksterno egzaminas; *to take (entrance) ~s* laikyti (stojamuosius) egzaminus; *the ~ results* egzamino rezultatai; *under ~* a) egzaminuojamas; b) tikrinamas **2** (iš)tyrimas, apžiūrėjimas; nagrinėjimas; *cargo ~* krovinio apžiūra; *to go into hospital for ~* gulti į ligoninę išsitirti; *on closer ~ of the facts...* atidžiau išnagrinėjus faktus... **3** patikrinimas; ekspertizė; *~ of papers* dokumentų patikrinimas **4** *teis.* apklausa *(liudytojo, kaltinamojo)*

examinational [ɪgˌzæmɪ'neɪʃnəl] *a* egzaminų

examine [ɪg'zæmɪn] *v* **1** apžiūrinėti, apžiūrėti; (iš)tirti *(ligonį)* **2** nagrinėti; (pa)tikrinti; *to ~ a problem* nagrinėti/gvildenti problemą; *to ~ accounts* patikrinti sąskaitas **3** egzaminuoti; *I was ~d in maths* mane egzaminavo iš matematikos **4** *teis.* apklausti, tardyti; *to ~ evidence* nagrinėti įkalčius

examinee [ɪgˌzæmɪ'ni:] *n* egzaminuojamasis; *he's a bad ~* jis prastai laiko egzaminus

examiner [ɪg'zæmɪnə] *n* **1** egzaminuotojas, egzaminatorius; *to satisfy the ~s* išlaikyti egzaminą patenkinamai **2** tyrėjas, tikrintojas, revizorius

example [ɪg'zɑ:mpl] *n* **1** pavyzdys; *for ~* pavyzdžiui; *to follow smb's ~* (pa)sekti kieno pavyzdžiu; *to hold smb*

exanimate 314 **excited**

up as an ~ kelti ką pavyzdžiu; *to set a good [bad]* ~ (pa)rodyti gerą [prastą] pavyzdį; *to take* ~ *by* imti pavyzdžiu 2 pamokymas, pamoka, įspėjimas; *let it be an* ~ *to smb, let it make an* ~ *for smb* tebūna tai pamoka kam; *to make an* ~ *of smb* nubausti ką, kad pasimokytų kiti
v (ppr. pass) knyg. būti pavyzdžiu; *not* ~*d in modern literature* nepasitaikantis dabartinėje literatūroje
exanimate [ɪg'zænɪmət] *a poet.* bedvasis, negyvas
exanthema [ˌeksæn'θiːmə] *n med.* išbėrimas, egzantema
exasperate [ɪg'zɑːspəreɪt] *v (ppr. pass)* (į)pykdyti; (su)erzinti
exasperated [ɪg'zɑːspəreɪtɪd] *a* susierzinęs; įpykęs *(at, by)*
exasperating [ɪg'zɑːspəreɪtɪŋ] *a* nepakenčiamas; *how* ~! kaip pikta!
exasperation [ɪgˌzɑːspəˈreɪʃn] *n* įpykis, įpykimas; su(si)erzinimas; *in* ~ supykęs, susierzinęs
ex cathedra [ˌeksəˈθiːdrə] *lot.* oficialiai; autoritetingai
excavate ['ekskəveɪt] *v* 1 atkasti 2 (iš)kasti *(duobę)* 3 *archeol.* kasinėti
excavation [ˌekskəˈveɪʃn] *n* 1 kasinėjimas; žemės kasimo darbai 2 iškasa, iškasta duobė, tranšėja 3 *archeol.* iškasena 4 *anat.* įduba, ekskavacija
excavator ['ekskəveɪtə] *n* 1 *tech.* ekskavatorius, žemkasė, bageris 2 kasėjas, kasinėtojas
exceed [ɪkˈsiːd] *v* 1 pralenkti, viršyti; *to* ~ *smb in height [strength]* būti aukštesniam [stipresniam] už ką 2 (per)viršyti, peržengti ribas; *to* ~ *the quotas [the speed limit]* viršyti normas [greitį]; *to* ~ *one's instructions* peržengti savo įgaliojimus
exceedingly [ɪkˈsiːdɪŋlɪ] *adv* be galo, nepaprastai
excel [ɪkˈsel] *v (-ll-)* pralenkti, pranokti, prašokti *(at, in – kuo); he never* ~ *led in/at sports* jis niekada nepasižymėjo sporte
excellence ['eksələns] *n* 1 meistriškumas, tobulas mokėjimas 2 *ret.* pranašumas; pasižymėjimas *(kame)*
Excellency ['eksələnsɪ] *n* ekscelencija; *His* ~ jo prakilnybė, jo ekscelencija
excellent ['eksələnt] *a* puikus, labai geras; aukštos kokybės
excelsior[1] [ekˈselsɪɔː] *lot. int* aukštyn!
a kom. aukščiausias *(apie rūšį)*
excelsior[2] [ɪkˈselsɪə] *n amer.* minkštos medžio drožlės *(pakuoti)*
except [ɪkˈsept] *<prep, v, conj> prep* išskyrus, be; ~ *for* a) išskyrus; b) jeigu ne; *nobody could swim* ~ *me* niekas, išskyrus mane, *arba* be manęs, nemokėjo plaukti; *I can take my vacation at any time* ~ *in August* aš galiu eiti atostogų bet kada, išskyrus rugpjūtį
v 1 išskirti, neskaityti; *nobody* ~*ed* visi be išimties 2 *teis.* nušalinti *(liudininką)*
conj 1 tik, bet; *he does nothing* ~ *eat* jis nieko neveikia, tik valgo 2 *(* ~ *that)* išskyrus tai, kad
excepting [ɪkˈseptɪŋ] *prep* išskyrus; *not* ~ neišskiriant
exception [ɪkˈsepʃn] *n* 1 išimtis; *with the* ~ *of* išskyrus; ~*s to the rule* taisyklės išimtys; *the* ~ *proves the rule* išimtis patvirtina taisyklę 2 prieštaravimas; *to take* ~ *to smth* protestuoti, prieštarauti dėl ko 3 įžeidimas, už(si)gavimas; *to take* ~ *(at)* įsižeisti 4 *teis.* nušalinimas
exceptionable [ɪkˈsepʃnəbl] *a* keliantis protestą/prieštaravimą, priekaištautinas
exceptional [ɪkˈsepʃnəl] *a* 1 nepaprastas, ypač geras 2 išimtinis, išskirtinis; ~ *case* išskirtinis atvejis
exceptionally [ɪkˈsepʃnəlɪ] *adv* nepaprastai, ypač
exceptive [ɪkˈseptɪv] *a knyg.* 1 išimtinis; neįprastinis 2 priekabus

excerpt *n* ['eksɔːpt] 1 ištrauka 2 *(straipsnio)* atspaudas
v [ekˈsɔːpt] (pa)rinkti ištraukas, citatas
excerption [ekˈsɔːpʃn] *n* 1 ištraukų parinkimas 2 citata
excess *n* [ɪkˈses] 1 perteklius, perviršis; *energy* ~ *fiz.* energijos perteklius; ~ *of income fin.* pajamų perviršis *(palyginti su išlaidomis); in* ~ *of* daugiau kaip 2 nesaikingumas; ~ *in eating and drinking* nesaikingas valgymas ir gėrimas; persivalgymas ir persigėrimas; *to* ~ be saiko, be galo 3 *(ppr. pl)* ekscesas
a ['ekses] perteklinis, perviršinis; papildomas; ~ *fare* priemoka *(prie bilieto kainos);* ~ *luggage* bagažas, viršijantis nustatytą svorį; ~ *postage* papildomas mokestis už laiško pristatymą; ~ *profits duty/tax* viršpelnio mokestis; ~ *supply* perteklinė pasiūla
excessive [ɪkˈsesɪv] *a* besaikis, perdėtas, pernelyg didelis; ~ *drinking* piktnaudžiavimas alkoholiu
exchange [ɪksˈtʃeɪndʒ] *n* 1 keitimasis, apsikeitimas, pasikeitimas *(t. p. šach.);* ~ *of views* pasikeitimas nuomonėmis 2 keitimas, mainas; valiuta; *in* ~ *(for)* mainais *(į); foreign* ~ a) užsienio valiuta; b) deviza; *rate of* ~, ~ *rate* valiutos kursas; *isotopic* ~ *fiz.* izotopų mainai 3 *kom., fin.* birža; *commodity* ~ prekių birža; *labour/ employment* ~ darbo birža; *Royal* ~ Londono birža *(pastatas)* 4 telefono centrinė *(t. p. telephone* ~*);* komutatorius 5 *kar.* susišaudymas *(t. p.* ~ *of fire)*
v 1 keistis, (apsi)keisti, pasikeisti, mainytis, (apsi)mainyti, pasimainyti; *to* ~ *blows* peštis, susimušti; *to* ~ *flats [addresses]* apsikeisti butais [adresais]; *to* ~ *greetings* pasisveikinti; *to* ~ *seats* keistis/pasikeisti vietomis; *to* ~ *words* persimesti žodžiais 2 (pa)keisti, iškeisti, (pa)mainyti, išmainyti; *to* ~ *hats* sumainyti skrybėles; *to* ~ *chocolate for cigarettes* keisti šokoladą į cigaretes; *to* ~ *dollars for poundes* iškeisti dolerius į svarus (sterlingų)
exchangeable [ɪksˈtʃeɪndʒəbl] *a* keičiamas, mainomas, tinkamas keisti/mainyti; ~ *value* mainomoji vertė
exchequer [ɪksˈtʃekə] *n* 1 valstybės iždas; ~ *bill* iždo bilietas; valstybės paskolos lakštas 2 *(E.) (D. Britanijos)* Finansų ministerija *(t. p. Board of E.)*
excisable [ekˈsaɪzəbl] *a* apdėtas akcizo mokesčiu
excise[1] *n* ['eksaɪz] akcizas; akcizo mokestis *(t. p.* ~ *duty)*
v [ekˈsaɪz] uždėti/rinkti akcizo mokestį
excise[2] [ɪkˈsaɪz] *v* 1 iškirpti, pašalinti *(iš teksto ir pan.)* 2 *med.* išpjauti; amputuoti
exciseman ['eksaɪzmən] *n (pl* -men [-mən]) *ist.* akcizininkas, akcizo inspektorius/rinkėjas
excision [ɪkˈsɪʒn] *n* 1 *(teksto ir pan.)* iškirpimas, pašalinimas 2 *med.* išpjovimas, ekscizija
excitability [ɪkˌsaɪtəˈbɪlətɪ] *n spec.* jaudrumas
excitable [ɪkˈsaɪtəbl] *a* (lengvai) sudirginamas, sujaudinamas; jaudrus
excitant ['eksɪtənt] *spec. a* dirginantis, jaudinantis
n 1 dirginamasis/jaudinamasis vaistas 2 *fiz.* žadintuvas
excitation [ˌeksɪˈteɪʃn] *n* 1 jaudinimas(is); susijaudinimas 2 *fiz.* (su)žadinimas
excite [ɪkˈsaɪt] *v* 1 jaudinti; *pass* jaudintis, būti susijaudinusiam/sujaudintam; *the news of the victory* ~*d everyone* žinia apie pergalę visus sujaudino; *don't* ~ *yourself!* nesijaudink(ite)!; *it's nothing to get* ~*d about* nėra ko jaudintis 2 (su)žadinti *(meilės, pavydo ir pan. jausmą);* (su)kelti *(riaušes, susidomėjimą ir pan.)* 3 *fiz.* sužadinti elektros srovę, sukelti magnetinį lauką *ir pan.* 4 *fiziol.* (su)dirginti
excited [ɪkˈsaɪtɪd] *a* 1 sujaudintas; susijaudinęs; *in an* ~ *voice* sujaudintu balsu; *an* ~ *discussion started* prasidė-

jo karšta diskusija **2** *spec.* sužadintas ◊ **nothing to get ~ about** nieko ypatinga, nekoks *(apie filmą, knygą ir pan.)*
excitement [ɪk'saɪtmənt] *n* su(si)jaudinimas, jaudinimasis
exciter [ɪk'saɪtə] *n el.* sužadinimo generatorius, žadintuvas, uždegiklis
exciting [ɪk'saɪtɪŋ] *a* **1** jaudinantis; įdomus **2** *el.* žadinamasis; **~ field** žadinimo laukas
exciton ['eksɪtɔn] *n fiz.* eksitonas *(kvazidalelė)*
exclaim [ɪk'skleɪm] *v* **1** šūktelėti, sušukti *(susijaudinus, susierzinus)* **2** protestuoti *(at, against)*
exclamation [ˌekskləˈmeɪʃn] *n* sušukimas, šūktelėjimas, šauksmas; **~ mark/**amer. **point** šauktukas
exclamatory [ekˈsklæmətərɪ] *a* šūktelėjimo, šaukiamasis; **~ sentence** *gram.* šaukiamasis sakinys
exclude [ɪkˈskluːd] *v* **1** išskirti, neįtraukti; neįsileisti; *a special diet that ~s diary products* speciali dieta be pieno produktų **2** pašalinti; *to ~ smb from membership of a club* (pa)šalinti ką iš klubo narių; *to ~ all possibility of error* pašalinti klaidos galimybę
excluding [ɪkˈskluːdɪŋ] *prep* išskyrus, be
exclusion [ɪkˈskluːʒn] *n* **1** išskyrimas; *he studied history at the university to the ~ of all other subjects* universitete jis studijavo vien istoriją, atsisakydamas visų kitų dalykų **2** pašalinimas
exclusive [ɪkˈskluːsɪv] *a* **1** privilegijuotas; prašmatnus, pirmaklasis; *he moves in ~ circles* jis būna aukštosiose sferose **2** išimtinis, išskirtinis, ypatingas; **~ right** išimtinė teisė **3** nesuderinamas, vienas kitą paneigiantis *(t. p.* **mutually ~)** **4** vienintelis; skirtas tik vienam; **~ agent** vienintelis atstovas; *he obtained an ~ interview with her* jis vienintelis gavo iš jos interviu; ji davė interviu tik jam vienam **5** užsidaręs, nedraugus *(apie žmogų);* uždaras, mažai kam teprieinamas *(apie įstaigą);* neįsileidžiantis žydų, negrų *(apie klubą ir pan.)* **6: ~ of** išskyrus; *the price of the dinner ~ of wine* pietų kaina be vyno
n **1** medžiaga, išspausdinta tik viename laikraštyje **2** gaminys, pardavinėjamas tik nurodytoje parduotuvėje
exclusively [ɪkˈskluːsɪvlɪ] *adv* išimtinai, tik
excogitate [eksˈkɔdʒɪteɪt] *v knyg.* išgalvoti, prigalvoti, pramanyti
excogitation [eksˌkɔdʒɪˈteɪʃn] *n knyg.* išgalvojimas, pramanas
excommunicate *v* [ˌekskəˈmjuːnɪkeɪt] ekskomunikuoti, atskirti nuo bažnyčios
n [ˌekskəˈmjuːnɪkɪt] ekskomunikuotasis
excommunication [ˌekskəˌmjuːnɪˈkeɪʃn] *n bažn.* ekskomunikacija
ex-con [eksˈkɔn] *n* (ex-convict *sutr.*) *šnek.* buvęs kalinys
excoriate [ɪkˈskɔːrɪeɪt] *v* **1** nudrėksti, nuplėšti *(odą)* **2** smarkiai (su)kritikuoti
excoriation [ekˌskɔːrɪˈeɪʃn] *n* **1** *(odos)* nudrėskimas **2** smarki kritika, sukritikavimas
excorticate [eksˈkɔːtɪkeɪt] *v spec.* nulupti žievę, luobą, lakštą, kevalą *ir pan.*
excrement ['ekskrɪmənt] *n fiziol.* ekskrementai, išmatos
excrescence [ɪkˈskresns] *n spec.* išauga, antauga, auglys
excrescent [ɪkˈskresnt] *a* **1** nenormaliai išaugęs **2** atliekamas, nereikalingas
excreta [ɪkˈskriːtə] *n pl fiziol.* ekskretai, išskyros *(išmatos, šlapimas, prakaitas)*
excrete [ɪkˈskriːt] *v fiziol.* išskirti, (pa)šalinti
excretion [ɪkˈskriːʃn] *n fiziol.* **1** išskyrimas, šalinimas, ekskrecija **2 = excreta**
excretive [ɪkˈskriːtɪv] *a* **1** *fiziol.* šalinamasis, išskiriamasis **2 = excretory**

excretory [ɪkˈskriːtərɪ] *n anat.* ištekamasis; ekskrecinis
excruciate [ɪkˈskruːʃɪeɪt] *v knyg.* kankinti
excruciating [ɪkˈskruːʃɪeɪtɪŋ] *a* **1** kankinantis, skausmingas **2** nepakeliamas, didžiulis *(apie nelaimę ir pan.)*
excruciation [ɪkˌskruːʃɪˈeɪʃn] *n knyg.* kankinimas; kančia
exculpate ['eksklpeɪt] *v teis.* išteisinti, reabilituoti
exculpatory [ɪksˈklpətərɪ] *a teis.* išteisinamas(is)
excurrent [ɪkˈskrənt] *a* **1** *spec.* ištekamasis **2** *bot.* išeinantis į paviršių
excursion [ɪkˈskɜːʃn] *n* **1** ekskursija; išvyka; *to go on an ~* važiuoti į ekskursiją **2** ekskursas; nukrypimas *(t. p. fiz.)* **3** *tech.* grįžtamai slenkamasis judėjimas
excursionist [ɪkˈskɜːʃnɪst] *n* ekskursantas
excursive [ɪkˈskɜːsɪv] *a* **1** nukrypstantis; darantis daug ekskursų **2** nesistemingas *(apie skaitymą)*
excursus [ɪkˈskɜːsəs] *n* **1** ekskursas **2** detalus vieno klausimo nagrinėjimas *(kaip priedas knygoje)*
excusable [ɪkˈskjuːzəbl] *a* atleistinas, dovanotinas
excusatory [ɪkˈskjuːzətərɪ] *a* atsiprašomas *(apie toną, laišką ir pan.);* pateisinamas
excuse *n* [ɪkˈskjuːs] **1** pa(si)teisinimas; atsiprašymas; *in ~ of smth* (pa)teisinant ką; *without ~* be pateisinimo, nepateisinama; *to make ~s* teisintis, atsiprašinėti; *there is no ~ for it* tai neatleistina **2** atsikalbinėjimas, dingstis; *poor/lame/thin ~* nesvarbi priežastis, menkas pretekstas; *this is a poor ~ for a meal!* vargu ar tai pavadinsi valgiu; *to have [to find] an ~* turėti [rasti] priežastį; *no ~s!* be atsikalbinėjimų! **3** atleidimas *(nuo pareigos)*
v [ɪkˈskjuːz] **1** pateisinti; *he ~d himself by saying the train was late* jis teisinosi tuo, kad vėlavo traukinys **2** atleisti, dovanoti; **~ me!** atleiskite!, atsiprašau!; *if you'll ~ my language* atleiskite už šiurkštų žodį **3** atleisti *(nuo pareigos, mokesčio ir pan.);* *your attendance today is ~d* jūs šiandien galite nedalyvauti; *can I be ~d? mok. euf.* ar man galima išeiti *(į tualetą)?* **4** *refl* atsiprašyti
ex-directory [ˌeksdɪˈrektərɪ] *a* neįtrauktas į telefono abonentų knygą; *an ~ number* numeris raudonajame puslapyje
ex dividend [ˌeksˈdɪvɪdend] *fin.* be dividendų priskaitymo
exeat ['eksɪæt] *lot. n (trumpalaikis)* atleidimas, išleidimas *(iš mokyklos, vienuolyno ir pan.)*
exec [ɪgˈzek] *šnek.* **= executive** *n*
execrable ['eksɪkrəbl] *a* prastas *(apie maistą ir pan.);* bjaurus *(apie orą)*
execrate ['eksɪkreɪt] *v* **1** ne(ap)kęsti **2** (pra)keikti
execration [ˌeksɪˈkreɪʃn] *n* **1** ne(ap)kentimas; neapykanta **2** prakeikimas
executable ['eksɪkjuːtəbl] *a* įvykdomas; atliekamas; **~ program** *komp.* vykdomoji programa
executant [ɪgˈzekjutənt] *n muz., teatr.* atlikėjas
execute ['eksɪkjuːt] *v* **1** (į)vykdyti mirties bausmę **2** (į)vykdyti, atlikti; *to ~ a command [a plan]* (į)vykdyti įsakymą [planą]; *to ~ a purpose* pasiekti tikslą **3** atlikti *(muzikos kūrinį, vaidmenį ir pan.);* (su)kurti *(paveikslą, skulptūrą ir pan.)* **4** *teis.* įforminti, sutvarkyti *(testamentą, sutartį ir pan.)*
execution [ˌeksɪˈkjuːʃn] *n* **1** mirties bausmės (į)vykdymas, egzekucija **2** *(įsakymo, plano ir pan.)* (į)vykdymas, atlikimas; *to put/carry smth into ~* įvykdyti, įgyvendinti ką **3** *(muzikos kūrinio)* atlikimas; atlikimo meistriškumas **4** sunaikinimas, sugriovimas; *to make good ~ kar.* sutriuškinti *(priešą)* **5** *teis. (testamento ir pan.)* sutvarkymas, įforminimas **6** *teis. (skolininko ir pan.)* turto areštas
executioner [ˌeksɪˈkjuːʃnə] *n* budelis, egzekutorius

executive [ɪg'zekjutɪv] *a* **1** vykdomasis; *~ committee* vykdomasis komitetas **2** prezidento, vyriausybės; *~ agreement amer.* prezidento sudaryta sutartis su užsienio valstybe *(be būtino senato tvirtinimo);* *~ officer jūr.* a) rikiuotės karininkas; b) *amer. (laivo vado)* vyresnysis padėjėjas **3** administratoriaus, administracinis; *~ ability* administratoriaus gabumai; *the ~ dining-room* administracijos valgykla
n **1** vadovas, vadovaujantis/atsakingas darbuotojas, administratorius **2** *(the ~)* vykdomoji valdžia; vykdomasis organas; *the Chief E.* a) generalinis direktorius; b) *amer.* JAV prezidentas **3** *amer. kar.* štabo viršininkas; vado padėjėjas

executor [ɪg'zekjutə] *n teis.* testamento vykdytojas

executrix [ɪg'zekjutrɪks] *n teis.* testamento vykdytoja

exegesis [ˌeksɪ'dʒi:sɪs] *n (pl* -ses [-si:z]) egzegezė *(ypač Biblijos tekstų aiškinimas ir komentavimas)*

exemplar [ɪg'zemplə] *n knyg.* **1** pavyzdys **2** tipas; įvaizdis, paveikslas **3** *(knygos)* egzempliorius

exemplary [ɪg'zemplərɪ] *a* **1** pavyzdingas; *~ behaviour [pupil]* pavyzdingas elgesys [mokinys] **2** pamokomas, skirtas pamokyti/įspėti kitiems *(apie bausmę ir pan.)*

exemplification [ɪgˌzemplɪfɪ'keɪʃn] *n* **1** aiškinimas pavyzdžiais, iliustravimas; pavyzdys **2** *teis.* patvirtinta kopija

exemplify [ɪg'zemplɪfaɪ] *v* **1** būti pavyzdžiu **2** duoti pavyzdį, iliustruoti **3** *teis.* padaryti kopiją ir patvirtinti

exempt [ɪg'zempt] *a* **1** atleistas *(nuo mokesčių, karo tarnybos ir pan.; from)* **2** neturintis *(trūkumų ir pan.);* *~ from passions* nepatyręs aistrų
v atleisti *(from – nuo);* *to ~ from taxation* atleisti nuo mokesčių

exemption [ɪg'zempʃn] *n* **1** atleidimas *(nuo mokesčių, karo tarnybos ir pan.)* **2** lengvata; privilegija

exequies ['eksɪkwɪz] *n pl knyg.* laidotuvės, laidotuvių apeigos

exercise ['eksəsaɪz] *n* **1** pratimas; lavinimas(is); treniruotė; *five-finger ~s* fortepiono pratimai; *floor ~* laisvieji pratimai *(gimnastika);* *~s in translation* vertimo pratimai **2** mankšta *(t. p. gymnastic/setting-up ~);* *to take ~* sportuoti, mankštintis; *I take very little ~* aš labai mažai judu/mankštinuosi **3** *kar.* mokymas, karinis parengimas; *military ~s* karo pratybos, manevrai **4** vykdymas, panaudojimas; *the ~ of rights* teisių įgyvendinimas; pasinaudojimas teisėmis; *~ of functions* pareigų atlikimas **5** *pl amer.* ceremonijos, iškilmės
v **1** lavinti(s), mankštinti(s); *I need to ~ myself* man reikia daugiau judėti/mankštintis **2** vesti vaikščioti, vedžioti *(šunį ir pan.)* **3** vykdyti, įgyvendinti; atlikti *(pareigą);* naudotis; *to ~ one's rights* pasinaudoti teisėmis; *to ~ control* kontroliuoti; valdyti; *to ~ patience* (pa)rodyti kantrybę; *he ~s a strong influence over her* jis daro jai didelę įtaką **4** jaudinti, rūpėti; *I am ~d about my son's future* aš jaudinuosi dėl sūnaus ateities **5** *kar.* atlikti karo mokymus **6** *fin.* nustatyti kainą *(opcionu)*

exercitation [egzɔ:sɪ'teɪʃn] *n knyg.* praktika; treniravimas(is)

exergue [ek'sɔ:g] *n* įrašo vieta, įrašas *(kitoje medalio/monetos pusėje)*

exert [ɪg'zɔ:t] *v* **1** įtempti *(jėgas ir pan.);* *to ~ pressure on smb* daryti spaudimą kam **2** *refl* įsitempti; dėti pastangas; *I must ~ myself and go and dig potatoes* aš turiu prisiversti eiti bulvių kasti

exertion [ɪg'zɔ:ʃn] *n* **1** įtempimas, įstanga, pastangos; *despite all his ~s he couldn't change the wheel* nors jis labai stengėsi, negalėjo pakeisti rato **2** *knyg. (valios,*

kantrybės ir pan.) pasireiškimas; *~ of authority* valdžios panaudojimas

exes ['eksɪz] *n pl* (expenses *sutr.*) *šnek.* išlaidos

exeunt ['eksɪʌnt] *lot. v teatr.* išeina *(scenos remarka)*

exfoliate [ɪks'fəulɪeɪt, eks'fəulɪeɪt] *v spec.* luptis sluoksniais; eiti pleiskanomis

exfoliation [ɪksˌfəulɪ'eɪʃn, eksˌfəulɪ'eɪʃn] *n spec.* lupimasis sluoksniais; eksfoliacija

ex gratia [ˌeks'greɪʃə] *lot.* nemokamas; nemokamai, veltui

exhalation [ˌekshə'leɪʃn] *n* **1** iškvėpimas **2** (iš)garavimas; garai

exhale [eks'heɪl] *v* **1** iškvėpti **2** (iš)garuoti

exhaust [ɪg'zɔ:st] *n* **1** *tech.* išmetimas *(dujų iš cilindro);* išleidimas *(garų);* išmetamosios dujos *(t. p. ~ gas);* *~ steam* (iš)naudotas garas **2** *aut.* išmetamasis vamzdis *(t. p. ~ pipe)*
v **1** išvarginti; *refl* išvargti; *to ~ oneself by/with work* pervargti dirbant **2** išsekinti, išsemti *(jėgas, atsargas ir pan.);* išsekti; *to ~ smb's patience* išsekinti kieno kantrybę; *to ~ the soil* (nu)alinti dirvą; *to ~ the subject* išsemti temą; *strength was ~ed* jėgos išseko **3** ištraukti, ištretinti *(orą);* išleisti *(garą);* išsemti *(šulinį)* **4** *(ypač teis.)* (iš)naudoti; baigti nagrinėti

exhausted [ɪg'zɔ:stɪd] *a* **1** išvargęs, suvargęs, išvargintas **2** išsekęs, išsekintas; nualintas *(apie dirvą)*

exhauster [ɪg'zɔ:stə] *n tech.* **1** ištraukiamasis ventiliatorius, ekshausteris **2** siurbtuvas; dūmsiurbis

exhaustion [ɪg'zɔ:stʃ[ə]n] *n* **1** išvarg(in)imas; išsek(in)imas; *nervous ~* nervinis išsekimas **2** ištraukimas, išsiurbimas **3** *tech.* išleidimas *(garų);* išmetimas *(dujų)*

exhaustive [ɪg'zɔ:stɪv] *a* **1** išsamus, nuodugnus; *~ inquiry* nuodugnus tyrimas **2** (iš)sekinantis, išsemiantis

exhibit [ɪg'zɪbɪt] *n* **1** eksponatas **2** *amer.* ekspozicija **3** *teis.* daiktinis įrodymas
v **1** (pa)rodyti, atskleisti *(bruožą, savybę);* *to ~ courage* (pa)rodyti drąsą **2** eksponuoti, išstatyti *(parodoje);* dalyvauti parodoje **3** (pa)demonstruoti

exhibition [ˌeksɪ'bɪʃn] *n* **1** paroda; *agricultural ~* žemės ūkio paroda **2** pa(si)rodymas; *to make an ~ of oneself* prastai pasirodyti, netikusiai elgtis; pasirodyti pajuokai **3** demonstravimas; *some of the children's paintings are now on ~ at the school* kai kurie vaikų paveikslai dabar demonstruojami mokykloje **4** *(nemandagumo, pavydo ir pan.)* pasireiškimas **5** *(vardinė, didesnė)* stipendija **6** *attr* parodinis; *the ~ pavilion* parodų paviljonas; *the ~ skating sport.* parodomasis čiuožimas

exhibitioner [ˌeksɪ'bɪʃnə] *n* stipendininkas

exhibitionism [ˌeksɪ'bɪʃnɪzm] *n* **1** polinkis reklamuotis, atkreipti dėmesį į save **2** *med.* ekshibicionizmas

exhibitionist [ˌeksɪ'bɪʃnɪst] *n* **1** žmogus, linkęs į ekstravagantišką elgesį, kad atkreiptų dėmesį į save; *he's just an ~* jis viską daro tik dėl akių **2** *med.* ekshibicionistas

exhibitor [ɪg'zɪbɪtə] *n* eksponentas

exhilarate [ɪg'zɪlərеɪt] *v (ppr. pass)* (pra)linksminti, (pra)džiuginti; žvalinti; pagyvinti

exhilarated [ɪg'zɪlərеɪtɪd] *a* **1** linksmas **2** įsismaginęs, įsilinksminęs

exhilarating [ɪg'zɪlərеɪtɪŋ] *a* žvalinantis, gaivinantis; *it was an ~ speech* tai buvo įkvepianti kalba

exhilaration [ɪgˌzɪlə'reɪʃn] *n* pralinksminimas; pagyvinimas; linksmumas, pakili nuotaika

exhort [ɪg'zɔ:t] *v* raginti, skatinti; maldauti; *he ~ed us to work harder* jis reikalavo, kad mes dirbtume smarkiau

exhortation [ˌegzɔ:'teɪʃn] *n knyg.* **1** raginimas, skatinimas; kvietimas *(į kovą ir pan.)* **2** pamokslas, pamokymas

exhortative [ɪgˈzɔːtətɪv] *a knyg.* raginamasis; pamokomas
exhumation [ˌekshjuːˈmeɪʃn] *n* ekshumacija, palaikų atkasimas; ~ *order teis.* leidimas ekshumuoti
exhume [eksˈhjuːm] *v* 1 ekshumuoti, atkasti palaikus 2 iškasti *(iš žemės; t. p. prk.)*
ex-husband [ˌeksˈhʌzbənd] *n* buvęs *(žmonos)* vyras
exigence, -cy [ˈeksɪdʒəns, -sɪ] *n knyg.* 1 būtinybė, skubus reikalas; kritiška padėtis 2 *(ppr. pl)* poreikiai
exigent [ˈeksɪdʒənt] *a knyg.* 1 neatidėliotinas, skubus, būtinas 2 priekabiai reiklus, įkyriai reikalaujantis
exigible [ˈeksɪdʒɪbl] *a knyg.* išreikalautinas
exiguity [ˌegzɪˈgjuːətɪ] *n knyg.* negausumas, menkumas
exiguous [egˈzɪgjuəs] *a knyg.* negausus, menkas, skurdus; ankštas *(apie kambarį)*
exile [ˈeksaɪl] *n* 1 (iš)trėmimas, (iš)tremtis; *to die [to live] in* ~ mirti [gyventi] tremtyje 2 tremtinys 3 *(the E.) bibl.* Babilonijos nelaisvė
  v (ppr. pass) (iš)tremti
exist [ɪgˈzɪst] *v* 1 egzistuoti, būti; *does life ~ on Mars?* ar yra gyvybė Marse? 2 gyvuoti, gyventi; *how can they ~ in such conditions?* kaip jie gali gyventi tokiomis sąlygomis?
existence [ɪgˈzɪstəns] *n* 1 egzistavimas; gyvavimas, buvimas; *to come into* ~ atsirasti, kilti; *in* ~ esamas; *this is the only vase of its kind in* ~ ši vaza – unikali 2 gyvenimas; būvis; *to lead a miserable* ~ gyventi vargingai
existent [ɪgˈzɪstənt] *a knyg.* egzistuojantis, esantis, esamas
existential [ˌegzɪˈstenʃl] *a* 1 *knyg.* egzistencijos, egzistencinis 2 *filos.* egzistencializmo, egzistencialinis
existentialism [ˌegzɪˈstenʃəlɪzm] *n filos.* egzistencializmas
existentialist [ˌegzɪˈstenʃəlɪst] *n filos.* egzistencialistas
existing [ɪgˈzɪstɪŋ] *a* esamas, egzistuojantis
exit [ˈegzɪt, ˈeksɪt] *lot. n* 1 išėjimas, išeiga *(džn. užrašas prie durų)*; ~ *into space* išėjimas į kosmosą; ~ *permit* leidimas išvykti 2 pasitraukimas, pasišalinimas *(from – iš)* 3 *teatr. (aktoriaus)* išėjimas nuo scenos; *to make one's* ~ išeiti *(ypač nuo scenos)* ◊ *to make one's final* ~ *euf.* mirti
  v 1 išeiti; ~ *Hamlet* Hamletas išeina *(scenos remarka)* 2 sustabdyti, išjungti *(kompiuterio programą)*
ex-libris [eksˈlaɪbrɪs, eksˈlɪbrɪs] *lot.* ekslibris, ekslibrisas
ex-librist [eksˈlɪbrɪst] *n* ekslibrių/ekslibrisų kolekcionierius
exocrine [ˈeksəukraɪn] *a fiziol.* egzokrininis
exodus [ˈeksədəs] *n* 1 masinis išsikėlimas/išvykimas/išėjimas; egzodas 2 *(E.) bibl.* izraelitų išėjimas iš Egipto; *the E.* Išėjimas *(Senojo testamento antroji knyga)*
ex-officio [ˌeksəˈfɪʃɪəu] *lot. adv, a* pagal pareigas
exogamous [ɪkˈsɔgəməs] *a biol.* egzogaminis
exogamy [ɪkˈsɔgəmɪ] *n* egzogamija *(t. p. biol.)*
exogenous [ɪkˈsɔdʒɪnəs] *a spec.* egzogeninis; išorinis, kilęs iš išorės
exonerate [ɪgˈzɔnəreɪt] *v* atleisti *(nuo bausmės ir pan.)*, reabilituoti *(from)*
exoneration [ɪgˌzɔnəˈreɪʃn] *n knyg.* atleidimas, reabilitavimas
exonerative [ɪgˈzɔnərətɪv] *a* atleidžiantis, reabilituojantis
exorbitance, -cy [ɪgˈzɔːbɪtəns, -sɪ] *n (kainų, reikalavimų ir pan.)* nesaikingumas
exorbitant [ɪgˈzɔːbɪtənt] *a* lupikiškas; pernelyg didelis, besaikis; ~ *interest* lupikiškos palūkanos
exorcism [ˈeksɔːsɪzm] *n* egzorcizmas, piktųjų dvasių išvarymas
exorcist [ˈeksɔːsɪst] *n* dvasių užkeikėjas
exorcize [ˈeksɔːsaɪz] *v* 1 išvaryti piktąsias dvasias *(malda, užkeikimu)* 2 atsikratyti *(blogų prisiminimų/minčių/jausmų)*
exordia [ɪgˈzɔːdɪə] *pl žr.* **exordium**

exordial [ɪgˈzɔːdɪəl] *a knyg.* įžanginis, įvadinis
exordium [ɪgˈzɔːdɪəm] *lot. n (pl* ~s, -dia) *knyg.* įžanga, įvadas, pratarmė
exoskeleton [ˌeksəuˈskelɪtn] *n biol.* egzoskeletas
exosphere [ˈeksəuˌsfɪə] *n* egzosfera
exoteric [ˌeksəuˈterɪk] *a* 1 *knyg.* visiems prieinamas/suprantamas 2 *spec.* egzoterinis
exothermic [ˌeksəuˈθəːmɪk] *a fiz.* egzoterminis
exotic [ɪgˈzɔtɪk] *a* 1 egzotinis, egzotiškas; svetimas; ~ *vocabulary* egzotinė leksika 2 *euf.* erotinis; ~ *dancer* striptizo/nuoga šokėja
  n 1 egzotinis augalas 2 svetimžodis
exotica [ɪgˈzɔtɪkə] *n pl* egzotiški dalykai; egzotika
expand [ɪkˈspænd] *v* 1 (iš)plėsti, plėtoti; (pa)didinti; *to* ~ *production* plėsti gamybą; *to* ~ *smb's horizon* (pra)plėsti kieno akiratį; *I'm going to* ~ *my thesis into a book* aš ketinu išplėsti savo disertaciją ir parašyti monografiją 2 plėstis, išsiplėsti; (pa)didėti; *metals* ~ *when heated* kaitinami metalai plečiasi; *our village has ~ed into a large industrial centre* mūsų kaimas išaugo ir tapo dideliu pramonės centru 3 išsiskleisti *(apie žiedus)* 4 *prk.* pasidaryti atviresniam/linksmesniam; *his face ~ed into a broad smile* jo veidas nušvito plačia šypsena 4 *mat.* skaidyti
expanded [ɪkˈspændɪd] *a* išplėstinis, išplėstas
expander [ɪkˈspændə] *n tech.* plėstuvas; skėtiklis; *lock* ~ užrakto skėtiklis
expanse [ɪkˈspæns] *n* erdvė, platybė
expansible [ɪkˈspænsəbl] *a* išplečiamas, plėtrus
expansion [ɪkˈspænʃn] *n* 1 plėtimas(is), iš(si)plėtimas; plėtra; (pa)didėjimas; (pa)didinimas; ~ *of the currency* pinigų emisijos (pa)didinimas; *industrial* ~ pramonės augimas 2 *(knygos ir pan.)* išplėtimas, smulkesnis išdėstymas 3 ekspansija 4 erdvė, platuma 5 *tech.* išsiplėtimas; valcavimas; ~ *tank aut.* plėtimosi bakelis; ~ *coupling* kompensacinė mova 6 *mat.* skaidymas
expansionism [ɪkˈspænʃnɪzm] *n polit.* ekspansionizmas
expansionist [ɪkˈspænʃnɪst] *n polit.* ekspansionistas
expansive [ɪkˈspænsɪv] *a* 1 atviras, šnekus *(apie žmogų)*; malonus *(apie charakterį, kalbą ir pan.)* 2 platus; ~ *forehead* didelė kakta 3 išsiplečiantis, didėjantis; plečiamas(is) 4 ekspansyvus
expansivity [ˌekspænˈsɪvətɪ] *n ret.* ekspansyvumas
ex parte [ˌeksˈpɑːtɪ] *lot. teis.* (viena)šališkai; (viena)šališkas
expat [eksˈpæt] *šnek.* = **expatriate** *n*
expatiate [ɪkˈspeɪʃɪeɪt] *v knyg.* išsiplėsti, plačiai dėstyti *(kalbant, rašant)*; *to* ~ *on a subject* plačiai kalbėti/pasakoti kokia nors tema
expatriate *n* [ˌeksˈpætrɪət] ekspatriantas; emigrantas; tremtinys
  v [ˌeksˈpætrɪeɪt] 1 ekspatrijuoti, išsikelti/iškeldinti iš tėvynės; ištremti 2 *(ppr. refl)* emigruoti
expect [ɪkˈspekt] *v* 1 tikėtis; *I* ~ *you to be here* tikiuosiu, kad jūs čia būsite; *it's not to be ~ed* to negalima tikėtis 2 laukti; *we* ~ *rain tomorrow* rytoj laukiama lietaus; *she is ~ing* ji laukiasi (kūdikio) 3 reikalauti; *you* ~ *too much of her* jūs iš jos per daug reikalaujate 4 manyti; *I ~ed so much* aš taip ir maniau; *prices are ~ed to rise* manoma, kad kainos kils
expectancy [ɪkˈspektənsɪ] *n* 1 laukimas; tikėjimasis; *he looked at her with an air of* ~ jis pažiūrėjo į ją klausiamai 2 galimybė, viltis
expectant [ɪkˈspektənt] *n* (numanomas) kandidatas, pretendentas

expectation · 318 · **explain**

a **1** laukiantis *(of);* ~ *mother euf.* kūdikio laukianti moteris, būsimoji motina **2** laukimo *(apie politiką ir pan.)*
expectation [,ekspek'teɪʃn] *n* **1** laukimas, tikėjimasis; *against all ~s* visai nelauktai/netikėtai; *contrary to ~* priešingai negu tikėtasi; *beyond ~* daugiau negu laukta; *in ~ of an early answer* tikiuosi greito atsakymo *(laiške)* **2** *(ppr. pl)* viltys, lūkesčiai; *to fall short of ~(s), not to come up to ~(s)* nepateisinti vilčių; *to have great ~s* turėti dideles ateities perspektyvas, tikėtis didelio palikimo **3** tikimybė, galimybė; *~ of life* galimos gyvenimo trukmės vidurkis
expectative [ɪk'spektətɪv] *a* laukiamas; laukimo
expected [ɪk'spektɪd] *a attr* laukiamas, lauktas
expectorant [ɪk'spektərənt] *n med.* atsikosėjimą lengvinantys vaistai
expectorate [ɪk'spektəreɪt] *v* atsikosėti, atsikrenkšti; (iš)spjauti
expectoration [ɪk,spektə'reɪʃn] *n* **1** atsikosėjimas, atsikrenkštimas **2** skrepliai
expedience, -cy [ɪk'spi:dɪəns, -sɪ] *n* **1** tikslingumas; praktiniai sumetimai **2** naudingumas; beprincipiškumas
expedient [ɪk'spi:dɪənt] *a* **1** tikslingas *(praktiniu, bet ne principiniu požiūriu)* **2** naudingas, racionalus, tinkamas *n* priemonė, būdas *(tikslui pasiekti); to go to every ~* imtis bet kokių priemonių, su viskuo sutikti
expedite ['ekspɪdaɪt] *v* **1** (pa)spartinti, (pa)greitinti; padėti *(kokiam vyksmui); to ~ delivery* paspartinti pristatymą **2** greitai/operatyviai atlikti
expedition [,ekspɪ'dɪʃn] *n* **1** ekspedicija; *to go on a ~* (iš)vykti į ekspediciją **2** išvyka *(medžioti, žvejoti ir pan.)* **3** sparta, operatyvumas; *with ~* skubiai, operatyviai
expeditionary [,ekspɪ'dɪʃənərɪ] *a* ekspedicinis, ekspedicijos; *~ force kar.* ekspedicinės pajėgos
expeditious [,ekspɪ'dɪʃəs] *a knyg.* skubus, greitas, operatyvus
expel [ɪk'spel] *v (-ll-)* **1** išvaryti, išvyti, išmesti *(iš mokyklos, organizacijos ir pan.)* **2** išstumti, išmesti; *to ~ air from one's lungs* iškvėpti orą iš plaučių **3** *teis., polit.* išsiųsti, ištremti
expellee [,ekspə'li:] *n* išvarytasis; ištremtasis
expend [ɪk'spend] *v* **1** (iš)leisti, (iš)eikvoti *(pinigus ir pan.); to ~ time and money* eikvoti laiką ir pinigus; *he ~ed much effort in getting his laboratory equipped* jis dėjo daug pastangų laboratorijai įrengti **2** baigti *(šaudmenis ir pan.)*
expendable [ɪk'spendəbl] *a* **1** panaudojamas, eikvojamas **2** nebūtinai reikalingas, nebereikalingas, išmestinas; paaukotinas
expendables [ɪk'spendəblz] *n pl kar.* **1** naudojami reikmenys **2** *sl.* patrankų mėsa; eiliniai kareiviai
expenditure [ɪk'spendɪtʃə] *n* **1** sunaudojimas, eikvojimas *(laiko, jėgų, medžiagų, pinigų)* **2** išlaidos; sąnaudos; *~ on armaments* ginklavimosi išlaidos; *labour ~s* darbo sąnaudos
expense [ɪk'spens] *n* **1** *(džn. pl)* išlaidos; *all ~s paid* visos išlaidos apmokėtos; *heavy ~s* didžiulės išlaidos; *to cut down ~s* (su)mažinti išlaidas; *to go to great ar a lot of ~* išleisti, išvaistyti *(daug pinigų kam); to put smb to great ~* pareikalauti iš ko didelių išlaidų, brangiai kam atsieiti **2** sąskaita, kaina; *at the ~ (of) (kieno, kokia)* sąskaita, *(ko)* kaina *(džn. prk.); he finished the job at the ~ of his health* jis baigė darbą nepaisydamas savo sveikatos; *to (have a) laugh at smb's ~* juoktis iš ko; *~ account buh. (komandiruotės ir pan.)* išlaidų apskaita *(apmokama įstaigos)*

expensive [ɪk'spensɪv] *a* brangus; *I had an ~ education* išsilavinimas man daug kainavo; *~ mistake* brangiai kainavusi klaida
expensiveness [ɪk'spensɪvnɪs] *n* brangumas
experience [ɪk'spɪərɪəns] *n* **1** patyrimas, patirtis; *a workman of ~* prityręs/įgudęs darbininkas; *to have ~ (of)* būti prityrusiam; *to know smth by/from ~* žinoti ką iš patyrimo/patirties; *in my ~* kiek man yra žinoma **2** *(darbo)* stažas *(t. p. previous ~); no ~ necessary* stažo nereikalaujama; *he has five years' teaching ~* jis turi penkerių metų pedagoginį stažą **3** išgyvenimas, jaudinimasis; atsitikimas, nutikimas; *an alarming ~* pavojingas atsitikimas
v patirti, išgyventi, jaudintis; *to ~ hardship [joy]* patirti vargo [džiaugsmo]
experienced [ɪk'spɪərɪənst] *a* prityręs, patyręs, patyrus; įgudęs **2** su stažu; kvalifikuotas
experiential [ɪk,spɪərɪ'enʃl] *a (ypač filos.)* patirtinis, pagrįstas patyrimu; empirinis
experiment *n* [ɪk'sperɪmənt] bandymas, eksperimentas *(in, on, with); to carry out an ~ in chemistry* atlikti chemijos bandymą; *by ~* eksperimento būdu; eksperimentiškai, bandymais
v [ɪk'sperɪment] bandyti, eksperimentuoti; *to ~ on/with dogs* eksperimentuoti, *arba* daryti bandymus, su šunimis
experimental [ɪk,sperɪ'mentl] *a* eksperimentinis, bandomasis; pagrįstas bandymu; *~ farm* bandomasis ūkis; *~ plot* bandymų sklypas; *~ machine* mašinos prototipas
experimentalize [ɪk,sperɪ'mentəlaɪz] *v* eksperimentuoti, daryti bandymus
experimentally [ɪk,sperɪ'mentəlɪ] *adv* **1** eksperimentiškai, bandymais, eksperimento būdu **2** kaip bandymas, bandymui
experimentation [ɪk,sperɪmen'teɪʃn] *n* eksperimentavimas; bandymai
experimenter [ɪk'sperɪməntə] *n* eksperimentuotojas; eksperimentatorius, bandytojas
expert ['ekspə:t] *n* **1** ekspertas; mokovas **2** specialistas; *he is an ~ in economics* jis — ekonomikos specialistas
a nusimanantis, prityręs *(in, at);* kvalifikuotas; *according to ~ opinion* specialistų/ekspertų nuomone
expertise [,ekspə:'ti:z] *pr. n* **1** erudicija, kompetencija *(kurioje nors srityje); his professional ~* jo profesionalumas, jo profesinė patirtis **2** ekspertizė; įvertinimas
expiate ['ekspɪeɪt] *v knyg.* atpirkti, išpirkti *(kaltę ir pan.)*
expiation [,ekspɪ'eɪʃn] *n knyg. (kaltės)* išpirkimas, atpirkimas
expiatory ['ekspɪətərɪ] *a knyg.* atperkamasis, išperkamasis
expiration [,ekspɪ'reɪʃn] *n* **1** *(laiko, termino ir pan.)* pasibaigimas; pasibaigęs galiojimo laikas; *~ date amer. = expiry ~; on the ~ (of) (kam)* pasibaigus **2** iškvėpimas, iškvėpis; ekspiracija
expiratory [ɪk'spaɪərətərɪ] *a* **1** iškvėpimo, iškvėpiamasis **2** *kalb.* ekspiracinis *(apie kirtį)*
expire [ɪk'spaɪə] *v* **1** baigtis *(apie terminą);* nustoti galioti *(apie dokumentą); my driving licence has ~d* mano vairuotojo teisių galiojimo laikas pasibaigė **2** iškvėpti **3** *poet.* mirti
expiry [ɪk'spaɪərɪ] *n (ypač teis.) (termino)* pasibaigimas; pasibaigęs terminas; *~ date* vartojimo/galiojimo laikas/terminas
explain [ɪk'spleɪn] *v* **1** (pa)aiškinti, išaiškinti; *he ~ed to me what he had in mind* jis man paaiškino, ką turi galvoje **2** paaiškinti, pateisinti *(poelgį); refl* aiškintis, pasiaiškinti; *that ~s it!* dabar viskas aišku! □ *~ away* pa(si)teisinti, pa(si)aiškinti

explainable [ɪk'spleɪnəbl] *a* paaiškinamas
explanation [ˌeksplə'neɪʃn] *n* (pa)aiškinimas; pasiaiškinimas; *in ~ of his behaviour* pateisinant savo elgesį
explanatory [ɪk'splænətərɪ] *a* (pa)aiškinamasis; *~ text* aiškinamasis/komentuojamasis tekstas
expletive [ɪk'spli:tɪv] *a* **1** užpildantis *(tuščią vietą);* papildomas **2** *kalb.* eksplicitinis
n **1** keiksmažodis, keiksmas **2** *kalb.* pertaras
explicable [ɪk'splɪkəbl, 'eksplɪkəbl] *a* paaiškinamas, galimas paaiškinti
explicate ['eksplɪkeɪt] *v (detaliai)* išaiškinti; išplėtoti, išrutulioti
explication [ˌeksplɪ'keɪʃn] *n (detalus)* paaiškinimas, išaiškinimas; interpretavimas; eksplikacija
explicative ['eksplɪkətɪv] *a knyg.* aiškinamasis
explicatory [ek'splɪkətərɪ] *a =* **explicative**
explicit [ɪk'splɪsɪt] *a* **1** aiškus; tikslus, detalus; *to be ~ (about)* aiškiai pasakyti, atvirai/tiksliai išdėstyti savo nuomonę **2** atviras, nieko ne(nu)slepiantis, intymus *(apie filmo kadrus ir pan.)*
explode [ɪk'spləud] *v* **1** sprogti *(apie bombą ir pan.);* sprogdinti *(miną, užtaisą)* **2** pratrūkti *(juokais ir pan.);* užsidegti *(pykčiu)* **3** sugriauti *(teoriją);* išsklaidyti *(mitus, prietarus ir pan.)* **4** išsiskleisti *(apie žiedus)* **5** staiga (pa)didėti *(apie gyventojų skaičių ir pan.)*
exploit[1] ['eksplɔɪt] *n* žygdarbis, žygis
exploit[2] [ɪks'plɔɪt] *v* **1** savanaudiškai išnaudoti, eksploatuoti; *to ~ smb's good nature* piktnaudžiauti kieno gerumu **2** eksploatuoti, naudoti *(gamtinius išteklius)* **3** *kar.* išnaudoti pergalę *(stiprinant puolimą)*
exploitable [ɪk'splɔɪtəbl] *a* tinkamas naudoti/eksploatuoti; eksploatuojamas
exploitation [ˌeksplɔɪ'teɪʃn] *n* eksploatacija, eksploatavimas; išnaudojimas
exploitative [ɪk'splɔɪtətɪv] *a* išnaudotojiškas
exploiter [ɪk'splɔɪtə] *n* eksploatatorius, išnaudotojas
exploration [ˌeksplə'reɪʃn] *n* **1** (iš)tyrimas, tyrinėjimas; *cosmic ~* kosmoso tyrimas **2** (iš)studijavimas **3** *geol.* (iš)žvalgymas
explorative [ɪk'splɔrətɪv] *a =* **exploratory**
exploratory [ɪk'splɔrətərɪ] *a* **1** tiriamasis, tyrimo **2** žvalgomasis; bandomasis
explore [ɪk'splɔ:] *v* **1** (iš)tirti, tyrinėti *(kraštą ir pan.)* **2** (iš)studijuoti, išaiškinti, išnagrinėti *(klausimą, galimybes ir pan.)* **3** *geol.* žvalgyti
explorer [ɪk'splɔ:rə] *n* **1** tyrėjas **2** *med.* zondas
explosion [ɪk'spləuʒn] *n* **1** sprogimas; sprogdinimas **2** *prk.* sprogimas; staigus padidėjimas; *the population ~* demografinis sprogimas **3** *(pykčio, juoko ir pan.)* prasiveržimas, pratrūkimas, protrūkis **4** *fon.* sprogimas, eksplozija
explosive [ɪk'spləusɪv] *a* **1** sprogstamasis *(t. p. fon.);* sprogus; sprogimo; *~ bomb* fugasinė bomba; *~ bullet* sprogstamoji kulka; *~ device* sprogiklis; *~ power* sprogimo jėga **2** staigus; *the ~ growth in world population* staigus pasaulio gyventojų skaičiaus didėjimas **3** greit supykstantis; *he's got an ~ temper* jis – ūmaus būdo žmogus **4** prieštaringas; *that's an ~ issue* tai pavojinga tema
n sprogalas, sprogstamoji medžiaga; *pl* sprogmenys; *high ~(s)* didelio galingumo sprogmenys
expo ['ekspəu] *n (pl ~s* [-z]) (exposition *sutr.)* paroda
exponent [ɪk'spəunənt] *knyg. n* **1** *(teorijos, krypties ir pan.)* šalininkas, atstovas; aiškintojas, interpretuotojas **2** *(muzikos kūrinio ir pan.)* atlikėjas; meistras **3** pavyzdys, tipas **4** *mat.* laipsnio rodiklis, eksponentė
a aiškinamasis

exponential [ˌekspə'nenʃl] *mat. n* rodiklinė/eksponentinė funkcija
a **1** rodiklinis, eksponentinis **2** proporcingai didėjantis *(apie augimą)*
exponentiation [ˌekspəᵘnenʃɪ'eɪʃn] *n mat.* kėlimas laipsniu
export *n* ['ekspɔ:t] **1** eksportas, eksportavimas, išvežimas; *invisible ~* nematomasis eksportas **2** *(ppr. pl)* eksportuojamas dalykas, eksporto prekė; eksporto apimtis/mastas; *~s amounted to...* eksportas siekė *(kokią sumą)*
v [ɪk'spɔ:t] eksportuoti, išvežti
exportable [ɪk'spɔ:təbl] *a* eksportuojamas, tinkamas eksportui
exportation [ˌekspɔ:'teɪʃn] *n* **1** eksportavimas, išvežimas **2** eksportas, eksporto prekės
exporter [ɪk'spɔ:tə] *n* eksportuotojas, eksportininkas
expose [ɪk'spəuz] *v* **1** atidengti, pa(si)rodyti *(ko paprastai nematyti)* **2** leisti paveikti; būti veikiamam; *~d to radiation* veikiamas/paveiktas radiacijos; *~d to the weather* neapsaugotas nuo oro/klimato veikimo **3** statyti *(į pavojų ir pan.); to ~ to difficulties* sudaryti sunkią padėtį; *to be ~d to ridicule* būti išjuokiamam; *to ~ oneself to ridicule* leisti tyčiotis, juokui išstatyti **4** išstatyti, eksponuoti *(prekes vitrinoje ir pan.)* **5** atskleisti, demaskuoti *(nusikaltėlį, sąmokslą ir pan.)* **6** *fot.* išlaikyti, eksponuoti **7** *refl med.* rodyti lytinius organus *(vyrų lytinis iškrypimas)*
exposé [ek'spəuzeɪ] *pr. n* **1** viešas demaskavimas **2** trumpas turinio/faktų išdėstymas
exposed [ɪk'spəuzd] *a* neapsaugotas; pažeidžiamas
exposition [ˌekspə'zɪʃn] *n* **1** išdėstymas, išaiškinimas; *he gave a clear ~ of his theory* jis aiškiai išdėstė savo teoriją **2** ekspozicija, paroda **3** *fot.* išlaikymas, ekspozicija **4** *lit., muz.* ekspozicija
expositive [ɪk'spɔzɪtɪv] *a* aiškinamasis; aprašomasis
expositor [ɪk'spɔzɪtə] *n* aiškintojas; komentatorius
expository [ɪk'spɔzɪtərɪ] *a* aiškinamasis
ex post facto [ˌekspəust'fæktəu] *teis.* galiojantis atgaline data *(apie įstatymą)*
expostulate [ɪk'spɔstjuleɪt] *v* prieštarauti, priekaištauti, protestuoti, nesutikti; *she ~d with him on/about his rash driving* ji stengėsi įtikinti jį važiuoti atsargiau
expostulation [ɪkˌspɔstju'leɪʃn] *n* prieštaravimas, protestas, priekaištas, įkalbinėjimas
expostulatory [ɪk'spɔstjulətərɪ] *a* įkalbinėjantis, įkalbinėjamas; priekaištaujamas
exposure [ɪk'spəuʒə] *n* **1** buvimas *(sveikatai žalingoje aplinkoje),* neapsaugojimas *(nuo kokio poveikio); to avoid ~ to strong sunlight* vengti tiesioginių saulės spindulių; *to die of ~* žūti *(nuo šalčio ir pan.)* **2** statymas *(į pavojų ir pan.); loss ~ fin.* galimi nuostoliai **3** *(prekių ir pan.)* demonstravimas, išstatymas; rodymas **4** demaskavimas, atskleidimas; *to fear ~* bijoti būti demaskuotam **5** atidengimas; *the ~ of the bone* kaulo atidengimas **6** padėtis *(vietos atžvilgiu); to have a southern ~* išeiti *ar* būti atgręžtam/pasuktam į pietus; *a room with a northern ~* kambarys su langais į šiaurę **7** *fot.* ekspozicija, išlaikymas; *~ meter* eksponometras **8** *fiz.* ekspozicija **9** *geol. (sluoksnių)* išeiga, atodanga
expound [ɪk'spaund] *v* detaliai aiškinti, (iš)dėstyti *(on)*
express [ɪk'spres] <*n, a, adv, v*> *n* **1** ekspresas *(greitasis traukinys, autobusas)* **2** (džn. *amer.)* transporto bendrovė *(t. p. ~ company)* **3** *(prekių, bagažo ir pan.)* skubus gabenimas; skubi siunta/perlaida **4** kurjeris, pasiuntinys

a attr **1** aiškus, tikslus; *it was his ~ wish that...* jam aiškiai norėjosi, kad... **2** specialus, tam skirtas; *I came with a ~ purpose of seeing you* aš atėjau specialiai susitikti su jumis **3** skubus; kurjerinis; *~ letter* skubus laiškas; *~ post/amer. mail* skubos paštas; *~ train* ekspresas; *~ rifle* šautuvas, kurio didelis pradinis kulkos greitis
adv skubiai, greitai; *to travel ~* važiuoti ekspresu; *to send smth ~* siųsti ką skubos paštu
v **1** (iš)reikšti; *to ~ one's opinion* išreikšti/pasakyti *(savo)* nuomonę **2** išspausti, išsiųsti *(from, out of)* **3** siųsti skubiu paštu **4** *amer.* siųsti *(bagažą ir pan.)* per transporto kontorą **5** važiuoti ekspresu **6** *mat.* išreikšti *(procentais, ženklais)*
expressage [ɪk'spresɪdʒ] *n amer.* **1** skubi siunta/perlaida **2** skubios siuntos mokestis
expressible [ɪk'spresəbl] *a* išreiškiamas
expression [ɪk'spreʃn] *n* **1** posakis, pasakymas **2** (iš)reiškimas, (iš)raiška; *~ of the value* vertės išraiška; *beyond/past ~* neišreiškiamas; *to give ~ to one's feelings* išreikšti savo jausmus **3** *(veido)* išraiška; mina; *her ~ was full of sorrow* jos veidas rodė sielvartą **4** raiškumas, išraiškingumas; ekspresija; *to read with ~* skaityti raiškiai/išraiškingai **5** *mat.* reiškinys; *algebraic ~* algebrinis reiškinys
expressionism [ɪk'spreʃnɪzm] *n men.* ekspresionizmas
expressionist [ɪk'spreʃnɪst] *n men.* ekspresionistas
expressionless [ɪk'spreʃnləs] *a* neraiškus, neišraiškingas
expressive [ɪk'spresɪv] *a* **1** (iš)raiškus, išraiškingas; ekspresyvus; *~ reading* raiškusis skaitymas **2** (iš)reiškiantis; *a look ~ of hope* žvilgsnis, reiškiantis viltį, viltingas žvilgsnis
expressivity [ɪk‚spre'sɪvəti] *n* **1** *(stiliaus, paveikslo)* išraiškingumas, išraiškumas **2** *biol.* ekspresyvumas
expressly [ɪk'spreslɪ] *adv* **1** specialiai **2** tiksliai, aiškiai; *I ~ said you were not to do that* aš aiškiai pasakiau, kad jūs neturite to daryti
expressman [ɪk'spresmæn] *n (pl* -men [-men]*) amer.* transporto kontoros darbuotojas/agentas
expressway [ɪk'spresweɪ] *n amer., austral. (miesto)* autostrada, greitkelis
expropriate [eks'prəʊprɪeɪt] *v* **1** eksproprijuoti; konfiskuoti *(visuomeniniam naudojimui)* **2** nusavinti, atimti *(neteisėtai)*
expropriation [ɪk‚sprəʊprɪ'eɪʃn] *n* ekspropriacija; konfiskavimas; nusavinimas
expropriator [eks'prəʊprɪeɪtə] *n* ekspropriatorius
expulsion [ɪk'spʌlʃn] *n* **1** pašalinimas, išmetimas *(iš organizacijos, mokyklos, klubo);* išsiuntimas, ištrėmimas **2** *tech.* išmetimas, išleidimas **3** *med.* išstūmimas, išvarymas
expulsive [ɪk'spʌlsɪv] *a* išvaromasis
expunction [ɪk'spʌŋkʃn] *n knyg.* išbraukimas, pašalinimas *(teksto dalies);* ištrynimas
expunge [ɪk'spʌndʒ] *v knyg.* **1** išbraukti *(iš sąrašo, knygos ir pan.)* **2** ištrinti *(t. p. prk.); to ~ from one's memory* ištrinti iš atminties
expurgate ['ekspəgeɪt] *v knyg.* išbrauk(y)ti, kupiūruoti
expurgation [‚ekspə'geɪʃn] *n* išbraukimas, išbraukymas, kupiūravimas, kupiūra
exquisite [ɪk'skwɪzɪt, 'ekswɪzɪt] *a* **1** rafinuotas; rinktinis; dailus; *~ taste* rafinuotas skonis **2** smarkus, didžiulis; aštrus *(apie skausmą); ~ sensibility* nepaprastas jautrumas; *with ~ care* ypač atsargiai
n puošeiva, dabita
exsanguinate [ɪk'sæŋgwɪneɪt] *v med.* drenuoti/(nu)sausinti kraują

exsanguine [ek'sæŋgwɪn] *a* bekraujis; anemiškas
exscind [ɪk'sɪnd] *v knyg., spec.* išpjauti, pašalinti
ex-service [‚eks'sə:vɪs] *a* demobilizuotas; esantis dimisijoje; *to sell ~ goods* parduoti/pardavinėti demobilizuotųjų daiktus
ex-serviceman [‚eks'sə:vɪsmən] *n (pl* -men [-mən]*) (tik v.)* demobilizuotas/buvęs kariškis; karo dalyvis/veteranas
ex-servicewoman [‚eks'sə:vɪswumən] *n (pl* -women [-wɪmɪn]*)* demobilizuota (buvusi kariškė; karo dalyvė/veteranė)
exsiccate ['eksɪkeɪt] *v spec.* (iš)džiovinti; (iš)džiūti
extant [ɪk'stænt, 'ekstənt] *a knyg.* išlikęs *(iki šių dienų); this is the only copy still ~* tai vienintelis išlikęs egzempliorius
extemporaneity [ɪk‚stempərə'ni:ətɪ] *n* improvizuotumas
extemporaneous [ɪk‚stempə'reɪnɪəs] *a* neparengtas, improvizuotas
extemporary [ɪk'stempərərɪ] *a* = **extemporaneous**
extempore [ɪk'stempərɪ] *a* neparengtas, improvizuotas
adv nepasirengus, ekspromtu
extemporize [ɪk'stempəraɪz] *v* improvizuoti, kalbėti/vaidinti ekspromtu
extend [ɪk'stend] *v* **1** tęstis *(laike, erdvėje);* nusitęsti, nusidriekti, driektis, tįsoti; *the garden ~s as far as the river* sodas nueina ligi pat upės **2** tęsti; (pa)ilginti; *to ~ a building* pailginti/praplėsti pastatą **3** pratęsti, pailginti; *to ~ a ticket* pratęsti bilieto galiojimo laiką; *to ~ one's leave* pailginti atostogas **4** (iš)plėsti, praplėsti *(įtaką, veiklą ir pan.);* išplisti **5** ištiesti *(ranką, sparnus ir pan.)* **6** teikti *(pagalbą);* rodyti *(svetingumą, dėmesį); to ~ credit (to)* suteikti kreditą *(kam); to ~ an invitation* kviesti; *to ~ condolences/sympathies* (pa)reikšti užuojautą **7** *(džn. refl)* įtempti jėgas; persitempti **8** *kar.* išsiskleisti *(grandine)* **9** *buh.* perkelti į kitą puslapį
extendable [ɪk'stendəbl] *a* = **extensible**
extended [ɪk'stendɪd] *a* **1** nusitęsęs, nutįsęs, nusidriekęs; nutiestas **2** ištiestas **3** pratęstas, pailgintas; ištęstinis **4** išplėstas; *gram.* išplėstinis; *~ family* šeima ir artimieji
extendible [ɪk'stendəbl] *a* = **extensible**
extensibility [ɪk‚stensə'bɪlətɪ] *n* ištęsiamumas
extensible [ɪk'stensəbl] *a* **1** ištęsiamas, pailginamas **2** pratęsiamas, pailginamas
extensile [ɪk'stensaɪl] *a* **1** *fiziol.* ištęsiamas, iškišamas **2** *tech.* ištempiamas
extension [ɪk'stenʃn] *n* **1** (iš)tęsimas; pailginimas; *an ~ to a building* priestatas; *an ~ to a road* kelio tęsinys; *~ lead/amer. cord* pailginimo laidas, ilgintuvas, kilnojamoji rozetė **2** pratęsimas, pailginimas; *an ~ of a term* galiojimo termino pratęsimas **3** iš(si)plėtimas; *~ of capacity* gamybos pajėgumų didinimas **4** ištiesimas, ištempimas; *a table with an ~* ištiesiamasis/ištraukiamasis stalas **5** *(kredito)* suteikimas; *(skolos ir pan.)* atidėjimas **6** papildomas telefonas; papildomas *(telefono)* numeris *(t. p. ~ number)* **7** *fiz.* tįsumas; tempimas **8** *med. (išnirusios/lūžusios galūnės)* tempimas, ekstenzija **9** *kar.* išsiskleidimas
extensive [ɪk'stensɪv] *a* **1** platus, išplėstas; didelis; *he has an ~ knowledge of this subject* jis gerai pažįsta šį dalyką **2** ekstensyvus; *~ farming* ekstensyvioji žemdirbystė
extensor [ɪk'stensə] *n anat.* ekstenzorius, tiesiamasis raumuo
extent [ɪk'stent] *n* **1** mastas, apimtis, laipsnis; *to a large/great ~* žymiu mastu; *to some ~, to a certain ~* tam tikru laipsniu/mastu/lygiu; *to exert oneself to the utmost ~* stengtis iš visų jėgų **2** tįsa, ištįsimas *(į plotį,*

extenuate 321 **extramural**

*ilgį); dydis; **a racetrack 1,500 metres in** ~ pusantro kilometro ilgio bėgimo takas
extenuate [ɪk'stenjueɪt] *v* **1** (su)mažinti *(kaltę)* **2** *(iš dalies)* pateisinti; ***nothing can** ~ **such behaviour** tokio elgesio niekaip negalima pateisinti
extenuating [ɪk'stenjueɪtɪŋ] *a* švelninantis, mažinantis; ~ ***circumstances** (kaltę)* lengvinančios/švelninančios aplinkybės
extenuation [ɪkˌstenju'eɪʃn] *n knyg. (kaltės)* mažinimas, švelninimas; *(dalinis)* pateisinimas
exterior [ɪk'stɪərɪə] *n* **1** išorė; išvaizda **2** *spec.* eksterjeras **3** *kin.* natūrinė scena, natūrinis kadras
a išorinis; ***the ~ world*** išorinis pasaulis; **~ *angle*** *geom.* priekampis, išorinis kampas
exteriority [ɪkˌstɪərɪ'ɔrətɪ] *n* išorinė pusė
exteriorize [ɪk'stɪərɪəraɪz] *v* **1** *med.* laikinai išimti organą *(operacijos metu)* **2** = **externalize**
exterminate [ɪk'stə:mɪneɪt] *v* (iš)naikinti; eksterminuoti; ***to** ~ **the pests*** (iš)naikinti kenkėjus
extermination [ɪkˌstə:mɪ'neɪʃn] *n* (iš)naikinimas; eksterminacija
exterminator [ɪk'stə:mɪneɪtə] *n amer.* dezinsekcijos/deratizacijos tarnybos darbuotojas
extern ['ekstə:n] *n amer.* studentas medikas *ar* gydytojas, dirbantis ligoninėje, bet negyvenantis joje
external [ɪk'stə:nl] *a* **1** išorinis, išviršinis; **~ *force*** išorinė jėga; ***for** ~ **use*** išoriniai *(apie vaistus)* **2** užsienio, užsieninis **3** kviestinis *(apie egzaminatorių ir pan.)*
n pl **1** išorė; ***to judge by*** ~**s** spręsti iš išorės **2** išorinės aplinkybės
externality [ˌekstə:'nælətɪ] *n knyg.* išorė
externalize [ɪk'stə:nəlaɪz] *v knyg.* **1** suteikti konkrečią formą, įkūnyti **2** išreikšti
externally [ɪk'stə:nəlɪ] *adv* **1** išoriškai, iš išorės **2** iš šalies *(egzaminuoti, tirti ir pan. prie pašalinių)*
exterritorial [ˌekstərɪ'tɔ:rɪəl] *a dipl.* eksteritorinis; eksteritorialus
exterritoriality [ˌekstərɪˌtɔ:rɪ'ælətɪ] *n dipl.* eksteritorialumas
extinct [ɪk'stɪŋkt] *a* **1** išmiręs; išnykęs, nebeegzistuojantis **2** užgesęs *(apie ugnikalnį; t. p. prk. apie jausmus ir pan.)*
extinction [ɪk'stɪŋkʃn] *n* **1** išmirimas, išnykimas **2** nutrūkimas, pasibaigimas **3** (už)gesimas; (už)gesinimas **4** *tech.* (kalkių) gesinimas **5** *teis.* (skolos) apmokėjimas
extinguish [ɪk'stɪŋgwɪʃ] *v* **1** (už)gesinti *(ugnį, šviesą);* ***the fire was** ~**ed*** gaisras buvo užgesintas **2** *prk.* užgesinti, panaikinti, nuslopinti; ***our hopes have been** ~**ed*** mūsų viltys užgeso/išblėso **3** *teis.* anuliuoti; apmokėti *(skolą)*
extinguisher [ɪk'stɪŋgwɪʃə] *n* gesintuvas
extirpate ['ekstəpeɪt] *v knyg.* **1** išnaikinti; išrauti su šaknimis **2** *med.* pašalinti, išpjauti *(organą)*
extirpation [ˌekstə'peɪʃn] *n knyg.* **1** išnaikinimas; išrovimas su šaknimis **2** *med.* ekstirpacija
extirpator ['ekstə:peɪtə] *n knyg.* **1** išnaikintojas **2** *ž. ū.* kultivatorius
extol [ɪk'stəʊl] *v (-ll-) knyg.* (iš)garbinti, liaupsinti
extort [ɪk'stɔ:t] *v* išplėšti, prievartauti, prievarta išgauti *(pinigus, paslaptį ir pan.);* ***to** ~ **a confession [a promise] from smb*** išgauti prisipažinimą [pasižadėjimą] iš ko
extortion [ɪk'stɔ:ʃn] *n* **1** (iš)plėšimas, atėmimas; ***taxes? I call it sheer*** ~ argi tai mokesčiai? juk tai tiesiog apiplėšimas **2** *teis.* prievartavimas **3** *pl* lupikavimas
extortionate [ɪk'stɔ:ʃnət] *a* **1** prievartinis **2** pernelyg didelis, grobikiškas *(apie reikalavimus ir pan.);* **~ *prices*** plėšikiškos/lupikiškos kainos

extortioner, -ist [ɪk'stɔ:ʃnə, -ɪst] *n* prievartautojas, plėšikas
extra ['ekstrə] <*n, a, adv*> *n* **1** kas nors papildomas; priedas; *pl* priemokos; ***safety-belts are*** ~**s** už saugos diržus mokama papildomai/atskirai **2** *(laikraščio)* specialus numeris **3** aukščiausia rūšis **4** *kin., teatr.* statistas
a **1** papildomas, pridėtinis; **~ *pay*** priemoka, papildoma išmoka; **~ *copy of the book*** atliekamas knygos egzempliorius; **~ *time*** *sport.* pratęsimas; ***we need three*** ~ ***chairs*** mums reikia dar trijų kėdžių **2** ekstra, aukščiausios rūšies
adv **1** papildomai; ***coffee is 20p*** ~ už kavą – 20 pensų papildomai; ***price £10, packing and postage*** ~ kaina 10 svarų, už įpakavimą ir pašto išlaidas – atskirai **2** ypač, nepaprastai; ***she was*** ~ ***kind that day*** tą dieną ji buvo nepaprastai maloni
extra- ['ekstrə-] *pref* **1** virš-, ne-, ekstra-, už(-) *(reiškiant buvimą už ko nors ribų); **extrabudget*** viršsąmatinis, nesąmatinis; ***extraparliamentary*** užparlamentinis; ***extrasolar*** *(esantis)* už Saulės sistemos; ***extrapolation*** *spec.* ekstrapoliacija **2** ekstra, itin, nepaprastai; ***extralarge*** nepaprastai didelis
extract *n* ['ekstrækt] **1** ištrauka *(iš knygos ir pan.);* išrašas *(iš protokolo)* **2** ekstraktas; ***meat*** ~ mėsos ekstraktas
v [ɪk'strækt] **1** ištraukti *(ppr. su jėga);* ***to** ~ **a cork [a tooth]*** ištraukti kamštį [dantį] **2** išimti; ištraukti *(iš kišenės, rankinuko ir pan.);* ***to** ~ **a bullet*** išimti kulką **3** išgauti, išplėšti; ***to** ~ **oil from the earth*** siurbti naftą iš žemės; ***to** ~ **information [the truth] from smb*** išgauti žinių [tiesą] iš ko **4** (iš)rinkti *(pavyzdžius, ištraukas)* **5** *mat.* traukti šaknį **6** *spec.* ekstrahuoti
extraction [ɪk'strækʃn] *n* **1** ištraukimas, pašalinimas **2** išgavimas, gavyba; **~ *of ore*** rūdos gavyba **3** kilmė; ***an American of Russian*** ~ rusų kilmės amerikietis **4** *chem., med.* ekstrakcija
extractive [ɪk'stræktɪv] *a* **1** ištraukiamas **2** gavybos *(apie pramonę)* **3** *spec.* ekstraktyvus, ekstrakcinis; **~ *substances*** ekstrahuojamosios medžiagos
n ekstraktas
extractor [ɪk'stræktə] *n* **1** ištraukėjas **2** trauktuvas, ekstraktorius
extracurricular [ˌekstrəkə'rɪkjulə] *a* neauditorinis, užmokyklinis *(apie sporto, muzikos ir kt. veiklą)*
extraditable ['ekstrədaɪtəbl] *a teis.* išduotinas, perduotinas *(kitai valstybei; apie nusikaltėlį);* **~ *offence*** nusikaltimas, kurio vykdytojas yra išduotinas
extradite ['ekstrədaɪt] *v teis.* **1** perduoti, išduoti *(nusikaltėlį kitai valstybei)* **2** gauti ekstradiciją
extradition [ˌekstrə'dɪʃn] *n teis. (nusikaltėlio)* perdavimas, išdavimas *(kitai valstybei);* ekstradicija
extrados [ɪk'streɪdɔs] *n archit.* viršutinis arkos/skliauto kontūras
extrafine [ˌekstrə'faɪn] *a* itin geros kokybės, pirmarūšis
extragalactic [ˌekstrəgə'læktɪk] *a astr.* užgalaktinis
extrajudicial [ˌekstrədʒu:'dɪʃl] *a teis.* **1** neteisminis **2** neoficialus
extralimit [ˌekstrə'lɪmɪt] *a* nelimitinis, viršlimitinis
extralinguistic [ˌekstrə'lɪŋ'gwɪstɪk] *a kalb.* ekstralingvistinis
extramarital [ˌekstrə'mærɪtl] *a* nesantuokinis; ***to have*** ~ ***relations*** turėti nesantuokinių ryšių *(apie vedusį žmogų)*
extramundane [ˌekstrə'mʌndeɪn] *a knyg. (iš)* ano pasaulio
extramural [ˌekstrə'mjuərəl] *a* **1** neakivaizdinis *(apie mokymą);* **~ *students*** studentai neakivaizdininkai; ***the Department of E. Studies*** neakivaizdinio mokymo skyrius **2** nepriklausantis įstaigai/organizacijai **3** *knyg.* esantis

extraneous už *(tvirtovės ir pan.)* sienų **4** *amer. sport.* tarpmokyklinis *(apie varžybas ir pan.)*
extraneous [ɪk'streɪnɪəs] *a knyg.* **1** svetimas, pašalinis; **~ interference** pašalinis kišimasis **2** nesusijęs, šalutinis; *that is ~ to our subject* tai nesusiję su mūsų tema
extranuclear [ˌekstrə'nju:klɪə] *a fiz.* nebranduolinis
extraordinaire [ˌekstrɔː:dɪ'nɛə] *pr. a* nepaprastas, ekstraordinarinis; *jazz artist ~* genialus džiazininkas
extraordinary [ɪk'strɔ:dənərɪ] *a* **1** nepaprastas, ypatingas; *an ~ success* nepaprastas pasisekimas; *~ powers* nepaprastieji įgaliojimai **2** keistas; *what an ~ taste!* koks keistas skonis! **3** ekstraordinarinis, ypatingas, specialus; *~ meeting* specialus/nepaprastas posėdis
extrapolate [ɪk'stræpəleɪt] *v* ekstrapoliuoti *(t. p. mat.)*
extrapolation [ɪkˌstræpə'leɪʃn] *n* ekstrapoliacija *(t. p. mat.)*
extrasensory [ˌekstrə'sensərɪ] *a filos.* ekstrasensorinis, nejutiminis; *~ perception* nejutiminis suvokimas
extrasystole [ˌekstrə'sɪstəlɪ] *n med.* ekstrasistolė, priedinė sistolė
extraterrestrial [ˌekstrətə'restrɪəl] *a astr.* esantis už Žemės ribų, nežemiškas
extraterritorial [ˌekstrəterɪ'tɔ:rɪəl] *a teis., dipl.* eksteritorialus
extravagance, -cy [ɪk'strævəgəns, -sɪ] *n* **1** išlaidumas **2** ekstravagancija, ekstravagantiškumas
extravagant [ɪk'strævəgənt] *a* **1** išlaidus *(with)*; *to be ~ with smth* per daug eikvoti, švaistyti ką **2** pernelyg brangus, brangiai kainuojantis; prabangus **3** ekstravagantiškas; pernelyg didelis; *~ get-up* ekstravagantiškas/įmantrus kostiumas; *~ claims* per didelės pretenzijos
extravaganza [ɪkˌstrævə'gænzə] *it. n* **1** fantastiškas kūrinys/pastatymas *ir pan.;* fejerija **2** ekstravagantiškumas, ekstravagantiškas elgesys
extravasate [ɪk'strævəseɪt] *v med.* išsilieti iš gyslų *(apie kraują, limfą)*
extravasation [ɪkˌstrævə'seɪʃn] *n med.* ekstravazacija, *(kraujo, limfos)* išsiliejimas *(į audinius)*
extravehicular [ˌekstrəvɪ:'hɪkjulə] *a (esantis/vykstantis)* už erdvėlaivio; *~ activity* veikla už erdvėlaivio; išėjimas į atvirą kosmosą
extravert ['ekstrəvə:t] *n* = **extrovert**
extraviolet [ˌekstrə'vaɪələt] *a fiz.* ultravioletinis
extreme [ɪk'stri:m] *n* **1** kraštutinybė, aukščiausias laipsnis; *to go to ~s* mestis į kraštutinumus, griebtis kraštutinių priemonių; *to go from one ~ to the other* pulti iš vieno kraštutinumo į kitą; *in the ~* ypač, nepaprastai **2** priešingybė *(ppr. the opposite/other ~)* **3** *(pats)* galas, kraštas
a **1** nepaprastas, ypatingas, ekstreminis; *~ poverty* nepaprastas skurdas; *~ penalty* aukščiausia bausmė; *in ~ conditions* ekstremaliomis/nepaprastomis sąlygomis **2** kraštutinis; ekstremistinis, radikalus; *~ views* kraštutinės pažiūros **3** tolimiausias; *in the ~ north* pačioje šiaurėje; *at the ~ end of the field* pačiame lauko gale **4** *psn.* paskutinis; *in one's ~ moments* prieš pat mirtį
extremely [ɪk'stri:mlɪ] *adv* nepaprastai, ypač
extremeness [ɪk'stri:mnɪs] *n (pažiūrų)* kraštutinumas, radikalumas
extremism [ɪk'stri:mɪzm] *n* ekstremizmas
extremist [ɪk'stri:mɪst] *n* ekstremistas
a ekstremistinis
extremity [ɪk'stremətɪ] *n* **1** kraštutinumas; aukščiausias laipsnis; *they were driven to extremities* juos įstūmė į kraštutinumus **2** didžiausias vargas/skurdas; *the last ~* pati didžiausia bėda; pats didžiausias pavojus; *we must help them in their ~* jiems reikia padėti – juos ištiko didelis vargas **3** tolimiausias taškas, galas **4** *pl* ypatingos/kraštutinės priemonės **5** *pl anat.* galūnės

extricate ['ekstrɪkeɪt] *v* **1** išpainioti, išlaisvinti, ištraukti *(iš sunkios padėties); to ~ a lorry from the mud* ištraukti sunkvežimį iš purvyno; *to ~ casualties kar.* išnešti/išvesti sužeistuosius **2** *refl* išsipainioti, ištrūkti *(from)* **3** išnarplioti, išspręsti *(problemą)* **4** *chem.* išskirti *(dujas ir pan.)*
extrication [ˌekstrɪ'keɪʃn] *n* **1** išpainiojimas, išlaisvinimas **2** *chem.* išskyrimas
extrinsic(al) [ɪk'strɪnsɪk(l)] *a knyg.* **1** išorinis; *~ stimuli* išorinės paskatos **2** neesminis, pašalinis
extroversion [ˌekstrə'və:ʃn] *n psich.* ekstraversija
extrovert ['ekstrəvə:t] *n psich.* ekstravertas, žmogus, gyvai reaguojantis į aplinką
a komunikabilus, visuomeniškas, norintis bendrauti su kitais
extrude [ɪk'stru:d] *v* **1** išstumti, išspausti *(klijus, pastą ir pan.; from – iš)* **2** *tech.* štampuoti, presuoti
extrusion [ɪk'stru:ʒn] *n* **1** išstūmimas, išvarymas **2** *tech.* išspaudimas, karštasis štampavimas
exuberance, -cy [ɪg'zju:bərəns, -sɪ] *n* **1** energingumas, gyvumas **2** vešlumas
exuberant [ɪg'zju:bərənt] *a* **1** džiugus, gyvas, energingas **2** vešlus *(apie augmeniją)* **3** produktyvus *(apie rašytoją ir pan.);* dosnus
exudation [ˌeksju'deɪʃn] *n* **1** *(skysčio, prakaito)* sunkimasis **2** *med.* eksudacija; eksudatas
exude [ɪg'zju:d] *v* **1** trykšti *(apie jausmus ir pan.); he ~s self-confidence* jis labai pasitiki savimi **2** *fiziol., bot.* sunktis *(pro poras),* iš(si)skirti
exult [ɪg'zʌlt] *v* džiūgauti; *to ~ in/at/over a success [a victory]* džiūgauti dėl pasisekimo [pergalės], triumfuoti
exultancy [ɪg'zʌltənsɪ] *n* = **exultation**
exultant [ɪg'zʌltənt] *a* džiūgaujantis; triumfuojantis
exultation [ˌegzʌl'teɪʃn] *n* džiūgavimas; triumfas; *to give a cry of ~* džiaugsmingai šūktelėti, sušukti iš džiaugsmo
exurb ['eksə:b] *n amer.* užmiesčio gyvenvietė *(ppr. prašmatni)*
exurbanite [ek'sə:bənaɪt] *n amer.* užmiesčio gyventojas *(dirbantis mieste)*
exurbia [ek'sə:bɪə] *n kuop.* užmiesčiai; užmiesčio gyventojai
exuviae [ɪg'zju:vɪi:] *lot. n pl zool. (gyvatės ir pan.)* išnara, žvynai
exuviate [ɪg'zju:vɪeɪt] *v zool.* nusinerti, mesti *(odą, žvynus),* šertis
exuviation [ɪgˌzju:vɪ'eɪʃn] *n zool. (odos ir pan.)* nusinėrimas
ex-wife [ˌeks'waɪf] *n (pl* ex-wives [ˌeks'waɪvz]) buvusi žmona
ex-works [ˌəks'wə:ks] *a kom.* apmokėjus atvežimo išlaidas *(prekės tampa nuosavybe)*
-ey [-ɪ] = **-y**[1]
eyas ['aɪəs] *n* **1** *medž.* sakalo jauniklis, sakaliukas **2** *attr: ~ thoughts* nesubrendusios mintys
eye [aɪ] *n* **1** akis; *to close/shut [to open] one's ~s* užsimerkti [atsimerkti], užmerkti [atmerkti] akis, *dar žr.* ◊; *by ~* iš akies *(nustatyti, spręsti); it happened under his very ~s* tai atsitiko jo akyse; *I've got good ~s* mano akys geros **2** žvilgsnis; *to cast/run one's ~ (over)* akį užmesti, peržvelgti; *all ~s were on him* visų žvilgsniai/akys buvo nukreipti į jį **3** *(adatos)* ąsa, auselė **4** *(bulvės, tinklo ir pan.)* akis, akutė *(t. p. akiuoti)* **5** *šnek.* seklys, šnipas; *private ~* privatus seklys **6** *meteor. (ciklono, ura-*

gano ir pan.) centras ◊ **the ~ of the day** *poet.* saulė; **black ~** a) sumuštas paakys, mėlynė; b) *amer.* nesėkmė; **quick ~** pastabumas; **easy on the ~** gražus pažiūrėti; **an ~ for an ~ (and a tooth for a tooth)** ≡ akis už akį (dantis už dantį); **to be all ~s** atidžiai sekti/stebėti, akylai žiūrėti; **to be in the public ~** būti žinomam; būti dažnai matomam visuomenėje; **to black smb's ~, to give smb a black ~** sumušti kam (pa)akį; **to catch smb's ~** atkreipti kieno dėmesį; **to close/shut one's ~s (to)** ≡ praleisti pro ausis, nepastebėti, ignoruoti; **to do in the ~** *šnek.* įžūliai apgau(dinė)ti; **to drop/lower one's ~s** ≡ nuleisti akis *(iš drovumo);* **to dust the ~s of smb** apgauti ką; **to give smb the glad ~** meiliai pažiūrėti į ką; **to have an [one's] ~ (on)** sekti, stebėti [nusižiūrėti]; **to have an ~ (to)** siekti *(ko);* **to have/keep an ~ to the main chance** laukti tinkamiausios progos *(užsidirbti ir pan.);* **to have ~s bigger than one's stomach** ≡ turėti plačias akis, turėti akis, didesnes už pilvą; akys nori, bet širdis neleidžia; **to have ~s at the back of one's head** pakaušiu matyti; **to keep one's ~ open/peeled/ skinned** būti akylam/budriam; **to keep a sharp ~ (on)** atidžiai stebėti/prižiūrėti; **to make ~s (at)** ≡ šaudyti akimis, meilias akutes rodyti; **to make smb open his ~s** ≡ atverti kam akis; nustebinti ką; **to see ~ to ~** *šnek.* sutarti, būti tos pačios nuomonės *(with – su, on – dėl);* **to see with half an ~** pastebėti/suprasti tik užmetus akį; **to set/ clap ~s (on)** (pa)matyti, išvysti; **not to take one's ~s off smb/smth** ≡ akių nenuleisti nuo ko; **to turn a blind ~ to smth** ≡ žiūrėti į ką pro pirštus; **to wipe smb's ~** *šnek.* ≡ nušluostyti kam nosį; **up to the ~s in work [debt]** *šnek.* paskendęs darbuose [skolose]; **in the mind's ~** vaizduotėje; **in my ~s, to my ~** mano akimis žiūrint, mano manymu/supratimu; **with an ~ (to)** siekiant, tikintis; **use your ~s! it's on the table in front of you!** ar tu aklas? Padėta ant stalo priešais tave!; **mind your ~** *šnek.* saugoki(tė)s, atsargiai; **~s right!** dešinėn lygiuok!; **there is more to smb/it than meets the ~** svarbesnis/vertesnis, negu iš pradžių atrodo; **that's one in the ~ for him!** ≡ tai akmuo į jo daržą! *(pelnytai);* **all my ~ (and Betty Martin)!** nesąmonė!; **my ~!** dievuliau!, eik jau! *(reiškiant nustebimą, prieštaravimą)*
v žiūrėti, žiūrinėti; **to ~ smb with curiosity** apžiūrinėti ką smalsiai □ **~ up** nenuleisti akių, ryti akimis

eyeball ['aɪbɔːl] *n anat.* akies obuolys ◊ **to ~** a) ≡ akis į akį; žiūrint vienas kitam į akis; b) kaktomuša; **an ~ to ~ confrontation** *polit.* tiesioginė konfrontacija *(tarp valstybių)*
eyebath ['aɪbɑːθ] *n* akių vonelė
eyebeam ['aɪbiːm] *n* greitas žvilgsnis
eye-bolt ['aɪbəʊlt] *n tech.* ąsinis varžtas; pentis
eyebright ['aɪbraɪt] *n bot.* paprastoji akišvaitė
eyebrow ['aɪbraʊ] *n* antakis; **to knit [to raise] one's ~s** suraukti [pakelti] antakius ◊ **up to one's ~s (in)** ≡ iki kaklo *(užimtas)*
eye-catching ['aɪˌkætʃɪŋ] *a* krintantis į akį
eyecup ['aɪkʌp] *n amer.* = **eyebath**

eyed [aɪd] *a* turintis akutę; su akutėmis
-eyed [-aɪd] *(sudurt. žodžiuose)* -akis, turintis kokias akis; **blue-eyed** mėlynakis
eyedrops ['aɪdrɒps] *n pl* akių lašai
eyeful ['aɪfʊl] *n* **1** *(ko)* pilnos akys *(dulkių, smėlio ir pan.)* **2** *šnek.* grožėjimosi objektas; **to have/get an ~** *(of)* gerai apžiūrėti, pasigrožėti
eyeglass ['aɪglɑːs] *n* **1** akinių stiklas **2** okuliaras; monoklis *(t. p.* **single ~)** **3** *pl amer.* akiniai; lornetas; pensnė
eyehole ['aɪhəʊl] *n* **1** akutė, skylutė **2** kilputė, kilpelė **3** *anat.* akiduobė
eyelash ['aɪlæʃ] *n* blakstiena; **to flutter one's ~es** *(at)* koketiškai žvilgčioti *(į)* ◊ **by an ~** vos vos, ≡ per nago juodymą
eyeless ['aɪləs] *a* **1** beakis **2** *bibl., poet.* aklas
eyelet ['aɪlɪt] *n* **1** ąsa, kilpelė **2** plyšelis
eyelid ['aɪlɪd] *n* akies vokas ◊ **to hang on by one's ~s** ≡ kyboti ant plauko
eyeliner ['aɪˌlaɪnə] *n* pieštukas akims paryškinti, kosmetinis pieštukas
eye-minded ['aɪ'maɪndɪd] *a psich.* turintis vyraujančią regimąją atmintį
eye-opener ['aɪˌəʊpnə] *n* **1** kas nors labai stebinantis ar atveriantis akis **2** *amer. šnek.* gurkšnelis stipraus alkoholinio gėrimo *(ppr. rytą)*
eye-patch ['aɪpætʃ] *n* akies tvarstis
eyepiece ['aɪpiːs] *n (mikroskopo, teleskopo)* okuliaras
eye-popper ['aɪˌpɒpə] *n šnek.* stulbinantis įvykis
eye-rhyme ['aɪraɪm] *n lit.* „akių rimas" *(kai žodžiai rimuojami pagal rašybą, o ne tarimą)*
eye-service ['aɪˌsɜːvɪs] *n* **1** darbas, kurį reikia gerai prižiūrėti **2** apsimestinis atsidavimas
eye-shade ['aɪʃeɪd] *n (kepurės)* snapelis akims apsaugoti nuo ryškios šviesos
eyeshadow ['aɪˌʃædəʊ] *n* pieštukas akių vokams dažyti
eyeshot ['aɪʃɒt] *n* akiratis, matomas plotas; **in/within ~** matomas; **beyond ~, out of ~** nematomas
eyesight ['aɪsaɪt] *n* regėjimas; **to have good [poor] ~** gerai [prastai] regėti
eye-socket ['aɪsɒkɪt] *n anat.* akiduobė
eyesore ['aɪsɔː] *n* kas nors bjaurus/nemalonus pažiūrėti; **that new building is an ~** tas naujas pastatas akį rėžia
eye-spotted ['aɪˌspɒtɪd] *a* taškuotas, su akutėmis
eyestrain ['aɪstreɪn] *n* akių varginimas/skausmas
eye-tooth ['aɪtuːθ] *n (pl* -teeth [-tiːθ]) *anat.* viršutinis iltinis dantis ◊ **to cut one's eye-teeth** tapti protingam, ateiti į protą; **I'd give my eye-teeth for that job/car** kažin ką atiduočiau, kad gaučiau šį darbą/automobilį
eyewash ['aɪwɒʃ] *n* **1** akių pavilgas **2** *šnek.* akių muilinimas, apgaudinėjimas
eye-wink ['aɪwɪŋk] *n* mirktelėjimas, merkimas *(akies)*
eyewitness ['aɪˌwɪtnɪs] *n* pats matęs *(liudytojas); teis.* liudytojas, matęs kokį nors įvykį
eyot [eɪət] *n (upės)* salelė
eyre [ɛə] *n ist.* rajonas, apygarda
eyrie, eyry ['ɪərɪ] *n* **1** *(plėšraus)* paukščio lizdas **2** *šnek.* labai aukštai esantis namas/kambarys *ir pan.*

F

F, f [ef] (pl Fs, F's [efs]) **1** šeštoji anglų kalbos abėcėlės raidė **2** muz. fa
fa [fɑː] n muz. fa
fab [fæb] a šnek. = **fabulous** 3
Fabian ['feɪbɪən] a **1** atsargus; ~ *policy* laukimo/delsimo politika **2** fabianizmo; fabianiečių; ~ *Society* fabianiečių draugija
n fabianietis
fable ['feɪbl] n **1** pasakėčia **2** mitas, legenda **3** išgalvojimas, melas, pramanas; *to sort out fact from* ~ atskirti faktus nuo nebūtų dalykų
fabled ['feɪbld] a **1** (žinomas iš) pasakėčių **2** garsus *(for – kuo)*; legendinis **3** pasakiškas, išgalvotas, pramanytas
fabler ['feɪblə] n **1** pasakėčių autorius **2** nebūtų dalykų pramanytojas
fabric ['fæbrɪk] n **1** audinys, audeklas, medžiaga; ~ *conditioner*/amer. *softener* audinio minkštiklis *(plaunant)*; ~ *gloves* megztos pirštinės **2** gaminys, fabrikatas **3** *(visuomenės ir pan.)* struktūra, organizacija **4** pastatas, statinys; *the upkeep of the* ~ pastato priežiūra
fabricant ['fæbrɪkənt] n amer. ret. fabrikantas, gamintojas
fabricate ['fæbrɪkeɪt] v **1** išgalvoti, (su)fabrikuoti *(kaltinimą, dokumentą)* **2** gaminti; rinkti iš detalių
fabrication ['fæbrɪ'keɪʃn] n **1** išgalvojimas, (su)fabrikavimas, prasimanymas; klastotė **2** gaminimas, gamyba
fabulist ['fæbjʊlɪst] n **1** pasakėtininkas, pasakėčių rašytojas **2** prasimanėlis, melagis
fabulous ['fæbjʊləs] a **1** pasakėčių, pasakų **2** mitinis, legendinis **3** šnek. nepaprastas, nuostabus; pasakiškas *(apie turtą ir pan.)*
facade [fə'sɑːd] pr. n **1** fasadas **2** *(apgaulinga)* išorė
face [feɪs] n **1** veidas; ~ *down/downwards* kniūbsčias; *black/blue/red in the* ~ išraudęs/pajuodęs *(iš pykčio, nuo įtampos)*; *the rain was blowing in our* ~s lietus tėškė mums į veidą; *the same old* ~s tie patys pažįstami veidai **2** veido išraiška, fizionomija; *a long/sad* ~ liūdna veido išraiška; *to pull/make a long* ~ paniurti; *to make/pull a* ~, *to pull* ~s daryti grimasas; *a* ~ *drawn with pain* skausmo perkreiptas veidas; *a* ~ *as drawn as a fiddle* juok. ištįsęs/niūrus veidas; *his* ~ *fell* jo veidas ištįso; *her* ~ *brightened/lit up* jos veidas nušvito **3** *(katės ir pan.)* snukis **4** išorė; *on the* ~ *of it* sprendžiant iš išorės, iš pirmo žvilgsnio; *to put a new* ~ *on* kitaip, kitu kampu pažiūrėti/pateikti **5** *(miesto ir pan.)* veidas, vaizdas **6** priekinė pusė, fasadas; *(audinio)* geroji pusė; *(laikrodžio)* ciferblatas **7** šnek. įžūlumas; *to have the* ~ *(to do smth)* būti tiek įžūliam, nesidrovėti; *to show a* ~ arogantiškai laikytis, būti pasipūtusiam **8** tech. paviršius, nuožula **9** poligr. *(literos)* akutė; šriftas **10** stat. *(lentos)* plotis; briauna **11** attr: ~ *powder* veido pudra; ~ *value* fin. nominali kaina ◊ *in the* ~ a) į akis *(žiūrėti ir pan.)*; *to fly in the* ~ *(of)* šokti į akis, nesiskaityti; b) *(ko)* akivaizdoje; susidūrus *(of – su)*; ~ *to* ~ akis į akį *(susidurti ir pan.)*; vienas prieš kitą *(sėdėti ir pan.; with)*; *to smb's* ~ a) kam į akis *(sakyti ir pan.)*; b) kieno akivaizdoje; *to do one's* ~, *to put one's* ~ *on* dažytis *(apie moterį)*; *to stuff/feed one's* ~ šnek. prisikirsti, prisivalgyti; prisikimšti; *to keep a straight* ~ (vos) laikytis nesijuokus; *to lose* ~, *to suffer a loss of* ~ prarasti vardą, netekti reputacijos; *to save* ~ (iš)gelbėti reputaciją/vardą; *to put on a brave/bold/good* ~ narsintis, drąsintis, *(stengtis)* neparodyti baimės/nusiminimo *ir pan.*; *to set one's* ~ *(against)* atkakliai priešintis; kategoriškai (už)protestuoti; *to show one's* ~ pasirodyti; *to have egg/jam on one's* ~ šnek. atsidurti kvailio vietoje, likti kvailiu; *to talk [to scream etc] till one is blue in the* ~ kalbėti [rėkti *ir pan.*] iki užkimimo *arba* kiek tik patinka; *to wipe [to vanish] off the* ~ *of the earth* nušluoti [išnykti] nuo žemės paviršiaus; *it's written all over his* ~ tai matyti iš jo akių
v **1** būti/stovėti atsisukus *(į)*; *they stood facing each other for a few minutes* keletą minučių jie stovėjo vienas prieš kitą **2** būti, išeiti *(į; apie langą)*; būti pastatytam/atgręžtam/pasuktam *(į; apie namą)*; *the house* ~s *south* namas pasuktas į pietus; *the picture* ~s *page 5* piešinys yra prie penkto puslapio **3** žiūrėti į akis, drąsiai sutikti *(pavojų ir pan.)* **4** grėsti *(apie bausmę, pavojų ir pan.)* **5** susidurti *(su problema, sunkumais, sunkiu žmogumi)* **6** pripažinti *(faktą, teisybę ir pan.)* **7** aptraukti, apdengti *(paviršių)*; apsiuvinėti; *to* ~ *a building with marble* aptaisyti pastatą marmuru **8** *(neig. sakiniuose)* negalėti pakęsti **9** sport. susitikti *(varžybose)* **10** kar. duoti komandą pasisukti; *about [left, right]* ~*!* aplink [kairėn, dešinėn]! ☐ ~ *down* a) nutildyti, duoti atkirtį; b) įgąsdinti; ~ *out* a) išsilaikyti, neišsigąsti; *to* ~ *a matter out, to* ~ *it out* nepasiduoti; b) įvykdyti; ~ *up* a) susitaikyti *(su kokiu nors nemalonumu; to)*; b) būti pasiruošus; *it's time you* ~d *up to your responsibilities* laikas būtų tau rimčiau žiūrėti į savo pareigas
face-ache ['feɪseɪk] n med. veido raumens neuralgija
face-card ['feɪskɑːd] n *(kortų)* figūra
facecloth ['feɪsklɒθ] n frotinis audinys *(vart. kaip plaušinė praustis)*
face-flannel ['feɪsˌflænl] n = **facecloth**
faceless ['feɪsləs] a beveidis; beveidiškas
facelift ['feɪslɪft] n **1** plastinė veido operacija **2** *(buto ir pan.)* kosmetinis remontas **3** *(įstaigos)* reorganizavimas **4** *(proceso)* racionalizavimas
face-off ['feɪsɒf] n **1** sport. *(kamuolio, ritulio)* išmetimas *(prieš pradedant žaisti)* **2** amer. peštynės, grūmimasis; konfrontacija
face-pack ['feɪspæk] n kosmetinė kaukė
face-painter ['feɪsˌpeɪntə] n **1** grimuotojas **2** portretistas
facer ['feɪsə] n šnek. **1** smūgis į veidą **2** amer. netikėtas sunkumas, nelaukta kliūtis

face-saver ['feɪsˌseɪvə] *n* žingsnis/gudrybė prestižui/vardui gelbėti

face-saving ['feɪsˌseɪvɪŋ] *a attr* gelbėjantis prestižą/vardą *(apie kompromisą ir pan.)*

facet ['fæsɪt] *n* **1** *(brangakmenio ir pan.)* fasetė, briaunelė **2** aspektas

facetious [fə'siːʃəs] *a* juokaujamas; mėgstantis pajuokauti/pasišaipyti; **~ remark** juokaujama pastaba *(džn. nevietoje)*

face-to-face [ˌfeɪstə'feɪs] *a* akis į akį *(apie pokalbį ir pan.)*

facia ['feɪʃə] *n* = **fascia** 2, 3

facial ['feɪʃl] *a* veido; **~ burns** veido nudegimai *n* veido masažas

facially ['feɪʃəlɪ] *adv* iš veido

facies ['feɪʃiːz] *n (pl ~)* **1** *med. (ligonio)* veidas, veido išraiška **2** *geol.* facija

facile ['fæsaɪl] *a* **1** paviršutiniškas, skubotas **2** lengvas, lengvai įveikiamas/pasiekiamas; **~ victory** lengva pergalė **3** laisvai/lengvai kuriantis/rašantis *ir pan.; he is a ~ writer* jis turi lengvą plunksną, jis lengvai ir greitai rašo/kuria **4** švelnus, nuolaidus; *she has a ~ disposition* ji nuolaidaus būdo

facilitate [fə'sɪlɪteɪt] *v* (pa)lengvinti; *to ~ the solution of a problem* palengvinti uždavinio sprendimą

facilitation [fəˌsɪlɪ'teɪʃn] *n* palengvinimas

facility [fə'sɪlətɪ] *n* **1** lengvumas, laisvumas, sklandumas; *he writes with ~* jis rašo lengvai/sklandžiai **2** (su)gebėjimas *(for);* mokėjimas *(in)* **3** *(ppr. pl)* patogumai, paslaugos; galimybės, *(palankios)* sąlygos *(studijoms, sportui ir pan.); credit facilities* kredito paslaugos **4** *(ppr. pl)* įrenginiai, įranga, įtaisai; infrastruktūra; *emergency facilities* rezerviniai įrengimai; *material facilities* materialinė bazė

facing¹ ['feɪsɪŋ] *n* **1** *(paviršiaus, sienos)* aptaisymas, danga, apdaras **2** *(ppr. pl)* apdaila; *(drabužio t. p.)* apsiuvai; priedai *(drabužiui ar jo daliai stiprinti/kietinti)* **3** *(ppr. pl) kar.* posūkis vietoje ◊ *to put smb through his ~s* patikrinti, ištirti, išmėginti *(žmogų)*

facing² *a, prep* (stovintis) prieš(ais)

facsimile [fæk'sɪmɪlɪ] *n* faksimilė, tiksli kopija; *in ~* tiksliai; *~ edition* faksimilinis leidimas *v* tiksliai kopijuoti, duoti faksimilę

fact [fækt] *n* **1** faktas; *pl* faktai, duomenys; *the ~s are as follows* faktai tokie; *the ~ is that...* dalykas tas, kad...; *the ~s suggest that...* duomenys rodo, kad... **2** tiesa, tikrovė; *the ~ s of life* a) gyvenimo realybė; b) *euf.* žinios apie lytinį gyvenimą; *matter of ~* reali tikrovė; *I know for a ~ that...* aš tikrai žinau, kad...; *is it a ~ that...?* ar tiesa, kad...? **3** *teis.* įvykis; *after [before] the ~* po [iki] įvykių ◊ *in ~, as a matter of ~, in point of ~* a) iš tikrųjų, faktiškai; b) iš esmės, tiesą sakant

fact-finding ['fæktˌfaɪndɪŋ] *n* faktų/detalių (iš)aiškinimas/ nustatymas, *(aplinkybių)* tyrimas *a* užsiimantis faktų nustatymu, aplinkybių tyrimu; duomenų rinkimo *(apie išvyką ir pan.);* **~ commission/committee** tyrimo komisija

faction ['fækʃn] *n* **1** frakcija, grupuotė; klika; *to split into petty ~s* suskilti į smulkias frakcijas **2** frakcinė nesantaika, kivirčai, nesutarimai **3** *kin., tel.* siužetas, pagrįstas tikrais įvykiais

factional ['fækʃnəl] *a* frakcinis

factionalism ['fækʃnəlɪzm] *n* frakcinis susiskaldymas, grupiškumas

factious ['fækʃəs] *a* frakcinis; skaldytojiškas

factitious [fæk'tɪʃəs] *a* dirbtinis, nenatūralus; išpūstas, netikras

factitive ['fæktɪtɪv] *a gram.* priežastinis

factor ['fæktə] *n* **1** faktorius, veiksnys; aplinkybė **2** agentas; komisionierius, tarpininkas **3** *škot. (dvaro)* valdytojas **4** *mat.* daugiklis **5** *spec.* koeficientas, faktorius *v* **1** *amer. mat.* skaidyti daugikliais **2** *kom.* išpirkti skolą *(su nuolaida)*

factorial [fæk'tɔːrɪəl] *mat. n* faktorialas *a* faktorialus

factorize ['fæktəraɪz] *v mat.* (su)skaidyti daugikliais

factory ['fæktᵊrɪ] *n* **1** fabrikas, gamykla; įmonė; *F. Acts ist.* Fabriko įstatymai *(D. Britanijoje)* **2** *ist.* faktorija ◊ *on the ~ floor (pačioje)* gamyboje; tarp eilinių darbininkų

factotum [fæk'təʊtəm] *n* **1** įgaliotinis, faktotumas **2** *(džn. juok.)* visų galų meistras, šimtadarbis; pagalbininkas, asmeninis sekretorius

factual ['fæktʃʊəl] *a* faktiškas, faktinis; tikras; **~ report** faktų (iš)dėstymas

facture ['fæktʃə] *n* **1** *men.* faktūra **2** *ret.* gaminimas, gamyba

facultative ['fækltətɪv] *a* **1** fakultatyvus, neprivalomas **2** atsitiktinis; nesistemingas

faculty ['fækltɪ] *n* **1** (su)gebėjimas, mokėjimas; gabumas; *the ~ of hearing* girdėjimas, girda; *to be in full possession of all one's faculties* išsaugoti savo protinius ir fizinius sugebėjimus **2** fakultetas; *F. Board* fakulteto taryba **3** *amer.* fakulteto mokomasis personalas **4** *kuop.* vienos profesijos asmenys su aukštuoju išsilavinimu; *the medical ~* gydytojai, medikai

fad [fæd] *n* **1** *(greitai praeinantis)* susižavėjimas *(for)* **2** užgaida, kaprizas *(about); to be full of ~s and fancies* būti pilnam kaprizų ir įnorių

faddiness ['fædɪnɪs] *n* įnoringumas, keistuoliškumas

faddish ['fædɪʃ] *a* = **faddy**

faddist ['fædɪst] *n* keistuolis

faddy ['fædɪ] *a* rinklus, įnoringas; *he's ~ about his food* jis išrankus valgiui

fade [feɪd] *v* **1** (iš)blankti, (iš)blukti, nublukti; (iš)blukinti, nublukinti **2** vysti *(apie augalus)* **3** pamažu išnykti, išdilti *(t. p. ~ away); the coast ~d from sight* krantas pamažu (iš)nyko iš akių **4** *prk.* (už)gesti, silpti, mirti *(t. p. ~ away); she gradually ~d away* ji pamažu geso **5** susilieti *(into)* □ **~ in** *rad., tel.* pamažu stiprinti garsą *ar* vaizdo ryškumą; **~ out** a) išnykti, baigtis *(nesėkmingai);* b) *rad., tel.* pamažu mažinti garsą *ar* vaizdo ryškumą; **~ up** = **~ in**

fadeaway ['feɪdəˌweɪ] *n amer.* išnykimas

faded ['feɪdɪd] *a* išblukęs, blukęs, nublukęs, nublankęs; *~ curtains* išblukusios užuolaidos; **~ colour** bluki spalva

fade-in ['feɪdɪn] *n rad., tel., kin.* tolygus garso/vaizdo atsiradimas/(su)stiprėjimas

fadeless ['feɪdləs] *a* neblunkantis; nevystantis

fade-out ['feɪdaʊt] *n rad., tel., kin.* tolygus garso/vaizdo (iš)nykimas

fading ['feɪdɪŋ] *n rad.* fedingas

faecal ['fiːkᵊl] *a spec.* fekalinis, išmatų

faeces ['fiːsiːz] *n pl spec.* fekalijos, išmatos

faerie, faery ['feɪərɪ] *n psn.* **1** pasakų/burtų pasaulis **2** *attr* pasakiškas, pasakų

Faeroes ['fɛərəʊz] *n* = **Faroe**

faff [fæf] *v:* **~ about/around** *šnek.* krapštinėtis, krapštytis

fag [fæg] *n* **1** *šnek.* nuobodus/varginantis darbas; nuobodybė **2** *šnek.* cigaretė; *have you got a ~?* ar turi užrūkyti? **3** *amer. vulg.* pederastas **4** *mok. sl.* jaunesnis mokinys, patarnaujantis vyresniam *(D. Britanijos mokyklose)*

fag-end   326   **fairy**

v mok. sl. patarnauti vyresniam mokiniui, būti aptarnaujamam jaunesnio mokinio *(D. Britanijos mokyklose; for)* ☐ **~ out** a) *(ppr. pass) šnek.* nusikamuoti, nuvargti; išvarginti, nuvarginti; b) varinėti sviedinį *(krikete)*

fag-end ['fægend] *n šnek.* **1** nuorūka **2** niekam tikusi liekana; *the ~ of smth* ko (pati) pabaiga, ko (pats) galas

faggot ['fægət] *n* **1** žabinys, žagarų/žabų kūlelis *(kūrenti)* **2** *(ppr. pl) kul.* mėsos kukuliai **3** bjaurybė *(ypač old ~)* **4** *amer. vulg.* pederastas
v rišti žabus į kūlelius

fagot ['fægət] *amer.* = **faggot** *n* 1

fah [fɑ:] *n muz.* fa

Fahrenheit ['færənhaɪt] *n* **1**: *Gabriel Daniel ~* Gabrielis Danielis Farenheitas **2** Farenheito termometras; *~ scale* Farenheito termometro skalė

faience [faɪ'ɑ:ns] *pr. n* fajansas

fail [feɪl] *n* visiška nesėkmė, susikirtimas *(per egzaminą ir pan.);* **to get a ~** neišlaikyti egzamino, susikirsti ◊ *without ~* būtinai; tikrai
v **1** nepasisekti, nepavykti, žlugti *(apie pastangas, planą ir pan.);* *peace talks between the two countries have ~ed* dviejų šalių taikos derybos sužlugo; *they ~ed to arrive in time* jiems nepasisekė atvykti laiku **2** neišlaikyti, susikirsti; blogai įvertinti, sukirsti *(per egzaminą ir pan.);* *to ~ in an examination, to ~ to pass an examination* neišlaikyti egzamino **3** neužtekti, trūkti; *words ~ me* man trūksta žodžių; *his heart/courage ~ed him* jam neužteko drąsos; *time would ~ me* man trūks laiko **4** ne-; *the potato crop has ~ed this year* bulvės šiais metais neužderėjo; *don't ~ to let me know* neužmirškite pranešti, būtinai praneškite man; *he ~ed to come* jis neatėjo; *I ~ to see your meaning* nesuprantu, ką jūs kalbate *(nesutinkant su kuo)* **5** apvilti; *our leaders ~ed us* vadovai mus apvylė **6** sugesti, nebeveikti; *the engine ~ed* variklis nebeveikia **7** silpnėti; išsekti, baigtis; *his eyesight is ~ing* jo regėjimas silpsta; *he ~s health* jo sveikata menkėja **8** (su)bankrutuoti *(apie firmą)*

failed [feɪld] *a* **1** nepavykęs, nesėkmingas **2** (su)bankrutavęs *(apie firmą);* žlugęs

failing ['feɪlɪŋ] <*n, a prep*> *n* trūkumas, silpnybė
a silpstantis, silpnėjantis
prep nesant, trūkstant; *~ an answer* negaunant atsakymo; jei nebus atsakymo; *~ him invite his brother* jeigu jis negalės, pakvieskite jo brolį

fail-safe ['feɪlseɪf] *a (ypač tech.) (veikiantis)* be avarijų; patikimas, saugus; automatiškai išsijungiantis *(avarijos atveju)*

failure ['feɪljə] *n* **1** nepasisekimas, nesėkmė; žlugimas; *to end in ~* nesėkmingai baigtis **2** neišlaikymas *(egzamino);* susikirtimas **3** nevykėlis; *he is a ~ as a teacher* jis – prastas mokytojas **4** nepadarymas *(ko);* ne-; *~ to pay* nesumokėjimas; *crop ~, ~ of crops* nederlius; *his ~ to appear roused suspicion* jo neatvykimas sukėlė įtarimą **5** gedimas, avarija; prastas veikimas/funkcionavimas; triktis; *there was an electricity ~ yesterday* vakar nebuvo elektros *(dėl avarijos)* **6** susilpnėjimas; *~ of memory* atminties susilpnėjimas **7** *kom.* bankrotas, nemokumas; krachas **8** *geol.* užgriuvimas; įgriuva

fain [feɪn] *psn. a predic* **1** priverstas **2** linkęs, pasirengęs
adv mielai, noromis; mieliau

fainéant ['feɪnɪənt] *pr. n* tinginys, dykūnas
a tingus

faint [feɪnt] <*n, a, v*> *n* (nu)alpimas, alpulys; *dead ~* visiškas sąmonės netekimas; *to fall down in a ~* nualpti

a **1** silpnas *(apie garsą, šviesą ir pan.);* blankus; *his breathing became ~er* jo kvėpavimas silpo **2** menkas; *I haven't the ~est idea (of)* neturiu nė menkiausio supratimo *(apie);* *there's still a ~ hope that they might be alive* dar yra truputis vilties, kad jie gyvi **3** *predic* (ap)alpstantis, prastos savijautos; *I was/felt ~ with the heat* man buvo bloga nuo karščio **4** *psn.* bailus
v **1** (nu)alpti *(t. p. ~ away)* **2** *psn.* silpti, silpnėti

faint-heart ['feɪnthɑ:t] *n* bailys

faint-hearted ['feɪnt'hɑ:tɪd] *a* silpnadvasis, bailus

fainting-fit ['feɪntɪŋfɪt] *n* nualpimas

faintly ['feɪntlɪ] *adv* **1** silpnai; neryškiai **2** vos, truputį

faintness ['feɪntnɪs] *n* **1** silpnumas; blankumas **2** šleikštulys, blogumas

fair[1] [fɛə] *n* **1** *(gyvulių, ž. ū. produktų)* prekymetis, didelis turgus **2** mugė; *book ~* knygų mugė/paroda **3** = **funfair** ◊ *vanity ~* tuštybės mugė

fair[2] *a* **1** teisingas, nešališkas; doras, sąžiningas; *~ judge* teisingas teisėjas; *~ play* a) žaidimas pagal taisykles, nesukčiaujant; b) doras/teisingas elgesys *(su žmonėmis);* *~ price* priimtina, tinkama kaina; *by ~ means* garbingai, dorai; *by ~ means or foul* bet kuriuo būdu; *it is ~ to say that...* reikia tiesiai pasakyti, kad...; *to be ~, I should add that...* teisybės dėlei turiu pridurti, kad... **2** pakenčiamas, vidutiniškas, neblogas, neprastas *(apie būklę, žinių lygį ir pan.);* *~ wage* neprastas atlyginimas **3** nemažas, stambokas; *a ~ amount* nemažas kiekis, nemaža suma; *there was a ~ number of spectators* buvo gana daug žiūrovų **4** gražus, geras *(apie orą ir pan.);* palankus *(apie vėją);* *~ sky* giedras dangus **5** šviesus *(apie plaukus, odą);* *she is ~* ji blondinė **6** švarus, nesuteptas; *~ fame/name* geras vardas, nesutepta reputacija **7** *psn., poet.* gražus; *the ~ sex* gražioji lytis; *~ promises* gražūs pažadai ◊ *~'s ~* iš tikrųjų; tiesą sakant
adv **1** teisingai; dorai, sąžiningai **2** švariai, į švarraštį ◊ *~ and square* a) neginčijamai, tikrai; b) tiesiai; *I hit him ~ and square on the nose* aš trenkiau jam tiesiai į nosį; *~ and softly!* tyliau!, ramiau!; *you can't say ~er than that* geriau nepasakysi/negausi/nerasi

fairground ['fɛəgraʊnd] *n* atrakcionų aikštė

fair-haired ['fɛəhɛəd] *a* **1** šviesiaplaukis **2** *amer. šnek.* mylimas; *the ~ boy* numylėtinis

fairing[1] ['fɛərɪŋ] *n psn.* lauktuvės *(iš mugės ir pan.)*

fairing[2] *n av.* aptakas, aptakus apvalkalas; aerodinaminio pasipriešinimo sumažinimas

fair-lead ['fɛəli:d] *n jūr.* kreipiamasis blokas/skriemulys

fairly ['fɛəlɪ] *adv* **1** pakankamai, gana; *~ large* didokas; *he's still ~ young* jis dar gana jaunas **2** visiškai; tiesiog **3** teisingai; dorai, sąžiningai

fair-minded ['fɛə'maɪndɪd] *a* teisingas, bešalis, nešališkas

fairness ['fɛənɪs] *n* teisingumas, nešališkumas; dorumas, sąžiningumas ◊ *in ~, out of all ~* tiesą sakant *(pateisinant ką)*

fair-spoken ['fɛə'spəʊkən] *a* mandagus, meilus, malonus

fair-to-middling ['fɛətə'mɪdlɪŋ] *a* vidutiniškai, šiaip sau; pusėtinai

fairway ['fɛəweɪ] *n* **1** *jūr.* farvateris **2** *av.* hidroplanų leidimosi ir kilimo vieta

fair-weather ['fɛə͵weðə] *a* **1** (tinkamas/atliekamas) tik esant geram orui **2** *prk.* nepatikimas; *~ friend* netikras/nepatikimas draugas

fairy ['fɛərɪ] *n* **1** fėja; elfas; *bad ~* piktoji fėja **2** *(tik v.) vulg.* pederastas
a **1** fėjų **2** pasakiškas, pasakų

fairyland ['fɛərɪlænd] *n* **1** fėjų šalis **2** pasakų/stebuklų šalis; nuostabi vieta

fairylike ['fɛərɪlaɪk] *a* pasakiškas, nuostabus, stebuklingas

fairy-tale ['fɛərɪteɪl] *n* **1** pasaka **2** prasimanymas, pasaka
a pasakų, pasakiškas; stebuklingas

fait accompli [ˌfeɪtə'kɔmpli:] *pr.* įvykęs faktas

faith [feɪθ] *n* **1** tikėjimas; *to have, ar to place, one's ~ in smth/smb* tikėti kuo; *to lose ~ (in)* nebetikėti, liautis tikėti *(kuo); to pin one's ~ (on, upon)* aklai/visiškai pasitikėti; *to break ~ (with)* netekti pasitikėjimo, atsižadėti **2** *bažn.* tikėjimas, tikyba; *Christian ~* krikščioniškas tikėjimas **3** ištikimybė, lojalumas; *in good ~* garbingai, sąžiningai; *in bad ~* nesąžiningai; neištikimai **4** pasižadėjimas, žodis; *to keep [to break] one's ~* laikytis žodžio [laužyti žodį]; *by my ~!, in ~!* kaip Dievą myliu!, prisiekiu!

faithful ['feɪθfəl] *a* **1** ištikimas; patikimas; *~ to one's principles* ištikimas savo principams; *~ friend [husband]* ištikimas draugas [vyras] **2** tikras, tikslus; *~ translation* tikslus vertimas
n (the ~) **1** ištikimi šalininkai **2** tikintieji *(džn. apie musulmonus); Father of the ~* kalifas

faithfully ['feɪθfəlɪ] *adv* **1** ištikimai; patikimai; *to promise ~* tvirtai prižadėti **2** tiksliai ◊ *yours ~* su pagarba *(oficialaus laiško gale)*

faithfulness ['feɪθfəlnɪs] *n* **1** ištikimybė; patikimumas **2** tikslumas

faith-healing ['feɪθˌhi:lɪŋ] *n* gydymas maldomis/įtaiga

faithless ['feɪθləs] *a* **1** neištikimas; nepatikimas **2** *(ypač bažn.)* netikintis

fake¹ [feɪk] <*n, a, v*> *n* **1** klastotė, falsifikatas **2** apgavikas, apsimetėlis
a suklastotas, padirbtas; *it's ~ granite [wood] ~* tai granito [medžio] imitacija
v **1** falsifikuoti, (su)klastoti **2** apsimesti, apsimetinėti, dėtis; inscenizuoti; *to ~ illness* apsimesti sergančiu **3** *(ypač sport.)* daryti apgaulingą judesį *(t. p. ~ out)* □ *~ off* dykinėti, išsisukinėti nuo darbo; *~ out amer.* (ap)mulkinti

fake² *jūr. v* vynioti virvę/lyną *(į kamuolį)*
n lyno buchta

faker ['feɪkə] *n* **1** klastotojas; apgavikas, sukčius **2** gatvės prekeivis, vaikščiojantis prekiautojas

fakir ['feɪkɪə, 'fækɪə] *n* fakyras

falbala ['fælbələ] *n* apsiuvas, apdailinimas

falcate, falcated ['fælkeɪt, -ɪd] *a spec.* pjautuviškas, pjautuvo pavidalo

falchion ['fɔ:ltʃən] *n ist.* trumpas lenktas kardas

falciform ['fælsɪfɔ:m] *a anat.* pjautuvo formos, pjautuviškas; išlenktas

falcon ['fɔ:lkən] *n* sakalas

falconer ['fɔ:lkənə] *n* sakalininkas; medžiotojas su sakalais

falconet ['fɔ:lkənɪt] *n* **1** *zool.* medšarkė **2** *ist.* falkonetas *(mažo kalibro patranka)*

falconry ['fɔ:lkənrɪ] *n* **1** medžioklė su sakalais **2** sakalų dresavimas

falderal ['fældəræl] *n* **1** menkniekis, blizgutis **2** *(senųjų dainų)* priedainis

Falkland ['fɔ:klənd] *n: the ~ Islands, the ~s* Folklandų salos

fall [fɔ:l] *n* **1** (nu)kritimas; puolimas; iškritimas; *to have a ~* (nu)kristi; *a ~ in prices* kainų kritimas **2** (nu)griuvimas, pargriuvimas; griūtis; *to take ~* būti pargriautam **3** krituliai; *a heavy ~ of rain* liūtis **4** *(valstybės ir pan.)* žlugimas; *the rise and ~ of industry* pramonės pakilimas ir kritimas **5** *(šlaito)* nuolydis **6** nuleisti medžiai *(miške)* **7** *(upės)* įtekėjimas, žiotys **8** *pl* krioklys **9** *(the ~) amer.* ruduo; *~ fashions* rudens mados **10** *sport.* varžybos; *to try a ~ with smb* varžytis su kuo **11** *bibl.* nuopuolis, nusidėjimas, nuodėmė **12** *tech.* keliamojo bloko virvė *(ppr. block and ~)* **13** *jūr.* falas; *married ~* suporintasis lynas/škentelis ◊ *to ride for a ~* a) lėkti/joti kaip pamišus, galvotrūkčiais; b) veikti beatodairiškai/rizikingai
v (fell; fallen) **1** kristi, pulti; leistis(s) žemyn; *to ~ from the top floor* iškristi iš viršutinio aukšto; *to ~ below zero* nukristi žemiau nulio; *the leaves are already ~ing* lapai jau krinta; *the curtain fell* uždanga nusileido; *the road ~s towards the lake* kelias leidžiasi link ežero; *his spirits fell* jo nuotaika krito **2** (nu)griūti, pargriūti *(t. p. ~ down)*; sugriūti *(apie statinį)*; užgriūti *(over, on); to ~ to one's knees* parpulti ant kelių, suklupti **3** iškristi *(apie kritulius)*; leistis, nusileisti *(apie rūką ir pan.); night fell* užėjo naktis **4** žūti; žlugti; *to ~ to pieces/bits* a) subyrėti į gabaliukus; b) žlugti *(apie planą ir pan.); to ~ in battle* kristi kovoje/mūšyje; *the government fell* vyriausybė žlugo **5** tapti, pasidaryti *(junginyje su būdvardžiu); džn.* verčiama priešdėlėtais veiksmažodžiais; *to ~ dumb* pasidaryti nebyliu; *to ~ asleep* užmigti; *to ~ short* neprilėkti *(iki taikinio);* nepritekti; *to ~ silent* nutilti **6** pataikyti *(apie smūgį, ginklą)* **7** pasitaikyti; *his birthday fell on Monday* jo gimimo diena pasitaikė pirmadienį **8** pulti *(on, upon – prie)* **9** tekti *(apie atsakomybę, išlaidas ir pan.; to, on – kam); the honour fell on/to him* jam teko garbė; *it fell to his lot* tai teko/kliuvo jam **10** patekti *(under, into); to ~ under smb's influence [power]* patekti į kieno įtaką [kieno valdžion]; *to ~ into smb's hands* pakliūti į kieno rankas **11** įtekėti *(apie upę; into)* **12** nurimti, (ap)tilti *(apie vėją, garsus)* **13** išeiti *(iš burnos, lūpų; from)* **14** dalytis *(into)* **15** atsitiktinai sutikti/užeiti *(across)* **16** *šnek.* susižavėti, įsimylėti *(for);* ≡ ant meškerės pakliūti/užkibti *(for)* **17** *rel.* nusidėti; pasiduoti pagundai **18** gimti *(apie ėriukus ir pan.)* □ *~ about* leipti juokais *(ppr. ~ about laughing); ~ apart* a) suirti, subyrėti; sugriūti; b) *šnek.* sugniužti, palūžti *(apie žmogų); ~ away* a) atkristi, atsiskirti *(from);* b) leistis žemyn *(apie žemės paviršių);* c) (iš)nykti; d) (su)mažėti; *~ back* a) trauktis, atsitraukti *(t. p. kar.);* b) *(on)* vėl imtis *(ko),* grįžti *(prie);* tenkintis *(kuo); ~ behind* atsilikti; *to ~ behind with the payments* uždelsti atsiskaityti *(on – už); ~ down* a) kristi žemyn; (su)griūti; b) (su)žlugti, nepasisekti; *~ in* a) įgriūti, sugriūti *(apie lubas, stogą ir pan.);* b) iš(si)rikiuoti *(t. p. kar.);* c) *teis.* baigtis, pasibaigti *(ypač apie nuomos terminą);* d) prisidėti, prisijungti *(alongside, beside);* e) sutikti *(su nuomone ir pan.; with); ~ off* a) atkristi, nukristi, atsiskirti; b) sumažėti; c) pablogėti; d) *jūr.* nepaklusti vairui; *~ out* a) iškristi; b) susiginčyti, susipykti *(with);* c) atsitikti; *it fell out that...* atsitiko taip, kad...; d) *kar.* išsiskirstyti; *~ over* a) parpulti, pargriūti *(paslydus, užkliuvus);* b) nukristi, nuvirsti; *~ through* nepavykti, sužlugti; *~ to* energingai imtis, pulti ◊ *to be ~ing over oneself (+inf) šnek.* siekti, ≡ nertis iš kailio

fallacious [fə'leɪʃəs] *a* klaidinantis; klaidingas

fallacy ['fæləsɪ] *n* **1** suklydimas, paklydimas, klaidingas įsitikinimas **2** klaidinga argumentacija, sofizmas

fallal [ˌfæ'læl] *n psn.* menkniekis, blizgutis

fallback ['fɔ:lbæk] *n* tai, kas laikoma/turima atsargoje; atsarginė priemonė

fallen ['fɔ:lən] *pII žr.* **fall** *v*

fallibility 328 **fanaticism**

a 1 nukritęs 2 *(džn. rel.)* (nu)puolęs
n (the ~) kritusieji *(kovoje)*
fallibility [ˌfælə'bɪlətɪ] *n* klaidingumas
fallible ['fæləbl] *a* 1 klystantis 2 klaidingas
falling-off [ˌfɔːlɪŋ'ɔf] *n* (su)mažėjimas, smukimas; *~ in relations* santykių pablogėjimas
falling-out [ˌfɔːlɪŋ'aut] *n* susipykimas, susikivirčijimas *(with)*
fall-off ['fɔːlɔf] *n* = **falling-off**
Fallopian [fə'ləupɪən] *a: ~ tube* anat. Falopijaus vamzdis, kiaušintakis
fallout ['fɔːlaut] *n* 1 radioaktyviosios dulkės; *~ shelter* priešatominė slėptuvė 2 radioaktyviųjų dulkių (iš)kritimas/nusėdimas 3 netikėtos pasekmės; pašalinis rezultatas
fallow[1] ['fæləu] <*n, a, v*> *n ž. ū.* pūdymas
a 1 paliktas pūdymui, pūdyminis; *to lie ~* pūdymauti 2 tuščias, be veiklos *(apie laiką)* 3 neišsirutuliojęs, atsilikęs *(apie protą)*
v palikti pūdymui; arti pūdymą
fallow[2] *a* rudai geltonas
fallow-deer ['fæləᵘdɪə] *n (pl ~)* zool. danielius
false [fɔːls] *a* 1 klaidingas, neteisingas; *~ accusation* neteisingas kaltinimas; *to make a ~ step* žengti klaidingą žingsnį 2 apgaulingas, melagingas; *~ pretences* apsimetimas, apgavystė; apgaudinėjimas; *~ modesty* apsimestinis kuklumas; *~ tears* apsimestinės ašaros; *to give ~ witness* duoti melagingus parodymus 3 dirbtinis, netikras; *~ alarm* netikras aliarmas/pavojus; *~ teeth* dirbtiniai dantys 4 padirbtas, suklastotas *(apie pinigus)* 5 neištikimas 6 teis. neteisėtas *(apie suėmimą ir pan.)* 7 tech. papildomas, pagalbinis, laikinas *(apie konstrukcijos elementus)* 8 spec. netikras; *the ~ acacia* bot. baltoji akacija, baltažiedis vikmedis
false-bottomed ['fɔːls'bɔtəmd] *a* dvigubu dugnu
false-hearted ['fɔːls'hɑːtɪd] *a* neištikimas, laužantis žodį
falsehood ['fɔːlshud] *n* 1 melas, netiesa; melagystė 2 melagingumas 3 melavimas
falseness ['fɔːlsnɪs] *n* 1 klaidingumas, neteisingumas 2 melagingumas
falsetto [fɔːl'setəu] *it. n (pl ~s [-z])* falcetas; *to sing ~* dainuoti falcetu
falsework ['fɔːlswəːk] *n stat.* klojinys; pastoliai
falsies ['fɔːlsɪz] *n pl šnek.* pagalvėlės *(krūtinei padidinti)*
falsification [ˌfɔːlsɪfɪ'keɪʃn] *n* 1 falsifikacija, (su)klastojimas, padirbimas 2 falsifikatas, klastotė
falsify ['fɔːlsɪfaɪ] *v* 1 (su)falsifikuoti, (su)klastoti, padirbti 2 iškreipti, nepasiteisinti, pasirodyti buvus be pagrindo
falsity ['fɔːlsətɪ] *n* 1 melagingumas; klaidingumas 2 neištikimybė
falter ['fɔːltə] *v* 1 svyruoti; trūkčioti 2 (su)silpnėti, (nu)silpti *(apie drąsą, ekonomiką ir pan.)* 3 užsikirsti *(kalbant)*; drebėti *(apie balsą)* 4 eiti/lėkti paknopstomis/klumpant □ *~ out* sumikčioti, sumiksėti
faltering ['fɔːltᵊrɪŋ] *a* neryžtingas; drebantis *(apie balsą)*; *~ steps* neryžtingi žingsniai
fame [feɪm] *n* 1 garbė, garsas; *to win ~* išgarsėti 2 reputacija ◊ *house of ill ~ psn.* viešieji namai
v išgarsinti
famed[1] [feɪmd] *a* garsus, išgarsėjęs; *this district is ~ for its wines* ši sritis garsėja vynais
familial [fə'mɪlɪəl] *a* 1 šeimos, šeiminis, šeimyninis 2 paveldimas *(apie ligą)*
familiar [fə'mɪlɪə] *a* 1 (gerai) žinomas, pažįstamas *(to – kam)*; *~ faces* pažįstami veidai; *these facts are ~ to every schoolboy* šiuos faktus žino kiekvienas mokinys 2 susipažinęs, pažįstantis *(with)*; *to make oneself ~ with details* susipažinti su smulkmenomis; *to be ~ with the latest discoveries in physics* būti susipažinusiam su naujausiais fizikos atradimais 3 įprastas, įprastinis *(apie argumentą, pasiteisinimą ir pan.)* 4 artimas, intymus; *to be on ~ terms with smb* turėti bičiuliškus santykius su kuo 5 familiarus; *~ style* familiarus stilius
n 1 mit. naminis, namų dvasia 2 *pl psn.* artimi draugai
familiarity [fəˌmɪlɪ'ærətɪ] *n* 1 žinojimas, pažinimas; *thorough ~ with the languages* geras kalbų mokėjimas 2 familiarumas; *(ppr. pl)* familiarus poelgis/elgesys, familiarybė 3 artimumas, bičiuliški santykiai ◊ *~ breeds contempt pat.* kuo geriau pažįsti, tuo mažiau gerbi/vertini
familiarization [fəˌmɪlɪərai'zeɪʃn] *n* supažindinimas
familiarize [fə'mɪlɪəraɪz] *v* 1 supažindinti *(with)*; *refl* susipažinti *(su taisyklėmis, vartojimu ir pan.; with)* 2 paskleisti, išplatinti
familiarly [fə'mɪlɪəlɪ] *adv* 1 familiariai, be didelių ceremonijų 2 artimai, gerai *(pažinti ir pan.)*
family ['fæmᵊlɪ] *n* 1 šeim(yn)a; giminė; *first ~* JAV prezidento šeima; *to start a ~* susilaukti šeimos *(pirmo vaiko)*; *my ~ are all tall* mūsų šeimoje visi aukšti; *how's the ~?* kaip *(laikosi)* šeima? 2 spec. šeima; *the sparrow ~* zool. žvirblių šeima; *the ~ of languages* kalb. kalbų šeima; *~ of curves* geom. kreivių šeima; *~ of words* kalb. (žodžių) lizdas 3 attr šeimos, šeiminis, šeimyninis, šeimyniškas; *~ circle* a) šeimos ratas; b) amer. teatr. balkonas; *~ credit* pašalpa mažas pajamas turinčioms šeimoms; *~ man* a) šeimos žmogus, žmogus, prisirišęs prie šeimos; b) žmogus, turintis šeimą; *~ party* šeimyninis vakaras; *~ planning* šeimos *(gimdymų)* planavimas; *~ relations* šeimos santykiai; *~ room* bendrasis kambarys ◊ *in a ~ way* kasdieniškai; be ceremonijų; *in the ~ way šnek.* nėščia
famine ['fæmɪn] *n* 1 badas, badmetis; *~ prices* badmečio kainos 2 didelis trūkumas, nepriteklius; *money ~* pinigų badas
famish ['fæmɪʃ] *v (ppr. pass)* kentėti badą, badauti, alkanauti; kankinti badu
famished ['fæmɪʃt] *a šnek.* išbadėjęs, išalkęs
famous ['feɪməs] *a* 1 garsus, gerai žinomas; *to be ~ (for)* garsėti *(kuo)* 2 *šnek. ret.* nuostabus, puikus *(apie apetitą, orą ir pan.)*
famously ['feɪməslɪ] *adv* puikiai; *Churchill is ~ quoted as saying...* visi žino garsius Čerčilio žodžius... ◊ *to get on/along ~* draugauti
famulus ['fæmjuləs] *lot. n (pl -li [-laɪ])* ist. (mokslininko; fokusininko) asistentas
fan[1] [fæn] *n* 1 vėduoklė 2 ventiliatorius; vėdintuvas; fenas *(plaukams džiovinti)*; elektrinis ventiliatorius 3 *ž. ū.* arpas, vėtytuvas 4 malūno sparnas 5 tech. *(propelerio ir pan.)* mentė
v 1 vėduoti; *refl* vėdintis vėduokle *ir pan.*; *to ~ one's face* vėduotis veidą 2 įpūsti; *to ~ a fire* įpūsti ugnį 3 prk. kurstyti *(aistrus ir pan.)*; *to ~ the flames of rebellion* įžiebti/įpūsti sukilimo liepsną 4 dvelkti, švelniai pūsti 5 *ž. ū.* vėtyti *(grūdus)* □ *~ out* išsisklaidyti kaip vėduoklei; išplisti
fan[2] *n* aistruolis, mėgėjas, sirgalius; *~ mail/letters* garbintojų/aistruolių laiškai; *~ club* aistruolių klubas
fanatic [fə'nætɪk] *n* 1 fanatikas 2 *šnek.* aistruolis, fanatikas
a fanatiškas
fanatical [fə'nætɪkl] = **fanatic** *a*
fanaticism [fə'nætɪsɪzm] *n* fanatizmas, fanatiškumas

fanaticize [fə'nætısaız] *v* pa(si)daryti fanatiku; elgtis fanatiškai
fan-belt ['fænbelt] *n aut.* ventiliatoriaus dirželis
fanciable ['fænsıəbl] *a šnek.* patrauklus, nieko sau
fancier ['fænsıə] *n* mėgėjas, entuziastas *(auginantis šunis, balandžius, rožes ir pan.)*
fanciful ['fænsıfəl] *a* **1** nerealus, fantastiškas **2** įmantrus, vingrus; manieringas **3** kaprizingas, užgaidus; turintis gyvą vaizduotę; *~ writer* raštytojas fantastas
fancy ['fænsı] <*n, a, v*> *n* **1** pamėgimas, susižavėjimas; *to have a ~ (for)* mėgti, žavėtis; *to take a ~ (to)* pamėgti, prisirišti; *to take/tickle/catch smb's ~* patraukti kieno dėmesį, patikti kam, sudominti ką *(pamačius, pagalvojus); a passing ~* trumpalaikis susižavėjimas **2** fantazija; vaizduotė; *there was no footstep – it's just your ~* nebuvo jokių žingsnių – tai tik tavo įsivaizdavimas *arba* tau tik taip pasirodė **3** užgaida, įgeidis, įnoris; *to meet smb's fancies* tenkinti kieno užgaidas/įgeidžius **4** skonis; *this wine is not to my ~* šis vynas ne mano skonio **5** *pl* nedideli tortiniai pyragaičiai
a **1** ornamentuotas, išpuoštas; *~ stitch* dekoratyvinė siūlė **2** įmantrus, neįprastinis, nekasdieniškas; *~ patterns* įmantrūs raštai **3** madingas, aukščiausios kokybės *(apie prekes);* prašmatnus *(apie restoraną, automobilį ir pan.)* **4** fantastiškas; *~ prices* fantastiškos kainos **5** išgalvotas; įsivaizduojamas; *~ names* išgalvoti ekstravagantiški vardai **6** maskaradinis *(apie drabužius); ~ dress* maskaradinis kostiumas **7** ypač gražios veislės *(apie šunis, balandžius);* daugiaspalvis *(apie augalus)*
v **1** norėti; *do you ~ a cup of tea?* gal norėtumėte išgerti puoduką arbatos? **2** patikti; geisti; *I don't ~ this car* man nepatinka tas automobilis **3** įsivaizduoti; manyti; *just/only ~!* tik įsivaizduok(ite)! **4** *refl* vaizduotis, laikyti save; *he fancies himself to be a genius* jis įsivaizduoja esąs genijus **5** *sport.* laikyti favoritu, išrinkti/matyti nugalėtoją
fancy-ball [,fænsı'bɔ:l] *n* maskaradas, kaukių balius
fancy-free [,fænsı'fri:] *a* laisvas, neįsipareigojęs; neįsimylėjęs
fancywork ['fænsıwə:k] *n* siuvinėjimas, siuvinys
fandangle [fæn'dæŋgl] *n* **1** fantastiškas ornamentas **2** juokdarystė, kvailiojimas
fandango [fæn'dæŋgəu] *n (pl ~s [-z])* **1** fandangas *(ispanų liaudies šokis)* **2** *amer.* puota, balius, šokių vakaras
fane [feın] *n psn., poet.* šventovė
fanfare ['fænfɛə] *n muz.* fanfara
fang¹ [fæŋ] *n* **1** iltis **2** *(gyvatės)* geluonis **3** danties šaknis **4** *kas.* ventiliacijos vamzdis **5** *tech.* kablys
fang² *v tech.* užpilti siurblį *(prieš paleidžiant)*
fanged [fæŋd] *a* iltingas; turintis iltis/geluonį
fan-jet ['fændʒet] *n =* **turbofan**
fanlight ['fænlaıt] *n stat. (durų)* viršlangis; vėduoklės formos langas *(virš durų)*
fanner ['fænə] *n* **1** vėtytojas **2** arpas, vėtytuvas **3** ventiliatorius
fanny ['fænı] *n vulg.* **1** gėda *(moters išviršiniai lyties organai)* **2** *amer.* šikna, sėdynė, užpakalis ◊ *(sweet) F. Adams euf.* ničnieko, visai nieko *(nedaryti ir pan.);* ≡ špygą gavau
Fanny ['fænı] *n* Fanė *(vardas)*
fan-out ['fænaut] *n kar.* placdarmo išplėtimas, išsiskleidimas
fan-shaped ['fæn'ʃeıpt] *a* vėduoklės formos, vėduokliškas
fantail ['fænteıl] *n* **1** vėduokliška *(ko)* dalis/uodega **2** *jūr. (laivagalio)* nuosvyra, atbraila
fantasia [fæn'teızıə] *n muz.* fantazija

fantasize ['fæntəsaız] *v* fantazuoti; svajoti
fantast ['fæntæst] *n* fantastas; svajotojas
fantastic(al) [fæn'tæstık(l)] *a* **1** fantastiškas, pasakiškas; egzotiškas **2** fantastinis, nerealus, neįtikimas **3** didžiulis; *a ~ sum/amount of money* didžiulė pinigų suma **4** *šnek.* nuostabus
fantasticality [,fæntæstı'kælətı] *n* fantastiškumas
fantasy ['fæntəsı] *n* **1** fantazija, vaizduotė **2** fantazavimas, fantazija, svajonė **3** iliuzija **4** = **fantasia**
fan-vault(ing) ['fæn,vɔ:lt(ıŋ)] *n archit.* vėduoklinis skliautas
fanzine ['fænzi:n] *n* žurnalas kino/sporto *ir pan.* mėgėjams
faquir ['feıkıə, 'fækıə] *n =* **fakir**
far [fɑ:] <*a, adv, n*> *a* **1** (farther, further; farthest, furthest) **1** tolimas, tolus, nutolęs *(t. p. ~ off); a ~ country poet.* tolima šalis; *the F. East* Tolimieji Rytai; *the F. West* Ramiojo vandenyno pakrantė *(JAV)* **2** kitas, tolimesnis; *at the ~ end of the street* kitame gatvės gale; *on the ~ bank of the river* kitame upės krante **3** *polit.* kraštutinis; *the ~ left [right]* kraštutinis kairysis [dešinysis]
adv (farther, further; farthest, furthest) **1** toli *(t. p. ~ away/off/out); to go ~* a) toli eiti; b) daug pasiekti; c) turėti perkamąją galią *(apie pinigus); to go/run too ~, to carry it too ~* per toli nueiti *(kokiu nors reikalu); ~ from* toli nuo; *~ in the day* į dienos pabaigą; *the first of September is not ~ off* rugsėjo pirmoji netoli; *how ~ is Vilnius from here?* kiek (kilometrų) iki Vilniaus nuo čia? **2** žymiai, daug, labiau; *~ better* žymiai geresnis; *~ too cold [fast]* gerokai per šaltas [greitas] **3** *(junginiuose): as ~ as* a) iki, ligi *(žymint vietą);* b) kiek; *as/so ~ as I know* kiek man žinoma; *in so ~ as* tiek, kiek; *so ~* a) ligi šiol; b) iš dalies; *as ~ back as 1940* dar 1940 metais ◊ *~ and away* nepalyginamai, neabejotinai; *~ and wide/near* visur, ir šen, ir ten; *to see ~ and wide* turėti platų akiratį; *so ~ so good* kol kas viskas gerai; *~ from it, ~ from being...* toli gražu ne, anaiptol ne; *not to be ~ off/out/wrong šnek.* būti netoli nuo tiesos *(apie orų prognozę ir pan.)*
n **1** žymus/nemažas kiekis; *to surpass by ~* gerokai pralenkti; *better by ~* nepalyginamai geresnis **2** didelis atstumas; *from ~* iš toli
farad ['færəd] *n el.* faradas
faradaic [,færə'deıık] *a el.* indukcinis, indukuotas
Faraday ['færədı] *n: Michael ~* Maiklis Faradėjus *(anglų mokslininkas); ~'s constant fiz.* Faradėjaus skaičius
faradic [fə'rædık] *a =* **faradaic**
faradization [,færədı'zeıʃn] *n med.* faradoterapija, gydymas impulsine srove
faraway ['fɑ:rəweı] *a attr* **1** tolimas **2** užsisvajojęs, išsiblaškęs *(apie žvilgsnį)*
far-between ['fɑ:bı'twi:n] *a* retas
farce¹ [fɑ:s] *n* **1** *teatr.* farsas **2** *prk.* farsas, komedija
farce² *n psn.* įdaras, malta mėsa
farceur [fɑ:'sə:] *pr.* juokdarys, juokautojas
farci [fɑ:'sı] *a kul.* įdarytas, farširuotas
farcical ['fɑ:sıkl] *a* **1** farso **2** juokingas, absurdiškas
farcicality [,fɑ:sı'kælətı] *n* juokdarystė **2** juokingumas, absurdiškumas
far-distant [,fɑ:'dıstənt] *a* tolimas
fare [fɛə] *n* **1** mokestis už važiavimą *(autobusu, taksiu, laivu ir pan.),* bilieto kaina; *return ~* bilietas ten ir atgal; *what's the ~?* kiek kainuoja bilietas?; *have your ~s ready!* paruoškite pinigus bilietui! **2** *(taksio ir pan.)* keleivis **3** maistas; *spiritual ~* dvasinis penas **4** *amer. (žvejybos laivo)* laimikis

fare-thee-well

v **1** sektis; gyvuoti; *it has ~d well [ill] with him* jam gerai pasisekė [nepasisekė]; *how did you ~ in Klaipėda?* kaip pasisekė kelionė į Klaipėdą?, kaip suvažinėjote į Klaipėdą?; *how ~s it? ret.* kaip laikaisi?, kaip gyvuoji? **2** misti, maitintis

fare-thee-well [ˌfɛəði:'wel] *n amer.: to a ~* a) tobulai; b) labai smarkiai *(mušti ir pan.)*

farewell [ˌfɛə'wel] *<n, a, int>* n atsisveikinimas; *to bid ~ to smb* atsisveikinti su kuo
a atsisveikinimo, atsisveikinamasis *(apie kalbą ir pan.)*
int sudie!, laimingai!

far-famed ['fɑ:'feɪmd] *a* plačiai žinomas, pagarsėjęs

far-fetched ['fɑ:'fetʃt] *a* nerealus, dirbtinis; tempte pritemptas *(apie argumentą);* *~ story* pramanyta istorija

far-flung [ˌfɑ:'flʌŋ] *a* **1** plačiai pasklidęs, platus **2** tolimas

far-gone [ˌfɑ:'gɒn] *a* **1** toli nuėjęs; įsisenėjęs *(apie ligą ir pan.)* **2** per daug išgėręs; pamišęs; labai įsimylėjęs; *~ in debt* prasiskolinęs, įlindęs į skolas

farina [fə'ri:nə] *n* **1** kruopmilčiai; manų kruopos **2** krakmolas **3** *bot.* žiedadulkė

farinaceous [ˌfærɪ'neɪʃəs] *a* **1** miltų, miltinis; miltingas **2** krakmolingas

farinose ['færɪnəʊs] *a* **1** miltingas **2** lyg apibertas/apibarstytas miltais

farl [fɑ:l] *n škot.* plonas avižinis paplotėlis

farm [fɑ:m] *n* **1** ūkis, ferma; *dairy ~* pienininkystės ūkis/ferma; *pig ~* kiaulių ferma; *factory ~* intensyvios gyvulininkystės ūkis/ferma **2** ūkininko sodyba, gyvenamasis namas
v **1** ūkininkauti, būti fermeriu; (ap)dirbti žemę **2** (iš)nuomoti *(dvarą ir pan.);* parduoti teisę *(rinkti mokesčius ir pan.; t. p. ~ out)* ☐ *~ out* perduoti *(darbą kitam asmeniui, kitai įstaigai)*

farmer ['fɑ:mə] *n* **1** ūkininkas, fermeris; *pig [sheep] ~* kiaulių [avių] augintojas; *dirt ~ amer.* fermeris, pats apdirbantis žemę **2** *(žemės)* nuomininkas

farmhand ['fɑ:mhænd] *n* žemės ūkio darbininkas/samdinys

farmhouse ['fɑ:mhaʊs] *n* ūkininko gyvenamasis namas

farming ['fɑ:mɪŋ] *n* **1** ūkininkavimas **2** žemės ūkis; *factory ~* pramoninis galvijų ir paukščių auginimas; intesyvioji gyvulininkystė **3** nuomojimas

farmland ['fɑ:mlænd] *n* ūkio/dirbamoji žemė

farmstead ['fɑ:msted] *n* ūkio sodyba

farmyard ['fɑ:mjɑ:d] *n* sodybos kiemas

faro ['fɛərəʊ] *n* faraonas *(kortų lošimas)*

Faroe ['fɛərəʊ] *n: the ~ Islands, the ~s* Farerų salos

far-off [ˌfɑːˈrɒf] *a attr* tolimas, nutolęs

far-out [ˌfɑːˈrɑʊt] *a* **1** neįprastas, keistas **2** *šnek.* nuostabus, puikus

far-outer [ˌfɑːˈrɑʊtə] *n* žmogus, nepripažįstantis tradicinių vertybių; originaliai mąstanti asmenybė

farraginous [fə'reɪdʒɪnəs] *a knyg.* (su)maišytas, mišrus, margas

farrago [fə'rɑ:gəʊ] *n (pl ~(e)s [-z])* mišinys, kratinys

far-reaching ['fɑ:'ri:tʃɪŋ] *a* toli siekiantis *(apie tikslus ir pan.);* sukeliantis *(rimtus)* padarinius; *~ changes* radikalūs/didžiuliai pokyčiai

farrier ['færɪə] *n* kalvis *(arklių kaustytojas)*

farriery ['færɪərɪ] *n* **1** arklių kaustymas **2** kalvė

farrow¹ ['færəʊ] *ž. ū. n* paršiavimasis; paršiukų vada
v paršiuotis, apsiparšiuoti

farrow² *a amer.* bergždžia *(apie karvę)*

far-seeing ['fɑ:'si:ɪŋ] *a* = **far-sighted**

Farsi ['fɑ:si:] *n* farsi, persų kalba *(valstybinė Irano kalba)*

far-sighted ['fɑ:'saɪtɪd] *a* toliaregis *(t. p. prk.);* įžvalgus; *~ politician* toliaregis/įžvalgus politikas

farsightedness ['fɑ:'saɪtɪdnəs] *n* tol(ia)regystė, tol(ia)regiškumas; įžvalgumas

fart [fɑ:t] *vulg. n* **1** bezdėjimas **2** *niek.* bezdalius
v bezdėti ☐ *~ about/around* tuščiai gaišti

farther ['fɑ:ðə] *(comp žr. far) a* tol(im)esnis, anas, kitas; *on the ~ bank* aname krante
adv toliau; tolyn; *~ to the east* įryčiau, toliau į rytus

farthermost ['fɑ:ðəməʊst] *a* (pats) tolimiausias

farthest ['fɑ:ðɪst] *(superl žr. far) a* toliausias, tolimiausias; *at (the) ~* a) toliausiai; b) vėliausiai
adv toliausiai

farthing ['fɑ:ðɪŋ] *n ist.* fartingas *(ketvirtadalis penso)* ◊ *the uttermost ~* paskutinis skatikas; *it does not matter a brass ~* tai visai nesvarbu

fascia ['feɪʃə] *n (pl* -iae [-ɪi:]) **1** velenėlis; juostelė *(t. p. archit.)* **2** parduotuvės pavadinimas *(virš vitrinos)* **3** *aut.* prietaisų skydas **4** *med.* tvarstis, bintas **5** *anat., zool.* fascija *(jungiamoji audinio plėvė)*

fascicle ['fæsɪkl] *n* **1** *(leidinio)* sąsiuvinis **2** *bot.* kekė; puokštelė **3** *anat.* pluoštelis

fascicule ['fæsɪkju:l] *n* = **fascicle** 1

fascinate ['fæsɪneɪt] *v* **1** (su)žavėti, patraukti **2** (už)kerėti, užburti *(žvilgsniu)*

fascinating ['fæsɪneɪtɪŋ] *a* žavus, žavingas, patrauklus; *it's ~ to listen to him* jo klausyti nepaprastai įdomu

fascination [ˌfæsɪ'neɪʃn] *n* žav(ing)umas, žava, žavesys; patrauklumas; kas nors žavus; *in ~* sužavėtas; pakerėtas

fascinator ['fæsɪneɪtə] *n* žavėtojas; kerėtojas

fascine [fə'si:n] *n spec.* fašina, žabinys; *~ dwelling* pastatas ant polių, polinis pastatas

fascism ['fæʃɪzm] *n* fašizmas

fascist ['fæʃɪst] *n* fašistas
a fašistinis, fašistų

fash [fæʃ] *škot. n* nerimas, rūpestis
v nerimauti, rūpintis *(t. p. refl)*

fashion ['fæʃn] *n* **1** mada; *to be (all) the ~, to be in ~* būti (labai) madingam; *to come into ~* įeiti į madą; *to go/fall out of ~* išeiti iš mados; *out of ~* ne(be)madingas; *to be ~ conscious* laikytis mados, sekti madą; *a man of ~ psn.* aristokratas, aukštuomenės žmogus *(sekantis madą);* *~ house* madų ateljė; *~ show* madų demonstravimas **2** maniera, būdas, forma; *after/in a ~* tam tikru būdu/mastu; *I've repaired my bike after a ~* aš šiaip taip pasitaisiau dviratį **3** stilius; modelis; *after the ~ of smb* pagal ką, kieno stiliumi **4** *(the ~)* aukštuomenės draugija/žmogus
v **1** padaryti *(rankomis)* **2** formuoti, suteikti formą/išvaizdą **3** *tech.* modeliuoti

fashionable ['fæʃnəbl] *a* **1** madingas; modelinis; prašmatnus; *~ shoes [people]* madingi batai [žmonės] **2** aukštuomenės
n aukštuomenės žmogus

fashion-magazine ['fæʃnmægəˌzi:n] *n* madų žurnalas

fashion-monger ['fæʃnˌmʌŋgə] *n* puoševa, dabita

fashion-paper ['fæʃnˌpeɪpə] *n* madų žurnalas

fashion-plate ['fæʃnpleɪt] *n amer.* **1** madų *(fasono)* paveikslas/nuotrauka **2** madų vaikytojas, puoševa

fast¹ [fɑ:st] *n bažn.* pasninkas; gavėnia; *to break one's ~* atsigavėti; *~ day* pasninko diena
v pasninkauti

fast² *<a, adv, n>* *a* **1** greitas; spartus; *~ car* greitas/greitaeigis automobilis; *~ road* greitkelis; *he's a ~ worker* jis sparčiai dirba **2** tvirtas, pritvirtintas, stiprus; *~ colour*

tvirta *(neblunkanti)* spalva; ***this dye is ~*** šie dažai neblunka; ***~ coupling*** *tech.* nuolatinis sujungimas; ***~ grip*** stiprus sugriebimas; ***~ tennis-court*** gera *(kieta)* teniso aikštelė; ***to take (a) ~ hold of smth*** tvirtai laikytis ko, tvirtai laikyti ką; ***to make smth ~*** a) pritvirtinti, pririšti ką; b) užrakinti, užkišti *(duris)* **3** labai jautrus *(apie fotografinę juostą)* **4** *knyg.* ištikimas *(apie draugą);* tvirtas *(apie draugystę)* **5** palaidas; ***~ woman*** palaida moteris; ***to lead a ~ life*** palaidai gyventi **6:** ***be ~*** skubėti *(apie laikrodį);* ***my watch is three minutes ~*** mano laikrodis užbėgęs tris minutes ◊ ***to pull a ~ one*** *(on)* sukčiauti, apgaudinėti; apgauti, apsukti; ***~ and loose*** nepastovus, nerimtas; ***not so ~!*** neskubėk!, palauk!
adv **1** greitai; skubiai; ***~ and furious*** greitai ir audringai/smarkiai; ***she needed medical help ~*** jai skubiai reikėjo medicinos pagalbos; ***how ~ can you type?*** ar greitai tu rašai mašinėle? **2** tvirtai, stipriai; ***~ asleep*** kietai miegantis; ***~ shut*** tvirtai uždarytas; ***hold on ~!*** laikykitės tvirtai/stipriai! **3** palaidai **4** *psn., knyg.* arti; ***~ beside/by*** (visai) greta ◊ ***to play ~ and loose*** *(with)* neatsakingai/nerimtai elgtis; laužyti pažadą; ***as ~ as his legs could carry him*** jis bėgo kiek kojos nešė
n **1** *jūr.* prieplauka **2** *kas.* štrekas
fasten ['fɑ:sn] *v* **1** su(si)rišti, su(si)sagstyti *(t. p.* ***~ together/up);*** ***to ~ one's shoelaces*** susirišti batraiščius; ***to ~ (up) a parcel*** suriši ryšulį **2** (pri)tvirtinti, (pri)rišti *(to – prie);* prisitvirtinti, prisirišti **3** už(si)daryti, užsklęsti, užkabinti *(duris ir pan.; t. p.* ***~ down)*** **4** įsikibti *(dantimis, rankomis ir pan.);* tvirtai apkabinti *(around)* **5** primesti, suversti *(kaltę ir pan.; on);* prikibti *(onto – prie);* ***to ~ a quarrel upon smb*** susipykti su kuo; ***to ~ a nickname on smb*** duoti kam pravardę **6** prikaustyti *(dėmesį);* įsmeigti *(žvilgsnį, akis; on, upon)* **7** nusitverti *(minties ir pan.; onto)* **8** *stat.* (su)tvirtėti, (su)kietėti *(apie betoną)* ☐ ***~ down*** prispirti nuspręsti/apsispręsti
fastener ['fɑ:snə] *n* **1** skląstis, sklendė, velkė **2** sąvaržėlė, segtukas, užsegimas
fastening ['fɑ:snɪŋ] *n* **1** surišimas, (su)tvirtinimas, pritvirtinimas **2 = fastener**
fast-food ['fɑ:st'fu:d] *n* greitai pateikiamas karštas patiekalas *(kavinėje ir pan.)*
fast-forward [,fɑ:st'fɔ:wəd] *v* persukti *(magnetofono įrašą)* greitai į priekį
fasti ['fæstɪ:] *lot. n pl* metraštis, analai
fastidious [fæ'stɪdɪəs] *a* **1** skrupulingas, išrankus, lepus **2** pernelyg pedantiškas; ***he's ~ about cleanliness*** jis – švaruolis/švareiva
fastigiate [fæ'stɪdʒɪət] *a bot.* kūgiškas, kūgio formos
fasting ['fɑ:stɪŋ] *n* pasninkavimas
a pasninkaujantis
fast-moving ['fɑ:st,mu:vɪŋ] *a* greitaeigis, greitas; dinamiškas
fastness ['fɑ:stnɪs] *n* **1** tvirtumas; atsparumas *(to – kam)* **2** *prk poet.* tvirtovė, priebėga
fast-setting ['fɑ:st,setɪŋ] *a* greitai kietėjantis *(apie cementą ir pan.)*
fast-talk ['fɑ:stɔ:k] *v menk.* įšnekėti, įkalbėti *(into)*
fast-track ['fɑ:sttræk] *n* greitas paaukštinimas *(tarnyboje) a attr* žadantis geresnius rezultatus, perspektyvus *(apie darbą, metodą ir pan.)*
fat [fæt] <*n, a, v*> *n* **1** riebalai, taukai; ***animal [vegetable] ~*** gyvuliniai [augaliniai] riebalai; ***deep ~*** *kul.* fritiūras; ***body ~*** *anat.* riebalinis audinys; ***to run to ~*** *šnek.* tukti, auginti lašinius; ***you can leave the ~*** riebalus gali palikti **2** *tech.* tepalas **3** *teatr.* dėkingiausia vaidmens vieta ◊ ***to chew the ~*** *šnek.* šnekučiuotis, plepėti; ***to live off/on the ~ of the land*** *šnek.* turtingai gyventi *(nedaug dirbant);* ***to live on one's own ~*** gyventi iš atsargų/kapitalo *ir pan.;* ***the ~ is in the fire*** ≡ yla išlindo iš maišo ir (dabar) bus blogai
a **1** nusipenėjęs, nupenėtas, nutukęs **2** storas; ***a ~ man*** storulis; ***~ wallet*** stora piniginė **3** riebus; riebalingas; ***~ meat*** riebi mėsa; ***~ deposit*** riebalų susikaupimas **4** derlingas, riebus *(apie žemę)* **5** pelningas; ***~ part*** *teatr.* dėkingas vaidmuo; ***he has a ~ salary*** jo geras atlyginimas **6** gausus, turtingas **7** bukas, kvailas ◊ ***a ~ lot*** *šnek.* daug, labai *(iron. apie mažą kiekį);* ***a ~ lot you care*** *iron.* labai čia tave jaudina!; ***to cut up ~*** palikti didelį palikimą
v **1** penėti **2** storėti, pilnėti
fatal ['feɪtl] *a* **1** fatalus, lemtingas; ***~ mistake*** lemtinga klaida; ***~ consequences*** pražūtingi padariniai **2** mirtinas; ***~ illness*** mirtina liga
fatalism ['feɪtəlɪzm] *n* fatalizmas
fatalist ['feɪtəlɪst] *n* fatalistas
fatalistic [,feɪtə'lɪstɪk] *a* fatalistinis; fatališkas
fatality [fə'tælətɪ] *n* **1** nelaimė, mirtis, mirties atvejis **2** lemtis, lemtingumas, fatališkumas
fatally ['feɪtəlɪ] *adv* **1** lemtingai **2** mirtinai **3** *mod* deja, nelaimei
fata morgana ['fɑ:təmɔ:'gɑ:nə] *it.* fata morgana, miražas
fat-ass ['fætæs] *n amer. sl.* storašiknis, storasubinis
fatback ['fætbæk] *n amer. kul. (kiaulienos)* riebi nugarinė
fat-chops ['fætt∫ɒps] *n* storažandis žmogus
fate [feɪt] *n* **1** likimas, lemtis, dalia; ***to leave smb to his ~*** palikti ką likimo valiai; ***to suffer the same ~*** patirti tą patį likimą **2** mirtis; ***to go to one's ~*** eiti į pražūtį; ***they met with a terrible ~*** juos ištiko baisi mirtis **3** *(the Fates) pl mit.* moiros *(trys graikų likimo deivės)*
v (ppr. pass) (nu)lemti; ***he was ~d to die young*** jam buvo lemta jaunam mirti
fateful ['feɪtfəl] *a* **1** lemtingas; lemiamas; ***~ day*** lemtinga/lemtinė diena **2** svarbus; pranašiškas
fat-farm ['fætfɑ:m] *n amer. sl.* kurortas nutukusiems
fat-free ['fæt'fri:] *a* liesas; nugriebtas *(apie pieną)*
fat-guts ['fætgʌts] *n sl.* storulis
fathead ['fæthed] *n šnek.* apdujėlis, bukagalvis
father ['fɑ:ðə] *n (tik v.)* **1** tėvas; ***adoptive ~*** įsūnytojas; ***a ~ of three*** trijų vaikų tėvas; ***a ~'s kindness*** tėviškas švelnumas **2** *prk.* tėvas, įkūrėjas, pradininkas *(of; t. p.* ***founding ~)*** **3** seniausias narys; ***city ~s*** miesto tėvai **4** dvasios tėvas; ***the Holy F.*** Šventasis Tėvas *(popiežius)* **5** *(F.)* Dievas; ***the Our F.*** „Tėve mūsų" *(malda)* **6** *pl* protėviai ◊ ***to be gathered to one's ~s*** *knyg. euf.* ≡ pas protėvius nukeliauti, mirti; ***the wish is ~ to the thought*** noras gimdo mintį *(žmonės linkę tikėti tuo, kuo norėtų tikėti);* ***like ~, like son*** *pat.* koks tėvas, toks ir sūnus
v **1** būti tėvu **2** (pa)gimdyti, sukelti **3** pri(si)pažinti/laikyti tėvu **4** būti/laikyti autoriumi; priskirti/nustatyti autorystę **5** *sl.* primesti, priskirti *(kam atsakomybę ir pan. kaip tėvui/autoriui; on, upon)*
father-figure ['fɑ:ðə,fɪgə] *n* **1** *psich.* idealus tėvo paveikslas **2** *iron.* neklystantis vadovas, neginčijamas autoritetas
fatherhood ['fɑ:ðəhud] *n* **1** tėvystė **2** tėviškumas
father-in-law ['fɑ:ðərɪnlɔ:] *n (pl* fathers-in-law ['fɑ:ðəz-], father-in-laws) uošvis; šešuras
fatherland ['fɑ:ðəlænd] *n* tėvynė
fatherless ['fɑ:ðələs] *a* betėvis, be tėvo *(likęs)*
fatherly ['fɑ:ðəlɪ] *a* tėviškas, tėvo
adv tėviškai

fathom ['fæðəm] *n* jūros sieksnis, fadomas *(= 1,8 metro)*; *the harbour is four ~(s) deep* uostas keturių sieksnių gylio ◊ *to be ~s deep in love* ≡ būti įsimylėjusiam iki ausų
v matuoti vandens gylį **2** įsigilinti, suvokti *(t. p. ~ out)*; *I cannot ~ his meaning* aš jo nesuprantu
fathomable ['fæðəməbl] *a* jūr. išmatuojamas; pasiekiamas gylmačiu
fathometer [fæ'ðɒmɪtə] *n* jūr. gylmatis; echolotas
fathomless ['fæðəmləs] *a* **1** neišmatuojamas, bedugnis **2** nesuvokiamas, nesuprantamas
fathom-line ['fæðəmlaɪn] *n spec.* izobata
fatidical [feɪ'tɪdɪkl] *a psn.* pranašiškas
fatigue [fə'tiːg] *n* **1** nuovargis, nuvargimas; *to drop with ~* kristi iš nuovargio **2** varginantis darbas, sunki užduotis **3** *tech.* nuovargis; *metal ~* metalo nuovargis **4** *pl kar.* ūkio darbai, ruoša *(ypač kaip bausmė); (kareivio)* darbo drabužiai
v (nu)varginti, (nu)kamuoti
fatigue-dress [fə'tiːg,dres] *n (kareivio)* darbo drabužiai
fatigue-duty [fə'tiːg,djuːtɪ] *n kar.* nerikiuotės užduotis *(valymas, virtuvės darbai ir pan.)*
fatigue-party [fə'tiːg,pɑːtɪ] *n kar.* kareivių darbo būrys
fatless ['fætləs] *a* neriebus, be riebalų *(apie dietą, maistą)*
fatling ['fætlɪŋ] *n* peniukšlis, nupenėtas gyvulys *(skersti)*
fatness ['fætnɪs] *n* **1** riebumas **2** storumas
fatso ['fætsəʊ] *n (pl* -es [-z]) *niek.* nutukėlis, riebulis
fatstock ['fætstɒk] *n* penimi gyvuliai
fatten ['fætn] *v* **1** (nu)penėti, (nu)tukinti *(skersti; t. p. ~ up)* **2** tukti, storėti **3** turtėti
fattening ['fætnɪŋ] *a* tukinantis *(apie duoną ir pan.); ~ cattle* ž. ū. penimi galvijai
fatty ['fætɪ] *a* **1** riebus, nutukęs **2** *spec.* riebalinis; *~ degeneration med.* nutukimas; *~ tissue biol.* riebalinis audinys; *~ acid chem.* riebioji rūgštis
n šnek. storulis
fatuity [fə'tjuːətɪ] *n* kvailybė, beprasmiškumas; tuštumas
fatuous ['fætjʊəs, 'fætjuəs] *a* kvailas, beprasmiškas; tuščias, tuštokas
fat-witted ['fæt,wɪtɪd] *a* bukas, kvailas
faubourg ['fəʊˌbʊəg] *pr. n* priemiestis
faucal ['fɔːkl] *fon. a* gomurinis
n gomurinis garsas
fauces ['fɔːsiːz] *n pl anat.* ryklė, burnaryklė
faucet ['fɔːsɪt] *n* **1** *amer.* čiaupas **2** *tech.* ventilis; kaištis
Faulkner ['fɔːknə] *n: William ~* Viljamas Folkneris *(amerikiečių rašytojas)*
fault [fɔːlt] *n* **1** kaltė, nusižengimas; *to be at ~* būti kaltam, nusižengti; klysti; *the ~ lies with him* jo kaltė; *it is through no ~ of his own* tai ne dėl jo kaltės; *whose ~ is it?* kas kaltas?, kieno kaltė? **2** *(mokyklos darbo, apskaičiavimų ir pan.)* klaida **3** trūkumas, yda; defektas; *for all her ~s* nepaisant visų jos trūkumų **4** *tech.* avarija, gedimas; *technical ~* techninis gedimas; *a ~ in the electrical system* elektros instaliacijos gedimas **5** *geol.* poslinkis, sprūdis **6** *medž.* pėdsako pametimas **7** *sport.* netiksliai paduotas kamuolys, blogas/netikslus servas/padavimas ◊ *to a ~* per daug; *generous to a ~* per daug dosnus; *to find ~ (with)* kabinėtis, priekabių ieškoti, priekabiauti
v **1** (pri)kibti, kaltinti **2** *geol.* pa(si)slinkti
faultfinder ['fɔːltˌfaɪndə] *n* priekabių ieškotojas, priekabus žmogus, priekabininkas, kliautininkas
faultfinding ['fɔːltˌfaɪndɪŋ] *n* **1** priekabumas **2** priekabiavimas, defektų/trūkumų ieškojimas
a priekabus, kliautingas; *~ attitude* neigiamas nusistatymas
faultless ['fɔːltləs] *a* nepriekaištingas; be klaidų
faulty ['fɔːltɪ] *a* **1** ydingas, kliaudingas; su defektais/trūkumais **2** klaidingas **3** sugadintas, sugedęs *(apie mechanizmus)*
faun [fɔːn] *n mit.* Faunas *(sen. romėnų dievas)*
fauna ['fɔːnə] *n (pl* -ae [-iː], ~s) fauna, gyvūnija
faux [fəʊ] *pr. a (ypač amer.)* dirbtinis; *~ pearls* dirbtiniai perlai
faux pas [ˌfəʊ'pɑː] *pr.* klaidingas žingsnis; netaktas
fave [feɪv] *n šnek.* mėgstamas dalykas; numylėtinis
favor, favorable, favored, favorite, favoritism *amer. žr.* **favour** *ir t. t.*
favour ['feɪvə] *n* **1** paslauga, malonė; *to do smb a ~, to do a ~ for smb* (pa)daryti kam paslaugą; *to ask a ~ of smb, to ask smb a ~* paprašyti kieno paslaugos; *by ~ of* per malonę *(užrašas ant laiško voko)* **2** palankumas, malonė, palankus nusiteikimas; *to look with ~* žiūrėti palankiai *(on – į); to be/stand high in smb's ~* būti kieno mėgstamam, turėti kieno palankumą/malonę; *to find ~ with smb, to find ~ in smb's eye, to win smb's ~* įsigyti kieno palankumą/malonę; *out of ~* a) nemalonėje; b) išėjęs iš mados, nebemadingas, nebepopuliarus **3** pritarimas, palaikymas; *the suggestion found ~ with the board* taryba pritarė pasiūlymui **4** nauda, interesas; *in smb's ~* kieno naudai; *under ~ of darkness* naudojantis tamsa **5** pirmenybė; šališkumas; *he showed ~ to applicants from his own town* jis teikė pirmenybę kandidatams iš savo miesto **6** *(aistruolių, rėmėjų)* ženklelis, kaspinas, suvenyras **7** *amer.* dovanėlė **8** *pl (moters)* glamonės **9** *kom. psn.* laiškas ◊ *to curry ~* įsiteikti, pataikauti *(with – kam); in ~ (of)* a) už ką; *(kieno)* pusėje; b) *(kieno)* vardu *(apie čekį)*
v **1** būti palankiam/maloniam; rodyti palankumą; palankiai veikti **2** pritarti, palaikyti *(minčių, planą ir pan.)* **3** duoti pirmenybę, labiau mėgti; *I ~ green wallpaper* man labiau patinka žali sienų apmušalai **4** malonėti, teiktis; *please ~ me with a prompt answer* malonėkite man skubiai atsakyti *(laišku)* **5** apdovanoti *(šypsena ir pan.; with)* **6** būti panašiam; *the baby ~s his father* kūdikis panašus į tėvą
favourable ['feɪvərəbl] *a* **1** palankus *(for, to)*; palankiai žiūrintis *(to – į); ~ wind* palankus vėjas; *the situation was ~ to him* padėtis jam buvo palanki **2** tinkamas; *~ opportunity* tinkama/gera proga; *to have a ~ reception* būti gražiai priimtam
favoured ['feɪvəd] *a* **1** privilegijuotas; išrinktasis; *most ~ nation dipl.* didžiausią palankumą turinti šalis **2**: *~ by smb* perduotas per rankas *(apie laišką)*
favourite ['feɪvərɪt] *n* **1** favoritas *(t. p. sport.);* numylėtinis **2** mėgstamas daiktas; *that book is a great ~ of mine* tai mano labai mėgstama knyga
a mylimas, mėgstamas
favouritism ['feɪvərɪtɪzm] *n* favoritizmas
fawn[1] [fɔːn] <*n, a, v*> *n* danieliaus/elnio jauniklis, elniukas *(iki 1 metų)*
a gelsvai rudas
v atvesti elniukų
fawn[2] *v* **1** gerintis, glaustytis, vizginti uodegą *(ypač apie šunį; on)* **2** pataikauti, šunuodegauti *(on, upon)*
fawner ['fɔːnə] *n* pataikūnas
fawning ['fɔːnɪŋ] *a* pataikaujantis, pataikaujamas, meilikaujamas
fax [fæks] *n (facsimile sutr.)* **1** (tele)faksas, faksimilinis ryšys **2** tiksli kopija
v siųsti faksą

fay¹ [feı] *n poet.* fėja, elfas
fay² *v psn., jūr.* pritaikyti, priderinti
faze [feız] *v šnek.* (ap)stulbinti, (su)trikdyti, atimti žadą
fealty ['fi:əltı] *n* **1** *ist. (vasalo)* ištikimybė feodalui; ***to do/make/swear ~ to one's lord*** prisiekti būti ištikimam savo siuzerenui **2** ištikimybė *(karaliui ir pan.)*
fear [fıə] *n* **1** baimė, bijojimas; ***~ of death*** mirties baimė; ***for ~ (of)*** bijant *(ko, + inf)* iš baimės *(+inf);* ***for ~ of punishment*** iš baimės būti nubaustam; ***she didn't jump for ~ of hurting herself*** ji nešoko, nes bijojo užsigauti; ***for ~ that/lest...*** iš baimės, kad ne..., bijant, kad ne...; ***never ~*** a) nebijokite; b) nesirūpinkite **2** nuogąstavimas, būgštavimas; ***smb's ~s are unfounded*** kieno būgštavimai nepagrįsti **3** *(ko nors nepageidaujamo)* galimybė, tikimybė; ***there's no ~ of that happening*** nėra ko baimintis, kad taip atsitiks ◊ ***without ~ or favour*** nešališkai; ***no ~! šnek.*** žinoma ne!, jokiu būdu!
v **1** bijoti, baimintis; ***I ~ he may change his mind*** bijau, kad jis gali persigalvoti; ***I ~ so*** bijau, kad taip **2** būgštauti, nuogąstauti; ***she ~ed for the children's safety*** ji būgštavo/nerimavo dėl vaikų
fearful ['fıəfəl] *a* **1** bijantis *(of);* ***~ that/lest...*** bijantis, kad ne...; ***she is ~ of waking the baby*** ji bijo pažadinti vaiką; ***she is ~ lest someone should wake the baby*** ji bijo, kad (kas nors) nepažadintų vaiko **2** baisus; baugštus, baugus **3** *šnek.* didžiausias, baisus *(apie netvarką, triukšmą ir pan.)*
fearless ['fıələs] *a* bebaimis, neįbauginamas
fearlessly ['fıələslı] *adv* be baimės; narsiai
fearnought ['fıənɔ:t] *n psn.* kastoras *(audinys)*
fearsome ['fıəsəm] *a (džn. juok.)* baisus, bauginantis *(ypač apie išvaizdą);* ***~ sight*** baisus vaizdas
feasibility [,fi:zə'bılətı] *n* **1** įvykdomumas; ***~ study*** *(projekto)* įgyvendinamumo tyrimas; ekonominis techninis pagrindimas **2** tinkamumas **3** galimumas
feasible ['fi:zəbl] *a* **1** įmanomas, įvykdomas; ***their plan is not economically ~*** jų planas ekonomiškai nepagrįstas/nerealus **2** galimas, įtikimas
feast [fi:st] *n* **1** puota, pokylis; ***Dutch ~*** pobūvis, per kurį šeimininkas nusigeria anksčiau už svečius **2** *(kasmetinė religinė)* šventė, atlaidai *(t. p. ~ day)* **3** *prk.* šventė, pramoga, kas nors labai malonus/gausus ◊ ***of reason*** intelektualus pokalbis; ***enough is as good as a ~*** ≅ turėdamas duonos, neieškok pyrago
v **1** puotauti, pokyliauti; švęsti **2** (su)rengti pietus *(kieno garbei)* **3** vaišinti(s) **4** gėrėtis; ***to ~ one's eyes*** akis paganyti
feat [fi:t] *n* **1** žygis, žygdarbis **2** išradingumo/sumanumo *ir pan.* pasireiškimas
a psn., dial. sumanus, vikrus
feather ['feðə] *n* **1** plunksna; *pl* plunksnos, plunksnų danga **2** kas nors lengva **3** *medž.* paukščiai **4** įtrūkimas *(brangakmenio ir pan. defektas)* **5** *tech.* įlaidas, iškyša; kryptinis spraustelis ◊ ***in fine/full/high ~*** pakilios nuotaikos; geros sveikatos, geros būklės; ***a ~ in one's cap*** *(kieno)* pasididžiavimas; ***to knock down with a ~*** apstulbinti; ***to ruffle smb's ~s*** suerzinti, supykinti ką; ***to show the white ~*** pabūgti, nusigąsti; ***to smooth one's rumpled/ruffled ~s*** apsiraminti, atsigauti; ***to be spitting ~s*** (su)pykti
v **1** puošti(s) plunksnomis **2** plunksnuotis, apsiplunksnuoti *(džn. ~ out);* apaugti plunksnomis **3** *tech.* (su)jungti spraust eliais/įlaidais **4** *medž.* šūviu numušti paukščio plunksną **5** *jūr., sport.* pasukti *(irklus)* skiausčiai

feather-bed ['feðəbed] *n* **1** patalai **2** *prk.* patogi padėtis; ***~ industry*** subsidijuojamoji pramonė
featherbed ['feðəbed] *v* subsidijuoti, teikti lengvatas
featherbedding ['feðə,bedıŋ] *n* darbininkų neatleidimas, etatų išpūtimas *(nedarbui mažinti)*
featherbrained ['feðəbreınd] *a* tuščiagalvis
feathered ['feðəd] *a* **1** plunksnuotas, apaugęs/papuoštas plunksnomis, su plunksnomis **2** plunksninis, plunksnos pavidalo **3** sparnuotas, greitas
feather-grass ['feðəgrɑ:s] *n bot.* ašuotė
feather-head ['feðəhed] *n* tuščiagalvis, bukagalvis
feathering ['feðərıŋ] *n* **1** plunksnos, apsiplunksnavimas **2** kas nors panašus į plunksnas **3** *archit.* festonas **4** *tech.* jungimas sprausteliais/įlaidais **5** *jūr.* irklų pasukimas skiausčiai
feather-light ['feðəlaıt] *a* lengvas kaip plunksna
feather-pate ['feðəpeıt] *n* = **feather-head**
feather-stitch ['feðəstıtʃ] *n* siūlė/siuvinėjimas zigzagu
v siuvinėti zigzagu
featherweight ['feðəweıt] *n* **1** *sport.* puslengvis svoris; puslengvio svorio boksininkas/imtynininkas *ir pan.* **2** labai lengvas žmogus/daiktas **3** *prk.* nereikšmingas/nesvarbus žmogus/daiktas
feathery ['feðərı] *a* **1** plunksninis, plunksnuotas; apaugęs/papuoštas plunksnomis **2** plunksniškas, panašus į plunksną
feature ['fi:tʃə] *n* **1** bruožas, požymis, ypatybė, savybė; ***a striking ~ of his character*** ryškus jo būdo bruožas **2** *pl* veido bruožai, veidas **3** *(laikraščio)* didelis straipsnis; ***~ article*** apybraiža; ***~ writer*** apybraižininkas **4** pilnametražis meninis filmas *(kino teatro repertuare; t. p. ~ film)* **5** *rad., tel.* svarbesnė/didesnė laida, radijo/televizijos apybraiža
v **1** rodyti *(kaip pagrindinį atlikėją ir pan.);* ***this film ~s two of my favourite actors*** šiame filme vaidina du mano mėgstami artistai **2** charakterizuoti, ryškiai pavaizduoti **3** būti būdingu požymiu/bruožu **4** reklamuoti *(prekę),* skatinti *(pardavimą)* **5** spausdinti/dėti aiškiai matomoje vietoje; ***the report of the match ~d in all the papers*** pranešimas apie mačą pasirodė visuose laikraščiuose **6** *amer. šnek.* įsivaizduoti
feature-length ['fi:tʃəleŋθ] *a* pilnametražis *(apie filmą)*
featureless ['fi:tʃələs] *a* neturintis ryškių bruožų; neišraiškingas, blankus
featurette [,fi:tʃə'ret] *n* trumpametražis *(dokumentinis, meninis)* filmas
febrifuge ['febrıfju:dʒ] *n* **1** *med.* karščio mažinamieji vaistai **2** gaivinamasis gėrimas
febrile ['fi:braıl] *a* **1** *knyg.* karštligiškas **2** *med.* karštinis; ***~ state*** karščiavimas; ***~ patient*** karščiuojantis ligonis
February ['februərı] *n* vasario mėnuo
fecal ['fi:kəl] *a amer.* = **faecal**
feces ['fi:si:z] *n amer.* = **faeces**
feckless ['fekləs] *a* **1** bejėgis, nesugebantis **2** neatsakingas
feculence ['fekjuləns] *n* drumzlės, drumstumas; purvas
feculent ['fekjulənt] *a* drumzlinas; purvinas
fecund ['fi:kənd, 'fekənd] *a* **1** derlingas, derlus, našus; ***~ species*** naši veislė **2** produktyvus, vaisingas
fecundate ['fi:kəndeıt] *v* **1** daryti vaisingą/produktyvų **2** *biol.* apvaisinti
fecundation [,fi:kən'deıʃn] *n* apvaisinimas
fecundity [fı'kʌndətı] *n* **1** derlingumas; derlumas, našumas **2** vaisingumas, produktyvumas
fed¹ [fed] *past ir pII žr.* **feed** *v*
Fed² *n amer. šnek.* Federalinio tyrimų biuro agentas

federal ['fedᵊrəl] *a* federacinis; federalinis; ~ **republic** federalinė respublika; *F. Bureau of Investigation* amer. Federalinis tyrimų biuras
n federalistas, federacijos narys

federalism ['fedᵊrəlɪzm] *n* federalizmas

federalistic [ˌfedərə'lɪstɪk] *a* federalistinis

federalize ['fedᵊrəlaɪz] *v* federalizuoti; sudaryti federaciją

federally ['fedᵊrəli] *adv* **1** federacijos lygiu/principu **2** *amer.* federacinės *(ne valstijos)* valdžios *(iniciatyva, mastu)*

federate *a* ['fedərət] federacinis
v ['fedəreɪt] jungti(s) federaciniais pagrindais, jungtis į federaciją

federation [ˌfedə'reɪʃn] *n* **1** federacija; *World F. of Trade Unions* Pasaulinė profesinių sąjungų federacija **2** jungimas(is) į federaciją

federative ['fedərətɪv] *a* federacinis

fedora [fɪ'dɔ:rə] *n (ypač amer.)* minkšta fetrinė skrybėlė

fee [fi:] *n* **1** mokestis; honoraras, atlyginimas; *club* ~ klubo nario mokestis; *tuition/school* ~s mokestis už mokslą **2** rinkliava; įmoka; *auction* ~s aukciono/varžytynių rinkliava **3** arbatpinigiai **4** *ist.* feodas *(feodalo valdos)*
v **1** mokėti mokestį/honorarą **2** *ret.* samdyti *(advokatą ir pan.)*

feeble ['fi:bl] *a* **1** silpnas; paliegęs **2** menkas; ~ *hope* menka viltis; ~ *argument* menkas/neįtikinamas argumentas **3** prastas; neapgalvotas, kvailas; ~ *joke* nejuokingas sąmojis

feeble-minded ['fi:bl'maɪndɪd] *a* **1** *euf.* menko intelekto; skystaprotis, silpnaprotis **2** neryžtingas

feed [fi:d] *n* **1** *(kūdikio)* maitinimas(is); *to be having a good* ~ *juok.* šveisti, kirsti *(apie suaugusį)* **2** maistas, maisto porcija **3** šėrimas; *let the horse have a* ~ pašerkite arklį; *out at* ~ ganykloje, ganiavoje **4** pašaras; pašaro norma; lesalas **5** klouno/juokdario partneris **6** *tech. (kuro/medžiagos ir pan.)* tiekimas, padavimas, maitinimas; paduodamas kuras/medžiaga **7** *tech.* tiekimo/padavimo/maitinimo kanalas/mechanizmas ◊ *to be off one's* ~ *sl.* a) neturėti apetito; b) būti nusiminusiam; c) blogai jaustis
v (fed) **1** maitinti, valgydinti; *refl* pačiam (pa)valgyti *(apie kūdikį, invalidą); to* ~ *a baby with a spoon* valgydinti vaiką šaukštu; *they fed us well at the hotel* viešbutyje mus gerai maitino **2** maitintis, misti *(on); to* ~ *on insects* misti vabzdžiais **3** šerti *(gyvulius);* ganyti(s); lesinti **4** tiekti; paduoti kurą/medžiagą *(mašinai, aparatui); to* ~ *false information (to)* tiekti klaidingą informaciją *(kam)* **5** *prk.* duoti medžiagos/pagrindo *(pagalvoti, bijoti ir pan.)* **6** *teatr.* pateikti repliikas partneriui **7** *sport.* perduoti, pasuoti *(kamuolį; to)* **8** *ž. ū. (papildomai)* (pa)tręšti ▫ ~ *back* a) turėti grįžtamąjį ryšį; b) *el.* grąžinti dalį išeigos maitinimo grandinei; ~ *up* a) atpenėti *(ligonį, pabėgėlį ir pan.);* b) *pass šnek.* įgristi, atsibosti; būti nepatenkintam; *I am fed up* man jau gana/įkyrėjo

feedback ['fi:dbæk] *n* **1** atsakomoji reakcija; ~ *from readers* skaitytojų atsiliepimai **2** *komp., rad.* grįžtamasis ryšys

feedbag ['fi:dbæg] *n amer.* abrakinė

feeder ['fi:də] *n* **1** ėdrūnas *(džn. apie gyvulį, augalą);* valgytojas *(džn. juok.); a gross/large* ~ didelis ėdrūnas **2** *amer.* = **feed** *n* **5 3** automatinio šėrimo lovys; ėdžios; lesalinė **4** seilinukas **5** intakas *(t. p.* ~ *stream)* **6** atšaka/kelias/kanalas į magistralę **7** *el.* fideris; linija, jungianti jėgainę su pastote **8** *tech.* tiektuvas, maitintuvas

feed-in ['fi:dɪn] *n* nemokamas *(vargšų)* maitinimas

feeding ['fi:dɪŋ] *n* **1** maitinimas **2** šėrimas; lesinimas **3** *tech.* tiekimas, padavimas, maitinimas
a **1** maitinantis; maitinamasis, paduodamasis, tiekiamasis **2** pašarinis; ~ *crop* pašariniai javai **3** stiprėjantis *(apie audrą)*

feeding-bottle ['fi:dɪŋˌbɔtl] *n* buteliukas kūdikiui maitinti

feed-pipe ['fi:dpaɪp] *n tech.* maitinimo/tiekiamasis vamzdis

feedstock ['fi:dstɔk] *n* pramonės žaliavos

feedstuff(s) ['fi:dstʌf(s)] *n (pl)* pašaras

feed-tank ['fi:dtæŋk] *n* maitinimo/tiekiamasis rezervuaras; *(vandens)* bakas

feed-trough ['fi:dtrʌf] *n* **1** ėdžios, lovys; lesalinė **2** *(garvežio)* tenderis

feel [fi:l] *v* (felt) **1** jausti(s), justi; *to* ~ *fine [bad]* gerai [prastai] jaustis; *to* ~ *low* jaustis prislėgtam; *to* ~ *a danger* jausti/justi pavojų; *to* ~ *quite oneself* atsigauti; *to* ~ *angry* būti supykusiam, pykti; *to* ~ *certain* būti tikram; *I* ~ *cold [hot]* man šalta [karšta]; *he felt his strength returning* jis pajuto, kaip grįžta jėgos; *I felt myself blushing slightly* aš pasijutau truputį raustąs **2** (pa)čiupinėti, (už)čiuopti; *to* ~ *the edge of the knife* tikrinti peilio ašmenis; *velvet* ~s *soft* aksomas švelnus pačiupinėti **3** išgyventi, patirti; *to* ~ *pleasure* patirti malonumą; *he felt the insult deeply* jis labai išgyveno įžeidimą; *to make one's displeasure felt* (pa)rodyti savo nepasitenkinimą **4** laikyti, manyti; *I* ~ *it my duty* (+ *to inf)* laikau savo pareiga; *to* ~ *bound/obliged to say* manyti, kad būtina pasakyti **5** (+ *like*) norėti(s); *I* ~ *like a drink* man norėtųsi išgerti *(ko nors); to* ~ *like putting smb on amer.* norėti kam padėti **6** atrodyti, būti panašiam; *it* ~s *as if it's going to rain, it* ~s *like rain* panašu į lietų **7** užjausti *(for, with)* **8** *refl* negaluoti, jaustis kaip nesavam *(neig. sakiniuose)* **9** ieškoti *(apgraibomis; for); to* ~ *one's way* a) apgraibomis eiti; b) *prk.* nesijausti tikram, būti atsargiam *(naujoje padėtyje)* **10** *kar.* žvalgyti ▫ ~ *about/around* ieškoti *(apgraibomis; t. p. prk.); I am* ~*ing about for an answer to our difficulties* aš aiškinuosi, iš kur kyla mūsų sunkumai; ~ *out amer. šnek.* atsiklausti; ~ *up* a) jaustis/būti pajėgiam *(to);* b) *šnek.* (pa)čiupinėti *(žmogų, kūno dalį)* ◊ ~ *free!* gerai!, prašom! *(leidžiant ką daryti/sakyti)*
n **1** (pa)čiupinėjimas, lietimas, (pa)lytėjimas; *cold to the* ~ šaltas pačiupinėti; *by the* ~ palietus, apčiuopiant, (pa)čiupinėjant; *let me have a* ~ duokite man pačiupinėti **2** jutimas; *he had a* ~ *of utter joy* jis pajuto didžiulį džiaugsmą **3** *prk.* atmosfera, nuotaika **4** dovana, įgimtas gabumas *(for – kam)* ◊ *to get the* ~ *of smth* suprasti ką, priprasti prie ko

feeler ['fi:lə] *n (ppr. pl)* **1** *zool.* čiuptuvėlis **2** *kar.* žvalgybos organai ◊ *to put out* ~s, *to have* ~s *out* ≡ zonduoti dirvą, (iš)tirti, nustatyti *(kitų nuomonę, reakciją)*

feeler-gauge ['fi:ləgeɪdʒ] *n tech.* tarpamatis

feel-good ['fi:lgud] *a attr* gerai/linksmai nuteikiantis, nuotaikingas *(apie filmą, muziką ir pan.)*

feeling ['fi:lɪŋ] *n* **1** jausmas; emocija; *a* ~ *of guilt [pride]* kaltės [pasididžiavimo] jausmas; *to hurt smb's* ~s užgauti kieno jausmus; *to play the violin with* ~ jausmingai griežti smuiku **2** *(alkio, šalčio ir pan.)* jutimas, jausmas; *I've lost the* ~ *in my left arm* aš nebejaučiu kairės rankos **3** atjautimas, užuojauta **4** nuojauta, nujautimas; pajutimas; *I had a* ~ *that...* aš nujaučiau, kad...; *she suddenly got the* ~ *that somebody was watching her* ji staiga pajuto, kad ją kažkas stebi **5** požiūris, nusistatymas *(on, about);* įspūdis; *good* ~ draugiškumas; *bad/ill* ~ kartėlis, priešiškumas; *hard* ~s nuoskauda, pyktis;

to have mixed ~s neturėti aiškaus nusistatymo **6** atmosfera, nuotaika; ***it was the last game of the season, and ~s were running high*** tai buvo paskutinės sezono rungtynės, ir atmosfera buvo įkaitusi
a **1** jausmingas; **~ *speech*** jausminga kalba **2** jautrus; **~ *heart*** jautri širdis **3** užjaučiamas, užjaučiantis
feelingly ['fi:lɪŋlɪ] *adv* jausmingai
fee-paying ['fi:ˌpeɪɪŋ] *n* mokesčio *(už mokslą, gydymą ir pan.)* mokėjimas
a **1** mokantis mokestį **2** mokamas; **~ *school*** mokama mokykla
fee-simple [ˌfi:'sɪmpl] *n teis.* absoliutinė nuosavybės teisė
feet [fi:t] *pl žr.* **foot** *n*
feeze [fi:z] *n dial.* jaudinimasis, susierzinimas
feign [feɪn] *v* **1** apsimesti, dėtis; ***he ~ed illness*** jis apsimetė sergąs **2** išgalvoti *(pasiteisinimą ir pan.)*
feigned [feɪnd] *a* **1** apsimestinis; netikras **2** išgalvotas; suklastotas, fiktyvus
feigningly ['feɪnɪŋlɪ] *adv* veidmainiškai, apsimetant
feint[1] [feɪnt] *n* **1** apsimetimas; ***to make a ~ of doing smth*** apsimesti/dėtis ką darant **2** *sport.* apgaulingas/klaidinantis judesys/manevras, fintas **3** *kar.* apgaulinga ataka
v daryti klaidinantį judesį; klaidinančiai manevruoti *(siekiant atitraukti priešininko dėmesį; against, at, upon)*
feint[2] *n* liniuotas popierius *(su neryškiomis linijomis)*
feist [faɪst] *n amer. dial.* sarginis šuo
feisty ['faɪstɪ] *a amer.* kivirčnus, barnus
feldspar ['feldspɑ:] *n min.* lauko špatas
Felicia [fɪ'lɪsɪə] *n* Felicija, Felisija *(vardas)*
felicitate [fɪ'lɪsɪteɪt] *v knyg.* (pa)sveikinti *(kokia proga; on, upon)*
felicitation [fɪˌlɪsɪ'teɪʃn] *n knyg. (ppr. pl)* sveikinimas *(on, upon);* **~s!** sveikinimai!, linkėjimai!
felicitous [fɪ'lɪsɪtəs] *a* vykęs, taiklus *(apie pastabą, žodžius ir pan.)*
felicity [fɪ'lɪsətɪ] *n knyg.* **1** palaima, laimė **2** *(pasakymo)* taiklumas, tinkamumas; **~ *of phrase*** (su)gebėjimas vykusiai pasakyti **3** *pl* vykę posakiai, tikslios pastabos
feline ['fi:laɪn] *n zool.* kačių šeimos žinduolis
a **1** *zool.* kačių **2** katiškas; gudrus, klastingas
Felix ['felɪks] *n* Feliksas *(vardas)*
fell[1] [fel] *n* **1** *(gyvulio)* kailis **2** plaukai; **~ *of hair*** gaurai
fell[2] *n* kalnas; kalvota vieta *(ypač Anglijos šiaurėje)*
fell[3] *v* **1** kirsti, leisti *(medžius)* **2** parblokšti, partrenkti
n nukirsti medžiai
fell[4] *a poet.* **1** žiaurus, negailestingas **2** kankinantis, sunkus *(apie ligą ir pan.)*
fell[5] *past žr.* **fall** *v*
fella ['felə] *n sl.* = **fellow** 1, 3
fellah ['felə] *arab. n (pl* ~s [-z], -heen [-hi:n]) felachas
fellatio [fə'leɪʃɪəu] *n* feliacija
feller[1] ['felə] *n* miško kirtėjas
feller[2] *n sl.* = **fellow** 1, 2
felloe ['feləu] *n* ratlankis
fellow ['feləu] *n* **1** *šnek.* vyrukas, vaikinas; žmogus; ***good ~*** puikus vaikinas; ***my dear ~*** mano brangusis; ***old ~*** draugužis; ***poor ~*** vargšas; ***a ~ can't work all day*** žmogus negali dirbti visą dieną **2** *niek.* žmogėkas, tipas **3** bendradarbis, bendras, draugas, kompanionas; ***school ~s*** mokslo draugai, bendramoksliai; **~ *in misery*** nelaimės draugas **4** *(F.)* mokslinės draugijos narys **5** koledžo tarybos narys **6** stipendininkas *(gaunantis stipendiją moksliniam darbui rašyti)* **7** vienas iš poros; ***I'll never find his ~*** niekad nerasiu kito tokio, kaip jis
a (t. p. sudurt. žodžiuose) bendras, draugas, bendra-; **~ *passenger*** bendrakeleivis, kelionės draugas; **~ *citizens*** bendrapiliečiai
fellow-countryman [ˌfeləu'kʌntrɪmən] *n (pl* -men [-mən]) *(tik v.)* tautietis, tėvynainis, kraštietis
fellow-countrywoman [ˌfeləu'kʌntrɪˌwumən] *n (pl* -women [-ˌwɪmɪn]) tautietė, tėvynainė, kraštietė
fellow-feeling [ˌfeləu'fi:lɪŋ] *n* **1** užuojauta, atjautimas, simpatija **2** *(pažiūrų, interesų)* bendrumas
fellow-man [ˌfeləu'mæn] *n (pl* -men [-'men]) artimasis *(žmogus)*
fellowship ['feləuʃɪp] *n* **1** draugystė; draugiškumas; draugiškumo jausmas **2** draugija, korporacija **3** koledžo tarybos narystė **4** *(universiteto, koledžo)* mokslinis bendradarbis **5** *(ypač amer.)* rašančiojo mokslinį darbą stipendija
fellow-traveller [ˌfeləu'trævələ] *n* bendrakeleivis; kelionės draugas; pakeleivis *(t. p. prk.)*
fell-walking ['felwɔ:kɪŋ] *n* vaikščiojimas po kalnus
felly ['felɪ] *n* = **felloe**
felo-de-se [ˌfi:ləudə'seɪ] *n (pl* felones- [ˌfi:ləuni:z-]) *teis.* **1** savižudis **2** savižudybė
felon[1] ['felən] *n teis.* sunkus nusikaltėlis
a psn. žiaurus, klastingas
felon[2] *n med.* landuonis, pūlinis piršto uždegimas
felonious [fə'ləunɪəs] *a teis.* nusikalstamas; tyčinis
felonry ['felənrɪ] *n kuop.* nusikaltėliai
felony ['felənɪ] *n teis.* sunkus nusikaltimas ◊ ***to compound the ~*** a) nepaduoti į teismą; b) apsunkinti/pabloginti padėtį
felspar ['felspɑ:] *n* = **feldspar**
felt[1] [felt] *n* **1** veltinys, fetras; **~ *boots*** veltiniai; **~ *hat*** fetrinė skrybėlė **2** *stat.* kartonas
v **1** velti *(vilnas, plaukus; veltinį);* su(si)velti **2** aptraukti veltiniu
felt[2] *past ir pp žr.* **feel** *v*
felt-tip ['felttɪp] *n* flomasteris *(t. p.* **~ *pen)***
felucca [fe'lʌkə] *n jūr.* feliuga *(jūrų burlaivis)*
fem [fem] *n šnek.* lesbietė
female ['fi:meɪl] *n* **1** moteris, moteriškė **2** *zool.* patelė, motinėlė
a **1** moteriškas, moteriškosios lyties; **~ *child*** mergaitė; **~ *insect*** vabzdžio patelė; **~ *patients*** pacientės **2** moterų; **~ *charm*** moterų/moteriškas žavesys **3** *tech.* apimantis, apkabinantis; su vidiniu sriegiu
feme [fi:m] *n teis.* moteris, žmona; **~ *covert*** ištekėjusi moteris; **~ *sole*** neištekėjusi/išsiskyrusi/vieniša moteris
Femidom ['femɪdɔm] *n* femidomas *(antikoncipientas)*
feminality [ˌfemɪ'nælətɪ] *n* **1** *ret.* moteriškumas **2** *pl* moteriški bruožai
femineity [ˌfemɪ'ni:ətɪ] *n psn.* moteriškumas
feminine ['femɪnɪn] *a* moteriškas; **~ *gender*** *gram.* moteriškoji giminė; ***he has a very ~ voice*** jo balsas labai moteriškas
femininity [ˌfemɪ'nɪnətɪ] *n* **1** moteriškumas **2** *kuop.* moterys, moteriškoji lytis
feminism ['femɪnɪzm] *n* feminizmas
feminist ['femɪnɪst] *n* feministas
a attr feministų, feministinis
feminize ['femɪnaɪz] *v* moteriškėti, darytis moteriškam; feminizuoti(s)
femme fatale [ˌfæmfə'tɑ:l] *pr.* fatališka moteris
femora ['femərə] *pl žr.* **femur**

femoral ['femərəl] *a anat.* šlaunies, šlauninis
femur ['fi:mə] *n (pl* ~s, femora) *anat.* **1** šlaunikaulis **2** šlaunis
fen [fen] *n* pelkė; *the Fens* pelkynai *(Anglijos rytuose)*
fence [fens] *n* **1** tvora, užtvara, aptvara, aptvėrimas; *green* ~ gyvatvorė; *wire* ~ vielų tvora **2** kliūtis *(jojimo sportas)* **3** *sport.* fechtavimas(is), fechtuotė; *master of* ~ a) fechtavimo meistras; b) *prk.* mokantis ginčytis **4** *šnek.* vogto turto slėpėjas/pardavinėtojas **5** *tech. (pjūklo)* kreiptuvas ◊ *to sit on the* ~ laikytis nuošaliai *(ginče),* būti neutraliam; *to come down on the one side or the other of the* ~ palaikyti vieną ar kitą pusę; *to come down on the right side of the* ~ prisidėti prie nugalėjusiojo; *to rush one's* ~s *šnek.* veikti skubotai, skubėti spręsti; *to mend one's* ~s stengtis susigerinti/susitaikyti *v* **1** (ap)tverti **2** šokti per kliūtį *(apie arklį)* **3** *sport.* fechtuoti(s) **4** išsisukinėti *(nuo atsakymo); to* ~ *with a question* vengti tiesaus atsakymo, į klausimą atsakyti klausimu **5** uždrausti medžioklę/žūklę *(kokiam nors rajone kuriam laikui)* **6** *sl.* slėpti vogtus daiktus □ ~ *in* a) aptverti, užtverti; b) (su)varžyti, (ap)riboti *(laisvę);* ~ *off* atitverti *(from – nuo)*
fenceless ['fensləs] *a* **1** neaptvertas, atviras **2** *psn., poet.* neapsaugotas
fence-mending ['fens‚mendıŋ] *n* santykių susiklostymas *(su rinkėjais, spauda ir pan.)*
fence-month ['fensmʌnθ] *n* laikas, kai draudžiama medžioklė
fencer ['fensə] *n* **1** fechtuotojas **2** jojimo su kliūtimis varžybų arklys **3** tvorų tvėrėjas
fencing ['fensıŋ] *n* **1** fechtavimas(is); ~ *master* fechtavimo treneris/mokytojas; ~ *mask* fechtuotojo kaukė **2** medžiaga tvoroms tverti **3** tvoros; aptvėrimas, užtvara
fend [fend] *v* **1** atremti, atsikirsti, apsiginti *(ppr.* ~ *off); to* ~ *smb off from doing smth* neleisti kam ko (pa)daryti **2:** ~ *for oneself* rūpintis savimi, pasirūpinti/prisižiūrėti pačiam
fender ['fendə] *n* **1** židinio grotelės **2** apsauginės grotelės *(garvežio ir pan. priešakyje)* **3** *jūr.* fenderis, išorinė švartavimosi sija *(laivo bortui apsaugoti)* **4** *amer. aut.* sparnas; buferis *(t. p. front* ~) **5** *amer. (dviračio)* purvasaugis
fender-bender ['fendə‚bendə] *n amer. šnek.* nedidelė avarija *(susidūrus automobiliams)*
fenestrate [fə'nestrət] *a bot., zool.* skylėtas, perforuotas; su langeliais
fenestration [‚fenı'streıʃn] *n* **1** *archit.* langų ir kitų angų išdėstymas pastate **2** *anat.* fenestracija
fen-fire ['fen‚faıə] *n* klaidžiojanti pelkių ugnelė/šviesėlė, žaltvykslė
Fenian ['fi:nıən] *n ist.* fenijas *(airių nacionalinio judėjimo dalyvis)*
fenland ['fenlænd] *n* pelkynas *(Anglijos rytuose)*
fennec ['fenek] *n zool.* fenekas, Afrikos lapė
fennel ['fenl] *n bot.* paprastasis pankolis
fenny ['fenı] *a* pelkių; pelkėtas, balotas
fenugreek ['fenjugri:k] *n bot.* vaistinė ožragė
feoff [fef] *n* = **fief**
feoffee [fe'fi:] *n ist.* feodo gavėjas/savininkas
feoffment ['fefmənt] *n ist.* feodo davimas
feoffor [fe'fɔ:] *n ist.* feodo davėjas
feral[1] ['fıərəl] *a* **1** *knyg.* laidotuvių; kraupus **2** *psn.* fatališkas, mirtinas
feral[2] *a knyg.* laukinis, sulaukėjęs
Ferdinand ['fə:dınənd] *n* Ferdinandas *(vardas)*

feretory ['ferətərı] *a bažn.* relikvinė; vieta relikvijoms laikyti
ferial ['fıərıəl] *a bažn.* šiokiadienis, nešventinis
ferine ['fıəraın] *a* = **feral**[2]
ferity ['ferətı] *n* laukiniškumas
Fermanagh [fə'mænə] *n* Fermanas *(Š. Airijos rajonas)*
fermata [fə:'mɑ:tə] *n muz.* fermata
ferment *n* ['fə:ment] **1** fermentas, raug(al)as **2** fermentacija, rūgimas, rauginimas **3** sujudimas, bruzdėjimas, sumišimas; *in a* ~ sujudęs; apimtas bruzdėjimų
v [fə'ment] **1** fermentuoti(s), rūgti, raugti **2** sujudinti, sukelti *(bruzdėjimą ir pan.);* bruzdėti
fermentable [fə'mentəbl] *a* fermentuojamas; sukeliantis fermentaciją; tinkamas fermentacijai
fermentation [‚fə:men'teıʃn] *n* **1** fermentacija, rūgimas **2** sujudimas, bruzdėjimas; *the intellectual* ~ *of the country* protų sąjūdis šalyje
fermi ['fə:mı] *n fiz.* fermis *(ilgio vienetas)*
fermion ['fə:mıɔn] *n fiz.* fermionas
fermium ['fe:mıəm] *n chem.* fermis
fern [fə:n] *n bot.* papartis; *male* ~ kelminis papartis
fernery ['fə:nərı] *n* papartynas
fern-owl ['fə:naul] *n zool.* lelys
ferny ['fə:nı] *a* **1** paparčių, panašus į papartį **2** papartinis, apaugęs paparčiais
ferocious [fə'rəuʃəs] *a* **1** žiaurus, nuožmus, laukinis; ~ *animal* niršus gyvulys **2** baisus, nepaprastas *(apie karštį ir pan.)*
ferocity [fə'rɔsətı] *n* žiaurumas, nuožmumas; žiaurus/laukinis poelgis
ferrate ['fereıt] *n chem.* feratas
ferrel ['ferəl] *n* = **ferrule**
ferreous ['ferıəs] *a* geležinis; geležies; panašus į geležį
ferret[1] ['ferıt] *n zool.* šeškas
v **1** gaudyti/medžioti su šešku *(žiurkes, triušius; ppr. go* ~*ing)* **2** (iš)vaikyti, (iš)varyti *(iš olų; t. p. prk.; džn.* ~ *out)* **3** raustis, ieškoti, šniukštinėti *(t. p.* ~ *about)* □ ~ *out* suieškoti, išniukštinėti *(paslaptį ir pan.)*
ferret[2] *n psn.* tvirta juostelė, kaspinas
ferrety ['ferətı] *a* šeškinis, kaip šeško
ferriage ['ferıdʒ] *n* **1** pervežimas/perkėlimas keltu **2** mokestis už keltą
ferric ['ferık] *a chem.* turintis trivalentės geležies; ~ *acetate* geležies acetatas
ferriferous [fe'rıfərəs] *a* turintis geležies, geležingas
ferrite ['feraıt] *n chem., metal., geol.* feritas
ferro- ['ferəu-] *(sudurt. terminuose)* fero-, geležies; *ferroalloy* ferolydinys, geležies lydinys; *ferrosilicon* ferosilicis
ferroconcrete [‚ferəu'kɔŋkri:t] *n* gelžbetonis
ferroelectric [‚ferəuı'lektrık] *n fiz.* feroelektrikas
ferroglass [‚ferəu'glɑ:s] *n* armuotasis stiklas; stiklabetonis
ferromagnetic [‚ferəumæg'netık] *n fiz.* feromagnetikas
a feromagnetinis
ferromanganese [‚ferəu‚mæŋgə'ni:z] *v metal.* feromanganas
ferroprobe [‚ferəu'prəub] *n fiz.* ferozondas
ferrous ['ferəs] *a* **1** geležies, geležingas; ~ *metals* juodieji metalai **2** *chem.* turintis dvivalentės geležies
ferruginous [fe'ru:dʒınəs] *a* **1** turintis geležies (rūdos), geležingas **2** rūdžių spalvos, raudonai rudas
ferrule ['ferəl] *n* **1** metalinis/guminis antgalis/žiedas/lankelis *(ppr. ant įrankio koto)* **2** *tech.* mova, įmova
ferry ['ferı] *n* **1** keltas, plaustas; *a roll-on-roll-off* ~ automobilių keltas **2** kelto vieta, perkėla **3** *av. (lėktuvų)* perkėlimas *(į bazę);* ~ *pilot* lakūnas, perkeliantis lėktu-

vą *(iš gamyklos į bazę ir pan.)* ◊ **to take the ~, to cross the Stygian ~** ≡ persikelti pas protėvius, iškeliauti iš šio pasaulio
v **1** per(si)kelti, pervežti *(keltu ar kita transporto priemone)* **2** *av.* perkelti *(lėktuvus);* perkelti oro tiltu □ **~ away** nuvežti, išvežti
ferryboat ['ferɪbəut] *n* keltas (laivas)
ferry-bridge ['ferɪbrɪdʒ] *n* prietiltis, tiltelis *(žmonėms išlipti iš kelto į krantą)*
ferryman ['ferɪmən] *n (pl* -men [-mən]) keltininkas
fertile ['fə:taɪl] *a* **1** derlingas, trąšus, našus *(apie žemę)* **2** išradingas *(apie protą, vaizduotę ir pan.);* **~ in excuses** surandantis daugybę pasiteisinimų **3** daigus *(apie sėklą)* **4** *biol.* vaisingas, vislus
fertility [fə'tɪlətɪ] *n* derlingumas, trąšumas *ir pan., žr.* **fertile**
fertilization [ˌfə:tɪlaɪ'zeɪʃn] *n* **1** *(dirvos)* tręšimas **2** *biol.* (ap)vaisinimas; vaisingumas
fertilize ['fə:tɪlaɪz] *v* **1** tręšti **2** *biol.* (ap)vaisinti
fertilizer ['fə:tɪlaɪzə] *n* **1** trąša **2** *biol.* (ap)vaisintojas; **bees are good ~s** bitės — geros dulkintojos
ferula ['ferjulə] *n bot.* ferula
ferule ['feru:l] *n* **1** *ist.* ferula, liniuotė *(mokytojo bausmės įrankis)* **2** *prk.* disciplina, griežta drausmė
v mušti liniuote/ferula
fervency ['fə:vᵊnsɪ] *n* karštumas, aistra
fervent ['fə:vᵊnt] *a* karštas, aistringas; **~ hatred** karšta neapykanta
fervid ['fə:vɪd] *a* liepsningas, aistringas; **~ orator** liepsningas kalbėtojas
fervor ['fə:və] *n amer.* = **fervour**
fervour ['fə:və] *n* užsidegimas, aistra; karštumas; **to greet with ~** karštai sveikinti, entuziastingai sutikti
Fescenine ['fesənaɪn] *a knyg.* nepadorus, nešvankus
fescue ['feskju:] *n* **1** *bot.* eraičinas *(t. p.* **~ grass)* **2** rodomoji lazdelė *(mokant vaikus skaityti)*
fess [fes] *v šnek.* prisipažinti *(ppr.* **~ up)**
festal ['festl] *a* šventinis; šventiškas; džiaugsmingas; **~ day** šventadienis
fester ['festə] *n* pūliuojanti žaizda; pūlinys
v **1** pūliuoti **2** *prk.* kankinti, graužti *(apie įžeidimą, pavydą ir pan.)* **3** pūti, dvokti
festival ['festɪvl] *n* **1** festivalis; **film ~** kino festivalis **2** šventė *(t. p. bažn.);* iškilmės
festive ['festɪv] *a* **1** šventinis, švenčių; **~ mood** šventiška nuotaika **2** mėgstantis švęsti/puotauti; linksmas
festivity [fe'stɪvətɪ] *n* **1** šventiška nuotaika, linksminimasis **2** *pl* iškilmės, šventiniai renginiai
festoon [fe'stu:n] *n* **1** girlianda, gėlių/lapų vainikas **2** *archit.* festonas
v puošti girliandomis/festonais *ir pan.*
feta ['fetə] *n* avies/ožkos sūris *(ypač Graikijoje)*
fetal ['fi:tl] *a amer.* = **foetal**
fetch[1] [fetʃ] *v* **1** (nueiti ir) atnešti, atvesti; **to (go and) ~ a doctor** atvesti daktarą; **~ me a book** atnešk man knygą **2** užeiti, užvažiuoti *(ko paimti);* **I'll ~ the children from school (as I pass)** aš užeisiu/užvažiuosiu pakeliui paimti vaikų iš mokyklos **3** duoti *(pajamų ir pan.; ppr. parduodant)* **4** *šnek.* smogti, (su)duoti *(smūgį)* **5** patraukti *(žiūrovus, kad ateitų)* **6** sukelti *(ašaras ir pan.)*
□ **~ away** ištrūkti; **~ down** numušti; **~ in** įnešti, sunešti; **~ out** išaiškinti; **~ up** *šnek.* a) vemti; b) atvykti, atsidurti; **to ~ up all standing** *jūr.* staiga sustoti nenuimant burių ◊ **to ~ and carry** *(for)* tupinėti, šokti *(apie), patarnauti (kam; atliekant smulkius darbus)*
n **1** (at)nešimas; atvedimas; užėjimas **2** *šnek.* pokštas, triukas, išdaiga **3** *jūr.* atstumas pavėjui iki artimiausio kranto
fetch[2] *n (žmogaus)* dvasia, šmėkla; gyvavaizdis
fetching ['fetʃɪŋ] *a* patrauklus, žavingas
fete, fête [feɪt] *pr. n* **1** šventė **2** piknikas *(ppr. labdaros tikslais)*
v (ppr. pass) švęsti, pagerbti
fetid ['fi:tɪd, 'fetɪd] *a* dvokiantis
fetidity [fə'tɪdətɪ] *n* dvokimas, dvokas
fetish ['fetɪʃ] *n* **1** fetišas *(t. p. prk.);* amuletas; **to make a ~ (of)** paversti fetišu, fetišuoti **2** stabas, dievaitis
fetishism ['fetɪʃɪzm] *n* fetišizmas
fetishistic [ˌfetɪ'ʃɪstɪk] *a* fetišistinis
fetlock ['fetlɔk] *n (arklio kojos)* šepetėlis, barzdelė
fetter ['fetə] *n* **1** *(ppr. pl) (kojų)* geležinis pantis, grandinė **2** *pl prk.* grandinės, pančiai
v **1** pančioti, uždėti grandinę **2** *prk.* (su)varžyti, sukaustyti
fetterless ['fetələs] *a* laisvas, nesuvaržytas
fetterlock ['fetəlɔk] *n (arklio)* D formos geležinis pantis *(t. p. her.)*
fettle ['fetl] *n* būklė, padėtis; **in good/fine ~** a) geros būklės; sveikas; b) geros nuotaikos
v dial. taisyti
fetus ['fi:təs] *n amer.* = **foetus**
feud[1] [fju:d] *n* ilgalaikė nesantaika, tarpusavio vaidas; **deadly ~** mirtina nesantaika; **blood ~** genčių nesantaika; kraujo kerštas; **at ~ (with)** nesantaikoje *(su)*
v gyventi nesantaikoje, vaidytis *(with – su, over – dėl)*
feud[2] *n ist.* feodas
feudal ['fju:dl] *a* feodalinis; **~ system** feodalinė santvarka; **~ lord** feodalas
feudalism ['fju:dəlɪzm] *n* feodalizmas
feudalist ['fju:dəlɪst] *n* **1** feodalas **2** feodalizmo šalininkas
feudality [fju:'dælətɪ] *n* **1** feodališkumas **2** *ist.* feodas
feudalize ['fju:dəlaɪz] *v* **1** feodalizuoti **2** paversti vasalais
feudatory ['fju:dətᵊrɪ] *a* vasalo, vasališkas; pavaldus *(to) n ist.* **1** vasalas **2** feodas
feuding ['fju:dɪŋ] *n* vaidai, kivirčai
a konfliktuojantis
fever ['fi:və] *n* **1** karštis, karščiavimas, temperatūra; **to run a ~** karščiuoti; **to have a high ~** turėti aukštą temperatūrą; **the patient shivers with ~** ligonį krečia karštis **2** karštligė, karštinė, šiltinė; **relapsing ~** grįžtamoji šiltinė; **scarlet ~** skarlatina; **yellow ~** geltonasis drugys, geltonoji karštligė **3** *prk.* karštligė; jaudinimasis; **carnival ~** karnavalo šurmulys; **mike ~** *šnek.* mikrofono baimė *(pirmąkart kalbant per radiją);* **Channel ~** tėvynės ilgesys *(apie anglus)*
fevered ['fi:vəd] *a* karštligiškas; **~ brow** karšta kakta; **a ~ imagination** sujaudinta vaizduotė; **he is ~** jo aukšta temperatūra
feverfew ['fi:vəfju:] *n bot.* skaistenis
feverish ['fi:vᵊrɪʃ] *a* **1** karštligiškas; sujaudintas; **~ haste** karštligiškas skubėjimas **2** karščiuojantis
fever-pitch ['fi:vəpɪtʃ] *n* didžiausias susijaudinimas/entuziazmas *ir pan.*
few [fju:] *a* **1** maža(i), nedaug; **very ~ families [houses]** labai maža šeimų [namų]; **his friends are ~** jis turi nedaug draugų; **a man of ~ words** mažakalbis žmogus; **some ~, a good ~, quite a ~, not a ~** nemažai, gana daug; **no ~er than** ne mažiau kaip; **which of you made the ~est mistakes?** kas iš jūsų padarė mažiausiai klaidų? **2** keli, keletas; **a ~ good people** keli geri žmonės;

every ~ days kas kelios dienos; *a ~ years passed* praėjo keletas metų ◊ *~ and far between* nedažnas, labai retas
n nedaugelis, nedidelis skaičius; *the ~* mažuma; *~ can do it* nedaug kas tai gali padaryti ◊ *in ~* trumpai, keliais žodžiais; *to have had a ~ (too many)* šnek. per daug paimti/išgerti

fewness ['fju:nɪs] *n* negausumas

fey [feɪ] *a* 1 keistuoliškas, keistokas 2 nežemiškas; pasakiškas 3 įžvalgus 4 škot. pasmerktas mirčiai, apkerėtas

fez [fez] *n* fesas *(raudona nupjautinio kūgio pavidalo kepuraitė)*

fiancé [fɪ'ɔnseɪ] *pr. n (tik v.)* sužadėtinis

fiancée [fɪ'ɔnseɪ] *pr. n* sužadėtinė

fiasco [fɪ'æskəu] *n (pl ~s [-z])* fiasko, visiškas (su)žlugimas

fiat ['faɪæt] *lot. n* 1 *ofic.* įsakas, dekretas; *~ money amer.* nekonvertuojami popieriniai pinigai 2 *knyg.* (pa)liepimas, nurodymas

fib [fɪb] *n* prasimanymas, nekaltas melas
v prasimanyti, (pa)meluoti

fibber ['fɪbə] *n šnek.* prasimanėlis, melag(ėl)is

fiber ['faɪbə] *n amer.* = fibre

fiberfill ['faɪbəfɪl] *n spec.* sintetinis pluoštinis užpildas *(pagalvėms)*

fibre ['faɪbə] *n* 1 skaidula, gyslelė; *muscle ~* raumenų skaidula 2 pluoštas; plaušai; sluoksna; *artificial ~* dirbtinis pluoštas 3 tekstūra, struktūra 4 charakteris, būdas; *moral ~* moralinis tvirtumas

fibreboard ['faɪbəbɔ:d] *n* fibra; medienos *(pluošto)* plokštė

fibred ['faɪbəd] *a* pluoštinis, pluošto

fibrefill ['faɪbəfɪl] *n (baldų, pagalvių ir pan.)* sintetinis kamšalas

fibreglass ['faɪbəglɑ:s] *n* fiberglasas; stiklo pluoštas/vata

fibriform ['faɪbrɪfɔ:m] *a* pluošto pavidalo

fibril ['faɪbrɪl] *n* skaidulėlė, fibrilė

fibrillation [ˌfaɪbrɪ'leɪʃn] *n spec.* fibriliacija

fibrin ['faɪbrɪn] *n* fibrinas

fibroma [faɪ'brəumə] *n (pl ~s, ~ta [-tə]) med.* fibroma, skaidulinis navikas

fibrositis [ˌfaɪbrə'saɪtɪs] *n med.* fibrozitas *(skaidulinio audinio uždegimas)*

fibrous ['faɪbrəs] *a* skaidulinis, skaiduliškas

fibster ['fɪbstə] *n* = fibber

fibula ['fɪbjulə] *n (pl -ae [-i:], ~s)* 1 *anat.* šeivikaulis, mažasis staibikaulis 2 *ist.* sagė, sagtis *(Graikijoje ir Romoje)*

-fication [-fɪ'keɪʃn] *suff* -fikavimas, -ymas *(žymint veiksmą, veiksmo rezultatą, būseną); (tarptautiniuose žodžiuose t. p.)* -acija; *electrification* elektrifikavimas, elektrifikacija

fiche [fi:ʃ] *n* = microfiche

fichu ['fi:ʃu:] *pr. n (šilko ir pan.)* plonas šalikas, skarelė

fickle ['fɪkl] *a* nepastovus, permainingas; *~ friend* nepatikimas draugas

fictile ['fɪktaɪl] *a* 1 keraminis, keramikos; molinis, molio; *~ art* keramikos menas, keramika 2 plastiškas, lengvai apdorojamas 3 lengvai pasiduodantis, nuolaidus

fiction ['fɪkʃn] *n* 1 grožinė literatūra, beletristika; *works of ~* grožinės literatūros veikalai *(proza); crime ~* detektyviniai romanai, detektyvai 2 prasimanymas; fikcija; *to distinguish fact from ~* skirti tiesą nuo pramanyto dalyko

fictional ['fɪkʃnəl] *a* 1 pramanytas, fiktyvus 2 beletristinis, beletristiškas

fictionalize ['fɪkʃnəlaɪz] *v* paversti *(tikrus dalykus)* beletristiniu kūriniu, beletrizuoti

fictionist ['fɪkʃənɪst] *n* beletristas

fictitious [fɪk'tɪʃəs] *a* 1 fiktyvus, netikras; *~ marriage* fiktyvi santuoka 2 išgalvotas, nerealus; *~ characters* pramanyti/išgalvoti personažai

fictive ['fɪktɪv] *a (ypač amer.)* = fictitious

fiddle ['fɪdl] *n* 1 *šnek.* smuikas; styginis instrumentas 2 *šnek.* suktybė, apgaulė; *to be on the ~* sukčiauti 3 *šnek.* knibus darbas, knyburys 4 *jūr.* stalo viršaus rėmas *(daiktams prilaikyti laive)* ◊ *to play first ~* ≡ griežti pirmuoju smuiku; *to play second ~* ≡ griežti antruoju smuiku; turėti/vaidinti antraeilį vaidmenį
v 1 vartyti rankose, čiupinėti, žaisti *(tarp pirštų; with);* krapštinėti(s), krapštyti(s) *(t. p. ~ about/around; with); he was fiddling with his motorbike* jis krapštėsi su savo motociklu 2 *šnek.* klastoti, nusukti 3 *šnek.* griežti smuiku □ *~ about/around* a) dykinėti; b) (su)dėlioti *(norint sutvarkyti); ~ away* (iš)švaistyti, perniek eikvoti

fiddle-case ['fɪdlkeɪs] *n* smuiko dėklas

fiddle-de-dee [ˌfɪdldɪ'di:] *n, int* nesąmonė, niekai

fiddle-faddle ['fɪdlˌfædl] <*n, a, v*> *n šnek.* niekai, kvailystės
a tuščias, beprasmis
v jaudintis dėl menkniekių; užsiimti juokais

fiddle-head ['fɪdlhed] *n jūr.* užrait(ym)ais puoštas laivapriekis

fiddler ['fɪdlə] *n* 1 *(gatvės)* smuikininkas 2 *šnek.* sukčius, apgavikas

fiddlestick ['fɪdlstɪk] *n* smuiko strykas

fiddlesticks ['fɪdlstɪks] *int* nesąmonė!, kokia kvailystė!

fiddling ['fɪdlɪŋ] *n* nusukimas, sukčiavimas
a attr mažytis, smulkus; tuščias; *it's a ~ little job* tai knibus darbas; tai smulkus reikalas

fiddly ['fɪdlɪ] *a* smulkus, sunkiai sugraibomas; sunkokas, varginantis

fidelity [fɪ'delətɪ] *n* 1 ištikimybė; atsidavimas *(to)* 2 *(įrašo, vertimo ir pan.)* tikslumas, adekvatiškumas

fidget ['fɪdʒɪt] *v* 1 nenustygti, neturėti kantrybės, nerim(au)ti; sukinėti(s) *(t. p. ~ about); stop ~ing!* apsiramink(ite)! 2 jaudinti, kelti nerimą; *what's ~ing you?* kas jums kelia nerimą? 3 sukioti, žaisti *(with); she never stopped ~ing with her pencil* ji be paliovos sukiojo pieštuką
n 1 nenuorama, nepasėda, neramus/nerimstantis žmogus 2 nerami/nervinga būsena; *to have the ~s* nervintis, nerimti

fidgety ['fɪdʒɪtɪ] *n* neramus, nepasėdus, bruzdus; *~ child/person* nenuorama

fido ['faɪdəu] *n (pl ~s [-z])* moneta su defektu *(numizmatikoje)*

fiducial [fɪ'dju:ʃl] *a* 1 pagrįstas tikėjimu, intuityviai tikimas 2 *spec.* pripažintas lyginimo pagrindu; *~ point* nulinis/pradinis lyginimo taškas

fiduciary [fɪ'dju:ʃərɪ] *n teis.* patikėtinis
a 1 patikėtas; pagrįstas pasitikėjimu 2 *fin.* nepadengtas *(apie pinigų emisiją)*

fie [faɪ] *int psn.* fui!; *~ upon you!* gėda!

fief [fi:f] *n ist.* fiefas, lenas, feodas

field [fi:ld] *n* 1 laukas, dirva, pieva; *rye ~* rugių laukas; *flowers of the ~* lauko gėlės 2 *(veiklos, tyrimo ir pan.)* sfera, sritis; *~ of action* veikimo laukas; *he's a great authority in this ~* jis didelis šios srities specialistas; *what's your ~?* kokia jūsų specialybė? 3 kovos laukas *(t. p. ~ of battle);* mūšis; *stricken ~* lemiamasis mūšis; *to hold the ~* išlaikyti pozicijas; atsilaikyti *(against – prieš); to lose the ~* būti sumuštam; *to keep the ~*

toliau kovoti *(mūšyje);* **~ artillery** lauko artilerija; **~ duty/service** veikiančiosios kariuomenės tarnyba; **~ marshal** feldmaršalas **4** *sport.* aikštė; *(beisbolo, kriketo)* aikštelė; **football ~** futbolo aikštė; **~ events** lengvosios atletikos varžybos *(šuoliai į aukštį/tolį, metimai);* **to take the ~** išeiti į aikštę *(apie komandą);* **~ judge** aikštės teisėjas **5** *(the ~)* *(varžybų, arklių lenktynių, lapių medžioklės)* dalyviai **6** praktika, praktinis tyrimas *(ne laboratorijoje, ne auditorijoje)* **7** *spec.* laukas; **magnetic ~** *fiz.* magnetinis laukas; **semantic ~** *kalb.* semantinis laukas **8** *(monetos, vėliavos ir pan.)* dugnas, fonas **9** *geol.* telkinys, iškasenų rajonas ◊ **fresh ~s and pastures new** naujos *(veiklos)* vietos; **to be late the ~** ateiti į pačią pabaigą, vėluoti; **to lead the ~** pirmauti, būti lyderiu; **to play the ~** *šnek.* turėti *(daug)* simpatijų *(džn. prieš apsisprendžiant, ką vesti)* *v* **1** atsakinėti ekspromtu *(į klausimus);* **to ~ numerous phone calls tactfully** taktiškai atsakinėti į daugelį telefono skambučių **2** (iš)kelti *(kandidatus ir pan.)* **3** *sport.* atrinkti *(žaidėjus),* leisti žaisti *(futbolo komandai)* **4** *sport.* pagauti, atmušti *(kamuolį krikete, beisbole)*
field-and-track [ˌfiːldəndˈtræk] *a sport.* lengvosios atletikos
field-book [ˈfiːldbuk] *n (matininko, geodezininko)* lauko žurnalas
field-day [ˈfiːldeɪ] *n* **1** nuostabi diena/proga *(linksmybėms, kokiai veiklai)* **2** *(ypač amer.)* sporto diena *(mokykloje)* **3** *kar.* kariuomenės apžiūros diena
fielder [ˈfiːldə] *n* žaidėjas, gaudantis/atmušantis sviedinį *(krikete, beisbole)*
fieldfare [ˈfiːldfɛə] *n zool.* smilginis strazdas, arasas
field-glasses [ˈfiːldɡlɑːsɪz] *n pl* lauko žiūronai
field-goal [ˈfiːldɡəʊl] *n sport.* **1** įvartis, pasiektas mušant virš vartų *(amerikiečių futbole)* **2** iš žaidimo pelnyti taškai *(krepšinyje)*
Fielding [ˈfiːldɪŋ] *n:* **Henry ~** Henris Fildingas *(anglų rašytojas)*
fieldmouse [ˈfiːldmaʊs] *n zool.* laukinė pelė
fieldsman [ˈfiːldzmən] *n* = **fielder**
field-test [ˈfiːldtest] *v* išbandyti natūraliomis/lauko sąlygomis
field-vole [ˈfiːldvəʊl] *n zool.* dirvinis pelėnas
fieldwork [ˈfiːldwəːk] *n* **1** faktinės medžiagos rinkimas vietoje, iš pirmų šaltinių **2** *(geologo ir pan.)* darbai lauko sąlygomis **3** *kar. (gynybos)* įtvirtinimai
fiend [fiːnd] *n* **1** piktoji dvasia; šėtonas **2** nevidonas, išgama **3** žmogus, turintis kokį nors *(blogą)* įprotį; **dope ~** narkomanas **4** *(ko)* fanatikas, entuziastas; **he is a fresh-air ~** jis be galo mėgsta gryną orą
fiendish [ˈfiːndɪʃ] *a* **1** šėtoniškas, velniškas; **to take a ~ delight** *(in)* piktdžiugiauti; **I had a ~ time getting him to agree** man buvo velniškai sunku jį įkalbėti **2** žiaurus **3** gudrus, klastingas
fierce [fɪəs] *a* **1** nuožmus; piktas, niršus; **~ look** nuožmus žvilgsnis; **~ dog** piktas šuo **2** įnirtingas; smarkus, didžiulis; **~ battle** įnirtingas mūšis; **~ hatred** baisi neapykanta
fierceness [ˈfɪəsnɪs] *n* nuožmumas, piktumas *ir kt., žr.* **fierce**
fiery [ˈfaɪərɪ] *a* **1** liepsnojantis, ugninis **2** *prk.* liepsningas, ugningas; karštas; **~ greeting** liepsningas sveikinimas; **~ look** ugningas žvilgsnis; **~ temper** karštas/ūmus būdas **3** deginantis *(apie gėrimą, maistą)*
fiesta [fɪˈestə] *isp. n* fiesta, *(religinė)* šventė
fife [faɪf] *n* **1** dūdelė, maža fleita **2** = **fifer**

Fife [faɪf] *n* Faifas *(Škotijos rajonas; t. p.* **~ Region)**
fifer [ˈfaɪfə] *n* dūdininkas, fleitininkas
fifteen [ˈfɪfˈtiːn] *num card* penkiolika; **chapter ~** penkioliktasis skyrius; **he is ~** jam penkiolika metų *n* regbio komanda *(t. p.* **rugby ~)**
fifteenth [ˈfɪfˈtiːnθ] *num ord* penkioliktas; **he is in his ~ years** jam penkiolikti metai *n* penkioliktoji dalis
fifth [fɪfθ] *num ord* penktas; **~ form** *mok.* penktoji klasė; **he is doing it for the ~ time** jis daro tai penktą kartą *n* **1** penktoji dalis; **two ~s** dvi penktosios **2** *(alkoholinio gėrimo)* butelis *(apie 0,9 litro)* **3** *muz.* kvinta
fifties [ˈfɪftɪz] *n pl* **1** *(the ~)* *(šimtmečio)* šeštasis dešimtmetis *(1950-1959)* **2** šeštoji dešimtis *(amžius tarp 50 ir 59 metų)*
fiftieth [ˈfɪftɪθ] *num ord* penkiasdešimtas *n* penkiasdešimtoji dalis
fifty [ˈfɪftɪ] *num card* penkiasdešimt; **Room ~** penkiasdešimtasis kambarys; **a man of ~** penkiasdešimties metų žmogus *n* penkiasdešimties dolerių/svarų banknotas
fifty-fifty [ˌfɪftɪˈfɪftɪ] *adv* lygiomis, pusiau; **to go ~** *(with)* dalyti *(išlaidas)* pusiau *a* lygus *(apie dalį, šansus);* **on a ~ basis** lygaus dalijimo *(pusiau)* pagrindu
fig[1] [fɪɡ] *n* **1** figa *(vaisius)* **2** *bot.* fikas, fikusas, figmedis *(t. p.* **~ tree)** **3** *fam.* špyga; **to give smb the ~** (pa)rodyti kam špygą ◊ **I do not care/give a ~** ≡ man nusispjauti; **not worth a ~** nevertas nė skatiko
fig[2] *n* puošnus apsirengimas; **in full ~** išsipuošus *(apie vakarinį tualetą, paradinę uniformą)* *v* puošniai rengti(s); iš(si)puošti *(t. p.* **~ out)**
fight [faɪt] *n* **1** kova; mūšis; **a ~ to the death** žūtbūtinė kova; **the ~ against inflation** kova su infliacija; **running ~** traukimasis/atsitraukimas kaunantis; **close ~** susirėmimas **2** peštynės, muštynės, grumtynės *(t. p.* **free ~)**; **he is always ready for a ~** jis – didelis peštukas/mušeika; **to have a ~ with the neighbours** susipešti/susikivirčyti su kaimynais **3** kovos dvasia, kovingumas, karingumas; **to have plenty of ~ in one** būti labai karingam/kovingam; **to put up a good [poor] ~** pakiliai/smarkiai [prastai] kovoti; **to show ~** rodyti savo kovingumą; priešintis *v* (fought) **1** kovoti, kautis, grumtis *(against – prieš, for – dėl, už, with – su);* kariauti; **to ~ a duel** kautis dvikovoje; **to ~ to a finish** kovoti ligi galo; **to ~ with/against the enemies** kovoti su priešais; **to ~ disease** kovoti su liga **2** peštis, muštis; **two dogs were ~ing over a bone** du šunys riejosi dėl kaulo **3** rungtis, varžytis *(t. p. sport.);* nurungti *(varžovą)* **4** *teis.* ginti *(bylą)* **5** *ret.* manevruoti, laviruoti *(mūšyje)* □ **~ back** a) priešintis; b) (su)laikyti, suturėti *(ašaras);* c) = **~ down;** **~ down** (nu)slopinti, įveikti *(jausmą, norą);* stengtis susilaikyti; **~ off** a) atmušti, atremti; b) atsikratyti; **~ on** tęsti kovą; **~ out** kovoti/ginčytis ligi galo *(džn.* **~ it out);** **~ it out between you** išsiaiškinkite tarpusavyje ◊ **to ~ shy** *(of)* vengti, laikytis nuošaliai
fightback [ˈfaɪtbæk] *n* kontrpuolimas; atsakomasis smūgis *(t. p. prk.)*
fighter [ˈfaɪtə] *n* **1** kovotojas; karys **2** naikintuvas *(t. p.* **aircraft/plane);** **~ pilot** naikintuvo lakūnas
fighting [ˈfaɪtɪŋ] *n* **1** kova, mūšis **2** kovojimas **3** peštynės, muštynės *a* kovos, kovinis; **~ chance** galimybė laimėti atkakliai kovojant; **~ spirit** kovos dvasia
fig-leaf [ˈfɪɡliːf] *n* figos lapelis *(ir prk.)*

figment ['fɪgmənt] *n* prasimanymas; ~ *of the imagination* fantazijos padaras
figural ['fɪgjurəl] *a* **1** perkeltinis **2** *muz.* figūracinis
figurant ['fɪgjurənt] *pr. n (tik v.)* kordebaleto šokėjas
figurante ['fɪgjurənt] *pr. n* kordebaleto šokėja
figuration [,fɪgə'reɪʃn] *n* **1** apipavidalinimas **2** alegoriškas vaizdavimas **3** *muz.* figūracija
figurative ['fɪgərətɪv] *a* **1** perkeltinis; metaforinis, vaizdingas; *in a* ~ *sense* perkeltine prasme; ~ *meaning* vaizdingoji reikšmė; ~ *style* vaizdingasis/metaforinis stilius **2** vaizduojamasis *(apie meną)*
figuratively ['fɪgərətɪvlɪ] *adv* perkeltine prasme; metaforiškai, vaizdingai
figure ['fɪgə] *n* **1** skaitmuo; *double* ~*s* dviženkliai skaitmenys *(nuo 10 ligi 99)*; *an income of 6* ~*s* šešiaženklės pajamos *(nuo 100000 ligi 999999 svarų sterlingų)*; *employment* ~*s* užimtumo statistika; *to put a* ~ *(on)* tiksliai nusakyti/nustatyti *(ko)* skaičių; pasakyti tikslią kainą **2** *pl* skaičiavimas, aritmetika; *to be good with/at* ~*s* gerai mokėti aritmetiką/skaičiuoti **3** kaina; *at a high [low]* ~ aukšta [žema] kaina **4** figūra *(t. p. geom., šokių, čiuožimo, slidinėjimo)*; ~ *skating* dailusis čiuožimas; *to keep/watch one's* ~ saugoti figūrą/linijas; *hourglass* ~ plona talija; *a fine* ~ *of man [woman]* augalotas/stuomeningas vyras [gražiai nuaugusi moteris] **5** figūra, žymus asmuo, asmenybė; *controversial* ~ prieštaringa asmenybė; *public* ~ visuomenės veikėjas **6** statula, atvaizdas **7** *lit.* stiliaus/retorinė figūra *(t. p.* ~ *of speech)* **8** *(knygos)* piešinys, brėžinys, diagrama; iliustracija ◊ *to cut a fine [poor, sorry]* ~ gerai [menkai, prastai] pasirodyti/atrodyti; *to cut no* ~ ne(pa)daryti įspūdžio
v **1** figūruoti *(as)*; vaidinti žymų vaidmenį *(in)*; *his name* ~*s on the list* jo vardas yra sąraše **2** *(grafiškai, diagrama ir pan.)* vaizduoti **3** įsivaizduoti *(to oneself)* **4** *(ypač amer.)* manyti, nuspręsti; *that's what we* ~*d* mes taip ir manėme **5** *(ypač amer.) šnek. (on)* tikėtis, planuoti, dėti viltis *(į)* **6** *amer.* (ap)skaičiuoti □ ~ *in amer.* įtraukti, įskaityti *(į sumą)*; ~ *out* a) apskaičiuoti; b) suvokti, perprasti; ~ *up* suskaičiuoti ◊ *that/it* ~*s šnek.* tai suprantama; tik pagalvok/įsivaizduok
figured ['fɪgəd] *a* **1** papuoštas figūromis; raštuotas **2** vaizdingas *(apie stilių)*
figurehead ['fɪgəhed] *n* **1** *(judėjimo, organizacijos)* nominalus vadovas *(be autoriteto, valdžios)* **2** *ist.* laivapriekio papuošimas *(ppr. medinė figūra)*
figure-of-eight [,fɪgərəv'eɪt] *n* aštuoniukė *(figūra, kilpa, mazgas)*
figurine ['fɪgəri:n] *n* statulėlė
figwort ['fɪgwə:t] *n bot.* bervidis
Fiji [fi:'dʒi:] *n* Fidžis *(valstybė)*
filament ['fɪləmənt] *n* **1** plaušelis, siūlelis **2** *el. (kaitinimo, volframinis)* siūlas **3** *bot.* kuokelio kotelis
filamentary [,fɪlə'mentərɪ] *a* siūliškas, siūlinis, siūlo pavidalo
filar ['faɪlə] *a spec.* siūlo, siūlinis
filature ['fɪlətʃə] *n* **1** šilko siūlų nuvyniojimas *(nuo kokonų)*, šilko verpimas **2** šilko verpykla
filbert ['fɪlbət] *n* **1** amerikinis riešutas **2** *bot.* lazdynas
filch [fɪltʃ] *v šnek.* nukniaukti, vagiliauti
file[1] [faɪl] *n* **1** aplankas, segtuvas **2** kartoteka *(t. p. card* ~*)* **3** susegti dokumentai; byla; *personal* ~ asmens byla, dosjė; ~ *of documents* dokumentacija **4** *komp.* rinkmena, failas; *active* ~ veikiamoji rinkmena; ~ *system* rinkmenų aptarnavimo sistema
v **1** dėti dokumentus į aplanką/bylą/segtuvą *(t. p.* ~ *away)* **2** registruoti, kataloguoti, klasifikuoti *(dokumentus)*; saugoti kaip dokumentą **3** *teis.* oficialiai pateikti/paduoti *(pareiškimą, skundą ir pan.)* □ ~ *away* stengtis įsidėmėti, pasižymėti
file[2] *n* vora, eilė, greta *(t. p. kar.)*; *full [blank]* ~ pilna [nepilna] eilė/greta; *to march in double* ~ žygiuoti kolona po du; *in single/Indian* ~ *(eiti)* vorele, žąsele, vienam paskui kitą
v eiti vorele *(vienam paskui kitą)*
file[3] *n* **1** brūžiklis, dildė; *(nagų)* dildelė, brūžikliukas **2** *prk.* (nu)šlifavimas, (nu)dailinimas **3** *sl.* gudruolis; *close* ~ šykštuolis; *deep/old* ~ bjaurus tipas, niekšas
v **1** (nu)brūžinti, (nu)brūžuoti, (ap)dildyti *(t. p.* ~ *down/off)* **2** (nu)šlifuoti, (nu)dailinti *(džn. prk.)*
file-cabinet ['faɪl,kæbɪnɪt] *n amer.* kartoteka; dokumentų/kartotekos spinta
filemot ['fɪlɪmət] *a ret.* gelsvai rudas
filet ['fɪlɪt] *amer.* = **fillet** *n* 2, *v* 2
filial ['fɪlɪəl] *a* dukters, dukterinis; sūnaus; ~ *love* dukters/sūnaus meilė
filiation [,fɪlɪ'eɪʃn] *n* **1** atsišakojimas; atšaka **2** giminystės santykis; kilmė **3** *teis.* tėvystės nustatymas
filibeg ['fɪlɪbeg] = **kilt** *n*
filibuster ['fɪlɪbʌstə] *n* **1** *parl.* obstrukcija **2** *(ypač amer.)* obstrukcionistas **3** *ist.* flibustjeras, piratas, kontrabandininkas
v **1** *(ypač amer.)* daryti obstrukcijas, trukdyti priimti įstatymą *(ypač sakant ilgas kalbas)* **2** *ist.* būti flibustjeru/kontrabandininku/piratu
filiform ['fɪlɪfɔ:m] *a spec.* siūliškas, siūlo pavidalo
filigree ['fɪlɪgri:] *n* filigranas; *prk.* kas nors filigraniniu/juvelyrinis/meistriškas
filing[1] ['faɪlɪŋ] *n (dokumentų ir pan.)* katalogavimas; sisteminimas; (su)siuvimas; ~ *cabinet* bylų/dokumentų spinta; ~ *clerk* raštvedys
filing[2] *n* **1** (ap)dildymas *(dilde)* **2** *pl (metalo)* drožlės, pjuvenos
Filipino [,fɪlɪ'pi:nəu] *n (pl* ~s [-z]) filipinietis
a Filipinų; filipiniečių
fill [fɪl] *v* **1** (už)pildyti; pri(si)pildyti *(with)*; *to* ~ *cracks in the wall* užpildyti sienos plyšius; *to* ~ *a sack with rye* pripilti maišą rugių; *to* ~ *a bath with water* prileisti pilną vonią vandens; *to* ~ *the pies with meat* įdaryti pyragėlius mėsa; *tears* ~*ed his eyes* jo akys prisipildė ašarų **2** *refl* prisisotinti, prisivalgyti, prisivaišinti *(t. p.* ~ *up; with)* **3** patenkinti *(poreikius)*; atlikti *(funkciją, vaidmenį ir pan.)*; vykdyti *(nurodymus)*; *to* ~ *an order* vykdyti *(pirkėjo)* užsakymą **4** užimti *(postą)*; *he* ~*s the post very well* jis gerai susidoroja su savo pareigomis **5** (už)plombuoti *(dantis)* **6** išpūsti *(burę)*; išsipūsti *(apie burę)* □ ~ *in* a) užpildyti *(blanką, laiką ir pan.)*; b) pripildyti *(tuštumą)*; c) duoti papildomos/naujausios informacijos; informuoti *(on)*; d) pavaduoti *(sergantįjį; for)*; e) *šnek.* prikulti; ~ *out* a) iš(si)plėsti, papilnėti; iš(si)pūsti; b) *(ypač amer.)* = ~ *in* a); ~ *up* a) užpildyti; *to* ~ *up a from* užpildyti blanką; b) pri(si)pildyti; c) užpilti, užversti *(duobę)*
n **1** pakankamas kiekis *(of)*; *a* ~ *of tobacco* žiupsnelis tabako pypkei prikimšti; *to eat [to drink] one's* ~ sočiai pri(si)valgyti [atsigerti]; *to weep one's* ~ *(labai)* prisiverkti; *I've had my* ~ *of his lies* man jau gana jo melų **2** *stat. (žemės)* užpilas
fill-dike ['fɪldaɪk] *n škot.* lietų laikotarpis *(ppr. vasaris)*; *February* ~ vasario lietūs

filler ['fɪlə] *n* **1** (už)pildytojas, pripildytojas, (pri)pylėjas **2** tai, kas gali užpildyti laikraščio puslapį, programą, pvz., paveikslai, informacija, muzika **3** pripildymo/įpylimo anga/vamzdis **4** pildytuvas *(mašina)* **5** *stat.* užpildas; glaistas; *(griovio ir pan.)* užpilas **6** *tech.* tarpiklis

filler-cap ['fɪləkæp] *n aut.* (degalų bako, tepimo angos) kamštis

fillet ['fɪlɪt] *n* įpinas; kaspinas, siaura juostelė *(galvai)* **2** *kul.* filė **3** *tech., stat.* briaunelė, kraštelis, apvadas; medjuostė *v* **1** rišti/puošti juostele **2** *kul.* išimti kaulus; daryti filė

fill-in ['fɪlɪn] *n* **1** pavaduojantysis; pavaduotojas *(sergančiojo, išvykusiojo)* **2** trumpa/papildoma informacija

filling ['fɪlɪŋ] *n* **1** (už)pildymas; pripildymas; *(smėlio ir pan.)* (už)pylimas, (už)bėrimas **2** *(degalų, vandens ir pan.)* (į)pylimas, pri(si)pylimas, paėmimas **3** *(danties)* plombavimas; plomba **4** *kul.* įdaras **5** *(pagalvės ir pan.)* užpildas **6** *amer.* pylimas **7** *spec.* torkretavimas *a* sotus, sotinantis *(apie maistą)*

filling-station ['fɪlɪŋˌsteɪʃn] *n* degalinė

fillip ['fɪlɪp] *n* **1** sprigtas, sprigtukas **2** pagyvinimas; stimulas *v* **1** sprigtelėti, spriegti, duoti sprigtą **2** pagyvinti, stimuliuoti; *to ~ smb's memory* priminti kam □ *~ off* nuspriegti

fillister ['fɪlɪstə] *n stat.* įlaidas, griovelis, užkaitas *(lango rėmė ir pan.)*

filly ['fɪlɪ] *n* **1** kumelaitė **2** *šnek.* gyva/guvi mergaitė

film [fɪlm] *n* **1** *kin., tel.* filmas; *to make/shoot a ~* sukti filmą, filmuoti **2** kino juosta; fotografinė juosta **3** kinas; kino menas; *~ industry* kino pramonė **4** plėvelė, plonas sluoksnis; *~ of oil* naftos plėvelė **5** migla, lengvas rūkas **6** plonas siūlas
v **1** filmuoti **2** ekranizuoti *(romaną ir pan.); the story won't ~ well* tas apsakymas netinka ekranizacijai **3** pa(si)dengti/ap(si)traukti plėvele *(t. p. ~ over)*

film-goer ['fɪlmˌɡəʊə] *n* kino žiūrovas

film-maker ['fɪlmˌmeɪkə] *n* kino filmo kūrėjas

filmstrip ['fɪlmstrɪp] *n* diafilmas

film-studio ['fɪlmstjuːdɪəʊ] *n* kino studija

film-test ['fɪlmtest] *n* fotogeniškumo *ar* kokiam nors vaidmeniui tinkamumo patikrinimas

filmy ['fɪlmɪ] *a* **1** plėvelinis, aptrauktas plėvele **2** permatomas, labai plonas *(ypač apie drabužį)*

filose [faɪ'ləʊs] *a bot., zool.* siūliškas, turintis siūliškų ataugų

filter ['fɪltə] *n* **1** filtras; koštuvas; *air ~ tech.* oro filtras; *light ~ fiz.* šviesos filtras **2** *(šviesoforo)* signalas, reikalaujantis sukti *(kai tiesiai važiuoti draudžiama)*
v **1** filtruoti(s), košti **2** sunktis, prasisunkti, skverbtis, prasiskverbti *(apie šviesą, garsą; t. p. prk.; t. p. ~ in/out/through); people came ~ing out of the cinema* žmonės pasruvo/pasipylė iš kino **3** sukti *(sankryžoje, kai tiesiai važiuoti draudžiama)*

filter-bed ['fɪltəbed] *n spec.* filtruojamasis sluoksnis

filter-press ['fɪltəpres] *n tech.* filtrpresas

filter-tip ['fɪltətɪp] *n* **1** cigaretės filtras **2** cigaretė su filtru

filter-tipped ['fɪltətɪpt] *a* su filtru *(apie cigaretę)*

filth [fɪlθ] *n* **1** purvas *(t. p. prk.);* nešvarumai **2** nešvankybė(s); nepadorumas; ištvirkimas

filthy ['fɪlθɪ] *a* **1** purvinas **2** nešvankus, nepadorus; ištvirkęs **3** *šnek.* bjaurus *(apie orą ir pan.); he's in a ~ temper* jo nuotaika bjauri
adv labai; baisiai; *~ dirty* labai purvinas; *~ rich* baisiai turtingas

filtrate *n* ['fɪltrɪt] filtruotas skystis, filtratas; košinys
v ['fɪltreɪt] filtruoti

filtration [fɪl'treɪʃn] *n* filtravimas, filtracija, košimas

fimble ['fɪmbl] *n bot.* pleiskanė *(t. p. ~ hemp)*

fin [fɪn] *n* **1** *(žuvies)* pelekas; *caudal [dorsal] ~* uodegos [nugaros] pelekas **2** *sport.* plaukmuo **3** *av., jūr.* kilis; stabilizatorius; *~ keel (jachtos)* pelekinis kilis **4** *tech. (radiatoriaus)* briauna; šerpeta
v **1** nupjaustyti pelekus **2** *av., jūr.* pritaisyti kilį

finable[1] ['faɪnəbl] *a* baudžiamas *(pinigine bausme)*

finable[2] *a spec.* (iš)valomas

finagle [fɪ'neɪɡl] *v šnek.* **1** apgaudinėti; apsukti; išvilioti *(out of)* **2** gauti nesąžiningu būdu; *to ~ free tickets* gauti nemokamus bilietus per pažintį

finagler [fɪ'neɪɡlə] *n šnek.* sukčius

final ['faɪnl] *a* **1** paskutinis, galinis; *the ~ letter in the alphabet* paskutinė abėcėlės raidė; *is that ~?* ar tai paskutinis žodis? **2** galutinis; baigiamasis; *~ decision* galutinis sprendimas; *~ stage* baigiamasis etapas; *to give a ~ touch* visiškai užbaigti **3** tikslo; *~ clause gram.* šalutinis tikslo aplinkybės sakinys
n **1** paskutinis dalykas/įvykis **2** naujausias/paskutinis dienraščio numeris **3** *sport.* finalas; *pl* finalinės varžybos **4** *(ppr. pl)* baigiamieji egzaminai; *amer.* semestriniai egzaminas; *to sit for one's ~s* laikyti baigiamuosius egzaminus

finale [fɪ'nɑːlɪ] *it. n* finalas *(ypač muz.); the ~ of a ballet* baigiamoji baleto scena

finalist ['faɪnəlɪst] *n* finalininkas, finalistas

finality [faɪ'nælətɪ] *n* **1** galutinumas, pabaigtumas **2** baigiamasis veiksmas

finalize ['faɪnəlaɪz] *v* **1** (už)baigti, pabaigti; *preparations have been ~d* pasirengimai buvo (už)baigti **2** įforminti *(susitarimą ir pan.)* **3** *sport.* išeiti į finalą

finally ['faɪnəlɪ] *adv* **1** galų gale, pagaliau **2** užbaigiant, pabaigoje **3** galutinai

finance [faɪ'næns] *n* **1** finansai; *high ~ (šalių, didelių bendrovių)* finansinė veikla **2** *pl* lėšos; pajamos; *the ~s of a state* valstybės lėšos/pajamos
v **1** finansuoti **2** atlikti finansines operacijas

financial [faɪ'nænʃl] *a* finansinis; *~ service* finansinė konsultacinė firma

financially [faɪ'nænʃəlɪ] *adv* finansiškai; finansiniu požiūriu

financier [faɪ'nænsɪə] *n* finansininkas

fin-back ['fɪnbæk] *n zool.* raukšlėtasis banginis; finvalas

finch [fɪntʃ] *n zool.* smulkus paukštis giesmininkas, *ppr.* kikilis

find [faɪnd] *v* (found) **1** (su)rasti, suieškoti; *to ~ funds* (su)rasti lėšų; *to ~ smth locked* rasti ką užrakintą; *I can ~ no words to describe it* nerandu žodžių tam apsakyti **2** užtikti, aptikti; *to ~ smb out* neužtikti ko namuose **3** suprasti; manyti; *to ~ pleasure in smth* pajusti/rasti pasitenkinimą kuo; *to ~ it necessary* manyti, kad reikia; *I ~ it difficult to believe* man sunku tuo patikėti **4** įgyti, gauti; *to ~ one's account in smth* gauti naudos iš ko **5** pasiekti *(taikinį);* pataikyti *(į)* **6** aprūpinti; *who will ~ the money for the expedition?* kas finansuos ekspediciją? **7** *refl* suvokti save *(savo polinkius, pašaukimą)* **8** *refl* pasijusti, atsidurti; *I found myself in an awkward situation* aš pasijutau/atsidūriau kebliojė padėtyje **9** *teis.* nuspręsti, nustatyti; *to ~ smb guilty* pripažinti ką kaltu; *to ~ for the plaintiff* išspręsti ieškovo naudai **10** *medž.* pakelti *(žvėrį)* □ *~ out* a) sužinoti, išsiaiškinti; b) nustatyti *(ką melavus, nesąžiningai pasielgus)* ◊ *how do you ~ yourself?* kaip jūs jaučiatės?; *all found* maistas ir būstas *(prie atlyginimo)*
n radinys; *she's a real ~ šnek.* ji – tikras perlas

finder ['faɪndə] *n* **1** (su)radėjas **2** makleris *(ypač banko)* **3** *fot., tech.* ieškiklis; ***direction** ~* pelengatorius; ***location/position** ~* lokatorius ◊ *~s keepers* ≡ ką radau, tas mano

fin de siècle [ˌfændə'sjeklə] *pr.* būdingas XIX amžiui, XIX amžiaus *(apie literatūrą, meną, pažiūras)*

finding ['faɪndɪŋ] *n* **1** (su)radimas; radinys **2** *(ppr. pl) (gauti)* duomenys; išvados **3** *(ppr. pl) teis.* nustatymas; išvada **4** *pl* furnitūra, *(drabužio, baldų gamybos ir pan.)* priedai; ***shoe** ~s* batų tepalas, raišteliai *ir pan.*

fine¹ [faɪn] *n (piniginė)* bauda, pabauda
v skirti baudą, bausti *(pinigine bauda; for)*

fine² *n: in ~* apskritai; pagaliau

fine³ *<a, adv, v, n> a* **1** geras, gražus; puikus; *~ **weather*** geras/gražus oras; giedra; *~ **words*** gražūs žodžiai; ***to be in ~ form*** būti geros formos; ***(that's) ~!*** puiku!; gerai!; ***one ~ day*** vieną gražią dieną *(pasakose)* **2** plonas; švelnus; *~ **thread*** plonas siūlas; *~ **silk*** švelnus šilkas **3** subtilus, dailus, rafinuotas; *~ **distinction*** subtilus skirtumas; *~ **features*** švelnūs veido bruožai **4** smulkus *(apie smėlį, lietų ir pan.)*; *~ **print*** smulkus šriftas **5** tankus *(apie tinklą, sietą)* **6** aštrus *(apie ašmenis)* **7** tikslus *(apie prietaisus)* **8** aukštos prabos/kokybės; valytas ◊ ***you're a ~ one to talk!*** *iron., juok.* ne tau apie tai kalbėti!, tu esi nuostabus, tu labai gražiai pasielgei
adv **1** gerai, puikiai; ***chips will do me ~*** *šnek.* bulvių traškučiai man bus gerai **2** plonai; ***to cut smth ~*** plonai supjaustyti
v **1** valyti; skaidrinti *(vyną ir pan.)*; skaidrėti; giedrėti **2** smulkėti, mažėti *(t. p. ~ down)* □ *~ **down*** patikslinti, sušvelninti *(žodžiais ir pan.)*
n giedras oras, giedra

fine-cut ['faɪn'kʌt] *a* **1** plonai supjaustytas, susmulkintas **2** nudailintas

fine-draw [ˌfaɪn'drɔ:] *v* (fine-drew; fine-drawn) siūti nematoma siūle, gražiai susiūti

fine-drawn [ˌfaɪn'drɔ:n] *a* subtilus
pII žr. **fine-draw**

fine-drew [ˌfaɪn'dru:] *past žr.* **fine-draw**

fine-grained ['faɪn'greɪnd] *a* smulkiagrūdis

fineness ['faɪnnɪs] *n* gerumas, gražumas *ir pan., žr.* **fine³** *a*

finery¹ ['faɪnərɪ] *n* puošnūs drabužiai, brangūs papuošalai

finery² *n metal.* žaizdras

fines herbes [fi:nz'ɜ:b] *pr.* supjaustytos prieskoninės daržovės

fine-spun ['faɪnspʌn] *a* **1** nepaprastai subtilus; įmantrus **2** plonas *(apie audinį)*

finesse [fɪ'nes] *pr. n* subtilumas, rafinuotumas; taktiškumas
v subtiliai/taktiškai veikti

fine-tooth [ˌfaɪn'tu:θ] *a* tankus *(apie šukas)*

finetune [ˌfaɪn'tju:n] *v* **1** tiksliai nustatyti *(radijo imtuvą ir pan.)* **2** reglamentuoti, reguliuoti *(ekonomiką ir pan.)*

finger ['fɪŋgə] *n* **1** *(rankos, pirštinės)* pirštas; ***first/index ~*** smilius; ***middle [third/ring] ~*** vidurinis/didysis [bevardis] pirštas; ***fourth/little ~*** mažylis pirštas **2** *(laikrodžio ir pan.)* rodyklė **3** piršto storis *(apie gėrimo kiekį taurelėje)*; ***by a ~'s breadth*** per pirštą, nedaug ◊ ***to burn one's ~s, to get one's ~s burnt*** ≡ nudegti pirštus; ***to get/pull one's ~ out*** *šnek.* liautis dykaduoniavus; ***to have sticky/light ~s*** būti ilgapirščiam; ***to keep/have one's ~s crossed, to cross one's ~s*** ≡ laikyti špygą kišenėje *(linkint sėkmės)*; ***to lay/put a ~ on smb*** paliesti, prikišti nagus, nuskriausti ką; ***to lay/put one's ~ on smth*** tiksliai nurodyti/pasakyti ką; ***to let smth slip through smb's ~s*** praleisti *(progą, pinigus ir pan.)*; ***to put the ~ on smb*** įskųsti ką *(policijai)*; ***not to lift/raise/stir a ~*** ≡ nė/ir piršto nepridėti/nepakrutinti; ***to snap one's ~s (at)*** spjauti *(į)*, nesiskaityti *(su)*; ***to twist/wrap/wind smb round one's (little) ~*** ≡ aplink pirštą ką (ap)vynioti; ***to work one's ~s to the bone*** dirbti išsijuosus; ***to be all ~s and thumbs*** būti negrabiam; ≡ viskas krinta iš rankų
v **1** čiupinėti, liesti pirštais **2** griežti *(muzikos instrumentu)* **3** *(ypač amer.) šnek.* įskųsti *(policijai)*; atpažinti

finger-alphabet ['fɪŋgərˌælfəbet] *n* aklųjų abėcėlė

finger-board ['fɪŋgəbɔ:d] *n muz.* postygis; klaviatūra

finger-bowl ['fɪŋgəbəʊl] *n* dubenėlis *(pirštams nusiplauti valgant)*

fingered ['fɪŋgəd] *a* **1** suteptas pirštais, nučiupinėtas **2** *bot.* pirštėtas, pirštuotas

finger-ends ['fɪŋgərendz] *n pl* pirštgaliai, pirštų galiukai ◊ ***to have at one's ~*** ≡ žinoti kaip (savo) penkis pirštus

finger-fish ['fɪŋgəfɪʃ] *n zool.* jūrų žvaigždė

finger-flower ['fɪŋgəflaʊə] *n bot.* rusmenė

finger-glass ['fɪŋgəglɑ:s] *n =* **finger-bowl**

finger-hole ['fɪŋgəhəʊl] *n* **1** *(pučiamojo instrumento)* šoninė skylutė **2** *(telefono aparato)* disko skylutė

fingering¹ ['fɪŋgərɪŋ] *n* ploni vilnoniai siūlai

fingering² *n* **1** (prisi)lietimas pirštais **2** grojimas *(muzikos instrumentu)* **3** *muz.* aplikatūra

fingerless ['fɪŋgələs] *a: ~ **glove*** nepirštuota pirštinė, kumštinė *(pirštinė)*

fingerling ['fɪŋgəlɪŋ] *n spec.* žuvų jauniklis; lašišaitė

fingermark ['fɪŋgəmɑ:k] *n* **1** pirštų dėmė **2** pirštų atspaudas
v nučiupinėti nešvariais pirštais

fingernail ['fɪŋgəneɪl] *n (rankos)* piršto nagas

finger-painting ['fɪŋgəˌpeɪntɪŋ] *n* spalvinimas pirštais šlapiame popieriuje; taip nupieštas piešinys *(ppr. vaikų)*

fingerplate ['fɪŋgəpleɪt] *n* plokštelė, sauganti duris, kad nesusiteptų nuo pirštų

fingerpost ['fɪŋgəpəʊst] *n* kelrodis *(kelio išsišakojime)*

fingerprint ['fɪŋgəprɪnt] *n* **1** pirštų atspaudas; ***to take smb's ~s*** imti pirštų atspaudus **2** *(miesto ir pan.)* būdingas bruožas; *(rašytojo)* braižas
v daryti/imti pirštų atspaudus

fingerstall ['fɪŋgəstɔ:l] *n* antpirštis *(sužeistam pirštui)*

fingertip ['fɪŋgətɪp] *n* **1** piršto galiukas **2** antpirštis ◊ ***to have smth at one's ~s*** ≡ pažinti ką kaip *(savo)* penkis pirštus; ***to one's/the ~s*** ≡ iki panagių; visiškai

fingerwagging ['fɪŋgəˌwægɪŋ] *n* kaltinimas

finial ['faɪnɪəl] *n archit.* fleronas, smailės viršūnė *(puošmena)*

finical ['fɪnɪkl] *a =* **finicky**

finicky ['fɪnɪkɪ] *a* **1** priekabus, smulkmeniškas, pernelyg išrankus *(apie žmogų)* **2** smulkus, knibus *(apie darbą)*

finis ['fɪnɪs] *lot. n (knygos, filmo)* galas, pabaiga *(užrašas)*

finish ['fɪnɪʃ] *n* **1** pabaiga, galas; ***to fight to the ~*** kovoti ligi galo; ***to be in at the ~*** dalyvauti paskutiniame *(varžybų, debatų ir pan.)* etape; ateiti į pačią pabaigą **2** (iš)baigtumas, užbaigtumas **3** *tech.* apdailinimas; apdaila; ***floor ~*** grindų apdaila; ***patterned ~*** faktūrinė apdaila **4** *sport.* finišas
v **1** (pa)baigti, užbaigti; baigtis; ***to ~ school*** baigti mokyklą; ***to ~ reading [writing] a book*** pabaigti skaityti [rašyti] knygą; ***I ~ed at the bank yesterday*** vakar baigiau darbą banke; ***what time does school ~?*** kada baigiasi pamokos? **2** (iš)dailinti, apdailinti **3** pribaigti, nuvarginti *(t. p. ~ off)*; ***this news nearly ~ed him*** ši žinia vos nepribaigė jo **4** *(ppr. pass)* nebebūti reika-

finished   343   **fire-raising**

lingam, nebenaudoti *(with)* **5** *sport.* finišuoti □ **~ off** a) užbaigti; b) pribaigti, nugalabyti; **~ up** a) užbaigti; b) viską suvalgyti/išgerti

finished ['fɪnɪʃt] *a* **1** *attr* užbaigtas; išbaigtas; apdailintas **2** žuvęs; *if the bank refuses to give us money, we're* ~ jei bankas atsisakys duoti pinigų, mes žuvę

finishing ['fɪnɪʃɪŋ] *n* **1** (už)baigimas **2** apdailinimas, apdailos darbai *a* baigiamasis; **~ school** privatus pensionas, kuriame mergaitės rengiamos aukštuomenei; *to put the* **~ stroke** užbaigti, nudailinti

finite ['faɪnaɪt] *a* **1** ribotas; baigtinis *(t. p. mat.)* **2** *gram.* asmeninis *(apie veiksmažodžio formą)*

fink [fɪŋk] *amer. šnek. n* **1** skundikas **2** šunsnukis, bjaurybė **3** streiklaužys *v* įskųsti *(on)*

Finland ['fɪnlənd] *n* Suomija *(valstybė)*

Finn [fɪn] *n* suomis

finnan ['fɪnən] *n* rūkyta juodalopė menkė *(t. p.* **~ haddie/haddock**)

finned [fɪnd] *a* turintis pelekus, su pelekais

Finnik ['fɪnɪk] *a* suomiškas, suomių

Finnish ['fɪnɪʃ] *a* suomiškas, suomių; Suomijos *n* suomių kalba

Finno-Ugrian [ˌfɪnəu'u:grɪən] = **Finno-Ugric** *a, n*

Finno-Ugric [ˌfɪnəə'u:grɪk] *a* ugrų-finų, finougrų *(apie kalbas)* *n* finougrų, ugrų-finų kalbos

finny ['fɪnɪ] *a* **1** turintis pelekus **2** pelekų formos **3** žuvingas

fiord ['fi:ɔ:d, fjɔ:d] *n* fiordas

fir [fə:] *n bot.* kėnis; eglė; *silver* ~ europinis kėnis, balteglė

fir-cone ['fə:kəun] *n* eglės kankorėžis

fire ['faɪə] *n* **1** ugnis; laužas; *to build/start a* ~ užkurti ugnį/laužą; *to cook smth on a low* ~ virti ką ant lėtos ugnies; *to light the ~, to make up the* ~ įkurti ugnį; *to nurse the* ~ kurstyti ugnį **2** gaisras; *to fight a* ~ gesinti gaisrą; *to catch/take* ~ užsidegti; *to be on* ~ degti; *to set* ~ *(to), to set on* ~ a) padegti *(namą);* b) sujaudinti; *~ science(s)* ugniagesyba; *the* ~ *broke out in the kitchen* gaisras kilo virtuvėje **3** krosnelė; *electric* ~ elektros krosnelė **4** *prk.* užsidegimas, entuziazmas, karštis; *he was on* ~ *with enthusiasm* jis degė entuziazmu **5** *kar.* ugnis, šaudymas; *under* ~ apšaudomas; *to deliver* ~ apšaudyti; *to draw the* ~ *(of the enemy)* atitraukti (priešo) ugnį į save; *to miss* ~ a) užsikirsti; b) nepavykti ◊ *to go through* ~ *and water* ≡ per ugnį ir vandenį pereiti *(for – už, dėl); to hang* ~ pakibti ore *(apie reikalą ir pan.); to hold* ~ palaukti, neskubėti; *to light a* ~ *under smb amer. šnek.* pričiupti *(tinginį); to play with* ~ ≡ žaisti su ugnimi; *to come under* ~ *(from)* patekti į *(kieno)* kritikos ugnį; ~ *and brimstone* pragaro kančios *v* **1** šauti, šaudyti *(at);* paleisti *(raketą ir pan.) to* ~ *a rifle* [*pistol, etc]* šauti/šaudyti iš šautuvo [pistoleto *ir pan.*] **2** apipilti *(klausimais ir pan.; at)* **3** uždegti, padegti **4** *prk.* uždegti, sukelti, įkvėpti *(t. p.* **~ up**); *he was ~d with the desire to visit Norway* jis užsidegė aplankyti Norvegiją **5** apdeginti, degti *(plytas ir pan.)* **6** prideginti *(įkaitinta geležimi)* **7** kūrenti *(krosnį)* **8** *šnek.* atleisti/išmesti iš darbo **9** *aut.* duoti kibirkštį; *the engine is not firing on one cylinder* viename cilindre nėra kibirkšties □ **~ away!** pilk!, pradėk! *(klausimus);* **~ back** greit atkirsti; **~ off** a) iššaudyti, iššauti; b) atsikirsti raštu, skubiai išsiųsti *(piktą laišką ir pan.)* **~ up** staiga supykti/susierzinti

fire-alarm ['faɪərəˌlɑ:m] *n* gaisro signalas; **~ device** gaisrinės signalizacijos įrenginys

firearm ['faɪərɑ:m] *n (ppr. pl)* šaunamasis ginklas

fireback ['faɪəbæk] *n* židinio užpakalinė sienelė

fireball ['faɪəbɔ:l] *n* **1** ugnies kamuolys *(branduolinio sprogimo centre ir pan.)* **2** kamuolinis žaibas **3** *astr.* bolidas

firebomb ['faɪəbɔm] *n* padegamoji bomba

firebox ['faɪəbɔks] *n tech.* ugniadėžė

firebrand ['faɪəbrænd] *n* **1** nuodėgulis **2** kurstytojas, kiršintojas

firebreak ['faɪəbreɪk] *n* priešgaisrinė juosta/proskyna *(stabdanti gaisrą miške)*

firebrick ['faɪəbrɪk] *n* ugniai atspari plyta

fire-brigade ['faɪəbrɪˌgeɪd] *n* ugniagesių/gaisrininkų komanda

firebug ['faɪəbʌg] *n šnek.* padegėjas

fireclay ['faɪəkleɪ] *n* ugniai atsparus molis, šamotinis molis

firecock ['faɪəkɔk] *n* gaisrinis čiaupas, hidrantas

fire-company ['faɪəˌkʌmpənɪ] *n* **1** = **fire-brigade 2** draudimo nuo gaisro bendrovė

fire-control ['faɪəkənˌtrəul] *n* **1** *kar.* (baterijos) ugnies koregavimas **2** *tech.* degimo/kūrenimo reguliavimas

firecracker ['faɪəˌkrækə] *n* fejerverkas

firecrest ['faɪəkrest] *n zool.* baltabruvis nykštukas

fire-damaged ['faɪəˌdæmɪdʒd] *a* gaisro pakenktas, nukentėjęs nuo gaisro

firedamp ['faɪədæmp] *n* kasyklų dujos

fire-department ['faɪədɪˌpɑ:tmənt] *n amer.* = **fire-brigade**

firedog ['faɪədɔg] *n (metalinis)* pastovas/atramėlė malkoms židinyje

fire-door ['faɪədɔ:] *n* priešgaisrinės durys

fire-drill ['faɪədrɪl] *n* gaisrinis mokymas, gaisrininkų pratybos

fire-eater ['faɪərˌi:tə] *n* **1** ugnies rijikas *(fokusininkas)* **2** vaidingas žmogus, vaidininkas

fire-engine ['faɪərˌendʒɪn] *n* ugniagesių/gaisrinis automobilis

fire-escape ['faɪərɪˌskeɪp] *n* **1** atsarginis išėjimas *(gaisro atveju)* **2** gaisrininkų kopėčios

fire-extinguisher ['faɪərɪkˌstɪŋgwɪʃə] *n* gesintuvas

firefight ['faɪəfaɪt] *n* susišaudymas

firefighter ['faɪəˌfaɪtə] *n* ugniagesys, gaisrininkas *(savanoris)*

firefly ['faɪəflaɪ] *n* skraidantysis jonvabalis

firegrate ['faɪəgreɪt] *n (krosnies)* ardynas, ardeliai

fireguard ['faɪəgɑ:d] *n* židinio grotelės

fire-hose ['faɪəhəuz] *n* gaisrinė žarna

firehouse ['faɪəhaus] *n amer.* gaisrinė *(mažame mieste)*

fire-hydrant ['faɪəˌhaɪdrənt] *n* hidrantas *(gaisrui gesinti)*

fire-insurance ['faɪərɪnˌʃuərəns] *n* draudimas nuo gaisro

fire-irons ['faɪərˌaɪənz] *n pl* židinio įrankiai

firelight ['faɪəlaɪt] *n* židinio/ugnies šviesa

firelighter ['faɪəlaɪtə] *n* įkurai, prakuras

firelock ['faɪəlɔk] *n ist.* skiltuvinis šautuvas

fireman ['faɪəmən] *n (pl* -men [-mən]) **1** gaisrininkas, ugniagesys **2** *(garvežio ir pan.)* kūrikas ◊ *visiting* ~ *(ypač amer.)* garbingas/svarbus svečias

fireplace ['faɪəpleɪs] *n* **1** ugniavietė, ugniakuras; židinys **2** žaizdras

fireplug ['faɪəplʌg] *n amer.* hidrantas *(įtaisas gaisrui gesinti)*

fire-policy ['faɪəˌpɔlɪsɪ] *n* draudimo nuo gaisro polisas

firepower ['faɪəˌpauə] *n kar.* apšaudomumas; apšaudymo galia

fireproof ['faɪəpru:f] *a* nedegamas, ugniai atsparus *v* (pa)daryti atsparų ugniai

fire-raiser ['faɪəˌreɪzə] *n* padegėjas

fire-raising ['faɪəˌreɪzɪŋ] *n* padegimas

fire-sale ['faɪəseɪl] *n (prekių, apgadintų per gaisrą)* pigus išpardavimas
fire-screen ['faɪəskri:n] *n* **1** židinio dangtis/skydas, krosniadangtis **2** *amer.* = **fireguard**
fireside ['faɪəsaɪd] *n* **1** vieta prie židinio; **~ chair** krėslas prie židinio **2** *prk.* šeimos židinys
firestone ['faɪəstəun] *n* ugniai atsparus molis, šamotas
firetrap ['faɪətræp] *n* namas, iš kurio sunku išeiti per gaisrą; namas iš degių medžiagų
fire-truck ['faɪətrʌk] *n amer.* = **fire-engine**
firewarden ['faɪəˌwɔ:dn] *n* **1** gaisrininkų būrio viršininkas; gaisrinės žvalgybos vyresnysis **2** miško žvalgas
firewatcher ['faɪəˌwɒtʃə] *n* gaisro žvalgytojas/sekėjas *(ypač po priešo bombardavimo)*
firewater ['faɪəˌwɔ:tə] *n šnek.* degtinė
firewood ['faɪəwud] *n* malkos
firework ['faɪəwə:k] *n* **1** *(fejerverkų)* raketa **2** *pl* fejerverkas **3** *pl prk. (pykčio, sąmojo ir pan.)* protrūkiai
firing ['faɪərɪŋ] *n* **1** šaudymas, šovimas; **~ ground** šaudykla; poligonas **2** uždegimas; padegimas **3** *(plytų ir pan.)* degimas **4** kuras
firing-line ['faɪərɪŋlaɪn] *n kar.* ugnies linija; priešakinės pozicijos ◊ **to be in**/*amer.* **on the ~** būti puldinėjimų/kaltinimų *ir pan.* objektu
firing-squad ['faɪərɪŋˌskwɒd] *n kar.* komanda, kuriai pavesta sušaudyti nusikaltėlį
firing-step ['faɪərɪŋˌstep] *n kar.* šaudymo laiptelis *(apkase)*
firkin ['fə:kɪn] *n* **1** statinaitė **2** tūrio vienetas *(apie 8-9 galonus)*
firm[1] [fə:m] *n* firma
firm[2] *<a, adv, v>* *a* **1** kietas; **~ green apple** kietas, neprinokęs obuolys **2** tvirtas, stiprus; **~ ladder** tvirtos kopėčios; **to keep a ~ grip on smth** tvirtai laikytis už ko **3** *prk.* tvirtas; pastovus; **~ foundation** tvirtas pagrindas; **~ conviction [decision]** tvirtas įsitikinimas [sprendimas]; **~ prices** tvirtos kainos **4** ryžtingas; **~ leadership** ryžtingas vadovavimas
adv tvirtai; **to stand/hold ~** *prk.* tvirtai laikytis
v **1** (su)tvirtinti, įtvirtinti, (su)tvirtėti *(t. p.* **~ up***)* **2** kietinti **3** *fin.* stabilizuotis *(apie kainas ir pan.; at)*
firmament ['fə:məmənt] *n* **(the ~)** *poet., psn.* dangaus skliautas
firman ['fə:mən] *n (sultono, šacho)* firmanas, įsakas
firmware ['fə:mwɛə] *n komp.* mikroprograminė įranga, programinė-aparatinė įranga
fir-needle ['fə:ˌni:dl] *n* kėnio/eglės/pušies spyglys
firry ['fə:rɪ] *a* eglinis; apaugęs eglėmis/kėniais
first ['fə:st] *<num, a, n, adv>* num ord pirmas; **~ turn to the right** pirmas posūkis į dešinę; **he was the ~ to come** jis atėjo pirmas(is); **he came ~ in the 100 m race** jis pirmas baigė 100 metrų bėgimą
a **1** pirmutinis, pirmasis; **the ~ flowers of spring** pirmosios pavasario gėlės; **the ~ pupil** pirmasis mokinys; **for the ~ and last time** pirmą ir paskutinį kartą **2** pagrindinis; žymiausias; **~ principles** pagrindiniai principai; **the ~ scholar of the day** to meto žymiausias mokslininkas ◊ **not to have the ~ idea** *(about)* neturėti jokio supratimo *(apie)*
n **1** pradžia, pradas; **at ~** iš pradžių; pirma; **from the (very) ~** iš pat pradžių; **from ~ to last** nuo pradžios ligi galo **2** **(the ~)** pirmoji *(mėnesio)* diena; **on the ~ of March** kovo pirmąją dieną **3** aukščiausias įvertinimas/pažymys *(D. Britanijos universitetuose)* **4** *pl* aukščiausios kokybės *ar* pirmos rūšies prekės **5** *tech.* pirmoji pavara *(t. p.* **~ gear***)*
adv **1** pirma; iš pradžios, pradžioje; **~ of all, ~ and foremost** visų pirma, pirmiausia, pirm visko; **when we ~ lived here, there were no buses** kai mes čia pradžioje gyvenome, autobusų nebuvo; **~ listen and then talk** pirma paklausyk, paskui kalbėk **2** pirmąkart, pirmąsyk; **when did you ~ visit Paris?** kada jūs pirmąkart buvote Paryžiuje? **3** greičiau, verčiau; **I'll die ~!** greičiau mirsiu *(negu tai darysiu)* ◊ **~ and last** apskritai; **~ or last** anksčiau ar vėliau
first-aid [ˌfə:st'eɪd] *n* **1** pirmoji pagalba; **~ kit** pirmosios pagalbos komplektas/vaistinėlė **2** *tech.* avarinis remontas
first-born ['fə:stbɔ:n] *n* pirmagimis, vyriausias vaikas šeimoje
first-chop ['fə:st'tʃɒp] *a šnek.* pirmarūšis
first-class ['fə:st'klɑ:s] *<n, a, adv>* *n* **1** *(traukinio, viešbučio ir pan.)* pirmoji klasė **2** aukščiausias/įvertinimas/pažymys **3** skubi korespondencija
a **1** pirmaklasis, pirmarūšis, geriausias; **~ hotel** pirmaklasis viešbutis **2** pirmosios klasės *(apie vagoną ir pan.)* **3** skubus *(apie korespondenciją ir pan.)* **4** su pagyrimu *(apie diplomą)*
adv **1** pirmąja klase; **to travel ~** keliauti pirmąja klase **2** *šnek.* puikiai, nuostabiai
first-coat [fə:stkəut] *n spec.* gruntavimas; posluoksnis
first-degree ['fə:stdɪ'gri:] *a* pirmojo laipsnio *(apie nudegimą ir pan.);* **~ murder** *amer. teis.* tyčinė žmogžudystė
first-ever ['fə:stˌevə] *n* pats pirmasis
first-floor ['fə:st'flɔ:] *n* **1** antrasis aukštas **2** *amer.* pirmasis aukštas
first-foot ['fə:stfut] *n škot.* pirmasis svečias Naujųjų metų dieną
first-former ['fə:st'fɔ:mə] *n mok.* pirmokas, pirmaklasis
firstfruits ['fə:stfru:ts] *n pl* pirmieji vaisiai *(t. p. prk.)*
first-generation ['fə:stdʒenə'reɪʃn] *a* pirmosios kartos
firsthand [ˌfə:st'hænd] *a (gautas)* iš pirmųjų rankų; tiesioginis; **~ experience** asmeninė patirtis; **~ information** informacija, gauta iš pirmųjų šaltinių
adv tiesiog, iš pirmųjų rankų
firstling ['fə:stlɪŋ] *n* **1** *(gyvulio)* pirmagimis, pirmasis jauniklis **2** *(džn. pl)* pirmieji rezultatai/vaisiai
firstly ['fə:stlɪ] *adv* pirma *(skaičiuojant)*
first-magnitude ['fə:st'mægnɪtjuːd] *a astr.* pirmojo dydžio/ryškio *(apie žvaigždę)*
first-night [ˌfə:st'naɪt] *n teatr.* premjera
first-nighter [ˌfə:st'naɪtə] *n teatr.* nuolatinis premjerų lankytojas
first-rate ['fə:st'reɪt] *a* **1** pirmaklasis, pirmarūšis, aukščiausios klasės **2** *šnek.* puikus
adv šnek. puikiai
first-strike ['fə:st'straɪk] *a* pirmojo smūgio *(apie branduolinio ginklo strategiją)*
first-string ['fə:st'strɪŋ] *a* **1** žymiausias, didžiausias **2** pagrindinės sudėties *(apie artistą, futbolininką ir pan.)*
first-timer [ˌfə:st'taɪmə] *n šnek.* debiutantas, pradedantysis
firth [fə:θ] *n (ypač škot.)* siaura gili įlanka; upės žiotys
Firth-of-Forth ['fə:θəv'fɔ:θ] *n* Forto įlanka
firtree ['fə:tri:] *n* = **fir** 1
fiscal[1] ['fɪskl] *a fin.* fiskalinis, iždo; **~ year** *amer.* biudžetiniai/mokestiniai metai
fiscal[2] *n škot. šnek.* prokuroras *(ppr. Procurator F.)*
fish[1] [fɪʃ] *n (pl ~, ~es)* **1** žuvis; **young ~** mailius; **the freshwater ~es of Europe** Europos gėlųjų vandenų žuvys **2** *kul.* žuviena, žuvis; **hot-smoked ~** karštai rūkyta žuvis **3** vandens gyvūnas *(ryklys ir pan.)* **4** *(Fishes)* Žuvys *(žvaigždynas ir Zodiako ženklas)* **5** *šnek.* tipas, žmogysta; **cold ~** *menk.* šaltas, nedraugiškas žmogus; **odd/**

queer ~ keistuolis; *poor* ~ nevykėlis ◊ *neither ~ nor fowl (nor good red herring)* ≡ nei velnias, nei gegutė; nei virtas, nei keptas; *a big ~ in a little pond* vietinės reikšmės veikėjas; *to cry stinking ~* ≡ peikti savo prekę; žeminti save; *to feed the ~es* a) sirgti jūros liga; b) nuskęsti; *to feel like a ~ out of water* ≡ jaustis kaip ne savo kailyje, jaustis nejaukiai; *to have other ~ to fry* turėti kitų/svarbesnių reikalų; *to make ~ of one and flesh of another* nevienodai/šališkai apibūdinti, būti šališkam; *all's ~ that comes into his net* jam visaip gerai, jam viskas tinka; *there are plenty more ~ in the sea* pasaulyje yra daug kitų gerų žmonių *(sakoma nusivylusiam meilėje ir pan.)*
v 1 žvejoti, žuvauti; meškerioti; *to ~ in troubled/muddy waters* prk. žvejoti drumstame vandenyje 2 ieškoti *(perlų ir pan.; for)* 3 prk. ieškoti, stengtis (iš)gauti; *to ~ for information* ieškoti informacijos; *to ~ for an invitation* stengtis būti pakviestam □ *~ about/around* raustis *(in)*; ieškoti *(for)*; *~ out* a) ištraukti, išimti; b) išžvejoti; *~ up* a) ištraukti iš vandens; b) sužvejoti

fish² *n jūr.* jungiamoji/tvirtinamoji plokštė
v tech. sujungti sandūra

fish³ *n* loštukas *(žaidimuose)*

fish-ball ['fɪʃbɔːl] *n kul.* žuvies maltinukai

fishbone ['fɪʃbəun] *n* 1 žuvies kaulas, ašaka 2 *sport.* kopimas eglute *(slidinėjimas)*

fishcake ['fɪʃkeɪk] *n* bulvinis paplotėlis su žuviena

fish-culture ['fɪʃˌkʌltʃə] *n* žuvivaisa

fisher ['fɪʃə] *n* 1 žvejų valtis; žvejybos laivas 2 *psn.* žvejys

fisherman ['fɪʃəmən] *n (pl* -men [-mən]) 1 žvejys, žūklys 2 žvejybos laivas

fishery ['fɪʃərɪ] *n* 1 žvejyba, žūklė 2 žūklės rajonas, žuvų laikymosi vieta 3 žuvininkystė 4 *teis.* žvejybos teisė

fisheye ['fɪʃaɪ] *n šnek.* įtarus/nemeilus žvilgsnis; *to give smb a ~* (pa)žiūrėti į ką įtariai

fish-fingers [ˌfɪʃˈfɪŋgəz] *n pl kul.* žuvų piršteliai *(pardavinėjami šaldyti)*

fish-fork ['fɪʃfɔːk] *n* 1 žeberklas 2 žuvinės šakutės *(valgyti)*

fish-gig ['fɪʃgɪg] *n* žeberklas

fish-glue ['fɪʃgluː] *n* žuvų klijai

fish-hook ['fɪʃhuk] *n* kabliukas, vąšelis *(žuvims gaudyti)*

fishing ['fɪʃɪŋ] *n* 1 žūklė, žvejyba; žvejojimas, meškeriojimas 2 teisė žvejoti *(kurioje nors vietoje)*

fishing-line ['fɪʃɪŋlaɪn] *n* meškerės valas

fishing-rod ['fɪʃɪŋrɔd] *n* meškerykotis

fishing-tackle ['fɪʃɪŋˌtækl] *n* žūklės reikmenys

fish-kettle ['fɪʃˌketl] *n* puodas žuvims virti

fish-knife ['fɪʃnaɪf] *n* žuvinis peilis *(valgyti)*

fish-ladder ['fɪʃˌlædə] *n* žuvitakis *(užtvankoje)*; pakopinė žuvų pralaida

fish-meal ['fɪʃmiːl] *n* žuvų miltai *(trąša)*

fishmonger ['fɪʃˌmʌŋgə] *n* žuvų pardavėjas

fish-plate ['fɪʃpleɪt] *n glžk.* sandūrinis antdėklas

fishpond ['fɪʃpɔnd] *n* žuvivaisos tvenkinys

fish-pot ['fɪʃpɔt] *n* varža *(unguriams, krabams ir pan. gaudyti)*

fish-slice ['fɪʃslaɪs] *n* mentelė, lopetėlė *(kepamam maistui apversti)*

fish-strainer ['fɪʃˌstreɪnə] *n* kiaurasamtis *(žuvims išgriebti)*

fish-tackle ['fɪʃˌtækl] *n* žūklės reikmenys

fishtail ['fɪʃteɪl] <*n, a, v*> *n* žuvies uodega
a žuvies uodegos formos; *~ wind* nuolat kintamos krypties vėjas
v 1 *av.* mažinti lėktuvo greitį *(kraipant lėktuvo uodegą)* 2 *aut.* slidinėti

fish-weir ['fɪʃwɪə] *n* žuvų atitvaras, užtvanka

fishwife ['fɪʃwaɪf] *n (pl* -wives [-waɪvz]) 1 žuvų pardavėja 2 *vulg.* turgaus boba

fishy ['fɪʃɪ] *a* 1 žuvinis; žuviškas, panašus į žuvį; žuvingas; *there is a ~ smell here* čia jaučiamas žuvų kvapas, čia atsiduoda žuvimis 2 blausus *(apie žvilgsnį)* 3 *šnek.* įtartinas, abejotinas

fissile ['fɪsaɪl] *a* skalus, (su)skylantis

fission ['fɪʃn] *n* 1 skilimas, skaldymasis, dalijimasis; *nuclear ~ fiz.* atomo branduolio dalijimasis 2 *biol.* dauginimasis ląstelių dalijimosi būdu; *cell ~* ląstelių dalijimasis
v skilti, skaldytis, dalytis

fissionable ['fɪʃnəbl] *a* suskaldomas, skylantis

fissiparous [fɪˈsɪpərəs] *a biol.* dauginąsis skilimo būdu

fissure ['fɪʃə] *n* (į)skilimas, įtrūkimas; plyšys *(t. p. anat.)*
v (su)skilti

fist [fɪst] *n* 1 kumštis; *to shake one's ~ (at)* grūmoti kumščiu; *~ fight* kumštynės 2 *juok.* ranka 3 *juok.* rašysena; *he has a good ~* jo graži rašysena ◊ *to make a good [bad/poor] ~ (of)* pasisekti, pavykti [nepasisekti]; *the mailed ~* karinė/ginkluota jėga
v 1 trenkti kumščiu 2 *jūr.* (ap)imti, suspausti, sugriebti *(ranką)*

fistful ['fɪstful] *n* sauja *(of – ko)*

fistic ['fɪstɪk] *a šnek.* bokso, kumštynių

fisticuffs ['fɪstɪkʌfs] *n pl psn., juok.* muštynės kumščiais, kumštynės

fistula ['fɪstjulə] *n med.* fistulė

fit¹ [fɪt] *n* 1 priepuolis; *coughing ~* kosulio priepuolis; *~ of anger/rage* pykčio protrūkis/priepuolis; *~ of apoplexy, apoplectic ~* apopleksinis priepuolis, apopleksija, insultas; *to have an hysteric ~* būti isterijos priepuolio ištiktam; *to have/throw a ~* įtūžti; *we were in ~s of laughter* mes raitėmės iš juoko 2 nuotaika; *in a ~ of generosity he gave me £5* dosnumo pagautas, jis davė man 5 svarus sterlingų ◊ *in/by ~s and starts* priešokiais, neritmingai, nereguliariai

fit² <*v, a, n*> *v* 1 tikti; (pri)derėti; *he is ~ted for a teacher* jam tinka/dera būti mokytoju; *these shoes do not ~ him* šie batai jam netinka; *as it is ~ting* kaip pridera 2 (pri)taikyti, priderinti *(to)*; įtaikyti *(into)* 3 pritaisyti, įtaisyti *(to, on)* 4 įtilpti *(into; t. p. ~ in)*; *can you ~ this on your desk?* ar tam surastum vietos ant rašomojo stalo? 5 atitikti; *the description ~s the facts* tas aprašymas atitinka faktus 6 (su)montuoti, surinkti *(t. p. ~ up)* 7 primatuoti *(t. p. ~ on)* □ *~ in* a) įmontuoti; pri(si)derinti, pri(si)taikyti *(with)*; b) rasti laiko/vietos *(kam)*; *can you ~ me in?* a) ar bus man vietos? *(automobilyje ir pan.)*; b) ar aš galiu pernakvoti pas jus?; c) ar galite mane priimti? *(kaip klientą, ligonį ir pan.)*; *~ out* aprūpinti *(with)*; išpuošti; *~ up* a) įrengti, įtaisyti; aprūpinti *(with)*; b) *šnek. (neteisingai)* apkaltinti
a 1 tinkamas, pritaikytas; *~ for military service* tinkamas karo tarnybai; *this meat is not ~ to eat* ši mėsa netinkama valgyti; *it is not a ~ life for you* jums toks gyvenimas netinka; *do as you see/think ~* daryk, kaip išmanai/reikia 2 paruoštas; *the ground is not yet ~ for sowing* žemė dar neparuošta sėjai 3 pasirengęs, galintis, pajėgus; *he's not ~ to rule the country* jis nesugeba valdyti šalies 4 stiprus, sveikas; geros formos *(apie sportininką)*; *as ~ as a fiddle/flea šnek.* sveikas kaip ridikas; *physically ~* fiziškai užsigrūdinęs ◊ *to drop* pervargęs
n 1 tikimas; *to be a good [bad] ~* gerai [prastai] gulėti/prigulti *(apie drabužį)* 2 pritaikymas, priderinimas; atitikimas *(between)* 3 *tech.* suleidimas

fitch [fɪtʃ] *n* **1** šeškena **2** šeško plaukų šepetys/teptukas **3** = **fitchew** 1

fitchew ['fɪtʃu:] *n* **1** *zool.* šeškas **2** šeškena

fitful ['fɪtfəl] *a* **1** nereguliarus, neritmingas, (vykstantis, daromas) protarpiais, priešokiais **2** šuoringas *(apie vėją)*

fitment ['fɪtmənt] *n* **1** baldas *(pritaikytas patalpai)* **2** *(džn. pl) (vonios)* įranga, detalės, armatūra

fitness ['fɪtnɪs] *n* **1** tinkamumas; tikimas, derėjimas **2** gera fizinė būklė, pajėgumas, užsigrūdinimas *(t. p. physical ~)*

fit-out ['fɪtaut] *n šnek.* aprūpinimas, įrengimas; (iš)puošimas

fitted ['fɪtɪd] *a* **1** pritaikytas; parengtas, pasiruošęs *(for, to)* **2** įtaisytas, įrengtas, įmontuotas; *is the car ~ with the radio?* ar automobilyje įtaisytas radijo aparatas? **3** prigulęs, aptemptas *(apie drabužį); ~ carpet* kilimas per visą kambarį

fitter ['fɪtə] *n* **1** pritaikytojas **2** šaltkalvis mechanikas; surinkėjas, montuotojas, monteris **3** *(drabužių)* primatuotojas, sukirpėjas

fitting ['fɪtɪŋ] *n* **1** pritaikymas, priderinimas **2** pri(si)matavimas **3** surinkimas, montažas; *~ shop* surinkimo cechas; *~ of tire* padangos montavimas **4** *pl (elektros, dujų)* instaliacija **5** *(džn. pl) (įtaisų, baldų)* sujungiamosios detalės, priedai, furnitūra; armatūra
a tinkamas, deramas

fitting-room ['fɪtɪŋrum] *n* prisimatavimo kambarys/kabina *(parduotuvėje)*

fit-up ['fɪtʌp] *n teatr.* scenos įranga; laikina scena

five [faɪv] *num card* penki; *~ years* penkeri metai; *there were ~ of us* mes buvome penkiese
n **1** penket(uk)as **2** *pl (pirštinių, batų ir pan.)* penktas numeris **3** penkių svarų/dolerių banknotas **4** penkių žaidėjų komanda *(krepšinis)* ◊ *take ~* atsikvėpk valandėlę

five-and-ten [,faɪvənd'ten] *n amer.* namų apyvokos daiktų krautuvė

five-a-side [,faɪvə'saɪd] *n* futbolas po penkis žaidėjus komandoje *(t. p. ~ football)*

five-day [,faɪv'deɪ] *a* penkiadienis; *~ week* penkių dienų darbo savaitė

fivefold ['faɪvfəuld] *a* penkeriopas, penkiagubas, penkiakartis; penkis kartus sulenktas
adv penkeriopai; penkis kartus (tiek)

fiver ['faɪvə] *n šnek.* penkių svarų/dolerių banknotas, penkinė

fives [faɪvz] *n sport.* skvošo rūšis *(kamuolys sviedžiamas į sieną)*

fivescore ['faɪvskɔ:] *n* šimtas

fivesome ['faɪvsəm] *n* penkių žaidėjų komanda; penketas

five-spot ['faɪvspɒt] *n amer. šnek.* penkių dolerių banknotas

five-star ['faɪvstɑ:] *a* aukščiausios rūšies, aukščiausio rango *(apie viešbutį, restoraną); ~ brandy* penkių žvaigždučių konjakas; *~ general* armijos generolas

five-year ['faɪvjɪə] *a* penkmetinis, penkmečio *(ypač apie planą)*

fix [fɪks] *v* **1** (su)taisyti, (su)remontuoti, **2** (pri)tvirtinti, įtvirtinti; *to ~ a shell to a wall* pritvirtinti lentyną prie sienos **3** įbesti *(akis, žvilgsnį; on)*; atkreipti *(dėmesį; on – į); the scene was firmly ~ed in all our minds* tas reginys mums visiems giliai įstrigo į atmintį **4** nustatyti, paskirti *(kainą, datą ir pan.)*; (už)fiksuoti; sutarti *(dėl laiko ir pan.; t. p. ~ up); to ~ tax at 20%* nustatyti 20% mokestį **5** sutvarkyti; organizuoti *(išvyką, susirinkimą ir pan.);* parūpinti *(darbą, nakvynę ir pan.; t. p.*

~ up) **6** *(ypač amer.) šnek.* paruošti *(pietus ir pan.)* **7** *(ypač amer.)* su(si)šukuoti; pasidažyti *(veidą)* **8** pasirinkti, išsirinkti *(on)* **9** *šnek. (iš ansksto)* sutvarkyti, suklastoti, susitarti *(paperkant); later he ~ed the policeman* po to jis sutvarkė reikalą su policininku **10** *šnek.* duoti pylos **11** *šnek.* į(si)leisti *(narkotikų)* **12** *spec.* fiksuoti
n **1** kebli/sunki padėtis; *to be in a bad ~* patekti į sunkią padėtį **2** *(lėktuvo, laivo)* vietos/padėties nustatymas; koordinatės **3** *šnek.* papirkimas, suktybė, klastotė **4** *šnek.* narkotiko dozė

fixate ['fɪkseɪt] *v (ppr. pass)* **1** fiksuoti; į(si)tvirtinti **2** *psich.* turėti įkyrią idėją; užfiksuoti

fixation [fɪk'seɪʃn] *n* **1** fiksavimas, fiksacija *(t. p. spec.)*; įtvirtinimas **2** *psich.* užfiksavimas; įkyri mintis

fixative ['fɪksətɪv] *n spec.* fiksatyvas
a fiksuojamasis, įtvirtinamasis

fixed [fɪkst] *a* **1** nustatytas, pastovus; *~ hour* nustatyta valanda; *on the date ~* sutartą dieną; *~ feast/holiday* *bažn.* nekilnojama šventė; *~ costs* *ekon.* nustatytosios/pastoviosios gamybos išlaidos; *~ stress/accent* *fon.* pastovus kirtis **2** nekintamas; nejudamas; *~ stars* nejudančios žvaigždės **3** įkyrus *(apie mintį)* **4** *spec.* fiksuotas; stacionarinis; *~ engine* *tech.* stacionarinis variklis

fixedly ['fɪksɪdlɪ] *adv* **1** nekintamai; nejudamai **2** įdėmiai; *to smile ~* šypsotis sustingusia šypsena, nenatūraliai

fixer ['fɪksə] *n* **1** meistras; *šnek.* organizatorius, machinatorius **2** *fot.* fiksažas **3** *tech.* fiksatorius

fixing ['fɪksɪŋ] *n* **1** fiksavimas; nustatymas; įtvirtinimas; *~ bolt* *tech.* fiksuojamasis varžtas **2** *pl amer. (patiekalo)* priedai, garnyrai, papuošimai **3** *pl stat.* trinkelės; žyminiai

fixity ['fɪksətɪ] *n* **1** nekintamumas, pastovumas **2** įdėmumas

fixture ['fɪkstʃə] *n* **1** instaliuoti įrengimai, įranga; įrenginio armatūra; *the ~s and fittings* visa namo įranga **2** numatyta rungtynių data; *~s for the season* sezono varžybų kalendorius **3** kas nors nustatyta/pastovu **4** ilgai užsisėdėjas svečias; žmogus, ilgai dirbantis vienoje vietoje

fizgig ['fɪzgɪg] *n psn.* lengvabūdė moteris, koketė

fizz [fɪz] *n* **1** šnypštimas **2** *šnek.* putojantis gėrimas, *ypač* vynas; *Buck's F.* šampano ir apelsinų sulčių kokteilis
v šnypšti *(apie gėrimus, fejerverką);* putoti *(apie šampaną ir pan.; t. p. ~ up)*

fizzle ['fɪzl] *n* **1** šnypštimas **2** *šnek.* šnipštas
v silpnai šnypšti, šnypštelėti □ *~ out* baigtis šnipštu, užgesti *(apie meilę ir pan.)*

fizzy ['fɪzɪ] *a* šnypščiantis, putojantis; *~ drink* putojantis nealkoholinis gėrimas

fjord [fjɔ:d] *n* fiordas

flab [flæb] *n* padraika

flabbergast ['flæbəgɑ:st] *v (ppr. pass) šnek.* pritrenkti, apstulbinti

flabby ['flæbɪ] *a* **1** suglebęs, glebnas, sudribęs; *~ muscles* suglebę/glebni raumenys **2** *prk.* glebnas, silpnas, silpnabūdis

flaccid ['flæksɪd] *a* glebnas, sudribęs, silpnas, netvirtas

flack[1] [flæk] *amer. šnek. n* **1** spaudos agentas **2** reklama
v **1** būti *(firmos ir pan.)* agentu ryšiams su spauda **2** reklamuoti

flack[2] *n* = **flak**

flag[1] [flæg] *n* **1** vėliava; vėliavėlė; *~ of truce* *kar.* balta *(parlamentarų)* vėliava; *the black ~* juoda *(piratų)* vėliava; *to hoist, ar to run up, a ~* pakelti vėliavą; *with ~s flying* su plevėsuojančiomis vėliavomis; triumfiškai **2** *(kai kurių šunų veislių)* uodega ◊ *to strike one's ~*

pasiduoti; *to fly the ~, to keep the ~ flying* ≡ nešti aukštai iškeltą vėliavą, didžiuotis savo tėvyne; *to show the ~* a) išdėstyti/išaiškinti savo poziciją; b) tik pasirodyti *(kad yra/dalyvauja); to show the white ~* prisipažinti nugalėtam

v 1 (iš)kelti vėliavas; puošti vėliavėlėmis 2 duoti ženklą, signalizuoti vėliava/vėliavėlėmis 3 (pa)žymėti *(svarbią vietą knygoje ir pan.)* □ *~ down* (su)stabdyti *(taksį ir pan.; mojant ranka)*

flag² *n bot.* vilkdalgis; *yellow ~* geltonasis vilkdalgis

flag³ *n (grindų, šaligatvio, grindinio)* plokštė
v grįsti/(iš)kloti plokštėmis

flag⁴ *v* 1 (pa)linkti, (nu)svirti *(apie augalus)* 2 silpnėti, (iš)blėsti, prigesti *(apie jėgą, entuziazmą ir pan.); ~ging economy* silpnėjanti ekonomika

flag-captain [ˌflæg'kæptɪn] *n jūr.* flagmano kapitonas

Flag-Day ['flægdeɪ] *n amer.* Vėliavos diena *(birželio 14 d. – JAV valstybinė šventė)*

flag-day ['flægdeɪ] *n* aukų labdarai rinkimo diena *(duodant popierines vėliavėles)*

flagella [fləˈdʒelə] *pl žr.* **flagellum**

flagellant ['flædʒələnt] *n* 1 save plakantis žmogus 2 *ist.* flagelantas

flagellate ['flædʒəleɪt] *v* plakti, perti; pliekti *(t. p. prk.)*

flagellum [fləˈdʒeləm] *n (pl* -la, ~s) *biol.* žiuželis

flageolet¹ [ˌflædʒəˈlet] *pr. n muz.* flažoletas

flageolet² *pr. n* pupelių rūšis

flagged [flægd] *a* grįstas plytelėmis

flagitious [fləˈdʒɪʃəs] *a knyg.* šlykštus, niekšiškas; gėdingas

flagman ['flægmən] *n (pl* -men [-mən]) signalizuotojas *(t. p. kar.)*

flag-officer ['flægˌɒfɪsə] *n jūr.* admirolas, komodoras; flagmano šturmanas

flagon ['flægən] *n* 1 plokščias butelis *(vynui pardavinėti)* 2 siaurakaklis ąsotis *(vynui paduoti į stalą)*

flagpole ['flægpəul] *n* vėliavos stiebas; flagštokas

flagrant ['fleɪgrənt] *a* skandalingas, baisus *(apie nusikaltimą, nusikaltėlį); ~ injustice* pasipiktinimą keliantis, baisi neteisybė

flagship ['flægʃɪp] *n* 1 *jūr.* flagmanas *(laivas)* 2 *(organizacijos)* geriausias pavyzdys, svarbiausias atstovas; *the company's ~ store* pagrindinė bendrovės parduotuvė

flagstaff ['flægstɑːf] *n* vėliavos stiebas/kotas

flagstone ['flægstəun] = **flag³** *n*

flag-tower ['flægtauə] *n jūr.* signalinis bokštas

flag-waving ['flægˌweɪvɪŋ] *n* pseudopatriotizmas; šovinizmas

flail [fleɪl] *n* spragilas, kultuvas
v 1 kulti spragilais 2 kulti, mušti 3 mosikuoti □ *~ about/around* daužytis *(kojomis, rankomis);* blaškytis

flair [flɛə] *n* 1 nuojauta, uoslė *(kam nors nustatyti, greitai suprasti)* 2 gabumai

flak [flæk] *vok. n* 1 zenitinė artilerija; zenitinių pabūklų ugnis 2 *šnek.* (su)kritikavimas, aštri kritika

flake¹ [fleɪk] *n* 1 plonas gabaliukas; dribsnis; *~s of snow* sniego dribsniai, snaigės 2 plonas *(rūdžių ir pan.)* sluoksnis; žvynelis; *~s of scurf* pleiskanos 3 *amer. šnek.* pamišėlis, keistuolis
v 1 byrėti/kristi dribsniais 2 luptis *(t. p. ~ off)* 3 smulkinti į gabalėlius/dribsnius 4 (su)sluoksniuoti *(žuvį ir pan.)* □ *~ out šnek.* mirtinai nuvargti, virsti į lovą, tuoj pat užmigti

flake² *n (žuvų)* džiovykla

flake³ *a šnek.* ryškus, originalus *(apie stilių ir pan.)*

flak-jacket ['flækˌdʒækɪt] *n* neperšaunama liemenė

flaky ['fleɪkɪ] *a* 1 dribsniuotas 2 sluoksniuotas; *~ pastry* sluoksniuotas pyragaitis 3 kuris lupasi sluoksniais 4 *(ypač amer.) šnek.* kuoktelėjęs; keistokas, keistas

flambé ['flɒmbeɪ] *pr. a* apipiltas spiritu ir uždegtas *(apie patiekalą)*

flambeau ['flæmbəu] *pr. n (pl* ~s, ~x [-z]) liepsnojantis deglas; šakota žvakidė

flambéed ['flɒmbeɪd] *pr. a* = **flambé**

flamboyance [flæmˈbɔɪəns] *n* 1 ekstravagantiškumas, prašmatnumas 2 spalvingumas; ryškumas

flamboyant [flæmˈbɔɪənt] *a* 1 spalvingas, puošnus 2 akį rėžiantis, ryškus; perdėtas 3 *archit.* liepsnojantis *(apie vėlyvosios gotikos stilių)*

flame [fleɪm] <*n, a, v*> *n* 1 liepsna; *to burst/break into ~s* suliepsnoti; *to commit to ~s* sudeginti; *to go up in ~s* sudegti; *over a low [high] ~ kul.* ant silpnos [stiprios] ugnies 2 ryški šviesa/spalva 3 aistra, užsidegimas ◊ *an old ~ of his šnek.* jo sena meilė
a ryškiai raudonas
v 1 liepsnoti *(t. p. prk.); the evening sky ~d with red* vakarų dangus liepsnojo raudona žara 2 *prk.* degti, (pa)rausti 3 susijaudinti, užsiliepsnoti *(t. p. ~ out/up)*

flame-coloured ['fleɪmˌkʌləd] *a* ugniaspalvis, raudonai geltonas

flamenco [fləˈmeŋkəu] *n* flamenkas *(ispanų/čigonų šokis)*

flameproof ['fleɪmpruːf] *a* nedegus, atsparus ugniai

flame-thrower ['fleɪmˌθrəuə] *n* liepsnosvaidis

flaming ['fleɪmɪŋ] *a* 1 liepsnojantis; žėruojantis 2 skaisčiai raudonas, ugninis 3 liepsningas; karštas, aistringas; *~ row* karštas ginčas 4 *šnek.* baisus *(pabrėžiant); ~ idiot!* baisus kvailys!

flamingo [fləˈmɪŋgəu] *n (pl* ~(e)s [-z]) *zool.* flamingas

flammable ['flæməbl] *a* lengvai užsidegantis, degus

flamy ['fleɪmɪ] *a* 1 liepsningas 2 ugninis, ugnies spalvos

flan [flæn] *n (pyrago tešlos)* apkepas su vaisiais/sūriu *ir pan.*

Flanders ['flɑːndəz] *n ist.* Flandrija *(provincija)*

flange [flændʒ] *tech. n* jungė, flanšas; kraštelis, antbriaunis
v atriesti/atlenkti kraštą

flank [flæŋk] *n* 1 šonas 2 šoninė *(mėsa)* 3 *(kalno)* šlaitas 4 *kar.* flangas; sparnas *(t. p. pastato); to make a ~ attack* atakuoti iš sparno
v (ppr. pass) 1 būti pastatytam šone, iš šono; būti apsuptam *(iš abiejų pusių; by)* 2 prieiti *(on – prie),* susisiekti *(on – su)* 3 *kar.* pulti/apšaudyti iš sparno/flango

flanker ['flæŋkə] *n* 1 *kar.* sparno/flango įtvirtinimas 2 *sport. (regbio)* šoninis puolėjas

flannel ['flænl] *n* 1 flanelė 2 šiūruoklė, šiūreklis 3 *šnek.* tušti/gražūs žodžiai 4 *pl* flanelinės kelnės 5 *pl amer.* flanelinė pižama
v (-ll-) šnek. muilinti akis *(gražbyliaujant)*

flannelette [ˌflænəlˈet] *n tekst.* medvilninė flanelė

flap [flæp] *n* 1 plaikstymasis, plazdenimas; plasnojimas 2 tėkštelėjimas; pliaukštelėjimas *(uodega, sparnu)* 3 *šnek.* sujudimas, panika, susirūpinimas; *to be in a ~* nervintis, panikuoti; *to get into a ~* susinervinti, susijaudinti 4 kas nors nukarę/pakibęs: *(drabužio)* atvartas, atlošas, skvernas, *(voko)* atlankas *ir pan.* 5 antkišenis 6 sudedamojo stalo nuleidžiamasis kraštas 7 *av. (sparnų)* skydelis 8 *tech.* sklendė, vožtuvas
n 1 plaikstyti(s), plazdenti; *the banners are ~ping in the wind* vėjas vėliavas plaiksto 2 plasnoti 3 pliaukštelėti, tėkštelėti; tėkšenti *(sparnais)* 4 *šnek.* nervintis; *stop ~ping!* nurimk(ite)!, tvardykis! □ *~ away* nuplasnoti *(apie paukščius)*

flapdoodle ['flæpˌduːdl] *n šnek.* nesąmonė, niekai

flap-eared ['flæp,ɪəd] *a* nulėpusiomis ausimis
flapjack ['flæpdʒæk] *n* **1** avižinis paplotėlis su sirupu **2** *amer.* blynas
flappable ['flæpəbl] *a šnek.* be pusiausvyros, nervingas
flapper ['flæpə] *n* **1** muštukas, tauškutis *(musėms mušti)* **2** tarškutis, barškalas *(paukščiams baidyti)* **3** kultuvo/spragilo buožė **4** *(ruonio)* plaukmuo **5** paukščiukas *(ppr. ančiukas)* **6** *šnek. psn.* jauna, žvitri mergaitė
flappy ['flæpɪ] *a* nukaręs, nulėpęs, suglebęs
flare[1] [flɛə] *n* **1** šviesos signalas; signalinė raketa **2** tviskėjimas, blykstelėjimas, švystelėjimas; liepsna **3** *astr.* saulės žybsnis *(t. p. solar ~)* **4** *šnek.* staigus pyktis, įtūžis **5** *jūr. (borto, špantų)* išvirtimas
v **1** blykčioti, tviskėti, tvykščioti, tvykstelėti, (su)liepsnoti *(t. p. ~ up)* **2** *prk.* įsiliepsnoti, užsipliekstI *(t. p. ~ up); passions ~d up* aistros įsiliepsnojo **3** paūmėti *(apie ligą; t. p. ~ up)*
flare[2] *v* platėti *(į apačią; apie sijoną, kelnes)* ☐ *~ out* išsiskleisti, išplatėti *(apie sijoną ir pan.)*
flared [flɛəd] *a* į apačią išplatėjęs *(apie sijoną, kelnes)*
flare-path ['flɛəpɑ:θ] *n av.* apšviestas (pa)kilimo/leidimosi takas
flares ['flɛəz] *n pl šnek.* į apačią paplatintos kelnės
flare-up ['flɛərʌp] *n* **1** įsiliepsnojimas, suliepsnojimas *(t. p. prk.)* **2** įsiliepsnojusios aistros, vaidas **3** *(ligos)* paūmėjimas
flash [flæʃ] <*n, a, v*> *n* **1** švystelėjimas, žybtelėjimas, blyksnis, žybsnis; *there was a ~ of lighting* blykstelėjo/tvykstelėjo žaibas **2** *(vilties ir pan.)* prošvaistė; *(džiaugsmo)* blyksnis; *~ of anger* pykčio užsiplieskimas, įpykis **3** akimirka, momentas; *in a ~* akimirksniu; *quick as a ~* žaibiškai **4** trumpas pranešimas/skelbimas **5** *amer.* žibintuvėlis **6** *fot.* blykstė **7** *kar. (uniformos)* antsiuvas **8** *kin.* trumpa ištrauka iš filmo ☐ *~ in the pan* trumpalaikis/atsitiktinis laimėjimas
a **1** *attr* ūmus, staigus **2** *šnek.* prašmatnus, prabangus, puikus **3** *šnek.* vagių *(apie žargoną)*
v **1** blykstelėti, žybtelėti, tvykstelėti, švystelėti *(t. p. ~ out/up); lightning [his eyes] ~ed* žaibas [jo akys] blykstelėjo; *a little fire ~ed out in the dark* tamsoje žybtelėjo žiburėlis/ugnelė **2** blykčioti, žybčioti; *to ~ a look/glance* mesti žvilgsnį; *to ~ one's headlights aut.* mirkčioti žibintais **3** šmėkštelėti, greitai pralėkti **4** blykstelėti, dingtelėti *(į galvą)* **5** greitai perduoti *(per radiją, telegrafu ir pan.)* **6** perduoti šviesos signalus **7** pakišti, trumpai parodyti ☐ *~ about/around* demonstruoti, švaistytis *(kreditine kortele ir pan.)*; *~ back* sugrįžti į praeitį *(to); ~ by* pralėkti *(apie atostogas ir pan.); ~ on* užsidegti, užsipliekstI
flashback ['flæʃbæk] *n* **1** žvilgsnis į praeitį, prisiminimas **2** *lit., kin.* praeities intarpas *(epizodas, scena)*
flashbulb ['flæʃbʌlb] *n fot.* blykstė, blyksnio lempa
flashcard ['flæʃkɑ:d] *n* kortelė su žodžiu/paveikslu *(mokymo priemonė)*
flasher ['flæʃə] *n* **1** *aut. (posūkio)* šviesos signalas; *~ lamp* mirksintis (posūkio) rodiklis/lemputė **2** *šnek.* ekshibicionistas *(lytinis iškrypėlis)*
flash-flood ['flæʃflʌd] *n* staigus potvynis *(po liūčių)*
flash-freeze [,flæʃ'fri:z] *v* greitai užšaldyti *(produktus)*
flashing ['flæʃɪŋ] *n* **1** *stat.* skydas; hidroizoliacija **2** *šnek.* ekshibicionizmas
a mirksintis, mirkčiojantis *(apie šviesą, kelio ženklą)*
flashlight ['flæʃlaɪt] *n* **1** *(švyturio, reklamos ir pan.)* mirksinti šviesa; šviesos signalas **2** žibintas; žibintuvėlis **3** *fot.* blykstė

flashpoint ['flæʃpɔɪnt] *n* **1** *(krizės ir pan.)* aukščiausias taškas, kulminacija **2** *(neramumų ir pan.)* židinys; „karštas rajonas" **3** *spec.* švystelėjimo/žybsnio temperatūra
flashy ['flæʃɪ] *a šnek.* per daug išpuoštas, prašmatnus, (akį) rėžiantis *(apie spalvas)*
flask [flɑ:sk] *n* **1** plokščias butelis, flakonas **2** *(apipintas)* siaurakaklis butelis; gertuvė **3** *chem.* kolba
flat[1] [flæt] *n* **1** butas *(kurio visi kambariai viename aukšte); service ~* butas su aptarnavimu (ir maistu) **2** *pl* daugiabutis namas *(t .p. block of ~s)*
flat[2] <*n, a, adv*> *n* **1** plokštuma, plokštis; *the ~ of the hand* delnas **2** lyguma; žemuma; plokščia sekluma; *mud ~s* pelkynas; *on the ~* lygia vieta, lyguma **3** nuleista padanga **4** *pl amer. šnek.* bateliai be užkulnių *ar* su žemais užkulniais **5** plokščiadugnė valtis **6** *stat.* briauna **7** *teatr.* atpakalys **8** *muz.* bemolis ◊ *to join ~s* sukomponuoti, padaryti vientisą
a **1** plokščias, lėkštas, lygus; *~ chest* plokščia krūtinė; *~ coast* lėkštas krantas; *~ nose* plokščia/priplota nosis; *to hammer smth ~* suploti/priploti ką plaktuku; *the earth is ~* žemė – plokščia **2** *prk.* lėkštas, plokščias, negilus **3** nuobodus; monotoniškas; *life here seems ~ to me* čia man labai nuobodu **4** kategoriškas; *and that's ~!* ir tai galutinai!, baigta! *(atsisakant, paneigiant)* **5** be užkulnių, su žemais užkulniais *(apie batelius)* **6** supliuškęs, nuleistas *(apie padangą ir pan.)* **7** nusivadėjęs, išsikvėpęs *(apie gėrimą)* **8** vienodas *(apie spalvas);* matinis, neblizgus *(apie dažus)* **9** *muz.* bemolinis, žeminantis, detonuojantis **10** *kom.* vangus, negyvas **11** *kom.* vienodas, standartinis; *~ rate (mokesčių, tarifo ir pan.)* vienoda norma ◊ *to fall ~* nepavykti, (su)žlugti
adv **1** plokščiai; *to lie ~* gulėti prisiplojus; išgulti, sugulti *(apie javus)* **2** lygiai *(apie laiką); he did it in five minutes ~* jis tai padarė lygiai per penkias minutes **3** *šnek.* visiškai; tiesiai, kategoriškai *(ppr. ~ out); ~ out of money* visiškai be pinigų; *tell him ~ out what you think* sakyk jam tiesiai, ką manai; *he's working ~ out* jis pluša iš visų jėgų **4** *muz.* detonuojamai; *to sing ~* detonuoti
flat-bottomed ['flæt'bɒtəmd] *a* plokščiadugnis *(apie valtį)*
flatcar ['flætkɑ:] *n amer. glžk.* platforma *(vagonas)*
flat-chested ['flæt'tʃestɪd] *a* plokščiakrūtinis
flatfish ['flætfɪʃ] *n zool.* plekšnė
flatfoot ['flætfut] *n* **1** plokščia pėda; plokščiapėdiškumas **2** *sl.* policininkas
flat-footed ['flæt'futɪd] *a* **1** *med.* plokščiapadis, pilnapadis **2** *šnek.* nevikrus, nerangus **3** *šnek.* abejingas kitiems, nejautrus ◊ *to catch smb ~ amer.* užklupti *(nepasiruošusį, nedirbantį)*
flatiron ['flætaɪən] *n ist.* lygintuvas, laidynė
flatlands ['flætlændz] *n pl* lygumos
flatlet ['flætlɪt] *n* nedidelis butas, butelis
flatly ['flætlɪ] *adv* **1** plokščiai, lygiai **2** kategoriškai *(paneigti, atsisakyti)*
flatmate ['flætmeɪt] *n* buto/kambario draugas
flatness ['flætnɪs] *n* **1** plokštumas; lėkštumas *(t. p. prk.)* **2** nuobodumas; monotoniškumas
flatten ['flætn] *v* **1** daryti plokščią/lygų; (iš)lyginti; darytis plokščiam/lygiam *(t. p. ~ out)* **2** (su)ploti, priploti; *to ~ oneself against a wall* priglusti prie sienos **3** išguldyti, suguldyti *(javus)* **4** sugriauti *(pastatą, miestą)* **5** *šnek.* sutriuškinti ☐ *~ out* a) sulyginti su žeme, sugriauti; b) *av.* skristi horizontaliai *(po kilimo/leidimosi);* išlyginti *(lėktuvo skridimą)*
flatter ['flætə] *v* **1** meilikauti, girti *(pataikaujant)* **2** *(džn. pass)* glostyti *(širdį);* jausti pasitenkinimą *(t. p. to feel*

flatterer | 349 | **flesh-colo(u)red**

~ed); to ~ smb's vanity glostyti kieno savimeilę; **I am ~ed by your invitation** man malonu būti jūsų pakviestam 3 *refl* per daug gerai manyti apie save; su pasitenkinimu manyti *(kad)*, puoselėti viltį *(kad)* 4 gražinti; **the portrait ~s her** portrete ji gražesnė negu iš tikrųjų
flatterer ['flætərə] *n* meilikautojas, saldžialiežuvis
flattering ['flætərɪŋ] *a* 1 meilikaujamas 2 glostantis savimeilę; malonus 3 gražinantis, gražus
flattery ['flætərɪ] *n* meilikavimas, gerinimasis
flatties ['flætɪz] *n pl šnek.* bateliai be užkulnių *ar* su žemais užkulniais
flattish ['flætɪʃ] *a* plokštokas, lygokas
flattop ['flættɔp] *n šnek.* 1 apkirpimas ežiuku 2 *amer.* lėktuvnešis
flatulence ['flætjulɘns] *n* 1 *med.* dujų susikaupimas *(žarnyne);* meteorizmas 2 išpūstumas, pretenzingumas
flatulent ['flætjulənt] *a* 1 kaupiantis dujas *(žarnyne);* išpūstas *(apie vidurius)* 2 *prk.* išpūstas, pretenzingas
flatware [flætwɛə] *n amer.* stalo įrankiai *(peiliai, šakutės, šaukštai)*
flatways, flatwise ['flætweɪz, 'flætwaɪz] *adv* plokščiai, plokščiuoju šonu
flatworms ['flætwə:mz] *n pl zool.* plokščiosios kirmėlės
flaunt [flɔ:nt] *v* 1 puikuotis, puikautis, stengtis pasirodyti; **they ~ their riches** jie puikuojasi savo turtais 2 išdidžiai plevėsuoti *(apie vėliavas)*
flautist ['flɔ:tɪst] *n* fleitininkas
flavescent [flə'vesənt] *n* geltonuojantis; geltonokas
flavor ['fleɪvə] *amer.* = **flavour** *n, v*
flavorful ['fleɪvəful] *a amer.* aromatingas, kvapnus
flavour ['fleɪvə] *n* 1 skonis, skanumas 2 aromatas, malonus kvapas 3 charakteringa atmosfera, būdinga nuotaika; pikantiškumas; **a ~ of romance** romantikos nuotaika/atmosfera; **a ~ of irony** ironiškas atspalvis ◊ **to be ~ of the month** *šnek.* a) būti madingam; b) būti laikinai mylimam
v suteikti skonio/aromato/pikantiškumo; (pa)skaninti, (pa)gardinti
flavo(u)ring ['fleɪvᵊrɪŋ] *n* 1 skonio/aromato suteikimas 2 prieskonis; pagardas; skoninės medžiagos
flavo(u)rless ['fleɪvələs] *a* be skonio; prėskas
flaw¹ [flɔ:] *n* 1 įtrūkis, įlūžis, įplyšimas 2 yda; trūkumas, defektas 3 *teis.* klaida, praleidimas *(dokumente ir pan.)*
v 1 įtrūkti, įlūžti, įplyšti 2 gadinti
flaw² *n* vėjo šuoras, škvalas
flawed [flɔ:d] *a* su trūkumais, turintis trūkumų; su ydomis; **~ goods** prekės su trūkumais/defektais
flawless ['flɔ:ləs] *a* be trūkumų, nepriekaištingas; be ydų
flawy¹ ['flɔ:ɪ] *a* su trūkumais, defektais; ydingas
flawy² *a* šuoringas
flax [flæks] *n* 1 *bot.* linas; **fibre ~** pluoštinis linas 2 linai; linų pluoštas; **~ combing [dressing]** linų šukavimas [brukimas]; **~ puller** linarovė
flaxen ['flæksᵊn] *a* 1 linų, lininis 2 linų spalvos, gelsvas *(apie plaukus)*
flax-seed ['flækssi:d] *n* sėmenys
flaxy ['flæksɪ] *a* 1 linų, lininis 2 panašus į linus
flay [fleɪ] *v* 1 (nu)dirti, (nu)lupti *(odą, kailį)* 2 lupti, plakti, pliekti, (žiauriai) mušti 3 (iš)barti, griežtai (su)kritikuoti
flayer ['fleɪə] *n* kailialupys, od(a)lupys
flea [fli:] *n zool.* 1 blusa 2 = **flea-beetle** ◊ **a ~ in one's ear** atrėžimas, kandus atkirtis; griežta/pikta pastaba; **to send smb away/off with a ~ in their ear** piktai kam atrėžti, padaryti kam griežtą pastabą; atsikratyti ko

fleabag ['fli:bæg] *n šnek.* 1 blusius 2 *(ypač amer.)* prastas, pigus viešbutis 3 *ret.* miegamasis maišas
fleabane ['fli:beɪn] *n bot.* vaistinė muskrėslė; šiušelė
flea-beetle ['fli:bi:tl] *n zool.* spragė
fleabite ['fli:baɪt] *n* 1 blusos įkandimas 2 *prk.* nedidelis nemalonumas
flea-bitten ['fli:ˌbɪtn] *a* 1 sukandžiotas blusų 2 derešas *(apie arklio spalvą)* 3 *šnek.* prastas, menkas
flea-collar [flɪːˌkɔlə] *n (šuns, katės)* antkaklis, impregnuotas insekticidais
fleapit ['fli:pɪt] *n sl.* prastas, pigus kinas/teatras
flčche [fleɪʃ] *pr. n* 1 *archit.* aukšta smailė 2 *kar.* flešė 3 ataka strėle *(fechtavimas)*
fleck [flek] *n* 1 dėmė, taškas, taškelis 2 dulkelė
v (ppr. pass) (ap)taškyti, sutaškyti, sudėmėti *(with)*
flection ['flekʃn] *n* = **flexion**
fled [fled] *past ir pII žr.* **flee**
fledge [fledʒ] *v* 1 apsiplunksnuoti 2 maitinti jauniklius paukščius 3 iškloti plunksnomis *(lizdą)*
fledged [fledʒd] *a* = **fully-fledged**
fledg(e)ling ['fledʒlɪŋ] *n* jauniklis *(paukščiukas)*
a neapsiplunksnavęs, jaunas, neprityręs
flee [fli:] *v* (fled) 1 (pa)bėgti *(gelbstintis);* **to ~ the country** (pa)bėgti iš šalies 2 vengti
fleece [fli:s] *n* 1 *(avies)* vilnos 2 *(vieno avies kirpimo)* prikirpis 3 balti debesėliai 4 multinas *(audinys)*
v 1 *šnek.* nulupti, apiplėšti, apsukti 2 kirpti *(avį)*
fleecy ['fli:sɪ] *a* 1 švelnus; panašus į vilnas, plunksninis *(apie debesis ir pan.)* 2 vilnotas
fleer [flɪə] *n* pašaipa; niekinamas žvilgsnis
v šaipytis
fleet¹ [fli:t] *n* 1 laivynas; flotilė 2 *(tankų, automobilių ir pan.)* parkas
fleet² *a poet.* eiklus, greitakojis *(t. p. ~ of foot)*
v 1 greitai (pra)lėkti/praeiti 2 *jūr.* keisti poziciją
fleet³ *a dial.* įlanka
fleet-footed ['fli:t'futɪd] *a poet.* greitakojis
fleeting ['fli:tɪŋ] *a* trumpalaikis; greitai pralekiantis/prabėgantis
Fleet Street ['fli:tstri:t] *n* 1 Flytstrytas *(Londono gatvė, kurioje yra daug laikraščių leidyklų);* Londono žurnalistai 2 *prk. (Anglijos)* spauda
Fleming ['flemɪŋ] *n* flamandas
Flemish ['flemɪʃ] *n* 1 flamandų kalba *(Š. Belgijoje)* 2 **(the ~)** *kuop.* flamandai
a flamandiškas, flamandų
flench [flentʃ] *v* = **flense**
flense [flens] *v* (nu)lupti, skrosti *(ruonį, banginį)*
flesh [fleʃ] *n* 1 mėsa *(ne kaulai, oda)* 2 *(žmogaus)* kūnas; **~ and blood** a) kūnas ir kraujas; b) žmogus, žmonės, žmonių giminė 3 kūniškumas, fizinis potraukis; **sins of the ~** kūniškos nuodėmės 4 *(vaisiaus)* minkštimas ◊ **one's own ~ and blood** artimi giminaičiai; **in the ~** gyvas, tikras, tikroviškas *(ne fotografija);* **weariness of the ~** nuobodus/įkyrus darbas; **to make smb's ~ creep/crawl** gąsdinti ką, stingdyti kam kraują; **to make/gain ~, to put on ~** priaugti *(svorio),* tukti; **to lose ~** liesėti, netekti svorio; **to put ~ (on)** papildyti *(paaiškinant ir pan.);* **to press the ~** *šnek.* (pa)spausti rankas *(su rinkėjais ir pan.)*
v 1 duoti *(šuniui, sakalui)* sumedžioto grobio mėsos *(pratinant medžioti)* 2 *poet.* aplaistyti krauju *(durklą ir pan.)* 3 *spec.* valyti mėsą nuo kailio, kaišti kailį □ **~ out** išplėsti, išplėtoti, sukonkretinti *(mintį, teiginius ir pan.)*
flesh-colo(u)red ['fleʃkʌləd] *a* kūno spalvos

flesh-eating ['fleʃiːtɪŋ] *a* mėsėdis
fleshings ['fleʃɪŋz] *n pl* kūno spalvos triko
fleshly ['fleʃlɪ] *a* kūniškas
fleshpot ['fleʃpɔt] *n* **1** mėsos puodas **2** *pl* pasilinksminimų/ištvirkavimo vietos, pragarynė
flesh-wound ['fleʃwuːnd] *n* paviršutiniška žaizda, lengvas sužeidimas
fleshy ['fleʃɪ] *a* **1** mėsingas; storas **2** mėsinis, mėsiškas
fleur-de-lis [ˌflǝːdǝ'liː] *pr. n* (*pl* fleurs-de-lis [ˌflǝːdǝ'liːz]) **1** *bot.* vilkdalgis **2** *ist.* heraldinė lelija (*Prancūzijos herbas*)
fleuron ['fluǝrɔn, 'flǝːrɔn] *pr. n archit.* fleronas
flew [fluː] *past žr.* **fly²** *v*
flews [fluːz] *n pl (šuns)* atvėpusios lūpos
flex [fleks] *n el.* lankstus laidas
v lankstyti(s), lenkti(s); **to ~ one's muscles** mankštinti raumenis; rodyti savo sugebėjimus
flexibility [ˌfleksǝ'bɪlǝtɪ] *n* lankstumas (*t. p. prk.*); liaunumas
flexible ['fleksǝbl] *a* **1** lankstus, liaunas, šmaikštus **2** *prk.* lankstus; prisitaikantis (*prie naujų sąlygų ir pan.*); **~ policy** lanksti politika
flexion ['flekʃn] *n* **1** (su)lenkimas; išlinkimas **2** *gram.* fleksija, galūnė
flexitime ['fleksɪtaɪm] *n* laisvas darbo dienos režimas (*pasirenkant darbo pradžios ir pabaigos laiką*)
flexor ['fleksǝ] *n anat.* lenkiamasis raumuo (*t. p. ~ muscle*)
flextime ['flekstaɪm] *n amer.* = **flexitime**
flexuous ['fleksjuǝs] *a* vingiuojantis, vingiuotas
flexure ['flekʃǝ] *n* **1** (su)lenkimas, (su)linkimas **2** *anat., tech.* linkis
flibbertigibbet [ˌflɪbǝtɪ'dʒɪbɪt] *n* pliuškis, vėjavaikis, lengvabūdis žmogus (*ypač moteris*); lengvabūdė, pliuškė
flick [flɪk] *n* **1** staigus judesys **2** pliaukšėjimas, pliaukštelėjimas, lengvas smūgis; **to give a ~ of the whip** pliaukštelėti botagu **3** sprigtas, sprigtukas **4** *šnek.* filmas; **the ~s** kinas ◊ **to have a ~ (through)** sklaidyti, permesti akimis (*knygą ir pan.*)
v **1** pliaukšėti, pliaukštelėti, lengvai suduoti; **she ~ed him a blow on the face** ji sudavė jam į veidą **2** sprigtelėti **3** spustelėti, spragtelėti (*mygtuką ir pan.*) **4** nubraukti, nustumti (*from; t. p.* **~ away/off**) **5** peržvelgti (*through*); sklaidyti (*puslapius; over*) ▢ **~ off** išjungti (*nuspaudus mygtuką*); **~ on** įjungti (*nuspaudus mygtuką*); **~ out** iš(si)kišti (*apie liežuvį, leteną ir pan.*)
flicker ['flɪkǝ] *n* **1** bliksėjimas, mirkčiojimas **2** (*vilties ir pan.*) švystelėjimas **3** mirgėjimas; virpėjimas
v **1** bliksėti, blikčioti, mirkčioti **2** švystelėti (*apie šypseną, viltį*) **3** mirgėti; virpėti
flick-knife ['flɪknaɪf] *n* spyruoklinis peilis (*kurio geležtė iššoka iš kriaunų nuspaudus mygtuką*)
flier ['flaɪǝ] *n* = **flyer**
flight¹ [flaɪt] *n* **1** skridimas, skrydis; skraidymas; **in ~** skrendantis; **~ path** skridimo trajektorija **2** *av.* skrydis, reisas, reisinis lėktuvas; **to call a ~** paskelbti lėktuvo išskridimą **3** (*minties, vaizduotės ir pan.*) polėkis **4** (*skrendančių paukščių*) pulkas **5** (*strėlių, kulkų*) kruša **6** (*laiko*) greitas bėgimas **7** (*laiptų*) maršas, laiptatakis (*ppr.* **~ of stairs/steps**); **we live three ~s up** mes gyvename ketvirtame aukšte **8** *sport.* (*kliūčių*) eilė **9** *kar.* (*lėktuvų*) eskadrilė ◊ **in the first/top ~** pirmaujantis, esantis tarp geriausių avangarde
v **1** skristi (*pulku*) **2** šaudyti į skrendančius paukščius
flight² *n* **1** bėgimas; staigus atsitraukimas; **to put smb to ~** priversti ką bėgti; **to take (to) ~** (pa)bėgti (*from – iš, nuo*) **2** *kom.* (*kapitalo*) nutekėjimas; išvežimas iš šalies

flight-deck ['flaɪtdek] *n* **1** (*lėktuvnešio*) kilimo/leidimosi denis **2** *av.* lakūno kabina
flightless ['flaɪtlǝs] *a* neskraidantis (*apie paukščius, vabzdžius*)
flight-recorder ['flaɪtrɪˌkɔːdǝ] *n av.* juodoji dėžė (*su lėktuvo būklės įrašais*)
flighty ['flaɪtɪ] *a* **1** nepastovus, vėjavaikiškas, įnoringas; **~ conduct** lengvabūdiškas elgesys **2** papaikęs
flimflam ['flɪmflæm] *šnek. n* **1** paistalas, sapalas **2** triukas, suktybė
v mulkinti
flimsy ['flɪmzɪ] *n* plonas (*rūkomasis*) popierius (*ppr. spausdinti mašinėle*)
a **1** lengvas ir plonas (*apie audinį, drabužį*) **2** prastas, netvirtas **3** nerimtas, nepagrįstas, menkas (*apie argumentą, pasiteisinimą ir pan.*)
flinch¹ [flɪntʃ] *v* **1** suvirpėti, krūptelėti, krūpčioti (*iš skausmo, baimės*) **2** vengti, nenorėti (*from*)
flinch² *v* = **flense**
flinders ['flɪndǝz] *n pl* gabalai, nuolaužos
fling [flɪŋ] *n* **1** sviedimas, svaidymas, metimas **2** pašaipi pastaba; **to have a ~ at smb** pašiepti ką, šaipytis iš ko **3** bandymas; **to have/take a ~ at smth** pabandyti ką **4** šėlimas, siautimas, (pa)siautėjimas; (paskutinis) pasispardymas; **to have one's ~** (pa)siausti, (pa)siautėti, (pa)ūžti **5** trumpas meilės romanas **6** gyvas škotų šokis (*ppr.* **Highland ~**)
v **1** sviesti, svaidyti, blokšti, blaškyti, mesti; **to ~ a stone at smth** sviesti akmenį į ką **2** parblokšti, parmesti (*t. p.* **~ down**) **3** *refl.* pulti; blaškytis; **to ~ oneself off the bridge** pulti nuo tilto; **to ~ one's arms round smb's neck** pulti kam ant kaklo **4** *refl.* mestis, energingai griebtis/imtis (*into*) **5** (į)mesti (*į kalėjimą; into*) **6** spardytis ▢ **~ about/around** švaistytis; **~ back** atmesti (*galvą*); **~ down** nu(si)mesti; nugriauti; **~ off** nu(si)mesti (*drabužį*); **~ on** už(si)mesti (*drabužį*); **~ out** a) keiktis, užgaulioti; b) išmesti; atsikratyti
flint [flɪnt] *n* **1** titnagas **2** *prk.* kas nors labai kietas; **a heart of ~** akmens/kieta širdis **3** žiebtuvėlio akmenėlis ◊ **to skin a ~** būti šykščiam
flint-glass ['flɪntglɑːs] *n* flintglasas, flintstiklas, angliškasis krištolas
flintlock ['flɪntlɔk] *n ist.* titnaginis šautuvas
flinty ['flɪntɪ] *a* **1** titnaginis **2** kietas, tvirtas **3** *prk.* kietas, nuožmus
flip¹ [flɪp] *n* **1** sprigtas, lengvas smūgis; spragtelėjimas **2** ap(si)vertimas; salto (*akrobatikos elementas*) **3** (*monetos*) metimas (*buriant*); **to decide smth by the ~ of a coin** nuspręsti ką metant monetą
v **1** greitai (per)versti (*knygą ir pan.; through*) **2** sprigtelėti **3** spragtelėti, spustelėti (*jungiklį ir pan.*) **4** mesti (*monetą; buriant*) **5** *šnek.* įniršti, pasiusti (*t. p.* **~ out**) **6** *sl.* pakvaišti; apstulbti ▢ **~ over** apversti
flip² *n* gėrimas (*iš pieno, kiaušinių, cukraus ir vyno/spirito*)
flip³ *a* = **flippant**
flip-flop¹ ['flɪpflɔp] *n* **1** *pl* (*pliažinės*) šliurės, šlepetės, sandalai **2** *rad.* multivibratorius, trigeris
flip-flop² *v amer. šnek.* staiga pasikeisti, apsiversti (*apie nuomonę*)
flippancy ['flɪpǝnsɪ] *n* lengvabūdiškumas
flippant ['flɪpǝnt] *a* nerimtas, lengvabūdiškas; nepagarbus
flipper ['flɪpǝ] *n* **1** *zool.* plaukmuo, pelekas **2** *sport.* plaukmuo
flipping ['flɪpɪŋ] *šnek. a* velniškas, prakeiktas (*pabrėžiant*)
adv prakeiktai; visiškai

flip-side ['flɪpsaɪd] *n* **1** *(gramofono plokštelės)* antroji pusė *(su ne taip įdomia/populiaria daina/muzika)* **2** *(ko)* atvirkščioji/blogoji pusė

flirt [flə:t] *n* **1** flirtininkė, koketė; žmogus, mėgstantis flirtuoti **2** flirtas
v **1** flirtuoti, koketuoti **2** *prk.* žaisti; *to ~ with the idea of going abroad* vis pagalvoti, ar nevertėtų važiuoti į užsienį

flirtation [flə:'teɪʃ] *n* **1** flirtas; flirtavimas **2** *prk.* žaidimas; *(trumpas)* susidomėjimas *(with – kuo); ~ with death* žaidimas su mirtimi

flirtatious [flə:'teɪʃəs] *a* koketiškas; mėgstantis flirtuoti

flit [flɪt] *n* **1**: *to do a (moonlight) ~ šnek.* kaitalioti gyvenamąją vietą *(vengiant mokėti nuomą)* **2** *amer. sl.* pederastas
v **1** skraidžioti, tupinėti *(nuo šakos ant šakos)* **2** šmėkštelėti, šmėkščioti *(apie mintis, vaizdą ir pan.)* **3** *šiaur.* kaitalioti gyvenamąją vietą

flitch [flɪtʃ] *n* **1** sūdyta ir rūkyta lašinių paltis **2** *stat.* papentis

flitter ['flɪtə] *v* skrajoti, plasnoti

flitter-mouse ['flɪtəmaus] *n (pl* -mice [-maɪs]) šikšnosparnis

flivver ['flɪvə] *n amer. sl.* mažas, pigus automobilis/lėktuvas

float [fləut] *n* **1** plūdė *(t. p. tech.)* **2** kas nors plūduriuojantis **3** *(plaukiko)* gelbėjimosi diržas **4** plaustas; keltas; plokščiadugnė valtis **5** *(žuvies)* plaukiojamoji pūslė **6** žema platforma, vežimas *(procesijoje);* elektrokaras **7** *amer.* gaivinamasis gėrimas su ledais **8** smulkūs pinigai *(grąžai)* **9** *(vertybinių popierių)* laisvai kintantis kursas **10** *stat.* *(mūrininko)* mentė, fasoninis lygintuvas **11** *(džn. pl)* teatr. rampos šviesos **12** *attr tech.* plūdinis
v **1** plūduriuoti, plaukioti *(vandens paviršiuje)* **2** plaukti padange, plaukioti *(apie debesis ir pan.);* pakilti į orą *(apie balioną; t. p. ~ up)* **3** plukdyti **4** (už)tvindyti **5** lengvai ir grakščiai eiti/vaikščioti **6** klajoti *(iš vieno darbo į kitą ir pan.)* **7** sklisti, plisti *(apie gandus, kvapus ir pan.; t. p. ~ around);* paskleisti *(mintį)* **8** pradėti, imtis *(sumanymo ir pan.)* **9** (į)steigti *(bendrovę pardavinėjant akcijas)* **10** *fin.* leisti *(obligacijas ir pan.)* **11** *fin.* laisvai kisti *(kursui);* svyruoti *(tarptautinio kurso atžvilgiu)* □ *~ off* a) nuplaukti nuo seklumos; b) nukristi, nulėkti *(apie balioną, lapus)*

floatable ['fləutəbl] *a* **1** plūduriuojantis **2** plūdrus; plukdomas(is)

floatage ['fləutɪdʒ] *n* **1** plūduriavimas **2** laivo dalis, esanti virš vandens

floatation [fləu'teɪʃn] *n* = **flotation**

floater ['fləutə] *n* **1** plūdė **2** plaustas **3** *šnek.* perėjūnas, lakstūnas *(kas dažnai keičia darbovietę ir pan.)*

floating ['fləutɪŋ] *a* **1** plaukiojantis, plūduriuojantis; *~ bridge* pontoninis tiltas **2** nepastovus; *the ~ population* gyventojų kaita; *~ voter* rinkėjas, balsuojantis vis už kitą partiją, svyruojantis rinkėjas **3** *fin.* laisvai kintantis, svyruojantis *(apie valiutos kursą)* **4** *spec.* slankus; *~ text label* slankaus teksto etiketė *(kompiuterio programoje)*

floc [flɔk] *n* = **floccule**

floccule ['flɔkjuːl] *n* **1** vilnų kuokštelis **2** dribsnis

flocculent ['flɔkjulənt] *a* pūkuotas; kuokštiškas

flocculus ['flɔkjuləs] *n (pl* -li [-laɪ]) **1** *astr.* flokulai **2** = **floccule**

flock[1] [flɔk] *n* **1** *(avių ir pan.)* banda; *(paukščių)* pulkas; *~s and herds* avys ir galvijai **2** *(žmonių, daiktų)* grupė, būrys **3** *bažn.* avelės
v **1** būriuotis, burtis; spiestis; *they ~ed round him* jie susibūrė apie jį **2** plaukti, plūsti *(apie žmones)*

flock[2] *n* **1** *(vilnų, plaukų)* kuokštas **2** *pl* kamšalas *(vilnos, medvilnė);* nuovėlos **3** *chem.* lengvos nuosėdos

floe [fləu] *n* ledo lytis

flog [flɔg] *v* **1** perti, čaižyti, plakti *(lazda, botagu ir pan.)* **2** prievarta kalti į galvą *(žinias ir pan.; into);* išmušti, išvaryti *(tinginį ir pan.; out of)* **3** *šnek.* iškišti, parduoti ◊ *to ~ oneself into the ground* ar *to death šnek.* visiškai nusikamuoti *(dirbant)*

flood [flʌd] *n* **1** potvynis, tvanas, vandens pakilimas; *in ~* išsiliejęs per krantus, tvanus *(apie upę); the ~s are out* upė išsiliejo iš krantų **2** *prk.* srautas; *~ of tears [of words]* ašarų [žodžių] srautas **3** *(the F.) bibl.* visuotinis tvanas; *before the F.* prieštvaniniais laikais **4** *šnek.* = **floodlight**
v **1** užlieti; apsemti; patvinti; pakilti *(apie upę)* **2** *prk.* užlieti, užplūsti, užtvindyti; *to ~ with light* užlieti šviesa, apšviesti; *to ~ the market with cheap goods* užtvindyti rinką pigiomis prekėmis **3** veržtis srove; tekėti □ *~ back* atslūgti *(apie bangas); ~ in* plaukte plaukti, gausėti, daugėti; *~ out (ppr. pass)* iškeldinti; priversti išsikelti *(dėl potvynio)*

floodbank ['flʌdbæŋk] *n* aptvindomas *(upės)* krantas

floodgate ['flʌdgeɪt] *n (džn. pl)* šliuzas, šliuzo vartai ◊ *to open the ~s* a) ≡ atverti kelią *(imigracijai ir pan.;)* b) duoti laisvę *(jausmams)*

flooding ['flʌdɪŋ] *n* užtvinimas, patvinimas

floodlight ['flʌdlaɪt] *n* **1** prožektorius *(aikštynams, pastatams ir pan. apšviesti)* **2** *pl* prožektorių šviesos/apšvietimas
v (floodlit ['flʌdlɪt]) apšviesti prožektoriais; nutviekšti šviesa

floodlit ['flʌdlɪt] *a* apšviestas prožektoriais; iliuminuotas

floodplain ['flʌdpleɪn] *n geogr.* salpa

floor [flɔː] *n* **1** grindys; perdanga; parketo grindys, parketas *(t. p. parqueted ~); to lay a ~* (iš)kloti grindis; *to walk/pace the ~* vaikščioti po kambarį pirmyn ir atgal **2** *(jūros, okeano, olos)* dugnas **3** paklotas, paklotė; *the forest ~* miško paklotė **4** aukštas; *the ground ~* pirmas aukštas; *the first ~* antras aukštas; *amer.* pirmas aukštas **5** vieta *(kokiai nors veiklai); dance ~* šokių aikštelė *(klube ir pan.)* **6** *(the ~)* *(parlamento ir pan. narių)* diskusijų/posėdžių patalpa; *(susirinkimo)* dalyviai, auditorija; *questions from the ~* klausimai iš auditorijos **7** teisė pareikšti nuomonę; *to have/take the ~* kalbėti *(posėdyje ir pan.); to get the ~* gauti žodį **8** *fin.* žemiausia riba; *(kainų ir pan.)* minimumas; *to go through the ~* nukristi iki žemiausios ribos **9** *jūr.* floras **10** = **floorboard 2** ◊ *to wipe the ~ (with) šnek.* sutriuškinti
v **1** dėti/kloti grindis **2** parblokšti/partrenkti ant grindų **3** pritrenkti, suglumintі; *he was ~ed by the question* tas klausimas jį priblokšė, atėmė žadą **4** *amer. aut. šnek.* ligi galo nuspausti akceleratorių

floorboard ['flɔːbɔːd] *n* **1** grindų lenta **2** *amer. aut.* dugnas, grindys

floorcloth ['flɔːklɔθ] *n* skuduras grindims plauti/valyti

floorer ['flɔːrə] *n* **1** grindų klojėjas **2** *šnek.* pritrenkiantis klausimas; stulbinanti pastaba/žinia

flooring ['flɔːrɪŋ] *n* grindys, grįstai, klojinys, paklotas

floor-lamp ['flɔːlæmp] *n amer.* toršeras

floor-length ['flɔːleŋθ] *a* siekiantis grindis, ligi grindų *(apie drabužį)*

floor-show ['flɔːʃəu] *n (naktinio klubo, kabareto)* programa

floorwalker ['flɔːˌwɔːkə] *n amer.* didelės parduotuvės administratorius

floozie, floozy ['fluːzɪ] *n šnek.* pasileidėlė, ištvirkėlė

flop [flɔp] <*n, v, int*> *n* **1** pliumptelėjimas, šleptelėjimas; *to sit down with a ~* sudribti į kėdę **2** *šnek.* (su)žlugimas, nesėkmė **3** = **flophouse**
v **1** dribti *(į lovą ir pan.);* drėbti; šleptelėti, žnektelėti, pliumptelėti *(t. p. ~ down); he ~ped down on his knees* jis puolė ant kelių **2** *šnek.* visiškai (su)žlugti, nepavykti **3** *amer. šnek.* miegoti □ *~ about* a) pliuškintis *(vandenyje);* b) šlepetuoti; šlepsėti; *~ out* išdribti, drybsoti; *~ over* persimesti iš vienos partijos *ir pan.* į kitą
int pliumpt, pumpt, šlept
flophouse ['flɔphaus] *n amer. šnek.* pigūs nakvynės namai
floppy ['flɔpɪ] *n komp.* diskelis *(t. p. ~ disk/disc)*
a **1** padribęs, laisvai krintantis, nulėpęs **2** sudribęs, išglebęs, silpnas
flora ['flɔːrə] *n (pl* -ae [-iː], ~s] flora, augmenija
Flora ['flɔːrə] *n* Flora *(vardas)*
floral ['flɔːrəl] *a* **1** gėlėtas, gėlių **2** florinis, floros, augmenijos
Florence ['flɔrəns] *n* **1** Florencija, Florensa *(vardas)* **2** Florencija *(miestas)* ◊ *a ~ Nightingale* slaugė
florescence [flɔːˈresns] *n* žydėjimas; *(prk. t. p.)* klestėjimas
floriculture ['flɔːrɪkʌltʃə] *n* gėlininkystė
florid ['flɔrɪd] *a* **1** *(džn. menk.)* (per daug) ornamentuotas/išpuoštas; įmantrus *(apie stilių)* **2** rausvas *(apie veido spalvą)*
Florida ['flɔrɪdə] *n* Florida *(JAV valstija); ~ Strait* Floridos pusiasalis
florin ['flɔrɪn] *n ist.* florinas *(2 šilingų vertės anglų moneta)*
florist ['flɔrɪst] *n* gėlininkas *(pardavėjas; augintojas); at the ~('s)* gėlių parduotuvėje
floss [flɔs] *n* **1** žaliavinis šilkas **2** vaškuotas siūlas dantims valyti *(t. p. dental ~)*
v valyti dantis vaškuotu siūlu
flossy ['flɔsɪ] *a amer. šnek.* prašmatnus; krintantis į akį
flotation [fləuˈteɪʃn] *n* **1** plūduriavimas; plaukiojimas **2** *kom. (bendrovės, įmonės)* steigimas; akcijų pardavimo pradžia **3** *spec.* flotacija
flotilla [fləˈtɪlə] *n jūr.* flotilė
flotsam ['flɔtsəm] *n* **1** sudužusio laivo ir jo krovinio plūduriuojantys likučiai **2** gyvenimo palaužti žmonės; benamiai bastūnai *(t. p. the ~ and jetsam)*
flounce[1] [flauns] *n* staigus, nekantrus judesys; blaškymasis
v blaškytis, mėtytis *(t. p. ~ about)* □ *~ out* mestis laukan *(ppr. supykus)*
flounce[2] *n* paraukta *(suknelės, sijono ir pan.)* juostelė, volanas; klostėtas apsiuvas
v apsiūti *(drabužio)* kraštą *(paraukiant)*
flounder[1] ['flaundə] *v* **1** kepurnėtis, kapstytis *(iš vandens, purvyno ir pan.);* spurdėti *(apie žuvį)* **2** svyruoti, nežinoti, ko griebtis; pasimesti **3** stovėti vietoje, merdėti *(apie ekonomiką ir pan.)* □ *~ about/around* grumtis *(su sunkumais)*
flounder[2] *n zool.* plekšnė
flour ['flauə] *n* **1** miltai **2** milteliai, pudra
v **1** (pa)barstyti/apibarstyti miltais **2** *amer.* (su)malti
flour-beetle ['flauə‚biːtl] *n zool.* didysis milčius
flour-bin ['flauəbɪn] *n* indelis miltams
flourish ['flʌrɪʃ] *n* **1** mostas, gestas; *with a ~* plačiu mostu **2** *(raidės, parašo)* užraitas, puošnus užsukimas, išraitymas **3** puošmena, įmantrybė **4** *(trimitų)* garsai, fanfaros
v **1** klestėti, vešėti, tarpti *(t. p. prk.); his business is ~ing* jo verslas klesti **2** mosikuoti, mosuoti *(laišku, ginklu ir pan.)* **3** gražinti *(užraitais ir pan.);* puošti *(gėlėmis)*
flourmill ['flauə‚mɪl] *n* malūnas

floury ['flauərɪ] *a* miltuotas; miltinis; *~ potatoes* miltingos bulvės
flout [flaut] *n* nepaisymas
v nesiskaityti, nepaisyti, neklausyti *(įstatymų ir pan.);* pažeidinėti
flow[1] [fləu] *n* **1** (iš)tekėjimas; įtekėjimas *(into);* tėkmė, srovė, srautas *(t. p. prk.); air ~* oro srovė; *particle ~ fiz.* dalelių srautas; *~ of time* laiko tėkmė; *to impede traffic ~* trukdyti transporto srautui; *a ~ of words* žodžių srautas; *data ~* informacijos srautas; *to go with [against] the ~ prk.* eiti pasroviui [prieš srovę] **2** *(jūros)* potvynis **3** antplūdis *(t. p. prk.);* gausybė; *the ~ of refugees into a country* pabėgėlių antplūdis į šalį; *~ of feelings* jausmų antplūdis; *~ of spirits* džiugumas, gyvenimo džiaugsmas **4** *(kalbos ir pan.)* sklandumas **5** *hidr.* nuotėkis
v **1** tekėti, sroventi; lietis *(t. p. prk.); the river ~s into the sea* upė įteka į jūrą; *water is ~ing over edge* vanduo liejasi per kraštus; *waltz-tunes are ~ing* liejasi valso garsai **2** plūsti, tvinti *(t. p. prk.); people ~ed into the stadium* žmonės plūdo į stadioną **3** laisvai kristi žemyn *(apie plaukus, drabužio klostes ir pan.)* **4** kilti, išplaukti *(from)* □ *~ down* nutekėti; *~ in* įtekėti; sutekėti, atplūsti
flow[2] *n škot.* pelkė
flowchart ['fləutʃɑːt] *n spec. (proceso ir pan.)* struktūrinė schema
flow-diagram ['fləu‚daɪəgræm] *n* = **flowchart**
flower [flauə] *n* **1** gėlė; *~ people ist.* hipiai su gėlėmis *(simbolizuojančiomis meilę)* **2** žiedas; žydėjimas *(t. p. prk.); the ~ of the nation prk.* tautos žiedas; *in ~* žydintis, pražydęs; *to come into ~* pražysti; *in the ~ of one's age* pačiame jėgų žydėjime/stiprume **3** pažiba, elitas; *the ~s of speech* a) kalbos puošmenos, gražūs posakiai; b) *iron.* gražios frazės
v **1** žydėti; *(prk. t. p.)* (su)klestėti **2** puošti žiedais/gėlėmis
flowerbed ['flauəbed] *n* gėlių lysvė
flowered ['flauəd] *a* **1** žydintis, su žiedais **2** gėlėtas, su gėlių raštais *(apie audinį)*
flowerer ['flauərə] *n* augalas, žydintis tam tikru metu; *early [late] ~* anksti [vėlai] žydintis augalas
flower-girl ['flauəgɜːl] *n* **1** gėlininkė **2** mergaitė, nešanti/barstanti gėles *(per jungtuves/atlaidus bažnyčioje)*
flowering ['flauərɪŋ] *n* **1** žydėjimas **2** *prk.* klestėjimas
a **1** žydintis **2** *bot.* žiedinis *(apie augalus)*
flowerless ['flauələs] *a bot.* bežiedis
flower-piece ['flauəpiːs] *n men.* paveikslas, vaizduojantis gėles/žiedus
flowerpot ['flauəpɔt] *n* vazonas
flower-show ['flauəʃəu] *n* gėlių paroda
flowery ['flauərɪ] *a* **1** gėlių, turintis gėlių kvapą **2** gėlėtas, papuoštas gėlėmis **3** puošnus, įmantrus *(apie stilių ir pan.)*
flowing ['fləuɪŋ] *a* **1** tekantis; pratekamasis **2** gražiai krintantis *(apie drabužį, plaukus)* **3** sklandus, grakštus
flown [fləun] *pII žr.* **fly**[2] *v*
flox [flɔks] *n* (fluid oxygen *sutr.*) *tech.* skystasis deguonis
flu [fluː] *n* (influenza *sutr.*) gripas
flub [flʌb] *amer. šnek. n* žioplška klaida; netaktas
v sugadinti, sužlugdyti *(reikalą ir pan.);* suklysti, (pa)daryti žiopšką klaidą
fluctuate ['flʌktjueɪt] *v* svyruoti, būti nepastoviam; kaitaliotis, kisti; *the price of tea ~s* arbatos kainos svyruoja
fluctuation [‚flʌktʃuˈeɪʃn] *n* **1** svyravimas; kaita; *(kadrų ir pan.)* nepastovumas; *exchange ~s* valiutos kurso svyravimas **2** *fiz., med.* fliuktuacija

flue¹ ['flu:] *n* dūmtakis, dujotakis; ***chimney** ~* dūmtraukis **2** *tech.* kaitrovamzdis; ventiliacijos vamzdis

flue² *n* tinklas *(žuvims gaudyti)*

flue³ *n* dulkės, pūkai *(po baldais)*

fluency ['flu:ənsı] *n* **1** *(kalbos)* laisvumas, sklandumas; *(stiliaus)* lengvumas **2** iškalbumas

fluent ['flu:ənt] *a* **1** sklandus, laisvas *(apie kalbą ir pan.)*; *~ style* lengvas/sklandus stilius *to speak ~ Portuguese* laisvai kalbėti portugalų kalba **2** iškalbus; rašantis lengvu stiliumi

fluey ['flu:ɪ] *a ret.* pūkuotas

fluff [flʌf] *n* **1** pūkai, pūkeliai; pūkų kuokštelis; *to lose/shed its ~* nusitrinti *(apie audinį)* **2** *šnek.* nesėkminga pastanga; klaida **3** *(aktoriaus)* prastai išmoktas vaidmuo **4** *amer. šnek.* mažmožis, blizgutis

v **1** *(t. p. ~ up)* (pa)šiaušti *(plunksnas; plaukus);* (pa)purenti *(plunksnas, pagalves ir pan.)* **2** *šnek.* daryti klaidą, suklysti, sumaišyti **3** *teatr.* prastai mokėti vaidmenį

fluffy ['flʌfɪ] *a* **1** pūkuotas, pūkinis **2** purus *(apie pyragą ir pan.)*

fluid ['flu:ɪd] *n* skystis; fluidas

a **1** skystas; takus; *~ fuel* skystasis/dujinis kuras **2** sklandus, grakštus **3** nestabilus, nenusisto(vė)jęs; *our plans are still ~* mūsų planai dar neaiškūs

fluidify [flu:'ɪdɪfaɪ] *v spec.* skystinti; (pa)versti skysčiu/dujomis

fluidity [flu:'ɪdətɪ] *n* **1** skysta būsena; takumas **2** tekamumas, nestabilumas **3** sklandumas, grakštumas

fluke¹ [flu:k] *šnek. n* laimingas atsitiktinumas; *to win by a ~* atsitiktinai laimėti/pasisekti

v atsitiktinai laimėti

fluke² *n* **1** *(inkaro)* kablys, nagas **2** *(meškerės kabliuko)* ragelis **3** *(džn. pl) (banginio)* uodegos plaukmuo

fluke³ *n zool.* **1** trematodas *(plokščioji kirmėlė)* **2** plokščia žuvis; plekšnė

fluk(e)y¹ ['flu:kɪ] *a* **1** atsitiktinai pavykęs/sėkmingas; *~ coincidence* laimingas sutapimas **2** nepastovus *(apie orą, vėją)*

fluk(e)y² *a zool.* užkrėstas trematodais

flume [flu:m] *n* **1** *(vandens)* kanalas; latakas, lovys **2** *amer.* kalnų tarpeklis *(su sraunia upe)*

flummery ['flʌmərɪ] *n* **1** *(ppr. pl)* tušti plepalai, kvailystės **2** *kul.* saldus apkepas

flummox ['flʌməks] *v (ppr. pass)* (su)gluminti, (su)trikdyti, pritrenkti, supainioti

flump [flʌmp] *v šnek.* plumpsėti, bumpsėti; bumptelėti, plumptelėti *(džn. ~ down)*

flung [flʌŋ] *past ir pII žr.* **fling** *v*

flunk [flʌŋk] *v (ypač amer.) šnek.* neišlaikyti *(egzamino);* sukirsti *(per egzaminą)* □ *~ out* būti išmestam už nepažangumą

flunkey ['flʌŋkɪ] *n (ppr. menk.)* *n* **1** liokajus, tarnas **2** *prk.* liokajus, pataikūnas

fluoresce [fluə'res] *v* fluorescuoti

fluorescence [fluə'resns] *n fiz.* fluorescencija

fluorescent [fluə'resnt] *a* fluorescentinis; *~ lamp* dienos šviesos lempa

fluoridate ['fluərɪdeɪt] *v* = **fluoridize**

fluoride ['fluəraɪd] *n chem.* fluoridas, fluoro junginys

fluoridize ['fluəraɪdaɪz] *v* fluoruoti *(vandenį)*

fluorine ['fluəri:n] *n chem.* fluoras

fluorite ['fluəraɪt] *n amer.* = **fluorspar**

fluorspar ['flɔ:spa:] *n min.* fluoritas

flurry ['flʌrɪ] *n* **1** sujudimas, bruzdesys, subruzdimas; sąmyšis, jaudinimasis **2** staigus vėjo/lietaus *ir pan.* šuoras

v (su)jaudinti; dirginti, nervinti; *don't get flurried!* nesijaudink!

flush¹ [flʌʃ] *<n, v, a, adv>* *n* **1** *(vandens)* srovė, srautas **2** (pra)plovimas *(vamzdžio ir pan.)* **3** prietaisas vandeniui nuleisti; vandens nuleidimas *(tualete)* **4** *(veido)* paraudimas, raudonis; *hot ~* kraujo samplūdis į veidą **5** *prk.* antplūdis; *a ~ of anger* pykčio antplūdis; *in the first ~ of success* pajutęs pirmąjį sėkmės antplūdį...; *in the first ~ of manhood* pačiame jėgų stiprume; *she is no longer in her first ~* ji nebejauna **6** suvešėjimas

v **1** paplūsti, siūbtelėti *(apie srovę)* **2** praplauti vandens srove *(t. p. ~ out)* **3** nuleisti vandenį *(tualete)* **4** (pa)rausti, nurausti, (pa)raudonuoti; (nu)raudinti, (nu)raudoninti **5** *prk.* užplūsti, būti apimtam *(džiaugsmo ir pan.); he was ~ed with success* jis buvo apsvaigęs nuo pasisekimo **6** suvešėti; skatinti augimą **7** *šnek.* ignoruoti, atstumti

a **1** lygmalas, sklidinas, sulig *(with); the doors are ~ with the walls* durys įstatytos lygiai sulig siena **2** *predic šnek.* turintis daug pinigų, praturtėjęs; dosnus *(with)*

adv **1** vienu lygiu, lygiai **2** *šnek.* tiesiai *(į veidą ir pan.)*

flush² *n* pabaidytas paukščių pulkas

v **1** pakelti, išbaidyti, pabaidyti *(paukščių pulką; from)* **2** pakilti ir nuskristi □ *~ out* išvyti, išvaryti, išstumti

flush³ *n* vienos spalvos kortos *(rankoje)*

flush-deck ['flʌʃdek] *a jūr.* lygiadenis

fluster ['flʌstə] *n* pasimetimas, sutrikimas, susijaudinimas; *(all) in a ~* pasimetęs, sutrikęs, susijaudinęs

v **1** nervinti(s), blaškyti(s), su(si)jaudinti **2** apsvaiginti, truputį apsvaigti *(nuo alkoholio)*

flute [flu:t] *n* **1** fleita **2** *archit.* kaneliūra **3** *spec.* rievė, griovelis

v **1** griežti fleita **2** daryti rieves/griovelius

fluted ['flu:tɪd] *a* **1** fleitiškas, kaip fleitos **2** *spec.* rievėtas, su grioveliais **3**: *~ column archit.* kolona su kaneliūromis

flutist ['flu:tɪst] *n* fleitininkas

flutter ['flʌtə] *n* **1** skrajojimas, plasnojimas **2** jaudinimas(is); *to cause/make a ~* padaryti sensaciją **3** *šnek.* rizika *(ppr. lošiant arklių lenktynėse); to have a ~* eiti lažybų, lažintis **4** *med. (širdies)* plazdėjimas **5** *tech.* vibracija

v **1** skrajoti, plasnoti *(apie paukščius, vabzdžius, lengvus daiktus)* **2** plevėsuoti, pleventi; *flags ~ed in the breeze* vėliavos plaikstėsi vėjyje **3** plastėti, plazdėti, plazdenti, virpėti *(apie širdį ir pan.)* **4** jaudintis; *all of a ~* labai susijaudinus **5** bėginėti, šmižinėti *(t. p. ~ about)* **6** *tech.* vibruoti

fluty ['flu:tɪ] *a* melodingas, švelnus, panašus į fleitos garsą

fluvial ['flu:vɪəl] *a spec.* upinis, upių; gyvenantis upėse

flux [flʌks] *n* **1** nuolatinis kitimas/keitimasis **2** *(džn. prk.)* tekėjimas; srautas *(t. p. fiz.); ~ density fiz.* srauto tankis **3** *metal.* fliusas **4** *med.* tekėjimas; gausus *(skysčio)* išskyrimas

v **1** tekėti **2** *tech.* lydyti; skystinti; apdoroti fliusu

fluxible ['flʌksəbl] *a* lydus

fluxion ['flʌkʃn] *n mat.* išvestinė

fly¹ [flaɪ] *n* **1** musė; *Spanish ~* a) *zool.* ispaninis vabalas; b) *farm.* ispaninių vabalų pleistras/traukas, „muselė" **2** dirbtinė muselė *(jaukas)* ◊ *a ~ in the ointment* ≅ šaukštas deguto medaus statinėje; *to be a ~ on the wall* slapta klausytis/stebėti; *to break a ~ on the wheel* ≅ šaudyti į žvirblį iš patrankos; *(there are) no flies on him šnek.* jo neapgausi; *smb wouldn't hurt/harm a ~* ≅ ir vabalėlio nenuskriaus

fly² *n* **1** skridimas, skrydis **2** *(ppr. pl) (kelnių priekio)* įsiuvas, antsiuvas *(uždengiantis sagų eilę);* praskiepas; *your*

flies are undone tavo praskiepas atsisegęs **3** *(palapinės įėjimo)* užuolaida **4** *tech.* balansyras; švytuoklė **5** *ist.* vienkinkis ekipažas, fiakras
v (flew, flown) **1** skristi; skraidyti; ***to ~ the Atlantic*** perskristi Atlantą; ***a flock of seagulls ~ing overhead*** pulkas kirų, skraidančių virš galvos **2** skraidinti; vairuoti, pilotuoti *(lėktuvą)* **3** vežti oro transportu; ***to ~ food out to the scene*** nugabenti lėktuvu maisto produktų į įvykio vietą **4** plevėsuoti, plaikstyti(s) *(apie vėliavas, plaukus, skvernus ir pan.)* **5** (iš)kelti *(vėliavą)*; ***the ship was ~ing the French flag*** laivas plaukė su prancūzų vėliava **6** lėkti; skubėti; ***how time flies!*** kaip lekia/bėga laikas!; ***I must ~*** skubu, turiu lėkti **7** sklandyti *(apie gandus ir pan.; about)* **8** leisti *(aerostatą, aitvarą ir pan.)* **9** staiga pulti/mestis *(at)* ◊ **~ away** nuskristi, nulėkti; nukristi; **~ by** praskristi; pralėkti; **~ in** a) atskristi; nutūpti; b) nutupdyti; c) pristatyti *(krovinį)* lėktuvu; d) įskristi; **~ off** = **~ away; ~ out** užsipulti, imti plūsti *(at);* **~ past** a) pralėkti; b) praskristi *(aviacijos parade);* **~ up** a) lėkti/kilti į viršų; b) prilėkti *(to)* ◊ **to ~ to bits, to ~ in pieces** išdaužyti, ištaškyti; **to let ~** *(at)* a) imti plūsti, įsiusti; b) staiga užpulti; c) šauti; mesti *(į);* **to make the money ~** išsvaistyti pinigus; **to make the feathers/dust ~** sukelti riaušes/peštynes; **to ~ high** šnek. iškilti *(visuomenėje, darbe)*
fly³ *v* (fled) (pa)bėgti *(iš šalies ir pan.);* (pa)sprukti
fly⁴ *a* šnek. gudrus, apsukrus
flyable ['flaɪəbl] *a* tinkamas/palankus skristi *(apie orą)*
flyaway ['flaɪəweɪ] *a* **1** laisvas, palaidas *(apie drabužį, plaukus)* **2** švelnus ir plonas *(apie plaukus)*
fly-bitten ['flaɪˌbɪtn] *a* musių sukandžiotas
flyblow ['flaɪbləʊ] *n* musės kiaušinėlis *(mėsoje)*
v dėti kiaušinėlius *(apie musę)*
flyblown ['flaɪbləʊn] *a* **1** nevalgomas *(apie mėsą su musių kiaušinėliais)* **2** musių apdergtas **3** nešvarus; prastas; nuvalkiotas
flyboy ['flaɪbɔɪ] *n amer. šnek.* lakūnas
flyby ['flaɪbaɪ] *n* **1** *amer.* = **flypast 2** *kosm.* *(erdvėlaivio)* priartėjimas prie planetos
fly-by-night ['flaɪbaɪˌnaɪt] *šnek. a attr* **1** norintis greit pasipelnyti **2** nepatikimas, abejotinas *(apie biznį)*
n nepatikimas žmogus
fly-by-wire ['flaɪbaɪˌwaɪə] *n:* **~ (control) system** kompiuterio reguliuojama valdymo sistema
flycatcher ['flaɪˌkætʃə] *n zool.* musinukė; **red-breasted ~** mažoji musinukė
fly-drive ['flaɪdraɪv] *n* atostogų išvykos išlaidos, įskaitant kelionę lėktuvu ir nuomojamu automobiliu *(t. p.* **~ holiday)**
flyer ['flaɪə] *n* **1** reklaminis lapelis **2** lakūnas **3** skraidymo aparatas **4** *šnek.* skraidūnas, skraiduolis; greitas gyvūnas
fly-fish ['flaɪfɪʃ] *v* meškerioti su musele *(ant kabliuko)*
flying ['flaɪɪŋ] *n* **1** skraidymas; skridimas; **high-altitude ~** *av.* aukštybinis skridimas **2** pilotavimas
a **1** skraidantis; skraidymo, skrajojamasis; **~ boat** hidroplanas; **~ bridge** permetamasis tiltas; keltas; **~ man** lakūnas; **~ officer** aviacijos karininkas; *(D. Britanijos oro pajėgų)* vyresnysis leitenantas; **~ saucer** skraidančioji lėkštė; **'F. Dutchman' class yacht** jachta „skrajojantis olandas"; **~ squadron** *av.* eskadrilė **2** greitas; **~ visit** trumpas vizitas; **to take a ~ jump/leap** šokti įsibėgėjus ◊ **to send smth ~** numesti, (iš)mesti, išmėtyti ką; **to send/knock smb ~** pargriauti ką; **to go ~** nulėkti
flyleaf ['flaɪliːf] *n* priešlapis, forzacas *(lapas knygos pradžioje/pabaigoje)*

fly-on-the-wall ['flaɪɒnðəˌwɔːl] *a attr tel.* filmuotas slapta kamera
flyover ['flaɪəʊvə] *n* **1** viadukas, pralaida; **~ crossing** kelių lygmenų sankryža **2** *amer.* = **flypast**
flypaper ['flaɪˌpeɪpə] *n* musių popierius *(nuodai)*, musgaudis
flypast ['flaɪpɑːst] *n* aviacijos paradas
flyposting ['flaɪˌpəʊstɪŋ] *n* skelbimų kabinimas draudžiamose vietose
flysheet ['flaɪʃiːt] *n (palapinės)* papildomas apdangalas nuo lietaus
flyspecked ['flaɪspekt] *a (ypač amer.)* musių apdergtas
flyswatter ['flaɪˌswɒtə] *n* tauškutis musėms mušti, mušeklis
flytrap ['flaɪtræp] *n* **1** musgaudis, musinė **2** *bot.* musėkautas *(t. p.* **Venus('s) ~) 3** *bot.* stepukas, kendyris
flyweight ['flaɪweɪt] *n* **1** visų lengviausiojo svorio boksininkas/imtynininkas/sunkumų kilnotojas **2** *tech.* svorelis
flywheel ['flaɪwiːl] *n tech.* smagratis
foal [fəʊl] *n* kumeliukas; asiliukas; **in/with ~** kumelinga
v atvesti kumeliuką/asiliuką, kumeliuotis
foam [fəʊm] *n* **1** puta; **waves white with ~** putotos bangos **2** putplastis, porolonas *(t. p.* **~ rubber) 3** *psn., poet.* jūra
v **1** putoti *prk.* (apsi)putoti *(t. p.* **to ~ at the mouth);** **he was ~ing at the mouth** jis šaukė apsiputojęs ☐ **~ up** putoti *(apie alų, limonadą)*
foamer ['fəʊmə] *n tech.* putokšlis
foamglass ['fəʊmglɑːs] *n* putstiklis
foaming ['fəʊmɪŋ] *n spec.* putodara
foamy ['fəʊmɪ] *a* putotas; apsiputojęs
fob¹ [fɒb] *n* **1** laikrodžio kišenėlė **2** kišeninio laikrodžio grandinėlė **3** karulis; **key ~** raktų žiedas/grandinėlė su karuliu
fob² *v:* **~ off** a) numoti ranka, atmesti; atsikratyti; **I ~bed him off with an excuse** sugalvojau dingstį juo atsikratyti b) apgauti, apsukti *(with);* c) įkišti, įbrukti *(ką nors suklastotą/prastą; on – kam);* užkrauti *(darbo; onto – kam)*
fob-chain ['fɒbtʃeɪn] *n* = **fob¹** 2
focal ['fəʊkl] *a* **1** *spec.* židinio; **~ length** *opt., fot.* židinio nuotolis **2** centrinis, pagrindinis; **~ point** a) svarbiausias/pagrindinis dalykas, centras; b) *opt.* lęšio židinys; **~ attention** didžiausias dėmesys, dėmesio centras
foci ['fəʊsaɪ] *pl žr.* **focus**
fo'c'sle ['fəʊksl] *n* = **forecastle**
focus ['fəʊkəs] *n (pl* -ci, ~es [-ɪz]) **1** dėmesio centras *(t. p.* **the ~ of attention) 2** *spec.* židinys; **foci of an ellipsis** *geom.* elipsės židiniai; **out of ~** nesufokusuotas, neryškus **3** *(ligos, žemės drebėjimo ir pan.)* židinys, centras **4** akcentas, pabrėžimas
v **(-ss-) 1** fokusuoti(s); su(si)rinkti/su(si)kirsti židinyje **2** sutelkti *(pastangas, dėmesį ir pan.);* **all eyes were ~sed on me** visų žvilgsniai buvo nukreipti į mane **3** susikaupti, susitelkti *(on)*
focusing ['fəʊkəsɪŋ] *n fiz.* fokusuotė, fokusavimas
focussed ['fəʊkəst] *a* susikaupęs
fodder ['fɒdə] *n* pašaras
v šerti *(gyvulius)*
foe [fəʊ] *n poet.* priešininkas, priešas; nedraugas
foetal ['fiːtl] *a attr anat., zool.* fetalinis, susijęs su vaisiumi; embrioninis
foetid ['fiːtɪd] *a* = **fetid**
foetus ['fiːtəs] *n biol.* vaisius, embrionas
fog¹ [fɒg] *n* **1** tirštas rūkas, ūkana; **the ~ is lifting/clearing** rūkas sklaidosi **2** nesupratimas, painiava; **in a ~** nesusivokiantis, susipainiojęs **3** *fot.* šydas

fog² *v* **1** ap(si)gaubti/ap(si)traukti rūku, aprūkti *(t. p.* ~ *up)* **2** *(ppr. pass)* su(si)painioti; *to* ~ *the issue* supainioti/sujaukti klausimą **3** *fot.* apsitraukti šydu, pajuoduoti

fog² *n* **1** atolas **2** nenupjauta žolė *(palikta per žiemą)* *v* **1** ganyti(s) atole **2** palikti nenušienautą *(apie pievą)*

fogbank [ˈfɔgbæŋk] *n* tirštas rūkas virš jūros

fogbound [ˈfɔgbaund] *a* negalintis skristi/plaukti dėl rūko; uždarytas dėl rūko *(apie oro uostą)*

fogey [ˈfəugɪ] *n šnek.* susenęs/nukaršęs žmogus *(ppr. old* ~*); young* ~ konservatyvių pažiūrų jaunuolis; ≅ kaip senis

foggy [ˈfɔgɪ] *a* **1** ūkanotas, rūkanas, apgaubtas rūko **2** *prk.* miglotas, neaiškus; *not to have the foggiest (idea)* neturėti nė mažiausio supratimo **3** *fot.* neryškus, neaiškus

foghorn [ˈfɔgho:n] *jūr.* rūko sirena ◊ *a voice like a* ~ griausmingas balsas

fog-lamp [ˈfɔglæmp] *n aut.* priešrūkinis žibintas

foglight [ˈfɔglaɪt] *n* = **fog-lamp**

fog-signal [ˈfɔgsɪgnl] *n spec.* rūko signalas

fogy [ˈfəugɪ] *n* = **fogey**

foible [ˈfɔɪbl] *n* silpnybė, keistybė

foil¹ [fɔɪl] *n* **1** folija, staniolis **2** kontrastas; *to act as a* ~ *(to)* būti kontrastu *(kam)*, paryškinti *(ką)* **3** *archit.* gotiškas lapo pavidalo ornamentas
v **1** aptraukti/vynioti/puošti folija/stanioliu **2** išskirti *(kontrasto būdu)*

foil² *n sport.* rapyra

foil³ *v* **1** sukliudyti *(ketinimus, bandymus),* (su)žlugdyti *(planus)* **2** *medž.* (su)mėtyti pėdsakus/pėdas

foil-wrapped [ˈfɔɪlˈræpt] *a* suvyniotas į foliją

foist [fɔɪst] *v* įbrukti, įsiūlyti *(t. p.* ~ *off; on* – *kam)*

fold¹ [fəuld] *n* **1** *(drabužio, odos)* raukšlė; klostė **2** sulenkimas; *(durų)* suvėrimas **3** *(kalvos)* įdubimas **4** *geol.* raukšlė; fleksūra
v **1** sulenkti; su(si)lankstyti *(t. p.* ~ *up); to* ~ *one's arms [one's hands]* sukryžiuoti [sunerti/sudėti] rankas **2** su(si)glausti *(apie skėtį, sparnus ir pan.);* pariesti *(kojas, uodegą)* **3** įvynioti, suvynioti *(in)* **4** *poet.* apgaubti, apsupti; *to* ~ *smb/smth in one's arms* apkabinti ką **5** (su)žlugti *(apie projektą, verslą ir pan.; t. p.* ~ *up)* ☐ ~ *in kul.* atsargiai įmaišyti, pridėti *(į tešlą ir pan.)*

fold² *n* **1** aptvaras, apluokas *(avims)* **2** *(the* ~*) kuop.* bendraminčiai; *bažn.* tikintieji; *to return to the* ~ a) grįžti *(į šeimą, namo);* b) grįžti į bažnyčios prieglobstį; atsiversti, grįžti pas bendraminčius, į savųjų ratą
v suvaryti *(avis)* į aptvarą

-fold [-fəuld] *suff* -(i)opas, -kart(is), -linkas; -(i)opai; *(kiek)* kartų daugiau; *fourfold* ketveriopas, keturlinkas, keturgubas; keturiskart, ketveriopai

foldaway [ˈfəuldəweɪ] *a attr* sulankstomas *(kad tilptų į spintą, sieną ir pan.; apie baldus)*

folder [ˈfəuldə] *n* **1** aplankas, aplankalas *(raštams)* **2** prospektas *(informacinis/reklaminis leidinys)* **3** lankstytojas **4** lankstytuvas, lankstymo mašina

folding [ˈfəuldɪŋ] *a attr* **1** sulankstomas, sudedamas *(apie lovą, kėdę ir pan.)* **2** suveriamasis, suvertinis *(apie duris)*

fold-out [ˈfəuldaut] *n* sulankstoma įklija *(knygoje ir pan.)*

foliaceous [ˌfəulɪˈeɪʃəs] *a spec.* lapinis, lapiškas; lapuotas

foliage [ˈfəulɪɪdʒ] *n* lapija, lapai

folio [ˈfəulɪəu] *n (pl* ~s [-z]) **1** pusiau sulenktas lapas; keturi sulenkto lapo puslapiai **2** foliantas, didelio formato knyga **3** *teis.* dokumento puslapis *(72-90 žodžių)*

folk [fəuk] *n* **1** *kuop.* žmonės, liaudis; *country* ~ kaimo žmonės/gyventojai; *young* ~ jaunimas **2** *pl šnek.* giminės; *my* ~*s* maniškiai, namiškiai **3** liaudies muzika *(t. p.* ~ *music)*
a attr liaudies, liaudiškas; ~ *medicine* liaudies medicina; ~ *art* tautodailė; ~ *wisdom* liaudies išmintis

folk-crafs [ˈfəukkrɑ:fts] *n pl* liaudies amatai

folk-dance [ˈfəukdɑ:ns] *n* tautinis/liaudies šokis

folkie [ˈfəukɪ] *n šnek.* liaudies muzikos mėgėjas

folklore [ˈfəuklɔ:] *n* folkloras; tautosaka

folklorist [ˈfəukˌlɔ:rɪst] *n* folklorininkas; tautosakininkas

folksong [ˈfəuksɔŋ] *n* liaudies daina

folksy [ˈfəuksɪ] *a šnek.* **1** liaudiškas; kaimiškas; ~ *humour* liaudiškas humoras **2** mėgstantis bendrauti, paprastas, neoficialus

folktale [ˈfəukteɪl] *n* liaudies pasaka

folkways [ˈfəukweɪz] *n pl* liaudies/tautos papročiai/tradicijos

follicle [ˈfɔlɪkl] *n* **1** *anat.* folikulas **2** *bot.* ankštis; lapavaisis **3** *zool.* kokonas

follow [ˈfɔləu] *v* **1** sekti; eiti, vykti *(po ko); to* ~ *smb/smth* eiti paskui ką, sekti ką; *there* ~*ed a long and embarrassing silence* paskui buvo ilga ir nesmagi tyla **2** eiti *(palei);* laikytis *(kelio); the boat* ~*ed the coast* laivas laikėsi kranto, plaukė palei krantą **3** stebėti; *to* ~ *smb with one's eyes* sekioti ką akimis **4** sekti *(minti ir pan.),* suprasti; domėtis **5** *(logiškai)* išplaukti; *it* ~*s that...* iš to išplaukia, kad... **6** laikytis, vadovautis *(patarimu, įstatymais ir pan.); to* ~ *smb's orders to the letter* tiksliai vykdyti kieno nurodymus, tiksliai laikytis kieno nurodymų **7** užsiimti, būti *(kuo); to* ~ *the plough* būti artoju/žemdirbiu; *to* ~ *the sea* būti/tapti jūreiviu **8** būti sekėju/šalininku; išpažinti ☐ ~ *about/around* sekioti paskui; ~ *on* a) vykti po pertraukos; b) toliau sekti/persekioti; ~ *out/through* įvykdyti ligi galo; ~ *up* a) toliau tirti/veikti; b) atkakliai siekti; pratęsti *(with)* ◊ *as* ~*s* a) šis, toks; *the terms are as* ~*s* sąlygos šios/tokios; b) taip; *it can be summed up as* ~*s* tai galima apibendrinti taip

follower [ˈfɔləuə] *n* **1** sekėjas; šalininkas; mokinys **2** garbintojas **3** *spec.* kartotuvas

following [ˈfɔləuɪŋ] <*n, a, prep*> *n kuop.* **1** sekėjai, gerbėjai, šalininkai **2** šie; *the* ~ *have been elected* šie asmenys buvo išrinkti; *he said the* ~ jis pasakė štai ką
a **1** kitas *(žymint laiką); (on) the* ~ *day* kitą dieną **2** šis; *the* ~ *women [reasons]* šios moterys [priežastys]; *in the* ~ *way* šiuo būdu, šitaip **3** palankus *(apie vėją)*
prep po *(žymint laiką);* ~ *the lecture, the meeting was open to discussion* po paskaitos prasidėjo diskusija

follow-my-leader [ˌfɔləumaɪˈli:də] *n* vaikų žaidimas, panašus į „Jurgelį meistrelį"

follow-through [ˈfɔləuθru:] *n* **1** įvykdymas, baigimas **2** *(įsakymo ir pan.)* įvykdymo patikrinimas

follow-up [ˈfɔləuʌp] *n* **1** paskesnis tyrimas, paskesnės priemonės **2** *(filmo, knygos ir pan.)* tęsinys, tąsa
a paskesnis, tolesnis

folly [ˈfɔlɪ] *n* **1** kvailybė, kvailystė; beprotystė; kvailas kaprizas **2** keistas pastatas, imituojantis pilį *ir pan. (parko puošmena)*

foment [fəuˈment] *v* **1** kurstyti, skatinti *(neapykantą, nepasitikėjimą ir pan.)* **2** *med.* dėti karštus kompresus

fomentation [ˌfəumenˈteɪʃn] *n* **1** *(neapykantos ir pan.)* kurstymas **2** *med.* šuteklis, karštas kompresas **3** *med.* šutinimas

fond [fɔnd] *a* **1** *predic* mėgstantis, mylintis; *to be* ~ *(of)* mėgti, mylėti; *to grow* ~ *(of)* pamėgti, pamilti **2** meilus, meilingas, švelnus *(apie žvilgsnį ir pan.);* ~ *memories*

labai mieli prisiminimai **3** per daug optimistiškas, nepagrįstai (pasi)tikintis; **a ~ hope** tuščia/nereali viltis; **in the ~ belief that...** nepagrįstai manydamas, kad...
fondant ['fɔndənt] *n* minkštas, lengvai tirpstantis saldainis
fondle ['fɔndl] *v* glostyti, glamonėti, myluoti
fondness ['fɔndnɪs] *n* **1** (pa)mėgimas; meilė **2** meilumas, švelnumas
fondue ['fɔndju:] *pr. n* karštas padažas su sūriu
font [fɔnt] *n* **1** *bažn.* indas krikšto/šventintam vandeniui, krikštykla **2** *amer.* = **fount**
fontal ['fɔntl] *a* **1** *knyg.* pirminis, originalus **2** *bažn.* krikšto
fontanelle [ˌfɔntə'nel] *n anat.* momenėlis
food [fu:d] *n* **1** maistas; maisto produktai; **processed ~** technologiškai apdoroti maisto produktai; **~ poisoning** apsinuodijimas maistu **2** valgomas produktas, valgis; **to like one's ~** mėgti gerai pavalgyti, turėti apetitą; **to be off one's ~** neturėti apetito **3** *prk.* penas, maistas; **mental ~** dvasinis penas; **~ for thought/reflection** dalykas apmąstymui
foodie ['fu:dɪ] *n šnek.* mėgėjas gerai pavalgyti; smaguris
foodstuff ['fu:dstʌf] *n* maisto produktas
foofaraw ['fu:fərɔ:] *n šnek.* **1** triukšmas dėl niekų **2** pagražinimai; užraitymai
fool[1] [fu:l] <*n, a, v*> *n* **1** kvailys; **to act/play the ~** kvailai elgtis; **more ~ you** na ir kvailas tu *(kad padarei, priėmei ir pan.)* **2** *ist.* juokdarys; **~'s cap** juokdario kepurė ◊ **~'s errand** tuščias/beprasmiškas reikalas/sumanymas; **~'s paradise** tariama laimė; nerealus pasaulis; **All/April Fools' Day** balandžio pirmoji; **to make a ~ of smb** apkvailinti, padaryti kvailiu, apgauti ką; **to make a ~ of oneself** apsikvailinti, pasirodyti kvailiu; **he's nobody's ~** jo neapgausi; **every man has a ~ in his sleeve** ir gudrus kartais apsigauna; ≅ ir gudri višta į dilgėles įlenda *a (ypač amer.) šnek.* kvailas
v **1** (ap)kvailinti, apgauti, (ap)mulkinti; **to ~ smb out of his money** išvilioti iš ko pinigus **2** *refl* turėti iliuzijų ⧠ **~ about/around** a) dykinėti; b) kvailioti; kvailai/nerimtai elgtis *(with – su);* **~ away** kvailai (iš)švaistyti/eikvoti ◊ **no ~ing?** *iron.* rimtai?, nejuokaujat?
fool[2] *n kul.* kremas su uogomis *(ppr. su agrastais, braškėmis)*
foolery ['fu:lərɪ] *n* kvailiojimas; kvailas elgesys/poelgis
foolhardy ['fu:lˌhɑ:dɪ] *a* beprotiškai/neprotingai rizikuojantis; beprotiškas
foolish ['fu:lɪʃ] *a* kvailas, neprotingas; **how ~ of you!** kaip kvaila tau šitaip elgtis/žiūrėti!
foolishness ['fu:lɪʃnɪs] *n* **1** kvailumas, neprotingumas **2** kvailystė, kvailas poelgis
foolproof ['fu:lpru:f] *a* paprastas, suprantamas *(visiems);* nepavojingas netinkamai naudojant *(apie mašiną ir pan.)*
foolscap ['fu:lskæp] *n* popieriaus formatas *(D. Britanijoje 17x13,5 colių; JAV 16x13 colių)*
foot [fut] <*n, a, v*> *n (pl* feet) **1** pėda, koja; **hind feet** užpakalinės kojos; **athlete's ~** kojų tarpupirščių grybelis; **to get/raise to one's feet** atsistoti ant kojų; **he has flat feet** jis plokščiapadis; **the children have been under my feet all day** vaikai visą dieną painiojasi man po kojų **2** eisena; žingsnis; **at a ~'s pace** žingsniu; žingine; **fleet/swift of ~** greitas; **to run a good ~** gerai bėgti, būti eikliam *(apie arklį)* **3** apačia, apatinis kraštas; **at the ~ of the page** puslapio apačioje **4** *(kojinės)* pėda **5** *(kalno)* papėdė **6** *(lovos)* kojūgalis **7** *(baldo)* koja **8** *(pl t. p. ~)* pėda (= *30,48 cm)* **9** *lit.* pėda **10** *kar. psn.* pėstininkai ◊ **on ~** a) pėsčiomis; b) sudarinėjamas, numatomas *(apie projektą ir pan.);* c) vykstantis; **to be on one's feet** a) stovėti, vaikščioti *(visą dieną);* b) atsistoti ant kojų *(po ligos);* c) atsistoti *(norint kalbėti);* **to catch smb on the wrong ~** netikėtai ką užklupti; **not to put/set a ~ wrong** nesuklysti, nepadaryti jokios klaidos; **to get/start off on the wrong ~** nesėkmingai pradėti; **to fall/land on one's feet** laimingai baigti, pavykti išsisukti; **to find one's feet** ≅ kojas apšilti/sušilti; stengtis įsižiūrėti/priprasti; **to get/have cold feet** išsigąsti *(žengiant rimtą žingsnį);* **to have itchy feet** trokšti keliauti, nerimti; **to have two left feet** būti griozdiškam, labai nevikriam; **to have one ~ in the grave** ≅ būti viena koja karste; **to have one/one's ~ in the door** pavykti gauti darbą, pasisekti įstoti *(į organizaciją ir pan.);* **to keep one's feet** išsilaikyti ant kojų, nepargriūti; **to put one's best ~ forward** a) (pa)skubėti, eiti iš visų jėgų; b) stengtis iš visų jėgų, daryti viską; **to put one's ~ down** a) būti tvirtam/ryžtingam *(priešinantis);* b) spausti akceleratorių, didinti greitį *(važiuojant);* **to put one's ~ in it** *šnek. (ne laiku, ne vietoje)* įsiterpti, netaktiškai pasielgti; **to put one's feet up** *šnek.* atsigulti, ištiesti kojas *(ilsintis);* **to set on ~** pradėti *(veiklą),* paleisti *(veikti);* **to shoot oneself in the ~** pakenkti sau pačiam *(pasakant/padarant ką nors kvaila);* **to sit at smb's feet** būti kieno mokiniu, mokytis iš ko; **to vote with one's feet** „balsuoti kojomis"; išeiti *(iš susirinkimo ir pan.);* **my ~!** *šnek.* nesąmonė!, meluok sveikas!; **feet of clay** ≅ milžinas molio kojomis
a **1** kojinis *(apie stabdį ir pan.)* **2** pėsčias *(ne važiuotas, ne raitas)*
v **1** eiti pėsčiomis *(ppr. ~ it)* **2** šokti *(šokį; t. p. ~ it)* **3** primegzti kojinės pėdą **4** apskaičiuoti sąskaitą; **to ~ the bill** *šnek.* apmokėti sąskaitą
footage ['futɪdʒ] *n* **1** *kin.* juostos ilgis pėdomis; filmuota medžiaga **2** ilgis/nuotolis pėdomis
foot-and-mouth [ˌfutən'mauθ] *n:* **~ disease** *vet.* snukio ir nagų liga
football ['futbɔ:l] *n* **1** futbolas *(žaidimas);* **~ player** futbolininkas **2** *(futbolo)* kamuolys
footballer ['futbɔ:lə] *n* futbolininkas
footbath ['futbɑ:θ] *n* **1** vonelė kojoms plauti **2** kojų plovimas
footboard ['futbɔ:d] *n* **1** pakoja, papėdė, pamina *(kojoms pasidėti)* **2** *(vagono ir pan.)* laipteliai
footbrake ['futbreɪk] *n aut.* kojinis stabdys
footbridge ['futbrɪdʒ] *n* pėsčiųjų tiltas
footdragging ['futˌdrægɪŋ] *n* vilkinimas
-footed [-'futɪd] *(sudurt. žodžiuose)* -kojis; **four-footed** keturkojis
footer ['futə] *n* **1** *spec.* apatinė puslapio eilutė *(po tekstu);* *(puslapio)* apačia **2** = **footie**
footfall ['futfɔ:l] *n* žingsniai; žingsnių garsas
foot-fault ['futfɔ:lt] *v* peržengti galinę liniją *(servuojant; tenise)*
foothill [futhɪl] *n* prieškalnė
foothold ['futhəuld] *n* **1** atrama kojai *(lipant)* **2** atramos taškas; tvirta padėtis/pozicija
footie ['futɪ] *n šnek.* futbolas *(žaidimas)*
footing ['futɪŋ] *n* **1** kojų atrama; **to keep one's ~** išsilaikyti ant kojų; **to lose/miss one's ~** paslysti, parkristi; **to get a sure ~** tvirtai atsistoti *(kad nepaslystų)* **2** *(tvirtas)* pamatas, pagrindas **3** padėtis, sąlygos; **on a war ~** parengties karui sąlygomis; **to gain a ~ in society** įgyti padėtį visuomenėje **4** santykiai; **to be**

on a friendly ~ with smb turėti draugiškus santykius su kuo

footle ['fu:tl] *v šnek.* kvailioti; niekais užsiimti *(t. p. ~ about/around)* ☐ *~ away* (iš)švaistyti

footless ['futləs] *a* 1 bekojis 2 be atramos/pagrindo; neturintis pagrindo, tuščias

footlights ['futlaɪts] *n pl* 1 rampa, rampos šviesos 2 aktoriaus profesija, teatras

footling ['fu:tlɪŋ] *a attr šnek.* nesvarbus, bereikšmis; kvailas

footlocker ['futlɔkə] *n amer.* kareivio skrynelė

footloose ['futlu:s] *a* laisvas, nevaržomas, nesaistomas *(pareigų; t. p. ~ and fancy free)*

footman ['futmən] *n (pl* -men [-mən]) *(tik v.) ist.* liokajus

footmark ['futmɑ:k] *n* pėda, pėdsakas

footnote ['futnəut] *n* 1 išnaša; pastaba 2 nereikšmingas įvykis, smulkmena
v duoti išnašas

footpace ['futpeɪs] *n* 1 žingsnis, žinginė; *at (a) ~* žingsniu 2 grindų pakyla *(altoriui ir pan.)*

footpad ['futpæd] *n ist. (pakelės)* plėšikas

footpath ['futpɑ:θ] *n* pėsčiųjų takas; takelis

footplate ['futpleɪt] *n glžk. ist.* mašinisto aikštelė *(garvežyje); ~ workers* garvežio mašinistai ir kūrikai

footprint ['futprɪnt] *n* = **footmark**

footrace ['futreɪs] *n* bėgimo/ėjimo varžybos

footrest ['futrest] *n* pakoja, pamina

foot-rope ['futrəup] *n jūr.* 1 *(tralo)* apatinė pavara 2 *pl* pakojos

foot-rot ['futrɔt] *n vet. (avių, galvijų)* nagų puvinys

foot-rule ['futru:l] *n* pėdos ilgumo liniuotė; liniuotė su colių padalomis

footsie ['futsɪ] *n: to play ~* a) *šnek.* liestis kojomis *(prie kito kojų; po stalu);* b) *amer. šnek.* sankalbiauti

footslog ['futslɔg] *v šnek.* vilktis pėsčiom toli; daug vaikščioti

footsore ['futsɔ:] *a* nutrintomis kojomis; *I am ~* man skauda kojas *(daug vaikščiojus)*

footstalk [futstɔ:k] *n bot.* stiebas; lapkotis; žiedkotis

footstep ['futstep] *n* 1 žingsnis; žingsnio garsas 2 laipteliai *(nulipti, užlipti)* ◊ *to follow/tread in smb's ~s* ≅ sekti/eiti kieno pėdomis

footstool ['futstu:l] *n* suolelis kojoms

footsure ['futʃuə] *a* tvirtai einantis, nevirstantis, ne(pa)slystantis

footway ['futweɪ] *n* pėsčiųjų takas

footwear ['futwɛə] *n* avalynė

footwork ['futwə:k] *n sport.* kojų darbas

footy ['futɪ] *n* = **footie**

fop [fɔp] *n (tik v.)* puošeiva, dabita

foppish ['fɔpɪʃ] *a* puošeiviškas; tuščias *(apie žmogų)*

for [fə; *kirčiuota forma* fɔ:] *prep* 1 *žymint paskirtį ar asmenį, kurio naudai kas nors daroma, ppr. verčiamas naudininku: books ~ children* knygos vaikams; *a tool ~ drilling holes* įrankis skylėms gręžti; *a good memory ~ names* gera atmintis pavardėms; *he bought some flowers ~ her* jis nupirko jai gėlių; *it is good ~ you* tai jums naudinga; *who are the flowers ~?* kam (skirtos) tos gėlės? 2 dėl, už *(žymint tikslą, priežastį ir pan.);* iš *(žymint priežastį); theatre closed ~ repair* teatras uždarytas dėl remonto; *just ~ fun* tik dėl juoko; *~ fear* iš baimės; *~ joy* iš džiaugsmo; *to fight ~ freedom* kovoti dėl laisvės, už laisvę; *to play ~ Lithuania* žaisti už Lietuvą; *to vote ~ the proposal* balsuoti už pasiūlymą; *who is ~ going home?* kas už tai, kad eitume namo? 3 už *(žymint atpildą, apmokėjimą, vertę ir pan.); ~ bravery* už drąsą; *~ pound* už svarą; *punished [rewarded] ~ smth* nubaustas [apdovanotas] už ką 4 už *(vietoj); to sign ~ smb* pasirašyti už ką; *to eat ~ three* valgyti už tris 5 nuo; *medicine ~ a cough* vaistas nuo kosulio 6 į; *the train ~ London* traukinys į Londoną; *to sail ~ New York* plaukti į Niujorką 7 *žymint atstumą/laiką, ppr. verčiamas galininku; t. p. kitais linksniais, prieveiksmiu: ~ ten miles* dešimtį mylių; *he won't be back ~ another three days* jis negrįš dar tris dienas; *to wait [to last] ~ an hour* laukti [trukti] valandą; *you can stay ~ a year* galite pasilikti metams; *it's getting on ~ two o'clock* greitai bus antra valanda; *~ the present, ~ the time being* dabar, šiuo metu; 8 o dėl; *~ social justice...* o dėl socialinio teisingumo... 9 kaip; *not bad ~ a beginner* kaip pradedančiam neblogai 10 *(ko)* proga; *we went to the pictures ~ my birthday* mano gimimo dienos proga nuėjome į kiną 11 *bendraties konstrukcijoje: it is ~ you to decide* tai jums spręsti, jūsų reikalas spręsti; *there is no need ~ anyone to know* nėra reikalo, kad visi žinotų ◊ *~ all I know* kiek aš žinau; *~ all that* nepaisant to; *man ~ man, pound ~ pound* lyginant vieną su vienu; *what ~?* kam?, kuriam tikslui; *I'm in ~ it!* man klius!; *good ~ you!* šaunu!, šaunuolis!; *if it were ar had been ~ you, I...* jeigu ne jūs, aš...
conj nes, kadangi; *I asked her to come, ~ I had something to tell her* aš prašiau ją ateiti, nes turėjau kai ką pasakyti

forage ['fɔrɪdʒ] *n* 1 pašaras; *coarse ~* stambieji pašarai 2 ieškojimas *(ypač maisto, pašaro)*
v 1 pašarauti, ieškoti pašaro 2 ieškoti *(for);* raustis *(piniginėje, stalčiuje ir pan., t. p. ~ about/around)*

forage-cap ['fɔrɪdʒkæp] *n ist. (kareivio)* kepurė, pilotė

forager ['fɔrɪdʒə] *n* pašarininkas

foramen [fə'reɪmən] *n (pl* -mina [-'ræmɪnə], ~s) *anat., zool.* anga, kanalas

forasmuch [fərəz'mʌtʃ] *conj: ~ as psn.* atsižvelgiant į tai, kad; kadangi

foray ['fɔreɪ] *n* 1 įsiveržimas, antpuolis *(ypač apiplėšimo tikslu); to make a ~, to go on a ~* a) užpulti; b) daryti išvyką, išvykti 2 (pa)bandymas *(užsiimti nauja veikla; into)*
v užpulti, įsiveržti *(into)*

forbad, forbade [fə'bæd, fə'beɪd] *past žr.* **forbid**

forbear[1] [fɔ:'bɛə] *v* (forbore; forborne) susilaikyti; *to ~ to go, arba from going, into details* nesileisti į smulkmenas; *I could not ~ (from) expressing ar to express my opinion* aš negalėjau nutylėti savo nuomonės

forbear[2] ['fɔ:bɛə] *n* = **forebear**

forbearance [fɔ:'bɛərəns] *n* susilaikymas, susivaldymas; pakantumas

forbearing [fɔ:'bɛərɪŋ] *a* susivaldantis; pakantus

forbid [fə'bɪd] *v* (forbad(e); forbidden) (už)drausti, (už)ginti, neleisti; *to ~ smb to leave, to ~ smb's departure* uždrausti kam išvykti; *„walking on the grass is ~den"* „vaikščioti veja draudžiama"

forbidden [fə'bɪdn] *pII žr.* **forbid**
a uždraustas; draudžiamas; draustinis; *~ fruit* uždraustas vaisius

forbidding [fə'bɪdɪŋ] *a* atgrasus, atstumiantis, grėsmingas; *he looks ~* jo išvaizda rūsti

forbore [fə'bɔ:] *past žr.* **forbear**[1]

forborne [fə'bɔ:n] *pII žr.* **forbear**[1]

force[1] [fɔ:s] *n* 1 galia, jėga *(t. p. fiz.);* stiprumas; *the ~ of the explosion* sprogimo galia; *to use ~* naudoti jėgą, griebtis jėgos; *~ component fiz.* jėgos deda-

moji; **by ~** priverstinai, smurtu, jėga **2** veiksnys; autoritetas; **a ~ for progress** pažangos veiksnys **3** *(įstatymo ir pan.)* galia; **to come into ~** įsigalioti; **in ~** galiojantis, veikiantis **4** *(ginkluotas)* būrys; **the ~** policija; **in ~** būriu; gausiai *(ateiti ir pan.)* **5** *(ppr. pl)* (ginkluotosios) pajėgos *(t. p.* **armed ~s)**; **peace-keeping ~** taikos palaikymo pajėgos; **to join the Forces** stoti į ginkluotąsias pajėgas, į kariuomenę **6** *(žodžio, frazės)* prasmė, tiksli reikšmė ◊ **by ~ of** dėl; **by ~ of circumstances** dėl susidėjusių aplinkybių; **by/from ~ of habit** iš įpročio; **to join/combine ~s** susivienyti, sutelkti jėgas/pastangas
v **1** (pri)versti; **to ~ the issue** (pri)versti apsispręsti; **she ~d herself to kiss him** ji prisivertė pabučiuoti jį **2** prievarta išgauti *(out of – iš)*; išspausti *(ašaras, šypseną ir pan.)*; **to ~ a smile** per prievartą nusišypsoti **3** primesti *(mintį ir pan.; on)* **4** jėga atidaryti *(t. p.* **~ open)**; sulaužyti *(užraktą ir pan.)*; **to ~ the door** išlaužti duris, laužtis į vidų **5** veržtis, skverbtis *(t. p.* **~ one's way)* **6** *refl* užsikarti *(on – ant)* **7** greitinti, skatinti *(augalų augimą ir pan.)* **8** forsuoti *(t. p. kar., tech., muz.)*; **to ~ events** skubinti įvykius □ **~ back** sulaikyti, (nu)slopinti *(jausmus, norą)*; **~ down** a) užtrenkti, užvožti *(dangtį, dėžę ir pan.)*; b) numušti *(kainas; lėktuvą)*; c) nenoromis nuryti; **~ out** priversti (jėga) išeiti; **~ up** smarkiai padidinti, išpūsti *(kainas ir pan.)*
force² *n šiaur.* krioklys
forced [fɔ:st] *a* **1** priverstinis *(t. p. tech.)*; prievartinis; **~ labour** prievartinis darbas; priverčiamieji darbai **2** dirbtinis, nenatūralus, afektuotas; **~ laugh** nenatūralus juokas **3** *kar.* forsuotas **4** *ž. ū.* paspartinto augimo, (už)augintas šiltnamyje *(apie gėles, daržoves)*
force-feed ['fɔ:sfi:d] *v* (force-fed [-fed]) **1** priverstinai maitinti *(kalėjime ir pan.)* **2** lesinti, penėti *(paukščius, gyvulius)*
forceful ['fɔ:sfəl] *a* **1** tvirtas, valingas **2** įtaigus; įtikinamas
force majeur [ˌfɔ:smæ'ʒɜ:] *pr.* nenumatytos aplinkybės
forcemeat ['fɔ:smi:t] *n kul.* įdaras, malta mėsa
forceps ['fɔ:seps] *n pl* chirurginės žnyplės
forcepump ['fɔ:spʌmp] *n tech.* slėgimo siurblys
forcible ['fɔ:səbl] *a* **1** prievartinis; atliktas vartojant jėgą; **~ repatriation [revolution]** prievartinė repatriacija [revoliucija] **2** įtaigus *(apie argumentą, stilių ir pan.)*; įtikinamas
forcibly ['fɔ:səblɪ] *adv* **1** per prievartą, prievarta, jėga **2** įtaigiai; įtikinamai
ford [fɔ:d] *n* brasta
v pereiti/pervažiuoti brastą
fore [fɔ:] <n, a, adv> *n (laivo)* pirmagalys, priešakys ◊ **to the ~** priekyje, priekyje, gerai matomas; **to come to the ~** a) iškilti, tapti žinomam; b) iškilti viešumon *(apie klausimą ir pan.)*; **to bring to the ~** iškelti į pirmą vietą, išskirti *(klausimą ir pan.)*
a priekinis, priešakinis; *(laivo, lėktuvo t. p.)* pirmagalinis, priešakio; **~ tooth** priekinis dantis
adv jūr. (laivo) priešakyje, į *(laivo)* pirmagalį, priekį
fore- [fɔ:-] *pref* **1** priekinis, priešakinis; **forepaw** priešakinė letena **2** pirma; iš anksto; **forego** eiti pirma; **foredoom** iš anksto nulemti
fore-and-aft [ˌfɔ:rənd'ɑ:ft] *jūr. adv* išilgai laivo
a išilginis, įstrižinis
forearm¹ ['fɔ:rɑ:m] *n anat.* dilbis
forearm² [fɔ:r'ɑ:m] *v* iš anksto pasiruošti pulti; iš anksto ap(si)ginkluoti

forebear [fɔ:'bɛə] *n (ppr. pl)* protėviai, proseneliai
forebode [fɔ:'bəud] *v* **1** pranašauti, būti ženklu **2** nujausti *(ką nors bloga)*
foreboding [fɔ:'bəudɪŋ] *n (bloga)* nuojauta; **~ of evil** nelaimės nuojauta
forebody ['fɔ:ˌbɔdɪ] *n jūr.* laivapriekis
forecast ['fɔ:kɑ:st] *n* nuspėjimas; *(orų ir pan.)* prognozė; **business/economic ~** ekonominė prognozė
v (forecast, forecasted) nuspėti, numatyti; prognozuoti
forecaster ['fɔ:kɑ:stə] *n* oro prognozės sudarytojas; prognozuotojas
forecastle ['fəuksl] *n jūr.* bakas, anstatas laivo priekyje; priekinis denis
foreclose [fɔ:'kləuz] *v* **1** *teis.* atimti *(nuosavybės)* naudojimo teisę; anuliuoti įkeisto turto išpirkimo teisę **2** iš anksto nuspręsti
foreclosure [fɔ:'kləuʒə] *n teis.* naudojimosi teisės atėmimas; teisės išpirkti įkaitinį raštą anuliavimas
forecourt ['fɔ:kɔ:t] *n* **1** kiemas *(prie namo)* **2** *sport.* teniso aikštelės priekinė dalis
foredate [fɔ:'deɪt] *v* žymėti ankstesne data
foredoom [fɔ:'du:m] *v knyg. (ppr. pass)* iš anksto (pa)smerkti/(nu)lemti; **the attempt was ~ed to failure** mėginimas buvo iš anksto pasmerktas žlugti
forefather ['fɔ:ˌfɑ:ðə] *n (ppr. pl)* proseneliai, protėviai
forefeet ['fɔ:fi:t] *pl žr.* **forefoot**
forefinger ['fɔ:fɪŋgə] *n* smilius, smaližius *(pirštas)*
forefoot ['fɔ:fut] *n (pl* forefeet) **1** *(gyvulio)* priešakinė koja/letena **2** *jūr.* forštevenis
forefront ['fɔ:frʌnt] *n* **1** (pats) priekis, priešakys **2** *prk. (veiklos)* centras, pagrindinė pozicija; **at/in the ~** *(of) (veiklos, dėmesio ir pan.)* centre
foregather [fɔ:'gæðə] *v* = **forgather**
forego [fɔ:'gəu] *v* (forewent; foregone) **1** eiti/vykti pirma **2** = **forgo**
foregoing [fɔ:'gəuɪŋ] *a* aukščiau (pa)minėtas
n (the **~**) tai, kas aukščiau išdėstyta/pateikta
foregone [fɔ:'gɒn] *a attr* **1** iš anksto nuspręstas/nutartas **2** pirmesnis, ankstenis
pII žr. **forego**
foreground ['fɔ:graund] *n* **1** priekinis/pirmas planas; artuma **2** geriausiai matoma *ar* svarbiausia vieta; **in the ~** pirmoje vietoje, į pirmą vietą **3** *teatr.* avanscena, priešscenis
v kelti į pirmą vietą; pabrėžti
forehand ['fɔ:hænd] *n* **1** arklio korpuso priešakinė dalis *(esanti prieš raitelį)* **2** smūgis iš dešinės *(tenise)*
a **1** išankstinis **2** iš dešinės *(apie smūgį tenise)*
forehead ['fɔrɪd, 'fɔ:hed] *n* kakta
foreign ['fɔrən] *a* **1** užsieninis, užsienio; **~ goods** užsieninės prekės; **~ passport [aid]** užsienio pasas [pagalba]; **~ guests** svečiai iš užsienio, svečiai užsieniečiai; **~ word** *kalb.* svetimžodis **2** svetimas; **deceit is ~ to his nature** apgaulė svetima jo prigimčiai
foreign-born ['fɔrənˌbɔ:n] *a* gimęs svetur, užsienio kilmės, kitatautis
foreigner ['fɔrənə] *n* užsienietis; svetimšalis, svetimtautis
forejudge [fɔ:'dʒʌdʒ] *v* iš anksto nuspręsti
foreknow [fɔ:'nəu] *v* (foreknew [fɔ:'nju:]; foreknown) iš anksto žinoti, numatyti
foreknowledge [fɔ:'nɔlɪdʒ] *n* žinojimas iš anksto, numatymas
foreknown [fɔ:'nəun] *pII žr.* **foreknow**
foreland ['fɔ:lənd] *n* kyšulys, ragas
foreleg ['fɔ:leg] *n (gyvulio)* priešakinė koja

forelock ['fɔ:lɔk] *n* **1** *(plaukų)* garbana, kuokštas *(ant kaktos)* **2** *tech.* pleištas, kaištis ◊ *to take time/occasion by the ~* pasinaudoti proga, išnaudoti patogų momentą; *to touch one's ~* pagarbiai sveikinti

foreman ['fɔ:mən] *n (pl* -men [-mən]) *(tik v.)* **1** meistras; brigadininkas, dešimtininkas; cecho viršininkas **2** *teis. (prisiekusiųjų)* seniūnas

foremast ['fɔ:mɑ:st] *n jūr.* fokstiebis

foremost ['fɔ:məust] *a* **1** esantis pačiame priekyje; pirmas(is), pirmiausias **2** svarbiausias, (į)žymiausias; *the ~ authority* geriausias specialistas
adv pirmiausia *(ppr. first and ~)*

forename ['fɔ:neɪm] *n* vardas *(priešpriešinant pavardei)*

forenoon ['fɔ:nu:n] *n (ypač teis., jūr.)* priešpietis, rytas *(nuo saulės patekėjimo iki pusiaudienio)*

forensic [fə'rensɪk] *a* teismo; *~ medicine* teismo medicina; *~ evidence* kaltės įrodymai *(kraujas, plaukai ir pan.)*

forensics [fə'rensɪks] *n (ppr. pl)* **1** teismo ekspertizė **2** *amer.* oratoriaus menas

foreordain [ˌfɔ:rɔ:'deɪn] *v knyg.* iš anksto nulemti

forepart ['fɔ:pɑ:t] *n* priešakinė dalis, priekis

forepaw ['fɔ:pɔ:] *n* priešakinė letena

forepeak ['fɔ:pi:k] *n jūr.* forpikas

forerun [fɔ:'rʌn] *v* (foreran [-'ræn]; forerun) *ret.* **1** bėgti pirma/priekyje **2** būti *(ko)* ženklu, lemti

forerunner ['fɔ:ˌrʌnə] *n* **1** pirmtakas **2** *(ko)* ženklas, pranašas

foresail ['fɔ:seɪl] *n jūr.* fokas; *~ sheet* fokšotas

foresee [fɔ:'si:] *v* (foresaw [fɔ:'sɔ:]; foreseen) numatyti, nuspėti; *nobody foresaw her being elected* niekas nenumatė, kad ji bus išrinkta

foreseeable [fɔ:'si:əbl] *a* iš anksto numatomas; *in the ~ future* artimoje ateityje

foreseen [fɔ:'si:n] *pII žr.* **foresee**

foreshadow [fɔ:'ʃædəu] *v* būti *(ko)* ženklu, pranašauti

foreshore ['fɔ:ʃɔ:] *n* **1** *(jūros užliejama)* pakrantė, apsema **2** kranto ruožas *(iki naudojamos žemės)*

foreshorten [fɔ:'ʃɔ:tn] *v men.* sumažinti *(vaizdą, daiktą)* dėl perspektyvos/rakurso

foresight ['fɔ:saɪt] *n* **1** įžvalgumas, numatymas; toliaregiškumas **2** *kar. (taikiklio)* kryptukas

foreskin ['fɔ:skɪn] *n anat.* prieodė, apyvarpė

forest ['fɔrɪst] *n* **1** miškas *(t. p. prk.)*, giria; *pine ~* pušynas; *a ~ of hands went up* pakilo rankų miškas **2** *ist.* medžioklės rezervatas/draustinis
v apželdinti mišku; sodinti mišką

forestall [fɔ:'stɔ:l] *v* **1** užbėgti už akių; *to ~ the events* užbėgti įvykiams už akių **2** suardyti *(kieno planus)* užbėgant už akių

forestay ['fɔ:steɪ] *n jūr.* forstakselis; fokštagas

forested ['fɔrɪstɪd] *a* miškingas

forester ['fɔrɪstə] *n* **1** miškininkas; eigulys **2** miško darbininkas

forestry ['fɔrɪstrɪ] *n* **1** miškininkystė **2** miškų ūkis; *~ officer* girininkas

foretaste *n* ['fɔ:teɪst] išankstinis *(malonumo, skausmo)* jautimas; *(ko)* ženklas, pavyzdys
v [fɔ:'teɪst] iš anksto (nu)jausti

foretell [fɔ:'tel] *v* (foretold) (iš)pranaušauti; *to ~ the future* pranašauti ateitį

forethought ['fɔ:θɔ:t] *n* numatymas; *(išankstinis)* apgalvojimas

foretime ['fɔ:taɪm] *n knyg.* seni laikai; praeitis

foretoken ['fɔ:təukn] *n (blogas)* ženklas

foretold [fɔ:'təuld] *past ir pII žr.* **foretell**

foretop ['fɔ:tɔp] *n jūr.* fokstiebio topas

forever [fə'revə] *adv* visam laikui, amžinai; visada ◊ *to take ~* atimti daug laiko
int per amžius!, valio!

forevermore [fəˌrevə'mɔ:] *adv amer.* visiems laikams, amžinai

forewarn [fɔ:'wɔ:n] *v* įspėti, perspėti *(of, about, against)* ◊ *~ed is forearmed* kas įspėtas, tas pasiruošęs, iš anksto įspėtas gali pasiruošti

forewent [fɔ:'went] *past žr.* **forego**

forewoman ['fɔ:ˌwumən] *n (pl* -women [-ˌwɪmɪn]) **1** meistrė, dešimtininkė **2** *teis. (prisiekusiųjų)* seniūnė

foreword ['fɔ:wə:d] *n* pratarmė

foreyard ['fɔ:jɑ:d] *n jūr.* fokrėja

forfeit ['fɔ:fɪt] *<n, a, v>* *n* **1** konfiskacija; konfiskuotas daiktas **2** fantas; *pl* žaidimas fantais; *to play at ~s* žaisti fantais **3** *teis.* netesybos; bausmė; pabauda
a konfiskuotas, atimtas
v **1** netekti; būti nubaustam; *to ~ one's property [one's rights]* netekti nuosavybės [teisių]; *to ~ a point sport.* prarasti tašką; *his driving licence was ~ed* iš jo atėmė vairuotojo teises **2** atsisakyti **3** *teis.* konfiskuoti, nusavinti

forfeiture ['fɔ:fɪtʃə] *n* konfiskavimas, nusavinimas; *(teisių)* atėmimas, praradimas

forfend [fɔ:'fend] *v (ypač amer.)* sergėti; *heaven ~!* sergėk Dieve!

forgather [fɔ:'gæðə] *v* **1** susirinkti **2** susitikti

forgave [fə'geɪv] *past žr.* **forgive**

forge[1] [fɔ:dʒ] *n* **1** kalvė **2** *(kalvės)* žaizdras
v **1** kalti *(geležį ir pan.)* **2** *prk.* plakti *(į krūvą ir pan.)*; sudaryti *(draugiškus ryšius)* **3** padirbinėti, (su)klastoti; *to ~ smb's signature* (su)klastoti kieno parašą

forge[2] *v* išsiveržti/išeiti į priekį *(t. p. ~ ahead)*

forger ['fɔ:dʒə] *n* **1** kalvis; žaizdrininkas **2** klastotojas

forgery ['fɔ:dʒərɪ] *n* **1** (su)klastojimas **2** klastotė

forget [fə'get] *v* (forgot; forgotten) **1** už(si)miršti, pamiršti; *he forgot all about it* jis tai visai pamiršo; *I keep ~ting to buy matches* aš vis užmirštu nupirkti degtukų; *I ~ where I put my spectacles* užmiršau, kur padėjau akinius; *this won't be easily forgotten* tai negreit užsimirš; *and don't you ~ it!* tik pabandyk užmiršti tai!; *not ~ting...* beje, neužmirštant ir..., taip pat ir... *(baigiant ką vardyti)* **2** *refl* negalvoti apie save; nesusivaldyti; nederamai/ netinkamai elgtis/pasielgti ◊ *~ it!* nesirūpink!, tai nesvarbu!; neverta apie tai kalbėti!; *no, ~ that* ne, netiesa *(pataisant ką tik pasakytus žodžius)*

forgetful [fə'getfəl] *a* užmaršus, už(si)mirštantis; *~ of the danger he ran to help her* užmiršęs pavojų, jis nubėgo jai padėti

forgetfulness [fə'getfəlnɪs] *n* užmaršumas, užmarštis; užmiršimas

forget-me-not [fə'getmɪˌnɔt] *n bot.* neužmirštuolė

forgettable [fə'getəbl] *a* lengvai pamirštamas; *juok.* nelabai įdomus, vidutiniškas

forging ['fɔ:dʒɪŋ] *n metal.* kalyba, kalimas; kaltinis dirbinys

forgivable [fə'gɪvəbl] *a* atleistinas, dovanotinas

forgive [fə'gɪv] *v* (forgave; forgiven [fə'gɪvn]) atleisti, dovanoti; *to ~ and forget* atleisti ir užmiršti; *I forgave him his debts* aš iš jo nebereikalavau skolos; *~ my interrupting you* atleiskite, kad jus pertrauksiu

forgiveness [fə'gɪvnɪs] *n* **1** atleidimas, dovanojimas; *to ask/beg for ~* prašyti dovanojimo/pasigailėjimo **2** atlaidumas; *to be full of ~* būti labai atlaidžiam

forgiving [fə'gɪvɪŋ] *a* atlaidus
forgo [fə'gəu] *v* (forwent; forgone [fə'gɔn]) atsisakyti, susilaikyti
forgot [fə'gɔt] *past žr.* **forget**
forgotten [fə'gɔtn] *pII žr.* **forget**
fork [fɔːk] *n* **1** šakutė(s); **~ dinner/supper** švediškas stalas *(per pietus, per vakarienę)* **2** *ž. ū.* šakės **3** *(kelio, upės)* šaka, išsišakojimas **4** *pl (dviračio ir pan.)* šakės **5** kamertonas *(t. p.* **tuning ~**)
v **1** valgyti su šakute **2** dirbti/kelti/vartyti su šakėmis **3** šakotis; išsišakoti, atsišakoti *(t. p.* **~ off**)*; the road ~s here* čia kelias išsišakoja **4** sukti *(į kairę, dešinę)* ☐ **~ out/up** *šnek.* sumokėti *(pinigų sumą; for, on)*
forked [fɔːkt] *a* dvišakas; išsišakojęs; **~ lightning** šakotas žaibas
forklift ['fɔːklɪft] *n* automobilinis krautuvas su šakėmis *(t. p.* **~ truck**)
forlorn [fə'lɔːn] *a* **1** apleistas; vienišas, nelaimingas **2** beviltiškas *(apie planą, bandymą);* **~ hope** menka viltis
form [fɔːm] *n* **1** forma, pavidalas; **a ~ of government** valdymo forma; **to take the ~** *(of)* įgauti *(ko)* formą/pavidalą/išvaizdą **2** *(žmogaus)* figūra **3** įprasta elgesio norma, įprasta tvarka, etiketas; **good [bad] ~** geras [netinkamas/prastas] elgesys/tonas; **to do smth for ~'s sake** daryti ką dėl formos, dėl įprastos tvarkos; **it's just a matter of ~** tai grynas formalumas **4** *(sveikatos ir pan.)* būsena; *(pasiruošimo)* lygis; **in (good) ~** geros formos *(apie sportininką);* **off ~** prastos formos **5** nuotaika; **in great ~** pakilios nuotaikos, judrus, linksmas **6** forma, blankas, anketa; **to fill in the ~** užpildyti formą/anketą **7** suolas **8** *(mokyklos)* klasė **9** *(kiškio)* guolis **10** *kalb.* forma, lytis; **grammatical ~s** gramatinės formos **11** *lit., men.* forma; žanras; **a literary ~** literatūros žanras **12** *spec.* modelis, forma **13** *stat.* klojinys
v **1** formuoti, suteikti formą; **to ~ a piece of wood into a certain shape** suteikti medžio gabalui tam tikrą formą **2** *prk.* formuoti, ugdyti; **to ~ a child's character** ugdyti/formuoti vaiko charakterį **3** sudaryti *(vyriausybę, karinį dalinį ir pan.);* **to ~ a committee** sudaryti komisiją; **to ~ a club** įkurti/organizuoti klubą; **to ~ a sentence [new words]** sudaryti sakinį [naujus žodžius] **4** *(ppr. pass)* susiformuoti, susidaryti, formuotis; įgauti formą; **how are stalactites ~ed?** kaip susidaro stalaktitai? **5** *kar.* rikiuoti(s) ☐ **~ up** išsirikiuoti; sustoti į gretas
-form [-fɔːm] *suff (ppr.* -**iform**) -iškas, *tokios* formos; **cruciform** kryžiškas, kryžiaus formos
formal ['fɔːml] *a* **1** oficialus; **~ protest [tone]** oficialus protestas [tonas] **2** formalus, nominalus; **~ logic** formalioji logika **3** ceremoningas, pagal etiketą; **~ dress** drabužiai oficialioms progoms **4** taisyklingas, simetriškas; **~ garden** angliškasis parkas
n amer. **1** šokių vakaras, kuriame svečiai dėvi vakarinius tualetus **2** vakarinė suknelė
formaldehyde [fɔː'mældɪhaɪd] *n chem.* formaldehidas
formalin ['fɔːməlɪn] *n chem.* formalinas
formalism ['fɔːməlɪzm] *n* formalizmas; pedantiškumas
formalist ['fɔːməlɪst] *n* formalistas; pedantas
formality [fɔː'mælətɪ] *n* **1** formalumas, formalybė **2** taisyklių/normų laikymasis; pedantiškumas
formalize ['fɔːməlaɪz] *v* **1** įforminti *(sutartį ir pan.)* **2** suteikti oficialumo/formalumo **3** *kalb., komp.* formalizuoti
formant ['fɔːmənt] *n spec.* formantas
format ['fɔːmæt] *n* **1** formatas **2** pobūdis, forma **3** *komp.* tvarkinys

v **1** apipavidalinti *(knygą ir pan.)* **2** *komp.* ženklinti *(diską, diskelį);* tvarkyti *(tekstą)*
formate ['fɔːmeɪt] *n chem.* skruzdžių rūgšties druska/esteris
formation [fɔː'meɪʃn] *n* **1** su(si)darymas, formavimas(is); **the ~ of a new government** naujos vyriausybės sudarymas; **the ~ of a plan** plano sudarymas; **~ of the state [new institutions]** valstybės [naujų įstaigų] (į)kūrimas **2** struktūra, sandara; **the ~ of a flower** žiedo sandara **3** *kalb.* darinys **4** *kar. (dalinių ir pan.)* iš(si)dėstymas, rikiuotė **5** *geol.* formacija
formative ['fɔːmətɪv] *a attr* **1** formuojantis, sudarantis; **the ~ influence** įtaka, lemianti *(žmogaus)* ugdymą **2** formavimo(si); formuojamas; **the ~ years of a child's life** metai, kada formuojasi vaiko charakteris/asmenybė
n gram. formantas
former[1] ['fɔːmə] *n* **1** formuotojas, sudarytojas **2** įkūrėjas **3** *tech.* šablonas
former[2] *a attr* buvęs; ankstesnis, ankstyvesnis; **~ Prime Minister** buvęs ministras pirmininkas; **in ~ times** seniau
n **(the ~)** pirmasis *(priešpriešinant pastarajam);* **of the two routes the ~ is the shorter** iš tų dviejų kelių pirmasis trumpesnis
-former *(sudurt. žodžiuose)* -okas; **fourth-former** ketvirtokas *(apie mokinį)*
formerly ['fɔːməlɪ] *adv* seniau, pirmiau, anksčiau; kažkada, kadaise
formic ['fɔːmɪk] *a chem.* skruzdžių; **~ acid** skruzdžių rūgštis
Formica [fɔː'maɪkə] *n* plastikas *(ypač stalui dengti)*
formicary ['fɔːmɪkərɪ] *n spec.* skruzdėlynas
formidable ['fɔːmɪdəbl] *a* **1** grėsmingas **2** sunkus; sunkiai įveikiamas/nugalimas **3** didžiulis; **~ army** didžiulė armija
formless ['fɔːmləs] *a* **1** beformis, amorfinis **2** neapibrėžtas, neaiškus
formula ['fɔːmjulə] *n (pl* ~s, -lae [-liː]) **1** formulė **2** formuluotė **3** receptas **4** *amer.* pieno mišinys *(kūdikiams)* **5** *(F.) sport. (lenktyninio automobilio)* formulė, klasė
formulaic [ˌfɔːmjuˈleɪɪk] *a* šabloniškas, pastovus *(apie posakį ir pan.)*
formulary ['fɔːmjulərɪ] *n* **1** farmacijos vadovas *(žinynas)* **2** *bažn.* maldaknygė
formulate ['fɔːmjuleɪt] *v* **1** (su)formuluoti **2** išreikšti formule **3** sugalvoti, parengti *(detalų planą, pasiūlymą ir pan.)*
formulation [ˌfɔːmju'leɪʃn] *n* **1** (su)formulavimas **2** formuluotė
form-word ['fɔːmwəːd] *n kalb.* tarnybinis žodis
fornicate ['fɔːnɪkeɪt] *v* turėti nesantuokinių santykių, sanguliauti
fornication [ˌfɔːnɪ'keɪʃn] *n* nesantuokiniai santykiai, sanguliavimas
forrader ['fɔrədə] *adv (pažengęs, pasistūmėjęs)* į priekį, pirmyn
forsake [fə'seɪk] *v* (forsook [fə'suk]; forsaken [fə'seɪkn]) **1** palikti, pamesti *(žmogų, namus)* **2** atsisakyti, atsižadėti *(įpročių, tikėjimo ir pan.)*
forsooth [fə'suːθ] *adv psn.* tikrai, iš tiesų
Forster ['fɔːstə] *n: Edward Morgan ~* Edvardas Morganas Forsteris *(anglų rašytojas)*
forswear [fɔː'sweə] *v* (forswore [fɔː'swɔː]; forsworn [fɔː'swɔːn]) **1** atsisakyti, atsižadėti, išsižadėti **2** *refl, pass* melagingai prisiekti; (su)laužyti priesaiką
Forsyte ['fɔːsaɪt] *n* Forsaitas *(Dž. Golsvorčio romano personažų pavardė)*
forsythia [fɔː'saɪθɪə] *n bot.* forzitija

fort [fɔːt] *n* fortas ◊ *to hold the ~, amer. to hold down the ~ (laikinai)* pavaduoti, viską prižiūrėti
forte[1] ['fɔːteɪ] *n (kieno)* pliusas, stiprioji pusė; sugebėjimas, mokėjimas *(ką nors gerai daryti); singing is not his ~* dainavimas – ne jo sritis
forte[2] ['fɔːtɪ] *it. adv, n muz.* forte *(garsiai; garsiai atliekama dalis)*
forth [fɔːθ] *knyg. adv* į priekį, pirmyn, tolyn; *from this day ~* nuo šios dienos
part (su kai kuriais vksm., pvz. bring, hold, put, set) *žr. atitinkamus vksm.*
Forth [fɔːθ] *n* Fortas *(Škotijos upė)*
forthcoming ['fɔː'θkʌmɪŋ] *a* **1** artėjantis, ateinantis, būsimas(is); pasirodysiantis; *the ~ elections* būsimi rinkimai; *list of ~ books* leidžiamų knygų sąrašas **2** gautas *(neig. sakiniuose); the money was not ~* pinigų nebuvo gauta **3** *predic* norintis pasidalyti/pasipasakoti *(about)*
forthright ['fɔːθraɪt] *a* tiesus, tiesmukas, tiesmukiškas; *in ~ terms* nedviprasmiškas
adv tiesmukai, tiesmukiškai
forthwith [fɔːθ'wɪð] *adv knyg.* tuojau pat, nedelsiant
forties ['fɔːtɪz] *n pl* **1** *(the ~) (šimtmečio)* penktasis dešimtmetis *(1940–1949)* **2** penkta dešimtis *(amžius tarp 40 ir 49 metų)*
fortieth ['fɔːtɪəθ] *num ord* keturiasdešimtas; *he died in his ~ year* jis mirė keturiasdešimtaisiais gyvenimo metais
n keturiasdešimtoji dalis
fortification [ˌfɔːtɪfɪ'keɪʃn] *n* **1** sutvirtinimas **2** *pl kar.* įtvirtinimai, fortifikacijos
fortify ['fɔːtɪfaɪ] *v* **1** (su)tvirtinti, (su)stiprinti; *to ~ one's health* (su)stiprinti sveikatą **2** *refl* pasistiprinti *(valgiu ir pan.)* **3** palaikyti, paremti *(moraliai, fiziškai)* **4** *(ppr. pass)* pagerinti maisto produktus *(įdedant vitaminų ir pan.)* **5** spirituoti *(vyną); fortified wine* spirituotas vynas **6** *kar.* įtvirtinti *(miestą ir pan.)*
fortissimo [fɔː'tɪsɪməʊ] *it. adv, n muz.* fortisimo *(labai garsiai; labai garsiai atliekama kūrinio dalis)*
fortitude ['fɔːtɪtjuːd] *n (dvasios)* tvirtumas, tvirtybė
fortnight ['fɔːtnaɪt] *n* dvi savaitės; *this ~* per pastarąsias dvi savaites; *this day ~* lygiai po dviejų savaičių
fortnightly ['fɔːtnaɪtlɪ] *a* dvisavaitinis; dviejų savaičių
adv kas dvi savaites *(vykstantis, išeinantis ir pan.)*
Fortran ['fɔːtræn] *n komp.* FORTRAN *(programavimo kalba)*
fortress ['fɔːtrɪs] *n* tvirtovė
fortuitous [fɔː'tjuːɪtəs] *a* atsitiktinis
fortuity [fɔː'tjuːətɪ] *n* atsitiktinumas
fortunate ['fɔːtʃnət] *a* laimingas; sėkmingas; *he was ~ in life* jam sekėsi gyvenime; *it was ~ for you that...* jums pasisekė, kad...; *I was ~ in finding him at home* laimė, aš radau jį namie
fortunately ['fɔːtʃənətlɪ] *mod* laimė, laimei; *~ for us* mūsų laimė/laimei
fortune ['fɔːtʃən] *n* **1** laimė, sėkmė; *bad/ill ~* nesėkmė, nelaimė; *by good ~* laimei, dėl laimingo atsitiktinumo; *to try one's ~* bandyti savo laimę; *I had the good ~ to get a ticket* man pasisekė gauti bilietą **2** *(ppr. pl)* likimas; *to tell smb's ~s* burti kam ateitį *(iš kortų, rankų)* **3** turtas; *a man of ~* turtingas žmogus; *to make a ~* praturtėti; *to marry a ~ psn.* vesti turtingą moterį; *to come into a ~* paveldėti turtą; *a small/tiny ~* dideli pinigai, nemenka sumelė **4** *pl (kieno)* šansai ◊ *~ favours the brave pat.* laimė šypsosi drąsuoliams
fortune-hunter ['fɔːtʃənˌhʌntə] *n* turtingų nuotakų ieškotojas; avantiūristas; turtingų jaunikių ieškotoja

fortuneless ['fɔːtʃənləs] *a* **1** nesėkmingas, nelaimingas **2** neturtingas; bekraitė
fortune-teller ['fɔːtʃənˌtelə] *n* būrėja(s), ateities spėjėja(s)
fortune-telling ['fɔːtʃənˌtelɪŋ] *n* ateities spėjimas, būrimas
forty ['fɔːtɪ] *num card* keturiasdešimt; *a man of ~* keturiasdešimties metų žmogus; *chapter ~* keturiasdešimtasis skyrius
forty-niner ['fɔːtɪ'naɪnə] *n amer. ist.* aukso ieškotojas *(atvykęs į Kaliforniją 1849 m.)*
forum ['fɔːrəm] *n* **1** forumas *(t. p. ist.);* susirinkimas **2** *prk. (sąžinės, visuomenės nuomonės)* teismas
forward ['fɔːwəd] *<a, adv, part, prep, v, n> a* **1** (einantis) į priekį, (esantis) priekyje; priekinis; *the ~ ranks* priešakinės eilės **2** pažengęs/pasistūmėjęs į priekį; *I am well ~ with my work* mano darbas gerokai pasistūmėjo **3** pažangus, šiuolaikinis **4** ankstyvas; anksti subrendęs; *a ~ spring* ankstyvas pavasaris **5** išankstinis; *~ planning* perspektyvinis planavimas **6** pasiruošęs *(padėti, padaryti; with)* **7** nepagarbus, nekuklus, įžūlus **8** *kom.* būsimas *(apie kainas ir pan.); ~ purchase* terminuotas pirkinys; *~ market* terminuotų sandėrių rinka, išankstinė rinka
adv **1** pirmyn, į priekį; priekyje; *to send ~* siųsti į priekį; *~!* pirmyn! **2** tolyn, toliau; *from this time ~* nuo šio laiko
part (su kai kuriais vksm., pvz. bring, come, look, put) *žr. atitinkamus vksm.*
prep (~ of) prieš(ais) *(ką sėdėti/stovėti; ypač laive, lėktuve)*
v **1** persiųsti *(nauju adresu);* (iš)siųsti **2** padėti, prisidėti *(prie veiklos ir pan.);* paspartinti; *to ~ a plan/scheme* paspartinti plano vykdymą
n sport. puolėjas *(futbole ir pan.); centre ~* vidurio puolėjas
forwarder ['fɔːwədə] *n* **1** persiuntėjas **2** ekspeditorius *(t. p. freight ~);* ekspedicijos kontora/agentūra, ekspedicija
forward-looking ['fɔːwədˌlukɪŋ] *a* žvelgiantis į priekį/ateitį, numatantis
forwardness ['fɔːwədnɪs] *n* **1** nekuklumas, įžūlumas **2** ankstyvumas; ankstyvas subrendimas **3** pasirengimas, pasiruošimas *(ką daryti)*
forwards ['fɔːwədz] = **forward** *adv*
forwent [fɔː'went] *past žr.* **forgo**
fossa ['fɒsə] *n (pl* -ae [-siː]) *anat.* duobė
fosse [fɒs] *n* **1** tranšėja, griovys *(ypač kar.)* **2** = **fossa**
fossick ['fɒsɪk] *v austral. šnek.* ieškoti, raustis *(ppr. ~ about/around)*
fossil ['fɒsɪl] *n* **1** suakmenėjusi iškasena, suakmenėjimas *(augalas, gyvūnas);* fosilija **2** *šnek.* prieštvaninių pažiūrų žmogus, prieštvaninis daiktas *(ppr. old ~)*
a **1** suakmenėjęs; iškastinis, fosilinis **2** *prk.* senamadiškas, prieštvaninis
fossilization ['fɒsɪlaɪ'zeɪʃn] *n spec.* **1** fosilizacija **2** stabarėjimas
fossilize ['fɒsɪlaɪz] *v (ppr. pass)* **1** suakmenėti **2** *prk.* sustabarėti, pasenti
foster ['fɒstə] *v* **1** auklėti; globoti, prižiūrėti *(auginti)* **2** puoselėti *(viltį, jausmus ir pan.)* **3** skatinti *(augimą ir pan.); to ~ talent* padėti ugdyti talentą
a: ~ home globos namai
fosterage ['fɒstərɪdʒ] *n* **1** *(svetimo vaiko)* auklėjimas; globojimas, prižiūrėjimas **2** skatinimas
foster-brother ['fɒstəˌbrʌðə] *n (tik v.)* netikras brolis
foster-child ['fɒstətʃaɪld] *n (pl* -children [-ˌtʃɪldrən]) globotinis, augintinis
foster-daughter ['fɒstəˌdɔːtə] *n* netikra duktė
foster-father ['fɒstəˌfɑːðə] *n (tik v.)* netikras tėvas, globėjas

fosterling ['fɔstəlɪŋ] *n* = **foster-child**
foster-mother ['fɔstəˌmʌðə] *n* netikra motina, globėja
foster-parents ['fɔstəˌpɛərənts] *n pl* globėjai, netikri tėvai *(kai įvaikinimas neįformintas)*
foster-son ['fɔstəsʌn] *n* netikras sūnus
fought [fɔːt] *past ir pII žr.* **fight** *v*
foul [faul] <*a, n, adv, v*> *a* **1** nešvarus, purvinas; ~ *linen* nešvarūs baltiniai; ~ *air* negrynas/užterštas oras **2** dvokiantis; bjaurus, šlykštus; ~ *smell [weather]* bjaurus/šlykštus kvapas [oras] **3** niekšingas; ~ *crime* niekšiškas nusikaltimas **4** nepadorus; ~ *language* blevyzgos, nešvankybės; *to use* ~ *language* blevyzgoti, pliaukšti **5** negarbingas, nesąžiningas; ~ *play* a) nesąžiningas žaidimas, žaidimas ne pagal taisykles; b) nusikaltimas; žmogžudystė **6** užsikimšęs *(apie dūmtraukį, vamzdį ir pan.)* **7** apsinešęs, apsitraukęs *(apie liežuvį)* **8** *jūr.* supainiotas, susipainiojęs *(apie virvę)* ◊ *to fall* ~ *(of)* a) supykinti; susiginčyti; b) pažeisti *(įstatymą ir pan.)*
n **1** *sport.* pražanga, taisyklių pažeidimas; *professional* ~ tyčinė pražanga; ~ *shot* baudos metimas *(krepšinyje)* **2** *(valčių, jojikų ir pan.)* susidūrimas; *the ship fell* ~ *of the fishing boat* laivas susidūrė su žvejų valtimi
adv negarbingai, nesąžiningai
v **1** teršti; suteršti, subjauroti **2** už(si)teršti, už(si)kimšti; su(si)painioti, į(si)painioti **3** *sport.* nusižengti taisyklėms, (pa)daryti pražangą **4** susidurti *(apie valtis ir pan.);* atsitrenkti *(į laivą ir pan.)* □ ~ *out sport.* būti pašalintam *(už pražangas);* ~ *up* sujaukti, sugadinti
foully ['faulɪ] *adv* **1** nešvariai; bjauriai **2** niekšiškai
foul-mouthed, -spoken ['faul'mauðd, -'spəukn] *a* bjauraburnis, bjaurakalbis; ciniškas; ~ *wretch* nepraustaburnis, keikūnas
foul-up ['faulʌp] *n šnek.* **1** painiava **2** *(mechanizmo)* sutrikimas; (su)gedimas
foumart ['fuːmɑːt] *n zool.* šeškas
found[1] [faund] *v* **1** (į)steigti, (į)kurti *(draugiją, organizaciją ir pan.);* *to* ~ *a city [a university]* (į)kurti miestą [universitetą]; *to* ~ *a school of thought* (su)kurti filosofijos mokyklą/sistemą **2** *(ppr. pass)* pagrįsti, remtis *(on, upon); a theory* ~*ed on facts* teorija, pagrįsta faktais **3** dėti pamatus, statyti
found[2] *v tech.* (nu)lieti, (nu)liedinti *(metalą, stiklą)*
found[3] *past ir pII žr.* **find** *v*
foundation [faun'deɪʃn] *n* **1** pamatas, pagrindas *(t. p. prk.); to lay the* ~*s* (pa)dėti pamatus/pagrindus; *(prk. t. p.)* duoti pradžią *(for – kam); what* ~ *have you for this assertion?* kokiu pagrindu jūs tai tvirtinate?; *to shake smth to its* ~*s* sukrėsti ką iki pamatų; ~ *pit* pamatų duobė **2** įkūrimas, įsteigimas; fundacija **3** *(aukų)* fondas; įstaiga, išlaikoma iš aukų fondo
foundationer [faun'deɪʃnə] *n (aukų fondo)* stipendiatas
foundation-stone [faun'deɪʃnˌstəun] *n* **1** pamatinis/kertinis akmuo **2** *prk.* pagrindas
founder[1] ['faundə] *n* (į)kūrėjas, (į)steigėjas; ~ *of a theatre* teatro (į)steigėjas
founder[2] *n* liejikas, lydytojas
founder[3] *v* **1** (su)žlugti *(apie planą ir pan.)* **2** (nu)grimzti į dugną, (nu)skęsti *(apie laivą);* (pa)skandinti **3** kristi, apšlubti *(apie arklį)*
founder-member [ˌfaundə'membə] *n (klubo, organizacijos ir pan.)* narys steigėjas
foundling ['faundlɪŋ] *n psn.* pamestinukas, rastinukas
foundress ['faundrɪs] *n* (į)kūrėja, (į)steigėja
foundry ['faundrɪ] *n* **1** liejykla; ~ *hand* liejikas **2** liejimas

fount [faunt] *n* **1** *poet.* versmė, šaltinis **2** *poligr.* šrifto komplektavimas; šriftas
fountain ['fauntɪn] *n* **1** fontanas *(t. p. prk.)* **2** šaltinis **3** *(žibalinės lempos ir pan.)* ropė, rezervuaras
fountainhead ['fauntɪnhed] *n* **1** *(upės)* ištaka **2** *prk.* ištakos, šaltinis
fountain-pen ['fauntɪnpen] *n* automatinis plunksnakotis, parkeris
four [fɔː] *num card* keturi; *room* ~ ketvirtasis kambarys; *an income of* ~ *figures* pajamos, išreikštos keturženkliu skaičiumi *(1000–9999);* ~ *and* ~ *make eight* keturi plius keturi yra aštuoni
n **1** ketvertas; *to make up a* ~ būti ketvirtuoju *(pvz., žaidžiant kortomis);* ~ *on the floor amer. aut.* keturios pavaros **2** *pl* ketvirtas numeris/dydis *ir pan.* **3** *šnek.* ketvertukas *(komanda ir pan.; pažymys)* **4** *sport.* keturvietė **5** *pl kar.* rikiuotė gretoje po keturis; *form* ~*s!* gretas dvejink! ◊ *on all* ~*s* keturpėsčia(s), visomis keturiomis
four-cycle ['fɔː'saɪkl] *a tech.* keturtaktis
four-engined ['fɔː'endʒɪnd] *a av.* keturmotoris
foureyes ['fɔːraɪz] *n šnek.* akiniuotis
fourflusher ['fɔː'flʌʃə] *n amer. šnek.* apgavikas, akių dūmėjas
four-footed ['fɔː'futɪd] *a* keturkojis
four-in-hand [ˌfɔːrɪn'hænd] *n* ekipažas, traukiamas ketverto arklių
four-letter ['fɔːletə] *a:* ~ *words* nepadorūs/necenzūriški žodžiai
four-oar ['fɔːrɔː] *n* keturvietė valtis
four-part ['fɔːpɑːt] *a muz. (vokaliniam)* kvartetui, kvarteto *(atliekamas)*
fourpence ['fɔːpəns] *n* keturi pensai
fourpenny ['fɔːpənɪ] *a* keturių pensų ◊ ~ *one šnek.* smūgis
four-piece ['fɔːpiːs] *a:* ~ *band muz.* kvartetas
fourplex ['fɔːpleks] *n* keturių butų namas
four-ply ['fɔːplaɪ] *a* kertursluoksnis, keturlinkas
four-poster [ˌfɔː'pəustə] *n* lova su baldakimu *(ant keturių stulpelių; t. p.* ~ *bed)*
four-pounder ['fɔː'paundə] *n ist.* pabūklas, šaudantis 4 svarų sviediniais
fourscore [ˌfɔː'skɔː] *n psn.* aštuoniasdešimt
four-seater [ˌfɔː'siːtə] *n:* ~ *car* keturvietis automobilis
foursome ['fɔːsəm] *n* ketvertas, keturių grupė
four-square [ˌfɔː'skwɛə] *a* **1** kvadratinis **2** tvirtas; nepasiduodantis
adv tvirtai
four-stroke ['fɔːstrəuk] *a* = **four-cycle**
fourteen ['fɔː'tiːn] *num card* keturiolika; *chapter* ~ keturioliktasis skyrius; *he is* ~ jam keturiolika metų
fourteenth ['fɔː'tiːnθ] *num ord* keturioliktas; *their son's* ~ *birthday* jų sūnaus keturiolikos metų gimtadienis
n keturioliktoji dalis
fourth [fɔːθ] *num ord* ketvirtas; *the F. of July amer.* Liepos ketvirtoji *(JAV nepriklausomybės diena)*
n **1** ketvirtis, ketvirtoji dalis **2** *muz.* kvarta
fourthly ['fɔːθlɪ] *adv* ketvirta *(išskaičiuojant)*
fourth-rate [ˌfɔːθ'reɪt] *a* ketvirtarūšis, ketvirtos rūšies; nestandartinis
four-wheel [ˌfɔː'wiːl] *a:* ~ *drive aut.* su keturiais varomaisiais ratais
four-wheeler [ˌfɔː'wiːlə] *n ist.* samdoma vienkinkė karieta
fowl [faul] *n (pl t. p.* ~) **1** naminis paukštis, *ypač* višta, gaidys **2** paukštiena **3** *psn., poet.* paukštis; *the* ~ *of the air bibl.* dangaus paukščiai
v medžioti/gaudyti *(laukinius)* paukščius, paukščiauti

fowler ['faulə] *n* paukščių gaudytojas/medžiotojas, paukštininkas
fowl-grass ['faulgrɑ:s] *n bot.* paprastoji miglė
fowling-piece ['faulɪŋpi:s] *n* šratinis šautuvas *(paukščiams medžioti)*
fowl-rum ['faulrʌn] *n* paukštynas, paukščių aptvaras
fox [fɔks] *n* **1** lapė; *red [silver]* ~ rudoji [sidabrinė] lapė; *crazy like/as a* ~ gudrus/klastingas kaip lapė **2** lapės kailis, lapena *(t. p.* ~ *fur)* **3** *prk.* lapė, gudruolis **4** *amer. šnek.* žavi moteris; žavus vyras
v **1** gudrauti, apsimesti, dėtis **2** būti nesuprantamam; statyti į sunkią padėtį, sumaišyti, supainioti **3** apgauti **4** paruduoti dėmėmis *(apie popierių)*
fox-bane ['fɔksbeɪn] *n bot.* kurpelė
fox-brush ['fɔksbrʌʃ] *n* lapės uodega
fox-earth ['fɔksə:θ] *n* lapės urvas
foxglove ['fɔksglʌv] *n bot.* rusmenė
foxhole ['fɔkshəul] *n* **1** *kar. (šaulio)* apkasas **2** = **fox-earth**
foxhound ['fɔkshaund] *n* medžioklinis šuo *(lapėms medžioti)*
foxhunt ['fɔkshʌnt] *n* lapių medžioklė su šunimis
foxlike ['fɔkslaɪk] *a* = **foxy** 1, 2
foxtail ['fɔksteɪl] *n bot.* pašiaušėlis; *water* ~ nariuotasis pašiaušėlis
fox-terrier [,fɔks'terɪə] *n* foksterjeras *(šunų veislė)*
foxtrot ['fɔkstrɔt] *n* fokstrotas
v šokti fokstrotą
foxy ['fɔksɪ] *a* **1** lapiškas, lapės **2** gudrus, klastingas **3** rudas **4** paruduvęs, dėmėtas *(apie popierių ir pan.)* **5** *amer. šnek.* žavus, patrauklus *(ypač apie moterį)*
foyer ['fɔɪeɪ] *pr. n* **1** fojė, priesalis **2** *amer.* prieškambaris
Fra [frɑ:] *it. n* fra, brolis *(rašoma prieš vienuolio vardą)*
fracas ['frækɑ:] *pr. n (pl* ~ [-z]) barnis, peštynės
fraction ['frækʃn] *n* **1** trupmena; *common/vulgar* ~ paprastoji trupmena; *decimal [continued]* ~ dešimtainė [ištęstinė] trupmena; ~ *numeral gram.* trupmeninis skaitvardis **2** dalelė; truputis; *for a* ~ *of second* sekundės dalelė; *not by a* ~ nė trupučio, nė kiek **3** *chem.* frakcija
fractional ['frækʃnəl] *a* **1** mažytis, nežymus **2** trupmenos, trupmeninis **3** *chem.* frakcinis
fractionally ['frækʃənəlɪ] *adv* nežymiai, vos vos
fractionate ['frækʃəneɪt] *v chem.* frakcionuoti, skirstyti *(į dalis)*
fractious ['frækʃəs] *a* **1** irzlus, kaprizingas, užgaidus *(ppr. apie vaikus/senelius)* **2** nirtus, nesuvaldomas *(apie arklį)* **3** įtemptas *(apie padėtį ir pan.)*
fracture ['fræktʃə] *n* lūžimas, lūžis; įtrūkimas, trūkis; *compound [simple]* ~ *med.* atviras [uždaras] lūžis
v lūžti; skilti; sulaužyti *(kaulą ir pan.); he ~d his skull* jis prasiskėlė galvą
fractured ['fræktʃəd] *a* lūžęs, sulaužytas; ~ *rib med.* šonkaulio lūžimas
fragile ['frædʒaɪl] *a* **1** trapus *(t. p. prk.);* lūžus, dūžtamas; ~ *happiness* trapi laimė **2** *šnek.* silpnas, gležnas; apsvaigęs
fragility [frə'dʒɪlətɪ] *n* trapumas, lūžumas *ir pan., žr.* **fragile**
fragment *n* ['frægmənt] **1** nuolauža; skeveldra, šukė **2** *(pašnekesio ir pan.)* nuotrupa **3** fragmentas; ištrauka; *a* ~ *of a poem* eilėraščio fragmentas
v [fræg'ment] **1** (su)dužti/(su)byrėti į skeveldras/šukes **2** (su)irti, (su)skilti **3** (su)ardyti, (su)skaldyti
fragmental [fræg'mentl] *a geol.* nuotrupinis, klastinis
fragmentary ['frægməntᵊrɪ] *a* fragmentinis, nuotrupinis; fragmentiškas, ne pilnas, ne visas

fragmentation [,frægmən'teɪʃn] *n* (su)irimas, (su)skilimas; ~ *bomb* skeveldrinė bomba
fragrance ['freɪgrəns] *n* **1** aromatas; kvepėjimas **2** kvepalai
fragrance-free ['freɪgrəns fri:] *a* be aromato, nearomatizuotas
fragrant ['freɪgrənt] *a* aromatingas, kvapnus, gardžiakvapis
fraidy-cat ['freɪdɪkæt] *n amer. vaik.* bailiukas, baikštuolis
frail[1] [freɪl] *a* **1** trapus, netvirtas; ~ *chair* netvirta kėdė **2** silpnas, neatsparus
frail[2] *n* nendrinė pintinė *(ypač džiovintiems vaisiams)*
frailty ['freɪltɪ] *n* **1** trapumas; netvirtumas **2** silpnybė
frame [freɪm] *n* **1** rėmas, rėmai; *bicycle* ~ dviračio rėmas; *window* ~ lango rėmai; *counting* ~ skaitytuvai **2** *pl* akinių rėmeliai **3** karkasas, griaučiai; *the* ~ *of a building* pastato karkasas **4** sandara, sistema; ~ *of reference* a) pažiūrų sistema; b) *fiz.* atskaitos sistema **5** kūnas, kūno sudėjimas, konstitucija **6** aplinka, fonas **7** nusiteikimas *(ppr.* ~ *of mind); to be in the right* ~ *of mind (for +inf)* būti nusiteikusiam *(kam, ką daryti)* **8** medinis inspektas **9** *spec.* kadras; freimas **10** *tech.* korpusas **11** *jūr.* špantas; ~ *area* španto plotas
v **1** įrėminti, (į)dėti į rėmus/rėmelius **2** (su)daryti, (su)kurti, (pa)rengti *(planą, sistemą ir pan.)* **3** (pa)statyti **4** pritaikyti **5** išreikšti, (su)formuluoti **6** *šnek.* nepagrįstai apkaltinti, apšmeižti *(t. p.* ~ *up)*
frame-house ['freɪmhaus] *n* medinis karkasinis namas
frameless ['freɪmləs] *a* neįrėmintas; be rėmo
frame-up ['freɪmʌp] *n šnek.* melagingas apkaltinimas; iš anksto sumanytas planas, sąmokslas, sankalba
framework ['freɪmwə:k] *n* **1** rėminė konstrukcija; griaučiai, karkasas **2** *prk.* griaučiai; rėmai, ribos; *within the* ~ *of the law* pagal įstatymą **3** struktūra, sandara, sistema; *the* ~ *of government* valdymo struktūra
franc [fræŋk] *n* frankas *(piniginis vienetas)*
France [frɑ:ns] *n* Prancūzija *(valstybė)*
franchise ['fræntʃaɪz] *n* **1** *polit.* balsavimo teisė **2** privilegija, lengvata **3** *kom.* frančizė; muitinės leidimas vežti krovinį be muito
v suteikti teisę/privilegiją/lengvatą
Francis ['frɑ:nsɪs] *n* Fransis *(vardas); ist.* Pranciškus
Franciscan [fræn'sɪskən] *n* pranciškonas
a pranciškoniškas, pranciškonų
francium ['frænsɪəm] *n chem.* francis
franco ['fræŋkəᵘ] *adv kom.* franko
franco- ['fræŋkəᵘ-] *(sudurt. žodžiuose)* prancūzų (ir); Prancūzijos (ir); *francophone* prancūziškai kalbantis *(žmogus)*
frangible ['frændʒəbl] *a* lūžus, trapus
franglais ['frɔŋgleɪ] *pr. n* prancūzų ir anglų kalbų mišinys
Frank [fræŋk] *n* **1** Frankas *(vardas)* **2** *ist.* frankas *(frankų genties narys)*
frank[1] [fræŋk] *a* atviras, nuoširdus; *to be* ~ atvirai kalbant
frank[2] *v* frankuoti *(laišką, siuntą)*
frank[3] *n amer. šnek.* = **frankfurter**
frankfurter ['fræŋkfə:tə] *vok. n* parūkyta dešrelė
frankincense ['fræŋkɪnsens] *n* smilkalai
Franklin ['fræŋklɪn] *n* Franklinas *(vardas)*
franklin ['fræŋklɪn] *n ist.* nekilmingas laisvas smulkus žemvaldys *(Anglijoje)*
frankly ['fræŋklɪ] *adv* **1** atvirai, nuoširdžiai **2** *mod* atvirai kalbant *(t. p. to put it ~)*
frantic ['fræntɪk] *a* **1** paklaikęs, siutingas; ~ *with grief* paklaikęs iš sielvarto; *to be* ~ siusti **2** *šnek.* pašėlęs, baisus; *I'm in a* ~ *hurry* aš baisiai/pašėlusiai skubu

frappé ['fræpeɪ] *pr. n* **1** alkoholinis gėrimas su susmulkintais ledais **2** *amer.* tirštas pieno kokteilis
 a atšaldytas *(apie vyną ir pan.)*
frat [fræt] *n amer. šnek.* = **fraternity** 4
fraternal [frə'tɜːnl] *a* broliškas; ~ *greetings* broliški sveikinimai
fraternity [frə'tɜːnɪtɪ] *n* **1** broliškumas, brolybė **2** *rel.* brolija **3** *(vienos profesijos, bendrų interesų)* žmonių grupė, kompanija; *the legal* ~ *(visi)* teisininkai; *the angling* ~ meškeriotojai **4** *amer.* studentų *(vyrų)* klubas
fraternization [ˌfrætənaɪ'zeɪʃn] *n* broliavimasis; artima draugystė
fraternize ['frætənaɪz] *v* broliautis *(džn. apie priešiškų šalių karius);* būti artimiems
fratricidal [ˌfrætrɪ'saɪdl] *a* brolžudiškas; ~ *war* brolžudiškas karas
fratricide ['frætrɪsaɪd] *n* **1** brolžudystė **2** brolžudys
fraud [frɔːd] *n* **1** *teis.* apgaulė, apgavystė **2** sukčiavimas; suktybė **3** apgavikas, apgaudinėtojas, sukčius
fraudulence ['frɔːdjʊləns] *n* **1** apgaudinėjimas **2** apgavikiškumas, apgaulumas
fraudulent ['frɔːdjʊlənt] *a* apgavikiškas, apgaulingas; nesąžiningas; ~ *gains* nesąžiningai įgytos pajamos
fraudulently ['frɔːdjʊləntlɪ] *adv* apgavikiškai, per apgavystę/apgaules/suktybes
fraught [frɔːt] *a* **1** pilnas, kupinas; ~ *with danger* kupinas pavojų; ~ *with meaning* pilnas prasmės, prasmingas; *the atmosphere was* ~ *with hatred* atmosfera buvo pritvinkusi neapykantos **2** sudėtingas, sunkiai sprendžiamas
fraxinella [ˌfræksɪ'nelə] *n bot.* diktonas, uosytė
fray[1] [freɪ] *n (the* ~*)* susidūrimas; peštynės; *eager for the* ~ linkęs peštis, lendantis muštis
fray[2] *v* **1** (at)spurti; nu(si)dėvėti, ap(si)trinti, (nu)dilti **2** (iš)sekinti *(nervus);* (pa)krikti *(apie nervus)*
frayed [freɪd] *a* **1** atspuręs, nuspuręs, nušiuręs **2** susinervinęs; pakrikęs *(apie nervus)*
frazzle ['fræzl] *n šnek.* skuduras, skarmalas ◊ *worn to a* ~ visiškai/labai nusialinęs/nualintas; *burnt to a* ~ perviręs, sugruzdėjęs *(apie maistą)*
 v (ppr. pass) **1** nu(si)trinti, nu(si)dėvėti **2** (nu)alinti, (iš)sekinti *(t. p.* ~ *out); I felt tired and* ~*d* aš jaučiausi pavargęs ir išsekęs
freak [friːk] <*n, a, v*> *n* **1** keistuolis, keistybė **2** apsigimėlis; *(koks nors)* nenormalumas, nenormalybė *(ppr. a* ~ *of nature)* **3** užgaida, įnoris **4** *šnek.* narkomanas; fanatikas, pamišėlis *(dėl sporto, kino ir pan.)*
 a attr keistas, neįprastas, nenormalus
 v šnek. **1** pakvaišti, su(si)jaudinti *(t. p.* ~ *out)* **2** į(si)dirginti *(ypač narkotikais; ppr.* ~ *out)*
freakish ['friːkɪʃ] *a* **1** keistas, nenormalus, neįprastas **2** užgaidus, įnoringas
freak-out ['friːkaʊt] *n šnek.* **1** susijaudinimas; *(narkomano)* pakvaišimas, apdujimas **2** narkomanas
freaky ['friːkɪ] *a šnek.* = **freakish** 1
freckle ['frekl] *n* strazdana, šlakas
 v paeiti šlakais, strazdanoti, šlakuoti
freckled ['frekld] *a* strazdanotas, šlakuotas
Frederick ['fredrɪk] *n* Frederikas *(vardas)*
free [friː] <*a, adv, v*> *a* **1** *(įv. reikšm.)* laisvas; ~ *country* laisva šalis; ~ *translation* laisvas vertimas; ~ *speech* žodžio laisvė; *(as)* ~ *as a bird ar the wind/air* laisvas kaip paukštis; *to cut oneself* ~, *to get* ~ išsilaisvinti; *to make/set* ~ išvaduoti, išlaisvinti; *to make* ~ *use (of)* laisvai naudotis; *to make* ~ *use (with), to be* ~ *(with) (per daug)* laisvai elgtis *(su); to get/have a* ~ *hand prk.* turėti laisvas rankas; *to give smb a* ~ *hand prk.* duoti kam veiksmų laisvę; *with her* ~ *hand she clung to the rope* laisvąja ranka ji įsikibo virvės; ~ *agent* a) laisvas/savarankiškas žmogus; b) sutarties nevaržomas sportininkas profesionalas; ~ *verse lit.* laisvosios eilės; *is this seat* ~*?* ar ši vieta laisva?; *are you* ~ *this evening?* ar jūs laisvi šį vakarą? **2** nemokamas *(t. p.* ~ *of charge); entry* ~ įėjimas nemokamas; *duty* ~, ~ *of duty* bemuitis, neapmuitintas; neapmuitinamas, neapmokestinamas; ~ *delivery ekon.* pristatymas franko *(laisvas nuo mokesčių)* **3** neturintis, be; ~ *of/from debt* neskolingas, neturintis skolų; ~ *of pain* neskausmingas; ~ *from error* be klaidų; *a day* ~ *of wind* diena be vėjo **4** dosnus; *to be* ~ *with one's praise* nešykštėti pagyrimų; *he is very* ~ *with his advice iron.* jis mėgsta patarinėti **5** *spec.* laisvas; ~ *atom [path] fiz.* laisvasis atomas [kelias]; ~ *pulley tech.* laisvasis skriemulys; ~ *oxygen chem.* laisvasis deguonis; ~ *enterprise ekon.* laisvoji verslininkystė ◊ *feel* ~ nesivaržykite, galite laisvai *(ką daryti)*
 adv **1** laisvai; *to struggle* ~ ištrūkti, išsivaduoti, išsilaisvinti **2** nemokamai, veltui *(t. p.* ~ *of charge, for* ~*)*
 v **1** išlaisvinti, paleisti **2** atleisti *(from, of – nuo); he has* ~*d himself from debt* jis išmokėjo skolas
-free [-friː] *(sudurt. žodžiuose)* **1** be, neturintis *(ko); salt-free* be druskos, nesūdytas **2** nemokamas, nemokamai; *post-free* (siunčiamas) paštu nemokamai
free-and-easy ['friːənd'iːzɪ] *a* laisvas, nesuvaržytas; nesivaržantis; ~ *manner/way* manierų laisvumas
freebie ['friːbiː] *n šnek.* nemokamas malonumas; nemokama išvyka; dovanėlė
freeboard ['friːbɔːd] *n jūr.* antvandeninis bortas; ~ *depth* antvandeninio borto aukštis
freebooter ['friːˌbuːtə] *n* plėšikas, piratas, flibustjeras
freeborn ['friːbɔːn] *a* laisvas gimęs *(ne vergas, ne baudžiauninkas)*
freedom ['friːdəm] *n* **1** laisvė; *fight/struggle for* ~ kova dėl laisvės **2** teisė, laisvė; ~ *of the press* spaudos laisvė; *academic* ~*s* akademinės teisės, akademinis savarankiškumas; ~ *of the seas* neutralių valstybių laivų plaukiojimo laisvė *(karo metu); to give [to receive] the* ~ *of a city/town* suteikti [gauti] miesto garbės piliečio teises **3** laisvas naudojimasis; *to give a friend the* ~ *of one's house [library]* leisti draugui laisvai naudotis namais [biblioteka] **4** neturėjimas *(ko nors nemalonaus, kenksmingo);* išvadavimas, išlaisvinimas *(nuo skurdo, mokesčių ir pan.);* ~ *from worry* rūpesčių neturėjimas; *they have never known* ~ *from fear [want]* jie visada gyveno baimėje [skurde] **5** *(elgesio)* laisvumas, nesivaržymas; *to take/use* ~*s with smb* familiariai su kuo elgtis **6** *tech.* laisvumas; *degree of* ~ laisvumo laipsnis
free-fall ['friːfɔːl] *n* **1** *av.* uždelstinis šuolis *(t. p.* ~ *drop)* **2** *fin.* greitas vertės kritimas
free-floating ['friː'fləʊtɪŋ] *a* **1** laisvai plaukiojantis, plūduriuojantis *(apie daiktą)* **2** sklandantis *(apie mintį ir pan.)*
free-for-all [ˌfriːfər'ɔːl] *n šnek.* **1** peštynės **2** diskusija *ir pan.,* kurioje gali dalyvauti bet kas
freehand ['friːhænd] *a* atliktas ranka *(apie piešinį)*
free-handed ['friː'hændɪd] *a* dosnus
freehold ['friːhəʊld] *n teis.* besąlygiška nuosavybės teisė *(į nekilnojamąjį turtą); ist.* friholdas
freeholder ['friːˌhəʊldə] *n* nekilnojamojo turto savininkas; *ist.* friholderis
freelance ['friːlɑːns] <*n, a, v*> *n* politikas/žurnalistas *ir pan.,* nepriklausantis jokiai partijai/redakcijai *ir pan.*

free-liver   365   **fresher**

a nepriklausomas, nesusijęs su viena partija/redakcija *ir pan.;* neetatinis, laisvai samdomas
v dirbti laisvai samdomu, neetatiniu darbuotoju
free-liver ['fri:ˌlɪvə] *n* pramogautojas, lėbautojas
free-living ['fri:'lɪvɪŋ] *a* mėgstantis pramogauti/lėbauti
freeload ['fri:ləud] *v šnek.* veltėdžiauti
freeloader ['fri:ˌləudə] *n (ypač amer.) šnek.* svetimaduonis, svetimnaudis, išlaikytinis, veltėdys
freely ['fri:lɪ] *adv* **1** laisvai **2** dosniai; gausiai **3** noromis
freeman ['fri:mən] *n (pl* -men [-mən]) **1** *(miesto)* garbės pilietis **2** laisvas žmogus *(ne vergas, ne baudžiauninkas)*
Freemason ['fri:ˌmeɪsn] *n* masonas
freemasonry ['fri:ˌmeɪsnrɪ] *n* **1** *(F.)* masonystė **2** *prk.* instinktyvus savitarpio supratimas
freepost ['fri:pəust] *n* neapmokėtas paštas *(pašto išlaidas apmoka adresatas)*
free-range ['fri:reɪndʒ] *a:* **~ hens** vištos dideliame aptvare, diendaržyje *(ne tvarte)*
freesia ['fri:zɪə] *n bot.* frezija
free-spoken ['fri:'spəukn] *a* tiesus, atviras
free-standing ['fri:'stændɪŋ] *a* **1** stovintis vienas, nepritvirtintas, neatremtas **2** *prk.* nepriklausomas, savarankiškas *(apie bendrovę, organizaciją)*
freestone ['fri:stəun] *n* **1** statybinis akmuo **2** vaisius su lengvai atsiskiriančiu kauliuku
freestyle ['fri:staɪl] *n sport.* plaukimas laisvu stiliumi
free-thinker [ˌfri:'θɪŋkə] *n* laisvamanis
free-trade ['fri:'treɪd] *n ekon.* laisvoji prekyba; **~ zone** laisvosios prekybos zona
freeware ['fri:wɛə] *n komp.* nemokama programa
freeway ['fri:weɪ] *n amer.* greitkelis, autostrada
freewheel [ˌfri:'wi:l] *v* važiuoti į pakalnę *(neminant pedalų; išjungus variklį)*
freewheeling [ˌfri:'wi:lɪŋ] *n tech.* laisvoji eiga
a laisvas, be rūpesčių *(apie gyvenimą ir pan.)*
freewill ['fri:'wɪl] *a* savanoriškas
freeze [fri:z] *v* (froze; frozen) **1** (su)šalti, užšalti; virsti ledu; **water ~s** vanduo šąla **2** šalti; **it ~s hard** labai šąla; **his hands are frozen** jam šąla rankos **3** sušaldyti; (už)šaldyti *(maisto produktus)* **4** išaldyti *(fondus, algas ir pan.)* **5** sting(dy)ti; sustingti; **to ~ one's blood, to make one's blood ~** stingdyti kraują *(apie pasibaisėjimą)* **6** staiga sustoti, sustoti kaip įbestam **7 = freeze-frame** ☐ **~ in** įšal(dy)ti; **~ off** *šnek.* atbaidyti, atstumti; **~ on** *šnek.* tvirtai įkibti, prišalti *(to);* **~ out** *šnek.* išstumti, atsikratyti; **~ over** užšalti, apsitraukti ledu *(apie ežerą ir pan.);* **~ up** a) užšalti; b) susting(dy)ti
n **1** šaltis; šalčiai, šalčių laikotarpis **2** *(algų, kainų ir pan.)* išaldymas
freeze-dry [ˌfri:z'draɪ] *v spec.* biofilizuoti; sausai užšaldyti
freeze-frame ['fri:zfreɪm] *v kin., tel.* sustabdyti kadrą
freezer ['fri:zə] *n* **1** *amer.* šaldymo kamera **2** šaldyklė, fryzeris
freeze-up ['fri:zʌp] *n* **1** šalčių laikotarpis; šalčiai **2** *amer. (ežerų, upių ir pan.)* užšalimas
freezing ['fri:zɪŋ] *n* **1** šaltis; (už)šalimas; užšalimo taškas; **it must be five degrees below ~ today** šiandien tikriausiai kokie penki laipsniai šalčio **2** (su)šaldymas; užšaldymas; **the ~ of wages** uždarbio išaldymas
a labai šaltas, ledinis; **~ wind** ledinis vėjas
freezing-point ['fri:zɪŋpɔɪnt] *n* užšalimo taškas
freight [freɪt] *n* **1** frachtas, važtapinigiai **2** *(laivo)* važta; kroviniai; krovinių gabenimas *(konteineriais);* **air [rail] ~** oro [geležinkelio] transportas; **~ train [car]** *amer.* prekinis traukinys [vagonas]
v **1** vežti, gabenti *(krovinius)* **2** pakrauti *(krovinius)* **3** frachtuoti
freightage ['freɪtɪdʒ] *n* **1** frachtavimas; gabenimas **2** važtapinigiai **3** frachto vertė/tonažas
freighter ['freɪtə] *n* **1** krovininis laivas/lėktuvas **2** frachtuotojas; frachto agentas **3** krovinio gavėjas/siuntėjas
freightliner ['freɪtˌlaɪnə] *n* konteinervežis *(traukinys)*
French [frentʃ] *a* prancūziškas, prancūzų; Prancūzijos; **~ Canadian** kanadietis, kalbantis prancūzų kalba; **~ art** prancūzų menas ◊ **to take ~ leave** išeiti neatsisveikinus, išeiti be leidimo, slapčiomis
n **1** prancūzų kalba; **to speak ~** kalbėti prancūziškai **2** *(the ~) kuop.* prancūzai ◊ **pardon/excuse my ~** *(džn. juok.)* atleiskite už tokį pasakymą, negražius žodžius
Frenchified ['frentʃɪfaɪd] *a šnek.* suprancūzintas
Frenchman ['frentʃmən] *n (pl* -men [-mən]) *(tik v.)* prancūzas
Frenchwoman ['frentʃˌwumən] *n (pl* -women [-ˌwɪmɪn]) prancūzė
frenetic [frə'netɪk] *a* pašėlęs, karštligiškas *(apie veiklą)*
frenum ['fri:nəm] *n anat.* pavadėlis
frenzied ['frenzɪd] *a* beprotiškas, siautulingas; įsiutęs, įtūžęs; **~ shouts of joy** audringi džiaugsmo šūksniai
frenzy ['frenzɪ] *n* nepaprastas susijaudinimas; siautulys, įsiutimas, įtūžis; **a ~ of preparation** karštligiškas ruošimasis
frequency ['fri:kwənsɪ] *n* **1** dažnumas; **~ of the pulse** pulso dažnis **2** *(dažnas)* pasikartojimas; **this happens with extreme ~** tai atsitinka nepaprastai dažnai **3** *fiz.* dažnis; **high [low] ~** aukštasis [žemasis] dažnis; **~ range** *rad.* dažnių diapazonas; **superhigh ~** superaukštasis dažnis
frequent *a* ['fri:kwənt] **1** dažnas; dažnai vykstantis/pasikartojantis; **it's quite ~, it's quite a ~ occurrence** tai pasitaiko gana dažnai; **gales are ~ here in winter** žiemą audros čia dažnos **2** įprastas, įprastinis; **~ sight/spectacle** įprastas vaizdas
v [frɪ'kwent] dažnai lankyti(s); **to ~ concerts** dažnai eiti į koncertus
frequentative [frɪ'kwentətɪv] *a gram.* dažninis
frequenter [frɪ'kwentə] *n* dažnas lankytojas
frequently ['fri:kwəntlɪ] *adv* dažnai
fresco ['freskəu] *n (pl* ~(e)s [-z]) freska
v tapyti freskas
fresh [freʃ] *a* **1** šviežias; **~ fruit** švieži vaisiai; **~ butter** šviežias *(nesūdytas)* sviestas; **~ eggs** švieži kiaušiniai **2** naujas; **~ issue of a magazine** naujas žurnalo numeris; **to make a ~ start** pradėti iš naujo; **to have a ~ look at the problem** pažiūrėti naujaip į problemą; **no ~ news** jokių naujų žinių **3** nesenas; ką tik padarytas/įvykęs ir pan.; **~ from school** ką tik baigęs mokyklą; **~ flowers** ką tik nuskintos gėlės; **to be ~ out of smth** *amer. šnek.* ką tik pabaigti/suvartoti *(ko atsargas ir pan.)* **4** švarus; **a ~ sheet of paper** švarus popieriaus lapas **5** gaivus; vėsus; stiprokas, stiprėjantis *(apie vėją);* **~ air** grynas/gaivus oras **6** neprityręs; **a ~ hand** naujas, neprityręs žmogus **7** šviesus; skaistus *(apie veidą)* **8** žvalus, nepavargęs; **you will feel ~er in the morning** rytą tu jausiesi žvalesnis **9** gėlas *(apie vandenį)* **10** *šnek.* akiplėšiškas, įžūlus, provokuojantis *(with)*
n **1** *(ryto ir pan.)* gaivuma **2 = freshet**
freshen ['freʃn] *v* (at)šviežinti, (at)naujinti *(t. p. ~ up)* **2** gaivinti; at(si)gaivinti *(t. p. ~ up)* **3** stiprėti *(apie vėją)* **4** gėlinti *(jūros vandenį)*
fresher ['freʃə] *n šnek.* pirmakursis, fuksas *(apie studentus)*

freshet ['freʃɪt] *n* **1** gėlas upės vanduo, įsiliejantis į jūrą **2** upės poplūdis/išsiliejimas **3** *poet.* upokšnis
fresh-faced ['freʃ'feɪst] *a* skaistaveidis, skaisčiaveidis
freshman ['freʃmən] *n (pl* -men [-mən]) *(ypač amer.)* pirmakursis; naujokas
freshness ['freʃnɪs] *n* šviežumas, naujumas *ir pan., žr.* **fresh** *a*
freshwater ['freʃˌwɔːtə] *a* gėlavandenis; gėlo vandens; ~ *lake* gėlavandenis/gėlas ežeras; ~ *fish* gėlųjų vandenų žuvis
fret[1] [fret] *n* su(si)erzinimas, nervinimas(is); *in a* ~ susierzinęs, sunerimęs
 v **1** nerimti, su(si)erzinti, nervinti(s) *(about, over)* **2** graužti, ėsti *(metalą ir pan.; t. p.* ~ *away); moths* ~ *away clothes* kandys suėda/sukandžioja drabužius **3** trinti; šiaušti, judinti *(apie vėją)*
fret[2] *n* **1** stačiakampis ornamentas **2** medžio inkrustacija
 v **1** puošti, ornamentuoti *(raižiniais, drožiniais)* **2** *archit.* puošti reljefiniu ornamentu
fret[3] [fret] *n muz. (styginio instrumento)* dalmuo
fretful ['fretfəl] *a* irzlus, neramus
fretsaw ['fretsɔː] *n* siūlinis pjūklelis, siaurapjūklis
fretwork ['fretwɔːk] *n* **1** *(medžio)* ornamentas, raižinys, drožinys **2** raižyba **3** *(margas)* raižinys, raštas
Freud [frɔɪd] *n: Sigmund* ~ Zigmundas Froidas *(austrų mokslininkas)*
Freudian ['frɔɪdɪən] *n* froidistas, Froido sekėjas/šalininkas
 a froidistų; Froido; ~ *pedagogy* froidistinė pedagogika
Freudism ['frɔɪdɪzm] *n* froidizmas
friability [ˌfraɪə'bɪlətɪ] *n* purumas; trapumas
friable ['fraɪəbl] *a* purus; trapus, lengvai smulkinamas
friar ['fraɪə] *n* **1** vienuolis; *black* ~ dominikonas; *grey* ~ pranciškonas; *white* ~ karmelitas **2**: ~'s *cap bot.* kurpelė
friary ['fraɪərɪ] *n (vyrų)* vienuolynas
fribble ['frɪbl] *n* dykinėtojas
 v dykinėti □ ~ *away* tuščiai (pra)leisti *(dieną ir pan.),* dykinėti
fricassee [ˌfrɪkə'siː] *pr. n kul.* frikasė *(smulkiai pjaustyta virta/kepta mėsa su padažu)*
fricative ['frɪkətɪv] *fon. a* pučiamasis, frikatyvinis
 n pučiamasis/frikatyvinis priebalsis
friction ['frɪkʃn] *n* **1** trintis *(t. p. fiz.);* trynimas(is); *dry [fuel]* ~ *fiz.* sausoji [skysčio] trintis **2** *prk.* trynimasis, nesutarimai, antagonizmas **3** *attr spec.* frikcinis
frictional ['frɪkʃnəl] *a spec.* trinamasis, trinties; frikcinis; ~ *force* trinties jėga
friction-gear ['frɪkʃŋɡɪə] *n tech.* frikcinė pavara
Friday ['fraɪdɪ] *n* penktadienis; *Good* ~ *bažn.* Didysis penktadienis; *the committee meeting is on* ~ komisijos posėdis penktadienį; *my birthday is on* ~ *this year* šiais metais mano gimtadienis bus penktadienį ◊ *a man* ~ ištikimas tarnas/pagalbininkas
fridge [frɪdʒ] *n* (refrigerator *sutr.*) šaldytuvas
fridge-freezer [ˌfrɪdʒ'friːzə] *n* šaldytuvas-šaldyklė
friend [frend] *n* **1** draugas, bičiulis; *(artimas)* pažįstamas; *to make* ~*s (with smb)* susidraugauti *(su kuo)* **2** kolega; bendras, kompanionas; *my honourable* ~ mano gerbiamasis kolega *(vienas parlamento narys apie kitą); he is one of my business* ~*s* tai mano darbo draugas, tai mano kolega; *Society of Friends* Draugų bendrija *(kvakeriai)* **3** rėmėjas ◊ *a* ~ *in need is a* ~ *indeed* ≅ tikrą draugą pažinsi nelaimėje
friendless ['frendləs] *a* bedraugis, vienišas
friendliness ['frendlɪnɪs] *n* **1** draugiškumas, bičiuliškumas **2** palankumas
friendly ['frendlɪ] <*n, a, adv*> *n sport.* draugiškas mačas
 a **1** draugiškas, bičiuliškas **2** palankus, palankiai nusiteikęs; *environmentally* ~ nedarantis žalos aplinkai **3** *(F.)* kvakerių
 adv draugiškai; palankiai
friendship ['frendʃɪp] *n* draugystė; draugiškumas; *to strike up a* ~ užmegzti draugystę, susidraugauti
frier ['fraɪə] *n* = **fryer**
fries [fraɪz] *n pl (ypač amer.) kul.* bulvių šiaudeliai *(t. p. French* ~*)*
Friesian ['friːzɪən] *n* fryzai *(juodmargių karvių veislė)*
Friesland ['friːzlənd] *n* Fryzija *(Olandijos ist. sritis)*
frieze[1] [friːz] *n archit.* frizas; bordiūras
frieze[2] *n tekst.* bobrikas
frig[1] [frɪdʒ] *n* = **fridge**
frig[2] [frɪɡ] *v:* **1** ~ *about/around vulg.* a) krapštytis, kuistis; b) mulkinti, kvailinti **2** = **fuck** 1
frigate ['frɪɡət] *n* **1** *jūr.* fregata; nedidelis minininkas **2** *zool.* fregata
frigate-bird ['frɪɡətbɜːd] *n* = **frigate** 2
frige [frɪdʒ] *n* = **fridge**
frigging ['frɪɡɪŋ] *a vulg.* prakeiktas *(keiksmažodis)*
fright [fraɪt] *n* **1** išgąstis, išsigandimas; *to get/have a* ~, *to take* ~ išsigąsti; *to give smb a* ~ išgąsdinti ką; *to die of* ~ mirti iš baimės; *to run away in* ~ pabėgti išsigandus **2** *šnek.* baidyklė, pabaisa; *she looked a* ~ ji atrodė (tikra) pabaisa
 v poet. gąsdinti
frighten ['fraɪtn] *v* **1** (iš)gąsdinti, bauginti, baiminti; *to* ~ *smb into doing smth* gąsdinimu priversti ką daryti ką; *to* ~ *smb out of doing smth* atgrasinti ką daryti ką *I've never been so* ~*ed in my life* aš niekada savo gyvenime nebuvau taip išsigandęs **2** *pass* bijoti(s); *I'll be* ~*ed to look out of the aircraft window* man bus baisu pažiūrėti pro lėktuvo iliuminatorių □ ~ *away/off* atbaidyti; nubaidyti
frightful ['fraɪtfəl] *a* **1** baikštus, baugštus, baugus, baimingas **2** *šnek.* baisus; bjaurus; ~ *weather* bjaurus oras
frigid ['frɪdʒɪd] *a* **1** šaltas *(apie orą, klimatą)* **2** *prk.* šaltas, ledinis **3** frigidiškas, šaltas *(apie moterį)*
frigidity [frɪ'dʒɪdətɪ] *n* **1** šaltumas *(t. p. prk.)* **2** frigidiškumas
frigorific [ˌfrɪɡə'rɪfɪk] *a spec.* šaldomasis, šaldantis; ~ *mixture* šaldomasis mišinys
frill [frɪl] *n* **1** klostėtas apsiuvas, paraukta juostelė *(prisiūta),* kryputė, pinikai; žabo **2** *pl* nereikalingos puošmenos; *aesthetic* ~ architektūros puošmenos **3** *pl* maivymasis, afektuota laikysena; *to put on* ~*s* maivytis; pozuoti
 v **1** puošti apsiuvais/kryputėmis/pinikais **2** daryti klostes, gofruoti
frilly ['frɪlɪ] *a* **1** apdailintas/papuoštas kryputėmis *ir pan., žr.* **frill** 2 pilnas vingrybių/įmantrybių *(apie stilių ir pan.)*
 n pl šnek. (moteriški) puošnūs marškiniai
fringe [frɪndʒ] <*n, a, v*> *n* **1** kutas, spurgas **2** kirpčiukai, kirpčiai **3** *(gyvulio)* karčiai, karčiukai **4** kraštas, pakraštys; *the* ~ *of the city [the forest]* miesto [miško] pakraštys; *the radical* ~ kraštutinių radikalų sparnas; *a child was standing on a* ~ *of the crowd* vaikas stovėjo nuošaliai nuo minios **5** *pl* (~ *benefits sutr.*) papildomos lengvatos *(pensijos, papildomos atostogos ir pan.)* **6** *(the* ~*)* alternatyvinis teatras *(t. p.* ~ *theatre)*
 a attr kraštutinis; šalutinis

v **1** puošti/apsiūti kutais/spurgais; spurguoti **2** (ap)supti; *a square ~d with trees* aikštė, apsodinta medžiais
Fringlish ['frɪŋglɪʃ] *n juok.* anglų kalba su galicizmais
frippery ['frɪpərɪ] *n menk.* pigūs papuošalai, blizgučiai
frisbee ['frɪzbɪ] *n* plastinė lėkštė *(mėtyti; žaidimas)*
Frisian ['frɪzɪən] *a* fryziškas, fryzų; Fryzijos; *~ Islands* Fryzų salos
n **1** fryzas **2** fryzų kalba
frisk [frɪsk] *n* striksėjimas, šokinėjimas
v **1** striksėti, strikinėti, šokinėti **2** *šnek.* (ap)ieškoti, (ap)čiupinėti *(ieškant paslėpto ginklo ir pan.)*
frisky ['frɪskɪ] *a* švitrus, judrus, žvitrus
frisson ['fri:sɔn] *pr. n* virpulys
frith [frɪθ] *n =* **firth**
fritillary [frɪ'tɪlərɪ] *n* **1** *bot.* margutė **2** *zool.* nimfalidė *(drugys)*
fritter ['frɪtə] *n* obuolio/mėsos *ir pan.* gabaliukas tešloje *(iškeptas fritiūre)*
v: **~ away** tuščiai eikvoti, (iš)švaistyti
fritz [frɪts] *n amer. šnek.* (su)gedimas; *to be on the ~* (su)gesti, nebeveikti
frivol ['frɪvl] *v (-ll-)* **1** lengvabūdiškai gyventi/elgtis **2** tuščiai eikvoti *(laiką, pinigus; ppr. ~ away)*
frivolity [frɪ'vɔlətɪ] *n* **1** lengvabūdiškumas; frivoliškumas **2** *pl* lengvabūdiški poelgiai/pramogos
frivolous ['frɪvələs] *a* **1** tuščias, lengvabūdiškas; frivoliškas **2** nerimtas, paviršutiniškas
frizz[1] [frɪz] *n* garbanos, garbanoti plaukai
v garbanoti; *to have one's hair ~ed* (susi)garbanoti plaukus
frizz[2] *v =* **frizzle**[2] 1
frizzle[1] ['frɪzl] *n* garbanoti plaukai
v garbanoti(s); su(si)garbanoti *(t. p. ~ up)*
frizzle[2] *v* **1** čirkšti, spirgėti, spirgti *(kepant)* **2** *prk.* kepti *(saulėje)*
frizzy ['frɪzɪ] *a (smulkiai)* garbanotas *(apie plaukus)*
fro [frəu] *adv: to and ~* ten ir atgal
frock [frɔk] *n* **1** suknelė **2** vienuolio drabužiai
n knyg. išventinti į kunigus/vienuolius
frock-coat [,frɔk'kəut] *n ist.* surdutas, durtinys
frog [frɔg] *n* **1** *zool.* varlė **2** prisiūta kilpa su pailga saga **3** kilpa durklui/kalavijui *(prie diržo pakabinti)* **4** varlė *(arklio kanopos dalis)* **5** *glžk.* iešmo kryžma ◊ *a ~ in the throat šnek.* užkimimas
Frog [frɔg] *n šnek., niek.* prancūzas
frogbit ['frɔgbɪt] *n bot.* plūduriuojantysis vandenplūkis
frogged [frɔgd] *a* pritvirtintas/papuoštas kilpomis
Froggy ['frɔgɪ] *n =* **Frog**
frogman ['frɔgmən] *n (pl* -men [-mən]) naras
frogmarch ['frɔgmɑ:tʃ] *v* **1** vesti/tempti *(sulaikytąjį)* užlaužus rankas **2** nešti paėmus už rankų ir kojų
frogspawn ['frɔgspɔ:n] *n* varlių kurkulai
frolic ['frɔlɪk] *<n, a, v> n* išdykavimas, dūkimas; išdaiga
a psn. išdykėliškas
v išdykauti, dūkti; laigyti
frolicsome ['frɔlɪksəm] *a* linksmas, išdykęs; išdykėliškas
from [frəm; *kirčiuota forma* frɔm] *prep* **1** *(įv. reikšm.)* iš; *a quotation ~ Shakespeare* ištrauka iš Šekspyro; *made ~ iron* padarytas iš geležies; *~ the town* iš miesto; *~ above* iš viršaus; *~ papers* iš laikraščių; *~ jealousy* iš pavydo; *to get a letter ~ one's brother* gauti laišką iš brolio; *to judge ~ smb's conduct* spręsti iš kieno elgesio; *to translate ~ Lithuanian into English* versti iš lietuvių į anglų kalbą; *to take smth ~ the pocket* imti ką iš kišenės; *to go away ~ home* išeiti iš namų; *where is he coming ~?* iš kur jis ateina?; *to stay away ~ school* neateiti į mokyklą **2** *(įv. reikšm.)* nuo; *a kilometer ~ home* kilometras nuo namų; *~ floor to ceiling* nuo grindų iki lubų; *~ the beginning/outset* nuo pradžios; *~ now on* nuo dabar; *children ~ the ages of 12 to 15* vaikai nuo 12 iki 15 metų amžiaus; *shelter ~ the rain* pastogė nuo lietaus; *to die ~ pneumonia* mirti nuo plaučių uždegimo; *to hide smth ~ smb* slėpti ką nuo ko; *to tell an Englishman ~ an American* skirti anglą nuo amerikiečio; *tell him that ~ me* perduokite jam tai nuo manęs; *he leapt ~ his horse* jis nušoko nuo arklio
fromage frais [,frɔmɑ:ʒ'freɪ] *pr.* atskiesta varškė
frond [frɔnd] *n bot.* **1** lapūnas *(dumblių gniužulas)* **2** *(paparčio, palmės)* lapas
front [frʌnt] *<n, a, v> n* **1** priekis, priešakys; *from the ~* iš prie(ša)kio; *at/in ~* prie(ša)kyje, priešais; *to sit at the ~ of the class* sėdėti klasės priekyje; *the chair stands in ~ of the table* kėdė stovi prie stalo; *I've spilled some soup down the ~* apsipyliau priekį sriuba; *write the address on the ~ of the envelope* užrašykite adresą priekinėje voko pusėje **2** fasadas; pastato dalis į gatvės pusę; *hurry up! The taxi is out ~* paskubėk! Taksis prie durų **3** *kar.* frontas, priešakinės pozicijos; *~ line* fronto linija; *in the ~ line prk. (kovos)* priekinėse linijose *(against – prieš);* *to go to the ~* išvykti į frontą **4** susitelkimas, frontas; *popular/people's ~* liaudies frontas; *united ~* bendras frontas **5** sritis; *we're making rapid progress on all ~s* mes darome didelę pažangą visose srityse **6** *(knygos)* pirmieji puslapiai **7** įžūlumas; *(apsimestinė)* drąsa; *to have the ~ (to)* neturėti gėdos *(ką padaryti);* *to put on a bold/brave ~, to present a bold ~* dėtis drąsiam **8** *(krakmolyta)* marškinių krūtinė **9** krantinė; pajūrio bulvaras; *on the sea ~* pajūryje **10** pridėtų plaukų pluoštas **11** priedanga *(slaptai/nelegaliai veiklai; for)* **12** *meteor.* frontas; *cold ~* šalto oro frontas ◊ *to come to the ~* iškilti, tapti svarbiam/žinomam
a attr **1** prie(ša)kinis; *~ wheel* priekinis ratas **2** į gatvės pusę *(apie langą, kambarį ir pan.)* **3** maskuojamasis; priedanginis **4** *fon.* liežuvio priešakinis; *~ (tongue) consonant* liežuvio priešakinis priebalsis; *~ vowel* priešakinės eilės balsis
v **1** išeiti *(į; apie langą);* būti atgręžtam/priešais *(apie namą ir pan.)* **2** *(ppr. pass)* aptaisyti, apmūryti, apmušti *(namo fasadą; by, with)* **3** *(ppr. pass)* vadovauti *(organizacijai, televizijos programai)* **4** būti priedanga, maskuoti *(for)* **5** *fon.* (su)priešakinti *(garsų tarimą)* **6** *psn.* priešintis
frontage ['frʌntɪdʒ] *n* **1** *(namo)* priekinis fasadas **2** žemės plotas tarp namo ir gatvės/kelio; žemė palei kelią/upę
frontal ['frʌntl] *a attr* **1** frontalus *(t. p. kar.);* prie(ša)kinis; *~ portrait* portretas iš priekio *(ne profiliu)* **2** *anat.* frontalinis, kaktinis
n bažn. altoriaus apdangalas
front-and-center ['frʌntənd'sentə] *a amer.* labai svarbus, reikalaujantis dėmesio
frontbench [,frʌnt'bentʃ] *n* priekinės suolų eilės *(kuriose sėdi ministrai ir opozicijos lyderiai bendruomenių rūmuose)*
frontbencher [,frʌnt'bentʃə] *n* sėdintysis priekinėse eilėse, *žr.* **frontbench**
front-end [,frʌnt'end] *a: ~ fee fin.* pradinė įmoka
frontier ['frʌntɪə] *n* **1** *(valstybės)* siena; pasienis; *~ troops [zone]* pasienio kariuomenė [zona] **2** *(ppr. pl)* ribos; *~s of knowledge* pažinimo ribos; *to roll back the ~s* apriboti *(vyriausybės įgaliojimus ir pan.)*

frontiersman ['frʌntɪəzmən] *n* (*pl* -men [-mən]) **1** pasienio gyventojas **2** *amer. ist.* kolonistas, apsigyvenęs JAV vakaruose

frontispiece ['frʌntɪspi:s] *n* **1** *archit.* pagrindinis fasadas **2** *poligr.* frontispisas, iliustracija prieš antraštinį lapą

frontlet ['frʌntlɪt] *n* **1** ornamentinė juosta/juostelė ant kaktos, galvaraištis **2** (*gyvulio, paukščio*) kakta; kaktos dėmė, laukymė

front-line ['frʌntlaɪn] *a attr* **1** fronto; ~ *soldiers* frontininkai **2** pasienio

frontman ['frʌntmæn] *n* **1** (*nelegalios organizacijos vadovo*) priedanga, statytinis **2** (*radijo programos, muzikantų grupės ir pan.*) vadovas

front-page [ˌfrʌnt'peɪdʒ] *a* įdėtas pirmame (*laikraščio*) puslapyje; labai svarbus; sensacingas

front-rank [ˌfrʌnt'ræŋk] *a* pirmaklasis, geriausias; svarbiausias

front-runner [ˌfrʌnt'rʌnə] *n* **1** rimčiausias pretendentas (*for*) **2** *sport.* (*bėgimo, lenktynių*) lyderis

frontward ['frʌntwəd] *adv* į priekį

front-wheel [ˌfrʌnt'wi:l] *a:* ~ *drive aut.* su priekiniais varomaisiais ratais

frost [frɔst] *n* **1** šaltis, speigas; šalna; *hard/sharp* ~ smarkus/stiprus šaltis; *ten degrees of* ~ dešimt laipsnių šalčio; *early [late]* ~s rudens [pavasario] šalnos; *white* ~ šarma, šerkšnas; *black* ~ šaltis be šerkšno **2** *prk.* šaltumas **3** *šnek.* nesėkmė, fiasko; *dead* ~ visiška nesėkmė
v **1** pakąsti, nušaldyti (*apie šalną*) **2** apšerkšnyti, apšarmoti, apsitraukti šarma/šerkšnu (*t. p.* ~ *up/over*) **3** (pa)daryti matinį (*stiklą*) **4** *kul.* apibarstyti miltiniu cukrumi (*tortą ir pan.*)

frostbite ['frɔstbaɪt] *n* (*kūno dalies*) nušalimas; nušaldymas

frostbiting ['frɔstbaɪtɪŋ] *n* buriavimo bujeriais sportas

frostbitten ['frɔstˌbɪtn] *a* **1** nušaldytas; nušalęs; ~ *cheeks* nušalę skruostai; *to get one's nose* ~ nušalti nosį **2** šalnos pakąstas, šalnakandis

frostblite ['frɔstblaɪt] *n bot.* baltoji balanda

frostbound ['frɔstbaund] *a* šalčio sukaustytas (*apie žemę*)

frosted ['frɔstɪd] *a* **1** apšerkšnijęs, šarmotas **2** matinis (*apie stiklą*) **3** *kul.* apibarstytas miltiniu cukrumi

frosting ['frɔstɪŋ] *n* **1** (*stiklo, metalo*) matinis paviršius **2** *amer.* aptepimas glajumi; glajus

frost-resistant ['frɔstrɪzɪstənt] *a* atsparus šalčiams

frosty ['frɔstɪ] *a* **1** šaltas, speiguotas **2** apšerkšnijęs, šerkšnotas, šarmotas **3** *prk.* šaltas, ledinis; ~ *look* šaltas/ledinis žvilgsnis

froth [frɔθ] *n* **1** puta, putos **2** tuščias dalykas, tuščia/skysta kalba
v **1** (su)putoti (*apie alų, pieną, vandenį ir pan.; t. p.* ~ *up*) **2** *prk.* putoti; apsiputoti (*ppr.* ~ *at the mouth; apie sergantį, supykusį*) **3** daryti putas

froth-blower ['frɔθbləuə] *n juok.* nuolatinis aludžių lankytojas

frothy ['frɔθɪ] *a* **1** putotas, putojantis; pilnas putų **2** *prk.* tuščias, nerimtas (*apie knygą, filmą ir pan.*)

froufrou ['fru:fru:] *n* (*šilkinės suknelės ir pan.*) šiugždėjimas, čežėjimas

froward ['frəuəd] *a psn.* atžagarias, priešgynus

frown [fraun] *n* antakių suraukimas, piktas žvilgsnis; nepritarimo reiškimas
v **1** suraukti antakius; susiraukti **2** *prk.* šnairuoti, piktai/nepritariamai žiūrėti (*at, on, upon* – *į*); *he* ~*ed on the proposal* jis nepritarė pasiūlymui

frowning ['fraunɪŋ] *a* susiraukęs, paniuręs

frowst [fraust] *šnek. n* tvankumas, tvankus oras (*kambaryje*)
v sėdėti tvankiame ore

frowsty ['fraustɪ] *a šnek.* tvankus (*apie kambarį*)

frowsy, frowzy ['frauzɪ] *a* **1** tvankus; sudusęs, priplėkęs **2** nevalyvas, nešvarus

froze [frəuz] *past žr.* **freeze** *v*

frozen ['frəuzn] *pII žr.* **freeze** *v*
a **1** šaldytas (*apie maisto produktus*) **2** sušalęs; sustipęs **3** užšalęs **4** *prk.* sustingęs, suakmenėjęs (*iš baimės*) **5** *fin.* įšaldytas

fructiferous [frʌk'tɪfərəs] *a bot.* vedantis vaisius

fructification [ˌfrʌktɪfɪ'keɪʃn] *n* **1** *bot.* vaisių vedimas; apvaisinimas **2** *knyg.* rezultatų/vaisių davimas

fructify ['frʌktɪfaɪ] *v* **1** *bot.* vesti vaisius; apvaisinti **2** *knyg.* duoti vaisius/rezultatus

fructose ['frʌktəuz] *n chem.* fruktozė

frugal ['fru:gl] *a* **1** taupus, ekonomiškas **2** kuklus, be prabangos; ~ *supper* kukli vakarienė

frugality [fru:'gælətɪ] *n* **1** taupumas, ekonomiškumas **2** kuklumas, negausumas

fruit [fru:t] *n* **1** vaisius; vaisiai; *large* ~ sėklavaisiai ir kaulavaisiai; *small/soft* ~ uogos; *in* ~ derantis, duodantis vaisių; ~ *cocktail/cup/salad* vaisių salotos; ~ *tree* vaismedis; *to grow* ~ auginti vaismedžius **2** (*džn. pl*) *prk.* vaisiai, rezultatai; *the* ~*s of one's labour* savo darbo vaisiai; *to bear* ~ duoti vaisių/rezultatų **3** *sl.* tipelis, diegas (*ppr. old* ~)
v vesti vaisius, derėti

fruitage ['fru:tɪdʒ] *n* **1** vaisių vedimas **2** vaisių derlius **3** *kuop.* vaisiai

fruitarian [fru:'tɛərɪən] *n* žmogus, mintantis tik vaisiais

fruitcake ['fru:tkeɪk] *n* **1** vaisinis tortas **2** *šnek.* pamišėlis, pakvaišėlis; *as nutty as a* ~ *juok.* (visiškai) pakvaišęs

fruiter ['fru:tə] *n* **1** vaismedis **2** laivas, vežiojantis vaisius, vaisvežis **3** sodininkas

fruiterer ['fru:tərə] *n* vaisių pirklys/pardavėjas

fruitful ['fru:tfəl] *a* vaisingas; našus, produktyvus; ~ *collaboration* vaisingas bendradarbiavimas

fruition [fru:'ɪʃn] *n knyg.* (*vilčių ir pan.*) išsipildymas; įgyvendinimas; *to come to* ~ išsipildyti

fruitless ['fru:tləs] *a* bevaisis, nevaisingas (*t. p. prk.*); ~ *tree* bevaisis medis; ~ *efforts* bergždžios pastangos

fruit-picker ['fru:tˌpɪkə] *n* **1** vaisių skynėjas **2** *ž. ū.* (*vaisių*) skintuvas

fruity ['fru:tɪ] *a* **1** vaisinis, vaisių; turintis vaisių skonį/kvapą **2** *šnek.* sodrus, melodingas (*apie balsą*); ~ *humour* sodrus humoras **3** *sl.* ne visai padorus, riebokas (*apie anekdotą ir pan.*) **4** *amer. šnek.* pakvaišęs

frump [frʌmp] *n* senamadiškai apsirengusi moteris, senamadė moteris

frumpish ['frʌmpɪʃ] *a* = **frumpy**

frumpy ['frʌmpɪ] *a* senamadiškai apsirengęs; senamadiškas

frusta ['frʌstə] *pl žr.* **frustum**

frustrate [frʌ'streɪt] *v* **1** (su)gniuždyti, (su)erzinti **2** (su)ardyti, (su)žlugdyti, (pa)versti niekais (*planus ir pan.*)

frustrated [frʌ'streɪtɪd] *a* sužlugdytas, sužlugęs; susierzinęs, nusivylęs

frustration [frʌ'streɪʃn] *n* **1** (*planų*) (su)ardymas **2** (*vilčių*) žlugdymas; žlugimas; nusivylimas **3** *psich.* frustracija

frustum ['frʌstəm] *n* (*pl* ~s, -ta) *geom.* nupjautas kūgis, nupjauta piramidė

frutex ['fru:teks] *n* (*pl* -tices [-tɪsɪz]) *bot.* krūmas

fruticose ['fru:tɪkəus] *a bot.* krūmiškas, kaip krūmas

fry[1] [fraɪ] *n* mailius (*žuvų jaunikliai*); smulkios žuvys ◊ *small* ~ *šnek.* a) smulkmė (*vaikai; smulkios žuvys*); b) nežymūs/neįtakingi žmonės

fry² *n (mėsos)* kepsnys; **~ of fish** kepta žuvis; *dar žr.* **fries**
v (iš)kepti, pakepti; (pa)kepinti *(keptuvėje; t. p. ~ up)*
fryer ['fraɪə] *n* **1** vištiena/žuvis kepimui **2** gili keptuvė *(t. p. deep fat ~)* **3** žuvų kepėjas
frying-pan ['fraɪɪŋˌpæn] *n* keptuvė *(su rankena)* ◊ **out of the ~ into the fire** ≅ *(bėgti)* nuo vilko ant meškos
frypan ['fraɪpæn] *n amer.* = **frying-pan**
fry-up ['fraɪʌp] *n šnek.* pakepinimas *(greitai ruošiant valgi);* pakepintas valgis/patiekalas
fubsy ['fʌbzɪ] *a* kresnas; žemas
fuchsia ['fjuːʃə] *n bot.* fuksija
fuchsine ['fuksiːn] *n chem.* fuksinas *(raudoni dažai)*
fuck [fʌk] *v vulg.* **1** pisti(s), lytiškai santykiauti **2** pyktis *(with)* ☐ **~ about/around** a) kvailioti; b) mulkinti; už nosies vedžioti, **~ off** a) nervinti, erzinti; b) *amer.* kvailioti; c) *(ppr. imp)* atstok!; **~ up** sumauti, sugadinti, sujaukti; apmauti ◊ **we're ~ed** *vulg.* sušiktas reikalas, šūdas *int* po velnių!
fuck-all [ˌfʌkˈɔːl] *adv vulg.* nieko, nė velnio; **he knows ~ about it** jis nė velnio nežino
fucker ['fʌkə] *n vulg.* žioplys, šūdausis
fuckhead ['fʌkhed] *n amer.* = **fucker**
fuck-up ['fʌkʌp] *n vulg.* šūdo garas, šūdas
fuddle ['fʌdl] *šnek. n* pasigėrimas, apsvaigimas; **to get in a ~** ≅ galvą pamesti, susipainioti
v (ppr. pass) pasigerti, įkaušti; apsvaigti; aptemdyti *(protą)*
fuddy-duddy ['fʌdɪˌdʌdɪ] *n menk.* senas, keistokas žmogus; senoviškas žmogus
a šnek. senoviškas; nevykęs, apkiautęs
fudge [fʌdʒ] <*n, v, int*> *n* **1** *(minkštas pieninis)* saldainis, karamelė **2** (su)klastojimas, užglostymas **3** nesąmonė **4** naujausia žinia *(laikraštyje)*
v (su)klastoti *(duomenis ir pan.; t. p. ~ up)* **2** išsisukinėti, vilkinti *(on)*
int po šimts kelmų!
fudgy ['fʌdʒɪ] *a amer.* lipnus, saldus
fuehrer ['fjʊərə] *n* = **führer**
fuel [fjʊəl] *n* kuras; degalai; *nuclear [solid]* **~** branduolinis [kietasis] kuras; **~ pump [tank]** degalų kuro siurblys [bakas]; **~ mixture** degusis mišinys ◊ **to add ~ to the flames/fire** kurstyti aistras
v (-ll-) **1** ap(si)rūpinti kuru/degalais *(t. p. ~ up);* **to ~ a lorry** pripilti degalų į sunkvežimio baką **2** kurstyti, aštrinti *(infliaciją ir pan.)* **3** *jūr.* pakrauti/papildyti kurą
fuel-efficient ['fjʊəlɪˈfɪʃənt] *a* ekonomiškas *(apie variklį ir pan.)*
fug [fʌg] *n šnek.* tvankumas, troškus oras
fugacious [fjuːˈgeɪʃəs] *a* **1** *knyg.* greitai praeinantis, pralekiantis **2** *bot.* greitai nuvystantis/nukrintantis
fugal ['fjuːgl] *a muz.* fugos
fugato [fuːˈgɑːtəʊ] *n muz.* fugato
fuggy ['fʌgɪ] *a* tvankus, troškus
fugitive ['fjuːdʒɪtɪv] *n* bėglys, pabėgėlis; dezertyras
a **1** pabėgęs **2** greitai praeinantis, trumpalaikis **3** proginis, parašytas kokia proga
fugue [fjuːg] *n muz.* fuga
führer ['fjʊərə] *vok. n* fiureris
-ful¹ [-fəl] *suff* -ingas, -us; pilnas; *joyful* džiugus, džiaugsmingas; *eventful* pilnas įvykių
-ful² [-fʊl] *suff* pilnas; *basketful* pilna pintinė; *spoonful* pilnas šaukštas
fulcrum ['fʌlkrəm] *n (pl ~s, -ra [-rə])* **1** *(sverto)* atramos taškas; sukimosi taškas **2** *prk.* priemonė tikslui pasiekti
fulfil [fʊlˈfɪl] *v (-ll-)* **1** įvykdyti; atlikti; **to ~ one's obligations** įvykdyti įsipareigojimus; **to ~ a promise** įvykdyti pažadą; **to ~ one's duty** atlikti savo pareigą **2** patenkinti, atitikti; **to ~ a need** patenkinti reikmę; **to ~ conditions** atitikti sąlygas **3** teikti pasitenkinimo *(apie darbą ir pan.)* **4** *refl* jausti pasitenkinimą; **to ~ one's potential** realizuoti sugebėjimus
fulfilling [fʊlˈfɪlɪŋ] *a* teikiantis daug pasitenkinimo *(apie darbą ir pan.)*
fulfilment [fʊlˈfɪlmənt] *n* **1** įvykdymas; atlikimas **2** pasitenkinimas *(ką sėkmingai padarius); sense/feeling of ~* pasitenkinimo jausmas **3** atitikimas, patenkinimas
fulgent ['fʌldʒənt] *a poet.* spindintis, tviskantis
fulgurating ['fʌlgjʊreɪtɪŋ] *a med.* persmelkiantis *(apie skausmą)*
fulguration [ˌfʌlgjʊˈreɪʃn] *n med.* fulguracija *(audinių suardymas elektros kibirkštimis)*
fuliginous [fjuːˈlɪdʒɪnəs] *a knyg.* apsmilkęs, suodinas
full¹ [fʊl] <*a, n, adv, v*> *a* **1** pilnas; kupinas; **~ plate** pilna lėkštė; **~ of hatred** kupinas/pilnas neapykantos; **~ of strength** pilnas jėgų; **~ age** pilnametystė; **~ house** pilna salė *(spektakliui parduoti visi bilietai); the case is ~* lagaminėlis pilnas; *the room was ~ of people* kambaryje buvo pilna žmonių **2** visas; *at ~ speed* visu greičiu; *a ~ hour* visa valanda; **~ cargo** visas krovinys **3** pilnutelis, visiškas; **~ freedom** visiška laisvė **4** pilnateisis *(apie narį ir pan.);* **~ rights** pilnateisiškumas **5** (labai) užsiėmęs; užimtas; **~ of one's affairs** paskendęs savo reikaluose; *he is ~ of himself ar his own importance* jis pilnas savimanos, jis dedasi didžiu/svarbiu **6** gausus, apstus *(of)* **7** laisvas, dukslus, platus *(apie drabužį)* **8** apkūnus, storas; **~ in the face** pilno veido **9** *šnek.* sotus *(t. p. ~ up)* **10** geras *(pabrėžiant); it took them three ~ weeks to reply* praėjo geros trys savaitės, kol jie atsakė
n: **to the ~** ligi galo, pilnutinai; **in ~** pilnai, visiškai; **to pay in ~** visiškai apmokėti; **to tell in ~** papasakoti viską
adv **1** tiesiai; *the branch hit him ~ in the face* šaka sudavė jam tiesiai į veidą **2** pilnai; labai; *you know ~ well that...* tu labai gerai žinai, kad...; *we were driving ~ out* mes važiavome visu greičiu
v sukirpti *(drabužį)* platų; siūti paraukiant/klostėmis
full² *v tekst.* velti *(milą)*
fullback ['fʊlbæk] *n sport.* gynėjas
full-blooded ['fʊlˈblʌdɪd] *a* **1** pilnakraujis; smarkus, entuziastingas **2** grynakraujis
full-blown ['fʊlˈbləʊn] *a* **1** plačiai paplitęs, įsisiautėjęs *(apie epidemiją, karą ir pan.)* **2** visiškai išsiskleidęs *(apie žiedą)* **3** diplomuotas *(apie gydytoją, teisininką)*
full-bodied ['fʊlˈbɒdɪd] *a* **1** apkūnus **2** stiprus *(apie vyną)*
full-colour ['fʊlˈkʌlə] *a attr* įvairiaspalvis, spalvingas
full-cream ['fʊlˈkriːm] *a* nenugriebtas *(apie pieną);* iš nenugriebto pieno
full-dress ['fʊlˈdres] *a* **1** paradinis *(apie uniformą); (apsirengęs)* paradinė uniforma; **~ dinner** iškilmingi pietūs **2** išsamus, detalus; **~ debate** debatai svarbiu klausimu *(parlamente)*
fuller ['fʊlə] *n tekst.* vėlėjas
full-face ['fʊlˈfeɪs] *a, adv* veidu į žiūrintįjį, anfas, iš priekio *(apie fotografiją, piešinį)*
full-fledged ['fʊlˈfledʒd] *a (ypač amer.)* **1** apsiplunksnavęs **2** pilnavertis *(apie darbuotoją)*
full-grown ['fʊlˈgrəʊn] *a amer.* = **fully-grown**
fulling-mill ['fʊlɪŋmɪl] *n tekst.* **1** (su)vėlimas **2** vėlykla
full-length ['fʊlˈleŋθ] *a* **1** visu ūgiu *(apie portretą ir pan.)* **2** ligi žemės *(apie drabužį)* **3** pilnas, nesutrumpintas **4** *kin.* pilnametražis
adv: **be stretched ~** išsitiesti visu ūgiu

fullness ['fulnɪs] *n* **1** pilnumas, pilnybė, pilnatvė **2** sotumas ◊ *in the ~ of time* nustatytu, atitinkamu laiku; ≡ kai išmuš valanda

full-page ['ful'peɪdʒ] *a attr* per visą puslapį *(apie skelbimą ir pan.)*

full-scale ['ful'skeɪl] *a* **1** visos apimties; platus; išsamus; *~ attack kar.* puolimas visu frontu **2** natūralaus dydžio; *~ model* natūralaus dydžio modelis **3** bendras; visuotinis *(apie karą, krizę ir pan.)*

full-size(d) ['ful'saɪz(d)] *a* **1** labai didelis, didelio formato **2** suaugusiems *(apie dviratį ir pan.)*

full-term ['ful'tə:m] *a* išnešiotas *(apie kūdikį)*

full-time ['ful'taɪm] *a* dirbantis visą darbo laiką/dieną/savaitę; turintis visą etatą

full-timer ['ful‚taɪmə] *n* **1** darbuotojas, dirbantis visą darbo dieną/savaitę *(turintis visą etatą)* **2** dieninio skyriaus studentas; mokinys, lankantis visų dalykų pamokas

fully ['fulɪ] *adv* **1** visiškai, ligi galo; labai gerai, puikiai **2** pilnai; *~ loaded truck* pilnai pakrautas sunkvežimis **3** bent, mažiausiai; *the hotel is ~ 20 km from the station* viešbutis — mažiausiai 20 km nuo stoties; *it took me ~ two hours* man prisireikė gerų dviejų valandų

fully-fashioned ['fulɪ'fæʃnd] *a* pasiūtas pagal figūrą *(apie moterišką drabužį)*

fully-fledged ['fulɪ'fledʒd] *a* = **full-fledged**

fully-grown ['fulɪ'grəun] *a* visai suaugęs/užaugęs

fulmar ['fulmə] *n zool.* šiaurinis audrapaukštis

fulminate ['fʌlmɪneɪt] *v* **1** koneveikti, plūsti, triuškinti *(at, against)* **2** *chem.* sprog(din)ti

fulmination [‚fʌlmɪ'neɪʃn] *n* **1** koneveikimas, plūdimas **2** *chem.* sprog(din)imas

fulness ['fulnɪs] *n* = **fullness**

fulsome ['fulsəm] *a* šleikštus, perdėtas *(apie pagyras); he was ~ in his thanks* jis persistengė dėkodamas

fulvous ['fʌlvəs] *a* rusvai geltonas

fumarole ['fju:mərəul] *n geol.* fumarolė

fumble ['fʌmbl] *v* **1** apgraibomis ieškoti, grabinėti, grabalioti *(t. p. ~ about)* **2** neaiškiai/nemokšiškai (pa)sakyti **3** *amer. sport.* nesugraibyti, išleisti iš rankų *(kamuolį) n amer. sport. (kamuolio)* nesugraibymas, išleidimas iš rankų

fume [fju:m] *n* **1** *pl* dūmai; garai, šutas; *poisonous ~s* nuodingi garai **2** stiprus kvapas **3** *ret.* pyktis; nervinimasis
v **1** smilkti; leisti dūmus/garus **2** beicuoti *(medieną);* tamsinti *(ąžuolo spalva)* **3** pykti, piktintis, nervintis **4** *amer.* koneveikti, plūsti *(at)*

fumigate ['fju:mɪgeɪt] *v* **1** naikinti *(kenkėjus, ligų sukėlėjus);* dezinfekuoti *(rūkymu, garais)* **2** smilkyti, aprūkyti

fumigation [‚fju:mɪ'geɪʃn] *n* **1** dezinfekavimas; fumigacija **2** smilkymas

fumy ['fju:mɪ] *a* pilnas garų/dūmų

fun [fʌn] *n* **1** malonumas, smagumas, juokas; *to make ~ (of), to poke ~ (at)* juoktis, pasijuokti, pasišaipyti *(iš);* pokštauti; *for/in ~* dėl juoko, dėl humoro; juokais, *what ~!* kaip juokinga!, kaip linksma! **2** kas nors sukeliantis juoką, sudarantis malonumą; *figure of ~* pajuokos objektas ◊ *~ and games šnek.* juokai, pokštai; *like ~* a) *sl.* žaibiškai, tuojau pat; b) *iron.* nepanašu!, ką tu sakai!
a šnek. smagus, linksmas, įdomus; *a ~ thing to do* juokingas/keistas dalykas; įdomus dalykėlis

funambulist [fju:'næmbjulɪst] *n* lyno akrobatas

function ['fʌŋkʃn] *n* **1** *(įv. reikšm.)* funkcija; *the ~ of the heart* širdies funkcija; *inverse ~ mat.* atvirkštinė funkcija; *transfer ~ fiz.* perdavimo funkcija **2** *(ppr. pl)* pareigos; *to exercise administrative ~s* eiti administracines pareigas; *in his ~ of judge...* kaip teisėjas jis **3** ceremonija, oficialus susirinkimas, priėmimas; *~ room* priėmimo kambarys
v **1** funkcionuoti; dirbti, veikti *(apie mechanizmą); the pump is not ~ing* siurblys nedirba **2** būti *(kuo),* eiti pareigas *(as); to ~ as a centre of trade* būti prekybos centru *(apie miestą)*

functional ['fʌŋkʃnəl] *a* **1** funkcinis; *~ disease* funkcinis susirgimas; *~ style kalb.* funkcinis stilius **2** praktiškas, naudingas **3** veikiantis
n mat. funkcionalas

functionalism ['fʌŋkʃnəlɪzm] *n* funkcionalizmas

functionary ['fʌŋkʃənərɪ] *n* funkcionierius; valdininkas

fund [fʌnd] *n* **1** fondas; *a ~ for the victims of the earthquake* nuo žemės drebėjimo nukentėjusiems pagalbos fondas **2** *pl* kapitalas, lėšos; *to be short of ~s* trūkti lėšų; *to be in ~s* turėti pakankamai lėšų/kapitalo **3** *(the Funds) pl* fondai, vertybiniai popieriai **4** atsarga, bagažas; *~ of knowledge* žinių atsarga; *he has a ~ of funny stories* jis moka daug anekdotų
v **1** finansuoti **2** *fin.* konsoliduoti *(skolą)*

fundament ['fʌndəmənt] *n juok.* užpakalis, sėdmenys

fundamental [‚fʌndə'mentl] *a* esminis; fundamentalus, svarbiausias, pagrindinis
n **1** pagrindinė taisyklė, principas; *to agree upon ~s* sutarti pagrindiniais klausimais; *let's get down to ~s* eikime prie esminių dalykų **2** *pl* pagrindai *(of – ko)*

fundamentalism [‚fʌndə'mentəlɪzm] *n rel.* fundamentalizmas

fundamentally [‚fʌndə'mentəlɪ] *adv* iš pamatų; iš esmės

funded ['fʌndɪd] *a* **1** finansuojamas **2** *fin.* konsoliduotas, konvertuojamas *(apie skolą)*

fundi ['fʌndɪ] *pl. žr.* **fundus**

fund-raising ['fʌnd‚reɪzɪŋ] *n* lėšų rinkimas *(labdarai, politinei kampanijai ir pan.)*

fundus ['fʌndəs] *n (pl* -di) *anat. (organo)* dugnas

funeral ['fju:nərəl] *n* **1** laidotuvės **2** laidotuvių/gedulinga eisena ◊ *it's/that's your ~ šnek.* tai tavo reikalas/problema
a laidotuvių; gedulingas; *~ parlour/amer. home* laidotuvių biuras; *~ urn* laidojimo urna

funerary ['fju:nərərɪ] *a* laidotuvių

funereal [fju:'nɪərɪəl] *a* laidotuvių, gedulingas

funfair ['fʌnfɛə] *n* atrakcionai *(pramoginis parko įrenginys)*

fungal ['fʌŋgəl] *biol. n* grybelis
a grybelinis

fungi ['fʌŋgaɪ] *pl žr.* **fungus**

fungible ['fʌndʒəbl] *a teis.* pakeičiamas *(apie prekes)*

fungicide ['fʌndʒɪsaɪd] *n spec.* fungicidai

fungoid ['fʌŋgɔɪd] *a biol.* grybiškas, grybo pavidalo

fungous ['fʌŋgəs] *a* **1** grybinis; grybiškas; grybuotas **2** *biol.* grybelinis, grybinis; *~ disease* grybinė/grybelinė liga **3** greitai didėjantis

fungus ['fʌŋgəs] *n (pl* -gi, *~*es [-ɪz]) **1** *bot.* grybas; *poisonous ~* nuodingasis grybas **2** *med.* grybelis; grybiška išauga **3** *juok.* veido augmenija *(t. p. face ~)*

funicular [fju:'nɪkjulə] *a* trosinis, lyninis, lyno
n funikulierius, keltuvas *(t. p. ~ railway)*

funk[1] [fʌŋk] *šnek. n* **1** išgąstis, baimė; *blue ~* panika; *to be in a ~* baisiai bijoti **2** *ret.* bailys
v **1** (pa)bijoti, pabūgti; *he ~ed the exam* jis pabūgo ir neatėjo į egzaminą **2** vengti, išsisukinėti *(iš baimės)*

funk[2] *n* **1** jausminga, įkvėptinė muzika **2** *amer. šnek. (kūno)* stiprus kvapas

funky[1] ['fʌŋkɪ] *a šnek.* apimtas baimės, išsigandęs

funky² *a šnek.* **1** jausmingas, su įkvėpimu *(apie džiazą, dainavimą ir pan.)* **2** naujoviškas, madingas

funnel ['fʌnl] *n* **1** piltuvėlis, piltuvas **2** *(garlaivio, garvežio ir pan.)* metalinis kaminas, dūmtraukis **3** *metal.* lietis
v (-ll-) **1** pilti su piltuvėliu *(into)* **2** pasipilti *(iš stadiono ir pan.)* **3** padaryti piltuvėlio formos **4** nukreipti *(lėšas ir pan.; into)*

funnies ['fʌnɪz] *n pl (ypač amer.) šnek.* humoro skyrius, komiškų piešinių serijos *(laikraštyje, žurnale)*

funnily ['fʌnɪlɪ] *adv* **1** keistai; **~ enough** nors ir keista **2** juokingai

funny ['fʌnɪ] *a* **1** juokingas; linksmas, smagus; *that's not in the least ~!* tai visai nejuokinga **2** keistas; *it's/that's ~* keista **3** nelabai švarus, įtartinas *(apie sandėrį ir pan.)* **4** *šnek.* sugedęs; *to go ~* sugesti **5** *šnek.* prastos savijautos, negaluojantis **6** *šnek.* pakvaišęs; *~ farm juok.* pakvaišėlių namai ◊ *(is it) ~ peculiar or ~ ha-ha?* ką turi galvoje sakydamas juokingas – ar komiškas ar keistas? *adv šnek.* keistai

funnybone ['fʌnɪbəun] *n anat.* žastikaulio vidinis gurnas

fur [fə:] *n* **1** kailis, vilnos; kailiai; *~ coat* kailinis paltas, kailiniai **2** *kuop.* švelniakailiai žvėrys; kailiniai žvėreliai; *~ and feather* švelniakailiai žvėrys ir švelniaplunksniai paukščiai **3** *(liežuvio)* apnašos **4** *(puodo ir pan.)* nuosėdos, nuoviros ◊ *to make the ~ fly* imti įnirtingai ginčytis; ≡ kibti į krūtinę/atlapus
v **1** pamušti/puošti kailiu *(t. p. ~ up)* **2** apsinešti *(apie liežuvį)* **3** apsitraukti nuosėdomis/nuoviromis *(t. p. ~ up)* **4** *stat.* apkalti lentomis/lotelėmis/balanomis

furbelow ['fə:bɪləu] *n psn.* **1** klostėtas apsiuvas, volanas **2** *pl menk.* papuošalėliai, gražmenos *(ppr. frills and ~s)*

furbish ['fə:bɪʃ] *v* **1** (nu)šveisti, (nu)blizginti, (nu)svidinti **2** atnaujinti *(t. p. ~ up)*

furcate ['fə:keɪt] *a* išsišakojęs
v šakotis

furcation [fə:'keɪʃn] *n* išsišakojimas

furcula ['fə:kjulə] *n anat., zool.* šakelė; šakutės pavidalo darinys

furfur ['fə:fə] *n (pl ~*es [-ri:z]*) med.* pleiskana

furfuraceous [ˌfə:fə'reɪʃəs] *a* **1** *med.* pleiskanotas **2** *bot.* žvynuotas

furiosity [ˌfjuərɪ'ɒsətɪ] *n ret.* įsiutimas

furious ['fjuərɪəs] *a* **1** įsiutęs, įtūžęs; *to be ~ with oneself* širsti ant savęs **2** pašėlęs, pašėliškas, pasiutiškas; *at a ~ pace* pašėlusiu greičiu **3** smarkus, galingas

furl [fə:l] *v* sudėti, sulankstyti, suvynioti *(skėtį, burę, vėliavą ir pan.)* □ *~ out* raitytis *(apie dūmus)*

fur-lined ['fə:laɪnd] *a* pamuštas kailiu

furlong ['fə:lɒŋ] *n* furlongas *(aštuntoji mylios dalis = 201 m)*

furlough ['fə:ləu] *n (kareivio, valdininko)* atostogos
v amer. leisti atostogų

furnace ['fə:nɪs] *n* **1** *tech.* krosnis; kūrykla, žaizdras **2** karšta vieta; *the room was like a ~* kambaryje buvo karšta kaip pirtyje

furnish ['fə:nɪʃ] *v* **1** aprūpinti, tiekti, pristatyti *(with); to ~ smb with information* tiekti kam informaciją **2** apstatyti baldais *(butą ir pan.)*

furnished ['fə:nɪʃt] *a* mebliuotas, apstatytas baldais, su baldais

furnishing ['fə:nɪʃɪŋ] *n* **1** *(buto ir pan.)* apstatymas baldais **2** *pl* baldai, apstatymas; *(buto)* įrengimai; *soft ~s* minkšti baldai

furniture ['fə:nɪtʃə] *n* **1** baldai, apstatymas **2** įrengimai ◊ *part of the ~ šnek.* pastovi/neatskiriama *(aplinkos)* dalis; žmogus, ilgai dirbantis vienoje vietoje

furor ['fjuərɔ:] *n amer.* = **furore**

furore [fju'rɔ:rɪ] *it. n* furoras; entuziastinga/tulžinga reakcija; siautulys

furred [fə:d] *a* **1** apdailintas/pamuštas kailiu **2** kailinis **3** dėvintis kailius; apsirengęs kailiniais **4** aptrauktas nuosėdomis/nuoviromis **5** apsinešęs *(apie liežuvį)*

furrier ['fʌrɪə] *n* **1** kailininkas, kailiadirbys **2** prekiautojas kailiais

furriery ['fʌrɪərɪ] *n* **1** kailių prekyba **2** kailininkystė

furrow ['fʌrəu] *n* **1** *(veido)* gili raukšlė **2** griovelis, latakas **3** vaga **4** provėža, skrodė
v **1** raukšlėti; su(si)raukti; *his face is ~ed with wrinkles* jam raukšlės išvagojo veidą **2** (iš)vagoti **3** daryti provėžas, skrosti ◊ *to plough a lonely ~* dirbti vienam *(be pagalbininkų)*

furrower ['fʌrəuə] *n ž. ū.* vagotuvas

furry ['fə:rɪ] *a* **1** kailinis; *~ animal* kailinis žvėrelis **2** pamuštas kailiu; dėvintis kailius **3** apsinešęs *(apie liežuvį)*

fur-seal ['fə:si:l] *n zool.* kotikas

further ['fə:ðə] *<a, adv, prep, v> a (comp žr.* **far***) attr* **1** tolimesnis, tolesnis; kitas; *the ~ end of the hall* tolimesnis/anas salės galas **2** papildomas; *to give ~ instructions* duoti papildomus nurodymus; *a ~ 500 people* dar 500 žmonių; *are there any ~ questions?* ar yra daugiau klausimų?
adv (comp žr. **far***)* **1** toliau; *to tell ~* pasakoti toliau; *it's dangerous to go any ~* toliau eiti pavojinga; *to get ~ and ~ away* vis labiau ir labiau nutolti; *~ north* toliau į šiaurę; *~ on* dar toliau **2** giliau, smulkiau; *to go ~ into the matter* smulkiau/nuodugniau panagrinėti tą reikalą **3** be to, dar; *and ~ I believe that...* o be to, aš manau, kad...; *I've heard nothing ~* daugiau aš nieko negirdėjau
prep (~ to) ryšium su *(ypač komerciniuose laiškuose)*
v palaikyti, (pa)remti; prisidėti; *to ~ the development of industry* prisidėti prie pramonės ugdymo

furtherance ['fə:ðərəns] *n* palaikymas, rėmimas, tęsimas; prisidėjimas; *in (the) ~ of smth* kam paremti, prisidėti prie ko

furthermore [ˌfə:ðə'mɔ:] *adv* dar, be to; *~, I want to add...* be to, noriu pridurti...

furthermost ['fə:ðəməust] *a* tolimiausias; labiausiai nutolęs *(from)*

furthest ['fə:ðɪst] = **farthest** *a, adv*

furtive ['fə:tɪv] *a* **1** slapus, slapukiškas; slaptas **2** pasalus

furtively ['fə:tɪvlɪ] *adv* paslapčia, pasalomis, vogčiomis, vogčia

furuncle ['fjuərʌŋkl] *n med.* furunkulas, šunvotė, skaudė

furunculous [fju'rʌŋkjuləs] *a med.* šunvotinis, furunkulinis

fury ['fjuərɪ] *n* **1** (į)siutimas, (į)šėlimas, įtūžimas, įtūžis, pasiutimas, siutas; *to fly into a ~* įsiusti, įsisiautėti **2** *(audros, bangų ir pan.)* šėlimas, siautimas **3** *(the Furies) mit.* furija **4** pikta moteris, ragana ◊ *like ~ šnek.* pašėlusiai, pašėliškai, smarkiai

furze [fə:z] *n bot.* dygiakrūmis

fuscous ['fʌskəs] *a ret.* tamsus, tamsios spalvos

fuse¹ [fju:z] *n* **1** lydymas **2** *el.* lydusis saugiklis *(t. p. safety ~); to change/mend/replace a ~* pakeisti saugiklį/kamštį; *to blow a ~* a) perdeginti saugiklį; b) staiga supykti, užsiplieksti; *a ~ has blown* saugiklis perdegė
v **1** lydytis, su(si)lydyti; tirpti; tirpdyti **2** su(si)jungti *(t. p. ~ together)* **3** iš(si)jungti *(susilydžius saugikliui);* perdeg(in)ti; *the lights have ~d* kamsčiai/saugikliai perdegė

fuse² *n* **1** degiklis; padegamoji virvelė **2** uždelstinis sprogdiklis/degtuvas *(t. p. delay-action ~)*
v kar. įdėti/įsukti sprogdiklį

fuse-box ['fju:zbɔks] *n el.* saugiklių dėžė
fusee [fju:'zi:] *n* **1** didžiagalvis degtukas *(negęstantis vėjyje)* **2** degiklis
fuselage ['fju:zəlɑ:ʒ] *n av.* fiuzeliažas
fusel-oil ['fju:zlɔɪl] *n* fuzelis
fusibility [ˌfju:zə'bɪlətɪ] *n spec.* tirpumas, lydumas
fusible ['fju:zəbl] *a spec.* lydus, tirpus
fusil ['fjuzɪl] *n ist.* fuzėja, dagtinis šautuvas
fusilier [ˌfju:zɪ'lɪə] *n ist.* fuzilierius *(šaulys, ginkluotas fuzėja)*
fusillade [ˌfju:zɪ'leɪd] *n* **1** šaudymas; *(šūvių, kulkų)* kruša **2** *(kaltinimų ir pan.)* kruša **3** sušaudymas
v šaudyti; sušaudyti *(minią)*
fusion ['fju:ʒn] *n* **1** lydymas(is), su(si)lydymas **2** lydinys **3** su(si)jungimas, su(si)liejimas; *spec.* fuzija **4** *fiz.* sintezė; **thermonuclear ~** termobranduolinė sintezė
fuss [fʌs] *n* **1** sambrūzdis, triukšmas, betikslis bėgiojimas; **what a ~ about nothing** kiek triukšmo dėl nieko **2** nervinimasis; **to get in(to) a ~** susinervinti, susijauduiti; **to make a ~** *(about)* nervintis *(nepagrįstai)* ◊ **to make a ~ of smb** šokinėti apie ką, perdėtai rūpintis kuo
v **1** nerimauti, jaudintis, nervintis *(nepagrįstai)*; **she ~es too much about her health** ji per daug rūpinasi savo sveikata; **don't ~, I've got a key** nesijaudink, aš turiu raktą **2** nervinti, erzinti; **he ~es me with all his questions** jis nervina mane savo klausimais **3** bruzdėti, bėgioti; šokinėti *(over – apie)* **4** čiupinėtis, krapštytis *(with)*
fussbudget ['fʌsˌbʌdʒɪt] *n amer.* = **fusspot**
fusspot ['fʌspɔt] *n šnek.* bruzdalas, nenuorama
fussy ['fʌsɪ] *a* **1** bruzdus, blaškus, neramus **2** nervingas **3** išrankus; įnoringas; **I'm not ~** man vis tiek, man nesvarbu **4** *menk.* prašmatnus; įmantrus, per daug išgražintas
fustian ['fʌstɪən] *n* **1** multinas, storas šiurkštus audinys **2** pompastiškas stilius; išpūstos kalbos
fustigate ['fʌstɪgeɪt] *v juok.* mušti lazda; pliekti
fusty ['fʌstɪ] *a* **1** priplėkęs, pridvisęs, pripelėjęs; **to smell ~** atsiduoti pelėsiais **2** senamadis, senamadiškas, pasenęs

futile ['fju:taɪl] *a* **1** tuščias, bergždžias; **~ attempt** tuščias bandymas **2** beprasmiškas, kvailas *(apie pastabas ir pan.)* **3** nerimtas, tuščias *(apie žmogų)*
futility [fju:'tɪlətɪ] *n* tuštumas, bergždumas; beprasmiškumas
futon ['fu:tɔn] *jap. n* futonas *(čiužinys, tiesiamas ant grindų)*
futtock ['fʌtək] *n jūr.* futoksas
future ['fju:tʃə] *n* **1** ateitis; **for the ~** ateičiai; **in ~** ateityje; **he has a great ~ in front of him** jo laukia didelė ateitis **2** *(biznio, sėkmės ir pan.)* perspektyva **3** *pl kom.* prekės, parduodamos/perkamos tam tikram terminui; išankstiniai/būsimieji sandoriai **4 (the ~)** *gram.* būsimasis laikas
a attr būsimas(is); **~ husband** būsimas vyras; **~ tense** *gram.* būsimasis laikas; **at some ~ date** vėlesne data
futureless ['fju:tʃələs] *a* neturintis ateities; be perspektyvos
futurism ['fju:tʃərɪzm] *n men.* futurizmas
futurist ['fju:tʃərɪst] *n* futuristas
futuristic [ˌfju:tʃə'rɪstɪk] *a* futuristinis
futurity [fju'tjuərətɪ] *n* **1** *knyg.* ateitis; *pl* ateities įvykiai **2** *rel.* pomirtinis gyvenimas
futurology [ˌfju:tʃə'rɔlədʒɪ] *n* futurologija
futz [fʌts] *v amer. šnek.* krapštytis, kuistis, triūsinėti *(ppr. ~ around)*
fuze [fju:z] *amer.* = **fuse**[2] *n, v*
fuzz[1] [fʌz] *n* **1** pūkas, pūkelis; pūkeliai **2** papurę plaukai
v **1** skleistis, sklaidytis *(apie pūkus)* **2** apaugti pūkais **3** papurti *(apie plaukus)*
fuzz[2] *n sl. niek.* policininkas; **the ~** policija
fuzzily ['fʌzɪlɪ] *adv* neaiškiai, miglotai
fuzzy ['fʌzɪ] *a* **1** pūkuotas **2** putlus, papuręs, susiraitęs *(apie plaukus)* **3** neaiškus, miglotas **4** neapibrėžtas, neryškus *(apie fotografiją ir pan.)*
f-word ['efwə:d] *n šnek.* vulgarus keiksmažodis *(prasidedantis raide f, ypač* **fuck**)
-fy [-faɪ] *(t. p. -ify)* *suff* -inti, -(u)oti *ir kt. (sudarant vksm. iš būdvardžių/daiktavardžių)*; **densify** tankinti, tirštinti; **falsify** falsifikuoti, klastoti; **personify** personifikuoti, įasmeninti, įkūnyti
fylfot ['fɪlfɔt] *n* svastika

G

G, g [dʒi:] *n* (*pl* Gs, G's [dʒi:z]) **1** septintoji anglų kalbos abėcėlės raidė **2** *muz.* sol; **G. clef** smuiko raktas **3** = **grand** *n* **2**

G 7 [ˌdʒi:'sevn] *n* septynetas *(7 pramoninės pasaulio šalys: D. Britanija, Italija, Japonija, JAV, Kanada, Prancūzija, Vokietija)*

gab¹ [gæb] *šnek. n* **1** plepalai, tauškalai; ***stop your ~!*** nutilk!, užsičiaupk! **2** plepumas; šnekumas ◊ ***to have the gift of the ~*** ≡ turėti gerą liežuvį
v plepėti, tauzyti *(t. p. ~ on)*

gab² *n tech.* **1** kablys; šakutė, šakės **2** iškyša **3** anga, skylė

gabardine ['gæbədi:n] *n* = **gaberdine**

gabber ['gæbə] *n šnek.* plepys

gabble ['gæbl] *n* tanki/padrika kalba, klegesys
v **1** taukšti; klegėti, veblėti *(t. p. ~ away)* **2** kvarksėti, lalėti *(apie naminius paukščius)* □ ***~ out*** neaiškiai pasakyti, suburbėti, suveblėti

gabbler ['gæblə] *n* plepys, tauškalius, vapalis; tankiakalbis žmogus

gabby ['gæbɪ] *a šnek.* šnekus, plepus

gaberdine ['gæbədi:n] *n* **1** *tekst.* gabardinas **2** gabardino apsiaustas/paltas

gabion ['geɪbɪən] *n* **1** *hidr.* gabionas **2** *kar.* turas

gable ['geɪbl] *n archit.* frontonas; stogo kraigas; **~ roof** dvišlaitis stogas; **~ window** stoglangis

gabled ['geɪbld] *a* smailiašelmenis, status *(apie stogą)*

Gabon [gæ'bɔn] *n* Gabonas *(Afrikos valstybė)*

Gabriel ['geɪbrɪəl] *n* Gabrielis, Geibrielis *(vardas)*

gad¹ [gæd] *int* vaje!, Dieve! *(reiškiant nusistebėjimą, pyktį, gailestį)*

gad² *šnek. v* bastytis, valkiotis, trankytis *(ppr. ~ about/ around)*
n bastymasis

gad³ *n* **1** ašmenys **2** badiklis *(gyvuliams varyti)* **3** *ist.* ietis **4** *kas.* kirstukas; pleištas *(anglims/rūdai atskelti)*

gadabout ['gædəbaut] *n šnek.* **1** klajūnas, bastūnas, dykūnas **2** nenuorama

gadder ['gædə] *n* **1** bastūnas **2** *kas.* gręžimo plaktukas, perforatorius

gadfly ['gædflaɪ] *n zool.* gylys, aklys, sparva **2** įkyruolis, įgrisėlis

gadget ['gædʒɪt] *n šnek.* **1** (naujas) įtaisas, prietaisas **2** *menk.* menkniekis

gadgetry ['gædʒɪtrɪ] *n kuop.* nauji prietaisai/įtaisai

gadolinium [ˌgædə'lɪnɪəm] *n chem.* gadolinis

gadwall ['gædwɔ:l] *n zool.* pilkoji antis

Gaelic ['geɪlɪk] *n* gėlų kalba *(viena keltų kalbų)*

gaff [gæf] *n* **1** žeberklas; kablys, kobinys *(žuviai ištraukti)* **2** *jūr.* gafelis **3** *sl.* buveinė ◊ ***to blow the ~*** *šnek.* išplepėti/išduoti paslaptį; ***to stand the ~*** *amer. šnek.* tyliai pakelti sunkumus
v žvejoti žeberklu; traukti kobiniu/kabliu *(iš vandens)*

gaffe [gæf] *n* netaktas, neapdairus žingsnis, neapdairumas

gaffer ['gæfə] *n* **1** *šnek.* senis; tėvas, tėvukas *(kreipinys)* **2** *šnek.* dešimtininkas, brigadininkas; darbdavys, viršininkas **3** *kin., tel.* apšvietėjas

gag [gæg] *n* **1** kamšalas, kamštukas *(burnai užkimšti)* **2** *prk.* burnos užkimšimas; ***to put a ~ on the press*** priversti spaudą tylėti **3** *teatr.* triukas, išdaiga; *(aktoriaus)* intarpas, improvizacija, nuosavė **4** *šnek.* apgaulė; mistifikacija **5** *med.* žiodiklis **6** *parl. sl.* debatų nutraukimas
v **1** užkimšti burną *(t. p. prk.)* **2** neleisti kalbėti; nutildyti **3** (už)springti; ***he ~ged on his soup*** jis užspringo valgydamas sriubą **4** *teatr.* pridėti nuo savęs, improvizuoti **5** *šnek.* apgaudinėti, mistifikuoti **6** *med.* įstatyti žiodiklį

gaga ['gɑ:gɑ:] *a sl.* **1** suvaikėjęs; ***to go ~*** suvaikėti **2** apkvaišęs, pakvaišęs *(about, over)*

gage¹ [geɪdʒ] *n* **1** užstatas, įkaitas; ***to give on ~*** užstatyti, įkeisti **2** *psn.* iššūkis *(į kovą);* ***to throw down a ~*** mesti iššūkį
v psn. **1** laiduoti **2** eiti/kirsti lažybų

gage² *amer.* = **gauge** *n, v*

gaggle ['gægl] *n* **1** *(žąsų)* pulkas **2** *prk. menk.* šutvė, pulkelis *(ypač plepančių moterų)* **3** gagenimas
v gagėti, gagenti

gagman ['gægmən] *n* (*pl* -men [-mən]) *teatr.* juokų/sąmojaus/replikų kūrėjas *(estradai, radijui ir pan.)*

gaiety ['geɪətɪ] *n* **1** linksmumas **2** *(ppr. pl)* linksmybės, pramogos

gaily ['geɪlɪ] *adv* **1** linksmai, džiaugsmingai **2** ryškiai; **~ coloured** ryškių spalvų

gain [geɪn] *n* **1** įgijimas, pasiekimas; laimėjimas, išlošimas; **~ in time** laiko sutaupymas/išlošimas **2** nauda, pelnas, pasipelnymas; **the love of ~** gobšumas **3** *(svorio, produkcijos ir pan.)* (pa)didėjimas, (pri)augimas **4** *pl* pajamos *(from – iš)*
v **1** įgyti; gauti; ***to ~ information*** gauti informacijos; ***to ~ experience*** įgyti patyrimo; ***to ~ strength*** pasitaisyti, sustiprėti; ***to ~ in popularity*** įgyti populiarumo, tapti populiariam **2** uždirbti **3** laimėti, išlošti; ***to ~ a battle [a prize]*** laimėti mūšį [prizą]; ***to ~ time*** sutaupyti/laimėti laiko **4** pasiekti; ***to ~ the top of the mountain*** pasiekti kalno viršūnę; ***to ~ touch*** *kar.* sueiti į sąlytį *(su priešu)* **5** pavyti *(on, upon);* skverbtis, veržtis *(jūrai į sausumą)* **6** didinti *(greitį, aukštį ir pan.)* **7** skubėti *(apie laikrodį)* □ **~ over** palenkti/patraukti į savo pusę, įtikinti

gainer ['geɪnə] *n* **1** laimėtojas **2** *fin.* (akcijų) kylanti vertė

gainful ['geɪnfəl] *a* pelningas, naudingas; (gerai) apmokamas

gainings ['geɪnɪŋz] *n pl* **1** pajamos, uždarbis **2** išlošimas, išlošta suma, laimėjimas

gainsay [ˌgeɪn'seɪ] *v* (gainsaid [ˌgeɪn'sed]) *knyg.* prieštarauti, nesutikti; (nu)neigti, paneigti

gainst, 'gainst [geɪnst] *prep sutr. poet.* = **against**

gait [geɪt] *n* **1** eisena **2** *(arklio)* bėgsena
gaiter ['geɪtə] *n (ppr. pl)* antkurpiai, getrai; blauzdinės
gal [gæl] *n (ypač amer.) šnek.* mergaitė, mergužėlė
gala ['gɑːlə] *n* **1** iškilmės, šventė; **swimming** ~ plaukimo šventė *(varžybos)* **2** iškilmių drabužis
  a attr iškilmingas, šventinis; ~ **dress** šventinis drabužis; ~ **night** iškilmingas/šventinis vakaras *(spektaklis ir pan.)*
galactic [gə'læktɪk] *a astr.* galaktikos, galaktikų
galantine ['gælənti:n] *n kul.* mėsa/žuvis drebučiuose
Galapagos [gə'læpəgəs] *n*: **the ~ Islands** Galapagų salos
galaxy ['gæləksɪ] *n* **1** *astr.* galaktika; **the G.** Galaktika, Paukščių takas; *peculiar ~* pekuliarinė galaktika **2** *prk.* plejada
gale[1] [geɪl] *n* **1** audra, štormas, stiprus vėjas *(7-10 balų)*; **heavy/whole ~** smarkus štormas; **it is blowing a ~** pučia stiprus vėjas, šėlsta audra **2** *(juoko)* pliūpsnis, papliūpa **3** *poet., psn.* švelnus vėjelis, zefyras
gale[2] *n bot.* pajūrinis sotvaras
galea ['geɪlɪə] *n (pl* -ae [-lɪiː], ~s) **1** *zool.* šalmas **2** *bot. (vainikėlio)* šalmas
gale-force ['geɪlfɔːs] *n* štorminis vėjas
galena [gə'liːnə] *n min.* švino blizgis, galenitas
Galilee ['gælɪliː] *n ist.* Galilėja; **the Sea of ~** Galilėjos ežeras
Galileo [ˌgælɪ'leɪəʊ] *n* Galilėjus *(italų astronomas ir fizikas)*
galimatias [ˌgælɪ'mætɪəs] *pr. n ret.* niekai, nesąmonės
galingale ['gælɪŋgeɪl] *n bot.* ilgoji viksvuolė *(t. p.* **English** ~*)*
galipot ['gælɪpɒt] *n* galipotas, derva, kanifolija
gall[1] [gɔːl] *n* **1** *(gyvulio)* tulžis **2** tulžies pūslė **3** kartėlis, pyktis, piktumas; **to vent one's ~** išlieti tulžį/kartėlį *(on)* **4** įžūlumas, akiplėšiškumas; **to have the ~** turėti drąsos/įžūlumo *(ką (pa)daryti)* ◊ **~ and wormwood** kas nors neapkenčiamas
gall[2] *n* **1** *(gyvulio)* trynė, nutrynimas, nubrozdinimas **2** su(si)erzinimas
  v **1** nutrinti, pritrinti, nubrozdinti *(odą)* **2** (su)erzinti, įžeisti, (pa)žeminti
gall[3] *n bot.* galas, cecidija, rašalinis riešutėlis
gallant ['gælənt] <*a, n, v*> *a* **1** narsus; **~ deed** drąsus žygdarbis **2** *(t. p.* [gə'lænt]) galantiškas, mandagus, meilingas **3** *(t. p.* [gə'lænt]) meilės; **~ adventures** meilės nuotykiai **4** *poet.* puikus, didingas
  n (t. p. [gə'lænt]) *(tik v.)* **1** moterų gerbėjas, meilužis **2** *psn.* galantiškas kavalierius/vyras
  v (t. p. [gə'lænt]) **1** asistuoti, būti galantiškam kavalieriui **2** lydėti *(damą)*
gallantry ['gæləntrɪ] *n* **1** narsumas **2** galantiškumas, mandagumas; asistavimas *(damai)*, galantiškas elgesys **3** meilės intriga
gall-bladder ['gɔːlˌblædə] *n anat.* tulžies pūslė
galleon ['gælɪən] *n ist.* galionas *(ispanų burinis laivas)*
gallery ['gælərɪ] *n* **1** *men., archit.* galerija; **picture ~** paveikslų galerija **2** *teatr.* balkonas, galerija, viršutinis aukštas; galerijos žiūrovai/publika **3** *bažn.* choras *(galerija vargonams ir giedotojams)* **4** *kas.* požeminė galerija, štrekas ◊ **to play to the ~** ieškoti pigaus populiarumo
galley ['gælɪ] *n* **1** *ist.* galera **2** *jūr.* irklinis *(karo)* laivas **3** *jūr.* kambuzas, laivo virtuvė **4** *poligr.* rinktuvas *(raidžių rinkiniui dėti)* **5** *poligr.* skiltis *(t. p.* **~ proof**); **to read the ~s** skaityti skiltis
galley-slave ['gælɪsleɪv] *n* **1** *ist.* prirakintas galeros irkluotojas **2** *prk.* sunkų darbą dirbantis žmogus
gallfly ['gɔːlflaɪ] *n zool.* gumbinė vapsvelė
gallic ['gælɪk] *a chem.* galio; **~ acid** galio rūgštis
Gallic ['gælɪk] *a* **1** *ist.* galų **2** prancūziškas, prancūzų
Gallicism ['gælɪsɪzm] *n kalb.* galicizmas, prancūzybė

galligaskins [ˌgælɪ'gæskɪnz] *n pl* **1** *ist.* plačios kelnės *(XVI–XVII a.)* **2** *juok.* plačkelnės
gallimaufry [ˌgælɪ'mɔːfrɪ] *n psn.* kratinys, visokie dalykai
gallinaceous [ˌgælɪ'neɪʃəs] *a zool.* vištų, vištinis; vištinių būrio
galling ['gɔːlɪŋ] *a* apmaudus
gallipot ['gælɪpɒt] *n* **1** *(glazūruotas)* indas *(vaistams)* **2** *juok.* vaistininkas
gallium ['gælɪəm] *n chem.* galis
gallivant ['gælɪvænt] *v šnek.* **1** bastytis, klajoti *(ppr. ~ about/around)* **2** merginti(s), suktis *(apie moterį)*
gallnut ['gɔːlnʌt] *n* = **gall**[3]
gallon ['gælən] *n* galonas *(skysčių ir biralų tūrio vienetas; angliškasis = 4,54 l, t. p.* **imperial** ~; *amer. = 3,78 l)*
galloon [gə'luːn] *n* galionas *(juostelė)*
gallop ['gæləp] *n* galopas; šuoliai; **at a ~** a) galopu; b) *šnek.* galvotrūkčiais; **at full ~** šuoliais
  v **1** joti/bėgti šuoliais, šuoliuoti; paleisti šuoliais *(arklį)* **2** skubėti; greit/paskubomis daryti/kalbėti/deklamuoti *(džn. ~ through/over)* ▢ **~ away** a) nušuoliuoti; b) išpilti, išdrožti *(prakalbą ir pan.)*
galloping ['gæləpɪŋ] *a* **1** lekiantis (šuoliais) **2** greit progresuojantis; **~ consumption** greitoji džiova; **~ inflation** šuoliuojančioji infliacija
galloway ['gæləweɪ] *n škot.* galovėjus *(juodųjų jaučių veislė)*
gallows ['gæləʊz] *n pl (ppr. vart. kaip sg)* **1** kartuvės; **to come to the ~** būti pakartam; **the ~ groans for him** jo laukia kartuvės **2** = **gallows-bird** ◊ **~ humour** ≡ juodasis humoras, juokas pro ašaras
gallows-bird ['gæləʊzbəːd] *n ret.* nedorėlis, sukčius, niekšas, kas vertas pakarti
gallows-tree ['gæləʊztriː] *n* = **gallows** 1
gallstone ['gɔːlstəʊn] *n med.* tulžies akmuo
Gallup ['gæləp] *n*: **~ poll** *amer.* Galupo (instituto) apklausa *(visuomenės nuomonės tyrimas)*
galluses ['gæləsɪz] *n pl amer.* petnešos
galoot [gə'luːt] *n amer. šnek.* liurbis, stuobrys, keverza
galop ['gæləp] *n* galopas *(šokis)*
  v šokti galopą
galore [gə'lɔː] *adv (vart. po dktv.) šnek.* gausiai, apsčiai, kiek nori
galosh [gə'lɒʃ] *n (ppr. pl)* kaliošas
Galsworthy ['gɔːlzwəːðɪ] *n*: **John ~** Džonas Golsvortis *(anglų rašytojas)*
galumph [gə'lʌmf] *v šnek.* strapalioti, stripailiuoti; plumpinti
galvanic [gæl'vænɪk] *a* **1** *fiz.* galvaninis **2** *prk.* elektrinantis, jaudinantis; nenatūralus, dirbtinis *(apie šypseną)*
galvanism ['gælvənɪzm] *n* **1** *fiz.* galvanizmas **2** *med.* galvanizacija
galvanization [ˌgælvənaɪ'zeɪʃn] *n med., tech.* galvanizacija
galvanize ['gælvənaɪz] *v* **1** galvanizuoti; cinkuoti **2** *prk.* elektrinti, (pa)žadinti, (pa)akstinti *(into)*
galvanometer [ˌgælvə'nɒmɪtə] *n el.* galvanometras
galvanoscope [ˌgælvənəˌskəʊp] *n el.* galvanoskopas
gam [gæm] *n sl.* koja, kojytė *(ypač moters)*
gambade, gambado [gæm'beɪd, gæm'beɪdəʊ] *n (pl* -e)s [-z]) **1** arklio šuolis, kurbetas **2** išsišokimas, išdaiga
Gambia ['gæmbɪə] *n* Gambija *(Afrikos valstybė)*
gambit ['gæmbɪt] *n* **1** *šach.* gambitas **2** iš anksto apgalvotas *(pirmas)* žingsnis, auka *(siekiant pranašumo)*
gamble ['gæmbl] *n* **1** azartinis lošimas; lažybos **2** rizikingas sumanymas, rizika, avantiūra; **to take a ~** rizikuoti; **that's a bit of a ~** tai truputį rizikinga

gambler 375 **gaoler**

v **1** lošti *(azartinius lošimus);* lažintis **2** spekuliuoti *(biržoje);* **to ~ on a rise of prices** spekuliuoti kainų kilimu **3** rizikuoti *(with)* ▫ **~ away** pra(si)lošti, pra(si)kortuoti
gambler ['gæmblə] *n* **1** lošėjas, lošikas, kortuotojas **2** aferistas
gambling ['gæmblɪŋ] *n* lošimas *(iš pinigų),* kortavimas; *~ den/šnek.* **joint** lošimo namai
gamboge [gæm'bəuʒ, gæm'bu:ʒ] *n* **1** sodri geltona spalva **2** *spec.* gumigutas
gambol ['gæmbəl] *n (ppr. pl)* šokinėjimas, straksėjimas
v straksėti, šokinėti, trypinėti
game¹ [geɪm] <*n, a, v*> *n* **1** žaidimas *(t. p. prk.);* **double ~** suktas/dvigubas žaidimas; **the ~ of politics** politinis žaidimas; **card ~** kortų lošimas, kortavimas; **~s of chance, gambling ~s** azartiniai žaidimai/lošimai; **to play the ~** a) žaisti pagal taisykles; b) *prk.* kilniai elgtis; **to play a good [poor] ~** būti geram [prastam] žaidėjui **2** *(žaidimo)* partija; geimas *(tenise);* **a ~ of chess** šachmatų partija; **the ~ is yours** šią partiją laimėjote jūs **3** *pl* žaidynės, varžybos, rungtynės **4** taškas, rezultatas *(žaidimo metu);* **the ~ is 25** lošiama iki 25 taškų; **~s all!** lygiosios! *(krepšinyje, tenise)* **5** juokai, pokštas; **to make ~ (of)** išjuokti, pajuokti **6** sumanymas, planas; užmačia; gudrybė; *I* **see through his ~** aš jį kiaurai permatau ◊ **a whole new ball ~** visai kita padėtis, visai kitas dalykas; **the ~ is up** *šnek.* viskas aišku ≅ dainelė sudainuota; **the ~ is not worth the candle** neapsimoka/neverta prasidėti; **to give the ~ away** išduoti paslaptį; **to have the ~ in one's hands** būti padėties šeimininku, neabejoti pasisekimu; **to beat/play smb at his own ~** nugalėti ką jo paties ginklu; **to be on the ~** *sl.* būti prostitute; **two can play at that ~** *pat.* ≅ atsikirto kirvis į akmenį; kaip tu man, taip aš tau; **what's the ~?** *šnek.* kas atsitiko?, kas čia darosi?
a **1** drąsus, kovingas **2** visada pasirengęs, pasiruošęs, pasiryžęs *(kam);* **to be ~ for anything** būti viskam pasiruošusiam; nieko nebijoti ◊ **to die ~** mirti, bet nepasiduoti
v lošti *(azartinius lošimus)* ▫ **~ away** pralošti
game² *n* **1** medžiojamieji paukščiai ir žvėrys; **fair ~** a) paukščiai/žvėrys, kuriuos leidžiama medžioti; b) *prk.* lengvas puolimo/kritikos objektas; **big ~** a) stambieji žvėrys; b) *prk.* geidžiamas laimikis; **ground ~** kailiniai žvėreliai *(kiškiai, triušiai ir pan.)* **2** paukštiena, žvėriena
game³ *a* sužalotas, paralyžiuotas *(apie koją, ranką)*
game-bag ['geɪmbæg] *n medž.* krepšys, krepšelis
gamecock ['geɪmkɔk] *n* kapotynių gaidys
gamekeeper ['geɪmˌki:pə] *n* jėgeris, saugantis laukinius paukščius/žvėris *(nuo brakonierių ir pan.)*
game-laws ['geɪmlɔ:z] *n pl* medžioklės taisyklės; paukščių ir žvėrių apsaugos įstatymai
gamely ['geɪmlɪ] *adv* narsiai, ryžtingai
game-show ['geɪmʃəu] *n* televizijos žaidimas *(televizijos viktorina ir pan.)*
gamesmanship ['geɪmzmənʃɪp] *n juok.* mokėjimas nugalėti *(ypač veikiant priešininką psichologiškai)*
games-master ['geɪmzˌmɑ:stə] *n (tik v.)* fizinio lavinimo mokytojas
gamesome ['geɪmsəm] *a* linksmas, žaislus, žaismingas
gamester ['geɪmstə] *n* lošėjas, kortuotojas
gamete ['gæmi:t] *n biol.* gameta, lytinė ląstelė
gamey ['geɪmɪ] *a* = **gamy¹** 2
gamin ['gæmɪn] *pr.* išdykėlis, padauža; gatvės vaikėzas
gamine ['gæmi:n] *n* berniokiška mergaitė/moteris
gaming-house ['geɪmɪŋhaus] *n* lošimo namai
gamma ['gæmə] *n* **1** gama *(graikų abėcėlės trečioji raidė; t. p. fiz.);* **~ rays** gama spinduliai **2** *zool.* pelėdgalvis *(drugys)*

gammer ['gæmə] *n šnek. psn.* senė; tetulė *(kreipinys)*
gammon¹ ['gæmən] *n* sūdytas/rūkytas kumpis
v rūkyti/sūdyti kumpius
gammon² *n* sausa pergalė *(žaidžiant triktraką)*
gammon³ *šnek. n* **1** apgavystė **2** tauškalai
v **1** apgaudinėti **2** taukšti, tauzyti
gammy ['gæmɪ] *a šnek.* sužalotas, suluošintas *(apie koją, kelį)*
gamp [gæmp] *n šnek.* (didelis) skėtis
gamut ['gæmət] *n* **1** *muz.* gama **2** *(balso)* diapazonas **3** *prk. (ko)* diapazonas, gama, visuma; **the (whole) ~ of colours [of emotions]** visa spalvų [jausmų] gama
gamy¹ ['geɪmɪ] *a* **1** turintis daug laukinių paukščių/žvėrių **2** apdvisęs, padvisęs *(apie laukinių paukščių ir žvėrių mėsą)*
gamy² *a* drąsus; kovingas, nirtus
gander ['gændə] *n* **1** žąsinas **2** kvailys, neišmanėlis **3** *šnek.* vedęs vyras; *amer.* gyvanašlis **4** *šnek.* žvilgsnis; **to have/take a ~** *(at)* pažvelgti *(į)* ◊ **to see how the ~ hops** laukti tolimesnių įvykių
ganef ['gænef] *n amer. šnek.* sukčius, vagilius
gang¹ [gæŋ] *n* **1** gauja; klika; **skinhead ~** skustagalvių gauja **2** *šnek.* šutvė **3** *(darbininkų ir pan.)* būrys, partija, brigada; pamaina; **repair ~** remonto brigada **4** *(įrankių)* rinkinys, komplektas
v (ppr. ~ up) **1** organizuoti būrį/gaują **2** prisidėti prie gaujos *ir pan.;* burtis *(t. p. ~ together)*
gang² *v škot.* eiti
gang-bang ['gæŋbæŋ] *n šnek.* grupinis (iš)prievartavimas
gangboard ['gæŋbɔ:d] *n* = **gangplank**
ganger¹ ['gæŋə] *n* dešimtininkas, brigadininkas, meistras
ganger² *n* **1** pėsčiasis **2** eiklus arklys
Ganges ['gændʒi:z] *n* Gangas *(upė)*
gangland ['gæŋlænd] *n* gangsterių/nusikaltėlių pasaulis; *a attr* gangsterių, nusikaltėlių
gangle ['gæŋgl] *v* pamažu slinkti, kėblinti
ganglia ['gæŋglɪə] *pl žr.* **ganglion**
gangling ['gæŋglɪŋ] *a šnek.* ištįsęs, nevikrus
ganglion ['gæŋglɪən] *n (pl* -lia) **1** *anat.* ganglijas, nervinis mazgas **2** *(veiklos, interesų)* centras
gangplank ['gæŋplæŋk] *n* prietiltis, laipteliai *(iš laivo išlipti),* trapas
gang-rape ['gæŋreɪp] *v* (iš)prievartauti grupiniu būdu
gangrene ['gæŋgri:n] *n* **1** gangrena; apmirimas **2** *(moralinis)* puvimas, gedimas
v med. gangrenuoti
gangrenous ['gæŋgrɪnəs] *a med.* gangreninis, gangrenos; gangrenuotas
gangster ['gæŋstə] *n* gangsteris, banditas
gangway ['gæŋweɪ] *n* **1** *jūr.* laiptai, laipteliai; trapas; išilginis *(nuleidžiamas)* tiltelis **2** perėjimas *(tarp eilių)* **3** *stat.* lentų grįstai/klotai **4** *kas.* štrekas
int kelio!, pasitraukit!, praleiskit!
ganja ['gændʒə] *n* hašišas, marihuana
gannet ['gænɪt] *n* **1** *zool.* padūkėlis **2** rajūnas
ganoid ['gænɔɪd] *a* lygus ir blizgantis *(apie žvynus)*
gantlet ['gæntlət] *n amer.* = **gauntlet²**
gantline ['gæntlaɪn] *n jūr.* gordenis
gantry ['gæntrɪ] *n* **1** *(keliamojo krano)* portalas, rėmai **2** *glžk.* signalinis tiltelis **3** pastovas statinėms *(rūsyje)* **4** *kosm. (raketos)* paleidimo bokštas
gaol [dʒeɪl] *n* kalėjimas
v įkalinti, uždaryti į kalėjimą
gaolbird ['dʒeɪlbɜ:d] *n šnek.* nepataisomas nusikaltėlis
gaoler ['dʒeɪlə] *n* kalėjimo prižiūrėtojas/sargas

gap [gæp] *n* **1** plyšys, spraga, anga, skylė **2** tarpas, intervalas; protarpis; *a ~ in the clouds* debesų properša, pragiedrulis **3** *prk.* spraga; *to fill/stop the ~* užpildyti spragą **4** pradantė **5** *(nuomonių ir pan.)* didelis skirtumas, atotrūkis; *to bridge the ~* sumažinti skirtumą; *to bridge the ~ between two countries* pasiekti dviejų šalių suartėjimą; *generation ~* kartų pažiūrų skirtumas; tėvų ir vaikų problema **6** *(kalnų)* perėja; tarpeklis **7** *kom.* deficitas, trūkumas; *dollar ~* dolerių deficitas *(atsiskaitymuose); ~ in the market* rinkos niša; *income ~* pajamų atotrūkis **8** *tech.* tarpas, tarpelis **9** *kar. (fronto linijos)* spraga, pralaužimas

gape [geɪp] *n* **1** žiovulys; žiovavimas **2** žiopsojimas; nustebęs žvilgsnis **3** skylė, plyšys; prasivėrimas
v **1** plačiai išsižioti; žiovauti **2** žiopsoti, spoksoti *(at – į)* **3** būti prasivėrus, žiojėti; žiotis, atsiverti

gaper ['geɪpə] *n* žioplys, išsižiojėlis

gapeseed ['geɪpsi:d] *n dial.* tai, į ką spoksoma ◊ *to seek/buy/sow ~* žioplinėti *(turguje ir pan.)*

gappy ['gæpɪ] *a* su pradante, retas *(apie dantis);* spragotas, nepilnas

gap-toothed ['gæp'tu:θt] *a* pradantis, retadantis

garage ['gæra:ʒ] *n* **1** garažas; *battery ~* boksinis garažas **2** autoservisas, automobilių remonto dirbtuvė **3** degalinė **4** *attr: ~ sale (ypač amer.)* sendaikčių išpardavimas namie
v statyti į garažą; laikyti garaže

garb [ga:b] *n* **1** *knyg., juok.* kostiumas, apdaras, drabužiai **2** *(drabužių; t. p. prk.)* stilius
v (ppr. pass) knyg. aprengti, apvilkti

garbage ['ga:bɪdʒ] *n* **1** *(ypač amer.) (virtuvės)* atmatos, atliekos, liekanos; *to take the ~ out* išnešti šiukšles; *~ disposal amer.* atliekų smulkintuvas; *~ can amer.* šiukšlių dėžė **2** *(gyvulio)* viduriai, žarnokai **3** *prk.* šlamštas; skaitalas *(t. p. literary ~); to talk ~* kalbėti nesąmones **4** *komp.* neteisingi duomenys; *~ in, ~ out* neteisingi duomenys – neteisingi rezultatai

garble ['ga:bl] *v* (iš)kraipyti (tendencingai), sukeisti *(faktus ir pan.)*

garboard ['ga:bɔ:d] *n jūr.* apkabos juosta *(ppr. ~ strake)*

gar☐on ['ga:sɔn] *pr. n* padavėjas *(restorane)*

garden ['ga:dn] *n* **1** sodas; *the ~ of England* Anglijos pietų rajonai **2** daržas *(t. p. kitchen/vegetable ~); amer.* darželis **3** *(ppr. pl)* parkas; *the botanical ~s* botanikos sodas ◊ *to lead smb up the ~ path šnek.* apgauti ką; *everything in the ~ is lovely/rosy (džn. iron.)* viskas labai labai gražu, viskas kuo puikiausia
v įveisti sodą; sodininkauti

gardener ['ga:dnə] *n* sodininkas; daržininkas

gardenia [ga:'di:nɪə] *n bot.* gardenija

gardening [ga:dnɪŋ] *n* sodininkystė; sodininkavimas

garden-party ['ga:dn,pa:tɪ] *n* pobūvis sode, arbatėlė ant vejos

garden-plot ['ga:dnplɔt] *n* sodo sklypas, sodas

garden-stuff ['ga:dnstʌf] *n* daržovės, žalėsiai, vaisiai, gėlės

garden-truck ['ga:dn'trʌk] *n amer.* daržovės ir vaisiai *(ypač pardavimui)*

garden-variety ['ga:dnvə,raɪətɪ] *a* **1** sodo *(apie augalus)* **2** *amer.* eilinis, paprastas

garden-white ['ga:dnwaɪt] *n zool.* (kopūstinis) baltukas

garefowl ['gɛəfaul] *n zool.* didžioji alka

garfish ['ga:fɪʃ] *n zool.* **1** vėjažuvė **2** šarvuotoji lydeka

garganey ['ga:gənɪ] *n zool.* **1** gyvatė **2** kryklė dryžgalvė

gargantuan [ga:'gæntʃuən] *a knyg., juok.* milžiniškas, gigantiškas, gargantueliškas

garget ['ga:gɪt] *n vet.* tešmens uždegimas

gargle ['ga:gl] *n* **1** skalavimas **2** vanduo gerklei skalauti
v gargaliuoti, skalauti *(gerklę)*

gargoyle ['ga:gɔɪl] *n archit.* chimera *(ant stogvamzdžio)*

garish ['gɛərɪʃ] *a* **1** ryškus, blizgantis **2** (akį) rėžiantis *(apie spalvą, apdarą);* akinantis *(apie šviesą)*

garland ['ga:lənd] *n* **1** girlianda, vainikas; diadema **2** *(laurų, ąžuolų lapų)* vainikas **3** antologija
v **1** puošti girliandomis, vainikuoti **2** *ret.* pinti vainiką

garlic ['ga:lɪk] *n* česnakas; *field ~* dirvinis česnakas

garlicky ['ga:lɪkɪ] *a* česnako, česnakinis; atsiduodantis česnaku

garment ['ga:mənt] *n* drabužis; apdaras, danga; *foundation ~* korsetas, gracija; *the ~ industry* siuvimo pramonė
v (ppr. pass) poet. aprengti

garn [ga:n] *int šnek.* eik jau!, na jau! *(reiškiant pajuoką/nustebimą)*

garner ['ga:nə] *n poet.* svirnas; aruodas *(t. p. prk.)*
v **1** supilti į svirną/aruodą **2** kaupti *(informaciją)*

garnet ['ga:nɪt] *n* **1** *min.* granatas **2** tamsiai raudona spalva

garnish ['ga:nɪʃ] *n* **1** papuošimas **2** *kul.* garnyras
v **1** puošti **2** *kul.* (pa)puošti garnyru, garnyruoti *(with)* **3** *teis.* įteikti teismo nuosprendį aprašyti skolininko turtą; išskaityti iš skolininko atlyginimo

garnishee [,ga:nɪ'ʃi:] *teis. n* asmuo, kurio turtas aprašytas skoloms padengti
v = garnish v 3

garniture ['ga:nɪtʃə] *n* **1** papuošimas, pagražinimas; aptaisas **2** *kul.* garnyras

garotte [gə'rɔt] *= garrotte n, v*

garpike ['ga:paɪk] *n = garfish*

garret ['gærət] *n* pastogė; aukštas, mansarda

garreteer [,gærə'tɪə] *n* mansardos gyventojas; neturtingas literatas

garrison ['gærɪsn] *kar. n* įgula; *~ cap* pilotė, vasarinė kepurė
v **1** dislokuoti *(apsaugos, gynybos)* kariuomenę, skirti įgulos tarnybai **2** ginti, saugoti *(apie įgulą)*

garrot ['gærət] *n zool.* klykuolė

garrote [gə'rɔt] *amer. = garrotte n, v*

garrotte [gə'rɔt] *isp. n* **1** *ist.* garota *(mirties bausmė – smaugimas geležiniu lanku)* **2** pasmaugimas norint apiplėšti
v **1** nubausti mirtimi pasmaugiant **2** pasmaugti norint apiplėšti

garrulity [gə'ru:lətɪ] *n* plepumas, šnekumas

garrulous ['gærələs] *a* plepus, šnekus

garter ['ga:tə] *n* **1** guma *(kojinėms prilaikyti);* keliaraištis **2** *(the G.)* Keliaraiščio ordinas
v **1** (už)rišti gumas/keliaraiščius **2** apdovanoti Keliaraiščio ordinu

gas [gæs] *n* **1** dujos *(t. p. chem.); natural [noble/rare] ~* gamtinės [inertinės] dujos; *imperfect/real ~* realiosios dujos; *producer ~* generatorinės dujos; *Calor ~* suskystintosios dujos *(balionuose); to cook [to heat a house] with ~* virti [šildyti namą] dujomis; *to turn the ~ on [off/out]* atsukti [užsukti] dujas; *~ chamber* dujų kamera; *~ carrier* dujovežis **2** šviečiamosios dujos **3** *amer. šnek.* benzinas, degalai; *to step in the ~* (nu)spausti pedalą, didinti greitį **4** *šnek.* tauškalai, plepalai, gyrimasis **5** *šnek.* kas nors juokinga/nepaprasta **6** *amer. sl.* bezdalai, vidurių dujos **7** *kar.* nuodingosios medžiagos **8** *kas.* metanas, kasyklų dujos ◊ *to be cooking with ~ ≡* eiti kaip iš pypkės
v **1** (ap)nuodyti/nunuodyti dujomis; leisti troškinamąsias dujas **2** pripildyti dujų **3** *šnek.* taukšti, plepėti, girtis *(t. p. ~ away)* ☐ *~ up amer.* įsipilti degalų

gas-alarm ['gæsə'lɑːm] *n kar.* cheminio puolimo pavojus; dujų pavojus
gasbag ['gæsbæg] *n* 1 dujų balionas 2 *av.* aerostato apvalkalas, aerostatas 3 *šnek.* niektauška, patauška
gas-bracket ['gæsˌbrækɪt] *n* dujų ragelis
gas-burner ['gæsˌbəːnə] *n* dujų degiklis
Gascon ['gæskən] *n* 1 gaskonas 2 pagyrūnas
gasconade [ˌgæskə'neɪd] *knyg. n* gyrimasis
  v girtis
gas-cooker ['gæsˌkukə] *n* dujinė viryklė
gas-cooled ['gæskuːld] *a* aušinamas dujomis
gas-cutting ['gæsˌkʌtɪŋ] *n tech.* dujinis pjovimas
gaselier [ˌgæsə'lɪə] *n* dujų liustra/sietynas
gas-engine ['gæsˌendʒɪn] *n tech.* dujinis variklis; vidaus degimo variklis
gaseous ['gæsɪəs] *a* dujinis, dujų
gas-fire ['gæsˌfaɪə] *n* dujinis šildytuvas
gas-fired ['gæsˌfaɪəd] *a* dujinis *(apie šildymo sistemą, boilerį)*
gas-fitter ['gæsˌfɪtə] *n* dujininkas, dujofikavimo darbininkas/monteris
gas-gangrene ['gæsˌgæŋgriːn] *n med.* dujinė gangrena
gas-guzzler ['gæsˌgʌzlə] *n amer. šnek.* neekonomiškas automobilis *(naudojantis daug degalų)*
gash [gæʃ] *n* 1 *(pjautinė, kirstinė)* gili žaizda 2 *tech.* įpjovimas, įpjova
  v giliai įpjauti/sužeisti *(on)*
gas-helmet ['gæsˌhelmɪt] *n* priešdujinis šalmas
gasholder ['gæsˌhəuldə] *n* dujų rezervuaras, gazholderis
gasification [ˌgæsɪfɪ'keɪʃn] *n* (pa)vertimas/virtimas dujomis, dujofikacija, gazifikacija
gasiform ['gæsɪfɔːm] *a* dujinis
gasify ['gæsɪfaɪ] *v* dujinti, dujofikuoti, gazifikuoti, versti/virsti dujomis
gas-jet ['gæsdʒet] *n* 1 = **gas-burner** 2 dujų srovė
Gaskell ['gæskəl] *n: Elizabeth ~* Elizabetė Gaskel *(anglų rašytoja)*
gasket ['gæskɪt] *n* 1 *tech.* tarpiklis, intarpas; pakulos, kamšalas 2 *(ppr. pl) jūr.* seisingas, lynas *(susuktoms burėms pririršti prie stiebo)* ◊ *to blow a ~ šnek.* įniršti, supykti; *juok.* uodegą papūsti
gaslight ['gæslaɪt] *n* 1 dujinis apšvietimas 2 dujinė lempa
gas-lighter ['gæsˌlaɪtə] *n* žiebtuvas dujinei viryklei uždegti
gas-main ['gæsmeɪn] *n* magistralinis dujotiekis
gasman ['gæsmæn] *n (pl* -men [-men]) *(tik v.)* dujininkas; dujų kontrolierius
gas-mantle ['gæsˌmæntl] *n tech.* kaitinimo tinklelis
gas-mask ['gæsmɑːsk] *n* dujokaukė
gas-meter ['gæsˌmiːtə] *n* dujomatis; dujų skaitiklis ◊ *he lies like a ~* ≡ jis taip meluoja, kad net ausys linksta
gas-motor ['gæsˌməutə] *n* = **gas-engine**
gasolene, gasoline ['gæsəliːn] *n* 1 gazolinas 2 *amer.* benzinas; *~ station* degalinė
gasometer [gæ'sɔmɪtə] *n* 1 dujų rezervuaras, gazholderis 2 dujomatis, gazometras
gasp [gɑːsp] *n* aikčiojimas, žioptelėjimas; (atsi)dusimas ◊ *at one's last ~* a) prie mirties, merdint; b) išvargęs
  v 1 aiktelėti, žioptelėti, išsižioti *(iš nuostabos ir pan.; with); the audience ~ed at the splendour of the costumes* žiūrovai aiktelėjo, pamatę ištaigingus kostiumus 2 trokšti *(after, for); to be ~ing for breath/air* gaudyti orą, dusti, žiopčioti ☐ *~ out* ištarti užduses, žioptelėti *(žodį)* ◊ *to ~ one's last (breath), to ~ out one's life* išleisti paskutinį kvapą, mirti
gas-pedal ['gæsˌpedl] *n amer. aut.* akceleratorius

gasper ['gɑːspə] *n šnek.* pigi cigaretė
gaspingly ['gɑːspɪŋlɪ] *adv* 1 žiopčiojant; užduses 2 nustebęs
gaspipe ['gæspaɪp] *n* 1 dujotakis 2 *aut.* kuratiekis
gas-plant ['gæsplɑːnt] *n* 1 dujų gamykla 2 dujų generatoriaus įrenginys
gas-producer ['gæsprəˌdjuːsə] *n* dujų generatorius
gas-proof ['gæspruːf] *a* nelaidus dujoms; *~ shelter* priešdujinė slėptuvė
gas-ring ['gæsrɪŋ] *n* = **gas-burner**
gassed [gæst] *a* 1 apnuodytas dujomis 2 *šnek.* girtas
gasser ['gæsə] *n šnek.* tauškalius, pliauškalius
gas-shelter ['gæsˌʃeltə] *n* priešdujinė slėptuvė
gassing ['gæsɪŋ] *n* 1 ap(si)nuodijimas dujomis 2 dujinė dezinfekcija 3 dujų pripildymas 4 *šnek.* plepalai; gyrimasis
gas-station ['gæsˌsteɪʃn] *n amer.* degalų pilstymo punktas; degalinė
gas-stove ['gæsstəuv] *n* dujinė viryklė
gassy ['gæsɪ] *a* 1 dujinis 2 pilnas dujų; gazuotas 3 *šnek.* tauškus, plepus, tuščias
gas-tank ['gæstæŋk] *n amer.* 1 dujų rezervuaras 2 *aut., av.* benzino bakas
gas-tar ['gæstɑː] *n* gudronas, akmens anglių derva
gasteropoda [ˌgæstə'rɔpədə] *n pl zool.* pilvakojai
gas-tight ['gæstaɪt] *a* nelaidus dujoms
gastric ['gæstrɪk] *n anat.* skrandžio, skrandinis; *~ juices fiziol.* skrandžio sultys
gastritis [gæ'straɪtɪs] *n med.* gastritas
gastroenteritis [ˌgæstrəuentə'raɪtɪs] *n med.* gastroenteritas *(skrandžio ir plonosios žarnos uždegimas)*
gastroenterology [ˌgæstrəuentə'rɔlədʒɪ] *n* gastroenterologija
gastronome ['gæstrənəum] *n* gastronomas, skanių valgių mėgėjas/žinovas
gastronomer [gæ'strɔnəmə] *n* = **gastronome**
gastronomic [ˌgæstrə'nɔmɪk] *a* kulinarinis, gastronominis
gastronomy [gæ'strɔnəmɪ] *n* kulinarija, gastronomija
gastropod ['gæstrəpɔd] *n zool.* gastropodas, pilvakojis moliuskas
gas-warfare ['gæsˌwɔːfɛə] *n* cheminis karas
gasworks ['gæswəːks] *n (pl ~)* dujų gamykla
gat [gæt] *n šnek.* pistoletas, revolveris
gate [geɪt] *n* 1 vartai, varteliai 2 įėjimas, išėjimas *(t. p. oro uoste)* 3 užkardas, užtvaras 4 kalnų perėja 5 pinigai, surinkti už įėjimą *(į stadioną, parodą ir pan.)* 6 žiūrovų skaičius *(stadione, parodoje ir pan.)* 7 *tech.* vožtuvas, sklendė 8 *hidr. (šliuzo)* uždoris 9 *aut.* perjungimo kulisė 10 *metal.* lietis ◊ *to give the ~ šnek.* a) atleisti *(iš darbo);* b) *amer.* pavaryti, išbrokuoti *(jaunikį ir pan.); to get the ~ šnek.* a) būti atleistam *(iš darbo);* b) *amer.* būti pavarytam/išbrokuotam *(apie jaunikį ir pan.)*
  v neleisti išeiti iš koledžo/mokyklos teritorijos *(studentų/mokinių bausmė Anglijoje)*
gateau ['gætəu] *pr. n (pl ~s, ~x [-z])* didelis puošnus tortas
gatecrash ['geɪtkræʃ] *v šnek.* ateiti nekviestam; įeiti be bilieto
gatecrasher ['geɪtˌkræʃə] *n šnek.* nekviestas svečias; zuikis, žiūrovas be bilieto/kvietimo
gatefold ['geɪtfəuld] *n (knygos, žurnalo)* sulankstomas lapas
gatehouse ['geɪthaus] *n* sarginė, sargo būstas prie vartų/įėjimo
gatekeeper ['geɪtˌkiːpə] *n (vartų)* sargas, vartininkas

gateleg(ged) ['geɪtleg(d)] *a* sulankstomas, sudedamas *(apie stalą)*
gate-money ['geɪtˌmʌnɪ] = **gate** *n* 5
gatepost ['geɪtpəust] *n* vartų stulpas
gateway ['geɪtweɪ] *n* 1 vartai *(t. p. prk.);* įėjimas, išėjimas; *Dover is England's ~ to Europe* Doveris — Anglijos vartai į Europą; *hard work is the ~ to success* atkaklus darbas – sėkmės laidas 2 tarpuvartė 3 *komp.* tinklų sąsaja
gather ['gæðə] *v* 1 rinkti(s); su(si)rinkti *(t. p. ~ together)* 2 skinti *(gėles);* nuimti, doroti *(derlių; t. p. ~ in)* 3 kaupti *(turtą, jėgas, informaciją);* į(si)gyti *(patyrimo);* įgauti *(spalvą); to ~ speed* didinti greitį 4 daryti išvadą, spręsti, suprasti *(from)* 5 raukti *(kaktą)* 6 klostyti, sudėti klostes 7 (pri)tvinkti *(apie votį)* 8 kauptis *(apie debesis ir pan.)* 9 (pri)spausti *(prie savęs, krūtinės; to)* 10 *refl* atsigauti, pasitaisyti *(po ligos ir pan.);* susikaupti, sukaupti jėgas, pasitempti □ *~ up* a) surinkti *(nuo grindų, žemės);* b) (su)sumuoti
n 1 *pl* klostės, raukčiai 2 *aut.* *(priekinių ratų)* suvedimas
gathering ['gæðərɪŋ] *n* 1 (su)rinkimas; komplektavimas 2 susirinkimas; susibūrimas 3 *(dulkių, debesų ir pan.)* susikaupimas, susitelkimas 4 *(derliaus)* nuėmimas, dorojimas; *(gėlių, vaisių)* skynimas 5 klostės, raukčiai 6 *med.* votis, pūlinys
gator ['geɪtə] *n amer. šnek.* aligatorius
gauche [gəuʃ] *pr. a* nemokantis elgtis, netaktiškas, netašytas; nemitrus
gaucherie ['gəuʃəri:] *pr. n* nekultūringumas, netaktas; nemitrumas
gaucho ['gautʃəu] *isp. n (pl ~s [-z])* gaučas *(P. Amerikos pampų piemuo)*
gaud [gɔ:d] *n knyg.* 1 blizgutis, žibutis, (neskoninga) puošmena 2 *pl* prašmatnybės, prabangios iškilmės
gaudy[1] ['gɔ:dɪ] *n* 1 didelė šventė 2 kasmetinis pobūvis buvusių studentų garbei *(D. Britanijos universitetuose)*
gaudy[2] *a* blizgantis, neskoningas, akį rėžiantis; įmantrus *(apie stilių)*
gauge [geɪdʒ] *n* 1 matas, mastas, dydis; *to take the ~ (of)* a) (iš)matuoti; b) (į)vertinti 2 kriterijus 3 matavimo prietaisas, matuoklis; *fuel ~ aut., av.* degalų lygio rodiklis 4 šablonas; etalonas 5 kalibras 6 manometras, daviklis 7 *glžk.* bėgių plotis 8 *jūr.* gramzda, grimzlė 9 *jūr.* *(ppr. gage) (laivo)* padėtis vėjo atžvilgiu ◊ *to have the weather ~ of smb* turėti *(įgyti)* pranašumą palyginti su kuo
v 1 (iš)matuoti, tikrinti matus 2 *prk.* (į)vertinti, nustatyti
gauge-board ['geɪdʒbɔ:d] *n* 1 panelis su matavimo prietaisais 2 *aut.* prietaisų skydas
gauge-glass ['geɪdʒglɑ:s] *n* vandenmačio stiklas
gauge-pressure ['geɪdʒˌpreʃə] *n* manometrinis slėgis
gauging-station ['geɪdʒɪŋˌsteɪʃn] *n* hidrometrijos stotis
Gaul [gɔ:l] *n* 1 *ist.* Galija 2 *ist.* galas 3 *juok.* prancūzas
Gaulish ['gɔ:lɪʃ] *a* 1 galų, gališkas; Galijos 2 *juok.* prancūzų; prancūziškas
n 1 galų kalba 2 *juok.* prancūzų kalba
gaunt [gɔ:nt] *a* 1 sulysęs; išvargęs, nusikamavęs 2 ištįsęs 3 nykus, niūrus *(apie pastatą, peizažą)*
gauntlet[1] ['gɔ:ntlɪt] *n* 1 *(vairuotojo, sportininko ir pan.)* pirštinė *(su ilgais plačiais riešais)* 2 *ist.* šarvinė pirštinė ◊ *to throw down the ~* mesti pirštinę/iššūkį; *to take/pick up the ~* priimti iššūkį
gauntlet[2] *n: to run the ~* a) *ist.* bėgti pro rikiuotę *(ir būti mušamam rykštėmis/lazdomis);* b) *prk.* būti griežtai kritikuojamam; grėsti *(apie pavojų, kritiką, nemalonumus)*
gauntry ['gɔ:ntrɪ] *n* = **gantry** 3

gauss [gaus] *n fiz.* gausas
gauze [gɔ:z] *n* 1 gazas *(audinys)* 2 marlė *(t. p. ~ bandage)* 3 miglelė *(ore)* 4 *tech.* metalinis tinklelis
gauzy ['gɔ:zɪ] *a* plonytis, permatomas *(ypač apie audinį)*
gave [geɪv] *past žr.* **give** *v*
gavel ['gævl] *n (teisėjo, aukcionatoriaus, susirinkimo pirmininko)* plaktukas
gavial ['geɪvɪəl] *n zool.* gavialas *(siaurasnukis krokodilas)*
gavotte [gə'vɔt] *n* gavotas *(muzika ir šokis)*
Gawd [gɔ:d] *int* Viešpatie! *(reiškiant nuostabą, baimę ir pan.)*
gawk [gɔ:k] *n* mėmė, vėpla, žioplys
v žiopsoti, vėpsoti *(at – į)*
gawky ['gɔ:kɪ] *a* nerangus, griozdiškas; vėpliškas
gawp [gɔ:p] = **gawk** *v*
gay [geɪ] *a* 1 linksmas; *to have a ~ time* linksmintis 2 ryškus, margas; *to be ~ (with)* spindėti 3 *euf.* nerimtas, nerūpestingas, nedoras 4 gėjų, skirtas gėjams, homoseksualus; *~ rights* gėjų teisės; *~ liberation/šnek. lib* judėjimas dėl gėjų teisių pripažinimo 5 *amer.* įžūlus
n gėjus, homoseksualistas
gaze [geɪz] *n* įdėmus žvilgsnis, spoksojimas
v įdėmiai žiūrėti, spoksoti *(at, on, upon – į)*
gazebo [gə'zi:bəu] *n (pl ~(e)s [-z]) archit.* 1 bokštelis ant namo stogo, belvederis 2 vasarnamis *(su gražiais apylinkių vaizdais)*
gazelle [gə'zel] *n zool.* gazelė
gazette [gə'zet] *n* 1 vyriausybės žinios/biuletenis *(periodinis leidinys)* 2 *amer.* laikraštis *(D. Britanijoje — tik laikraščių pavadinimuose)*
v 1 *ret.* paskelbti vyriausybės biuletenyje/laikraštyje 2 *pass kar.* būti paskelbtam/paskirtam
gazetteer [ˌgæzɪ'tɪə] *n* geografijos vadovas; vietovardžių sąrašas
gazogene ['gæzəudʒi:n] *n* 1 gėrimų gazavimo aparatas 2 dujų generatorius
gazpacho [gæz'pætʃəu] *isp. n* šalta daržovių sriuba
gazump [gə'zʌmp] *v šnek.* parduoti namą už didesnę kainą *(nepaisant to, kad buvo susitarta su kitu pirkėju)*
g'day [gə'deɪ] *int austral. šnek.* labas!, sveiki!
gear [gɪə] *n* 1 įrenginys, aparatas; prietaisas 2 įranga, reikmenys; *fishing ~* žūklės įranga 3 *tech.* krumpliaratis, krumplinė pavara; *(perdavimo)* mechanizmas; pavara; *out of ~* a) neįjungtas, neveikiantis; b) *prk.* dezorganizuotas; sutrikęs, suiręs; *to throw out of ~* a) išjungti pavarą; b) *prk.* dezorganizuoti; *to get into ~* a) (į)jungti pavarą; b) *prk.* įsitraukti į darbą; *to go into 1st [2nd] ~* pereiti į 1-ąją [2-ąją] pavarą; *in top/amer. high ~* aukšta pavara; *bottom/amer. low ~* žema pavara; *reducing ~* redukcinė pavara; *reduction ~* reduktorius 4 pakinktai 5 apdaras, apranga 6 *šnek.* daiktai; *don't leave your ~ all over the place* nepalik visur išmėtytų savo daiktų 7 *jūr.* takelažas 8 *sl.* narkotikas *(narkomanų kalboje)* ◊ *to change/shift ~* (pa)keisti *(ko darymo)* manierą/tempą *ir pan.*
v 1 turėti/įtaisyti pavarą 2 paleisti *(mechanizmą)* 3 sukabinti, sukibti *(apie krumpliaračius)* 4 įkinkyti, pakinkyti *(džn. ~ up)* 5 *(ppr. pass)* (pri)taikyti, pajungti *(to – kam)* □ *~ down* (su)lėtinti greitį; (su)mažinti *(smarkumą ir pan.); ~ up* a) didinti *(greitį, gamybą ir pan.);* b) intensyviai ruoštis, pasitempti, susiimti *(for)*
gearbox ['gɪəbɔks] *n aut.* pavarų dėžė
gearcase ['gɪəkeɪs] *n aut.* pavarų dėžės karteris

geared [gɪəd] *a tech.* su krumpline pavara, redukcinis; ~ *engine* variklis su reduktoriumi

gearing ['gɪərɪŋ] *n* 1 *tech.* kabinimas; krumplinė pavara 2 *fin.* santykis tarp *(bendrovės)* nuosavo ir skolinto kapitalo *(t. p. capital ~)*

gear-lever ['gɪəˌlevə] *n aut.* pavarų perjungimo svirtis

gear-ratio ['gɪəˌreɪʃɪəu] *n tech.* perdavimo skaičius

gear-shift ['gɪəʃɪft] *n amer.* = **gear-lever**

gearstick ['gɪəstɪk] *n* = **gear-lever**

gearwheel ['gɪəwiːl] *n* krumpliaratis

gecko ['gekəu] *n (pl ~(e)s [-z]) zool.* gekonas *(driežas)*

gee [dʒiː] *int* 1 na! *(arklį raginant; t. p. ~ up)* 2 *(ypač amer.)* tai bent!, oho! *(reiškiant nustebimą ir pan.)*
v raginti *(arklį; t. p. ~ up)*

geegaw ['dʒiːgɔː] = **gewgaw** *n, a*

gee-gee ['dʒiːdʒiː] *n vaik., juok.* arkliukas

geek [giːk] *n sl.* 1 *austral.* žvilgsnis 2 *(ypač amer.)* apkiautėlis, tipas

geese [giːs] *pl žr.* **goose**

gee-whiz [ˌdʒiːˈwɪz] *a šnek.* 1 sensacingas, nuostabus 2 entuziastiškas
int = **gee** 2

geez [dʒiːz] *int* = **jeez**

geezer ['giːzə] *n šnek.* (keistas) tipelis, senas išvėpėlis *(džn. old ~)*

Geiger ['gaɪgə] *n: ~ counter fiz.* Geigerio skaitiklis

geisha ['geɪʃə] *n* geiša *(t. p. ~ girl)*

gel[1] [dʒel] *n chem.* gelis

gel[2] *n* želė *(kosmetikai); hair ~* plaukų lakas
v 1 *kul.* (su)stingti, (su)tenėti 2 susikristalizuoti, nusisto(vė)ti *(apie sumanymą, planą)* 3 pradėti darniai dirbti, pasiekti sutarimą darbe

gel[3] [gel] *n* = **girl**

gelatin ['dʒelətɪn] *n* = **gelatine**

gelatine [ˌdʒeləˈtiːn] *n* želatina; drebučiai

gelatinous [dʒəˈlætɪnəs] *a* želatinos; drebučių pavidalo; lipnus, glitus

gelation [dʒəˈleɪʃn] *n* 1 (už)šaldymas 2 (su)stingimas, (su)tenėjimas

geld [geld] *v* (gelded [-ɪd], gelt) kastruoti *(gyvulį)*

gelding ['geldɪŋ] *n* 1 (iš)kastruotas arklys, išdaras 2 kastravimas

gelid ['dʒelɪd] *a* ledinis, labai šaltas *(t. p. prk.)*

gelignite ['dʒelɪgnaɪt] *n kas.* gelignitas

gelt[1] [gelt] *n amer. šnek.* pinigai

gelt[2] *past ir pII žr.* **geld**

gem [dʒem] *n* 1 brangakmenis 2 *prk.* brangenybė, perlas; *a ~ of a village* nuostabus kaimas; *she's a ~ šnek.* ji – tikras lobis
v puošti brangakmeniais; *stars ~ the sky* danguje spindi žvaigždės kaip brangakmeniai

geminate <*a, n, v*> *a* ['dʒemɪnət] sudvejintas, dvigubas
n ['dʒemɪnət] *fon.* geminata
v ['dʒemɪneɪt] sudvejinti, padvigubinti

gemination [ˌdʒemɪˈneɪʃn] *n* 1 sudvejinimas, (su)dvigubinimas 2 *kalb.* geminacija

Gemini ['dʒemɪnaɪ] *n pl* Dvyniai *(žvaigždynas ir Zodiako ženklas)*

gemma ['dʒemə] *n (pl -ae [-iː]) bot.* pumpuras

gemmate *a* ['dʒemɪt] pumpuruotas, su pumpurais; dauginąsis pumpuravimu
v ['dʒemeɪt] pumpuruoti

gemstone ['dʒemstəun] *n* brangakmenis

gen [dʒen] *šnek. n* (general information *sutr.*) žinios, duomenys, informacija *(on – apie)*
v: ~ up sužinoti, gauti informacijos *(on – apie)*

gendarme ['ʒɒndɑːm] *pr. n* žandaras

gendarmerie [ʒɒnˈdɑːməri] *pr. n* žandarmerija

gender ['dʒendə] *n* 1 *gram.* giminė 2 *šnek.* lytis; *female ~* moteriškoji lytis

gender-bender ['dʒendəˌbendə] *n šnek.* travesti *(apie aktorių, dainininką ir pan.)*

genderist ['dʒendərɪst] *a* susijęs su lyčių skirtumu

gender-specific ['dʒendəspeˌsɪfɪk] *a* tik vienos lyties asmenims; tik vyrams/moterims

gene [dʒiːn] *n biol.* genas; *~ pool* genofondas

genealogical [ˌdʒiːnɪəˈlɒdʒɪkl] *a* genealoginis

genealogy [ˌdʒiːnɪˈælədʒɪ] *n* genealogija

genera ['dʒenərə] *pl žr.* **genus**

general[1] ['dʒenrəl] *a* 1 bendras, visuotinis; nespecializuotas, nespecialus; *~ impression [standard]* bendras įspūdis [lygis]; *~ meeting [strike]* visuotinis susirinkimas [streikas]; *~ practitioner* bendrosios praktikos gydytojas; *~ servant* tarnaitė *(atliekanti visą namų ruošą); ~ hospital* nespecializuota ligoninė; *~ question gram.* bendrasis/patikrinamasis klausimas; *in ~ terms* bendrais bruožais; *to be a ~ favourite* būti visų mėgstamam/mylimam 2 paprastas; *as a ~ rule* paprastai 3 generalinis; vyriausiasis; *Director G., G. Manager* generalinis direktorius; *G. Assembly* Generalinė Asamblėja; *~ headquarters* vyriausioji vadovybė ◊ *in ~* apskritai; *~ (post) delivery* a) rytinis pašto išnešiojimas; b) *amer.* iki pareikalavimo *(pašto skyrius)*

general[2] *n* generolas; karvedys

General-in-Chief ['dʒenərəlɪnˈtʃiːf] *n (pl* Generals-in-Chief) vyriausiasis vadas

generalissimo [ˌdʒenərəˈlɪsɪməu] *n (pl ~s [-z])* generalisimas

generality [ˌdʒenəˈrælətɪ] *n* 1 bendrybė, bendras teiginys 2 *(the ~)* dauguma *(of)* 3 visuotinumas, bendrumas 4 neapibrėžtumas

generalization [ˌdʒenərəlaɪˈzeɪʃn] *n* 1 apibendrinimas; generalizacija; *don't be hasty in ~* neskubėkite apibendrinti 2 bendrasis dėsnis, bendroji taisyklė

generalize ['dʒenərəlaɪz] *v* 1 apibendrinti 2 paskleisti 3 neapibrėžtai/apskritai kalbėti

generally ['dʒenərəlɪ] *adv* 1 paprastai 2 apskritai; bendrai, neapibrėžtai; *~ speaking* apskritai kalbant; *she was dancing, drinking and ~ enjoying oneself* ji šoko, ji gėrė, žodžiu, ji smagiai linksminosi 3 plačiai, daugiausia, dažniausiai; *~ received* (visų) priimtas, labai paplitęs

general-purpose ['dʒenərəlˈpɜːpəs] *a spec.* universalus, bendros paskirties; *~ van* universalus automobilis furgonas; *~ computer* universalus kompiuteris, universali elektroninė skaičiavimo mašina

generalship ['dʒenərəlʃɪp] *n* 1 generolo laipsnis 2 karo menas 3 *(sumanus)* vadovavimas

generate ['dʒenəreɪt] *v* 1 (su)kurti, gimdyti 2 sukelti; *~ interest* (su)kelti susidomėjimą 3 *spec.* generuoti, gaminti; *turbines generating elektricity* turbinos, gaminančios elektrą

generation [ˌdʒenəˈreɪʃn] *n* 1 karta; generacija; *rising ~* augančioji karta; *from ~ to ~* iš kartos į kartą 2 kilimas, gimimas; sukėlimas; *spontaneous ~* savaiminis gyvybės atsiradimas 3 *spec.* gamyba, gaminimas, generavimas

generative ['dʒenərətɪv] *a* 1 sukeliantis, gimdantis; gaminantis 2 *spec.* generatyvinis; *~ grammar* generatyvinė gramatika; *~ cell bot.* generatyvinė ląstelė

generator ['dʒenəreɪtə] *n* 1 gamintojas 2 *tech.* generatorius

generatrix ['dʒenəreɪtrɪks] *n (pl* -trices [-trɪsiːz]) *mat.* sudaromoji

generic [dʒə'nerɪk] *n* **1** bendras *(klasei, rūšiai ir pan.)* **2** *biol.* genties, gentinis *(klasifikacijoje)* **3** nepatentuotas *(ypač apie vaistus)*

generosity [,dʒenə'rɒsətɪ] *n* **1** kilnumas, didžiadvasiškumas **2** dosnumas

generous ['dʒenərəs] *a* **1** kilnus, kilniaširdi(ška)s, didžiadvasi(ška)s **2** dosnus; *he was very ~ with his time* jis nešykštėjo savo laiko **3** gausus; didelis; *~ welfare payments* didelės socialinės išmokos **4** derlingas *(apie žemę)* **5** sodrus *(apie spalvą)* **6** išlaikytas, stiprus *(apie vyną)*

genesis ['dʒenɪsɪs] *n (pl* -ses [-siːz]) **1** kilmė, pradžia; genezė **2** *(G.) bibl.* Būties knyga

genetic [dʒɪ'netɪk] *a biol.* genetinis; *~ code* genetinis kodas; *~ engineering* genų inžinerija

genetically [dʒɪ'netɪklɪ] *adv* genetiškai; pagal kilmę; genezės požiūriu

geneticist [dʒɪ'netɪsɪst] *n* genetikas

genetics [dʒɪ'netɪks] *n* **1** genetika **2** *(pl ~) (organizmo)* genetinės ypatybės

geneva [dʒɪ'niːvə] *n* = **genever**

Geneva [dʒɪ'niːvə] *n* Ženeva *(miestas); Lake ~* Ženevos ežeras

Genevan [dʒɪ'niːvən] *a* **1** Ženevos **2** kalvinistų, kalvinų *n* **1** ženevietis **2** kalvinistas, kalvinas

genever [dʒɪ'niːvə] *n* kadaginė *(degtinė),* kadagių antpilas; džinas

genial[1] ['dʒiːnɪəl] *a* **1** linksmas; geraširdis, malonus, nuoširdus **2** švelnus *(apie klimatą); ~ weather* minkštas/ geras oras **3** *psn.* genialus

genial[2] [dʒɪ'niːəl] *a anat.* smakro, smakrinis

geniality [,dʒiːnɪ'ælətɪ] *n* **1** linksmumas; geraširdiškumas, nuoširdumas **2** *(klimato)* švelnumas

genic ['dʒiːnɪk, 'dʒenɪk] *a biol.* genų, geninis

genie ['dʒiːnɪ] *n (pl ~*s, genii) džinas, dvasia *(arabų pasakose)*

genii ['dʒiːnɪaɪ] *pl žr.* **genie** *ir* **genius** 5

genista [dʒɪ'nɪstə] *n bot.* prožirnis

genital ['dʒenɪtl] *anat. a* lytinis, lyties *n pl* lyties organai, genitalijos

genitalia [,dʒenɪ'teɪlɪə] *n pl anat.* genitalijos, lyties organai

genitive ['dʒenɪtɪv] *gram. a* kilmininko *n* kilmininko linksnis, genityvas

genius ['dʒiːnɪəs] *n* **1** *(tik sg)* genialumas, talentas, gabumai; *a man of ~* genialus žmogus; *to have a ~ for music* turėti didelių muzikos gabumų **2** *(pl* -ses) genijus, geniali asmenybė **3** *(pl* -ses) *(tautos, kalbos, amžiaus, laiko, įstatymo)* dvasia, savitumas **4** *(pl* -ses) nuotaikos/ jausmai, susiję su kokia nors vieta *(t. p. ~ loci)* **5** *(pl* genii) *mit.* genijus *(dvasia globėja); evil ~* piktasis genijus, piktoji dvasia

genned-up ['dʒend'ʌp] *a sl.* pasikaustęs, išmanantis *(about, on)*

Genoa ['dʒenəuə] *n* **1** Genuja *(miestas)* **2** *jūr.* Genujos stakselis *(t. p. ~ jib)*

genocide ['dʒenəsaɪd] *n* genocidas

genome ['dʒiːnəum] *n biol.* genomas

genotype ['dʒenəutaɪp] *n biol.* genotipas

genre ['ʒɒnrə, 'ʒɑːnrə] *pr. n* **1** žanras, maniera, stilius **2** žanrinė tapyba *(t. p. ~ painting)*

gent [dʒent] *n* (gentleman *sutr.*) *šnek.* **1** džentelmenas **2** *pl* vyrai; *~s' hairdresser's* vyrų kirpykla; *~s' outfitters* vyriška galanterija *(parduotuvių iškaboje); this way, ~s!* (pro) čia, ponai! **3** *(the ~)* vyrų tualetas

genteel [dʒen'tiːl] *a* **1** (gerai) išauklėtas, gerų manierų; elegantiškas **2** aristokratiškas **3** *iron., menk.* poniškas; manieringas

gentian ['dʒenʃən] *n bot.* gencijonas

gentile ['dʒentaɪl] *n* **1** *(G.)* ne žydas **2** *amer.* ne mormonas **3** *kalb.* tautovardis

gentility [dʒen'tɪlətɪ] *n* **1** aristokratiškos manieros, aristokratiškumas; elegantiškumas **2** *iron., menk.* poniškumas; manieringumas **3** *psn.* kilmingumas, aukšta kilmė

gentle ['dʒentl] *<a, n, v>* a **1** švelnus, geras; romus **2** lengvas, nesmarkus *(apie vėją, lietų; apie bausmę ir pan.)* **3** prijaukintas, paklusnus *(apie gyvulius)* **4** nuolaidus, nestatus **5** *psn.* kilmingas **6** *psn.* mandagus, kilniaširdis; *~ reader* malonus skaitytojau *(kreipimasis knygoje)* *n* lerva *(jaukas)* *v ret.* **1** prajodyti, pravažinėti *(arklį)* **2** nuraminti *(žmogų)*

gentlefolk ['dʒentlfəuk] *n pl knyg., psn.* kilmingieji, diduomenė

gentleman ['dʒentlmən] *n (pl* -men [-mən]) *(tik v.)* **1** džentelmenas; ponas; *true ~* tikras džentelmenas; *gentlemen!* ponai! *(kreipiantis)* **2** išauklėtas ir doras žmogus; *~'s agreement* džentelmeniškas susitarimas **3** *amer. polit.* kongreso narys **4** *ist.* bajoras **5** *pl* vyrų tualetas ◊ *~'s ~* kamerdineris, liokajus; *~ at large juok.* žmogus be nuolatinio užsiėmimo; *~ of the long robe* teisėjas, juristas; *gentlemen of the cloth* dvasininkija; *~ of the road* a) plėšikas; b) komivojažierius; *~ of fortune* piratas; avantiūristas; *the old ~ juok.* velnias; *the ~ in black velvet* kurmis

gentleman-at-arms [,dʒentlmənət'ɑːmz] *n (pl* gentlemen- ['dʒentlmən-]) *(tik v.)* kavalierius, rūmų gvardietis, leibgvardietis

gentleman-farmer [,dʒentlmən'fɑːmə] *n (pl* gentlemen- [,dʒentlmən-]) *(tik v.)* bajoras, dirbantis žemės ūkyje *(savo malonumui)*

gentlemanly ['dʒentlmənlɪ] *a* **1** džentelmeniškas **2** išauklėtas; mandagus

gentleness ['dʒentlnɪs] *n* **1** švelnumas; gerumas **2** nuožulnumas

gentlewoman ['dʒentl,wumən] *n (pl* -women [-,wɪmɪn]) **1** dama **2** *ist.* bajorė **3** *psn. (didikų)* rūmų tarnaitė; kambarinė, kameristė

gently ['dʒentlɪ] *adv* **1** švelniai; ramiai **2** atsargiai **3** iš lengvo, nesmarkiai ◊ *~ born* kilmingas

gentrify ['dʒentrɪfaɪ] *v (ppr. pass) (neturtingųjų miesto rajoną)* paversti vidurinės klasės gyvenamuoju rajonu; *to become gentrified* suburžuazėti

gentry ['dʒentrɪ] *n* **1** *(the ~)* džentriai, netituluota kaimo diduomenė; *the landed ~* dvarininkai **2** *menk.* žmonės; *these ~* šitie ponai

genual ['dʒenjuəl] *a anat.* kelio

genuflect ['dʒenjuflekt] *v* (atsi)klaupti; keliaklupsčiauti

genuflection, genuflexion [,dʒenju'flekʃn] *n* klūpojimas; keliaklupsčiavimas

genuine ['dʒenjuɪn] *a* **1** tikras; nesuklastotas, autentiškas; *many poor families are in ~ difficulty* daugelis neturtingų šeimų turi rimtų sunkumų **2** nuoširdus, neapsimestinis; doras **3** *ž. ū.* grynaveislis

genuinely ['dʒenjuɪnlɪ] *adv* **1** nuoširdžiai **2** tikrai

genus ['dʒiːnəs] *n (pl* genera, ~es) **1** *biol.* gentis **2** rūšis

geo- [,dʒiːəu-, dʒɪə-] *(sudurt. žodžiuose)* geo-; *geobotany* geobotanika

geocentric [,dʒiːəu'sentrɪk] *a* geocentrinis

geochemistry [,dʒiːəu'kemɪstrɪ] *n* geochemija

geodesic [,dʒiːəu'desɪk] *a* geodezinis

geodesist [dʒɪ'ɔdɪsɪst] *n* geodezininkas
geodesy [dʒɪ'ɔdɪsɪ] *n* geodezija
geodetic [,dʒi:ə'detɪk] *a* geodezinis
Geoffrey ['dʒefrɪ] *n* Džefris *(vardas)*
geographer [dʒɪ'ɔgrəfə] *n* geografas
geographic(al) [dʒɪə'græfɪk(l)] *a* geografinis
geography [dʒɪ'ɔgrəfɪ] *n* geografija
geologic(al) [dʒɪ:ə'lɔdʒɪk(l)] *a* geologinis
geologist [dʒɪ'ɔlədʒɪst] *n* geologas
geologize [dʒɪ'ɔlədʒaɪz] *v* studijuoti geologiją; daryti geologijos tyrimus
geology [dʒɪ'ɔlədʒɪ] *n* geologija
geomagnetic [,dʒi:əmæg'netɪk] *a* geomagnetinis
geomagnetism [,dʒi:əu'mægnɪtɪzm] *n* geomagnetizmas, Žemės magnetizmas
geometer [dʒɪ'ɔmɪtə] *n* geometras
geometric(al) [dʒɪə'metrɪk(l)] *a* geometrinis; ~ *progression* geometrinė progresija
geometrician [,dʒɪəᵘmə'trɪʃn] *n ret.* = **geometer**
geometry [dʒɪ'ɔmətrɪ] *n* geometrija; *descriptive* ~ braižomoji geometrija; *plane* ~ planimetrija; *solid* ~ stereometrija
geomorphology [,dʒi:əᵘmɔ:'fɔlədʒɪ] *n* geomorfologija
geonomics [,dʒi:əᵘ'nɔmɪks] *n* ekonominė geografija
geophysical [,dʒi:əᵘ'fɪzɪkl] *a* geofizinis
geophysics [,dʒi:əᵘ'fɪzɪks] *n* geofizika
geopolitics [,dʒi:əᵘ'pɔlɪtɪks] *n* geopolitika
George [dʒɔ:dʒ] *n* **1** Jurgis, Georgas, Džordas *(vardas)* **2** *(g.) av. sl.* autopilotas ◊ *by* ~*!* dievaži!, tikrai!; *let* ~ *do it amer.* tegu tai kas nors kitas padaro
Georgetown ['dʒɔ:dʒtaun] *n* Džordžtaunas *(Gajanos sostinė)*
georgette [dʒɔ:'dʒet] *n tekst.* žoržetas
Georgia ['dʒɔ:dʒɪə] *n* **1** Džordžija *(JAV valstija)* **2** Gruzija *(valstybė)*
Georgian¹ ['dʒɔ:dʒ¹ən] *a* gruzinų, gruziniškas; Gruzijos *n* **1** gruzinas **2** gruzinų kalba
Georgian² *amer. a* Džordžijos valstijos *(JAV) n* Džordžijos gyventojas
Georgian³ *a* D. Britanijos karalių Jurgių I-IV epochos *(1714-1830)*
geoscience [,dʒi:əᵘ'saɪəns] *n* Žemės mokslai *(geologija, geografija ir pan.)*
geostationary [,dʒi:əᵘ'steɪʃənərɪ] *a spec.* geostacionarinis *(apie Žemės palydovą ir pan.)*
geothermal [,dʒi:əᵘ'θɔ:ml] *a geol.* geoterminis
Gerald ['dʒerəld] *n* Džeraldas *(vardas)*
geranium [dʒə'reɪnɪəm] *n bot.* **1** snaputis **2** pelargonija *(t. p. fish* ~*); beefsteak* ~ begonija
Gerard ['dʒerɑ:d] *n* Džerardas *(vardas)*
gerfalcon ['dʒɔ:,fɔ:lkən] *n zool.* medžioklinis sakalas *(šiaurėje)*
geriatric [,dʒerɪ'ætrɪk] *n* **1** *med.* senas žmogus **2** *šnek.* nusenęs žmogus/daiktas; nusenėlis
a **1** geriatrinis **2** *šnek.* nusenęs, susenęs
geriatrics [,dʒerɪ'ætrɪks] *n med.* **1** geriatrija **2** *kuop.* seni žmonės
germ [dʒɔ:m] *n* **1** mikrobas, bakterija **2** užuomazga, pradmuo, pradžia, *in* ~ užuomazgoje **3** *biol.* gemalas, embrionas; *bot.* mezginė **4** *attr:* ~ *warfare* bakteriologinis karas
v leisti daigus, rutulioitis
German ['dʒɔ:mən] *a* vokiečių, vokiškas; Vokietijos; ~ *measles* raudonukė *(liga);* ~ *Ocean psn.* Šiaurės jūra; ~ *silver* melchioras; ~ *text* gotiškas šriftas
n **1** vokietis **2** vokiečių kalba

german ['dʒɔ:mən] *a: brother* ~ tikras brolis; *sister* ~ tikra sesuo; *cousin* ~ pusbrolis; pusseserė
germander [dʒɔ'mændə] *n bot.* vaistinis berutis
germane [dʒɔ:'meɪn] *a knyg.* susijęs, tinkamas *(to); that material is not* ~ *to our subject* ta medžiaga nesusijusi su mūsų tema
Germanic [dʒɔ:'mænɪk] *n kalb.* **1** germanų kalbų grupė **2** germanų kalbų prokalbė
a **1** germanų, germaniškas **2** vokiečių, vokiškas
Germanism ['dʒɔ:mənɪzm] *n* **1** *kalb.* germanizmas, vokietybė **2** germanofilija
germanium [dʒɔ:'meɪnɪəm] *n chem.* germanis
germanize ['dʒɔ:mənaɪz] *v* germanizuoti, vokietinti
Germanophile [dʒɔ:'mænəfaɪl] *n* germanofilas, vokietininkas
Germanophobe [dʒɔ:'mænəfəub] *n* germanofobas, vokiečių ir vokiškumo nekentėjas
Germany ['dʒɔ:mənɪ] *n* Vokietija
germ-free ['dʒɔ:mfri:] *a* neturintis mikroorganizmų; dezinfekuotas
germicide ['dʒɔ:mɪsaɪd] *n* baktericidas, bakterijas naikinanti medžiaga
germinal ['dʒɔ:mɪnl] *a biol.* gemalinis, embrioninis; užuomazginis
germinate ['dʒɔ:mɪneɪt] *v* **1** (su)dygti; (iš)sprogti, pumpuruoti(s); daiginti **2** *prk.* (pa)gimdyti, sukelti; kilti
germination [,dʒɔ:mɪ'neɪʃn] *n* **1** dygimas **2** augimas, raida
germ-killer ['dʒɔ:m,kɪlə] *n* antiseptikas
germproof ['dʒɔ:mpru:f] *a* neužkrečiamas, sterilus
geronimo [dʒə'rɔnɪməu] *int* op!, opa!
gerontocracy [,dʒerɔn'tɔkrəsɪ] *n* gerontokratija, senų žmonių valdžia
gerontology [,dʒerɔn'tɔlədʒɪ] *n* gerontologija
gerrymander ['dʒerɪmændə] *n* rinkimų machinacijos *(keičiant rinkimų apygardos ribas)*
v **1** (su)klaidinti *(rinkėjus)* **2** (su)klastoti; falsifikuoti
Gershwin ['gɔ:ʃwɪn] *n: George* ~ Džordžas Geršvinas *(JAV kompozitorius)*
Gertie ['gɔ:tɪ] *n* Gertė *(vardas)*
Gertrude ['gɔ:tru:d] *n* Gertrūda *(vardas)*
gerund ['dʒerənd] *n gram.* gerundijus
gerundive [dʒə'rʌndɪv] *gram. n* gerundyvas, reikiamybės dalyvis **2** = **gerund**
a gerundijaus
gesso ['dʒesəu] *n* gipsas *(skulptūrai)*
gestalt [gə'ʃtɑ:lt] *vok. n psich.* geštaltas; ~ *psychology* geštalto psichologija
Gestapo [ge'stɑ:pəu] *vok. n ist.* gestapas
gestation [dʒe'steɪʃn] *n* **1** *biol.* gestacija, nėštumas; nėštumo laikotarpis *(t. p.* ~ *period)* **2** *(plano, projekto)* (su)brandinimas
gesticulate [dʒe'stɪkjuleɪt] *v* gestikuliuoti, mostaguoti, skėsčioti *(rankomis)*
gesticulation [dʒe,stɪkju'leɪʃn] *n* gestikuliacija, gestikuliavimas, mostagavimas
gestural ['dʒestərəl] *a* gestų; ~ *language* gestų kalba
gesture ['dʒestʃə] *n* gestas *(t. p. prk.)*, mostas; *kind/fine* ~ kilnus gestas/poelgis; *empty* ~ nieko nereiškiantis gestas ◊ *warlike* ~ ≡ žvanginimas ginklais
v gestikuliuoti; parodyti gestu
gesundheit [gə'zundhaɪt] *vok. int* į sveikatą! *(sakoma nusičiaudėjusiam)*
get [get] *v* (got; *pII* got, *psn., amer.* gotten) **1** gauti *(from, out of); to* ~ *a job* gauti darbą; *when did you* ~ *my letter?* kada gavai mano laišką?; *we couldn't* ~ *permis-*

get-at-able 382 **getaway**

sion from him negalėjome (iš)gauti jo leidimo; *you can ~ a good dinner here* čia galima gerai papietauti; *we ~ a lot of rain* čia daug lyja **2** įgyti; pasiekti, laimėti; *to ~ advantage* įgyti pranašumo; *to ~ glory* pasiekti šlovę; *you'll ~ little by it* jūs mažai iš to laimėsite **3** uždirbti; *to ~ a [one's] living* uždirbti [užsidirbti] pragyvenimui **4** pirkti, įsigyti; *to ~ a new hat* pirkti naują skrybėlę; *she got a ticket for Tom as well* ji nupirko bilietą ir Tomui **5** atnešti; *I'll ~ my coat* aš atsinešiu paltą **6** atvesti; nuvesti *(to); I have to ~ the children to school by 9 o'clock* man reikia pristatyti vaikus į mokyklą devintą valandą; *go and ~ a doctor* atvesk/pakviesk gydytoją **7** (at)vykti, pasiekti *(to);* prieiti *(at);* patekti *(into); to ~ to Lithuania* atvykti į Lietuvą; *to ~ home* pareiti/parvykti namo; *to ~ at the truth* prisikasti iki tiesos; *he was difficult to ~ at* prie jo buvo sunku prieiti; pas jį buvo sunku patekti; *is this discussion ~ting us anywhere?* ar ši diskusija mums naudinga? **8** suprasti *(t. p. ~ it); to ~ it wrong* neteisingai suprasti; *to ~ the cue* suprasti užuominą; *to ~ at the meaning* suprasti prasmę **9** (pa)statyti į sunkią padėtį; (su)erzinti; *to have got smth/smb on one's nerves* susierzinti dėl ko; *it really ~s me... šnek.* mane tikrai erzina tai... **10** sugauti, sučiupti; *the police got the thief* policija sugavo vagį; *did he ~ his train?* ar jis suspėjo į traukinį? **11** laikyti *(žmogų; by – už);* (pa)imti *(nuo lentynos, stalo; from, off)* **12** susirgti, užsikrėsti *(off, from – nuo)* **13** pataikyti; *the bullet got him in the leg* kulka pataikė jam į koją **14** (pa)gimdyti, (at)vesti *(apie gyvulius)* **15** (pa)ruošti *(pusryčius, pietus ir pan.)* **16** *(perfect) šnek.* turėti; *I've got very little money* aš turiu labai mažai pinigų **17** *(perfect + inf)* privalėti, turėti; *he has got to do it* jis turi tai padaryti; *I've got to make a phone call* man reikia paskambinti **18** *(+ n/pron + inf – suvestinis papildinys)* priversti, įtikinti; *to ~ smb to go* priversti ką eiti **19** *(+ n/pron + pII/a – suvestinis papildinys)* pažymi: a) kad subjektui norint kas nors atlieka ar turi atlikti veiksmą; *I must ~ my hair cut* aš turiu ar man reikia apsikirpti plaukus; b) *kad subjektas sukėlė tam tikrą objekto būvį; she got her feet wet* ji sušlapo kojas **20** *(+ pII)* sudaro neveikiamąją rūšį; *he failed to ~ reelected* jam nepavyko būti perrinktam **21** *(+ inf, + ger)* imti, pradėti, *džn. verčiama priešdėliais* su-, pa- ir kt. *(reiškiant veiksmo pradžią/vienkartiškumą); to ~ to know* sužinoti; susipažinti; *to ~ to like each other* pamėgti vienam kitą; *they got talking* jie pradėjo kalbėti(s); *I got to thinking that...* aš ėmiau manyti, kad... **22** *(+ inf)* gauti progą; *do you ~ to use the computer?* ar būna progos tau pasinaudoti kompiuteriu? **23** imtis *(darbo ir pan.; to)* **24** *(+ a, pII)* tapti; *he got known* jis tapo žinomas; *to ~ angry* (su)pykti; *to ~ better* pasitaisyti, pagerėti; *to ~ married* vesti, (iš)tekėti; *I was ~ting nervous* aš ėmiau nervintis **25** *šnek. (rimtai)* už(si)imti *(kuo),* mokytis *(into); to ~ by heart* išmokti atmintinai **26** *šnek.* at(si)keršyti; *I'm going to ~ you for that!* aš atkeršysiu tau už tai! **27** *(džn. pass)* grasinti *(liudytojams ir pan.; at)* **28** *šnek.* įkyriai kibti *(at – prie)* **29** *(under)* (už)gesinti *(gaisrą); prk.* užgniaužti, įveikti **30** *(after)* vytis, leistis *(paskui ką)* □ *~ about* a) vaikščioti, judėti; pradėti vaikščioti *(po ligos);* b) keliauti; c) = *~ abroad; ~ abroad* tapti žinomam, pasklisti, paplisti *(apie gandus ir pan.); ~ across* a) persikelti *(per upę);* pereiti; b) suprantamai perteikti, išdėstyti; užmegzti/turėti ryšį *(to); ~ ahead* pažengti į priekį, pralenkti; pasiekti *(ko); ~ along* a) sektis, žengti į priekį;

gyventi; *how are you ~ting along?* kaip gyvuojate?, kaip jums sekasi?; *to ~ along in years* senti; b) apsieiti, išsiversti; *to ~ along without money* išsiversti be pinigų; c) sugyventi, sutikti *(gerai ir pan.; with); ~ around* = *~ round; ~ away* a) išeiti; b) pasprukti, pabėgti; ištrūkti; c) ištraukti, atgauti *(from);* d) nukrypti *(nuo temos; from);* e) gerai pasibaigti; ≅ išeiti sausam *(with);* f) *av.* pakilti; g) *amer. aut.* pradėti važiuoti; h): *~ away!* nejaugi!; *~ back* a) grįžti; b) atsitraukti; c) atgauti *(from);* d) at(si)keršyti; *~ behind* atsilikti *(with); ~ by* a) praeiti, pravažiuoti; b) *(vos, šiaip taip)* apsieiti, išsiversti; *~ down* a) (nu)lipti; b) pasilenkti; nusileisti; c) nuimti *(from – nuo);* d) nuryti; e) užrašyti; f) blogai veikti, slėgti; g) imtis, kibti *(į darbą ir pan.; to); ~ in* a) įeiti, įlipti; b) atvykti, ateiti *(apie autobusą ir pan.);* pareiti namo; c) *parl.* būti išrinktam; d) patekti *(į universitetą ir pan.);* e) nuimti, sudoroti *(derlių);* nušienauti; f) suduoti *(smūgį);* g) grąžinti *(skolą ir pan.);* h) iškviesti; i) įsitraukti, prisidėti *(on);* j) užmegzti draugystę, susidraugauti *(with); ~ off* a) išeiti; išvykti; pasitraukti; b) išlipti, nulipti; c) nusirengti; nusimauti; d) išsisukti, išvengti; iš(si)gelbėti; e) išsiųsti *(paštu);* f) *av.* pakilti; g) iškrėsti *(pokštą); ~ on* a) = *~ along* a), c); b) senti; artėti *(apie laiką; for);* c) sėsti *(į autobusą, lėktuvą ir pan.);* d) apsirengti; e) toliau tęsti *(with); f): ~ on with it!* paskubėk(ite)!; *~ out* a) išeiti; išlipti; *to ~ out of sight* dingti iš akiračio; b) ištrūkti, pasprukti; c) išimti, ištraukti; d) ištarti; e) paaiškėti *(apie paslaptį);* f) išgauti *(žinių ir pan.);* g) išspręsti; h) mesti *(įprotį; of);* i) išsisukti, išvengti *(ką daryti); ~ over* a) perlipti, pereiti; b) įveikti *(sunkumus, jaudinimąsi ir pan.);* c) (už)baigti *(ką nors nemalonų; with);* d) pasitaisyti *(po ligos);* atsigauti, atsikvošėti *(nuo smūgio, netekus ko, išsigandus);* e) sukarti, įveikti *(nuotolį);* f) = *~ across* b); *~ round* a) keliauti; vaikščioti; b) pergudrauti, apeiti *(gudraujant);* bandyti išvengti; c) apeiti, aplenkti *(klausimą, įstatymą);* d) *(pagaliau)* prisiruošti *(ką daryti; to);* e) pasklisti, paplisti *(apie žinią ir pan.); ~ through* a) praeiti; pralįsti; b) sėkmingai susitvarkyti/įveikti; pasiekti *(to);* c) išlaikyti *(egzaminą);* d) *parl.* prastumti *(įstatymo projektą);* būti priimtam *(apie įstatymo projektą);* e) užbaigti, apsidirbti; f) prisiskambinti, susiskambinti *(telefonu); ~ together* a) su(si)rinkti; b) susitikti; c) *refl* susitvardyti, susitvarkyti; *~ up* a) atsikelti, keltis; b) (pa)kelti, (pa)žadinti; c) atsistoti; d) (už)lipti, (už)kopti *(ant kalno);* e) sėsti *(į vežimą, ant arklio, dviračio);* f) (su)stiprėti, (pa)didėti *(apie vėją, gaisrą);* didinti *(greitį);* g) brangti *(apie prekes);* h) (su)rengti, organizuoti; statyti *(pjesę);* apipavidalinti *(knygą);* i) (iš)puošti, (iš)gražinti; grimuoti; (su)šukuoti *(plaukus); to ~ oneself up* išsipuošti, gražiai apsirengti; j) intensyviai studijuoti *(ką);* išmokti *(vaidmenį)* ◊ *to ~ there* pasiekti tikslą, pasisekti; *to be ~ting somewhere* būti kelyje į tikslą/pasisekimą; *to ~ nowhere* nieko nepasiekti; *to ~ it (hot) šnek.* gauti barti, gauti pipirų; *to ~ with it šnek.* vaikytis madų, madingiau rengtis; *you've got me there! šnek.* na ir uždavei man mįslę; *he's got in for me šnek.* ≅ jis griežia dantį ant manęs; *~ along/away/out with you!* nešdinkis!; netaukšk nesąmonių!; *~ you! sl.* girkis, girkis!; neriesk nosies!; *got it in one!* atspėjai! *n (gyvulių)* prieauglis

get-at-able [ˌget'ætəbl] *a šnek.* prieinamas
getaway ['getəweɪ] *n* pabėgimas; *to make a ~* pabėgti, pasprukti; *the robbers had a ~ car outside the bank* prie išėjimo iš banko plėšikų laukė automobilis

get-go ['getgəu] *n: from the ~ amer. šnek.* iš pat pradžios
getter ['getə] *n* **1** gavėjas **2** angliakasys, anglių kirtėjas **3** *ž. ū.* reproduktorius *(bulius, eržilas)* **4** *rad.* geteris
get-together ['gettə‚geðə] *n* susitikimas, suėjimas, subuvimas; vakaronė
get-tough ['gettʌf] *a* griežtas, ryžtingas
get-up ['getʌp] *n šnek.* **1** sandara; išvaizda **2** apsirengimo maniera; *(keista, neįprasta)* apranga, kostiumas **3** *(knygos)* apipavidalinimas **4** *(pjesės)* pastatymas
get-up-and-go [‚getʌpənd'gəu] *n šnek.* apsukrumas, sumanumas, smarkumas
geum ['dʒi:əm] *n bot.* žiognagė
gewgaw ['gju:gɔ:] *n* niekutis, mažmožis, blizgutis
a blizgantis/ryškus, bet nevertingas/menkavertis/tuščias
geyser *n* **1** ['gi:zə, 'gaizə] geizeris **2** ['gi:zə] *(vonios)* dujų kolonėlė
Ghana ['gɑ:nə] *n* Gana *(Afrikos valstybė)*
gharry ['gærɪ] *ind. n* vežimas, samdoma karieta
ghastly ['gɑ:stlɪ] *a* **1** bailus, šiurpus **2** baisiai išbalęs **3** *šnek.* baisus, šlykštus, nemalonus
adv baisiai; *~ pale* baisiai/mirtinai išbalęs
ghat [gɔ:t] *ind. n* **1** *(ppr. pl)* kalnai, kalnų virtinė **2** kalnų perėja **3** *(upės)* prieplauka
ghee [gi:] *ind. n* lydytas sviestas
gherkin ['gə:kɪn] *n* dygliuotasis agurkas; agurkėlis *(marinavimui)*, kornišonas
ghetto ['getəu] *n (pl ~s [-z])* **1** getas, žydų kvartalas **2** *(etninių grupių)* varguomenės kvartalas; *Black ~* negrų getas
ghettoize ['getəuaiz] *v* **1** suvaryti į getus **2** įkurti getą *(mieste)* **3** *prk.* nustumti į antrąją vietą
ghost [gəust] *n* **1** vaiduoklis, šmėkla **2** dvasia, vėlė; *the Holy G.* Šventoji Dvasia; **3** *prk.* šešėlis, neryškus pėdsakas; *~s of the past* praeities šešėliai; *not to have the ~ of a chance* neturėti nė mažiausios galimybės; *the ~ of a smile* vos pastebima šypsena **4** autorius, rašantis kito vardu *(t. p. ~ writer)* **5** *tel.* sudvigubintasis atvaizdas, šešėliai *(t. p. ~ image)* ◊ *to give up the ~ juok.* ≡ paskutinę dvasią išleisti
v **1** šmėklinėti, vaidentis **2** = **ghost-write**
ghostly ['gəustlɪ] *a* **1** vaiduokliškas **2** *knyg., psn.* dvasinis, dvasiškas; *~ father* dvasiškasis tėvas, nuodėmklausys
ghost-write ['gəustraɪt] *v* (ghost-wrote [-'rəut]; ghost-written [-'rɪtn]) rašyti už kitą *(memuarus ir pan.)*
ghoul [gu:l] *n* **1** vampyras *(Rytų šalių pasakose)* **2** kapinių vagis; pabaisa
ghoulish ['gu:lɪʃ] *a* vampyriškas, šėtoniškas, šlykštus, bjaurus; *~ taste* iškrypęs skonis
ghyll [gɪl] *n* = **gill**[2]
GI [‚dʒi:'aɪ] (government issue *sutr.*) *amer. n* **1** kareivis **2** *attr* kareiviškas, kareivių; armijos; biurokratiškas, formalus; *~ bride* JAV kareivio sužadėtinė/žmona iš kitos šalies
giant ['dʒaɪənt] *n* **1** milžinas, gigantas **2** titanas; *mental ~* minties titanas **3** *tech.* hidromonitorius
a **1** gigantiškas, milžiniškas **2** *zool.* didysis; *the ~ anteater* didžioji skruzdėda
giantess ['dʒaɪəntɪs] *n ret.* milžinė *(pasakose)*
giant-killer ['dʒaɪənt‚kɪlə] *n* milžinų siaubas *(nugalintis stipresnius priešininkus)*
giantlike ['dʒaɪəntlaɪk] *a* gigantiškas, milžiniškas
giant('s)-stride ['dʒaɪənt(s)'straɪd] *n* milžino žingsniai, gigantai *(atrakcionas)*
giaour ['dʒauə] *n* giaūras *(ne mahometonas)*
gib[1] [dʒɪb] *n tech.* užspaudžiamasis pleištas; apkaba

gib[2] [gɪb] *n* katinas; katė
Gib [dʒɪb] *n šnek.* = **Gibraltar**
gibber ['dʒɪbə] *n* neaiški/greita kalba
v neaiškiai/greitai kalbėti, veblėti; svaičioti, taukšti
gibberish ['dʒɪbərɪʃ] *n* neaiški/nesuprantama kalba; svaičiojimas, tauškalai
gibbet ['dʒɪbɪt] *n* **1** *ist.* kartuvės **2** *ist.* pakorimas **3** *tech. (krano)* strėlė
v **1** (pa)karti **2** išstatyti pajuokai/paniekai; *to be ~ted in the press* būti išjuoktam spaudoje
gibbon ['gɪbən] *n zool.* gibonas
gibbous ['gɪbəs] *a* **1** priešpilnis *(apie mėnulį)* **2** išgaubtas **3** kuprotas
gibe [dʒaɪb] *n* pašaipa, pajuoka
v pašiepti, pajuokti, šaipytis *(at)*
giblets [dʒɪblɪts] *n pl (naminių paukščių)* kogalviai
Gibraltar [dʒɪ'brɔ:ltə] *n* Gibraltaras *(sąsiauris)*
giddiness ['gɪdɪnɪs] *n* **1** svaigulys; galvos sukimasis, (ap)svaigimas **2** lengvabūdiškumas
giddy ['gɪdɪ] *a* **1** *predic* apsvaigęs, svaigstantis; *I feel ~* man svaigsta/sukasi galva; *to be ~ with success* apsvaigti nuo pasisekimo **2** svaiginantis; *~ height* svaiginamas aukštis **3** lengvabūdiškas, nerimtas
giddy-brained, giddy-headed ['gɪdɪbreɪnd, -‚hedɪd] *a* lengvabūdiškas, vėjavaikis
giddy-up ['gɪdɪʌp] *int* na! *(raginant arklį)*
v raginti *(arklį)*
Gideon ['gɪdɪən] *n* Gideonas *(vardas)*
gift [gɪft] *n* **1** dovana; dovanojimas; *~ token/voucher/amer. certificate* dovanų talonas *(už kurį galima įsigyti prekių parduotuvėje); I wouldn't take it as/at a ~* aš ir veltui to neimčiau **2** gabumas, dovana, talentas *(of, for); the ~ of the gab* iškalbos dovana; ≡ geras liežuvis **3** teisė paskirstyti *(pareigas, pajamas)*
v (ap)dovanoti
gifted ['gɪftɪd] *a* gabus; talentingas
gift-wrap ['gɪftræp] *v* supakuoti/suvynioti *(pirkinį)* kaip dovaną
gig[1] [gɪg] *n* **1** kabrioletas; dviratis vežimas **2** gigas, *(laivo)* greitaeigė valtis **3** keliamoji mašina, kėliklis **4** *tekst.* pluoštintuvas
gig[2] *n* žeberklas
v žeberkluoti; žvejoti žeberklu
gig[3] *n šnek.* **1** angažementas vienam koncertui *(ypač džiazo)* **2** darbas, tarnyba *(ypač muzikanto)*
v (su)rengti koncertą *(ypač džiazo)*, koncertuoti
giga- ['gɪgə-, 'gaɪgə-] *(sudurt. žodžiuose)* giga- *(žymint milijardą 10*[9]*); gigacycle* gigahercas; *gigabyte* gigabaitas
gigantic [dʒaɪ'gæntɪk] *a* gigantiškas, milžiniškas, didžiulis
gigantism ['dʒaɪgəntɪzm] *n* **1** milžiniškas ūgis **2** *med.* gigantizmas, gigantiškumas
giggle ['gɪgl] *n* **1** kikenimas; *to have (a fit of) the ~s* nenustoti krizenus/kikenus, nesulaikomai krizenti/kikenti **2** *šnek.* juokas, juokeliai, šaipymasis
v kikenti, kiksėti, krizenti
giggly ['gɪglɪ] *a* mėgstantis kikenti; jukus
gig-lamps ['gɪglæmps] *n pl juok.* akiniai
giglet, giglot ['gɪglɪt, -lət] *n* lengvabūdiška, tuščia mergaitė; švaistas
gigolo ['dʒɪgələu] *n (pl ~s [-z]) (tik v.)* **1** samdomas partneris *(šokiuose)* **2** *menk.* išlaikomas meilužis, alfonsas
GIJ ['dʒi:‚aɪ'dʒeɪ] *n* (government issue Jane *sutr.*) *amer.* kareivė
Gil [gɪl] *n* Gilis *(vardas)*

Gilbert ['gɪlbət] *n* **1**: *William* ~ Viljamas Gilbertas *(anglų fizikas)* **2** *el.* **(g.)** gilbertas
gild[1] [gɪld] *v* **1** (pa)auksuoti, (pa)auksinti **2** (pa)gražinti
gild[2] *n* = **guild**
gilded ['gɪldɪd] *a* (pa)auksuotas ◊ *G. Chamber* Lordų rūmai; ~ *spurs* a) riterių pentinai; b) riteriškas didžiadvasiškumas/orumas
gill[1] [gɪl] *n (ppr. pl)* **1** žiaunos **2** *šnek. juok.* pagurklis **3** *(gaidžio, kalakuto)* karoliai **4** *(grybo)* lakštelis ◊ *to be [to look] rosy/red [green] about the ~s* būti [atrodyti] sveikam [nesveikam]; *to be [to look] white about the ~s* būti [atrodyti] išsigandusiam
gill[2] *n dial.* **1** gili miškinga dauba, tarpeklis **2** kalnų upelis
gill[3] *n* mergaitė, mergina, mylimoji
gill[4] [dʒɪl] *n* ketvirtis pintos *(tūrio vienetas: D. Britanijos = 0,142 litro, JAV = 0,118 litro)*
gillie ['gɪlɪ] *n škot.* **1** žvejo/medžiotojo pagalbininkas **2** *ist.* vado tarnas
gill-net ['gɪlnet] *n jūr.* žiauninis tinklas
gillyflower ['dʒɪlɪˌflauə] *n bot.* leukonija
gilt[1] [gɪlt] *n* **1** paauksinimas **2** *pl* patikimi vertybiniai popieriai ◊ *to take the ~ off the gingerbread šnek.* parodyti *(ką)* be pagražinimų; atimti *(kam)* žavumą
a paauksuotas
gilt[2] *n* kiaulaitė, puskiaulė
gilt-edged ['gɪlt'edʒd] *a* **1** paauksuotais kraštais; ~ *stocks/ securities fin.* privilegijuotosios/vyriausybės akcijos *(ppr. paauksuotais krašteliais)* **2** (labai) patikimas, pirmos rūšies
gimbals ['dʒɪmbəlz] *n pl tech.* kardaninė pakaba
gimcrack ['dʒɪmkræk] *n* pigūs papuošalai; žibučiai, blizgučiai
a niekam vertas; prastai padarytas, netvirtas
gimlet ['gɪmlɪt] *n* grąžtas, grąžtelis ◊ *eyes like ~s* skvarbus/tiriamas žvilgsnis
gimmick ['gɪmɪk] *n šnek.* **1** gudrus įtaisas/prietaisas **2** gudrybė, triukas *(ypač reklaminis)*
gimmicky ['gɪmɪkɪ] *a šnek.* išpūstas, nereikalingas, nesvarbus
gimp[1] [gɪmp] *n* kanitelė; pozumentas
gimp[2] *šnek. n.* **1** luošys **2** šlubumas, šlubavimas
v šlubuoti
gin[1] [dʒɪn] *n* **1** *medž.* spąstai, pinklės *(t. p.* ~ *trap)* **2** keltuvas, gervė; ožys **3** džinas *(medvilnės valymo mašina; t. p. cotton ~)*
v **1** gaudyti spąstais **2** valyti medvilnę
gin[2] *n* džinas *(degtinė)*
ginger ['dʒɪndʒə] *<n, a, v>* *n* **1** imbieras **2** *(plaukų)* rausvai gelsva spalva **3** *šnek.* entuziazmas, užsidegimas; pikantiškumas
a **1** imbierinis; ~ *ale* imbierinis limonadas **2** rausvai gelsvas ◊ ~ *group parl.* nariai, reikalaujantys, kad partija imtųsi ryžtingesnių veiksmų
v **1** paskaninti imbieru **2** *šnek.* (pa)gyvinti, (su)aktyvinti *(t. p.* ~ *up)*
ginger-beer [ˌdʒɪndʒə'bɪə] *n* imbierinis limonadas/alus
gingerbread ['dʒɪndʒəbred] *n* **1** imbiero tešlainis/meduolis **2** *(ypač amer.)* papuošimas, pagražinimas
a neskoningai puošnus, nedailus
ginger-haired ['dʒɪndʒə'hɛəd] *a* rausvaplaukis, rudaplaukis
gingerly ['dʒɪndʒəlɪ] *a* atsargus, apdairus; nedrąsus
adv atsargiai; nedrąsiai
ginger-nut, ginger-snap ['dʒɪndʒənʌt, -snæp] *n* imbierinis sausainis
gingery ['dʒɪndʒərɪ] *a* **1** imbiero, imbierinis; su prieskoniais; pikantiškas **2** žvalus, ūmus **3** raudonai gelsvas, rausvas

gingham ['gɪŋəm] *n* dryžuotas/languotas medvilninis audinys *(suknelėms, staltiesėms)*
gingivitis [ˌdʒɪndʒɪ'vaɪtɪs] *n med.* gingivitas, dantenų uždegimas
gink [gɪŋk] *n (tik v.) šnek.* keistuolis, savotiškas žmogus
gin-mill ['dʒɪnmɪl] *n amer.* = **gin-shop**
ginnery ['dʒɪnərɪ] *n* medvilnės valymo įmonė
ginormous [dʒaɪ'nɔːməs] *a šnek.* didžiulis
ginseng ['dʒɪnseŋ] *n bot.* ženšenis
gin-shop ['dʒɪnʃɔp] *n* alinė, aulaus baras
gin-sling [ˌdʒɪn'slɪŋ] *n* atskiestas, pasaldytas džinas
gippo ['dʒɪpəu] *n (pl* ~s [-z]) *niek. (klajojantis)* čigonas
gipsy ['dʒɪpsɪ] *<n, a, v>* *n* **1** čigonas **2** čigonų kalba
a čigonų, čigoniškas
v gyventi čigonišką *(klajoklio)* gyvenimą
gipsy-moth ['dʒɪpsɪmɔθ] *n zool.* nelyginis verpikas
gipsy-rose ['dʒɪpsɪrəuz] *n bot.* žvaigždūnė
gipsy-table ['dʒɪpsɪˌteɪbl] *n* apskritas staliukas *(su trimis kojomis)*
gipsy-wort ['dʒɪpsɪwəːt] *n bot.* paprastoji vilkakojė
giraffe [dʒɪ'rɑːf] *n zool.* žirafa
girandole ['dʒɪrəndəul] *n* **1** žirandolis *(fontanas, sietynas)* **2** *(fejerverko)* ratas
gird[1] [gəːd] *v* (~ed, girt) *knyg.* **1** ap(si)juosti **2** pri(si)juosti kalaviją/kardą *(ppr.* ~ *on)* **3** *pass* (ap)supti **4** *refl* pasiruošti *(for – kam)*
gird[2] *n* pajuoka
v išjuokti, pašiepti *(at – ką)*
girder ['gəːdə] *n* **1** *stat.* sija, rygelis, tašas; *(tilto)* santvara, ferma **2** *rad.* stiebas
girdle[1] ['gəːdl] *n* **1** elastiškas diržas; juosta; korsetas **2** *tech.* apkaba, žiedas **3** *anat.* juosmuo, juosta ◊ *under smb's* ~ *(būti)* kieno įtakoje
v **1** (ap)juosti *(t. p. prk.)*, (ap)supti *(t. p.* ~ *about/in/ round)* **2** žieduoti *(medį)*
girdle[2] *n šiaur.* = **griddle** 1
girl [gəːl] *n* **1** mergaitė, mergytė; mergina **2** dukra **3** pardavėja *(t. p. sales/shop ~)* **4** tarnaitė, namų darbininkė; *factory* ~ darbininkė **5** *šnek. (jauna)* moteris; simpatija, mylimoji *(t. p. best* ~*)* ◊ *old* ~ a) *šnek.* senutė; b) mieloji *(kreipiantis);* c) *(koledžo)* buvusi studentė/absolventė; ~ *Friday (įstaigos)* sekretorė
girlfriend ['gəːlfrend] *n* **1** *(jaunuolio, vyro)* draugė; mylimoji **2** *amer.* draugė
girlhood ['gəːlhud] *n* mergystė, mergavimas
girlie ['gəːlɪ] *šnek. n* mergužėlė, mergelė
a rodantis pusnuoges/nuogas moteris, su erotinėmis nuotraukomis *(apie žurnalą ir pan.)*
girlish ['gəːlɪʃ] *a* **1** mergiškas, mergaičių **2** kaip mergaitė *(apie berniuką)*
girly ['gəːlɪ] = **girlie** *n, a*
giro ['dʒaɪrəu] *n fin.* žiras
girt [gəːt] *past* ir *pII žr.* **gird**[1]
v = **girth** *v* 2
girt[2] *n stat.* rėmsijė, spyrys
girth [gəːθ] *n* **1** *(balno)* pavaržа **2** *(medžio, talijos)* apglėbimas, apimtis
v **1** pakelti/suveržti pavaržą *(t. p.* ~ *up)* **2** matuoti apimant/apglėbiant **3** apjuosti, (ap)supti
girt-line ['gəːtlaɪn] *n jūr.* gordenis
gismo ['dʒɪzməu] *n (pl* ~s [-z]) *šnek.* daiktas, daiktelis *(apie prietaisą, instrumentą ir pan. pamiršus/nežinant jo tikrojo pavadinimo)*
gist [dʒɪst] *n* esmė; svarbiausias punktas/turinys; *to get the* ~ pagauti/suvokti esmę

git [gɪt] *n sl.* vėpla, vėplys, žioplys
give [gɪv] *v* (gave; given) **1** duoti; suteikti; *to ~ one's word* duoti žodį, žadėti; *this ~s him a right to complain* tai duoda jam teisę skųstis; *she gave him a week to decide* ji davė jam savaitę apsispręsti; *to ~ smb pleasure [strength]* suteikti kam malonumo [jėgų] **2** pateikti, (pa)rodyti; pareikšti, pranešti; *to ~ an example* pateikti pavyzdį; *he ~s no signs of life* jis nerodo gyvybės žymių; *to ~ to the world* paskelbti; *to ~ evidence* duoti parodymus; *it was ~n in the newspapers* apie tai buvo pranešta laikraščiuose **3** (pa)dovanoti; aukoti; *to ~ a present* dovanoti/duoti dovaną; *he gave freely to the hospital* jis daug aukojo ligoninei **4** paduoti, įteikti; *to ~ a letter* įteikti laišką **5** perduoti; *to ~ regards/love* perduoti sveikinimą **6** apkrėsti, užkrėsti; *he has ~n me his cold* jis užkrėtė mane sloga **7** (už)mokėti; at(si)lyginti; *she gave ten pounds for the bag* ji užmokėjo dešimt svarų sterlingų už portfelį **8** (+ *veiksmažodinis daiktavardis*) *ppr. verčiama priešdėliniu veiksmažodžiu, reikšme atitinkančiu junginio daiktavardį (reiškiant vienkartį veiksmą); to ~ a cry* surikti, sušukti; *to ~ a loud laugh* garsiai nusijuokti; *to ~ a look* pažvelgti; *to ~ encouragement* padrąsinti; *to ~ a push* pastumti; *to ~ thought (to)* susimąstyti, pagalvoti *(dėl)* **9** (pa)skirti, atsiduoti; *to ~ one's attention (to)* skirti *(kam)* dėmesį; *to ~ one's mind to study (visiškai)* atsiduoti mokymuisi **10** surengti *(pietus ir pan.);* atlikti *(kūrinį)* **11** sukelti *(skausmą, jausmą ir pan.);* padaryti *(įspūdį)* **12** skelbti tostą **13** nuteisti; padaryti *(nuosprendį)* **14** nusileisti; sutikti; *I ~ you that point* nusileidžiu jums šiuo klausimu **15** neišlaikyti, lūžti, trūkti *(apie šaką; kėdę ir pan.)* **16** temptis, išsitampyti *(apie odą, gumą);* (į)linkti *(under);* lenktis *(apie medį, metalą)* **17** išeiti, būti į kurią pusę *(apie langą, koridorių; onto, on – į)* **18** pagimdyti; *she gave him two sons* ji pagimdė jam du sūnus **19** *refl* atsidėti, atsiduoti *(of); to ~ of one's free time to help smb* atiduoti visą savo laisvą laiką kam padėti □ *~ away* a) atiduoti; (pa)dovanoti; b) išduoti, įteikti; c) *šnek.* išduoti, atskleisti; *to ~ away the game/show* išduoti/išplepėti paslaptį; d) *refl* išsiduoti; *~ back* a) atiduoti, grąžinti; b) atmokėti *(už skriaudą); ~ forth* išleisti *(garsą, kvapą ir pan.),* paleisti *(gandą); ~ in* a) pasiduoti; nusileisti; b) įteikti, paduoti *(pareiškimą ir pan.); ~ off* išskirti, išleisti, skleisti *(šilumą, šviesą ir pan.); ~ out* a) (pa)skelbti; b) = *~ off;* c) (pa)skirstyti, (iš)dalyti; d) (iš)sekti, baigtis *(apie jėgas, atsargas);* e) (su)gesti *(apie variklį); ~ over* a) perduoti, perleisti *(to – kam);* b) *šnek.* liautis, nustoti *(ką darius);* c) *refl* atsiduoti; atsidėti *(darbui ir pan.; to); ~ up* a) palikti, užleisti *(vietą ir pan.);* b) liautis, mesti *(pvz., gerti);* atsisakyti *(nuo darbo, minties); the doctors have ~n him up* gydytojai atsisakė jį išgydyti; c) pasiduoti *(t. p. ~ oneself up; to – kam);* d) *refl* atsiduoti *(kokiam jausmui; to);* e) išduoti *(žmogų);* f) nusivilti, netekti vilties *(on)* ◊ *to ~ and take* eiti į kompromisą; *(mokėti, išmokti)* bendrauti su kitais; *~ or take* maždaug, *(kiek)* į tą ar į kitą pusę; išskyrus, be; *to ~ as good as one gets* niekam/niekaip neužsileisti, nelikti skolingam; *to ~ it (to) smb šnek.* ≡ duoti kam į kailį, surengti kam pirtį, parodyti kam; *to ~ smb what for šnek.* įkrėsti kam, ≡ duoti kam pipirų; *to ~ mouth/tongue* a) apsiskelbti, pasikardenti; pasakyti savo nuomonę, pareikšti *(garsiai);* b) suloti; *don't ~ me that (nonsense/rubbish)! šnek.* nešnekėk niekų! *(netikint kuo); I'll ~ you that šnek.* reikia pripažinti; *I ~ you the chairman, the prime minister, etc.* pasveikinkime *(aplodismentais)* pirmininką, ministrą pirmininką *ir pan.; what ~s? šnek.* kas čia darosi?
n tampumas, elastiškumas, lankstumas
give-and-take [ˌgɪvənˈteɪk] *n* **1** abipusės nuolaidos, kompromisas **2** pasikeitimas nuomonėmis, meiliais žodeliais *ir pan.* **3** *sport. (varžybų)* sąlygų suvienodinimas
giveaway [ˈgɪvəweɪ] *n šnek.* **1** nesąmoningas *(paslapties, planų)* išdavimas *it was a dead ~* tai buvo nepaneigiamas *(kaltės)* įrodymas **2** kas nors atiduota veltui; reklaminis priedas *(prie prekės); at £20 it's a ~* 20 svarų sterlingų — tai kaip veltui
a **1** mažas, žemas *(apie kainą); at a ~ price* beveik veltui **2**: *~ show* radijo/televizijos viktorina *(su prizais už teisingus atsakymus)*
given [ˈgɪvn] <*pII, a, prep, n*> *pII žr.* **give** *v*
a **1** duotas, dovanotas *(to – į)* **2** sutartas; *within the ~ time* nustatytu laiku **3** *predic* linkęs, turintis palinkimą *(to)* **4** *mat., log.* šis, tam tikras ◊ *~ name* vardas *(skiriant nuo pavardės)*
prep **1** jeigu, esant; *~ a fair wind, we'll reach harbour tonight* jei bus palankus vėjas, pasieksime uostą vakare **2** atsižvelgiant į *(t. p. ~ that)*
n knyg. tai, kas žinoma; žinomas faktas
giver [ˈgɪvə] *n* **1** davėjas **2** dalytojas; aukotojas
gizmo [ˈgɪzməu] *n* = **gismo**
gizzard [ˈgɪzəd] *n* **1** *zool.* (raumeninis) skilvys *(ypač paukščio)* **2** *šnek.* gerklė ◊ *it sticks in my ~* man (tai) bjauru/nemalonu
glabrous [ˈgleɪbrəs] *a spec.* lygus, be plaukų *(apie odą)*
glacé [ˈglæseɪ] *pr. a attr* **1** lygus *(apie audinį, odą)* **2** (ap)cukruotas *(apie vaisius)*
glacial [ˈgleɪʃəl] *a* **1** *geol.* ledyninis, ledynų; *~ period/epoch* ledynmetis **2** ledų, ledo, ledinis **3** *prk.* labai šaltas, ledinis; *~ stare* ledinis žvilgsnis
glaciated [ˈgleɪʃɪeɪtɪd] *a* apledėjęs; ledynų paveiktas
glaciation [ˌgleɪsɪˈeɪʃn] *n geol.* apledėjimas
glacier [ˈglæsɪə] *n* ledynas
glaciology [ˌgleɪsɪˈɔlədʒɪ] *n* glaciologija
glad[1] [glæd] *a* **1** *predic* patenkintas; *I'm ~ to see you* džiaugiuosi jus matydamas; *I'll be ~ to help you repair the car* aš mielai jums padėsiu sutaisyti automobilį **2** *attr* linksmas, džiugus **3** *poet.* laimingas
glad[2] *n šnek.* gladiolė, kardelis
gladden [ˈglædn] *v* (pra)džiuginti, nudžiuginti, (pra)linksminti
glade [gleɪd] *n (miško)* proguma, laukymė, trakas
glad-hand [ˌglædˈhænd] *v* džiaugsmingai sveikinti *(einant per minią ir pan.)*
gladiator [ˈglædɪeɪtə] *n ist.* gladiatorius
gladiatorial [ˌglædɪəˈtɔːrɪəl] *a* gladiatoriškas
gladiolus [ˌglædɪˈəuləs] *n* (*pl ~es, -li* [-laɪ]) *bot.* gladiolė, kardelis
gladly [ˈglædlɪ] *adv* **1** mielai, mielu noru **2** su džiaugsmu, džiaugsmingai, linksmai
gladness [ˈglædnɪs] *n* džiaugsmas; linksmumas
glad-rags [ˈglædrægz] *n pl šnek.* išeiginiai drabužiai
gladsome [ˈglædsəm] *a poet.* džiaugsmingas, linksmas
gladstone [ˈglædstən] *n* **1** odinis sakvojažas *(t. p. ~ bag)* **2** dvivietis ekipažas
Gladys [ˈglædɪs] *n* Gladisė *(vardas)*
glair [glɛə] *n* kiaušinio baltymas
v tepti kiaušinio baltymu
glairy [ˈglɛərɪ] *a* **1** baltyminis, baltymų **2** limpantis; slidus **3** išteptas kiaušinio baltymu
glam [glæm] *šnek. n* = **glamour**
a = **glamorous**

glamor ['glæmə] *amer.* = **glamour** *n, v*
Glamorgan(shire) [glə'mɔ:gən(ʃə)] *n: Mid [South, West]* ~ Vidurio [Pietų, Vakarų] Glamorganas *(Velso grafystės)*
glamorize ['glæməraɪz] *v* gražinti, girti, reklamuoti
glamorous ['glæmərəs] *a* žavus, žavingas, kerintis
glamour ['glæmə] *n* 1 žavesys; romantiška aureolė 2 burtai, kerai; *to cast a* ~ *(over)* užburti, sužavėti 3 *attr* kerintis, efektingas; ~ *boy [girl] šnek.* kerintis/efektingas vyriškis [kerinti/efektinga mergaitė/moteris]
v (ap)žavėti, užkerėti
glamourize ['glæməraɪz] *v* = **glamorize**
glance[1] [glɑ:ns] *n* 1 žvilgtelėjimas, greitas žvilgsnis; *at first* ~ iš pirmo žvilgsnio; *to take/give a* ~ pažvelgti *(at — į)*; *to cast a* ~ žvilgtelėti *(at — į)*; *to see at a* ~ iš pirmo žvilgsnio ar vienu žvilgtelėjimu pamatyti 2 blizgesys; žybtelėjimas
v 1 žvilgtelėti, žvilgčioti *(at – į)* 2 prabėgomis peržiūrėti *(over, through)* 3 blizgėti; žybtelėti, blykstelėti 4 slystelėti, nuslysti paviršiumi *(apie kardą, ietį ir pan.; ppr.* ~ *off); the bullet* ~*d off his arm* kulka vos užkliudė jam ranką
glance[2] *n min.* blizgis; *copper* ~ vario blizgis
v blizginti; poliruoti
glancing ['glɑ:nsɪŋ] *a* 1 spindintis; atspindintis 2 (nu)slystantis, slystamasis *(apie smūgį)*
gland[1] [glænd] *n* 1 *anat.* liauka; *pl šnek.* kaklo liaukos; tonzilės 2 *bot. pl* liaukos, liaukutės
gland[2] *n tech.* riebokšlis
glanders ['glændəz] *n vet.* įnosės
glandes ['glændi:z] *pl žr.* **glans**
glandular ['glændjulə] *a anat.* liaukinis, liaukų; ~ *fever* liaukų uždegimas
glandule ['glændju:l] *n* 1 liauka 2 nedidelis auglys
glans [glænz] *n (pl* glandes) *anat.* varpos/varputės galva
glare[1] [gleə] *n* 1 blizgesys *(t. p. prk.)*, akinantis spindėjimas, akinanti/ryški šviesa 2 *(rūstus, nuožmus/veriamas)* žvilgsnis
v 1 akinamai spindėti 2 rūsčiai/veriamai žiūrėti *(at)*
glare[2] *a amer.* lygus ir permatomas *(apie ledą)*
glaring ['glɛərɪŋ] *a* 1 ryškus, akinantis, rėžiantis akį; ~ *example* ryškus pavyzdys *(neig. prasme)* 2 veriamas, rūstus *(apie žvilgsnį)* 3 stambus, didelis, grubus, šiurkštus *(apie klaidą ir pan.)*
Glasgow ['glɑ:zgəu] *n* Glazgas, Glazgovas *(miestas)*
glass [glɑ:s] *n* 1 stiklas; *ground [tinted/smoked]* ~ matinis [dūminis] stiklas; *scrap* ~ stiklo duženos; ~ *roof* stiklo stogas; ~ *door* stiklinės durys 2 stikliniai indai 3 stiklinė; taurė; stiklelis; *to clink* ~*es* susidaužti stikleliais/taurėmis; *he has taken a* ~ *too much* jis padaugino (išgerti) 4 veidrodis 5 *pl* akiniai; žiūronai, binoklis 6 barometras 7 linzė; teleskopas; mikroskopas 8 stiklinis šiltnamis/inspektas 9 smėlio laikrodis *(t. p. sand* ~) ◊ *to look through green* ~*es* pavyduliauti; pavydėti; *to look through blue* ~*es* žiūrėti pesimistiškai
v 1 įstiklinti *(t. p.* ~ *in)* 2 padėti į šiltnamį 3 atspindėti *(kaip veidrodyje)* 4 hermetiškai uždaryti stikliniuose induose *(konservuojant, vežant)*
glassblower ['glɑ:s͵bləuə] *n* stiklapūtys
glass-blowing ['glɑ:s͵bləuɪŋ] *n tech.* stiklo pūtimas
glass-case ['glɑ:skeɪs] *n* vitrina
glass-culture ['glɑ:s͵kʌltʃə] *n* inspektiniai augalai
glasscutter ['glɑ:s͵kʌtə] *n* 1 stiklius 2 stiklo rėžiklis/rėžtuvas
glass-dust ['glɑ:sdʌst] *n* švitras
glassful ['glɑ:sful] *n* stiklinė *(kaip matas; of)*
glass-furnace ['glɑ:s͵fə:nɪs] *n* stiklo lydymo krosnis

glasshouse ['glɑ:shaus] *n* 1 šiltnamis, oranžerija 2 fotoatelje *(stikliniu stogu)* 3 *amer.* stiklo fabrikas 4 *sl.* karo kalėjimas
glass-making ['glɑ:s͵meɪkɪŋ] *n* stiklo gamyba
glass-paper ['glɑ:s͵peɪpə] *n* švitrinis popierius, švitras
glassware ['glɑ:swɛə] *n* stiklo dirbiniai
glass-wool ['glɑ:swul] *n tech.* stiklo vata
glasswork ['glɑ:swə:k] *n* 1 = **glass-making** 2 stiklas *(dirbiniai)*
glassworks ['glɑ:swə:ks] *n* stiklo fabrikas
glasswort ['glɑ:swə:t] *n bot.* smiltyninė druskė
glassy ['glɑ:sɪ] *a* 1 veidrodiškas, lygus *(apie vandens paviršių)*; slidus 2 neraiškus, stiklinis *(apie akis, žvilgsnį)* 3 stikliškas; vaiskus *(kaip stiklas)*
glassy-eyed ['glɑ:sɪ'aɪd] *a* su stiklinėmis/neraiškiomis akimis, su tuščiu žvilgsniu
Glaswegian [glæz'wi:dʒən] *n* Glazgo/Glazgovo gyventojas *a* Glazgo, Glazgovo
Glauber's ['glaubəz] *n:* ~ *salt(s) chem.* Glauberio druska
glaucoma [glɔ:'kəumə] *n med.* glaukoma
glaucous ['glɔ:kəs] *a* 1 pilkšvai žalsvas/melsvas 2 blausus, neraiškus 3 *bot.* aptrauktas apnašomis
glaze [gleɪz] *n* 1 glazūra; lakas 2 glazūruoti indai 3 *kul. (cukrinis)* glajus; blizgesys 4 *amer.* ledo danga
v 1 įstiklinti 2 glazūruoti 3 blaustis, stiklėti *(apie akis; t. p.* ~ *over)* 4 *kul.* aptraukti glajumi 5 *tech.* poliruoti
glazed [gleɪzd] *a* 1 įstiklintas 2 glazūruotas 3 *kul.* aptrauktas glajumi 4 *tech.* poliruotas 5 = **glazy** 6 *amer.* apledėjęs 7 *amer. šnek.* įkaušęs, išmetęs
glazier ['gleɪzɪə] *n* stiklius ◊ *is your father a* ~? *juok.* ≡ jūs ne stiklinis; ar stikliaus sūnus/duktė esi?
glazing ['gleɪzɪŋ] *n* 1 įstiklinimas 2 langų stiklas
glazy ['gleɪzɪ] *a* 1 blizgus, blizgantis 2 blausus, stiklinis *(apie žvilgsnį, akis)*
gleam [gli:m] *n* 1 silpna šviesa, šviesos spindulys, mirgėjimas 2 atspindys 3 *prk.* švytėjimas; prošvaistė; *not a* ~ *of hope* jokios (vilties) prošvaistės
v 1 šviesti, švytėti *(t. p. prk.)*; blyksėti; *his face* ~*d with happiness* jo veidas švytėjo iš laimės 2 atspindėti
glean [gli:n] *v* 1 rinkti varpas *(po pjūties)* 2 rankioti, rinkinėti *(faktus, žinias)*; *did you* ~ *anything from him?* ar tu ką iš jo sužinojai?
gleanings ['gli:nɪŋz] *n pl* 1 surinktos *(po pjūties)* varpos, parankos 2 surankioti faktai 3 žinių kruopelės/nuotrupos
glebe [gli:b] *n* 1 bažnyčios žemės *(t. p.* ~ *land)* 2 *poet.* žemė, žemės sklypelis 3 *kas.* rūdingas žemės sklypas
glee [gli:] *n* 1 linksmumas, džiūgavimas; piktdžiuga; *to shout with/in* ~ šaukti iš džiaugsmo 2 sutartinė (daina) *(trims/keturiems balsams, atliekama be akompanimento)*
glee-club ['gli:klʌb] *n* dainininkų sambūris/klubas
gleeful ['gli:fəl] *a* linksmas, džiugus, džiūgaujantis; piktdžiugiaujantis
gleet [gli:t] *n med.* lėtinis/gonorėjinis uretritas
glen [glen] *n* siauras slėnis *(Škotijoje, Airijoje)*
glengarry [glen'gærɪ] *n* škotų kepurė *(su kaspinais užpakalyje)*
glib [glɪb] *a* 1 gražiakalbis *(apie politikus ir pan.)* 2 gražiažodis, vingrus *(apie atsakymą, atsiprašymą)*
glide [glaɪd] *n* 1 slydimas; slinkimas; lengvas, grakštus judesys 2 *av.* sklandymas; ~ *path* leidimosi trajektorija 3 *fon.* slankas, glaidas *(antrasis angliškų dvibalsių dėmuo)*; *initial* ~ prataras 4 *muz.* chromatinė gama
v 1 slysti; slinkti; sklęsti *(apie paukštį)* 2 (pra)slinkti, (pra)bėgti *(apie laiką)* 3 plaukti, glisuoti 4 *av.* sklandyti, planiruoti

glide-bomb ['glaɪdbɔm] *kar. n* planiruojanti bomba *v* bombarduoti planiruojant

glider ['glaɪdə] *n* **1** *av.* sklandytuvas **2** *jūr.* gliseris **3** *amer.* supamoji sofa

gliding ['glaɪdɪŋ] *n* **1** slydimas **2** *av. sport.* sklandymas **3** *jūr.* glisavimas

glim [glɪm] *n* **1** silpna šviesa **2** *psn.* lempa, žvakė

glimmer ['glɪmə] *n* **1** mirgėjimas; spingsėjimas **2** *prk. (vilties, abejonės)* silpna prošvaistė, blyksnis *(of)*; *without a ~ of interest* be mažiausio susidomėjimo **3** *amer. šnek.* ugnis, spingsulė
v mirgėti, spingsėti

glimmering ['glɪmərɪŋ] *n* **1** = **glimmer** 1 2 *(dšn. pl) (minties, jausmo)* blyksnis

glimpse [glɪmps] *n* **1** blykstelėjimas, švystelėjimas **2** šmėstelėjęs vaizdas; trumpas įspūdis; miglotas supratimas; *to have/catch a ~ (of)* pamatyti prabėgomis **3** greitas žvilgsnis; *at a ~* iš pirmo žvilgsnio
v **1** (pa)žiūrėti/(pa)matyti prabėgomis **2** šmėkštelėti, šmėkščioti **3** pajusti, suprasti

glint [glɪnt] *n* spindėjimas, žibėjimas; šviesos spindulys
v **1** (su)spindėti, (su)žibėti; sutviksti, (su)žybsėti **2** žioruoti *(ypač apie akis)*

glissade [glɪ'sɑːd, glɪ'seɪd] *spec. n* (nu)slydimas, (nu)šliaužimas
v (nu)slysti, (nu)šliaužti

glissando [glɪ'sændəʊ] *it. n muz.* glissando

glisten ['glɪsn] *v* blizgėti, spindėti, žvilgėti; žioruoti

glister ['glɪstə] *psn.* = **glitter** *n, v*

glitch [glɪtʃ] *n* **1** *(mechanizmo)* staigus gedimas **2** netikras signalas

glitter ['glɪtə] *n* **1** blizgėjimas, žėrėjimas **2** *prk.* blizgesys; prašmatnumas, puošnumas **3** blizgučiai
v blizgėti, žėrėti, žvilgėti, žibėti, švytėti; žybčioti, blykčioti

glitterati [ˌglɪtə'rɑːtɪ] *n pl* įžymybės, elitas

glittering ['glɪtərɪŋ] *a* **1** blizgus, žvilgus, žėruojantis **2** viliojantis, masinantis; puikus

glittery ['glɪtərɪ] *a* = **glittering** 1

glitz [glɪts] *n* blizgesys, žavesys

glitzy ['glɪtsɪ] *a* blizgus, žavingas

gloaming ['gləʊmɪŋ] *n poet.* prieblanda

gloat [gləʊt] *v* **1** (slapta) džiaugtis, piktdžiugiauti *(over, at)* **2** godžiai žiūrėti, ryti akimis *(over, upon)*

gloating ['gləʊtɪŋ] *a* piktdžiugiškas, piktdžiugiaujamas

glob [glɔb] *n šnek.* lašelis; gumulėlis

global ['gləʊbl] *a* **1** pasaulinis, pasaulio; globalinis; *~ cruise* kelionė aplink žemę **2** visuotinis; *~ disarmament* visuotinis nusiginklavimas

globally ['gləʊbəlɪ] *adv* pasauliniu mastu; *(garsus ir pan.)* visame pasaulyje

globe [gləʊb] *n* **1** gaublys **2** rutulys; *~ of the eye anat.* akies obuolys **3** *(the ~)* Žemės rutulys, Žemė *(t. p. terrestrial ~); all over the ~* po visą paaulį **4** dangaus kūnas **5** apskritas stiklinis gaubtuvas; apskritas akvariumas **6** *ist.* aukso rutulys *(valdžios emblema)*

globeflower ['gləʊbˌflaʊə] *n bot.* burbulis

globe-lightning ['gləʊbˌlaɪtnɪŋ] *n* kamuolinis žaibas

globe-thistle ['gləʊbˌθɪsl] *n bot.* bandrenis

globetrotter ['gləʊbˌtrɔtə] *n* keliauninkas *(daug keliaujantis po pasaulį)*

globe-valve ['gləʊbˌvælv] *n tech.* **1** rutulinis vožtuvas **2** pereinamasis ventilis

globular ['glɔbjʊlə] *a* rutulinis, rutuliškas; sferinis

globule ['glɔbjuːl] *n* **1** rutulėlis, rutuliukas; lašelis **2** piliulė, žirnelis **3** *fiziol. ret.* raudonasis kraujo kūnelis

globulin ['glɔbjʊlɪn] *n spec.* globulinas; *gamma ~* gamaglobulinas

glockenspiel ['glɔkənspiːl] *vok. n* metalofonas

glogg [glɔg] *n amer.* glintveinas

glom [glɔm] *v amer. šnek.* pasisavinti, pavogti *(svetimas mintis ir pan.)*

gloom [gluːm] *n* **1** tamsa, tamsuma **2** nusiminimas, niūrumas; *to cast a ~ (over)* daryti tamsų/niūrų; *prk.* nuliūdinti
v **1** būti nusiminusiam/niūriam; paniurti, nusiminti **2** būti rūškanam, niauktis, blaustis **3** aptemdyti; *prk.* nuliūdinti

gloomy ['gluːmɪ] *a* **1** tamsus; rūškanas, niūrus **2** liūdnas; paniuręs, nusiminęs; *to paint a ~ picture of the economy* (nu)piešti liūdną/pesimistinį ekonomikos vaizdą

glop [glɔp] *n amer. šnek.* **1** tąsi/skysta masė **2** buza, marmalas *(apie valgį)*

Gloria ['glɔːrɪə] *n* Glorija *(vardas)*

glorification [ˌglɔːrɪfɪ'keɪʃn] *n* **1** garbinimas, šlovinimas **2** (iš)garsinimas

glorified ['glɔːrɪfaɪd] *a iron.* išgirtas, išliaupsintas; *the villa' was a ~ bungalow* išgirtoji vila buvo tik paprasta trobelė

glorify ['glɔːrɪfaɪ] *v* **1** (iš)garbinti, šlovinti; apgaubti aureole; *to ~ the Lord* garbinti Viešpatį **2** (iš)garsinti

gloriole ['glɔːrɪəʊl] *n* nimbas, aureolė, spindėjimas

glorious ['glɔːrɪəs] *a* **1** puikus, nuostabus; *~ day* nuostabi diena **2** garbingas, šlovingas; didus; *~ victory* garbinga pergalė; *~ view* didingas reginys **3** *iron.* baisus; *what a ~ mess/muddle!* kokia baisi netvarka!, na ir tvarkelė!

glory ['glɔːrɪ] *n* **1** garbė, šlovė; triumfas; *to be in all one's ~* a) būti šlovės viršūnėje; b) *šnek.* parodyti visa, ką gali ir ką turi **2** didybė; puikumas, puikybė **3** aureolė, nimbas, spindėjimas ◊ *~ be!* ačiū Dievui!; *to go to ~ euf.* ≡ iškeliauti iš šio pasaulio, mirti; *to send to ~* ≡ iš šio pasaulio išvaryti, užmušti; *Old G. amer. šnek.* JAV valstybės vėliava
v **1** didžiuotis *(in)* **2** triumfuoti, džiūgauti *(in)*

glory-box ['glɔːrɪbɔks] *n austral.* kraičio skrynia

glory-hole ['glɔːrɪhəʊl] *n* **1** *šnek., dial.* vieta daiktams netvarkingai sumesti *(sandėliukas, stalčius ir pan.)* **2** *amer.* karjeras

gloss[1] *n* **1** *(audinio, plaukų ir pan.)* blizgesys, žvilgesys **2** apgaulingai žavi/maloni išorė **3** rafinuotumas, įmantrumas
v **1** blizginti **2** blizgėti, žvilgėti **3** nudailinti *(atsitikimą, pasielgimą)*, (už)tušuoti, (už)glostyti *(trūkumus)*, vengti kalbėti *(apie nemalonius dalykus; over)*

gloss[2] *n* **1** glosa; pastaba paraštėje; aiškinimas **2** interpretacija, išaiškinimas *(dšn. neteisingas)*
v **1** aiškinti, duoti paaiškinimus/komentarus *(tekstui ir pan.)* **2** klaidingai nušviesti/interpretuoti *(on, upon)*

glossal ['glɔsəl] *a anat.* liežuvio, liežuvinis

glossary ['glɔsərɪ] *n* mažai vartojamų žodžių *ar* specialių terminų žodynas *(knygos gale);* glosarijus

glossitis [glɔ'saɪtɪs] *n med.* liežuvio uždegimas, glositas

glossy ['glɔsɪ] *a* **1** blizgus, blizgantis, žvilgantis **2** apgaulingos išvaizdos; rafinuotas
n **1** blizgiojo popieriaus žurnalas, iliustruotas masinis žurnalas *(t. p. ~ magazine)* **2** blizgiojo popieriaus nuotrauka

glottal ['glɔtl] *a anat.* glotinis, balsaskylės; *~ stop fon.* glotinis sprogimas

glottis ['glɔtɪs] *n anat.* balsaskylė

Gloucester(shire) ['glɔstə] *n* Glosteršyras *(Anglijos grafystė)*
glove [glʌv] *n* **1** pirštinė; bokso pirštinė **2** *attr:* ~ **compartment/box** *aut.* smulkių daiktų dėžutė, daiktadėžė *(vairuotojo kabinoje)* ◊ **to fit like a ~** kaip tik tikti; **to handle without ~s** negailestingai/griežtai elgtis *(su);* **to handle with kid ~s** elgtis švelniai/atsargiai *(su);* **to throw down [to take up] the ~** mesti [priimti] iššūkį
v užmauti pirštinę
gloved [glʌvd] *a* pirštinėtas, su pirštine/pirštinėmis
glover ['glʌvə] *n* **1** pirštinių dirbėjas **2** pirštinių pardavėjas
glow [gləu] *n* **1** gaisras, žara, pašvaistė **2** švytėjimas *(t. p. el.)* **3** įkaitis, įkaitimas, karštis; **to be in a ~, to be all of a ~** būti įkaitusiam/karštam, degti **4** paraudimas, raudonis **5** *(jausmų)* įkarštis; **a ~ of warmth** šiltas jausmas
v **1** švytėti, žėrėti, spindėti *(t. p. prk.)* **2** įkaisti iki baltumo/raudonumo **3** kaisti, rausti, pliekstis *(apie skruostus)* **4** jausti malonią šilumą *(kūne)* **5** žioruoti, žėruoti, žerplėti
glower[1] ['glauə] *n* el. kaitinamasis siūlas
glower[2] *n* piktas/rūstus žvilgsnis
v piktai/rūsčiai žiūrėti
glowing ['gləuɪŋ] *a* **1** įkaitęs/įkaitintas iki baltumo/raudonumo **2** švytintis, spindintis; žioruojantis **3** ryškus *(apie spalvas)* **4** *prk.* karštas; pilnas pagyrimų *(apie ataskaitą ir pan.);* **his book had ~ reviews** apie jo knygą buvo entuziastiškų atsiliepimų
glow-lamp ['gləulæmp] *n* kaitinamoji lempa
glow-worm ['gləuwə:m] *n zool.* jonvabalis, žibukas
gloxinia [glɔk'sɪnɪə] *n bot.* gloksinija
glucinium [glu:'sɪnɪəm] *n chem.* berilis
glucose ['glu:kəus] *n chem.* gliukozė
glue [glu:] *n* klijai; **~ colour** klijiniai dažai ◊ **to stick like ~ to smb** ≡ prikibti kaip šlapiam lapui prie ko
v **1** (pri)klijuoti, (pri)lipdyti; klijuotis; **to ~ together** suklijuoti **2** *(ppr. pass) šnek.* prilipti, nesitraukti *(nuo);* **to have one's eyes ~d** *(to)* neatplėšti akių *(nuo)* ▢ **~ up** užklijuoti
glue-pot ['glu:pɔt] *n* **1** klijų viryklė, klijinė **2** *šnek.* klampynė
glue-sniffing ['glu:ˌsnɪfɪŋ] *n* klijų *ir pan.* uostymas *(dėl svaiginamųjų savybių)*
gluey ['glu:ɪ] *a* klijingas; lipus, lipnus
glum [glʌm] *a* niūrus; paniuręs, nusiminęs, nusivylęs
glume [glu:m] *n (grūdo)* lukštas; žiedažvynis
glut [glʌt] *n* **1** persotinimas, prisotinimas **2** nesaikingumas *(valgant ir pan.)* **3** perteklius; *(rinkos)* užvertimas prekėmis **4** *tech.* pleištas
v **1** persotinti, prisotinti; **to ~ one's appetite** patenkinti savo apetitą; **to ~ oneself on smth** persivalgyti ko **2** užversti; pripildyti; **to ~ the market** *(with)* užversti rinką *(prekėmis)* **3** įsitraukti, susižavėti
glutamic [glu:'tæmɪk] *a:* **~ acid** gliutamino rūgštis
gluten ['glu:tn] *n spec.* glitimas
glutinous ['glu:tɪnəs] *a* lipnus
glutton ['glʌtn] *n* **1** apsirijėlis, besotis, rajūnas **2** *prk. šnek.* nepasotinamas žmogus; **a ~ for work** darbštuolis; **~ of books** knygų rijikas; didelis mėgėjas skaityti **3** *zool.* ernis ◊ **a ~ for punishment** uolūnas
gluttonous ['glʌtᵊnəs] *a* rajus, godus *(valgio)*
gluttony ['glʌtᵊnɪ] *n* apsirijimas; rajumas
glycerin(e) ['glɪsərɪn] *n* glicerinas
glycine ['glaɪsi:n] *n chem.* glicinas
glycol ['glaɪkɔl] *n chem.* glikolis; **ethylene ~** etileno glikolis

glycol(l)ic [glaɪ'kɔlɪk] *a chem.:* **~ acid** glikokolis, glicinas
glyph [glɪf] *n* **1** simbolinis ženklas *(strėlė ir pan.)* **2** *archit.* glifas
glyptics ['glɪptɪks] *n* gliptika *(brangakmenių ir pan. raižymo menas)*
glyptography [glɪp'tɔgrəfɪ] *n* gliptika, brangakmenių raižymas
G-man ['dʒi:mæn] *n (pl* -men [-men]) (Government man *sutr.) amer. šnek.* Federalinio tyrimų biuro agentas
gnarled, gnarly [nɑ:ld, 'nɑ:lɪ] *a* **1** gumbuotas **2** grubus, nedailus **3** nesukalbamas; užsispyręs
gnash [næʃ] *v* griežti *(dantimis)*
gnashers ['næʃəz] *n pl šnek.* dantys
gnat [næt] *n* **1** uodas; moskitas **2** *amer.* mašalas ◊ **to strain at a ~** būti smulkmeniškam; pervertinti smulkmenas; **to strain at a ~ and swallow a camel** kibti prie smulkmenų ir nematyti svarbiausio
gnatcatcher ['nætkætʃə] *n zool.* musinukė
gnaw [nɔ:] *v* **1** (su)graužti, pragraužti; apgraužti **2** ėsti, graužti *(apie rūgštį, rūdis)* **3** kankinti *(apie baimę, sąžinę, mintis ir pan.; at)*
gnawer ['nɔ:ə] *n zool.* graužikas
gnawing ['nɔ:ɪŋ] *n* **1** graužimas **2** maudimas
a attr graužiantis; maudžiantis
gneiss [naɪs] *n min.* gneisas
gnome[1] [nəum] *n* **1** gnomas; nykštukas **2** *(ypač pl)* finansų šulai, bankininkai, biznieriai
gnome[2] ['nəumɪ] *n lit.* gnoma, aforizmas, sentencija
gnomic ['nəumɪk] *a* **1** gnominis, gnomų; **~ poet** aforizmų kūrėjas **2** mįslingas, sunkiai suprantamas
gnomish ['nəumɪʃ] *a* panašus į gnomą/nykštuką
gnostic ['nɔstɪk] *a* **1** pažinimo **2** *filos.* gnostinis
gnosticism ['nɔstɪsɪzm] *n filos.* gnosticizmas
gnu [nu:] *n zool.* gnu *(antilopė)*
go [gəu] <*v, n, a*> *v* (went; gone) **1** eiti; **to go to church [school]** eiti į bažnyčią [mokyklą]; **to go for smth** eiti ko *(atnešti ir pan.);* **he went into the room** jis įėjo į kambarį; **let's go for a swim** eime/eikime pasimaudyti; **who goes there?** kas eina? *(sargybinio riktelėjimas);* **to go fishing** eiti žvejoti; **to go shopping** eiti apsipirkti; **she went running up the stairs** ji užbėgo laiptais; **2** važiuoti, vykti; **to go by train** važiuoti traukiniu; **to go by plane** skristi lėktuvu **3** išeiti, nueiti; išvykti; **to go on holiday** išvykti atostogauti; **it is time for us to go** mums laikas (iš)eiti/vykti/važiuoti; **the train goes at six o'clock** traukinys išvyksta/išeina šeštą valandą; **go!** marš! **4** veikti, dirbti, eiti *(apie mašiną ir pan.);* **to get going** pradėti veikti/dirbti; **is your watch going?** ar tavo laikrodis eina? **5** vadovautis, remtis, spręsti *(by – iš);* **I shall go entirely by what the doctor says** aš vadovausiuosi tik tuo, ką sako gydytojas **6** būti apyvartoje; būti vartojamam; **my money goes for food and rent** mano pinigai išeina maistui ir nuomai **7** sakyti; skambėti *(apie tekstą, straipsnį);* **as the story goes** kaip sakoma **8** skambėti, skambinti *(apie varpą, skambutį ir pan.);* mušti *(apie laikrodį)* **9** eiti, tęstis, siekti; **the forest goes as far as the river** miškas eina iki upės; **how far does this road go?** ar toli eina tas kelias?; **where does this door go?** kur veda tos durys? **10** (pa)vykti; būti priimtam *(apie planą, pasiūlymą);* **to go well** gerai pavykti; **how did the voting [the exam] go?** kaip pavyko/baigėsi balsavimas [egzaminas]?, kokie balsavimo [egzamino] rezultatai? **11** (pra)eiti *(apie laiką); going fifteen* eidamas penkioliktus metus; **spring has gone** pavasaris praėjo **12** žūti, mirti; **all hope is gone** nebėra jokios vilties, visos viltys žuvo; **he is**

gone jis išėjo (iš mūsų), jis mirė **13** (iš)nykti; silpnėti; *I left my bike outside and now it's gone* aš palikau dviratį lauke ir jis prapuolė *ar* jo ten nebėra; *my sight is going* mano regėjimas silpsta, aš netenku regėjimo **14** sugesti; nugriūti, sugriūti; *the bulb's gone in the kitchen* lemputė perdegė virtuvėje; *the platform went* tribūna nugriuvo **15** pereiti į nuosavybę, atitekti; *the house went to the elder son* namas atiteko vyresniajam sūnui **16** būti parduodamam *(tam tikra kaina; for);* *'going, going, gone!'* vienas, du, trys, parduota *(aukcione)* **17** (iš)siųsti, persiųsti; *that letter should go by special delivery* tą laišką reikia siųsti skubos tvarka **18** atsikratyti; *he's totally inefficient, he'll have to go* jis visai nieko nesugeba, jam teks išeiti *ar* juo reikės atsikratyti **19** tikti, derėti *(with – prie); the blue scarf goes well with your blouse* mėlynas šalikas labai tinka prie tavo palaidinukės **20** dalytis; *three into two won't go* trys nesidalija iš dviejų **21** duoti ne daugiau kaip, neviršyti *(lažinantis, perkant)* **22** daryti judesį; *go like this with your left foot!* daryk taip kaire koja! **23** likti; *only five days to go to Christmas!* ligi Kalėdų liko tik penkios dienos!; *he sat two exams and has three more to go* jis jau laikė du egzaminus, dar liko trys **24** turėti *(vietą)*, tilpti *(in, into; on); it won't go into the box* tai netilps dėžėje; *where do you want the piano to go?* kur pastatyti rojalį? **25** *(sudurt. tarinio jungtis)* tapti, darytis; būti, likti *(kokioje nors padėtyje, būvyje); to go hot and cold* darytis ir karšta, ir šalta *(t. p. prk.); to go hungry* būti alkanam, badauti; *to go mad* išprotėti; *to go sick* susirgti; *to go bad* sugesti *(apie maistą); to go unpunished* likti nenubaustam; *all her complaints went unheard* jos nusiskundimų *(niekas)* neišgirdo **26** *(be going + inf)* ketinti, ruoštis *(reiškiant ketinimą ką atlikti artimiausiu metu); I am going to speak to him* aš ketinu pasikalbėti su juo; *it's going to rain* ruošiasi/taisosi lyti **27** šnek. pakęsti; *I can't go his preaching* aš negaliu pakęsti jo pamokslavimo **28** šnek. imti ir *(padaryti ką; pabrėžiant); Tom has gone and lost the car keys* Tomas ėmė ir kažkur nukišo automobilio raktus; *he went and got married* jis ėmė ir vedė **29** šnek. euf. eiti į tualetą **30** *(after)* vytis, vaikytis; siekti *(ko)*, ieškoti *(ko)* **31** *(against)* būti *(prieš);* prieštarauti, spirtis **32** *(at)* mestis, pulti; užsipulti *(t. p. for);* energingai griebtis/imtis *(ko)* **33** *(between)* tarpininkauti, būti tarpininku *(tarp)* **34** *(beyond)* (per)viršyti **35** *(for)* stengtis, siekti *(ką laimėti, gauti)* **36** *(for)* šnek. žavėtis **37** *(into, over)* kruopščiai tirti/svarstyti **38** *(with)* eiti kartu/išvien; lydėti **39** *(about)* užsiimti, užsiiminėti *(kuo);* imtis *(ko);* pradėti *(ką daryti)* **40** *(over, through)* apžiūrėti, peržiūrėti **41** amer. išsinešti, pirkti išsineštinai ◻ **~ about** a) vaikštinėti, vaikščioti; b) plisti, sklisti *(apie gandus);* c) jūr. venduoti, pasukti overštagu; **~ ahead** a) *(iš naujo, vėl)* pradėti; b) žengti/vykti pirmyn; c) eiti priekyje; išeiti į priekį *(pirmenybėse);* **~ along** a) eiti toliau *(savo keliu)*, tęsti; b) eiti kartu, (pa)lydėti *(with);* c) sutikti *(with – su);* **~ around = ~ round; ~ away** a) nueiti; išeiti, išvykti; b) išnykti; **~ back** a) grįžti; b) nesilaikyti *(žodžio, susitarimo; on, upon);* c) išduoti, būti neištikimam *(on, upon);* **~ behind** peržiūrėti *(sprendimą)*, iš naujo svarstyti/nagrinėti *(faktus ir pan.);* **~ by** a) praeiti/pravažiuoti pro šalį; b) praeiti *(apie laiką);* **~ down** a) nulipti, nusileisti *(t. p. apie saulę);* b) (nu)smukti *(apie lygį ir pan.);* c) (su)mažėti, (nu)kristi *(apie kainas, temperatūrą);* d) (nu)skęsti; e) (at)slūgti *(apie patinimą);* (su)minkštėti *(apie padangą);* f) būti *(gerai, prastai)* priimtam, reaguoti *(į);* pritarti *(with);* g) prisiminti, įeiti į istoriją; h) baigti universitetą; pradėti atostogauti *(apie koledžą ir pan.);* i) sport. būti nugalėtam, pralaimėti; j) šnek. susirgti *(with);* k) (nu)tilti, (nu)rimti *(apie vėją, jūrą);* **~ forth** knyg. būti išleistam/paskelbtam; **~ in** a) įeiti; b) pasislėpti debesyse *(apie saulę);* c) prisidėti, prisijungti *(with – prie);* d) *(for)* dalyvauti *(varžybose, patikrinime); to go in for an examination* egzaminuotis; e) *(for)* užsiimti, įsitraukti *(į),* domėtis; *to go in for sports* sportuoti; f) *(for)* naudoti, vartoti; **~ off** a) išeiti, išvykti; pabėgti *(with);* b) užmigti; c) pulti *(į isteriją ir pan.);* apalpti *(into);* d) (pa)vykti; *the concert went off well* koncertas pavyko gerai; e) suveikti, iš(si)šauti *(apie mechanizmą, ginklą);* išsijungti; f) sprogti; g) praeiti, išnykti, silpnėti *(apie skausmą ir pan.);* h) (su)prastėti, (pa)blogėti; gesti *(apie mėsą, pieną);* i) turėti paklausą, gerai eiti *(apie prekes);* j) šnek. praeiti norui *(ką daryti)*, nebemėgti; **~ on** a) *(atkakliai)* tęsti; eiti/daryti toliau; b) tęstis; c) darytis, vykti; *what's going on here?* kas čia darosi?; d) šnek. elgtis *(kvailai, keistai);* e) pasirodyti *(scenoje);* f) įsijungti *(apie mechanizmą ir pan.);* g) *(for)* artėti *(apie amžių, laiką); going on (for)* **20** arti 20 metų; **~ out** a) išeiti, išvykti; b) užgesti; c) lankytis, būti *(teatruose, koncertuose, šokiuose ir pan.);* būti kartu, draugauti *(with; t. p.* **~ together***);* d) atsistatydinti, pasitraukti; e) išeiti iš mados; f) pasirodyti *(apie knygą);* g) rad., tel. būti transliuojamam; h) knyg. baigtis *(apie mėnesį, metus);* i) streikuoti; j) (at)slūgti *(apie potvynį);* k) euf. mirti; **~ over** a) prieiti; b) pereiti *(į kitą pusę ir pan.)* c) pereiti į kitą partiją; pakeisti tikėjimą; d) (dar kartą) perskaityti, peržiūrėti, pakartoti; e) būti *(gerai, prastai)* priimtam, (pa)daryti įspūdį; f) chem. virsti, keistis, pasikeisti; **~ round** a) suktis; sukinėtis; b) užsukti *(į svečius);* c) apeiti ratu; d) plisti *(apie žinias, ligą ir pan.);* e) užtekti *(pvz., maisto)* visiems *(prie stalo);* **~ through** a) nuodugniai apsvarstyti; b) apžiūrėti, apieškoti; c) atlikti, padaryti; d) patirti, iškentėti, atlaikyti *(karą, operaciją ir pan.);* e) išleisti, iššvaistyti *(pinigus, turtą);* f) būti priimtam *(apie projektą, pasiūlymą);* g) praeiti *(pro);* h) *(with)* užbaigti iki galo; **~ together** derėti, tikti; **~ under** a) skęsti, grimzti; b) žūti, (iš)nykti; c) (nu)smukti, (su)bankrutuoti; d) būti įveiktam *(to);* neištverti, neišlaikyti *(bandymo, kančių);* e) leistis, nusileisti *(apie saulę);* **~ up** a) (pa)kilti; b) augti, didėti *(apie skaičių, kainas);* c) šnek. išlėkti į orą, (su)sprogti, sudegti *(apie pastatą);* d) lipti *(į kalną);* e) siekti; prieiti *(to – prie);* f) vykti *(į miestą, į šiaurę; to);* g) stoti į universitetą, vykti studijuoti *(to);* **~ without** neturėti; išsiversti be ◊ *to go it* šnek. galvotrūkčiais lėkti/daryti; pasispausti, smarkiai pasistengti; *to go to show* būti įrodymu, patvirtinti; *to go it alone* pradėti gyventi/dirbti savarankiškai; *to go straight* grįžti į doros kelią, imti dorai gyventi *(apie nusikaltėlį); to go all out* šnek. įtempti visas jėgas; nertis iš kailio; *to go to smb's heart* sujaudinti ką iki širdies gelmių; *to go a long way, to go far* a) toli nueiti; daug pasiekti; sektis; b) turėti didelę reikšmę/įtaką *(to, towards, with);* c) ilgam užtekti *(apie pinigus, maistą); to go one better* padaryti geriau; pralenkti *(varžovą); it goes without saying* savaime suprantama; *(it is true) as far as it goes* tam tikru mastu, tam tikra prasme (tiesa); *here goes, here we go* šnek. kas bus, tas bus, pradedu/pradedame/pradėkime; *to go for/to nothing* ≅ perniek nueiti; *it goes like this* dalykas toks; *you could go (a lot) further and fare (a lot) worse* ≅ bėgsi nuo vilko, užbėgsi ant meš-

goad kos; *go along with you!* užtenka!; netaukšk niekų!; *let me go!* paleiskite!; *go on (with you)!* eik (jau) eik!; eik tu!; *what goes around comes around* ≅ kas tavo bus – nepražus *(turėk kantrybės)*
n (pl goes [gəuz]) **1** ėjimas, vaikščiojimas; *it's my go* mano ėjimas *(žaidžiant);* **to be on the go** a) judėti, dirbti; *he is always on the go* jis amžinai kur nors skuba; jis niekad nesėdi be darbo; b) rengtis išeiti; c) būti girtam **2** *(kebli)* padėtis; dalykas; *here's a pretty go!* na ir dalykai! **3** bandymas; *to give smth a go* pabandyti; *let's have a go at it* pabandykime **4** energija; *full of go* pilnas energijos **5** *(valgio)* porcija; *(vyno)* gurkšnis **6** *šnek.* pasisekimas, sėkmė; *to make a go of it* gerai išeiti/pasisekti; *it's no go* nieko neišeis/neišeina **7** susitarimas, sandėris; *is it a go?* sutarta?, gerai? **8** *sport.* metimas *(žaidime)* **9** *sport.* bokso varžybos ◊ *all/quite the go* madinga(s); pagal paskutinę madą; *it's all go šnek.* visi dirba kruta, juda kaip skruzdėlynas *(in – kur);* **first go** visų pirma; *at a/one go* iš karto, vienu ypu; *from the word go šnek.* nuo pat pradžios; *great go šnek.* paskutinis humanitarinių mokslų bakalauro laipsnio egzaminas *(Kembridže ir Oksforde);* **to have a go** a) užpulti; ≅ duoti pylos; b) čiupti *(prasižengusį; nelaukiant policijos) a* paruoštas/parengtas naudoti/paleisti; *all systems are ~! kosm.* viskas parengta paleisti!

goad [gəud] *n* **1** badiklis, akstinas *(gyvuliams varyti)* **2** akstinas, stimulas
v **1** bakštinti, ginti, varyti *(bandą)* **2** raginti, skatinti *(into);* kurstyti *(t. p. ~ on)* **3** pykinti; *to ~ (in)to fury* (į)siutinti

go-ahead ['gəuəhed] *n* **1** signalas, leidimas *(pradėti veikti)* **2** energingas, iniciatyvus žmogus
a energingas; iniciatyvus, veiklus, apsukrus

goal [gəul] *n* **1** tikslas; uždavinys **2** *sport.* vartai; *to keep the ~* stovėti vartuose, būti vartininku **3** *sport.* įvartis; *to kick/make/score a ~* įmušti įvartį; **4** *sport.* pataikymas į vartus; įmetimas į krepšį *(krepšinyje)*

goalie ['gəulı] *n šnek.* = **goalkeeper**
goalkeeper ['gəul͵ki:pə] *n sport.* vartininkas
goal-kick ['gəulkık] *n sport.* smūgis nuo vartų
goalless ['gəulləs] *a:* **~ draw** *sport.* nulinės lygiosios
goal-line ['gəullaın] *n sport.* vartų linija
goalmouth ['gəulmauθ] *n sport.* vartininko aikštelė
goalpost ['gəulpəust] *n sport.* vartų virpstas ◊ *to move/shift the ~s* pakeisti taisykles *ir pan. (apsunkinant ko procesą)*
goaltender ['gəultendə] *n amer. (ledo ritulio)* vartininkas
go-as-you-please ['gəuəzju'pli:z] *a* **1** nevaržomas taisyklių/nuostatų *(lenktynėse ir pan.);* neribotas **2** be plano, be sistemos
goat [gəut] *n* **1** ožys; ožka **2** *(G.) astr.* Ožiaragis **3** *sl.* gašlys; *old ~* senas kuilys **4** *amer. šnek.* atpirkimo ožys ◊ *to get smb's ~ šnek.* suerzinti, supykinti ką; *to play/act the (giddy) ~ šnek.* kvailai elgtis, kvailioti
goatee [gəu'ti:] *n* smaili/ožiška barzdelė
goatfish ['gəutfıʃ] *n zool.* barzdutė, sultonė *(žuvis)*
goatherd ['gəuthə:d] *n* ožkaganys, ožkų piemuo
goatish ['gəutıʃ] *a* **1** ožio, ožiškas **2** geidulingas, gašlus
goatling ['gəutlıŋ] *n* oželis, ožiukas
goat's-beard ['gəuts͵bıəd] *n bot.* pūtelis ožiabarzdis
goatskin ['gəut͵skın] *n* **1** ožkena **2** tymas
goat's-rue ['gəutsru:] *n bot.* vaistinis ožiarūtis
goatsucker ['gəut͵sʌkə] *n amer. zool.* lėlys
goat-willow ['gəut͵wıləu] *n bot.* blindė
goaty ['gəutı] *a* ožiškas, ožio

gob[1] [gɔb] *n* **1** *šnek.* spjūvis, spjaudalas **2** *sl.* burna **3** *(ppr. pl) amer. šnek.* daugybė **4** *kas.* bergždžioji uoliena
v šnek. spjauti
gob[2] *n amer. šnek.* jūrininkas
gobbet ['gɔbıt] *n* **1** *(mėsos ir pan.)* gabalas, kąsnis **2** *(teksto)* ištrauka, gabaliukas
gobble[1] ['gɔbl] *v šnek.* **1** čepsėti, kamžloti, šluoti **2** *prk.* (su)ėsti, (su)ryti *(t. p. ~ up)*
gobble[2] *v* **1** burbuliuoti *(apie kalakutą)* **2** *prk.* bambėti, burbuliuoti
n burbuliavimas
gobbledegook, gobbledygook ['gɔbldıgu:k] *n šnek.* pompastiška, nesuprantama kalba; biurokratų kalba
gobbler ['gɔblə] *n (tik v.) šnek.* kalakutas
Gobelin, gobelin ['gəubəlın] *n* gobelenas *(t. p. ~ tapestry)*
go-between ['gəubı͵twi:n] *n* **1** tarpininkas **2** sąvadautojas; piršlys
Gobi ['gəubı] *n:* **the ~ desert** Gobio dykuma
goblet ['gɔblıt] *n* taurė; bokalas
goblin ['gɔblın] *n (pikta)* dvasia *(pasakų būtybė)*
gobsmacked ['gɔbsmækt] *a šnek.* pritrenktas, priblokštas
go-by ['gəubaı] *n šnek.* ignoravimas, nepagerbimas ◊ *to give smb/smth the ~* a) praeiti kam pro šalį nepasisveikinus/nepastebėjus; b) aplenkti ką, (iš)vengti ko
goby ['gəubı] *n zool.* paprastasis kūjagalvis; grundalas, gružlys
go-cart ['gəuka:t] *n* **1** rankinis vežimėlis **2** vaikų vežimėlis **3** važiuojamoji stovynė *(vaikams mokytis vaikščioti)* **4** *amer.* = **go-kart**
god [gɔd] *n* **1** *(G.)* Dievas; *good G., oh G., my G.!* Dieve mano!; *by G.!, honest to G.* kaip Dievą myliu!, tikrai!; *G. Almighty* a) Visagalis Dievas; b) Dieve mano!; *G. bless you! šnek.* a) Dieve mano! *(reiškiant nustebimą);* b) į sveikatą *(sakoma sučiaudėjusiam); G. damn you!* būk(it) prakeiktas!; *G. forbid!* sergėk/saugok Dieve!; *G. forbid he should find out!* kad tik jis nesužinotų!; *G. (only/alone) knows* vienas Dievas težino **2** stabas, dievaitis; dievybė; *to make a ~ (of)* dievinti, garbinti; *tin ~* nepelnytai garbinamas/dievinamas žmogus **3** *(the ~s) teatr. šnek.* galerijos publika ◊ *to play G.* jaustis visagaliu; *G. helps those who help themselves pat.* stenkis, tai ir Dievas padės
God-awful [͵gɔd'ɔ:fəl] *a attr šnek.* šlykštus, baisus, siaubingas
godchild ['gɔdtʃaıld] *n (pl* -children [-tʃıldrən]) krikštavaikis
goddam ['gɔdæm] *šnek. n* prakeikimas
a attr prakeiktas
goddamit [gɔ'dæmıt] *int (ypač amer.)* velniai griebtų!, po velnių!
goddamn ['gɔdæm] = **goddam** *n, a*
goddamned ['gɔdæmd] *šnek. a attr* prakeiktas
adv prakeiktai
goddaughter ['gɔd͵dɔ:tə] *n* krikštaduktė
goddess ['gɔdıs] *n* **1** deivė **2** garbinama/dievinama moteris
godfather ['gɔd͵fa:ðə] *n (tik v.)* krikštatėvis
v būti krikštatėviu
godfearing ['gɔd͵fıərıŋ] *a* dievobaimingas
godforsaken ['gɔdfəseıkən] *a* apleistas; nuošalus; niūrus
Godfrey ['gɔdfrı] *n* Godfris *(vardas)*
godhead ['gɔdhed] *n* **1** dieviškumas; *the G.* Dievas **2** *ret.* dievybė
godless ['gɔdləs] *a* **1** bedieviškas, bedievis **2** nedoras
godlike ['gɔdlaık] *n* dieviškas, Dievo

godly ['gɔdlɪ] *a* pamaldus, dievobaimingas
godmother ['gɔdˌmʌðə] *n* krikštamotė
godown ['gəudaun] *n* prekių sandėlis *(Rytų Azijoje, Indijoje)*
godparent ['gɔdˌpɛərənt] *n* krikštatėvis, kūmas; krikštamotė, kūma; *the ~s* krikštatėviai, kūmai
godsend ['gɔdsend] *n* netikėta laimė, laimikis
god-slot ['gɔdslɔt] *n rad., tel. šnek.* religinė laida
godson ['gɔdsʌn] *n* krikštasūnis
godspeed [ˌgɔd'spi:d] *n psn.* linkėjimas geros klotiės; *to bid/wish smb ~* palinkėti kam laimingos kelionės ir geros kloties
godsquad ['gɔdskwɔd] *n sl.* Viešpaties gvardija *(perdėtai dievobaimingi krikščionys)*
Godwin ['gɔdwɪn] *n:* **William ~** Viljamas Godvinas *(anglų filosofas)*
godwit ['gɔdwɪt] *n zool.*: *black-tailed ~* paprastasis griciukas
goer ['gəuə] *n* **1** ėjikas; *bad/slow ~* prastas ėjikas **2** išvykstantysis; *comers and goers* atvykstantieji ir išvykstantieji **3** *šnek.* energingas/gyvas žmogus **4** *šnek.* pasileidėlė
Goethe ['gə:tə] *n: Johan Wolfgang ~* Johanas Volfgangas Gėtė *(vokiečių rašytojas)*
gofer ['gəufə] *n šnek.* pasiuntinukas, pastumdėlis
goffer ['gɔfə] *v* gofruoti
go-getter [ˌgəu'getə] *n šnek.* energingas, karjeros siekiantis žmogus; landūnas, verteiva
go-getting ['gəuˌgetɪŋ] *a šnek.* energingas, apsukrus, landus
goggle ['gɔgl] *<n, a, v>* *n* **1** nustebęs/nusigandęs žvilgsnis **2** *pl* apsauginiai/tamsūs akiniai **3** *(the ~) šnek.* televizorius *(t. p. ~ box)*
a išpūstas, išverstas *(apie akis)*
v spoksoti; vartyti akis
goggled ['gɔgld] *a* su *(apsauginiais)* akiniais; akiniuotas
goggle-eye ['gɔglaɪ] *n med.* išverstakumas
goggle-eyed ['gɔgl'aɪd] *a* išverstakis; didelėmis, išverstomis akimis
go-go ['gəugəu] *a* **1** populiarus *(apie muziką, šokius);* ~ *dancer (baro, naktinio klubo)* šokėja **2** *šnek.* gyvas, energingas **3** *šnek.* madingas, prašmatnus **4** *ekon.* spekuliacinis; paklausus *(apie prekes);* ~ *fund* spekuliacinių akcijų fondas
going ['gəuɪŋ] *n* **1** išvykimas **2** ėjimas; važiavimas; ėjimo/važiavimo greitis; *it's 20 minutes ~ from here to the school* nuo čia iki mokyklos eiti/važiuoti 20 minučių **3** žengimas į priekį, pažanga/progresas **4** *(kelio, bėgimo tako)* būklė; *the ~ was very hard* takas/kelias buvo labai kietas ◊ *this book is heavy ~* šią knygą sunku skaityti; *while the ~ is good* kol palankios sąlygos, kol dar ne vėlu
a **1** einantis, veikiantis; *to set the clock ~* prisukti laikrodį; *to get ~* imtis *(ką daryti);* leistis į kelionę **2** esamas; *~ value ekon.* esamoji vertė; *he is one of the best fellows ~* jis yra vienas iš geriausių žmonių; *are there any tickets ~ for tonight's concert?* ar yra bilietų į šio vakaro koncertą?; *I'll have some coffee, if there's any ~* išgerčiau kavos, jei yra
going-over [ˌgəuɪŋ'əuvə] *n (pl* goings-over*) šnek. (kruopštus)* apžiūrėjimas, peržiūrėjimas; revizija ◊ *to give smb a ~* išbarti, apkulti ką, ≅ iškaršti kam kailį
goings-on [ˌgəuɪŋz'ɔn] *n pl (ppr. menk.)* keisti reikalai, linksmi nuotykiai; *what ~! iron.* gražūs dalykėliai!, nieko sau reikalai!
goiter ['gɔɪtə] *n amer.* = **goitre**

goitre ['gɔɪtə] *n med.* gūžys; *exophthalmic ~* Bazedovo liga
go-kart ['gəukɑ:t] *n sport.* gokartas
go-karting ['gəuˌkɑ:tɪŋ] *n sport.* kartingas, gokartų lenktynės
Golan ['gəulæn] *n: the ~ Heights* Golano aukštumos
gold [gəuld] *n* **1** auksas *(t. p. prk.);* *fool's ~* a) *min.* į auksą panašus piritas; b) *prk.* apgaulingas spindesys; *to strike ~* rasti aukso; *to have a heart of ~ prk.* turėti aukso širdį **2** aukso spalva **3** auksas, turtas, aukso monetos, pinigai **4** *šnek.* aukso medalis *(t. p. ~ medal);* *to win the ~ sport.* laimėti auksą, aukso medalį **5** taikinio centras *(šaudant iš lanko)* ◊ *as good as ~* geras, paklusnus, nuolankus; *all that glitters/glistens/glisters is not ~ pat.* ≅ ne viskas auksas, kas auksu žiba
a **1** aukso, auksinis; *~ standard* aukso standartas; *~ plate* a) plonas aukso sluoksnis *(ant kito metalo);* b) auksiniai indai **2** aukso spalvos, auksaspalvis
goldbeater ['gəuldˌbi:tə] *n* auksakalys
gold-beetle ['gəuldˌbi:t] *n zool.* lapgraužis *(vabalas)*
goldbrick ['gəuldbrɪk] *šnek. n* **1** apgavystė, klastotė **2** *amer.* apsimetėlis, tinginiautojas
v amer. vengti darbo
gold-cloth ['gəuldklɔθ] *n* brokatas
goldcrest ['gəuldkrest] *n zool.* (paprastasis) nykštukas
gold-digger ['gəuldˌdɪgə] *n* **1** aukso ieškotojas, auksakasys **2** *sl. ret.* avantiūristė
gold-diggings ['gəuldˌdɪgɪŋz] *n pl* aukso kasyklos
gold-dust ['gəulddʌst] *n* auksingasis smėlis ◊ *to be like ~* būti aukso vertės, būti labai vertinamam
golden ['gəuldən] *a* **1** auksinis, aukso *(t. p. prk.);* *~ age prk.* aukso amžius; *~ mean* aukso vidurys; *~ reserve* aukso atsargos; *~ wedding* auksinės vestuvės **2** puikus, laimingas; *~ opportunity* puiki proga; *~ hours* laimingas laikas, aukso dienos **3** auksaspalvis; *~ hair* auksaspalviai plaukai
golden-eye ['gəuldənaɪ] *n zool.* **1** klykuolė **2** paprastoji auksaakė *(t. p. ~d fly)*
goldenrod ['gəuldənrɔd] *n bot.* paprastoji rykštenė
gold-fever ['gəuldˌfi:və] *n* aukso karštligė
goldfield ['gəuldfi:ld] *n* rajonas, kuriame randama aukso; aukso kasykla
gold-filled ['gəuld'fɪld] *a* plombuotas auksu *(apie dantis)*
goldfinch ['gəuldfɪntʃ] *n zool.* dagilis
goldfish ['gəuldfɪʃ] *n zool.* auksinis karosas; auksė; *~ bowl* akvariumas ◊ *to live in a ~ bowl* ≅ gyventi kaip po mikroskopu, būti visą laiką matomam
goldilocks ['gəuldɪlɔks] *n* **1** auksaplaukis; auksaplaukė mergaitė/blondinė **2** *bot.* auksakuodis vėdrynas
gold-leaf ['gəuldli:f] *n* plonas lakštinis auksas; aukso lakštas
goldmine ['gəuldmaɪn] *n* **1** aukso kasykla **2** *prk.* aukso kalnas/versmė *(labai pelninga vieta)*
gold-mouthed ['gəuld'mauðd] *a* auksaburnis, gražiakalbis
gold-plated ['gəuld'pleɪtɪd] *v* paauksuotas, paauksintas
gold-rimmed ['gəuld'rɪmd] *a* (su) paauksuotais rėmeliais *(apie akinius)*
gold-rush ['gəuldrʌʃ] *n* = **gold-fever**
goldsmith ['gəuldsmɪθ] *n* **1** auksakalys; juvelyras **2** *(G.) Oliver ~* Oliveris Goldsmitas *(airių poetas)*
goldstone ['gəuldstəun] *n min.* avantiūrinas
golem ['gəuləm] *n* **1** robotas **2** *amer. šnek.* liurbis, molio Motiejus
golf [gɔlf] *sport. n* golfas
v žaisti golfą

golf-club ['gɔlfklʌb] *n* **1** golfo lazda **2** golfo žaidėjų klubas
golfer ['gɔlfə] *n* golfo žaidėjas
golf-links ['gɔlflɪŋks] *n pl* golfo aikštelė
Golgotha ['gɔlgəθə] *n* **1** *bibl.* Golgota **2** kankinimo/kančių vieta, kančių šaltinis
Goliath [gə'laɪəθ] *n* **1** *bibl.* Galijotas **2** *(g.) prk.* milžinas, gigantas
golliwog ['gɔlɪwɔg] *n* lėlė baidyklė
golly[1] [gɔlɪ] *int šnek.* vaje! *(reiškiant nustebimą);* **by ~!** dieveži!, tikrai!
golly[2] *n šnek.* = **golliwog**
gombroon [gɔmb'ruːn] *n* baltas persiškas fajansas
gonad ['gəʊnæd] *n biol.* lytinė liauka, gonada
gonadotropic [ˌgəʊnədəʊ'trɔpɪk] *a biol.* gonadotropinis, veikiantis lytines liaukas *(apie hormonus)*
gondola ['gɔndələ] *n* **1** gondola **2** *amer. glžk.* platforma *(vagonas; t. p.* **~ car)**
gondolier [ˌgɔndə'lɪə] *n* gondolininkas, gondoljeras
gone [gɔn] <*pII, a, prep*> *pII žr.* **go** *v*
a **1** išėjęs, išvykęs; *he turned the corner and was* ~ jis pasuko už kampo ir dingo **2** praėjęs *(apie laiką);* **it's ~ six o'clock** jau po šešių; **she's ~ eighty** jai daugiau kaip 80 metų **3** nėščia; **to be six months ~** būti šešių mėnesių nėštumo **4** žuvęs, prapuolęs; **~ case** *šnek.* beviltiškas dalykas; **~ man** žuvęs žmogus **5** silpnas; **~ sensasion/feeling** silpnumo jausmas **6** miręs **7** panaudotas, suvartotas **8** *šnek.* visiškai apsvaigęs, visai gatavas ◊ **to be ~ on smb** *šnek.* būti įsimylėjusiam ką; **be ~!** nešdinkis!
prep po; **~ midnight** po vidurnakčio
goneness ['gɔnnɪs] *n šnek.* nusilpimas, išsekimas
goner ['gɔnə] *n šnek.* **1** žuvęs žmogus **2** žuvęs/beviltiškas reikalas/dalykas
Goneril ['gɔnərɪl] *n* Gonerilė *(Šekspyro kūrinio personažas)*
gonfalon ['gɔnfələn] *n ist.* vėliava
gonfalonier [ˌgɔnfələ'nɪə] *n* vėliavnešys
gong [gɔŋ] *n* **1** gongas **2** *sl.* medalis, apdovanojimas
goniometer [ˌgəʊnɪ'ɔmɪtə] *n tech.* goniometras
gonna ['gɔnə] *šnek.* reiškiant būsimąjį laiką: **this isn't ~ be easy** tai nebus lengva
gonorrh(o)ea [ˌgɔnə'rɪə] *n med.* gonorėja
gonzo ['gɔnzəʊ] *a šnek.* keistuoliškas, pamišėliškas; **~ journalism** spauda, atiduodanti pirmenybę sensacijoms
goo [guː] *n šnek.* **1** kas nors lipnus *(ir saldus)* **2** sentimentalybės
goober ['guːbə] *n amer.* žemės riešutas, arachis *(t. p.* **~ pea)**
good [gʊd] <*a, adv, n*> *a* (better; best) **1** geras; geros kokybės; **~ food** geras/šviežias maistas; **~ advice** geras patarimas; **~ play** gera pjesė; **~ memory** gera atmintis; **~ soil** gera/derlinga žemė; **~ lungs** geri plaučiai; *I had a ~ reason to refuse* aš turėjau (gerą) priežastį atsisakyti; *she's a ~ swimmer* ji gerai plaukia **2** mielas, gražus, malonus; doras; **~ features** gražūs veido bruožai; *stay away from Tom. He is no ~* nesusidėk su Tomu. Jis – blogas žmogus; *please be ~ enough to close the door* būkite malonus, uždarykite duris **3** tinkamas; naudingas; *these glasses are no ~ for champagne* šie stikliukai netinka šampanui; *milk is ~ for children* pienas vaikams sveika/gerai; *I am ~ for another 10 miles* aš galiu nueiti dar 10 mylių **4** gabus; **~ at mathematics** gabus matematikai **5** patikimas; tikras; kreditingas; **on ~ authority** iš patikimo šaltinio **6** žymus, didelis; smarkus; **to have a ~ drink** gerai išgerti; **to give smb a ~ scolding** smarkiai ką išbarti; **it's a ~ kilometre away** nuo čia – geras kilometras **7** gerai, labai *(t. p.* **~ and...**; *sustiprinant paskui einančio būdvardžio reikšmę);* **we had a ~ long walk** mes gerai pasivaikščiojome; **it's ~ and hot today** šiandien labai karšta; **the soup is ~ and hot** sriuba ką tik nuo ugnies **8** galiojantis ◊ **~ evening [morning]** labas vakaras [rytas]; **~ gad/gosh/gracious!** Dieve mano!, Viešpatie!; *if you know what is ~ for you* jeigu nenori sau bloga; **as ~ as** beveik; **he as ~ as promised me** jis man beveik pažadėjo; **as ~ as new** (beveik) kaip naujas *(sutaisius, išvalius);* **to make ~** a) padengti, kompensuoti; b) sutaisyti; c) tesėti *(pažadą);* d) pasisekti; praturtėti; **to stand ~** tebegalioti; **that's a ~ one!** gražiai sumeluota!, meluok sveikas!; **~ for you** a) tuo geriau tau; b) puiku!, šaunu!
adv šnek. gerai; *listen to me ~!* gerai klausykite, ką sakau! ◊ **~ and proper** *šnek.* visiškai
n **1** gėrybė; gėris; **to do (smb) ~** daryti (kam) gera, padėti (kam); **~ and evil** gėris ir blogis **2** labas, nauda; **to do no ~** būti nenaudingam; neturėti naudos; *all to the ~* viskas į gera/naudą; **for the ~ (of) (ko, kieno)** labui, dėl; **for the ~ of his health** dėl savo sveikatos; **what is the ~ of it?** kokia iš to nauda?; **it is no ~ (talking to him)** neverta (kalbėti su juo); **to come to ~** duoti gerus rezultatus; **no ~ can/will come of it** nieko gera iš to neišeis **3** *(the ~) kuop.* gerieji (žmonės) ◊ **for ~ (and all)** visam laikui, amžinai; galutinai
goodbye [gʊd'baɪ] *n* atsisveikinimas; **to say ~ to smb** atsisveikinti su kuo; **to kiss/wave smth ~** *šnek.* amžinai atsisveikinti *(su darbu ir pan.)*
int viso labo!, sudie!
good-fellowship ['gʊdˌfeləʊʃɪp] *n* draugingumas, draugiškumas
good-for-nothing ['gʊdfəˌnʌθɪŋ] *n* dykinėtojas; netikėlis
a attr niekam tikęs/vertas
good-hearted ['gʊd'hɑːtɪd] *a* geraširdi(ška)s
good-humo(u)red ['gʊd'hjuːməd] *a* geraširdi(ška)s, gerai nusiteikęs
goodie ['gʊdɪ] *n šnek.* **1** gerutis, geruolis *(knygoje, filme);* **the ~s** geruoliai **2** *pl* gėrybės; skanėstai, gardumynai
goodish ['gʊdɪʃ] *a attr* apygeris, gerokas; neblogas; **it's a ~ step from here** nuo čia gerokas galas kelio
good-looker [ˌgʊd'lʊkə] *n šnek.* gražuolis
good-looking [ˌgʊd'lʊkɪŋ] *a* gražus, žavus
goodly ['gʊdlɪ] *a attr* **1** žymus, didelis *(apie kiekį, skaičių)* **2** *psn.* malonus, gražus
goodman ['gʊdmæn] *n (pl* -men [-men]) *(tik v.) psn.* šeimininkas, šeimos galva, vyras
good-natured ['gʊd'neɪtʃəd] *a* geraširdi(ška)s, geranori(ška)s
good-neighbour(ly) ['gʊd'neɪbə(lɪ)] *a* kaimyniškas, geros kaimynystės
goodness ['gʊdnɪs] *n* **1** *(širdies)* gerumas, kilnumas **2** dorybė **3** gerosios/vertingosios savybės *(of – ko)* ◊ *my ~!*, **~ gracious/me!** Viešpatie! *(reiškiant nustebimą; pasipiktinimą);* **~ knows!** galas žino!; **~ only knows how [when, why]** vienas Dievas težino, kaip [kada, kodėl]; **for ~' sake!** dėl Dievo meilės!
goodnight [gʊd'naɪt] *n, int* labanakt(is)
goods [gʊdz] *n pl* **1** prekės; **dry ~** *amer.* manufaktūros prekės; **fancy ~** madingos prekės; galanterijos prekės; **free ~s** a) neapmuitinamos prekės; b) veltui gaunamos gėrybės; gamtos gėrybės; **hard ~** ilgo vartojimo prekės; **manufactured ~** pramonės prekės, fabrikatai; **narrow ~** kaspinai, juostelės *ir pan.;* **white ~** a) baltiniai audiniai, baltiniai; b) dideli buitiniai prietaisai: šaldytuvai, skalbiamosios mašinos *ir pan.* **2** daiktai; kil-

nojamasis turtas, manta; **~ and chattels** *teis.* asmeninis turtas **3** bagažas, krovinys **4** *(the ~) sl.* kaip tik tas, ko reikia **5** *(the ~) (ypač amer.) šnek.* daiktiniai *(kaltės)* įrodymai; **we have the ~ on you** mes turime daiktinių įrodymų prieš jus **6** *attr* prekinis, krovininis; bagažinis; **~ traffic** krovininis transportas; krovinių srautas; **~ yard/shed** sandėlis, pakhauzas ◊ **to deliver,** *ar* **to come up, with the ~** (iš)tesėti pažadus, prisiimtus įsipareigojimus

good-sized ['gud'saɪzd] *a* gero/tinkamo dydžio; erdvus

good-tempered ['gud'tempəd] *a* gero/linksmo būdo; susivaldantis

good-timer ['gud‚taɪmə] *n šnek.* linksmuolis, pramogautojas

goodwife ['gudwaɪf] *n (pl* -wives [-waɪvz]) *škot. psn.* šeimininkė; žmona

goodwill [‚gud'wɪl] *n* **1** geranoriškumas, draugiškumas *(to, towards);* gero linkėjimas **2** gera valia **3** *kom.* firmos vardas/reputacija/prestižas

goody[2] ['gudɪ] = **goody-goody** *n*

goody-goody ['gudɪ‚gudɪ] *a (džn. iron.)* geručiukas, gerutėlis
n geruolis

gooey ['gu:ɪ] *a šnek.* **1** lipus, glitus; lipnus ir saldus **2** sentimentalus

goof [gu:f] *šnek. n* **1** kvailys; liurbis **2** *(ypač amer.)* kvaila klaida
v **1** padaryti kvailą klaidą, apsirikti *(t. p. ~ up)* **2** *amer.* dykinėti, slampinėti *(t. p. ~ off);* kvailioti *(t. p. ~ around)* **3** (su)žlugdyti, sugadinti *(reikalą ir pan.; t. p. ~ up)*

go-off ['gəu‚ɔf] *n šnek.* pradžia, startas

goof-off ['gu:f‚ɔf] *n amer. šnek.* dykūnas, dykinėtojas

goofy ['gu:fɪ] *a šnek.* paikas, pakvaišęs, kvailas

googol ['gu:gɔl] *n* dešimt, pakelta šimtuoju laipsniu

goo-goo ['gu:gu:] *a:* **~ eyes** *amer. šnek.* meilus/įsimylėjusiojo žvilgsnis

gook [guk] *n šnek.* **1** purvas, purvynė **2** *amer. niek.* stuobrys; ateivūnas *(ypač iš Rytų Azijos)*

goolies ['gu:li:z] *n pl vulg.* kiaušeliai, pautai

goon [gu:n] *n sl.* **1** kvailys, stuobrys, molio Motiejus **2** *(ypač amer.)* samdytas galvažudys/chuliganas; samdytas streiklaužys

goop [gu:p] *n šnek.* **1** tuščiagalvis, nemokša **2** *amer.* lipnus tepalas

goosander [gu:'sændə] *n zool.* didysis dančiasnapis *(paukštis)*

goose [gu:s] *n (pl* geese) **1** žąsis; *(zool. t. p.)* berniklė; **snow ~** baltoji žąsis; **red-breasted [white-fronted] ~** rudakaklė [baltaskruostė] berniklė **2** *šnek.* prastuolis, negudrus žmogelis; višta, kvailutė, naivi mergelė **3** *(pl* gooses [-ɪz]) siuvėjo laidynė/lygintuvas ◊ **all his geese are swans** jis (visada) perdeda/pervertina; **to cook one's (own) ~** *šnek.* ≡ (nu)kirsti šaką, ant kurios sėdi; **to cook smb's ~** *šnek.* susidoroti su kuo; **everything is lovely and the ~ hangs high** *amer.* ≡ viskas eina kaip sviestu patepta; **the ~ that lays the golden egg** ≡ višta, dedanti auksinius kiaušinius
v šnek. pliaukštelėti per užpakalį *(kaip pokštas)*

gooseberry ['guzbərɪ] *n* agrastas ◊ **to play ~** būti trečiam *(prie įsimylėjėlių poros);* lydėti įsimylėjėlių porą *(dėl etiketo);* **old ~** velnias; **I found him/her under a ~ bush** ≡ gandras atnešė *(vaiko gimimo paaiškinimas)*

goosebumps [gu:sbʌmps] *n pl amer.* = **gooseflesh**

goose-egg ['gu:seg] *n* **1** žąsies kiaušinis **2** *amer.* nulis *(žaidime)* **3** gumbas *(nuo sumušimo)*

goose-fat ['gu:sfæt] *n* žąstaukiai; žąsies taukai

gooseflesh ['gu:sfleʃ] *n* žąsies oda *(nuo šalčio/baimės pašiurpusi oda)*

goosegog ['guzgɔg] *n* = **gooseberry**

goose-grease ['gu:sgri:z] *n* žąsies taukai

goosestep ['gu:step] *kar. n* žąsies žingsnis
v žygiuoti žąsies žingsniu

goosey ['gu:sɪ] *n šnek.* **1** kvailys, bukaprotis **2** kvailutis *(kreipiantis į vaiką)*

gopher ['gəufə] *n zool.* sterblinė žiurkė *(Š. ir Centrinėje Amerikoje)*

gorblimey [‚gɔ:'blaɪmɪ] *int šnek.* po velnių!

Gordian ['gɔ:dɪən] *a:* **~ knot** Gordijo mazgas; **to cut the ~ knot** perkirsti Gordijo mazgą *(ryžtingai įveikti sunkumus)*

Gordon ['gɔ:dn] *n* Gordonas *(vardas)*

gore[1] [gɔ:] *n* sukrešėjęs kraujas; *poet.* kraujas

gore[2] *n* **1** *(drabužio)* platėjantis įsiuvas **2** *(žemės)* sklypas, kyšulys
v įsiūti platėjantį įsiuvą

gore[3] *v* **1** (su)badyti, durti *(ragais);* **to ~ to death** užbadyti negyvai **2** pramušti *(laivo bortą į uolą)*

gorge [gɔ:dʒ] *n* **1** tai, kas praryta/suvalgyta; apsirijimas **2** siauras tarpeklis **3** *amer. (ledų ir pan.)* sangrūda; susigrūdimas ◊ **my ~ rises** man šlykštu; **to make smb's ~ rise** sukelti kam pasišlykštėjimą
v (ppr. refl) apsiryti, godžiai ryti, prisiryti *(on, with)*

gorgeous ['gɔ:dʒəs] *a šnek.* **1** žavus, puikus **2** puošnus; spalvingas **3** įmantrus, vingrus *(apie žodį, stilių)*

gorget ['gɔ:dʒɪt] *n* **1** vėrinys, karoliai; antkaklis **2** goržetė **3** žymė *(ant paukščio kaklo)* **4** *ist.* kaklo šarvai

gorgon ['gɔ:gən] *n* **1** *(G.) mit.* Gorgona **2** baidyklė, megera

Gorgonzola ['gɔ:gən'zəulə] *n* gorgonzola *(riebus italų sūris)*

gorilla [gə'rɪlə] *n* **1** *zool.* gorila *(t. p. prk.)* **2** *šnek.* žiaurus stipruolis; samdomas banditas

gormandize ['gɔ:məndaɪz] *n ret.* persivalgymas, apsirijimas; smaguriavimas
v persivalgyti, persiėsti

gormless ['gɔ:mləs] *a šnek.* begalvis, pusprotis, kvailas

gorse [gɔ:s] *n bot.* dygiakrūmis

gory ['gɔ:rɪ] *a* **1** kruvinas, krauju aptekęs **2** baisus, kraują stingdantis; siaubingas, smurtingas *(apie filmą)* ◊ **all the ~ details** *(džn. juok.)* visos pikantiškos smulkmenos

gosh [gɔʃ] *int šnek.:* **(by) ~!** na!, negali būti! *(reiškiant nustebimą/džiaugsmą);* po velnių! *(reiškiant pyktį)*

goshawk ['gɔshɔ:k] *n zool.* vištvanagis

gosling ['gɔzlɪŋ] *n* **1** žąsiukas **2** kvaiša, kvailiukas

go-slow [‚gəu'sləu] *n* darbo tempo sumažinimas *(streiko forma)*

gospel ['gɔspəl] *n* **1** *(G.)* Evangelija; Evangelijos ištrauka *(skaitoma per mišias)* **2** *(religiniai)* įsitikinimai **3** doktrina; *juok.* principas **4** tikra teisybė/tiesa *(t. p. ~ truth);* **to take for ~** (aklai) priimti kaip tiesą **5** negrų giedojimo stilius *(t. p. ~ music)*

gospeller ['gɔspələ] *n* **1** evangelistas **2** skelbėjas, skleidėjas; **hot ~ of smth** karštas ko gynėjas

gossamer ['gɔsəmə] *n* **1** *(ore skraidantys)* voratinkliai **2** plonas audinys, gazas
a plonytis, lengvas

gossamery ['gɔsəmərɪ] *a* voratinklinis, labai plonas, lengvas

gossip ['gɔsɪp] *n* **1** plepalai; pasišnekučiavimas **2** liežuviai, paskalos; **~ column** *(laikraščio, žurnalo)* skyrelis apie asmeninį garsenybių gyvenimą **3** plepys; liežuvautojas; kūmutė
v **1** plepėti, šnekučiuoti(s) **2** liežuvauti

gossipmonger

gossipmonger ['gɔsɪpmʌŋgə] *n* liežuvininkas, liežuvautojas
gossipy ['gɔsɪpɪ] *a* **1** plepus; liežuvingas **2** tuščias *(apie kalbą)*
gossoon [gə'suːn] *n (tik v.) air.* **1** jaunikaitis **2** jaunas tarnas
got [gɔt] *past ir pII žr.* **get** *v*
gotcha ['gɔtʃə] *int šnek.* **1** sugavau tave! **2** supratau!
Goth [gɔθ] *n* **1** *ist.* gotas **2** *prk.* barbaras, vandalas
Gotham ['gəʊtəm] *n* **1**: *a (wise) man of ~* kvailys, naivuolis **2** *(t. p.* ['gəʊθəm]) *amer. juok.* Niujorkas
Gothic ['gɔθɪk] *a* **1** gotiškas; gotų **2** barbariškas, žiaurus **3** juodais drabužiais vilkintis pankas
v **1** gotų kalba **2** gotiškasis stilius, gotika **3** *poligr.* gotiškasis šriftas
Gothland ['gɔθlənd] *n* Gotlandas *(sala)*
go-to-meeting [,gəʊtə'miːtɪŋ] *a juok.* išeiginis, šventinis *(apie kostiumą, suknelę ir pan.)*
gotta ['gɔtə] *(nenorminė lytis) =* **have/has got to;** *we ~ go now* mums reikia dabar eiti
gotten ['gɔtn] *amer. pII žr.* **get** *v*
gouache [gu'ɑːʃ, gwɑːʃ] *pr. n men.* guašas
Gouda ['gaʊdə] *n (apskritas geltonas)* olandiškas sūris
gouge [gaʊdʒ] *n* **1** pusapvalis kaltas, skaptas, skaptukas **2** skaptavimas, išėma, išpjova **3** *amer.* apgavystė, suktybė
v **1** iškalti, išskaptuoti, išskobti *(ppr. ~ out); to ~ out an eye* išspausti akį **2** *amer.* apgauti, apsukti
goulash ['guːlæʃ] *n kul.* guliašas
gourd [gʊəd] *n* **1** moliūgas **2** iš moliūgo padarytas indas ◊ *to be out of one's ~ amer. šnek.* ≡ pamesti galvą
gourde [gʊəd] *n* gurdas *(Haičio piniginis vienetas)*
gourmand ['gʊəmənd] *n* **1** smaguriautojas, gurmanas **2** rajūnas
a ėdrus, rajus
gourmet ['gʊəmeɪ] *pr. n* gurmanas, gastronomas *(žmogus)*
gout [gaʊt] *n* **1** podagra **2** *knyg. (lietaus)* lašelis; *(kraujo)* krešulys
goutweed ['gaʊtwiːd] *n bot.* paprastoji garšva
gouty ['gaʊtɪ] *a* sergantis podagra; podagros
govern ['gʌvən] *v* **1** valdyti; vadovauti **2** daryti įtaką; lemti; *the basic salary is ~ed by three factors* pagrindinį atlyginimą lemia trys veiksniai **3** (su)valdyti *(jausmus),* valdytis **4** *gram.* valdyti
governable ['gʌvənəbl] *a* paklusnus; pavaldus
governance ['gʌvənəns] *n ret.* valdžia, valdymas; vadovavimas
governess ['gʌvənɪs] *n* guvernantė, vaikų auklėtoja
governing ['gʌvənɪŋ] *a* **1** valdantysis *(apie partiją ir pan.);* vadovaujamasis *(apie organą)* **2** pagrindinis *(apie principą ir pan.)*
government ['gʌvnmənt] *n* **1** vyriausybė; valdžia; *organs of ~* valstybinės valdžios organai; *local ~* vietos valdžia; savivaldybė; *invisible ~* faktiškieji valdovai **2** valdymo forma/sistema; *parliamentary ~* parlamentinė valdymo sistema **3** valdymas; *he has no experience of ~* jis neturi jokios valdymo patirties **4** *(gubernatoriaus valdoma)* provincija; *G. house* oficiali gubernatoriaus rezidencija **5** *gram.* valdymas
governmental [,gʌvən'mentl] *a* vyriausybinis, vyriausybės
government-funded [,gʌvənmənt'fʌndɪd] *a* valstybės finansuojamas
governor ['gʌvənə] *n* **1** gubernatorius; *the ~ of a state amer.* valstijos gubernatorius **2** *(banko)* valdytojas **3** *(tvirtovės)* komendantas; *(kalėjimo)* viršininkas **4** *(mokyklos, ligoninės)* vedėjas **5** *šnek.* tėvas **6** *(tik v.) šnek.*

graciously

šefas, bosas; ponas *(kreipiantis)* **7** *tech.* reguliatorius, kontrolės mechanizmas
governor-general [,gʌvənə'dʒenərəl] *n* generalgubernatorius
governorship [gʌvənəʃɪp] *n* gubernatoriaus pareigos/valdžia/kadencija
gowk [gaʊk] *n* **1** gogla, pusgalvis **2** *dial.* gegutė
gown [gaʊn] *n* **1** moteriškas drabužis; *(ilga)* suknelė; *morning ~* chalatas **2** *(teisėjo, universiteto dėstytojo ir pan.)* mantija **3** *kuop.* universiteto dėstytojai ir studentai; *town and ~* miesto gyventojai ir universiteto studentai **4** operacinis chalatas
v ap(si)rengti
gownsman ['gaʊnzmən] *n (pl* -men [-mən]) **1** asmuo, dėvintis mantiją *(profesorius, studentas, advokatas ir pan.)* **2** *ret.* civilis *(žmogus)*
goy [gɔɪ] *n (pl ~*im [-ɪm], *~*s) *niek.* gojus, ne žydas *(žodis vartojamas žydų)*
grab [græb] *n* **1** sučiupimas, pagriebimas; staigus bandymas pagriebti; *to make a ~ (at, for)* griebti(s), čiupti **2** užgrobimas; pasisavinimas **3** *tech.* griebtuvas; ekskavatorius; automatinis samtis; *~ loading* pakrovimas griebtuvu ◊ *up for ~s šnek.* bet kas gali *(gauti, įgyti),* ≡ kas pirmesnis, tas geresnis
v **1** (pa)griebti, (pa)čiupti, sučiupti **2** užgrobti *(vietą, žemę);* pasisavinti **3** pasinaudoti *(proga; at)* **4** *šnek.* (pa)traukti, (su)dominti **5** *šnek.* nutverti *(trupučį miego ir pan.); to ~ a bite to eat* nugriebti ką užkąsti
grab-all ['græbɔːl] *n* **1** *šnek.* krepšelis smulkiems daiktams **2** *sl.* glemžėjas, glemžikas
grab-bag ['græbbæg] *n amer.* **1** krepšelis dovanėlėms traukti **2** atsitiktinumas
grabber ['græbə] *n* glemžikas, glemžėjas; gobšuolis
grabble ['græbl] *v* grabalioti, ieškoti apgraibomis/ropomis
grace [greɪs] *n* **1** gracija, grakštumas; *to do smth with ~* daryti ką grakščiai **2** palankumas, malonė; gailestingumas; *act of ~* amnestija; *by/through the ~ of God* per Dievo malonę; *to fall from ~* a) netekti malonės; b) grįžti prie senų *(blogų)* įpročių **3** mandagumas, taktas; *with (a) good ~* mandagiai, mielai, noriai; nerodant nepasitenkinimo; *with (a) bad ~* netaktiškai, nenoriai **4** pratęsimas, atidėjimas *(pvz., mokėjimo termino),* lengvata; *to grant a week's ~* savaitei atidėti **5** *pl* puikios savybės/ypatybės; *airs and ~s* manieros; *his humour is his saving ~* jį gelbsti humoro jausmas **6** malda *(prieš valgį ir po valgio); to say ~* melstis, kalbėti maldą **7** malonybė, šviesybė *(hercogo/hercogienės/arkivyskupo titulavimas)* **8** *(G.)* Gracija, Greisė *(vardas); the Graces pl mit.* gracijos
v **1** (pa)puošti *(with)* **2** pagerbti, suteikti *(garbę); to ~ smb/smth with one's presence* pagerbti ką savo dalyvavimu/atėjimu
grace-cup ['greɪskʌp] *n* taurė *(geriama pavalgius į kieno sveikatą);* paskutinė/atsisveikinimo taurė
graceful ['greɪsfəl] *a* **1** grakštus, gracingas **2** malonus, dailus
graceless ['greɪsləs] *a* **1** negrakštus; negražus, nedailus **2** netaktiškas, nemandagus
gracious ['greɪʃəs] *a* **1** maloningas, gailestingas **2** prabangus, pasiturintis
int: ~ me!, good ~! Dieve mano!, Viešpatie! *(reiškiant nustebimą, išgąstį)*
graciously ['greɪʃəslɪ] *adv* maloningai, gailestingai; maloniai, mielai; *he ~ agreed to come iron.* jis teikėsi/malonėjo ateiti

grad [græd] *amer. šnek.* = **graduate** *n* 3
gradable ['greɪdəbl] *a gram.* laipsniuojamas
gradate [grə'deɪt] *v* 1 (su)skirstyti pagal laipsnius 2 *men.* tolygiai pereiti nuo vieno atspalvio prie kito
gradation [grə'deɪʃn] *n* 1 gradacija; laipsniškumas 2 *pl* švelnūs/tolygūs perėjimai, pakopos; pereinami atspalviai 3 *kalb.* balsių kaita, ablautas *(ppr.* **vowel** ~*)*
grade [greɪd] *n* 1 laipsnis, rangas 2 rūšis, kokybė 3 *amer.* nuolydis; *high* ~ stati įkalnė/prieškalnė; *down* ~ a) žemyn, nuo kalno; b) *prk.* sumažėjęs, nusmukęs 4 *amer. mok.* klasė; *the* ~*s,* ~ *school* pradžios mokykla 5 *amer. mok.* pažymys, įvertinimas 6 *ž. ū.* kryžminimo būdu pagerinta veislė ◊ *to make the* ~ *šnek.* pasiekti reikiamą lygį; pasisekti
v 1 išdėstyti pagal rangus/laipsnius 2 rūšiuoti; *the questions are* ~*d according to difficulty* klausimai parinkti pagal sunkumą 3 *amer.* pamažu/tolygiai keistis/pereiti *(į kitą pakopą; into)* 4 *amer. mok.* (į)vertinti 5 *spec.* niveliuoti *(vietą);* profiliuoti *(kelią)* 6 *ž. ū.* gerinti veislę kryžminimo būdu ◊ *to make the* ~ pasiekti reikiamą lygį
grader ['greɪdə] *n* 1 rūšiuotojas 2 *ž. ū.* rūšiuotuvas, rūšiavimo mašina 3 *tech.* greideris 4 *amer.* pradžios mokyklos mokinys; *a fourth* ~ ketvirtos klasės mokinys
gradient ['greɪdɪənt] *n* 1 nuolydis; nuolaidumas 2 *fiz.* gradientas
gradual ['grædʒuəl] *a* laipsniškas, palaipsninis, tolygiai kintantis
n bažn. gradualas
gradually ['grædʒuəlɪ] *adv* palaipsniui, pamažu, tolygiai
graduate <*n, a, v*> *n* ['grædʒuət] 1 žmogus su aukštuoju mokslu; diplomuotas specialistas; diplomantas 2 *amer.* žmogus, baigęs *(bet kokią)* mokyklą; *college* ~ absolventas; *high-school* ~ abiturientas 3 menzūra
a trečiojo ciklo *(apie studijas ir pan.);* ~ *school amer.* magistrantūra, doktorantūra; ~ *student amer.* magistrantas, doktorantas
v ['grædʒueɪt] 1 baigti universitetą *(from)* 2 *amer.* baigti *(bet kokią)* mokyklą *(from ar be prielinksnio);* duoti diplomą, išleisti 3 (iš)dėstyti pagal gradaciją; pereiti *(prie svarbesnio)* 4 išaugti *(iki tam tikro lygio; to)* 5 graduoti, žymėti laipsnius/dalmenis *(skalėje)* 6 *chem.* (su)tirštinti skystį *(garinant)* 7 *biol.* laipsniškai/pamažu kisti, pereiti į ką kita
graduation [ˌgrædʒu'eɪʃn] *n* 1 mokyklos baigimas *(from)* 2 diplomo *ar* mokslinio laipsnio gavimas/(su)teikimas; ~ *ceremony* diplomų įteikimo iškilmės 3 gradacija 4 *chem. (skysčio)* (su)tirštinimas, garinimas 5 *spec. (skalės)* gradavimas; padala
Graeco- ['griːkəu, 'grekəu] = **Greco-**
graffiti [grə'fiːtɪ] *n pl* 1 užrašai ir piešiniai ant namų sienų, tualetuose *(džn. nepadorūs)* 2 ant sienos užrašyti lozungai
graft[1] [grɑːft] *n* 1 *bot.* skiepas; skiepūglis 2 *bot.* skiepijimas 3 *med.* transplantatas, persodintas audinys 4 *med.* transplantacija, persodinimas 5 *šnek.* triūsas, sunkus darbas
v 1 skiepyti *(augalą)* 2 *med.* transplantuoti, persodinti *(gyvą audinį)* 3 *prk.* sujungti organiškai, prijungti *(onto)* 4 *šnek.* plušti, plušėti, triūsti
graft[2] *(ypač amer.)* *n* kyšis; kyšininkavimas; papirkinėjimas
v 1 duoti kyšį; papirkti, kyšininkauti 2 imti kyšius, kyšininkauti
grafter[1] ['grɑːftə] *n* 1 skiepytojas 2 skiepijamasis peilis 3 įskiepis

grafter[2] *n (ypač amer.)* 1 kyšininkas 2 apgavikas, sukčius 3 *šnek.* smarkus darbininkas, plėšūnas
grafting ['grɑːftɪŋ] *n* skiepijimas; ~ *wax* sodo tepalas
graham ['greɪəm] *a* (iš) kvietinių miltų; ~ *flour* rupūs kvietiniai miltai
Grail [greɪl] *n: the (Holy)* ~ *mit.* Gralis, Gralio taurė
grain [greɪn] *n* 1 grūdas; *kuop.* grūdai, javai 2 *prk.* grūdas, grūdelis; kruopelė, kruopelytė; *a* ~ *of salt* druskos kruopelė; *a* ~ *of sand* smiltelė; *not a* ~ *of truth* nė grūdelio/ trupinėlio tiesos 3 grūdinga struktūra; granuliacija; grūdėtumas, grūduotumas 4 skaidula, gyslelė, fibra, pluoštas 5 *pl* žlaugtai, degtinės raugalas 6 *farm.* granas *(masės vienetas = 64,8 mg)* 7 *attr* grūdinis, grūdų; ~ *dryer [cleaner]* grūdų džiovykla [valytuvas] ◊ *against the* ~ prieš plauką, prieš *(kieno)* norą, *(kam)* ne prie širdies; *in* ~ iš prigimties; tikras, visiškas; *a fool in* ~ visiškas kvailys, kvailių kvailys; *to receive/take smth with a* ~ *of salt* žiūrėti į ką abejojamai/skeptiškai
v 1 smulkinti, skaldyti; granuliuoti 2 suteikti grūduotą paviršių; dažyti imituojant medį/marmurą 3 kaišti, grandyti *(odą)*
grain-leather [ˌgreɪnˌleðə] *n* natūrali oda su plaukais
grain-side ['greɪnsaɪd] *n* geroji/viršutinė *(kailio)* pusė
grainy ['greɪnɪ] *a* 1 nelygus, šiurkštus 2 grūdėtas, grūduotas, granuliuotas 3 grūdingas
gram[1] [græm] *n* = **gramme**
gram[2] *n* sėjamasis avinžirnis
-gram [-græm] *(sudurt. žodžiuose)* -grama; *cablegram* kablograma
graminaceous, gramineous [ˌgræmɪ'neɪʃəs, grə'mɪnɪəs] *a bot.* žolinis, žolės
graminivorous [ˌgræmɪ'nɪvərəs] *a zool.* žolėdis
gramma ['græmə] *n bot.* ganyklinė žolė *(t. p.* ~ *grass)*
grammar ['græmə] *n* 1 *(įv. reikšm.)* gramatika; *a German* ~ vokiečių kalbos gramatika *(knyga);* *to use bad* ~ daryti gramatinių klaidų 2 mokslo pradmenys
grammarian [grə'mɛərɪən] *n* gramatikas
grammar-school ['græməskuːl] *n* 1 vidurinė klasikinė mokykla 2 *amer.* pradžios mokykla
grammatical [grə'mætɪkl] *a* gramatinis; gramatiškas
grammaticality [ˌgræmətɪ'kælətɪ] *n kalb.* gramatiškumas *(formos)* taisyklingumas
gramme [græm] *n* gramas
gramophone ['græməfəun] *n* gramofonas; patefonas
Grampians ['græmpɪənz] *n* Grampiano kalnai
gramps [græmps] *n (tik v.) vaik.* senelis
grampus ['græmpəs] *n* 1 *zool.* šiaurės delfinas 2 šnarpšlys, šnerkšlys
gran [græn] *n šnek.* senelė, močiutė
granadilla [ˌgrænə'dɪlə] *n bot.* kryžiažiedė
granary ['grænərɪ] *n* 1 svirnas, klėtis 2 aruodas *prk.,* derlingas rajonas
grand [grænd] *a* 1 grandiozinis, milžiniškas; įspūdingas, didingas 2 didysis *(t. p. tituluose);* ~ *prix* [ˌgrɔn'priː] *pr.* didysis prizas; *G. Duke* didysis kunigaikštis 3 kilnus, taurus; orus; ~ *lady* kilminga dama 4 pagrindinis, svarbiausias; ~ *question* svarbus klausimas; ~ *slam sport.* visų pagrindinių sezono susitikimų/turnyrų laimėjimas 5 prašmatnus, prabangus; puošniai apsirengęs 6 įžymus, žinomas; *the G. Old Man of British theatre* britų teatro grandas 7 išdidus, išpuikęs; *to do the* ~ *šnek.* didžiuotis; *she's very* ~ ji vaizduoja didelę ponią 8 *šnek.* šaunus, puikus; *that's* ~*!* puiku! 9 bendrasis; visa apimantis; *the* ~ *total* bendroji suma 10 *teis.* stambus, didelis; ~ *larceny* didelė vagystė

n šnek. **1** fortepijonas, rojalis *(t. p. ~ piano)* **2** *(pl ~)* tūkstantis svarų sterlingų; *amer.* tūkstantis dolerių

grandad ['grændæd] *n (tik v.) šnek.* **1** senelis **2** senis *(kreipiantis)*

grandchild ['græntʃaɪld] *n (pl* grandchildren ['græn‚tʃɪldrən]) vaikaitis

granddad ['grændæd]] *n (ypač amer.)* = **grandad**

grand(d)addy ['grændædɪ] *n amer. šnek.* **1** *(tik v.)* senelis **2** *(ko)* didysis autoritetas/pradininkas *(of)*

granddaughter ['græn‚dɔːtə] *n* dukraitė

grandee [græn'diː] *n (tik v.)* **1** didikas, didžiūnas **2** *ist.* grandas *(Ispanijoje, Portugalijoje)*

grandeur ['grændʒə] *n* **1** didingumas, didybė; kilnybė **2** puikybė, prabanga

grandfather ['grænd‚fɑːðə] *n (tik v.)* senelis

grandiloquence [græn'dɪləkwəns] *n (kalbos)* išpūstumas, pompastiškumas

grandiloquent [græn'dɪləkwənt] *a* išpūstas, pompastiškas

grandiose ['grændɪəus] *a* **1** grandiozinis, didžiulis, didingas **2** *(džn. menk.)* išpūstas, pretenzingas

grandiosity [‚grændɪ'ɔsətɪ] *n* **1** didingumas, grandioziškumas **2** *(džn. menk.)* išpūstumas

grandma ['grænmɑː] *n šnek.* senelė

grandmamma ['grænməmɑː] *n psn.* = **grandma**

grandmaster [græn'mɑːstə] *n šach.* didmeistris

grandmother ['græn‚mʌðə] *n* senelė, močiutė ◊ *to teach one's ~ (to suck eggs)* ≡ kiaušinis vištą moko *v* lepinti

grandmotherly ['græn‚mʌðəlɪ] *a* **1** motiniškas, rūpestingas, geras **2** *(per daug)* smulkmeniškas

grandpa ['grænpɑː] *n (tik v.) šnek.* senelis

grandpapa ['grænpəpɑː] *n psn.* = **grandpa**

grandparent ['græn‚pɛərənt] *n* senelis, senelė; *pl* senelis ir senelė, seneliai

grandson ['grænsʌn] *n (tik v.)* vaikaitis

grandstand ['grændstænd] <*n, a, v*> *n* **1** centrinė tribūna *(stadione ir pan.)* **2** žiūrovai *a amer. šnek.* tik žiūrovams/publikai *(ypač apie žaidimą)* *v amer. šnek.* siekti efekto, stengtis *(kuo)* pasirodyti

grandstanding ['grænd‚stændɪŋ] *n amer.* pasirodymas dėl efekto, pozavimas

grange [greɪndʒ] *n* **1** sodyba, vienkiemis **2** *(G.) amer.* fermerių asociacija

granite ['grænɪt] *n* granitas

granitic [grə'nɪtɪk] *a* granito, granitinis

grannie, granny ['grænɪ] *n šnek.* **1** močiutė, senelė **2** senutė

granola [grə'nəulə] *n amer.* javainis *(saldus grūdų ir sėklų mišinys su riešutais pusryčiams)*

grant [grɑːnt] *n* **1** dotacija, subsidija, pašalpa *(t. p. ~ aid)* **2** stipendija *(ppr. student ~)* **3** oficialus suteikimas, (pa)dovanojimas **4** sutikimas, leidimas *v* **1** duoti *(dotaciją, subsidiją ir pan.); to ~ a credit* kredituoti, suteikti kreditą; *he was ~ed a pension* jam paskyrė pensiją **2** (pa)dovanoti; suteikti; *to ~ a title [a degree]* suteikti vardą [laipsnį] **3** sutikti; patenkinti *(prašymą ir pan.)* **4** manyti, būti įsitikinusiam; pripažinti; *to ~ that smb is right* manyti *ar* būti tikram, kad kas teisus; *I ~ (you) the force of your argument* pripažįstu jūsų argumento stiprumą ◊ *to take it for ~ed* ≡ priimti už gryną pinigą; laikyti savaime suprantamu dalyku; *to take nothing for ~ed* niekuo netikėti be įrodymų; *to take too much for ~ed* būti pernelyg geros nuomonės apie save, per daug sau leisti

grant-aid ['grɑːnteɪd] *v* subsidijuoti, duoti dotaciją

granted ['grɑːntɪd] *adv, conj* atsižvelgiant į *(tai);* net jeigu *(ppr. ~ that)*

grantee [‚grɑː'ntiː] *n* **1** apdovanotasis **2** *teis.* cesionarijus *(asmuo, tapęs kreditoriumi pagal cesiją)*

grant-in-aid ['grɑːntɪn'eɪd] *n (pl* grants ['grɑːnts-]) dotacija, subsidija

granting ['grɑːntɪŋ] = **granted** *conj*

grant-maintained ['grɑːntmeɪn'teɪnd] *a* valstybės subsidijuojamas *(apie mokyklą)*

grantor ['grɑːntə] *n* **1** dovanojantysis **2** *teis.* cedentas *(asmuo, perduodantis nuosavybės teisę)*

granular ['grænjulə] *a spec.* granuliuotas; grūdėtas, grūduotas

granulate ['grænjuleɪt] *v* **1** smulkinti, skaldyti **2** *spec.* granuliuoti

granulated ['grænjuleɪtɪd] *a* **1** = **granular** **2** susmulkintas; *~ sugar* smulkusis cukrus

granulation [‚grænju'leɪʃn] *n* **1** *spec.* granuliavimas **2** *med.* granuliacija **3** smulkinimas

granulator ['grænjuleɪtə] *n tech.* granuliatorius

granule ['grænjuːl] *n* **1** grūdelis **2** *spec.* granulė

grape [greɪp] *n* vynuogė; *to bring in, ar to harvest, the ~s* nuimti vynuogių derlių ◊ *it/that is sour ~s šnek.* ≡ vynuogės rūgščios *(kalbant apie nepasiekiamą dalyką)*

grape-cold ['greɪpkəuld] *n med.* šieno sloga

grapefruit ['greɪpfruːt] *n bot.* greipfrutas

grapery ['greɪpərɪ] *n* vynuogių oranžerija; vynuogynas

grapeshot ['greɪpʃɔt] *n kar. ist.* kartečė

grape-sugar ['greɪpˌʃugə] *n* vynuogių cukrus, gliukozė

grapevine[1] ['greɪpvaɪn] *n* **1** vynuogienojas **2** *bot.* tikrasis vynmedis

grapevine[2] *n* slaptas žinių perdavimo būdas *(t. p. ~ telegraph);* netikros žinios, gandai; *I heard on the ~ that...* girdėjau *ar* kas sakė, kad...

graph [græf] *n* **1** diagrama, grafikas, kreivė **2** *mat.* grafas **3** *attr: ~ paper* milimetrinis popierius *v* vaizduoti diagramoje

-graph [-grɑːf] *(t. p. -ografy) (sudurt. žodžiuose)* **1** -grafija, -grafas *(žymint tai, kas parašyta/pavaizduota); monograph* monografija; *autograph* autografas **2** -grafas *(žymint užrašymo prietaisą/aparatą); phonograph* fonografas

grapheme ['græfiːm] *n kalb.* grafema

graphic ['græfɪk] *a* **1** grafinis, grafiškas; *~ symbol* grafinis ženklas, rašmuo; *~ arts* vaizduojamasis menas, grafika **2** (pa)vaizdus, vaizdingas

graphics ['græfɪks] *n* **1** grafika *(t. p. kalb.)* **2** *pl* piešiniai, brėžiniai

graphite ['græfaɪt] *n* grafitas

graphology [grə'fɔlədʒɪ] *n* grafologija

-graphy [-grəfɪ] *(t. p. -ography) (sudurt. žodžiuose)* -grafija; *bibliography* bibliografija; *calligraphy* kaligrafija

grapnel ['græpnəl] *n jūr.* **1** kobinys, abordažinis kablys **2** nedidelis inkaras *(keturnagis, penkianagis)*

grapple ['græpl] *n* **1** = **grapnel** 1 **2** grumtynės, imtynės *v* **1** susikibti, susiimti *(with – su)* **2** grumtis *(su sunkumais ir pan.); to ~ with a task [a question]* bandyti išspręsti uždavinį [klausimą] **3** *amer.* sugriebti, pagriebti

grasp [grɑːsp] *n* **1** (su)griebimas; (su)spaudimas; *to hold smth in one's ~* laikyti ką tvirtai (suspaudus) **2** supratimas, suvokimas; *it is beyond my ~* to aš negaliu suprasti, tai man nesuprantama **3** rankena ◊ *within smb's ~* a) arti; pasiekiamas; b) kieno valioje/valdžioje; *to take a ~ on oneself* susitvardyti

v **1** (su)griebti, pagriebti; suspausti *(ranka)* **2** nusitverti, griebtis *(at – už; t. p. prk.); to ~ an opportunity* greit pasinaudoti proga **3** suprasti, perprasti; pagauti; suvokti; *I can't ~ your meaning* nesuprantu, ką turite galvoje ◊ *~ all, lose all* ≅ du kiškius vysi, nė vieno nepagausi

grasper ['grɑːspə] *n* glemžikas, savanaudis

grasping ['grɑːspɪŋ] *a* **1** grabus, kibus **2** *menk.* gobšus, godus, besotis

grass [grɑːs] *n* **1** žolė; *a blade of ~* žolės stiebelis, žolelė; *holy ~ bot.* stumbražolė; *yellow ~ bot.* gelsvasis saidrenis **2** veja, gazonas **3** ganykla; *to be at ~* a) ganytis; b) *prk. šnek.* poilsiauti; dykinėti, būti be darbo; *to put/send to ~* a) varyti į ganyklą; b) *prk. šnek.* išleisti į poilsį **4** *šnek.* skundikas *(skundžiantis kitus nusikaltėlius)* **5** *šnek.* marihuana; hašišas ◊ *not to let ~ grow under one's feet šnek.* negaišti; veikti greitai ir energingai; *to put/turn out to ~ šnek.* atleisti *(iš darbo); to hear the ~ grow* turėti jautrią klausą; *go to ~!* eik velniop!; *~ is always greener on the other side of the fence/hill* ≅ ten gera, kur mūsų nėra

v **1** užželti; apsėti žole; uždengti/iškloti velėna **2** ganytis; ginti į ganyklą **3** pakloti, išdraikyti *(ant žolės)* **4** *šnek.* parblokšti; pašauti *(paukštį)* **5** *šnek.* įskųsti *(kitus nusikaltėlius; on)* ☐ *~ over* užželdinti *(žole)*

grass-cutting ['grɑːsˌkʌtɪŋ] *n av. šnek.* skutamasis skridimas

grass-feeding ['grɑːsˌfiːdɪŋ] *a* žolėdis

grasshopper ['grɑːsˌhɔpə] *n* **1** žiogas; *(amer. t. p.)* skėrys **2** *kar. šnek.* lengvas lėktuvas *(ryšiams, žvalgybai)* ◊ *knee-high to a ~ juok.* mažutis *(ypač apie vaiką)*

grassing ['grɑːsɪŋ] *n ž. ū.* pievų želdinimas, pavertimas pievomis

grassland ['grɑːslænd] *n* pieva, ganykla; žolynas

grass-plot [ˌgrɑːs'plɔt] *n* veja, pievelė, žolynas

grassroots [ˌgrɑːs'ruːts] *n pl* **1** eiliniai nariai, paprasti žmonės, liaudis **2** pagrindai

a stichiškai kilęs, masinis

grass-snake ['grɑːssneɪk] *n zool.* žaltys

grass-wrack ['grɑːsræk] *n bot.* jūrų žolė, jūrinis andras

grassy ['grɑːsɪ] *a* žolėtas, žolingas, žolinis, žoliškas

grate[1] [greɪt] *n* **1** *(krosnies, židinio)* grotelės **2** židinys **3** *tech.* ardynas **4** *stat.* sijynas, rostverkas

grate[2] *v* **1** trinti; brazduoti; *~d carrot* trintos/brazduotos morkos **2** griežti *(dantimis)* **3** čerškėti, džerškėti; džerškinti **4** erzinti, erzinančiai veikti *(on, upon); it ~s on/upon my ear* tai man ausį rėžia

grate-bar ['greɪtbɑː] *n tech.* ardeliai

grateful ['greɪtfəl] *a* **1** dėkingas *(to – kam, for – už);* *with ~ thanks* su nuoširdžiausiu dėkingumu **2** padėkos, dėkojamasis *(apie laišką ir pan.)* **3** malonus, gaivinamasis

gratefulness ['greɪtfəlnɪs] *n* **1** dėkingumas **2** malonumas

grater ['greɪtə] *n* **1** trintuvė, brazduoklė, tarka **2** *tech.* trintuvas

gratification [ˌgrætɪfɪ'keɪʃn] *n* **1** patenkinimas; pasitenkinimas; *much to my ~* mano dideliam pasitenkinimui **2** atsilyginimas, atpildas; dovana

gratify ['grætɪfaɪ] *v* **1** patenkinti *(norą, smalsumą)* **2** suteikti malonumą; džiuginti *(akį); pass* džiaugtis **3** pataikauti, nuolaidžiauti

gratifying ['grætɪfaɪɪŋ] *a* malonus, keliantis pasitenkinimą; *it is ~ to know that...* malonu išgirsti, kad...

grating[1] ['greɪtɪŋ] *n* **1** grotos, grotelės; *pile ~ stat.* grotinis rostverkas **2** *fiz.* gardelė

grating[2] *n* čerškėjimas; *(dantų)* griežimas

a **1** čerškantis, džerškantis, gergždžiantis **2** erzinantis, nemalonus

gratis ['grætɪs, 'greɪtɪs] *lot. adv* nemokamai, veltui, dykai

gratitude ['grætɪtjuːd] *n* dėkingumas

gratuitous [grə'tjuːɪtəs] *a* **1** nemokamas, neatlyginamas **2** be pagrindo, nereikalingas; *~ insult* nepelnytas įžeidimas

gratuity [grə'tjuːɪtɪ] *n* **1** *(piniginė)* dovana, atsidėkojimas *(išeinančiam iš darbo; t. p. kar.)* **2** arbatpinigiai **3** kyšis

gravamen [grə'veɪmen] *n teis.* **1** skundas **2** kaltinimo esmė

grave[1] [greɪv] *n* kapas; *(prk. t. p.)* mirtis; *to sink into the ~* nueiti į kapą; *in one's ~* kapuose, miręs; *beyond the ~* po mirties ◊ *with one foot in the ~* ≅ viena koja karste; *smb is walking on my ~* kažko mane drebulys/šiurpas ima/krato; *smb would turn/spin in one's ~* ≅ apsiverstų karste *(girdėdamas, žinodamas)*

grave[2] *a* **1** rimtas, svarus; *~ concern* rimtas susirūpinimas **2** svarbus; orus, solidus; *to look ~* atrodyti oriai **3** įtakingas **4** grėsmingas, sunkus **5** liūdnas; tamsus *(apie spalvas)* **6** žemas *(apie toną)* **7** [grɑːv] *fon.* kairinis *(apie kirtį)*

n [grɑːv] *fon.* kairinis kirtis

grave[3] *v* (graved; graved, graven) **1** įstrigti *(atmintyje),* (pa)daryti įspūdį *(on, in)* **2** *psn.* graviruoti; raižyti

gravedigger ['greɪvˌdɪgə] *n* **1** duobkasys **2** *zool.* maitvabalis *(t. p. ~ beetle)*

gravel ['grævəl] *n* **1** žvyras, žvirgždas **2** auksingasis smėlis **3** *med.* šlapimo smėlis

v (-ll-) **1** žvyruoti; *~led road* žvyruotas kelias **2** (pa)statyti į keblią padėtį, (su)gluminti

gravel-blind ['grævəlˌblaɪnd] *a* beveik aklas, pusaklis

gravelly ['grævlɪ] *a* **1** žvyrinis, žvyringas **2** žvyruotas; žvyringas **3** gergždžiantis *(apie balsą)*

graven ['greɪvn] *pII žr.* **grave**[3]

a knyg. iškaltas; *~ image* stabas, dievaitis

graver ['greɪvə] *n* **1** raižiklis, kaltas **2** *psn.* raižytojas, graveris

graverobber ['greɪvˌrɔbə] *n* kapinių plėšikas

Graves' [greɪvz] *n: ~ disease* Bazedovo liga

graveside ['greɪvsaɪd] *n: at the ~* prie kapo

gravestone ['greɪvstəun] *n* antkapis

graveyard ['greɪvjɑːd] *n* **1** kapinės, šventorius **2** *prk. (automobilių ir pan.)* kapynas ◊ *~ shift (ypač amer.)* naktinė pamaina *(prasidedanti nuo 12 val. nakties)*

gravid ['grævɪd] *a zool.* vaikinga; *knyg.* nėščia

gravitas ['grævɪtæs] *n* orumas, rimtumas

gravitate ['grævɪteɪt] *v* **1** būti traukiamam *(towards; t. p. fiz.); to ~ to the bottom* grimzti/eiti į dugną **2** traukti, veržtis *(to, towards – prie, į); young people tend to ~ towards cities* jaunimą traukia dideli miestai

gravitation [ˌgrævɪ'teɪʃn] *n fiz.* svorio jėga; gravitacija, visuotinė trauka; *the law of ~* visuotinės traukos dėsnis

gravitational [ˌgrævɪ'teɪʃnəl] *a fiz.* gravitacinis; *~ field* gravitacijos laukas

gravity ['grævətɪ] *n* **1** rimtumas, svarba **2** orumas **3** *(padėties, ligos ir pan.)* sunkumas, pavojingumas **4** *fiz.* sunkio jėga, sunkis, sunkumas; *centre of ~* svorio centras; *zero ~* nesvarumas

gravure [grə'vjuə] *n* fotograviūra, heliograviūra

gravy ['greɪvɪ] *n* **1** *(riebus)* padažas **2** *(ypač amer.) šnek.* neteisėtos pajamos, netikėtas/lengvas pasipelnymas; nelaukta sėkmė

gravy-boat ['greɪvɪbəut] *n* padažinė

gray [greɪ] *amer.* = **grey**[1] *a, n, v*

Gray [greɪ] *n: Thomas ~* Tomas Grėjus *(anglų poetas)*

grayling ['greɪlɪŋ] *n zool.* kiršlys *(žuvis)*

graze[1] [greɪz] *n* **1** užkliudymas, (pa)lietimas **2** įdrėskimas

v **1** (pa)liesti, prisiliesti; (už)kliudyti **2** į(si)drėksti, nu(si)drėksti; nu(si)brozdinti **3** *tel.* perjunginėti kanalus *(trumpai pažiūrint)*

graze² v **1** ganyti(s); ėdrauti, ėdinėti *(žolę)* **2** panaudoti ganyklai **3** valginėti/kąsnoti visą dieną
grazer ['greɪzə] n **1** ganomas gyvulys **2** pl įganomi gyvuliai
grazier ['greɪzɪə] n gyvulininkas, gyvulių augintojas
graziery ['greɪzɪərɪ] a *(gyvulio)* įganymas, atganymas; gyvulių priežiūra
grazing ['greɪzɪŋ] n **1** ganykla *(t. p.* ~ **land)** **2** ganymas
grease [griːs] n **1** taukai; riebalai; *in* ~, *in prime/pride of* ~ riebus (ir tinkamas mėsai) *(apie medžiojamuosius žvėris)* **2** *(tirštas)* tepalas **3** *vet.* gruodas, gangreninis dermatitas
v *[t. p.* griːz] (iš)tepti, patepti *(riebalais ir pan.)*; riebaluoti, taukuoti ◊ *like ~d lightning šnek.* žaibiškai
grease-box ['griːsbɔks] n *tech.* tepalinė
grease-gun ['griːsɡʌn] n *tech.* tepalo švirkštas
grease-monkey ['griːsˌmʌŋkɪ] n *amer. šnek. (automobilių, lėktuvų)* mechanikas
greasepaint ['griːspeɪnt] n *teatr.* grimas
greaseproof ['griːspruːf] a nelaidus riebalams; ~ *paper* pergamentinis popierius
greaser ['griːsə] n **1** tepėjas **2** teptuvas, tepamasis prietaisas **3** *šnek.* rokeris *(motociklininkas)* **4** *amer. niek.* meksikietis
greasy ['griːsɪ] a **1** taukuotas, riebaluotas; riebus **2** glitus *(apie kelią)* **3** *prk.* šleikštus; meilikaujantis; nepatikimas **4** neplautas *(apie vilnas)*
great [greɪt] <a, n, adv> a **1** didysis, didis; *Vytautas the G.* Vytautas Didysis **2** didelis; *šnek.* didžiulis *(t. p.* ~ *big)*; ~ *patience* didelė/didžiulė kantrybė; *a* ~ *fire* didžiulė ugnis; *he's a* ~ *theatre-goer* jis labai mėgsta teatrą **3** aukštas, kilnus *(apie tikslą, idėją ir pan.)* **4** stiprus, didelis; ~ *heat* didelis karštis **5** puikus, nuostabus, žavus; *that's* ~*!* tai puiku!; *I feel* ~ *this morning* šįryt aš jaučiuosi nuostabiai **6** ilgas; *a* ~ *while* ilgai, ilgą laiką **7** *predic* sumanus, įgudęs *(at); he is* ~ *at tennis* jis gerai žaidžia tenisą **8** *predic* suprantantis, išmanantis *(on)* **9** *predic* tinkamas *(for)* ◊ ~ *dozen* velnio tuzinas *(trylika);* ~ *with child bibl.* nėščia
n **1** (*the ~s*) *kuop.* didžiūnai, galiūnai **2** (*the ~s*) didieji rašytojai/artistai/sportininkai **3** *pl* paskutinis bakalauro laipsnio egzaminas *(Oksforde)*
adv šnek. labai gerai; *everything's going* ~ viskas eina kaip sviestu patepta
great- [greɪt-] *(sudurt. žodžiuose)* pro- *(žymint giminystės ryšius); great-grandchild* provaikaitis, proanūkis
great-aunt ['greɪtɑːnt] n protetė; senelio/senelės sesuo
greatcoat ['greɪtkəʊt] n **1** *(vyriškas)* paltas **2** *kar.* milinė
greater ['greɪtə] a **1** *comp žr.* great a **2** *attr* didysis *(ypač geogr. pavadinimuose);* ~ *London* Didysis Londonas
great-grandchild [ˌgreɪt'grænt͡ʃaɪld] n (pl -children [-ˌt͡ʃɪldrən]) provaikaitis, proanūkis
great-granddaughter [ˌgreɪt'grænˌdɔːtə] n produkraitė
great-grandfather [ˌgreɪt'grænˌfɑːðə] n *(tik v.)* prosenelis
great-grandmother [ˌgreɪt'grænˌmʌðə] n prosenelė
great-grandson [ˌgreɪt'grænsʌn] n prosūnaitis
great-great-grandfather ['greɪtˌgreɪt'grænˌfɑːðə] n *(tik v.)* proprosenelis
great-hearted ['greɪt'hɑːtɪd] a didžiadvasi(ška)s, kilniaširdi(ška)s
greatly ['greɪtlɪ] adv **1** labai, didžiai; žymiai; *he is* ~ *the better player* jis žymiai/daug geriau žaidžia **2** kilniai
greatness ['greɪtnɪs] n **1** didumas **2** didybė; didingumas
great-uncle ['greɪtˌʌŋkl] n prodėdė; senelio/senelės brolis
greaves¹ [griːvz] n *pl ist.* antblauzdiniai šarvai, antblauzdžiai

greaves² n *pl* spirgai, spirgučiai, spirginiai
grebe [griːb] n *zool.* kragas; *great crested* ~ ausytasis kragas
Grecian ['griːʃn] a graikiškas *(apie stilių)* ◊ ~ *horse* Trojos arklys
Greco- ['griːkəʊ-] *(sudurt. žodžiuose)* graikų; *Greco-Roman* graikų ir romėnų
Greece [griːs] n Graikija *(valstybė)*
greed [griːd] n godumas, gobšumas *(for)*
greediness ['griːdɪnɪs] n **1** godumas, gobšumas **2** ėdrumas, rajumas
greedy ['griːdɪ] a **1** godus; trokštantis *(for, of);* ~ *for/of fame/honours* trokštantis garbės, garbėtroška **2** ėdrus, rajus; *he's a* ~ *pig šnek.* jis — besotis/apsirijėlis
greedy-guts ['griːdɪɡʌts] n *šnek.* rajūnas, apsirijėlis
Greek [griːk] n **1** graikas **2** graikų kalba ◊ *it's all* ~ *to me šnek.* tai man visai nesuprantama
a graikiškas, graikų; Graikijos
green [griːn] <a, n, v> a **1** žalias; *invisible* ~ melsvai/gelsvai žalias; ~ *crop* žaliasis pašaras; ~ *light* a) *(šviesoforo)* žalia šviesa; b) leidimas, patvirtinimas *(projekto ir pan.); to turn* ~ *(with envy)* pažaliuoti (iš pykčio) **2** nesunokęs, nesubrendęs, žalias; ~ *apple* žalias obuolys; ~ *brick* žalia/nedegta plyta; ~ *wound* šviežia žaizda **3** jaunas, žalias, pilnas jėgų **4** neprityręs, žalias; naivus; ~ *hand* naujokas *(darbe)* **5** išblyškęs, liguistas **6** augalinis *(apie maistą);* ekologiškai švarus ◊ *to have* ~ *fingers, amer. to have a* ~ *thumb* būti geru sodininku
n **1** žalia spalva; žaluma(s); žali dažai; *dressed in* ~ apsirengęs žaliais drabužiais **2** žalia pievelė, veja **3** *pl* žalumynai; žalėsiai, daržovės **4** jaunystė, jėga; *in the* ~ pačiame pajėgume **5** (*the Greens*) *polit.* žalieji **6** *amer. šnek.* pinigai, doleriai ◊ *do you see any* ~ *in my eye?* argi aš atrodau toks lengvatikis?
v **1** žal(iuo)ti **2** žalinti, dažyti žalia spalva; apželdinti **3** *šnek.* apgaudinėti ⬜ ~ *out* leisti atžalas
Green [griːn] *n: Robert* ~ Robertas Grynas *(anglų rašytojas)*
greenback ['griːnbæk] n *amer.* banknotas; *pl* popieriniai pinigai
green-belt ['griːnbelt] n žalioji juosta *(aplink miestą)*
green-blindness ['griːn'blaɪndnɪs] n daltonizmas
greener ['griːnə] n *šnek.* **1** naujokas; neprityręs žmogus **2** geltonsnapis **3** neseniai atvykęs imigrantas
greenery ['griːnərɪ] n žalumynai; žaluma
green-eyed ['griːn'aɪd] a **1** žaliaakis **2** *prk.* pavydus; ~ *monster* pavydas
greenfinch ['griːnfɪntʃ] n *zool.* žaliukė *(paukštis)*
greenfly ['griːnflaɪ] n *zool.* amaras, sausis
greengage ['griːngeɪdʒ] n renklodas *(slyvų veislė)*
greengrocer ['griːnˌgrəʊsə] n daržovių ir vaisių pardavėjas; ~*'s* daržovių ir vaisių parduotuvė
greengrocery ['griːnˌgrəʊsərɪ] n **1** žalumynai; daržovės, vaisiai *(kaip prekės)* **2** žalumynų auginimas *(verslas)*
greenhorn ['griːnhɔːn] n *šnek.* **1** naivuolis, neišmanėlis; geltonsnapis **2** naujokas
greenhouse ['griːnhaʊs] n šiltnamis, oranžerija; ~ *effect meteor.* šiltnamio reiškinys; ~ *gas* dujos, sukeliančios šiltnamio reiškinį; ~ *thrips zool.* šiltadaržinis tripsas
greenish ['griːnɪʃ] a žalsvas
greenland ['griːnlənd] n ž. ū. ganykla, pieva
Greenland ['griːnlənd] n Grenlandija *(sala);* ~ *shark zool.* poliarinis ryklys
Greenlandic [ˌgriːn'lændɪk] a grenlandiškas; Grenlandijos
greenlight ['griːnlaɪt] n duoti leidimą pradėti *(ką)*

greenness ['gri:nɪs] *n* **1** žalumas, žaluma **2** neprityrimas; nesubrendimas
green-peak ['gri:npi:k] *n zool.* žalioji meleta
greenroom ['gri:nrum] *n* **1** *teatr. (artistų)* poilsio kambarys **2** nebaigtos produkcijos sandėlis *(fabrike)*
greenshank ['gri:nʃæŋk] *n zool.* žaliakojis tulikas
greensickness ['gri:nˌsɪknɪs] *n med.* žalsvoji liga, chlorozė
greenstone ['gri:nstəun] *n* **1** *geol.* žalios spalvos uolienos: dioritas, diabazas, žaliasis porfyras *ir pan.* **2** *min.* nefritas
greenstuff ['gri:nstʌf] *n* daržovės, žalumynai
greensward ['gri:nswɔ:d] *n psn., knyg.* velėna
greenweed ['gri:nwi:d] *n bot.* prožirnis
Greenwich ['grenɪtʃ, 'grɪnɪdʒ] *n* Grinvičas *(miestas);* ~ **Mean Time** *(sutr.* GMT) vidutinis Grinvičo laikas
greenwood ['gri:nwud] *n* sulapojęs miškas ◊ *to go to the ~* tapti plėšiku
greeny ['gri:nɪ] *n* žalsvas
greenyard ['gri:njɑ:d] *n* užtvara nuo bandos nuklydusiems gyvuliams
greet[1] [gri:t] *v* **1** sveikinti(s); *they ~ed one another* jie pasisveikino **2** sutikti *(šūksniais ir pan.; with)* **3** atsiverti *(prieš akis);* pasigirsti, pasiekti *(apie garsą, kvapą)*
greet[2] *v škot.* verkti
greeting ['gri:tɪŋ] *n* **1** (pasi)sveikinimas; *birthday ~s* sveikinimai gimtadienio proga; *~s!* sveikinu! *(susitikus); give him my ~s* perduokite jam linkėjimų **2** sutikimas *(aplodismentais ir pan.)*
gregarious [grɪ'gɛərɪəs] *a* **1** kaimenės, bandos; gyvenantis kaimenėmis/bendruomenėmis **2** draugus, visuomeniškas
Gregorian [grɪ'gɔ:rɪən] *a* Grigaliaus, Grigorijaus; *~ calendar* Grigaliaus kalendorius
Gregory ['gregərɪ] *n* Grigalius, Grigorijus, Gregoris *(vardas)*
gremlin ['gremlɪn] *n šnek.* piktasis gnomas, atnešantis nesėkmę lakūnui/vairuotojui
Grenada [grə'neɪdə] *n* Grenada *(valstybė)*
grenade [grə'neɪd] *n* **1** granata **2** gesintuvas
grenadier [ˌgrenə'dɪə] *n* **1** *kar.* grenadierius **2** *zool.* ilgauodegė *(žuvis)*
grenadine ['grenədi:n] *n* **1** sodo gvazdikas **2** granatų sirupas
gressorial [gre'sɔ:rɪəl] *a zool.* vaikščiojamasis, skirtas vaikščioti *(apie paukščių/vabzdžių galūnes)*
Greta ['gri:tə, 'gretə] *n* Greta, Grytė *(vardas)*
grew [gru:] *past žr.* **grow**
grey[1] [greɪ] *<a, n, v> a* **1** pilkas *(t. p. prk.); a ~ sky* pilkas dangus; *~ life prk.* pilkas gyvenimas **2** žilas; *to turn/go ~* (pra)žilti **3** pabalęs, išblyškęs **4** niūrus, tamsus; liūdnas *n* **1** pilka spalva; pilkuma **2** žili plaukai, žilė **3** pilkas kostiumas **4** širmis, širvis
v **1** pilkėti; pilkinti **2** žilti; žildyti **3** senti *(apie šalies gyventojus)*
grey[2] *n fiz.* grėjus *(spinduliavimo dozės vienetas)*
greyback ['greɪbæk] *n zool.* pilkoji varna
greybeard ['greɪbɪəd] *n* **1** *(tik v.)* žilabarzdis (senelis); pagyvenęs žmogus **2** molinis ąsotis *(svaigalams)*
grey-coat [greɪkəut] *n* **1** kareivis pilka miline **2** *amer. ist. (1861-65 m. pilietinio karo)* Pietų armijos kareivis
grey-haired ['greɪ'hɛəd] *a* žilaplaukis
grey-headed ['greɪ'hedɪd] *a* žilagalvis, senas
greyhen ['greɪhen] *n zool.* teterva
greyhound ['greɪhaund] *n* **1** kurtas *(šuo)* **2** greitasis okeaninis garlaivis *(t. p. ocean ~)* **3** *amer.* greitasis tarpmiestinis autobusas
greyish ['greɪɪʃ] *a* **1** pilkšvas **2** žilsvas, žilstelėjęs

greylag ['greɪlæg] *n zool.* laukinė žąsis *(t. p. ~ goose)*
grid [grɪd] *n* **1** grotelės **2** *(gatvių ir pan.)* kvadratinis išsidėstymas **3** *rad., tel.* tinklelis; *control ~* valdymo tinklelis **4** *el.* akumuliatoriaus plokštelė **5** *el.* energetinė sistema *(t. p. power ~)* **6** *aut.* lenktynių starto vieta **7** *amer. šnek.* = **gridiron** 5
griddle ['grɪdl] *n* **1** keptuvė *(su rankena);* geležinis lakštas kepti ant ugnies **2** *kas.* retas sietas rūdai
griddlecake ['grɪdlkeɪk] *n amer.* paplotėlis
gride [graɪd] *knyg. n* gergždimas, girgždesys
v **1** gergždžiamai įsirėžti *(ppr. ~ along/through)* **2** skausmingai įsibesti
gridiron ['grɪdaɪən] *n* **1** gardelės *(kepimo grotelės su rankena);* geležinė keptuvė *(mėsai/žuviai kepti)* **2** *(kelių ir pan.)* tinklas **3** *teatr.* kryžkreižės *(dekoracijoms tvirtinti)* **4** *jūr.* doko narvelis **5** *amer.* futbolo aikštė ◊ *to be on the ~* nerimauti ≡ sėdėti kaip ant žarijų
gridlock ['grɪdlɔk] *n (ypač amer.)* **1** automobilių kamšatis/spūstis *(prie sankryžos)* **2** *prk.* aklavietė
grief [gri:f] *n* **1** širdgėla, sielvartas *(over, at)* **2** bėda; *to come to ~* a) įkliūti į bėdą; b) baigti(s) blogai; c) žlugti *(apie planus)* ◊ *good ~!* ≡ Dieve mano! *(reiškiant nustebimą/nepasitenkinimą); to give smb ~ šnek.* ≡ duoti kam pylos/vėjo
grief-stricken ['gri:fstrɪkn] *a* susisielojęs, susikrimtęs
grievance ['gri:vəns] *n* **1** skriauda, nuoskauda *(against); to air one's ~s* išsakyti/papasakoti savo skriaudas; *~ committee* konfliktų komisija **2** nusiskundimas; *what is your ~?* kuo skundžiatės? **3** *teis.* skundas darbovietės administracijai
grieve [gri:v] *v* **1** sukelti sielvartą, nuliūdinti; *it ~s me that...* man liūdna, kad... **2** sielvartauti, sielotis, liūdėti; *I ~ for your loss* aš liūdžiu dėl jūsų praradimo
grievous ['gri:vəs] *a* **1** sielvartingas, liūdnas **2** sunkus, skausmingas *(apie žaizdą ir pan.)* **3** keliantis pasipiktinimą, didžiulis *(apie klaidą, neteisybę ir pan.)*
griffin ['grɪfɪn] *n mit.* grifas
Griffith ['grɪfɪθ] *n* Grifitas *(vardas, pavardė)*
griffon ['grɪfən] *n* **1** grifonas *(šunų veislė)* **2** *zool.* (palšasis) grifas *(t. p. ~ vulture)*
grifter ['grɪftə] *n amer. šnek.* sukčius
grig [grɪg] *n* **1** *zool. (upinis)* ungurys **2** žiogas; svirplys ◊ *as merry/lively as a ~* linksmas kaip žiogelis, labai linksmas/juokingas/gyvas
grill[1] [grɪl] *n* **1** kepimo krosnelė, keptuvas, grilis **2** kepta mėsa/žuvis; *mixed ~* keptos mėsos rinkinys **3** = **grill-room**
v **1** kepti *(ant grotelių)* **2** kepinti, kaitinti *(apie saulę);* kepintis, kaitintis *(saulėje)* **3** kankinti(s) **4** *šnek.* priekabiai klausinėti *(tardant)*
grill[2] *n* = **grille**
grillage ['grɪlɪdʒ] *n stat.* rostverkas, antpolis
grille [grɪl] *n (durų, lango ir pan.)* grotelės; *exhaust ~* traukos grotelės
grilling ['grɪlɪŋ] *n: to give smb a ~ šnek.* priekabiai ką klausinėti *(tardant)*
grill-room ['grɪlrum] *n* restoranas *(kuriame mėsa ir žuvis kepama lankytojų akivaizdoje)*
grilse [grɪls] *n* jauniklė lašiša
grim [grɪm] *a* **1** nuožmus, žiaurus, negailestingas **2** niūrus; paniuręs; liūdnas *(apie išvaizdą ir pan.); ~ industrial town* niūrus pramonės miestas **3** *šnek.* baisus; prastas, bjaurus; *I'm feeling pretty ~* aš jaučiuosi gana prastai
grimace [grɪ'meɪs] *n* grimasa
v daryti grimasas, vaipytis

grimalkin [grı'mælkın] *n psn.* **1** sena katė **2** *niek.* niurzgi senė, sena ragana
grime [graım] *n* suodžiai, purvas, nešvarumai *(paviršiuje; t. p. prk.)*
v purvinti
grimy ['graımı] *a* **1** suodinas, purvinas; nešvarus **2** tamsus, rusvas *(apie veidą, kūną)*
grin [grın] *n* vaipymasis, šypsulys; išsišiepimas
v vaipytis, šaipytis, rodyti dantis *(at):* **to ~ from ear to ear** išsišiepti iki ausų ◊ **to ~ and bear it** *šnek.* iškęsti, pakelti kančias
grind [graınd] *n* **1** malimas **2** sunkus, nuobodus darbas; **what a ~!** kokia nuobodybė! **3** *šnek.* kalimas *(mokymasis atmintinai)* **4** *amer. šnek.* kalikas
v (ground) **1** (su)malti, (su)grūsti, (su)krušti; sutrinti *(į miltelius);* (su)kramtyti; **ground pepper** (su)malti pipirai **2** galąsti; tekinti; šlifuoti **3** trinti(s); brūžinti; **to ~ the teeth** griežti dantimis **4** įremti, įspausti *(into)* **5** *amer. šnek.* kalti *(mokytis atmintinai);* įkalti *(mokiniui ir pan.; into)* **6** spausti, kamuoti *(per dideliu reiklumu)* **7** sukti *(rankeną)* **8** *amer. šnek.* sukti klubus *(apie šokėją)* □ **~ away** *šnek.* mokytis, kalti, uoliai dirbti *(at)*, rengtis *(egzaminui; for);* **~ down** a) su(si)malti; b) nugaląsti; nutekinti; c) nukamuoti, prislėgti; **~ on** užtrukti, vilktis; **~ out** a) *menk.* vargte išvargti, išspausti, vargais negalais padaryti; b) nutekinti; išgaląsti; c) užspausti, sutrypti *(nuorūką ir pan.)*
grinder ['graındə] *n* **1** malūnėlis; **coffee ~** kavamalė **2** galandėjas, tekintojas; šlifuotojas **3** šlifuotuvas, šlifavimo staklės **4** malėjas **5** viršutinė girnapusė **6** *šnek.* krūminis dantis; *pl juok.* dantys **7** *šnek.* kalikas; repetitorius **8** *pl rad.* trikdžiai
grinding ['graındıŋ] *n* **1** *(mašinos dalių)* džerškėjimas, čerškesys **2** šlifavimas
a attr **1** slegiantis, sunkus *(apie skurdą, vargą)* **2** džerškantis
grinding-machine ['graındıŋməʃi:n] *n* šlifavimo staklės
grinding-mill ['graındıŋmıl] *n tech.* trupintuvas, smulkintuvas; malūnas
grindstone ['graındstəun] *n* **1** tekėlas **2** *psn.* girna ◊ **to hold/keep/put smb's nose to the ~** *šnek.* (pri)versti ką dirbti be atvangos
gringo ['grıŋgəu] *n (pl ~s [-z]) niek.* svetimšalis, *ypač* anglas/amerikietis *(P. Amerikos šalyse)*
grip [grıp] *n* **1** pagriebimas; suspaudimas; (su)griebimo/ laikymo būdas; imtis **2** *prk.* gniaužtai, varžtai; **in the ~ of poverty** varge, skurde; **he kept a firm ~ on his children** jis kietai laikė vaikus savo rankose; **the country was in the ~ of a general strike** šalį sukaustė visuotinis streikas **3** mokėjimas, (su)gebėjimas *(daryti, suprasti ką);* **to have a good ~ of a situation** mokėti gerai orientuotis padėtyje **4** rankena; *(raketės)* kotas **5** kelionės krepšys, lagaminėlis **6** sukibimas *(su paviršiumi)* **7** *kin., tel.* operatoriaus padėjėjas **8** *tech.* spaustuvas, griebtuvas **9** (**the ~**) = **grippe** ◊ **to come/get to ~s (with)** susigrumti, susiremti, susiimti; rimtai griebtis/imtis *(darbo ir pan.);* **to get/keep a ~ on oneself** susitvardyti
v **1** sugriebti, pagriebti, nutverti **2** suspausti, sugniaužti; tvirtai laikyti **3** suimti, apimti, užeiti *(apie baimę ir pan.)* **4** suprasti, pagauti; prikaustyti dėmesį; **the story really ~s you** tas apsakymas tikrai pagauna/sudomina/ suintriguoja **5** sukibti, prikibti *(prie paviršiaus)*
gripe [graıp] *n* **1** niurzgėjimas; skundimasis, nusiskundimas **2** *psn.* sugniaužimas, suspaudimas; *prk.* galia, varžtai **3** *pl (vidurių)* diegliai; pjūtis

v **1** niurzgėti, skųstis **2** *psn.* sugniaužti, (su)spausti; *prk.* engti **3** sukelti/jausti dieglius **4** *amer. šnek.* erzinti **5** *jūr.* vingiuoti, laviruoti *(apie burlaivį)*
grippe [grıp] *n med. ret.* gripas
gripping ['grıpıŋ] *a* pavergiantis, jaudinantis, intriguojantis, labai įdomus *(apie filmą, knygą)*
gripsack ['grıpsæk] *n amer.* kelionės krepšys, lagaminėlis
grisly ['grızlı] *a* šiurpus, siaubingas, baisingas
grist [grıst] *n* **1** malinys, malimas, grūdai *(malti)* **2** salyklas **3** *amer.* daugybė, masė ◊ **to bring ~ to the mill** duoti naudos/pelno; **(all) ~ to the mill** viskas į naudą
gristle ['grısl] *n* kremzlė ◊ **in the ~** nesubrendęs; silpnas
gristly ['grıslı] *a* kremzlinis; kremzlėtas
grit [grıt] *n* **1** *(rupus)* smėlis; žvyras **2** stambiagrūdis smiltainis **3** *šnek.* būdo tvirtumas, ištvermė **4** *(geležies)* nuodegos, dzindros **5** **(G.)** radikalas, liberalas *(Kanadoje)* ◊ **to put ~ in the machine** ≡ kaišioti pagalius į ratus
v **1** barstyti smėlį/žvyrą *(kad nebūtų slidu)* **2** girgždėti; **to ~ one's teeth** griežti dantimis; **we just had to ~ our teeth and get on with the job** mes sukandę dantis turėjome toliau dirbti
grits [grıts] *n pl* kruopos; avižinė košė; *amer.* kukurūzų košė
gritstone ['grıtstəun] = **grit** *n* 2
gritter ['grıtə] *n* smėlio/druskos barstytuvas *(automobilis)*
gritty ['grıtı] *a* **1** smėlėtas, smėliuotas, smėlingas; smėlinis **2** šiurkštus; rupus **3** drąsus, tvirto nusistatymo, ištvermingas
grizzle[1] ['grızl] *v* **1** pilkėti **2** žilti
grizzle[2] *v* **1** zirzti, zirzenti *(apie vaikus)* **2** verkšlenti, zysti
grizzled ['grızld] *a* **1** žilas, pražilęs, žilstelėjęs **2** pilkšvas
grizzly ['grızlı] *a* pilkas, pilkšvas **2** pražilęs
n grizlis, pilkasis lokys *(Š. Amerikoje; t. p.* **~ bear***)*
groan [grəun] *n* **1** dejavimas, dejonė; sunkus atsidusimas **2** girgždesys
v **1** dejuoti, aikčioti, sunkiai dūsauti **2** išsakyti/išpasakoti dejuojant, iš(si)dejuoti *(t. p.* **~ out***)* **3** būti perkrautam, kentėti, lūžti *(under, with – nuo);* **the table ~ed with food** stalas lūžio nuo valgių **4** girgždėti □ **~ down** aičiojimais ir dūsavimais priversti *(kalbėtoją)* nutilti
groat [grəut] *n* **1** *ist.* 4 pensų sidabrinė moneta **2** *psn.* smulki suma
groats [grəuts] *n pl* **1** kruopos *(džn. avižinės)* **2** nesijoti miltai
grobag ['grəubæg] *n* = **growbag**
grocer ['grəusə] *n* prekiautojas bakalėjos prekėmis, bakalėjininkas; **the ~('s)** bakalėjos krautuvė
grocery ['grəusərı] *n* **1** bakalėjos krautuvė *(t. p.* **~ shop/ store***)* **2** *(ppr. pl)* bakalėja, bakalėjos ir gastronomijos prekės
grog [grɒg] *n* **1** grogas, punšas **2** *austral. šnek.* alkoholinis gėrimas, *ypač* alus
v **1** gerti grogą **2** ruošti grogą
groggy ['grɒgı] *a* **1** svirduliuojantis, netvirtų kojų, netvirtas; silpnas *(po ligos ir pan.)* **2** netvirtas, išgveręs *(apie baldus)*
groin [grɒın] *n* **1** *anat.* slėpsna, kirkšnis **2** *archit.* kryžminio skliauto briauna **3** *amer.* = **groyne**
grommet ['grɒmıt] *n (audinio, odos)* žiedelis ąsai sustiprinti; **rubber ~** *tech.* guminė įvorė
gromwell ['grɒmwəl] *n bot.* (vaistinis) kietagrūdis
groom [gru:m] *n (tik. v.)* **1** arklininkas **2** (bridegroom *sutr.*) jaunasis, jaunikis **3** rūmininkas
v **1** prižiūrėti *(arklius)* **2** *(ppr. pII) (rūpestingai)* pri(si)žiūrėti, puoselėti **3** rengti tam tikrai karjerai/veiklai; **to ~**

smb for an examination rengti ką egzaminui **4** laižyti(s) *(apie katę ir pan.)*
groomsman ['gru:mzmən] *n (pl* -men [-mən]) *(tik v.) amer.* pajaunys, pabrolys
groove [gru:v] *n* **1** griovelis **2** *prk.* rutina; **to be, ar to be stuck, in a ~** paskęsti rutinoje; **to get into a ~** įeiti į vėžes; įeiti/įgrimzti į rutiną, pasiduoti rutinai; **to move/run in a ~** eiti pramintu taku; eiti įprastine vaga **3** šachta, rūdynas **4** *stat.* įlaidas; išdroža, išėma **5** *tech.* kalibras ◊ **in the ~** *sl.* a) gerai susigrojęs; susiderinęs; b) madingas
v **1** *tech.* daryti griovelį/išdrožą; įlaiduoti; **the river has ~d itself through** upė prasigraužė vagą **2** *sl.* nepaprastai patikti; žavėtis
groovy ['gru:vɪ] *a sl.* puikus, žavus; madingas
grope [grəup] *v* **1** eiti apgraibomis *(džn.* **to ~ one's way) 2** *(for)* grabalioti(s), grabinėti(s); graibytis; ieškoti apgraibomis **3** apčiuopti, užčiuopti *(t. p. prk.);* **we are groping after the truth** mes bandome užčiuopti tiesą
gropingly ['grəupɪŋlɪ] *adv* apgraibomis
gross [grəus] <*a, n, v, adv>* *a* **1** didžiulis, stambus, aiškus; **~ blunder** aiški/didelė klaida; **~ injustice** didžiulė neteisybė **2** šiurkštus, storžieviškas, stačiokiškas; vulgarus; **~ story** nepadorus anekdotas **3** storas, riebus **4** vešlus *(apie augmeniją)* **5** prastas, rupus, riebus *(apie maistą)* **6** atbukęs, neaštrus *(apie jutimus)* **7** *spec.* bendras(is); bruto; **~ margin/profit** bendrasis pelnas; **~ receipts** bendrosios/bruto pajamos; **~ weight** bruto svoris **8** *sl.* bjaurus, šlykštus
n **1** didmenos; **by/in (the) ~** a) didmenomis, urmu; b) apskritai (paėmus), iš viso **2** paprastasis grosas, tuzinas tuzinų *(t. p.* **small ~);** **great ~** 12 grosų
v gauti bruto *(apie pajamas)* ☐ **~ out** *amer. šnek.* sukelti pasišlykštėjimą, atgrasinti
adv bruto; **to earn £20 000 ~** uždirbti 20 000 svarų sterlingų bruto
grosser ['grəusə] *n* komerciškai naudinga produkcija *(apie filmą ir pan.)*
grossly ['grəuslɪ] *adv* **1** šiurkščiai; vulgariai; storžieviškai **2** didžiai, nepaprastai; pernelyg **3** *ekon.* didmenomis, urmu
grot [grɔt] *n šnek.* šlamštas
grotesque [grəu'tesk] *n* groteskas *(t. p. men.)*
a **1** groteskinis **2** absurdiškas; keistas, komiškas **3** šlykštus
grotto ['grɔtəu] *n (pl* ~(e)s [-z]) urvas; grota *(parke, sode)*
grotty ['grɔtɪ] *a šnek.* bjaurus, blogas, netikęs; **to feel ~** jaustis prastai
grouch [grautʃ] *šnek. n* **1** prasta nuotaika, maudulys; **to have a ~** *(against)* būti nepatenkintam *(kuo)* **2** niurzga
v niurzgėti, niurnėti
grouchy ['grautʃɪ] *a šnek.* niurzgus
ground[1] [graund] *n* **1** žemė; dirva *(t. p. prk.);* **below ~** po žeme; **to break/open ~** a) (su)arti žemę; b) kasti pamatų duobę; c) *prk.* ruošti dirvą, daryti pirmuosius žingsnius; **to explore the ~** *prk.* zonduoti dirvą; **to fall to the ~** a) nukristi ant žemės; b) *prk.* žlugti, sudužti; **to get off the ~** a) *av.* atsiplėšti nuo žemės; b) *prk. šnek.* (sėkmingai) pradėti *(darbą ir pan.)* **2** atstumas; **to cover a lot of ~** a) nueiti didelį atstumą; daug apkeliauti; b) *prk.* daug padaryti/apsvarstyti; daug aprėpti *(paskaitoje, tyrime ir pan.)* **3** *(žinių, patirties ir pan.)* sritis; dalykas; **familiar [new] ~** žinoma [nauja] sritis **4** jūros dugnas, gruntas; **to take the ~** užplaukti ant seklumos; **to touch ~** a) *jūr.* paliesti dugną; b) prieiti prie dalyko esmės, prie faktų *(ginče)* **5** vieta; žemės sklypas; *(sporto)* aikštelė *(t. p.* **sports ~);** **uneven ~** nelygi vieta; **hunting ~s** medžioklės plotai **6** poligonas; aerodromas; **training ~** mokomasis poligonas **7** *pl* sodas/parkas prie namo **8** *(džn. pl)* pagrindas; priežastis; **common ~** bendras pagrindas *(svarstyti, bendrauti);* **on the ~(s)** *(of)* a) remiantis *(kuo), (ko)* pagrindu; b) pretekstu; **on moral ~s** dėl moralinių priežasčių; **to cut the ~ from under smb's feet** išmušti pagrindą kam iš po kojų **9** *pl* nuosėdos; **coffee ~s** kavos tirščiai **10** *men.* gruntas; fonas; planas **11** *muz.* tema **12** *el.* įžeminimas; įžemiklis *(t. p.* **electrical ~)** **13** *attr* žemės, sausumos; dugninis; **~ control** *rad.* valdymas iš žemės; **~ crew** oro uosto darbuotojai *(žemės tarnyba);* **~ forces** sausumos kariuomenė; **~ fish** dugninės žuvys ◊ **above ~** gyvas, gyvenantis; **below ~** miręs; **(down) to the ~** *šnek.* ≡ iki pamatų, visai, visiškai; **thick [thin] on the ~** *šnek.* gausu [negausu, reta]; **forbidden ~** ≡ uždrausta tema; **to break fresh/new ~** a) plėšti plėšinį; b) *prk.* tiesti/skinti naujus kelius; **to gain ~** a) *kar.* slinkti į priekį; siekti persvaros; b) *prk.* įsigalėti, paplisti; **to give/lose ~** a) atsitraukti; užleisti *(pozicijas ir pan.);* b) nusileisti; **to hold/stand one's ~** išlaikyti pozicijas; nenusileisti; **to shift one's ~** (pa)keisti nuomonę/poziciją; **to go over the same ~** dar kartą aptarti, pakartoti; **to go to ~** vengti rodytis; slapstytis *(ypač nuo policijos);* **to run smb/smth to the ~** susekti, aptikti ką; **to run smth into the ~** visiškai sužlugdyti, sudaužyti *ir pan.* ką
v **1** (pa)grįsti, pamatuoti *(on – kuo)* **2** (ap)mokyti *(in – ko)* **3** nu(si)leisti; dėti ant žemės; **to ~ arms** sudėti ginklus, pasiduoti **4** *jūr.* užplaukti ant seklumos **5** *(ppr. pass)* *av.* neleisti/sutrukdyti skristi/(pa)kilti; (nu)tupdyti *(dėl rūko ir pan.);* **the plane was ~ed for repair** lėktuvo neišleido į reisą dėl remonto **6** *šnek.* neleisti *(paaugliui)* (iš)eiti pas draugus *(bausmė)* **7** *stat.* (pa)dėti pamatą **8** *amer. el.* įžeminti **9** *spec.* kaišti, valyti, skusti *(odą)*
ground[2] *past ir pII žr.* **grind** *v*
ground-angling ['graund,æŋglɪŋ] *n* žvejojimas dugnine meškere
groundbait ['graundbaɪt] *n* dugninis jaukas
ground-breaking ['graund,breɪkɪŋ] *a* novatoriškas *(apie darbą)*
groundcloth ['graundklɔθ] *n amer.* = **groundsheet**
ground-colour ['graund,kʌlə] *n men.* gruntas, dugnas; fonas
ground-floor ['graund'flɔ:] *n* apatinis *(pirmas)* aukštas ◊ **to get** *ar* **to be let in on the ~** *šnek.* a) gauti akcijas bendrais pagrindais su steigėjais; b) užimti lygią padėtį; c) dalyvauti *(kur)* nuo pat pradžios
ground-hog ['graundhɔg] *n zool.* švilpikas *(Š. Amerikos graužikas)* ◊ **G. Day** *amer.* Grabnyčios *(vasario 2 d.)*
ground-ice ['graundaɪs] *n* statledis, dugninis ledas
ground-in ['graund'ɪn] *a tech.* pritrintas, prišlifuotas
grounding ['graundɪŋ] *n* **1** užplaukimas ant seklumos **2** pagrindimas **3** *(dalyko pagrindų)* išmokimas; išmokymas; **he has a good ~ in mathematics** jis gerai išmano matematiką **4** *amer. el.* įžeminimas **5** *av.* draudimas (pa)kilti/skristi **6** *šnek.* draudimas *(paaugliui)* eiti pas draugus *(bausmė)*
groundkeeper ['graundki:pə] *n amer.* sporto aikštelės prižiūrėtojas
groundless ['graundləs] *a* nepagrįstas, neturintis pagrindo
ground-level ['graund,levl] *n* **1** = **ground-floor** **2** *(organizacijos)* žemiausio rango darbuotojas

groundling ['graundlɪŋ] *n* **1** dugninė žuvis *(šlyžys, gružlys ir pan.)* **2** šliaužiantieji/žemaūgiai augalai **3** *knyg.* nereiklus, be skonio žiūrovas/skaitytojas
groundnut ['graundnʌt] *n bot.* žemės riešutas, arachis
ground-pine ['graundpaɪn] *n bot.* pataisas
ground-plan ['graundplæn] *n* **1** pastato *(apatinio aukšto)* planas **2** *prk.* pagrindinis/pirmutinis *(darbo)* planas
ground-rent ['graundrent] *n* žemės renta
groundsel ['graundsl] *n bot.* žilė
groundsheet ['graundʃi:t] *n* neperšlampama paklodė *(tiesiama ant žemės)*
groundsman ['graundzmən] *n (pl* -men [-mən]*) (tik v.)* sporto aikštelės prižiūrėtojas
groundstaff ['graundstɑ:f] *n* **1** sporto aikštelės prižiūrėtojas **2** *av.* oro uosto darbuotojai *(žemės tarnyba)*
groundswell ['graundswel] *n* **1** jūros bangavimas *(dėl audros, žemės drebėjimo);* bangų plūsmas **2** *prk. (polit.* pokyčių *ir pan.)* banga
groundwater ['graundwɔ:tə] *n* gruntinis vanduo
groundwork ['graundwə:k] *n* pagrindas, pamatas *(ppr. prk.);* **to do the ~ for conference** atlikti parengiamąjį darbą prieš konferenciją
group [gru:p] *n* **1** *(įv. reikšm.)* grupė; **rock ~** roko grupė; **get into ~s of four** susigrupuokite po keturis **2** grupuotė, frakcija **3** *pl (visuomenės)* sluoksniai **4** *av.* aviacijos grupė; **~ captain** *(D. Britanijos)* aviacijos pulkininkas
v **1** grupuoti(s); (su)skirstyti į grupes; **to ~ oneself according to age** pasiskirstyti į grupes pagal amžių **2** (su)rinkti, susirinkti *(į grupes; t. p.* **~ together**)
grouper ['gru:pə] *n zool.* jūrinių ešerių šeimos žuvis
groupie ['gru:pɪ] *n šnek.* **1** *(popmuzikos atlikėjų ir pan.)* garbintoja, fanatikė **2** mėgėjas, entuziastas **3** *(D. Britanijos)* aviacijos pulkininkas
grouping, groupment ['gru:pɪŋ, 'gru:pmənt] *n* grupuotė
groupthink ['gru:pθɪŋk] *n niek.* šabloniškas mąstymas; savo nuomonės neturėjimas
grouse¹ [graus] *n (pl ~) zool.* jerubė, virbė; škotinė kurapka *(t. p.* **red ~***);* **black ~** tetervinas; **white/willow ~** žvyrė, baltasis tetervinas; **wood/great ~** kurtinys
grouse² *šnek. n* **1** bambėjimas **2** bambalius, bambeklis
v bambėti, murmėti
grout [graut] *stat. n (kalkių)* skiedinys, skystas cementas
v užpilti kalkių/cemento skiediniu
grouty ['grautɪ] *n amer. dial.* piktas, irzlus
grove [grəuv] *n* **1** miškelis, giraitė **2** *(apelsinmedžių, citrinmedžių ir pan.)* sodelis
grovel ['grɔvl] *v (-ll-)* **1** *menk.* šliaužioti; keliaklupsčiauti **2** kniūbščiam gulėti *(iš baimės, nuolankumo)* ◊ **to ~ in the dirt/dust** ≡ batus laižyti
groveller ['grɔvlə] *n menk.* keliaklupsčiautojas, palaižūnas, šunuodeg(i)autojas
grow [grəu] *v* (grew; grown) **1** augti; **to ~ into one** suaugti **2** (iš)auginti, užauginti; **to ~ potatoes** auginti bulves; **to ~ one's hair** užsiauginti plaukus **3** didėti; **his reputation continues to ~** jo reputacija toliau didėja **4** *(sudurt. tarinio jungtis)* tapti, darytis; *džn. verčiama iš bdv. sudarytais veiksmažodžiais;* **to ~ in popularity** tapti populiaresniam; **to ~ old [dark]** senti [temti] **5** užaugti, išaugti, peraugti *(into, out of);* **she has ~n into a beautiful girl** ji užaugo graži mergaitė; **he'll soon ~ into these trousers** šios kelnės jam greit bus kaip tik; **to ~ out of a bad habit** atprasti nuo blogo įpročio **6** vis labiau patikti; patraukti, užvaldyti *(mintis, jausmus; on);* **I was ~ing to like him** man jis ėmė patikti □ **~ apart** nutolti, atitolti *(vienam nuo kito);* **~ away** atitrūkti, susvetimėti *(from);* **~ down** mažėti, trumpėti; **~ in** įaugti *(apie nagą ir pan.);* **~ over** užaugti *(žole);* **~ together** suaugti; **~ up** a) užaugti, subręsti; **~ up!** nebūk vaikas!; b) kilti, išaugti *(apie papročius, miestus ir pan.)*
growbag ['grəubæg] *n (plastikinis)* trąšios žemės maišas
grower ['grəuə] *n* **1** augintojas, augalininkas; sodininkas, daržininkas **2** augalas; **fast ~** greitai augantis augalas
growing ['grəuɪŋ] *n* **1** augimas; **~ season/period** *bot.* vegetacijos laikotarpis; **~ pains** a) *med.* neuralginiai/reumatiniai skausmai *(vaikui augant);* b) augimo sunkumai **2** auginimas; **~ of bees** bitininkystė
a **1** auginantis; augantis, didėjantis; **there is ~ concern (about)** vis didesnį rūpestį kelia... **2** stimuliuojantis augimą; palankus augimui *(apie orą)*
growl [graul] *n* **1** urzgimas **2** niurnėjimas **3** dundėjimas
v **1** urgzti **2** niurnėti, bambėti; suniurnėti *(t. p.* **~ out**) **3** dundėti *(apie perkūniją)*
growler ['graulə] *n* **1** niurzga, bambeklis **2** nedidelis ledkalnis **3** *šnek.* išėjęs iš mados ekipažas **4** *amer. šnek.* ąsotis *(alui)*
grown [grəun] *pII žr.* **grow**
a attr suaugęs *(apie žmogų)*
grown-up *n* ['grəunʌp] suaugėlis, suaugęs žmogus; *pl* suaugusieji
a [ˌgrəun'ʌp] suaugęs; subrendęs; **what do you want to do when you're ~?** ką tu norėtum daryti užaugęs?
growth [grəuθ] *n* **1** augimas; vystymasis; **full ~** visiškas išsivystymas; **~ industry** sparčiai auganti pramonė **2** (pa)didėjimas, priaugimas; **a ~ in crime** nusikaltimų skaičiaus didėjimas **3** augimas, kultivavimas; **oranges of Spanish ~** Ispanijoje auginti apelsinai **4** produktas, vaisius **5** ataugos, atžalos; augmenija **6** *med.* auglys, navikas *(t. p.* **new ~**)
groyne [grɔɪn] *n* bangolaužis, skersinė damba
v apsaugoti bangolaužiais *(krantą)*
grub [grʌb] *n* **1** lerva, vikšras; *(vaisiaus)* kirmėlė, kirminas **2** žmogus, dirbantis sunkų/nuobodų darbą **3** *šnek.* valgis, ėdalas, kamšalas
v **1** raustis, knistis, kasinėti *(t. p.* **~ around/about**) **2** (iš)rauti su šaknimis *(ppr.* **~ up/out**); **to ~ up weeds** ravėti, rauti piktžoles **3** sunkiai dirbti *(t. p.* **~ on/along/away**) **4** *šnek.* ryti, ėsti *(apie žmones)*
grub-ax(e) ['grʌbæks] *n* ravėtuvas
grubber ['grʌbə] *n* **1** ravėtojas; kelmakasys, kelmų rovikas **2** kelmarovė *(mašina)* **3** kultivatorius, gruberis
grubby ['grʌbɪ] *a* **1** nevalus, nešvarus, purvinas *(t. p. prk.);* **you ~ child!** tu murziau! **2** kirmėlėtas
grub-screw ['grʌbskru:] *n* begalvis sraigtas/sraigtelis
grubstake ['grʌbsteɪk] *n amer. šnek.* pinigai naujam verslui pradėti *(pelno dalis)*
Grub-Street, grubstreet ['grʌbstri:t] *n* **1** *kuop.* rašeivos, kompiliatoriai *(džn.* **~ hack**; *pagal Londono gatvės, kurioje XVII-XVIII a. gyveno neturtingi literatai, pavadinimą)* **2** pigios kompiliacijos *(t. p.* **~ writings/books**)
grudge [grʌdʒ] *n* pagieža, piktas nepasitenkinimas; pavydas; **to have/harbour/nurse a ~ against smb, to bear/owe smb a ~** ≡ griežti dantį ant ko
v **1** jausti nepasitenkinimą/pagiežą; pavydėti; **to ~ smb their success** pavydėti kam sėkmės **2** nenorom duoti, gailėti; **he ~s neither time nor effort** jis negaili nei laiko, nei jėgų
grudging ['grʌdʒɪŋ] *a* šykštus; daromas nenoromis; **to be ~ in one's praise** šykštėti komplimentų
grudgingly ['grʌdʒɪŋlɪ] *adv* nenorom(is)

gruel ['gru:əl] *n* skysta (avižinė) košė ◊ *to get/have/take one's ~* a) būti smarkiai nubaustam; b) būti užmuštam
v (-ll-) (nu)bausti, ≅ duoti į kailį
gruelling ['gru:əlɪŋ] *a* varginantis, sunkus
gruesome ['gru:səm] *a* baisus, siaubingas
gruff [grʌf] *a* 1 šiurkštus, stačiokiškas, grubus 2 šiurkštus, gargždus *(apie balsą)*
grumble ['grʌmbl] *n* 1 niurnėjimas, bambėjimas; *pl juok.* niūri nuotaika 2 *(vidurių)* urzgimas 3 dundesys, griaudimas; gausmas
v 1 niurnėti; bambėti; skųstis *(at, about, over – kuo); mustn't ~ šnek.* negaliu skųstis *(atsakant į klausimą apie savijautą)* 2 urgzti *(apie vidurius)* 3 burbtelėti, suniurnėti *(t. p. ~ out)* 4 dundėti
grumbler ['grʌmblə] *n* niurna, bambeklis, urzglys
grumous ['gru:məs] *a* sukrešėjęs *(apie kraują)*
grump [grʌmp] *n šnek.* = **grumbler**
grumpy ['grʌmpɪ] *a* niurzgus, piktas, irzlus
Grundy ['grʌndɪ] *n:* **Mrs ~** viešoji nuomonė *(padorumo klausimais); what will Mrs ~ say?* ką pasakys žmonės?
Grundyism ['grʌndɪɪzm] *n* nerašytos elgesio normos
grunge [grʌndʒ] *n* 1 *amer. šnek.* purvas, nešvarumai 2 nešvarūs, apdriskę drabužiai, *ypač džinsai (jaunimo mada)*
grungy ['grʌndʒɪ] *a amer. šnek.* nešvarus, purvinas
grunt [grʌnt] *n* 1 kriuksėjimas 2 niurnėjimas 3 *amer. sl.* (jūrų) pėstininkas
v 1 kriuksėti, kriūkti 2 niurnėti; suniurnėti *(t. p. ~ out)* 3 sukriokti *(iš nepasitenkinimo ir pan.)*
Gruyčre ['gru:jɛə] *pr. n* šveicariškasis sūris *(t. p. ~ cheese)*
gryphon ['grɪfən] *n* = **griffin**
G-string ['dʒi:strɪŋ] *n* 1 klubjuostė, klubų juosta/prijuostėlė 2 *muz.* sol styga
Guadeloupe [ˌgwɑ:də'lu:p] *n* Gvadelupa *(sala)*
guaiacum ['gwaɪəkəm] *n bot.* brantmedis, gvajokas, prancūzų medelis *(P. Amerikos medis)*
guano ['gwɑ:nəu] *n (pl ~s* [-z]*)* guanas *(trąša)*
v tręšti guanu
guarantee [ˌgærən'ti:] *n* 1 garantija; laidas; įkaitas; *~ of quality* kokybės garantija 2 laiduotojas, garantas
v 1 laiduoti, garantuoti; *to ~ smb's safety* garantuoti kieno saugumą; *the refrigerator is ~d for a year* šaldytuvas turi garantiją metams 2 apdrausti *(against)*
guarantor [ˌgærən'tɔ:] *n teis.* laiduotojas, garantas; *to stand ~ for smb* laiduoti/garantuoti už ką
guaranty ['gærəntɪ] *n amer. teis.* garantija, laidas; pasižadėjimas
v garantuoti
guard [gɑ:d] *n* 1 sargyba, apsauga; *~ of honour* garbės sargyba; *to be on ~, to stand ~* eiti sargybą; *to mount ~* saugoti; būti sargyboje, eiti sargybą 2 sargybinis; apsauginis (kareivis) 3 *pl* gvardija; *Horse Guards* raitoji gvardija; *Life Guards* karaliaus apsaugos gvardija, leibgvardija; *the old ~ prk.* senoji gvardija 4 budrumas; atsargumas; *to be on one's ~* būti budriam/atsargiam; saugotis *(against); to put smb on his ~* perspėti ką; *to be off ~* būti nepakankamai budriam; susilpninti budrumą; *to catch smb off ~* užklupti ką 5 gynimosi padėtis, gynyba *(bokse)* 6 *glžk.* palydovas 7 apsauginis aptvaras/įrenginys; apsisaugojimo priemonė 8 *air.* policininkas
v 1 saugoti; sergėti; *the border is heavily ~ed* siena budriai saugoma 2 ginti *(interesus ir pan.; against, from)* 3 saugotis, imtis atsargumo priemonių *(against)* 4 prikąsti, laikyti *(liežuvį)*

guarded ['gɑ:dɪd] *a* atsargus, budrus
guardhouse ['gɑ:dhaus] *n kar.* 1 areštinė 2 sargybinė, sargybos patalpa; sarginė
guardian ['gɑ:dɪən] *n* 1 saugotojas, sergėtojas; *~ angel* a) angelas sargas; b) *šnek.* parašiutas 2 *teis.* globėjas, rūpintojas 3 pranciškonų vienuolyno vyresnysis
guardianship ['gɑ:dɪənʃɪp] *n teis.* globa; globojimas; *under the ~ of the laws* įstatymų saugomas
guardrail ['gɑ:dreɪl] *n* 1 turėklai, paramstis 2 *glžk.* kreipiamasis bėgis
guard-ring ['gɑ:drɪŋ] *n* apsauginis žiedas
guardroom ['gɑ:drum] *n* = **guardhouse**
guard-ship ['gɑ:dʃɪp] *n jūr.* sargybinis/budintis laivas, brandvachta
guardsman ['gɑ:dzmən] *n (pl* -men [-mən]*) (tik v.) kar.* 1 gvardietis 2 sargybinis
Guatemala [ˌgwɑ:tə'mɑ:lə] *n* Gvatemala *(valstybė)*
guava ['gwɑ:və] *n bot.* guajava
gubbins ['gʌbɪnz] *n šnek.* 1 daikčiukas, įtaisas 2 asmeniniai daiktai 3 mulkis
gubernatorial [ˌgu:bənə'tɔ:rɪəl] *a* gubernatoriaus; valdytojo
gudgeon[1] ['gʌdʒən] *n* 1 *zool.* gružlys 2 mulkis, neišmanėlis ◊ *to swallow a ~* ≅ pakliūti/užkibti ant meškerės
gudgeon[2] *n tech.* 1 varžtas 2 *(skriejiko)* pirštas, ašis, kakliukas; *~ pin* stūmoklio pirštas
guelder-rose ['geldərəuz] *n bot.* paprastasis putinas
guerdon ['gɜ:dən] *poet. n* atpildas
v atlyginti
guerilla [gə'rɪlə] *n* = **guerrilla**
Guernsey ['gɜ:nzɪ] *n* 1 Gernsis *(sala)* 2 melžiamųjų karvių veislė 3 *(g.)* storas megztinis 4 *(g.) austral.* futbolininko marškinėliai
guerrilla [gə'rɪlə] *n* partizanas *(t. p. ~ warrior); ~ war/warfare* partizaninis karas
guess [ges] *n* 1 (at)spėjimas; spėliojimas; *by ~* aklai, spėtinai; *to have/amer. take a ~* (bandyti) spėti *(at); it's anybody's ~* tai galima tik spėlioti 2 manymas, nuomonė; *my ~ is that...* manau, kad... 3 apytikris apskaičiavimas; *at a ~* apytikriai, maždaug ◊ *your ~ is as good as mine* aš apie tai žinau tiek pat, kiek ir jūs
v 1 (at)spėti; spėlioti; *I should ~ his age at thirty* aš duočiau jam trisdešimt metų 2 *amer. šnek.* manyti; *I ~ we shall miss the train* manau, kad mes pavėluosime į traukinį ◊ *to keep smb ~ing* laikyti ką nežinioje; *~ what!* tik pamanyk!, įsivaizduoji!
guesstimate *šnek. n* ['gestɪmət] apytikris apskaičiavimas *(spėjant)*
v ['gestɪmeɪt] spėlioti *(kiekį)*, apskaičiuoti apytikriai
guesswork ['geswɜ:k] *n* spėlionė; prielaida
guest [gest] *n* 1 svečias; *~ actor/artist* gastrolininkas 2 viešbučio gyventojas; nuomininkas *(džn. paying ~); to be a paying ~* gyventi gaunant visą išlaikymą 3 *biol.* parazitas *(gyvūnas, augalas)* ◊ *be my ~* prašom *(leidžiant pasinaudoti savo daiktu)*
v 1 priimti kaip svečią 2 *(ypač amer.)* gastroliuoti
guest-chamber ['gestˌtʃeɪmbə] *n* svečių kambarys
guesthouse ['gesthaus] *n* svečių namai; pensionas, viešbutis
guest-night ['gestnaɪt] *n* kviestinis vakaras *(klube, koledže)*
guest-rope ['gestrəup] *n jūr.* bakštovas
guest-worker ['gestˌwɜ:kə] *n* darbininkas imigrantas
guff [gʌf] *n šnek.* niekai, nesąmonė
guffaw [gə'fɔ:] *n (šiurkštus)* kvatojimas
v kvatoti

guggle ['gʌgl] *n* kliuksėjimas
v kliuksėti, kliukenti; kliukinti
Guiana [gaɪ'ænə, gɪ'ɑ:nə] *n* Gviana *(teritorija P. Amerikoje)*
guidance ['gaɪdᵊns] *n* **1** vadovavimas; ***under the ~*** *(of – kam)* vadovaujant **2** pamokymas, patarimas; konsultacija; ***give me some ~ as to what I should do*** patarkite man, ką daryti **3** *tech. (raketos)* valdymas
guide [gaɪd] *n* **1** vadovas, vedlys; gidas **2** vadovavimosi principas; ***the exam results are no ~ to his ability*** pagal egzaminų rezultatus negalima spręsti apie gabumus **3** orientyras; ***a ~ as to his whereabouts*** orientyras, rodantis, kur jis galėtų būti **4** vadovas *(knyga; to);* ***TV ~*** televizijos programa **5** *kar. (rikiuotės)* priekinis, vedantysis **6** *tech.* kreiptuvas, kreipiamoji detalė; *pl (mašinos)* kreipiamosios **7** *(G.)* skautė *(t. p. Girl G.)*
v **1** vesti, vedžioti **2** būti vadovu/gidu **3** vadovauti; *pass* vadovautis **4** pamokyti, duoti patarimus **5** *tech.* valdyti *(raketą)*
guide-board ['gaɪdbɔ:d] *n* kelio rodyklė
guidebook ['gaɪdbuk] *n* turisto vadovas, gidas *(knyga)*
guided ['gaɪdɪd] *a* valdomas; ***~ missile*** valdomoji raketa
guideline ['gaɪdlaɪn] *n (ppr. pl)* **1** nurodymai, rekomendacijos, direktyvos **2** gairės, principai
guide-mark ['gaɪdmɑ:k] *n* žymė, ženklas
guidepost ['gaɪdpəʊst] *n* rodyklės stulpelis *(kryžkelėje)*
guiding ['gaɪdɪŋ] *a* vadovaujamasis, pagrindinis *(apie principą ir pan.);* ***~ star*** kelrodė žvaigždė
guidon ['gaɪdən] *n kar.* trikampė vėliavėlė
guild [gɪld] *n* **1** *ist.* cechas, gildija **2** *(profesinė)* sąjunga, organizacija **3** profesinė sąjunga *(pavadinimuose)*
guilder ['gɪldə] *n* guldenas *(Olandijos piniginis vienetas)*
guildhall [gɪld'hɔ:l] *n* **1** *ist.* gildijos/cecho susirinkimų vieta **2** *(the G.) (Londono)* rotušė
guile [gaɪl] *n knyg.* apgavimas, apgaulė; klasta
guileful ['gaɪlfᵊl] *a knyg.* klastingas; apgaulingas
guileless ['gaɪlləs] *a* atviraširdis, tiesus, neklastingas
guillemot ['gɪlɪmɒt] *n zool.* laibasnapis narūnėlis; ***black ~*** taistė
guilloche [gɪ'lɔʃ] *pr. n archit.* rėminis ornamentas
guillotine ['gɪlətɪ:n] *n* **1** *ist.* giljotina **2** chirurginis įrankis glandoms šalinti **3** *tech.* popieriaus pjaustomoji mašina **4** *parl.* diskusijų (ap)ribojimas *(nustatant balsavimo laiką)*
v **1** giljotinuoti **2** *parl.* reglamentuoti/(ap)riboti diskusijas
guilt [gɪlt] *n* kaltė; kaltumas; ***a life of ~*** nusikalstamas gyvenimas
guiltless ['gɪltləs] *a* **1** nekaltas **2** *šnek.* nežinantis, nemokantis; neturintis; ***~ of writing poems*** nemokantis rašyti eilėraščių; ***he is ~ of a moustache*** jam dar neauga ūsai
guilt-ridden ['gɪltrɪdn] *a* persekiojamas kaltės jausmo
guilty ['gɪltɪ] *a* kaltas; nusikaltęs; ***~ conscience*** negryna sąžinė; ***to plead [not] ~*** *teis.* [ne]prisipažinti kaltam
guinea ['gɪnɪ] *n ist.* ginėja *(moneta, lygi 1,05 svaro sterlingų)*
Guinea ['gɪnɪ] *n* Gvinėja *(valstybė)*
Guinea-Bissau ['gɪnɪbɪ'sau] *n* Bisau Gvinėja *(valstybė)*
guinea-fowl ['gɪnɪfaul] *n zool.* perlinė višta, perlavištė, naminė patarška
guinea-pig ['gɪnɪpɪg] *n zool.* **1** jūrų kiaulytė **2** bandomasis gyvūnas/žmogus
guipure [gɪ'pjʊə] *pr. n* gipiūras *(nėrinys)*
guise [gaɪz] *n* **1** išorė; pavidalas; apgaulinga išorė; ***under/in the ~*** *(of)* prisidengęs, apsimetęs *(kuo)* **2** *psn.* apdaras, drabužiai
guitar [gɪ'tɑ:] *n* gitara; ***to play the ~*** skambinti gitara
guitarist [gɪ'tɑ:rɪst] *n* gitaristas

gulch [gʌltʃ] *n amer.* siauras, gilus tarpeklis
gulden ['guldən] *n* guldenas *(Olandijos moneta)*
gules [gju:lz] *a her.* raudonas
gulf [gʌlf] *n* **1** įlanka; ***the G.*** Persijos įlanka **2** bedugnė; praraja *(t. p. prk.);* ***the ~ between the two groups*** praraja tarp tų dviejų grupių **3** verpetas **4** *kas.* didelis rūdos telkinys **5** *šnek.* diplomas be pagyrimo
v **1** praryti **2** *šnek.* išduoti diplomą be pagyrimo
gull[1] [gʌl] *n zool.* kiras; ***great black-backed [glaucous] ~*** balnotasis [poliarinis] kiras; ***herring [ivory] ~*** silkinis [baltasis] kiras
gull[2] *n ret.* mulkis, kvailelis
v (ppr. pass) psn. apgau(dinė)ti, mulkinti; išvilioti *(pinigus)*
gullet ['gʌlɪt] *n* **1** stemplė **2** *šnek.* ryklė, gerklė
gulley ['gulɪ] *n =* **gully**
gullibility [ˌgʌlə'bɪlətɪ] *n* patiklumas, lengvatikybė
gullible ['gʌləbl] *a* lengvatikis, patiklus
Gulliver ['gʌlɪvə] *n* Guliveris *(Dž. Svifto knygos personažas)*
gully ['gʌlɪ] *n* **1** skrodė, gili dauba/loma *(išgraužta vandens)* **2** vandens nutekamasis griovys **3** *tech.* lovinis bėgis
gulp [gʌlp] *n (didelis)* gurkšnis, maukas; gurkštelėjimas; ***at a ~, in one ~*** vienu mauku, iš karto
v **1** godžiai/paskubomis ryti, (nu)gurkti *(ppr. ~ down)* **2** springti **3** (pra)ryti *(ašaras),* (su)valdyti *(jaudinimąsi) (t. p. ~ back)* □ ***~ in*** ryti *(orą)*
gum[1] [gʌm] *n (ppr. pl) anat.* dantenos, dantų smegenys
gum[2] *n* **1** lipai, sakai **2** *(augaliniai)* klijai **3** gumamedis **4** traiškanos **5** kramtomoji guma **6** = **gumdrop** **7** *amer. šnek.* guma
v **1** klijuoti(s) **2** išskirti sakus *(apie medį)* □ ***~ down*** užklijuoti; ***~ up*** a) suklijuoti, užklijuoti; b) *šnek.* sulaikyti, sutrikdyti *(mechanizmo darbą);* užkonservuoti *(darbus)*
gum[3] *n: by ~!* *šnek.* Dieve mano!, Dievuli!, vajė!
gum-arabic ['gʌmˌærəbɪk] *n* gumiarabikas
gumboil ['gʌmbɔɪl] *n med.* pūlinis dantenų uždegimas, dantenų abscesas, fliusas
gumboots ['gʌmbu:ts] *n pl* guminiai batai
gumdrop ['gʌmdrɒp] *n amer.* šaltmėtinis saldainis
gummy[1] ['gʌmɪ] *a* **1** lip(n)us; tąsus **2** klijingas, sakingas
gummy[2] *a* bedantis; rodantis dantenas *(apie šypseną)*
gumption ['gʌmpʃn] *n* **1** *šnek.* sumanumas, apsukrumas **2** *šnek.* drąsumas; ištvermė; ***he has got no ~*** jis toks bejėgis **3** *men. (dažų)* skiediklis
gum-shield ['gʌmʃi:ld] *n (boksininko)* antdantis
gumshoe ['gʌmʃu:] <*n, a, v*> *n* **1** kaliošas **2** *pl* sportiniai batukai **3** *amer. šnek.* policininkas; seklys
a amer. šnek. veikiantis slapta/paslapčia
v amer. šnek. veikti slapta
gumtree ['gʌmtri:] *n bot.* gumamedis; eukaliptas ◊ ***up a ~*** *šnek.* labai sunkioje, beviltiškoje padėtyje
gun [gʌn] *n* **1** šaunamasis ginklas: šautuvas, pabūklas, patranka, kulkosvaidis, pistoletas, revolveris; ***to carry a ~*** nešioti šaunamąjį ginklą; ***sporting ~*** medžioklinis šautuvas; ***high-power ~*** toliašaudis pabūklas **2** *(ppr. pl)* medžiotojas, šaulys **3** *amer. šnek.* = **gunman** **4** *aut.* svirkštas/pistoletas tirštam tepalui *(t. p.* ***grease ~)*** ◊ ***big/great ~*** *šnek.* didelis žmogus, šulas; ***to blow great ~s*** *šnek.* staugti *(apie audrą);* ***to bring out/up the/one's big ~s*** ≡ paleisti į darbą sunkiąją artileriją; panaudoti svarbiausius šviet alus; ***to give it/her the ~*** *šnek.* spausti, lėkti kaip uodegon įkirptam *(važiuojant automobiliu);* ***to go great ~s*** *šnek.* ≡ eiti kaip iš pypkės; ≡ nertis iš kailio; ***to jump the ~*** *šnek.* šokti/pulti per anksti, per anksti pradėti *(kokią nors naują veiklą);* ***to stick to***

one's ~s *šnek.* ≅ nesudėti ginklų; tvirtai laikytis *(įsitikinimų ir pan.)*
v **1** šaudyti **2** medžioti **3** *šnek.* stengtis pakenkti *(for);* **he is ~ning for me** jis griežia/galanda dantį ant manęs **4** *amer. šnek.* (pa)spausti greičiau *(važiuojant automobiliu)* **5** *kar.* apšaudyti artilerijos ugnimi ☐ **~ down** nušauti, sušaudyti

gunboat ['gʌnbəʊt] *n kar.* kanonierinis laivas, kanonierė
gun-carriage ['gʌnˌkærɪdʒ] *n kar.* lafetas
gun-cotton ['gʌnˌkɔtn] *n* piroksilinas
gundog ['gʌndɔg] *n* paukštinis/medžioklinis šuo
gunfight ['gʌnfaɪt] *n* ginkluota kova, susišaudymas
gunfire ['gʌnfaɪə] *n kar.* artilerijos/pabūklų ugnis
gunge [gʌndʒ] *šnek. n* lipni masė
v (ppr. pass) užsikimšti lipnia mase *(t. p.* **~ up; with)*
gung-ho [ˌgʌŋˈhəʊ] *a šnek.* per daug entuziastingas, puolantis greitai veikti
gunk [gʌŋk] *n šnek.* = **gunge**
gun-layer ['gʌnˌleɪə] *n kar.* taikytojas
gunlock ['gʌnlɔk] *n* šaunamojo ginklo spyna
gunman ['gʌnmən] *n (pl* -men [-mən]*) (tik v.)* ginkluotas banditas/žudikas/nusikaltėlis; teroristas
gunmetal ['gʌnˌmetl] *n* **1** vario ir cinko/alavo lydinys **2** pilkšva spalva *(t. p.* **~ grey/blue)*
gunnel ['gʌnl] *n* = **gunwale**
gunner ['gʌnə] *n* **1** artileristas; kanonierius; kulkosvaidininkas **2** medžiotojas **3** *av.* šaulys **4** *jūr.* komandoras, jūreivis artileristas
gunnery ['gʌnərɪ] *n* **1** šaudymo menas; artilerija *(mokslas)* **2** patrankų šaudymas **3** *kuop.* pabūklai, patrankos
gunny ['gʌnɪ] *n* **1** audinys iš džiuto **2** = **gunnysack**
gunnysack ['gʌnɪsæk] *n* džiuto maišas
gunplay ['gʌnpleɪ] *n amer.* = **gunfight**
gunpoint ['gʌnpɔɪnt] *n:* **at ~** grasindamas/taikydamas (nu)šauti
gunpowder ['gʌnˌpaʊdə] *n* parakas; **white ~** bedūmis parakas
gunroom ['gʌnrum, 'gʌnruːm] *n* medžioklinių šautuvų patalpa
gun-runner ['gʌnˌrʌnə] *n* ginklų kontrabandininkas
gun-running ['gʌnˌrʌnɪŋ] *n* neteisėtas ginklų įvežimas, ginklų kontrabanda
gunsel ['gʌnsl] *n (tik v.) amer. šnek.* **1** jaunas išlaikomas pederastas **2** = **gunman**
gunship ['gʌnʃɪp] *n kar.* ginkluotas malūnsparnis
gunshot ['gʌnʃɔt] *n* **1** šūvio atstumas; **within ~** šūvio atstumu; **out of ~** šūvio nepasiekiamas **2** šūvis; **~ wound** šautinė žaizda
gunshy ['gʌnʃaɪ] *a* bijantis šūvių *(apie šunį, arklį)*
gunslinger ['gʌnˌslɪŋə] *n amer. šnek.* = **gunman**
gunsmith ['gʌnsmɪθ] *n* ginklininkas
gunstock ['gʌnstɔk] *n* šautuvo apsodas
gunwale ['gʌnl] *n jūr.* planšyras
gurgitation [ˌgəːdʒɪˈteɪʃn] *n* gurguliavimas, burbuliavimas
gurgle ['gəːgl] *n* kliuksėjimas; gurguliavimas
v kliuksėti; gurguliuoti
gurnard ['gəːnəd], **gurnet** ['gəːnɪt] *n zool.* jūrų gaidys *(žuvis)*
guru ['guruː] *n* **1** *ind.* dvasinis vadovas, mokytojas **2** *šnek. (kurios nors srities, žmonių grupės)* vadovas, vadas; patarėjas
gush [gʌʃ] *n* **1** stipri/staigi srovė, srautas **2** *prk.* staigus išsiliejimas; žodžių srautas; **a ~ of anger** įpykis, pykčio protrūkis
v **1** siūbtelėti; papliupti; trykšti, sruventi (srove) **2** išlieti jausmus *(t. p.* **~ out);** karštai/žodingai pasakoti,

postringauti *(over)* ☐ **~ in** įsiveržti *(apie vandenį ir pan.);* **~ out** ištrykšti, išsiveržti *(apie kraują ir pan.)*
gusher ['gʌʃə] *n* **1** *šnek.* žmogus, karštai reiškiantis savo jausmus **2** naftos fontanas
gushing ['gʌʃɪŋ] *a* **1** sraunus; trykštantis **2** sentimentalus; nesantūrus
gushy ['gʌʃɪ] *a* = **gushing** 2
gusset ['gʌsɪt] *n* **1** *(drabužio)* įsiuvas; pažastinis įsiuvas **2** *tech.* kampinis sujungimas, kampainis **3** *jūr. (horizontalioji)* knica
gussy ['gʌsɪ] *v:* **~ oneself up** *amer. šnek.* išsičiustyti, išsigražinti
gust[1] [gʌst] *n* **1** *(vėjo)* šuoras; liūtis, pyla **2** *(jausmų)* prasiveržimas, protrūkis
v šuoruoti
gust[2] *n psn., poet. (geras)* skonis
gustation [gʌˈsteɪʃn] *n* ragavimas
gustatory ['gʌstətərɪ] *a spec.* skonio, skoninis
gusto ['gʌstəʊ] *n* malonumas, užsidegimas, įkarštis; **with ~** su pasigardžiavimu, pasimėgaudamas; su užsidegimu
gusty ['gʌstɪ] *a* **1** šuoruotas; vėjuotas **2** *prk.* smarkus, audringas
gut [gʌt] <*n, v, a>* *n* **1** *anat.* žarna; virškinimo traktas; *pl* žarnos, viduriai; **blind ~** akloji žarna; **large ~s** storosios žarnos; **little/small ~s** plonosios žarnos **2** *menk.* didelis pilvas **3** *med.* ketgutas *(siūlai iš žarnų)* **4** *pl šnek.* drąsa, drąsumas; ištvermė, valios stiprybė; **a man with plenty of ~s** valingas/stiprus žmogus; **he has no ~s** jis – ištižėlis **5** *pl šnek.* vertė; **there's no ~s in his work** jo darbas mažai vertas **6** *pl šnek.* vidaus mechanizmas, viduriai **7** siauras perėjimas; sąsiauris ◊ **I hate his ~s** *šnek.* aš jo be galo nekenčiu; **to scream one's ~s out** *šnek.* ≅ rėkti iš visos gerklės, plėšti gerklę; **to sweat/ slog/work one's ~s out** *šnek.* plūktis, plėšytis, prakaituoti; **to bust a ~** *šnek.* ≅ iš kailio nertis; **I'll have smb's ~s for garters** *šnek.* pakursiu kam pirtį
v **1** (iš)skrosti, (iš)mėsinėti, (iš)doroti *(vidurius)* **2** *(ppr. pass)* nusiaubti; sunaikinti *(namo vidų; ypač apie gaisrą)* **3** (pa)keisti iš esmės; suprasti esmę *(greit peržiūrint/ perskaitant)*
a šnek. **1** vidinis; instinktyvus; **he had a ~ feeling that...** jis instinktyviai jautė, kad... **2** gyvybinis **3** *amer. mok.* labai lengvas
gutless ['gʌtləs] *a šnek.* bailus; silpnavalis, ištižęs
gutsy ['gʌtsɪ] *a šnek.* **1** bebaimis, drąsus **2** smarkus, sodrus *(apie žodžius)*
gutta-percha [ˌgʌtəˈpəːtʃə] *n* gutaperčia
gutted ['gʌtɪd] *a* **1** nusiaubtas **2** *šnek.* priblokštas, nusivylęs **3** *šnek.* nusiplūkęs, nusivaręs
gutter ['gʌtə] *n* **1** *(stogo)* nutekamasis vamzdis/latakas; stoglatakis **2** nutekamasis griovelis/griovys *(šalia kelio)* **3** *(the ~)* skurdas; *(visuomenės)* padugnės **4** *poligr.* stambi tarpinė medžiaga
v **1** daryti griovelius/latakus **2** nutekėti, lietis **3** blėsčioti, mirkčioti *(apie žvakę)* ☐ **~ out** *amer.* išblėsti, nusilpti
gutter-child ['gʌtətʃaɪld] *n* beglobis vaikas
guttering ['gʌtərɪŋ] *a kuop.* stoglatakiai
gutter-press [ˌgʌtəˈpres] *n menk.* bulvarinė spauda
guttersnipe ['gʌtəsnaɪp] *n* beglobis vaikas; gatvės vaikėzas
guttle ['gʌtl] *v* ėsti, ryti
guttler ['gʌtlə] *n* rajūnas, besotis
guttural ['gʌtərəl] *a* **1** gomurinis, gomurio *(t. p. fon.)* **2** *prk.* šiurkštus
n fon. gomurinis garsas

guv [gʌv] *n šnek.* pone!, viršininke! *(kreipiantis)*
guvnor ['gʌvnə] *n (tik v.) šnek.* **1** viršininkas, šeimininkas **2** = **guv**
guy[1] [gaɪ] *n* **1** *(tik v.) šnek.* vyrukas, vaikinas; **regular** ~ šaunus vyrukas; **wise** ~ gudragalvis, gudruolis *(mėgstantis pasišaipyti iš kitų)* **2** *amer. šnek.* žmogus; **hey, you ~s! where are you going?** ei jūs!; kur einate? **3** *(G.)* Gajaus Fokso atvaizdas *(sudeginamas lapkričio 5 d.);* **G. Fawkes Night** Lapkričio penktoji *(pažyminti mėginimo susprogdinti Anglijos parlamentą 1605 m. metines)* ◊ **fall** ~ ≅ atpirkimo ožys; **no more Mr Nice G.!** nebebūsiu toks gerutis!
v statyti pajuokai, išjuokti, pajuokti *(mėgdžiojant)*
guy[2] *n jūr.* atotampa, vantas; bakštagas; trosas
guy[3] *sl. v* pasprukti
n: **to give the ~ to smb** pasprukti nuo ko; **to do a ~** išnykti
Guyana [gaɪ'ænə] *n* Gajana *(valstybė)*
guyrope ['gaɪrəup] *n* = **guy**[2]
guzzle ['gʌzl] *v šnek.* **1** godžiai ryti/gerti **2** pragerti, pravalgyti *(džn.* ~ **away)**
guzzler ['gʌzlə] *n šnek.* **1** girtuoklis **2** besotis
Gwendolen ['gwendəlɪn] *n* Gvendolina *(vardas)*
Gwent [gwent] *n* Gventas *(Velso grafystė)*
Gwynedd ['gwɪneð] *n* Gvinedas *(Velso grafystė)*
gyle [gaɪl] *n* **1** pradėjusi rūgti misa **2** rauginimo kubilas
gym [dʒɪm] *n sutr. šnek.* **1** = **gymnasium 2** = **gymnastics**
gymkhana [dʒɪm'kɑːnə] *ind. n sport.* **1** vietinės *(arklių, amer. automobilių)* varžybos/lenktynės **2** sportinių žaidynių vieta
gymnasium [dʒɪm'neɪzɪəm] *n (pl* ~s, -sia [-zɪə]) **1** gimnastikos salė **2** gimnazija
gymnast ['dʒɪmnæst] *n* gimnastas
gymnastic [dʒɪm'næstɪk] *a* gimnastikos
gymnastics [dʒɪm'næstɪks] *n* gimnastika; **industrial [remedial]** ~ gamybinė [gydomoji] gimnastika; **rhythmic** ~**s** meninė gimnastika
gymnospermous [ˌdʒɪmnə'spɜːməs] *n bot.* plikasėkliai
gymslip ['dʒɪmslɪp] *n* klostėtas sarafanas *(gimnazisčių drabužis);* ~ **mother** gimnazistė su vaiku
gynae ['gaɪnɪ] *n (gynaecologist sutr.) šnek.* ginekologas

gynaeco- ['gaɪnəkə-] *(sudurt. žodžiuose)* gineko-; **gynaecological** ginekologinis
gynaecological [ˌgaɪnəkə'lɔdʒɪkl] *a* ginekologinis
gynaecologist [ˌgaɪnə'kɔlədʒɪst] *n* ginekologas
gynaecology [ˌgaɪnə'kɔlədʒɪ] *n* ginekologija
gyneco- ['gaɪnəkə-] *amer.* = **gynaeco-**
gyp[1] [dʒɪp] *n (tik v.) ist.* tarnas *(Kembridžo universitete)*
gyp[2] *n amer. šnek.* **1** sukčiavimas; suktybė **2** sukčius, apgavikas
v šnek. apsukti, apvogti; sukčiauti
gyp[3] *n šnek.:* **to give smb** ~ a) skaudėti kam, varginti ką; b) ≅ duoti kam pylos
gyppo ['dʒɪpəu] *n sl. niek.* čigonas; egiptietis
gypsa ['dʒɪpsə] *pl žr.* **gypsum**
gyps(e)ous ['dʒɪps(ɪ)əs] *a* gipso, gipsinis
gypster ['dʒɪpstə] *n amer. šnek.* sukčius
gypsum ['dʒɪpsəm] *n (pl* -sa, ~s) gipsas
gypsy ['dʒɪpsɪ] *amer.* = **gipsy** *n, a, v*
gyrate *knyg. v* [dʒaɪ'reɪt] suktis ratu/spirale
a ['dʒaɪrət] susisukęs/susuktas spirale
gyration [ˌdʒaɪ'reɪʃn] *n* sukimasis; sukamasis/apskritiminis judėjimas
gyratory ['dʒaɪrətᵊrɪ] *a* sukamasis; ~ **breaker** *tech.* kūginis trupintuvas
gyre ['dʒaɪə] *n (ypač poet.)* **1** sukimasis *(ratu)* **2** ratas; žiedas; apskritimas **3** spiralė
gyrfalcon ['dʒɜːfɔːlkən] *n* = **gerfalcon**
gyri ['dʒaɪəraɪ] *pl žr.* **gyrus**
gyro ['dʒaɪrəu] *n (pl* ~s [-z]) *sutr. šnek.* **1** = **gyrocompass 2** = **gyroscope**
gyro- ['dʒaɪrəu-] *(sudurt. žodžiuose)* giro-, auto; ~**stabilizer** girostabilizatorius; ~**pilot** autopilotas
gyrocompass ['dʒaɪrəˌkʌmpəs] *n av.* girokompasas, giroskopinis kompasas
gyroplane ['dʒaɪrəpleɪn] *n av.* autožyras
gyroscope ['dʒaɪrəskəup] *n* giroskopas
gyroscopic [ˌdʒaɪrə'skɔpɪk] *n* giroskopinis
gyrostat ['dʒaɪrəstæt] *n* girostatas
gyrus ['dʒaɪrəs] *n (pl* -ri) *anat.* vingis *(smegenų ževės klostė)*
gyve [dʒaɪv] *psn. n (ppr. pl) (kalinio)* grandinės, pančiai
v kaustyti grandinėmis, pančioti

H

H, h [eɪtʃ] *n (pl* Hs, H's ['eɪtʃɪz]) *aštuntoji anglų kalbos abėcėlės raidė; (t. p. sudurt. žodžiuose);* **to drop one's hs** netarti „h" ten, kur jos reikia *(tarmiškumas);* **H-beam** *stat.* plačiajuostė dvitėjė sija
ha [hɑː] *int* ha!, na!, o! *(reiškiant nustebimą/įtarimą/ džiūgavimą)*
habeas corpus [ˌheɪbɪəsˈkɔːpəs] *lot. teis.* paliepimas pristatyti suimtąjį į teismą suėmimo teisėtumui išaiškinti *(t. p.* **writ of** *~); H. C. Act* asmens neliečiamybės įstatymas
haberdasher [ˈhæbədæʃə] *n* **1** galanterininkas; galanterijos parduotuvė **2** *amer.* marškinių *ir kt.* smulkių prekių vyrams, vyriškos galanterijos pardavėjas/parduotuvė
haberdashery [ˈhæbədæʃərɪ] *n* **1** galanterija **2** galanterijos parduotuvė/skyrius
habile [ˈhæbɪl] *a knyg. ret.* nagingas, mitrus, vikrus
habiliment [həˈbɪlɪmənt] *n (ppr. pl) knyg., juok.* drabužiai; apranga
habit [ˈhæbɪt] *n* **1** įprotis; įpratimas, papratimas, pripratimas; **want of ~** neįpratimas; **to be in the ~ of doing smth** būti papratus ką daryti; **to break (off) a ~** mesti įprotį, nuprasti; **to fall/get into a ~** įprasti; **to do smth out of ar from ~** daryti ką iš papratimo; **to break smb of a bad ~** nupratinti ką nuo blogo įpročio **2** *šnek.* įprotis/palinkimas vartoti narkotikus; **to kick the ~** mesti vartojus narkotikus **3** ypatybė, būdas; **~ of mind** galvosena **4** *biol.* augimo būdas/pobūdis; **a plant of trailing ~** šliaužiantysis augalas **5** abitas *(vienuolių drabužis)* **6** moteriškas jojimo kostiumas, amazonė *(t. p.* **riding ~)** **7** kūno sudėjimas
v knyg. aprengti
habitable [ˈhæbɪtəbl] *a* gyvenamas(is); tinkamas gyventi
habitant¹ [ˈhæbɪtᵊnt] *n* gyventojas
habitant² [æbiːˈtɔŋ] *pr. n* prancūzų kilmės kanadietis
habitat [ˈhæbɪtæt] *n (augalo, gyvūno)* tėvynė; arealas
habitation [ˌhæbɪˈteɪʃn] *n* **1** būstas; buveinė **2** gyvenimas *(kur nors)*
habit-forming [ˈhæbɪtˌfɔːmɪŋ] *a* galintis tapti įpročiu; įprantamas; **these pills are ~** prie šių tablečių pripranti
habitual [həˈbɪtʃuəl] *a* **1** įprastas, įprastinis; nuolatinis **2** nepataisomas; **~ liar** amžinas melagis; **~ criminal/offender** recidyvistas
habitually [həˈbɪtʃuəlɪ] *adv* iš papratimo; nuolat
habituate [həˈbɪtʃueɪt] *v* **1** (į)pratinti; *pass* įprasti, priprasti *(to – prie)* **2** *amer.* dažnai lankytis
habitude [ˈhæbɪtjuːd] *n* **1** įpratimas, palinkimas **2** įprotis; įsigalėjęs paprotys
habitué [həˈbɪtʃueɪ] *pr. n* nuolatinis lankytojas *(of)*
hacienda [ˌhæsɪˈendə] *isp. n* hasienda *(dvaras, plantacija ir pan. Lotynų Amerikoje)*
hack¹ [hæk] *n* **1** įkarta, įkirtis, įranta, įpjova **2** pjautinė žaizda **3** *(kojos)* sužalojimas nuo spyrio *(futbole)* **4** kirstukas, kirstuvas, kirtiklis, kaplys **5** sausas kosulys

v **1** (į)kirsti, įpjauti; pjaustyti; rantyti **2** iškirsti, iškapoti; sukapoti *(t. p.* **~ to pieces**) **3** kapliuoti **4** tašyti *(akmenį)* **5** *šnek.* susidoroti *(su sunkiu darbu);* pakęsti **6** įsibrauti į kito kompiuterio sistemą, duomenų bazę *(into)* **7** sausai kosėti **8** *sport.* spirti į kojas *(priešininkui)* □ **~ down** nukapoti, nukirsti; **~ off** atkirsti
hack² <*n, a, v*> *n* **1** samdomas rašeiva; kompiliatorius *(t. p.* **~ writer**) **2** politikierius **3** nuomojamasis arklys; darbinis/jojamasis arklys **4** kuinas **5** pasijodinėjimas **6** *amer. šnek.* taksis; taksistas
a **1** samdomas **2** nuvalkiotas, banalus
v **1** nuomoti, duoti nuomon *(ekipažą)* **2** joti neskubant; pasijodinėti **3** būti rašeiva **4** (su)banalinti, nuvalkioti **5** *amer. šnek.* vairuoti taksį □ **~ about** išbraukyti *(redaguojant);* **~ around** *šnek.* slampinėti, valkiotis
hackberry [ˈhækbᵊrɪ] *n bot.* celtis, karkasas
hacked-off [ˌhæktˈɔf] *a šnek.* (baisiai) perpykęs
hacker [ˈhækə] *n šnek.* **1** kompiuterių įsilaužėlis, piratas **2** kompiuterių aistruolis; programuotojas fanatikas
hackette [hækˈet] *n šnek.* žurnalistė, dirbanti *(laikraščio)* įvykių skyrelyje
hack-hammer [ˈhækˌhæmə] *n* mūrininko plaktukas
hackie [ˈhækɪ] *n šnek.* taksistas
hacking¹ [ˈhækɪŋ] *a* dažnas ir sausas *(apie kosulį)*
hacking² *n* **1** *tech.* įraiža; įduža **2** *sport. (varžovo)* (su)laikymas už rankų **3** *komp.* įsibrovimas į duomenų bazę
hacking-jacket [ˈhækɪŋˌdʒækɪt] *n* jojiko striukė
hackle¹ [ˈhækl] *n* **1** *pl (gaidžio ir kai kurių kitų paukščių)* kaklo plunksnos; *(šuns)* kaklo ir nugaros gaurai **2** dirbtinis jaukas *(žuvims)* **3** *(linų)* šukuotuvas ◊ **with one's ~s up** įnirtęs, pasiruošęs peštis; **to raise smb's ~s, to make smb's ~s rise** (į)siutinti
v šukuoti *(linus)*
hackle² *v* kapoti; pjaustyti, rantyti
hackly [ˈhæklɪ] *a* nelygus, šukėtas
hackman [ˈhækmən] *n (pl* -men [-mən]) *amer. šnek.* taksistas
hackmatack [ˈhækmətæk] *n bot.* amerikinis maumedis
hackney [ˈhæknɪ] *n* **1** jojamasis/važiuojamasis arklys **2** *attr* samdomas; **~ carriage/coach** samdomoji karieta; **~ cab** taksis
hackney-chair [ˈhæknɪtʃə] *n* nuomojamas pliažinis krėslas
hackneyed [ˈhæknɪd] *a* nuvalkiotas, banalus, trivialus
hacksaw [ˈhæksɔː] *n tech.* metalo pjūklas
hackwork [ˈhækwɔːk] *n* **1** nuobodus/sunkus darbas **2** chaltūra; skaitalas
had [həd] *kirčiuota forma* hæd] *past ir pII žr.* **have** *v*
haddock [ˈhædək] *n zool.* juodalopė menkė
Hades [ˈheɪdiːz] *n gr. mit.* Hadas *(pragaras, požemio karalystė; požemio karalystės dievas)*
hadj [hædʒ] *n* = **haj(j)**
hadji [ˈhædʒɪ] *n* = **haj(j)i**
hadn't [ˈhædnt] *sutr. šnek.* = **had not**

haem-, haema-, haemat- [hi:m-, 'hi:mə-, 'hi:mæt-] *(sudurt. žodžiuose)* hema-, hemato-, kraujo(-); **haematogenous** hematogeninis; **haematoma** kraujo išlaja, hematoma

haematic ['hɪ'mætɪk] *med. a* **1** kraujo, kraujinis **2** veikiantis kraują *n* kraujo veikiamasis vaistas

haematite ['hi:mətaɪt, 'hemətaɪt] *n min.* hematitas, raudonoji geležies rūda

haematology [ˌhi:mə'tɔlədʒɪ] *n* hematologija

haemo- ['hi:məu-] *(sudurt. žodžiuose)* hemo-; **haemostasis** hemostazė

haemodialysis [ˌhi:mədaɪ'æləsɪs] *n med.* hemodializė

haemoglobin [ˌhi:mə'gləubɪn] *n fiziol.* hemoglobinas

haemolysis ['hi:mɔləsɪs] *n fiziol.* hemolizė

haemophilia [ˌhi:mə'fɪlɪə] *n med.* hemofilija, kraujo nekrešėjimo liga

haemophiliac [ˌhi:mə'fɪlɪæk] *n med.* sergantysis hemofilija

haemorrhage ['hemərɪdʒ] *n med.* kraujavimas, hemoragija

haemorrhoids ['hemərɔɪdz] *n pl med.* hemorojus

haemostasia [ˌhi:məu'steɪʒə] *a med. (kraujo)* sąstovis, kraujavimo sustabdymas, hemostazė

haemostatic [ˌhi:mə'stætɪk] *a* kraujavimo stabdomasis *n* kraujavimo stabdomieji vaistai

hafnium ['hæfnɪəm] *n chem.* hafnis

haft [hɑ:ft] *n* kotas, rankena

hag [hæg] *n* **1** *mit.* ragana *(pikta burtininkė)*, laumė **2** *prk.* ragana, pikta/bjauri moteris

haggard ['hægəd] *a* **1** išsekęs, išsikamavęs, išvargęs **2** *medž.* neprijaukintas, laukinis *(apie sakalą)*

haggis ['hægɪs] *n* hagis *(škotų nacionalinis patiekalas)*

haggish ['hægɪʃ] *a* raganiškas, bjaurus

haggle ['hægl] *v* derėtis, ginčytis *(about/over smth, with smb)*

hagiography [ˌhægɪ'ɔgrəfɪ] *n* **1** *bažn.* hagiografija **2** idealizuojanti biografija

hag-ridden ['hægˌrɪdn] *a* **1** baisių sapnų, košmarų kankinamas **2** prislėgtas

Hague [heɪg] *n: (the ~)* Haga *(miestas)*

hah [hɑ:] *int* = **ha**

ha-ha¹ ['hɑ:hɑ] *n* griovys su žema tvorele/sienele *(parke, sode)*

ha-ha² [ˌhɑ:'hɑ:] *int* cha cha

hail¹ [heɪl] *n* kruša *(t. p. prk.)*, ledai; *a ~ of bullets/lead [of abuse]* kulkų [keiksmų] kruša *v* **1** *(beasmeniuose sakiniuose): it ~s, it is ~ing* krinta kruša **2** apipilti, apiberti *(žodžiais, smūgiais ir pan.)* ☐ *~ down* smarkiai kristi *(apie smūgius ir pan.)*

hail² *<n, v, int>* *n* **1** sveikinimas **2** šūktelėjimas, šūksmas; *within ~, within ~ing distance* žmogaus balso atstumu *v* **1** sveikinti **2** šūktelėti, (pa)šaukti *(vardu sveikinant, prašant pagalbos ir pan.); to ~ a taxi* sustabdyti taksį *(šūktelėjus)* **3** *jūr.* atplaukti *(from – iš kur)* **4** *šnek.* atvykti *(from); where do you ~ from?* iš kur jūs kilęs?, iš kur atvykote? **5** paskelbti, pripažinti *(as – kuo) int psn., knyg.* sveikas!

hail-fellow (-well-met) ['heɪlˌfeləu(ˌwel'met)] *a* draugiškas; familiarus; *to be ~ with everyone* būti draugiškam su visais

hailstone ['heɪlstəun] *n* krušos *(ledo)* gabalėlis/kruopa

hailstorm ['heɪlstɔ:m] *n* audra su kruša; didelė kruša *(t. p. prk.)*

hain't [heɪnt] *dial.* = **have not, has not**

hair [hɛə] *n* **1** plaukas, plaukelis **2** *kuop.* plaukai; *to cut one's ~* kirptis plaukus; *to have one's ~ cut* kirptis, apsikirpti, nusikirpti *(kirpykloje); to have one's ~ done* pasidaryti šukuoseną; *to lose one's ~* a) plikti; b) supykti, įsikarščiuoti **3** *(gyvulio)* plaukai, vilnos, gaurai, šeriai **4** *tekst.* pūkas ◊ *to a ~* tiksliausiai; *by a ~* ≡ tik per plauką ne; *within a ~ (of)* ≡ per plauką *(nuo); to get in/into smb's ~* trukdyti, įkyrėti kam; *to keep one's ~ on šnek.* nesikarščiuoti, nesispyrioti; *to let one's ~ down šnek.* elgtis nesivaržant; nesivaržyti; atsipūsti; *not to harm/touch a ~ of smb's head* ≡ nė plaukui nuo galvos nenukristi; *not to turn a ~* ≡ nė nemirktelėti, neparodyti baimės/nuovargio *ir pan.; to split ~s* ginčytis dėl smulkmenų; būti pedantiškam; *to take a ~ of the dog that bit you juok.* ≡ nuo ko susirgai, tuo ir gydykis; pagirioti; *to tear one's ~ out* ≡ rautis plaukus nuo galvos; *it made his ~ stand on end* ≡ jam plaukai ant galvos atsistojo

hairbreadth ['hɛəbredθ] *n* labai mažas atstumas ◊ *within/by a ~ of death* per plauką nuo mirties

hairbrush ['hɛəbrʌʃ] *n* šepetys (plaukams) šukuoti

hairclipper ['hɛəˌklɪpə] *n* plaukams kirpti mašinėlė

haircloth ['hɛəklɔθ] *n tekst.* ašutinis audinys, klijuotė

hair-curlers ['hɛəˌkə:ləz] *n pl* plaukų suktukai, bigudi

haircut ['hɛəkʌt] *n* (ap)kirpimas; kirpsena

hairdo ['hɛədu:] *n (pl ~s [-z]) šnek. (moterų)* šukuosena

hairdresser ['hɛəˌdresə] *n* kirpėjas *(ypač moterų); the ~'s (shop)* kirpykla

hairdressing ['hɛəˌdresɪŋ] *n* (su)šukavimas

hairdryer ['hɛəˌdraɪə] *n* fenas *(plaukams džiovinti)*

haired [hɛəd] *a* plaukuotas

-haired [-hɛəd] *(sudurt. žodžiuose)* -plaukis; *black-haired* juodaplaukis

hair-grass ['hɛəgrɑ:s] *n bot.* **1** kupstinė šluotsmilgė *(t. p. tufted ~)* **2** žieminė smilga

hairgrip ['hɛəgrɪp] *n* plaukų sagtelė/segtukas

hairless ['hɛələs] *a* beplaukis, plikas

hairline ['hɛəlaɪn] *n* **1** *(galvos)* plaukų augimo linija **2** plona linija **3** *attr* labai plonas, plauko storumo; *~ crack tech.* kapiliarinis plyšys; *~ fracture med. (kaulo)* įskilimas

hairnet ['hɛənet] *n* tinklelis plaukams

hair-oil ['hɛərɔɪl] *n* briliantinas

hairpiece ['hɛəpi:s] *n* šinionas

hairpin ['hɛəpɪn] *n* plaukų smeigtukas ◊ *~ bend* staigus kelio posūkis

hair-raiser ['hɛəˌreɪzə] *n šnek.* siaubo filmas/knyga *ir pan.*

hair-raising ['hɛəˌreɪzɪŋ] *a šnek.* siaubingas

hair's-breadth ['hɛəzbredθ] *n* = **hairbreadth**

hair-shirt [ˌhɛə'ʃə:t] *n rel.* ašutinė

hair-slide ['hɛəslaɪd] *n* plaukų segtukas/sagtelė

hair-splitting ['hɛəˌsplɪtɪŋ] *n* smulkmeniškas priekabiavimas, priekabus smulkmeniškumas *a* smulkmeniškas, pedantiškas; nežymus

hairspray ['hɛəspreɪ] *n* plaukų lakas

hairspring ['hɛəsprɪŋ] *n (laikrodžio)* plunksna, plaukas

hairstyle ['hɛəstaɪl] *n* šukuosena, sušukavimas

hairstylist ['hɛəstaɪlɪst] *n* kirpėjas

hair-trigger [ˌhɛə'trɪgə] *n kar.* labai jautrus gaidukas *a* ūmus; labai jautrus; *~ temper* ūmumas

hair-worm ['hɛəwə:m] *n zool.* velniaplaukis

hairy ['hɛərɪ] *a* **1** plaukuotas, gauruotas **2** pūkuotas *(apie audinį)* **3** *šnek.* senas, seniai žinomas *(apie anekdotą)* **4** *šnek.* baisus, pavojingas **5** *bot.* su plaukeliais

Haiti ['heɪtɪ] *n* Haitis *(valstybė)*

haj(j) [hædʒ] *n* chadžas *(kelionė į Meką)*

haj(j)i ['hædʒɪ] *n* chadžijus *(musulmonas, atlikęs chadžą)*
hake [heɪk] *n zool.* sidabrinė menkė
hakim ['hɑːkɪm] *arab. n* 1 gydytojas 2 teisėjas; gubernatorius, aukštas valdininkas
halation [həˈleɪʃn] *n fot.* šviesos ratai/dėmės *(ant plokštelės)*
halberd ['hælbəd] *n ist.* alebarda
halcyon ['hælsɪən] *n zool.* tulžys *(paukštis)*
  a tylus, ramus; ~ *days* taikios/laimingos dienos
hale[1] [heɪl] *a knyg.* tvirtas, stiprus *(ppr. apie senus žmones);* ~ *and hearty* tvirtas ir žvalus
hale[2] *v* traukti, tempti *(t. p. prk.)*
half [hɑːf] <*n, a, adv*> *n (pl* halves) 1 pusė *(t. p. žymint laiką);* ~ *a dozen [a century]* pusė tuzino [amžiaus]; *one and a* ~ pusantro; *in* ~ pusiau, perpus; *to cut smth in* ~ perpjauti ką pusiau; *to cut smth by* ~ sumažinti ką perpus; *to go halves in/on smth* dalytis *(išlaidas ir pan.)* pusiau; ~ *past one [two]* pusė dviejų [trijų]; *I rang at about* ~ *five* aš skambinau apie pusę šešių 2 *(ko)* dalis; *the larger* ~ didžioji dalis 3 semestras 4 *teis.* šalis, pusė *(susitarimuose ir pan.)* 5 *sport.* kėlinys, puslaikis 6 *sport.* saugas 7 *šnek. (alaus)* pusė pintos ◊ *the* ~ *of it* (dar) ne viskas, ne svarbiausia; *to cry halves* reikalauti *(sau)* lygios dalies; *to do smth by halves* bet kaip daryti; *one's better/other* ~ *juok.* antroji pusė *(žmona, vyras); and a* ~*! šnek.* tai bent!; ir dar koks!; *too clever by* ~ *iron.* jau per daug gudrus
  a 1 pusinis, pusės; *a* ~ *apple* pusė obuolio; *a* ~ *circle* pusratis 2 dalinis
  adv 1 pusiau 2 beveik, žymiai ◊ ~ *as much [big] (as)* du kartus mažiau [mažesnis] *(negu);* ~ *as much again* pusantro karto daugiau; *not* ~ *šnek.* a) baisiai, labai; *he didn't* ~ *swear* jis baisiai keikėsi; b) visai ne!; dar ko!; *not* ~ *bad* visai neblogas/neblogai!
half- [hɑːf-] *(sudurt. žodžiuose)* pus-, pusiau; *half-cooked* pusviris, pusiau išviręs, nebaigtas virti; *half-hour* pusvalandis, pusė valandos
half-and-half [ˌhɑːfəndˈhɑːf] *a* 1 sumaišytas per pusę *(lygiomis dalimis)* 2 pusinis; neryžtingas
  adv per pusę, pusiau
half-arsed ['hɑːfɑːst] *a šnek.* 1 atsainus 2 beprotiškas, kvailiausias *(apie sumanymą ir pan.)*
half-assed ['hɑːfæst] *a amer. šnek.* = **half-arsed**
halfback ['hɑːfbæk] *n sport.* saugas
half-baked ['hɑːfbeɪkt] *a* 1 puskepis, ne visai iškepęs 2 neprityręs, nesubrendęs 3 neapgalvotas; kvailas
half-binding ['hɑːfˌbaɪndɪŋ] *n (knygos)* pusiau odinis įrišimas
half-blood ['hɑːfblʌd] *n* netikras brolis, netikra sesuo
half-board [ˌhɑːfˈbɔːd] *n (viešbučio)* vieta su pusryčiais ir vakariene
half-bred ['hɑːfbred] *a* negrynakraujis; puskraujis; ~ *horse* pusiau grynakraujis arklys
half-breed ['hɑːfbriːd] *n niek.* metisas, mišrūnas
half-brother ['hɑːfˌbrʌðə] *n* įbrolis, netikras brolis
half-caste ['hɑːfkɑːst] *n niek.* maišytos rasės žmogus
half-century ['hɑːfˌsentʃərɪ] *n* pusė amžiaus; 50 metų laikotarpis
half-cock [ˌhɑːfˈkɔk] *n kar.* saugiklinė užkaba ◊ *to go off (at)* ~ a) nenusisekti, neišdegti; b) supykti
half-cocked ['hɑːfkɔkt] *a* 1 *kar.* atitrauktas, atlaužtas *(apie gaiduką)* 2 prastai paruoštas; ribotas, riboto proto
half-crazed ['hɑːfˈkreɪzd] *a* puskvaišis
half-crown ['hɑːfˈkraun] *n ist.* pusė kronos *(2 šilingų ir 6 pensų moneta)*
half-cut ['hɑːfkʌt] *a sl.* pusgirtis, apygirtis

half-day ['hɑːfdeɪ] *n* ne visa darbo diena *(pvz., šeštadienis)*
half-dead ['hɑːfded] *a* pusmiris, pusgyvis
half-dollar [ˌhɑːfˈdɔlə] *n* pusė dolerio *(JAV 50 centų vertės moneta)*
half-done ['hɑːfdʌn] *a* 1 pusiau padarytas; nepadarytas iki galo 2 neiškepęs, neišviręs
half-dozen [ˌhɑːfˈdʌzn] *n* pustuzinis
half-hardy ['hɑːfˈhɑːdɪ] *a* neišlaikantis šalčių, pridengtinas žiemą *(apie augalus)*
half-hearted ['hɑːfˈhɑːtɪd] *a* 1 neryžtingas, svyruojantis 2 abejingas, be užsidegimo/entuziazmo; ~ *consent* sutikimas nenoromis 3 pilnas prieštaringų jausmų
half-holiday ['hɑːfˈhɔlədɪ] *n* sutrumpinta darbo diena *(ppr. laisva popietė)*
half-landing [ˌhɑːfˈlændɪŋ] *n stat.* tarpinė laiptų aikštelė
half-length ['hɑːfˈleŋθ] *a* iki juosmens *(apie portretą, nuotrauką);* ~ *coat* puspaltis
half-life ['hɑːflaɪf] *n fiz. (radioaktyviojo elemento)* pusamžis, pusėjimo trukmė
half-light ['hɑːflaɪt] *n* neryški šviesa; prietema, prieblanda
half-mast [ˌhɑːfˈmɑːst] *n: flag at* ~ pusiau nuleista vėliava; *at* ~ *juok.* nusmukęs; per trumpas *(apie kelnes)*
  v nuleisti *(vėliavą)* iki pusės stiebo *(gedului pažymėti)*
half-measures ['hɑːfˈmeʒəz] *n pl* dalinės/pusinės/kompromisinės priemonės
half-moon [ˌhɑːfˈmuːn] *n* pusmėnulis
half-naked ['hɑːfˈneɪkɪd] *a* pusnuogis
half-note [ˌhɑːfˈnəut] *n amer.* pusinė gaida
half-open ['hɑːfˈəupən] *a* praviras
half-pay ['hɑːfˈpeɪ] *n* pusė algos *(ypač karininkams prieš išeinant į atsargą)*
halfpenny ['heɪpnɪ] *n (pl* halfpence ['heɪpəns], halfpennies ['heɪpnɪz]) pusė penso *(moneta buvo apyvartoje iki 1984 m.)* ◊ *not to have two halfpennies to rub together* neturėti nė skatiko
  a skatikinis; menkavertis
halfpennyworth ['heɪpnɪwəθ] *n* kas nors pusės penso vertės
half-pint [ˌhɑːfˈpaɪnt] *n* pusė pintos *(D. Britanijoje = 0,28 litro; JAV = 0,24 litro);* pusbutelis, pusės pintos butelis/bokalas
half-price ['hɑːfˈpraɪs] *n* pusė kainos; *at* ~ už pusę kainos
  adv už pusę kainos; su penkiasdešimties procentų nuolaida
half-round ['hɑːfˈraund] *n* pusratis
  a pusapvalis
half-seas-over [ˌhɑːfsiːzˈəuvə] *a predic šnek.* įgėręs, įkaušęs, pusgirtis
half-sister ['hɑːfˌsɪstə] *n* įseserė, netikra sesuo
half-slip ['hɑːfslɪp] *n* apatinis sijonas
half-staff [ˌhɑːfˈstɑːf] *n* = **half-mast**
half-starved ['hɑːfˈstɑːvd] *a* pusbadis, pusalkanis
half-step ['hɑːfstep] *n amer. muz.* pustonis
half-term ['hɑːfˈtəːm] *n mok.* trumposios atostogos *(trimestro viduryje)*
half-timbered ['hɑːfˈtɪmbəd] *a archit.* seno stiliaus *(apie namus su mediniu karkasu)*
half-time [ˌhɑːfˈtaɪm] *n* 1 ne visa darbo savaitė/diena 2 *sport.* pertrauka tarp kėlinių
half-timer [ˌhɑːfˈtaɪmə] *n* 1 ne visą savaitę dirbantis darbininkas 2 mokinys, atleistas nuo pamokų dalies *(dėl darbo)*
half-title ['hɑːfˈtaɪtl] *n poligr.* vidinė antraštė, šmuctitulas
halftone ['hɑːftəun] *n* 1 *amer. muz.* pustonis *(t. p. tapyboje)* 2 *poligr.* autotipija
half-track ['hɑːfˈtræk] *n* pusiau vikšrinis automobilis

half-truth ['hɑːftruːθ] *n* dalis tiesos, pusiau tiesa

halfway ['hɑːfweɪ] *a* **1** esantis pusiaukelėje/viduryje; *~ line sport.* vidurio linija *(ypač futbole)* **2** dalinis, kompromisinis ◊ *~ house* a) laikina prieglauda *(buvusiems kaliniams, psichiniams ligoniams);* b) kompromisas
adv **1** pusiaukelėje; *to be ~ there* būti pusiaukelėje; *~ through* viduryje; *I went ~* nuėjau pusę kelio **2** iš dalies, pusiau ◊ *to meet smb ~* eiti į kompromisą su kuo, daryti kam nuolaidų

half-wit ['hɑːfwɪt] *n šnek.* pusgalvis

half-witted ['hɑːfwɪtɪd] *a šnek.* silpnaprotis; puskvailis

half-word ['hɑːfwɜːd] *n* pusžodis, pusiaužodis; užuomina

half-year [ˌhɑːfjəː] *n* **1** pusmetis **2** semestras

half-yearly [ˌhɑːfjəːlɪ] *a* pusmetinis; *~ meetings* kartą per pusmetį vykstantys susirinkimai
adv kartą per pusmetį

halibut ['hælɪbət] *n zool.* otas *(žuvis)*

Halifax ['hælɪfæks] *n* Halifaksas *(miestas)*

halite ['hælaɪt] *n min.* halitas, akmens druska

halitosis [ˌhælɪ'təʊsɪs] *n med.* halitozė, blogas kvapas iš burnos

hall [hɔːl] *n* **1** salė; halė; *banqueting ~* pokylių salė; *lecture ~* auditorija **2** holas, menė, prieškambaris, vestibiulis; koridorius; *~ door* pagrindinis įėjimas **3** visuomeninis pastatas: universitetas, koledžas; rotušė *(t. p. town ~),* miuzikholas *ir pan.* **4** *(universiteto)* bendrabutis *(t. p. ~ of residence);* valgykla *(t. p. dining ~)* **5** dvaro rūmai ◊ *H. of Fame (ypač amer.)* a) panteonas; šlovės salė/muziejus; b) žymių žmonių plejada

halleluiah, hallelujah [ˌhælɪ'luːjə] *n, int* **1** aleliuja! **2** valio!, pagaliau!

halliard ['hæljəd] *n* = **halyard**

hallmark ['hɔːlmɑːk] *n* **1** praba, prabavimo spaudas **2** skiriamasis ženklas/požymis *(of)*
v **1** prabuoti, nustatyti prabą **2** *prk.* nustatyti kokybę

hallo [hə'ləʊ] *int* **1** = **hello 2** = **halloo 1**

halloo [hə'luː] *int* **1** pui! *(pjudant šunis)* **2** ei! *(dėmesiui patraukti)*
v **1** *medž.* pjudyti *(t. p. prk.)* **2** ūkauti, šūkauti, šūkčioti *(norint patraukti dėmesį)* ◊ *don't ~ till you are out of the wood* ≡ per tvorą nepešokęs, nesakyk op!

hallow[1] [hə'ləʊ] = **halloo** *int, v*

hallow[2] ['hæləʊ] *v bažn.* **1** pašventinti; pašvęsti **2** (pa)gerbti; pažymėti *(datą, šventę ir pan.)*

hallowed ['hæləʊd] *a* **1** pašventintas, pašvęstas; *~ ground* pašventinta žemė **2** šventas; gerbiamas; *~ memory [tradition]* šventas atminimas [tradicija]; *~ be Thy name bibl.* tebūnie pašlovintas tavo vardas

Hallowe'en [ˌhæləʊ'iːn] *n škot., amer.* Visų šventųjų dienos išvakarės *(spalio 31-ji)*

Hallowmas ['hæləʊmæs] *n bažn.* Visų šventųjų diena *(lapkričio 1-ji)*

hallstand ['hɔːlstænd] *n* kabykla *(prieškambaryje)*

hallucinate [hə'luːsɪneɪt] *v* turėti haliucinacijų

hallucination [həˌluːsɪ'neɪʃn] *n* haliucinacija

hallucinatory [hə'luːsɪnətərɪ] *a* haliucinacinis

hallucinogenic [həˌluːsɪnə'dʒenɪk] *a* haliucinogeninis

hallway ['hɔːlweɪ] *n* koridorius *(prie įėjimo),* prieškambaris

halm [hɑːm] *n* = **haulm**

halo ['heɪləʊ] *n (pl ~(e)s [-z])* **1** halas, drignė, ratilas *(aplink Saulę, Mėnulį)* **2** spindesys, aureolė, nimbas **3** *prk.* geras vardas, šlovė
v apsupti aureole

halogen ['hælədʒən] *n chem.* halogenas; *~ bulb/lamp aut.* halogeninė lempa

haloid ['hælɔɪd] *n chem.* haloidas

halt[1] [hɔːlt] *<n, v, int>* *n* **1** sustojimas; poilsis kelyje *(t. p. kar.); to bring to a ~* sustabdyti; padaryti galą *(to – kam); to call a ~* liepti sustoti; *to come/grind to a ~* sustoti **2** pusstotė, stotelė **3** pertrauka *(in); ~ in arms sale* ginklų pardavimo nutraukimas
v sustoti; sustabdyti
int stok! *(komanda)*

halt[2] *v* **1** svyruoti, nesiryžti **2** užsikirsti, mikčioti **3** *psn.* šlubuoti

halter ['hɔːltə] *n* **1** apynasris **2** virvė su kilpa *(karti); to come to the ~* būti pakartam **3** *(pliažinio kostiumo)* viršutinė dalis, surišama už kaklo *(t. p. ~ top)* ◊ *to put a ~ upon/on smb* pažaboti, sutramdyti ką
v **1** užmauti apynasrį **2** karti *(vykdyti bausmę)*

halterneck ['hɔːltənek] *a attr* su nuoga nugara *(apie pliažinį kostiumą, suknelę)*

halting ['hɔːltɪŋ] *n tech. (variklio)* trūkčiojimas, neritmingas veikimas
a **1** užsikertantis, mikčiojantis **2** klumpantis, šlubčiojantis **3** svyruojantis; netvirtas, neįtikinantis

halva(h) ['hɑːlvɑː] *n* chalva

halve [hɑːv] *v* **1** dalyti pusiau **2** (su)mažinti/(su)mažėti perpus

halves [hɑːvz] *pl žr.* **half** *n*

halving ['hɑːvɪŋ] *n stat.* sąsparinė sandūra; sąsparinis įkirtis

halyard ['hæljəd] *n jūr.* falas *(virvė/lynas burėms/vėliavoms pakelti)*

ham [hæm] *<n, a, v>* *n* **1** kumpis; *smoked ~* rūkytas kumpis; *~ and eggs* kiaušinienė su kumpiu **2** šlaunis; *pl* sėdmenys **3** *šnek.* nevykęs artistas *(t. p. ~ actor)* **4** *šnek.* trumpabangininkas mėgėjas *(t. p. radio ~)*
a šnek. perdėtas, nenatūralus *(apie vaidybą)*
v šnek. nenatūraliai vaidinti *(apie artistą)* ◊ *to ~ it up šnek.* persistengti *(vaidinant);* persūdyti

hamadryad [ˌhæmə'draɪəd] *n* **1** *mit.* miško nimfa **2** *zool.* karališkoji kobra **3** *zool.* hamadrilas

Hamburg ['hæmbɜːg] *n* Hamburgas *(miestas)*

hamburger ['hæmbɜːgə] *n kul.* **1** mėsainis, mėsos suvožtinis **2** *amer.* malta jautiena

hamestrap ['heɪmstræp] *n* sąmatas *(pavalkams suveržti)*

ham-fisted, -handed ['hæm'fɪstɪd, -'hændɪd] *a šnek.* negrabus, nemitrus; atgrubnagis

Hamitic [hə'mɪtɪk] *a kalb.* chamitų *(apie kalbų grupę)*

hamlet ['hæmlɪt] *n* kaimelis

Hamlet ['hæmlɪt] *n* Hamletas *(V. Šekspyro tragedijos personažas)*

hammer ['hæmə] *n* **1** plaktukas; kūj(el)is; *a ~ of a piano* rojalio plaktukas; *the ~ and sickle* pjautuvas ir kūjis; *~ throw(ing), throwing the ~ sport.* kūjo metimas **2** *(šautuvo)* gaidukas **3** *anat. (ausies)* plaktukas ◊ *to come under the ~* būti parduodamam iš varžytynių; *to be/go at it ~ and tongues šnek.* smarkiai/triukšmingai ginčytis/peštis
v **1** (pri)kalti; įkalti *(t. p. prk.; into); to ~ it home to smb* įkalti kam į galvą, išaiškinti kam **2** plakti, daužyti(s); trankyti, stuksenti, belsti *(at);* *she ~ed her fists against the door* ji daužė kumščiais duris **3** mušti *(priešą),* apšaudyti **4** *sport. šnek.* sumušti, sutriuškinti **5** nuolat kritikuoti; įkyriai įrodinėti/prašyti *ir pan. (t. p. ~ away)* □ *~ away* a) atkakliai dirbti, plušti *(at – prie);* b) dundėti *(apie patranką); ~ down* prikalti, užkalti; *~ in* įkalti *(t. p. prk.); ~ out* a) *tech.* iškalti, išlyginti; b) *prk.* pa-

siekti, parengti, sudaryti *(susitarimą ir pan.)*; c) išspręsti, užbaigti *(nesutarimus ir pan.)*; ~ *together* sukalti

hammerbeam ['hæməbi:m] *n stat.* pasijys

hammer-blow ['hæməbləu] *n* **1** plaktuko smūgis **2** *prk.* stiprus/triuškinantis smūgis

hammerer ['hæmərə] *n* kalėjas; kalvis, kūjininkas

hammering ['hæməriŋ] *n* **1** (pri)kalimas; kalyba **2** daužymas, beldimas; *to give a good* ~ *šnek.* gerai apkulti; *to take a real* ~ būti smarkiai sudaužytam/sugriautam *a* **1** kalantis; daužantis **2** krintantis su bildesiu: ~ *blows* sunkių smūgių kruša

hammersmith ['hæməsmɪθ] *n* kalvis

hammer-toe ['hæmətəu] *n* iškrypęs kojos pirštas

hammock ['hæmək] *n* hamakas; kabamasis gultas *(laive)*

hammock-chair ['hæməktʃɛə] *n* sudedamoji kėdė *(su kiltine sėdyne)*

hammy ['hæmɪ] *a šnek.* **1** persistengiantis vaidindamas *(apie aktorių)* **2** persūdytas, perdėtas

hamper[1] ['hæmpə] *v* kliudyti, trukdyti; varžyti

hamper[2] *n* **1** pintinė su dangčiu *(valgiams nešti)* **2** *amer.* skalbinių pintinė

Hampshire ['hæmpʃə] *n* Hampšyras *(Anglijos grafystė);* *New* ~ Niu Hampšyras *(JAV valstija)*

hamshackle ['hæmʃækl] *v* (su)pančioti *(priešakinę gyvulio koją pririšant prie galvos)*

hamster ['hæmstə] *n zool.* žiurkėnas, šalčias

hamstring ['hæmstrɪŋ] *n anat.* pakinklinė sausgyslė *v* (hamstrung [-strʌŋ]), hamstringed) **1** perpjauti pakinklinę sausgyslę **2** *prk.* kliudyti, pakirpti sparnus

hand [hænd] *n* **1** ranka *(plaštaka); by* ~ ranka, rankomis *(parašyta, padaryta); to take smb by the* ~ paimti ką už rankos; *from* ~ *to* ~ iš rankų į rankas; ~ *in* ~ a) susikibę rankomis, ranka rankon; b) kartu; ~*s off!* šalin rankas!; nelieskite!; ~*s up!* a) rankas aukštyn; b) pakelkite rankas *(mokykloje); to drink from cupped* ~*s* gerti iš rieškučių **2** priešakinė koja/letena **3** valia, valdžia; *in* ~ a) rankose, žinioje; *to keep in* ~ laikyti rankose/žinioje; *to have smth in* ~ (tvirtai) laikyti, valdyti *(situaciją, reikalus ir pan.);* b) vykdomas, dirbamas; svarstomas, nagrinėjamas; *to take in* ~ imtis *(ko);* c) turimas; neišnaudotas; *we still have a couple of weeks in* ~ mes dar turime porą savaičių; *to get out of* ~ išsprūsti iš rankų, nebevaldyti, nebeklausyti **4** *(laikrodžio)* rodyklė; *the hour* ~ valandų rodyklė **5** braižas, rašysena; *psn.* ranka, parašas **6** *(kortų)* lošikas; lošimas; kortos *(gautos vienoje rankoje); I have a good* ~ turiu geras kortas **7** darbininkas; darbuotojas **8** vykdytojas; *a picture by the same* ~ to paties dailininko paveikslas **9** įgudimas, patirtis; *to get one's* ~ *in* įgusti; *an old* ~ *(at)* ≅ senas vilkas; *he has a good* ~ *in committee* jis turi didelę darbo komisijoje patirtį; *to keep one's* ~ *in* neprarasti patirties *(toliau dirbant); he is out of* ~ jis tuo nebeužsiima **10** pagalba; *a helping* ~ pagalbininkas; *to give/lend a* ~ *(to)* padėti *(kam)* **11** pusė; *on all* ~*s* iš visų pusių **12** *(žinių ir pan.)* šaltinis; *at first [second]* ~ iš pirmų [antrų] rankų **13** plaštaka *(matas, apie 10 centimetrų; matuojant arklio aukštumą)* **14** plojimai; *big* ~ ilgai trunkantys plojimai **15** *pl jūr.* laivo komanda; *all* ~*s on deck!* visi į denį! **16** *(bananų)* kekė **17** *(kiaulės kumpio)* karka **18** *attr* rankinis, rankų; rankų darbo; ~ *luggage* rankinis bagažas ◊ *at* ~ (esantis) čia pat *(t. p. apie laiką);* ≅ po ranka; *off* ~ a) nepasirengus, ekspromtu; b) atsainiai; *on* ~ a) esantis dispozicijoje, turimas; *on one's* ~*s* savo žinioje/atsakomybėje; b) (esantis) čia pat, vietoje *(apie žmogų); on the one* ~ ..., *on the other* ~ ... viena... kita vertus; *pirma*..., *antra; out of* ~ daug negalvojus, iš karto; ~*s down* nesunkiai, be vargo *(laimėti ir pan.);* ~ *over fist šnek.* greitai ir lengvai *(gauti/išleisti pinigus); with a heavy* ~ griežtai, reikliai; *with a high* ~ valdingai; ~ *and foot* smarkiai *((ap)riboti, (su)varžyti ir pan.); to ask for smb's* ~ *in marriage* ≅ prašyti rankos; *to change* ~*s* eiti iš rankų į rankas; pereiti kito nuosavybėn *(apie pinigus, prekes ir pan.); to come to* ~ a) pakliūti po ranka; b) būti gautam *(apie laišką); to force smb's* ~ priversti ką daryti; *to go/work* ~ *in glove (with)* artimai bendrauti; veikti išvien *(su); to get/gain/have the upper* ~ viršyti, gauti/paimti/turėti viršų; *to give smb a big* ~ plojimais ką sutikti; *to have/take a* ~ *(in)* prisidėti *(prie),* dalyvauti; *to have clean* ~*s* nebūti įpainiotam *(į); to have one's* ~*s full* ≅ turėti marias darbo; *to have [to keep] smth to* ~ ≅ turėti [laikyti] ką po ranka; *to join* ~*s* susivienyti, veikti išvien; *to keep* ~*s in pockets* dykaduoniauti, dykinėti; *not to lift a* ~, *not to do a* ~*'s turn* ≅ nė piršto nepajudinti; *to live from* ~ *to mouth* ≅ vos sudurti galą su galu; gyventi pusbadžiu; *to play into smb's* ~*s* žaisti kieno žaidimą, pasitarnauti *(kitam); to send by* ~ pasiųsti per rankas/malonę *(ne paštu); to show/reveal one's* ~ atskleisti savo planus/ketinimus; *to sit on one's* ~*s* a) nieko neveikti; b) neploti, ne(pa)reikšti pritarimo; *to throw one's* ~ *in* pasiduoti, nusileisti; *to turn/put/set one's* ~ *(to)* imtis *(ko); many* ~*s make light* ~ *pat.* ≅ daug rankų didelę naštą pakelia *v* **1** paduoti, įteikti **2** (pa)siųsti **3** padėti *(įeiti, įlipti; into); to* ~ *smb out of a car* padėti kam išlipti iš automobilio □ ~ *around* = ~ *round*; ~ *back* atiduoti, grąžinti; ~ *down* a) paduoti žemyn; b) padėti nulipti; c) *prk.* pereiti; per(si)duoti *(iš kartos į kartą);* d) *teis.* paskelbti *(sprendimą);* ~ *in* a) paduoti, įteikti *(pareiškimą ir pan.);* b) pasodinti *(į automobilį ir pan.);* ~ *on* perduoti *(kitai kartai, kitiems);* ~ *out* a) išduoti, išdalyti; b) išlaipinti, padėti išlipti; c) šelpti, eikvoti; d) duoti *(patarimus);* skirti *(bausmes);* ~ *over* a) perduoti *(kitam);* atiduoti *(įgaliojimus, vadovavimą);* b) *kar.* pasiduoti; ~ *round* išnešioti *(maistą);* visus apdalyti; ~ *up* paduoti aukštyn ◊ *you have to* ~ *it to smb* reikia pripažinti *(kieno nuopelnus, laimėjimus, geras savybes)*

handbag ['hændbæg] *n* rankinukas; rankinė

handball ['hændbɔ:l] *n sport.* **1** rankinis **2** rankinio kamuolys **3** kamuolio lietimas rankomis *(pražanga žaidžiant futbolą)*

handbarrow ['hænd͵bærəu] *n* **1** neštuvai **2** rankinis dviratis vežimėlis

handbasin ['hændbeɪsn] *n* praustuvė

handbell ['hændbel] *n* varpelis

handbill ['hændbɪl] *n* reklaminis lapelis; skelbimas *(platinamas per rankas)*

handbook ['hændbuk] *n* vadovas *(knyga);* vadovėlis

handbrake ['hændbreɪk] *n aut.* rankinis stabdys

handbreadth ['hændbredθ] *n* plaštaka *(ilgio matas, apie 10 centimetrų)*

handcar ['hændka:] *n amer.* drezina

handcart ['hændka:t] *n* rankinis vežimėlis

handclap ['hændklæp] *n* plojimai, aplodismentai; *a slow* ~ plojimai, reiškiantys nekantrumą/nepasitenkinimą

handclasp ['hændkla:sp] *n amer.* rankos paspaudimas

hand-crafted ['hænd͵krɑ:ftɪd] *a* rankų darbo *(ne mašina gamintas)*

handcuff ['hændkʌf] *n (ppr. pl)* antrankiai *v* uždėti antrankius, surakinti

handcuffed ['hændkʌft] *a* su antrankiais

hand-dryer, -drier ['hændraɪə] *n* rankų džiovintuvas
-handed ['-hændɪd] *(sudurt. žodžiuose)* -rankis; ***short-handed*** trumparankis
handful ['hændful] *n* **1** sauja *(of – ko)* **2** nedidelis būrys; saujelė *(of – ko)* **3** *šnek.* vijurkas, kas nors pridarantis bėdų; ***that young boy of hers is quite a ~*** tas jos berniūkštis – gyva bėda
handglass ['hændglɑ:s] *n* **1** veidrodėlis *(su rankena)* **2** rankinis didinamasis stiklas, lupa
hand-grenade ['hændgrəˌneɪd] *n* rankinė granata
handgrip ['hændgrɪp] *n* **1** rankos paspaudimas **2** peštynės **3** rankena
handgun ['hændgʌn] *n (ypač amer.)* pistoletas, revolveris
hand-held ['hændheld] *a* rankinis; portatyvinis
handhold ['hændhəʊld] *n* **1** kas nors, už ko galima nusitverti: medžio šaka, uolos kyšulys *ir pan.* **2** rankena, kotas **3** turėklai
handicap ['hændɪkæp] *n* **1** kliūtis, kliuvinys **2** *(fizinis, protinis)* trūkumas, kliauda **3** *sport.* handikapas **4** *aut.* lenktynės raižytoje vietoje
v (-pp-) (ppr. pass) **1** kliudyti, (pa)statyti į sunkią padėtį, apsunkinti **2** *sport.* išlyginti jėgas, sudaryti jėgų pusiausvyrą
handicapped ['hændɪkæpt] *a* **1** turintis *(fizinių, protinių)* trūkumų; aklas, kurčias *ir pan.;* **~ *children*** vaikai invalidai; ***the visually ~*** *kuop.* silpnai regintieji; ***mentally ~*** protiškai atsilikęs **2** *sport.* turintis handikapą
handicraft ['hændɪkrɑ:ft] *n* **1** amatas; rankų darbas **2** nagingumas **3** *attr* naminis; amatų
handicraftsman ['hændɪˌkrɑ:ftsmən] *n (pl* -men [-mən]) amatininkas
handily ['hændɪlɪ] *adv* **1** vikriai, mikliai **2** patogiai, parankiai
handiness ['hændɪnɪs] *n* **1** miklumas **2** parankumas naudotis
handiwork ['hændɪwɜ:k] *n* rankų darbas; ***come and see my ~*** pažiūrėk mano darbą; ***the explosion looks like the ~ of terrorists*** sprogimas, atrodo, yra teroristų darbas
handjob ['hænddʒɔb] *n vulg.* masturbacija
handkerchief ['hæŋkətʃɪf] *n* **1** nosinė; nosinaitė **2** skepetaitė *(aplink kaklą)* ◊ ***to throw the ~ to smb*** a) duoti kam sutartinį ženklą *(žaidžiant);* b) teikti kam pirmenybę
hand-knitted ['hændˌnɪtɪd] *a* megztas rankomis
handle ['hændl] *n* **1** rankena, rankenėlė; kotas; *(ąsočio, puoduko)* ąsa; ***to pick smth up by the ~*** paimti ką už rankenos/koto; ***dead man's ~*** *(ypač glžk.)* automatinio stabdžio rankena **2** dingstis, pretekstas ◊ ***a ~ to one's name*** *iron.* titulas; ***to fly/go off the ~*** *šnek.* nebe(su)sivaldyti, nebesitverti pykčiu; ***to get a ~ (on)*** susigaudyti, susiorientuoti
v **1** liesti/imti rankomis, laikyti rankose *ir pan.;* čiupinėti **2** daryti *(ką)* rankomis; vartoti *(įrankį ir pan.)* **3** elgtis; ***he can ~ his subordinates*** jis moka elgtis su pavaldiniais; ***my secretary will ~ all the details*** mano sekretorė sutvarkys visas smulkmenas; ***he was roughly ~d by the hooligans*** jį primušė chuliganai **4** traktuoti; ***to ~ a problem*** nagrinėti problemą **5** valdyti; vairuoti; reguliuoti; ***to ~ the traffic*** reguliuoti eismą; ***this car is easy to ~*** šį automobilį lengva valdyti/vairuoti **6** tvarkyti; prižiūrėti **7** *kom.* prekiauti *(kuo);* ***to ~ stolen goods*** prekiauti vogtomis prekėmis **8** sužaisti ranka *(futbole)*
handlebar ['hændlbɑ:] *n (ppr. pl)* **1** *(dviračio, motociklo)* vairas **2** ilgi į viršų užraityti ūsai *(t. p.* ***~ moustache)***
handler ['hændlə] *n* **1** *(gyvulio)* prižiūrėtojas **2** dresuotojas **3** *(restorano ir pan.)* darbuotojas; darbininkas **4** *(politiko)* patarėjas

handling ['hændlɪŋ] *n* **1** elgimasis **2** *(įrankio ir pan.)* (pa)naudojimas **3** aptarnavimas, priežiūra; ***~ of land*** žemės priežiūra **4** apdorojimas, tvarkymas; valdymas; ***~ of men*** darbo jėgos paskirstymas **5** *(temos ir pan.)* traktavimas **6** *kom.* prekių paruošimas *(išsiuntimui ir pan.)* **7** *(šuns)* dresavimas
handlist ['hændlɪst] *n* abėcėlinis sąrašas
v sudaryti abėcėlinį sąrašą
handmade [ˌhændˈmeɪd] *a* rankų darbo
handmaid(en) [ˈhændˌmeɪd(n)] *n* tarnaitė *(ppr. prk.)*
hand-me-down [ˈhændmɪˌdaʊn] *šnek. n* **1** *(ppr. pl)* padėvėtas drabužis; išdėvos, nuodėvos **2** kas nors pigu/prasta
a padėvėtas
handout ['hændaʊt] *n* **1** pareiškimas spaudai **2** *(džn. pl) (paskaitos, pranešimo)* tezės; *mok.* padalomoji medžiaga **3** reklaminis lapelis, prospektas **4** šalpa; labdara
handover ['hændəʊvə] *n* perdavimas, atidavimas
handpick [ˌhændˈpɪk] *v* rinkti *(uogas ir pan.);* rūpestingai išrinkti/atrinkti
hand-picked [ˌhændˈpɪkt] *a* **1** (rūpestingai) parinktas; ***~ jury*** specialiai parinkta prisiekusiųjų sudėtis **2** *šnek.* rinktinis
handrail ['hændreɪl] *n* turėklai; *jūr.* lejeris
handsaw ['hændsɔ:] *n* rankinis pjūklas
hands-down *a* [ˈhændzdaʊn] **1** lengvas *(apie pergalę)* **2** neabejotinas
adv [ˌhændzˈdaʊn] lengvai
handsel ['hænsəl] *psn. n* **1** *(Naujųjų metų ir pan.)* simbolinė dovana **2** geras ženklas; gera pradžia **3** rankpinigiai
v **1** dovanoti *(simbolinę dovaną)* **2** padaryti pradžią **3** iškilmingai atidaryti
handsfree ['hændzfri:] *a attr* veikiantis nepridėjus rankų *(apie mašiną)*
handshake ['hændʃeɪk] *n* rankos paspaudimas ◊ ***golden ~*** didelė išeitinė pašalpa
hands-off ['hændzɔf] *a attr* pagrįstas/grindžiamas nesikišimu; ***~ policy*** nesikišimo politika
handsome ['hænsəm] *a* **1** gražus, dailus; stuomeningas **2** dosnus *(apie dovaną ir pan.)* **3** žymus, didelis *(apie sumą, pelną ir pan.)* ◊ ***~ is that ~ does*** ≅ sprendžiama ne iš kalbų, o iš darbų
hands-on ['hændzɔn] *a attr* praktinis, savarankiškas
handspike ['hændspaɪk] *jūr.* lazda špiliui sukti
handspring ['hændsprɪŋ] *n sport.* persivertimas per galvą ore, salto; ***to turn ~*** virsti kūliais
handstand ['hændstænd] *n sport.* stovėsena/atsistojimas ant plaštakų
hand-to-hand ['hændtəˈhænd] *a:* ***~ fighting*** *kar.* durtynės, kirstynės *(kautynės vienas prieš kitą)*
adv vienas prieš kitą *(kovoti)*
hand-to-mouth ['hændtəˈmaʊθ] *a* vos vos pakankamas; ***~ existence*** gyvenimas pusbadžiu
handwork ['hændwɜ:k] *n* rankų darbas
hand-woven ['hændˌwəʊvn] *a* austas namie
handwriting ['hændˌraɪtɪŋ] *n* **1** rašysena **2** *psn.* rankraštis
hand-written ['hændˌrɪtn] *a* ranka rašytas
handy ['hændɪ] *a* **1** parankus, patogus *(naudoti(s); for);* portatyvus **2** lengvai valdomas **3** (esantis) po ranka, čia pat **4** nagingas, mitrių rankų; mokantis; ***she is ~ with a needle*** ji gerai siuva
handyman ['hændɪmæn] *n (pl* -men [-men]) *(tik v.)* **1** visų amatų/galų meistras **2** parankinis, padėjėjas
hang [hæŋ] *n* **1** *(drabužio)* tikimas; ***mark the ~ of the dress*** žiūrėkite, kaip guli suknelė **2** *šnek. (veikimo, vartojimo)* būdas; mokėjimas; *(ko)* prasmė; ***to get the ~ (of)*** susivokti, suprasti *(kaip veikia, dirba);* ***to lose the ~ (of)***

hangar | 413 | **harbour**

užmiršti *(kaip veikia, dirba)*, prarasti įgūdį **3** *sport.* kybojimas ◊ *I don't care a ~* ≡ man tik nusispjauti
v (hung) **1** (pa)kabinti, užkabinti; *to ~ one's coat on a peg* pasikabinti paltą ant kablio **2** (hanged) karti *(bausti; for); refl* pasikarti **3** pakabinti, įstatyti, pritvirtinti *(duris, paveikslą ir pan.); to ~ wall-paper* (ap)klijuoti sienas apmušalais **4** nukarti *(galvą ir pan.; t. p. ~ down)* **5** kabėti; *to ~ over one's head* kabėti/kaboti/kyboti virš galvos *(t. p. prk.)* **6** gulėti *(apie drabužį)* **7** priklausyti *(on – nuo)* **8** *kul.* padvisinti, pašvinkinti *(paukštieną, žvėrieną)* □ *~ about/around* a) lūkuriuoti; delsti; b) šlaistytis, slampinėti; c) pakibti, artėti *(apie audrą, pavojų); ~ back* a) dvejoti, drovėtis; laikytis nuošaliai; b) pasilikti *(kitiems išėjus); ~ behind* atsilikti; *~ down* pakibti, nukabti; pakabti *(over); ~ on* a) įsikibti, tvirtai laikytis; b) būti atkakliam, laikytis iš paskutiniųjų; c) *šnek.* palaukti; *~ out* a) pakabinti *(skalbinius, vėliavas ir pan.);* b) išsikišti; c) *šnek.* gyventi; dažnai lankyti; *~ round* = *~ around; ~ together* a) būti drauge, vienas kito laikytis; b) būti nuosekliam/susijusiam; *~ up* a) pakabinti; b) baigti pasikalbėjimą telefonu, padėti ragelį; c) atidėti, uždelsti, pertraukti; d) *šnek.* be reikalo jaudintis *(on, about)* ◊ *to ~ on/upon smb's lips/words* gaudyti kieno kiekvieną žodį, klausytis ko susižavėjęs; *to ~ heavy (on one's hands)* lėtai slinkti *(apie laiką); ~ it all!* velniai griebtų!; *~ you!* eik(it) po velnių!; *let it/things go ~!* tegu eina *ar* teeinie velniop!; *I am ~ed if I know* ≡ nors pakarkit – nežinau; *~ in there, ~ tough (ypač amer.) šnek.* laikykis!, nepasiduok!
hangar ['hæŋə] *n* **1** angaras **2** *ret.* stoginė, pašiūrė
hangdog ['hæŋdɔg] *n psn.* niekšas, nevidonas
a **1** susigėdęs, kaltas *(apie išvaizdą)* **2** žemas, niekšiškas
hanger ['hæŋə] *n* **1** *(afišų ir pan.)* klijuotojas, kabinėtojas **2** kabantis/pakabintas daiktas: užuolaida, virvutė *ir pan.* **3** pakabas *(drabužiams); (drabužio)* pakaba, kabiklis **4** *tech.* pakaba; kablys; gembė, kronšteinas
hanger-on [ˌhæŋər'ɔn] *n (pl* hangers-on [ˌhæŋz'ɔn]) **1** pakalikas **2** prielipa, įkyrus žmogus, kurio sunku atsikratyti
hang-glider ['hæŋˌglaɪdə] *n* skraidyklė, deltaplanas
hanging ['hæŋɪŋ] *n* **1** kabinimas **2** (pa)korimas; *it's not a ~ matter šnek.* už tai nepakars **3** *pl* užuolaidos, portjeros, drapiruotė ◊ *~ committee* žiuri paveikslams atrinkti į parodą
a kabantis, kabamas; *~ deck* kabamasis denis
hangman ['hæŋmən] *n (pl* -men [-mən]) *(tik v.)* budelis, korikas
hangnail ['hæŋneɪl] *n* šerpeta
hangout ['hæŋaut] *n šnek.* nuolatinė susitikimų/susirinkimų vieta
hangover ['hæŋəuvə] *n* **1** pagirios **2** *(praeities)* liekana, palikimas *(from)*
hangup ['hæŋʌp] *n šnek.* nuolatinio susierzinimo/nervingumo priežastis/šaltinis
hank [hæŋk] *n (siūlų, plaukų)* sruoga
hanker ['hæŋkə] *v* trokšti, geisti *(after, for)*
hankering ['hæŋkərɪŋ] *n* troškimas, geismas, *to have a ~ (for, after)* trokšti, labai norėti *(ko)*
hankie, hanky ['hæŋkɪ] *n šnek.* nosinaitė, nosinė
hanky-panky [ˌhæŋkɪ'pæŋkɪ] *n šnek.* šunybės, gudrybės; nepadorios išdaigos
Hannah ['hænə] *a* Hana *(vardas)*
Hanoi ['hænɔɪ] *n* Hanojus *(Vietnamo sostinė)*
Hansard ['hænsɑ:d] *n šnek.* D. Britanijos parlamento posėdžių oficiali ataskaita
hansel ['hænsəl] = **handsel** *n, v*
hansom ['hænsəm] *n ist.* dviratis ekipažas *(su vežiko vieta užpakalyje; t. p. ~ cab)*
Hanukkah ['hɑ:nukə] *n* Chanuka *(žydų šventė gruodžio mėnesį)*
hap [hæp] *psn. n* laimingas atsitiktinumas; laimė
v atsitikti
ha'penny ['heɪpnɪ] *n* = **halfpenny**
haphazard [hæp'hæzəd] *n* atsitikimas, atsitiktinumas; *at/by ~* atsitiktinai; kaip pavyks
a atsitiktinis; *his method of working is ~* jis dirba be jokios sistemos
haphazardly [hæp'hæzədlɪ] *adv* bet kaip
hapless ['hæpləs] *a attr poet.* nelaimingas, nelemtas
haply ['hæplɪ] *adv psn.* **1** gal, galbūt **2** atsitiktinai
ha'p'orth ['heɪpəθ] *n šnek.* **1** = **halfpennyworth 2** truputis, trupučiukas *(of)*
happen ['hæpən] *n* **1** atsitikti, (į)vykti; *what's ~ing?* kas čia vyksta? **2** *(atsitiktinai)* būti, pasitaikyti, pasirodyti; *I ~ed to be out* atsitiko, kad manęs nebuvo namie *ar* kad aš buvau išėjęs; *as it ~s I've left the book at home* pasirodo, palikau knygą namie **3** atsitiktinai sutikti/aptikti *(on, upon)* □ *~ along šnek.* atsitiktinai pasirodyti/atvykti; *~ by amer.* aptikti *(vietą); ~ in šnek.* atsitiktinai užeiti ◊ *as it ~s, I shall be in today* šiandien kaip tik būsiu namie
happening ['hæpənɪŋ] *n* **1** atsitikimas, įvykis; *there have been some strange ~s recently* pastaruoju metu atsitiko keistų dalykų **2** *teatr.* hepeningas
a šnek. ultramadingas, prašmatnus
happenstance ['hæpənstæns] *n amer.* atsitiktinumas, laimė
happily ['hæpɪlɪ] *adv* **1** laimingai; linksmai; *they are ~ married* jie – laiminga pora; *the children were playing ~* vaikai linksmai žaidė **2** noriai, mielai **3** *mod* laimė, laimei; *~, his injuries were not serious* laimė, jo sužalojimai buvo lengvi
happiness ['hæpɪnɪs] *n* laimė; *to find true ~* rasti tikrąją laimę
happy ['hæpɪ] *a* **1** laimingas; *the ~ event* laimingas įvykis *(kūdikio gimimas, vestuvės)* **2** tinkamas, vykęs; *~ retort* vykęs/tinkamas atsakymas; *~ guess* teisingas spėjimas **3** patenkintas, linksmas; *to be ~ with smth* būti patenkintam kuo; *I am ~ to meet you* man malonu su jumis susipažinti **4** *šnek.* įkaušęs, įtraukęs, linksmas
happy-go-lucky [ˌhæpɪgəu'lʌkɪ] *a* nerūpestingas; *~ fellow* vėjavaikis, nutrūkt(a)galvis
adv psn. atsitiktinai; kaip pavyks, neapgalvotai
hara-kiri [ˌhærə'kɪrɪ] *n jap.* charakiris
harangue [hə'ræŋ] *n (vieša)* pompastiška kalba, prakalba, postringavimas; moralizuojantis/piktas pamokslavimas
v (pa)sakyti prakalbą; pompastiškai/piktai kalbėti, pamokslauti, įtikinėti
harass ['hærəs, hə'ræs] *v* **1** (už)puldinėti **2** trukdyti, neduoti ramybės; priekabiauti **3** (iš)varginti
harassed ['hærəst, hə'ræst] *a* išvargęs; susirūpinęs
harassing ['hærəsɪŋ, hə'ræsɪŋ] *a* varginantis; pilnas rūpesčių
harassment ['hærəsmənt, hə'ræsmənt] *n* **1** varginimas *(žodžiais, veiksmais);* priekabiavimas, įžeidinėjimai **2** susirūpinimas **3** (už)puldinėjimai
harbinger ['hɑ:bɪndʒə] *knyg. n* pranašas, pranašautojas *(of)*
v pranašauti; skelbti, apreikšti
harbor ['hɑ:bə] *amer.* = **harbour** *n, v*
harbour ['hɑ:bə] *n* **1** uostas; *~ dues* uosto rinkliava **2** prieglobstis, prieglauda

harbourage   414   **hardware**

v **1** nuleisti inkarą *(uoste)* **2** priglausti *(bėglį ir pan.)*, priimti *(nakvynės)* **3** slėpti, užslėpti *(blogas mintis, jausmą);* puoselėti; *to ~ a grudge* būti kupinam pagiežos, ≡ griežti dantį

harbourage ['hɑːbərɪdʒ] *n* **1** prieglauda **2** reidas, laivų stovėjimo vieta uoste

harbour-master ['hɑːbəˌmɑːstə] *n* uosto viršininkas

hard [hɑːd] *a* **1** kietas *(t. p. prk.);* **~** *apple* kietas obuolys; *~ ground [water]* kietas gruntas [vanduo]; *to become/ go/grow ~* (su)kietėti; *~ heart* kieta širdis; *~ consonant fon.* kietasis priebalsis **2** sunkus; reikalaujantis pastangų; *~ to find [to open, to translate]* sunku rasti [atidaryti, versti]; *the ~ way* sunkiai; per klaidas; *it was ~ work to persuade her to sell* sunku buvo ją įtikinti parduoti **3** smarkus, stiprus; *~ blow* stiprus smūgis; *~ frost* speigas, smarkus/stiprus šaltis; *to be ~ at it šnek.* smarkiai dirbti; *he's a ~ drinker* jis smarkiai geria **4** griežtas; *~ discipline* griežta drausmė; *he's ~ on his son* jis per daug griežtas savo sūnui **5** atšiaurus *(apie klimatą; t. p. prk.);* **~** *winter* žvarbi žiema; *~ voice* atšiaurus balsas; *~ fighting* žiauri kova **6** atsidėjęs, atkaklus; *~ worker* stropus darbininkas **7** neabejotinas, nepaneigiamas; *~ fact* nepaneigiamas faktas **8** tvirtas *(apie valiutą ir pan.)* **9** svaigus; *~ drink/liquor* svaigieji/alkoholiniai gėrimai, svaigalai; *~ drugs* stiprūs narkotikai ◊ *~ of hearing euf.* neprigirdintis, apykurtis; *to be ~ on smth* greitai sunešioti *(batus ir pan.);* **to be ~ up** *šnek.* būti sunkioje padėtyje; stokoti *(pinigų ir pan.; for)*
adv **1** smarkiai, gerai; stipriai; *to hit ~* smarkiai suduoti/smogti; *I must think ~ about this* man reikia apie tai gerai pagalvoti **2** atkakliai, uoliai, energingai **3** sunkiai; *to take smth ~* skausmingai/sunkiai ką pergyventi **4** daug *(juoktis, verkti ir pan.)* **5** griežtai **6** kietai; *frozen ~* kietai sušalęs **7** įkandin; arti *(t. p. ~ by);* **to follow ~** *after/behind* sekti įkandin; *he's ~ on 40* jam greit bus 40 metų **8** iš karto, tuoj pat *(nurodant kryptį)* ◊ *~ and fast* tvirtai; *~ done by* nuskriaustas; *to be ~ hit* (by) patirti sunkumų/nuostolių *(dėl);* **to be ~ put (to it)** turėti sunkumų, beveik negalėti *(ko padaryti);* it will go ~ with him jam bus prastai/riesta

hard-and-fast [ˌhɑːdəndˈfɑːst] *a attr* griežtai apibrėžtas, nusisto(vė)jęs, griežtas *(apie taisykles, sprendimą)*

hardback ['hɑːdbæk] *n* knyga kietais viršeliais

hardball ['hɑːdbɔːl] *n amer.* beisbolas ◊ *to play ~ šnek.* veikti ryžtingai, be kompromisų *(politikoje, versle)*

hard-bitten [ˌhɑːdˈbɪtn] *a* **1** užsigrūdinęs **2** atkaklus, užkietėjęs

hardboard ['hɑːdbɔːd] *n* medienos plaušų plokštė; statybinis kartonas

hard-boiled [ˌhɑːdˈbɔɪld] *a* **1** kietai išviręs *(apie kiaušinį)* **2** *prk.* kietas; šaltas, beširdis **3** *amer.* ≡ ir vėtytas, ir mėtytas, visko matęs

hardbound ['hɑːdbaund] *a* kietais viršeliais *(apie knygą)*

hardcase ['hɑːdkeɪs] *n šnek.* **1** sunkus/užsispyręs žmogus **2** *austral.* keistuolis

hard-coal ['hɑːdkəul] *n* antracitas

hard-core [ˌhɑːdˈkɔː] *a attr* **1** pagrindinis; nepajudinamas, tvirtų įsitikinimų **2** užkietėjęs; užsispyręs **3** atviras, nepridengtas *(apie pornografiją)*

hard-cover [ˌhɑːdˌkʌvə] *a* kietais viršeliais *(apie knygą)*

hard-drinking ['hɑːdˈdrɪŋkɪŋ] *a* daug geriantis *(svaigalų)*

hard-earned ['hɑːdˈəːnd] *a* sunkiai uždirbtas

harden ['hɑːdn] *v* **1** (su)kietėti; (su)kietinti **2** *prk.* užkietėti; kietinti *(širdį)* **3** grūdinti(s), už(si)grūdinti *(t. p. prk.);* stiprėti **4** *fin.* kilti *(apie kainas);* (su)tvirtėti *(apie ekonomiką ir pan.)* ▯ *~ off* grūdinti(s), darytis atspariam šalčiui *(apie augalą)*

hardened ['hɑːdnd] *a* **1** sukietėjęs, kietas **2** užgrūdintas; *(prk. t. p.)* užsigrūdinęs **3** užkietėjęs, nepataisomas *(apie girtuoklį, narkomaną ir pan.)*

hardener ['hɑːdnə] *n tech.* kietiklis

hard-favoured ['hɑːdˈfeɪvəd] *a* = **hard-featured**

hard-featured ['hɑːdˈfiːtʃəd] *a* šiurkščių veido bruožų; negražios išvaizdos

hard-fisted ['hɑːdˈfɪstɪd] *a* kietarankis *(t. p. prk.)*

hard-fought ['hɑːdˈfɔːt] *a* įnirtingas

hard-grained ['hɑːdˈgreɪnd] *a* **1** kietas *(apie medį)* **2** stambiagrūdis **3** *prk.* griežtas, negailestingas; atkaklus, kietas

hard-handed ['hɑːdˈhændɪd] *a* **1** su įdiržusiomis *(nuo darbo)* rankomis, kietarankis **2** žiaurus, šiurkštus

hardhat ['hɑːdhæt] *n* šalmas *(ypač statybininkų)*

hard-head ['hɑːdhed] *n amer.* praktiškas žmogus, realistas

hard-headed ['hɑːdˈhedɪd] *a* **1** praktiškas, blaivus **2** užkietėjęs, užsispyręs

hard-hearted ['hɑːdˈhɑːtɪd] *a* kietaširdis; beširdis, žiaurus

hard-hitting ['hɑːdˈhɪtɪŋ] *a* griežtai kritikuojantis, be nuolaidų *(apie pranešimą, kritiką ir pan.)*

hardihood ['hɑːdɪhud] *n* **1** drąsa, drąsumas **2** įžūlumas **3** ištvermė

hardily ['hɑːdɪlɪ] *adv* **1** drąsiai, įžūliai **2** ištvermingai

hardiness ['hɑːdɪnɪs] *n* **1** atsparumas, patvarumas; ištvermingumas **2** drąsa

hard-line ['hɑːdˈlaɪn] *a polit.* kas laikosi griežtos linijos; bekompromisis

hard-liner ['hɑːdlaɪnə, ˌhɑːdˈlaɪnə] *n* griežto kurso šalininkas *(politikoje ir pan.);* kompromisų priešininkas

hardly ['hɑːdlɪ] *adv* **1** vos (tik); beveik (ne); *I had ~ uttered a word* aš vos suspėjau ištarti žodį; *~ ever* beveik niekada **2** vargu ar; *he will ~ come now* vargu ar jis dabar ateis **3** sunkiai; vargais negalais **4** šiurkščiai, griežtai; *he was ~ treated* su juo pasielgė neteisingai

hard-mouthed ['hɑːdˈmauðd] *a* **1** kietų nasrų, sunkiai valdomas *(apie arklį)* **2** nenusileidžiantis, užsispyręs; savavalis

hardness ['hɑːdnɪs] *n* **1** kietumas; kietis; patvarumas; *red ~ metal.* atsparumas kaitrai **2** sunkumas *(suprasti, dirbti)* **3** *(klimato)* atšiaurumas **4** *fiz. (spindulių)* skvarbumas

hard-nosed [ˌhɑːdˈnəuzd] *a šnek.* = **hard-headed**

hard-pressed [ˌhɑːdˈprest] *a* bėdų/vargo prispaustas; nepasiturintis; *to be ~ for time* būti laiko spaudžiamam, neturėti laiko

hard-pushed [ˌhɑːdˈpuʃt] *a* = **hard-pressed**

hards [hɑːdz] *n pl* pakulos, nuobrokos; spaliai

hard-scrabble [ˌhɑːdˈskræbl] *a amer.* varginantis, sunkus; nelabai našus *(apie žemę)*

hard-set [ˌhɑːdˈset] *a* **1** atkaklus; tvirto nusistatymo **2** *(esantis)* sunkioje padėtyje; prispaustas **3** sustingęs *(apie šypseną ir pan.)* **4** užperėtas *(apie kiaušinį)*

hardshell [ˌhɑːdˈʃel] *a* **1** turintis kietą kiautą **2** nenuolaidus; užkietėjęs

hardship ['hɑːdʃɪp] *n* **1** sunkus išmėginimas; sunkumas; nepatogumas **2** vargas, neganda; *~ fund* pagalbos fondas

hardtack ['hɑːdtæk] *n* džiūvėsis, sausainis

hard-tempered ['hɑːdˈtempəd] *a* užgrūdintas

hardtop ['hɑːdtɒp] *n* automobilis su metaliniu viršumi/stogu

hardware ['hɑːdwɛə] *n* **1** *(lengvieji)* metalo dirbiniai **2** *kar.* ginkluotė; šaunamieji ginklai **3** *komp.* aparatinė/techninė įranga *(priešpriešinant programinei įrangai);* aparatūra, technikos priemonės

hardwearing [ˌhɑːdˈwɛərɪŋ] *a* nenudėvimas, ilgai dėvimas
hard-wired [ˌhɑːdˈwaɪəd] *a* (susijęs) su kompiuterio technine įranga
hard-won [ˌhɑːdˈwʌn] *a* sunkiai įgytas
hardwood [ˈhɑːdwud] *n* **1** kietoji mediena **2** kietmedis
hard-working [ˌhɑːdˈwəːkɪŋ] *a* darbštus, stropus
hardy[1] [ˈhɑːdɪ] *a* **1** drąsus **2** įžūlus; per drąsus, per daug pasitikintis **3** ištvermingas, užsigrūdinęs **4** atsparus; ~ *annual* a) vienametis šalčiui atsparus augalas; b) *prk.* reguliariai svarstomas klausimas *(pvz., parlamente)*
hardy[2] *n tech.* kalvio kirstukas
Hardy [ˈhɑːdɪ] *n:* **Thomas** ~ Tomas Hardis *(anglų rašytojas)*
hare [hɛə] *n* **1** *zool.* kiškis; zuikis; *European [mountain]* ~ pilkasis [baltasis] kiškis **2** *sl.* keleivis be bilieto, zuikis ◊ *to run/hold with the* ~ *and hunt with the hounds* ≅ tarnauti dviem ponams; *if you run after two* ~*s you will catch neither* ≅ du kiškius vysi – nė vieno nepagausi; *first catch your* ~ *then cook him* ≅ dar kiškis kopūstuose, o jau puodus kaičia; *to start another* ~ (iš)kelti naują/kitą klausimą; (pa)keisti pokalbio temą
v šnek. (nu)dumti *(džn.* ~ *away/off)*
harebell [ˈhɛəbel] *n bot.* apskritalapis katilėlis
harebrained [ˈhɛəbreɪnd] *a* neapgalvotas, nepraktiškas; lengvabūdiškas
harelip [ˌhɛəˈlɪp] *n med.* zuikio lūpa
harem [ˈhɑːrɪm, hɑːˈriːm] *n* haremas
hare's-ear [ˈhɛəzɪə] *n bot.* **1** apskritalapis gaivenis **2** rytinė konringija *(t. p.* ~ *mustard)*
hare's-foot [ˈhɛəzfut] *n bot.* dirvinis dobilas
hari-cari [ˌhærɪˈkærɪ] *n* = **hara-kiri**
haricot [ˈhærɪkəu] *n* **1** *kuop.* pupelės *(t. p.* ~ *bean)* **2** *kul.* ragu *(ppr. avienos)*
hark [hɑːk] *v (ppr. imp)* **1** klausyti; *just* ~ *at/to him iron.* tik paklausyk(it), ką jis kalba; ~*! psn.* klausyk! **2** *medž.* puil *(t. p.* ~ *on)* □ ~ *back (to)* a) prisiminti, (su)grįžti *(prisiminimuose);* b) būti panašiam, panėšėti; sekti *(pavyzdžiu)*
harken [ˈhɑːkən] *v* = **hearken**
Harlem [ˈhɑːləm] *n* Harlemas *(Niujorko rajonas, kuriame gyvena daug negrų)*
harlequin [ˈhɑːlɪkwɪn] *n* **1** arlekinas **2** juokdarys
a margas, daugiaspalvis
harlequinade [ˌhɑːlɪkwɪˈneɪd] *n* **1** arlekinada **2** juokavimas
harlot [ˈhɑːlət] *n knyg., psn.* ištvirkėlė, prostitutė
harlotry [ˈhɑːlətrɪ] *n knyg., psn.* ištvirkimas, paleistuvybė
harm [hɑːm] *n* **1** žala, (pa)kenkimas, sužalojimas; skriauda; *to do (much)* ~ *to smb/smth* (pa)daryti (daug) žalos, (pa)kenkti kam; *no* ~ *done* viskas gerai; niekas nenukentėjo; *I meant no* ~ aš nenorėjau įžeisti **2** blogis, bėda; *out of* ~*'s way* kad nebūtų bėdos; saugiai, saugioje vietoje; *more* ~ *than good* daugiau bėdos negu naudos; *they came to no* ~ su jais nieko bloga neatsitiko
v (pa)kenkti, (pa)daryti žalos; (nu)skriausti; *he wouldn't* ~ *a fly* jis musės nenuskriaustų
harmful [ˈhɑːmfəl] *a* žalingas, kenksmingas
harmless [ˈhɑːmləs] *a* **1** nežalingas, nekenksmingas **2** nekaltas; ~ *fun/prank* nekaltas/neužgaulus pokštas
harmonic [hɑːˈmɔnɪk] *a* **1** = **harmonious** 1 **2** *fiz., muz.* harmoninis
n **1** *muz.* harmoninis priegarsis, obertonas **2** *fiz., mat.* harmonika
harmonica [hɑːˈmɔnɪkə] *n (lūpinė)* armonikėlė
harmonics [hɑːˈmɔnɪks] *n* harmonija

harmonious [hɑːˈməunɪəs] *a* **1** harmoningas; darnus **2** draugiškas
harmonium [hɑːˈməunɪəm] *n* fisharmonija *(muz. instrumentas)*
harmonize [ˈhɑːmənaɪz] *v* **1** (su)derinti; derintis, būti suderintam *(with)* **2** *muz.* harmonizuoti(s)
harmony [ˈhɑːmənɪ] *n* **1** darnumas, darna; harmonija *(t. p. muz.);* *to be in* ~ *with smth* derintis, derėti, sudaryti harmoniją su kuo **2** sutarimas; *to be [to live] in* ~ *with smb* labai gerai sutarti [sugyventi] su kuo
harness [ˈhɑːnɪs] *n* **1** pakinktai **2** reikmenys; įrenginiai; *safety* ~ saugos diržų komplektas **3** *ist.* šarvuotė **4** *teks.* nytys ◊ *in* ~ įsikinkęs į darbą, dirbantis kartu/poroje; *to be back in* ~ grįžti prie kasdieninio darbo; *to die in* ~ mirti dirbant/poste; *double* ~ *juok.* santuoka; *to run/work in double* ~ a) dirbti su partneriu/porininku; b) būti ištekėjusiai/vedusiam
v kinkyti; įkinkyti *(t. p. prk.);* *to* ~ *natural resources* pajungti gamtos turtus *(upę, krioklį ir pan.)*
harness-maker [ˈhɑːnɪsˌmeɪkə] *n* šikšnius, pakinktininkas
Harold [ˈhærəld] *n* Haroldas *(vardas)*
harp [hɑːp] *n* arfa
v **1** groti arfa **2** įkyriai kartoti tą patį, (nuolat) dejuoti *(on; t. p.* ~ *on; about)*
harper, harpist [ˈhɑːpə, ˈhɑːpɪst] *n* arfininkas, arfistas
harpoon [hɑːˈpuːn] *n* harpūnas
v gaudyti/medžioti harpūnu
harpsichord [ˈhɑːpsɪkɔːd] *n muz.* klavesinas
harpy [ˈhɑːpɪ] *n* **1** *mit.* harpija **2** *knyg.* žiežula, pikčiurna *(moteris)* **3** *knyg.* godišius, gobšuolis
harquebus [ˈhɑːkwɪbəs] *n ist.* arkebuza *(dagtinis šautuvas)*
harridan [ˈhærɪdən] *n* bobpalaikė, ragana
harrier[1] [ˈhærɪə] *n* **1** zuikinis skalikas **2** *pl sport.* kroso dalyviai
harrier[2] *n* **1** siaubėjas, niokotojas **2** *zool.* lingė; *pallid* ~ stepinė lingė
Harrovian [həˈrəuvɪən] *n* **1** Haro mokyklos auklėtinis **2** harininkas
harrow [ˈhærəu] *n* akėčios ◊ *under the* ~ pakliuvęs į bėdą; slegiamas, spaudžiamas
v **1** akėti **2** *(morališkai)* kamuoti
Harrow [ˈhærəu] *n* Haras, Harovas *(miestas)*
harrowed [ˈhærəud] *a* susirūpinęs, bailingas *(apie žvilgsnį ir pan.)*
harrowing [ˈhærəuɪŋ] *n* kankinantis; šiurpus
harrumph [həˈrʌmf] *int* hm *(reiškiant nepritarimą)*
harry [ˈhærɪ] *v* **1** (nu)siaubti, (nu)niokoti; puldinėti **2** neduoti ramybės *(klausimais, prašymais)*
Harry [ˈhærɪ] *n* Haris *(vardas)* ◊ *Old* ~ *šnek. euf.* šėtonas, velnias
harsh [hɑːʃ] *a* **1** šiurkštus, grubus; ~ *words* šiurkštūs žodžiai **2** šaižus, raižus, nemalonus *(ausiai, akiai);* ~ *climate* atšiaurus klimatas; ~ *contrast* ryškus kontrastas; ~ *light* raiži/nemaloni šviesa **3** griežtas; žiaurus; ~ *punishment [criticism]* griežta bausmė [kritika]
harshness [ˈhɑːʃnɪs] *n* šiurkštumas, grubumas *ir kt., žr.* **harsh**
hart [hɑːt] *n (tik v.)* elnias *(daugiau kaip 5 metų)*
hartal [ˈhɑːtɑːl] *ind. n* darbo ir prekiavimo nutraukimas *(gedului/protestui pažymėti)*
hartebeest [ˈhɑːtɪbiːst] *n zool.* galvijinė antilopė
hartshorn [ˈhɑːtshɔːn] *n* **1** elnio ragas **2** *psn.* amoniakas, amonio hidroksidas *(t. p. spirit of* ~*);* uostomoji druska

harum-scarum [ˌhɛərəm'skɛərəm] <*n, a, adv*> *šnek. n* vėjavaikis, lengvabūdis žmogus
a **1** lengvabūdis, lengvabūdiškas **2** neapgalvotas, beatodairiškas
adv neapgalvotai, kaip pakliuvo

Harvard ['hɑːvəd] *n* Harvardas *(JAV universitetas)*

harvest ['hɑːvɪst] *n* **1** derliaus nuėmimas, pjūtis; **~ time** pjūties metas, javapjūtė, darbymetis **2** derlius; *to get in the* **~** nuimti derlių **3** *prk.* rezultatas; vaisiai; *to reap the* **~** *of one's labour* skinti savo darbo vaisius
v **1** (nu)imti/doroti derlių **2** *prk.* pelnyti, įgyti *(kokiu veiksmu)*

harvest-bug ['hɑːvɪstbʌg] *n zool.* erkė

harvester ['hɑːvɪstə] *n* **1** pjovėjas **2** *ž. ū.* derliaus (nu)ėmimo mašina; **combine ~** kombainas

harvester-stacker ['hɑːvɪstə'stækə] *n ž. ū.* kupetuotuvas

harvester-thresher ['hɑːvɪstə'θreʃə] *n ž. ū.* kertamoji-kuliamoji, kombainas

harvest-home [ˌhɑːvɪst'həum] *n* **1** derliaus nuėmimo pabaigtuvės; derliaus šventė **2** derliaus daina

harvestman ['hɑːvɪstmən] *n (pl* -men [-mən]) **1** *(tik v.)* sezoninis darbininkas per javapjūtę **2** *zool.* uodas ilgakojis

harvest-moon [ˌhɑːvɪst'muːn] *n* mėnulio pilnatis prieš rudens ekvinokciją

has [həz, (ə)z; *kirčiuota forma* hæz] *v vksm.* have *esam. l. vns. 3-asis asmuo*

has-been ['hæzbiːn] *n (pl* has-beens) *šnek.* buvusysis, anksčiau buvęs; kas nors, nebeturintis ankstesniųjų savybių, svarbumo, populiarumo *ir pan.*

hash[1] [hæʃ] *n* **1** patiekalas iš mėsos gabalėlių ir daržovių *(ypač pašildyti pietų likučiai);* **~ browns** smulkiai supjaustytos paskrudintos bulvės **2** naujaip išreikšta sena mintis **3** *attr komp.* maišusis, maišos ◊ *to make a* **~** *(of) šnek.* (su)painioti, pripainioti *(darbe, skaičiavimuose ir pan.);* **to settle smb's ~** *šnek.* a) priversti ką nutilti; b) susidoroti su kuo
v **1** kapoti, smulkinti *(mėsą)* **2** (su)maišyti, (pri)painioti *(t. p.* **~ up)** □ **~ out** *šnek.* aptarti, išspręsti

hash[2] *n sutr. šnek.* = **hashish**

hasher ['hæʃə] *n* mėsai malti mašinėlė, mėsmalė

hashhead ['hæʃhed] *n sl.* narkomanas *(vartojantis hašišą)*

hashing ['hæʃɪŋ] *n komp.* maiša

hashish ['hæʃiːʃ] *arab. n* hašišas

haslet ['heɪzlɪt] *n (ppr. pl) kul.* apžarniai, viduriai *(ypač kiaulės)*

hasn't ['hæznt] *sutr. šnek.* = **has not**

hasp [hɑːsp] *n* **1** skląstis, sklendė, velkė **2** sankabas **3** *(gijų)* sruoga
v uždaryti, užsklęsti

hassle ['hæsəl] *šnek. n* **1** *(ypač amer.)* amžini kivirčai, vaidai **2** tikra bėda/kankynė *(t. p. real ~)*
v **1** kivirčytis, ginčytis **2** įkyrėti, erzinti

hassock ['hæsək] *n* **1** *(žolės)* kuokštas, guotas; kemsas **2** *bažn.* pagalvėlė *(dedama po keliais atsiklaupti)*

hast [(h)əst; *kirčiuota forma* hæst] *psn. vksm.* have *esam. l. vns. 2-asis asmuo*

hastate ['hæsteɪt] *a bot.* ietiškas, ieties formos *(apie lapus)*

haste [heɪst] *n* **1** skubėjimas; (pa)skuba; **in ~** paskubomis; *to make ~* (pa)skubėti **2** skubotumas ◊ *more ~, less speed* ≡ kas labai skuba, niekada nesuspėja; kuo labiau skubėsi, tuo mažiau padarysi; **~ makes waste** ≡ skubos darbą velnias renka
v = **hasten 1**

hasten ['heɪsn] *v* **1** skubėti; skubinti; *I ~ to add that...* skubu pridurti, kad... **2** (pa)greitinti *(procesą, augimą)* □ **~ away** skubiai išeiti, išskubėti

hastily ['heɪstɪlɪ] *adv* **1** skubotai, (pa)skubomis **2** neapgalvotai **3** ūmiai, karštai

hastiness ['heɪstɪnɪs] *n* **1** skubotumas **2** neapgalvojimas **3** ūmumas

hasty ['heɪstɪ] *a* **1** skubotas; neapgalvotas; **~ conclusion** skubota išvada **3** staigus, ūmus **4** greitas; **~ glance** greitas žvilgsnis

hat [hæt] *n* skrybėlė; skrybėlaitė, kepuraitė; **high/silk/top ~** cilindras; **cocked/three-cornered ~** trikampė skrybėlė; **red/scarlet ~** kardinolo kepurė; **shovel ~** *(anglikonų)* plačiabrylė skrybėlė; **slouch ~** skrybėlė plačiomis nuleistomis atbrailomis; **squash ~** minkšta fetrinė skrybėlė ◊ **~ in hand** nuolankiai; **at the drop of a ~** pirmai progai pasitaikius, kaipmat; **to keep smth under one's ~** laikyti ką paslaptyje; **to knock/beat into a cocked ~** *šnek.* a) ≡ suriesti į ožio ragą; visiškai nugalėti; b) sugriauti *(planus);* **to pass/send the ~ round** rinkti aukas; **to talk through one's ~** girtis, niekus pliaukšti; **to take off,** *ar* **to raise, ~ to smb** lenktis kam *(reiškiant susižavėjimą/pagarbą);* **~s off!** nusilenkime *(to – kam);* **to tip one's ~** *(to)* skaitytis *(su),* gerbti; **to throw one's ~ in(to) the ring** įsitraukti, prisidėti, pareikšti, kad dalyvauji *(kame);* **to hang up one's ~** *šnek.* visiškai išeiti iš darbo (į pensiją); **somewhere to hang one's ~** vieta/kamputis, kuriame galima prisiglausti *(apie butą ir pan.);* **to be wearing one's manager's [teacher's,** *etc***] ~** eiti valdytojo [mokytojo *ir pan.*] pareigas *(turint keletą pareigų);* **I'll eat my ~ if...** *šnek.* galiu lažytis, kad...; **my ~!** vaje vaje! *(reiškiant didelį nustebimą)*
v už(si)dėti skrybėlę; **they were ~ted** jie buvo su skrybėlėmis

hatband ['hætbænd] *n* skrybėlės juostelė

hatbox ['hætbɔks] *n* kartoninė dėžutė skrybėlei

hatch[1] [hætʃ] *n* **1** liukas, anga; liuko dangtis; durelės *(grindyse, stoge, sienoje)* **2** *hidr.* (užvankos, šliuzo) uždoris ◊ **under ~es** a) *jūr.* po deniu; b) ne budėjimo metu; c) kalinamas; d) bėdoje; **down the ~!** ligi dugno!

hatch[2] *n* **1** perėjimas **2** jaunikliai; peras, vada *(vieno perėjimo paukščiai)*
v **1** (iš)perėti; perinti **2** išsiperėti, prasikalti *(iš lukšto) (t. p.* **~ out)** **3** slapta rengti/sugalvoti *(planą),* brandinti, puoselėti *(t. p.* **~ up)**

hatch[3] *n (piešinio, graviūros)* brūkšnys, linija
v brūkšniuoti; graviruoti

hatchback ['hætʃbæk] *n* automobilis furgonas su užpakalinėmis į viršų atsidarančiomis durimis

hatcheck ['hætʃek] *n amer. (restorano, teatro ir pan.)* drabužinė

hatcher ['hætʃə] *n* **1** inkubatorius **2** sąmokslininkas, intrigantas

hatchery ['hætʃərɪ] *n* perykla, inkubatorijus; žuvidė

hatchet ['hætʃɪt] *n* kirvis, kirvelis ◊ **to bury the ~** susitaikyti, sudaryti taiką; **to dig/take up the ~** pradėti karą; **to throw the ~** *šnek.* perdėti, nuskiesti; **~ man** *šnek.* a) *(samdomas)* žudikas, banditas; b) šmeižikas *(rašantis spaudai);* **to do a ~ job** *(on) šnek. (neobjektyviai)* (su)kritikuoti, sudirbti, (ap)šmeižti *(spaudoje ir pan.)*

hatchet-faced ['hætʃɪtˌfeɪst] *n* pailgas aštrių bruožų *(apie veidą)*

hatching ['hætʃɪŋ] *n* **1** brūkšniuotė; brūkšniuotas paviršius **2** inkubacija

hatchment ['hætʃmənt] *n ist.* memorialinė lenta su herbo atvaizdu

hatchway ['hætʃweɪ] *n* liukas; anga *(denyje)*

hate [heɪt] *n* neapykanta; neapykantos objektas; ~ *campaign* neapykantos kurstymo kampanija
v **1** neapkęsti **2** *šnek.* nemėgti; ne(si)norėti, jausti nepatogumą; *Emma's mother ~s her staying out late* Emos motinai labai nepatinka, kad ji vėlai pareina namo; *I ~ to trouble/bother you* man labai nepatogu jus trukdyti

hated ['heɪtɪd] *a* nekenčiamas

hateful ['heɪtfəl] *a* **1** neapkenčiamas; bjaurus **2** neapykantos kupinas

hatemonger ['heɪtmʌŋgə] *n amer.* neapykantos kurstytojas

hath [(h)əθ; *kirčiuota forma* hæθ] *psn.* = **has**

hatless ['hætləs] *a* be kepurės, vienplaukis

hatpin ['hætpɪn] *n* skrybėlaitės smeigtukas

hatred ['heɪtrɪd] *n* neapykanta *(of, for – kam)*

hatstand ['hætstænd] *n* skrybėlių ir apsiaustų kabykla

hatter ['hætə] *n* skrybėlininkas, kepurininkas

hat-trick ['hættrɪk] *n sport.* trys vieno žaidėjo įvarčiai *(ypač futbolo rungtynėse)*

Hatty ['hætɪ] *n* Hatė, Hati *(vardas)*

hauberk ['hɔːbəːk] *n ist. (ilgi)* šarvažiedžiai marškiniai

haughtiness ['hɔːtɪnɪs] *n* išdidumas

haughty ['hɔːtɪ] *a* išdidus, išpuikęs

haul [hɔːl] *n* **1** traukimas, vilkimas **2** gabenimas, (per)vežimas; gabenimo nuotolis **3** valksmas, valkšna *(vienas tinklo vilkimas; taip sugautos žuvys);* tinklo (iš)traukimas **4** laimikis, grobis ◊ *long* ~ ilgas kelias/žygis; ilga kova *(dėl laisvės ir pan.)*
v **1** traukti, vilkti, tempti; *to* ~ *timber/logs* treliuoti rąstus; *to* ~ *a net* (iš)traukti tinklą **2** gabenti, (per)vežti, vež(io)ti *(prekes ir pan.)* **3** *jūr.* suktis, keisti kryptį *(t. p.* ~ *round; apie vėją);* laikytis prieš vėją ☐ ~ *down* a) nuleisti *(vėliavą);* b) atleisti *(virvę);* ~ *in* (į)traukti; ištraukti *(tinklą);* ~ *off amer. šnek.* pakelti ranką *(prieš smogiant);* ~ *up* a) (iš)kelti, ištraukti *(tinklą);* b) *(ppr. pass)* (iš)kviesti *(į teismą ir pan.)* ◊ *to* ~ *down one's flag/colours* pasiduoti; *to* ~ *off and hit/punch smb amer. šnek.* gerai užduoti kam

haulage ['hɔːlɪdʒ] *n* **1** traukimas, vilkimas; ~ *truck* sunkvežimis vilkikas **2** (per)vežimas, gabenimas **3** mokestis už gabenimą

haulaway ['hɔːləweɪ] *n* sunkvežimis pagamintiems automobiliams vežti/gabenti

hauler ['hɔːlə] *n amer.* = **haulier**

haulier ['hɔːlɪə] *n* **1** prekių vežėjas; vežėjų bendrovė **2** *kas. (anglių)* išvežėjas *(šachtoje)*

haulm [hɔːm] *n* **1** *kuop.* bulvienojai, šiaudai ir pan. *(nuėmus derlių)* **2** stiebas

haunch [hɔːntʃ] *n (ppr. pl)* **1** *(žmogaus)* šlaunis, kulšis **2** *(gyvulio)* užpakalinė koja, kulšis **3** *stat.* perdangos briaunos

haunt [hɔːnt] *n* **1** dažnai lankoma *(mėgstama)* vieta **2** urvas, guolis
v **1** dažnai ateiti, lankyti(s) **2** vaidentis, pasirodyti *(apie šmėklas ir pan.)* **3** persekioti, neduoti ramybės *(apie mintis ir pan.)*

haunted ['hɔːntɪd] *a* **1** vaiduoklių lankomas *(apie namą ir pan.)* **2** susirūpinęs, neramus

haunter ['hɔːntə] *n* nuolatinis lankytojas

haunting ['hɔːntɪŋ] *n* vaidenimasis; *the stories of the* ~ pasakojimai apie vaiduoklius
a įstringantis, persekiojantis

hausen ['hɔːzn] *n zool.* didysis erškėtas

hautboy ['(h)əʊbɔɪ] *n* **1** *muz. psn.* obojus **2** *bot.* miškinė žemuogė

haut cuisine [əʊtkwɪ'ziːn] *pr. kul.* prancūzų virtuvė

hauteur [əʊ'təː] *pr. n knyg.* išdidumas

Havana [hə'vænə] *n* **1** Havana *(Kubos sostinė)* **2** Havanos cigaras

have [həv, (ə)v]; *kirčiuota forma* [hæv] <*v, n*> *v* (had) **1** *(įv. reikšm.)* turėti; *he has a very good flat* jis turi puikų butą; *he hadn't any money about/on him* jis su savimi neturėjo pinigų; *he has no equals* jam nėra lygių; *she has an uncle in Kaunas* ji turi dėdę Kaune; *to* ~ *the opportunity [an influence]* turėti progą [įtaką]; *I* ~ *a good memory* mano gera atmintis **2** turėti, susidėti *(iš);* *May has 31 days* gegužė turi 31 dieną **3** patirti, jausti; *to* ~ *a cold* turėti slogą; *to* ~ *an accident* patirti avariją; *to* ~ *a pleasant [good] time* maloniai [gerai] (pra)leisti laiką; *I* ~ *a toothache [headache]* man skauda dantį [galvą]; ~ *no doubt* galite neabejoti **4** gauti; *we had no news* mes negavome jokios žinios **5** nugalėti; *he had you in the first game* jis nugalėjo jus pirmojoje partijoje **6** teigti, sakyti; *as Byron has it* kaip sako Baironas; *he will* ~ *it that...* jis tvirtina, kad... **7** žinoti, suprasti; *I* ~ *it on good authority that...* iš patikimo šaltinio žinau, kad...; *he has no Latin* jis nemoka lotynų kalbos; *I* ~ *it!* aš supratau!, aš sugalvojau! **8** valgyti, gerti; *to* ~ *coffee* gerti kavą; *to* ~ *breakfast [dinner]* pusryčiauti [pietauti]; *do* ~ *some more meat* dar imk mėsos **9** turėti, gimdyti; atsivesti; *she's having a baby (in March)* ji turės kūdikį (kovo mėnesį); *our dog had three puppies yesterday* vakar mūsų kalė atsivedė tris šuniukus **10** *(+ inf)* turėti, reikėti; *I* ~ *to stop now* aš dabar turiu sustoti; *I* ~ *letters to write* aš turiu parašyti laiškus; *the clock will* ~ *to be fixed* laikrodį reikės taisyti **11** *(+ n/pron+inf – suvestinis papildinys)* pasirūpinti, pavesti *(padaryti ką);* *I will* ~ *the carpenter mend the table* aš paprašysiu dailidę pataisyti stalą; ~ *him come here at five* tegul jis ateina čia penktą valandą **12** *(+ n/pron+pII – suvestinis papildinys) pažymint* a) kad subjekto noru kas nors atlieka ar turi atlikti veiksmą: *to* ~ *a coat altered* persisiūdinti apsiaustą; b) *kad veiksmas atliekamas prieš subjekto valią:* *my friend had his watch stolen* mano draugui pavogė laikrodį **13** norėti; *I'll* ~ *tea please* aš norėčiau arbatos; *I offered her £10, but she wouldn't* ~ *it* aš pasiūliau jai 10 svarų sterlingų, bet ji jų atsisakė **14** nenoromis leisti, pakęsti *(ppr. neig. sakiniuose);* *I won't* ~ *it* aš to nepakęsiu; *I won't* ~ *you saying such things* neleisiu jums kalbėti tokių dalykų **15** laikyti; *to* ~ *the window open at night* naktį laikyti langą atvirą **16** nutverti; *they had him by the throat* jie nutvėrė jį už gerklės **17** *(ppr. imp)* maloniai *(ypač reiškiant nepasitenkinimą);* ~ *the kindness to answer me!* maloniau mis map atsakyti; *will you* ~ *the goodness to do it* būkite toks malonus, padarykite tai **18** *(present perfect pass) šnek.* apgauti, apsukti; *you've been had!* tave apsuko! **19** *aux vart. perfekto formoms sudaryti; I* ~ *done* padariau; *I had done* (jau) buvau padaręs, padariau; *I shall* ~ *done* aš (jau) būsiu padaręs; *you've seen the film, ~n't you?* tu matei tą filmą, tiesa? **20** *(+ veiksmažodinis dktv.)* žymint konkretų veiksmą, *ppr. verčiama priešdėliniu veiksmažodžiu, reikšme atitinkančiu junginio daiktavardį:* *to* ~ *a walk* pasivaikščioti, prasivaikščioti; *to* ~ *a look* pažvelgti; *to* ~ *a try* pabandyti; *to* ~ *a talk* pasikalbėti ☐ ~ *around amer.* = ~ *over/round;* ~ *back* atgauti, susigrąžinti *(kas buvo paskolinta);* ~ *down* kviesti į svečius; ~ *in* a) iškviesti *(gydytoją ir pan.);* b) turėti iškviestus *(remontininkus ir pan.)* į namus; c) turėti namie *(ko atsargą);* **~ on** a) nešioti, dėvėti; b) būti užimtam, turėti *(susitikimą ir pan.);* c) žiūrėti *(televiziją),* klausyti *(radijo);* d) *šnek.* apgau(dinė)ti; **~ out** a) (iš)traukti *(dantį);* (pa)šalinti *(tonziles ir pan.);* b) aiškintis, išsiaiškinti *(pokalbyje, ginče; with);* **~ over/round** pasikviesti/turėti svečių; **~ up** *šnek.* patraukti į teismą *(for)* ◊ **~ had it** *šnek.* a) bus blogai, ≡ lengvai nepraeis; b) ≡ viskas baigta *(with);* c) nebegaliu, pavargęs; **to ~ it in for smb** *šnek.* ≡ neturėti akies ant ko, neapkęsti ko; **to ~ it coming** *šnek.* ≡ to ir reikėjo laukti; **he had you there** *šnek.* čia tu jam ir pakliuvai; **not to be having any** *sl.* nenorėti sutikti, nenorėti nė girdėti; **let him ~ it!** ≡ duok jam pipirų; **to ~ it off/away** *vulg.* dulkintis *(with – su);* **to ~ nothing on smb/smth** neprilygti kam, būti nesulyginamam su kuo *n šnek.* apgavystė, apgaulė ◊ **~s and ~-nots** turtingieji ir beturčiai

have-a-go [ˌhævəˈgəu] *a šnek.* drąsus *(apie žmogų)*
haven [ˈheɪvn] *n* **1** prieglobstis, prieglauda; **tax ~** mokesčių mokėtojų prieglauda; šalis, kurioje maži mokesčiai **2** *ret.* uostas
have-nots [ˌhævˈnɒts] *n kuop.* beturčiai
haven't [ˈhævnt] *sutr. šnek.* = **have not**
have-on [hævˈɒn] *n šnek.* apgavystė
haver [ˈheɪvə] *v* **1** svyruoti, dvejoti **2** *šiaur.* taukšti niekus
haversack [ˈhævəsæk] *n* (kelioninis) krepšys, kelionmaišis *(maistui, drabužiams)*
having [ˈhævɪŋ] *n* **1** turėjimas **2** *(ppr. pl)* turtas, manta
havoc [ˈhævək] *n* niokojimas, nusiaubimas; sumaištis; **to play ~** sukelti sumaištį *(among),* sujaukti, sugriauti *(planus ir pan.; with)*
v (-ck-) psn. niokoti, siaubti
haw[1] [hɔː] *n* **1** gudobelės uoga **2** = **hawthorn**
haw[2] *n zool.* mirkčiojamoji plėvelė
haw[3] *int* **1** na! *(varovo rikteliėjimas gyvuliams pasukti ppr. į kairę)* **2** cha!
haw[4] *v* tarti garsus hm, mm, a *(dvejojant, ieškant žodžio ir pan.)*
Hawaii [həˈwaɪɪ] *n* Havajai *(JAV valstija; sala)*
Hawaiian [həˈwaɪən] *n* **1** havajietis **2** havajiečių kalba
a Havajų *(salų);* **the ~ Islands** Havajų salos
hawfinch [ˈhɔːfɪntʃ] *n zool.* svilikas *(paukštis);* **black-tailed ~** mažasis juod(a)galvis svilikas
hawhaw [ˌhɔːˈhɔː] *n* kvatojimas
int cha cha!
hawk[1] [hɔːk] *n* **1** *zool.* vanagas; sakalas **2** *prk.* plėšrūnas, grobuonis **3** *polit.* jėgos šalininkas; **war ~** karo kurstytojas ◊ **to have eyes like a ~** turėti sakališkas akis
v **1** medžioti su vanagu/sakalu **2** staiga užpulti *(at)*
hawk[2] *v* **1** prekiauti išnešiotinai; (įkyriai) siūlyti pirkti **2** (iš)nešioti, platinti *(gandus ir pan.)*
hawk[3] *v* atsikrenkšti, atsikosėti *(t. p.* **~ up***)*
hawk[4] *n stat.* *(tinkuotojo)* trintuvas
hawkbit [ˈhɔːkbɪt] *n bot.* vienažiedė snaudalė
hawker[1] [ˈhɔːkə] *n* medžiotojas su vanagu/sakalu
hawker[2] *n* gatvės prekiautojas; prekininkas *(nešiojantis prekes);* **~'s stand/tray** prekydėžė
Hawkeye [ˈhɔːkaɪ] *n amer. šnek.* aštriaregis *(Ajovos valstijos gyventojų pravardžiavimas)*
hawk-eyed [ˈhɔːkaɪd] *a* **1** aštriaregis; **~ look** vanagiškas žvilgsnis **2** budrus
hawkish [ˈhɔːkɪʃ] *n* **1** vanagiškas, sakališkas **2** *polit.* pasikliaujantis jėga, karingas
hawkmoth [ˈhɔːkmɒθ] *n zool.* sfinksas *(drugys)*

hawk-nosed [ˈhɔːknəuzd] *a* kumpanosis
hawkweed [ˈhɔːkwiːd] *n bot.* vanagė
hawse [hɔːz] *n jūr.* **1** kliuzas *(anga inkaro grandinei išleisti)* **2** inkaro grandinių padėtis prieš forštevenį
hawser [ˈhɔːzə] *n jūr.* perlynis; lynas
hawthorn [ˈhɔːθɔːn] *n bot.* gudobelė
Hawthorne [ˈhɔːθɔːn] *n:* **Nathaniel ~** Natanielis Hotornas *(amerikiečių rašytojas)*
hay [heɪ] *n* šienas; **~ time** šienapjūtė *(laikas);* **~ harvest** šienavimas, šienapjūtė; **to make ~** šienauti, pjauti ir džiovinti šieną ◊ **to hit the ~** *šnek.* eiti gulti, griūti į lovą; **to make ~** *(of)* a) (su)painioti; b) (su)griauti *(argumentus ir pan.);* **make ~ while the sun shines** ≡ kalk geležį, kol karšta
v džiovinti šieną; šienauti
haycock [ˈheɪkɒk] *n* šieno kupeta
hay-drier [ˈheɪˌdraɪə] *n ž. ū.* šieno džiovintuvas
hay-fever [ˈheɪˌfiːvə] *n med.* šienligė, šieno karštligė
hayfield [ˈheɪfiːld] *n* šienaujama pieva
hayfork [ˈheɪfɔːk] *n* šienšakės, šieninės šakės
haylage [ˈheɪlɪdʒ] *n ž. ū.* šienainis
hayloft [ˈheɪlɒft] *n* pastogė/stoginė šienui krauti
haymaker [ˈheɪˌmeɪkə] *n* **1** šienautojas **2** šienapjovė; šienavartė, šieno vartytuvas **3** *šnek.* triuškinantis smūgis
haymaking [ˈheɪˌmeɪkɪŋ] *n* šienavimas, šienapjūtė
hayrack [ˈheɪræk] *n* **1** ėdžios **2** šienvežimis **3** *rad. šnek.* radiolokacinis bokštas su pavaros įrenginiu
hayrick [ˈheɪrɪk] *n* = **haystack**
hayride [ˈheɪraɪd] *n amer.* pasivažinėjimas ant šieno vežimo
hayseed [ˈheɪsiːd] *n* **1** pakritos; žolių sėklos **2** *amer. juok.* kaimo Jurgis/stuobrys
haystack [ˈheɪstæk] *n* šieno kūgis/stirta
haywire [ˈheɪwaɪə] *a predic šnek.* sugedęs; sutrikęs; **to go ~** sugesti; sutrikti; susipainioti
hazard [ˈhæzəd] *n* **1** rizika, pavojus; **to be an enviromental ~** kelti pavojų aplinkai; **smoking is a health ~** rūkymas pavojingas sveikatai **2** šansas; **at ~** kaip pasiseks, ant laimės; **at all ~s** žūtbūt, bet kuriomis aplinkybėmis **3** azartinis lošimas kauliukais
v **1** rizikuoti **2** drįsti; **to ~ a guess** bandyti (į)spėti; **to ~ a guess that...** (iš)drįsti pasakyti, kad...
hazardous [ˈhæzədəs] *a* rizikingas, pavojingas; **~ chemicals** pavojingi chemikalai
haze[1] [heɪz] *n* **1** nedidelis rūkas, miglelė, dūmelis **2** *prk.* miglotumas, neaiškumas *(galvoje)*
v ap(si)traukti migla/rūku *(t. p.* **~ over***);* aptemdyti
haze[2] *v amer.* **1** kamuoti, varginti *(nereikalingu darbu)* **2** krėsti pokštus *(per pirmakursių „krikštynas")*
hazel [ˈheɪzl] *n* lazdynas
a šviesiai rudas *(apie akis)*
hazel-grouse, -hen [ˈheɪzlgraus, -hen] *n zool.* jerubė
hazelnut [ˈheɪzlnʌt] *n* riešutas
hazel-wort [ˈheɪzlwɔːt] *n bot.* europinė pipirlapė
haziness [ˈheɪzɪnɪs] *n* miglotumas; neaiškumas
hazy [ˈheɪzɪ] *a* **1** miglotas, ūkanotas **2** *prk.* miglotas, neaiškus; netikras; **to be ~** *(about)* turėti miglotą supratimą *(apie)*
H-beam [ˈeɪtʃbiːm] *n* H pavidalo sija
H-bomb [ˈeɪtʃbɒm] *n* vandenilinė bomba
he [hɪ; *kirčiuota forma* hiː] *(tik v.) pron pers* jis *(objektinis linksnis* him); **here he is** štai jis; **he who...** tas, kas/ kuris...
n **1** vyras, vyriška būtybė **2** patinas *(t. p. sudurt. žodžiuose);* **he-goat** ožys; **he-duck** antinas **3** *(He) rel.* Dievas, Jėzus Kristus

head [hed] <*n, a, v*> *n* **1** galva; *from ~ to foot/toe, ~ to foot* nuo galvos iki kojų; *I've got a (bad) ~* man skauda galvą *(pagiriomis)* **2** galva, protas; gabumas; *above/over my ~* ne mano galvai; *to come into one's ~, to enter one's ~* ateiti/dingtelėti į galvą; *to have a good ~ on the shoulders* turėti gerą galvą; *to have a ~ for mathematics* turėti galvą/gabumų matematikai; *to be soft/weak in the ~ šnek.* būti silpno proto; *to go out of one's ~ šnek.* išeiti iš proto, pamišti; *off one's ~ šnek.* išprotėjęs, pamišęs **3** galva, viršininkas, vadovas, vedėjas; *the ~ of a State [family]* valstybės [šeimos] galva; *~ of a department* skyriaus vedėjas/viršininkas; *to go over smb's ~* kreiptis į ką aplenkiant tiesioginį viršininką **4** *(mokyklos)* direktorius *(t. p. ~ teacher)* **5** žmogus, galva; *wise ~s* išmintingos galvos; *we paid £3 a/per ~* mes užmokėjome po 3 svarus sterlingų nuo galvos/žmogaus; *to count ~s* (su)skaičiuoti esančius **6** *(pl džn. ~) gyvulių skaičiavimo vienetas: ten ~ of cattle* dešimt galvijų **7** *tai, kas savo forma primena galvą: a ~ of cabbage* kopūsto galva/gūžė **8** *(vinies, segtuko, magnetofono ir pan.)* galvutė; *bolt/screw ~* varžto/sraigto galvutė **9** *(puslapio, kopėčių ir pan.)* viršus, viršutinė dalis; *(medžio, uolos ir pan.)* viršūnė; *the ~ of a mountain* kalno viršūnė; *at the ~ of each page* kiekvieno puslapio viršuje **10** *(voties)* pritvinkusi viršūnėlė; *to come to a ~* pritvinkti, *dar žr.* 11 **11** *prk.* viršūnė, kulminacija, krizė; *to come to a ~* pasiekti kritišką stadiją, *dar žr.* 10 **12** *(alaus ir pan.)* puta **13** *(knygos ir pan.)* skyrelis, rubrika; skyriaus antraštė **14** priekis, priešakys; *at the ~ of a procession* procesijos priekyje **15** *(laivo)* priekis, laivapriekis **16** *(lovos)* galvūgalis; *the ~ of the table* krikštasuolė **17** *(upės)* ištaka **18** *šnek.* narkomanas **19** *geogr.* (iš)kyšulys, ragas **20** *(monetos)* priekinė pusė, aversas; *~s or tails?* herbas ar skaičius? **21** *(lazdos)* buožė **22** *(ieties, strėlės)* antgalis **23** *(kūjo, kirvio)* pentis **24** *archit. (skliauto)* spyninis akmuo **25** *stat. (staktos)* rygelis, viršutinis tašas **26** *tech.* hidrostatinis slėgis **27** *hidr.* patvanka **28** *metal.* prielaja **29** *kalb.* pagrindinis/centrinis žodis *(žodžių junginyje)* **30** *pl jūr.* tualetai ◊ *~ over heels* kūliavirsčia; *~ over ears šnek.* ≡ iki ausų *(įsiskolinęs ir pan.); to be ~ over heels in love* ≡ būti įsimylėjusiam iki ausų; *by the ~ and ears* ≡ už ausų, prievarta *(pritraukti ir pan.); ~ and shoulders above others* daug stipresnis/geresnis, ≡ visa galva aukštesnis už kitus; *one's ~ off* ≡ iš visų plaučių, visa gerkle *(rėkti, kvatoti); to bite/snap smb's ~ off* (iš)vainoti ką; piktai kam atkirsti/atšauti; *to eat one's ~ off* prisivalgyti, persivalgyti; *to get it into smb's [one's] ~ that...* įkalti kam [įsikalti] į galvą, kad...; *to get/take it into one's ~ (to do smth)* ≡ šauti į galvą; *to give smb his ~* duoti kam laisvę, leisti daryti ką nori; *to go to one's ~* a) eiti į galvą *(apie vyną ir pan.);* b) apsukti galvą, apsvaiginti *(apie sėkmę); to have a black/thick ~* pagirioti; *to have a big/swollen ~* pūstis, įsivaizduoti; *to have one's ~ in the clouds* ≡ padebesiais lakioti, pleventi debesyse; *to keep one's ~, to keep/have a cool/level ~* likti ramiam/šaltakraujiškam, valdytis; *to keep one's ~ above water* kaip nors išsiversti *(neprasiskolinti);* ≡ sudurti galą su galu; *to lose one's ~* ≡ pamesti galvą; *to make ~* slinkti į priekį; *to make ~ (against)* (sėkmingai) priešintis; *I can't make ~ or tail of it* nieko negaliu suprasti, nesusigaudau; *to put smth out of one's ~* ≡ išmesti ką iš galvos; *to put ~s together* kartu apgalvoti, pasitarti; *to put/lay one's ~ on the block* rizikuoti; *to run/knock/bang one's ~ against the (brick) wall šnek.* ≡ *(stengtis)* kakta pramušti sieną; *to stand/turn on its ~* ≡ apversti/apvirsti aukštyn kojomis; pakeisti iš pagrindų; *to turn smb's ~* ≡ apsukti kam galvą *(apie sėkmę ir pan.); to talk smb's ~ off* apsukti kam galvą kalbomis; *to talk over smb's ~* kalbėti per aukštu stiliumi, įmantriai; *to use one's ~* ≡ pasukti galvą, gerai pagalvoti; *on your own ~ be it* tegu tai būna tavo sąžinei, tu už tai atsakysi; *two ~s are better than one pat.* ≡ dvi galvos – ne viena; *don't bother/trouble your ~ about it* nesuk sau galvos dėl to; *~s will roll* ≡ galvos lėks *(bus griežtai nubausta)*
a attr **1** vyresnysis, vyriausiasis; pagrindinis, centrinis; *~ nurse amer.* vyresnioji sesuo *(ligoninėje); ~ physician* vyriausiasis gydytojas; *~ waiter* vyresnysis kelneris, oficiantas; *the ~ office* centrinė įstaiga; direkcija, valdyba **2** priešingas, (prieš)priešinis; *~ sea* priešpriešinis bangavimas; *~ tide* (prieš)priešinė srovė
v **1** vadovauti *(t. p. ~ up)* **2** būti priekyje; *to ~ the list* būti sąrašo pradžioje, pirmoje vietoje **3** duoti antraštę, pavadinti; *to ~ a letter with one's address* užrašyti savo adresą laiško viršuje **4** vykti *(for – kur);* nukreipti, pasukti *(towards – į); the car ~ed for Vilnius* automobilis važiavo link Vilniaus **5** neišvengiamai artėti *(prie pražūties ir pan.; for)* **6** (su)sukti galvą *(apie gūžę ir pan.; džn. ~ up)* **7** *sport.* žaisti galva; mušti galva *(sviedinį)* ◻ *~ back* užkirsti kelią *(priešininkui); ~ off* a) sutrukdyti, užkirsti kelią; užbėgti už akių; b) išsisukti, išvengti *(klausimo, ginčo ir pan.);* c) nukreipti *(kitur)*

headache ['hedeɪk] *n* **1** galvos skausmas **2** *šnek.* nemalonumas, rūpestis; *to give/cause a ~* a) (su)kelti rūpesčių; b) priversti susimąstyti; *it will be a real ~* tai bus tikras košmaras; *that's your ~!* tai tavo rūpestis/bėda

headachy ['hedeɪkɪ] *a* turintis/(su)keliantis galvos skausmą

headband ['hedbænd] *n* **1** galvos/plaukų raištis; apgalvis *(papuošalas)* **2** antkaktis *(kamanų dalis)*

headbanger ['hedbæŋə] *n šnek.* **1** *polit.* ekstremistas **2** *muz. (sunkiojo metalo ir pan.)* entuziastas, gerbėjas **3** keistuolis

headboard ['hedbɔːd] *n* galvūgalio lenta

headbutt ['hedbʌt] *v* suduoti galva *(į pilvą ir pan.)*

headcase ['hedkeɪs] *n šnek.* puskvaišis

headcheese ['hedtʃiːz] *n amer. kul. (kiaulės galvos)* slėgtainis, mėsos sūris

headcount ['hedkaunt] *n* **1** (su)skaičiavimas; *to do a ~* (su)skaičiuoti esančius **2** *(organizacijos ir pan.)* darbuotojų skaičius

headdress ['heddres] *n* galvos apdangalas *(ypač puošnus)*

-headed [-'hedɪd] *(sudurt. žodžiuose)* -galvis; *black-headed* juodgalvis; *two-headed* dvigalvis

header ['hedə] *n* **1** šuolis galva žemyn *(džn. į vandenį); sport.* šuolis į vandenį pirmyn **2** smūgis galva *(futbole);* smūgis į galvą *(bokse)* **3** *tech. (vandens)* rinktuvas, kolektorius **4** *komp.* antraštė; viršutinė puslapinė antraštė **5** *stat.* trumpainis *(skersai įmūryta plyta)* **6** *kas. (anglių)* kirtimo mašina

header-tank ['hedətæŋk] *n* = **header** 3

headfirst [ˌhed'fɜːst] *adv* **1** galva žemyn/pirmyn **2** neprotingai; galvotrūkčiais

headgear ['hedgɪə] *n* **1** galvos apdangalas **2** šalmas **3** apynasris, kamanos

headhunt ['hedhʌnt] *v* **1** kolekcionuoti *(priešų)* galvas **2** ieškoti kvalifikuotų kadrų; suvilioti pereiti į kitą bendrovę/kompaniją

headhunter ['hedˌhʌntə] *n* **1** *(priešų)* galvų kolekcionierius **2** kvalifikuotų kadrų ieškotojas/viliotojas **3** *juok.* žmogus, mėgstantis sukinėtis žymių žmonių draugijoje

heading ['hedɪŋ] *n* **1** antraštė **2** rubrika; *to come/fall under two ~s* skirstytis į dvi grupes/kategorijas **3** *jūr., av.* kryptis, kursas

headlamp ['hedlæmp] *n* = **headlight** 1

headland ['hedlənd] *n* **1** *geogr.* (iš)kyšulys, ragas **2** *ž. ū.* ne(ap)arti lauko pakraščiai

headless ['hedləs] *a* **1** begalvis **2** neapgalvotas, kvailas **3** *ret., juok.* be vadovo, nevadovaujamas

headlight ['hedlaɪt] *n* **1** *(automobilio, garvežio)* priekinis žibintas, priešakinės šviesos **2** *jūr.* stiebo žibintas

headline ['hedlaɪn] *n* **1** *(laikraščio)* antraštė **2** *pl rad., tel.* paskutinių žinių laidos trumpas turinys, svarbiausiųjų žinių santrauka ◊ *to hit/make the ~s* patekti į pirmuosius laikraščių puslapius, išgarsėti; *he hit the ~s* apie jį rašė visi laikraščiai
v **1** duoti antraštę; rašyti antraštėje **2** *amer.* reklamuoti; plačiai nušviesti spaudoje **3** *amer. muz.* atlikti pagrindinį programos numerį, būti pagrindiniu programos dalyviu

headliner ['hed,laɪnə] *n šnek.* populiarus artistas/lektorius ir pan., garsenybė, žvaigždė *(kurio vardas afišose rašomas stambiomis raidėmis)*

headlong ['hedlɔŋ] *a* neapgalvotas, skubotas; veržlus; *~ flight* netvarkingas bėgimas, panika
adv **1** galva į priekį **2** neapgalvotai, per daug skubotai **3** galvotrūkčiais, strimgalviais

headman *n (tik v.)* **1** ['hedmən] *(pl* -men [-mən]*) (genties)* vadas **2** ['hedmæn] *(pl* -men [-men]*)* vyresnysis darbininkas, dešimtininkas

headmaster [,hed'mɑ:stə] *n (tik v.)* mokyklos direktorius

headmistress [,hed'mɪstrɪs] *n* mokyklos direktorė/vedėja

head-money ['hed,mʌnɪ] *n* **1** pagalvės mokestis **2** premija už kieno galvą/sugavimą

headmost ['hedməust] *a ret.* priekinis, priešakinis

headnote ['hednəut] *n* **1** įžanginės pastabos **2** *teis.* išnagrinėtos bylos pagrindinių klausimų santrauka *(teksto pradžioje)*

head-on [,hed'ɔn] *a* priekinis, iš priekio, priekiu *(apie susidūrimą)*
adv tiesiai iš priekio; kaktomuša

headphones ['hedfəunz] *n pl rad.* ausinės

headpiece ['hedpi:s] *n* **1** šalmas **2** *psn.* galva, protas, nuovoka **3** *poligr.* atsklanda, vinjetė

headquarters [,hed'kwɔ:təz] *n (pl ~)* **1** *kar.* štabas; štabo būstinė **2** vyriausioji valdyba, centras

headrest ['hedrest] *n (kėdės, sėdynės)* atlošas/atrama galvai

headroom ['hedrum] *n* **1** *ypač stat.)* gabaritinis aukštis; patalpos aukštis; *I haven't got enough ~* lubos man per žemos **2** *aut. (kėbulo)* vidaus aukštis

headsails ['hedseɪlz] *n pl jūr.* priešburės

headscarf ['hedskɑ:f] *n* skarelė

headset ['hedset] *n (ypač amer.) rad.* ausinės

headship ['hedʃɪp] *n* **1** vadovavimas **2** direktoriavimas *(mokykloje)*; *under her ~* jai direktoriaujant

headshrinker ['hedʃrɪŋkə] *n šnek.* psichiatras

headsman ['hedzmən] *n (pl* -men [-mən]*) (tik v.) ist.* budelis

headspring ['hedsprɪŋ] *n* šaltinis

headsquare ['hedskwɛə] *n* skarelė

headstall ['hedstɔ:l] *n* apynasrio apgalvis

headstand ['hedstænd] *n* stovėsena ant galvos

head-start [,hed'stɑ:t] *n* pranašumas, gera pradžia *(džn. sport.)*

headstone ['hedstəun] *n* kapų akmuo; antkapis

headstrong ['hedstrɔŋ] *a* savavalis; užsispyręs

headteacher [,hed'ti:tʃə] *n* mokyklos direktorius

head-to-head [,hedtə'hed] *n* susidūrimas akis į akį
adv: to come ~ susidurti akis į akį

headwaters ['hed,wɔ:təz] *n pl* *(upės)* ištakos **2** *hidr.* vandens talpykla/rinktuvas; aukštutinis bjefas

headway ['hedweɪ] *n* **1** žengimas/slinkimas į priekį, pasistūmėjimas **2** pažanga; *to make ~* daryti pažangą, pažengti **3** judėjimo greitis **4** *spec.* laiko tarpas tarp dviejų vienas po kito einančių traukinių/autobusų **5** *kas.* bremsbergas, mechanizuotas nuleistuvas **6** *stat.* gabaritinis aukštis

headwind ['hedwɪnd] *n* priešinis vėjas

headword ['hedwə:d] *n* **1** antraštinis žodis *(žodyne)* **2** *kalb.* pagrindinis/centrinis žodis *(žodžių junginyje)*

headwork ['hedwə:k] *n* **1** protinis darbas **2** *archit.* galvos atvaizdas *(skliauto)* spynniniame akmenyje **3** *kas. (kėlimo įrenginių)* bokštinis antstatas **4** *sport.* žaidimas galva *(futbole)* **5** *spec.* pagrindinis statinys

heady ['hedɪ] *a* **1** svaiginantis, svaigus; *~ success* svaiginantis pasisekimas **2** einantis/mušantis į galvą, stiprus *(apie gėrimą)* **3** apsvaigęs

heal [hi:l] *v* **1** (iš)gydyti **2** (už)gyti *(džn. ~ up/over)* **3** *prk.* (su)tvarkyti, (su)reguliuoti, (už)baigti *(nesutarimus ir pan.)*

heal-all ['hi:l,ɔ:l] *n* panacėja, vaistas nuo visų ligų

healer ['hi:lə] *n* gydytojas; *time is a great ~* laikas viską (už)gydo

healing ['hi:lɪŋ] *n* gydymas; (už)gijimas
a gydomasis

health [helθ] *n* **1** sveikata; *to be in bad/poor ~* būti prastos/silpnos sveikatos; *~ service, public ~* sveikatos apsauga; *Ministry of H.* sveikatos apsaugos ministerija **2** tostas; *to drink (to) smb's ~* gerti į kieno sveikatą; *here's (to your) ~!, good ~!* į jūsų sveikatą!; *to propose (to) smb's ~* skelbti tostą už ką **3** klestėjimas, gerovė; *the ~ of the economy* ekonomikos klestėjimas **4** *attr* sanitarinis, higieninis; *~ education* sanitarinis švietimas; *~ centre* (vaikų) konsultacija; poliklinika; *~ visitor* seselė, lankanti ligonius namuose, patronažo seselė; *~ reforms* sveikatos apsaugos reformos

healthful ['helθfəl] *a* **1** gydomasis, gydantis **2** sveikatingas

health-officer ['helθ,ɔfɪsə] *n* sanitarinis/sanitarijos gydytojas

healthy ['helθɪ] *a* **1** sveikatingas, sveikas *(t. p. prk.)*; *~ views* sveikos pažiūros **2** naudingas, palankus; *~ impression* palankus įspūdis **3** klestintis *(apie ekonomiką, firmą ir pan.)* **4** didelis, žymus *(apie kiekį, laipsnį)*; *to have a ~ lead sport.* žymiai pirmauti

heap [hi:p] *n* **1** krūva; *to pile up smth in a ~* sukrauti krūvą **2** *(džn. pl) šnek.* daugybė, aibė; *~s of time* daugybė laiko; ≡ marios laiko **3** *menk., juok.* senas kledaras/klebetas *(apie automobilį)* ◊ *to be struck/knocked all of a ~ šnek.* būti pritrenktam/priblokštam/apstulbintam
v **1** (pri)krauti, priversti **2** (su)kaupti, sukrauti *(džn. ~ up)* **3** apkrauti *(t. p. prk.)*; *to ~ work on smb* apkrauti ką darbu **4** apipilti, apiberti *(malonėmis, dovanomis; įžeidinėjimais; with; on – ką)*

heaped [hi:pt] *a* prikrautas, apkrautas; pilnas, su kaupu

heaps [hi:ps] *adv šnek.* daug, žymiai; *he is ~ better* jam žymiai geriau

hear [hɪə] *v* (heard [hə:d]) **1** girdėti; *an explosion was heard* buvo girdėti sprogimas **2** klausytis; išklausyti *(džn. ~ out); to ~ a course of lectures* išklausyti paskaitų kursą **3** girdėti, išgirsti, sužinoti *(of, about – apie)*; *I've*

hearer 421 **heat**

heard it said that..., I've heard tell (of) girdėjau kalbant *(kad; apie); I heard that he was ill* girdėjau, kad jis serga 4 gauti žinių/laiškų *(from)* 5 *teis.* nagrinėti, svarstyti *(bylą)* ◊ *I won't ~ of it* nenoriu nė girdėti apie tai; *you will ~ about this* tau už tai klius *int ~! ~!* teisingai! teisingai! *(pritarimo šūksmas)*
hearer ['hɪərə] *n* girdėtojas, klausytojas
hearing ['hɪərɪŋ] *n* 1 girdėjimas; girdimumas; *out of ~* taip toli, kad nebegirdėti; *in my ~* man girdint/esant 2 girda, klausa; *to damage smb's ~* pakenkti kieno klausai 3 klausymas; išklausymas; *at first ~* klausant pirmą kartą; *to gain/get a ~* gauti galimybę būti išklausytam; *to give smb a (fair) ~* išklausyti (nešališkai) ką 4 *teis. (bylos)* nagrinėjimas, svarstymas; *public ~* viešas teismo posėdis
hearing-aid ['hɪərɪŋeɪd] *n* klausomasis aparatas
hearing-impaired ['hɪərɪŋɪm'pɛəd] *a* prastai girdintis
hearken ['hɑːkən] *v poet., psn.* klausyti *(to)*
hearsay ['hɪəseɪ] *n* 1 gandas, nuogirdos; *by ~* iš nuogirdų 2 *attr* pagrįstas gandais *(t. p. based on ~); ~ evidence teis.* parodymai, pagrįsti gandais/nuogirdomis
hearse [hɜːs] *n* katafalkas; *~ cloth* karsto apgaubas
heart [hɑːt] *n* 1 širdis; *~ attack* širdies priepuolis; *to have a ~ condition/complaint* būti širdininkui, širdies ligoniui; *to put one's hand to one's ~* pridėti ranką prie širdies 2 *prk.* širdis, siela; meilė, jausmas; *affairs of the ~* širdies reikalai; *at ~, in one's ~ (of ~s)* širdyje; sielos/širdies gilumoje; *with all one's ~* visa širdimi, iš visos širdies; *~ and soul* visa širdimi, iš visų jėgų; *to harden/steel smb's/one's ~* kietinti širdį; *to lose one's ~ to smb* pamilti ką, ≡ širdį atiduoti kam; *to take/lay to ~* ≡ imti į širdį; rimtai (pa)žiūrėti/priimti *(patarimą, įspėjimą); to be all ~* turėti labai gerą širdį; *have a ~!* turėkit širdį!, pasigailėkit! 3 drąsa, narsumas; *to give ~ (to)* padrąsinti, moraliai paremti; *to lose ~* netekti drąsos, nusiminti; *to take ~* įsidrąsinti; pasijusti drąsesniam; nenusiminti; *to be in good ~* būti pakilios nuotaikos 4 šerdis; *~ of cabbage* kopūsto kotas; *~ of oak* a) ąžuolo šerdis; b) drąsuolis 5 esmė; *the ~ of the matter* dalyko esmė 6 centras, centriniai rajonai; *in the ~ of Africa* Afrikos centre/gilumoje; *in the ~ of summer* vidurvasarį 7 *kreipiniuose: dear ~* širdele, mielasis 8 *pl* čirvai; *to play/lead ~s* leisti čirvus, eiti iš čirvų 9 *tech.* šerdesas ◊ *~ and hand* su entuziazmu, energingai; *by ~* atmintinai; *out of ~* nusiminęs; *with half a ~* atžagariomis, nenoriai; *to break smb's ~* labai nuliūdinti; *to break one's ~* nuliūsti; *to cross one's ~ (and hope to die) šnek.* dievagotis; *to eat one's ~ out* kankintis, graužtis, (su)nykti iš širdgėlos; *to have smth at ~* labai domėtis kuo, būti atsidavusiam kam; *to have one's ~ in one's boots/mouth* ≡ širdis atsidūrė kulnyse, širdis apmirė/nukrito; *to have one's ~ in the right place* būti geros širdies, turėti gerų norų; *to set one's ~ on smth* (užsi)geisti, užsimanyti ko; *to wear one's ~ on one's sleeve* ≡ būti atlapos širdies, nemokėti slėpti savo jausmų; *faint ~ never won a fair lady* ≡ su baime maža laimė; *my ~ was in my mouth* ≡ man iš baimės širdis iškrito
heartache ['hɑːteɪk] *n* širdies skausmas, sielvartas, liūdesys
heartbeat ['hɑːtbiːt] *n* 1 širdies plakimas/ritmas 2 jaudinimasis
heartbreak ['hɑːtbreɪk] *n* sielvartas, širdgėla, širdies plyšimas
heartbreaker ['hɑːtˌbreɪkə] *n* širdžių ėdikas
heartbreaking ['hɑːtˌbreɪkɪŋ] *a* 1 širdį veriantis; *it's ~ to see her so unhappy* širdis plyšta matant ją tokią nelaimingą 2 *šnek.* nuobodus, varginantis

heartbroken ['hɑːtˌbrəukən] *a* susisielojęs, sielvartingas
heartburn ['hɑːtbɜːn] *n* 1 rėmuo, kartėlis 2 = **heartburning**
heartburning ['hɑːtˌbɜːnɪŋ] *n* 1 pavydas; pavyduliavimas 2 *(džn. pl)* apmaudas
heart-disease ['hɑːtdɪˌziːz] *n* širdies liga; širdies yda
-hearted [-'hɑːtɪd] *(sudurt. žodžiuose)* -širdis; *kindhearted* geraširdis
hearten ['hɑːtn] *v (ppr. pass)* (pa)drąsinti, suteikti pasitikėjimo *(džn. ~ up)*
heart-failure ['hɑːtˌfeɪljə] *n med.* 1 širdies paralyžius 2 širdies funkcijos nepakankamumas
heartfelt ['hɑːtfelt] *a* nuoširdus, širdingas
hearth [hɑːθ] *n* 1 židinys 2 *tech.* žaizdras; padas, krosnies laitas ◊ *~ and home* namų židinys
hearthrug ['hɑːθrʌg] *n* kilimėlis prie židinio
heartily ['hɑːtɪlɪ] *adv* 1 širdingai, nuoširdžiai 2 noriai, energingai; uoliai; *to eat ~* valgyti su apetitu 3 visiškai, smarkiai; *he is ~ tired* jis visai nuvargo
heartiness ['hɑːtɪnɪs] *n* 1 širdingumas; nuoširdumas 2 uolumas, atsidėjimas *(darbui)* 3 tvirtumas, sveikata
heartland ['hɑːtlænd] *n* 1 *(šalies ir pan.)* centrinė/svarbiausioji dalis, širdis 2 *kar.* gilus užnugaris
heartless ['hɑːtləs] *a* beširdis, negailestingas
heart-lung [ˌhɑːt'lʌŋ] *a: ~ machine* dirbtinės širdies ir plaučių aparatas
heartrending ['hɑːtˌrendɪŋ] *a* širdį veriantis; sielvartingas
heart-searching ['hɑːtˌsɜːtʃɪŋ] *n* sąžinės perkratymas; apmąstymas
heartsease ['hɑːtsiːz] *n bot. psn.* našlaitė
heart-shaped ['hɑːtʃeɪpt] *a* širdies pavidalo, širdiškas
heartsick ['hɑːtˌsɪk] *a* prislėgtas, nusiminęs
heartstrings ['hɑːtstrɪŋz] *n pl* giliausi/nuoširdžiausi jausmai; *to tug/pull at smb's ~* jaudinti ką iki širdies gelmių
heartthrob ['hɑːtθrɔb] *n* 1 širdies plakimas 2 meilės virpulys, aistra 3 *šnek. (tik v.)* susižavėjimo objektas, numylėtinis *(artistas, dainininkas ir pan.)*
heart-to-heart [ˌhɑːtə'hɑːt] *a* intymus, nuoširdus; *to have a ~ talk* pasikalbėti iš širdies
adv nuoširdžiai, atvirai
heartwarming ['hɑːtˌwɔːmɪŋ] *a* širdį glostantis; širdžiai malonus
heart-whole ['hɑːtθəul] *a poet.* 1 nuoširdus 2 neįsimylėjęs, nemylintis
heartwood ['hɑːtwud] *n* branduolinė mediena, medžio šerdis
hearty ['hɑːtɪ] *a* 1 širdingas, nuoširdus; draugiškas 2 smarkus, energingas; entuziastingas 3 gausus *(apie valgį); to eat a ~ meal* sočiai pavalgyti; *he has a ~ appetite* jis turi puikų apetitą
n 1 jūrininkas; *my hearties!* vyrukai!, draugužiai! *(kreipiantis į jūreivius)* 2 *šnek.* studentas sportininkas
heat [hiːt] *n* 1 karštis; kaitra, kaitrumas; *~ exhaustion med.* perkaitimas 2 *kul. (viryklėlės)* ugnis; *(orkaitės)* temperatūra; *to turn down the ~* sumažinti ugnį/temperatūrą 3 *fiz.* šiluma 4 karščiavimasis, stiprus susijaudinimas, aistra, pyktis; *to take the ~ out of the situation* apraminti žmones, prislopinti ginčą; *in the ~ of fight/battle* kovos įkarštyje 5 tai, kas padaryta vienu kartu/atveju; *at a ~* vienu sykiu/atveju; iš karto; *dead ~* vienalaikis finišas 6 *sport. (jojimo)* hitas; *(vienas)* bėgimas, plaukimas, važiavimas; *pl* preliminarinės varžybos 7 *zool.* ruja, poravimosi laikas; *to be on/in ~* rujoti 8 *attr fiz., tech.* šiluminis; *~ capacity* šiluminė talpa; *~ carrier* šilumos agentas; *~ losses* šilumos nuostoliai; *~ meter*

heated   422   **heavy**

šilumomatis ◊ *the ~ is on šnek.* atmosfera įkaitusi; *if you can't stand the ~, get out of the kitchen* ≅ bijai vilko, neik į mišką
v **1** (į)kaitinti, (pa)šildyti, sušildyti *(džn. ~ up)* **2** (į)kaisti, (į)šilti *(t. p. ~ up);* sukaisti; *has the iron ~ed up yet?* ar lygintuvas jau įkaito? **3** *prk.* įkaitinti; įsiliepsnoti *(apie ginčą)* **4** kūrenti

heated ['hi:tɪd] *a* **1** įkaitintas; pašildytas, sušildytas; apšildomas; *~ flat* apšildomas butas **2** įkaitęs, susijaudinęs **3** karštas; piktas; *~ argument/discussion* karštas ginčas

heat-engine ['hi:t‚endʒɪn] *n tech.* šiluminis variklis, šiluminė mašina

heater ['hi:tə] *n* šildytuvas; krosnis, kaloriferis; radiatorius; virintuvas; *car ~ aut.* salono šildytuvas

heat-exchanger ['hi:tɪks‚tʃeɪndʒə] *n tech.* šildytuvas; radiatorius

heath [hi:θ] *n* **1** viržynas, šilojynas; dykynė, apaugusi viržiais **2** *bot.* viržis

heath-bell ['hi:θbel] *n* viržio žiedas

heathberry ['hi:θbᵊrɪ] *n* **1** *bot.* varnauogė **2** mėlynės/girtuoklės ir kitos uogos, augančios tarp viržių

heath-cock ['hi:θkɔk] *n (tik v.) dial.* tetervinas, juodulis

heathen ['hi:ðᵊn] *n* **1** pagonis; stabmeldys; *the ~ kuop.* pagonys **2** *šnek. (džn. juok.)* tamsuolis, nemokša
a pagoniškas, stabmeldiškas

heathendom ['hi:ðᵊndəm] *n* pagonybė, stabmeldystė

heathenish ['hi:ðᵊnɪʃ] *a ret.* pagoniškas, stabmeldiškas **2** barbariškas

heathenism ['hi:ðᵊnɪzm] *n* **1** pagonybė **2** barbarybė, barbariškumas

heather ['heðə] *n bot.* šilinis viržis

heather-mixture ['heðə‚mɪkstʃə] *n* margas vilnonis audinys

heathery ['heðərɪ] *a* apaugęs viržiais

heath-grass ['hi:θgrɑ:s] *n bot.* gulsčioji/pagulusioji tridantė

heath-hen ['hi:θhen] *n dial.* teterva

heath-rush ['hi:θrʌʃ] *n bot.* vikšris

heating ['hi:tɪŋ] *n* **1** (į)kaitinimas; (į)kaitimas, (į)šilimas, įšylis **2** šildymas; apkūrenimas; *central ~* centrinis šildymas
a **1** šildantis, šildomas(is); *~ back/rear window aut.* šildomas užpakalinis stiklas **2** (ap)šildymo, kūrenimo; *~ system* šildymo sistema; *~ controller* termoreguliatorius

heat-lightning ['hi:t‚laɪtnɪŋ] *n* amalas *(žaibas be griaustinio)*

heatproof ['hi:tpru:f] *a* atsparus kaitrai/karščiui

heat-resistant ['hi:trɪ‚zɪstᵊnt] *a =* **heatproof**

heat-seal ['hi:tsi:l] *v* sandariai užtaisyti/uždaryti

heat-sensitive ['hi:t‚sensɪtɪv] *a* šilumai jautrus

heat-spot ['hi:tspɔt] *n* **1** strazdana, šlakas **2** spuogelis *(nuo kaitros)*

heatstroke ['hi:tstrəuk] *n med.* šilumos smūgis

heat-treat ['hi:ttri:t] *v* **1** pasterizuoti *(pieną ir pan.)* **2** *tech.* apdirbti terminiu būdu

heat-treatment ['hi:t‚tri:tmənt] *n tech.* terminis apdirbimas

heatwave ['hi:tweɪv] *n* **1** *fiz.* šiluminė banga **2** didelio karščio laikotarpis

heave [hi:v] *n* **1** (pa)kėlimas, patraukimas, pastūmimas; *to give a ~* patraukti/pastumti iš visų jėgų **2** kilnojimasis, kilimas **3** bangavimas **4** tampymasis, vėmimas **5** *pl vet.* dusulys, dusas
v **1** (pa)kelti, užkelti *(sunkiai; t. p. ~ up); to ~ (away) at smth* bandyti ką pakelti/patraukti **2** kilnoti(s) *(apie bangas, krūtinę ir pan.);* iškilnoti *(augalus)* **3** mesti, sviesti *(su jėga)* **4** (iš)leisti *(garsą),* dūsuoti; *to ~ a sigh/groan* sunkiai atsidusti/sudejuoti **5** tampytis *(vemiant);* (iš)vemti *(t. p. ~ up)* **6** *(hove) jūr.* patirti vertikalų supimą **7** *(hove) jūr.* (iš)traukti *(lyną, inkarą, tinklą; t. p. ~ up);* mesti *(pakėlus); to ~ the lead* nuleisti/mesti svambalą/lotą □ *~ ahead (hove) jūr.* patraukti laivapriekį; plaukti pirmyn *(apie laivą); ~ down (hove) jūr.* pakreipti laivą ant šono *(norint valyti ir pan.); ~ to (hove) jūr.* a) pradėti dreifuoti; dreifuoti; b) sustoti ◊ *to ~ (hove) into sight/view* pasirodyti *(apie laivą)*

heave-ho [‚hi:v'həu] *n: to give smb the (old) ~ šnek.* išmesti ką, atsikratyti kuo, atleisti ką *(iš darbo ir pan.) int* na, imam!; viens! du! trys! *(ypač jūrininkų šūksmas)*

heaven ['hevn] *n poet., bažn.* dangus; dausos, rojus; *in the seventh ~* devintame danguje; *~ and earth* dangus ir žemė; *~ and hell* rojus ir pragaras; *~ on earth* rojus žemėje ◊ *~ forbid!* sergėk, Dieve!; *(good) ~s!* Dieve mano!; *by ~!* dievaži!, tikrai!; *to move ~ and earth šnek.* ≅ kalnus nuversti, nertis iš kailio; *to stink/smell to high ~ šnek.* baisiai dvokti; *the ~s opened* ≅ dangus prakiuro

heavenly ['hevnlɪ] *a* **1** dangaus; *~ body* dangaus kūnas/šviesulys **2** dieviškas, dangiškas; *~ Father* dangiškasis tėvas, Dievas **3** *šnek.* puikus, nuostabus

heaven-sent ['hevnsent] *a* (kaip) Dievo atsiųstas; likimo lemtas, stebuklingas

heavenward(s) ['hevnwəd(z)] *adv poet.* dangun, į dangų

heaver ['hi:və] *n* **1** krovikas, krovėjas **2** svertas; svirtis, dalba **3** *jūr.* grandiklis

heavily ['hevɪlɪ] *adv* **1** sunkiai; *to breathe ~* sunkiai kvėpuoti/alsuoti; *to take smth ~* sunkiai išgyventi ką **2** smarkiai, stipriai; *to rain ~* smarkiai lyti; *to be punished ~* būti griežtai nubaustam; *to be ~ in debt* turėti daug skolų; *to sleep ~* kietai miegoti **3** lėtai, vangiai ◊ *to be ~ into smth šnek.* būti įnikusiam/pasinėrusiam *(į darbą ir pan.);* būti įjunkusiam *(į narkotikus)*

heavily-built ['hevɪlɪbɪlt] *a* tvirto sudėjimo

heaviness ['hevɪnɪs] *n* **1** sunkumas, sunkybė **2** nerangumas; vangumas; inertiškumas **3** *(eismo ir pan.)* intensyvumas; *(lietaus ir pan.)* smarkumas **4** depresija, nusiminimas

heaving-line ['hi:vɪŋlaɪn] *n jūr.* metamasis lynas, svaidyklė

Heaviside ['hevɪsaɪd] *n: Oliver ~* Oliveris Hevisaidas *(anglų fizikas); ~ layer fiz.* jonosfera

heavy ['hevɪ] *<a, adv, n>* a **1** *(įv. reikšm.)* sunkus; *~ breathing [food]* sunkus kvėpavimas [maistas]; *~ load [punishment]* sunki našta [bausmė]; *~ responsibilities* sunkios pareigos; *~ steps* sunkūs žingsniai; *~ work* sunkus darbas; *~ wound* sunkus/pavojingas sužeidimas; *too ~ to lift* per sunkus pakelti; *~ cargo* sunkiasvoris krovinys; *with a ~ heart* sunkia/skaudama širdimi; *to have a ~ day* būti sunkiai dienai, turėti daug darbo visą dieną; *the trees are ~ with fruit* medžiai apsunkę nuo vaisių; *how ~ are you?* kiek jūs sveriate? **2** didelis *(džn. pabrėžimui); ~ debts* didžiulės skolos; *~ traffic* didelis eismas; *~ smoker* didelis pypkius; *~ eater* didelis ėdrūnas, besotis; *the car is rather ~ on fuel* tas automobilis daugokai naudoja degalų **3** gausus, vešlus; *~ crop* gausus/geras derlius **4** tankus, tirštas *(apie rūką, barzdą ir pan.)* **5** smarkus *(apie lietų, audrą ir pan.); ~ blow* smarkus smūgis **6** audringas *(apie jūrą)* **7** apsiniaukęs, niūrus *(apie dangų); ~ clouds* tamsūs/tiršti debesys **8** niūrus, liūdnas; *~ news* liūdnos žinios; *~ silence* slogi tyla **9** storas *(apie audinį, šarvą ir pan.); a ~ layer of dust* storas dulkių sluoksnis **10** mažai išsikėlęs *(apie tešlą);* blogai iškepęs *(apie duoną ir pan.)* **11** nerangus, rambus; vangus; *~ mind* lėtas/nepaslankus protas **12** apsnūdęs, mieguistas **13** nuobodus; griozdiškas *(apie sti-*

lių); *this book is/makes ~ reading* šią knygą sunku skaityti 14 nėščia 15 *šnek.* griežtas *(on – kam)* 16 pamokslaujantis; solidus; *to play the part of the ~ father teatr.* vaidinti niurzgaus/priekabaus tėvo vaidmenį; *to come the ~ father* sakyti moralus/pamokslus 17 *chem.* beveik nelakus ◊ *to be ~ on hand* a) lėtai slinkti *(apie laiką)*; b) būti nuobodžiam *(pokalbyje ir pan.)* *adv ret.* = **heavily**; *it lies ~ on my conscience* tai guli kaip akmuo ant mano sąžinės *n* 1 *teatr.* solidaus/moralizuojančio žmogaus vaidmuo; piktadarys, niekšas 2 *(ppr. pl) šnek.* žaliūkas, stipruolis *(samdomas apsaugai)* 3 *(the heavies)* pl solidūs/rimti laikraščiai 4 *(the heavies)* pl sunkioji karo technika

heavy-duty [ˌhevɪˈdjuːtɪ] *a* 1 patvarus, ilgai naudojamas, ypač tvirtas 2 *tech.* sunkaus tipo, sunkiam darbui skirtas; dirbantis sudėtingu režimu 3 *amer. šnek.* ypatingas, nepaprastas, sudėtingas *(apie reikalą ir pan.)*

heavy-footed [ˈhevɪˈfutɪd] *a* 1 sunkios eisenos, nerangus 2 nuobodus, be polėkio

heavy-handed [ˈhevɪˈhændɪd] *a* 1 nevikrus, nemitrus, nemiklus 2 diktatoriškas, griežtas; smarkus 3 sunkus *(apie stilių)*

heavy-hearted [ˌhevɪˈhɑːtɪd] *a* liūdnas, prislėgtas

heavy-laden [ˈhevɪˈleɪdn] *a knyg.* 1 sunkiai apsikrovęs 2 prislėgtas rūpesčių

heavy-set [ˌhevɪˈset] *a* stambaus sudėjimo, kūningas

heavyweight [ˈhevɪweɪt] *n* 1 *sport.* sunkiasvorininkas, sunkiasvoris boksininkas/imtynininkas; *light ~* pussunkis svoris; pussunkio svorio boksininkas/imtynininkas 2 *šnek.* svarbus/įtakingas asmuo, šulas
a 1 sunkus 2 svarus

hebdomad [ˈhebdəmæd] *n* 1 *ret.* savaitė 2 *psn.* tai, kas susideda iš septynių daiktų

hebdomadal [hebˈdɒmədl] *a knyg.* savaitinis

Hebe [ˈhiːbɪ] *n* 1 *mit.* Hebė 2 *(h.) bot.* veronika

hebetate [ˈhebɪteɪt] *v knyg.* bukinti; bukti

hebetude [ˈhebɪtjuːd] *n knyg.* bukaprotystė, atbukimas

Hebraic [hɪˈbreɪk] *a* hebrajų, (senovės) žydų

Hebrew [ˈhiːbruː] *n* 1 žydas 2 hebrajų kalba, ivritas
a (senovės) žydų; hebrajų

Hebrides [ˈhebrɪdiːz] *n pl* Hebridų salos; *New ~* Naujieji Hebridai

Hecate [ˈhekətɪ] *n mit.* Hekatė

hecatomb [ˈhekətuːm] *n* 1 *rel.* hekatomba 2 *knyg.* masinis žmonių žuvimas; masinės žudynės

heck [hek] *int šnek.* po galais!, po šimts pypkių! *(t. p. oh ~!, what the ~!)* ◊ *a ~ of a lot (of) (ko)* gausybės, velniškai daug; *what the ~! ≡* velniai nematė!

heckle [ˈhekl] *n =* **hackle**[1]
v 1 pertraukinėti *(kalbėtoją)* klausimais/šūksmais *ir pan.* 2 = **hackle**[1]

heckler [ˈheklə] *n* triukšmadarys *(pertraukinėjantis kalbėtoją)*

heckuva [ˈhekəvə] *a sl.* didžiulis, velniškas

hectare [ˈhektɑː, ˈhektɛə] *n* hektaras

hectic [ˈhektɪk] *a* 1 *šnek.* karštligiškas; beprotiškas, neramus; *~ activity* karštligiška veikla 2 *med. ist.* džiovos, tuberkuliozinis; *~ patient* džiovininkas
n med. ist. 1 džiovininko veido raudonumas 2 džiovininkas

hecto- [ˈhektəu-] *(sudurt. žodžiuose)* hekto-; **hectometre** hektometras

hectogram(me) [ˈhektəᵘgræm] *n* hektogramas

hectograph [ˈhektəᵘgrɑːf] *n* hektografas

hector [ˈhektə] *n* pėštukas, triukšmadarys; stačiokas
v gąsdinti; užgaulioti; kalbėti valdingu tonu/balsu

hectoring [ˈhektərɪŋ] *a* stačiokiškas, valdingas *(apie toną, balsą)*

he'd [hɪd; *kirčiuota forma* hiːd] *sutr. šnek.* 1 = **he would** 2 = **he had**

heddle [ˈhedl] *n tekst.* nytelė

hedge [hedʒ] *n* 1 gyvatvorė; tvora; *dead ~* pinučiai, žiogris 2 užtvara; kliūtis 3 *fin.* apsauga *(against – nuo)* ◊ *to look as if one has been dragged through a ~ backwards* atrodyti nusikamavusiam/susivėlusiam
v 1 (ati)tverti/aptverti tvora/gyvatvore *(džn. ~ off/in)* 2 (ap)riboti, (su)varžyti, trukdyti *(t. p. ~ in)* 3 drausti, ap(si)drausti, ap(si)saugoti *(nuo galimų nuostolių; against)* 4 vengti tiesiai atsakyti, išsisukinėti

hedge-bindweed [ˈhedʒˌbaɪndwiːd] *n bot.* patvorinis vijoklis

hedgehog [ˈhedʒhɒg] *n* 1 *zool.* ežys; *(amer. t. p.)* dygliakiaulė 2 *šnek.* nesugyvenamas žmogus 3 *bot.* dygliuota dėžutė *(vaisiaus tipas)* 4 *tech.* žemsemė 5 *kar.* kilnojama vielų užtvara

hedge-hop [ˈhedʒhɒp] *v av. šnek.* skristi skutamuoju skridimu

hedgerow [ˈhedʒrəu] *n* gyvatvorė

hedge-sparrow [ˈhedʒˌspærəu] *n zool.* erškėtžvirblis

hedge-trimmer [ˈhedʒˌtrɪmə] *n* elektrinis gyvatvorės genėtuvas

hedge-writer [ˈhedʒˌraɪtə] *n* rašeiva

hedging-bill [ˈhedʒɪŋbɪl] *n* sodo peilis

hedonism [ˈhiːdənɪzm] *n* hedonizmas

hedonistic [ˌhiːdəˈnɪstɪk] *a* hedonistinis, hedonizmo

heebie-jeebies [ˌhiːbɪˈdʒiːbɪz] *n šnek.* 1 nervingumas, susierzinimas; *to give smb the ~ ≡* išmušti ką iš vėžių; sunervinti ką 2 didelė/stipri depresija

heed [hiːd] *n* dėmesys, atidumas; *to give/pay ~ (to)* kreipti dėmesį *(į)*; *to take no ~ of what is said* nekreipti dėmesio į tai, kas sakoma; *take ~!* būkite atidūs!
v paisyti, kreipti dėmesį; rūpintis

heedful [ˈhiːdfəl] *a* dėmesingas, rūpestingas

heedless [ˈhiːdləs] *a* neatidus, nerūpestingas; *~ of expense* nesiskaitydamas su išlaidomis; *~ of danger* nepaisydamas pavojaus

heehaw [ˈhiːˌhɔː] *n* 1 *(asilo)* bliovimas 2 kvatojimas
v 1 bliauti *(apie asilą)* 2 kvatoti, žvengti

heel[1] [hiːl] *n* 1 *(kojos, kojinės, bato)* kulnas 2 užpakalinis pasagos kapliukas 3 *(gaidžio)* pentinas 4 *pl* aukštakulniai bateliai 5 *sl.* šunsnukis, niekšas, bjaurybė 6 *amer. šnek.* likutis, kampelis *(duonos žiauberė ir pan.)* 7 *stat.* apatinė statramsčio dalis 8 *tech.* pėda, kulnas ◊ *the iron ~* priespauda, jungas; *at/on/upon smb's ~s* ko įkandin; *down at (the) ~(s)* a) išklypęs *(apie batą)*; b) vargingai/netvarkingai apsirengęs; c) apsileidęs, netvarkingas; *~s over head* kūliavirsčia; *to be hot on smb's ~s ≡* lipti ant kulnų; sekti įkandin; *to clap/lay by the ~s šnek.* a) suimti, pasodinti į kalėjimą; b) parblokšti, padaryti bejėgį; *to bring to ~* pajungti; priversti paklusti; *to come to ~* klausyti, paklusti; *to dig in one's ~s, to dig one's ~ in* užsispirti, kategoriškai atsisakyti/nesutikti; *to show a clean pair of ~s, to take to one's ~s* pasprukti; *≡* kulnis išnešti; *to cool/kick one's ~s šnek. (priverstinai)* lūkuriuoti; *to kick up one's ~s šnek.* a) mirti, *≡* užversti kojas/kanopas; b) siausti, linksmintis; *to turn on/upon one's ~s* staigiai nusisukti nuo ko *(supykus)*; *under smb's ~ ≡* po padu
v 1 prikalti antkulnius 2 sekti įkandin; lipti ant kulnų; *~!* eik greta manęs! *(komanda šuniui)* 3 kaukšėti kulniukais *(šokant)*

heel² jūr. n pasvirimas į šoną, krenas
 v pasvirti/pakrypti į šoną *(apie laivą ir pan.; ppr. ~ over)*; svirinti, pakreipti *(laivą)*; kiliuoti
heel-and-toe ['hi:lən'təu] a: ~ **walk** sportinis ėjimas
heeler ['hi:lə] n 1 antkulnių kalėjas 2 amer. niek. politinio veikėjo parankinis/padėjėjas *(t. p.* **ward ~***)*
heelpiece ['hi:lpi:s] n 1 užkulnis; antkulnis 2 *(knygos, pjesės)* galas
heel-plate ['hi:lpleɪt] n *(batų pakulnių)* pasagėlė
heeltap ['hi:ltæp] n 1 antkulnis 2 ligi dugno neišgerta stiklinė; vyno likutis *(butelyje ir pan.)*; **no ~s!** ligi dugno!
heft [heft] amer. n 1 svoris 2 psn. didžioji dalis
 v 1 pakelti, užkelti 2 nustatyti svorį *(pakeliant daiktą)*
hefty ['heftɪ] a 1 stambus; ~ **fellow** tvirtas vyras/vaikinas, žaliūkas 2 didelis *(apie kiekį)*; **she earns a ~ salary** ji daug uždirba 3 stiprus *(apie smūgį ir pan.)* 4 amer. sunkus
hegemonic [ˌhedʒɪ'mɔnɪk] a vadovaujantis, pirmaujantis
hegemony [hɪ'dʒemənɪ, -'ge-] n hegemonija, viešpatavimas
Hegira ['hedʒɪrə] arab. n hidžra *(Mahometo pabėgimas iš Mekos į Mediną 622 m.)*; ~ **calendar** musulmonų kalendorius
heifer ['hefə] n telyčia, karvytė
heigh [heɪ] int 1 ei! *(norint atkreipti dėmesį)* 2 na ir, žiūrėk tik! *(reiškiant paskatinimą/džiaugsmą/nustebimą)*
heigh-ho [ˌheɪ'həu] int ak!, oi! *(reiškiant apmaudą/nuobodulį ir pan.)*
height [haɪt] n 1 aukštumas, aukštis; aukštybė; **to gain ~** av. kilti aukštyn 2 ūgis, augumas; **what is his ~?** koks jo ūgis? 3 pl aukštuma *(t. p. prk.)*; **to reach/attain new ~s** pasiekti naujas aukštumas 4 viršūnė; *(prk. t. p.)* įkarštis *(of – ko)*; aukščiausias taškas/laipsnis; **at/in the ~ of smth** ko įkarštyje; **the Beatles were at the ~ of their fame** bitlai buvo šlovės viršūnėje 5 tech. aukščio pažyma; **free ~** laisvasis aukštis
heighten ['haɪtn] v 1 (pa)aukštinti, (pa)kelti, (pa)didinti, (su)stiprinti; (su)stiprėti; **to ~ tension** padidinti įtampą 2 (iš)ryškinti; išpūsti
height-indicator [ˌhaɪt'ɪndɪkeɪtə] n aukštimatis
heinous ['heɪnəs] a knyg. bjaurus, šlykštus; baisus
heir [ɛə] n įpėdinis, paveldėtojas *(to – ko)*; ~ **apparent** tiesioginis įpėdinis; **the ~ to the throne** sosto įpėdinis; ~ **presumptive** numatomas įpėdinis
heirdom ['ɛədəm] n teis. paveldėjimas, įpėdinystė
heiress ['ɛərɪs] n įpėdinė, paveldėtoja; turtinga paveldėtoja/nuotaka
heirless ['ɛələs] a neturintis įpėdinių
heirloom ['ɛəlu:m] n paveldimas daiktas, palikimas; **family ~** šeimos relikvija
heist [haɪst] amer. šnek. n *(vertybių)* vagystė, apiplėšimas
 v apiplėšti, apvogti
Hejira ['hedʒɪrə, 'hɪdʒrə] n = **Hegira**
held [held] past ir pII žr. **hold¹** v
Helen ['helɪn] n Elena, Helena *(vardas)*
helenium [hə'li:nɪəm] n bot. saulainė
helical ['helɪkl] a 1 spiralinis, įvijas 2 tech. sraigtinis; ~ **motion** sraigtinis judėjimas
helices ['hi:lɪsi:z, 'helɪsi:z] pl žr. **helix**
helichrysum [ˌhelɪ'kraɪsəm] n bot. šlamutis
helicopter ['helɪkɔptə] n av. helikopteris, sraigtasparnis, malūnsparnis
 v gabenti/skristi helikopteriu/sraigtasparniu
helideck ['helɪdek] n jūr. sraigtasparnių platforma
helilift ['helɪlɪft] v permesti *(kariuomenę)* sraigtasparniais
helio- ['hi:lɪəu-] *(sudurt. žodžiuose)* helio-; šviesa-; **heliotrope** bot., min. heliotropas; **heliophilous** bot. šviesamėgis
heliograph ['hi:lɪəgrɑ:f] n heliografas
heliogravure [ˌhi:lɪəgrə'vjuə] n heliograviūra
heliophobic [ˌhi:lɪə'fɔbɪk] a bot. šviesos bijantis, ūksminis
heliostat ['hi:lɪəstæt] n heliostatas
heliotherapy [ˌhi:lɪəu'θerəpɪ] n helioterapija, gydymas saulės spinduliais
helipad ['helɪpæd] n sraigtasparnių kilimo ir leidimosi aikštelė
heliport ['helɪpɔ:t] n sraigtasparnių oro uostas ar aikštelė
helispot ['helɪspɔt] n laikina sraigtasparnių leidimosi aikštelė
helium ['hi:lɪəm] n chem. helis
helix ['hi:lɪks] n (pl **helices**) 1 tech. spiralė; sraigtinė/spiralinė linija; sraigtas 2 anat. ausies vijoklis 3 archit. voliuta, užraitas, spiralė
hell [hel] n 1 pragaras *(t. p. prk.)*; **sheer ~!** tikras pragaras! 2 lošimo namai *(t. p.* **gambling ~***)* ◊ **a ~ of a way** a) velniškai toli; b) velniškai sunku *(ką daryti)*; **a ~ of a noise** pragariškas triukšmas; **to ~** *(with)* šnek. velniop *(ką)*; **go to ~!** šnek. eik po velnių!; **like ~** šnek. a) labai smarkiai, velniškai; **to feel [to look] like ~** jaustis [atrodyti] velniškai; b) sl. nė nemanyk!; **come ~ or high water** šnek. kas bebūtų, kas beatsitiktų; **just for the ~ of it** šnek. šiaip sau; dėl juoko/malonumo; **to get/catch ~** šnek. ≡ gauti pipirų; **to give smb ~** šnek. ≡ duoti kam velnių; **to go/ride ~ for leather** šnek. joti/lėkti šuoliais; **to play ~** *(with)* šnek. (su)griauti; (su)gadinti; **when ~ freezes over** ≡ kai lazda sužaliuos; **what the ~ do you want?** ko, po šimts pypkių, jums reikia?
 int: **oh ~!** po velnių!
he'll [hɪl; kirčiuota forma hi:l] sutr. šnek. = **he will,** = **he shall**
hellacious [hə'leɪʃəs] a amer. šnek. velniškas, baisus
Hellas ['heləs] n ist. Elada *(Graikija)*
hellbender ['helbendə] n 1 amer. šnek. padauža 2 zool. didžioji salamandra
hell-bent [ˌhel'bent] a šnek. 1 apsėstas, žūtbūt siekiantis *(on, for – ko)*; beatodairiškas 2 *(galvotrūkčiais)* lekiantis
hellcat ['helkæt] n ragana *(moteris)*
hellebore ['helɪbɔ:] n bot. čėras; **false ~** čemerys
helleborine ['helɪbərɪn] n bot. 1 skiautalūpis 2 garbenis
Hellene ['heli:n] n helenas, graikas
Hellenic [he'lenɪk, he'li:nɪk] a heleninis, (senovės) graikų
 n 1 graikų kalba 2 pl graikų filologijos darbai
Hellenistic [ˌhelɪ'nɪstɪk] a helenistinis
heller ['helə] n = **hellion**
hellfire ['helfaɪə] n pragaro ugnis
hell-for-leather [ˌhelfə'leðə] adv šnek. galvotrūkčiais, strimgalviais
hellhole ['helhəul] n lindynė, landynė, kiaulininkas
hell-hound ['helhaund] n 1 cerberis 2 velnias, šėtonas, nevidonas
hellion ['helɪən] n amer. šnek. nenuorama, išdykėlis, padauža
hellish ['helɪʃ] a 1 pragaro; pragariškas 2 šnek. velniškas, baisus; bjaurus
hello [hə'ləu] <int, n, v> int 1 sveikas! 2 alio! *(kalbant telefonu, atkreipiant dėmesį)* 3 vaje!, oi! *(reiškiant nustebimą)*
 n (pl ~s [-z]) sveikinimas; sveikinimo/nustebimo šūksmas
 v 1 sveikintis 2 šūktelėti „alio!"
helluva ['helʌvə] (hell of a sutr.) sl. a velniškai sunkus, baisus
 adv velniškai, baisiai

helm¹ [helm] *n* **1** *jūr.* šturvalas, vairaratis, vairalazdė; ~ *action* vairo įtaka **2** *prk. (valdžios)* vairas; ~ *of state* valstybės/valdžios vairas; *at the* ~ vairuojamas
v vairuoti *(džn. prk.)*
helm² *n psn.* = **helmet**
helmet ['helmɪt] *n* **1** šalmas; *bine ~s* žydrieji šalmai *(JT kariai)* **2** *tech.* gaubtuvas; retortos viršus **3** *bot.* šalmas
helmeted ['helmɪtɪd] *a* **1** šalmuotas, su šalmu **2** šalmo pavidalo
helminth ['helmɪnθ] *n spec.* helmintas, kirmėlė *(gyvūno viduriuose)*
helminthiasis [ˌhelmɪn'θaɪəsɪs] *n (pl* -ses [-si:z]) *med.* helmintozė
helmsman ['helmzmən] *n (pl* -men [-mən]) *jūr.* vairininkas
helot ['helət] *n* helotas, vergas *(senovės Spartoje; t. p. prk.)*
help [help] <*n, v, int*> *n* **1** pagalba; *with the ~ of smb* su kieno pagalba; *to open with the ~ of a knife* atpjauti, atidaryti peiliu; *to come to smb's ~* ateiti kam į pagalbą; *can I be of any ~?* ar galiu kuo nors padėti? **2** pagalbininkas; *you were a great ~ to me* jūs man daug padėjote **3** priemonė *(padėti)*; *there's no ~ for it* čia nieko negalima padėti **4** tarnas; tarnaitė, namų darbininkė *(t. p. daily/home ~)*; *mother's ~* auklė **5** *kuop.* darbininkai; namų darbininkės; ~ *wanted* reikia darbininkų *(skelbimas)* **6** *komp.* žinynas, konsultacija *(vartotojui)*
v **1** padėti; pagelbėti; *to ~ smb (to) do smth* padėti kam ką daryti; *to ~ smb down [in, out, up]* padėti kam nusileisti/nulipti [įeiti, išeiti, pakilti/užnešti]; *so ~ me (God)* tepadeda man Dievas *(ypač prisiekiant)*; *would it ~ if I turn the light off* ar bus geriau, jei išjungsiu šviesą **2** *(džn. refl)* vaišinti *(to – kuo)*; ~ *yourself (to)* prašom imti/vaišintis/valgyti; *may I ~ you to some wine?* ar galiu jums pasiūlyti vyno? **3** *(t. p. refl)* susilaikyti; *can't ~ (but)* negalėti ne-; negalėti susilaikyti/sutrukdyti; *I can't ~ thinking of it* negaliu negalvoti apie tai; *you know his temper's like, he just can't ~ himself* tu žinai jo būdą, jis tiesiog negali susilaikyti; *don't be longer than you can ~* nepasilik ilgiau, negu reikia ▫ ~ *off* padėti nusivilkti/nusiauti *(with)*; ~ *on* padėti apsivilkti/apsiauti *(with)*; ~ *out* padėti *(bėdoje, susidoroti su kuo)* ◊ *it can't be ~ed šnek.* ≡ nieko nepadarysi; *not if I can ~ it! šnek.* manau, kad ne!
int gelbėkit!
helper ['helpə] *n* **1** pagalbininkas; padėjėjas; pagalbinis darbininkas **2** *glžk.* pagalbinis garvežys
helpful ['helpfəl] *a* **1** naudingas; *your map was very ~ to me* jūsų žemėlapis man labai padėjo **2** paslaugus, norintis padėti
helping ['helpɪŋ] *n* **1** pagalba **2** *(valgio)* porcija
helpless ['helpləs] *a* **1** bejėgis **2** be pagalbos; neapsaugotas **3** nesuvaldomas *(apie juoką ir pan.)*
helplessly ['helpləslɪ] *adv* bejėgiškai
helpline ['helplaɪn] *n* paguodos telefonas
helpmate, helpmeet ['helpmeɪt, 'helpmi:t] *n* pagalbininkas, draugas, draugė *(ppr. apie vyrą, žmoną)*
Helsinki [hel'sɪŋkɪ, 'helsɪŋkɪ] *n* Helsinkis *(Suomijos sostinė)*
helter-skelter [ˌheltə'skeltə] <*n, a, adv*> *n* **1** maišatis, makalynė **2** spirališkos rogutės *(atrakcionas)*
a skubotas; pakrikas
adv paskubomis; pakrikai, bet kaip
helve [helv] *n* kotas, rankena
helve-hammer ['helvˌhæmə] *n tech.* svirtinis kūjis
Helvetia [ˌhel'vi:ʃə] *n* **1** *ist.* Helvecija **2** Šveicarija
hem¹ [hem] *n* **1** siūlė; palanka, apsiuvas **2** kraštas, pakraštys

v **1** (at)siūlėti, apsiūti; apkraštuoti **2** apsupti, apsiausti *(ppr.* ~ *in/around)*
hem² *int* hm!
v tarti „hm"; mykti, mikčioti, dvejoti *(t. p. ~ and haw)*
hem-, hema- [hem-, 'hemə-] = **haem-, haema-**
he-man ['hi:mæn] *n (pl* -men [-men]) *(tik v.) šnek.* tikras vyras
hemat- ['hemæt-] = **haemat-**
hematic [hɪ'mætɪk], **hematite** ['hemətaɪt] = **haematic, haemitite**
hemi- ['hemɪ-] *pref* pus-, hemi-; *hemicycle* pusratis; *hemiplegia* hemiplegija, vienpusis paralyžius
Hemingway ['hemɪŋweɪ] *n: Ernest ~* Ernestas Hemingvėjus *(amerikiečių rašytojas)*
hemiplegic [ˌhemɪ'pli:dʒɪk] *a* hemiplegijos
hemisphere ['hemɪsfɪə] *n* **1** *geogr., anat.* pusrutulis, hemisfera **2** *(žinių ir pan.)* sritis
hemispheric(al) [ˌhemɪ'sferɪk(l)] *a* pusrutulio
hemistich ['hemɪstɪk] *n lit.* puseilis
hemline ['hemlaɪn] *n* apatinis drabužio kraštas; *~s are coming down* drabužiai ilgėja
hemlock ['hemlɔk] *n* **1** *bot. (dėmėtoji)* mauda **2** nuodai iš maudos **3** *bot.* garlė, nuokana *(t. p. water ~)* **4** *bot.* cūga *(t. p. ~ fir/spruce)*
hemo- ['hi:məu-] *amer.* = **haemo-**
hemoglobin [ˌhi:mə'gləubɪn] *n amer.* = **haemoglobin** *ir kt.*
hemp [hemp] *n* **1** kanapė(s); ~ *oil* kanapių aliejus **2** kanapių pluoštas **3** hašišas, marihuana **4** sėjamoji kanapė *(t. p. Indian ~); Indian ~ bot.* stepukas
hempen ['hempən] *a* kanapinis
hemstitch ['hemstɪtʃ] *n* peltakys, kiauručiai
v peltakiuoti
hen [hen] *n* **1** višta **2** *(paukščio)* patelė *(t. p. sudurt. žodžiuose); peahen* povė **3** *juok.* moteris; *~ with one chicken* triūslė *(moteris, kuri daug triūsia)*
henbane ['henbeɪn] *n bot.* drignė
henbit ['henbɪt] *n bot.* apskritalapė notrelė
hence [hens] *adv* **1** vadinas, taigi; ~ *we may conclude...* iš to galima daryti išvadą... **2** *knyg.* nuo to laiko; nuo čia; *three years ~* po trejų metų ◊ *to go ~* numirti
int psn. lauk!, nešdinkis!
henceforth [ˌhens'fɔ:θ] *adv knyg.* nuo šiol
henceforward [ˌhens'fɔ:wəd] *adv* = **henceforth**
henchman ['hentʃmən] *n (pl* -men [-mən]) **1** pakalikas, statytinis; šalininkas **2** *ist.* ginklanešys; pažas
hen-coop ['henku:p] *n* vištų narvelis, vištidė
hen-harrier ['henˌhærɪə] *n zool.* javinė lingė
hen-hearted ['henˌhɑ:tɪd] *a* bailus, silpnadvasis
henhouse ['henhaus] *n* vištidė
henna ['henə] *n* **1** *bot.* chna **2** chna *(geltonai raudoni dažai)*
v dažyti chna
hen-party ['henˌpɑ:tɪ] *n šnek.* **1** moterų kompanija/draugė **2** mergvakaris
henpecked ['henpekt] *a* žmonos valdomas *(apie vyrą)*
Henrietta [ˌhenrɪ'etə] *n* Henrietė, Henrieta *(vardas)*
hen-roost ['henru:st] *n* lakta *(vištoms tupėti)*
hen-run ['henrʌn] *n* aptvaras vištoms
henry ['henrɪ] *n el.* henris
Henry ['henrɪ] *n* Henrikas, Henris *(vardas)* ◊ *Hooray ~ menk.* lepūnėlis
hep¹ [hep] *int* vienas *(skaičiavimas žygiuojant)*; ~ *two* viens du
hep² *a amer.* = **hip⁴**
heparin ['hepərɪn] *n farm.* heparinas

hepatic [hɪ'pætɪk] *a* **1** *anat., med.* kepenų **2** kepenų veikiamasis, veikiantis kepenis **3** rausvas, rudas
hepatitis [ˌhepə'taɪtɪs] *n med.* kepenų uždegimas, hepatitas
hepcat ['hepkæt] *n sl.* **1** džiazo mėgėjas/aistruolis **2** žmogus, kuris viską žino
hepta- ['heptə-] *(sudurt. žodžiuose)* hepta-, septyn(ia)-; **heptahedron** heptaedras, septynsienis
heptagon ['heptəgən] *n geom.* septyn(ia)kampis, heptagonas
heptagonal [hep'tægənl] *a* septyn(ia)kampis
heptathlon [hep'tæθlən] *n sport.* septynkovė
her[1] [hə; *kirčiuota forma* hə:] *pron pers (objektinis linksnis, žr.* **she**) **1** jai, ją; *can you see* ~? ar matai ją; *give ~ the book* duok jai knygą; *let ~ try* tegu ji pabando **2** sau, save, savimi; *she took the parcel away with* ~ ji pasiėmė paketą su savimi
her[2] *pron poss (vart. pažyminiu prieš daiktavardį; plg.* **hers**) **1** jos; ~ *book* jos knyga **2** savo; -si- *(ypač kalbant apie kūno dalis); she gave me ~ address* ji davė man savo adresą; *she broke ~ arm* ji susilaužė ranką
Heracles ['herəkli:z] *n mit.* Heraklis
Heraclitus [ˌherə'klaɪtəs] *n* Heraklitas *(graikų filosofas)*
herald ['herəld] *n* **1** *ist.* heroldas, šauklys **2** *prk.* šauklys; pranašas, pranašautojas *(of – ko)*
v **1** paskelbti, pranešti **2** pranašauti
heraldic [he'rældɪk] *a* heraldiškas; heraldikos
heraldry ['herəldrɪ] *n* heraldika, herbatyra
herb [hə:b] *n (vaistinis, prieskoninis)* augalas, žolė; žolelė; vaistažolė; ~ *Paris bot.* vilkauogė
herbaceous [hə:'beɪʃəs] *a* žolių, žolinis; žolėmis apaugęs; ~ *border* daugiamečių gėlių bordiūras
herbage ['hə:bɪdʒ] *n* žolės; žolynai; ~ *food* pašaras
herbal ['hə:bl] *n psn.* herbaras *(knyga)*
a žolių, žolelių; ~ *tea* vaistinių žolių nuoviras
herbalist ['hə:bəlɪst] *n* žolininkas; prekiautojas vaistiniais augalais
herbarium [hə:'bɛərɪəm] *n (pl* ~s, -ria [-rɪə]) herbariumas
Herbert ['hə:bət] *n* Herbertas *(vardas)*
herbicide ['hə:bɪsaɪd] *n ž. ū.* herbicidas
herbivore ['hə:bɪvɔ:] *n* žolėdis
herbivorous [hə:'bɪvərəs] *a zool.* žolėdis
herby ['hə:bɪ] *a* **1** vaistinių/prieskoninių augalų/žolių; žolinis **2** žolingas
Herculean [ˌhə:kju'li:ən] *a* **1** Herkulio, herkuliškas; milžiniškas; ~ *labours* Heraklio žygiai **2** labai sunkus
Hercules ['hə:kjuli:z] *n mit.* Herkulis
herd [hə:d] *n* **1** banda, kaimenė **2** *menk.* minia; *the ~ instinct* minios instinktas, bandos jausmas **3** *dial.* kerdžius, piemuo
v **1** bandomis vaikščioti/gyventi; pulkuoti(s) **2** varyti, ginti *(bandą, pulką)* **3** ganyti □ ~ *together* susirinkti, susispiesti
herd-book ['hə:dbuk] *n (gyvulių)* kilmės knyga
herder ['hə:də] *n (ypač amer.)* = **herdsman**
herdsman ['hə:dzmən] *n (pl* -men [-mən]) **1** *(tik v.)* kerdžius **2** *astr.* Jaučiaganis *(žvaigždynas)*
here [hɪə] *adv* **1** čia; čia esantis; *from ~* nuo/iš čia; *bring it ~* atnešk čia **2** štai; ~ *is your book* štai jūsų knyga; ~ *you are! šnek.* štai, prašau! *(paduodant);* ~ *we are (again)!* štai ir mes! **3** šiuo momentu; ~ *the speaker paused* čia kalbėtojas stabtelėjo ◊ ~ *and now* a) tučtuojau; b): *the ~ and now* dabartis; ~ *and there* šen ir ten, vienur kitur; ~ *there and everywhere* visur; *neither ~ nor there* a) ≡ nei į tvorą, nei į mietą; ne vietoje; b) nesvarbu; ~*'s to you* už jus, į jūsų sveikatą;

look/see ~ šnek. klausykite; *to be up to ~ (with)* ≡ įgristi iki gyvo kaulo
int šnek. ei (tu)!; ~ *hang on a minute!* ei!, palauk valandėlę!
hereabout(s) [ˌhɪərə'baut(s)] *adv* netoli(ese), arti
hereafter [ˌhɪər'ɑ:ftə] *adv* **1** ateityje **2** po mirties **3** *knyg., teis.* po to; toliau *(knygoje ir pan.)*
n **1** ateitis **2** pomirtinis gyvenimas
hereby [ˌhɪə'baɪ] *adv* **1** *teis.* šiuo; ~ *I promise* šiuo įsipareigoju **2** *knyg.* tokiu būdu
hereditament [ˌherɪ'dɪtəmənt] *n teis.* turtas, galintis būti paveldėtas
hereditary [hɪ'redɪtərɪ] *a* **1** paveldimas; paveldėtas; ~ *disease* paveldima liga **2** tradicinis *(šeimoje, giminėje)*
heredity [hɪ'redɪtɪ] *n* paveldėjimas; paveldimumas
Hereford ['herɪfəd] *n* **1**: ~ *and Worcester* Herefordas ir Vusteris *(Anglijos grafystė)* **2** herefordas *(mėsinių galvijų veislė)*
herein [ˌhɪər'ɪn] *adv knyg.* čia, šiame *(dokumente ir pan.)*
hereinafter [ˌhɪərɪn'ɑ:ftə] *adv teis.* žemiau, toliau
hereof [ˌhɪər'ɔv] *adv knyg., teis.* **1** šio, to atžvilgiu **2** (apie) tai
heresy ['herəsɪ] *n* erezija *(t. p. prk.)*
heretic ['herətɪk] *n* eretikas
heretical [hɪ'retɪkl] *a* eretiškas; erezijos
hereto [ˌhɪə'tu:] *adv knyg.* šiuo, prie to *(dokumentuose);* **attached** ~ (čia) pridedama(s)
heretofore [ˌhɪətu'fɔ:] *adv knyg.* iki šio laiko, anksčiau
hereunder [ˌhɪər'ʌndə] *adv* **1** *knyg.* po šiuo, žemiau **2** *teis.* remiantis kuo, pagal ką
hereupon [ˌhɪərə'pɔn] *adv knyg.* **1** po to **2** *(kaip tik)* tuo metu
herewith [ˌhɪə'wɪð] *adv knyg.* kartu, tuo pačiu *(pridedama, pranešama ir pan.)*
heritable ['herɪtəbl] *a* **1** *teis., biol.* paveldimas **2** *teis.* galintis paveldėti
heritage ['herɪtɪdʒ] *n* pāveldas, palikimas
heritor ['herɪtə] *n psn.* įpėdinis, paveldėtojas
herky-jerky [ˌhə:kɪ'dʒə:kɪ] *a amer. šnek.* trūkčiojamas, nelygus
hermaphrodite [hə:'mæfrədaɪt] *biol. n* hermafroditas
a dvilytis
hermeneutics [ˌhə:mɪ'nju:tɪks] *n* hermeneutika
Hermes ['hə:mi:z] *n mit.* Hermis
hermetic [hə:'metɪk] *a* **1** hermetiškas; sandarus **2** *psn.* magiškas; ~ *art* alchemija
hermit ['hə:mɪt] *n* atsiskyrėlis
hermitage ['hə:mɪtɪdʒ] *n* **1** atsiskyrėlio buveinė; vienutė, celė; nuošali buveinė **2** **(H.)** Ermitažas *(Sankt Peterburge)*
hermit-crab ['hə:mɪtkræb] *v zool.* vėžys atsiskyrėlis
hernia ['hə:nɪə] *n (pl* ~s, -ae [-i:]) *med.* trūkis, išvarža
herniary [hə:nɪərɪ] *n bot.* skleistenis
hero ['hɪərəu] *n (pl* ~es [-z]) *(tik v.)* **1** didvyris; herojus *(t. p. prk.); war ~* karo didvyris; *the ~ of the hour* dienos didvyris; *he is no ~* jis ne didvyris, jis joks didvyris **2** *(romano, pjesės, filmo)* herojus, svarbiausias veikėjas
Herod ['herəd] *n ist.* Erodas, Herodas
Herodotus [hə'rɔdətəs] *n* Herodotas *(graikų istorikas)*
heroic [hɪ'rəuɪk] *a* **1** didvyriškas, herojiškas **2** pompastiškas, išpūstas *(apie kalbą)* **3** didesnis už žmogaus ūgį *(apie statulą ir pan.)* **4** *lit.* herojinis; ~ *verse* a) penkiapėdis jambas; b) hegzametras *(klasikinėje poezijoje)*
heroics [hɪ'rəuɪks] *n pl* pompastiška/išpūsta kalba; pompastiškumas; *no ~ please* nereikia vaizduoti didvyrio
heroin ['herəuɪn] *n* heroinas; *to be on ~* vartoti heroiną; *to come off ~* nustoti vartoti heroiną

heroine ['herəʊɪn] *n* **1** didvyrė **2** *(romano, pjesės, filmo)* herojė, svarbiausia veikėja
heroism ['herəʊɪzm] *n* heroizmas, didvyriškumas
heron ['herən] *n zool.* garnys; *great white* ~ didysis baltasis garnys; *night* ~ naktikovas
heronry ['herənrɪ] *n* garnių gužtynas
hero-worship ['hɪərəʊˌwəːʃɪp] *n* didvyrių/įžymybių kultas
v garbinti, dievinti
herpes ['həːpiːz] *n med.* herpesas, pūslelinė
herring ['herɪŋ] *n* silkė; *red/kippered* ~ rūkyta silkė ◊ *to draw a red* ~ *across the path* atitraukti dėmesį; ≡ išmušti iš vėžių; *packed as close as* ~*s* ≡ (prikimšta) kaip silkių statinėje
herringbone ['herɪŋbəʊn] *n* **1** eglutė *(siuvinėjimo/audimo ir pan. raštas);* ~ *stitch* dygsnys eglute **2** eglelė *(plytų dėjimo būdas)* **3** eglutė *(kopimo į kalną slidėmis būdas)*
herring-gull ['herɪŋɡʌl] *n zool.* sidabrinis kiras
hers [həːz] *pron poss (nevart. pažyminiu prieš daiktavardį)* jos; jai priklausantis; *this book is* ~ ši knyga jos; *he carried my case, but she carried* ~ jis nešė mano lagaminą, o ji – savo
herself [həˈself; *kirčiuota forma* həːˈself] *pron* **1** *refl* save, pati save; -si *(sangrąžos dalelytė);* **she asks** ~ ji pati save klausia; *she knew* ~ *well enough* ji save pažino gana gerai; *she hurt* ~ ji susižeidė; *(all) to* ~ pačiai sau **2** *emph* pati; *she did it* ~ ji tai padarė pati ◊ *(all) by* ~ (visai) viena; be kieno nors pagalbos; *she came to* ~ ji atsigavo; *she is not* ~ *today* šiandien ji kaip nesava, ne savo kailyje
Hertfordshire ['hɑːfədʃɪə] *n* Hartfordšyras *(Anglijos grafystė)*
hertz [həːts] *n (pl* ~*) el.* hercas *(dažnio vienetas)*
Hertzian ['həːtsɪən] *a:* ~ *wave fiz.* Herco banga
he's [hɪz; *kirčiuota forma* hiːz] *sutr. šnek.* **1** = **he is 2** = **he has**
Hesiod ['hiːsɪɔd] *n* Heziodas *(graikų poetas)*
hesitance ['hezɪtəns] *n* = **hesitancy**
hesitancy ['hezɪtənsɪ] *n* svyravimas; neryžtingumas
hesitant ['hezɪtənt] *a* svyruojantis, neryžtingas; *I am* ~ *about taking on such responsibilities* abejoju, ar verta prisiimti tokią atsakomybę
hesitate ['hezɪteɪt] *v* **1** svyruoti, dvejoti; nesiryžti; *I* ~ *to recommend this product* aš nesiryžtu rekomenduoti šio gaminio; *I* ~ *to affirm* bijau tvirtinti **2** varžytis; *to* ~ *at nothing* nieko nesivaržyti **3** užsikirsti *(kalbant)* ◊ *he who* ~*s is lost pat.* svyravimas – pražūtis
hesitatingly ['hezɪteɪtɪŋlɪ] *adv* **1** neryžtingai **2** užsikirsdamas, mikčiodamas
hesitation [ˌhezɪˈteɪʃn] *n* **1** svyravimas, dvejojimas; neryžtingumas; *without the slightest* ~ *ar a moment's* ~ nė kiek nesvyruojant **2** mikčiojimas
hesitative ['hezɪteɪtɪv] *a* svyruojantis, dvejojantis
Hesperian [heˈspɪərɪən] *a poet.* vakarų
Hesperides [heˈsperɪdiːz] *n pl mit.* hesperidės
Hesperus ['hespᵊrəs] *n poet.* vakarė žvaigždė, Vakarinė *(planeta)*
hessian ['hesɪən] *n* **1** storas audeklas *(iš kanapių ir džiuto)* **2** *(H.) pl ist.* botfortai *(t. p.* ~ *boots)*
hetaera [hɪˈtɪərə] *gr. n (pl* -rae [-riː]) hetera; meilužė; kurtizanė
hetero ['hetərəʊ] *a šnek.* heteroseksualinis
hetero- ['hetᵊrəᵘ-] *(sudurt. žodžiuose)* hetero-, įvairia-, skirta-; *heterodyne* heterodinas; *heterospory* heterosporija, įvairiasporiškumas; *heteronymous* heteroniminis, įvairiavardis, skirtavardis

heterodox ['hetᵊrədɔks] *a* neortodoksinis; eretiškas
heterodoxy ['hetᵊrədɔksɪ] *n* heterodoksija, klaidatikystė
heterogeneous [ˌhetᵊrəᵘˈdʒiːnɪəs] *a* heterogeninis; įvairiarūšis, nevienalytis
heterosexual [ˌhetᵊrəᵘˈsekʃʊəl] *a* heteroseksualinis
heterosexuality [ˌhetᵊrəʊˌsekʃuˈælətɪ] *n* heteroseksualizmas
Hetty ['hetɪ] *n* Hetė, Heti *(vardas)*
het-up [ˌhetˈʌp] *a predic šnek.* įsikarščiavęs, susinervinęs *(about)*
heuristic [hjʊəˈrɪstɪk] *a* euristinis
heuristics [hjʊəˈrɪstɪks] *n* euristika
hevea ['hiːvɪə] *n bot.* hevėja, kaučiukmedis
hew [hjuː] *v* (hewed; hewed, hewn) **1** kirsti; kapoti; tašyti; *to* ~ *a path* prakirsti/praskinti kelią **2** nukirsti *(džn.* ~ *down/off)* **3** iškirsti *(džn.* ~ *out); to* ~ *out a career for oneself* padaryti karjerą **4** *amer.* prisitaikyti *(to)* **5** *kas.* atkirsti *(džn.* ~ *off)*
hewer ['hjuːə] *n* **1** malkakirtys, medkirtys **2** akmentašys **3** *kas. (rūdos)* kirtėjas ◊ ~*s of wood and drawers of water* a) *bibl.* malkų kirtėjai ir vandens nešėjai; b) juodadarbiai
hewn [hjuːn] *pII žr.* **hew**
hex [heks] *(ypač amer.)* *n* **1** kerai, burtai **2** burtininkas, raganius, ragana
v (už)kerėti, apžavėti
hexa- ['heksə-] *(sudurt. žodžiuose)* heksa-, šešia-; *hexagram* heksagrama, šešiakampis
hexadecimal [ˌheksəˈdesɪml] *a spec.* šešioliktainis *(apie skaičius, skaičiavimo sistemą)*
hexagon ['heksəɡən] *n geom.* šešiakampis, heksagonas
hexagonal [hekˈsæɡənl] *a* šešiakampis
hexahedron [ˌheksəˈhedrən] *n geom.* šešiasienis, heksaedras
hexameter [hekˈsæmɪtə] *n lit.* hegzametras
hey [heɪ] *int* **1** ei! *(norint atkreipti dėmesį)* **2** valio!; oho!, o! *(reiškiant džiaugsmą/nuostabą)*
heyday ['heɪdeɪ] *n* (su)klestėjimas, žydėjimas; *in the* ~ *of youth* jaunystės žydėjime; *in the* ~ *of one's glory* šlovės viršūnėje
H-girder ['eɪtʃˌɡəːdə] *n* = **H-beam**
H-hour ['eɪtʃˌhaʊə] *n kar.* operacijos pradžios valanda/laikas
hi [haɪ] *int šnek.* sveikas!
hiatus [haɪˈeɪtəs] *n (pl* ~es [-ɪz], ~) *knyg.* **1** pertrauka, tarpas **2** praleidimas, protarpis *(tekste)* **3** *kalb.* hiatas, sambalsis
Hiawatha [ˌhaɪəˈwɔθə] *n* Hajavata *(H. V. Longfelo poemos herojus)*
hibernal [haɪˈbəːnl] *a knyg.* žiemos
hibernate ['haɪbəneɪt] *v* **1** žiemoti *(ypač apie žvėrių žiemos miegą)* **2** *juok.* lindėti *(per žiemą)*
hibernation [ˌhaɪbəˈneɪʃn] *n* **1** *(žvėrių)* žiemos miegas **2** žiemojimas
Hibernian [haɪˈbəːnɪən] *psn., poet. a* airių, airiškas; Airijos *n* airis
hiccough, hiccup ['hɪkʌp] *n* **1** žagsėjimas **2** menka kliūtis/problema
v žagsėti
hick [hɪk] *n amer. šnek.* prasčiokas, kaimo stuobrys, provincialas
hickey ['hɪkɪ] *n šnek.* **1** daiktas, daiktelis *(vart. vietoj pamiršto daikto/įtaiso pavadinimo)* **2** spuogas **3** bučinio žymė
hickory ['hɪkᵊrɪ] *n bot.* hikorija, karija *(Š. Amerikos medis)*
hid [hɪd] *past ir pII žr.* **hide**[2] *v*

hidalgo [hɪ'dælgəʊ] *n* (*pl* ~s [-z]) *isp.* (h)idalgas, bajoras

hidden ['hɪdn] *pII žr.* **hide²** *v*
a paslėptas, slaptas; vos matomas, nematomas; ~ **tax** paslėptas *(į kainą įeinantis)* mokestis; **what have you got ~ away in that drawer?** ką tu slepi tame stalčiuje?

hide¹ [haɪd] *n* kailis, oda ◊ **to save one's ~** ≅ sveiką kailį išnešti; **to tan smb's ~** ≅ kailį kam iškaršti/išdirbti; *(in)* **~ and hair** visai, be likučio; *(neither)* **~ nor hair** nė ženklo/žymės
v **1** dirti/lupti kailį **2** išlupti, ≅ duoti į kailį

hide² *v* (hid; hid, hidden) *(įv. reikšm.)* slėpti(s), pa(si)slėpti *(t. p.* **~ away)**; slapstyti(s); **to ~ (away) a treasure** slėpti lobį; **to ~ one's feelings [intentions]** slėpti savo jausmus [ketinimus]; **to ~ from smb the fact that...** nuslėpti nuo ko tai, kad...; **to ~ one's (diminished) head** slapstytis, tylėti *(ypač iš gėdos);* gėdytis; **you had better ~** jums geriau pasislėpti
n slaptavietė; pasala

hide³ *n ist.* haidas *(Anglijos žemės ploto vienetas, džn.* lygus 120 akrų)

hide-and-(go-)seek [ˌhaɪdənd(gəʊ)'siːk] *n* slėpynės, skiniukas *(žaidimas)*

hideaway ['haɪdəweɪ] *n* slaptynė, priebėga *(norint pabūti vienam)*

hidebound ['haɪdbaʊnd] *a* **1** siauraprotis; inertus, inertiškas **2** *(apie gyvulius)* sulysęs, perkaręs

hideous ['hɪdɪəs] *a* šlykštus, bjaurus, baisus

hideout ['haɪdaʊt] *n* slėptuvė, slėpykla

hiding¹ ['haɪdɪŋ] *n šnek.* lupimas, pėrimas; **to give smb a good ~** gerai ką išperti/išlupti

hiding² *n* **1** slėpimas(is), slapstymasis; **to go into ~** pasislėpti, slapstytis *(nuo persekiojimo)* **2** slėptuvė ◊ **to be on a ~ to nothing** neturėti jokių šansų *(laimėti ir pan.)*

hiding-place ['haɪdɪŋˌpleɪs] *n* slėptuvė; slaptavietė

hie [haɪ] *v psn., juok.* skubėti, skubinti; **~ thee hence!** lauk iš čia!

hierarch ['haɪrɑːk] *n bažn.* hierarchas

hierarchic(al) [ˌhaɪəˈrɑːkɪk(l)] *a* hierarchinis; **~ directory** *spec.* daugialaipsnis katalogas

hierarchy ['haɪəˌrɑːkɪ] *n* **1** hierarchija **2** bažnytinė valdžia, teokratija

hieroglyph ['haɪərəglɪf] *n* hieroglifas

hieroglyphic [ˌhaɪərəˈglɪfɪk] *a* hieroglifinis
n pl hieroglifai

Hieronymus [ˌhaɪəˈrɒnɪməs] *n* Jeronimas *(vardas)*

hierophant ['haɪrəfænt] *n* **1** hierofantas *(sen. Graikijoje)* **2** religinių paslapčių aiškintojas

hifalutin [ˌhaɪfəˈluːtɪn] = **highfalutin(g)** *a*

hi-fi [ˌhaɪˈfaɪ] *n šnek.* (high fidelity *sutr.*) *(garso)* atgaminimo (labai) gera kokybė; stereoaparatūra *(t. p.* **~ equipment)**

higgle ['hɪgl] *v* derėtis

higgledy-piggledy [ˌhɪgldɪˈpɪgldɪ] *a šnek.* netvarkingas, sujauktas
adv netvarkingai, bet kaip

higgler ['hɪglə] *n ret.* keliaujantis pardavėjas, prekininkas

high [haɪ] <*a, adv, n*> *a* **1** aukštas; **~ clouds** aukšti debesys; **a tree 20 meters ~** 20 metrų aukščio medis **2** aukštas, kilnus; **~ official** aukštas pareigūnas; **~ aims [ideals]** kilnūs tikslai [idealai] **3** aukštas, plonas, aštrus *(apie balsą);* **~ note** aukšta nata **4** aukštas, didelis, smarkus; **~ prices** aukštos/didelės kainos; **~ speed** didelis greitis; **~ wind** smarkus vėjas; **~ in fat** riebalingas **5** (labai) geras; aukščiausias; **~ opinion** (labai) gera nuomonė; **goods of the ~est quality** aukščiausios/geriausios kokybės prekės **6** vyriausias; **~ command** *kar.* vyriausioji vadovybė **7** linksmas, pakilus; **~ spirits** linksma/pakili nuotaika; **to have a ~ old time** smagiai pasilinksminti **8** brangus; **fruit stand ~ this year** vaisiai šiais metais brangūs **9** (esantis) pačiame įkarštyje; **~ noon** vidurdienis; **~ summer** vidurvasaris **10** padvisęs *(apie mėsą)* **11** džiūgaujantis *(on)* **12** *šnek.* apsvaigęs *(nuo narkotikų; on);* girtas **13** *fon.* aukštutinis, aukštutinio pakilimo *(apie balsį)* ◊ **~ and dry** a) ištrauktas į krantą, ne vandenyje *(apie laivą);* b) *šnek.* (paliktas) bėdoje; c) pasenęs, atsilikęs; **~ and mighty** *šnek.* išdidus, pasipūtęs; **to be ~ on the list/agenda** būti aktualiam
adv **1** *(įv. reikšm.)* aukštai; **~ in the sky** aukštai danguje; **write it ~er up** parašyk tai aukščiau **2** smarkiai, labai ◊ **~ and low** visur; **to run ~** a) (pa)kilti; b) įsiliepsnoti *(apie jausmus);* c) įsisiautėti, smarkiai banguoti *(apie jūrą);* **to stand ~** būti gerbiamam
n **1** aukščiausias taškas, viršūnė, maksimumas; aukštis; **to rise to** *ar* **reach a new ~** pasiekti aukščiausią lygį **2** *(ypač amer.)* vidurinė mokykla **3** *meteor.* aukšto slėgimo sritis, anticiklonas **4** *aut.* aukšta pavara *(t. p.* **~ gear)** **5** *šnek. (jausmų)* pakilimas; džiūgavimas, laimė **6** *šnek. (narkomanų)* apsvaigimas, euforija su haliucinacijomis; **to be on a ~** būti euforijos apimtam ◊ **on ~** aukštybėse, danguje; **from on ~** iš aukštai *(apie nurodymus ir pan.)*

high-angle ['haɪˌæŋgl] *a kar.* aukštos trajektorijos *(apie šaudymą)*

highball ['haɪbɔːl] *n* **1** *(ypač amer.)* aukšta taurė viskio su soda ir ledu **2** *glžk. (traukinio)* išleidimo signalas

highbinder ['haɪˌbaɪndə] *n amer. sl.* šantažistas; banditas, samdomas žudikas

high-blown ['haɪbləʊn] *a* **1** išpūstas **2** pasipūtęs

high-board ['haɪbɔːd] *n sport.* šuolių į vandenį bokštas; **~ diving** šuoliai

highborn ['haɪbɔːn] *a* kilmingas, aukštos kilmės

highboy ['haɪbɔɪ] *n amer.* aukšta komoda *(su kojomis)*

highbred ['haɪbred] *a* **1** geros veislės **2** gerai išauklėtas

highbrow ['haɪbraʊ] *šnek. (džn. menk.)* *n* **1** žmogus, kuris puikuojasi savo mokytumu; intelektualas **2** atitolęs nuo gyvenimo mokslininkas/inteligentas
a **1** mokytas; intelektualus, skirtas intelektualams **2** išdidus, išpuikęs

highchair ['haɪtʃɛə] *n* aukšta vaikiška kėdutė

high-class ['haɪˈklɑːs] *a* aukštos/pirmos klasės

high-coloured ['haɪˈkʌləd] *a* **1** rausvas; paraudęs **2** gyvas, spalvingas *(apie aprašymą)* **3** perdėtas

high-day ['haɪdeɪ] *n* **1** šventadienis **2** *šnek.* (su)klestėjimas

high-definition [ˌhaɪdefɪˈnɪʃn] *a attr* gero ryškumo *(apie kompiuterio/televizoriaus vaizdą)*

high-energy [ˌhaɪˈenədʒɪ] *a:* **~ physics** didelės energijos fizika

higher ['haɪə] *a* **1** *comp žr.* **high 2** aukštasis; **~ education** aukštasis mokslas; **~ mathematics** aukštoji matematika; **~ forms** vyresniosios klasės *(mokykloje)*
adv comp žr. **high**

higher-up [ˌhaɪərˈʌp] *n (ppr. pl) šnek.* viršininkas, šulas

highfalutin(g) [ˌhaɪfəˈluːtɪn(-ɪŋ)] *šnek. n* **1** *(kalbos)* išpūstumas **2** *menk.* pretenzingumas
a **1** išpūstas, pompastiškas *(apie kalbą)* **2** *menk.* pretenzingas

high-fidelity [ˌhaɪfɪˈdelətɪ] *a* tiksliausiai atgaminantis *(garsą);* aukštos kokybės *(apie magnetofoną ir pan.)*

high-flier [ˌhaɪˈflaɪə] *n* **1** didelių siekių, ambicingas žmogus **2** talentingas žmogus

highflown [ˌhaɪˈfləun] *a* išpūstas, pompastiškas *(apie kalbą)*
highflyer [ˌhaɪˈflaɪə] *n* = **high-flier**
high-flying [ˌhaɪˈflaɪŋ] *a* **1** aukštaskraidis **2** didelių siekių, ambicingas, trokštantis garbės
high-frequency [ˌhaɪˈfriːkwənsɪ] *a el.* aukštadažnis, aukštojo dažnio; trumpųjų bangų, trumpabangis; **~ welding** (su)virinimas aukštojo dažnio srove
high-grade [ˌhaɪˈgreɪd] *a* aukštos/geros rūšies/kokybės
high-handed [ˈhaɪˈhændɪd] *a* savavalis, savavališkas; valdingas, despotiškas
high-hat [ˌhaɪˈhæt] <*n, a, v*> *šnek. n* **1** svarbi persona **2** išdidėlis, didžiuoklis, išpuikėlis
 a pasipūtęs, išdidus
 v su panieka žiūrėti, niekinti
high-heeled [ˈhaɪˈhiːld] *a* aukštakulnis *(apie batus)*
high-jumper [ˈhaɪˌdʒʌmpə] *n sport.* šuolininkas į aukštį
high-keyed [ˈhaɪˈkiːd] *a* lengvai sujaudinamas; nervingas
highland [ˈhaɪlənd] *n* **1** plokčiakalnis **2** *pl* aukštumos, kalnuotas kraštas; **the Highlands** Škotijos šiaurės ir šiaurės vakarų aukštumos
 a attr **1** kalnėnų, kalniečių; kalnų **2** Škotijos kalnėnų; škotų, Škotijos
highlander [ˈhaɪləndə] *n* **1** kalnėnas, kalnietis **2** *(H.)* Škotijos kalnėnas
high-level [ˌhaɪˈlevl] *a attr* **1** aukšto lygio; atsakingas, vadovaujantis; **~ conference** aukšto lygio konferencija/pasitarimas **2** oficialus, specialus *(apie žodžius, kalbą)* **3** didžiulis *(apie susirūpinimą ir pan.)*
high-life [ˈhaɪlaɪf] *n (turtingųjų)* prabangus/linksmas gyvenimas
highlight [ˈhaɪlaɪt] *n* **1** *(programos, varžybų, kalbos ir pan.)* ryškiausias įvykis/momentas, svarbiausia vieta **2** *men., fot.* šviesos efektas **3** *pl* šviesiau nudažytos plaukų sruogos ◊ **to be in the ~, to hit the ~** būti dėmesio centre
 v **1** ryškiai apšviesti **2** pabrėžti, akcentuoti, išryškinti **3** pažymėti/pabrėžti markeriu *(svarbias teksto vietas)* **4** šviesiau nudažyti *(dalį plaukų)*
highlighter [ˈhaɪlaɪtə] *n* **1** markeris, žymeklis *(svarbioms teksto vietoms pažymėti)* **2** kosmetinis pieštukas
highly [ˈhaɪlɪ] *adv* **1** labai, didžiai, nepaprastai; **to be ~ critical** *(of)* labai/griežtai kritikuoti **2** palankiai; gerai; **~ paid official** gerai apmokamas valdininkas **3**: **~ descended** aristokratinės kilmės
highly-charged [ˌhaɪlɪˈtʃɑːdʒd] *a* labai įtemptas *(apie atmosferą ir pan.);* **~ meeting** audringas susirinkimas
highly-strung [ˌhaɪlɪˈstrʌŋ] *a* = **high-strung**
high-minded [ˈhaɪˈmaɪndɪd] *a* **1** principingas, tvirtos moralės, didžiadvasis; didžiadvasiškas **2** *psn.* išdidus
high-necked [ˌhaɪˈnekt] *a* uždaru kaklu *(apie suknelę ir pan.)*
highness [ˈhaɪnɪs] *n* **1** aukštumas; *(prk. t. p.)* didingumas **2** *(ko)* didumas, aukštas laipsnis **3**: **His [Her] ~** jo [jos] didenybė *(titulas)*
high-octane [ˌhaɪˈɔkteɪn] *a* didelio oktaninio skaičiaus *(apie benziną)*
high-pitched [ˈhaɪˈpɪtʃt] *a* **1** aukštas, rėžiantis *(apie garsą, balsą)* **2** aukštas ir status *(apie stogą)* **3** *prk.* kilnus *(apie mintis ir pan.);* emocingas
high-powered [ˈhaɪˈpauəd] *a* **1** *tech.* galingas, didelio galingumo **2** efektyvus; įtakingas
high-pressure [ˌhaɪˈpreʃə] <*a, n, v*> *a* **1** *tech., meteor.* didelio/aukšto slėgio **2** darantis spaudimą, verčiantis **3** įtemptas, reikalaujantis jėgų, labai sunkus
 n meteor. aukšto slėgio sritis
 v (ypač amer.) daryti spaudimą
high-priced [ˈhaɪˈpraɪst] *a* brangus, brangiai kainuojantis

high-principled [ˈhaɪˈprɪnsɪpld] *a* aukštos moralės, principingas
high-proof [ˈhaɪpruːf] *a* labai stiprus *(apie alkoholinį gėrimą)*
high-ranker [ˈhaɪˌræŋkə] *n* aukštas pareigūnas/valdininkas
high-ranking [ˈhaɪˌræŋkɪŋ] *a* aukšto rango
high-rise [ˈhaɪraɪz] *a* aukštuminis
 n aukštuminis namas
high-risk [ˈhaɪrɪsk] *a attr* labai rizikingas; pavojingas
highroad [ˈhaɪrəud] *n* **1** plentas, vieškelis; magistralė, prospektas **2** *prk.* tiesiausias/lengviausias kelias *(to – į)*
high-roller [ˈhaɪˌrəulə] *n amer. šnek. (pinigų)* švaistytojas, švaistūnas
high-scaler [ˈhaɪˌskeɪlə] *n* aukštalipys, darbininkas aukštybininkas
high-schooler [ˈhaɪskuːlə] *n* vidurinės mokyklos mokinys
high-scoring [ˈhaɪˌskɔːrɪŋ] *a* rezultatyvus *(apie žaidėją)*
high-seasoned [ˈhaɪˈsiːznd] *a kul.* aštrus, pikantiškas
high-sounding [ˈhaɪˌsaundɪŋ] *a attr* skambus *(apie idėjas, žodžius ir pan.);* įspūdingas
high-speed [ˈhaɪˈspiːd] *a attr* greitas(is); greiteigis; greitapjūvis; **~ engine** *tech.* greitasūkis variklis; **~ ship** greitlaivis
high-spirited [ˈhaɪˈspɪrɪtɪd] *a* **1** linksmos nuotaikos, gyvas **2** energingas, smarkus **3** nartus *(apie arklį)*
high-strung [ˌhaɪˈstrʌŋ] *a* jaudrus, jautrus, lengvai sujaudinamas; nervingas; **she is ~** jos nervai įtempti
hightail [ˈhaɪteɪl] *v šnek.* išsidanginti, pabėgti; **to ~ it** (nu)kurti, (nu)lėkti
high-tech [ˌhaɪˈtek] *a* **1** modernios technologijos *(apie pramonę ir pan.)* **2** labai moderniškas *(apie baldus ir pan.)*
high-tension [ˌhaɪˈtenʃn] *a el.* aukštos(ios) įtampos
high-toned [ˈhaɪˈtəund] *a* **1** aukšto tono, orus, kilnus *(džn. iron.)* **2** *amer.* manieringas, pretenzingas
high-up [ˈhaɪʌp] *šnek. a* **1** aukštas, aukštai esantis **2** *prk.* aukštas *(apie asmenį)*
 n šulas, didelis žmogus
high-velocity [ˌhaɪvɪˈlɔsətɪ] *a* didelio greičio
high-voltage [ˌhaɪˈvɔltɪdʒ] *a* = **high-tension**
high-water [ˌhaɪˈwɔːtə] *a*: **~ mark** a) aukščiausio vandens pakilimo žymė; b) *prk.* tobulybės/pasisekimo *ir pan.* viršūnė
highway [ˈhaɪweɪ] *n* **1** plentas; vieškelis; magistralė, autostrada; **H. Code** *(D. Britanijos)* Kelių kodeksas **2** *amer.* automobilių magistralė, automagistralė; greitkelis; **divided ~** dviejų dalių automobilių magistralė su skiriamąja juosta **3** *prk.* = **highroad** 2
highwayman [ˈhaɪweɪmən] *n (pl* -men [-mən]) *(tik v.) ist. (pakelės)* plėšikas
high-wire [ˈhaɪˈwaɪə] *n* įtemptas lynas *(po cirko kupolu)*
hijack [ˈhaɪdʒæk] *v* **1** užpulti apiplėšimo tikslais *(automobilį ir pan.);* agrobti **2** pagrobti *(lėktuvą)*
 n (lėktuvo ir pan.) pagrobimas, užgrobimas
hijacker [ˈhaɪdʒækə] *n* banditas, plėšikas *(užpuolantis automobilius, lėktuvus);* pagrobėjas, kelių/oro piratas
hijinks [ˈhaɪdʒɪŋks] *n pl amer. šnek.* triukšmingas linksminimasis
hike [haɪk] *n* **1** išvyka/kelionė pėsčiomis *(ypač per kaimus); (pėsčiųjų)* žygis **2** *(ypač amer.) šnek.* pakėlimas, padidinimas *(atlyginimo, mokesčių ir pan.)* ◊ **take a ~** *amer. šnek.* nešdinkis!
 v **1** keliauti pėsčiomis **2** *amer. šnek.* (nu)žygiuoti, apkeliauti **3** *(ypač amer.) šnek.* pakelti *(t. p.* **~ up**)
hiker [ˈhaɪkə] *n (pėsčias)* turistas, keleivis, keliautojas, keliauninkas

hilarious [hɪ'lɛərɪəs] *a* labai linksmas, triukšmingas
hilarity [hɪ'lærətɪ] *n* linksmumas; pakili nuotaika
Hilda ['hɪldə] *n* Hilda *(vardas)*
hill [hɪl] *n* **1** kalva, (neaukštas) kalnas, kalnelis, aukštuma; ***steep/sharp ~*** status kalnelis; stati įkalnė; ***a chain of ~s*** kalvagūbris **2** kaupas, kauburys; krūva **3**: ***on the H.*** *amer.* Kapitolijuje *(JAV kongrese)* ◊ ***as old as the ~s*** ≅ senas kaip pasaulis; ***over the ~*** a) įveikęs/praėjęs *(ligos)* krizę; b) *šnek.* nebe pirmos jaunystės, persiritęs per pusę amžiaus; ***up ~ and down dale*** a) kalnais ir slėniais; b) visur; ***to curse up ~ and down dale*** keiktis paskutiniais žodžiais; ***to take to the ~s*** pabėgti, pasprukti; ***not to amount to a ~ of beans*** *amer. šnek.* ≅ būti nevertam nė sudilusio skatiko
v **1** (ap)kaupti *(augalus; džn. ~ up)* **2** pilti krūvą
hill-billy ['hɪlbɪlɪ] *n amer. (džn. menk.)* prasčiokas, kalnietis *(iš pietrytinių valstijų kalnuotų rajonų)*
hiller ['hɪlə] *n ž. ū.* kauptukas, kauptuvas
hilliness ['hɪlɪnɪs] *n* kalvotumas
hillock ['hɪlək] *n* **1** kalvutė **2** kauburys
hillside ['hɪlsaɪd] *n* kalnelio/kalvos šlaitas, įkalnė
hilltop ['hɪltɒp] *n* kalnelio/kalvos viršūnė
hilly ['hɪlɪ] *a* kalvotas
hilt [hɪlt] *n (kardo, durklo ir pan.)* rankena ◊ ***(up) to the ~*** visiškai, visai, ligi galo
him [hɪm] *pron pers (objektinis linksnis, žr.* **he)** **1** jam, jį; ***I hear ~ sing*** girdžiu jį dainuojant; ***I gave ~ the money*** daviau jam pinigus; ***I fear ~*** aš jo bijau; ***she married ~*** ji ištekėjo už jo; ***that's ~*** *šnek.* tai jis **2** sau, save, savimi; ***he took his son with ~*** jis pasiėmė sūnų su savimi
Himalays [ˌhɪmə'leɪəz] *n* Himalajai *(kalnai)*
himbo ['hɪmbəʊ] *n (tik v.) juok.* tuščiagalvis gražuolis
himself [hɪm'self] *pron* **1** *refl* save, pats save; -si- *(sangrąžos dalelytė)*; ***(all) to ~*** pačiam/vien sau; ***he washed ~*** jis nusiprausė **2** *emph* pats; ***he says so ~*** jis pats taip sako ◊ ***he came to ~*** jis atsigavo; ***it would bring him to ~*** tai leistų jam atsipeikėti/atsigauti; ***he is not ~*** ≅ jis kaip nesavas, ne savo kailyje; ***(all) by ~*** (visai) vienas; be kieno nors pagalbos
hind[1] [haɪnd] *a* užpakalinis; ***~ leg*** užpakalinė koja
hind[2] *n* **1** stirna **2** elnė
hind[3] *n psn.* **1** samdinys, žemės ūkio darbininkas **2** *niek.* kaimietis, prasčiokas
hinder[1] ['haɪndə] *a* užpakalinis
hinder[2] ['hɪndə] *v* **1** trukdyti; kliudyti; ***to ~ smb from doing smth*** trukdyti kam daryti ką **2** neleisti; ***to ~ smb from falling down*** neleisti kam (su)griūti
Hindi ['hɪndɪ] *n* hindi *(viena iš Indijos kalbų)*
hindmost ['haɪndməʊst] *a psn.* (pats) paskutinis; toliamiausias
Hindoo ['hɪndu:] *psn.* = **Hindu** *n, a*
hindquarters ['haɪndˌkwɔ:təz] *n pl (gyvulio)* pasturgalis
hindrance ['hɪndrəns] *n* **1** trukdymas; ***to be more of a ~ than a help*** daugiau trukdyti negu padėti **2** kliuvinys, kliūtis *(to)*
hindsight ['haɪndsaɪt] *n* **1** nenumatymas; *juok., menk.* ≅ gudrus po laiko; ***it is easy to see with ~ that...*** po laiko lengva kalbėti, kad... **2** *kar.* taikiklis
Hindu [ˌhɪn'du:, 'hɪndu:] *n* **1** induizmo sekėjas **2** *psn.* indas
a **1** induizmo **2** *psn.* indų
Hinduism ['hɪndu:ɪzm] *n* induizmas
hinge [hɪndʒ] *n* **1** *(durų, lango)* įtvaras, vyris; *tech.* šarnyras, lankstas **2** ašis, svarbiausias dalykas/taškas *(apie kurį viskas sukasi)* ◊ ***off the ~s*** ≅ pametęs galvą; sutrikęs
v **1** (pri)tvirtinti vyriais **2** sukiotis ant vyrių; laikytis įtvaruose **3** *prk.* suktis *(apie ką)*; priklausyti *(on – nuo)*

hinged [hɪndʒd] *a* atlošiamasis, atverčiamasis; ***~ bolt*** atlenkiamasis/šarnyrinis varžtas
hink [hɪŋk] *v* svajoti
hinny ['hɪnɪ] *n zool.* arklėnas
hint [hɪnt] *n* **1** užuomina, aliuzija; ***to drop [to take] a ~*** padaryti [suprasti] užuominą **2** *(džn. pl)* patarimas; ***~s on housekeeping*** ūkiški patarimai **3** žymė; truputis; ***there was no ~ of impatience in her face*** jos veide nebuvo jokios nekantrumo žymės; ***add just a ~ of garlic*** įdėkite truputį česnakų
v duoti suprasti; užsiminti, (pa)daryti aliuziją *(at)*
hinterland ['hɪntəlænd] *vok. n* **1** teritorija nuo pakrantės tolyn į krašto gilumą; atokus rajonas **2** *kar.* tolimasis užnugaris
hintingly ['hɪntɪŋlɪ] *adv* užuominomis
hip[1] [hɪp] *n* **1** šlaunis *(iki juosmens)*; klubas **2** *archit.* valminio stogo šonas, valminės gegnės ◊ ***to have/get smb on the ~*** ≅ laikyti ką savo rankose; ***~ and thigh*** negailestingai
hip[2] *n (ppr. pl)* erškėtuogė
hip[3] *int:* **~, ~, hooray!** valio!
hip[4] *a šnek.* **1** naujoviškas, naujamadiškas; susigaudantis *(to)* **2** būdingas hipiams
hipbath ['hɪpbɑ:θ] *n* sėdimoji vonia
hipbone ['hɪpbəʊn] *n anat.* klubakaulis
hip-flask ['hɪpflɑ:sk] *n* plokščias butelis *(alkoholiniams gėrimams)*
hiphuggers ['hɪphʌɡəz] *n pl amer.* = **hipsters**
hipped [hɪpt] *a šnek.* **1** įsižeidęs **2** pamišęs, papaikęs *(on – dėl)*
hippie ['hɪpɪ] *n* hipis
hippo [hɪpəʊ] *n (pl ~s [-z])* (hippopotamus *sutr.*) *šnek.* hipopotamas, begemotas
hippocampus [ˌhɪpəʊ'kæmpəs] *n (pl -pi [-paɪ]) anat.* hipokampas, jūrų arkliukas *(galvos smegenyse)*
hip-pocket [ˌhɪp'pɒkɪt] *n (kelnių)* užpakalinė kišenė
Hippocrates [hɪ'pɒkrəti:z] *n* Hipokratas *(graikų gydytojas mokslininkas)*
Hippocratic [ˌhɪpə'krætɪk] *a* Hipokrato; ***~ oath*** *med.* Hipokrato priesaika
hippodrome ['hɪpədrəʊm] *n* **1** hipodromas **2** *ret.* cirkas, arena
hippopotamus [ˌhɪpə'pɒtəməs] *n (pl ~es, -mi [-maɪ])* hipopotamas, begemotas
hippy ['hɪpɪ] *n* = **hippie**
hip-roof ['hɪpru:f] *n archit.* keturšlaitis stogas
hipsters ['hɪpstəz] *n pl* kelnės, aptempiančios klubus
hipswing ['hɪpswɪŋ] *v (-swung [swʌŋ]) šnek.* kraipyti užpakalį *(einant)*
hircine ['hɜ:saɪn] *a* ožiškas
hire ['haɪə] *n* **1** *(darbo jėgos)* samda; ***to work for ~*** dirbti samdos pagrindais **2** nuomojimas; ***for ~*** (iš)nuomojamas; ***to let out on ~*** išnuomoti **3** nuoma *(mokestis)*; samdos užmokestis
v **1** (pa)samdyti, nu(si)samdyti **2** (išsi)nuomoti *(valtį, drabužius ir pan.)* □ ***~ out*** a) (iš)nuomoti, duoti nuomon; b) *refl* parsisamdyti
hired ['haɪəd] *a* **1** samdomas(is), (pa)samdytas; ***~ assassin***/*amer.* ***gun*** pasamdytas/samdomasis žudikas; ***~ hand/man*** *amer.* samdinys; ***~ girl*** *amer.* samdinė **2** išsinuomotas, paimtas nuomon
hireling ['haɪəlɪŋ] *n niek.* parsidavėlis, samdinys
hire-purchase [ˌhaɪə'pɜ:tʃəs] *n* pirkimas išsimokėtinai/kreditan; ***~ agreement/arrangement*** išsimokėtino pirkimo sutartis

Hiroshima [hɪ'rɔʃɪmə] *n* Hirosima *(miestas)*

hirsute ['hə:sju:t] *a knyg., juok.* gauruotas, plaukuotas, apžėlęs plaukais/barzda

his [hɪz] *pron poss* **1** jo; ~ *book* jo knyga; *that book is* ~, *not yours* ta knyga jo, ne jūsų **2** savo; -si- *(sangrąžos dalelytė); he told me about* ~ *holiday* jis papasakojo man apie savo atostogas; *he hurt* ~ *hand* jis susižeidė ranką

Hispanic [hɪ'spænɪk] *a* **1** ispaniškai kalbančių šalių; ispaniškas **2** Lotynų Amerikos

hispid ['hɪspɪd] *a bot., zool.* dygliuotas, dygus; šeriuotas

hiss [hɪs] *n* **1** šnypštimas **2** švilpimas
v **1** šnypšti; sušnypšti, šnipštelėti **2** nušvilpti *(artistą ir pan.; t. p.* ~ *off)*

hist [hɪst] *int psn.* tsss!, ššš!, cit!

histamine ['hɪstəmi:n] *n spec.* histaminas

hist(o)- ['hɪst(əu)-] *(sudurt. žodžiuose)* hist(o)- *(žymint sąsają su kūno audiniais); histogenesis* histogenezė; *histogram* histograma

histology [hɪ'stɔlədʒɪ] *n* histologija

historian [hɪ'stɔ:rɪən] *n* istorikas; *ancient* ~ senovės istorijos specialistas

historic [hɪ'stɔrɪk] *a* **1** istorinis, turintis istorinę reikšmę; ~ *event* istorinis įvykis **2** *gram.:* ~ *present* esamasis laikas, pavartotas vietoj būtojo

historical [hɪ'stɔrɪkl] *a* istoriškas; istorinis; istorijos; ~ *novel [method]* istorinis romanas [metodas]; ~ *event* istorinis *(tikras)* įvykis

historically [hɪ'stɔrɪklɪ] *adv* istoriškai; istorijos požiūriu

historiography [ˌhɪstɔ:rɪ'ɔgrəfɪ] *n* istoriografija

history ['hɪstərɪ] *n* **1** *(įv. reikšm.)* istorija; *ancient [modern]* ~ senovės [naujųjų amžių] istorija; *lectures on* ~ istorijos paskaitos; *that's past/ancient* ~*!* tai sena istorija! *(tai įvyko seniai); to make* ~ įeiti į istoriją, atlikti istorinį žygį *(veiksmą);* ~ *repeats itself* istorija kartojasi; *case* ~ *med.* ligos istorija; *she told me her life* ~ ji papasakojo man savo gyvenimo istoriją **2** *psn.* istorinė drama ◊ *the rest is* ~ visi žino *(pasakojimo)* tęsinį/pabaigą

histrionic [ˌhɪstrɪ'ɔnɪk] *a* **1** sceninis; artistinis; vaidybinis **2** teatrališkas, nenatūralus

histrionics ['hɪstrɪ'ɔnɪks] *n* **1** vaidyba; teatro menas **2** *prk.* teatrališkumas; *no* ~ *please!* prašom be scenų!

hit [hɪt] *n* **1** smūgis; *to make a* ~ *(at)* smogti **2** pataikymas; sėkmingas bandymas; *he scored a direct* ~ jis pataikė tiesiai į tikslą **3** priešiškas pareiškimas, išpuolis *(at); that's a* ~ *at you* tai tavo adresu **4** *(filmo, spektaklio ir pan.)* pasisekimas; *to make a* ~ *(with)* turėti didžiulį pasisekimą; *she is a big* ~ *with my son* mano sūnus ją dievina **5** populiarus muzikos kūrinys, daina *ir pan.;* hitas **6** *sl.* susitikimas *(su narkotikų prekiautoju);* narkotikų dozė **7** *amer. sl.* žmogžudystė **8** *attr:* ~ *songs* populiarios dainos; ~ *parade* populiarių plokštelių sąrašas
v (hit) **1** smogti, suduoti, trenkti, kirsti, mušti *(on, over); his father used to* ~ *him* tėvas jį mušdavo **2** atsitrenkti, trenktis, susiduoti *(against, (up)on - į); I fell and* ~ *my head on the pavement* aš griuvau ir susitrenkiau galvą į šaligatvį; *the car* ~ *a tree* automobilis įsirėžė į medį; *he was* ~ *by a car* jį parmušė automobilis **3** pataikyti; *you have* ~ *it (right)* jūs pataikėte/atspėjote; *the stone* ~ *his head* akmuo pataikė jam į galvą **4** pakliūti; *you'll* ~ *the worst of the rush hour* jūs pakliūsite į pačią spūsties valandą **5** *prk.* pagauti; paliesti *(kieno interesus);* **to** ~ *a likeness* pagauti panašumą; *badly/hard* ~ *(by)* nukentėjęs *(nuo)* **6** *šnek.* pasiekti; aptikti; rasti *(on, upon);*

we ~ *the right road* mes suradome tikrą kelią **7** pritrenkti; *his father's death* ~ *him badly* tėvo mirtis jį pribloškė **8** *(ppr. pass)* užpulti *(banką ir pan.)* **9** *šnek.* užmušti; nudobti **10** nuspausti *(stabdžio pedalą ir pan.)* **11** *sport.* mušti; įmušti □ ~ *back* atsikirsti; ~ *off* a) *(tiksliai)* pavaizduoti keliais bruožais, perteikti panašumą; b) imituoti; improvizuoti; c) aptikti pėdsakus; dingtelėti *(apie mintį);* ~ *out* a) užsipulti *(at, againt);* b) smogti *(at – į);* ~ *up amer. šnek.* paprašyti *(for – ko)* ◊ *to* ~ *it off (well) šnek.* gerai sugyventi/(susi)draugauti *(with – su); to* ~ *the hay/sack šnek.* eiti gulti

hit-and-miss [ˌhɪtənd'mɪs] *a* atliktas nepasiruošus/netiksliai; *the way they run things is pretty* ~ jie tvarko reikalus nekaip

hit-and-run [ˌhɪtənd'rʌn] *a:* ~ *driver* vairuotojas, pabėgęs iš avarijos vietos; ~ *attack kar.* netikėtas antpuolis ir greitas atsitraukimas

hitch [hɪtʃ] *n* **1** staigus truktelėjimas/stumtelėjimas; *he gave his belt a* ~ jis truktelėjo diržą aukštyn **2** su(si)trukdymas; kliuvinys, kliūtis; *it all went off without* ~ viskas praėjo sklandžiai **3** *(veikiančio mechanizmo)* sustojimas **4** *jūr.* mazgas, kilpa **5** *aut.* priekaba **6** *amer. šnek.* buvimo *(kariuomenėje, kalėjime)* laikas
v **1** pastumėti; truktelėti **2** prikabinti, už(si)kabinti *(on, to)* **3** pririšti, įkinkyti *(to – į)* **4** *amer.* šlubčioti **5** *šnek.* = **hitchhike** □ ~ *up* patempti *(aukštyn; kelnes ir pan.)*

hitched [hɪtʃt] *a šnek.* vedęs, ištekėjusi; *to get* ~ vesti, tuoktis

hitchhike ['hɪtʃhaɪk] *v* nemokamai keliauti pakeliui važiuojančiais automobiliais, keliauti autostopu

hitchhiker ['hɪtʃhaɪkə] *n* keliautojas autostopu

hitchy ['hɪtʃɪ] *a* judantis trukčiojamai; trukčiojantis

hi-tech [ˌhaɪ'tek] *a* = **high-tech**

hither ['hɪðə] *knyg., psn. adv* čionai, čia; ~ *and thither* šen ir ten; įvairiomis kryptimis; ~ *and yon(d)* nuo čia iki ten
a esantis šiapus, artimesnis

hitherto [ˌhɪðə'tu:] *adv knyg.* ligi šiol(ei)/tol(ei)

Hitlerite ['hɪtləraɪt] *n ist.* hitlerininkas
a hitlerinis, Hitlerio

hitman ['hɪtmən] *n (pl* -men [-mən]) *(tik v.)* samdomas žudikas, banditas

hit-or-miss [ˌhɪtə'mɪs] *a* atsitiktinis; padarytas kaip pakliuvo
adv kaip pasiseks, kaip pakliuvo, bet kaip

Hittite ['hɪtaɪt] *n* **1** *ist.* hetitas **2** hetitų kalba
a hetitų

HIV [ˌeɪtʃaɪ'vi:] *n* ŽIV *(žmogaus imunodeficito virusas; sukelia AIDS); to be* ~ *positive* turėti ŽIV

hive [haɪv] *n* **1** avilys **2** bičių šeima **3** *prk.* spiečius, skruzdėlynas **4** *attr:* ~ *honey* medus koriuose
v **1** leisti *(bites)* į avilį; spiesti **2** spiestis; gyventi kartu **3** pringšti *(medaus);* sudaryti atsargą □ ~ *off* a) at(si)skirti *(parduodant dalį naujam savininkui; from);* b) *šnek.* išnykti, išeiti *(neįspėjus)*

hives [haɪvz] *n med.* dilgėlinė

hiya ['haɪjə] *int šnek.* sveikas! *(sveikinantis)*

h'm [m, hm] *int* hm! *(reiškiant abejonę, nepritarimą, pauzę)*

ho [həu] *int* **1** ei! *(norint atkreipti dėmesį)* **2** *(t. p. ho ho)* oho!, o! *(reiškiant nusistebėjimą, gėrėjimąsi)* **3** *jūr.* pirmyn; *westward ho!* pirmyn į vakarus!

hoar [hɔ:] *knyg. n* **1** šerkšnas **2** didelė migla **3** žilumas, žilė
a ret. **1** balsvas, pilkšvas šerkšnas **2** žilas; senas

hoard[1] [hɔ:d] *n* **1** atsargos, sankaupos *(ypač paslėptos);* turtai, lobis **2** *(džn. pl)* daugybė
v **1** (su)kaupti, (su)daryti atsargas *(t. p.* ~ *up); she* ~*s her money* ji kemša pinigus į kojinę **2** *(slapta)* laikyti, slėpti

hoard² *n* = **hoarding**
hoarder ['hɔ:də] *n* kaupėjas, kaupikas; *I'm a terrible* ~ aš niekada nieko neišmetu
hoarding ['hɔ:dɪŋ] *n* **1** reklamos/skelbimų lenta *(pakelėje)* **2** laikina tvora *(aplink statomą namą)* **3** kaupimas
hoarfrost ['hɔ:frɔst] *n* šerkšnas
hoarse [hɔ:s] *a* kimus, išparpęs; užkimęs; *to talk [to read] oneself* ~ kalbėti [skaityti] ligi užkimimo
hoarsen ['hɔ:sn] *v* (už)kimti
hoarseness ['hɔ:snɪs] *n* užkimimas, kimulys; kimumas
hoary ['hɔ:rɪ] *a* **1** žilas **2** senas; senovės, senovinis
hoax [həuks] *n* apgaulė, melaginga žinia; pokštas *(norint apgauti/pasijuokti);* ~ *call* telefono skambutis, pranešantis neteisingą informaciją
v apgauti; pasijuokti *(iš)*
hob [hɔb] *n* **1** dujų degiklio viršus **2** kablys, ant kurio užmetami žiedai *(žaidime)* **3** *(rato)* stebulė, įvorė **4** *(rogių)* pavaža **5** *tech.* sliekinė freza **6** *psn.* priekrosnis, prieždа
hobble ['hɔbl] *n* **1** šlubavimas **2** pančiai **3** *psn.* kebli padėtis
v **1** šlubuoti, šlubčioti; kėblinti **2** kalbėti mikčiojant **3** (su)pančioti *(arklį ir pan.; t. p. prk.)*
hobbledehoy ['hɔbldɪhɔɪ] *n ret.* nerangus paauglys, drimba
hobble-skirt ['hɔblskə:t] *n* siauras ilgas sijonas *(susmaugtas žemiau kelių)*
hobby¹ ['hɔbɪ] *n* **1** hobis, pomėgis; pamėgtasis užsiėmimas/dalykas; *to ride/mount a* ~ imtis mėgstamo užsiėmimo, mėgstamos temos **2** = **hobbyhorse** 1
hobby² *n zool.* skėtsakalis
hobbyhorse ['hɔbɪhɔ:s] *n* **1** lazda su arklio galva, arkliukas *(žaislas)* **2** *prk.* pamėgta/mėgstama tema *(kalbant); to be on one's* ~ ilgai kalbėti savo mėgstama tema
hobbyist ['hɔbɪɪst] *n* mėgėjas; kolekcininkas
hobgoblin ['hɔb‚gɔblɪn] *n flk.* piktoji dvasia; velniūkštis; vaiduoklis
hobnail ['hɔbneɪl] *n (batų)* vinis su plačia galvute
hobnob ['hɔbnɔb] *v šnek.* (susi)draugauti, bičiuliauti(s); susigerti, drauge gerti/linksmintis *(with)*
hobo ['həubəu] *n (pl* ~(e)s [-z]) **1** valkata **2** *amer.* keliaujantis sezoninis darbininkas
Hobson ['hɔbsən] *n:* ~'s *choice* pasirinkimas be pasirinkimo; arba tas, arba nieko
hock¹ [hɔk] *n (gyvulio užpakalinių kojų)* kulkšnis
hock² *n (t. p. H.) (vokiškas)* baltasis vynas; reinvynis
hock³ *šnek. n* užstatas, įkaitas; *in* ~ a) užstatytas; b) esantis skolose
v užstatyti *(daiktą)*
hockey ['hɔkɪ] *n* **1** žolės riedulys *(t. p. field* ~*)* **2** *(ypač amer.)* ledo ritulys *(t. p. ice* ~*)*
hockey-player ['hɔkɪ‚pleɪə] *n* ledo ritulininkas
hocus ['həukəs] *v* **1** apgauti **2** apsvaiginti, nugirdyti *(narkotikais)* **3** įmaišyti narkotikų
hocus-pocus [‚həukəs'pəukəs] *n* **1** fokusas **2** akių dūmimas, daugžodžiavimas; suktybės
v **1** daryti fokusus **2** apgaudinėti
hod [hɔd] *n* **1** *stat.* lovys, neštuvai, kibiras *(kalkėms, plytoms nešti);* skiedininė **2** kibiras, dėžė *(anglims)*
hodden ['hɔdn] *n škot.* šiurkštus vilnonis audinys
hodgepodge ['hɔdʒpɔdʒ] *n amer.* = **hotchpotch**
hodiernal [‚hɔdɪ'ə:nəl] *a knyg.* šiandieninis, šios dienos
hoe [həu] *n* kauptukas; kaplys
v kaupti, kapliuoti, purenti
hoecake ['həukeɪk] *n amer.* kukurūzinis paplotėlis

hoedown ['həudaun] *n amer.* **1** liaudies šokis **2** šokių vakarėlis *(kaime)*
hog [hɔg] *n* **1** meitėlis; *amer.* peniukšlis, kiaulė **2** *dial.* ėriukas, avinėlis *(iki pirmojo kirpimo)* **3** *(vienerių metų)* buliukas **4** *prk. šnek.* kiaulė, kiaulis; kiauliškas/godus žmogus, ėdrūnas **5** grandiklis, šepetys **6** *tech.* išlinkimas, išlinkis ◊ *to go the whole* ~ gerai užbaigti, ligi galo padaryti; *high on the* ~ *amer. šnek.* dosniai, nesiskaitant su išlaidomis; *low on the* ~ *amer. šnek.* šykščiai, taupiai
v **1** išlenkti *(nugarą);* perlinkti **2** *tech.* išsilenkti, susiriesti **3** trumpai nukirpti *(karčius)* **4** grandyti, valyti **5** *šnek.* suryti, sušlamšti **6** *šnek.* susigrobti, pasiglemžti; *to* ~ *the road* važiuoti kelio viduriu, neužleisti kelio
Hogarth ['hɔugɑ:θ] *n: William* ~ Viljamas Hogartas *(anglų dailininkas)*
hogback ['hɔgbæk] *n* status kalnagūbris, kalnų ketera
hogcote ['hɔgkəut] *n* kiaulidė
hogget ['hɔgɪt] *n* ėriukas *(iki pirmojo kirpimo);* metinė avis
hoggin ['hɔgɪn] *n* žvyras; išsijos
hogging ['hɔgɪŋ] *n spec.* perlinkis, įlinkis; persimetimas
hoggish ['hɔgɪʃ] *a* **1** panašus į kiaulę; kiauliškas **2** ėdrus; savanaudis; nešvarus
Hogmanay ['hɔgməneɪ] *n škot.* Naujųjų metų išvakarės/sutiktuvės
hogpen ['hɔgpen] *n* = **hogcote**
hogshead ['hɔgzhed] *n* **1** didelė statinė **2** statinė *(skysčio tūrio vienetas)*
hog-tie ['hɔgtaɪ] *v amer.* **1** surišti visas keturias kojas *(gyvuliui);* surišti rankas ir kojas **2** *prk.* supančioti, suvaržyti
hogwash ['hɔgwɔʃ] *n* **1** pamazgos, ėdalas *(kiaulėms)* **2** *(ypač amer.) šnek.* niekų kalba, tauškalas
ho-hum [‚həu'hʌm] *a šnek.* nuobodus, nykus
hoick [hɔɪk] *v šnek.* trūktelėti aukštyn *(drabužį ir pan.; t. p.* ~ *up)*
hoicks [hɔɪks] *int medž.* pui! *(siundant šunį)*
hoi polloi [‚hɔɪpə'lɔɪ] *gr. kuop. menk.* prasčiokai, prastuomenė
hoist [hɔɪst] *n* **1** (iš)kėlimas, pakėlimas; *to give smb a* ~ (pa)kelti ką aukštyn **2** *tech.* keltuvas; elevatorius, liftas; *jūr.* talė
v užkelti; iškelti, pakelti *(vėliavą, burę, krovinį; t. p.* ~ *up)*
hoist-bridge ['hɔɪstbrɪdʒ] *n* pakeliamasis tiltas
hoity-toity [‚hɔɪtɪ'tɔɪtɪ] *a* **1** *menk.* ≈ nosį užrietęs, išdidus **2** užgaulus, įsižeidžiantis **3** *ret.* nerimtas, lengvabūdiškas
int iron. ką tu pasakysi!, tik pamanyk! *(reiškiant nustebimą/nepasitenkinimą)*
hokey ['həukɪ] *amer. šnek. n* ėdalas, marmelienė
a nenuoširdus, kvailokas; nemadingas
hokey-pokey [‚həukɪ'pəukɪ] *n* **1** *šnek.* pigūs ledai **2** = **hocus-pocus**
hokum ['həukəm] *n šnek.* **1** *teatr., kin.* scena/replika/numeris, siekiantis pigaus efekto **2** apgavystė, niekų/tuščia kalba
hold¹ [həuld] *n* **1** laikymas; sugriebimas; užgrobimas; *to have a sure* ~ tvirtai laikytis *(rankomis); to take/catch* ~ *(of)* tvertis, nusitverti, griebtis *(ko); to get/lay* ~ *(of)* (su)griebti, pagriebti, paglemžti *(ką); cop* ~ *of my bag* palaikyk mano krepšį **2** galia, įtaka *(on, over); to have* ~ *over/on smb* turėti įtakos kam **3** tai, už ko galima nusitverti **4** *sport.* suėmimas; *arm* ~ rankos suėmimas *(imtynėse)* **5** *muz.* fermata ◊ *to get* ~ *(of)* a) susirasti;

hold² 433 **Hollands**

susisiekti *(telefonu ir pan.; su)*; b) suprasti, pagauti *(mintį ir pan.)*; **to get ~ of oneself** susivaldyti; **to have a good ~ of smth** gerai ką suprasti; **to let go one's ~** *(of)* išleisti *(ką)* iš rankų, pražiopsoti progą; **no ~s are barred** visos priemonės geros *(ko siekiant)*; **to put smth on ~** uždelsti ką, uždelsti ko pradžią; **to put smb on ~** liepti kam palaukti *(kol sujungs telefonu)*
v **1** laikyti(s); **to ~ hands** laikytis už rankų, susikabinus; **to ~ one's head high** laikyti galvą aukštai; **~ yourself still!** laikykis ramiai! **2** išlaikyti *(vietą ir pan.; for – kam)* **3** išlaikyti, išturėti; **will the rope ~?** ar virvė išlaikys? **4** palaikyti, išlaikyti *(tam tikrą lygį, greitį ir pan.)* **5** valdyti; **to ~ audience** valdyti auditoriją **6** turėti *(bilietą, pasą, licenciją ir pan.)* **7** tilpti; **the theatre ~s 500 people** šiame teatre telpa 500 žmonių **8** eiti *(pareigas)*, užimti *(vietą)*; **to ~ office** eiti pareigas, užimti postą **9** turėti galią, galioti, likti galioje *(džn. ~ good/true; apie įstatymą, principą, pažadą)* **10** laikytis *(apie orą ir pan.; t. p. apie laivo/lėktuvo kursą)* **11** (pa)laukti *(kol telefonistė sujungs)* **12** (su)dominti; patraukti *(dėmesį)* **13** sulaikyti, suturėti; **to ~ one's breath** sulaikyti kvėpavimą/kvapą; **~ your noise!** nustokite triukšmavę! **14** manyti, laikytis *(nuomonės, nutarimo ir pan.)*; nuspręsti *(teisme)*; **to ~ smb to his promise** reikalauti, kad kas tesėtų savo pažadą **15** vadovauti, surengti *(susirinkimą, pokalbį ir pan.)*; vykdyti *(varžybas)*; **to ~ talks** vesti derybas **16** švęsti *(metines)* **17** suimti, laikyti suimtą; **to ~ smb hostage** laikyti ką įkaitu **18** *kar., sport.* (ap)ginti *(miestą, teritoriją ir pan.; titulą, vietą ir pan.)* **19** *šnek.* *(against)* priekaištauti, prikišti; ≡ laikyti akmenį užantyje **20** *šnek. (ppr. neig. sakiniuose; with)* nesutikti *(su)*, nepritarti *(kam)* ⃞ **~ back** a) su(si)laikyti; b) užlaikyti; **~ down** a) (su)varžyti; (nu)slopinti; b) išsilaikyti *(vienoje vietoje, viename lygyje)*; **~ down a/the job** išsilaikyti darbe, išdirbti *(kurį laiką)*; c) neleisti (pa)kilti *(t. p. apie kainas)*; **~ forth** a) daug kalbėti, postringauti *(on – apie)*; b) siūlyti; **to ~ forth a hope** teikti vilties; **~ in** a) su(si)valdyti; b) įtraukti *(pilvą ir pan.)*; **~ off** a) su(si)laikyti; b) užlaikyti, atidėti; c) laikyti(s) atokiau; **~ on** a) laikytis *(to – už)*; (iš)laikyti; b) *prk.* atkakliai laikytis *(ko)*; c) trukti, tęstis; d) palaukti; **~ on!** palauk!; pažiūrėk!; **~ out** a) iš(si)laikyti; b) užtekti; c) ištiesti *(ranką)*; d) teikti *(vilties)*; e) primygtinai reikalauti *(for – ko)*; f) *šnek.* (nu)slėpti *(on – nuo)*; **~ over** a) atidėti; b) šantažuoti; c) *pass amer. kin., teatr.* pratęsti *(koncertą, demonstravimą ir pan.)*; **~ together** a) laikytis vienybės; b) ištverti, tesėti, likti patvariam; **~ up** a) demonstruoti; rodyti, kelti *(pavyzdžiu; as)*; b) palaikyti, paremti; c) sulaikyti, sustabdyti; d) sustabdyti apiplėšimo tikslu; užpulti, apiplėšti; e) (pa)laikyti iškėlus, pakelti *(ranką)* ◊ **to ~ one's tongue/peace** ≡ laikyti liežuvį *(už dantų)*; **to ~ one's drink/liquor/alcohol** galėti daug išgerti *(nepasigeriant)*; **~ it/hard!** stok!; palauk!; **to ~ the stage** a) *teatr.* būti geriausiu aktoriumi, nustelbti kitus aktorius; b) būti dėmesio centre *(draugijoje)*; **to ~ one's own/ground** a) išlaikyti savo pozicijas/orumą; b) nepasiduoti *(ligai ir pan.)*
hold² *n jūr.* apatinė laivo patalpa *(kroviniams)*; triumas; **~ team** triumo komanda
holdall ['həʊldɔːl] *n* kelionmaišis, kelionės krepšys
holdback ['həʊldbæk] *n* kliūtis; užlaikymas
holder ['həʊldə] *n* **1** laikytojas; *(obligacijų, sąskaitų ir pan.)* turėtojas; savininkas **2** nuomininkas **3** kotelis; rankena **4** *tech.* laikiklis, apkaba **5** *sport.* *(titulo, prizo, taurės)* laimėtojas, savininkas

holdfast ['həʊldfɑːst] *n* **1** sugriebimas; **to lose one's ~** išleisti iš rankų **2** prievarža, veržiklis, sankaba, kablys **3** *tech.* pamatinė plokštė
holding ['həʊldɪŋ] *n* **1** turėjimas *(akcijų ir pan.)* **2** valda, žemės sklypas *(ypač nuomojamas)*; **individual peasant ~** pavienis valstiečio ūkis **3** *fin.* holdingas, kontroliuojanti bendrovė *(t. p. ~ company)*; indėlis; *pl* avuarai
holdout ['həʊldaʊt] *n* **1** išsilaikymas nuošalyje **2** vilkinimas *(sprendimo ir pan.)* **3** *amer.* stabdys *prk.*
holdover ['həʊld‚əʊvə] *n (ypač amer.)* **1** liekana, atgyvena **2** naujam terminui perrinktas pareigūnas
holdup ['həʊldʌp] *n* **1** apiplėšimas, užpuolimas *(gatvėje, kelyje)* **2** kliuvinys, kliūtis **3** *(eismo)* sulaikymas, sustabdymas
hole [həʊl] *n* **1** skylė; anga, kiaurymė; **in ~s** skylėtas; **a ~ in the ozone layer** ozono sluoksnio skylė **2** duobė, duobelė; pramuša, įlauža; **to make a ~** *(in)* įlenkti *(automobilio kėbulą ir pan.)* **3** urvas, ola **4** *šnek.* landynė, lindynė, skylė **5** *amer. (kalėjimo)* vienutė **6** *tech.* liejamoji kiaurymė **7** *av.* oro duobė **8** *kas.* įkasa, šurfas ◊ **in a ~** *šnek.* į keblią padėtį; keblioje padėtyje; **a ~ in one's coat** kieno reputacijos dėmė; **to be full of ~s** turėti daug trūkumų; **to pick ~s** *(in)* kabinėtis, (su)rasti spragų/trūkumų; **to make a ~** *(in)* gerokai apmažinti *(atsargas, santaupas)*; **to need smth like a ~ in the head** ≡ reikėti kaip šuniui penktos kojos; **black ~** a) *astr.* juodoji skylė, kolapsaras; b) areštinė *(ypač kariuomenėje)*; c) *šnek.* „šulinys be dugno" *(kas suryja visus pinigus)*
v **1** prakiurdyti, padaryti skylę/skyles; pramušti **2** prakasti **3** įvaryti *(golfo kamuoliuką)* į duobelę *(t. p. ~ out)* **4** įlįsti/įvaryti į urvą ⃞ **~ up** pasislėpti, užsidaryti
hole-and-corner [‚həʊlənd'kɔːnə] *a šnek. menk.* slaptas, užkulisinis, negarbingas *(apie metodus, veiksmus)*
hole-gauge ['həʊlgeɪdʒ] *n tech.* vidmatis
hole-in-the-heart [‚həʊlɪnðə'hɑːt] *n med.* širdies tarpskilvelinis susijungimas
hole-in-the-wall [‚həʊlɪnðə'wɔːl] *n* **1** tamsi krautuvėlė/užbėga *ir pan.* **2** *šnek.* pinigų keitimo automatas *(išorinėje banko sienoje)*
hole-proof ['həʊlpruːf] *a* **1** tvirtas, ilgai nesusidėvintis, neplyštantis *(apie audinį ir pan.)* **2** nepaliekantis galimybės/progos išsisukti *(apie įstatymą ir pan.)*
holer ['həʊlə] *n kas.* gręžėjas
holey ['həʊlɪ] *a* skylėtas
holiday ['hɔlədɪ] *n* **1** šventadienis, poilsio diena, šventė; **to make ~** švęsti **2** *(džn. pl)* atostogos; **to be on ~** atostogauti **3** *attr* šventiškas; atostogų, atostoginis; **~ atmosphere** šventiška atmosfera; **~ time/season** kurortinis sezonas; vasaros atostogų metas; **~ camp** kempingas; turistų bazė; **~ home** vasarnamis
v atostogauti, ilsėtis *(in, at)*
holidayer ['hɔlədeɪə] *n* = **holidaymaker**
holidaymaker ['hɔlədɪ‚meɪkə] *n* atostogautojas; poilsiautojas; iškylautojas
holier-than-thou [‚həʊlɪəðən'ðaʊ] *a* šventesnis/geresnis už kitus
holiness ['həʊlɪnɪs] *n* šventumas; **Your [His] H.** Jūsų [Jo] šventenybė *(popiežiaus titulavimas)*
holism ['həʊlɪzm] *n filos.* holizmas
holla ['hɔlə] = **hollo** *int, n, v*
Holland ['hɔlənd] *n* **1** Olandija *(valstybė)* **2** (**h.**) drobė; **brown ~** nebalinta drobė
Hollander ['hɔləndə] *n* olandas
Hollands ['hɔləndz] *n psn.* olandiškas džinas

holler ['hɔlə] *šnek. n* šauksmas; riksmas
v šaukti, rėkti; sušukti *(t. p. ~ out)*
hollo ['hɔləu] <*int, n, v*> *int* ei!; aū!
n (pl ~s [-z]) šauksmas ei, aū
v šaukti
hollow ['hɔləu] <*n, a, adv, v*> *n* **1** tuštuma **2** įduba, įdubimas; duobė, duobelė; **the ~ of one's hand** delno įdubimas, sulenktas delnas **3** dauba, loma; klonis **4** uoksas, drevė ◊ **to hold smb in the ~ of one's hand** ≡ laikyti ką savo rankose
a **1** tuščias *(t. p. prk.);* tuščiaviduris; **~ tree** drevėtas medis; **~ promises** tušti pažadai **2** įdubęs, įkritęs *(apie skruostus, akis)* **3** duslus **4** netikras, nenuoširdus *(apie žodžius, jausmus);* **to give a ~ laugh** nenatūraliai nusijuokti
adv šnek. visiškai; **to beat smb ~** visiškai ką sumušti, sutriuškinti
v išskaptuoti, išduobti, išlenkti *(džn. ~ out)*
hollow-cheeked ['hɔləu'tʃi:kt] *a* įdubusiais skruostais
hollow-eyed ['hɔləu'aɪd] *a* įdubakis
hollow-hearted ['hɔləu'hɑ:tɪd] *a* nenuoširdus
hollowware ['hɔləuwɛə] *n* gilūs indai iš pūsto stiklo, porceliano, ketaus: puodai, puodukai, ąsočiai *ir pan.*
holly ['hɔlɪ] *n bot.* bugienis
hollyhock ['hɔlɪhɔk] *n bot.* aukštoji piliarožė
Hollywood ['hɔlɪwud] *n* **1** Holivudas *(Los Andželo miesto dalis);* Amerikos kino pramonė, kinematografija **2** *attr:* **~ bed** plati lova su viena atkalte
holm(e) [həum] *n* **1** *(upės, ežero)* salelė **2** žemaslėnis
Holmes [həumz] *n* Holmsas *(lit. personažas)*
holmium ['həulmɪəm] *n chem.* holmis
holo- ['hɔləu-] *(sudurt. žodžiuose)* holo-; **Holocene** holocenas
holocaust ['hɔləkɔ:st] *n* **1** sudeginimo auka **2** masinės žudynės, naikinimas *(ypač žmonių);* **the H. ist.** holokaustas; **nuclear ~** branduolinė katastrofa
hologram ['hɔləgræm] *n fiz.* holograma
holograph ['hɔləgrɑ:f] *n* savo ranka rašytas dokumentas *(testamentas ir pan.)*
hols [hɔlz] *n pl šnek.* šventės, atostogos *(ypač mokinių)*
Holstein ['hɔlstaɪn, -i:n] *n (ypač amer.)* holšteinai, Holšteino fryzai, fryzai *(galvijų veislė)*
holster ['həulstə] *n (pistoleto)* dėklas
holt[1] [həult] *n psn., dial.* **1** giraitė, miškelis **2** miškinga kalva
holt[2] *n* urvas *(ypač ūdros)*
holus-bolus [,həuləs'bəuləs] *adv šnek.* iš karto; vienu mauku, ligi dugno
holy ['həulɪ] *a (džn. H.)* šventas; **~ war** šventasis karas; **H. Week** Didžioji savaitė; **H. Communion** *bažn.* šventoji komunija; **H. Ghost/Spirit** Šventoji dvasia; **H. Father** šventasis tėvas, popiežius; **H. See** Šventasis/popiežiaus sostas; **H. Office** *ist.* inkvizicija ◊ **~ of holies** neliečiama šventovė, paslaptinga vieta; **~ cow/cats/mackerel!** *šnek.* ≡ Dieve mano!, po galais *(reiškiant baimę, nustebimą ir pan.)*
holystone ['həulɪstəun] *n* pemza, smiltainis *(deniui valyti)*
v valyti denį smiltainiu
homage ['hɔmɪdʒ] *n* **1** pagarba, pagerbimas; **to do/pay ~** a) (pa)gerbti, reikšti pagarbą; b) atiduoti, kas pridera **2** *ist.* priesaikos davimas *(feodalui)*
homburg ['hɔmbə:g] *n* vyriška fetrinė skrybėlė
home [həum] <*n, a, adv, v*> *n* **1** namas, namai; būstas; **children's ~** vaikų namai; **to work from ~** dirbti namie; **at ~** a) namie; b) pasiruošęs priimti *(svečius);* **I've made my ~ in Lithuania now** aš dabar apsigyvenau Lietuvoje **2** gimtieji namai, tėviškė, gimtinė; tėvynė *(t. p. augalo, gyvulio)* **3** šeima; šeimos židinys; **broken ~** iširusi šeima **4** prieglauda **5** metropolija **6** *sport.* finišas; **the ~ stretch/ straight** a) finišo tiesioji; b) *prk.* (ko) paskutinis etapas ◊ **to be at ~ (in)** a) gerai mokėti *(pvz., kalbą);* b) jaustis patogiai; **make yourself at ~** jauskitės kaip namie; **one's last/long ~** kapai; **~ from ~** ≡ antrieji namai
a **1** naminis; **~ address** namų adresas; **~ economics/ science** namų ūkis *(mokomasis dalykas)* **2** šeimos, šeiminis; gimtasis; **~ life** šeimos gyvenimas; **~ town** gimtasis miestas **3** vidaus; savo šalies *(apie prekes, pramonę);* **~ market [trade]** vidaus rinka [prekyba]; **H. Office** vidaus reikalų ministerija; **H. Guard** *ist.* vietinės gynybos būriai, nereguliari kariuomenė *(Anglijoje)* ◊ **~ truth** karti teisybė, skaudi tiesa; **to be ~ and dry**, *amer.* **to be ~ free** galėti laisvai atsikvėpti *(nuveikus sunkų darbą, laimėjus rungtynes ir pan.)*
adv **1** namo; *(ypač amer.)* namie; **to get ~** parvykti namo; **is she ~?** ar ji namie? **2** į tikslą, į vietą; į eilutės pradžią; **to strike/hit ~** a) smogti taiklų smūgį; b) *prk.* pasiekti tikslą *(apie pastabą ir pan.)* **3** ligi galo, visiškai ◊ **to bring/drive smth ~ to smb** įsąmoninti kam ką, priversti ką suprasti ką; **to bring oneself ~** atsigauti *(po piniginių sunkumų);* **to come/get ~** pasiekti *(širdį);* suprasti, būti suprastam; **nothing to write ~ about** *šnek.* nieko ypatinga; nėra kuo girtis
v **1** grįžti namo *(ypač apie balandį)* **2** siųsti namo **3** suteikti gyvenamąjį plotą; **to ~ with smb** gyventi pas ką, kartu su kuo ▫ **~ in** a) tiksliai pataikyti *(on – į);* b) nukreipti pastangas/dėmesį *(on – į)*
home-baked [,həum'beɪkt] *a kul.* naminis, namie keptas
home-bird ['həumbə:d] *n šnek.* namisėda
homebody ['həum,bɔdɪ] *n amer.* namisėda
homebound ['həumbaund] *a (ypač amer.)* **1** užsidaręs namie **2** grįžtantis namo
homeboy ['həumbɔɪ] *n amer. sl.* savas *(iš tos vietos/bandos)*
homebred [,həum'bred] *a* **1** naminis, namie augintas **2** paprastas, nešlifuotas
home-brew [,həum'bru:] *n* naminis alus
home-brewed ['həum'bru:d] *a* naminis *(apie alų ir pan.)*
homecoming ['həum,kʌmɪŋ] *n* **1** grįžimas namo, į tėvynę **2** *amer.* absolventų susitikimo vakaras
homecraft ['həumkrɑ:ft] *n* namudė
homefelt ['həumfelt] *a poet.* nuoširdus
homegrown [,həum'grəun] *a* **1** vietinis, vietinės, savo šalies gamybos **2** naminis, namie augintas
home-keeping ['həum,ki:pɪŋ] *a* mėgstantis sėdėti namie; namisėda
homeland ['həumlænd] *n* tėvynė; gimtinė; **original ~** protėvynė
homeless ['həumləs] *a* benamis; beglobis *(apie vaikus)*
n **(the ~)** *kuop.* benamiai
homelike ['həumlaɪk] *a* **1** malonus, jaukus **2** draugiškas
home-loving ['həum,lʌvɪŋ] *a* = **home-keeping**
homely ['həumlɪ] *a* **1** (pa)prastas, kasdieninis; natūralus **2** šeimos, namų, jaukus **3** *amer.* negražus, prastos išvaizdos
homemade [,həum'meɪd] *a* **1** naminis; namų gamybos, namų/savo darbo; **~ bread** naminė, namie kepta duona **2** savo šalies gamybos
homemaker ['həum,meɪkə] *n (ypač amer.)* namų šeimininkė
homeopath ['həumɪəpæθ] *n (ypač amer.)* = **homoeopath**
homeowner ['həum,əunə] *n* namo/būsto savininkas

homer ['həumə] *n* pašto karvelis
Homer ['həumə] *n* Homeras *(graikų poetas)*
Homeric [həu'merɪk] *a* Homero 2 homeriškas
homesick ['həumsɪk] *a* pasiilgęs/išsiilgęs namų/savųjų/tėvynės
homesickness ['həumsɪknɪs] *n* tėvynės ilgesys, nostalgija
homespun ['həumspʌn] *a* 1 naminis, namie austas 2 (pa)prastas; liaudiškas
n naminis audeklas; milas
homestead ['həumsted] *n* 1 sodyba 2 *amer. ist.* naujakurio sklypas; homstedas; *H. Act* įstatymas, suteikiantis naujakuriams naudojamo sklypo nuosavybę *(1862 m.)*
homesteader ['həumstedə] *n* 1 sodybinio sklypo savininkas 2 *amer. ist.* naujakurys, kolonistas
home-thrust [,həum'θrʌst] *n* 1 taiklus smūgis 2 vykęs atsakymas; kandi pastaba
hometime ['həumtaɪm] *n mok.* namo grįžimo metas
homeward ['həumwəd] *a* einantis namų link, namo; ~ *way* kelias namo
adv namo, į namus
homeward-bound ['həumwəd'baund] *a* grįžtantis/plaukiantis namo
homewards ['həumwədz] = **homeward** *adv*
homework ['həumwə:k] *n* 1 namų darbas *(ypač mokinio); to do one's ~* mokytis pamokas 2 pasiruošimas *(susirinkimui, kalbai ir pan.); to have done one's ~* gerai pasiruošti/išnagrinėti
homeworker ['həum,wə:kə] *n* dirbantysis namie; namudininkas
homey ['həumɪ] *(ypač amer.) a* 1 namų, jaukus; *to feel ~* jaustis kaip namie 2 paprastas, nepretenzingas
n sl. savas *(iš tos vietos/bandos)*
homicidal [,hɔmɪ'saɪdl] *a* 1 *teis.* turintis polinkį žudyti; žmogžudiškas 2 mirtį nešantis, žudantis; mirtinas *(apie neapykantą ir pan.)*
homicide ['hɔmɪsaɪd] *n teis.* 1 žmogžudys, žudikas 2 nužudymas, žmogžudystė 3 *amer. (policijos)* žmogžudysčių skyrius
homie ['həumɪ] = **homey** *n*
homily ['hɔmɪlɪ] *n knyg.* pamokslas *(t. p. prk.)*
homing[1] ['həumɪŋ] *a* 1 grįžtantis namo; ~ *pigeon* pašto karvelis 2 *tech., kar.* automatiškai taikantis *(apie ginklą);* ~ *device* automatinis taikiklis; ~ *system* automatinio valdymo sistema
homing[2] *n* 1 grįžimas namo; gebėjimas rasti kelią namo 2 *kar.* automatinis taikymas
hominy ['hɔmɪnɪ] *n amer.* kukurūzų košė
homo ['həuməu] *n (pl ~s [-z])* (homosexual *sutr.) šnek.* homoseksualistas
homo- ['həuməu-] *(sudurt. žodžiuose)* homo-, viena-; *homologous* homologinis, vienareikšmis; *homozygote* homozigota
homoeopath ['həumɪəpæθ] *n* homeopatas
homoeopathy [,həumɪ'ɔpəθɪ] *n* homeopatija
homogeneity [,hɔmədʒə'ni:ətɪ, ,həumədʒə'ni:ətɪ] *n* vienarūšiškumas, vienodumas; homogeniškumas
homogeneous [,hɔmə'dʒi:nɪəs, ,həumə'dʒi:nɪəs] *a* 1 vienodas, vienarūšis *(t. p. gram.)* 2 *spec.* homogeninis
homogenize [hə'mɔdʒənaɪz] *v spec.* homogenizuoti
homograph ['hɔməgrɑ:f] *n kalb.* homografas
homographic [,hɔmə'græfɪk] *a kalb.* homografinis
homologate [hə'mɔləgeɪt] *v knyg.* 1 (pa)tvirtinti; pripažinti 2 sutikti
homologous [hə'mɔləgəs] *a knyg.* atitinkamas 2 *chem., biol.* homologinis

homonym ['hɔmənɪm] *n* 1 *kalb.* homonimas 2 vienavardis, bendravardis
homonymic [,hɔmə'nɪmɪk] *a* = **homonymous**
homonymous [hə'mɔnɪməs] *a* 1 *kalb.* homoniminis 2 vienvardiškas, turintis tą patį pavadinimą/vardą
homonymy [hə'mɔnɪmɪ] *n kalb.* homonimija
homophone ['hɔməfəun] *n kalb.* homofonas
homophony [hə'mɔfənɪ] *n muz.* homofonija
homo sapiens [,həuməu'sæpɪenz] *lot.* homo sapiens; protingasis žmogus
homosexual [,hɔmə'sekʃuəl, ,həumə'sekʃuəl] *n* homoseksualistas
a homoseksualinis
homosexuality [,hɔməsekʃu'ælətɪ] *n* homoseksualumas
homunculus [hɔ'mʌŋkjuləs] *lot. n* 1 nykštukas, žmogelis 2 homunkulas *(alchemijoje)*
homy ['həumɪ] = **homey** *a*
hon [hʌn] *n šnek.* = **honey** 3
honcho ['hɔntʃəu] *n (pl ~s [-z])*: *the head ~ (ypač amer.) šnek.* didelis viršininkas, bosas
Honduras [hɔn'djuərəs] *n* Hondūras *(valstybė)*
hone [həun] *n* 1 galąstuvas, šlifavimo akmuo *(t. p.* ~ *stone)* 2 *tech.* honas; honingavimo galvutė
v 1 galąsti 2 *tech.* honinguoti 3 (pa)tobulinti, (iš)treniruoti; (iš)puoselėti
honest ['ɔnɪst] *a* 1 doras, sąžiningas; ~ *girl* dora mergaitė; *to earn/make an ~ living* sąžiningai uždirbti 2 tiesus, atviras, nuoširdus; *to be quite ~ (about it)* atvirai kalbant 3 tikras, nefalsifikuotas ◊ *to make an ~ woman of smb* a) vesti suviliotą mergaitę; b) *juok.* vesti mylimąją; ~ *to God!,* ~! garbės žodis!
honestly ['ɔnɪstlɪ] *adv* 1 dorai, sąžiningai 2 nuoširdžiai; tikrai; *I ~ don't know* tikrai nežinau
mod iš tikrųjų; ~! garbės žodis!
honest-to-goodness [,ɔnɪsttə'gudnɪs] *a attr* 1 paprastas ir geras 2 *amer.* tikras, geras
honesty ['ɔnɪstɪ] *n* 1 dorumas, sąžiningumas 2 tiesumas, atvirumas 3 *bot.* (darželinė) blizgė ◊ *in all ~* atvirai kalbant; ~ *is the best policy pat.* sąžiningumas – geriausia politika
honey ['hʌnɪ] *n* 1 medus; *liquid ~* išsuktas medus 2 *prk.* saldumas 3 *(ypač amer.)* mielasis, -oji *(kreipiantis)* 4 *(ypač amer.) šnek.* nuostabus dalykas; nuostabi mergaitė
honeybee ['hʌnɪbi:] *n* naminė bitė, bitė darbininkė
honeybunch ['hʌnɪbʌntʃ] *n amer. šnek.* mielasis, -oji *(kreipiantis)*
honey-buzzard ['hʌnɪ,bʌzəd] *n zool.* vapsvaėdis *(paukštis)*
honeycomb ['hʌnɪkəum] *n* 1 medaus korys 2 *tech.* tuštumėlė, pūslė *(metale)*
a korinis; korytas, akytas
honeycombed ['hʌnɪkəumd] *a* 1 turintis daug skylių/angų, sukiurdytas 2 *prk.* pakirstas, nusilpnintas
honeydew ['hʌnɪdju:] *n* 1 lipčius 2 *poet.* nektaras 3 melasa pasaldytas tabakas 4 melionas *(t. p. ~ melon)*
honeyed ['hʌnɪd] *a* 1 meduotas, su medumi 2 saldus, meilus *(apie žodžius, balsą)*
honeymoon ['hʌnɪmu:n] *n* 1 medaus mėnuo 2 *(naujo prezidento, vyriausybės ir pan.)* pirmosios darbo savaitės *(t. p. ~ period)*
v praleisti medaus mėnesį
honeymooner ['hʌnɪmu:nə] *n (džn. pl)* jaunavedžiai, leidžiantys medaus mėnesį
honeypot ['hʌnɪpɔt] *n* 1 medaus puodas 2 kas nors viliojantis/patraukiantis; lankoma/mėgstama vieta
honeysuckle ['hʌnɪ,sʌkl] *n bot.* sausmedis

Hong Kong [͵hɔŋ'kɔn] *n* Honkongas
honied ['hʌnɪd] *a* = **honeyed**
honk [hɔŋk] *n* **1** *(laukinių žąsų)* gagenimas **2** *(automobilio)* signalas
v **1** gagenti *(apie žąsis)* **2** *aut.* duoti signalą, signalizuoti
honkie, honky ['hɔŋkɪ] *n amer. sl. niek.* baltasis, baltaodis *(negrų kalboje)*
honky-tonk ['hɔŋkɪtɔŋk] *(ypač amer.) n* pigus baras *(kur griežiama kaimiška muzika)*
a attr pigus, prastas; trankus, triukšmingas
Honolulu [͵hɔnə'lu:lu:] *n* Honolulu(s) *(miestas)*
honor ['ɔnə] *n amer.* = **honour**
honorable ['ɔnərəbl] *a amer.* = **honourable**
honorarium [͵ɔnə'rɛərɪəm] *n* (*pl* ~s, -ria [-rɪə]) honoraras
honorary ['ɔnərərɪ] *a* **1** garbės *(apie narį, vardą)* **2** neapmokamas *(visuomeniniais pagrindais, be atlyginimo; apie darbą, pareigas)*
honorific [͵ɔnə'rɪfɪk] *a* **1** garbės *(apie titulą)* **2** pagarbus, reiškiantis pagarbą
n titulas, garbės vardas
honour ['ɔnə] *n* **1** garbė, šlovė; geras vardas; *a debt of ~* garbės skola; *I have the ~ to inform you* turiu garbę pranešti jums; *~ bright!, on/upon my ~!* garbės žodis! **2** kilnumas; dorumas, dora **3** pagarba, pagarbumas; *the place/seat of ~* garbinga vieta *(svečiui);* *to show ~ to one's parents* gerbti tėvus; *Your H.* gerbiamasis teisėjau **4** pagerbimas, pagarbos (pa)reiškimas; *to give/pay ~ to smb* atiduoti/reikšti pagarbą kam; *to do ~ to smb* a) gerbti ką, reikšti kam pagarbą; b) daryti garbę; *in ~ of smb/smth* kieno garbei; kam pagerbti, kieno atminimui **5** *pl* apdovanojimai; pasižymėjimo ženklai; *~s of war* garbingos kapituliacijos sąlygos; *~s degree* diplomas su pagyrimu ◊ *to do the ~s šnek.* eiti šeimininko(-kės) pareigas *(svečių atžvilgiu)*
v **1** gerbti, jausti pagarbą **2** pagerbti; (su)teikti *(pasižymėjimo ženklą; with)* **3** vykdyti *(sąlygas, susitarimą ir pan.)* **4** *fin.* (pripažinti ir) apmokėti *(čekį, sąskaitą)*
honourable ['ɔnərəbl] *a* **1** garbingas; *~ duty [peace]* garbinga pareiga [taika]; *~ mention ofic.* padėka *(už laimėjimus)* **2** gerbiamas **3** kilnus, doras **4** *(H.)* gerbiamasis *(kreipimosi forma)*
honoured ['ɔnəd] *a* **1** gerbiamas; *our ~ guests* mūsų gerbiami svečiai **2** nusipelnęs; *to be/feel ~* didžiuotis *(kuo)*
hooch [hu:tʃ] *n (ypač amer.) šnek.* degtinė *(ypač įgyta neteisėtu būdu);* naminė, krūminė
hood[1] [hud] *n* **1** *(galvos)* gobtuvas, apdanga, vaura **2** dangtis, viršus; kepurė *(pvz., aviliui uždengti)* **3** *tech.* gaubtas, gaubšlė; *(krosnies)* gaubtuvas **4** *aut.* sudedamas viršus/stogas; *amer.* variklio gaubtuvas/dangtis
v užgaubti gobtuvu; uždengti, užvožti *(dangčiu)*
hood[2] *n (ypač amer.) sl.* = **hoodlum**
Hood [hud] *n: Thomas ~* Tomas Hudas *(anglų poetas)*
-hood [-hud] *suff* **1** -ystė *(reiškiant būseną); motherhood* motinystė **2** -umas *(reiškiant ypatybę); hardihood* drąsumas; įžūlumas
hooded ['hudɪd] *a* **1** su gobtuvu **2** užgaubtas, uždengtas, pridengtas
hoodie ['hudɪ] *n zool.* pilkoji varna
hoodlum ['hu:dləm] *n šnek.* chuliganas, triukšmadarys; nusikaltėlių grupės narys
hoodoo ['hu:du:] *n (ypač amer.) šnek.* **1** tai, kas atneša nelaimę **2** nelaimė, nepasisekimas
v atnešti nelaimę
hoodwink ['hudwɪŋk] *v* apgau(dinė)ti, apsukti
hooey ['hu:ɪ] *n amer. šnek.* niekai, nesąmonė

hoof [hu:f] *n (pl* hoofs [-fs], hooves) **1** kanopa, naga **2** kanopinis gyvulys **3** *juok. (žmogaus)* didelė koja ◊ *on the ~* a) gyvas, nepaskerstas *(apie gyvulį);* b) nepagalvojus, tarp kitko; *under smb's ~ (esantis)* ≡ po padu, kieno valdžioje; *to pad the ~* eiti pėsčiomis; *to get the ~* būti atleistam
v **1** mušti/spirti kanopa **2** *šnek.* atleisti, išmesti *(džn. ~ out)* ◊ *to ~ it šnek.* a) pėsčiuoti; sprukti; b) šokti *(šokį)*
hoof-and-mouth ['hu:fənd'mauθ] *a: ~ disease vet.* snukio ir kanopų liga
hoofed [hu:ft] *a* su kanopomis; *~ animals zool.* kanopiniai
hoofer ['hu:fə] *n amer. šnek.* šokėjas
hoo-ha ['hu:hɑ:] *n šnek.* triukšmas, klegesys
hook [huk] *n* **1** kablys; kabliukas; vąšelis; *~ and eye* kabliukas su kilpele; *to take the phone off the ~* nuimti telefono ragelį **2** lenktas peilis; pjautuvas *(t. p. reaping ~)* **3** staigus vingis; *(upės)* kilpa **4** spąstai, kilpos **5** trumpas šoninis smūgis *(bokse)* ◊ *by ~ or by crook* geruoju ar piktuoju; *to drop/pop/slip off the ~s* ≡ kojas pakratyti; mirti; *to go off the ~s šnek.* a) kvaištelėti, kuoktelėti; b) iškrypti iš kelio; c) mirti; *~, line and sinker* visiškai *(patikėti);* *on one's own ~ šnek.* ≡ iš savo galvos; savarankiškai, savo rizika; *to sling/take one's ~ sl.* nešdintis; spausti; *to be off the ~* išsisukti/išsigelbėti iš bėdos; *to get smb off the ~* ištraukti/išgelbėti ką iš bėdos
v **1** už(si)kabinti *(kabliu, ant kablio ir pan.; over, around)* **2** užsegti, užsagstyti, susegti *(t. p. ~ up)* **3** gaudyti/pagauti kabliuku *(žuvis)* **4** *prk. amer. šnek.* sužvejoti, sučiupti, (su)gauti **5** *amer.* badyti(s) *(apie gyvulius)* **6** *sl.* (pa)vogti □ *~ in* priversti sutikti *(su kuo); ~ together* su(si)kabinti; *~ up* a) prijungti *(elektrą, telefoną ir pan.);* b) *(ypač amer.)* užmegzti draugiškus santykius; sutikti bendradarbiauti
hookah ['hukə] *arab. n* kaljanas
hook-and-eye [͵hukənd'aɪ] *v* suseg(io)ti kabliukais
hooked [hukt] *a* **1** lenktas, kreivas; *~ nose* kumpa/pakumpusi nosis **2** turintis kablį/kablių **3** užsikabinęs *(on – už)* **4** *amer.* megztas kabliuku/vąšeliu **5** *predic šnek.* susižavėjęs *(on);* sužavėtas *(by)* **6** *predic šnek.* vartojantis narkotikus
hooker[1] ['hukə] *n šnek.* **1** provokatorių verbuotojas **2** *(ypač amer.)* prostitutė, kekšė
hooker[2] *n* žvejų laivas
hookey ['hukɪ] *n* = **hooky**
hook-nosed ['huknəuzd] *a* kumpanosis, su erelio nosimi
hook-up ['hukʌp] *n* **1** sujungimas, sukabinimas **2** santykiai, ryšiai, kontaktas; sąjunga **3** *rad.* kelių stočių vienalaikė tos pačios programos transliacija
v rad. laikinai sujungti kelias stotis vienai programai transliuoti
hookworm ['hukwə:m] *n* nematodas *(kirmėlė)*
hooky ['hukɪ] *n: to play ~ amer. mok. šnek.* praleisti, praleidinėti *(pamokas ir pan.)*
hooligan ['hu:lɪgən] *n* chuliganas
hooliganism ['hu:lɪgənɪzm] *n* chuliganizmas
hoop[1] [hu:p] *n* **1** lankas, žiedas; ratlankis; *embroidery ~* siuvinėjimo lankelis **2** *tech.* apkaba, varžlankis **3** *ist.* krinolinas **4** vartai *(kroketė)* **5** metimas iš po krepšio *(krepšinyje)* ◊ *to go through the ~s, to jump through ~s* būti priverstam daryti tai, kas nemalonu/sunku; ≡ (per)eiti per ugnį ir vandenį
v **1** užkalti/užvaryti *(statinės)* lankus **2** apsupti, apkabinti
hoop[2] *n* rėkavimas, klykavimas
v klykauti, rėkauti
hooper ['hu:pə] *n* kubilius

hooping-cough ['hu:pɪŋkɔf] *n med.* kokliušas
hoopla ['hu:plɑ:] *n* **1** žiedai *(žaidimas – žiedų mėtymas ant lošiamųjų daiktų)* **2** *šnek.* šurmulys, sambrūzdis
hoop-net ['hu:pnet] *n* venteris
hoopoe ['hu:pu:] *n zool.* kukutis, lukutis *(paukštis)*
hoop-skirt ['hu:pskə:t] *n ist.* krinolinas
hooray [hu'reɪ] = **hurra(h)** *int, v*
hoosegow ['hu:sgau] *n amer. sl.* cypė, belangė
hoot [hu:t] *n* **1** šauksmas, šūkavimas, rėkavimas; **~s of derision** pajuokos šauksmai **2** *(sirenos)* kaukimas, *(automobilio)* signalas **3** *(pelėdos)* ūkavimas, ūbavimas ◊ ***I don't give/care a ~ šnek.*** ≡ man į tai nusispjauti; ***to be a ~ šnek.*** būti labai juokingam
v **1** šaukti; šūkauti, rėkauti *(pykstant, tyčiojantis);* lelioti **2** kaukti *(apie sireną);* duoti signalą, pypsėti *(apie automobilį)* **3** ūk(au)ti, ūbauti *(apie pelėdą)* ☐ **~ away/off/out** išvyti riksmu/leliojimu, išlelioti; **~ down** šūkavimu priversti nutilti, nušvilpti
hootch [hu:tʃ] *n* = **hooch**
hootenanny [ˌhu:təˈnænɪ] *n (ypač amer.)* liaudies šokių vakarėlis
hooter ['hu:tə] *n* **1** sirena, kauklys **2** *šnek.* nosis **3** *pl amer. vulg.* papai
hoove [hu:v] *n vet.* pilvo išpūtimas
hoover ['hu:və] *n (džn. H.)* dulkių siurblys *(pagal firmos pavadinimą)*
v siurbti dulkių siurbliu
hooves [hu:vz] *pl žr.* **hoof** *n*
hop¹ [hɔp] *n* **1** šuolis; pašoki(nėji)mas; **~, step, and jump** *sport.* trišuolis **2** *šnek.* šokiai; šokių vakaras **3** *av. šnek.* skridimas, skrydis ◊ **on the ~** *šnek.* a) netikėtai, nepasiruošus; b) triūsiantis, bėgiojantis
v **1** šokinėti, šokuoti, straksėti *(t. p.* **~ about/around)** **2** peršokti *(džn.* **~ over)** **3** *amer. šnek.* šokti *(į traukinį, į autobusą ir pan.; t. p.* **~ in;** *iš lovos ir pan.; t. p.* **~ out)** **4** šlubuoti ☐ **~ off** a) *av.* (pa)kilti *(nuo žemės);* b) *šnek.* nešdintis, išsinešdinti; **~ up** *sl.* a) ≡ sukelti ant kojų, subruzdinti; b) padidinti *(galingumą ir pan.)* ◊ **to ~ it** *šnek.* sprukti, mauti, bėgti; **to ~ to it** *šnek.* pulti ką daryti; **to ~ the stick/twig** *sl.* a) *psn.* slėptis/slapstytis nuo skolintojų; b) mirti, ≡ iš šio pasaulio iškeliauti
hop² *n* **1** apynys; **~ pole** apynkartė, virptis **2** *sl.* narkotikas
v **1** skinti apynius **2** dėti apynių *(į alų)*
hop-bind ['hɔpbaɪnd] *n* apynojas
hop-bine ['hɔpbaɪn] *n* = **hop-bind**
hope [həup] *n* viltis *(of);* **to be past/beyond ~** būti beviltiškoje padėtyje; **in the ~ that...** tikėdamasis, kad...; **in vain ~** tuščiai, veltui; **to pin/set one's ~s** *(on)* dėti viltis *(į);* **to dash smb's ~s** sužlugdyti kieno viltis; **to raise smb's ~s** kelti kam vilčių; **there is little ~ that he will come** maža vilties, kad jis ateis; **~s are failing** viltys blėsta; **not a ~!** jokios vilties! ◊ **~ chest** *amer.* kraitis; kraičio skrynia
v tikėtis, viltis, laukti *(for – ko);* **I ~ so** tikiuosi, kad taip; **I ~ not** tikiuosi, kad taip nebus; **to ~ against ~** veltui tikėtis, vis dar tikėtis; **to ~ for the best** tikėtis, kad viskas bus gerai
hoped-for ['həuptfɔ:] *a* tikėtasis, labai norimas; **long ~** seniai lauktas
hopeful ['həupfəl] *a* **1** pilnas/turintis vilčių, viltingas **2** teikiantis vilčių, daug žadantis
n daug žadantis žmogus; pretendentas; **young ~** daug žadantis jaunuolis
hopefully ['həupfəlɪ] *adv* **1** su viltimi; viltingai **2** *mod (ypač amer.)* tikimasi; jei pasiseks

hopefulness ['həupfəlnɪs] *n* **1** optimizmas **2** viltys, viltingumas
hopeless ['həupləs] *a* **1** beviltiškas; **~ case** beviltiškas atvejis **2** be vilties, netekęs vilties; **to be ~ for the future** be vilties žiūrėti į ateitį
hopelessness ['həupləsnɪs] *n* beviltiškumas
hop-flavoured ['hɔpˈfleɪvəd] *a* su apyniais, apyniuotas *(apie alų)*
hop-garden ['hɔpˌgɑ:dn] *n* apynynas
hophead ['hɔphed] *n sl.* **1** *amer.* narkomanas **2** *austral.* girtuoklis
hop-off ['hɔpɔf] *n šnek. (lėktuvo)* (pa)kilimas; (pa)kilimo laikas
hop-o'-my-thumb [ˌhɔpəmɪˈθʌm] *n* nykštukas
hopped-up ['hɔptʌp] *a (ypač amer.)* **1** *sl.* apsvaigęs, apkvaišęs *(nuo narkotikų)* **2** *aut. šnek.* didesnio galingumo *(apie variklį, automobilį)*
hopper¹ ['hɔpə] *n* **1** šokikas, šokinėtojas **2** šokinėjantis/šokuojantis vabzdys *(blusa, žiogas ir pan.)* **3** *glžk.* hoperis *(automatiškai išsikraunantis vagonas; t. p.* **~ car);** **~ wagon** dumpkaras **4** *stat.* viršulangis **5** *tech.* piltuvas, bunkeris
hopper² *n* = **hop-picker** 1
hop-picker ['hɔpˌpɪkə] *n* **1** apynių skynėjas **2** apynių skynimo mašina
hopping ['hɔpɪŋ] *a* **1** šokinėjantis **2** *(ypač amer.)* gyvas, judrus ◊ **to be ~ mad** *šnek.* pasiusti, įširsti
hopple ['hɔpl] *v* (su)pančioti *(arklį, karvę)*
hoppy¹ ['hɔpɪ] *a* apyniuotas; su apyniais
hoppy² *n sl.* narkomanas
hopscotch ['hɔpskɔtʃ] *n* „Klasės" *(vaikų žaidimas)*
hoptoad ['hɔptəud] *n amer. šnek.* rupūžė
Horace ['hɔrəs] *n* Horacijus *(romėnų poetas)*
horary ['hɔ:rərɪ] *a psn.* **1** valandų **2** kasvalandinis **3** trunkantis valandą
horde [hɔ:d] *n* **1** orda *(t. p. prk.);* gauja; **the Golden H.** *ist.* Aukso orda **2** būrys; *(vabzdžių)* spiečius; **a ~ of wolves** vilkų ruja **3** *pl* daugybė; *(žmonių)* minios
v rinktis būriais/pulkais
horehound ['hɔ:haund] *n bot.* šantra
horizon [həˈraɪzn] *n* **1** horizontas, akiratis *(t. p. prk.);* **over the ~** už horizonto; **to brooden/expand/widen smb's ~** plėsti kieno akiratį **2** *geol.* horizontas, aukštas, vienodo senumo nuogula **3** *kas.* horizontas
horizontal [ˌhɔrɪˈzɔntl] *n spec.* horizontalė *(tiesė);* **out of the ~** nehorizontalioje padėtyje
a horizontalus; **~ plane** horizontalioji plokštuma
hormone ['hɔ:məun] *n fiziol.* hormonas
horn [hɔ:n] *n* **1** ragas; **made of ~** padarytas iš rago **2** *pl (vabzdžio)* čiuptuvėliai, čiupikliai; *(sraigės)* rageliai **3** ragas, ragelis *(muzikos instrumentas);* **English ~** *amer.* anglų ragas; **French ~** valtorna **4** garsintuvas **5** *(automobilio ir pan.)* garso signalas, sirena **6** *(geriamasis)* ragas **7** *tech.* iškyša, iškyla; šerdesas; svirtis **8** *attr* rago, raginis; **~ spectacles** akiniai raginiais rėmeliais; **~ loudspeaker** ruporinis garsiakalbis ◊ **of plenty** ≡ gausybės ragas; **between/on the ~s of a dilemma** ≡ tarp dviejų ugnių; priverstas rinktis vieną iš dviejų blogybių; **to lock ~s with smb** ginčytis, susiginčyti su kuo; **to pull/draw in one's ~s** a) (su)mažinti savo išlaidas; b) trauktis atgal, nurimti, ≡ ragus apsidaužyti/apsilaužyti
v **1** (už)badyti **2** nupjauti ragus ☐ **~ in** *amer. šnek.* a) kištis, įsikišti; b) įsibrauti *(on)*
hornbeam ['hɔ:nbi:m] *n bot.* skroblas
hornbill ['hɔ:nbɪl] *n zool.* ragasnapiai

hornblende ['hɔ:nblend] *n min.* raginukė
horned [hɔ:nd] *a* raguotas; ~ *cattle* galvijai, raguočiai
hornet ['hɔ:nɪt] *n zool.* širšė ◊ *to stir up a ~s' nest, to bring a ~s' nest about one's ears* ≡ paliesti širšių lizdą
hornless ['hɔ:nləs] *a* beragis
hornlike ['hɔ:nlaɪk] *a* ragiškas, panašus į ragą
hornpipe ['hɔ:npaɪp] *n* 1 jūrininkų šokis 2 birbynė *(muz. instrumentas)*
horn-rimmed ['hɔ:n'rɪmd] *a* raginiais rėmeliais *(apie akinius)*
horny ['hɔ:nɪ] *a* 1 rago, raginis; ~ *layer (odos)* raginis sluoksnis 2 raguotas 3 kietas kaip ragas; suragėjęs 4 *šnek.* lytiškai sujaudintas/patrauklus *(apie vyrą)*
horny-handed ['hɔ:nɪˌhændɪd] *a* pūslėtomis rankomis
horology [hɔ'rɔlədʒɪ] *n ret.* 1 laiko matavimas 2 laikrodininkystė
horoscope ['hɔrəskəup] *n* horoskopas
horrendous [hɔ'rendəs, hə-] *a* bauginantis, siaubingas
horrent ['hɔrənt] *a poez.* pasišiaušęs; bauginantis
horrible ['hɔrəbl] *a* 1 siaubingas, baisus 2 *šnek.* bjaurus, šlykštus *(apie orą ir pan.)*
 n siaubo romanas
horrid ['hɔrɪd] *a šnek.* 1 baisus, baisingas 2 bjaurus
horrific [hɔ'rɪfɪk, hə-] *a* šiurpus, klaikus
horrify ['hɔrɪfaɪ] *v* sukelti šiurpą/siaubą; pritrenkti
horrifying ['hɔrɪfaɪɪŋ] *a* šiurpinantis, siaubingas
horripilation [hɔˌrɪpɪ'leɪʃn] *n knyg.* žąsies oda *(nuo šalčio, baimės)*
horror ['hɔrə] *n* 1 pasibaisėjimas; šiurpas, siaubas; *to one's ~* savo pasibaisėjimui; *to be in ~ of darkness* paniškai bijoti tamsos; *chamber of ~s* siaubo kambarys *(vaškinių figūrų muziejuje)*; *~ film [novel]* siaubo filmas [romanas] 2 bjaurėjimasis, pasibjaurėjimas; *to have the ~ (of)* šlykštėtis, bjaurėtis 3 prislėgta nuotaika; baimės priepuolis; *to give smb the ~s* įvaryti kam baimės 4 *(the ~s)* baltosios karštligės priepuolis 5 *šnek.* baisybė, baisenybė; *he is a little ~* jis – siaubingas vaikas
horror-stricken, -struck ['hɔrəˌstrɪkən, -strʌk] *a* siaubo apimtas
hors de combat [ˌɔ:də'kɔmbɑ:] *pr. predic* išėjęs iš rikiuotės; iškritęs iš varžybų
horsd'oeuvre [ˌɔ:'də:v] *pr.* užkandis
horse [hɔ:s] *n* 1 arklys, žirgas; *to take ~* sėsti ant arklio; joti; *to ~!* ant arklių! 2 raitininkai, kavalerija; *~ and foot* a) raitininkai ir pėstininkai; b) iš visų jėgų 3 *sport.* arklys *(t. p. pommel ~)* 4 *(the ~s) pl šnek.* arklių lenktynės 5 stovas; ožys *(malkoms pjauti)* 6 *amer. šnek.* prezervatyvas 7 *sl.* heroinas 8 *attr* arklių; arklinis; *prk.* šiurkštus; didelis ◊ *black/dark ~* a) nežinomas arklys *(lenktynėse)*; b) *amer. polit.* mažai žinomas kandidatas *(rinkimuose)*; *to flog/amer. beat a dead ~* imtis nereikalingo darbo, veltui stengtis; *to back the wrong ~ šnek.* paremti ne tą asmenį/sumanymą *ir pan.;* apsirikti, apsiskaičiuoti; *to buy a white ~ šnek.* švaistyti pinigus; *to pay for a dead ~* veltui išmesti pinigus; *to be/get on one's high ~, to ride the high ~ šnek.* didžiuotis, ≡ riesti nosį; *don't look a gift ~ in the mouth* ≡ dovanotam arkliui į dantis nežiūrima; *(straight) from the ~'s mouth šnek.* ≡ iš pirmų lūpų, iš pirmųjų šaltinių; *hold your ~s! šnek.* palauk!, pagalvok!, neskubėk!; *to change ~s in midstream, to swap ~s while crossing the stream* ≡ brastoje arkliai nekeičiami, ne laikas kurtus lakinti, kai reikia medžioti; *to eat like a ~* ≡ valgyti už keturis; *I could eat a ~* aš kažin ką suvalgyčiau, aš alkanas kaip šuo

 v 1 sėsti ant arklio; joti 2 pristatyti arklius □ *~ about/around šnek.* šurmuliuoti, triukšmauti, kvailioti
horse-and-buggy [ˌhɔ:sənd'bʌgɪ] *a amer. šnek.* priešvaninis
horseback ['hɔ:sbæk] *n* arklio nugara; *on ~* raitas
 adv raitom(is), raitas
horsebean ['hɔ:sbi:n] *n bot.* arkliapupė
horse-block ['hɔ:sblɔk] *n* pastovas *(užlipti ant arklio)*
horsebox ['hɔ:sbɔks] *n* vagonas arkliams; narvas arkliams pakrauti
horsebreaker ['hɔ:sˌbreɪkə] *n* arklių prajodinėtojas
horse-breeder ['hɔ:sˌbri:də] *n* arklių augintojas, arklininkas
horse-breeding ['hɔ:sˌbri:dɪŋ] *n* arklininkystė
horse-chestnut [ˌhɔ:s'tʃesnʌt] *n* paprastasis kaštonas *(medis ir vaisius)*
horsecloth ['hɔ:sklɔθ] *n* gūnia
horse-collar ['hɔ:sˌkɔlə] *n* pavalkai
horse-coper, -dealer ['hɔ:sˌkəupə, -ˌdi:lə] *n* arklių pirklys
horse-drawn ['hɔ:sdrɔ:n] *a attr* arklio traukiamas, arklinis
horseflesh ['hɔ:sfleʃ] *n* 1 arkliena 2 *kuop.* arkliai
horsefly ['hɔ:sflaɪ] *n zool.* sparva
horsehair ['hɔ:shɛə] *n* 1 ašutas 2 ašutinis audinys; klijuotė
horsehide ['hɔ:shaɪd] *n* arklena, arklio oda
horselaugh ['hɔ:slɑ:f] *n* kvatojimas, garsus juokas
horseleech ['hɔ:sli:tʃ] *n* 1 arkliadėlė 2 *prk.* siurbėlė; prievartautojas
horseless ['hɔ:sləs] *a* bearklis; neturintis arklio
horseman ['hɔ:smən] *n (pl* -men [-mən]*) (tik v.)* jojikas; raitelis, raitininkas
horsemanship ['hɔ:smənʃɪp] *n* jojimo menas
horse-marine [ˌhɔ:smə'ri:n] *n* žmogus ne savo stichijoje
horseplay ['hɔ:spleɪ] *n* negražūs pokštai, išdykavimas, stumdymasis
horsepower ['hɔ:spauə] *n tech.* arklio galia
horseracing ['hɔ:sˌreɪsɪŋ] *n sport.* arklių/žirgų lenktynės
horseradish ['hɔ:sˌrædɪʃ] *n* 1 *bot.* krienas 2 krienai
horseriding ['hɔ:sˌraɪdɪŋ] *n* jodinėjimas
horse-sense ['hɔ:ssens] *n šnek. (šiurkštokas)* sveikas protas
horseshit ['hɔ:ʃʃɪt, 'hɔ:sʃɪt] *n, int (ypač amer.) vulg.* šūdas, kliedalas
horseshoe ['hɔ:ʃʃu:, 'hɔ:sʃu:] *n* pasaga; *~ clamp* pasagos formos apkaba
 v kaustyti *(arklius)*
horse-show ['hɔ:sʃəu] *n* jojimo varžybos
horse-soldier ['hɔ:sˌsəuldʒə] *n* kavaleristas, raitininkas
horsetail ['hɔ:steɪl] *n* 1 arklio uodega 2 *bot.* asiūklis; *marsh ~* gegužinis asiūklis; *meadow ~* asiūklis ožkabarzdis
horse-trading ['hɔ:sˌtreɪdɪŋ] *n* derėjimasis, arklių mainai
horse-trailer ['hɔ:sˌtreɪlə] *n amer.* = **horsebox**
horsewhip ['hɔ:swɪp] *a* botagas
 v plakti, čaižyti, (iš)lupti, prilupti *(botagu)*
horsewoman ['hɔ:sˌwumən] *n (pl* -women [-ˌwɪmɪn]) amazonė, jojikė, raitininkė
horsey, horsy ['hɔ:sɪ] *a* 1 arklinis; arkliškas 2 mėgstantis arklius, arklių lenktynes *ir pan.* 3 jojimo; susijęs su arklininkyste
hortative ['hɔ:tətɪv] *a knyg.* skatinantis, raginantis; skatinamasis
hortatory ['hɔ:tətərɪ] *a* = **hortative**
horticultural [ˌhɔ:tɪ'kʌltʃərəl] *a* sodininkystės; *~ crops* vaisiniai augalai; *~ sundry* sodo inventorius
horticulture ['hɔ:tɪˌkʌltʃə] *n* sodininkystė

horticulturist [ˌhɔːtɪ'kʌltʃərɪst] *n* sodininkas, sodininkystės specialistas
hosanna [həu'zænə] *n bibl.* hosana *(džiaugsmo šūksnis) int* šlovė!
hose[1] [həuz] *n* žarna *(laistyti, gaisrui gesinti ir pan.)* *v* **1** laistyti žarna **2** (nu)plauti žarna *(ppr.* **~ down)** **3** *amer. sl.* (ap)mulkinti, apmauti
hose[2] *n (pl ~) kuop.* **1** *kom.* trikotažas; kojinės; **support ~** guminės kojinės **2** *ist.* kelnės *(glaudžiai prigludusios prie kojų);* **trunk ~** trumpos kelnės *(XVI–XVII a.)*
hosepipe ['həuzpaɪp] = **hose**[1] *n*
hosier ['həuzɪə] *n* prekiautojas trikotažu
hosiery ['həuzɪərɪ] *n* **1** *kom.* trikotažas **2** *psn.* trikotažo parduotuvė/fabrikas
hospice ['hɔspɪs] *n* **1** *(nepagydomų ligonių)* slaugos namai/ligoninė **2** *psn.* užeigos namai *(ypač prie vienuolyno)*
hospitable [hɔ'spɪtəbl, 'hɔspɪtəbl] *a* **1** svetingas, vaišingas **2** palankus, pagaulus *(naujoms idėjoms ir pan.; to)*
hospital ['hɔspɪtl] *n* **1** ligoninė; **to be in ~** gulėti ligoninėje; **to be admitted to (the) ~** būti paguldytam į ligoninę, būti hospitalizuotam; **teaching ~** klinika *(prie medicinos aukštosios mokyklos);* **to walk the ~s** atlikti praktiką ligoninėse **2** *amer. (specializuota)* remonto dirbtuvė **3** *ret.* prieglauda **4** *attr* ligoninės; sanitarinis; **~ treatment** gydymas ligoninėje; **~ ship [train]** sanitarinis laivas [traukinys]
hospitality [ˌhɔspɪ'tælətɪ] *n* svetingumas, vaišingumas
hospitalize ['hɔspɪtəlaɪz] *v* paguldyti į ligoninę, hospitalizuoti
host[1] [həust] *n* **1** šeimininkas *(priimantis svečius);* **~ country** šalis šeimininkė; **to play ~ (to)** būti šeimininku, priimti *(svečius)* **2** *rad., tel.* vadovaujantysis *(pristatantis svečius, imantis interviu)* **3** *biol.* užkrėstasis, *(parazitų)* šeimininkas **4** *psn., juok. (viešbučio)* savininkas; smuklininkas ◊ **to reckon without one's ~** neįvertinti sunkumų; apsigauti, apsiskaičiuoti
v **1** priimti svečius; būti šeimininku **2** *rad., tel.* būti laidos/programos vadovu/vedėju
host[2] *n* **1** daugybė, minia, masė **2** *psn.* kariuomenė ◊ **the ~s of heaven, the heavenly ~** a) dangaus šviesuliai; b) angelai; **a ~ in himself** vienas, atstojantis daugelį *(darbe ir pan.)*
host[3] *n (džn.* **the H.)** *bažn.* ostija
hostage ['hɔstɪdʒ] *n* įkaitas *(daiktas ar žmogus);* **to take [to hold] smb ~** paimti [laikyti] ką įkaitu ◊ **to give ~s to fortune** neapgalvotai/nepagrįstai rizikuoti
hostel ['hɔstl] *n* **1** bendrabutis **2** *(jaunimo)* turistų stovykla/bazė *(t. p.* **youth ~)** **3** *psn.* viešbutis; smuklė
v atostogauti turistų bazėje/stovykloje
hostel(l)er ['hɔstələ] *n* **1** turistas, apsistojantis turistų bazėse **2** studentas, gyvenantis bendrabutyje
hostelry ['hɔstəlrɪ] *n* **1** *psn.* viešbutis **2** *juok.* smuklė
hostess ['həustɪs] *n* **1** šeimininkė *(priimanti svečius)* **2** *rad., tel.* vadovaujančioji *(pristatanti svečius)* **3** palydovė, stiuardesė *(t. p.* **air ~)** **4** partnerė *(šokiuose, naktiniame bare)* **5** *amer. (restorano, viešbučio ir pan.)* administratorė **6** *psn., juok. (viešbučio)* savininkė; smuklininkė
hostile ['hɔstaɪl] *a* **1** priešo; **~ territory** priešo teritorija **2** priešiškas, nedraugiškas *(to);* **~ acts** priešiški veiksmai; **to be ~ to smth** būti priešiškai nusistačiusiam ko atžvilgiu, prieštarauti kam
n ret. priešas
hostility [hɔ'stɪlətɪ] *n* **1** priešiškumas *(among, between);* **with ~** priešiškai **2** *pl* karo veiksmai; **to suspend hostilities** nutraukti karo veiksmus, ugnį

hostler ['hɔslə] *n* **1** *amer. glžk.* šaltkalvis remontininkas **2** *ist.* arklininkas
hot [hɔt] *<a, adv, v>* *a* **1** karštas; įkaitintas; **boiling ~** verdantis; **steaming ~** labai karštas; **I am ~** man karšta; **your forehead feels ~** tavo kakta karšta **2** *prk.* karštas, ugningas, aistringas **3** įsikarščiavęs, įkaitęs, susijaudinęs; susierzinęs; **to have a ~ temper** būti karšto būdo, greit įsikarščiuoti **4** pikantiškas, aštraus skonio, pipiringas *(apie maistą)* **5** *prk.* aštrus; keblus *(apie klausimą ir pan.)* **6** *šnek.* populiarus; aktualus **7** ką tik gautas/atvykęs; šviežias *(apie pėdsakus, žinias);* **Dr. Jonaitis, ~ from the Vilnius conference** Dr. Jonaitis, ką tik atvykęs iš Vilniaus konferencijos **8** arti tikslo; **to get ~** priartėti *(prie paslėpto daikto);* beveik įspėti **9** *šnek.* vogtas, pavojingas turėti; policijos ieškomas *(apie žmogų)* **10** *šnek.* nusimanantis, įgudęs, gabus *(on, at)* **11** *šnek.* griežtas *(on)* ◊ **~ and bothered** susierzinęs, susirūpinęs; **not so ~** *šnek.* nieko ypatinga, šiaip sau; **to go ~ and cold** šiurpui imti/krėsti *(t. p. prk.);* **to make it ~ for smb** ≡ užkurti kam pirtį; **don't make it too ~!** neperdėk!, nepadaugink!
adv **1** karštai **2** ugningai, aistringai
v (ppr. **~ up)** *šnek.* **1** pakarštinti, sušildyti; sušilti **2** *prk.* karštėti; pagyvėti; pasmarkinti, sukurstyti **3** *aut.* padaryti galingesnį
hot-air [ˌhɔt'ɛə] *a* **1** *šnek.* plepus, linkęs girtis **2** *tech.* kaitinamas karštu oru; naudojantis karštą orą; **~ balloon** karšto oro balionas
hotbed ['hɔtbed] *n* **1** *ž. ū.* inspektas, šiltlysvė **2** *prk. (blogio, intrigų ir pan.)* šaltinis, židinys, terpė
hot-blooded ['hɔt'blʌdɪd] *a* karštas, aistringas
hot-brained ['hɔt'breɪnd] *a* = **hotheaded**
hotchpot ['hɔtʃpɔt] *n* = **hotchpotch** 3
hotchpotch ['hɔtʃpɔtʃ] *n* **1** mėsos ir daržovių ragu **2** *prk.* mišinys, kratinys, šiupinys **3** *teis.* tėvų turto sujungimas *(kad būtų galima jį lygiomis dalimis išdalyti)*
hotel [həu'tel] *n* viešbutis; **family ~** viešbutis su papigintomis vietomis šeimoms
hotelier [həu'telɪə, həu'telɪeɪ] *pr. n* viešbutininkas, viešbučio savininkas
hotelkeeper [ˌhəu'telkiːpə] *n* = **hotelier**
hotfoot ['hɔtfut] *šnek. adv* greitai, skubiai
v greitai eiti, skubėti; **to ~ it down to the pub** nuskubėti į alinę
hothead ['hɔthed] *n* karštagalvis, karštuolis, karštakošis
hotheaded ['hɔt'hedɪd] *a* karštas, ūmus; neapgalvotas *(apie sprendimą)*
hothouse ['hɔthaus] *n* **1** šiltnamis, oranžerija; **~ plant** a) šiltnamio augalas; b) gležnas/jautrus žmogus; **~ atmosphere [environment]** *prk.* šiltnamio sąlygos [aplinka] **2** *prk.* židinys **3** *tech.* džiovykla
hotline ['hɔtlaɪn] *n* **1** tiesioginė tarpvalstybinė telefono linija; **the ~ between Moscow and Washington** tiesioginė telefono linija tarp Maskvos ir Vašingtono **3** speciali telefono linija *(kam pranešti, ką sužinoti);* **Aids ~** specialus AIDS numeris
hotplate ['hɔtpleɪt] *n* elektros/dujų viryklėlė
hotpot ['hɔtpɔt] *n* troškinta mėsa su bulvėmis
hot-rod ['hɔtrɔd] *v aut.* įdėti forsuotą variklį; forsuoti variklį
hots [hɔts] *n pl:* **to have the ~ for smb** *šnek.* geisti ko
hotshot ['hɔtʃɔt] *šnek. n* **1** didelis žmogus, šulas; prasisiekėlis **2** *sport.* žaidėjas, pasižymintis tailkliais metimais/smūgiais
a apsukrus, energingas; klestintis, iškilęs

hot-spirited ['hɔt'spɪrɪtɪd] *a* karštas, ūmus
hotspur ['hɔtspə:] *n* karštuolis, karštakošis, nutrūktagalvis
hot-tempered ['hɔt'tempəd] *a* ūmus, karšto būdo
Hottentot ['hɔtntɔt] *n* **1** hotentotas **2** hotentotų kalba *a* hotentotų
hottie, hotty ['hɔtɪ] *n šnek.* pūslė, termoforas
hot-water [,hɔt'wɔ:tə] *a* šildomas karšto vandens; ~ *bottle/amer.* **bag** pūslė, termoforas
hot-wire ['hɔtwaɪə] *v aut. šnek.* sujungti laidus *(paleidžiant variklį be raktelio)*
hot-working ['hɔt,wə:kɪŋ] *n tech.* karštasis apdirbimas *(metalų)*
hough [hɔk] *n* **1** pakinklio sausgyslė **2** = **hock**[1]
v perpjauti pakinklio sausgyslę
houmous, houmus ['hu:məs] *n* = **hummus**
hound [haund] *n* **1** *medž.* skalikas, šuo; **to follow the ~s, to ride to ~s** medžioti (raitam) su šunimis **2** *prk. šnek.* šuo, šunsnukis **3** *prk.* medžiotojas; **autograph** ~ autografų medžiotojas
v **1** (už)pjudyti *(šunimis; at, on, upon)*; kiršinti, kurstyti **2** uiti; persekioti **3** medžioti su šunimis ▫ ~ *down* sugauti, susekti; ~ *out šnek.* išuiti; išvyti, išėsti *(iš darbo ir pan.; of)*
hour ['auə] *n* **1** valanda; **twenty four ~s** para, 24 valandos; **an ~'s work** (vienos) valandos darbas; **by the ~** a) už valandas *(mokėti ir pan.)*; valandiniu atlyginimu; b) su kiekviena valanda; **twice an ~** du kartus per valandą; **every ~ on the ~** tiksliai kiekvienos valandos pradžioje; **it's only an ~ away** tik valanda kelio; **at an early ~** anksti; **~s and ~s** valandų valandas *(labai ilgai)* **2** *(tam tikras dienos)* laikas; **dinner ~** pietų metas; **office ~s** darbo/priėmimo valandos *(įstaigoje, kontoroje ir pan.)*; **working ~s** darbo laiko trukmė; **the off ~s** laisvos valandos; **after ~s** po darbo (valandų); krautuvės *ir pan.* uždarius; **out of ~s** ne darbo metu ◊ **the small ~s** laikas po vidurnakčio *(tarp pirmos ir ketvirtos valandos)*; **till/to all ~s** ligi apyaušrio/gaidžių; **at the eleventh ~** paskutinę minutę, pačiu paskutiniu momentu; **to work unsocial/unsociable ~s** dirbti neįprastu laiku *(per naktį, labai anksti rytą ir pan.)*; **to keep early/good ~s** anksti keltis ir anksti gulti; **to keep late ~s** vėlai gulti ir vėlai keltis
hour-circle ['auə,sə:kl] *n geogr.* dienovidinis, meridianas
hourglass ['auəglɑ:s] *n* smėlio laikrodis *(atmatuojantis vieną valandą)*; ~ *screw/amer.* **worm** *tech.* globoidinis sliekas
hour-hand ['auəhænd] *n (laikrodžio)* valandų rodyklė
houri ['huərɪ] *arab. n* hurija
hourly ['auəlɪ] *a* **1** kasvalandinis; valandinis; **the buses are ~** autobusai išvyksta kas valandą **2** nuolatinis
adv **1** kas valandą **2** nuolat; dažnai
house *n* [haus, *pl* 'hauzɪz] **1** namas; troba; **to move ~** persikelti gyventi į kitą namą; **to go [to come] to smb's ~** eiti [ateiti] pas ką **2** namai, šeimyna, namiškiai **3** giminė, dinastija **4** *(parlamento)* rūmai *(t. p.* **the H.***)*; **Lower ~** žemieji rūmai; **Upper ~** aukštieji rūmai; **H. of Commons** bendruomenių rūmai; **H. of Lords** lordų rūmai; **H. of Representatives** *(JAV)* Atstovų rūmai; **the White H.** Baltieji rūmai *(JAV prezidento rezidencija)*; **third ~** *amer. sl.* tretieji rūmai, kongreso kuluarai *(faktiškieji įstatymų leidėjai)*; **to enter the H.** tapti parlamento nariu; **to make a ~** sudaryti kvorumą *(bendruomenių rūmuose)* **5** įstaiga, firma; **to work in ~** dirbti įstaigoje; **trade ~** prekybos namai **6** *teatr., kin.* žiūrovų salė; publika, žiūrovai; **picture ~** kino teatras; **to bring down the (whole) ~** sukelti ovacijas **7** vaidinimas; seansas; **the**

first ~ **starts at six o'clock** pirmasis seansas prasideda šeštą valandą **8** specialios paskirties pastatas *(džn. sudurt. žodžiuose)*; **coach ~** ratinė; **henhouse** vištidė; ~ **of God/worship** Dievo namai, bažnyčia **9** koledžas; pensionas; bendrabutis **10** *mok. (užklasinės veiklos)* grupė **11** religinė brolija **12** *jūr.* kabina, būdelė **13** (the H.) = **workhouse** 1 **14** *attr* namų; kambarinis; ~ **arrest** namų areštas; ~ **slippers** kambarinės šlepetės; ~ **organ** firmos/įmonės biuletenis *(savo reikalams)* ◊ **to keep ~** tvarkyti ūkį, namų ūkio reikalus, šeimininkauti; **to keep the ~** sėdėti/tupėti namie; ~ **and home** namai, namų židinys; **to eat smb out of ~ and home** ≡ visus namus pravalgyti; ~ **of call** užvažiuojamasis kiemas; ~ **of ill fame** *psn.* viešieji namai; **like a ~ on fire** *šnek.* greitai ir lengvai; **to get on like a ~ on fire** *šnek.* greit susiuostyti; **to put/set one's ~ in order** sutvarkyti savo reikalus; pertvarkyti savo gyvenimą; **to put/set one's own ~ in order** ≡ pirma į save pažiūrėti *(prieš kritikuojant kitus)*; **that's on the ~** tai veltui/nemokamai; šeimininkas vaišina
v [hauz] **1** apgyvendinti, įkurdinti; apsigyventi, įsikurti **2** pri(si)glausti *(kur)* **3** padėti *(daiktus, turtą ir pan.)* **4** nuimti *(derlių)*
house-agent ['haus,eɪdʒənt] *n* namų pardavimo ir nuomojimo tarpininkas
houseboat ['hausbəut] *n* **1** gyventi pritaikyta valtis **2** jachta
housebound ['hausbaund] *a* negalintis išeiti iš namų *(dėl ligos, dėl senatvės)*
houseboy ['hausbɔɪ] *n (tik v.) niek.* tarnas, patarnautojas, berniukas *(padedantis namų ūkyje)*
housebreak ['hausbreɪk] *v* (-broke [-brəuk]; -broken [-brəukən]) *amer.* mokyti *(naminį gyvulį)* prašytis
housebreaker ['haus,breɪkə] *n* **1** įsilaužėlis **2** darbininkas, dirbantis prie namų (nu)griovimo; *pl* namų nukėlimo/(nu)griovimo firma
housebreaking ['haus,breɪkɪŋ] *n* **1** įsilaužimas, vagystė įsilaužiant **2** *amer.* mokymas *(naminio gyvulio)* prašytis
housebroken ['haus,brəukən] *a amer.* = **house-trained** 1
houseclean ['hauskli:n] *v* tvarkyti/švarinti namus/butą
housecoat ['hauskəut] *n* ilgas moteriškas kambarinis drabužis, chalatas
housecraft ['hauskrɑ:ft] *n* namų ruoša *(kaip disciplina)*
housedog ['hausdɔg] *n* sarginis šuo
housefather ['haus,fɑ:ðə] *n (tik v.)* **1** šeimos galva **2** *(pensiono, prieglaudos)* auklėtojas; internato *ir pan.* vedėjas
house-flag ['hausflæg] *n* laivybos bendrovės vėliava
housefly ['hausflaɪ] *n zool.* kambarinė musė
houseful ['hausful] *n* pilni namai *(of – ko)*
houseguest ['hausgest] *n* svečias, viešnia *(viešintys kelias dienas)*
household ['haushəuld] *n* **1** namiškiai; šeimyna; **the ~** karališkoji šeima *(D. Britanijoje)* **2** namų ūkis **3** *pl* antros rūšies miltai
a attr namų, naminis; šeimyninis; ūkinis ◊ ~ **name/word** dažnai vartojamas, paplitęs žodis/pertaras; ~ **troops** Karališkoji gvardija
householder ['haus,həuldə] *n* **1** namo/buto nuomininkas **2** namų šeimininkas/savininkas **3** šeimos galva
househunt ['haushʌnt] *v* ieškoti namo/buto apsigyventi
house-husband ['haus,hʌzbənd] *n (tik v.)* vyras, atliekantis namų ruošą
housekeeper ['haus,ki:pə] *n* ūkvedė, ūkvedys; namų šeimininkė *(ne savininkė)*
housekeeping ['haus,ki:pɪŋ] *n* **1** namų ūkis/ruoša, namudė **2** ūkio *(reikalų)* tvarkymas, ūkvedyba **3** ūkiniai pinigai *(t. p.* ~ **money***)*

houseleek ['hausli:k] *n bot.* perkūnropė
houseless ['hausləs] *a* benamis, be pastogės; be namų
houselights ['hauslaɪts] *n pl teatr., kin.* žiūrovų salės apšvietimas
housemaid ['hausmeɪd] *n* kambarinė; *(privataus namo)* valytoja; **~'s knee** *med.* antgirnelinio maišelio uždegimas
houseman ['hausmən] *n* **1** (*pl* -men [-mən]) *(tik v.)* jaunas gydytojas *(atliekantis praktiką ligoninėje ir gyvenantis joje)* **2** *amer.* tarnas, patarnautojas
housemaster ['haus‚mɑ:stə] *n (tik v.)* mokyklos pensiono, internato vedėjas
housemistress ['haus‚mɪstrɪs] *n* mokyklos pensiono, internato vedėja
housemother ['haus‚mʌðə] *n* **1** šeimos galva *(apie moterį)* **2** *(pensiono, prieglaudos)* auklėtoja; mergaičių internato *ir pan.* vedėja
housepainter ['haus‚peɪntə] *n* dažytojas
houseparent ['haus‚pɛərent] *n* šeimyninių vaikų globos namų tėvas/motina
house-party ['haus‚pɑ:tɪ] *n* kelių dienų pobūvis užmiesčio namuose
housephone ['hausfəun] *n* vidaus telefonas *(ypač viešbutyje)*
house-physician ['hausfɪ‚zɪʃn] *n* ligoninėje gyvenantis gydytojas
houseplant ['hauspla:nt] *n* kambarinis augalas
house-proud ['hauspraud] *a* namų ūkiui atsidavęs; **~ woman** namų ūkiui atsidavusi moteris; rūpestinga šeimininkė
houseroom ['hausrum] *n* gyvenamasis plotas, butas ◊ **not to give smth ~** griežtai atsisakyti, nenorėti ko
house-sit ['haussɪt] *v* (-sat [-sæt]) prižiūrėti namą *(kol savininkas išvykęs)*
house-to-house [‚hausto'haus] *a* apsilankantis kiekviename *(kurios nors vietos)* name; **~ canvassing** rinkėjų lankymas *(agituojant už kandidatą)*
housetop ['haustɒp] *n* stogas ◊ **to shout/proclaim from the ~s** visiems (viešai) paskelbti
house-trained ['haustreɪnd] *a* **1** įpratintas/išmokytas nedergti/neteršti namie *(apie gyvulį)* **2** *juok.* gerai išauklėtas
housewares ['hauswɛəz] *n pl* namų apyvokos reikmenys/prekės
housewarming ['haus‚wɔ:mɪŋ] *n* įkurtuvės *(t. p.* **~ party)**; **to have/give a ~** švęsti įkurtuves
housewife *n* **1** ['hauswaɪf] (*pl* -wives) šeimininkė; namų šeimininkė *(nedirbanti kitur)* **2** ['hʌzɪf] dėžutė *(siūlams, adatoms ir pan.)*
housewifely ['haus‚waɪflɪ] *a* šeimininkiškas; ūkiškas, ekonomiškas
housewifery ['hauswɪfrɪ] *n* namų ūkis; šeimininkavimas
housewives ['hauswaɪvz] *pl žr.* **housewife**
housework ['hauswə:k] *n* namų ruoša
housey-housey [‚hausɪ'hausɪ] *n* loto žaidimas
housing[1] ['hauzɪŋ] *n* **1** gyvenamieji namai; gyvenimo sąlygos; aprūpinimas būstu; **~ estate**/*amer.* **development** gyvenamųjų namų kvartalas/rajonas; **available ~** gyvenamųjų namų fondas **2** gyvenamųjų namų statyba **3** prieglauda **4** niša; išpjova, išėma **5** *tech.* korpusas, stovas **6** *tech.* karteris
housing[2] *n* mitukas, balnaklotė
Houston ['hju:stən] *n* Hiustonas *(JAV miestas)*
hove [həuv] *past ir pII žr.* **heave** *v* 6, 7
hovel ['hɒvəl] *n* **1** pašiūrė **2** lūšna, lušnelė **3** niša *(statulai)*

hover ['hɒvə] *v* **1** plevénti, sklandyti; *(apie debesį)* pakabti, pakibti, tvyroti **2** sukinėtis, slankioti *(about, around – apie, aplink)* **3** būti/lūkuriuoti arti *(t. p.* **~ over/about)**; **to ~ on the brink/verge of death** būti arti mirties **4** abejoti, svyruoti
hovercraft ['hɒvəkrɑ:ft] *n* transporto priemonė su oro pagalve
hoverport ['hɒvəpɔ:t] *n* transporto priemonių su oro pagalve stotis
how [hau] *adv* **1** kaip, kokiu būdu; **~ foolish!** kaip kvaila!; **~ is your foot?** kaip tavo koja?; **~ come?, ~ so?** kaip čia dabar?, kodėl?; **to know ~ to behave** žinoti, kaip elgtis; **tell me ~ it is done** pasakyk(it), kaip tai daroma **2** kiek, kaip; **~ is milk?** (po) kiek pienas?; **~ many?, ~ much?** kiek?; **~ much is that sweater?** kiek kainuoja tas megztinis? ◊ **~ do you know?** iš kur tu žinai?; **~ are you?** a) kaip jaučiatės?; b) kaip gyvuojate/einasi?; **~ now?** *psn.* ką tai reiškia?; **and ~!** *amer. šnek.* ir dar kaip!, ir dar koks!; tik laikykis!
n būdas, metodas; **the ~ of it** kaip tai daroma
Howard ['hauəd] *n* Hovardas *(vardas)*
howdy ['haudɪ] *int amer. šnek.* sveikas!
how-d'ye-do [‚haudjə'du:] *n šnek.* kebli padėtis; **here's a fine/nice/pretty ~!** še tau!, graži istorija!
however [hau'evə] *adv* **1** vis dėlto, tačiau **2** kaip *(bedarytum, bebūtų ir pan.)*, kad ir kaip; **we'll have to finish the job, ~ long it takes** mes turėsime užbaigti tą darbą, kad ir kiek tai truktų **3** *šnek.* kaip? *(reiškiant nustebimą)*; **~ did you find me?** kaipgi tu mane suradai?
conj tačiau; **today, ~, it looks as if the sun might come out** tačiau šiandien atrodo, kad pasirodys saulė
howitzer ['hauɪtsə] *n kar.* haubica
howl [haul] *n* **1** staugimas, kaukimas *(t. p. prk.)*; *(vėjo t. p.)* švilpimas, stūgavimas **2** rėkimas, bliovimas; **a ~ of pain** šauksmas/riksmas iš skausmo **3** *šnek.* juokingas atvejis, anekdotas
v **1** staugti, stūgauti, kaukti *(t. p. prk.)* **2** rėkti, bliauti *(iš skausmo, pykčio)* □ **~ down** nušvilpti *(kalbėtoją)* ◊ **to ~ with laughter** kvatoti
howler ['haulə] *n* **1** raudotojas *(garbstant mirusįjį)* **2** *šnek.* kvailiausia/juokingiausia klaida **3** *zool.* staugūnas *(beždžionė; t. p.* **~ monkey)** ◊ **to come a ~** susimauti, apsijuokti
howling ['haulɪŋ] *n* = **howl** 1, 2
a **1** staugiantis; bliaunantis, rėkiantis **2** *šnek.* didžiulis *(apie pasisekimą ir pan.)*; **~ swell** baisus frantas
howsoever [‚hausəu'evə] *psn., knyg.* = **however** *adv* 1, 2
hoy[1] [hɔɪ] *n ist.* nedidelis laivas; barža
hoy[2] *int* ei!
hoyden ['hɔɪdn] *n* padūkusi, nutrūktgalviška mergaitė/mergiotė
hub [hʌb] *n* **1** stebulė, įvorė **2** *(dėmesio, veiklos)* centras; **~ of the universe** pasaulio/visatos centras **3** *geod.* niveliavimo matuoklė
hubble-bubble ['hʌbl‚bʌbl] *n* **1** kaljanas **2** kliukėjimas **3** tauškalai, plepalai
hubbub ['hʌbʌb] *n* klegesys, klegėjimas; triukšmas
hubby ['hʌbɪ] *n* (husband *sutr.*) *(tik v.) šnek.* vyrelis
hubcap ['hʌbkæp] *n aut. (rato)* gaubtas
hubris ['hju:brɪs] *gr. n knyg.* išpuikimas, puikybė
huckaback ['hʌkəbæk] *n* drobinis/medvilninis audinys, drobė *(rankšluosčiams ir pan.)*
huckleberry ['hʌklbərɪ] *n amer.* mėlynė *(uoga)*
Huckleberry ['hʌklbərɪ] *n* Haklberis *(lit. personažas)*

hucklebone ['hʌklbəun] *n anat.* **1** klubikaulis **2** kulnikaulis, kulnelis

huckster ['hʌkstə] *n* **1** prekininkas, prekiautojas smulkmenomis, *(vaikščiojantis)* pardavėjas **2** *niek.* makleris; verteiva, sukčius **3** *rad., tel. šnek.* reklamos laidų rengėjas
v **1** smulkmenomis prekiauti, pardavinėti *(nešiojant prekes)* **2** derėtis **3** plačiai reklamuoti, (į)siūlyti *(prekę)*

huddle ['hʌdl] *n* **1** *(netvarkinga)* krūva; minia, susibūrimas, būrys **2** netvarka, maišatis, grūstis **3** *šnek.* slaptas pasitarimas; *to get go into a* ~ sueiti pasitarti
v **1** suversti į krūvą, netvarkingai sumesti **2** burtis, spiestis; grūstis, spaustis **3** susiriesti, susitraukti *(džn.* ~ *up)* **4** (pa)daryti paskubomis/paviršutiniškai *(džn.* ~ *up/over)* **5** užsimesti *(drabužį; džn.* ~ *on)* □ ~ *together* susiburti, susispiesti

Hudson ['hʌdsn] *n* Hadsonas *(upė);* **H. Bay** Hadsono įlanka

hue¹ [hju:] *n* **1** spalva, atspalvis **2** *prk.* atspalvis, rūšis; *of every* ~ visokių rūšių, visokio plauko

hue² *n:* ~ *and cry* a) šauksmai „laikyk!, gaudyk!"; baisus riksmas, protesto šauksmai *(against);* b) *ist.* skelbimas, raginantis gaudyti nusikaltėlį

huff [hʌf] *šnek. n* susierzinimas, supykimas; *in a* ~ supykęs; *to get into a* ~ supykti, įsižeisti
v **1** (į)gąsdinti, gąsdinimais priversti *(into; out of)* **2** įžeisti, nuskriausti; įsižeisti **3** pūsti *(pvz., valant akinius; on)* **4** nuimti priešininko šaškę *(už klaidą),* nupūsti šaškę ◊ ~ *and puff* a) šniokštuoti *(pailsus);* b) murmėti, reikšti nepasitenkinimą *(about, at)*

huffish ['hʌfɪʃ] *a* = **huffy**

huffy ['hʌfɪ] *a šnek.* **1** lengvai įsižeidžiantis; išdidus **2** supykęs, susierzinęs

hug [hʌg] *n (stiprus)* apkabinimas
v **1** (stipriai) apkabinti; suspausti glėbyje **2** kibti *(prie kelio);* laikytis arti kranto *(apie laivą)* **3** laikytis *(ko);* puoselėti *(minti, svajonę),* likti ištikimam **4** *refl* jausti pasitenkinimą, būti patenkintam savimi *(with)*

huge [hju:dʒ] *a* milžiniškas, didžiulis; ~ *eater* ėdrūnas; ~ *building* milžiniškas pastatas; ~ *sums of money* didžiulės pinigų sumos, dideli pinigai

hugely ['hju:dʒlɪ] *adv* labai; milžiniškai, baisiai; ~ *expensive machine* labai brangi mašina

hugeness ['hju:dʒnɪs] *n* didumas

hugger-mugger ['hʌgəˌmʌgə] <*n, a, adv, v*> *n* **1** painiava; netvarka **2** slaptumas, paslaptis; *in* ~ slapta(i)
a **1** netvarkingas **2** slaptas
adv **1** netvarkingai **2** slaptai
v **1** slėpti; veikti slapta(i); užtušuoti *(reikalą; t. p.* ~ *up)* **2** daryti netvarkingai, bet kaip

Hugo [hju:gəu] *n:* **Victor** ~ Viktoras Hugo *(prancūzų rašytojas)*

Huguenot ['hju:gənəu] *pr. n ist.* hugenotas

huh [hʌ, hə] *int* **1** hm! *(reiškiant nustebimą, panieką ir pan.)* **2** a?, ką? *(nesupratus, neužgirdus);* ar ne?

hula(-hula) ['hu:lə('hu:lə)] *n* hula *(havajiečių šokis)*

hula-hoop ['hu:ləhu:p] *n* lankas *(ypač vaikams mankštintis)*

hulk [hʌlk] *n* **1** nebetinkančio plaukioti laivo korpusas; blokšyvas **2** *psn.* gremėzdiškas laivas **3** gremėzdas, griozdas *(t. p. apie žmogų)*

hulking ['hʌlkɪŋ] *a attr* nerangus, dramblotas; griozdiškas, gremėzdiškas

hull¹ [hʌl] *n* išaiža, lukštas, luoba, lupena, kevalas, žievelė
v gliaudyti, aižyti, lukštenti, lupti

hull² *n* **1** *(laivo, tanko)* korpusas; ~ *down* korpusas, pasislėpęs už horizonto **2** *av.* fiuzeliažas
v pramušti korpusą *(sviediniu),* pataikyti į korpusą

Hull [hʌl] *n* Halis *(miestas)*

hullabaloo [ˌhʌləbə'lu:, 'hʌləbəlu:] *n šnek.* **1** skandalas, triukšmas **2** riksmas, klegesys

hullo [hə'ləu] = **hello** *int, n, v*

hum¹ [hʌm] *n* **1** bimbimas, zvimbimas **2** ūžimas; gausmas, gaudesys, klegesys **3** *rad.* fonas, trikdžiai **4** *šnek.* blogas kvapas
v **1** dūgzti, bimbti, zirzti, zvimbti **2** gausti, ūžti; klegėti **3** niūniuoti **4** eiti į priekį *(apie darbą); he makes things* ~ jo rankose darbas verda **5** *šnek.* dvokti ◊ *to* ~ *and haw* a) mikčioti, vapėti; b) dvejoti

hum² *sutr.* = **humbug** *n, v*

hum³ *int* hm!

human ['hju:mən] *a* **1** žmogaus, žmonių; ~ *nature [rights]* žmogaus prigimtis [teisės]; ~ *being* žmogus; *the* ~ *race* žmonių giminė, žmonija **2** žmogiškas; *it's* ~ *to err* klysti – žmogiška
n žmogus, mirtingasis

humane [hju:'meɪn] *a* **1** humaniškas, žmoniškas **2** *ret.* humanitarinis

humaneness [hju:'meɪnnɪs] *n* žmoniškumas, humaniškumas

humanism ['hju:mənɪzm] *n* humanizmas

humanist ['hju:mənɪst] *n* humanistas
a humanistų, humanistinis

humanistic [ˌhju:mə'nɪstɪk] *n* humanistinis; humanizmo

humanitarian [hju:ˌmænɪ'tɛərɪən] *n* **1** humanistas **2** filantropas
a **1** humaniškas **2** humanitarinis; ~ *aid* humanitarinė pagalba

humanity [hju:'mænɪtɪ] *n* **1** žmonija **2** žmogiškumas, žmogaus prigimtis **3** humaniškumas, žmoniškumas **4** *kuop.* žmonės **5** *(the humanities) pl* a) humanitariniai mokslai; b) klasikinė filologija

humanize ['hju:mənaɪz] *v* **1** sužmoginti; sužmogėti **2** suševlninti, daryti humanišką; (su)žmoniškėti

humankind [ˌhju:mən'kaɪnd] *n* žmonija

humanly ['hju:mənlɪ] *adv* **1** žmogiškai **2** žmogaus jėgomis; ~ *possible* žmogui, žmogaus jėgomis įmanoma

humanoid ['hju:mənɔɪd] *a* žmogiškas, žmogaus
n robotas

Humber ['hʌmbə] *n* Hamberis *(Anglijos upė)*

Humberside ['hʌmbəsaɪd] *n* Hambersaidas *(Anglijos grafystė)*

humble ['hʌmbl] *a* **1** kuklus; ~ *gift* kukli dovana **2** nusižeminęs, nuolankus, (pa)klusnus; *please accept my* ~ *apologies* nuolankiausiai atsiprašau **3** (pa)prastas, varganas; *of* ~ *birth/origins* nekilmingas, iš prastuomenės
v (nu)žeminti; (nu)ramdyti; *refl* žemintis, nusižeminti; ~*d in/to the dust* pažemintas, sutryptas

humble-bee ['hʌmblbi:] *n zool.* kamanė

humbling ['hʌmblɪŋ] *a* žeminantis, žeminamas

humbug ['hʌmbʌg] *n* **1** apsimetimas, apgaulė; melas **2** apgavikas, apsimetėlis *(t. p.* ~ *fellow)* **3** *(džn. kaip int)* niekai, nesąmonė; kvailystė **4** šaltmėtinis saldainis
v apgaudinėti; *to* ~ *out of smth* apgaule išgauti ką; *to* ~ *into smth* apgaule įtraukti į ką

humdinger [ˌhʌm'dɪŋə] *n šnek.* šaunuolis; nuostabus dalykas

humdrum ['hʌmdrʌm] *n* **1** banalybė **2** banalus/nuobodus žmogus, nuoboda
a banalus, neįdomus; nuobodus

humeral ['hju:mərəl] *a anat.* žastikaulio

humerus ['hju:mərəs] *n* (*pl* -ri [-raɪ]) *anat.* žastikaulis
humid ['hju:mɪd] *a* drėgnas (ir šiltas) *(apie orą, klimatą)*
humidifier [hju:'mɪdɪfaɪə] *n (oro)* drėkintuvas *(prietaisas)*
humidify [hju:'mɪdɪfaɪ] *v* (su)drėkinti
humidistat [hju:'mɪdɪstæt] *n* drėgmėmatis, higrometras
humidity [hju:'mɪdətɪ] *n* drėgnumas; drėgmė; *relative ~ meteor.* santykinis oro drėgnumas
humidor ['hju:mɪdɔ:] *n* **1** dėžutė, kurioje išlaikomas tam tikras drėgnumas *(tabako dirbiniams)* **2** įrenginys orui drėkinti
humiliate [hju:'mɪlɪeɪt] *v* (pa)žeminti
humiliating [hju:'mɪlɪeɪtɪŋ] *a* žeminantis, žeminamas
humiliation [hju:ˌmɪlɪ'eɪʃn] *n* (pa)žeminimas
humility [hju:'mɪlətɪ] *n* **1** nuolankumas, paklusnumas **2** kuklumas
hummer ['hʌmə] *n rad.* zirzeklis, zumeris
humming ['hʌmɪŋ] *n* dūzgimas, bimbimas *ir kt., žr.* **hum¹** *v* 1, 2, 3
a **1** dūzgiantis; zirziantis; ūžiantis, gaudžiantis **2** *šnek.* smarkus, energingas; *a ~ knock on the head* stiprus smūgis per galvą
hummingbird ['hʌmɪŋbɜ:d] *n zool.* kolibris
humming-top ['hʌmɪŋtɒp] *n* vilkelis *(žaislas)*
hummock ['hʌmək] *n* **1** kalnelis, kalvutė *(ypač tarp pelkių)* **2** ledų sangrūda, ledujai
hummus ['hu:məs] *n* graikų valgis iš nutų ir česnakų *(su aliejumi)*
humor ['hju:mə] *amer.* = **humour** *n, v*
humorist ['hju:mərɪst] *n* **1** humoristas **2** juokdarys, pokštininkas
humoristic [ˌhju:mə'rɪstɪk] *a* humoristinis, humoristiškas
humorous ['hju:mərəs] *a* **1** humoristinis **2** juokingas, linksmas, komiškas
humour ['hju:mə] *n* **1** humoras; *man of ~* žmogus, turintis humoro jausmą **2** nuotaika, nusiteikimas; *in a good ~* geros nuotaikos; *out of ~* blogai nusiteikęs; *in the ~ (for)* linkęs (į); *he is in the ~ for a talk* jis norėtų pasišnekėti; *when the ~ takes me* kai man užeina nuotaika/noras **3** *med. ist.* skystis *(organizme; t. p. cardinal ~)*
v **1** patenkinti *(norus, skonį ir pan.)*, sutikti **2** taikytis, gerintis
humourless ['hju:mələs] *n* neturintis humoro jausmo, labai rimtas
humoursome ['hju:məsəm] *a* užgaidus
humous ['hju:məs] *a ž. ū.* puveningas, humusingas *(apie dirvožemį)*
hump [hʌmp] *n* **1** kupra **2** kupstas, kauburys; *road/speed ~* volelis *(greičiui sulėtinti)* **3** lemiamas/kritiškas momentas ◊ *to be/get over the ~* įveikti sunkiausią *(ko)* dalį; *to get the ~ šnek.* nuliūsti; ≡ nosį nuleisti; *to give smb the ~ šnek.* erzinti, nervinti
v **1** kuprinti(s), statyti kuprą **2** (nu)liūdinti, (su)erzinti; nusiminti **3** *šnek.* (už)tempti, užnešti; (už)mesti *(ant pečių; ryšulį ir pan.)* **4** *vulg.* išdulkinti; dulkintis
humpback ['hʌmpbæk] *n* **1** kupra **2** kuprius, kuprys
humpbacked, humped ['hʌmpbækt, hʌmpt] *a* kuprotas
humph [hʌmf] *int* hm! *(reiškiant nepritarimą, abejonę ir pan.)*
humpty-dumpty [ˌhʌmptɪ'dʌmptɪ] *n* **1** žemaūgis, storulis, drūčkis *(vaikiškų eilėraščių personažas)* **2** *polit. sl.* kandidatas be šansų būti išrinktas
humpy¹ ['hʌmpɪ] *n austral.* lūšnelė, trobelė
humpy² *a* **1** kupstuotas, kauburiuotas **2** *šnek.* niurzgus
humus ['hju:məs] *n* humusas, puvenos, juodžemis

Hun [hʌn] *n* **1** *ist.* hunas **2** *prk.* barbaras **3** *ret. niek.* vokietis
hunch [hʌntʃ] *n* **1** nujautimas, įtarimas; *on a ~* nujausdamas; intuityviai **2** kupra **3** didelis gabalas/kąsnis; stora riekė **4** papentis, gaubtinė *(lenta)*
v kūprinti(s), susikūprinti; (su)lenkti *(nugarą); to sit ~ed* sėdėti susikūprinusiam ☐ *~ down* susiriesti, susigūžti
hunchback ['hʌntʃbæk] *n* **1** kupra **2** *niek.* kuprius
hunchbacked ['hʌntʃbækt] *a* kuprotas
hundred ['hʌndrəd] *num card* **1** šimtas; *two ~ and three* du šimtai trys; *about a ~ metres* apie šimtą metrų; *I've told you a ~ times* (+ *inf)* sakiau tau šimtą kartų...; *great/long ~ kom.* šimtas dvidešimt *(kiekio vienetas)* **2** nulis nulis; *we'll meet at nine ~ hours* mes susitiksim lygiai devintą valandą *(devynios nulis nulis)* ◊ *the ~ and one odd chances* didelė/baisi rizika
n **1** skaičius šimtas; šimtinė; *~s of people* šimtai/daugybė žmonių **2** *ist.* apygarda *(D. Britanijos grafystės dalis)* ◊ *~s and thousands* smulkūs spalvoti saldainiai *(tortui puošti); not if I live to be a ~* niekada gyvenime
hundredfold ['hʌndrədfəʊld] *a* šimteriopas, šimtakartis
adv šimteriopai, šimtą kartų
hundred-percenter ['hʌndrədpə'sentə] *n amer.* bekompromisis/beatodairiškas/rėksmingas patriotas; šimtaprocentinis amerikietis
hundredth ['hʌndrədθ] *num ord* šimtasis
n šimtoji dalis
hundredweight ['hʌndrədweɪt] *n* centneris *(= 50 kg; t. p. metric ~; D. Britanijoje 112 svarų = 50,8 kg; t. p. long ~; JAV 100 svarų = 45,36 kg; t. p. short ~)*
hundred-year-old [ˌhʌndrədjɪər'əʊld] *n* šimtametis *(žmogus)*
a šimtametis
hung [hʌŋ] *past ir pII žr.* **hang** *v*
a teis. turintis po lygiai balsų
Hungarian [hʌŋ'gɛərɪən] *a* vengrų, vengriškas; Vengrijos
n **1** vengras **2** vengrų kalba
Hungary ['hʌŋgərɪ] *n* Vengrija
hunger ['hʌŋgə] *n* **1** alkis; badas; *to die of ~* mirti iš bado **2** troškimas *(for, after)*
v **1** trokšti *(for, after)* **2** *ret.* badauti, alkti; būti išalkusiam
hunger-march ['hʌŋgəmɑ:tʃ] *n* badaujančių bedarbių žygis
hunger-strike ['hʌŋgəstraɪk] *n* bado streikas
v (pa)skelbti bado streiką
hungover [ˌhʌŋ'əʊvə] *a šnek.* pagiringas
hungrily ['hʌŋgrɪlɪ] *adv* **1** kaip išbadėjęs, išalkusiai **2** *prk.* godžiai, trokštamai
hungry ['hʌŋgrɪ] *a* **1** alkanas, išalkęs; badaujantis; *to get ~* išalkti; *to go ~* badauti **2** trokštantis, ištroškęs *(nuotykių, žinių ir pan.; for)* **3** liesas, nederlingas *(apie žemę)* **4** (su)keliantis alkį; *~ work* darbas, didinantis apetitą
hung-up [ˌhʌŋ'ʌp] *a šnek.* susirūpinęs, sunerimęs *(about – dėl)*
hunk [hʌŋk] *n* **1** didelis gabalas; *a ~ of bread* duonos kampas; stora riekė **2** *šnek.* tikras/gražus vyras
hunker ['hʌŋkə] *v amer.* tupėti ☐ *~ down* a) tūpti; b) rimtai užsiimti/pasiruošti
hunkers ['hʌŋkəz] *n pl šnek.: on one's ~* a) pritūpus, tupint; b) baisioje padėtyje
hunks [hʌŋks] *n* **1** šykštuolis **2** niurzga, bambeklis
hunky ['hʌŋkɪ] *n amer. niek.* juodadarbis *(ypač iš Rytų Europos)*
a patrauklus, gražus *(apie vyrą)*
hunky-dory [ˌhʌŋkɪ'dɔ:rɪ] *a šnek.* puikus, šaunus
hunt [hʌnt] *v* **1** medžioklė **2** *(vietinė)* medžiotojų draugija **3** ieškojimas, paieška *(for); to be on the ~ (for)* atkakliai ieškoti *(ko); to have a ~ around for smth šnek.* paieškoti ko

hunter *v* **1** medžioti, gaudyti **2** vyti(s), persekioti, guiti **3** ieškoti *(for)*; **to ~ high and low** ieškoti ir šen, ir ten ☐ **~ away** išvyti, išguiti; **~ down** a) išuostinėti, susekti; b) privyti; pagauti; sumedžioti *prk.*; **~ out** suieškoti; atrasti; **~ up** (su)ieškoti, (su)medžioti *prk.*

hunter ['hʌntə] *n* **1** medžiotojas *(t. p. prk.)*; **autograph ~** autografų medžiotojas **2** medžioklinis šuo; medžioklinis arklys, hunteris **3** ieškotojas *(džn. sudurt. žodžiuose)*; **fortune ~** laimės ieškotojas **4** kišeninis laikrodis su dangteliu ◊ **hungry as a ~** ≡ alkanas kaip šuo

hunting ['hʌntɪŋ] *n* **1** medžioklė, medžiojimas; **to go ~** eiti medžioti **2** ieškojimas; paieška **3** *attr* medžioklinis, medžioklės; medžiotojų; **~ horn [rifle]** medžioklinis ragas [šautuvas]; **~ season** medžioklės sezonas

hunting-box ['hʌntɪŋbɔks] *n* medžiotojų namelis

hunting-ground ['hʌntɪŋgraund] *n* medžioklės plotas ◊ **happy/good ~** rojus *(džn. prk.)*

huntress ['hʌntrɪs] *n poet.* medžiotoja

huntsman ['hʌntsmən] *n (pl* -men [-mən]) *(ppr. v.)* **1** medžiotojas **2** šunų prižiūrėtojas *(medžioklėje)*

hup(p) [hʌp, ʌp] *int* nū!, na!, nuo! *(raginant arklį)*

hurdle ['hə:dl] *n* **1** kilnojamoji užtvara; pinučių tvora **2** *sport.* kliūtis, barjeras *(t. p. prk.)*; **to clear the ~** įveikti kliūtį **3** *(the ~s) pl* = **hurdle-race**
v **1** aptverti pinučiais *(t. p.* **~ off/round/up)** **2** peršokti *(per tvorą)* **3** *sport.* peršokti per barjerą; dalyvauti kliūtinėse lenktynėse **4** *prk.* nugalėti, įveikti *(sunkumą, kliūtį)*

hurdler ['hə:dlə] *n sport.* barjerininkas, kliūtinių lenktynių ar kliūtinio bėgimo dalyvis

hurdle-race ['hə:dlreɪs] *n sport.* **1** barjerinis bėgimas **2** kliūtinės lenktynės, arklių lenktynės su kliūtimis

hurdling ['hə:dlɪŋ] *n sport.* barjerinis bėgimas

hurds [hə:dz] *n* = **hards**

hurdy-gurdy ['hə:dɪˌgə:dɪ] *n* ryla *(senovinis muzikos instrumentas)*

hurl [hə:l] *n* staigus, stiprus metimas
v **1** sviesti, svaidyti *(su jėga; t. p. prk.)*; **to ~ reproaches at smb** apiberti ką priekaištais **2** *refl* mestis *(at, against)*

hurley, hurling ['hə:lɪ, 'hə:lɪŋ] *n* airių žaidimas, panašus į žolės riedulį

hurly-burly ['hə:lɪˌbə:lɪ] *n* sujudimas, sambrūzdis, triukšmas

Huron ['hjuərən] *n* Huronas *(ežeras)*

hurrah, hurray [hu'rɑ:, hu'reɪ] *int* valio!
v šaukti valio

hurricane ['hʌrɪkən] *n* **1** uraganas; **~ bombardment** uraganinis bombardavimas **2** *(plojimų)* audra; *(jausmo)* protrūkis

hurricane-lamp ['hʌrɪkənlæmp] *n* didelė lempa, *(gerai apsaugotas nuo vėjo)* žibintas

hurried ['hʌrɪd] *a* skubus, greitas; skubotas; **~ glance** greitas žvilgsnis; **~ departure** skubotas išvykimas

hurriedly ['hʌrɪdlɪ] *adv* paskubomis, skubant, skubotai

hurry ['hʌrɪ] *n* skubotumas, skubumas; skubėjimas; **in a ~** a) (pa)skubomis; b) *šnek.* noriai; lengvai, greitai; **in one's ~** skubėdamas; **to be in a ~** skubėti; **no ~** neskubu; **there is no ~** nėra ko skubėti; **what's/why (all) the ~?** kam taip skubėti? ◊ **we will not be doing smth (again) in a ~** mes dar negreit (vėl) imsimės ko
v **1** (pa)skubinti, (pa)skubėti *(t. p.* **~ up)**; **~ up!** paskubėk!, greičiau! **2** skubiai pasiųsti *(kariuomenę ir pan.)* ☐ **~ away/off** a) paskubom išeiti/išvažiuoti; nuskubėti *(after – paskui)*; b) paskubom išvežti/išnešti; **~ over/through** (pa)daryti bet kaip, paviršutiniškai

hurry-scurry [ˌhʌrɪ'skʌrɪ] <n, adv, v> *n* netvarkingas skubėjimas, lakstymas

adv paskubomis; bet kaip
v veikti paskubomis; lakstyti, beprasmiškai skubėti

hurry-up ['hʌrɪʌp] *a amer. šnek.* skubus

hurst [hə:st] *n* **1** kalnelis **2** giraitė; kalvelė, apaugusi mišku **3** *(smėlio)* sekluma

hurt [hə:t] <n, v, a> *n* **1** sužalojimas; žaizda; skausmas **2** žala; nuostolis **3** įžeidimas; **emotional ~** jausmų įžeidimas
v (hurt) **1** skaudėti *(apie kūno dalį)*; **where does it ~?** kur skauda? **2** skaudinti, (su)kelti skausmą; sužeisti, sužaloti; sumušti *(kūno dalį)*; *refl* susižeisti **3** padaryti žalos/nuostolių **4** įžeisti, užgauti; **to ~ smb's feelings** užgauti kieno jausmus **5** *šnek.* pakenkti, skaudžiai paliesti; **it won't ~** nepakenks, dėl to bus tik naudos
a **1** įžeistas; **deeply ~** labai įžeistas **2** sužeistas; **badly ~** smarkiai sužeistas

hurtful ['hə:tfəl] *a* užgaulus, skaudus, įžeidžiantis; žalingas

hurtle ['hə:tl] *v* **1** lėkti, nerti, (pra)švilpti; (nu)dardėti *(džn.* **~ down)** **2** mesti, sviesti **3** *psn.* atsitrenkti, atsimušti *(su trenksmu; against – į)*

husband ['hʌzbənd] *n (tik v.)* **1** vyras, sutuoktinis **2** *psn. (taupus)* šeimininkas; valdytojas
v knyg. **1** ūkiškai valdyti; ekonomiškai šeimininkauti **2** taupyti, taupiai leisti

husbandman ['hʌzbəndmən] *n (pl* -men [-mən]) *(tik v.) psn.* žemdirbys, artojas

husbandry ['hʌzbəndrɪ] *n knyg.* **1** žemės ūkis, žemdirbystė; **animal ~** gyvulininkystė **2** taupumas; taupymas

hush [hʌʃ] <n, v, int> *n* tyla, tyluma; **let's have a bit of ~** apsiraminkime truputį
v (nu)tildyti, (nu)raminti; nutilti, nuščiūti ☐ **~ up** a) nutylėti, nuslėpti; neiškelti aikštėn; b) nutildyti, nuraminti
int ša!, cit!, tylėk(ite)!

hushaby ['hʌʃəbaɪ] *int* čiūčia liūlia

hushed [hʌʃt] *a* pritilęs; pritildytas; tylus

hush-hush [ˌhʌʃ'hʌʃ] *a šnek.* slaptas, neskelbtinas; **~ show** *iron.* itin slaptas reikalas/pasitarimas

hushing [hʌʃɪŋ] *a fon.* šnypščiamasis, žvarbusis *(apie priebalsį)*

hush-money ['hʌʃˌmʌnɪ] *n* kyšis už tylėjimą

husk [hʌsk] *n* **1** žievelė, lukštas, išaiža; kevalas **2** *prk. (ko)* išorė, išorinis *(nenaudingas)* sluoksnis *ir pan.*
v lukštenti, gliaudyti, (nu)lupti *(žievelę)*

husky[1] [hʌskɪ] *a* **1** žievelės, lukšto; lukštuotas **2** sausas **3** kimus, duslus **4** *šnek.* augalotas, stiprus *(apie vyrą)*
n amer. šnek. augalotas, stiprus žmogus

husky[2] *n* eskimų veislės šuo

hussar [hu'zɑ:] *n* husaras

hussy ['hʌsɪ] *n menk.* **1** įžūli mergiotė, akiplėša *(moteris)* **2** ištvirkėlė, pasileidėlė

hustings ['hʌstɪŋz] *n pl* **1** *parl.* rinkimų kampanija **2** *ist.* tribūna *(rinkimų mitinge)*

hustle ['hʌsl] *n* **1** stumdymasis; grūstis, spūstis; **~ and bustle** bruzdesys, sujudimas **2** energinga veikla **3** *amer. šnek.* sukčiavimas, pinigų viliojimas
v **1** stumdyti(s), grūsti(s); spraustis; išstumti *(out of)*; įstumti *(into)*; **he ~d her through the crowd** jis praskynė jai kelią per minią **2** (pri)versti, skubinti *(into)*; **to be ~d into a decision** būti priverstam skubiai (nu)spręsti **3** skubėti, lakstyti **4** sukrusti, daryti vikriau *(džn.* **~ up)** **5** *amer. šnek.* išvilioti pinigus, sukčiauti, pardavinėti *(vogtus daiktus)* **6** *(ypač amer.) šnek.* verstis prostitucija ☐ **~ away** atstumti; **~ through** pastumti, greitai padaryti

hustler ['hʌslə] *n (ypač amer.) šnek.* **1** apsukrus vertelga; sukčius **2** *amer.* prostitutė

hut [hʌt] *n* **1** trobelė; lūšna, lūšnelė; *(statybininkų)* namelis **2** barakas *(t. p. kar.)*
v **1** gyventi/apgyvendinti barake/lūšnelėje **2** *kar.* paskirstyti po barakus

hutch [hʌtʃ] *n* **1** narvelis *(triušiams ir pan.)* **2** spintelė *(su 2 atviromis lentynomis viršuje);* dėžė, aruodas **3** *šnek. menk.* lūšna, lūšnelė **4** *amer.* indauja, bufetas *(indams)* **5** *kas.* vagonetė; cisterna rūdai praplauti **6** *tech.* bunkeris
v kas. praplauti rūdą

hutment ['hʌtmənt] *n* **1** *kar.* paskirstymas po barakus **2** gyvenvietė iš kelių trobelių; barakai

Hutu ['hu:tu:] *n* hutas, hutai *(afrikiečių gentis)*

Huxley ['hʌkslɪ] *n: Aldous* ~ Oldas Hakslis *(anglų rašytojas)*

huzzah [hu'za:] *psn.* = **hurrah** *int, v*

hyacinth ['haɪəsɪnθ] *n* **1** *bot.* jacintas, hiacintas **2** *min.* hiacintas

Hyades ['haɪədi:z] *n pl mit., astr.* hiadės

hyaena [haɪ'i:nə] *n* = **hyena**

hyalin ['haɪəlɪn] *n anat., fiziol.* hialinas

hyaline ['haɪəlɪn] *a* **1** permatomas, vaiskus, kristališkai švarus **2** *spec.* stikliškas, hialininis

hyalite ['haɪəlaɪt] *n min.* hialitas, bespalvis opalas

hyaloid ['haɪəlɔɪd] *a spec.* stikliškas; ~ *membrane anat.* stiklakūnis

hybrid ['haɪbrɪd] *n* hibridas; mišrūnas
a hibridinis; įvairiarūšis; mišrus

hybridization [ˌhaɪbrɪdaɪ'zeɪʃn] *n* hibridizacija, mišrinimas

hybridize ['haɪbrɪdaɪz] *v* mišrinti, kryžminti

Hyde Park ['haɪd'pɑ:k] Haid Parkas *(Londono parkas)*

hydra ['haɪdrə] *n (pl* ~s, *-rae* [-ri:]) **1** *mit., zool.* hidra **2** sunkiai įveikiamas blogis

hydrangea [haɪ'dreɪndʒə] *n bot.* hortenzija, ortenzija

hydrant ['haɪdrənt] *n tech.* hidrantas, vandens kolonėlė

hydrargyrum [haɪ'drɑ:dʒɪrəm] *n chem.* gyvsidabris

hydrate ['haɪdreɪt] *n chem.* hidratas; ~ *of lime* gesintos kalkės; ~ *of sodium* kaustinė soda

hydraulic [haɪ'drɔlɪk] *a spec.* hidraulinis; ~ *brake aut.* hidraulinis stabdys

hydraulics [haɪ'drɔlɪks] *n* hidraulika

hydride ['haɪdraɪd] *n chem.* hidridas

hydro ['haɪdrəu] *n (pl* ~s [-z]) *sutr.* = **hydropathic** *n*

hydro- ['haɪdrəu-] *- (sudurt. žodžiuose)* hidro-; *hydrophone* hidrofonas; *hydroacoustic* hidroakustinis

hydrocarbon [ˌhaɪdrə'kɑ:bən] *n chem.* angliavandenilis

hydrocephalus [ˌhaɪdrə'sefələs] *n med.* galvos smegenų vandenė

hydrochloric [ˌhaɪdrə'klɔrɪk] *a chem.:* ~ *acid* druskos rūgštis, vandenilio chloridas

hydrocyanic [ˌhaɪdrəusaɪ'ænɪk] *a chem.:* ~ *acid* ciano vandenilio rūgštis, ciano vandenilis

hydrodynamics [ˌhaɪdrəudaɪ'næmɪks] *n* hidrodinamika

hydroelectric [ˌhaɪdrəuɪ'lektrɪk] *a* hidroelektrinis; ~ *power station* hidroelektrinė

hydrofluoric [ˌhaɪdrəu'fluərɪk] *a chem.:* ~ *acid* fluoro vandenilio rūgštis

hydrofoil ['haɪdrəfɔɪl] *n jūr.* povandeninis sparnas; laivas su povandeniniais sparnais

hydrogen ['haɪdrədʒən] *n chem.* vandenilis; *heavy* ~ deuteris, sunkusis vandenilis; ~ *bomb* = **H-bomb**

hydrography [haɪ'drɔgrəfɪ] *n* hidrografija

hydrology [haɪ'drɔlədʒɪ] *n* hidrologija

hydrolysis [haɪ'drɔləsɪs] *n* hidrolizė

hydromechanics [ˌhaɪdrəumɪ'kænɪks] *n* hidromechanika

hydrometer [haɪ'drɔmɪtə] *n* **1** hidrometras **2** *fiz.* areometras

hydronym ['haɪdrənɪm] *n kalb.* vandenvardis, hidronimas

hydropathic [ˌhaɪdrə'pæθɪk] *a* vandens gydomasis, hidroterapinis
a šnek. vandens gydykla

hydropathy [haɪ'drɔpəθɪ] *n* gydymas vandeniu, hidroterapija

hydrophilic [ˌhaɪdrə'fɪlɪk] *a* hidrofilinis

hydrophobia [ˌhaɪdrə'fəubɪə] *n med.* **1** patologinė vandens baimė **2** pasiutligė

hydrophobic [ˌhaɪdrə'fəubɪk] *a spec.* hidrofobinis

hydropic [haɪ'drɔpɪk] *a med.* **1** hidropinis **2** sergantis vandene

hydroplane ['haɪdrəpleɪn] *n jūr.* **1** gliseris **2** hidroplanas
v **1** plaukti gliseriu **2** *amer. aut.* slysti, slidinėti *(važiuojant šlapiu keliu)*

hydroponics [ˌhaɪdrə'pɔnɪks] *n* hidroponika

hydrops(y) ['haɪdrɔps(ɪ)] *n med. ret.* vandenė

hydrosphere ['haɪdrəsfɪə] *n* hidrosfera

hydrostatic [ˌhaɪdrə'stætɪk] *a* hidrostatinis; ~ *drive tech.* hidrostatinė pavara

hydrostatics [ˌhaɪdrə'stætɪks] *n* hidrostatika

hydrotherapy [ˌhaɪdrəu'θerəpɪ] *n* hidroterapija, gydymas vandeniu

hydrous ['haɪdrəs] *a chem., min.* turintis vandens, vandeninis

hydroxide [haɪ'drɔksaɪd] *n chem.* hidroksidas

hyena [haɪ'i:nə] *n zool.* hiena

hygiene ['haɪdʒi:n] *n* higiena

hygienic [haɪ'dʒi:nɪk] *a* higieniškas; sveikas

hygrometer [haɪ'grɔmɪtə] *n* higrometras, drėgmėmatis

hygroscope ['haɪgrəskəup] *n* higroskopas, drėgmėrodis

hymen ['haɪmen] *n anat.* mergystės/nekaltybės plėvė

hymeneal [ˌhaɪmə'ni:əl] *a poet.* vedybinis

hymn [hɪm] *n* himnas; giesmė; *funeral* ~s laidotuvių giesmės
v giedoti himnus; garbinti himnais

hymnal ['hɪmnəl] *n* giesmynas, giesmių knyga
a giesmių, himnų

hype¹ [haɪp] *šnek. n* triukšmingas reklamavimas; ≡ akių dūmimas
v triukšmingai reklamuoti, išreklamuoti *(t. p.* ~ *up)*

hype² *n amer. šnek.* **1** = **hypodermic 2** narkomanas

hyped-up [ˌhaɪpt'ʌp] *a šnek.* **1** išgirtas, išreklamuotas **2** susinervinęs, susijaudinęs *(about)*

hyper ['haɪpə] *a šnek.* susijaudinęs, susinervinęs

hyper- ['haɪpə-] *pref* hiper-, per-, per didelis, padidėjęs *(reiškiant normos viršijimą): hyperthermia* hipertermija, kūno perkaiti(ni)mas; *hypermature* pernokęs, perbrendęs; *hypersecretion* hipersekrecija, per didelė sekrecija; *hyperacidity* padidėjęs rūgštingumas

hyperactive [ˌhaɪpər'æktɪv] *a* nenormaliai aktyvus *(ypač apie vaiką)*

hyperbola [haɪ'pə:bələ] *n (pl* -lae [-li:], -s) *geom.* hiperbolė

hyperbole [haɪ'pə:bəlɪ] *n lit.* hiperbolė

hyperbolic(al) [ˌhaɪpə'bɔlɪk(l)] *a* **1** perdėtas, hiperboliškas **2** *spec.* hiperbolinis

hyperboloid [haɪ'pə:bələɪd] *n geom.* hiperboloidas

hyperborean [ˌhaɪpəbɔ:'ri:ən] *a* tolimos šiaurės
a tolimos šiaurės gyventojas, šiaurietis

hypercritical [ˌhaɪpə'krɪtɪkl] *a* priekabus, per griežtas

hyperglycemia [ˌhaɪpəglaɪ'si:mɪə] *n med.* hiperglikemija, cukraus kiekio padidėjimas kraujyje

hyperinflation [ˌhaɪpərɪn'fleɪʃn] *n ekon.* hiperinfliacija, nevaldoma infliacija
hyperkinesis [ˌhaɪpəkɪ'niːsɪs] *n med.* hiperkinezija
hypermarket ['haɪpəˌmɑːkɪt] *n* didelė savitarnos parduotuvė *(ppr. užmiestyje)*
hypernim ['haɪpənɪm] *n kalb.* hiperonimas
hypersensitive [ˌhaɪpə'sensɪtɪv] *a* labai jautrus; per daug jautrus *(to)*
hypersonic [ˌhaɪpə'sɔnɪk] *a fiz.* ultragarsinis
hypertension [ˌhaɪpə'tenʃn] *n med.* padidėjęs kraujospūdis
hypertext ['haɪpətekst] *n komp. (duomenų bazės)* nuorodų sistema
hypertrophied [haɪ'pəːtrəfɪd] *a med.* hipertrofuotas, per daug suvešėjęs/padidėjęs
hypertrophy [haɪ'pəːtrəfɪ] *n med.* hipertrofija
hyphen ['haɪfᵊn] *n* brūkšnelis
v rašyti su brūkšneliu
hyphenate ['haɪfəneɪt] *v* rašyti su brūkšneliu
hypnosis [hɪp'nəʊsɪs] *n* **1** hipnozė **2** hipnotizavimas
hypnotherapy [ˌhɪpnəʊ'θerəpɪ] *n med.* hipnoterapija, gydymas hipnoze
hypnotic [hɪp'nɔtɪk] *a* **1** hipnozinis, hipnozės; hipnotizuojantis **2** migdomasis
n **1** hipnotizuojamas/užhipnotizuotas žmogus **2** migdomasis vaistas
hypnotism ['hɪpnətɪzm] *n* hipnotizmas
hypnotist ['hɪpnətɪst] *n* hipnotizuotojas
hypnotize ['hɪpnətaɪz] *v* hipnotizuoti *(t. p. prk.)*
hypo[1] ['haɪpəʊ] *n fot.* fiksažas
hypo[2] *šnek.* = **hypodermic** *n*
hypo- ['haɪpəʊ-] *pref* **1** hipo- *(žymint sumažėjimą palyginti su norma)*; *hypofunction* hipofunkcija, sumažėjusi veikla/funkcija **2** hipo-, pa-, po- *(žymint vietą po kuo, daikto buvimą apačioje)*; *hypogastric* hipogastrinis, papilvinis; *hypoderma* hipoderma, poodis
hypoacidity [ˌhaɪpəʊə'sɪdətɪ] *n med.* sumažėjęs rūgštingumas
hypochondria [ˌhaɪpə'kɔndrɪə] *n* hipochondrija
hypochondriac [ˌhaɪpə'kɔndrɪæk] *n* hipochondrikas
a sergantis hipochondrija
hypocoristic [ˌhaɪpəkə'rɪstɪk] *a kalb.* maloninis *(apie reikšmę)*
hypocrisy [hɪ'pɔkrəsɪ] *n* veidmainiavimas, veidmainystė
hypocrite ['hɪpəkrɪt] *n* veidmainys; šventeiva

hypocritical [ˌhɪpə'krɪtɪkəl] *a* veidmainiškas; šventeiviškas
hypoderma [ˌhaɪpə'dəːmə] *n anat.* poodis, hipoderma
hypodermic [ˌhaɪpə'dəːmɪk] *a med.* poodinis; ~ *syringe/ needle* švirkštas injekcijoms į poodį
n = ~ *needle/syringe*
hypoglycaemia [ˌhaɪpəʊglaɪ'siːmɪə] *n med.* hipoglikemija, cukraus kiekio sumažėjimas kraujyje
hyponym ['haɪpənɪm] *n kalb.* hiponimas
hypophysis [haɪ'pɔfɪsɪs] *n (pl* -ses [-siːz]) *anat.* hipofizė
hypostasis [ˌhaɪ'pɔstəsɪs] *n (pl* -ses [-siːz]) *med., filos., rel.* hipostazė
hypostatize [haɪ'pɔstətaɪz] *v filos.* kurti hipostazes
hypotaxis [ˌhaɪpə'tæksɪs] *n gram.* hipotaksė
hypotension [ˌhaɪpəʊ'tenʃn] *n med.* hipotonija, kraujospūdžio sumažėjimas
hypotenuse [haɪ'pɔtənjuːz] *n geom.* įžambinė, hipotenuzė
hypothalamus [ˌhaɪpə'θæləməs] *n (pl* -mi [-maɪ]) *anat.* hipotaliamas, pagumburis
hypothec [haɪ'pɔθɪk] *n* hipoteka
hypothecary [haɪ'pɔθɪkᵊrɪ] *a* hipotekos
hypothecate [haɪ'pɔθɪkeɪt] *n* įkeisti, užstatyti *(nekilnojamąjį turtą)*
hypothermia [ˌhaɪpəʊ'θəːmɪə] *n med.* hipotermija
hypothesis [haɪ'pɔθɪsɪs] *n (pl* -theses [-θɪsiːz]) hipotezė
hypothesize [haɪ'pɔθɪsaɪz] *v* (iš)kelti hipotezę; spėti
hypothetic(al) [ˌhaɪpə'θetɪk(l)] *a* hipotetinis, hipotetiškas, spėjamas
hypoxia [haɪ'pɔksɪə] *n med.* hipoksija, deguonies trūkumas audiniuose
hypso- ['hɪpsəʊ-] *(sudurt. žodžiuose)* hipso-; *hypsometric* hipsometrinis
hyson ['haɪsn] *n* kiniškos žaliosios arbatos rūšis
hyssop ['hɪsəp] *n bot.* izopas, juozažolė; *hedge* ~ raitinytė
hysterectomy [ˌhɪstə'rektəmɪ] *n med.* histerektomija *(gimdos pašalinimas)*
hysteresis [ˌhɪstə'riːsɪs] *n fiz.* histerezė
hysteria [hɪ'stɪərɪə] *n* isterija *(t. p. med.)*
hysteric [hɪ'sterɪk] *n* isterikas
a = **hysterical**
hysterical [hɪ'sterɪkl] *a* **1** isterinis; isteriškas; ~ *laughter* isteriškas juokas **2** *šnek.* nepaprastai juokingas
hysterics [hɪ'sterɪks] *n* isterijos priepuolis, isterija; *to have* ~ ištikti isterijos priepuoliui
hysterotomy [ˌhɪstə'rɔtəmɪ] *n med.* histerotomija, gimdos prapjovimas

I

I, i [aɪ] *n* (*pl* Is, I's [aɪz]) devintoji anglų abėcėlės raidė
I [aɪ] *pron pers (objektinis linksnis* me*)* aš; **I'll see you home** aš palydėsiu jus namo; **he and I are great friends** mes su juo dideli draugai; **it is I** *knyg.* tai aš, *plg.* **me**
Iago [ɪ'ɑ:gəu] *n* Jagas *(vardas; lit. personažas)*
-ial [-ɪəl] = **-al¹**
iamb ['aɪæm] *n lit.* jambas
iambic [aɪ'æmbɪk] *lit. n (džn. pl)* jambinis eilėraštis *a* jambo, jambinis
iambus [aɪ'æmbəs] *n (pl* ~es, -bi [-baɪ]) *lit.* jambas
-ian [-ɪən] = **-an**
I-beam ['aɪbi:m] *n tech.* dvitėjinė sija
Iberia [aɪ'bɪərɪə] *n ist.* Iberija
Iberian [aɪ'bɪərɪən] *a ist.* Iberijos; iberų; **the ~ Peninsula** Iberijos pusiasalis
ibex ['aɪbeks] *n zool.* kalnų ožys
ibid(em) ['ɪbɪd(em)] *lot. adv* ten pat, toje pat vietoje *(nurodant citatų šaltinius)*
ibis ['aɪbɪs] *n zool.* ibis(as); **glossy ~** rudasis ibis(as)
-ible [-əbl, -ɪbl] *suff* = **-able**
-ic [-ɪk] *suff* **1** -inis *(žymint sudėtį, struktūrą, santykį su kuo);* **alcoholic** alkoholinis; **historic** istorinis **2** -iškas *(žymint panašumą);* **Byronic** baironiškas
-ical [-ɪkəl] *suff* = **-ic;** **political** politinis; **economical** ekonomiškas, taupus
Icarus ['ɪkərəs] *n mit.* Ikaras
ice [aɪs] *n* **1** ledas; **break/crack in the ~** ledo properša; **piece of ~** ledgalys, ledėsis; **to skate on the ~** čiuožti ant ledo; **to put smth on ~** atšaldyti *(šampaną ir pan.),* dar žr. ◊; **there's ~ on the roads** keliai apledėję **2** *(valgomieji)* ledai **3** *(cukraus)* glajus **4** *amer. šnek.* deimantai ◊ **to break the ~** ≡ pralaužti ledus, padaryti pirmuosius žingsnius; **straight off the ~** a) šviežias, ką tik gautas *(apie maistą);* b) tuoj pat; **to skate/be on thin ~** atsidurti/būti keblioje būklėje/padėtyje, ≡ žaisti su ugnimi; **to cut no ~** a) neturėti reikšmės, nedaryti įspūdžio *(with – kam);* b) nieko nepešti; **to keep/put smth on ~** laikinai įšaldyti *(pasiūlymus ir pan.)*
v **1** (at)šaldyti, užšaldyti; (su)ledėti **2** ap(si)traukti ledu *(t. p.* **~ over***)* **3** *kul.* apglaistyti cukraus glajumi **4** *amer. šnek.* nudobti, nudėti *(žmogų);* sutriuškinti *(komandą)* □ **~ down** *amer.* (už)dėti ledų kompresą; **~ over/up** apledėti *(apie langus, lėktuvo sparnus ir pan.)*
ice-age ['aɪseɪdʒ] *n* ledynmetis, ledynų laikotarpis
ice-axe ['aɪsæks] *n* ledkirtis *(alpinistų kirvis)*
ice-bag ['aɪsbæg] *n med.* pūslė su ledu
iceberg ['aɪsbə:g] *n* ledkalnis, aisbergas
iceblink ['aɪsblɪŋk] *n* ledo atošvaistė
ice-blue ['aɪsblu:] *a* melsvas
iceboat ['aɪsbəut] *n* **1** bujeris, burinės rogės **2** ledlaužis
icebound ['aɪsbaund] *a* **1** ledo sukaustytas *(apie upę ir pan.)* **2** ledų suspaustas *(apie laivą ir pan.)*
icebox ['aɪsbɒks] *n* **1** kambarinė ledainė **2** *amer.* šaldytuvas

icebreaker ['aɪsˌbreɪkə] *n* **1** ledlaužis **2** *prk.* tai, kas padeda pralaužti ledus *(bendraujant)*
icebucket ['aɪsˌbʌkɪt] *n* kibirėlis su ledais *(šampanui ir pan.)*
ice-cap ['aɪskæp] *n* (amžinasis) apledėjimas *(ašigaliuose, ant kalnų viršūnių)*
ice-cold [ˌaɪs'kəuld] *a* šaltas kaip ledas, ledinis *(t. p. prk.)*
ice-cream [ˌaɪs'kri:m] *n (valgomieji)* ledai; **~ soda** vaisvandeniai su ledais
iced [aɪst] *a* **1** apledėjęs, aptrauktas ledu **2** ataušintas/atšaldytas ledu **3** apteptas/apipiltas glajumi
ice-drift ['aɪsdrɪft] *n* **1** ledonešis **2** ledujai, ledų sangrūda
ice-field ['aɪsfi:ld] *n* **1** ledynas, ledlaukis **2** *sport.* ledo aikštelė
ice-fishing ['aɪsfɪʃɪŋ] *n* poledinė žūklė
ice-floe ['aɪsfləu] *n* plaukiojanti ledo lytis
ice-free ['aɪsfri:] *a* neužšąlantis *(apie uostą)*
ice-hockey ['aɪsˌhɒkɪ] *n sport.* ledo ritulys
ice-hole ['aɪshəul] *n* eketė
icehouse ['aɪshaus] *n* **1** ledainė, ledrūsis **2** iglus, ledinė trobelė *(ypač eskimų)*
Iceland ['aɪslənd] *n* Islandija *(valstybė)*
Icelander ['aɪsləndə] *n* islandas
Icelandic [aɪs'lændɪk] *a* Islandijos; islandų, islandiškas *n* islandų kalba
ice-lolly [ˌaɪs'lɒlɪ] *n* ledai, ledinukas *(su pagaliuku)*
iceman ['aɪsmæn] *n (pl* -men [-men]) *(tik v.)* **1** šiaurės keliautojas **2** *(valgomųjų)* ledų pardavėjas **3** *amer.* ledų tiekėjas/pardavėjas
ice-pack ['aɪspæk] *n* **1** ledų sangrūda, ledujai **2** pūslė su ledais, ledų kompresas
ice-rink ['aɪsrɪŋk] *n* čiuožykla *(su dirbtiniu ledu)*
ice-run ['aɪsrʌn] *n* ledo kalnelis *(važinėtis rogutėmis)*
ice-show ['aɪsʃəu] *n* ledo baletas
ice-skate ['aɪsskeɪt] *n (ppr. pl)* batai su pačiūžomis, pačiūžos
v čiuožti pačiūžomis
ice-tray ['aɪstreɪ] *n (šaldytuvo)* ledo vonelė
ice-yacht ['aɪsjɒt] *n* bujeris, burinės rogės
ichneumon [ɪk'nju:mən] *n zool.* **1** ichneumonas, faraono pelė **2** vytis, raganos arkliukas *(t. p.* **~ fly***)*
ichor ['aɪkɔ:] *n med. psn.* kraujuoti pūliai *(opos/žaizdos išskyros)*
ichthyo- ['ɪkθɪəu-] *(sudurt. žodžiuose)* ichtio-, žuvia-; **ichthyophagous** ichtiofagas, žuviaėdis
ichthyologist [ˌɪkθɪ'ɒlədʒɪst] *n* ichtiologas
ichthyology [ˌɪkθɪ'ɒlədʒɪ] *n* ichtiologija
ichthyosaurus [ˌɪkθɪə'sɔ:rəs] *n (pl* -ri [-raɪ]) ichtiozauras
-ician [-ɪʃn] *suff* -ikas *(reiškiant asmenis pagal darbo sritį, profesiją);* **technician** technikas; **logician** logikas
icicle ['aɪsɪkl] *n (ledo)* varveklis
icily ['aɪsɪlɪ] *adv* šaltai *(t. p. prk.)*
icing ['aɪsɪŋ] *n* **1** *kul.* glajus; glajaus apteptas **2** (už)šaldymas **3** *av.* apledėjimas **4** *sport.* aisingas, nuošalė *(ledo*

ritulyje) ◊ **the ~ on the cake** tik puošmena; vienas/didžiulis malonumas

-icity [-ɪsətɪ] *suff* -(išk)umas; **eccentricity** ekscentriškumas; **publicity** viešumas

icky ['ɪkɪ] *a šnek.* **1** bjaurus, negražus, neskanus **2** per daug saldus/sentimentalus

icon ['aɪkɔn] *n* **1** ikona **2** ženklas, simbolis **3** *kalb.* piktograma

iconic [aɪ'kɔnɪk] *a* **1** ikonų, ikonos **2** *men.* portreto, portretinis

iconoclast [aɪ'kɔnəklæst] *n* **1** *ist.* ikonoklastas *(šventųjų paveikslų garbinimo priešininkas)* **2** žmogus, kovojantis su nusisto(vė)jusiomis *(religinėmis)* pažiūromis

iconoclastic [aɪˌkɔnə'klæstɪk] *a* nukreiptas prieš nusisto(vė)jusias pažiūras

iconography [ˌaɪkə'nɔgrəfɪ] *n* ikonografija

iconoscope [aɪ'kɔnəskəup] *n tel.* ikonoskopas

-ics [-ɪks] *suff* -ika *(mokslo, sporto ir pan. šakų pavadinimuose);* **dialectics** dialektika; **athletics** atletika; **mechanics** mechanika

icteric [ɪk'terɪk] *a med.* geltos; sergantis gelta

icterus ['ɪktərəs] *n med.* gelta

ictus ['ɪktəs] *n* **1** *lit.* iktas, ritminis/metrinis kirtis **2** *med.* pulso tvinksnis **3** *med.* ligos priepuolis

icy ['aɪsɪ] *a* **1** ledinis, šaltas *(t. p. prk.);* **~ wind [look]** ledinis vėjas [žvilgsnis] **2** ledu aptrauktas, leduotas; ledinuotas

ID [ˌaɪ'di:] *n:* **~ card** asmens liudijimas/pažymėjimas

I'd [aɪd] *sutr. šnek.* **1** = **I would, I should 2** = **I had**

Idaho ['aɪdəhəu] *n* Aidahas *(JAV valstija)*

ide [aɪd] *n zool.* meknė *(žuvis)*

-ide [-aɪd] *suff (chem. terminuose)* -idas; **chloride** chloridas

idea [aɪ'dɪə] *n* **1** mintis; idėja *(t. p. filos.);* **fixed ~** įkyri mintis; **that's the ~** puiki mintis!, tai man patinka! **2** supratimas, nuovoka; sąvoka; **not the faintest/slightest/remotest ~ of it** nė mažiausio supratimo apie tai; **to give an ~ (of)** duoti šiokį tokį supratimą *(apie)* **3** vaizduotė, fantazija; **what an ~!** kokia fantazija!; **what's the (big) ~?** *šnek.* ką čia prasimanai?; dar ką sumanei?!; **the (very) ~!** tik įsivaizduok!, juokinga!; **to get the ~ that...** prasimanyti, kad... **4** sumanymas, ketinimas, planas; **to have other ~s** turėti kitų sumanymų/planų; **to play with the ~ of doing smth** svarstyti galimybę ką daryti **5** tikslas; **the ~ of a diet is to lose weight** dietos tikslas – numesti svorį ◊ **to get ~s (into one's head)** susidaryti *(džn. nepagrįstą)* įspūdį; **to put ~s into smb's head** sudaryti įspūdį, sukelti vilčių *ir pan.* kam

ideal [aɪ'dɪəl, aɪ'di:əl] *n* idealas; **to realise one's ~s** įgyvendinti savo idealus
a **1** idealus, tobulas **2** įsivaizduojamas, nerealus, idealus *(apie pasaulį, sistemą ir pan.)*

idealism [aɪ'dɪəlɪzm] *n* idealizmas

idealist [aɪ'dɪəlɪst] *n* idealistas

idealistic [ˌaɪdɪə'lɪstɪk] *a* idealistinis

ideality [ˌaɪdɪ'ælətɪ] *n knyg.* **1** idealumas **2** *(ppr. pl)* kas nors įsivaizduojama/nerealu

idealization [aɪˌdɪəlaɪ'zeɪʃn] *n* idealizavimas

idealize [aɪ'dɪəlaɪz] *v* idealizuoti

ideally [aɪ'dɪəlɪ] *adv* **1** ideališkai, tobulai; **to be ~ suited for smth** tobulai tikti kam **2** *mod* idealu/geriausia būtų, kad...

ideate [aɪ'di:eɪt] *v* **1** *filos.* sudaryti sąvokas **2** *knyg.* įsivaizduoti; suvokti

idem ['ɪdem, 'aɪdem] *lot. pron* tas pats *(knyga, autorius, žodis)*

identic(al) [aɪ'dentɪk(l)] *a* **1** tas pat, toks pat **2** identiškas, tapatus, tolygus *(with, to)*

identifiable [aɪ'dentɪfaɪəbl] *a* **1** atpažįstamas **2** pripažintas, aiškus

identification [aɪˌdentɪfɪ'keɪʃn] *n* **1** identifikacija, sutapatinimas; atpažinimas, tapatybės nustatymas **2** pritarimas, rėmimas; solidarizavimasis *(with)* **3** asmens dokumentai; **have you got any ~?** ar turite (kokį nors) asmens dokumentą? **4** *attr* atpažinimo; **~ parade** akistata *(nusikaltėliui atpažinti);* **~ disc/disk = identity disk; ~ card = identity card**

identifier [aɪ'dentɪfaɪə] *n* **1** identifikuotojas; atpažinėjas **2** *komp.* identifikatorius, vardas

identify [aɪ'dentɪfaɪ] *v* **1** (su)tapatinti; identifikuoti; nustatyti tapatybę; pripažinti tuo pačiu **2** *(with)* laikyti susijusiu *(su); refl* solidarizuotis *(su)* **3** nustatyti; atpažinti; **to ~ by the map** nustatyti pagal žemėlapį **4** *refl* įrodyti savo tapatybę, parodyti asmens dokumentą

identikit [aɪ'dentɪkɪt] *n (nusikaltėlio ir pan.)* portretas, sudarytas iš nupasakojimo, fotorobotas *(t. p. ~ picture)*

identity [aɪ'dentətɪ] *n* **1** tapatingumas, tapatumas, identiškumas; **to prove smb's ~** įrodyti asmens tapatybę **2** *teis.* asmenybė; **~ of the accused [criminal]** kaltinamojo [nusikaltėlio] asmenybė **3** *attr* atpažįstamasis, asmens; **~ card** asmens liudijimas; **~ disk/disc** *kar.* asmens (atpažįstamasis) ženklas; **~ crisis** *psich.* asmenybės krizė: savęs, savo vietos gyvenime ieškojimas

ideo- ['ɪdɪəu-, 'aɪdɪəu-] *(sudurt. žodžiuose)* ideo-; **ideogram** ideograma; **ideography** ideografija

ideographic [ˌɪdɪəu'græfɪk] *a kalb.* ideografinis

ideological [ˌaɪdɪə'lɔdʒɪkl] *a* **1** ideologinis; **~ dictionary** ideografinis/ideologinis žodynas **2** idėjinis; **~ battles** idėjiniai mūšiai

ideologically [ˌaɪdɪə'lɔdʒɪklɪ] *adv* ideologiškai; ideologiniu požiūriu

ideologist [ˌaɪdɪ'ɔlədʒɪst] *n* ideologas

ideologue ['aɪdɪəlɔg] *n* **1** ideologas **2** teoretikas; fantazuotojas

ideology [ˌaɪdɪ'ɔlədʒɪ] *n* ideologija

ides [aɪdz] *n pl* idos *(sen. Romos kalendoriaus datos – 13, 15 diena)*

id est [ˌɪd'est] *lot.* tai yra

idio- ['ɪdɪə-] *(sudurt. žodžiuose)* idio-; **idioplasm** idioplazma

idiocy ['ɪdɪəsɪ] *n* **1** idiotija, sunkiausio laipsnio silpnaprotystė **2** idiotybė, idiotiškumas

idiolect ['ɪdɪəlekt] *n kalb.* idiolektas

idiom ['ɪdɪəm] *n* **1** idiomatinis posakis, idioma **2** tarmė, kalba; kalbos savitumas **3** *men., muz.* savotiškas stilius, ypatinga kūrybos maniera; **in the jazz ~** džiazo stiliumi

idiomatic [ˌɪdɪə'mætɪk] *a* **1** idiomatinis **2** turintis daug idiomų **3** šnekamasis

idiosyncracy [ˌɪdɪə'sɪŋkrəsɪ] *n* **1** *(būdo, stiliaus ir pan.)* išskirtinis bruožas **2** *med.* idiosinkrazija

idiosyncratic [ˌɪdɪəsɪŋ'krætɪk] *a* išskirtinis, ypatingas

idiot ['ɪdɪət] *n* idiotas; kvailys; **drivelling ~** niekus tauškiantis kvailys/idiotas ◊ **~ board/card** *tel. šnek.* sufleris

idiotic [ˌɪdɪ'ɔtɪk] *a* idiotiškas; kvailas

idle ['aɪdl] *a* **1** neturintis darbo, dykas; laisvas; **the ~ rich** nedirbantys turtuoliai; **to lie ~** būti nenaudojamam; **to stand ~** nedirbti *(apie fabriką)* **2** tingus **3** tuščias; nenaudingas; **~ rumour** tušti/nepagrįsti gandai; **it would be ~ to attempt to do it** būtų bergždžia bandyti tai daryti **4** *tech.* neveikiantis; tuščiaeigis; **~ time** *(mašinos)* prastova; **~ running** tuščioji eiga **5** *tech.* tarpinis, neutralus; **~ space** žalingas tūris

idleness 449 **illegal**

v **1** tinginiauti, dykinėti *(džn.* ~ *about)* **2** dirbti/važiuoti tuščiąja eiga *(apie variklį, automobilį)* **3** laikinai sustabdyti darbą *(fabrike)* ▫ ~ *away:* ~ *away one's time* tuščiai/dykinėjant leisti laiką
idleness ['aɪdlnɪs] *n* **1** tingėjimas, tinginystė **2** dykinėjimas; darbo nebuvimas, neveikimas; *enforced* ~ priverstinis dykinėjimas **3** tuštumas, nenaudingumas
idler ['aɪdlə] *n* **1** tinginys, dykinėtojas **2** *tech.* kreipiamasis ritinėlis, tuščiaeigis skriemulys *(t. p.* ~ *pulley);* parazitinis krumpliaratis *(t. p.* ~ *gear)*
idling ['aɪdlɪŋ] *n* **1** tinginiavimas **2** *tech.* darbas tuščiąja eiga, tuščioji eiga
idly ['aɪdlɪ] *adv* **1** tingiai **2** tuščiai; be darbo
Ido ['iːdəʊ] *n kalb.* ido *(esperanto kalbos variantas)*
idol ['aɪdl] *n* **1** stabas, dievaitis **2** *prk.* dievaitis *(garbinimo objektas)*
idolater [aɪ'dɒlətə] *n* **1** stabmeldys **2** garbintojas, gerbėjas
idolatress [aɪ'dɒlətrɪs] *n* **1** stabmeldė **2** garbintoja, gerbėja
idolatrous [aɪ'dɒlətrəs] *a knyg.* **1** stabmeldiškas; garbinantis stabus **2** dievinantis, garbinantis
idolatry [aɪ'dɒlətrɪ] *n* **1** stabmeldystė **2** dievinimas, garbinimas
idolize ['aɪdᵊlaɪz] *v* dievinti, garbinti
idyl(l) ['ɪdɪl] *n lit.* idilė *(t. p. prk.)*
idyllic [ɪ'dɪlɪk, aɪ'dɪlɪk] *a* idiliškas
-ie [-ɪ] *suff* -elis, -ytis; *birdie* paukštelis, paukštytis
-ier [-ɪə] = **-eer**
if [ɪf] *conj* **1** jei, jeigu; *I shall tell him if he comes* aš jam pasakysiu, jei jis ateis; *if possible* jeigu galima; *if I were you, I would not do it* jumis dėtas, aš to nedaryčiau **2** jeigu tik, (visuomet) kai; *if I feel any doubt, I inquire* jeigu/kai tik abejoju, aš pasiklausiu **3** ar; *we don't know if she is married* nežinome, ar ji ištekėjusi **4** nors (ir), kad ir, net jei *(džn. even if); if he gained in wealth, he lost in friends* nors jis ir praturtėjo, bet neteko draugų; *pleasant weather if rather cold* malonus oras, tiesa, šaltokas **5** kad; *I'm sorry if she doesn't like it, but...* man gaila, kad jai tai nepatinka **6** o kad! *(reiškiant geidimą; džn. if only); if only I had known!* o kad būčiau žinojęs! ◊ *if not* kas kas, o jau...; *if and when* kada ir kur tiktai
n sąlyga, prielaida ◊ *ifs and buts* atsikalbinėjimai *(norint vilkinti laiką); if, and it's a big if* jeigu, ir tai didžiulis jeigu *(kalbant apie nelabai įmanomą dalyką)*
iffy ['ɪfɪ] *a šnek.* **1** neapsisprendęs; abejotinas; *it looks a bit* ~ *to me* man tai atrodo truputį abejotina/įtartina **2** linkęs atsisakinėti, kelti sąlygas
-iform [-ɪfɔːm] = **-form**
-ify [-ɪfaɪ] = **-fy**
igloo ['ɪɡluː] *n* iglus *(ledinė eskimų trobelė)*
Ignatius [ɪɡ'neɪʃəs] *n* Ignotas, Ignacijus *(vardas)*
igneous ['ɪɡnɪəs] *a* **1** ugnies, ugninis; ugningas **2** *geol.* vulkaninės kilmės, išsiveržianti *(apie uolienas)*
ignis fatuus [ˌɪɡnɪs'fætʃuəs] *lot.* (*pl ignes fatui* [ˌɪɡniːz'fætʃuaɪ]) **1** žaltvykslė, klystugnė **2** apgaulinga viltis
ignitable [ɪɡ'naɪtəbl] *a spec.* degus; užsidegantis
ignite [ɪɡ'naɪt] *v* **1** už(si)degti **2** įkaisti/įkaitinti iki švytėjimo **3** sukelti *(pyktį ir pan.)*
igniter [ɪɡ'naɪtə] *n spec.* uždegiklis
ignition [ɪɡ'nɪʃn] *n* **1** *spec.* už(si)degimas; ~ *timing aut.* uždegimo momento nustatymas; ~ *coil [switch] aut.* uždegimo ritė [jungiklis] **2** įkait(in)imas
ignoble [ɪɡ'nəʊbl] *a* **1** žemas, niekingas, gėdingas **2** *psn.* žemos kilmės
ignominious [ˌɪɡnə'mɪnɪəs] *a* negarbingas, gėdingas

ignominy ['ɪɡnəmɪnɪ] *n* **1** negarbė, gėda **2** *knyg., psn.* negarbingas elgesys; niekšybė
ignoramus [ˌɪɡnə'reɪməs] *lot. n* neišmanėlis, nemokša, profanas
ignorance ['ɪɡnərəns] *n* **1** nemokšiškumas, neišprusimas **2** neišmanymas, nežinojimas *(of);* ~ *of law teis.* įstatymo nežinojimas; *to be in* ~ *of smth* nežinoti, neišmanyti ko; *to keep smb in* ~ nepranešti, nepasakyti kam; ◊ ~ *is bliss* palaiminti tie, kurie nežino
ignorant ['ɪɡnərənt] *a* **1** nemokšiškas, neišprusęs **2** nežinantis, neišmanantis *(of, about, in; that);* **I was** ~ *of the time* aš nežinojau, kiek laiko **3** *šnek.* neišsiauklėjęs, nemandagus
ignore [ɪɡ'nɔː] *v* **1** ignoruoti; nepaisyti, neatsižvelgti; *to* ~ *speed limits* nepaisyti greičio apribojimų **2** *teis.* atmesti *(ieškinį, skundą)*
iguana [ɪ'ɡwɑːnə] *n zool.* iguana *(driežas)*
ikon ['aɪkɒn] *n* = **icon** 1
il- [ɪl-] *pref* = **in-²** *(prieš priebalsį l)*
ileum ['ɪlɪəm] *n* (*pl ilea* ['ɪlɪə]) *anat.* klubinė žarna
ileus ['ɪlɪəs] *n med.* žarnyno nepraeinamumas
ilex ['aɪleks] *n bot.* bugienis
ilia ['ɪlɪə] *pl žr.* **ilium**
Iliad ['ɪlɪəd] *n* „Iliada" *(poema)*
ilium ['ɪlɪəm] *n* (*pl ilia*) *anat.* klubakaulis
ilk [ɪlk] *a* rūšis; *of that* ~ *škot.* (iš) tos pačios (vietos/rūšies ir pan.); *and others of his* ~ ir kiti į jį panašūs
ill [ɪl] *<a, n, adv> a* **1** *predic* sergantis, nesveikas; *terminally* ~ sergantis nepagydoma liga; *to be* ~ sirgti; *to fall* ~, *to be taken* ~ susirgti **2** *attr* prastas, blogas; ~ *breeding* prastas išauklėjimas; ~ *success* nesėkmė; *he had* ~ *luck* jam nepasisekė; ~ *luck* nelaimė **3** *attr* piktas, kenksmingas; ~ *tongues* pikti liežuviai; ~ *effects* pražūtingos pasekmės ◊ ~ *at ease* nesmagus, nejaukus, nepatogus
n **1** blogis; *not to wish smb* ~ nelinkėti kam bloga **2** *pl* bėdos, nelaimės; *the ~s of life* gyvenimo negandos
adv **1** blogai; *to speak* ~ *of smb* blogai kalbėti/atsiliepti apie ką; *to take* ~ įsižeisti, užsigauti *(dėl ko);* *to go* ~ *with smb* būti nepalankiam/pražūtingam kam **2** vargu ar; *I can* ~ *afford it* vargu ar aš galiu tai sau leisti; *he is* ~ *suited to the post* jis ne visai tinka šiam postui
ill- [ɪl-] *(sudurt. žodžiuose)* prastas, blogas, blogai; ne-; *ill-humour* prasta nuotaika; *ill-willer* piktanoris, nedraugas; *ill-placed* ne vietoje (padėtas, esantis); nederamas
I'll [aɪl] *sutr. šnek.* = **I shall, I will**
ill-acquainted [ˌɪlək'weɪntɪd] *a* mažai pažįstamas
ill-advised [ˌɪləd'vaɪzd] *a* neprotingas, neapgalvotas
ill-affected [ˌɪlə'fektɪd] *a* nepalankus *(towards)*
ill-assorted [ˌɪlə'sɔːtɪd] *a* blogai sugrupuotas; nesusiderinęs
illation [ɪ'leɪʃn] *n log.* išvada
ill-bred [ˌɪl'bred] *a* neišauklėtas, šiurkštus
ill-concealed [ˌɪlkən'siːld] *a* prastai slepiamas; neužmaskuotas
ill-conditioned [ˌɪlkən'dɪʃənd] *a* **1** prasto charakterio; prastai nusiteikęs, piktas **2** *ž. ū.* liesas, nenupenėtas **3** *kom.* nekondicinis
ill-considered [ˌɪlkən'sɪdəd] *a* neapgalvotas, neapsvarstytas
ill-defined [ˌɪldɪ'faɪnd] *a* neapibrėžtas, neaiškus
ill-disposed [ˌɪldɪs'pəʊzd] *a* **1** linkęs į blogį; bloga linkintis **2** nepalankus, nepalankiai nusistatęs *(towards – kieno atžvilgiu)* **3** prastos nuotaikos
illegal [ɪ'liːɡəl] *a* **1** neteisėtas, ne pagal įstatymus; nelegalus **2** *komp.* draudžiamas; ~ *symbol* draudžiamasis simbolis/ženklas
n amer. šnek. nelegalus imigrantas

illegality [ˌɪlɪ'gælətɪ] *n* **1** neteisėtumas; nelegalumas **2** neteisėtas veiksmas
illegibility [ɪˌledʒə'bɪlətɪ] *n* neįskaitomumas
illegible [ɪ'ledʒəbl] *a* neįskaitomas, neįšskaitomas
illegitimacy [ˌɪlɪ'dʒɪtɪməsɪ] *n* neteisėtumas
illegitimate <*a, n, v*> *a* [ˌɪlɪ'dʒɪtɪmət] **1** neteisėtas **2** nesantuokinis *(apie vaiką)* **3** logiškai neteisingas
n [ˌɪlɪ'dʒɪtɪmət] pavainikis
v [ˌɪlɪ'dʒɪtɪmeɪt] paskelbti neteisėtu
ill-equipped [ˌɪlɪ'kwɪpt] *a* nepasirengęs, neparengtas; neaprūpintas *(reikalinga įranga ir pan.)*
ill-fated [ˌɪl'feɪtɪd] *a knyg.* nelemtas, nelaimę lemiantis
ill-favo(u)red [ˌɪl'feɪvəd] *a knyg.* **1** negražus **2** nemalonus
ill-feeling [ˌɪl'fi:lɪŋ] *n* nepalankumas, priešiškumas
ill-fitting [ˌɪl'fɪtɪŋ] *a* netinkantis, netinkamas
ill-founded [ˌɪl'faundɪd] *a* nepagrįstas
ill-gotten [ˌɪl'gɔtn] *a* neteisėtai įgytas ◊ ~ *gains never prosper* ≡ kas vogs, nepralobs
ill-health [ˌɪl'helθ] *n* prasta sveikata
ill-humoured [ˌɪl'hju:məd] *a* prastai nusiteikęs, piktas
illiberal [ɪ'lɪbərəl] *a* **1** neišsilavinęs, neišauklėtas, ribotas *(apie protą)* **2** nepakantus, netolerantiškas **3** šykštus
illicit [ɪ'lɪsɪt] *a* neteisėtas; uždraustas
illimitable [ɪ'lɪmɪtəbl] *a* neribotas; beribis, begalinis
Illinois [ˌɪlɪ'nɔɪ] *n* Ilinojus *(JAV valstija)*
illiteracy [ɪ'lɪtərəsɪ] *n* neraštingumas
illiterate [ɪ'lɪtərət] *n* **1** beraštis, bemokslis **2** *šnek.* nemokša
a neraštingas; neapsišvietęs; neišmanantis
ill-judged [ˌɪl'dʒʌdʒd] *a* neprotingas; neapgalvotas
ill-mannered [ˌɪl'mænəd] *a* neišauklėtas, šiurkštus
ill-natured [ˌɪl'neɪtʃəd] *a* blogo būdo, piktas, grubus
illness ['ɪlnɪs] *n* liga, nesveikata
illogical [ɪ'lɔdʒɪkl] *a* **1** nelogiškas **2** neprotingas
illogicality [ɪˌlɔdʒɪ'kælətɪ] *n* nelogiškumas
ill-omened [ˌɪl'əumənd] *a knyg.* nelaimę lemiantis/pranašaujantis
ill-prepared [ˌɪlprɪ'pɛəd] *a* prastai pasirengęs, nepasirengęs
ill-spoken [ˌɪl'spəukən] *a* turintis prastą reputaciją
ill-starred [ˌɪl'stɑ:d] *a knyg.* nelaimingas, nelemtas
ill-tempered [ˌɪl'tempəd] *a knyg.* piktas, irzlus; blogo būdo/charakterio
ill-timed [ˌɪl'taɪmd] *a* nesavalaikis, netinkamas; ~ *remark* pastaba ne vietoje
ill-treat [ˌɪl'tri:t] *v* blogai/negailestingai elgtis *(su kuo)*
ill-treatment [ˌɪl'tri:tmənt] *n* blogas/netinkamas elgesys
illume [ɪ'lu:m, ɪ'lju:m] *v poet.* = **illuminate** 1, 2
illuminant [ɪ'lu:mɪnənt] *n* šviečianti medžiaga; apšvietimo prietaisas
a **1** apšvietimo, šviesos **2** apšviečiantis
illuminate [ɪ'lu:mɪneɪt] *v* **1** (ap)šviesti **2** *prk.* nušviesti; šviesti **3** iliuminuoti **4** puošti/marginti *(rankraštį)* spalvotais piešiniais, miniatiūromis
illumination [ɪˌlu:mɪ'neɪʃn] *n* **1** apšvietimas *(t. p. el.)*; ~ *engineering* apšvietimo technika **2** *prk.* švietimas **3** ryškumas **4** *(džn. pl)* iliuminacija **5** *pl* rankraščio puošmenos, miniatiūros
illuminative [ɪ'lu:mɪnətɪv] *a* **1** (ap)šviečiantis **2** šviečiamasis; pamokomas
illuminator [ɪ'lu:mɪneɪtə] *n* **1** šviestuvas **2** *jūr.* iliuminatorius **3** švietėjas **4** *(senų rankraščių)* iliustratorius
illumine [ɪ'lu:mɪn] *v knyg.* = **illuminate** 1, 2
ill-use *n* [ˌɪl'ju:s] blogas elgesys
v [ˌɪl'ju:z] blogai/žiauriai elgtis *(su kuo)*
illusion [ɪ'lu:ʒn] *n* **1** iliuzija; miražas; *optical* ~ regėjimo apgaulė; *to be under an* ~ apsirikti **2** permatomas tiulis

illusionist [ɪ'lu:ʒənɪst] *n* **1** svajotojas, fantastas **2** iliuzionistas, fokusininkas **3** *filos.* iliuzionizmo šalininkas
illusive [ɪ'lu:sɪv] *a* = **illusory**
illusory [ɪ'lu:sərɪ, -zərɪ] *a* apgaulingas, netikras, iliuzinis
illustrate ['ɪləstreɪt] *v* **1** iliustruoti *(knygą)* **2** iliustruoti, aiškinti *(pavyzdžiu, faktais, citatomis ir pan.)*
illustration [ˌɪlə'streɪʃn] *n* **1** iliustracija, paveikslas, piešinys **2** iliustravimas **3** pavyzdys, vaizdingas aiškinimas; *by way of* ~ kaip pavyzdį
illustrative ['ɪləstrətɪv] *a* iliustracinis; paaiškinamasis; apibūdinantis
illustrator ['ɪləstreɪtə] *n* iliustratorius
illustrious [ɪ'lʌstrɪəs] *a* (į)žymus, garsus, žinomas
ill-will [ˌɪl'wɪl] *n* pikta valia, nepalankumas *(to, towards)*
illy ['ɪlɪ] *amer.* = **ill** *adv* 1
I'm [aɪm] *sutr. šnek.* = **I am**
im- [ɪm-] *pref* = **in-**[2] *(prieš priebalsius b, m, p)*
image ['ɪmɪdʒ] *n* **1** meninis vaizdas, paveikslas, įsivaizdavimas **2** (at)vaizdas *(ekrane, veidrodyje ir pan.)* **3** *(šventojo)* statula; stabas **4** visiškas panašumas *(t. p. very/living/ spitting* ~*)* **5** vaizdinys, idėja *(t. p. mental* ~*)* **6** *lit.* įvaizdis; vaizdingas posakis; *to speak in* ~s vaizdžiai kalbėti **7** *(organizacijos, politinio veikėjo, kino žvaigždės ir pan.)* veidas, vardas, prestižas, reputacija **7** *attr:* ~ *effect opt.* veidrodinis atvaizdas; ~ *memory spec.* regimoji atmintis
v **1** (pa)vaizduoti **2** įsivaizduoti **3** atspindėti
image-building ['ɪmɪdʒˌbɪldɪŋ] *n* dirbtinis vardo/prestižo/reputacijos (su)kūrimas *(ypač reklamos būdu)*
image-conscious ['ɪmɪdʒˌkɔnʃəs] *a* jaučiantis/suvokiantis savo prestižą/reputaciją
imagery ['ɪmɪdʒərɪ] *n* **1** *kuop. men.* paveikslai, vaizdai **2** *kuop.* skulptūra, raižiniai **3** *(kalbos)* vaizdingumas
imaginable [ɪ'mædʒɪnəbl] *a* įsivaizduojamas; *the best solution* ~ geriausias sprendimas, kokį galima įsivaizduoti
imaginary [ɪ'mædʒɪnərɪ] *a* **1** įsivaizduotas, įsivaizduotinis **2** *mat.* tariamas, menamas
imagination [ɪˌmædʒɪ'neɪʃn] *n* **1** vaizduotė; fantazija; *to capture/catch smb's* ~ pagauti kieno vaizduotę **2** įsivaizdavimas; vaizduotės/fantazijos padarinys
imaginative [ɪ'mædʒɪnətɪv] *a* **1** lakios vaizduotės; ~ *power* vaizduotės galia **2** vaizdus, vaizdingas; ~ *literature* grožinė literatūra
imagine [ɪ'mædʒɪn] *v* **1** įsivaizduoti; *(just)* ~ *(it)!* tik įsivaizduokit/pamanykit! *(reiškiant nepritarimą)* **2** *(neteisingai, be pagrindo)* manyti; *don't* ~ *you'll get away with it!* nemanyk, kad tu taip išsisuksi! **3** sugalvoti, sumanyti
imaging ['ɪmɪdʒɪŋ] *n fiz., komp.* vaizdo gavimas
imaginings [ɪ'mædʒɪnɪŋz] *n pl knyg.* fantazijos padariniai, svajonės
imagism ['ɪmɪdʒɪzm] *n men.* imažizmas *(poezijos srovė)*
imago [ɪ'meɪgəu] *lot. n* (pl ~s [-z], -gines [-dʒɪni:z]) **1** (at)vaizdas **2** *zool.* imagas *(paskutinė vabzdžio raidos stadija)*
imam [ɪ'mɑ:m, 'ɪmɑ:m] *arab. n* imamas *(musulmonų dvasininkas ar religinis valdovas)*
imbalance [ɪm'bæləns] *n* **1** pusiausvyros nebuvimas, nesubalansavimas; disbalansas, neatitikimas **2** *med.* pusiausvyros sutrikimas
imbecile ['ɪmbɪsi:l] *n* **1** silpnaprotis **2** kvailys
a **1** silpno proto **2** kvailas
imbecility [ˌɪmbɪ'sɪlətɪ] *n* **1** kvailumas; kvailystė **2** nesugebėjimas **3** *med. psn.* imbecilumas, silpnaprotystė
imbed [ɪm'bed] *v* = **embed**
imbibe [ɪm'baɪb] *v knyg.* **1** sugerti, absorbuoti; įtraukti *(oro)* **2** įsisavinti, asimiliuoti **3** *juok.* gerti *(ypač alkoholinius gėrimus)*

imbrex ['ımbreks] *n (pl* imbrices) *stat.* lovinė čerpė
imbricate ['ımbrıkeıt] *v stat.* dėti/kloti užleistinai, užleisti; dengti žvynų pavidalu, žvyniškai
imbrices ['ımbrısi:z] *pl žr.* **imbrex**
imbroglio [ım'brəulıəu] *n (pl ~s* [-z]) sudėtinga padėtis; painiava; nesusipratimas
imbrue [ım'bru:] *v psn.* sukruvinti, sutepti *(krauju; in, with)*
imbue [ım'bju:] *v (with)* **1** prisotinti, primirkyti **2** *prk.* įkvėpti; pripildyti **3** nudažyti *(audinį, medžiagą ir pan.)*
imitable ['ımıtəbl] *a* imituojamas, (pa)mėgdžiojamas
imitate ['ımıteıt] *v* (pa)mėgdžioti, imituoti; sekti; *to ~ smb to the life* pamėgdžioti ką nuostabiai/tiksliai
imitation [‚ımı'teıʃn] *n* **1** (pa)mėgdžiojimas, imitavimas, sekimas **2** imitacija; padirbinys; kopija; *a pale ~ (of)* prasta *(ko)* imitacija; *~ leather* odos imitacija, dirbtinė oda; *beware of ~s!* saugokitės padirbinių/klastočių!
imitative ['ımıtətıv] *a* **1** (pa)mėgdžiojamas; neoriginalus; *the ~ arts* vaizduojamasis menas; *~ word* garsažodis **2** netikras; dirbtinis
imitator ['ımıteıtə] *n* (pa)mėgdžiotojas; imitatorius
immaculacy [ı'mækjuləsı] *n* **1** švarumas, tyrumas **2** nepriekaištingumas
immaculate [ı'mækjulət] *a* **1** nesuteršas, nesuteptas; tyras, švarus; tvarkingas; *the feast of the I. Conception bažn.* Nekalto prasidėjimo šventė **2** nepriekaištingas
immanence, -cy ['ımənəns, -sı] *n* **1** savybingumas; pastovi savybė **2** *filos.* imanentiškumas
immanent ['ımənənt] *a* **1** savybingas; vidinis; pastovus **2** *filos.* imanentinis
immaterial [‚ımə'tıərıəl] *a* **1** nemedžiaginis, nematerialinis, nematerialus **2** neesminis, nesvarbus; *it's ~ (to me) whether you like it or not* (man) nesvarbu, ar tau tai patinka, ar ne
immature [‚ımə'tʃuə] *a* nesubrendęs, nepribrendęs; nepakankamai išsirutuliojęs; *~ fruit* neprinokę vaisiai; *~ mind* nebrandus protas
immaturity [‚ımə'tʃuərətı] *n* nesubrendimas
immeasurable [ı'meʒᵊrəbl] *a* neišmatuojamas, begalinis, didžiulis
immeasurably [ı'meʒᵊrəblı] *adv* neišmatuojamai; be galo, nepaprastai
immediacy [ı'mi:dıəsı] *n* **1** betarpiškumas, tiesioginis ryšys **2** neatidėliojamumas, skubumas
immediate [ı'mi:dıət] *a* **1** neatidėliojamas, neatidėliotinas, nedelsiamas, skubus; *to take ~ action* imtis neatidėliojamų priemonių **2** tiesioginis, betarpiškas; *~ superior* tiesioginis viršininkas; *~ constituent kalb.* tiesioginis sandas **3** artimiausias; *~ family* artimiausi giminės; *the ~ postwar years* pirmieji pokario metai
immediately [ı'mi:dıətlı] *adv* **1** tuojau (pat), tučtuojau; nedelsiant, neatidėliojant **2** tiesiog(iai); *~ concerned* tiesiogiai susijęs
conj kai tik; *he left ~ he received the call* jis išvyko tuojau po skambučio telefonu
immedicable [ı'medıkəbl] *a* neišgydomas
immemorial [‚ımı'mɔ:rıəl] *a* **1** neatmenamas; *from/since time ~* nuo neatmenamų laikų **2** labai senas, senovinis; *~ custom* senovinis/senovės paprotys
immense [ı'mens] *a* **1** didžiulis; *an ~ amount of money* daugybė pinigų **2** neaprėpiamas; begalinis **3** *šnek.* puikus, nuostabus
immensely [ı'menslı] *adv* nepaprastai, be galo
immensity [ı'mensətı] *n* **1** didumas, didybė **2** bekraštybė; *the ~ of space* erdvės neaprėpiamumas

immerse [ı'mə:s] *v* **1** panardinti, panerti; įmerkti *(in)* **2** įtraukti; įpainioti, įvelti; *refl* įsitraukti *(in)*
immersed [ı'mə:st] *a* įsitraukęs, įnikęs *(į darbą ir pan.)*; *~ in debts* paskendęs skolose; *~ in thought* pasinėręs mintyse
immersion [ı'mə:ʃn] *n* **1** panardinimas; pa(si)nėrimas, panirimas, nugrimzdimas *(t. p. prk.)* **2** *opt.* imersija **3** *bažn.* krikštijimas *(panardinant į vandenį)*
immersion-heater [ı'mə:ʃnˌhi:tə] *n* elektrinis vandens šildytuvas
immigrant ['ımıgrənt] *n* imigrantas, ateivis; persikėlėlis *a* persikeliantis; persikėlęs
immigrate ['ımıgreıt] *v* imigruoti
immigration [‚ımı'greıʃn] *n* imigracija, imigravimas
imminence ['ımınəns] *n (pavojaus ir pan.)* artumas, neišvengiamumas; gresiantis pavojus
imminent ['ımınənt] *n* artėjantis, neišvengiamas *(apie pavojų);* gresiantis, grasinantis
immiscible [ı'mısəbl] *a* nesimaišantis *(with)*
immitigable [ı'mıtıgəbl] *a knyg.* nesušvelninamas, nenumalšinamas
immixture [ı'mıkstʃə] *n* **1** su(si)maišymas **2** įsipainiojimas, dalyvavimas *(in)*
immobile [ı'məubaıl] *a* nejudantis; nejudamas
immobility [‚ımou'bılətı] *n* nejudamumas
immobilize [ı'məubılaız] *v* **1** daryti nejudantį; fiksuoti *(tam tikroje padėtyje)* **2** sustabdyti *(ko darbą)* **3** *prk.* paralyžiuoti, sukaustyti, suvaržyti **4** *med.* uždėti įtvarą, imobilizuoti **5** *fin.* išimti iš apyvartos *(monetą)*
immoderate [ı'mɔdᵊrət] *a* per didelis, nenuosaikus, nesaikingas, besaikis, be saiko
immodest [ı'mɔdıst] *a* **1** nekuklus; nepadorus **2** begėdiškas, įžūlus
immodesty [ı'mɔdıstı] *n* **1** nekuklumas; nepadorumas **2** begėdiškumas
immolate ['ıməleıt] *v* (pa)aukoti *(t. p. prk.);* *to ~ oneself for the good of one's country* pasiaukoti tėvynės labui
immolation [‚ımə'leıʃn] *n* auka; aukojimas(is)
immoral [ı'mɔrəl] *a* amoralus, nedorovingas, nedoras; ištvirkęs
immorality [‚ımə'rælətı] *n* **1** amoralumas, nedorumas; ištvirkimas **2** nedorybė
immortal [ı'mɔ:tl] *a* nemirtingas, nemarus, amžinas
n **1** (neužmirštamas) didvyris **2** *pl mit.* nemirtingieji *(apie graikų ir romėnų dievus)*
immortality [‚ımɔ:'tælətı] *n* nemirtingumas, nemarumas; amžina šlovė
immortalize [ı'mɔ:təlaız] *v* įamžinti, padaryti nemirtingą
immortelle [‚ımɔ:'tel] *pr. n bot.* sausiukas
immovability [ıˌmu:və'bılətı] *n* **1** nejudamumas; nepajudinamumas **2** ramumas
immovable [ı'mu:vəbl] *a* **1** nejudamas; *~ property* nekilnojamasis turtas **2** nepajudinamas, tvirtas; *~ conservatism* nepajudinamas/tvirtas konservatizmas **3** šaltas, ramus, bejausmis **4** *bažn.* nekilnojamas, neperkeliamas *(apie šventę)*
n pl nekilnojamasis turtas
immune [ı'mju:n] *a* **1** atleistas *(from – nuo);* *to be ~ from prosecution* nebūti persekiojamam **2** apsaugotas *(nuo ko nors nemalonaus);* *to be ~ against/to attack* būti apsaugotam nuo užpuolimo **3** *med.* atsparus užkrečiamai ligai, imuninis; neimlus; *to become ~ (to)* įgyti imunitetą *(kam)*
immunity [ı'mju:nətı] *n* **1** atleidimas *(nuo mokesčių ir pan.)* **2** *med., biol.* neimlumas, atsparumas, imunitetas *(from);*

immunization

acquired [natural] ~ įgytas [įgimtas] imunitetas 3 *teis.* neliečiamumas, neliečiamybė, imunitetas; *diplomatic* ~ diplomatinis imunitetas

immunization [ˌɪmjunaɪˈzeɪʃn] *n med.* imunizacija, imunizavimas

immunize [ˈɪmjunaɪz] *v med.* imunizuoti, daryti neimlų, sudaryti imunitetą

immuno- [ˌɪmjunəᵘ-, ˌɪmjuːnəᵘ-] *(sudurt. žodžiuose)* imuno-, imuniteto; *immunogenetics* imunogenetika; *imunosuppressive* imunodepresantas; slopinantis imunitetą

immunodeficiency [ˌɪmjunəudɪˈfɪʃᵊnsɪ] *n med.* imuniteto deficitas

immunogenic [ˌɪmjunəuˈdʒenɪk] *a* imunogeninis

immunology [ˌɪmjuˈnɒlədʒɪ] *n* imunologija

immure [ɪˈmjuə] *v* 1 *knyg.* uždaryti *(į kalėjimą ir pan.)* 2 *refl* užsidaryti tarp keturių sienų 3 *stat.* užmūryti

immutability [ɪˌmjuːtəˈbɪlətɪ] *n* nekintamumas, pastovumas

immutable [ɪˈmjuːtəbl] *a* nekintamas, nekeičiamas

imp [ɪmp] *n* 1 velniūkštis, velniukas 2 išdykėlis, nutrūktgalvis, velniūkštis *(apie vaikus)*

impact *n* [ˈɪmpækt] 1 smūgis; susidūrimas; atsitrenkimas *(on, against)*; *rear-end* ~ *aut.* smūgis iš užpakalio 2 poveikis, įtaka; *the enviromental* ~ *of increased road traffic* padidėjusio eismo poveikis aplinkai 3 *attr* smogiamasis, smūginis; ~ *strength tech.* smūginis tąsumas
v [ɪmˈpækt] 1 (su)spausti, įspausti *(in, into)* 2 trenkti(s); susidurti 3 (pa)daryti poveikį, paveikti *(on)*

impacted [ɪmˈpæktɪd] *a* 1 suspaustas; įstriges 2 susidūres *(apie automobilius)* 3 paveiktas 4 *amer.* perpildytas 5 *amer. ekon.* maksimaliai išnaudotas *(apie išteklius)*

impair [ɪmˈpɛə] *v* 1 susilpninti, sumažinti; *his hearing was ~ed* jo klausa susilpnėjo 2 pabloginti *(kokybę);* (pa)kenkti, (pa)gadinti

impairment [ɪmˈpɛəmənt] *n knyg.* 1 *(sveikatos ir pan.)* (pa)blogėjimas 2 pakenkimas, (pa)gadinimas

impale [ɪmˈpeɪl] *v* 1 perdurti, persmeigti; užsmeigti *(on)* 2 *refl (upon)* užšokti *(ant),* netikėtai susidurti *(su)* 3 *ist.* pamauti ant baslio *(mirties bausmė)*

impalpability [ɪmˌpælpəˈbɪlətɪ] *n* nejuntamumas, neapčiuopiamumas

impalpable [ɪmˈpælpəbl] *a* 1 nejuntamas, neapčiuopiamas; labai smulkus 2 nežymus, vos pastebimas 3 vos/sunkiai suprantamas

impanel [ɪmˈpænl] *v* = **empanel**

imparity [ɪmˈpærətɪ] *n ret.* nelygybė, skirtingumas

impart [ɪmˈpɑːt] *v* 1 duoti, suteikti *(skonį ir pan.)* 2 pranešti, perduoti *(naujienas);* perteikti *(žinias ir pan.);* **to** ~ *one's apprehensions* išsakyti/perteikti savo būgštavimus

impartial [ɪmˈpɑːʃl] *a* nešališkas, objektyvus, teisingas

impartiality [ɪmˌpɑːʃɪˈælətɪ] *n* nešališkumas, objektyvumas

impartible [ɪmˈpɑːtəbl] *a teis.* nedalijamas

impassable [ɪmˈpɑːsəbl] *a* nepraeinamas, neišvažiuojamas

impasse [ˈæmpæs, æmˈpɑːs] *pr. n* 1 aklavietė, padėtis be išeities; *to reach an* ~ atsidurti aklavietėje *(apie derybas ir pan.)* 2 *ret.* aklagatvis, aklakelis

impassibility [ɪmˌpæsəˈbɪlətɪ] *n* 1 *ret.* nejautrumas 2 *knyg.* bejausmiškumas

impassible [ɪmˈpæsəbl] *a* 1 *ret.* nejautrus 2 *knyg.* bejausmis, beaistris

impassion [ɪmˈpæʃn] *v* (su)kelti aistrą, aistrinti; labai jaudinti

impassioned [ɪmˈpæʃnd] *a* aistringas, karštas

impassive [ɪmˈpæsɪv] *a* 1 nejautrus; abejingas 2 ramus, beaistris

452

imperfective

impassiveness, impassivity [ɪmˈpæsɪvnɪs, ˌɪmpæˈsɪvətɪ] *n* 1 nejautrumas 2 beaistriškumas; ramumas

impatience [ɪmˈpeɪʃns] *n* 1 nekantrumas, nekantrybė; *with* ~ nekantriai 2 nepakanta *(of)*

impatient [ɪmˈpeɪʃnt] *a* 1 nekantrus; nerimstantis; *to be* ~ *for smth* nekantriai laukti ko 2 nepakantus, nepakenčiantis

impawn [ɪmˈpɔːn] *v* 1 *psn.* įkeisti, užstatyti 2 *prk. ret.* laiduoti

impeach [ɪmˈpiːtʃ] *v* 1 *knyg.* (su)abejoti 2 *teis., polit.* apkaltinti *(of, with);* apkaltinti valstybiniu nusikaltimu

impeachment [ɪmˈpiːtʃmənt] *n* 1 (su)abejojimas 2 *teis., polit.* apkalta, impičmentas; apkaltinimas, patraukimas teisman *(ypač už valstybinį nusikaltimą)*

impeccable [ɪmˈpekəbl] *a* 1 neklaidingas, neklystamas 2 nepeiktinas, nepriekaištingas; ~ *behaviour* nepriekaištingas elgesys

impecunious [ˌɪmpɪˈkjuːnɪəs] *a* bepinigis, neturintis pinigų

impedance [ɪmˈpiːdəns] *n el.* tariamoji varža, impedansas

impede [ɪmˈpiːd] *v* trukdyti, kliudyti, stabdyti; apsunkinti; *to* ~ *traffic* trukdyti eismui

impediment [ɪmˈpedɪmənt] *n* 1 kliūtis, (su)trukdymas 2 defektas; *speech* ~ kalbos defektas, mikčiojimas

impedimenta [ɪmˌpedɪˈmentə] *n pl* 1 kariuomenės turtas; vežamos atsargos 2 manta, bagažas

impedimental [ɪmˌpedɪˈmentl] *a psn.* kliudantis, trukdantis

impel [ɪmˈpel] *v (-ll-)* (pri)versti, (pa)skatinti, pastūmėti; ~*led by fear* baimės varomas; *to feel ~led to do smth* jaustis priverstam ką daryti

impellent [ɪmˈpelənt] *n* varomoji jėga
a skatinamasis; įtaigus

impeller [ɪmˈpelə] *n tech.* darbo ratas, rotorius, sparnuotė; siurbliaratis

impend [ɪmˈpend] *v* 1 pakibti *(over); (prk. t. p.)* grėsti 2 artėti, būti arti

impendence [ɪmˈpendəns] *n (pavojaus)* artumas; grėsmė

impendent, -ding [ɪmˈpendənt, -dɪŋ] *a* pakibes *(apie grėsmę),* gresiantis; artėjantis

impenetrability [ɪmˌpenɪtrəˈbɪlətɪ] *n* nepereinamumas *ir kt.,* žr. **impenetrable**

impenetrable [ɪmˈpenɪtrəbl] *a* 1 nepereinamas, neįžengiamas; neprieinamas 2 nepermatomas; ~ *darkness* visiška tamsa 3 nesuprantamas, nesuvokiamas, neatskleidžiamas 4 nepaveikiamas

impenitence [ɪmˈpenɪtəns] *n* neatgailavimas; užkietėjimas

impenitent [ɪmˈpenɪtənt] *a* neatgailaujantis, nesigailintis *(už savo nuodėmes);* užkietėjes *(apie nusidėjėlį, nusikaltėlį)*

imperative [ɪmˈperətɪv] *n* 1 būtinybė; imperatyvas *(t. p. filos.)* 2 *gram.* liepiamoji nuosaka; imperatyvas
a 1 įsakomas, liepiamas; įsakmus; ~ *intonation kalb.* skatinamoji intonacija; ~ *mood gram.* liepiamoji nuosaka 2 reikalaujantis, primygtinis; būtinas; *it is* ~ *to go at once* būtina eiti tuoj pat

imperceptible [ˌɪmpəˈseptəbl] *a* nepastebimas, labai nežymus

imperceptive [ˌɪmpəˈseptɪv] *a* neįžvalgus

imperfect [ɪmˈpɜːfɪkt] *a* 1 netobulas, turintis trūkumų, nepakankamas 2 nepilnutinis, ne(už)baigtas
n: the ~ *(tense) gram. (eigos veikslo)* būtasis laikas, imperfektas

imperfection [ˌɪmpəˈfekʃn] *n* 1 netobulumas, trūkumas 2 nepilnumas, neužbaigtumas 3 *fiz.* yda

imperfective [ˌɪmpəˈfektɪv] *n gram. (baltų/slavų kalbų)* eigos veikslas

imperial [ɪm'pɪərɪəl] *a* **1** imperijos, imperinis **2** imperatoriaus, imperatoriškas **3** vyriausias, aukščiausias **4** impozantiškas, didingas **5** *attr* standartinis, nustatytas *(pagal D. Britanijos matų sistemą)* *n* **1** smaili barzdelė **2** ekipažo, diližano *ir pan.* viršutinis aukštas **3** *ist.* imperialas *(auksinė moneta; popieriaus formatas)*
imperialism [ɪm'pɪərɪəlɪzm] *n* imperializmas
imperialist [ɪm'pɪərɪəlɪst] *n* imperialistas *a* imperialistinis
imperialistic [ɪm,pɪərɪə'lɪstɪk] *a* imperialistinis
imperil [ɪm'perɪl] *v (-ll-)* statyti/stumti į pavojų
imperious [ɪm'pɪərɪəs] *a* **1** įsakmus; valdingas; despotiškas **2** būtinas, skubus
imperishable [ɪm'perɪʃəbl] *a* **1** nežūstantis, amžinas; nesugriaunamas **2** negendantis *(apie produktus, daiktus)*
impermanence [ɪm'pə:mənəns] *n knyg.* nepastovumas; laikinumas
impermanent [ɪm'pə:mənənt] *a* nepastovus, nenuolatinis; laikinas
impermeable [ɪm'pə:mɪəbl] *a* **1** *spec.* ne(pra)laidus, ne(pra)leidžiantis *(vandens, dujų; to);* hermetiškas **2** *tech.* sandarus *(apie siūlę)*
impermissible [,ɪmpə'mɪsəbl] *a* neleistinas
impersonal [ɪm'pə:snəl] *a* **1** neasmeninis, neasmeniškas; nuasmenintas **2** bejausmis; objektyvus **3** *gram.* beasmenis
impersonality [ɪm,pə:sə'nælətɪ] *n* **1** beasmeniškumas **2** objektyvumas
impersonalize [ɪm'pə:snəlaɪz] *v* nuasmeninti
impersonate [ɪm'pə:səneɪt] *v* **1** įasmeninti, įkūnyti **2** dėtis, apsimesti *(policininku ir pan.)* **3** *teatr.* (su)vaidinti, pavaizduoti, pamėgdžioti
impersonation [ɪm,pə:sə'neɪʃn] *n* **1** įkūnijimas, įasmeninimas **2** apsimetimas *(kitu asmeniu)* **3** (pa)vaizdavimas, (pa)mėgdžiojimas
impersonator [ɪm'pə:səneɪtə] *n* (pa)mėgdžiotojas, imitatorius, parodijuotojas; *female* ~ aktorius, atliekantis moters vaidmenį
impertinence [ɪm'pə:tɪnəns] *n* **1** įžūlumas, akiplėšiškumas; įžūlybė **2** nepriderumas
impertinent [ɪm'pə:tɪnənt] *a* **1** įžūlus, akiplėšiškas; įkyrus **2** neturintis ryšio *(to – su),* ne vietoje esantis
imperturbability [,ɪmpətə:bə'bɪlətɪ] *n* ramumas, šaltakraujiškumas
imperturbable [,ɪmpə'tə:bəbl] *a* ramus, šaltakraujiškas; netrikdomas
impervious [ɪm'pə:vɪəs] *a (to)* **1** nepraleidžiantis, nelaidus; nepraeinamas **2** nepaveikiamas, nepasiduodantis *(įtakai ir pan.);* kurčias *(prašymams, įtikinėjimams)*
impetigo [,ɪmpə'taɪgəʊ] *n med.* pūlinėlinė, impetiga
impetuosity [ɪm,petʃu'ɒsətɪ] *n* smarkumas; karštumas, staigumas
impetuous [ɪm'petʃuəs] *a* **1** smarkus, audringas; ~ *stream* srautingas upelis **2** skubotas; karštas, staigus
impetus ['ɪmpɪtəs] *n* **1** smarkumas, (judėjimo) jėga; *to gain* ~ įsismarkinti **2** varomoji jėga; impulsas, akstinas
impiety [ɪm'paɪətɪ] *n knyg.* **1** bedieviškumas **2** nepagarba
impinge [ɪm'pɪndʒ] *v (on, upon)* **1** kristi *(ant),* trenktis *(į)* **2** kėsintis *(į),* pažeisti *(kieno teises ir pan.);* (neigiamai) paveikti
impingement [ɪm'pɪndʒmənt] *n* **1** atsitrenkimas, smūgis **2** pasikėsinimas *(į kieno teises)*
impious ['ɪmpɪəs] *a* **1** bedieviškas **2** *ret.* nepagarbus
impish ['ɪmpɪʃ] *a* padykęs, išdykėliškas; nutrūktgalviškas
implacability [ɪm,plækə'bɪlətɪ] *n* nepermaldaujamumas; nesutaikomumas

implacable [ɪm'plækəbl] *a* nepermaldaujamas, nenumaldomas; nesutaikomas
implant [ɪm'plɑ:nt] *v* **1** (į)diegti, (į)skiepyti *(mintis, pažiūras ir pan.)* **2** (į)sodinti *(augalus)* **3** *spec.* implantuoti *n med.* implantuotas audinys/oda *ir pan.*
implantation [,ɪmplɑ:n'teɪʃn] *n* **1** (į)diegimas, (į)skiepijimas **2** sodinimas *(augalų)* **3** *spec.* implantacija, implantavimas
implausible [ɪm'plɔ:zəbl] *a* neįtikėtinas, neįtikimas
implement *n* ['ɪmplɪmənt] įrankis; priemonė; *(ypač pl)* padargai, reikmenys; *agricultural/farm* ~s žemės ūkio inventorius/padargai; ~s *of production ekon.* gamybos priemonės
v ['ɪmplɪment] **1** įgyvendinti, realizuoti, (į)vykdyti *(pasiūlymą, planą ir pan.)* **2** aprūpinti įrankiais **3** *komp.* įdiegti, implantuoti *(sistemą ir pan.)*
implementation [,ɪmplɪmən'teɪʃn] *n* įgyvendinimas *ir kt., žr.* **implement** *v*
implicate ['ɪmplɪkeɪt] *v* **1** įvelti, įpainioti, įtraukti *(in)* **2** implikuoti; turėti savyje
implication [,ɪmplɪ'keɪʃn] **1** į(si)painiojimas, įtraukimas, dalyvavimas *(nusikaltime)* **2** prasmė, reikšmė; potekstė; *by* ~ pagal prasmę; netiesiogiai; *the* ~ *is that...* tai reiškia, kad... **3** *log.* implikacija; išvada
implicit [ɪm'plɪsɪt] *a* **1** numanomas, neišreikštas žodžiais, implicitinis; ~ *threat* užslėptas grasinimas **2** visiškas, besąlygiškas; ~ *faith* aklas tikėjimas
implicitly [ɪm'plɪsɪtlɪ] *adv* **1** netiesiogiai, implicitiškai **2** visiškai, aklai, besąlygiškai, nesvyruojant
implied [ɪm'plaɪd] *a* numanomas; suprantamas *(iš potekstės);* ~ *powers amer. polit.* numanomi įgaliojimai *(išplaukiantys iš konstitucijos)*
implode [ɪm'pləʊd] *v spec.* sprogti į vidų
implore [ɪm'plɔ:] *v* maldauti, melsti *(for – ko)*
implosion [ɪm'pləʊʒn] *n spec.* implozija
implosive [ɪm'pləʊsɪv] *a fon.* imploziniss
imply [ɪm'plaɪ] *v* **1** reikšti; turėti mintyje, norėti pasakyti; *silence does not necessarily* ~ *approval* tyla nebūtinai reiškia pritarimą **2** (nu)manyti; leisti manyti; duoti suprasti; *he implied that they were guilty* jis davė suprasti, kad kalti jie
impolicy [ɪm'pɒlɪsɪ] *n* **1** netaktiškumas; netikslingumas **2** neprotinga/bloga politika
impolite [,ɪmpə'laɪt] *a* nemandagus
impolitic [ɪm'pɒlɪtɪk] *a* **1** nediplomatiškas, neprotingas **2** netaktiškas, netikslingas
imponderable [ɪm'pɒndᵊrəbl] *a* **1** nesvarus, besvoris, nepasveriamas **2** neapskaičiuojamas, neįvertinamas *n (ppr. pl)* nepasveriamas dalykas; tai, kas neapskaičiuojama/neapčiuopiama
import[1] *n* ['ɪmpɔ:t] **1** įvežimas, importas; *invisible* ~ neregimasis importas *(ne gaminių, o paslaugų ir pan.)* **2** *(ppr. pl)* importinės/įvežamosios prekės **3** *attr:* ~ *duty* importo/įvežimo muitas; ~ *licence* importo licencija
v [ɪm'pɔ:t] **1** įvežti, importuoti **2** *prk.* (į)dėti *(širdies, pastangų ir pan.; into – į)*
import[2] *knyg. n* ['ɪmpɔ:t] **1** prasmė, reikšmė **2** svarba; *a matter of no great* ~ nedidelės svarbos reikalas
v [ɪm'pɔ:t] **1** reikšti; *what does this news* ~*?* ką reiškia ši žinia? **2** turėti reikšmę; *it* ~s *us to know* mums svarbu žinoti
importable [ɪm'pɔ:təbl] *a* įvežamasis; importuojamasis
importance [ɪm'pɔ:tᵊns] *n* **1** svarbumas, reikšmingumas; svarba, reikšmė; *to attach* ~ *to smth* teikti kam reikšmę; *to be of no* ~ būti nesvarbiam **2** orumas

important [ɪm'pɔːtənt] *a* **1** svarbus, reikšmingas; *it is ~ to me that you attend the meeting* man svarbu, kad tu ateitum į susirinkimą **2** žymus, įtakingas; orus

importantly [ɪm'pɔːtəntlɪ] *adv* **1** svarbiai, reikšmingai **2** *mod* svarbu; *(and) more ~...* (ir) tai dar svarbiau...; *most ~ it means...* bet svarbiausia, tai reiškia...

importation [ˌɪmpɔː'teɪʃn] *n* **1** įvežimas, importavimas; importas **2** tai, kas įvežama; importinės prekės

importer [ɪm'pɔːtə] *n* importininkas, importuotojas

importunate [ɪm'pɔːtʃunət] *a* **1** įkyrus, landus **2** skubus, neatidėliotinas

importune [ˌɪmpə'tjuːn, ˌɪmpɔː-] *n* įkyrėti, varginti *(prašymais; with)*; įkyriai prikibti

importunity [ˌɪmpə'tjuːnətɪ, ˌɪmpɔː-] *n* įkyrumas; prikibimas

impose [ɪm'pəuz] *v (on, upon)* **1** (pa)skirti *(bausmę, darbą ir pan.)*; *to ~ a tax* apmokestinti; *to ~ a ban* uždrausti **2** apgauti; *to ~ upon smb's good nature* pasinaudoti/piktnaudžiauti kieno geraširdiškumu **3** primesti, už(si)karti; pristoti, prikibti, prisikabinti; *to ~ a burden (on)* užkrauti *(kam)* naštą **4** įvesti *(sankcijas, karo padėtį ir pan.)* **5** *ret.* imponuoti

imposing [ɪm'pəuzɪŋ] *a* įspūdingas, imponuojantis, impozantiškas

imposition [ˌɪmpə'zɪʃn] *n* **1** (pa)skyrimas; apmokestinimas **2** mokestis, pabauda; papildomas darbas *(kaip mokyklinė bausmė)* **3** nepagrįstas reikalavimas; piktnaudžiavimas; *I hope it's not too much of an ~* tikiuosi, kad ne per daug piktnaudžiauju **4** *(sankcijų, karo padėties ir pan.)* įvedimas **5** *poligr.* nuleidimas; *(puslapių)* išdėstymas

impossibility [ɪmˌpɔsə'bɪlətɪ] *n* **1** negalimumas; negalėjimas **2** negalimas/neįmanomas dalykas; *it's a near ~* tai beveik neįmanoma

impossible [ɪm'pɔsəbl] *a* **1** negalimas, neįvykdomas; neįmanomas; *it is ~ that he should have missed the train* neįmanomas dalykas, kad jis būtų pavėlavęs į traukinį **2** nepakenčiamas, sunkus *(apie padėtį, žmogų)*
n (the ~) tai, kas neįmanoma/negalima/neįgyvendinama

impossibly [ɪm'pɔsəblɪ] *adv* nepaprastai, baisiai; *it's ~ expensive* tai tikrai per brangu

impost ['ɪmpəust] *n* **1** *ist.* mokestis; muitas **2** *stat.* impostas; skersstaktis

imposter [ɪm'pɔstə] *n amer.* = **impostor**

impostor [ɪm'pɔstə] *n* **1** apgavikas **2** apsimetėlis, apsišaukėlis

imposture [ɪm'pɔstʃə] *n knyg.* **1** apgavimas; apgaulė **2** apsišaukimas

impotence, -cy ['ɪmpətəns, -sɪ] *n* **1** bejėgiškumas, silpnumas **2** *med.* impotencija

impotent ['ɪmpətənt] *a* **1** bejėgis, bejėgiškas, silpnas **2** *med.* impotentiškas

impound [ɪm'paund] *v* **1** įginti *(gyvulius)* **2** uždaryti *(į kalėjimą ir pan.)* **3** *teis.* konfiskuoti, paimti **4** užtvenkti

impoverish [ɪm'pɔvərɪʃ] *v* **1** (nu)skurdinti **2** (nu)alinti *(žemę)*; (nu)siaubti *(šalį)* **3** (su)ardyti, griauti *(sveikatą)*

impoverished [ɪm'pɔvərɪʃt] *a* nualintas **2** skurdus, menkas

impoverishment [ɪm'pɔvərɪʃmənt] *n* **1** nuskurdinimas; nuskurdimas **2** nualinimas

impracticability [ɪmˌpræktɪkə'bɪlətɪ] *n* neįvykdomumas *ir kt., žr.* **impracticable**

impracticable [ɪm'præktɪkəbl] *a* **1** neįvykdomas, neįgyvendinamas **2** užsispyręs; nesugyvenamas **3** neišeinamas, neišbrendamas, neišvažiuojamas; neįkopiamas **4** netinkamas vartoti

impractical [ɪm'præktɪkl] *a* **1** nepraktiškas **2** nerealus

imprecate ['ɪmprɪkeɪt] *v* prakeikti, užtraukti nelaimę *(upon – kam);* keikti(s)

imprecation [ˌɪmprɪ'keɪʃn] *n* (pra)keikimas; keiksmas

imprecatory ['ɪmprɪkeɪtərɪ] *a* prakeikiantis, užtraukiantis nelaimę

imprecise [ˌɪmprɪ'saɪs] *a* netikslus

imprecision [ˌɪmprɪ'sɪʒn] *n (kalbos ir pan.)* netikslumas

impregnable [ɪm'pregnəbl] *a* **1** neprieinamas, neįveikiamas **2** nepalaužiamas, nepajudinamas

impregnate *a* [ɪm'pregnət] **1** apvaisintas **2** nėščia **3** prisisunkęs, prisigėręs, įmirkęs, įmirkytas, impregnuotas
v ['ɪmpregneɪt] **1** apvaisinti **2** impregnuoti, įmirkyti, prisotinti *(with)* **3** pripildyti; *the air was ~d with flavour* oras buvo pilnas aromato

impregnation [ˌɪmpreg'neɪʃn] *n* **1** apvaisinimas; pastojimas, nėštumo prasidėjimas **2** impregnavimas, įmirkymas, prisotinimas

impresario [ˌɪmprɪ'sɑːrɪəu] *it. n* (pl ~s [-z]) impresarijus, antrepreneris

imprescriptible [ˌɪmprɪ'skrɪptəbl] *a teis.* neatimamas, nereglamentuojamas *(laiko atžvilgiu; apie teises)*

impress[1] *n* ['ɪmpres] **1** spaudas; atspaudas; *an ~ of a seal* antspaudo atspaudas **2** antspaudas **3** *prk. knyg.* antspaudas, žymė; įspūdis
v [ɪm'pres] **1** (pa)daryti įspūdį; (pa)veikti; *to be ~ed by a speech* būti kalbos paveiktam **2** duoti suprasti, įteigti *(on – kam)* **3** įspausti, atspausti *(in, into, on)* **4** antspauduoti

impress[2] [ɪm'pres] *v ist.* **1** rekvizuoti **2** *kar.* verbuoti *(priverstinai)*

impressible [ɪm'presəbl] *a knyg.* jautrus, imlus *(įspūdžiams)*

impression [ɪm'preʃn] *n* **1** įspūdis; *sharp ~* stiprus įspūdis; *visual [audative] ~* optinis [akustinis] įspūdis; *to be under the ~* a) būti paveiktam *(of – ko);* b) manyti *(that);* *we were under the ~ that...* mums susidarė įspūdis, mes manėme, kad... **2** *(rankos, kojos ir pan.)* atspaudas **3** atspaudimas; spausdinimas **4** spaudinys; stereotipinis/kartotinis leidimas, perspaudas **5** *men. (paveikslo)* gruntas **6** *teatr.* parodija; *to do an ~ (of)* parodijuoti *(ką)*

impressionable [ɪm'preʃnəbl] *a* įspūdžių lengvai paveikiamas, jautrus *(įspūdžiams),* jauslus

impressionism [ɪm'preʃnɪzm] *n men.* impresionizmas

impressionist [ɪm'preʃnɪst] *n men.* **1** impresionistas **2** parodistas *(estrados artistas)*

impressionistic [ɪmˌpreʃə'nɪstɪk] *a men.* impresionistinis

impressive [ɪm'presɪv] *a* įspūdingas, darantis įspūdį

impressment [ɪm'presmənt] *n ist.* **1** *kar.* priverstinis verbavimas **2** rekvizicija

imprest ['ɪmprest] *n buh.* avansas, ataskaitinė suma

imprimatur [ˌɪmprɪ'meɪtə] *lot. n* **1** *bažn.* cenzūros leidimas *(spausdinti)* **2** pritarimas, sankcija

imprimis [ɪm'praɪmɪs] *lot. adv* pirma

imprint *n* ['ɪmprɪnt] **1** žymė, pėdsakas *(t. p. prk.);* atspaudas **2** *poligr.* leidimo duomenys *(t. p. publisher's/printer's ~)*
v [ɪm'prɪnt] **1** įspausti, atspausti; antspauduoti **2** *prk.* palikti (gilų) pėdsaką; įsmigti, įstrigti *(atmintyje; on, in)*

imprison [ɪm'prɪzn] *v* **1** uždaryti į kalėjimą, įkalinti **2** (su)varžyti

imprisonment [ɪm'prɪznmənt] *n* įkalinimas, laisvės atėmimas; buvimas kalėjime, kalėjimas; *life ~* kalėjimas ligi gyvos galvos

impro ['ɪmprəu] *n (pl ~s [-z]) sutr. šnek.* improvizacija

improbability [ɪmˌprɔbə'bɪlətɪ] *n* neįtikimumas; netikėtumas

improbable [ɪmˈprɔbəbl] *a* **1** neįtikimas; neįtikėtinas, nepanašus į tiesą; *it is ~ that...* neįtikima/neįtikėtina, kad... **2** keistas, stebinantis, nepaprastas

improbity [ɪmˈprəubətɪ] *n* nesąžiningumas

impromptu [ɪmˈprɔmptjuː] <*n, a, adv*> *n* ekspromtas *(t. p. muz.),* improvizacija
a improvizuotas
adv ekspromtu, be pasirengimo

improper [ɪmˈprɔpə] *a* **1** nepadorus; nesąžiningas **2** netinkamas, nepriderimas **3** neteisingas; klaidingas; *~ fraction mat.* netaisyklingoji trupmena

impropriety [ˌɪmprəˈpraɪətɪ] *n* **1** nepadorumas, nepadorybė; etiketo pažeidimas **2** netinkamumas **3** neteisingumas; klaida; *to accuse smb of financial ~* kaltinti ką padarius finansinių klaidų

improvable [ɪmˈpruːvəbl] *a* **1** pataisomas, galimas gerinti **2** *ž. ū.* tinkamas melioruoti

improve [ɪmˈpruːv] *v* **1** (pa)gerinti, (pa)tobulinti *(on);* gerėti, tobulėti; *to ~ in looks* atrodyti geriau; *to ~ in health* sveikti **2** naudotis, protingai naudoti; *~ the occasion/opportunity* pasinaudoti proga **3** *archit., stat.* išplanuoti **4** pakelti, padidinti *(našumą, darbo užmokestį ir pan.)* **5** padidinti *(žemės, turto)* vertę **6** *ž. ū.* melioruoti □ *~ away* pabloginti *(norint pagerinti)*

improved [ɪmˈpruːvd] *a* pagerintas; geresnis

improvement [ɪmˈpruːvmənt] *n* **1** pagerinimas, pa(si)tobulinimas; pagerėjimas; *to show a great ~* gerokai pagerėti; *he has made a big ~* a) jis padarė didelę pažangą; b) *med.* jo būklė gerokai pagerėjo **2** poslinkis, tendencija **3** *ž. ū.* melioracija

improver [ɪmˈpruːvə] *n* **1** gerintojas, tobulintojas **2** praktikantas, stažuotojas

improvidence [ɪmˈprɔvɪdəns] *n* **1** neįžvalgumas, neapdairumas **2** išlaidumas

improvident [ɪmˈprɔvɪdənt] *a* **1** neįžvalgus, neapdairus **2** netaupus, išlaidus

improvisation [ˌɪmprəvaɪˈzeɪʃn] *n* improvizacija

improvisator [ɪmˈprɔvɪzeɪtə] *n* improvizatorius

improvise [ˈɪmprəvaɪz] *v* **1** improvizuoti **2** greitosiomis padirbti/pagaminti

imprudence [ɪmˈpruːdəns] *n* **1** neprotingumas; neatsargumas **2** neapgalvotas pasielgimas

imprudent [ɪmˈpruːdənt] *a* neišmintingas, neprotingas; neapgalvotas; neatsargus

impudence [ˈɪmpjudəns] *n* įžūlumas, begėdiškumas; įžūlybė

impudent [ˈɪmpjudənt] *a* įžūlus, akiplėšiškas; begėdiškas

impugn [ɪmˈpjuːn] *v knyg.* suabejoti; nuneigti, užginčyti

impugnable [ɪmˈpjuːnəbl] *a psn.* ginčijamas, ginčytinas

impulse [ˈɪmpʌls] *n* **1** impulsas *(t. p. fiz., fiziol.);* akstinas; postūmis; *to act on ~* veikti impulso pagautam **2** staigus entuziazmas *(veikti)* **3** *attr: ~ turbine tech.* aktyvinė turbina; *~ buying* iš anksto neapgalvotas (su)pirkimas

impulsion [ɪmˈpʌlʃn] *n* **1** impulsas, paskata; staigus noras **2** paskatinimas

impulsive [ɪmˈpʌlsɪv] *a* **1** impulsyvus **2** skatinantis, skatinamasis, raginantis; *~ force* varomoji jėga

impunity [ɪmˈpjuːnətɪ] *n* nebaudžiamumas; *with ~* a) nebaudžiamai; b) be žalos sau, nepakenkiant sau

impure [ɪmˈpjuə] *a* **1** negrynas; maišytas, mišrus **2** nešvarus, užterštas **3** *ret.* nedoras; nepadorus, nešvankus; *~ thoughts* nešvankios mintys

impurity [ɪmˈpjuərətɪ] *n* **1** priemaiša; primaišymas **2** nešvarumas; užterštumas **3** nepadorybė, nešvankybė

imputation [ˌɪmpjuˈteɪʃn] *n* **1** kaltinimas, kaltės primetimas *(of)* **2** *(kaltės)* šešėlis; *to make an ~ against smb's good name* sutepti kieno gerą vardą

impute [ɪmˈpjuːt] *v (to)* kaltinti, primesti *(kaltę ir pan..),* priskirti *(ppr. ką nors bloga)*

in [ɪn] <*prep, adv, part, n, a, conj*> *prep* **1** *žymint vietą, verčiama vietininku, o su veiksmažodžiais, reiškiančiais judesį, prielinksniu į;* **in Lithuania** Lietuvoje; *in the cosmos* kosmose; *in the street* gatvėje; *to arrive in a country* atvykti į šalį; *to put smth in one's pocket* įdėti ką į kišenę; *to throw in the fire* mesti į ugnį **2** *žymint laiką: su paros dalies, metų laikų, mėnesių, metų pavadinimais verčiama galininku/vietininku, o žymint laiko tarpą, trukmę* – per, po; *in the daytime* dieną; *in the evening* vakare; *in winter* žiemą; *in June* birželio mėnesį; *born in 1970* gimęs 1970-aisiais *(metais); to do smth in an hour* padaryti ką per valandą; *she's coming in a month* ji atvyks po mėnesio **3** *žymint būdą, priemonę, verčiama įnagininku/prieveiksmiais:* **in this way** šiuo būdu; *in one word* vienu žodžiu; *in dozens* tuzinais; *in a low voice* tyliu balsu; *in pencil* pieštuku; *to paint in oils* piešti aliejiniais dažais; *in English* angliškai; *in earnest* rimtai; *dressed in black* apsirengęs juodais drabužiais; *to cut in two* pjauti pusiau **4** *žymint būseną, sąlygas, aplinkybes, džn. verčiama dalyviu/padalyviu:* **in a good humour** gerai nusiteikęs; *in astonishment* nustebęs; *in arms* ginkluotas; *in a difficulty* sunkioje padėtyje; *in any case* bet kuriuo atveju; *in the dark* tamsoje; *in smb's presence* kam dalyvaujant; *in crossing the river* keliantis per upę; *in general use* plačiai vartojamas; *in reply to* atsakydamas į **5** *žymint tikslą, ppr. verčiama naudininku/bendratimi:* **in honour of smb** kieno garbei, kam pagerbti; *in his defence* jam apginti **6** *žymint veiklą, verčiama vietininku bei įnagininku:* **in battle** kovoje; *in the army* karo tarnyboje; *to be in the trade* verstis prekyba **7** *žymint matą, kiekio santykius:* **two feet in length** dviejų pėdų ilgio; *what's that in centimetres?* kiek tai bus centimetrais?; *six in number* šešiese; *there is not one in a hundred* vargu ar atsiras vienas iš šimto **8** *reiškiant veiksmažodžio santykį su netiesioginiu papildiniu, daiktavardžio – su jo pažyminiu ir pan., verčiama įvairiais linksniais bei prielinksniu į;* *to be engaged in smth* užsiimti kuo; *to share in smth* dalyvauti kame; *the latest thing in electronics* paskutinis elektronikos žodis; *poor in quality* prastos kokybės; *rich in iron* turintis daug geležies; *to invest in smth* investuoti į ką ◊ *in itself* savaime; *he has it in him* jis gali tai *(padaryti)*

adv viduje; į vidų; *to ask/invite smb in* (pa)kviesti ką įeiti; *to want in šnek.* prašytis į vidų, norėti įeiti *(apie katę ir pan.); to be in* a) būti viduje/namie; b) atvykti; *the train is in* traukinys atėjo; c) prasidėti, ateiti; *autumn is in* prasidėjo ruduo; *grapes are now in* prasidėjo vynuogių sezonas; d) (at)siųsti; e) būti naudingam ◊ *in and out* a) tai viduj, tai lauke; tai vidun, tai laukan; b) *prk.* nuodugniai; *to have it in for smb* ≡ dantį griežti/galąsti ant ko; *to be/keep in with smb* turėti draugiškus santykius su kuo; *to be in at smth, to be/come/get/go in on smth* dalyvauti kame; *to be in for (it)* a) būti keblioje padėtyje; įkliūti; *he is in for murder* jis įkalintas už žmogžudystę; b) neišvengti; *we are in for a storm* audros neišvengti; c) duoti sutikimą dalyvauti; *I am in for the competition* aš dalyvausiu konkurse

part į- *(žymint veiksmo kryptį į vidų); to run in* įbėgti; *come in!* prašom *(kviečiant įeiti)*

n **1** ryšiai; *he's got an in with influential people* jis turi ryšių su įtakingais žmonėmis **2** *(the ins)* valdančioji partija; valdžia; *the ins and the outs* valdančioji partija ir opozicija ◊ *ins and outs* a) užkaboriai, vingiai ir užuolankos; b) smulkmenos
a **1** esantis viduje; vidinis **2** nukreiptas į vidų **3** skirtas siauram ratui, išrinktiesiems *(apie sąmojį ir pan.)* **4** šnek. madingas
conj (in that) kadangi, nes; *the situation is rather complicated in that we have two directors* padėtis gana sudėtinga, nes mes turime du direktorius
in-¹ [ɪn] *pref* į- *(žymint judėjimą į vidų); incomer* įeinantis, įėjęs; *to inlay* įdėti
in-² *(t. p.* il-, im-, ir-) *pref* ne- *(žymint savybės nebuvimą, neigimą); inactive* neveiklus; *incuriosity* nesmalsumas; *illocal* nevietinis; *impunctual* nepunktualus; *irreconcilable* nesutaikomas
inability [ˌɪnə'bɪlətɪ] *n* negalėjimas, nesugebėjimas *(ko)*
in absentia [ˌɪnæb'sentɪə] *lot. (ko)* nesant; už akių
inaccessibility [ˌɪnəkˌsesə'bɪlətɪ] *n* neprieinamumas
inaccessible [ˌɪnək'sesəbl] *a* **1** neprieinamas, nepasiekiamas **2** nesuprantamas
inaccuracy [ɪn'ækjʊrəsɪ] *n* **1** netikslumas **2** klaida
inaccurate [ɪn'ækjʊrət] *a* **1** netikslus; *her description was ~* jos aprašyme buvo netikslumų **2** netikras, klaidingas
inaction [ɪn'ækʃn] *n* neveiklumas, neveikla; neveikimas
inactive [ɪn'æktɪv] *a* **1** neveiklus, neaktyvus; inertiškas: *~ gas* inertinės dujos **2** neveikiantis *(apie mašiną); ~ window* komp. neveiklusis langas
inactivity [ˌɪnæk'tɪvətɪ] *n* neveiklumas; inertiškumas
inadaptability [ˌɪnədæptə'bɪlətɪ] *n* **1** nepritaikomumas **2** neprisitaikymas
inadatable [ˌɪnə'dæbtəbl] *a* nepritaikomas
inadequacy [ɪn'ædɪkwəsɪ] *n* **1** neatitikimas; netinkamumas **2** nepakankamumas; nepilnavertiškumas **3** *(būdo)* silpnybė
inadequate [ɪn'ædɪkwət] *a* **1** neatitinkantis reikalavimų, neatitinkamas; netinkamas; neadekvatus **2** nepakankamas; nepilnavertis; *~ resources* nepakankamos atsargos; *to feel ~* jaustis nepilnaverčiam
inadhesive [ˌɪnəd'hiːsɪv] *a* nelipnus
inadmissible [ˌɪnəd'mɪsəbl] *a* neleistinas; nepriimtinas; *~ proposal* nepriimtinas pasiūlymas
inadvertence, -cy [ˌɪnəd'vɜːtəns, -sɪ] *n* **1** neatidumas, neapdairumas; nerūpestingumas **2** neapsižiūrėjimas
inadvertent [ˌɪnəd'vɜːtənt] *a* **1** neatidus, neapdairus; nerūpestingas **2** netyčia/netyčiom padarytas, netyčinis
inadvertently [ˌɪnəd'vɜːtəntlɪ] *adv* netyčia, netyčiom(is); per neapsižiūrėjimą
inadvisable [ˌɪnəd'vaɪzəbl] *a predic* nepatartinas, neprotingas; *it is ~ for smb to do it* nepatartina/neprotinga kam tai daryti
inalienable [ɪn'eɪlɪənəbl] *a teis.* neatimamas; neperleidžiamas, nenusavinamas
inalterable [ɪn'ɔːltərəbl] *a* nepakeičiamas; nekintamas
inamorata [ɪˌnæmə'rɑːtə] *it. n ret.* **1** *juok.* mylimoji **2** meilužė
in-and-in [ˌɪnənd'ɪn] *adv* vienos giminės/rūšies *ir pan.* viduje
in-and-out [ˌɪnənd'aʊt] *a: ~ work* nenuolatinis darbas; *~ running* sport. permaininga sėkmė arklių lenktynėse; *~ bolt* kiaurinis varžtas
inane [ɪ'neɪn] *a* tuščias, neturiningas *(apie pokalbį, žmogų)*; kvailas, beprasmiškas; *~ question* kvailas klausimas

inanimate [ɪn'ænɪmət] *a* **1** negyvas; *~ nature* negyvoji gamta; *~ matter* neorganinė medžiaga **2** negyvas, nuobodus
inanimation [ɪnˌænɪ'meɪʃn] *n* negyvumas *(t. p. prk.)*
inanition [ˌɪnə'nɪʃn] *n knyg.* **1** išsekimas, nu(si)alinimas **2** neveiksmingumas; ištižimas
inanity [ɪ'nænətɪ] *n* **1** tuštumas; kvailumas, beprasmiškumas **2** kvailybė, beprasmybė
inappeasable [ˌɪnə'piːzəbl] *a* nesukalbamas; nenumalšinamas; nesuvaldomas
inappellable [ˌɪnə'peləbl] *a teis.* neapskundžiamas
inapplicable [ɪn'æplɪkəbl] *a* nepritaikomas; netinkamas, neatitinkantis *(to)*
inapposite [ɪn'æpəzɪt] *a knyg.* netinkamas, ne vietoje esantis
inappreciable [ˌɪnə'priːʃəbl] *a* **1** nežymus, neapčiuopiamas, nereikšmingas **2** neįvertinamas, neįkainojamas
inappreciation [ˌɪnəpriːʃɪ'eɪʃn] *n* neįvertinimas
inapprehensible [ˌɪnæprɪ'hensəbl] *a* nesuvokiamas, nesuprantamas
inapproachable [ˌɪnə'prəʊtʃəbl] *a* neprieinamas; nepasiekiamas
inappropriate [ˌɪnə'prəʊprɪət] *a* netinkamas, nederamas, neatitinkantis; *that dress is ~ for a formal dinner* ši suknelė netinka oficialiems pietums
inapt [ɪn'æpt] *a* **1** netinkamas, ne(pri)deramas; *~ expression* netinkamas posakis **2** nesugebantis, nenusimanantis
inaptitude [ɪn'æptɪtjuːd] *n* **1** netinkamumas, neatitikimas **2** nemokėjimas; nesugebėjimas
inarch [ɪn'ɑːtʃ] *v* skiepyti *(augalus)* suglaudimu
inarticulate [ˌɪnɑː'tɪkjʊlət] *a* **1** neaiškus, neaiškiai ištartas/tariamas, neartikuliuotas; nerišliai kalbantis **2** bežadis, nebylus *(t. p. prk.);* tylus **3** *anat., zool.* nesunertas
inartificial [ˌɪnɑːtɪ'fɪʃl] *a* **1** natūralus, nedirbtinis, paprastas **2** *psn.* nemeniškas, nedailus
inartistic [ˌɪnɑː'tɪstɪk] *a* **1** nemeniškas, nedailus **2** neturintis meno pajautimo, meninio skonio
inasmuch [ˌɪnəz'mʌtʃ]: *~ as conj* **1** kadangi **2** *ret.* tiek, kiek
inattention [ˌɪnə'tenʃn] *n* neatidumas *(to)*
inattentive [ˌɪnə'tentɪv] *a* neatidus, nedėmesingas
inaudible [ɪn'ɔːdəbl] *a* negirdimas; tylus; *he was almost ~* jį vos buvo galima girdėti
inaugural [ɪ'nɔːgjʊrəl] *a* inauguracinis, įžanginis *(apie žodį, paskaitą ir pan.)*
n inauguracinė kalba *(ypač naujo JAV prezidento)*
inaugurate [ɪ'nɔːgjʊreɪt] *v* **1** iškilmingai priimti į tarnybą **2** iškilmingai atidaryti *(parodą);* iškilmingai atidengti *(paminklą)* **3** pradėti *(konferenciją ir pan.); to ~ a new era* pradėti naują erą
inauguration [ɪˌnɔːgjʊ'reɪʃn] *n* **1** iškilmingas atidarymas **2** iškilmingas priėmimas į tarnybą; inauguracija; *I. Day amer.* JAV prezidento inauguracijos diena *(sausio 20 d.)*
inauspicious [ˌɪnɔː'spɪʃəs] *a* nelaimę lemiantis/pranašaujantis; nepalankus; nesėkmingas; *~ circumstances* nepalankios aplinkybės
in-between [ˌɪnbɪ'twiːn] *n* **1** protarpis, tarpas **2** tarpininkas
a tarpinis, pereinamasis
inboard ['ɪnbɔːd] *jūr., av. a* esantis *(laivo, lėktuvo)* viduje; *~ guy* vidinė atotampa
adv (laivo, lėktuvo) viduje
inborn ['ɪn'bɔːn] *a* įgimtas, prigimtas; *~ talent [deficiency]* įgimtas talentas [trūkumas]
inbound ['ɪnbaʊnd] *a amer.* parplaukiantis, grįžtantis *(apie laivą);* parskrendantis *(iš užsienio; apie lėktuvą);* atvykstantis *(apie traukinį)*

inbreak ['ɪnbreɪk] *n ret.* įsiveržimas, įsibrovimas, įsilaužimas

inbreathe [ˌɪn'bri:ð] *v* įkvėpti *(t. p. prk. jėgų, viltį ir pan.)*

inbred ['ɪn'bred] *a* **1** = **inborn 2** gimęs iš tėvų giminaičių

inbreeding ['ɪnbri:dɪŋ] *n biol.* incuchtas, inbrydingas, įvaisa

inbuilt [ˌɪn'bɪlt] *a* **1** neatskiriamas, būdingas **2** įgimtas, genetiškai užkoduotas; *to have an ~ feeling of inferiority* turėti įgimtą nepilnavertiškumo jausmą

incalculable [ɪn'kælkjuləbl] *a* **1** nesuskaitomas, nesuskaičiuojamas **2** neapskaičiuojamas, nenumatomas **3** nepastovus, nepatikimas; *a person of ~ moods* nepastovios nuotaikos žmogus

in-calf [ɪn'ka:f] *n* veršinga *(apie karvę)*

incandesce [ˌɪnkæn'des] *v* įkaitinti/įkaisti iki baltumo

incandescence [ˌɪnkæn'desns] *n* **1** *(baltasis)* įkaitinimas, įkaitimas **2** *prk.* karštis

incandescent [ˌɪnkæn'desnt] *a* **1** *spec.* įkaitintas iki baltumo; *~ lamp* kaitinamoji lempa **2** ryškus; spindintis **3** *prk. knyg.* karštas; *~ with rage* įtūžęs, įniršęs

incantation [ˌɪnkæn'teɪʃn] *n* **1** užkeikimas, užkalbėjimas **2** burtažodžiai; burtai; kerai

incapability [ɪnˌkeɪpə'bɪləti] *n* negalėjimas, nesugebėjimas

incapable [ɪn'keɪpəbl] *a* **1** nesugebantis, negalintis *(ko daryti; of); ~ of telling a lie* nemokantis meluoti; *actions ~ of justification* veiksmai, kurių negalima pateisinti **2** silpnas, bejėgis; kvailas **3** *teis.* neveiksnus, neteisnus *(t. p. legally ~)* ◊ *drunk and ~ teis.* girtas ir negalintis tinkamai elgtis

incapacitate [ˌɪnkə'pæsɪteɪt] *v* **1** daryti netinkamą, išvesti iš rikiuotės *(for); severely ~d* suluošintas **2** atimti teisę *(from)* **3** *teis.* apriboti teisnumą/veiksnumą

incapacity [ˌɪnkə'pæsəti] *n* **1** negalėjimas, nesugebėjimas; *~ to work, ~ for work* a) nesugebėjimas dirbti; b) nedarbingumas **2** *teis.* teisnumo apribojimas, neteisnumas; neturėjimas teisės, teisių ir laisvių apribojimas

in-car [ˌɪn'ka:] *a attr* esantis/įtaisytas automobilyje

incarcerate [ɪn'ka:səreɪt] *v knyg.* įkalinti

incarceration [ɪnˌka:sə'reɪʃn] *n knyg.* įkalinimas

incarnadine [ɪn'ka:nədaɪn] *a poet.* skaisčiai raudonas, rožinis

incarnate *a* [ɪn'ka:nɪt] įsikūnijęs, įkūnytas; *he is evil ~* jis – blogio įsikūnijimas; *the devil ~* tikras velnias
v [ɪn'ka:neɪt] **1** įkūnyti **2** realizuoti, įgyvendinti

incarnation [ˌɪnka:'neɪʃn] *n* **1** į(si)kūnijimas **2** *(the I.) rel.* inkarnacija **3** *med.* užgijimas; granuliacija

incautious [ɪn'kɔ:ʃəs] *a* neatsargus, neapdairus, neapgalvotas

incendiarism [ɪn'sendɪərɪzm] *n knyg.* **1** padegimas **2** *prk.* kurstymas

incendiary [ɪn'sendɪərɪ] *n* **1** *ret.* padegėjas **2** *ret.* kurstytojas **3** *kar.* padegamoji bomba
a attr **1** padegantis; uždegantis **2** kurstytojiškas, maištingas **3** *kar.* padegamasis

incense[1] ['ɪnsens] *n* smilkalas; *~ burner* smilkytuvas
v smilkyti

incense[2] [ɪn'sens] *v* įsiutinti, įkiršinti

incentive [ɪn'sentɪv] *n* (pa)skatinimas, paskata; skatulys; stimulas, akstinas; *to give smb an ~ to do smth (materialiai)* skatinti ką daryti ką; *there is no ~ for people to save* nėra paskatos/stimulo žmonėms taupyti
a skatinamasis, stimuliuojantis; *~ wages amer.* progresyvinė darbo užmokesčio sistema

incept [ɪn'sept] *v* **1** *ist.* laikyti mokslinio vardo egzaminus *(universitete)* **2** *psn.* pradėti

inception [ɪn'sepʃn] *n knyg.* **1** pradžia **2** *ist.* mokslinio laipsnio gavimas *(universitete)*

inceptive [ɪn'septɪv] *a* pradinis, pradžios; pra(si)dedantis; *~ verb gram.* pradėtinis, veiksmo pradžios veiksmažodis

incertitude [ɪn'sə:tɪtju:d] *n knyg.* netikrumas; abejonė

incessant [ɪn'sesnt] *a* nesiliaujamas, nenutrūkstamas

incessantly [ɪn'sesntlɪ] *adv* nepertraukiamai, be paliovos

incest ['ɪnsest] *n* kraujomaiša

incestuous [ɪn'sestʃuəs] *a* **1** kraujagėdiškas; nusikaltęs kraujomaiša **2** klikos pobūdžio; savanaudiškas *(apie ryšį)*

inch [ɪntʃ] *n* **1** colis *(= 2,5 cm)* **2** *pl* aukštis, ūgis; *a man of your ~es* jūsų ūgio vyras ◊ *~ by ~* po truputį, pamažu; *by ~es* a) = *~ by ~;* b) beveik; vos ne; *to kill by ~es* kankinti, priversti mirti skausminga ir lėta mirtimi; *every ~* a) visai; visas; b) tikras, gyvas; *to fight every ~ of the way* atkakliai grumtis; nieko negauti veltui; *within an ~ (of)* visai netoli *(ko)*, vos ne; *within an ~ of one's life* vos ne mirtinai; *not to give/budge an ~* ≡ nenusileisti nė per nago juodymą; *give him an ~ and he'll take a mile/yard* ≡ kuo daugiau jam duosi, tuo daugiau norės
v **1** eiti/judėti lėtai/atsargiai **2** judinti/stumti pamažu *(ppr. ~ along/forward)* ☐ *~ up* kilti/didėti pamažu *(apie infliaciją, kainas ir pan.)*

inchmeal ['ɪntʃmi:l] *adv ret.* žingsnis po žingsnio; pamažu

inchoate *knyg. a* [ɪn'kəuət] **1** ką tik pradėtas/prasidėjęs; pradinis, nebaigtas **2** nesusiformavęs, užuomazginis
v ['ɪnkəueɪt] duoti pradžią, pradėti

inchoative ['ɪnkəuətɪv] *gram. a* pradėtinis
n pradėtinis veiksmažodis

incidence ['ɪnsɪdəns] *n* **1** paplitimas, dažnumas; *(veikimo)* sfera; *what is the ~ of the tax?* kam taikomas šis mokestis?; kas apmokestinamas? **2** *fiz. (spindulio, bangos)* kritimas; *~ angle* kritimo kampas

incident ['ɪnsɪdənt] *n* **1** atsitikimas; įvykis; incidentas; *border ~* pasienio incidentas **2** *(pjesės, poemos)* epizodas
a **1** įprastas, susijęs, būdingas *(to)* **2** *fiz.* krintantis *(upon)*

incidental [ˌɪnsɪ'dentl] *a* **1** atsitiktinis, neesminis, šalutinis; *~ expenses* nenumatytos/papildomos išlaidos **2** savybingas, būdingas *(to); dangers ~ to it* su tuo susiję pavojai ◊ *~ music* muzika spektakliui/filmui *ir pan.*
n **1** epizodas, šalutinė siužeto linija **2** *pl* smulkios nenumatytos išlaidos

incidentally [ˌɪnsɪ'dentlɪ] **1** *adv* atsitiktinai **2** *mod* tarp kitko; beje; *~, did you see...?* tarp kitko, ar matei...?

incinerate [ɪn'sɪnəreɪt] *v (ppr. pass)* (su)deginti, paversti pelenais

incineration [ɪnˌsɪnə'reɪʃn] *n* (su)deginimas; kremacija

incinerator [ɪn'sɪnəreɪtə] *n* **1** krosnis šiukšlėms deginti **2** krematoriumas

incipiency [ɪn'sɪpɪənsɪ] *n knyg., med.* pradžia; pradinė stadija

incipient [ɪn'sɪpɪənt] *a attr knyg., med.* prasidedantis; pradinis

incise [ɪn'saɪz] *v spec.* **1** įpjauti, įrėžti **2** graviruoti

incision [ɪn'sɪʒn] *n* **1** įpjovimas; įpjova, įraiža; pjūvis **2** *(proto)* aštrumas **3** *med.* pjūvis, incizija **4** *bot.* išliežis

incisive [ɪn'saɪsɪv] *a* **1** pjaunamasis; aštrus *(t. p. prk.);* kandus; *~ wit* aštrus/įžvalgus protas; *~ remark* kandi pastaba **2**: *~ tooth* kandys, priešakinis dantis

incisor [ɪn'saɪzə] *n anat.* kandys, priekinis dantis

incite [ɪn'saɪt] *v* kurstyti, raginti; skatinti; *to ~ violence* kurstyti smurtą

incitement [ɪn'saɪtmənt] *n* **1** kurstymas, raginimas **2** paskata, skatulys

incivility [ˌɪnsɪ'vɪlətɪ] *n* **1** nemandagumas **2** šiurkštybė, šiurkštus poelgis

inclemency [ɪn'klemənsɪ] *n (klimato, oro; t. p. prk.)* atšiaurumas

inclement [ɪn'klemənt] *a* atšiaurus, šaltas *(apie klimatą, orą; t. p. prk.)*

inclinable [ɪn'klaɪnəbl] *a* **1** linkęs *(į ką);* turintis polinkį **2** palankus

inclination [ˌɪnklɪ'neɪʃn] *n* **1** *(galvos, kūno)* pa(si)lenkimas, nu(si)lenkimas **2** polinkis, (pa)linkimas *(for, to)* **3** nuolydis, nuožulnumas, nuotakumas **4** *fiz.* nuosvyris, inklinacija

incline *n* ['ɪnklaɪn] nuolydis; nuolaidumas, šlaitas; **~ of front wheels** *aut.* priekinių ratų išvirtimas
v [ɪn'klaɪn] **1** (nu)lenkti; palenkti *(t. p. prk.);* (nu)linkti, palinkti **2** būti linkusiam *(to, towards – į);* **I ~ to accept the official version of events** aš linkęs priimti oficialią įvykių versiją ◊ **to ~ one's ear** palankiai išklausyti *(to – ką)*

inclined [ɪn'klaɪnd] *a* **1** palinkęs **2** *prk.* linkęs; **I am ~ to believe** aš linkęs manyti; **linguistically [musically]** ~ linkęs į kalbas [į muziką] **3** nuožulnus; **~ plane** *fiz.* nuožulnioji plokštuma

inclinometer [ˌɪnklɪ'nɒmɪtə] *n spec.* posvyrio matuoklis, inklinometras

inclose [ɪn'kləʊz] *v* = **enclose**

inclosure [ɪn'kləʊʒə] *n* = **enclosure**

include [ɪn'klu:d] *v* **1** turėti *(savyje)*, apimti; **your duties ~ answering the phone** į jūsų pareigas įeina ir atsakinėti į telefono skambučius **2** įtraukti, įskaityti; **breakfast is ~d in the price** pusryčiai įskaityti į kainą ◊ **~ me out** *juok.* be manęs *(nenorint būti kur įtrauktam)*

included [ɪn'klu:dɪd] *a* įskaitant (ir), įskaitytinai; **most people children ~** dauguma žmonių, įskaitant ir vaikus

including [ɪn'klu:dɪŋ] *prep* įskaitant (ir); **£15, ~ coffee** 15 svarų sterlingų, įskaitant kavą; **not ~ May** be gegužės mėnesio

inclusion [ɪn'klu:ʒn] *n* **1** įtraukimas, įskaitymas; priklausymas **2** *geol.* inkliuzija

inclusive [ɪn'klu:sɪv] *a* įskaitantis; apimantis (viską); **~ terms/price** kaina, įskaitant patarnavimus *(viešbutyje ir pan.)*
adv įskaitytinai, imtinai; **March to May ~** nuo kovo ligi gegužės mėnesio imtinai

inclusively [ɪn'klu:sɪvlɪ] = **inclusive** *adv*

incog [ɪn'kɒg] *sutr. šnek.* = **incognito** *n, a, adv*

incogitable [ɪn'kɒdʒətəbl] *a knyg.* neįmanomas, neįsivaizduojamas

incogitant [ɪn'kɒdʒɪtənt] *a knyg.* neapgalvotas; neprotingas

incognito [ˌɪnkɒg'ni:təʊ] *n (pl ~s* [-z]) inkognito, žmogus svetima pavarde
a, adv inkognito, (prisidengęs) svetima pavarde

incognizable [ɪn'kɒgnɪzəbl] *a knyg.* nepažinus, negalimas pažinti

incognizant [ɪn'kɒgnɪzənt] *a knyg.* nežinantis; neturintis jokio supratimo *(of)*

incoherence [ˌɪnkəʊ'hɪərəns] *n* nenuoseklumas; *(minčių)* padrikumas

incoherent [ˌɪnkəʊ'hɪərənt] *a* be (są)ryšio, nesusijęs, padrikas, nerišlus, nenuoseklus; **he was quite ~** jis kalbėjo padrikai

incombustible [ˌɪnkəm'bʌstəbl] *a* nedegamas, nedegus; atsparus ugniai

income ['ɪŋkʌm, 'ɪnkʌm] *n* pajamos, įplaukos; uždarbis; **fixed ~** nuolatinės/nustatytosios pajamos; **~ support** socialinė pašalpa *(bedarbiams, invalidams ir pan., D. Britanijoje);* **to be on a high [low] ~** turėti dideles [mažas] pajamas; **to be on an ~ of £20,000 per year** uždirbti 20 000 svarų sterlingų per metus

incomer ['ɪnkʌmə] *n* **1** įeinantysis; įėjusysis **2** ateivis; imigrantas **3** įpėdinis, darbo tęsėjas

income-tax ['ɪŋkəmtæks] *n* pajamų mokestis

incoming ['ɪnkʌmɪŋ] *n* **1** įėjimas, atėjimas; atvykimas **2** *pl* pajamos
a **1** įeinantis, ateinantis; atvykstantis **2** perimantis pareigas, naujas *(apie vyriausybę, darbuotoją ir pan.)* **3** įplaukiantis, gaunamasis *(apie įmokas)* **4** prasidedantis; **the ~ year** prasidedantieji metai

incommensurable [ˌɪnkə'menʃərəbl] *a knyg.* **1** nebendramatis **2** nepalyginamas *(with)*

incommensurate [ˌɪnkə'menʃərət] *a* **1** neatitinkantis, neproporcingas *(per mažas);* **a salary ~ to one's position** atlyginimas, neatitinkantis einamų pareigų **2** nepalyginamas

incommode [ˌɪnkə'məʊd] *v knyg.* sudaryti nepatogumų; varginti; trukdyti

incommodious [ˌɪnkə'məʊdɪəs] *a knyg.* nepatogus; ankštas

incommunicable [ˌɪnkə'mju:nɪkəbl] *a* **1** neperduodamas **2** neturintis ryšio; nemokantis bendrauti, nekomunikabilus

incommunicado [ˌɪnkəmju:nɪ'kɑ:dəʊ] *isp. a* **1** atskirtas nuo išorinio pasaulio; neturintis teisės susirašinėti ir bendrauti **2** kalinamas vienutėje

incommunicative [ˌɪnkə'mju:nɪkətɪv] *a* nekalbus, užsidaręs, uždaras

incommutable [ˌɪnkə'mju:təbl] *a knyg.* **1** nekintamas **2** nepakeičiamas

incompact [ˌɪnkəm'pækt] *a* nekompaktiškas, netankus

incomparable [ɪn'kɒmpərəbl] *a* nepalyginamas, neprilygstamas, puikus

incompatibility [ˌɪnkəmpætə'bɪlətɪ] *n* nesuderinamumas

incompatible [ˌɪnkəm'pætəbl] *a* nesuderinamas; nesutaikomas; **~ ideas** nesuderinamos sąvokos
n pl **1** nesuderinami dalykai **2** *(biologiškai, psichologiškai ir pan.)* nesuderinami žmonės

incompetence, -cy [ɪn'kɒmpɪtəns, -sɪ] *n* **1** nekompetentingumas; nesugebėjimas **2** *teis.* neteisnumas

incompetent [ɪn'kɒmpɪtənt] *a* **1** nekompetentingas; nemokantis; nesugebantis **2** *teis.* neteisnus; **~ witness** neveiksnus, neteiksnus/nušalintas liudytojas

incomplete [ˌɪnkəm'pli:t] *a* **1** nepilnas, ne visas; nepakankamas, netobulas; **~ list** nepilnas sąrašas **2** neužbaigtas; **~ process** neužbaigtas procesas

incompletion [ˌɪnkəm'pli:ʃn] *n* **1** neužbaigimas; neužbaigtumas **2** netobulumas

incomposite [ɪn'kɒmpəzɪt] *a* vientisas, paprastas; **~ numbers** *mat.* pirminiai skaičiai

incomprehensible [ɪnˌkɒmprɪ'hensəbl] *a* nesuprantamas, nesuvokiamas *(apie požiūrį, stilių ir pan.)*

incomprehension [ɪnˌkɒmprɪ'henʃn] *n* nesupratimas, nenuovoka

incompressible [ˌɪnkəm'presəbl] *a fiz.* nesuspaudžiamas; nespūdus

incomputable [ˌɪnkəm'pju:təbl] *a spec.* nesuskaičiuojamas

inconceivable [ˌɪnkən'si:vəbl] *a* **1** neįsivaizduojamas, nesuvokiamas **2** neįmanomas, neįtikimas

inconclusive [ˌɪnkən'klu:sɪv] *a* **1** negalutinis; nedavęs rezultato **2** nesprendžiamasis **3** neįtikimas

incondensable [ˌɪnkən'densəbl] *a fiz.* nesuspaudžiamas; nesikondensuojantis

incondite [ɪn'kɒndɪt] *a knyg.* prastos kompozicijos, nenušlifuotas *(apie literatūros kūrinį ir pan.);* prastai sudarytas

incongruity [ˌɪnkən'gru:ətɪ, ˌɪnkɒŋ-] *n* **1** neatitikimas, nesuderinamumas **2** netinkamumas

incongruous [ɪn'kɔŋgruəs] *a* **1** neatitinkantis, nesuderinamas *(with)* **2** netinkamas; ne vietoje (pasakytas *ir pan.*); *it seems ~ that...* atrodo keista, kad...
inconsecutive [ˌɪnkən'sekjutɪv] *a* nenuoseklus
inconsequence [ɪn'kɔnsɪkwəns] *n* nenuoseklumas
inconsequent [ɪn'kɔnsɪkwənt] *a* **1** nenuoseklus, nelogiškas; be (są)ryšio **2** nesusijęs su reikalu; netinkamas **3** = **inconsequential** 1
inconsequential [ɪnˌkɔnsɪ'kwenʃl] *a* **1** nereikšmingas, nesvarbus, neesminis **2** = **inconsequent** 1
inconsiderable [ˌɪnkən'sɪdərəbl] *a* nedidelis, nežymus *(apie kiekį, apimtį);* nesvarbus; *not ~* nemažas, gana didelis
inconsiderate [ˌɪnkən'sɪdərət] *a* **1** neapgalvotas; neapdairus **2** nepaisantis kitų, nedėmesingas/neatidus kitiems; *it is ~ of him to act that way* jam taip elgtis labai egoistiška
inconsistence, -cy [ˌɪnkən'sɪstəns, -sɪ] *n* nesuderinamumas *ir kt., žr.* **inconsistent**
inconsistent [ˌɪnkən'sɪstənt] *a* **1** nesuderinamas, nesutaikomas *(with)* **2** nenuoseklus; prieštaraujantis, prieštaringas; *to be ~ with smth* prieštarauti kam **3** nepastovus
inconsolable [ˌɪnkən'səuləbl] *a* nepaguodžiamas, nenuraminamas
inconsonant [ɪn'kɔnsənənt] *a* nedarnus, neharmoningas *(with, to)*
inconspicuous [ˌɪnkən'spɪkjuəs] *a* vos pastebimas, nepastebimas, neišsiskiriantis, neryškus
inconstancy [ɪn'kɔnstənsɪ] *n* nepastovumas; neištikimumas
inconstant [ɪn'kɔnstənt] *a* nepastovus, kintamas; neištikimas
inconsumable [ˌɪnkən'sju:məbl] *a* **1** nesunaikinamas **2** nesuvartojamas
incontestable [ˌɪnkən'testəbl] *a* ne(nu)ginčijamas
incontinence, -cy [ɪn'kɔntɪnəns, -sɪ] *n* **1** ne(su)sivaldymas **2** *med.* nelaikymas
incontinent [ɪn'kɔntɪnənt] *a* **1** ne(su)sivaldantis **2** *med.* nelaikantis *(išmatų, šlapimo)*
incontinently [ɪn'kɔntɪnəntlɪ] *adv* tuojau pat
incontrovertible [ˌɪnkɔntrə'və:təbl] *a* ne(nu)ginčijamas, nepaneigiamas; *~ evidence* neuginčijamas įrodymas
inconvenience, -cy [ˌɪnkən'vi:nɪəns, -sɪ] *n* nepatogumas; *to put smb to great ~* sudaryti kam didelių nepatogumų
v sudaryti nepatogumų, trukdyti; apsunkinti
inconvenient [ˌɪnkən'vi:nɪənt] *a* nepatogus; apsunkinantis; *if not ~ to you* jei jums patogu, jei jūsų neapsunkins
inconvertible [ˌɪnkən've:təbl] *a fin.* nekeičiamas *(į auksą);* nekonvertuojamas
inconvincible [ˌɪnkən'vɪnsəbl] *a* neįtikinamas
incorporate *a* [ɪn'kɔ:pərət] **1** jungtinis, sujungtas, suvienytas **2** = **incorporated**
v [ɪn'kɔ:pəreɪt] **1** įtraukti, įrašyti, inkorporuoti *(into)* **2** su(si)jungti, su(si)vienyti; prijungti; **3** *teis., kom.* (įsi)registruoti, įteisinti *(draugiją ir pan.)* **4** priimti nariu **5** su(si)maišyti *(with)*
incorporated [ɪn'kɔ:pəreɪtɪd] *a* **1** įregistruotas kaip juridinis asmuo *(ppr. korporacijų pavadinimuose)* **2** gavęs miesto statusą *(apie gyvenvietę)*
incorporating [ɪn'kɔ:pəreɪtɪŋ] *a:* **~ *language*** *kalb.* inkorporacinė kalba
incorporation [ɪnˌkɔ:pə'reɪʃn] *n* **1** susivienijimas, su(si)jungimas; prijungimas, įtraukimas **2** inkorporacija, inkorporavimas **3** *teis.* (į)registravimas *(bendrijos, korporacijos ir pan.)*
incorporator [ɪn'kɔ:pəreɪtə] *n teis., kom.* (įmonės ir pan.) steigėjas *(narys)*

incorporeal [ˌɪnkɔ:'pɔ:rɪəl] *a knyg.* nematerialus; bekūnis
incorrect [ˌɪnkə'rekt] *a* **1** neteisingas, netikras **2** netikslus **3** nekorektiškas, netinkamas
incorregible [ɪn'kɔrɪdʒəbl] *a (džn. juok.)* nepataisomas; *~ liar [rogue]* nepataisomas melagis [sukčius]
incorrodible [ˌɪnkə'rəudəbl] *a metal.* atsparus korozijai
incorrupt [ˌɪnkə'rʌpt] *a ret.* **1** nesugadintas; neiškreiptas, neiškraipytas *(apie tekstą)* **2** nepaperkamas
incorruptibility [ˌɪnkəˌrʌptə'bɪlətɪ] *n* **1** nepaperkamumas **2** negendamumas
incorruptible [ˌɪnkə'rʌptəbl] *a* **1** nepaperkamas **2** negendantis; netrūnus
in-country [ˌɪn'kʌntrɪ] *a* vidinis, vidaus, vykstantis krašto viduje
increase *n* ['ɪŋkri:s, 'ɪn-] augimas, (pa)didėjimas, (pa)daugėjimas; prieaugis; (pa)didinimas; *a sudden ~ in unemployment* staigus nedarbo augimas; *to be on the ~* augti, didėti; *~ of population* gyventojų prieaugis
v [ɪn'kri:s] **1** (iš)augti, priaugti, (pa)didėti; (pa)didinti; *to ~ income [profit]* didinti pajamas [pelną]; *to ~ one's pace* (pa)greitinti žingsnį; **2** daugintis **3** *meteor. (apie vėją)* kilti; (su)stiprėti; *to ~ in violence* smarkėti *(apie audrą, vėją)*
increasingly [ɪn'kri:sɪŋlɪ] *adv* vis daugiau ir daugiau; vis labiau
incredibility [ɪnˌkredə'bɪlətɪ] *n* neįtikimumas
incredible [ɪn'kredəbl] *a* **1** neįtikimas, neįtikėtinas **2** *šnek.* nuostabus, nepaprastas
incredulity [ˌɪnkrɪ'dju:lətɪ] *n* nepa(si)tikėjimas, netikėjimas
incredulous [ɪn'kredjuləs] *a* nepasitikintis, nepatiklus; skeptiškas; *I was ~ at the news* aš ne(pa)tikėjau ta žinia
increment ['ɪŋkrɪmənt, 'ɪn-] *n* **1** augimas, (pa)didėjimas; *production ~* gamybos augimas/didėjimas; *~ of temperature* temperatūros (pa)didėjimas **2** priaugimas; prieaugis; pelnas
v (pa)didinti, pakelti *(atlyginimą)*
increscent [ɪn'kresənt] *a* didėjantis; *~ moon* priešpilnis
incretion [ɪn'kri:ʃn] *n biol.* **1** inkrecija, vidinė sekrecija **2** vidinės sekrecijos produktas; inkretai
incriminate [ɪn'krɪmɪneɪt] *v* apkaltinti, inkriminuoti
incrimination [ɪnˌkrɪmɪ'neɪʃn] *n teis.* (ap)kaltinimas, inkriminavimas, inkriminacija
incriminatory [ɪn'krɪmɪnətərɪ] *a* kaltinantis, kaltinamasis; inkriminuojamasis
in-crowd ['ɪnkraud] *n (the ~) šnek.* uždara grupelė; išrinktieji
incrust [ɪn'krʌst] *v* = **encrust**
incrustation [ˌɪnkrʌ'steɪʃn] *n* **1** apsitraukimas pluta, plutos užsidėjimas; nuovirų susidarymas **2** pluta, plutelė **3** inkrustacija **4** *prk. (papročių ir pan.)* įsišaknijimas
incubate ['ɪŋkjubeɪt] *v* **1** perėti(s) **2** *biol.* veisti *(bakterijas ir pan.)* **3** *prk.* bręsti; brandinti *(idėją, mintį)*
incubation [ˌɪŋkju'beɪʃn] *n* **1** perėjimas; perinimas, inkubacija *(t. p. artificial ~)* **2** *biol. (bakterijų ir pan.)* veisimas **3** *med.* inkubacinis periodas
incubative ['ɪŋkjubeɪtɪv] *a* = **incubatory**
incubator ['ɪŋkjubeɪtə] *n* inkubatorius; perėtuvas; *~ house* inkubatorijus, perykla
incubatory ['ɪŋkjubeɪtərɪ] *a* inkubacinis
incubus ['ɪŋkjubəs] *n (pl* -ses [-sɪz], -bi [-baɪ]) **1** piktoji dvasia **2** košmaras **3** našta *prk.*
incudes ['ɪŋkjudi:z, ɪn'kju:di:z] *pl žr.* **incus**
inculcate ['ɪnkʌlkeɪt] *v* įteigti; (į)diegti, skleisti; *to ~ traditional values into the students* (į)diegti tradicines vertybes studentams

inculcation [ˌɪnkʌl'keɪʃn] *n* įteigimas *ir kt., žr.* **inculcate**

inculpate ['ɪnkʌlpeɪt] *v knyg.* (ap)kaltinti; peikti

inculpation [ˌɪnkʌl'peɪʃn] *n (ppr. teis.)* (ap)kaltinimas

inculpatory [ɪn'kʌlpətᵊrɪ] *a (ppr. teis.)* kaltinamasis

incumbency [ɪn'kʌmbənsɪ] *n* **1** *bažn.* beneficija; parapijos kunigo tarnyba **2** *knyg.* pareigos, pareigybė

incumbent [ɪn'kʌmbənt] *n* **1** *bažn.* dvasininkas, kuris naudojasi beneficijomis, turi parapiją **2** asmuo, užimantis *(kurį nors)* postą/tarnybą
a knyg. **1** gulintis *(on, upon – ant)* **2** *predic* priklausantis *(kam vykdyti);* **it is ~ on you...** jums privalu..., jūsų pareiga... **3** užimantis postą, einantis pareigas *(tam tikru laiku);* **the ~ president** dabartinis prezidentas

incunabula [ˌɪnkju'næbjulə] *lot. n pl* inkunabulai *(knygos, išspausdintos iki 1501 m.)*

incur [ɪn'kə:] *v* užsitraukti *(nemalonę, pyktį ir pan.);* patirti; **to ~ debts** užtraukti skolas, prasiskolinti; **to ~ losses** turėti/patirti nuostolių; **to ~ a penalty** *sport.* gauti nuobaudą, būti nubaustam

incurable [ɪn'kjuərəbl] *n* žmogus, sergantis nepagydoma liga
a **1** neišgydomas, nepagydomas **2** nepataisomas **~ optimist** nepataisomas optimistas

incurious [ɪn'kjuərɪəs] *a* **1** nesmalsus **2** nesidomintis; **not ~** gana įdomus **3** *psn.* neatidus, nedėmesingas; abejingas

incursion [ɪn'kə:ʃn] *n* įsibrovimas, įsiveržimas; (staigus) užpuolimas, antpuolis

incurvation [ˌɪnkə:'veɪʃn] *n* **1** įlinkimas; įlenkimas **2** nukrypimas

incurve [ɪn'kə:v] *v* įlinkti; įlenkti, įgaubti

incus ['ɪŋkəs] *n (pl* incudes) *anat.* priekalas

incuse [ɪn'kju:z] <*n, a, v>* *n* iškaltas atvaizdas *(monetoje)*
a kaltinis, iškaltas, išmuštas
v (iš)kalti, išmušti *(monetoje)*

indebted [ɪn'detɪd] *a* **1** skolingas, įsiskolinęs **2** *predic* dėkingas; **I am ~ to my wife** *(for)* aš dėkingas žmonai *(už)*

indebtedness [ɪn'detɪdnɪs] *n* **1** įsiskolinimas **2** skōlos *(suma)* **3** dėkingumas

indecency [ɪn'di:snsɪ] *n* **1** nepadorumas; nepadorybė **2** *teis.* nusižengimas dorovei/moralei

indecent [ɪn'di:snt] *a* **1** nepadorus; nekuklus; **~ assault** *teis.* lytinis smurtas **2** nepriderarnas, nepritinkamas

indecipherable [ˌɪndɪ'saɪfrəbl] *a* neiššifruojamas; neišskaitomas

indecision [ˌɪndɪ'sɪʒn] *n* neryžtingumas, abejojimas, svyravimas

indecisive [ˌɪndɪ'saɪsɪv] *a* **1** neryžtingas, svyruojantis **2** nesprendžiamas, negalutinis **3** *ret.* neaiškus, neapibrėžtas

indeclinable [ˌɪndɪ'klaɪnəbl] *a gram.* nelinksniuojamas

indecorous [ɪn'dekərəs] *a* nepriderarnas, negražus, nekorektiškas, nepadorus; blogo skonio

indecorum [ˌɪndɪ'kɔ:rəm] *n* nepadorumas; nekorektiškumas

indeed [ɪn'di:d] *adv* **1** iš tikrųjų, tikrai; **there had ~ been a plot** tikrai buvo sąmokslas **2** nejaugi! *(reiškiant nustebimą, ironiją);* **he spoke to me about you. – Oh, ~!** jis kalbėjo su manimi apie jus. – Nejaugi! **3** *pabrėžiant:* **very glad ~** labai, labai džiaugiuosi; **yes, ~!** taip, taip; taip, žinoma; **no ~!** žinoma, ne!; **I may, ~, be wrong** gal aš ir klystu

indefatigable [ˌɪndɪ'fætɪgəbl] *a* nenuilstamas; nenuilstantis, nesilpnėjantis

indefeasible [ˌɪndɪ'fi:zəbl] *a knyg.* neatimamas, nepanaikinamas, neginčijamas *(apie teisę ir pan.);* nepažeidžiamas, neperžengiamas *(apie įstatymą)*

indefectible [ˌɪndɪ'fektəbl] *a* **1** nepriekaištingas; neklystantis **2** negendantis, neirstantis, nežlungantis

indefensible [ˌɪndɪ'fensəbl] *a* **1** neapginamas **2** nepateisinamas, neatleistinas; **~ behaviour** nepateisinamas elgesys **3** neįrodomas

indefinable [ˌɪndɪ'faɪnəbl] *a* neapibrėžiamas, neapibūdinamas

indefinite [ɪn'defⁱnɪt] *a* **1** neapibrėžtas; neaiškus **2** neribotas; **~ ban** uždraudimas neribotam laikui **3** *gram.* nežymimasis, neapibrėžtinis; **~ pronoun** nežymimasis/neapibrėžiamasis įvardis

indefinitely [ɪn'defⁱnɪtlɪ] *adv* **1** neapibrėžtai, neaiškiai **2** neribotam laikui

indelible [ɪn'deləbl] *a* **1** nenuplaunamas; neištrinamas; **~ pencil** cheminis pieštukas; **~ disgrace** nenuplaunama gėda **2** neišdildomas; **~ impression** neišdildomas įspūdis

indelicacy [ɪn'delɪkəsɪ] *n* nedelikatumas, netaktiškumas; nekuklumas

indelicate [ɪn'delɪkət] *a* nedelikatus, netaktiškas; nekuklus; **~ remark** netaktiška pastaba

indemnification [ɪnˌdemnɪfɪ'keɪʃn] *n* **1** (ap)draudimas *(against – nuo)* **2** *teis. (žalos)* atlyginimas, padengimas, kompensavimas; kompensacija

indemnify [ɪn'demnɪfaɪ] *v* **1** padaryti saugų, apdrausti *(from, against – nuo)* **2** atlyginti *(nuostolius, žalą),* kompensuoti *(for)* **3** *teis.* garantuoti nebaudžiamumą, atleisti nuo bausmės *(for – už)*

indemnity [ɪn'demnətɪ] *n* **1** apdraudimas; garantija *(nuo nuostolių, bausmės);* indemnitetas; **Act of I.** amnestijos įstatymas **2** atlyginimas, kompensacija; **insurance ~** draudimo kompensavimas/atlyginimas **3** kontribucija

indemonstrable [ˌɪndɪ'mɒnstrəbl, ɪn'demənstrəbl] *a* neįrodomas; nereikalaujantis įrodymo

indene ['ɪndi:n] *n chem.* indenas

indent *n* ['ɪndent] **1** *(dantyta)* įranta/įpjova **2** *kom.* prekių užsakymas *(ypač iš užsienio); (prekių ir pan.)* orderis, paraiška **3** *poligr.* įtrauka; pastraipa **4** *pl amer. ist.* bonai **5 = indenture** 1
v [ɪn'dent] **1** įrantyti, įrėžti, įraižyti; dantyti **2** sudaryti *(dokumentą)* dviem (ar daugiau) egzemplioriais **3** *kom.* užsakyti; išrašyti paraišką/orderį **4** rekvizuoti **5** *poligr.* pradėti nauja eilute *(su įtrauka),* daryti įtrauką *(pastraipos pradžioje)*

indentation [ˌɪnden'teɪʃn] *n* **1** įraižymas, dantytas išpjaustymas **2** išpjova, išrėža; *(kranto ir pan.)* įlinkimas, įlinkis; *(lapo)* dantelis **3** įspaudimas; įspaudas; įdubimas **4 = indention** 1

indented [ɪn'dentɪd] *a* **1** dantytas; **~ coastline** raižyta kranto linija **2** *poligr.* įtrauktas

indention [ɪn'denʃn] *n* **1** *poligr.* įtrauka; laisvas tarpas **2 = indentation** 1, 2 *ir* 3

indenture [ɪn'dentʃə] *n* **1** dokumentas su atplėšiamu dublikatu **2** sutartis, kontraktas *(ne mažiau kaip dviem egzemplioriais)* **3** *ist.* sutartis tarp mokinio ir šeimininko; **to take up one's ~** užbaigti mokinystę **4 = indentation** 2, 3
v **1** susaistyti/susieti sutartimi **2** *ist.* priimti mokytis *(amato)*

independence [ˌɪndɪ'pendəns] *n* nepriklausomybė; nepriklausomumas, savarankiškumas; **I. Day** Nepriklausomybės diena *(JAV tautinė šventė liepos 4)*

independency [ˌɪndɪ'pendənsɪ] *n* **1** nepriklausoma valstybė **2** *(I.) bažn. ist.* kongregacionizmas

independent [ˌɪndɪ'pendənt] *a* **1** nepriklausomas; savarankiškas; **~ of** nepriklausomas/nepriklausomai nuo; neatsižvelgiant į **2** apsirūpinęs lėšomis pragyvenimui

3 nešališkas, nepriklausomas *(apie nuomonę, tyrimus ir pan.)* 4 nevalstybinis *(apie mokyklą, televiziją ir pan.)* *n* 1 *polit.* nepriklausomasis *(žmogus, nepriklausantis jokiai partijai)* 2 *(I.) bažn.* kongregacionistas

in-depth ['ɪndepθ] *a attr* nuodugnus, detalus

indescribable [ˌɪndɪ'skraɪbəbl] *a* neapsakomas, neaprašomas; *an ~ boring film* neapsakomai/nepaprastai nuobodus filmas

indestructibility [ˌɪndɪstrʌktə'bɪlətɪ] *n* nesugriaunamumas

indestructible [ˌɪndɪ'strʌktəbl] *a* nesugriaunamas; nepanaikinamas

indeterminable [ˌɪndɪ'tə:mɪnəbl] *a* 1 neapibrėžiamas, nenustatomas 2 neišsprendžiamas

indeterminacy [ˌɪndɪ'tə:mɪnəsɪ] *n* neapibrėžtumas *(t. p. mat.)*

indeterminate [ˌɪndɪ'tə:mɪnət] *a* 1 neapibrėžtas; neapibrėžtinis; nenustatytas; neaiškus; *a girl of ~ age* neaiškaus amžiaus mergaitė 2 neišspręstas

indetermination [ˌɪndɪtə:mɪ'neɪʃn] *n* 1 neapibrėžtumas, neaiškumas 2 neryžtingumas

index ['ɪndeks] *n (pl ~es, indices)* 1 indeksas; rodiklis; *cost of living ~ ekon.* pragyvenimo (minimumo) indeksas 2 rodyklė; abėcėlinė rodyklė; *subject ~* dalykinė rodyklė 3 smilius *(t. p. ~ finger)* 4 *mat.* laipsnio rodiklis 5 *fiz.* rodiklis, indeksas; *~ of refraction, refractive ~* lūžio rodiklis; *colour ~* spalvinis indeksas
v 1 pridėti/sudaryti rodyklę/indeksą 2 įtraukti į rodyklę 3 *spec.* indeksuoti

indexation [ˌɪndek'seɪʃn] *n fin.* indeksavimas, indeksacija

index-linked [ˌɪndeks'lɪŋkt] *a fin.* indeksuotas *(apie atlyginimus, pensijas ir pan.)*

India ['ɪndɪə] *n* Indija *(valstybė)*

Indian ['ɪndɪən] *n* 1 indas 2 indėnas *(t. p. American ~)* 3 europietis, ilgai gyvenęs Indijoje 3 indėnų kalba 4: *West ~* Vest Indijos gyventojas
a 1 indėnų 2 indų; Indijos; *West ~* Vest Indijos; *the ~ Ocean* Indijos vandenynas ◊ *~ summer* ≡ bobų vasara; *~ gift* dovana, už kurią tikimasi gauti lygiavertę dovaną; *~ giver amer. šnek.* dovanotojas, vėliau atsiimantis savo dovaną

Indiana [ˌɪndɪ'ænə] *n* Indiana *(JAV valstija)*

india-rubber ['ɪndɪə'rʌbə] *n* 1 guma; kaučiukas 2 trintukas 3 *attr: ~ tree/plant bot.* elastinis figmedis

indicate ['ɪndɪkeɪt] *v* 1 (pa)rodyti, nurodyti; pažymėti; *the speedometer ~d 100* spidometras rodė šimtą 2 duoti ženklą/signalą; duoti suprasti; reikšti; *he has ~d that he will retire* jis davė suprasti, kad atsistatydins 3 *med.* reikalauti *(gydymo, priežiūros); surgery is usually ~d in such cases* tokiais atvejais paprastai rekomenduojama operacija 4 *tech.* matuoti mašinos galingumą indikatoriumi

indicated ['ɪndɪkeɪtɪd] *a* 1 nurodytas 2 *tech.* indikatorinis; *~ horsepower* indikatorinė galia

indication [ˌɪndɪ'keɪʃn] *n* 1 nurodymas 2 *(prietaiso)* parodymai 3 požymis, ženklas, simptomas; *it is an ~ that...* tai ženklas/požymis, kad...; *there is every ~ that..., all the ~s are that...* viskas verčia manyti, kad... 4 *spec.* indikacija

indicative [ɪn'dɪkətɪv] *a* 1 (nu)rodantis *(of); to be ~ of smth* būti kieno požymiu, rodyti ką 2 *gram.* tiesioginis
n gram. tiesioginė nuosaka, indikatyvas

indicator ['ɪndɪkeɪtə] *n* 1 rodyklė; *aut.* posūkio rodyklė 2 rodiklis; *~ of cultural level* kultūros lygio rodiklis 3 skaitiklis 4 *tech., chem.* indikatorius; *pressure ~ aut.* kontrolinis manometras

indicatory [ɪn'dɪkətərɪ] *a* (nu)rodantis, parodomasis

indices ['ɪndɪsi:z] *pl žr.* **index**

indicia [ɪn'dɪʃɪə] *n* pašto ženklas, išspausdintas ant voko *(ne priklijuotas)*

indict [ɪn'daɪt] *v teis.* pareikšti kaltinimą, apkaltinti *(for, as)*

indictable [ɪn'daɪtəbl] *a teis.* kaltinamas; (pa)trauktinas į teismą; kaltintinas; *~ offender* kriminalinis nusikaltėlis

indictee [ˌɪndaɪ'ti:] *n teis.* kaltinamasis

indictment [ɪn'daɪtmənt] *n* 1 *teis.* (oficialus) kaltinimas; kaltinamasis aktas; kaltinamoji išvada; *to be under ~ for murder* būti kaltinamam žmogžudyste 2 kaltinimas; *the fact is a serious ~ of our education system* tas faktas – rimtas kaltinimas mūsų švietimo sistemai

indie ['ɪndɪ] *n* (independent *sutr.*) *šnek.* 1 nedidelis savarankiškas popansamblis 2 savarankiška kino bendrovė

Indies [ɪndɪz] *n: West ~* Vest Indija *(Atlanto vandenyno salos tarp Š. ir P. Amerikos)*

indifference [ɪn'dɪfrəns] *n* 1 abejingumas, nesidomėjimas, indiferentiškumas 2 nereikšmingumas; *a matter of ~ (to)* nereikšmingas dalykas 3 *psn.* vidutiniškumas

indifferent [ɪn'dɪfrənt] *a* 1 abejingas, nesidomintis, indiferentiškas *(to);* nesuinteresuotas 2 nesvarbus 3 vidutiniškas 4 *spec.* neutralus, indiferentiškas

indigence ['ɪndɪdʒəns] *n knyg.* neturtas; vargingumas

indigene ['ɪndɪdʒi:n] *n* vietinis, čiabuvis

indigenous [ɪn'dɪdʒɪnəs] *a* vietinis *(ypač apie augalus, gyvulius);* tenykštis, gimęs toje vietoje

indigent ['ɪndɪdʒənt] *a knyg.* neturtingas, skurstantis; neturintis *(of)*

indigested [ˌɪndɪ'dʒestɪd] *a psn.* 1 nesuvirškintas 2 (gerai) neapgalvotas 3 beformis; netvarkiškas, chaotiškas

indigestible [ˌɪndɪ'dʒestəbl] *a* 1 sunkiai virškinamas, nevirškinamas 2 *prk.* sunkiai suprantamas, neaiškus

indigestion [ˌɪndɪ'dʒestʃn] *n med.* nevirškinimas, skrandžio veiklos sutrikimas

indignant [ɪn'dɪgnənt] *a* pasipiktinęs *(at smth; with smb); to become/get ~ (at, about)* pasipiktinti *(kuo)*

indignation [ˌɪndɪg'neɪʃn] *n* pasipiktinimas *(at smth; with smb); righteous ~* teisingas pasipiktinimas

indignity [ɪn'dɪgnətɪ] *n* (pa)žeminimas; įžeidimas; *to put indignities (upon)* žeminti, įžeidinėti *(ką)*

indigo ['ɪndɪgəʊ] *n (pl ~s [-z])* 1 indigas *(dažai);* indigo spalva *(t. p. ~ blue)* 2 *bot.* indigažolė

indirect [ˌɪndɪ'rekt, ˌɪndaɪ-] *a* 1 aplinkinis, netiesus 2 netiesioginis; *~ lighting* netiesioginis apšvietimas; *~ elections* netiesioginiai, daugialaipsniai rinkimai 3 išsisukinėjamas, netiesus; apgaulingas 4 šalutinis, papildomas 5 *gram.* netiesioginis; *~ speech* netiesioginė kalba; *~ object* netiesioginis papildinys

indirection [ˌɪndɪ'rekʃn] *n knyg.* 1 netiesioginis būdas, aplinkinis kelias; *by ~* netiesiogiai 2 netiesumas, apgaulingumas; nesąžiningumas 3 netikslingumas, tikslo neturėjimas

indirectly [ˌɪndɪ'rektlɪ] *adv* netiesiogiai

indiscernible [ˌɪndɪ'sə:nəbl] *a* neskiriamas, nežiūrimas, nepastebimas

indiscipline [ɪn'dɪsɪplɪn] *n* nedrausmingumas, nedisciplinuotumas; netvarka

indiscreet [ˌɪndɪ'skri:t] *a* 1 neapdairus, netaktiškas, nediskretiškas 2 nesantūrus; nekuklus

indiscrete [ˌɪndɪ'skri:t] *a* nesusiskaldęs; kompaktiškas, vienalytis

indiscretion [ˌɪndɪ'skreʃn] *n* 1 neapdairumas; neprotingas poelgis/žingsnis; netaktas, takto stoka; indiskrecija 2 nekuklumas; nesantūrumas

indiscriminate [ˌɪndɪ'skrɪmɪnət] *a* **1** nedarantis skirtumo; nesirenkantis/nerinklus **2** netvarkingas, sumaišytas
indiscriminately [ˌɪndɪ'skrɪmɪnətlɪ] *adv* **1** nesirenkant, be skirtumo, nesuprantant, kas gera, o kas bloga **2** netvarkingai
indiscrimination [ˌɪndɪskrɪmɪ'neɪʃn] *n* **1** nemokėjimas daryti skirtumo **2** nesirinkimas, nerinklumas
indispensable [ˌɪndɪ'spensəbl] *a* **1** būtinas, būtinai reikalingas *(to, for)*; nepakeičiamas *(apie žmogų)* **2** privalomas *(apie įstatymą ir pan.)*
indispose [ˌɪndɪ'spəuz] *v* **1** nuteikti *(towards – prieš)*; atimti norą **2** daryti netinkamą/negalintį *(for)*
indisposed [ˌɪndɪ'spəuzd] *a* **1** nesveikas, negaluojantis **2** nelinkęs, nenorintis
indisposition [ˌɪndɪspə'zɪʃn] *n* **1** negalavimas, nesveikavimas, nesveikata **2** nenoras, nelinkimas *(to, towards)*
indisputable [ˌɪndɪ'spjuːtəbl] *a* ne(nu)ginčijamas; ~ *fact* neginčijamas faktas
indissoluble [ˌɪndɪ'sɔljubl] *a* **1** neišardomas, nesugriaunamas, tvirtas; ilgalaikis; ~ *friendship [union]* neišardoma draugystė [vienybė] **2** *chem.* neištirpdomas; nesuskaidomas
indistinct [ˌɪndɪ'stɪŋkt] *a* neaiškus *(apie balsą, garsą ir pan.)*; neryškus; neapibrėžtas; ~ *memories* migloti atsiminimai
indistinctive [ˌɪndɪ'stɪŋktɪv] *a* neskiriamasis; nebūdingas
indistinguishable [ˌɪndɪ'stɪŋgwɪʃəbl] *a* ne(at)skiriamas, nepastebimas
indite [ɪn'daɪt] *v knyg.* (su)kurti, (pa)rašyti *(eilėraštį, kalbą ir pan.)*; reikšti žodžiais
indium ['ɪndɪəm] *n chem.* indis
indivertible [ˌɪndɪ'vəːtəbl] *a* nenukreipiamas
individual [ˌɪndɪ'vɪdʒuəl] *a* **1** *attr* individualinis, individualus, asmeninis; ~ *liberty* asmens laisvė **2** *attr* vienas kuris; pavienis, atskiras; *each* ~ *person [word]* kiekvienas asmuo, paimtas skyrium, kiekvienas konkretus asmuo [žodis] **3** savitas, ypatingas; *an* ~ *style of dressing* savita maniera rengtis
n **1** individas, asmuo; asmenybė; *the liberties of the* ~ individo/asmens laisvės **2** *šnek.* žmogus *(kuo nors nepaprastas)*; *menk.* subjektas
individualism [ˌɪndɪ'vɪdʒuəlɪzm] *n* **1** individualizmas **2** *euf.* savanaudiškumas
individualist [ˌɪndɪ'vɪdʒuəlɪst] *n* individualistas
individualistic [ˌɪndɪˌvɪdʒuə'lɪstɪk] *a* individualistinis
individuality [ˌɪndɪˌvɪdʒu'ælətɪ] *n* **1** individualybė; asmenybė **2** individualumas; individualus bruožas, savitumas
individualization [ˌɪndɪˌvɪdʒuəlaɪ'zeɪʃn] *n* individualizacija, individualizavimas
individualize [ˌɪndɪ'vɪdʒuəlaɪz] *v* **1** individualizuoti **2** smulkiai apibūdinti
individually [ˌɪndɪ'vɪdʒuəlɪ] *adv* **1** individualiai **2** atskirai; pavieniui; atskirai paėmus **3** asmeniškai **4** savitai
individuate [ˌɪndɪ'vɪdʒueɪt] *v* **1** individualizuoti **2** *amer.* suvokti save kaip individą
indivisibility [ˌɪndɪˌvɪzə'bɪlətɪ] *n* nedalijamumas; nedalumas
indivisible [ˌɪndɪ'vɪzəbl] *a* nedalijamas; nedalus
n tai, kas nedalijama; kas nors be galo mažas
Indo- [ˌɪndəu-] *(sudurt. žodžiuose)* indo-, Indijos (ir); *Indo-Pakistani* Indijos ir Pakistano
Indochina [ˌɪndəu'tʃaɪnə] *n* Indokinija *(pusiasalis)*
Indo-Chinese [ˌɪndəutʃaɪ'niːz] *a* Indokinijos
indocile [ɪn'dəusaɪl] *a* neparklusnus; sunkiai auklėjamas
indoctrinate [ɪn'dɔktrɪneɪt] *v* **1** apmokyti; supažindinti su *(kokia nors)* teorija/mokslu **2** įskiepyti, įdiegti *(mintis, nuomonę; with)*

Indo-European [ˌɪndəuˌjuərə'pɪən] *a kalb.* indoeuropiečių; ~ *linguistics* indoeuropeistika; ~ *parent language* indoeuropiečių prokalbė
n indoeuropietis
indole ['ɪndəul] *n chem.* indolas
indolence ['ɪndələns] *n* tingumas, vangumas; ištižimas
indolent ['ɪndələnt] *a* **1** tingus, vangus; ištižęs **2** *med.* neskausmingas
indomitable [ɪn'dɔmɪtəbl] *a* nepalenkiamas, nesutramdomas, nenuramdomas, nesuvaldomas
Indonesia [ˌɪndəu'niːzɪə, -ʒə] *n* Indonezija *(valstybė)*
Indonesian [ˌɪndəu'niːzɪən, -ʒən] *a* indoneziečių; Indonezijos
n **1** indonezietis **2** indoneziečių kalba
indoor ['ɪndɔː] *a attr* esantis/vykstantis viduje; kambarinis; ~ *games* kambariniai žaidimai; žaidimai sporto salėje; ~ *aerial rad.* kambarinė antena; ~ *competition* varžybos uždarose patalpose
indoors [ˌɪn'dɔːz] *adv* viduje, į vidų; patalpoje, uždarose patalpose; *to stay/keep* ~ pasilikti namie, neišeiti
indorse [ɪn'dɔːs] *v* = **endorse**
indorsee [ˌɪndɔː'siː] *n kom.* indosatas
indraft, indraught ['ɪndrɑːft] *n* **1** įtraukimas, pritraukimas **2** pritekėjimas; *(skysčio, oro)* srovė *(į vidų)*
indrawn ['ɪn'drɔːn] *a* **1** įtrauktas; ~ *sigh* nuslopintas atodūsis **2** uždaras, santūrus, nekalbus
indubitable [ɪn'djuːbɪtəbl] *a* neabejotinas, neginčijamas
induce [ɪn'djuːs] *v* **1** įtikinti, paveikti, (pa)skatinti; (pri)versti **2** (su)kelti *(nuovargį, mieguistumą ir pan.)* **3** *el.* indukuoti, sužadinti *(srovę)* **4** *log.* išprotauti indukcijos būdu
induced [ɪn'djuːst] *a* priverstas; sukeltas; ~ *draft tech.* dirbtinė trauka; ~ *investments fin.* papildoma investicijų paklausa
inducement [ɪn'djuːsmənt] *n* **1** (pa)skatinimas, paskata, akstinas; *to be an* ~ *to smth* paskatinti ką **2** vertimas, raginimas *(ką daryti)*
induct [ɪn'dʌkt] *v* **1** oficialiai priimti į tarnybą; priimti *(nariu)* **2** supažindinti, atskleisti **3** įkurdinti, įtaisyti *(into)* **4** *amer.* šaukti į karo tarnybą
inductance [ɪn'dʌktəns] *n el.* induktyvumas; (savi)indukcija
inductee [ɪndʌk'tiː] *n amer. kar.* šaukiamasis, naujokas
inductile [ɪn'dʌktaɪl] *a* **1** *spec.* nekalus; netąsus **2** nepalenkiamas, nenuolaidus
induction [ɪn'dʌkʃn] *n* **1** supažindinimas; ~ *course* įvadinis kursas *(naujiems studentams, darbuotojams)* **2** oficialus priėmimas į tarnybą; priėmimas *(nariu)* **3** *el., log.* indukcija **4** *tech.* įleidimas **5** *amer.* šaukimas į karo tarnybą; ~ *examination (šaukiamųjų)* medicininis patikrinimas
induction-coil [ɪn'dʌkʃnkɔɪl] *n el.* indukcinė ritė
induction-valve [ɪn'dʌkʃnvælv] *n tech.* įleidimo vožtuvas
inductive [ɪn'dʌktɪv] *a* **1** *log.* induktyvus, induktyvinis **2** *el.* indukcinis
inductor [ɪn'dʌktə] *n el.* induktorius
indue [ɪn'djuː] *v* = **endue**
indulge [ɪn'dʌldʒ] *v* **1** atsiduoti, įsitraukti, mėgautis, leisti sau malonumą *(in)*; *to* ~ *in rowing* mėgti irkluoti, žavėtis irklavimu **2** (su)teikti malonumą **3** pataikauti, nuolaidžiauti; *to* ~ *a child* lepinti vaiką; *you can't* ~ *every creature* visiems neįtiksi **4** *šnek.* (iš)gerti *(alkoholinio gėrimo)* **5** *kom.* atidėti vekselio apmokėjimo terminą
indulgence [ɪn'dʌldʒəns] *n* **1** mėgavimasis; piktnaudžiavimas; ~ *in food* piktnaudžiavimas maistu/skanėstais **2** nuolaidžiavimas, pataikavimas; atlaidumas; *it is my one* ~ tai

mano silpnybė 3 privilegija, malonė 4 *bažn.* indulgencija, nuodėmių atleidimas 5 *kom.* mokėjimo atidėjimas

indulgent [ɪn'dʌldʒənt] *a* 1 atlaidus 2 pataikaujantis, nuolaidžiaujantis; ~ *parents* tėvai, lepinantys savo vaikus

indurate ['ɪndjureɪt] *v* 1 kietėti; kietinti 2 *prk.* užkietėti, pasidaryti nejautriam; (at)bukinti, (pa)daryti nejautrų/užkietėjusį

induration [ˌɪndju'reɪʃn] *n* 1 sukietėjimas 2 *prk.* užkietėjimas, kietumas; pašiurkštėjimas

industrial [ɪn'dʌstrɪəl] *a* 1 pramonės, pramoninis, industrinis; pramoningas; ~ *articles/products [goods]* pramonės gaminiai [prekės]; ~ *classes* pramonės darbininkai 2 gamybinis; ~ *injury* gamybinė trauma; ~ *relations* gamybos santykiai ~ *school* amatų mokykla 3 vartojamas pramonės tikslams; ~ *crops* ž. ū. techniniai augalai; ~ *wood* spec. padarinė miško medžiaga; ~ *tractor* traktorius vilkikas 4 darbo; profesinis; ~ *safety* darbo sauga; ~ *disease* profesinė liga
n 1 pramonininkas; pramonės darbuotojas 2 *pl* pramonės įmonių akcijos

industrialist [ɪn'dʌstrɪəlɪst] *n* pramonininkas; įmonininkas; fabrikantas

industrialization [ɪnˌdʌstrɪəlaɪ'zeɪʃn] *n* industrializavimas, industrializacija

industrialize [ɪn'dʌstrɪəlaɪz] *v* industrializuoti, industrinti, (su)pramoninti

industrially [ɪn'dʌstrɪəlɪ] *adv* pramonės požiūriu; pramoniškai

industrious [ɪn'dʌstrɪəs] *a* darbštus, stropus

industry ['ɪndəstrɪ] *n* 1 pramonė, industrija; *heavy [large-scale, light]* ~ sunkioji [stambioji, lengvoji] pramonė 2 pramonės šaka; *sunrise industries* šiuolaikinės pramonės šakos *(elektronika, telekomunikacijos ir pan.)* 3 darbštumas, stropumas

indwell [ˌɪn'dwel] *v* (indwelt [ˌɪn'dwelt]) *ret.* 1 gyventi *(in)* 2 nepalikti *(apie mintis, dvasią ir pan.)*

indweller ['ɪnˌdwelə] *n poet.* gyventojas

-ine [-aɪn] *suff* -inis; *crystalline* kristalinis; *alpine* alpinis; Alpių

inearth [ɪn'ə:θ] *v poet., psn.* užkasti į žemę, palaidoti

inebriate *knyg.* <*n, a, v*> *n* [ɪ'ni:brɪət] girtuoklis, alkoholikas
a [ɪ'ni:brɪət] girtas, apsvaigęs
v [ɪ'ni:brɪeɪt] apsvaigti, apsvaiginti

inebriated [ɪ'ni:brɪeɪtɪd] = **inebriate** *a*

inebriation [ɪˌni:brɪ'eɪʃn], **inebriety** [ˌɪni:'braɪətɪ] *n knyg.* 1 apsvaigimas, girtumas 2 alkoholizmas

inedible [ɪn'edɪbl] *a* nevalgomas

inedited [ɪn'edɪtɪd] *a* 1 neišleistas, nespausdintas 2 išspausdintas be taisymų; neredaguotas

ineducable [ɪn'edʒukəbl, ɪn'edjukəbl] *a* protiškai nepilnavertis, neimlus mokslui

ineffable [ɪn'efəbl] *a* neapsakomas, neišreiškiamas

ineffaceable [ˌɪnɪ'feɪsəbl] *a knyg.* neišdildomas

ineffective [ˌɪnɪ'fektɪv] *a* 1 neefektyvus, neveiksmingas; nevaisingas, be pasekmių 2 nesugebantis, nenusimanantis

ineffectively [ˌɪnɪ'fektɪvlɪ] *adv* bergždžiai, nevaisingai, nesėkmingai

ineffectual [ˌɪnɪ'fektʃuəl] *a* nevaisingas, be rezultatų, bergždžias, tuščias; nesėkmingas; ~ *person/fellow* nenusisekėlis, nevykėlis

inefficacious [ˌɪnefɪ'keɪʃəs] *a knyg.* neveiksmingas, neefektyvus

inefficacy [ɪn'efɪkəsɪ] *n* = **inefficiency** 1

inefficiency [ˌɪnɪ'fɪʃnsɪ] *n* 1 neveiksmingumas, neefektyvumas 2 nesugebėjimas, nenusimanymas

inefficient [ˌɪnɪ'fɪʃnt] *a* 1 neveiksmingas, neefektyvus; neproduktyvus 2 nesugebantis, nenusimanantis; nelabai kvalifikuotas
n neišmanėlis, nevykėlis

inelastic [ˌɪnɪ'læstɪk] *a* neelastingas, nelankstus *(t. p. prk.)*

inelegant [ɪn'elɪgənt] *a* neelegantiškas, negrakštus, nedailus; neskoningas

ineligible [ɪn'elɪdʒəbl] *a* 1 neturintis teisės; negalintis būti renkamas/išrinktas 2 nepageidaujamas *(apie jaunikį, jaunąją ir pan.)* 3 netinkamas *(ypač karo tarnybai)*

ineluctable [ˌɪnɪ'lʌktəbl] *a knyg.* neišvengiamas

inept [ɪ'nept] *a* 1 netinkamas, ne vietoje esantis 2 nemokantis, neišmanantis; neprotingas

ineptitude [ɪ'neptɪtju:d] *n* 1 netinkamumas 2 nemokėjimas, neišmanymas; kvailumas

inequality [ˌɪnɪ'kwɒlətɪ] *n* 1 nelygybė *(t. p. mat.)* 2 skirtumas; nevienodumas; *to treat people with* ~ elgtis su žmonėmis nevienodai 3 *(ppr. pl; paviršiaus)* nelygumas 4 nepastovumas, kintamumas

inequilateral [ɪˌni:kwɪ'lætərəl] *a geom.* nelygiakraštis

inequitable [ɪn'ekwɪtəbl] *a knyg.* neteisingas, šališkas

inequity [ɪn'ekwɪtɪ] *n knyg.* neteisingumas, šališkumas

ineradicable [ˌɪnɪ'rædɪkəbl] *a knyg.* neišnaikinamas, neišraunamas

inerrable [ɪn'erəbl] *a knyg.* neklaidingas, neklystantis

inerrancy [ɪn'erənsɪ] *n knyg.* neklaidingumas

inerrant [ɪn'erənt] *a knyg.* neklaidingas; neklystamas

inert [ɪ'nə:t] *a* 1 inertiškas; inertinis; ~ *gas chem.* inertinės dujos 2 inertus, neveiklus 3 nejudantis, nepaslankus

inertia [ɪ'nə:ʃə] *n* 1 *fiz.* inercija 2 inertiškumas; inertumas, nepaslankumas 3 *attr:* ~ *governor tech.* išcentrinis reguliatorius: ~ *wave* bangų plūsmas

inertness [ɪ'nə:tnɪs] *n* inertiškumas

inescapable [ˌɪnɪ'skeɪpəbl] *a* neišvengiamas

inessential [ˌɪnɪ'senʃl] *a* neesminis; nebūtinai reikalingas
n (the ~s) pl neesminės detalės

inestimable [ɪn'estɪməbl] *a* neįvertinamas, neįkainojamas

inevitability [ɪnˌevɪtə'bɪlətɪ] *n* neišvengiamumas; neišvengiamybė

inevitable [ɪn'evɪtəbl] *a* 1 neišvengiamas 2 *attr šnek.* nuolatinis, įprastinis
n (the ~) tai, kas neišvengiama

inexact [ˌɪnɪg'zækt] *a* netikslus

inexactitude [ˌɪnɪg'zæktɪtju:d] *n knyg.* netikslumas

inexcusable [ˌɪnɪk'skju:zəbl] *a* nedovanotinas, neatleistinas

inexhaustible [ˌɪnɪg'zɔ:stəbl] *a* 1 neišsenkamas, neišsemiamas, neišsenkantis 2 nenuilstantis, nenuilstamas

inexorable [ɪn'eksərəbl] *a* nepermaldaujamas, nenumaldomas, nepalenkiamas; negailestingas

inexpediency [ˌɪnɪk'spi:dɪənsɪ] *n* netikslingumas

inexpedient [ˌɪnɪk'spi:dɪənt] *a* netikslingas; netinkamas, nenaudingas

inexpensive [ˌɪnɪk'spensɪv] *a* nebrangus

inexperience [ˌɪnɪk'spɪərɪəns] *n* neprityrimas, nepatyrimas

inexperienced [ˌɪnɪk'spɪərɪənst] *a* nepatyręs

inexpert [ɪn'ekspə:t] *a* 1 nemokantis, neišmanantis 2 neįgudęs, nepatyręs

inexpiable [ɪn'ekspɪəbl] *a* 1 neišperkamas, neatitaisomas *(apie nusikaltimą, klaidą)* 2 nenumaldomas

inexplicable [ˌɪnɪk'splɪkəbl] *a* neišaiškinamas; nesuprantamas

inexplicit [ˌɪnɪk'splɪsɪt] *a knyg.* neapibrėžtas, neaiškus

inexpressible [ˌɪnɪk'spresəbl] *a* neišreiškiamas, neapsakomas
n pl juok. kelnės

inexpressive [ˌɪnɪk'spresɪv] *a* neraiškus, neišraiškingas, neekspresyvus

inexpugnable [ˌɪnɪk'spʌgnəbl] *a knyg.* neįveikiamas, nenugalimas

inexpungible [ˌɪnɪk'spʌndʒəbl] *a knyg.* neužmirštamas, neištrinamas iš atminties

inextinquishable [ˌɪnɪk'stɪŋgwɪʃəbl] *a* 1 negęstamas, negęstantis 2 nenuslopinamas; nesuvaldomas, nesulaikomas *(apie pyktį, juoką)*

inextirpable [ˌɪnɪk'stɜːpəbl] *a* 1 nepašalinamas 2 neišnaikinamas

in extremis [ˌɪnɪk'striːmɪs] *lot.* 1 miršant, mirdamas 2 blogiausiu atveju

inextricable [ɪn'ekstrɪkəbl, ˌɪnɪk'strɪkəbl] *a* 1 neatskiriamas; neišpainiojamas 2 painus; neišsprendžiamas; ~ *confusion* nepaprasta/begalinė painiava

infallibility [ɪnˌfælə'bɪlətɪ] *n* neklaidingumas

infallible [ɪn'fæləbl] *a* 1 neklaidingas, neklystamas 2 tikras, patikimas *(apie įrodymą, metodą, vaistą ir pan.)*

infamous ['ɪnfəməs] *a* 1 negarbingas, nešlovingas; liūdnai pagarsėjęs, prastos reputacijos 2 gėdingas, žeminantis 3 *šnek.* blogas, bjaurus, šlykštus 4 *teis.* netekęs politinių teisių dėl padaryto nusikaltimo

infamy ['ɪnfəmɪ] *n* 1 negarbė, nešlovė, gėda; prasta reputacija; *to hold smb up to* ~ (pa)daryti kam gėdą 2 nepadorus/gėdingas elgesys/poelgis; niekšybė 3 *teis.* pilietinių teisių atėmimas

infancy ['ɪnfənsɪ] *n* 1 kūdikystė, ankstyva vaikystė, mažumė, mažystė 2 ankstyvoji *(ko)* stadija 3 *teis.* nepilnametystė

infant ['ɪnfənt] *n* 1 kūdikis 2 *pl mok.* vaikai, pradinukai *(D. Britanijoje nuo 4 iki 7 metų)* 3 *teis.* nepilnametis
a 1 vaikų, vaikiškas; vaikystės 2 ką tik susikūręs, naujas *(apie organizaciją, pramonės šaką ir pan.)*

infanticide [ɪn'fæntɪsaɪd] *n teis.* 1 vaikžudystė 2 vaikžudys

infantile ['ɪnfəntaɪl] *a* 1 vaikų, vaikiškas; ~ *diseases* vaikų ligos 2 kūdikiškas; infantilus, infantilinis 3 pradinis; pirminis

infantilize [ɪn'fætəlaɪz] *v* daryti infantilų

infantry ['ɪnfəntrɪ] *n kar.* pėstininkai; *I. Drill Regulations* pėstininkų rikiuotės statutas

infantryman ['ɪnfəntrɪmən] *n kar. (pl* -men [-mən]*) (tik v.)* pėstininkas

infant-school ['ɪnfəntskuːl] *n (4-7 m.)* vaikų darželis, motinos mokykla

infarct [ɪn'fɑːkt] *n med.* infarktas

infatuate [ɪn'fætʃʊeɪt] *v* apsukti galvą; sužavėti

infatuated [ɪn'fætʃʊeɪtɪd] *a* beprotiškai/aklai įsimylėjęs; netekęs galvos, apkvaišęs *(with)*

infatuation [ɪnˌfætʃʊ'eɪʃn] *n* akla meilė; susižavėjimas, aistra; *a passing* ~ trumpa meilė; *to develop an* ~ *for smb* įsimylėti, pamilti ką

infeasible [ɪn'fiːzəbl] *a ret.* neįvykdomas

infect [ɪn'fekt] *v* užkrėsti *(t. p. prk.);* infekuoti; ~*ed with enthusiasm* užkrėstas/pagautas entuziazmo

infection [ɪn'fekʃn] *n* 1 už(si)krėtimas; infekcija 2 *med.* užkratas

infectious [ɪn'fekʃəs] *a* 1 užkrečiamas, infekcinis, limpamas 2 *prk.* užkrečiantis, užkrečiamas

infective [ɪn'fektɪv] *a med.* infekcinis; sukeliantis ligą

infelicitous [ˌɪnfɪ'lɪsɪtəs] *a knyg.* 1 nelaimingas 2 netinkamas, nevykęs *(apie posakį, vertimą ir pan.)*

infelicity [ˌɪnfɪ'lɪsətɪ] *n knyg.* 1 nelaimė, nedalia 2 netikslumas, nevykęs posakis

infer [ɪn'fɜː] *v* 1 (pa)daryti išvadą 2 reikšti; turėti galvoje; (nu)manyti; *your silence* ~*s consent* jūsų tylėjimas reiškia sutikimą

inference ['ɪnfərəns] *n* išvados darymas; išvada; *to draw* ~*s from smth* daryti išvadas iš ko; ~ *engine komp.* išvadų aparatas

inferior [ɪn'fɪərɪə] *n* pavaldinys
a 1 žemas, žemesnis *(padėtimi, laipsniu); an* ~ *court (of law)* žemesnysis teismas 2 prastas, prastesnis, menkesnis *(kokybe; to);* nepilnavertis 3 *poligr.* po eilute esantis

inferiority [ɪnˌfɪərɪ'ɔrətɪ] *n* 1 žemesnė padėtis; žemesnis laipsnis; prastesnė kokybė 2 *attr.* ~ *complex [feeling] psich.* nepilnavertiškumo kompleksas [jausmas]

infernal [ɪn'fɜːnl] *a* 1 pragaro, pragariškas; ~ *machine* pragaro mašina 2 velniškas, nežmoniškas 3 *šnek.* prakeiktas *(reiškiant pyktį, apmaudą);* ~ *child [noise]* prakeiktas vaikas [triukšmas]

inferno [ɪn'fɜːnəʊ] *it. n (pl* ~s [-z]*)* 1 pragaras *(t. p. prk.)* 2 *knyg.* pragariška ugnis; *raging* ~ įsisiautėjusi/šėlstanti ugnis

infertile [ɪn'fɜːtaɪl] *a* 1 nederlingas *(apie žemę)* 2 nevaisingas *(apie žmogų, gyvulį)*

infertility [ˌɪnfɜː'tɪlətɪ] *n* 1 nederlingumas 2 nevaisingumas

infest [ɪn'fest] *v* užplūsti, užtvindyti; apnikti; knibždėti; ~*ed with vermin* parazitų apipultas

infestation [ˌɪnfe'steɪʃn] *med.* infestacija, apsikrėtimas zooparazitais

infidel ['ɪnfɪdəl] *n* 1 netikintysis, bedievis 2 *ist.* stabmeldys, pagonis; kitatikis *(ypač musulmonas)*
a 1 netikintis 2 bedievių, ateistinis 3 pagoniškas

infidelity [ˌɪnfɪ'delətɪ] *n* 1 neištikimybė 2 netikėjimas, bedievybė 3 *ret.* pagonybė

infield ['ɪnfiːld] *n* 1 sodybinė žemė 2 ariamoji/dirbamoji žemė

infighting ['ɪnfaɪtɪŋ] *n* 1 artimoji kova *(bokse)* 2 vidiniai konfliktai, vidinė kova *(organizacijoje ir pan.);* vaidai; *political* ~ politiniai nesutarimai

infill ['ɪnfɪl] *n* įpylimas, pripildymas

infiltrate ['ɪnfɪltreɪt] *v* 1 infiltruoti; įsisunkti; prasisunkti 2 įsiskverbti, prasiskverbti; slapta pereiti sieną

infiltration [ˌɪnfɪl'treɪʃn] *n* 1 infiltracija; įsisunkimas, įsiskverbimas 2 *med.* infiltracija; infiltratas 3 *kar.* slaptas sienos perėjimas, prasiskverbimas į saugomą objektą *ir pan.*

infinite ['ɪnfɪnɪt] *n* 1 *šnek.* daugybė 2 *(the* ~*)* begalybė; begalinė/beribė erdvė 3 *(the I.)* Dievas
a 1 begalinis, beribis, neribotas; ~ *decimal mat.* begalinė dešimtainė trumpena 2 nesuskaičiuojamas, gausus 3 *gram.* neasmeninis *(apie veiksmažodžio formas)*

infinitely ['ɪnfɪnɪtlɪ] *adv* be galo; žymiai

infinitesimal [ˌɪnfɪnɪ'tesɪml] *n mat.* be galo mažas dydis
a be galo mažas *(t. p. mat.)*

infinitival [ɪnˌfɪnɪ'taɪvl] *a gram.* bendraties, infinityvo

infinitive [ɪn'fɪnɪtɪv] *gram. n* bendratis, infinityvas; *split* ~ bendratis su atskirta dalelyte *to (pvz., to quickly read a book; to highly recommend smb)*
a bendraties; ~ *sentence* infinityvinis sakinys

infinitude [ɪn'fɪnɪtjuːd] *n* 1 begalybė; begališkumas 2 be galo didelis skaičius

infinity [ɪn'fɪnətɪ] *n* 1 begalybė *(t. p. mat.);* beribė; begališkumas, nepabaigiamumas 2 be galo didelis skaičius; daugybė *(of)*

infirm [ɪn'fɜːm] *a* 1 netvirtas; silpnas, ligotas, sukiužęs 2 silpnavalis, silpnabūdis 3 *psn.* neryžtingas *(t. p.* ~ *of purpose)*
n (the ~*) kuop.* silpnieji; sergantieji

infirmary [ɪn'fə:mərɪ] *n* **1** ligoninė **2** *(mokyklos, vienuolyno ir pan.)* izoliatorius

infirmatory [ɪn'fə:mətərɪ] *a* silpninantis, alinantis, atimantis jėgas

infirmity [ɪn'fə:mətɪ] *n* **1** *(senatvės)* silpnumas; negalia **2** fizinis/moralinis trūkumas **3** silpnabūdiškumas; **~ of purpose** valios silpnumas

infix *n* ['ɪnfɪks] *gram.* infiksas, intarpas
v [ɪn'fɪks] **1** įtvirtinti, įstatyti; įterpti **2** įdiegti; įkalti *(į galvą)*

in flagrante delicto [ɪn flə,grænteɪ dɪ'lɪktəʊ] *lot.* nusikaltimo vietoje, darant nusikaltimą

inflame [ɪn'fleɪm] *v knyg.* **1** įsiliepsnoti, už(si)degti *(džn. prk.)*; **to be ~d with desire** degti noru **2** su(si)jaudinti; sukelti *(jausmą)* **3** (pa)sunkinti, (su)komplikuoti *(padėtį)* **4** *med.* sukelti uždegimą; prasidėti uždegimui

inflamed [ɪn'fleɪmd] *a med.* inflamuotas, paveiktas uždegimo, paraudęs ir ištinęs

inflammable [ɪn'flæməbl] *a* **1** lengvai užsidegantis; degus **2** lengvai sujaudinamas; **~ temper** ūmus būdas

inflammation [,ɪnflə'meɪʃn] *n* **1** įsiliepsnojimas, užsidegimas *(džn. prk.)* **2** *med.* uždegimas

inflammatory [ɪn'flæmətərɪ] *a* **1** jaudinantis, kurstantis; kurstytojiškas **2** *med.* uždegiminis, inflamacinis

inflatable [ɪn'fleɪtəbl] *a* pripučiamas
n pripučiamas daiktas: žaislas, guminė valtis *ir pan.*

inflate [ɪn'fleɪt] *v* **1** iš(si)pūsti, pri(si)pūsti, pripumpuoti **2** pasipūsti, išpuikti *(with)* **3** smarkiai pakelti, išpūsti *(kainas ir pan.)* **4** *ekon.* sukelti infliaciją

inflated [ɪn'fleɪtɪd] *a* **1** išpūstas *(t. p. prk.)*; pripūstas; **~ salaries** išpūsti atlyginimai **2** pasipūtęs

inflation [ɪn'fleɪʃn] *n* **1** pripūtimas; iš(si)pūtimas **2** pasipūtimas **3** *ekon.* infliacija; **~ rate** infliacijos tempai

inflationary [ɪn'fleɪʃnərɪ] *a ekon.* infliacijos, infliacinis; **~ spiral** infliacijos spiralė

inflation-proof [ɪn'fleɪʃnpru:f] *a ekon.* apsaugotas nuo infliacijos *(apie pensijas ir pan.)*

inflect [ɪn'flekt] *v* **1** *knyg.* (su)lenkti; išlenkti **2** *gram.* kaityti, linksniuoti, asmenuoti **3** *muz.* moduliuoti

inflected [ɪn'flektɪd] *a* = **inflectional**

inflection [ɪn'flekʃn] *n* **1** (su)lenkimas; išlinkis, išlinkimas **2** *gram.* galūnė, fleksija; kaitymas, kaityba **3** *(balso)* moduliacija, intonacija

inflectional [ɪn'flekʃnəl] *a kalb.* linksniuojamas; fleksinis *(apie kalbą)*

inflective [ɪn'flektɪv] *a gram.* kaitomas, linksniuojamas, asmenuojamas

inflexibility [ɪn,fleksə'bɪlətɪ] *n* nelankstumas *(t. p. prk.)*; **~ of will** valios nepalenkiamumas

inflexible [ɪn'fleksəbl] *a* **1** nelankstus, nesilankstantis, standus **2** nepalenkiamas, tvirtas; **~ rule** griežta taisyklė

inflexion [ɪn'flekʃn] *n* = **inflection**

inflict [ɪn'flɪkt] *v (on, upon)* **1** suduoti *(smūgį)*, sužeisti; padaryti *(nuostolių ir pan.)* **2** sukelti *(skausmą)* **3** (pa)skirti *(bausmę)* **4** primesti, užkarti; *refl (džn. juok.)* užsikarti *(kam ant galvos)*

infliction [ɪn'flɪkʃn] *n* **1** sukėlimas *(skausmo);* padarymas *(nuostolių ir pan.)* **2** (pa)skyrimas *(bausmės);* (nu)baudimas **3** kančia, kankynė

in-flight ['ɪnflaɪt] *a attr av. (daromas, duodamas)* skridimo metu

inflorescence [,ɪnflɔ:'resns, ,ɪnflə-] *n bot.* **1** žiedų išsidėstymas **2** žiedynas **3** žydėjimas

inflow ['ɪnfləʊ] *n* **1** įtekėjimas, pritekėjimas, prietaka; **the ~ of migrants** migrantų antplūdis **2** intakas **3** *(kapitalo, pajamų ir pan.)* įplaukos

inflowing *n* ['ɪnfləʊɪŋ] įtekėjimas
a ['ɪn'fləʊɪŋ] įtekantis

influence ['ɪnfluəns] *n* **1** įtaka, poveikis *(on, upon, over – kam);* **a person of ~** įtakingas asmuo; **under the ~** a) *(kieno, ko)* paveiktas, *(esantis)* įtakoje *(of);* b) *juok.* ≈ kaip dūmas, įkaušęs; **to bring one's ~ to bear on smb** daryti kam įtaką **2** asmuo/veiksnys, kuris daro įtaką **3** įtakingumas; paveikimas; **undue ~** *teis.* piktnaudžiavimas įtaka
v daryti įtaką, (pa)veikti; **don't let him ~ you!** neleisk, kad jis tau darytų įtaką!

influent ['ɪnfluənt] *n* intakas
a įtekantis

influential [,ɪnflu'enʃl] *a* **1** įtakingas **2** svarbus, turintis lemiamos įtakos

influenza [,ɪnflu'enzə] *n med.* gripas

influx ['ɪnflʌks] *n* **1** įtekėjimas **2** antplūdis, užplūdimas; įplaukimas *(lėšų ir pan.)* **3** *(upės)* žiotys

info ['ɪnfəʊ] *n šnek.* informacija, žinios

infomercial [,ɪnfəʊ'mə:ʃl] *n amer. tel.* reklaminis filmas, reklaminė laida

inform [ɪn'fɔ:m] *v* **1** pranešti, informuoti; **why wasn't I ~ed?** kodėl man nepranešė? **2** įskųsti, įduoti *(against, on)* **3** paveikti *(nuomonę ir pan.)*; **his experience as a refugee ~s the content of his latest novel** emigranto patirtis pilnas jo naujausiasis romanas **4** *refl* teirautis *(about)*

informal [ɪn'fɔ:ml] *a* **1** neoficialus; **~ meeting [visit]** neoficialus susitikimas [vizitas] **2** laisvas, nevaržomas *(apie atmosferą, pokalbį ir pan.)*

informality [,ɪnfɔ:'mælətɪ] *n* **1** neoficialumas; nesilaikymas formalumų **2** formalumo/ceremonijų nebuvimas; laisvumas

informant [ɪn'fɔ:mənt] *n* **1** informantas **2** informatorius; (į)skundėjas

informatics [,ɪnfə'mætɪks] *n* informatika

information [,ɪnfə'meɪʃn] *n* **1** informacija, duomenys *(t. p. komp.);* **I need more ~** man reikia daugiau informacijos **2** žinia *(t. p.* **piece/bit/item of ~***);* žinios, paaiškinimai; pranešimas; **for ~ only** susipažinti *(ne vadovautis);* **for your ~** jūsų žiniai, jeigu nori žinoti **3** (į)skundimas, skundas *(against)* **4** *attr:* **~ bureau/office [service]** informacijos biuras [tarnyba]; **~ theory** informacijos teorija; **~ agency** *amer. kar.* žvalgybos organai

informative [ɪn'fɔ:mətɪv] *a* informatyvus

informed [ɪn'fɔ:md] *a* informuotas, žinantis; kompetentingas; **~ comment** kompetentingas komentaras; **~ guess** spėjimas, pagrįstas žinojimu

informer [ɪn'fɔ:mə] *n* **1** informatorius, patarėjas **2** (į)skundėjas *(t. p.* **common ~***)*

infotainment ['ɪnfəʊ,teɪnmənt, ,ɪnfə't-] *n tel.* informacinė pramoginė laida

infra ['ɪnfrə] *lot. adv* žemiau *(knygoje);* **see ~ ch. V** žiūrėk žemiau, penktąjį skyrių

infra- [ɪnfrə-] *pref* po-, infra-; **infraglenoid** posąnarinis; **infrasound** infragarsas

infracostal [,ɪnfrə'kɒstl] *a anat.* pošonkaulinis

infraction [ɪn'frækʃn] *n* pažeidimas, nesilaikymas *(įstatymo)* peržengimas

infra dig [,ɪnfrə'dɪg] *lot. predic* (infra dignitatem *sutr.*) žeminantis *(kieno)* orumą, nederamas

infrared [,ɪnfrə'red] *a fiz.* infraraudonas; **~ rays** infraraudonieji spinduliai

infrasonic [,ınfrə'sɒnık] *a fiz.* infragarso, infragarsinis
infrastructure ['ınfrə,strʌktʃə] *n* infrastruktūra
infrequency [ın'fri:kwənsı] *n* retumas
infrequent [ın'fri:kwənt] *a* nedažnas, retas
infringe [ın'frındʒ] *v* **1** pažeisti, peržengti *(įstatymą, taisyklę);* sulaužyti *(priesaiką ir pan.)* **2** kėsintis *(į kieno teises; on, upon)*
infringement [ın'frındʒmənt] *n* **1** *(įstatymo)* pažeidimas; *(priesaikos, susitarimo ir pan.)* sulaužymas **2** kėsinimasis, pasikėsinimas *(į kieno teises; on)*
infundibular [,ınfʌn'dıbjulə] *a* piltuvėlio formos, piltuviškas
infuriate [ın'fjuərıeıt] *v* (į)siutinti, (į)niršinti
infuriating [ın'fjuərıeıtıŋ] *a* erzinantis, siutinantis
infuse [ın'fju:z] *v* **1** įlieti, įpilti *(into)* **2** įteigti, įkvėpti *(into);* sukelti, sužadinti; (su)teikti *(drąsos) (with)* **3** užpilti *(žoles, kad pritrauktų);* pritraukti, pritraukinti *(apie arbatą)*
infusible [ın'fju:zəbl] *a spec.* netirpus, nelydus
infusion [ın'fju:ʒn] *n* **1** įliejimas, įpylimas; *(med. t. p.)* infuzija **2** įteigimas, įkvėpimas **3** *(vaistažolių)* užpilas **4** priemaiša; mišinys
infusoria [,ınfju'zɔ:rıə] *n pl zool.* infuzorijos
-ing [-ıŋ] *suff* **1** -imas, -ymas, -yba *(žymint veiksmą);* -inys *(žymint veiksmo rezultatą);* **falling** kritimas; **reading** skaitymas; **building** statymas, statyba; statinys; **carving** drožinys, raižinys **2** *gerundijui sudaryti; verčiamas į lietuvių kalbą daiktavardžiu, vksm. bendratimi, dalyviu, pusdalyviu, padalyviu, šalutinio sakinio vksm. asmenuojamąja forma:* **dancing hall** šokių salė; **in passing** praeidamas; praeinant; **on seeing** pamatęs **3** *pirmajam dalyviui sudaryti; atitinka lietuvių kalbos esamojo (rečiau būtojo) laiko dalyvį, pusdalyvį; subūdvardėję dalyviai pateikiami žodyne atskirais straipsniais:* **dancing girl** šokanti mergaitė
ingathering ['ıngæðərıŋ] *n* (su)rinkimas; derliaus nuėmimas/dorojimas
ingeminate [ın'dʒemıneıt] *v knyg. (daug kartų)* kartoti, nuolat sakyti/kalbėti (tą pat)
ingenious [ın'dʒi:nıəs] *a* **1** išmoningas, išradingas, sumanus **2** sąmojingas, originalus
ingenue ['ænʒeınju:] *pr. n (pl* ~s [-z]) *teatr.* inženiu *(naivios merginos vaidmuo)*
ingenuity [,ındʒə'nju:ətı] *n* išmoningumas, išradingumas, sumanumas
ingenuous [ın'dʒenjuəs] *a* nuoširdus, atviras; naivus, paprastas, nesuktas
ingest [ın'dʒest] *v spec.* (pra)ryti, nuryti
ingestion [ın'dʒestʃn] *n fiziol. (maisto)* nurijimas
ingle ['ıŋgl] *n škot.* židinys, ugnis, židinys
inglenook ['ıŋglnuk] *n* vieta prie ugnies/židinio; užkrosnis
inglorious [ın'glɔ:rıəs] *a* **1** *knyg.* negarbingas, gėdingas **2** *ret.* neišgarsėjęs, nežinomas
ingoing ['ıngəuıŋ] *n ret.* **1** įėjimas, įžengimas **2** išankstinis nuomojamos patalpos remonto ir įrengimo apmokėjimas *a* įeinantis, naujai ateinantis/atvykstantis; **the ~ Administration** naujoji vyriausybė
ingot ['ıŋgət] *n metal.* liejinys, *(metalo)* gabalas, luitas; **~ steel** luitinis plienas
ingraft [ın'grɑ:ft] *v =* **engraft**
ingrain [ın'greın] *n* prieš apdirbimą nudažyti verpalai *a* **1** nudažytas prieš apdirbimą *(apie verpalus)* **2** = **ingrained** 1
ingrained [ın'greınd] *a* **1** įsišaknijęs, įsisenėjęs **2** įsiėdęs; **~ dirt** įsiėdęs purvas

ingrate ['ıngreıt] *n* nedėkingas žmogus
ingratiate [ın'greıʃıeıt] *v refl* įgyti palankumą, įsiteikti *(with)*
ingratiatingly [ın'greıʃıeıtıŋlı] *adv* pataikaujamai, pataikaujančiai, meilikaujamai, meilikaujančiai
ingratitude [ın'grætıtju:d] *n* nedėkingumas
ingravescent [,ıngrə'vesənt] *a med.* pamažu sunkėjantis, progresuojantis *(apie ligos eigą)*
ingredient [ın'gri:dıənt] *n* **1** *kul.* sudedamoji dalis, ingredientas **2** veiksnys, faktorius
ingress ['ıngress] *n knyg.* **1** įėjimas, įvažiavimas **2** įėjimo teisė
in-group ['ıngru:p] *n (vienminčių, rinktinių ir pan.)* siauras/savas ratas
ingrowing ['ın,grəuıŋ] *a* įaugantis *(ypač apie nagą)*
inguinal ['ıŋgwınl] *a anat.* kirkšninis
ingurgitate [ın'gə:dʒıteıt] *v knyg.* godžiai ryti; siurbti
inhabit [ın'hæbıt] *v (ppr. pass)* **1** apgyventi *(namą, rajoną ir pan.)* **2** *prk.* gyventi *(kokioje aplinkoje, vaizduotės pasaulyje ir pan.)*
inhabitable [ın'hæbıtəbl] *a* gyvenamas, tinkamas gyventi
inhabitancy [ın'hæbıtənsı] *n* **1** gyvenimas *(ypač, kol įgyjamos tam tikros teisės)* **2** nuolatinė gyvenamoji vieta
inhabitant [ın'hæbıtənt] *n* gyventojas
inhabitation [ın,hæbı'teıʃn] *n* gyvenimas *(kur nors);* gyvenamoji vieta, buveinė
inhalant [ın'heılənt] *n* įkvėpiamieji vaistai
inhalation [,ınhə'leıʃn] *n* **1** *(oro, dūmų)* įkvėpimas **2** *med.* inhaliacija
inhalator ['ınhə,leıtə] *n med.* inhaliatorius
inhale [ın'heıl] *v* įkvėpti; užtraukti; **to ~ deeply** giliai įkvėpti; **to ~ cigarette smoke** užtraukti cigaretės dūmo
inhaler [ın'heılə] *n* **1** inhaliatorius **2** respiratorius; dujokaukė **3** oro filtras **4** didelis rūkalius
inharmonious [,ınhɑ:'məunıəs] *a* neharmoningas, nedarnus
inhere [ın'hıə] *v knyg. (in)* **1** būti būdingam/savybingam **2** priklausyti *(apie teises ir pan.)*
inherence, -cy [ın'hıərəns, -sı] *n knyg.* būdingumas; neatskiriama savybė
inherent [ın'hıərənt] *a* **1** būdingas; neatskiriamas **2** įgimtas; **~ rights** *teis.* prigimtinės teisės
inherently [ın'hıərəntlı] *adv* iš prigimties; natūraliai
inherit [ın'herıt] *v* **1** paveldėti **2** būti įpėdiniu/paveldėtoju **3** *šnek.* gauti, likti *(kas kitiems nebereikalinga)*
inheritable [ın'herıtəbl] *a* **1** paveldimas **2** turintis paveldėjimo teisę
inheritance [ın'herıtəns] *n* **1** paveldėjimas; įpėdinystė; **~ tax** paveldėjimo mokestis **2** palikimas, paveldas; **our literary ~** mūsų literatūrinis palikimas **3** paveldimumas **4** *kalb.* veldinys
inherited [ın'herıtıd] *a* paveldėtas
inheritor [ın'herıtə] *n* paveldėtojas, įpėdinis
inheritress, inheritrix [ın'herıtrıs, -trıks] *n* paveldėtoja, įpėdinė
inhesion [ın'hi:ʒn] *n knyg.* būdingumas
inhibit [ın'hıbıt] *v* **1** (su)kliudyti; (su)varžyti, sulaikyti *(from – nuo)* **2** uždrausti, neleisti *(ką daryti; ypač bažnytinėje teisėje; from)* **3** *fiziol.* slopinti
inhibited [ın'hıbıtıd] *a* suvaržytas, nekalbus, uždaras; nuslopintas *(apie psichiką)*
inhibition [,ınhı'bıʃn] *n* **1** (su)kliudymas; su(si)laikymas, varžymasis **2** slopinimas *(t. p. fiziol.)* **3** (už)draudimas *(ypač bažnytinėje teisėje)* **4** *chem.* inhibicija, stabdymas
inhibitor [ın'hıbıtə] *n spec.* lėtiklis, inhibitorius; slopintuvas; **oxidation ~** antioksidacinis priedas

inhibitory [ɪn'hɪbɪtərɪ] *a* **1** kliudantis; varžantis, sulaikantis **2** lėtinantis, slopinantis *(t. p. fiziol.)* **2** draudžiantis, draudžiamas

inhospitable [ˌɪnhɔ'spɪtəbl] *a* **1** nesvetingas, nevaišingas **2** niaurus, nykus

inhospitality [ˌɪnˌhɔspɪ'tælətɪ] *n* nesvetingumas

in-house *a* ['ɪnhaus] vidinis, vidaus
adv [ɪn'haus] *(organizacijos, kompanijos ir pan.)* viduje

inhuman [ɪn'hju:mən] *a* **1** nežmoniškas, žiaurus; ~ *tyrant* žiaurus tironas **2** *ret.* nežmogiškas, nebūdingas žmogui

inhumane [ˌɪnhju:'meɪn] *a* nehumaniškas, nežmoniškas; ~ *treatment of political prisoners* nehumaniškas elgesys su politiniais kaliniais

inhumanity [ˌɪnhju:'mænətɪ] *n* nehumaniškumas, nežmoniškumas

inhumation [ˌɪnhju:'meɪʃn] *n knyg.* (pa)laidojimas

inhume [ɪn'hju:m] *v knyg.* palaidoti

inimical [ɪ'nɪmɪkl] *a (to)* **1** priešiškas, nedraugiškas **2** nepalankus; ~ *to one's health* žalingas sveikatai

inimitable [ɪ'nɪmɪtəbl] *a* nepamėgdžiojamas, nepakartojamas; neprilygstamas

inion ['ɪnɪən] *n anat.* inionas, išorinio pakaušio gumburo viršūnė

iniquitous [ɪ'nɪkwɪtəs] *a knyg.* neteisingas; siaubingas, pasibaisėtinas

iniquity [ɪ'nɪkwətɪ] *n knyg.* neteisingumas, neteisybė; blogis

initial [ɪ'nɪʃl] <*a, n, v*> *a attr* pirminis, pradinis, pirmasis; ~ *velocity fiz.* pradinis greitis; ~ *contribution fin.* pirmasis įnašas
n **1** pradinė/pirmoji raidė **2** *pl* inicialai
v (-ll-) **1** (pa)žymėti/parašyti inicialus **2** *dipl.* parafuoti

initially [ɪ'nɪʃəlɪ] *adv* pradžioje, iš pradžių; nuo pat pradžios

initiate <*n, a, v*> *n* [ɪ'nɪʃɪət] **1** naujai priimtasis *(į draugiją ir pan.)* **2** žmogus, kuriam patikėta paslaptis
a [ɪ'nɪʃɪət] **1** priimtas *(į draugiją ir pan.)* **2** žinantis *(paslaptį ir pan.)*
v [ɪ'nɪʃɪeɪt] **1** pradėti, imtis *(ko)*; (pa)rodyti iniciatyvą; *to* ~ *the growth* skatinti augimą **2** supažindinti; atskleisti *(paslaptį)* **3** priimti *(į slaptą draugiją ir pan.)* **4** *spec.* inicijuoti

initiation [ɪˌnɪʃɪ'eɪʃn] *n* **1** pradėjimas, pradžia **2** iniciacija, priėmimas *(į draugiją)* **3** *(paslapties)* atskleidimas; supažindinimas *(su planu, sumanymu)* **4** *attr* (į)stojamasis; priėmimo; ~ *fee amer.* stojamasis mokestis

initiative [ɪ'nɪʃɪətɪv] *n* **1** iniciatyva; *on one's own* ~ savo iniciatyva; *to take the* ~ imtis iniciatyvos; *use your (own)* ~ rodyk(ite) iniciatyvą **2** *teis.* įstatymų leidimo iniciatyva
a **1** pradinis, pradedamasis **2** iniciatyvinis

initiator [ɪ'nɪʃɪeɪtə] *n* iniciatorius, pradininkas

initiatory [ɪ'nɪʃɪətərɪ] *a* **1** įžanginis, pradinis **2** priėmimo

inject [ɪn'dʒekt] *v* **1** (į)švirkšti, (į)leisti *(vaistus)* **2** (su)teikti *(gyvumo ir pan.)* **3** įdėti *(lėšų)* **4** įterpti *(žodį, pastabą)* **5** *tech.* įpurkšti; įpūsti

injection [ɪn'dʒekʃn] *n* **1** *(vaistų)* išvirkštimas, įleidimas; injekcija **2** išvirkščiamasis skystis **3** įdėjimas *(lėšų)* **4** *tech.* įpurškimas; ~ *advance [delay]* įpurškimo paskuba [vėlinimas]

injector [ɪn'dʒektə] *n tech.* inžektorius; čiurkšlinis siurblys, purkštuvas

in-joke ['ɪndʒəuk] *n* sąmojis, suprantamas mažai žmonių grupei

injudicious [ˌɪndʒu'dɪʃəs] *a* neprotingas, neapgalvotas

Injun ['ɪndʒən] *n amer. šnek.* indėnas ◊ *honest* ~! garbės žodis!; *honest* ~? tikrai?

injunct [ɪn'dʒʌŋkt] *v šnek.* uždrausti *(streiką ir pan.; apie vyriausybę)*

injunction [ɪn'dʒʌŋkʃn] *n* **1** *ofic.* įsakymas **2** *teis.* (už)draudimas *(against)*

injurant ['ɪndʒərənt] *n* organizmui kenksminga medžiaga

injure ['ɪndʒə] *v* **1** sužeisti, sužaloti; *to ~ one's hand* susižeisti ranką **2** įžeisti; *to ~ smb's self-esteem* įžeisti kieno savigarbą **3** (pa)kenkti, daryti žalą, (su)gadinti

injured ['ɪndʒəd] *a* **1** sužeistas; *seriously [fatally]* ~ sunkiai [mirtinai] sužeistas **2** įžeistas, užgautas **3** nukentėjęs; ~ *state* nukentėjusioji valstybė
n (the ~) kuop. sužeistieji; nukentėjusieji *(nuo avarijos)*

injurious [ɪn'dʒuərɪəs] *a* **1** žalingas, kenksmingas, kenkiantis *(to)* **2** įžeidžiantis, užgaulus; šmeižikiškas

injury ['ɪndʒərɪ] *n* **1** sužalojimas, sužeidimas; trauma ~ *time sport.* papildomas laikas *(paskirtas dėl žaidėjų traumų)* **2** žala, pakenkimas *(reputacijai ir pan.)*; nuostolis **3** *psn.* įžeidimas, skriauda; šmeižtas

injustice [ɪn'dʒʌstɪs] *n* neteisingumas; neteisybė, skriauda; *to do smb an* ~ būti neteisingam *ar* pasielgti neteisingai kieno atžvilgiu

ink [ɪŋk] *n* **1** rašalas; tušas *(t. p. Indian* ~*)*; *sympathetic/ invisible* ~ simpatinis rašalas **2** spaustuviniai dažai *(t. p. printer's* ~*)* **3** *zool.* aštuonkojų/kalmarų išleidžiamas juodas skystis ◊ *as black as* ~ ≅ juodas kaip degutas
v **1** žymėti/(su)tepti rašalu, rašaluoti **2** *amer.* pasirašyti **3** patepti spaustuviniais dažais ☐ ~ *in* užbaigti/apvesti tušu/rašalu *(tai, kas parašyta/nupiešta pieštuku)*

ink-cap ['ɪŋkkæp] *n bot.* (rašalinis) mėšlagrybis

inkeraser ['ɪŋkɪˌreɪzə] *n* rašalo trintukas

inkling ['ɪŋklɪŋ] *n* numanymas, nuvokimas, nuovoka; neaiški užuomina; įtarimas

inkpad ['ɪŋkpæd] *n* paspaudė su dažais *(antspaudams vilgyti)*

inkpencil ['ɪŋkˌpensl] *n* cheminis pieštukas

inkpot ['ɪŋkpɔt] *n* rašalinė

inkstand ['ɪŋkstænd] *n* rašiklinė

inkwell ['ɪŋkwel] *n* rašalinė *(įtaisyta stale, suole)*

inky ['ɪŋkɪ] *a* **1** rašalinis **2** rašaluotas **3** *poet.* labai juodas; ~ *blackness/darkness* visiška tamsa

inlaid [ˌɪn'leɪd] *past ir pII žr.* **inlay** *v*
a inkrustuotas; mozaikinis

inland <*n, a, adv*> *n* ['ɪnlənd] teritorija, esanti toli nuo sienos/jūros; krašto giluma
a ['ɪnlənd] *attr* **1** esantis toli nuo jūros/sienos **2** vidaus, vidinis; ~ *waters* vidaus vandenys; ~ *trade* vidaus prekyba; ~ *revenue* a) vidaus įplaukos į valstybės iždą; b) valstybinių mokesčių departamentas
adv [ɪn'lænd] į krašto gilumą; krašto gilumoje

in-laws ['ɪnlɔ:z] *n pl* žmonos/vyro pusės giminės

inlay *n* ['ɪnleɪ] **1** inkrustacija; mozaika **2** *med.* plomba
v [ɪn'leɪ] (inlaid) **1** (į)dėti, įstatyti; *to ~ a floor* dėti parketą **2** inkrustuoti; daryti mozaiką

inlet ['ɪnlet] *n* **1** siaura įlankėlė, fiordas **2** *tech.* įleidimas, įėjimas; *air* ~ oro ėmiklis **3** *el.* įvadas **4** *attr* įleidžiamasis; ~ *pipe [valve]* įleidimo vamzdis [vožtuvas]

in-line ['ɪnlaɪn] *a spec.* dirbantis/veikiantis viena eile/linija; ~ *engine* vienaeilis variklis

in loco [ɪn'ləukəu] *lot.* vietoj(e); ~ *parentis (džn. teis.)* vietoj tėvų

inly ['ɪnlɪ] *adv poet.* **1** vidujai: mintyse, širdyje **2** nuoširdžiai, širdingai

inlying ['ɪnlaɪŋ] *a* vidinis, giliai esantis

inmate ['ɪnmeɪt] *n* **1** kalinys *(kalėjime)*, ligonis *(ligoninėje ir pan.* **2** *(namo ir pan.)* gyventojas, įnamys
in memoriam [ɪnmə'mɔ:rɪəm] *lot. (kieno)* atminimui, amžinam atminimui *(paminklų užrašuose ir pan.)*
inmost ['ɪnməust] *a* = **innermost**
inn [ɪn] *n* užeigos namai, smuklė ◊ **the Inns of Court** juridinės korporacijos, rengiančios advokatus *(Londone)*
innards ['ɪnədz] *n pl* viduriai *(t. p. mašinos);* vidaus organai
innate [ɪ'neɪt] *a* įgimtas
innately [ɪ'neɪtlɪ] *adv* iš prigimties
innavigable [ɪ'nævɪgəbl] *a* netinkamas laivybai, nelaivuojamas
inner ['ɪnə] *n (taikinio)* vidinis ratas
a attr vidaus, vidinis; **~ door** vidinės durys; **~ life** vidaus/vidinis/dvasinis gyvenimas ◊ **the ~ circles** įtakinga grupuotė; *(prezidento ir pan.)* artimiausia aplinka; **the ~ man/woman** a) siela, vidinis „aš"; b) *juok.* pilvas; **to refresh one's ~ man** alkį numarinti, užvalgyti
inner-city ['ɪnəˌsɪtɪ] *n* apleista senoji miesto dalis
innermost ['ɪnəməust] *a attr* **1** toliausias; esantis/slypintis gilumoje **2** giliausias, slapčiausias *(apie mintis, jausmus)* **3** įtakingiausias ir slapčiausias *(apie grupę organizacijoje)*
innerspring ['ɪnəsprɪŋ] *a amer.* spyruoklinis *(apie matracą)*
innervate ['ɪnə'veɪt] *v fiziol.* dirginti nervus; išsiraizgyti nervams; pasiskirstyti *(apie nervus organe)*
inning ['ɪnɪŋ] *n amer.* = **innings 1**
innings ['ɪnɪŋz] *n (pl ~)* **1** *sport.* padavimas, eilė paduoti kamuolį *(krikete, beisbole)* **2** partijos/asmens buvimo valdžioje laikotarpis **3** sąnašinė žemė; iš jūros atkovota žemė; nusausinta pelkė ◊ **to have a good ~** *šnek.* nugyventi ilgą amžių
innkeeper ['ɪnˌki:pə] *n* užeigos namų šeimininkas, smuklininkas
innocence ['ɪnəsns] *n* **1** nekaltumas; nekaltybė; **to prove one's ~** *teis.* įrodyti savo nekaltumą **2** naivumas, tyrumas, negudrumas; **in my ~ I thought that...** būdamas naivus, aš maniau, kad... **3** nekenksmingumas ◊ **in all ~** iš pačių geriausių paskatų
innocent ['ɪnəsnt] *n* **1** nekaltas žmogus/kūdikis **2** paprastas, naivus žmogelis, prastuolis; neišmanėlis
a **1** nekaltas; **to be ~ of the crime** būti nekaltam dėl nusikaltimo **2** naivus, tyras **3** nekenksmingas, nepiktavališkas *(apie klausimą ir pan.)* **4** *šnek.* neturintis *(of – ko);* **windows ~ of glass** langai be stiklų
innocuous [ɪ'nɔkjuəs] *a* nekenksmingas, nežalingas, nepavojingas; **~ snake** nenuodinga gyvatė; **to render ~** a) (pa)daryti nekenksmingą; b) *prk.* nuskurdinti, sumenkinti *(turinį)*
innominate [ɪ'nɔmɪnət] *a knyg.* bevardis
innovate ['ɪnəveɪt] *v* įvesti nauja, (pa)keisti *(in, on);* atnaujinti
innovation [ˌɪnə'veɪʃn] *n* **1** naujovė, inovacija; naujoviškumas, novatoriškumas; **~s in medicine** medicinos naujovės **2** naujovių (į)diegimas
innovative ['ɪnəvətɪv] *a* naujoviškas, novatoriškas; pažangus
innovator ['ɪnəveɪtə] *n* novatorius; racionalizatorius
innovatory ['ɪnəveɪtərɪ] *a* novatoriškas, novatorių; racionalizatoriškas
innoxious [ɪ'nɔkʃəs] *a* = **innocuous**
innuendo [ˌɪnju'endəu] *n (pl ~*(e)s [-z]) **1** užsiminimas, užuomina; insinuacija **2** perifrazė *(dokumento tekste)*
v daryti užuominas; insinuoti
innumerable [ɪ'nju:mərəbl] *a* nesuskaitomas, nesuskaičiuojamas

innumeracy [ɪ'nju:mərəsɪ] *n* nemokėjimas skaičiuoti; aritmetikos neišmanymas
innumerate [ɪ'nju:mərət] *a* neišmanantis aritmetikos
innutrition [ˌɪnju'trɪʃn] *n spec.* nepakankama mityba
inobservance [ˌɪnəb'zə:vəns] *n knyg.* **1** neatidumas, nedėmesingumas **2** nesilaikymas, nepaisymas *(taisyklių, papročių; of)*
inobtrusive [ˌɪnəb'tru:sɪv] *a* neįkyrus; santūrus
inoculate [ɪ'nɔkjuleɪt] *v* **1** *med.* inokuliuoti, skiepyti *(against, with)* **2** *prk.* skiepyti, diegti
inoculation [ɪˌnɔkju'leɪʃn] *n med.* inokuliavimas, skiepijimas *(t. p. prk.)*
inodorous [ɪn'əudərəs] *a knyg.* bekvapis, nekvepiantis
inoffensive [ˌɪnə'fensɪv] *a* nekenksmingas; nepavojingas; neužgaulus
inofficial [ˌɪnə'fɪʃl] *a ret.* neoficialus
inofficious [ˌɪnə'fɪʃəs] *a* **1** negaliojantis, neteisingas *(apie testamentą)* **2** *teis.* nesiderinantis su moraline pareiga
inoperable [ɪn'ɔpərəbl] *a* **1** *med.* neoperuojamas, neoperuotinas **2** neįgyvendinamas, nepritaikomas
inoperative [ɪn'ɔpərətɪv] *a* **1** neveikiantis; be pasekmių **2** negaliojantis *(apie įstatymą ir pan.)*
inopportune [ɪn'ɔpətju:n] *a* nesavalaikis; netinkamas; **~ visit** nesavalaikis vizitas
inopportunely [ɪn'ɔpətju:nlɪ] *adv* ne laiku
inordinate [ɪ'nɔ:dɪnət] *a* **1** besaikis, pernelyg didelis, didžiulis **2** netvarkingas; nesutvarkytas
inordinately [ɪ'nɔ:dɪnətlɪ] *adv* be saiko, pernelyg; neparastai
inorganic [ˌɪnɔ:'gænɪk] *a* **1** neorganinis; **~ chemistry** neorganinė chemija **2** neorganiškas, svetimas, organiškai nesusijęs
inosculate [ɪ'nɔskjuleɪt] *v knyg.* jungti(s); suaugti *(apie kraujagysles)*
in-patient ['ɪnpeɪʃnt] *n* stacionarinis ligonis *(ligoninėje)*
input ['ɪnput] *n* **1** įdėtos pastangos, indėlis; *(energijos, medžiagų ir pan.)* sąnaudos **2** *tech.* tiekiamas galingumas; tiekimo mašinos galingumo panaudojimas **3** *komp. (informacijos, duomenų)* įvestis; įvesties duomenys *(t. p. ~ data)*
v įvesti informaciją *(į kompiuterį)*
input-output [ˌɪnput'autput] *a attr komp.* įvesties ir išvesties
inquest ['ɪŋkwest] *n teis.* tyrimas *(ppr. mirties priežasties);* tardymas, apklausa
inquietude [ɪn'kwaɪətju:d] *n knyg.* neramumas, nerimas
inquire [ɪn'kwaɪə] *v* **1** teirautis, (pa)klausti, (ap)klausinėti *(after, about – apie; for – ko);* užklausti *(of – ko);* **to ~ the way** paklausti kelio; **I'll go and ~** eisiu pasiteirauti **2** išaiškinti, (iš)tirti, tyrinėti, *(into)*
inquiring [ɪn'kwaɪərɪŋ] *a* **1** klausiamas, tiriamas *(apie žvilgsnį)* **2** smalsus; **~ mind** smalsus protas
inquiry [ɪn'kwaɪərɪ] *n* **1** teiravimasis, pasiteiravimas, (pa)klausimas; apklausa, apklausinėjimas; **to make inquiries** *(about)* teirautis *(apie)* **2** *pl* informacijos tarnyba; **~ office** informacijos biuras; **directory inquiries** telefonų informacijos biuras **3** tyrimas *(t. p. teis.),* tyrinėjimas *(into);* **court of ~** *teis.* tyrimo komisija; **scientific ~** mokslinis tyrimas **4** *teis.* tardymas, kvota; **~ agent** privatus seklys
inquisition [ˌɪŋkwɪ'zɪʃn] *n* **1** tardymas *(t. p. teis.)* **2** *(the I.) ist.* inkvizicija
inquisitional [ˌɪŋkwɪ'zɪʃnəl] *a* **1** *teis.* tardymo **2** *ist.* inkvizicijos, inkvizicinis

inquisitive [ɪn'kwɪzɪtɪv] *a* smalsus; *~ glances* smalsūs žvilgsniai; *~ little boy* smalsus berniukas
n smalsuolis
inquisitor [ɪn'kwɪzɪtə] *n* 1 klausinėtojas; teismo tardytojas 2 *ist.* inkvizitorius
inquisitorial [ɪnˌkwɪzɪ'tɔːrɪəl] *a* 1 *teis.* tiriamasis; tardymo 2 *ist.* inkvizitoriškas, inkvizitoriaus 3 = **inquisitive** *a*
inquorate [ɪn'kwɔːrət, ɪn'kwɔːreɪt] *a* neturintis kvorumo *(apie susirinkimą)*
in re [ɪn 'riː] *lot. žr.* **re²**
inroad ['ɪnrəʊd] *n* įpuolis, įsiveržimas, užpuolimas; *to make ~s (into, on)* kėsintis (į); *to make ~s on/upon smb's savings* sumažinti/aptuštinti kieno santaupas
inrun ['ɪnrʌn] *n* įsibėgėjimas *(slidinėjime)*
inrush ['ɪnrʌʃ] *n* 1 *(vandens, oro)* veržimasis, įsiveržimas 2 užplūdimas, antplūdis 3 griūtis
insalivate [ɪn'sælɪveɪt] *v fiziol.* (su)seilėti, maišyti *(maistą)* su seilėmis
insalubrious [ˌɪnsə'luːbrɪəs] *a knyg.* nesveikas, žalingas sveikatai *(apie klimatą, vietą)*
insane [ɪn'seɪn] *a* 1 *(ypač teis.)* psichiškai nesveikas; *criminally ~* nepakaltinamas 2 *šnek.* nenormalus, pamišęs; *to drive smb ~* (iš)varyti ką iš proto
insanitary [ɪn'sænɪtərɪ] *a* antisanitarinis
insanity [ɪn'sænətɪ] *n* 1 *(ypač teis.)* psichinė liga; nepakaltinamumas 2 nenormalumas, pamišimas; beprotybė
insatiability [ɪnˌseɪʃə'bɪlətɪ] *n* nepasotinamumas
insatiable [ɪn'seɪʃəbl] *a* nepasotinamas *(t. p. prk.);* godus; *~ appetite [desire]* nepasotinamas apetitas [troškimas]
insatiate [ɪn'seɪʃɪət] *a* = **insatiable**
inscribe [ɪn'skraɪb] *v* 1 užrašyti *(on);* įrašyti *(in)* 2 išpjaustyti, išraižyti *(vardą, raides)* 2 (pa)skirti *(knygą, eilėraštį ir pan.; to – kam)* 3 *geom.* įbrėžti *(figūrą)*
inscription [ɪn'skrɪpʃn] *n* 1 užrašas; įrašas 2 *(knygos ir pan.)* dedikacija, (pa)skyrimas
inscrutability [ɪnˌskruːtə'bɪlətɪ] *n* nesuprantamumas; paslaptingumas
inscrutable [ɪn'skruːtəbl] *a* neperprantamas, nesuvokiamas; paslaptingas, mįslingas; *~ face* neperprantama, slepianti jausmus veido išraiška
insect ['ɪnsekt] *n* 1 vabzdys; *~ bite* vabzdžio įkandimas 2 *prk.* menkystė
insecticide [ɪn'sektɪsaɪd] *n* priemonė vabzdžiams naikinti, insekticidas
insectivore [ɪn'sektɪvɔː] *n* vabzdžiaėdis gyvūnas/augalas
insectivorous [ˌɪnsek'tɪvərəs] *a biol.* vabzdžiaėdis
insectology [ˌɪnsek'tɔlədʒɪ] *zool.* entomologija
insect-pest ['ɪnsektpest] *n* vabzdys kenkėjas
insect-powder ['ɪnsektˌpaʊdə] *n* milteliai vabzdžiams naikinti, dustas
insecure [ˌɪnsɪ'kjʊə] *a* 1 nesaugus; pavojingas 2 nepatikimas; nepasitikintis, netikras *(of – kuo)*
insecurity [ˌɪnsɪ'kjʊərətɪ] *n* 1 nesaugumas, saugumo stoka; pavojingumas 2 nepatikimumas; netikrumas
inseminate [ɪn'semɪneɪt] *v spec.* (ap)sėklinti, apvaisinti
insemination [ɪnˌsemɪ'neɪʃn] *n spec.* (ap)sėklinimas, apvaisinimas; *artificial ~ of cows* dirbtinis karvių sėklinimas
insensate [ɪn'senseɪt] *a* 1 bejausmis, nejaučiantis 2 negyvas 3 beprotiškas, neprotingas
insensibility [ɪnˌsensə'bɪlətɪ] *n knyg.* 1 buvimas be sąmonės 2 nejautrumas; bejausmiškumas 2 nejauta, abejingumas *(to)*

insensible [ɪn'sensəbl] *a knyg.* 1 nejautrus 2 netekęs sąmonės 3 nesuvokiantis, nežinantis, nenujaučiantis *(of, to)* 4 nežymus, nepastebimas
insensibly [ɪn'sensəblɪ] *adv* nepastebimai, nejučiomis
insensitive [ɪn'sensətɪv] *a* 1 nejautrus; abejingas *(to)* 2 netaktiškas
insentient [ɪn'senʃnt] *a knyg.* negyvas, nejaučiantis
inseparable [ɪn'sepərəbl] *a* neperskiriamas; neatskiriamas *(from – nuo)*
n pl neperskiriami draugai
insert *n* ['ɪnsəːt] 1 intarpas; įklija 2 *tech.* įdėklas, įdėtinė detalė; įvorė 3 *komp.* įterpimo režimas
v [ɪn'səːt] 1 įdėti, įterpti, įstatyti; *to ~ a word* įterpti žodį; *to ~ an ad in a newspaper* įdėti skelbimą į laikraštį 2 padaryti pakeitimų/papildymų, prirašyti *(rankraštyje, dokumente);* pažymėti *(žemėlapyje)* 3 *el.* įjungti *(į grandinę)*
insertion [ɪn'səːʃn] *n* 1 įdėjimas, įterpimas, įstatymas 2 intarpas, prierašas *(tekste)* 3 skelbimas *(laikraštyje)* 4 įsiuvas 5 *tech.* intarpas, tarpiklis 6 *komp.* įterptis; *~ point* įterpties žymeklis
in-service ['ɪnˌsəːvɪs] *a* atliekamas/daromas dirbant pagrindinį darbą; *~ training* kvalifikacijos kėlimas kursuose neatsitraukiant nuo darbo
inset *n* ['ɪnset] 1 įdėtinis lapas; įklija 2 *(suknelės ir pan.)* įsiuvas
v [ɪn'set] (inset, insetted) įdėti; įklijuoti
inshore *a* ['ɪnʃɔː] pakrantinis, pakrantės; *~ lifeboat* pakrantės gelbėjimo valtis
adv [ˌɪn'ʃɔː] netoli kranto, pakrantėje; kranto link *(iš jūros pusės); ~ of the bank* tarp kranto ir seklumos
inside <*n, a, adv, prep*> *n* [ɪn'saɪd] 1 vidaus/vidinė pusė; vidus; išvirkščioji pusė; *to be locked from the ~* būti užrakintam iš vidaus 2 vidurys; *the ~ of a week* savaitės vidurys 3 *(džn. pl) šnek.* viduriai; *my ~s hurt* man skauda pilvą 4 turinys; *prk.* protas, siela, mintis; *the ~ of a book* knygos turinys 5 keleivis autobuso *ir pan.* viduje 6 *amer. šnek.* slaptos žinios 7 *sport.: ~ left [right]* pusiau kairysis [dešinysis] *(futbole)* ◊ *to get on the ~ amer.* smulkiai susipažinti su padėtimi
a ['ɪnsaɪd] 1 vidinis, vidaus; *the ~ pages of a paper* vidiniai laikraščio puslapiai; *~ track* a) *sport.* vidinis bėgimo takelis; b) *amer.* patogi padėtis; pranašumas 2 slaptas 3 atliktas/padarytas savųjų/namie/vietoje; iš pirmų lūpų/rankų, skirtas saviesiems *(apie informaciją ir pan.)*
adv [ɪn'saɪd] 1 viduje; į vidų; *~ out* išvirkščiai; *she is ~* ji viduje; *to hurry ~* skubėti į vidų 2 *šnek.* kalėjime
prep [ɪn'saɪd] 1 viduje, į; *~ the room* kambaryje; *put it ~ the envelope* įdėk į voką; *you'll feel better with some food ~ you* užvalgęs pasijusi geriau 2 (mažiau negu) per *(t. p. ~ of amer.); ~ (of) two hours* mažiau negu per dvi valandas; *to finish ~ the permitted time* baigti nustatytu laiku
insider [ɪn'saɪdə] *n* 1 žmogus, priklausantis draugijai/organizacijai *ir pan.;* ne pašalinis, savas žmogus *(kuriam patikimos paslaptys)* 2 *attr: ~ credit/loan fin.* paskola savo klientams/darbuotojams
insidious [ɪn'sɪdɪəs] *a* klastingas, vylingas; užmaskuotas
insight ['ɪnsaɪt] *n* 1 įžvalgumas; *a woman of great ~* labai įžvalgi moteris 2 nuvokimas, supratimas; intuicija 3 *psich.* įžvalga, insaitas
insightful [ɪn'saɪtfəl] *a* įžvalgus; nuovokus
insignia [ɪn'sɪɡnɪə] *lot. n (pl ~)* 1 pasižymėjimo ženklai; ordinai 2 valdžios ženklai; emblema; *~ of rank* skiriamieji ženklai

insignificance, -cy [ˌɪnsɪg'nɪfɪkəns, -sɪ] *n* nereikšmingumas

insignificant [ˌɪnsɪg'nɪfɪkənt] *a* **1** nereikšmingas, menkas; nežymus **2** bereikšmis, tuščias

insincere [ˌɪnsɪn'sɪə] *a* nenuoširdus, veidmainiškas

insincerity [ˌɪnsɪn'serətɪ] *n* nenuoširdumas

insinuate [ɪn'sɪnjueɪt] *v* **1** (į)teigti užuominomis; netiesiogiai duoti suprasti; insinuoti **2** nepastebimai/pamažu prakišti/įleisti **3** *refl (into)* įsiskverbti, įsigauti; *prk.* įsiteikti, įsigerinti, įsimeilinti; *to ~ oneself into smb's confidence* įgyti kieno pasitikėjimą

insinuatingly [ɪn'sɪnjueɪtɪŋlɪ] *adv* **1** meilikaujamai, įsiteikiamai **2** užuominomis, aliuzijomis

insinuation [ɪnˌsɪnju'eɪʃn] *n* **1** insinuacija; šmeižiamas prasimanymas; (juodinančios) užuominos; *he made all sorts of ~ about me* jis prasiminė visokių dalykų apie mane **2** įsimeilinimas, įsiteikimas

insipid [ɪn'sɪpɪd] *a* **1** beskonis, neskanus **2** *prk.* lėkštas, neįdomus; negyvas, neraiškus

insipidity [ˌɪnsɪ'pɪdətɪ] *n* **1** neskoningumas **2** *prk.* lėkštumas, banalumas, neįdomumas, negyvumas

insist [ɪn'sɪst] *v (on, upon)* **1** primygtinai reikalauti, atkakliai laikytis; *I ~ you tell me!* reikalauju, kad tu pasakytum! **2** atkakliai tvirtinti; *Tom ~ed that he was right* Tomas tvirtino, kad jis teisus

insistence, -cy [ɪn'sɪstəns, -sɪ] *n* **1** primygtinumas; atkaklumas **2** primygtinas reikalavimas *(on); at smb's ~* kam (primygtinai) reikalaujant; *an ~ on punctuality* reikalavimas punktualumo

insistent [ɪn'sɪstənt] *a* **1** primygtinis, primygtinai/atkakliai reikalaujantis **2** nuolatinis, įkyrus *(ypač apie garsus)*

insistently [ɪn'sɪstəntlɪ] *adv* primygtinai; atkakliai

in situ [ɪn'sɪtjuː] *lot.* buvimo vietoje; (savo) vietoje

insobriety [ˌɪnsəʊ'braɪətɪ] *n knyg.* nesaikingumas *(ypač geriant);* girtavimas; neblaivumas

insofar [ˌɪnsəʊ'fɑː] *adv: ~ as* tiek, kiek; *~ as (it is) possible* tiek, kiek galima

insolation [ˌɪnsə'leɪʃn] *n* **1** *spec.* insoliacija, švitinimas saulės ar dirbtinio šviesos šaltinio spinduliais **2** saulės smūgis

insole ['ɪnsəʊl] *n* vidpadis, įklotas

insolence ['ɪnsələns] *n* įžūlumas, akiplėšiškumas

insolent ['ɪnsələnt] *a* įžūlus, akiplėšiškas; užgaulus

insolubility [ɪnˌsɒlju'bɪlətɪ] *n* **1** netirpumas *(t. p. chem.)* **2** neišsprendžiamumas

insoluble [ɪn'sɒljubl] *a* **1** netirpus **2** neišsprendžiamas

insolvable [ɪn'sɒlvəbl] *a amer.* = **insoluble** 2

insolvency [ɪn'sɒlvənsɪ] *n (skolininko)* nemokumas; negalėjimas išsimokėti; bankrotas

insolvent [ɪn'sɒlvənt] *n* nemokus skolininkas, bankrotas *a* nemokus, subankrutavęs

insomnia [ɪn'sɒmnɪə] *n med.* nemiga

insomniac [ɪn'sɒmnɪæk] *n* žmogus, kankinamas nemigos *a* kankinamas nemigos

insomuch [ˌɪnsəʊ'mʌtʃ] *adv: ~ as/that* taip/tiek, kad

insouciance [ɪn'suːsɪəns] *pr. n knyg.* nerūpestingumas; lengvabūdiškumas

insouciant [ɪn'suːsɪənt] *pr. a knyg.* nerūpestingas; lengvabūdiškas

inspect [ɪn'spekt] *v* **1** *(atidžiai)* apžiūrėti, išnagrinėti; *to ~ smth for defects* apžiūrėti ką, ar nėra trūkumų **2** inspektuoti, tikrinti

inspection [ɪn'spekʃn] *n* **1** apžiūrėjimas, apžiūra; (pa)tikrinimas; *maintenance ~* techninė apžiūra; *on closer ~* atidžiau apžiūrėjus **2** inspektavimas, inspekcija; *customs ~* muitinės inspekcija; *sanitary ~* sanitarinė priežiūra **3** *teis.* oficialus tyrimas; ekspertizė **4** *attr* inspekcinis; *~ tour* inspekcinė kelionė; *~ certificate* techninės apžiūros aktas; *~ board* priėmimo komisija *(priimant įrenginius, prekes)*

inspector [ɪn'spektə] *n* **1** inspektorius; tikrintojas, kontrolierius; revizorius; *~ of taxes [of schools]* mokesčių [mokyklų] inspektorius **2** policijos inspektorius *(aukštesnio laipsnio už seržantą)*

inspectorate [ɪn'spektərət] *n* **1** inspekcija; inspektūra **2** inspektoriaus pareigos/vieta **3** inspektoriaus rajonas

inspectorial [ˌɪnspek'tɔːrɪəl] *a* inspektoriaus, inspektorių

inspectorship [ɪn'spektəʃɪp] *n* inspektorystė, inspektoriaus pareigos; inspektoriavimas, inspektoriaus pareigų ėjimo laikas

inspiration [ˌɪnspə'reɪʃn] *n* **1** įkvėpimas; užsidegimas; *to draw/get one's ~* semtis įkvėpimo **2** įkvepianti idėja; įkvėpėjas **3** inspiracija, inspiravimas **4** įkvėp(av)imas

inspirational [ˌɪnspə'reɪʃnəl] *a* įkvėpiantis, uždegantis

inspirator ['ɪnspɪreɪtə] *n tech.* **1** čiurkšlinis siurblys, inžektorius **2** respiratorius

inspire [ɪn'spaɪə] *v* **1** įkvėpti, uždegti; *to ~ the audience* įkvėpti/uždegti auditoriją **2** (su)kelti *(jausmą ir pan.; with); to ~ smb with courage* įkvėpti/suteikti kam drąsos; *not to ~ confidence* nekelti pasitikėjimo **3** inspiruoti, įteigti; *what ~d you to suggest that?* kas paskatino jus tai pasiūlyti? **4** įkvėpti, įtraukti *(oro)*

inspired [ɪn'spaɪəd] *a* **1** įkvėptas **2** inspiruotas; *politically ~* politiškai inspiruotas

inspirit [ɪn'spɪrɪt] *n knyg.* (pa)drąsinti; įkvėpti *(gyvybę, dvasią ir pan.)*

inspissate [ɪn'spɪseɪt] *v spec.* kondensuoti(s); tirštinti; tirštėti

instability [ˌɪnstə'bɪlətɪ] *n* **1** nestabilumas, nepastovumas **2** netvirtumas, netikrumas, dvasinės pusiausvyros neturėjimas

instal [ɪn'stɔːl] *v* = **install**

install [ɪn'stɔːl] *v* **1** į(si)taisyti *(kur)* **2** įvesdinti į tarnybą *(in)* **3** *tech.* įvesti, įrengti, instaliuoti, (su)montuoti *(aparatūrą)*

installation [ˌɪnstə'leɪʃn] *n* **1** instaliavimas, įrengimas, montavimas **2** instaliacija; įranga; įrenginys **3** įvesdinimas į tarnybą **4** *komp.* diegimas, įstatymas *(veiksmas);* kompiuterinė sistema

installment [ɪn'stɔːlmənt] *n amer.* = **instalment**

instalment [ɪn'stɔːlmənt] *n* **1** rata, (eilinė) įmoka *(mokant dalimis); annual [monthly] ~* metinė [mėnesinė] įmoka; *by ~s* išsimokėtinai dalimis **2** *(knygos)* dalis *(spausdinama periodiniame leidinyje); (televizijos filmo)* serija, dalis **3** *(prekių)* partija **4** *attr: ~ credit (dalimis)* išsimokėtinas kreditas; *~ selling amer.* pardavimas išsimokėtinai; *to buy [to sell] on the ~ plan amer.* pirkti [parduoti] išsimokėtinai

instance ['ɪnstəns] *n* **1** pavyzdys; atskiras atvejis; *as an ~ (of)* kaip *(ko)* pavyzdys; *in this ~* šiuo atveju **2** reikalavimas; prašymas; *at the ~ (of) (kieno)* prašymu, reikalavimu **3** *teis.* instancija ◊ *for ~* pavyzdžiui; *in the first ~* visų pirma, pirmiausia
v pateikti kaip pavyzdį; (pa)iliustruoti *(pavyzdžiais, faktais)*

instancy ['ɪnstənsɪ] *n* neatidėliojamumas; primygtinumas

instant ['ɪnstənt] *n* **1** akimirksnis; *at the very ~* tą pačią akimirką; *the ~ we saw him* kai tik pamatėme jį; *in the ~* akimirksniu; tuoj, neatidėliojant; *this ~ šnek.* tuojau (pat) **2** *šnek.* tirpioji kava
a **1** neatidėliojamas, greitas, skubus **2** greitai paruošiamas *(apie maistą);* tirpus *(apie kavą, arbatą ir pan.)*

instantaneous 471 **insulin**

3 primygtinis 4 *(ypač kom.)* šis, dabartinis *(apie mėnesį); the 9th ~* šio mėnesio devintą dieną
instantaneous [ˌɪnstən'teɪnɪəs] *a* akimirksnio, momentalus; momentinis; *~ death* staigi mirtis
instantly ['ɪnstəntlɪ] *adv* tučtuojau, akimirksniu
instead [ɪn'sted] *adv* vietoj to; *we didn't go home – we went to the park ~* užuot grįžę namo, mes nuėjome į parką; *give me that ~* duok man geriau aną *prep (~ of)* vietoj *(ko);* užuot; *~ of going* užuot ėjęs; *~ of you* vietoj jūsų; *use oil ~ of butter* vartokite aliejų vietoj sviesto
instep ['ɪnstep] *n (kojos, bato)* keltis
instigate ['ɪnstɪgeɪt] *v* 1 (su)kurstyti, raginti; (iš)provokuoti 2 pradėti *(tyrimą ir pan.)*
instigation [ˌɪnstɪ'geɪʃn] *n* 1 kurstymas; raginimas; *at smb's ~* kieno pakurstytas/paragintas 2 pradėjimas *(tyrimo ir pan.)*
instigator ['ɪnstɪgeɪtə] *n* kurstytojas
instil [ɪn'stɪl] *v (-ll-)* 1 įtaigauti, (į)teigti, (į)diegti; sukelti *(jausmą, viltį)* 2 (į)lašinti
instill [ɪn'stɪl] *v amer.* = **instil**
instillation, instilment [ˌɪnstɪ'leɪʃn, ɪn'stɪlmənt] *n* 1 (į)teigimas, (į)diegimas 2 (į)lašinimas
instinct[1] ['ɪnstɪŋkt] *n* instinktas; įgimta nuojauta; įgimtas potraukis/polinkis; *homing ~ zool.* namo grįžimo *ar* orientacinis instinktas; *the killer ~* žudymo instinktas; *prk.* kovingumas, karingumas
instinct[2] [ɪn'stɪŋkt] *a predic knyg.* pilnas, kupinas *(gyvenimo, grožio ir pan.; with)*
instinctive [ɪn'stɪŋktɪv] *a* instinktyvus, nesąmoningas
institute ['ɪnstɪtjuːt] *n* 1 institutas; institucija 2 *(mokslinė, religinė ir pan.)* draugija, asociacija 3 *amer.* trumpalaikiai kursai, paskaitų ciklas 4 *pl teis.* teisės pagrindai; *ist.* institucijos
v 1 (į)steigti, (į)kurti; nustatyti; įvesti *(įstatymą, paprotį);* sudaryti *(vyriausybę); newly ~d* naujai įsteigtas/įkurtas 2 pradėti *(tardymą ir pan.); to ~ proceedings against smb* (iš)kelti kam bylą 3 *(ppr. bažn.)* paskirti *(į tarnybą ir pan.)*
institution [ˌɪnstɪ'tjuːʃn] *n* 1 (į)steigimas; nustatymas; įvedimas 2 *(švietimo ir pan.)* įstaiga; organizacija; institucija; *higher educational ~* aukštojo mokslo įstaiga 3 gydymo įstaiga; *(našlaičių, senelių)* prieglauda; *mental ~* psichiatrinė ligoninė 4 *teis.* institutas 5 *bažn.* paskyrimas dvasininku 6 *bažn. (vienuolių)* ordinas 7 *(džn. juok.)* tai, kas nustatyta/nusisto(vė)ję *(įstatymas, tvarka, paprotys);* būdingas požymis, nuolatinis atributas
institutional [ˌɪnstɪ'tjuːʃnəl] *a* 1 nustatytas 2 pradinis; elementarus 3 įstaiginis, įstaigos; universitetinis 4 *amer. kom.* skirtas firmai populiarinti, o ne prekėms realizuoti *(apie reklamą); ~ economics* institucionalizmas
institutionalize [ˌɪnstɪ'tjuːʃnəlaɪz] *v* 1 atiduoti į ligoninę, vaikų/senelių namus *ir pan.* 2 oficialiai nustatyti/įtvirtinti
institutionalized [ˌɪnstɪ'tjuːʃnəlaɪzd] *a* 1 įsitvirtinęs, įsigalėjęs, paplitęs *(apie korupciją, smurtą ir pan.)* 2 įpratęs *(prie kalėjimo/ligoninės sąlygų)*
in-store ['ɪnstɔː] *a (esantis, vykstantis)* parduotuvėje, pardavimo vietoje
instruct [ɪn'strʌkt] *v* 1 (ap)mokyti *(in)* 2 instruktuoti, duoti instrukcijų/nurodymų; *as ~ed* kaip nurodyta; *to be ~ed to do smth* gauti nurodymus daryti ką 3 *(ppr. pass)* pranešti, informuoti 4 *teis.* pateikti/duoti medžiagos; pavesti ginti bylą *(advokatui)*
instruction [ɪn'strʌkʃn] *n* 1 (ap)mokymas *(in); driving ~* mokymas vairuoti 2 nurodymas; instruktavimas, instruktažas; *my ~s are (+ inf)* man nurodyta... 3 *(ppr. pl)* instrukcijos, taisyklės; *to follow the ~s* vadovautis instrukcijomis 4 *komp.* instrukcija; komanda; operatorius
instructional [ɪn'strʌkʃnəl] *a* mokomasis; *~ film* mokomasis filmas
instructive [ɪn'strʌktɪv] *a* 1 pamokomas 2 instruktyvinis, instruktuojamasis
instructor [ɪn'strʌktə] *n* 1 instruktorius; vadovas; mokytojas 2 *amer. (aukštosios mokyklos)* dėstytojas
instructress [ɪn'strʌktrɪs] *n* 1 instruktorė 2 *amer. (aukštosios mokyklos)* dėstytoja
instrument ['ɪnstrəmənt] *n* 1 įrankis *(t. p. prk.);* instrumentas, prietaisas; *he is a mere ~ in their hands* jis yra aklas įrankis jų rankose; *measuring ~s* matavimo prietaisai 2 *muz.* instrumentas 3 *teis.* dokumentas; aktas; *~ of surrender* kapituliacijos aktas 4 *attr: ~ board/panel tech.* skirstomoji lenta, kontrolinių prietaisų lenta; *~ flying av.* aklasis skridimas
v 1 *muz.* instrumentuoti 2 parūpinti instrumentų
instrumental [ˌɪnstrə'mentl] *a* 1 instrumento; *~ errors* prietaiso defektai 2 *prk.* kaip įrankis/priemonė; reikalingas, padedantis; *to be ~ in smth* prisidėti prie ko, padėti ką *(daryti)* 3 *muz.* instrumentinis 4 *gram.: ~ case* įnagininko linksnis
n 1 instrumentinė muzika, instrumento partija 2 *gram.* instrumentalis, įnagininkas
instrumentalist [ˌɪnstrə'mentəlɪst] *n muz.* instrumentalistas
instrumentality [ˌɪnstrəmen'tælətɪ] *n* būdas, priemonė; *by the ~ (of) (kieno)* tarpininkavimu, *(ko, kieno)* padedamas
instrumentation [ˌɪnstrəmen'teɪʃn] *n* 1 *muz.* instrumentavimas; instrumentuotė 2 naudojimasis įrankiais; aprūpinimas instrumentais *ir pan.* 3 instrumentarijus
insubordinate [ˌɪnsə'bɔːdɪnət] *a* ne(pa)klusnus, neklausantis; nedrausmingas
insubordination [ˌɪnsəbɔːdɪ'neɪʃn] *n* ne(pa)klusnumas, neklausymas
insubstantial [ˌɪnsəb'stænʃl] *a* 1 netvirtas, nestiprus; nesotus *(apie valgį)* 2 nepakankamas; *~ evidence* neesminiai įrodymai 3 nerealus, įsivaizduojamas
insufferable [ɪn'sʌfərəbl] *a* nepakenčiamas
insufficiency [ˌɪnsə'fɪʃnsɪ] *n* nepakankamumas *(t. p. med.)*
insufficient [ˌɪnsə'fɪʃnt] *a* nepakankamas; nepatenkinamas; *provisions are ~ in quantity* produktų maža; *to have ~ time [resources]* neturėti pakankamai laiko [atsargų]
insufflate ['ɪnsəfleɪt] *v spec.* įpūsti *(dujų, miltelių, oro ir kt.; ypač gydymo tikslais)*
insular ['ɪnsjulə] *a* 1 ribotas, siauras *(apie pažiūras ir pan.)* 2 salinis, salos 3 izoliuotas, nuošalus; uždaras
insularity [ˌɪnsju'lærətɪ] *n* 1 buvimas sala 2 izoliuotumas, nuošalumas, uždarumas; siaurumas, ribotumas
insulate ['ɪnsjuleɪt] *v* 1 atskirti, izoliuoti *(t. p. fiz.)* 2 ap(si)saugoti *(from – nuo)* 3 *psn.* sudaryti salą, būti apsuptam vandens
insulating ['ɪnsjuleɪtɪŋ] *a spec.* izoliacinis, izoliuojantis; *~ tape* izoliacinė juosta; *~ oil* izoliacinė/transformatorinė alyva
insulation [ˌɪnsju'leɪʃn] *n* 1 izoliacija; izoliacinė medžiaga; *fire ~* ugniai atspari izoliacija; *heat ~* termoizoliacija 2 atskyrimas, izoliavimas
insulator ['ɪnsjuleɪtə] *n* 1 *el.* izoliatorius; nelaidininkas 2 izoliacinė medžiaga
insulin ['ɪnsjulɪn] *n farm.* insulinas

insult n ['ɪnsʌlt] įžeidimas, užgaulė ◊ *to add ~ to injury* dar labiau įžeisti
v [ɪn'sʌlt] įžeisti, užgauti, užgaulioti
insulting [ɪn'sʌltɪŋ] a įžeidžiamas, užgaulus
insuperability [ɪnˌsju:pərə'bɪlətɪ] n neįveikiamumas
insuperable [ɪn'sju:pərəbl] a neįveikiamas, nenugalimas
insupportable [ˌɪnsə'pɔ:təbl] a 1 nepakeliamas, nepakenčiamas 2 nepateisinamas, nepagrįstas
insurable [ɪn'ʃuərəbl, ɪn'ʃɔ:rəbl] a apdraudžiamas; apdraustinas
insurance [ɪn'ʃuərəns, ɪn'ʃɔ:rəns] n 1 (ap)draudimas; *national ~* valstybinis socialinis draudimas; *fire ~* draudimas nuo gaisro; *~ policy* draudimo polisas 2 draudimo suma/premija, drauda 3 apsisaugojimas *(nuo įsibrovėlių ir pan.; against)*
insurant [ɪn'ʃuərənt, ɪn'ʃɔ:rənt] n apdraustasis
insure [ɪn'ʃuə, ɪn'ʃɔ:] v 1 drausti(s), ap(si)drausti *(against – nuo)* 2 *(ypač amer.)* laiduoti, garantuoti
insured [ɪn'ʃuəd] a apdraustas; *~ value* apdraustoji vertė; *a parcel ~ for £60* siuntinys, apdraustas 60 svarų sterlingų
n *(the ~)* apdraustasis, apdraudžiamasis
insurer [ɪn'ʃuərə, ɪn'ʃɔ:rə] n 1 draudimo bendrovė/organizacija 2 draudikas, draudžiantysis
insurgent [ɪn'sə:dʒənt] n sukilėlis, insurgentas; maištininkas
a 1 sukilęs; maištaujantis 2 banguotas; įsisiautėjęs *(apie jūrą, bangas)*
insurmountable [ˌɪnsə'mauntəbl] a neįveikiamas, nenugalimas
insurrection [ˌɪnsə'rekʃn] n maištas; sukilimas
insurrectionary [ˌɪnsə'rekʃnərɪ] a 1 sukilimo 2 maištingas
insurrectionist [ˌɪnsə'rekʃnɪst] n maištininkas; sukilėlis
insusceptible [ˌɪnsə'septəbl] a nejautrus, nepaveikiamas *(of);* neimlus *(to)*
inswept ['ɪnswept] a tech. aptakus, aerodinaminis
intact [ɪn'tækt] a ne(pa)liestas, nesugadintas, sveikas
intaglio [ɪn'tɑ:lɪəu] it. n 1 raižytinis atvaizdas šlifuotame akmenyje/metale 2 poligr. giliaspaudė *(t. p. ~ printing)*
v graviruoti, raižyti
intake ['ɪnteɪk] n 1 įsiurbimas, įleidimas, įtraukimas; *~ air* įsiurbiamasis oras 2 priėmimas; suvartojimas *(maisto, alkoholio ir pan.)* 3 į mokyklą priimtų mokinių kontingentas *(tam tikrais metais)* 4 bendras įdarbintųjų skaičius 5 kar. naujokas 6 tech. išeikvota energija; sunaudojamas galingumas 7 tech. *(skysčių, dujų)* įleidimo/priėmimo/įsiurbimo įrenginys; *air ~* oro ėmiklis; *~ valve* įleidimo vožtuvas 8 *(vamzdžio)* staigus susiaurėjimas 9 metal. lietis
intangible [ɪn'tændʒəbl] a 1 neapčiuopiamas, nejuntamas 2 neryškus, neaiškus, neapibrėžtas 3 kom., teis. nematerialus
n 1 tai, kas neapčiuopiama 2 pl nematerialusis turtas
integer ['ɪntɪdʒə] n 1 visybė, visuma; kas nors nedaloma 2 mat. sveikasis skaičius *(t. p. ~ number)*
integral ['ɪntɪgrəl] n mat. integralas
a 1 neatimamas, neatskiriamas, būtinas; *~ part* būtina/neatimama dalis 2 ret. vientisas, ištisas, visas 3 mat. integralinis; integralus; *~ calculus* integralinis skaičiavimas 4 tech. integruotas, įmontuotas
integrant ['ɪntɪgrənt] n neatimama *(ko)* dalis
a = **integral** a 1
integrate ['ɪntɪgreɪt] a 1 sudėtinis, sudedamasis 2 visas
v 1 (su)jungti (į visumą); sudaryti vieną visumą; integruoti *(t. p. mat.);* įsijungti, integruotis *(with, into)* 2 užbaigti, suteikti užbaigtą formą

integrated ['ɪntɪgreɪtɪd] a 1 jungtinis, bendras, kompleksinis 2 amer. desegreguotas, mišrus *(apie mokyklą baltiesiems ir negrams)* 3 spec. integruotas, integr(al)inis; *~ circuit* el. integrinė grandinė
integration [ˌɪntɪ'greɪʃn] n 1 *(dalių)* su(si)jungimas į visumą; integracija 2 mat. integravimas 3 tech. įkomponavimas *(konstrukcijos detalių į sistemą)*
integrity [ɪn'tegrətɪ] n 1 vientisumas; integralumas 2 principingumas, dorumas, sąžiningumas; *a man of ~* doras/sąžiningas žmogus
integument [ɪn'tegjumənt] n spec. apvalkalas, apdangalas, *ypač* oda, kiautas, lukštas, žievė
intellect ['ɪntəlekt] n intelektas; protas; *man of great ~* didelio intelekto/proto žmogus; *the great ~s of the age* didieji epochos protai
intellection [ˌɪntə'lekʃn] n proto veikla, mąstymas
intellective [ˌɪntə'lektɪv] a protinis, minties
intellectual [ˌɪntə'lektʃuəl] a 1 intelektinis, intelektualinis, intelektualus; protinis, mąstymo; *~ faculties* intelektiniai/protiniai sugebėjimai 2 mąstantis, protaujantis
n mąstantis žmogus, racionalistas; intelektualas; inteligentas
intellectualism [ˌɪntə'lektʃuəlɪzm] n intelektualizmas
intellectualize [ˌɪntə'lektʃuəlaɪz] v 1 (su)intelektualinti 2 filosofuoti, samprotauti
intelligence [ɪn'telɪdʒəns] n 1 protas, intelektas; protiniai gabumai; *~ test* protinių gabumų tyrimas; *~ quotient* intelektualumo, protinio išsivystymo koeficientas 2 sumanumas; supratingumas 3 žinios, informacija; *according to the latest ~* naujausiomis žiniomis 4 žvalgyba *(t. p. ~ service); ~ officer* žvalgas
intelligencer [ɪn'telɪdʒənsə] n 1 informatorius 2 žvalgybininkas; šnipas
intelligent [ɪn'telɪdʒənt] a 1 protingas 2 sumanus, supratingas
intelligentsia [ɪnˌtelɪ'dʒentsɪə] n *(the ~)* inteligentija
intelligibility [ɪnˌtelɪdʒə'bɪlətɪ] n suprantamumas
intelligible [ɪn'telɪdʒəbl] a suprantamas, aiškus
Intelsat ['ɪntelsæt] n (International Telecommunications Satellite *sutr.)* Intelsatas, Tarptautinio palydovinio ryšio konsorciumas
intemperance [ɪn'tempərəns] n 1 nesusivaldymas, nesantūrumas 2 nesaikingumas
intemperate [ɪn'tempərət] a 1 ne(su)sivaldantis, nesantūrus 2 nesaikingas, vartojantis per daug svaigalų
intend [ɪn'tend] v 1 ketinti; *was it ~ed?* ar tai buvo padaryta tyčia; *I didn't ~ to hurt you* aš nenorėjau jūsų įskaudinti/įžeisti; *we ~ him to do it* tikimės, kad jis tai padarys 2 *(ppr. pass)* skirti, numatyti; *this book is ~ed for you* ši knyga yra skirta jums 3 turėti galvoje, norėti pasakyti; *what do you ~ by your words?* ką reiškia jūsų žodžiai?
intendant [ɪn'tendənt] n 1 valdytojas 2 ist. intendantas *(Prancūzijoje)*
intended [ɪn'tendɪd] n šnek. *(džn. juok.)* būsimasis (vyras), būsimoji (žmona)
a 1 ketinamas; numatomas, numatytas *(apie auką, taikinį ir pan.)* 2 skirtas
intense [ɪn'tens] a 1 smarkus, stiprus, didelis; *~ pain* smarkus skausmas 2 intensyvus, įtemptas; gilus, rimtas 3 ryškus, sodrus *(apie spalvą)*
intensification [ɪnˌtensɪfɪ'keɪʃn] n (su)stiprėjimas; (su)tensyvėjimas; (su)stiprinimas; (su)intensyvinimas; intensifikacija
intensify [ɪn'tensɪfaɪ] v (su)stiprėti, (su)intensyvėti; (su)stiprinti, (su)intensyvinti

intension [ɪn'tenʃn] *n* **1** įtempimas, įtampa **2** intensyvumas, stiprumas

intensity [ɪn'tensətɪ] *n* **1** intensyvumas, įtampumas, įtempimas; jėga, stiprumas; **wear ~** susidėvėjimo intensyvumas **2** *(spalvos ir pan.)* ryškumas, sodrumas **3** *el. (lauko)* įtampa

intensive [ɪn'tensɪv] *a* **1** intensyvus, įtemptas; intensyvinis; **~ attention** įtemptas dėmesys; **~ care unit** intensyviosios terapijos skyrius *(ligoninėje)* **2** *gram.* intensyvumo, stiprinamasis *(apie prieveiksmius)*

intent [ɪn'tent] *n* ketinimas, tikslas; kėslas ◊ **to all ~s and purposes** faktiškai; beveik visai
a **1** pilnas ryžto, atkakliai siekiantis *(on)* **2** įsitraukęs, įnikęs; **he is ~ on his work** jis įnikęs į darbą; **he is ~ on pleasure** jam galvoje tik pramogos **3** įdėmus, sukauptas, susikaupęs; **~ look** įdėmus žvilgsnis

intention [ɪn'tenʃn] *n* **1** ketinimas, noras; tikslas, intencija; **evil/malicious ~** (piktas) kėslas, tyčia; **without ~** netyčia; **with good ~s** su gerais ketinimais; **with the ~ of doing smth** norėdamas ką padaryti **2** *pl šnek.* ketinimas vesti **3** *filos.* sąvoka

intentional [ɪn'tenʃnəl] *a* tyčinis, tyčia padarytas, iš anksto apgalvotas

intentionally [ɪn'tenʃnəlɪ] *adv* tyčia, apgalvotai

intently [ɪn'tentlɪ] *adv* įdėmiai, dėmesingai

inter¹ [ɪn'tə:] *v* palaidoti

inter² ['ɪntə] *lot. prep* tarp; **~ alia** be visa kita, be kita ko; be to, tarp kitko

inter- ['ɪntə-] *pref* **1** tarp-; **interdigital** tarppirštinis **2** tarpusavio, są-; **interplay** sąveika, tarpusavio ryšys **3** su(si)-, per(si)-, į(si)-: **intersect** susikryžiuoti; **interblend** į(si)maišyti, su(si)maišyti

interact *n* ['ɪntərækt] *teatr.* antraktas; intermedija, interliudija
v [ˌɪntər'ækt] **1** sąveikauti, veikti vienas kitą **2** bendrauti

interaction [ˌɪntər'ækʃn] *n* **1** sąveika; **strong ~** *fiz.* stiprioji sąveika **2** bendravimas; interakcija

interactive [ˌɪntər'æktɪv] *a* **1** sąveikaujantis **2** *komp.* dialoginis; **~ system** *(informacijos)* dialoginė sistema

interatomic [ˌɪntərə'tɒmɪk] *a spec.* tarpatominis, intraatominis

interblend [ˌɪntə'blend] *v* į(si)maišyti, su(si)maišyti

interbreed [ˌɪntə'bri:d] *v* (interbred [ˌɪntə'bred]) (su)kryžminti *(įvairias veisles)*; kryžmintis *(with)*

intercalary [ɪn'tə:kələrɪ] *a* **1** *spec.* keliamųjų metų; **~ day** vasario 29 diena; **~ year** keliamieji metai **2** *knyg.* įstatytas, interpoliuotas

intercalate [ɪn'tə:kəleɪt] *v knyg.* **1** pridėti *(dieną, mėnesį kalendoriuje)* **2** įstatyti, interpoliuoti

intercede [ˌɪntə'si:d] *v* užtarti, už(si)stoti, tarpininkauti *(užtariant; for);* prašyti *(už kitą)*

intercellular [ˌɪntə'seljulə] *a biol.* tarpląstelinis

intercept [ˌɪntə'sept] *n* **1** = **interception 2** *mat. (atkarpos)* atidėjimas koordinačių ašyje **3** *amer. sport. (kamuolio)* perėmimas
v **1** perimti *(laišką, žinias ir pan.);* sulaikyti **2** užkirsti, atkirsti *(kelią)* **3** sustabdyti; išjungti *(šviesą, srovę)* **4** *geom.* išskirti, atidėti *(atkarpą)*

interception [ˌɪntə'sepʃn] *n* **1** perėmimas *(žinių ir pan.);* slaptas klausymasis *(pokalbių telefonu)* **2** atkirtimas, užkirtimas *(kelio);* užtvara

interceptor [ˌɪntə'septə] *n av.* gaudomasis naikintuvas

intercession [ˌɪntə'seʃn] *n* **1** užtarimas; tarpininkavimas *(užtariant; with)* **2** malda, prašanti užtarimo

intercessor [ˌɪntə'sesə] *n* užtarėjas; tarpininkas

interchange *n* ['ɪntətʃeɪndʒ] keitimas(is), apsikeitimas *(tarpusavyje);* kaitaliojimas(is); *(savitarpio)* mainai; **~ of opinions/views** pasikeitimas nuomonėmis
v [ˌɪntə'tʃeɪndʒ] **1** keistis, apsikeisti; dalytis *(patyrimu ir pan.);* pakeisti *(vieną kitu)* **2** kaitalioti(s)

interchangeable [ˌɪntə'tʃeɪndʒəbl] *a* sukeičiamas, apkeičiamas; sukeistinas; **~ parts in machines** sukeičiamos mašinų dalys

intercity [ˌɪntə'sɪtɪ] *n* greitasis tarpmiestinis traukinys
a attr tarpmiestinis

intercollegiate [ˌɪntəkə'li:dʒət] *a* tarpmokyklinis; *amer.* tarpuniversitetinis *(apie varžybas ir pan.)*

intercom ['ɪntəkɒm] (intercommunication *sutr.*) *n* vidaus telefono/selektoriaus ryšys *(lėktuve, tanke ir pan.);* **~ telephone** *(įstaigos, laivo ir pan.)* vidaus telefonas

intercommunicate [ˌɪntəkə'mju:nɪkeɪt] *v* **1** susižinoti, kalbėtis **2** susisiekti *(apie patalpas)*

intercommunication [ˌɪntəkəˌmju:nɪ'keɪʃn] *n* **1** susižinojimas, kalbinis bendravimas **2** ryšiai; **~ service** *kar.* ryšių tarnyba

intercommunion [ˌɪntəkə'mju:nɪən] *n knyg.* tarpusavio bendravimas/santykiai

intercommunity [ˌɪntəkə'mju:nətɪ] *n* **1** *knyg.* bendrumas **2** bendra nuosavybė

interconnect ['ɪntəkə'nekt] *v* su(si)sieti, su(si)jungti *(with)*

interconnection [ˌɪntəkə'nekʃn] *n* **1** tarpusavio ryšys **2** *(ypač komp.)* sujungimas, įjungimas *(į tinklą)*

intercontinental [ˌɪntəkɒntɪ'nentl] *a* tarpžemyninis; **~ ballistic missile** tarpžemyninė balistinė raketa

interconvertible [ˌɪntəkən'və:təbl] *a* sukeičiamas; lygiavertis

intercostal [ˌɪntə'kɒstl] *a anat.* tarpšonkaulinis

intercourse ['ɪntəkɔ:s] *n* **1** bendravimas **2** ryšiai, santykiai; **commercial/trade ~** prekybos santykiai **3** lytiniai santykiai, lytinis aktas *(t. p.* **sexual ~***)*

intercrop [ˌɪntə'krɒp] *v ž. ū.* sodinti/sėti tarpueiliuose

intercross [ˌɪntə'krɒs] *v* **1** su(si)kryžiuoti, susikirsti **2** su(si)kryžminti *(apie įvairias veisles)*

interdenominational [ˌɪntədɪnɒmɪ'neɪʃnəl] *a rel.* tarpdenominacinis, tarpkonfesinis

interdental [ˌɪntə'dentl] *a med., fon.* tarpdantinis

interdepartmental [ˌɪntəˌdi:pɑ:t'mentl] *a* **1** tarpžinybinis; tarpministerinis **2** tarpfakultetinis

interdepend [ˌɪntədɪ'pend] *v* būti abipusiškai priklausomiems

interdependence [ˌɪntədɪ'pendəns] *n* abipusė/tarpusavio priklausomybė

interdependent [ˌɪntədɪ'pendənt] *a* tarpusavyje susiję; abipusiškai priklausomi

interdict *n* ['ɪntədɪkt] **1** *teis.* (už)draudimas **2** *bažn.* interdiktas
v [ˌɪntə'dɪkt] **1** (už)drausti **2** atimti naudojimosi teisę **3** sulaikyti *(from)* **4** *bažn.* (už)drausti atlikti bažnytines apeigas **5** *amer. kar.* daryti kliūtis, kliudyti *(apšaudant ir pan.)*

interdiction [ˌɪntə'dɪkʃn] *n* **1** *knyg.* (už)draudimas **2** *bažn.* interdiktas **3** *amer. kar.* užtvara

interdictory [ˌɪntə'dɪktərɪ] *a* draudžiamas

interdisciplinary [ˌɪntə'dɪsɪplɪnərɪ] *a* tarpdalykinis, tarpdisciplininis, susijęs su dviem *ar* daugiau (dėstomųjų) dalykų

interest ['ɪntrɪst] *n* **1** susidomėjimas, domėjimasis; įdomumas, interesas, domesys; **a lively ~ in politics** didelis domėjimasis/susidomėjimas politika; **just for ~, just out of ~** tik dėl įdomumo; **to take/show ~** domėtis *(in –*

kuo); **this is of no ~ to me** tai manęs nedomina **2** nauda, labas, suinteresuotumas, materialinis interesas; **to/in your ~(s)** tavo/jūsų labui/interesais; **it is in/to my ~ to do so** aš suinteresuotas tai padaryti **3** *kom.* dalyvavimas, dalis *(biznyje);* **controlling ~** kontrolinis akcijų paketas; **to have an ~ (in)** būti dalininku/bendravaldžiu **4** svarba, reikšmė; **a matter of primary ~** svarbiausias dalykas **5** *knyg.* įtaka, autoritetas *(with – kam)* **6** *(ppr. pl)* asmenų grupė, turinti bendrų interesų; suinteresuoti asmenys/sluoksniai; **financial ~** finansiniai sluoksniai; **the landed ~** žemvaldžiai **7** *fin.* procentai, palūkanos; **compound ~** procentų procentai; sudėtinės palūkanos; **~ rate** palūkanų norma; **to return,** *ar* **to pay back, with ~** a) grąžinti su palūkanomis; b) *prk.* grąžinti su kaupu **8** *teis.* turtinė teisė
v (su)dominti, (su)interesuoti; *pass, refl* domėtis, interesuotis *(in – kuo);* **it may ~ you to know that...** tau gal būtų įdomu sužinoti, kad... **could I ~ you in a drink?** ar nenorėtumėte ko nors išgerti?
interest-bearing ['ɪntrɪst,bɛərɪŋ] *a fin.* procentinis, palūkaninis *(apie obligaciją ir pan.)*
interested ['ɪntrɪstɪd] *a* **1** susidomėjęs, sudomintas *(in);* **I'd be very ~ to hear your opinion** man būtų labai įdomu išgirsti jūsų nuomonę **2** *kom., teis.* suinteresuotas(is); **the ~ parties** *teis.* suinteresuotosios šalys
interest-free [,ɪntrɪst'fri:] *a* beprocentis, neprocentinis *(apie kreditą ir pan.)*
interesting ['ɪntrɪstɪŋ] *a* įdomus ◊ **to be in an ~ condition** *euf.* būti nėščiai
interestingly ['ɪntrɪstɪŋlɪ] *adv* **1** įdomiai; **~ constructed** įdomios konstrukcijos **2** *mod* įdomu, įdomus dalykas *(tai, kad)*
interface ['ɪntəfeɪs] *n spec.* **1** sandūra; **contact ~** *fiz.* sąlyčio paviršius **2** sąveika; **~ between engineering and science** technikos ir mokslo sąveika **3** *komp.* interfeisas, sąsaja; sąsajos įtaisas
v komp. sieti(s) *(apie sistemos dalis)*
interfenestration ['ɪntə,fenɪ'streɪʃn] *n stat.* tarpulangė
interfere [,ɪntə'fɪə] *v* **1** kištis, įsikišti *(in);* **to ~ in politics** kištis į politiką **2** trukdyti, kliudyti; terptis, įsiterpti *(with);* **don't ~ with me** netrukdyk/neįkyrėk man; **to ~ with health** kenkti sveikatai; **pleasure must not be allowed to ~ with business** pramogos neturi trukdyti reikalui **3** susidurti; **their interests ~ with each other** jų interesai susiduria **4** *fiz.* interferuoti **5** *euf.* (iš)prievartauti *(vaiką; with)* **6** *amer.* ginčyti *(kieno)* teisę į patentą
interference [,ɪntə'fɪərəns] *n* **1** kišimasis, įsikišimas; trukdymas; **I don't want any ~** nenoriu, kad man kas nors trukdytų, kad kas nors kištųsi į mano reikalus; **2** *fiz.* trukdžiai; *rad.* trikdžiai **3** *fiz., kalb.* interferencija **4** *amer.* teisių į patentą susikirtimas **5** *(ypač amer.) sport. (žaidėjo)* blokavimas **6** *attr fiz.* interferencinis
interference-suppression [,ɪntə,fɪərənssə'preʃn] *n tech.* trukdžių slopinimas
interfering [,ɪntə'fɪərɪŋ] *a* **1** mėgstantis visur kištis **2** *teis.* konkuruojantis
interferometer [,ɪntəfə'rɒmɪtə] *n fiz.* interferometras
interferon [,ɪntə'fɪərɒn] *n biol., farm.* interferonas
interflow *n* ['ɪntəfləʊ] susiliejimas
v [,ɪntə'fləʊ] susilieti, susijungti
interfluent [,ɪntə'flu:ənt] *a* **1** susiliejantis **2** *ret.* tekantis tarp
interfuse [,ɪntə'fju:z] *v* **1** su(si)maišyti **2** sunktis, prasisunkti
intergalactic [,ɪntəgə'læktɪk] *a* tarpgalaktinis
intergovernmental [,ɪntə,gʌvn'mentl] *a* tarpvyriausybinis
intergrowth ['ɪntəgrəʊθ] *n* suaugimas; išaugimas

interim ['ɪntərɪm] *n* laiko tarpas; **in the ~** tuo tarpu; **minister at ~** laikinai einantis ministro pareigas
a attr **1** laikinas, preliminarinis; **~ agreement** laikinas susitarimas **2** *fin.* tarpinis; išankstinis; **~ statement** tarpinė finansinė atskaitomybė; **~ dividend** išankstinis dividendas
interior [ɪn'tɪərɪə] *n* **1** vidus, vidaus pusė **2** *(krašto, žemyno)* centrinės sritys **3** interjeras **4** *(valstybės)* vidaus reikalai; **Department of the I.** vidaus reikalų ministerija *(JAV, Kanadoje)*
a attr vidaus; vidinis; **~ repairs [trade]** vidaus remontas [prekyba]; **~ monologue** *lit.* vidinis monologas; **~ angle** *geom.* vidaus kampas
interior-sprung [ɪn'tɪərɪə'sprʌŋ] *a* spyruoklinis *(apie matracą ir pan.)*
interjacent [,ɪntə'dʒeɪsnt] *a* tarpinis, esantis tarp
interject [,ɪntə'dʒekt] *v* įterpti *(pastabą);* įsiterpti
interjection [,ɪntə'dʒekʃn] *n* **1** į(si)terpimas **2** šauksmas, šūksmas **3** *gram.* jaustukas
interlace [,ɪntə'leɪs] *v* **1** su(si)pinti, su(si)raizgyti **2** kaitaliotis, susimaišyti
interlanguage [,ɪntə'læŋgwɪdʒ] *n* tarptautinio bendravimo kalba, tarptautinė kalba
interlard [,ɪntə'lɑ:d] *v* primaišyti, gausiai pridėti *(svetimžodžių/citatų į kalbą ir pan.; with)*
interleave [,ɪntə'li:v] *v poligr.* įdėlioti/įklostyti baltus lapus *(tarp knygos lapų);* (į)tarpuoti
interlibrary [,ɪntə'laɪbrərɪ] *a* tarpbibliotekinis; **~ exchange (system)** tarpbibliotekinis abonementas
interline *n* ['ɪntəlaɪn] *poligr.* interlinija
v [,ɪntə'laɪn] **1** įrašyti tarp eilučių **2** *poligr.* įdėti interlinijas
interlinear [,ɪntə'lɪnɪə] *a* **1** esantis tarp eilučių, tarpueilinis **2** pažodinis, su pažodiniu vertimu
interlink [,ɪntə'lɪŋk] *v (tarpusavyje)* su(si)jungti, su(si)rišti; su(si)kabinti
interlock *n* ['ɪntəlɒk] *n spec. (tarpusavio)* blokuotė
v [,ɪntə'lɒk] **1** su(si)jungti; su(si)kabinti **2** *tech.* blokuoti
interlocution [,ɪntələ'kju:ʃn] *n knyg.* pokalbis, dialogas
interlocutor [,ɪntə'lɒkjutə] *n knyg.* pašnekovas
interlocutory [,ɪntə'lɒkjutərɪ] *a* **1** *knyg.* pokalbio, dialoginis **2** *teis.* negalutinis; **~ decree** laikinas/negalutinis nutarimas
interlocutress, interlocutrix [,ɪntə'lɒkjutrɪs, -trɪks] *n knyg.* pašnekovė
interlope [,ɪntə'ləʊp] *v* **1** kištis į svetimus reikalus **2** užsiimti kontrabanda
interloper ['ɪntələʊpə] *n* **1** žmogus, kuris kišasi į svetimus reikalus **2** įsibrovėlis **3** prekybininkas, pažeidžiantis kieno nors monopoliją
interlude ['ɪntəlu:d] *n* **1** pertrauka, antraktas **2** *(laiko, erdvės)* tarpas; tarpinis epizodas **3** *muz.* interliudija **4** *ist.* intermedija
intermarriage [,ɪntə'mærɪdʒ] *n* **1** skirtingų rasių/tautybių ir pan. žmonių santuoka **2** santuoka su giminaičiu
intermarry [,ɪntə'mærɪ] *v* **1** susigiminiuoti; susimaišyti vedybomis *(apie rases, gentis; with)* **2** susituokti *(apie giminaičius)*
intermeddle [,ɪntə'medl] *v* maišytis, kištis *(ne į savo reikalus; with, in)*
intermedia [,ɪntə'mi:dɪə] *pl žr.* **intermedium**
intermediary [,ɪntə'mi:dɪərɪ] *n* tarpininkas *(ginče ir pan.)*
a **1** tarpininko, tarpininkaujantis **2** tarpinis
intermediate <*n, a, v*> *n* [,ɪntə'mi:dɪət] **1** tarpinė grandis **2** tarpininkas **3** *chem.* tarpinis junginys **4** *amer.* vidutinio dydžio automobilis

a [ˌɪntə'miːdɪət] **1** tarpinis; pereinamasis; ~ *product ekon.* tarpinis produktas **2** vidutinis; vidutinio sunkumo *(apie knygą, egzaminą ir pan.)*
v [ˌɪntə'miːdɪeɪt] tarpininkauti
intermediate-range [ˌɪntə'miːdɪətˌreɪndʒ] *a:* ~ *ballistic missile* vidutinio nuotolio raketa
intermediation ['ɪntəˌmiːdɪ'eɪʃn] *n* tarpininkavimas
intermediator [ˌɪntə'miːdɪeɪtə] *n* tarpininkas
intermedium [ˌɪntə'miːdɪəm] *n* (*pl* -dia, ~s) perdavimo priemonė; tarpinė grandis
interment [ɪn'tɜːmənt] *n* (pa)laidojimas
intermezzo [ˌɪntə'metsəu] *it. n* (*pl* -zi [-tsɪ], ~s [-z]) **1** intermedija **2** *muz.* intermezzo
interminable [ɪn'tɜːmɪnəbl] *a* begalinis, nepabaigiamas, amžinas; ~ *controversy* amžinas ginčas
intermingle [ˌɪntə'mɪŋgl] *v (ppr. pass)* su(si)maišyti
intermission [ˌɪntə'mɪʃn] *n* **1** pertrauka; pertrūkis **2** *(ypač amer.)* pertrauka, antraktas
intermit [ˌɪntə'mɪt] *v* nutrūkti, nustoti, liautis; pertraukti, sustabdyti
intermittent [ˌɪntə'mɪtənt] *a* **1** nutrūkstantis; su pertrūkiais, kintantis; ~ *light* trūkčiojanti šviesa; šviesos mirksėjimas; ~ *contact tech.* trūkus kontaktas **2** *med.* protarpinis, nutrūkstamas
intermix [ˌɪntə'mɪks] *v* su(si)maišyti
intermixture [ˌɪntə'mɪkstʃə] *n* **1** su(si)maišymas; mišinys **2** priemaiša
intern ['ɪntɜːn] *n (ypač amer.)* studentas medikas *ar* jaunas gydytojas, atliekantis praktiką ligoninėje ir gyvenantis prie jos; internas
v **1** internuoti **2** *(ypač amer.)* stažuoti, praktikuotis
internal [ɪn'tɜːnl] *a* vidaus, vidinis, išvidinis; ~ *wall* vidaus/ vidinė siena; ~ *bleeding med.* vidinis kraujavimas; ~ *affairs polit.* vidaus reikalai; ~ *aerial rad.* kambarinė antena; ~ *evidence teis.* esminis įrodymas *(esantis pačiame dokumente)*
n pl **1** *anat.* vidaus organai **2** ypatybės, savybės
internal-combustion [ɪnˌtɜːnlkəm'bʌstʃən] *a:* ~ *engine* vidaus degimo variklis
internalize [ɪn'tɜːnəlaɪz] *v* įsigyti kultūros/elgesio elementų *(sociologijoje)*
internally [ɪn'tɜːnəlɪ] *adv* iš vidaus, viduje; *not to be taken* ~ ne vidiniam vartojimui *(apie vaistą)*
International [ˌɪntə'næʃnəl] *n* Internacionalas *(tarptautinė sąjunga)*
international [ˌɪntə'næʃnəl] *a* tarptautinis, internacionalinis; ~ *salute jūr.* nacijų saliutas *(valstybinei vėliavai)*
n **1** tarptautinių sporto varžybų dalyvis **2** tarptautinės varžybos
Internationale [ˌɪntənæʃə'næl] *n* Internacionalas *(himnas)*
internationalism [ˌɪntə'næʃnəlɪzm] *n* internacionalizmas
internationalist [ˌɪntə'næʃnəlɪst] *n* internacionalistas
internationalization [ˌɪntəˌnæʃnəlaɪ'zeɪʃn] *n* internacionalizavimas; suteikimas valstybėms lygių teisių naudotis *(teritorija, kanalu ir pan.)*
internationalize [ˌɪntə'næʃnəlaɪz] *v* internacionalizuoti; nustatyti įvairių valstybių kontrolę *(teritorijai, kraštui)*
internationally [ˌɪntə'næʃnəlɪ] *adv* tarptautiniu mastu; tarp įvairių valstybių
internecine [ˌɪntə'niːsaɪn] *a* tarpusavio, vidaus; ~ *warfare* brolžudiškas karas
internee [ˌɪntɜː'niː] *n* internuotasis
internet ['ɪntənet] *n* tarptautinis kompiuterių tinklas, internetas

internist [ɪn'tɜːnɪst] *n amer.* vidaus ligų gydytojas, terapeutas
internment [ɪn'tɜːnmənt] *n* internavimas; ~ *camp* internuotų asmenų stovykla
internode ['ɪntənəud] *n bot.* tarpubamblis
internship [ɪn'tɜːnʃɪp] *n amer.* **1** stažuotė, praktika **2** *med.* internatūra
interoffice [ˌɪntə'rɔfɪs] *a:* ~ *telephone* vidaus telefonas; komutatorius
interpellate [ɪn'tɜːpəleɪt] *v parl.* interpeliuoti, pateikti paklausimą/interpeliaciją
interpellation [ɪnˌtɜːpə'leɪʃn] *n parl.* interpeliacija, paklausimas
interpenetrate [ˌɪntə'penɪtreɪt] *v* **1** giliai įsiskverbti **2** abipusiškai skverbtis
interpersonal [ˌɪntə'pɜːsnəl] *n* tarpasmeninis, visuomeninis *(apie santykius ir pan.)*
interphone ['ɪntəfəun] *n amer.* vidaus telefonas
interplanetary [ˌɪntə'plænɪtərɪ] *a* tarpplanetinis; ~ *station* tarpplanetinė stotis
interplay ['ɪntəpleɪ] *n* sąveika
Interpol ['ɪntəpɔl] *n* (International police *sutr.*) Interpolas, Tarptautinė kriminalinės policijos organizacija
interpolate [ɪn'tɜːpəleɪt] *v* **1** interpoliuoti *(t. p. mat.);* daryti prierašus svetimo rankraščio tekste **2** įterpti žodžius/pastabą; įsiterpti
interpolation [ɪnˌtɜːpə'leɪʃn] *n* **1** interpoliacija, interpoliavimas *ir kt.,* žr. **interpolate**
interpose [ˌɪntə'pəuz] *v* **1** įstatyti, įterpti **2** pertraukti, (pa)daryti pastabą; pareikšti, iškelti *(argumentą)* **3** įsiterpti, įsikišti
interposition [ˌɪntəpə'zɪʃn] *n* **1** į(si)terpimas **2** pertraukimas **3** įsikišimas
interpret [ɪn'tɜːprɪt] *v* **1** aiškinti, interpretuoti; suprasti *(as)* **2** versti, būti vertėju *(žodžiu)*
interpretation [ɪnˌtɜːprɪ'teɪʃn] *n* **1** aiškinimas; interpretacija, interpretavimas, supratimas **2** *(žodinis)* vertimas
interpretative [ɪn'tɜːprɪtətɪv] *a* aiškinamasis; interpretavimo
interpreter [ɪn'tɜːprɪtə] *n* **1** interpretatorius; aiškintojas **2** vertėjas *(žodžiu)* **3** *komp.* programa-interpretatorius
interpretive [ɪn'tɜːprətɪv] *a* = **interpretative**
interpretress [ɪn'tɜːprɪtrɪs] *n* **1** interpretatorė **2** vertėja *(žodžiu)*
interracial [ˌɪntə'reɪʃl] *a* tarprasinis
interregnum [ˌɪntə'regnəm] *n* (*pl* -na [-nə], ~s) **1** tarpuvaldis **2** pertrauka
interrelate [ˌɪntərɪ'leɪt] *v* sieti(s); *pass* būti susijusiam
interrelation [ˌɪntərɪ'leɪʃn] *n* = **interrelationship**
interrelationship [ˌɪntərɪ'leɪʃnʃɪp] *n* **1** *(faktų, įvykių ir pan.)* tarpusavio ryšys **2** savitarpio santykiai
interrogate [ɪn'terəgeɪt] *v* **1** klausinėti **2** apklausti, apklausinėti, kvosti **3** *komp.* gauti informaciją *(iš kompiuterio)*
interrogation [ɪnˌterə'geɪʃn] *n* **1** kvota, apklausa, (ap)klausinėjimas; *he confessed under* ~ jis prisipažino per apklausą **2** klausimas; ~ *note/mark/point* klaustukas
interrogative [ˌɪntə'rɔgətɪv] *a* klausiamas(is); ~ *pronoun [sentence] gram.* klausiamasis įvardis [sakinys]
n gram. **1** klausiamasis žodis **2** (*the* ~) klausiamoji forma
interrogator [ɪn'terəgeɪtə] *n* **1** klausėjas **2** kvotėjas, tardytojas
interrogatory [ˌɪntə'rɔgətərɪ] *n* **1** klausimas **2** *teis.* apklausa; apklausas, apklausos lapas
a klausiamas(is)

interrupt [ˌɪntə'rʌpt] v **1** pertraukti, nutraukti **2** įsiterpti *(į pokalbį ir pan.)* **3** trukdyti, kliudyti; užstoti *n komp.* pertrauktis
interrupter [ˌɪntə'rʌptə] *n el.* pertraukiklis
interruption [ˌɪntə'rʌpʃn] *n* **1** pertrūkis, pertraukimas; nutraukimas, sustojimas; ~ *of pregnancy* nėštumo nutraukimas **2** trukdymas; kliuvinys, kliūtis
intersect [ˌɪntə'sekt] v kirsti(s); perkirsti; susikirsti, susikryžiuoti
intersection [ˌɪntə'sekʃn] *n* **1** perkirtimas; susikirtimas **2** susikirtimo taškas/linija; sankirta
intersex ['ɪntəseks] *n* **1** skirtalytės rūšies organizmas; interseksas **2** hermafroditas
interspace *n* ['ɪntəspeɪs] *n (laiko, nuotolio)* tarpas, intervalas
v [ˌɪntə'speɪs] **1** daryti/palikti tarpus; tarpuoti **2** užpildyti tarpus
interspecific [ˌɪntəspɪ'sɪfɪk] *a biol.* tarprūšinis
intersperse [ˌɪntə'spə:s] v *(ppr. pass)* **1** išsklaidyti, išbarstyti; ~*d with stars* žvaigždėmis nusėtas, žvaigždėtas **2** prikaišioti, įžerti, įterpti *(between, among)* **3** (pa)įvairinti; kaitalioti(s) *(with); sunshine ~d with showers* giedra, kuri kaitaliojasi su lietumi
interstate [ˌɪntə'steɪt] *a attr amer., austral.* esantis tarp valstijų; priklausantis įvairioms valstijoms, apimantis/jungiantis kelias valstijas; ~ *commerce* valstijų prekybos santykiai
n amer. plati magistralė *(tarp valstijų)*
interstellar [ˌɪntə'stelə] *a attr* tarpžvaigždinis; ~ *spaceship* tarpžvaigždinis erdvėlaivis, kosminis laivas
interstice [ɪn'tə:stɪs] *n* tarpelis, tarpas; plyšys; įskilimas
intertie [ˌɪntə'taɪ] *n stat.* horinzontalusis sujungimas; spyrys
intertill [ˌɪntə'tɪl] *v ž. ū.* **1** įdirbti tarpueilius **2** = **intercrop**
intertribal [ˌɪntə'traɪbl] *a* tarpgentinis
intertwine [ˌɪntə'twaɪn] v su(si)pinti; su(si)sukti; *the problems of crime and unemployment are closely ~d* nusikalstamumo ir nedarbo problemos glaudžiai susipynusios
intertwist [ˌɪntə'twɪst] v = **intertwine**
interurban [ˌɪntər'ə:bən] *a* tarpmiestinis; ~ *bus service* tarpmiestinis autobusų susisiekimas
interval ['ɪntəvl] *n* **1** *(erdvės, laiko)* tarpas, protarpis; intervalas *(t. p. muz.); at ~s* a) su protarpiais; b) kartkarčiais; c) vietomis, tai vienur, tai kitur; *he is fed at four-hourly ~s* jis maitinamas kas keturias valandas **2** pertrauka; *(teatr. t. p.)* antraktas
intervale ['ɪntəveɪl] *n amer.* slėnis palei upę *(su derlinga sąnašine dirva)*
intervene [ˌɪntə'vi:n] v **1** kištis, įsikišti; įsiterpti *(in);* to ~ *in a dispute* kištis/įsikišti į ginčą/konfliktą **2** įvykti *(kuriuo nors laiko tarpu); if nothing ~s* jei nieko neatsitiks tuo tarpu **3** būti tarp **4** (su)trukdyti
intervening [ˌɪntə'vi:nɪŋ] *a* įsiterpiantis; *in the ~ period* per tą laikotarpį
intervention [ˌɪntə'venʃn] *n* **1** kišimasis, įsikišimas **2** *polit.* intervencija
interventionism [ˌɪntə'venʃənɪzm] *n* **1** *ekon.* intervencionizmas **2** kišimosi į kitų valstybių reikalus politika
interventionist [ˌɪntə'venʃənɪst] *n polit.* interventas
interview ['ɪntəvju:] *n* **1** interviu *(with);* pokalbis; apklausa **2** susitikimas; pasimatymas
v imti interviu; kalbėtis, pasikalbėti *(užduodant klausimus)*
interviewee [ˌɪntəvju'i:] *n* **1** interviu davėjas **2** kandidatas *(į darbą, vietą)*
interviewer ['ɪntəvju:ə] *n* žmogus *(ppr. žurnalistas),* imantis interviu

intervocalic [ˌɪntəvə'kælɪk] *a fon.* tarpbalsinis, intervokalinis
intervolve [ˌɪntə'vɒlv] *v psn.* į(si)vynioti, su(si)vynioti
interwar [ˌɪntə'wɔ:] *a* tarpukario, tarpkarinis *(tarp I ir II pasaulinio karo)*
interweave [ˌɪntə'wi:v] v (interwove [-'wəʊv]; interwoven [-'wəʊvn]) **1** įausti **2** supinti, įpinti *(t. p. prk.)*
interzonal [ˌɪntə'zəʊnl] *a* tarpzoninis
intestacy [ɪn'testəsɪ] *n teis.* **1** testamento nebuvimas **2** turtas/palikimas be testamento
intestate [ɪn'testeɪt] *teis. n* žmogus, nepalikęs testamento *a* nepalikęs testamento; testamentu nepaliktas; *to die ~* mirti nepalikus testamento
intestinal [ɪn'testɪnl] *a* žarnų, žarninis; ~ *blockage med.* žarnų nepraeinamumas
intestine[1] [ɪn'testɪn] *n (ppr. pl) anat.* žarna, žarnynas; *small [large] ~* plonoji [storoji] žarna
intestine[2] *a knyg.* vidaus, vidinis; vykstantis šalyje
in-thing [ˌɪn'θɪŋ] *n: to be the ~ šnek.* būti labai madingam *(šiuo momentu)*
intimacy ['ɪntɪməsɪ] *n* **1** artimumas, draugystė, intymumas **2** *euf.* seksas, lytinis aktas **3** *pl* intymios smulkmenos
intimate[1] ['ɪntɪmət] *n* artimas draugas
a **1** intymus; artimas; asmeninis; ~ *relations* intymūs santykiai; *to be on ~ terms with smb* turėti labai artimus santykius su kuo **2** gerai susipažinęs; ~ *knowledge (of) geras (dalyko)* pažinimas **3** jaukus *(apie vietą)* **4** vidinis; slaptas *(apie jausmus)*
intimate[2] ['ɪntɪmeɪt] v **1** užsiminti, duoti suprasti **2** (pa)skelbti, pranešti, (pa)informuoti
intimation [ˌɪntɪ'meɪʃn] *n* **1** davimas suprasti, užuomina; *(ko)* ženklas **2** pranešimas, paskelbimas
intimidate [ɪn'tɪmɪdeɪt] v (į)bauginti, (į)gąsdinti, (į)baidyti
intimidating [ɪn'tɪmɪdeɪtɪŋ] *a* bauginantis, gąsdinantis; jaudinantis, keliantis nerimą
intimidation [ɪnˌtɪmɪ'deɪʃn] *n* **1** (į)gąsdinimas, (į)bauginimas **2** baikštumas, baimė
intimity [ɪn'tɪmətɪ] *n psn.* intymumas
intitule [ɪn'tɪtju:l] v *(ypač pII) teis.* pavadinti
into ['ɪntə, 'ɪntu] *prep* žymint **1** judėjimą/kryptį į vidų į; *to go ~ the house* įeiti į namus; *to fall ~ a trap* pakliūti į spąstus; *to get ~ trouble* įkliūti į bėdą **2** susidūrimą su kokiu nors daiktu į, su; *to run/walk ~ smb/smth* susidurti su kuo, atsimušti į ką, atsitrenkti į ką **3** judėjimą laike į; *her reflections shifted ~ the past* ji mintimis grįžo į praeitį; *to continue ~ the 20th century* toliau vykti XX amžiuje; *far ~ the night* vėlai naktį **4** įtraukimą į kategoriją, sąrašą ir pan. į; *to include ~ a list* įtraukti/įrašyti į sąrašą **5** pasikeitimą, perėjimą į kitą būvį į; *verčiama t. p. įnagininku, vksm. priešdėliais; to make ~* perdirbti į; *to divide [to cut etc.] ~ so many portions* dalyti [perpjauti ir pan.] į kiek dalių; *to turn water ~ ice* paversti vandenį ledu; *to grow ~ manhood* tapti suaugusiu vyru; *to burst ~ tears* pravirkti, apsipilti ašaromis; *to plunge ~ reverie* susimąstyti **6** *dalijimą mat.* iš; *what's five ~ forty?* kiek gauname padaliję 5 iš 40?
intolerable [ɪn'tɒlərəbl] *a* nepakeliamas, nepakenčiamas
intolerance [ɪn'tɒlərəns] *n* nepakanta, nepakantumas, netolerancija, netolerantiškumas
intolerant [ɪn'tɒlərənt] *a* nepakantus, nepakenčiantis, netolerantiškas; ~ *of other people's political beliefs* netolerantiškas kitų žmonių politiniams įsitikinimams
intonate ['ɪntəʊneɪt] v = **intone**
intonation [ˌɪntə'neɪʃn] *n* **1** intonacija; priegaidė *(t. p. word ~); (balso)* moduliacija; *falling [rising] ~* krintan-

čioji [kylančioji] intonacija 2 deklamavimas dainuojamu tonu, dainavimas rečitatyvu; intonavimas 3 *(dainos, giesmės)* vedimas

intone [ɪnˈtəun] *v* 1 intonuoti; moduliuoti 2 atlikti rečitatyvu; deklamuoti dainuojamu tonu; kalbėti/giedoti monotonišku balsu 3 vesti *(dainuoti/giedoti pirmu balsu)*

intown [ˌɪnˈtaun] *a* esantis miesto centre

intoxicant [ɪnˈtɔksɪkənt] *n* 1 svaigalas, svaiginamasis gėrimas 2 nuodinga medžiaga *a* svaiginantis, svaiginamasis

intoxicate [ɪnˈtɔksɪkeɪt] *v* 1 (ap)svaiginti *(t. p. prk.)* 2 *med.* apnuodyti

intoxicated [ɪnˈtɔksɪkeɪtɪd] *a* 1 pasigėręs, girtas 2 apsvaigintas, apsvaigęs *(with – nuo)*

intoxicating [ɪnˈtɔksɪkeɪtɪŋ] *a* svaiginantis, svaiginamas, svaigus *(t. p. prk.);* ~ **smell** svaigus kvapas

intoxication [ɪnˌtɔksɪˈkeɪʃn] *n* 1 (ap)svaigimas; pasigėrimas; apsvaiginimas, nugirdymas 2 *med.* intoksikacija, ap(si)nuodijimas

intra- [ɪntrə-] *lot. pref* vidinis, vidaus; intra-; *intracrenial* vidinis kaukuolės, kaukuolės vidaus; *intraurban* miesto (vidaus); *intraurban traffic* miesto transportas; *intramolecular* intramolekulinis, molekulių vidaus, molekulės vidinis

intraarterial [ˌɪntrɑːˈtɪərɪəl] *a med.* intraarterinis, vidinis arterijos; švirkščiamas į arteriją

intracardiac, intracardial [ˌɪntrəˈkɑːdɪæk, ˌɪntrəˈkɑːdɪəl] *a med.* intrakardialinis, vidinis širdies, širdies vidaus

intractability [ɪnˌtræktəˈbɪlətɪ] *n* 1 nenuolaidumas; nelankstumas 2 nepagydomumas

intractable [ɪnˈtræktəbl] *a* 1 nenusileidžiantis, nenuolaidus, nesukalbamas 2 sunkiai sprendžiamas *(apie klausimą);* sunkiai suvaldomas/auklėjamas 3 sunkiai apdirbamas 4 sunkiai gydomas

intrados [ɪnˈtreɪdəs] *n (pl t. p. ~) archit.* vidinis arkos paviršius

intramural [ˌɪntrəˈmjuərəl] *a* 1 esantis/vykstantis miesto/namo/mokyklos *ir pan.* viduje/ribose 2 *anat., biol.* esantis/vykstantis pačioje sienoje/sienelėje, vidinis sienos *n pl amer.* varžybos tarp tos pačios mokyklos/įstaigos komandų

intransigence [ɪnˈtrænsɪdʒəns] *n* nesutaikomumas

intransigent [ɪnˈtrænsɪdʒənt] *n* nesitaikstantis/užsispyręs žmogus; politinis veikėjas, nepripažįstantis kompromisų *a* užsispyręs, nesitaikstantis; be kompromisų; nesutaikomas

intransitive [ɪnˈtrænsɪtɪv] *gram. a* negalininkinis, intranzityvinis *(apie veiksmažodį)* *n* negalininkinis/intranzityvinis veiksmažodis

intranuclear [ˌɪntrəˈnjuːklɪə] *a fiz.* branduolio vidaus, vidinis branduolių, intrabranduolinis

intraocular [ˌɪntrəˈɔkjulə] *a spec.* akies vidaus; ~ *tension/pressure* akispūdis

intrauterine [ˌɪntrəˈjuːtəraɪn] *a spec.* gimdos vidaus, vidinis gimdos

intravenous [ˌɪntrəˈviːnəs] *a spec.* intraveninis, vidinis venos; ~ *injection (vaisto)* švirkštimas į veną

in-tray [ˈɪntreɪ] *n* dėžutė gaunamiems laiškams/dokumentams *(įstaigoje)*

intrench [ɪnˈtrentʃ] *v* = **entrench**

intrepid [ɪnˈtrepɪd] *a* bebaimis, neįbauginamas

intrepidity [ˌɪntrəˈpɪdətɪ] *n* drąsa, bebaimiškumas

intricacy [ˈɪntrɪkəsɪ] *n* 1 painumas, sudėtingumas 2 *(ppr. pl)* painiava, painybės, gudrybės

intricate [ˈɪntrɪkət] *a* painus, sudėtingas, pinklus

intrigant [ˈɪntrɪgənt] *pr. n (tik v.)* intrigantas

intrigante [ˌɪntrɪˈgɑːnt] *pr. n* intrigantė

intrigue [ɪnˈtriːg] *n* 1 intriga, intrigos, pinklės 2 *psn.* slaptas meilės nuotykis
v 1 (su)dominti, (su)intriguoti; *I'm ~d to know how you got here* man įdomu žinoti, kaip tu čia atsiradai 2 *knyg.* intriguoti, regzti pinkles *(against)*

intrinsic [ɪnˈtrɪnsɪk] *a* 1 vidinis; tikras, esminis 2 būdingas, savybingas *(to)*

intro [ˈɪntrəu] *n (pl ~s [-z]) šnek.* = **introduction** 4, 5

intro- [ˈɪntrə-] *lot. pref* į-, intro-; *intromission* įleidimas; *introspection* introspekcija

introduce [ˌɪntrəˈdjuːs] *v* 1 *(into)* įvesti *(reformą, naują tvarką ir pan.);* įstatyti; įdiegti *(naujovę ir pan.)* 2 *(to)* supažindinti; pristatyti; *refl* prisistatyti 3 pradėti *(periodą ir pan.)* 4 *ofic.* pateikti, pasiūlyti; *to ~ a bill* pateikti įstatymo projektą 5 *rad., tel.* pradėti programą, padaryti įžangą

introduction [ˌɪntrəˈdʌkʃn] *n* 1 įvedimas; įdiegimas 2 naujovė 3 *(oficialus)* supažindinimas; susipažinimas; *letter of ~* rekomendacinis laiškas; *our next guest needs no ~* kito mūsų svečio nereikia pristatyti 4 įvadas; įžanga 5 pateikimas 6 *muz.* introdukcija; prologas

introductory [ˌɪntrəˈdʌktərɪ] *a* įžanginis, įvadinis; ~ *course* įvadinis kursas

introspect [ˌɪntrəˈspekt] *v ret.* 1 žvelgti į vidų 2 introspektuoti, daryti savistabą

introspection [ˌɪntrəˈspekʃn] *n psich.* introspekcija, savistaba

introspective [ˌɪntrəˈspektɪv] *a psich.* introspekcijos, introspekcinis, savistabus, linkęs į savistabą

introversion [ˌɪntrəˈvɜːʃn] *n psich.* susikaupimas, susitelkimas *(savyje)*

introvert *psich. n* [ˈɪntrəvɜːt] žmogus, susitelkęs savo vidaus pasaulyje, intravertas
v [ˌɪntrəˈvɜːt] susitelkti, susikaupti

intrude [ɪnˈtruːd] *v* 1 kištis; brautis, įsibrauti *(into); to ~ in(to) smb's affairs* kištis/veltis į kieno reikalus 2 primesti; į(si)piršti *(upon); to ~ one's views upon smb* primesti kam savo pažiūras 3 trukdyti; *am I intruding?* ar nesutrukdysiu?

intruder [ɪnˈtruːdə] *n* 1 neprašytas svečias; įsibrovėlis 2 *teis.* žmogus, pasisavinęs svetimą turtą, svetimas teises; uzurpatorius

intrusion [ɪnˈtruːʒn] *n* 1 kišimasis, brovimasis, įsibrovimas; atėjimas be pakvietimo *(into)* 2 *(savo nuomonės ir pan.)* primetimas; į(si)siūlymas 3 *teis.* svetimo turto/teisių uzurpavimas 4 *geol.* intruzija, įsiterpimas 5 *kalb.* protezė; epentezė

intrusive [ɪnˈtruːsɪv] *a* 1 nepageidaujamas, neprašytas 2 įkyrus, (at)grasus

intrust [ɪnˈtrʌst] *v* = **entrust**

intuit [ɪnˈtjuːɪt] *v* nujausti, žinoti/suvokti intuityviai

intuition [ˌɪntjuˈɪʃn] *n* intuicija; *to know smth by ~* žinoti ką iš intuicijos, intuityviai

intuitional, intuitive [ˌɪntjuˈɪʃnəl, ɪnˈtjuːɪtɪv] *a* intuityvus

intuitivism [ɪnˈtjuːɪtɪvɪzm] *n* intuityvizmas

intumescence [ˌɪntjuˈmesns] *n med.* patinimas, paburkimas, ištinimas

intussusception [ˌɪntəsəˈsepʃn] *n fiziol.* invaginacija, vienos žarnos įsimovimas į kitą

inunction [ɪˈnʌŋkʃn] *n* 1 *med.* įtrynimas 2 *bažn.* patepimas

inundate [ˈɪnəndeɪt] *v (ppr. pass)* (už)tvindyti, užlieti, (už)plūsti *(t. p. prk.)*

inundation [ˌɪnənˈdeɪʃn] *n* 1 potvynis; užtvinimas, užtvindymas, užliejimas 2 *prk.* antplūdis

inurbane [ˌɪnəːˈbeɪn] *a knyg.* nerafinuotas; nemandagus, šiurkštus

inure [ɪˈnjuə] *v* 1 pripratinti, užgrūdinti *(to); pass, refl* priprasti 2 *teis.* įsigalioti; **to ~ to smb's benefit** (pasi)tarnauti, duoti naudos kam

inurement [ɪˈnjuəmənt] *n* pripratinimas; įpratimas

inurn [ɪˈnəːn] *v ret.* laidoti; (su)pilti pelenus į urną

inutile [ɪˈnjuːtɪl] *a knyg.* nenaudingas

inutility [ˌɪnjuˈtɪlətɪ] *n knyg.* nenaudingumas

invade [ɪnˈveɪd] *v* 1 įsiveržti; užgrobti 2 užplūsti *(apie turistus ir pan.)* 3 apimti, užplūsti *(apie jausmus)* 4 kėsintis *(į kieno teises);* **to ~ smb's privacy** sutrikdyti kieno vienumą/ramybę 5 pakenkti *(apie ligą)*

invader [ɪnˈveɪdə] *n* 1 įsiveržėlis, grobikas; okupantas 2 pasikėsintojas

invalid[1] [ˈɪnvəliːd, ˈɪnvəlɪd] <*n, a, v*> *n* ligonis; invalidas *a* 1 ligotas, sergantis; nedarbingas 2 skirtas ligoniams; **~ diet** ligonio dieta; **~ food** dietinis maistas; **~ home** invalidų namai
v daryti(s)/tapti invalidu ☐ **~ out** atleisti dėl ligos *(nuo karo tarnybos, iš darbo)*

invalid[2] [ɪnˈvælɪd] *a* 1 negaliojantis, neturintis juridinės galios; **to declare a marriage ~** nutraukti santuoką, ištuokti 2 nepagrįstas, nesvarus; klaidingas

invalidate [ɪnˈvælɪdeɪt] *v* 1 (pa)daryti negaliojantį, pripažinti negaliojančiu, anuliuoti 2 laikyti nepagrįstu/nepilnaverčiu

invalidity[1] [ˌɪnvəˈlɪdətɪ] *n* negaliojimas; nepagrįstumas

invalidity[2] *n* invalidumas; silpna sveikata; **~ benefit** invalidumo pensija

invaluable [ɪnˈvæljuəbl] *a* neįkainojamas, neįvertinamas

invar [ˈɪnvɑː] *n metal.* invaras *(geležies ir nikelio lydinys)*

invariability [ɪnˌvɛərɪəˈbɪlətɪ] *n* nekintamumas

invariable [ɪnˈvɛərɪəbl] *a* 1 nekintamas, nekeičiamas 2 pastovus *(apie orą; t. p. mat.);* **~ temperature** pastovi temperatūra

invariant [ɪnˈvɛərɪənt] *n spec.* invariantas
a nekintamas, pastovus; invariantinis

invasion [ɪnˈveɪʒn] *n* 1 įsiveržimas, įsibrovimas 2 antplūdis 3 *spec.* invazija; *(med. t. p.)* ligos pradžia 4 kėsinimasis; **~ of smb's privacy** kieno vienumos/ramybės (su)trikdymas

invasive [ɪnˈveɪsɪv] *a* invazinis; grobikiškas

invective [ɪnˈvektɪv] *n* 1 užgaulinga/įžeidžiama kalba 2 keiksmai, keiksmažodžiai; plūdimas(is)

inveigh [ɪnˈveɪ] *v knyg.* smarkiai (už)pulti/smerkti, plūsti *(against)*

inveigle [ɪnˈveɪgl, ɪnˈviːgl] *v knyg.* (su)gundyti, (su)kurstyti; (su)vilioti, įvilioti, įtraukti *(into)*

invent [ɪnˈvent] *v* 1 išrasti 2 išgalvoti, sugalvoti, pra(si)manyti

invention [ɪnˈvenʃn] *n* 1 išradimas 2 iš(si)galvojimas, pramanas, pra(si)manymas, sugalvojimas 3 išradingumas

inventive [ɪnˈventɪv] *a* išradingas, pramanus

inventor [ɪnˈventə] *n* 1 išradėjas 2 pramanytojas, prasimanėlis

inventory [ˈɪnvəntrɪ] *n* 1 *(turto)* aprašas, inventorius 2 prekės/daiktai, įtraukti į inventorių; prekių atsargos 3 inventorizacija, inventorizavimas, *(turto, prekių ir pan.)* surašymas
v 1 inventorizuoti; įtraukti į aprašą 2 apžvelgti, (su)sumuoti

inveracity [ˌɪnvəˈræsətɪ] *n knyg.* neteisingumas; netiesa

Inverness [ˌɪnvəˈnes] *n (berankovis)* apsiaustas su gobtuvu

inverse *n* [ˈɪnvəːs] *knyg.* priešingybė, priešybė; atvirkštinė tvarka
a [ɪnˈvəːs] *attr* atvirkštinis, priešingas; **~ dictionary** atvirkštinis/inversinis žodynas; **~ ratio/proportion** *mat.* atvirkštinė proporcija

inversion [ɪnˈvəːʃn] *n* 1 apvertimas, pervertimas; perstatymas, perstatinėjimas 2 atvirkštinė tvarka; *gram.* atvirkštinė žodžių tvarka 3 *spec.* inversija; **~ layer** inversinis sluoksnis 4 *med.* inversija, iškrypimas

invert *n* [ˈɪnvəːt] lytiškai iškrypęs žmogus; homoseksualistas
v [ɪnˈvəːt] 1 apversti, perversti; perstatyti 2 *chem.* invertuoti

invertebrate [ɪnˈvəːtɪbrət] *n* bestuburis gyvūnas
a 1 bestuburis 2 *prk.* silpnabūdis, silpnavalis

inverted [ɪnˈvəːtɪd] *a* 1 apverstas; išverstas 2 atvirkščias, atvirkštinis; **~ market** *ekon.* atvirkštinė rinka; **~ order of words** *gram.* atvirkštinė žodžių tvarka, inversija 3 *chem.* invertuotas

inverter [ɪnˈvəːtə] *n el.* inverteris

invest [ɪnˈvest] *v* 1 įdėti *(daug jėgų/laiko; in)* 2 investuoti *(kapitalą; in);* **~ed capital** investuotasis kapitalas 3 supirkti *(pasipelnymo tikslais); šnek.* pirkti *(in)* 4 apgaubti *(t. p. prk.; with, in);* **to be ~ed with mystery** būti apgaubtam paslapties 5 *ofic.* suteikti *(įgaliojimus ir pan.; with)* 6 *kar.* apsiausti, apsupti

investigate [ɪnˈvestɪgeɪt] *v* 1 (iš)tirti, (iš)tyrinėti 2 apklausti, tardyti

investigation [ɪnˌvestɪˈgeɪʃn] *n* 1 (iš)tyrimas, tyrinėjimas; nagrinėjimas; **the crime is still under ~** nusikaltimas dar tiriamas; **the matter under ~** tiriamas/nagrinėjamas klausimas 2 tardymas, kvota

investigative [ɪnˈvestɪgətɪv] *a* tiriamasis, tyrimo

investigator [ɪnˈvestɪgeɪtə] *n* 1 tyrėjas, tyrinėtojas 2 tardytojas, kvotėjas

investigatory [ɪnˈvestɪgətərɪ] *a* = **investigative**

investiture [ɪnˈvestɪtʃə] *n (titulo, įgaliojimų ir pan.)* suteikimas; investitūra

investment [ɪnˈvestmənt] *n* 1 *(darbo, laiko ir pan.)* įdėjimas; **a better ~ of one's time** geresnis savo laiko panaudojimas 2 *(kapitalo)* įdėjimas, investavimas; **he called for more government ~ in industry** jis reikalavo, kad vyriausybė daugiau investuotų į pramonę 3 *ekon.* investicija, investuotas/įdėtas kapitalas 4 vertybės, į kurias įdedamas kapitalas 5 *kar.* apsupimas; apsuptis, blokada 6 = **investiture**

investor [ɪnˈvestə] *n* investuotojas, investitorius

inveteracy [ɪnˈvetərəsɪ] *n (įpročio, prietarų)* įsišaknijimas; *(ligos)* įsisenėjimas

inveterate [ɪnˈvetərət] *a attr* 1 įsišaknijęs; įsisenėjęs; **~ hatred** įsišaknijusi neapykanta 2 užkietėjęs, nepataisomas *(apie melagį, lošėją, rūkalių)*

invidious [ɪnˈvɪdɪəs] *a* 1 nepavydėtinas, keblus *(apie užduotį, padėtį ir pan.)* 2 neįmanomas *(apie lyginimą, pasirinkimą ir pan.)*

invigilate [ɪnˈvɪdʒɪleɪt] *v* stebėti, sekti *(ypač egzaminuojamuosius rašomojo darbo metu);* budriai saugoti

invigilator [ɪnˈvɪdʒɪleɪtə] *n* stebėtojas, kad nebūtų nusirašinėjama per egzaminą

invigorate [ɪnˈvɪgəreɪt] *v* 1 teikti jėgos/energijos 2 (pa)gyvinti; (su)kelti entuziazmą

invigorated [ɪnˈvɪgəreɪtɪd] *a* atgavęs jėgas, atsigavęs

invigorating, invigorative [ɪnˈvɪgəreɪtɪŋ, ɪnˈvɪgərətɪv] *a* stiprinantis, gaivinantis

invincibility [ɪnˌvɪnsəˈbɪlətɪ] *n* nenugalimumas

invincible [ɪn'vɪnsəbl] *a* nenugalimas; neįveikiamas; ~ *will* nepalenkiama valia

inviolability [ɪnˌvaɪələ'bɪlətɪ] *n* nesugriaunamumas, neliečiamybė, neliečiamumas

inviolable [ɪn'vaɪələbl] *a* nesugriaunamas, nesulaužomas; ne(pa)liečiamas; ~ *vow/oath* nesulaužoma priesaika

inviolate [ɪn'vaɪələt] *a* **1** *knyg.* ne(su)laužomas, nesulaužytas; *to keep one's promise* ~ nesulaužyti pažado **2** *ret.* nesuterštas; nepaliestas

invisibility [ɪnˌvɪzə'bɪlətɪ] *n* nematomumas

invisible [ɪn'vɪzəbl] *a* **1** nematomas; nepastebimas; ~ *exports* neregimasis *(ne gaminių)* eksportas **2** neegzistuojantis, įsivaizduojamas; užslėptas
n pl ekon. nematomosios prekės; nematomieji balanso straipsniai

invitation [ˌɪnvɪ'teɪʃn] *n* **1** (pa)kvietimas; ~ *card* (pa)kvietimas *(raštu); by ~ only* tik su kvietimais; *open/standing* ~ kvietimas apsilankyti *ir pan.* bet kada **2** (pa)siūlymas; skatinimas; *unlocked doors are an open ~ to thieves* nerakintos durys skatina vagis

invite *v* [ɪn'vaɪt] **1** (pa)kviesti, prašyti *(to – į)* **2** (pa)traukti, (pa)lenkti; *to ~ attention* (pa)traukti dėmesį **3** skatinti; *to ~ questions [opinions]* kviesti duoti/teikti klausimus [reikšti nuomonę]; *his manner does not ~ confidence* jo elgesys nekelia pasitikėjimo **4** prisišaukti *(bėdą ir pan.)*
☐ ~ *along* kviesti eiti kartu; ~ *back* kviesti užeiti *(grįžtant iš kur);* ~ *over* kviesti užeiti *(išgerti, užkąsti)*
n ['ɪnvaɪt] *šnek.* (pa)kvietimas

inviting [ɪn'vaɪtɪŋ] *a* **1** patrauklus, viliojantis **2** kviečiantis

in vitro [ɪn'vi:trəʊ] *lot.* dirbtinis, dirbtinėmis sąlygomis; ~ *fertilization biol.* apvaisinimas in vitro, mėgintuvėlyje *ir pan. (ne organizme)*

invocation [ˌɪnvə'keɪʃn] *n* **1** *poet.* kreipimasis į mūzą **2** *rel.* meldimas, maldavimas *(Dievo)*

invocatory [ɪn'vɒkətᵊrɪ] *a knyg.* kreipimosi, kreipiamasis; šaukiamas; maldaujamas

invoice ['ɪnvɒɪs] *kom. n* važtaraštis, prekyraštis, sąskaita, faktūra
v išrašyti važtaraštį/faktūrą/sąskaitą

invoke [ɪn'vəʊk] *v* **1** remtis, pasitelkti *(įstatymą ir pan.);* taikyti *(išlygą, straipsnį)* **2** maldauti, šauktis, kreiptis *(pagalbos ir pan.)* **3** (su)žadinti, sukelti **4** (iš)kviesti *(dvasią)*

involucre ['ɪnvəluːkə] *n* **1** *anat.* danga, (ap)dangalas, apvalkalas **2** *bot.* žiedyno skraistė

involuntary [ɪn'vɒləntᵊrɪ] *a* **1** nevalingas, nesąmoningas; ~ *shudder* nevalingas drebulys **2** *teis.* netyčinis, priverstinis

involute ['ɪnvəluːt] <*a, n, v*> *a knyg.* **1** susuktas, susisukęs; suraitytas, užraitytas; spiralinis **2** sudėtingas, supainiotas
n geom. evolventė, involiutė
v mat. (pa)kelti laipsniu

involution [ˌɪnvə'luːʃn] *n* **1** su(si)sukimas spirale **2** įsipainiojimas; painiava **3** *(mechanizmo ir pan.)* sudėtingumas **4** *fiziol., biol.* atgalinė raida, involiucija **5** *mat.* kėlimas laipsniu **6** *geom.* involiucija

involve [ɪn'vɒlv] *v* **1** apimti; liesti; *to ~ the rights* (pa)liesti teises **2** sietis *(su),* būti priežastimi; *it ~s great expense* tai susiję su didelėmis išlaidomis **3** įtraukti, įpainioti, įvelti; *pass, refl* įsitraukti; įsipainioti *(in – į); to ~ smb in the game [a crime]* įtraukti ką į žaidimą [į nusikaltimą] **4** aptraukti, apgaubti; apvynioti, įvynioti *(in)* **5** sukti(s) *(spirale)*

involved [ɪn'vɒlvd] *a* **1** įsitraukęs, įtrauktas; susijęs, dalyvaujantis *(in)* **2** įsipainiojęs, įsivėlęs *(in, with);* ~ *in debt* įsivėlęs į skolas **3** svarstomas(is), kalbamas(is) *(apie asmenį, grupę)* **4** painus, sudėtingas

involvement [ɪn'vɒlvmənt] *n* **1** į(si)traukimas, dalyvavimas; į(si)painiojimas *(in)* **2** domėjimasis, susidomėjimas *(in)* **3** painiava **4** piniginiai sunkumai **5** ryšiai *(with)* **6** *šnek. (nesusituokusiųjų)* intymūs santykiai **7** *med.* pakenkimas

invulnerability [ɪnˌvʌlnᵊrə'bɪlətɪ] *n* nepažeidžiamumas

invulnerable [ɪn'vʌlnᵊrəbl] *a* nesužeidžiamas; *prk.* nepažeidžiamas

inward ['ɪnwəd] <*a, adv, n*> *a* **1** vidinis, vidaus **2** nukreiptas į vidų **3** dvasinis, protinis ◊ *the ~ man* žmogaus vidaus pasaulis
adv (ypač amer.) **1** į vidų, vidun **2** viduje; širdyje
n **1** vidus **2** *pl šnek.* viduriai

inward-bound ['ɪnwədbaʊnd] *a* grįžtamasis, atgalinis *(apie skrydį, kelionę ir pan.)*

inward-looking ['ɪnwədˌlʊkɪŋ] *a* susirūpinęs savimi, intraversinis

inwardly ['ɪnwədlɪ] *adv* **1** į vidų; viduje **2** širdyje, savyje

inwardness ['ɪnwədnɪs] *n* **1** esmė, tikroji prigimtis **2** vidaus jėga; dvasinė pusė

inwards ['ɪnwədz] = **inward** *adv*

inweave [ˌɪn'wiːv] *v* (inwove [ˌɪn'wəʊv]; inwoven [ˌɪn'wəʊvn]) **1** įausti, apausti **2** įpinti

inwrought [ˌɪn'rɔːt] *a* **1** raštuotas, išgražintas *(with)* **2** įaustas į audinį *(apie raštą; on, in)* **3** *prk.* glaudžiai susijęs, susipynęs *(with)*

iodic [aɪ'ɒdɪk] *a chem.* jodo, turintis jodo

iodide ['aɪədaɪd] *n chem.* jodidas

iodine ['aɪədiːn] *n chem.* jodas

iodize ['aɪədaɪz] *v* (iš)tepti jodu

iodoform [aɪ'ɒdəfɔːm] *n farm.* jodoformas

ion ['aɪən] *n fiz.* jonas

-ion [-ən] *(t. p.* -tion, -sion) *suff* -imas, -ymas, -yba *(žymint veiksmą, būseną, veiksmo rezultatą);* -cija *(tarptautiniuose žodžiuose); division* dalijimas; dalyba; *reduction* (su)mažinimas; redukcija; *translation* vertimas; transliacija

Ionian [aɪ'əʊnɪən] *a: the ~ islands [sea]* Jonijos salos [jūra]

ionic [aɪ'ɒnɪk] *a fiz.* joninis, jono; ~ *composition of the atmosphere* atmosferos joninė struktūra

Ionic [aɪ'ɒnɪk] *a* **1** *ist.* Jonijos; jonėnų **2** *archit.* jonėninis

ionium [aɪ'əʊnɪəm] *n chem.* jonis

ionization [ˌaɪənaɪ'zeɪʃn] *n chem.* jonizacija

ionize ['aɪənaɪz] *v chem.* jonizuoti

ionosphere [aɪ'ɒnəsfɪə] *n fiz.* jonosfera

iota [aɪ'əʊtə] *gr.* **1** jotas *(raidė)* **2** mažiausias kiekis; *not a/one ~ of truth* nė trupučio tiesos; *not to care an ~* nesidomėti, nė kiek nevertinti

IOU [ˌaɪəʊ'juː] *n* (I owe you *sutr.*) skolos raštas/pakvitavimas

-ious [-ɪəs] = **-ous**

Iowa ['aɪəʊə] *n* Ajova *(JAV valstija)*

ipecac ['ɪpɪkæk] *n šnek.* = **ipecacuanha**

ipecacuanha [ˌɪpɪkækju'ænə] *n farm.* ipekakvana, ipekakvanos šaknis

ipso facto [ˌɪpsəʊ'fæktəʊ] *lot.* tuo pačiu, (jau vien) tuo

ir- [ɪr-] *pref* = **in-²** *(prieš priebalsį r)*

Irak [ɪ'rɑːk] *n* = **Iraq**

Iran [ɪ'rɑːn] *n* Iranas *(valstybė)*

Iranian [ɪ'reɪnɪən] *n* **1** Irano gyventojas, iranietis **2** persų kalba
a Irano; iraniečių; ~ *languages* iranėnų kalbos

Iraq [ɪ'rɑːk] *n* Irakas *(valstybė)*

Iraqi [ɪˈrɑːkɪ] *n* Irako gyventojas, irakietis
a Irako; irakiečių
irascibility [ɪˌræsɪˈbɪlətɪ] *n knyg.* ūmumas, staigumas
irascible [ɪˈræsɪbl] *a knyg.* ūmus, staigus, greit supykstantis
irate [aɪˈreɪt] *a* pasipiktinęs, įtūžęs
ire [ˈaɪə] *n poet.* pyktis, įtūžis
ireful [ˈaɪəfəl] *a poet.* 1 piktas, rūstus 2 ūmus
Ireland [ˈaɪələnd] *n* Airija *(valstybė);* **Northern** ~ Šiaurės Airija *(D. Britanijos dalis)*
Irene [aɪˈriːn(ɪ)] *n* Irena *(vardas)*
Irian [ˈɪrɪən] *n:* **West** ~ Vakarų Irianas, Irian Džaja *(ist. sritis)*
irides [ˈaɪərɪdiːz] *pl žr.* **iris** 1
iridescence [ˌɪrɪˈdesns] *n* spalvų žaismas/kaitymasis
iridescent [ˌɪrɪˈdesnt] *a* vaivorykštinis, vaivorykštės spalvų; mirguliuojantis, kaitantis spalvas
iridium [ɪˈrɪdɪəm] *n chem.* iridis
iris [ˈaɪərɪs] *n* 1 *(pl* irides*) anat.* rainelė 2 vaivorykštė 3 *bot.* vilkdalgis, irisas 4 *attr:* ~ **diaphragm** *opt.* irisinė/vyzdinė diafragma
Irish [ˈaɪərɪʃ] *n* 1 *(the ~) kuop.* airiai 2 airių kalba 3 Airijos gaminiai *(drobė, viskis ir pan.)* ◊ **to get one's ~ up** (su)pykti
a Airijos; airių, airiškas
Irishman [ˈaɪərɪʃmən] *n (pl* -men [-mən]) *(tik v.)* airis
Irishwoman [ˈaɪərɪʃˌwumən] *n (pl* -women [-ˌwɪmɪn]) airė
iritis [aɪəˈraɪtɪs] *n med.* rainelės uždegimas, iritas
irk [əːk] *v* varginti, erzinti, įkyrėti
irksome [ˈəːksəm] *a* varginantis, nuobodus, įkyrus
iron [ˈaɪən] <*n, a, v*> *n* 1 geležis; *old/scrap* ~ geležies laužas; *cast* ~ ketus; *rod* ~ virbalinė geležis; *spinach is full of* ~ špinatai turi daug geležies; *as hard as* ~ tvirtas kaip plienas; *(prk. t. p.)* griežtas, rūstus, žiaurus; *a man of* ~ geležinis ar geležinės valios žmogus 2 geležies dirbinys 3 laidynė, lygintuvas *(drabužiams)* 4 *med.* įtvaras 5 *pl* geležiniai; pančiai, grandinės; *climbing ~s* a) alpinistų batų kapliai; b) *(monterio)* genys ◊ **to pump** ~ *šnek.* būti sunkiaatlečiu, sunkumų kilnotoju; **strike while the ~ is hot, strike the ~ while it is hot** ≡ kalk geležį, kol karšta; **to have (too) many ~s in the fire** iš karto imtis/dirbti daug darbų
a geležinis *(t. p. prk.)*, geležies; ~ *roof* skardinis stogas; *the I. Age* geležies amžius; ~ *discipline* geležinė drausmė; *I. Lady polit.* geležinė ledi
v 1 laidyti, lyginti *(drabužius)* 2 sukaustyti *(grandinėmis, geležiniais pančiais)* 3 aptraukti geležimi, (ap)geležinti ☐ ~ *out* a) išlyginti *(raukšles);* b) *prk.* išspręsti, sutvarkyti, sureguliuoti *(konfliktą, sunkumus ir pan.)*
iron-bound [ˈaɪənbaund] *a* 1 apkaltas geležimi; sukaustytas 2 nepalenkiamas, griežtas; atšiaurus 3 uolotas *(apie krantą)*
ironclad *a* [ˌaɪənˈklæd] šarvuotas
n [ˈaɪənklæd] *jūr. ist.* šarvuotas
iron-fall [ˈaɪənfɔːl] *n* meteorito kritimas
iron-foundry [ˈaɪənˌfaundrɪ] *n* ketaus liejykla
iron-grey [ˌaɪənˈgreɪ] *a* (pilkai) plieno spalvos
iron-handed [ˈaɪənˈhændɪd] *a* nuožmus, žiaurus; nepalenkiamas
ironic(al) [aɪˈrɒnɪk(l)] *a* ironiškas
ironing [ˈaɪənɪŋ] *n* 1 *(drabužių)* laidymas, lyginimas; ~ *board* laidymo/lyginimo lenta 2 skirti laidyti/lyginti *ar* išlaidyti skalbiniai
ironmaster [ˈaɪənˌmɑːstə] *n* geležies dirbinių fabrikantas
ironmonger [ˈaɪənˌmʌŋgə] *n* geležius; geležies dirbinių pirklys, ~*'s (shop)* geležies dirbinių parduotuvė

ironmongery [ˈaɪənˌmʌŋgərɪ] *n (smulkūs)* geležies dirbiniai, *(smulkios)* geležies prekės
ironmould [ˈaɪənməuld] *n* rūdžių/rašalo dėmė *(audinyje)*
ironside [ˈaɪənsaɪd] *n* 1 narsus/ryžtingas žmogus 2 *(Ironsides) pl ist.* Kromvelio raitininkai 3 *pl ist.* šarvuotis
ironstone [ˈaɪənstəun] *n* geležies rūda
ironware [ˈaɪənwɛə] *n* geležies dirbiniai/prekės
ironwork [ˈaɪənwəːk] *n* 1 geležies dirbiniai 2 *stat.* geležinės konstrukcijos
iron-worker [ˈaɪənˌwəːkə] *n* metalistas, metalininkas *(apie darbininką)*
iron-works [ˈaɪənwəːks] *n* geležies apdirbimo fabrikas; liejykla
irony[1] [ˈaɪənɪ] *a* geležies, geležinis; geležingas
irony[2] [ˈaɪərənɪ] *n* ironija ◊ **Socratic** ~ Sokrato metodas ginčytis
Iroquois [ɪrəˈkwɔɪ] *n* irokėzas; irokėzai *(Š. Amerikos indėnų gentys)*
a irokėzų
irradiance [ɪˈreɪdɪəns] *n* 1 *knyg.* spindėjimas, švytėjimas; spinduliavimas 2 *fiz.* apšvita
irradiant [ɪˈreɪdɪənt] *a knyg.* švytintis, šviečiantis; spinduliuojantis
irradiate [ɪˈreɪdɪeɪt] *v* 1 švitinti *(t. p. fiz.)* 2 *knyg.* nušviesti, apšviesti *(spinduliais)* 3 *prk.* šviesti; nušviesti 4 spinduliuoti, spindėti *(t. p. prk.)*
irradiation [ɪˌreɪdɪˈeɪʃn] *n* 1 švitinimas *(t. p. fiz.)* 2 spinduliavimas, spindėjimas 3 *knyg.* nušvietimas, apšvietimas *(t. p. prk.)* 4 *fiz., fiziol., kalb.* iradiacija
irrational [ɪˈræʃnəl] *a* 1 neprotingas; nelogiškas; iracionalus 2 *mat.* iracionalus, iracionalinis
irrationality [ɪˌræʃəˈnælətɪ] *n* 1 neprotingumas; nelogiškumas 2 *mat.* iracionalumas
irreclaimable [ˌɪrɪˈkleɪməbl] *a knyg.* 1 netinkamas dirbti *(apie žemę)* 2 nepataisomas 3 *ret.* negrąžinamas
irrecognizable [ɪˈrekəgnaɪzəbl] *a* neatpažįstamas
irreconcilable [ɪˌrekənˈsaɪləbl] *a* nesutaikomas; nesutaikinamas
irrecoverable [ˌɪrɪˈkʌvərəbl] *a* neatitaisomas, nepataisomas; nesusigrąžinamas, neatgaunamas
irredeemable [ˌɪrɪˈdiːməbl] *a* 1 nepataisomas, beviltiškas 2 neišperkamas, nepadengiamas 3 ne(iš)keičiamas *(apie popierinius pinigus)*
irreducible [ˌɪrɪˈdjuːsəbl] *a* 1 minimalus, kraštutinis 2 nepaverčiamas *(į kitą būseną)* 3 *mat.* nesuprastinamas 4 *med.* neatitaisomas
irrefragable [ɪˈrefrəgəbl] *a knyg.* nenuginčijamas, nepaneigiamas, nesugriaunamas
irrefrangible [ˌɪrɪˈfrændʒɪbl] *a* 1 *knyg.* nesulaužomas 2 *opt.* nelūžtantis
irrefutable [ɪˈrefjutəbl, ˌɪrɪˈfjuːtəbl] *a* neatmetamas, nepaneigiamas; nesugriaunamas *(apie argumentus)*
irregular [ɪˈregjulə] *a* 1 netaisyklingas *(t. p. gram.);* nereguliarus *(t. p. kar.);* nenormalus; neteisėtas; ~ *features* netaisyklingi veido bruožai; ~ *child* nesantuokinis vaikas 2 netvarkingas, nemoralus; **to lead an** ~ *life* gyventi palaidai 3 nevienodas; nesimetriškas; nelygus *(apie paviršių ir pan.)* ~ *pulse* neritmingas, sutrikusio ritmo pulsas 4 *amer. euf.* užkietėjęs *(apie vidurius)*
n 1 nereguliariosios kariuomenės kareivis 2 *(ppr. pl)* nereguliarioji kariuomenė
irregularity [ɪˌregjuˈlærətɪ] *n* 1 netaisyklingumas; nereguliarumas; nukrypimas nuo normos; taisyklių/drausmės/tvarkos *ir pan.* pažeidimas/nesilaikymas 2 netvarkingu-

irregularly-shaped

mas, nemoralumas, ištvirkimas; ~ *of living* netvarkingas/palaidas gyvenimas 3 *(paviršiaus ir pan.)* nelygumas; *(pulso, kvėpavimo)* neritmingumas
irregularly-shaped [ɪˌregjuləlɪˈʃeɪpt] *a* netaisyklingos formos
irrelative [ɪˈrelətɪv] *a* 1 nesusijęs *(to);* absoliutus 2 = **irrelevant**
irrelevance, -cy [ɪˈreləvəns, -sɪ] *n* 1 *(klausimo, pastabos ir pan.)* netinkamumas; neturėjimas ryšio 2 nereikšmingumas, nesvarbumas
irrelevant [ɪˈreləvənt] *a* 1 neliečiantis reikalo, esantis ne vietoje, neturintis ryšio 2 nereikalingas, nesvarbus, nereikšmingas; nerelevantiškas; *his age is* ~ jo amžius – nesvarbu
irreligious [ˌɪrɪˈlɪdʒəs] *a* 1 nereligingas, netikintis 2 bedieviškas, antireliginis
irremeable [ɪˈremɪəbl] *a knyg.* negrįžtamas
irremediable [ˌɪrɪˈmiːdɪəbl] *a* 1 nepataisomas *(apie žalą, klaidą ir pan.)* 2 neišgydomas
irremissible [ˌɪrɪˈmɪsəbl] *a* 1 nedovanotinas, neatleistinas 2 privalomas
irremovable [ˌɪrɪˈmuːvəbl] *a* 1 nepašalinamas 2 nenušalinamas, neatleidžiamas *(iš tarnybos)*
irreparable [ɪˈrepərəbl] *a* neatitaisomas, nepataisomas
irreplaceable [ˌɪrɪˈpleɪsəbl] *a* nepakeičiamas
irrepressible [ˌɪrɪˈpresəbl] *a* 1 nesuvaldomas, nesulaikomas 2 nenusimenantis, energingas
n nenuorama
irreproachable [ˌɪrɪˈprəʊtʃəbl] *a* nepriekaištingas, nepeiktinas
irresistible [ˌɪrɪˈzɪstəbl] *a* 1 nenugalimas, neatremiamas; nesustabdomas 2 neatsispiriamas, žavus
irresolute [ɪˈrezəluːt] *a* neryžtingas
irresolution [ɪˌrezəˈluːʃn] *n* neryžtingumas, svyravimas
irresolvable [ˌɪrɪˈzɒlvəbl] *a* 1 ne(su)skaidomas *(į dalis)* 2 neišsprendžiamas
irrespective [ˌɪrɪˈspektɪv] *a* nepriklausomas; ~ *of* nepriklausomai nuo, neatsižvelgiant į, nepaisant ko
irresponsibility [ˌɪrɪspɒnsəˈbɪlətɪ] *n* neatsakingumas, atsakomybės stoka
irresponsible [ˌɪrɪˈspɒnsəbl] *a* 1 neatsakingas 2 *teis.* nepakaltinamas
irresponsive [ˌɪrɪˈspɒnsɪv] *a* 1 neatsakantis, nereaguojantis 2 nejautrus, neužjaučiantis
irretention [ˌɪrɪˈtenʃn] *n* nesugebėjimas išlaikyti atmintyje; ~ *of memory* silpna atmintis
irretentive [ˌɪrɪˈtentɪv] *a* neišlaikantis, silpnas *(apie atmintį)*
irretrievable [ˌɪrɪˈtriːvəbl] *a* nepataisomas, neatitaisomas; ne(su)grąžinamas; ~ *loss* neatitaisomas praradimas
irreverence [ɪˈrevərəns] *n* nepagarbumas
irreverent [ɪˈrevərənt] *a* nepagarbus
irreversible [ˌɪrɪˈvəːsəbl] *a* 1 nepakeičiamas, nepanaikinamas 2 negrįžtamas; ~ *process* negrįžtamas procesas 3 *tech.* nereversinis *(apie variklį)*
irrevocable [ɪˈrevəkəbl] *a* 1 neatšaukiamas, nepakeičiamas 2 negrąžinamas
irrigable [ˈɪrɪgəbl] *a* drėkinamas(is)
irrigate [ˈɪrɪgeɪt] *v* 1 drėkinti; iriguoti 2 *med.* plauti
irrigation [ˌɪrɪˈgeɪʃn] *n* 1 *ž. ū.* drėkinimas, irigacija; ~ *engineering* melioracija; *overhead* ~ laistymas 2 *med.* plovimas; irigacija
irrigative [ˈɪrɪgeɪtɪv] *a* drėkinamasis, drėkinimo, irigacinis
irritability [ˌɪrɪtəˈbɪlətɪ] *n* 1 irzlumas 2 *fiziol.* dirglumas
irritable [ˈɪrɪtəbl] *a* irzlus 2 jaudrus; liguistai jautrus 2 *fiziol.* dirglus

isogloss

irritant [ˈɪrɪtənt] *n* 1 jaudiklis; dirgiklis 2 *kar.* dirginančiosios nuodingosios medžiagos
a jaudinantis; dirginantis
irritate[1] [ˈɪrɪteɪt] *v* 1 erzinti, pykinti 2 *fiziol.* dirginti 3 *med.* sukelti uždegimą
irritate[2] *v teis.* (pa)skelbti negaliojančiu, anuliuoti
irritating [ˈɪrɪteɪtɪŋ] *a* 1 erzinantis, nemalonus 2 *fiziol.* dirginantis 3 *med.* sukeliantis uždegimą
irritation [ˌɪrɪˈteɪʃn] *n* 1 su(si)erzinimas, pyktis 2 *fiziol., med.* (su)dirginimas; dirginys
irritative [ˈɪrɪteɪtɪv] *a* erzinantis, dirginantis; ~ *agent* dirginimo veiksnys, dirgiklis
irruption [ɪˈrʌpʃn] *n knyg.* staigus įsiveržimas/įsibrovimas
Irving [ˈəːvɪŋ] *n: Washington* ~ Vašingtonas Irvingas *(amerikiečių rašytojas)*
is [s, z, əz; *kirčiuota forma* ɪz] *vksm.* to be *tiesioginės nuosakos esam. l. vns.* 3-*asis asmuo*
Isaac [ˈaɪzək] *n* Izaokas, Aizekas *(vardas)*
Isabella [ˌɪzəˈbelə] *n* 1 Izabelė, Izabela *(vardas)* 2 pilkšvai geltona spalva
Isaiah [aɪˈzaɪə] *n bibl.* Isajas *(pranašas)*
-ise [-aɪz] = **-ize**
-ish [-ɪʃ] *suff* 1 *(džn. menk.)* -iškas *(žymint būdingą savybę); feverish* karštligiškas; *womanish* moteriškas 2 -iškas; *verčiamas ir dktv.* kilmininku *(sudarant būdvardžius iš daiktavardžių – šalies, tautybės, rasės pavadinimų); Swedish* švediškas, švedų, Švedijos 3 -okas, apy-, po- *(žymint ne visai pilną ypatybės kiekį):* -svas, -švas *(žymint mažesnio intensyvumo spalvą); youngish* jaunokas, apyjaunis, pojaunis; *yellowish* gelsvas 4 apie *(žymint laiką); we'll expect you eightish* mes lauksime jūsų apie aštuntą valandą
Isidore [ˈɪzɪdɔː] *n* Izidorius, Izidoras *(vardas)*
isinglass [ˈaɪzɪŋglɑːs] *n* 1 žuvų klijai, želatina 2 *šnek.* žėrutis
Isis [ˈaɪsɪs] *n mit.* Izidė *(egiptiečių deivė)*
Islam [ˈɪzlɑːm, ɪsˈlɑːm] *n* islamas
Islamabad [ɪzˈlæməbæd] *n* Islamabadas *(Pakistano sostinė)*
Islamic [ɪzˈlæmɪk] *a* islamo, musulmonų
Islamism [ˈɪzləmɪzm] *n* islamizmas
island [ˈaɪlənd] *n* 1 sala, salelė *(t. p. prk.); the park is an* ~ *of peace in the noisy city* parkas – ramybės salelė triukšmingame mieste 2 izoliuota/atskirta vieta; *traffic/safety* ~ saugumo salelė *(kelyje/gatvėje pėstiesiems sustoti)*
v 1 (ap)supti *(vandeniu)* 2 atskirti, izoliuoti
islander [ˈaɪləndə] *n* salos gyventojas, salietis
isle [aɪl] *n* sala *(poet.; prozoje ppr. su tikriniais vardais; pvz.: I. of Wight* Vaito sala*)*
islet [ˈaɪlɪt] *n* salelė
ism [ɪzm] *n (ppr. menk.)* doktrina, teorija
-ism [-ɪzm] *suff* 1 -izmas *(žymint teoriją, kryptį, santvarką; procesą, būseną; būdingą kalbos savybę); Darwinism* darvinizmas; *feudalism* feodalizmas; *egoism* egoizmas; *Latinism* lotynizmas 2 -iškumas, -izmas *(žymint savybę, ypatybę); dandyism* puošeiviškumas, dendizmas
isn't [ˈɪznt] *sutr.* = **is not**
iso- [aɪsəᵘ-] *(sudurt. žodžiuose* izo- *(reiškiant vienodumą, panašumą, lygumą, pastovumą); isochromatic* izochromatinis; *isobath* izobata
isobar [ˈaɪsəbɑː] *n spec.* izobara; izobarė
isochromatic [ˌaɪsəᵘkrəᵘˈmætɪk] *a spec.* izochromatinis
isochronous [aɪˈsɒkrənəs] *a spec.* izochroninis, vienodos trukmės
isogloss [ˈaɪsəglɒs] *n kalb.* izoglosa

isolate ['aɪsəleɪt] v **1** izoliuoti; atskirti **2** *chem.* išskirti
isolated ['aɪsəleɪtɪd] a **1** atskirtas, izoliuotas **2** pavienis, atskiras; **~ case** pavienis/atskiras atvejis
isolating ['aɪsəleɪtɪŋ] a *kalb.* izoliacinis *(apie kalbas)*
isolation [ˌaɪsə'leɪʃn] n **1** izoliacija; at(si)skyrimas, izoliavimas; **in ~** atskirai **2** izoliuotumas, vienuma; **to live in ~** gyventi vienumoje **3** *attr:* **~ hospital** infekcinė ligoninė; **~ ward** izoliatorius *(ligoninėje)*
isolationism [ˌaɪsə'leɪʃənɪzm] n *polit.* izoliacionizmas
isolator ['aɪsəleɪtə] n *fiz.* izoliatorius
Isold(e) [ɪ'zɔld(ə)] n Izolda *(vardas)*
isoline ['aɪsəlaɪn] n *spec.* izolinija
isomer ['aɪsəmə] n *chem., fiz.* izomeras
isometric [ˌaɪsəᵘ'metrɪk] a izometrinis
isometrics [ˌaɪsəᵘ'metrɪks] n pl *sport.* izometriniai pratimai *(raumenims stiprinti)*
isomorphic [ˌaɪsə'mɔːfɪk] a *spec.* izomorfinis
isomorphism [ˌaɪsə'mɔːfɪzm] n *spec.* izomorfizmas
isosceles [aɪ'sɔsəliːz] a *geom.* lygiašonis; **~ triangle** lygiašonis trikampis
isotherm ['aɪsəθəːm] n *geogr.* izotermė
isothermal [ˌaɪsə'θəːml] a *geogr.* izoterminis
isotope ['aɪsətəup] n *chem.* izotopas
Israel ['ɪzreɪl] n Izraelis *(valstybė)*
Israeli [ɪz'reɪlɪ] n izraelietis; Izraelio pilietis
 a Izraelio; izraeliečių
Israelite ['ɪzrəlaɪt] *bibl.* n izraelitas, žydas
 a Izraelio; žydų
issuance ['ɪʃuəns] n *amer.* **1** *(įstatymų, pašto ženklų, knygų ir pan.)* (iš)leidimas **2** išėjimas; ištekėjimas **3** *(produktų, dokumento)* išdavimas
issue ['ɪʃuː, 'ɪsjuː] n **1** svarstoma problema, ginčijamas klausimas; ginčo objektas; ginčas; **at ~** a) nesutariant; b) ginčijamas, diskutuojamas *(apie klausimą);* **to join/take ~** a) pradėti diskusijas; pasiginčyti *(with – su);* b) *teis.* kartu perduoti teismui spręsti *(apie šalis);* c) priimti kitos šalies pasiūlytą sprendimą; **I must take ~ with you on that question** tuo klausimu turiu pareikšti jums savo nepritarimą; **to bring an ~ to a close** išspręsti klausimą **2** *poligr.* (iš)leidimas; *(laikraščio)* laida, leidimas; **to-day's ~** *(laikraščio ir pan.)* šios dienos numeris **3** (iš)tekėjimas, išėjimas; išskyrimas, šalinimas **4** išeiga; ištekis **5** *(produktų ir pan.)* išdavimas **6** padarinys, rezultatas; baigtis; **in the ~** taigi; susumuojant rezultatus; galų gale **7** *teis.* palikuonis; vaikai; **without male ~** neturintis sūnų **8** *(ppr. pl) teis.* pelnas **9** *fin.* emisija; (akcijų) išleidimas; **currency ~** pinigų emisija **10: government ~** valdiško pavyzdžio
 v **1** išleisti *(knygą ir pan.);* leisti į apyvartą; **to ~ stamps** išleisti pašto ženklus **2** pareikšti; **to ~ a statement** (pa)daryti pareiškimą **3** kilti, išplaukti *(from)* **4** pasibaigti *(in – kuo);* **the game ~d in a tie** žaidimas baigėsi lygiosiomis **5** išduoti, išdavinėti *(maisto davinį, aprangą ir pan.);* **to ~ a mandate** išduoti mandatą □ **~ forth/out** išeiti, ištekėti, išsilieti
issuer ['ɪʃuə] n *fin.* emitentas *(pinigų ir vertybinių popierių leidėjas)*
-ist [-ɪst] *suff* **1** -istas, -ininkas *(žymint asmenį, veikėją, profesiją);* **antagonist** antagonistas; priešininkas; **druggist** vaistininkas **2** -istas *(žymint sekėją, šalininką);* **Darvinist** darvinistas
Istanbul [ˌɪstæn'bul] n Stambulas *(miestas)*
isthmus ['ɪsməs] n *geogr., anat.* sąsmauka
Istria ['ɪstrɪə] n Istrija *(pusiasalis)*
it [ɪt] *pron* **1** *pers* jis, ji *(apie daiktus ir gyvulius);* **take this letter and read it** paimk šį laišką ir perskaityk jį **2** tai; **who is it?** kas tai?, kas ten?; **it's me,** *knyg.* **it is I** tai aš **3** *impers:* **it rains** lyja; **it is said** sako(ma); **it is 10 miles to London** iki Londono 10 mylių; **it is easy to talk like that** lengva taip kalbėti **4** *emph:* **it was he who helped me** kaip tik jis man padėjo **5** *kaip papildinys sustiprina veiksmažodžio reikšmę; pvz.:* **to foot it** a) eiti pėsčiomis; b) šokti; **to lord it** dideliu ponu dėtis
 n *šnek.* **1** idealas; paskutinis *(ko)* žodis; pati tobulybė; **she has it** ji labai žavi/patraukli **2** tas, kuris turi gaudyti, ar ieškoti, kitų žaidėjų *(vaikų žaidimuose);* **you're it!** tau gaudyti/ieškoti!
Italian [ɪ'tælɪən] n **1** italas **2** italų kalba
 a Italijos; itališkas, italų ◊ **~ warehouse** bakalėjos (ypač itališkų) prekių parduotuvė
Italianate [ɪ'tælɪəneɪt] a *knyg.* būdingas italui, itališkas
Italic [ɪ'tælɪk] a *ist.* italikų
italic [ɪ'tælɪk] a *poligr.* kursyvinis
italicize [ɪ'tælɪsaɪz] v **1** išskirti kursyvu **2** pabraukti *(rankraštyje);* išskirti pabraukiant **3** pabrėžti
italics [ɪ'tælɪks] n *(pl) poligr.* kursyvas; **in ~** kursyvu
Italo- ['ɪtələu-] *(sudurt. žodžiuose)* Italijos (ir), italų; **the ~-austrian border** Italijos ir Austrijos siena
Italy ['ɪtəlɪ] n Italija *(valstybė)*
itch [ɪtʃ] n **1** niežėjimas, niežulys, peršulys **2** *(the ~)* niežai; **to have the ~** turėti niežų; **to suffer from the ~** sirgti niežais **3** *šnek.* noras, knietulys, troškimas *(for);* **I had an ~ to travel** man knietėjo keliauti ◊ **seven year ~** tariamas polinkis į neištikimybę po septynerių santuokos metų
 v **1** niežėti, peršėti; **my back is ~ing** man niežti nugara **2** *šnek.* kniesti, knietėti; norėti; **my fingers ~ to give him a thrashing** man delnai/rankos niežti jam užduoti
itch-mite ['ɪtʃmaɪt] n *zool.* niežinė erkė
itchy ['ɪtʃɪ] a **1** niežintis; sukeliantis niežėjimą **2** niežuotas, turintis niežų **3** *prk.* trokštantis *(ko nors naujo/skirtingo)*
it'd [ɪtəd] *sutr. šnek.* **1** = **it would 2** = **it had**
-ite [-aɪt] *suff* **1** -ietis *(žymint tam tikros vietos gyventoją);* **Brooklynite** Bruklino gyventojas, bruklinietis **2** -istas, -ininkas *(žymint šalininką, veikėją);* **Labourite** leiboristas; **Hitlerite** hitlerininkas **3** -itas *(žymint iškasenas, mineralus, sprogmenis ir pan.);* **ammonite** amonitas; **anthracite** antracitas
item ['aɪtəm] <n, v, adv> n **1** vienas iš pažymėtų dalykų *(sąraše ir pan.);* punktas, straipsnis; *(darbotvarkės)* klausimas; *(programos ir pan.)* numeris **2** *(tam tikras)* daiktas, gaminys, prekė; **luxury ~** prabangos daiktas; **an ~ of furniture** baldas **3** žinutė, pranešimas *(laikraštyje)* **4** *buh.* straipsnis; įrašas **5** *komp.* elementas ◊ **to be an ~** *šnek.* artimai draugauti
 v užrašyti/fiksuoti papunkčiui
 adv psn. taip pat; be to
itemize ['aɪtəmaɪz] v **1** surašyti sąrašą *(daiktų);* išvardyti papunkčiui; **to ~ the price** nurodyti kiekvieno dalyko kainą atskirai **2** patikslinti; detalizuoti; **~d bill** detali sąskaita
iterant ['ɪtərənt] a *knyg.* pasikartojantis
iterate ['ɪtəreɪt] v *knyg.* (pa)kartoti; **to ~ a warning** pakartotinai įspėti
iteration [ˌɪtə'reɪʃn] n **1** *knyg.* (pa)kartojimas **2** *mat.* iteracija
iterative ['ɪtərətɪv] a **1** pasikartojantis **2** *gram.* dažninis, kartotinis, iteratyvinis
itineracy, -ncy [aɪ'tɪnərəsɪ, -nsɪ] n *knyg.* (ap)keliavimas; (ap)važinėjimas *(sakant pamokslus, kalbas ir pan.)*

itinerant [aɪ'tɪnərənt] *a attr* **1** keliaujantis, klajojantis *(apie muzikantus ir pan.)* **2** apvažiuojantis savo apylinkę *(apie pamokslininką, teisėją)* *n* keliautojas, keliauninkas

itinerary [aɪ'tɪnərərɪ] *n* **1** maršrutas, kelias **2** kelionės užrašai **3** vadovas *(knyga)* *a* kelių; kelionės

itinerate [ɪ'tɪnəreɪt] *v knyg.* **1** keliauti **2** apvažiuoti savo apylinkę *(apie pamokslininką, teisėją ir pan.)*

-itis [-aɪtɪs] *suff* -itas *(žymint ligas);* **gastritis** gastritas

it'll ['ɪtl] *sutr. šnek.* = **it will**

its [ɪts] *pron poss* jo, jos; savo *(apie negyvus daiktus ir gyvulius);* **the horse broke ~ leg** arklys susilaužė koją

it's [ɪts] *sutr. šnek.* **1** = **it is 2** = **it has** *(sudurt.* Present Perfect *formoje)*

itself [ɪt'self] *pron (pl* themselves) **1** *refl* pats save, save patį, sau pačiam; **the dog sees ~ in the water** šuo (pats) save mato vandenyje; **the hare hides ~** kiškis slepiasi; **the light went out of ~** šviesa (pati) užgeso; **(all) by ~** a) pats (vienas); savaime; b) atskirai; **in ~** pats savaime **2** *emph* pats, pati; **the library is not in the university ~** biblioteka – ne pačiame universitete; **the room ~ was furnished very simply** pats kambarys buvo apstatytas labai paprastai *he was kindness ~* jis buvo įkūnytas gerumas

itsy-bitsy, itty-bitty [ˌɪtsɪ'bɪtsɪ, ˌɪtɪ'bɪtɪ] *a šnek.* mažytis, mažutėlis

-ity [-ətɪ] *(t. p.* -ty) *suff* -umas, -ybė *(žymint būseną, padėtį, savybę);* **equality** lygybė; **regularity** reguliarumas

Ivanhoe ['aɪvənhəu] *n* Aivenhas *(lit. personažas)*

I've [aɪv] *sutr. šnek.* = **I have**

-ive [-ɪv] *suff* -yvus, -amasis, -inis *(sudarant santykinius būdvardžius);* **active** aktyvus; **descriptive** aprašomasis; **repressive** represyvus, represinis; **expressive** raiškus, ekspresyvus

ivied ['aɪvɪd] *a* apaugęs gebene

ivory ['aɪvərɪ] *n* **1** dramblio kaulas; **fossil ~** mamuto kaulas **2** dramblio kaulo spalva **3** *(ppr. pl)* dramblio kaulo dirbiniai: statulėlės, žaidimo kauliukai, biliardo kamuoliai, klavišai; **to tickle the ivories** *juok.* skambinti fortepijonu **4** *(ppr. pl) amer. juok.* dantys; **to show one's ivories** šaipytis, dantis rodyti ◊ **~ tower** ≡ smėlio pilis, svajonių pasaulis; **Ivory Coast** Dramblio Kaulo Krantas *(Afrikos valstybė)*

ivory-nut ['aɪvərɪnʌt] *n bot.* palmės riešutas *(iš kurio gaminamas augalinis dramblio kaulas)*

ivory-white [ˌaɪvərɪ'waɪt] *a* dramblio kaulo spalvos

ivy ['aɪvɪ] *n bot.* gebenė; **ground ~** šliaužiančioji tramažolė ◊ **I. League (colleges)** JAV šiaurės rytinės dalies universitetai, sudarantys tarpuniversitetinę sporto lygą

ixia ['ɪksɪə] *n bot.* iksija

-ize [-aɪz] *(t. p.* -ise) *suff* **1** -izuoti, -inti, -uoti *(žymint veiksmą, kuriuo objektui suteikiama ypatybė/būsena, priežastinį veiksmą, užsiėmimą);* **materialize** materializuoti; **popularize** populiarizuoti, populiarinti; **theorize** teorizuoti; **summarize** susumuoti **2** -izuotis, -ėti *(žymint įgyjamą savybę, būseną);* **crystalize** kristalizuotis; **liberalize** liberalėti; **fossilize** suakmenėti

izzatso [ˌɪzæt'səu] *int amer.* negali būti!, eik jau!

J

J, j [dʒeɪ] *n* (*pl* Js, J's [dʒeɪz]) dešimtoji anglų abėcėlės raidė

jab [dʒæb] *n* **1** staigus smūgis; stumtelėjimas, stuktelėjimas **2** *šnek.* injekcija, dūris, išvirkštimas
v **1** stumti, stumtelėti, spūstelėti, badyti *(at)* **2** (į)smeigti, (į)durti; niūktelėti *(into); stop ~bing me with your elbows* liaukis niuksėjęs man su savo alkūnėmis

jabber ['dʒæbə] *n* pliauškimas, tauškimas; veblėjimas
v pliaukšti, taukšti, tarškėti, blerbti; veblėti

jabiru ['dʒæbɪru:] *n zool.* žabiras *(Amerikos gandras)*

jabot ['ʒæbəʊ] *pr. n* žabo; *(plisuota, gofruota suknelės, palaidinukės, marškinių)* apdaila iš nėrinių ir plono audinio

jacinth ['dʒæsɪnθ] *n min.* hiacintas

jack¹ [dʒæk] *n* **1** *(J.)* Džekas *(vardas)* **2** *(t. p. J.)* žmogus, vaikinas; *every man ~ šnek.* kiekvienas, visi iki vieno; *J. and Gill/Jill* vaikinas ir mergina **3** *sutr.* = *~-tar* **4** *(t. p. J.)* (padienis) darbininkas **5** *(kortų)* valetas **6** lydekaitė **7** *tech.* domkratas, skrysčiai; svirtis **8** prietaisas iešmui sukioti **9** *el.* spyruoklinis perjungiklis; *(telefono komutatoriaus)* lizdas **10** *spec.* kompensatorius **11** kamino dangtis **12** *min.* sfaleritas **13** *(t. p. J.) sl.* policininkas **14** *amer. sl.* pinigai ◊ *~ of all trades* visų galų/amatų meistras; *before you could say J. Robinson šnek.* akies mirksniu, bematant, kaipmat; *J. Frost* ≅ Senis Šaltis; *~ shit/ diddly amer. sl.* nė kiek, nė velnio *(nenusimanyti ir pan.); I'm all right, J.* kad tik man gerai *(apie mano požiūrį)*
v (pa)kelti domkratu *(džn. ~ up)* □ *~ in šnek.* mesti *(ką darius); ~ up* a) *šnek.* smarkiai pakelti *(kainas ir pan.);* b) *pass amer. šnek.* nervintis, susinervinti

jack² [dʒæk] *n jūr.* vėliavėlė *(iškeliama laivo priekyje)*

Jack-a-dandy [ˌdʒækə'dændɪ] *n psn.* dabita, frantas

jackal ['dʒækɔ:l] *n* **1** *zool.* šakalas **2** *šnek.* žmogus, atliekantis už kitą juodą darbą; pataikūnas
v atlikti juodą *(paruošiamąjį)* darbą

jackanapes ['dʒækəneɪps] *n psn.* **1** akiplėša **2** įžūlus vaikėzas, išdykėlis **3** dabita **4** beždžionė

jackaroo ['dʒækəru:] *n austral. šnek.* naujas darbininkas, naujokas *(avių/galvijų fermoje)*

jackass ['dʒækæs] *n* **1** *(tik v.) ret.* asilas **2** kvailys, asilas

jackboot ['dʒækbu:t] *n* **1** aulinis batas *(aukščiau kelių);* botfortas **2** *prk.* karinė priespauda, grubi jėga; *~ tactics* grubaus spaudimo taktika

jackdaw ['dʒækdɔ:] *n zool.* kuosa ◊ *~ in peacock's feathers* ≅ varna, pasipuošusi povo plunksnomis *(kas nori atrodyti įdomesnis/gražesnis)*

jacket ['dʒækɪt] *n* **1** švarkas; žaketas; palaidinukė, striukė; *Norfolk ~* dukslus ilgas švarkas su diržu; *service ~ kar.* frenčas **2** *(gyvulio)* kailis **3** *(bulvių)* luoba, lupena; *potatoes boiled in their ~s* su lupenomis išvirtos bulvės **4** *(knygos)* aplankas, viršelis *(t. p. dust ~)* **5** *amer. (plokštelės)* vokas **6** *tech. (mašinos)* karkasas, gaubtas, gaubtuvas ◊ *to dress down, ar to dust/trim/warm, smb's ~* ≅ išperti kam kailį, prilupti ką
v **1** ap(si)vilkti švarku/striuke **2** *tech.* uždėti gaubtą, apgaubti

jacketed ['dʒækɪtɪd] *a* **1** apsivilkęs švarku, švarkuotas **2** apklotas, apdengtas; uždengtas gaubtu

jackfish ['dʒækfɪʃ] *n amer. šnek.* lydeka

jackhammer ['dʒækˌhæmə] *n amer.* gręžimo kūjis; kūjinis perforatorius

jack-in-office ['dʒækɪnˌɔfɪs] *n* išpuikęs valdininkas, biurokratas

jack-in-the-box ['dʒækɪnðəˌbɔks] *n* **1** dėžutė su iššokančia figūrėle *(žaislas)* **2** strakalas **3** *tech.* sraigtinis domkratas

jack-knife ['dʒæknaɪf] *n* **1** *(pl -knives* [-naɪvz]) didelis lenktinis peilis **2** *attr: ~ dive sport.* šuolis susirietus *(į vandenį)*
v **1** pjauti lenktiniu peiliu **2** su(si)lenkti, su(si)riesti; pakrypti *(apie sunkvežimį)*

jack-o'-lantern [ˌdʒækə'læntən] *n* **1** klaidžiojanti ugnelė, žaltvykslė **2** žibintas iš moliūgo su akies, nosies ir gerklės formos išpjovomis

jack-plane ['dʒækpleɪn] *n tech.* oblius, drėkstuvas

jackpot ['dʒækpɔt] *n* **1** bankas *(kortų lošime)* **2** stambiausias laimėjimas *(loterijoje ir pan.); (varžybų)* pagrindinis prizas; *to hit the ~ šnek.* stambiai laimėti; ≅ rasti aukso kalną

jackrabbit ['dʒækˌræbɪt] *n zool.* didžiųjų veislės kiškis *(Š. Amerikoje)*

jackscrew ['dʒækskru:] *n* (sraigtinis) domkratas

jack-snipe ['dʒæksnaɪp] *n zool.* ožełis nykštukas

jack-staff ['dʒæksta:f] *n jūr.* vėliavėlės kotas

jackstone ['dʒækstəʊn] *n* **1** žaidžiamasis kubelis **2** *pl (vart. kaip sing)* vaikų žaidimas kubeliais

jackstraw ['dʒækstrɔ:] *n* **1** *(šiaudų)* iškamša, baidyklė **2** *pl* žaidimas su šiaudeliais ◊ *not to care a ~* nieku laikyti

jack-tar [ˌdʒæk'tɑ:] *n* jūreivis

Jack-the-lad [ˌdʒækðə'læd] *n (tik v.) šnek.* didžiuoklis, plevėsa *(apie jaunuolį)*

jack-towel ['dʒækˌtauəl] *n* rankšluostis *(bendram naudojimui, susuktas ant velenėlio)*

Jacob ['dʒeɪkəb] *n* Jokūbas, Džeikobas *(vardas); ~'s ladder* a) *bibl.* Jokūbo kopėčios; b) *jūr.* virvelinės kopėčios

Jacobean [ˌdʒækə'bɪən] *a ist.* karaliaus Jokūbo I laikų *(1603-1625 m.)*

Jacobin ['dʒækəbɪn] *n* **1** *psn.* domininkonas *(vienuolis)* **2** *ist.* jakobinas

jacobin ['dʒækəbɪn] *n zool.* kuoduotasis karvelis

Jacobite ['dʒækəbaɪt] *n ist.* jakobitas, Jokūbo II šalininkas

Jacqueline ['dʒæklɪ:n] *n* Žaklina *(vardas)*

jactitation [ˌdʒæktɪ'teɪʃn] *n* **1** *teis. psn.* neteisingas pareiškimas **2** *med.* konvulsiniai traukuliai; *(ligonio)* blaškymasis

jacuzzi [dʒə'ku:zɪ] *n* jakuzė *(karšta cirkuliacinio vandens vonia)*

jade¹ [dʒeɪd] *psn. n* **1** kuinas **2** *menk.* mergšė, šliundra; *juok.* išdykėlė
v **1** nuvaryti *(arklį)* **2** iš(si)kankinti, nusivaryti
jade² *n* **1** *min.* nefritas **2** žalsva spalva
jaded ['dʒeɪdɪd] *a* **1** persisotinęs *(viskuo gyvenime)* **2** išblėsęs, atbukęs; *to have a ~ appetite* neturėti apetito **3** nusivaręs; nusikamavęs
jaffa ['dʒæfə] *n bot.* didelių apelsinų rūšis *(auginami Izraelyje)*
jag¹ [dʒæg] *n* **1** *(ypač uolos)* smaigalys, kyšulys, viršūnė **2** atplaiša, švarplė; įranta **3** *(drabužio)* įplyšimas, įkarpa
v (nelygiai) pjaustyti, rantyti; *(dantytai)* iškarpyti
jag² *n šnek.* **1** *(juoko ir pan.)* protrūkis **2** išgertuvės, išgėrimas; *to have a ~ on* būti išgėrusiam
Jag [dʒæg] *n šnek.* sportinis automobilis Jaguaras
jagged¹ ['dʒægɪd] *a* rantytas, dantytas, nelygus
jagged² *a amer. sl.* girtas
jaggy ['dʒægɪ] *a* = **jagged¹**
jaguar ['dʒægjuə] *n zool.* jaguaras
jail [dʒeɪl] *n* kalėjimas; *to break ~* bėgti iš kalėjimo; *sentenced to 15 days in ~* nuteistas 15 dienų kalėti
v pasodinti į kalėjimą, įkalinti
jailbait ['dʒeɪlbeɪt] *n amer. sl.* nepilnametė
jailbird ['dʒeɪlbə:d] *n šnek.* **1** kalinys **2** nepataisomas nusikaltėlis
jailbreak ['dʒeɪlbreɪk] *n* pabėgimas iš kalėjimo
jail-delivery [ˌdʒeɪldə'lɪvərɪ] *n* **1** pasiuntimas iš kalėjimo į teismą **2** kalinių paleidimas/išlaisvinimas **3** *amer.* kalinių pabėgimas
jailer ['dʒeɪlə] *n* kalėjimo prižiūrėtojas/sargas
Jainism ['dʒaɪnɪzm] *n* džainizmas *(indų religinė ir filosofinė sistema)*
jalopy [dʒə'lɔpɪ] *n juok.* kleras, klerkynė; senas apiręs automobilis/lėktuvas
jalousie ['ʒæluzi:] *pr. n* žaliuzės
jam¹ [dʒæm] *n* **1** suspaudimas; sugnybimas **2** spūstis; sangrūda, susigrūdimas, kamšatis **3** *šnek.* bėda, sunki/kebli padėtis; *this is a real ~* tai tikra bėda **4** *tech. (mašinos)* užsikirtimas, įstrigimas, strigtis; neritmingumas **5** *rad., tel.* trukdymas; trukdžiai **6** *muz. (džiazo, roko)* improvizacija *(t. p. ~ session)*
v **1** (su)spausti; sugnybti, priverti *(durimis)* **2** grūsti(s); sugrūsti; pri(si)kimšti, pri(si)grūsti **3** užkimšti, užverti *(kelią; t. p. ~ up)* **4** *tech.* užsikirsti, įstrigti; užpleišyti; sustoti *(apie mašiną ir pan.; t. p ~ up)* **5** *rad., tel.* trukdyti, slopinti transliaciją **6** *muz.* improvizuoti □ *~ on* staiga nuspausti *(stabdžius); ~ through amer.* prastumti; *to ~ a bill through* prastumti įstatymo projektą
jam² *n* **1** džemas; uogienė **2** *šnek.* kas nors malonaus/lengvo; *money for ~* garantuoti *(lengvai uždirbti)* pinigai ◊ *~ tomorrow* malonumai vėliau; to, kas žadėta, teks palaukti
Jamaica [dʒə'meɪkə] *n* **1** Jamaika *(sala ir šalis)* **2** (Jamaikos) romas
Jamaican [dʒə'meɪkən] *n* Jamaikos gyventojas, jamaikietis
a jamaikiečių; Jamaikos
jamb [dʒæm] *n* **1** stakta, rėmas; šulas **2** atrama **3** *(ppr. pl)* židinio šoninės sienos
jamboree [ˌdʒæmbə'ri:] *n* **1** pasilinksminimas, pokylis, piknikas **2** *(skautų)* sąskrydis
James [dʒeɪmz] *n* Džeimsas *(vardas)*
jam-full [ˌdʒæm'ful] *a* = **jam-packed**
jam-jar ['dʒæmdʒɑ:] *n* stiklainis džemui/uogienei
jammies ['dʒæmɪz] *n pl* pižama
jamming ['dʒæmɪŋ] = **jam¹** *n* 2, 4, 5
jammy ['dʒæmɪ] *a* **1** išteptas džemu/uogiene **2** *šnek.* lengvutėlis **3** *šnek.* laimingas

jam-packed ['dʒæm'pækt] *a šnek.* prigrūstas; perpildytas *(with)*
jams [dʒæmz] *n pl* **1** pižama **2** kelnaitės *(ypač serfingui)*
jam-up ['dʒæmʌp] *n* susikimšimas, grūstis, susigrūdimas *(gatvėje)*
Jane [dʒeɪn] *n* **1** Džeinė *(vardas)* **2** *sl.* moteriškaitė
Janet ['dʒænɪt] *n* Džaneta *(vardas)*
jangle ['dʒæŋgl] *n* **1** džerškėjimas; šaižus garsas **2** triukšmas; nedarnus varpų skambesys; disonansas *(t. p. prk.)*
v **1** džerškėti, dzingsėti; džerškinti, dzinginti, žvanginti; nedarniai skambėti **2** *(ppr. pass)* nervintis, erzintis *(t. p. ~ on)*
janissary ['dʒænɪsərɪ] *n* = **janizary**
janitor ['dʒænɪtə] *n* **1** durininkas, šveicorius, vartininkas **2** *(ypač amer.) (namo, įstaigos ir pan.)* prižiūrėtojas, sargas
janizary ['dʒænɪzərɪ] *n ist.* janičaras
January ['dʒænjuərɪ] *n* sausis *(mėnuo)*
Janus ['dʒeɪnəs] *n mit.* Janas
Janus-faced ['dʒeɪnəs'feɪst] *a* dviveidis, dviveidiškas
Jap [dʒæp] *(džn. niek.)* = **Japanese** *n, a*
japan [dʒə'pæn] *n* **1** (J.) Japonija **2** juodas lakas *(ypač japoniškas)* **3** lakuotas japoniškas dirbinys
v lakuoti *(juodu laku)*
Japanese [ˌdʒæpə'ni:z] *a* Japonijos; japonų, japoniškas; *~ varnish/lacquer tree bot.* žagrenis
n **1** japonas; *the ~ kuop.* japonai **2** japonų kalba
Japanesque [ˌdʒæpə'nesk] *a* japoniško stiliaus
jape [dʒeɪp] *n* pokštas, juokas
v **1** juokauti, krėsti pokštus **2** *ret.* išjuokti
Japlish ['dʒæplɪʃ] *n juok.* japonų ir anglų kalbų mišinys *(vart. Japonijoje)*
jar¹ [dʒɑ:] *n* **1** rėžiantis ausį, šaižus garsas; girgždesys **2** (su)drebėjimas; sukrėtimas; *the bad news gave me a ~* ta bloga žinia mane sukrėtė **3** disharmonija **4** ginčas; nesutarimas **5** *tech.* virpėjimas, vibravimas
v **1** (su)girgždėti, (su)barbėti; sužviegti *(apie stabdžius)* **2** sudrebinti; sukrėsti *(t. p. prk.)* **3** erzinti, nervinti *(on, upon)* **4** nesiderinti *(with);* nesutikti *(apie nuomones; with)* **5** ginčytis **6** *tech.* virpėti, vibruoti **7** *kas.* gręžti smūginiu grąžtu
jar² *n* **1** stiklinis indas, stiklainis, ąsotis; puodynė; *Leyden ~ el.* Leideno indas **2** *šnek.* alaus bokalas
jar³ *n: on the ~ šnek.* praviras *(apie duris ir pan.)*
jardiniere [ˌʒɑ:dɪ'njɛə] *pr. n* **1** žardinjerė, pintinėlė/lentynėlė kambariniams augalams **2** *kul.* troškintos daržovės *(kaip garnyras)*
jarful ['dʒɑ:ful] *n* pilnas stiklainis/ąsotis *(ko)*
jargon ['dʒɑ:gən] *n* **1** žargonas **2** nesuprantama kalba; vapaliojimas
jargonelle [ˌdʒɑ:gə'nel] *pr. n bot.* ankstyvųjų kriaušių veislė
jargonize [ˌdʒɑ:gənaɪz] *v* kalbėti žargonu, vartoti kalboje daug žargonizmų ir specialių terminų
jarovise ['jɑ:rəvaɪz] *rus. v ž. ū.* jarovizuoti
jarring ['dʒɑ:rɪŋ] *a* šaižus; nedarnus
jasmin(e) ['dʒæzmɪn] *n bot.* jazminas
jasper¹ ['dʒæspə] *n min.* jaspis
jasper² *n amer. šnek.* tipas, subjektas
jato ['dʒeɪtəu] *n av.* pakilimas papildomų reaktyvinių variklių pagalba
jaundice ['dʒɔ:ndɪs] *n* **1** *med.* gelta **2** tulžingumas; nepalankumas; pavydas
v **1** *ret.* susirgti gelta **2** *(ppr. pII)* sukelti pavydą/priešiškumą
jaundiced ['dʒɔ:ndɪst] *a* **1** *med.* sergantis gelta **2** geltonas **3** nepasitikintis, priešiškas; pavydus; *to view with a ~*

eye, to take a ~ view (of) žiūrėti skeptiškai; turėti prastą nuomonę *(apie)*
jaunt [dʒɔ:nt] *n* iškyla, išvyka; *ski ~* pasislidinėjimas, iškyla slidėmis
v iškylauti; vykti, keliauti
jaunting-car ['dʒɔ:ntɪŋkɑ:] *n* dviratis ekipažas *(Airijoje)*
jaunty ['dʒɔ:ntɪ] *a* **1** linksmas, smagus, gyvas **2** patenkintas savimi **3** nerūpestingas **4** stilingas, prašmatnus; *his hat was tilted at a ~ angle* jo skrybėlė buvo šauniai pakreipta
Java ['dʒɑ:və] *n* Java *(sala)*
Javanese [ˌdʒɑ:və'ni:z] *a* Javos; javiečių
n **1** Javos gyventojas, javietis **2** Javos gyventojų kalba
javelin ['dʒævlɪn] *n* ietis; *the ~ sport.* ieties metimas *(t. p. ~ throw/throwing)*
jaw [dʒɔ:] *n* **1** žandikaulis; žandas; smakras **2** *pl* nasrai, žiotys; *in the ~s of death* mirties nasruose **3** *pl (kanalo, įlankos, tarpeklio ir pan.)* žiotys **4** *šnek.* plepėjimas; pamokslavimas; *to have a ~* pasišnekėti; *hold your ~! vulg.* užsičiaupk!, prikąsk liežuvį! **5** *sl.* nešvankios kalbos **6** *tech.* spaustuvas; griebtuvas **7** *tech. (trupintuvo)* žiauna, žiotys **8** *pl jūr. (gafelio)* ūsai **9** *attr:* ~ *clutch tech.* kumštelinė/krumplinė mova
v šnek. **1** kalbėti *(ypač ilgai ir nuobodžiai)*, postringauti **2** sakyti moralus, pamokslauti *(t. p. ~ on)*
jawbone ['dʒɔ:bəun] *n (apatinis)* žandikaulis
v amer. šnek. daryti spaudimą *(kam)*, spirti
jawbreaker ['dʒɔ:ˌbreɪkə] *n šnek.* **1** sunkiai ištariamas žodis **2** *amer.* apskritas čiulpiamasis saldainis
jay [dʒeɪ] *n* **1** *zool.* kėkštas **2** tauškalius, taršklius **3** prasčiokas, neišmanėlis, naivus žmogelis
jaywalk ['dʒeɪwɔ:k] *v šnek.* neatsargiai pereiti gatvę
jaywalker ['dʒeɪˌwɔ:kə] *n šnek.* žioplys, vėpla *(apie neatsargiai pereinantį gatvę)*
jazz [dʒæz] <*n, a, v*> *n* **1** džiazas **2** šokis *(grojant džiazui)* **3** *amer. šnek.* smagumas, gyvumas **4** *sl.* nesąmonė, melas ◊ *and all that ~ šnek.* ir kita, ir panašiai
a **1** džiazo **2** margas, (akį) rėžiantis *(apie spalvą)*
v **1** atlikti džiazo muziką, groti *(apie džiazą)* **2** šokti *(grojant džiazui)* **3** *šnek.* išjudinti, pagyvinti, pakelti nuotaiką *(ppr. ~ up)*
jazz-band ['dʒæzˌbænd] *n* džiazbendas, džiazo orkestras
jazzman ['dʒæzmæn] *n (pl* -men [-men]) *(tik v.)* džiazininkas
jazzy ['dʒæzɪ] = **jazz** *a*
jealous ['dʒeləs] *a* **1** pavydulingas, pavyduliaujantis *(of)*; įtarus; *to be ~* pavyduliauti, pavydėti **2** pavydus **3** rūpestingai saugantis, budrus *(of)*
jealousy ['dʒeləsɪ] *n* **1** pavyduliavimas **2** pavydas, pavydumas **3** nepasitikėjimas; įtarumas
Jean [dʒi:n] *n* Džina *(vardas)*
jeans [dʒi:nz] *n pl* džinsai
jeep [dʒi:p] *n aut.* džipas, lengvasis automobilis visureigis
jeepers ['dʒi:pəz] *int* (po) šimts pypkių!, tai bent! *(t. p. ~ creepers)*
jeer[1] [dʒɪə] *n* **1** išjuokimas, tyčiojimasis **2** pašiepiama/kandi pastaba; *pl* patyčios
v **1** išjuokti, šaipytis, tyčiotis *(at)* **2** nušvilpti *(aktorių, komandą ir pan.)*
jeer[2] *n (ppr. pl) jūr.* skrysčiai žemutiniams stiebo skersiniams kilnoti
jeez [dʒi:z] *int amer.* po perkūnais!, Viešpatie! *(reiškiant pyktį, nuostabą ir pan.)*
Jehovah [dʒɪ'həʊvə] *n bibl.* Jehova; *~'s Witness* jehovietis
jejuna [dʒɪ'dju:nə] *pl žr.* **jejunum**

jejune [dʒɪ'dʒu:n] *a knyg.* **1** primityvus; vaikiškas, naivus **2** sausas, nuobodus; lėkštas **3** skurdus, liesas **4** nederlingas *(apie žemę)*
jejunum [dʒɪ'dʒu:nəm] *n (pl* -na) *anat.* tuščioji žarna
Jekyll and Hyde [ˌdʒekɪlənd'haɪd]: *to lead a ~ existence* gyventi dvilypį gyvenimą
jell [dʒel] *v* **1** = **jelly 2** *prk.* susikristalizuoti, nusistovėti; *public opinion has ~ed on that question* tuo klausimu yra nusistovėjusi nuomonė; *the conversation wouldn't ~* pokalbis nesirišo
jellied ['dʒelɪd] *a kul.* **1** sustingęs, sutenėjęs **2** (paruoštas) drebučiuose; *~ fish* žuvis drebučiuose
jellify ['dʒelɪfaɪ] = **jelly** *v*
jello ['dʒeləʊ] *n amer.* želė *(firminis pavadinimas)*
jelly ['dʒelɪ] *n* **1** želė **2** drebučiai; *meat ~* šaltiena **3** *amer.* džemas ◊ *my legs [arms] turned to ~* man kojos [rankos] nutirpo *(iš baimės ir pan.)*
v (su)stingti, (su)tenėti, (su)tirštėti, (su)tirštinti
jellyfish ['dʒelɪfɪʃ] *n* **1** *zool.* medūza **2** *šnek.* silpnabūdis žmogus, ištižėlis
jellylike ['dʒelɪlaɪk] *a* drebučių pavidalo
jelly-roll ['dʒelɪˌrəʊl] *n amer.* vyniotinis, perteptas džemu/kremu
Jemima [dʒɪ'maɪmə] *n* Džemaima *(vardas)*
jemmy ['dʒemɪ] *n* **1** *(vagių)* laužtuvėlis **2** avies galva *(valgis)*
v išlaužti laužtuvėliu *(t. p. ~ open)*
jennet ['dʒenɪt] *n* **1** ispanų veislės žemaūgis arklys **2** asilė
jenny ['dʒenɪ] *n* **1** *(J.)* Dženė, Dženi *(vardas)* **2** patelė *(gyvulių pavadinimuose žymint moteriškąją giminę):* ~ *-ass* asilė; *~ wren* karetaitė *(patelė)* **3** *tech.* keliamasis kranas, gervė **4** *ist.* = **spinning-jenny**
jeopardize ['dʒepədaɪz] *v* statyti į pavojų, rizikuoti
jeopardy ['dʒepədɪ] *n* pavojus, rizika; *to put/place smth in ~* statyti ką į pavojų
jerboa [dʒɜ:'bəʊə] *n zool.* šoklys
jeremiad [ˌdʒerɪ'maɪæd] *n* jeremiada, rauda
Jeremiah [ˌdʒerɪ'maɪə] *n bibl.* Jeremijas
Jericho ['dʒerɪkəʊ] *n bibl.* Jerichas ◊ *go to ~!* eik po velnių!; *to see smb at ~ first* pasiųsti ką po velnių
jerk[1] [dʒɜ:k] *n* **1** staigus judesys; trūktelėjimas, stumtelėjimas, trūkčiojimas **2** trukčiojimas, mėšlungiškas krūpčiojimas; *the ~s* konvulsijos **3** *amer.* saturatorius *(t. p. soda ~)* **4** *šnek.* bukagalvis, pašlemėkas **5** *sport.* stūmimas **6** *pl* mankšta, gimnastika *(t. p. physical ~s)* ◊ *to get a ~ on* pasiskubinti
v **1** trūktelėti, stumtelėti, mestelėti, trūkčioti **2** trukčioti, trauk(y)ti; judėti gūsiais **3** su pertrūkiais kalbėti □ *~ around amer. šnek.* gaišinti; *~ off vulg.* masturbuoti; *~ out* išlaužti, išdrožti
jerk[2] *v* džiovinti mėsą ilgais plonais gabalais *(saulėje)*
jerkin ['dʒɜ:kɪn] *n* berankovis vyriškas švarkelis *(panašus į liemenę); ist.* odinė striukė, odinukė
jerky[1] ['dʒɜ:kɪ] *a* **1** trūkčiojantis, nutrūkstamas, su pertrūkiais; *~ movements* mėšlungiški judesiai **2** kratus; nelygus, gūsiuotas *(t. p. prk.)* **3** *amer. sl.* kvailas, beprasmiškas
jerky[2] *n amer.* džiovinta mėsa
jeroboam [ˌdʒerə'bəʊəm] *n* jeroboamas, didžiulis vyno butelis *(8–12 butelių talpos)*
Jerome [dʒə'rəʊm] *n* Džeromas *(vardas)*
Jerry ['dʒerɪ] *n* **1** Džeris *(vardas)* **2** *niek. sl.* vokietis, fricas
jerry ['dʒerɪ] *n sl.* naktipuodis
jerry-build ['dʒerɪbɪld] *v menk.* statyti greitai, pigiai ir prastai *(spekuliacijos tikslais); prk.* sulipdyti

jerry-built ['dʒerɪbɪlt] *a* greitomis, nekaip pastatytas
jersey ['dʒɜːzɪ] *n* **1** *(J.)* Džersis *(sala); New J.* Niudžersis *(JAV valstija)* **2** džersis *(audinys; drabužis iš šio audinio)* **3** *(J.)* pieninių galvijų veislė, džersiai
Jerusalem [dʒəˈruːsələm] *n* Jeruzalė *(miestas)*
jess [dʒes] *n (ppr. pl)* pančiai *(ypač ant sakalo kojų)*
jessamine ['dʒesəmɪn] *n* = **jasmin(e)**
Jessie ['dʒesɪ] *n* Džesė, Džesi *(vardas)*
jest [dʒest] *n* **1** juokas, pokštas; *in* ~ juokais **2** pašaipa, pajuokimas **3** pajuokos objektas; *standing* ~ nuolatinis pajuokos objektas
v **1** juokauti; juokinti; *I ~!* juokauju! **2** juoktis *(at – iš)*
jest-book ['dʒestbuk] *n* juokų/anekdotų rinkinys
jester ['dʒestə] *n* juokdarys *(t. p. ist.);* juokautojas
jesting ['dʒestɪŋ] *a* **1** juokaujamas, juokų; *it is no* ~ *matter* tai ne juokai **2** mėgstantis juokauti
Jesuit ['dʒezjuɪt] *n* jėzuitas *(t. p. prk.)* ◊ ~*'s bark* kinmedžio žievė
Jesuitic(al) [ˌdʒezjuˈɪtɪk(l)] *a* jėzuitų; jėzuitiškas *(t. p. prk.)*
Jesuitism ['dʒezjuɪtɪzm] *n* **1** jėzuitybė, jėzuitiškumas *(t. p. prk.)* **2** *ret.* kazuistika
Jesus ['dʒiːzəs] *n bibl.* Jėzus ◊ *oh* ~, ~ *Christ!* Dieve mano!, Dievuliau! *(reiškiant pyktį/nustebimą)*
jet¹ [dʒet] *n* **1** *min.* gagatas, juodasis gintaras **2** blizganti juoda spalva
jet² *n* **1** srautas, čiurkšlė **2** *tech.* žikleris, purkštukas; tūta; ~ *hose* purkštuko žarna **3** reaktyvinis variklis *(t. p.* ~ *engine)* **4** reaktyvinis lėktuvas *(t. p.* ~ *plane/aircraft)* **5** *kar.* šūvio tolumas
v **1** veržtis srautu, trykšti čiurkšle **2** išmesti *(liepsną, dūmus);* (iš)leisti čiurkšle **3** *šnek.* skraidyti/skristi reaktyviniu lėktuvu
jet-black ['dʒetˈblæk] *a* juodas kaip degutas
jet-fighter ['dʒetˌfaɪtə] *n av.* reaktyvinis naikintuvas
jetlag ['dʒetlæg] *n* organizmo paros ritmo sutrikimas nuskridus keletą laiko juostų *(reaktyviniu lėktuvu)*
jet-propelled ['dʒetprəˈpeld] *a* **1** su reaktyviniu varikliu; ~ *projectile* reaktyvinis sviedinys **2** *prk.* labai greitas
jet-propulsion [ˌdʒetprəˈpʌlʃn] *n* reaktyvinė varomoji jėga
jetsam ['dʒetsəm] *n* krovinys, išmestas už borto *(įvykus avarijai); plg.* **flotsam**
jet-set ['dʒetset] *n* pasiturintys žmonės *(keliaujantys ppr. reaktyviniais lėktuvais savo malonumui)*
jet-ski ['dʒetskɪ] *n* greitaeigis kateris
jetstone ['dʒetstəun] *n min.* juodasis turmalinas
jettison ['dʒetɪsn] *n (krovinio)* išmetimas už borto, ištikus nelaimei
v **1** išmesti *(krovinį)* už borto **2** *av.* numesti *(krovinį/bombas krūviui palengvinti)* **3** atsikratyti; numesti naštą **4** atmesti, atsisakyti
jetton ['dʒetən] *n* žetonas
jetty¹ ['dʒetɪ] *a* = **jet-black**
jetty² *n* **1** damba; molas **2** pirsas, prieplauka; prieplaukos įrenginys **3** *archit.* erkeris, iškyša
Jew [dʒuː] <*n, a, v*> *n* žydas; judėjas
a žydų, žydiškas
v šnek. menk. sukčiauti, derėtis □ ~ *down* nuderėti
Jew-baiting ['dʒuːˌbeɪtɪŋ] *n* žydų persekiojimas
jewel ['dʒuːəl] *n* **1** brangakmenis; juvelyrinis dirbinys **2** *prk.* lobis, brangenybė **3** *(laikrodžio)* akmuo ◊ *the* ~ *in the crown (ko)* vertingiausia dalis; didžiausia vertybė
v (-ll-) **1** *(ppr. pII)* (iš)puošti *(brangakmeniais; t. p. prk.)* **2** įdėti akmenis *(į laikrodžio mechanizmą)*

jeweller ['dʒuːələ] *n* juvelyras; ~*'s (shop)* juvelyrikos parduotuvė
jewel(le)ry ['dʒuːəlrɪ] *n* juvelyriniai dirbiniai/papuošalai
Jewess ['dʒuːɪs] *n (ppr. niek.)* žydė; judėjė
Jewish ['dʒuːɪʃ] *a* žydų, žydiškas
n žydų kalba
Jewry ['dʒuərɪ] *n* **1** *kuop.* žydai, žydija **2** *ist.* getas, žydų kvartalas
Jew's-harp [ˌdʒuːzˈhɑːp] *n* dambrelis *(muzikos instrumentas)*
Jezebel ['dʒezəbl] *n* **1** *bibl.* Jezebelė **2** *prk.* ištvirkėlė, paleistuvė
jib¹ [dʒɪb] *n* **1** *jūr.* kliveris; stakselis; raginė burė **2** *tech. (keltuvo, krano)* strėlė ◊ *the cut of smb's* ~ *šnek.* kieno išorė, išvaizda
v jūr. per(si)mesti *(apie burę);* pernešti *(burę, giką)*
jib² *n* nirtus arklys
v **1** nirtuliuoti, spyriotis, trypti vietoje *(apie arklį ir pan.)* **2** *prk.* spyriotis, atsisakyti, užsispirti *(at)*
jibber¹ ['dʒɪbə] = **jib²** *n*
jibber² = **jabber** *v*
jib-boom ['dʒɪbˌbuːm] *n jūr.* utlegeris
jib-crane [ˌdʒɪbˈkreɪn] *n tech.* strėlinis/pasukamasis kranas
jibe¹ [dʒaɪb] = **gibe** *n, v*
jibe² = **jib¹** *v*
jibe³ *v amer. šnek.* sutikti, atitikti, derintis *(with)*
jiff(y) ['dʒɪf(ɪ)] *n šnek.* akimirksnis, valandėlė; *in a* ~ vienu akimirksniu, beregint
jig¹ [dʒɪg] *n* džigas *(šokis)* ◊ *to dance another* ~ ≡ traukti kitokią dainą; *the* ~ *is up amer. šnek.* ≡ niekas neišėjo/neišdegė, viskas prapuolė
v **1** šokti džigą **2** greit lakstyti *(pirmyn ir atgal),* šokinėti; kratyti; kykoti *(vaiką)*
jig² *n* **1** *tech.* smulkus įrankis; laikiklis, veržiklis, užveržimo/surinkimo įtaisas; šablonas **2** *poligr.* matrica **3** *stat.* sija **4** *tekst.* veleninė dažymo mašina, džigeris **5** *kas.* perskyrimo mašina **6** blizgė žuvims gaudyti
v kas. sodrinti rūdą plovimo būdu, rūšiuoti
jigger¹ ['dʒɪgə] *n* **1** nedidelis kiekis svaigalų; matuojamoji stiklinėlė *(vynui ir pan. pilstyti)* **2** *amer. šnek.* daiktelis, daikčiukas *(vietoj užmiršto vardo)* **3** *šnek.* keistuolis **4** *tech.* kretalas **5** *kas.* perskyrimo mašina **6** rūdos plovėjas; rūšiuotojas **7** *rad.* slopinamųjų virpesių transformatorius **8** = **jig²** 1, 4 **9** žiedžiamasis ratas ◊ *not worth a* ~ niekam vertas
jigger² *n* džigo šokėjas
jigger³ *n* trumpas moteriškas paltas
jigger⁴ *n zool.* erkė
jigger⁵ *v pass šnek.: I'll be* ~*ed (if...)* ≡ tegu mane velniai griebia (jei...)
jiggery-pokery [ˌdʒɪgərɪˈpəukərɪ] *n šnek.* **1** intrigos, suktybės **2** kvailystės
jiggle ['dʒɪgl] *v* sukinėti(s); krutinti □ ~ *about* svyrinėti, krypinėti
jigsaw ['dʒɪgsɔː] *n* **1** pjūklelis *(fanerai)* **2** sudedamasis paveikslėlis *(galvosūkis; t. p.* ~ *puzzle)*
jihad [dʒɪˈhɑːd] *arab. n* **1** *(musulmonų)* šventasis karas, džihadas **2** *(kryžiaus)* žygis, kampanija *(už, prieš)*
Jill [dʒɪl] *n* = **gill³**
jilt [dʒɪlt] *n* koketė; apgavikė
v pavilioti ir apgauti, (pa)mesti *(mylimąjį, -ąją)*
Jim [dʒɪm] *n* Džimas *(vardas);* ~ *Crow amer.* a) Džimas Krou *(įžeidžiama negrų pravardė);* b) = **Jim-Crowism**; *Crow* ~ Krou Džimas *(baltųjų amerikiečių pravardė, duota negrų)*

Jim-Crow [ˌdʒɪmˈkrəu] *n amer.*: ~ *car* atskiras vagonas negrams; ~ *policy* negrų segregacijos politika *(JAV)*
Jim-Crowism [ˌdʒɪmˈkrəuɪzm] *n amer.* džimkrouizmas *(negrų segregacijos sistema JAV)*
jim-dandy [ˈdʒɪmˌdændɪ] *a amer. šnek.* puikus
jiminy [ˈdʒɪmɪnɪ] *int* po šimts pypkių! *(reiškiant nustebimą, pasibaisėjimą ir pan.)*
jim-jams[1] [ˈdʒmdʒæmz] *n pl* **1** *sl.* baltoji karštinė **2** *šnek.* drebulys *(susinervinus)*
jim-jams[2] *n pl šnek.* pižama
jimmy [ˈdʒɪmɪ] *n* **1** *(J.)* Džimis *(vardas)* **2** *amer. (vagių)* laužtuvėlis
jimson [ˈdʒɪmsn] *n bot.* paprastoji durnaropė *(t. p.* ~ *weed)*
jingle [ˈdʒɪŋgl] *n* **1** skambesys; žvangėjimas, žvangtelėjimas **2** skambaliukas, varpelis **3** lengvai įsimenamas posmelis, dainelė *(pagrįsta aliteracija)* **4** dengtas dviratis vežimas *(Airijoje, Australijoje)*
v **1** skambėti, žvangėti; žvanginti **2** būti gausiam aliteracijų/sąskambių *(apie eilėraštį)*
jingo [ˈdʒɪŋgəu] *n (pl* ~es [-z]) karingasis šovinistas, džingas ◊ *by* ~*!* po velnių!
v šnek. girtis savo patriotizmu
jingoism [ˈdʒɪŋgəuɪzm] *n* agresyvus šovinizmas, džingoizmas
jingoistic [ˌdʒɪŋgəuˈɪstɪk] *a* šovinistinis
jink [dʒɪŋk] *n* išsisukimas, vengimas ◊ *high* ~*s* triukšmingas linksminimasis, išdaigos
v išsisukinėti, (iš)vengti; bėgti zigzagais
jinn [dʒɪn] *n* = **jinnee**
jinnee [dʒɪˈniː] *n (pl* jinn [dʒɪn]) *mit.* džinas
jinrick(i)sha [ˌdʒɪnˈrɪkʃɔː] *n ist.* (džin)rikša *(dviratis vežimas, vežamas žmogaus; Japonijoje, Filipinuose)*
jinx [dʒɪŋks] *n* **1** žmogus/daiktas, atnešantis nelaimę **2** nelaimė, prakeikimas
v šnek. atnešti nelaimę
jitney [ˈdʒɪtnɪ] *n amer. sl.* **1** penki centai **2** maršrutinis taksi/autobusėlis
jitter [ˈdʒɪtə] *v šnek.* nervintis; drebėti *(iš susijaudinimo, išgąsčio)*
n tel. vaizdo mirgėjimas
jitterbug [ˈdʒɪtəbʌg] *n* **1** greitas šokis **2** mėgėjas šokti *(grojant džiazui)* **3** *šnek.* nervingas žmogus, nervų kamuolys
v šokti *(grojant džiazui)*
jitters [ˈdʒɪtəz] *n pl šnek.* susierzinimas, nervingumas; *to get/have the* ~ nervintis, drebėti, pašiurpti
jittery [ˈdʒɪtərɪ] *a šnek.* **1** nervingas **2** įtemptas, neramus
jiujitsu [ˌdʒjuːˈdʒɪtsuː] *n* = **jujitsu**
jive [dʒaɪv] *n* **1** džaivas *(greito tempo šokis)* **2** *amer. šnek.* niekų kalba, pliurpalas, tauškalai
v šokti džaivą
Jo [dʒəu] *n* Džo *(vardas)*
Joachim [ˈdʒəuəkɪm] *n* Joachimas *(vardas)*
Joan, Joanna [dʒəun, dʒəuˈænə] *n* Joana, Džoana *(vardas)*
Job [dʒəub] *n* **1** *bibl.* Jobas **2** daug patyręs, daug kentėjęs žmogus ◊ *to have the patience of* ~ turėti šventos kantrybės; *this would try the patience of* ~ tai išverstų iš kantrybės bet ką; ~*'s news* liūdnos žinios; ~*'s comforter* žmogus, kuris guosdamas tik padidina kieno skausmą; ~*'s post* žmogus, atnešantis blogas žinias
job[1] [dʒɔb] *n* **1** darbas; tarnyba, vieta; *dead-end* ~ darbas be perspektyvų; *odd* ~*s* įvairūs atsitiktiniai darbai; *out of a* ~ be darbo **2** darbas pagal vienetinį apmokėjimą; *by the* ~ pavienečiui, pagal vienetinį apmokėjimą **3** funkcija, užduotis, vaidmuo; *the* ~ *of the heart [liver] is to...* širdies [kepenų] funkcija yra... **4** *šnek.* nešvarus darbelis, apiplėšimas; *bank* ~ banko apiplėšimas; *to pull a* ~ apiplėšti **5** *sl. (puikus)* dalykėlis, kas nors ypatinga **6** *tech.* detalė, dirbinys, apdirbamasis objektas/daiktas **7** *poligr.* akcidencija **8** *attr* darbo; pasamdytas tam tikram darbui; nuomojamas ◊ *a* ~ *of work šnek.* nieko sau darbas; *a fat* ~ a) pelningas darbas; šilta vietelė; b) labai daug; c) *iron.* labai maža; *a bad* ~ žuvęs/beviltiškas reikalas; *nose* ~ *šnek.* plastinė nosies operacija; ~*s for the boys šnek.* darbas, duodamas pagal pažintis; *just the* ~ kaip tik tai, ko reikia; ~ *lot* a) pigūs daiktai, parduodami/perkami kartu; b) nevienarūšė kolekcija; *to make a good* ~ *of it* gerai ką padaryti; *on the* ~ a) dirbantis; b) labai užsiėmęs; *to lie down on the* ~ *šnek.* dirbti atbulomis rankomis, nerūpestingai; nepersistengti; tingėti; *to do the* ~ *šnek.* tikti *(kam daryti); to do smb's* ~*, to do the* ~ *for smb šnek.* pražudyti ką; *to put up a* ~ *on smb amer.* iškrėsti kam išdaigą; *to fall down on the* ~ neįvykdyti pavesto darbo; *it's a good* ~ *that you...* gerai/laimė, kad tu...; *to give up as a bad* ~ *šnek.* numoti ranka (į ką); *to have a* ~ *šnek.* turėti vargo
v **1** spekuliuoti, pelnauti; būti makleriu **2** nesąžiningai veikti **3** piktnaudžiauti tarnybine padėtimi; *to* ~ *smb into a post* įdarbinti ką per protekciją **4** dirbti atsitiktinius darbus, nereguliariai **5** dirbti pagal vienetinį apmokėjimą **6** samdyti darbui pagal vienetinį apmokėjimą
job[2] *n* staigus smūgis, stūmis
v **1** durti, smeigti, smogtelėti, bakstelėti; stumtelėti **2** timptelėti *(arklį)* už žąslų
jobation [dʒəuˈbeɪʃn] *n* ilgas pamokslas/pamokslavimas, papeikimas
jobber [ˈdʒɔbə] *n* **1** žmogus, dirbantis atsitiktinį darbą *ar* pagal vienetinį apmokėjimą **2** *(biržos)* makleris **3** didmenininkas **4** nesąžiningas verteiva/biznierius
jobbery [ˈdʒɔbərɪ] *n ret.* **1** piktnaudžiavimas tarnybine padėtimi **2** kyšininkavimas; spekuliacija
jobbing [ˈdʒɔbɪŋ] *n* **1** atsitiktinis/nereguliarus darbas; darbas pagal vienetinį apmokėjimą **2** *tech.* smulkus remontas **3** prekyba akcijomis; lošimas biržoje; spekuliacija
a **1** atsitiktinis, nereguliarus *(apie darbą ir pan.)* **2** dirbantis darbą pagal vienetinį apmokėjimą ◊ ~ *shop* remonto dirbtuvė
jobcentre [ˈdʒɔbsentə] *n* darbo birža *(D. Britanijoje)*
job-hog [ˈdʒɔbhɔg] *v* dažnai keisti darbovietę
jobholder [ˈdʒɔbˌhəuldə] *n amer.* **1** žmogus, turintis pastovų darbą **2** valstybės tarnautojas
job-hunt [ˈdʒɔbhʌnt] *v šnek.* ieškoti darbo
jobless [ˈdʒɔbləs] *a* bedarbis, neturintis darbo
n (the ~*) kuop.* bedarbiai
jobsworth [ˈdʒɔbzwəːθ] *n menk.* pedantiškas/skrupulingas darbuotojas
jobwork [ˈdʒɔbwəːk] *n* darbas pagal vienetinį apmokėjimą
jock [dʒɔk] *n* **1** *(J.) škot.* Džokas *(vardas)* **2** *niek.* škotas **3** *amer. šnek.* sportininkas **4** *amer. šnek.* = **jockstrap 5** *šnek.* = **jockey** 1
jockey [ˈdʒɔkɪ] *n* **1** žokėjus **2** *šnek.* vairuotojas; pilotas **3** *škot. ist.* menestrelis
v **1** apgauti, pergudrauti; *to* ~ *smb into (doing) smth* apgaulės būdu ką įprašyti/palenkti į ką; *to* ~ *smth out of smb* išvilioti ką iš ko apgaulės būdu, gudrumu laimėti ką iš ko **2** (visaip) stengtis; manevruoti; *to* ~ *for position* visokiais būdais stengtis gauti gerą/naudingą poziciją **3** būti žokėju

jocko ['dʒɔkəu] *n (pl* ~s [-z]) *šnek.* šimpanzė; beždžionė
jockstrap ['dʒɔkstræp] *n (sportininko)* lyties organų apsauginis raištis, suspenzorijus
jocose [dʒə'kəus] *a knyg.* juokaujamas, linksmas; žaismingas
jocosity [dʒə'kɔsətɪ] *n knyg.* linksmumas; žaismingumas
jocular ['dʒɔkjulə] *a* juokaujamas; linksmas, komiškas; humoristinis
jocularity [ˌdʒɔkju'lærətɪ] *n* **1** linksmumas **2** juokas
jocund ['dʒɔkənd] *a knyg.* linksmas, gyvas; džiugus; smagus
jocundity [dʒəu'kʌndətɪ] *n knyg.* linksmumas, džiugumas; smagumas
jodhpurs ['dʒɔdpəz] *n pl* jojimo kelnės
Joe [dʒəu] *n* Džo *(vardas)* ◊ **not for ~***!* nė už ką!; niekaip! *Sloppy ~ šnek.* a) *(tik v.)* purvius, nevala; b) *(moteriškas)* dukslus megztinis; c) *amer.* bifšteksas su bandele; **~ Public** žmogus iš salės; **~ Bloggs** /*amer.* **Blow** *šnek.* eilinis žmogus
joey ['dʒəuɪ] *n austral.* jauniklis *(ypač kengūros)*
jog [dʒɔg] *n* **1** stumtelėjimas; bakstelėjimas; krestelėjimas; kratymas **2** risnojimas; lėtas bėgimas/bėgiojimas **3** *(kelio, linijos ir pan.)* vingis, linkis; įduba, nelygumas *v* **1** pastumti, stumtelėti; bakstelėti alkūne *(ypač norint atkreipti į ką dėmesį)* **2** padėti prisiminti, priminti *(ppr.* **~ smb's memory***)* **3** kratyti(s) *(važiuojant)* **4** risnoti, bėgioti/judėti pastriuokom; liuoksėti **5** lėtai/sunkiai slinkti/žengti pirmyn *(t. p. prk.; džn.* **~ on/along***); things are ~ging along/on šnek.* reikalai juda į priekį, viskas eina įprasta vaga **6** *sport.* bėgti pramankštos tempu
jogger ['dʒɔgə] *n* bėgikas *(ypač besimankštinantis)*
jogging ['dʒɔgɪŋ] *n* bėgiojimas, ristelė *(mankštinantis)*
joggle[1] ['dʒɔgl] *šnek. n* kresčiojimas, kratymas *v* **1** kresčioti, kratyti **2** kratytis; stumtis, nelygiai judėti
joggle[2] *tech. n* sujungimo iškyla/iškyša; išdroža, įlaidas *v* sujungti spygliu/įlaidu *ir pan.*
joggle-joint ['dʒɔgldʒɔɪnt] *n tech.* užleistinis sujungimas
jogtrot ['dʒɔgtrɔt] *n* **1** ristelė **2** *prk.* vienodumas, rutina **3** *attr* vienodas, monotoniškas *v* bėgti ristele
Johannesburg [dʒəu'hænɪsbə:g] *n* Johanesburgas *(miestas)*
John [dʒɔn] *n* **1** Džonas *(vardas);* Jonas *(apaštalas; popiežius);* **Feast of St ~** Joninės **2** *(j.) amer. sl.* meilužis; prostitutės klientas **3** *(j.) amer. euf.* išvietė, tualetas ◊ **honest ~** a) paprastas doras vaikinas; b) mulkis; **~ Bull** Džonas Bulas *(tipiškas anglas; anglo pravardė);* **~ Collins** *šnek.* džinas su citrina ir cukrumi; **~ Doe** a) *teis.* įsivaizduojamas ieškovas; **~ Doe and Richard Roe** ieškovas ir atsakovas *(vietoj tikrų juridinių asmenų);* b) *amer.* eilinis žmogus; **~ Hancock** *amer. šnek.* (savo paties) parašas; *long johns šnek. (vyriškos)* šiltos apatinės kelnės; **dear ~** *šnek.* „mielas Džonai" *žmonos/draugės laiškas, pranešantis apie asmeninių ryšių nutraukimą)*
johnny ['dʒɔnɪ] *n* **1** *(J.)* Džonis *(vardas)* **2** *(tik v.) šnek.* vaikinas, žmogus **3** *sl.* sargis, prezervatyvas ◊ **~ Raw** *sl.* naujokas *(t. p. kar.)*
johnny-cake ['dʒɔnɪkeɪk] *n* sklindis, paplotėlis *(JAV – kukurūzinis; Australijoje – kvietinis)*
johnny-come-lately ['dʒɔnɪkʌm'leɪtlɪ] *n šnek.* **1** ką tik *ar* per vėlai atvykęs žmogus **2** *austral.* neseniai atvykęs imigrantas; naujokas
johnny-jump-up ['dʒɔnɪ'dʒʌmpʌp] *n bot.* **1** *amer.* tikroji našlaitė **2** žibuoklė *(Amerikoje)*

johnny-on-the-spot [ˌdʒɔnɪɔnðə'spɔt] *n amer. šnek.* žmogus greitas padėti/veikti
Johnson ['dʒɔnsn] *n: Samuel* **~** Samuelis Džonsonas *(anglų rašytojas ir leksikografas)*
Johnsonese, Johnsonian [ˌdʒɔnsə'ni:z, dʒɔn'səunɪən] *n* sunkus/pompastiškas stilius, gausus lotynizmų *(kaip XVIII a. rašytojo Samuelio Džonsono)*
joie de vivre [ˌʒwɑ:də'vi:vrə] *pr. n* gyvenimo džiaugsmas
join [dʒɔɪn] *v* **1** (susi)jungti; sudurti; *to* **~ together** surišti; vienyti(s); *to* **~ forces** suvienyti pastangas, susivienyti; *to* **~ hands** a) imtis už rankų; b) veikti išvien, ranka rankon; jungtis, vienytis **2** prisijungti, prisidėti; (į)stoti *(į),* tapti *(draugijos ir pan.)* nariu *(t. p.* **~ in***); to* **~ (in) with smb** prisijungti prie ko; *to* **~ a queue/line/row** stoti į eilę **3** grįžti, vėl užimti savo vietą; *to* **~ one's regiment** grįžti į savo pulką **4** susijungti, susilieti *(apie kelius, upes)* **5** ribotis *(apie žemes)* ▢ **~ up** a) įstoti į kariuomenę; b) su(si)jungti *(with)* ◊ *to* **~ up battle** stoti į mūšį/kovą *n* sujungimas; sujungimo taškas/linija
joinder ['dʒɔɪndə] *n* **1** *(ypač teis.)* su(si)jungimas, susivienijimas; pritarimas **2** *teis.* įtraukimas į bylą
joined-up ['dʒɔɪndʌp] *a:* **~ writing** sujungta rašysena
joiner ['dʒɔɪnə] *n* **1** stalius **2** *šnek.* keleto klubų/organizacijų narys; visuomeniškas žmogus
joinery ['dʒɔɪnərɪ] *n* **1** stalystė; staliaus amatas **2** staliaus/ stalystės dirbiniai
joint [dʒɔɪnt] *<n, a, v> n* **1** sujungimo vieta, sandūra **2** *anat.* sąnarys; *out of* **~** a) išnarintas; b) *prk.* suiręs, dezorganizuotas, netvarkingas **3** sukapotos skerdienos dalis: koja, mentė *ir pan.* **4** *šnek.* pigus baras, naktinis klubas, lindynė; *eating* **~** užkandinė **5** *šnek.* cigaretė su marichuana **6** *bot. (stiebo)* bamblys **7** *tech.* lankstas, šarnyras, siūlė; sujungimas; *swing* **~** šarnyrinis/lankstinis sujungimas
a attr **1** jungtinis, bendras, sutelktinis; *to take* **~ actions** veikti išvien; **~ authors** bendraautoriai, koautoriai; **~ owner** bendrasavininkis, bendraturtis; **~ heir** bendras įpėdinis/paveldėtojas **2** kombinuotas **3** *tech.:* **~ lever** jungiamoji svirtis
v **1** sunerti, sujungti, sunarstyti; suleisti *(lentas)* **2** išnarstyti **3** sukapoti *(mėsą)* **4** *stat.* rievėti
jointed ['dʒɔɪntɪd] *a* **1** lankstomas, narstomas **2** sukapotas *(apie mėsą)* **3** *tech.* šarnyrinis, lankstinis
jointer ['dʒɔɪntə] *n* **1** *tech.* leistuvas; leistuvinės staklės **2** *stat.* rieviklis *(įrankis siūlėms rievėti)*
jointly ['dʒɔɪntlɪ] *adv* bendrai, kartu, drauge, išvien
joint-pin ['dʒɔɪntpɪn] *n tech.* šarnyrinis varžtas; kniedė
jointress ['dʒɔɪntrɪs] *n teis.* našlė, valdanti savąją turto dalį
joint-stock ['dʒɔɪntstɔk] *n* akcinis kapitalas; **~ company** akcinė bendrovė
jointure ['dʒɔɪntʃə] *teis. n* turtas, užrašytas žmonai *(vyro mirties atveju),* našlei palikta dalis
v paskirti palikimo dalį žmonai
joist [dʒɔɪst] *n stat. (perdangos)* sija, gegnė; ilginis
joke [dʒəuk] *n* **1** juokas, sąmojis; pokštas, išdaiga; juokingas dalykas; *it is no* **~** tai ne juokai, dalykas rimtas; *to have a* **~** pajuokauti; *to make/cut/crack a* **~** pasakyti sąmojį; iškrėsti pokštą; *to play a ~ on smb* pasijuokti iš ko; *to make a ~ of smth* nuleisti/paversti ką juokais; *to get/see the* **~** suprasti juoką/sąmojį; *he can't take a* **~** jis nesupranta juoko *(įsižeidžia); what's the ~?* iš ko jūs juokiatės? **2** juokų/pajuokos objektas; *standing* **~** nuolatinis juokų objektas ◊ *the* **~** *was on him* jis pats apsikvailino

v **1** juokauti; pokštauti; *you must be joking!* jūs tikriausiai juokaujate! **2** pasijuokti
joker ['dʒəukə] *n* **1** juokautojas, juokdarys, pokštininkas **2** *šnek.* nerimtas žmogus, tipelis **3** *(kortų)* džiokeris **4** *amer.* dviprasmiškas įstatymo straipsnis; dviprasmiška frazė dokumente **5** nenumatyta aplinkybė, netikėta kliūtis
jokey ['dʒəukɪ] *a šnek.* **1** juokingas; linksmas **2** juokų, juokaujamas
jokingly ['dʒəukɪŋlɪ] *adv* juokais, juokomis
joky ['dʒəukɪ] *a* = **jokey**
jollier ['dʒɔlɪə] *n amer.* linksmuolis, linksmintojas, juokautojas
jollification [ˌdʒɔlɪfɪ'keɪʃn] *n šnek.* pasilinksminimas, pramoga
jollify ['dʒɔlɪfaɪ] *v šnek.* **1** linksminti(s) **2** puotauti
jollity ['dʒɔlətɪ] *n* **1** linksmumas **2** pasilinksminimas
jolly ['dʒɔlɪ] <*a, adv, n, v*> *a* **1** linksmas, smagus, džiaugsmingas, džiugus **2** *šnek. euf.* įkaušęs, išgėręs **3** *šnek.* labai malonus, žavus *(t. p. iron.)* ◊ *the ~ god* Bakchas; *the ~ Roger ist.* juoda piratų vėliava
adv šnek. labai; *you'll be ~ late* jūs gerokai vėluojate; *all ~ fine* viskas (labai) gerai ◊ *~ well* būtinai, galų gale *(pabrėžiant)*
n **1** *sutr.* = **jolly-boat 2** *sl.* vakaruškos, vakarėlis, pramogėlė
v šnek. **1** juoktis, draugiškai pasišaipyti **2** siekti palenkti švelnumu/meilikavimu *(into)* □ *~ along (draugiškai)* paskatinti; *~ up* praskaidrinti, pralinksminti
jolly-boat ['dʒɔlɪbəut] *n* laivo valtis
jolt [dʒəult] *n* kratymas; krestelėjimas, atsitrenkimas; sukrėtimas, šokas *(t. p. prk.); to give a ~* a) krestelėti; b) *prk.* sukrėsti
v **1** kratyti, mėtyti; trankyti, kratytis *(važiuojant nelygiu keliu)* **2** *prk.* sukrėsti
jolty ['dʒəultɪ] *a* kratus, trankus
Jonah ['dʒəunə] *n* **1** *bibl.* Jona **2** žmogus, atnešantis nelaimę
Jonas ['dʒəunəs] *n* Džonas *(vardas)*
Jonathan ['dʒɔnəθən] *n* **1** *bibl.* Džonatanas **2** džonatanas *(desertinių obuolių veislė)* **3** *psn.* tipiškas amerikietis, amerikiečiai *(t. p. Brother ~)*
Jones [dʒəunz] *n: Daniel ~* Danielis Džounsas *(anglų fonetikas)*
Joneses ['dʒəunzɪz] *n: to keep up with the ~* konkuruoti su kaimynais/draugais, nenusileisti kitiems
jongleur [ʒɔːŋ'gləː] *pr. n ist.* keliaujantis dainininkas, menestrelis
jonquil ['dʒɔŋkwɪl] *n bot.* žonkilis *(narcizų atmaina)*
Jordan ['dʒɔːdn] *n* **1** Jordanas *(upė)* **2** Jordanija *(šalis)*
Jordanian [dʒɔː'deɪnɪən] *a* jordaniečių; Jordanijos
n jordanietis; Jordanijos gyventojas
jorum ['dʒɔːrəm] *n* didelė taurė, bokalas *(ypač punšo)*
Joseph ['dʒəuzɪf] *n* Juozapas, Josefas, Džozefas *(vardas)*
Josephine ['dʒəuzɪfiːn] *n* Jozefina, Džozefina *(vardas)*
josh [dʒɔʃ] *amer. sl. n* nekaltas pokštas; paerzinimas *(juokais)*
v (pa)juokauti, pasijuokti; paerzinti *(juokais)*
joskin ['dʒɔskɪn] *n sl.* gremėzdas, stuobrys, netašytas žmogus
joss [dʒɔs] *n* kinų dievaitis
josser ['dʒɔsə] *n sl.* **1** *austral.* dvasiškis **2** prasčiokas, bukaprotis **3** *menk.* berniokas
joss-house ['dʒɔshaus] *n (kinų)* stabmeldžių maldykla

joss-stick ['dʒɔsstɪk] *n* smilkalų lazdelė
jostle ['dʒɔsl] *n* **1** susidūrimas, atsitrenkimas **2** stumdymasis, grūstis
v **1** stumdyti(s), grūstis; išgrūsti, atstumti *(from); to ~ through a crowd* prasistumti/prasigrūsti pro minią **2** *(against)* susidurti *(su);* atsimušti *(į)* **3** grumtis, varžytis *(with – su, for – dėl)*
jot [dʒɔt] *n* truputėlis; *not a/one ~* nė kiek, nė truputėlio
v trumpai/greitai užrašyti, brūkštelėti *(ppr. ~ down)*
jotter ['dʒɔtə] *n* užrašų knygelė, bloknotėlis
jottings ['dʒɔtɪŋz] *n pl* užrašai, pastabos
joule [dʒuːl] *n el.* džaulis
jounce [dʒauns] *v* kratyti(s), mėtyti(s), trankyti(s); atsitrenkti
jour [dʒəː] *n amer. šnek.* = **journeyman**
journal ['dʒəːnl] *n* **1** dienoraštis; žurnalas *(t. p. buh.); abstract ~* referatinis žurnalas; *ship's ~* laivo žurnalas; *the Journals parl.* posėdžio protokolas **2** žurnalas; laikraštis **3** *tech.* veleno kakliukas; kulnas; *collar ~* keterotas kulnas
journal-bearing ['dʒəːnlˌbɛərɪŋ] *n tech.* atraminis/radialinis guolis
journal-box ['dʒəːnlbɔks] *n tech.* guolio dėžė; *(vagono)* ašies dėžutė
journalese [ˌdʒəːnəl'iːz] *n menk.* laikraštinė kalba, laikraštinis stilius
journalism ['dʒəːnəlɪzm] *n* žurnalistika ◊ *gutter/yellow/amer. sidewalk ~* bulvarinė spauda; *chequebook ~* bulvarinė medžiaga laikraščiuose apie garsenybių asmeninį gyvenimą
journalist ['dʒəːnəlɪst] *n* **1** žurnalistas, laikraštininkas **2** žurnalo redaktorius
journalistic [ˌdʒəːnəl'ɪstɪk] *a* žurnalistinis; laikraštinis
journalize ['dʒəːnəlaɪz] *v* **1** rašyti žurnalą/dienoraštį; įrašyti į žurnalą *(t. p. buh.)* **2** bendradarbiauti laikraštyje/žurnale
journey ['dʒəːnɪ] *n* **1** kelionė *(t. p. prk.); to be/go on a ~* keliauti; *to take a ~* išsirengti į kelionę; *to break one's ~* pertraukti kelionę, trumpam sustoti; *pleasure ~* pramoginė kelionė **2** reisas
v knyg. keliauti; vykti į kelionę/reisą □ *~ on* tęsti kelionę
journeyman ['dʒəːnɪmən] *n (pl* -men [-mən]) *(tik v.)* **1** kvalifikuotas darbininkas/amatininkas *(samdomas padieniam darbui);* padienininkas **2** patyręs *(kurios nors srities)* specialistas *(bet ne pats geriausias, ne talentingas)* **3** *prk.* samdinys
journey-work ['dʒəːnɪwəːk] *n* **1** samdomasis darbas **2** padienis darbas
journo ['dʒəːnəu] *n (pl* -os [-z]) *(ypač austral.) šnek.* žurnalistas
joust [dʒaust] *(ypač ist.) n* riterių dvikova; *(džn. pl)* riterių turnyras
v kautis dvikovoje/turnyre; varžytis
Jove [dʒəuv] *n mit.* Jupiteris ◊ *by ~!* a) prisiekiu Jupiteriu!; dievaži!; b) maloningasis Dieve!
jovial ['dʒəuvɪəl] *a* linksmas; geraširdis, draugiškas
joviality [ˌdʒəuvɪ'ælɪtɪ] *n* linksmumas; draugiškumas
Jovian ['dʒəuvɪən] *a mit., astr.* Jupiterio
jowl[1] [dʒaul] *n* **1** žandikaulis; žandas **2** skruostas
jowl[2] *n* **1** padribęs pagurklis, gurklys **2** *(gaidžio, kalakuto)* pakarūklai **3** *(lašišos, eršketo)* galva
joy [dʒɔɪ] *n* **1** džiaugsmas; linksmumas, pasitenkinimas **2** *šnek.* sėkmė; *to wish/give smb ~* sveikinti ką, linkėti kam laimės **3** tai, kas teikia džiaugsmo; malo-

Joyce   491   **juicy**

numas ◊ **no ~** a) jokios žinios; atsakymo nėra; b) nieko gero
v poet. džiaugtis *(of – dėl);* džiuginti, linksminti
Joyce [dʒɔɪs] *n: James ~* Džeimsas Džoisas *(airių rašytojas)*
joyful ['dʒɔɪf³l] *n* džiaugsmingas, džiugus, linksmas, laimingas
joy-house ['dʒɔɪhaus] *n amer. sl.* viešieji namai
joyless ['dʒɔɪləs] *a* bedžiaugsmis, nelinksmas, liūdnas
joyous ['dʒɔɪəs] *a knyg.* = **joyful**
joyride ['dʒɔɪraɪd] *n* **1** pasivažinėjimas/išvyka svetimu/vogtu automobiliu **2** neapdairus poelgis/elgesys; avantiūra
joystick ['dʒɔɪstɪk] *n* **1** *šnek. (lėktuvo, mašinos)* valdymo rankena **2** *komp.* valdymo svirtis *(įtaisas koordinatėms pateikti)*
jubilant ['dʒu:bɪlənt] *a* džiūgaujantis, triumfuojantis; džiaugsmingas
jubilate ['dʒu:bɪleɪt] *v* džiūgauti, triumfuoti, triukšmingai švęsti
jubilation [ˌdʒu:bɪ'leɪʃn] *n* džiūgavimas, triumfavimas; iškilmės
jubilee ['dʒu:bɪli:] *n* jubiliejus *(ypač 50-ties metų);* minėjimas, iškilmės; *to hold a ~* švęsti jubiliejų; *silver ~* dvidešimt penkerių metų jubiliejus; *diamond ~* a) šešiasdešimties metų jubiliejus; b) *ist.* karalienės Viktorijos viešpatavimo šešiasdešimtmetis
Judaic [dʒu:'deɪɪk] *a* judaizmo; judėjiškas; žydų
Judaism ['dʒu:deɪɪzm] *n* judaizmas, žydų religija
Judas ['dʒu:dəs] *n* **1** *bibl.* Judas **2** *menk.* judas, išdavikas **3** *(j.)* langelis/vilkelis duryse *(sekimui)*
judas-coloured ['dʒu:dəsˌkʌləd] *a* rudas
judder ['dʒʌdə] *n (smarki)* vibracija
v (smarkiai) vibruoti
judge [dʒʌdʒ] *n* **1** teisėjas *(t. p. sport.); pl sport.* teisėjų kolegija; *~ advocate* karo prokuroras **2** žinovas; ekspertas, arbitras; *pl* žiuri; *I am no ~ of it* aš nelabai ką apie tai nusimanau; *let me be the ~ of that* leiskite man pačiam tai spręsti *(supykus)* ◊ *as grave as a ~* labai rimtas
v **1** teisti; nagrinėti *(bylą);* padaryti nuosprendį **2** teisėjauti; būti arbitru; būti žiuri nariu **3** (į)vertinti *(on)* **4** manyti; spręsti, susidaryti nuomonę; prieiti išvadą; *to ~ by appearances [clothes]* spręsti iš išvaizdos [apsirengimo]
judge-made ['dʒʌdʒmeɪd] *a: ~ law* principai, pagrįsti teismo precedentais; precedentinė teisė
judg(e)matic(al) [dʒʌdʒ'mætɪk(l)] *a šnek.* protingai galvojantis; protingas
judg(e)ment ['dʒʌdʒmənt] *n* **1** nuosprendis, *(teismo)* sprendimas, nutartis; *to pass/give ~ (on)* a) padaryti nuosprendį; b) pareikšti nuomonę **2** nuomonė; *in my ~* mano nuomone; *private ~* asmeniška nuomonė **3** sveikas protas; nuovokumas; *against one's better ~* prieš (savo) sveiką protą; *to show good ~* protingai spręsti/samprotauti **4** (Dievo) bausmė ◊ *to disturb the ~* supainioti, išmušti iš vėžių; *to sit in ~ (over)* kritikuoti, smerkti, teisti; *J. Day rel.* Paskutiniojo teismo diena
judg(e)mental [dʒʌdʒ'mentl] *a* greitas kritikuoti
judg(e)ment-seat ['dʒʌdʒmənтsi:t] *n* **1** teisėjo vieta **2** tribunolas
Judges ['dʒʌdʒɪz] *n bibl.* Teisėjų knyga
judgeship ['dʒʌdʒʃɪp] *n* teisėjo pareigos
judicature ['dʒu:dɪkətʃə] *n* **1** teisimas, teisingumo vykdymas **2** teisėjų korporacija, teisėjai **3** teismas; *J. Acts (D. Britanijos)* teismų santvarkos aktai **4** teismo apygarda
judicial [dʒu:'dɪʃ³l] *a* **1** teisminis, teismo; *~ court* teismas; *~ murder* teismo klaida, nepagrįstas mirties nuosprendžio paskelbimas; *to take/bring ~ proceedings against smb* perduoti kieno bylą į teismą **2** teisėjų; *~ bench* teisėjai **3** kritiškas; bešališkas
judiciary [dʒu:'dɪʃ³rɪ] *a* = **judicial** 1; *~ law* teisminė teisė
n teis. **1** teismų santvarka; teismo organų sistema **2** *kuop.* teisėjai
judicious [dʒu:'dɪʃəs] *a* protingas, apgalvotas; galvojantis, sveiko proto
Judith ['dʒu:dɪθ] *n* Judita, Džudita *(vardas)*
judo ['dʒu:dəu] *n sport.* dziudo
judoist ['dʒu:dəuɪst] *n sport.* **1** dziudo treneris **2** dziudo imtynininkas
Judy ['dʒu:dɪ] *n* Džudė, Džudi *(vardas)*
jug[1] [dʒʌg] *n* **1** ąsotis **2** *(the~) sl.* kalėjimas *(t. p. stone ~)* **3** *pl amer. vulg.* papai, krūtys
v **1** *kul.* kepti, troškinti *(kiškį, triušį)* **2** *sl.* pasodinti į kalėjimą
jug[2] *v* lakštuoti, suokti *(apie lakštingalą)*
jugful ['dʒʌgful] *n* (pilnas) ąsotis *(kaip matas; of)* ◊ *not by a ~ amer.* nė už ką; jokiu būdu
juggernaut ['dʒʌgənɔ:t] *n* **1** *(J.) ind. mit.* Džagernautas *(vienas iš dievo Višnu įsikūnijimų)* **2** *prk.* griaunamoji/ nenumaldoma jėga *(naikinanti viską savo kelyje)* **3** didžiulė krovininė mašina *(sukelianti kitiems pavojų)*
juggins ['dʒʌgɪnz] *n sl.* mulkis, neišmanėlis
juggle ['dʒʌgl] *n* **1** fokusas, triukas **2** mikli gudrybė, suktybė, apgavimas
v **1** rodyti fokusus; žongliruoti *(t. p. prk. faktais, žodžiais)* **2** sukčiauti, apgaudinėti; *to ~ smb out of smth* išvilioti ką iš ko
juggler ['dʒʌglə] *n* **1** fokusininkas, žonglierius **2** sukčius, apgavikas
jugglery ['dʒʌglərɪ] *n* **1** fokusų rodymas; žongliravimas *(t. p. prk.)* **2** sukčiavimas, apgaudinėjimas
jug-handled ['dʒʌgˌhændld] *a amer.* vienpusiškas, neproporcingas, neobjektyvus; neteisingas
jughead ['dʒʌghed] *n amer. šnek.* tuščiagalvis, mulkis
Jugoslav [ju:gəᵘ'slɑ:v] = **Jugoslavian** *n, a*
Jugoslavia [ju:gəᵘ'slɑ:vɪə] *n* Jugoslavija
Jugoslavian [ju:gəᵘ'slɑ:vɪən] *n* jugoslavas, Jugoslavijos gyventojas
a Jugoslavijos; jugoslavų; jugoslaviškas
jugular ['dʒʌgjulə] *a anat.* kaklo; junginis; *~ vein* jungo vena
n anat. jungo vena ◊ *to go for the ~ šnek.* nuožmiai pulti *(kieno)* silpnąsias vietas
jugulate ['dʒʌgjuleɪt] *v* **1** perpjauti gerklę **2** sustabdyti *(ligą)* stipriai veikiančiomis priemonėmis
juice [dʒu:s] *n* **1** sultys; syvai; *orange ~* apelsinų sultys **2** *(ko)* esmė, dvasia; *amer. sl.* energija **3** *šnek.* elektros srovė, elektra; *~ road amer.* elektrinis geležinkelis **4** *šnek.* benzinas, degalai ◊ *to stew in one's own ~ šnek.* pačiam kapanotis iš bėdos; ≡ prisivirė putros – tegu dabar srebia
v (iš)spausti sultis □ *~ up amer. šnek.* pagyvinti
juicer ['dʒu:sə] *n amer.* sulčiaspaudė; prietaisas sultims spausti
juicy ['dʒu:sɪ] *a* **1** sultingas **2** *šnek.* pelningas **3** *šnek.* drėgnas, šlapias, lietingas *(apie orą)* **4** *šnek.* įdomus, pikantiškas, sodrus; begėdiškas; *~ details* pikantiškos detalės **5** *šnek.* smarkus, energingas

jujitsu [ˌdʒuːˈdʒɪtsuː] *n* džiudžitsu *(japonų imtynės)*

juju [ˈdʒuːdʒuː] *n* **1** kerai **2** amuletas; fetišas **3** tabu, draudimas

jujube [ˈdʒuːdʒuːb] *n* **1** *bot.* jujuba *(krūmas ir vaisius)* **2** drebutinis marmeladas/saldainis *(džn. su vaistais nuo kosulio)*

jujutsu [ˌdʒuːˈdʒutsuː] *n* = **jujitsu**

jukebox [ˈdʒuːkbɔks] *n* automatinis patefonas *(kavinėje, restorane)*

julep [ˈdʒuːləp] *n* **1** saldus gėrimas *(geriamas su vaistais)* **2** *amer.* atšaldyta degtinė *(ypač šaltmėtinė; t. p.* **mint ~***)*

Julia [ˈdʒuːlɪə] *n* Julija, Džulija *(vardas)*

Julian [ˈdʒuːlɪən] *n* Julijonas, Džulianas *(vardas)* *a* Juliaus Cezario; **~ Calendar** Julijaus kalendorius

Juliana [ˌdʒuːlɪˈɑːnə] *n* Julijona, Džuliana *(vardas)*

Juliet [ˈdʒuːlɪət] *n* Džiuljeta *(vardas)*

Julius [ˈdʒuːlɪəs] *n* Juli(j)us, Džulijus *(vardas)*

July [dʒuːˈlaɪ] *n* liepa *(mėnuo)*

jumble[1] [ˈdʒʌmbl] *n* **1** kratinys, krūva; maišatis **2** daiktai, skirti išpardavimui
v **1** su(si)maišyti, sujaukti, su(si)painioti *(t. p.* **~ up***)* **2** netvarkingai eiti, grūstis **3** suplakti *(mintis ir pan.)*

jumble[2] *n* saldus sviestinis riestainis

jumble-sale [ˈdʒʌmblseɪl] *n* pigus vartotų daiktų išpardavimas *(labdaros tikslu)*

jumble-shop [ˈdʒʌmblʃɔp] *n* įvairių pigių prekių krautuvė

jumbo [ˈdʒʌmbəu] *n (pl* ~s [-z]*)* **1** didelis nerangus žmogus/gyvulys; didžiulis daiktas, milžinas **2** didelis keleivinis reaktyvinis lėktuvas *(t. p.* **~ jet***)*
a didžiulis, milžiniškas

jumbo-sized [ˈdʒʌmbəuˈsaɪzd] = **jumbo** *a*

jump [dʒʌmp] *n* **1** šuolis *(t. p. sport.);* **to give a ~** šoktelėti; **high ~** *sport.* šuolis į aukštį; **long ~** *sport.* šuolis į tolį; **running ~** šuolis įsibėgėjus; **standing ~** šuolis iš vietos **2** krūptelėjimas, šiurpulys; **the ~s** *pl* a) traukuliai, krūpčiojimas; b) *med.* chorėja **3** *(temperatūros, kainų ir pan.)* smarkus pakilimas; **to take a ~** pabrangti **4** staigus pasikeitimas *(ypač į gerąją pusę);* staigus perėjimas *(nuo vieno dalyko prie kito)* **5** *šnek.* pranašumas; **to get the ~ on smb** įgyti pranašumą prieš ką **6** *sport.* kliūtis *(jojimo varžybose)* **7** *attr:* **~ ball** ginčijamas kamuolys *(krepšinyje)* ◊ **you are for the high ~** ≡ tau gerokai klius; **to take a running ~** nešdintis, dingti iš akių
v **1** šokti, šokinėti; šokuoti, straksėti; užšokti *(on);* **to ~ short** neprišokti, neperšokti **2** pašokti, šoktelėti, striktelėti; krūptelėti; (su)tvaskėti *(apie širdį);* **to ~ for joy** pašokti/šokinėti iš džiaugsmo; **you made me ~ when you came in so suddenly** jūsų nelauktas atėjimas įbauginau mane **3** staiga pakilti, pašokti *(apie temperatūrą, kainas ir pan.)* **4** peršokti *(t. p.* **~ over***);* **to ~ from one subject to another** peršokti nuo vienos temos prie kitos **5** nuimti *(šaškę)* **6** peršokti, praleisti; **to ~ a chapter in a book** praleisti skyrių knygoje **7** nušokti; **to ~ the track** a) nuvirsti *(nuo bėgių);* b) *prk.* išklysti iš kelio **8** šokinti; mėtyti, kykoti *(vaiką)* **9** paglemžti, pasisavinti **10** kepti/troškinti *(bulves ir pan.)* retkarčiais pakratant **11** *šnek.* išokti; **to ~ a train** įšokti į traukinį, važiuoti *(be bilieto);* **to ~ into one's clothes** skubiai apsirengti **12** išvengti, nepadaryti *(ko);* **to~ bail** neatvykti į teismą, išvykti *(apie paleistą už užstatą);* **to ~ in line** *amer.,* **to ~ the queue** pereiti/užlįsti/gauti be eilės **13** *šnek.* užpulti; užsipulti, kritikuoti *(on)* **14** mestis *(at, on – prie)* **15** noriai priimti, pasigauti *(sumanymą, mintį; at)* **16** sutapti, sutikti *(with)* **17** pass *(into)* būti įtrauktam į ką per apgaulę; **he was ~ed into buying the house** apgaulės būdu jį privertė/įkalbėjo pirkti tą namą **18** *sl.* pabėgti, pasprukti **19** *kas.* gręžti rankiniu grąžtu **20** *tech.* suvirinti pridurtinai **21** *tech.* nusodinti, suploti metalą **22** *kin.* būti iškreiptam *(apie atvaizdą ekrane)* ▫ **~ about** a) šokinėti *(iš džiaugsmo, skausmo);* b) nerim(au)ti; **~ down** a) nušokti; b) padėti nušokti *(vaikui ir pan.);* **~ in** įsiterpti, įsikišti; **~ off** a) nušokti; b) *kar.* pradėti; **~ out** išokti; **~ up** a) pašokti, staiga atsistoti; b) nušokuoti; c): **~ up!** lipk(it)!, sėsk(it)! *(į ekipažą ir pan.)* ◊ **to it!** *šnek.* paskubėk!

jumped-up [ˌdʒʌmptˈʌp] *a menk.* prasigavęs į postą, iškilęs; išpuikęs, išsišokėlis

jumper[1] [ˈdʒʌmpə] *n* **1** šokikas; šuolininkas **2** šokinėjantis vabzdys *(blusa, žiogas ir pan.)* **3** *amer.* rogutės **4** *amer.* svetimo žemės sklypo užgrobėjas **5** *av.* parašiutininkas **6** *tech.* rankinis grąžtas, kirstuvas, pramuštuvas **7** *el.* trumpiklis; jungiamasis laidas; **~ cables** = **jump-leads**

jumper[2] *n* **1** megztinis, džemperis **2** palaidinė *(t. p. jūreivio)* **3** ant palaidinės velkamas sarafanas **4** darbinis chalatas **5** *(ppr. pl)* *amer.* (vaikiškas) kombinezonas, prijuostė

jumping [ˈdʒʌmpɪŋ] *n* **1** šokimas, šokinėjimas **2** *sport.* šuoliai
a amer. judrus, gyvas

jumping-jack [ˈdʒʌmpɪŋdʒæk] *n* patimpa *(už siūlo tampoma figūrėlė)*

jumping-off [ˌdʒʌmpɪŋˈɔf] *a* išeities, pradinis; **~ ground** *kar.* placdarmas; **~ place/point** a) išeities/pradinis taškas; b) *amer.* tolima, nuošali vieta; ≡ pasaulio kraštas

jump-jet [ˈdʒʌmpdʒet] *n* reaktyvinis lėktuvas su vertikaliu pakilimu ir nutūpimu

jump-leads [ˈdʒʌmpliːdz] *n pl* laidai dviejų automobilių akumuliatoriams sujungti *(vienam iš jų nusėdus)*

jump-off [ˈdʒʌmpɔf] *n* **1** *kar.* ataka, puolimas **2** *sport.* atsistūmimas, atsiplėšimas nuo žemės/tramplino *ir pan.*

jump-rope [ˈdʒʌmprəup] *n amer.* šokdynė, šokyklė

jump-seat [ˈdʒʌmpsiːt] *n* atlošiamoji sėdynė

jump-start [dʒʌmpˈstɑːt] *v aut.* užvesti *(variklį)* sujungiant dviejų mašinų akumuliatorius

jump-suit [ˈdʒʌmpsuːt] *n* **1** parašiutininko kostiumas **2** *(moteriškas)* kombinezono tipo kostiumas

jump-weld [ˈdʒʌmpweld] *n tech.* pridurtinis suvirinimas

jumpy [ˈdʒʌmpɪ] *a* **1** nervingas, susierzinęs; nervinantis; krūpčiojantis **2** kratus *(apie vežimą)* **3** šokinėjantis *(apie kainas)*

junction [ˈdʒʌŋkʃn] *n* **1** su(si)jungimas **2** sandūra *(t. p. tech.),* susijungimo/susikirtimo taškas/vieta; susikryžiavimas; **box ~** kelių susikirtimas, pažymėtas geltonomis linijomis **3** geležinkelių mazgas, mazginė stotis **4** *(upių)* santaka **5** *attr:* **~ board** *tel.* komutatorius; **~ box** *el.* skirstymo dėžė; **~ call** pokalbis su užmiesčiu *(telefonu);* **~ canal** pratakas, protaka

juncture [ˈdʒʌŋktʃə] *n* **1** (susidariusi) padėtis, konjunktūra; **at this ~** šiuo momentu, tokiu metu; susidariusiomis aplinkybėmis; **at a critical ~** kritišku momentu **2** susijungimas; susijungimo vieta **3** *tech.* siūlė, sujungimas **4** *kalb.* sandūra

June [dʒuːn] *n* **1** birželis *(mėnuo)* **2** Džunė, Džuni *(vardas)*

juneberry [ˈdʒuːnˌberɪ] *n bot.* medlieva

jungle [ˈdʒʌŋgl] *n* **1** džiunglės *(t. p. prk.);* **the law of the ~** *prk.* džiunglių įstatymas **2** tankūs brūzgynai; tankmė **3** *amer.* painiava; labirintas **4** *amer. sl.* *(valkatų)* lindynė, nakvynės namai *(bedarbiams; t. p.* **hobo ~***)* **5** *attr* džiunglių, gyvenantis džiunglėse; laukinis; **~ fever**

jungly | 493 | **justifiable**

med. tropinis drugys; **~ gym** *amer.* konstrukcija vaikams laipioti
jungly ['dʒʌŋglɪ] *a* **1** džiunglių **2** užžėlęs; kaip džiunglės
junior ['dʒu:nɪə] *a* **1** jaunesnis *(to); attr* jaunesnysis **2** jaunimo; *sport.* jaunių, juniorų; **~ book** knyga jaunimui; **~ varsity** *amer. (mokyklos, koledžo)* jaunių/juniorų komanda
n **1** jaunesnysis; jauniklis; jaunis *(t. p. sport.);* **my ~ by some years, some years my ~** keleriais metais už mane jaunesnis; **John Smith J. is the son of John Smith** *amer.* Džonas Smitas jaunesnysis yra Džono Smito sūnus **2** žemesnysis; pavaldinys **3** žemesniųjų klasių (I-IV) mokinys *(Anglijoje, Velse)* **4** *amer.* trečiojo kurso studentas
juniority [ˌdʒu:nɪ'ɔrətɪ] *n* jaunesnysis amžius; jaunesniojo padėtis
juniper ['dʒu:nɪpə] *n bot.* kadagys
junk[1] [dʒʌŋk] *n* **1** *šnek.* šlamštas **2** *šnek.* makulatūra, metalo laužas; utilis; išdėvos, skarmalai **3** *jūr.* senos sukapotos takelažo virvės, virvagaliai **4** *jūr.* kieta sūdyta mėsa *(t. p.* **salt ~**) **5** *sl.* heroinas
v **1** kapoti, dalyti į gabalus **2** *šnek.* išmesti kaip nereikalingą
junk[2] *n* džonka *(kinų burlaivis)*
junker ['juŋkə] *vok. n ist.* junkeris *(Prūsijoje)*
junket ['dʒʌŋkɪt] *n* **1** saldi varškė su grietinėle/vaisiais **2** *šnek.* valdžios apmokama išvyka/iškyla **3** pokylis; *amer.* piknikas
v puotauti; *amer.* rengti pikniką
junketing ['dʒʌŋkətɪŋ] *n šnek.* puota; puotavimas *(aukšto svečio garbei)*
junkie ['dʒʌŋkɪ] *n šnek.* **1** narkomanas **2** prekiautojas narkotikais **3** *juok. (televizijos ir pan.)* didelis mėgėjas, prisiekęs žiūrovas/klausytojas
junkman ['dʒʌŋkmən] *n (pl* -men [-mən]) *(tik v.) amer.* sendaiktininkas
junk-shop ['dʒʌŋkʃɔp] *n* sendaikčių krautuvė
junky ['dʒʌŋkɪ] *n* = **junkie**
Juno ['dʒu:nəu] *n mit.* Junona; *prk.* didinga gražuolė
Junoesque [ˌdʒu:nəu'esk] *a* panaši į Junoną, didinga kaip Junona
junta ['dʒʌntə, 'huntə] *n* **1** *polit.* chunta; **military ~** karinė chunta **2** = **junto**
junto ['dʒʌntəu] *n (pl* ~s [-z]) klika, politinė frakcija, slapta sąjunga
Jupiter ['dʒu:pɪtə] *n mit., astr.* Jupiteris ◊ **by~!** tikrai!, dieväži!; prisiekiu Jupiteriu!
jura ['dʒurə] *pl žr.* **jus**
Jurassic [dʒu'ræsɪk] *a geol.* jurinis; **~ period** jurinis periodas, jura
jurat ['dʒuəræt] *n* **1** vyriausiasis municipaliteto narys *(Britanijoje)* **2** *teis.* patvirtinimas vietos, laiko ir asmens, kurio akivaizdoje buvo duotas liudytojo parodymas
juratory ['dʒuərætrɪ] *a ret. teis.* priesaikos
juridical [ˌdʒu'rɪdɪkl] *a* juridinis; įstatyminis; teisinis; **~ board** teisėjų kolegija; **~ person** juridinis asmuo
jurisconsult [ˌdʒuərɪskən'sʌlt] *n* juristas *(ypač civilinės ir tarptautinės teisės srityje)*
jurisdiction [ˌdʒuərɪs'dɪkʃn] *n* **1** teisingumo vykdymas **2** jurisdikcija; teismingumas; **within the ~** teismingas **3** priklausomumas, pavaldumas *(žinybai, įstaigai);* **it doesn't lie within my ~** tai ne mano kompetencijoje
jurisprudence [ˌdʒuərɪs'pru:dəns] *n* jurisprudencija, teisėtyra, teisės mokslas; **medical ~** teismo medicina

jurisprudent [ˌdʒuərɪs'pru:dənt] *a* žinantis įstatymus *n* juristas, teisininkas
jurist ['dʒuərɪst] *n* teisininkas, juristas
juristic(al) [dʒuə'rɪstɪk(l)] *a* juridinis, teisinis; įstatyminis, įstatymiškas
juror ['dʒuərə] *n* **1** prisiekusysis **2** žiuri narys
jury[1] ['dʒuərɪ] *n* **1** žiuri, prisiekusieji; **petty/common/trial ~** prisiekusiųjų teismas, sprendžiantis civilines ir baudžiamąsias bylas; **caroner's ~** kviestiniai nagrinėjant smurtinės/staigios mirties atvejus; **grand ~** didžioji žiuri *(prisiekusieji, sprendžiantieji klausimą apie bylos atidavimą teismui);* **packed ~** *šnek.* specialiai parinkta prisiekusiųjų sudėtis; **the ~ of public opinion** viešosios nuomonės teismas; **the ~ is still out** a) žiuri dar svarsto; b) *prk.* dar neaišku, dar nieko negalima pasakyti **2** žiuri, vertinimo komisija/teisėjai *(premijoms ir pan. suteikti)* **3** *sport.* teisėjų kolegija
jury[2] *a jūr.* laikinas, avarinis *(apie stiebą, inkarą, vairą ir pan.)*
jury-box ['dʒuərɪbɔks] *n* prisiekusiųjų suolas teismo salėje
juryman ['dʒuərɪmən] *n (pl* -men [-mən]) *(tik v.)* **1** prisiekusysis **2** žiuri narys
jury-mast ['dʒuərɪmɑ:st] *n jūr.* laikinas, avarinis stiebas
jury-rig ['dʒuərɪrɪg] *n jūr.* laikina burių įranga
v laikinai įrengti, pritaisyti
jurywoman ['dʒuərɪˌwumən] *n (pl* -women [-ˌwɪmɪn]) **1** prisiekusioji **2** žiuri narė
jus [dʒʌs] *(pl* jura) *n teis.* **1** įstatymas, įstatymų kodeksas; **~ civile** civilinė teisė; **~ gentium** tarptautinė teisė **2** įstatyminė teisė
jussive ['dʒʌsɪv] *a gram.* liepiamasis
just[1] [dʒʌst] *a* **1** teisingas, teisus **2** teisėtas, pagrįstas; pelnytas **3** tikras, tikslus
adv **1** kaip tik, lygiai; **~ as you say** kaip tik taip, kaip jūs sakote; **it is ~ two o'clock** lygiai dvi valandos; **~ then** kaip tik tuo metu; **~ in time** kaip tik laiku; **~ the other way about** kaip tik priešingai **2** ką tik; **he has ~ come** jis ką tik atėjo; **~ now** a) dabar (pat); b) ką tik **3** vos *(džn.* **only ~**); **I (only) ~ caught the train** aš vos vos suspėjau į traukinį **4** *šnek.* tiesiog, tik; **it's ~ splendid/ perfect** tai tiesiog puiku; **it'll ~ take a few minutes** tai užtruks tik keletą minučių; **~ fancy!** tik įsivaizduokit! **5** *šnek.* visiškai ◊ **~ in case** dėl visa ko; **~ about** beveik; vos ne; **~ so** a) kaip tik taip; (taip) tikrai, tikra tiesa; b) tvarkingas; **not ~ yet** dar ne, dar nevisai; **it's/that's ~ as well...** gerai, kad...
just[2] = **joust** *n, v*
justice ['dʒʌstɪs] *n* **1** teisingumas, teisybė, teisumas; **to seek ~** ieškoti teisybės **2** teisingumas, justicija; **to administer ~** vykdyti teisingumą; **to bring smb to ~** patraukti/atiduoti ką į teismą **3** teisėjas; **J. of the Peace** taikos teisėjas **4** Aukščiausiojo teismo narys ◊ **to do him ~ he is very clever** reikia pripažinti, kad jis labai protingas; **he did ~ to the dinner** jis prideramai įvertino pietus *(valgė su apetitu);* **in ~ to smb** *(deramai)* pripažįstant, įvertinant ką; **to do oneself ~, to do ~ to oneself** visiškai atskleisti savo sugebėjimus/žinias
justiceship ['dʒʌstɪʃɪp] *n* **1** teisėjo pareigos/vardas **2** teisėjo kadencija
justiciable [dʒʌ'stɪʃəbl] *n teis.* teismingas
justiciary [dʒʌ'stɪʃərɪ] *n* teismo valdininkas
a teisminis, teismo
justifiable ['dʒʌstɪfaɪəbl] *a* pateisinamas, leistinas; atleistinas, dovanotinas; **~ homicide** *teis.* žmogžudystė kaltę lengvinančiomis aplinkybėmis

justification [ˌdʒʌstɪfɪˈkeɪʃn] *n* **1** pa(si)teisinimas, teisinimas(is); išteisinimas **2** pateisinančios aplinkybės **3** *komp., poligr.* eilučių išrakinimas
justificative [ˈdʒʌstɪfɪkeɪtɪv] *a* = **justificatory**
justificatory [ˈdʒʌstɪfɪkeɪtərɪ] *a* pateisinamas(is); patvirtinantis
justify [ˈdʒʌstɪfaɪ] *v* **1** pateisinti, pagrįsti; dovanoti; išteisinti **2** patvirtinti *(faktais)* **3** *komp., poligr.* išrakinti eilutes; išlyginti
Justin [ˈdʒʌstɪn] *n* Justinas, Džastinas *(vardas)*
Justina [dʒʌˈstaɪnə, dʒʌˈstiːnə] *n* Justina, Džastina *(vardas)*
justly [ˈdʒʌstlɪ] *adv* **1** teisingai **2** teisėtai, pagrįstai; pelnytai
jut [dʒʌt] *n* išsikišimas, iškyša
v išsikišti, pasiduoti į priekį *(džn. ~ out/forth)*
jute [dʒuːt] *n bot.* džiutas
Jute [dʒuːt] *n ist.* jutas *(senovės germanų kilties narys)*
Jutland [ˈdʒʌtlənd] *n* Jutlandija *(pusiasalis)*
juvenescence [ˌdʒuːvəˈnesns] *n* **1** jaunystė **2** perėjimas iš paauglystės į jaunystę
juvenescent [ˌdʒuːvəˈnesnt] *a* **1** tampantis jaunuoliu **2** paaugliškas, jaunas **3** jaunėjantis
juvenile [ˈdʒuːvənaɪl] *a* **1** *attr* paaugliškas, jaunas; jaunuoliškas; *~ labour* paauglių darbas; *~ offender/delinquent* nepilnametis/mažametis nusikaltėlis **2** nesubrendęs, vaikiškas **3** skirtas jaunimui; *~ books* knygos jaunimui/vaikams **4** *biol.* juvenalinis
n **1** paauglys, nepilnametis *(t. p. teis.)* **2** *pl šnek.* knygos jaunimui/vaikams **3** artistas, vaidinantis jaunų žmonių vaidmenis **4** *biol.* jauniklis
juvenilia [ˌdʒuːvəˈnɪlɪə] *lot. n pl* jaunystės/ankstyvieji kūriniai *(ypač žinomų rašytojų)*
juvenility [ˌdʒuːvəˈnɪlətɪ] *n* **1** jaunystė, jaunatvė **2** *prk.* jaunatviškumas; vaikiškumas
juvey, juvie [ˈdʒuːvɪ] *n* (juvenile *sutr.*) *sl.* **1** nepilnametis nusikaltėlis **2** nepilnamečių nusikaltėlių kolonija
juxtapose [ˌdʒʌkstəˈpəʊz] *v* sustatyti šalia; sugretinti *(to, with)*
juxtaposition [ˌdʒʌkstəpəˈzɪʃn] *n* sustatymas šalia; buvimas greta; sugretinimas

K

K, k [keɪ] *n (pl* Ks, K's [keɪz]) *vienuoliktoji anglų abėcėlės raidė*
kabab, kabob [kə'bɑ:b, kə'bɔb] *n amer.* = **kebab**
Kabul ['kɑ:bl] *n* Kabulas *(Afganistano sostinė)*
kaffeeklatch ['kæfeɪklætʃ] *n amer.* pasišnekėjimas prie kavos puoduko
Kaffir ['kæfə] *n* **1** kafras **2** *niek.* juodaodis afrikietis
kaftan ['kæftæn] *n* = **caftan**
kagoule [kə'gu:l] *n* = **cagoule**
kaif [kaɪf] *n* = **kef**
kail [keɪl] *n* = **kale**
kaiser ['kaɪzə] *n ist.* **1** kaizeris **2** imperatorius
kale [keɪl] *n* **1** *bot.* lapinis kopūstas; *Scotch [curly]* ~ raudonasis [garbanotasis] kopūstas **2** *škot.* kopūstų/daržovių buljonas **3** *amer. sl.* pinigai
kaleidoscope [kə'laɪdəskəup] *n* kaleidoskopas *(t. p. prk.)*
kaleidoscopic(al) [kə‚laɪdə'skɔpɪk(l)] *a* kaleidoskopiškas
kalends ['kælɪndz] *n pl* = **calends**
Kalevala ['kɑ:lɪˌvɑ:lə] *n* Kalevala *(suomių epas)*
kaleyard ['keɪljɑ:d] *n škot.* daržas
kali ['kælɪ] *n chem.* **1** kalio oksidas **2** potašas, šarmas
kalium ['keɪlɪəm] *n chem.* kalis
Kalmuck ['kælmʌk] *n* **1** kalmukas **2** kalmukų kalba *a* kalmukų, kalmukiškas
kalong ['kɑ:lɔŋ] *n zool.* kalongas *(šikšnosparnis)*
kamikaze [‚kæmɪ'kɑ:zɪ] *n* kamikadzė
Kampala [kæm'pɑ:lə] *n* Kampala *(Ugandos sostinė)*
Kampuchea [‚kæmpu'tʃɪə] *n ist.* Kampučija *(šalis)*
kanaka [kə'nækə, kə'nɑ:kə] *n* kanakas *(Ramiojo vandenyno salų čiabuvis)*
kangaroo [‚kæŋgə'ru:] *n* **1** *zool.* kengūra **2** *juok.* australietis ◊ ~ *court šnek.* teismo posėdžio inscenizacija; teismas, laužantis teisingumo principus; ~ *closure parl.* veikla, kai komisijos pirmininkas atrenka svarstymui tik kai kurias įstatymo projekto pataisas
kangaroo-rat [‚kæŋgə'ru:ræt] *n zool.* sterblinė žiurkė
Kansas ['kænzəs] *n* Kanzasas *(JAV valstija)*
Kantian ['kæntɪən] *a* Kanto; kantizmo *n* kantininkas
Kantianism ['kæntɪənɪzm] *n* kantizmas
kaolin ['keɪəlɪn] *n* kaolinas, baltmolis
kapellmeister [kə'pelmaɪstə] *vok. n* kapelmeisteris; dirigentas
kapok ['keɪpɔk] *n* kapokas *(panaši į vatą pluoštinė medžiaga)*
kapok-tree ['keɪpɔktri:] *n bot.* kapokmedis
kappa ['kæpə] *n* kapa *(dešimtoji graikų abėcėlės raidė)*
kaput [kə'put] *vok. a predic šnek.* baigta(s), galas
Karaite ['kɛərəaɪt] *n* karaimas
Kara-kalpak ['kɑ:rəˈkɑ:lpɑ:k] *n* **1** karakalpakas **2** karakalpakų kalba
Kara Kum [‚kɑ:rɑ:'ku:m] Karakumai *(dykuma)*
karat ['kærət] *n amer.* = **carat**

karate [kə'rɑ:tɪ] *n sport.* karatė
Karelia [kə'ri:lɪə] *n* Karelija
Karelian [kə'ri:lɪən] *n* **1** karelas **2** karelų kalba *a* Karelijos; karelų
karma ['kɑ:mə] *n* **1** karma *(indų filosofijoje)* **2** likimas
karst [kɑ:st] *n geol.* karstas
karting ['kɑ:tɪŋ] *n sport.* kartingas
karyon ['kærɪɔn] *n biol. (ląstelės)* branduolys
Kashmyr [kæʃ'mɪə] *n* Kašmyras
katabatic [‚kætə'bætɪk] *a meteor.* nukreiptas žemyn *(apie oro judėjimą)*
Kate [keɪt] *n* Keiti, Keitė *(vardas)*
kathode ['kæθəud] *n fiz.* katodas
Katmandu [‚kætmæn'du:] *n* Katmandu *(Nepalo sostinė)*
Kattegat [‚kætɪ'gæt] *n* Kategatas *(sąsiauris)*
katydid ['keɪtɪdɪd] *n zool.* žiogas *(Š. Amerikoje)*
Kaunas ['kaunəs] *n* Kaunas
kayak ['kaɪæk] *n* **1** kajakas *(eskimų valtis)* **2** *sport.* baidarė
kayo ['keɪ'əu] *n sport. šnek.* nokautas
Kazakh [kə'zɑ:h, -'zɑ:k] *n* **1** kazachas **2** kazachų kalba *a* Kazachijos; kazachų, kazachiškas
Kazakhstan [‚kɑ:zɑ:k'stɑ:n] *n* Kazachstanas *(šalis)*
kazoo [kə'zu:] *n* dūdelė
Keats [ki:ts] *n: John* ~ Džonas Kitsas *(anglų poetas)*
kebab [kə'bæb] *n kul.* kebabas *(į šašlyką panašus kepsnys)*
keck [kek] *v* **1** žiaukčioti **2** šlykštėtis, su pasišlykštėjimu atsisakyti *(maisto ir pan.; at)*
kedge [kedʒ] *n jūr.* verpas *(pagalbinis inkaras)*
kedgeree ['kedʒəri:] *n kul.* patiekalas iš žuvies, ryžių ir kiaušinių
keek [ki:k] *v škot.* žvilgtelėti, žvilgčioti *(paslapčiomis)*
keeker ['ki:kə] *n šnek.* **1** šnipas **2** *pl* akys, spangės
keeking-glass ['ki:kɪŋglɑ:s] *n šnek.* veidrodis
keel¹ [ki:l] *n* **1** *jūr., av.* kilis; *on an even* ~ a) nesisupant į šonus; b) *prk.* lygiai, stabiliai; ramiai; *to lay down a* ~ pradėti statyti laivą **2** *poet.* laivas **3** *zool. (paukščio)* kaulo ketera **4** *bot.* laivelis *v* versti ant šono *(laivą)* ☐ ~ *over* a) ap(si)versti; b) netikėtai nukristi, nualpti
keel² *n* **1** *ist.* plokščiadugnis laivas *(anglims vežti)* **2** anglių svorio matas *(= 21 tona)*
keel-block ['ki:lblɔk] *n jūr.* kilblokas
keelhaul ['ki:lhɔ:l] *v* **1** *jūr. ist.* pertempti vandeniu po kiliu *(bausmė)* **2** *prk.* griežtai išbarti/nubausti
keelson ['ki:lsn] *n jūr.* kilsonas, antkilis
keen¹ [ki:n] *a* **1** labai trokštantis/siekiantis; entuziastingas; ~ *sportsman* aistringas sportininkas; *to be (dead)* ~ *on smth* (karštai/smarkiai) geisti/trokšti, (labai) mėgti ką; *to be* ~ *on smb* žavėtis kuo; *he's not very* ~ *on tennis* jis nėra didelis teniso mėgėjas **2** energingas; ~ *man of business* sumanus/energingas verteiva **3** *ret.* aštrus **4** *prk.* veriamas, aštrus; skvarbus, šaižus; ~ *mind* įžvalgus protas; ~ *pain* aštrus/veriamas skausmas **5** smarkus;

keen² — didelis *(apie šaltį, alkį ir pan.)* **6** aštrus, griežtas *(apie kritiką)* **7** įtemptas, sunkus *(apie varžybas, kovą ir pan.)* **8** žemas, sumažintas *(apie kainas)* **9** šnek. puikus, nuostabus

keen² *psn. n* raudojimas; *(numirėlio)* apraudojimas, garbstymas *(Airijoje)*
v rypuoti, raudoti; apraudoti, garbstyti *(numirėlį)*

keen-set ['ki:nset] *a* šnek. labai norintis, trokštantis *(for – ko)*

keen-witted ['ki:n'wɪtɪd] *a* išmanus, išmaningas

keep [ki:p] <*v, n*> *v* (kept) **1** laikyti; *to ~ hold (of)* neatiduoti, tebelaikyti **2** išlaikyti; (iš)saugoti; *to ~ a secret* išlaikyti/išsaugoti paslaptį **3** laikytis, negesti; nesenti; *eat the fish because it won't ~ till tomorrow* suvalgyk žuvį, nes ji neišsilaikys iki rytdienos **4** laikytis *(taisyklės, susitarimo, temos ir pan.)*; tesėti *(žodį, pažadą)*; vykdyti *(įsakymą) (to)* **5** būti, laikytis, likti *(tam tikroje padėtyje)*; *the weather ~s fine* oras laikosi gražus; *to ~ (to the) left* laikytis kairės; *to ~ to one's bed* likti lovoje, nesikelti (iš lovos); *to ~ cool* laikytis ramiai/šaltakraujiškai **6** (+ *ger*) tebedaryti, toliau *(ką)* daryti; *I ~ forgetting to post this letter* aš vis užmirštu išsiųsti šį laišką **7** (+ *n/pron* + *ger* - suvestinis papildinys) (pri)versti *(ką daryti)*; *he kept me waiting* jis privertė mane laukti **8** užlaikyti; sulaikyti *(from – nuo)*; *I won't ~ you long* aš jūsų ilgai neužlaikysiu **9** laikyti, turėti *(savo žinioje, nuosavybėje)*; *to ~ a shop* turėti krautuvę; *we ~ chickens and a couple of pigs* mes laikome vištas ir dvi kiaules **10** išlaikyti, duoti pragyvenimą; *to ~ a family* išlaikyti šeimą **11** tvarkyti; *to ~ house* tvarkyti ūkio reikalus **12** būti parduodamam; *do they ~ postcards here?* ar ten parduodami atvirukai? **13** vesti, tvarkyti, rašyti *(žurnalą, dienoraštį, sąskaitybą ir pan.)* **14** (ap)saugoti, ginti; *to ~ goal* ginti vartus *(futbole)* **15** slėpti, saugoti; *to ~ smth from smb* slėpti ką nuo ko **16** valdyti(s), (su)tvardyti *(jausmus)* **17** (at)švęsti; *to ~ Christmas* švęsti Kalėdas **18** *(Continuous)* laikytis, gyventi; *hi, Tom! how are you ~ing?* sveikas Tomai! kaip laikaisi? **19** *ret.* dirbti *(apie mokymo įstaigas)*; *school ~s today* mokykloje šiandien vyksta pamokos **20** *(at)* atkakliai dirbti *(ką)*; *to ~ smb at smth* priversti ką daryti ką nors **21** *(out of)* vengti, saugotis *(ko)* □ *~ away* a) saugotis *(šuns, ugnies ir pan.)*; laikytis atokiai, ne(si)leisti; b) slėpti; *~ knives away from children* slėpkite peilius nuo vaikų; *~ back* a) sulaikyti; užlaikyti, neduoti; b) (nu)slėpti *(faktus ir pan.)*; c) neiti artyn, saugotis; *~ down* a) nestoti, toliau sėdėti/gulėti; b) sulaikyti/(su)trukdyti augimą/didėjimą; c) (nu)malšinti; engti; d) versti vemti *(išgėrus, suvalgius ką)*; *~ in* a) neišleisti; (priversti) sėdėti namuose; *to be kept in* būti paliktam po pamokų *(apie mokinį)*; b) laikytis pakraščio *(kelyje)*; c) kurstyti *(ugnį)*; (tebe)degti; d) *(with)* šnek. išlaikyti gerus santykius *(su)*; *~ off* a) nepriartėti, laikyti(s) toliau/atokiai; nepri(si)leisti; *~ off!* atgal!; b) susilaikyti; *~ on* a) toliau *(ką daryti)*; *to ~ reading* toliau skaityti; b) laikyti(s) *(toje pačioje padėtyje, tos pačios krypties ir pan.)*; *he was kept on in his old job* jį paliko senajame darbe; c) palikti, nenu(si)imti *(skrybėlės ir pan.)*; d) šnek. graužti, neduoti ramybės, įkyriai kalbėti/prašyti *(at)*; *~ out* a) neprileisti, ne(į)leisti; *to ~ children out of mischief* neleisti vaikams išdykauti; b) nesikišti, laikytis nuošalyje; *~ under* a) iš(si)laikyti *(po vandeniu; be sąmonės)*; b) *prk.* laikyti savo žinioje, suvaldyti; *~ up* a) iš(si)laikyti; b) palaikyti *(susirašinėjimą, tradicijas, vienodą greitį ir pan.)*; c) žvaliai laikytis, būti žvaliam; d) šnek. neleisti/neduoti miegoti/gulti; e) tęsti; *~ it up!* nesustokite!, tęskite toliau!; f) *(with)* neatsilikti *(nuo)*, spėti *(kartu eiti)* ◊ *to ~ one's mouth/trap shut* šnek. ≡ laikyti liežuvį (už dantų); *to ~ one's hair/wig/shirt on* šnek. nesikarščiuoti; *to ~ (oneself) to oneself* gyventi uždarai, būti užsidariusiam, nesusitikinėti su kitais žmonėmis; *to ~ smb going* padėti *(pinigais)* kam išsiversti; *~ it down!* netriukšmaukite!, ramybės!
n **1** išlaikymas *(maistas, drabužiai ir pan.)*; *to earn one's ~* užsidirbti pragyvenimui **2** pašarų atsargos **3** *ist.* *(viduramžių pilies)* pagrindinis bokštas ◊ *in good [low] ~* geros [blogos] būklės, gerai [blogai] užlaikytas; *for ~s* šnek. a) visam laikui, ilgam; b) visai

keeper ['ki:pə] *n* **1** saugotojas; sargas; tvarkytojas, prižiūrėtojas **2** *(draustinio)* eigulys **3** gerai išsilaikantis produktas **4** turėtojas *(pvz., obligacijų)* **5** *sport.* šnek. vartininkas **6** *tech.* kontrveržlė; stabdiklis

-keeper [-ˌki:pə] *(sudurt. žodžiuose)* laikytojas, savininkas, šeimininkas; *innkeeper* užeigos namų šeimininkas; *shopkeeper* krautuvininkas

keep-fit ['ki:p'fɪt] *n* mankštos/gimnastikos pratimai *(ppr. atliekami organizuotai; t. p. ~ exercises)*

keeping ['ki:pɪŋ] *n* **1** laikymas; turėjimas, valdymas **2** palaikymas, saugojimas, priežiūra; *to be in safe ~* būti patikimose rankose, būti saugioje vietoje; *in smb's ~* kieno globai/globoje **3** sutarimas, harmonija; *to be in [out of] ~ (with)* derintis [nesiderinti] *(su)*, atitikti [neatitikti] **4** *attr* gerai išsilaikantis *(apie produktus, vaisius)*

keepsake ['ki:pseɪk] *n* **1** atminimo dovana **2** *attr* sentimentalus, saldus *(apie stilių)*

kef [kef] *n* **1** apsvaigimas nuo narkotikų **2** kaifas, malonus dykinėjimas

kefir ['kefə] *n* kefyras

keg [keg] *n* medinė statinaitė *(iki 40 l talpos)*; *~ beer* alus iš statinės

keister ['ki:stə] *n amer.* šnek. užpakalis, subinė

kelp [kelp] *n* **1** *bot.* rudadumbliai, ypač laminarijos **2** tų dumblių pelenai, iš kurių išgaunamas jodas

kelpie ['kelpɪ] *n* **1** *škot. mit.* vandenis *(ppr. arklio pavidalo)* **2** australų aviganis

kelson ['kelsn] *n* = **keelson**

kelvin ['kelvɪn] *n* **1** kilovatvalandė **2** *attr: K. scale* absoliutinės temperatūros skalė **3** *(K.)* Kelvinas *(vardas)*

ken [ken] *n* akiratis; žinojimo/pažinimo ribos; *beyond smb's ~* kam nežinoma, nesuprantama
v (kenned, kent) *šiaur.* **1** žinoti **2** pažinti *(iš išvaizdos)*

Kennedy ['kenɪdɪ] *n: John ~* Džonas Kenedis *(JAV prezidentas)*

kennel¹ ['kenl] *n* **1** šuns būda, šunidė **2** *(ppr. pl)* šunų veisykla **3** *(medžioklinių šunų)* gauja, ruja **4** lūšna, lindynė **5** *(lapės, ūdros)* urvas
v *(-ll-)* **1** įvaryti į būdą; laikyti/gulėti būdoje *(apie šunį)* **2** gyventi lūšnoje

kennel² *n* nutekamasis vamzdis/griovys

kent [kent] *past ir pII žr.* **ken** *v*

Kent [kent] *n* Kentas *(Anglijos grafystė)*

Kentish ['kentɪʃ] *a* Kento ◊ *~ fire* a) ritmingi plojimai; b) nekantrūs šauksmai

kentledge ['kentlɪdʒ] *n jūr.* nuolatinis balastas *(atsvaras)*

Kentucky [ken'tʌkɪ] *n* Kentukis *(JAV valstija)*

Kenya ['kenjə, 'ki:njə] *n* Kenija *(Afrikos šalis)*

Kenyan ['kenjən, 'ki:njən] *a* Kenijos; keniečių
n kenietis

kepi ['keɪpɪ] *pr. n* kepė *(tam tikra kariška kepurė)*

kept [kept] *past ir pII žr.* **keep** *v*
a išlaikomas, paperkamas; *~ woman* išlaikoma meilužė

keratin ['kerətɪn] *n biol.* keratinas
kerb [kə:b] *n* šaligatvio kraštas, bordiūras, kelkraštis
kerb-crawler ['kə:bˌkrɔ:lə] *n* lėtai važiuojantis kelio pakraščiu *(apie prostitutės ieškotoją)*
kerbstone ['kə:bstəun] *n* bordiūro/kelkraščio akmuo
kerchief ['kə:tʃɪf] *n* skarelė, skepeta, skepetėlė
kerchiefed ['kə:tʃɪft] *a* su skarele, skepetuotas
kerf [kə:f] *n* **1** įpjova, įranta; prapjova *(kertant medžius)* **2** *kas.* įkarta
kerfuffle [kə'fʌfl] *n šnek.* sąmyšis, sambrūzdis
kermis ['kə:mɪs] *n* **1** (kasmetinė) mugė *(Olandijoje)* **2** *amer.* labdaros mugė
kern(e) [kə:n] *n air.* **1** *ist.* lengvai ginkluotas pėstininkas **2** *psn. niek.* kaimietis, mužikas
kernel ['kə:nl] *n* **1** *(riešuto ir pan.)* branduolys; *(vaisiaus)* sėklelė **2** grūdas **3** *(dalyko ir pan.)* esmė; racionalus grūdas **4** *metal.* gurgutis
kerosene, kerosine ['kerəsi:n] *n amer., austral.* žibalas
Kerry ['kerɪ] *n* airių juodųjų karvių veislė
kersey ['kə:zɪ] *n ret.* **1** milas **2** *pl* milo kelnės
kerseymere ['kə:zɪmɪə] *n* kašmyras *(plonas vilnonis audinys)*
kestrel ['kestrəl] *n zool.* pelėsakalis *(paukštis)*
ketch [ketʃ] *n* kečas, nedidelis dvistiebis burinis laivas
ketchup ['ketʃəp] *n* ketčupas, pomidorų padažas su prieskoniais
kettle ['ketl] *n* **1** *(metalinis)* virtuvas, virdulys **2** *psn.* katilas, katiliukas ◊ *another, ar a different, ~ of fish* visai kitas dalykas; *a pretty/fine ~ of fish iron.* na ir istorija!, na ir dalykėliai!; *watched ~ never boils* laukiant laikas prailgsta
kettledrum ['ketldrʌm] *n* **1** *muz.* litaurai **2** *juok.* kviestinė arbatėlė
kewpie ['kju:pɪ] *n* lėlytė *(nuogo vaiko pavidalo; t. p. ~ doll)*
key¹ [ki:] <*n, a, v*> *n* **1** raktas *(t. p. prk.)*; *~ to the cipher* šifro raktas; *false/skeleton ~* visraktis **2** pažodinis vertimas; uždavinių sprendinių rinkinys; pratimų atsakymai *(knygoje)* **3** *muz.* raktas; tonacija; *~ signature* rakto ženklas; *all in the same ~* monotoniškai, vienodai; *to speak in a high ~* garsiai kalbėti **4** klavišas; *pl* klaviatūra; *arrow ~s komp.* krypčių klavišai **5** *archit. (skliauto, arkos)* ketera **6** *bot.* sparnavaisis **7** *tech.* kaištis, kaištelis, pleištas; spraustelis; *~ seat/grove* pleišto griovelis **8** *el.* raktas; mygtukas; svirtinis perjungiklis; *ignition ~* uždegimo jungiklio raktas ◊ *to hold the ~s (of)* laikyti *(ką)* savo rankose; *golden/silver ~* kyšis, papirkimas; *to have/get the ~ of the street juok.* likti naktį gatvėje, netekti pastogės
a attr pagrindinis, svarbiausias; *~ industries* svarbiausios pramonės šakos; *~ man* vadovaujantysis darbuotojas; *~ positions* vadovaujamos pozicijos; *~ map* kontūrinis žemėlapis
v **1** *(ppr. pass)* priderinti, pritaikyti *(to)*; *to be ~ed to the needs (of)* būti priderintam prie *(kieno)* poreikių **2** *muz.* (su)derinti *(instrumentą)* **3** *tech.* (už)pleišyti; sutvirtinti pleištu/kaiščiu *(džn. ~ in, ~ on)* □ *~ in =* **keyboard** *v*; *~ up* a) (su)jaudinti, (su)nervinti; b) sukelti *(drąsos, ryžto, vilties);* padrąsinti
key² *n* povandeninė uola, rifas
keyboard ['ki:bɔ:d] *n* **1** klaviatūra; *~ computer* klavišinis kompiuteris **2** klavišinis muzikos instrumentas **3** *el.* komutatorius
v įvesti *(duomenis)* į klavišinį kompiuterį
keyed [ki:d] *a* **1** turintis raktus/klavišus **2** *muz.* suderintas *(t. p. ~ up)* **3** sunerimęs, įsitempęs *(about; t. p. ~ up)* **4** derantis, (ati)tinkantis *(to)*

keyholder ['ki:həuldə] *n* raktininkas, žmogus, atsakingas už raktus
keyhole ['ki:həul] *n* rakto skylutė; *to spy through the ~* slapta sekti pro rakto skylutę
a šnek. **1** liečiantis asmeninį gyvenimą; intymus **2** slapta pasiklausantis/pasižiūrintis
keynote ['ki:nəut] *n* **1** *muz.* pagrindinis tonas, tonika **2** pagrindinė mintis, pagrindinis akcentas, leitmotyvas **3** *attr* svarbiausias; *~ address/speech* kalba, duodanti toną susirinkimui/suvažiavimui *ir pan.;* pagrindinis pranešimas, programinė kalba
keynoter ['ki:ˌnəutə] *n* pagrindinis pranešėjas; oratorius, tariantis įžanginį žodį *ar* sakantis programinę kalbą
keypad ['ki:pæd] *n komp.* pagalbinė klaviatūra; *numeric ~* skaitmenų klaviatūra
keyring ['ki:rɪŋ] *n* žiedas raktams
keyscrew ['ki:skru:] *n* raktas sraigtams prisukti
keystone ['ki:stəun] *n* **1** *archit. (arkos, skliauto)* sąvaros akmuo **2** *prk.* kertinis akmuo, pagrindas *(of)*
v **1** *šnek.* akcentuoti, pabrėžti **2** duoti direktyvą, dėstyti politinę liniją *ir pan.*
keystroke ['ki:strəuk] *n* klavišo nuspaudimas
keyway ['ki:weɪ] *n* **1** *(spynos, spraustelio ir pan.)* griovelis raktui **2** *hidr.* užtvankos sąvara
key-winding ['ki:waɪndɪŋ] *a* raktu užvedamas
keyword ['ki:wə:d] *n* **1** *(šifro ir pan.)* raktas **2** *spec.* bazinis/reikšminis žodis; raktažodis; specialios paskirties žodis
khaki ['kɑ:kɪ] *n* **1** chaki spalvos audinys **2** chaki spalva **3** *pl amer.* chaki spalvos kelnės
a rusvai žalsvos, chaki spalvos
khalif ['keɪlɪf] *n =* **caliph**
khan [kɑ:n] *n (totorių)* chanas
Khartoum [kɑ:'tu:m] *n* Chartumas *(Sudano sostinė)*
Khmer [kmɛə] *n* **1** chmeras *(Kambodžos gyventojas)* **2** chmerų kalba
kibble ['kɪbl] *v* smulkinti, rupiai (su)malti
kibbutz [kɪ'buts] *n (pl ~*es, *~*im [-tsi:m]) kibucas, gyvenvietė *(Izraelyje)*
kibe [kaɪb] *n* nušalimas, skaudulys nuo nušalimo *(ypač ant kulno)* ◊ *to tread on smb's ~s ret.* paliesti kieno skaudamą/opią vietą
kibitz ['kɪbɪts] *v (ypač amer.) šnek.* **1** kištis ne į savo reikalus **2** duoti neprašytų patarimų, patarinėti *(ypač lošiantiems kortomis)*
kibitzer ['kɪbɪtsə] *n (ypač amer.) šnek.* **1** žmogus, kuris kišasi į kitų reikalus **2** žmogus, stebintis lošimą kortomis, neprašytas patarėjas
kibosh ['kaɪbɔʃ] *n sl.* nesąmonė, niekai ◊ *to put the ~ (on)* (pa)daryti galą; suardyti, sugriauti *(planą ir pan.)*
kick¹ [kɪk] *n* **1** spyris, spyrimas, smūgis *(koja)*; *to get the ~* a) gauti spyrį; b) būti atleistam *(iš darbo)*; *free ~* laisvasis smūgis *(futbole)*; *direct free ~* baudos smūgis **2** *(šautuvo ir pan.)* atatranka **3** *šnek.* gyvybingumas, jėga, stiprybė; *he has no ~ left* jis nebeturi jėgų **4** *amer. šnek.* protestas **5** *šnek. (vyno ir pan.)* stiprumas; *to have a ~* smarkiai veikti **6** *šnek.* pasitenkinimas, malonumas; susijaudinimas; *to get a ~ out of, ar from, smth* gauti pasitenkinimą iš ko **7** *šnek.* susižavėjimas *(kuo)* **8**: *good [bad] ~ šnek.* geras [blogas] futbolininkas ◊ *more ~s than halfpence* daugiau nemalonumų negu naudos; *a ~ in the pants/teeth šnek.* akibrokštas
v **1** spirti; paspirti; *to ~ downstairs* nuleisti, numesti *(nuo laiptų)* **2** spardyti(s) **3** aukštai iškelti *(koją)*; aukštai išspirti *(sviedinį)*; aukštai išlėkti **4** *sport.* mušti *(į vartus)*; įmušti *(įvartį)* **5** atitrenkti *(apie šautuvą);* at-

šokti *(t. p. ~ back)* **6** *refl* pykti ant savęs **7** *šnek.* priešintis, spirtis, spyriotis *(against, at) (t. p. ~ out)* **8** *šnek.* mesti *(rūkyti, vartoti narkotikus);* **to ~ a habit** atsikratyti *(blogo)* įpročio ☐ **~ about/around** *šnek.* a) elgtis grubiai/storžieviškai; b) bastytis, klajoti; c) mėtytis, užsimesti *(kažkur);* d) apsvarstyti *(idėją ir pan.)* **~ back** a) atmušti koja; b) at(si)lyginti, at(si)mokėti *(tuo pačiu);* c) *amer.* priverstinai grąžinti *(neteisėtai gautus pinigus);* **~ down** = **~ in** a); **~ in** a) išlaužti *(duris);* išmušti *(langą, dantis);* b) pradėti veikti *(apie vaistus ir pan.);* c) *amer. šnek.* aukoti, prisidėti *(with);* d) *amer. sl.* ≡ patiesti kojas; **~ off** a) nusimesti, nusikratyti *(batus nuo kojų);* b) pradėti žaidimą smūgiu iš aikštės vidurio *(futbole);* c) *šnek.* pra(si)dėti; **~ out** *šnek.* a) išspirti; b) išmesti, išvaryti; **~ up: ~ up dust** kelti dulkes *(kojomis);* **to ~ up one's feet/legs** maskatuoti kojomis; **to ~ up the heels** pasispardyti *(apie paleistą arklį)* ◊ **to ~ up a row/fuss/dust** sukelti triukšmą; **to~ smb when/while he is down** negarbingai pulti/kritikuoti *(tą, kuris negali apsiginti);* **to~ smb upstairs** *šnek.* garbingai ką atleisti; atsikratyti kuo *(paskiriant į aukštesnę tarnybą)*

kick² *n* įduba butelio dugne

kickback ['kɪkbæk] *n* **1** atatrankos jėga, smarki reakcija **2** *šnek.* dėkingumo mokestis *(neteisėtai gautų pinigų dalies atidavimas aukštesniam pareigūnui)*

kickboxing ['kɪkˌbɔksɪŋ] *n sport.* kikboksas

kicker ['kɪkə] *n* **1** spardus arklys **2** *amer. (priekabus)* kritikuotojas, skandalistas, riaušininkas **3** futbolininkas **4** *tech.* ežektorius; stūmiklis

kickoff ['kɪkɔf] *n* **1** *sport.* kamuolio padavimas į aikštę, pirmasis smūgis *(iš centro; futbole);* futbolo rungtynių pradžia **2** *prk.* pradžia; **for a ~** pradžiai

kickshaw ['kɪkʃɔ:] *n* **1** *(ppr. menk.)* gardėsis, skanėstas **2** niekutis, mažmožis

kickstand ['kɪkstænd] *n (dviračio, motociklo)* paspyris, stovas

kick-start ['kɪkstɑ:t] *n* = **kick-starter**
v **1** duoti (pirminį) impulsą, pagreitinti *(procesą, veiklą)* **2** užvesti *(motociklą)* kojiniu starteriu

kick-starter ['kɪkˌstɑ:tə] *n (motociklo)* kojinis starteris

kick-turn ['kɪktə:n] *n sport.* posūkis aplink per koją *(slidinėjimas)*

kick-up ['kɪkʌp] *n šnek.* **1** triukšmas, skandalas, ginčas **2** pobūvis, pokylis, vakarėlis

kid¹ [kɪd] <n, a, v> *n* **1** ožkiukas **2** ožkiuko oda **3** *pl (minkštos odos)* pirštinės **4** *šnek.* vaikas **5** *šnek.* vaikinas, jaunuolis; **dead-end ~s** gatvės vaikiščiai ◊ **with/in ~ gloves** švelniai, mandagiai; atsargiai
a (ypač amer.) šnek. jaunesnysis *(apie brolį, seserį)*
v turėti, atvesti *(ožkiukus)*

kid² *šnek. n* apgavimas
v **1** apgaudinėti, apgauti; juoktis, šaipytis *(iš);* **you're ~ding!** juokauti! *(netikiu);* **no ~ding?** tu rimtai? **2** *refl* turėti iliuzijų ☐ **~ around** kvailioti

kiddie, kiddy ['kɪdɪ] *n šnek.* vaikiukas, kūdikis

kiddo ['kɪdəʊ] *n (pl ~*(e)s [-z]*) (ypač amer.)* vaikine *(kreipiantis)*

kid-glove ['kɪdglʌv] *a* **1** švelnus, mandagus **2** baltarankis ◊ **~ affair** oficialus priėmimas

kidnap ['kɪdnæp] *n* pagrobimas *(reikalaujant išpirkos)*
v (-pp-) pagrobti *(žmogų);* prievarta/apgaule pagrobti ir išvežti

kidnapper ['kɪdnæpə] *n (žmonių)* pagrobėjas

kidney ['kɪdnɪ] *n* **1** *anat.* inkstas; **floating/wandering ~** slankus inkstas; **artificial ~, ~ machine** dirbtinis inkstas **2** *kul.* inkstai; **calf ~s** veršiuko inkstai *(valgis)* ◊ **they are both of the same ~** ≡ abu jie vieno galo

kidney-bean ['kɪdnɪˌbi:n] *n bot.* daržinė pupelė

kidney-shaped ['kɪdnɪʃeɪpt] *n* inksto formos

kidney-vetch ['kɪdnɪvetʃ] *n bot.* paprastasis perluotis

Kiel [ki:l] *n* Kilis *(Vokietijos miestas)*

Kiev ['ki:ef] *n* Kijevas *(Ukrainos sostinė)*

kif [kɪf] *n* = **kef**

kike [kaɪk] *n amer. niek.* žydas

Kildare [kɪl'dɛə] *n* Kilderas *(Airijos grafystė)*

kilderkin ['kɪldəkɪn] *n* statinaitė *(apie 60 l talpos)*

Kilimanjaro [ˌkɪlɪmən'dʒɑ:rəʊ] *n* Kilimandžaras

Kilkenny [kɪl'kenɪ] *n* Kilkenis *(Airijos grafystė)* ◊ **to fight like ~ cats** ≡ peštis kaip šuniui su kate

kill [kɪl] *v* **1** užmušti, (nu)žudyti, atimti gyvybę; skersti, pjauti *(gyvulius); refl* užsimušti, nusižudyti **2** *prk.* (su)naikinti, (pra)žudyti; **to ~ a bill** sužlugdyti įstatymo projektą; **to ~ a novel** sukritikuoti romaną **3** užslopinti, užgniaužti; **smoking ~s the appetite** rūkymas atima apetitą **4** nuraminti, sumažinti *(skausmą ir pan.)* **5** susilpninti efektą, sugadinti *(išvaizdą);* nustelbti, užtrenkti *(garsą)* **6** *šnek.* pritrenkti, sužavėti; **dressed to ~** elegantiškai, nepaprastai prašmatniai apsirengęs *(norint ką sužavėti)* **7** smarkiai (pra)juokinti; **it nearly ~ed me** aš vos nemiriau iš juoko **8** *šnek.* kankinti, kamuoti; **what ~s me is not knowing** kas mane kankina – tai nežinojimas **9** *šnek.* išmaukti *(butelį);* sutašyti **10** išmesti, išbraukti *(iš korektūros ir pan.)* **11** *el.* staiga sumažinti įtampą; **to ~ the engine** užgesinti variklį **12** *chem.* neutralizuoti **13** *tech.* ėsdinti **14** *ž. ū.* duoti didelę skerdienos išeigą ☐ **~ off** a) atsikratyti; b) išžudyti, sunaikinti; **~ out** (iš)naikinti ◊ **to ~ time** ≡ stumti laiką; **to ~ with kindness** pražudyti besaikiu gerumu ir lepinimu; **to ~ the goose that lays the golden eggs** ≡ pakirsti šaką, ant kurios pats sėdi; **it will ~ or cure** ≡ žūti arba būti; arba viską laimėti, arba bedugnėn nugarmėti
n **1** laimikis *(medžioklėje)* **2** (nu)žudymas, užmušimas; **to be in at the ~** dalyvauti nužudant/nušaunant/skerdžiant; **to move in for the ~** priartėti ir pasiruošti paskutiniam smūgiui **3** *kar.* priešo sunaikinimas

kill-devil ['kɪlˌdevl] *n* dirbtinis jaukas, blizgė

killer ['kɪlə] *n* **1** žudikas, žudytojas, užmušėjas **2** skerdiklis; **humane ~** beskausmis skerdiklis **3** *šnek.* kas nors stulbinančio/puikaus **4** *amer.* banditas, gangsteris **5** *zool.* dalginis delfinas *(t. p. ~ whale)*
a mirtinas *(apie ligą ir pan.)*

killing ['kɪlɪŋ] *n* **1** nužudymas, užmušimas; **serial ~s** vienodu braižu įvykdyti nužudymai **2** *(gyvulių)* pjovimas, skerdimas **3** *šnek.* didelis pelnas *(iš biržos sandėrio, spekuliacijų ir pan.);* **to make a ~** gerai pasiplėšti pinigo
a **1** užmušantis, mirtinas; žudomas; **~ work** varginantis darbas **2** žudikiškas **3** *šnek.* labai juokingas; žavingas

killjoy ['kɪldʒɔɪ] *n* žmogus, gadinantis kitiems džiaugsmą/malonumus; zirzlys, giželis

kill-time ['kɪltaɪm] *ret. n* beprasmiškas/tuščias užsiėmimas *(laikui prastumti)*
a betikslis, beprasmiškas, tuščias

kiln [kɪln] *n tech.* džiovinimo/degimo krosnis
v ret. degti *(plytas, kalkes ir pan.)*

kiln-dry ['kɪlndraɪ] *v* džiovinti krosnyje

kilo ['ki:ləʊ] *n (pl ~s [-z]) šnek.* **1** kilogramas **2** kilometras

kilo- ['ki:lə-] *(sudurt. žodžiuose)* kilo-; tūkstantis; **kilohertz** kilohercas, tūkstantis hercų

kilocycle ['kɪləˌsaɪkl] *n fiz.* kilociklas *(dažnio vienetas)*

kilogram(me) ['kıləgræm] *n* kilogramas
kilometer [kı'ləmətə, 'kılə‚mi:tə] *n amer.* = **kilometre**
kilometre ['kılə‚mi:tə] *n* kilometras
kilowatt ['kıləwɔt] *n fiz.* kilovatas
kilowatt-hour [‚kıləwɔt'auə] *n fiz.* kilovatvalandė
kilt [kılt] *n* **1** kiltas *(škotų kalniečio ar škotų pulko kareivio sijonėlis)* **2** klostuotas sijonas
v **1** pa(si)kaišyti sijoną **2** sudėti klostes, (su)klostyti
kilter ['kıltə] *n* tvarkingumas, nesugedimas; *out of* ~ sutrikęs, sugedęs
kiltie, kilty ['kıltı] *n* škotų kareivis *(tautiniu kostiumu)*
kimono [kı'məunəu] *n (pl* ~s [-z]) kimono
kin [kın] *n* **1** giminaičiai; *next of* ~ *teis.* artimiausi (-sieji) giminaitis (-čiai); *near of* ~ artimai giminingas; panašus **2** *knyg.* giminė, šeima
a predic giminingas; panašus *(to); we are* ~ mes giminaičiai
-kin [-kın] *suff* -(i)ukas, -elis *(mažybiniuose daiktavardžiuose); lambkin* ėriukas
kinaesthesia [‚kınıs'θι:zıə] *n psich.* kinestezija
kinchin ['kıntʃın] *n sl.* vaikas; ~ *lay* vaiko apvogimas gatvėje
kind[1] [kaınd] *n* **1** rūšis; veislė; *of all ~s, all* ~ *of* visokių rūšių; *good ~s of wheat* geros kviečių veislės; *programs of this* ~ tokios programos; *what* ~ *of man is he?* kas jis per žmogus?; *all ~s of things* visokiausi daiktai **2** skiriamasis požymis, kokybė; *one of a* ~ vienintelis; *he acted after his* ~ jis elgėsi kaip jam įprasta; jis ištikimas sau **3**: *a* ~ *of* kažkas panašaus į; ~ *of šnek.* maždaug *(kaip),* lyg ir, iš dalies; *I* ~ *of expected it* aš iš dalies to laukiau; *coffee of a* ~ kažkas panašaus į kavą; *something of the/that* ~ kažkas panašaus; *nothing of the* ~ nieko panašaus, atvirkščiai **4** *ekon.* natūra; *to pay in* ~ mokėti natūra **5** *psn.* giminė; *human* ~ žmonių giminė ◊ *to repay [to answer/respond] in* ~ at(si)lyginti [atsakyti] tuo pačiu; *the worst* ~ *amer.* nepaprastai
kind[2] *a* **1** malonus, meilus, mielas, geras; *it's very* ~ *of you* labai malonu/gražu iš jūsų pusės; *would you be* ~ *enough, would you be so* ~ *as (+ to inf)* malonėkite *(ko prašant); with ~(est) regards, Yours...* su širdingiausiais sveikinimais Jūsų... *(laiško pabaigoje)* **2** minkštas; švelnus *(apie plaukus); a soap* ~ *to the skin* toks muilas nekenkia odai **3** *tech.* lengvai apdirbamas
kinda ['kaındə] *šnek.* = **kind of** *žr.* **kind**[1] 3
kindergarten ['kındəga:tn] *vok. n* vaikų darželis
kindergart(e)ner ['kındə‚ga:tnə] *n* **1** darželinukas **2** vaikų darželio auklėtojas
kind-hearted ['kaınd'ha:tıd] *a* geraširdis, geras; minkštaširdis
kindle ['kındl] *v* **1** užkurti, pakurti, uždegti, padegti **2** *prk.* uždegti, sukelti *(entuziazmą, susidomėjimą, neapykantą ir pan.)* **3** (užsi)degti, (įsi)liepsnoti *(t. p. prk.); her eyes ~d with happiness* jos akys švytėjo laime
kindliness ['kaındlınıs] *n* **1** gerumas **2** *ret.* geras pasielgimas
kindling ['kındlıŋ] *n* **1** prakurai *(t. p.* ~ *wood)* **2** už(si)degimas, į(si)degimas
kindly ['kaındlı] *a* **1** geras, malonus **2** švelnus; palankus, tinkamas *(apie klimatą, dirvą ir pan.)*
adv **1** maloniai; švelniai; palankiai; *to look* ~ palankiai (pa)žiūrėti *(on – į); will you* ~ *do this for me?* malonėkite padaryti tai dėl manęs **2** lengvai; mielai, su malonumu
kindness ['kaındnıs] *n* **1** gerumas, geranoriškumas; *to have a* ~ *for smb* jausti simpatiją kam, mylėti ką; *have the* ~

malonėkite, prašom **2** geras darbas, paslauga, malonė; *to do smb a* ~ padaryti kam gera/paslaugą
kindred ['kındrıd] *n* **1** giminystė; giminingumas **2** giminaičiai, giminės
a **1** giminingas, giminiškas; ~ *spirit* gimininga siela **2** panašus; *rain and* ~ *phenomena* lietus ir jam panašūs gamtos reiškiniai
kine [kaın] *n pl psn. žr.* **cow**[1]
kinematic [‚kaını'mætık] *a fiz.* kinematinis, kinematikos
kinematics [‚kını'mætıks, ‚kaını'mætıks] *n fiz.* kinematika
kinescope ['kınəskəup] *n tel.* kineskopas
kinetic [kı'netık] *a fiz.* kinetinis; ~ *friction* judėjimo trintis; ~ *art* kinetinis menas *(abstrakčios dailės rūšis)*
kinetics [kı'netıks] *n fiz.* kinetika
kinfolk ['kınfəuk] *n amer.* = **kinsfolk**
king [kıŋ] *n* **1** karalius **2** *prk.* valdovas, viešpats; ~ *of beasts [of birds]* žvėrių [paukščių] karalius; ~ *of metals* auksas; *K. of Terrors poet.* mirtis; *railroad* ~ geležinkelių magnatas; *oil* ~ naftos karalius **3** *(šach., kortų)* karalius; *(šaškių)* dama **4** *bot. (augalo)* pagrindinis stiebas **5** *attr* karališkas(is); ~ *penguin zool.* karališkasis pingvinas ◊ *K.'s English* literatūrinė anglų kalba; *the K.'s peace* viešoji tvarka; *K.'s messenger* diplomatinis kurjeris; *K.'s Bench, K.'s Division* Aukščiausiojo Teismo skyrius; *to live like a* ~ gyventi karališkai
v viešpatauti, karaliauti; elgtis kaip karaliui; *to* ~ *it over smb šnek.* komanduoti, įsakinėti kam
kingbird ['kıŋbə:d] *n zool.* tironas; rojaus paukštis
kingbolt ['kıŋbəult] *n tech.* pasukamojo kakliuko šerdesas
kingcraft ['kıŋkrɑ:ft] *n psn.* valdymo menas
kingcup ['kıŋkʌp] *n bot.* **1** vėdrynas **2** puriena
kingdom ['kıŋdəm] *n* **1** karalystė *(t. p. prk.); the* ~ *of heaven* dangaus karalystė **2** viešpatija; *animal* ~ gyvūnija, gyvūnų pasaulis; *vegetable* ~ augmenija ◊ *till* ~ *come* iki pasaulio/gyvenimo pabaigos; *to blow smb/smth to* ~ *come* visiškai ką sunaikinti
kingfisher ['kıŋfıʃə] *n zool.* tulžys *(paukštis)*
kinglet ['kıŋlıt] *n* **1** *niek.* karaliukas **2** *zool.* nykštukas *(paukštis)*
kingly ['kıŋlı] *a* karaliaus, karališkas; didingas
adv ret. karališkai; didingai
kingmaker ['kıŋ‚meıkə] *n* įtakingas asmuo, nuo kurio priklauso paskyrimas į aukštą postą
kingpin ['kıŋpın] *n* **1** = **kingbolt 2** svarbiausias asmuo, centrinė figūra **3** svarbiausias dalykas/elementas **4** viduryje stovintis kėglis
king-post ['kıŋpəust] *n* **1** *stat.* paspyrinės sijos statramstis **2** *jūr.* krovininis pusstiebis
king-salmon ['kıŋ‚sæmən] *n zool.* čavyča *(žuvis)*
kingship ['kıŋʃıp] *n* **1** karaliaus valdžia; karaliaus titulas **2** *ret.* karaliavimas
king-size(d) ['kıŋsaız(d)] *a* labai didelis, didžiulis; nestandartinis, nestandartinio dydžio
Kingsley ['kıŋzlı] *n: Charles* ~ Čarlis Kingzlis *(anglų rašytojas)*
Kingston ['kıŋstən] *n* **1** Kingstonas *(Jamaikos sostinė)* **2** *(k.) jūr.* kingstonas, vožtuvas povandeninėje laivo dalyje *(t. p. k. valve)*
kink [kıŋk] *n* **1** *(virvės, laido)* kilpa, mazgelis, už(si)lenkimas, užsisukimas **2** *(plaukų)* garbana **3** spazmas, mėšlungis **4** *šnek. (būdo)* keistenybė **5** *pl šnek. (konstrukcijos, mechanizmo ir pan.)* trūkumai, sutrikimai
v (susi)mazgioti; susisukti, susinarplioti
kinkle ['kıŋkl] *a* garbanėlė

kinky ['kɪŋkɪ] *a* **1** garbanotas **2** *šnek.* keistas; iškrypęs
kinnikinic [ˌkɪnɪkɪ'nɪk] *n* **1** tabako, džiovintų lapų, žievių *ir pan.* mišinys, indėnų naudotas rūkymui **2** *bot.* arkliauogė
kinsfolk ['kɪnzfəuk] *n kuop.* giminės, giminaičiai
Kinshasa [kɪn'ʒɑːsə] *n* Kinšasa *(Kongo sostinė)*
kinship ['kɪnʃɪp] *n* **1** giminystė **2** *(charakterio, interesų ir pan.)* panašumas, artimumas
kinsman ['kɪnzmən] *n* (*pl* -men [-mən]) *(tik v.) psn.* gentainis, giminė
kinswoman ['kɪnzˌwumən] *n* (*pl* -women [-ˌwɪmɪn]) *psn.* giminaitė
kiosk ['kiːɔsk] *n* **1** kioskas **2** telefono kabina/būdelė
kip[1] [kɪp] *n* jauno/nedidelio gyvulio oda *(veršena, avikailis ir pan.)*
kip[2] *n* **1** *šnek.* miegas, snaudulys; **to have a ~** nusnūsti **2** *sl.* lova, gultas; nakvynės namai *(t.p. ~ house)*
v šnek. miegoti *(ppr. ne namie)* □ **~ down** gulti, atsigulti
kip[3] *n* kipas *(Laoso piniginis vienetas)*
Kipling ['kɪplɪŋ] *n:* **Rudyard ~** Radjardas Kiplingas *(anglų rašytojas)*
kipper ['kɪpə] *n* **1** rūkyta silkė/žuvis **2** lašiša *(neršto metu)* **3** *sl.* vaikinas, tipas, žmogus
v rūkyti/sūdyti žuvį
Kirghiz ['kəːgɪz] *n* (*pl* ~, ~es [-ɪz]) **1** kirgizas **2** kirgizų kalba
a kirgizų, kirgiziškas; Kirgizijos
Kirghizia [kəː'gɪzɪə] *n* Kirgizija *(šalis)*
kirk [kəːk] *n škot.* bažnyčia
kirsch [kɪəʃ] *vok. n* vyšninė
kirtle ['kəːtl] *n psn.* **1** sijonas, suknelė **2** vyriškas švarkas/apsiaustas
kismet ['kɪzmet] *arab. n knyg. (žmogaus)* likimas, lemtis
kiss [kɪs] *n* **1** bučinys; pa(si)bučiavimas; **to give a ~ on the cheek** pabučiuoti į skruostą; **to steal/snatch a ~** pabučiuoti vogčia; **to blow/throw a ~ to smb** pasiųsti oro bučinį kam **2** lengvas prisilietimas; *(biliardo kamuolių)* lengvas susidūrimas **3** bezė *(pyragaitis)* ◊ **~ of life** a) dirbtinis kvėpavimas *(pučiant orą iš burnos į burną);* b) *prk.* naujas gyvenimas; **~ of death** lemtis, likimas
v **1** bučiuoti(s); **to ~ the book** bučiuoti bibliją *(teisme prisiekiant);* **to ~ one's hand** *(to)* pasiųsti bučinį ranka; **to ~ smb goodbye** atsibučiuoti *(atsisveikinant)* **2** lengvai pri(si)liesti/susitrenkti □ **~ up** *amer. šnek.* pataikauti ◊ **to ~ the cup** prikišti prie lūpų *(puodelį);* (iš)gerti; **to ~ the dust/ground** a) pralaimėti; b) būti užmuštam; c) nusižeminti, šliaužioti *(prieš);* **to ~ and tell** pasakoti savo meilės nuotykius
kiss-ass ['kɪsæs] *a attr amer. sl.* pataikūniškas, padlaižiškas
kiss-curl ['kɪskəːl] *n* garbana *(ant kaktos/smilkinio)*
kisser ['kɪsə] *n* **1** bučiuotojas **2** *sl.* burna, lūpos
kiss-me-quick ['kɪsmɪ'kwɪk] *n* **1** *ist.* kykas, moteriška skrybėlaitė *(gaubtuvėlio formos)* **2** garbana *(ant kaktos)*
kiss-off ['kɪsɔf] *n amer. šnek.:* **to give smb the ~** mesti, palikti ką
kit[1] [kɪt] *n* **1** *(sporto, turizmo ir pan.)* reikmenys; **football ~** futbolininko apranga **2** įrankių komplektas; *šnek. (daiktų)* komplektas, rinkinys; **survival ~** avarinis komplektas; **study ~** mokomosios medžiagos rinkinys **3** *kar. (asmeninė)* apranga ir amunicija **4** *škot.* kubilėlis, statinėlė ◊ **the whole ~ (and caboodle)** *amer. sl.* visa manta, viskas
v aprūpinti *(ypač drabužiais; džn.* **~ out/up)**
kit[2] *n* (kitten *sutr.*) kačiukas
kit[3] *n ist. (šokių mokytojo)* smuikelis

kitbag ['kɪtbæg] *n* daiktamaišis, kuprinė; sakvojažas
kit-cat ['kɪtkæt] *n* atvaizdas beveik lig juosmens *(t. p. ~ portrait)*
kitchen ['kɪtʃɪn] *n* virtuvė; **public ~** viešoji valgykla *(bedarbiams);* **~ police** *amer. kar.* kareiviai, paskirti padėti virtuvėje; **~ unit** a) virtuvės kombainas; b) virtuvės baldų komplektas ◊ **~ department** *juok.* orkestro mušamųjų instrumentų grupė
kitchen-cabinet [ˌkɪtʃɪn'kæbɪnɪt] *n* **1** virtuvės bufetas **2** vyriausybės vadovo neoficialūs patarėjai
kitchener ['kɪtʃɪnə] *n* **1** viryklė **2** *(vienuolyno virtuvės)* virėjas
kitchenette [ˌkɪtʃɪ'net] *n* virtuvėlė
kitchen-garden [ˌkɪtʃɪn'gɑːdn] *n* daržas
kitchen-maid ['kɪtʃɪnmeɪd] *n* virtuvės darbininkė
kitchen-midden ['kɪtʃɪn'mɪdn] *n* **1** pamazgų/atmatų duobė/krūva **2** *archeol.* kiaukutynas
kitchen-range ['kɪtʃɪnreɪndʒ] *n* viryklė
kitchen-sink ['kɪtʃɪnsɪŋk] *n* **1** virtuvės kriauklė **2** *attr* natūralistinis; **~ drama** buitinė pjesė ◊ **with everything but/except the ~** *juok.* su visa manta
kitchen-stuff ['kɪtʃɪnstʌf] *n* **1** virtuvės produktai, *ypač* daržovės **2** virtuvės atmatos
kitchenware ['kɪtʃɪnwɛə] *n* virtuvės rykai/reikmenys
kite [kaɪt] *n* **1** *(popierinis)* aitvaras; **to fly a ~** a) leisti/skraidinti aitvarą; b) *prk.* zonduoti dirvą; *dar žr.* 4; **higher than a ~** *amer.* a) labai aukštai; b) su nepaprasta jėga **2** *zool.* peslys **3** *šnek.* grobuonis; apgavikas **4** *kom. sl.* fiktyvus vekselis; **to fly a ~** (bandyti) gauti pinigus pagal fiktyvų vekselį **5** *kar. sl.* lėktuvas ◊ **go fly a ~!** *šnek.* ≡ eik po plynių!
v šnek. **1** skrajoti, sklandyti **2** paleisti *(aitvarą)* **3** *amer.* gauti pinigus pagal fiktyvų vekselį □ **~ up** *šnek.* pakelti, padidinti *(kainas ir pan.)*
kite-balloon ['kaɪtbəˌluːn] *n kar.* aitvarinis/pririšamasis aerostatas
kiteflying ['kaɪtˌflaɪɪŋ] *n* **1** pinigų gavimas pagal fiktyvų vekselį **2** *prk.* dirvos zondavimas
Kitemark ['kaɪtmɑːk] *n (D. Britanijos standartų instituto)* kokybės ženklas
kith [kɪθ] *n:* **~ and kin** pažįstami ir giminės
kitsch [kɪtʃ] *n menk.* pigus/menkavertis kūrinys, kičas, skaitalas; teplionė *(apie piešinį)*
kitten ['kɪtn] *n* kačiukas; **to have ~s** a) kačiuotis; b) *šnek.* nervintis
v **1** kačiuotis **2** koketuoti
kittenish ['kɪtənɪʃ] *a* žaismingas kaip kačiukas; koketiškas
kittiwake ['kɪtɪweɪk] *n zool.* tripirštis kiras
kittle ['kɪtl] *škot. a* įžeidus; rizikingas ◊ **~ cattle** sunkūs/neramūs žmonės
v **1** kutenti **2** sugluminti, apstulbinti
kitty[1] ['kɪtɪ] *n vaik.* kačiukas; katytė
kitty[2] *n* **1** bankas *(lošiant kortomis)* **2** kooperuotos lėšos bendram naudojimui
Kitty ['kɪtɪ] *n* Kitė, Kiti *(vardas)*
kitty-corner [ˌkɪtɪ'kɔːnə] *a amer. šnek.* esantis ant priešingo gatvės kampo
kiwi ['kiːwiː] *n* **1** *zool.* kivis *(besparnis paukštis)* **2 (K.)** *šnek.* Naujosios Zelandijos gyventojas
klansman ['klænzmən] *n* (*pl* -men [-mən]) *(tik v.)* kukluksklano narys
klaxon ['klæksn] *n aut. ist.* klaksonas, signalas
Kleenex ['kliːneks] *n* popierinė nosinė *(firminis pavadinimas)*
klepto ['kleptəu] *n šnek.* = **kleptomaniac**
kleptomania [ˌkleptə'meɪnɪə] *n* kleptomanija

kleptomaniac [ˌkleptə'meɪnɪæk] *n* kleptomanas
Klondike ['klɔndaɪk] *n* Klondaikas *(Kanados rajonas)*
kloof [kluːf] *n* gilus tarpeklis *(Pietų Afrikoje)*
klutz [klʌts] *n amer. šnek.* negrėbša, gvėra
klutzy ['klʌtsɪ] *a amer. šnek.* negrabus, gremėzdiškas
kluxer ['klʌksə] *n amer. šnek.* kukluksklano narys
klystron ['klaɪstrɔn] *n el.* klistronas
knack[1] [næk] *n šnek.* **1** įgudimas; mokėjimas, sugebėjimas *(ką daryti);* **there's a ~ to it** tai reikalauja įgudimo **2** savotiškas būdas/bruožas **3** vykęs/gudrus būdas/veiksmas, gudrybė
knack[2] *n* staigus/aštrus garsas; paukštelėjimas, spragtelėjimas
knacker[1] ['nækə] *n* **1** supirkinėtojas *(senų arklių skerdimui, griaunamų namų ir pan.);* **~'s (yard)** skerdykla **2** *dial.* kuinas
knacker[2] *v refl sl.* **1** nusikamuoti *(t. p.* **~ out)** **2** susižeisti *(ranką, alkūnę ir pan.)*
knackered ['nækəd] *a sl.* **1** išvargęs, nusikamavęs **2** išgveręs
knacky ['nækɪ] *a* sumanus, apsukrus, miklus
knag [næg] *n* gumbas, pranara; šaka *(medienoje)*
knaggy ['nægɪ] *a* gumbuotas, pranarotas, šakotas
knap[1] [næp] *v dial.* trupinti/smulkinti akmenis
knap[2] *n dial.* **1** kalvos viršūnė; kalno ketera **2** kalva
knapsack ['næpsæk] *n* kuprinė
knapweed ['næpwiːd] *n bot.* (juodoji) bajorė
knar [nɑː] *n (medžio)* gumbas, antauga, pranara
knarred, knarry [nɑːd, 'nɑːrɪ] *a* gumbuotas, aptekęs antaugomis, pranarotas
knave [neɪv] *n* **1** *(tik v.)* niekšas, apgavikas, sukčius **2** *(kortų)* valetas
knavery ['neɪvərɪ] *n* niekšiškumas; niekšybė, suktybė
knavish ['neɪvɪʃ] *a* suktas, apgavikiškas; niekšingas, niekšiškas
knead [niːd] *v* **1** (su)minkyti *(molį, tešlą);* užminkyti **2** formuoti *(charakterį)* **3** minkyti *(masažuojant)*
kneading-trough ['niːdɪŋtrɔf] *n* duonkubilis
knee [niː] *n* **1** kelis; **up to one's ~s** iki kelių; **gone at the ~s** išdubusiais keliais; **ball of the ~** *anat.* kelio girnelė **2** *tech. (jungiamoji)* alkūnė; krica **3** *stat.* lenktas spyrys/ramstis ◊ **to give/offer a ~ (to)** a) pagelbėti, suteikti pagalbą; b) *sport.* būti sekundantu; **it is on the ~s of the gods** ≡ vienas Dievas težino; tai dar nežinia; **to bring smb to his/her ~s** ≡ paklupdyti ką ant kelių; **to go on one's ~s (to)** ≡ keliais eiti, maldauti; **on one's (bended) ~s** keliaklupsčiais, nusižeminus; **bee's ~s** *šnek.* žavingas, nuostabus; **with one's ~s knocking (together)** drebėdamas *(iš baimės, šalčio)*
v **1** suduoti/liesti keliu **2** *tech.* (su)jungti kampainiu
knee-bend ['niːbend] *n* pritūpimas *(gimnastika)*
knee-boot ['niːbuːt] *n* aulinis batas
knee-breeches ['niːˌbrɪtʃɪz] *n pl* siauros kelnės, susegamos prie kelių
kneecap ['niːkæp] *n* **1** *anat.* kelio girnelė **2** antkelis
v šauti į kelio girnelę *(norint suluošinti)*
knee-deep ['niːdiːp] *a* **1** iki kelių **2** *prk.* paskendęs, iki ausų *(skolose ir pan.; in)*
knee-high ['niːhaɪ] *a (aukščio, ilgio)* iki kelių
n kojinė (ilgumo) iki kelių
knee-jerk ['niːdʒɜːk] *n fiziol.* kelio refleksas
a **1** *fiziol.* kelio reflekso; nevalingas **2** automatiškas; reaguojantis automatiškai
knee-joint ['niːdʒɔɪnt] *n* **1** *anat.* kelio sąnarys **2** *tech.* alkūninis sujungimas

kneel [niːl] *v* (knelt, kneeled) **1** klaupti(s) *(t. p.* **~ down)** **2** klūpoti
knee-length ['niːleŋθ] = **knee-high** *a*
kneeler ['niːlə] *n* **1** klūpantis/atsiklaupęs žmogus **2** klauptas, pagalvėlė *(atsiklaupti)* **3** *archit. (frontono)* atraminis akmuo
knee-pad ['niːpæd] *n sport.* antkelis
knee-pan ['niːpæn] = **kneecap** *n* **1**
knees-up ['niːzʌp] *n šnek.* triukšmingas pobūvis/pasilinksminimas
knell [nel] *n knyg.* **1** laidotuvių varpai *(t. p.* **funeral ~)** **2** blogas/mirties ženklas; galas, žuvimas
v psn. **1** skambinti laidotuvių varpais **2** pranašauti nelaimę **3** skelbti/kviesti varpais
knelt [nelt] *past ir pII žr.* **kneel**
knew [njuː] *past žr.* **know** *v*
Knickerbocker ['nɪkəˌbɔkə] *n* Niujorko gyventojas, niujorkietis
knickerbockers ['nɪkəˌbɔkəz] *n pl* plačios kelnės, susegamos prie kelių/blauzdų
knickers ['nɪkəz] *n pl šnek.* **1** *sutr. amer.* = **knickerbockers** **2** moteriškos kelnaitės ◊ **to get one's ~ in a twist** *šnek.* supykti, susierzinti, nuliūsti
knick-knack ['nɪknæk] *n* niekutis, papuošalas, dailės mažmožis
knick-knackery ['nɪkˌnækərɪ] *n kuop.* niekučiai, blizgučiai
knife [naɪf] *n (pl* knives) **1** peilis; **to put a ~ (into)** nudurti, papjauti *(ką)* **2 (the ~)** *šnek.* chirurginė operacija; **under the ~** operuojamas; operacijos metu **3** *tech.* peilis; grandiklis ◊ **to twist/turn the ~** dar labiau aitrinti širdį; **to get one's ~ in(to) smb** *šnek.* negailestingai pulti, nuolat kritikuoti ką; **~ and fork** valgis; **a good [poor] ~ and fork** geras [blogas] valgytojas; **to play a good ~ and fork** valgyti su apetitu, šveisti, kirsti; **war to the ~** negailestingas karas; **you could cut the atmosphere/air with a ~** tvyrojo įkaitusi atmosfera *(kambaryje);* **the knives are out** *šnek.* ≡ ant peilių eiti; **before you can/could say ~** *šnek.* tuojau pat, staiga; ≡ nespėjus nė aiktelėti
v **1** pjaustyti, pjauti peiliu **2** sužeisti/(nu)durti peiliu **3** *prk. amer.* stengtis slapta *(ką padaryti);* smogti į nugarą
knife-board ['naɪfbɔːd] *n* lenta peiliams valyti
knife-edge ['naɪfedʒ] *n* **1** peilio ašmenys **2** aštri briauna; *(uolos ir pan.)* ketera ◊ **on a ~** a) ≡ kaip ant adatų; b) ≡ kaip ant plauko *(kyboti)*
knife-grinder ['naɪfˌgraɪndə] *n* **1** galąstojas **2** tekėlas
knife-point ['naɪfpɔɪnt] *n:* **at ~** grasinant peiliu, grasinant susidoroti
knife-rest ['naɪfrest] *n* stovelis/atramėlė peiliui/šakutei
knife-switch ['naɪfswɪtʃ] *n el.* kirtiklis, jungiklis
knight [naɪt] *n* **1** riteris **2**: **~ of the pen** žurnalistas; **~ of the brush** menininkas; **~ of fortune** avantiūristas; **~ of the road** a) komivojažierius; b) plėšikas **3** nepaveldimas bajoro vardas su sero titulu *(žemesnis už baroneto)* **4** vieno aukščiausių Anglijos ordinų kavalierius; **K. of the Garter** Keliaraiščio ordino kavalierius **5** *šach.* žirgas ◊ **a ~ in shining armour** narsus riteris, išgelbėtojas
v **1** įšventinti į riterius **2** suteikti bajoro vardą ir sero titulą
knight-errant [ˌnaɪt'erənt] *n (pl* knights-errant) **1** *ist.* klajojantis riteris **2** *prk.* donkichotas
knighthood ['naɪthud] *n* **1** riterio vardas; bajoro vardas, bajorystė **2** *ist. kuop.* riterija, riteriai **3** riterystė, riteriškumas
knightly ['naɪtlɪ] *a* **1** *ist.* riterių, riterio, riteriškas **2** *prk. poet.* riteriškas, kilnus
adv poet. riteriškai, kilniai

knit [nɪt] v (knitted, knit) **1** megzti **2** sujungti, sutvirtinti *(džn.* **~ together**) **3** suaugti *(apie kaulus; t. p.* **~ together**) **4** jungtis, vienytis *(bendrų interesų ir pan. pagrindu)* **5** suraukti *(antakius)* □ **~ in** įmegzti *(raštus);* **~ up** a) numegzti; sumegzti; b) pakelti nuleistas akis *(mezgant);* c) *prk.* užbaigti *(ginčą ir pan.)*

knitted ['nɪtɪd] a **1** megztas; trikotažo, trikotažinis **2** *prk.* susicementavęs, tvirtas

knitter ['nɪtə] n **1** mezgėjas **2** trikotažo mezgimo mašina

knitting ['nɪtɪŋ] n **1** mezgimas **2** mezginys; mezginiai, trikotažas

knitting-machine ['nɪtɪŋməʃiːn] n mezgimo mašina

knitting-needle ['nɪtɪŋˌniːdl] n virbalas; mezgimo adata

knitwear ['nɪtwɛə] n mezginiai, trikotažo gaminiai

knives [naɪvz] pl žr. **knife** n

knob [nɔb] n **1** guga, gumbas, bumbulas, atsikišimas **2** *(durų ir pan.)* rutulio formos rankena **3** *(cukraus, sviesto, anglies ir pan.)* gabaliukas, gniūžis **4** *amer.* kalvelė **5** *tech.* rankena, galvelė, mygtukas **6** *sl. vulg.* bybis ◊ **and the same to you, with (brass) ~s on** *sl.* ir tu toks pat, ir dar koks
v išsikišti, atsikišti

knobble ['nɔbl] n gumbelis, mažas iškilimas

knobbly ['nɔblɪ] a = **knobby** 1

knobby ['nɔbɪ] a **1** gumbuotas; atsikišęs *(apie kelius)* **2** *amer.* kalvotas

knobstick ['nɔbstɪk] n **1** lazda su bumbulu, kuoka **2** *šnek. psn.* streiklaužys

knock [nɔk] n **1** smūgis *(t. p. prk.)* **2** beldimas, (pa)barškinimas; bildesys, trankymasis **3** *aut.* detonacija; detonacinis degimas **4** *amer. šnek.* aštri kritika; *(ppr. pl)* priekabės ◊ **to get the ~** a) pralaimėti; b) būti atleistam; c) *teatr.* būti šaltai publikos sutiktam; **to take a ~** *šnek.* patirti bėdą/nesėkmę, ne(pa)sisekti, subankrutuoti
v **1** (pa)belsti, (pa)barbenti, (pa)barškinti *(at, on – į)* **2** (iš)mušti, pramušti; trenkti(s), susiduoti, užsigauti *(against, on);* trankyti, daužyti **3** daužytis *(apie širdį)* **4** trūkčioti *(apie variklį)* **5** pargriauti, partrenkti *(ppr.* **~ flat, ~ to the ground)** **6** įkalti, įvaryti, įmesti *(into)* **7** *šnek.* įkalti *(į galvą; into);* išmušti, išvaryti *(kvailystes, entuziazmą ir pan.; out of)* **8** *šnek. (griežtai, neteisingai)* (su)kritikuoti; (pri)kibti **9** *šnek.* beveik siekti *(kiek metų; on)* □ **~ about/around** a) mušti; b) (pa)mušinėti, daužyti *(kamuolį ir pan.);* c) trankytis, daužytis, bastytis; d) susitikinėti, bendrauti *(with);* e) apsvarstyti, aptarti *(projektą ir pan.);* **~ back** *šnek.* a) (iš)maukti, traukti; b) kainuoti, atsieiti; c) nustebinti, pritrenkti; **~ down** a) partrenkti, parblokšti; b) nugriauti *(namą);* c) sugriauti, atmesti *(argumentus ir pan.);* d) numušti *(kainą);* nusiderėti; e) parduoti iš varžytinių; f) numušti *(lėktuvą);* g) išnarstyti *(mašiną pervežimui);* h) *amer. šnek.* išmaukti, ištraukti *(svaigalų);* **~ in** įkalti, įvaryti; **~ off** *šnek.* a) numušti; nukratyti; b) nuleisti *(kainą);* sumažinti *(greitį, pažymį ir pan.);* c) išmesti *(iš sąrašo, dokumento);* d) baigti, mesti *(darbą);* **~ it off!** pakaks!, liaukis!; e) greitosiomis sukurti, sulipdyti *(straipsnį ir pan.);* f) pavogti; apiplėšti; g) užmušti; h) *sl.* išdulkinti, išžaginti; **~ out** a) išmušti; išdaužti, išdaužyti; b) *(ppr. pass)* sunaikinti; c) *sport.* nokautuoti; eliminuoti, pašalinti *(iš varžybų);* d) apsvaiginti; e) *šnek.* apstulbinti; pritrenkti, priblokšti; f) *amer. šnek.* greitosiomis parengti; g) *refl* ≡ nertis iš kailio; **~ over** a) = **~ down** a); b) *amer.* apiplėšti, apgrobti *(banką ir pan.);* **~ together** = **~ up** b); **~ up** a) mušti/smūgiuoti aukštyn; b) *šnek.* greitosiomis suruošti, sulipdyti, sukalti *(t. p. pinigų);* c) *šnek.* pakelti/išbudinti beldimu; d) *šnek.* nuvarginti;

pass būti visiškai išvargusiam, be jėgų; e) susidurti *(against – su);* f) *šnek.* prigauti, užtaisyti *(vaiką)* ◊ **to ~ home** stipriai įkalti *(t. p. prk.);* **to ~ smb off his feet/pins** apstulbinti ką

knockabout ['nɔkəbaut] n **1** šiurkštus, grubus farsas **2** muštynės **3** *amer.* nedidelė jachta
a **1** darbinis, kelioninis *(apie drabužius)* **2** triukšmingas, balaganiškas, su muštynėmis *(apie vaidinimą)* **3** bastūniškas

knockdown ['nɔkdaun] n **1** *sport.* nokdaunas **2** triuškinantis smūgis ◊ **a ~ and drag-out** *amer.* smarkios muštynės
a **1** triuškinantis *(apie smūgį, argumentą);* pribloškiantis **2** išardomas *(apie baldus)* **3** *šnek.* žemiausias *(apie kainą)*

knock-down-drag-out [ˌnɔkdaun'drægaut] a *amer.* įnirtingas, naudojantis kraštutines priemones

knocker ['nɔkə] n **1** beldėjas, beldikas **2** plaktukas prie durų *(vietoje skambučio)* **3** priekabininkas, kliautininkas **4** *pl sl. vulg.* papai ◊ **up to the ~** *sl.* a) tobulas, pavyzdingas; puikiai, tobulai; b) pagal naujausią madą

knocking-shop ['nɔkɪŋʃɔp] n *sl.* viešieji namai

knock-kneed ['nɔk'niːd] a su įlinkusiomis į vidų kojomis *(per kelius)*

knockoff ['nɔkɔf] n *šnek.* *(ko nors brangaus)* kopija *(padaryta komerciniais tikslais)*

knockout ['nɔkaut] n **1** *sport.* nokautas **2** parbloškiantis smūgis *(t. p. prk.; t. p.* **~ blow**) **3** eliminacinės varžybos **4** *šnek.* įžymus žmogus; nepaprastas daiktas, sensacija **5** *šnek.* gražuolis
a **1** triuškinamas *(apie smūgį, pergalę)* **2** eliminacinės *(apie varžybas)* ◊ **~ drops** migdomieji *(įdėti į gėrimą)*

knock-up ['nɔkʌp] n *sport.* apšilimas, treniravimasis *(prieš varžybas)*

knoll[1] [nəul] n kalvelė, kauburėlis

knoll[2] v *psn.* skambinti, gausti *(apie varpą)*

knot[1] [nɔt] **1** mazgas; **granny ~** *jūr.* „bobiškas" mazgas; **right/square ~** tikrasis mazgas; **to tie in a ~** surišti mazgu; **a ~ of muscles** *prk.* raumenų mazgas **2** *(plaukų, siūlų ir pan.)* mazgelis, kuokštelis **3** *(žmonių)* būrelis, grupelė **4** kaspinas; akselbantas **5** saitai; **the marriage ~** santuokos saitai; **to tie the ~** susituokti **6** keblumas, kliūtis **7** gumbas, antauga; šakelė *(medienoje)* **8** *jūr.* mazgas *(greičio matas = 1,85 km per valandą)* ◊ **a ~ in one's throat** kamuolys gerklėje *(išsigandus, supykus);* **to tie oneself (up) in(to) ~s** *šnek.* susimaišyti, susipainioti, patekti į keblią padėtį
v **1** (su)rišti/(už)megzti mazgą; surišti mazgu; (su)mazgyti, (su)megzti **2** supainioti **3** daryti kutus/spurgus **4** (su)raukti antakius

knot[2] n *zool.* islandinis bėgikas *(paukštis)*

knot-grass ['nɔtgrɑːs] n *bot.* takažolė

knot-hole ['nɔthəul] n skylė *(lentoje, medyje šakos vietoje)*

knotted ['nɔtɪd] a **1** užmegztas; surištas mazgu **2** = **knotty** 1 ◊ **get ~!** nešdinkis!, atsikabink!

knotty ['nɔtɪ] a **1** mazguotas; gumbuotas **2** sunkus, sudėtingas, painus

knotweed ['nɔtwiːd] n *bot.* rūgtis

knout [naut] *rus. ist.* n botagas, rimbas
v mušti botagu/rimbu

know [nəu] <v, n> v (knew; known) **1** žinoti; **to ~ from experience** žinoti iš patyrimo; **to get to ~** sužinoti; **this is the best method I ~ of** tai geriausias iš man žinomų būdų; **not that I ~ of** kiek man žinoma – ne; **how do you ~?** iš kur tu žinai?; kodėl tu taip galvoji? **2** pažinti; **to ~ life** pažinti gyvenimą; **to ~ by sight [by name]** pažinti

knowable — 503 — **Kyrie eleison**

iš matymo/veido [iš pavardės] **3** mokėti, nusimanyti *(apie);* suprasti; *to ~ French* mokėti prancūzų kalbą **4** atskirti *(from); to ~ one from another, to ~ two things apart* atskirti viena nuo kito ◊ *to let smb ~* pranešti, duoti žinią kam; *you ~* supranti; *you never ~* nežinia, galbūt; *what do you ~?* tik pamanyk!, nuostabu!; *to ~ better* gerai/geriau suprasti; *I ~ better than to...* aš ne toks kvailas, kad...; *to~ smth/smb inside out* ≅ žinoti/pažinti ką skersai išilgai; gerai ką pažinti; *not to ~ if/whether one is coming or going* (visiškai) susipainioti, susimaišyti; *before you ~ it, before you ~ where you are* netrukus, tuojau pat, beregint *n: to be in the ~ šnek.* gerai žinoti reikalą/padėtį, būti (gerai) informuotam
knowable ['nəuəbl] *a* **1** (at)pažįstamas, suvokiamas **2** pažinus, galimas pažinti
know-all ['nəuɔːl] *n šnek.* visažinis
know-how ['nəuhau] *n* **1** patyrimas, išmanymas, mokėjimas *(ką daryti)* **2** techninės žinios, mokslinė informacija
knowing ['nəuɪŋ] *n* žinojimas; supratimas; *there is no ~ what he will say* nežinia, ką jis sakys *a* **1** suprantantis, išmanantis, nusimanantis **2** *šnek.* gudrus; apsukrus **3** *šnek.* madingas, dabitiškas
knowingly ['nəuɪŋlɪ] *adv* **1** sąmoningai, tyčia **2** supratingai; sumaniai
know-it-all ['nəuɪtɔːl] *n amer.* = **know-all**
knowledge ['nɒlɪdʒ] *n* **1** žinojimas, mokėjimas, išmanymas; žinios, mokslas; *to have a good ~ of English* gerai mokėti anglų kalbą; *branches of ~* mokslo šakos; *not to my ~* kiek man žinoma – ne; *it came to my ~* man tapo žinoma; *it is common ~* tai visiems žinoma; *to the best of my ~* kiek man žinoma; *patchy ~* padrikos žinios **2** pažinimas; pažintis; *theory of ~* pažinimo teorija; *my ~ of Mr A is not very good* aš nelabai gerai pažįstamas su misteriu A **3** žinia; *general ~* bendrosios žinios; *~ of the victory soon spread* žinia apie pergalę greit pasklido; *without smb's ~* be kieno žinios; *to bring smth to smb's ~* pateikti ką kieno žiniai, pranešti ką kam ◊ *(a) little ~ is a dangerous thing* ≅ mažai žinoti – geriau nieko nežinoti
knowledgeable ['nɒlɪdʒəbl] *a* gerai žinantis/pažįstantis, nusimanantis
known [nəun] *pII žr.* **know** *v a* žinomas; garsus; *~ as...* žinomas kaip...; žinomas... vardu; *to make it ~ that... knyg.* pareikšti
know-nothing ['nəuˌnʌθɪŋ] *n* **1** nemokša, neišmanėlis, tamsuolis **2** *filos.* agnostikas
knuckle ['nʌkl] *n* **1** piršto sąnarys, krumplys **2** *kul.* (veršio, kiaulės) koja **3** *tech.* šarnyras, lankstas ◊ *to rap over the ~s* (iš)barti, (su)kritikuoti; *near the ~* nevisai padorus *(apie pokštą ir pan.)*
v suduoti/trinktelėti krumpliais ☐ *~ down* ryžtingai imtis *(ko); to ~ down to one's work* ryžtingai imtis darbo; *~ under šnek.* nusileisti, paklusti
knucklebone ['nʌklbəun] *n* **1** *anat.* čiurnikaulis; riešikaulis **2** *pl* kauliukų žaidimas
knuckleduster ['nʌklˌdʌstə] *n* kastetas
knucklehead ['nʌklhed] *n amer. šnek.* žioplelis, kvailelis
knuckle-joint ['nʌkldʒɔɪnt] *n* **1** piršto sąnarys **2** *tech.* kardaninis lankstas; lankstinis sujungimas
knurl [nəːl] *n* **1** atsikišimas, gumbas **2** *tech.* (sraigtinė) įraiža
v tech. įsriegti

knur(r) [nəː] *n* gumbas *(medyje)*
koala [kəu'ɑːlə] *n zool.* koala
kodak ['kəudæk] *n fot.* kodakas
v **1** fotografuoti kodaku; daryti momentines nuotraukas **2** *prk.* greitai susigriebti
kohl [kəul] *arab. n* juodi dažai akių vokams
kohlrabi [ˌkəul'rɑːbɪ] *n bot.* kaliaropė
koine ['kɔɪniː] *n kalb.* koinė
kolinsky [kə'lɪnskɪ] *rus. n* sibirinis šeškas
Königsberg ['kəːnɪgzbɛəg] *n* Karaliaučius, Kenigsbergas *(dabar Kaliningrad)*
kook [kuːk] *n amer. šnek.* keistuolis, originalas; pamišėlis
kooky ['kuːkɪ] *a amer. šnek.* keistokas; kvailokas
kopeck, kopek ['kəupek] *n* = **copeck**
Koran [kɔː'rɑːn, kə'rɑːn] *n rel.* Koranas
Korea [kə'rɪə] *n* Korėja; *North [South] ~* Šiaurės [Pietų] Korėja
Korean [kə'rɪən] *a* Korėjos; korėjiečių *n* **1** korėjietis **2** korėjiečių kalba
kosher ['kəuʃə] *a* **1** košerinis *(apie maistą, parduotuvę, atitinkančius žydų religijos nuostatus)* **2** *šnek.* teisingas; teisėtas
n košeris; košerinis maistas; košerinė parduotuvė
kotow [ˌkəu'tau] = **kowtow** *n, v*
koumiss ['kuːmɪs] *n* = **kumis(s)**
kourbash ['kuəbæʃ] *arab. n* rimbas, bizūnas
kowtow [ˌkau'tau] *n* žemas nusilenkimas
v **1** žemai lenktis *(liečiant galva žemę)* **2** vergiškai keliaklupsčiauti/pataikauti *(to – kam)*
kraal [krɑːl] *n* kralis *(kaimelis ar gyvulių aptvaras Pietų Afrikoje)*
Kraut [kraut] *n sl. niek.* vokietis
Kremlin ['kremlɪn] *rus. n* Kremlius
krill [krɪl] *n zool.* krilis *(smulkus vėžiagyvis)*
Kriss Kringle [ˌkrɪs'krɪŋgl] *n amer.* = **Santa (Klaus)**
krona ['krəunə] *n* krona *(Islandijos/Švedijos moneta)*
krone ['krəunə] *n* krona *(Čekoslovakijos, Danijos ir Norvegijos moneta)*
krypton ['krɪptɒn] *n chem.* kriptonas
Kuala Lumpur [ˌkwɑːlə'lumpuə] Kvala Lumpūras *(Malaizijos sostinė)*
kudos ['kjuːdɒs] *n šnek.* šlovė, pagarba
Ku-Klux-Klan [ˌkuːklʌks'klæn] *n* kukluksklanas
kukri ['kukrɪ] *ind. n* didelis lenktas peilis
kulak ['kuːlæk] *rus. n ist.* buožė *(stambus žemės savininkas)*
kumis(s) ['kuːmɪs] *n* kumysas
Kurd [kəːd] *n* kurdas
Kurdish ['kəːdɪʃ] *a* kurdų *n* kurdų kalba
Kuril(e) [ku'riːl] *n: the ~ Islands* Kurilų salos
Kurland ['kuələnd] *n* = **Courland**
kurus [ku'ruʃ] *n* kurušas *(Turkijos smulki moneta)*
Kuwait [ku'weɪt] *n* Kuveitas *(Azijos šalis)*
Kuwaiti [ku'weɪtɪ] *n* kuveitietis, Kuveito gyventojas *a* Kuveito; kuveitiečių
kvass [kvɑːs] *rus. n* gira
kvetch [kvetʃ] *v amer. šnek.* bambėti, niurzgėti
Kwantung [kwæn'tʌŋ] *n* Kvantungas *(Kinijos provincija)*
kymograph ['kaɪməgrɑːf] *n med.* kimografas
kyphosis [kaɪ'fəusɪs] *n (pl* -ses [-siːz]) *med.* kifozė
Kyrgyz [kɪə'giːz, 'kəːgɪz] = **Kirghiz** *n, a*
Kyrie eleison ['kɪrɪeɪ'leɪɪzɒn] *gr. bažn.* Viešpatie, pasigailėk

L

L, l [el] *n* (*pl* Ls, L's [elz]) **1** *dvyliktoji anglų abėcėlės raidė* **2** *(L)* penkiasdešimt *(romėniškųjų skaitmenų sistemoje)* **3** kas nors, turintis raidės L formą *(t. p. sudurt. žodžiuose);* **L - column** L formos kolona

la [lɑ:] *n muz.* la *(nata)*

laager ['lɑ:gə] *n* **1** vežimais apsupta stovykla *(Pietų Afrikoje)* **2** *kar.* šarvuotų mašinų parkas

lab [læb] *n sutr. šnek.* = **laboratory**

labefaction [ˌlæbɪ'fækʃn] *n knyg.* **1** susilpninimas; silpnumas **2** nuvertimas; smukimas

label ['leɪbl] *n* **1** etiketė *(t. p. prk.);* žymėtinė lentelė, žymeklis, kortelė *(su užrašu);* **registration ~** registracijos ženklas **2** *(stilistinė, gramatinė ir pan.)* pažyma **3** *archit.* laštakas, mūro juostelė virš durų, lango *ir pan.* nuleisti lietaus vandeniui **4** *geod.* aukštimatis
v (-ll-) **1** (pri)klijuoti/pritvirtinti kortelę/etiketę; pažymėti **2** priskirti, trumpai apibūdinti; **he is usually ~led (as) an impressionist** jis paprastai priskiriamas impresionistams **3** *fiz.* žymėti *(atomą)*

labeller ['leɪblə] *n* etikečių klijuotojas

labia ['leɪbɪə] *n pl* **1** *žr.* **labium 2** *anat.* lytinės lūpos

labial ['leɪbɪəl] *a spec.* lūpinis, labialinis
n lūpinis garsas

labialization [ˌleɪbɪəlaɪ'zeɪʃn] *n fon.* labializacija

labiate ['leɪbɪət] *bot. a* lūpažiedis
n lūpažiedis *(augalas)*

labile ['leɪbaɪl] *a fiz., chem.* labilus, nepastovus

labiodental [ˌleɪbɪəu'dentl] *fon. a* labiodentalinis, lūpinis dantinis
n labiodentalinis, lūpinis dantinis garsas

labium ['leɪbɪəm] *n* (*pl* -bia) *zool., bot.* lūpa

labor ['leɪbə] *n amer., austral.* = **labour**; **L. Day** *amer.* Darbo diena *(pirmasis rugsėjo pirmadienis)*

laboratory [lə'bɒrətrɪ] *n* **1** laboratorija **2** *amer.* laboratoriniai darbai **3** *attr* laboratorinis; **~ findings** laboratorinio tyrimo duomenys; **~ assistant** laborantas

laborious [lə'bɔ:rɪəs] *a* **1** sunkus, vargingas, daug pastangų reikalaujantis **2** darbštus, triūslus **3** iškamuotas, sunkus *(apie stilių)*

labour ['leɪbə] *n* **1** darbas; **forced ~** priverstinis darbas; **hard ~** katorgos/sunkieji darbai; **juvenile ~** paauglių darbas; **surplus ~** *ekon.* pridedamasis darbas; **wage ~** *ekon.* samdomasis darbas; **to withdraw one's ~** nutraukti darbą *(protestuojant)* **2** darbo jėga *(t. p. ~ force);* darbininkai; darbas; **L. and Capital** darbas ir kapitalas; **to dilute ~** keisti kvalifikuotus darbininkus nekvalifikuotais **3** gimdymo kančios, gimdymas; **to be in ~** gimdyti **4** *(L.)* Leiboristų partija *(t. p. ~ party)* **5** *attr* darbo; **~ hours** darbo laikas; **~ dispute** darbo konfliktas; **~ contract** darbo sutartis; **~ camp** priverčiamojo darbo stovykla; **~ relations** darbdavių ir darbininkų santykiai ◊ **lost ~** tuščios pastangos; **~ of love** a) nesavanaudiškas darbas; b) mėgstamas darbas

v **1** *(sunkiai)* dirbti, triūsti **2** dėti pastangas, siekti *(for);* **to ~ for breath** alsuoti, sunkiai kvėpuoti; **to ~ for peace** siekti taikos; **he ~ed to understand what they were talking about** jis stengėsi suprasti, apie ką jie kalba **3** lėtai, su dideliu vargu stumtis pirmyn *(ppr.* **~ along/through)** **4** tebemanyti, kankintis *(under);* **to ~ under a delusion** tebeklysti **5** kruopščiai paruošti/apdoroti; **to ~ the point** nagrinėti klausimą, įsigilinant į visas smulkmenas **6** *aut.* blogai dirbti *(apie variklį)* **7** *psn., poet.* dirbti žemę

labour-consuming ['leɪbəkənˌsju:mɪŋ] *a ekon.* daug darbo reikalaujantis, triūsingas

laboured ['leɪbəd] *a* **1** sunkus, pasunkėjęs *(apie kvėpavimą, judesius ir pan.)* **2** kruopščiai paruoštas, sunkus, nenatūralus *(apie stilių)*

labourer ['leɪbərə] *n* darbininkas *(ppr. nekvalifikuotas);* juodadarbis

labouring ['leɪbərɪŋ] *a* **1** darbo, dirbantis; **~ man** darbo žmogus **2** pasunkėjęs *(apie kvėpavimą)*

labour-intensive [ˌleɪbərɪn'tensɪv] *a* reikalaujantis daug darbo jėgos, imlus darbui

labourite ['leɪbəraɪt] *n* leiboristų partijos narys/šalininkas, leiboristas

labour-market ['leɪbəˌmɑ:kɪt] *n ekon.* darbo jėgos rinka

labour-saving ['leɪbəˌseɪvɪŋ] *a attr* lengvinantis/taupantis darbą; racionalizavimo, racionalizacinis; **~ machinery** mechanizuoti padargai

Labrador ['læbrədɔ:] *n* **1** Labradoras *(Kanados rajonas)* **2** niūfaundlendas *(šuo; t. p.* **~ retriever***)*

laburnum [lə'bɜ:nəm] *n bot.* darželinis pupmedis

labyrinth ['læbərɪnθ] *n* labirintas *(t. p. prk.)*

labyrinthine [ˌlæbə'rɪnθaɪn] *a knyg.* **1** panašus į labirintą **2** supainiotas, painus

lac[1] [læk] *n* šelakas, raudonieji sakai; **~ varnish** politūra

lac[2] *ind. n* šimtas tūkstančių *(ppr. rupijų)*

lace [leɪs] *n* **1** nėriniai **2** varstis, (bat)raištis *(t. p.* **shoe~**) **3** apvadas, galionas *(ppr.* **gold/silver ~**) **4** *šnek.* konjakas/likeris, pilamas į kavą *ir pan.*
v **1** surišti, suvarstyti, įvarstyti *(t. p.* **~ up**); pririšti *(to)* **2** susiveržti korsetu *(t. p.* **~ in**) **3** papuošti, apkraštuoti *(nėriniais, galionu ir pan.)* **4** *šnek.* pliekti, čaižyti; nugalėti, už(si)pulti *(into)* **5** įpilti *(į kavą ir pan.)* konjako/likerio/romo; **coffee ~d with brandy** kava su konjaku **6** *pass* persunkti *(apie kalbą, knygą ir pan.; with – kuo)*

lace-boots ['leɪsbu:ts] *n pl* varstytiniai batai

lacerate ['læsəreɪt] *v knyg.* draskyti, plėšyti *(t. p. prk., pvz., širdį);* kankinti

lacerated ['læsəreɪtɪd] *a* **1** įplėštas, sudraskytas; **~ wound** plėštinė žaizda **2** *bot.* įplėšytas *(apie lapą)*

laceration [ˌlæsə'reɪʃn] *n* **1** (su)draskymas, (su)plėšymas **2** kankinimas **3** įplėšimas; plėštinė žaizda

lace-ups ['leɪsʌps] *n pl šnek.* suvarstomi batai

laches ['lætʃɪz] *n teis.* **1** ieškininė senatis; termino praleidimas **2** aplaidumas, nerūpestingumas

lachrymal ['lækrıml] *a* ašarų, ašarinis; **~ gland** *anat.* ašarinė liauka
n ist. ašarinė, ašaruvė *(t. p.* **~ vase)**
lachrymatory ['lækrımətᵊri] *a* ašarų, varantis ašaras; ašarinis *(apie dujas)*
lachrymose ['lækrıməus] *a knyg.* ašarotas, ašaringas; verksmingas *(t. p. prk.)*
lacing ['leısıŋ] *n* **1** varstymas **2** varstis **3** apkraštavimas, apsiuvimas **4** *šnek.* pliekimas; užsipuolimas **5** konjako/likerio *ir pan.* kiekis, pilamas į kavą *ir pan.*
lack [læk] *n* trūkumas, stoka, stygius, nepriteklius; **~ of land** žemės neturėjimas/stoka; **for/through ~ of smth** dėl ko stokos; **no ~** *(of)* gausiai, gausu; **there was no ~ of anything** nieko netrūko; **~ of care** aplaidumas, nerūpestingumas
v stokoti, stigti, trūkti; neturėti; **to ~ for nothing** nieko netrūkti; **to ~ courage** neturėti drąsos
lackadaisical [ˌlækə'deızıkl] *a* apatiškas, abejingas; sentimentalus
lack-all ['lækˌɔ:l] *n* bedalis, varguolis
lacker ['lækə] *n psn.* = **lacquer**
lackey ['lækı] *n* liokajus *(t. p. prk.)*
v psn. **1** patarnauti **2** *prk.* perdėtai pataikauti, šunuodegiauti
lacking ['lækıŋ] *a* trūkstamas; **to be ~** *(in)* stokoti, trūkti *(ko);* **five copies are ~** trūksta penkių egzempliorių; **he is a bit ~** *šnek.* ≡ jam truputį trūksta
lackland ['læklənd] *a ret.* bežemis
lackluster ['lækˌlʌstə] *n amer.* = **lacklustre**
lacklustre ['lækˌlʌstə] *a* blausus, blankus *(apie akis, veidą ir pan.)*
laconic [lə'kɔnık] *a* lakoniškas, trumpas
lacquer ['lækə] *n* **1** lakas, politūra **2** *kuop.* lakuoti dirbiniai
v lakuoti; aptraukti laku
lacquey ['lækı] *n psn.* = **lackey**
lacrosse [lə'krɔs] *n* lakrosas *(žaidimas kamuoliu ant žolės, panašus į ledo ritulį)*
lactase ['lækteız] *n chem.* laktazė
lactate [læk'teıt] *v fiziol.* išskirti pieno *(apie krūtis)*
lactation [læk'teıʃn] *n spec.* **1** maitinimas krūtimi **2** pieno susidarymas ir išskyrimas; laktacija
lacteal ['læktıəl] *a spec.* pieno, pieninis
lactic ['læktık] *a chem.* pieno; **~ acid** pieno rūgštis
lactiferous [læk'tıfərəs] *a spec.* išskiriantis pieną *ar* pieno sultis
lactose ['læktəus] *n chem.* laktozė, pieno cukrus
lacuna [lə'kju:nə] *n (pl* -ae [-i:], ~s) *knyg.* **1** lakūna, praleidimas *(tekste);* spraga *(žiniose ir pan.)* **2** *anat.* lakūna, įduba, anga, ežeras
lacustrine [lə'kʌstraın] *a spec.* ežerų; **~ age** sijinių pastatų laikotarpis
lacy ['leısı] *a* nėrinių; nėriniuotas
lad [læd] *n* **1** *(tik v.) poet.* vaikinas, berniokas, jaunuolis **2** *šnek.* vyrukas, vaikinas *(apie suaugusį vyrą);* **the ~s** draugija; **a bit of a ~** tai bent vyrukas! **3** arklininkas
ladar ['leıdɑ:] *n kar.* lazerinis lokatorius, ladaras
ladder ['lædə] *n* **1** kopėčios; lipynė; *jūr.* trapas, laipteliai; **sea ~** štormtrapas, avarinės kopėčios **2** nubėgusi akis *(kojinėje)* ◊ **~ of success** laiptai į pasisekimą; **to climb (up) the ~** daryti karjerą; **to kick away/down the ~ (by which one rose)** nusisukti nuo tų, kurie padėjo iškilti; **to be high on the executive ~** užimti aukštą padėtį administracijoje
v **1** aprūpinti kopėčiomis **2** nubėgti *(apie kojinės akį);* paleisti *(kojinės)* akį, suplėšyti
laddie, laddy ['lædı] *n (tik v.) šnek.* berniūkštis, berniokas, vaikinukas

lade [leıd] (laded; laded, laden) **1** (pa)krauti, prikrauti *(laivą ir pan.)* **2** (iš)semti
laden ['leıdn] *a* **1** pakrautas, prikrautas; apkrautas; apsunkintas; **a tree heavily ~ with fruit** medis, palinkęs nuo vaisių gausumo **2** *knyg.* prislėgtas *(rūpesčių ir pan.; with)*
la-di-da [ˌlɑ:dı'dɑ:] *a šnek.* **1** manieringas, įmantrus **2** madingas, prašmatnus
ladies ['leıdız] *n* **1** *pl žr.* **lady 2** moterų tualetas *(t. p.* **~ room)**
lading ['leıdıŋ] *n* **1** pakrovimas **2** krovinys; *(laivu vežami)* kroviniai, važta
ladle ['leıdl] *n* samtis; semtuvė
v semti, samstyti ⊔ **~ out** a) išsemti, išsamstyti, išpilstyti; b) (iš)dalyti *(ypač dosniai);* **to ~ out honours** dalyti/švaistyti apdovanojimus
lady ['leıdı] *n* **1** ponia, dama; **young ~** panelė; **ladies and gentlemen** ponios ir ponai; **my ~** miledi, ponia *(kreipiantis)* **2 (L.)** ledi *(titulas)* **3** mylimoji, širdies dama **4** gerbtina/gerbiama moteris; žmona *(t. p.* **one's ~ wife);** sužadėtinė; motina; **your good ~** jūsų žmona; **first ~** *amer.* prezidento žmona; **the old ~** a) motina, senutė; b) *šnek.* žmona **5** šeimininkė *(t. p.* **the ~ of the house)** **6** *attr* žymint moteriškąją giminę: **~ doctor** daktarė; **~ friend** draugė ◊ **Our. L.** *bažn.* Dievo motina; **extra/walking ~** *teatr., kin.* statistė; **a ~ of pleasure** kurtizanė; **~'s man, ladies' man** moterų mėgėjas, kavalierius; **L. Day** *bažn.* Marijos Apreiškimo diena; **L. Muck** *niek.* didelė ponia, išdiduolė; **~'s mantle** *bot.* rasakilė; **~'s slipper** *bot.* rusvuolė
ladybird ['leıdıbə:d] *n zool.* dievo karvytė, boružė
ladybug ['leıdıbʌg] *n amer.* = **ladybird**
lady-chair ['leıdıtʃɛə] *n* sėdynė, padaroma supinant keturias rankas *(sužeistiesiems pernešti)*
lady-fern ['leıdıfə:n] *n bot.* smulkialapis papartis
ladyfinger ['leıdıˌfıŋgə] *n amer.* „panelės pirštelis" *(pyragaitis)*
lady-in-waiting [ˌleıdıın'weıtıŋ] *n (pl* ladies- [ˌleıdız-]) freilina *(karalienės, princesės palydovė)*
lady-killer ['leıdıˌkılə] *n (tik v.) juok.* širdžių ėdikas
ladylike ['leıdılaık] *a* **1** gerai išauklėta, gerų manierų **2** moteriškas *(apie vyrą)*
lady-love ['leıdılʌv] *n* mylimoji
ladyship ['leıdıʃıp] *n* ledi titulas/padėtis; **your ~** jūsų malonybe *(kreipiantis)*
lady's-maid ['leıdızmeıd] *n ist.* kambarinė, tarnaitė
lady-smock ['leıdısmɔk] *n bot.* pievinė kartenė
Laertes [leı'ə:ti:z] *n* Laertas *(lit. personažas)*
laevorotatory [ˌli:vəu'rəutətᵊrı] *a fiz.* sukantis poliarizacijos plokštumą į kairę
lag[1] [læg] *n* **1** atsilikimas; vėlavimas, vėlinimas(is); **a time ~ of one month** vieno mėnesio atsilikimas **2** *fiz.* inertiškumas, uždelsimas
v atsilikti *(t. p.* **~ behind);** lėtai judėti, slinkti, vilktis
lag[2] *sl. n* **1** katorgininkas *(t. p.* **old ~) 2** ištrėmimo/katorgos laikas
v **1** siųsti į katorgą **2** sulaikyti, areštuoti
lag[3] *n* **1** = **lagging**[2] **2** lentelė *(apmušimui)*
v **1** padengti šilumine izoliacija **2** apkalti/apmušti lentelėmis
lagan ['lægən] *n teis.* nuskendęs krovinys
lager ['lɑ:gə] *n* nestiprus šviesus alus *(t. p.* **~ beer)** ◊ **~ lout** *šnek.* pasigėręs triukšmadarys *(apie jaunuolį)*
laggard ['lægəd] *n* atsiliekantysis; gaišlys; drimba
a atsiliekantis užpakalyje; lėtas, vangus, gaišlus

lagging¹ ['lægɪŋ] *n el., rad.* fazių skirtumas/nesutapimas
lagging² *n* **1** apkalimas, apkala; šiluminė izoliacija **2** *stat.* lentiniai ramsčiai
lagoon [lə'gu:n] *n* **1** *geogr.* lagūna **2** *amer.* negilus ežeras/tvenkinys *(prie didesnio ežero ar upės)*
Lagos ['leɪgɔs] *n* Lagosas *(Nigerijos sostinė)*
lah [lɑ:] *n muz.* la *(nata)*
lah-di-dah [ˌlɑ:di:'dɑ:] *a* = **la-di-da**
laic [leɪk] *knyg. a* pasaulietinis, pasaulietiškas *n* pasaulietis
laicize ['leɪɪsaɪz] *v knyg.* sekuliarizuoti
laid [leɪd] *past ir pII žr.* **lay⁴** *v*
laid-back ['leɪdbæk] *a šnek.* ramus, atsipalaidavęs, nesuvaržytas
lain [leɪn] *pII žr.* **lie²** *v*
lair [lɛə] *n* **1** *(žvėries)* ola, irštva, urvas; guolis, migis **2** *prk.* lindynė, urvas **3** aptvaras galvijams *(vežant į turgų/skerdyklą)* *v* **1** gulėti oloje/urve; nueiti į urvą **2** būti aptvare *(apie gyvulius)*
laird [lɛəd] *n škot.* dvarininkas
laissez-faire [ˌleseɪ'fɛə] *pr. n ekon.* valstybės nesikišimas *(į privatų biznį ir pan.)*
laity ['leɪəti] *n kuop.* **1** pasauliečiai **2** neprofesionalai, nespecialistai
lake¹ [leɪk] *n* ežeras; **The Lakes, Lake District** ežerų kraštas *(Š. Anglijoje);* **the Great Lakes** Didieji ežerai *(Aukštutinis, Huronas, Mičiganas, Eris ir Ontarijas);* **~ herring** *zool.* Didžiųjų ežerų sykas; **L. Poets** „ežerų mokyklos" poetai *(Vordsvortas, Kolridžas, Saudis)* ◊ **go (and) jump in the ~!** *šnek.* ≡ eik po plynių!, eik šalin! *(supykus)*
lake² *n* kraplakas *(dažai)*
lake-dwelling ['leɪkˌdwelɪŋ] *n* sijinis pastatas *(ant ežero, priešistorėje)*
Lakeland ['leɪklænd] *n* = **Lake District** *žr.* **lake¹**
lakelet ['leɪklɪt] *n* ežerėlis
lakeside ['leɪksaɪd] *n* paežerė
lakh [læk, lɑ:k] *n* = **lac²**
laky ['leɪki] *a* ežeringas
lallygag ['lælɪgæg] *v amer. sl.* **1** mylėtis, glamonėtis **2** dykinėti
lam¹ [læm] *v šnek.* (su)mušti, (su)tvatyti; sudirbti *(into)*
lam² [læm] *n amer. šnek.:* **to be on the ~** slapstytis nuo policijos; **to take it on the ~** (pa)bėgti, (pa)sprukti *(iš kalėjimo, neužmokėjus sąskaitos ir pan.)*
lama¹ ['lɑ:mə] *n* lama *(budistų dvasininkas)*
lama² *n* = **llama**
Lamaism ['lɑ:mɔɪzm] *n* lamaizmas *(budizmo šaka Tibete, Mongolijoje)*
lamasery ['lɑ:məsᵊrɪ] *n* lamų vienuolynas
lamb [læm] *n* **1** ėriukas, avinėlis, avytė **2** *prk. šnek.* avinėlis; naivuolis; **like a ~** kaip avinėlis, nuolankiai; **one's ewe ~** vienintelis vaikelis, vienturtis **3** ėriuko mėsa, ėriena, aviena **4** *bažn.* Dievo avinėlis
v ėriuotis
Lamb [læm] *n:* **Charles ~** Čarlsas Lamas *(anglų rašytojas)*
lambast [læm'bæst] *v* = **lambaste**
lambaste [læm'beɪst] *v* mušti, vanoti, pliekti
lambdacism ['læmdəsɪzm] *n spec.* lambdacizmas
lambency ['læmbənsɪ] *n knyg.* žėrėjimas, spindesys
lambent ['læmbənt] *a knyg.* **1** blizgantis, žėrintis, spinduliuojantis *(t. p. prk.);* mirgantis **2** plevenantis *(apie liepsną)* **3** žaismingas *(apie sąmojį ir pan.)*
lambkin ['læmkɪn] *n* ėriukėlis, ėriukas

lamblike ['læmlaɪk] *a* romus, švelnus (kaip avinėlis)
lambrequin ['læmbrɪkɪn] *n amer.* lambrekenas *(trumpa užuolaidėlė)*
lambskin ['læmskɪn] *n* **1** ėrena; išdirbta avies oda; avikailis **2** *(avikailių)* kailiniai
lamb's-tails ['læmzteɪlz] *n pl (lazdyno)* žirginiai
lambswool ['læmzwul] *n* ėriuko vilna
lame¹ [leɪm] *a* **1** šlubas, luošas, raišas; **to go ~** apšlubti, apraišti; **to be ~ of/in one leg** šlubuoti viena koja **2** nevykęs; nepatenkinamas; **~ excuse** nevykęs atsikalbinėjimas/teisinimasis **3** netaisyklingas *(apie eilėraščio eilutę/pėdą)* ◊ **~ under the hat** kvailas, nesupratingas
v (ppr. pass) apšlubinti, (su)luošinti, (su)žaloti
lame² *n* plona metalo plokštelė
lamé ['lɑ:meɪ] *pr. n tekst.* brokatas
lamebrain ['leɪmbreɪn] *n amer. šnek.* kvailys, kvailiukas
lamella [lə'melə] *n (pl* -lae [-li:]) **1** *anat.* plokštelė; *(audinio)* plonas sluoksnis **2** *tech.* plokštelė
lamely ['leɪmlɪ] *adv* **1** šlubuodamas **2** netvirtai, neįtikinamai, užsikertant
lameness ['leɪmnɪs] *n* šlubumas, luošumas, raišumas
lament [lə'ment] *n* **1** dejonė, verksmas **2** rauda, elegija; gedulinga/ laidotuvių giesmė *(t. p.* **funeral ~**)
v **1** verkti, bėdoti, dejuoti, sielotis **2** (ap)raudoti, apverkti *(for, over)*
lamentable ['læməntəbl] *a* **1** verksmingas, liūdnas **2** apverktinas, apgailėtinas, apgailestaujamas; menkas
lamentation [ˌlæmən'teɪʃn] *n* raudojimas, dejonė, sielvartavimas, aimana; **Lamentations (of Jeremiath)** *bibl.* Jeremijos rauda
lamia ['leɪmɪə] *n (pl* -ae [-i:], ~s) **1** *mit.* lamija *(baidyklė gyvatės kūnu ir moters galva, viliojanti jaunuolius ir siurbianti jų kraują)* **2** ragana, burtininkė
lamina ['læmɪnə] *n (pl* -nae [-ni:]) **1** plonas sluoksnis/lakštas **2** *bot.* lapalakštis
laminar ['læmɪnə] *a spec.* laminarinis, sluoksniuotas, plokštinis; **~ flow** *fiz.* laminarinis/sluoksninis tekėjimas
laminate *v* ['læmɪneɪt] *spec.* **1** skilti/skaldyti į plonus sluoksnius; sluoksniuoti(s) **2** suploti, valcuoti *(metalą)* **3** padengti lakštiniu metalu **4** gaminti plastmasę iš popieriaus, medžių pjuvenų, skudurų *ir pan.*
n ['læmɪnət] sluoksniuota medžiaga; valcuotas metalas
laminated ['læmɪneɪtɪd] *a spec.* sluoksniuotas; lakštinis; plokštėtas
lamination [ˌlæmɪ'neɪʃn] *n spec.* **1** skilimas sluoksniais; sluoksnėjimas, iš(si)sluoksniavimas **2** suplojimas **3** *geol.* sluoksniuotumas
Lammas ['læməs] *n ist.* derliaus šventė *(rugpjūčio 1-oji)* *(t. p.* **~ Day**) ◊ **at latter ~** nežinia kada; ≡ kai gaidžiai kiaušinius dės
lamp [læmp] *n* **1** lempa; žibintas; **infrared ~** infraraudonoji lempa; **roof/ceiling ~** *aut.* plafonas; **standard ~** toršeras; **switch ~** *glžk.* iešmo žibintas **2** *poet. (dangaus)* šviesulys ◊ **to rub the ~** lengvai įgyvendinti savo troškimą; **to hand/pass on the ~** neduoti užgesti, perduoti žinias/tradicijas
v **1** apšviesti **2** *poet.* šviesti, spindėti **3** *amer. sl.* žiūrėti
lampblack ['læmpblæk] *n* **1** lempos suodžiai **2** juodi dažai iš lempos suodžių
lamp-burner ['læmpˌbə:nə] *n* lempos degiklis
lamp-chimney ['læmpˌtʃɪmnɪ] *n* lempos stiklas
lampern ['læmpən] *n* = **lamprey**
lamp-holder ['læmpˌhəʊldə] *n el.* patronas
lampion ['læmpɪən] *n psn.* lampionas, įvairiaspalvis žibintas *(iliuminacijai)*

lamplight ['læmplaɪt] *n* lempos šviesa
lamplighter ['læmp͵laɪtə] *n ist. (gatvės)* žibintų uždegėjas, žibintininkas ◊ *like a* ~ labai greit
lamplit ['læmplɪt] *a* lempos apšviestas
lampoon [læm'pu:n] *n* pamfletas
 v rašyti pamfletus
lampooner, -nist [læm'pu:nə, -nɪst] *n* pamfletistas
lamppost ['læmppəust] *n* žibinto stulpas ◊ *between you and me and the* ~ ≡ tarp mūsų (kalbant)
lamprey ['læmprɪ] *n zool.* nėgė, devynakė
lampshade ['læmpʃeɪd] *n* lempos gaubtas
lamp-socket ['læmp͵sɔkɪt] *n* = **lamp-holder**
LAN [læn] *n (local area network sutr.) spec.* vietinis kompiuterių tinklas
Lancashire ['læŋkəʃə] *n* Lankašyras *(Anglijos grafystė)*
Lancaster ['læŋkəstə] *n* 1 Lankasteris *(Anglijos miestas)* 2 *ist.* Lankasterių dinastija
Lancastrian [læŋ'kæstrɪən] *n* 1 *ist.* Lankasterių dinastijos šalininkas 2 Lankašyro gyventojas
 a 1 *ist.* Lankasterių 2 Lankašyro
lance [lɑ:ns] *n* 1 ietis 2 žeberklas 3 *ist.* ietininkas 4 *ret.* lancetas 5 *(ppr. pl)* = **lancer** 1 ◊ *to break a* ~ *with smb* ginčytis su kuo
 v 1 persmeigti ietimis 2 *poet.* pulti, mestis į puolimą 3 *med.* prapjauti; atverti *(pūlinį)* lancetu
lance-corporal [͵lɑ:ns'kɔ:pərəl] *n kar.* grandinis
lance-knight ['lɑ:nsnaɪt] *n ist.* landsknechtas
lancelet ['lɑ:nslɪt] *n zool.* iešmutis
lanceolate ['lɑ:nsɪələt] *a bot.* ietiškas, lancetiškas
lancer ['lɑ:nsə] *n* 1 *ist. kar.* ulonas 2 *pl* senoviniss kadrilis, lansjė
lance-sergeant [͵lɑ:ns'sɑ:dʒənt] *n kar.* jaunesnysis seržantas
lancet ['lɑ:nsɪt] *n* 1 lancetas 2 *archit.* smailioji arka *(t. p.* ~ *arch)*
lancet-fish ['lɑ:nsɪtfɪʃ] *n zool.* vilkžuvė
lancinating ['lɑ:nsɪneɪtɪŋ] *n knyg.* aštrus, veriantis *(apie skausmą)*
land [lænd] *n* 1 žemė, sausuma; *to travel by* ~ keliauti sausuma; *to make* ~ *jūr.* prisiartinti prie kranto 2 šalis, kraštas; *native* ~ tėvynė 3 žemė, dirva; *agricultural/farming* ~ žemės ūkio naudmenos; *to go/work on the* ~ tapti žemdirbiu/fermeriu; *to live off the* ~ gyventi iš žemės 4 žemės nuosavybė; *pl* žemės valdos, dvarai 5 *tech.* nuožulna; išdroža 6 *attr* žemės; sausumos; ~ *rent* žemės renta; ~ *mass* sausumos masyvas ◊ *let us see how the* ~ *lies* gerai pasverkime visas aplinkybes; *to see* ~ a) pamatyti, į ką reikalas krypsta; b) būti arti (užsibrėžto) tikslo; *the* ~ *of nod juok.* miego karalystė; *the* ~ *of cakes, the* ~ *of the thistle* Škotija; *the* ~ *of the Rose* Anglija; *the* ~ *of the golden fleece* Australija; *the promised* ~ a) *bibl.* pažadėtoji žemė; b) išsvajotasis kraštas; *in the* ~ *of the living juok.* gyvųjų pasaulyje, gyvas
 v 1 išlaipinti, iškrauti *(į krantą);* išlipti, išsikelti, išsilaipinti 2 nusileisti, (nu)tūpti; (nu)tupdyti 3 ištraukti į krantą *(žuvį ir pan.)* 4 *šnek.* sugauti, sučiupti 5 netikėtai/pagaliau atvykti/patekti, atsidurti *(t. p.* ~ *up); to* ~ *smb in difficulty/trouble* pastatyti ką į keblią padėtį 6 *šnek.* pataikyti; *to* ~ *a blow on the ear [nose]* suduoti į ausį [nosį] 7 *šnek.* nelengvai gauti/pasiekti; laimėti 8 *(ppr. pass) šnek. (with)* apkrauti *(darbu ir pan.);* užkarti *(uošvę, vaiką ir pan.)* 9 *amer. šnek.* užsipulti *(on)*

land-agent ['lænd͵eɪdʒənt] *n* 1 dvaro prievaizdas/ūkvedys 2 žemės pardavimo komisionierius
landau ['lændɔ:] *n* 1 *ist.* lando *(keturvietė karieta su dviejų dalių atidengiamu viršumi)* 2 *psn.* automobilis su atidengiamu viršumi
land-bank ['lændbæŋk] *n* žemės bankas
land-breeze ['lændbri:z] *n* kranto brizas
landed ['lændɪd] *a attr* žemės; turintis *(daug)* žemės; ~ *proprietor* žemės savininkas; *the* ~ *interests* žemvaldžiai; ~ *property* naudmenos
lander ['lændə] *n (kosminio laivo)* nusileidimo aparatas
landfall ['lændfɔ:l] *n* 1 *jūr.* priartėjimas prie kranto; pirmasis žemės pasirodymas horizonte 2 = **landslide** 1
landfill ['lændfɪl] *n* atliekų užkasimas; užkastos atliekos
land-force(s) ['lænd'fɔ:s(ɪz)] *n (pl) kar.* sausumos kariuomenė
land-grabber ['lænd͵græbə] *n* 1 žmogus, neteisėtai/apgaule užgrobiantis kieno žemę 2 *air.* žmogus, imantis iškelto nuomininko airio žemės sklypą
landgrave ['lændgreɪv] *vok. n (tik v.) ist.* landgrafas
landholder ['lænd͵həuldə] *n* žemės sklypo nuomininkas/savininkas
land-hunger ['lænd͵hʌŋgə] *n* siekimas supirkti žemės sklypus
landing ['lændɪŋ] *n* 1 laiptinė, laiptų aikštelė 2 *jūr.* išlipimas; iškrovimas *(prekių iš laivo);* išlaipinimas; išlipimo/išlaipinimo vieta 3 *av.* nusileidimas, nutūpimas; nutūpimo vieta; *emergency/forced* ~ priverstinis nutūpimas 4 *kar.* desantas 5 *attr* desantinis; (nu)tūpimo; ~ *operation* desanto išlaipinimas; ~ *party* desantinis būrys, desantas; ~ *ground* nutūpimo aikštelė
landing-craft ['lændɪŋkrɑ:ft] *n kar.* desantinis laivas; desantiniai laivai
landing-field ['lændɪŋfi:ld] *n av.* nutūpimo ir pakilimo aikštelė; aerodromas
landing-gear ['lændɪŋgɪə] *n* 1 *av.* lėktuvo važiuoklė, šasi 2 *juok.* kojos
landing-net ['lændɪŋnet] *n* 1 graibštas/tinklas sugautoms žuvims iškelti 2 virvelinis tinklas *(desantui pereiti į desantinį laivą)*
landing-place ['lændɪŋpleɪs] *n* 1 išlaipinimo vieta, prieplauka 2 *av.* nutūpimo aikštelė
landing-stage ['lændɪŋsteɪdʒ] *n jūr. (plaukiojanti)* prieplauka, dabarkaderis
landing-strip ['lændɪŋstrɪp] *n* = **landing-field**
land-jobber ['lænd͵dʒɔbə] *n* žemės spekuliantas
landlady ['lænd͵leɪdɪ] *n* 1 *(išnuomojamo namo/buto)* savininkė 2 *(viešbučio, baro)* šeimininkė 3 *ret.* dvarininkė, dvarponė *(išnuomojanti žemę)* ◊ *to hang the* ~ slapčia išsikelti iš buto neužmokėjus
land-laws ['lænd'lɔ:z] *n pl* žemės (nuosavybės) įstatymai
landless ['lændləs] *a* 1 bežemis 2 bekraštis *(apie jūrą)*
landlocked ['lændlɔkt] *a* 1 be išėjimo į jūrą, (beveik) iš visų pusių apsuptas sausumos *(apie šalį)* 2 gėlųjų vandenų *(apie žuvį)*
landloper ['lænd͵ləupə] *n (ypač škot.)* valkata
landlord ['lændlɔ:d] *n (tik v.)* 1 lendlordas, dvarininkas, žemvaldys 2 *(išnuomojamo namo/buto)* savininkas 3 *(viešbučio, baro)* šeimininkas
landlubber ['lænd͵lʌbə] *n jūr.* sausumos gyventojas; neprityręs jūrininkas
landmark ['lændmɑ:k] *n* 1 krentantis į akis vietovės objektas, orientyras 2 *prk.* žymus įvykis, gairė *(istorijoje);* ~ *discovery* žymus atradimas 3 riboženklis; ežiaženklis 4 *jūr.* kranto ženklas

landmine ['lændmaɪn] *n kar.* fugasas
landocracy [læn'dɔkrəsɪ] *n juok.* žemvaldžių aristokratija/klasė
land-office ['lænd,ɔfɪs] *n amer.* valstybinė kontora, registruojanti žemės sandėrius ◊ *~ business šnek.* klestintis/pelningas biznis
land-owner ['lænd,əunə] *n* žemvaldys
land-ownership ['lænd,əunəʃɪp] *n* žemėvalda
land-owning ['lænd,əunɪŋ] *a* žemvaldžių; žemėvaldos
landrail ['lændreɪl] *n zool.* griežlė
land-rover ['lænd,rəuvə] *n* visureigis *(automobilis)*
landscape ['lænskeɪp] *n* 1 peizažas *(t. p. men.)*; gamtovaizdis, kraštovaizdis, landšaftas 2 *prk. (politinis, intelektualinis ir pan.)* klimatas 3 *attr:* ~ **architecture** landšafto architektūra; ~ **gardening** dekoratyvinė sodininkystė; sodų, parkų (su)planavimas
v (su)formuoti, (su)planuoti *(sodus, parkus)*
landscape-painter ['lænskeɪp,peɪntə] *n* peizažistas
landscaper ['lændskeɪpə] *n amer.* landšafto specialistas
landslide ['lændslaɪd] *n* 1 nuogriuva, nuošliauža 2 *(kandidato, partijos)* triuškinanti pergalė *(rinkimuose)*
landslip ['lændslɪp] *n* nuoslanka, slankius, nuslinkimas
landsman ['lændzmən] *n (pl* -men [-mən]) *(tik v.)* 1 sausumos gyventojas, ne jūrininkas 2 neprityręs jūrininkas
land-surveyor ['lændsə,veɪə] *n* matininkas
landtag ['lɑ:ntta:k] *vok. n* landtagas
land-tax ['lændtæks] *n* žemės mokestis
land-to-land ['lændtə'lænd] *a kar.* „žemė žemė" klasės *(apie raketą ir pan.)*
landward ['lændwəd] *a* esantis į sausumos pusę; iš jūros pusės *(apie vėją ir pan.)*
landward(s) ['lændwəd(z)] *adv* į sausumą/krantą, sausumos/kranto link
lane [leɪn] *n* 1 keliukas, takas, *ypač* tarp gyvatvorių 2 *sport.* takas, takelis 3 vienos eismo krypties kelias; *(kelio)* juosta; **the outside** ~ greito važiavimo juosta *(ypač lenkiant kitas mašinas)* 4 gatvelė, skersgatvis; **~s and alleys** užkampiai 5 perėjimas *(tarp eilių ir pan.)* 6 jūrų trasa/kelias 7 *av.* skridimo trasa ◊ **it is a long ~ that has no turning** ir nelaimėms ateina galas; **red ~** *vaik.* gerklytė
langoust ['lɔŋgu:st] *pr. n zool.* langustas
langsyne [,læŋ'saɪn] *škot. n* seni laikai
adv senais laikais, kitados
language ['læŋgwɪdʒ] *n* 1 kalba; **finger ~** gestų/kurčnebylių kalba; **source ~** originalo kalba; **target ~** kalba, į kurią verčiama; **~ laboratory/lab** *(mokomoji)* kalbų laboratorija 2 *šnek.* keiksmai, keiksmažodžiai *(ppr.* **bad/strong ~**); **mind/watch your ~** nustok keiktis 3 stilius, kalba; **~ of science [of Shakespeare]** mokslo [Šekspyro] kalba
languid ['læŋgwɪd] *a* 1 suglebęs, išglebęs, nusilpęs, bejėgis; lėtas; **~ stream** lėtai tekanti upė 2 apatiškas; nuobodus
languish ['læŋgwɪʃ] *v* 1 silpti, nykti, džiūti, vysti 2 kankintis, kamuotis; ilgėtis *(for)* 3 atrodyti liūdnai/ilgesingai
languishing ['læŋgwɪʃɪŋ] *a* 1 suglebęs, silpnas 2 ilgesingas, liūdnas
languor ['læŋgə] *n* 1 malonus suglebimas/nuovargis; apatiškumas 2 ilgesys 3 sustingimas *(prekyboje, veikloje)*
languorous ['læŋgərəs] *a* 1 nusilpęs, nuvargęs; apatiškas; **~ gait** suglebusi eisena 2 ilgesingas 3 slogus, slegiantis *(apie atmosferą)*
langur ['læŋgə, læn'guə] *n zool.* langūras *(P. Azijos šunbeždžionė)*

lank [læŋk] *a* 1 ištįsęs, aukštas ir liesas 2 nutįsęs, glotnus *(apie plaukus)*
lanky ['læŋkɪ] *a* negražiai ištįsęs, išstypęs; ilgakojis
lanolin ['lænəlɪn] *n* lanolinas
lansquenet ['lænskənet] *n ist.* landsknechtas *(t. p. kortų žaidimas)*
lantern[1] ['læntən] *n* 1 nešiojamas žibintas, žibintuvas 2 švyturio šviesos kamera 3 *stat.* stoglangis ◊ **~ lecture** paskaita su skaidrėmis; **~ jaws** įkritę skruostai; **parish ~** *juok.* mėnulis; **~ parking** *šnek. (automobilių)* stovėjimo aikštelė
lantern[2] *n tech.* šeivinis ratas/krumpliaratis
lantern-jawed ['læntən'dʒɔ:d] *a* (su) įkritusiais skruostais
lanternslide ['læntənslaɪd] *n fot.* skaidrė
lanthanum ['lænθənəm] *n chem.* lantanas
lanyard ['lænjəd] *n* 1 virvelė *(aplink kaklą)* 2 *(žiūronų)* dirželis 3 *jūr.* talrepas; škertas
Lao ['lɑ:ɔ, lau] = **Laotian** *a, n*
Laodician [,leɪəᵘdɪ'sɪ:ən] *a* abejingas, indiferentus *(religijos/politikos klausimais)*
Laos ['lɑ:ɔs] *n* Laosas *(Azijos šalis)*
Laotian ['lɑ:ɔʃn, 'lauʃᵊn] *a* Laoso; laosiečių
n 1 Laoso gyventojas, laosietis 2 laosiečių kalba
lap[1] [læp] *n* 1 sterblė; **to sit on the ~** sėdėti ant kelių 2 skvernas 3 prieglobstis; **in nature's ~** gamtos prieglobstyje 4 *(ausies)* spenelis 5 dauba ◊ **in the ~ of the gods** ≡ vienas Dievas težino; **in the ~ of luxury** didžiausioje prabangoje
v (ap)vynioti, apsiausti; apsupti
lap[2] *n* 1 užleidimas, užlaida *(dengiant)*, perdanga 2 siūlo/lyno apsisukimas/vija *(ant špūlės ir pan.)* 3 *tekst. (drobės, audinio)* ritinys 4 *sport.* ratas, turas; *(bėgimo takelio)* ratas; distancija; **~ of honour** garbės ratas 5 *(kelionės)* etapas
v 1 užeiti vienam ant kito *(dengiant; t.p.* **~ over**) 2 *tech.* (per)dengti užleistinai 3 *sport.* aplenkti visu ratu
lap[3] *n* 1 lakimas 2 lakalas *(šunims; t. p. prk.)* 3 *(bangų)* pliuškenimas, teškenimas
v 1 lakti *(t. p. prk.)* 2 pliaukšėti, tekšėti, teškenti *(apie bangas; against, on)* | □ **~ up** a) godžiai (iš)lakti; b) *prk. šnek.* ryte ryti *(komplimentus ir pan.)*
lap[4] *tech. n* 1 poliravimo/šlifavimo diskas 2 trintuvas
v 1 poliruoti, šlifuoti 2 pritrinti
laparoscopy [,læpə'rɔskəpɪ] *n med.* laparoskopija *(pilvo ertmės apžiūra endoskopu)*
laparotomy [,læpə'rɔtəmɪ] *n med.* laparotomija *(pilvo ertmės atvėrimo operacija)*
La Paz [lə'pæz, ,lɑ:'pæs] *n* La Pasas *(Bolivijos sostinė)*
lapbelt ['læpbelt] *n aut.* juosmens diržas
lap-dog ['læpdɔg] *n* 1 kambarinis šuniukas 2: **he's her ~** ≡ ji vedžioja jį už nosies
lapel [lə'pel] *n (švarko, apsiausto)* atlapas, atvartas
lapidary ['læpɪdᵊrɪ] *a attr* 1 briaunų šlifavimo 2 išgraviruotas akmenyje *(apie žodžius, frazes)* 3 trumpas, glaustas, lapidariškas *(apie stilių, kalbą)*
n (brangakmenių) briaunų šlifuotojas; juvelyras
lapilli [lə'pɪlaɪ] *n pl geol.* lapiliai *(iš vulkano išmesti lavos gabalėliai)*
lapis-lazuli [,læpɪs'læzjulɪ] *n min.* lazuritas
lap-joint ['læpdʒɔɪnt] *n tech.* užleistinis sujungimas
lappet ['læpɪt] *n* 1 *(drabužio)* nukarępęs galas/kampas; *(kepurės)* nukarusios ausinės 2 *(odos)* raukšlė; *(gaidžio)* pakarūklai; *(ausies)* spenelis
lapse [læps] *n* 1 *(atidumo ir pan.)* praradimas *(trumpam)*; klaida, apsirikimas *(kalbant, rašant)*; liapsusas; **~ of**

lapsed

memory atminties spraga **2** *(moralinis)* smukimas; nusidėjimas **3** *(laiko)* slinkimas; laiko tarpas; *with the ~ of time* laikui bėgant, ilgainiui **4** *teis.* teisės į turtą ir pan. pasibaigimas, netekimas galios, nustojimas galioti *v* **1** (pra)slinkti, baigtis *(apie laiką)* **2** praeiti, mažėti *(apie susidomėjimą ir pan.)* **3** *(morališkai)* pulti, nusmukti **4** (į)pulti, (į)kristi *(į nusiminimą, liūdesį);* pasiduoti *(kokiam nors blogiui);* nukrypti; *to ~ into illness* susirgti **5** vėl nusižengti/suklysti/suklupti **6** nustoti galiojus *(apie teisę, terminą ir pan.);* pereiti į kitas rankas; *to ~ to the Crown* pereiti į valstybės iždą
lapsed [læpst] *a attr* **1** atsimetęs *(ypač nuo tikėjimo)*, nebepraktikuojantis *(apie katalikų ir pan.)* **2** *teis.* nebegaliojantis, nustojęs galioti
lapstrap ['læpstræp] *n* = **lapbelt**
lapsus ['læpsəs] *lot. n* (*pl* ~) apsirikimas; liapsusas; *~ calami* apsirikimas rašant; *~ linguae* apsirikimas kalbant
laptop ['læptɔp] *n* mikrokompiuteris, portatyvinis kompiuteris
lapwing ['læpˌwɪŋ] *n zool.* pempė
larboard ['lɑ:bəd] *n jūr. psn.* kairysis laivo šonas
larcener, larcenist ['lɑ:sənə, lɑ:sənist] *n teis.* vagis
larcenous ['lɑ:sənəs] *a teis.* vagių; kaltas vagyste
larceny ['lɑ:səni] *n teis.* vagystė, turto užgrobimas
larch [lɑ:tʃ] *n bot.* maumedis
lard [lɑ:d] *n* lydyti kiaulės taukai
v **1** *kul.* smaig(st)yti lašiniais; tepti taukais **2** gausiai vartoti *(barbarizmų, terminų, metaforų ir pan.)*, (pa)gražinti *(kalbą)*
lard-ass ['lɑ:dæs] *n amer. niek.* nutukėlis
larder ['lɑ:də] *n (maisto)* sandėliukas, podėlis
lardy ['lɑ:dɪ] *a* riebus, lašininis; nutukęs
large [lɑ:dʒ] <*a, adv, n*> *a* **1** didelis; stambus **2** gausus; žymus; *~ majority* žymi dauguma; *in ~ part/measure* didžia dalimi **3** platus *(apie pažiūras, aiškinimą, įgaliojimus ir pan.)* **4** *jūr.* palankus *(apie vėją)* ◊ *here he is as ~ as life juok.* štai jis pats
adv **1** plačiai, gausiai **2** stambiai; stambiu šriftu *(rašyti, spausdinti)* **3** pagyrūniškai *(kalbėti)*
n **1**: *at ~* a) laisvėje, laisvas *(apie pabėgusį kalinį ir pan.);* b) smulkiai; *to go into the question at ~* smulkiai išnagrinėti klausimą; c) kaip visuma; *country at ~* visa šalis; *public/people at ~* plačioji visuomenė, plačiosios gyventojų masės; d) laisvas, nevaržomas; e) turintis plačius įgaliojimus *(apie atstovą ir pan.);* f) apskritai, nekonkrečiai; kam papuola; *promises made at ~* neaiškūs pažadai **2**: *in ~* didžia dalimi
large-flowered ['lɑ:dʒˈflauəd] *a bot.* stambiažiedis
large-handed ['lɑ:dʒˈhændɪd] *a* **1** didžiarankis **2** *knyg.* dosnus; gausus
large-hearted ['lɑ:dʒˈhɑ:tɪd] *a* didžiadvasis; geranoriškas
largely ['lɑ:dʒlɪ] *adv* **1** didžia dalimi; žymiai **2** svarbiausia, daugiausia
large-minded ['lɑ:dʒˈmaɪndɪd] *a* plačių pažiūrų; pakantus, tolerantiškas
largeness ['lɑ:dʒnɪs] *n* **1** didumas; *(didelė)* apimtis **2** pažiūrų platumas
large-scale ['lɑ:dʒˈskeɪl] *a* **1** stambus, didelio masto; *~ integration el.* didžioji integralinė schema **2** stambaus mastelio *(apie žemėlapį ir pan.)*
largess(e) [lɑ:ˈʒes] *pr. n knyg.* **1** dosnumas **2** dosni dovana
largish ['lɑ:dʒɪʃ] *a* didokas, stambokas
largo ['lɑ:gəu] *muz. a* largo, lėtas ir iškilmingas
adv lėtu tempu ir iškilmingai

lariat ['lærɪət] *n* **1** virvė *(arkliams pririšti)* **2** kilpavirvė, lasas
v gaudyti kilpavirve
larine ['lærɪn] *a zool.* kirų, priklausantis kirų šeimai
lark[1] [lɑ:k] *n zool.* vieversys; *shore ~* raguotasis vieversys
◊ *to rise with the ~* ≅ keltis su gaidžiais
v gaudyti vieversius
lark[2] *šnek. n* **1** juokai, pokštas, išdaiga; *to have a ~* pasilinksminti; *for a ~* dėl juoko, juokais **2** kvailystė, nesąmonė
v **1** juokauti, linksmintis **2** įveikti kliūtis *(jojant);* *to ~ the hedge* peršokti tvorą □ *~ about/around šnek.* išdykauti, siausti, šėlti, kvailioti
larkspur ['lɑ:kspə:] *n bot.* pentinius
larky ['lɑ:kɪ] *a šnek.* linksmas, mėgstantis juokus/pokštus
larrikin ['lærɪkɪn] *(ypač austral.) šnek. n* (jaunas) chuliganas, triukšmadarys
a triukšmingas
larrup ['lærəp] *šnek. n* smūgis
v mušti, pliekti
larry ['lærɪ] *n* statybinis skiedinys
Larry ['lærɪ] *n* Laris *(vardas)* ◊ *as happy as ~ šnek.* neparastai laimingas
larva ['lɑ:və] *n (pl* -vae [-vi:]) lerva
larval ['lɑ:vəl] *a* lervinis
larvicide ['lɑ:vɪsaɪd] *n ž. ū.* lervas naikinantis chemikalas
laryngeal [ˌlærɪnˈdʒɪəl] *a spec.* laringalinis, gerklų, gerklinis; *~ cavity anat.* gerklų ertmė
larynges [læˈrɪndʒi:z] *pl žr.* **larynx**
laryngitis [ˌlærɪnˈdʒaɪtɪs] *n med.* laringitas
laryngoscope [ləˈrɪŋgəskəup] *n* laringoskopas
larynx ['lærɪŋks] *n (pl* laringes, ~ es) *anat., med.* gerklos
lascar ['læskə] *n* jūrininkas indas
lascivious [ləˈsɪvɪəs] *a* gašlus, geidulingas; sukeliantis geidulių
laser ['leɪzə] *n fiz.* lazeris; *~ surgery med.* lazerinė chirurgija; *~ printer* lazerinis spausdintuvas
lash [læʃ] *n* **1** botagas, rimbas **2** botago/rimbo kirtis; *the ~* plakimas **3** *(uodegos)* mostas **4** griežtas priekaištas; kritika **5** (eyelash *sutr.*) blakstiena
v **1** mušti, čaižyti, pliekti *(t. p. prk.);* botaguoti, rimbuoti; *the wind ~ed her face* vėjas čaižė jos veidą **2** mosikuoti *(uodega)* **3** daužytis *(apie bangas ir pan.)* **4** sukelti *(jausmą; to, into);* *to ~ into fury* siutinti, varyti į pasiutimą **5** surišti *(ppr. ~ together);* pririšti *(to, on; t. p. ~ down)* □ *~ down* prapliupti *(apie lietų);* *~ out* a) staiga (pa)spirti; b) (užsi)pulti; pratrūkti keiksmais *(at, against)*
lasher ['læʃə] *n* užtvanka, vandens slenkstis
lashing ['læʃɪŋ] *n* **1** mušimas, pliekimas **2** *prk.* pliekimas, iškalbėjimai, priekaištai **3** surišimas; virvė(s) *(surišimui)* **4** *pl šnek.* gausybė *(maisto, gėrimo)*
lash-up ['læʃʌp] *n šnek.* laikina priemonė; laikinas sumontavimas
lass [læs] *n šiaur.* **1** mergaitė **2** mylimoji
lassie ['læsɪ] *n šiaur. šnek.* **1** mergytė, mergaitė **2** mieloji, meilutė
lassitude ['læsɪtju:d] *n* **1** nuovargis, pavargimas **2** apatija, abejingumas
lasso [ləˈsu:, 'læsəu] *n (pl* -s [-z]) lasas, kilpavirvė
v pagauti su lasu
last[1] [lɑ:st] <*a, adv, n*> *a superl žr.* **late** **1** paskutinis; paskiausias, paskučiausias; *the ~ house before the garage* paskutinis namas prieš garažą; *~ but not least* paskutinis, bet ne mažiau svarbus; paskutinis, bet ne

pats blogiausias; **~ but one** priešpaskutinis; **~ hurrah** *amer.* paskutinis bandymas, paskutinė pastanga *(ką padaryti);* „gulbės giesmė" **2** ankstesnis, praėjęs, praeitas; **~ month** praėjęs mėnuo; praėjusį mėnesį; **the day before ~** užvakar **3** kraštutinis, nepaprastas; **of the ~ importance** nepaprastai svarbus **4** netinkamiausias, nepageidaujamas; **he's the ~ man/person I wanted to see** jį aš mažiausiai norėjau pamatyti
adv **1** paskiausiai **2** paskutinį kartą; **he was ~ in Canada in 1996** paskutinį kartą Kanadoje jis buvo 1996 metais **3** galiausiai, galų gale *(t. p. ~ of all)*
n **1** kas nors paskutinis *(laiko/eilės atžvilgiu);* **in my ~** savo/mano paskutiniame laiške; **my ~** mano mažylis (sūnus); **to breathe one's ~** ≡ išleisti paskutinį atodūsį **2** galas; **the ~** *(of) amer. (metų, mėnesio ir pan.)* galas; **I shall never hear the ~ of it** tam nebus galo *(pvz., kalboms);* **to see the ~** *(of)* matyti paskutinį kartą, nutraukti santykius *(su)* ◊ **at ~** pagaliau; **at long ~** galų gale; **to the ~** iki pat galo, iki mirties; **to hold on to the ~** laikytis iki galo; **every ~** *šnek.* visi iki vieno; **~ in, first out** ≡ paskutinis į maišą, pirmutinis iš maišo

last² *v* **1** tęstis, trukti; **each lesson ~s an hour** kiekviena pamoka trunka vieną valandą **2** iš(si)laikyti *(apie sveikatą, jėgas ir pan.);* gerai dėvėtis, ilgai laikyti *(apie avalynę, drabužius);* **he won't ~ a year** jis nė metų neišgyvens **3** pakakti, užtekti *(t. p. ~out); this money will ~ me three days* šių pinigų man užteks trims dienoms □ **~ out** (iš)tverti, išgyventi
n ištvermė

last³ *n* kurpalis ◊ **to measure smb's foot by one's own ~** ≡ matuoti ką savo matu; spręsti apie ką pagal save; **to stick to one's ~** ≡ nekišti nosies kur nereikia/nenusimanai
v užtempti ant kurpalio

last⁴ *n psn.* lastas *(svorio/tūrio vienetas, skirtingas įvairioms prekėms)*

last-ditch ['lɑ:st'dɪtʃ] *a* žūtbūtinis *(apie pastangas ir pan.)*

lasting ['lɑ:stɪŋ] *a* ilgai trunkantis, ilgalaikis; patvarus; **~ peace** ilgalaikė/tvirta taika; **~ food** konservuotas produktas
n **1** trukmė **2** ilgalaikiškumas; patvarumas

lastly ['lɑ:stlɪ] *adv* galiausiai, pagaliau; pabaigoje

last-mentioned ['lɑ:st'menʃᵊnd] *a* **1** anksčiau minėtas **2** pastarasis *(iš paminėtųjų)*

last-minute ['lɑ:st'mɪnɪt] *a attr* daromas/darytinas paskutinę akimirką

last-named ['lɑ:st'neɪmd] *a* = **last-mentioned**

latch [lætʃ] *n* **1** *(durų)* skląstis, velkė; strektė, užšovas **2** užraktas, automatinė spyna
v **1** (už)sklęsti, užšauti *(ppr. ~ on)* **2** *šnek.* įkyriai lįsti, prikibti, prikabinti *(onto - prie)* □ **~ on** *šnek.* a) suprasti, pagauti *(mintį);* b) prisiristi *(to – prie)*

latchkey ['lætʃki:] *n (durų)* skląsčio/velkės raktas; namų raktas; **~ child/kid** vaikas, turintis raktą *(tėvams esant darbe);* vaikas, paliekamas vienas sau

late [leɪt] *a* (later, latter; latest, last) **1** vėlus, vėlyvas, vėluojantis, pavėlavęs; **to be ~** vėluoti(s), pavėluoti; **~ shipment** pavėluotas išsiuntimas **2** ankstesnis, nesenas, paskutinis; **the ~ government** ankstesnioji vyriausybė; **of ~ years** pastaraisiais metais; **in one's ~ sixties [seventies, etc]** apie 65-69 *[75-79 ir pan.]* metų amžiaus **3** miręs, velionis; buvęs; **Tom Smith, ~ of this parish** Tomas Smitas, neseniai gyvenęs šioje parapijoje
adv (later; latest, last) **1** vėlai; **to sit ~** užsisėdėti; vėlai gulti; **to come ~** ateiti pavėluotai, pavėlinti ateiti; **better ~ than never** geriau vėliau, negu niekada; **soon/**

early or ~ anksti ar vėlai; **~ in January** sausio pabaigoje **2** *(ppr. ~ of)* pastaruoju metu, šiomis dienomis ◊ **as ~ as** iki pat *(džn. reiškiant nustebimą); (a little) ~ in the day* (truputį) per vėlai/vėlu

latecomer ['leɪt,kʌmə] *n* vėluotojas, pavėlavęs

lateen [lə'ti:n] *a jūr.* trikampis *(apie burę)*

lately ['leɪtlɪ] *adv* neseniai; pastaruoju metu

latency ['leɪtᵊnsɪ] *n* **1** slapta būsena, latencija; **~ period** latentinis periodas; *(ligos)* inkubacinis periodas **2** *komp.* gaišties laikas

lateness ['leɪtnɪs] *n* (pa)vėlavimas; vėluma

late-night ['leɪtnaɪt] *a attr* naktinis, labai vėlus

latent ['leɪtᵊnt] *a* slaptas, paslėptas, nematomas, latentinis; **~ heat** *fiz.* slaptoji šiluma; **~ image** *fot.* paslėptasis atvaizdas

later ['leɪtə] <*a, adv, int*> *a (comp. žr.* **late**) vėlesnis, vėlyvesnis; paskesnis; **at a ~ date** vėliau, paskui; **during the ~ eighties** devinto dešimtmečio gale
adv vėliau; **~ on** vėliau, po to; **to leave no ~ than 7 am** išvykti ne vėliau kaip 7 valandą *(ryto);* **he became Senator two years ~** po dvejų metų jis tapo senatoriumi
int šnek. kol kas! *(atsisveikinant)*

lateral ['lætᵊrəl] *a* **1** lateralinis, šoninis *(t. p. fon.);* šalinis; horizontalus **2** šalutinis, pašalinis
n **1** kas nors iš šono einantis/esantis *(pvz., šoninė šaka, pažastinis ūglis)* **2** *fon.* šoninis/lateralinis priebalsis

laterrally ['lætᵊrəlɪ] *adv* šonu; iš šono

latest ['leɪtɪst] *a (superl žr.* **late**) vėliausias; paskutinis *(apie žinias ir pan.);* **the ~ fashion** paskutinė *(naujausia)* mada
n **(the ~)** paskutinė žinia/mada *ir pan.;* **at the ~** vėliausiai

latex ['leɪteks] *n bot. (kaučiukinių augalų)* pieninės sultys, lateksas

lath [lɑ:θ] *stat. n* **1** lentjuostė, grebėstas, lota; skala, balana *(tinkuojant);* malksna, skiedra *(stogui dengti)* **2** *attr:* **~ fence** pinučiai, žiogris
v (pri)kalti lotas/balanas *ir pan.;* lotuoti, grebėstuoti

lathe [leɪð] *n* tekinimo staklės, tekintuvė; **~ tool** tekinimo peilis; **~ operator** tekintojas
v apdirbti tekinimo staklėmis

lather ['lɑ:ðə] *n* **1** *(muilo, skalbimo miltelių)* putos **2** *(arklio)* putos; **in a ~** a) putotas *(apie arklį);* b) *prk.* susijaudinęs, susirūpinęs ◊ **a good ~ is half a shave** ≡ gera pradžia – pusė darbo
v **1** putoti *(apie muilą),* muilinti(s) *(kol ima putoti)* **2** putoti *(apie arklį)* **3** *šnek.* mušti, lupti

lathery ['lɑ:ðərɪ] *a* **1** įmuilintas, išmuilintas **2** putotas *(apie arklį)* **3** tuščias, prasimanytas

lathing ['lɑ:θɪŋ] *n stat.* **1** grebėstavimas, lotavimas, prikalimas skalų/lotų **2** lotos; skalos, balanos; grebėstai

lathy ['lɑ:θɪ] *a* ištįsęs, aukštas ir plonas

lathyrus ['læθɪrəs] *lot. n bot.* pelėžirnis

Latin ['lætɪn] *n* **1** lotynų kalba; **classical ~** klasikinė lotynų kalba; **low/vulgar ~** vulgarioji lotynų kalba **2** *ist.* lotynas ◊ **thieves' ~** vagių žargonas
a **1** lotynų, lotyniškas; **~ church** Romos katalikų bažnyčia; **2** romanų; **the ~ peoples** romanų tautos

Latin-American ['lætɪnə'merɪkən] *a* Lotynų Amerikos
n Lotynų Amerikos gyventojas

latinize ['lætɪnaɪz] *v* **1** (su)lotyninti **2** vartoti lotynizmus

Latino [lə'ti:nəʊ] *n amer.* amerikietis, kilęs iš Centrinės/Pietų Amerikos

latish ['leɪtɪʃ] *a* vėlokas, vėlyvas
adv vėlokai, gana vėlai

latitude ['lætɪtju:d] *n* **1** *geogr., astr.* platuma; **middle/mid mean ~** vidutinė platuma; **in the ~ of 40° S.** 40° pietų

latitudinal 511 **lavish**

platumoje; *low ~s* tropikų juosta 2 *(veiksmų, pažiūrų ir pan.)* laisvė, platumas; *~ of thought* minties platumas; *a wide ~* platūs įgaliojimai
latitudinal [ˌlætɪ'tjuːdɪnl] *a geogr.* platumos
latitudinarian [ˌlætɪtjuːdən'ɛərɪən] *knyg. n* pakantus žmogus; plataus požiūrio žmogus
a pakantus, tolerantiškas; leidžiantis nukrypimus nuo dogmos
latrine [lə'triːn] *n (stovyklos, barako, ligoninės)* išvietė *(duobė)*
latter ['lætə] *a (comp žr.* **late**) *attr* 1 paskutinis; *the ~ part of the book* paskutinioji knygos dalis 2 *knyg.* nesenas, pastarasis; *in these ~ years* pastaraisiais metais
n (the ~) pastarasis *(iš dviejų minėtų); he loves dogs and cats, especially the ~* jis mėgsta šunis ir kates, ypač pastarąsias
latter-day ['lætədeɪ] *a attr* šių dienų, šiuolaikinis; *~ Robin Hood* šių dienų Robinas Hudas
latterly ['lætəlɪ] *adv* 1 pastaruoju metu 2 į *(gyvenimo, periodo)* galą
lattice ['lætɪs] *n* 1 grotelės, tinklelis, pinučiai; grotinė pertvara *(t. p. ~ bulkhead)* 2 pinučių langelis *(t. p. ~ window)*
latticed ['lætɪst] *a* grotuotas, grotinis, su grotelėmis, su pinučiais
lattice-work ['lætɪswəːk] *n spec.* grotinė sistema; tinklinė santvara
Latvia ['lætvɪə] *n* Latvija
Latvian ['lætvɪən] *a* Latvijos; latvių, latviškas
n 1 latvis 2 latvių kalba
laud [lɔːd] *n knyg.* gyrimas, garbinimas; giesmė/himnas kieno garbei
v girti; garbinti, šlovinti
laudable ['lɔːdəbl] *a* 1 (pa)girtinas 2 *med.* gerybinis
laudanum ['lɔːdnəm] *n* opijaus tinktūra
laudation [lɔː'deɪʃn] *n knyg.* panegirika, (iš)gyrimas
laudatory ['lɔːdətərɪ] *a knyg.* giriamas(is), pagyrimo
laugh [lɑːf] *n* juokas, kvatojimas; *to have the ~ of/on smb* išjuokti tą, kuris juokėsi iš tavęs; *to have a good ~ at smb* nuoširdžiai pasijuokti iš ko; *to give a ~* susijuokti ◊ *to have the last ~* ≡ juokiasi tas, kas juokiasi paskutinis
v 1 juoktis; *to burst out ~ing* nusijuokti, nusikvatoti, susijuokti; *to ~ oneself into fits/convulsions* leipti juokais; *to ~ smb out of smth* pralinksminti *(liūdintį ir pan.)* juokaujant 2 sakyti juokiantis; *he ~ed a reply* jis atsakė juokdamasis 3 juoktis, šaipytis, pasijuokti *(at – iš; t. p. prk.); to ~ to scorn* išjuokti; *young people will just ~ at this* jaunimas tik pasijuoks/pasišaipys iš to □ *~ away* juoku išsklaidyti/nuvyti *(liūdesį, abejones, skausmą); ~ down* juoku nustelbti *(kalbėjimą ir pan.);* nutildyti išjuokiant; *~ off šnek.* juoku atsikratyti, ≡ paversti/nuleisti juokais; *~ over* svarstyti/aptarti juokaujamu tonu ◊ *he ~s best who ~s last* ≡ juokiasi tas, kas juokiasi paskutinis
laughable ['lɑːfəbl] *a* juokingas; komiškas
laughing ['lɑːfɪŋ] *n* juokimasis, juokas
a 1 besijuokiantis, besišypsantis; *he's in no ~ mood* jis visai nenusiteikęs juokauti 2 juokingas
laughing-gas ['lɑːfɪŋgæs] *n chem.* azoto suboksidas, linksminančios dujos
laughingly ['lɑːfɪŋlɪ] *adv* juokais; linksmai
laughing-stock ['lɑːfɪŋstɔk] *n* pajuokos objektas
laughter ['lɑːftə] *n* juokas, kvatojimas; *to burst into ~* prapliupti juokais; *to roar/rock with ~* leipti juokais

launce [lɑːns] *n zool.* tobis *(žuvis)*
launch[1] [lɔːntʃ] *v* 1 paleisti *(į darbą);* pradėti *(planuotą veiklą),* ryžtingai imtis *(ką daryti); to ~ a campaign [an attack]* pradėti kampaniją [puolimą] 2 paleisti *(raketą ir pan.);* išmesti *(katapultą)* 3 nuleisti *(laivą)* į vandenį, 4 (pradėti) leisti, išleisti *(gaminius, laikraštį ir pan.)* 5 mesti; *to ~ a blow* suduoti smūgį 6 leistis, mestis *(into – į); to ~ into an argument* leistis į ginčą; *to ~ into eternity poet.* iškeliauti į aną pasaulį □ *~ out* a) leistis *(kelionėn);* b) imtis *(darbo, biznio);* c) pasileisti, imti *(priekaištauti ir pan.);* prapliupti *(keiksmais ir pan.; into);* d) švaistyti pinigus
n 1 *(laivo)* nuleidimas į vandenį 2 *(raketos ir pan.)* paleidimas
launch[2] *n* 1 barkasas 2 kateris; (motorinė) valtis *(t. p. motor ~)*
launching ['lɔːntʃɪŋ] *n* 1 nuleidimas *(į vandenį)* 2 *(raketų, kosminių laivų)* paleidimas; *~ pad/ramp/site kosm.* paleidimo aikštelė; paleidimo įrenginys
launder ['lɔːndə] *v* 1 skalbti (ir lyginti) 2 skalbtis *(gerai, blogai – apie medžiagą)* 3 *šnek.* plauti *(neteisėtai gautus pinigus)*
laund(e)rette [lɔːn'dret] *n* savitarnos skalbykla
laundress ['lɔːndrɪs] *n* skalbėja
laundromat ['lɔːndrəmæt] *n (ypač amer.)* = **laund(e)rette**
laundry ['lɔːndrɪ] *n* 1 skalbykla 2 *(tik sg)* skalbiniai 3 *attr* skalbinių; *~ basket (nešvarių)* skalbinių dėžė; *~ soap* ūkinis muilas; *~ list* a) atiduodamų į skalbyklą skalbinių sąrašas; b) atliktinų darbų sąrašas
Laura ['lɔːrə] *n* Laura, Lora *(vardas)*
laureate ['lɔːrɪət] *n* 1 laureatas; *Nobel (Prize) L.* Nobelio premijos laureatas 2 *(L.)* karaliaus rūmų poetas *(t. p. Poet L.)*
a 1 apvainikuotas laurų vainiku 2 laureato, laureatų
laurel ['lɔrəl] *n* 1 *bot.* lauras; *~ leaves kul.* lauro lapeliai 2 *pl* laurai, laurų vainikas ◊ *to rest/repose/sit on one's ~s* ≡ ilsėtis ant laurų; *to reap/win one's ~s* ≡ skinti laurus; *to look to one's ~* uoliai saugoti savo vardą/reputaciją *ir pan.,* stengtis išlaikyti pranašumą
v vainikuoti laurų vainiku
Laurence ['lɔːrəns] *n* Laurynas, Laurencijus, Lorensas *(vardas)*
lav [læv] *n* (lavatory *sutr.) šnek.* tualetas, išvietė
lava ['lɑːvə] *n* lava
lavage ['lævɪdʒ] *n med.* (iš)plovimas *(pvz., skrandžio)*
lavaliere [lævə'lɪə] *pr. n* pakabutis *(papuošalas)*
lavatorial [ˌlævə'tɔːrɪəl] *a* nepadorus *(apie humorą, juoką)*
lavatory ['lævətərɪ] *n* 1 tualetas, išvietė 2 prausykla
lave [leɪv] *v poet.* plauti, skalauti *(t. p. apie vandenį)*
lavender ['lævɪndə] *n* 1 *bot.* levanda 2 sudžiovinti levandos lapai/žiedai; *the scent of ~* levandos kvepalai; *to lay up in ~* a) įdėti/įkloti levandą *(tarp drabužių dėl aromato);* b) *prk.* išsaugoti ateičiai; c) *šnek.* užstatyti, įkeisti 3 šviesiai violetinė spalva
a šviesiai violetinis *(t. p. ~ blue)*
lavender-water ['lævɪndəˌwɔːtə] *n* levandos tualetinis vanduo
laver ['lɑːvə] *n* valgomas jūros augalas
lavish ['lævɪʃ] *a* 1 dosnus; išlaidus; *to be ~ with one's praise* labai girti, kelti į padanges 2 gausus; *~ hospitality* nepaprastas vaišingumas 3 prabangus, prašmatnus
v 1 būti dosniam; *to ~ care upon one's children* labai rūpintis savo vaikais; puoselėti savo vaikus 2 eikvoti, švaistyti *(pinigus, laiką ir pan; on)*

lavishness ['lævɪʃnɪs] *n* **1** dosnumas; išlaidumas **2** gausumas

law [lɔː] *n* įstatymas; **common ~** nerašytas įstatymas; papročių teisė; **to be against/outside the ~** prieštarauti įstatymams; **to go beyond the ~** peržengti įstatymą **2** *teis.* teisė; **statutory/statute ~** statutinė teisė; **~ merchant** prekybinė teisė; **international ~, ~ of nations** tarptautinė teisė; **~ and order** teisėtvarka; **to read ~** studijuoti teisę **3** teisininko profesija; **to follow the ~, to go in for ~** pasirinkti teisininko profesiją; **to practice ~** būti teisininku **4** teismas, teismo procesas; **to be at ~ with smb** bylinėtis su kuo; **to go to ~** kreiptis į teismą; **to have/take the ~ of smb** patraukti ką į teismą; **to take the ~ into one's own hands** susidoroti be teismo **5** dėsnis; taisyklė; **~ of diminishing return** mažėjančio derlingumo dėsnis; **the ~s of tennis** teniso žaidimo taisyklės **6** *sport.* priešininkui suteikiama pirmenybė *(varžybose ir pan.)*; *prk.* atokvėpis **7** *(the ~) šnek.* policija, policininkas; **I'll have the ~ on you!** aš iškviesiu policiją! **8** *attr* įstatyminis; teisinis, juridinis; **~ enforcement** įstatymo priežiūra ◊ **he is a ~ unto himself** jam neegzistuoja jokie įstatymai *(tik jo paties nuomone)*; **to give (the) ~ to smb** diktuoti/primesti kam savo valią; **to lay down the ~** kategoriškai/įsakmiai kalbėti/tvirtinti, nurodinėti

law-abiding ['lɔːˌbaɪdɪŋ] *a* gerbiantis įstatymus
law-and-order ['lɔːəndˈɔːdə] *a attr* ginantis griežtas priemones *(kovoje su nusikalstamumu ir pan.)*
lawbreaker ['lɔːˌbreɪkə] *n* įstatymo pažeidėjas/laužytojas
lawcourt ['lɔːkɔːt] *n* teismas
lawful ['lɔːfəl] *a* teisėtas, teisiškas; įstatymais nustatytas, įstatymiškas; **~ age** (civilinė) pilnametystė
lawgiver ['lɔːˌgɪvə] *n* įstatymų leidėjas
lawk(s) [lɔːk(s)] *int šnek.* nejaugi, negi *(stebintis)*
lawless ['lɔːləs] *a* **1** neteisėtas; neturintis įstatymų **2** nepaisantis/nesilaikantis įstatymų; nežabotas
lawmaker ['lɔːˌmeɪkə] *n (ypač amer.)* = **lawgiver**
lawmaking ['lɔːˌmeɪkɪŋ] *n* įstatymų leidimas/kūrimas *a* įstatymų leidžiamasis/kūrimo
lawman ['lɔːmæn] *n (pl* -men [-men]) *amer.* įstatymų priežiūros tarnautojas *(ypač šerifas, policininkas)*
lawn[1] [lɔːn] *n* **1** veja, *(dekoratyvinė)* pievelė, gazonas **2** žaidimo aikštelė; **~ tennis** lauko tenisas; **~ hockey** žolės ritulys
lawn[2] *n tekst.* batistas
lawnmower ['lɔːnmauə] *n* mašina vejos žolei pjauti
lawn-sprinkler ['lɔːnˌsprɪŋklə] *n* mašina vejai laistyti
lawny[1] ['lɔːnɪ] *a* vejos, padengtas veja
lawny[2] *a tekst.* batistinis
lawrencium [lɔːˈrensɪəm] *n chem.* laurencis
lawsuit ['lɔːsuːt] *n* teismo procesas; byla; ieškinys; **to bring a ~ against smb** pareikšti kam ieškinį
lawyer ['lɔːjə] *n* advokatas; teisininkas, juristas, įstatymų žinovas, teisės specialistas
lax [læks] *a* **1** silpnas; išglebęs **2** palaidas; neįtemptas; netvirtas; negriežtas; **~ vowel** *fon.* neįtemptas balsis **3** aplaidus, nerūpestingas **4** netikslus, neapibrėžtas **5** *med.* palaidas, paleistas *(apie vidurius)*
laxative ['læksətɪv] *n* vidurių paleidžiamasis vaistas *a* vidurių paleidžiamasis
laxity ['læksətɪ] *n* **1** silpnumas; išglebimas **2** palaidumas; netvirtumas **3** aplaidumas **4** netikslumas, neapibrėžtumas **5** *med. (vidurių)* paleidimas, viduriavimas
lay[1] [leɪ] *a* **1** pasaulietinis, pasaulietiškas; neįšventintas *(į kunigus)* **2** neprofesionalo, nespecialisto; **~ opinion** nespecialisto nuomonė; **~ analyst** psichoanalitikas be gydytojo diplomo; **~ judge** teisėjas neprofesionalas; tarėjas

lay[2] *n poet.* trumpa dainelė; baladė
lay[3] *past žr.* **lie**[2] *v*
lay[4] *v* (laid) **1** (pa)dėti; (pa)guldyti; **to ~ the baby in the cot** paguldyti vaiką į lovytę; **to ~ one's hand on smb's shoulders** uždėti ranką kam ant pečių; **to ~ eggs** dėti kiaušinius **2** parmesti, pargriauti *(t. p. ~ flat)*; priplakti, išguldyti *(pasėlius)*; priplakti *(dulkes)* **3** (pa)dengti *(stalą)*; (pa)tiesti *(staltiesę, kilimą ir pan.)* **4** kloti, tiesti *(kabelį, vandentiekį, kelią)*; **to ~ rails** kloti bėgius **5** uždėti, užtepti *(dažų)* **6** (pa)skirti *(bausmę, mokestį ir pan.)*; **to ~ damages** išieškoti nuostolius *(at – iš)*; **to ~ one's hopes on smb** dėti vilčių į ką; **to ~ information against smb** įskųsti ką; **he ~s a great weight on your presence** jis teikia daug reikšmės jūsų dalyvavimui **7** sukelti *(kokią būklę, būseną)*; **to ~ a country waste** nuniokoti kraštą; **the country was laid in ruins** kraštas buvo paverstas griuvėsiais; **to ~ open/bare** atidengti, atskleisti; **to ~ oneself open to suspicions [accusations]** užsitraukti įtarimus [kaltinimus] **8** (iš)dėstyti, pateikti *(mintis, faktus, žinias; before)*; **to ~ proposals before the committee** pateikti pasiūlymus komitetui **9** nuraminti; **to ~ to rest** panaikinti, išsklaidyti *(abejones ir pan.)* **10** energingai imtis *(ko)*; **to ~ to one's oars** imti smarkiai irtis, užgulti ant irklų **11** lažintis, eiti/kirsti lažybų **12** *(ppr. pass)* vykti; **the scene is laid in London** veiksmas vyksta Londone **13** vykti, sukti *(virvę)* **14** *vulg.* krūštis *(turėti lytinius santykius)* **15** *šnek. (about, into)* pulti *(žodžiais, smūgiais)*; prilupti; **to ~ about one** *ret.* smogti smūgius į kairę ir į dešinę **16** *šnek.* šutinti, šveisti *(gerti, valgyti)* □ **~ aside** a) atidėti *(į šalį; taupant)*; b) mesti, atidėti *(trumpam)*; **~ by** atidėti, (su)taupyti; **~ down** a) (pa)guldyti, padėti; b) (su)dėti *(vyną ir pan. į rūsį išlaikymui)*; c) padėti pamatus *(t. p. prk.)*; pradėti statyti; d) sudaryti *(planą)*; nužymėti, nustatyti; **it is laid down in the regulations that...** įstatuose nustatyta, kad...; e) atsisakyti *(įgaliojimų, pareigų ir pan.)*; f) *kar.* sudėti *(ginklus)*; g) paversti, užleisti *(žemę, ganyklą ir pan.; to, with)*; **~ in** a) apsirūpinti, (su)kaupti/paruošti atsargų; b) *šnek.* įkirsti, išplakti; **~ off** a) atleisti iš darbo *(ypač laikinai)*; b) pertraukti darbą, ilsėtis; c) *šnek.* liautis, mesti; palikti ramybėje; **~ on** a) teikti, aprūpinti *(vandeniu, elektra, transportu ir pan.)*; b) (su)ruošti; (su)rengti, organizuoti; c) numatyti, planuoti; d) nusipenėti, priaugti *(svorio; apie gyvulius)*; e) pulti, mušti; **~ out** a) išdėlioti; išstatyti *(parodoje)*; b) išdėstyti *(aiškiai ir pan.)*; c) išskleisti *(žemėlapį)*; d) (iš)planuoti *(miestą, pastatą, parką)*; užveisti *(sodą)*; e) *šnek.* partrenkti, parblokšti; f) *sl.* užmušti; g) *šnek.* (iš)leisti, pakloti *(pinigus; on)*; h) (pa)šarvoti; i) išvesti iš rikiuotės *(futbole)*; j) *refl šnek.* stengtis iš visų jėgų; nertis iš kailio *(for; + inf)*; **~ over** a) padengti *(ko sluoksniu)*; b) *amer.* atidėti *(posėdį ir pan.)*; c) *amer.* apsinakvoti, trumpam apsistoti *(kelionėje)*; d) *amer. šnek.* būti pranašesniam, viršyti; **~ to** *jūr.* pradėti dreifuoti; mažinti greitį; **~ up** a) atidėti, (su)taupyti, sukaupti; b) pasidaryti *(bėdų; for oneself)*; c) laikinai išvesti iš rikiuotės; **to ~ up for repairs** atiduoti remontui *(valtį; automobilį; d)*: **to be laid up (with)** gulėti *(sergant)* ◊ **to ~ low** a) parversti, parblokšti; b) pažeminti, nužeminti; c) susargdinti; paguldyti *(apie ligą)*; **to ~ fast** pasodinti į kalėjimą, įkalinti; **to ~ flat** ≡ sulyginti su žeme; **to ~ hands on** a) sugriebti, sučiupti; pasisavinti, užvaldyti; b): **to ~ hands on oneself** nusižudyti; c) *bažn.* (į)šventinti; **to ~ one's hand/finger (on)** a) at-

rasti, išaiškinti; b) paliesti, pakelti ranką *(prieš); to ~ it on smb* suduoti, trenkti kam; *to ~ it on (a bit thick) šnek.* ≅ sutirštinti spalvas; perdėti, pergirti
n **1** padėtis, iš(si)dėstymas **2** *sl.* veikimo sritis, darbas **3** *vulg.* lytinis aktas **4** *vulg.* priegulas, prielipas, meilužis ◊ *the ~ of the land* vietovės pobūdis; b) *(ypač amer.)* konkreti situacija/padėtis

layabout ['leɪəbaut] *n šnek.* dykaduonis, dykūnas, valkata

layaway ['leɪəweɪ] *n amer.* **1** sutaupymas **2** prekės palaikymas, kol pirkėjas sumokės už ją visą kainą

lay-by ['leɪbaɪ] *n* **1** kelio juosta *ar* pakelės aikštelė automašinoms sustoti **2** *glžk.* atsarginis kelias

lay-days ['leɪdeɪz] *n pl kom.* laivų pakrovimo ir iškrovimo terminas

layer ['leɪə] *n* **1** sluoksnis, klodas; *spec.* lygmuo **2** *(brėžinio)* pjūvis **3** dėliotojas, klojikas; klotuvas **4** dėsli višta, dedeklė **5** *bot.* atlanka
v **1** dėti sluoksniais **2** *bot.* dauginti atlankomis

layer-cake ['leɪəkeɪk] *n* sluoksniuotas pyragas, tortas

layered ['leɪəd] *a* sluoksniuotas, sluoksninis

layette [leɪ'et] *pr. n* naujagimio kraitelis

lay-figure ['leɪˌfɪgə] *n* **1** *(menininko)* manekenas *(t. p. prk.)* **2** netikroviškas personažas/paveikslas **3** menkysta

laying ['leɪɪŋ] *n* **1** klojimas, tiesimas, dėjimas **2** nužymėjimas, suskirstymas *(lauko, sodo)* **3** pirmasis tinko klodas **4** kiaušinių dėjimas; kiaušinių dėjimo laikas; *~ nest* dedeklės gūžta

laying-up ['leɪɪŋˈʌp] *n jūr. (laivo)* pastatymas konservavimui; pririšimas *(prie stulpo)*

layman ['leɪmən] *n (pl* -men [-mən]) *(tik v.)* **1** pasaulietis **2** neprofesionalas; nespecialistas; profanas

layoff ['leɪɔf] *n* **1** gamybos nutraukimas/sustabdymas **2** atleidimas nesant darbo; priverstinis nedarbas **3** laikino atleidimo laikas

layout ['leɪaut] *n* **1** planas, schema; (iš)planavimas; *~ of roads* kelių tinklo planas **2** *(kambarių, pastatų ir pan.)* išdėstymas; *(prekių)* išdėliojimas **3** *(knygos, laikraščio ir pan.)* maketavimas **4** trasavimas, nužymėjimas **5** įrengimai; įrankių komplektas **6** *šnek.* vaišės; *the dinner was a splendid ~* pietūs buvo puikūs

layover ['leɪˌəuvə] *n* **1** servetėlė/takelis, tiesiama(s) ant staltiesės **2** *amer.* trumpas sustojimas *(kelionėje)*

layperson ['leɪpəːsn] *n* = **layman, laywoman**

layshaft ['leɪʃɑːft] *n tech.* tarpinis velenas *(pavarų dėžėje)*

laystall ['leɪstɔːl] *n* sąvarta, sąvartynas

lay-up ['leɪʌp] *n* **1** *(mašinos ir pan.)* išvedimas iš rikiuotės, prastova **2** metimas iš arti, iš po krepšio *(krepšinyje)*

laywoman ['leɪˌwumən] *n (pl* -women [-wɪmɪn]) **1** pasaulietė **2** neprofesionalė; nespecialistė

lazar ['læzə] *n psn.* raupsuotasis; ligotas elgeta

lazaret(to) [ˌlæzə'ret(əu)] *n* **1** leprozoriumas **2** karantininis laivas/pastatas

Lazarus ['læzərəs] *n bibl.* Lozorius

laze [leɪz] *šnek. n* tinginiavimas
v tinginiauti, dykinėti *(t. p. ~ about/around)* □ *~ away* pratinginiauti

laziness ['leɪzɪnɪs] *n* tinginystė, tingumas, tingis, tingėjimas

lazy ['leɪzɪ] *a* tingus; *to be ~* tingėti; *~ fellow* tinginys; *he is in a ~ mood* jį ima tingis

lazybones ['leɪzɪbəunz] *n (pl ~) šnek.* tinginys, tinginių pantis

L-driver ['elˌdraɪvə] *n* besimokantysis vairuoti

lea[1] [liː] *n* **1** *poet.* pieva, žolynas **2** *ž. ū.* pūdymas

lea[2] *n tekst.* posmas

leach [liːtʃ] *n* **1** tirpalas; šarmas **2** ekstraktorius, difuzorius
v spec. išplauti *(dirvožemį)*, pašalinti šarmus *(t. p. ~ out)*

Leacock ['liːkɔk] *n: Stephen ~* Stivenas Likokas *(kanadiečių rašytojas)*

lead[1] [led] *n* **1** švinas; *red ~* švino surikas; *white ~* švino baltalas **2** grafitas *(t. p. black ~)* **3** svambalas; *jūr.* lotas; *to heave/cast the ~ jūr.* matuoti gilumą lotu **4** plomba **5** *pl* švininiai lakštai stogui dengti; švinu dengtas stogas; švininė juostelė stiklui prilaikyti **6** *pl poligr.* interlinijos ◊ *to get the ~* būti nušautam; *to swing the ~ sl.* simuliuoti, vengti atlikti *(darbą, pareigas)*
v **1** *tech.* švinuoti, dengti švinu **2** *poligr.* atskirti interlinijomis

lead[2] [liːd] *n* **1** vadovavimas; iniciatyva; *to take the ~* imti vadovauti; imtis iniciatyvos **2** pavyzdys; nurodymas, direktyva; *to follow smb's ~* sekti kieno pavyzdžiu; *to give smb a ~* paskatinti ką pavyzdžiu **3** pirmavimas, pirmoji vieta *(varžybose); to be in the ~, to have the ~* pirmauti, būti pirmoje vietoje; *to gain the ~* išsiveržti pirmyn; *to have a ~ of five metres* pralenkti penkiais metrais; *to increase one's ~* padidinti savo pranašumą **4** *teatr., kin.* pagrindinis vaidmuo; pagrindinių vaidmenų atlikėjas; *~ singer (muz. grupės)* pagrindinis dainininkas **5** *(pirmas)* ėjimas *(lošiant); whose ~ is it?* kieno ėjimas? **6** *(šuns)* pavadėlis, saitas **7** keliukas, alėja; *blind ~* aklavietė **8** *(laikraštinio straipsnio)* trumpas įvadas; išplėsta paantraštė, anotacija **9** informacija, žinia *(kaip priemonė kam nustatyti/išspręsti)* **10** dirbtinė vaga; vandens tarpas *(tarp ledų)* **11** *el.* (jungiamasis) laidas **12** *tech.* paankstinimas, paskuba **13** *tech. (sraigto, spiralės)* žingsnis **14** *geol.* gysla; auksingasis smėlis
v (led) **1** vesti *(t. p. prk.);* nuvesti *(to); to ~ a horse* vesti/vedžioti arklį; *to ~ by the hand* vesti už rankos; *the road led up the hill* kelias vedė į kalną **2** vadovauti; *to ~ the investigation (into)* vadovauti *(ko)* tyrimui **3** (pri)versti, palenkti, paskatinti *(ką daryti); to ~ smb to believe that...* priversti ką tikėti, kad... **4** būti/eiti priekyje; pirmauti, pralenkti *(t. p. sport.); to be ~ing smb by 10 metres* pirmauti prieš ką, *ar* pralenkti ką, dešimčia metrų; *as a teacher he ~s* jis geriausias mokytojas, kaip mokytojas jis nepralenkiamas **5** leisti *(laiką),* gyventi; *to ~ a quiet life* ramiai gyventi **6** *medž.* taikyti į skrendantį paukštį **7** daryti ėjimą pirmam *(iš tam tikros kortos)* **8** boksuoti(s), pulti *(dešine/kaire ranka)* **9** *tech.* paankstinti □ *~ away* nuvesti; patraukti; *~ in* pradėti, įžangoje paminėti; *~ off* a) pradėti, duoti pradžią *(diskusijai ir pan.; by, with);* b) jungtis *(apie kelius, kambarius ir pan.);* atsiskirti *(from); ~ on* apgaulingai įtikinti; (su)vilioti; *~ up (to)* a) privesti *(prie);* paruošti *(kam);* b) užvesti kalbą *(apie)*

leaded ['ledɪd] *a* švinuotas; *~ petrol/amer. gasoline* benzinas su švinu, etiliuotas benzinas

leaden ['ledn] *a* **1** švininis *(t. p. prk.); a ~ sky* švininis dangus **2** sunkus, slogus; *~ sleep/slumber* sunkus miegas

leader ['liːdə] *n* **1** vadovas, vedlys; vadas; *~ of the expedition* ekspedicijos vadovas; *gang ~* gaujos vadeiva **2** lyderis *(t. p. sport.)* **3** redakcijos straipsnis, vedamasis **4** *muz.* pirmasis smuikas; *amer.* dirigentas, regentas **5** *rad.* pirmasis *(svarbiausias)* pranešimas paskutinių žinių laidoje **6** priekinis arklys; priekinė mašina *(kolonoje)* **7** *bot.* pagrindinė šaka **8** *ž. ū.* pagrindinė rūšis/veislė **9** vandens nutekamasis *ar* šildymo vamzdis **10** *anat.* sausgyslė **11** mažesne kaina parduodama prekė *(pirkėjams pritraukti)* **12** *(filmo, magnetofono)* juostos pradžia be įrašo

leaderette 514 **leapfrog**

13 *pl poligr.* punktyras, padedantis naudotis lentelėmis *ir pan.* **14** *teis.* pagrindinis advokatas **15** = **lead²** 4
leaderette [ˌliːdəˈret] *n* trumpa redakcijos pastaba *(laikraštyje)*
leadership [ˈliːdəʃɪp] *n* **1** vadovavimas; *under the ~ (of) (kam)* vadovaujant, *(ko)* vadovaujamas; *we need firm ~* mums reikalingas tvirtas vadovavimas/vadovas **2** *kuop.* vadovybė, vadovai **3** lyderiavimas *(t. p. sport.)*
leader-writer [ˈliːdəˌraɪtə] *n* vedamųjų *(straipsnių)* autorius
lead-free [ˈledˈfriː] *a* be švino, neetiliuotas *(apie benziną)*
leadglass [ˈledɡlɑːs] *n opt.* angliškasis krištolas
lead-in [ˈliːdɪn] *n* **1** įvadas, įžanga; įvadinis/įžanginis žodis **2** *el., rad.* įvadas, įvado laidas
leading [ˈliːdɪŋ] *a attr* **1** pagrindinis, svarbiausias; vadovaujantis; *~ article* redakcijos straipsnis, vedamasis; *~ case* teisminis precedentas; *~ actress/lady [actor/man]* pagrindinio vaidmens atlikėja [atlikėjas]; *~ question* pagalbinis/orientacinis/primenamasis klausimas; *~ writer [light]* žymus rašytojas [veikėjas]; *~ edge* a) *(ko)* priekinis kraštas; b) sritis, kurioje naudojama moderniausia technologija **2** esantis priekyje/priešakyje *(t. p. sport.)*; priekinis, priešakinis **3** *tech.* varantysis *(apie ašį, ratą)* *n* **1** vadovavimas **2** nurodymas, direktyva **3** *sport.* lyderiavimas, buvimas lyderiu
leading-edge [ˌliːdɪŋˈedʒ] *a* moderniausias *(apie mašinas, sistemas ir pan.)*
leading-rein [ˈliːdɪŋreɪn] *n (ppr. pl) (vaiko)* pavadėlis
leading-strings [ˈliːdɪŋstrɪŋz] *n pl (vaiko)* perjuostė ◊ *to be in ~* būti nesavarankiškam, būti vedžiojamam *(už rankelės)*
lead-line [ˈledlaɪn] *n jūr.* lotlynis
lead-off [ˈliːdɔf] *n* **1** pradžia **2** žaidėjas, pradedantis žaidimą
a amer. pradinis, pradedantis
lead-pencil [ˈledˈpensl] *n* grafitinis pieštukas
lead-swinger [ˈledˌswɪŋɡə] *n šnek.* tinginys, simuliantas
lead-time [ˈliːdtaɪm] *n* **1** naujos produkcijos įsisavinimo periodas; laikas, reikalingas įvykdyti naujos produkcijos užsakymą **2** vilkinimas
leaf [liːf] *n (pl* leaves) **1** lapas; *kuop.* lapai, lapija; *fall of the ~, ~ fall* a) lapų kritimas; ruduo; b) *prk.* gyvenimo saulėlydis; *to come into ~* (su)lapoti, sužaliuoti **2** *(knygos)* lapas, puslapis; *to turn over the leaves* sklaidyti puslapius **3** *(metalo)* lakštas, lapas **4** *(durų, vartų)* sąvara; atlenkiamoji *(stalo)* lenta **5** *attr* lapinis, lakštinis; *~ vein/rib bot.* lapo gysla **6** *attr* ištraukiamasis *(apie stalą); ~ bridge* perskiriamasis/pakeliamasis tiltas **7** *attr: ~ litter* nukritę lapai; miško paklotė ◊ *leaves without figs* ≡ tušti pažadai; *to turn over a new ~* ≡ atversti naują gyvenimo lapą; pasitaisyti; *to take a ~ out of smb's book* sekti kieno pavyzdžiu, pamėgdžioti ką
v **1** lapoti **2** sklaidyti *(knygą, žurnalą; through)*
leafage [ˈliːfɪdʒ] *n poet.* lapija, lapai
leaf-beetle [ˈliːfˌbiːtl] *n zool.* lapgraužis *(vabalas)*
leafed [liːft] *a* = **leaved**
leafless [ˈliːfləs] *a* belapis, be lapų
leaflet [ˈliːflɪt] *n* **1** lapelis **2** *(informacinis, agitacinis)* lapelis, proklamacija
v (ap)dalyti/platinti lapelius
leaf-mould [ˈliːfməʊld] *n* lapų puvenos
leafstalk [ˈliːfstɔːk] *n bot.* lapkotis
leafy [ˈliːfɪ] *a* **1** lapuotas, lapuotis, su lapais; *~ forest* lapuočių miškas **2** lapinis, lapų
league¹ [liːɡ] *n* **1** sąjunga, lyga *(t. p. sport.); minor/amer. bush ~* žemesnioji lyga ◊ *in ~ (with)* išvien *(su);* susimokę; *to be not in the same ~* visai negalima lyginti, negali būti nė lyginamas; *to be ~s ahead of smb/smth* būti daug geresniam už ką
v sudaryti sąjungą; susijungti
league² *n psn.* lyga *(ilgio matas – apie 3 mylias, arba 4,8 km)*
leaguer¹ [ˈliːɡə] *n* lygos/sąjungos narys
leaguer² *n kar. psn.* puolančios/supančios *(miestą ir pan.)* kariuomenės stovykla
leak [liːk] *n* **1** *(skysčių, dujų)* (iš)tekėjimas; *to start/spring a ~* pratekėti **2** skylė, plyšys, protėkis **3** *(informacijos)* nutekėjimas **4** *spec.* nuotėkis; nutekėjimas; *grid ~ rad.* tinklelio nuotėkis; *gas [radiation] ~* dujų [radiacijos] nutekėjimas ◊ *to have/take a ~, to go for a ~ sl.* (eiti) šlapintis
v **1** praleisti vandenį, (pra)tekėti, prakiurti; sunktis **2** nutekėti *(apie informaciją); (neteisėtai)* atskleisti, paviešinti □ *~ in* įsisunkti *(through – per); ~ out* a) prasisunkti, ištekėti; b) *prk.* paaiškėti, tapti žinomam *(apie žinią, paslaptį)*
leakage [ˈliːkɪdʒ] *n* **1** pratekėjimas, prasisunkimas; *~ test* hermetiškumo patikrinimas **2** *(informacijos)* nutekėjimas; *(paslapties ir pan.)* atskleidimas, paaiškėjimas **3** *fiz.* nuotėkis; sklaida **4** *ekon.* lekažas, svorio sumažėjimas
leakproof [ˈliːkpruːf] *a* sandarus, hermetiškas
leaky [ˈliːkɪ] *a* **1** kiauras, nesandarus, praleidžiantis vandenį **2** nemokantis laikyti/saugoti paslapties; plepus
leal [liːl] *a škot.* lojalus, ištikimas; doras
leam [liːm] *n* (laser beam *sutr.) fiz.* lazerio spindulys
lean¹ [liːn] *a* **1** liesas, sublogęs, sudžiūvęs **2** neriebus, liesas *(apie mėsą)* **3** taupus **4** prastas, sunkus; *~ years* nederlingi/prasti metai; *~ diet* griežta dieta
n neriebi mėsa, liesuma
lean² *v* (leaned, leant) **1** palinkti, pasilenkti *(over); to ~ on one side* pasvirti į šalį *(apie stulpą ir pan.)* **2** at(si)remti, at(si)šlieti *(on, against); ~ off the table!* neužsikvempkite alkūnėmis ant stalo! **3** pasitikėti, pasiremti, remtis *(on, upon)* **4** *šnek.* (pri)gąsdinti *(on)* **5** būti linkusiam, linkti *(to, towards); to ~ towards staying where one is* būti linkusiam pasilikti savo vietoje □ *~ back* atsilošti *(kėdėje)* ◊ *to ~ over backwards* ≅ nertis iš kailio; itin stengtis
n palinkimas; polinkis; pasvirimas *(kuriuo kampu)*
leaning [ˈliːnɪŋ] *n* **1** polinkis, palinkimas *(to, towards)* **2** pritarimas
a palinkęs, pasviręs
leant [lent] *past ir pII žr.* **lean²** *v*
lean-to [ˈliːntuː] *n (pl ~*s [-z]) pašiūrė, (pa)stoginė; priestatas
leap [liːp] *n* **1** šuolis, pašokimas *(t. p. prk.); qualitative ~ filos.* kokybinis šuolis **2** *geol.* dislokacija ◊ *a ~ in the dark* rizikingas žingsnis; *by/in ~s and bounds* nepaprastai greitai
v (leapt, leaped) **1** šokti; šokinėti *(t. p. ~ about/around); to ~ three metres* nušokti tris metrus **2** peršokti; šokinti *(arklį)* **3** (pa)šokti *(t. p. prk.: džn. ~ up); to ~ to the phone* šokti/pulti prie telefono; *Tom ~ed to his assistance* Tomas šoko jam padėti **4** smarkiai (su)plakti *(apie širdį)* **5** *prk.* stvertis, noriai pasinaudoti *(pasiūlymu ir pan.; at)* □ *~ out* staiga paaiškėti *(žiūrint, skaitant; at)*
leap-day [ˈliːpdeɪ] *n (keliamųjų metų)* vasario 29-oji
leapfrog [ˈliːpfrɒɡ] *n* „šokanti varlė" *(žaidimas šokinėjant per pasilenkusius partnerius)*
v **1** peršokti, šokinėti *(žaidžiant „šokančią varlę")* **2** šoktelėti *(pasinaudojant kitų pasiekimais; into)*

leapt [lept] *past ir pII žr.* **leap** *v*

leap-year ['li:pjə:] *n* keliamieji metai

Lear [lıə] *n* Lyras *(lit. personažas)*

learn [lə:n] *v* (learnt, learned) **1** mokytis; išmokti; *to ~ by heart* išmokti atmintinai; *to ~ by rote* kalti (atmintinai) **2** sužinoti *(of, about – apie)* **3** *šnek.* pamokyti *(nubausti); I'll soon ~ you!* aš greit tave pamokysiu!

learned ['lə:nıd] *a* **1** mokytas, mokslingas; apsišvietęs **2** mokslinis, mokslo *(apie draugiją, žurnalą ir pan.)*

learner ['lə:nə] *n* **1** moksleivis, mokinys; *language ~* besimokantysis kalbos **2** besimokantysis vairuoti *(t. p. ~ driver); ~'s permit amer.* leidimas *(dokumentas)* mokytis vairuoti

learning ['lə:nıŋ] *n* **1** mokymasis, mokslas **2** išmokimas; mokytumas, mokslingumas; erudicija

learnt [lə:nt] *past ir pII žr.* **learn**

lease [li:s] *n* **1** (iš)nuomojimas, nuoma; *by/on ~* nuomon **2** nuomos sutartis; *to take out a ~ (on)* sudaryti nuomos sutartį, išsinuomoti **3** nuomos terminas ◊ *to get/have/take a new ~ of life* a) atsigauti, pakilti dvasia; pradėti naują gyvenimą; b) būti atnaujintam/suremontuotam *(apie daiktą); to give smb a new ~ of life* (su)grąžinti kam gyvenimą/jėgas
v nuomoti(s); iš(si)nuomoti *(t. p. ~ out)*

leasehold ['li:shəuld] *n* **1** nuoma **2** išsinuomotas turtas *(žemė, namai)*
a (iš)nuomojamas; išnuomotas

leaseholder ['li:s,həuldə] *n* nuomininkas

leash [li:ʃ] *n* **1** saitas, pasaitas; *to hold in ~* a) laikyti už pasaito; b) *prk.* ≡ laikyti už pavadžio **2** *medž.* trys šunys, trys kiškiai *ir pan.* ◊ *to be straining at the ~* degti iš nekantrumo; veržtis į laisvę
v **1** užrišti *(šuniui)* saitą **2** laikyti už pasaito

leasing ['li:sıŋ] *n* **1** nuomojimas **2** vidutinė ir ilgalaikė nuoma, lizingas

least [li:st] <*a, adv, n*> *a (superl žr.* **little**) mažiausias; *~ common multiple mat.* bendras mažiausias kartotinis; *~ squares* mažiausiųjų kvadratų metodas *(statistikoje)*
adv mažiausiai, mažiausia; *not ~* a) iš dalies; b) ypač; *nobody can complain, you ~ of all* niekas negali skųstis, o jūs tuo labiau
n mažiausias kiekis/laipsnis; *at (the) ~* mažiausiai; bent (jau); *not in the ~* nė kiek, visai ne ◊ *to say the ~ (of it)* švelniai tariant; *~ said soonest mended* ≡ daug kalbos – maža naudos; kalbomis tik pagadinsi reikalą

leastways, leastwise ['li:stweız, 'li:stwaız] *adv amer. šnek.* mažiausiai, bent (jau)

leather ['leðə] *n* **1** *(išdirbta)* oda; *Russia ~* juchtas; *~ bottle* odinis vynmaišis **2** odos gaminys: diržas, kilpsaitis, futbolo kamuolys *ir pan.* **3** *pl* odinės kelnės; odiniai aulai/antblauzdžiai ◊ *there is nothing like ~* kiekvienas giria savo
v **1** apmušti oda **2** *šnek.* lupti diržu

leatherback ['leðəbæk] *n zool.* jūrinio vėžlio rūšis

leather-bound ['leðəbaund] *a* odiniu viršeliu *(apie knygą)*

leatherette [,leðə'ret] *n* dirbtinė oda

leathering ['leðərıŋ] *n* **1** *šnek.* lupimas, pėrimas **2** *tech.* odos marginimas

leatherjacket ['leðə,dʒækıt] *n* **1** odinukė **2** *zool.* ilgakojo uodo lerva

leathern ['leðən] *a psn.* odinis

leathery ['leðərı] *a* **1** panašus į odą, odiškas **2** kietas, diržingas *(apie mėsą)*

leave[1] [li:v] *n* **1** leidimas; *with your ~* jums leidus, jūsų leidimu; *~ out* leidimas išeiti; *~ off* leidimas išeiti iš darbo; *I take ~ to say* drįstu pasakyti **2** leidimas neat-vykti į darbą *(t. p. ~ of absence);* atostogos; *on ~* atostogose; *~ allowance kar.* atostoginiai pinigai **3** išvykimas; atsisveikinimas; *to take (one's) ~ (of smb)* išsiskirti, atsisveikinti *(su kuo)* ◊ *to take ~ of one's senses* išeiti iš proto; *neither with your ~ nor by your ~* nepaisant ar jums patinka, ar nepatinka; *without so much as a by your ~* net jūsų nepasiklausus *(įeiti ir pan.)*

leave[2] *v* (left) **1** išvykti, iškeliauti; išeiti; *to ~ the room* išeiti iš kambario; *we are leaving for Vilnius tomorrow* mes išvykstame į Vilnių rytoj **2** palikti; *to ~ message for smb* palikti kam raštelį; *to ~ the stage* palikti sceną; *~ the coat at home!* palik paltą namuose!; *to ~ the rails* nuvirsti nuo bėgių; *to ~ smb cold* ne(su)jaudinti, ne(su)dominti ko; *I ~ you to choose which film we see* rinkis tu filmą, kurį žiūrėsime; *to ~ smth alone* neliesti ko; *the insult left him speechless* įžeidimas atėmė jam žadą; *nothing was left to accident* viskas buvo numatyta **3** palikti *(palikimą)* **4** mesti, baigti; *to ~ one's wife* mesti/palikti žmoną; *to ~ school* mesti/baigti mokyklą; *~ it at that!* liaukitės!, užtenka! **5** *pass* likti; *refl* pasilikti *(sau); give what is left to the dog* atiduok kas liko šuniui □ *~ about/around* palikti mėtytis *(knygas, žaislus ir pan.); ~ aside* palikti nuošalyje; *~ behind* a) užmiršti, palikti *(kur nors);* b) pralenkti, palikti užpakalyje; *~ off* a) nebedėvėti; b) nustoti; *to ~ off smoking* mesti rūkyti; c) sustoti; *we left off at the end of chapter II* mes sustojome antro skyriaus gale; d) neįtraukti; *~ on* a) nenu(si)imti *(skrybėlės ir pan.),* nenusirengti; neuimti *(dangtelio ir pan.);* b) palikti įjungtą, neišjungtą *(šviesos ir pan.); ~ out* a) praleisti; neįtraukti; b) užmiršti; *~ over* a) atidėti, nukelti; b) *pass* likti *(visa kita išleidus/sunaudojus)* ◊ *to ~ smb/smth be alone* palikti ką ramybėje; neliesti ko; *to ~ oneself wide open amer.* statyti save į pavojingą padėtį; *to ~ smth hanging in the air* palikti neužbaigtą/neišspręstą *(mintį, šneką, reikalą);* ≡ pakibti ore; *to ~ smb to himself/herself* palikti kam vienam spręsti, nesikišti; *to ~ smb holding the baby/bag* uždėti kam nemalonią atsakomybę; *to ~ smb/smth standing šnek.* pranokti, pralenkti ką

leave[3] *v* lapoti

leaved [li:vd] *a* lapuotas, su lapais

-leaved [-li:vd] *(sudurt. žodžiuose)* a) -lapis; *large-leaved tree* plačialapis medis; b): *two-leaved door* dvivėrės durys

leaven ['levn] *n* **1** raugas, mielės *(tešlai)* **2** *prk. knyg.* poveikis; tai, kas paįvairina/palinksmina ◊ *they are both of the same ~* ≡ jie abu to paties raugo
v **1** (už)raugti **2** *prk. knyg.* (pa)veikti; paįvairinti, pagyvinti

leaves [li:vz] *pl žr.* **leaf** *n*

leave-taking ['li:v,teıkıŋ] *n knyg.* atsisveikinimas

leavings ['li:vıŋz] *n pl* likučiai; atmatos, išėdos, išgėros

Lebanese [,lebə'ni:z] *n* Libano gyventojas, libanietis
a Libano; libaniečių, libanietiškas

Lebanon ['lebənən] *n* Libanas *(Azijos šalis)*

lech [letʃ] *šnek. v* **1** jausti geidulius/aistrą **2* ištvirkauti; bėgioti paskui *(after, for)*
n = **lecher**

lecher ['letʃə] *n (tik v.)* ištvirkėlis, mergišius

lecherous ['letʃərəs] *a* ištvirkęs

lechery ['letʃərı] *n* gašlumas, ištvirkimas

lecithin ['lesıθın] *n chem.* lecitinas

lectern ['lektən] *n* **1** *bažn.* pultas Šv. Raštui bažnyčioje padėti **2** pultas *(kalbėtojui)*

lection ['lekʃn] *n* **1** teksto variantas **2** *bažn.* = **lesson** *n* **3**

lector ['lektɔ:] *n* **1** lektorius **2** evangelijos skaitovas *(mišių metu)*

lecture ['lektʃə] *n* **1** paskaita *(on, about)*; **to deliver/give a ~** skaityti paskaitą **2** pamokymas, pamokslas; **to read/give smb a ~** išdrožti kam pamokslą, (pa)mokyti/(iš)barti ką
v **1** dėstyti; skaityti paskaitą/paskaitas *(on, about)* **2** pamokslauti, sakyti moralus

lecturer ['lektʃərə] *n* **1** lektorius, paskaitininkas, pranešėjas **2** dėstytojas; ***junior ~*** asistentas; ***senior ~*** docentas **3** pamokslininkas

lectureship ['lektʃəʃɪp] *n* paskaitų skaitymas; dėstytojo pareigos

led [led] *past ir pII žr.* **lead²** *v*

ledge [ledʒ] *n* **1** atbraila, iškyša; kraštas, briauna **2** rifas, sekluma **3** *geol.* klodas; rūdgyslė **4** *tech.* kraštelis, antbriaunis

ledger ['ledʒə] *n* **1** *buh.* didžioji knyga; sąskaitų knyga **2** antkapis **3** *stat.* gulėksnis **4** *muz.* papildoma natų linija *(t. p.* **~ line)** ◊ **to present the other side of the ~** ≡ parodyti atvirkščiąją medalio pusę

ledger-bait ['ledʒəbeɪt] *n* jaukas

ledger-tackle ['ledʒə,tækl] *n* žvejybos tinklas *(su pasvaru ant dugno)*

lee [li:] *n* **1** apsauga, priedanga **2** užuovėja; pavėjinė pusė *a* pavėjinis, užuovėjinis; **~ shore** pavėjinis krantas

lee-board ['li:bɔ:d] *n jūr.* šliuža

leech¹ [li:tʃ] *n* **1** *zool.* siurbėlė, dėlė **2** *prk.* kraugerys, siurbėlė, parazitas **3** *psn., juok.* gydytojas ◊ **to stick/cling like a ~** įsisiurbti (kaip siurbėlei); ≡ prikibti kaip šlapiam lapui
v **1** dėti dėles *(gydant)* **2** įsisiurbti; išsiurbti

leech² *n jūr. (burės)* škatorina

Leeds [li:dz] *n* Lidsas *(Anglijos miestas)*

leek [li:k] *n bot.* poras *(t. p. Velso emblema)*

leer [lɪə] *n* klastingas/šnairas/geidulingas žvilgsnis
v šnairuoti, žvairakiuoti, klastingai/geidulingai žiūrėti *(at)*

leery ['lɪərɪ] *a šnek.* nepatiklus, įtarus *(of)*

lees [li:z] *n pl (vyno, alaus)* nuosėdos, padugnės *(t. p. prk.)*; **to drink/drain to the ~** a) išgerti iki dugno, iki paskutinio lašo; b) *prk.* išgerti *(kančių)* taurę ligi dugno ◊ **there are ~ to every wine** ≡ nėra namų be dūmų

leeward ['li:wəd, *jūr.* lu:əd] <*n, a, adv*> *n* pavėjinė pusė *a* pavėjinis, užuovėjinis; esantis/einantis pavėjui *adv* pavėjui

leeway ['li:weɪ] *n* 1 *(laivo)* dreifas, dreifavimas; *(lėktuvo)* nunešimas, nutūpimas; **to make ~** a) dreifuoti; b) *prk.* nukrypti nuo užsibrėžto kelio; pabūgti **2** prarastas laikas; sugaišimas; **to make up ~** pasivyti, išlyginti *(kas praleista)*; išsikapstyti; **to have much ~ to make up** smarkiai atsilikti *(dėl ligos ir pan.)*; **to allow a little ~** neilgam atidėti **3** veikimo laisvė

left¹ [left] *past ir pII žr.* **leave²**

left² <*a, adv, n*> *a attr* kairys(is); kairinis; **~ deviation** *polit.* kairysis nukrypimas; **take a ~ turn at the crossroads** pasukite į kairę prie sankryžos ◊ **the ~ hand doesn't know what the right hand is doing** kairė nežino, ką daro dešinė; **over the ~** *šnek.* kaip tik priešingai
adv į kairę, kairėn; kairėje; **~ turn!,** *amer.* **~ face!** *kar.* kairėn! ◊ **~, right and centre** visur; ≡ į kairę ir į dešinę, į visas puses
n **1** kairė pusė/ranka; **on the ~** kairėje pusėje, iš kairės; **to the ~** kairėn, į kairę pusę; kairėje; **a hard ~** staigus posūkis į kairę **2 (the L.)** *kuop. polit.* kairieji; **the hard ~** radikalusis kairiųjų/socialistų sparnas **3** smūgis kairiąja ranka

left-hand ['left'hænd] *a attr* **1** kairys, kairinis; **~ side** kairė/kairinė pusė **2** kaire ranka padarytas; (esantis) iš kairės; **~ man** kaimynas iš kairės

left-handed ['left'hændɪd] *a* **1** kairiarankis, kairys **2** kairei rankai (taikytas); kaire ranka (padarytas) **3** negrabus, nevikrus **4** nenuoširdus, dviprasmiškas *(apie komplimentą)* **5** *tech.* judantis prieš laikrodžio rodyklę ◊ **~ marriage** morganatinė santuoka

left-hander [,left'hændə] *n* **1** kairys, kairiarankis **2** smūgis kairiąja ranka

leftie ['leftɪ] *n šnek.* **1** kairuolis **2** *amer.* kairys *(ypač apie sportininką)*

leftism ['leftɪzm] *n polit.* kairumas, kairiųjų politika

leftist ['leftɪst] *polit. n* kairysis; kairiosios partijos narys *a* kairiųjų; kairiosios partijos

left-luggage [,left'lʌgɪdʒ] *n (bagažo)* saugojimo kamera *(t. p.* **~ office)**

leftmost ['leftməʊst] *a* pats kairysis

left-of-centre ['leftəv'sentə] *a polit.* į kairę nuo centro *(apie pažiūras ir pan.)*

leftover ['left,əʊvə] *n* **1** *(ppr. pl) (ypač valgio)* likučiai, liekanos **2** atgyvena
a attr likęs

leftward ['leftwəd] *a* esantis kairėje; kairysis

leftward(s) ['leftwəd(z)] *adv* į kairę, kairėje *(t. p. polit.)*

left-wing [,left'wɪŋ] *a polit.* kairysis, kairiojo sparno *n* **(the ~)** *kuop.* kairieji

left-winger [,left'wɪŋə] *n* **1** *polit.* kairysis; *(partijos)* kairiojo sparno narys; „socialistas" **2** *sport.* kairysis sparninis

lefty ['leftɪ] *n* = **leftie**

leg [leg] *n* **1** koja *(ligi pėdos)*; **to keep one's ~s** laikytis ant kojų; **to run off one's ~s** nusivaryti nuo kojų; **to trot smb off his ~s** nuvaryti ką nuo kojų; **to take to one's ~s** pasprukti; **to walk smb off his ~s** nuvarginti ką (pasi)vaikščiojimu **2** koja *(skerdienos dalis)* **3** *(stalo ir pan.)* koja **4** pastovas, ramstis, atrama **5** *(kelnių)* klešnė; **~ of a stocking** blauzdinė **6** *tech.* alkūnė, kampainis **7** *el.* fazė **8** *geom. (trikampio)* kraštinė **9** *(kelionės, varžybų)* dalis, atkarpa, etapas **10** *jūr.* halsas *(burlaivio kelio atkarpa)* **11** *sport.* laimėta partija *(žaidimo dalis)*; laimėtas taškas; **~ and ~** lygus rezultatas ◊ **to give smb a ~ up** a) padėti kam užlipti; b) padėti kam nugalėti sunkumus *ir pan.*; **to have the ~s (of)** *šnek.* bėgti greičiau (už), aplenkti; **to have ~s** *(ypač amer.) šnek.* tebesidomėti; **to stretch one's ~s** prasimankštinti, pasivaikščioti *(po ilgo sėdėjimo)*; **to stand (up) on one's own ~s** ≡ atsistoti ant kojų; būti savarankiškam; **to set/put smb on his ~s** ≡ pastatyti ką ant kojų; **to have by the ~** *amer.* pastatyti į keblią padėtį; **not to have a ~ to stand on** neturėti pasiteisinimo/pagrindo; **to pull smb's ~** krėsti juokus; mulkinti ką; **to shake a ~** *sl.* a) šokti; b) skubėti; **shake a ~!** greičiau!, vikriau!; **break a ~!** *juok.* sėkmės!; **to show a ~** *šnek.* išlipti iš lovos, atsikelti; **on one's last ~s** a) arti pabaigos; b) vos gyvas; c) ≡ be kojų; vos besilaikantis *(ant kojų)*; nusivaręs; **to talk the hind ~s off a donkey/mule** *šnek.* nukamuoti kalbomis
v: **to ~ it** *šnek.* a) eiti; b) (pa)sprukti

legacy ['legəsɪ] *n* **1** palikimas **2** *teis.* legatas

legal ['li:gl] *a* **1** juridinis, teisinis; teisininko; **~ person/entity** juridinis asmuo; **~ aid bureau** juridinė konsultacija *(beturčiams)*; **~ profession** teisininko profesija; **~ capacity** veiksnumas **2** įstatymo leidžiamas, įstatymiškas, teisėtas, legalus; **~ costs** teismo išlaidos; **~ holiday**

nedarbo diena *(įstaigoje); the ~ limit of alcohol* leistina alkoholio riba *(kraujuje)*
legalese [ˌliːgəˈliːz] *n šnek.* teisinė kalba, teisinis stilius
legalistic [ˌliːgəˈlɪstɪk] *a* prisilaikantis įstatymo raidės
legality [lɪˈgælətɪ] *n* teisėtumas; legalumas; įstatymiškumas
legalize [ˈliːgəlaɪz] *v* legalizuoti, įteisinti
legally [ˈliːgəlɪ] *adv* juridiškai, teisiškai; įstatymiškai; pagal įstatymą; *~ speaking* juridiniu požiūriu
legate [ˈlegət] *n* legatas *(t. p. ist.)*, popiežiaus atstovas
legatee [ˌlegəˈtiː] *n teis.* paveldėtojas, įpėdinis
legation [lɪˈgeɪʃn] *n dipl.* **1** pasiuntinybė; diplomatinė misija **2** pasiuntinio įgaliojimai/rangas **3** legacija
legato [lɪˈgɑːtəu] *a, adv muz.* legato
legator [lɪˈgeɪtə] *n teis.* legatorius, testamento su legatu gavėjas
legend [ˈledʒənd] *n (įv. reikšm.)* legenda; *living ~* gyva legenda
legendary [ˈledʒəndərɪ] *a* legendinis
n legendų rinkinys
leger [ˈledʒə] *n* = **ledger** 4
legerdemain [ˌledʒədəˈmeɪn] *pr. n* **1** rankų miklumas; žongliravimas, fokusai **2** gudri apgaulė
-legged [ˈlegd] *(sudurt. žodžiuose)* -kojis; *bare-legged* plikakojis; *four-legged* keturkojis
leggings [ˈlegɪŋz] *n pl* **1** antblauzdžiai **2** blauzdinės
leggy [ˈlegɪ] *a* ilgakojis
leghorn *n* **1** [ˈleghɔːn] itališki šiaudai; *t. p.* skrybėlė iš jų **2** *(t. p.* [leˈgɔːn]) *zool.* leghornų veislės višta
legibility [ˌledʒəˈbɪlətɪ] *n* įskaitomumas, aiškumas
legible [ˈledʒəbl] *a* įskaitomas, aiškus *(apie rašyseną, šriftą ir pan.)*
legion [ˈliːdʒən] *n* **1** legionas; *L. of Honour* Garbės legiono ordinas *(Prancūzijoje)* **2** *prk. knyg.* daugybė, aibė *(žmonių)*
a knyg. gausus
legionary [ˈliːdʒənərɪ] *a* legiono, legionierių
n legionierius, legiono kareivis
legionnaire [ˌliːdʒəˈnɛə] *pr. n* legionierius, legiono kareivis
leg-irons [ˈlegaɪənz] *n pl* kojų grandinės/pančiai
legislate [ˈledʒɪsleɪt] *v* (iš)leisti įstatymą/įstatymus; *to ~ against smth* įstatymais neleisti/drausti ką daryti; *to ~ for smth* leisti įstatymą atsižvelgiant į ką, turint ką omenyje
legislation [ˌledʒɪsˈleɪʃn] *n* **1** įstatymų leidimas; *delegated ~* vyriausybės potvarkiai; atstovaujamoji/deleguota įstatymų leidyba **2** *(išleisti)* įstatymai; *a piece of ~* įstatymas
legislative [ˈledʒɪslətɪv] *a* įstatymų leidžiamasis/leidimo; įstatyminis
n ret. įstatymų leidžiamoji valdžia
legislator [ˈledʒɪsleɪtə] *n* įstatymų leidėjas; įstatymų leidžiamojo organo narys
legislature [ˈledʒɪslətʃə] *n* įstatymų leidžiamasis organas
legist [ˈliːdʒɪst] *n* **1** teisininkas, įstatymų žinovas, įstatymininkas **2** *ist.* legistas
legit [lɪˈdʒɪt] *šnek.* = **legitimate** *a*
legitimacy [lɪˈdʒɪtəməsɪ] *n* **1** teisėtumas **2** pagrįstumas
legitimate *a* [lɪˈdʒɪtɪmət] **1** įstatyminis; paremtas įstatymais, teisėtas **2** pagrįstas, teisingas, doras **3** santuokinis *(apie vaiką)* ◊ *the ~ drama* a) visų pripažintos pjesės *(pvz., Šekspyro pjesės);* b) dramos teatras, drama
v [lɪˈdʒɪtɪmeɪt] **1** įteisinti **2** įvaikinti *(nesantuokinį vaiką)*
legitimation [lɪˌdʒɪtɪˈmeɪʃn] *n* **1** *teis.* legitimacija, įteisinimas **2** *(nesantuokinio vaiko)* įvaikinimas

legitimatize, legitimize [lɪˈdʒɪtɪmətaɪz, lɪˈdʒɪtɪmaɪz] = **legitimate** *v*
legless [ˈlegləs] *a* **1** bekojis **2** *šnek.* nepastovintis ant kojų *(apie girtą žmogų)*
legman [ˈlegmæn] *n (pl* -men [-men]) *amer. šnek.* **1** reporteris **2** *(įstaigos, oficialaus asmens)* atstovas; agentas
lego [ˈlegəu] *n* lego *(žaislas)*
leg-of-mutton [ˈlegəvˌmʌtn] *a: ~ sail* trikampė burė; *~ sleeves* viršuje pūstos rankovės
leg-pull [ˈlegpul] *n šnek.* nemalonus pokštas, apmulkinimas *(juokaujant)*
leg-puller [ˈlegˌpulə] *n šnek.* politinis intrigantas
legroom [ˈlegrum] *n* vieta kojoms ištiesti *(mašinoje ir pan.)*
legume [ˈlegjuːm] *n bot.* **1** pupa **2** ankštinis augalas; *~ crops* ankštinės kultūros
leguminous [lɪˈgjuːmɪnəs] *n bot.* pupų; ankštinis *(apie augalą)*
leg-up [ˈlegʌp] *n: to give smb a ~ šnek.* pagelbėti lipančiam/kopiančiam aukštyn *(t. p. prk.)*
leg-warmer [ˈlegˌwɔːmə] *n* pledas kojoms
legwork [ˈlegwəːk] *n* varginantis darbas, reikalaujantis daug lakstymo
lei[1] [leɪ] *pl žr.* **leu**
lei[2] *n* gėlių girlianda *(uždedama ant kaklo atvykusiam į Havajus)*
Leicestershire [ˈlestəʃə] *n* Lesteršyras *(Anglijos grafystė)*
Leila [ˈliːlə] *n* Leila *(vardas)*
Leipzig [ˈlaɪpsɪg] *n* Leipcigas *(Vokietijos miestas)*
leister [ˈliːstə] *n* žeberklas
v durti žeberklu *(lašišas)*
leisure [ˈleʒə] *n* **1** laisvalaikis *(t. p. ~ time); at one's ~* laisvalaikiu; *to be at ~* būti laisvam/neužimtam; turėti laisvo laiko, neskubėti **2** *attr* laisvas; *~ centre* poilsio centras
leisured [ˈleʒəd] *a* **1** dykaujantis, dykas; nedirbantis, be darbo **2** lengvas; nerūpestingas *(apie gyvenimą)*
leisurely [ˈleʒəlɪ] *a* **1** lėtas, neskubus, ramus **2** laisvalaikio
adv ret. neskubant, ramiai, palengva
leisurewear [ˈleʒəwɛə] *n* laisvi patogūs rūbai *(ilsintis, sportuojant)*
leitmotif, leitmotiv [ˈlaɪtməutiːf] *n muz.* leitmotyvas *(t. p. prk.)*
lemma [ˈlemə] *n (pl* -s, -ata [-ətə]) **1** *spec.* lema **2** tema, antraštė, trumpas įvadas *(literatūros kūrinio pradžioje)* **3** glosa
lemming [ˈlemɪŋ] *n zool.* lemingas *(graužikas)*
lemon [ˈlemən] *n* **1** citrina **2** *bot.* citrinmedis *(t. p. ~ tree)* **3** citrinos spalva **4** citrinų gėrimas **5** *šnek.* nemalonus tipas; nevykėlis **6** *amer. šnek.* prastas/netikęs daiktas ◊ *to hand smb a ~ šnek.* apmauti, apgauti ką
a citrininis, citrinos spalvos
lemonade [ˌleməˈneɪd] *n* limonadas
lemon-balm [ˈlemənbɑːm] *n bot.* melisa
lemon-squash [ˌlemənˈskwɔʃ] *n* sodos vanduo su citrinos sultimis, limonadas
lemon-squeezer [ˈlemənˌskwiːzə] *n* prietaisas citrinos sultims spausti
lemony [ˈlemənɪ] *a* citrinos, citrininis
lemur [ˈliːmə] *n zool.* lemūras *(pusbeždžionė)*
lend [lend] *v* (lent) **1** (pa)skolinti; *to ~ books to smb* a) skolinti kam knygas; b) išduoti kam knygas pagal abonementą *(bibliotekoje)* **2** duoti, (su)teikti; *to ~ assistance [strength]* (su)teikti pagalbą [jėgų] **3** *refl* įsipainioti; griebtis *(ppr. ko nors negero)* **4** *refl* tikti *(tik apie daiktus; to)* **5** *refl* leistis, duotis; nugrimzti *(į svajas ir pan.)* □ *~ out* suteikti paskolą, skolinti

lender ['lendə] *n* skolintojas, kreditorius, paskolos davėjas

lending ['lendɪŋ] *n* **1** (pa)skolinimas; kreditavimas **2** kreditas; paskola

lending-library ['lendɪŋˌlaɪbrərɪ] *n* biblioteka, duodanti knygas skaityti į namus

lend-lease [ˌlend'li:s] *n ist.* lendlizas *(ginklavimosi priemonių skolinimas ir išnuomojimas)*

length [leŋθ] *n* **1** ilgis; *at full ~* a) visu ilgiu/ūgiu *(išsitiesus);* per visą ilgį; b) su visomis smulkmenomis; *to measure one's ~, to fall all one's ~* išsitiesti (visu ūgiu); *to be 20 cm in ~* būti 20 cm ilgio **2** nuotolis, atstumas; *to travel the ~ of the island* keliauti išilgai visos salos **3** trukmė, laiko tarpas, ilgumas; *of some ~* gana ilgas, ilgalaikis; *in ~ of time* ilgainiui; su laiku; *nof for any ~ of time* neilgam; *to draw out to a great ~* nutęsti, užtęsti *(paskaitą, kalbą ir pan.)* **4** atraiža, atkarpa; *a ~ of dress fabric* atraiža suknelei **5** *sport.* (valties, arklio ir pan.) korpusas ◊ *at ~* a) ilgai; smulkiai, išsamiai; b) *knyg.* pagaliau; c) natūralaus dydžio *(apie portretą); to go all ~s, to go to any ~s* ≡ prieš nieką nesustoti, būti pasiruošusiam viskam; nieko nepaisyti; *to go the ~ of (doing) smth* leisti sau, drįsti ką (daryti); *to know/find/get/have the ~ of smb's foot* perprasti/permanyti žmogų; *through the ~ and breadth (of)* skersai ir išilgai

lengthen ['leŋθən] *v* **1** (pa)ilginti; (pa)ilgėti **2** tęstis, pereiti; *summer ~s into autumn* vasara pamažu pereina į rudenį □ *~ out* nepaprastai užtęsti

lengthways, lengthwise ['leŋθweɪz, -waɪz] *adv* į ilgį; išilgai

lengthy [leŋθɪ] *a* **1** (per, gana) ilgas, užsitęsęs; ištęstas **2** *amer. šnek.* ištįsęs, aukštas *(apie žmogų)*

lenience, -cy ['li:nɪəns, -sɪ] *n* atlaidumas; švelnumas

lenient ['li:nɪənt] *a* atlaidus, negriežtas; švelnus *(apie bausmę ir pan.)*

lenis ['leɪnɪs] *a fon.* tariamas be aspiracijos

lenitive ['lenɪtɪv] *med. a* raminantis; malšinantis, (pa)lengvinantis
n raminamieji vaistai

lenity ['lenətɪ] *n knyg.* **1** atlaidumas, gailestingumas **2** romumas

lens [lenz] *n* **1** lęšis; didinamasis stiklas; objektyvas; *contact ~es* kontaktiniai lęšiai; *zoom ~* kintamojo židinio objektyvas **2** *anat.* akies lęšiukas *(t. p. crystalline ~)* **3** *el.* sklaidytuvas

lent [lent] *past ir pII žr.* **lend**

Lent [lent] *n* **1** *bažn.* gavėnia **2** *pl* valčių lenktynės Kembridže *(pavasario semestro metu)* ◊ *~ term* pavasario semestras

Lent-diet ['lentˌdaɪət] *n bažn.* pasninkiškas valgis

Lenten ['lentən] *a* **1** *bažn.* gavėnios **2** neriebus, be mėsos *(apie maistą);* prėskas *(apie duoną)* **3** paniuręs *(apie veidą)*

lenticular [len'tɪkjulə] *a* **1** *opt.* abipusiai iškilas, lęšio formos **2** *anat.* lęšiuko

lentil ['lentl] *n bot.* lęšis

lento ['lentəu] *a, adv muz.* lento

Leo ['li:əu] *n* **1** Liūtas *(žvaigždynas ir zodiako ženklas)* **2** Leo *(vardas)*

Leonard ['lenəd] *n* Leonardas *(vardas)*

leonine ['li:ənaɪn] *a knyg.* liūto, būdingas liūtui, panašus į liūtą

Leonora [ˌli:ə'nɔ:rə] *n* Leonora *(vardas)*

leopard ['lepəd] *n zool.* leopardas ◊ *the ~ can't change its spots* ≡ kuprotą tik kapai ištiesins

leopardess ['lepədɪs] *n zool.* leopardė

Leopold ['lɪəpəuld] *n* Leopoldas *(vardas)*

leotard ['li:ətɑ:d] *n (akrobato, šokėjo)* triko

leper ['lepə] *n* raupsuotasis

leporine ['lepəraɪn] *a zool.* kiškio

leprechaun ['leprəkɔ:n] *n air.* gnomas

leprosarium [ˌleprə'sɛərɪəm] *n* leprozoriumas *(ligoninė sergantiems raupsais)*

leprosy ['leprəsɪ] *n med.* raupsai, lepra

leprous ['leprəs] *a med.* **1** raupsuotas **2** raupsų

lergy ['lɔ:gɪ] *n* = **lurgy**

lesbian ['lezbɪən] *a* lesbinis, lesbiškas; lesbiečių
n lesbietė

lesbianism ['lezbɪənɪzm] *n* lesbianizmas

lese-majesty [ˌli:z'mædʒɪstɪ] *n* **1** *teis.* valdovo/valdžios įžeidimas **2** *teis.* valstybinis nusikaltimas; valstybės išdavimas **3** *šnek.* įžūlybė, arogantiškumas

lesion ['li:ʒn] *n* **1** *med. (organo, audinio)* pažeidimas, sužalojimas, pakitimas **2** *teis.* žala, nuostolis *(dėl įsipareigojimo neįvykdymo)*

Lesley, Leslie ['lezlɪ; *amer.* 'leslɪ] *n* Leslis; Leslė, Lesli *(vardas)*

Lesotho [lə'səutəu] *n* Lesotas *(Afrikos šalis)*

less [les] *<adv, pron, prep>* *(comp žr.* **little**) *adv* mažiau; *~ known* mažiau žinomas; *the ~ said the better* kuo mažiau žodžių, tuo geriau ◊ *nothing ~ than* anaiptol, toli gražu ne
pron mažesnis *(kiekis, suma ir pan.); a distance of ~ than 100 metres* nuotolis mažesnis negu 100 metrų; *I cannot take ~* negaliu paimti mažiau; *of ~ importance* mažiau svarbus ◊ *no ~ a person than...* niekas kitas, kaip pats...; *none the ~* a) (nė kiek) ne mažiau; b) vis dėlto; *in ~ than no time* vienu akimirksniu; *~ of that/it* liaukitės!; tylos!
prep be, atėmus, minus; *a year ~ two days* metai be dviejų dienų; *~ tax* atėmus/atskaičius mokesčius

-less [-ləs, -lɪs] *suff* **1** be-, be, ne- *(žymint ko neturėjimą, nebuvimą); beardless* bebarzdis; *endless* begalinis; *sunless* be saulės; *painless* beskausmis, neskausmingas **2** ne- *(žymint veiksmo atlikimo negalimumą); countless* nesuskaičiuojamas; *resistless* neįveikiamas

lessee [le'si:] *n teis.* nuomininkas

lessen ['lesn] *v* **1** (su)mažinti; (su)mažėti **2** sumenkinti, sumažinti *(įtaką, nuopelnus ir pan.)*

lesser ['lesə] *a attr* mažesnis, mažesnysis; mažasis; *to a ~ degree [extent]* mažesniu laipsniu [mastu]; *the ~ of two evils* mažesnioji iš dviejų blogybių; *the L. Bear astr.* Mažieji Grįžulo ratai

lesser-known ['lesənəun] *a* mažiau žinomas

lesson ['lesn] *n* **1** pamoka; *to give [to take] ~s* duoti [imti] pamokas; mokyti [mokytis] privačiai; *to do/make ~s* ruošti pamokas; *to say one's ~* atsakinėti pamoką; *boring Maths ~s* nuobodžios matematikos pamokos **2** *prk.* pamoka, pamokymas; *to give smb a ~* pamokyti, išbarti ką; *to read a ~* skaityti moralus, pabarti; *he has had a severe ~* tai jam buvo gera pamoka **3** *bažn.* evangelijos ištrauka, skaitoma per mišias
v psn. **1** mokyti, duoti pamokas **2** pamokyti, išbarti

lessor [le'sɔ:] *n teis.* nuomotojas

lest [lest] *conj* kad... ne-; *I was afraid ~ he should be late* aš bijojau, kad jis nepavėluotų

let[1] [let] *v* (let) **1** leisti; išleisti; *to ~ a fire (go) out* leisti ugniai užgesti; *to ~ smb out of a room* išleisti ką iš kambario; *to let smb/smth loose* išleisti ką, duoti kam laisvę; duoti valią *(pykčiui ir pan.); to ~ fall/drop smth* a) nuleisti *(užuolaidą, statmenį);* b) lyg tarp kitko

už(si)minti/prasitarti ką; *to ~ go* a) išleisti, paleisti *(t. p. iš rankų); to ~ the children go first* praleisti vaikus pirmyn; b) atrišti, atleisti; c) išmesti iš galvos; d) *šnek.* pigiai parduoti *(for)* **2** palikti, neliesti; *~ me be, ~ me alone* palik(it) mane ramybėje; *we'll ~ it go at that* tuo mes baigsime; tegu būna taip **3** (iš)nuomoti; *the house is to (be) ~* namas išnuomajamas **4** *aux reiškiant raginimą, įsakymą, leidimą, prielaidą, verčiamas liepiamąja nuosaka:* *~'s go* eikime; *~'s see if I can do it* pažiūrėkime, ar aš galėsiu tai padaryti; *~ him do it at once* tegu jis tai padaro tuoj pat; *~ there be light* tebūnie šviesa **5** *(into)* įleisti; įstatyti; *to ~ smb into a secret šnek.* pasakyti/atverti paslaptį □ *~ down* a) nuleisti *(žemyn); to ~ down a tyre* nuleisti padangą; b) apvilti; apleisti bėdoje; c) nuliūdinti; *to ~ smb down easy/gentle* švelniai su kuo pasielgti, pagailėti kieno jausmų; d) atleisti *(pailginant drabužį);* e) *spec.* atskiesti; *~ in* a) įleisti; praleisti *(vidun);* b) apgaule įvelti *(į bėdą); to ~ oneself in for smth* įsipainioti į ką; užsikrauti bėdą; c) patikėti *(paslaptį; on – kam); ~ off* a) išleisti, išsodinti; b) iššauti, išsprogdinti; c) *prk.* iškrėsti *(pokštą ir pan.);* d) atleisti *(nuo namų darbų ir pan.);* e) nebausti, atleisti; *~ on šnek.* a) apsimesti; b) prasitarti, išduoti *(paslaptį);* išsiplepėti *(about); ~ out* a) išleisti; b) praplatinti, išleisti *(apie drabužius);* c) išnuomoti; d) prasitarti; e) išduoti *(garsą); to ~ out a cry* surikti; f) peštis; pliūstis *(at); ~ through* praleisti; *~ up* silpnėti; nustoti, liautis ◊ *to ~ oneself go* a) duoti valią emocijoms; b) apsileisti; *to ~ smth pass/ride* ne(at)kreipti dėmesio į ką, praleisti ką negirdomis; *to ~ things slide, to ~ smth go hang* nekreipti į ką dėmesio, žiūrėti į ką pro pirštus; *to ~ slip the chance* praleisti progą; *to ~ smb know/hear* duoti žinią, pranešti kam; *to ~ smb see* parodyti, duoti suprasti kam; *~ me see/think, ~'s see* palauk, na *(pauzei užpildyti)*
n (namo, buto) išnuomojimas; išnuomojamas namas/butas; *to take a two year ~ on a flat in Vilnius* išsinuomoti dviem metams butą Vilniuje
let² *v* (letted, let) *psn.* trukdyti, kliudyti
n **1** *pras., teis.* kliūtis, trukdymas; *without ~ or hindrance* be kliūčių, netrukdomai **2** *sport.* neįskaitomas padavimas/taškas *(tenise ir pan.); to serve a ~* perservuoti *(kamuoliukui užkliuđžius tinklą)*
-let [-lɪt, -lət] *suff* -elis, -ėlis, -(i)ukas *(išreiškiant mažumą, maloninį požiūrį); ringlet* žiedelis; *oaklet* ąžuolėlis, ąžuoliukas; *wavelet* bangelė
letch [letʃ] = **lech** *v, n*
letdown ['letdaun] *n* **1** sumažėjimas, susilpnėjimas, kritimas **2** *šnek.* nusivylimas
lethal ['liːθəl] *a* **1** mirštamas, mirtinas, mirties; letalinis, letalus **2** *(džn. juok.)* pavojingas
lethargic [lɪ'θɑːdʒɪk] *a* **1** letarginis **2** apsnūdęs, mieguistas, tingus; apatiškas
lethargy ['leθədʒɪ] *n* **1** letargija **2** mieguistumas, apsnūdimas; apatija
Lethe ['liːθɪ] *n mit.* Leta *(užmaršties upė)*
lethiferous [lɪ'θɪfərəs] *a psn.* mirštamas, mirtinas
Letitia [lɪ'tɪʃɪə] *n* Leticija *(vardas)*
let-off ['letɔf] *n* atleidimas, dovanojimas *(kaltės)*
let-out ['letaut] *n šnek.* išsisukimas, proga išvengti *(ko)*
let's [lets] = **let us**
Lett [let] *n* **1** latvis **2** latvių kalba
letter ['letə] *n* **1** raidė *(t. p. prk.); capital ~* didžioji raidė; *to the ~* a) raidiškai; b) tiksliai, skrupulingai; *~ for ~* pažodžiui; *in ~ and in spirit* pagal formą ir turinį **2** laiškas; *business ~* komercinis/reikalinis laiškas; *dead ~* a) laiškas, nepasiekęs adresato; b) kas nors nebevartojama/nebereikalinga; *form ~* standartinis laiškas/cirkuliaras **3** raštas *(dokumentas); ~ of attorney* įgaliojimas; *~ of conveyance* važtaraštis; *~ of credit fin.* akredityvas; *~s credential, ~s of credence dipl.* skiriamieji raštai; *~s of recall dipl.* atšaukiamieji raštai; *~ of administration* teismo įgaliojimas valdyti mirusiojo palikimą; *~ of indemnity* garantinis raštas **4** *pl* literatūra; literatūrinis išprusimas; *English ~s* anglų literatūra; *man [woman] of ~s* rašytojas, literatas [rašytoja, literatė]; *the profession of ~s* rašytojo profesija **5** *poligr.* litera; šriftas
v **1** (pa)žymėti/užrašyti raidėmis **2** įspausti raides/pavadinimą *(knygos nugarėlėje)*
letter-bomb ['letəbɔm] *n* bomba voke *(sprogsta atplėšiant voką)*
letterbox ['letəbɔks] *n* pašto dėžutė; plyšys duryse paštui įmesti
lettercard ['letəkɑːd] *n* atvirukas *(sulenktas ir užantspauduotas)*
letter-carrier ['letəˌkærɪə] *n amer.* laiškanešys, laiškininkas
lettered ['letəd] *a* **1** apsiskaitęs; (literatūriškai) išsilavinęs, išprusęs **2** su įspaustomis/išgraviruotomis raidėmis, su įspaustu pavadinimu; *carefully ~* gražiai išvedžiotomis raidėmis **3** pažymėtas raidėmis
letterform ['letəfɔːm] *n* **1** blankas **2** laiškinis popierius
lettergram ['letəgræm] *n* laiškas-telegrama
letterhead ['letəhed] *n* spausdintas firminis blankas; spausdintas adresas *(ant blanko, voko, laiškinio popieriaus lapo)*
lettering ['letərɪŋ] *n* **1** raidžių įspaudimas, atspaudimas, išgraviravimas; įspaudavimas, žymėjimas raidėmis **2** užrašas, raidės
letterless ['letələs] *a* neišsilavinęs; neraštingas
letter-paper ['letəˌpeɪpə] *n* laiškinis popierius
letter-perfect ['letə'pəːfɪkt] *a* **1** *teatr.* gerai mokantis savo vaidmenį **2** *amer.* tikslus
letterpress ['letəpres] *n (knygos)* tekstas *(ne iliustracijos)*
Lettic ['letɪk] *psn. n* **1** baltų kalbos **2** = **Lettish**
a **1** baltų (kalbų), baltiškas **2** = **Lettish**
Lettigallia [ˌletɪ'gælɪə] *n* Latgalija *(rytinė Latvijos dalis)*
letting ['letɪŋ] *n* išnuomojamas butas/namas; išnuomojimas
Lettish ['letɪʃ] *a* latviškas, latvių
n latvių kalba
lettuce ['letɪs] *n bot.* (sėjamoji) salota; salotos *(lapai); iceberg ~* traškios salotos
letup ['letʌp] *n* **1** nustojimas, liovimasis, pertrauka **2** (su)silpnėjimas, (su)mažėjimas
leu ['leuː] *n (pl* lei) lėja *(Rumunijos piniginis vienetas)*
leuco- ['luːkəᵘ-] *(sudurt. žodžiuose)* leuko-; *leucocytic* leukocitų
leucocyte ['luːkəsaɪt] *n fiziol.* leukocitas
leuk(a)emia [luːˈkiːmɪə] *n med.* baltakraujystė, leukozė
leuko- ['luːkəᵘ-] = **leuco-**
leukocyte ['luːkəsaɪt] *n* = **leucocyte**
lev [lef] *n (pl* leva ['levɑː]) levas *(Bulgarijos piniginis vienetas)*
levant [lɪ'vænt] *v ret.* pabėgti, pasislėpti *(neužmokėjus skolų, neatsiskaičius)*
levator [lɪ'veɪtə] *n anat.* keliamasis raumuo
levee¹ ['levɪ] *n ist.* **1** priėmimas *(ppr. vien vyrų pas valst. vadovą)* **2** *(svečių)* priėmimas
levee² *n amer.* **1** damba, (kranto) pylimas **2** *(upės)* tinė, prieplauka
level ['levl] <*n, a, adv, v*> *n* **1** lygis; lygmuo; *indicator tech.* lygio rodyklė, lygmatis; *on*

viename lygyje/aukštyje *(su)*; **at national** ~ valstybiniu lygiu; **to rise to higher** ~**s** pakilti į aukštesnę pakopą; **that course is about your** ~ tas kursas tau per sunkus **2** lyguma; lygi horizontali plokštuma **3** gulsčiukas; nivelyras **4** *kas*. horizontas; nuožulni galerija; drenažo vamzdis/griovys *(kasinyje)* **5** *av*. horizontalus skridimas *(t. p.* ~ **flight)** ◊ **on the** ~ *šnek*. dorai; doras, garbingas, tikras; **on the** ~**!** garbės žodis!; **to land on the street** ~ *šnek*. netekti darbo, atsidurti gatvėje; **to find one's (own)** ~ a) rasti sau lygių; b) užimti priderama vietą; **to bring smb to his** ~ ≅ aplaužyti kam ragus
a **1** lygus; plokščias, horizontalus, gulstinis; ~ **position** horizontali padėtis **2** vienodas, lygus **3** ramus *(apie balsą, žvilgsnį)* **4** *kul*. nubrauktas, be kaupo ◊ **to do one's** ~ **best** *šnek*. padaryti visa, kas įmanoma
adv lygiai, sulig *(with)*
v (-ll-) **1** (iš)lyginti; sulyginti *(t. p.* ~ **down/up)**; **to** ~ **the score** išlyginti rezultatą; **to** ~ **to/with the ground** ≅ sulyginti su žeme; nušluoti nuo žemės paviršiaus; **to** ~ **up [down]** pakelti [pažeminti] lyginant **2** niveliuoti **3** nutaikyti, nukreipti *(ginklą; at)* **4** nukreipti, iškelti *(kaltinimą; at, against – prieš)* **5** *šnek*. sakyti tiesą, būti atviram *(with)* □ ~ **off/out** a) iš(si)lyginti, nusistovėti; b) *av*. pasiekti nustatytą aukštį *(ir skristi horizontaliai)*
level-crossing [ˌlevlˈkrɔsɪŋ] *n glžk*. pervaža *(viename lygyje su keliu)*
level-headed [ˈlevlˈhedɪd] *a* ramus, šaltakraujis *(apie žmogų)*
leveller [ˈlevlə] *n* **1** (su)lygintojas; *(socialinės)* lygybės šalininkas; *menk*. svieto lygintojas **2** *(L.) ist*. leveleris **3** *tech*. lygintuvas *(prietaisas paviršiui lyginti)* **4** *geod*. niveliuotojas
levelling-off [ˈlevlɪŋɔf] *n ekon*. stabilizavimasis, nusistovėjimas
level-pegging [ˌlevlˈpegɪŋ] *n* turėjimas vienodų šansų, vienodi šansai *(laimėti)*
lever [ˈliːvə] *n tech., aut*. svirtis, svertas *(t. p. prk.)*; sverto petys; dalba; **speed change** ~, *amer*. **shift** ~ pavarų perjungimo svirtis; ~ **transmission** svirtinis perdavimas; **economic** ~ ekonominis svertas
v (pa)kelti/perkelti svertu/svirtimi *(džn*. ~ **up/along)** □ ~ **out** iškelti, išstumti *(iš darbo ir pan.)*
leverage [ˈliːvərɪdʒ] *n* **1** svirties veikimas **2** svirčių/svertų sistema **3** kėlimo/keliamoji jėga **4** *prk*. svertas; poveikis, įtaka *(on, over)*; **diplomatic** ~ diplomatiniai svertai
v **1** daryti įtakos **2** *ekon*. išpirkti *(gavus kreditą)*
leveret [ˈlevərɪt] *n* zuikelis, kiškelis, kiškiukas
leviable [ˈleviəbl] *a* apmokestinamas, apmokestintinas
leviathan [lɪˈvaɪəθən] *n* **1** *bibl*. leviatanas **2** kas nors milžiniškas, galingas; milžinas *(ypač apie laivą)*; pabaisa *(apie jūros gyvūną)*
levigate [ˈlevɪɡeɪt] *v* **1** sutrinti į miltelius **2** *chem*. nusodinti *(drumzles)*
levin [ˈlevɪn] *n psn*. žaibas
Levi's, Levis [ˈliːvaɪz] *n pl* Levis firmos džinsai
levitate [ˈlevɪteɪt] *v ret*. kilti/kelti į orą
levity [ˈlevətɪ] *n* **1** lengvabūdiškumas, vėjavaikiškumas **2** *psn*. lengvumas *(apie svorį)*

[...] *n* **1** *(mokesčių)* rinkliava; apmokestinimas, ap[...]inimo suma; **import** ~ importo mokestis **2** *ist*. [...]ėmimas *(į kariuomenę)*; *(t. p. pl)* (kareivių) kon[...]; ~ **in mass** visuotinė mobilizacija
[...] *(mokesčius)*; apmokestinti **2** *teis*. išieškoti *(skolą)*; imti *(į kariuomenę)* ◊ **to** ~ **war** pradėti karą [...] *ist – prieš)*
[...] ęšlus, geidulingas **2** nepadorus, nešvankus

lewis [ˈluːɪs] *n tech*. pirštuotasis kobinys
Lewis [ˈluːɪs] *n* Luisas *(vardas)*
lewisite [ˈluːɪsaɪt] *n chem*. liuizitas
lexeme [ˈleksiːm] *n kalb*. leksema
lexical [ˈleksɪkl] *a kalb*. **1** leksikos, leksinis **2** žodyno, žodyninis
lexicographer [ˌleksɪˈkɔɡrəfə] *n* leksikografas
lexicographic(al) [ˌleksɪkəˈɡræfɪk(l)] *a* leksikografinis, leksikografijos
lexicography [ˌleksɪˈkɔɡrəfɪ] *n* leksikografija
lexicology [ˌleksɪˈkɔlədʒɪ] *n* leksikologija
lexicon [ˈleksɪkən] *n* žodynas, leksikonas
lexis [ˈleksɪs] *n kalb*. leksika, žodynas
liability [ˌlaɪəˈbɪlətɪ] *n* **1** atsakomybė; prievolė; ~ **for damages** atsakomybė už nuostolius **2** *(ppr. pl) fin*. į(si)pareigojimai; įsiskolinimai, skola; pasyvas **3** palinkimas *(į ką)*; ~ **to diseases** polinkis susirgimams **4** *šnek*. kliūtis, kliuvinys *(daiktas, žmogus)*
liable [ˈlaɪəbl] *a (ppr. predic)* **1** atsakingas *(for – už)*; įpareigotas, privalantis; **to be** ~ **for military service** privalėti atlikti karinę tarnybą **2** priklausantis; ~ **to/for tax** apmokestintinas, apmokestinamas; ~ **to arrest** areštuotinas **3** linkęs *(į ką)*; ~ **to (catch) cold** lengvai persišaldantis **4** galimas; **difficulties are** ~ **to occur** labai galimas dalykas, kad iškils sunkumų; **we are all** ~ **to make mistakes** visi gali daryti klaidų
liaise [lɪˈeɪz] *v* palaikyti ryšį, veikti kartu *(with)*
liaison [lɪˈeɪzn] *n* **1** nesantuokiniai meilės ryšiai **2** *(ypač kar.)* ryšys, sąveika *(between)*; ~ **officer** a) ryšių tarnybos karininkas; b) darbuotojas, palaikantis ryšį tarp atskirų tarnybų; **in** ~ **with** kartu su **3** *fon*. galinio priebalsio susijungimas su po jo einančio žodžio pirmuoju balsiu *(prancūzų kalboje)*
liana, liane [lɪˈɑːnə, lɪˈɑːn] *n bot*. liana
liar [ˈlaɪə] *n* melagis
lib [lɪb] *n* (liberation *sutr.*) *šnek*. (išsivadavimo) judėjimas; **the Women's Lib Movement** feministinis judėjimas už lygias moterų teises su vyrais
libation [laɪˈbeɪʃn] *n* **1** *rel*. vyno aukojimas **2** *juok*. išgertuvės
libber [ˈlɪbə] *n šnek*. feministinio judėjimo šalininkė/dalyvė *(ppr. women's ~)*
libel [ˈlaɪbl] *n* šmeižtas *(spaudoje)*, difamacija; paskvilis
v (-ll-) (ap)šmeižti *(spaudoje)*; leisti/rašyti paskvilius
libeller [ˈlaɪblə] *n* šmeižikas
libellous [ˈlaɪbələs] *a* šmeižikiškas
liberal [ˈlɪbərəl] *a* **1** liberalus, negriežtas, tolerantiškas, be prietarų **2** liberalų; **L. Party** liberalų partija **3** dosnus **4** gausus **5** humanitarinis; ~ **arts** humanitariniai mokslai; ~ **education** humanitarinis išsilavinimas **6** laisvas *(apie vertimą, interpretavimą)*
n **1** liberalas **2** *(L.) polit*. liberalas, liberalų partijos narys
liberalism [ˈlɪbərəlɪzm] *n* **1** liberalizmas **2** = **liberality**
liberality [ˌlɪbəˈrælətɪ] *n* **1** liberališkumas, tolerantiškumas; pažiūrų platumas **2** dosnumas
liberalize [ˈlɪbərəlaɪz] *v* liberalizuoti, daryti liberalų; liberalėti, tapti liberaliam
liberal-minded [ˈlɪbərəlˈmaɪndɪd] *a* liberaliai nusiteikęs, liberalių pažiūrų
liberate [ˈlɪbəreɪt] *v* **1** išvaduoti, išlaisvinti, paleisti *(from)* **2** *chem*. atpalaiduoti **3** *fiz*. išlaisvinti
liberation [ˌlɪbəˈreɪʃn] *n* **1** iš(si)vadavimas, iš(si)laisvinimas **2** *chem*. atpalaidavimas **3** *fiz*. išlaisvinimas; **heat** ~ šilumos išskyrimas
liberator [ˈlɪbəreɪtə] *n* išvaduotojas, išlaisvintojas

Liberia [laɪˈbɪərɪə] *n* Liberija *(Afrikos šalis)*
Liberian [laɪˈbɪərɪən] *a* Liberijos; liberiečių *n* Liberijos gyventojas, liberietis
libertarian [ˌlɪbəˈtɛərɪən] *n* liberalių pažiūrų žmogus
libertine [ˈlɪbəti:n] *n* **1** *(tik v.)* ištvirkėlis, paleidūnas **2** laisvamanis **3** *ist.* atleistinis *(vergas)* ◊ ***chartered ~*** tas, kuriam viskas leidžiama/galima
a **1** ištvirkęs, nedorovingas **2** laisvamaniškas **3** *ist.* atleistas iš vergovės/baudžiavos
liberty [ˈlɪbətɪ] *n* **1** laisvė; **~ of the press** spaudos laisvė; **at ~** laisvas; **to set at ~** išlaisvinti **2** pernelyg didelis laisvumas, familiarumas; **to take the ~ of doing, ar to do, smth** leisti sau padaryti ką; **to take liberties** (sau leisti) elgtis laisvai/familiariai *(with – su)* **3** *pl* privilegijos, laisvės, teisės ◊ ***diabolical ~*** *šnek.* didelė neteisybė
liberty-boat [ˈlɪbətɪbəʊt] *n* **1** *jūr.* valtis su paleistais į krantą jūrininkais **2** *šnek.* autobusas atostogaujantiems
libertyman [ˈlɪbətɪmæn] *n (pl* -men [-men]) *(tik v.)* jūrininkas, turintis leidimą išeiti į krantą
libidinous [lɪˈbɪdɪnəs] *a knyg.* geidulingas, gašlus
libido [lɪˈbi:dəʊ] *n* **1** lytinis potraukis/instinktas; libido **2** gyvybingumas, energija; potraukis
Libra [ˈli:brə] *n* Svarstyklės *(žvaigždynas ir zodiako ženklas)*
librarian [laɪˈbrɛərɪən] *n* bibliotekininkas
librarianship [laɪˈbrɛərɪənʃɪp] *n* **1** bibliotekininkystė **2** bibliotekininko darbas/pareigos
library [ˈlaɪbrərɪ] *n* biblioteka; **film ~** filmoteka; **free [mobile] ~** nemokama [kilnojamoji] biblioteka; **lending/circulating ~** biblioteka, išduodanti knygas į namus; **reference ~** biblioteka, neišduodanti knygų į namus; **research ~** mokslinė technikos biblioteka; **~ school** bibliotekininkystės koledžas/fakultetas; **~ reader** a) bibliotekos skaitytojas; b) aparatas mikrofilmams skaityti; **~ science** bibliotekų mokslas, bibliotekininkystė
libretist [lɪˈbretɪst] *n* libretininkas, libretistas
libretto [lɪˈbretəʊ] *n (pl* -ti [-ti:], **~s** [-z]) *muz.* libretas
Libya [ˈlɪbɪə] *n* Libija *(Afrikos šalis)*
Libyan [ˈlɪbɪən] *a* Libijos; libiečių *n* Libijos gyventojas, libietis
lice [laɪs] *pl žr.* **louse** *n*
licence [ˈlaɪsəns] *n* **1** leidimas, licencija; liudijimas; patentas; **under ~** pagal licenciją; **driving ~** vairuotojo pažymėjimas/liudijimas/teisės; **to lose one's ~** netekti vairuotojo pažymėjimo **2** (per didelis) laisvumas, savivalė; palaidumas **3** nukrypimas nuo normos *(mene, literatūroje);* **poetic ~** poetinė laisvė **4** *attr:* **~ plate** *amer. (automobilio)* numerio lentelė
license [ˈlaɪsəns] *v (ppr. pass)* leisti, duoti leidimą; duoti licenciją/teisę/patentą; **the licensing laws** įstatymai, apribojantys alkoholinių gėrimų pardavinėjimą *(laiko ir vietos atžvilgiu; Anglijoje);* **to ~ a book [a play]** duoti leidimą išleisti knygą [statyti pjesę]
n amer. = **licence**
licensed [ˈlaɪsənst] *a* **1** turintis leidimą/teisę/licenciją; **~ premises** patalpos, kuriose galima pardavinėti alkoholinius gėrimus; **~ vice** įteisintas blogis/pasileidimas; **to be ~ to carry a gun** turėti leidimą nešioti ginklą **2** pripažintas, privilegijuotas
licensee [ˌlaɪsənˈsi:] *n* leidimo/licencijos turėtojas
licenser, licensor [ˈlaɪsənsə] *n* leidimo/licencijos/patento išdavėjas; **~ of the press** cenzorius
licentiate [laɪˈsenʃɪət] *n* licenciatas; diplomo savininkas
licentious [laɪˈsenʃəs] *a* **1** nemoralus, pasileidęs, palaidas **2** *psn.* nesilaikantis taisyklių

lichee [ˈlaɪtʃi:] *n* = **lychee**
lichen [ˈlaɪkən] *n* **1** *bot.* kerpė **2** *med.* kerpligė
licheny [ˈlaɪkənɪ] *a* apaugęs kerpėmis, kerpėtas
lich-gate [ˈlɪtʃgeɪt] *n* = **lychgate**
licit [ˈlɪsɪt] *a knyg.* leistas, teisėtas
lick [lɪk] *v* **1** lyžtelėti, laižyti *(t. p. prk. apie liepsnas, bangas);* aplaižyti; **to ~ one's chops/lips** apsilaižyti *(t. p. gardžiuojantis)* **2** *šnek.* lupti, mušti **3** *šnek.* sumušti, nugalėti; pralenkti; **to get ~ed** būti sutriuškintam/sumuštam; **to ~ (all) creation** pranoksta (visus) lūkesčius; **it ~s me how you...** mano galva neišneša, kaip jūs... **4** *šnek.* skubėti □ **~ up** sulaižyti, išlaižyti ◊ **to ~ smb's boots/shoes** ≡ laižyti kam batus; nusižeminti prieš ką; **to have (got) smth ~ed** *šnek.* susitvarkyti, susidoroti *n* **1** lyžis, lyžtelėjimas; (pa)laižymas; **to have a ~** lyžtelėti **2** mažas kiekis, truputis *(of);* **a ~ of paint** padažymas **3** *(druskos)* laižykla **4** *šnek.* smūgis **5** *šnek.* žingsnis; greitis ◊ **to give smth a ~ and a promise** *šnek.* skubotai/paviršutiniškai atlikti/daryti *(ypač nuvalyti);* **to put in one's best ~s** dėti daug pastangų, stengtis; **to give a ~ with a rough side of the tongue** barti, plūsti; **at a great/tremendous ~** *šnek.* žaibiškai
lickerish [ˈlɪkərɪʃ] *a* **1** mėgstantis gardėsius, smaližius **2** geidulingas
lickety-split [ˌlɪkətɪˈsplɪt] *adv amer. šnek.* strimgalviais, skubiai
licking [ˈlɪkɪŋ] *n* **1** (ap)laižymas **2** *šnek.* mušimas, pyla **3** *šnek.* sumušimas, sutriuškinimas
lickspittle [ˈlɪkspɪtl] *n* pataikūnas, palaižūnas
licorice [ˈlɪkərɪʃ] *n amer.* = **liquorice**
lid [lɪd] *n* **1** dangtis, dangtelis; viršus, viršelis **2** *(akies)* vokas; **to narrow one's ~s** prisimerkti, primerkti akis **3** *šnek.* apribojimas; uždraudimas; **the ~ is on gambling** azartiniai žaidimai uždrausti **4** *sl.* skrybėlė; *kar.* šalmas ◊ **to keep the ~ on** a) valdyti *(padėtį);* b) valdytis, tvardytis; c) laikyti *(žinias, duomenis ir pan.)* paslaptyje; **to put the ~ on** *šnek.* užbaigti *(visas bėdas),* padaryti galą; nebeturėti kantrybės
lidded [ˈlɪdɪd] *a* su dangteliu, uždengtas dangteliu/dangčiu
lido [ˈli:dəʊ] *n (pl* **~s** [-z]) **1** atviras plaukimo baseinas **2** paplūdimys, pliažas
lie[1] [laɪ] *n* melas; netiesa, apgavystė; **to tell a ~** pameluoti; **~ detector** melo detektorius ◊ **to give the ~ to smb** pagauti ką meluojant; **to give the ~ to smth** paneigti ką; **to swap ~s** *šnek.* paplepėti, paliežuvauti
v (pI **lying**) **1** meluoti; **to ~ in one's teeth/throat** ≡ per akis meluoti; **to ~ oneself out of smth** išsisukti melu, išsimeluoti *(iš bėdos ir pan.)* **2** apgauti; būti apgaulingam
lie[2] *v* (lay; lain; *pI* **lying**) **1** gulėti; **to ~ in wait for smb** tykoti, lūkuriuoti ko; **the book ~s on the table** knyga guli ant stalo **2** gulti *(on, in)* **3** būti; **Ireland ~s to the west of England** Airija (yra) į vakarus nuo Anglijos; **life ~s in front of you** tavo gyvenimas dar prieš akis; **to ~ second [third, etc.]** būti antroje [trečioje *ir pan.*] vietoje *(varžybose)* **4** priklausyti *(with – nuo);* **it ~s with you to decide it** tą klausimą turite spręsti jūs; **as far as in me ~s** kiek tai priklauso nuo manęs **5** glūdėti, slypėti *(in behind)* **6** *teis.* būti įstatymo pripažintam; **the appe** will not **~** apeliacija negali būti priimta; **the claim** not **~** tai neteisėtas reikalavimas □ **~ about/a** a) mėtytis *(apie daiktus);* b) volioti, gulinėti *(pan.);* **~ back** a) (atsi)gulti ant nugaros, b) *šnek.* sutikti, nusileisti; **~ by** a) būti nepa b) (nieko) neveikti, ilsėtis; **~ down** a) (a

gulti; b) nuolankiai priimti; ***to take punishment [an insult, etc.] lying down*** nuolankiai priimti bausmę [įžeidimą *ir pan.*]; ***to ~ down under an insult*** nutylėti įžeidimą; ***~ in*** a) gimdyti; b) ilgiau pagulėti *(rytą);* ***~ off*** a) *jūr.* būti tam tikrame nuotolyje nuo kranto *ar* nuo kito laivo; b) (laikinai) pertraukti darbą; ***~ over*** būti atidėtam *(iki tam tikro laiko);* ***~ up*** a) gulėti, neišeiti iš kambario *(negaluojant);* b) laikytis nuošaliai, slapstytis; c) *jūr.* būti doke ◊ ***to ~ out of one's money*** negauti priklausančių pinigų; ***the blame ~s at your door*** tai jūsų kaltė

n **1** padėtis; ***the ~ of the land*** a) *jūr.* kryptis į krantą; b) *prk.* reikalų padėtis **2** *(žvėries)* guolis, gulykla, irštva

Liechtenstein [ˈlɪktənstaɪn] *n* Lichtenšteinas *(kunigaikštystė)*

liedown [ˈlaɪdaʊn] *n* atsigulimas, prigulimas *(trumpam);* ***to have a ~*** (eiti) atsigulti, prigulti

lief [liːf] *adv psn.* noriai; ***I had as ~ go as not*** man vis tiek, eiti ar neiti

liege [liːdʒ] *ist. n* **1** vasalas **2** senjoras, siuzerenas *a* **1** vasalinis **2** senjoro; ***~ lord*** senjoras, siuzerenas

liegeman [ˈliːdʒmən] *n* (*pl* -men [-mən]) *(tik v.)* **1** *ist.* vasalas **2** *prk.* ištikimas pasekėjas

lie-in [ˈlaɪɪn] *n* pagulėjimas, ilgas gulėjimas *(rytą)*

lien [ˈliːən] *n teis.* teisė uždėti areštą skolininko turtui; turto sulaikymo teisė

lieu [ljuː, luː] *n: in ~ of knyg.* vietoj ko

lieutenancy [lefˈtenənsɪ, *amer.* luːˈtenənsɪ, *jūr.* leˈtenənsɪ] *n* leitenanto laipsnis

lieutenant [lefˈtenənt, *amer.* luːˈtenənt, *jūr.* leˈtenənt] *n* **1** leitenantas; ***Flight L.*** aviacijos kapitonas *(Anglijoje)* **2** *jūr.* jaunesnysis leitenantas **3** pavaduotojas

lieutenant-colonel [lefˌtenəntˈkɜːnl] *n* papulkininkis

lieutenant-commander [leˌtenəntkəˈmɑːndə] *n jūr.* kapitonas leitenantas, trečiojo rango kapitonas

lieutenant-general [lefˌtenəntˈdʒenərəl] *n* **1** generolas leitenantas **2** *ist.* vietininkas

lieutenant-governor *n* **1** [lefˌtenəntˈɡʌvənə] provincijos gubernatorius *(anglų kolonijoje)* **2** [luːˌtenəntˈɡʌvənə] *amer. (valstijos)* gubernatoriaus pavaduotojas

life [laɪf] *n* (*pl* lives) **1** gyvenimas; amžius; ***experience of ~*** gyvenimo patirtis; ***to have a love of ~*** mylėti gyvenimą; ***to start/make a new ~*** pradėti naują gyvenimą; ***to lead a quiet ~*** gyventi ramų gyvenimą; ***to make ~ worth living*** suteikti gyvenimui prasmę; ***I've lived in Lithuania all my ~*** aš pragyvenau Lietuvoje visą (savo) gyvenimą; ***for ~*** iki gyvos galvos, visam amžiui; ***never in one's ~*** niekada savo gyvenime/amžiuje; ***~ expectancy*** *(ko)* gyvenimo/amžiaus trukmė **2** gyvybė; ***to pawn one's ~*** garantuoti (savo) gyvybe; ***to take one's ~ into one's hands, to set one's ~ on chance*** rizikuoti gyvybe; ***~ insurance/ assurance*** gyvybės draudimas; ***to come to ~*** atsigauti, atgyti *(t. p. prk.);* ***to bring to ~*** atgaivinti *(t. p. prk.);* ***to take smb's ~*** atimti kam gyvybę, užmušti ką; ***to lose one's ~*** netekti gyvybės, žūti **3** gyvūnija *(t. p. animal ~, plant ~)* augmenija **4** natūra; natūralus dydis *(t. p. ~ larger than ~)* a) didesnis negu natūralaus dydžio *(apie skulptūrą ir pan.);* b) didžiulis, milžiniškas; ***as ~ ~*** natūralaus dydžio; kaip gyvas; ***to portray to the ~*** atvaizduoti kaip gyvą **5** gyvumas, energija; dvasia; žvalumas; ***there's not much ~ in the town in winter*** žiemą mieste maža gyvumo; ***to put ~ into one's work*** įsidavus **6** biografija, gyvenimo istorija *(t. p. ~ story)* **7** visuomenė; ***high ~*** diduomenė **8** *(mašinos*

ir pan.) veikimo/eksploatavimo trukmė/amžius **9** *šnek.* įkalinimas iki gyvos galvos ◊ ***my dear ~*** mano brangioji; mano brangusis; ***that's ~*** toks gyvenimas, nieko nepadarysi; ***upon my ~!*** kaip mane gyvą matai!, garbės žodis!; ***not on your ~!*** *šnek.* jokiu būdu!, nieku gyvu!; ***I can't do it to save my ~, for the ~ of me I can't do it*** *šnek.* nors užmušk, negaliu to padaryti; ***to lay down one's ~*** ≡ padėti galvą; ***to depart this ~*** *euf.* ≡ apleisti/palikti šį pasaulį; ***(to run) for dear ~*** (bėgti) iš visų jėgų *(gelbstintis);* ***nothing in ~*** nė kiek, nieko panašaus; ***there's ~ in the old dog yet*** *juok.* ≡ jis dar turi parako; ***he was the ~ and soul of the party*** jis buvo sambūrio/draugijos siela; ***how's ~?*** kaip gyveni? *(sveikinantis);* ***to have the time of one's ~*** ≡ linksmintis iš širdies

life-and-death [ˌlaɪfənˈdeθ] *a attr* gyvenimo ir mirties, gyvybiškai svarbus, lemiamas

lifebelt [ˈlaɪfbelt] *n* **1** *amer.* gelbėjimosi diržas **2** = **lifebuoy**

lifeblood [ˈlaɪfblʌd] *n* **1** *poet.* kraujas **2** *prk.* šerdis, gyvybinės jėgos šaltinis

lifeboat [ˈlaɪfbəʊt] *n* gelbėjimosi valtis/kateris

lifebuoy [ˈlaɪfbɔɪ] *n* gelbėjimosi plūdė/ratas

life-cycle [ˈlaɪfsaɪkl] *n* gyvybės raidos ciklas

life-force [ˈlaɪffɔːs] *n* gyvybinė/varomoji jėga

life-giving [ˈlaɪfˌɡɪvɪŋ] *a* gaivus, gaivinamas; atstatantis gyvybines jėgas

lifeguard [ˈlaɪfɡɑːd] *n* **1** gelbėjimo stoties darbuotojas, gelbėtojas **2** asmens apsauga/sargyba

life-history [ˌlaɪfˈhɪstərɪ] *n* **1** gyvenimo istorija **2** *biol.* gyvybės vystymosi raida; bioekologija

life-jacket [ˈlaɪfˌdʒækɪt] *n* gelbėjimosi liemenė

lifeless [ˈlaɪfləs] *a* **1** negyvas *(t. p. prk.);* bedvasis **2** blankus, nuobodus ◊ ***he is ~ who is faultless*** ≡ kas nedirba, tas neklysta

lifelike [ˈlaɪflaɪk] *a* kaip gyvas, labai panašus

lifeline [ˈlaɪflaɪn] *n* **1** gelbėjimo lynas/trosas/virvė/lejeris **2** gyvybiškai svarbus kelias; vienintelė komunikacijos linija

lifelong [ˈlaɪflɒŋ] *a attr* iki gyvos galvos, visą gyvenimą trunkantis; ***~ friend*** draugas visam gyvenimui

lifemanship [ˈlaɪfmənʃɪp] *n juok.* mokėjimas gyventi; nešimasis didžiu, mandrumas

life-office [ˈlaɪfˌɒfɪs] *n* gyvybės draudimo kontora

life-or-death [ˌlaɪfɔːˈdeθ] *a* = **life-and-death**

life-preserver [ˈlaɪfprɪˌzɜːvə] *n* **1** sunki lazda *(su švininiu galu; apsigynimui)* **2** *(ypač amer.)* gelbėjimo(si) priemonė

lifer [ˈlaɪfə] *n* **1** *šnek.* nuteistasis kalėti iki gyvos galvos **2** *amer. kar.* kadrinis kariškis

life-raft [ˈlaɪfrɑːft] *n* gelbėjimo plaustas

life-saver [ˈlaɪfseɪvə] *n* (iš)gelbėtojas; ***you're a ~!*** *prk.* tu mane išgelbėjai!

life-saving [ˈlaɪfseɪvɪŋ] *n* gelbėjimas; ***~ station*** gelbėjimo stotis; ***~ capacity*** avarinė talpa

life-size(d) [ˈlaɪfsaɪz(d)] *a* natūralaus dydžio *(apie portretą, statulą ir pan.)*

lifespan [ˈlaɪfspæn] *n* gyvenimo trukmė

lifestyle [ˈlaɪfstaɪl] *n* gyvenimo būdas, gyvensena

life-support [ˈlaɪfsəˌpɔːt] *a:* ***~ system*** gyvybės palaikymo sistema; ***~ machine*** *med.* respiratorius

life-threatening [ˈlaɪfθretnɪŋ] *a* labai sunkus *(apie ligą);* grėsmingas, kritiškas *(apie situaciją)*

lifetime [ˈlaɪftaɪm] *n* **1** (visas) gyvenimas, gyvenimo trukmė; ***the chance of a ~*** galimybė, pasitaikanti kartą per gyvenimą 2 egzistavimo/gyvavimo laikotarpis ◊ *it is all in a ~* ≅ gyvenime visko būna

lifework [ˌlaɪfˈwɜːk] *n* viso gyvenimo darbas

lift [lɪft] *n* 1 pakėlimas, kilnojimas; (pa)kilimas *(t. p. dvasinis)* 2 paaukštinimas *(tarnyboje)* 3 pakiluma, aukštuma 4 keltuvas; liftas; *to take the ~ to the fourth floor* pakilti liftu į penktą aukštą 5 keliamoji/kėlimo jėga; keliamasis svoris 6 *hidr.* vandens stulpas; patvanka, patvankos aukštis 7 *sport.* (pa)kėlimas *(dailiajame čiuožime, sunkumų kilnojime)* 8 *šnek.* vagystė ◊ *to give smb a ~* a) pavėžėti *(pėsčiąjį, džn. pakeliui);* b) paskatinti, padrąsinti ką; c) *šnek.* padėti *(nešti ir pan.; with)*
v 1 (pa)kelti *(t. p. prk.);* iškelti, kilnoti; *to ~ smb's spirits* kelti kieno dvasią; *to ~ one's hand (against)* pakelti ranką *(prieš)* 2 (pa)kilti, keltis *(t. p. apie tešlą)* 3 sklaidytis *(apie debesis, rūką)* 4 išnykti *(apie liūdesį ir pan.)* 5 panaikinti, nutraukti *(draudimą, karantiną ir pan.); to ~ a licence* atimti leidimą/teises; *to ~ a minefield* išminuoti minų lauką 6 nugabenti, išgabenti, evakuoti *(lėktuvu)* 7 nurašyti, nuplagijuoti 8 *šnek.* vogti *(from – iš); to ~ a shop* apvogti krautuvę apsimetant pirkėju 9 nuimti *(derlių);* kasti *(daržoves, bulves)* 10 nuimti *(palapines ir pan.)* 11 daryti plastinę operaciją 12 *amer.* likviduoti įsiskolinimus □ *~ down* nukelti (žemyn); *~ off* pakilti *(apie lėktuvą, kosminį laivą); ~ up* a) pakelti; *to ~ up one's voice* pakelti balsą; b) įkvėpti

liftboy [ˈlɪftbɔɪ] *n* liftininkas

lifter [ˈlɪftə] *n* 1 kėlimo įtaisas; kėliklis 2 *ž. ū.* varpų pakeltuvas *(t. p. grain ~)* 3 *sport.* sunkiaatletis

lifting [ˈlɪftɪŋ] *n* 1 pakėlimas 2 *(draudimo ir pan.)* panaikinimas
a spec. keliamasis, (pa)kėlimo, iškėlimo; *~ ship* laivas keltuvas; *~ sector aut.* kėliklio sektorius

lift-off [ˈlɪftɔf] *n kosm., av. (kosminio laivo, raketos)* startas, pakilimo momentas

lift-operator [ˈlɪftˌɔpəreɪtə] *n* liftininkas

lift-truck [ˈlɪfttrʌk] *n* autokrautuvas

ligament [ˈlɪgəmənt] *n* 1 ryšys 2 *anat.* raištis, ligamentas

ligature [ˈlɪgətʃə] *n* 1 ryšys 2 *med.* ligatūra; *(gyslos, latako)* perrišimo siūlas; perrišimas 3 *poligr., kalb.* ligatūra 4 *muz.* liga
v med. perrišti, užveržti *(gyslą, lataką)*

light¹ [laɪt] *<n, a, v> n* 1 šviesa; apšvietimas; *(ppr. the ~)* dienos šviesa; *to read in a poor ~* skaityti prie silpnos šviesos; *~ year astr.* šviesmetis; *to stand in smb's ~* a) užstoti kam šviesą; b) *prk.* stovėti kam skersai kelio; trukdyti kam; *to stand in one's own ~* a) užsistoti šviesą; b) kenkti sau pačiam; *I'd like to drive back in the ~* norėčiau grįžti su šviesa 2 (elektros) šviesa, ugnis, žiburys, uždegta žvakė, lempa, žibintas *ir pan.; rear/tail ~ aut.* užpakalinio žibinto šviesa; *to turn out the ~* išjungti šviesą; *to strike a ~* uždegti degtuką; *to set ~ (to)* uždegti, padegti; *to drive with the ~s on* važiuoti įjungtomis šviesomis; *~s out!* gesinti šviesas! *(signalas); have you got a ~?* ar turi ugnies? *(cigaretei uždegti)* 3 langas, lango anga 4 šviesulys; *prk.* garsenybė, žvaigždė; *leading ~s* pripažinti autoritetai 5 *pl šnek.* akys 6 *pl* šviesoforas; *to cross [to drive] against the ~s* pereiti [pravažiuoti] esant raudonam šviesoforo signalui 7 *(ppr. pl)* žinios, informacija; *we need more ~ on the subject* mums reikia papildomų žinių šiuo klausimu 8 (pa)aiškinimas; *to bring to ~* iškelti aikštėn, išaiškinti, atskleisti; *to come to ~* paaiškėti, tapti žinomam; *to throw/cast/shed ~ on/upon smth* nušviesti, išaiškinti ką 9 aspektas; *in the ~ of these facts* atsižvelgiant į šiuos faktus, remiantis šiais faktais; *to place/put/represent smth in a good/favourable ~* pavaizduoti ką kiek galima palankiau; *to throw a new ~ upon smth* pavaizduoti ką visai kitaip/naujaip 10 *pl* sugebėjimai; *to one's ~s* pagal savo išgales/galimybes/sugebėjimus ◊ *the bright ~s* didelių miestų žavesys/spindesys; *by the ~ of nature* intuityviai; *to see the ~* a) išvysti (pasaulio/dienos) šviesą, gimti; b) būti išleistam, išeiti iš spaudos; c) priimti *(tikėjimą);* d) praregėti, suprasti; *to see the red ~* a) nujausti/matyti pavojų/bėdą *ir pan.;* b) mesti ką darius *(jaučiant artėjantį pavojų, nelaimę); the ~ of smb's countenance iron.* kieno palankumas; *the ~ at the end of the tunnel* šviesi perspektyva; *at first ~* su šviesele *(anksti rytą); to go out like a ~ šnek.* bematant užmigti *(nuvargus); to hit the high ~s* parodyti nesantūrumą/nesaikingumą; *to shut one's ~s off sl.* nusižudyti; *it was ~ years ago* tai buvo tolimoje praeityje
a šviesus; *~ brown* šviesiai rudas; *it's getting ~* šviesėja, švinta
v (lit, lighted) 1 už(si)degti; *to ~ a cigarette* už(si)degti cigaretę 2 apšviesti; šviesti *(kam)* □ *~ up* a) apšviesti, nušviesti; b) nutvieksti *(veidą, akis);* nušvisti, sušvisti, nutvieksti *(with – kuo);* c) uždegti/užžiebti šviesą; d) užsidegti; *šnek.* už(si)rūkyti *(papirosą, pypkę)*

light² *a* 1 lengvas; *as ~ as a feather* lengvas kaip plunksna/pūkelis; *to be a kilo ~* sverti vienu kilogramu mažiau, trūkti vieno kilogramo; *to give ~ weight* nusukti svorio, apsverti; *~ ice* plonas ledas 2 nesmarkus, nežymus; *~ breeze* lengvutis vėjelis; *~ rain [snow]* nedidelis lietus [sniegas] 3 nesunkus, lengvas; *~ work* lengvas darbas; *~ duties* lengvos pareigos; *~ punishment* lengva bausmė 4 nerimtas, lengvabūdiškas, nepastovus; *~ woman* lengvo elgesio moteris; *to make ~ of smth* nerimtai, ar pro pirštus, žiūrėti į ką; laikyti ką nesvarbiu/nerimtu dalyku; *with a ~ heart* lengva širdimi; linksmai 5 nestiprus *(apie gėrimą);* lengvas *(apie valgį)* 6 mitrus, lengvas, grakštus *(apie judesį)* 7 negilus, jautrus *(apie miegą)* 8 lengvas, plonas, nešiltas *(apie drabužį)* 9 purus, gurus, lengvas *(apie žemę)* 10 *kar.* lengvas; *~ artillery* lengvoji artilerija 11 *fon.* nekirčiuotas *(apie skiemenį, garsą);* silpnas *(apie kirtį)* ◊ *~ in the head* apsvaigęs, beveik be sąmonės; *~ hand* a) miklumas, vikrumas; b) taktas, taktiškumas
adv lengvai; *to tread ~* lengvai žingsniuoti; *to travel ~* keliauti be (didelio) bagažo

light³ *v* (lit, lighted) 1 atsitiktinai užtikti/užeiti; *his eyes ~ed on a familiar face in the crowd* minioje jis pamatė pažįstamą veidą 2 *šnek.* (užsi)pulti *(into – ką)* 3 *psn.* išlipti, nulipti *(ppr. ~ off/down);* nusileisti, nutūpti *(on, upon)* □ *~ out šnek.* pabėgti; išskubėti

light-bulb [ˈlaɪtbʌlb] *n* elektros lemputė

light-coloured [ˈlaɪtˈkʌləd] *a* šviesios spalvos

light-demander [ˈlaɪtdəˌmɑːndə] *n šnek.* šviesamėgis augalas

lighten¹ [ˈlaɪtn] *v* 1 apšviesti; šviesinti 2 šviesėti, giedrėti *(t. p. prk.)* 3 žaibuoti, tviskėti, tvyskinti; *it ~s* žaibuoja

lighten² *v* 1 (pa)lengvinti *(t. p. prk.),* iškrauti *(krovinį);* (pa)lengvėti; jausti palengvėjimą 2 sušvelninti *(bausmę)*

lighter¹ [ˈlaɪtə] *n* 1 uždegėjas 2 žiebtuvėlis *(t. p. cigar/cigarette ~)* 3 *tech.* degtuvas

lighter² *jūr. n* lichteris, barža
v pervežti lichteriu/barža

lighterage ['laɪtərɪdʒ] *n jūr.* **1** rinkliava už laivų iškrovimą/pakrovimą lichteriu **2** iškrovimas/pakrovimas laivų lichteriu

lighterman ['laɪtəmən] *n (pl* -men [-mən]) *jūr.* baržos škiperis

light-face ['laɪtfeɪs] *n poligr.* šviesus šriftas

light-fingered ['laɪt'fɪŋgəd] *a* **1** mitrus, lankstus *(apie pirštus)* **2** *šnek.* ilgapirštis, graibštus, linkęs vaginėti

light-footed ['laɪt'futɪd] *a* greitakojis, eiklus

light-handed ['laɪt'hændɪd] *a* **1** miklus; lengvarankis **2** taktiškas **3** tuščiomis rankomis **4** nepilnai sukomplektuotas

light-head ['laɪthed] *n* lengvabūdis (žmogus), lengvapėdis

light-headed ['laɪt'hedɪd] *a* **1** lengvabūdi(ška)s, lengvamanis, neapgalvotas **2** apsvaigęs; paklaikęs, kliedintis; *lights make him feel ~* jam galva svaigsta nuo aukščio

light-hearted ['laɪt'hɑ:tɪd] *a* linksmas, nerūpestingas

lighthouse ['laɪthaus] *n jūr.* švyturys

lighting ['laɪtɪŋ] *n* **1** apšvietimas; apšvietimo įrenginiai **2** *(šviesos)* uždegimas

lighting-up ['laɪtɪŋˌʌp] *n: ~ time aut.* šviesų įjungimo laikas

lightish[1] ['laɪtɪʃ] *a* šviesokas, apyšviesis

lightish[2] *a* lengvokas, apylengvis

lightly[1] ['laɪtlɪ] *adv* **1** lengvai, iš lengvo; truputį **2** lengvai, be pastangų; *to get off ~* lengvai išsisukti/atsipirkti **3** nerimtai; neapgalvotai **4** mikliai, guviai **5** nerūpestingai; linksmai **6** nepagarbiai

lightly[2] *v škot.* elgtis *(su kuo)* niekinamai

light-minded ['laɪt'maɪndɪd] *a* lengvabūdi(ška)s

lightness[1] ['laɪtnɪs] *n* **1** *(įv. reikšm.)* lengvumas **2** lengvabūdiškumas; nerūpestingumas, linksma nuotaika

lightness[2] *n* šviesumas; apšvietimas

lightning ['laɪtnɪŋ] *n* žaibas; *summer/heat ~* amalas *(žaibas be griaustinio)* ◊ *like ~* žaibiškai; *~ never strikes twice* nepaprasti dalykai nesikartoja *(tam pačiam asmeniui, toje pačioje vietoje ir pan.); white ~ amer. sl.* naminė, kontrabandinis spiritas
a žaibiškas; *at/with ~ speed* žaibo greitumu

lightning-arrester ['laɪtnɪŋəˌrestə] *n el.* žaibolaidis; žaibo iškroviklis

lightning-bug ['laɪtnɪŋbʌg] *n amer. zool.* jonvabalis

lightning-conductor ['laɪtnɪŋkənˌdʌktə] *n el.* žaibolaidis, perkūnsargis

lightning-rod ['laɪtnɪŋrɒd] *n amer.* = **lightning-conductor**

light-pen ['laɪtpen] *n komp.* šviesplunksnė

lightproof ['laɪtpru:f] *a* nepersviečiamas

light-resistant ['laɪtrɪˌzɪstənt] *a* atsparus šviesai

lights [laɪts] *n pl kul. (avių, kiaulių ir pan.)* plaučiai

light-sensitive ['laɪtˌsensɪtɪv] *a* jautrus šviesai

lightship ['laɪtʃɪp] *n* švieslaivis, švyturinis laivas

lightsome[1] ['laɪtsəm] *a* šviesus

lightsome[2] *a* **1** lengvas, miklus; grakštus, gracingas **2** linksmas, nerūpestingas **3** lengvabūdis

light-tight ['laɪttaɪt] *a* nepralaidus šviesai

lightweight ['laɪtweɪt] *n* **1** *sport.* lengvojo svorio boksininkas/imtynininkas/sunkiaatletis **2** *menk.* nerimtas žmogus; lengvamanis
a **1** *sport.* lengvasvoris **2** lengvesnis negu vidutinio svorio; palengvintas, lengvas **3** *menk.* nerimtas, nesvarbus

light-year ['laɪtjə:] *n* **1** *astr.* šviesmetis **2** *šnek.* ištisas amžius, labai daug metų

ligneous ['lɪgnɪəs] *a* panašus į medį; medinis; *~ plant* sumedėjęs augalas

lignin(e) ['lɪgnɪn] *n chem., med.* ligninas

lignite ['lɪgnaɪt] *n min.* rausvosios anglys, lignitas

lignum vitae [ˌlɪgnəm'vaɪti:] *bot.* brantmedis

likable ['laɪkəbl] *a* malonus, simpatingas, patrauklus

like[1] [laɪk] *<a, adv, prep, conj, n>* *a* **1** panašus; panašu; *on this and the ~ questions* šiuo ir panašiais klausimais; *it's not ~ George to be late* Džordžui nebūdinga vėluoti; *to look ~* būti panašiam, panėšėti; *it looks ~ rain* panašu į lietų; *~ nothing on earth* į nieką nepanašus, keistas; *who is he ~?* į ką jis panašus? **2** vienodas, lygus; *~ dispositions* vienodi charakteriai ◊ *there's nothing ~...* nieko nėra geresnio kaip...; *nothing ~ as good as... šnek.* toli gražu ne toks geras kaip...; *what is he ~?* kas jis per žmogus?; *~ father ~ son, ~ master ~ man* ≡ obuolys nuo obels netoli krenta
adv **1** panašiai, taip; *~ so* taip, tokiu būdu **2** *šnek.* na, taip sakant *(pauzei užpildyti)* ◊ *I had ~ to have fallen* aš vos neparkritau; *~ as not, ~ enough šnek.* tikriausiai, greičiausiai, visai galimas dalykas
prep kaip (ir); *~ mad* kaip pašėlęs; *far off countries ~ Australia and China* tolimos šalys, tokios kaip Australija ir Kinija; *she, ~ everybody else, worried about it* ji, kaip ir visi kiti, jaudinosi dėl to; *do not talk ~ that* nekalbėkite taip; *I wouldn't read a paper ~ that* aš neskaityčiau tokio laikraščio
conj šnek. taip, kaip/tartum; *do it ~ I tell you* daryk taip, kaip sakau; *you look ~ you'd seen a ghost* tu atrodai taip, tartum būtum pamatęs vaiduoklį; *~ I said, I don't mind doing it* kaip ir sakiau, aš sutinku tai padaryti
n kas nors panašaus, toks pat daiktas/žmogus; *and the ~* ir panašiai; *did you ever hear the ~?* ar girdėjote kada ką panašaus?; *we shall not look upon his ~ again* tokio žmogaus kaip jis mums neteks daugiau pamatyti; *I am not going to work for the ~s of him!* tokiems kaip jis aš nedirbsiu! ◊ *~ cures ~* ≡ nuo ko susirgai, tuo ir gydykis; *to return ~ for ~* atsimokėti tuo pačiu

like[2] *v* **1** patikti, mėgti; *money ~s counting* pinigai mėgsta būti skaičiuojami; *I ~ that!* tai man patinka! *(juokaujamai išreiškiant nesutikimą); do as you ~* darykite kaip jums patinka **2** norėti *(neigiamuose sakiniuose; džn.* su *should, would); I don't ~ to disturb you* aš nenoriu jūsų trukdyti; *I'd ~, I should/would ~* aš norėčiau; *if you ~* a) jeigu jūs norite; b) jeigu taip galima pasakyti; jeigu norite žinoti; *would you ~ some more cake?* ar nenorėtumėte dar torto?
n pl polinkiai, potraukiai; *~s and dislikes* mėgstami ir nemėgstami dalykai; simpatijos ir antipatijos

-like [-laɪk] *suff* -iškas *(žymint panašumą, turėjimą būdingų savybių); ghostlike* vaiduokliškas, šmėkliškas, dvasiškas; *hairlike* plaukiškas, kaip plaukai, panašus į plaukus

likeable ['laɪkəbl] *a* = **likable**

likelihood ['laɪklɪhud] *n* **1** tikėtinumas, tikimybė, galimumas; *in all ~* tikriausiai **2** *ret.* daug žadanti ateitis; *a young man of great ~* daug žadantis jaunuolis

likely ['laɪklɪ] *a* **1** galimas, tikėtinas; *it is/seems ~ that...* galimas dalykas, kad...; *where are you ~ to be this evening?* kur jūs manote būti šįvakar?; *that's a ~ story/tale iron.* taip ir buvo! **2** tinkamas; *~ candidate* tinkamas kandidatas **3** daug žadantis **4** *amer.* gražus
adv greičiausiai, tikriausiai, turbūt, matyt *(ppr. most/very ~); (as) ~ as not* visai tikėtina, tikriausiai; *not ~! šnek.* nepanašu!, anaiptol!

like-minded ['laɪk'maɪndɪd] *a* tų pačių pažiūrų/siekimų; *~ fellow/man* vienmintis

liken ['laɪkən] *v* **1** (pa)lyginti *(to)* **2** *ret.* daryti panašų, panašinti

likeness ['laɪknɪs] *n* **1** panašumas *(to)* **2** portretas, atvaizdas; ***to take smb's ~*** a) tapyti kieno portretą; b) (nu)fotografuoti ką ◊ ***in the ~*** *(of)* prisidengęs *(kuo)*

likewise ['laɪkwaɪz] *adv* panašiai, taip pat (ir); ***watch him and do ~*** žiūrėk, kaip daro jis, ir daryk taip pat

liking ['laɪkɪŋ] *n* **1** pomėgis, pamėgimas, palinkimas, simpatija *(for);* ***to have a ~ for smth*** mėgti ką; ***to have a ~ for smb*** jausti simpatiją kam; ***to take a ~ to smb*** pamėgti ką, pajusti kam potraukį **2** skonis; ***to smb's ~*** pagal kieno skonį

lilac ['laɪlək] *n* **1** *bot.* alyva **2** alyvų spalva
a alyvinis, alyvų; alyvų spalvos

liliaceous [ˌlɪlɪ'eɪʃəs] *a bot.* lelijinis

lilliputian [ˌlɪlɪ'pju:ʃᵊn] *n* liliputas, nykštukas
a nykštukinis; mažytis

Lilo ['laɪləʊ] *n* pripučiamas matracas

lilt [lɪlt] *n* **1** *(dainos, eilėraščio)* ritmas **2** smagi melodija/dainelė
v ret. linksmai, ritmingai dainuoti/kalbėti

lilting ['lɪltɪŋ] *a* smagus *(apie melodiją ir pan.)*

lily ['lɪlɪ] *n bot.* lelija; vandens lelija; ***madonna [orange] ~*** baltoji [raudonoji] lelija; ***day ~*** viendienė; ***~ of the valley*** pakalnutė; ***Lent ~*** geltonasis narcizas ◊ ***to gild/paint the ~*** sugadinti grožį *(stengiantis dar daugiau išgražinti);* dirbti beprasmišką/nereikalingą darbą

Lily ['lɪlɪ] *n* Lilė, Lili *(vardas)*

lily-livered ['lɪlɪ'lɪvəd] *a ret.* bailus

lily-white ['lɪlɪ'waɪt] *a* **1** baltas kaip lelija **2** *šnek.* skaistus (kaip lelija) **3** *amer.* skirtas tik baltiesiems

Lima ['li:mə] *n* Lima *(Peru sostinė)*

limb[1] [lɪm] *n* **1** galūnė *(ranka, koja, sparnas)* **2** šaka **3** *šnek.* išpera; nepaklusnus vaikas; ***~ of the devil***, ***~ of Satan*** velnio išpera ◊ ***~ of the law*** *juok.* įstatymo/tvarkos saugotojas *(policininkas, advokatas);* ***to tear smb ~ from ~*** ≡ sutaršyti ką į skutus; ***out on a ~*** vienas, išsiskiriantis (iš visų), pavojingoje/nepatogioje padėtyje
v (su)skaldyti; nukapoti šakas

limb[2] *n* **1** *astr.* (saulės, mėnulio, planetų) disko kraštas, limbas **2** limbas *(kampų matavimo prietaisuose)* **3** *bot.* (vainiklapio, lapo) išplatėjusi dalis

limber[1] ['lɪmbə] *n kar.* (patrankos) pirmagalys

limber[2] *a* lankstus; mitrus
v daryti lankstų; darytis lankščiam □ ***~ up*** *sport.* prasimankštinti *(prieš rungtynes)*

limbless ['lɪmləs] *a* berankis ir bekojis

limbo[1] ['lɪmbəʊ] *n (pl ~*s [-z]) **1** varžtai, suvaržymas; kalėjimas **2** nežinojimas, netikrumas *(būsena)* **3** *rel.* pragaro prieangis

limbo[2] *n* limbas *(šokis su akrobatikos elementais; šokamas Vest Indijoje)*

lime[1] [laɪm] *n* **1** kalkės; ***burnt ~*** negesintos kalkės; ***slack/slaked ~*** gesintos kalkės; ***milk of ~*** kalkių pienas **2** *psn.* = **birdlime**
v **1** baltinti kalkėmis, kalkinti **2** kalkinti, tręšti kalkėmis **3** *psn.* tepti *(šakas)* paukščių klijais; gaudyti *(paukščius)*

lime[2] *n* **1** *citrinų rūšis* **2** gelsvai žalsva spalva

lime[3] *n bot.* liepa

lime-green ['laɪmgri:n] *a* gelsvai žalsvas

limejuice ['laɪmdʒu:s] *n* citrinų sultys

limekiln ['laɪmkɪln] *n* kalkinė, kalkių degykla

limelight ['laɪmlaɪt] *n teatr.* **1** rampos šviesa **2** scenos dalis prie rampos ◊ ***to be in the ~*** būti dėmesio centre; ***to steal the ~*** užtemdyti *(kieno)* populiarumą/šlovę

limen ['laɪmen] *n psich.* slenkstis

limepit ['laɪmpɪt] *n* klinčių karjeras; kalkiaduobė, skiedininė

limerick ['lɪmərɪk] *n* humoristinis eilėraštis *(iš penkių eilučių),* limerikas

limescale ['laɪmskeɪl] *n* kalkių nuosėdos

limestone ['laɪmstəʊn] *n min.* kalkakmenis, klintis

lime-tree ['laɪmtri:] *n* = **lime**[3]

limewash ['laɪmwɔʃ] *n* kalkių skiedinys

lime-water ['laɪmˌwɔ:tə] *n* kalkinis vanduo

limey ['laɪmɪ] *n amer. sl* **1** anglas **2** anglų laivas

limit ['lɪmɪt] *n* **1** riba *(t. p. prk.);* limitas; ***within ~s*** nustatytose ribose; ***within the city ~s*** miesto ribose; ***superior ~*** maksimumas; ***inferior ~*** minimumas; ***to set a ~*** *(on)* nustatyti ribą/limitą; padaryti galą; ***to go the ~*** *amer.* išeiti iš ribų; nukrypti į kraštutinumus **2** *tech.* tolerancija **3** *teis.* senaties terminas ◊ ***that's the ~!*** toliau nėr kur eiti!, tai jau per daug!; ***she is the ~!*** ji nepakenčiama!; ***to be off ~s*** *(ypač amer.)* įeiti draudžiama; ***to know one's ~s*** žinoti savo galimybes
v **1** (ap)riboti, varžyti; limituoti; ***pass, refl*** apsiriboti **2** būti riba

limitary ['lɪmɪtᵊrɪ] *a* **1** ribinis **2** *ret.* ribotas; apribojamas

limitation [ˌlɪmɪ'teɪʃn] *n* **1** apribojimas; išlyga **2** ribotumas; *pl* trūkumai; ***to have one's ~s*** a) turėti trūkumų; b) būti ribotų gabumų **3** *teis.* galutinis terminas; (ieškininė) senatis; ***~s statute*** senaties terminų įstatymas

limitative ['lɪmɪtətɪv] *a* apribojantis

limited ['lɪmɪtɪd] *a* **1** ribotas; limitinis; ***a student of ~ intelligence*** ribotų gabumų studentas; ***~ monarchy*** konstitucinė monarchija; ***~ train/express*** nedidelis kurjerinis traukinys **2** *kom.* ribotos atsakomybės *(apie akcines bendroves; bendrovių pavadinimų pabaigoje džn.* **Ltd***);* ***~ (liability) Company*** ribotos atsakomybės bendrovė

limiter ['lɪmɪtə] *n tech.* ribotuvas; ***voltage ~*** įtampos ribotuvas

limiting ['lɪmɪtɪŋ] *a* apribojantis, varžantis; trukdantis; ***~ attribute*** *gram.* apribojamasis pažyminys

limitless ['lɪmɪtləs] *a* beribis, neribotas

limn [lɪm] *v psn.* **1** *knyg.* vaizduoti **2** tapyti, piešti *(paveikslą, portretą)*

limnanth ['lɪmnænθ] *n bot.* plaumuonė

limnology [lɪm'nɔlədʒɪ] *n* ežerotyra, limnologija

limo ['lɪməʊ] *n (pl ~*s [-z]) *šnek.* = **limousine**

limousine ['lɪməzi:n] *n* limuzinas

limp[1] [lɪmp] *n* šlubumas, šlubavimas, šlubčiojimas; ***to walk with a ~*** šlubuoti
v **1** šlubuoti, šlubčioti **2** lėtai judėti *(apie sugedusį garlaivį/lėktuvą)* □ ***~ away*** nušlubuoti; ***~ in*** įšlubuoti

limp[2] *a* **1** minkštas, nestandus; ***~ collar*** minkšta apykaklė **2** gležnas, suglebęs, sutižęs, silpnas; ***~ handshake*** gležnas/silpnas rankos paspaudimas

limpet ['lɪmpɪt] *n zool.* moliuskas ◊ ***he stuck/clang like a ~*** ≡ jis prikibo kaip šlapias lapas

limpid ['lɪmpɪd] *a knyg.* skaidrus, vaiskus, permatomas; aiškus *(t. p. prk. apie kalbą, stilių)*

limpidity [lɪm'pɪdətɪ] *n knyg.* skaidrumas *ir pan., žr.* **limpid**

limping ['lɪmpɪŋ] *a* šlubas

limp-wristed ['lɪmp'rɪstɪd] *a* silpnas, išglebęs *(apie vyrą)*

limy ['laɪmɪ] *a* **1** kalkinis, kalkėtas, kalkingas **2** lipnus

linac ['lɪnæk] *n* (linear accelerator *sutr.*) *fiz.* tiesinis greitintuvas

linage ['laɪnɪdʒ] *n* **1** spausdinto puslapio eilučių skaičius **2** honoraras/apmokėjimas už eilutę

linchpin ['lɪntʃpɪn] *n* **1** *(ratų, ašies)* (už)kaištis, kuolelis **2** *prk.* ramstis; svarbiausias dalykas/žmogus

Lincoln ['lɪŋkən] *n* **1** Linkolnas *(Anglijos, JAV miestas)* **2**: ***Abraham*** ~ Abraomas Linkolnas *(JAV prezidentas)*

Lincolnshire ['lɪŋkənʃə] *n* Linkolnšyras *(Anglijos grafystė)*

linctus [lɪŋktəs] *n farm.* mikstūra nuo kosulio

linden ['lɪndən] *n amer., poet. bot.* liepa

line¹ [laɪn] *n* **1** linija, brūkšnys; ***straight/right*** ~ tiesioji (linija), tiesė; ~ ***of force*** *fiz.* jėgų linija; ***all along the*** ~ a) visoje linijoje; b) visais atžvilgiais, visiškai **2** (pasienio) riba *(t. p. prk.)*, siena; ***state*** ~ *amer.* riba tarp valstijų; ***to draw the*** ~ a) nubrėžti liniją; b) *prk.* nustatyti ribą; c) nustoti, atsisakyti *(at)*; ***the dividing*** ~ *(between)* skiriamoji riba *(tarp)*; ***(just) on the*** ~ a) kaip tik ant ribos/sienos *(tarp)*; b) žiūrovo akių lygyje *(apie pakabintą paveikslą)*; ***below the*** ~ mažiau normos; ***below the poverty*** ~ žemiau skurdo ribos; ***base/end*** ~ galinė linija *(krepšinyje)* **3** raukšlė; ***to take*** ~**s** išvagoti raukšlėmis; ***laughter/****amer.* ***laugh*** ~**s** juoko raukšlelės **4** *pl (pastato, žmogaus ir pan.)* apybrėžos, kontūrai; ***the*** ~**s** ***of the body*** kūno linijos **5** *(geležinkelio, garlaivių, telegrafo ir pan.)* linija; ***long distance*** ~ tarpmiestinė linija; ***there's a fault on the*** ~ gedimas linijoje; ~ ***service*** kelių tarnyba; ***hold the*** ~**!** nepadėkite ragelio!, palaukite!, neišjunkite!; ~ ***busy*** (linija) užimta *(telefonininkės atsakymas)*; ***the*** ~ ***is bad*** blogai girdėti **6** *(the L.)* ekvatorius **7** elgsena, linija, veikimo būdas; nusistatymas *(on)*; ***to take a strong*** ~ a) laikytis tvirtos linijos; b) veikti energingai; ~ ***of policy*** politikos kursas; ***we both think along the same*** ~**s** mes abu galvojame vienodai; ***I still think I'm on the right*** ~**s** aš visgi manau, kad elgiuosi/galvoju teisingai **8** užsiėmimas, veikimo rūšis; specialybė; ***it is not in my*** ~, ***it is out of my*** ~ tai ne mano kompetencijoje; ***what's his*** ~**?** kuo jis užsiima? **9** (genealoginė) kilmė, genealogija *(t. p.* ~ ***of descent)***; *(giminystės)* linija; ***male [female]*** ~ vyriška [moteriška] linija; ~ ***of kings*** karalių dinastija **10** virvė, virvelė *(ypač skalbiniams džiauti)* **11** *jūr.* lynas **12** *(meškerės)* valas; ~ ***with [without] bait*** valas su jauku [be jauko]; ***to throw a good*** ~ būti geru meškeriotoju **13** eilė; vilkstinė; ***in*** ~ vienoje eilėje; ***out of*** ~ ne vienoje eilėje; ***to stand/be in*** ~ ***for smth*** *amer.* būti eilėje *(norint ką gauti)*; ***to be in*** ~ ***for promotion*** turėti galimybių/šansų būti paaukštintam **14** eilutė; ***drop me a few*** ~**s** brūkštelk man kelias eilutes; ***to read between the*** ~**s** skaityti tarp eilučių **15** *pl teatr. (vaidmens)* žodžiai, tekstas **16** eilės, eilėraštis **17** *pl* santuokos liudijimas *(t. p.* ***marriage*** ~**s)** **18** *pl* likimas, laimė, dalia **19** *kar.* fronto linija; tranšėjų (gynybos) linija; ***in the*** ~**s** fronte, veikiančiojoje ´kariuomenėje; ***(troops of) the*** ~ reguliarioji kariuomenė, *ypač* pėstininkai **20** *(the* ~**)** *kar.* rikiuotė, išsidėstymas; ***battle*** ~**s** kautynių rikiuotė; ***ship of the*** ~ linijinis laivas; ***to fall into*** ~ išsirikiuoti **21** *tech.* konvejeris **22** *kom. (prekių)* partija; *(pardavinėjamų prekių)* rūšis; gaminių serija **23** *muz.* gaidų linija **24** *attr* linijinis; ~ ***spectrum*** *fiz.* linijinis spektras; ~ ***map*** kontūrinis žemėlapis ◊ ***in*** ~ ***(with)*** suderinamas *(su)*; pagal *(ką)*, proporcingai *(kam)*; ***out of*** ~ *amer.* nepriimtinas *(apie elgesį)*; ***all down the*** ~ visiškai, visais atžvilgiais; ***to be on the*** ~ *šnek.* ≡ pakibti ant plauko *(apie darbą ir pan.)*; ***to bring into*** ~ *(with)* suderinti, suvienodinti; ***to come/fall into*** ~ *(with)* sutikti, veikti sutartinai *(su)*; ***to step out of*** ~ nesielgti kaip pridera; ***to get a*** ~ *(on) šnek.* gauti žinių *(apie)*; ***to lay it/smth on the*** ~ aštriai ir griežtai pasisakyti; ***to go down the*** ~ gesti; ***to shoot/spin a*** ~ perdėti, girtis, meluoti; ***don't give me that*** ~ nemeluok; ***hard*** ~**s!** na ir nesiseka!

line² *v* **1** dėti pamušalą; pamušti **2** iškloti, padengti *(iš vidaus)* **3** *šnek.* pripildyti, prikimšti; ***to*** ~ ***one's own pockets*** pasipelnyti, pralobti *(džn. piktnaudžiaujant tarnybine padėtimi)* **4** *tech.* išmušti *(iš vidaus)*; iškloti

lineage¹ ['lɪnɪdʒ] *n knyg. (giminystės)* linija

lineage² ['laɪnɪdʒ] *n* = **linage**

lineal ['lɪnɪəl] *a* **1** *knyg.* tiesiogiai giminingas; paveldėtas, giminės **2** *ret.* linijinis

lineament ['lɪnɪəmənt] *n (ppr. pl)* **1** *(veido)* bruožai **2** *(būdo ir pan.)* skiriamasis bruožas, ypatybė

linear ['lɪnɪə] *a* **1** linijinis; ilginis; ~ ***scale*** linijinis mastelis; ~ ***measures*** ilgio matai **2** linijiškas, siauras ir ilgas **3** *spec.* tiesinis; ~ ***distance*** tiesinis atstumas; ~ ***equation*** tiesinė lygtis **4** *spec.* geriau suprantantis tekstą negu kalbėjimą; ~ ***learning*** mokymasis iš knygų *(ne auditorijose ir pan.)*

lined¹ [laɪnd] *a* **1** liniuotas; brūkšniuotas **2** raukšlėtas; išvagotas □ ~ ***up*** pasiruošęs; paruoštas

lined² *a* su pamušalu, pamuštas

line-drawing ['laɪnˌdrɔːɪŋ] *n* štrichinis piešinys *(pieštuku, plunksna)*

line-engraving ['laɪnɪnˌgreɪvɪŋ] *n* štrichinė graviūra

lineman ['laɪnmən] *n (pl* -men [-mən]**)** **1** *amer.* puolėjas *(futbole)* **2** *(ypač amer.)* = **linesman** 1 *ir* 2

linen ['lɪnɪn] *n* **1** drobė, lininis audinys **2** (lininiai) baltiniai, skalbiniai; ***bed*** ~ paklodės ir užvalkalai ◊ ***to wash one's dirty*** ~ ***in public*** *šnek.* ≡ teršti savo lizdą, išnešti šiukšles iš namų
a lininis

linen-draper ['lɪnɪnˌdreɪpə] *n* prekiautojas manufaktūra

line-officer ['laɪnˌɒfɪsə] *n* rikiuotės karininkas

line-printer ['laɪnˌprɪntə] *n komp.* greitaeigis eilučių spausdinimo įrenginys

liner¹ ['laɪnə] *n* laineris, *(reisinis)* keleivinis garlaivis/lėktuvas; ~ ***transport*** maršrutinis transportas

liner² *n* **1** įklotas, įdėklas; *(tech. t. p.)* įvorė, tarpiklis **2** *tech.* apmušimas; apdaras **3** *kar.* pošalmis

linesman ['laɪnzmən] *n (pl* -men [-mən]**)** **1** *(telefono ir pan.)* linijinis monteris **2** *glžk.* linijinis apeivis **3** *sport.* šoninis/linijos teisėjas *(futbole, tenise)*

line-up ['laɪnʌp] *n* **1** *(žmonių)* eilė **2** *(renginio)* dalyvių sudėtis **3** iš(si)dėstymas; iš(si)rikiavimas *(t. p. apie sportininkus prieš žaidimo pradžią)* **4** *sport.* komandos sudėtis; ***starting*** ~ *(krepšininkų)* startinis/pagrindinis penketukas **5** *(ypač amer.)* liudytojo akistata *(nusikaltėliui atpažinti)*

ling¹ [lɪŋ] *n zool.* **1** rudnugarė jūros lydeka **2** vėgėlė

ling² *n bot.* šilinis viržis

-ling [-lɪŋ] *suff (džn. menk.)* -(i)ukas, -elis; ***snakeling*** gyvačiukas, gyvačiūkštis; ***manling*** žmogelis

linger ['lɪŋgə] *v* **1** užtrukti, užsibūti; (už)gaišti, uždelsti; ***to*** ~ ***over one's work*** užsisėdėti prie darbo **2** laikytis, tvyroti; ***the scent*** ~**s** ***on the air*** kvapas tvyro ore **3** dar išgyventi, pratraukti *(t. p.* ~ ***out one's days/life)*** □ ~ ***on*** užsilaikyti, užlikti; išlikti *(apie paprotį, skonį ir pan.)*

lingerie ['lænʒəri] *pr. n* moteriškas apatinis trikotažas

lingering ['lɪŋgərɪŋ] *a* **1** lėtas, gaišlus **2** užtrukęs, užsitęsęs, ilgai trunkantis *(apie ligą, krizę ir pan.)*; ilgai veikiantis *(apie nuodus)* **3** kankinamas, varginantis

lingo ['lɪŋgəu] *n (pl* ~es [-z]) *šnek.* **1** svetima kalba **2** specialus žargonas; profesinė leksika
lingua franca [ˌlɪŋgwəˈfræŋkə] *it.* kalbos mišinys, hibridinė kalba; plačiai paplitęs žargonas
lingual ['lɪŋgwəl] *a* **1** *anat., fon.* liežuvinis, liežuvio; ~ *bone* poliežuvinis kaulas **2** kalbinis
linguiform ['lɪŋgwɪfɔːm] *a spec.* liežuvio formos, liežuvinis, liežuviškas
linguist ['lɪŋgwɪst] *n* **1** kalbininkas, lingvistas **2** žmogus, mokantis svetimų kalbų
linguistic [lɪŋˈgwɪstɪk] *a* kalbinis, lingvistinis; ~ *type kalb.* kalbos tipas
linguistics [lɪŋˈgwɪstɪks] *n* kalbotyra, lingvistika; *external* ~ ekstralingvistika
liniment ['lɪnɪmənt] *n farm.* skystas tepalas
lining[1] ['laɪnɪŋ] *n* **1** pamušalas **2** *(piniginės, kišenės ir pan.)* turinys **3** *fiziol. (gimdos, skrandžio)* sienelė **4** *tech.* aptaisymas, apmušimas; *(akmens)* apdaras; *(guolio)* įdėklas; antdėklas **5** *stat.* klojinys, ramsčiai **6** *kas.* sutvirtinimai
lining[2] *n* ištiesinimas, išlyginimas
link[1] [lɪŋk] *n* **1** ryšys, sąsaja *(between, with)*; *pl* saitai, ryšiai; ~*s of brotherhood* brolystės ryšiai **2** žiedelis, garbana **3** *(grandinės)* grandis *(t. p. prk.)*; *weak* ~ *(komandos, plano ir pan.)* silpnoji vieta; ~ *in the chain* etapas įvykių grandinėje **4** *(mezginio)* akis **5** *(ppr. pl)* sąsaga *(rankogaliams susegti)* **6** *tech.* kulisė, lankstas, šarnyras, švaistiklis; ąsa **7** *rad., tel.* relinė linija **8** *spec.* jungtis
v **1** (su)jungti, sukabinti *(t. p.* ~ *up/together)* **2** (su)sieti, nustatyti ryšį *(to, with); pass* būti susijusiam *(to, with)* **3** prisijungti *(with smb – prie ko)* **4** imti už rankos, susikabinti *(t. p.* ~ *one's arm through/in smb's arm)* ▫ ~ *up* su(si)jungti, susisieti *(with);* prijungti, būti prijungtam *(on, to)*
link[2] *n ist.* deglas, dervinis žibintas
linkage ['lɪŋkɪdʒ] *n* **1** sujungimas, sukabinimas **2** glaudūs ryšiai, sanglauda **3** *chem.* jungtys **4** *el.* suvaržytas srautas
linkboy ['lɪŋkbɔɪ] *n* = **linkman**[1]
linker ['lɪŋkə] *n komp.* ryšių redagavimo programa
linkman[1] ['lɪŋkmən] *n (pl* -men [-mən]) *(tik v.) ist.* deglo nešėjas, deglininkas
linkman[2] *n (tik v.)* **1** *sport.* saugas, jungiantysis žaidėjas **2** *rad., tel.* programos anonsuotojas
link-motion ['lɪŋkˌməuʃn] *n tech.* kulisinis paskirstymas
links [lɪŋks] *n pl* **1** *škot.* smėlėta jūros pakrantė **2** *(džn. vart. kaip sg)* golfo aikštelė
linkup ['lɪŋkʌp] *n* **1** su(si)jungimas; ~ *on the Elbe ist.* susitikimas prie Elbės **2** sąsauka; *radio* ~ radijo sąsauka
link-verb ['lɪŋkvəːb] *n gram.* jungtis
link-woman ['lɪŋkˌwumən] *n (pl* -women [-ˌwɪmɪn]) *rad., tel.* programos anonsuotoja
linn [lɪn] *n (ypač škot.)* **1** krioklys **2** gili dauba, skardis, tarpeklis
linnet ['lɪnɪt] *n zool.* čivylis
lino[1] ['laɪnəu] *n* (linotype *sutr.*) linotipas; ~ *operator* linotipininkas
lino[2] *n* (linoleum *sutr.*) *šnek.* linoleumas
linocut ['laɪnəukʌt] *n* linograviūra, linoraižinys
linoleum [lɪˈnəulɪəm] *n* linoleumas
linotype ['laɪnəutaɪp] *n poligr.* linotipas
linseed ['lɪnsiːd] *n* sėmenys; ~ *cake* sėmenų išspaudos; ~ *oil* sėmenų/sėmeninis aliejus; ~ *meal* sėmenų miltai
linsey-woolsey [ˌlɪnzɪˈwulzɪ] *n* šiurkšti pusvilnonė medžiaga
lint [lɪnt] *n* **1** *(ypač amer.)* medvilninis pluoštas; pūkeliai **2** *med.* korpija

lintel ['lɪntl] *n stat. (durų, lango)* sąrama
lintwhite ['lɪntwaɪt] *n (ypač škot.)* čivylis
liny ['laɪnɪ] *a* **1** liniuotas, brūkšniuotas; išmargintas linijomis **2** raukšlėtas **3** plonas
lion ['laɪən] *n* **1** liūtas; *(American) mountain* ~ puma; *to fight like a* ~ kovoti kaip liūtui **2** įžymybė; žinomas asmuo; *to see [to show]* ~*s* apžiūrinėti [aprodyti] vietos įžymybes; ~ *of the day* dienos didvyris **3** *(L.)* Liūtas *(žvaigždynas ir zodiako ženklas)* **4** *her.* liūto atvaizdas ◊ ~*'s share (of) (ko)* didžioji dalis; ~ *in the path/way (ypač iron.)* pavojus, baisi/sunki kliūtis; *to put one's head in the* ~*'s jaws/mouth* rizikuoti; *to beard the* ~ *in his den* drąsiai prieiti prie pavojingo/baisaus žmogaus; *to be thrown/tossed to the* ~*s* atsidurti pavojingoje/keblioje padėtyje
lioness ['laɪənɪs] *n* liūtė
lionet ['laɪənɪt] *n* liūtukas
lion-hearted ['laɪənˌhɑːtɪd] *a poet.* narsus, bebaimis
lion-hunter ['laɪənˌhʌntə] *n* **1** liūtų medžiotojas **2** *prk.* įžymybių medžiotojas
lionize ['laɪənaɪz] *a* **1** domėtis/žavėtis kaip įžymybe **2** *ret.* lankyti/aprodyti įžymybes
lip [lɪp] <*n, a, v*> *n* **1** lūpa; *from* ~ *to* ~ iš lūpų į lūpas; *on every* ~, *on everybody's* ~*s (kas nors)* visų lūpose, nenueina nuo lūpų; *not a drop has passed his* ~*s* jis nė lašo negėrė, jis nieko nevalgė; *not a word has passed his* ~*s* jis nė žodžio nepratarė; *to escape one's* ~*s* ištrūkti, išsprūsti *(apie žodį, pasakymą)* **2** *(kraterio, žaizdos)* kraštas; briauna **3** *(indo)* snapelis **4** *šnek.* įžūli kalba, įžūlumas; *don't give me any of your* ~, *none of your* ~*!* nebūk įžūlus!, neatsikalbinėk! ◊ *to keep/carry a stiff upper* ~ a) ≡ nenukabinti nosies, laikytis vyriškai; valdytis; b) užsispirti; *read my* ~*s! šnek.* atidžiai klausyk!
a **1** lūpinis, lūpų **2** nenuoširdus
v **1** (pa)liesti lūpomis; *poet.* bučiuoti **2** *ret.* kalbėti, murmėti
lipase ['laɪpeɪs, 'lɪpeɪs] *n chem.* lipazė
lip-balm ['lɪpbɑːm] *n* higieninis lūpų tepalas
lip-deep ['lɪpˈdiːp] *a* paviršutiniškas; nenuoširdus
lipid ['lɪpɪd] *n chem.* lipidai
lip-language ['lɪpˌlæŋgwɪdʒ] *n (kurčnebylių)* mokėjimas suprasti kalbą iš lūpų judesių
lipoma [lɪˈpəumə] *n (pl* ~ ta [-tə]) *med.* lipoma
lipped [lɪpt] *a* **1** su snapeliu *(apie indą)* **2** = **labiate** *a*
lipper ['lɪpə] *n jūr.* purslai
lippy ['lɪpɪ] *a sl.* **1** įžūlus **2** šnekus, plepus
lip-read ['lɪpriːd] *v* (lip-read [-red]) suprasti iš lūpų judesių
lip-reading ['lɪpˌriːdɪŋ] *n* skaitymas iš lūpų *(ypač kaip kurčnebylių mokymo metodas)*
lipsalve ['lɪpsɑːv] *n* **1** tepalas lūpoms **2** meilikavimas
lip-service ['lɪpˌsəːvɪs] *n* „tušti žodžiai"; *to pay* ~ *to smth* pripažinti ką, *ar* pritarti kam, tik žodžiais; *to pay* ~ *to smb* nenuoširdžiai kam įrodinėti savo atsidavimą
lipstick ['lɪpstɪk] *n* lūpų dažai
lipsync(h) ['lɪpsɪŋk] *n (atlikėjo)* lūpų judinimas sinchroniškai su įrašu
liquate ['lɪkweɪt] *v tech.* lydyti
liquefaction [ˌlɪkwɪˈfækʃn] *n spec.* (su)skystinimas, (su)skystėjimas
liquefy ['lɪkwɪfaɪ] *v* skystinti; skystėti, (su)skysti; paversti/pavirsti skysčiu
liquescent [lɪˈkwesənt] *a spec.* pereinantis į skystą būvį; skystėjantis

liqueur [lɪ'kjuə] *pr. n* likeris
liquid ['lɪkwɪd] *a* **1** skystas; *poet.* vandeningas; ~ *air [fuel]* skystasis oras [kuras]; ~ *gas* suskystintos dujos **2** šviesus, vaiskus, skaidrus **3** nepastovus *(apie pažiūras, principus)* **4** *fon.* sklandusis **5** *tech.* hidraulinis **6** *fin.* lengvai realizuojamas *(apie vertybinius popierius);* ~ *assets* likvidūs aktyvai **6:** ~ *milk* natūralus pienas; ~ *refreshment juok.* gaivus skystimėlis *(ypač alkoholinis)*
n **1** skystis; ~ *measures* skysčių matai **2** *fon.* sklandusis priebalsis *(l, r)*
liquidate ['lɪkwɪdeɪt] *v* **1** likviduoti, (pa)naikinti **2** *šnek.* atsikratyti, likviduoti *(žmogų)* **3** *ekon.* sumokėti *(skolas)* **4** *fin.* (su)bankrutuoti **5** *fin.* parduoti už grynuosius pinigus
liquidation [ˌlɪkwɪ'deɪʃn] *n* **1** likvidavimas, likvidacija, panaikinimas; *to go into* ~ (su)bankrutuoti **2** pašalinimas, atsikratymas **3** *ekon.* *(skolų)* sumokėjimas, grąžinimas
liquidator ['lɪkwɪdeɪtə] *n teis.* likvidatorius
liquidity [lɪ'kwɪdətɪ] *n* **1** *fin.* likvidumas; ~ *ratio* likvidumo koeficientas/laipsnis **2** skystoji būsena; skystumas
liquidize ['lɪkwɪdaɪz] *v* spausti *(sultis);* pertrinti *(daržoves)*
liquidizer ['lɪkwɪdaɪzə] *n* **1** sulčiaspaudė **2** *tech. (dujų)* skystintuvas
liquor ['lɪkə] *n* **1** gėrimas, *ypač* alkoholinis gėrimas; *malt* ~ alus; *in* ~, *the worse for* ~ išgėręs, girtas **2** *kul.* sultinys; mėsos sultys; padažas **3** ['lɪkwɔ:] *farm.* tirpalas
v **1** tepti riebalais *(batus, odą)* **2** merkti *(salyklą)* **3** *šnek.* (iš)gerti *(ppr.* ~ *up);* nugirdyti
liquorice ['lɪkərɪs] *n* **1** *bot.* saldymedis **2** saldymedžio šaknis, lakrica
liquorish ['lɪkərɪʃ] *a* mėgstantis išgerti
lira ['lɪərə] *n (pl* lire ['lɪəreɪ, 'lɪərɪ], ~s) lira *(Italijos ir Turkijos piniginis vienetas)*
Lisbon ['lɪzbən] *n* Lisabona *(Portugalijos sostinė)*
lisle [laɪl] *n tekst.* fildekoso/fildeperso siūlas *(t. p.* ~ *thread)*
lisp [lɪsp] *n* **1** šveplavimas *š*našesys
v **1** švepluoti, švebeldžiuoti **2** vapalioti *(apie vaiką)*
lissom(e) ['lɪsəm] *a knyg.* **1** lankstus, plonas **2** vikrus, mitrus
list[1] [lɪst] *n* **1** sąrašas; registras; *to be on the* ~ būti sąraše; *to enter in a* ~ įtraukti į sąrašą; *to make a* ~ a) sudaryti sąrašą; b) įeiti į sąrašą; *duty* ~ budėjimo grafikas; *free* ~ *kom.* neapmuitinamų prekių sąrašas **2** apvadas, apsiuvas, apkraštys, valinys **3** *pl* aptverta vieta; *(varžybų, turnyro)* arena; *to enter the ~s* a) mesti/priimti iššūkį; b) dalyvauti varžybose
v **1** įrašyti į sąrašą; sudaryti sąrašą; *to* ~ *for service* įtraukti į karo prievolininkų sąrašą **2** išskaičiuoti *(pagal sąrašą);* pateikti *(kataloge, sąraše)*
list[2] *jūr. n* pasvirimas; *heavy* ~ didelis pasvirimas; *to take a* ~ pasvirti *(į šoną)*
v svirti *(apie laivą);* ~*ing heavily* labai pasviręs
list[3] *v psn.* norėti
list[4] *psn.* = **listen** *v*
listed ['lɪstɪd] *a* **1** įtrauktas į telefono abonentų sąrašą **2** valstybės saugomas *(apie istorinės reikšmės pastatą)*
listen ['lɪsn] *v* **1** klausyti(s) *(to); to* ~ *to music [the radio]* klausytis muzikos [radijo] **2** išklausyti atidžiai; paklausyti *(to); he never ~s to my advice* jis niekada neklauso mano patarimų **3** stengtis įsiklausyti/užgirsti *(for; t. p.* ~ *out)* ☐ ~ *in* a) klausytis radijo *(to);* b) slapta klausytis *(pokalbių telefonu ir pan.; t. p. kar.; on);* ~ *up (ppr. imp) amer. šnek.:* **hey,** ~ *up a minute!* ei, paklausykite truputį!
n šnek. klausymas(sis); *to have a* ~ *to smth* klausytis ko
listenable ['lɪsnəbl] *a šnek.* galimas/malonus klausytis

listener ['lɪsnə] *n* klausytojas; *to be a good* ~ mokėti klausyti; *~s' choice rad.* koncertas pagal klausytojų pageidavimus
listener-in [ˌlɪsnər'ɪn] *n* radijo klausytojas
listening ['lɪsnɪŋ] *n* **1** (iš)klausymas; *it makes interesting* ~ tai įdomu paklausyti **2** slaptas klausymasis *(t. p. kar.);* ~ *apparatus* klausymosi aparatas; garso pelengatorius
listera ['lɪstərə] *n bot.* dviguonė
listeriosis [lɪˌstɪərɪ'əʊsɪs] *n med., vet.* listeriozė
listing ['lɪstɪŋ] *n* **1** tai, kas įtraukta į sąrašą; sąrašas; spaudinys **2** *fin.* kotiravimas
listless ['lɪstləs] *a* abejingas; apatiškas; vangus
lit[1] [lɪt] *past ir pII žr.* **light**[1] *v*
lit[2] *past ir pII žr.* **light**[3]
litany ['lɪtənɪ] *n bažn.* litanija *(t. p. prk.)*
litchi ['laɪtʃi:] *n* = **lychee**
liter ['li:tə] *n amer.* = **litre**
literacy ['lɪtərəsɪ] *n* raštingumas; *computer* ~ mokėjimas naudotis kompiuteriais
literal ['lɪtərəl] *a* **1** raidinis; paraidinis; ~ *error* spaudos klaida **2** pažodinis **3** tiesioginis *(apie žodžio prasmę)* **4** tikslus, tikras; ~ *truth* gryna tiesa **5** = **literal-minded**
n spaudos klaida
literalism ['lɪtərəlɪzm] *n* **1** pažodiškumas **2** žodžio supratimas tiesiogine jo prasme **3** tikslus atvaizdavimas; gamtos kopijavimas
literally ['lɪtərəlɪ] *adv* **1** pažodžiui; *to translate* ~ versti pažodžiui **2** raidiškai, paraidžiui *(t. p. prk.);* tiesiogine prasme **3** tiesiog; *they were* ~ *starving* jie tiesiog mirė iš bado
literal-minded ['lɪtərəl'maɪndɪd] *a* sausas, proziškas *(apie žmogų);* viską suprantantis raidiškai, tiesiogine prasme
literary ['lɪtərərɪ] *a* literatūrinis, literatūros; ~ *criticism* literatūros kritika; ~ *language* literatūrinė kalba; ~ *man* rašytojas literatas
literate ['lɪtərət] *a* **1** raštingas; mokantis *(ką daryti)* **2** išsilavinęs, mokytas
n **1** raštingas žmogus **2** mokytas žmogus
literati [ˌlɪtə'rɑ:tɪ] *lot. n pl* literatai; intelektualai
literatim [ˌlɪtə'rɑ:tɪm] *lot. adv* pažodžiui
literature ['lɪtərətʃə] *n (įv. reikšm.)* literatūra; **20th century Lithuanian** ~ XX a. lietuvių literatūra; ~ *on the history of science* literatūra mokslo istorijos klausimais
litharge ['lɪθɑ:dʒ] *n spec.* švino oksidas
lithe [laɪð] *a* lankstus
lithesome ['laɪðsəm] = **lissom(e)**
lithium ['lɪθɪəm] *n chem.* litis
litho- ['lɪθəʊ-] *(sudurt. žodžiuose)* lito-; *lithogenous* litogeninis *(apie procesus)*
lithograph ['lɪθəgrɑ:f] *n* litografija *(atspaudas, paveikslas)*
v litografuoti
lithographer [lɪ'θɒgrəfɪ] *n* litografas
lithographic [ˌlɪθə'græfɪk] *a* litografinis; litografiškas
lithography [lɪ'θɒgrəfɪ] *n* litografija
Lithuania [ˌlɪθju'eɪnɪə] *n* Lietuva; *Lower* ~ Žemaitija, *žr. dar* **Samogitia;** *Higher/Upper* ~ Aukštaitija
Lithuanian [ˌlɪθju'eɪnɪən] *a* lietuvių, lietuviškas; Lietuvos
n **1** lietuvis **2** lietuvių kalba
Lithuanianize [ˌlɪθju'eɪnɪənaɪz] *v* lietuvinti
litigant ['lɪtɪgənt] *teis. n (bylos)* šalis; bylininkas
a besibylinėjantis
litigate ['lɪtɪgeɪt] *v teis.* **1** bylinėtis, būti bylos šalimi **2** ginčyti *(teisme)*
litigation [ˌlɪtɪ'geɪʃn] *n teis.* bylinėjimasis; byla; ginčas
litigious [lɪ'tɪdʒəs] *a* **1** mėgstantis bylinėtis/teistis **2** ginčytinas, nagrinėtinas teisme

litmus ['lɪtməs] *n chem.* lakmusas; ~ ***paper*** lakmuso popierius; ~ ***test*** a) lakmusinė reakcija; b) *prk. (ko)* išbandymo priemonė, išbandymas

litotes ['laɪtəti:z, laɪ'təuti:z] *n lit.* litotė *(stilistinė figūra)*

litre ['li:tə] *n* litras; ***a ~ bottle of wine*** vieno litro vyno butelis

litter ['lɪtə] *n* **1** šiukšlės *(paliktos viešoje vietoje);* '***no ~, penalty £50***' nešiukšlinti, bauda 50 svarų sterlingų **2** išmėtyti daiktai/popieriai **3** pakratai, kraikas; paklotė; ~ ***peat*** kraikinės durpės **4** vada *(vieno vedimo paršiukai/kačiukai/šunyčiai)* **5** *ist.* neštuvai
v **1** netvarkingai išmėtyti, (pri)šiukšlinti, prišlemšti *(t. p.* ~ ***up); the road was ~ed with debris*** kelias buvo nuklotas nuolaužomis **2** *prk. pass* būti gausiai; ***history is ~ed with crooks*** istorijoje gausu apgavikų **3** (pa)kreikti, pakratyti šiaudų *ir pan. (ppr.* ~ ***down)* 4** paršiuotis, kačiuotis, kaliuotis

litterateur [ˌlɪtərə'tə:] *pr. n* literatas, rašytojas

litterbin ['lɪtəbɪn] *n* šiukšlių dėžė *(gatvėje, parke ir pan.)*

litterbug ['lɪtəbʌg] *n šnek.* = **litterlout**

litterlout ['lɪtəlaut] *n* šiukšlius, šiukšlintojas *(viešose vietose)*

littery ['lɪtərɪ] *a* prišiukšlintas, prišlemštas, užverstas; netvarkingas

little ['lɪtl] <*a, adv, n*> *a* (less; least) **1** mažas, nedidelis; ~ ***finger/toe*** mažasis pirštas, mažylis; ~ ***one's*** vaikai; jaunikliai; ***one's ~ brother*** jaunesnysis brolis *(vaikas);* ~ ***ways*** mažos silpnybės/keistybės **2** trumpas *(apie laiką, nuotolį);* ***a ~ while ago*** neseniai; ***come a ~ way with me*** palydėkite mane truputį **3** menkas; nežymus, smulkus; ~ ***farmer*** smulkus fermeris; ~ ***things*** smulkmenos **4** *maž.* -elis, -(i)ukas; ***a nice ~ house*** gražus namelis ◊ ***to go but a ~ way*** stigti; ***the ~ people*** a) eiliniai žmonės; b) elfai
adv (less; least) nedaug, mažai, menkai, po truputį; ***a ~ known fact*** mažai žinomas faktas; ***I tried to disturb her as ~ as possible*** aš stengiausi kuo mažiau ją trukdyti; ~ ***did he think that..., he ~ thought that...*** jis ir negalvojo, kad...; ***I think ~ of 30 miles a day*** 30 mylių per dieną – man nieko nereiškia, *ar* man vieni juokai
n **1** nedaugelis; truputis; ***a ~*** truputis, truputį; ***to wait a ~ longer*** palaukti šiek tiek ilgiau; ~ ***by ~*** po truputį, pamažu; ~ ***or nothing*** beveik nieko; ***not a ~*** (visai) nemažai; ***in ~*** a) nedideliu mastu; b) miniatiūroje **2** trumpas laikas; ***after a ~*** po kurio laiko; ***for a ~*** trumpam ◊ ***from ~ up*** *amer.* iš mažens/mažumės; ***to make ~ of smth*** a) nežiūrėti rimtai į ką, nekreipti daug dėmesio į ką, neteikti kam reikšmės; b) nedaug ką suprasti

little-go ['lɪtlgəu] *n ist.* pirmasis egzaminas bakalauro laipsniui gauti *(Kembridže)*

littleness ['lɪtlnɪs] *n* **1** mažumas **2** menkumas, smulkmeniškumas

littoral ['lɪtərəl] *geogr. a* pakrantės; pajūrio; ~ ***deposits*** litoralinės nuosėdos
n pajūris, pamarys; pakrantė, priekrantė

liturgical [lɪ'tə:dʒɪkl] *a attr bažn.* liturginis, liturgijos

liturgy ['lɪtədʒɪ] *n bažn.* liturgija

livable ['lɪvəbl] *a* **1** tinkamas gyventi *(t. p.* ~ ***in)* 2** pakenčiamas; vertas gyventi *(apie gyvenimą)* **3** sugyvenamas *(with)*

live¹ *v* **1** *(įv. reikšm.)* gyventi; ***to ~ in a small way*** kukliai gyventi; ***to ~ in a great ~, to ~ high*** plačiai gyventi; ***to ~ on one's salary*** gyventi iš algos; ***to ~ to be old*** sulaukti senatvės; ***to ~ to see smth*** prigyventi, išgyventi (ligi ko); sulaukti ko; ***three sons still living at home*** trys sūnūs, tebegyvenantys namie; ***he has ~d two wars*** jis pergyveno du karus; ***to ~ above/beyond one's income/means*** gyventi ne pagal išgales; ***to ~ through smth*** pragyventi, išlaikyti *(ką nors sunkaus/pavojingo);* ***to ~ in the past*** gyventi praeitimi, praeities sąvokomis **2** taikstytis, kęsti *(with)* **3** maitintis, misti *(on)* **4** *šnek.* būti *(kur);* ***where does this dish ~?*** kur šio indo vieta? ☐ ~ ***down*** išpirkti/atitaisyti elgesiu, gyvenimo būdu; ~ ***in*** gyventi darbo vietoje; ~ ***on*** gyventi toliau, išlikti; ~ ***out*** a) išgyventi, pragyventi *(t. p.* ~ ***out one's days/life);* b) gyventi ne darbo vietoje; c) įgyvendinti, įvykdyti; ~ ***up*** a) *(to)* gyventi *(pagal principus ir pan.);* būti vertam *(ko);* b): ***to ~ it up*** *šnek.* linksmai (pa)gyventi, pasilinksminti ◊ ***as I ~ and breathe!*** kaip Dievą myliu!; garbės žodis!; ~ ***and learn*** (žmogus) gyveni ir mokaisi; ≡ diena dieną moko; ~ ***and let ~*** gyvenk ir leisk kitiems gyventi; ***smb will ~ to regret it*** kas nors gailėsis

live² [laɪv] *a* **1** gyvas; ~ ***fish*** gyva žuvis; ~ ***weight*** *ž. ū.* gyvasis svoris **2** energingas, veiklus, gyvas **3** aktualus, gyvybinis, labai svarbus **4** smilkstantis, degantis, neužgesęs *(apie anglis, medį)* **5** veikiantis, užtaisytas, nesprogęs *(apie bombą ir pan.);* ~ ***round*** kovos šovinys **6** ryškus *(apie spalvą)* **7** *el.* turintis įtampą/srovę **8** *rad., tel.* tiesioginis; ~ ***coverage*** tiesioginė laida; ~ ***show*** a) = ~ ***coverage;*** b) *amer.* erotinis spektaklis
adv tiesiogiai *(transliuoti);* atlikti, vaidinti *(publikai, ne įrašui)*

liveable ['lɪvəbl] *a* = **livable**

live-bearers ['laɪvˌbɛərəz] *n pl* gyvavedės žuvys

-lived [-'lɪvd] *(sudurt. žodžiuose)* -laikis, -amžis; ***short-lived*** trumpalaikis; ***long-lived*** ilgaamžis

live-in ['lɪvɪn] *a* **1** gyvenantis darbo vietoje *(ypač apie auklę, namų darbininkę)* **2** gyvenantis susidėjęs *(bet ne susituokęs)*

livelihood ['laɪvlɪhud] *n* pragyvenimas, gyvenimo šaltinis; ***to earn an honest ~*** už(si)dirbti pragyvenimui doru darbu; ***to pick up a scanty ~*** vos pragyventi, sunkiai verstis

liveliness ['laɪvlɪnɪs] *n* gyvumas, pagyvėjimas; linksmumas

livelong ['lɪvlɒŋ] *a poet.* visas, ištisas; ***all the ~ day*** ištisą dieną

lively ['laɪvlɪ] *a* **1** gyvas, gyvybingas, linksmas; ~ ***child*** gyvas vaikas; ~ ***imagination*** gyva vaizduotė **2** stiprus *(apie įspūdį);* ryškus *(apie spalvą, aprašymą ir pan.)* **3** greitas; greit atšokantis *(apie sviedinį)* **4** gaivus, atgajus *(apie orą, vėją)* ◊ ***to make things/it ~ for smb*** pridaryti kam nemalonumų; ***look ~!*** *šnek.* susivikrink!, pasiskubink!
adv gyvai, energingai, linksmai

liven ['laɪvn] *v* (pa)gyvėti; (pa)gyvinti, išjudinti *(ppr.* ~ ***up)***

live-oak ['laɪvəuk] *n bot.* Virginijos ąžuolas *(P. Amerikoje)*

liver¹ ['lɪvə] *n:* ***good ~*** a) geras žmogus; b) lėbautojas; smaguriautojas; ***loose ~*** pasileidėlis; ***close ~*** šykštuolis; ***clean ~*** švaruolis

liver² *n* **1** *anat.* kepenys **2** kepenėlės *(maistas);* ~ ***sausage*** kepeninė dešra

liver-coloured ['lɪvəˈkʌləd] *a* rausvai rudos spalvos

liveried ['lɪvərɪd] *a* apsirengęs livrėja

liverish ['lɪvərɪʃ] *a šnek.* sergantis kepenų liga; negaluojantis *(ypač persivalgius, persigėrus)*

Liverpool ['lɪvəpu:l] *n* Liverpulis *(miestas)*

liverwort ['lɪvəwə:t] *n bot.* kerpsamanė

liverwurst ['lɪvəwə:st] *n amer.* kepeninė dešra

livery¹ ['lɪvərɪ] *a* **1** rausvai rudas **2** *šnek.* = **liverish 3** klampus *(apie žemę)*

livery² *n* **1** livrėja; ~ ***servant*** livrėja apsirengęs tarnas **2** *ist.* gildijos nario kostiumas; ~ ***company*** viena iš Londono siti kompanijų **3** *poet.* apdaras; *the ~ of spring* pavasario *(gamtos)* apdaras **4** ženklas *(ant bendrovės susisiekimo priemonių, gaminių, turto)* **5** *(arklių, valčių ir pan.)* nuomojimas; nuomojamų arklių arklidė, vežikų kiemas *(džn. ~ stable)* **6** *teis.* valdymo teisių patvirtinimas

liveryman ['lıvᵊrımən] *n (pl* -men [-mən]) *(tik v.)* **1** *ist.* gildijos narys **2** nuomojamos arklidės savininkas; arklidės darbininkas

lives [laıvz] *pl žr.* **life**

livestock ['laıvstɔk] *n* gyvasis inventorius, (naminiai) gyvuliai, galvijai; *~ tranporter* automobilis gyvuliams vežti

livid ['lıvıd] *a* **1** *šnek.* įpykęs, įniršęs **2** melsvai pilkšvas, mėlynas, pamėlynavęs *(apie odą, rankas, nagus)* **3** *knyg.* mirtinai išbalęs

living ['lıvıŋ] *n* **1** pragyvenimas; *to make/get/earn one's ~* užsidirbti pragyvenimui; *~ wage [standards]* pragyvenimo minimumas [lygis] **2** gyvenimas, gyvenimo būdas; *high [plain] ~* turtingas [kuklus/paprastas] gyvenimas **3** *bažn.* beneficija

a **1** gyvas; gyvenantis; *~ languages* gyvosios kalbos; *the greatest poet ~* didžiausias šių laikų poetas **2** labai panašus, tikras, gyvas; *he is the ~ image of his father* jis tikras tėvo gyvavaizdis, jis gyvas tėvas; *~ likeness* nepaprastas panašumas **3** gyvenamasis, gyvenimo; *~ conditions* gyvenimo sąlygos

living-room ['lıvıŋrum] *n* bendrasis kambarys, svetainė
living-space ['lıvıŋspeıs] *n* **1** gyvybinė erdvė **2** gyvenamasis plotas
Livonia [lı'vəunıə] *n ist.* Livonija
lixivia [lık'sıvıə] *pl žr.* **lixivium**
lixiviate [lık'sıvıeıt] *v chem.* nušarminti
lixivium [lık'sıvıəm] *n (pl* -via, ~s) šarmas
Liza ['laızə] *n* Liza *(vardas)*
lizard ['lızəd] *n zool.* driežas
lizzie ['lızı] *n sl.* nebrangus automobilis, *ypač* fordas *(t. p. tin ~)*
'll [l] (**will**² *ir* **shall** *sutr.) šnek.: he'll* = **he will**, *they'll* = **they will** *ir t. t.*
llama ['lɑːmə] *n zool.* lama
Lloyd's [lɔıdz] *n* Loidas *(tarptautinė draudimo asociacija, bendrovė); ~ Register* Loido registras
lo [ləu] *int psn.* štai!, žiūrėk!; *lo and behold juok.* (ir) štai!; ir staiga!, tik paklausyk!
loach [ləutʃ] *n zool.* šlyžys; kirtiklis *(žuvis)*
load [ləud] *n* **1** našta, sunkenybė; *~ of care* rūpesčių našta; *to take a ~ off smb's mind* išvaduoti nuo (slegiančio) susirūpinimo/nerimo *ir pan.; that's a ~ off my mind* ≡ lyg akmuo nuo širdies nukrito **2** krovinys, kroviniai; įkrova, vežta **3** vagonas, laivas, vežimas *(su kroviniu)* **4** *el.* krūvis **5** krūvis, atliekamo darbo kiekis; *teaching ~* pedagoginio darbo krūvis **6** *(ypač pl) šnek.* daugybė; *don't worry, there's ~s of time* nesirūpink, yra daugybė laiko **7** *kar.* užtaisas **8** *tech.* apkrova, apkrovimas; *working ~* naudingoji apkrova; *limiting ~, ~ capacity* leistina apkrova; krovumas **9** *komp. (duomenų, programos)* įkėlimas į pagrindinę/registrų atmintį; keltìs ◊ *to get a ~ (of) šnek.* gerai apžiūrėti, išklausyti; *get a ~ of that!* tik pažiūrėk čia!; *get/cop a ~ of this!* tik paklausyk(ite)!; *a ~ of rubbish/junk šnek.* šlamštas

v **1** (pa)krauti **2** užkrauti, apkrauti *(t. p. prk.; t. p. ~ down; with);* apsunkinti *(rūpesčiais); to ~ one's stomach with food* apsunkti prisivalgius; prisivalgyti **3** apipilti *(dovanomis, priekaištais)* **4** *kar.* užtaisyti; *fot.* įdėti filmą **5** pripildyti švino *(lazdą, žaidimo kauliukus)* **6** pridėti į vyną spirito/narkotikų **7** prisotinti *(orą)* **8** *men.* gausiai užtepti *(dažų)* **9** *komp.* įkelti *(duomenis, programą)*

loaded ['ləudıd] *a* **1** pakrautas, prikrautas, pripildytas; apsikrovęs; *~ dice* a) žaidžiamasis kauliukas, pripildytas švino; b) *prk.* nesąžiningai įgytas pranašumas **2** su *(neigiama)* potekste, neobjektyvus **3** užtaisytas *(apie šautuvą);* su filmu **4** *šnek.* pilnas, perkrautas *(with)* **5** *šnek.* pinigingas **6** *šnek.* girtutėlis ◊ *~ question* provokacinis klausimas

loader ['ləudə] *n* **1** krovėjas, krovikas **2** krovimo įtaisas, krautuvas; transporteris; *wheel(ed) ~* autokrautuvas; *manure ~* mėšlo krautuvas **3** *kar.* užtaisytojas **4** *komp.* kelties programa

loading ['ləudıŋ] *n* **1** (pa)krovimas **2** *ret.* krovinys, krūvis, apkrovimas **3** *fin.* draudimo priemoka *(dėl padidėjusios rizikos ir pan.)* **4** *kar.* užtaisymas **5** *komp.* keltìs

load-line ['ləudlaın] *n jūr.* maksimalaus apkrovimo vaterlinija, krovininė vaterlinija

load-shedding ['ləud‿ʃedıŋ] *n el.* apkrovimo numetimas
loadstar ['ləudstɑː] *n* = **lodestar**
loadstone ['ləudstəun] *n min.* magnetas; magnetitas
loaf¹ [ləuf] *n (pl* loaves) **1** kepalas, kepaliukas, banda, bandelė; batonas; *the ~* duona; *French ~ (ilgas)* prancūziškas batonas **2** cukraus galva **3** gūžė, *(kopūsto)* galva ◊ *loaves and fishes bibl.* žemiškos gėrybės; *half a ~ is better than no bread* ≡ alkanam ir juoda duona skani; *use your ~ šnek.* ≡ pasuk galvą

loaf² *n* dykinėjimas; *to have a ~* dykinėti
v dykinėti, slankioti, bastytis *(t. p. ~ about/around)*
loafer ['ləufə] *n* **1** dykinėtojas, bastūnas **2** nevarstomi vyriški batai *(panašūs į mokasinus)*
loaf-sugar ['ləufˌʃugə] *n* rafinadas
loam [ləum] *n* **1** priemolis *(t. p. clay ~); silt ~* rudasis priemolis; *sandy ~* priesmėlis **2** derlinga žemė **3** molis *(plytoms, tinkavimui)*
loamy ['ləumı] *a* priemolinis, priemolingas
loan [ləun] *n* **1** paskola; *government ~* valstybinė paskola **2** (pa)skolinimas; skolintas daiktas; *on ~* a) skolon; b) paimtas *(iš bibliotekos); to give smb a ~ of smth* paskolinti kam ką **3** perėmimas, skolinimas *(žodžių, papročių)* **4** *attr* paskolinis; skolinamasis; *~ capital ekon.* paskolinis kapitalas

v (ypač amer.) (pa)skolinti; duoti/suteikti paskolą
loan-collection ['ləunkəˌlekʃn] *n* paveikslų kolekcija, savininko laikinai paskolinta parodai
loan-shark ['ləunʃɑːk] *n šnek.* lupikautojas
loan-society ['ləunsəˌsaıətı] *n* savišalpos kasa
loan-translation ['ləuntrænzˌleıʃn] *n kalb.* vertinys, kalkė; vertyba
loanword ['ləunwɜːd] *n kalb.* svetimžodis, skolinys; *translation ~* verstinis žodis, leksinis vertinys
loath [ləuθ] *a predic* nelinkęs, nenorintis; *to be ~ (to do smth)* nenorėti (ko daryti); *nothing ~* noriai, noromis, mielai
loathe [ləuð] *v* **1** jausti pasibjaurėjimą, bjaurėtis, pasibjaurėti; neapkęsti **2** *šnek.* nemėgti
loathing ['ləuðıŋ] *n* **1** pasibjaurėjimas, pasišlykštėjimas **2** neapykanta *(for)*
loathsome ['ləuðsᵊm] *a* pasibjaurėtinas, bjaurus, šlykštus, atstumiantis
loaves [ləuvz] *pl žr.* **loaf**¹
lob [lɔb] *v* **1** (iš)mesti aukštyn; mesti, mėtyti *(per tvorą ir pan.)* **2** aukštai/lėtai paduoti kamuoliuką/kamuolį *(žaidžiant tenisą, kriketą)*

n sport. aukštas/lėtas kamuoliuko/kamuolio padavimas

lobar ['ləubə] *a spec.* skiltinis
lobate ['ləubeɪt] *a* **1** *bot.* skiautėtas **2** *med.* skiltėtas, skiltelinis
lobby ['lɔbɪ] *n* **1** vestibiulis, prieangis; fojė; koridorius **2** kuluarai; laukimo salė; *division ~* koridorius, kur Anglijos parlamento nariai balsuoja **3** *kuop.* lobiai, lobistai *(asmenys, bandantys paveikti kongreso/parlamento narius to ar kito įstatymo projekto naudai ir pan.)* **4** mitingas prieš parlamento rūmus *(įteikiant peticiją ir pan.);* delegacijos siuntimas pas savo deputatą *v* **1** stengtis paveikti *(kongreso/parlamento narius);* daryti spaudimą **2** organizuoti žygį/mitingą prie parlamento rūmų ☐ *~ through* prastumti įstatymo projektą lobistiniu keliu
lobbyer, lobbyist ['lɔbɪə, 'lɔbɪɪst] *n* lobistas
lobe [ləub] *n* **1** *(ausies)* spenelis, lezgelis **2** *spec.* skiltis; *~ of a leaf bot.* lapo skiltis; *~ of the lungs anat.* plaučių skiltis **3** *tech.* kumštelis, gumbelis
lobelia [lə'bi:lɪə] *n bot.* lobelija
loblolly ['lɔblɔlɪ] *n* **1** *jūr., dial.* tiršta (avižinė) košė **2** *amer. bot.* terpentininė pušis, Floridos pušis *(t. p. ~ pine)* **3** *attr: ~ boy/man jūr.* laivo felčeris
lobotomy [lə^u'bɔtəmɪ] *n med.* lobotomija
lobster ['lɔbstə] *n* **1** *zool.* omaras *(stambus jūrų vėžys); rock/spiny ~* langustas; *red as a ~* raudonas kaip vėžys **2** *menk.* gremėzdas, keverza
lobster-eyed ['lɔbstər'aɪd] *a* išverstakis
lobsterpot ['lɔbstəpɔt] *n* bučius/varža omarams gaudyti
lobule ['lɔbju:l] *n spec.* skiltelė; skiautelė
lobworm ['lɔbwə:m] *n* didelis sliekas *(jaukas)*
local ['ləukəl] *a* **1** vietinis, vietos; lokalinis; *~ adverb gram.* vietos prieveiksmis; *~ call* vietinis telefono skambutis; *~ time* vietos laikas; *~ train* priemiestinis traukinys; *~ engagement kar.* vietinės reikšmės mūšis; *~ defence kar.* savigyna, savisauga; *~ option/veto* vietos gyventojų teisė kontroliuoti/uždrausti alkoholinių gėrimų pardavimą; *~ examinations* egzaminai, universiteto atstovų rengiami mokyklose; *~ name* a) vietovės pavadinimas; b) vietinis pavadinimas; *~ room amer.* vietos naujienų skyrius *(laikraščio redakcijoje); ~ anaesthesia med.* vietinė anestezija **2** paplitęs, aptinkamas kai kur *(ppr. quite/very ~)*
n **1** vietinis gyventojas **2** vietos naujienos *(laikraštyje); the ~s* vietos laikraščiai **3** priemiestinis traukinys/autobusas **4** *amer.* profsąjungos organizacija **5** *šnek.* vietinė smuklė/alinė
locale [ləu'kɑ:l] *n (vyksmo)* vieta; *the ~ and period of the play* pjesės veiksmo vieta ir laikas
localism ['ləukəlɪzm] *n* **1** vietiniai interesai; vietinis patriotizmas **2** interesų siaurumas **3** *kalb.* provincializmas
locality [ləu'kælətɪ] *n* **1** vieta, vietovė; rajonas; *(vietos)* padėtis; *inhabited/populated ~* gyvenamoji vietovė **2** *pl* apylinkės **3** sugebėjimas orientuotis vietovėje *(t. p. sense/bump of ~)*
localize ['ləukəlaɪz] *v* **1** lokalizuoti, nustatyti buvimo vietą/padėtį **2** lokalizuoti, neleisti išplisti *(pvz., ligai)*
locally ['ləukəlɪ] *adv* **1** *(tam tikroje)* vietoje, vietovėje; arti **2** vietos mastu
locate [ləu'keɪt] *v* **1** nustatyti/surasti *(ko)* vietą/padėtį **2** fiksuoti, iš(si)dėstyti *(tam tikroje vietoje);* paskirti vietą *(statybai ir pan.)* **3** įsikurti, apsigyventi *(in, on); pass* gyventi, būti *(tam tikroje vietoje)*
location [ləu'keɪʃn] *n* **1** *(buvimo)* vieta, padėtis; gyvenamoji vieta **2** vietos nustatymas/(su)radimas; lokacija **3** iš(si)dėstymas **4** apsigyvenimas **5** *austral.* ferma **6** *teis.* išnuomojimas **7** *kin.* natūrali *(filmavimo)* aplinka; *~ shooting* filmavimas natūroje *(už studijos sienų)*
locative ['lɔkətɪv] *n gram.* vietininkas, lokatyvas
loch [lɔk] *n škot.* **1** ežeras **2** siaura jūros įlanka
loci ['ləusaɪ] *pl žr.* **locus**; *dar žr.* **genius** 4
lock[1] [lɔk] *n* **1** garbana; *pl* garbanos, plaukai **2** *(plaukų, vilnų ir pan.)* kuokštas, pluoštas, sruoga
lock[2] *n* **1** užraktas, spyna; *combination ~* šifrinė spyna; *door ~* durų spyna; *under ~ and key* a) užrakintas; b) uždarytas į kalėjimą **2** *(šautuvo)* spyna **3** suėmimas kabliu *(imtynėse)* **4** *(transporto priemonių)* susigrūdimas **5** *hidr.* šliuzas, užtvanka; *(šliuzo uždorio ir pan.)* kamera *(t. p. ~ chamber)* **6** *tech.* stabdiklis, kaištis **7** *aut. (vairo)* laisvumas; posūkio spindulys ◊ *~, stock and barrel* viskas; visiškai
v **1** už(si)rakinti; *this trunk doesn't ~* šis lagaminas neužsirakina; *I've ~ed myself out of my flat* aš užtrenkiau duris ir negaliu įeiti į butą **2** suspausti, suimti, sukąsti *(dantis, žandikaulius); they were ~ed in each other's arms* jie apsikabino **3** su(si)jungti, sukibti; sunerti *(rankas); the parts ~ into each other* tos dalys sukimba tarpusavyje **4** *(ppr. pass)* susiimti, susikibti *(with smb – su kuo; t. p. prk.); to be ~ed in dispute* susikibti ginčijantis, susiginčyti (iki peštynių) **5** *(ppr. pass)* supti iš visų pusių *(ppr. ~ in); the lake is ~ed in (by) hills* ežerą iš visų pusių supa kalnai **6** sustoti, neveikti *(apie mašiną, jos dalis)* **7** (pra)leisti per šliuzą ☐ *~ away* slėpti po užraktu, užrakinti; *~ in* a) užrakinti, uždaryti *(kambaryje, kameroje ir pan.);* b) *jūr.* įplaukti į šliuzą; *~ out* a) už(si)rakinti ir neleisti/negalėti įeiti *(į savo butą ir pan.);* b) paskelbti lokautą; c) *jūr.* išplaukti iš šliuzo; *~ up* a) užrakinti, gerai uždaryti *(visas duris, langus);* b) uždaryti *(į kalėjimą, psichiatrinę ligoninę);* c) *(ppr. pass)* investuoti *(kapitalą)* į sunkiai realizuojamus vertybinius popierius; įšaldyti; d) nuslėpti *(faktus ir pan.)*
lockage ['lɔkɪdʒ] *n* **1** šliuzo įrenginiai ir mechanizmai **2** *(laivo)* perėjimas per šliuzus **3** mokestis už naudojimąsi šliuzu
lock-away ['lɔkəweɪ] *n fin.* ilgalaikis kreditavimas *(su garantija)*
Locke [lɔk] *n: John ~* Džonas Lokas *(anglų filosofas)*
locker ['lɔkə] *n* **1** užrakinama spintelė/skrynia *(mokykloje, įstaigoje ir pan.)* **2** *amer.* šalta patalpa šviežiai užšaldytiems produktams laikyti *(restorane, gamykloje)* ◊ *Davy Jones's ~* jūros dugnas; jūreivių kapai
locker-room ['lɔkərum] *n* persirengimo kambarys *(fabrike, stadione ir pan. su spintelėmis asmeniniams daiktams)*
locket ['lɔkɪt] *n* medalionas
lockfast ['lɔkfɑ:st] *a škot.* gerai užrakintas
lock-gate ['lɔkgeɪt] *n* šliuzo vartai
locking ['lɔkɪŋ] *n* **1** už(si)rakinimas **2** *tech.* blokavimas; stabdymas; fiksavimas; *~ device* blokavimo/fiksavimo įtaisas
lockjaw ['lɔkdʒɔ:] *n* mėšlungiškas žandikaulių sukandimas
lock-keeper ['lɔk͵ki:pə] *n* šliuzo prižiūrėtojas
locknut ['lɔknʌt] *n tech.* antveržlė
lockout ['lɔkaut] *n* lokautas
locksman ['lɔksmən] *n (pl* -men [-mən]) *n* = **lock-keeper**
locksmith ['lɔksmɪθ] *n* spynininkas, spynų meistras
lockstep ['lɔkstep] *n* žygiavimas koja į koją
a nelankstus
lockup ['lɔkʌp] *n* **1** *(mokyklos, įstaigos ir pan.)* uždarymas *(nakčiai);* darbo baigimo laikas **2** areštinė; *šnek.* kalėjimas **3** *ekon.* kapitalo įdėjimas į sunkiai realizuojamus popierius, žemę *ir pan.;* kapitalo įšaldymas **4** *attr* užrakinamas

loco¹ ['ləukəu] <n, a, v> n (pl ~(e)s [-z]) **1** bot. kulkšnė (Amerikoje augantis augalas; nuodingas gyvuliams) **2** vet. kulkšnės sukelta gyvulių liga (t. p. ~ **disease**) a šnek. išprotėjęs; **to go** ~ pamišti
v šnek. išvaryti iš proto
loco² sutr. šnek. = **locomotive** n
locomobile ['ləukə‚məubaıl] n tech. lokomobilis
a savaeigis
locomotion [‚ləukə'məuʃn] n kėlimasis, kilnojimasis (iš vienos vietos į kitą); judėjimas; **means of** ~ transporto priemonės
locomotive [‚ləukə'məutıv] n lokomotyvas; garvežys; **Diesel** ~ motorvežis; **electric** ~ elektrovežis
a **1** varomas; judantis, judinantis; ~ **power** varomoji jėga **2** juok. nuolat keliaujantis **3** lokomotyvų, garvežių
locoweed ['ləukəuwi:d] = **loco¹** n 1
locum ['ləukəm] lot. n laikinas pavaduotojas (t. p. ~ **tenens**); **to do** ~ laikinai pavaduoti (gydytoją, dvasininką)
locus ['ləukəs] lot. n (pl loci) **1** vieta, padėtis; ~ **sigilli** antspaudo vieta **2** mat. hodografas; taškų geometrinė vieta **3** biol. lokus
locust ['ləukəst] n **1** zool. skėrys, skėrys keleivis **2** šnek. goduolis **3** amer. zool. cikada **4** bot. baltoji Amerikos akacija (t. p. ~ **tree**)
locution [ləᵘ'kju:ʃn] n posakis, pasakymas, idioma
lode [ləud] n **1** geol. rūdgyslė; klodas **2** = **loadstone**
lodestar ['ləudstɑ:] n **1** Šiaurinė žvaigždė **2** prk. kelrodė žvaigždė
lodestone ['ləudstəun] n = **loadstone**
lodge [lɔdʒ] n **1** namelis; būdelė, sarginė; vartininko/durininko būstas/patalpos **2** medžiotojų/slidininkų namelis; laikina pastogė/buveinė **3** amer. indėnų palapinė, vigvamas **4** (masonų) ložė **5** (žvėries) urvas; bebravietė **6** koledžo direktoriaus butas (Kembridže) **7** amer. viešbutis kalnuose
v **1** apgyvendinti, įkurdinti; priglausti **2** (laikinai) gyventi, turėti butą; nuomoti butą/kambarį **3** įvaryti, įstrigti (apie kulką, kaulą ir pan.; t. p. prk.); **words** ~**d in his soul** žodžiai, įstrigę jo širdyje **4** (pa)dėti (į saugią vietą) **5** paduoti (skundą, prašymą; with, in); pateikti (kaltinimą); **to** ~ **power with smb, ar in the hands of smb** suteikti kam įgaliojimus/valdžią **6** priplakti (prie žemės), išguldyti; išgulti (apie pasėlius)
lodgement ['lɔdʒmənt] n = **lodgment**
lodger ['lɔdʒə] n (buto) nuomininkas, gyventojas; **to take in** ~**s** priimti nuomininkus, išnuomoti kambarius
lodging ['lɔdʒıŋ] n **1** (laikina) buveinė, būstas **2** pl (nuomojamas) kambarys, kambariai, butas; **dry** ~ kambarys be maitinimo
lodging-house ['lɔdʒıŋhaus] n namas, kuriame nuomojami mebliuoti, baldais apstatyti kambariai; **common** ~ nakvynės namai
lodgment ['lɔdʒmənt] n **1** knyg. būstas, buveinė, patalpa; prieglauda **2** prk. tvirta padėtis/atrama; **the idea found** ~ **in his mind** mintis užvaldė jį ir neapleidžia **3** (ko) susikaupimas **4** (skundo ir pan.) įteikimas, padavimas **5** (pinigų) deponavimas; depozitas **6** kar. įsitvirtinimas iš priešo atimtose pozicijose; **to find/make a** ~ įsitvirtinti **7** kas. vandens renkamasis baseinas, zumpfas
loess ['ləues, -ıs] n geol. liosas
lo-fi [‚ləu'faı] n (low fidelity sutr.) spec. (garso) atgaminimo prasta/žema kokybė
loft [lɔft] n **1** aukštas, antlubis; pastogė, palėpė (įvairiems daiktams, šienui, šiaudams sukrauti) **2** karvelidė **3** amer. (prekybos patalpų, sandėlio) viršutinis aukštas **4** galerija, choras (salėje, bažnyčioje)
v **1** mušti kamuoliuką aukštyn (žaidžiant golfą) **2** laikyti karvelius
loftiness ['lɔftınıs] n **1** didelis aukštis **2** prk. aukštumas, didingumas **3** išdidumas, išpuikimas, puikybė
lofty ['lɔftı] a **1** (labai) aukštas, didingas, didus (t. p. prk. apie idealus, stilių ir pan.); ~ **mountains** didingi kalnai **2** išdidus, išpuikęs; ~ **contempt** panieka iš aukšto
log¹ [lɔg] n **1** rąstas, sienojas; rąstgalys; kaladė, trinka **2** jūr. lagas (laivo greičio matuoklis) **3** = **log-book** 1, 2 **4** geol. gręžinio pjūvis **5** attr: ~ **cabin** rąstų namelis; ~ **frame** gateris; ~ **truck** miškavežis ◊ **to keep the** ~ **rolling** dirbti sparčiai; **to split the** ~ (pa)aiškinti ką; **roll my** ~ **and I'll roll yours** amer. ≡ ranka ranką mazgoja
v **1** ruošti miško medžiagą; pjaustyti į rąstgalius **2** (į)registruoti (mirtį ir pan.) **3** jūr. įrašyti/registruoti laivo žurnale **4** jūr., av. nuplaukti/nuskristi tam tikrą nuotolį (per nurodytą laiką) ❒ ~ **in/on** automatiškai į(si)jungti kompiuterių sistemą (žinant slaptažodį ir pan.); ~ **off/out** komp. automatiškai iš(si)jungti
log² n = **logarithm**
loganberry ['ləugənbəri] n bot. avietės ir gervuogės hibridas
logarithm ['lɔgərıðəm] n mat. logaritmas; **common** ~ dešimtainis logaritmas
logarithmic [‚lɔgə'rıðmık] a mat. logaritminis
logbook ['lɔgbuk] n **1** av., jūr. lėktuvo/laivo žurnalas **2** radijo stoties ir pan. žurnalas **3** aut. formuliaras
loge [ləuʒ] pr. n teatr. ložė
logged [lɔgd] a **1** permirkęs, persisunkęs (vandeniu); apsunkęs **2** stovimas (apie vandenį)
logger ['lɔgə] n miško kirtėjas
loggerhead ['lɔgəhed] n **1** neįprastai didelė galva **2** jūrų vėžlio rūšis (t. p. ~ **turtle**) **3** psn. kvaiša ◊ **to be at** ~**s** **(with)** smarkiai nesutarti, vaidytis (su)
loggia ['lɔdʒə] n archit. lodžija; arkada
logging ['lɔgıŋ] n miško ruoša
log-hut ['lɔghʌt] n rąstų namelis
logic ['lɔdʒık] n (įv. reikšm.) logika; **formal [fuzzy]** ~ formalioji [blausioji] logika; **the** ~ **of events** įvykių logika; **there's a [certain]** ~ **(in)** yra [tam tikros] logikos (kur)
logical ['lɔdʒıkl] a **1** logikos, loginis **2** logiškas
-logic(al) [-'lɔdʒık(l)] suff -loginis; **mineralogical** mineraloginis
logician [lə'dʒıʃn] n logikas
-logist [-ədʒıst] (t. p. **-ologist**) suff -(o)logas; **sociologist** sociologas
logistics [lə'dʒıstıks] n pl **1** (ko nors sudėtingo) mechanizmas, strategija **2** kar. štabo tarnybos technika; pervežimų ir tiekimo technika; materialinis techninis aprūpinimas
logjam ['lɔgdʒæm] n **1** (plukdomų rąstų) sangrūda, užkamša **2** prk. aklavietė; neišsprendžiama problema
log-man ['lɔgmən] n (pl -men [-mən]) (tik v.) amer. miško kirtėjas
logo ['ləugəu] n **1** (pl ~s [-z]) (organizacijos, firmos) ženklas, emblema **2** (L.) kompiuterinė kalba „Logo"
logo- ['lɔgəu-] (sudurt. žodžiuose) logo-; **logopathy** logopatija
logogram ['lɔgəgræm] n raidė/ženklas, žymintis žodį
logomachy [lə'gɔməkı] n knyg. ginčas dėl žodžių, tuščias ginčas

logroll ['lɔgrəul] *v* daryti abipuses paslaugas
logrolling ['lɔg‚rəulɪŋ] *n amer.* **1** rąstų ritinimas *(padedant kaimynams)* **2** savitarpio pagalba; abipusiškos paslaugos *(ypač politikoje)*
logwood ['lɔgwud] *n bot.* kampešmedis
logy ['ləugɪ] *a amer.* apsnūdęs, apatiškas; lėtas
-logy [-lədʒɪ] *(sudurt. žodžiuose)* -logija *(žymint mokslo šaką, sritį);* **gerontology** gerontologija; **vulkanology** vulkanologija
loin [lɔɪn] *n* **1** *pl* juosmuo, strėnos **2** *kul.* nugarinė; *amer.* filė ◊ *to gird (up) one's ~s* sukaupti jėgas, ruoštis *(kelionei, rimtam žingsniui);* **sprung from one's ~s** kilęs, gavęs kilmę iš
loincloth ['lɔɪnklɔθ] *n* strėnjuostė, strėnų juosta
loir ['lɔɪə] *n zool.* miegapelė
loiter ['lɔɪtə] *v* stoviniuoti, slampinėti, šalinėti; gaišti *(t. p. ~ about/around)* ☐ *to ~ away* dykinėti; *to ~ away the whole afternoon* pradykinėti visą popietę
loitering ['lɔɪtərɪŋ] *n teis.* valkatavimas ir priekabiavimas viešoje vietoje, nusikalstamas stoviniavimas *(t. p. ~ with intent)*
loll [lɔl] *v* **1** sėdėti atsilošus/sudribus; stovėti atsirėmus; drybsoti **2** nusvirti *(apie galvą)* ☐ *~ about/around* šlaistytis; *~ out* iškišti/pakabinti liežuvį; būti išsikišusiam *(apie liežuvį)*
Lollard ['lɔləd] *n ist.* lolardas
lollipop ['lɔlɪpɔp] *n* ledinukas ant pagaliuko; *pl* saldumynai ◊ *~ lady [man]* moteris [vyras], iškelianti(s) skridinį ir sustabdanti(s) eismą *(kad vaikai galėtų pereiti gatvę)*
lollop ['lɔləp] *v šnek.* drimbinti, drimbsėti; drimbinėti *(t. p. ~ about)*
lolly ['lɔlɪ] *n šnek.* **1** pinigai **2** = **lollipop**
lollygag ['lɔlɪgæg] *v amer. šnek.* = **loiter**
lollypop ['lɔlɪpɔp] *n amer.* = **lollipop**
Lombard ['lɔmbəd] *n* Lombardijos (vietinis) gyventojas/ dialektas
Lombardy ['lɔmbədɪ] *n* Lombardija *(Š. Italijos sritis)*
London ['lʌndən] *n* Londonas
Londonderry [‚lʌndən'derɪ] *n* Londonderis *(Š. Airijos grafystė ir miestas)*
Londoner ['lʌndənə] *n* londonietis; Londono gyventojas
lone [ləun] *a* **1** vienišas; atsiskyręs **2** vienišas, vienas, negyvenantis santuokoje
loneliness ['ləunlɪnɪs] *n* **1** vienatvė, vienuma; vienišumas **2** nuošalumas
lonely ['ləunlɪ] *a* **1** vienišas, atsiskyręs; *~ heart club* vienišų širdžių klubas; pažinčių klubas **2** nuošalus, atskirtas *(apie vietą)*
loner ['ləunə] *n* vienišius, atsiskyrėlis; individualistas
lonesome ['ləunsᵊm] *a (ypač amer.)* **1** = **lonely 2** liūdinantis, keliantis liūdesį ◊ *all on/amer. by one's ~ šnek.* visiškai vienas
long¹ [lɔŋ] <*a, adv, conj, n*> *a* **1** ilgas; tolimas; *~ measures* ilgio matai; *a ~ mile* gera mylia; *~ distance* ilgas/tolimas atstumas; *~ waves rad.* ilgosios bangos **2** ilgai trunkantis, ilgalaikis; seniai esantis, gyvuojantis; *a ~ time* ilgas laikas; daug laiko; *~ lease* ilgalaikė nuoma; *~ custom* senas paprotys; *a friendship [an illness] of ~ standing* sena draugystė [įsisenėjusi liga]; *a ~ farewell* a) ilgas atsisveikinimas; b) atsisveikinimas ilgam laikui **3** ilgai kuo užsiėmęs; *how ~ he is!* kaip ilgai jis krapštosi! **4** *(nurodyto)* ilgio, trukmės; *five meters ~* penkių metrų ilgio; *an hour ~* trunkantį valandą **5** gausus, didelis *(apie šeimą, kainą, sąskaitą ir pan.)* **6** ištęstas *(apie kalbą)* **7** *fon.* ilgasis *(apie balsį);* *~ mark* ilgumo ženklas ◊ *a ~ memory* gera atmintis; *~ time to see* sveikas, seniai matytas
adv **1** ilgai; *I can't stand it a day ~* aš nepakęsiu to nė vienos dienos ilgiau; *wait here, I won't be ~* palauk čia, aš neužtruksiu (ilgai) **2** daug laiko; *~ after* praėjus daug laiko; *~ before* daug anksčiau, jau seniai; *~ ago/since* seniai, labai seniai **3:** *all day ~* visą dieną; *his life ~* visą jo gyvenimą ◊ *so ~!* *šnek.* viso labo!, iki pasimatymo!; kol kas!; *~ live...!* tegyvuoja...!
conj: *(as/so ~ as)* **1** tol, kol; iki tol, kol; *as ~ as nesessary* tol, kol reikia **2** jeigu tik
n **1** ilgas laikas, ilgas laiko tarpas; *for ~* ilgam; *before ~* netrukus, greitu laiku; *it will not take ~* neužims daug laiko **2** *fon.* ilgasis balsis; ilgasis skiemuo **3** *fin.* vertybinių popierių pirkėjas ◊ *the ~ and the short of it* trumpai sakant, vienu žodžiu
long² *v* trokšti, aistringai norėti; ilgėtis *(for)*
long-ago ['lɔŋə'gəu] *n* tolima praeitis; seni laikai
a senų laikų, labai senas
long-awaited ['lɔŋə'weɪtɪd] *a attr* ilgai lauktas
longboat ['lɔŋbəut] *n* barkasas *(burlaivyje)*
longbow ['lɔŋbəu] *n ist.* didelis lankas ◊ *to draw/pull the ~* pasakoti nebūtus dalykus
long-dated ['lɔŋ'deɪtɪd] *a fin.* ilgalaikis
long-distance ['lɔŋ'dɪstəns] *a attr* **1** tolimas; *~ run* tolimasis reisas; *~ lorry driver* tolimųjų reisų sunkvežimio vairuotojas; *~ call amer.* tarpmiestinis/ tarptautinis pasikalbėjimas telefonu **2** ilgų nuotolių *(apie bėgiką ir pan.)*
n tarpmiestinė telefono stotis
long-drawn(-out) ['lɔŋdrɔ:n('aut)] *a* (per ilgai) užtrukęs, užsitęsęs; ilgas
longed-for ['lɔŋdfɔ:] *a* seniai lauktas/laukiamas
longer ['lɔŋgə] *(comp žr.* **long¹** *a ir adv)* ilgesnis; ilgiau; *wait a while ~* palaukite dar truputį; *no ~* (jau) nebe; daugiau ne; *he is no ~ in Kaunas* Kaune jo jau nebėra; *I shall not wait (any) ~* aš ilgiau/daugiau nelauksiu
longeron ['lɔndʒərɔn] *n av., aut.* lonžeronas
longest ['lɔŋgɪst] *(superl žr.* **long¹** *a ir adv)* ilgiausias; ilgiausiai; *(a month) at ~* ilgiausiai (mėnesį)
longevity [lɔn'dʒevətɪ] *n* ilgaamžiškumas
longevous [lɔn'dʒi:vəs] *a ret.* ilgaamžis, ilgametis
Longfellow ['lɔŋ‚feləu] *n:* *Henry Wadsworth ~* Henris Vodsvertas Longfelou *(amerikiečių rašytojas)*
longhair ['lɔŋhɛə] *n (džn. menk.)* **1** ilgaplaukis *(apie jaunimą)* **2** menininkas; estetas **3** intelektualas; eruditas
longhaired ['lɔŋ'hɛəd] *a* **1** ilgaplaukis **2** *(ppr. menk.)* inteligentų, intelektualų **3** mėgstantis klasikinę muziką
longhand ['lɔŋhænd] *n* paprastas raštas *(ne stenografija, ne spausdinimas mašinėle)*
long-haul ['lɔŋhɔ:l] *a av.* tolimo nuotolio *(apie skrydį, maršrutą ir pan.)*
longheaded ['lɔŋ'hedɪd] *a* **1** ilgagalvis, dolichocefalas **2** įžvalgus; sumanus, apdairus
longhorn ['lɔŋhɔ:n] *n ž. ū.* ilgaragių veislės karvė *(mėsai)*
longing ['lɔŋɪŋ] *n* didelis noras, troškimas, geismas; ilgėjimasis, ilgesys *(for)*
a labai norintis, trokštantis, geismingas; *~ look* ilgesingas žvilgsnis
longish ['lɔŋɪʃ] *a* ilgokas
longitude ['lɔndʒɪtju:d] *n geogr. (rytų, vakarų)* ilguma
longitudinal [‚lɔndʒɪ'tju:dɪnl] *a* **1** išilginis; *~ beam* a) išilginė sija; b) *av., jūr.* stringeris; lonžeronas *(t. p. aut.)* **2** *geogr.* ilgumõs
long-lasting ['lɔŋ'la:stɪŋ] *a* ilgai trunkantis, ilgalaikis
long-line ['lɔŋlaɪn] *n* ūda
long-lived ['lɔŋ'lɪvd] *a* ilgaamžis, ilgametis

long-liver ['lɔŋˌlɪvə] *n* ilgaamžis žmogus
long-lost ['lɔŋ'lɔst] *a attr* seniai prarastas/matytas
long-playing ['lɔŋpleɪɪŋ] *a:* ~ *record* ilgai grojanti plokštelė
long-range ['lɔŋ'reɪndʒ] *a attr* **1** tolimo veikimo; toliašaudis; ~ *rocket/missile* tolimo veikimo raketa; ~ *ship* tolimo plaukiojimo laivas **2** ilgalaikis, perspektyvinis; ~ *forecast* ilgalaikė *(orų)* prognozė; ~ *policy* įžvalgi politika; ~ *plans* perspektyviniai planai
long-running ['lɔŋ'rʌnɪŋ] *a attr* seniai besitęsiantis, užsitęsęs
long-service ['lɔŋˌsə:vɪs] *a:* ~ *pay* priedas už stažą, už ištarnautus metus
longshoreman ['lɔŋʃɔ:mən] *n (pl* -men [-mən]) *(tik v.)* **1** *(ypač amer.)* uosto krovikas **2** pakrantės žvejys **3** *šnek.* žmogus, gyvenantis iš atsitiktinio darbo pajūrio kurortuose
long-sighted ['lɔŋ'saɪtɪd] *a* **1** toliaregis **2** *prk.* įžvalgus, numatantis
long-sleeved ['lɔŋ'sli:vd] *a* ilgarankovis, su ilgomis rankovėmis
longspun ['lɔŋspʌn] *a* ištęstas, nuobodus
longstanding ['lɔŋ'stændɪŋ] *a* senas, užsitęsęs *(apie ginčą, ryšius ir pan.)*
long-suffering ['lɔŋ'sʌfərɪŋ] *n* didelė kantrybė *a* labai kantrus; daug kentėjęs
long-tailed ['lɔŋ'teɪld] *a* ilgauodegis
long-term ['lɔŋtə:m] *a* ilgalaikis, perspektyvinis *(apie planą)*
long-time ['lɔŋtaɪm] *a attr* ilgalaikis, senas
long-tongued ['lɔŋ'tʌŋd] *a* ilgaliežuvis, plepus
longueurs [ˌlɔŋ'gə:z] *pr. n pl (knygos ir pan.)* ištęstos vietos, ištęstumas
longways ['lɔŋweɪz] *adv* ilgyn, ilgumu
longwearing ['lɔŋwɛərɪŋ] *a amer.* ilgai dėvimas, nenudėvimas
long-winded ['lɔŋ'wɪndɪd] *a* **1** gerų plaučių, galintis ilgai bėgti/šūkauti neuždusdamas **2** nuobodžiai ilgai kalbantis; ištęstas, nuobodus *(apie kalbą)*
longwise ['lɔŋwaɪz] *adv amer.* = **longways**
loo [lu:] *n (pl* ~s [-z]) *šnek.* tualetas, išvietė
looby ['lu:bɪ] *n* vėpla, pusgalvis; drimba
looey ['lu:ɪ] *n sl.* leitenantas
loofa(h) ['lu:fə] *n bot.* šiūruoklė; iš jos vaisių pagaminta plaušinė
look [luk] <*n, v, int*> *n* **1** pažiūrėjimas, žvilgsnis; *to have/take a* ~ *(at)* pažiūrėti, žvilgtelėti *(į)*; susipažinti *(su)*; *to take a hard* ~ apžiūrėti *(prieš tvarkant, remontuojant)*; *to steal a* ~ slapčia dirstelėti **2** ieškojimas; *to have a* ~ (pa)ieškoti; *upon the* ~ beieškant **3** *(akių, veido)* išraiška; *to give smb a dirty* ~ nedraugiškai į ką pažiūrėti **4** išvaizda, išorė; *pl* gera išvaizda, grožis *(t. p. good ~s); by the ~(s) (of)* sprendžiant iš išvaizdos/pažiūros **5** mada ◊ *not to have a* ~ *in with smb* būti blogesniam už ką, neprilygti kam
v **1** (pa)žiūrėti, (pa)žvelgti *(at); to* ~ *through the window* žiūrėti pro langą; *to* ~ *smth/smb in the face* žiūrėti kam į akis; *to* ~ *to the future with a certain anxiety* žiūrėti į ateitį su nerimu **2** apsižiūrėti, apsižvalgyti *(about, around)* **3** atrodyti; *to* ~ *big* atrodyti solidžiai; *to* ~ *small* atrodyti kvailai; *to* ~ *like* atrodyti kaip, būti panašiam į; *to* ~ *blue* atrodyti nuliūdusiam; *she does not* ~ *beautiful* pažiūrėti ji nėra graži; *just* ~ *at yourself!* kaip tu atrodai!, ≡ į ką tu panašus! **4** pažiūrėti *(koks reikalas)*, apžiūrėti, patikrinti *(at);* (iš)nagrinėti, tirti *(into)* **5** išreikšti *(žvilgsniu, išvaizda)* **6** išeiti, žiū-

rėti *(į); my room* ~*s south* mano kambarys išeina į pietus **7** ieškoti, siekti *(for);* we ~*ed everywhere but we couldn't find it* mes visur išieškojome, bet negalėjome rasti **8** *(after, to)* prižiūrėti, rūpintis, pasirūpinti; *to* ~ *to it that...* pasirūpinti, kad... **9** *(on, upon)* žiūrėti *(kaip į)*, laikyti *(kuo); she* ~*ed on us as simpletons* ji žiūrėjo į mus kaip į neišmanėlius **10** *(through)* peržiūrėti; nematyti *(džn. tyčia)*, ignoruoti **11** *(to)* kreiptis *(į; paramos, patarimo ir pan.)* **12** *(Continuous) šnek.* ruoštis, ketinti; *we're* ~*ing to buy a new car* mes ruošiamės pirkti naują mašiną ☐ ~ *ahead* žiūrėti pirmyn, galvoti apie ateitį; ~ *ahead!* saugokis!; ~ *around* = ~ *round;* ~ *back* a) žvalgytis atgal; atsigręžti; b) prisiminti *(on, to);* ~ *down* a) nuleisti akis; b) žiūrėti iš aukšto, niekinti *(on, upon);* c) *kom.* kristi *(apie kainą);* ~ *forward* laukti, tikėtis *(ko nors malonaus; to);* ~ *in* a) užeiti, užsukti; b) žiūrėti televizorių *(at);* ~ *on* stebėti, sekti, žiūrėti *(kai kitas skaito ir pan.);* ~ *out* a) saugotis, būti atsargiam; ~ *out!* atsargiai!; b) išeiti *(apie langus, kambarį; on – į);* c) žiūrėti *(pro langą ir pan.; of);* d) (pa)ieškoti, dairytis *(for);* ~ *over* a) apžiūr(in)ėti; b) peržiūrėti, patikrinti; c) aplankyti; ~ *round* a) apsidairyti, dairytis; b) viską apgalvoti *(prieš darant ką);* ~ *through* = ~ *over* b); ~ *up* a) (pa)žiūrėti aukštyn; pakelti akis; b) *(to)* pagarbiai žiūrėti *(į);* gerbti; c) (pa)ieškoti *(žodyne, informacinėje knygoje);* d) taisytis, gerėti *(apie reikalus);* e) kilti *(apie kainą);* f) (ap)lankyti ◊ *not to* ~ *oneself* pasikeisti neatpažįstamai; *to* ~ *oneself again* atsigauti; *to* ~ *lively/alive šnek.* skubėti; ~ *alive!* gyviau!, pasiskubink!; ~ *before you leap* pirma pagalvok(ite), būkite atsargūs; *to* ~ *at him* sprendžiant iš jo išvaizdos; *to* ~ *out for oneself* ar *for number one* būti savanaudiškam; *I* ~ *towards you šnek.* geriu į jūsų sveikatą
int (pa)klausyk(it); štai ką aš pasakysiu *(t. p.* ~ *here)*
look-alike ['lukəlaɪk] *n (ypač. amer.)* gyvavaizdis, antrininkas
looker ['lukə] *n* **1** *šnek.* gražuolis *(ppr. apie moterį)* **2** *psn.* žiūrėtojas, stebėtojas
looker-in [ˌlukər'ɪn] *n* televizoriaus žiūrėtojas
looker-on [ˌlukər'ɔn] *n (pl* lookers- [ˌlukəz-]) žiūrovas, stebėtojas ◊ *lookers-on see most of the game* ≡ iš šalies geriau matyti
look-in ['lukɪn] *n šnek.* **1** žvilgtelėjimas, dirstelėjimas **2** užėjimas, trumpas apsilankymas **3** šansas *(dalyvauti, pasisekti); to have a* ~ *sport.* turėti šansų laimėti
-looking [-'lukɪŋ] (sudurt. žodžiuose) *(kokios)* išvaizdos, atrodantis; *strange-looking* keistos išvaizdos
looking-for ['lukɪŋfɔ:] *n* **1** ieškojimas **2** lūkesčiai, viltys
looking-glass ['lukɪŋglɑ:s] *n* veidrodis
lookout ['lukaut] *n* **1** budrumas; sekimas; *to be on the* ~ būti budriam, sekti *(for)* **2** stebykla, stebėjimo punktas *(t. p.* ~ *station)* **3** stebėtojas *(t. p.* ~ *man);* sargybinis; sargyba **4** vaizdas *(į jūrą ir pan.)* **5** perspektyvos ◊ *that's my [his, etc.] (own)* ~ *šnek.* tai mano [jo ir pan.] reikalas; *it'll be a poor/bad* ~ *for him if...* bus jam riesta, jei...
look-over ['lukəuvə] *n* apžiūrėjimas
look-see [ˌluk'si:] *n šnek.* **1** žvilgtelėjimas; trumpa apžvalga/apžiūra **2** *jūr.* periskopas **3** binoklis
lookup ['lukʌp] *n* informacijos ieškojimas *(žodyne ir pan.)*
loom[1] [lu:m] *n* **1** *(audimo)* staklės **2** *(irklo)* kotas, rankena
loom[2] *n jūr.* **1** apybraižos, kontūrai *(neaiškūs ar padidinti)* **2** atšvaistė
v **1** dunksoti, niūksoti, šmėksoti; šmėkščioti; šmėktelėti *(t. p.* ~ *up)* **2** grėsmingai artėti; įgauti labai didelį/grėsmingą pavidalą *(t. p.* ~ *large)*

loon¹ [lu:n] *n šnek.* netikėlis, nenaudėlis; pakvaišėlis; ***crazy as a ~*** pakvaišęs, pamišęs

loon² *n zool. amer.* naras (paukštis)

loony ['lu:nɪ] (lunatic *sutr.*) *šnek. n* beprotis, pamišėlis, psichas
a pamišęs; beprotiškas

loony-bin ['lu:nɪbɪn] *n sl. (džn. juok.)* bepročių namai, psichiatrinė ligoninė

loop [lu:p] *n* 1 kilpa 2 *av.* mirties kilpa 3 *fiz. (matavimo, ryšio ir pan.)* kilpa 4 *el.* vija, kontūras 5 *tech.* apkaba, pavalkas; kilpa 6 *med.* kilpa *(antikoncipientas)* 7 *komp.* (uždaras) ciklas; programos ciklas 8 *glžk.* pralanka, atšaka *(vėl susijungianti su magistrale; t. p.* **~ line**) ◊ *in the* **~** *amer. šnek.* priklausantis įtakingų žmonių grupei; ***to knock/throw smb for a ~*** *amer. šnek.* priblokšti *(apie žinią ir pan.)*
v kilpoti, daryti kilpą; užrišti kilpa; ***to ~ the ~*** *av.* daryti mirties kilpą

looper ['lu:pə] *n* 1 *zool.* žiemsprindžio/pėdinukės vikšras 2 *tekst.* kilpiklis

loophole ['lu:phəul] *n* 1 *kar.* šaudomoji anga 2 *(įstatymo)* spraga, leidžianti išsisukti nuo mokesčių *ir pan.*
v padaryti šaudomąsias angas

loop-light ['lu:plaɪt] *n* siauras langelis

loopy ['lu:pɪ] *a* 1 kilpuotas, kilpinis 2 *sl.* pamišęs; ***to go ~*** a) pamišti; b) įsiusti

loose [lu:s] <*a, v, n*> *a* 1 laisvas; nepririštas; ***to break [to turn] ~*** ištrūkti [išleisti] į laisvę; nutrūkti (nuo grandinės); ***to come ~*** atsipalaiduoti; atsirišti; atsiknoti; ***to let ~*** išlaisvinti, paleisti; duoti valią/laisvę *(vaizduotei, rūstybei ir pan.)* 2 palaidas *(t. p. prk. apie liežuvį, mintis, žmogų);* **~ hair [bowels]** palaidi plaukai [viduriai]; **~ beggar** palaidūnas, ištvirkėlis; **~ morals** palaidas/nepadorus elgesys; ***to lead a ~ life*** palaidai gyventi 3 nesuristas, blogai supakuotas, nesupakuotas, be įpakavimo 4 nepritvirtintas; klibantis, išgvėręs, išklibęs; **~ leaf** įdėtinis lapas 5 platus, dukslus, palaidas *(apie drabužį)* 6 atsileidęs, neįtemptas *(apie virvę ir pan.);* apdribęs *(apie odą)* 7 netikslus, apytikslis, bendras; **~ translation** laisvas/netikslus vertimas 8 purus *(apie žemę);* netankus *(apie austą/megztą medžiagą)* 9 *tech.* bergždžias, tuščiaeigis ◊ ***to sit ~ to smth*** nerodyti susidomėjimo kuo; ***stay/hang ~!*** *amer. šnek.* būk ramus!, nesirūpink!
v 1 paleisti, duoti laisvę; ***to ~ one's hold of smth*** paleisti ką iš rankų 2 atrišti, atmegzti; paleisti *(plaukus)* 3 atleisti *(diržą ir pan.)* 4 *knyg.* paleisti *(strėlę),* iššauti *(t. p.* **~ off**) 5 *bažn.* atleisti nuodėmes
n 1: ***to give a ~ to one's feelings*** duoti laisvę jausmams; išlieti savo jausmus 2: ***to be on the ~*** a) atsidurti laisvėje; pabėgti b) lakstyti palaidam *(apie gyvulius);* c) lėbauti, ūžauti

loosebox ['lu:sbɒks] *n* gardas *(vienam arkliui arklidėje)*

loose-fitting ['lu:s'fɪtɪŋ] *a* laisvas, dukslus, patogus *(apie drabužį)*

loose-leaf ['lu:slɪf] *a* su įdėtiniais/nuplėšiamais lapais *(apie knygą, bloknotą ir pan.)*

loose-limbed ['lu:s'lɪmd] *a* lankstus, miklus, turintis lanksčias/miklias galūnes

loosely ['lu:slɪ] *adv* 1 laisvai 2 palaidai 3 apytiksliai, netiksliai

loosen ['lu:sn] *v* 1 at(si)rišti, at(si)palaiduoti; paleisti, atleisti; ***to ~ the reins [the brakes]*** atleisti vadeles [stabdžius]; ***wine ~ed his tongue*** vynas atrišo jam liežuvį 2 susilpninti *(drausmę ir pan.);* susilpnėti 3 išklibinti, išklibti 4 (iš)purenti *(žemę)* 5 (pa)laisvinti *(vidurius)* □ **~ up** a) mankštinti *(raumenis),* pasimankštinti; b) at(si)palaiduoti

loosener ['lu:snə] *n* vaistai viduriams paleisti

looseness ['lu:snɪs] *n* 1 palaidumas, laisvumas 2 netikslumas 3 *(dantų)* klibėjimas 4 *šnek.* viduriavimas, palaidi viduriai

loosestrife ['lu:sstraɪf] *n bot.* 1 šilingė; **yellow ~** paprastoji šilingė 2 raudoklė; **purple ~** paprastoji raudoklė

loose-tongued ['lu:s'tʌŋd] *a* nelaikantis liežuvio už dantų, viską išplepantis

loosey-goosey ['lu:sɪ'gu:sɪ] *a amer. šnek.* nerangus, nedailus; ***she is so ~*** ji tokia gvėra

loot [lu:t] *n* 1 apiplėšimas 2 grobis 3 *sl.* pinigai
v (api)plėšti; plėšikauti, grobti

looter ['lu:tə] *n* plėšikautojas; marodierius

lop¹ [lɒp] *n* šakelės, šakos *(ypač apgenėtos)*
v 1 (ap)genėti; nukirsti, nukapoti *(šakas),* nugenėti *(ppr.* **~ off/away**) 2 nukirsti *(galvą, ranką)* 3 apkarpyti *(t. p. prk.)*

lop² *v* 1 nukarti, karoti; nulėpti *(ypač apie gyvulių ausis)* 2 sliūkinti, vėžlinti □ **~ about** slampinėti

lop³ *jūr. n* šaršas, raibuliai
v raibuliuoti

lope [ləup] *v* liuoksėti, striuoksėti, strakseti □ **~ off** nuliuoksėti, nustriuoksėti

lop-eared ['lɒp'ɪəd] *a* nulėpausis

loppings ['lɒpɪŋz] *n pl* nugenėtos/nukapotos šakos

loppy ['lɒpɪ] *a* nukaręs, nulėpęs

lop-sided [,lɒp'saɪdɪd] *a* 1 pakrypęs į šoną, kreivas, kreivašonis 2 *prk.* vienapusis, neproporcingas

loquacious [ləuˈkweɪʃəs] *a* 1 kalbus, plepus 2 *poet.* čiurlenantis; čiulbantis

loquacity [ləuˈkwæsətɪ] *n* kalbumas, plepumas

loquat ['ləukwɒt] *n bot.* lokva, japoninė šliandra

loquitur ['lɒkwɪtə] *lot. v (jis, ji)* sako *(remarka)*

lor [lɒ] *int* (lord *sutr.*) *šnek.:* **o, lor!** o Dieve! *(reiškiant nustebimą, apmaudą ir pan.)*

loran ['lɔ:rən] *n av., jūr.* loranas *(tolimojo veikimo radionavigacijos sistema)*

lord [lɔ:d] *n (tik v.)* 1 ponas; valdovas, viešpats; senjoras *(feodalas);* ***to live like a ~*** ≡ gyventi kaip ponui; ponauti; **~ of the manor** dvaro savininkas/ponas; dvarininkas; **~s of creation** a) *poet.* žmonių giminė, žmonės; b) *juok.* vyrai *(priešpriešinant moterims)* 2 *(L.)* lordas; peras; lordų rūmų narys; **Lords Spiritual** lordų rūmų nariai dvasininkai; **my L.** [mɪ'lɔ:d] milordas *(kreipimasis į perus, vyskupus, aukščiausiojo teismo teisėjus)* 3 *(the Lords) pl šnek.* Lordų rūmai 4 *(pramonės)* karalius, magnatas; **cotton ~s** medvilnės magnatai 5 *poet., juok. (žmonos)* vyras *(t. p.* **~ and master**) 6 *(ppr. the L.)* Viešpats Dievas; **Our L.** Kristus; **the Lord's Day** sekmadienis; **the Lord's Prayer** Tėve mūsų *(malda);* **Lord's table** altorius; **the Lord's Supper** Paskutinė vakarienė; ***oh L.!, good L.*** o Viešpatie!, o Dieve! *(reiškiant nustebimą, apmaudą);* ***L. only knows*** vienas Dievas težino
v 1 suteikti lordo titulą 2 tituluoti lordu ◊ ***to ~ it over smb*** a) dėtis ponu prieš ką, žiūrėti iš aukšto į ką; b) komanduoti, įsakinėti kam; ***he will not be ~ed over*** ≡ jis neleis sau ant sprando joti

Lord-lieutenant ['lɔ:dlefˈtenənt] *n* 1 teismo ir vykdomosios valdžios vadovas grafystėje 2 *ist.* Airijos vicekaralius *(iki 1922 m.)*

lordliness ['lɔ:dlɪnɪs] *n* 1 prašmatnumas, puikybė 2 didybė; išdidumas, poniškumas

lordly ['lɔ:dlɪ] *a* **1** lordo; poniškas **2** prašmatnus, puikus **3** išdidus; arogantiškas
adv **1** poniškai **2** išdidžiai
lordship ['lɔ:dʃɪp] *n* **1** valdymas, viešpatavimas *(t. p. ist. apie feodalą)* **2** *ist.* pono dvaras **3**: *your [his] L.* jūsų [jo] šviesybe *(kreipimasis į lordą, vyskupą ir teisėją)*
lore[1] [lɔ:] *n* tradicinis žinojimas, išmintis; mokslas; *bird ~* ornitologija
lore[2] *n zool.* tarpas tarp *(paukščio)* akies ir snapo
lorgnette [lɔ:'njet] *pr. n ist.* **1** lornetas **2** teatriniai žiūronai
lorn [lɔ:n] *a poet.* apleistas, likęs vienas, nelaimingas
lorry ['lɔrɪ] *n* **1** sunkvežimis; *articulated ~* sunkvežimis su priekaba; *sided/open ~* bortinis sunkvežimis **2** *(krovininis)* vežimas **3** *glžk. psn.* platforma ◊ *to fall off the back of a ~ šnek.* rasti ant kelio, nukristi iš dangaus *(meluojant apie pavogtą daiktą)*
lorry-hop ['lɔrɪhɔp] *v šnek.* nemokamai keliauti pakeliui važiuojančiomis automašinomis
lory ['lɔ:rɪ] *n zool.* loris *(ryškiaspalvių papūgų rūšis)*
Los Angeles [lɔs'ændʒəli:z] *n* Los Andželas *(JAV miestas)*
lose [lu:z] *v* (lost) **1** pamesti, prarasti; netekti; *to ~ one's mother* netekti motinos; *to ~ one's head* prarasti/pamesti galvą; *to ~ one's temper* nesusivaldyti, supykti; *to ~ (all) track (of)* pamesti pėdsakus/orientaciją; *to be lost to (all) sense of duty [shame]* (visai) prarasti pareigos [gėdos] jausmą; *to have nothing to ~* neturėti ko prarasti; *to ~ one's way* paklysti; *I've lost my cold* man praėjo sloga **2** praleisti, nepasinaudoti *(proga);* veltui leisti *(laiką); there is not a moment to ~* negalima gaišti nė minutės; *to ~ no time in doing smth* veikti greitai **3** praleisti, neužgirsti, nepamatyti; *their cries were lost in the din* jų šauksmų nebuvo girdėti triukšme; *to ~ one's train* pavėluoti į traukinį **4** pralošti, pralaimėti; turėti/patirti nuostolių; *to ~ a lawsuit [an election]* pralaimėti bylą [rinkimus] **5** atsieiti, kainuoti *prk.; it will ~ me my place* aš dėl to neteksiu vietos/tarnybos **6** pamesti *(kieno)* mintį, nebesuprasti **7** *šnek.* atsikratyti, pasprukti *(nuo persekiotojų ir pan.)* **8** *pass* žūti, pasimesti, dingti; pražūti, nueiti niekais *(on); to be lost at sea* žūti jūroje; *your kindness is lost upon him* jis nesupranta/nevertina jūsų gerumo **9** *refl* pasiklysti; įnikti, pasinerti *(in)* **10** vėlinti *(apie laikrodį)* □ *~ out* patirti nesėkmę, pralaimėti ◊ *to ~ it šnek.* a) netekti galvos, išprotėti; b) nesusilaikyti, neiškentėti *(nesijuokus, nešaukus ir pan.)*
loser ['lu:zə] *n* **1** pralaimėtojas; prasilošėlis; *to come off a ~* pra(si)lošti; *to be a good ~* mokėti gražiai pralaimėti; *to be a ~ by smth* turėti nuostolių, nukentėti dėl ko **2** nevykėlis; nelaimėlis; *he is a born ~* jam amžinai nesiseka
losing ['lu:zɪŋ] *n* **1** pralošimas **2** *pl* nuostoliai
a **1** pralošiamas, pralaimimas **2** *kom., fin.* nuostolingas, deficitinis ◊ *to be on a ~ streak/wicket* nesisekti, neturėti sėkmės
loss [lɔs] *n* **1** netekimas; praradimas, pametimas; netektis; *a temporary ~ of memory* laikinas atminties netekimas **2** nuostolis; *pl kar.* nuostoliai; *to have a ~, to meet with a ~* turėti nuostolį; *to sell at a ~* parduoti nuostolingai, su nuostoliu **3** pralošimas, pralaimėjimas *(to – kam)* **4** *tech.* nuodegos *(lydant metalą); ~ in yarn tekst.* pabiros, atliekos ◊ *that's/it's his ~* tuo blogiau jam; *to be at a ~* nežinoti ką daryti, nesusiorientuoti, sutrikti; *he was at a ~ for words* jis negalėjo rasti žodžių; *to cut one's ~es* nebedalyvauti, laiku pasitraukti *(iš bankrutuojančios bendrovės ir pan.)*

loss-leader ['lɔsˌli:də] *n* pigiai parduodama prekė *(norint pritraukti klientų)*
loss-making ['lɔsmeɪkɪŋ] *a* nuostolingas; nuostolingai parduodamas
lost [lɔst] *a* **1** prarastas, dingęs; pamestas; *~ opportunity* praleista proga; *to make up the ~ time* kompensuoti prarastą laiką; *get ~! šnek.* dink!, nešdinkis! **2** pasimetęs; *~ in astonishment* pasimetęs iš nustebimo **3** žuvęs; paklydęs *(t. p. prk.); to give smb up for ~* laikyti ką žuvusiu; *the ~ sheep* a) paklydusi avis; b) *prk.* paklydėlis, nusidėjėlis; *I am ~ without him* aš be jo bejėgis; *he is a ~ man* jis žuvęs žmogus **4** pralaimėtas, pralostas *(apie žaidimą, mūšį ir pan.)* ◊ *~ property (office), the Lost and Found* radinių biuras
past ir pII žr. **lose**
lot [lɔt] <*n, v, adv*> *n* **1** burtai; *to cast [to draw] ~s* burti, mesti [traukti] burtus; *to settle by ~* išspręsti burtų keliu **2** likimas, dalia; *to throw in one's ~ with smb* susieti/surišti savo likimą su kuo **3** *(ypač amer.)* (žemės) sklypas; *across ~s* tiesiai, tiesiausiu keliu; *parking ~* automobilių stovėjimo vieta; *building ~* statybvietė **4** daiktas/daiktai, parduodami iš varžytinių **5** *šnek.* aibė; *a ~ (of), ~s (of), a whole ~ (of)* daugybė, daug; *she ate the (whole) ~* ji viską suvalgė **6** *šnek. (žmonių)* grupelė, būrelis; šutvė; *the ~* visi; viskas; *she's the best of the ~* ji geriausia iš visų; *get out, the ~ of you!* nešdinkitės jūs visi! **7** *(gaminių, prekių)* partija; serija **8** *kin.* kino studijos teritorija *(filmavimui natūroje)* ◊ *a bad ~* blogas, blogos reputacijos žmogus; *to have a ~ on, amer. to have a ~ going on* turėti begalę darbų
v **1** (iš)dalyti, (iš)skirstyti į sklypus/dalis *(džn. ~ out);* paskirstyti **2** *ret.* mesti burtus **3** *amer. šnek.* tikėtis *(on, upon)*
adv **1** daug, žymiai *(t. p. ~s šnek.); a ~ better* daug geriau **2** labai, smarkiai **3** dažnai
loth [ləʊθ] *a* = **loath**
Lothario [lə'θɑ:rɪəʊ] *n (pl ~s [-z])* palaidūnas, mergišius
Lothian ['ləʊðɪən] *n: East [West] ~* Rytų [Vakarų] Lodianas *(Škotijos rajonas)*
lotion ['ləʊʃn] *n* vilgomasis *(vaistų)* skystis; losjonas, kosmetinis vanduo
lottery ['lɔtərɪ] *n* loterija *(t. p. prk.)*
Lottie ['lɔtɪ] *n* Lotė, Loti *(vardas)*
lotto ['lɔtəʊ] *n* loto *(žaidimas)*
lotus ['ləʊtəs] *n bot.* **1** lotosas **2** garždenis
lotus-eater ['ləʊtəsˌi:tə] *n* **1** tingus svajotojas **2** sibaritas; žmogus, gyvenantis savo malonumui
loud [laʊd] *a* **1** garsus; skambus, skardus; *~ laugh [voice]* garsus juokas [balsas] **2** rėklus, rėksmingas *(t. p. prk.);* triukšmingas **3** ryškus, rėžiantis akį *(apie spalvą);* rėžiančių spalvų *(apie drabužį)*
adv garsiai ◊ *for crying out ~ šnek.* bet pagaliau! *(pabrėžiant prašymą, klausimą ir pan.)*
loudhailer [ˌlaʊd'heɪlə] *n* garso stiprintuvas, garsintuvas
loudly ['laʊdlɪ] *adv* **1** garsiai **2** rėksmingai, triukšmingai **3** rėžiamai
loudmouth ['laʊdmaʊθ] *n šnek.* rėksnys
loudmouthed ['laʊdmaʊðd] *a šnek.* rėksmingas
loudspeaker [ˌlaʊd'spi:kə] *n rad.* garsiakalbis; reproduktorius
lough [lɔk] *n air.* ežeras; siaura jūros įlanka
Louis ['lu:ɪs] *n* Luisas *(vardas)*
Louisa [lu:'i:zə] *n* Luiza *(vardas)*
Louise [lu:'i:z] *n* Luiz(ė) *(vardas)*
Louisiana [luˌi:zɪ'ænə] *n* Luiziana *(JAV valstija)*

lounge [laundʒ] *n* **1** poilsio kambarys **2** laukiamasis, holas; *departure ~* laukiamasis *(oro uoste)* **3** *(ištaigingas)* baras *(t. p. ~ bar)* **4** dykinėjimas, poilsiavimas, tuščias laiko leidimas **5** gilus krėslas; fotelis, kušetė *(t. p. ~ chair/seat)* **6** *attr: ~ car* vagonas salonas; *~ suit* kasdienis vyriškas kostiumas; *~ lizard šnek.* dykūnas, nuolatinis salonų lankytojas *v* drybsoti, sėdėti/stovėti atsišliejus ☐ *~ about/around* slankioti, slampinėti, šlaistytis; *~ away* dykinėti, *to ~ away one's life* pradykinėti gyvenimą
lounger ['laundʒə] *n* dykinėtojas
loupe [lu:p] *n* lupa, didinamasis stiklas
lour ['lauə] *v* **1** niūksoti, būti paniurusiam; žiūrėti niūromis *(at)* **2** apsiniaukti, apniukti, aptemti
louse *n* [laus] *(pl* lice) **1** *zool.* utėlė **2** *zool.* pūkagraužis **3** *sl.* bjaurybė, parazitas *(apie žmogų)* *v* [lauz] ieškoti utėlių, utėliauti ☐ *~ up amer. šnek.* sugadinti *(reikalą),* sužlugdyti
lousy ['lauzɪ] *a* **1** utėlėtas **2** *šnek.* bjaurus, šlykštus **3** *šnek.* pilnas *(with – ko); to be ~ with* ≅ knibždėte knibždėti; *~ with money* turtingas
lout [laut] *n (tik v.)* grubus žmogus, storžievis, stačiokas
loutish ['lautɪʃ] *a* storžieviškas, netašytas
louver, louvre ['lu:və] *n* **1** *pl* žaliuzės **2** bokštelis ant stogo ventiliacijai *(viduramžių architektūroje)*
lovable ['lʌvəbl] *a* mielas
lovage ['lʌvɪdʒ] *n bot.* vaistinė gelsvė, vaistinis lipštukas
love [lʌv] *n* **1** meilė *(for – kam); to marry for ~* vesti/tekėti iš meilės; *~ (from), lots of ~, all my ~, Irene* Jus mylinti Irena *(laiško pabaigoje)* **2** įsimylėjimas; *to be in ~ (with)* būti įsimylėjusiam *(ką); to fall in ~ (with)* įsimylėti, pamilti *(ką); to fall out of ~ with smb* nustoti mylėjus ką; *to make ~ (to, with)* a) mylėtis, pasimylėti, būti fiziškai artimam *(su);* b) *psn.* meilintis **3** meilės objektas; mylimasis, brangusis *(ypač kreipinyje my ~); he was her first ~* jis buvo jos pirmoji meilė **4** *mit.* amūras **5** *šnek.* kas nors žavaus; *a regular ~ of a kitten* žavus kačiukas **6** *sport.* nulis, nulinis rezultatas *(tenise); won by three goals to ~* laimėta rezultatu 3:0; *~ all* rezultatas 0:0; *~ game [set]* partija [setas] sužaista lygiosiomis ◊ *for the ~ of* dėl; *for the ~ of God/Mike* ≅ dėl Dievo meilės; *for ~ or money* bet kuria kaina, žūtbūt; *not for ~ or money, not for the ~ of Mike* nė už ką, už jokius pinigus; *to give [to send] one's ~ (to)* perduoti [pasiųsti] linkėjimus; *for ~ of the game* ≅ iš meilės menui; *to play for ~* lošti ne iš pinigų; *there is no ~ lost between them* jie vienas kito nemėgsta; *~ and cough cannot be hidden* meilės ir kosulio nepaslėpsi
v **1** mylėti **2** (labai) mėgti; norėti; *I'd ~ to go* aš eičiau su malonumu; *he's going to ~ this* jam tai patiks ◊ *I must ~ you and leave you* deja, man reikia eiti *(nors ir nesinori)*
love-affair ['lʌvəˌfɛə] *n* meilės romanas, meilė
love-apple ['lʌvˌæpl] *n psn.* pomidoras
lovebird ['lʌvbə:d] *n* **1** *zool.* nedidelių papūgų rūšis **2** *pl juok.* įsimylėjėliai
love-child ['lʌvtʃaɪld] *n (pl* -children [-ˌtʃɪldrən] *euf.* meilės vaikas *(apie nesantuokinį vaiką)*
love-favour ['lʌvˌfeɪvə] *n* dovana, reiškianti meilę
love-grass ['lʌvgrɑ:s] *n bot.* posmilgė, smilgūnė
love-in-a-mist ['lʌvɪnəˈmɪst] *n bot.* juodgrūdė panarūtė, panagojis
love-in-idleness ['lʌvɪnˈaɪdlnɪs] *n bot.* tikroji našlaitė
Lovelace ['lʌvleɪs] *n* lovelasas, širdžių ėdikas

loveless ['lʌvləs] *a* **1** nemylintis; nemylimas **2** ne iš meilės *(apie vedybas)*
love-lies-bleeding ['lʌvlaɪzˈbli:dɪŋ] *n bot.* uodeguotasis burnotis
loveliness ['lʌvlɪnɪs] *n* meilumas; gražumas, žavumas
lovelock ['lʌvlɔk] *n* krentanti ant kaktos/skruosto garbana
lovelorn ['lʌvlɔ:n] *a* **1** kenčiantis dėl beviltiškos meilės **2** *(mylimo žmogaus)* pamestas, apleistas
lovely ['lʌvlɪ] *a* **1** gražus; *šnek.* puikus, žavingas; *~ and cold beer* puikus šaltas alus **2** malonus, mielas; meilus, meilingas
n šnek. gražuolė
lovemaking ['lʌvˌmeɪkɪŋ] *n* **1** mylėjimasis, fizinis suartėjimas **2** *psn.* meilinimasis
love-match ['lʌvmætʃ] *n* vedybos iš meilės
lover ['lʌvə] *n* **1** įsimylėjėlis; mylimasis, meilužis; *pl* įsimylėjėliai; *plighted ~s* susižadėjusieji **2** mėgėjas, mylėtojas; *music ~s* muzikos mylėtojai **3** šalininkas; *~s of peace* taikos šalininkai
love-seat ['lʌvsi:t] *n* fotelis/sofutė dviem
lovesick ['lʌvsɪk] *a* meilės kankinamas
love-story ['lʌvˌstɔ:rɪ] *n* meilės apsakymas/romanas/istorija
lovestruck ['lʌvstrʌk] *a* beprotiškai įsimylėjęs
loveworthy ['lʌvˌwə:ðɪ] *a* vertas meilės
lovey ['lʌvɪ] *n šnek.* mieloji *(kreipiantis);* balandėli *(kreipiantis į vaiką)*
lovey-dovey ['lʌvɪˈdʌvɪ] *a šnek.* meilutis, gerutis
loving ['lʌvɪŋ] *a attr* mylintis; meilus, meilingas; atsidavęs
loving-cup ['lʌvɪŋkʌp] *n* aplinkui einanti/perduodama taurė
loving-kindness [ˌlʌvɪŋˈkaɪndnɪs] *n poet., psn.* meilingumas, meilumas; mielaširdystė
low¹ [ləu] *n* mykimas, baubimas, maurojimas *(apie karvę)* *v* mykti, bliauti, baubti, mauroti
low² *<a, adv, n> a* **1** žemas, neaukštas; *~ wall [shelf]* žema siena [lentyna]; *~ tide/water* atoslūgis; *~ clouds* žemi debesys; **2** žemas, nežymus, menkas *(kiekiu, jėga ir pan.); ~ temperature* žema temperatūra; *~ wages [pressure]* žemas uždarbis [slėgis]; *~ in calories* turintis mažai kalorijų *(apie maistą)* **3** silpnas; *~ pulse* silpnas pulsas **4** prislėgtas; *~ spirits* prislėgta/prasta nuotaika, depresija; *to feel ~* jaustis prislėgtam **5** su gilia iškirpte *(apie drabužį)* **6** menkas, nemaistingas *(apie dietą);* išsekęs *(apie atsargas, upę);* išblėsęs *(apie ugnį); in ~ supply* deficitinis; *to run/get ~ (on)* beveik baigti, išsekti **7** tylus *(apie balsą);* žemas *(apie gaidą); ~ whisper* tylus šnabždesys **8** vulgarus, šiurkštus; žemas, negarbingas *(apie poelgį)* **9** blogas, prastas; *to form a ~ opinion of smb* susidaryti blogą nuomonę apie ką **10** žemutinis, žemos kilmės *(t. p. of ~ birth);* žemos socialinės padėties **11** paprastas, mažai išsivystęs; *~ organisms* žemesnieji organizmai ◊ *in the ~ twenties [thirties, etc.]* tarp 20–23 [30–33 *ir t. t.*] *(apie temperatūrą, skaičių); to lie ~* a) gulėti išsitiesus/paslikam/negyvam; b) būti nužemintam; c) slėptis, glūdėti
adv **1** žemai *(t. p. prk); to bow ~* žemai lenktis; *he cannot get so ~* jis negali paimti tokios žemos gaidos; *look ~er down the page* žiūrėk žemiau puslapyje **2** skurdžiai; *to live ~* skursti **3** silpnai; tyliai; *to burn ~* silpnai degti; *to speak ~* tyliai kalbėti **4** pigiai; *to play ~* lošti iš mažų sumų
n **1** žemas lygis; *all-time ~* žemiausias lygis *(negu bet kada anksčiau)* **2** *meteor.* žemo barometrinio slėgimo sritis **3** *aut.* mažiausias greitis; *to put a car in ~* leisti mašiną mažu greičiu **4** *sport.* žemiausias rezultatas

low-alcohol ['ləuælkəhɔl] *a* mažai spirituotas
lowborn ['ləu'bɔ:n] *a* žemos kilmės
lowboy ['ləubɔɪ] *n amer.* žemas tualetinis staliukas su stalčiais, žema komoda *(ant kojų)*
lowbred ['ləu'bred] *a* neišauklėtas, šiurkštus
lowbrow ['ləubrau] *šnek. (ppr. menk.) n* mažamokslis; prastuolis
  a mažo išsimokslinimo/išsilavinimo; neišprusęs; žemo lygio, primityvus
lowbrowed ['ləubraud] *a* 1 žemakaktis 2 pakibęs, nukaręs *(apie uolą)* 3 tamsus, niūrus, su žemomis durimis *(apie pastatą ir pan.)* 4 = **lowbrow** *a*
low-budget ['ləubʌdʒɪt] *n* mažas biudžetas
low-cal ['ləu'kæl] *a šnek.* nekaloringas *(apie maistą, gėrimą)*
low-cut ['ləukʌt] = **low**² *a* 5
low-down ['ləudaun] *šnek.* <*a, adv, n*> *a* žemas, negarbingas; vulgarus
  adv: **to play it ~** elgtis gėdingai/negarbingai
  n (ppr. the ~) slaptos žinios, slapta informacija; paslaptys *(on)*
lower¹ ['ləuə] *a* (**low**² *comp*) 1 žemesnysis, žemesnis; žemutinis, apatinis; **~ deck** *jūr.* žemutinis denis, loverdekas; **the ~ deck** *kuop. (laivo)* komanda; **~ jaw/jawbone** apatinis žandikaulis; **~ class** žemesnioji/darbininkų klasė; **the ~ orders** žemieji luomai; **the ~ ranks/walks of life** *šnek.*, **~ strata** žemieji visuomenės sluoksniai; **~ school** pradinės/žemesnės klasės *(anglų vidurinėje mokykloje)*; **~ boy** pradinių klasių mokinys 2 nesenas *(apie laiką)* ◊ **~ regions/world** pragaras
  v 1 nuleisti *(vėliavą, burę, valtį ir pan.)*; **to ~ one's voice [one's eyes]** nuleisti balsą [akis] 2 sumažinti, sumažėti *(apie kainas, garsą ir pan.)* 3 (pa)žeminti *(t. p. prk.)*; **to ~ smb in smb's opinion** pažeminti ką kieno akyse 4 *refl* nusižeminti 5 *šnek.* greitomis suvalgyti, praryti; **to ~ a glass of beer** ištuštinti stiklinę alaus
lower² ['ləuə] *v (ypač amer.)* = **lour**
lower-case ['ləuə'keɪs] *poligr. n* mažųjų raidžių registras
  a mažasis *(apie raidę, šriftą)*
lowering¹ ['lauərɪŋ] *a* tamsus, niūrus
lowering² ['ləuərɪŋ] *a* žeminantis
lowermost ['ləuəməust] *a* žemiausias
lower-ranking ['ləuərænkɪŋ] *a* žemesnio laipsnio/rango
low-fat ['ləu'fæt] *a* neriebus *(apie dietą ir pan.)*
low-grade ['ləugreɪd] *a* žemos rūšies, prastos kokybės
low-income ['ləuˌɪŋkʌm] *a attr* gaunantis mažas pajamas
low-key ['ləu'ki:] *a* 1 nežymus; neryškus 2 prislopintas; susilpnintas
lowland ['ləulənd] *n (ppr. pl)* žemuma, loma, slėnuma; **the Lowlands** pietinė, mažiau kalnuota Škotijos dalis
  a žemumų
low-level [ˌləu'levl] *a* 1 žemo lygio/rango, neaukštas; **~ attack** *av.* puolimas skutamuoju skridimu; **~ chassis** *aut.* žemarėmė važiuoklė/šasi 2 nedidelis, nežymus *(apie radiaciją)*
lowlife ['ləulaɪf] *n* 1 skurdus gyvenimas; padugnių gyvenimas 2 nuskurdėlis; prastuolis; *pl* padugnės
  a 1 skurdus, prastuoliškas 2 *šnek.* vulgarus, šiurkštus, žemas
lowlights ['ləulaɪts] *n pl* tamsiau nudažytos plaukų sruogos
low-lived ['ləu'lɪvd] = **lowlife** *a*
lowly ['ləulɪ] *a* 1 užimantis žemą/kuklią padėtį 2 kuklus; be pretenzijų
  adv 1 kukliai 2 žemai
low-lying ['ləu'laɪɪŋ] *a* 1 žemas; **~ mist** žemas rūkas 2 slėnus

low-minded ['ləu'maɪndɪd] *a* vulgarus, žemas
low-necked ['ləu'nekt] *a* su gilia iškirpte, dekoltuotas
lowness ['ləunɪs] *n* 1 žemumas; nedidelis aukštis; **the ~ of the temperature** *meteor.* žema temperatūra 2 *(kainos ir pan.)* mažumas
low-paid ['ləu'peɪd] *a* mažai apmokamas *(apie darbą)*
low-pitched ['ləu'pɪtʃt] *a* 1 žemo tono, žemas *(apie balsą, gaidą, garsą)* 2 lėkštas, nestatus, nuožulnus *(apie stogą)* 3 su žemomis lubomis
low-powered ['ləu'pauəd] *a tech.* mažajėgis, mažalitražis
low-pressure [ˌləu'preʃə] *n meteor.* žemas oro slėgis
low-priced ['ləu'praɪst] *a* žemomis kainomis, pigus
low-rise ['ləuraɪz] *a* 1 mažaaukštis; be lifto *(apie namą)* 2 su diržu žemiau talijos *(apie kelnes)*
low-risk ['ləu'rɪsk] *a attr fin.* mažos rizikos *(apie investicijas ir pan.)*
low-spirited ['ləu'spɪrɪtɪd] *a* prislėgtas, nusiminęs
low-tech ['ləu'tek] *a* nešiuolaikinis; nemodernus, tradicinis
low-tension [ˌləu'tenʃn] *a el.* žemos įtampos
low-water [ˌləu'wɔ:tə] *a:* **~ mark** a) žemiausias atoslūgio taškas; b) *prk. (ko)* žemiausia riba, galas ◊ **to be at ~ mark** *šnek.* būti visai be pinigų
lox¹ [lɔks] *n* skystas deguonis
lox² *n (ypač amer.)* rūkyta lašiša
loyal ['lɔɪəl] *a* ištikimas, lojalus *(to – kam)*
loyalist ['lɔɪəlɪst] *n* 1 lojalus, ištikimas valdinys; esamo režimo šalininkas *(ypač revoliucijos metu)* 2 **(L.)** *polit.* D. Britanijos ir Š. Airijos sąjungos šalininkas
loyalty ['lɔɪəltɪ] *n* ištikimybė, lojalumas *(to, towards)*
lozenge ['lɔzɪndʒ] *n* 1 *geom.* rombas 2 *farm.* pastilė, tabletė
L-plate ['elpleɪt] *n* įspėjamasis ženklas mokomajame automobilyje
L.s.d., £.s.d. [ˌeles'di:] *n* 1 svarai sterlingų, šilingai ir pensai *(iš lot.* librae, solidi, denarii*)* 2 *šnek.* pinigai; turtai; **it is only a matter of ~** tai tik pinigų klausimas
Luanda [lu:'ændə] *n* Luanda *(Angolos sostinė)*
lubber ['lʌbə] *psn., dial. n* stuobrys, drimba *(apie žmogų)*
  a nerangus, dramblotas
lubberly ['lʌbəlɪ] *psn., dial. a* nerangus, dramblotas
  adv nerangiai
lube [lu:b] *n amer. šnek.* mašininis tepalas *(t. p.* **~ oil***)*
lubricant ['lu:brɪkənt] *n tech.* tepalas; alyva
lubricate ['lu:brɪkeɪt] *v* 1 (pa)tepti *(mašiną, odą; t. p. prk.)* 2 *šnek.* vaišinti *(svaigalais)*; pasigerti
lubricating ['lu:brɪkeɪtɪŋ] *a* tepalinis, tepimo; **~ oil** tepalinė alyva
lubrication [ˌlu:brɪ'keɪʃn] *n* (pa)tepimas
lubricator ['lu:brɪkeɪtə] *n* 1 tepėjas 2 tepalinė; teptuvas; **drip/drop ~** lašelinė tepalinė
lubricious [lu:'brɪʃəs] *a* gašlus; pasileidęs
lubricity [lu:'brɪsətɪ] *n* 1 riebumas, riebaluotumas; slidumas *(t. p. prk.)* 2 nepastovumas 3 gašlumas; pasileidimas 4 *tech.* tepalingumas
lubricous ['lu:brɪkəs] *a* 1 riebaluotas; slidus *(t. p. prk.)* 2 nepastovus; mokantis išsisukinėti
Lucas ['lu:kəs] *n* Lukas *(vardas)*
luce [lu:s] *n* lydeka *(ypač suaugusi)*
lucent ['lu:snt] *a* 1 šviesus, ryškus, šviečiantis 2 permatomas, peršviečiamas
lucerne [lu:'sə:n] *n bot.* liucerna
lucid ['lu:sɪd] *a* 1 šviesus, skaidrus, aiškus *(t. p. prk)*; **~ mind** aiškus/šviesus protas; **~ explanation** aiškus/suprantamas paaiškinimas; **~ intervals** a) sąmonės prošvaistės; b) pragiedruliai 2 *poet.* ryškus

lucidity [lu:'sɪdətɪ] *n* **1** šviesumas, skaidrumas; *(minties, kalbos, stiliaus)* aiškumas **2** proto pragiedrėjimas

Lucifer ['lu:sɪfə] *n* **1** *mit., rel.* Liuciferis, Šėtonas **2** *poet.* Aušrinė, Venera *(planeta)* **3** *(l.) psn.* degtukas *(t. p. l. match)*

luck [lʌk] *n* **1** dalia, laimė; *bad/ill* ~ nelaimė, nedalia; *rough* ~ karti dalia; *to try one's* ~ išbandyti (savo) laimę; *down on one's* ~ a) bėdoje, nelaimėje; nesėkmės prislėgtas; b) be pinigų **2** laimė, sėkmė, pasisekimas; *a great piece of* ~ didelė laimė; *sheer/pure* ~ laimingas atsitiktinumas; *to wish smb good* ~ (pa)linkėti kam sėkmės/pasisekimo; *good* ~*!* sėkmės!, laimingai!; *for* ~*!* kad sektųsi!; *bad/hard/tough* ~*!* kokia nesėkmė!; kaip gaila!; et, nepasisekė!; *with (any)* ~*, with a bit of* ~ jei pasiseks; *I am in [out of]* ~ man sekasi [nesiseka]; *just my* ~*!* man visada nesiseka!, tokia jau mano laimė!; ~ *has turned* laimė nusigręžė/nenusišypsojo; *his* ~ *held* jam laimė nusišypsojo; *devil's own* ~ velniškas pasisekimas; *you are in* ~*'s way* jums pasisekė; *he brings* ~ ≡ jo laiminga/gera ranka ◊ *as* ~ *would have it* a) nelaimei; b) laimei; *as ill* ~ *would have it* lyg/kaip tyčia; *worse* ~*!* nelaimei, deja!; *to push one's* ~ smarkiai rizikuoti
v: ~ *out amer. šnek.* pasisekti

luckily ['lʌkɪlɪ] *adv* laimingai
mod laimei; ~ *I was out when he called* laimei, manęs nebuvo namuose, kai jis užėjo

luckiness ['lʌkɪnɪs] *n* laimė; sėkmingumas, sekimasis

luckless ['lʌkləs] *a knyg.* nelaimingas, nesėkmingas

lucky[1] ['lʌkɪ] *a* **1** laimingas, turintis laimės; ~ *beggar/devil* ≡ laimės kūdikis; *are you* ~ *at cards?* ar tau sekasi lošti kortomis?; ~ *for you, you didn't go* tau pasisekė, kad nevažiavai **2** laimingas, nešantis laimę **3** atsitiktinis; ~ *escape* atsitiktinis išsigelbėjimas ◊ *third time* ~ ≡ trečias kartas nemeluoja; *to strike it* ~ laimėti didžiausią laimikį, labai pasisekti

lucky[2] *n sl.: to cut one's* ~ pabėgti, pasprukti

lucky-bag ['lʌkɪbæg] *n* = **lucky-dip**

lucky-dip ['lʌkɪdɪp] *n* „laimės šulinys" *(iš kurio traukiami loterijos laimikiai)*

lucrative ['lu:krətɪv] *a* pelningas, naudingas

lucre ['lu:kə] *n menk.* pinigai; pelnas, nauda

lucubrate ['lu:kjubreɪt] *v knyg.* **1** dirbti, rašyti, mokytis atsidėjus, *ypač* naktimis **2** rūpestingai dėstyti *(mintis)*

lucubration [,lu:kju'breɪʃn] *n knyg.* **1** intensyvus protinis darbas, apmąstymas, mokymasis, *ypač* naktimis **2** *(ppr. pl)* rūpestingai apdorotas literatūros kūrinys

luculent ['lu:kjulənt] *a ret.* aiškus, įtikinamas

Lucy ['lu:sɪ] *n* Lusė, Lusi *(vardas)*

Luddite ['lʌdaɪt] *n* **1** *pl ist.* luditai **2** naujos technologijos, automatizacijos priešininkas

ludicrous ['lu:dɪkrəs] *a* absurdiškas

lues ['lu:i:z] *n med.* **1** sifilis *(t. p.* ~ *venerea)* **2** maras

luff [lʌf] *jūr. n* **1** *(laivo)* priešvėjinė pusė; ~ *of the bow* laivapriekio žiauna **2** *(burės)* priekinė škatorina
v pakreipti/plaukti prieš vėją

luffa ['lʌfə] *n* = **loofa(h)**

lug[1] [lʌg] *n* **1** tempimas, vilkimas; tampymas **2** *pl amer. šnek.* didžiavimasis, nosies rietimas; *to put on* ~*s* puikuotis, didžiuotis
v **1** tempti, traukti, vilkti; tampyti **2** įtraukti, įvelti *(į pašalinius dalykus; into)*

lug[2] *n* **1** rankena **2** *tech.* ąselė, akutė, kilpa; pakaba **3** *tech.* iškyšulys, prielaja, storymė, stormena; kumštelis **4** *tech.* pavalkėlis **5** *archit.* gembė, konsolė **6** *šnek.* ausis **7** *amer. sl.* žioplys, drimba

luge [lu:ʒ] *n* rogutės *(vienam ar dviem žmonėms nusileisti ledo trasa)*

luggage ['lʌgɪdʒ] *n* bagažas; *light* ~ lengvasis/rankinis bagažas; ~ *van* bagažo vagonas; ~ *space* bagažo vieta/skyrius; ~ *office* bagažo saugojimo kamera, bagažinė; ~ *compartment/boot aut.* bagažinė

lugger ['lʌgə] *n jūr.* liugeris *(nedidelis burlaivis)*

lughole ['lʌghəul] *n sl.* ausis

lugsail ['lʌgseɪl] *n jūr.* liugerinė burė

lugubrious [lu'gu:brɪəs] *a knyg.* liūdnas, niūrus

Luke [lu:k] *n bibl.* Lukas *(evangelistas)*

lukewarm ['lu:kwɔ:m] *a* **1** drungnas, šiltokas **2** abejingas, be didesnio entuziazmo/susidomėjimo

lull [lʌl] *n* **1** tylos, ramybės valandėlė; pertrauka *(pokalbyje, veikloje); the* ~ *before the storm* tyla prieš audrą *(t. p. prk.)* **2** *(audros, vėjo)* laikinas aprimimas; *(skausmo)* apmalšinimas
v **1** užliūliuoti, užlinguoti **2** išsklaidyti, išblaškyti *(būgštavimus, įtarimus)* **3** įteigti *(into – kam; prieš užpuolant, apgaunant)* **4** (nu)raminti, (ap)malšinti *(skausmą)* **5** aprimti, nurimti

lullaby ['lʌləbaɪ] *n* **1** lopšinė **2** raminantys, malonūs garsai *(upelio čiurlenimas ir pan.)*

lulu ['lu:lu:] *n amer. šnek.* kas nors jaudinančio/nepaprasto/kvailo

lumbago [lʌm'beɪgəu] *n med.* strėnų gėla

lumbar ['lʌmbə] *a anat., med.* strėnų, juosmens

lumber[1] ['lʌmbə] *n* **1** (nereikalingi) gremėzdai, griozdai; šlamštas **2** *amer.* sienojai; pjautinė mediena
v **1** apkrauti, užversti, užgriozdinti *(džn.* ~ *up)* **2** *prk.* prikimšti *(galvą ir pan.)* **3** užkrauti *(nemalonų darbą; with)* **4** *amer.* kirsti medžius *(ruošiant statybinę medžiagą)*

lumber[2] *n* dardesys
v **1** dardėti, bildėti *(ppr.* ~ *along/by/past)* **2** drimblinti, sunkiai/nevikriai eiti

lumberer ['lʌmbərə] *n amer.* medkirtys

lumbering[1] ['lʌmbərɪŋ] *n amer.* **1** miško kirtimas; miško ruoša **2** prekyba mišku

lumbering[2] *a* **1** gremėzdiškas; dramblotas **2** dardantis, bildantis

lumberjack ['lʌmbədʒæk] *n (ypač amer.)* medkirtys, miško darbininkas

lumber-jacket ['lʌmbə,dʒækɪt] *n* šilta vilnonė striukė su diržu

lumberman ['lʌmbəmən] *n (pl* -men [-mən]) *(tik v.)* **1** medkirtys **2** *amer.* miško pirklys; miško pramonininkas

lumbermill ['lʌmbəmɪl] *n amer.* lentpjūvė

lumber-room ['lʌmbərum] *n* griozdynė, sandėliukas

lumberyard ['lʌmbəjɑ:d] *n amer.* miško medžiagos sandėlis

lumen ['lu:mən] *n fiz.* liumenas *(šviesos srauto vienetas)*

luminance ['lu:mɪnəns] *n fiz.* skaistis

luminary ['lu:mɪnərɪ] *n knyg.* **1** šviesulys **2** *prk.* šviesulys, žvaigždė *(apie žmogų)*

luminescence [,lu:mɪ'nesəns] *n spec.* kūnų švytėjimas, liuminescencija

luminosity [,lu:mɪ'nɔsətɪ] *n* **1** šviesos ryškumas, spindesys **2** *fiz.* šviesingumas; skaistis

luminous ['lu:mɪnəs] *a* **1** švytintis, šviečiantis; šviesus; ~ *body* švytintis/įkaitintas kūnas; ~ *intensity* šviesos stiprumas; ~ *road signs* šviečiantys kelio ženklai; ~ *paint* fosforescuojantieji dažai **2** nušviečiantis; aiškus, suprantamas **3** puikus *(apie oratorių, rašytoją)*

lumme ['lʌmɪ] *int sl.* po velnių!, na *(reiškiant nustebimą, susidomėjimą)*

lummox ['lʌməks] *n amer. šnek.* stuobrys; drimba
lummy ['lʌmɪ] *int* = **lumme**
lump [lʌmp] *n* **1** gabalas, gumulas, gniutulas, gniužulas; grumstas, luitas; *one ~ or two?* vieną gabalėlį *(cukraus)* ar du? **2** didelis kiekis, labai daug, krūva *(ypač pinigų; of); he is a ~ of selfishness* jis – labai didelis egoistas **3** gumbas, guzas, patinimas **4** *šnek.* gvėra, griozdas, kelmas, meška *(apie žmogų); ~ of a girl* storulė *(apie merginą)* **5** *(the ~) šnek.* statybininkai, dirbantys akordinį darbą **6** *attr: ~ sugar* gabalinis cukrus; **~ sum** a) bendroji suma; b) vienkartinė išmoka ◊ *a ~ in one's throat* kamuolys gerklėje *(susijaudinus, susinervinus); to take in/by the ~* imti urmu; *to take one's ~s* (mokėti) pakelti nesėkmes, likimo smūgius
v **1** imti/duoti urmu/neskiriant; nepaisyti *(skirtumų);* suplakti, sumaišyti *(ppr. ~ together)* **2** supulti, sukristi *(į gumulus)* □ **~ along** vilktis, rioglinti, kėblinti; **~ down** sunkiai/griozdiškai sėsti, drėbtis ◊ *to ~ it* norom nenorom taikstytis su kuo; *to ~ large* atrodyti solidžiai/oriai
lumpectomy [lʌm'pektəmɪ] *n med.* krūties auglio operacija
lumper ['lʌmpə] *n* **1** uosto krovikas **2** rangovas
lumpfish ['lʌmpfɪʃ] *n zool.* ciegorius *(žuvis)*
lumping ['lʌmpɪŋ] *a* **1** *šnek.* didelis **2** sunkus *(apie eiseną)* **3** bendras, nepaisantis detalių
lumpish ['lʌmpɪʃ] *a* **1** griozdiškas, gremėzdiškas, nerangus **2** bukaprotis
lumpy ['lʌmpɪ] *a* **1** grumstuotas; kauburiuotas; gumuliuotas; gumbuotas **2** vilnytas; **~ sea** nerami jūra **3** griozdiškas, gremėzdiškas; sunkus
lunacy ['lu:nəsɪ] *n* **1** *med.* pamišimas **2** *teis.* nepakaltinamumas **3** didelė kvailybė, beprotybė; *it would be sheer ~ to turn down an offer like that* būtų tikra beprotybė atmesti tokį pasiūlymą
lunar ['lu:nə] *a* **1** Mėnulio; mėnuliškas; **~ distance** Mėnulio nuotolis *(nuo Saulės, žvaigždės, planetos);* **~ month** sinodinis mėnuo *(nuo jaunaties iki jaunaties)* **2** pusmėnulio/pjautuvo pavidalo ◊ **~ politics** praktinės reikšmės neturintys klausimai
lunarian [lu:'nɛərɪən] *n* **1** Mėnulio gyventojas **2** astronomas, tyrinėjantis Mėnulį; selenologas
lunate ['lu:neɪt] *a* pusmėnulio/pusračio formos
lunatic ['lu:nətɪk] *a* pamišęs; beprotiškas; **~ asylum** pamišėlių namai, psichiatrinė ligoninė ◊ *the ~ fringe* ekstremistai, fanatiški šalininkai; **~ rover, ~ rowing machine** mėnuleigis
n beprotis, pamišėlis
lunation [lu:'neɪʃn] *n* sinodinis mėnuo; lunacija
lunch [lʌntʃ] *n* **1** priešpiečiai, ankstyvi pietūs, lančas; *to have/take ~* priešpiečiauti, užkandžiauti *(vidury dienos)* **2** = **luncheon** 1 ◊ *out for ~ šnek.* keistokas, paikas
v **1** priešpiečiauti **2** vaišinti priešpiečiais/lančų, duoti priešpiečius/pietus
lunchbox ['lʌntʃbɒks] *n* dėžutė priešpiečiams susidėti
luncheon ['lʌntʃən] *n* **1** pusryčiai *(ppr. oficialūs)* **2** *ret.* = **lunch** 1
luncheonette [,lʌntʃə'net] *n amer.* užkandinė, bufetas
luncheon-voucher [,lʌntʃən'vautʃə] *n* priešpiečių talonas *(įmonės išduodamas darbininkams)*
lunch-hour ['lʌntʃauə] *n* pietų/priešpiečių pertrauka
lunchroom ['lʌntʃrum] *n amer.* (mokyklos, įstaigos) valgykla, valgomasis
lunchtime ['lʌntʃtaɪm] *n* priešpiečių/pietų metas *(apie 12-14 val.)*
lunette [lu:'net] *n archit., kar.* liunetas

lung [lʌŋ] *n anat.* plautis; *the ~s* plaučiai; *iron ~ med.* dirbtinis plautis, dirbtinio kvėpavimo aparatas ◊ *the ~s of London* Londono „plaučiai" *(parkai bei aikštės); to have a good pair of ~s juok.* ≅ būti gerų plaučių, turėti gerą gerklę
lunge¹ [lʌndʒ] *n* **1** virvė, korda **2** ratas, kuriuo varinėja arklį už kordos
v varinėti už kordos
lunge² *n* **1** *sport.* dūris; įtūpstas *(fechtuojantis)* **2** šuolis pirmyn; staigus pasistūmėjimas, postūmis **3** pasinėrimas
v **1** *sport.* smūgiuoti; daryti įtūpstą, durti *(fechtuojantis);* (pa)stumti **2** pulti/šokti/mestis pirmyn *(at, towards; t. p. ~ forward)*
lunger ['lʌŋgə] *n amer. sl.* ligonis, sergantis plaučių liga
lung-fever ['lʌŋ,fi:və] *n med.* krupinis plaučių uždegimas
lung-power ['lʌŋpauə] *n* balso stiprumas
lungwort ['lʌŋwə:t] *n bot.* (vaistinė) plautė
lunkhead ['lʌŋkhed] *a amer. šnek.* bukagalvis, pusgalvis, begalvis
lunula ['lu:njulə] *lot. n (pl* -ae [-i:]) *(piršto nago)* mėnuliukas
lupin(e) ['lu:pɪn] *n bot.* lubinas
lupine ['lu:paɪn] *a* vilko, vilkinis; vilkiškas
lupus ['lu:pəs] *n med.* vilkligė, odos tuberkuliozė *(t. p. ~ vulgaris)*
lurch¹ [lə:tʃ] *n* **1** *(laivo)* pasvirimas; *(traukinio ir pan.)* truktelėjimas; *to give a ~* pasvirti (į šoną) **2** svirduliavimas **3** *(pažiūrų ir pan.)* pa(si)keitimas
v **1** pasvirti; truktelėti; *to ~ forward* šokti į priekį **2** svirduliuoti *(einant)* **3** svyruoti, keistis *(apie pažiūras ir pan.); to ~ from one extreme to the other* mėtytis nuo vienos kraštutinybės prie kitos
lurch² *n*: *to leave smb in the ~ šnek.* palikti ką bėdoje/varguose
lurcher ['lə:tʃə] *n* **1** šuo pėdsekys *(škotų aviganio šuns ir kurto mišrūnas)* **2** *psn.* vagišius; apgavikas **3** *psn.* šnipas
lure [ljuə] *n* **1** pagunda, vilionė; viliojimas **2** jaukas, masalas
v vilioti, masinti, gundyti □ **~ away** nuvilioti, atitraukti *(from – nuo)*
Lurex ['ljuəreks] *n* lureksas *(metalinio atspalvio siūlai; firminis pavadinimas)*
lurgy ['lə:gɪ] *n*: *to have the ~ juok.* susirgti *(kuo),* nesveikuoti
lurid ['luərɪd] *a* **1** baisus, šiurpus, sukrečiantis **2** ryškus; žioruojantis, žėruojantis *(apie dangų ir pan.)* **3** niūrus, grėsmingas; audrotas *(apie debesis)* **4** mirtinai išbalęs; pašlas
lurk [lə:k] *v* **1** slėptis, būti pasislėpus *(ko tykojant);* tykoti **2** slypėti *(t. p. prk.); fear ~ing in our hearts* baimė, slypinti mūsų širdyse **3** *ret.* tykinti, sėlinti
n **1**: *on the ~* patykomis, patykojant **2** *šnek.* apgaulė
lurking-place ['lə:kɪŋpleɪs] *n* slėptuvė, slapta vieta
Lusaka [lu:'sɑ:kə] *n* Lusaka *(Zambijos sostinė)*
luscious ['lʌʃəs] *a* **1** saldus, skanus, kvapus, aromatingis; sultingas **2** malonus *(pažiūrėti, girdėti ir pan.); šnek.* patrauklus **3** įmantrus, perkrautas *(apie stilių ir pan.)*
lush¹ [lʌʃ] *a* **1** sodrus, vešlus **2** prabangus; prašmatnus
lush² *(ypač amer.) sl. n* **1** svaiginamasis/alkoholinis gėrimas **2** girtas žmogus; girtuoklis
v gerti *(svaiginamuosius gėrimus)*
lushy ['lʌʃɪ] *a šnek.* išgėręs *(svaigalų)*
lust [lʌst] *n* **1** geismas, geidulys, aistra **2** troškimas; *the ~ for power* valdžios troškimas
v geisti, aistringai norėti *(after, for)*

luster ['lʌstə] *n amer.* = **lustre**[1]
lustful ['lʌstfəl] *a* geidulingas, gašlus
lustiness ['lʌstınıs] *n* **1** sveikata, tvirtumas, jėga **2** smarkumas, gyvumas
lustra ['lʌstrə] *pl žr.* **lustrum**
lustrate ['lʌstreɪt] *v* atlikti apsivalymo ceremoniją, apsivalyti *(senovės Romoje)*
lustration [lʌs'treɪʃn] *n* **1** *(nuodėmių)* ap(si)valymas **2** *juok.* nu(si)plovimas
lustre[1] ['lʌstə] *n* **1** blizgesys, blizgėjimas, žvilgėjimas **2** šlovė; *to add/give ~ to smth, to throw/shed ~ on smth* a) suteikti blizgesio/žavesio kam; b) išgarsinti ką, suteikti šlovę kam **3** sietynas, liustra; *pl (liustros)* stikliniai karuliai
lustre[2] *n* = **lustrum**
lustreless ['lʌstələs] *a* neblizgus, be blizgesio
lustrous ['lʌstrəs] *a* blizgantis, blizgus, žvilgantis
lustrum ['lʌstrəm] *lot. n* (*pl* -tra, ~s) penkerių metų laikotarpis
lusty ['lʌstɪ] *n* **1** sveikatingas, tvirtas, stiprus **2** smarkus, gyvas
lute[1] [lu:t] *n muz.* liutnia
lute[2] *stat. n* **1** glaistas **2** *amer.* tiesiklis
v glaistyti, (už)tepti
lutecium [lu:'ti:ʃɪəm] *n* = **lutetium**
lutenist ['lu:tənɪst] *n muz.* liutnininkas
lutetium [lu:'ti:ʃɪəm] *n chem.* lutecis
Luther ['lu:θə] *n: Martin ~* Martynas Liuteris *(protestantizmo Vokietijoje pradininkas)*
Lutheran ['lu:θərən] *a* Liuterio; liuteronų; *~ Church* liuteronų bažnyčia
n liuteronas
luting ['lu:tɪŋ] *n* **1** glaistymas **2** = **lute**[2] *n*
luv [lʌv] *n šnek.* mylimasis, brangusis *(kreipiantis)*
luvvie ['lʌvɪ] *n* = **lovey**
lux [lʌks] *n opt.* liuksas *(apšviestumo vienetas)*
luxate ['lʌkseɪt] *n med.* išnirti, iš(si)narinti
luxation [lʌk'seɪʃn] *n med.* iš(si)narinimas, išnirimas
luxe [luks, lʌks] *pr. n* prabanga, liuksusas
Luxemb(o)urg ['lʌksəmbə:g] *n* Liuksemburgas *(kunigaikštystė ir jos sostinė)*
luxuriance [lʌg'ʒuərɪəns] *n* **1** vešlumas **2** gausumas; prabanga **3** *(vaizduotės ir pan.)* turtingumas
luxuriant [lʌg'ʒuərɪənt] *a* **1** vešlus, sodrus, tarpus; *~ beard* vešli barzda **2** gausus, turtingas **3** prašmatnus; įmantrus *(apie stilių)*
luxuriate [lʌg'ʒuərɪeɪt] *v* **1** mėgautis *(in, on)* **2** ištaigauti, prabangiai gyventi
luxurious [lʌg'ʒuərɪəs] *a* **1** prabangus, prašmatnus, ištaigingas; liuksusinis **2** mėgstantis prabangą/ištaigas
luxury ['lʌkʃərɪ] *n* **1** prabanga; liuksusas; *to live in ~* gyventi prabangoje; *a life of ~* prabangos gyvenimas **2** prabangos dalykas **3** (didelis) malonumas, pasimėgavimas
a attr prabangus; *~ goods* prabangos prekės; *~ cabin* liuksusinė kajutė; *~ car* prabangus automobilis
-ly[1] [-lɪ] *suff* **1** -iškas *(žymint panašumą, būdingą savybę);* **brotherly** broliškas; **earthly** žemiškas **2** -inis *(žymint periodišką kartojimąsi);* **monthly** (kas)mėnesinis; **nightly** (kas)naktinis
-ly[2] *suff* **1** -(i)ai, -iškai *(žymint veiksmo būdą);* **quickly** greitai; **beautifully** gražiai; **motherly** motiniškai **2** požiūriu, atžvilgiu; **mathematically** matematiniu požiūriu
lycanthropy [laɪ'kænθrəpɪ] *n med.* likantropija *(savęs įsivaizdavimas vilku)*
lycée ['li:seɪ] *pr. n* licėjus *(valstybinė vidurinė mokykla Prancūzijoje)*
lyceum [laɪ'si:əm] *n* **1** *ist.* licėjus **2** *amer.* draugija, ruošianti populiarias paskaitas/koncertus; lektoriumas
lychee ['laɪtʃi:, 'lɪ-] *n* nefeliumas *(vaisius)*
lychgate ['lɪtʃgeɪt] *n* dengtas įėjimas į šventorių
lycopodium [ˌlaɪkə'pəudɪəm] *n bot.* pataisas
lye [laɪ] *n (pelenų)* šarmas
lying[1] ['laɪɪŋ] *a* melagingas, apgaulingas; *~ prophet* netikras pranašas
pI žr. **lie**[1] *v*
n melas, melagystė; melagingumas
lying[2] *a* gulsčias, gulintis
pI žr. **lie**[2] *v*
lying-dog ['laɪɪŋdɔg] *n* seteris *(medžioklinis šuo)*
lying-in [ˌlaɪɪŋ'ɪn] *n* gimdymas; *~ hospital* gimdymo namai
lying-in-state [ˌlaɪɪŋɪn'steɪt] *n* įžymaus žmogaus pašarvojimas *(viešam lankymui)*
lyme-grass ['laɪmgrɑ:s] *n bot.* rugiaveidė
lymph [lɪmf] *n* **1** *fiziol.* limfa; *~ node/gland* limfinis mazgas; *animal ~* vakcina **2** *poet.* versmė, šaltinis; tyras vanduo
lymphatic [lɪm'fætɪk] *n* **1** *anat.* limfinis; *~ gland* limfinė liauka; *~ node* limfmazgis; *~ vessel* limfagyslė **2** flegmatiškas, išsekęs, silpnas
n limfagyslė
lymphocyte ['lɪmfəsaɪt] *n fiziol.* limfocitas
lynch [lɪntʃ] *amer. v* linčiuoti
n: ~ law linčo teismas, linčiavimas; *~ mob* linčiuotojai
lynchpin ['lɪntʃpɪn] *n* = **linchpin**
lynx [lɪŋks] *n zool.* lūšis
lynx-eyed ['lɪŋks'aɪd] *a* aštrių akių
lyophilize [laɪ'ɔfɪlaɪz] *v chem.* liofilizuoti
Lyra ['laɪərə] *n astr.* Lyra *(žvaigždynas)*
lyre ['laɪə] *n muz.* lyra
lyrebird ['laɪəbə:d] *n zool.* lyra, lyrauodegis *(paukštis)*
lyric ['lɪrɪk] *a attr* lyrinis, lyriškas; *~ poet* lyrikas
n lit. lyrinis eilėraštis
lyrical ['lɪrɪkl] *a* **1** = **lyric 2** susijausminęs, susijaudinęs
lyricism ['lɪrɪsɪzm] *n* lyrizmas; lyriškumas
lyricist ['lɪrɪsɪst] *n (dainų žodžių)* kūrėjas, rašytojas
lyrics ['lɪrɪks] *n* **1** lyrika, lyriniai eilėraščiai **2** *pl* dainos žodžiai
lyrist *n* **1** ['laɪərɪst] grojantysis lyra **2** ['lɪrɪst] lyrikas
lysis ['laɪsɪs] *n (pl* -ses [-si:z]) *biol.* lizė; *(mikrobų, ląstelių)* irimas
-lysis [-lɪsɪs] *(sudurt. žodžiuose)* -lizė *(reiškiant tirpimą/ tirpdymą/skilimą/skaldymą);* **electrolysis** elektrolizė
lysol ['laɪsɔl] *n farm.* lizolis
lysosome ['laɪsəsəum] *n biol.* lizosoma

M

M, m [em] *n* (*pl* Ms, M's [emz]) tryliktoji anglų abėcėlės raidė

'm [m] *sutr. šnek.* = **am**

ma [mɑ:] *n* (mamma¹ *sutr.*) *šnek.* **1** mama **2** teta *(kreipiantis)*

ma'am [mæm] *n* (madam *sutr.*) ponia *(kreipinys)*

mac [mæk] *n sutr. šnek.* = **mackintosh**

Mac *n amer. šnek.* drauguži!, žmogau! *(nežinant pavardės)*

Mac- [mæk-] *pref (škotų, rečiau airių pavardėse)* Mak-; **MacDonald** Makdonaldas

macabre [mə'kɑ:brə] *pr. a* baisus, klaikus; *dance* ~ mirties šokis

macaco [mə'keɪkəu] *n* (*pl* ~s [-z]) *zool.* lemūras *(pusbeždžionė)*

macadam [mə'kædəm] *n* **1** *(akmenų)* skalda; skaldos danga, makadamas **2** *(skalda grįstas)* kelias, plentas *(t. p.* ~ *road)*

macadamize [mə'kædəmaɪz] *v* grįsti skalda

macaque [mə'kɑ:k] *n zool.* makaka *(šunbeždžionė)*

macaroni [ˌmækə'rəunɪ] *it. n* **1** makaronai; ~ *cheese* makaronai su tarkuotu sūriu **2** *ist.* frantas

macaronic [ˌmækə'rɔnɪk] *a* makaroniškas *(apie stilių)*, turintis daug makaronizmų

macaroon [ˌmækə'ru:n] *n* migdolinis sausainis

macaw¹ [mə'kɔ:] *n zool.* ara, arara *(papūga)*

macaw² *n bot.* P. Amerikos palmė *(t. p.* ~ *palm/tree)*

Macbeth [mək'beθ] *n* Makbetas *(lit. personažas)*

mace¹ [meɪs] *n* **1** *ist.* vėzdas, buožė, lazda *(ginklas)* **2** lazda *(valdžios simbolis)* **3** *(bilijardo)* lazdelė **4** medinis plaktukas odai minkštinti

mace² *n* muškato kevalo milteliai *(kaip prieskonis)*

Mace [meɪs] *n* aerozolis *(vart. apsigynimui; firminis pavadinimas)*

Macedonia [ˌmæsɪ'dəunɪə] *n* Makedonija *(šalis)*

Macedonian [ˌmæsɪ'dəunɪən] *a* Makedonijos; makedoniečių

n makedonietis

macerate ['mæsəreɪt] *v* **1** *spec.* (su)šlapinti, (su)vilgyti, (iš)mirk(y)ti **2** išsekinti; nusilp(nin)ti

Mach [mɑ:k] *n spec.* machas *(kūno judėjimo greičio vienetas)*

macher ['mætʃə] *n amer. sl.* didelis žmogus/veikėjas, svarbus asmuo

machete [mə'tʃetɪ] *isp. n* mačetė, didelis peilis

machiavellian [ˌmækɪə'velɪən] *a knyg.* nesivaržantis dėl priemonių, klastingas, išdavikiškas

machinal [mə'ʃi:nəl] *a* mašinalus, mechaniškas

machinate ['mækɪneɪt] *v ret.* intriguoti, daryti machinacijas

machination [ˌmækɪ'neɪʃn] *n (ppr. pl)* machinacija, intriga

machine [mə'ʃi:n] *n* **1** mašina; staklės; *kneading* ~ tešlos minkymo mašina; *mincing* ~ mėsai malti mašinėlė; *planing* ~ drožimo staklės; *marking* ~ ženklintuvas; *talking* ~ fonografas **2** mechanizmas **3** susisiekimo priemonė: dviratis, (auto)mašina, lėktuvas **4** žmogus, dirbantis kaip mašina *ar* veikiantis mašinaliai **5** *prk. (valstybinis, organizacinis ir pan.)* aparatas; *party* ~ partijos aparatas/mašina **6** *amer.* organizacija/partija, kontroliuojanti šalies politinį gyvenimą **7** *attr* mašininis, mašinų; ~ *works* mašinų/staklių gamykla; ~ *translation* mašininis vertimas; ~ *age* technikos amžius; ~ *operator* valdantysis mašiną/mechanizmą; staklininkas; mechanizatorius; ~ *code/language* kompiuterio naudojama kalba *v* **1** (pa)gaminti/apdirbti mašina **2** siūti mašina **3** spausdinti

machine-gun [mə'ʃi:ngʌn] *n* kulkosvaidis

v šaudyti iš kulkosvaidžio

machine-gunner [mə'ʃi:nˌgʌnə] *n* kulkosvaidininkas

machine-made [mə'ʃi:nmeɪd] *a* pagamintas mašina/mechaniškai; mašininis

machine-readable [məˌʃi:n'ri:dəbl] *a* kompiuteriu apdorojamas, kompiuteriui suprantamas

machinery [mə'ʃi:nərɪ] *n* **1** mašinos; mašininė įranga; mechanizmai; *agricultural* ~ žemės ūkio mašinos **2** mašinų detalės **3** *prk.* mechanizmas, struktūra **4** *(organizacinis)* aparatas; *state* ~ valstybės aparatas

machine-shop [mə'ʃi:nʃɔp] *n* mechanikos dirbtuvės; mechanikos cechas

machine-tool [me'ʃi:ntu:l] *n tech.* staklės; ~ *plant* staklių gamykla

machining [mə'ʃi:nɪŋ] *n tech.* mašininis apdorojimas/apdirbimas

machinist [mə'ʃi:nɪst] *n* **1** šaltkalvis; mechanikas; kvalifikuotas darbininkas; staklininkas **2** mašinistas **3** mašinų gamintojas **4** siuvėjas

machismo [mə'tʃɪzməu] *isp. n* vyriškumas, vyriškasis pradas; vyro energija

macho ['mætʃəu] *isp. šnek. n* **1** energingas vyrukas, žmogus **2** patinas

a vyriškas, tvirtas, energingas

mack [mæk] *n sutr. šnek.* = **mackintosh**

Mackenzie [mə'kenzɪ] *n* Makenzis *(upė)*

mackerel ['mækrəl] *n* (*pl* ~) *zool.* skumbrė; *jack/horse* ~ stauridė ◊ ~ *sky* baltų debesėlių išmargintas dangus

mackintosh ['mækɪntɔʃ] *n* **1** lietpaltis, nepermalampamas apsiaustas **2** gumotas audinys

macramé [mə'krɑ:mɪ] *n* mazgymas, raišiojimas *(rankdarbių rūšis)*

macro ['mækrəu] *n* (*pl* ~s [-z]) *komp.* makroprograma, makrokomanda

macro- ['mækrəu-] *(sudurt. žodžiuose)* makro-, did(žia)-, ilga-; *macrostructure* makrostruktūra; *macroscephalous* makrocefalas, didžiagalvis; *macrobiotic* ilgaamžis

macrobiosis [ˌmækrəubaɪ'ɔsɪs] *n* ilgaamžystė

macrobiotic [ˌmækrəubaɪ'ɔtɪk] *a* **1** ilgaamžis; makrobiotinis **2** vegetariškas, vegetarinis; be chemikalų *(apie maistą)*

macrobiotics [ˌmækrəubaɪ'ɔtɪks] *n* makrobiotika

macrocosm ['mækrəukɔzm] *n* makrokosmas, visata
macroeconomic [ˌmækrəui:kə'nɔmɪk, -ekə-] *a* makroekonominis
macroeconomics [ˌmækrəui:kə'nɔmɪks] *n* makroekonomika
macrograph ['mækrəugrɑ:f] *n* makrofotografija
macron ['mækrɔn] *n fon.* balsio ilgumo ženklas *(pvz., ā)*
macroscopic [ˌmækrəu'skɔpɪk] *a* makroskopinis, matomas plika akimi
macula ['mækjulə] *n (pl* -ae [-i:]) *spec.* dėmė
maculated ['mækjuleɪtɪd] *a* dėmėtas
mad [mæd] *a* **1** pamišęs, beprotis; *like* ~ kaip beprotis; *to go* ~ a) išeiti iš proto, pamišti; b) pasiusti; *to drive/send smb* ~ išvesti ką iš proto **2** pasiutęs *(apie gyvulį)* **3** aistringai/beprotiškai mylintis *(after, about, for, on – ką)*, pametęs galvą *(dėl)* **4** beprotiškas; pakvaišęs, pašėlęs; *to make a* ~ *dash for the door* mestis/pulti kaip pašėlus prie durų **5** *predic šnek.* labai supykęs, įširdęs *(at, about); to get* ~ įširsti; *to make smb* ~ įsiutinti ką; *don't be* ~ *at me* nepyk ant manęs **6** pašėlusiai, labai linksmas ◊ *as* ~ *a wet hen amer.* įsiutęs; ~ *as a hatter,* ~ *as a March hare* ≡ netekęs galvos, visiškai išprotėjęs/pamišęs
v psn. **1** išvesti/išeiti iš proto **2** *amer.* supykinti
Madagascar [ˌmædə'gæskə] *n* Madagaskaras *(sala)*
madam ['mædəm] *n* **1** (miela) ponia *(kreipiantis); m. President* ponia Prezidente **2** *menk.* pasipūtusi panelė, mėgstanti įsakinėti *(t. p. a (proper) little* ~*)* **3** *euf.* viešųjų namų laikytoja
Madame ['mædəm, mə'dɑ:m] *n (pl* Mesdames) madam, ponia *(kreipiantis į prancūzę)*
madcap ['mædkæp] *n* padūkėlis; nutrūktgalvis, pajodžarga *a* padūkęs, pašėlęs; beprotiškas
madden ['mædən] *v* **1** išvesti iš proto; *pass* išprotėti **2** (į)siutinti, (į)nirtinti
maddening ['mædənɪŋ] *a* varantis iš proto, erzinantis, siutinantis
madder ['mædə] *n* **1** *bot.* dažinė raudė **2** raudė *(raudoni dažai)*
made [meɪd] *past ir pII žr.* **make** *v*
a **1** pagamintas, padarytas, sudarytas **2** dirbtinis; išgalvotas **3** pasiekęs, apsirūpinęs *(gyvenime);* ~ *of money* labai turtingas; *a* ~ *man* žmogus, turintis gerą padėtį ◊ *you've (got) it* ~ *šnek.* jums pavyko/pasisekė
Madeira [mə'dɪərə] *n* **1** Madera *(sala)* **2** madera *(vynas)*
Madeleine ['mædlɪn] *n* Madlina *(vardas)*
Mademoiselle [ˌmædəmwə'zel] *pr. n (pl* Mesdemoiselles) panelė, madmuazelė *(kreipiantis į neištekėjusią prancūzę)*
made-to-measure, made-to-order ['meɪdtə'meʒə, 'meɪdtu'ɔ:də] *a* padarytas pagal (individualų) užsakymą
made-up ['meɪd'ʌp] *a* **1** dirbtinis; sugalvotas, sukurtas **2** gatavas, paruoštas **3** (nu)grimuotas, (nu)dažytas *(apie veidą, lūpas, akis ir pan.)*
madhouse ['mædhaus] *n šnek.* **1** *psn.* bepročių/pamišėlių namai **2** *prk.* (tikras) beprotnamis, makalynė, maišatis
madia ['meɪdɪə] *n bot.* madija; ~ *oil* madijos sėklų aliejus
madly ['mædlɪ] *adv* **1** pašėlusiai, pasiutiškai **2** *šnek.* beprotiškai *(įsimylėjęs ir pan.)*
madman ['mædmən] *n (pl* -men [-mən]) *(tik v.)* beprotis, pamišėlis; *to shout like a* ~ šaukti kaip bepročiui
madness ['mædnɪs] *n* **1** pamišimas; beprotybė **2** pasiutimas, siutas **3** įniršimas, įnirtis
madonna [mə'dɔnə] *n* madona; *the M. Madona (Jėzaus motina Marija)*

Madras [mə'drɑ:s, -'dræs] *n* **1** Madrasas *(uostamiestis Indijoje)* **2** *(m.)* dryžuotas medvilninis audinys **3** *kul.* mėsos patiekalas su aštriu padažu
madrepore [ˌmædrɪ'pɔ:] *n zool.* madreporinis koralas
Madrid [mə'drɪd] *n* Madridas *(Ispanijos sostinė)*
madrigal ['mædrɪgəl] *n* madrigalas
madwoman ['mædˌwumən] *n (pl* -women [-ˌwɪmɪn]) beprotė, pamišėlė
Maecenas [maɪ'si:næs] *n* mecenatas
maelstrom ['meɪlstrəm] *n* sūkurys, verpetas *(t. p. prk.)*
maenad ['mi:næd] *n gr. mit.* menadė, bakchantė
maestoso [ˌmaɪ'stəuzəu] *it. adv muz.* maestoso
maestro ['maɪstrəu] *it. n (pl* ~s [-z], -ri [-ri:]) maestro
mafia ['mæfɪə] *n kuop.* mafija; klika
mafioso [ˌmæfi'əusəu] *n (pl* ~si [-sɪ], ~s [-z]) mafijozas
mag [mæg] *n sutr. šnek.* = **magazine** 1
magazine [ˌmægə'zi:n] *n* **1** *(periodinis)* žurnalas; ~ *article* žurnalo straipsnis **2** *(šaudmenų, sprogmenų)* sandėlis **3** *kar.* dėtuvė, magazinas *(t. p.* ~ *chamber);* ~ *rifle* magazininis šautuvas **4** *tech.* magazinas **5** *fot.* kasetė **6** *tel.* žinių laida su videoklipais
Magdalen ['mægdəlɪn] *n* Magdelena *(vardas)*
Magdalene [ˌmægdə'li:nɪ] *n* Magdelena *(vardas)*
mage [meɪdʒ] *n psn.* magas, žynys
Magellan [mə'gelən] *n: Ferdinand* ~ Ferdinandas Magelanas *(portugalų jūrininkas); Strait of* ~ Magelano sąsiauris
magenta [mə'dʒentə] *n* fuksinas, raudoni aniliniai dažai *a* rausvai raudonas
Maggie ['mægɪ] *n* Magė, Magi *(vardas)*
maggot ['mægət] *n* **1** vikšras, lerva *(ypač musės)* **2** *prk. psn.* įnoris, užgaida; įkyri mintis
maggoty ['mægətɪ] *a* **1** kirmėlėtas **2** įnoringas, užgaidus
magi ['meɪdʒaɪ] *pl žr.* **magus**
magic ['mædʒɪk] <*n, a, v*> *n* **1** magija; burtai, kerai; *to work like* ~ veikti stebuklingai, būti labai veiksmingam **2** žavesys, žavumas
a **1** burtų; ~ *word* burtažodis **2** magiškas, stebuklingas; ~ *eye rad.* magiškoji akis; ~ *number fiz.* magiškasis skaičius **3** nuostabus, žavingas
v: ☐ ~ *away* pašalinti magijos pagalba; ~ *up* sukelti magijos pagalba
magical ['mædʒɪkl] = **magic** *a*
magician [mə'dʒɪʃn] *n* **1** burtininkas, kerėtojas, raganius **2** fokusininkas, iliuzionistas
magisterial [ˌmædʒɪ'stɪərɪəl] *a* **1** teisėjo; teisminis **2** autoritetingas; pamokomas **3** įsakmus, įsakomas, diktatoriškas
magistracy ['mædʒɪstrəsɪ] *n* **1** teisėjo pareigos **2** *kuop.* magistratūra, teisėjai
magistral [mæ'dʒɪstrəl] *a* **1** dėstytojų, mokytojų; *the* ~ *staff (mokyklos ir pan.)* dėstytojai **2** *ret.* autoritetingas; įsakmus **3** *farm. (gydytojo)* specialiai paskirtas **4** *kar. ist.* magistralinis *(apie įtvirtinimų linijas)*
magistrate ['mædʒɪstreɪt] *n* teisėjas, teismo pareigūnas, magistratas; *Magistrates' Court* magistratų *(žemiausios instancijos)* teismas *(Anglijoje, Velse)*
magma ['mægmə] *n geol.* magma
Magna C(h)arta [ˌmægnə'kɑ:tə] *ist.* Didžioji laisvių chartija *(1215 m.)*
magna cum laude [ˌmægneɪkum'laudeɪ] *amer.* su pagyrimu *(apie koledžo baigimo diplomą)*
magnanimity [ˌmægnə'nɪmətɪ] *n* didžiadvasiškumas
magnanimous [mæg'nænɪməs] *a* didžiadvasiškas, kilniaširdiškas

magnate ['mægneɪt] n magnatas; *financial [oil]* ~ finansų [naftos] magnatas
magnesia [mæg'niːʃə] n spec. magnio oksidas, magnezija
magnesium [mæg'niːzɪəm] n chem. magnis
magnet ['mægnɪt] n magnetas *(t. p. prk.)*
magnetic [mæg'netɪk] a 1 magnetinis; ~ *needle [tape]* magnetinė rodyklė [juosta] 2 prk. patraukiantis; neatsispiriamas
magnetics [mæg'netɪks] n magnetizmas *(fizikos dalis)*
magnetism ['mægnɪtɪzm] n 1 magnetizmas 2 patrauklumas, žavumas
magnetite ['mægnɪtaɪt] n miner. magnetitas
magnetization [,mægnɪtaɪ'zeɪʃn] n 1 (į)magnetinimas 2 (pri)traukimas
magnetize ['mægnɪtaɪz] v 1 magnetinti, į(si)magnetinti 2 prk. (pa)traukti, pritraukti
magneto [mæg'niːtəʊ] n (pl ~s [-z]) el. magneta
magneto- [mæg'niːtəʊ-] *(sudurt. žodžiuose)* magneto-; *magnetoelectrical* magnetoelektrinis; *magnetograph* magnetografas
magnetometer [,mægnɪ'tɒmɪtə] n el. magnetometras
magneton ['mægnɪtɒn] n fiz. magnetonas
magnetron ['mægnɪtrɒn] n fiz. magnetronas
magnification [,mægnɪfɪ'keɪʃn] n padidinimas
magnificence [mæg'nɪfɪsns] n didingumas; puikumas
magnificent [mæg'nɪfɪsnt] a didingas; nuostabus, puikus
magnifier ['mægnɪfaɪə] n didinamasis stiklas, lupa; didintuvas
magnify ['mægnɪfaɪ] v 1 (pa)didinti; *~ing glass* didinamasis stiklas 2 perdėti, išpūsti 3 psn., bibl. garbinti
magniloquent [mæg'nɪləkwənt] a pompastiškas, išpūstas
magnitude ['mægnɪtjuːd] n 1 dydis, didumas 2 svarba, reikšmė; reikšmingumas 3 astr. (žvaigždės) ryškis
magnolia [mæg'nəʊlɪə] n 1 bot. magnolija 2 kreminė/gelsva spalva
a kreminis, gelsvas
magnon ['mægnɒn] n fiz. magnonas
magnum ['mægnəm] n didelis vyno butelis *(= 1,5 l)*
magpie ['mægpaɪ] n 1 zool. šarka 2 prk. pataršką 3 šnek. asmuo, renkantis visa, kas papuola, visokį šlamštą 4 kar. pataikymas į išorinį priešpaskutinį taikinio ratą; *(taikinio)* antrasis ratas
magus ['meɪgəs] n *(pl magi)* magas, žynys; *the Magi bibl.* išminčiai iš Rytų šalies; *the three Magi rel.* trys karaliai
Magyar ['mægjɑː] a vengrų, vengriškas
n 1 vengras 2 vengrų kalba
maharaja(h) [,mɑːhə'rɑːdʒə] ind. n ist. maharadža
maharanee, -ni [,mɑːhə'rɑːniː] ind. n ist. maharani *(maharadžos žmona)*
mahatma [mə'hætmə] ind. n mahatma *(ypatingai gerbiamų asmenų titulas)*
mahogany [mə'hɒgənɪ] n 1 raudonmedis 2 rusvai raudona spalva ◊ *to put/stretch/have one's knee/feet under smb's* ~ naudotis kieno vaišingumu/svetingumu; gyventi kieno sąskaita
Mahomet [mə'hɒmɪt] n Mahometas *(islamo įkūrėjas)*
Mahometan [mə'hɒmɪtᵊn] = **Mohammedan** a, n
mahout [mə'haʊt] ind. n dramblio varovas/prižiūrėtojas
maid [meɪd] n 1 tarnaitė; kambarinė 2 poet., psn. mergelė, panelė ◊ *old* ~ a) senmergė; b) šnek. pedantiškas žmogus; ~ *of honour* a) freilina *(t. p. ~ in waiting)*; b) amer. vyriausioji/pirmoji pamergė
maiden ['meɪdn] n 1 poet., psn. panelė, mergelė 2 juok. senmergė 3 ist. giljotinos rūšis *(Škotijoje)*
a 1 netekėjusi; ~ *aunt* netekėjusi teta 2 mergiškas, mergautinis; ~ *name* mergautinė pavardė 3 skaistus; nepradėtas, nenaudotas; ~ *horse* arklys, nelaimėjęs prizo/premijos; ~ *over sport.* kriketo partija, kurioje mušėjas nelaimėjo taškų; ~ *sword* kalavijas, kuris nebuvo išbandytas kovoje 4 pirmas; ~ *attempt* pirmasis bandymas; ~ *flight* pirmasis *(lėktuvo)* skrydis; ~ *speech (naujojo akademijos/parlamento nario)* pirmoji kalba
maidenhair ['meɪdnhɛə] n bot. adiantas *(paparčio rūšis)*
maidenhead ['meɪdnhed] n psn. 1 skaistybė, nekaltybė; mergystė 2 = **hymen**
maidenhood ['meɪdnhʊd] n mergystė
maidenish ['meɪdnɪʃ] a 1 mergiškas, mergaitiškas 2 senmergiškas
maidenlike ['meɪdnlaɪk] = **maidenly** a
maidenly ['meɪdnlɪ] psn. a mergiškas, mergaitiškas; drovus adv mergiškai; droviai
maid-of-all-work ['meɪdəvɔːl'wɜːk] n tarnaitė *(viena atliekanti visus darbus)*
maidservant ['meɪd,sɜːvənt] n psn. tarnaitė
mail[1] [meɪl] n 1 ist. šarvai; šarviniai marškiniai *(t. p. coat of ~)* 2 zool. *(vėžlio ir pan.)* kiautas
v padengti šarvais
mail[2] n 1 paštas; korespondencija; *by* ~ paštu; *junk* ~ paštu siunčiama reklaminė medžiaga; *I had a lot of* ~ *last week* praėjusią savaitę aš gavau daug laiškų 2 pašto traukinys *(t. p. ~ train)* 3 pašto maišas 4 attr paštinis, pašto; ~ *order* a) užsakymas išsiųsti prekes paštu; b) amer. pašto perlaida
v *(ypač amer.)* (pa)siųsti paštu
mailbag ['meɪlbæg] n 1 pašto maišas 2 amer. laiškanešio krepšys
mailboat ['meɪlbəʊt] n pašto garlaivis
mailbox ['meɪlbɒks] n *(ypač amer.)* pašto dėžutė *(gaunamai/siunčiamai korespondencijai)*
mailcar ['meɪlkɑː] n pašto vagonas
mailcart ['meɪlkɑːt] n ist. 1 pašto karieta 2 vaikiškas vežimėlis
mailclad ['meɪlklæd] a apsirengęs šarvais, šarvuotas
mailed [meɪld] a 1 šarvuotas 2 padengtas žvyneliais 3 dėmėtas
mailer ['meɪlə] n amer. 1 siuntėjas 2 vokas
mailing ['meɪlɪŋ] n siuntimas paštu; ~ *list* adresų sąrašas *(kur paštu siunčiami reklaminiai ir pan. leidiniai)*
maillot [mæ'jəʊ] pr. n 1 maudymosi kostiumas 2 *(akrobato, šokėjo)* triko
mailman ['meɪlmən] n *(pl -men [-mən]) (tik v.)* amer. paštininkas
mail-order ['meɪl'ɔːdə] a išsiuntinėjantis užsakytas prekes paštu *(apie firmą ir pan.)*; ~ *catalogue* prekių paštu katalogas
mailplane ['meɪlpleɪn] n pašto lėktuvas
mailshot ['meɪlʃɒt] n skelbimų, reklaminės medžiagos siuntimas pagal daugelį adresų
maim [meɪm] v (su)luošinti, (su)žaloti; *~ed for life* suluošintas visam gyvenimui
main[1] [meɪn] n 1 pagrindinė dalis; pagrindinis/svarbiausias dalykas 2 *(vandentiekio, dujotiekio ir pan.)* magistralė; vamzdynas 3 *(the ~s)* el. maitinimo tinklas 4 psn., poet. atvira jūra, okeanas ◊ *in the* ~ a) iš esmės, bendrais bruožais; b) apskritai
a 1 pagrindinis, svarbiausias; magistralinis; *the ~ thing is (+ inf)* svarbiausia...; *that's the ~ thing!* tai svarbiausia; ~ *line* geležinkelio magistralė; *the ~ body* a) pagrindinė laivo korpuso dalis; b) kar. pagrindinės jėgos; ~ *dressing station* kar. pagrindinis perrišimo punktas 2 *(fiziškai)* gerai išsivystęs, stiprus; *by ~ force* vien jėga; iš visų jėgų

main² *n* **1** taškų skaičius, kurį žaidžiantis kauliukais pasako prieš mesdamas **2** gaidžių peštynės
main-brace ['meɪnbreɪs] *n jūr.* grotbrasas ◊ *to splice the ~* a) *ist.* išduoti papildomai svaigalų; b) *juok.* išgerti
Maine [meɪn] *n* Meinas *(JAV valstija)*
mainframe ['meɪnfreɪm] *n komp.* pagrindinės įrangos komplektas; universalusis komplektas
mainland ['meɪnlənd] *n* pagrindinė valstybės teritorija *(neskaitant salų);* žemyne esanti valstybės dalis; *the Chinese ~, the ~ of China* kontinentinė Kinija
mainline ['meɪnlaɪn] *v sl.* leisti(s) narkotikus į veną
mainly ['meɪnlɪ] *adv* daugiausia, iš esmės; svarbiausia
mainmast ['meɪnmɑːst] *n jūr.* grotstiebis
mainsail ['meɪnseɪl] *n jūr.* grotas, didburė
mainspring ['meɪnsprɪŋ] *n* **1** *(laikrodžio)* (pagrindinė) spyruoklė **2** pagrindinis/svarbiausias akstinas *(of, for)*
mainstay ['meɪnsteɪ] *n* **1** *jūr.* grotštagas; *~ sail* grotstakselis **2** *prk.* pagrindinis ramstis
mainstream ['meɪnstriːm] <*n, a, v*> *n (meno, politikos, mados ir pan.)* vyraujanti kryptis/tendencija/srovė
a **1** vyraujantis, pagrindinis **2** konformistinis
v amer. priimti fiziškai/protiškai nesveiką vaiką į normalių vaikų klasę
maintain [meɪn'teɪn] *v* **1** palaikyti; (pa)remti; *to ~ order* palaikyti tvarką; *to ~ the common cause* paremti bendrą reikalą **2** išlaikyti *(esamą padėtį ir pan.); to ~ a family* išlaikyti šeimą; *to ~ one's positions* išlaikyti savo pozicijas; *to ~ life* palaikyti egzistenciją/gyvybę **3** prižiūrėti, aptarnauti, eksploatuoti *(mašiną, kelius, namus)* **4** tvirtinti, teigti; *to ~ one's opinion* ginti savo nuomonę; *to ~ that...* tvirtinti/teigti, kad...
maintenance ['meɪntᵊnəns] *n* **1** palaikymas; (pa)rėmimas; parama; *the ~ of good relations between the two countries* gerų santykių palaikymas tarp dviejų šalių **2** išlaikymas; alimentai; *separate ~ teis.* alimentai žmonai po skyrybų **3** tvirtinimas **4** *tech.* priežiūra, remontas, aptarnavimas; eksploatacija; *constant ~* reguliarus techninis aptarnavimas ir remontas **5** *tech.* eksploatavimo išlaidos *(įskaitant einamąjį remontą)* **6** *attr* remonto; *~ crew* techninio aptarnavimo komanda; *~ department* administracijos ir ūkio skyrius; *~ man (pastatų ir įrengimų eksploatacijos)* technikas
maintop ['meɪntɔp] *n jūr.* grotmarsas
maison(n)ette [ˌmeɪzə'net] *pr. n* atskiras dviaukštis butas *(ppr. privačiame name)*
maître d'hôtel [ˌmetrədəu'tel] *pr. n (restorano, viešbučio)* administratorius, metrdotelis
maize [meɪz] *n* **1** *bot.* kukurūzas; kukurūzai; *dent [tint] ~* dantinis [titnaginis] kukurūzas **2** geltona spalva; geltonumas
majestic [mə'dʒestɪk] *a* didingas, didus
majesty ['mædʒɪstɪ] *n* **1** didingumas, didybė **2** didenybė *(titulas); His [Her, Your] M.* Jo [Jos, Jūsų] didenybe *(kreipiantis į karalių/karalienę)*
Majlis [mædʒ'lɪs] *arab. n* medžlisas *(Irano, Turkijos parlamentas)*
majolica [mə'dʒɔlɪkə] *n* majolika *(meninė keramika)*
major¹ ['meɪdʒə] *n kar.* majoras
major² <*a, n, v*> *a* **1** didesnis, svarbesnis; *~ part* didžioji dalis; *~ repairs* kapitalinis remontas; *the ~ banks* stambieji bankai **2** pagrindinis; labai svarbus; *~ questions* pagrindiniai klausimai; *~ forces kar.* pagrindinės jėgos; *~ league sport.* aukščiausioji lyga **3** vyresnysis; *Smith ~* Smitas vyresnysis **4** *muz.* mažorinis

n **1** *teis.* pilnametis **2** *log.* pagrindinė premisa *(silogizme; t. p. ~ premise)* **3** *amer.* pagrindinis specializacijos dalykas; pagrindinė profiliuojančioji disciplina *(universitete)* **4** *muz.* mažoras
v (ypač amer.) specializuotis *(apie studentą; in)*
Majorca [mə'jɔːkə, mə'dʒɔːkə] *n* Majorka *(sala)*
majordomo [ˌmeɪdʒə'dəuməu] *n (pl ~s [-z])* majordomas, rūmų valdytojas
major-general [ˌmeɪdʒə'dʒenᵊrəl] *n kar.* generolas majoras
majority [mə'dʒɔrətɪ] *n* **1** dauguma *(t. p. polit.); to carry/gain the ~* surinkti balsų daugumą; *to win by a handsome/large ~* surinkti žymiai daugiau balsų; *sweeping ~* milžiniška persvara; *~ rule* daugumos principas/valia; *the silent ~* tylinčioji dauguma *(visuomenės dalis, nepareiškianti savo nuomonės); working ~ parl.* pakankama balsų dauguma; *to be in the ~* turėti/sudaryti daugumą **2** *teis.* pilnametystė *(Anglijoje – 18 m.); to attain one's ~* tapti pilnamečiu **3** *ret.* majoro laipsnis
◊ *to join the (great) ~* ≡ iškeliauti iš šio pasaulio, mirti
majuscule ['mædʒəskjuːl] *n* didžioji raidė, majuskulas *(senovės raštijoje)*
make [meɪk] <*v, n*> *v* (made) **1** (pa)daryti, (pa)dirbti; pagaminti; *to ~ a hole [a mistake]* padaryti skylę [klaidą]; *to ~ a dress* pasiūti suknelę; *to ~ a nest* sukti lizdą; *to ~ a short statement to the press* padaryti trumpą pareiškimą spaudai **2** (su)kurti; sudaryti, surašyti *(sąrašą, dokumentą); to ~ one's own life* pačiam kurti savo gyvenimą **3** (pa)ruošti; *to ~ dinner* paruošti/pagaminti pietus; *to ~ a fire* sukurti ugnį/laužą **4** sukelti, padaryti, *to ~ a noise* sukelti triukšmą **5** išeiti; *this cloth will ~ me a coat* iš šio audinio išeis man paltas **6** darytis, tapti; *to ~ it hot for smb* darytis kam karšta/pavojinga; *you will ~ a good teacher* iš tavęs bus geras mokytojas **7** gauti(s), sudaryti, būti lygiam *(apie skaičių, sumą); two and two ~ four* du plius du lygu keturi **8** į(si)gyti *(lėšų, pinigų);* už(si)dirbti *(pragyvenimui); to ~ a profit* gauti pelno **9** manyti; *what time do you ~ it?* kiek, tavo manymu, dabar laiko?; *what am I to ~ of your behaviour?* kaip aš turiu suprasti tavo elgesį? **10** paskirti *(į pareigas); they made him their leader* jie išsirinko jį savo vadovu **11** *(+n/pron+inf)* (pri)versti *(ką daryti); that made him think* tai privertė jį pagalvoti; *to ~ smb understand* duoti kam suprasti **12** *(+n/pron+a)* daryti ką kokį; *to ~ smb happy* daryti ką laimingą; *to ~ smb ill* apsirgdinti ką **13** *(su daugeliu daiktavardžių sudaro frazinį veiksmažodį, savo reikšme atitinkantį daiktavardį): to ~ an entrance* įžengti; *to ~ haste* skubėti; *to ~ fun* išjuokti; *to ~ a pause* sustoti; *to ~ a start* pradėti **14** elgtis *(tam tikru būdu); to ~ an ass/fool of oneself* (su)kvailioti, apsikvailinti, apsijuokti **15** ruoštis, ketinti; *he made to leave the room* jis ruošėsi išeiti iš kambario **16** *šnek.* (su)spėti *(į traukinį ir pan.)* **17** atvykti *(į uostą ir pan.)* **18** patekti *(į komandą, laikraščius ir pan.)* **19** *(after)* vytis **20** *(for)* vykti; mestis, pulti; *to ~ for/towards the door* žengti durų link **21** *(for)* prisidėti, padėti **22** *(against)* būti nepalankiam, nepalankiai kalbėti *(apie)* **23** *(into)* paversti *(kuo)* **24** (su)pažyti *(kortas)* □ *~ away (with)* a) atsikratyti, nužudyti; b) pavogti (ir pabėgti); *~ back* grįžti; *~ off* pabėgti; sprukti; *~ out* a) suprasti, išskirti, atskirti; b) įrodinėti, tvirtinti; c) stengtis sudaryti įspūdį, apsimesti; d) surašyti *(dokumentą),* išrašyti *(čekį);* e) *šnek.* gyventi, gyvuoti; f) *šnek.* sektis; g) *(ypač amer.) šnek.* glamonėtis; *~ over* a) perduoti, perleisti; užrašyti *(tur-*

make-believe   546   **malfunction**

tą); b) perdirbti; persiūti; *~ up* a) grąžinti; atidirbti; kompensuoti *(for);* b) sudaryti; c) surinkti; komplektuoti; d) paruošti *(vaistus, maistą ir pan.); to ~ up the bed* pakloti lovą; e) nugrimuoti; grimuoti(s); nusidažyti; f) sutvarkyti; (su)taikyti; taikytis *(with); let us ~ it up* susitaikykime; g) išgalvoti, sugalvoti *(pasiteisinimą ir pan.);* h) sukurti *(žodžius, muziką);* i) pasiūti; j) *poligr.* laužyti; k) *(to)* gerintis, pataikauti, meilintis *(kam)* ◊ *to ~ nothing of smth* a) laikyti ką menkaverčiu, lengvai į ką žiūrėti; b) nieko nesuprasti apie ką; *to ~ it* a) suspėti (atvykti) *(kur);* b) ateiti *(į susirinkimą ir pan.);* c) pasisekti; d) *amer.* permiegoti, pasimylėti *(with); to ~ it clear that...* aiškiai pareikšti, kad...; *to ~ do* apsieiti *(with – su, without – be); to ~ as if* dėtis; *to ~ free/bold (with)* pasinaudoti, leisti sau; *to ~ sure/certain* a) įsitikinti; b) užtikrinti; *to ~ or break* išaukštinti arba sužlugdyti; *that ~s two of us* ir aš taip pat *(pritariant kam) n* **1** gamyba, darbas; gaminys; *our own ~* mūsų gamybos **2** fasonas, forma, markė; *(gaminio)* tipas, modelis; *~ of car* automobilio markė; *do you like the ~ of that coat?* ar tau patinka to palto fasonas? **3** *(žmogaus)* sudėjimas, konstitucija **4** būdas, charakteris ◊ *to be on the ~* a) dirbti siekiant savanaudiškų tikslų; negaišti veltui laiko; b) *šnek.* lįsti, siekti fizinio suartėjimo

make-believe ['meɪkbɪˌliːv] *n* **1** apsimetimas **2** vaizduotė, įsivaizdavimas, fantazija **3** apsimetėlis
a **1** įsivaizduojamas **2** apsimestinis

makefast ['meɪkfɑːst] *n jūr.* pri(si)švartavimo stulpas

makeover ['meɪkəʊvə] *n (išvaizdos)* pa(si)gražinimas

maker ['meɪkə] *n* **1** darytojas, dirbėjas, gamintojas **2** kūrėjas **3** *(the M.) rel.* Kūrėjas **4** *teis.* vekselio (iš)davėjas ◊ *to meet one's ~ šnek.* ≡ iškeliauti pas Abraomą

-maker [-meɪkə] *(sudurt. žodžiuose)* -ininkas, -ėjas; *watchmaker* laikrodininkas; *dressmaker* siuvėja

makeshift ['meɪkʃɪft] *n* laikinas pakaitalas, laikina priemonė
a laikinas

make-up ['meɪkʌp] *n* **1** veido kosmetika; makijažas; *to put on ~* vartoti kosmetiką; *she had a rich ~* ji buvo smarkiai išsidažiusi; **2** grimas; grimavimas; *~ room (aktorių)* grimavimo kambarys, rengykla; *~ man* grimuotojas **3** sandara; *(komandos ir pan.)* sudėtis **4** *(kieno)* charakteris, būdas, prigimtis **5** prasimanymas **6** *poligr.* rinkinio laužymas **7** *amer.* pridėtinis rašomasis darbas *(anksčiau nerašiusiems)*

makeweight ['meɪkweɪt] *n* **1** svorio papildas, priesvoris; priedėlis *(t. p. prk.)* **2** priešsvara, atsvaras

makework ['meɪkwəːk] *n amer.* dirbtinai sukuriama darbinė veikla *(žmonėms užimti)*

making ['meɪkɪŋ] *n* **1** su(si)darymas; (pa)gaminimas, gamyba; *in the ~* a) besiformuojantis *(apie kalbininką ir pan.);* b) susidarymo/ atsiradimo/ formavimosi procese; gamyboje **2** gaminys, gaminių partija **3** *pl* reikalingos savybės, reikalingi duomenys; *(vystymosi)* galimybės; *to have all the ~s (of)* turėti visus duomenis *(kam)* **4** *pl* uždarbis **5** *pl amer., austral. šnek.* popierius ir tabakas papirosui susukti ◊ *of one's own ~* paties sukurtas *(apie problemą ir pan.),* pats kaltas; *to be the ~ (of)* būti sėkmės priežastimi/pradžia

mal- [mæl-] *pref* **1** blogai; blogas; *maladministration* blogas valdymas; *maltreat* blogai elgtis **2** ne-; *maladroit* nevikrus, nerangus **3** netaisyklingas; *malocclusion* netaisyklingas dantų sukandimas

malachite ['mæləkaɪt] *n min.* malachitas

malacology [ˌmæləˈkɔlədʒɪ] *n zool.* malakologija

maladjusted [ˌmæləˈdʒʌstɪd] *a* **1** blogai pritaikytas **2** neprisitaikantis; turintis elgesio/bendravimo problemų *(ypač apie vaiką)*

maladjustment [ˌmæləˈdʒʌstmənt] *n* **1** blogas pri(si)taikymas/sutvarkymas; neatitikimas **2** *psich.* neprisitaikymas

maladministration [ˌmælədmɪnɪsˈtreɪʃn] *n* nekompetentingas/blogas valdymas/vadovavimas

maladroit [ˌmæləˈdrɔɪt] *a* **1** nevikrus; nerangus **2** netaktiškas

malady ['mælədɪ] *n* **1** *knyg.* negerovė, blogybė **2** *psn.* negalavimas, liga

Malagasy [ˌmæləˈgæsɪ] *a: the ~ Republic* Malagasijos, *ar* Madagaskaro, respublika
n **1** Malagasijos, *ar* Madagaskaro, respublikos gyventojas **2** malagasių kalba

malaise [məˈleɪz, mæ-] *pr. n* **1** negalavimas, negalia **2** nerimastis, nerimas

malapert ['mæləpəːt] *psn. n* akiplėša, begėdis
a begėdis, akiplėšiškas

malaprop(ism) ['mæləprɔp(ɪzm)] *n* neteisingas žodžio pavartojimas, sukeliantis komišką efektą

malapropos [ˌmælæprəˈpəʊ] *pr. adv.* nelaiku, nevietoje
a padarytas/pasakytas nelaiku/nevietoje

malar ['meɪlə] *n anat.* skruostikaulis *(t. p. ~ bone)*

malaria [məˈlɛərɪə] *n* maliarija

malarial [məˈlɛərɪəl] *a* maliarijos, maliarinis

malarkey [məˈlɑːkɪ] *n šnek.* paistalas, nesąmonė

Malawi [məˈlɑːwɪ] *n* Malavis *(respublika ir ežeras)*

Malay [məˈleɪ] *a* malajų; Malajos; malajų kalbos; *the ~ Peninsula* Malajos pusiasalis
n **1** malajas, malajietis **2** malajų/malajiečių kalba

Malaya [məˈleɪə] *n* Malaja *(Malaizijos dalis)*

Malaysia [məˈleɪʒə] *n* Malaizija *(federacija)*

malcontent ['mælkəntent] *n* nepatenkintas žmogus; opozicionierius
a nepatenkintas; esantis opozicijoje

Maldives ['mɔːldɪvz] *n (the ~)* Maldivų salos

male [meɪl] *n* **1** vyras, vyriškis **2** patinas **3** augalas su kuokeliniais žiedais
a **1** vyriškas, vyrų; vyriškos lyties; *~ student* studentas; *~ lion* liūtas *(patinas); ~ bee* tranas; *~ cat* katinas **2** *bot.* su kuokeliniais žiedais *(apie augalus)* **3** *tech.* įeinantis į kitą detalę, apgaubiamas; *~ screw* sraigtas; varžtas

male- ['mælɪ-] *pref* piktas, pikt(a)-; *malevolence* piktavališkumas, piktdžiuga

malediction [ˌmælɪˈdɪkʃn] *n knyg.* prakeikimas

maledictory [ˌmælɪˈdɪktərɪ] *a knyg.* prakeikiantis; piktaliežuvis

malefactor ['mælɪfæktə] *n knyg.* nusikaltėlis, piktadarys

malefic [məˈlefɪk] *a knyg.* žalingas; pragaištingas

maleficence [məˈlefɪsns] *n knyg.* žalingumas; pragaištingumas

maleficent [məˈlefɪsnt] *a knyg.* **1** piktadariškas **2** pragaištingas, žalingas *(to)*

malevolence [məˈlevələns] *n* piktavališkumas, piktdžiuga

malevolent [məˈlevələnt] *a* piktavališkas, piktdžiugiškas, bloga linkintis

malfeasance [mælˈfiːzəns] *n teis.* **1** piktadarybė **2** tarnybinis nusižengimas/nusikaltimas

malfeasant [mælˈfiːzənt] *teis. a* nusikalstamas
n nusikaltėlis; asmuo, piktnaudžiaujantis tarnybine padėtimi

malformation [ˌmælfɔːˈmeɪʃn] *n* netaisyklingas/nenormalus išsivystymas/susidarymas; išsigimimas

malformed [ˌmælˈfɔːmd] *a* išsigimęs, blogai susiformavęs

malfunction [mælˈfʌŋkʃn] *spec. n* netinkamas funkcionavimas, veikimo sutrikimas/pertrūkis; sutrikusi funkcija

v blogai funkcionuoti/veikti; *the machine is ~ing* mašina blogai dirba
Mali ['mɑːlɪ] *n* Malis *(respublika)*
malic ['mælɪk] *a:* ~ *acid chem.* obuolių rūgštis
malice ['mælɪs] *n* **1** pagieža, pyktis, piktumas *(towards);* pikta valia; *to bear* ~ jausti pagiežą, turėti piktumą **2** *teis.* nusikalstamas ketinimas
malicious [mə'lɪʃəs] *a* **1** piktas, pagiežingas; ~ *gossip* ≡ pikti liežuviai **2** *teis.* piktavališkas; tyčinis, iš anksto numatytas/sumanytas
malign [mə'laɪn] *a* **1** žalingas; blogas; pragaištingas **2** pagiežingas, piktas **3** *med.* piktybinis
v (ppr. pass) šmeižti, piktžodžiauti
malignancy [mə'lɪgnənsɪ] *n* **1** pagiežingumas, piktumas **2** žalingumas **3** *med.* piktybiškumas
malignant [mə'lɪgnənt] *a* **1** piktas, pagiežingas **2** žalingas **3** *med.* piktybinis
malignity [mə'lɪgnətɪ] *n* = **malignancy**
malinger [mə'lɪŋgə] *v* apsimesti sergančiu, simuliuoti sergantį *(ypač apie kareivius, jūrininkus)*
malingerer [mə'lɪŋgərə] *n* simuliantas, apsimetėlis; dykūnas
malison ['mælɪsn] *n psn.* prakeikimas
mall [mæl, mɔːl] *n* **1** *(pavėsinga)* pasivaikščiojimo vieta, alėja **2** *amer.* parduotuvių rajonas *(į kurį draudžiama įvažiuoti automobiliais)*
mallard ['mælɑːd, 'mæləd] *n zool.* didžioji antis; gaigalas
malleability [,mælɪə'bɪlətɪ] *n* **1** kalumas; tąsumas, tampumas **2** *prk.* lankstumas, nuolaidumas
malleable ['mælɪəbl] *a* **1** kalus; tąsus, tampus; lengvai formuojamas **2** *prk.* lankstus, nuolaidus, sukalbamas
mallei ['mælɪaɪ] *pl žr.* **malleus**
mallemuck ['mælɪmʌk] *n zool.* albatrosas; audrapaukštis
mallenders ['mæləndəz] *n pl vet.* gruodas, gangreninis dermatitas
mallet ['mælɪt] *n* medinis plaktukas
malleus ['mælɪəs] *n (pl* -lei) *anat.* plaktukas *(vidinės ausies kaulelis)*
mallow ['mæləu] *n bot.* dedešva; *rose* ~ piliarožė
malm [mɑːm] *n geol.* molio ir smėlio mišinys
malnourished [,mæl'nʌrɪʃt] *a* nusilpęs dėl prastos mitybos
malnutrition [,mælnju'trɪʃn] *n* blogas maitinimas(is), prasta mityba
malodorous [,mæl'əudᵊrəs] *a knyg.* **1** dvokiantis, dvokus **2** netinkamas, nepriimtinas
malpractice [,mæl'præktɪs] *n teis.* **1** neteisėti veiksmai **2** *(gydytojo, advokato)* aplaidus darbas, nekompetencija; aplaidumas, neatidumas *(paciento atžvilgiu)* **3** piktnaudžiavimas pasitikėjimu
malt [mɔːlt] *n* **1** salyklas **2** (svaigusis) salyklinis gėrimas; *amer.* pieno kokteilis; ~ *liquor* salyklinis alus; ~ *whisky* salyklinis viskis, škotiška degtinė
v **1** diegti/daryti salyklą **2** salti *(apie salyklą)*
Malta ['mɔːltə] *n* Malta *(sala ir šalis)*
malted ['mɔːltɪd] *n amer. šnek.* pieno kokteilis
Maltese [,mɔː'tiːz] *a* Maltos; ~ *cross* Maltos kryžius
n **1** Maltos gyventojas, maltietis; *the* ~ *pl kuop.* maltiečiai **2** maltiečių kalba
malthouse ['mɔːlthaus] *n* salyklidė
Malthus ['mælθəs] *n: Thomas Robert* ~ Tomas Robertas Maltus(as) *(anglų ekonomistas)*
Malthusianism [mæl'θjuːzɪənɪzm] *n* maltizmas, maltusizmas
maltkiln ['mɔːltkɪln] *n* salyklinė
maltose ['mɔːltəus] *n chem.* maltozė, salyklo cukrus
maltreat [mæl'triːt] *v* blogai elgtis *(smb – su)*
maltreatment [mæl'triːtmənt] *n* blogas elgimasis *(su)*

maltster ['mɔːltstə] *n* salyklininkas *(žmogus)*
malty ['mɔːltɪ] *a* salyklo, salyklinis
malvaceae [mæl'veɪsɪː] *n pl bot.* dedešviniai
malversation [,mælvəː'seɪʃn] *n* malversacija; piktnaudžiavimas *(tarnyboje);* išeikvojimas
mam [mæm] *n šnek.* mama
mama [mə'mɑː, 'mæmə] *n vaik.* mama
mamba ['mæmbə] *n zool.* mamba *(nuodinga Afrikos gyvatė)*
mambo ['mæmbəu] *n (pl* ~s [-z]) mambo *(šokis)*
Mameluke ['mæmɪluːk] *n ist.* mameliukas
mamilla [mæ'mɪlə] *n (pl* -lae [-liː]) *anat.* spenelis, spenys
mamma¹ ['mæmə, mə'mɑː] *n* mama
mamma² ['mæmə] *n (pl* -ae [-iː]) *anat.* pieno liauka
mammal ['mæml] *n zool.* žinduolis
mammalia [mæ'meɪlɪə] *n pl zool.* žinduoliai
mammalian [mæ'meɪlɪən] *a zool.* žinduolių
mammary ['mæmərɪ] *a attr anat.* krūtų; ~ *gland* pieno liauka
mammilla [mæ'mɪlə] *n amer.* = **mamilla**
mammock ['mæmək] *n* nuolauža, nuodauža, šipulys
v (su)laužyti į gabalus; plėšyti į skutus
mammography [mə'mɔgrəfɪ] *n med.* mamografija *(krūties rentgenografija)*
mammon ['mæmən] *n* mamona; turtas, pinigai ◊ *to worship* ~ garbinti aukso veršį
mammonish ['mæmənɪʃ] *a* gobšus
mammoplasty ['mæməuˌplæstɪ] *n med.* krūties plastinė chirurgija
mammoth ['mæməθ] *n zool.* mamutas
a milžiniškas, didžiulis
mammy ['mæmɪ] *n* **1** *vaik.* mamytė **2** *amer.* auklė negrė *(baltųjų šeimoje)*
man [mæn] <*n, v*> *n (pl* men) **1** žmogus *(t. p. kaip profesijos atstovas ir tam tikrų savybių turėtojas); the rights of* ~ žmogaus teisės; *men say that...* žmonės sako, kad...; *a* ~ *of law* advokatas, juristas; *a* ~ *of office* tarnautojas, valdininkas; *media men* žiniasklaidos darbuotojai; *a* ~ *of distinction/mark/note* įžymus, garsus žmogus; *a* ~ *of a few words* mažakalbis žmogus; *a* ~ *of ideas* išradingas/sumanus žmogus; *a* ~ *of worth* garbingas/gerbtinas žmogus **2** vyriškis, vyras; *a* ~*'s watch* vyriškas laikrodis **3** *(žmonos)* vyras; mylimasis; ~ *and wife* vyras ir žmona *(vart. vestuvių apeigose); her young* ~ jos (jaunas) kavalierius; *fancy* ~ *(džn. juok.)* a) meilužis; b) *ret.* sąvadautojas **4** vyriškas/drąsus žmogus, vyras; *be a* ~*!, play the* ~*!* būk vyras! **5** žmonių giminė, žmonija **6** studentas, absolventas *(ppr. Harvard/Oxford, etc.* ~) **7** *(ppr. pl)* kareivis, eilinis; *officers and men* karininkai ir kareiviai **8** *(ppr. pl)* darbininkas; *men and management* darbininkai ir direkcija **9** tarnas; *I am your* ~ esu pasiruošęs jums patarnauti **10** *sport.* žaidėjas, komandos narys **11** šaškė *(ne dama);* šach. pėstininkas **12** *(the ~) amer. sl.* šeimininkas; bosas; policininkas **13** *ist.* vasalas ◊ ~ *and boy* iš jaunų dienų, visą gyvenimą; *(all) to a* ~*, to the last* ~ visi iki vieno, visi be išimties; *as one* ~ visi kaip vienas; *one* ~ *no* ~ ≡ vienas lauke ne karys; *every* ~ *for himself* kiekvienas už save; ~ *about town* pasituirintis žmogus, mėgstantis visur lankytis, pramogautojas; ~ *in the street, amer.* ~ *in the car* tipiškas miestietis; eilinis žmogus; ~ *of God* a) dvasiškis; b) šventasis; ~ *of straw, amer. straw* ~ a) šiaudinė baidyklė; b) šiaudadvasis/ nepatikimas žmogus, naivuolis; c) statytinis; d) menamas/silpnas priešininkas; *to be one's own* ~ a) būti savarankiškam, būti sau šeimininku; b) turėti

pilną protą/sąmonę, jaustis normaliai; *good ~!* šaunuolis!; *hey ~!* ei jūs (kreipiantis); *M. proposes, God disposes pat.* ≅ viskas Dievo valioje
v **1** sutelkti/surinkti žmonių *(darbui); kar., jūr.* (su)komplektuoti; *we haven't enough staff to ~ lifts* mums trūksta liftininkų **2** užimti *(pozicijas)*, stoti *(prie pabūklų ir pan.)* **3** drąsinti; *refl* įsidrąsinti, būti drąsiam **4** *medž.* prijaukinti *(sakalą ir pan.)* **5** *pass* dirbti, budėti; *the information desk is ~ned 24 hours a day* informacija dirba visą parą
Man [mæn] *n: the Isle of ~* Meno sala
-man [-mən] *suff* -ininkas, -ikas, -ėjas, -istas *(žymint vyriškosios giminės asmenis pagal užsiėmimą, profesiją);* **boatman** valtininkas; **coachman** vežikas, vežėjas; **radioman** radistas; **fisherman** žvejys
manacle ['mænəkl] *psn. n (ppr. pl)* **1** *(kalinio)* pančiai, antrankiai **2** *prk.* pančiai, varžtai
v surakinti, uždėti pančius/antrankius; (su)pančioti *(t. p. prk.)*
manage ['mænɪdʒ] *v* **1** susidoroti *(su)*; mokėti naudotis; *he couldn't ~ the work* jis negalėjo susidoroti su tuo darbu **2** sugebėti, galėti, pajėgti; pavykti; *I ~d to get through to him* man pasisekė susiskambinti su juo; *how do you ~ to stay so slim?* kaip tu sugebi, kaip tau pavyksta išlikti tokiai lieknai?; *can you ~ another slice? šnek.* gal dar suvalgysi gabaliuką? **3** verstis, išsiversti *(on)*; įsigudrinti **4** apsieiti *(with – su, without – be)* **5** rasti *(laiko)* **6** vadovauti; tvarkyti *(reikalus, finansus ir pan.)*; būti vadybininku; *to ~ a household* šeimininkauti, tvarkyti (namų) ūkį **7** (su)valdyti; tramdyti; *to ~ a horse* prajodinėti/pravažinėti arklį **8** prisiversti *(nusišypsoti, ištarti keletą žodžių ir pan.)*
manageable ['mænɪdʒəbl] *a* **1** (su)valdomas; lengvai valdomas; lengvas vairuoti; sutramdomas; *~ horse* išjodinėtas/prajodinėtas arklys **2** sukalbamas, nuolaidus **3** įvykdomas
management ['mænɪdʒmənt] *n* **1** vadyba, valdymas; *(reikalų ir pan.)* tvarkymas; *~ expenses* valdymo išlaidos **2** *(the ~)* valdyba; vadovybė, direkcija, administracija **3** mokėjimas naudoti *(instrumentą)*; mokėjimas susidoroti *(su darbu)*; sugebėjimas **4** jautrumas, rūpestingumas *(santykiuose su žmonėmis)*
manager ['mænɪdʒə] *n* **1** *(tik v.)* vedėjas, valdytojas, vadovas, direktorius; vadybininkas; *sales/business ~* komercijos direktorius; *assistant ~* valdytojo/direktoriaus pavaduotojas; *bank ~* vietinio banko valdytojas; *board of ~s* direkcija **2** šeimininkas; tvarkytojas; *good [bad] ~* geras [blogas] šeimininkas **3** *teatr.* impresarijus; menedžeris *(t. p. sport.)*; *road ~* gastroliuojančios trupės impresarijus/administratorius
manageress [,mænɪdʒə'res] *n* vedėja, valdytoja *ir pan., žr.* **manager**
managerial [,mænɪ'dʒɪərɪəl] *a* valdytojo, direktoriaus; valdymo; *~ level* vadovų lygmuo
managing ['mænɪdʒɪŋ] *a* **1** vadovaujantis; *~ director* generalinis direktorius **2** valdingas; energingas **3** *psn.* taupus, ekonomiškas
Managua [mə'nɑ:gwə] *n* Managva *(Nikaragvos sostinė)*
mañana [mæn'jɑ:nə] *isp. n* rytdiena *(ypač kalbant apie mėgstantį ką atidėlioti)*
adv rytoj *(ypač atidėliojant ką)*
man-at-arms [,mænət'ɑ:mz] *n (pl* men- [,men-]) *ist.* sunkiai apsiginklavęs raitelis
manatee [,mænə'ti:] *n zool.* lamantinas
Manchester ['mæntʃɪstə] *n* Mančesteris
man-child ['mæntʃaɪld] *n (pl* men-children) *psn.* berniukas

manchineel [,mæntʃɪ'ni:l] *n bot.* mancinela
Manchuria [,mæn'tʃuərɪə] *n ist.* Mandžiūrija
manciple ['mænsɪpl] *n* ūkvedys, tiekėjas *(koledže, vienuolyne)*
Mancunian [mæŋ'kju:nɪən] *a* Mančesterio
n Mančesterio gyventojas
mandamus [mæn'deɪməs] *n teis.* aukštesniosios teismo instancijos įsakymas žemesniajai
mandarin[1] ['mændərɪn] *n* **1** aukštas valdininkas; *iron.* atsilikęs/konservatyvus vadovas **2** *ist.* mandarinas *(kinų valdininkas)* **3** *(M.)* literatūrinė kinų kalba *(t. p. M. Chinese)*
mandarin[2] *n* **1** *bot.* mandarinas *(t. p. ~ orange)* **2** oranžinė spalva
mandatary ['mændətərɪ] = **mandatory** *n*
mandate ['mændeɪt] *n* **1** mandatas; *M. Commission* mandatų komisija **2** *(rinkėjų)* priesakas **3** *teis.* įpareigojimas, pavedimas; įgaliojimas
v perduoti *(teritoriją)* kitos valstybės mandatui
mandatory ['mændətərɪ] *a* **1** mandatų; mandatą turintis **2** privalomas, būtinasis; *~ sentence* galutinis nuosprendis
n polit. mandatarijus
mandible ['mændəbl] *n zool.* **1** *(žinduolių ir žuvų)* apatinis žandikaulis **2** *(vabzdžių)* žiauturas, mandibulė **3** *(paukščio)* posnapis
mandolin [,mændə'lɪn] *n* mandolina
mandoline [,mændə'li:n] *n* = **mandolin**
mandragora [mæn'drægərə] *n ist.* = **mandrake**
mandrake ['mændreɪk] *n bot.* vaistinė mandragora, kaukelis
mandrel ['mændrəl] *n* **1** *tech.* įtvaras; šerdis; spaudiklis; pramuštuvas **2** *kas.* kirstuvas, kaplys
mandrill ['mændrɪl] *n zool.* mandrilas *(beždžionė)*
manducate ['mændjukeɪt] *v psn.* kramtyti, gromuliuoti
mane [meɪn] *n* **1** *(arklio, liūto)* karčiai **2** *šnek.* gaurai *(apie žmogaus galvos plaukus)*
man-eater ['mæn,i:tə] *n* **1** žmogėdra **2** *šnek.* vyrų širdžių ėdikė **3** *zool.* pjūklažuvė
man-eating ['mæn,i:tɪŋ] *a* žmones ėdantis
manège [mæ'neɪʒ] *pr. n* **1** maniežas, jodykla **2** jodinėjimo menas/meistriškumas
manes ['meɪni:z, 'mɑ:neɪz] *lot. n* vėlės; vėlė
maneuver [mə'nu:və] *amer.* = **manoeuvre** *n, v*
maneuverable [mə'nu:vərəbl] *a amer.* = **manoeuvrable**
manful ['mænfəl] *a* vyriškas; drąsus, ryžtingas
manganese ['mæŋgəni:z] *n chem.* manganas
manganic [mæŋ'gænɪk] *a chem.* mangano
mange [meɪndʒ] *n vet.* susas, niežai
mangel(-wurzel) ['mæŋgl(,wə:zl)] *n* pašariniai runkeliai
manger ['meɪndʒə] *n* **1** ėdžios **2** *jūr.* bangų kreiptuvas ◊ *dog in the ~* ≅ kaip šuo ant šieno; nei pats ėda, nei kitam duoda
mangetout [,mɔnʒ'tu:] *n* šparaginiai žirniai
mangle[1] ['mæŋgl] *n* **1** *(ypač amer.)* skalbinių gręžimo ir lyginimo įtaisas **2** *tech.* kalandras
v perleisti per gręžimo ir lyginimo įtaisą *(skalbinius)*
mangle[2] *v* **1** kapoti **2** (su)knežinti, (su)žaloti **3** (su)darkyti, iškraipyti *(citatą, tekstą ir pan.)*
mango ['mæŋgəu] *n (pl* ~(e)s [-z]) **1** *bot.* mangamedis *(t. p. ~ tree)* **2** mango *(vaisius)*
mangold ['mæŋgəld] *n* = **mangel(-wurzel)**
mangosteen ['mæŋgəsti:n] *n bot.* mangostanas
mangrove ['mæŋgrəuv] *n bot.* mangrovė
mangy ['meɪndʒɪ] *a* **1** nušašęs; nususęs *(t. p. prk.)* **2** skurdus, vargingas **3** nusidėvėjęs *(apie drabužius ir pan.)*

manhandle ['mæn͵hændl] *v* **1** kilnoti/traukti/tampyti/pergabenti *ir pan.* rankomis *(nenaudojant mašinų)* **2** šiurkščiai/brutaliai elgtis *(su)*
Manhattan [mæn'hætn] *n* Manhatanas *(Niujorko miesto dalis)*
manhole ['mænhəul] *n* liukas, landa, anga *(nusileisti prie kanalizacijos/drenažo vamzdžių ir pan.);* šulinys; *flushing* ~ valomasis kanalizacijos šulinys
manhood ['mænhud] *n* **1** vyrystė, brandus amžius; *to reach* ~ pasiekti vyrystę, (su)vyriškėti **2** vyriškumas, drąsumas **3** *kuop. knyg. (šalies)* vyrija, vyrai; ~ *suffrage* rinkimų teisė visiems suaugusiems vyrams
man-hour ['mænauə] *n* žmogaus darbo valanda *(apskaitos vienetas)*
manhunt ['mænhʌnt] *n* gaudynės *(pabėgėlio, nusikaltėlio)*
mania ['meɪnɪə] *n* **1** *med.* manija *(t. p. prk.)* **2** nenormalus potraukis, silpnybė *(for)*
maniac ['meɪnɪæk] *n* **1** *šnek.* beprotis, pamišėlis **2** *med., psich.* maniakas
a **1** *šnek.* pamišęs **2** *med.* maniakinis
maniacal [mə'naɪəkl] *a* maniakiškas; pamišėliškas; ~ *laughter* maniakiškas juokas
manic ['mænɪk] *a* **1** apimtas manijos, maniakinis **2** *šnek.* maniakiškas, kaip maniakas
manic-depressive [͵mænɪkdɪ'presɪv] *n med.* sergantysis maniakine-depresine psichoze
manicure ['mænɪkjuə] *n* **1** manikiūras **2** = **manicurist**
v daryti manikiūrą
manicurist ['mænɪkjuərɪst] *n* manikiūrininkas *(džn. moteris)*
manifest ['mænɪfest] <*a, v, n*> *a* akivaizdus, aiškus
v **1** aiškiai/akivaizdžiai (pa)rodyti; *refl* pasireikšti **2** (pa)skelbti; išleisti manifestą **3** įrodyti **4** ap(si)reikšti, pasirodyti *(apie dvasią)* **5** *jūr.* įrašyti į laivo krovinio deklaraciją
n av., jūr. (laivo, lėktuvo) krovinio deklaracija, manifestas
manifestation [͵mænɪfe'steɪʃn] *n* **1** pasireiškimas; apraiška; akivaizdus pavyzdys **2** manifestacija **3** paskelbimas **4** *(dvasios)* apsireiškimas
manifesto [͵mænɪ'festəu] *n (pl* ~(e)s [-z]) manifestas
manifold ['mænɪfəuld] <*n, a, v*> *n* **1** *tech.* vamzdynas; kolektorius; *inlet/induction aut.* įleidimo kolektorius **2** įvairovė **3** kopija *(per kalkę)*
a knyg. daugeriopas, visokeriopas, įvairiopas
v (pa)dauginti *(dokumentą kopijomis)*
manikin ['mænɪkɪn] *n* **1** manekenas *(modelis, figūra)* **2** *psn.* žmogelis, neūžauga; nykštukas
Manil(l)a [mə'nɪlə] *n* **1** Manila *(Filipinų sostinė)* **2** manilinės kanapės *(t. p.* ~ *hemp)* **3** manilinis cigaras **4** manilinis/vyniojamasis popierius *(t. p.* ~ *paper)*
manioc ['mænɪɔk] *n bot.* manijokas; tapijoka
manipulate [mə'nɪpjuleɪt] *v* **1** manipuliuoti; (puikiai) valdyti *(mašiną)* **2** sumaniai (pa)veikti; *he knows how to* ~ *his supporters* jis žino, kaip paveikti savo šalininkus **3** klastoti, daryti machinacijas **4** *med.* gydyti manualiniu būdu
manipulation [mə͵nɪpju'leɪʃn] *n* **1** manipuliavimas, manipuliacija; *(darbo operacijų)* valdymas **2** machinacija, (su)klastojimas **3** *med.* gydymas manualiniu būdu
manipulative [mə'nɪpjulətɪv] *a* **1** manipuliacinis; mokantis manipuliuoti **2** *med.* manualinis *(apie gydymo būdą)*
manipulator [mə'nɪpjuleɪtə] *n* **1** manipuliatorius *(t. p. tech.)* **2** motoristas, mašinistas
Manitoba [͵mænɪ'təubə] *n* Manitoba *(Kanados provincija)*

mankind *n* **1** [͵mæn'kaɪnd] žmonija **2** ['mænkaɪnd] *ret.* vyrai, vyriškoji lytis
manky ['mæŋkɪ] *a šnek.* prastas; nešvarus
manlike ['mænlaɪk] *a* **1** vyriškas **2** panaši į vyrą *(apie moterį)*
manliness ['mænlɪnɪs] *n* vyriškumas
manly ['mænlɪ] *a* **1** vyriškas, drąsus **2** panaši į vyrą *(apie moterį)*
man-made ['mæn'meɪd] *a* dirbtinis; žmogaus padarytas; ~ *noise rad.* dirbtiniai/pramoniniai trukdymai; ~ *fibre* dirbtinis pluoštas
manna ['mænə] *n* **1** *bibl.* mana; *like* ~ *from heaven prk.* kaip mana iš dangaus **2** mana *(medicinoje vartojami išdžiovinti sakai)* **3** *bot.* monažolė, malna *(t. p.* ~ *grass)*
manned [mænd] *a* žmonių valdomas, pilotuojamas; *the first* ~ *spacecraft* pirmasis pilotuojamas kosminis laivas
mannequin ['mænɪkɪn] *n* **1** manekenas *(modelis)* **2** manekenė *(demonstruojanti drabužius)*
manner ['mænə] *n* **1** būdas; metodas; *in this* ~ šiuo būdu; ~ *of thought* galvosena, galvojimo būdas **2** *(kalbos, veikimo)* maniera, būdas **3** *pl* elgimasis, elgsena; (geros) manieros; *to have no* ~s nemokėti elgtis, būti blogų manierų; *it's bad* ~s *to point at people* nemandagu rodyti pirštais į žmones **4** *pl* papročiai **5** *(dailininko, rašytojo)* maniera, kūrybos būdas, stilius **6** *psn.* rūšis; *what* ~ *of man is he?* kas jis per žmogus?; koks jis žmogus? ◊ *all* ~ *of...* visokie...; *after a* ~ kaip nors; *not by any* ~ *of means, by no* ~ *of means* jokiu būdu; *in a* ~ tam tikru mastu; tam tikra prasme; *in a* ~ *of speaking* tam tikra prasme, iš dalies; *no* ~ *of...* joks...; *to have no* ~ *of right* neturėti jokios teisės; *as if to the* ~ *born* tarsi būtų gimęs tam
mannered ['mænəd] *a* manieringas, įmantrus *(apie stilių; apie artistą)*
-mannered [-'mænəd] *(sudurt. žodžiuose)* kokių manierų; *well-mannered* gerų manierų; *ill-mannered* blogų manierų
mannerism ['mænərɪzm] *n* **1** manieringumas **2** įpročiai, manieros **3** *(M.) men.* manierizmas
manneristic [͵mænə'rɪstɪk] *a* manieringas
mannerless ['mænələs] *a* blogai išauklėtas, nemandagus
mannerly ['mænəlɪ] *ret. a* mandagus, išauklėtas, gerų manierų
adv mandagiai
mannikin ['mænɪkɪn] *n* = **manikin**
manning ['mænɪŋ] *n (laivo ir pan. komandos, personalo)* (su)komplektavimas; kadrai; ~ *table* etatai, etatų sąrašas
mannish ['mænɪʃ] *a* **1** *menk.* panaši į vyrą, nemoteriška *(apie moterį)* **2** vyriškas, būdingas vyrui
manoeuvrable [mə'nu:vrəbl] *a* manevringas; lengvai valdomas
manoeuvre [mə'nu:və] *pr. n* **1** manevras *(t. p. prk.); freedom of* ~ laisvė manevruoti **2** *pl kar., jūr.* manevrai; *to be on* ~s būti manevruose
v **1** *kar., jūr.* daryti/vykdyti manevrus; manevruoti **2** *prk.* manevruoti; apsukriai elgtis/siekti *(ko); to* ~ *smb into an awkward position* (sugebėti) pastatyti ką į keblią padėtį; *it was a well-organized plan to* ~ *the President out of office* tai buvo gerai organizuotas planas išstumti prezidentą iš pareigų
man-of-war [͵mænəv'wɔ:] *n (pl* men-of-war) *(ypač ist.)* karo laivas
manometer [mə'nɔmɪtə] *n* manometras
man-on-man [͵mænɔn'mæn] *a:* ~ *coverage sport.* dengimas asmeniškai

manor ['mænə] *n* **1** *ist.* dvaras **2** dvaro rūmai (t. p. ~ *house*)
manorial [mə'nɔ:rɪəl] *a* dvaro
man-o'-war [,mænə'wɔ:] *n* = **man-of-war**
manpower ['mæn,pauə] *n* **1** darbo jėga; ~ *resources* žmonių resursai **2** darbuotojai, personalas
manqué ['mɔŋkeɪ] *pr. a* nevykęs, nevykėlis *(apie artistą, mokytoją ir pan.)*
manrope ['mænrəup] *n jūr.* lejeris
mansard ['mænsɑ:d] *n archit.* mansarda
manse [mæns] *n (škotų)* pastoriaus namas
manservant ['mæn,sə:vənt] *n (pl* menservants*) (tik v.)* tarnas
Mansfield ['mænsfi:ld] *n* **1** Mansfildas *(miestas)* **2**: *Katherine* ~ Katerina Mansfild *(anglų rašytoja)*
-manship [-mənʃɪp] *suff* žymint meistriškumą, mokėjimą ką daryti: *authormanship* rašytojo meistriškumas; *lipmanship* mokėjimas kalbėti/postringauti
mansion ['mænʃn] *n* didžiulis namas, rūmai
mansion-house ['mænʃnhaus] *n* **1** dvaro rūmai **2** rezidencija; *the M.* Londono lordo mero rezidencija
man-size(d) ['mænsaɪz(d)] *a attr šnek.* **1** didžiulis, suaugusio žmogaus *(ypač reklamoje)* **2** *amer.* sunkus *(apie darbą)*
manslaughter ['mæn,slɔ:tə] *n* **1** žmogžudystė **2** *teis.* nužudymas dėl neatsargumo, netyčinis nužudymas
mantel ['mæntl] *n* = **mantelpiece**
mantelet ['mæntlɪt] *n* **1** *ist.* mantilija *(berankovis apsiaustas)* **2** *kar. ist.* skydas
mantelpiece ['mæntlpi:s] *n* židinio atbraila
mantelshelf ['mæntlʃelf] *n* = **mantelpiece**
mantilla [mæn'tɪlə] *isp. n* mantilija *(moteriškas apsiautalas)*
mantis ['mæntɪs] *n (pl* ~, ~es*) zool.* maldininkas *(vabzdys; t. p. praying* ~*)*
mantle ['mæntl] *n* **1** *ist.* mantija *(drabužis)* **2** *prk. knyg.* *(sniego, tamsos)* skraistė, danga **3** *knyg.* atsakomybė; *to take on, ar to assume, the* ~ *(of)* prisiimti atsakomybę **4** *tech.* apvalkalas, dangtis, gaubtas **5** *(dujinio žibinto)* kaitinimo tinklelis **6** *zool., geol.* mantija
v **1** apsiausti, apdengti, apkloti **2** pasidengti/apsitraukti sluoksniu; putoti *(apie vyną)* **3** (pa)rausti, (už)kaisti *(apie veidą)*
mantlet ['mæntlɪt] *n* = **mantelet**
man-to-man [,mæntə'mæn] *a* atviras
adv atvirai, kaip vyras su vyru
mantrap ['mæntræp] *n* žabangos, pinklės, spąstai *(brakonieriams ir pan.)*
manual ['mænjuəl] *n* **1** žinynas, vadovas; vadovėlis; *instruction* ~ mašinos eksploatavimo vadovas; *technical* ~ techniko žinynas **2** *kar.* statutas **3** *muz.* manualas, vargonų klaviatūra groti rankomis
a **1** fizinis; fizinio darbo; ~ *labour/work* fizinis darbas; ~ *worker* fizinio darbo darbininkas **2** rankinis, rankų; rankinio valdymo; ~ *alphabet* kurčnebylių abėcėlė; ~ *control* rankinis valdymas
manually ['mænjuəlɪ] *adv* rankomis, rankiniu būdu
manufactory [,mænju'fæktᵊrɪ] *n psn.* fabrikas; dirbtuvė, cechas
manufacture [,mænju'fæktʃə] *n* **1** gamyba; *of home* ~ vietinės gamybos **2** *pl* (pramonės) gaminiai, fabrikatai **3** *(neteisingų žinių ir pan.)* falsifikavimas
v **1** gaminti; *to* ~ *shoes [steel]* gaminti batus [plieną]; *bile is* ~*d by the liver* tulžį gamina kepenys **2** *prk.* falsifikuoti; išgalvoti, pramanyti; *to* ~ *evidence* sufalsifikuoti įrodymus

manufacturer [,mænju'fæktʃᵊrə] *n* **1** fabrikantas, gamyklininkas **2** gamintojas; apdirbamosios pramonės firma
manufacturing [,mænju'fæktʃᵊrɪŋ] *n* **1** gamyba; gaminimas, apdirbimas **2** apdirbamoji pramonė
a gamybinis; pramoninis
manumission [,mænju'mɪʃn] *n ist.* **1** išlaisvinimas *(iš vergovės);* suteikimas laisvės *(baudžiauninkui)* **2** paleidžiamasis *(iš baudžiavos)* raštas
manumit [,mænju'mɪt] *v ist.* paleisti į laisvę; išlaisvinti *(iš vergovės)*
manure [mə'njuə] *n* mėšlas, trąšos; *liquid* ~ skystos trąšos
v tręšti mėšlu, mėžti
manuscript ['mænjuskrɪpt] *n* rankraštis; manuskriptas
a rankraštinis
Manx [mæŋks] *a* **1** (iš) Meno salos **2**: ~ *cat zool.* katė beuodegė
n **1** *ist.* Meno salos gyventojų kalba **2** *(the* ~*) kuop.* Meno salos gyventojai
Manxman ['mæŋksmən] *n (pl* -men [-mən]*) (tik v.)* Meno salos gyventojas
many ['menɪ] *a, pron* (more; most) daugelis, daugybė; daug; ~ *people think so* daugelis (žmonių) taip galvoja; ~ *of our staff are...* daugelis mūsų darbuotojų yra...; *how* ~? kiek?; *as* ~ tiek pat; *for* ~ *a long day* ilgą laiką, seniai; *as* ~ *as three years* ištisus trejus metus; *not so* ~ *as* mažiau negu ◊ *to be one too* ~ *juok.* būti nereikalingam; *to be one too* ~ *for smb šnek.* a) būti stipresniam/gudresniam/pranašesniam už ką; b) būti kam per sunku
n **1** daugelis, daug kas; daugybė; *a good* ~ gana daug, gerokas skaičius; *a great* ~ labai didelis skaičius, labai daug **2** *(the* ~*)* dauguma; *in favour of the* ~ daugumos labui
many-coloured ['menɪ'kʌləd] *a* daugiaspalvis, įvairiaspalvis
manyfold ['menɪfəuld] *adv* daug kartų
many-sided ['menɪ'saɪdɪd] *a* daugiapusis, įvairiapusis; daugiašonis
many-stage ['menɪ'steɪdʒ] *a* daugiapakopis, daugialaipsnis
Maori ['maurɪ] *n* **1** *(pl* ~s, ~*)* maoris *(Naujosios Zelandijos gyventojas)* **2** maorių kalba
map [mæp] *n* **1** žemėlapis **2** mėnlapis, žvaigždėlapis **3** planas; *street* ~ *of Vilnius* Vilniaus (gatvių) planas ◊ *off the* ~ a) nesamas; užmirštas, pasenęs; b) sunkiai pasiekiamas, tolimas; *on the* ~ a) esamas; b) užimantis svarbią padėtį; žinomas; *to put smth on the* ~ išgarsinti, padaryti žinomą *(vietą); to wipe smth off the* ~ ≡ nušluoti nuo žemės paviršiaus
v **1** pažymėti/nubrėžti žemėlapyje; braižyti žemėlapį **2** padaryti vietovės nuotrauką □ ~ *out* (su)planuoti; *to* ~ *out one's time* paskirstyti savo laiką
maple ['meɪpl] *n* **1** *bot.* klevas; *Norway [silver]* ~ paprastasis [sidabrinis] klevas **2** *attr* klevo, klevinis
maple-leaf ['meɪpl'li:f] *n* klevo lapas *(t. p. Kanados emblema)*
mapping ['mæpɪŋ] *n* **1** žymėjimas žemėlapyje; žemėlapių braižymas; kartografija **2** topografinė nuotrauka
map-reading ['mæp,ri:dɪŋ] *n* naudojimasis žemėlapiu/planu *(ypač nustatant kelią)*
Maquis [mæ'ki:] *pr. n (pl* ~*) ist.* maki *(Prancūzijos partizanų pavadinimas antrajame pasauliniame kare)*
mar [mɑ:] *v* sugadinti, sudarkyti ◊ *to make or* ~ ≡ kas bus, tas bus
marabou(t) ['mærəbu:] *n zool.* marabu *(Afrikos paukštis)*
maracas [mə'rækəz] *n pl* marakas *(mušamasis muz. instrumentas)*

maraschino [ˌmærəˈskiːnəu] *n* maraskinas *(vyšnių likeris/antpilas)*
marasmus [məˈræzməs] *n* marazmas; išsekimas, nusilpimas, nusialinimas
marathon [ˈmærəθn] *n sport.* maratonas *(t. p. prk.)*; maratono bėgimas *(t. p. ~ race)*
a attr ilgas ir sekinantis
maraud [məˈrɔːd] *v* plėšikauti, grobti, marodieriauti
marauder [məˈrɔːdə] *n* plėšikas, marodierius
marauding [məˈrɔːdɪŋ] *n* plėšikavimas, marodieriavimas
a attr plėšikaujantis, plėšikiškas
marble [ˈmɑːbl] <*n, a, v*> *n* **1** marmuras **2** marmuro skulptūra/statula; *pl* marmuro skulptūrų kolekcija **3** stiklo rutuliukas *(žaislas)*; *pl* stiklo rutuliukai *(vaikų žaidimas)* ◊ *to have all one's ~s šnek.* būti dar tvirtam *(apie seną žmogų)*; *to lose one's ~s šnek.* suvaikėti
a attr **1** marmurinis **2** baltas kaip marmuras; šaltas, bejausmis; *~ heart* akmeninė širdis
v dažyti imituojant marmurą
marbled [ˈmɑːbld] *a* marmuriškas, imituojantis marmurą, dengtas marmuru
marbling [ˈmɑːblɪŋ] *n* marmuro imitacija
marc [mɑːk] *n* **1** *(vaisių)* išspaudos, išgniaužos **2** degtinė iš vynuogių/obuolių išspaudų
marcasite [ˈmɑːkəsaɪt] *n min.* markazitas
marcel [mɑːˈsel] *n* karštas plaukų garbanojimas
v garbanoti plaukus
March [mɑːtʃ] *n* kovas *(mėnuo)*
march[1] [mɑːtʃ] *n* **1** *kar.* maršas, žygis, žygiuotė; *on the ~* a) žygyje; b) *prk.* stiprėjantis; *~ formation* žygio tvarka; *~ in review* paradinis maršas **2** *(protesto, taikos)* žygis **3** *(įvykių, laiko ir pan.)* eiga, bėgimas; ėjimas pirmyn/toliau; *(mokslo ir pan.)* pažanga, pasiekimai **4** *muz.* maršas; *dead/funeral ~* gedulingas maršas **5** *sport.* žingsniavimas, žygiavimas ◊ *to steal a ~ on smb* įgyti pirmenybę prieš ką *(ppr. slapta, neteisėtai)*
v **1** žygiuoti, marširuoti **2** (iš)vesti *(į žygį);* įvesti *(kariuomenę)* **3** žengti, žingsniuoti; *~ forward!, quick ~!* žengte marš! **4** priversti eiti, nutempti, nuvesti □ *~ ahead* žengti pirmyn; *~ off* išžygiuoti, išeiti; išvesti *(kariuomenę); ~ on* eiti/judėti pirmyn; *time ~es on* laikas negailestingai bėga/eina; *~ out* išžygiuoti, išeiti; *~ past* pražygiuoti, praeiti iškilmių/parado maršu
march[2] *n (ppr. pl) ist.* marka, pasienis; pasienio zona *(ypač tarp Anglijos ir Škotijos/Velso)*
v ret. ribotis *(with, upon)*
marcher [ˈmɑːtʃə] *n* žygiuotojas; žygio dalyvis
marching [ˈmɑːtʃɪŋ] *n* **1** žygiavimas, marširavimas; žingsniavimas **2** *attr* žygio; žygio metu; *~ fire* šaudymas žygiuojant *(atakos metu); ~ order* a) žygio tvarka; b) žygio apranga; *~ orders* a) įsakymas išžygiuoti; b) *šnek.* atleidimas iš darbo; *to give smb his/her ~ orders šnek.* atleisti, išvyti ką
a žygiuojantis, marširuojantis
marchioness [ˌmɑːʃəˈnes] *n* markizė *(Anglijoje)*
marchpane [ˈmɑːtʃpeɪn] *n* = **marzipan**
march-past [ˈmɑːtʃpɑːst] *n* pražygiavimas, praėjimas iškilmių/parado maršu; paradas
Marcus [ˈmɑːkəs] *n* Morkus, Markas *(vardas)*
Mardi Gras [ˌmɑːdɪˈgrɑː] Užgavėnės
mare[1] [mɛə] *n* kumelė; asilė ◊ *~'s nest* iliuzija, apgaulė; *to find a ~'s nest* ≡ pataikyti kaip pirštu į dangų; skaudžiai apsigauti; *the grey ~ is the better horse* ≡ moteris laiko tris namų kampus

mare[2] [ˈmɑːreɪ] *lot. n (pl* -ria, *~* s) jūra; *astr.* Mėnulio jūra; *~ clausum* šalies teritoriniai vandenys; *~ libelum* atvira jūra
Margaret [ˈmɑːgərɪt] *n* Margarita, Margaret(a) *(vardas)*
margarine [ˌmɑːdʒəˈriːn] *n* margarinas
marge[1] [mɑːdʒ] *poet.* = **margin** *n* 1 ir 2
marge[2] *n šnek.* = **margarine**
margin [ˈmɑːdʒɪn] *n* **1** kraštas, pakraštys; riba; *~ of error spec.* paklaidos riba **2** *(puslapio)* paraštė **3** *(pinigų, laiko ir pan.)* atsarga; *~ of safety* atsparumo/stiprumo atsarga; saugumo koeficientas, patikimumas **4** *(balsų)* skirtumas *(rinkimuose)* **5** *kom.* marža; skirtumas; garantinė įmoka; pelnas
v **1** palikti paraštes **2** daryti pastabas paraštėse **3** palikti atsargą **4** *kom.* įmokėti garantinę sumą
marginal [ˈmɑːdʒɪnl] *a* **1** parašytas paraštėje **2** nežymus, nedidelis; *~ increase (in)* nežymus *(ko)* padidėjimas **3** ribinis; kraštinis, kraštutinis; *~ costs ekon.* ribiniai kaštai **4** mažai rentabilus *(apie žemę)*
marginalia [ˌmɑːdʒɪˈneɪlɪə] *n pl* **1** pastabos paraštėse **2** *poligr.* marginalijos
marginalize [ˈmɑːdʒɪnəlaɪz] *v* **1** nušalinti, nustumti į šalį; sumenkinti *(kieno vaidmenį ir pan.)* **2** *knyg.* daryti pastabas *(knygos paraštėse)*
marginally [ˈmɑːdʒɪnəlɪ] *adv* nežymiai; minimaliai
margrave [ˈmɑːgreɪv] *n ist.* markgrafas
marguerite [ˌmɑːgəˈriːt] *n bot.* **1** baltagalvė skaistažiedė **2** bobramunis, ramunė
maria [ˈmɑːrɪə] *pl žr.* **mare**[2]
Maria [məˈraɪə, məˈrɪə] *n* Marija *(vardas)* ◊ *Black ~ sl.* kalėjimo automobilis
marigold [ˈmærɪgəuld] *n bot.* **1** serentis **2** medetka; *marsh ~* puriena
marihuana, marijuana [ˌmærɪˈhwɑːnə] *isp. n* marihuana *(narkotikas)*
marimba [məˈrɪmbə] *n* marimba *(muz. instrumentas)*
Marina [məˈriːnə] *n* Marina *(vardas)*
marina [məˈriːnə] *n* valčių prieplauka
marinade [ˌmærɪˈneɪd] *n* marinadas
v = **marinate**
marinate [ˈmærɪneɪt] *v* marinuoti
marine [məˈriːn] *n* **1** laivynas **2** jūrų pėstininkas; *M. Corps amer.* jūrų pėstininkai **3** *men.* jūros peizažas, marina ◊ *tell that to the ~s! šnek.* ≡ nemuilink akių!; sakyk tai kam nori, tik ne man
a **1** jūrų, jūrinis; *~ disaster* nelaimė jūroje; *~ painter* marinistas **2** laivo, laivinis; *~ stores* a) vartoti laivo reikmenys; b) laivo atsargos
mariner [ˈmærɪnə] *n knyg.* jūrininkas, jūreivis; *master ~ (prekybinio laivo)* kapitonas; *~'s compass* laivo kompasas
marionette [ˌmærɪəˈnet] *n* marionetė
marital [ˈmærɪtl] *a* **1** santuokinis, vedybinis; *~ status ofic.* šeimyninė padėtis; *~ rights and duties* sutuoktinių teisės ir pareigos **2** vyro
maritime [ˈmærɪtaɪm] *a* **1** jūrų, jūrinis; laivybos, navigacijos; *~ affairs* jūrininkystė **2** pajūrio, pajūrinis; *~ pine bot.* pajūrinė pušis
marjoram [ˈmɑːdʒərəm] *n bot.* mairūnas; *wild ~* raudonėlis
mark[1] [mɑːk] *n* markė *(piniginis vienetas)*
mark[2] *n* **1** žymė, ženklas; dėmė; *bite ~s* kandimo žymės; *as a ~ (of)* kaip *(pagarbos ir pan.)* ženklas **2** markė; fabriko ženklas **3** požymis, orientyras **4** randas, rumbas; apgamas, intapas **5** taikinys; *to hit [to miss] the ~* pataikyti [nepataikyti] į taikinį *(t. p. prk.); far from, ar wide of, the ~* a) pro šalį; b) *prk.* nevietoje, neteisingas

6 riba; norma; lygis; *above the* ~ virš priimtos/nustatytos normos; *up to the* ~ a) reikiamo/gero lygio; b) geros sveikatos; *within the* ~ normos ribose **7** garsumas; *to make one's* ~ pasižymėti; išgarsėti; *of* ~ garsus, žinomas *(apie žmogų)* **8** pažyma *(žodyne ir pan.)* **9** pažymys, balas; *full* ~ aukščiausi balai/įvertinimai; *to give* ~*s* vertinti **10** *sport.* startas; *to get off the* ~ startuoti; *on your's* ~ *s!* pasiruošti! **11** *psn.* kryželis *(vietoj parašo)* **12** *ist.* marka ◊ *(God) save the* ~ jei taip galima pasakyti; saugok Dieve; *soft/easy* ~ *amer. sl. (nusikaltėlio, sukčiaus)* auka; lengvatikis/patiklus žmogus; *on [off] the* ~ visiškai teisingas [neteisingas]; *to be quick off the* ~ *šnek.* greitai suprasti/susiorientuoti; *to leave one's* ~ *(on)* palikti neišdildomą įspūdį *(kam)* *v* **1** žymėti, dėti ženklą, ženklinti **2** pažymėti, paminėti; *to* ~ *the anniversary (of)* paminėti metines; *he* ~*ed his approval by a nod* jis išreiškė pritarimą linktelėjimu **3** palikti žymę/dėmę/randą **4** markiruoti; (pa)žymėti *(prekės)* kainą **5** (iš)taisyti (ir įvertinti pažymiu) *(rašomąjį)* **6** apibūdinti; išskirti **7** užrašyti *(akis/taškus žaidime)* **8** *sport.* dengti, saugoti *(žaidėją)* **9** susekti *(žvėrį)* ▫ ~ *down* a) už(si)rašyti, pa(si)žymėti; *the teacher* ~*ed him down as absent* mokytojas pažymėjo jį kaip nesantį; b) sumažinti pažymį; c) pažymėti sumažintą *(prekės)* kainą; nuleisti kainą; ~ *off* a) pažymėti; b) atidalyti, atriboti; atskirti *(from);* ~ *out* a) nužymėti, paženklinti; b) išskirti *(as; for);* ~ *up* pažymėti pakeltą *(prekės)* kainą; pakelti kainą ◊ ~ *you!* atsiminkite!; žinokite!

Mark [mɑːk] *n* Markas *(vardas)*
markdown ['mɑːkdaun] *n kom.* kainos nuleidimas
marked [mɑːkt] *a* **1** turintis tam tikras žymes/ženklus; (pa)žymėtas, (pa)ženklintas **2** pastebimas, ženklus, žymus; ~ *difference* žymus skirtumas; ~ *disadvantage* aiški žala; aiškiai nepalanki padėtis; *a* ~ *man* a) sekamas/persekiojamas žmogus; b) žymus/žinomas žmogus
markedly ['mɑːkɪdlɪ] *adv* smarkiai, žymiai; ryškiai
marker ['mɑːkə] *n* **1** žymėtojas, ženklintojas **2** *sport.* taškų skaičiuotojas/žymėtojas **3** skirtukas *(knygoje ir pan.)* **4** ženklas, rodyklė; *directional* ~ krypties rodyklė **5** paminklinė lenta **6** žymeklis, spalviklis *(pieštukas svarbioms teksto vietoms išryškinti; t. p.* ~ *pen)* **7** *ž. ū.* ženklintuvas ◊ *not a* ~ *(to, on) sl.* niekas palyginti *(su);* ≡ nė kojos pirštelio nevertas; *to put down a* ~ užsibrėžti *(ateičiai)*
market ['mɑːkɪt] *n* **1** turgus, turgavietė, prekyvietė; *flea* ~ sendaikčių turgus **2** rinka; pardavimas; prekyba; *black/grey* ~ juodoji rinka; *to be in/on the* ~ būti parduodamam; *to glut the* ~ užversti rinką prekėmis; *to put on the* ~ pasiūlyti/pateikti pardavimui; *to come onto the* ~ patekti į rinką; *hours of* ~ prekiavimo valandos; ~ *share* rinkos dalis/dalyvis **3** rinkos kainos; konjunktūra; *the* ~ *rose* kainos rinkoje pakilo; *stiff [sensitive]* ~ *ekon.* pastovi [nepastovi] rinka; *seller's* ~ pardavėjams palanki konjunktūra *(paklausa viršija pasiūlą)* **4** *fin.* birža; *to play the* ~ spekuliuoti biržoje **5** paklausa *(for);* *to find a* ~ neužsigulėti, turėti paklausą **6** *amer.* maisto produktų ir namų apyvokos reikmenų parduotuvė ◊ *to bring one's eggs/hogs/goods to the wrong, ar to a bad,* ~ apsirikti, nepasisekti; *to price oneself out of the* ~ užsiprašyti per daug *(už prekes, paslaugas);* *to be on the long side of the* ~ palaikyti prekes, laukiant kainų pakilimo
v **1** vežti į turgų; pirkti/parduoti turguje **2** pardavinėti, prekiauti; realizuoti **3** *amer.* eiti apsipirkti, vaikščioti po parduotuves

marketable ['mɑːkɪtəbl] *a* **1** perkamas, paklausus; ~ *output* turinti paklausą produkcija **2** prekinis; tinkamas parduoti; ~ *grain* prekiniai grūdai
market-day ['mɑːkɪtdeɪ] *n* turgaus diena
marketer ['mɑːkɪtə] *n* turgaus prekiautojas/pardavėjas
market-garden [ˌmɑːkɪt'gɑːdn] *n* daržininkystės ūkis
marketing ['mɑːkɪtɪŋ] *n* **1** *ekon.* marketingas, rinkodara **2** prekiavimas, prekyba; *to do the* ~ *amer.* eiti apsipirkti
market-led ['mɑːkɪt'led] *a* rinkos sąlygojamas, rinkos *(apie produktus ir pan.)*
market-maker ['mɑːkɪtmeɪkə] *n fin.* fondų biržos darbuotojas, superkantis ir parduodantis vertybinius popierius
market-place ['mɑːkɪtpleɪs] *n* prekyvietė, turgavietė; turgus
market-square ['mɑːkɪtskweə] *n* turgaus aikštė
marking ['mɑːkɪŋ] *n* **1** *(paukščio punksnų ir pan.)* spalvų derinys **2** ženklas, žymė **3** ženklinimas, žymėjimas; markiravimas **4** *mok. (rašinių ir pan.)* (iš)taisymas, vertinimas **5** *jūr. (farvaterio, kranto)* aptvaras; takelažo markė
markka ['mɑːkə] *n* markė *(Suomijos piniginis vienetas)*
marksman ['mɑːksmən] *n (pl* -men [-mən]) *(tik v.)* taiklus šaulys, snaiperis
marksmanship ['mɑːksmənʃɪp] *n* taiklus šaudymas
mark-up ['mɑːkʌp] *n kom.* savikainos ir pardavimo kainos skirtumas; antkainis
marl [mɑːl] *n geol.* mergelis, klintmolis
v tręšti mergeliu
marlin(e)spike ['mɑːlɪnspaɪk] *n jūr.* smeigtas *(takelažo darbams)*
Marlowe ['mɑːləʊ] *n: Christopher* ~ Kristoferis Marlou *(anglų rašytojas)*
marmalade ['mɑːməleɪd] *n* marmeladas *(ypač apelsinų, citrinų)*
Marmara, Marmora ['mɑːmərə] *n: the Sea of* ~ Marmuro jūra
marmoreal [mɑː'mɔːrɪəl] *a poet.* marmurinis
marmoset ['mɑːməzet] *n zool. mažų beždžionių rūšis (P. ir Centr. Amerikoje)*
marmot ['mɑːmət] *n zool.* švilpikas
marocain ['mærəkeɪn] *n tekst.* marokenas
maroon[1] [mə'ruːn] *n* kaštoninė spalva
a kaštoninis
maroon[2] *n* **1** *ist.* maronas *(pabėgęs iš vergovės negras, Gvinėjoje ir Vest Indijoje)* **2** *ret.* žmogus, išlaipintas negyvenamoje saloje
v **1** išlaipinti negyvenamoje saloje **2** *(ppr. pass)* būti paliktam keblioje/sunkioje padėtyje, likimo valiai
marplot ['mɑːplɒt] *n knyg. (plano ir pan.)* ardytojas, (su)trukdytojas
marque [mɑːk] *n (automobilio)* markė
marquee [mɑː'kiː] *n* **1** didelė palapinė **2** *amer. stat.* viršdurio nuosvyra
Marquesas [mɑː'keɪsæs] *n: the* ~ *Islands* Markizo salos
marquess ['mɑːkwɪs] *n* = **marquis**
marquetry ['mɑːkɪtrɪ] *n* marketri, medžio inkrustacija
marquis ['mɑːkwɪs] *n* markizas
marquise [mɑː'kiːz] *n* markizė
marquisette [ˌmɑːkɪ'zet] *n tekst.* markizetas
marriage ['mærɪdʒ] *n* **1** santuoka; vedybos; ~ *of convenience* santuoka iš išskaičiavimo; *to give in* ~ išleisti už vyro; *to take in* ~ vesti; *to ask in* ~ pasipiršti; *uncle by* ~ vyro/žmonos dėdė **2** vestuvės, jungtuvės **3** glaudi sąjunga/vienybė; *the* ~ *of art and science* meno ir mokslo vienybė **4** *tech.* marijažas *(t. p. kortų)* **5** *attr* santuokinis,

vedybinis; **~ licence** leidimas vesti; **~ bonds** santuokos saitai; **~ certificate/lines** santuokos liudijimas

marriageable ['mærɪdʒəbl] *a* galintis vesti/tekėti, subrendęs; (sulaukęs) santuokinio amžiaus *(t. p. of ~ age)*

married ['mærɪd] *a* **1** susituokęs; vedęs; ištekėjusi; **~ couple** sutuoktinių pora **2** santuokinis **3** atsidavęs *(to – kam)* *n pl* jaunavedžiai *(neseniai susituokę; ppr. young ~s)*

marrow ['mærəu] *n* **1** čiulpai, kaulų smegenys *(t. p.* **bone ~**); *chilled/frozen to the* **~** sušalęs iki gyvo kaulo **2** esmė **3** *bot.* agurotis *(t. p.* **vegetable ~**)

marrowbone ['mærəubəun] *n* **1** kaulas su čiulpais **2** esmė **3** *pl juok.* keliai; *to bring smb down to his* **~s** paklupdyti ką, priversti ką pasiduoti; *to go/get down on one's* **~s** atsiklaupti **4** *pl šnek.* kumščiai

marrowfat ['mærəufæt] *n bot.* cukriniai žirniai *(t. p.* **~ pea**)

marrowy ['mærəuɪ] *a* **1** čiulpų, kaulų smegenų; pripildytas smegenų **2** turiningas

marry ['mærɪ] *v* **1** vesti *(žmoną);* (iš)tekėti; su(si)tuokti; *she married into a wealthy family* ji nutekėjo į turtingą šeimą **2** apvesdinti, ištekinti *(to; t. p.* **~ off**) **3** sutuokti **4** su(si)jungti *(with)* □ **~ up** pritaikyti ◊ **~ in haste and repent at leisure** vesdamas paskubėsi, ilgai gailėsies

Mars [mɑ:z] *n astr., mit.* Marsas

Marseillaise [ˌmɑ:sə'leɪz, ˌmɑ:seɪ'jeɪz] *pr. n* Marselietė *(Prancūzijos himnas)*

Marseilles [mɑ:'seɪlz] *n* Marselis *(Prancūzijos miestas)*

marsh [mɑ:ʃ] *n* pelkė, liūnas; **~ gas** pelkių dujos, metanas

marshal ['mɑ:ʃl] *n* **1** *(M.) kar.* maršalas **2** maršalka; ceremonimeistras **3** teismo pareigūnas *(t. p.* **judge's ~**) **4** *amer. ist.* teismo vykdytojas *(atitinka šerifą Anglijoje)* **5** *amer.* policijos skyriaus viršininkas **6** *amer.* gaisrininkų komandos viršininkas

v (-ll-) **1** telkti, rinkti; išdėstyti tam tikra tvarka *(faktus);* suskirstyti; *to* **~ papers** sutvarkyti popierius **2** (su)rikiuoti *(kareivius, procesiją; t. p. prk.);* *to* **~ one's thoughts** surikiuoti savo mintis **3** iškilmingai (į)vesti/palydėti *(into);* *he was* **~led to his place** jį iškilmingai nuvedė į vietą **4** *glžk.* rūšiuoti prekinius vagonus

marshalling-yard ['mɑ:ʃəlɪŋjɑ:d] *n glžk.* rūšiavimo stotis; manevrinė stotis

marsh-harrier [ˌmɑ:ʃ'hærɪə] *n zool.* nendrinė lingė

marshland ['mɑ:ʃlænd] *n* pelkynas

marshmallow [ˌmɑ:ʃ'mæləu] *n* **1** *bot.* vaistinė svilarožė **2** zefyras *(konditerijos gaminys)*

marshy ['mɑ:ʃɪ] *a* pelkinis, pelkių; pelkėtas, balotas

marsupial [mɑ:'sju:pɪəl] *zool. n* sterblinis gyvūnas *a* sterblinis

mart [mɑ:t] *n* **1** turgus; mugė **2** prekybos centras **3** varžytinių salė *(t. p.* **auction ~**)

marten ['mɑ:tɪn] *n* **1** *zool.* kiaunė; *pine* **~** miškinė kiaunė **2** kiaunena

Martha ['mɑ:θə] *n* Morta, Marta *(vardas)*

martial ['mɑ:ʃl] *a attr* **1** karinis, karo; **~ law** karo padėtis; **~ bearing** kariška laikysena **2** karingas; **~ spirit** kovos dvasia; **~ arts** kovos menai *(karatė, dziudo, kunfu ir kt.)*

Martian ['mɑ:ʃn] *n* marsietis *a* Marso, marsiečių

martin ['mɑ:tɪn] *n* **1** *(M.)* Martynas, Martinas *(vardas)* **2** *zool.* kregždė; *house* **~** langinė kregždė

martinet [ˌmɑ:tɪ'net] *n* **1** griežtos disciplinos šalininkas **2** pedantas

martingale ['mɑ:tɪŋgeɪl] *n* **1** pastatytos sumos padvigubinimas pralošus **2** *jūr.* martinštagas *(t. p.* **~ stay**)

Martini [mɑ:'ti:nɪ] *n* martinis *(kokteilis iš džino ir vermuto)*

Martinique [ˌmɑ:tɪ'ni:k] *n* Martinika *(sala)*

Martinmas ['mɑ:tɪnməs] *n bažn.* Martyno diena *(lapkričio 11-oji)*

martlet ['mɑ:tlɪt] *n* **1** *zool. psn.* čiurlys; kregždė **2** *her.* fantastinis paukštis *(be kojų)*

martyr ['mɑ:tə] *n* kankinys; kentėtojas; *to make a* **~ of oneself** dėtis kankiniu; *he was a* **~ to gout** jį kankino podagra

v (ppr. pass) (nu)kankinti, pasmerkti kančioms/mirčiai

martyrdom ['mɑ:tədəm] *n* **1** kankinystė, kankinio gyvenimas/mirtis **2** kančia

martyred ['mɑ:təd] *a attr* kankinio, daug iškentėjusio *(apie išvaizdą ir pan.)*

martyrize ['mɑ:təraɪz] *v* kankinti

marvel ['mɑ:vl] *n* **1** stebuklas; *it is a* **~ that...** stebuklas, kad...; *he's a perfect* **~** jis nepaprastas žmogus **2** *psn.* nustebimas, nuostaba

v (-ll-) stebėtis; žavėtis *(at)*

marvel(l)ous ['mɑ:vələs] *a* nuostabus, žavingas; **~ idea** puiki mintis

marvie, marvy ['mɑ:vɪ] *int amer. šnek.* nuostabu!, žavu!

Marx [mɑ:ks] *n:* **Karl ~** Karlas Marksas *(vokiečių filosofas)*

Marxism ['mɑ:ksɪzm] *n* marksizmas

Marxist ['mɑ:ksɪst] *n* marksistas *a* marksistinis; Markso

Mary ['mɛərɪ] *n* Marija, Merė, Meri *(vardas);* **Blessed Virgin ~** Švenčiausioji Panelė Marija; **Hail ~** Sveika Marija *(katalikų malda)* ◊ **bloody m.** degtinė su pomidorų sultimis; *little m. šnek.* pilvas

Maryland ['merɪlənd] *n* Merilendas *(JAV valstija)*

marzipan ['mɑ:zɪpæn] *n* marcipanas

mascara [mæ'skɑ:rə] *n* dažai blakstienoms/antakiams dažyti

mascon ['mæskɒn] *n* (mass concentration *sutr.*) maskonas *(Mėnulio gravitacinė anomalija)*

mascot ['mæskət] *n* talismanas

masculine ['mæskjulɪn] *n gram.* **1** vyriškoji giminė **2** vyriškosios giminės žodis

a **1** vyriškas; vyrų, vyro **2** panaši į vyrą *(apie moterį)* **3** *gram.* vyriškoji *(apie giminę);* vyriškosios giminės

masculinity [ˌmæskju'lɪnətɪ] *n* vyriškumas; vyrystė

maser ['meɪzə] *n fiz.* mazeris

mash [mæʃ] *n* **1** mentalas, misa *(alui daryti)* **2** *(sėlenų ir pan.)* lesalas, ėdalas; kratinys, jovalas *(t. p. prk.)* **3** *šnek. (bulvių)* tyrė, košė

v **1** (su)trinti, (su)grūsti *(į košę, t. p.* **~ up**) **2** sumęsti, sumaišyti *(salyklą)*

masher[1] ['mæʃə] *n* grūstukas *(bulvėms);* spaudyklė, spaustuvas *(vaisiams)*

masher[2] *n (tik v.) šnek.* **1** dabita, puošeiva **2** donžuanas, širdžių ėdikas **3** *amer. sl.* mergininkas, mergišius

mask [mɑ:sk] *n* **1** kaukė *(t. p. prk.);* *stocking* **~** ant galvos užmauta nailoninė kojinė *(nusikaltėlio kaukė);* *with the* **~ off** demaskuotas; *to throw off one's* **~** *prk.* nusimesti kaukę, parodyti savo tikrąjį veidą **2** žmogus su kauke; maskarado dalyvis **3** dujokaukė **4** lapės snukis *(kaip medžioklės trofėjus)*

v **1** (už)maskuoti *(t. p. prk.);* (pa)slėpti; *to* **~ the guns** *kar.* užmaskuoti patrankas; *to* **~ one's real feelings** slėpti savo jausmus **2** užsidėti kaukę; dalyvauti maskarade

masked [mɑ:skt] *a* užmaskuotas; kaukėtas, su kauke; **~ ball** kaukių balius

masochism ['mæsəkɪzm] *n* mazochizmas

mason ['meɪsn] *n* **1** mūrininkas; akmentašys; **~'s float** trintuvė; **~'s rule** tiesiklis **2** *(M.)* masonas

v statyti iš akmens/plytų

Mason-Dixon [ˌmeɪsn'dɪksn] *n amer.:* ~ *line* Meisono Diksono linija; linija, skirianti pietinę ir šiaurinę JAV dalis
Masonic [mə'sɔnɪk] *a* masonų, masoniškas
masonry ['meɪsnrɪ] *n* **1** *(plytų, akmenų)* mūrinys, mūras **2** mūrininkystė; mūrijimas **3** *(M.)* masonai
masque [mɑ:sk] *n teatr. ist.* maska
masquerade [ˌmæskə'reɪd] *n* **1** maskaradas **2** *prk.* apsimetimas, maskaradas
v maskuotis, apsimesti, dėtis *(as)*
Mass [mæs] *n rel.* mišios; *high* ~ iškilmingos mišios; *to say/celebrate* ~ laikyti mišias
mass <*n, a, v*> *n* **1** masė *(t. p. fiz.);* ~ *unit fiz.* masės vienetas **2** daugybė, galybė; *in the* ~ visumoje; *he is a* ~ *of bruises* ant jo kūno vienos mėlynės; *we still had ~es of time to spare* mes dar turėjome daugybę laisvo laiko **3** didžioji dalis, didžiuma, dauguma *(of – ko)* **4** *(the ~es) pl* liaudies masės
a attr masinis; masiškas; ~ *meeting* masinis mitingas; *on a* ~ *scale* masiškai; ~ *communication* visuomenės informavimo priemonės, žiniasklaida
v telkti(s), rinkti(s) *(į krūvą)* **2** *kar.* (su)telkti, (su)koncentruoti
Massachusetts [ˌmæsə'tʃu:səts] *n* Masačusetsas *(JAV valstija)*
massacre ['mæsəkə] *n* **1** žudynės, skerdynės; ~ *of St. Bartholomew ist.* Baltramiejaus naktis **2** *šnek.* sutriuškinimas
v **1** (nu)žudyti, skersti *(žmones)* **2** *šnek.* sutriuškinti
massage ['mæsɑ:ʒ] *pr. n* masažas
v **1** masažuoti **2** klastoti *(duomenis, parodymus ir pan.)*
massed [mæst] *a* **1** vešlus **2** sutelktinis, sukoncentruotas *(ypač kar.);* jungtinis *(apie chorą, orkestrą ir pan.)*
masseur [mæ'sɜ:] *pr. n (tik v.)* masažistas, masažuotojas
masseuse [mæ'sɜ:z] *pr. n* masažistė, masažuotoja
massicot ['mæsɪkɔt] *n spec.* masikotas, švino oksidas *(geltoni dažai)*
massif ['mæsi:f] *n* kalnų masyvas
massive ['mæsɪv] *a* **1** masyvus; stambus, sunkus; ~ *heart attack* sunkus širdies priepuolis **2** didžiulis; ~ *efforts* didžiulės pastangos **3** masinis **4** *kar.* sutelktinis, sukoncentruotas, masinis
mass-produce [ˌmæsprə'dju:s] *v* gaminti masiškai/serijomis
massy ['mæsɪ] *a psn.* masyvus; sunkus
mast[1] [mɑ:st] *n (laivo, vėliavos, radijo)* stiebas; ~ *cover/cloth jūr.* rangauto apvalkalas ◊ *to serve/sail before the* ~ tarnauti paprastu jūrininku
v statyti stiebą; pakelti į stiebą
mast[2] *n (kiaulių)* mitalas, penas *(iš gilių, kaštonų ir pan.)*
mastectomy [mæ'stektəmɪ] *n med.* krūties pašalinimas
-masted [-'mɑ:stɪd] *(sudurt. žodžiuose)* -stiebis; *threemasted* tristiebis
master ['mɑ:stə] <*n, a, v*> *n (tik v.)* **1** šeimininkas, savininkas; ponas; ~ *of the house* namo šeimininkas; šeimos galva; *to be* ~ *of smth* turėti, valdyti ką; *to be* ~ *of oneself* valdytis, tvardytis; *to be one's own* ~ būti sau šeimininku, būti savarankiškam/nepriklausomam; *such* ~ *such servant* ≡ koks ponas, toks ir tarnas; ~ *and servant* darbdavys ir samdomas darbuotojas **2** didelis menininkas, meistras; *old ~s* a) senieji tapytojai/meistrai; b) senųjų meistrų paveikslai **3** meistras; kvalifikuotas darbininkas; ~ *of the subject* dalyko žinovas/ specialistas; *to make oneself* ~ *of smth* gerai įsisavinti/įvaldyti ką; ~ *of sports* sporto meistras **4** mokytojas; *form* ~ klasės auklėtojas/vadovas **5** *(M.)* koledžo direktorius/

vedėjas **6** *(prekinio)* laivo kapitonas *(t. p.* ~ *mariner)* **7** magistras *(mokslo laipsnis);* ~*'s (degree)* magistro laipsnis; *M. of Arts* humanitarinių mokslų magistras **8** *(M.)* ponaitis *(kreipiantis į jaunuolį)* **9** *(filmo, įrašo ir pan.)* (pirmasis) originalas *(t. p.* ~ *copy)* **10** *attr* pagrindinis, vadovaujantis; ~ *cylinder tech.* pagrindinis cilindras; ~ *plan* generalinis planas ◊ ~ *of ceremonies* a) ceremonimeistras; tvarkytojas *(iškilmėse);* b) konferansjė; *M. of the Horse* štalmeisteris *(karaliaus dvare)*
a **1** kvalifikuotas; profesionalus **2** pirminis, originalo *(apie įrašą, sąrašą ir pan.)* **3** pagrindinis; ~ *index* pagrindinis indeksas
v **1** įveikti; susidoroti; suvaldyti *(arklį; jausmus)* **2** įsisavinti, (gerai) išmokti, įvaldyti **3** vadovauti, valdyti, tvarkyti
master-at-arms [ˌmɑ:stərət'ɑ:mz] *n jūr.* laivo policijos viršila
masterclass ['mɑ:stəklɑ:s] *n* žymaus specialisto užsiėmimas
masterful ['mɑ:stəfəl] *a* **1** valdingas, viršininkiškas **2** tvirtas, ryžtingas **3** meistriškas
master-key ['mɑ:stəki:] *n* visraktis
masterly ['mɑ:stəlɪ] *a* meistriškas *(apie sugebėjimus, analizę ir pan.);* tobulas
adv meistriškai
mastermind ['mɑ:stəmaɪnd] *n* **1** didelio proto žmogus; minčių valdovas **2** tikrasis organizatorius/įkvėpėjas *(slaptas, neoficialus)*
v sumanyti, suorganizuoti *(ypač slapta)*
masterpiece ['mɑ:stəpi:s] *n* šedevras
mastership ['mɑ:stəʃɪp] *n* **1** meistriškumas; puikus mokėjimas **2** viešpatavimas; valdymas **3** *knyg.* mokytojavimas, mokytojo pareigos
masterstroke ['mɑ:stəstrəʊk] *n* **1** meistriškas darbas **2** *prk.* meistriškas ėjimas/veiksmas; gudrus žingsnis
master-switch ['mɑ:stəswɪtʃ] *n el.* pagrindinis jungiklis
masterwork ['mɑ:stəwɜ:k] *n* šedevras
mastery ['mɑ:stərɪ] *n* **1** meistriškumas; *(dalyko)* puikus mokėjimas; *the* ~ *of technique* technikos įvaldymas **2** viešpatavimas, vyravimas; *man's* ~ *over his environment* žmogaus vyravimas aplinkoje
masthead ['mɑ:sthed] *n* **1** *(laikraščio)* pavadinimas, data, adresas ir kt. *(pirmojo puslapio viršuje)* **2** *jūr.* stiebo viršūnė/topas; ~ *light* topo šviesa
mastic ['mæstɪk] *n* **1** mastika; vaškas grindims **2** mastikmedžio derva **3** mastikmedis *(t. p.* ~ *tree)* **4** gelsva spalva
masticate ['mæstɪkeɪt] *v* **1** kramtyti **2** *spec.* plastikuoti
mastication [ˌmæstɪ'keɪʃn] *n* **1** kramtymas **2** *spec.* plastikacija, plastikavimas
masticator ['mæstɪkeɪtə] *n tech.* mastikatorius
masticatory ['mæstɪkətərɪ] *a* kramtomasis
mastiff ['mæstɪf] *n* mastifas *(anglų dogas)*
masting ['mɑ:stɪŋ] *n jūr.* rangautas
mastitis [mæs'taɪtɪs] *n med.* mastitas, krūties uždegimas
mastoid ['mæstɔɪd] *n anat.* spenelinė atauga; ~ *process* smilkinkaulio smegeninė atauga
masturbation [ˌmæstə'beɪʃn] *n* masturbacija
mat[1] [mæt] *n* **1** demblys; kilimėlis **2** paklotas *(t. p. stat.);* patiesalas, paklotė *(ant stalo po karštu indu, lempa ir pan.)* **3** kas nors susivėlusio; *a* ~ *of hair* susivėlę plaukai; kaltūnas ◊ *to leave smb on the* ~ atsisakyti priimti *(svečią ir pan.);* *to have smb on the* ~ prigriebti, išbarti ką; *on the* ~ *šnek.* bėdoje; keblioje padėtyje
v **1** (iš)kloti demblius/kilimėlius; (pa)dengti dembliais/kilimėliais **2** sudraikyti, supinklioti; su(si)velti *(apie plaukus)*

mat² <*a, n, v*> *a* matinis, nepoliruotas, blausus; ~ *face* matinė veido spalva
n **1** pasportas, kartoninis rėmelis **2** matinė apdaila, matinis paviršius
v daryti matinį/blausų

matador ['mætədɔ:] *n* matadoras

match¹ [mætʃ] *n* **1** degtukas; *to strike a* ~ užbrėžti degtuką; *to put a* ~ *(to)* prikišti degtuką *(prie)* **2** *kar.* dagtis

match² *n* **1** pora *(for – kam)*; atitikimas, suderinimas *(between)*; *to be a good ~ for smth* tikti/derėti prie ko **2** rungtynės, varžybos, susitikimas, mačas **3** lygiavertis partneris/varžovas; *he is more than a ~ for me* jis stipresnis/miklesnis *ir pan.* už mane; *he has not his* ~ jis neturi sau lygaus, jam niekas neprilygsta **4** partija, pora *(sutuoktiniui)*; *to be a good ~ for smb* būti kam gera pora; *to make a* ~ vesti; ištekėti; *to make a ~ of it* susituokti ◊ *slanging/shouting* ~ plūdimasis, apsižodžiavimas
v **1** parinkti į porą; (pri)derinti, suderinti *(t. p.* ~ *up)*; *to ~ colours* parinkti spalvas; *well [ill] ~ed couple* gera [bloga] pora **2** tikti į porą; derintis, derėti (prie), atitikti; *these colours don't* ~ šios spalvos nedera **3** (su)priešinti *(against)*; *to ~ one's strength against smb* eiti imtynių, imtis *(su)*; *we must ~ cunning with cunning* į gudrybę reikia atsakyti gudrybe **4** lygintis, prilygti *(žaidime ir pan.)*; rungtyniauti; *nobody can ~ him* niekas negali su juo lygintis **5** *tech.* (su)derinti; suleisti, (su)lyginti **6** *psn.* apvesdinti; išleisti už vyro; (su)pirkšti *(with)* ☐ ~ *up* priderinti; prilygti *(to)*

matchboard ['mætʃbɔ:d] *n stat.* įlaidinė lenta
matchbook ['mætʃbuk] *n* popierinių degtukų paketėlis
matchbox ['mætʃbɔks] *n* degtukų dėžutė
matchless ['mætʃləs] *a* nepalyginamas, neprilygstamas
matchlock ['mætʃlɔk] *n kar. ist.* dagtinė spyna; ~ *gun* dagtinis šautuvas
matchmaker ['mætʃ,meɪkə] *n* piršlys
matchmaking ['mætʃ,meɪkɪŋ] *n* piršlybos; piršimas
match-point [,mætʃ'pɔɪnt] *n sport.* taškas, lemiantis mačo baigtį
matchstick ['mætʃstɪk] *n* degtuko šiaudelis; ~ *men/figures* linijomis nubraižyti žmogeliukai
matchwood ['mætʃwud] *n* **1** mediena, tinkama degtukams gaminti **2** smulkiai suskaldyta mediena ◊ *to make* ~ *(of)* sumušti/sudaužyti į šipulius

mate¹ [meɪt] *šach. n* matas
v duoti matą

mate² *n* **1** draugas, bičiulis; *room* ~ kambario draugas; *what's the time,* ~ *?* kiek laiko, drauguži? **2** partneris, porininkas; *running* ~ *amer.* kandidatas į viceprezidentus **3** patinas, patelė **4** vyras, žmona **5** pagalbininkas, padėjėjas **6** *jūr.* kapitono padėjėjas, šturmanas *(prekybos laivyne)* **7** *(ypač amer.)* vienas iš poros *(apie pirštinę ir pan.)*
v **1** poruotis, susiporuoti; tuokti(s) **2** (su)kergti; poruoti **3** sugretinti, lyginti **4** *tech.* sujungti; sukibti *(apie krumpliaračius)*

maté ['mæteɪ] *isp. n* matė *(arbata iš paragvajinio bugienio lapų)*

matelot ['mætləu] *pr. n jūr. sl.* jūreivis
matelote ['mætləut] *pr. n* matlotas *(žuvies patiekalas su raudono vyno padažu)*
mater ['meɪtə] *n sl.* motina, motušė
material [mə'tɪərɪəl] *n* **1** medžiaga; *~s science* medžiagotyra; *building ~s* statybinės medžiagos **2** duomenys, medžiaga *(knygai, filmui ir pan.; for)*; *teaching* ~ mokymo medžiaga **3** audeklas, medžiaga; *curtain* ~ medžiaga užuolaidoms **4** *pl* reikmenys; *writing ~s* rašymo reikmenys
a **1** materialinis, materialus, medžiaginis; ~ *well-being* materialinė/medžiaginė gerovė **2** daiktinis, daiktiškas **3** esminis, svarbus; ~ *evidence teis.* a) esminiai parodymai; b) daiktiniai įrodymai

materialism [mə'tɪərɪəlɪzm] *n* **1** *filos.* materializmas; *historical* ~ istorinis materializmas **2** verteiviškumas, materializmas

materialist [mə'tɪərɪəlɪst] *n* materialistas
a materialistinis; ~ *conception of history* materialistinis istorijos supratimas

materialistic [mə,tɪərɪə'lɪstɪk] *a* materialistinis
materiality [mə,tɪərɪ'ælətɪ] *n* **1** materialumas, daiktiškumas **2** *teis.* svarbumas, esmingumas
materialize [mə'tɪərɪəlaɪz] *v* **1** materializuoti(s); (su)daiktinti; daiktėti **2** įgyvendinti; į(si)kūnyti, realizuoti(s); *the strike failed to* ~ streikas neįvyko
materially [mə'tɪərɪəlɪ] *adv* **1** materialiai **2** iš esmės
matériel [mə,tɪərɪ'el] *pr. n* materialinė dalis *(techniniai įrengimai ir lėšos)*
maternal [mə'tə:nl] *a* **1** motinos; motiniškas **2** iš motinos pusės *(apie gimines)*
maternity [mə'tə:nətɪ] *n* **1** motinystė **2** *attr*: ~ *home/hospital* gimdymo namai; ~ *nurse* akušerė; ~ *leave* motinystės atostogos; ~ *clothes* nėščių moterų drabužiai
matey ['meɪtɪ] *šnek. a* draugiškas, draugingas; *they're very* ~ jie dideli draugai
n drauguži, žmogau *(vyrui kreipiantis į vyrą)*
mat-grass ['mætgrɑ:s] *n bot.* briedgaurė
math [mæθ] *n amer.* = **maths**
mathematical [,mæθə'mætɪkl] *a* **1** matematinis, matematikos **2** matematiškas, labai tikslus; ~ *precision* matematinis/matematiškas tikslumas
mathematician [,mæθəmə'tɪʃn] *n* matematikas; gabus matematikai žmogus
mathematics [,mæθə'mætɪks] *n* matematika
maths [mæθs] *n sutr. šnek.* = **mathematics**
Matilda [mə'tɪldə] *n* **1** Matilda *(vardas)* **2** *(m.) austral. sl.* manta
matin ['mætɪn] *n* **1** *poet.* rytmetinis *(paukščių)* čiulbėjimas **2** *pl bažn.* rytmetinės pamaldos; ankstyvosios mišios
matinée ['mætɪneɪ] *pr. n* **1** dieninis spektaklis/koncertas/seansas **2** *attr:* ~ *idol* artistas, turintis didelį pasisekimą tarp moterų
mating ['meɪtɪŋ] *n* **1** suporavimas; kergimas **2** poravimasis; ~ *call (tetervinų ir pan.)* tuoktuvės
mating-place ['meɪtɪŋpleɪs] *n spec.* tuokvietė
matlo(w) ['mætləu] *n* = **matelot**
matrass ['mætrəs] *n chem.* kolba su ilgu kaklu
matriarch ['meɪtrɪɑ:k] *n* **1** genties vyriausioji *(matriarchalinėje visuomenėje)* **2** šeimos vyriausioji/galva; matrona
matriarchal [,meɪtrɪ'ɑ:kl] *a* matriarchalinis, matriarchato
matriarchy ['meɪtrɪɑ:kɪ] *n* matriarchatas
matrices ['meɪtrɪsi:z] *pl žr.* **matrix**
matricide ['meɪtrɪsaɪd] *n* **1** motinžudys **2** motinžudystė
matriculate [mə'trɪkjuleɪt] *v* oficialiai priimti *ar* būti priimtam į aukštąją mokyklą; imatrikuliuoti
n priimtasis į aukštąją mokyklą
matriculation [mə,trɪkju'leɪʃn] *n* **1** imatrikuliacija, oficialus priėmimas į aukštąją mokyklą **2** *ist.* stojamasis egzaminas į aukštąją mokyklą *(t. p.* ~ *examination)*
matrilineal [,mætrɪ'lɪnɪəl] *a knyg.* nustatomas iš motinos pusės *(apie kilmę ir pan.)*

matrimonial [ˌmætrɪ'məunɪəl] *a knyg.* santuokinis, vedybinis, matrimonialinis
matrimony ['mætrɪmənɪ] *n knyg.* santuoka; moterystė
matrix ['meɪtrɪks] *n (pl* ~es, -rices) **1** *spec.* matrica, forma **2** *biol. (audinio)* tarpląstelinė medžiaga **3** *prk.* terpė; lopšys **4** *stat.* rišiklis, rišamoji medžiaga **5** *geol.* motininė/gyslinė uoliena **6** *(nago)* guolis **7** *anat. psn.* gimda
matron ['meɪtrən] *n* **1** garbinga ištekėjusi moteris; šeimos motina, matrona; ~ **of honour** svočia **2** vyresnioji medicinos sesuo; sesuo šeimininkė **3** *(mokyklos ir pan.)* ūkvedė
matronly ['meɪtrənlɪ] *a* **1** būdingas/derantis garbingai moteriai; orus, solidus **2** *euf.* storoka, apkūni *(apie merginą)*
matt(e) [mæt] = **mat**[2] *a*
matted[1] ['mætɪd] *a* **1** susivėlęs *(apie plaukus);* susipynęs *(apie augalus)* **2** išklotas dembliais/kilimėliais
matted[2] *a* matinis
matter ['mætə] *n* **1** dalykas, klausimas; reikalas; *it is a ~ of common knowledge* tai visiems žinoma; *it is no, ar not a, laughing* ~ tai ne juokai, nėra ko čia juoktis; *a ~ of dispute/opinion* ginčijamas dalykas/klausimas; *a ~ of taste [habit, etc]* skonio [įpročio *ir pan.*] dalykas; *money ~s* piniginiai reikalai; *~s arising* klausimai, neįrašyti į darbotvarkę; *as ~s stand* taip susiklosčius aplinkybėms; *that's the end of the* ~ viskas baigta, viskas **2** bėda; sunkumas; *what's the ~?* kas yra?, kas atsitiko?; *what's the ~ with you? šnek.* kas jums?; *there is something the ~ with the engine* kažkas negerai su varikliu, kažkas atsitiko varikliui **3** medžiaga; *grey* ~ a) pilkoji smegenų medžiaga; b) *šnek.* smegenys, protas **4** *filos.* materija **5** *(knygos ir pan.)* turinys; esmė; *~ and style* turinys ir forma **6** proga, pretekstas *(of, for)* **7** *med.* pūliai **8** *poligr.* rankraštis; *printed ~* spausdiniai ◊ *in the ~ of...* kai dėl...; *for that ~, for the ~ of that* a) kai dėl to; tuo atžvilgiu; b) tiesą sakant; *no ~* vis tiek, nesvarbu; *no ~ what* nieko nepaisant; kad ir kas būtų; *no ~ how...* kad ir kaip...; *that's the end of the ~, there's an ~ to the ~* viskas baigta, tai *(kieno)* paskutinis žodis
v **1** turėti reikšmės, būti svarbiam; reikšti; *it doesn't ~* tai neturi reikšmės, nesvarbu; *all that ~ s is that..., the only thing that ~s...* svarbiausia tai, kad... **2** pūliuoti
matter-of-course ['mætərəv'kɔːs] *a* savaime suprantamas; natūralus
matter-of-fact ['mætərəv'fækt] *a* **1** sausas, proziškas, be vaizduotės *(apie žmogų)* **2** abejingas; dalykiškas
mattery ['mætərɪ] *a* **1** *ret.* pūlingas **2** *psn.* reikšmingas
Matthew ['mæθjuː] *n* Motiejus, Matjus; Matas *(vardas; t. p. bibl.)*
Matthias [mə'θaɪəs] *n* Matijas *(vardas)*
matting ['mætɪŋ] *n* **1** *kuop.* plaušinės, dembliai **2** medžiaga dembliams/plaušinėms/kilimėliams gaminti
mattins ['mætɪnz] *n pl* = **matin** 2
mattock ['mætək] *n* kaplys, kauptukas; kirtiklis, kirstuvas
mattoid ['mætɔɪd] *n spec.* psichopatas, paranoikas
mattress ['mætrɪs] *n* **1** matracas; čiužinys **2** *stat.* fašinų čiužinys; paklotas
maturate ['mætʃʊreɪt] *v* **1** bręsti **2** *med.* pritvinkti *(apie votį);* iškilti *(apie spuogą);* pūliuoti
maturation [ˌmætʃʊ'reɪʃn] *n* **1** (su)brendimas **2** *med.* pritvinkimas; (su)pūliavimas
mature [mə'tʃʊə] *a* **1** subrendęs; pribrendęs; *~ student* subrendęs studentas *(vyresnis kaip 25 m. amžiaus)* **2** brandus *(t. p. prk.)* **3** subrendęs, išlaikytas *(apie sūrį, vyną ir pan.)* **4** gerai apgalvotas; *on ~ reflection* gerai apgalvojus/apmąsčius **5** *kom.* apmokėtinas *(suėjus terminui)*
v **1** (su)bręsti; (iš)nokti, prinokti **2** (su)brandinti *(t. p. prk.)* **3** išlaikyti *(vyną ir pan.)* **4** *kom.* sueiti *(apie mokėjimo terminą)*
maturity [mə'tʃʊərətɪ] *n* **1** subrendimas; branda, brandumas *(t. p. prk.)* **2** užbaigtumas **3** *kom. (vekselio mokėjimo ir pan.)* terminas; *at ~* suėjus terminui
matutinal [ˌmætjuː'taɪnl] *a knyg.* **1** rytinis **2** ankstus
maty ['meɪtɪ] = **matey** *a, n*
matzo ['mætsəʊ] *n* macas *(žydų velykinis valgis – neraugintos tešlos paplotėlis)*
maud [mɔːd] *n* **1** *(škotų kalniečių)* vilnonis languotas apsiaustas, pledas **2** kelioninis pledas
maudlin ['mɔːdlɪn] *a* sentimentalus; verksnus, linkęs verkti *(apie girtą žmogų)*
n sentimentalumas
Maugham [mɔːm] *n: William Somerset ~* Viljamas Somersetas Moemas *(anglų rašytojas)*
maul [mɔːl] *n* kūlė, tvoklė
v **1** (su)maitoti, (su)žaloti, (ap)draskyti; kankinti *(katę ir pan.)* **2** (su)darkyti; grubiai elgtis **3** sukritikuoti, sutaršyti
mauler ['mɔːlə] *n* **1** žalotojas; kankintojas **2** *sport. sl.* boksininkas
maun [mɔːn] *n dial.* pintinė
maunder ['mɔːndə] *v* judėti/veikti vangiai, be tikslo ◻ *~ about/along* slankioti; *~ on* kalbėti padrikai; vapėti, bambėti, murmėti
maundy ['mɔːndɪ] *n bažn.* **1** išmaldos dalijimas elgetoms *(per Didįjį ketvirtadienį)* **2** *(M.) attr M. week* Didžioji savaitė; *M. Thursday* Didysis ketvirtadienis
Maurice ['mɔrɪs] *n* Moris(as) *(vardas)*
Mauritania [ˌmɔːrɪ'teɪnɪə] *n* Mauritanija *(Afrikos šalis)*
Mauritian [mə'rɪʃən] *n* Mauricijaus salos gyventojas
Mauritius [mə'rɪʃəs] *n* Mauricijus *(sala ir šalis)*
mausoleum [ˌmɔːsə'lɪəm] *n* mauzoliejus
mauve [məʊv] *a* rausvai violetinis
n rausvai violetinė spalva
maven ['meɪvn] *n amer. šnek.* žinovas
maverick ['mævərɪk] *n* **1** *amer.* neįspauduotas veršiukas **2** kitų/savarankiškų pažiūrų žmogus, originalas, kitamanis
mavis ['meɪvɪs] *n poet., dial.* strazdas giesmininkas
maw [mɔː] *n* **1** *knyg.* tai, kas viską suryja, *(plėšrūno)* ryklė, nasrai **2** *(paukščių)* gurklys **3** *(žuvų)* plaukiojamoji pūslė
mawkish ['mɔːkɪʃ] *a* **1** šleikštokas **2** sentimentalus
mawworm ['mɔːwəːm] *n* kirminas, kirmėlė *(viduriuose)*
max [mæks] *amer. šnek. n* maksimumas; daugiausia ◊ *to the ~* baisiausiai, labai
v: ~ *out* stengtis kiek gali; persistengti
Max [mæks] *n* Maksas *(vardas)*
maxi ['mæksɪ] *n šnek.* maksi, maksi sijonas/suknelė *ir pan.*
maxilla [mæk'sɪlə] *n (pl* -lae [-liː]) *anat. (stuburinių gyvūnų)* (viršutinis) žandikaulis
maxillary [mæk'sɪlərɪ] *a anat.* (viršutinio) žandikaulio
maxim ['mæksɪm] *n* **1** maksima, aforizmas, sentencija **2** elgesio taisyklė; principas
maxima ['mæksɪmə] *pl žr.* **maximum** *n*
maximal ['mæksɪməl] = **maximum** *a*
maximalist ['mæksɪməlɪst] *n* maksimalistas
maximize ['mæksɪmaɪz] *v* **1** maksimaliai/nepaprastai padidinti, didinti iki aukščiausio laipsnio **2** skirti didžiausią reikšmę, maksimaliai išnaudoti **3** *komp.* maksimizuoti
maximum ['mæksɪməm] *n (pl* -ima, ~s) maksimumas; aukščiausias laipsnis; *at the ~* maksimaliai, daugiausia
a attr maksimalus, didžiausias

maxi-taxi ['mæksɪˌtæksɪ] *n* daugiavietis taksi, taksi mikroautobusas
maxwell ['mækswəl] *n el.* maksvelas
May [meɪ] *n* **1** gegužė *(mėnuo)* **2** *(t. p. m.) prk. poet.* gyvenimo pavasaris; jaunystė; *pl* egzaminai gegužės mėnesį *(Kembridžo universitete)* **3** *pl* irklavimo varžybos/lenktynės Kembridže *(gegužės pabaigoje–birželio pradžioje; t. p.* **~ races**) **4** *attr* gegužės, gegužinis; Gegužės pirmosios; **~ Day** Gegužės pirmoji; Gegužės pirmosios šventė
may[1] [meɪ] *v mod* (might) **1** galbūt, gali būti, galėti *(reiškiant galimybę, abejonę);* **he ~ arrive tomorrow** galbūt jis atvyks rytoj; **the train ~ be late** traukinys gali vėluoti; **I thought it might rain** maniau, kad gal lis; **they ~ have seen us** gali būti, kad jie mus matė **2** galima, galėti *(reiškiant prašymą/leidimą);* **~ I come and see you?** ar aš galiu, ar man galima užeiti aplankyti jus?; **one ~ smoke here** čia galima rūkyti; **you ~ go out of the classroom** jūs galite, *ar* jums leidžiama, išeiti iš klasės **3** *klaus. sakiniuose vart. klausimo griežtumui sušvelninti:* **who might that be?** kas tai galėtų būti? **4** *aux sudurt. tariamosios nuosakos formoms sudaryti (tikslo/nuolaidos šalutiniuose sakiniuose ir reiškiant pageidavimą šaukiamuosiuose sakiniuose);* **put the book here so that he ~ easily find it** padėk knygą čia, kad jis lengvai ją rastų; **be that as it ~** kad ir kaip ten būtų; kas bus, tas bus; **~ theirs be a happy meeting!** tebūna jų susitikimas laimingas!
may[2] *n* gudobelės žiedai
May-apple ['meɪˌæpl] *n bot.* podofilas
maybe ['meɪbɪ] *adv* galbūt, gal; **he was here for ~ five days** jis čia buvo gal penkias dienas
maybeetle ['meɪˌbiːtl] *n* = **maybug**
maybloom ['meɪbluːm] *n* gudobelės žiedas
maybug ['meɪbʌg] *n zool.* grambuolys, paprastasis karkvabalis
mayday ['meɪdeɪ] *n av., jūr. (tarptautinis)* nelaimės signalas *(perduodamas per radiją)*
mayflower ['meɪˌflauə] *n* gegužę žydinti gėlė, *pvz.,* puriena, kartenė, gudobelė
mayfly ['meɪflaɪ] *n* **1** *zool.* lašalas, vienadienė peteliškė **2** panašus į lašalą dirbtinis jaukas *(žuviai)*
mayhem ['meɪhem] *n* **1** sąmyšis, chaosas **2** *teis. ist.* tyčinis kūno sužalojimas, suluošinimas
maying ['meɪɪŋ] *n* Gegužės šventės šventimas *(Anglijoje);* Gegužės pirmosios iškilmės/demonstracija *ir pan.*
mayn't [meɪənt] *sutr. šnek.* = **may not**
mayo ['meɪəu] *n amer. šnek.* = **mayonnaise**
mayonnaise [ˌmeɪə'neɪz] *pr. n* majonezas
mayor [mɛə] *n* meras; **Lord ~** lordas meras; **Lord ~'s Day** lapkričio 9-oji *(kada Londono lordas meras pradeda eiti savo pareigas)*
mayoral ['mɛərəl] *a* mero; **~ duties** mero pareigos
mayoralty ['mɛərəltɪ] *n* **1** mero pareigos **2** mero pareigų ėjimo laikas
mayoress ['mɛərɪs] *n* **1** mero žmona **2** merė
maypole ['meɪpəul] *n* gegužės medis *(gėlėmis, kaspinais papuoštas stulpas, apie kurį šokama Gegužės 1-ąją Anglijoje)* ◊ **as tall as a ~** aukštas kaip žalga, didelis kaip stulpas
May-queen ['meɪkwiːn] *n* mergaitė, išrinkta „gegužės karaliene" *(per Gegužės 1-osios šventės žaidynes Anglijoje)*
may've ['meɪəv] = **may have**
mayweed ['meɪwiːd] *n bot.* šunramunė, bobramunis; **scentless ~** bekvapė ramunė

mazarine [ˌmæzə'riːn] *n* tamsiai mėlyna spalva *a* tamsiai mėlynas
maze [meɪz] *n* **1** labirintas; **the ~ of tiny streets** gatvelių labirintas **2** painiava, raizginys
v **1** supainioti, sugluminti **2** klajoti labirinte
mazer ['meɪzə] *n ist.* medinė taurė *(su sidabriniais papuošimais)*
mazurka [mə'zɔːkə] *n* mazurka
mazy ['meɪzɪ] *a* supainiotas, painus
McCoy [mə'kɔɪ] *a:* **the real ~** *šnek.* geriausias/tikras daiktas/žmogus
M-day ['emdeɪ] *n amer.* pirmoji mobilizacijos diena
me[1] [mɪ, miː] *pron pers (objektinis linksnis)* manęs, man, mane *ir t. t.; šnek. vart. vietoj I;* **he saw me** jis matė mane; **give me the book** duokite man knygą; **listen to me, please** prašau paklausyti manęs; **I poured me a glass of water** aš įsipyliau stiklinę vandens; **it's me** tai aš
me[2] *n muz.* mi *(nata)*
mea culpa [ˌmeɪə'kulpə] *lot.* mano kaltė, dėl mano kaltės
mead[1] [miːd] *n* midus
mead[2] *n poet., psn.* pieva
meadow ['medəu] *n* pieva; lanka
meadow-grass ['medəugrɑːs] *n bot.* miglė; **annual [smooth-stalked] ~** vienametė [pievinė] miglė
meadow-rue ['medəuruː] *n bot.* vingiris
meadow-saffron ['medəuˌsæfrən] *n bot.* rudeninis vėlyvis
meadow-saxifrage ['medəuˌsæksɪfrɪdʒ] *n bot.* gumbuotoji uolaskėlė
meadowsweet ['medəuswiːt] *n bot.* **1** pelkinė vingiorykštė **2** lanksva
meadowy ['medəuɪ] *a* **1** pievinis, pievų **2** pievingas, gausus pievų *(apie vietovę)*
meager ['miːgə] *a amer.* = **meagre**
meagre ['miːgə] *a* **1** liesas, sulysęs **2** menkas, skurdus; nepakankamas; **the room had a very ~ look** kambarys atrodė labai skurdžiai **3** pasninkinis **4** neturiningas; ribotas
meal[1] [miːl] *n* **1** rupūs miltai; *amer.* kukurūzų miltai
v ret. apibarstyti miltais
meal[2] *n* valgis; valgymas; **evening ~** vakarienė ◊ **to make a ~ (of)** *šnek.* pernelyg ilgai vargti/krapštytis *(su)*
v valgyti, užkandžiauti
mealies ['miːlɪz] *n pl* kukurūzai *(P. Afrikoje)*
meals-on-wheels ['miːlzɔn'wiːlz] *n* išvežiojami pusryčiai/pietūs/vakarienė *(ligoniams, seneliams)*
meal-ticket ['miːlˌtɪkɪt] *n* **1** talonas maistui **2** *šnek.* duonpelnys, duondavys, maitintojas
mealtime ['miːltaɪm] *n (pusryčių, pietų ir pan.)* valgymo laikas; **at ~s** valgant
mealworm ['miːlwɔːm] *n zool.* didysis milčius
mealy ['miːlɪ] *a* **1** miltinis, miltiškas **2** miltinas, miltuotas **3** miltingas *(apie bulves)* **4** pabalęs; balzganas **5** = **mealy-mouthed**
mealy-mouthed ['miːlɪ'mauðd] *a* **1** saldžiakalbis, saldžiažodis, saldžialiežuvis **2** nepasakantis tiesiai, nenuoširdus
mean[1] [miːn] *a* **1** prastas; menkas; **no ~** neeilinis, labai geras, žymus; **no ~ abilities** nemenki gabumai **2** vidutinis; **~ depth** vidutinis gylis **3** žemas; blogas, nedoras; nemalonus; **he's a ~ character** jis – bjaurus tipas **4** šykštus **5** *amer.* piktas; *šnek.* nesmagus, susinepatoginęs; **to feel ~** jaustis nesmagiai/nepatogiai
mean[2] *n* **1** vidurys; **the golden/happy ~** aukso vidurys **2** *mat.* vidurkis
a attr vidurinis; **~ line** *mat.* pusiaukampinė; **~ time** vidurinis/saulės laikas ◊ **in the ~ time/while** tuo laiku; tuo tarpu

mean³ v (meant) **1** ketinti, norėti; turėti omenyje; *I didn't ~ to offend you* aš nenorėjau jūsų įžeisti; *I ~ it* aš rimtai kalbu, aš nejuokauju; *I didn't ~ it* aš nenorėjau to *(įžeisti ir pan.)*; *that's not what I ~t* aš ne tai turėjau omenyje; *to ~ mischief* a) kėsintis; b) pranašauti ką nors bloga; *to ~ well [ill]* norėti gero [blogo]; turėti gerų ketinimų [piktų kėslų]; *what do you ~ by that?* a) ką jūs tuo norite pasakyti?; b) kodėl jūs taip elgiatės? **2** skirti *(for)*; *these chairs are ~t for guests* šios kėdės skirtos svečiams; *to ~ it to be used* skirti vartojimui **3** reikšti; *what does all this ~?* ką visa tai reiškia?; *money ~s little to me* pinigai man neturi reikšmės **4** *pass* būti numanomam/manomam; *they are ~t to be good cars* manoma, kad tai geri automobiliai **5** *pass* (neig. sakinyje) netikti *(kokiam darbui/veiklai; for)*

meander [mɪˈændə] *n* **1** *(upės, kelio)* vingis; vingiuotas takas **2** *archit.* meandra *(puošmena)*
v **1** vingiuoti *(apie upę, kelią)* **2** klaidžioti/klajoti be tikslo *(t. p. ~ along)* ☐ *~ on* balbatuoti, postringauti

meandering [mɪˈændərɪŋ] *a* **1** vingiuojantis *(apie kelią, upę)* **2** padrikas, neriškus

meandrous [mɪˈændrəs] *a* vingiuotas; vingrus

meanie [ˈmiːnɪ] *n šnek.* nedorėlis, gobšuolis

meaning [ˈmiːnɪŋ] *n* reikšmė; prasmė; *a word with two ~s* žodis, turintis dvi reikšmes; *with ~* reikšmingai; *life seemed to have lost its ~* atrodė, kad gyvenimas neteko prasmės; *yes, I get your ~* taip, aš suprantu, ką tu nori pasakyti
a reikšmingas; daug reiškiantis; *~ smile* reikšminga šypsena

meaningful [ˈmiːnɪŋfəl] *a* **1** reikšmingas; prasmingas; *~ look/glance* reikšmingas žvilgsnis; *~ contacts* naudingi kontaktai; *my life is no longer ~* mano gyvenimas nebeturi prasmės **2** reikšminis; *explain it in a way that is ~ to children* paaiškinkite taip, kad vaikai suprastų

meaningless [ˈmiːnɪŋləs] *a* **1** bereikšmis; beprasmis **2** nereikšmingas; beprasmiškas

meaningly [ˈmiːnɪŋlɪ] *adv* **1** reikšmingai **2** sąmoningai, tyčia

mean-looking [ˈmiːnlukɪŋ] *n* **1** piktas **2** *šnek.* ultramadingas

meanly [ˈmiːnlɪ] *adv* **1** niekšiškai, žemai **2** šykščiai **3** menkai, prastai; vidutiniškai

meanness [ˈmiːnnɪs] *n* **1** niekšybė; žemumas **2** šykštumas **3** skurdumas **4** *ret.* menkystė, vidutinybė

means [miːnz] *n* **1** *(pl ~)* priemonė; būdas; *a ~ to an end* priemonė tikslui pasiekti; *the ~ of communication* susisiekimo/ryšių priemonės; *the ~ and instruments of production* gamybos priemonės ir įrankiai; *by all ~* a) bet kuriuo būdu; būtinai; b) žinoma, prašom; *by ~ of smth* pasinaudojant kuo; *by no ~* jokiu būdu; *it is by no ~ cheap* tai anaiptol nepigu; *by any ~* bet kuria kaina, bet kuriuo būdu **2** *pl* lėšos, ištekliai, turtas; *~ of subsistence* pragyvenimo lėšos/priemonės; *according [beyond] one's ~* pagal [ne pagal] išgales; *man of ~* pasiturintis žmogus **3** *attr: ~ test (pašalpos)* reikalingumo nustatymas

mean-spirited [ˈmiːnˈspɪrɪtɪd] *a* niekšiškas, žemas; *~ fellow* niekšas

meant [ment] *past ir pII žr.* **mean³**

meantime [ˈmiːntaɪm] *n: in the ~* tuo tarpu; *for the ~* kol kas
adv = **meanwhile**

meanwhile [ˈmiːnwaɪl] *adv* tuo tarpu

meany [ˈmiːnɪ] *n* = **meanie**

measles [ˈmiːzlz] *n* **1** *med.* tymai; *German ~* raudonukė **2** *vet.* finozė

measly [ˈmiːzlɪ] *a* **1** apkrėstas viriais/trichinomis **2** tymų; sergantis tymais **3** *šnek.* niekingas, varganas, menkas

measurable [ˈmeʒərəbl] *a* **1** išmatuojamas; *in the ~ future* netolimoje ateityje; *within ~ distance (of)* netoliese, arti *(ko)* **2** *knyg.* gana žymus; ne ypač didelis, pakankamai didelis

measurably [ˈmeʒərəblɪ] *adv* tam tikru mastu

measure [ˈmeʒə] *n* **1** matas, matavimo priemonė/vienetas; *linear [liquid, square, etc.] ~s* ilgio [skysčio, ploto ir pan.] matai **2** saikas; *full ~* a) geras saikas; b) *prk.* visa, kas priklauso; *dry ~s* biralų saikai **3** mastas, laipsnis, matas; *to set ~s (to)* apriboti; *beyond ~, out of ~* pernelyg, nepaprastai, labai; *in a large ~* dideliu mastu; *in some ~* tam tikru mastu, iš dalies; *made to ~* padarytas/pasiūtas pagal užsakymą; *to take smb's ~* a) imti kieno matą; b) *prk.* perprasti, įvertinti ką **4** priemonė; *to take (drastic) ~s* imtis (griežtų) priemonių **5** *(degtinės ir pan.)* dozė, porcija *(of)* **6** *mat.* daliklis **7** *muz.* taktas **8** *lit.* pėda, metras **9** *parl.* įstatymo projektas **10** *psn.* šokis; *to tread a ~* atlikti *(šokio)* figūrą **11** *pl geol.* *(tam tikros geologinės formacijos)* sluoksnynas; *(sluoksnių)* svita **12** *poligr.* skilties plotis ◊ *for good ~* priedo; *~ for ~* ≡ akis už akį, dantis už dantį; *to get the ~ of smb* perprasti, permanyti ką
v **1** (iš)matuoti *(t. p. ~ up)*; atmatuoti *(t. p. ~ off)*; seikėti, saikuoti **2** imti matą *(siuvant drabužį)* **3** nustatyti, įvertinti *(būdą, pobūdį, padėtį ir pan.)*; *to ~ smb with one's eye* nužvelgti ką nuo galvos iki kojų **4** būti *(tam tikro ilgio/pločio ir pan.)*; *the house ~s 60 feet long* namas yra 60 pėdų ilgio **5** lygintis; *refl* išbandyti jėgas, lygintis *(with, against – su)* **6** priderinti, suderinti **7** *poet.* nueiti *(nuotolį)* ☐ *~ out* atmatuoti, atseikėti *(dalant, skirstant)*; *~ up (to)* a) pasiekti *(lygį)*, prilygti; b) atitikti *(reikalavimus ir pan.)*; *to ~ up to one's task* susidoroti su iškeltu uždaviniu

measured [ˈmeʒəd] *a* **1** išmatuotas; dozuotas, atseikėtas; tikslus; *~ mile* matavimo mylia **2** apgalvotas **3** ritmingas, vienodas

measureless [ˈmeʒələs] *a poet.* neišmatuojamas; beribis

measurement [ˈmeʒəmənt] *n* **1** (iš)matavimas **2** *(ppr. pl)* matai, matmenys; matų sistema; *to make/take ~s* išmatuoti; *to take smb's ~s* imti matus *(siuvant drabužį)* **3** įvertinimas, nustatymas

measurer [ˈmeʒərə] *n* matuoklis, matuojamasis prietaisas

meat [miːt] *n* **1** mėsa; *canned/tinned ~* mėsos konservai; *variety ~* mėsos subproduktai **2** *(vaisiaus)* mėsa, minkštimas; *(riešuto)* branduolys **3** *prk.* turinys; esmė *(of)*; *full of ~* turiningas **4** *amer. šnek.* mėgstamas užsiėmimas **5** *psn.* maistas; valgis; *~ and drink* valgis ir gėrimas; *at ~* valgant; *after ~* po valgio ◊ *easy ~* lengvas laimikis, lengva auka; *the ~ and potatoes amer. šnek. (diskusijų ir pan.)* svarbiausias dalykas; *to be ~ and drink to smb* (su)teikti kam didelį malonumą, nesudaryti kam sunkumų; *one man's ~ is another man's poison* ≡ katei juokai, pelei verksmai; kas vienam naudinga, kitam kenksminga

meatball [ˈmiːtbɔːl] *n* mėsos kukulis

meat-chopper [ˈmiːtˌtʃɔpə] *n* mėsai malti mašinėlė, mėsmalė

meat-eating [ˈmiːtiːtɪŋ] *a* mėsėdis

meat-grinder [ˈmiːtˌgraɪndə] *n amer.* = **meat-chopper**

meatloaf [ˈmiːtləuf] *n (kepaliuko formos)* maltos mėsos kepsnys

meatman [ˈmiːtmən] *n (pl* -men [-mən]) *(tik v.)* mėsininkas

meat-safe ['mi:tseɪf] *n* šaldytuvas/refrižeratorius mėsai
meatus [mɪ'eɪtəs] *n (pl ~es, ~) anat. (klausos)* landa
meaty ['mi:tɪ] *a* **1** mėsingas; mėsiškas **2** turiningas
Mecca ['mekə] *n* **1** Meka *(musulmonų šventasis miestas)* **2** *(m.) prk.* meka
mechanic [mɪ'kænɪk] *n* **1** mechanikas; *dental ~* dantų technikas **2** amatininkas; dirbtuvės darbininkas
mechanical [mɪ'kænɪkl] *a* **1** mašininis, mašinų; *~ engineering* mašinų gamyba **2** mechaninis; *~ engineer* inžinierius mechanikas; *~ means (darbų)* mechanizavimo priemonės; *~ failure* mechaninis gedimas **3** *prk.* mechaniškas, mašinalus **4** *filos.* mechanistinis
n pl (mašinos) mechanizmai
mechanician [ˌmekə'nɪʃn] *n* **1** konstruktorius mašinų gamintojas **2** *ret.* mechanikas
mechanics [mɪ'kænɪks] *n* **1** mechanika **2** mechanizmas, technika *(of)*
mechanism ['mekənɪzm] *n* **1** mechanizmas *(t. p. prk.);* įranga, įrenginys; *defence ~ fiziol.* apsauginis mechanizmas **2** *(atlikimo)* technika **3** *filos.* mechanicizmas
mechanist ['mekənɪst] *n filos.* mechanistas
mechanistic [ˌmekə'nɪstɪk] *a filos.* mechanistinis
mechanization [ˌmekənaɪ'zeɪʃn] *n* mechanizacija, mechanizavimas
mechanize ['mekənaɪz] *v* mechanizuoti
med [med] *a šnek.* medicinos
Med [med] *n (the ~) šnek.* Viduržemio jūros rajonas
medal ['medl] *n* medalis; ordinas; *M. of Honor amer. kar.* garbės ordinas ◊ *the reverse of the ~* ≡ atvirkščioji medalio pusė
medalist ['medəlɪst] *n amer.* = **medallist**
medalled ['medld] *a* **1** apdovanotas medaliu/ordinu **2** papuoštas medaliais/ordinais
medallion [mɪ'dælɪən] *n* medalionas
medallist ['medəlɪst] *n* **1** medalių kalėjas/kūrėjas **2** medalininkas
meddle ['medl] *v* **1** kištis (į kitų reikalus) *(in, with); I wish you wouldn't ~ in my affairs* tau geriau nesikišti į mano reikalus **2** liesti tai, kas nedera *(with); don't ~ with my tools* neliesk(ite) mano įrankių
meddler ['medlə] *n* mėgstantis visur kištis, įkyrus žmogus
meddlesome ['medlsəm] *a* įkyrus, kišantis nosį ne į savo reikalus
medevac ['medəvæk] *n (medical evacuation sutr.) amer. kar.* sanitarinis sraigtasparnis
media[1] ['mi:dɪə] *n* **1** *pl žr.* **medium 2** *(the ~)* visuomenės informavimo priemonės, žiniasklaida *(t. p. mass ~); ~ men* žiniasklaidos darbuotojai
media[2] *n (pl* -ae [-i:]) **1** *fon.* skardusis priebalsis **2** *anat. (kraujagyslių)* vidurinis dangalas
mediaeval [ˌmedɪ'i:vl] *a* = **medieval**
medial ['mi:dɪəl] *a* **1** vidurinis, vidurio; *~ vowel fon.* vidurinės eilės balsis **2** vidutinis
median ['mi:dɪən] *a spec.* vidurinis, medianinis; vidinis, medialinis
n **1** *geom.* pusiaukraštinė **2** *anat.* vidurinė arterija **3** mediana *(statistikoje)* **4** *amer.* juosta, skirianti priešingas eismo kryptis *(t. p. ~ strip)*
mediant ['mi:dɪənt] *n muz.* mediantė
mediastinum [ˌmi:dɪə'staɪnəm] *n anat.* tarpusienis; tarpuplautis
mediate *a* ['mi:dɪət] **1** tarpinis **2** tarpiškas, netiesioginis
v ['mi:dɪeɪt] **1** tarpininkauti; pasiekti *(susitarimą, sprendimą)* tarpininkaujant **2** *pass* kisti, keistis *(ko įtakoje)* **3** *ret.* užimti tarpinę padėtį

mediaton [ˌmi:dɪ'eɪʃn] *n* **1** tarpininkavimas; *through the ~ (of)* tarpininkaujant **2** *dipl.* mediacija
mediatize ['mi:dɪətaɪz] *v ist.* aneksuoti/prijungti *(teritoriją)*, paliekant buvusiam valdovui titulą ir kai kurias teises
mediator ['mi:dɪeɪtə] *n* **1** tarpininkas **2** *med., muz.* mediatorius
mediatorial, mediatory [ˌmi:dɪə'tɔ:rɪəl, 'mi:dɪətərɪ] *a* tarpininkavimo, tarpiškas
mediatrix ['mi:dɪeɪtrɪks] *n (pl* -trices [-trɪsi:z]) tarpininkė
medic ['medɪk] *n šnek.* **1** gydytojas, medikas **2** medicinos fakulteto studentas, medikas **3** *amer. kar.* sanitaras
medicable ['medɪkəbl] *a* pagydomas
Medicaid ['medɪkeɪd] *n amer.* vyriausybės finansuojama medicininė pagalba *(neturtingiesiems)*
medical ['medɪkl] *a* **1** medicininis, medicinos, gydymo, sveikatos; sanitarinis; *~ certificate* sveikatos pažymėjimas; *~ history* a) ligos istorija; b) medicinos istorija; *~ profession* gydytojo profesija; medikas; *~ service* a) medicininis aptarnavimas; b) sanitarinė dalis **2** terapijos; *~ ward (ligoninės)* terapijos skyrius
n šnek. medicininis apžiūrėjimas, sveikatos patikrinimas
medicament [mɪ'dɪkəmənt] *n* vaistas, medikamentas
medicare ['medɪkɛə] *n amer.* valstybinis medicininis aptarnavimas *(daugiau kaip 65 m. amžiaus žmonėms)*
medicate ['medɪkeɪt] *v* **1** gydyti vaistais **2** prisotinti/permerkti vaistais
medicated ['medɪkeɪtɪd] *a* gydomasis; medicininis
medication [ˌmedɪ'keɪʃn] *n* **1** gydymas vaistais **2** vaistas
medicative ['medɪkeɪtɪv] *a* = **medicinal**
medicinal [mɪ'dɪsənəl] *a* **1** vaistinis; *~ plant* vaistinis augalas **2** gydymo; terapinis
medicine ['medsən] *n* **1** medicina; *internal ~* terapija **2** vaistas, vaistai; *to take one's ~* a) (iš)gerti vaistus; b) *juok.* išmaukti degtinės; c) gauti pelnytą bausmę; d) ištvermingai iškęsti ką nors nemalonaus **3** kerėjimas, magija **4** talismanas, amuletas **5** *attr: ~ chest* namų vaistinėlė; vaistų dėžutė; *~ bag* sanitarinis krepšelis; *~ dropper* pipetė; *~ glass* menzūra; *~ ball sport.* medicinbolas ◊ *to give smb a taste/dose of their own ~* atsimokėti tuo pačiu
medicine-man ['medsənmæn] *n (pl* -men [-men]) *(tik v.)* žiniuonis, kerėtojas *(ypač Š. Amerikos indėnų)*
medicine-woman ['medsənˌwumən] *n (pl* -women [-ˌwɪmɪn]) žiniuonė, kerėtoja
medico ['medɪkəu] *n (pl* ~s [-z]) *šnek.* **1** daktaras, medikas **2** studentas medikas
medieval [ˌmedɪ'i:vl] *a* viduramžių, viduramžiškas
medievalism [ˌmedɪ'i:vəlɪzm] *n* **1** viduramžiškumas **2** žavėjimasis viduramžiais
medievalist [ˌmedɪ'i:vəlɪst] *n* viduramžių istorijos specialistas
Medina [mɪ'di:nə] *n* Medina *(musulmonų šventasis miestas)*
mediocre [ˌmi:dɪ'əukə] *a* vidutiniškas, vidutinis; pusėtinas
mediocrity [ˌmi:dɪ'ɔkrətɪ] *n* **1** vidutiniškumas **2** vidutinybė
meditate ['medɪteɪt] *v* **1** (ap)mąstyti, (ap)galvoti *(on, upon)* **2** medituoti **3** planuoti, ketinti; kėslauti
meditation [ˌmedɪ'teɪʃn] *n* **1** apmąstymas **2** meditacija, kontempliacija
meditative ['medɪtətɪv] *a* susimąstęs; mąslus, pasinėręs apmąstymuose
mediterranean [ˌmedɪtə'reɪnɪən] *a* **1** nutolęs nuo pajūrio *(apie žemę)* **2** tarpžeminis, tarpužemio *(apie jūrą)* **3** *(M.)* Viduržemio jūros (baseino)
n: the M. Viduržemio jūra

medium ['mi:dıəm] *n* (*pl* ~s, -dia) **1** vidurys, vidurkis; *happy* ~ aukso vidurys **2** priemonė, būdas; *through/by the* ~ *of* ... per ..., su *ko* pagalba, *kuo; through the* ~ *of the press* per spaudą **3** *pl žr*. **media 4** *spec*. terpė, aplinka; laikmena **5** tarpininkas; tarpininkavimas **6** *(spiritistų)* mediumas **7** *(dažų)* tirpiklis
a **1** vidutinis, vidurinis; tarpinis; *of* ~ *height* vidutinio ūgio; ~ *waves rad*. vidurinės bangos **2** saikingas, nuosaikus **3** *kar*. vidutinio kalibro
medium-dry [ˌmi:dıəm'draı] *a* pusiau sausas *(apie gėrimą)*
medium-term [ˌmi:dıəm'tə:m] *a* vidutinės trukmės
medlar ['medlə] *n bot*. baltažiedė šliandra
medley ['medlı] <*n, a, v*> *n* **1** mišinys, kratinys; *a* ~ *of all kinds of people* marga, įvairaus plauko minia **2** *muz*. popuri **3** *sport*. kombinuotas plaukimas; ~ *relay* kombinuota estafetė **4** *psn*. literatūrinės įvairenybės *(laikraščio skyrius)*
a psn. mišrus; margas
v psn. (su)maišyti
medulla [me'dʌlə] *n* (*pl* -ae [-i:], ~s) **1** kaulų smegenys/ čiulpai **2** nugaros smegenys **3** pailgosios smegenys *(t. p.* ~ *oblongata)* **4** *bot*. šerdis
medullary [me'dʌlərı] *a* **1** *anat*. smegeninis, meduliarinis **2** *bot*. šerdinis
medusa [mı'dju:zə] *n* (*pl* -ae [-i:], ~s) *zool*. medūza
meed [mi:d] *n poet., psn*. **1** atpildas **2** pelnytas pagyrimas
meek [mi:k] *a* romus, švelnus; nuolankus, drovus
meekness ['mi:knıs] *n* romumas; nuolankumas
meerschaum ['mıəʃəm] *vok. n* **1** jūros putos *(akytas mineralas)* **2** jūros putų pypkė
meet[1] [mi:t] <*v, n, a*> *v* (met) **1** su(si)tikti *(t. p.* ~ *up; he came to* ~ *us at the airport* jis atvyko sutikti mūsų oro uoste **2** susirinkti, sueiti *(t. p.* ~ *together); the society* ~*s once a month* draugijos posėdžiai vyksta kartą per mėnesį **3** susipažinti *(su); please* ~ *Mr X* prašome susipažinti su misteriu X; *nice/glad/pleased to* ~ *you* malonu susipažinti su jumis **4** (pa)tenkinti *(norus, reikalavimus);* vykdyti *(įsipareigojimus)* **5** spręsti, susidoroti; *to* ~ *the case* išspręsti klausimą; *to* ~ *an aim* pasiekti tikslą **6** apmokėti; *to* ~ *a bill* apmokėti sąskaitą **7** sueiti, sutekti *(apie diržą)* **8** ribotis, susisiekti *(ypač apie sausumą ir jūrą)* **9** įtekėti *(apie upę)* **10** susidurti; patirti *(with); the two cars met head-on* du automobiliai susidūrė priekiais; *I met (with) difficulties in my work* savo darbe susidūriau su sunkumais **11** susitikti *(su priešininku);* kautis, kovoti; *to* ~ *a challenge* priimti iššūkį **12** reaguoti *(į);* paneigti *(prieštaravimą),* sugriauti *(argumentus ir pan.)* ◊ *to* ~ *one's death/end* rasti mirtį; *to* ~ *the/smb's ear* užgirsti; *to* ~ *the/smb's eye* a) susižvalgyti; b) žiūrėti (tiesiai) į akis; c) kristi į akis, matytis; atsiverti *(apie reginį); there's more to smb/smth than* ~*s the eye* šis tas daugiau negu matosi iš pirmo žvilgsnio; *to* ~ *a difficulty [trouble] half-way* iš anksto sielotis/ krimstis dėl laukiamo sunkumo [laukiamos bėdos]; *well met! psn*. sveiki atvykę!; džiaugiuosi, kad užėjote!
n **1** *(medžiotojų, dviratininkų ir pan.)* susirinkimo vieta **2** *sport*. susitikimas, mačas; *track* ~ *amer*. lengvaatlečių mačas
meet[2] *a psn*. tinkamas, deramas
meeting ['mi:tıŋ] *n* **1** susirinkimas, posėdis, pasitarimas; mitingas; sueiga; *plenary* ~ plenarinis posėdis **2** susitikimas; *our first* ~ mūsų pirmasis susitikimas; ~ *point* susitikimo vieta **3** *sport*. susitikimas, rungtynės **4** *glžk*. pralanka **5** *tech*. sujungimas, sudūrimas **6** *psn*. dvikova
meeting-house ['mi:tıŋhaus] *n* maldykla, maldos namai *(ypač kvakerių)*

mega ['megə] *a šnek*. didžiulis; puikus
mega- ['megə-] *gr*. *(sudurt. žodžiuose)* mega- *(žymint* a) *didumą, didybę ir pan.;* b) *fiz*. *matą, milijoną kartų didesnį už pagrindinį matą); megalith* megalitas; *megahertz* megahercas
megabuck ['megəbʌk] *n šnek*. milijonas dolerių; *she's earning* ~*s now* ji dabar uždirba krūvas pinigų
megadeath ['megədeθ] *n* vienas milijonas žuvusiųjų *(branduolinio karo aukų skaičiavimo sąlyginis vienetas)*
megalo- ['megələu-] *gr*. *(sudurt. žodžiuose)* megalo- (= **mega-** a)); *megalosaur* megalozauras
megalomania [ˌmegələu'meınıə] *n* didybės manija, megalomanija
megalomaniac [ˌmegələu'meınıæk] *a* didybės manijos apsėstas
megaphone ['megəfəun] *n* megafonas, garsintuvas, ruporas
v **1** kalbėti per garsintuvą **2** (pa)skelbti
megastar ['megəsta:] *n* pirmojo ryškumo žvaigždė *(apie dainininką, artistą)*
megastore ['megəstɔ:] *n* didžiulė parduotuvė *(ypač miesto pakraštyje)*
megaton ['megətʌn] *n* megatonas *(= 1 milijonui tonų)*
megawatt ['megəwɔt] *n el*. megavatas *(= 1 milijonui vatų)*
megillah [mə'gılə] *n amer. šnek*. ilga istorija; ≡ pasaka be galo
megohm ['megəum] *n el*. megaomas *(= 1 milijonui omų)*
megrim ['mi:grım] *n* **1** *pl* liguista, prislėgta nuotaika **2** *pl vet*. kaitulys, kvaitulys *(gyvulių liga)* **3** *psn*. užgaida, įnoris
meiosis [maı'əusıs] *gr*. *n* (*pl* -ses [-si:z]) **1** *biol*. mejozė **2** = **litotes**
Mekong [mi:'kɔŋ] *n* Mekongas *(upė)*
melamine ['meləmi:n] *n chem*. melaminas
melancholia [ˌmelən'kəulıə] *lot. n* melancholija
melancholic [ˌmelən'kɔlık] *a* melancholiškas; nuliūdęs
n melancholikas
melancholy ['melənkəlı] *n* melancholija, prislėgta nuotaika; liūdesys
a **1** melancholiškas, prislėgtas, paniuręs **2** liūdnas
Melanesia [ˌmelə'ni:zıə] *n* Melanezija *(salynas)*
mélange [meı'lɑ:nʒ] *pr. n* **1** mišinys, kratinys **2** *tekst*. melanžas
melanin ['melənın] *n biol*. melaninas *(tamsus audinių pigmentas)*
melanoma [ˌmelə'nəumə] *n med*. melanoma
Melbourne ['melbən] *n* Melburnas *(Australijos miestas)*
meld [meld] *v* skelbti *(lošiant kortomis)*
mêlée, melee ['meleı] *pr. n* **1** *(žmonių)* susigrūdimas, samplūdis **2** (bendros) grumtynės
melic ['melık] *n bot*. striepsnė *(t. p.* ~ *grass)*
melinite ['melınaıt] *n* melinitas *(sprogstamoji medžiaga)*
meliorate ['mi:lıəreıt] *v knyg*. gerinti; gerėti
melioration [ˌmi:lıə'reıʃn] *n knyg*. **1** gerinimas **2** melioracija
meliorative ['mi:lıərətıv] *a knyg*. gerinantis, ~ *word kalb*. melioratyvas
melliferous [mə'lıfərəs] *a spec*. medingas, medų duodantis
mellifluent [mə'lıfluənt] *a* = **mellifluous**
mellifluous [mə'lıfluəs] *a knyg*. maloniai skambantis; saldžiabalsis, saldžiakalbis
mellow ['meləu] *a* **1** nunokęs, išsirpęs; saldus ir sultingas *(apie vaisius)* **2** išlaikytas *(apie vyną)* **3** sodrus ir švelnus *(apie balsą, šviesą ir pan.)* **4** derlingas, purus *(apie žemę)* **5** sušvelnėjęs, atlaidus, pakantesnis, geraširdiškesnis *(su amžiumi)* **6** maloniai apsvaigęs, atsipalaidavęs

melodic 561 **mendacity**

v **1** nokti, sirpti **2** suteikti/įgauti švelnų skonį *(apie vyną)* **3** (su)švelnėti, (su)minkštėti; (su)švelninti, (su)minkštinti **4** purenti □ ~ *out amer. šnek.* atsipalaiduoti, nu(si)raminti

melodic [mɪ'lɔdɪk] *a* melodinis, melodiškas; melodingas

melodics [mɪ'lɔdɪks] *n* melodika

melodious [mɪ'ləudɪəs] *a* **1** melodingas **2** minkštas, švelnus, dainingas *(apie balsą)* **3** muzikinis

melodist ['melədɪst] *n* **1** dainų kūrėjas, kompozitorius **2** dainininkas

melodize ['melədaɪz] *v* **1** kurti dainas/melodijas **2** melodingai susilieti

melodrama ['melədrɑːmə] *n* **1** melodrama *(t. p. prk.)* **2** *(mostų, žodžių)* teatrališkumas

melodramatic [ˌmelədrə'mætɪk] *a* **1** melodramatiškas; *you're being ~!* tu dramatizuoji dalykus **2** teatrališkas, afektuotas

melody ['melədɪ] *n* **1** melodija **2** melodingumas

melon ['melən] *n* **1** *bot.* melionas **2** = *water-* ~ **3** *amer. kom. šnek.* tantjema; dividendas nemokamų akcijų forma; *to cut/slice the* ~ a) skirstyti papildomus dividendus tarp pajininkų; b) skirstyti stambų išlošimą tarp lošėjų

melt [melt] *v* **1** tirpti **2** lydyti(s); *~ed butter [cheese]* lydytas sviestas (sūris] **3** tirpinti, (iš)tirpdyti; ištirpti *(skystyje)* **4** *prk.* tirpti, suminkštėti; su(si)graudinti; atlyžti; *to ~ into tears* paplūsti ašaromis; *the man ~ed into the crowd* žmogus ištirpo minioje **5** *(nepastebimai)* pereiti *(į kitą formą, spalvą; into)*; *to ~ into the background* susilieti su fonu; *clouds ~ed into rain* pradėjo lyti **6** *šnek.* leisti *(pinigus)*; iškeisti *(banknotą)* □ *~ away* a) sutirpti; b) išnykti; išsisklaidyti; *~ down* sutirpdyti; (su)lydyti; *~ out* išlydyti

n **1** lydymas **2** lydalas, išlydytas metalas **3** *amer.* karšti sumuštiniai su sūriu

meltdown ['meltdaun] *n* **1** radioaktyviųjų medžiagų nutekėjimas *(iš branduolinio reaktoriaus)* **2** *fin.* akcijų kritimas, krachas

melting ['meltɪŋ] *n* **1** (iš)lydymas, sulydymas **2** tirpimas; ištirpdymas

a **1** tirpus, tirpstamas **2** ištirpęs *(apie ledą, sniegą)* **3** lydomasis **4** švelnus; jautrus; *she is in the ~ mood* ji vos neverkia **5** jaudinantis *(apie žvilgsnį, balsą ir pan.)*

melting-house ['meltɪŋhaus] *n* lydykla

melting-point ['meltɪŋpɔɪnt] *n fiz.* tirpimo/lydymosi temperatūra

melting-pot ['meltɪŋpɔt] *n tech.* tiglis; lydomasis katilas ◊ *to be in the ~* kardinaliai keistis; *to go into the ~* iš pagrindų pasikeisti

melt-in-the-mouth ['meltɪnðə'mauθ] *a* tirpstantis burnoje

melt-water ['meltˌwɔːtə] *n* polaidžio vanduo

member ['membə] *n* **1** narys; *full ~* pilnateisis narys; *corresponding ~ (mokslo draugijos ir pan.)* narys korespondentas, garbės narys; *~ society (organizacijos)* kolektyvinis narys; *M. of Parliament* parlamento narys; *M. of Congress amer.* kongreso narys **2** *(suvažiavimo ir pan.)* dalyvis; atstovas **3** kūno dalis *(organas, galūnė)*; *euf.* varpa *(t. p. male ~)*; *the unruly ~ juok.* liežuvis **4** *spec. (rinkinio, konstrukcijos ir pan.)* elementas, detalė; *linking ~* ryšio elementas

membership ['membəʃɪp] *n* **1** narystė, buvimas nariu **2** narių skaičius; *~ is declining* narių skaičius mažėja **3** *kuop. (partijos, profsąjungos)* eiliniai nariai **4** *attr* nario; *~ card* nario bilietas; *~ fee/dues* nario mokestis

membrane ['membreɪn] *n* **1** *anat., bot.* plėvelė, membrana, apvalkalas **2** *tech.* membrana **3** *(gyvulių)* poodis; nuograndos

membraneous [mem'breɪnɪəs] *a* = **membranous**

membranous ['membrənəs] *a* plėvinis, membraninis

Memel ['meɪml] *vok. n* Klaipėda

memento [mɪ'mentəu] *n (pl ~(e)s [-z])* **1** atminimas, priminimas **2** atminimo ženklas/dovana; suvenyras, atminas **3** *bažn.* atminai, pamaldos už mirusįjį

memo ['meməu] *n (pl ~s [-z]) sutr.* = **memorandum**

memoir ['memwɑː] *n* **1** trumpa (auto-)biografija **2** *pl* memuarai, atsiminimai **3** mokslinis straipsnis; *pl (draugijos)* mokslo darbai

memorabilia [ˌmemᵊrə'bɪlɪə] *lot. n pl (įžymaus žmogaus, įvykio)* atmintini daiktai

memorable ['memᵊrəbl] *a* **1** atmintinas, neužmirštinas **2** įsimintinas

memorandum [ˌmemə'rændəm] *n (pl -da [-də], ~s)* **1** *(įv. reikšm.)* memorandumas **2** pastaba/užrašas atminimui

memorial [mɪ'mɔːrɪəl] *a* memorialinis, paminklinis; atmintinas; primenantis; *M. Day amer.* diena krituusiųjų karuose atminimui pagerbti *(gegužės 30-ji)*

n **1** paminklas, memorialas *(to – kam)* **2** memorialinis raštas **3** *pl* atsiminimai; istorinė kronika **4** *bažn.* atminai, pamaldos už mirusįjį *(t. p. ~ service)* **5** *ist.* smulkus faktų išdėstymas peticijoje **6** *kom.* memorialas *v* parašyti/įteikti peticiją

memorialize [mɪ'mɔːrɪəlaɪz] *v* **1** įamžinti **2** įteikti peticiją

memorize ['meməraɪz] *v* **1** įsiminti, įsidėmėti; išmokti atmintinai **2** *psn.* įamžinti

memory ['memərɪ] *n* **1** atmintis; *long ~* gera atmintis; *if my ~ serves me right/correctly, if my ~ does not fail* jei mano atmintis nešlubuoja; *from ~* iš atminties, atmintinai; *to the best of my ~* kiek aš atsimenu **2** at(si)minimas; *childhood memories* vaikystės atsiminimai; *within living ~* gyvųjų, dabartinės kartos atminimu; *to leave a sad ~ behind* palikti apie save blogą atminimą; *in ~ (of)*, *to the ~ (of)* kam atminti, ko atminimui **3** *komp.* atmintis, atminties įrenginys, informacijos kaupėjas; *~ bank* atminties bankas **4** *tech.* įrašymas, registravimas ◊ *to take a walk/trip down ~ lane* užsimąstyti apie praeitį

memsahib ['memˌsɑːb] *ind. n* ponia *(moters europietės Indijoje priedėlis)*

men [men] *pl žr.* **man** *n*; *~'s (room) (ypač amer.)* vyrų tualetas

menace ['menəs] *n* **1** grėsmė; grasinimas; pavojus **2** tai, kas kelia pavojų **3** *šnek.* kankynė *(ypač apie vaiką)*
v grasinti, grūmoti; grėsti, kelti pavojų

menacing ['menəsɪŋ] *a* grėsmingas, grasinantis, grasus

ménage [meɪ'nɑːʒ] *pr. n* namiškiai, šeimyna

menagerie [mə'nædʒərɪ] *pr. n* žvėrynas

men-children ['menˌtʃɪldrᵊn] *pl žr.* **man-child**

mend [mend] *n* užadyta skylutė, užtaisytas plyšys *ir pan.* **2** *(sveikatos, reikalų)* pagerėjimas; *to be on the ~* eiti į gerąją pusę, taisytis

v **1** (pa)taisyti, (už)adyti, (už)lopyti *(t. p. ~ up)*; *to ~ shoes [a car, a road]* taisyti batus [automobilį, kelią] **2** taisytis; (pa)gerėti; *he is ~ing* jis taisosi/sveiksta; *to ~ one's ways* pasitaisyti, geriau elgtis; *that won't ~ matters* tai reikalų nepataisys **3** *(ypač dial.)* (su)kurstyti *(ugnį)*, pridėti kuro ◊ *it is never late to ~* niekada nevėlu pasitaisyti; *~ or end* arba pataisyti, arba pagadinti

mendacious [men'deɪʃəs] *a* melagingas

mendacity [men'dæsətɪ] *n* melagingumas; melavimas

mendelevium [ˌmendəˈliːvɪəm] *n chem.* mendelevis *(elementas)*

mender [ˈmendə] *n* **1** taisytojas; adytojas, lopytojas **2** remonto meistras, remontininkas

mendicancy [ˈmendɪkənsɪ] *n knyg.* elgetavimas

mendicant [ˈmendɪkənt] *n* **1** *knyg.* elgeta **2** *ist.* elgetaujančio ordino vienuolis
a knyg. elgetaujantis

mendicity [menˈdɪsətɪ] *n* elgetavimas; skurdas

mending [ˈmendɪŋ] *n* **1** *(avalynės, drabužių ir pan.)* (pa)taisymas **2** taisytini daiktai/drabužiai

menfolk [ˈmenfəuk] *n pl šnek.* vyrai, vyrija *(ypač šeimoje)*

menial [ˈmiːnɪəl] *n* tarnas, liokajus; juodadarbis
a prastas, juodas, žemesnis *(apie darbą ir pan.)*; vergiškas

meningitis [ˌmenɪnˈdʒaɪtɪs] *n med.* meningitas

meninx [ˈmiːnɪŋks] *n (pl* -nges [mɪˈnɪndʒiːz]) *anat.* smegenų dangalas

meniscus [mɪˈnɪskəs] *n (pl* menisci [mɪˈnɪsaɪ], ~es) *fiz., anat.* meniskas

men-of-war [ˌmenəvˈwɔː] *pl žr.* **man-of-war**

menopause [ˈmenəpɔːz] *n med.* menopauzė

menorah [məˈnɔːrə] *n* septynšakė žydų žvakidė, menora

mensch [menʃ] *vok. n amer. šnek.* šaunuolis

menservants [ˈmenˌsəːvənts] *pl žr.* **manservant**

menses [ˈmensiːz] *n pl fiziol.* mėnesinės, menstruacijos

menstrua [ˈmenstruə] *pl žr.* **menstruum**

menstrual [ˈmenstruəl] *a* **1** *fiziol.* menstruacinis, mėnesinių **2** *astr.* mėnesinis

menstruate [ˈmenstrueɪt] *v fiziol.* sirgti mėnesinėmis, turėti menstruacijas

menstruation [ˌmenstruˈeɪʃn] *n* = **menses**

menstruum [ˈmenstruəm] *n (pl* -rua) *chem. psn.* tirpiklis

mensurable [ˈmenʃərəbl] *a* **1** išmatuojamas **2** *muz.* ritmingas

mensural [ˈmenʃərəl] *a* ritmingas, vienodas

mensuration [ˌmenʃəˈreɪʃn] *n* matavimas *(t. p. geom.)*

menswear [ˈmenzwɛə] *n* vyriški drabužiai

-ment [-mənt] *suff* -imas, -ymas *(žymint veiksmą, būseną, veiksmo rezultatą)*; **management** vadovavimas, tvarkymas; **amazement** nusteb(in)imas; **statement** tvirtinimas, pareiškimas

mental[1] [ˈmentl] *a* **1** protinis; ~ *exhaustion* protinis pervargimas; ~ *defective* protiškai atsilikęs vaikas/žmogus **2** psichinis; ~ *affection/illness* psichinė/proto liga; ~ *patient/case* psichinis ligonis; ~ *specialist* psichiatras; ~ *hospital/home* psichiatrinė ligoninė; ~ *suffering* dvasinės kančios **3** mintinis, mintyse (esantis); ~ *arithmetic/calculations* mintinis skaičiavimas **4** *predic šnek.* psichas, pamišęs; *to go* ~ a) pasiusti, įsiusti; b) pamišti

mental[2] *a* smakrinis, smakro

mentality [menˈtælətɪ] *n* **1** intelektas **2** galvosena, protavimo būdas, mentalitetas

mentally [ˈmentəlɪ] *adv* **1** mintyse **2** psichiškai, protiškai

mentation [menˈteɪʃn] *n* **1** galvojimas, mąstymo procesas **2** proto lavinimas

menthol [ˈmenθɔl] *n chem.* mentolis

mentholated [ˈmenθəleɪtɪd] *a* su mentoliu

mention [ˈmenʃn] *n* paminėjimas, užsiminimas; pasirėmimas *(kuo)*; *to make* ~ *(of)* paminėti; *to get a* ~ būti paminėtam
v (pa)minėti, užsiminti; remtis *(kuo); without ~ing any names* neminint pavardžių; *the countries ~ed above* jau minėtosios šalys ◊ *don't* ~ *it* a) nėra už ką (dėkoti); b) nieko, prašom *(atsakant į atsiprašymą); not to* ~ *smth* jau nekalbant apie

mentor [ˈmentɔː] *n* vadovas, patarėjas, auklėtojas, mentorius

menu [ˈmenjuː] *pr. n* **1** meniu, valgiaraštis **2** *komp.* meniu; *application control* ~ taikomųjų programų paketo valdymo meniu

meow [mɪˈau] *amer.* = **miaow** *n, v, int*

Mephistophelean [ˌmefɪstəˈfiːlɪən] *a* mefistofeliškas, Mefistofelio

Mephistopheles [ˌmefɪsˈtɔfɪliːz] *n* Mefistofelis

mephitis [mɪˈfaɪtɪs] *n* kenksmingi garai, tvaikas, smarvė; miazmos

mercantile [ˈməːkəntaɪl] *a* **1** prekybinis, komercinis, merkantilinis; ~ *marine/fleet* prekybos laivynas; ~ *system ekon.* merkantilizmas **2** verteiviškas, smulkmeniškai taupus, merkantilinis

Mercedes [məˈseɪdiːz] *n aut.* Mersedesas

mercenary [ˈməːsɪnərɪ] *a* **1** gobšus, savanaudis, savanaudiškas **2** samdytas
n samdinys *(kareivis)*

mercer [ˈməːsə] *n psn.* audinių pirklys

mercerize [ˈməːsəraɪz] *v tekst.* merserizuoti

mercery [ˈməːsərɪ] *n psn.* **1** audinių pirklio prekės **2** prekyba audiniais

merchandise [ˈməːtʃəndaɪz] *n* **1** prekės **2** *psn.* prekiavimas
v prekiauti

merchant [ˈməːtʃənt] *n* **1** pirklys, komersantas, prekiautojas **2** *amer., škot.* krautuvininkas **3** *šnek.* „tipelis" *(apie žmogų)*
a prekybos, prekybinis, prekinis; ~ *prince* stambus pirklys, „karalius"; ~ *navy* /*amer. marine* prekybos laivynas; ~ *seaman* prekinio laivo jūrininkas

merchantable [ˈməːtʃəntəbl] *a ret.* (noriai) perkamas *(apie prekę)*

merchantman [ˈməːtʃəntmən] *n (pl* -men [-mən]) prekinis laivas

merciful [ˈməːsɪfl] *a* **1** gailestingas, gailiaširdis; išganingas, maloningas **2** švelnus *(apie bausmę)*

mercifully [ˈməːsɪflɪ] *adv* **1** gailestingai; maloningai **2** *mod* laimei; *the queue was* ~ *short* eilė, laimei, buvo nedidelė

mercifulness [ˈməːsɪflnɪs] *n* **1** gailestingumas **2** švelnumas

merciless [ˈməːsɪləs] *a* negailestingas, žiaurus

mercurial [məːˈkjuərɪəl] *a* **1** gyvsidabrio **2** *knyg.* gyvas, judrus; veiklus **3** *knyg.* nepastovus, ūmus
n farm. gyvsidabrio preparatas

mercurialize [məːˈkjuərɪəlaɪz] *v* gydyti gyvsidabriu

Mercurian [məːˈkjuərɪən] *a astr.* Merkurijaus

mercury [ˈməːkjurɪ] *n* **1** gyvsidabris; gyvsidabrio stulpelis; gyvsidabrio preparatas **2** *bot.* laiškenis ◊ *the* ~ *is rising* a) temperatūra kyla; b) reikalai *(nuotaika ir pan.)* gerėja; c) susijaudinimas didėja

Mercury [ˈməːkjurɪ] *n* **1** *astr., mit.* Merkurijus **2** *juok.* pasiuntinys; žinių atnešėjas/skelbėjas *(t. p. laikraščių pavadinimuose)*

mercy [ˈməːsɪ] *n* **1** gailestingumas; gailestis **2** malonė; pasigailėjimas; *at the* ~ *(of) (ko)* valioje, malonėje; *to have* ~ *on/upon smb* pasigailėti, gailėtis ko; *to leave smb to smb's (tender) mercies iron.* palikti ką kieno malonei **3** laimė; *that's a* ~*!* tai (tikra) laimė! **4** *attr:* ~ *killing* eutanazija *(neišgydomo ligonio numarinimas)* ◊ *to be thankful for small mercies* būti dėkingam ir už tiek/tai; pasitenkinti mažu

mere[1] [mɪə] *n poet., dial.* ežerėlis; kūdra, tvenkinys

mere² *a* **1** grynas, paprasčiausias *(pabrėžiant; t. p. the ~st); it's a ~ coincidence* tai paprasčiausias sutapimas; *she is a ~ child* ji tikras vaikas **2** vien tik; *to become hysterical at the ~ mention of money* pulti į isteriją vien tik paminėjus pinigus; *a ~ child could do it* ir vaikas tai padarytų **3** tik; *the beach is a ~ 2 km from here* paplūdimys nuo čia tik 2 km

Meredith ['merədɪθ] *n: George ~* Džordžas Mereditas *(anglų rašytojas)*

merely ['mɪəlɪ] *part* paprasčiausiai, tiktai

meretricious [ˌmerɪ'trɪʃəs] *a knyg.* išoriškai patrauklus, apgaulingai blizgantis; apgaulingas; *~ jewellery* netikros brangenybės

merganser [məː'gænsə] *n zool.: red-breasted ~* vidutinis dančiasnapis *(paukštis)*

merge [məːdʒ] *v* **1** pereiti, virsti *(apie spalvas, garsus ir pan.; into)* **2** su(si)lieti *(t. p. ~ together);* su(si)jungti; susivienyti *(apie įmones, bankus ir pan.)*

merger ['məːdʒə] *n* **1** susiliejimas **2** *(įmonių, firmų)* susijungimas, susivienijimas, susiliejimas **3** *teis.* sujungimas

meridian [mə'rɪdɪən] *n* **1** *geogr.* meridianas, dienovidinis **2** *astr.* zenitas **3** *prk.* zenitas, aukščiausias taškas **4** *psn.* dienovidis
a **1** dienovidžio, vidu(r)dienio; esantis zenite *(t. p. prk.)* **2** aukščiausias, kulminacinis **3** *geogr., astr.* meridianinis; *~ distance* nuotolis pagal meridianą

meridional [mə'rɪdɪənl] *a* **1** meridianinis **2** pietų, pietinis *n* pietietis *(ypač iš P. Prancūzijos)*

meringue [mə'ræŋ] *pr. n kul.* merenga *(pyragaitis)*

merino [mə'riːnəu] *n* **1** *(pl ~s [-z])* merinosas *(avių veislė; t. p. ~ sheep)* **2** merinosų vilna; vilnonė medžiaga

merit ['merɪt] *n* **1** nuopelnas; *Order of M.* ordinas „Už nuopelnus"; *to make a ~ of smth* laikyti ką savo nuopelnu; *a man of ~* nusipelnęs žmogus **2** vertingumas, gerumas; privalumas; *artistic ~s* meniniai privalumai; *to consider the matter on its ~s* svarstyti reikalą iš esmės **3** *teis. (bylos, ginčo)* esmė
v nusipelnyti; *your suggestion ~s serious consideration* jūsų pasiūlymas vertas/nusipelno rimto svarstymo

meritocrasy [ˌmerɪ'tɔkrəsɪ] *n* **1** sistema, kurioje žmogaus padėtį visuomenėje nulemia jo gabumai **2** žmonės, atrinkti pagal gabumus

meritorious [ˌmerɪ'tɔːrɪəs] *a* nusipelnęs *(atpildo, pagyrimo);* vertas pagyrimo, pagirtinas

merle [məːl] *n škot., psn. zool.* juodasis strazdas

merlin ['məːlɪn] *n zool.* startsakalis

merlon ['məːlən] *n (tvirtovės sienos)* dantis

mermaid ['məːmeɪd] *n mit.* undinė, sirena

merman ['məːmæn] *n (pl* -men [-men]) *(tik v.) mit.* vandenis

merrily ['merɪlɪ] *adv* linksmai; nerūpestingai

merriment ['merɪmənt] *n* **1** linksmybė, linksmumas **2** linksminimasis, juokavimas

merriness ['merɪnɪs] *n ret.* linksmumas

merry¹ ['merɪ] *a* **1** linksmas, džiugus; *to make ~* a) linksmintis, puotauti; b) pasijuokti *(over – iš)* **2** *predic šnek.* įsilinksminęs, įkaušęs ◊ *the more the merrier* kuo daugiau *(žmonių),* tuo linksmiau

merry² *n bot.* laukinė juodoji vyšnia

merry-andrew [ˌmerɪ'ændruː] *n ist.* juokdarys, pajacas

merry-go-round ['merɪgəuˌraund] *n* **1** karuselė *(linksmybių ir pan.)* sūkurys

merry-maker ['merɪˌmeɪkə] *n* juokautojas, linksmuolis

merry-making ['merɪˌmeɪkɪŋ] *n* linksminimasis; pramogos, pasilinksminimas, linksmybės

merrythought ['merɪθɔːt] *n* šakutė *(dvišakis paukščio kaulas nuo kaklo iki krūtinkaulio)*

Mersey ['məːzɪ] *n* Mersis *(Anglijos upė)*

mesa ['meɪsə] *n amer. geol.* stalkalnis

mésalliance [me'zælɪəns] *pr. n* mezaliansas, nelygi santuoka

mescalin(e) ['meskəliːn] *n* meskalinas *(stimuliuojantis narkotikas)*

Mesdames ['meɪdæm] *pl žr.* **Madame**

Mesdemoiselles [ˌmeɪdəmwə'zel] *pl žr.* **Mademoiselle**

mesentery ['mesəntərɪ] *n anat.* brindos, *(žarnų)* pasaitai; žarnaplėvė

mesh [meʃ] *n* **1** *(tinklo, sieto)* akis, akutė, kilpa **2** tinklelis, tinklas; kilpos, pinklės *(t. p. prk.)* **3** *tech.* kabinimasis, su(si)kabinimas
v **1** pagauti tinklu; apnarplioti, apraizgyti **2** įsipainioti *(į tinklus)* **3** su(si)derinti *(apie mintis, charakterius ir pan.; t. p. ~ together)* **4** *tech.* kabintis, su(si)kabinti

mesh-work ['meʃwəːk] *n* tinklas, tinkliukas

meshy ['meʃɪ] *a* tinklinis; akytas

mesial ['miːzɪəl] *a anat.* vidinis, medialinis

mesmeric [mez'merɪk] *a* hipnozinis, hipnozės

mesmerism ['mezmərɪzm] *n* **1** *psich.* mesmerizmas **2** *psn.* hipnotizmas; hipnozė

mesmerist ['mezmərɪst] *n psn.* hipnotizuotojas

mesmerize ['mezməraɪz] *v* **1** hipnotizuoti **2** *(ppr. pass) prk.* užburti, apkerėti

meso- ['mesəu-] *(sudurt. terminuose)* mezo-, mez- *(žymint vidutinį dydį, tarpinę padėtį);* **mesophyte** mezofitas; **mesolithic** mezolitinis

mesomorphic [ˌmesəu'mɔːfɪk] *a chem.* mezomorfinis

meson ['miːzɔn] *n fiz.* mezonas

Mesopotamia [ˌmesəpə'teɪmɪə] *n ist.* Mesopotamija

Mesozoic [ˌmesəu'zəuɪk] *a geol.* mezozoinis; *~ era* mezozoinė era, mezozojus

mess¹ [mes] *n* **1** netvarka; maišatis, painiava; *to clear up the ~* sutvarkyti, išpainioti *(nemalonų reikalą); to make a ~ (of)* a) sujaukti, suvelti; b) sugadinti, blogai padaryti; c) sugriauti *(gyvenimą ir pan.); in a ~* netvarkingas, nešvarus; aukštyn kojomis **2** nemalonumai; *to get into a ~* pakliūti į bėdą, nemalonią padėtį **3** *amer. šnek.* daugybė *(of)* **4** *šnek. (vaiko, gyvulio)* kaka, išmatos
v **1** daryti netvarką; tepti, teplioti **2** (su)gadinti *(reikalą ir pan.),* sumaišyti, sujaukti *(džn. ~ up)* **3** *šnek.* liesti, kišti nagus *(prie); (neig. sakiniuose)* neprasidėti *(with)* ☐ *~ about/around* a) darinėti, krapštinėtis, kuistis; b) kvailioti, nerimtai/neatsakingai daryti/elgtis; išdykauti, žaisti *(su degtukais ir pan.; with)* ◊ *no ~ing! šnek.* rimtai (sakau)!, nemeluoju!

mess² *n* **1** bendras stalas/maitinimasis; valgykla *(kariuomenėje, laivyne; t. p. ~ hall)* **2** maistas, valgis *(už bendro stalo)* **3** *jūr.* kajutkompanija **4** srėbalas, pliurza, ėdalas **5** *attr* valgomasis, stalo; *~ allowance kar.* išlaidos maistui; *~ kit/gear amer.* katiliukas ir valgomieji įrankiai *(kareiviams, turistams)*
v valgyti kartu, už bendro stalo

message ['mesɪdʒ] *n* **1** pranešimas; žinia; laiškas, raštas; *wireless ~* radiograma; *to leave a ~* palikti raštelį; *send me a ~* praneškite man; *the President's ~ to Congress amer.* prezidento laiškas kongresui **2** pavedimas; misija **3** *(knygos, filmo ir pan.)* (pagrindinė) mintis; idėjinis turinys, pamokymas **4** *pl šiaur.* pirkiniai **5** *biol.* genetinio kodo vienetas ◊ *to get the ~ šnek.* suprasti *(ko norima, kas turima omenyje)*

messenger   564   **methyl**

v ret. **1** pranešti, siųsti žinią **2** perduoti signalais, signalizuoti

messenger ['mesɪndʒə] *n* **1** pasiuntinys, pranešėjas; kurjeris **2** *psn.* pranašas ◊ *to blame/shoot the ~* bausti už blogą žinią

messenger-pigeon ['mesɪndʒə͵pɪdʒɪn] *n* pašto karvelis

Messiah [mɪ'saɪə] *n* **1** *(the ~) rel.* Mesijas **2** *prk.* (iš)gelbėtojas

messianic [͵mesɪ'ænɪk] *a* Mesijaus

Messieurs [meɪ'sjɔ:z] *pl žr.* **Monsieur**

messmate ['mesmeɪt] *n* stalo bendras/draugas *(ypač kariuomenėje, laivyne)*

mess-room ['mesrum] *n* **1** *jūr.* kajutkompanija **2** *kar.* valgykla

Messrs ['mesəz] *n pl* (Messieurs *sutr.*) ponai *(rašoma prieš firmų savininkų pavardes)*

messuage ['meswɪdʒ] *n teis.* sodyba *(trobesiai ir žemė)*

mess-up ['mesʌp] *n šnek.* jaukalas, jovalynė, netvarka

messy ['mesɪ] *a* **1** purvinas, nešvarus *(t. p. prk.)* **2** netvarkingas **3** bjaurus, nepatogus, keblus

mestizo [me'sti:zəu] *n* (*pl* ~s [-z]) metisas

met [met] *past ir pII žr.* **meet**[1] *v*

Met [met] *n (the ~) šnek.* **1** Metropoliteno opera *(Niujorke)* **2** Londono policija

meta- ['metə-] *pref* meta- *(reiškiant buvimą po ko nors, perėjimą prie ko nors kito, būvio pasikeitimą);* **metaphase** metafazė; **metastate** metabūsena

metabolic [͵metə'bɔlɪk] *a biol.* medžiagų apykaitos; *~ disturbance* medžiagų apykaitos sutrikimas

metabolism [mɪ'tæbəlɪzm] *n biol.* medžiagų apykaita, metabolizmas

metacarpus [͵metə'kɑ:pəs] *n* (*pl* -pi [-paɪ]) *anat.* plaštakos vidurinė dalis, delnas

metacentric [͵metə'sentrɪk] *n biol.* metacentrinė chromosoma

metagalaxy ['metə͵gæləksɪ] *n astr.* metagalaktika

metagenesis [͵metə'dʒenɪsɪs] *n biol.* lytinės ir nelytinės kartos kaita, metagenezė

metal ['metl] <*n, a, v*> *n* **1** metalas; *yellow ~* žalvaris; *~ working* metalų apdirbimas **2** *pl* bėgiai **3** *(akmenų)* skalda **4** *glžk.* balastas **5** lydytas stiklas; stiklo masė **6** *poligr.* kiečius, hartas ◊ *heavy ~* a) sunkieji metalai; b) *prk.* svarūs argumentai; c) *muz.* sunkusis metalas
a metalinis
v **1** padengti metalu **2** (iš)grįsti skalda **3** *glžk.* balastuoti, užpilti balastą

metalanguage ['metə͵læŋgwɪdʒ] *n kalb.* metakalba

metalled ['metld] *a* **1** padengtas metalu; su metaline danga **2** padengtas skalda; *~ road* plentas

metallic [mɪ'tælɪk] *a* **1** metalo, metalinis *(t. p. prk.)*; *~ corrosion* metalų korozija **2** blizgantis, žvilgantis

metalliferous [͵metə'lɪfərəs] *a* rūdingas; metalingas *(apie klodą)*

metalline ['metəlaɪn] *a* **1** metalinis **2** turintis metalo

metallize ['metəlaɪz] *v tech.* dengti metalu, metalizuoti

metalloid ['metəlɔɪd] *chem.* metaloidas, nemetalas

metallurgic(al) [͵metə'lə:dʒɪk(l)] *a* metalurginis; *~ engineer* inžinierius metalurgas; *~ engineering* metalurgija

metallurgist [mɪ'tælədʒɪst] *n* metalurgas

metallurgy [mɪ'tælədʒɪ] *n* metalurgija

metalwork ['metlwə:k] *n* **1** *(meninis)* metalo apdirbimas **2** metalo dirbiniai

metalworker ['metl͵wə:kə] *n* metalininkas, metalistas; šaltkalvis

metamerism [mɪ'tæmərɪzm] *n chem., zool.* metamerija

metamorphose [͵metə'mɔ:fəuz] *v* (pa)versti, (pa)keisti; virsti *(into)*

metamorphosis [͵metə'mɔ:fəsɪs] *n* (*pl* -ses [-si:z]) metamorfozė; (pa)virtimas, pasikeitimas

metaphor ['metəfə] *n lit.* metafora

metaphorical [͵metə'fɔrɪkl] *a lit.* metaforinis, metaforiškas

metaphrase ['metəfreɪz] *n knyg.* pažodinis vertimas; metafrazė
v versti pažodžiui

metaphysical [͵metə'fɪzɪkl] *a* **1** *filos.* metafizinis **2** abstraktus

metaphysician [͵metəfɪ'zɪʃn] *n* metafizikas

metaphysics [͵metə'fɪzɪks] *n* metafizika

metastable [͵metə'steɪbl] *a fiz., chem.* metastabilus

metastasis [mɪ'tæstəsɪs] *n* (*pl* -ses [-si:z]) *med.* metastazė

metatarsus [͵metə'tɑ:səs] *n* (*pl* -si [-saɪ]) *anat.* padas

metathesis [mɪ'tæθɪsɪs] *n* **1** *kalb.* metatezė, sankaita, perstatymas **2** *chem.* mainai, mainų reakcija

metazoan [͵metə'zəuən] *n zool.* daugialąstis gyvūnas

mete[1] [mi:t] *n* siena, riba; pasienio ženklas

mete[2] *v* matuoti, seikėti □ *~ out knyg.* atseikėti, skirstyti, skirti *(ypač bausmę)*

meteor ['mi:tɪə] *n* **1** meteoras; *~ shower* meteorų srautas **2** *spec.* atmosferos reiškinys

meteoric [͵mi:tɪ'ɔrɪk] *a* **1** meteorinis, meteorų **2** *prk.* blykstelėjęs lyg meteoras; trumpalaikis; akinantis **3** *spec.* atmosferinis

meteorite ['mi:tɪəraɪt] *n* meteoritas

meteorograph ['mi:tɪərəgrɑ:f] *n fiz.* meteorografas

meteoroid ['mi:tɪərɔɪd] *n astr.* meteroidas, meteorinis kūnas

meteorological [͵mi:tɪərə'lɔdʒɪkl] *a* meteorologinis; atmosferinis

meteorologist [͵mi:tɪə'rɔlədʒɪst] *n* meteorologas

meteorology [͵mi:tɪə'rɔlədʒɪ] *n* **1** meteorologija **2** *(rajono, šalies)* meteorologinės sąlygos

meter ['mi:tə] *n* **1** matuoklis, matavimo prietaisas; skaitiklis **2** *amer.* = **metre**
v matuoti, dozuoti *(matuokliu, skaitikliu ir pan.)*

-meter [-mɪtə] *(sudurt. žodžiuose)* **1** -metras, -matis *(žymint matavimo prietaisus);* *hygrometer* higrometras, drėgmėmatis **2** *amer.* = **-metre**

methadone ['meθədəun] *n farm.* metadonas *(gydant narkomanus, vartojančius heroiną)*

methane ['mi:θeɪn] *n chem.* metanas, pelkių dujos

methanol ['meθənɔl] *n chem.* metanolis, metilo alkoholis

methinks [mɪ'θɪŋks] *v* (methought) *psn.* man atrodo

method ['meθəd] *n* **1** metodas, būdas; *sectional building ~* sekcijinis statybos būdas **2** metodiškumas, nuoseklumas, tvarka **3** *ret.* klasifikacija **4** *pl* metodika

methodical [mɪ'θɔdɪkl] *a* **1** metodinis; planingas **2** metodiškas; pratęs planingai veikti

Methodist ['meθədɪst] *bažn. n* metodistas
a metodistų

methodize ['meθədaɪz] *v* sisteminti; sutvarkyti

methodological [͵meθədə'lɔdʒɪkl] *a* metodologinis

methodology [͵meθə'dɔlədʒɪ] *n* **1** metodologija **2** metodika

methought [mɪ'θɔ:t] *past žr.* **methinks**

meths [meθs] *n šnek.* denatūruotas spiritas, denatūratas

Methuselah [mə'θju:zɪlə] *n bibl.* Matūzalis ◊ *as old as ~* ≅ senas kaip pasaulis

methyl ['meθɪl] *n chem.* metilas; *~ alcohol* metilo alkoholis, medžio spiritas

methylated ['meθɪleɪtɪd] *a:* ~ **spirit(s)** denatūruotas spiritas
meticulous [mɪ'tɪkjuləs] *a* **1** smulkmeniškas, skrupulingas **2** kruopštus; tikslus *(in, about)*
métier ['metɪeɪ] *pr. n (kieno)* mėgstamas užsiėmimas, pašaukimas
metis ['miːtɪs] *pr. n* metisas
metonymy [mɪ'tɔnɪmɪ] *n lit.* metonimija
metre ['miːtə] *n* **1** metras *(ilgio matas)* **2** *lit., muz.* metras, ritmas
-metre [-miːtə, -mɪtə] *(sudurt. žodžiuose)* -metras; *kilometre* kilometras
metric ['metrɪk] *a* metrinis; ~ *system* metrinė/dešimtainė matų sistema; *to go* ~ pereiti į metrinę matų sistemą
metrical ['metrɪkl] *a* **1** matuojamasis **2** = **metric 3** *lit.* metrinis
metricate ['metrɪkeɪt] *v* įvesti metrinę sistemą; pereiti į metrinę sistemą
metrication [ˌmetrɪ'keɪʃn] *n* perėjimas į metrinę sistemą; metrinės sistemos įvedimas, metrizacija
metrician [mɪ'trɪʃn] *n (eilėraščių)* metrikos žinovas
metrics ['metrɪks] *n lit.* metrika
metro ['metrəu] *n* metro, metropolitenas
metrology [mɪ'trɔlədʒɪ] *n* metrologija *(matų ir svarsčių mokslas)*
metronome ['metrənəum] *n muz.* metronomas, taktomatis
metropolis [mɪ'trɔpᵊlɪs] *n* **1** šalies centras, sostinė **2** veiklos centras; kultūrinio/komercinio gyvenimo centras **3** *bažn.* metropolija
metropolitan [ˌmetrə'pɔlɪtᵊn] *a* **1** sostinės, didmiesčio; *M. Police* Londono policija; ~ *borough* municipalinis rajonas *(Londone)* **2** metropolijos *(ne kolonijų)* **3** *bažn.* metropolito
n **1** *bažn.* arkivyskupas; metropolitas *(t. p.* ~ *bishop)* **2** sostinės/metropolijos gyventojas
-metry [-mɪtrɪ] *(sudurt. žodžiuose)* -metrija; *thermometry* termometrija
mettle ['metl] *n* **1** charakteris, temperamentas; *to show one's* ~ parodyti (savo) charakterį; deramai pasirodyti **2** užsidegimas, energija; *to be on one's* ~ veržtis į kovą, parodyti viską, ką gali; *horse of* ~ karštas arklys **3** narsa; *a man of* ~ narsus žmogus; *to put smb on his* ~ a) išbandyti kieno narsą; b) išjudinti ką, sukelti kam entuziazmo
mettled ['metld] *a* = **mettlesome**
mettlesome ['metlsəm] *a knyg.* narsus; karštas
mew¹ [mjuː] *n zool.* kiras; *poet.* žuvėdra
v klykti *(apie žuvėdras)*
mew² *n* narvas *(ypač sakalui, kai šeriasi)*
v **1** uždaryti į narvą **2** *prk.* uždaryti, įkalinti *(džn.* ~ *up)*
mew³ <*n, v, int*> *n* miaukimas
v miaukti, kniaukti
int miau
mewl [mjuːl] *v* **1** miaukti **2** zirzėti, zyzti, verkšlenti
mews [mjuːz] *n* **1** arklidės; vežikų kiemas **2** gyvenamosios patalpos *(perstatytos iš arklidžių; t. p.* ~ *flat)*
Mexican ['meksɪkən] *a* meksikietiškas, meksikiečių; Meksikos ◊ ~ *wave* žiūrovų bangavimas *(stadione)*
n meksikietis
Mexico ['meksɪkəu] *n* Meksika *(šalis);* **(City)** Meksikas *(miestas);* **Gulf of** ~ Meksikos įlanka; **New** ~ Naujoji Meksika *(JAV valstija)*
mezzanine ['mezəniːn] *n* **1** *archit.* pusaukštis, antresolė; mezoninas **2** *teatr.* patalpa po scena **3** *amer. teatr.* beletažas

mezzo ['metsəu] *n sutr. šnek.* = **mezzo-soprano**
adv muz. vidutiniškai; ~ *forte* gana garsiai
mezzo-soprano [ˌmetsəusə'prɑːnəu] *n muz.* mecosopranas
mezzotint ['metsəuˌtɪnt] *n poligr.* mecotintas
mho [məu] *n el.* mo *(laidumo vienetas)*
mi [miː] *n muz.* mi *(nata)*
Miami [maɪ'æmɪ] *n* Majamis *(JAV miestas)*
miaow [mɪ'au] <*n, v, int*> *n* miaukimas
v miaukti, kniaukti
int miau
miasma [mɪ'æzmə] *n (pl* ~s, ~ta [-tə]) *knyg.* **1** miazmos, kenksmingi garai **2** žalinga įtaka; blogas jausmas
mica ['maɪkə] *n min.* žėrutis
Micawber [mɪ'kɔːbə] *n* Mikoberis *(lit. personažas)*
mice [maɪs] *pl žr.* **mouse** *n*
micelle [maɪ'sel, mɪ'sel] *n biol.* micelė
Michael ['maɪkl] *n* Maiklas, Mykolas
Michaelmas ['mɪklməs] *n* **1** *bažn.* Šv. Mykolo diena, Mykolinės *(rugsėjo 29 d.)* **2** *attr:* ~ *daisy bot.* astras; ~ *term* rudens semestras *(Anglijos aukštosiose mokyklose)*
Michigan ['mɪʃɪgən] *n* Mičiganas *(JAV valstija ir ežeras)*
mick [mɪk] *n (tik v.) niek.* airis
mickey ['mɪkɪ] *n sl.* **(M.)** alkoholinis gėrimas, į kurį slapta įdėta narkotikų *(t. p.* ~ *Finn)* ◊ *M. Mouse* a) Miki Mauzas *(Disnėjaus animacinių filmų personažas);* b) *attr* nesvarbus, nerimtas, prastas; *to take the* ~ pasijuokti *(out of – iš);* erzinti
micro ['maɪkrəu] *n* = **microcomputer**
micro- ['maɪkrəu-] *(sudurt. žodžiuose)* mikro-, maža- *(žymint labai mažą dydį; fiz.* milijoną kartų mažesnį už pagrindinį matą); *microcopy* mikrofotokopija; *microcephaly* mikrocefalija, mažagalvystė; *microcrystal* mikrokristalas; *microfarad* mikrofaradas; *microgram* mikrogramas
microanalysis [ˌmaɪkrəuə'nælɪsɪs] *n (pl* -ses [-siːz]) *chem.* mikroanalizė
microbe ['maɪkrəub] *n* mikrobas
microbial [maɪ'krəubɪəl] *a* mikrobų, mikrobinis
microbiology [ˌmaɪkrəubaɪ'ɔlədʒɪ] *n* mikrobiologija
microchip ['maɪkrəutʃɪp] *n spec.* mikroschema
microclimate [ˌmaɪkrəu'klaɪmɪt] *n* mikroklimatas
microcomputer ['maɪkrəukəmˌpjuːtə] *n* mikrokompiuteris, mikrokalkuliatorius
microcosm ['maɪkrəukɔzm] *n* mikrokosmas
microdot ['maɪkrəudɔt] *n* mikroskopinė nuotrauka
microeconomics [ˌmaɪkrəuiːkə'nɔmɪks] *n* mikroekonomika
microelectronics [ˌmaɪkrəuɪˌlek'trɔnɪks] *n* mikroelektronika
microfiche ['maɪkrəufiːʃ] *n (pl* ~, ~es) mikrofiša, mikrokorta
microfilm ['maɪkrəufɪlm] *n* mikrofilmas
v mikrofilmuoti
microlight ['maɪkrəulaɪt] *n* mikrolėktuvas
micrometer [maɪ'krɔmɪtə] *n* mikrometras; ~ *screw* mikrometrinis sraigtas
micrometry [maɪ'krɔmɪtrɪ] *n* mikrometrija
micron ['maɪkrɔn] *n* mikronas *(milijonoji metro dalis)*
Micronesia [ˌmaɪkrəu'niːʒə] *n* Mikronezija *(salynas)*
microorganism [ˌmaɪkrəu'ɔːgənɪzm] *n* mikroorganizmas
microparticle [ˌmaɪkrəuˌpɑːtɪkl] *n fiz.* mikrodalelė
microphone ['maɪkrəfəun] *n* mikrofonas
microprocessor ['maɪkrəuˌprəusesə] *n komp.* mikroprocesorius

microprogram ['maɪkrəʊprəʊgræm] *n komp.* mikroprograma
microscope ['maɪkrəskəʊp] *n* mikroskopas
microscopic(al) [ˌmaɪkrə'skɔpɪk(l)] *a* mikroskopinis, mikroskopiškas
microsecond ['maɪkrəʊˌsekənd] *n* mikrosekundė
microsoft ['maɪkrəʊsɔft] *n komp.* mikroprograminė įranga
microsurgery ['maɪkrəʊˌsə:dʒərɪ] *n* mikrochirurgija
microtome ['maɪkrətəʊm] *n med.* mikrotomas
microwave ['maɪkrəweɪv] *n* 1 mikrobangų krosnelė *(t. p. ~ oven)* 2 *pl rad.* mikrobangos
microwav(e)able ['maɪkrəweɪvəbl] *a* tinkamas virti mikrobangų krosnelėje
micturition [ˌmɪktjʊ'rɪʃn] *n med.* šlapinimasis
mid¹ [mɪd] *prep poet.* tarp
mid² *a* vidurinis, viduro, viduryje; *~ consonant fon.* liežuvio vidurinis priebalsis; *from ~ June to ~ August* nuo birželio vidurio iki rugpjūčio vidurio
mid- [mɪd-] *pref* vidur-, vidurys; *in midcourse* vidurkelyje; *mid-January* sausio vidurys; *she is in her mid-20s* jai apie 25 metus
mid-air [ˌmɪd'ɛə] *n* oro erdvė, oras; *in ~* (aukštai) ore; *~ collision* lėktuvų susidūrimas ore
Midas ['maɪdæs] *n gr. mit.* Midas ◊ *to have the ~ touch* turėti dovaną viską paversti auksu
midday [ˌmɪd'deɪ] *n* vidurdienis, pusiaudienis
midden ['mɪdn] *n psn.* mėšlo/atmatų krūva
middle ['mɪdl] <*n, a, v*> *n* 1 vidurys; *the ~ of the day* dienos vidurys; *in the ~ (of)* a) *(ko)* viduryje; b) *(kokio nors užsiėmimo, darbo)* metu; *I'm in the ~ of washing* aš kaip tik prausiuosi 2 *šnek.* juosmuo, pusiaujas 3 *gram.* vidurinioji rūšis *(t. p. ~ voice)* 4 kamuolio padavimas į lauko vidurį *(futbole)* 5 laikraštinė apybraiža literatūrine/socialine/etine tema *(t. p. ~ article)* ◊ *to knock smb into the ~ of next week šnek.* gerai kam įkrėsti, ką išlupti; *to divide [to split] down the ~* padalyti [suskilti] perpus; *in the ~ of nowhere* ≡ pasaulio krašte, (giliame) užkampyje
a 1 vidurinis; *~ brother* vidurinysis brolis; *the ~ reaches of the Nemunas* Nemuno vidurupis; *in one's ~ twenties [thirties, etc]* apie 25 [35 *ir pan.*] metų amžiaus 2 vidutinis; *of ~ height* vidutinio aukščio
v 1 *spec.* patalpinti į vidurį 2 paduoti kamuolį į lauko vidurį *(futbole)*
middle-aged ['mɪdl'eɪdʒd] *a* 1 vidutinio amžiaus 2 pasenęs, nuobodokas *(apie pažiūras ir pan.)*
middlebrow ['mɪdlbraʊ] *šnek. n* vidutinio išprusimo žmogus; miesčionis
a skirtas vidutinio išprusimo žmonėms *(apie knygas ir pan.)*
middle-class ['mɪdl'klɑ:s] *a* vidurinosios klasės
middleman ['mɪdlmæn] *n (pl* -men [-men]) *(tik v.)* tarpininkas, komisionierius; *to cut out the ~* išvengti tarpininkavimo
middlemost ['mɪdlməʊst] *a ret.* centrinis
middle-of-the-road ['mɪdləvðə'rəʊd] *a* kuris laikosi vidurio, nuosaikus; neekstremistinis
middle-sized ['mɪdl'saɪzd] *a* vidutinio dydžio
middleweight ['mɪdlweɪt] *n* 1 vidutinis svoris 2 2-ojo vidutinio svorio boksininkas, vidutinio svorio imtynininkas; *light ~* 1-ojo vidutinio svorio boksininkas
middling ['mɪdlɪŋ] *a* 1 vidutinis 2 *šnek.* vidutiniškas, pusėtinas, pusė bėdos 3 *kom.* antrarūšis
adv šnek. vidutiniškai, pusėtinai; šiaip sau *(t. p. fair to ~)*; *~ good* gana geras

middlings ['mɪdlɪŋz] *n pl* 1 antros rūšies prekė *(ypač apie miltus; amer. – apie medvilnę)* 2 ž. ū. atsijos, nuosijos
middy ['mɪdɪ] *n sutr. šnek.* = **midshipman**
midfield ['mɪdfi:ld] *n (futbolo, beisbolo)* aikštės vidurys
midfielder ['mɪdfi:ldə] *n* vidurio žaidėjas *(futbole ir pan.)*
midge [mɪdʒ] *n* 1 uodas; mašalas 2 = **midget** 1
mid-gear ['mɪdgɪə] *n aut.* neutrali pavaros padėtis
midget ['mɪdʒɪt] *n* 1 smulki būtybė; labai mažas daiktas 2 neūžauga, nykštukas 3 *attr* miniatiūrinis; *~ car* mažalitražis automobilis
midi ['mɪdɪ] *n* midi, vidutinio ilgio sijonas/suknelė *ir pan.*
MIDI ['mɪdɪ] *n* (musical instrument digital interface *sutr.*) audio ir elektroninių muz. instrumentų sąveika
midland ['mɪdlənd] *n* 1 centrinė krašto dalis 2: *West Midlands* Vakarų Midlendai *(Centr. Anglijos grafystė)*
a 1 centrinis, vidurinis 2 nutolęs nuo jūros
midlife ['mɪdlaɪf] *n* vidutinis amžius
midmost ['mɪdməʊst] *a* centrinis, (esantis) pačiame viduryje
midnight ['mɪdnaɪt] *n* 1 vidurnaktis, pusiaunaktis 2 visiška tamsa; *as black/dark as ~* labai tamsus ◊ *to burn the ~ oil* dirbti ligi išnakčių
midpoint ['mɪdpɔɪnt] *n* vidurio taškas; vidurys; *the ~ of the play* pjesės kulminacija
midrib ['mɪdrɪb] *n bot. (lapo)* pagrindinė gysla
midriff ['mɪdrɪf] *n anat.* diafragma, dangos
midseason [ˌmɪd'si:zn] *n sport., kom.* sezono vidurys
midship ['mɪdʃɪp] *n jūr.* midelis, vidurinė laivo dalis *(nuo borto iki borto); ~ beam* midelbimsas
midshipman ['mɪdʃɪpmən] *n (pl* -men [-mən]) *(tik v.)* 1 gardemarinas 2 *amer.* karinės jūrų mokyklos kursantas
midships ['mɪdʃɪps] *adv jūr.* laivo viduryje
midst [mɪdst] *n: in the ~ of* a) viduryje, tarp; b) metu; *in our ~* tarp mūsų
prep poet. tarp
midstream [ˌmɪd'stri:m] *n* upės vidurys, vidupys
midsummer [ˌmɪd'sʌmə] *n* 1 vidurvasaris 2 vasaros saulėgrąža 3 *attr: M. Day* Joninės *(birželio 24 d.)* ◊ *~ madness* visiškas pamišimas; tikra beprotybė
midterm [ˌmɪd'tə:m] *n* 1 valdymo kadencijos vidurys 2 *(ppr. pl) amer.* vidurio semestro egzaminai *(universitete; t. p. ~ exams)*
midway ['mɪd'weɪ] *adv* 1 pusiaukelėje *(between, along)* 2 *(nurodyto laiko tarpo)* viduryje *(through)*
a pusiaukelės
midweek [ˌmɪd'wi:k] *a* savaitės vidurio
adv savaitės viduryje
Midwest [ˌmɪd'west] *n* JAV centrinė dalis
midwife ['mɪdwaɪf] *n (pl* -ves [-vz]) akušerė, pribuvėja
midwifery ['mɪdˌwɪfərɪ] *n* akušerija
midwinter [ˌmɪd'wɪntə] *n* 1 viduržiemis 2 žiemos saulėgrįža
midyear ['mɪdjə:] *n* 1 metų vidurys *(t. p. mokslo metų)* 2 *amer. šnek.* egzaminas mokslo metų viduryje; *pl* žiemos egzaminų sesija *(universitete)*
mien [mi:n] *n knyg.* 1 mina, veido išraiška 2 išvaizda; laikysena
miff [mɪf] *šnek. n (nesmarkus)* susipykimas, ginčas, kivirčas; *to get a ~* įsižeisti
v 1 supykti; supykdyti 2 nuvysti *(t. p. ~ off)*
miffed [mɪft] *a* supykęs; įsižeidęs
miffy ['mɪfɪ] *a* greit užsigaunantis/įsižeidžiantis
might¹ [maɪt] *past žr.* **may¹**
might² *n* 1 galia, galybė 2 energija; jėga; *with all one's ~, with ~ and main* iš visų jėgų ◊ *~ is/amer. makes right* ≡ kur galybė, ten ir teisybė

might-have-been ['maɪthəvˌbiːn] *n* **1** praleista proga **2** nevykėlis **3** *attr* neišsipildęs; nepasisekęs
mightily ['maɪtɪlɪ] *adv* **1** galingai, stipriai **2** *ret.* labai, itin
mightiness ['maɪtɪnɪs] *n* **1** galingumas, stiprumas **2** didybė; didenybė *(titulavimas)*
mightn't ['maɪtənt] *sutr.* = **might not**
mighty ['maɪtɪ] <*a, n, adv*> *a knyg.* **1** galingas, stiprus **2** didžiulis
 n (the ~) kuop. galingieji
 adv amer. šnek. labai; *that is ~ easy* tai labai lengva
mignonette [ˌmɪnjə'net] *pr. n bot.* razeta
migraine ['miːgreɪn] *n med.* migrena
migrant ['maɪgrənt] *a* **1** migruojantis, klajojantis **2** išskrendantis, išlekiantis *(apie paukščius)*
 n **1** *zool.* migruojantis gyvūnas; paukštis keliauninkas **2** migrantas, persikėlėlis **3** *austral.* imigrantas
migrate [maɪ'greɪt] *v* **1** persikelti, atsikelti; kilnotis, migruoti **2** išlėkti, migruoti *(apie paukščius)*
migration [maɪ'greɪʃn] *n spec.* migracija, kilnojimasis; persikėlimas; *~ of dunes* kopų slinkimas
migratory ['maɪgrətərɪ] *a* **1** migruojantis *(apie gyvūnus)* **2** migracinis, migracijos **3** *med.* paslankus, judrus, slankiojantis *(apie kūno organus)*
mike[1] [maɪk] *sl. n* dykinėti; vengti darbo
 v dykinėjimas
mike[2] *šnek. n* mikrofonas
 v kalbėti į mikrofoną
Mike [maɪk] *n* Maikas *(vardas)*
mil [mɪl] *n spec.* milis, tūkstantoji colio dalis
milady [mɪ'leɪdɪ] *pr. n* miledi, ponia *(kreipinys)*
milage ['maɪlɪdʒ] *n* = **mileage**
Milan [mɪ'læn] *n* Milanas *(Italijos miestas)*
Milanese [ˌmɪlə'niːz] *a* Milano
 n (pl ~) milanietis, Milano gyventojas
milch [mɪltʃ] *a psn.* melžiama; *~ cow* melžiama karvė *(t. p. prk.)*
mild [maɪld] *a* **1** švelnus; minkštas; *~ climate* švelnus/minkštas klimatas; *~ punishment* švelni bausmė **2** švelnaus būdo, švelnus, romus; *~ man* romus žmogus **3** nesmarkus, nedidelis; *~ earthquake* nedidelis žemės drebėjimas **4** neaštrus, švelnaus skonio, preskas *(apie maistą);* nekartus, silpnas *(apie alų, tabaką, vaistą ir pan.)*
 n nestiprus alus *(t. p. ~ ale)*
mildew ['mɪldjuː] *n* **1** *bot.* netikroji miltligė **2** pelėsiai *(ant odos, popieriaus ir kt.)*
 v **1** pelėti **2** ap(si)krėsti miltlige
mild-mannered ['maɪld'mænəd] *a* švelnaus būdo, švelnus
mildness ['maɪldnɪs] *n* švelnumas *ir kt., žr.* **mild** *a*
mile [maɪl] *n* mylia; *English/statute ~* anglų mylia *(= 1609 m); Admiralty/geographical/sea/nautical ~* jūrų mylia *(= 1853 m); it's 50 ~s away* tai 80 km nuo čia ◊ *~s older [easier, better] šnek.* tūkstantį kartų senesnis [lengviau, geriau]; *to go the extra ~* dar truputį pasistengti; *to run a ~* ≅ (gali) skersai žemę prasmegti; *to stand/stick out a ~ šnek.* būti (visiškai) akivaizdžiam/aiškiam; *to talk a ~ a minute amer.* ≅ berti kaip iš rašto; *~s away* a) toli; b) *šnek.* užsisvajojęs; *~ out šnek.* ≅ toli gražu ne, nė nepanašu
mileage ['maɪlɪdʒ] *n* **1** atstumas myliomis; (nukeliautų/ nuvažiuotų) mylių skaičius; kilometražas; *annual ~* metinė rida myliomis **2** transporto išlaidos už kiekvieną mylią *(t. p. ~ allowance)* **3** nauda
milepost ['maɪlpəust] *n* **1** mylias žymintis stulpas **2** *(ypač amer.)* = **milestone** 2
miler ['maɪlə] *n* vienos mylios lenktynių dalyvis *(žmogus, arklys)*

milestone ['maɪlstəun] *n* **1** mylias žymintis akmuo **2** *prk.* gairė, labai svarbus įvykis/etapas
milfoil ['mɪlfɔɪl] *n bot.* paprastoji kraujažolė; *water ~* plunksnalapė
milieu ['miːljəː] *pr. n (pl ~x [-z], ~s)* aplinka
militancy ['mɪlɪtənsɪ] *n* karingumas
militant ['mɪlɪtənt] *a* karingas; kovingas, kovojantis
 n kovotojas; aktyvistas
militarily ['mɪlɪtərɪlɪ] *adv* **1** karingai **2** kariniu požiūriu
militarism ['mɪlɪtərɪzm] *n* militarizmas
militarist ['mɪlɪtərɪst] *n* **1** militaristas **2** *pl* kariauna
militaristic [ˌmɪlɪtə'rɪstɪk] *a* militaristinis
militarization [ˌmɪlɪtəraɪ'zeɪʃn] *n* militarizacija; sukarinimas
militarize ['mɪlɪtəraɪz] *v* militarizuoti; sukarinti
military ['mɪlɪtərɪ] *a* karinis, karo, kariškas; kariuomenės; *~ age* šaukiamasis amžius; *~ bearing* kariška laikysena; *~ execution* karo lauko teismo nuosprendžio įvykdymas; *~ oath* karinė priesaika; *~ operations* karo veiksmai; *~ post* lauko paštas; *~ rank* karinis laipsnis; *~ service* karinė tarnyba
 n (the ~) **1** kariuomenė **2** kariškiai
militate ['mɪlɪteɪt] *v* **1** trukdyti, kliudyti *(against);* pasisakyti *(for – už)* **2** liudyti, byloti *(apie faktus, įkalčius; against – prieš)*
militia [mɪ'lɪʃə] *n* **1** milicija **2** *(the ~) amer.* nereguliari, atsargos kariuomenė
militiaman [mɪ'lɪʃəmən] *n (pl* -men [-mən]) *(tik v.)* **1** milicininkas; apsaugos kareivis, apsauginis **2** *amer.* nereguliarios, atsargos kariuomenės kareivis
milk [mɪlk] *n* **1** pienas; *condensed/solidified ~* kondensuotas pienas; *full cream ~* nenugriebtas pienas; *breast ~* motinos pienas; *in ~* melžiama; *~ products* pieno produktai **2** *bot.* pieninės sultys; *in the ~* pieninės brandos *(apie grūdą)* **3** *attr* pieno, pieninis; pieniškas; *~ diet* pieniška dieta ◊ *the ~ of human kindness knyg.* geraširdiškumas, gerumas; *~ for babes* nesudėtinga knyga/ straipsnis *ir pan.; ~ and roses* ≅ kaip iš pieno plaukęs; *~ and honey* ≅ pieno upės; *mother's ~* ≅ kasdieninė duona; *to come home with the ~ juok.* pareiti namo su gaidžiais *(iš vaišių); to cry over spilt ~* grauždis dėl negrąžinamų/nepataisomų dalykų
 v **1** melžti **2** duoti pieno *(apie karvę); this cow ~s well* ši karvė duoda daug pieno **3** *prk.* (iš)melžti, išnaudoti; *he ~ed the audience for applause* jis prašyte prašė žiūrovų aplodismentų **4** rinkti gyvačių nuodus ◊ *to ~ the bull/ram* ≅ laukti iš ožio pieno; tuščiai stengtis
milk-and-water ['mɪlkəndˌwɔːtə] *n* **1** atskiestas pienas **2** tuščia kalba; tuščiažodžiavimas; „vandenėlis"
 a **1** beskonis, skystas; tuščias, silpnas **2** bevalis, silpnavalis; bespalvis, blankus
milker ['mɪlkə] *n* **1** melžėjas **2** melžimo agregatas/aparatas **3** melžiama karvė; *good ~* pamalži/pieninga karvė
milk-float ['mɪlkfləut] *n* pieno išvežiojimo vežimėlis, pienvežis
milk-gauge ['mɪlkgeɪdʒ] *n ž. ū.* laktometras
milk-livered ['mɪlkˌlɪvəd] *a* bailus
milkmaid ['mɪlkmeɪd] *n psn.* melžėja; pienininkė
milkman ['mɪlkmən] *n (pl* -men [-mən]) *(tik v.)* pienininkas; pienvežys
milk-shake ['mɪlkʃeɪk] *n* pieno kokteilis
milksop ['mɪlksɔp] *n (tik v.)* ištižėlis, lepšis, „boba"
milk-sugar ['mɪlkʃugə] *n chem.* pieno cukrus, laktozė
milk-teeth ['mɪlktiːθ] *pl žr.* **milk-tooth**
milktoast ['mɪlktəust] *n* = **milksop**
 a = **milquetoast**

milk-tooth ['mɪlktu:θ] *n* (*pl* -teeth) pieninis dantis
milkweed ['mɪlkwi:d] *n daugelio augalų, išskiriančių pieno sultis, pavadinimas, pvz., karpažolės*
milk-white ['mɪlkwaɪt] *a attr* baltas kaip pienas
milkwort ['mɪlkwə:t] *n bot.* **1** (paprastoji) putokšlė **2** pienažolė
milky ['mɪlkɪ] *a* **1** pieninis, pieno; pieniškas, pieningas; *~ tea* arbata su pienu; *~ stage* (*grūdo*) pieninė branda **2**: *M.Way astr.* Paukščių takas
mill[1] [mɪl] *n* **1** malūnas **2** fabrikas, gamykla **3** (valcavimo) staklynas **4** malūnėlis, malamoji mašinėlė (*kavai/pipirams malti*); trintuvas, trupintuvas, smulkintuvas **5** spaudyklė, presas (*sultims, augaliniam aliejui spausti*) **6** *tech.* freza **7** *amer. šnek.* = **treadmill** 2 **8** *sl.* boksas; kumštynės ◊ *to go/pass through the ~* patirti daug sunkumų, būti vėtytam ir mėtytam
v **1** malti **2** krušti, smulkinti **3** apdirbti staklėmis; frezuoti **4** išdirbti (*odą*), velti (*milą*) **5** *sl.* mušti(s); kumščiuoti ☐ *~ about/around* sukioti, klaidžioti, šlaistytis (*apie gyvulius, minią*)
mill[2] *n amer. fin.* tūkstantoji dolerio dalis
millboard ['mɪlbɔ:d] *n* storas kartonas (*knygų viršeliams ir pan.*)
milldam ['mɪldæm] *n* malūno užtvanka
millenary [mɪ'lenərɪ] *n* tūkstantmetis; tūkstantosios metinės
a tūkstantmėtis, tūkstančio metų
millenial [mɪ'lenɪəl] *a* tūkstantmetinis
millenium [mɪ'lenɪəm] *n* (*pl* ~s, -nia [-nɪə]) **1** tūkstantmetis **2** *prk.* aukso amžius
millepede ['mɪlɪpi:d] *n* = **millipede**
miller ['mɪlə] *n* **1** malūnininkas **2** frezuotojas **3** *tech.* frezavimo staklės **4**: *~'s thumb* kūjagalvis (*žuvis*)
millesimal [mɪ'lesɪml] *a* tūkstantas
n tūkstantoji dalis
millet ['mɪlɪt] *n* **1** soros (*grūdai*) **2** *bot.* sora; *Siberian ~* šerytė
millet-grass ['mɪlɪtgrɑ:s] *n bot.* sorokė
millhand ['mɪlhænd] *n* fabriko darbininkas
milli- ['mɪlɪ-] (*sudurt. žodžiuose*) mili- (*žymint tūkstantąją mato dalį*); **millibar** milibaras; **millilitre** mililitras
milliard ['mɪlɪɑ:d] *num card, n* milijardas
milligram(me) ['mɪlɪgræm] *n* miligramas
millimeter ['mɪlɪmi:tə] *n amer.* = **millimetre**
millimetre ['mɪlɪmi:tə] *n* milimetras
milliner ['mɪlɪnə] *n* modistė, moteriškų skrybėlaičių modeliuotoja/gamintoja/prekiautoja
millinery ['mɪlɪnərɪ] *n* **1** moteriškos skrybėlaitės **2** prekiavimas skrybėlaitėmis
milling ['mɪlɪŋ] *n* **1** malimas **2** smulkinimas **3** frezavimas; *~ machine* frezavimo staklės; *~ cutter* freza
a **1** malamasis **2**: *~ crowd* betvarkiškai judanti minia
million ['mɪljən] *num card, n* milijonas; *the total is four ~* iš viso keturi milijonai; *~s of people* begalės žmonių ◊ *to look like a ~ dollars/bucks* (*ypač amer.*) *šnek.* atrodyti pritrenkiančiai/stulbinančiai; *one in a ~* ≅ vienas iš tūkstančių
millionaire [,mɪljə'nɛə] *n* milijonierius
millionth ['mɪljənθ] *num ord* milijoninis
n milijoninė dalis (*of*)
millipede ['mɪlɪpi:d] *n zool.* šimtakojis
millpond ['mɪlpɒnd] *n* malūno tvenkinys ◊ *as smooth as a ~* lygus kaip stiklas/veidrodis
millrace ['mɪlreɪs] *n* vandens srovė, sukanti malūno ratą
millstone ['mɪlstəun] *n* **1** girna, girnapusė **2** *prk.* sunki našta ◊ *between the upper and the nether ~* beviltiš-

koje padėtyje; ≅ tarp kūjo ir priekalo; *to see far into a ~, to look through a ~* (*ppr. iron.*) būti nepaprastai įžvalgiam; *to have/fix a ~ round/about one's neck* prisiimti didelę atsakomybę; užsikarti bėdą sau ant sprando
millstream ['mɪlstri:m] *n* = **millrace**
millwheel ['mɪlwi:l] *n* malūno ratas
millwright ['mɪlraɪt] *n* **1** malūnų meistras **2** mašinų gamybos technikas; šaltkalvis monteris
milord [mɪ'lɔ:d] *pr. n ist.* milordas, ponas (*kreipinys*)
milquetoast ['mɪlktəust] *n amer.* nedrąsus/drovus vyras; mėmė
milquetoastish ['mɪlktəustɪʃ] *a amer. sl.* bailus, nedrąsus, drovus, leidžiantis save skriausti (*apie vyrą*)
milt [mɪlt] *n* (*žuvies*) pieniai
milter ['mɪltə] *n* žuvis patinas (*nerštometu*)
Milton ['mɪltən] *n*: *John ~* Džonas Miltonas (*anglų poetas*)
mime [maɪm] *n* **1** pantomima **2** mimas (*aktorius*) **3** mimika; pamėgdžiojimas
v **1** vaidinti pantomimoje **2** išreikšti judesiais ir mimika **3** (pa)mėgdžioti
mimeograph ['mɪmɪəgrɑ:f] *n* mimeografas
mimesis [maɪ'mi:sɪs] *n biol.* mimezė; (pa)mėgdžiojimas
mimetic [mɪ'metɪk] *a* **1** pamėgdžiojantis **2** *biol.* mimezinis; mimikrijos
mimic ['mɪmɪk] <*a, n, v*> *a* **1** pamėgdžiojantis, pamėgdžiojamas **2** netikras **3** *biol.* mimikrijos; *~ colouration* apsauginė spalva
n (pa)mėgdžiotojas; imitatorius
v (mimicking, mimicked) **1** (pa)mėgdžioti; parodijuoti **2** *šnek.* beždžioniauti **3** *biol.* įgauti slepiamąją/apsauginę spalvą, supanašėti
mimicry ['mɪmɪkrɪ] *n* **1** (pa)mėgdžiojimas **2** *biol.* mimikrija
mimosa [mɪ'məuzə] *n bot.* mimoza
minacious [mɪ'neɪʃəs] *a* = **minatory**
minaret ['mɪnəret] *arab. n* minaretas
minatory ['mɪnətərɪ] *a* grasinantis, grasus
mince [mɪns] *v* **1** smulkiai (su)kapoti, (su)malti (*mėsą*) **2** *prk. menk.* švelninti (*žodžius, padėtį*); *not to ~ matters, ar one's words* kalbėti tiesiai, be užuolankų **3** kalbėti/elgtis manieringai **4** bidzenti, trepinėti, tipenti
n **1** kapota/malta mėsa, kapotinė, faršas **2** *amer.* = **mincemeat**
mincemeat ['mɪnsmi:t] *n* **1** *kul.* džiovintų vaisių ir uogų įdaras **2** *amer.* = **mince** *n* 1 ◊ *to make a ~* (*of*) ≅ sudaužyti/sumušti kaip obuolį; sutriuškinti, sugriauti (*argumentus*)
mince-pie [,mɪns'paɪ] *n kul.* saldus pyragas su vaisių ir uogų įdaru
mincer ['mɪnsə] *n* mėsmalė, mašinėlė mėsai malti
mincing-machine ['mɪnsɪŋməʃi:n] *n* = **mincer**
mind [maɪnd] *n* **1** protas; *to be in one's right ~, to be of sound ~* būti sveiko proto; *to be out of one's ~* a) būti nepilno proto, pamišusiam; b) *prk.* eiti iš proto (*with*); *to go out of one's ~, to lose one's ~ šnek.* kraustytis iš proto; *to have a logical ~* logiškai mąstyti; *the great ~s of the world* didieji žmonijos protai **2** galva, atmintis; *to have/bear/keep in ~* atsiminti, turėti galvoje; *to put smb in ~ (of)* priminti kam (*ką*); *to bring/call to ~* pri(si)minti; *to cross one's ~* ateiti į galvą (*apie mintį*); *to get smb/smth out of one's ~* išmesti iš galvos; *to go/pass out of ~* iškristi iš galvos; *from time out of ~* nuo neatmenamų laikų **3** nuomonė; mintis; *to be of one/a ~*

(with) būti vienos nuomonės *(su); on one's ~* mintyse, galvoje, ant širdies guli; ***to speak one's (own)*** *~* kalbėti/pasakyti atvirai; ***to give smb a bit/piece of one's*** *~* pasakyti kam atvirai savo nuomonę; (iš)barti ką; ***to open one's*** *~ (to)* būti pasiruošusiam išklausyti, priimti naujas idėjas; ***to change/alter one's*** *~* persigalvoti, pakeisti savo nuomonę; ***to smb's*** *~* a) kieno nuomone, galva; b) pagal kieno skonį/norus; ***to read smb's*** *~* skaityti svetimas mintis **4** noras, ketinimas; ***to have a good/strong/great*** *~ **to do smth*** labai norėti, knietėti ką (pa)daryti; ***to have half a*** *~ **to do it*** beveik norėti/ketinti ką daryti; ***to know one's own*** *~* nesvyruoti, gerai žinoti ko nori, turėti tvirtą nusistatymą **5** nuotaika, nusiteikimas *(t. p.* ***frame/state of*** *~)* **6** *filos.* psichika; dvasia ◊ ***so many men so many*** *~***s** ≅ kiek žmonių, tiek galvų, kas galva – tai protas; ***to put/give one's*** *~ (to)* susikaupti, susikoncentruoti; ***to set one's*** *~ (on)* nusistatyti; ***to make up one's*** *~* apsispręsti; ryžtis, pasiryžti; ***to make up one's*** *~ **to smth*** susitaikyti su kuo; ***to be in two*** *~***s** svyruoti, nesiryžti; ***time out of*** *~* tūkstantį kartų *(sakiau, liepiau ir pan.)*
v **1** atsiminti, turėti galvoje; saugotis; *~ **our agreement*** atsimink mūsų susitarimą; *~ **the dog*** saugokis šuns; *~!, ~ you!, do you ~!* žiūrėk!, atsargiai!; ***don't*** *~ **them!*** nekreipk į juos dėmesio! **2** rūpintis, prižiūrėti; (pa)saugoti; *~ **your own business*** žiūrėk savo reikalų, nesikišk į svetimus reikalus **3** *(klaus. ir neig. sakiniuose; t. p. teig. atsakyme)* pasisakyti/būti prieš, prieštarauti; ***I don't*** *~ **driving*** aš neatsisakau pavairuoti; ***do you*** *~ **my smoking?*** ar jūs nieko prieš, jei aš užrūkysiu?; ***yes, I*** *~ **it very much*** taip, aš esu labai prieš tai; ***would you*** *~...?* gal galima paprašyti jus...? **4** *amer.* paklausyti *(patarimo ir pan.)* ☐ *~ **out!*** *šnek.* saugokis!, žiūrėk! ◊ ***never*** *~* a) nesvarbu, niekis; nekreipkite dėmesio; b) jau nekalbant apie; ***never you*** *~ šnek.* ne tavo reikalas; *~ **you do it*** *šnek.* pasistenkite; būtinai padarykite tai; ***to*** *~ **one's p's and q's*** būti rūpestingam/atsargiam; saugotis
mind-bending ['maɪndˌbendɪŋ] *a šnek.* **1** sukeliantis haliucinacijas, psichikos sutrikimus *ir pan. (apie narkotiką)* **2** nesuprantamas
mind-blowing ['maɪndˌbləʊɪŋ] *a šnek.* **1** stulbinantis, pritrenkiantis, šokiruojantis **2** = **mind-bending** 1
mind-boggling ['maɪndˌbɒglɪŋ] *a šnek.* neįsivaizduojamas, didžiulis
minded ['maɪndɪd] *a* **1** linkęs, nusiteikęs *(ką daryti); **if she were*** *~ **to do so*** jeigu ji panorėtų to **2** turintis polinkį, besidomintis *(džn. sudurt. žodžiuose);* ***architecturally minded*** besidomintis architektūra; ***mechanically minded*** nusimanantis apie techniką; ***car-minded*** besidomintis mašinomis **3** *(sudurt. žodžiuose)* -protis, -širdis, -dvasis, -valis *(žymint proto, charakterio, būdo savybes);* ***narrow-minded*** siauraprotis; ***high-minded*** didžiadvasis; ***evil-minded*** piktavalis; ***pure-minded*** atviraširdis
minder ['maɪndə] *n* **1** prižiūrėtojas; saugotojas, asmens sargybinis **2** = **childminder**
mind-expanding [ˌmaɪndɪks'pændɪŋ] *a* sukeliantis haliucinacijas, haliucinogeninis
mindful ['maɪndfəl] *a* **1** rūpestingas, atidus; ***to be*** *~ **of one's duties*** skirti daug dėmesio savo pareigoms **2** atmenantis; ***to be*** *~ **of the danger*** atminti pavojų
mindless ['maɪndləs] *a* **1** beprasmis, kvailas; lėkštas **2** negalvojantis, nesiskaitantis *(of)*
mind-numbing ['maɪndnʌmɪŋ] *a* bukinantis protą
mind-reader ['maɪndˌriːdə] *n (kito žmogaus)* minčių skaitytojas

mind-reading ['maɪndˌriːdɪŋ] *a (kito žmogaus)* minčių skaitymas; telepatija
mindset ['maɪndset] *n* mąstysena, požiūris
mine[1] [maɪn] *pron poss (nevart. pažyminiu prieš daiktavardį)* mano; ***this is*** *~* tai mano; ***a friend of*** *~* (vienas) mano draugas
mine[2] *n* **1** kasykla, rūdynas; šachta **2** telkinys; klodas **3** *prk. (žinių ir pan.)* šaltinis, lobynas **4** *kar.* mina; ***to lay a*** *~ (for)* padėti miną *(po)* **5** *ist.* požeminis kasinys, požeminė galerija ◊ ***to spring a*** *~ **on smb*** paruošti kam nemalonią staigmeną
v **1** dirbti kalnakasybos darbus, (iš)kasti *(rūdą ir pan.; t. p. ~ out); **the pit is completely*** *~**d out*** šachta baigta eksploatuoti **2** kasti po žeme; raustis **3** *prk.* pasikasti, pakirsti, sugriauti **4** *kar.* (už)minuoti; susprogdinti minomis
mine-clearing ['maɪnˌklɪərɪŋ] *n kar.* išminavimas
mine-detector ['maɪndɪˌtektə] *n kar.* minų ieškiklis
minefield ['maɪnfiːld] *n* **1** *kar.* minų laukas/užtvara **2** *prk.* užslėptas pavojus
minelayer ['maɪnˌleɪə] *n kar.* minavimo laivas
miner ['maɪnə] *n* **1** kalnakasys; rūd(a)kasys; šachtininkas **2** *kar.* minuotojas
mineral ['mɪnərəl] *n* **1** mineralas **2** rūda; *pl* naudingosios iškasenos **3** *pl* mineralinis vanduo; gazuotas nealkoholinis gėrimas
a **1** mineralinis; *~ **jelly*** vazelinas; *~ **oil*** mineralinis aliejus **2** *chem.* neorganinis
mineralize ['mɪnərəlaɪz] *v geol.* mineralizuoti
mineralogical [ˌmɪnərə'lɒdʒɪkl] *a* mineraloginis
mineralogist [ˌmɪnə'rælədʒɪst] *n* mineralogas
mineralogy [ˌmɪnə'rælədʒɪ] *n* mineralogija
minesweeper ['maɪnˌswiːpə] *n jūr.* minų traleris
minethrower ['maɪnˌθrəʊə] *n kar.* minosvaidis
mineworker ['maɪnwɜːkə] *n* angliakasys, kalnakasys
mingle ['mɪŋgl] *v* **1** su(si)maišyti; susilieti **2** būti/veikti kartu *(with); **to*** *~ **in society*** būti/sukinėtis draugijoje
mingle-mangle ['mɪŋgl'mæŋgl] *n* mišinys, kratinys
mingy ['mɪndʒɪ] *a šnek.* **1** šykštus, godus **2** mažas, mažokas
mini ['mɪnɪ] *n* **1** mini, mini sijonas/suknelė *ir pan.* **2** mažalitražis automobilis
a mažas, miniatiūrinis
mini- ['mɪnɪ-] *(sudurt. žodžiuose)* mini, mikro- *(žymint mažą ilgį, dydį ir pan.);* ***miniskirt*** mini sijonas; ***minicomputer*** mini kompiuteris
miniature ['mɪnɪtʃə] <*n, a, v>* *n (įv. reikšm.)* miniatiūra
a attr miniatiūrinis, miniatiūriškas, labai mažas
v vaizduoti miniatiūroje
miniaturist ['mɪnɪtʃərɪst] *n* miniatiūrininkas
miniaturize ['mɪnɪtʃəraɪz] *v* sumažinti, padaryti mažesnį
minibus ['mɪnɪbʌs] *n* mikroautobusas, autobusiukas
minicab ['mɪnɪkæb] *n* mini taksi
minicar ['mɪnɪkɑː] *n* mažalitražis automobilis
minify ['mɪnɪfaɪ] *v* (su)mažinti; (su)menkinti
minikin ['mɪnɪkɪn] *n* **1** mažas daiktelis, maža būtybė **2** *poligr.* smulkiausias šriftas *(3 1/2 punkto)*
a ret. **1** mažas, mažytis **2** manieringas
minim ['mɪnɪm] *n* **1** mažiausioji/mažytė dalelė; lašelis **2** mažmožis, menkniekis **3** minimas *(skysčio matas = 0,06 mililitro)* **4** *muz.* pusinė gaida
minima ['mɪnɪmə] *pl žr.* **minimum**
minimal ['mɪnɪml] *a* minimalus, labai menkas; mažiausias
minimalism ['mɪnɪməlɪzm] *n men., muz.* minimalizmas
minimarket, minimart ['mɪnɪmɑːkɪt, 'mɪnɪmɑːt] *n* vėlai dirbanti krautuvėlė

minimize ['mɪnɪmaɪz] v **1** (su)mažinti iki minimumo **2** (su)menkinti; nepakankamai įvertinti **3** *komp.* minimizuoti

minimum ['mɪnɪməm] n (pl minima) minimumas; *to reduce to a* ~ sumažinti iki minimumo; *at the* ~ minimaliai; mažų mažiausiai
a attr minimalus; ~ *wage* minimalusis darbo užmokestis; ~ *price* žemiausia kaina

mining ['maɪnɪŋ] n **1** kasyba, gavyba; *(anglies, rūdos)* kasimas; kalnų pramonė; *gold* ~ aukso gavyba/pramonė **2** *kar., jūr.* minavimas **3** *attr* kasybos; rūdos; ~ *camp* rūdos kasykla; ~ *engineer* kalnų/kasybos inžinierius; ~ *hole* gręžinys; ~ *machine* anglių kirtimo mašina

minion ['mɪnjən] n **1** favoritas, numylėtinis; ~ *of fortune* laimės kūdikis **2** *niek.* kreatūra, pakalikas; ~s *of the law* policininkai, tvarkos saugotojai; kalėjimo prižiūrėtojai **3** *poligr.* minionas *(7 punktų šriftas)*

miniscule ['mɪnɪskju:l] = **minuscule** n, a

miniseries ['mɪnɪˌsɪərɪz] n (pl ~) *tel.* mini serialas

miniskirt ['mɪnɪskɜ:t] n mini sijonas

minister ['mɪnɪstə] n **1** ministras; *the* ~s ministrų kabinetas; ~ *of state* aukštas vyriausybės pareigūnas; *Prime M.* ministras pirmininkas **2** *dipl.* pasiuntinys; ambasados patarėjas **3** dvasininkas *(t. p.* ~ *of religion)*; pastorius **4** *ret.* vykdytojas, tarnas; ~ *of vengeance* keršto įrankis
v **1** patarnauti, padėti, pagelbėti *(to)*; *to* ~ *to smb's needs* pasirūpinti kieno reikmėmis **2** *bažn.* laikyti pamaldas; aptarnauti *(parapiją ir pan.)*

ministerial [ˌmɪnɪ'stɪərɪəl] a **1** ministrų; ministerijos; ~ *changes* kabineto sudėties pakitimai **2** tarnybinis **3** dvasininko, ganytojo

ministration [ˌmɪnɪ'streɪʃn] n *knyg.* **1** suteikimas pagalbos, patarnavimas *(of)* **2** *(ppr. pl)* pagalba, priežiūra **3** pamaldų laikymas, sakramentų suteikimas

ministry ['mɪnɪstrɪ] n **1** ministerija **2** ministrų kabinetas **3** buvimo ministru/valdžioje terminas **4** kunigystė, kunigo/dvasininko pareigos/darbas **5** dvasininkija

minivan ['mɪnɪvæn] a *amer.* (mikro)autobusiukas

miniver ['mɪnɪvə] n šermuonėlio kailis *(žiemą, kai būna baltas)*; baltas kailis *(drabužių papuošimui)*

mink [mɪŋk] n **1** *zool.* audinė **2** audinės kailis **3** audinės kailiniai

minnesinger ['mɪnɪˌsɪŋə] *vok.* n *ist.* minezingeris

Minnesota [ˌmɪnɪ'səutə] n Minesota *(JAV valstija)*

minnie ['mɪnɪ] n **1** *šiaur.* mama, mamytė **2** *(M.)* Minė, Mini *(vardas)*

minnow ['mɪnəu] n **1** *zool.* rainė *(žuvis)*; *riffle* ~ srovinė aukšlė **2** smulkios žuvelės; smulkmė *(t. p. prk.)* ◊ *to throw out a* ~ *to catch a whale* rizikuoti mažu dėl didelio; *a Triton among the* ~s ≡ milžinas tarp nykštukų

minor ['maɪnə] <a, n, v> a **1** nedidelis, smulkus; antraeilis, šalutinis; ~ *repair* smulkus remontas; ~ *court* žemesniosios instancijos teismas **2** mažesnysis, mažasis; jaunesnysis iš dviejų brolių/bendrapavardžių *(mokykloje)* **3** *muz.* minorinis *(t. p. prk.)*
n **1** *teis.* nepilnametis **2** *muz.* minoras **3** *amer.* neprofilinė disciplina *(universitete, koledže)*
v amer. studijuoti neprofilinę discipliną *(in)*

Minorca [mɪ'nɔ:kə] n Minorka *(sala Viduržemio jūroje)*

Minorite ['maɪnəraɪt] n *bažn.* minoritas, pranciškonas

minority [maɪ'nɒrətɪ] n **1** mažuma; mažoji dalis; *to be in the* ~ sudaryti mažumą; ~ *languages* tautinių mažumų kalbos; ~ *report* mažumos pareiškimas *ar* atskira nuomonė **2** *teis.* nepilnametystė

minster ['mɪnstə] n vienuolyno bažnyčia; katedra

minstrel ['mɪnstrəl] n **1** *ist.* menestrelis **2** *poet.* muzikantas, dainius **3** *pl* negrų dainų atlikėjai *(nugrimuoti negrais)*

minstrelsy ['mɪnstrəlsɪ] n *ist.* **1** menestrelių menas **2** *kuop.* menestreliai **3** menestrelių poezija

mint[1] [mɪnt] n **1** *bot.* mėta **2** mėtinis saldainis

mint[2] n **1** pinigų kalykla **2** *šnek.* didelė suma; didelis kiekis; *to make a* ~ uždirbti daug pinigų, pralobti; ~ *of trouble* daugybė nemalonumų **3** *prk.* šaltinis ◊ *in* ~ *condition* kaip naujas; naujutėlis *(apie monetą, pašto ženklą ir pan.)*
v **1** (nu)kalti *(pinigus)* **2** nukalti *(naują žodį/posakį)* **3** *niek.* išrasti, išgalvoti

mintage ['mɪntɪdʒ] n **1** *(monetų)* kalimas, kalyba **2** vienos kalybos monetos **3** atspaudas *(monetoje)* **4** *prk.* kalimas, (su)kūrimas; *a word of new* ~ neologizmas

minty ['mɪntɪ] a mėtų, mėtinis

minuend ['mɪnjuend] n *mat.* turinys

minuet [ˌmɪnju'et] n menuetas

minus ['maɪnəs] <prep, n, a> prep **1** minus; *ten* ~ *six is four* dešimt minus šeši yra keturi **2** *šnek.* be, nustojęs; ~ *any profit* be jokios naudos
n **1** minuso ženklas *(t. p.* ~ *sign)*, minusas *(t. p. prk.)* **2** *mat.* neigiamasis dydis
a spec. neigiamas; ~ *quantity mat.* neigiamasis dydis; ~ *charge el.* neigiamasis krūvis

minuscule ['mɪnəskju:l] n mažoji raidė, minuskulas *(senovės raštijoje)*
a **1** mažoji *(apie raidę)* **2** mažytis, labai mažas

minute[1] ['mɪnɪt] n **1** minutė *(t. p. geom.)*; *it is five* ~s *to six* be penkių minučių šešios **2** *prk.* minutė, akimirka, momentas; *wait a* ~ a) palauk minut(ėl)ę; b) palauk, lukterk, sustok; *this* ~*!* tuoj pat!; *at this* ~ šią minutę, šiuo metu; *on/to the* ~ minutės tikslumu, minutė minutėn **3**: *the* ~ *(that)*... kai tik... ◊ *not to think for one* ~ *that*... nė negalvoti, kad...; *have you got a* ~*?, amer. do you have a* ~*!* ar galiu trumpai pasikalbėti (su jumis)?
v apskaičiuoti laiką minutėmis; chronometruoti

minute[2] n **1** memorialinis raštas, memorandumas; metmenys **2** *pl (susirinkimo, posėdžio)* protokolas; *to keep/take (the)* ~s protokoluoti
v **1** apmesti *(projektą)*; parašyti juodraštį **2** įrašyti į protokolą; protokoluoti □ ~ *down* užsirašyti, pasižymėti

minute[3] [maɪ'nju:t] a **1** smulkus, smulkiausias; ~ *anatomy* histologija **2** detalus, kruopštus, tikslus

minute-book ['mɪnɪtbuk] n protokolų knyga

minute-glass ['mɪnɪtglɑ:s] n smėlio laikrodis *(vienos minutės laikui)*

minute-guns ['mɪnɪtgʌnz] n *pl* patrankų šūviai su vienos minutės intervalais *(nelaimės signalas ar gedulo saliutas)*

minute-hand ['mɪnɪthænd] n minutinė rodyklė, minutininkas

minute-jumper ['mɪnɪtˌdʒʌmpə] n elektrinis laikrodis *(kuriame minutinė rodyklė pasislenka iš karto per minutę)*

minutely[1] ['mɪnɪtlɪ] a minutinis, kasminutinis
adv kas minutę

minutely[2] [maɪ'nju:tlɪ] adv **1** labai mažai, nežymiai; smulkiai **2** detaliai, kruopščiai, tiksliai

Minuteman ['mɪnɪtmæn] n (pl -men [-men]) *(tik v.) amer.* **1** *ist.* *(1775–1783 metų nepriklausomybės karo)* savanoris, minitmenas **2** *prk.* žmogus, visada pasiruošęs veikti, minitmenas

minuteness [maɪ'njuːtnɪs] n **1** smulkumas, mažumas; nereikšmingumas **2** detalumas, kruopštumas
minutiae [maɪ'njuːʃiː] lot. n pl smulkmenos, detalės
minx [mɪŋks] n **1** įžūli mergiotė; juok. išdykėlė **2** koketė
Miocene ['maɪəsiːn] n geol. miocenas
mips [mɪps] n pl komp. milijonas komandų per sekundę (kompiuterio darbo efektyvumas)
miracle ['mɪrəkl] n **1** stebuklas (t. p. prk.); nuostabus, nepaprastas dalykas/įvykis; **to a ~ psn.** stebuklingai, nuostabiai **2** teatr. ist. miraklis, misterija (t. p. **~ play**) a stebuklingas; **~ cure/drug** stebuklingas vaistas
miraculous [mɪ'rækjuləs] a stebuklingas, antgamtinis; nuostabus
mirage ['mɪrɑːʒ] n miražas (t. p. prk.)
mire ['maɪə] n knyg. purvas; purvynė, klampynė ◊ **to find oneself, ar to stick, in the ~** atsidurti bėdoje, sunkioje padėtyje; **to bring in, ar to drag smb's name through, the ~** ≡ (ap)drabstyti purvais, su purvais sumaišyti; apšmeižti
v **1** įklimpti purvuose/klampynėje (t. p. **~ down**) **2** aptaškyti/apdrabstyti purvu, supurvinti; prk. (ap)juodinti **3** įklampinti, įvelti (į ką)
mirk [məːk] = **murk** n, a
mirror ['mɪrə] n **1** veidrodis (t. p. prk.); **hand ~** veidrodėlis; **false ~** kreivas veidrodis **2** veidrodiškas paviršius **3** atvaizdas, atspindėjimas
a atspindėti
mirror-image ['mɪrəˌɪmɪdʒ] n veidrodinis/atvirkščias atspindys/atvaizdas
mirth [məːθ] n džiaugsmas, linksmybė
mirthful ['məːθfəl] a džiaugsmingas, linksmas
mirthless ['məːθləs] a nelinksmas, bedžiaugsmis
miry ['maɪərɪ] a knyg. **1** klampus **2** purvinas (t. p. prk.)
mis- [mɪs-] pref **1** ne-, blogai (žymint priešingą negu kamieno reikšmę); **mistrust** nepasitikėjimas; **misfit** netikti, blogai gulėti **2** neteisingai, neteisingas; **miscomprehend** neteisingai suprasti; **mispronunciation** neteisingas tarimas
misadventure [ˌmɪsəd'ventʃə] n knyg. nelaimė, nepasisekimas; nelaimingas atsitikimas; **death [homicide] by ~ teis.** mirtis [nužudymas] įvykus nelaimingam atsitikimui
misadvise [ˌmɪsəd'vaɪz] v duoti blogą/neteisingą patarimą
misalignment [ˌmɪsə'laɪnmənt] n tech. (ašių) nesutapimas
misalliance [ˌmɪsə'laɪəns] n = **mesalliance**
misanthrope ['mɪsənθrəup] n mizantropas, žmonių neapkentėjas
misanthropic(al) [ˌmɪsən'θrɔpɪk(l)] a pilnas neapykantos žmonėms
misanthropy [mɪs'ænθrəpɪ] n mizantropija
misapplication [ˌmɪsæplɪ'keɪʃn] n **1** neteisingas naudojimas/vartojimas **2** piktnaudžiavimas
misapply [ˌmɪsə'plaɪ] v **1** neteisingai naudoti/vartoti **2** piktnaudžiauti
misapprehend [ˌmɪsæprɪ'hend] v neteisingai suprasti
misapprehension [ˌmɪsæprɪ'henʃn] n neteisingas supratimas; nesusipratimas; **to be under ~** klysti
misappropriate [ˌmɪsə'prəuprɪeɪt] v neteisėtai pasisavinti; išeikvoti
misappropriation [ˌmɪsəˌprəuprɪ'eɪʃn] n neteisėtas pasisavinimas; išeikvojimas
misbecome [ˌmɪsbɪ'kʌm] v (misbecame [ˌmɪsbɪ'keɪm]; misbecome) netikti, nederėti
misbegotten [ˌmɪsbɪ'gɔtn] a attr **1** niekam vertas, niekingas **2** psn. nesantuokinis
misbehave [ˌmɪsbɪ'heɪv] v blogai elgtis
misbehavio(u)r [ˌmɪsbɪ'heɪvɪə] n blogas/netinkamas elgesys

misbelief [ˌmɪsbɪ'liːf] n **1** klaidinga nuomonė, (su)klydimas **2** rel. erezija
misbelieve [ˌmɪsbɪ'liːv] v **1** (su)klysti **2** rel. įpulti į ereziją
misbeliever [ˌmɪsbɪ'liːvə] n eretikas
miscalculate [ˌmɪs'kælkjuleɪt] v apsiskaičiuoti; apsirikti skaičiuojant
miscalculation [ˌmɪsˌkælkju'leɪʃn] n apsiskaičiavimas, skaičiavimo klaida
miscall [mɪs'kɔːl] v **1** neteisingai, ar ne tuo vardu, vadinti **2** dial. keikti, plūsti; negražiais žodžiais (iš)vadinti
miscarriage [ˌmɪs'kærɪdʒ] n **1** nesėkmė; klaida; **~ of justice** teismo klaida **2** (laiško ir pan.) dingimas, neįteikimas adresatui **3** med. persileidimas, savaiminis abortas
miscarry [ˌmɪs'kærɪ] v **1** nepasisekti, žlugti **2** nepasiekti adresato, dingti (apie laišką) **3** med. turėti persileidimą, savaiminį abortą
miscast [mɪs'kɑːst] v (miscast) skirti aktoriui netinkamą vaidmenį; neteisingai paskirstyti vaidmenis
miscegenation [ˌmɪsɪdʒɪ'neɪʃn] n mišrios santuokos, ypač tarp baltųjų ir nebaltųjų
miscellanea [ˌmɪsə'leɪnɪə] lot. n pl **1** įvairenybės **2** = **miscellany** 2
miscellaneous [ˌmɪsə'leɪnɪəs] a attr **1** maišytas, įvairus, įvairiarūšis; įvairialypis, įvairialytis; **~ expenses** įvairios išlaidos; **a ~ collection of people** marga minia; **~ column** įvairenybės (laikraščio, žurnalo skiltis) **2** įvairiapusis, įvairiapusiškas
miscellany [mɪ'selənɪ] n **1** įvairovė, mišinys **2** rinkinys, almanachas
mischance [ˌmɪs'tʃɑːns] n nelaimė; nelaimingas atsitikimas ◊ **as ~ would have it** lyg tyčia
mischief ['mɪstʃɪf] n **1** žala; blogybė, piktadarybė, bėda; **to do smb a ~ šnek.** sužeisti ką; padaryti kam nemalonumų; **to make ~ (between)** (su)kiršinti; **to be up to ~** sumanyti/daryti ką nors negera; **the ~ of it is that...** bėda ta, kad...; bloga tai, kad... **2** išdykumas; šelmiškumas; **full of ~** išdykęs, šelmiškas (apie akis ir pan.) **3** išdaigos, pokštai, išdykavimas (ypač vaikų); **to get into ~** išdykauti, krėsti išdaigas **4** šnek. išdykėlis, šelmis, eibininkas ◊ **what the ~ do you want?** ko, po velnių, jums reikia?
mischief-maker ['mɪstʃɪfˌmeɪkə] n nesantaikos/vaidų kėlėjas, intrigantas
mischievous ['mɪstʃɪvəs] a **1** piktas, blogas; žalingas; **~ tongues** pikti liežuviai **2** išdaigus, išdykęs, šelmiškas, išdykėliškas
misconceive [ˌmɪskən'siːv] v **1** neteisingai suprasti **2** neteisingai įsivaizduoti
misconception [ˌmɪskən'sepʃn] n neteisingas supratimas/manymas; klaidinga pažiūra
misconduct n [ˌmɪs'kɔndʌkt] **1** netinkamas/neetiškas pasielgimas **2** neištikimybė (santuokoje) **3** blogas (reikalų ir pan.) tvarkymas, aplaidumas; **pareig(yb)inis nusikaltimas; professional ~** profesinis aplaidumas
v [ˌmɪskən'dʌkt] **1** blogai elgtis **2** sulaužyti (santuokinę) ištikimybę **3** blogai tvarkyti (reikalus ir pan.)
misconstruction [ˌmɪskən'strʌkʃn] n neteisingas/klaidingas aiškinimas/interpretavimas
misconstrue [ˌmɪskən'struː] v neteisingai aiškinti/interpretuoti
miscount [ˌmɪs'kaunt] n neteisingas suskaičiavimas; apsiskaičiavimas, apsirikimas skaičiuojant
v neteisingai suskaičiuoti (pvz., balsus); apsiskaičiuoti
miscreant ['mɪskrɪənt] n **1** knyg. niekšas, piktadarys **2** psn. eretikas
a **1** knyg. ištvirkęs; niekšiškas **2** psn. eretiškas

miscreated

miscreated [ˌmɪskrɪ'eɪtɪd] *a* išsigimęs, luošas; bjaurus
misdate [ˌmɪs'deɪt] *v* neteisingai datuoti
misdeal [ˌmɪs'diːl] *n (kortų)* neteisingas (pa)dalijimas
 v (misdealt [ˌmɪs'delt]) **1** suklysti dalijant kortas **2** neteisingai elgtis
misdeed [ˌmɪs'diːd] *n* piktadarybė, nusikaltimas
misdemeanant [ˌmɪsdɪ'miːnənt] *n teis.* asmuo, padaręs baudžiamą nusikaltimą; nusižengėlis
misdemeano(u)r [ˌmɪsdɪ'miːnə] *n* **1** nusižengimas, išsišokimas **2** *teis.* baudžiamasis nusižengimas
misdiagnose [ˌmɪs'daɪəgnəuz] *v (ppr. pass)* neteisingai nustatyti diagnozę
misdirect [ˌmɪsdɪ'rekt] *v (ppr. pass)* **1** nukreipti neteisinga linkme **2** klaidingai adresuoti *(laišką ir pan.)* **3** *teis.* duoti klaidingus nurodymus *(prisiekusiesiems)*
misdirection [ˌmɪsdɪ'rekʃn] *n* neteisingas nukreipimas/nurodymas
misdoing [ˌmɪs'duːɪŋ] *n* piktadarybė; nusižengimas
misdoubt [ˌmɪs'daut] *psn. v* **1** abejoti **2** įtarti **3** nujausti bloga
mise-en-scène [ˌmiːzɔn'sen] *pr. n teatr.* mizanscena
miser ['maɪzə] *n* šykštuolis
miserable ['mɪzərəbl] *a* **1** labai nelaimingas; gailėtinas **2** menkas, skurdus, vargingas, pasigailėtinas; blogas *(apie koncertą, vaidybą);* ~ *income* menkos pajamos; ~ *life* varganas gyvenimas **3** blogas, nemalonus *(apie orą)* **4** liūdnas *(apie naujienas, įvykius ir pan.)*
miserably ['mɪzərəblɪ] *adv* **1** apgailėtinai; liūdnai; blogai **2** labai, baisiai
miserliness ['maɪzəlɪnɪs] *n* šykštumas
miserly ['maɪzəlɪ] *a* **1** šykštus **2** (niekingai) menkas, nežymus *(apie kiekį)*
misery ['mɪzərɪ] *n* **1** kančia, bėda **2** vargas, skurdas **3** *šnek. menk.* niurzglys, niurneklis, zirzlys *(t. p.* ~ *guts)* ◊ *to put smth/smb out of their* ~ a) pribaigti *(gyvulį);* b) *šnek.* paguosti, nuraminti
misfeasance [ˌmɪs'fiːzəns] *n teis.* piktnaudžiavimas valdžia
misfield [ˌmɪs'fiːld] *v* neteisingai pagauti/išmesti kamuolį *(krikete)*
misfire [ˌmɪs'faɪə] *n* **1** *kar.* užsikirtimas, neiššovimas **2** *tech. (variklio)* uždegimo pertrūkiai
 v **1** *kar.* užsikirsti, nesprogti, neiššauti **2** neužsivesti *(apie variklį)* **3** *prk.* neišdegti, nepasisekti *(apie planą ir pan.)*
misfit *n* ['mɪsfɪt] **1** blogai gulintis, netinkantis drabužis **2** kas nors nesėkminga/nepavykę **3** nepritapėlis, neprisitaikėlis; netinkantis *(kokiai profesijai ir pan.)*
 v [ˌmɪs'fɪt] netikti, blogai gulėti *(apie drabužį)*
misfortune [mɪs'fɔːtʃən] *n* nelaimė; nesėkmė ◊ ~ *s never come alone/singly* ≡ viena bėda – ne bėda, bėda bėdą veja
misgive [mɪs'ɡɪv] *v* (misgave [mɪs'ɡeɪv]; misgiven [mɪs'ɡɪvn]) sukelti nuogąstį, blogą nuojautą; nujausti negera
misgiving [ˌmɪs'ɡɪvɪŋ] *n (ppr. pl)* nuogąstavimas, būgštavimas, (blogas) nujautimas
misgovern [ˌmɪs'ɡʌvən] *v* blogai valdyti *(šalį ir pan.)*
misguidance [ˌmɪs'ɡaɪdəns] *n* neteisingas vadovavimas
misguide [ˌmɪs'ɡaɪd] *v* **1** suklaidinti **2** neteisingai nukreipti
misguided [ˌmɪs'ɡaɪdɪd] *a* **1** klaidingas; suklaidintas **2** nevykęs, neprotingas
mishandle [ˌmɪs'hændl] *v* **1** blogai elgtis *(su)* **2** blogai tvarkyti; neprižiūrėti
mishap ['mɪshæp] *n* nepasisekimas; nelaimingas nutikimas
mishear [ˌmɪs'hɪə] *v* (misheard [ˌmɪs'həːd]) nenugirsti; neteisingai išgirsti
mishit *sport. n* ['mɪshɪt] nepataikymas
 v [ˌmɪs'hɪt] (mishit) nepataikyti *(golfe, krikete ir pan.)*

mishmash ['mɪʃmæʃ] *n šnek.* mišinys, kratinys
misinform [ˌmɪsɪn'fɔːm] *v* dezinformuoti, neteisingai informuoti; dezorientuoti, suklaidinti
misinformation [ˌmɪsɪnfə'meɪʃn] *n* dezinformacija; dezorientacija
misinterpret [ˌmɪsɪn'təːprɪt] *v* klaidingai aiškinti/suprasti
misinterpretation [ˌmɪsɪntəːprɪ'teɪʃn] *n* klaidingas aiškinimas/supratimas
misjudge [ˌmɪs'dʒʌdʒ] *v* **1** susidaryti klaidingą nuomonę; neįvertinti **2** neteisingai vertinti/apskaičiuoti
misjudg(e)ment [ˌmɪs'dʒʌdʒmənt] *n* **1** klaidinga nuomonė **2** neįvertinimas; neteisingas apskaičiavimas
miskick *n* ['mɪskɪk] nepataikymas *(futbole)*
 v [ˌmɪs'kɪk] nepataikyti
mislay [ˌmɪs'leɪ] *v* (mislaid [ˌmɪs'leɪd]) padėti ne į vietą; nudėti, nukišti, pamesti
mislead [ˌmɪs'liːd] *v* (misled) **1** (su)klaidinti **2** apgauti, išvesti iš kelio
misleading [ˌmɪs'liːdɪŋ] *a* klaidinantis; apgaulingas
misled [ˌmɪs'led] *past ir pII žr.* **mislead**
mismanage [ˌmɪs'mænɪdʒ] *v* blogai valdyti/tvarkyti; gadinti
mismanagement [ˌmɪs'mænɪdʒmənt] *n* blogas valdymas/tvarkymas; neūkiškumas
mismarriage [ˌmɪs'mærɪdʒ] *n* nepavykusi santuoka
mismatch *v* [ˌmɪs'mætʃ] netikti; nesiderinti, blogai derėti
 n ['mɪsmætʃ] neatitikimas; nederėjimas
misname [ˌmɪs'neɪm] *v* ne tuo vardu, *ar* neteisingai, vadinti
misnomer [ˌmɪs'nəumə] *n* neteisingas vardo/termino vartojimas; neteisingas vardas/pavadinimas
misogynist [mɪ'sɔdʒɪnɪst] *n* moterų neapkentėjas
misogyny [mɪ'sɔdʒɪnɪ] *n* neapykanta moterims, moterų neapkentimas
misplace [ˌmɪs'pleɪs] *v* **1** padėti/pastatyti ne į savo vietą; nudėti **2** kalbėti/daryti ne laiku/ne vietoje
misplaced [ˌmɪs'pleɪst] *a* **1** padėtas ne vietoje **2** nukreiptas ne į tą, kuris to vertas *(apie jausmus)*
misprint *n* ['mɪsprɪnt] *n* spaudos klaida
 v [ˌmɪs'prɪnt] klaidingai išspausdinti
misprision [ˌmɪs'prɪʒn] *n* **1**: ~ *of treason/felony teis.* slėpimas *(nusikaltėlio);* nepranešimas *(apie nusikaltimą)* **2** *knyg.* neįvertinimas *(of)* **3** *psn.* panieka
misprize [mɪs'praɪz] *v psn.* **1** niekinti **2** neįvertinti
mispronounce [ˌmɪsprə'nauns] *v* neteisingai (iš)tarti
mispronunciation [ˌmɪsprəˌnʌnsɪ'eɪʃn] *n* neteisingas tarimas
misquote [ˌmɪs'kwəut] *v* neteisingai cituoti
misread [ˌmɪs'riːd] *v* (misread [ˌmɪs'red]) **1** neteisingai (per)skaityti; neteisingai aiškinti *(perskaitytą ir pan.)* **2** neteisingai suprasti
misreport [ˌmɪsrɪ'pɔːt] *v* neteisingai perteikti
misrepresent [ˌmɪsreprɪ'zent] *v* iškreipti, klaidingai nušviesti
misrepresentation [ˌmɪsreprɪzen'teɪʃn] *n* **1** neteisingas nušvietimas, iškraipymas **2** *teis.* neteisingas parodymas, melagingas tvirtinimas, klaidinimas
misrule [ˌmɪs'ruːl] *n* **1** blogas valdymas **2** netvarka, anarchija
 v blogai valdyti
miss[1] [mɪs] *n (dgn. M.)* **1** panelė, mis *(vart. prieš neištekėjusios moters pavardę)* **2** *juok., menk.* mergelė, panelė, mergiotė
miss[2] *n* **1** nepataikymas **2** nesėkmingas bandymas, nesėkmė **3** praleidimas, neatlikimas, netekimas *(ko); to give smth a* ~ *šnek.* praleisti ką, nepadaryti ko **4** = **misfire**

missal 573 **miter**

◊ *a ~ is as good as a mile* nesėkmė lieka nesėkme; vos per plauką nepasisekė
v **1** nepataikyti, prašauti; *he fired at the target but ~ed* jis šovė į taikinį, bet nepataikė **2** praleisti; pražiūrėti; neužgirsti; nesuprasti; *to ~ a promotion* negauti paaukštinimo; *to ~ an opportunity* praleisti progą; *I ~ed the house* aš praėjau tą namą; *you've ~ed the point* tu nesupratai, koks reikalas **3** praleisti *(paskaitas, pamokas ir pan.)*; pavėluoti *(į)*; *to ~ the train* pavėluoti į traukinį **4** praleisti *(žodžius, raides skaitant, rašant; t. p. ~ out)* **5** pasigesti; *when did you ~ your purse?* kada jūs pasigedote piniginės? **6** ilgėtis; *we ~ed you badly* mes baisiai jūsų pasiilgome **7** prarasti, netekti; *you didn't ~ much* tu nedaug praradai **8** išvengti; *he just ~ed being killed* jo vos neužmušė **9** *aut.* trūkčioti *(apie variklį)* □ *~ out* neturėti galimybės *(dalyvauti ir pan.)* ◊ *to ~ the boat/ bus šnek.* praleisti/prarasti progą
missal ['mɪsl] *n bažn.* mišiolas, mišių knyga
misshapen [ˌmɪs'ʃeɪpən] *a* iškrypęs; deformuotas
missile ['mɪsaɪl] *n* raketa; *ground-to-air ~* „žemė-oras" tipo raketa **2** svaidomasis daiktas/ginklas *(ietis, strėlė, sviedinys ir pan.)*
a **1** raketinis; *~ art* raketinė technika **2** svaidomasis, mėtomasis
missileman ['mɪsaɪlmæn] *n (pl* -men [-men]) *(tik v.) šnek.* raketininkas
missing ['mɪsɪŋ] *a* **1** nesantis, dingęs; *to go ~* dingti, prapulti; *~ in action kar.* dingęs be žinios **2** trūkstamas, pasigendamas; *there is a page ~* čia trūksta puslapio
n (the ~) pl kar. dingę be žinios
mission ['mɪʃn] *n* **1** *(prekybos, karinė)* misija; delegacija; *diplomatic ~* diplomatinė atstovybė, misija **2** misija, pavedimas, atsakingas uždavinys; komandiruotė **3** *(gyvenimo)* paskirtis, pašaukimas **4** *kar. av.* skrydis **5** *bažn.* misija; misionierių gyvenamoji vieta **6** *attr* misionierių
v **1** *(ppr. pass)* siųsti su pavedimu **2** dirbti misionieriaus darbą
missionary ['mɪʃənərɪ] *n* misionierius
a misionierių, misionieriškas
missis ['mɪsɪz] *n šnek.* **1** misis, ponia, šeimininkė *(kreipinys)* **2** *juok.* žmona
Mississipi [ˌmɪsɪ'sɪpɪ] *n* Misisipė *(JAV valstija ir upė)*
missive ['mɪsɪv] *n* **1** *knyg.* oficialus raštas/laiškas **2** *juok.* laiškas *(ypač išsamus, smulkus)*
Missouri [mɪ'zuərɪ] *n* Misuris *(JAV valstija ir upė)*
misspell [ˌmɪs'spel] *v* (misspelt [ˌmɪs'spelt], misspelled) (pa)rašyti su klaidomis; daryti rašybos klaidas
misspend [ˌmɪs'spend] v (misspent [ˌmɪs'spent]) veltui leisti, praleisti; tuščiai švaistyti
misstate [ˌmɪs'steɪt] *v* klaidingai pranešti; melagingai pareikšti/tvirtinti
misstatement [ˌmɪs'steɪtmənt] *n* neteisingas/melagingas pareiškimas/tvirtinimas
misstep [ˌmɪs'step] *n* klaidingas žingsnis; apsirikimas
missus ['mɪsɪz] *n* = **missis**
missy ['mɪsɪ] *n juok., menk., ret.* panaitė, panelė *(kreipinys į mergaitę)*
mist [mɪst] *n* **1** migla, rūkas; *Scotch ~* ūkana; dulksna, smulkus lietus; *lost in the ~s of time prk.* išnykęs praeities rūkuose *(apie paslaptis, faktus ir pan.)* **2** *prk.* migla akyse
v **1** ap(si)traukti migla, aprasoti *(t. p. ~ over/up)* **2**: *it ~s, it is ~ing* dulksnoja, dulkia

mistakable [mɪ'steɪkəbl] *a* lengvai supainiojamas/sumaišomas *(for – su)*
mistake [mɪ'steɪk] *n* klaida; suklydimas, apsirikimas; *by ~* per klaidą/apsirikimą; *to learn from one's ~s* mokytis iš savo klaidų; *to make a ~* padaryti klaidą, suklysti ◊ *and/ make no ~ šnek.* be abejo; tikrai, būtinai *(pabrėžiant)*
v (mistook; mistaken [mɪ'steɪkən]) **1** (su)klysti; neteisingai suprasti; *you are ~n* jūs klystate/apsirinkate; jus neteisingai suprato; *there is no mistaking* negalima apsirikti **2** supainioti, palaikyti *(ką kuo kitu; for)* ◊ *to ~ one's man* a) nusivilti žmogumi; b) kreiptis ne į tą žmogų
mistaken [mɪ'steɪkən] *a* **1** neteisus **2** klaidingai suprastas; klaidingas *(apie nuomonę, teiginį ir pan.)*; *a case of ~ identity teis.* klaidingas asmens tapatybės nustatymas
mistakenly [mɪ'steɪkənlɪ] *adv* klaidingai
mister ['mɪstə] *n* **1** *šnek.* misteris, ponas **2** *(ppr. M.)* misteris *(prieš vardą, pavardę, titulą; rašte vart. sutr.* **Mr***)*
v vadinti misteriu/ponu
mistime [ˌmɪs'taɪm] *v* **1** padaryti/pasakyti ne laiku **2** neteisingai apskaičiuoti/pasakyti laiką
mistiness ['mɪstɪnɪs] *n* miglotumas
mistletoe ['mɪsəltəu] *n bot.* amalas, laumės šluota *(naudojamas puošiant namus per Kalėdas Anglijoje)*
mistook [mɪ'stuk] *past žr.* **mistake** *v*
mistral ['mɪstrəl, mis'trɑːl] *n* mistralis *(šaltas vėjas, pučiantis iš šiaurės ir šiaurės vakarų P. Prancūzijoje)*
mistranslate [ˌmɪstræns'leɪt] *v* neteisingai išversti
mistreat [ˌmɪs'triːt] *v* = **maltreat**
mistress ['mɪstrɪs] *n* **1** šeimininkė *(t. p. prk.)*; savininkė; ponia; *~ of the house* namo šeimininkė; *you are ~ of the situation* jūs – padėties šeimininkė; *to be one's own ~* būti sau šeimininke, būti savarankiškai **2** *(ko)* meistrė; *a ~ of comedy* komedijos meistrė **3** mokytoja **4** meilužė **5** *psn.* misis, ponia *(prieš pavardę, vardą; sutr.* **Mrs.***)* **6** *psn., poet.* numylėtinė, mylimoji
mistrial [ˌmɪs'traɪəl] *n teis.* teismo procesas nesilaikant procesinių reikalavimų, neteisingas teismo procesas
mistrust [ˌmɪs'trʌst] *n* nepasitikėjimas; įtarimas
v nepasitikėti; įtariai žiūrėti *(į)*
mistrustful [ˌmɪs'trʌstfəl] *a* nepasitikintis; įtarus
misty ['mɪstɪ] *a* **1** miglotas *(t. p. prk.)*; ūkanotas; *~ idea* miglotas supratimas **2** aprasojęs **3** (ašarų) aptemdytas, ašarotas; *her eyes went all ~* ašaros aptemdė jos akis
misunderstand [ˌmɪsʌndə'stænd] *v* (misunderstood) neteisingai suprasti; nesuprasti; *to feel misunderstood* jaustis nesuprastam
misunderstanding [ˌmɪsʌndə'stændɪŋ] *n* **1** neteisingas supratimas **2** nesusipratimas; *(smulkus)* ginčas, nesutarimas
misunderstood [ˌmɪsʌndə'stud] *past ir pII žr.* **misunderstand**
misuse *n* [ˌmɪs'juːs] netinkamas vartojimas/naudojimas; piktnaudžiavimas; *the ~ of power* piktnaudžiavimas valdžia; *~ of funds* išeikvojimas
v [ˌmɪs'juːz] **1** netinkamai vartoti/naudoti; piktnaudžiauti **2** netinkamai pasielgti *(su)*
Mitchell ['mɪtʃəl] *n* Mičelas *(vardas)*
mite[1] [maɪt] *n* **1** kuklus įnašas **2** *šnek.* truputis; *a ~ shy* truputį drovus, drovokas; *not a ~* nė kiek **3** *šnek.* maža būtybė; *a ~ of a child* mažulėlis, mažytis **4** *ist.* grašis, pusskatikis
mite[2] *n zool.* erkė
miter ['maɪtə] *amer.* = **mitre**[1,2] *n, v*

mitigate ['mɪtɪgeɪt] *v* (su)švelninti, (su)mažinti *(bausmę, skausmą ir pan.)*; (nu)raminti; *mitigating circumstances* švelninančios aplinkybės

mitigation [ˌmɪtɪ'geɪʃn] *n* sušvelninimas, sumažinimas *(t. p. teis.)*; *in ~ teis.* norėdamas/siekdamas sušvelninti nusižengimą

mitigatory ['mɪtɪgeɪtərɪ] *a* **1** švelninantis **2** *med.* raminamasis

mitosis [maɪ'təʊsɪs] *n* (*pl* -ses [-si:z]) *biol.* netiesioginis ląstelės dalijimasis, mitozė

mitral ['maɪtrəl] *a anat.* dviburis, mitralinis *(apie širdies vožtuvą)*

mitre[1] ['maɪtə] *n* **1** *bažn.* mitra **2** vyskupo titulas
v suteikti/dovanoti mitrą

mitre[2] *spec. n* **1** nuožambis/užkarpa 45° kampu **2** gaubtuvas ant dūmtraukio, deflektorius
v jungti nuožambiu 45° kampu

mitre-wheel ['maɪtəwi:l] *n tech.* kūginis krumpliaratis

mitt [mɪt] (mitten *sutr.*) *n* **1** mitenė *(moteriška pirštinė be pirštų)*; puspirštinė **2** *šnek.* ranka; kumštis ◊ *to tip smb's ~ šnek.* a) sveikintis su kuo paduodant ranką; b) įspėti kieno ketinimus

mitten ['mɪtn] *n* **1** kumštinė pirštinė **2** = **mitt** 1, 2 ◊ *to get the ~* a) gauti neigiamą atsakymą, būti atstumtam *(apie besiperšantį)*; b) būti atleistam iš darbo

mittimus ['mɪtɪməs] *lot. n teis.* įsakymas uždaryti į kalėjimą; orderis suimti

mix [mɪks] *n* **1** sumaišymas **2** mišinys; maišalynė; maišatis **3** *(cemento, tešlos)* užmaišymas
v **1** maišyti, su(si)maišyti; mišti **2** paruošti *(sumaišant)*, užmaišyti *(cementą, tešlą)*; *to ~ a salad* paruošti salotas **3** jungti(s), (su)derinti; *to ~ business with pleasure* suderinti naudą su malonumu **4** (mokėti) bendrauti *(with)*; sukinėtis, maišytis *(draugijoje, tarp žmonių)* **5** *ž. ū.* mišrinti ☐ *~ up* a) (gerai) su(si)maišyti; b) (su)painioti; (su)maišyti, sugluminti *(with)*; c) įpainioti, įmaišyti; *pass* būti įpainiotam/įveltam *(in)*, būti įsipainiojusiam *(with)*

mixed [mɪkst] *a* **1** (su)maišytas; *of ~ blood* maišyto kraujo **2** mišrus; įvairus, įvairiarūšis; *~ forest [farming]* mišrus miškas [ūkis]; *~ school* mišri mokykla; *~ bathing* bendras pliažas; *~ train* prekininis-keleivinis traukinys; *~ vowel fon.* mišriosios/vidurinės eilės balsis, vidurinis balsis

mixed-up [ˌmɪkst'ʌp] *a* **1** įsipainiojęs *(in)* **2** susipainiojęs; *šnek.* apkvaišęs

mixer ['mɪksə] *n* **1** *šnek.* draugus, visuomeniškas žmogus *(t. p. good~)*; *bad ~* nemėgstantis bendrauti žmogus **2** *(kokteilio)* nealkoholinis komponentas **3** *tech.* maišytuvas, maišiklis; mikseris **4** *kin.* garso įrašymo technikas; garso operatorius **5** *amer.* pobūvis, pasilinksminimas

mix-in ['mɪksɪn] *n šnek.* peštynės, muštynės

mixture ['mɪkstʃə] *n* **1** su(si)maišymas **2** mišinys; maišalas **3** *farm.* mikstūra

mix-up ['mɪksʌp] *n šnek.* maišatis, makalynė; nesusipratimas *(over)*

miz(z)en ['mɪzn] *n jūr.* **1** bizanė, bizanburė *(t. p. ~ sail)* **2** bizanstiebis *(t. p. ~ mast)*

mizzle[1] ['mɪzl] *dial. n* purkšna, dulksna, smulkus lietus
v: *it ~s, it is mizzling* dulksnoja, lašnoja

mizzle[2] *v sl.* išsinešdinti, pasprukti

mnemonic [nɪ'mɒnɪk] *n* įsiminimo/mnemonikos priemonė
a mnemoniškas, mnemoninis

mnemonics [nɪ'mɒnɪks] *n* mnemonika

mo [məʊ] (moment *sutr.*) *šnek.*: *wait a mo!, half a mo!* palaukit minutėlę, vieną minutę!; *in a mo* tuojau, vienu akimirksniu

moan [məʊn] *n* **1** dejonė, aimana; *the ~ of the wind* vėjo staugimas **2** *šnek.* bėdojimas, dejavimas; *to have a ~* bėdoti
v **1** dejuoti, vaitoti, aimanuoti *(iš skausmo)* **2** *šnek.* bėdoti, dejuoti

moat [məʊt] *n* griovys *(ppr. pripildytas vandens; aplink pilį ir pan.)*
v (ppr. pass) apsupti grioviu

mob [mɒb] *n* **1** minia, tuntas, sambūris **2** *(the M.)* mafija **3** *šnek.* kompanija, draugė **4** *sl.* vagių/nusikaltėlių gauja; *swell ~* elegantiškai apsirengę kišenvagiai **5** *(the ~) psn.* prastuomenė **6** *austral. (avių, galvijų)* banda
v **1** būriuotis; grūstis *(kur)* **2** pulti, apsupti *(apie minią)*

mobcap ['mɒbkæp] *n ist.* moteriška kepuraitė *(dėvima namie)*

mobile ['məʊbaɪl] *a* **1** judrus, paslankus, galintis judėti; *~ shop* autoparduotuvė; *~ exhibition/show* kilnojamoji paroda; *he is ~ again* jis vėl ant kojų *(vaikščioja)* **2** gyvas, nepastovus *(apie veido išraišką)* **3** *kar.* mobilus, judamas; *~ army* judrioji/lauko kariuomenė; *~ warfare* manevrinis karas
n **1** gyvenamasis automobilis/autofurgonas *(t. p. ~ home)* **2** mobilaus ryšio telefonas *(t. p. ~ phone/telephone)*

mobility [məʊ'bɪlətɪ] *n* **1** judrumas, paslankumas; mobilumas; manevringumas **2** *(veido išraiškos)* gyvumas, nepastovumas **3** *fiz.* slankumas

mobilization [ˌməʊbɪlaɪ'zeɪʃn] *n* mobilizacija

mobilize ['məʊbɪlaɪz] *v* **1** mobilizuoti *(t. p. prk.)*; *to ~ resources* mobilizuoti atsargas **2** leisti (pinigus) į apyvartą

mobster ['mɒbstə] *n (ypač amer.)* banditas, gangsteris; gaujos narys

moccasin ['mɒkəsɪn] *n* **1** mokasinas *(apavas)* **2** *amer. zool.* skydasnukė gyvatė *(t. p. water ~)*

mocha ['mɒkə] *n* moka, kava *(t. p. ~ coffee)*

mock [mɒk] <*n, a, v*> *n* **1** išjuokimas; pajuoka; pajuokos objektas; *to make a ~ (of)* išjuokti **2** pamėgdžiojimas; parodija **3** *pl* kontroliniai egzaminai *(prieš tikruosius egzaminus)*
a netikras; apsimestinis, tariamas; *~ sun* menamoji saulė
v **1** pasijuokti, pašiepti, juoktis, tyčiotis *(at)*; išjuokti **2** pamėgdžioti; parodijuoti **3** versti niekais ☐ *~ up* a) *šnek.* vaizduoti; b) padaryti natūralaus dydžio modelį/maketą

mockers ['mɒkəz] *n pl*: *to put the ~ šnek.* sugadinti, suardyti *(planus ir pan.; on)*

mockery ['mɒkərɪ] *n* **1** pasityčiojimas, pasijuokimas, pašiepimas, išjuokimas; pajuoka; *to hold smb/smth to ~* išjuokti, pajuokti ką **2** parodija **3** pajuokos objektas; *to make a ~ (of)* daryti pajuokos objektu **4** bergždžias bandymas

mock-heroic ['mɒkhɪ'rəʊɪk] *n* komiškai herojinis stilius

mocking ['mɒkɪŋ] *a* pašaipus, pašaipingas *(apie juoką, šypsnį ir pan.)*

mockingbird ['mɒkɪŋbɜːd] *n zool.* amerikinis daugiakalbis strazdas

mock-up ['mɒkʌp] *n* natūralaus dydžio maketas/modelis

mod [mɒd] (modern *sutr.*) *šnek. n* **1** modernus jaunuolis; stileiva **2** *pl* šiuolaikinis jaunimas

modal 575 **moisten**

a modernus, madingas; stileiviškas; ~ *cons (namo, buto)* šiuolaikiniai patogumai *(skelbimuose ir juok.)*
modal ['məudl] *a* **1** *ret.* liečiantis formą *(o ne esmę)* **2** *spec.* modalus, modalinis; ~ *verb gram.* modalinis veiksmažodis **3** *muz.* tonacinis
n gram. modalinis veiksmažodis
modality [məu'dælətɪ] *n spec.* modalumas
mode [məud] *n* **1** *(veikimo, gyvenimo ir pan.)* būdas, metodas; režimas; *a spacecraft in the re-entry* ~ grįžtamojo režimo kosminis laivas; ~ *of production ekon.* gamybos būdas; ~ *of behaviour* elgesio tipas; ~ *leadership* vadovavimo stilius; ~ *of transport* transporto priemonė **2** *(darbinga, paniška ir pan.)* būsena, nuotaika **3** mada; maniera; *the latest* ~*s* naujausios mados **4** moda *(statistikoje ir fiz.)* **5** *muz.* tonacija **6** *amer. gram.* nuosaka
model ['mɔdl] <*n, a, v*> *n* **1** modelis, maketas; *outaway* ~ modelio sperspjūvis **2** modelis; *the latest* ~*s of cars* paskutiniai/naujausi automobilių modeliai **3** *(sektinas)* pavyzdys; *to take smb as one's* ~ imti ką pavyzdžiu **4** modelis, pozuotojas **5** drabužių demonstruotojas, manekenas
a **1** miniatiūrinis, sumažinto modelio **2** pavyzdinis; ~ *farm* pavyzdinis ūkis **3** pavyzdingas; ~ *student* pavyzdingas studentas
v (-ll-) **1** modeliuoti **2** (su)kurti pagal pavyzdį; sekti pavyzdžiu *(after, on);* **to** ~ *oneself (up) on smb* imti ką pavyzdžiu; **3** dirbti pozuotoju, pozuoti; dirbti manekenu, demonstruoti *(drabužius)* **4** (nu)lipdyti **5** *tech.* formuoti
model(l)er ['mɔdlə] *n* **1** modelininkas; modeliuotojas **2** lipdytojas
model(l)ing ['mɔdlɪŋ] *n* **1** atlikimas pagal modelį; modeliavimas **2** lipdyba **3** pozavimas *(fotografui, dailininkui)*
modem ['məudəm] *n* spec. vertiklis, modemas *(prietaisas kompiuterių telefoniniam ryšiui)*
moderate <*n, a, v*> *n* ['mɔdərət] nuosaikusis, nuosaikių pažiūrų žmogus *(ppr. politikoje)*
a ['mɔdərət] **1** vidutinis, vidutiniškas, pakenčiamas; nedidelis *(apie kiekį, jėgą);* **a man of** ~ *abilities* vidutinių gabumų žmogus **2** saikingas; susivaldantis, santūrus **3** *(ypač polit.)* nuosaikus, ne kraštutinis
v ['mɔdəreɪt] **1** padaryti nuosaikesnį/saikingesnį; sumažinti, apriboti **2** sumažėti; tapti nuosaikiam **3** tilti, rimti *(apie vėją ir pan.)* **4** tarpininkauti; vadovauti diskusijai
moderation [ˌmɔdə'reɪʃn] *n* **1** nuosaikumas; saikingumas; santūrumas, susivaldymas; *in* ~ saikingai; santūriai **2** sumažėjimas; sumažinimas **3** *fiz.* lėtinimas **4** *pl* pirmas egzaminas humanitarinių mokslų bakalauro laipsniui įgyti *(Oksfordo universitete)*
moderato [ˌmɔdə'rɑ:təu] *a, adv muz.* moderato
moderator ['mɔdəreɪtə] *n* **1** arbitras; tarpininkas **2** *(diskusijos ir pan.)* vedėjas, vadovas **3** egzamino stebėtojas *(Oksfordo, Kembridžo universitetuose)* **4** *tech.* reguliatorius **5** *fiz.* lėtiklis, moderatorius **6** *bažn.:* **M. of the Church of Scotland** Škotijos presbiterionų bažnyčios pirmininkas
modern ['mɔdən] *a* **1** šiuolaikinis, modernus; ~ *architecture* šiuolaikinė architektūra; *in* ~ *times* šiais laikais **2** dabartinis; naujausias, naujas; ~ *languages* dabartinės kalbos *(kaip priešprieša jau mirusioms)*
n **1** *(džn. pl)* naujųjų laikų žmogus; šiuolaikinis žmogus **2** (*the* ~*s*) *pl* šių dienų rašytojai/menininkai *ir pan.*
modern-day ['mɔdəndeɪ] *a attr* šių dienų, šiandieninis, šiandienis

modernism ['mɔdənɪzm] *n* **1** modernizmas; šiuolaikinės pažiūros/mados *ir pan.* **2** *kalb.* neologizmas
modernist ['mɔdənɪst] *n* modernistas
a modernistinis
modernistic [ˌmɔdə'nɪstɪk] *a* modernistinis
modernity [mɔ'də:nətɪ] *n* modernumas; modernybė
modernize ['mɔdənaɪz] *v* moderninti, modernizuoti
modest ['mɔdɪst] *a* **1** kuklus; *to be* ~ *about one's achievements* kalbėti kukliai apie savo pasiekimus **2** drovus **3** nedidelis, vidutinis *(apie kiekį ir pan.)* **4** kuklus, paprastas, be pretenzijų; ~ *flat* kuklus butas **5** padorus *(apie drabužį)*
modesty ['mɔdɪstɪ] *n* **1** kuklumas; *in all* ~ švelniai tariant **2** drovumas
modi ['məudaɪ] *pl žr.* **modus**
modicum ['mɔdɪkəm] *n* truputėlis, truputis; ~ *of comfort* minimalūs patogumai
modifiable ['mɔdɪfaɪəbl] *a* pakeičiamas, modifikuojamas
modification [ˌmɔdɪfɪ'keɪʃn] *n* **1** *(nedidelis)* pa(si)keitimas; modifikacija *(t. p. biol.)* **2** *kalb.* perkaita, umliautas
modifier ['mɔdɪfaɪə] *n* **1** *spec.* modifikatorius **2** *gram.* pažymimasis žodis; *adverbial* ~ aplinkybė
modify ['mɔdɪfaɪ] *v* **1** modifikuoti, *(nežymiai)* pakeisti **2** sušvelninti *(bausmę, reikalavimus, toną ir pan.)* **3** *kalb.* kaityti atsiradus umliautui **4** *gram.* pažymėti, apibrėžti
modish ['məudɪʃ] *a* madingas; stileiviškas
modiste [mɔ'di:st] *pr. n* **1** siuvėja **2** modistė
mods [mɔdz] *n (džn. M.) sutr. šnek.* = **moderation** 4
modular ['mɔdjulə] *a* **1** *spec.* modulinis **2** *tech.* agreguotas
modulate ['mɔdjuleɪt] *v spec.* moduliuoti
modulation [ˌmɔdju'leɪʃn] *n spec.* moduliacija
modulator ['mɔdjuleɪtə] *n spec.* moduliatorius
module ['mɔdju:l] *n* **1** *spec.* modulis; *crew* ~ *(kosminio laivo)* ekipažo sekcija; *monitor/warning* ~ įspėjimo signalizatorius **2** *(konstrukcijos ir pan.)* standartinis keičiamas elementas; *furniture* ~*s* sekciniai baldai
modulus ['mɔdjuləs] *n (pl* -li [-laɪ]) *fiz., mat.* modulis
modus ['məudəs] *lot. n (pl* modi) būdas; ~ *vivendi* a) gyvenimo būdas; b) *(priešiškų šalių)* laikinas susitarimas; ~ *operandi* veikimo būdas/planas
Mogadiscio [ˌmɔgə'di:ʃəu] *n* Mogadišas *(Somalio sostinė)*
moggie, moggy ['mɔgɪ] *n šnek.* katytė
Mogul ['məugəl] *n* **1** mongolas **2** *ist.* mogolas *(Didžiųjų Mogolų dinastijos atstovas; džn. the Great* ~) **3** *(m.) (kinematografijos, televizijos ir pan.)* magnatas
a **1** mongolų, mongoliškas **2** *ist.* Didžiųjų Mogolų
mohair ['məuhɛə] *n* moheris (**1** angorinių ožkų vilna **2** audinys iš angorinių ožkų vilnos)
Mohammed [məu'hæmed] *n rel.* Mahometas
Mohammedan [məu'hæmɪdn] *a* mahometonų, musulmonų
n mahometonas; musulmonas
Mohican ['məuɪkən] *n amer.* mohikanas *(indėnas)*
moiety ['mɔɪətɪ] *n teis., knyg.* pusė, dalis
moil [mɔɪl] *psn. n* **1** sunkus darbas; *prk.* kankynė **2** triukšmas; suirutė, painiava
v sunkiai dirbti *(džn.* **to toil and** ~)
moiré ['mwɑ:reɪ] *pr. n* muaras *(šilkinis audinys banguotu atspalviu)*
moist [mɔɪst] *a* **1** drėgnas; ~ *colours* akvareliniai dažai *(tūbose)* **2** lietingas, šlapias
moisten ['mɔɪsn] *v* **1** (su)drėkinti, (su)vilgyti, sušlapinti **2** (su)drėkti, sušlapti; drėgnėti

moisture ['mɔɪstʃə] *n* drėgmė, drėgnumas; **~ resisting** atsparus drėgmei

moisturize ['mɔɪstʃəraɪz] *v* palaikyti *(odos)* drėgnumą *(kosmetinėmis priemonėmis)*

moisturizer ['mɔɪstʃəraɪzə] *n* drėkinamasis kremas/losjonas

moke [məuk] *n sl.* **1** asilas **2** *austral.* kuinas

molar[1] ['məulə] *n* krūminis dantis
a krūminis *(apie dantį)*

molar[2] *a chem.* molinis, grammolekulinis

molasses [mə'læsɪz] *n* melasa, sirupas

mold [məuld] *amer.* = **mould**[1,2,3]

Moldavia [mɔl'deɪvɪə] *n ist.* Moldavija

Moldavian [mɔl'deɪvɪən] *a* moldavų
n **1** *ist.* moldavas **2** moldavų kalba

molder ['məuldə] *amer.* = **moulder**[1,2]

Moldova [mɔl'dəuvə] *n* Moldova, Moldavija

Moldovan [mɔl'dəuvən] *a* moldavų, moldaviškas; Moldovos, Moldavijos
n moldavas

mole[1] [məul] apgamas, intapas

mole[2] *n* **1** *zool.* kurmis **2** *šnek.* šnipas; slaptos informacijos tiekėjas

mole[3] *n* molas; damba

mole[4] *n chem.* molis, grammolekulė

mole-catcher ['məulˌkætʃə] *n* kurmių gaudytojas

mole-cricket ['məulˌkrɪkɪt] *n zool.* kurklys

molectronics [ˌməulek'trɔnɪks] *n fiz.* molekulinė elektronika

molecular [mə'lekjulə] *a fiz., chem.* molekulinis

molecule ['mɔlɪkju:l] *n* molekulė

molehill ['məulhɪl] *n* kurmiarausis

moleskin ['məulskɪn] *n* **1** kurmio kailis **2** *tekst.* moleskinas **3** *pl* moleskininės kelnės

molest [mə'lest] *v* **1** kėsintis išžaginti/išprievartauti; tvirkinti *(vaiką)* **2** (įkyriai) kabinėtis, kibti *(prie);* (už)pulti, (už)puldinėti

molestation [ˌməule'steɪʃn] *n* **1** priekabiavimas; kėsinimasis išžaginti/išprievartauti **2** kabinėjimasis, kibimas *(prie); (praeivio ir pan.)* užpuolimas

molester [mə'lestə] *n (moterų)* prievartautojas; *(vaikų)* tvirkintojas

moll [mɔl] *n sl.* **1** kekšė **2** *(ypač amer.)* gangsterio meilužė

mollification [ˌmɔlɪfɪ'keɪʃn] *n* sušvelninimas, nuraminimas

mollify ['mɔlɪfaɪ] *v* (su)švelninti, (su)minkštinti, (nu)raminti

mollusc ['mɔləsk] *n zool.* moliuskas

mollusk ['mɔləsk] *n amer.* = **mollusc**

molly ['mɔlɪ] *n (tik v.) šnek.* lepūnėlis, išlepėlis, ištižėlis, boba *(t. p.* **Miss M.***)*

mollycoddle ['mɔlɪˌkɔdl] *n* = **molly**
v lepinti(s), paikinti

Moloch ['məulɔk] *n* **1** *mit.* Molochas *(t. p. prk.)* **2** *(m.) zool.* molochas *(Australijos driežas)*

molt [məult] *amer.* = **moult** *v, n*

molten ['məultən] *a* susilydęs, išlydytas *(apie metalą, lavą)*

molto ['mɔltəu] *adv muz.* labai, molto

Moluccas [mə'lʌkəz] *n* Molukų salos

molybdenite [mə'lɪbdənaɪt] *n min.* molibdenitas

molybdenum [mə'lɪbdənəm] *n chem.* molibdenas

mom [mɔm] *n* (momma *sutr.*) *amer. šnek.* mama

mom-and-pop ['mɔmənˌpɔp] *a attr amer. šnek.* mamos ir tėčio, šeimyninis *(apie smulkų biznį ir pan.)*

moment ['məumənt] *n* **1** momentas; akimirka, akimirksnis; **at/for the ~** šiuo momentu/metu; **at any ~** bet kuriuo momentu; **for a ~** a) minutėlę; b) nė kiek *(netikėti ir pan.);* **just a ~!** (palaukit) minutėlę!; **in a ~** viena akimirka, akimirksniu; **this ~** a) tučtuojau; b) ką tik *(t. p.* **just this ~***);* **to the (very) ~** tiksliai *(nurodytu laiku);* **one ~, half a ~** tuojau, tuojau pat **2**: **the ~ (that)...** kai tik... **3** svarba, reikšmė; **a man of the ~** šiuo metu įtakingas žmogus; **a decision of great ~** svarbus nutarimas; **to be of no ~** neturėti reikšmės **4** proga; **big ~** gera proga **5** *fiz.* momentas ◊ **~ of truth** a) lemiamas momentas *(bulių kovoje);* b) kritiška padėtis; **never a dull ~** *(džn. juok.)* nėra kada nuobodžiauti; nė minutės laisvo laiko

momenta [məu'mentə] *pl žr.* **momentum**

momentarily ['məumənt°rɪlɪ] *adv* **1** akimirksniu **2** *amer.* tuojau pat; kiekvieną minutę, kiekvienu momentu

momentary ['məumənt°rɪ] *a* **1** akimirką trunkantis, momentalus; akimirksnio; **~ verb** momentinis/akimirkos veiksmažodis; **~ centre** momentinis centras **2** greit praeinantis, trumpalaikis

momently ['məuməntlɪ] *adv knyg.* **1** kas minutę, kiekvienu momentu; bet kurią minutę **2** akimirksniu

momentous [məu'mentəs] *a* reikšmingas, svarbus, įsimintinas

momentum [məu'mentəm] *n (pl* momenta) **1** *fiz.* momentas; judesio kiekis **2** impulsas; *prk.* varomoji jėga ◊ **to grow in ~** stiprėti; **to gain/gather ~** įsibėgėti; įsismaginti; **to lose ~** (su)lėtėti

momma, mommy ['mɔmə, 'mɔmɪ] *n (ypač amer.) šnek.* mama

monachal ['mɔnəkl] *a* vienuoliškas

Monaco ['mɔnəkəu] *n* Monakas *(kunigaikštystė)*

monad ['mɔnæd] *n* **1** *chem.* vienvalentis elementas **2** *biol.* vienaląstis organizmas **3** *filos.* monada

monandry [mɔ'nændrɪ] *n* monandrija, vienvyrystė

monarch ['mɔnək] *n* monarchas; valdovas *(t. p. prk.)*

monarchal, monarchic(al) [mə'nɑ:kl, mə'nɑ:kɪk(l)] *a* monarchinis; monarchistinis

monarchism ['mɔnəkɪzm] *n* monarchizmas

monarchist ['mɔnəkɪst] *n* monarchistas

monarchy ['mɔnəkɪ] *n* monarchija

monastery ['mɔnəstrɪ] *n (vyrų)* vienuolynas

monastic [mə'næstɪk] *a* **1** vienuolynų **2** vienuolių; vienuoliškas
n vienuolis

Monday ['mʌndɪ] *n* pirmadienis ◊ **Black ~** *mok. sl.* pirmoji (užsiėmimų) diena po atostogų; **to keep Saint ~** *juok.* pagiriojant nedirbti pirmadienį

mondayish ['mʌndɪɪʃ] *a šnek.* mažai darbingas po sekmadienio

Mondays ['mʌndɪz] *adv* pirmadieniais

monetarism ['mʌnɪtərɪzm] *n fin.* monetarizmas

monetary ['mʌnɪt°rɪ] *a* **1** piniginis; monetarinis **2** valiutinis

monetize ['mʌnɪtaɪz] *v* **1** nustatyti monetų metalo turinį **2** paleisti į apyvartą *(pinigus)* **3** perkalti į monetas *(metalą)*

money ['mʌnɪ] *n* **1** *(tik sg)* pinigai; **black ~** nelegalios pajamos *(slepiamos nuo apmokestinimo);* **broken ~** smulkūs pinigai; **caution ~** piniginis užstatas; **front ~** avansu užmokėti pinigai; **funny ~** neteisėtai išspausdinti pinigai **2** *(pl ~s)* piniginės sistemos **3** *pl* (monies) *teis., psn.* pinigų sumos, fondai ◊ **to be in the ~** a) išlošti; b) *(staiga, nelauktai)* praturtėti; **~ makes the mare (to) go** ≡ už pinigus ir velnias kazoką šoka; **~ makes ~** pinigas pinigą pelno; **~ to burn** ≡ pinigų kaip šieno; **~ for jam, ar old rope** lengvai uždirbti pinigai; **for my ~** aš nė kiek neabejoju; mano nuomone; **I'd put ~ on it** galiu lažintis (iš ko tik nori)

moneybags ['mʌnɪbægz] *n šnek.* piniguočius, pinigų maišas
money-box ['mʌnɪbɔks] *n* taupyklė
money-changer ['mʌnɪˌtʃeɪndʒə] *n* pinigų keitėjas
moneyed ['mʌnɪd] *a* **1** pinigingas, turtingas **2** piniginis
moneygrabber ['mʌnɪgræbə] *n* = **money-grubber**
money-grubber ['mʌnɪgrʌbə] *n* gobšas, gobšuolis, goduolis
money-grubbing ['mʌnɪgrʌbɪŋ] *a* godus, gobšus
moneylender ['mʌnɪˌlendə] *n* palūkininkas, lupikautojas
moneyless ['mʌnɪləs] *a* bepinigis
moneymaker ['mʌnɪˌmeɪkə] *n* **1** turto krovėjas; gobšuolis **2** pelningas dalykas/reikalas
money-order ['mʌnɪˌɔ:də] *n* pašto perlaida
money-spinner ['mʌnɪˌspɪnə] *n* pelningas dalykas *(knyga, filmas ir pan.)*
money's-worth ['mʌnɪz'wə:θ] *n* tai, kas pateisina išleistus pinigus *(ppr.* **one's ~***)*
moneywort ['mʌnɪwə:t] *n bot.* šilingė
monger ['mʌŋgə] *n* prekiautojas, pirklys *(ypač sudurt. žodžiuose);* **fishmonger** prekiaujantis žuvimi; **newsmonger** *iron.* liežuvautojas
Mongol ['mɔŋgəl] *n* **1** mongolas **2** mongolų kalba *a* mongolų, mongoliškas; Mongolijos
Mongolia [mɔŋ'gəulɪə] *a* Mongolija *(šalis)*
Mongolian [mɔŋ'gəulɪən] = **Mongol** *n, a*
mongoose ['mɔŋgu:s] *n zool.* mangusta
mongrel ['mʌŋgrəl] *n* mišrūnas, hibridas, maišytos veislės/rūšies gyvulys/augalas
a mišrus, negrynakraujis
Monica ['mɔnɪkə] *n* Monika *(vardas)*
monicker ['mɔnɪkə] *n* = **moniker**
monied ['mʌnɪd] *a* pinigingas
monies ['mʌnɪz] *pl žr.* **money** 3
moniker ['mɔnɪkə] *n juok. (kieno)* pravardė, vardas
monism ['mɔnɪzm] *n filos.* monizmas
monistic [mɔ'nɪstɪk] *a filos.* monistinis
monition [mə'nɪʃn] *n 1 knyg.* įspėjimas, perspėjimas **2** *bažn.* pamokymas; kvietimas į teismą
monitor ['mɔnɪtə] *n* **1** vyresnysis mokinys *(atsakingas už ką); (klasės)* seniūnas **2** užsienio radijo stočių klausytojas *(žvalgybos tikslais)* **3** *fiz., rad., tel., med.* monitorius, kontrolės prietaisas; **radiation ~** kontrolinis dozimetras; **~ station** kontrolės punktas **4** *jūr. ist.* monitorius *(šarvuotas karo laivas)* **5** *tech.* hidromonitorius, vandensvydis **6** *komp.* valdančioji programa *(t. p.* **~ program)** **7** *stat.* stoglangis **8** *zool.* varanas *(t. p.* **~ lizard)**
v **1** kontroliuoti, tikrinti *(t. p. radijo stočių darbą)* **2** klausyti ir pranešti *(apie užsienio radijo laidas, telefoninius pokalbius ir pan.)* **3** *fiz.* tikrinti žmogui kenksmingo radioaktyvumo buvimą; atlikti dozimetrinę kontrolę
monitorial [ˌmɔnɪ'tɔ:rɪəl] *a* pamokomas
monitory ['mɔnɪtərɪ] *a knyg.* perspėjamasis, įspėjamasis
monk [mʌŋk] *n (tik v.)* vienuolis; **black ~** benediktinas
monkery ['mʌŋkərɪ] *n* **1** vienuolyno/vienuolio gyvenimas **2** *kuop.* vienuoliai **3** vienuolynas
monkey ['mʌŋkɪ] *n* **1** *zool.* beždžionė **2** *juok.* išdykėlis **3** *tech. (poliakalės)* tvoklė, meška **4** molinis siauragurklis ąsotis **5** *šnek.* 500 svarų sterlingų; *amer.* 500 dolerių ◊ **~ business** *šnek.* kvailystės, išdaigos, suktybės; nerimtas/nešvarus reikalas; **to make a ~ (out) of smb** *šnek.* apmulkinti, apkvailinti ką; **to have a ~ on one's back** *šnek.* turėti didelę bėdą, *ypač* būti narkomanu; **to put smb's ~ up** įpykinti ką; **to get one's ~ up** įpykti

v juoktis *(iš);* (pa)mėgdžioti; beždžioniauti □ **~ about/ around** *šnek.* a) kvailioti, išdykauti; b) nagus kišti, lįsti *(with – prie)*
monkey-bread ['mʌŋkɪbred] *n* baobabas *(medis ir vaisius)*
monkey-gaff ['mʌŋkɪgæf] *n jūr.* signalinis gafelis
monkeyish ['mʌŋkɪɪʃ] *a* **1** beždžioniškas, beždžioninis **2** išdykaujantis, išdykęs
monkey-jacket ['mʌŋkɪˌdʒækɪt] *n* jūreiviška palaidinė
monkey-nut ['mʌŋkɪnʌt] *n šnek.* žemės riešutas, arachis
monkey-puzzle ['mʌŋkɪˌpʌzl] *n bot.* araukarija
monkeyshines ['mʌŋkɪʃaɪnz] *n pl amer. šnek.* kvailystės, išdaigos, suktybės
monkey-wrench ['mʌŋkɪrentʃ] *n tech.* skečiamasis veržlėraktis ◊ **to throw a ~ in the works** *amer. šnek.* ≡ kišti/ kaišioti pagalius į ratus
monkhood ['mʌŋkhud] *n* **1** vienuolystė **2** *kuop.* vienuolija, vienuoliai
monkish ['mʌŋkɪʃ] *a (džn. menk.)* vienuoliškas; vienuolio
monkshood [ˌmʌŋkshud] *n bot.* kurpelė
mono ['mɔnəu] *n (pl ~*s [-z]*) n* monofoninis įrašas/plokštelė *ir pan.*
a monofoninis
mono- ['mɔnəu-] *(sudurt. žodžiuose)* mono-, vien(a)-; **monocular** monokulinis, vienakis
monobasic [ˌmɔnəu'beɪsɪk] *a chem.* vienbazis
monochromatic [ˌmɔnəkrəu'mætɪk] *a* vienspalvis, monochromatinis
monochrome ['mɔnəkrəum] *n* **1** vienspalviškumas **2** vienspalvis paveikslas/fotografija *ir pan.*
a vienspalvis
monocle ['mɔnəkl] *n* monoklis
monocoque ['mɔnəkɔk] *n aut., av.* monokokas
monocotyledon ['mɔnəuˌkɔtɪ'li:dən] *n bot.* vienskiltis augalas
monocracy [mə'nɔkrəsɪ] *n* vienvaldystė
monoculture ['mɔnəukʌltʃə] *n spec.* monokultūra
monodrama ['mɔnəudrɑ:mə] *n teatr.* monodrama
monoecious [mɔ'ni:ʃəs] *a bot.* vienanamis
monogamist [mə'nɔgəmɪst] *n* vienpatystės šalininkas
monogamous [mə'nɔgəməs] *a* monogaminis
monogamy [mə'nɔgəmɪ] *n* vienpatystė, monogamija
monogram ['mɔnəgræm] *n* monograma
monograph ['mɔnəgrɑ:f] *n* monografija
monokini [ˌmɔnəu'ki:nɪ] *n* labai trumpos maudymosi kelnaitės
monolingual [ˌmɔnəu'lɪŋgwəl] *a* vien(a)kalbis
monolingualism [ˌmɔnəu'lɪŋgwəlɪzm] *n kalb.* vienkalbystė, monolingvizmas
monolith ['mɔnəlɪθ] *n* monolitas
monolithic [ˌmɔnə'lɪθɪk] *a* monolitinis *(t. p. prk.)*
monologue ['mɔnəlɔg] *n* monologas
monomania [ˌmɔnəu'meɪnɪə] *n med.* monomanija *(manija su vienu patologiniu potraukiu)*
monomaniac [ˌmɔnəu'meɪnɪæk] *n* maniakas
monomer ['mɔnəmə] *n chem.* monomeras
monomial [mɔ'nəumɪəl] *mat. n* vienānaris
a vienanāris
mononucleosis [ˌmɔnəunju:klɪ'əusɪs] *n amer. med.* infekcinė mononukleozė
monophase ['mɔnəfeɪz] *a el.* vienfazis
monophthong ['mɔnəfθɔŋ] *n fon.* vienbalsis, monoftongas
monoplane ['mɔnəpleɪn] *n av.* monoplanas, viensparnis lėktuvas

monopolist [mə'nɔpəlɪst] *n* **1** monopolistas **2** monopolijų sistemos šalininkas
monopolistic [mə͵nɔpə'lɪstɪk] *a* monopolistinis
monopolize [mə'nɔpəlaɪz] *v* **1** monopolizuoti **2** visiškai užvaldyti *(mintis ir pan.)*; atimti *(visą laiką)*
monopoly [mə'nɔpəlɪ] *n* monopolija; monopolis
monorail ['mɔnəᵘreɪl] *n tech.* vienbėgis geležinkelis
monosexual [͵mɔnə'seksʃuəl] *a* **1** skirtas vienos lyties asmenims *(apie mokyklas ir pan.)* **2** *bot.* vienlytis
monospaced [͵mɔnəᵘ'speɪst] *a*: ~ *font* fiksuoto pločio šriftas
monosyllabic [͵mɔnəsɪ'læbɪk] *a* **1** *kalb.* vienskiemenis **2** mažai ir šiurkščiai kalbantis, šiurkštus
monosyllable ['mɔnə͵sɪləbl] *n kalb.* vienskiemenis žodis ◊ *to speak [to answer] in ~s* kalbėti [atsakinėti] trumpai
monotheism ['mɔnəᵘθi:ɪzm] *n* monoteizmas, viendievystė
monotheistic [͵mɔnəᵘθi:'ɪstɪk] *a* monoteistinis
monotone ['mɔnətəun] *n* **1** monotoniškumas, vienodumas **2** monotoniškas kalbėjimas/skaitymas
a = **monotonous**
monotonic [͵mɔnəᵘ'tɔnɪk] *a* monotoninis *(t. p. mat.)*
monotonous [mə'nɔtªnəs] *a* monotoniškas, vienodas; nuobodus
monotony [mə'nɔtªnɪ] *n* monotonija, monotoniškumas, vienodumas; nuobodumas
monotype ['mɔnətaɪp] *n* **1** *biol.* *(genties, tipo)* vienintelis atstovas **2** *poligr.* monotipas
monoxide [mə'nɔksaɪd] *n chem.* viendeginis, monoksidas
Monrovia [mən'rəuvɪə] *n* Monrovija *(Liberijos sostinė)*
Monseigneur [͵mɔnsen'jə:] *pr. n* monsinjoras *(titulas)*
Monsieur [mə'sjə:] *pr. n* (*pl* Messieurs) mesjė; ponas, tamsta *(kreipiantis į prancūzą)*
Monsignor [mɔn'si:njə] *it. n* monsinjoras *(kreipiantis į aukštosios katalikų dvasininkijos atstovą)*
monsoon [mɔn'su:n] *n* **1** musonas *(vėjas)* **2** lietų sezonas *(P. Azijoje)*
monster ['mɔnstə] *n* **1** pabaisa, baisūnas, baisenybė; *sea ~* jūrų pabaisa **2** išsigimėlis, bjaurybė, šėtonas *(apie žmogų)*
a attr milžiniškas, didžiulis; *~ meeting/rally* masinis mitingas/susirinkimas
monstrance ['mɔnstrəns] *n bažn.* monstrancija
monstrosity [mɔn'strɔsətɪ] *n* **1** baisingumas, siaubingumas **2** išsigimėlis; bjaurus daiktas/pastatas
monstrous ['mɔnstrəs] *a* **1** siaubingas, baisus **2** išsigimęs; bjaurus; žvėriškas **3** milžiniškas, didžiulis **4** absurdiškas
montage ['mɔntɑ:ʒ] *pr. n kin.* montažas; *fot.* fotomontažas
Montana [mɔn'tænə] *n* Montana *(JAV valstija)*
montane ['mɔnteɪn] *a* **1** kalnuotas **2** kalnų
Montenegro [͵mɔntɪ'ni:grəu] *n* Juodkalnija *(respublika)*
Montevideo [͵mɔntɪvɪ'deɪəu] *n* Montevidėjas *(Urugvajaus sostinė)*
Montezuma's [͵mɔntɪ'zu:məz] *n:* ~ *revenge* juok. Montecumos kerštas *(turistų viduriavimas Meksikoje)*
month [mʌnθ] *n* mėnuo; *~ by ~* mėnuo po mėnesio ◊ *a ~ of Sundays šnek.* ≡ marios laiko; nežinia kada; *for a ~ of Sundays* amžinybę
monthly ['mʌnθlɪ] <*a, adv, n*> *a* mėnesinis
adv kas mėnesį, kartą per mėnesį
n **1** mėnesinis žurnalas, mėnraštis **2** *pl* mėnesinės, menstruacijos
Montreal [͵mɔntrɪ'ɔ:l] *n* Monrealis *(Kanados miestas)*
monument ['mɔnjumənt] *n* paminklas; monumentas; antkapis; *ancient ~s* senovės/istoriniai paminklai; *national ~* valstybės saugomas paminklas

monumental [͵mɔnju'mentl] *a* **1** paminklinis; įamžinantis; *~ mason* meistras, darantis paminklus/antkapius **2** monumentinis; monumentalus **3** nuostabus, didžiulis, nepaprastas
monumentalist [͵mɔnju'mentəlɪst] *n* skulptorius monumentalistas
monumentalize [͵mɔnju'mentəlaɪz] *v* įamžinti
monumentally [͵mɔnju'mentªlɪ] *adv* monumentaliai; nepaprastai
moo [mu:] <*n, v, int*> *n* mūkimas, baubimas
v mūkti, baubti *(apie karves)*
int mū, bū
mooch [mu:tʃ] *v (ypač amer.) šnek.* vagiliauti, prašinėti; išprašyti *(from – iš)* □ *~ about/around šnek.* šlaistytis, trainiotis, vaikštinėti
mood¹ [mu:d] *n* **1** nuotaika; *a man of ~s* nuotaikos žmogus; *to be in a good ~* būti geros nuotaikos; *when/as the ~ takes him* žiūrint kokia jo nuotaika **2** nusiteikimas, ūpas *(for)*; *in the ~ (+ to inf; for)* nusiteikęs *(ką daryti)*; *in no ~* nenusiteikęs *(ką daryti)*; *I'm not in the ~ for playing, ar to play* aš neturiu ūpo žaisti
mood² *n gram.* nuosaka
moody ['mu:dɪ] *a* **1** nepastovios nuotaikos **2** paniuręs, niūrus, blogos nuotaikos; *he's ~ today* jis šiandien blogos nuotaikos
moola, moolah ['mu:lə] *n amer. sl.* pinigai
moon [mu:n] *n* **1** mėnulis; *full ~* (mėnulio) pilnatis; *new ~* jaunas mėnulis; *the waning ~* delčia; *hunter's ~* pilnatis po rudens ekvinokcijos **2** *astr.* *(planetos)* palydovas **3** *poet.* mėnuo ◊ *to bay (at) the ~* tuščiai stengtis; ≡ loti į mėnulį; *to cry/ask for the ~* prašyti/norėti negalimo dalyko; *to aim/level at the ~* turėti per dideles pretenzijas, pernelyg aukštai siekti; *to promise smb the ~* ≡ pažadėti kam aukso kalnus; *to throw a ~, amer. to shoot the ~ šnek.* parodyti nuogą užpakalį; *over the ~ šnek.* ≡ kaip septintame danguje; nepaprastai nudžiugęs/laimingas; *once in a blue ~* labai retai
v šnek. **1** regzti nerealias svajones *(over)* **2** parodyti nuogą užpakalį □ *~ about/around šnek.* vaikščioti lyg apspangus; *~ away* leisti laiką svajose, prasvajoti
moonbeam ['mu:nbi:m] *n* mėnulio spindulys, mėnesienos juosta
moon-blindness ['mu:n͵blaɪndnɪs] *n med.* vištakumas
mooncalf ['mu:nkɑ:f] *n* idiotas; apsigimęs kvailys, apsigimėlis
mooneye ['mu:naɪ] *n vet. (arklio)* periodiškas akių uždegimas **2** = **moon-blindness**
moon-eyed ['mu:naɪd] *a* **1** sergantis vištakumo liga; sergantis akių uždegimu *(apie arklius)* **2** plačiai atvertomis/išpūstomis akimis *(iš baimės, nustebimo ir pan.)*
moon-faced ['mu:nfeɪst] *a* apskritaveidis
moonfish ['mu:nfɪʃ] *n zool.* mėnulžuvė
moonless ['mu:nləs] *a* be mėnulio, nemėnesėtas
moonlight ['mu:nlaɪt] *n* mėnesiena, mėnulio šviesa ◊ *to do a ~ šnek.* išsikraustyti *(iš buto/viešbučio naktį)* nesumokėjus nuomos
v šnek. papildomai uždarbiauti *(ypač vakarais)*; dirbti nelegaliai, nemokant mokesčių
moonlit ['mu:nlɪt] *a attr* mėnesėtas, mėnulio apšviestas; *~ night* mėnesiena *(naktis)*
moonscape ['mu:nskeɪp] *n* **1** Mėnulio landšaftas **2** dykvietė *(panašiu į Mėnulio paviršiumi)*
moonshee ['mu:nʃi:] *ind. n* vertėjas; vietinės kalbos mokytojas

moonshine ['muːnʃaɪn] *n* **1** fantazija; nesąmonė **2** *(ypač amer.) šnek.* naminė *(degtinė),* krūminė; kontrabandinis spiritas **3** *ret., poet.* mėnesiena
moonshiner ['muːnˌʃaɪnə] *n amer. šnek.* **1** degtindaris **2** *(spirito)* kontrabandininkas
moonshot ['muːnʃɔt] *n* erdvėlaivio paleidimas į Mėnulį
moonsif(f) ['muːnsɪf] *ind. n* teisėjas indas
moonstone ['muːnstəun] *n min.* mėnulio akmuo
moonstruck ['muːnstrʌk] *a šnek.* pakvaišęs
moonwort ['muːnwəːt] *n bot.* **1** (paprastasis) varpenis **2** blizgė
moony ['muːnɪ] *a* **1** mėnulio, mėnuliškas **2** mėnulio šviesos (apšviestas) **3** užsisvajojęs, svajingas; *~ eyes* didelės svajingos akys
Moor [muə] *n* **1** marokietis **2** *ist.* mauras
moor[1] [muə] *n* viržynė, viržiais apaugusi dykynė; durpynas *(t. p. low-lying ~)*
moor[2] *v jūr.* švartuoti(s); pritvirtinti, pririšti *(laivą, valtį)*
moorage ['muərɪdʒ] *n jūr.* **1** švartavimas(is); prieuostis, priplaukimo vieta **2** mokestis už laivo stovėjimo vietą
moorcock ['muəkɔk] *n zool.* škotinis kurapkinas
moorfowl ['muəfaul] *n zool.* škotinė kurapka *(patelė ar patinas)*
moorgrass ['muəgrɑːs] *n bot.* **1** (melsvoji) melvenė **2** (siauralapis) švylys
moorhen ['muəhen] *n zool.* nendrinė vištelė
mooring ['muərɪŋ] *n jūr.* **1** laivų švartavimosi/stovėjimo vieta **2** *pl* švartfalai, lynai *(laivui pririšti);* inkaro grandinės, statinaitės *ir pan.*
Moorish ['muərɪʃ] *a* maurų, mauriškas
moorland ['muələnd] *n* viržynė
moose [muːs] *n (pl ~) zool.* briedis
moot [muːt] *<n, a, v> n* **1** *ist.* laisvų piliečių susirinkimas *(aptariantis bendruomenės reikalus Anglijoje)* **2** *amer. teis.* mokomasis teismo procesas *(juridinėse mokyklose; t. p. ~ court)*
a ginčijamas, neišspręstas; *~ point/question* ginčijamas/sunkus klausimas
v iškelti *(klausimą diskusijai);* diskutuoti
mooted ['muːtɪd] *a* **1** iškeltas svarstymui **2** *amer.* ginčijamas
mop[1] [mɔp] *n* **1** šluostas; plaušinė šluota **2** *(plaukų)* kuokštas, gaurai **3** šluostymas
v **1** šluostyti; valyti **2** (nu)braukti, (nu)šluostyti *(prakaitą, ašaras; t. p. ~ away)* ☐ *~ down* išplauti, nuplauti *(grindis, denį); ~ up* a) išsluostyti; išvalyti; b) *šnek.* (pra)ryti, suryti; c) *šnek.* susidoroti, užbaigti; pribaigti, sumušti; d) *kar.* išvalyti *(užgrobtą teritoriją, nepaliekant joje priešininkų)* ◊ *to ~ the earth/ground/floor with smb šnek.* priversti ką būti paklusnų, žeminti ką; sutriuškinti ką
mop[2] *n: ~s and mows* grimasos
v: to ~ and mow vaipytis, daryti grimasas
mope [məup] *n* **1** nusiminėlis, melancholikas **2** *(the ~s) pl* nusiminimas, melancholija
v būti prislėgtam/nusiminusiam/apatiškam, niūroti *(džn. ~ by oneself)* ☐ *~ about/around* niūrinėti
moped ['məuped] *n* mopedas
mophead ['mɔphed] *n šnek.* susivėlėlis, gauruočius
mopish ['məupɪʃ] *a* nusiminęs, paniuręs, niūrus
moppet ['mɔpɪt] *n šnek. maž.* vaikelis, mažutėlis
moquette [mɔ'ket] *pr. n tekst.* moketas *(audinys kilimams ir baldams apmušti)*
moraine [mə'reɪn] *n geol.* morena

moral ['mɔrəl] *n* **1** pamokymas, moralas; *the ~ of a fable* pasakėčios moralas **2** *pl* moralė, dorovė; elgesio normos, etika; *a person of loose ~s* nedorovingas žmogus ◊ *the very ~ (of) šnek. (ko)* tiksli kopija, gyvas *(tėvas ir pan.)*
a **1** moralės; moralinis; *~ principles* moralės/doroviniai principai; *~ philosophy* etika; *to give smb ~ support* teikti kam moralinę paramą; *~ certainty* vidinis įsitikinimas **2** moralus; doras, dorovingas; *a ~ life* dorybingas gyvenimas **3** pamokomas; dorovinis; *~ education* moralinis/dorovinis auklėjimas
morale [mə'rɑːl] *n (kariuomenės, komandos ir pan.)* dvasinė būklė, nuotaika; *to boost/raise ~* (pa)kelti dvasią
moralist ['mɔrəlɪst] *n* **1** moralistas, dorovininkas **2** dorybingas žmogus
moralistic [ˌmɔrə'lɪstɪk] *a* moralistinis; pamokomas
morality [mə'rælətɪ] *n* **1** moralė; *Christian ~* krikščioniškoji moralė **2** moralumas, dorovingumas; dorovingas elgesys **3** *pl* moralės principai/pagrindai **4** *menk.* dorovinis pamokymas, moralas **5** *teatr. ist.* pjesė su moralu *(t. p. ~ play)*
moralize ['mɔrəlaɪz] *v* **1** moralizuoti, skaityti moralus *(about, on)* **2** gauti *(dorovės)* pamoką, pasimokyti *(iš įvykio ir pan.);* (pa)mokyti
morally ['mɔrəlɪ] *adv* **1** moraliai, dorai, dorovingai; *~ wrong* amoralus **2** moralės požiūriu *(t. p. ~ speaking)* **2** faktiškai, iš esmės
morass [mə'ræs] *n* **1** *knyg.* bala, liūnas, klampynė **2** *prk.* kebli/sunki padėtis; painiava
moratorium [ˌmɔrə'tɔːrɪəm] *lot. n (pl ~s, -ria [-rɪə])* **1** *polit.* moratoriumas; *the ~ on nuclear testing* branduolinių bandymų moratoriumas **2** *fin. (skolų/palūkanų ir pan. mokėjimo)* atidėjimas, pratęsimas
Moravia [mə'reɪvɪə] *n* Moravija *(Čekijos sritis)*
Moravian [mə'reɪvɪən] *a* moravų; Moravijos
n Moravijos gyventojas; moravas
moray [mə'reɪ, 'mɔːreɪ] *n zool.* murena *(žuvis)*
morbid ['mɔːbɪd] *a* **1** liguistas; ligotas, nesveikas; *~ curiosity* liguistas smalsumas **2** baisus, šlykštus **3** *med.* patologinis; *~ anatomy* patologinė anatomija; *~ growth* navikas, auglys
morbidity [mɔː'bɪdətɪ] *n* **1** liguistumas **2** sergamumas; sergamumo procentas
morbific [mɔː'bɪfɪk] *a* sukeliantis ligą
mordacity [mɔː'dæsətɪ] *n knyg.* kandumas, aštrumas
mordant ['mɔːdənt] *a* **1** kandus, aštrus, sarkastiškas; *~ criticism* aštri kritika **2** *chem.* ėdus, gailus, kaustinis **3** kandikinis, fiksuojantis dažus
n **1** ėsdiklis, ėsdinimo priemonė **2** kandikas, dažus fiksuojanti medžiaga
mordent ['mɔːdnt] *n muz.* mordentas
more [mɔː] *<a, adv, n> a (comp žr. much ir many)* **1** daugiau; *I have no ~ stamps* aš daugiau ženkliukų neturiu **2** dar *(vart. su skaitvardžiu ar nežymimuoju įvardžiu); I've bought two ~ pairs* aš nupirkau dar dvi poras; *bring some ~ water* atnešk dar vandens
adv **1** *(comp žr. much)* daugiau; labiau; *much ~* daug daugiau; *~ than* daugiau negu; *the ~... the ~* juo daugiau, ... tuo (daugiau); *the ~ the better* juo daugiau, juo geriau; *I don't work there any ~* aš ten daugiau nebedirbu; *(all) the ~ so/as/because...* tuo labiau, kad... **2** *vart. aukštesniajam būdvardžių ir prieveiksmių laipsniui sudaryti: ~ beautiful* gražesnis; *~ profitably* naudingiau **3** dar; vėl, iš naujo; *once ~* dar kartą; *~ and ~* a) dar ir dar; b) vis daugiau/labiau ir daugiau/

labiau; ◊ **~ or less** daugmaž, maždaug, apytikriai; **~ ... than ...** greičiau ... negu ...; **he was ~ surprised than angry** jis greičiau buvo nustebęs, negu supykęs; **he is no ~** jo nebėra gyvo, jis mirė
n didesnis skaičius; **they are ~** jų daugiau ◊ **and what is ~ ...** maža to, negana to...; **hope to see ~ of you** tikiuosi dažniau jus matyti; **that's ~ like it** tai jau geriau
More [mɔː] *n: Thomas* ~ Tomas Moras *(anglų humanistas)*
moreen [mɔːˈriːn] *n* (pus)vilnonė/medvilninė medžiaga *(portjeroms)*
moreish [ˈmɔːrɪʃ] *a šnek.* skanus, apetitiškas *(apie valgį)*
morel[1] [məˈrel] *n bot.* briedžiukas *(grybas)*
morel[2] *n bot.* kiauliauogė
morello [məˈreləu] *n (pl ~s [-z]) bot.* morelė *(vyšnių veislė; t. p.* **~ cherry***)*
moreover [mɔːˈrəuvə] *adv* be to, dar daugiau
mores [ˈmɔːreɪz] *lot. n pl knyg.* papročiai
Moresque [məˈresk] *men., archit. a* maurų, mauriškas
n maurų stilius/papuošalas
Morgan [ˈmɔːgən] *n: Thomas Hunt* ~ Tomas Hantas Morganas *(amerikiečių biologas)*
morganatic [ˌmɔːgəˈnætɪk] *a:* **~ marriage** morganatinė santuoka
morgue [mɔːg] *pr. n* **1** morgas, lavoninė **2** *šnek.* užkampis **3** *amer. sl.* informacijos skyrius, archyvas *(laikraščio redakcijoje)*
moribund [ˈmɒrɪbʌnd] *a* mirštantis; *(prk. t. p.)* atgyvenantis
morion [ˈmɔːrɪən] *n ist.* morionas *(šalmas)*
morish [ˈmɔːrɪʃ] *a* = **moreish**
Mormon [ˈmɔːmən] *rel. n* mormonas
a mormonų
morn [mɔːn] *n poet.* rytas
morning [ˈmɔːnɪŋ] *n* **1** rytas; **at 5 o'clock in the ~** penktą valandą ryto **2** *poet.* aušra **3** *prk.* (*ko nors*) ankstyvasis periodas, pradžia; **the ~ of life** gyvenimo rytas **4** *attr* rytinis; **~ coat** dieninio frako švarkas; **~ dress/suit** dieninis frakas; **~ gown** chalatas; **~ watch** *jūr.* rytinė sargyba *(nuo 4 iki 8 val.)* ◊ **~, noon, and night** visą laiką *(pabrėžiant);* **~ after** *šnek.* pagirios, neišsimiegojęs; **in the ~** rytoj rytą
int labas rytas!
morning-after [ˌmɔːnɪŋˈɑːftə] *a:* **~ pill** tabletė nuo pastojimo
morning-glory [ˌmɔːnɪŋˈglɔːrɪ] *n bot.* pelėvirkštis sukutis
mornings [ˈmɔːnɪŋz] *adv* rytais
morning-sickness [ˈmɔːnɪŋˌsɪknɪs] *n (nėščių moterų)* rytinis pykinimas ir vėmimas
Moroccan [məˈrɔkən] *a* marokiečių; Maroko
n marokietis
morocco [məˈrɔkəu] *n* **1 (M.)** Marokas *(šalis)* **2** tymas
a tymo, tyminis
moron [ˈmɔːrɔn] *n* **1** *šnek.* idiotas **2** *med. psn.* silpnaprotis, protiškai atsilikęs žmogus
moronic [məˈrɔnɪk] *a šnek.* kvailas, idiotiškas
morose [məˈrəus] *a* niaurus, niūrus, paniuręs, nusiminęs; užsisklendęs
morpheme [ˈmɔːfiːm] *n kalb.* morfema
Morpheus [ˈmɔːfɪəs] *n gr. mit.* Morfėjas *(miego ir sapnų dievas)* ◊ **in the arms of ~** *poet.* Morfėjo glėbyje
morphia, morphine [ˈmɔːfɪə, ˈmɔːfiːn] *n* morfijus, morfinas
morphologic(al) [ˌmɔːfəˈlɔdʒɪk(l)] *a* morfologinis
morphology [mɔːˈfɔlədʒɪ] *n* morfologija
morris [ˈmɔrɪs] *n* šokis su legendos apie Robin Hudą herojų kostiumais *(t. p.* **~ dance***)*

morrow [ˈmɔrəu] *n knyg., psn.* rytojus, rytdiena ◊ **on the ~** *(of)* tuoj po, *(kam)* pasibaigus
Morse [mɔːs] *n* **1**: *Samuel Finley Breese* ~ Samuelis Finlis Bryzas Morzė *(amerikiečių išradėjas)* **2** Morzės abėcėlė *(t. p.* **~ code/alphabet***)*
morse [mɔːs] *n zool.* vėplys
morsel [ˈmɔːsəl] *n* kąsnelis *(t. p. prk.);* gabaliukas; **~ of hope** vilties kibirkštėlė
mort [mɔːt] *n medž.* rago signalas apie persekiojamo žvėries mirtį
mortal [ˈmɔːtl] <*n, a, adv*> *n* **1** mirtingasis; **lesser/ordinary/mere ~s** *juok.* paprasti mirtingieji **2** žmogus, būtybė
a **1** mirtingas; **man is ~** žmogus yra mirtingas **2** mirtinas, mirštamas, marus; mirtinis **3** *šnek.* baisus; **in a ~ hurry** baisiai skubant **4** *šnek.* (labai) nuobodus; (be galo) ilgas *(apie laiką)* ◊ **not a ~ man** nė gyvos dvasios
mortality [mɔːˈtælətɪ] *n* **1** mirštamumas **2** mirtingumas; marumas; **infant ~** kūdikių mirtingumas; **~ table** statistinė mirtingumo lentelė **3** *kuop. ret.* žmonių giminė, mirtingieji
mortally [ˈmɔːtəlɪ] *adv* **1** mirtinai, mirštamai; **~ wounded** mirtinai sužeistas **2** be galo, nežmoniškai, mirtinai; **~ afraid** mirtinai išsigandęs
mortar[1] [ˈmɔːtə] *n* **1** grūstuvė, piesta **2** *kar.* mortyra; minosvaidis *(t. p.* **trench ~***)*
v kar. šaudyti iš mortyros
mortar[2] *n* kalkių/cemento skiedinys
v sutvirtinti kalkių/cemento skiediniu
mortarboard [ˈmɔːtəbɔːd] *n* **1** *šnek. (anglų profesorių ir studentų)* kepurė su plokščiu kvadratiniu viršumi **2** *stat.* trintuvas
mortgage [ˈmɔːgɪdʒ] *n teis.* **1** hipoteka; nekilnojamojo turto įkeitimas; **~ company** hipotekos bankas **2** įkaitinis raštas
v **1** *teis.* įkeisti, užstatyti *(namą, žemę už paskolą)* **2** *prk.* įsipareigoti *(to – kam)*
mortgagee [ˌmɔːgɪˈdʒiː] *n* hipotekos/įkeitimo kreditorius
mortgager, mortgagor [ˈmɔːgɪdʒə, ˌmɔːgɪˈdʒɔː] *n* hipotekos/įkeitimo debitorius
mortice [ˈmɔːtɪs] = **mortise** *n, v*
mortician [mɔːˈtɪʃn] *n amer.* laidotuvių biuro savininkas
mortification [ˌmɔːtɪfɪˈkeɪʃn] *n* **1** *(širdgėlos, skausmo, aistros)* (nu)malšinimas; **~ of the flesh** kūno marinimas **2** (mirtina) gėda, pažeminimas; nuoskauda; skriaudos/nusivylimo jausmas **3** *med. (kūno dalies)* apmirimas; nekrozė, vietinė žūtis
mortify [ˈmɔːtɪfaɪ] *v* **1** malšinti *(aistrą ir pan.); rel.* marinti *(kūną),* marintis **2** *(ppr. pass)* įžeisti, pažeminti **3** *med.* gangrenuoti
mortifying [ˈmɔːtɪfaɪɪŋ] *a* įžeidžiamas, užgaulus, žeminantis
mortise [ˈmɔːtɪs] *tech. n* išpjova, išdroža; **~ chisel** kaltas; **~ lock** įleistinė spyna
v **1** iškirsti, iškalti **2** sunerti, sudurti *(lentas ir pan.)*
mortiser [ˈmɔːtɪsə] *n tech.* skylių kalimo staklės; prakalas
mortuary [ˈmɔːtʃuərɪ] *n* lavoninė, morgas
a laidotuvių, laidojimo; **~ urn** urna su pelenais
mosaic [məuˈzeɪɪk] <*n, a, v*> *n* **1** *(įv. reikšm.)* mozaika **2** *muz.* popuri
a mozaikos, mozaikinis; **~ floor** mozaikinės grindys
v ret. sudėti/(pa)puošti mozaika
Mosaic [məuˈzeɪɪk] *a bibl.* Mozės
Moscow [ˈmɔskəu] *n* Maskva
Moses [ˈməuzɪz] *n bibl.* Mozė ◊ **~ basket** kilnojamoji vaikiška lovelė, lovelė pintinė

mosey ['məʊzɪ] *(ypač amer.) šnek. v* **1** šliopinti, vilktis *(džn. ~ along);* slampinėti *(džn. ~ about)* **2** (iš)eiti, drožti *(t. p. ~ down; to)*
n pasivaikštinėjimas

Moslem ['mɔzləm] *n* musulmonas
a musulmonų

mosque [mɔsk] *n* mečetė

mosquito [mə'ski:təu] *n (pl ~*(e)s [-z]) **1** *zool.* moskitas, uodas **2** *attr* skirtas apsiginti nuo moskitų; ***~ net*** tinklelis nuo moskitų/uodų

mosquito-boat [mə'ski:təubəut] *n amer. jūr.* torpedinis laivas

mosquito-fleet [mə'ski:təufli:t] *n jūr.* torpedinių laivų flotilė

moss [mɔs] *n* **1** *bot.* samanos **2** *šnek.* pataisas; kerpė **3** *šiaur.* pelkė, liūnas
v (ap)augti samanomis, samanoti

mossback ['mɔsbæk] *n amer. šnek.* senų pažiūrų, senoviškas žmogus; kraštutinis konservatorius

mossberry ['mɔsˌberɪ] *n* spanguolė

moss-grown ['mɔsgrəun] *a* **1** apsamanojęs, apaugęs samanomis **2** *prk.* apsamanojęs, pasenęs

mossiness ['mɔsɪnɪs] *n* samanotumas

mosso ['mɔsəu] *adv muz.* mosso, gyvai

mosstrooper ['mɔsˌtru:pə] *n* **1** *ist.* plėšikas *(Škotijos pasienyje 17 a.)* **2** banditas

mossy ['mɔsɪ] *a* **1** samanotas **2** samaninis *(apie spalvą)* **3** *amer. sl.* senoviškas, apsamanojęs

most[1] [məust] *<a, adv, n> a (superl žr. **much** ir **many**)* **1** daugiausia; *ret.* didžiausias; ***for the ~ part*** daugiausia; ***to attract ~ attention*** atkreipti daugiausia dėmesio; ***the ~ damage was done to the houses*** didžiausias nuostolis buvo padarytas namams **2** dauguma, didžioji dalis; ***~ people*** dauguma žmonių
adv **1** *(superl žr. **much**)* daugiausia, labiausiai *(t. p. ~ of all)* **2** labai, didžiai, nepaprastai; ***I was ~ surprised to hear that*** aš labai nustebau tai išgirdęs **3** *vart. aukščiausiajam daugiaskiemenių būdvardžių ir prieveiksmių laipsniui sudaryti:* ***~ important*** svarbiausias; ***~ carefully*** rūpestingiausiai
n didžiausias kiekis, didžiausia dalis; ***at the ~*** daugių daugiausia; ***at ~*** daugiausia; maksimaliai; ***this is at ~ a folly*** tai ne daugiau negu kvailystė; ***~ of them*** dauguma iš jų ◊ ***to make the ~ (of)*** a) maksimaliai, kuo geriausiai išnaudoti; kiek įmanoma pasinaudoti; b) išgirti, išgarbinti, kelti į padanges; ***~ and least*** *poet.* visi be išimties

most[2] (almost *sutr.*) *adv amer. šnek.* beveik; ***he plays poker ~ every evening*** jis žaidžia pokerį vos ne kiekvieną vakarą

-most [-məust] *suff* žymint padėtį erdvėje, laike, daiktų eilėje, į lietuvių kalbą džn. verčiamas aukščiausiuoju laipsniu: **foremost** pirmiausias; **northmost** esantis toliausiai į šiaurę

mostly ['məustlɪ] *adv* **1** daugiausia; ***200 people, ~ Russians*** 200 žmonių, daugiausia rusų **2** dažniausiai, paprastai; ***~ we travelled by train*** dažniausiai mes keliaudavome traukiniu

mot [məu] *pr. n (pl* -s [-z]) sąmojis; ***~ juste*** tikslus žodis/pasakymas

MOT [ˌeməu'ti:] *n aut.* techninė apžiūra *(t. p. **~ test/inspection**);* ***to pass its ~*** pereiti techninę apžiūrą
v atlikti techninę apžiūrą

mote [məut] *n* dulkė; krislelis ◊ ***to see the ~ in the brother's eye*** a) *bibl.* matyti krislą savo brolio akyje; b) matyti tik kitų trūkumus

motel [məu'tel] *n* motelis, viešbutis autoturistams

motet [məu'tet] *n muz., bažn.* motetas

moth [mɔθ] *n zool.* **1** kandis *(t. p. **clothes ~**);* **lackey ~** žieduotasis verpikas; ***leopard ~*** medienos medgraužys **2** drugys *(ypač naktinis)*

mothball ['mɔθbɔ:l] *n (naftalino, kamparo)* rutuliukas kandims naikinti ◊ ***in ~s*** užkonservuotas *(apie laivą ir pan.)*
v konservuoti, ilgam uždaryti *(fabriką ir pan.);* ilgam atidėti *(planus)*

motheaten ['mɔθˌi:tn] *a* **1** kandžių suėstas **2** *prk. menk.* nutriušęs, sutrūnijęs; nuvalkiotas

mother ['mʌðə] *n* **1** motina; motutė; ***Mother's Day*** Motinos diena; ***unmarried ~s*** vienišos motinos; ***M. of God*** Dievo motina **2** *prk.* motina, pradžia, šaltinis *(of – ko)* **3** *(gyvulio)* motina; ***~ cat*** motina katė **4** inkubatorius *(t. p. **artificial ~**)* **5** *chem.* nuovarvos **6** *psn.* močiute *(kreipiantis į seną moterį)* **7** *attr* motininis; ***~ love*** motinos/motiniška meilė; ***~ country*** a) tėvynė, gimtinė; b) metropolija *(kolonijos atžvilgiu);* ***~ ship*** a) *jūr.* plaukiojanti bazė; b) kosminė stotis; ***~ wit*** įgimtas protas; sveikas protas ◊ ***does your ~ know you're out?*** *šnek.* ≅ tau dar pienas nuo lūpų nenudžiūvo; ***every ~'s son (of you/them,*** *etc.)* visi iki vieno; ***~ and father (of)*** didžiausias, smarkiausias; ***M. Carey's chicken*** *zool.* audrapaukštis
v **1** pagimdyti *(ppr. prk.);* duoti pradžią **2** įvaikinti; paimti auklėti **3** motiniškai elgtis; saugoti, puoselėti *(vaiką)* **4** laikyti *(save)* motina **5** priskirti autorystę *(moteriai; on, upon)*

motherboard ['mʌðəbɔ:d] *n komp.* pagrindinė plokštė

mothercraft ['mʌðəkrɑ:ft] *n* mokėjimas auginti vaikus

motherhood ['mʌðəhud] *n* motinystė

mothering ['mʌðərɪŋ] *n* **1** motiniška globa **2** motinystė ◊ ***M. Sunday*** Motinos diena *(ketvirtasis gavėnios sekmadienis)*

mother-in-law ['mʌðərɪnlɔ:] *n (pl* mothers- ['mʌðəz-]) **1** uošvė **2** anyta

motherland ['mʌðəlænd] *n* tėvynė, gimtinė

motherless ['mʌðələs] *a* be motinos, neturintis motinos, našlaitis

motherly ['mʌðəlɪ] *a* motiniškas, motinos
adv motiniškai

mother-naked ['mʌðə'neɪkɪd] *a* kaip ką tik gimęs, nuogutėlaitis

mother-of-pearl [ˌmʌðərəv'pɔ:l] *n* perlamutras
a perlamutrinis

mother-to-be [ˌmʌðətə'bi:] *n (pl* mothers - [ˌmʌðəz-]) būsimoji motina

mother-tongue ['mʌðətʌŋ] *n* **1** gimtoji kalba **2** prokalbė

motherwort ['mʌðəwə:t] *n bot.* sukatžolė

mothproof ['mɔθpru:f] *a* kandžių neėdamas *(apie drabužius ir pan.)*

motif [məu'ti:f] *pr. n* **1** pagrindinė tema/mintis, leitmotyvas **2** motyvas *(piešinys ant keramikos dirbinių, užuolaidų ir pan.)*

motile ['məutaɪl] *a zool., bot.* judantis, judamas

motion ['məuʃn] *n* **1** judėjimas; judėsena; ***to be in ~*** judėti **2** *(mašinos ir pan.)* ėjimas, eiga; ***to set/put in ~*** a) paleisti *(mašiną);* varyti *(mechanizmą);* b) *prk.* pradėti *(procesą);* išjudinti **3** judesys, mostas **4** paskata, skatulys; ***of one's own ~*** savo valia/iniciatyva **5** pasiūlymas *(susirinkime);* ***to carry/pass the ~*** priimti pasiūlymą *(balsuojant)* **6** *med.* vidurių ištuštinimas, tuštinimasis, nusilengvinimas; *pl* išmatos **7** *teis.* prašymas;

of mere ~ savo prašymu/noru **8** *muz.* balsų vedimas, balsovada ◊ **to go through the ~s** *(of)* a) atlikti *(ką)* formaliai; b) apsimesti *(ką)* darant
v mostu parodyti, duoti ženklą; (pa)moti

motional ['məuʃnəl] *a* judinamasis; judėjimo

motionless ['məuʃnləs] *a* nejudantis

motion-picture ['məuʃn'pɪktʃə] *n amer.* kino filmas; **~ industry** kino pramonė

motivate ['məutɪveɪt] *v (džn. pass)* **1** skatinti; būti priežastimi; ***politically [financially] ~d*** dėl politinių [finansinių] priežasčių; ***my decision was ~d by a desire to leave the country*** mano apsisprendimą paskatino noras išvykti iš šalies **2** išdėstyti/parodyti motyvus, pagrįsti, motyvuoti; ***well ~d*** gerai motyvuotas

motivation [,məutɪ'veɪʃn] *n* **1** motyvacija **2** motyvas, stimulas

motivator ['məutɪveɪtə] *n* skatinamasis faktorius; ***the team ~*** komandos siela

motive ['məutɪv] <*n, a, v*> *n* **1** motyvas; akstinas, skatulys; ***driving ~*** varomoji jėga **2** = **motif** 1
a **1** varomasis; skatinamasis; **~ *power*** varomoji jėga **2** judinamasis
v = **motivate**

motiveless ['məutɪvləs] *a* nemotyvuotas, be pagrindo, nepagrįstas

motivity [məu'tɪvətɪ] *n* varomoji jėga

motley ['mɒtlɪ] *a attr* įvairiaspalvis, margas *(t. p. prk.)*
n **1** kratinys, mišinys, popuri **2** *ist.* juokdario kostiumas; juokdarys *(t. p.* **man of ~***); to wear ~* būti juokdariu

motocross ['məutəukrɒs] *n sport.* motokrosas, motociklų krosas

motor ['məutə] <*n, a, v*> *n* **1** variklis, motoras **2** *šnek.* automobilis **3** *anat.* judinamasis/motorinis nervas; judinamasis raumuo
a attr **1** motorinis; judinamasis, varomasis; **~ *plough*** motorinis plūgas **2** automobilių; **~ *vehicle*** automašina; ***the ~ industry*** automobilių pramonė
v **1** *ret.* važiuoti/vežti automobiliu **2** *šnek.* lėkti, skubėti; ***to be ~ing through the work*** dirbti iš peties

motorbike ['məutəbaɪk] *n* **1** motociklas **2** *amer.* motorinis dviratis, mopedas

motorboat ['məutəbəut] *n* motorinė valtis

motorbus ['məutəbʌs] *n* autobusas

motorcade ['məutəkeɪd] *n* **1** autokolona **2** automašinų kortežas

motorcar ['məutəkɑ:] *n (lengvasis)* automobilis

motorcycle ['məutə,saɪkl] *n* motociklas; **~ *escort*** motociklininkų eskortas
v važiuoti motociklu; vairuoti motociklą; užsiiminėti motociklų sportu

motorcyclist ['məutə,saɪklɪst] *n* motociklininkas

motor-driven ['məutə,drɪvn] *a* užvedamas varikliu

motordrome ['məutədrəum] *n amer.* motodromas

motored ['məutəd] *a* turintis variklį/variklius

motorhome ['məutəhəum] *n (ypač amer.)* gyvenamasis autofurgonas, namas ant ratų

motoring ['məutərɪŋ] *n* **1** automobilizmas; automobilių sportas **2** važiavimas/važinėjimas automobiliu
a attr automobilių, automobilinis; automobilistų

motorist ['məutərɪst] *n* automobilistas

motorization [,məutəraɪ'zeɪʃn] *n* motorizacija; motorizavimas

motorize ['məutəraɪz] *v* **1** įtaisyti variklį *(į, kam)* **2** motorizuoti

motor-lorry ['məutə,lɒrɪ] *n* sunkvežimis

motorman ['məutəmæn] *n (pl* -men [-men]) *(tik v.) (autobuso, tramvajaus)* vairuotojas; *(elektrinio traukinio)* mašinistas

motor-minded ['məutə'maɪndɪd] *a* turintis labai gerą atmintį

motormouth ['məutəmauθ] *n šnek.* čiauškalius, garsiakalbis

motor-scooter ['məutə,sku:tə] *n* motoroleris

motor-ship ['məutəʃɪp] *n* motorlaivis

motor-spirit ['məutə,spɪrɪt] *n* benzinas; gazolinas

motorway ['məutəweɪ] *n* autostrada, greitkelis

motory ['məutərɪ] *a fiziol.* judinamasis, varomasis, motorinis

mottle ['mɒtl] *n* **1** dėmelė, taškas **2** išmarginimas **3** *tekst.* marginys
v (iš)marginti

mottled ['mɒtld] *a* **1** (iš)margintas, taškuotas; margas, margaspalvis **2** keršas *(apie gyvulį)*

motto ['mɒtəu] *n (pl* ~(e)s [-z]) **1** devizas, elgesio principas **2** moto, epigrafas **3** šmaikštus posakis/palinkėjimas/mįslė *ir pan. (įkeptas kalėdiniame pyragėlyje)*

mouf(f)lon ['mu:flɒn] *n zool.* muflonas *(kalnų avino porūšis)*

moulage [mu:'lɑ:ʒ] *pr. n* muliažas

mould¹ [məuld] *n* **1** puri žemė; juodžemis **2** *ž. ū.* puvenos, humusas **3** *poet., psn.* žemė; pelenai; ***man of ~*** paprastas mirtingasis
v užpilti žeme □ **~ up** *ž. ū.* (ap)kaupti

mould² *n* pelėsiai
v pelėti

mould³ *n* **1** forma, šablonas, lekalas **2** *metal. (liejimo)* forma, kokilė; *ret.* liejinys **3** formelė pudingui/želė *ir pan.;* formoje pagamintas valgis **4** *stat. (liejimo ir pan.)* klojinys **5** charakteris ◊ **to break the ~** radikaliai keisti *(politikos kursą ir pan.)*
v **1** *(įv. reikšm.)* formuoti; suformuoti; ***to ~ smb's character [public opinion]*** formuoti kieno charakterį [viešąją nuomonę]; ***to ~ into smth*** formuoti/paversti į ką; ***to ~ smth on smth*** formuoti/daryti ką pagal kokį pavyzdį **2** lieti *(formoje)* **3** lipdyti *(iš molio, plastilino; out of)* **4** aptempti, priglusti *(apie drabužį)*

mould-board ['məuldbɔ:d] *n ž. ū.* plūgo verstuvas

moulder¹ ['məuldə] *v* **1** irti, pūti *(džn. ~ away)* **2** irti, krikti *(moraliai)*

moulder² *n* **1** liejikas, formuotojas **2** *prk.* kūrėjas, sudarytojas

moulding ['məuldɪŋ] *n* **1** formavimas; *(metal. t. p.)* liejimas; liejinys **2** *archit.* lipdytinis pagražinimas, briaunelė, karnizas; bagetas; ***stucco ~s*** sienos lipdiniai

moulding-board ['məuldɪŋbɔ:d] *n* lenta tešlai minkyti

mouldy ['məuldɪ] *a* **1** apipelėjęs, aptrauktas pelėsiais; supelėjęs; **~ *smell*** pelėsių kvapas **2** *prk.* pasenęs, išėjęs iš mados **3** *sl.* blogas, prastas, bjaurus

moult [məult] *v* šertis *(apie paukščius, gyvulius)*; nertis *(apie gyvatę)*
n šėrimasis

mound [maund] *n* **1** pylimas, sampyla; kalva **2** kauburys **3** piliakalnis **4** krūva, daugybė *(of – ko)*
v supilti pylimą/piliakalnį; apsupti pylimu

mount¹ [maunt] *n* **1** jojamas arklys/asilas/mulas *ir pan.* **2** (už)lipimas, įkopimas **3** pagrindas *(kartonas/drobė)*, ant kurio užklijuojamas paveikslas/nuotrauka *ir pan.* **4** stendas *(parodoje)* **5** aptaisas, įtvaras; *(lęšio)* apsodas **6** *kar.* stovas, lafetas
v **1** didėti, kilti *(apie kainas, įtampą, temperatūrą ir pan.; t. p.* **~ up***)* **2** (pa)kilti, (į)kopti *(džn.* **~ up**

3 (už)lipti; sėsti *(ant arklio, dviračio, į mašiną, karietą)* **4** (pa)sodinti *(ant arklio, dviračio, į krėslą, karietą)* **5** aprūpinti jojamais arkliais, žirgais **6** įrengti, įtaisyti, montuoti; statyti *(on, upon – ant);* **to ~ a picture** užklijuoti paveikslą ant kartono; **to ~ a specimen** paruošti preparatą tyrimui *(po mikroskopu)* **7** pradėti, paruošti *(puolimą, kampaniją ir pan.)* **8** (su)rengti, (su)organizuoti *(parodą ir pan.)* **9** *teatr.* apiforminti *(spektaklį);* statyti *(pjesę)* **10** iškimšti *(paukštį, gyvulį)*

mount² *n* kalnas *(psn., išskyrus pavadinimus, pvz.:* **M. Everest** Everesto kalnas); **Sermon on the M.** *bibl.* pamokslas nuo kalno

mountain ['mauntɪn] *n* **1** kalnas; **~ range/chain** kalnų grandinė, kalnynas **2** krūva, daugybė *(of – ko);* **butter [grain] ~** *ekon.* perteklinės sviesto [grūdų] atsargos; **a ~ of debts [of difficulties]** daugybė skolų [sunkumų] ◊ **~ dew** *šnek.* škotų viskis *(ypač naminis);* **to make a ~ out of a molehill** ≡ iš adatos vežimą priskaldyti; **the ~ has brought forth a mouse** ≡ iš didelio debesies mažas lietus

mountaineer [ˌmauntɪ'nɪə] *n* **1** alpinistas **2** kalnietis *v* laipioti po kalnus, kopti į kalnus

mountaineering [ˌmauntɪ'nɪərɪŋ] *n* alpinizmas

mountain-high ['mauntɪnhaɪ] *a* labai aukštas; **waves ran ~** bangos ritosi kalnais

mountainous ['mauntɪnəs] *a* **1** kalnuotas **2** milžiniškas, didžiulis, stambus

mountainside ['mauntɪnsaɪd] *n* kalno šlaitas

mountaintop ['mauntɪntɔp] *n* viršukalnė, kalno viršūnė

mountebank ['mauntɪbæŋk] *n knyg.* **1** juokdarys *(mugėje ir pan.)* **2** šarlatanas; sukčius

mounted ['mauntɪd] *a* **1** raitas; raitininkų; **~ police** raitoji policija; **~ men** raitininkai **2** motorizuotas **3** sumontuotas, įtaisytas, aptaisytas

mounter ['mauntə] *n* montuotojas, surinkėjas

Mountie ['mauntɪ] *n šnek.* raitasis policininkas *(Kanadoje)*

mounting ['mauntɪŋ] *n* **1** įrengimas, įtaisymas, montavimas **2** montažas; **~ seam** montažinė siūlė **3** pasodinimas/sėdimas ant arklio *ir pan.* **4** = **mount¹** 1, 2, 3, 4, 5 *a attr* kylantis, didėjantis

mourn [mɔ:n] *v* **1** (ap)raudoti, (ap)verkti; **to ~ smb's death, to ~ for smb** apraudoti/apverkti kieno mirtį **2** gedėti, liūdėti

mourner ['mɔ:nə] *n* **1** laidotuvininkas, laidotuvių dalyvis **2** raudotojas

mournful ['mɔ:nfəl] *a* liūdnas, graudus; gedulingas

mourning ['mɔ:nɪŋ] *n* **1** raudojimas; liūdėjimas, liūdesys **2** gedulas; **to go into ~** apsirengti gedulingai, gedulingais rūbais; **to be in ~** nešioti gedulą; gedėti **3** *attr* gedulingas; **~ clothes** gedulo rūbai

mourning-band ['mɔ:nɪŋbænd] *n* gedulo raištis/juostelė

mouse *n* [maus] *(pl* mice) **1** *zool.* pelė; **striped ~** dirvinė pelė; **little ~** peliukas, peliūkštis **2** baikštus, tylus žmogus **3** *sl.* mėlynė paakyje **3** *komp.* pelė
v [mauz] **1** peliauti **2** ieškoti, tykoti, sėlinti ◊ **to ~ over a book** uoliai mokytis

mousehole ['maushəul] *n* pelių urvelis

mouser ['mausə] *n* pelėgaudis, peliautojas *(katė)*

mousetrap ['maustræp] *n* **1** pelėkautai **2** prastas/senas sūris *(t. p.* **~ cheese)*

mousey ['mausɪ] *a* = **mousy**

moussaka [mu:'sɑ:kə] *n kul.* musaka *(graikiškas valgis iš mėsos, sūrio ir baklažanų)*

mousse [mu:s] *pr. n* **1** *kul.* putėsiai, musas **2** naftos plėvelė *(išsiliejus naftai jūroje)*

mousseline ['mu:sli:n] *pr. n tekst.* muslinas

moustache [mə'stɑ:ʃ] *n* ūsai

mousy ['mausɪ] *a* **1** pelės, kaip pelė, pelinis **2** baikštus, tylus **3** pelėkas, pilkas, pilkšvai rudas

mouth *n* [mauθ] *(pl* -ths [-ðz]) **1** burna; **to open one's ~** praverti burną, išsižioti **2** valgytojas, burna; **he's got five ~s to feed** jis išlaiko penkis žmones **3** *(žuvies, upės)* žiotys **4** įplauka *(į uostą);* įeiga, anga *(į urvą); (vulkano)* žiomuo, stemplė **5** *(butelio, tūtelės)* kaklelis **6** grimasa; **to make ~s** daryti grimasas **7** *šnek.* plepumas; įžūlumas; **to shoot one's ~ off** (iš)plepėti; pliaukšti nežinant; **big ~** plepys **8** *tech.* žiotys, anga, skylė, išleidžiamasis/įleidžiamasis atvamzdis ◊ **by ~, by word of ~** žodžiu *(ne raštu);* **from ~ to ~** ≡ iš lūpų į lūpas; **to look down in the ~** atrodyti nusiminusiam/nelaimingam; **to make a poor ~** dėtis neturtėliu; **to open one's ~ too wide** a) per daug tikėtis; b) už(si)prašyti *(kainą);* **to put words in(to) smb's ~** a) įdėti žodžius kam į burną, nurodyti kam ką sakyti; b) primesti kam kokius žodžius; **to take the words out of smb's ~** pirmiau už kitą pasakyti *(tą patį);* **to be all ~ (and trousers)** *šnek.* mėgti daug kalbėti ir maža daryti; **to keep one's ~ shut** *šnek.* ≡ laikyti liežuvį už dantų; **watch your ~!** *šnek.* prilaikyk liežuvį!
v [mauð] **1** tarti be garso *(vien lūpomis)* **2** (iš)tarti; gražbyliauti, deklamuoti; **to ~ platitudes** kalbėti banalybes **3** kramtyti, čepsėti **4** vaipytis **5** įtekėti *(apie upę)* ▭ **~ off** *šnek.* a) burnoti; b) *amer.* įžūliai atsakyti, atkirsti; c) *amer.* taukšti

-mouthed [-mauðd, -mauθt] *(sudurt. žodžiuose)* -burnis; -kalbis; **large-mouthed** didžiaburnis; **loud-mouthed** garsiakalbis

mouther ['mauðə] *n* **1** gražbylys **2** pagyrūnas

mouth-filling ['mauθˌfɪlɪŋ] *a* pompastiškas, išpūstas

mouthful ['mauθful] *n* **1** *(ko)* pilna burna; kąsnis; gurkšnis **2** nedidelis kiekis, nedaug **3** *šnek.* sunkiai ištariamas žodis/posakis *ir pan.* ◊ **to say a ~** *amer. šnek.* ≡ toli gražu ne viskas pasakyta; **you've said a ~** *amer. šnek.* ≡ aukso žodžiai; **to give smb a ~** burnoti ką

mouthorgan ['mauθˌɔ:gən] *n* **1** lūpinė armonikėlė **2** birbynė, dūdelė

mouthpiece ['mauθpi:s] *n* **1** garsintuvas, skelbėjas; kalbėtojas *(grupės vardu); (nuomonės, interesų ir pan.)* reiškėjas **2** kandiklis **3** mikrofonas **4** *muz. (pučiamojo instrumento)* pūstukas

mouth-to-mouth ['mauθtə'mauθ] *a* burna į burną; **~ method** dirbtinio kvėpavimo būdas, kai pučiama burna į burną

mouthwash ['mauθwɔʃ] *n* skystis burnai skalauti, skalaujamasis tirpalas

mouth-watering ['mauθˌwɔ:tᵊrɪŋ] *a* gardus, apetitiškas; ≡ net seilės varva

mouthy ['mauðɪ] *a* **1** išpūstas, pompastiškas **2** taukšus, daugiakalbis **3** *šnek.* įžūlus

movable ['mu:vəbl] *a* **1** judamas; kilnojamas, perkeliamas; **~ feast** kilnojamoji šventė; **~ kidney** *anat.* slankus inkstas **2** *teis.* kilnojamasis *(apie turtą)*
n pl teis. kilnojamasis turtas

move [mu:v] *n* **1** (pa)judėjimas; **to make a ~** a) pajudėti *(iš vietos; towards, for);* b) atsistoti iš už stalo *(dar žr.* 3 *ir* 4); **to be on the ~** judėti (priekin); keliauti **2** kraustymasis, persikraustymas *(į kitą butą/namą)* **3** ėjimas *(žaidime);* **to make a ~** padaryti ėjimą *(žr. t. p.* 1 *ir* 4) **4** žingsnis, žygis; **to make a ~** imtis *(ko);* imti veikti *(dar žr.* 1 *ir* 3); **to watch smb's every ~** sekti kieno kiekvieną žingsnį **5** *polit.* akcija ◊ **to get a ~ on** *šnek.* skubėti, skubintis

moveable — **muckspreader**

v **1** (pa)judėti *(t. p. prk.);* slinkti; judinti; *to ~ one's hands [one's lips]* judinti rankas [lūpas]; *things ~d quickly once the contract was signed* kontraktą pasirašius, reikalai greit pajudėjo **2** kilnoti(s); perkelti; traukti, (pa)stumti *(baldus ir pan.);* *to ~ the meeting to Friday* perkelti susirinkimą į penktadienį; *can you ~ your car — it's blocking the road* ar galite pavažiuoti/patraukti mašiną — ji užstoja kelią **3** kraustytis, keltis, persikelti *(į kitą butą/miestą);* iš(si)kraustyti *(iš namo ir pan.;* *out of)* **4** eiti, daryti ėjimą *(žaidime)* **5** lankytis, būti *(kur),* bendrauti **6** paskatinti; išjudinti, varyti; *he was ~d to act by the letter* laiškas jį paskatino veikti **7** išvalyti, pašalinti *(dėmę)* **8** (su)jaudinti; *to ~ to anger [to tears]* supykinti [pravirkdyti] **9** pateikti *(pasiūlymą, rezoliuciją);* siūlyti; prašyti, kreiptis *(į teismą ir pan.; for)* **10** imtis žygių/priemonių *(on)* **11** plėtotis *(apie įvykius)* **12** įžengti, įeiti *(into);* išeiti *(out of)* **13** pakeisti *(nuomonę ir pan.);* pereiti *(from – nuo, to – prie)* **14** pereiti į kitas rankas; būti parduodamam **15** *kom.* keistis *(kainoms)* □ *~ about/around* a) vaikštinėti *(po kambarį);* b) kilnotis, kraustytis *(iš vienos vietos į kitą);* *~ along* a) paeiti toliau, nestoviniuoti; b) judėti į priekį *(apie reikalus);* *~ away* a) nutolti; išvykti; b) atstumti atgal; c) nukrypti *(from – nuo);* *~ down* nusileisti, nukristi; perkelti *(į žemesnę klasę ir pan.);* *~ in* a) įsikraustyti, įsikelti, persikelti *(į kitą vietą/namą);* b) apsigyventi kartu; c) artėti *(norint užpulti);* c) įsigauti, įsibrauti; *~ off* a) pajudėti, išvykti; b) nukraustyti *(stalą ir pan.);* *~ on* a) vykti/judėti toliau; b) raginti pereiti *(apie policininką);* c) pereiti *(prie kito dalyko, į kitą lygį ir pan.);* d) pasikeisti; *~ out* a) išsikraustyti, išsikelti *(iš buto, miesto);* b) ištraukti *(stalčių ir pan.);* *~ over* a) pasitraukti, užleisti vietą; b) pasislinkti *(padarant vietos kitam);* c) pereiti *(toward, to – prie);* *~ up* a) pri(si)stumti, pasistumti; b) perkelti, pereiti *(į aukštesnę klasę ir pan.)*

moveable ['muːvəbl] *a* = **movable**

moveless ['muːvləs] *a* nejudamas, nejudantis; *~ countenance* rami veido išraiška

movement ['muːvmənt] *n* **1** judėjimas; slinkimas **2** per(si)kėlimas; kilnojimasis **3** *(visuomeninis)* judėjimas, sąjūdis; *revolutionary ~* revoliucinis judėjimas **4** *(kūno)* judesys, mostas **5** *(mechanizmo)* ėjimas, judėjimas **6** *pl* veikla, veiksmai, žygiai **7** *(literatūros kūrinio)* veiksmo eiga, vyksmas; *men.* dinamika **8** *(literatūros ir pan.)* kryptis, srovė **9** *muz.* tempas; ritmas **10** *(muzikos kūrinio)* dalis **11** *fiziol.* tuštinimasis; *to have a ~* tuštintis **12** *kom.* pagyvėjimas; kainų kitimas; *downward [upward] ~* kainų kritimas [kilimas] **13** *kar.* manevras; *pincers ~* priešo sparnų apsupimas iš abiejų pusių

mover ['muːvə] *n* **1** judantis *(nurodytu būdu)* žmogus/daiktas **2** varomoji jėga, variklis **3** iniciatorius, sumanytojas; (pa)siūlytojas ◊ *~s and shakers* įtakingi asmenys, galiūnai

movie ['muːvɪ] *n (ypač amer.) šnek.* **1** (kino) filmas **2** *(the ~s) pl* kinas; kino pramonė; *~ star* kino žvaigždė **3** kino teatras *(t. p. ~ house/theatre)*

moviegoer ['muːvɪˌɡəʊə] *n* nuolatinis kino lankytojas

moving ['muːvɪŋ] *a* **1** jaudinantis **2** judantis; judinantis; *to get things ~* pajudinti reikalus ◊ *the ~ spirit (kokio nors reikalo ir pan.)* įkvėpėjas, siela

mow[1] [məʊ] *v* (mowed; mowed, mown) pjauti *(žolę, javus);* šienauti □ *~ down/off* a) nupjauti; nušienauti; b) nušluoti *(apie epidemiją, ugnį ir pan.);* išguldyti *(priešus)*

mow[2] *amer., dial. n* **1** kūgis, kupeta **2** šalinė *(javams, šienui laikyti)*

v krauti į kūgius *(t. p. ~ up)*

mowburnt ['məʊbɜːnt] *a ž. ū.* sukaitęs, perdegęs *(apie šieną)*

mower ['məʊə] *n* **1** šienapjovė, javapjovė **2** pjovėjas, šienpjovys

mown [məʊn] *pII žr.* **mow**[1]

moxi ['mɒksɪ] *n amer. šnek.* užsispyrimas *(siekiant tikslo);* nėrimasis iš kailio

Mozambique [ˌməʊzəmˈbiːk] *n* Mozambikas *(Afrikos šalis)*

Mr ['mɪstə] *sutr.* misteris, ponas; *Mr John Smith* p. Džonas Smitas; *Mr Chairman* Pone pirmininke ◊ *Mr Big* gaujos vadas

Mrs ['mɪsɪz] *sutr.* misis, ponia; *Mrs Smith* misis/ponia Smit

Ms [mɪz] *n* mis, ponia *(prieš moters pavardę nepriklausomai nuo jos šeimyninės padėties)*

much [mʌtʃ] <*a, adv, n*> *a* (more; most) daug; *~ time* daug laiko; *there was too ~ work for one person* buvo per daug darbo vienam žmogui ◊ *to be too ~ (for)* būti pernelyg sunku, ne pagal jėgas *(kam);* nepajėgti, neįstengti; *not ~* menkas, neįspūdingas

adv (more; most) **1** labai *(t. p. very ~);* *I am ~ obliged to you* aš jums labai dėkingas; *to love smb very ~* labai mylėti ką; *~ to my regret* dideliam mano apgailestavimui **2** daug; *to eat ~* daug valgyti; *~ better* daug/žymiai geriau **3** beveik; *~ of a size [a height, etc.]* beveik tokio pat dydžio [aukščio ir *pan.*]; *~ (about) the same* beveik toks pat, beveik vienodas ◊ *not ~* a) tik truputį; b) nedažnai; c) visai ne; jokiu būdu; *so ~ the worse* tuo blogiau; *so ~ for your help* ir tai vadinasi pagalba

n daug kas; *there is not ~ to see, ar to be seen* (čia) nėra daug ko žiūrėti ◊ *to make ~ (of)* a) aukštai vertinti; būti geros nuomonės; b) šokinėti *(apie),* žavėtis *(kuo);* c) suprasti, perprasti; *not up to ~* ne koks; *he is not ~ of a teacher* jis gana vidutinis mokytojas; *~ will have more ~* ≡ pinigas pinigą pelno; *~ wants more* kuo daugiau turi, tuo daugiau nori

much-heralded ['mʌtʃˌherəldɪd] *a* iš anksto išreklamuotas

muchness ['mʌtʃnɪs] *n: much of a ~* beveik toks pat, labai panašus

mucilage ['mjuːsɪlɪdʒ] *n* **1** (augalinės) gleivės, glitėsiai **2** augaliniai klijai

mucilaginous [ˌmjuːsɪˈlædʒɪnəs] *a* **1** gleivėtas, glitus; *~ mushrooms* gleiviagrybiai **2** *fiziol.* išskiriantis gleives

muck [mʌk] *n* **1** mėšlas **2** *šnek.* purvas; *to make ~ (of)* a) supurvinti, subjauroti; b) sugadinti **3** *šnek.* šlykštynė; šlamštas; *to read ~* skaityti šlamštą *(pornografiją ir pan.)*

v **1** mėšlu tręšti; mėžti **2** (su)purvinti, (su)tepti *(t. p. ~ up)* □ *~ about/around šnek.* a) slampinėti; b) krapštytis, čiupinėtis; *~ in šnek.* a) gyventi kartu, bendrai naudotis buu, turtu ir pan. *(with – su);* b) dirbti kartu, prisidėti; *~ out* iškuopti, išmėžti *(tvartą);* *~ up šnek.* a) sugadinti, sužlugdyti *(planus ir pan.);* b) susimauti, susikirsti

mucker ['mʌkə] *šnek. n* **1** sunkus kritimas; *prk.* bėda, nepasisekimas; *to come a ~* a) sunkiai nukristi; b) įkliūti į bėdą; *to go to a ~* per daug išleisti *(on, over)* **2** *amer.* storžievis; stuobrys, neišmanėlis

v **1** pripainioti, sužlugdyti *(reikalą)* **2** išleisti *(džn. away);* praleisti *(progą)*

muckheap ['mʌkhiːp] *n* mėšlo krūva

muckrake ['mʌkreɪk] *v (ypač polit.)* demaskuoti machinacijas, šmeižti *(žiniasklaidoje)*

muckspreader ['mʌkspredə] *n* mėšlo kratytuvas

muck-up ['mʌkʌp] *n šnek.* makalynė, painiava
muckworm ['mʌkwə:m] *n* **1** mėšlinis kirminas **2** šykštuolis
mucky ['mʌkɪ] *a* **1** mėšluotas; purvinas, nešvarus **2** bjaurus *(apie orą)* **3** nepadorus *(apie anekdotą, pokštą ir pan.)*
mucous ['mju:kəs] *a* gleivėtas; **~ membrane** *anat.* gleivinė
mucus ['mju:kəs] *n* gleivės
mud [mʌd] *n* **1** purvas, purvynė *(t. p. prk.)*; **to stick in the ~** a) įklimpti; b) *prk.* atsilikti *(nuo gyvenimo)*; **to throw/sling/fling ~** *(at) prk.* mėtyti/drabstyti purvais, koneveikti, šmeižti **2** dumblas, maurai *(t. p. river ~)* **3** *spec.* šlamas ◊ *here's ~ in your eye* būk sveikas! *(geriant)*
mudbath ['mʌdbɑ:θ] *n* **1** *med.* purvo vonia **2** makalynė, pliurza *(apie sporto aikštelę ir pan.)*
mud-box ['mʌdbɔks] *n tech.* purvo nusodintuvas
muddle ['mʌdl] *n* painiava, maišatis; netvarka; **to make a ~** *(of)* supainioti, sujaukti, sumaišyti; **to be in a ~** būti netvarkai; **to get into a ~** susipainioti, susimaišyti *(galvoje) v* **1** (su)painioti, sumaišyti, sujaukti *(džn.* **~ up/together)* **2** sutrikdyti, apkvaišinti **3** (su)drumsti *(vandenį)* ▢ **~ along** krapštinėtis, terliotis; veikti/dirbti bet kaip; pagadinti; **~ away** veltui gaišti/leisti/eikvoti *(laiką, pinigus ir pan.)*; **~ on** = **~ along**; **~ through** šiaip taip užbaigti *(painiojantis ir klystant)*; išsikapanoti, išsikrapštyti
muddle-headed ['mʌdl'hedɪd] *a* bukagalvis, kvailas, nesupratingas
muddy ['mʌdɪ] *a* **1** purvinas; dumblinas, dumbluotas **2** drumstas, drumzlinas, drumzlus **3** painus, miglotas *(apie kalbą, stilių ir pan.)* **4** aptemęs *(apie protą)* **5** neaiškus, dulsvas *(apie šviesą, spalvą)*
v **1** (su)purvinti; aptaškyti purvu **2** drumsti(s) **3** supainioti, padaryti *(klausimą)* miglotą/neaiškų
mudflat ['mʌdflæt] *n* jūros užliejama dumblėta sekluma
mudguard ['mʌdgɑ:d] *n aut.* sparnas; purvasargis
mudlark ['mʌdlɑ:k] *n ist.* **1** darbininkas, valantis nutekamuosius vamzdžius **2** gatvės vaikėzas, beglobis paauglys
mudpack ['mʌdpæk] *n* kosmetinė kaukė
mudsill ['mʌdsɪl] *n stat.* gulekšnis
mudslinger ['mʌdˌslɪŋə] *n šnek.* šmeižikas
mudstone ['mʌdstəʊn] *n min.* argilitas
muesli ['mju:zlɪ] *n* saldus grūdų, džiovintų vaisių, riešutų ir pan. mišinys *(valgomas su pienu pusryčiams)*
muezzin [mu:'ezɪn] *arab. n* muedzinas
muff[1] [mʌf] *n* **1** mova *(rankoms)* **2** *tech.* mova, įmova; **~ joint** movinis sujungimas
muff[2] *šnek. n* **1** klaida; sviedinio nesugavimas *(žaidžiant)* **2** žioplys, liurbis; nevykėlis *(apie žaidėją)*
v apsirikti; pražiopsoti; susimauti, susikirsti *(t. p.* **~ up)**; **to ~ one's lines** supainioti tekstą *(apie aktorių)* ◊ **to ~ a catch, to ~ it** nepagauti sviedinio *(žaidžiant)*
muffin ['mʌfɪn] *n* apskrita akyta bandelė *(valgoma karšta su sviestu; amer.* **English ~)**
muffle ['mʌfl] *n* **1** prislopintas garsas **2** *tech.* mufelis *(t. p.* **~ furnace)**
v **1** apvynioti, apmuturiuoti *(džn.* **~ up)** **2** prislopinti, duslinti
muffler ['mʌflə] *n* **1** šalikas, šerpė **2** *muz.* moderatorius **3** *amer. tech.* duslintuvas, slopintuvas
mufti ['mʌftɪ] *arab. n* **1** *rel.* muftis **2** *kar.* civiliniai drabužiai *(dėvimi vietoj uniformos)*
mug[1] [mʌg] *n* **1** puodukas; taurė *(apdovanojimui)*; **tin ~** skardinaitė **2** *(alaus)* bokalas **3** *vulg.* marmūzė, snukis, terlė; **thinking ~** makaulė, smegeninė **4** *šnek.* grimasa **5** *sl.* plėšikas, banditas **6** *amer. sl. (veido)* fotografija

v šnek. **1** daryti grimasas, vaipytis **2** *amer.* fotografuoti *(nusikaltėlius)* **3** užpulti *(gatvėje apiplėšimo tikslu)*, apiplėšti ▢ **~ up** grimuotis
mug[2] *n šnek.* **1** mulkis; bukagalvis **2** naujokas *(žaidime)* ◊ **that's a ~'s game** *šnek.* tai kvailių užsiėmimas; aš, jis *ir t. t.* ne toks mulkis
mugful ['mʌgful] *n* puodukas *(of – ko)*
mugger[1] ['mʌgə] *n zool.* Indijos krokodilas
mugger[2] *n (gatvės)* plėšikas, užpuolikas
muggins ['mʌgɪnz] *n* **1** *šnek.* kvailelis, mulkis **2** *toks kortų žaidimas*; domino *(kauliukų žaidimas)* ◊ **~ here will pay the bill** *juok.* aš pats apmokėsiu sąskaitą
muggy ['mʌgɪ] *a* tvankus, drėgnas ir šiltas *(apie orą)*
mug-house ['mʌghaʊs] *n šnek.* alinė
mugshot ['mʌgʃɔt] *n šnek.* **1** *(nusikaltėlio veido)* fotografija **2** *juok.* nuotrauka
mugwort ['mʌgwə:t] *n bot.* paprastasis kietis
mugwump ['mʌgwʌmp] *n amer.* **1** partijos narys, pasiliekantis sau teisę balsuoti rinkimuose nepriklausomai nuo partijos **2** *iron.* svarbi persona
Muhammedan [mu'hæməd°n] = **Mohammedan** *a, n*
mujaheddin [ˌmu:dʒəhe'di:n] *n pl* mudžechedinai *(musulmonai kariai)*
mulatto [mju:'lætəʊ] *n (pl* ~(e)s [-z]) mulatas
a gelsvas, geltonai rausvas, bronzinis
mulberry ['mʌlbərɪ] *n* **1** *bot.* šilkmedis *(t. p.* **~ tree)** **2** šilkmedžio vaisius **3** *attr* tamsiai raudonas
mulch [mʌlʃ] *ž. ū. n* mulčias
v mulčiuoti
mulct [mʌlkt] *n* pabauda, bauda
v **1** skirti pabaudą, nubausti **2** apsukti, išvilioti *(pinigus; of)*
mule[1] [mju:l] *n* **1** *zool.* asilėnas, mulas **2** *prk. šnek.* ožys, užsispyrėlis; **as stubborn as a ~** užsispyręs kaip ožys **3** hibridas **4** *tekst.* sukimo ir verpimo mašina *(t. p.* **spinning ~)** **5** *tech.* vilkikas; stūmikas
mule[2] *n* šlepetė, šliurė *(be užkulnių)*
mule[3] *v* = **mewl**
muleteer [ˌmju:lɪ'tɪə] *n* mulų varovas
muliebrity [ˌmju:lɪ'ebrətɪ] *n knyg.* moteriškumas
mulish ['mju:lɪʃ] *a* užsispyręs (kaip ožys)
mull[1] [mʌl] *šnek. n* painiava; **to make a ~** *(of)* pripainioti, supainioti
v (su)painioti
mull[2] *v* svarstyti, apmąstyti *(ppr.* **~ over)**
mull[3] *n* plono muslino rūšis
mull[4] *n škot.* iškyšulys *(geografiniuose pavadinimuose)*
mull[5] *v* (pa)kaitinti vyną/alų su prieskoniais; ruošti glintveiną
mullah ['mʌlə] *arab. n* mula *(musulmonų dvasininkas)*
mullein ['mʌlɪn] *n bot.* tūbė
mullet ['mʌlɪt] *n zool.* kefalė *(žuvis)*
mulligatawny [ˌmʌlɪgə'tɔ:nɪ] *ind. n* tiršta aštri sriuba su prieskoniais
mulligrubs ['mʌlɪgrʌbz] *n pl šnek.* **1** prislėgta nuotaika **2** grūžtis, *(vidurių)* dieglys
mullion ['mʌlɪən] *n stat. (lango, durų)* vidlotė
mullock ['mʌlək] *n* **1** *austral. dial.* atmatos **2** *austral. kas.* bergždžioji uoliena
multangular [mʌl'tæŋgjʊlə] *a* daugiakampis
multi- ['mʌltɪ-] *(sudurt. žodžiuose)* daug(ia)-, multi-; **multinational** daugianacionalinis; **multivibrator** multivibratorius
multicellular [ˌmʌltɪ'seljʊlə] *a biol.* daugialąstis
multichoice ['mʌltɪtʃɔɪs] *a* = **multiple-choice**

multicolour(ed) ['mʌltɪˌkʌlə(d)] *a* spalvotas, daugiaspalvis, įvairiaspalvis

multidimensional [ˌmʌltɪdaɪ'menʃnəl] *a* **1** *spec.* daugiamatis **2** plačių interesų; plataus profilio *(apie inžinierių ir pan.)*

multiengined [ˌmʌltɪ'endʒɪnd] *a* daugelio variklių, su daugeliu variklių

multifarious [ˌmʌltɪ'fɛərɪəs] *a knyg.* įvairus

multiflorous [ˌmʌltɪ'flɔːrəs] *a bot.* daugiažiedis

multifold ['mʌltɪfəuld] *a* daugkartinis

multiform ['mʌltɪfɔːm] *a spec.* daugeriopas, įvairus

multifunction(al) [ˌmʌltɪ'fʌŋkʃn(əl)] *a* daugiafunkcis

multilateral [ˌmʌltɪ'lætərəl] *a* daugiašalis; **~ agreements** daugiašaliai susitarimai

multilingual [ˌmʌltɪ'lɪŋgwəl] *a* daugiakalbis; įvairiakalbis

multimedia [ˌmʌltɪ'miːdɪə] *(ypač komp.) a* naudojantis keletą informacijos/raiškos terpių
n daugialypė terpė

multimillionaire [ˌmʌltɪˌmɪljə'nɛə] *n* multimilijonierius

multinational [ˌmʌltɪ'næʃnəl] *a* daugiatautis; daugianacionalinis
n tarptautinė bendrovė/korporacija

multinomial [ˌmʌltɪ'nəumɪəl] *a mat.* daugianaris

multipartite [ˌmʌltɪ'pɑːtaɪt] *a* **1** *polit.* daugiapusis **2** daugialypis, iš daugelio dalių

multiparty [ˌmʌltɪ'pɑːtɪ] *a polit.* daugiapartinis

multiped ['mʌltɪped] *n zool.* daugiakojis

multiphase ['mʌltɪfeɪz] *a el.* daugiafazis

multiple ['mʌltɪpl] *a* **1** daugeriopas, daugialypis, sudėtinis **2** dauginis, daugybinis; **~ fractures** dauginis lūžimas; **~ sclerosis** *med.* dauginė sklerozė
n **1** *mat.* kartotinis; **least/lowest common ~** bendras mažiausias kartotinis **2** vienos firmos vienatipės parduotuvės *(t. p.* **~ shops/stores)**

multiple-choice [ˌmʌltɪpl'tʃɔɪs] *a* leidžiantis pasirinkti; alternatyvus; **~ test** testas, kuriame iš kelių pateiktų atsakymų pasirenkamas vienas

multiplex ['mʌltɪpleks] *spec. a* **1** sudėtingas **2** dauginis; daugkartinis
v sutankinti

multiplexer ['mʌltɪpleksə] *n spec.* multiplekseris

multiplicand [ˌmʌltɪplɪ'kænd] *n mat.* dauginamasis, dauginys

multiplication [ˌmʌltɪplɪ'keɪʃn] *n* **1** *mat.* daugyba, dauginimas; **~ table** daugybos lentelė **2** (pa)dauginimas, padidinimas; multiplikacija

multiplicative [ˌmʌltɪ'plɪkətɪv] *a spec.* **1** didinamasis **2** dauginamasis, dauginimosi

multiplicity [ˌmʌltɪ'plɪsətɪ] *n* **1** daugialypumas **2** įvairovė; gausybė; **a/the ~ of cases** gausūs atvejai

multiplier ['mʌltɪplaɪə] *n* **1** *mat.* daugiklis; koeficientas **2** *spec.* dauginimo įtaisas; multiplikatorius

multiply ['mʌltɪplaɪ] *v* **1** (pa)dauginti, sudauginti *(t. p. mat.);* multiplikuoti; (pa)daugėti; **3 multiplied by 4 is 12** tris padauginus iš 4 gauname 12 **2** didinti; didėti **3** *zool.* daugintis

multipolar [ˌmʌltɪ'pəulə] *a el.* daugiapolis

multiprogramming [ˌmʌltɪ'prəugræmɪŋ] *n komp.* multiprogramavimas

multipurpose [ˌmʌltɪ'pəːpəs] *a spec.* daugiatikslis; universalus; **~ vehicle** bendrosios paskirties sunkvežimis

multiracial [ˌmʌltɪ'reɪʃl] *a* daugiarasis

multiresistant [ˌmʌltɪrɪ'zɪstənt] *a* atsparus daugeliui preparatų *(nuodams, antibiotikams ir pan.)*

multiseater [ˌmʌltɪˌsiːtə] *n av. šnek.* daugiavietis lėktuvas

multi-stage ['mʌltɪsteɪdʒ] *a* **1** daugiapakopis, daugialaipsnis **2** daugelio stadijų

multistorey [ˌmʌltɪ'stɔːrɪ] *a* daugiaaukštis
n šnek. daugiaaukštė automobilių stovėjimo aikštelė

multisyllable ['mʌltɪˌsɪləbl] *n* daugiaskiemenis žodis

multitasking [ˌmʌltɪ'tɑːskɪŋ] *n komp.* daugiaprogramis režimas

multi-track ['mʌltɪtræk] *a* daugiatakelis *(apie įrašą)*

multitude ['mʌltɪtjuːd] *n* **1** daugybė, daugis, dauguma **2 (the ~)** paprasti/eiliniai žmonės, masės ◊ **to cover/hide a ~ of sins** daug ką nuslėpti/pateisinti

multitudinous [ˌmʌltɪ'tjuːdɪnəs] *a* gausus, gausingas

multivalent [ˌmʌltɪ'veɪlənt] *a chem.* daugiavalentis

multivitamin [ˌmʌltɪ'vɪtəmɪn] *n* polivitaminas

mum[1] [mʌm] <*int, a, v*> *int šnek.* cit!, ramiai! ◊ **~'s the word!** (apie tai niekam) nė šnipšt!, nė mur mur!; niekam nė žodžio!
a predic šnek. tylus; **to keep ~** neprasižioti, tylėti, laikyti paslaptyje
v dalyvauti pantomimoje

mum[2] *n sutr. šnek.* = **chrysanthemum**

mum[3] *n* = **mummy**[2]

mumble ['mʌmbl] *v* **1** vapenti, vapėti, (su)murmėti, (su)burbėti **2** vapsėti

mumbo-jumbo [ˌmʌmbəu'dʒʌmbəu] *n* **1** vapėjimas; profesinis žargonas **2** tai, kas nesuprantama; niekai, tauškalai **3** stabas **4** magiškas ritualas *(užkeikimas, būrimas ir pan.)*

mummer ['mʌmə] *n* **1** *teatr.* mimas, pantomimos dalyvis **2** *psn., menk.* artistas, komediantas, fokusininkas

mummery ['mʌmərɪ] *n* **1** *teatr.* pantomima **2** *menk.* juokinga, absurdiška ceremonija, „vaidinimas"

mummification [ˌmʌmɪfɪ'keɪʃn] *n* mumifikacija; *(lavono)* išdžiūvimas, pavirtimas/pavertimas mumija

mummify ['mʌmɪfaɪ] *v* mumifikuoti; išdžiūti, virsti/paversti mumija

mummy[1] ['mʌmɪ] *n* **1** mumija **2** beformė masė; **to beat/smash to a ~** paversti beforme mase **3** rudi dažai

mummy[2] *n vaik.* mama, mamytė

mumpish ['mʌmpɪʃ] *a* paniuręs, blogos nuotaikos

mumps [mʌmps] *n* **1** *med.* kiaulytė **2** bloga nuotaika

mum-to-be [ˌmʌmtə'biː] *n šnek.* būsimoji mama

munch [mʌntʃ] *v* **1** žiaumoti, čiaumoti, čepsėti **2** traškinti, ryti *(t. p.* **~ away***)*

munchies ['mʌntʃiːz] *n pl (ypač amer.) šnek.* mažyčiai sumuštiniai *(užkanda pobūvyje)* ◊ **to have the ~** jaustis alkanam

mundane [mʌn'deɪn] *a* **1** žemiškas; pasaulietiškas **2** kosminis **3** kasdieniškas, paprastas; pilkas *(apie gyvenimą ir pan.)*

Munich ['mjuːnɪk] *n* Miunchenas *(Vokietijos miestas)*

municipal [mjuː'nɪsɪpl] *a* **1** savivaldybės, municipalinis; komunalinis; **~ economy** komunalinis ūkis; **~ government** miesto valdžia **2** savavaldis

municipality [mjuːˌnɪsɪ'pælətɪ] *n* **1** miestas, turintis savivaldą **2** savivaldybė, municipalitetas

municipalize [mjuː'nɪsɪpəlaɪz] *v* municipalizuoti

munificence [mjuː'nɪfɪsns] *n knyg.* dosnumas

munificent [mjuː'nɪfɪsnt] *a knyg.* dosnus

muniments ['mjuːnɪmənts] *n pl teis.* teisių/privilegijų *ir pan.* dokumentai/pažymėjimai

munition [mjuː'nɪʃn] *n (ppr. pl) kar.* amunicija, apranga, ginkluotė; **~s industry** karo pramonė
v aprūpinti *(kariuomenę)* amunicija

munitioner [mjuː'nɪʃnə] *n* = **munition-worker**

munitions-factory [mjuː'nɪʃnzˌfæktərɪ] *n* karinė gamykla

munition-worker [mju:'nɪʃnˌwəːkə] *n* karinės gamyklos darbininkas
munshi ['munʃi:] *n* = **moonshee**
munsif(f) ['munsɪf] *n* = **moonsif(f)**
muntin ['mʌntɪn] *n stat. (lango rėmų)* skirtukas
muon ['mju:ɔn] *n fiz.* miuonas
mural ['mjuərəl] *a attr* sieninis, sienos; ~ *painting* sienų tapyba, freska
n freska, sienų tapyba
murder ['mə:də] <*n, int, v*> *n* žmogžudystė; (nu)žudymas; *to commit (a)* ~ įvykdyti/padaryti žmogžudystę; *attempted* ~ mėginimas nužudyti; ~ *story* kriminalinis romanas ◊ *the* ~ *is out* paslaptis atskleista; ~ *will out* ≡ ylos maiše nepaslėpsi; *to cry/scream blue/amer. bloody* ~ *šnek.* šaukti/klykti/rėkti nesavu balsu; (pa)kelti aliarmą; *to get away with* ~ *šnek.* ≡ išnešti sveiką kailį; likti nenubaustam; *it's* ~ *šnek.* siaubas, baisu *(kaip sunku/nemalonu ką daryti); it's* ~ *on smb's feet [back, etc.] šnek.* tikra kankynė kojoms [nugarai *ir pan.*]
int gelbėkit!
v 1 (nu)žudyti 2 *šnek.* sudarkyti, iškraipyti *(kalbą, muzikos kūrinį ir pan.)* 3 *šnek.* sutriuškinti; sunaikinti
murderer ['mə:dərə] *n* žmogžudys, žudikas, galvažudys
murderess ['mə:dərɪs] *n* žmogžudė, žudikė, galvažudė
murderous ['mə:dᵊrəs] *a* 1 žmogžudiškas, žudikiškas; mirtinas 2 kruvinas; kraugeriškas 3 *šnek.* pragariškas *(apie karštį ir pan.)*
mure [mjuə] *v psn.* 1 apsupti siena *(t. p.* ~ *in)* 2 užmūryti; už(si)daryti *(t. p.* ~ *up)*
muriate ['mjuərɪeɪt] *n chem. psn.* chloridas; ~ *of ammonia* amonio chloridas
muriatic [ˌmjuərɪ'ætɪk] *a chem. psn.* = **hydrochloric acid**
murk [mə:k] *n poet.* tamsa, tamsuma
a psn. tamsus, niūrus
murky ['mə:kɪ] *a* 1 tamsus, niūrus 2 drumzlus, nepermatomas 3 *prk.* miglotas; *it's a* ~ *business* tamsus reikalas
murmur ['mə:mə] *n* 1 murmesys, murmėjimas, niurnėjimas 2 čiurlenimas, šniokštimas; *(miško, jūros)* ūžimas, užesys; *(lapų, vėjo)* šnaresys, šnarėjimas; *(bičių)* dūzgimas 3 *med. (širdies)* ūžesys
v 1 (su)murmėti 2 bambėti, niurnėti, skųstis *(at, against)* 3 gurgėti, čiurlenti, šniokšti, ūžti; dūgzti; šnarėti *(apie lapus, vėją)*
murmurous ['mə:mərəs] *a* 1 čiurlenantis, šniokščiantis; ūžiantis, dūzgiantis 2 prislopintas *(apie garsus)*
murphy ['mə:fɪ] *n sl.* bulvė
Murphy's ['mə:fɪz] *n:* ~ *law* Merfio dėsnis *(jei kas nors bloga turi atsitikti, neišvengiamai atsitiks)*
murrain ['mʌrɪn] *n vet.* snukio ir nagų liga ◊ *a* ~ *on you! psn. vulg.* ≡ kad tu pastiptum!
murrey ['mʌrɪ] *n psn.* tamsiai raudona spalva
muscat ['mʌskæt] *n* muskatas *(vynuogių rūšis; t. p.* ~ *grape)*
muscatel [ˌmʌskə'tel] *n* muskatelis *(vynuogių rūšis ir vynas)*
muscle ['mʌsl] *n* 1 raumuo; *pl kuop.* raumenynas, raumenys 2 *prk.* jėga; *financial [military]* ~ finansinė [karinė] galia; *a man of* ~ žaliūkas, stipruolis ◊ *not to move a* ~ nepajudėti, nepasijudinti
v: ~ *in šnek.* jėga įsibrauti *(on – į),* pasiglemžti
muscleman ['mʌslmæn] *n (pl* -men [-men]) *(tik v.) šnek.* raumeningas vyrukas, tvirtas vaikinas, žaliūkas
muscology [mʌs'kɔlədʒɪ] *n* briologija *(samanų mokslas)*
muscovado [ˌmʌskə'vɑ:dəu] *n (pl* ~s [-z]) neišvalytas cukranendrių cukrus

Muscovite ['mʌskəvaɪt] *n* 1 maskvietis 2 *psn.* rusas
a 1 Maskvos; maskviečių 2 *psn.* rusų
Muscovy ['mʌskəvɪ] *n ist.* Maskvos valstybė
muscular ['mʌskjulə] *a* 1 raumeninis, raumenų; ~ *dystrophy* raumenų distrofija 2 raumeningas 3 stiprus, energingas
muscularity [ˌmʌskju'lærətɪ] *n* raumeningumas
musculature ['mʌskjulətʃə] *n* raumenynas
muse[1] [mju:z] *n mit.* mūza *(t. p. prk.); the Muses* mūzos *(9 sen. graikų deivės – mokslo ir meno globėjos)*
muse[2] *v knyg.* 1 (ap)mąstyti, mintyti, mintimis perkratinėti *(on, over)* 2 susimąsčius ištarti/pasakyti
n psn. susimąstymas
museology [ˌmju:zɪ'ɔlədʒɪ] *n* muziejininkystė
musette [mju:'zet] *pr. n* 1 *ist.* miuzetė *(muz. instrumentas; šokis)* 2 *amer. kar.* kuprinė *(ppr.* ~ *bag)*
museum [mju:'zɪəm] *n* muziejus
museum-piece [mju:'zɪəmpi:s] *n* muziejinis eksponatas; muziejinė retenybė *(t. p. prk.)*
mush[1] [mʌʃ] *n* 1 minkšta masė; pliurza *(apie valgį)* 2 *amer.* kukurūzų košė 3 saldus sentimentalumas; sentimentalus romanas/filmas
mush[2] <*n, v, int*> *amer. n* kelionė pėsčiomis su šunimis *(sniegu)*
v keliauti pėsčiomis su šunimis *(sniegu)*
int na *(raginant šunis)*
mush[3] [muʃ] *n sl.* 1 marmūzė *(veidas)* 2 žioply!
mushroom ['mʌʃrum] *n* 1 grybas; *true* ~ valgomasis pievagrybis 2 greitai išaugęs miestas/namas, greitai atsiradusi įstaiga *ir pan.* 3 *šnek.* išsišokėlis 4 *šnek.* moteriška šiaudinė skrybėlė su nuleistais kraštais 5 *šnek.* skėtis 6 *attr* grybinis, grybiškas, grybų; ~ *growth* greitas augimas/vystymasis; ~ *cloud (branduolinio sprogimo)* „grybas"
v 1 grybauti 2 augti kaip grybams po lietaus; pasirodyti, kilti kaip grybams
mushy ['mʌʃɪ] *a* 1 minkštas, kaip košė 2 poringas, akytas 3 sentimentalus; saldus
music ['mju:zɪk] *n* 1 muzika *(t. p. prk.); to set/put smth to* ~ parašyti muziką *(eilėraščiui ir pan.); your words are* ~ *to my ears* tavo žodžiai skambėjo man kaip muzika 2 gaidos; *to read* ~ skaityti gaidas; *he plays without* ~ jis groja be gaidų 3 muzikos kūrinys *(t. p. a piece of* ~*)*
◊ *to face the* ~ a) be baimės sutikti kritiką/sunkumus; b) susilaukti bausmės, atsakyti *(už ką)*
musical ['mju:zɪkl] *a* 1 muzikos, muzikinis; ~ *box* muzikos dėžutė *(muz. instrumentas)* 2 muzikalus 3 melodingas, malonus ausiai
n teatr., kin. miuziklas; operetė, muzikinė komedija *(t. p.* ~ *comedy)*
musically ['mju:zɪklɪ] *adv* 1 muzikos požiūriu 2 muzikaliai, melodingai
music-case ['mju:zɪkkeɪs] *n* aplankas gaidoms
music-hall ['mju:zɪkhɔ:l] *n* 1 miuzikholas 2 koncertų salė
musician [mju:'zɪʃn] *n* 1 muzikantas; muzikas 2 kompozitorius
musicianship [mju:'zɪʃnʃɪp] *n* muzikalumas *(ypač atlikėjo)*
musicologist [ˌmju:zɪ'kɔlədʒɪst] *n* muzikologas
musicology [ˌmju:zɪ'kɔlədʒɪ] *n* muzikologija
music-paper ['mju:zɪkˌpeɪpə] *n* gaidų popierius
music-rack ['mju:zɪkræk] *n* = **music-stand**
music-stand ['mju:zɪkstænd] *n* piupitras, pultas gaidoms
music-stool ['mju:zɪkstu:l] *n* sukamoji kėdė *(prie rojalio)*
musing ['mju:zɪŋ] *n* apmąstymas; susimąstymas
a mąstantis, mąslus; susimąstęs

musk [mʌsk] *n* **1** muskusas **2** muskuso kvapas
musk-deer ['mʌskdɪə] *n zool.* kabarga *(mažas beragis elnias)*
muskeg ['mʌskeg] *n amer.* durpėtos balos; liūnas; klampynė
musket ['mʌskɪt] *n ist.* muškieta
musketeer [ˌmʌskɪ'tɪə] *n ist.* muškietininkas
musketry ['mʌskɪtrɪ] *n kar.* **1** *ist. kuop.* muškietos; muškietininkai **2** šaudyba
musk-melon ['mʌskˌmelən] *n bot.* melionas
musk-ox ['mʌskɔks] *n zool.* avijautis
muskrat ['mʌskræt] *n* **1** *zool.* ondatra, muskusinė žiurkė **2** ondatros kailis
musky ['mʌskɪ] *a* muskusinis
Muslim ['mʌzlɪm, 'muzlɪm] *n* musulmonas
a musulmonų
muslin ['mʌzlɪn] *n tekst.* **1** muslinas **2** *amer.* mitkalis ◊ *a bit of* ~ *šnek.* moteris, mergaitė
muso ['mju:zəu] *n (pl* ~s [-z]) *šnek.* muzikantas
musquash ['mʌskwɔʃ] *n* = **muskrat**
muss [mʌs] *amer. šnek. n* netvarka, maišalienė, sąmyšis
v (su)taršyti *(plaukus);* (su)maišyti, (pa)daryti netvarką *(ppr.* ~ *up)*
mussel ['mʌsl] *n zool.* **1** dvigeldė kriauklė, dvigeldis moliuskas **2** midija
Mussulman ['mʌslmən] *psn. n (pl* ~s, -men [-mən]) musulmonas
a musulmonų, musulmoniškas
must[1] [mʌst, məst] *v mod* **1** privalo, (būtinai) turi; reikia; *all* ~ *work* visi privalo dirbti; *he* ~ *write to him* jis turi jam parašyti; *if you* ~, *you* ~ jei reikia, tai reikia; *you* ~ *go and see the new film* būtinai nueikite pažiūrėti naujojo filmo; *I* ~ *away psn.* aš turiu, ar man reikia, vykti/eiti **2** tikriausiai, turbūt; *he* ~ *be mad* jis tikriausiai pamišęs; *you* ~ *be joking!* tu tikriausiai juokauji; *you* ~ *have seen them* jūs turbūt juos matėte **3** negalima *(reiškiant draudimą neig. sakiniuose); you* ~ *not go there* jums negalima ten eiti **4** ir reikėjo *(apie nenumatytą atsitiktinumą praeityje); just as I was getting better, what* ~ *I do, but break my leg* ir reikėjo man susilaužyti koją kaip tik tada, kai pradėjau taisytis
n šnek. būtinybė, privalomas daiktas; *this book is a* ~ būtina perskaityti šią knygą
must[2] [mʌst] *n* vynuogių misa
must[3] *n* pelėsiai, plėkai
must[4] *n (dramblių, kupranugarių)* rujos metas
mustache [mə'stɑ:ʃ] *n amer.* = **moustache**
mustachioed [mə'stæʃɪəud] *a* su dideliais ūsais
mustang ['mʌstæŋ] *n zool.* mustangas
mustard ['mʌstəd] *n* **1** *bot.* garstyčia; *wild* ~ garstukas, dirvinė garstyčia **2** *kul.* garstyčios **3** *attr* garstyčių; ~ *oil [plaster]* garstyčių aliejus [trauklapis/kompresas] ◊ *keen as* ~ labai susidomėjęs, pilnas entuziazmo; *all to the* ~ *sl.* gerai; kaip reikiant; *not to cut the* ~ nebūti pakankamai geram/tinkamam *(kokiam darbui)*
a garstyčių spalvos
mustard-gas ['mʌstədgæs] *n chem.* garstyčių dujos, ipritas
mustard-pot ['mʌstədpɔt] *n* garstytinė *(indelis)*
mustelid ['mʌstəlɪd] *n zool.* kiaunių šeimos žvėreliai
muster ['mʌstə] *n* **1** apžiūra, peržiūra; patikrinimas *(iššaukiant pavardėmis); to pass* ~ a) *kar.* pereiti apžiūrą; b) *prk.* būti pripažintam tinkamu **2** = **muster-roll** **3** susirinkimas, susibūrimas; su(si)kaupimas; bendras skaičius **4** *kom. (prekių)* pavyzdys

v **1** rinkti(s), su(si)rinkti **2** (su)kaupti, (su)telkti *(drąsą, jėgas)* ▢ ~ *in* (su)telkti, verbuoti *(kareivius);* ~ *out* paleisti, demobilizuoti; ~ *up* su(si)telkti, su(si)kaupti; *to* ~ *up one's strength* sukaupti/sutelkti savo jėgas; *to* ~ *up one's courage* įsidrąsinti
muster-roll ['mʌstərəul] *n* **1** *kar.* karių sąrašas **2** *jūr.* laivo įgulos sąrašas
musth [mʌst] *n* = **must**[4]
mustn't ['mʌsnt] *sutr.* = **must not**
musty ['mʌstɪ] *a* **1** aptrauktas pelėsiais, apipelėjęs; supelėjęs; suplėkęs; sudusęs; atsiduodantis pelėsiais **2** pasenęs *(apie mintis, mąstymą)*
mutability [ˌmju:tə'bɪlətɪ] *n* kintamumas, nepastovumas
mutable ['mju:təbl] *a* kintamas, nepastovus; permainingas
mutagen ['mju:tədʒən] *n biol.* mutagenas
mutagenic [ˌmju:tə'dʒenɪk] *a biol.* mutageniškas
mutant ['mju:tənt] *n biol.* mutantas
mutate [mju:'teɪt] *v* **1** keisti(s) **2** *fon.* keisti *(šaknies balsį);* kisti *(apie šaknies balsį)*
mutation [mju:'teɪʃn] *n* **1** kitimas; keitimas **2** nepastovumas **3** *biol.* mutacija; mutantas **4** *fon. (balsių)* perkaita, umliautas
mutch [mʌtʃ] *n dial.* kykas, gaubtė
mute[1] [mju:t] <*a, n, v*> *a* **1** nebylus, bežadis **2** begarsis, tylus; ~ *as a fish* tyli kaip žuvis **3** *fon.:* ~ *letter* netariama raidė *(pvz., „w, e" žodyje „write")* **4** *teis.: to stand* ~ *of malice* atsisakyti atsakinėti į teismo klausimus
n **1** nebylys **2** samdytas laidotuvių procesijos dalyvis **3** *muz.* dusiklis, surdina **4** *fon.* netariama raidė
v **1** (pri)slopinti *(t. p. prk.)* **2** *muz.* uždėti dusiklį, surdiną
mute[2] *v* teršti *(apie paukščius)*
muted ['mju:tɪd] *a* prislopintas *(t. p. prk.);* duslus; ~ *criticism* prislopinta, ne tokia griežta kritika
muteness ['mju:tnɪs] *n* nebylystė, nebylumas
mutilate ['mju:tɪleɪt] *v* **1** sužaloti, suluošinti **2** iškraipyti *(prasmę),* sudarkyti, sugadinti *(tekstą)*
mutilation [ˌmju:tɪ'leɪʃn] *n* **1** suluošinimas **2** *(prasmės, teksto ir pan.)* iškraipymas, sudarkymas
mutineer [ˌmju:tɪ'nɪə] *n* maištininkas, maištadarys
mutinous ['mju:tɪnəs] *a* maištaujantis; maištingas
mutiny ['mju:tɪnɪ] *n* maištas *(ypač karinis ar prieš karinę valdžią);* sukilimas; *the (Indian) M. ist.* sipajų maištas
v maištauti, (su)kelti maištą, sukilti *(against)*
mutism ['mju:tɪzm] *n med.* nebylystė, mutizmas
mutt [mʌt] *n šnek.* **1** kvaiša, kvėša, avigalvis **2** *menk.* sargis, šuo *(ypač maišytos veislės)*
mutter ['mʌtə] *n* **1** murmėjimas, burbėjimas; niurnėjimas **2** tolimi griausmai, dundesys
v **1** (su)murmėti, (su)burbėti; bambėti, veblėti **2** niurnėti, niurzgėti *(at, against smb – prieš ką)* **3** dundėti *(apie perkūną)*
mutton ['mʌtn] *n kul.* aviena; ~ *fat* avitaukiai **2** *juok.* avis, avinas ◊ *as dead as* ~ negyvas, bedvasis; ~ *dressed as lamb* besijauninanti moteris; *to return to one's* ~*s* grįžti prie pokalbio temos
mutton-chop [ˌmʌtn'tʃɔp] *n* **1** *kul.* mušta aviena **2** *pl* žandenos *(t. p.* ~ *whiskers)*
mutton-head ['mʌtnhed] *n šnek.* avigalvis, asilas, skystagalvis
muttony ['mʌtnɪ] *a* panašus į avieną, avienos skonio/kvapo
mutual ['mju:tʃuəl] *a* **1** abipusis, abipusiškas, savitarpio, savitarpiškas; ~ *assistance [relations]* savitarpio pagalba [santykiai]; ~ *company kom.* abipusiškai naudinga bendrovė/kompanija; *the feeling is* ~ jausmas abipusis **2** bendras *(dviem žmonėms);* ~ *friend* (mūsų) bendras

draugas ◊ **~ admiration society** *iron.* vienas kitą giriančiųjų kompanija
mutualism ['mju:tʃuəlɪzm] *n* **1** *biol.* mutualizmas **2** *filos.* mutuelizmas
mutuality [ˌmju:tʃu'ælətɪ] *n* abipusiškumas; savitarpiškumas; abipusė priklausomybė
muzak ['mju:zæk] *n* įrašų muzika *(nuolat grojama oro uostuose, parduotuvėse ir pan.)*
muzzle ['mʌzl] *n* **1** *(arklio, šuns ir pan.)* snukis, nasrai **2** antsnukis **3** *kar.* *(šautuvo, pabūklo vamzdžio)* žiotys **4** *tech.* tūta, antšovas
v **1** užmauti antsnukį **2** *prk.* užčiaupti burną, priversti tylėti, nutildyti **3** *jūr.* sumažinti *(burę)*
muzzle-loader ['mʌzlˌləʊdə] *n kar.* šaunamasis ginklas, užtaisomas pro žiotis
muzzle-sight ['mʌzlsaɪt] *n kar.* kryptukas
muzzy ['mʌzɪ] *a* **1** apkvaišęs; apsvaigęs **2** neaiškus, miglotas
my [maɪ] *pron poss (vart. tik kaip pažyminys prieš daiktavardį; plg.* mine¹*)* **1** mano; **in my opinion** mano nuomone **2** savo; -si- *(ypač kalbant apie kūno dalis);* **I've lost my key** aš pamečiau savo raktą; **I cut my finger** aš įsipjoviau pirštą ◊ *my!, my aunt!, my eye(s)!, my stars!, my goodness!* vaje!, še tau!, na ir! *(reiškiant nusistebėjimą, sušunkant)*
myalgia [maɪ'ældʒɪə] *n med.* mialgija, raumenų skausmai
myalgic [maɪ'ældʒɪk] *a med.* mialgijos
myall ['maɪəl] *n bot.* Australijos akacija
mycelium [maɪ'si:lɪəm] *n (pl* -lia [-lɪə]) *bot.* grybiena, micelis
mycology [maɪ'kɔlədʒɪ] *n bot.* mikologija *(grybų mokslas)*
mycosis [maɪ'kəʊsɪs] *n (pl* ~ses [-si:z]) *med.* mikozė
myelitis [ˌmaɪə'laɪtɪs] *n (pl* myelitides [ˌmaɪə'laɪtdi:z]) *med.* mielitas *(nugaros smegenų/kaulų čiulpų uždegimas)*
myna(h) ['maɪnə] *n zool.* mainas *(Azijos varnėnas, pamėgdžiojantis žmonių balsus)*
Mynheer [mə'nɪə] *a* **1** mincheras, ponas *(prieš olando pavardę)* **2** *(m.)* olandas
myocarditis [ˌmaɪəkɑ:'daɪtɪs] *n med.* miokarditas
myocardium [maɪəʊ'kɑ:dɪəm] *n anat.* miokardas
myope ['maɪəʊp] *n med.* trumparegis žmogus
myopia [maɪ'əʊpɪə] *n med.* trumparegystė, miopija
myopic [maɪ'ɔpɪk] *a med.* trumparegis *(t. p. prk.)*
Myra ['maɪərə] *n* Mira, Maira *(vardas)*
myriad ['mɪrɪəd] *poet. n* **1** nesuskaitoma daugybė, miriadai **2** *psn.* dešimt tūkstančių
a nesuskaitomas, begalinis
myriapod ['mɪrɪəpɔd] *n zool.* šimtakojis
myrmidon ['mə:mɪdən] *n* **1** *(M.) mit.* mirmidonas **2** *niek.* aklas vykdytojas, tarnas; samdinys **3** *juok.* ištikimas tarnas
myrrh [mə:] *n* kvapieji sakai, mira
myrtle ['mə:tl] *n bot.* mirta
myself [maɪ'self] *pron* **1** *refl* save, save patį; -si- *(sangrąžos dalelytė);* **I wasn't thinking of ~** aš negalvojau apie save; **I wash ~** aš prausiuosi **2** *emph* pats; **I did it ~** aš pats tai padariau ◊ **I am not ~** aš kaip nesavas; **(all) by ~** vienas; pats vienas; **I can do it by ~** aš galiu padaryti tai pats vienas
mysterious [mɪ'stɪərɪəs] *a* paslaptingas, slėpiningas, mįslingas; nesuprantamas ◊ **God moves in ~ ways** Viešpaties keliai nežinomi
mystery ['mɪstərɪ] *n* **1** paslaptis, slėpinys, mįslė; **it's a ~ to me how he managed to do it** man nesuprantama, kaip jis sugebėjo tai padaryti **2** paslaptingumas, mįslingumas **3** *bažn.* sakramentas **4** *teatr. ist.* misterija *(t. p. ~ play)* **5** detektyvas, detektyvinis kūrinys *(apsakymas, romanas, filmas)*
a **1** paslaptingas **2** detektyvinis
mystic ['mɪstɪk] *a* **1** mistinis, mistiškas **2** slaptas **3** *poet.* slėpiningas, paslaptingas
n mistikas
mystical ['mɪstɪkl] *a* mistikos, mistinis, mistiškas
mysticism ['mɪstɪsɪzm] *n* misticizmas, mistika
mystification [ˌmɪstɪfɪ'keɪʃn] *n* **1** mistifikacija **2** suglumimas, sumišimas; **in some ~ he...** kiek sumišęs jis...
mystify ['mɪstɪfaɪ] *v* **1** mistifikuoti; (su)klaidinti; sugluminti, sukelti sumišimą **2** apgaubti paslaptingumu
mystifying ['mɪstɪfaɪɪŋ] *a* gluminantis; intriguojantis
mystique [mɪ'sti:k] *a* **1** paslaptingumas; mistika **2** meistriškumo paslaptys, žinomos nedaugeliui
myth [mɪθ] *n* **1** mitas *(t. p. prk.)* **2** mitinė/išgalvota būtybė
mythic(al) ['mɪθɪk(l)] *a* **1** mitinis, mitiškas **2** pasakiškas, fantastiškas, pra(si)manytas
mythicize ['mɪθɪsaɪz] *v* **1** paversti mitu, sukurti mitą **2** aiškinti mitologijos požiūriu
mytho- ['mɪθəʊ-] *(sudurt. žodžiuose)* mito-; **mythography** mitografija
mythologic(al) [ˌmɪθə'lɔdʒɪk(l)] *a* mitologinis; mitinis; legendinis
mythologize [mɪ'θɔlədʒaɪz] *v* mitologizuoti
mythology [mɪ'θɔlədʒɪ] *n* **1** mitologija **2** mitų rinkinys, mitai
myx(o)edema [ˌmɪksɪ'di:mə] *n med.* miksedema, gleivinės branka
myxoma [mɪk'səʊmə] *n (pl* ~s, -ata [-ətə]) *med.* gleivinis navikas, miksoma
myxomatosis [ˌmɪksəmə'təʊsɪs] *n vet.* miksomatozė *(triušių ir kiškių liga)*
myxomycetes [ˌmɪksəʊ'maɪsi:ts] *n pl biol.* miksomicetai, gleiviagrybiai

N

N, n [en] *n* (*pl* Ns, N's [enz]) **1** keturioliktoji anglų abėcėlės raidė **2** *mat.* neapibrėžtas dydis; **to the power of n** pakeltas n kartų *(apie skaičių)* **3** *attr šnek.* nesuskaičiuojamas, be galo daug
'n, 'n' [ən] (and *sutr.*) *conj* ir
Naafi ['næfɪ] *n* karinė valgykla/parduotuvė
naan [nɑ:n] *žr.* **nan²**
nab¹ [næb] *v šnek.* **1** užklupti, sučiupti nusikaltimo vietoje; suimti **2** pagauti, pagrobti; užimti *(vietą)*
nab² *n* (*no alcohol beer sutr.*) nealkoholinis alus
nab³ *n škot.* *(kalno)* ketera, pikas
nabob ['neɪbɔb] *n ist.* nabobas *(turtuolis; Indijoje pralobęs europietis)*
nacelle [nə'sel] *n* **1** *av.* atvira kabina **2** *(aerostato)* krepšys
nacre ['neɪkə] *n* **1** perlamutras **2** *psn.* perlinė kriauklė
nacreous ['neɪkrɪəs] *a* perlamutrinis, perlamutro
nadir ['neɪdɪə] *n* **1** *astr.* nadyras **2** *prk. knyg.* žemiausias lygis/taškas; **to be at the ~ of one's hopes** netekti bet kokios vilties
naevus ['ni:vəs] *n* (*pl* -vi [-vaɪ]) *knyg.* apgamas
naff¹ [næf] *a sl.* prastas, bevertis
naff² *v:* **~ off** *imp sl.* nešdinkis lauk!
nag¹ [næg] *n* **1** *šnek.* kuinas, arklėkas, arkliūkštis **2** nedidelis jojamasis arklys; ponis **3** *šnek.* pikta moteris, ragana
nag² *n* **1** priekabės; kabinėjimasis **2** *šnek.* zirzeklis, zyzlys, graužėlė
v **1** graužti, neduoti ramybės, nuolat zyzti, uiti *(at)*; **~ged by doubts** abejonių graužiamas **2** prikaišioti, kabinėtis
Nagasaki [ˌnægə'sɑ:kɪ] *n* Nagasakis *(Japonijos miestas)*
nagger ['nægə] *n* priekabus žmogus; graužėlė; barninga moteris
nagging ['nægɪŋ] *a* **1** graužiantis; priekabus, barningas **2** neduodantis ramybės, maudžiantis *(apie skausmą)*
naiad ['naɪæd] *n* (*pl* ~s [-z], ~es [-i:z]) **1** *mit.* najadė *(vandens nimfa)* **2** *bot.* plukenis
naïf [nɑ:'i:f] *a ret.* = **naive**
nail [neɪl] *n* **1** nagas; **to bite one's ~s** kramtyti nagus; **~ polish/varnish** lakas nagams **2** vinis; **~ drawer/puller** viniatraukis ◊ **hard/tough as ~s** a) beširdis, negailestingas; b) tvirtas, užsigrūdinęs; c) geros formos *(apie sportininką)*; **right as ~s** a) visai teisingai; b) visiškai tvarkingas; c) visai sveikas; **a ~ in smb's/smth's coffin** kas nors pagreitinantis kieno mirtį/pražūtį; **to drive/hammer a ~ into the coffin** *šnek.* ≡ nuvaryti į kapus; (visiškai) sužlugdyti, pražudyti; **to hit the (right) ~ on the head** ≡ pataikyti kaip pirštu į akį; **to pay (down) on the ~** iš karto užmokėti; sumokėti grynaisiais
v **1** prikalti; prikaustyti *(t. p. prk.)*; įkalti, įvaryti vinis **2** patraukti *(dėmesį ir pan.)* **3** *šnek.* suimti; sučiupti, nutverti; **to ~ a lie** sugauti/nutverti meluojant □ **~ down** a) prikalti; užkalti *(dėžę)*; b) *prk.* priremti prie

sienos *(kad įvykdytų, ką žadėjo)*; c) tvirtai nustatyti; įtvirtinti; **~ together** (paskubomis) sukalti; **~ up** a) prikalti; b) užkalti
nail-biter ['neɪlbaɪtə] *n šnek.* intriguojantis filmas/finalas ir pan.
nail-biting ['neɪlbaɪtɪŋ] *n* nagų kramtymas *(įprotis)* *a attr* intriguojantis, sukeliantis didžiulę įtampą
nailbrush ['neɪlbrʌʃ] *n* nagų šepetukas
nailed-up ['neɪld'ʌp] *a* užkaltas; paskubomis sukaltas/sulipdytas
nailer ['neɪlə] *n* **1** vinių gamyklos darbininkas, vinininkas; vinių kalėjas, viniakalys **2** *šnek.* puikus meistras *(at – ko)* **3** *šnek.* puikus egzempliorius
nailery ['neɪlərɪ] *n* vinių dirbtuvė/gamykla
nail-file ['neɪlfaɪl] *n* nagų dildelė
nailing ['neɪlɪŋ] *a šnek.* puikus, šaunus
nainsook ['neɪnsuk] *n tekst.* nansukas *(audinys)*
Nairobi [naɪ'rəubɪ] *n* Nairobis *(Kenijos sostinė)*
naive, naïve [naɪ'i:v, nɑ:'i:v] *a* naivus; paprastas, negudraujantis, be gudrybių
naivety, naïvety, naiveté [naɪ'i:vtɪ, naɪ'i:vteɪ] *n* naivumas; paprastumas, nesuktumas
naked ['neɪkɪd] *a* **1** nuogas, plikas; **~ trees** pliki medžiai; **~ room** neapstatytas kambarys **2** atviras, aiškus, akivaizdus; grynas; **~ facts** pliki/nuogi faktai; **the ~ truth** gryna teisybė, akivaizdi tiesa; **with the ~ eye** plika akimi **3** nepridengtas, neapsaugotas, neapgintas; **~ bulb** lemputė be gaubto; **~ position** neapdrausta pozicija *(biržoje)* **4** *el.* neizoliuotas; **~ cable** atviras laidas ◊ **as ~ as the day he was born** plikas kaip ką tik gimęs
nakedness ['neɪkɪdnɪs] *n* nuogumas
namby-pamby [ˌnæmbɪ'pæmbɪ] *iron. n* **1** sentimentalybė; **a writer of ~** sentimentalus rašytojas **2** pamaiva
a **1** sentimentalus; lepšiškas, vaikiškas **2** mėgstantis maivytis
name [neɪm] *n* **1** vardas *(t. p. Christian/first ~, amer. given ~)*; pavardė *(t. p. family ~)*; **personal ~** asmenvardis; **by ~** vardu; iš vardo; **in the ~ (of)** a) *(ko)* vardan; b) *(kieno)* vardu; **in one's own ~** savo vardu; **to go/pass by the ~ (of)** būti žinomam *(kieno, ko)* vardu; **to put one's ~ down (for)** a) pasirašyti *(kokiai sumai; kreipimąsi ir pan.)*; užsirašyti *(į kur)*; b) iškelti savo kandidatūrą *(kokiai vietai užimti)*; **without a ~** a) bevardis; b) neapsakomas *(apie poelgį)* **2** pavadinimas; **in ~ (only)** nominaliai, tik iš vardo; **I can't put a ~ to it** neatsimenu, kaip (tai) vadinasi **3** reputacija, (geras) vardas; **to give a bad ~** pakenkti reputacijai; **to make a good ~ for oneself** įsigyti/pelnyti gerą vardą; **people of ~** žinomi žmonės; **he has a ~ for honesty** jis žinomas savo sąžiningumu; **his ~ is dirt/mud** *šnek.* jis turi blogą reputaciją, jo vardas suterštas **4** didelis žmogus *(ypač big/famous ~)*; **the great ~s of history** istorinės asmenybės **5** giminė; **the last of his ~** paskutinis iš

giminės, paskutinis giminės palikuonis; **6** *(ppr. pl)* barniai; ***to call ~s*** (iš)plūsti; ***to call smb all the ~s under the sun*** išvadinti ką visokiais vardais ◊ ***to have not a penny to one's ~*** neturėti prie savęs nė skatiko; ***to keep one's ~ on the books*** likti klubo *ir pan.* nariu; ***to take smb's ~ off the books*** pašalinti ką iš klubo/mokyklos *ir pan.*; ***to take smb's ~ in vain*** dievagotis, dievažytis, prisiekinėti Dievo vardu; ***to see one's ~ in lights*** išgarsėti, tapti garsenybe; ***give it a ~*** rinkitės, aš moku *(vaišinant)*; ***to be smb's middle ~*** *šnek.* būti kieno būdingiausia savybe; ***in all but ~*** faktiškai, bet ne oficialiai; ***the ~ of the game*** *šnek.* pats svarbiausias dalykas, svarbiausia *v* **1** (pa)vadinti, duoti vardą *(kam)*; ***to ~ after smb/smth***, *amer.* ***to ~ for smb/smth*** pavadinti kieno vardu, vadinti pagal ką **2** įvardyti, pasakyti vardą **3** suminėti, paminėti, išvardyti; ***to ~ names*** išvardyti pavardes *(dalyvavusių kur nors)* **4** paskirti *(dieną, vietą)* **5** pasiūlyti *(į tarnybą, komisiją ir pan.; as, to)* ◊ ***you ~ it*** ir dar daug *(išvardijus keletą)*
name-calling [ˈneɪmˌkɔːlɪŋ] *n* plūdimas
name-child [ˈneɪmtʃaɪld] *n* žmogus, pavadintas *(kieno)* garbei/vardu; ***he is your ~*** jam duotas jūsų vardas
named [neɪmd] *a* **1** vadinamas, vardu **2** nurodytas
name-day [ˈneɪmdeɪ] *n (ypač bažn.)* vardadienis; vardinės
namedrop [ˈneɪmdrɔp] *v menk.* girtis pažintimi su garsiais žmonėmis; familiariai vartoti garsių žmonių vardus
nameless [ˈneɪmləs] *a* **1** bevardis, nežinomas; anoniminis **2** neapsakomas, neišreiškiamas; neaprašomai bjaurus/šlykštus ◊ ***who shall be/remain ~*** neminint pavardės/pavardžių
namely [ˈneɪmlɪ] *adv* būtent
namepart [ˈneɪmpɑːt] *n teatr.* vaidmuo veikėjo, kurio vardu pavadinta pjesė
nameplate [ˈneɪmpleɪt] *n* **1** lentelė su pavarde *(ant durų)*; firmos lentelė **2** *poligr.* laikraščio pavadinimas *(pirmame puslapyje)*
namesake [ˈneɪmseɪk] *n* **1** bendravardis **2** = **name-child**
name-tape [ˈneɪmteɪp] *n* raištelis su pavarde *(prisiūtas prie drabužio)*
Namibia [nəˈmɪbɪə] *n* Namibija *(Afrikos valstybė)*
nan[1] [næn] *n vaik.* močiutė
nan[2] [nɑːn] *ind. n* neraugintos tešlos paplotis *(t. p. ~ bread)*
nance [næns] *n* = **nancy** 2, 3
nancy [ˈnænsɪ] *n* **1** *(N.)* Nans(ė), Nansi *(vardas)* **2** *šnek.* kaip mergaitė *(apie berniuką, jaunuolį; t. p.* ***Miss ~)*** **3** *sl.* pederastas *(t. p. ~ boy)*
nanism [ˈnænɪzm] *n spec.* nanizmas, žemaūgiškumas
nankeen [nænˈkiːn] *n* **1** *tekst.* nankinas *(audinys)* **2** gelsva spalva
Nanking [ˌnænˈkɪŋ] *n* Nankinas *(Kinijos miestas)*
nanny [ˈnænɪ] *n* **1** *(N.)* Nanė, Nani *(vardas)* **2** auklė **3** = **nan**[1]
nanny-goat [ˈnænɪɡəʊt] *n* ožka
nano- [ˈnænəʊ-] *(sudurt. žodžiuose)* nano- *(viena milijardoji dalis)*; **nanometre** nanometras
nap[1] [næp] *n* **1** *(audinio)* plaukeliai, pūkas **2** *(persiko ir pan.)* pūkeliai; *(paviršiaus)* pūkuotumas
v šiaušti *(audinį)*
nap[2] *n* pogulis, prisnūdimas, pokaitis, perpietė *(t. p.* ***after-dinner ~)***; ***to take/have a ~*** snūstelėti, nusnūsti
v (pa)snausti ◊ ***to be caught ~ping*** *šnek.* būti užkluptam
nap[3] *n* (napoleon *sutr.)* napoleonas *(kortų lošimas)* ◊ ***to go ~ (on)*** rizikuoti; ≡ viską statyti ant kortos

napalm [ˈneɪpɑːm] *n* napalmas; ***~ bomb*** napalmo bomba
v bombarduoti napalmo bombomis
nape [neɪp] *n* sprandas *(ppr. ~ of the neck)*
napery [ˈneɪpərɪ] *n psn.* stalo skalbiniai
naphtha [ˈnæfθə] *n* **1** ligroinas **2** žibalas **3** degamoji alyva
naphthalene [ˈnæfθəliːn] *n chem.* naftalinas
naphthene [ˈnæfθiːn] *n chem.* naftenas
napkin [ˈnæpkɪn] *n* **1** servetėlė **2** rankšluostėlis **3** vystyklas ◊ ***to lay up in a ~*** laikyti paslėptą/užkištą, nenaudoti
Naples [ˈneɪplz] *n* Neapolis *(Italijos miestas)*
napless [ˈnæpləs] *a* **1** be pūko, be plaukelių *(apie audinį)* **2** apsitrynęs, dėvėtas
napoleon [nəˈpəʊlɪən] *n* **1** *(N.)* Napoleonas **2** napoleonas (**1** *kortų lošimas* **2** *sluoksnėtas pyragas*) **3** *ist.* napoleondoras *(auksinė 20 frankų moneta)* **4** *pl ist.* batai su atraitais *(t. p. ~ boots)*
napper [ˈnæpə] *n sl.* makaulė
nappy *n* vystyklas
narc [nɑːk] *amer. šnek. n* policijos tarnautojas, atsakingas už narkotikus
v įskųsti policijai
narcissi [nɑːˈsɪsaɪ] *pl žr.* **narcissus**
narcissism [ˈnɑːsɪsɪzm] *n knyg.* **1** savęs mylėjimas, savimeilė **2** *med.* narcisizmas
narcissist [ˈnɑːsɪsɪst] *n knyg.* save įsimylėjęs žmogus, savimyla; narcizas
narcissus [nɑːˈsɪsəs] *n (pl* ~es, -si) **1** *bot.* narcizas **2** *(N.) mit.* Narcizas
narcolepsy [ˈnɑːkəlepsɪ] *n med.* narkolepsija
narcosis [nɑːˈkəʊsɪs] *n (pl* -ses [-siːz]) *med.* narkozė
narcotic [nɑːˈkɔtɪk] *n (ppr. pl)* narkotikas
a narkotinis; migdantis; ***~ addiction*** narkomanija
narcotization [ˌnɑːkətaɪˈzeɪʃn] *n* narkotizavimas
narcotize [ˈnɑːkətaɪz] *v* narkotizuoti; migdyti *(narkoze)*
nark [nɑːk] *sl. n* **1** *menk.* šnipas, provokatorius, įskundėjas, įdavikas **2** bambeklis **3** *amer.* = **narc**
v **1** suerzinti, įsiutinti **2** (į)skųsti policijai ◊ ***~ it!*** užčiaupk marmuzę!
narky [ˈnɑːkɪ] *a sl.* susierzinęs, supykęs
narrate [nəˈreɪt] *v* (nu)pasakoti, atpasakoti
narration [nəˈreɪʃn] *n* **1** pasakojimas; *(įvykių ir pan.)* nupasakojimas, atpasakojimas **2** *kin.* diktoriaus skaitomas tekstas; autoriaus tekstas/komentaras
narrative [ˈnærətɪv] *n* **1** pasakojimas; apysaka **2** *(faktų, įvykių)* išdėstymas
a pasakojimo; pasakojamasis
narrator [nəˈreɪtə] *n* **1** pasakotojas **2** *teatr., kin., tel.* vedantysis; diktorius; aktorius, skaitantis tekstą autoriaus vardu
narrow [ˈnærəʊ] <*a, n, v*> *a* **1** siauras *(t. p. prk.)*; ankštas; ***a ~ circle of friends*** siauras draugų ratelis **2** sunkus; nedidelis; ***~ circumstances/means*** sunki padėtis, skurdas; ***a ~ majority*** nežymi dauguma, nedidelė balsų persvara; ***~ victory*** sunkiai pelnyta pergalė **3** siauras, ribotas *(apie intelektą ir pan.)*; ***~ view*** siauras požiūris; ***~ mind*** dvasinis ribotumas **4** smulkus; nuodugnus, tikslus; ***~ examination*** nuodugnus (iš)tyrimas ◊ ***to have a ~ shave/squeak*** *šnek.* vos vos išsigelbėti; ***the ~ bed/cell/house*** kapai
n (ppr. pl) siauruma
v **1** siaurėti; ankštėti **2** siaurinti; mažinti; ***to ~ one's eyes*** prisimerkti, primerkti akis **3** apsiriboti *(to – kuo)*
□ ***~ down*** susiaurinti, apriboti; ***to ~ an argument down*** apriboti ginčą keletu punktų
narrow-fisted [ˈnærəʊˈfɪstɪd] *a* šykštus, kietas

narrow-gauge ['nærəugeɪdʒ] *a* **1** *glžk.* siaurabėgis, siaurasis **2** *prk.* siauras, ribotas

narrow-leaved ['nærəu'liːvd] *a bot.* siauralapis

narrowly ['nærəulɪ] *adv* **1** nuodugniai; tiksliai **2** įdėmiai **3** vos ne-, nežymiai; mažu skirtumu *(laimėti, pralaimėti);* **he ~ escaped drowning** jis vos neprigėrė **4** siaurai; ankštai

narrow-minded ['nærəu'maɪndɪd] *a* siauraprotis, nedidelio proto; ribotas *(apie intelektą)*

narrowness ['nærəunɪs] *n* siaurumas *(t. p. prk.);* ribotumas

narwhal ['nɑːwəl] *n zool.* narvalas

nary ['nɛərɪ] *a šnek., dial.* nė kiek, nė lašo; nė vieno; **~ a red cent** nė skatiko

nasal ['neɪzəl] *a* nosinis; nosies; **~ organ** *juok.* nosis; **~ consonant** *fon.* nosinis priebalsis; **to speak with a ~ twang** kalbėti pro nosį, šniaukroti
n **1** *fon.* nosinis garsas **2** *anat.* nosikaulis

nasality [neɪ'zælətɪ] *n fon. (garso)* nosinumas

nasalization [ˌneɪzəlaɪ'zeɪʃn] *n fon.* nazalizacija, nosinimas

nasalize ['neɪzəlaɪz] *v* **1** kalbėti pro nosį, šniaukroti **2** *fon.* nazalizuoti

nasally ['neɪzəlɪ] *adv* pro nosį

nascency ['næsnsɪ] *n knyg.* gimimas, atsiradimas

nascent ['næsnt] *a knyg.* gimstantis, atsirandantis; susidarantis, kylantis

nasturtium [nə'stɜːʃəm] *n bot.* nasturta

nasty ['nɑːstɪ] *a* **1** bjaurus, šlykštus, grasus, koktus; **~ smell [weather]** bjaurus kvapas [oras] **2** nepadorus, nešvankus **3** piktas, pagiežingas; **~ remark** įgelianti pastaba; **to turn ~** supykti; **don't be ~** nepyk!, nešírsk!; **to play a ~ trick** padaryti šunybę, niekšybę **4** pavojingas, grėsmingas; sunkus; **~ cut** pavojingas įsipjovimas; **~ illness** sunki liga; **~ sea** audringa jūra ◊ **a ~ one** nemalonumas; **a ~ piece of work** nedorėlis, bjaurus tipas
n šnek. **1** bjaurus daiktas, bjaurybė **2**: **video ~** smurto videofilmas

natal ['neɪtl] *a* gimimo; **~ day** gimimo diena; **~ place** gimimo vieta

natality [nə'tælətɪ] *n knyg.* gimstamumas; gimimų skaičius/koeficientas

natation [nə'teɪʃn] *n spec.* plaukymas; mokėjimas plaukti

natatorial, natatory [ˌneɪtə'tɔːrɪəl, 'neɪtətərɪ] *a* **1** plaukiamasis, plaukiojamasis, plaukiojimo **2** plaukiojantis

natatorium [ˌneɪtə'tɔːrɪəm] *n (pl ~s, -ria [-rɪə])* plaukiojamasis baseinas

natch [nætʃ] *adv mod šnek.* žinoma, (savaime) suprantama

nates ['neɪtiːz] *n pl anat.* sėdmenys

nation ['neɪʃn] *n* **1** tauta, nacija; tautybė; **to address the ~** kreiptis į tautą **2** šalis, valstybė; **peace-loving ~s** taikingosios šalys; **the/this ~** *amer.* a) mūsų šalis, JAV; b) amerikiečiai **3** *(the ~s) pl bibl.* pagonys *(ne žydai)*

national ['næʃnəl] *a* **1** nacionalinis, tautinis, tautiškas; **~ feelings** nacionaliniai/tautiniai jausmai; **~ minority** tautinė mažuma; **~ costume/dress** tautinis drabužis **2** valstybinis, šalies, nacionalinis; **~ anthem** valstybės himnas; **~ enterprise [holiday]** valstybinė įmonė [šventė]; **~ forces** šalies ginkluotosios pajėgos; **~ income** *ekon.* nacionalinės pajamos; **~ park** nacionalinis parkas; **~ team** *sport.* šalies rinktinė; **against our ~ interests** prieš mūsų šalies interesus
n **1** *(kitos valstybės)* valdinys, pilietis **2** *pl* tautiečiai **3** *(the ~s) šnek.* dienraščiai

nationalism ['næʃnəlɪzm] *n* **1** nacionalizmas **2** patriotizmas; siekimas nacionalinės nepriklausomybės **3** nacionališkumas

nationalist ['næʃnəlɪst] *n* **1** nacionalistas, tautininkas **2** kovotojas už savo tautos nepriklausomybę
a **1** nacionalistinis; tautininkų **2** nacionalinis, nacionalinio išsivadavimo *(apie judėjimą ir pan.)*

nationalistic [ˌnæʃənə'lɪstɪk] = **nationalist** *a* 1

nationality [ˌnæʃə'nælətɪ] *n* **1** pilietybė **2** tautybė **3** tautiškumas; nacionalinis savitumas **4** tauta, nacija

nationalization [ˌnæʃənəlaɪ'zeɪʃn] *n* nacionalizacija

nationalize ['næʃənəlaɪz] *v* **1** nacionalizuoti, suvalstybinti **2** versti nacija **3** suteikti/priimti pilietybę, natūralizuoti(s)

nationally ['næʃənəlɪ] *adv* **1** visos tautos/valstybės požiūriu **2** visos šalies mastu **3** tautine dvasia

nationwide ['neɪʃn'waɪd] *a* **1** (visos) liaudies; (visos) šalies mastu, visą šalį apimantis **2** bendratautis, nacijos, nacionalinis
adv po visą šalį

native ['neɪtɪv] *a* **1** gimtas(is), gimtinis; **one's ~ land** gimtasis kraštas, gimtinė, tėviškė, tėvynė; **~ speaker of Lithuanian** žmogus, kuriam lietuvių kalba yra gimtoji **2** vietinis; čionykštis, čiabuvių; **~ customs** vietiniai paprocičiai; **to go ~** perimti čiabuvių papročius ir gyvenimo būdą *(apie europiečius)* **3** įgimtas; **~ genius** įgimtas talentas **4** grynas, gamtinis *(apie metalus ir pan.);* **~ gold** grynas auksas; **~ sugar** nevalytas cukrus **5** paprastas, nedirbtinis
n **1** gimęs, kilęs *(of – iš)* **2** čiabuvis; vietinis (gyventojas) **3** vietinis augalas/gyvulys

native-born ['neɪtɪv'bɔːn] *a* senbuvis, čiagimis *(ypač apie europiečius, gimusius kolonijose);* **~ American** senas amerikietis *(ne imigrantas)*

native-grasses ['neɪtɪvˌgrɑːsɪz] *n pl* laukinės žolės; natūrali pieva

nativism ['neɪtɪvɪzm] *n filos.* natyvizmas

Nativity [nə'tɪvətɪ] *n* **1** *knyg.* gimimas **2** *(the ~) rel.* Kristaus gimimas; Kalėdos **3** *men.* Kristaus gimimo paveikslas *(t. p. ~ play)* **4** horoskopas

natrium ['neɪtrɪəm] *n chem.* natris

natron ['neɪtrən] *n chem.* natrio karbonatas, soda

natter ['nætə] *n šnek.* tauškimas, plepėjimas, šnekučiavimas; **to have a ~** paplepėti, pasišnekučiuoti
v **1** *šnek.* taukšti, plepėti, šnekučiuotis **2** *dial.* niurzgėti, kabinėtis *(prie)*

natterjack ['nætədʒæk] *n zool.* rupūžė *(t. p. ~ toad)*

natty ['nætɪ] *a šnek.* **1** tvarkingas, dabitiškai/gražiai apsirengęs; puošnus **2** prašmatnus, gudriai/įmantriai padarytas, įmantrus

natural ['nætʃrəl] *a* **1** natūralus, natūralinis; tikras; nedirbtinis, neapsimestinis; **~ death** natūrali mirtis; **~ economy** natūralinis ūkis; **~ flowers** gyvos gėlės; **~ numbers** *mat.* natūralieji skaičiai; **~ selection** *biol.* natūralioji atranka; **~ teeth** savi dantys; **it comes ~ to him** a) tai jam išeina natūraliai; b) tai jam lengvai sekasi/išeina; **he never knew his ~ parents** jis niekada nepažinojo savo tikrųjų tėvų **2** paprastas, normalus; suprantamas; **~ mistake** suprantama/normali klaida **3** įgimtas, prigimtinis; būdingas; **~ talent** įgimtas talentas; **~ law** prigimtinė teisė; **~ orator** apsigimęs oratorius; **with the bravery ~ to him** su jam būdinga drąsa **4** gamtinis, gamtos; **~ forces** gamtos jėgos; **~ gas** gamtinės dujos; **~ history** gamtos mokslas; **~ phenomena** gamtos reiškiniai; **~ philosopher** fizikas; gamtininkas; **~ philosophy**

psn. fizika; **~ resources** gamtos turtai; **~ bar** gamtinė sekluma *(upės žiotyse);* **~ disaster** stichinė nelaimė 5 gamtiškas; **a ~ explanation of miracles** gamtiškas stebuklų aiškinimas 6 laukinis; **~ growth** laukinė augalija 7 žemiškas; **the ~ world** šis pasaulis; žemiškas gyvenimas; **for the rest of one's ~ life** iki savo gyvenimo galo 8 *euf. psn.* nesantuokinis; **~ child** nesantuokinis vaikas
n 1 gabus žmogus, (gimęs) talentas; **as an actress, she's a ~** ji apsigimusi artistė 2 *šnek.* tinkamiausias žmogus *(kam);* pats tinkamiausias; **it's a ~!** puiku!; kaip tik tai, ko reikia! 3 *muz.* bekaras *(t. p.* **~ sign)** 4 *psn.* apsigimęs idiotas, silpnaprotis

natural-born ['nætʃrəlbɔːn] *a* apsigimęs *(apie kvailį, dainininkę ir pan.)*

naturalism ['nætʃərəlɪzm] *n men., filos.* natūralizmas

naturalist ['nætʃrəlɪst] *n* 1 gamtos tyrinėtojas, gamtininkas 2 *men.* natūralistas
a = **naturalistic**

naturalistic [ˌnætʃərə'lɪstɪk] *a men.* natūralistinis

naturalization [ˌnætʃərəlaɪ'zeɪʃn] *n* 1 *teis.* natūralizacija 2 *(gyvūnų, augalų)* aklimatizacija 3 *(naujų žodžių, papročių)* asimiliavimas

naturalize ['nætʃərəlaɪz] *v* 1 *teis.* suteikti/priimti pilietybę, natūralizuoti(s) 2 aklimatizuoti(s) *(apie gyvūną, augalą)* 3 asimiliuoti, skolinti *(naujus žodžius ir pan.)* 4 prisitaikyti; prigyti, įsišaknyti 5 gamtiškai aiškinti/traktuoti 6 užsiiminėti gamtos mokslu

naturally ['nætʃrəlɪ] *adv* 1 *mod* (savaime) suprantama, suprantamas dalykas, žinoma 2 iš prigimties; **her hair is ~ blonde** jos plaukai iš prigimties šviesūs 3 natūraliai; paprastai, lengvai; **German comes ~ to him** vokiečių kalba jam sekasi; **just try and act ~** stenkis elgtis natūraliai

nature ['neɪtʃə] *n* 1 gamta; **the beauties of ~** gamtos grožybės; **~ study** gamtos pažinimas *(mokymo dalykas)* 2 prigimtis, natūra; **against ~, contrary to ~** priešgamtinis, priešingas prigimčiai; **by ~** iš prigimties; **it's in the ~ of things,** *ar* **of the case** tai natūralu/normalu, taip turi būti 3 pobūdis; esmė, svarbiausioji savybė; **of a political ~** politinio pobūdžio 4 *(žmogaus)* charakteris, būdas 5 rūšis, tipas; **it was in the ~ of a command** tai skambėjo kaip įsakymas; **something of that ~** kažkas tokio/panašaus; **things of this ~** tokie dalykai 6 *men.* natūra; **to draw from ~** piešti iš natūros ◊ **to ease ~** ≡ eiti savo reikalo, atlikti savo reikalą; **state of ~** a) pirmykštė padėtis; b) *juok.* nuogumas, nuogybė

nature-healer ['neɪtʃəˌhiːlə] *n* gydytojas, gydantis natūraliais gydymo metodais *(dieta, įtaiga ir pan.)*

nature-identical ['neɪtʃəaɪ'dentɪkl] *a* sintetinis

naturism ['neɪtʃərɪzm] *n* nudizmas

naturist ['neɪtʃərɪst] *n* nudistas

naturopath ['neɪtʃərəpæθ] *n* = **nature-healer**

naturopathy [ˌneɪtʃə'rɔpəθɪ] *n* gydymas natūraliais metodais *(be vaistų, chirurgijos ir pan.)*

naught [nɔːt] *n* 1 *amer.* nulis 2 *psn.* niekas ◊ **to bring to ~** niekais paversti, sužlugdyti; **to come to ~** sužlugti, niekais nueiti; **to set at ~, to care ~** nė kiek nevertinti, nesiskaityti; **to set a rule at ~** pažeisti taisyklę; **thing of ~** nereikalingas daiktas
a predic psn. nieko nevertas, nereikalingas; **his luck is ~** jam nesiseka

naughtiness ['nɔːtɪnɪs] *n* 1 *(vaikų)* nepaklusnumas; išdykumas, išdykavimas; kaprizai 2 *juok. (suaugusiųjų)* blogas elgesys

naughty ['nɔːtɪ] *a* 1 nepaklusnus; išdykęs; kaprizingas; **~ child** išdykėlis 2 *juok.* blogas, bjaurus; **it is very ~ of you** kaip negražu iš jūsų pusės 3 *euf.* ne visai padorus *(apie juokus, žurnalus ir pan.)*

nausea ['nɔːsɪə, 'nɔːzɪə] *n* 1 šleikštulys, pykinimas; koktumas 2 pasišlykštėjimas, pasibjaurėjimas

nauseate ['nɔːsɪeɪt, 'nɔːzɪeɪt] *v* 1 kelti šleikštulį/koktumą/pasišlykštėjimą; šlykštėtis 2 jausti šleikštulį, šleikštuoti; pykinti, versti vemti

nauseating ['nɔːsɪeɪtɪŋ, 'nɔːzɪeɪtɪŋ] *a* verčiantis vemti, pykinantis; šlykštus, bjaurus

nauseous ['nɔːsɪəs, 'nɔːzɪəs] *a* šleikštus; koktus; šlykštus; **to feel ~** jausti šleikštulį

nautch [nɔːtʃ] *n ind.* šokėjų profesionalų pasirodymas; **~ girl** šokėja profesionalė

nautical ['nɔːtɪkl] *a* 1 jūros, jūrinis; jūreiviškas; **~ mile** jūrmylė (= 1852 *m*) 2 laivybos, jūreivystės, navigacijos; **~ college** jūreivystės mokykla/koledžas

nautilus ['nɔːtɪləs] *n (pl ~*es, -li [-laɪ]) *zool.* nautilas *(moliuskas)*

naval ['neɪvl] *a attr* karinio jūrų (laivyno); jūrų; **~ construction** karinių laivų statyba; **~ forces** karinės jūrų pajėgos; **~ service** karinė jūrų tarnyba; **~ officer** a) jūrų karininkas; b) *amer.* muitinės valdininkas; **~ power** a) jūrų valstybė; b) karinė jūrų galia; **~ warfare** jūrų karas; karinių jūrų pajėgų karo veiksmai

nave[1] [neɪv] *n archit.* nava *(bažnyčios dalis)*

nave[2] [neɪv] *n* 1 stebulė 2 *tech.* įvorė

navel ['neɪvl] *n* 1 *anat.* bamba 2 *prk. (ko)* centras, vidurys ◊ **to gaze at,** *ar* **to contemplate, one's ~** galvoti tik apie save

navel-cord, navel-string ['neɪvlkɔːd, 'neɪvlstrɪŋ] *n anat.* bambos virkštelė

navel-gazing ['neɪvlgeɪzɪŋ] *n* (beprasmiai) apmąstymai, savianalizė

navelwort ['neɪvəlwəːt] *n bot.* paprastasis godas

navigability [ˌnævɪgə'bɪlətɪ] *n* tinkamumas laivybai; navigacinis tinkamumas

navigable ['nævɪgəbl] *a* 1 laivybinis, laivuojamas, tinkamas laivybai; navigacinis 2 skraidomas, tinkamas skraidyti 3 valdomas *(apie aerostatą)*

navigate ['nævɪgeɪt] *v* 1 plauk(io)ti *(laivu);* skristi 2 vairuoti *(lėktuvą),* vesti *(laivą); prk.* nukreipti *(vairuotoją);* rodyti kelią *(pagal žemėlapį ir pan.);* **to ~ by the stars** orientuotis pagal žvaigždes 3 *šnek.* atlikti, vykdyti *(priemones)*

navigation [ˌnævɪ'geɪʃn] *n* 1 laivyba, navigacija; jūreivystė, jūrininkystė, laivininkystė; plaukiojimas; **inland ~** vidaus laivyba 2 laivavedyba; aeronavigacija

navigational [ˌnævɪ'geɪʃnəl] *a* navigacinis; aeronavigacinis

navigator ['nævɪgeɪtə] *n* 1 jūrininkas, keliautojas jūromis; jūrų tyrinėtojas 2 *av., jūr.* laivavedys, šturmanas; navigatorius

navvy ['nævɪ] *n* 1 grioviakasys, žemkasys; juodadarbis; **mere ~'s work** mechaniškas darbas 2 *tech.* žemsemė; ekskavatorius ◊ **to work like a ~** ≡ dirbti kaip jaučiui

navy ['neɪvɪ] *n* 1 karinis jūrų laivynas 2 karinio jūrų laivyno vadovybė/žinyba 3 *psn.* eskadra, flotilė 4 *attr* karinio jūrų (laivyno); **N. Department** *amer.* Jūrų reikalų ministerija; **N. List,** *amer.* **N. Register** karinio jūrų laivyno laivų ir vadų sąrašas
a tamsiai mėlynas

navy-blue ['neɪvɪ'bluː] *a attr* tamsiai mėlynas

navy-yard ['neɪvɪjɑːd] *n amer.* karo laivų statykla; karo laivų statybos ir remonto gamykla

nay [neɪ] *knyg., psn.* <*n, adv, part*> *n* **1** neigiamas atsakymas, atsisakymas; *he will not take* ~ jis nepriims atsisakymo; *to say smb* ~ atsakyti kam *(nepatenkinti prašymo)* **2** balsas *(prieš)*; *yeas and* ~*s* balsai „už" ir „prieš"; *the* ~*s have it* dauguma prieš *(balsuojant)*
adv dargi; dar daugiau, teisingiau *(patikslinant ką tik pasakytus žodžius)*; *I suspect,* ~, *I am certain, that he is wrong* aš įtariu, dar daugiau, esu tikras, kad jis neteisus
part ne; *yea and* ~ ir taip, ir ne

Nazarene ['næzəri:n] *n* **1** Nazareto gyventojas; nazarietis; *the* ~ Kristus **2** nazarėjas *(sektos narys)*

Nazareth ['næzərəθ] *n* Nazaretas *(Izraelio miestas)*

naze [neɪz] *n geogr.* ragas, iškyšulys

Nazi ['nɑ:tsɪ] *n* nacistas, fašistas
a nacistinis, fašistinis

Nazism ['nɑ:tsɪzm] *n* nacizmas, fašizmas

Neandertal [nɪ'ændətɑ:l] *n* neandertalietis *(t. p.* ~ *man)*
a neandertaliečio

neap [ni:p] *n* kvadratūrinis potvynis ir atoslūgis *(pats žemiausias, baigiantis 1-ajai ir 3-iajai mėnulio fazei; t. p.* ~ *tide)*
v slūgti *(apie potvynį)*; ~*ed ship* laivas, atoslūgio metu atsidūręs ant seklumos

Neapolitan [nɪə'pɔlɪtᵊn] *a* neapolietiškas; Neapolio; ~ *ice cream* sluoksniuoti ledai
n neapolietis

near [nɪə] <*a, adv, prep, v*> *a* **1** artimas *(t. p. prk.)*; netolimas; *the* ~ *distance* artimas atstumas; ~*est relatives* artimiausieji giminės; ~ *and dear* artimas ir brangus; ~ *one's heart* brangus, mylimas; *the postoffice is quite* ~ paštas visai arti/netoli **2** artimesnis; trumpiausias, tiesus *(apie kelią)*; *on the* ~ *bank* ant artimesniojo/šio kranto **3** artimiausias *(apie laiką)*; *in the* ~ *future* netolimoje ateityje **4** artimas, beveik tikslus; *a* ~ *translation* artimas originalui vertimas; *a* ~ *guess* beveik tikslus spėjimas; *a* ~ *collapse* vos ne žlugimas **5** sunkus, kruopštus; ~ *victory* sunkiai pasiekta pergalė; ~ *work* kruopštus darbas **6** kairysis *(apie vežimo ratą, pakinkytą arklį, arklio koją ir pan.)* **7** *šnek.* šykštus ◊ *to be a* ~ *thing* a) vos vos pavykti; b) vos vos išvengti *(pavojaus, nemalonumų)*
adv **1** arti, netoli, šalia; ~*er and* ~*er* vis arčiau/artyn; *to come/draw* ~ priartėti, artintis *(to – prie)* **2** beveik, vos; ~ *perfect* beveik tobulas; *the country's* ~ *catastrophic economy* vos ne katastrofiška šalies ekonomika; *he is* ~ *on eighty* jam arti/greitai aštuoniasdešimt (metų) **3** artimai *(apie ryšius, santykius)*; *we are* ~ *related* mes artimi giminės ◊ *as* ~ *as I can guess* kiek aš galiu suvokti/suprasti; ~ *at hand* a) po ranka, čia pat; b) ≡ ne už kalnų
prep **1** arti, netoli, prie *(apie vietą)*; ~ *Vilnius* arti/prie Vilniaus; ~ *where he was sitting* netoli nuo tos vietos, kur jis sėdėjo **2** apie, arti *(apie laiką)*; *it is* ~ *dinner-time* greit pietūs; ~ *noon* apie vidurdienį **3** *(*~ *to)* beveik, vos; *she came* ~ *to tears* ji vos neverkė; *that will go* ~ *to killing him* tai gali jį beveik pribaigti; *who comes* ~ *him (in)?* kas gali prilygti jam *(kuo)?*
v artintis, artėti; *to* ~ *completion* artėti prie pabaigos *(apie projektą ir pan.)*; *to be* ~*ing one's end* artintis prie mirties; ≡ būti viena koja karste

near- [nɪə-] *(sudurt. žodžiuose)* pus-; beveik; *near-nude* pusplikis, pusnuogis; *near-perfect performance* beveik tobulas atlikimas

near-beer ['nɪəbɪə] *n amer.* nealkoholinis alus

near-bottom ['nɪə'bɔtəm] *a spec.* padugninis

nearby *adv* [nɪə'baɪ] netoliese, šalia
a ['nɪəbaɪ] netoli/netoliese/šalia esantis, kaimyninis

near-earth ['nɪə'ə:θ] *a* aplink Žemę esantis; ~ *space* erdvė aplink Žemę

nearly ['nɪəlɪ] *adv* **1** beveik; vos ne; *he's* ~ *twenty* jam beveik dvidešimt; *not* ~ toli gražu; visai ne; *not* ~ *enough* toli gražu nepakankamai, daug mažiau negu reikia; *I was* ~ *drowned* aš vos nenuskendau **2** *psn.* artimai; ~ *related* giminingas, artimai susijęs

near-miss [,nɪə'mɪs] *n* **1** netikslus pataikymas *(ypač apie bombas, šūvius)* **2** nevisiška sėkmė; *it was a* ~ truputį pritrūko *(sėkmės ir pan.)*

nearness ['nɪənɪs] *n* artumas, artimumas, artybė

near-shore ['nɪəʃɔ:] *n* pajūrio/pakrantės zona *(t. p.* ~ *zone)*

nearside ['nɪəsaɪd] *n aut.* pusė į kelio pakraštį *(pagal automobilio ir pan. važiavimo kryptį: D. Britanijoje – kairioji, kitur – dešinioji)*

nearsighted [,nɪə'saɪtɪd] *a* trumparegis

nearsightedness [,nɪə'saɪtɪdnɪs] *n* trumparegystė

neat[1] [ni:t] *a* **1** švarus, tvarkingas *(t. p.* ~ *and tidy)*; *as* ~ *as a (new) pin* švarutėlis; kaip naujas **2** dailus; grakštus; ~ *handwriting* daili/graži rašysena **3** aiškus, tikslus; lakoniškas, nušlifuotas *(apie kalbą, stilių)*; *there are no* ~ *solutions to this problem* nėra paprastų/aiškių šios problemos sprendimų **4** dailiai/gerai padarytas; *to make a* ~ *job of smth* puikiai/meistriškai ką atlikti/padaryti **5** sumanus, vikrus **6** grynas, neatskiestas *(ypač apie alkoholinius gėrimus)*; ~ *juice* natūralios sultys **7** *amer. šnek.* puikus, šaunus; *a* ~ *sum of money* graži sumelė pinigų

neat[2] *n (pl* ~*) psn.* **1** *kuop.* galvijai, raguočiai **2** karvė, jautis

neaten ['ni:tn] *v* (su)tvarkyti, patvarkyti; pataisyti *(kaklaraištį ir pan.)*

'neath [ni:θ] *prep poet.* *(vart. vietoj* beneath) po, apačioje

neat-handed ['ni:t'hændɪd] *a* miklus, nagingas

neatness ['ni:tnɪs] *n* **1** švarumas, tvarkingumas; dailumas **2** aiškumas **3** miklumas; sumanumas

neb [neb] *n šiaur.* **1** snapas **2** *(gyvulio)* snukis, snukutis, nosis **3** plunksnos aštruma; *(pieštuko ir pan.)* galiukas, smaigalys

nebbish ['nebɪʃ] *šnek. n* tuščia vieta, bereikšmis žmogus
a bailus, neryžtingas, nevykęs *(apie žmogų)*

Nebraska [nɪ'bræskə] *n* Nebraska *(JAV valstija)*

nebula ['nebjulə] *n (pl* -ae [-i:]) **1** *astr.* ūkas **2** *med.* *(akies)* ragenos drumstis

nebular ['nebjulə] *a astr.* nebulinis; ~ *theory/hypothesis* nebulinė (kosmogoninė) hipotezė

nebulizer ['nebjulaɪzə] *n* pulverizatorius, purkštuvas

nebulosity [,nebju'lɔsətɪ] *n* **1** miglotumas; debesuotumas **2** *(minties, posakio ir pan.)* neaiškumas, miglotumas **3** *astr.* ūkas

nebulous ['nebjuləs] *a* **1** neaiškus, miglotas **2** debesuotas; ūkanotas *(ypač astr.)*

necessarian [,nesɪ'sɛərɪən] = **necessitarian** *n, a*

necessarily ['nesəsᵊrəlɪ, nesə'serəlɪ] *adv* **1** būtinai; *that is not* ~ *so* tai nebūtinai taip **2** neišvengiamai

necessary ['nesəsᵊrɪ] *a* **1** būtinas, privalus, reikalingas; *it is not* ~ *for you to come* nebūtina jums ateiti; *if* ~ reikalui esant, jei reikia/prireiks **2** neišvengiamas; ~ *evil* neišvengiama blogybė **3** priverstinis, nelaisvas; *the* ~ *action* priverstinis veiksmas
n **1** tai, kas būtina; *the necessaries (of life)* būtiniausi/reikalingiausi daiktai/dalykai; *to do the* ~ *šnek.* pada-

ryti tai, ką reikia 2 *(the ~)* šnek. pinigai *(kam pirkti)* 3 *amer. dial.* išvietė *(t. p. ~ house)*
necessitarian [nɪˌsesɪ'tɛərɪən] *filos. n* deterministas *a* deterministinis
necessitarianism [nɪˌsesɪ'tɛərɪənɪzm] *n filos.* determinizmas
necessitate [nɪ'sesɪteɪt] *v* **1** *knyg.* daryti būtiną, (pa)reikalauti *(daug išlaidų ir pan.);* sąlygoti, sukelti; *the changes were ~d (by)...* tuos pokyčius sąlygojo... **2** *amer.* (pri)versti
necessitous [nɪ'sesɪtəs] *a knyg.* **1** nepasiturintis, neturtingas **2** būtinas ir skubus
necessity [nɪ'sesətɪ] *n* **1** būtinybė, būtinas reikalas/dalykas; būtinumas, reikalingumas; *without ~* be reikalo; *there is no ~* nėra jokio reikalo; *of/by ~* a) prireikus; b) neišvengiamai; *under the ~ (of) (ko)* priverstas; esant reikalui; *~ defence teis.* būtinoji gintis **2** neišvengiamybė; *doctrine of ~* determinizmas **3** *(ppr. pl)* skurdas; bėdos, sunkumai; *to be in great ~* skursti **4** *pl* pirmo būtinumo, būtiniausi reikmenys/dalykai ◊ *~ is the mother of invention* ≡ vargas visko išmoko; *to make a virtue of ~* ≡ kai vargas prispyrė, pats panorėjo; apsimesti lyg darytum savo noru, o ne aplinkybių verčiamas
neck [nek] *n* **1** kaklas; sprandas; *to fall on smb's ~* pulti kam ant kaklo; *to break one's ~* nusisukti sprandą; *to break/wring smb's ~* nusukti kam sprandą; *to get it in the ~ šnek.* gauti į sprandą; *to tread on the ~ (of)* lipti ant sprando **2** sprandinė *(mėsa)* **3** apykaklė **4** *(butelio ir pan.)* kaklas, kakliukas; *(smuiko ir pan.)* kaklelis **5** *anat.* kaklelis **6** *geogr.* sąsmauka, nerija; *(pusiasalio ir pan.)* kaklelis **7** *tech.* kakliukas, žiotys, žiedinis griovelis **8** *šnek.* įžūlumas ◊ *up to one's ~* iki kaklo *(užimtas, skolose ir pan.);* *~ and crop* a) visiškai, visai; b) greit, tuojau; *~ and ~ sport.* (einantys) kartu, beveik lygiai *(apie lenktyniaujančius); by a ~ sport.* vos vos, truputį *(atsilikti, aplenkti); ~ or nothing* ≡ viskas arba nieko; žūtbūt; *on the ~* įkandin, iš paskos; *dead from the ~ up šnek.* ≡ kvailas per visą pilvą; tuščiagalvis; *in this ~ of the woods šnek.* šiuose kraštuose; *to break the ~ of smth* atlikti/įveikti sunkiausią/didžiausią ko dalį; *to breathe down smb's ~* atidžiai ką sekti/stebėti; *to harden the ~* tapti dar didesniu kietasprandžiu; *to risk one's ~* rizikuoti savo kailiu; *to stick one's ~ out šnek.* (su)rizikuoti, drįsti
v šnek. bučiuotis, apsikabinti
neckband ['nekbænd] *n (baltinių, palaidinukės)* apykaklė
neckcloth ['neklɔθ] *n ist.* kaklaraištis
neckerchief ['nekətʃɪf] *n* kaklaskarė; pakaklinis
necking ['nekɪŋ] *n* **1** *amer. šnek.* bučiavimasis ir glamonės **2** *archit.* kolonos išraita
necklace ['neklɪs] *n (perlų, karolių ir pan.)* vėrinys; karoliai, antkaklis
necklet ['neklɪt] *n* **1** antkaklis *(papuošalas)* **2** goržetė, boa
neckline ['neklaɪn] *n* iškirpimo linija, (gili) iškirptė; *plunging ~ šnek.* gili iškirptė
neckmould ['nekməuld] *n archit.* astragalas
neckpiece ['nekpi:s] *n* **1** goržetė **2** pakaklinis **3** kailinė apykaklė
necktie ['nektaɪ] *n (ypač amer.)* kaklaraištis
neckwear ['nekwɛə] *n kuop.* kaklaraiščiai, apykaklės *ir pan.*
necro- ['nekrəu-] *(sudurt. žodžiuose)* nekro-; *necrobiosis* nekrobiozė
necrologist [ne'krɔlədʒɪst] *n* nekrologo autorius
necrology [ne'krɔlədʒɪ] *n* **1** nekrologas **2** mirusiųjų sąrašas
necromancer ['nekrəmænsə] *n* burtininkas

necromancy ['nekrəmænsɪ] *n* **1** juodoji magija, nekromantija **2** burtai
necrophilia [ˌnekrəu'fɪlɪə] *n* nekrofilija *(lytinis iškrypimas)*
necrophobia [ˌnekrəu'fəubɪə] *n* nekrofobija *(liguista lavonų/mirties baimė)*
necropolis [ne'krɔpəlɪs] *n (pl ~es) ist.* nekropolis; kapinynas
necropsy, necroscopy [ne'krɔpsɪ, ne'krɔskəpɪ] *n med.* nekroskopija, lavono skrodimas/apžiūra
necrosis [ne'krəusɪs] *n (pl -ses [-sɪz]) med.* nekrozė, vietinė žūtis
nectar ['nektə] *n* **1** *mit.* nektaras; *prk.* dievų/stebuklingas gėrimas **2** *bot.* žiedų sultys, nektaras; *~ gland* nektarinė **3** neatskiestos sultys
nectarine ['nektərɪn, -i:n] *n bot.* nektarinas *(persikas su lygia nepūkuota odele)*
nectary ['nektərɪ] *n bot.* nektarinė
Neddy ['nedɪ] *n šnek.* asiliukas
née [neɪ] *pr. a* gimusi, mergautine pavarde
need [ni:d] *n* **1** reikalingumas, reikalas; *to be in ~ (of), to feel the ~ (of), to have ~ (of)* reikėti, būti reikalingam *(ko); to be/stand in ~ of help [advice]* reikėti pagalbos [patarimo]; *if ~ be* jei reikia; *the house is badly in ~ of repair* namą reikia skubiai remontuoti **2** *pl* reikmės, poreikiai; *to answer/meet/satisfy the ~s* patenkinti reikmes **3** skurdas, bėda; nepriteklius; *he is a good friend in times of ~* jis visada padės sunkią minutę
v **1** reikėti, būti reikalingam *(ko); that fence ~s fixing* tą tvorą reikia taisyti; *he ~s help* jam reikia pagalbos; *all that is ~ed* viskas, ko reikia **2** *mod* reikėti, privalėti; *he ~ not go* jam nereikia eiti; *must I go there? – No, you ~ not* ar aš privalau ten eiti! – Ne, nereikia; *~ you ask?* ar dar reikia klausti? *(juk aišku); he didn't ~ to ask permission* jis neprivalėjo prašyti leidimo; *they ~n't have died* jų mirties buvo galima išvengti
need-be [ˌni:d'bi:] *n šnek.* būtinybė
needful ['ni:dfəl] *ret. a* reikalingas, būtinas *(for, to)* *n* **1** tai, kas būtina; *to do the ~* a) padaryti tai, kas reikalinga/būtina; b) *sport.* įmušti įvartį **2** *(the ~) šnek.* pinigai
neediness ['ni:dɪnɪs] *n* skurdumas
needle ['ni:dl] *n* **1** *(siuvamoji, graviravimo, chirurginė, švirkšto, patefono)* adata; *~'s eye* adatos skylutė **2** *(mezgimo)* virbalas, kabliukas **3** *(prietaiso)* rodyklė **4** *(pušies, eglės)* spyglys **5** smaili viršūnė/uola **6** *archit.* strėlė, špilis; obeliskas **7** *min.* adatinis kristalas **8** *tech.* adatinis vožtuvas/ritinėlis ◊ *to have/get the ~ šnek.* būti blogos nuotaikos; būti susierzinusiam, susierzinti; *to give smb the ~ šnek.* erzinti, siutinti ką; *to look for a ~ in a haystack, ar in a bundle of hay* ≡ ieškoti adatos šieno kupetoje; veltui gaišti laiką; *as sharp as a ~* aštrus, pastabus; *a ~ game/match (komandų priešininkių)* aštrios rungtynės, žūtbūtinė kova
v **1** siūti *(adata)* **2** badyti, durti *(adata)* **3** prasibrauti, prasigauti **4** *šnek.* erzinti, graužti *(about);* (su)kurstyti *(into)* **5** *amer. šnek.* pastiprinti *(gėrimą)* įpilant spirito; *to ~ a beer* įpilti spirito į alų
needle-bath ['ni:dlbɑ:θ] *n med.* Franklino dušas
needle-bearing ['ni:dlˌbɛərɪŋ] *n tech.* adatinis guolis
needle-case ['ni:dlkeɪs] *n* adatinė
needlecraft ['ni:dlkrɑ:ft] *n* siuvimas, siuvinėjimas, mezgimas, nėrimas
needlefish ['ni:dlfɪʃ] *n zool.* vėjažuvė
needleful ['ni:dlful] *n* į adatą įveriamo siūlo ilgis; siūlas *(vienam kartui)*

needle-lace ['ni:dlleɪs] *n* = **needlepoint** 2
needlepoint ['ni:dlpɔɪnt] *n* 1 adatos smaigalys 2 mezginys, nėrinys *(virbalais)* 3 siuvinėjimas skaistgijomis/garusu kanvoje
needle-shaped ['ni:dlʃeɪpt] *a* adatos formos, adatiškas
needless ['ni:dləs] *a* nereikalingas; ~ *to say...* nereikia nė sakyti...
needlessly ['ni:dləslɪ] *adv* be reikalo
needlewoman ['ni:dlˌwumən] *n (pl* -women [-ˌwɪmɪn]) siuvėja; siuvinėtoja
needlework ['ni:dlwə:k] *n* 1 siuvimas; siuvinėjimas 2 siuvinys, išsiuvinėtas dirbinys; mezginys; rankdarbis
needments ['ni:dmənts] *n pl ret.* visa, kas reikalinga *(ypač kelionei)*
needn't ['ni:dnt] *sutr.* = **need not**
needs [ni:dz] *adv psn.* būtinai *(ppr.* + must); *he must ~ go, he ~ must go away* jam būtinai reikia išeiti *(kada jis čia reikalingas)* ◊ ~ *must when the devil drives* ≅ prieš vėją nepapūsi; nieko nepadarysi
needy ['ni:dɪ] *a* nepasiturintis; skurstantis, vargstantis; vargingas
n (the ~) kuop. nepasiturintieji; vargstantieji, vargingieji
ne'er [nɛə] *adv* (never *sutr.*) poet., *psn.* niekada ◊ ~ *a ...* nė vienas
ne'er-do-well ['nɛədu:ˌwel] *psn. n* dykaduonis; netikėlis *a* niekam tikęs
nefarious [nɪ'fɛərɪəs] *a knyg.* 1 nedoras, nuodėmingas 2 niekingas; nusikalstamas
neg [neg] *n šnek.* negatyvas
negate [nɪ'geɪt] *v* 1 (pa)neigti; nepripažinti 2 panaikinti, padaryti neveiksmingą *(pastangas ir pan.)* 3 prieštarauti *(teorijai, rezultatams)* 4 *gram.* padaryti *(sakinį ir pan.)* neigiamą
negation [nɪ'geɪʃn] *n* 1 (pa)neigimas; nepripažinimas; *double ~ law log.* dvigubo neigimo dėsnis 2 nebūtis, fikcija
negationist [nɪ'geɪʃᵊnɪst] *n* neigėjas; nihilistas
negative ['negətɪv] <*a, n, v*> *a* 1 neigiamas; ~ *quantity mat.* neigiamasis dydis; *the ~ sign* a) minusas *(ženklas);* b) *šnek. juok.* niekas, nieko; ~ *voice* balsas prieš 2 negatyvus, nevaisingas 3 nihilistinis; nepalankus 4 *fot.* negatyvinis
n 1 neigimas; neigiamas atsakymas/faktas; nepritarimas, nesutikimas; *in the ~* neigiamai; neigiamas 2 neigiamas bruožas; minusas 3 draudimas; veto 4 *gram.* neiginys 5 *fot.* negatyvas 6 *mat.* neigiamasis dydis 7 *el.* neigiamasis polius
v 1 (pa)neigti; atmesti *(prašymą ir pan.);* sugriauti *(teoriją)* 2 uždėti veto; nepatvirtinti *(pasiūlyto kandidato)* 3 daryti bergždžią; neutralizuoti *(kieno veikimą);* niekais paversti
negativism ['negətɪvɪzm] *n* 1 palinkimas (viską) neigti, nihilizmas 2 *filos., med.* negatyvizmas
negativity [ˌnegə'tɪvətɪ] *n* neigiamumas, neigiamybė
negatory ['negətərɪ] *a knyg.* neigiamas
neglect [nɪ'glekt] *n* 1 nesirūpinimas; nepriežiūra; nepaisymas aplaidumas, apleistumas; *in a state of ~* apleistas; ~ *of duty* nepareigingumas, pareigos neatlikimas
v 1 nesirūpinti, neprižiūrėti 2 nepaisyti 3 nepadaryti *(ko reikalingo);* apleisti; *he ~ed to wind up the clock* jis neprisuko laikrodžio; *to ~ one's studies* apleisti studijas; *to ~ to mention* nepaminėti, užmiršti paminėti
neglectful [nɪ'glektfəl] *a* 1 neatidus; nesirūpinantis, nerūpestingas 2 apsileidęs
negligee, negligée ['neglɪʒeɪ] *pr. n* peniuaras; negližė

negligence ['neglɪdʒəns] *n* 1 nerūpestingumas, neatsargumas, neapdairumas; aplaidumas; *criminal/culpable ~ teis.* nusikalstamas aplaidumas 2 apsileidimas, netvarkingumas; *through ~* iš apsileidimo 3 *(stiliaus, manierų ir pan.)* laisvumas, nevaržomumas
negligent ['neglɪdʒənt] *a* 1 nerūpestingas, neatsargus; aplaidus; *to be ~ of one's duties* aplaidžiai atlikti savo pareigas 2 netvarkingas, apsileidęs 3 laisvas, nevaržomas
negligible ['neglɪdʒəbl] *a* nereikšmingas, nedidelis, nežymus; *by a ~ margin* visai nežymiai
negotiable [nɪ'gəʊʃɪəbl] *a* 1 diskutuotinas, svarstytinas 2 *fin.* apyvartinis, apyvartus; keičiamas, perkamas *(apie vekselį, čekį ir pan.)* 3 tinkamas važiuoti, važiuojamas *(apie kelią);* prieinamas, pasiekiamas *(apie kalno viršūnę ir pan.)*
negotiant [nɪ'gəʊʃɪənt] *n* negociantas, pirklys didmenininkas
negotiate [nɪ'gəʊʃɪeɪt] *v* 1 vesti derybas; derėtis, tartis *(with – su); to ~ terms of peace* tartis dėl taikos sąlygų 2 susitarti *(dėl);* sudaryti *(sutartį, kontraktą); to ~ a loan* susitarti dėl paskolos, gauti paskolą 3 susidoroti; įveikti *(kliūtis, sunkumus)* 4 *fin.* diskontuoti, realizuoti, leisti į apyvartą *(vekselį ir pan.)*
negotiating [nɪ'gəʊʃɪeɪtɪŋ] *a* derybų; derybininkų; ~ *conference* įgaliotinių/diplomatų konferencija; *to come to the ~ table* sėsti prie derybų stalo
negotiation [nɪˌgəʊʃɪ'eɪʃn] *n* 1 *(džn. pl)* derybos; derėjimasis, sąlygų aptarimas; ~*s are under way* vedamos derybos 2 *(sunkumų ir pan.)* įveikimas 3 *fin. (vekselio, čekio ir pan.)* diskontavimas; perdavimas, perleidimas
negotiator [nɪ'gəʊʃɪeɪtə] *n* 1 derybininkas; derybų dalyvis 2 tarpininkas
Negress ['ni:grɪs] *n* negrė
Negrito [nɪ'gri:təʊ] *n (pl ~*(e)s [-z]) *(Malajų salyno)* negritas
Negro ['ni:grəʊ] *n (pl ~*es [-z]) negras
a 1 negrų, negriškas 2 juodas
negro-head ['ni:grəʊhed] *n* 1 tamsus stiprus kramtomasis tabakas 2 blogos kokybės guma
Negroid ['ni:grɔɪd] *n spec.* negridas
Negus ['ni:gəs] *n ist.* negusas *(Etiopijos imperatoriaus titulas)*
negus ['ni:gəs] *n* negusas *(glintveino rūšis)*
neigh [neɪ] *n* žvengimas
v žvengti
neighbor ['neɪbə] *amer.* = **neighbour** *n, v*
neighbour ['neɪbə] *n* 1 kaimynas 2 artimas; *duty to one's ~* pareiga savo artimajam 3 *attr* kaimyninis; artimas; ~ *states* kaimyninės valstybės
v 1 ribotis *(on, upon); the wood ~s upon the lake* miškas prieina prie pat ežero 2 kaimynauti, bičiuliautis *(with)*
neighboured ['neɪbəd] *a: beautifully ~ town* miestas su gražiomis apylinkėmis; *ill ~* turintis blogus kaimynus; *a sparsely ~ place* retai apgyventa vietovė
neighbourhood ['neɪbəhʊd] *n* 1 kaimynystė, artimumas; *in the ~ (of)* a) kaimynystėje, arti; b) apie, maždaug 2 apylinkė, (savas) rajonas; *we live in a healthy ~* mes gyvename sveikoje vietoje; ~ *school* rajono/mikrorajono mokykla 3 kaimynija, kaimynai 4 kaimyniški santykiai; *good ~* geri kaimyniški santykiai
neighbouring ['neɪbᵊrɪŋ] *a attr* kaimyninis, gretimas
neighbourly ['neɪbəlɪ] *a* kaimyniškas, draugiškas; *she is very ~* ji labai gera kaimynė

neighbourship ['neɪbəʃɪp] *n psn.* **1** kaimynystė **2** kaimyniški santykiai

neither ['naɪðə; *amer.* 'niːðə] <*pron, adv, conj*> *pron (vart. daiktavardiškai/būdvardiškai)* nei vienas (nei kitas) *(iš dviejų);* ~ *of you knows* niekas iš jūsų nežino, jūs abu nežinote; ~ *accusation is true* nei tas, nei kitas kaltinimas nėra teisingas
adv taip pat ne; *if you don't go there, ~ shall I* jeigu jūs ten neisite, aš irgi neisiu
conj: ~ *... nor ...* nei ... nei ...; *I am ~ for nor against (it)* aš nei už, nei prieš; *I ~ know nor care* nežinau ir žinoti nenoriu; ~ *one thing nor the other* nei šis, nei tas

nek [nek] *n* kalnų perėja *(P. Afrikoje)*

nekton ['nektən] *n kuop. biol.* nektonas

Nellie, Nelly ['nelɪ] *n* Nel(ė), Neli *(vardas)* ◊ *nice ~* kukluolė; pamaiva; *nervous ~* baikštuolis; *not on your n. sl.* ≡ už jokius pinigus!, nieku gyvu!

Nelson ['nelsn] *n: Horatio ~* Horeišijas Nelsonas *(D. Britanijos admirolas)*

nemaline ['nemǝlaɪn] *a spec.* pluoštinis, plaušinis, plaušėtas

nematode ['nemətəud] *n zool.* nematodas

nem con [ˌnem'kɔn] *lot. teis.* vienbalsiai, niekam nepriešataraujant

nemesia [nɪ'miːʒə] *n bot.* nemezija

Nemesis ['nemɪsɪs] *n* **1** *mit.* Nemezidė **2** *(n.) (pl* nemeses ['nemɪsɪːz]) *knyg.* keršytoja **3** *(n.)* atpildas

nemo ['neməu, 'niːməu] *n (pl* -os [-əuz]) *rad., tel.* laida ne iš studijos

Nemunas ['nemunəs] *n* Nemunas

nenuphar ['nenjufɑː] *n bot.* vandens lelija

neo- ['niːəu-] *pref* neo- *(žymint naują kryptį/mokymą/sistemą ir pan.); neoclassical* neoklasikinis; *neocolonialism* neokolonializmas

neodymium [ˌniːə'dɪmɪəm] *n chem.* neodimas

Neogene ['niːədʒiːn] *n (the ~) geol.* neogenas

neolithic [ˌniːə'lɪθɪk] *a archeol.* neolitinis; *~ age* naujasis akmens amžius, neolitas

neologism [niː'ɔlədʒɪzm] *n kalb.* **1** naujadaras, neologizmas **2** naujadarų kalimas/vartojimas

neologize [niː'ɔlədʒaɪz] *v* nukalti/vartoti naujadarus

neology [niː'ɔlədʒɪ] *n* = **neologism**

neomycin [ˌniːəu'maɪsɪn] *n farm.* neomicinas

neon ['niːɔn] *n chem.* neonas; *~ lamp/light/tube* neono lempa

neonate ['niːəneɪt] *n med.* naujagimis

neophyte ['niːəfaɪt] *n* **1** *rel.* neofitas, naujakrikštas **2** *iron.* naujokas, pradedantysis

neoplasm ['niːəuplæzm] *n med.* navikas, neoplazma

neorealism [ˌniːə'rɪəlɪzm] *n filos., men.* neorealizmas

neoteric [ˌniːə'terɪk] *a knyg.* nesenas; naujausias, dabartinis

Nepal [nɪ'pɔːl] *n* Nepalas *(Azijos šalis)*

nepenthe(s) [nɪ'penθɪ (-θiːz)] *n poet.* tai, kas suteikia nusiraminimą/užmarštį

nephew ['nefjuː, 'nevjuː] *n* sūnėnas, brolėnas, seserėnas

nephralgia [nɪ'frældʒɪə] *n med.* nefralgija, inkstų skausmai

nephrite ['nefraɪt] *n min.* nefritas

nephritis [nɪ'fraɪtɪs] *n med.* nefritas, inkstų uždegimas

nephrology [nɪ'frɔlədʒɪ] *n med.* nefrologija

nepotism ['nepətɪzm] *n* nepotizmas; favoritizmas

Neptune ['neptjuːn] *n mit., astr.* Neptūnas

Neptunian [nep'tjuːnɪən] *a* okeano, jūros, vandens

neptunium [nep'tjuːnɪəm] *n chem.* neptūnis

nerd [nəːd] *n šnek.* nuoboda, vėpla

nereid ['nɪərɪɪd] *n* **1** *mit.* nereidė *(jūros nimfa)* **2** *zool.* nereidė *(žieduotasis jūrų sliekas)*

Neris ['nerɪs] *n* Neris

Nero ['nɪərəu] *n* Neronas *(sen. Romos imperatorius)*

nerts [nəːts] = **nuts** *int*

nervate ['nəːveɪt] *a bot.* gyslotas

nervation [nə'veɪʃn] *n bot. (lapų)* gyslotumas, nervatūra

nerve [nəːv] *n* **1** *anat.* nervas **2** *(ppr. pl)* nervai, nervingumas; *iron/steel ~s* geležiniai nervai; *a fit, ar an attack, of ~s* nervų priepuolis; *to get on smb's ~s* gadinti/dirginti kam nervus, nervinti ką; *to live on one's ~s* nuolat nervintis; *to suffer from ~s* jausti nervinę įtampą **3** drąsa, šaltakraujiškumas; *to lose one's ~* netekti drąsos, pabūgti; *a man of ~s* stiprių nervų žmogus **4** *šnek.* įžūlumas, akiplėšiškumas; *what a ~!* koks įžūlumas!; *to have the ~* a) būti įžūliam; b) *(+inf)* (iš)drįsti *(ką daryti)* **5** *bot.* gysla **6** *zool. (vabzdžių sparnų)* gyslelė **7** *archit.* nerviūros **8** *attr* nervų, nervinis; *~ impulse* nervinis impulsas ◊ *to touch/hit a raw ~* paliesti opią vietą; *to strain every ~* įtempti visas jėgas
v **1** suteikti jėgų/energijos **2** *refl* sukaupti jėgas, įsidrąsinti

nerve-cell ['nəːvsel] *n anat.* nervinė ląstelė

nerve-centre ['nəːvˌsentə] *n* **1** *fiziol.* nervinis mazgas **2** *prk.* vadovaujantis centras/branduolys

nerved [nəːvd] *a* **1** stiprus; įsidrąsinęs **2** *bot.* gyslotas

nerveless ['nəːvləs] *a* **1** silpnas, bejėgis; suglebęs **2** sustingęs *(apie pirštą ir pan.)* **3** drąsus; šaltakraujiškas, ramus **4** *anat.* neturintis nervų; nejautrus **5** *bot.* negyslotas

nerve-(w)racking ['nəːvˌrækɪŋ] *a* nervinantis, nervus gadinantis, kankinantis

nervine ['nəːviːn] *med. a* nervus raminantis
n (nervų) raminamieji vaistai

nervous ['nəːvəs] *a* **1** nervų, nervinis; *~ system* nervų sistema; *~ strain* nervinė įtampa **2** nervingas; susinervinęs, susijaudinęs *(about); to grow ~* imti nerimauti; *don't be ~* nesijaudinkite **3** baikštus, bailus *(of); to be ~ of dogs* bijoti šunų **4** nervinantis, erzinantis; *to make smb ~* nervinti ką **5** išraiškus *(apie stilių)* **6** *psn.* stiprus, raumeningas

nervy ['nəːvɪ] *a* **1** *šnek.* nervingas, susinervinęs; baikštus; dirglus **2** *amer. šnek.* pasitikintis savimi; drąsus **3** *amer. šnek.* įžūlus, akiplėšiškas **4** *poet., psn.* stiprus

nescience ['nesɪəns] *n* **1** *knyg.* nežinojimas *(of)* **2** *filos.* agnosticizmas

nescient ['nesɪənt] *n filos.* agnostikas
a **1** *knyg.* nežinantis *(of)* **2** *filos.* agnostinis

ness [nes] *n* iškyšulys *(tik geogr. pavadinimuose)*

-ness [-nɪs, -nəs] *suff* -umas, -ybė *(žymint ypatybę);* -imas *(su vksmž. kamienais; žymint būseną); loudness* garsumas; *deepness* gilumas, gilybė; *tiredness* pavargimas, nuovargis

nest [nest] *n* **1** lizdas, gūžta; *wasps' ~* vapsvų lizdas; *to make/build its ~* sukti lizdą **2** *(paukščių, pelių)* jaunikliai; *to take a ~* išdraskyti lizdą, išimti kiaušinėlius/jauniklius **3** jaukus kampelis, gūžtelė **4** *(vagių, šnipų ir pan.)* lizdas, lindynė **5** vienodų daiktų rinkinys *(pvz., stalčių/padėklų, įstatytų vienas į kitą); a ~ of narrow alleys* siaurų gatvelių labirintas ◊ *to foul one's (own) ~* ≡ teršti savo lizdą; *to feather one's ~* ≡ prisikimšti kišenes, krautis turtus
v **1** sukti lizdą **2**: *to go ~ing* ieškoti lizdų **3** įdėti/įstatyti/įterpti vieną į kitą

nest-egg ['nesteg] *n* **1** padėlys *(kiaušinis)* **2** santaupos juodai dienai; pirmoji suma, atidėta kokiam nors tikslui

nesting-box ['nestɪŋbɔks] *n* inkilas
nestle ['nesl] *v* **1** jaukiai/patogiai įsitaisyti/įsisukti/susisukti *(t. p. ~ down; in, into, beside)* **2** glaustis, pri(si)glausti, priglusti *(t. p. ~ up; to, against);* ***small villages nestling among the mountains*** maži kaimeliai, glūdintys kalnuose
nestling ['neslɪŋ] *n* paukščiukas, paukštytis *(jauniklis)*
net[1] [net] *n* **1** *(įv. reikšm.)* tinklas; ***fishing ~*** tinklas/samtis žuvims gaudyti; ***road ~*** kelių tinklas **2** tinklelis, tinkliukas *(plaukams, teniso ir pan.)* **3** *prk.* pinklės, žabangos **4** voratinklis **5** *(the ~) komp.* internetas **6** *attr* tinklinis; ***~ curtains*** tinklinės užuolaidos
v **1** (pa)spęsti *(tinklus, pinkles, kilpas; t. p. prk.);* statyti/leisti/mesti tinklus; gaudyti/sugauti tinklais; ***to ~ a rich husband*** susirasti/gauti turtingą vyrą **2** uždengti/užtraukti tinklą; apsupti vielos tinklu **3** nerti/megzti tinklus **4** (nu)tiesti *(geležinkelių, radijo stočių ir pan.)* tinklą **5** *sport.* sukirsti į tinklą/tinkliuką
net[2] <*a, n, v*> *a attr* **1** *ekon.* grynas(is), neto; ***~ weight*** neto svoris; ***~ interest*** grynosios/realiosios pajamos; ***~ cost*** neto kaina; savikaina; ***~ profit*** grynasis pelnas **2** bendras; galutinis; ***~ efficiency*** *tech.* bendras naudingumo koeficientas; ***~ result*** galutinis rezultatas
n ekon. grynosios pajamos, neto
v ekon. duoti/gauti grynąsias pajamas
netball ['netbɔ:l] *n* netbolas *(panašus į krepšinį moterų žaidimas)*
netful ['netful] *n* pilnas tinklas *(of – ko)*
nether ['neðə] *a attr psn., juok.* apatinis, žemutinis, žemesnysis; ***~ garments*** kelnės; ***the ~ man/person*** apatinė kūno dalis ◊ ***hard as a ~ millstone*** ≡ kietas kaip titnagas; ***the ~ world/regions*** požemis; pragaras
Netherlander ['neðələndə] *n* Nyderlandų gyventojas; olandas
Netherlandish ['neðələndɪʃ] *a* Nyderlandų; olandų
Netherlands ['neðələndz] *n (the ~)* Nyderlandai, Olandija
a Nyderlandų, Olandijos, olandų
nethermost ['neðəməust] *a attr psn., juok.* žemiausias
nett [net] = **net**[2] *a*
netting ['netɪŋ] *n* **1** tinklų nėrimas/mezgimas **2** gaudymas tinklais/kilpomis **3** tinklas, tinkliukas
nettle ['netl] *n* dilgėlė; ***small/stinging ~*** gailioji dilgėlė; ***dead ~*** notrėlė ◊ ***to be on ~s*** ≡ sėdėti kaip ant žarijų; ***to grasp/seize the ~*** ryžtingai imtis sunkaus reikalo/darbo; ***grasp the ~ and it won't sting you*** ≡ drąsiems ir laimė padeda
v **1** dilginti *(t. p. prk.)* **2** (su)erzinti, įgelti
nettlefish ['netlfɪʃ] *n zool.* medūza
nettle-rash ['netlræʃ] *n med.* dilgėlinė
network ['netwɜ:k] *n* **1** tinklas, mezginys, pynė **2** *(geležinkelių, kanalų, kompiuterių, prekybos ir pan.)* tinklas; ***~ of espionage*** šnipinėjimo tinklas; ***~ of roots*** šaknų tinklas **3** *rad., tel. (transliacijos stočių)* sistema, tinklas; ***~ announcer*** *amer.* diktorius **4** *ekon.* tinklinis grafikas **5** *fiz.* grandinė; keturpolis; ***ladder ~*** daugianarė grandinė
v **1** nustatyti kontaktus; jungti **2** *rad., tel.* transliuoti vienu metu keliais kanalais
neural ['njuərəl] *a anat.* nervų, nervų sistemos
neuralgia [njuə'rældʒə] *n med.* neuralgija
neuralgic [njuə'rældʒɪk] *a med.* neuralginis
neurasthenia [ˌnjuərəs'θi:nɪə] *n med. psn.* neurastenija
neuritis [njuə'raɪtɪs] *n med.* neuritas
neuro- ['njuərə-] *(sudurt. žodžiuose)* neuro-; ***neuropathology*** neuropatologija; ***neurotoxic*** neurotoksinis
neurogenic [ˌnjuərə'dʒenɪk] *a med.* neurogeninis, nervinės kilmės
neurological [ˌnjuərə'lɔdʒɪkl] *a* neurologinis, neurologijos
neurologist [nju'rɔlədʒɪst] *n* neurologas
neurology [nju'rɔlədʒɪ] *n* neurologija
neuroma [ˌnjuə'rəumə] *n (pl ~s, -ata [ətə])* neuroma, nervinis navikas
neuron ['njuərɔn] *n fiziol.* neuronas
neuropathic [ˌnjuərə'pæθɪk] *n med.* neuropatinis
neuropathologist [ˌnjuərəᵘpə'θɔlədʒɪst] *n* neuropatologas
neuropsychiatry [ˌnjuərəᵘsaɪ'kaɪətrɪ] *n* neuropsichiatrija
neuroptera [nju:'rɔptərə] *n zool.* tinklasparniai *(vabzdžių būrys)*
neurosis [nju'rəusɪs] *n (pl -ses [-si:z]) med.* neurozė
neurosurgery [ˌnjuərəᵘ'sɜ:dʒərɪ] *n* neurochirurgija
neurotic [nju'rɔtɪk] *a* **1** nervinis; neurozinis **2** neurasteniškas *(apie žmogų)*
n neurastenikas
neuter ['nju:tə] <*a, n, v*> *a* **1** *gram.* niekatrosios/bevardės giminės **2** *gram.* negalinikinis *(apie veiksmažodį)* **3** *bot., zool.* belytis **4** *biol.* neišsivystęs, nevaisingas **5** *vet.* kastruotas **6** *ret.* neutralus; ***to stand ~*** likti neutraliam
n **1** *gram.* niekatroji/bevardė giminė; niekatrosios giminės žodis **2** *gram.* negalinikinis veiksmažodis **3** *zool.* nevaisingas vabzdys **4** *vet.* kastruotas gyvulys **5** *psn.* žmogus, užimantis neutralią poziciją
v kastruoti; ***~ed tomcat*** kastruotas katinas
neutral ['nju:trəl] *a* **1** *(įv. reikšm.)* neutralus; ***~ country [colour]*** neutrali šalis [spalva]; ***~ equilibrium*** *spec.* neutralioji/beskirtė pusiausvyra; ***to be ~ in a quarrel*** būti neutraliam, nedalyvauti ginče **2** abejingas; objektyvus, nešališkas; ***~ opinion*** nešališka nuomonė
n **1** neutrali valstybė **2** neutralios valstybės laivas/pilietis **3** neutrali spalva **4** *aut. (pavaros svirties)* neutralioji padėtis
neutralism ['nju:trəlɪzm] *n* neutralizmas; neutralitetas
neutralist ['nju:trəlɪst] *a amer.* besilaikantis neutraliteto
neutrality [nju:'trælətɪ] *n* **1** neutralitetas **2** neutralumas
neutralization [ˌnju:trəlaɪ'zeɪʃn] *n* **1** neutralizavimas, neutralizacija **2** *kar.* nuslopinimas *(ugnimi)*
neutralize ['nju:trəlaɪz] *v* **1** neutralizuoti *(t. p. chem.);* ***~ smb's influence*** neutralizuoti kieno įtaką **2** padaryti neveiksmingą, sužlugdyti; ***to ~ opposition*** palaužti pasipriešinimą **3** paskelbti neutralia zona **4** *kar.* nuslopinti *(ugnimi)*
neutrino [nju:'tri:nəu] *n (pl ~s [-z]) fiz.* neutrinas
neutron ['nju:trɔn] *n fiz.* neutronas; ***~ bomb*** neutroninė bomba
Nevada [nə'vɑ:də] *n* Nevada *(JAV valstija)*
névé ['neveɪ] *pr. n geol.* firnas, stambiagrūdis sniegas
never ['nevə] *adv* **1** niekada; ***one ~ knows, you ~ know*** niekada negali žinoti (kas bus); ***~ before*** dar niekada; ***~ let me hear you use that word again!*** kad niekad daugiau negirdėčiau tavęs vartojant šį žodį! **2** nė karto; ***he ~ so much as smiled*** jis nė karto nenusišypsojo *šnek.* nė, taip ir ne- *(sustiprinant neigimą);* ***he answered ~ a word*** jis nė žodžio nepasakė; ***~ a one*** nė vienas; ***the summit ~ took place*** aukščiausio lygio susitikimas taip ir neįvyko; ***~ fear*** nesirūpinkite, būkite ramus **4** žinoma ne, negali būti; ***he ate the whole goose. – N.*** jis suvalgė visą žąsį. – Negali būti!; ***you were ~ such a fool as to lose your money!*** kaip gi tu galėjai taip pamesti pinigus! ◊ ***~ so*** kad ir kiek/kaip būtų; ***well, I ~ (did)!*** pirmąsyk (tai) girdžiu/matau!; viešpatie! *(reiškiant nustebimą, netikėjimą);* ***~ better*** *šnek.* geriau negali būti

never-ceasing ['nevə'si:sɪŋ] *a* nesiliaujantis
never-dying ['nevə'daɪɪŋ] *a* nemirštamas
never-ending ['nevər'endɪŋ] *a* nepabaigiamas, nesibaigiantis
never-fading ['nevə'feɪdɪŋ] *a* nevystantis
nevermore [,nevə'mɔ:] *adv poet.* niekada daugiau
never-never [,nevə'nevə] *n šnek.* **1** skraidymas padangėmis; *~ land* svajonių šalis **2**: *on the ~* kreditan, išsimokėtinai
nevertheless [,nevəðə'les] *adv, conj* vis dėlto; nepaisant to, vis tiek; *he's my friend ~* jis man vis tiek draugas; *it's ~ true that...* vis dėlto tiesa, kad...
never-to-be-forgotten ['nevətəbɪfə'gɔtn] *a* neužmirštamas
nevus ['ni:vəs] *n amer.* = **naevus**
new [nju:] *a* **1** *(įv. reikšm.)* naujas; *~ invention* naujas išradimas; *~ members* nauji nariai; *~ planet* nauja planeta; *~ social order* nauja visuomeninė santvarka; *in a ~ way* naujaip; *to get a ~ job* gauti naują darbą; *to start a ~ life* pradėti naują gyvenimą; *what's ~ (with you)? šnek.* kas naujo? **2** nesenas; *juok., menk.* „naujai iškeptas"; *~ girl* naujokė *(ypač apie mokinę)* **3** naujausias; *~ fashions* paskutinė mada **4** kitoks, kitoniškas, kaip naujai gimęs; *he became a ~ man* jis tapo visai kitu žmogumi **5** šviežias; *~ bread* šviežia duona; *~ milk* šviežias pienas; *~ wine* jaunas vynas **6** nepažįstamas, nežinomas; neįpratęs *(to); I am ~ to Kaunas* aš dar nepažįstu Kauno, aš neseniai Kaune; *this information is ~ to me* man tai naujiena; *that's a new ~ on me* to aš nesu girdėjęs **7** dar (vienas, keletą); papildomas; *I found a ~ mistake* aš radau dar vieną klaidą ◊ *~ money/rich kuop.* pralobėliai, iškilėliai, nuvorišai
new- [nju:] *(sudurt. žodžiuose)* naujai, neseniai, ką tik; *new-gathered berries* ką tik surinktos uogos; *new-formed* naujai sudarytas
new-blown ['nju:bləun] *a* tik ką pražydęs
newborn ['nju:bɔ:n] *a* **1** neseniai gimęs **2** atgimęs *n* naujagimis
new-built ['nju:bɪlt] *a* naujai pastatytas; perstatytas
Newcastle ['nju:,kɑ:sl] *n* Niukaslis *(miestas)*
newcome ['nju:kəm] *a* naujai atvykęs/įstojęs
newcomer ['nju:kʌmə] *n* naujai atvykęs, atvykėlis, ateivis; naujokas, pradedantysis; *to be a ~ to a job [a team]* būti darbo [komandos] naujoku
newel ['nju:əl] *n archit.* suktinių laiptų kolona
new-fallen [nju:,fɔ:lən] *a* tik ką iškritęs *(apie sniegą)*
newfangled ['nju:'fæŋgld] *a menk., iron.* „naujai iškeptas", naujoviškas
new-fashioned ['nju:'fæʃnd] *a* naujoviškas, naujamadis; naujo modelio
new-fledged ['nju:'fledʒd] *a* tik ką apsiplunksnavęs
new-found ['nju:'faʊnd] *a* naujai/neseniai įgytas/gautas
Newfoundland *n* **1** ['nju:fənᵈlənd] Niūfaundlendas **2** [nju:-'faʊndlənd] niūfaundlendas *(šunų veislė, t. p. ~ dog)*
Newfoundlander [,nju:'faʊndləndə, 'nju:fəndləndə] *n* **1** Niūfaundlendo gyventojas **2** Niūfaundlendui priklausantis laivas **3** = **Newfoundland** 2
Newgate ['nju:gɪt] *n ist.* Niugito kalėjimas *(Londone)*
newish ['nju:ɪʃ] *a* naujokas, apynaujis
new-laid ['nju:leɪd] *a* ką tik padėtas, šviežias *(apie kiaušinį)*
new-look ['nju:luk] *a* atnaujintas, naujoviškesnis
newly ['nju:lɪ] *adv (+pII)* **1** naujai; iš naujo; naujaip; *~ painted* perdažytas **2** ką tik, neseniai; *~ built* neseniai pastatytas
newlywed ['nju:lɪwed] *n* jaunavedys; *the ~s* jaunavedžiai
Newmarket ['nju:mɑ:kɪt] *n* **1** Niumarkitas *(Anglijos miestas)* **2** kortų lošimo pavadinimas

new-mown ['nju:'məʊn] *a* šviežiai nupjautas *(apie žolę, šieną)*
newness ['nju:nɪs] *n* naujumas
New Orleans [,nju:'ɔ:lɪənz] *n* Naujasis Orleanas *(JAV miestas)*
news [nju:z] *n* **1** žinia, žinios; naujiena, naujienos; *foreign ~* žinios iš užsienio; *hard ~* svarbios politinės žinios; *to break the ~ (to)* atsargiai pranešti blogą žinią; *that's ~ to me* tai man naujiena; *that is no ~* tai jau visiems žinoma, tai ne naujiena; *the latest ~ from the Olympic stadium* naujausios žinios iš olimpinio stadiono; *I've got (a piece of) ~ for you* aš turiu jums naujieną; *what is the ~?* kas naujo? **2** *rad., tel.* žinios *(programa);* **to see smb/smth on the ~** matyti ką per žinias **3** *attr:* *~ agency* naujienų agentūra; *~ broadcast* žinių laida; *~ film* kino kronika; *~ media* žiniasklaida ◊ *no ~ (is) good ~* gera žinia, kai nėra žinių; *to be in the ~* patekti į laikraščių puslapius; *to make the ~* atsidurti žiniasklaidos dėmesio centre; *bad ~ šnek.* bėda; nemalonus tipas; *bad ~ travels quickly, ill ~ flies fast* ≅ gera naujiena pėsčia važiuoja, bloga – raita jodinėja
newsagent ['nju:z,eɪdʒᵊnt] *n* **1** kioskininkas; kiosko savininkas **2** spaudos kioskas *(ppr. ~'s)*
newsboy [,nju:zbɔɪ] *n (tik v.)* laikraščių pardavėjas, išnešiotojas *(berniukas)*
newscast ['nju:zkɑ:st] *n amer. rad., tel. (naujausių)* žinių laida
newscaster [nju:zkɑ:stə] *n rad., tel.* diktorius, pranešėjas; žinių laidos vedėjas
news-dealer ['nju:z,di:lə] *n amer.* = **newsagent**
news-departament ['nju:zdɪ,pɑ:tmənt] *n* informacijos skyrius; spaudos skyrius
newsflash ['nju:zflæʃ] *n rad., tel.* skubus pranešimas
newshawk ['nju:zhɔ:k] *n amer. šnek.* korespondentas, reporteris
newshound ['nju:zhaʊnd] *n šnek.* reporteris, naujienų medžiotojas
newsletter ['nju:z,letə] *n (firmos, įstaigos)* informacinis biuletenis
newsman ['nju:zmən] *n (pl* -men [-men]) *(tik v.)* **1** *rad., tel.* žurnalistas, korespondentas **2** laikraštininkas; laikraščių pardavėjas
newsmonger ['nju:z,mʌŋgə] *n* liežuvautojas
newspaper ['nju:s,peɪpə] *n* **1** laikraštis; *wall ~* sienlaikraštis; *daily ~* dienraštis; *~ item/paragraph* laikraštinis straipsnelis **2** laikraštinis popierius **3** bendrovė, leidžianti laikraštį/laikraščius
newspaperese [,nju:speɪpə'ri:z] *n menk.* laikraštinis stilius; stilius, būdingas žurnalistams ir reporteriams
newspaperman ['nju:s,peɪpəmæn] *n (pl* -men [-men]) *(tik v.)* žurnalistas, laikraštininkas
newspaperwoman ['nju:s,peɪpəwʊmən] *n (pl* -women [-,wɪmɪn]) žurnalistė, laikraštininkė
newsprint ['nju:zprɪnt] *n polig.* laikraštinis popierius
newsreader ['nju:zri:də] *n rad., tel. (naujausių)* žinių pranešėjas; diktorius
newsreel ['nju:zri:l] *n* **1** *kin. ist.* kronika *(filmas);* kino žurnalas **2** *rad., tel.* einamųjų įvykių apžvalga
newsroom ['nju:zrʊm] *n* žinių skyrius *(redakcijoje)*
newssheet ['nju:zʃi:t] *n* **1** lapelis; laikraštukas **2** = **newsletter**
newsstand ['nju:zstænd] *n* **1** laikraščių kioskas **2** *amer.* = **bookstall**

news-theatre ['nju:z͵θɪətə] *n* kronikinių ir dokumentinių filmų kino teatras

news-vendor ['nju:z͵vendə] *n* laikraščių pardavėjas

newsworthy ['nju:z͵wə:θɪ] *a* vertas nušviesti *(per radiją, televiziją, spaudoje)*, įdomus, svarbus *(apie įvykį)*

newsy ['nju:zɪ] *a šnek.* **1** pilnas naujienų/paskalų/gandų *(ypač apie laišką)* **2** apkalbus, liežuvingas

newt [nju:t] *n zool.* tritonas

Newton ['nju:tn] *n: Isaac* ~ Izaokas Niutonas *(anglų mokslininkas)*

Newtonian [nju:'təunɪən] *a* Niutono *n* Niutono pasekėjas

New-Year ['nju:'jə:, 'nju:'jɪə] *a* Naujųjų Metų; *~ party* Naujųjų Metų sutikimas

New York [͵nju:'jɔ:k] *n* Niujorkas *(JAV miestas ir valstija)*

New Zealand [͵nju:'zi:lənd] *n* Naujoji Zelandija *(šalis)*

next [nekst] <*a, adv, prep, n*> *a* **1** kitas; *in the ~ chapter* kitame skyriuje; *~ year* kitais/ateinančiais metais; *the month [the week, etc.] after ~* einantis po kito mėnesio [kitos savaitės *ir pan.*]; *the ~ man/woman/person* bet kuris kitas žmogus; *not till ~ time juok.* daugiau to nebus iki kito karto **2** artimiausias, gretimas; *my ~ neighbour* mano artimiausias kaimynas; *the ~ biggest [smallest]* kitas/antras pagal didumą [mažumą]; *living ~ door to me* gyvenantis greta manęs, kaimynystėje; *they live in the ~ house but one from ours* jie gyvena antrame nuo mūsų name; *the telephone was ringing in the ~ room* gretimame kambaryje skambėjo telefonas ◊ *the ~ life* pomirtinis gyvenimas

adv **1** po to, paskui, toliau; *he ~ proceeded to write a letter* po to jis ėmė rašyti laišką; *what comes ~?* o kas toliau?; *what ~!* toliau nėr kur eiti! **2** kitą kartą, vėl; *when I ~ saw her she completely ignored me* kai aš ją pamačiau kitą kartą, ji stengėsi manęs nepastebėti **3** *(~ to)* beveik; *~ to impossible* beveik neįmanoma/negalima; *~ to nothing/none* beveik nieko

prep **1** prie, šalia; *a seat ~ to the fire* vieta prie židinio; *I was standing ~ him* aš stovėjau šalia jo; *she loves him ~ her own child* ji myli jį (beveik) kaip savo vaiką **2** *(~ to)* po; antras pagal didumą/svarbumą *ir pan.*; *~ to Beethoven he liked Bach best of all* po Bethoveno jis labiausiai mėgo Bachą

n kitas/artimiausias žmogus/daiktas; *~, please!* prašom kitą!; *I will tell you in my ~* aš pranešiu jums kitame laiške; *to be concluded in our ~* pabaiga (bus) kitame numeryje; *the ~ to speak was Tom* po to kalbėjo Tomas

next-best ['nekst'best] *a* kitas/antras pagal gerumą, beveik prylygstantis pačiam geriausiam

next-door [͵nekst'dɔ:] <*a, adv, n*> *a* artimiausias, kaimyninis; *~ apartment* kaimyninis butas; *dar žr.* **door** 1 *adv: ~ to crime* tai beveik nusikaltimas *n šnek.* kaimynai; *~'s cat* kaimynų katė

next-to-last ['neksᵗtə'lɑ:st] *a* priešpaskutinis

nexus ['neksəs] *n (pl ~, ~es) knyg.* ryšys; santykiai, kontaktai; *the cash ~* piniginiai santykiai; *causal ~* priežastinis priklausomumas

niacin ['naɪəsɪn] *n* nikotino rūgštis

Niagara [naɪ'ægərə] *n* Niagara *(upė)*; *~ Falls* Niagaros krioklys ◊ *to shoot n.* ryžtis žūtbūtiniam žingsniui

nib [nɪb] *n* **1** *(plunksnos)* galiukas, smaigalys; *(metalinė)* plunksna **2** *(paukščio)* snapas **3** *(ko)* smaigalys, antgalis, iškiša **4** *tech.* pirštas, spyglys **5** *pl* susmulkintos kavos/kakavos pupelės

v **1** įkišti plunksną į plunksnakotį **2** nudrožti *(žąsies)* plunksną

nibble ['nɪbl] *n* **1** kramsnojimas; kandžiojimas **2** *(jauko)* ėmimas, kibinimas **3** atsargus mėginimas **4** *(ppr. pl) šnek.* kąsnelis, lengvas užkandis

v **1** kramsnoti; apgraužti, (ap)kramtyti; kandžioti, kandinėti; rupšnoti *(žolę)* **2** imti, kibinti *(apie žuvis)* **3** neryžtingai/atsargiai *(ką)* daryti, svyruoti *(at)* **4** *prk.* graužti, krimsti *(at)*

niblick ['nɪblɪk] *n ret. (golfo)* lazda

nibs [nɪbz] *n: his ~ iron.* jo aukštybė/malonybė, svarbi persona

Nicaragua [͵nɪkə'rægwə] *n* Nikaragva *(šalis)*

nice [naɪs] *a* **1** geras, malonus, mielas, gražus *(t. p. iron.)*; *~ weather, isn't it?* gražus oras, tiesa?; *~ to meet you* malonu susipažinti su jumis; *a ~ state of affairs!* nieko sau reikaliukai! **2** meilus, simpatiškas, atidus, taktiškas *(to)* **3** dailus, skoningai padarytas; elegantiškas **4** įmantrus, rafinuotas *(apie elgesį, stilių)* **5** jautrus; subtilus; *~ ear* jautri klausa; *~ judg(e)ment* įžvalgus ir teisingas sprendimas; *a ~ shade of meaning* subtilus reikšmės atspalvis **6** reikalaujantis didelio tikslumo/delikatumo; *~ question* delikatus/keblus klausimas **7** tikslus, jautrus *(apie mechanizmą)* **8** skanus; *if it doesn't taste ~, don't eat it* jeigu neskanu, nevalgyk **9** kruopštus; skrupulingas, rūpestingas *(apie apsirengimą, išvaizdą ir pan.)* **10** išrankus, ėkštus; *~ critic* reiklus kritikas **11** *(~ and + kitas bdv.)* gana; *it is ~ and warm today* šiandien gana šilta; *the train is going ~ and fast* traukinys važiuoja gana greitai ◊ *~ one!* šaunu!, bravo!

nice-looking [͵naɪs'lukɪŋ] *a* gražus

nicely ['naɪslɪ] *adv* **1** gerai, gražiai; *she sings very ~* ji labai gražiai dainuoja **2** maloniai, mielai **3** delikačiai, subtiliai **4** tiksliai; *it will suit me ~* tai man kaip tik tiks ◊ *you are doing very ~* a) jums labai sekasi; b) jūsų sveikata taisosi

nicety ['naɪsətɪ] *n* **1** tikslumas; kruopštumas; skrupulingumas; *to a ~* tiksliai, kaip tik; kruopščiai **2** dailumas; rafinuotumas, delikatumas; *a question of extreme ~* labai delikatus klausimas **3** išrankumas **4** *pl (etiketo, įstatymo ir pan.)* subtilybės, vingrybės ◊ *an exchange of niceties* pasikeitimas komplimentais

niche [nɪtʃ, ni:ʃ] *n* **1** niša **2** tinkama vieta; prieglobstis; *to find one's ~* susirasti vietą *(gyvenime, kokioje nors veikloje)* **3** *kuop. ekon.* vartotojai

v **1** padėti/(pa)statyti į nišą **2** *refl* susirasti vietelę, prisiglausti *(kur)*

Nicholas ['nɪkələs] *n* Nikolas *(vardas)*

Nick [nɪk] *n* **1** Nikas *(vardas)* **2** *šnek.* velnias, nelabasis *(ppr. Old ~)*

nick [nɪk] *n* **1** įkarpa, įranta, įraiža, įpjova **2** prapjova, plyšys; šukė, ištrupa **3** *tech.* susiaurėjimas, kakliukas **4** *šnek.* cypė, kalėjimas **5** *šnek. (policijos)* nuovada ◊ *in good [bad] ~ šnek.* geros [blogos] būklės; *in the (very) ~ of time* pačiu laiku

v **1** daryti žymę/įkarpą, įrėžti, įręsti **2** į(si)pjauti, prapjauti; apipjauti **3** įspėti, pataikyti *(ppr. to ~ it)* **4** suspėti laiku **5** *šnek.* sugauti, sučiupti *(nusikaltėlį)* **6** *šnek.* nudžiauti, pavogti **7** *šnek.* apgauti, apmauti □ *~ down* a) skaičiuoti pažymint rentlazdėje; b) *šnek.* įsidėti į galvą

nickel ['nɪkl] *n* **1** *chem.* nikelis **2** *amer.* 5 centų moneta ◊ *~ nurser amer. sl.* šykštuolis; *N.! amer.* apie ką užsigalvojai?

v (-ll-) nikeliuoti

nickelage ['nɪklɪdʒl] *n* = **nickel-plating**
nickel-and-dime ['nɪkləndˈdaɪm] *a amer.* nesvarbus ir pigus
nickel-plated ['nɪkl'pleɪtɪd] *a* nikeliuotas
nickel-plating [ˌnɪkl'pleɪtɪŋ] *n* nikeliavimas
nickel-silver [ˌnɪkl'sɪlvə] *n spec.* naujasidabris
nicker[1] ['nɪkə] *v šiaur.* **1** žvengti **2** *menk.* kvatoti, žvengti
nicker[2] *n sl.* svaras sterlingų
nicknack ['nɪknæk] *n* = **knick-knack**
nickname ['nɪkneɪm] *n* **1** pravardė **2** mažybinis vardas
v **1** pravardžiuoti **2** vadinti mažybiniu vardu
Nicosia [ˌnɪkəᵘ'siːə] *n* Nikosija *(Kipro sostinė)*
nicotine ['nɪkətiːn] *n* nikotinas; **~ fit** didelis potraukis užrūkyti; **~ patch** nikotininis lipdukas *(padedantis mesti rūkyti)*
nicotinic [ˌnɪkə'tɪnɪk] *a:* **~ acid** nikotino rūgštis
nicotinism ['nɪkəti:nɪzm] *n med.* nikotinizmas, apsinuodijimas nikotinu
nictitate ['nɪktɪteɪt] *v (ypač zool.)* mirkčioti, mirksėti
nictitation [ˌnɪktɪ'teɪʃn] *n* mirksėjimas
nicy ['naɪsɪ] *n vaik.* saldainėlis, ledinukas
niddle-noddle ['nɪdlˌnɔdl] *v* = **nid-nod**
nidi ['naɪdaɪ] *pl žr.* **nidus**
nidificate, nidify ['nɪdɪfɪkeɪt, 'nɪdɪfaɪ] *v knyg.* sukti lizdą
nid-nod ['nɪdˌnɔd] *v* knapsėti *(snaudžiant)*
nidus ['naɪdəs] *lot. n (pl* nidi, **~es) 1** *zool.* (kai kurių vabzdžių) lizdas **2** *med.* infekcijos židinys
niece [niːs] *n* dukterėčia, brolėčia, seserėčia
niello [nɪ'eləʊ] *it. n (pl* -li [-liː], **~s** [-z]) nielas *(piešinys metale; tamsus lydinys, užpildantis piešinio metale tarpus);* juodžiai *(metale)*
niff [nɪf] *šnek. n* dvokas, smarvė
v dvokti, smirdėti
nifty ['nɪftɪ] *a šnek.* **1** gudrus; sumanus **2** madingas, dabitiškas; dailus, stileiviškas
nig [nɪg] *v* tašyti akmenis
Niger *n* ['naɪdʒə] *n* Nigeris *(upė ir šalis)*
Nigeria [naɪ'dʒɪrɪə] *n* Nigerija
Nigerian [naɪ'dʒɪrɪən] *n* nigerietis
a nigeriečių; Nigerijos
niggard ['nɪgəd] *n* šykštuolis
a psn. = **niggardly**
niggardly ['nɪgədlɪ] *a* **1** šykštus *(t. p. prk.)* **2** menkas, skurdus; elgetiškas *(apie atlyginimą);* **~ sum** menka suma
adv **1** šykščiai **2** menkai, skurdžiai
nigger ['nɪgə] *n* **1** *niek.* juodukas, juočkis **2** šokoladinė spalva ◊ **the ~ in the woodpile is...** (visa) bėda ta, kad...
niggle ['nɪgl] *n* **1** būkštavimas, dvejonė **2** priekabė
v **1** smulkintis, gilintis į smulkmenas *(about, over)* **2** priekabiauti; graužti(s) *(about, over)*
niggling ['nɪglɪŋ] *n* priekabiavimas, kliaučių ieškojimas
a **1** smulkmeniškas; įkyrus **2** reikalaujantis kruopštaus darbo **3** neįskaitomas *(apie rašyseną)*
nigh [naɪ] <*a, adv, prep*> *psn., poet. a* artimas
adv **1** arti, netoli; šalia; **winter draws ~** žiema artėja
2: ~ on beveik
prep prie
night [naɪt] *n* **1** naktis; vakaras; **~ after ~, ~ by ~** kiekvieną naktį/vakarą; **all ~ (long)** visą/kiaurą naktį; pernakt; **at ~** a) naktį; b) vakare; **by ~** a) nakčia, naktį; nakties metu/priedangoje; b) vakarais; **o' (=on) ~s** *šnek.* naktimis; **on the ~ of March 6** kovo šeštosios naktį; **to have a good [bad] ~** gerai [blogai] išsimiegoti; **early ~** ankstus gulimas *(vakare);* **~ out** a) naktis, praleista ne namuose *(ypač linksminantis);* b) tarnaitės išeiginis vakaras; **to have a ~ off** turėti laisvą vakarą; **last ~** vakar naktį/vakare; **tomorrow ~** rytoj vakare; **~ and day** dieną naktį; **to make a ~ of it** linksmintis/praūžti visą naktį; **the play will run three ~s** *teatr.* spektaklis eis tris vakarus **2** tamsa *(t. p. prk.);* sutemos; **to go forth into the ~** išnykti nakties tamsoje; **~ fell** užėjo naktis; **the ~ of ignorance** visiška tamsa/nemokšiškumas **3** *attr* naktinis, vakarinis *(t. p. sudurt. žodžiuose);* **the ~ train** naktinis/vakarinis traukinys ◊ **the small ~** tik po vidurnakčio *(pirma, antra valanda nakties)*
int labanakt!
nightbird ['naɪtbəːd] *n* **1** *zool.* naktinis paukštis **2** *prk.* nakties paukštis, naktibalda, naktininkas
night-blindness ['naɪtˌblaɪndnɪs] *n med.* vištakumas, nematymas prieblandoje
nightcap ['naɪtkæp] *n* **1** *šnek.* stiklelis svaigalų *(prieš gulant)* **2** *amer. sport.* paskutinės dienos varžybos **3** *ist.* naktinė kepuraitė
night-cart ['naɪtkɑːt] *n* vežimas nešvarumams išvežti
night-chair ['naɪttʃɛə] *n* = **night-stool**
nightclothes ['naɪtkləʊðz] *n pl* naktiniai drabužiai
nightclub ['naɪtklʌb] *n* naktinis baras
nightdress ['naɪtdres] *n (moterų, vaikų)* naktiniai marškiniai
nightfall ['naɪtfɔːl] *n* sutema, prieblanda; **at ~** temstant, prieblandoje
night-fighter ['naɪtˌfaɪtə] *n av.* naktinis naikintuvas
nightglow ['naɪtgləʊ] *n* dangaus švytėjimas naktį
nightgown ['naɪtgaʊn] *n (ypač amer.)* = **nightdress**
night-hag ['naɪthæg] *n ret.* **1** ragana ant šluotos **2** košmaras
nighthawk ['naɪthɔːk] *n* **1** = **nightjar 2** naktibalda, naktininkas **3** naktinis taksistas
night-heron ['naɪtˌherən] *n zool.* naktikovas
nightie ['naɪtɪ] *n šnek.* naktinukai, naktiniai marškinėliai
nightingale ['naɪtɪŋgeɪl] *n zool.* lakštingala
nightjar ['naɪtdʒɑː] *n zool.* lėlys *(paukštis)*
nightlife ['naɪtlaɪf] *n* naktinis gyvenimas; **there's not much ~** beveik nėra naktinio gyvenimo, nėra ką veikti vakarais
nightlight ['naɪtlaɪt] *n* naktinė lempelė
nightline ['naɪtlaɪn] *n* meškerė su jauku, užmesta nakčiai
nightlong ['naɪtlɔŋ] *a attr* trunkantis visą naktį
adv knyg. visą naktį
nightly ['naɪtlɪ] *a* naktinis; kasnaktinis, kasvakarinis
adv naktį, naktimis; kasnakt, kasvakar
nightman ['naɪtmən] *n (pl* -men [-mən]) (tik *v.) šnek.*
1 asenizatorius **2** naktinis sargas, panaktinis
nightmare ['naɪtmɛə] *n* **1** slogutis, košmaras *(t. p. prk.); it was a living ~* tai buvo tikras košmaras **2** *attr* košmariškas
nightmarish ['naɪtmɛərɪʃ] *a* košmariškas, siaubingas
night-night [ˌnaɪt'naɪt] *int vaik.* labanakt!
night-piece ['naɪtpiːs] *n men.* nakties/vakaro peizažas/vaizdas; noktiurnas
night-porter ['naɪtˌpɔːtə] *n (viešbučio priimamojo)* naktinis budėtojas/registratorius
nightrider ['naɪtˌraɪdə] *n amer.* raitas plėšikas *(plėšiantis naktį)*
night-robe ['naɪtrəʊb] *n* = **nightdress**
nights [naɪts] *adv (ypač amer.)* naktimis; **to work ~** dirbti naktimis
night-school ['naɪtskuːl] *n* vakarinė mokykla, vakariniai kursai

nightshade ['naɪtʃeɪd] *n bot.* džiugma, bulvė *(šeimos pavadinimas);* **black ~** džiugma juodoji, juodoji kiauliauogė; **woody ~** džiugma karklavija, karklavijas; **deadly ~** šunvyšnė

night-shift ['naɪtʃɪft] *n* naktinė pamaina; **to work on the ~** dirbti naktinėje pamainoje

nightshirt ['naɪtʃə:t] *n (vyriški)* naktiniai marškiniai

night-soil ['naɪtsɔɪl] *n euf.* išmatos, nešvarumai *(išvežami naktį)*

night-spot ['naɪtspɔt] *n šnek.* naktinis baras

nightstand ['naɪtstænd] *n amer.* naktinis staliukas

nightstick ['naɪtstɪk] *n amer. (policininkų)* lazda

night-stool ['naɪtstu:l] *n* naktinis puodas su kėdute

night-terrors ['naɪt‚terəz] *n pl* staigus pabudimas *(susapnavus baisų sapną ir pan.)*

nighttime ['naɪttaɪm] *n* nakties metas, naktis

night-walker ['naɪt‚wɔ:kə] *n* **1** naktibalda, nakviša **2** prostitutė

night-watch ['naɪt‚wɔtʃ] *n* **1** naktinis budėjimas; **in the ~es** nakties nemigo valandomis **2** naktinis sargas, panaktinis

nightwatchman [‚naɪt'wɔtʃmən] *n (pl* -men [-mən]) *(tik v.)* naktinis sargas

nightwear ['naɪtwɛə] *n kuop.* naktiniai drabužiai

nighty ['naɪtɪ] *n* = **nightie**

nig-nog ['nɪgnɔg] *n niek.* juočkis, juodukas

nigrescent [naɪ'gresᵊnt] *a knyg.* juosvas, apyjuodis

nigritude ['nɪgrɪtju:d] *n knyg.* juodumas; tamsumas

nihilism ['naɪɪlɪzm] *n* nihilizmas

nihilist ['naɪɪlɪst] *n* nihilistas

nihilistic [‚naɪɪ'lɪstɪk] *a* nihilistinis

-nik [-nɪk] *suff šnek.* -ininkas *(nusakant tam tikros profesijos entuziastus, ko šalininkus ir pan.);* **computernik** kompiuterininkas; **peacenik** taikos šalininkas; **nogoodnik** netikėlis; **protestnik** protestuotojas

nil [nɪl] *n* nulis *(ypač žaidimuose);* **they won by three goals to ~** jie laimėjo 3 : 0 ◊ **vision ~** jokio matomumo

Nile [naɪl] *n* Nilas *(upė)*

nilgai ['nɪlgaɪ] *n zool.* nilgau *(Indijos antilopė)*

Nilotic [naɪ'lɔtɪk] *a* **1** Nilo **2** nilotų; nilotų kalbų

nimbi ['nɪmbaɪ] *n pl žr.* **nimbus**

nimble ['nɪmbl] *a* **1** vikrus, mitrus, judrus; miklus **2** paslankus, lankstus *(apie protą);* apsukrus, sumanus

nimbostratus [‚nɪmbəu'streɪtəs] *n (pl* -ti [-taɪ]) *meteor.* sluoksninis lietaus debesis

nimbus ['nɪmbəs] *n (pl* -bi, ~es) **1** nimbas, aureolė **2** *meteor.* lietaus debesis

Nimby ['nɪmbɪ] *šnek. n* savo kiemo interesų gynėjas *a* savanaudiškas

niminy-piminy [‚nɪmɪnɪ'pɪmɪnɪ] *a* manieringas, pamaiviškas

nimonic [nɪ'mɔnɪk] *n* nimonikas *(antikorozinis lydinys)*

Nimrod ['nɪmrɔd] *n* entuziastingas/didelis medžiotojas

Nina ['ni:nə, 'naɪnə] *n* Nina *(vardas)*

nincompoop ['nɪŋkəmpu:p] *n šnek.* **1** kvailys, neišmanėlis **2** silpnabūdis žmogus, lepšis

nine [naɪn] *num card* devyni, devyneri; devynetas ◊ **~ days' wonder** trumpalaikė sensacija, aktualija; greitai pamirštamas įvykis; **~ times out of ten** beveik visada, paprastai; **~ tenths** beveik viskas; **~ men's morris** senovinis anglų žaidimas, panašus į šaškes
n **1** devynetas **2** devynakė *(korta)* **3** *pl (pirštinių ir pan.)* devintas numeris **4** *amer. sport.* devynių žmonių komanda *(beisbole)* **5 (the N.)** *mit.* devynios mūzos ◊ **up to the ~s** puikiai; nepaprastai; **to crack smb up to the ~s** ≡ kelti ką į padanges; **dressed up to the ~s** išsidabinęs, išsipuošęs; prašmatniai apsirengęs

ninebark ['naɪnba:k] *n bot.* pūslenis

ninefold ['naɪnfəuld] *a* devyneriopas; devynis kartus *adv* devyneriopai; devynis kartus daugiau

nine-killer ['naɪn‚kɪlə] *n zool.* plėšrioji medšarkė

ninepins ['naɪnpɪnz] *n* kėgliai *(žaidimas)* ◊ **to fall like ~s** ≡ kristi kaip musėms

nineteen ['naɪn'ti:n] *num card* devyniolika ◊ **to talk/go ~ to the dozen** *šnek.* be paliovos čiauškėti/tarškėti

nineteenth ['naɪn'ti:nθ] *num ord* devyniolikstas
n devynioliktoji dalis/diena

nineties ['naɪntɪz] *n pl* **1 (the ~)** *(šimtmečio)* dešimtasis/paskutinis dešimtmetis *(ypač XIX a.)* **2** dešimta dešimtis *(amžius tarp 90 ir 100 metų)* **3** temperatūra tarp 90 ir 100 laipsnių

ninetieth ['naɪntɪɪθ] *num ord* devyniasdešimtas
n devyniasdešimtoji dalis

nine-to-five [‚naɪntə'faɪv] *adv:* **to work ~** dirbti normalią darbo dieną *(nuo 9 val. iki 17 val.)*

ninety ['naɪntɪ] *num card* devyniasdešimt ◊ **~-nine out of a hundred** beveik viskas/visi

ninny ['nɪnɪ] *n šnek.* žioplys, mulkis, naivuolis

ninth [naɪnθ] *num ord* devintas
n devintoji dalis/diena

ninthly ['naɪnθlɪ] *adv* devinta *(išskaičiuojant)*

niobium [naɪ'əubɪəm] *n chem.* niobis

Nip [nɪp] *n* (Nipponese *sutr.) niek.* japonas

nip[1] [nɪp] *n* **1** gnybis, (į)gnybimas, įkandimas; **to give smb a ~** įkąsti/gnybtelėti kam **2** žnaibantis šaltukas, atšalimas; pakenkimas *(augalams);* **there's a ~ in the air** šaltukas/šaltis gnybia **3** *(laivo)* suspaudimas *(tarp ledų)* **4** *šnek.* (nu)lėkimas; **to have a quick ~ to buy a newspaper** išlėkti nupirkti laikraščio **5** *tech.* gnybtas; žnybtuvai ◊ **~ and tuck** *šnek.* a) kosmetinė chirurgija; b) *(ypač amer.)* vienodi šansai; beveik lygiai, drauge *(apie lenktyniaujančius)*
v **1** (į)gnybti, gnaibyti, žnaibyti; įkąsti, kandžioti(s) **2** sužnybti; prispausti, priverti *(durimis);* suspausti *(laivą tarp ledų)* **3** pakąsti, nukąsti *(apie šalną),* nušalti **4** *ž. ū.* pinciruoti; (pri)stabdyti *(augimą)* **5** *tech.* sugnybti, suspausti, nupjauti *(t. p.* **~ up)** **6** *šnek.* (nu)lėkti, lakstyti, (iš)smukti *(ppr.* **~ across/along/away** *ir kt.);* įlėkti *(into);* **the cyclist ~ped in and out of the traffic** dviratininkas laviravo mašinų sraute; **to ~ out to the shops** nulėkti į parduotuves **7** *sl.* nudžiauti, nukniaukti, pavogti **8** *sl.* sučiupti, suimti □ **~ in** a) įimti *(drabužį);* b) *šnek.* įsikišti *(į pokalbį);* c) *šnek.* bruktis, brautis, įsiterpti; **~ off** nugnybti, nuskinti; nukąsti, nukirpti; **~ on, ~ on ahead** *šnek.* a) užbėgti pirmyn; b) *sport.* stengtis aplenkti

nip[2] *n (degtinės)* gurkšnelis; **to freshen the ~** atsipagirioti
v trūktelėti *(degtinės),* gurkšnoti

nipper ['nɪpə] *n* **1** gnybikas, gnaibytojas; kandžiotojas, kandikas **2** *pl* gnybtas; žnyplės, replės *(t. p.* **a pair of ~s)** **3** *(vėžio, krabo)* žnyplės **4** *(arklio)* kandys, priešakinis dantis **5** *šnek.* vaikiūkštis, berniukas, **6** *pl amer. šnek. (kalinio)* grandinės **7** *pl* pensnė

nipping ['nɪpɪŋ] *a* kandus *(t. p. prk.);* **~ frost** stiprus šaltis; **~ remarks** kandžios pastabos

nipple ['nɪpl] *n* **1** spenys, spenelis **2** čiulptukas **3** pūslelė *(stikle, metale)* **4** *tech.* įmova, nipelis; jungiamoji veržlė **5** *tech.* atvamzdis **6** *kar.* daužiklis

nipplewort ['nɪplwə:t] *n bot.* paprastoji gaiva

Nipponese [‚nɪpə'ni:z] *a* japoniškas, japonų; Japonijos
n japonas; **the ~** *kuop.* japonai

nippy ['nɪpɪ] *šnek. a* **1** šaltokas; žvarbus *(apie vėją)* **2** greitas, mitrus **3** aštrus *(apie sūrį, skonį)*
n oficiantė, padavėja

nirvana [nɪəˈvɑːnə] *n* **1** *rel.* nirvana **2** *šnek.* palaima
nisei [ˈniːseɪ] *n amer.* japonų kilmės amerikietis
nisi [ˈnaɪsaɪ] *lot. conj teis.* jei ne; *decree [order]* ~ sprendimas [įsakas] *(ypač dėl ištuokos)*, įsigaliojantis nuo tam tikro laiko, jei jis nebus iki tol panaikintas; *trial at* ~ *prius* civilinių bylų svarstymas išvažiuojamojoje teismo sesijoje
nit [nɪt] *n* **1** glinda **2** = **nitwit 3** *fiz.* nitas *(švytinčio paviršiaus skaisčio vienetas)* ◊ *to pick ~s menk.* blusinėtis, kibti prie smulkmenų
niter [ˈnaɪtə] *n amer.* = **nitre**
nit-pick [ˈnɪtpɪk] *v šnek.* kibti prie smulkmenų
nitpicking [ˈnɪtˌpɪkɪŋ] *n menk.* blusinėjimasis, kibimas prie smulkmenų
nitrate [ˈnaɪtreɪt] *chem. n* nitratas; azoto rūgšties druska/esteris; *potassium [sodium]* ~ kalio [natrio] salietra; ~ *nitrogen* nitratinis azotas
  v [ˈnaɪtreɪt] nitruoti
nitre [ˈnaɪtə] *n chem.* salietra
nitric [ˈnaɪtrɪk] *a chem.* azoto, azotinis; salietros, salietrinis; ~ *acid* azoto rūgštis
nitrification [ˌnaɪtrɪfɪˈkeɪʃn] *n chem., ž. ū.* nitrifikacija
nitrify [ˈnaɪtrɪfaɪ] *v chem.* nitrinti; nitrifikuoti
nitrite [ˈnaɪtraɪt] *n chem.* nitritas, nitritinės rūgšties druska/esteris
nitro- [ˈnaɪtrəu-] *(sudurt. žodžiuose)* nitro-; *nitrobenzene* nitrobenzolas
nitrochalk [ˈnaɪtrəutʃɔːk] *n chem.* kalkių-amonio salietra, kalcio-amonio nitratas
nitrogen [ˈnaɪtrədʒən] *n chem.* azotas; *compressed* ~ suslėgto azoto pagalvė; ~ *fixation* azoto fiksacija/asimiliacija; ~ *deficiency [hunger]* azoto stoka [alkis]
nitrogenous [naɪˈtrɔdʒɪnəs] *a chem.* azoto, azotinis
nitroglycerine [ˌnaɪtrəuˈɡlɪsərɪn] *n chem.* nitroglicerinas
nitrophoska [ˌnaɪtrəuˈfɔskə] *n ž. ū.* nitrofoska
nitrous [ˈnaɪtrəs] *a chem.* salietros, salietrinis; ~ *oxide* azoto suboksidas; ~ *acid* nitritinė rūgštis
nitty [ˈnɪtɪ] *a* glinduotas, utėlėtas
nitty-gritty [ˌnɪtɪˈɡrɪtɪ] *n šnek.* kasdienybė; *(reikalo)* praktinė pusė, esmė; *to get down to the* ~ pereiti prie rimtų dalykų
nitwit [ˈnɪtwɪt] *n šnek.* mulkis, neišmanėlis, vėpla
nival [ˈnaɪvəl] *a knyg.* snieginis; augantis po sniegu
nix[1] [nɪks] *int sl.* ts!, pst!, atsargiai!
nix[2] <*n, part, v*> *sl. n* niekas; nulis; *to say* ~ *on smth* nepritarti kam, atmesti ką
  part amer. ne
  v amer. sakyti ne, nepritarti, neleisti
nix[3] *n mit.* vandenis
nixie [ˈnɪksɪ] *n mit.* undinė, vandenė
Nizam [naɪˈzæm] *n* **1** *ist.* nizamas *(Haiderabado valdovo titulas)* **2** *(n.)* turkų kariuomenė **3** *(n.)* (*pl* ~) turkų kareivis
no [nəu] <*part, pron, adv, n*> *part* **1** ne; *have you seen him? – No* ar matėte jį? – Ne **2** taip *(patvirtinant neigimą); you were not there? – No, I was not* juk jūs ten nebuvote? – Taip, nebuvau
  pron **1** joks; *no compromise!* jokių kompromisų!; *she is no friend of mine* ji jokia mano draugė; *he has no reason to be offended* jis neturi (jokio) pagrindo įsižeisti **2** ne, ne-; *he is no fool* jis ne toks (jau) kvailas; *a question of no importance* nedidelės svarbos klausimas; *to have no coat [job, money]* neturėti apsiausto [darbo, pinigų]; *he made no reply* jis neatsakė; *no special invitations* specialių pakvietimų nebus **3** *reiškiant draudimą: no smoking!* rūkyti draudžiama!; *no waiting aut.* sustoti draudžiama **4** *(there is + ger) reiškiant veiksmo atlikimo negalimumą:* *there is no denying that...* negalima/neįmanoma paneigti, kad...; *there is no accounting for tastes* dėl skonio nesiginčijama ◊ *no man* niekas; *we had no end of a good time* mes nuostabiai praleidome laiką
  adv **1** *(prieš aukštesnįjį laipsnį)* ne, nė kiek ne; *he is no better today* šiandien jam (nė kiek) ne geriau; *no sooner had he arrived than he fell ill* vos tik spėjo jis atvažiuoti ir susirgo; *no less than* a) ne mažiau kaip; b) nei daugiau, nei mažiau kaip; *no more* ne daugiau, nieko daugiau; (daugiau) ne; *I have no more to say* aš neturiu daugiau ką sakyti; *I can no more sing than play* aš ne tik negroju, bet ir nedainuoju **2** *(or no)* ne; *whether or no* šiaip ar taip; taip ar ne
  n (*pl* noes [nəuz]) **1** neigimas **2** neigiamas atsakymas, nesutikimas; *he will not take no for an answer* jis nepriims atsisakymo **3** *pl* balsuojantieji prieš; *the noes have it* dauguma prieš
no-account [ˈnəuəˌkaunt] *a šnek.* nevykęs, niekam tikęs
Noah [ˈnəuə] *n bibl.* Nojus; *~'s ark* Nojaus laivas
nob[1] [nɔb] *n sl.* **1** galva, makaulė **2** smūgis į galvą
nob[2] *n šnek. menk., juok.* aukštą vietą užimantis asmuo, didelė asmenybė, ponas
nobble [ˈnɔbl] *v sl.* **1** atkreipti *(kieno)* dėmesį **2** daryti netinkamą *(arklį prieš lenktynes)* **3** papirkti; apgauti, apsukti **4** pavogti **5** sugauti *(nusikaltėlį ir pan.)*
Nobel [nəuˈbel] *n:* *Alfred Bernhard* ~ Alfredas Bernhardas Nobelis *(švedų inžinierius, chemikas);* ~ *prize* Nobelio premija
Nobelist [nəuˈbelɪst] *n amer.* Nobelio premijos laureatas
nobelium [nəuˈbiːlɪəm] *n chem.* nobelis
nobility [nəuˈbɪlətɪ] *n* **1** *kuop.* kilmingieji, aristokratija; aukštuomenė, diduomenė; *the landed* ~ bajorija **2** kilnumas, kilmingumas, taurumas, didžiadvasiškumas
noble [ˈnəubl] *a* **1** kilnus, kilniadvasi(ška)s, taurus; ~ *fir bot.* kilnusis kėnis **2** puikus; labai gražus **3** didingas, didus **4** tituluotas, kilmingas **5** *chem.* inertinis *(apie dujas)* **6** taurusis *(apie metalą)* ◊ *the* ~ *science* boksas
  n = **nobleman**
nobleman [ˈnəublmən] *n* (*pl* -men [-mən]) *(tik v.)* **1** didikas, peras *(Anglijoje)* **2** *ist.* bajoras
noble-minded [ˈnəublˈmaɪndɪd] *a* kilnus, taurus, tauriamintis, kilniaširdis
nobleness [ˈnəublnɪs] *n* kilnumas *ir kt., žr.* **noble** *a*
noblesse [nəuˈbles] *pr. n* diduomenė *(ypač kitos šalies)* ◊ ~ *oblige* [əˈbliːʒ] *(aukšta)* padėtis įpareigoja
noblewoman [ˈnəublˌwumən] *n* (*pl* -women [-ˌwɪmɪn]) **1** didikė; pero žmona *(Anglijoje)* **2** *ist.* bajorė
nobly [ˈnəublɪ] *adv* **1** kilniai, tauriai, didžiadvasiškai **2** didingai; puikiai
nobody [ˈnəubədɪ] *pron* niekas; ~ *else* niekas kitas; ~ *came to meet me* niekas neatėjo manęs sutikti
  n niekas, visiškas nulis, menkystė *(apie žmogų, neturintį autoriteto visuomenėje); they are just nobodies* jie yra tik nežymūs žmogeliai ◊ ~ *home amer.* ≡ ne visi namie; kvaiša; *~'s fool* nekvailas, sumanus
nock [nɔk] *n* išpjova/įranta lanko gale *ar* strėlėje *(templei)*
  v **1** daryti išpjovas **2** įtempti templę
no-count [ˈnəukaunt] *a attr amer.* tingus, nevykęs
noctambulism [nɔkˈtæmbjulɪzm] *n* somnambulizmas, nakvišumas *(vaikščiojimas miegant)*
noctiflorous [nɔkˈtɪflərəs] *a bot.* naktį žydintis, nakties
noctule [ˈnɔktjuːl] *n zool.* nakvišа *(šikšnosparnis)*

nocturnal [nɔk'tə:nl] *a knyg.* naktinis, nakties
nocturne ['nɔktə:n] *n muz., men.* noktiurnas
nocuous ['nɔkjuəs] *a knyg.* **1** kenksmingas **2** nuodingas
nod [nɔd] *n* **1** linktelėjimas; linksėjimas; *to give smb the ~* linktelėti kam galvą; pritarti kam **2** snūduriavimas ◊ *on the ~ šnek.* a) kreditan, skolon; b) formaliai, nediskutuojant *(pritarti ir pan.); a ~ is as good as a wink (to a blind man)* ≡ nereikia nė pusės žodžio
v **1** linktelėti, linksėti, linkčioti *(galvą)* **2** knapsėti, knaptelėti; snūduriuoti, snausti, snopsoti **3** linguoti *(apie medžius, gėles)* **4** pasvirti, pakrypti *(apie pastatą)* **5** *ret.* pražiopsoti ⃞ ~ *off šnek.* užsnūsti ◊ *even Homer sometimes ~s* ir išminčius, *ar* kiekvienas, gali suklysti
nodal ['nəudl] *a knyg.* centrinis; mazginis; ~ *point spec.* mazginis taškas
noddle ['nɔdl] *šnek. n* smegeninė, makaulė
v linkčioti, linksėti *(galvą)*
noddy ['nɔdɪ] *n* kvaiša, mulkis
node [nəud] *n* **1** mazgas; mazginis taškas **2** *bot. (stiebo)* bamblys *(iš kurio išauga lapas)* **3** *fiz.* mazgas **4** *komp.* viršūnė; *parent ~* kilminė viršūnė **5** *astr.* orbitų susikirtimo taškas **6** *med.* mazgas, iškilimas **7** *geom.* susikirtimo taškas *(kreivėje)*
nodi ['nəudaɪ] *pl žr.* **nodus**
nodose [nəu'dəus] *a knyg.* mazguotas
nodular, nodulated ['nɔdjulə, 'nɔdjuleɪtɪd] *a spec.* **1** mazguotas, gumbuotas **2** pumpuro pavidalo, pumpuriškas
nodule ['nɔdju:l] *n knyg.* **1** mazgelis **2** *(medžio)* gumbas, pastorėjimas **3** *geol.* gniutulas **4** *med.* mazgelis, papulė
nodulous ['nɔdjuləs] *a knyg.* mazguotas
nodus ['nəudəs] *n (pl* nodi) **1** mazgas **2** sudėtingas aplinkybių susipynimas; *(intrigos ir pan.)* užuomazga
Noel [nəu'el] *n poet.* Kalėdos
noetic [nəu'etɪk] *a filos.* **1** intelektinis, intelektualinis; protinis **2** abstraktus
no-fault [ˌnəu'fɔ:lt] *a attr (ypač amer.):* ~ *divorce teis.* skyrybos abiejų pusių sutikimu; ~ *insurance aut.* draudimas, nepriklausantis nuo avarijos kaltininko
no-frills [ˌnəu'frɪlz] *a* bazinis, be papildomų priedų, paprastas
nog[1] [nɔg] *n* **1** medinis kaištis/pleištas/užkalas **2** *(medžio)* kerplėša
nog[2] *n dial.* **1** stiprus alus **2** = **eggnog**
noggin ['nɔgɪn] *n* **1** puodelis, puodukas **2** ketvirtis pintos *(alkoholinių gėrimų saikas = 0,12-0,14 l)* **3** *šnek.* makaulė, galva
no-go [ˌnəu'gəu] *šnek. n* aklavietė, sunki padėtis ◊ *it's ~* ≡ nieko čia nepadarysi, nieko neišeina; tai nepraeis *a:* ~ *area* a) uždaras rajonas; draudžiama zona; b) draudžiama tema, tabu
no-good [ˌnəu'gud] *amer. šnek. n* **1** niekam vertas, netikęs žmogus **2** bevertis daiktas
a niekam vertas, bevertis, netikęs; beprasmiškas
no-hoper [ˌnəu'həupə] *n šnek.* nevykėlis; žuvęs žmogus *(iš kurio nieko nebegalima tikėtis)*
nohow ['nəuhau] *adv šnek.* **1** niekaip, jokiu būdu **2** *dial.* nekaip
noil [nɔɪl] *n tekst.* pašukos, nuošukos
noise [nɔɪz] *n* **1** triukšmas; užesys, šlamesys, bildesys; klegesys; klyksmas; *to make a ~ about smth* triukšmauti, kelti triukšmą dėl ko; ~ *of the waves* bangų šniokštimas **2** *(ppr. nemalonus)* garsas **3** *spec.* triukšmas, garso iškraipymas; *background ~* fono triukšmas, fonas; ~ *suppression* triukšmų nuslopinimas **4** *psn.* gandas, paskala ◊ *to make (all) the right ~s* apsimestinai/žodžiu pritarti; *to make a ~ in the world* pagarsėti, sukelti daug triukšmo/šnekų; *to be a lot of ~ amer.* būti plepiu/niekatauškiu
v **1** *(ppr. pass)* pagarsinti, išplepėti; paskleisti; *it was ~d abroad/about* visur buvo šnekama, tapo visiems žinoma **2** *psn.* triukšmauti
noise-killer ['nɔɪzˌkɪlə] *n kar.* triukšmo slopintuvas
noiseless ['nɔɪzləs] *a* netriukšmingas, tylus; begarsis
noise-maker ['nɔɪzˌmeɪkə] *n* **1** triukšmautojas **2** instrumentas triukšmui sukelti *(pvz., barškalas, tarškynė, terkšlė, švilpukas ir pan.)*
noiseproof ['nɔɪzpru:f] *a* nepraleidžiantis triukšmo, nelaidus triukšmui; apsaugotas nuo triukšmo
noisettes [nwɑ:'zet] *pr. n pl kul.* mėsos kukuliai, frikadelės
noisome ['nɔɪsəm] *a knyg.* **1** kenksmingas, žalingas **2** dvokiantis; šlykštus
noisy ['nɔɪzɪ] *a* **1** triukšmingas; trankus **2** krintantis į akis, rėžiantis *(apie spalvas, kostiumą ir pan.)*
no-knock [ˌnəu'nɔk] *a* atliktas be orderio *(apie kratą, suėmimą ir pan.)*
nolens volens [ˌnəulenz'vəulenz] *lot. knyg.* = **willy-nilly**
noli me tangere [ˌnəulɪmeɪ'tæŋgəreɪ] *lot.* **1** jautruolis, žmogus, prie kurio negalima prisiliesti **2** *bot.* sprigė **3** *med.* vilkligė
no-load ['nəuləud] *n tech.* tuščioji eiga
a ekon. parduodamas be antkainio
nomad ['nəumæd] *n* **1** klajoklis, nomadas **2** klajūnas, bastūnas
a = **nomadic**
nomadic [nəu'mædɪk] *a* **1** klajoklių, klajokliškas, nomadiškas **2** klajojantis
nomadism ['nəumædɪzm] *n* nomadizmas, klajoklystė
nomadize ['nɔmədaɪz] *v* klajoti, gyventi klajokliška gyvenimą
no-man's-land ['nəumænzˌlænd] *n* **1** *kar.* niekieno žemė/zona **2** tuščias/neužstatytas žemės sklypas **3** neapibrėžta/pavojinga padėtis/situacija
nom de plume [ˌnɔmdə'plu:m] *pr.* literatūrinis slapyvardis, pseudonimas
nomenclative ['nəumenkleɪtɪv] *a* **1** nomenklatūrinis **2** terminologinis
nomenclature [nəu'menklətʃə] *n* **1** nomenklatūra **2** terminologija
nominal ['nɔmɪnl] *a* **1** nominalinis; nominalus, formalus; *the ~ head* nominalus vadovas; ~ *price* nominalinė kaina; ~ *and real wages* nominalinis ir realusis darbo užmokestis **2** minimalus, simbolinis, lygtinis; ~ *sentence* lygtinis nuosprendis **3** vardinis; ~ *list* vardinis sąrašas **4** *gram.* vardažodinis; ~ *predicate* vardažodinis tarinys
nominalism ['nɔmɪnəlɪzm] *n filos.* nominalizmas
nominalization [ˌnɔmɪnəlaɪ'zeɪʃn] *n kalb.* nominalizacija, nominalizavimas
nominally ['nɔmɪnəlɪ] *adv* nominaliai, formaliai, tik iš vardo
nominate ['nɔmɪneɪt] *v* **1** (pa)siūlyti/(iš)kelti kandidatu *(rinkimuose); to ~ smb for the Presidency* iškelti kieno kandidatūrą į prezidento postą **2** (pa)skirti; *to ~ smb (as) chairman* paskirti ką pirmininku; *a board of five ~d and five elected members* valdyba iš penkių paskirtų ir penkių išrinktų narių **3** nustatyti, paskirti *(datą, vietą)* **4** *psn.* pavadinti
nominating ['nɔmɪneɪtɪŋ] *a:* ~ *convention amer.* susirinkimas, kuriame keliami kandidatai į renkamąsias tarnybas
nomination [ˌnɔmɪ'neɪʃn] *n* **1** (pa)skyrimas *(į tarnybą)* **2** (iš)kėlimas kandidatu *(rinkimuose);* ~ *day* kandidatų

(iš)kėlimo diena **3** kandidato (pa)skyrimo/(iš)kėlimo teisė *(renkant į tarnybą)* **4** *kalb.* nominacija
nominative ['nɒmɪnətɪv] *n* **1** *gram.* vardininko linksnis; nominatyvas **2** paskirtasis asmuo *(į tarnybą)*
a **1** *gram.* vardininko **2** *kalb.* nominatyvinis; ~ *function* nominatyvinė/pavadinamoji funkcija **3** paskirtas *(apie pareigūną)*
nominator ['nɒmɪneɪtə] *n* asmuo, iškeliantis kandidatą *(rinkimuose) ar* skiriantis į tarnybą
nominee [ˌnɒmɪ'niː] *n* iškeltasis kandidatas *(į tarnybą, rinkimų metu)*
nomogram ['nɒməgræm] *n mat.* nomograma
non- [nɒn-] *pref* ne-, be- *(reiškiant neigimą, nebuvimą, neturėjimą); nonfulfilment* neįvykdymas; *nonessential* neesminis; *nondimensional* nedimensinis, bematis
non-acceptance [ˌnɒnək'septəns] *n* **1** nepriėmimas **2** *teis.* neakceptavimas *(vekselio ir pan.)*
non-addictive [ˌnɒnə'dɪktɪv] *a* neįprantamas *(apie narkotiką ir pan.)*
nonage ['nəʊnɪdʒ] *n* **1** *teis.* nepilnametystė **2** jaunystė; *prk.* nesubrendimas
nonagenarian [ˌnəʊnədʒɪ'nɛərɪən] *n* žmogus nuo 90 iki 100 metų amžiaus
a nuo 90 iki 100 metų amžiaus
nonaggression [ˌnɒnə'greʃn] *n polit.* nepuolimas; ~ *pact* nepuolimo paktas/sutartis
nonaggressive [ˌnɒnə'gresɪv] *a* neagresyvus
nonalcoholic [ˌnɒnælkə'hɒlɪk] *a* nealkoholinis
nonaligned [ˌnɒnə'laɪnd] *a polit.* neprisijungęs; *the* ~ *movement* neprisijungimo judėjimas
nonalignment [ˌnɒnə'laɪnmənt] *n polit.* neprisijungimas
nonappearance [ˌnɒnə'pɪərəns] *n teis.* nestojimas į teismą
nonary ['nəʊnərɪ] *n* devynetas
nonassertive [ˌnɒnə'səːtɪv] *a gram.* nekonstatuojamasis, netvirtinamasis *(apie sakinį, žodį)*
nonattendance [ˌnɒnə'tendəns] *n (pamokų, užsiėmimų)* nelankymas
nonavailable [ˌnɒnə'veɪləbl] *a ofic.* nesantis dispozicijoje, neturimas
nonbearing [ˌnɒn'bɛərɪŋ] *a ž. ū.* nederantis, bevaisis
nonbeliever [ˌnɒnbɪ'liːvə] *n* **1** netikintysis **2** skeptikas
nonbelligerency [ˌnɒnbə'lɪdʒərənsɪ] *n polit.* nedalyvavimas kare
nonbelligerent [ˌnɒnbə'lɪdʒərənt] *a polit.* nekariaujantis
nonbiodegradable [ˌnɒnbaɪəʊdɪ'greɪdəbl] *a* mikroorganizmų neskaidomas/neveikiamas
nonbook ['nɒnbuk] *n* menkavertė knyga, knygpalaikė
nonce [nɒns] *n: for the* ~ *knyg., juok.* specialiai tam atvejui; tam kartui; šiuo tarpu
nonce-word ['nɒnswəːd] *n kalb.* okazionalizmas, žodis, sudarytas tik tam kartui
nonchalance ['nɒnʃələns] *n* **1** abejingumas **2** nerūpestingumas
nonchalant ['nɒnʃələnt] *a* **1** abejingas; šaltas **2** nerūpestingas, atsainus
nonclassified [nɒn'klæsɪfaɪd] *a* neslaptas, neįslaptintas *(ypač apie informaciją)*
noncom [ˌnɒn'kɒm] *n* (non-commisioned officer *sutr.*) *šnek.* seržantas, kapralas, puskarininkis
noncombat [ˌnɒn'kɒmbət] *a kar.* ne kovos, civilinis *(apie lėktuvą ir pan.)*
noncombatant [ˌnɒn'kɒmbətənt] *n kar.* **1** ne rikiuotės kareivis/seržantas/karininkas **2** civilis, ne karys *(karo metu)*
non-commercial [ˌnɒnkə'məːʃl] *a* nesiekiantis pelno, nekomercinis

noncommissioned [ˌnɒnkə'mɪʃnd] *a* neturintis karininko laipsnio; ~ *officer* seržantas, kapralas, puskarininkis
noncommittal [ˌnɒnkə'mɪtl] *n* neįsipareigojimas; išsisukinėjimas
a neį(si)pareigojantis; išsisukinėjantis
noncommunicable [ˌnɒnkə'mjuːnɪkəbl] *a med.* neužkrečiamas
noncommunication [ˌnɒnkəˌmjuːnɪ'keɪʃn] *n* tarpusavio nesupratimas; nekomunikabilumas
noncompliance [ˌnɒnkəm'plaɪəns] *n* **1** nesutikimas **2** nenuolaidumas **3** nevykdymas; nesilaikymas *(with* - *ko)*
non compos (mentis) [ˌnɒn'kɒmpəs ('mentɪs)] *lot.* **1** išprotėjęs **2** *teis.* nepakaltinamas
nonconducting [ˌnɒnkən'dʌktɪŋ] *a fiz.* nelaidus
nonconductor [ˌnɒnkən'dʌktə] *n fiz.* nelaidininkas
nonconformist [ˌnɒnkən'fɔːmɪst] *n* **1** neprisitaikėlis, individualistas **2** *(džn. N.) bažn.* nonkonformistas, disenteris
a **1** neprisiderinantis, originalus **2** *bažn.* nonkonformistinis
nonconformity [ˌnɒnkən'fɔːmətɪ] *n* **1** neprisitaikymas, nesilaikymas *(taisyklių ir pan.; to, with)* **2** neatitikimas, nesusiderinimas **3** *(džn. N.)* nepriklausymas valstybinei *(ypač anglikonų)* Bažnyčiai **4** *kuop. bažn.* nonkonformistai, disenteriai
noncontent ['nɒnkəntent] *n* **1** *knyg.* nepatenkintasis **2** balsuojantysis prieš pasiūlymą *(Lordų rūmuose)*
noncooperation [ˌnɒnkəʊˌɒpə'reɪʃn] *n* boikoto/neklausymo politika; atsisakymas bendradarbiauti *(t. p. polit.)*
non-custodial [ˌnɒnkʌ'stəʊdɪəl] *a:* ~ *sentence teis.* bausmė be įkalinimo
nondenominational [ˌnɒndɪˌnɒmɪ'neɪʃnəl] *a* visuotinis, viso pasaulio *(apie bažnyčią);* pasaulietinis *(apie mokyklą)*
nondescript ['nɒndɪˌskrɪpt] *a* neaprašomas, nenusakomas, niekuo neišsiskiriantis, neaiškus *(apie žmogų, daiktą)*
nondimensional [ˌnɒndɪ'menʃnəl] *a spec.* nedimensinis, bematis
nondirectional [ˌnɒndɪ'rekʃnəl] *a spec.* bekryptis, neturintis krypties
nondissemination [ˌnɒndɪˌsemɪ'neɪʃn] *n* atsisakymas platinti branduolinį ginklą; draudimas parduoti branduolinį ginklą *(kitoms šalims)*
non-drinker [ˌnɒn'drɪŋkə] *n* negeriantysis, blaivininkas
nondurable [ˌnɒn'djʊərəbl] *a* neilgalaikis, trumpalaikis; nepatvarus
none [nʌn] *pron* **1** niekas; nė vienas; ~ *of them* niekas iš jų; ~ *but* tik tai; niekas kitas *(t. p.* ~ *other);* ~ *of this concerns me* visa tai manęs neliečia **2** joks, nė joks; *he is* ~ *of our friends* jis mums joks draugas ◊ *to have* ~ *(of)* nesutikti, nepritarti; ~ *of that!* nustok!, liaukis!
adv nė kiek ne; visai ne *(ypač prieš* too, so*); I am* ~ *the better for it* man dėl to nė kiek ne geriau; *I slept* ~ *that night* aš nė akių nesudėjau tą naktį; *he was* ~ *too soon* jis vos vos suspėjo
noneffective [ˌnɒnɪ'fektɪv] *a* **1** *kar.* netinkamas **2** neveiksmingas
n kareivis/jūrininkas, netinkamas rikiuotės tarnybai *(dėl sužeidimo ir pan.)*
nonego [ˌnɒn'egəʊ] *n filos.* **1** ne aš, objektas **2** išorinis pasaulis
nonentity [nɒ'nentətɪ] *n* **1** neegzistuojantis daiktas, fikcija **2** menkystė *(apie žmogų)* **3** *filos.* nebūtis
nonessential [ˌnɒnɪ'senʃl] *a* neesminis, nesvarbus
n **1** neesminis dalykas, mažmožis **2** nesvarbus žmogus *(be kurio galima apsieiti)*

nonesuch ['nʌnsʌtʃ] *n* = **nonsuch**
nonet [nəu'net] *n muz.* nonetas
nonetheless [ˌnʌnðə'les] *adv* nepaisant to, vis dėlto, vis tiek
non-event [ˌnɔnɪ'vent] *n iron.* nedidelės svarbos įvykis, joks įvykis
non-existence [ˌnɔnɪg'zɪstəns] *n* 1 neegzistavimas, nebuvimas; tai, ko nėra 2 *filos.* nebūtis
non-existent [ˌnɔnɪg'zɪstənt] *a* neegzistuojantis, nesamas, nerealus
nonfactual [ˌnɔn'fæktʃuəl] *a* fiktyvus
nonfeasance [ˌnɔn'fi:zəns] *n teis.* pareigos neatlikimas
nonferrous [ˌnɔn'ferəs] *a* spalvotas *(apie metalą)*
nonfiction [ˌnɔn'fɪkʃn] *n* negrožinė literatūra: dokumentinė, mokslinė *ir pan.*; ~ *novel* dokumentinis romanas
non-finite [ˌnɔn'fɪnɪt] *a* 1 nebaigtinis 2 *gram.* neasmeninis *(apie veiksmažodžio formas)*
nonflammable [ˌnɔn'flæməbl] *a* nedegus, sunkiai užsidegantis
nonfreezing [ˌnɔn'fri:zɪŋ] *a* atsparus šalčiui, neužšąlantis; ~ *oil* nestingstanti alyva
nonfulfil(l)ment [ˌnɔnful'fɪlmənt] *n* neįvykdymas, neišpildymas
non-human [ˌnɔn'hju:mən] *a* nepriklausantis žmonių giminei
noninductive [ˌnɔnɪn'dʌktɪv] *a el.* neindukcinis
noninflammable [ˌnɔnɪn'flæməbl] *a* = **nonflammable**
nonintervention [ˌnɔnˌɪntə'venʃn] *n (ypač polit.)* nesikišimas
non-iron [ˌnɔn'aɪən] *a* nelyginamas *(apie drabužį);* nelyginti! *(užrašas)*
nonius ['nəunɪəs] *n tech.* nonijus, vernieras
nonlegal [ˌnɔn'li:gl] *a* 1 neteisinis, nejuridinis 2 neturintis juridinio išsilavinimo, nepriklausantis juristams
non-lending [ˌnɔn'lendɪŋ] *a* neišduodantis knygų į namus *(apie biblioteką)*
nonmetal *n* ['nɔnˌmetl] metaloidas, nemetalas
a [ˌnɔn'metl] nemetalinis
nonmetallic [ˌnɔnmɪ'tælɪk] *a* nemetalinis; ~ *element chem.* metaloidas
nonmoral [ˌnɔn'mɔrəl] *a* 1 nemoralinis, ne moralės 2 amoralus
non-nuclear [ˌnɔn'nju:klɪə] *a polit., kar.* nebranduolinis *(apie valstybę)*
no-no ['nəuˌnəu] *n (pl* ~s *[-z]) šnek.* tai, kas neleista/draudžiama/nepriimtina
nonobservance [ˌnɔnəb'zə:vəns] *n* nesilaikymas *(taisyklių ir pan.)*
no-nonsense [ˌnəu'nɔnsəns] *a attr* dalykiškas, veiksmingas *(apie požiūrį ir pan.)*
nonpareil ['nɔnpərəl] *n* 1 *knyg.* neprilygstamas žmogus/daiktas 2 *pl amer.* smulkūs saldainėliai *(tortui puošti)* 3 *poligr.* nonparelis
a neprilygstamas, nepalyginamas
nonpartisan [ˌnɔnpɑ:tɪ'zæn] *a* 1 nepartinis 2 bešalis, objektyvus; nešališkas
nonparty [ˌnɔn'pɑ:tɪ] *a* nepartinis
nonpayment [ˌnɔn'peɪmənt] *n* nesumokėjimas, neapmokėjimas
nonperishable [ˌnɔn'perɪʃəbl] *a* negendantis; paruoštas ilgam laikymui
nonpersistent [ˌnɔnpə'sɪstənt] *a* nepastovus, nepatvarus *(apie dujas ir pan.)*
non-person [ˌnɔn'pə:sn] *n* nevertas dėmesio žmogus; menka figūra, niekas

nonplus [ˌnɔn'plʌs] *n* sumišimas, pasimetimas, kebli padėtis; *at a* ~ aklavietėje
nonplussed [ˌnɔn'plʌst] *a* suglumęs, pasimetęs, sutrikęs
non-polluting [ˌnɔnpə'lu:tɪŋ] *a* neteršiantis aplinkos
nonpro [ˌnɔn'prəu] *n* (nonprofessional *sutr.*) *šnek.* neprofesionalas, mėgėjas
nonproductive [ˌnɔnprə'dʌktɪv] *a* 1 negaminantis; negamybinis; ~ *personnel* negamybinės sferos darbuotojai 2 neproduktyvus
nonprofit [ˌnɔn'prɔfɪt] *a amer.* = **non-profitmaking**
non-profitmaking [ˌnɔn'prɔfɪtmeɪkɪŋ] *a* nesiekiantis pelno, ne pelno, nekomercinis *(apie organizaciją)*
nonproliferation [ˌnɔnprəˌlɪfə'reɪʃn] *n* branduolinio/cheminio ginklo neplatinimas; ~ *treaty* branduolinio ginklo neplatinimo sutartis
nonrenewal [ˌnɔnrɪ'nu:əl] *n (sutarties ir pan.)* neatnaujinimas, nepratęsimas
nonresident [ˌnɔn'rezɪdənt] *n* žmogus, negyvenantis vienoje vietoje nuolat; dvasininkas, negyvenantis savo parapijoje
a negyvenantis nuolat vienoje vietoje; nenuolatinis
nonresidential [ˌnɔnrezɪ'denʃl] *a* 1 negyvenamasis 2 teikiamas į namus *(apie paramą ir pan.)*
nonresistance [ˌnɔnrɪ'zɪstəns] *n* nesipriešinimas
nonresistant [ˌnɔnrɪ'zɪstənt] *a* nesipriešinantis, nerodantis pasipriešinimo; ~ *plants bot.* neatsparūs augalai
nonrestrictive [ˌnɔnrɪ'strɪktɪv] *a gram.* neapribojamasis, aprašomasis
nonrigid [ˌnɔn'rɪdʒɪd] *a* 1 *av.* minkštas *(apie dirižablį)* 2 *tech.* elastingas, tamprus
nonscheduled [ˌnɔn'ʃedju:ld] *a* ne pagal tvarkaraštį/planą *ir pan.*; nenumatytas; ~ *airline* nereguliari oro linija
nonsense ['nɔnsəns] *n* 1 nesąmonė, niekai; absurdas; *clotted/flat* ~ visiška nesąmonė, visiški niekai; *to talk* ~ kalbėti/taukšti niekus 2 beprasmybė, kvailystė; beprasmiškas elgesys; *stop that* ~, *children!* vaikai, liaukitės kvailioję!; *to make* ~ *(of)* padaryti beprasmišką, paversti niekais 3 *attr:* ~ *poems/verse* absurdiški/juokingi eilėraščiai
int niekai!, nesąmonė!
nonsensical [nɔn'sensɪkl] *a* beprasmi(ška)s, kvailas, absurdiškas
non sequitur [ˌnɔn'sekwɪtə] *lot.* nelogiška išvada
non-shrink [ˌnɔn'ʃrɪŋk] *a tekst.* nesusitraukiantis *(skalbiant)*
nonskid [ˌnɔn'skɪd] *tech. n* įtaisas, neleidžiantis ratams slystant vietoje suktis
a neslystantis *(apie padangas)*
nonslip [ˌnɔn'slɪp] *a* neslidus, neslankus
nonsmoker [ˌnɔn'sməukə] *n* 1 nerūkantysis 2 vagonas/kupė nerūkantiesiems
non-speaking [ˌnɔn'spi:kɪŋ] *a kin., teatr.* be žodžių *(apie vaidmenį)*
nonstandard [ˌnɔn'stændəd] *a* 1 nestandartinis 2 *kalb.* neatitinkantis nustatytų normų, nenorminis; ~ *speech* neliteratūrinė šneka
nonstarter [ˌnɔn'stɑ:tə] *n* 1 nestartuojantis, nedalyvaujantis varžybose arklys/žmogus 2 *šnek.* nelaimėlis, belaimis žmogus 3 *šnek.* sumanymas, pasmerktas žlugti
nonstick [ˌnɔn'stɪk] *a* nepridegantis, teflonis *(apie keptuvę ir pan.)*
nonstop [ˌnɔn'stɔp] *adv, a* 1 be sustojimų *(apie traukinį ir pan.); av.* be nutūpimo; ~ *bus* tiesioginis autobusas 2 be sustojimo/perstojo; *she talked* ~ *for over an hour* ji kalbėjo nesustodama daugiau kaip valandą

nonsuch ['nʌnsʌtʃ] *n* **1** įkūnyta tobulybė, neprilygstamas žmogus/daiktas, idealas **2** *bot.* apyninė liucerna
nonsuit [ˌnɔn'su:t] *teis. n* ieškinio atmetimas; bylos nutraukimas *(ieškovui neįrodžius juridinio bylos pagrindo)* *v* atmesti ieškinį; nutraukti bylą
non-swimmer [ˌnɔn'swɪmə] *n* nemokantysis plaukti
non-taxable [ˌnɔn'tæksəbl] *a* neapmokestinamas
non-U [ˌnɔn'ju:] *a* (not upper class *sutr.*) *iron.* ne aukštuomenės, prastuoliškas
nonunion[1] [ˌnɔn'ju:nɪən] *a* nepriklausantis profsąjungai; *to employ ~ labour* priimti į darbą ne profsąjungos narius; *~ shop* įmonė, nesudariusi/neturinti kolektyvinės sutarties su profsąjunga
nonunion[2] *n med.* *(lūžusio kaulo)* nesuaugimas
nonunionist [ˌnɔn'ju:nɪənɪst] *n* ne profsąjungos narys
nonverbal [ˌnɔn'və:bl] *a* nežodinis *(apie bendravimą)*
nonviolence [ˌnɔn'vaɪələns] *n (ypač polit.)* nesmurtiniai veiksmai; atsisakymas vartoti smurtinius veiksmus
nonviolent [ˌnɔn'vaɪələnt] *a* neprievartinis, nesmurtinis; nevartojantis smurto/prievartos; nepripažįstantis smurto vartojimo
nonvolatile [ˌnɔn'vɔlətaɪl] *a* **1** nelakus *(apie eterį ir pan.)* **2**: *~ memory komp.* netrinioji atmintis
nonvoter [ˌnɔn'vəutə] *n* **1** nebalsavęs, nedalyvavęs rinkimuose (žmogus) **2** žmogus, neturintis balso teisės
nonwhite [ˌnɔn'waɪt] *a, n* ne baltosios rasės (žmogus)
nonwoven [ˌnɔn'wəuvn] *a tekst.* neaustinis
noodle[1] ['nu:dl] *n sl.* **1** mulkis, neišmanėlis, pusgalvis **2** *amer.* galva, smegeninė
noodle[2] *n (ppr. pl)* lakštiniai, makaronai
nook [nuk] *n* **1** *(ko)* kampas **2** jaukus, ramus kampelis **3** užkampis, užkaboris, nuošali vieta ◊ *to search every ~ and cranny* ieškoti visur; apieškoti kiekvieną kampelį
nookie, nooky ['nukɪ] *n sl. juok.* mylėjimasis
noon [nu:n] *n* **1** vidurdienis, pusiaudienis; *at high ~* per patį vidurdienį, ≡ dienos akyje **2** *poet.* vidurnaktis, pusiaunaktis *(t. p. ~ of night)* **3** aukščiausias taškas, suklestėjimas, viršūnė
noonday ['nu:ndeɪ] *n* **1** vidurdienis, pusiaudienis; *the ~ sun* vidurdienio saulė **2** didžiausio pakilimo/suklestėjimo laikas
no-one ['nəuwʌn] *pron* niekas *(apie žmogų)*; *~ is home* namie nieko nėra
nooning ['nu:nɪŋ] *n amer.* **1** vidurdienis **2** vidurdienio pertrauka *(užkąsti, pailsėti)* **3** pusdieniai; poilsis *(vidurdienį)*
noontide ['nu:ntaɪd] *n* **1** vidurdienis **2** *prk.* zenitas, sužydėjimas
noontime ['nu:ntaɪm] *n* vidurdienis, vidurdienio laikas
noose [nu:s] *n* **1** kilpa; kilpavirvė **2** *prk.* kilpos, žabangos **3** *prk.* santuokos saitai ◊ *to put one's head/neck into the ~* ≡ pačiam į kilpą lįsti, pačiam kilpą užsinerti *v* **1** pagauti kilpomis; *prk.* įvilioti į spąstus **2** *ret.* pakarti *(nusikaltėlį)*
nopal ['nəupəl] *n bot.* opuncija; meksikietiškas kaktusas
nope [nəup] *adv šnek.* ne *(neigiamai atsakant)*
nor [nɔ:] *conj* **1** ir ... ne, taip pat ... ne; *you don't seem to be well. – N. am I* jūs, matyt, nesveikas. – Ir aš taip pat (nesveikas); *we are young, ~ are they old* mes jauni, ir jie nėra seni **2**: *neither... ~ nei... nei*; *neither he~she will be there* nei jo, nei jos nebus ten **3** *(vietoj neither konstrukcijoje neither... nor) psn.* nei; *~ he ~ I was there* nei jo, nei manęs ten nebuvo
nor'- [nɔ:-] *(sudurt. žodžiuose)* šiaurės; *nor'east* šiaurės rytai; *nor'west* šiaurės vakarai
Nora ['nɔ:rə] *n* Nora *(vardas)*

Nordic ['nɔ:dɪk] *a* **1** nordinis, šiaurės *(apie rasę)* **2** Šiaurės Europos
Norfolk ['nɔ:fək] *n* Norfolkas *(Anglijos grafystė)*; *~ turkey* Norfolko gyventojas
norland ['nɔ:lənd] *n (šalies)* šiaurinė sritis
norm [nɔ:m] *n* **1** norma **2** standartas, pavyzdys
normal ['nɔ:ml] *a* **1** normalus; įprastas; norminis; *~ pressure* normalus slėgis; *he can't be ~!* jis nenormalus! **2** vidutinis **3** *geom.* statmenas
n **1** normali būklė/padėtis **2** normalus tipas/dydis; *above [below] ~* virš [žemiau] normos *(apie kritulius ir pan.)* **3** *geom.* normalė, statmuo **4** *med.* normali temperatūra **5** *chem.* normalus tirpalas ◊ *summer ~ amer.* vasaros mokytojų tobulinimosi kursai
normalcy, normality ['nɔ:məlsɪ, nɔ:'mælətɪ] *n* normali būklė/padėtis; normalumas
normalization [ˌnɔ:məlaɪ'zeɪʃn] *n* **1** normalizavimas, normalizacija **2** norminimas
normalize ['nɔ:məlaɪz] *v* **1** normalizuoti(s); (su)normalinti; (su)normalėti **2** (su)norminti
normally ['nɔ:məlɪ] *adv* **1** normaliai **2** paprastai, dažniausiai
Norman ['nɔ:mən] *n* **1** normandas **2** *ist.* normanas **3** prancūzų kalbos normanų dialektas *(t. p. ~ French)*
a **1** normandų **2** *ist.* normanų; *the ~ Conquest* normanų Anglijos užkariavimas *(1066 m.)*; *~ style* normanų stilius *(XII a. Europos architektūroje)*
Normandy ['nɔ:məndɪ] *n* Normandija *(Prancūzijos rajonas)*
normative ['nɔ:mətɪv] *a* normatyvinis, norminamasis; *~ dictionary* norminamasis žodynas
normothermia [ˌnɔ:məu'θə:mɪə] *n fiziol.* normali kūno temperatūra
Norn [nɔ:n] *n (ppr. pl)* Norna *(likimo deivė skandinavų mitologijoje)*
Norse [nɔ:s] *n* **1** *ist., poet.* norvegų kalba; *Old ~* senovės skandinavų kalba **2** *(the ~) kuop.* vikingai; norvegai
a **1** Norvegijos **2** *kalb.* senovės skandinavų
Norseman ['nɔ:smən] *n (pl* -men [-mən]) **1** norvegas **2** (senovės) skandinavas; *ist.* vikingas
north [nɔ:θ] <*n, a, adv*> *n* **1** šiaurė; *jūr.* nordas; *true ~* geografinė šiaurė **2** *(the N.)* šiaurinė krašto dalis **3** šiaurys, žiemys *(vėjas)*
a šiaurinis, šiaurės; *the N. Country* Šiaurės Anglija; *the N. Star* Šiaurinė žvaigždė, Šiaurinė; *~ window* langas, išeinantis į šiaurę
adv į šiaurę, šiaurėje; *~ about jūr.* šiaurės keliu, apiplaukiant Škotiją; *~ of* į šiaurę nuo; *lies ~ and south* tęsiasi nuo šiaurės į pietus; *further ~ (than)* šiauriau
Northampton [nɔ:'θæmptən] *n* Nortampton(šyr)as *(Anglijos grafystė ir miestas)*
northbound ['nɔ:θbaund] *a* einantis/vykstantis į šiaurę
northeast [ˌnɔ:θ'i:st, *jūr.* nɔ:'ri:st] <*n, a, adv*> *n* **1** šiaurės rytai; šiaurryčiai **2** *jūr.* nordostas
a šiaurės rytų; *~ wind* šiaurės rytų vėjas, šiaurrytys
adv į šiaurės rytus
northeaster [ˌnɔ:θ'i:stə, *jūr.* nɔ:'ri:stə] *n* stiprus šiaurės rytų vėjas, šiaurrytys; *jūr.* nordostas
northeasterly [ˌnɔ:θ'i:stəlɪ, *jūr.* nɔ:'ri:stəlɪ] *a* (pučiantis iš) šiaurės rytų
adv **1** į šiaurės rytus **2** iš šiaurės rytų *(apie vėją)*
northeastern [ˌnɔ:θ'i:stən] *a* šiaurės rytų, šiaurrytinis
northeastward [ˌnɔ:θ'i:stwəd] <*adv, a, n*> *adv* į šiaurės rytus, šiaurės rytuose
a šiaurės rytų, esantis šiaurės rytuose
n šiaurės rytai

northeastwards [ˌnɔːθˈiːstwədz] = **northeastward** *adv*
norther [ˈnɔːðə] *n* stiprus šiaurės vėjas, šiaurys *(rudenį ir žiemą pučiantis JAV Pietuose)*
northerly [ˈnɔːðəlɪ] *a* šiaurės, šiaurinis; nukreiptas į šiaurę; ~ *direction [wind]* šiaurės kryptis [vėjas]
adv **1** į šiaurę; šiaurėn **2** iš šiaurės *(apie vėją)*
northern [ˈnɔːðən] *a* šiaurės, šiaurinis; atkreiptas į šiaurę; *the ~ lights* šiaurės pašvaistė
n šiaurietis
northerner [ˈnɔːðənə] *n* **1** šiaurietis, šiaurės gyventojas **2** *(N.)* šiaurinių valstijų gyventojas *(JAV)*
northernmost [ˈnɔːðənməust] *a* šiauriausias, esantis toliausiai į šiaurę
north-facing [ˈnɔːθfeɪsɪŋ] *a* nukreiptas/išeinantis į šiaurę
northing [ˈnɔːθɪŋ] *n jūr.* nukrypimas/dreifas į šiaurę
Northland [ˈnɔːθlənd] *n poet.* **1** šiaurinis kraštas **2** *(šalies)* šiaurinė sritis
Northman [ˈnɔːθmən] *n (pl* -men [-mən]) **1** Šiaurės Europos gyventojas **2** *ist.* (senovės) skandinavas; norvegas **3** *ist.* normanas; vikingas
north-polar [ˌnɔːθˈpəulə] *a* šiaurinis, poliarinis, arktinis
Northumberland [nɔːˈθʌmbələnd] *n* Nortumberlendas *(Anglijos grafystė)*
Northumbria [nɔːˈθʌmbrɪə] *n ist.* Nortumbrija
Northumbrian [nɔːˈθʌmbrɪən] *n* **1** Nortumberlendo gyventojas/dialektas **2** *ist.* anglosaksų kalbos šiaurinis dialektas
northward [ˈnɔːθwəd] <*adv, a, n*> *adv* į šiaurę, šiaurėje
a esantis šiaurėje, į šiaurę *(of – nuo);* atkreiptas į šiaurę
n šiaurė; *jūr.* nordas; šiaurės kryptis
northwardly [ˈnɔːθwədlɪ] *adv* į šiaurę, šiaurėn
a šiaurės; esantis šiaurėje
northwards [ˈnɔːθwədz] = **northward** *adv*
northwest [ˌnɔːθˈwest] <*n, a, adv*> *n* **1** šiaurės vakarai; šiaurvakariai **2** *jūr.* nordvestas
a šiaurės vakarų, šiaurvakarinis
adv į šiaurės vakarus
northwester [ˌnɔːθˈwestə] *n* stiprus šiaurės vakarų vėjas, šiaurvakaris; *jūr.* nordvestas
northwesterly [ˌnɔːθˈwestəlɪ] *a* (pučiantis iš) šiaurės vakarų
adv **1** į šiaurės vakarus **2** iš šiaurės vakarų *(apie vėją)*
northwestern [ˌnɔːθˈwestən] *a* šiaurės vakarų, šiaurvakarinis
northwestward [ˌnɔːθˈwestwəd] <*adv, a, n*> *adv* į šiaurės vakarus; šiaurės vakaruose
a šiaurės vakarų, esantis šiaurės vakaruose
n šiaurės vakarai
northwestwards [ˌnɔːθˈwestwədz] = **northwestward** *adv*
Norway [ˈnɔːweɪ] *n* Norvegija
Norwegian [nɔːˈwiːdʒən] *a* norvegų, norvegiškas; Norvegijos
n **1** norvegas **2** norvegų kalba
nose [nəuz] *n* **1** nosis; *to blow one's ~* (nusi)šnypšti, (nusi)šnirpšti *(nosį);* ~ *job* plastinė nosies operacija **2** nujautimas, uoslė; *to have a good ~* turėti gerą uoslę; *to follow one's ~* a) vadovautis uosle/nuojauta; b) eiti nosies tiesumu, eiti tiesiai į priekį **3** *(indo)* snapelis, nosis **4** *(laivo, lėktuvo, mašinos ir pan.)* nosis, priekis **5** *sl.* įskundėjas ◊ *to count/tell ~s* a) (su)skaičiuoti *(dalyvius, balsus ir pan.);* b) atlikti gyventojų surašymą; *to lead by the ~* ≡ vedžioti už nosies, laikyti po padu; *to bite/snap smb's ~ off* šiurkščiai atsakyti, at(si)kirsti kam; *to pay through the ~ (for)* mokėti didžiulius pinigus, pašėlusią kainą *(už);* permokėti; *to powder one's ~ euf.* eiti į tualetą *(apie moteris); to poke/stick one's ~ (into) šnek.* ≡ kišti/kaišioti nosį *(į); to wipe smb's ~* a) nušluostyti kam nosį; nukonkuruoti ką; b) ≡ duoti kam į snukį; *to cut off one's ~ to spite one's face* supykus veikti savo paties nenaudai; sau pakenkti, norint įžeisti kitą, *ar* norint padaryti nemalonumų kitam; *to look down one's ~ (at)* žiūrėti iš aukšto *(į); to put smb's ~ out of joint šnek.* a) pakišti kam koją; b) nukonkuruoti ką; *not to see beyond/past (the end of) one's ~ šnek.* ≡ nematyti toliau savo nosies; *to turn up one's ~ (at)* a) ≡ riesti nosį *(prieš);* b) raukyti nosį *(rodant nepasitenkinimą); to get it on the ~* ≡ gauti į kailį; *to keep one's ~ clean* neįsivelti į jokias istorijas; *to rub smb's ~ in it* nuolat priminti kam, prikišamai nurodyti kam *(į ką nors nemalonaus); as plain as the ~ on one's face* visiškai aišku; ~ *(stuck) in a book šnek.* įnikęs į knygą; *(right) under smb's ~* po (pat) kieno nosimi, panosėje; *from under smb's ~* kam iš panosės; *with one's ~ in the air* ≡ užrietęs nosį; *on the ~! amer. šnek.* tiksliai!
v **1** uostyti **2** užuosti, suuosti *(t. p. prk.; džn.* ~ *out)* **3** šniukštinėti, ieškoti, sekti *(after, for)* **4** slinkti/judėti pirmyn *(apie automobilį);* atsargiai (iš)plaukti *(apie laivą) (t. p.* ~ *out)* **5** kaišioti/kišti nosį *(into)* □ ~ *about/around* uostinėti, šniukštinėti *(for);* ~ *on sl.* įskųsti; ~ *out sport.* nežymiai aplenkti; ~ *over av.* kapotuoti
nosebag [ˈnəuzbæg] *n (arklio)* abrakinė
noseband [ˈnəuzbænd] *n* = **nosepiece** 1
nosebleed [ˈnəuzbliːd] *n* kraujo tekėjimas iš nosies
nosecone [ˈnəuzkəun] *n (raketos)* priekinis konusas
-nosed [-nəuzd] *(sudurt. žodžiuose)* -nosis; *long-nosed* ilganosis
nosedive [ˈnəuzdaɪv] *n* **1** *av.* pikiravimas; *to fall into a ~* pikiruoti **2** *(kainų ir pan.)* staigus kritimas
v **1** *av.* pikiruoti **2** staiga kristi *(apie kainas ir pan.)*
nosegay [ˈnəuzgeɪ] *n* gėlių puokštelė *(ppr. prisegama prie drabužio)*
nose-led [ˈnəuzled] *a menk.* vedžiojamas už nosies, aklai klausantis *(kieno)* valios
noseless [ˈnəuzləs] *a* benosis
nosepiece [ˈnəuzpiːs] *n* **1** antnosis, apysnukis **2** *(mikroskopo)* revolverinė galvutė **3** *tech.* antgalis, tūta; purkštas
noser [ˈnəuzə] *n* stiprus priešpriešinis vėjas
noserag [ˈnəuzræg] *n šnek.* nosinė
nosering [ˈnəuzrɪŋ] *n* grandis, žiedas *(įveriamas į nosį)*
nose-to-tail [ˈnəuztəˈteɪl] *a, adv* (lėtai slenkantis) vienas paskui kitą *(apie transporto priemones)*
nosewarmer [ˈnəuzˌwɔːmə] *n šnek.* pypkutė, trumpa pypkė
nosey [ˈnəuzɪ] *a* = **nosy**
nosh [nɔʃ] *šnek. n* **1** valgis; maistas **2** *amer.* užkandis
v (už)valgyti, užkąsti, užkrimsti, (už)kramtyti
no-show [ˌnəuˈʃəu] *n amer. šnek.* nepasirodęs keleivis *(bet užsakęs bilietą į lėktuvą/laivą ir pan.)* ◊ ~ *salaries* atlyginimas, išrašomas fiktyviems asmenims
nosh-up [ˈnɔʃʌp] *n šnek.* šaunios vaišės *(kur daug prisivalgoma)*
nosily [ˈnəuzɪlɪ] *adv* smalsiai
nosing [ˈnəuzɪŋ] *n* **1** *(kampų, laiptų ir pan.)* apsauginiai apkaustai **2** *av.* kapotavimas, persivertimas **3** *archit.* kontraforso/pakopos iškyša
nosography [nəˈsɔgrəfɪ] *n med.* nosografija *(ligų aprašymas)*
nostalgia [nɔˈstældʒə] *n* nostalgija, *(tėvynės, praeities ir pan.)* ilgesys, ilgėjimasis *(for – ko)*
nostalgic [nɔˈstældʒɪk] *a* nostalgiškas, ilgesingas, pasiilgęs tėvynės

nostril ['nɔstrəl] *n* šnervė; nosiaskylė
no-strings ['nəustrɪŋz] *a* nevaržomas/neribotas sąlygų/išlygų *ir pan.*
nostrum ['nɔstrəm] *n menk.* **1** *(šundaktario)* vaistas nuo visų ligų **2** *prk.* panacėja, vaistas nuo visų bėdų
nosy ['nəuzɪ] *a* **1** nosingas, ilganosis **2** turintis gerą uoslę **3** *menk.* smalsus; landus; ***to get ~*** suuosti; ***~ parker*** landūnas, smalsuolis **4** aromatingas, kvapnus *(apie arbatą)*
not [nɔt] (n't *po mod/aux v*) *part* **1** ne, ne-; ***~ far, but ~ quite near*** netoli, bet ne visai arti; ***I do ~ know*** aš nežinau; ***it is cold, is it ~, ar isn't it?*** šalta, ar ne tiesa?; ***I can't go there*** aš negaliu ten eiti; ***~ too well*** nekaip; ***I won't go there, ~ I*** aš tai jau ten neisiu **2** nė *(džn. ~ a); ~ a step further!* nė žingsnio toliau! ◊ ***~ at all*** a) visai ne; b) nėr už ką, prašau; ***~ but, ~ but that/what*** ne tai kad; nors; ***was he annoyed? – N. half!*** ar jis supyko? – Ir dar kaip
nota bene [ˌnəutə'beneɪ] *lot.* gerai įsidėmėk *(santrumpa NB knygos ir pan. paraštėse)*
notability [ˌnəutə'bɪlətɪ] *n* **1** garsumas, (į)žymumas **2** *(ppr. pl)* garsenybė, įžymybė, žymus žmogus
notable ['nəutəbl] *a* **1** įžymus, garsus **2** žymus, įsidėmėtinas
n **1** įžymus/garsus žmogus **2** *pl ist.* notabliai
notably ['nəutəblɪ] *adv* **1** pastebimai, aiškiai **2** ypač, itin
notarial [nəu'tɛərɪəl] *a teis.* notarinis, notaro; ***~ deed*** notarinis aktas
notarize ['nəutəraɪz] *v* patvirtinti notaro kontoroje, pas notarą
notary ['nəutərɪ] *n* notaras *(t. p. ~ public)*
notation [nəu'teɪʃn] *n* **1** notacija *(visuma sutartinių ženklų, vartojamų vienoms ar kitoms sąvokoms sutrumpintai reikšti);* žymėjimas *(ženklais, skaitmenimis, raidėmis);* ženklų sistema; ***scale of ~** mat.* skaičiavimo sistema **2** užrašymas **3** *ret.* pastaba
notch [nɔtʃ] *n* **1** įranta, rantas, įkarpa, išdroža, išpjova, žymė; griovelis,vagutė, graižtai; *(reketo)* dantis; prapjova, prorėža **2** laipsnis, lygis; ***to go up a ~*** pakilti aukštyn *(apie autoritetą ir pan.);* ***he is a ~ above the others*** jis gerokai aukštesnis už kitus **3** *amer.* kalnų perėja, tarpeklis
v įrantyti, (į)rėsti, įkirsti, užkirsti, įpjauti; išpjauti graižtus ☐ ***~ up*** laimėti, garantuoti *(pergalę ir pan.)*
notched [nɔtʃt] *a* rantuotas, rantytas; ***~ wheel*** *tech.* reketas
note [nəut] *n* **1** pastaba; išnaša; užrašas; ***to write ~s on a text*** anotuoti/komentuoti tekstą; ***to make/take a ~** (of)* užsirašyti, pasižymėti, įsidėmėti; ***to make a mental ~*** pasistengti įsidėmėti/neužmiršti; ***to take ~s** (of)* užsirašyti *(paskaitas ir pan.);* ***to lecture from ~s*** skaityti paskaitas iš konspekto; ***~s of a meeting*** susirinkimo protokolas; ***he spoke without ~s*** jis kalbėjo be rašto/popieriaus **2** dėmesys; ***to take ~** (of)* atkreipti dėmesį *(į);* ***worthy of ~*** vertas dėmesio **3** reputacija; pasižymėjimas, garsumas; ***a man of ~*** garsus žmogus **4** signalas; ***a ~ of warning*** įspėjimas **5** ženklas, simbolis; ***~ of interrogation*** klaustukas; ***~ of exclamation*** šauktukas **6** raštelis, laiškelis **7** pažyma; pakvitavimas; aktas; skolinis įsipareigojimas, vekselis *(t. p. ~ of hand);* ***seizure ~*** prekių konfiskavimo aktas; ***cover ~*** laikinoji draudimo pažyma **8** banknotas **9** *dipl.* nota **10** *muz.* nata, gaida; ***whole ~*** *amer.* sveikoji nata **11** garsas; tonas; gaidelė; ***a ~ of jealousy in his voice*** pavydo gaidelė jo balse; ***to hit the right ~*** pataikyti į toną; ***to change one's ~*** *prk.* pakeisti toną **12** *poet.* muzika, melodija **13** požymis, būdinga savybė **14** *buh.* aviza; ***credit ~*** kredito aviza ◊ ***to compare ~s*** keistis nuomonėmis/įspūdžiais; ***to strike the right [wrong] ~*** sudaryti teisingą/reikiamą [neteisingą] įspūdį
v **1** už(si)rašyti, pa(si)žymėti *(t. p. ~ down)* **2** pastebėti, atkreipti dėmesį; ***I ~d how her face reddened*** aš pastebėjau, kaip ji paraudo **3** paminėti, nurodyti *(ką nors svarbaus/įdomaus);* pažymėti; ***it should be ~d that...*** pažymėtina, kad... **4** rašyti komentarus/anotaciją, anotuoti **5** *fin.* suprotestuoti, užprotestuoti
notebook ['nəutbuk] *n* užrašų knygelė/sąsiuvinis; bloknotas
notecase ['nəutkeɪs] *n ret.* piniginė
noted ['nəutɪd] *a* žinomas, garsus, plačiai pagarsėjęs
notedly ['nəutɪdlɪ] *adv* žymiai, žymiu mastu
noteless ['nəutləs] *a* **1** nežymus **2** nemuzikalus *(apie garsą)*
notelet ['nəutlɪt] *n* atvirukas, sulankstomas laiškelis su vaizdu
notepad ['nəutpæd] *n* bloknotas
notepaper ['nəutˌpeɪpə] *n* laiškinis popierius; ***headed ~*** laiškinis popierius su viršuje užrašyta siuntėjo pavarde ir adresu
note-shaver ['nəutˌʃeɪvə] *n amer.* lupikautojas
noteworthy ['nəutˌwə:ðɪ] *a* pažymėtinas; vertas dėmesio
not-for-profit [ˌnɔtfə'prɔfɪt] *a amer.* = **non-profitmaking**
nothing ['nʌθɪŋ] <*pron, n, adv*> *pron* niekas, nieko; ***~ happened*** niekas neatsitiko; ***~ but*** tiktai, tiesiog; ***~ else than, ~ more (nor less) than*** niekas kitas kaip; ***~ special, ~ of note,*** šnek. ***~ (very) much*** nieko ypatingo; ***~ like, ~ of the kind/sort*** nieko panašaus; ***all to ~*** viskas niekis/nereikalinga; ***~ to smth*** niekis, palyginti su kuo ◊ ***to come to ~*** žlugti, nepasisekti; ***for ~*** veltui, nemokamai; perniek; ***to be ~ for it*** nebūti kitos išeities; ***to be for ~ (in)*** nevaidinti jokio vaidmens *(kur),* neturėti jokios įtakos *(kam);* ***no ~ juok.*** visiškai nieko; ≡ niekų niekai; ***~ doing!*** šnek. jokiu būdu!; nieko neišeis/neišėjo!; ***there's ~ doing at the office*** kontoroje niekas nevyksta; ***to be/have ~ to do (with)*** neturėti jokio ryšio, *ar* nieko bendra *(su);* ***to have ~ (on)*** šnek. a) neturėti pranašumo *(prieš);* b) neturėti pretenzijų; neturėti įrodymų *(kad kaltas);* ***to make ~ (of)*** a) nepasinaudoti *(kuo);* b) *(po can)* nesuprasti *(ko);* c) nekreipti jokio dėmesio *(į ką);* d) *(+ ger)* nieko nereikšti *(ką padaryti);* ***to say ~ (of)*** jau nekalbant *(apie);* ***~ ventured ~ gained, ~ venture ~ have/gain*** kas nerizikuoja – nelaimi; ≡ bijai vilko – neik į mišką; ***there's ~ to it*** šnek. a) ≡ vieni niekai, nieko ypatingo; tai labai lengva; b) nėra tam pagrindo; ***there's ~ like ...*** nėra nieko geresnio kaip ...; ***there is ~ like home*** ≡ visur gera, bet namie geriausia
n **1** niekas; menkniekis; ***the little ~s of life*** gyvenimo smulkmenos; ***a mere ~*** tikri niekai **2** nebūtis, nerealybė **3** nulis ◊ ***sweet/soft ~s*** meilūs žodeliai, komplimentai
adv nė kiek; visai ne; ***it differs ~ (from)*** tai nė kiek nesiskiria *(nuo);* ***she is ~ like her brother*** ji visai nepanaši į savo brolį
nothingness ['nʌθɪŋnɪs] *n* **1** nebūtis; niekas **2** niekumas; tuštuma **3** *kuop.* niekai
notice ['nəutɪs] *n* **1** *(išankstinis)* pranešimas; įspėjimas; ***to give smb a month's [a week's] ~*** pranešti kam *(džn. apie atleidimą iš darbo)* prieš mėnesį [savaitę]; ***to give ~*** a) pranešti; b) įspėti iš anksto apie atleidimą, išėjimą iš buto; ***to hand/give in one's ~*** pranešti *(darbdaviui)*

noticeable   610   **nowhere**

apie išėjimą iš darbo; *at/on short* ~ tuoj pat, tučtuojau; iš anksto neįspėjus; *till further* ~ iki atskiro pranešimo **2** skelbimas, raštelis; *obituary/death* ~ trumpas nekrologas **3** pastebėjimas; dėmesys; *to take* ~ a) kreipti dėmesį *(of – į);* b) imti suprasti sąmoningai *(apie vaiką); to take no* ~ *(of)* nekreipti dėmesio, nepastebėti; *to bring to smb's* ~ a) atkreipti kieno dėmesį; b) pranešti kam; *to come to* ~ patraukti dėmesį; *to your* ~ jūsų nuožiūra **4** žinojimas, žinių turėjimas **5** recenzija *(laikraštyje, žurnale)* **6** *kom.* notisas
v **1** pastebėti, (at)kreipti dėmesį **2** pažymėti, paminėti **3** recenzuoti **4** *teis.* įspėti **5** *ret.* mandagiai elgtis, būti atidžiam
noticeable ['nəutısəbl] *a* **1** pastebimas, žymus **2** vertas dėmesio
noticeably ['nəutısəblı] *adv* pastebimai, gerokai
noticeboard ['nəutısbɔ:d] *n* skelbimų lenta
notifiable ['nəutıfaıəbl] *a* būtinas pranešti, registruotinas *(apie kai kurias užkrečiamas ligas, nusikaltimus ir pan.)*
notification [ˌnəutıfı'keıʃn] *n* **1** pranešimas; paskelbimas; perspėjimas; *dipl., fin.* notifikavimas, notifikacija **2** *(mirties ir pan.)* registravimas **3** *(N.) amer.* pranešimas kandidatams į prezidentus ir viceprezidentus apie jų kandidatūrų iškėlimą
notify ['nəutıfaı] *v* **1** pranešti; *dipl., fin.* notifikuoti **2** paskelbti **3** informuoti, teikti žinias; registruoti
notion ['nəuʃn] *n* **1** supratimas; mintis, sąvoka; *to have no* ~ *(of)* neturėti (jokio) supratimo *(apie); this gave him the* ~ *of going abroad* tai davė jam mintį išvažiuoti į užsienį **2** nuomonė, pažiūra; *to have a* ~ *that* ... laikytis nuomonės, kad ... **3** ketinimas; užgaida; *I have no* ~ *of resigning* aš neketinu atsistatydinti **4** išmonė; išradimas; išradingas prietaisas **5** *pl amer.* smulkios prekės *(segtukai, siūlai ir pan.);* galanterija; ~ *department* galanterijos skyrius
notional ['nəuʃnəl] *a* **1** *filos.* spekuliatyvus; teorinis, abstraktus, sąvokinis **2** hipotetinis, įsivaizduojamas **3** *kalb.* prasminis, reikšminis
notionally ['nəuʃnəlı] *adv* teoriškai; abstrakčiai
notoriety [ˌnəutə'raıətı] *n* **1** bloga reputacija **2** *ret.* žinomumas; pagarsėjimas **3** *ret.* liūdnai pagarsėjęs žmogus; garsenybė *(ypač menk.)*
notorious [nəu'tɔ:rıəs] *a* **1** žinomas *(iš blogosios pusės);* (liūdnai) pagarsėjęs *(for);* ~ *criminal* žinomas nusikaltėlis **2** visiems žinomas; *it is* ~ *that...* gerai žinoma, kad...
Nottingham(shire) ['nɔtıŋəm(ʃə)] *n* Notingam(šyr)as *(Anglijos grafystė)*
notwithstanding [ˌnɔtwıθ'stændıŋ] <*prep, adv, conj*> *knyg.*
prep nepaisant *(ko); this* ~ nepaisant to
adv vis dėlto, tačiau
conj psn. nors
nougat ['nu:gɑ:] *n* nuga *(saldumynas)*
nought [nɔ:t] *n* **1** nulis; ~*s and crosses* „nuliukai ir kryžiukai" *(žaidimas)* **2** *psn.* niekas ◊ *to bring to* ~ a) nuskurdinti; b) paversti niekais; *to come to* ~ nueiti niekais; neturėti pasisekimo; *to set at* ~ nevertinti, per nieką laikyti
noun [naun] *n gram.* daiktavardis; *count(able)* ~ skaičiuotinis daiktavardis
nourish ['nʌrıʃ] *v* **1** maitinti **2** *prk.* puoselėti *(neapykantą, viltį ir pan.)*
nourishing ['nʌrıʃıŋ] *a* maistingas
nourishment ['nʌrıʃmənt] *n* **1** mityba, maitinimas(is); *to take* ~ maitintis, valgyti **2** maistas *(t. p. prk.);* maistingos medžiagos; *spiritual* ~ dvasinis penas

nous [naus] *n* **1** *filos.* protas; intelektas **2** *šnek.* sveikas protas, nuovoka
nouveau-riche [ˌnu:vəu'ri:ʃ] *pr. n (pl* nouveaux- [ˌnu:vəu-]) nuvorišas, praturtėlis, naujasis turčius/turtuolis, iškilėlis
nova ['nəuvə] *lot. n (pl* -ae [-i:], ~s) *astr.* nova
Nova Scotia [ˌnəuvə'skəuʃə] *n* Naujoji Škotija *(Kanados sritis)*
novation [nəu'veıʃn] *n* **1** *teis.* priimto įsipareigojimo pakeitimas nauju, novacija **2** naujovė, naujybė
novel¹ ['nɔvl] *n* **1** romanas; *purpose* ~ tendencingas romanas **2** *ret.* novelė **3** *teis.* statuto, įstatymų rinkinio papildymas **4** *ž. ū.* naujo derliaus grūdai
novel² *a* naujas, originalus, neįprastas
novelese [ˌnɔvə'li:z] *n* bulvarinių romanų stilius ir kalba
novelet, novelette [ˌnɔvə'let] *n* **1** trumpas apsakymas **2** bulvarinis romanas *(t. p.* **penny** ~)
novelettish [ˌnɔvə'letıʃ] *a šnek.* pigus, menkavertis *(apie kūrinį);* sentimentalus
novelist ['nɔvəlıst] *n* romanistas, romanų rašytojas
novelize ['nɔvəlaız] *v* suteikti *(kūriniui)* romano formą, perdirbti į romaną
novella [nəu'velə] *n lit.* **1** apysaka **2** *psn.* novelė
novelty ['nɔvltı] *n* **1** naujumas, naujoviškumas; neįprastumas **2** naujovė, naujybė, naujiena; *the* ~ *soon wore off* naujovės žavesys greit praėjo **3** *pl* smulkios pigios prekės *(dovanėlėms),* niekučiai
novel-writer ['nɔvəlˌraıtə] *n* romanistas, romanų rašytojas
November [nəu'vembə] *n* lapkritis *(mėnuo)*
novena [nə'vi:nə] *n bažn.* novena *(devynių dienų maldos)*
novercal [nəu'və:kl] *a knyg.* pamotės, būdingas pamotei
novice ['nɔvıs] *n* **1** pradedantysis, naujokas; ~ *driver* pradedantysis vairuotojas **2** vienuolyno broliukas/sesutė; novicijas, vienuolis naujokas **3** *bažn.* naujakrikštis
noviciate, novitiate [nəu'vıʃıət] *n bažn.* **1** noviciatas *(1 novicijų rengimo į vienuolius laikas* **2** novicijų gyvenamoji patalpa) **2** = **novice** **2**
novocaine ['nəuvəkeın] *n farm.* novokainas
now [nau] <*adv, conj, n, a, int*> *adv* **1** dabar, šiuo metu; ~ *is the time* dabar pats laikas; *it's* ~ *or never* dabar arba niekada **2** tuojau, tuoj pat; *do it* ~ daryk tai tuoj pat **3** tada, tuo metu *(pasakojime); it was* ~ *clear that* ... tada tapo aišku, kad ... ◊ *(every)* ~ *and again/then* kartais, retkarčiais; ~*... ~...* čia... čia..., tai... tai...; ~ *hot,* ~ *cold* tai karšta, tai šalta; ~ *(then)* taigi; ~ *(then)!* a) na!, nagi!; b) greičiau!
conj dabar, kada/kai; jeigu *(t. p.* ~ *that);* ~ *you mention it I do remember* dabar, kada jūs paminėjote tai, aš prisimenu; ~ *that you are well again, you can travel* jeigu pasveikote, galite keliauti
n dabartinis momentas; *before* ~ anksčiau; *by* ~ šiuo laiku, šiuo momentu; *till* ~, *up to* ~ ligi šiol(ei), iki šio laiko; *that's enough for* ~ kol kas užteks ◊ *in the middle of* ~, *miles from* ~ ≡ pasaulio krašte
a šnek. ultramodernus; dabartinis
int: ~ ~! a) na na! *(raminant);* b) prašau!, klausyk! *(raginant ko nedaryti)*
nowadays ['nauədeız] *adv* mūsų/šiais laikais; dabar
n dabartis
noway(s) ['nəuweı(z)] *adv* = **nowise**
nowhere ['nəuwɛə] *adv* niekur; ~ *else* niekur kitur; ~ *near* a) niekur arti; b) toli gražu ne; *out of* ~ iš niekur; nežinia iš kur, nelauktai ◊ *to be, ar to come in,* ~ a) nepatekti į varžybų finalininkų sąrašą; b) beviltiškai atsilikti; nieko nelaimėti

no-win ['nəuwɪn] *a attr* (neišvengiamai) pralaimėtinas, beviltiškas *(apie padėtį)*
nowise ['nəuwaɪz] *adv knyg., psn.* jokiu būdu, jokiu atveju
noxious ['nɔkʃəs] *a* **1** kenksmingas, žalingas; nuodingas; ~ *plants* nuodingi augalai; ~ *climate* žalingas sveikatai klimatas **2** bjaurus
noxiousness ['nɔkʃəsnɪs] *n* kenksmingumas, žala
noyau ['nwɑ:əu] *pr. n* persikų kauliukų likeris
nozzle ['nɔzl] *n* **1** *(indo)* snapelis **2** *tech.* antgalis, purkštukas, purkštas *(t. p. hose ~)* **3** *sl.* snapas, nosis; snukis
n't [ənt] *part sutr. šnek.* = **not**
nth [enθ] *a attr* **1** *mat.* n-tasis; *to the ~ power* n-tuoju laipsniu **2** beribis, begalinis; *to the ~ degree* be galo, nepaprastai, iki kraštutinumo; *for the ~ time* jau kiek kartų *(kartota, sakyta ir pan.)*
nuance ['nju:ɑ:ns] *pr. n* niuansas, atspalvis
v niuansuoti
nub [nʌb] *n* **1** gumbelis, sustorėjimas **2** = **nubble 3** *(pasakojimo, dalyko)* esmė *(of)*
nubbin ['nʌbɪn] *n amer.* **1** gabaliukas **2** prastas mažas obuolys *(ar kitoks vaisius);* nedidelė nepribrendusi kukurūzo burbuolė
nubble ['nʌbl] *n* gabalėlis *(ypač anglies)*
nubbly ['nʌblɪ] *a* **1** gumbuotas, gruoblėtas **2** gabalinis
nubby ['nʌbɪ] *a tekst.* mazguotas; bukliuotas *(apie audinį)*
nubia ['nju:bɪə] *n* **1** *(N.)* Nubija *(Š. Afrikos sritis)* **2** lengvas moteriškas vilnonis šalis
Nubian ['nju:bɪən] *a* nubiečių; Nubijos; *the ~ Desert* Nubijos dykuma
n **1** nubietis **2** nubų kalba
nubile ['nju:baɪl] *a* **1** santuokinis, vedybinis *(apie amžių)* **2** sulaukęs santuokinio amžiaus; *juok.* prisirpęs *(ypač apie merginą)*
nuchal ['nju:kl] *a anat.* sprandinis, sprando
nuciferous [nju:'sɪfərəs] *bot.* vedantis riešutus
nuclear ['nju:klɪə] *a* **1** branduolio, branduolinis; ~ *fission* branduolio dalijimasis; ~ *fusion* branduolių sintezė; ~ *physics* branduolinė fizika; ~ *weapon* branduolinis ginklas; ~ *tests* branduolinio ginklo bandymai; ~ *disarmament* branduolinis nusiginklavimas **2** atominis; ~ *reactor* atominis/branduolinis reaktorius; ~ *power-station* atominė elektrinė
nuclear-free ['nju:klɪəˌfri:] *a* be branduolinio ginklo *(apie zoną ir pan.)*
nuclear-powered ['nju:klɪə'pauəd] *a* atominis *(apie laivą)*
nucleate *biol. v* ['nju:klɪeɪt] sudaryti branduolį
a ['nju:klɪət] turintis branduolį, branduolinis
nuclei ['nju:klɪaɪ] *pl žr.* **nucleus**
nucleic [nju:'kli:ɪk, nju:'kleɪk] *a:* ~ *acid biol.* nukleino rūgštis
nucleonics [ˌnju:klɪ'ɔnɪks] *n fiz.* nukleonika
nucleus ['nju:klɪəs] *lot. n (pl -lei)* **1** *biol.* branduolys *(t. p. prk.);* ~ *of an organization* organizacijos branduolys **2** *fiz. (atomo)* branduolys **3** *bot. (vaisiaus)* kauliukas; *(riešuto)* branduolys **4** *fiziol.* nervo branduolys/centras *(galvos smegenyse)*
nude [nju:d] *n* **1** *men.* nuoga figūra, aktas **2** *(the ~)* nuogas kūnas, nuogumas; *in the ~* nuogas **3** *pl* plonos moteriškos kojinės
a **1** nuogas, plikas **2** kūno spalvos *(apie kojines)* **3** nudistų **4** *bot.* be lapų **5** *zool.* be plaukų, plunksnų ir pan. **6** nepridengtas, aiškus; ~ *fact* nuogas/akivaizdus faktas **7** *teis.* negaliojantis

nudge [nʌdʒ] *n* bakstelėjimas/stumtelėjimas alkūne
v **1** bakstelėti/stumtelėti alkūne **2** bakštinti, raginti **3** beveik (pa)siekti *(nurodytą lygį, kiekį ir pan.)*
nudie ['nju:dɪ] *n šnek.* erotinis žurnalas/filmas *(rodantis nuogus žmones)*
nudism ['nju:dɪzm] *n* nudizmas
nudist ['nju:dɪst] *n* nudistas; ~ *camp [club]* nudistų stovykla [klubas]
nudity ['nju:dətɪ] *n* **1** nuogumas; nuogybė **2** *men.* nuoga figūra, aktas
nudnik ['nʌdnɪk] *n šnek.* įkyruolis, nuoboda
nuff [nʌf] *int sl.:* ~ *said!* gana!; suprantu!; sutarta!
nugatory ['nju:gətərɪ] *a knyg.* **1** menkas, nereikšmingas **2** tuščias, bergždžias **3** *teis.* negaliojantis
nugget ['nʌgɪt] *n* **1** grynuolis; *gold ~* aukso grynuolis **2** *(maisto)* gabaliukas **3** vertinga/sensacinga naujiena; ~*s of wisdom* išminties kruopelės
nuisance ['nju:sns] *n* **1** apmaudas, nemalonumas; *what a ~!* kaip apmaudu!, koks nemalonumas! **2** įkyrus žmogus, įkyruolis *(t. p. public ~); to make a ~ of oneself* įkyrėti **3** trukdymas, nepatogumas; *long skirts are a ~* ilgi sijonai – tikra kankynė **4** *teis.* piktavališkumas; viešosios tvarkos pažeidimas *(ppr. public ~); commit no ~!* neteršti!; nešiukšlinti!
nuke [nju:k] *šnek. n* branduolinis ginklas
v (pa)naudoti branduolinį ginklą
null [nʌl] *a* **1** *(ypač teis.)* neveiksmingas, neveikiantis; ~ *and void* niekinis, ne(be)galiojantis; *to render ~* anuliuoti **2** nulinis *(apie rezultatą)* **3** nebūdingas, neraiškus **4** *spec.* tuščias, fiktyvus
nullah ['nʌlə] *ind. n* **1** upelis, srovė; *(upės)* vaga **2** išgrauža, išplova
nullification [ˌnʌlɪfɪ'keɪʃn] *n teis.* anuliavimas, panaikinimas
nullify ['nʌlɪfaɪ] *v* **1** *teis.* anuliuoti; daryti negaliojantį **2** paversti niekais
nullity ['nʌlətɪ] *n* **1** menkumas; niekas **2** menkysta *(žmogus)* **3** *teis.* niekinumas, negaliojimas
numb [nʌm] *a* **1** nutirpęs; sustingęs; *my leg became ~* man nutirpo koja **2** sustiręs, sugrubęs; sustipęs *(with);* ~ *with fear* nustėręs iš baimės; *to feel ~* būti apkvaišusiam
v **1** (su)grubinti; (su)stingdyti *(t. p. prk.);* padaryti nejautrų, nuskausminti **2** priblokšti, pritrenkti
number ['nʌmbə] *n* **1** *(įv. reikšm.)* numeris; *the ~ of a house [a page, a taxi]* namo [puslapio, taksi] numeris; *a ~ 22 bus* 22 numerio autobusas; *engine/motor ~* variklio numeris; *the current ~ of a magazine* žurnalo paskutinis *(naujausias)* numeris; *wrong ~!* ne tas numeris, ne ten pataikėte *(atsakymas telefonu)* **2** skaičius; kiekis; *pl (dalyvių, lankytojų ir pan.)* skaičius; *a three-figure ~* triženklis skaičius; *in ~* skaičiumi; *in a ~ of cases* kai kuriais atvejais; *in (great) ~s* a) gausiai, dideliais kiekiais; b) didelėmis jėgomis; *out of ~, without/beyond ~* be skaičiaus, daug kartų; *a ~* tam tikras skaičius *(of – ko); a small ~ of people* keletas žmonių; *any ~ (of)* daug *(ko); a good ~ of people, ~s of people* daug žmonių; *quite a ~* gana daug **3** *šnek.* kas nors išsiskiriančio; *he is a sly ~* jis didelis gudruolis; *hot ~* a) populiarus numeris *(dainelė ir pan.);* b) seksbomba **4** *šnek.* elegantiškas/prašmatnus drabužis **5** *pl* skaitlinis pranašumas; *they won by force of ~s* jie laimėjo skaitlinio pranašumo dėka **6** *mat.* skaičius, skaitmuo, suma; *(science of) ~s* aritmetika; *broken ~s* trupmenos **7** *gram.* skaičius **8** *poet.* ritmas, pėda; *pl* eilės ◊ ~ *one* svarbiausias (dalykas/žmogus); geriausias; *to look after, ar to look out for, ~ one* rūpintis visų pirma savimi; *to do ~ one euf. vaik.* eiti reikaliuko, šlapintis; *smb's ~ two*

kieno artimiausias pagalbininkas; *his ~ is/goes up* sl. ≡ jo dainelė sudainuota; jam galas; *to have/get smb's ~ šnek.* perprasti, permanyti ką
v **1** (su)numeruoti **2** siekti, būti, turėti *(skaičių ko); the population ~s 5000* gyventojų skaičius siekia 5000 **3** priskirti *(among, in); I ~ him among my friends* aš priskiriu jį prie savo draugų **4** *knyg.* (su)skaičiuoti; *his days are ~ed prk.* jo dienos suskaičiuotos **5** *kar.* išsiskaičiuoti *(t. p. ~ off); by twos, ~!* pirmais antrais išsiskaičiuoti!
numbering ['nʌmbᵊrɪŋ] *n* **1** numeravimas, numeracija **2** *spec.* šifravimas; skaitinis kodavimas
numberless ['nʌmbələs] *a* **1** nesuskaičiuojamas **2** be numerio
numberplate ['nʌmbəpleɪt] *n (automobilio)* numerio ženklo skydelis
numb-fish ['nʌmfɪʃ] *n zool.* elektrinė raja
numbness ['nʌmnɪs] *n* sustingimas, tirpulys; sustirimas
numbskull ['nʌmskʌl] *n* = **numskull**
numdah ['nʌmdə] *n* = **numnah**
numerable ['njuːmᵊrəbl] *a* suskaičiuojamas, suskaitomas
numeracy ['njuːmᵊrəsɪ] *n* mokėjimas skaičiuoti
numeral ['njuːmᵊrəl] *n* **1** skaitmuo **2** *gram.* skaitvardis
a skaičiaus; skaitmeninis
numerate *v* [njuːməreɪt] *ret.* (iš)skaičiuoti
a ['njuːmᵊrət] išmanantis aritmetiką
numeration [ˌnjuːməˈreɪʃn] *n* **1** skaičiavimas; *decimal ~ mat.* dešimtainė skaičiavimo sistema **2** numeracija, numeravimas
numerator ['njuːməreɪtə] *n* **1** (ap)skaičiuotojas **2** *mat.* skaitiklis **3** *tech.* skaičiuoklis, skaitiklis; numeratorius
numerical [njuːˈmerɪkl] *a* skaičiaus; skaitmeninis; *in ~ order* pagal numerių eilę; *~ superiority kar., sport.* kiekybinis pranašumas
numerically [njuːˈmerɪkᵊlɪ] *adv* skaičiumi, pagal skaičių; skaičiaus/kiekio atžvilgiu
numerous ['njuːmᵊrəs] *a* gausus, apstus, skaitlingas; *on ~ occasions* daug kartų, dažnai
numinous ['njuːmɪnəs] *a knyg.* dieviškas; mistiškas, paslaptingas
numismatic [ˌnjuːmɪzˈmætɪk] *a* numizmatinis
numismatics [ˌnjuːmɪzˈmætɪks] *n* numizmatika
numismatist [njuːˈmɪzmətɪst] *n* numizmatas
nummary ['nʌmərɪ] *a knyg.* pinigų, monetų
numnah ['nʌmnə] *ind. n* pabalnė, mitukas, veltukas
numskull ['nʌmskʌl] *n šnek.* bukagalvis, avigalvis, idiotas
nun [nʌn] *n* **1** vienuolė; *~'s veiling* vualis *(plonas vilnonis audinys)* **2** *zool.* mėlynoji zylė
nunatak ['nʌnətæk] *n* nunatakas *(kalno viršūnė, iškilusi virš ledyno, ypač Grenlandijoje)*
nun-buoy ['nʌnbɔɪ] *n jūr.* kūginis plūduras
nunciature ['nʌnʃətjuə] *n bažn.* nuncijaus pareigos, nunciatūra
nuncio ['nʌnsɪəu, 'nʌnʃɪəu] *n (pl ~s* [-z]) *bažn.* nuncijus
nuncupate ['nʌŋkjupeɪt] *v* **1** *teis.* sudaryti žodinį testamentą *(prie liudytojų)* **2** žodžiu pasižadėti/įsipareigoti
nuncupative ['nʌŋkjupətɪv] *a teis.* žodinis *(apie testamentą)*
nunnery ['nʌnərɪ] *n knyg., psn.* moterų vienuolynas
nuptial ['nʌpʃl] *a knyg., juok.* vedybinis, vedybų
nuptials ['nʌpʃlz] *n pl knyg., juok.* vedybos
nurd [nɜːd] *n* = **nerd**
Nuremberg ['njuərəmbɜːg] *n* Niurnbergas *(Vokietijos miestas)*

nurse¹ [nɜːs] *n* **1** medicinos sesuo *(t. p. trained ~);* slaugė, slaugytoja; sanitarė; *male ~* sanitaras **2** auklė; *at ~* auklės globoje; *to put out to ~* atiduoti auklės globai **3** *psn.* = **wet-nurse 4** *prk.* lopšys; *the ~ of liberty* laisvės lopšys **5** *zool.* bitė/skruzdė darbininkė **6** medis, pasodintas tam, kad sudarytų pavėsį kitiems medžiams **7** *attr: ~ crops ž. ū.* antsėlinės kultūros
v **1** slaugyti; būti slaugė; būti medicinos seserimi **2** gydyti *(slogą, persišaldymą);* leisti gyti **3** žindyti, maitinti *(kūdikį);* žįsti *(at)* **4** rūpestingai prižiūrėti/(iš)auginti, puoselėti *(vaikus, augalus)* **5** puoselėti *(viltį ir pan.);* būti/laikyti užgniaužus *(pyktį ir pan.)* **6** rūpintis, globoti *(sunkiu metu)* **7** stengtis įsiteikti; *to ~ the voters* stengtis įtikti rinkėjams **8** glostyti, apkabinti, apkabinus laikyti
nurse² *n (Grenlandijos, Vestindijos)* ryklys *(t. p. ~ shark).*
nurse-child ['nɜːstʃaɪld] *n (pl* -children [-ˈtʃɪldrən]) augintinis
nurseling ['nɜːslɪŋ] *n* = **nursling**
nursemaid ['nɜːsmeɪd] *n* **1** auklė **2** *prk.* globėja
nursery ['nɜːsᵊrɪ] *n* **1** vaikų lopšelis; *day ~* vaikų darželis **2** vaikų kambarys **3** medelynas, daigynas *(t. p. ~ garden); prk.* židinys *(of, for)* **4** *(žvėrių, žuvų)* veisykla, augykla **5** inkubatorius **6** *attr: ~ rhymes* vaikiški eilėraštukai; *~ language* vaikų kalba; *~ nurse* vaikų lopšelio auklėtoja; *~ transplant ž. ū.* skiepas, skiepelis; sodinukas
nursery-governess ['nɜːsrɪˌgʌvənɪs] *n* **1** vaikų auklė **2** vaikų lopšelio darbuotoja/auklėtoja
nurserymaid ['nɜːsrɪmeɪd] *a* auklė
nurseryman ['nɜːsrɪmən] *n (pl* -men [-mən]) medelyno/daigyno savininkas/darbininkas
nursery-school ['nɜːsrɪskuːl] *n* vaikų darželis *(3-5 metų vaikams)*
nursing ['nɜːsɪŋ] *n* **1** slauga, slaugymas **2** vidurinojo medicinos personalo profesija; *to go in for ~* tapti medicinos seserimi **3** *(kūdikio)* žindymas, maitinimas **4** *attr: ~ bottle* pieno buteliukas *(su čiulptuku); ~ home* a) senelių namai; slaugos namai; b) privati klinika; privatūs gimdymo namai; *~ centre* vaikų konsultacija; *~ mother* žindyvė
nursling ['nɜːslɪŋ] *n* **1** globotinis, augintinis **2** *(žindomas)* kūdikis
nurturance ['nɜːtʃərəns] *n* puoselėjimas
nurture ['nɜːtʃə] *n* **1** auklėjimas; ugdymas **2** (iš)auginimas; *(veislių)* išvedimas, sudarymas **3** maitinimas; maistas
v **1** auklėti; ugdyti **2** (iš)auginti, išvesti, sukurti *(veisles)* **3** maitinti *(t. p. prk.);* (su)brandinti, (iš)puoselėti
nut [nʌt] *n* **1** riešutas; *to gather ~s* riešutauti **2** *šnek.* pakvaišėlis, keistuolis; *she's a healthy food ~* ji pakvaišusi dėl dietos **3** *sl.* galva, smegeninė; *use your ~!* pasuk galvą! **4** *tech.* veržlė; mova; *fly/butterfly/wing(ed) ~* sparnuotoji veržlė **5** *muz. (styginio instrumento)* ramstukas **6** *pl vulg.* kiaušeliai, pautai **7** *pl* smulkios anglys ◊ *a hard/tough ~ to crack šnek.* ≡ kietas riešutas, ne jo dantims; sunki problema; *the ~s and bolts (of) šnek. (ko)* pagrindai, pagrindiniai elementai; *to do one's ~ šnek.* pasiusti *(iš pykčio); to be off one's ~ šnek.* išsikraustyti iš proto, išprotėti; *not for ~s sl.* nė kiek, visiškai ne
v **1** riešutauti; *to go ~ting* eiti riešutauti **2** *šnek.* suduoti galva
nutant ['njuːtᵊnt] *a bot.* svyruojantis, siūbuojantis, nusviręs
nutation [njuːˈteɪʃn] *n* **1** *(galvos)* lingavimas, linksėjimas **2** *astr., bot.* nutacija

nut-brown ['nʌtbraun] *a* riešutinės/rudos spalvos
nutcase ['nʌtkeɪs] *n šnek.* pakvaišėlis, kvaiša
nutcracker ['nʌtˌkrækə] *n* **1** *(ppr. pl)* riešutų spaustukai **2** *zool.* riešutinė *(paukštis)*
nutgall ['nʌtgɔ:l] *n* juodasis riešutas *(ąžuolo gumbelis)*
nuthatch ['nʌthætʃ] *n zool.* bukutis, vilkutis *(paukštis)*
nuthouse ['nʌthaus] *n sl.* pamišėlių namai
nutlet ['nʌtlɪt] *n* **1** riešutėlis **2** *(kaulavaisių)* kauliukas
nutmeg ['nʌtmeg] *n bot.* muškatas, muškato riešutas; **~ tree** muškatmedis; **~ flower** sėjamoji juodgrūdė
nut-pine ['nʌtpaɪn] *n bot.* kedrinė/riešutinė pušis
nutria ['nju:trɪə] *n zool.* nutrija *(t. p. kailiukas)*
nutrient ['nju:trɪənt] *spec. n* maistinga medžiaga
 a **1** maistingas **2** maitinamasis; **~ yeast** pašarinės mielės
nutriment ['nju:trɪmənt] *n* maistas, penas
nutrition [nju:'trɪʃn] *n* **1** maistas **2** maitinimas(is), mityba
nutritional [nju:'trɪʃnəl] *a* **1** maistinis, maistingumo **2** mitybos, maitinamasis
nutritionist [nju:'trɪʃnɪst] *n* dietologas, mitybos specialistas
nutritious [nju:'trɪʃəs] *a* maistingas
nutritive ['nju:trɪtɪv] *spec. n* maistinga medžiaga
 a **1** maistingas **2** maistinis
nuts [nʌts] *a predic šnek.* pakvaišęs, kvaištelėjęs; **to be ~** *(about, over, on)* a) ≅ kraustytis iš galvos/proto *(dėl);* b) ≅ žinoti kaip savo penkis pirštus; labai gerai nusimanyti; **to drive smb ~** ≅ varyti ką iš proto
 int sl. velniop!, eik po velnių!; dar ką!, niekuomet to nebus!
nuts-and-bolts ['nʌtsənd'bəults] *a attr* konkretus, praktiškas

nutshell ['nʌtʃel] *n* riešuto kevalas ◊ *in a* **~** labai trumpai, glaustai, keliais žodžiais; *to put it in a* **~** a) trumpai sakant; b) trumpai nusakyti, susumuoti
nutter ['nʌtə] *n šnek.* psichas, kvaiša
nutting ['nʌtɪŋ] *n* riešutavimas
nut-tree ['nʌttri:] *n* lazdynas
nutty ['nʌtɪ] *a* **1** riešutinis; riešuto (skonio) **2** skanus; pikantiškas **3** *šnek.* puošnus, dabitiškas **4** *šnek.* pamišęs, pakvaišęs; susižavėjęs *(about, on)* **5** *amer. šnek.* aštrus, aitrus
nutwood ['nʌtwud] *n* **1** lazdynas, lazdynai **2** lazdyno mediena
nuzzle ['nʌzl] *v* **1** uostinėti, liesti/prisiglausti nosimi *(apie šunį, arklį);* kaišioti nosį *(ypač apie gyvulius; at, against, into)* **2** knisti(s), knaisioti(s), rausti(s) □ **~ up** prisiglausti *(to, against)*
nyctalopia [ˌnɪktə'ləupɪə] *n med.* **1** = **night-blindness 2** niktalopija, naktinis regumas
nyctophobia [ˌnɪktə'fəubɪə] *n med.* niktofobija, liguista nakties/tamsos baimė
nylghau ['nɪlgɔ:] *n* = **nilgai**
nylon ['naɪlɔn] *n* **1** nailonas **2** *pl* nailoninės kojinės
nymph [nɪmf] *n* **1** *mit., zool.* nimfa **2** *poet.* graži mergaitė
nymphet ['nɪmfɪt] *n juok.* patraukli mergaitė *(10–14 metų)*
nympho ['nɪmfəu] *n (pl ~s* [-z]) *šnek.* = **nymphomaniac**
nymphomania [ˌnɪmfə'meɪnɪə] *n med.* nimfomanija *(padidėjęs moters lytinis potraukis)*
nymphomaniac [ˌnɪmfə'meɪnɪæk] *n* nimfomanė
nystagmus [nɪ'stægməs] *n med.* nistagmas *(nevalingas akies obuolio trūkčiojimas)*

O, o¹ [əu] n (pl Os, O's [əuz]) **1** penkioliktoji anglų abėcėlės raidė **2** nulis (sakant telefono numerį ir pan.)
O² int poet. (jei sušukimas atskirtas skyrybos ženklu – **oh**) o!; ak!; **O my!, O dear me!** O Dieve!; **oh, what a lie!** ak, koks melas!
O' [əu-] pref prieš airiškas pavardes, pvz.: **O'Connor** O'Konoras
o' [ə] prep **1** (of sutr.): **six o'clock** šešios valandos **2** (on sutr.) knyg.: **to sleep o'nights** miegoti naktimis
oaf [əuf] n (pl ~s [-s], oaves) n **1** mulkis, žioplys; stuobrys **2** luošas/kvailas vaikas; kvailelis
oafish [əufɪʃ] a **1** kvailokas; stačiokiškas **2** nerangus, dramblotas
oak [əuk] n **1** ąžuolas; **~ door** ąžuolo/ąžuolinės durys **2** dirbiniai iš ąžuolo (baldai ir pan.) **3** ąžuolo lapai (ypač vainikui) **4** (**the Oaks**) pl trimečių kumėlių lenktynės netoli Epsomo ◊ **to sport one's ~** sl. nepriimti lankytojų; **big/great ~s from little acorns grow** pat ≡ mažas daigelis didžiu medžiu užauga, lašas prie lašo – marios pasidaro
oak-apple ['əuk,æpl] n juodasis riešutas (ąžuolo gumbelis)
oaken ['əukən] a (ypač poet.) ąžuolinis, ąžuolo
oakery ['əukərɪ] n ąžuolynas; ąžuolynė
oak-fig ['əukfɪg] n = **oak-apple**
oaklet, oakling ['əuklɪt, 'əuklɪŋ] n ąžuoliukas
oak-nut ['əuknʌt] n = **oak-apple**
oak-tree ['əuktri:] n = **oak** 1
oakum ['əukəm] n (kanapinių virvių) pakulos
oak-wart ['əukwɔ:t] n = **oak-apple**
oak-wood ['əukwud] n **1** ąžuolynas **2** ąžuolo mediena
oaky ['əukɪ] a ąžuolinis, stiprus kaip ąžuolas
oar [ɔ:] n irklas; **to lay out on the ~s** užgulti irklus; **to pull a good ~** gerai irkluoti; **to rest/lie on one's ~s** a) ilsėtis, neirkluoti; b) prk. atsipūsti, atsipalaiduoti **2** irkluotojas; **good ~** geras irkluotojas ◊ **chained to the ~** prirakintas prie ilgo ir sunkaus darbo, priverstas vilkti jungą; **to have an ~ in every man's boat** nuolat kištis ne į savo reikalus; **to put/shove/stick one's ~ in** šnek. kištis (į kalbą, svetimus reikalus)
v irkluoti; irtis
oared [ɔ:d] a irklinis
oarer ['ɔ:rə] n = **oarsman**
oarlock ['ɔ:lɔk] n amer. įkaba irklui
oarsman ['ɔ:zmən] n (pl -men [-mən]) (tik v.) irkluotojas, yrininkas
oarsmanship ['ɔ:zmənʃɪp] n mokėjimas irkluoti, irklavimo menas
oarswoman ['ɔ:zwumən] n (pl -women [-,wɪmɪn]) irkluotoja, yrininkė
oasis [əu'eɪsɪs] n (pl oases [əu'eɪsi:z]) oazė (t. p. prk.)
oast [əust] n krosnis apyniams/salyklui/tabakui džiovinti
oasthouse ['əusthaus] n apynių džiovykla

oat [əut] n **1** (ppr. pl) aviža; **wild ~** bot. tuščioji aviža; **golden ~** bot. gelsvoji visgė **2** pl avižinė košė; **rolled ~s** avižiniai dribsniai **3** poet. birbynėlė, padaryta iš avižos stiebo **4** psn. pastoralė **5** attr avižinis; iš avižos šiaudo/stiebo ◊ **to feel one's ~s** šnek. a) būti linksmam/gyvam; b) jausti savo jėgą; **to smell one's ~s** įtempti paskutines jėgas (kai tikslas nebetoli); **to be off one's ~s** šnek. prarasti apetitą; **to sow one's wild ~s** audringai praleisti jaunystę; išsidūkti
oatcake ['əutkeɪk] n avižinis paplotėlis/sklindis/blynas
oaten ['əutn] a psn. **1** avižinis **2** iš avižos šiaudo/stiebo
oatflakes ['əutfleɪks] n pl avižiniai dribsniai
oat-grass ['əutgra:s] n bot. avižuolė, poavižė; **downy/hairy [meadow] ~** gauruotoji [pievinė] poavižė; **yellow ~** gelsvoji visgė
oath [əuθ] n (pl oaths [əuðz]) **1** priesaika; **on/under ~** prisaikdintas, prisiekęs; **he is on ~** jis yra prisiekęs; **~ of allegiance** ištikimybės priesaika; karinė priesaika; **~ of office** priesaika, pradedant eiti pareigas; **to make/take/swear an ~** duoti priesaiką, prisiekti; **to put smb on ~, administer the ~ to smb** prisaikdinti ką **2** dievagojimasis **3** keiksmas, keiksmažodis
oath-breaker ['əuθ,breɪkə] n priesaikos laužytojas
oath-breaking ['əuθ,breɪkɪŋ] n priesaikos sulaužymas
oatmeal ['əutmi:l] n **1** avižiniai miltai; avižinės kruopos **2** amer. avižinė košė (t. p. ~ **porridge**) **3** gelsvai pilka spalva
oaves [əuvz] pl žr. **oaf**
obbligato [,ɔblɪ'gɑ:təu] n (pl ~s [-z], -ti [-tɪ]) muz. obligato
obduracy ['ɔbdjurəsɪ] n knyg. **1** užsispyrimas **2** užkietėjimas, surambėjimas; kietaširdiškumas
obdurate ['ɔbdjurət] a knyg. **1** užsispyręs **2** užkietėjęs, surambėjęs; kietaširdis
obedience [ə'bi:dɪəns] n paklusimas; (pa)klusnumas, nuolankumas; **to show ~** (to) būti paklusniam (kam), klausyti (ko) ◊ **in ~ to smth** remiantis kuo, pagal ką
obedient [ə'bi:dɪənt] a (pa)klusnus, nuolankus (to – kam)
obeisance [əu'beɪsəns] n knyg. **1** reveransas, nusilenkimas; **to make ~** nusilenkti **2** pagarba; **to do/pay ~** reikšti pagarbą
obeli ['ɔbɪlaɪ] pl žr. **obelus**
obelisk ['ɔbəlɪsk] n **1** obeliskas **2** = **obelus**
v = **obelize**
obelize ['ɔbɪlaɪz] v poligr. pažymėti kryželiu
obelus ['ɔbɪləs] n (pl -li) poligr. ženklas – ar ÷ (dėtas sen. rankraščiuose prie abejotino žodžio); nuorodos ženklas +, kryželis
obese [əu'bi:s] a aptukęs, nutukęs
obesity [əu'bi:sətɪ] n nutukimas, aptukimas
obey [ə'beɪ] v **1** klausyti, paklusti, nusilenkti; vykdyti (įsakymus ir pan.) **2** mat. atitikti lygties sąlygas
obfuscate ['ɔbfəskeɪt] v knyg. **1** užtamsinti, užtemdyti **2** sugluminti, supainioti, suklaidinti

obit ['ɔbɪt] *n šnek.* = **obituary**
obiter ['ɔbɪtə] *lot. adv* tarp kitko; ~ *dictum* a) *(teisėjo)* neoficiali nuomonė; b) atsitiktinė pastaba
obituarist [ə'bɪtʃuərɪst] *n* nekrologo autorius
obituary [ə'bɪtʃuərɪ] *n* **1** nekrologas **2** *attr* nekrologo; laidotuvių
object[1] ['ɔbdʒɪkt] *n* **1** dalykas, daiktas; *found* ~ pačios gamtos sukurtas meniškas daiktas, gamtos dovana **2** *(tyrimo ir pan.)* objektas *(t. p. filos.)*; *an* ~ *of contempt* paniekos objektas **3** tikslas, siekis; *to fail in one's* ~ nepasiekti tikslo **4** *gram.* papildinys, objektas **5** *šnek.* bjaurios, keistos, juokingos, niekingos *ir pan.* išvaizdos žmogus/daiktas; *what an* ~ *you look in that hat!* kaip baisiai tu atrodai su ta skrybėle! **6** *attr* objektinis ◊ *no* ~ neturi reikšmės; ≡ ne bėda/problema *(apie pinigus, laiką, nuotolį)*
object[2] [əb'dʒekt] *v* **1** prieštarauti, protestuoti, nesutikti *(to, against)*; *do you* ~ *to my smoking?* ar jūs neprieštarausite, jei aš užrūkysiu? **2** nemėgti, nepakęsti
object-finder ['ɔbdʒɪkt,faɪndə] *n fot.* ieškiklis
object-glass ['ɔbdʒɪktˡglɑ:s] *n opt.* objektyvas
objectify [əb'dʒektɪfaɪ] *v* įkūnyti; įdaiktinti
objection [əb'dʒekʃn] *n* **1** prieštaravimas, nesutikimas; protestas; *to take* ~ prieštarauti; ~ *sustained teis.* protestas tenkinamas **2** nepritarimo priežastis
objectionable [əb'dʒekʃnəbl] *a* **1** nemalonus, atgrasus; užgaulus; smerktinas *(apie elgesį)* **2** nepageidaujamas; keliantis prieštaravimų; ~ *plan* nepriimtinas planas
objective [əb'dʒektɪv] *n* **1** tikslas; siekinys, siekis **2** *kar. (puolimo)* objektas **3** *gram.* objektinis/netiesioginis linksnis **4** *opt.* objektyvas
a **1** objektyvus, bešali(ška)s **2** tikslinis; ~ *point* a) *kar.* veiksmų objektas; b) *prk.* galutinis tikslas **3** dalykinis; daiktinis **4** *gram.* objektinis **5** *filos.* objektyvus; realus; ~ *method* induktyvus/indukcijos metodas
objective-lens [əb'dʒektɪv'lenz] *n opt.* objektyvo lęšis, objektyvas
objectivism [əb'dʒektɪvɪzm] *n* **1** objektyvumo siekimas **2** *filos.* objektyvizmas
objectivity [,ɔbdʒek'tɪvətɪ] *n* objektyvumas
object-lens [əb'dʒɪktlenz] *n* = **objective-lens**
objectless ['ɔbdʒɪktləs] *a* betikslis, beprasmiškas
object-lesson ['ɔbdʒɪkt,lesn] *n* **1** pavaizdi pamoka **2** *prk.* akivaizdus įrodymas/pavyzdys
objector [əb'dʒektə] *n* prieštarautojas, priešgina; *conscientious* ~ žmogus, atsisakantis eiti į kariuomenę dėl religinių/moralinių įsitikinimų
objet d'art *(pl* objets d'art) [,ɔbʒeɪ'dɑ:] *pr.* dailės dalykėlis/mažmožis
objurgate ['ɔbdʒə:geɪt] *v knyg.* barti, smerkti, priekaištauti
objurgation [,ɔbdʒə:'geɪʃn] *n knyg.* (pa)barimas, (pa)peikimas; priekaištas
objurgatory [əb'dʒə:gətərɪ] *a knyg.* priekaištingas
oblate[1] ['ɔbleɪt] *n bažn.* žmogus, pasišventęs vienuoliškam *ir pan.* gyvenimui
oblate[2] *a (ypač geom.)* paplokščias *(prie polių; apie sferoidą)*
oblation [ə'bleɪʃn] *n* **1** *rel.* auka; *(aukos)* aukojimas **2** *(O.) bažn.* eucharistija
oblational [ə'bleɪʃnəl] *a* aukos, aukojamasis
oblatory ['ɔblətərɪ] *a* = **oblational**
obligate ['ɔblɪgeɪt] *v (ppr. pass)* į(si)pareigoti
obligation [,ɔblɪ'geɪʃn] *n* **1** į(si)pareigojimas; *to assume/undertake* ~s pri(si)imti įsipareigojimus, įsipareigoti; *to lay under* ~ įpareigoti **2** pareiga, prievolė, priedermė; *to be under an* ~ *(to)* jausti pareigą, būti įsipareigojusiam *(kam)* **3** *(įstatymo, sutarties ir pan.)* privalomumas; *of* ~ privalomas **4** *teis.* (skolinis) įsipareigojimas; *to repay, ar to carry out,* ~s įvykdyti įsipareigojimus; apmokėti skolą
obligatory [ə'blɪgətərɪ] *a* privalomas, būtinas, prievolinis; įpareigojantis
oblige [ə'blaɪdʒ] *v* **1** *(ppr. pass)* įpareigoti; priversti; *to be* ~*d to do smth* privalėti/turėti ką daryti **2** (pa)daryti paslaugą; *anything to* ~! (aš esu) jūsų paslaugoms!; ~ *me by closing the door* prašome uždaryti duris **3** *pass šnek.* būti dėkingam *(to – kam)*; *(I am) much* ~*d (to you)* labai dėkingas (jums)
obligee [,ɔblɪ'dʒi:] *n teis.* žmogus, kuriam įsipareigojama
obliging [ə'blaɪdʒɪŋ] *a* paslaugus; mielas, malonus; *it's* ~ *of them* iš jų pusės labai miela
obligingly [ə'blaɪdʒɪŋlɪ] *adv* paslaugiai; mielai, mandagiai
obligor [,ɔblɪ'gɔ:] *n teis.* asmuo, kuris įsipareigoja
oblique [ə'bli:k] <*a, n, v*> *a* **1** įžambus, įstrižas; įžulnus; pasviręs; ~ *fire kar.* įžambioji/įstrižoji ugnis **2** netiesioginis, aplinkinis **3** *gram.* netiesioginis; ~ *case* netiesioginis linksnis **4** *geom.* pražulnusis, smailusis, bukasis *(apie kampus)*; nuožulnus *(apie plokštumą)*
n **1** *mat.* pasviroji *(linija)* **2** įžambus brūkšnys
v kar. (nu)žygiuoti įžambiai
obliquity [ə'blɪkwətɪ] *n* **1** įžambumas, įstrižumas **2** nukrypimas *(nuo normos, nuo tiesaus kelio ir pan.)* **3** miglotas/klaidinantis pasakymas; užuolanka; dviprasmybė **4** *tech.* nuožulna; kūgiškumas **5** *astr.* ekliptikos pasvirimas
obliterate [ə'blɪtəreɪt] *v* **1** ištrinti; sunaikinti; išdildyti *(iš atminties, širdyje)*; *time* ~*s sorrow* ≡ laikas viską užgydo; *all feelings of hatred had long been* ~*d* neapykantos jausmas seniai išdilo širdyje **2** visiškai sugriauti, nušluoti nuo žemės paviršiaus
obliteration [ə,blɪtə'reɪʃn] *n* **1** ištrynimas **2** *(miesto ir pan.)* sunaikinimas **3** už(si)miršimas **4** *med.* obliteracija, užsikimšimas, užakimas
oblivion [ə'blɪvɪən] *n* **1** užmiršimas, užmarštis; *to fall/sink into* ~ būti užmirštam; *to bury in* ~ užmaršinti **2** užmaršumas ◊ *Act/Bill of O.* amnestija
oblivious [ə'blɪvɪəs] *a* **1** užmirštantis; užsimiršęs, nesuvokiantis, nekreipiantis dėmesio *(of, to)*; *you seem to be* ~ *of the fact* jūs, atrodo, esate tą faktą užmiršę; *she was quite* ~ *of what was going on* ji nesuvokė, ar nekreipė dėmesio, kas vyko aplink **2** *psn.* suteikiantis užsimiršimą
oblong ['ɔblɔŋ] *a* **1** pailgas **2** *geom.* stačiakampis
n pailgas daiktas; pailga figūra
obloquy ['ɔblɔkwɪ] *n knyg.* **1** plūdimas, šmeižimas **2** gėda, negarbė
obnoxious [əb'nɔkʃəs] *a* koktus, bjaurus; įžeidžiantis
oboe ['əubəu] *it. n muz.* obojus
oboist ['əubəuɪst] *n muz.* obojistas
obscene [əb'si:n] *a* nešvankus, nepadorus; šlykštus; ~ *language* nešvankybės; ~ *film* pornografinis filmas
obscenity [əb'senətɪ] *n* **1** nešvankumas, nepadorumas, cinizmas **2** *pl* nešvankybės, nešvankūs keiksmai
obscurant [əb'skjuərənt] *n* obskurantas, tamsuolis, tamsybininkas
obscurantism [,ɔbskju'ræntɪzm] *n* obskurantizmas, tamsumas, tamsuoliškumas
obscurantist [,ɔbskju'ræntɪst] *a* obskurantiškas, tamsuoliškas
obscure [əb'skjuə] *a* **1** miglotas, sunkiai suprantamas **2** nežymus, mažai žinomas, nežinomas **3** tamsus, dulsvas; ~ *glass* dūminis stiklas **4** sunkiai pastebimas/įžiūrimas, neaiškus, neryškus **5** paslėptas, nuošalus

obscurity   616   **obvious**

v **1** daryti neaiškų *(apie prasmę ir pan.)* **2** (už)temdyti, (už)tamsinti; užstoti *(vaizdą)* **3** *prk.* (ap)temdyti, nustelbti; tamsinti

obscurity [əb'skjuərətɪ] *n* **1** neaiškumas; miglotumas, nesuprantamumas **2** nežinomybė, nežinia **3** *knyg.* tamsuma, tamsybė, tamsa

obsecration [ˌɔbsɪ'kreɪʃn] *n* maldavimas, meldimas

obsequial [əb'si:kwɪəl] *a knyg.* laidotuvių

obsequies ['ɔbsɪkwɪz] *n pl knyg.* laidotuvės

obsequious [əb'si:kwɪəs] *a* vergiškas, vergiškai nuolankus, pataikaujantis; keliaklupsčiaujantis, šliaužiojantis *(to, with – prieš)*

observable [əb'zə:vəbl] *a* **1** pastebimas; matomas **2** prisilaikytinas; švęstinas *(apie šventę)* **3** įsidėmėtinas, vertas dėmesio

observance [əb'zə:vəns] *n* **1** *(įstatymo, papročių ir pan.)* laikymasis, paisymas; šventimas *(of);* **the ~ of birthdays** gimimo dienų šventimas **2** *(džn. pl)* apeigos, ritualas

observant [əb'zə:vənt] *a* **1** prisilaikantis *(įstatymų ir pan.);* švenčiantis *(šventę)* **2** pastabus, atidus

observation [ˌɔbzə'veɪʃn] *n* **1** stebėjimas, sekimas; priežiūra; **to keep under ~** laikyti *(gydytojo, policijos)* priežiūroje **2** pastabumas; **a man of keen ~** labai pastabus žmogus; **to escape ~** likti/praeiti nepastebėtam **3** pastaba *(about, on);* **to make an ~** padaryti pastabą **4** = **observance** 1 **5** *attr* stebėjimo; **~ balloon** *kar.* sekimo aerostatas; **~ post/station** *kar.* stebėjimo postas/punktas; **~ satellite** *kar.* žvalgomasis palydovas; **~ car** *glžk.* atviras/įstiklintas vagonas *(turistams)*

observational [ˌɔbzə'veɪʃnəl] *a* stebimasis, stebėjimo; **~ faculties** stebėtojo sugebėjimai

observatory [əb'zə:vətrɪ] *n* **1** observatorija **2** stebėjimo/sekimo punktas

observe [əb'zə:v] *v* **1** (pa)stebėti; sekti **2** laikytis *(įstatymų, papročių);* švęsti *(šventę);* **to ~ silence** laikytis tylos, tylėti; **to ~ the time** būti punktualiam **3** padaryti pastabą, pasakyti, pareikšti; **allow me to ~** leiskite man padaryti pastabą; **it will be ~d** reikia pažymėti

observed [əb'zə:vd] *n (the ~)* stebėjimų objektas; **the ~ of all observers** visų dėmesio centras *a spec.* išmatuotas, nustatytas *(apie gylį, aukštį ir pan.)* ◊ **closely ~** gyveniškas *(apie pjesę, charakterius ir pan.)*

observer [əb'zə:və] *n* **1** stebėtojas; sekėjas; **casual ~** atsitiktinis stebėtojas/liudytojas **2** žmogus, kuris laikosi *(of – ko);* **an ~ of his promises** pažadų tesėtojas **3** apžvalgininkas **4** delegatas/atstovas stebėtojo teisėmis

obsess [əb'ses] *v* **1** *(ppr. pass)* persekioti, kankinti *(apie įkyrią mintį ir pan.);* apsėsti, apnikti, apimti **2** *amer.* pernelyg rūpintis/galvoti *(over, about)*

obsession [əb'seʃn] *n* **1** įkyri mintis; manija **2** *(velnio)* apsėdimas

obsessional [əb'seʃnəl] *a* = **obsessive**

obsessive [əb'sesɪv] *a* **1** įkyrus, persekiojantis, viską nustelbiantis *(apie mintį, aistrą ir pan.)* **2** apsėstas, apimtas *(apie žmogų)*

obsidian [əb'sɪdɪən] *n min.* obsidianas, vulkaninis stiklas

obsolescence [ˌɔbsə'lesəns] *n* **1** senėjimas; pasenimas; sunykimas; **planned/built-in ~** *ekon.* planuojamas *(produkcijos)* senėjimas **2** *tech. (mašinos ir pan.)* moralinis susidėvėjimas

obsolescent [ˌɔbsə'lesənt] *a* išeinantis iš vartojimo, nykstantis; senstantis, atgyvenantis

obsolete ['ɔbsəli:t] *a* **1** pasenęs, atgyvenęs, nebevartojamas **2** susidėvėjęs **3** *biol.* atrofavęsis

obstacle ['ɔbstəkl] *n* kliūtis; **to put/throw ~s in the way (of)** daryti *(kam)* kliūtis; **~ course** *kar., sport.* kliūčių ruožas

obstacle-race ['ɔbstəkleɪs] *n sport.* kliūtinis bėgimas, kliūtinės lenktynės

obstetric(al) [əb'stetrɪk(l)] *a* akušerinis; akušerijos, gimdymo

obstetrician [ˌɔbstə'trɪʃn] *n* akušerė; akušeris

obstetrics [əb'stetrɪks] *n med.* akušerija

obstinacy ['ɔbstɪnəsɪ] *a* užsispyrimas, atkaklumas

obstinate ['ɔbstənət] *a* **1** užsispyręs, atkaklus; **~ as a mule** užsispyręs kaip ožys; **he's being most ~ about it** atkakliai laikytis savo **2** sunkiai gydomas; sunkiai pašalinamas/išnaikinamas *(apie dėmes, piktžoles ir pan.)*

obstreperous [əb'strepərəs] *a* triukšmingas, triukšmaujantis; šėlstantis, nesuvaldomas; **~ child** triukšmadarys, padauža

obstruct [əb'strʌkt] *v* **1** užversti, užgriozdinti, užtverti, užkimšti *(kelią ir pan.);* sulaikyti, trukdyti *(judėjimą, eismą)* **2** užstoti; kliudyti, trukdyti; **to ~ the light [the view]** užstoti šviesą [vaizdą] **3** *parl.* padaryti/surengti obstrukciją **4** *med.* sukelti obstrukciją/nepraeinamumą; užkimšti *(veną)*

obstruction [əb'strʌkʃn] *n* **1** kliūtis; užtvara **2** už(si)kimšimas; trukdymas **3** *parl.* obstrukcija **4** *med.* obstrukcija, nepraeinamumas; vidurių užkietėjimas **5** *sport.* blokavimas

obstructionism [əb'strʌkʃənɪzm] *n parl.* obstrukcionizmas

obstructionist [əb'strʌkʃənɪst] *n parl.* obstrukcionistas

obstructive [əb'strʌktɪv] *a* **1** linkęs kliudyti/trukdyti; sudarantis kliūčių/sunkumų **2** *parl.* obstrukcinis

obtain [əb'teɪn] *v* **1** (iš)gauti, į(si)gyti; pasiekti; **the difficulty of ~ing credit** sunkumas gauti kreditą; **to ~ a commission** *kar.* būti pakeltam karininku; gauti karininko laipsnį/rangą **2** egzistuoti, išsilaikyti, galioti; būti pripažintam/paplitusiam; **these views no longer ~** šios pažiūros paseno; **the same rule ~s regarding ...** ta pati taisyklė tinka ir ...

obtainable [əb'teɪnəbl] *a* gaunamas, įsigyjamas; pasiekiamas, prieinamas

obtrude [əb'tru:d] *v* **1** iš(si)kišti *(į priekį),* išstumti **2** į(si)siūlyti; į(si)piršti; primesti *(nuomonę ir pan.; on, upon)*

obtrusion [əb'tru:ʒn] *n* į(si)siūlymas; primetimas

obtrusive [əb'tru:sɪv] *a* **1** išsikišęs; krentantis į akis **2** atgrasus, įkyrus

obtund [əb'tʌnd] *v knyg.* (at)bukinti *(jautrumą, skausmą)*

obturate ['ɔbtjuəreɪt] *v* **1** užkišti, užkimšti; užtaisyti **2** *spec.* obturuoti

obturation [ˌɔbtjuə'reɪʃn] *n* **1** už(si)kimšimas **2** *spec.* obturacija

obturator ['ɔbtjuəreɪtə] *n* **1** užkamša, kaištis, kamštis, skylių užtaisymo įtaisas **2** *kar.* obturatorius **3** *med.* obturatorius **4** *fot.* užraktas

obtuse [əb'tju:s] *a* **1** bukas; **~ angle** *geom.* bukas kampas **2** bukas, bukaprotis, nesupratingas, negudrus **3** nestiprus; duslus *(apie garsą);* **~ pain** bukas skausmas **4** *bot.* bukas, bukaviršūnis *(apie lapą)*

obverse ['ɔbvə:s] *n* **1** *(medalio, pinigo)* priekinė pusė; *(ko)* priekis **2** atvirkščioji/priešinga pusė
a **1** priekinis **2** priešingas

obviate ['ɔbvɪeɪt] *v* (pa)šalinti; apeiti, išvengti *(sunkumų, nelaimės);* **to ~ the need** (pa)daryti nereikalingą

obvious ['ɔbvɪəs] *a* akivaizdus, aiškus; **for an ~ reason** dėl visai suprantamos priežasties

n (the ~) akivaizdus/aiškus dalykas; *to state the ~* pasakyti akivaizdų dalyką, akivaizdžią tiesą
obviously [ˈɒbvɪəslɪ] *mod* matyt, turbūt
adv aišku, akivaizdu; *the soldier was ~ badly hurt* buvo aišku, kad kareivis sunkiai sužeistas
ocarina [ˌɒkəˈriːnə] *n muz.* okarina
O'Casey [əʊˈkeɪsɪ] *n: Sean ~* Šonas O'Keisis *(airių dramaturgas)*
occasion [əˈkeɪʒn] *n* **1** atvejis, kartas; *on all ~s* bet kuriuo atveju; *on ~* kartais; *on several ~s* keletą kartų **2** proga, galimybė; *on the ~ (of) (ko)* proga; *if the ~ arises* progai pasitaikius; reikalui esant; *to choose one's ~* pasirinkti tinkamą momentą; *to profit by the ~* pasinaudoti proga; pasipelnyti; *to seize/take the ~ (to do smth)* pasinaudoti proga, tinkamu momentu (ką padaryti) **3** pagrindas, priežastis; *not the ~ for rejoicing* nėra ko džiaugtis; *to give ~ (for)* būti pagrindu *(kam); this was the ~ for another dispute* tai buvo pagrindas naujam ginčui **4** *(ypatingas)* įvykis; *quite an ~* didelis įvykis; *this festive ~* ši šventė ◊ *to rise to the ~* susidoroti *(su susidariusia padėtimi, iškilusiu uždaviniu ir pan.)*, pasielgti tinkamiausiu būdu; *to go about one's lawful ~s* užsiiminėti savo kasdieniniais reikalais
v knyg. būti priežastimi, sukelti
occasional [əˈkeɪʒnəl] *a* **1** retkarčiais/kartais atsitinkantis/pasitaikantis; *he has ~ bouts of pain* jam kartkartėmis užeina skausmo priepuoliai **2** atsitiktinis **3** proginis, skirtas tam tikram įvykiui *(pažymėti)* **4** padarytas/skirtas tam tikram tikslui *(apie stalus, kėdes ir pan.)* **5** *spec.* okazinis
occasionally [əˈkeɪʒnəlɪ] *adv* retkarčiais; atsitiktinai; *very ~* labai retai
Occident [ˈɒksɪdənt] *n (the ~) knyg., poet.* Vakarai; Vakarų šalys *(Europa ir Amerika)*
occidental [ˌɒksɪˈdentl] *knyg. a* Vakarų, vakarietiškas
n Vakarų (šalių) gyventojas, vakarietis
occipital [ɒkˈsɪpɪtl] *a anat.* pakaušinis, okcipitalinis
occiput [ˈɒksɪpʌt] *n anat.* pakaušis
occlude [əˈkluːd] *v* **1** užtverti, užkirsti *(kelią);* užkišti, užkimšti **2** *chem.* okliuduoti **3** *med.* sukąsti/suglausti dantis
occlusion [əˈkluːʒn] *n* **1** *ret. (kelio)* užkirtimas; užkišimas **2** *spec.* okliuzija **3** *med.* sukandimas **4** *fon.* uždaruma
occlusive [əˈkluːsɪv] *a* **1** uždarantis, užtveriantis **2:** *~ consonant fon.* uždarumos priebalsis
occult [ɒˈkʌlt, əˈkʌlt] *<a, n, v> a* **1** slaptas, paslėptas **2** paslaptingas, magiškas, okultinis
n (the ~) okultiniai mokslai, okultizmas
v astr. užtemdyti, uždengti
occultism [ˈɒkəltɪzm] *n* okultizmas
occupancy [ˈɒkjupənsɪ] *n (ypač teis.)* **1** *(namo, žemės)* užvaldymas, užėmimas **2** laikinas valdymas; valdymo terminas
occupant [ˈɒkjupənt] *n* **1** laikinas valdytojas *(of – ko);* nuomininkas; gyventojas **2** esantysis *(kambaryje, transporto priemonėje ir pan.); neither of the car's two ~ s was injured* nė vienas iš dviejų buvusių mašinoje nebuvo sužeistas **3** *teis.* asmuo, pasisavinęs savininko neturintį turtą; *(namą, kambarį, žemę)* užimantis asmuo
occupation [ˌɒkjuˈpeɪʃn] *n* **1** profesija **2** užsiėmimas, darbas, verslas **3** užėmimas, užgrobimas, užvaldymas; okupacija; *~ army* okupacinė kariuomenė **4** gyvenimas, laikinas valdymas/naudojimasis *(namu ir pan.); to take up ~ (of)* įsikurti *(kur)* **5** *spec.* užimtumas; *men out of ~* bedarbiai

occupational [ˌɒkjuˈpeɪʃnəl] *a* profesinis; *~ deferment kar.* šaukimo atidėjimas *(dėl darbo pobūdžio); ~ disease* profesinis susirgimas; *~ therapy [psychology]* darbo terapija [psichologija]
occupier [ˈɒkjupaɪə] *n (namo)* gyventojas; nuomininkas, laikinas savininkas/valdytojas
occupy [ˈɒkjupaɪ] *v* **1** užimti; užgrobti, (už)valdyti, okupuoti **2** užimti *(namą, kambarį ir pan.);* nuomoti **3** užimti *(vietą, pareigas);* atimti *(laiko); this table occupies too much space* šis stalas užima daug vietos; *is this seat occupied?* ar ši vieta užimta? **4** patraukti, užvaldyti *(kieno dėmesį, mintis)* **5** *pass, refl* užsiim(inė)ti *(with, in – kuo)*
occur [əˈkɜː] *v* **1** atsitikti, įvykti; *to ~ again* pasikartoti **2** pasitaikyti *(in, among); this plant ~s throughout Europe* šis augalas pasitaiko visur Europoje **3** ateiti į galvą; *it ~ red to me that ...* man atėjo į galvą, kad ... **4** *geol.* slūgsoti
occurrence [əˈkʌrəns] *n* **1** atsitikimas, įvykis, atvejis; *an everyday ~* kasdieninis reiškinys **2** buvimo vieta, paplitimas; *to be common/frequent [rare] ~* būti dažnai [retai] sutinkamam, dažnai [retai] pasitaikyti **3** *geol.* telkinys, slūgsojimas
ocean [ˈəʊʃn] *n* **1** vandenynas, okeanas; *~ bed* vandenyno dugnas **2** *pl šnek.* aibė, galybė *(of)*
oceanarium [ˌəʊʃəˈnɛərɪəm] *n (pl ~s, -ia [-ɪə])* okeanariumas
ocean-going [ˈəʊʃnˌɡəʊɪŋ] *a* jūrų, okeaninis *(apie laivą)*
Oceania [ˌəʊʃɪˈeɪnɪə] *n* Okeanija *(salynas)*
Oceanian [ˌəʊʃɪˈeɪnɪən] *a* Okeanijos
a Okeanijos gyventojas, Ramiojo vandenyno salų gyventojas
oceanic [ˌəʊʃɪˈænɪk] *a* okeaninis, vandenyninis, vandenyno; *~ climate* jūrinis klimatas
oceanographic [ˌəʊʃənəˈɡræfɪk] *a* okeanografinis
oceanography [ˌəʊʃəˈnɒɡrəfɪ] *n* okeanografija
oceanology [ˌəʊʃəˈnɒlədʒɪ] *n* okeanologija
ocelot [ˈəʊsɪlɒt, ˈɒsɪlɒt] *n zool.* ocelotas *(laukinė katė)*
och [ɒx] *int air., škot.* ak!, o!
ocher [ˈəʊkə] *n amer.* = **ochre**
ochlocracy [ɒkˈlɒkrəsɪ] *gr. n* ochlokratija
ochre [ˈəʊkə] *n* **1** ochra *(dažai)* **2** geltona spalva
o'clock [əˈklɒk] *adv* valanda; *what ~ is it?* kelinta valanda?, kiek laiko?; *it is two ~* antra valanda; *the Nine O. News* devintos valandos žinios
n (the + num + ~) šnek. (tam tikros) valandos traukinys/autobusas *ir pan.*
-ocracy [-ɒkrəsɪ] = **-cracy**
-ocrat [-əkræt] = **-crat**
ocrea [ˈɒkrɪə] *n bot.* lapamakštė
octa- *(t. p.* **octo-)** [ˈɒktə-] *(sudurt. žodžiuose)* aštuon(ia)-; *octachordal* aštuonstygis; *octosyllabic* aštuonskiemenis
octagon [ˈɒktəɡən] *n geom.* aštuonkampis, oktagonas
octagonal [ɒkˈtæɡənl] *a* aštuonkampis
octahedra [ˌɒktəˈhiːdrə, ˌɒktəˈhedrə] *pl žr.* **octahedron**
octahedral [ˌɒktəˈhedrəl] *a* aštuonsienis, aštuonšonis
octahedron [ˌɒktəˈhiːdrɒn, ˌɒktəˈhedrən] *n (pl -ra, ~s) spec.* aštuonsienis, aštuonšonis, oktaedras
octal [ˈɒktəl] *a* aštuonetainis, aštuntainis *(apie skaičiavimo sistemą ir pan.)*
octane [ˈɒkteɪn] *n chem.* oktanas; *~ number/rating* oktaninis skaičius
octangular [ɒkˈtæŋɡjulə] *a* = **octagonal**
octant [ˈɒktənt] *n* **1** oktantas *(prietaisas kampams matuoti)* **2** *geom.* 1/8 apskritimo lankas

octave ['ɔktɪv] *n* **1** *muz., lit.* oktava **2** aštuonetas **3** vyno statinė *(apie 61 l talpos)*
octavo [ɔk'teɪvəu] *n (pl ~s [-z]) poligr. (knygos)* formatas – 1/8 lanko
octennial [ɔk'tenɪəl] *a* **1** aštuonmetis **2** pasikartojantis/atsitinkantis kas aštuoneri metai
octet(te) [ɔk'tet] *n* **1** *muz.* oktetas **2** *lit.* pirmosios aštuonios soneto eilutės **3** aštuonetas
octo- ['ɔktə-] = **octa-**
October [ɔk'təubə] *n* spalis *(mėnuo)*
octodecimo [ˌɔktəu'desɪməu] *n (pl ~s [-z]) poligr. (knygos)* formatas – 1/18 lanko
octogenarian [ˌɔktəᵘdʒɪ'nɛərɪən] *a* aštuoniasdešimtmetis *n* aštuoniasdešimties metų senis/senė
octopus ['ɔktəpəs] *n zool.* aštuonkojis
octoroon [ˌɔktə'ruːn] *n* spalvotasis *(turintis 1/8 negrų kraujo)*
octroi ['ɔktrwɑː] *pr. n ist.* **1** vidaus muitas *(įvežant į miestą)* **2** miesto muitinė **3** muitinės tarnautojas
octuple ['ɔktjupl] *a* aštuoneriopas
ocular ['ɔkjulə] *n opt.* okuliaras *a* **1** *spec.* akies, akių; okuliarinis **2** *ret.* akivaizdus *(apie įrodymą ir pan.)*
oculist ['ɔkjulɪst] *n* okulistas, akių ligų gydytojas
odalisque ['əudelɪsk] *n ist.* odaliska
odd [ɔd] *a* **1** keistas, neįprastas, savotiškas; nepaprastas; *he is an ~ sort of chap* jis savotiškas vaikinas **2** nelyginis, neporinis; atliekamas; *~ and [or] even* pora ir [ar] nepora; pora ar liekas; *~ months* mėnesiai, turintys 31 dieną **3** neporinis, netinkantis į porą *(apie pirštinę, kojinę)*; pavienis *(apie tomą, žurnalą)* **4** daugiau kaip, apytikris *(džn. sudurt. žodžiuose); forty-odd* keturiasdešimt su viršum; *we first met twenty-odd years ago* mes pirmąsyk susitikom maždaug prieš dvidešimt metų; *~ money* grąža, smulkūs pinigai **5** nedidelis, nežymus; *have you got an ~ bit of paper?* ar turite truputį popieriaus? **6** laisvas; *~ moments* laisvalaikis **7** atsitiktinis, visoks; *~ job* atsitiktinis darbas; *~ man/hand* atsitiktinį darbą atliekantis žmogus; *to write the ~ article* retkarčiais parašyti straipsnį ◊ *the ~ man* sprendžiamasis balsas; *~ man/one out* a) žmogus, likęs be poros *(žaidime ir pan.)*; liekas; b) *šnek.* nepritapėlis *(nemokantis bendrauti su kitais); to feel the ~ one* jaustis ne savo vietoje, nepritapti
oddball ['ɔdbɔːl] *šnek. n* keistuolis, originalas *a* keistas, keistuoliškas
odd-come-short ['ɔdkʌm'ʃɔːt] *n* = **oddment**
oddish ['ɔdɪʃ] *a* keistokas, savotiškas
oddity ['ɔdətɪ] *n* **1** keistumas, keistuoliškumas; keistybė **2** keistuolis
odd-job [ˌɔd'dʒɔb] *a: ~ man* žmogus, besiverčiantis atsitiktiniais darbais, nekvalifikuotas darbininkas
odd-looking ['ɔdlukɪŋ] *a* keistos išvaizdos, keistai atrodantis
oddly ['ɔdlɪ] *adv* keistai; savotiškai; *~ enough* (kad ir labai) keista
oddment ['ɔdmənt] *n* **1** likutis **2** *pl* atskiri/pavieniai daiktai, atliekos
odds [ɔdz] *n pl (vart. kaip pl ir kaip sg)* **1** šansai; *long ~* a) nelygūs šansai; b) didelis pastatytų sumų skirtumas *(lažinantis);* c) vargu ar, kažin; *short ~* beveik lygūs šansai; *the ~ are ten to one that her horse will not win* kad jos arklys nelaimės, šansų yra vienas iš dešimt; *the ~ are that he will do it* greičiausiai jis tai padarys **2** persvara, pranašumas; sunkumai; *the ~ are in our favour* persvara mūsų pusėje; *against heavy ~* labai nepalankiomis sąlygomis, prieš žymiai pranašesnes jėgas; *against all (the) ~* nežiūrint visų sunkumų **3** skirtumas, nelygybė; *to make ~ even* pašalinti skirtumus **4** nesutarimai; *to be at ~ with smb* nesutarti, pyktis su kuo *(about – dėl); to be ~ with smth* nesiderinti su kuo, neatitikti ko ◊ *~ and ends, šnek. ~ and sods* a) likučiai; nuotrupos; b) mažmožiai, smulkmenos; ≡ visokie galai; *by long ~* žymiai; be abejo; *to shout the ~* girtis; *to pay over the ~ for smth* permokėti už ką; *it is/makes no ~* tai nesvarbu, neturi reikšmės; *what's the ~?* a) kokios tai turi reikšmės?; b) *sport.* koks rezultatas?
odds-on [ˌɔdz'ɔn] *a* beveik tikras; *it's ~ that ...* greičiausiai, kad ...; *he is ~ the favourite for the job* jis turi daugiausia šansų gauti tą darbą
ode [əud] *n lit.* odė
odea [əu'dɪə] *pl žr.* **odeum**
Oder ['əudə] *n* Oderis *(upė)*
Odette [əu'det] *n* Odetė *(vardas)*
odeum [əu'diːəm] *gr. n (pl ~s,* odea) *ist.* odeonas; koncertų/žiūrovų salė
odious ['əudɪəs] *a* ne(ap)kenčiamas, šlykštus, atstumiantis
odium ['əudɪəm] *n knyg.* **1** neapykanta; pasišlykštėjimas **2** panieka, gėda; *to bear the ~ of smb* kęsti kieno panieką
odometer [əu'dɔmɪtə] *n (ypač amer.) spec.* hodometras; kilometražo skaitiklis
odontic [əu'dɔntɪk] *a med.* dantų, danties
odontoid [əu'dɔntɔɪd] *a* dantiškas, panašus į dantį
odontological [ˌɔdɔntə'lɔdʒɪkl] *a med.* odontologinis
odontology [ˌɔdɔn'tɔlədʒɪ] *n med.* odontologija *(mokslas apie dantis ir jų ligas)*
odor ['əudə] *n amer.* = **odour**
odoriferous [ˌəudə'rɪfərəs] *a knyg., psn.* gardžiakvapis, kvapus
odorous ['əudərəs] *a poet.* = **odoriferous**
odour ['əudə] *n* kvapas; aromatas; *body ~* prakaito kvapas ◊ *to be in bad/ill ~ (with)* būti nepopuliariam; būti *(kieno)* nemalonėje; *in good ~* malonėje; *the ~ of sanctity* gero vardo aureolė
odourless ['əudələs] *a* bekvapis, nekvepiantis; *~ cabbage bot.* kininis bastutis
Odysseus [ə'dɪsjuːs, ə'dɪsɪəs] *n gr. mit.* Odisėjas
Odyssey ['ɔdɪsɪ] *n* Odisėja *(t. p. prk.)*
oecumenic(al) [ˌiːkju'menɪk(l)] *a* = **ecumenic(al)**
oedema [ɪ'diːmə] *n (pl -*ta [-tə]*) med.* edema, pabrinkimas
Oedipus ['iːdɪpəs] *n mit.* Edipas *(t. p. prk.); ~ complex psich.* Edipo kompleksas
oenology [iː'nɔlədʒɪ] *n* enologija *(mokslas apie vynus)*
o'er ['əuə] *adv, prep poet.* = **over**
oersted ['ɔːsted] *n el.* erstedas *(magnetinio lauko stiprumo vienetas)*
oesophagus [ɪ'sɔfəgəs] *n (pl -*gi [-ˌdʒaɪ]*, ~*es*) anat.* stemplė
oestrogen ['iːstrədʒən] *n fiziol.* estrogenas
oestrum, oestrus ['iːstrəm, 'iːstrəs] *n zool.* **1** draika, ruja **2** gylys
oeuvre ['əːvrə] *pr. n (rašytojo, dailininko)* kūriniai, kūryba
of [əv; *kirčiuota forma* ɔv] *prep* **1** *verčiamas kilmininku reiškiant* a) *priklausomumą: a computer of his own* jo nuosavas kompiuteris; *the son of my friend* mano draugo sūnus; b) *autorių: the works of Dickens* Dikenso veikalai; c) *veiksmo objektą: lover of poetry* poezijos mylėtojas; d) *veikėją: the deeds of our heroes* mūsų

didvyrių žygiai; e) *visumos dalį:* **the roof of the house** namo stogas; **of twelve ~ us only nine could swim** iš mūsų dvylikos tik devyni mokėjo plaukti; f) *kiekį:* **a cup of tea** puodukas arbatos; g) *savybę, amžių:* **a man of his word** žodžio žmogus; **a boy of ten** dešimties metų berniukas; h) *datą:* **the 2th of June** birželio antroji; i) *priedėlį:* **the city of Riga** Rygos miestas **2** iš *(žymint medžiagą, iš kurios kas pagaminta);* **a dress of silk** suknelė iš šilko **3** iš *(žymint kilmę, šaltinį);* **he comes of a worker's family** jis (yra) kilęs iš darbininko šeimos; **workers of Kent** darbininkai iš Kento; **I learned it of him** aš sužinojau tai iš jo **4** nuo *(žymint priežastį; t. p. verčiamas įnagininku);* **he died of fever [of cancer]** jis mirė nuo šiltinės [vėžiu] **5** nuo *(žymint kryptį, nuotolį);* **east of Kaunas** į rytus nuo Kauno; **ten miles of London** dešimt mylių nuo Londono **6** nuo *(žymint tai, kuo kratomasi, ko atsisakoma; t. p. verčiamas įnagininku);* **to cure of a disease** išgydyti nuo ligos; **to get rid of** atsikratyti kuo/ko **7** apie *(po vksmž.* think, hear, speak, inform, remind); **I have heard of it** aš girdėjau apie tai **8** *verčiamas įnagininku* a) *po kai kurių vksmž./bdv.:* **to accuse of a lie** apkaltinti melu; **to suspect of a theft** įtarti vagyste; **I am sure of the fact** aš esu tuo tikras; **I am proud of you** aš tavimi didžiuojuosi; b) *žymint skonį, kvapą ir pan.:* **to smell of flowers** kvepėti gėlėmis **9** iš *(kieno)* pusės; **it was silly of him to think ...** iš jo pusės kvaila buvo galvoti ... **10** *žymint laiką:* **of an evening** vakarais; **of late** neseniai

off [ɔf] <*adv, part, prep, a, n, v*> *adv* **1** šalin; nuošaliai; **be ~!** eik sau!, eik(ite) šalin!; **~ you go!** nešdinkitės!, išeikit!; **to keep ~** laikytis nuošalyje **2** už *(žymint nuotolį, laiką);* **to be 20 kilometres ~** būti už 20 kilometrų; **Easter is a month ~** Velykos už mėnesio; **a long way ~, far ~** toli ◊ **~ and on** retkarčiais, su pertraukomis; **he is neither ~ nor on** jis nesako nei taip, nei ne; **right/straight ~** *šnek.* tuoj pat

part (vart. su vksmž.) **1** at-, nu-, iš- *(žymint atitolinimą, atskyrimą);* **to bite ~** atkąsti, nukąsti; **to cut ~** atkirsti, nukirsti; **to go ~** išeiti, išvykti; **the cover is ~** dangtelis nuimtas **2** nu- *(žymint kryptį žemyn);* **to fall ~** nukristi; **to jump ~** nušokti; **my hat is ~** mano skrybėlė nukrito **3** nu-, iš- *(žymint veiksmo pertraukimą, pabaigą ir pan.);* **to break ~ negotiations** nutraukti derybas; **to drink ~** išgerti *(iki dugno);* **the concert is ~** koncertas atšauktas; **the strike is ~** streikas atšauktas/nutrauktas **4** iš *(žymint aparato/mechanizmo išjungimą);* **to switch ~ the light** išjungti šviesą

prep **1** nuo *(žymint nuotolį, at(si)skyrimą, atitolinimą);* **a mile ~ the road** mylia nuo kelio; **~ the coast** netoli nuo kranto; **to fall ~ the ladder** nukristi nuo kopėčių; **take your hands ~ the table** nuimk rankas nuo stalo **2** už *(žymint vietą);* **smoking is only allowed ~ the hospital premises** rūkyti leidžiama tik už ligoninės ribų **3** iš *(žymint šaltinį, vietą);* **to buy smth ~ smb** pirkti ką iš ko; **they lived ~ tourists** jie gyveno iš turistų; **the referee ordered three players ~ the field** teisėjas pašalino iš aikštės tris žaidėjus **4** mažiau, žemiau *(žymint kainos sumažinimą);* **10 per cent ~ all prices** visos kainos sumažintos dešimčia procentų **5** be, ne- *(žymint nukrypimą nuo normos);* **to be ~ one's food** neturėti apetito; **~ the mark** a) pro šalį, netiksliai; b) *prk.* neteisingas; **~ one's head/nut/racket** be galvos, pakvaišęs **6** ne, ne- *(žymint nedalyvavimą kur ir pan.);* **~ duty** ne tarnyboje, neinant tarnybinių pareigų; nedirbant; **I'm ~ beer at the mo-ment** šiuo metu aš negeriu alaus; **she is ~ drugs** ji nustojo vartoti narkotikus

a **1** tolimas **2** laisvas *(apie laiką, valandas);* nedirbantis; **day ~** *(kieno)* išeiginė/laisva diena **3** nesėkmingas *(apie dieną ir pan.);* **during/in the ~ season** ne sezono metu **4** nederlingas *(apie metus)* **5** šalutinis; antraeilis; **~ street** skersgatvis **6** dešinys; **the ~ hind wheel** užpakalinis dešinys ratas **7** neįvyksiantis, atidėtas *(apie renginį)* **8** nešviežias; **the fish is a bit ~** žuvis ne visai šviežia **9** netaktiškas **10** ne visai sveikas; **he is feeling rather ~ today** jis šiandien nekaip jaučiasi

n **1** *šnek.* laisvalaikis; **in one's ~** laisvalaikiu **2** *(the ~)* *(lenktynių)* startas; **just before the ~** prieš pat startą *v* **1** *šnek.* nutraukti *(derybas ir pan.);* atsisakyti *(sutarties, savo žodžio)* **2** *amer. sl.* nudobti, nudėti ◊ **to ~ it** *šnek.* išeiti, išnykti

offal ['ɔfl] *n* **1** atmatos, liekanos, šlamštas **2** plaučkepeniai *(atliekamos skerdienos dalys: širdis, kepenys ir pan.)* **3** pigi žuvis **4** dvėsena, maita **5** *(džn. pl)* sėlenos; nuosijos; malimo atliekos

off-balance [ˌɔf'bæləns] *n sport.* pusiausvyros netekimas *(gimnastika)*

a **1** be pusiausvyros; netekęs pusiausvyros **2** nepasiruošęs

offbeat [ˌɔf'bi:t] *a* **1** *šnek.* neįprastas, originalus, ekscentriškas **2** *muz.* ne į taktą

off-black [ˌɔf'blæk] *a* labai tamsus, beveik juodas *(apie atspalvį)*

offcast ['ɔfkɑ:st] *a* **1** atstumtas, atmestas **2** sudėvėtas, nebedėvimas

n atstumtasis

off-centre [ˌɔf'sentə] *a* nukrypęs nuo centro

off-chance ['ɔftʃɑ:ns] *n:* **on the ~** dėl visa ko, o galbūt

off-colour [ˌɔf'kʌlə] *a* **1** neįprastos spalvos **2** nesveikos išvaizdos, nelabai sveikas; **to look ~** blogai atrodyti; **to be/feel a bit ~** sirguliuoti **3** blogos nuotaikos **4** sugedęs, sugadintas **5** nepadorus; abejotinas

off-cut ['ɔfkʌt] *n* nuopjova, nuoraiža, atraiža

off-day ['ɔfdeɪ] *n* diena, kai darbas nesiseka

offence [ə'fens] *n* **1** į(si)žeidimas, užgaulė; **to cause/give ~** *(to)* įžeisti; **to take ~** *(at)* įsižeisti; užsigauti; **without ~** nenorint įžeisti, neįsižeiskite dėl mano žodžių; **quick to take ~** greit įsižeidžiantis, įžeidus; **I meant no ~, no~ was meant** aš nenorėjau įžeisti **2** papykinimas; skriauda; **this building is an ~ to the eye** šis pastatas rėžia akį **3** nusižengimas, teisės pažeidimas, nusikaltimas *(against);* **criminal ~** kriminalinis nusikaltimas **4** puolimas *(t. p. sport.)*

offend [ə'fend] *v* **1** įžeisti, užgauti; **to be ~ed at smb's remarks** įsižeisti dėl kieno pastabų **2** pykinti, erzinti, rėžti *(akį, ausį)* **3** pažeisti, nusikalsti, nusižengti *(įstatymui, papročiui; against)*

offender [ə'fendə] *n* **1** įžeidėjas, skriaudėjas **2** *teis. (įstatymo)* pažeidėjas, nusikaltėlis; **first ~** pirmąkart teisiamas nusikaltėlis; **old/persistent ~** recidyvistas; **juvenile ~** nepilnametis nusikaltėlis

offense [ə'fens] *n amer.* = **offence**

offensive [ə'fensɪv] *n* **1** puolimas, ataka; agresyvus veiksmas; **to act/stand on the ~** pulti; **to take/assume the ~** pereiti į puolimą; užimti agresyvią/puolamąją poziciją; **peace ~** aktyvi kova už taiką **2** *kom.* kampanija; **advertising ~** reklaminė kampanija

a **1** įžeidžiamas, įžeidžiantis; **~ language** užgaulūs žodžiai **2** bjaurus, atstumiantis **3** *attr* puolimo, puolamasis, agresyvus; **~ weapon** puolamasis ginklas; **~ defen-**

offer   620   **off-position**

sive kar. aktyvi gynyba; **~ return** perėjimas į kontrataką/kontrpuolimą

offer ['ɔfə] *n* **1** (pa)siūlymas; pasisiūlymas *(padėti ir pan.)*; **an ~ of support** paramos (pa)siūlymas **2** pasipiršimas *(t. p.* **an ~ of marriage)* **3** siūloma kaina; pasiūla; **to make smb a generous ~ for the house** siūlyti kam didelę kainą už namą **4** *teis.* oferta ◊ **on ~** parduodamas *(ypač sumažinta kaina)*
v **1** siūlyti(s); pasisiūlyti; **to ~ for sale** siūlyti parduoti; **my uncle ~ed to pick us up** mano dėdė pasisiūlė mus pavežti; **to ~ one's hand** a) ištiesti ranką; b) pasipiršti **2** pateikti *(informaciją ir pan.)*; **to ~ a suggestion** pateikti pasiūlymą; **to ~ an opinion** išreikšti nuomonę **3** (pa)rodyti; mėginti; **to ~ resistance** priešintis; **to ~ violence** pavartoti prievartą; **to ~ to strike** mėginti smogti **4** atsitikti, pasitaikyti; **as chance/opportunity ~s** pasitaikius progai **5** *rel.* (pa)aukoti *(ypač* **~ up)**; **to ~ prayers** melstis

offeree [ˌɔfəˈriː] *n teis.* asmuo, kuriam siūloma

offering [ˈɔfərɪŋ] *n* **1** siūlymas; teikimas **2** naujausias kūrinys/gaminys **3** dovana **4** *rel.* auka; aukojimas

offeror [ˈɔfərə] *n teis.* siūlytojas

offertory [ˈɔfətərɪ] *n rel.* **1** aukų rinkimas *(pamaldų metu)*; aukos **2** *(duonos ir vyno)* aukojimas

off-glide [ˈɔfˌɡlaɪd] *n fon.* rekursija, atsitraukimas

off-going [ˈɔfɡəʊɪŋ] *n aut.* nuvažiavimas nuo kelio

off-guard [ˌɔfˈɡɑːd] *a* netikėtai užkluptas

offhand [ˌɔfˈhænd] *a* **1** improvizuotas, padarytas be pasiruošimo, ekspromtu **2** atsainus, nerūpestingas, be ceremonijų, nesivaržantis, familiarus, laisvas
adv **1** be pasiruošimo, iš karto, ekspromtu **2** be ceremonijų

offhandedly [ˌɔfˈhændɪdlɪ] *adv* atsainiai, nerūpestingai; be ceremonijų

off-hour [ˈɔfˌhaʊə] *n* **1** (valandos) pertrauka **2** *pl* ne piko valandos/laikas

office [ˈɔfɪs] *n* **1** pareigos, tarnyba, postas; **an honorary ~** garbės pareigos; **~ hours** tarnybos laikas/valandos; **to hold ~, to be in ~** a) užimti postą; b) būti valdžioje *(apie vyriausybę)*; **to leave/resign ~** išeiti iš darbo; pasitraukti iš tarnybos; **to take ~, to enter upon ~** a) stoti į tarnybą; b) ateiti į valdžią; **to perform the ~ (of)** atlikti pareigas; **to get/come into ~** pradėti eiti tarnybines pareigas **2** raštinė, kanceliarija, kontora; biuras; įstaiga; **to be in the ~** dirbti raštinėje; **editorial ~** redakcija; **publishing ~** leidykla; **recruiting ~** šaukimo punktas; **ticket ~** bilietų kasa; **our London ~** mūsų filialas/kontora Londone; **~ language** kanceliarinė kalba **3** *(ypač amer.) (gydytojo ir pan.)* kabinetas; **dentist's ~** danty gydytojo kabinetas **4** ministerija, žinyba; valdyba; **front ~** a) *(firmos, korporacijos ir pan.)* valdyba, administracija; b) *(organizacijos)* vadovybė, centras; **Foreign O.** Užsienio reikalų ministerija *(Anglijoje)*; **Record O.** Valstybinis archyvas; **O. of Education** Federalinė švietimo valdyba *(JAV)* **5** pareiga, funkcija **6** *(ppr. pl)* patarnavimas; **good ~s** paslaugos; malonė, tarpininkavimas; **through the (kind) ~s (of)** per *(kieno)* malonę **7** *pl* pagalbinės patalpos *(sandėliai ir pan.)* **8** *bažn.* pamaldos; apeigos; **the last ~s** laidotuvių apeigos **9** *šnek.* užuomina, ženklas **10** *attr:* **~ block**/*amer.* **building** administracinis pastatas/korpusas; **~ worker** kontoros darbuotojas

office-bearer [ˈɔfɪsˌbɛərə] *n* = **officeholder**

office-boy [ˈɔfɪsbɔɪ] *n (tik v.)* parankinis, pasiuntinukas

office-copy [ˈɔfɪsˌkɔpɪ] *n* patvirtinta(s) *(dokumento)* kopija/nuorašas

office-girl [ˈɔfɪsɡəːl] *n (įstaigos, raštinės)* sekretorė

officeholder [ˈɔfɪsˌhəʊldə] *n* tarnautojas, pareigūnas

officer [ˈɔfɪsə] *n* **1** pareigūnas; valdininkas, tarnautojas; **~ of court** teismo vykdytojas; **the great ~s of state** aukštieji valstybės pareigūnai; **customs ~** muitinės tarnautojas, muitininkas; **medical ~, ~ of health** sanitarijos inspektorius; **returning ~** rinkiminės komisijos pirmininkas *(kontroliuojantis rinkimus į parlamentą)*; **scientific ~** mokslo darbuotojas **2** karininkas; **~ of the day** budintis karininkas; **navigating ~** *av., jūr.* šturmanas; **petty ~** viršila *(laivyne)* **3** policininkas, policijos tarnautojas *(t. p.* **police ~)** **4** *jūr.* prekybinio laivo kapitonas; **first ~** pirmasis kapitono padėjėjas
v (ppr. pass) kar. **1** (su)komplektuoti karininkų sudėtį **2** komanduoti

office-seeker [ˈɔfɪsˌsiːkə] *n* pretendentas į tarnybines pareigas; karjeristas

official [əˈfɪʃl] *a* **1** oficialus; **~ representative** oficialus atstovas; **~ language of a region** oficiali srities kalba; **is the news ~?** ar tai oficialus pranešimas? **2** valdiškas, tarnybinis; *teis.* pareigybinis; **~ position** tarnybinė padėtis **3** formalus, biurokratiškas
n **1** oficialus asmuo, pareigūnas; *(valstybės, banko ir pan.)* tarnautojas, valdininkas; **customs ~** muitininkas; **trade-union ~s** profsąjungos veikėjai **2** *pl sport.* teisėjai, teisėjų kolegija

officialdom [əˈfɪʃldəm] *n* **1** valdininkija **2** biurokratija; biurokratizmas

officialese [əˌfɪʃəˈliːz] *n* **1** kanceliarinis stilius; oficialių dokumentų stilius **2** *menk.* kanceliarizmas, biurokratinis žargonas

officially [əˈfɪʃəlɪ] *adv* **1** oficialiai **2** kaip oficialus asmuo **3** formaliai

officiary [əˈfɪʃərɪ] *a* tarnybinis, suteikiamas pagal tarnybines pareigas *(apie titulą)*

officiate [əˈfɪʃɪeɪt] *v* **1** eiti pareigas; vadovauti *(kokiai ceremonijai)*; **to ~ as host** eiti šeimininko pareigas, būti šeimininku **2** *bažn.* atlikti apeigas; laikyti pamaldas **3** *sport.* teisėjauti

officinal [əˈfɪsɪnl] *a* vaistinis, oficinalinis; farmacijos

officious [əˈfɪʃəs] *a* **1** (per daug) įkyrus, įgrisus; (vis) nurodinėjantis/patarinėjantis, mėgstantis patarinėti/nurodinėti **2** neoficialus; **~ testament/will** *teis.* testamentas artimiausių giminaičių naudai

offing [ˈɔfɪŋ] *n* pajūris; jūra, matoma nuo kranto iki horizonto ◊ **in the ~** a) netoli; b) netolimoje ateityje; **to gain/get an ~** gauti galimybę

offish [ˈɔfɪʃ] *a šnek.* **1** šaltokas, santūrus **2** užsidaręs, nuošalus

off-key [ˌɔfˈkiː] *a* **1** *muz.* ne į toną, nedarnus **2** netinkamas; neišaiškinamas

off-licence [ˈɔflaɪsns] *n* **1** leidimas pardavinėti alkoholinius gėrimus išsinešti **2** parduotuvė, turinti leidimą pardavinėti alkoholinius gėrimus išsinešti

off-limits [ˌɔfˈlɪmɪts] *a* draudžiamas; „įeiti draudžiama" *(užrašas)*

off-line [ˈɔflaɪn] *a komp.* autonominis *(apie terminalą, darbo režimą)*

off-load [ˌɔfˈləʊd] *v* **1** iškrauti **2** atsikratyti, užkrauti *(kitam)*; **to ~ one's troubles** užkrauti kam/išsipasakoti savo bėdas

off-peak [ˌɔfˈpiːk] *a* ne piko; **~ hours** ne piko valandos; nakties tarifo *(apie elektrą)*
adv sumažinto tarifo valandomis

off-position [ˈɔfpəˌzɪʃn] *n tech.* išjungimo padėtis

off-print ['ɔfprɪnt] n *(straipsnio ir pan.)* atspaudas
off-putting ['ɔfˌputɪŋ] a šnek. **1** atstumiantis, nepatrauklus **2** gluminantis, pritrenkiantis
offreckoning ['ɔfˌreknɪŋ] n *(ppr. pl)* išskaita
off-road ['ɔf'rəud] a attr visureigis *(apie automobilį ir pan.)*
off-sales ['ɔfseɪlz] n alkoholinių gėrimų pardavinėjimas išsineštinai
offscourings ['ɔfˌskauərɪŋz] n pl atmatos; padugnės
off-screen [ˌɔf'skriːn] a nepasirodantis kine/televizijoje; privačiame gyvenime *(apie aktorių)*
off-season ['ɔfˌsiːzn] n ne sezono metas *(kurorte); (prekybos ir pan.)* sezoninis aprimimas/sustingimas
a nesezoninis
offset ['ɔfset] n **1** ūglis, atžala **2** atsišakojimas, atšaka *(t. p. tech.)* **3** stat. ferma, pakopėlė **4** atsvara; kontrastas **5** kompensacija, padengimas **6** poligr. ofsetas
v (offset) **1** atlyginti, padengti, kompensuoti **2** subalansuoti; atsverti **3** poligr. spausdinti ofsetiniu būdu
offshoot ['ɔfʃuːt] n **1** atsišakojimas, atšaka **2** prk. *(giminės, organizacijos ir pan.)* atšaka, šalutinė šaka
offshore [ˌɔf'ʃɔː] a **1** esantis tolokai nuo kranto; nuo kranto pusės; **~ wind** vėjas nuo kranto **2** fin. užsieninis; nepatenkantis į valstybės reguliavimo sferą; **~ bank** užsienio bankas *(įregistruotas lengvatinio apmokestinimo šalyje);* **~ zone** didžiausio palankumo zona
adv **1** atviroje jūroje; tolyn nuo kranto **2** užsienyje
offside ['ɔfsaɪd] n **1** pusė į kelio vidurį *(pagal automobilio ir pan. važiavimo kryptį: D. Britanijoje – dešinioji, kitur – kairioji)* **2** sport. nuošalė
a [ˌɔf'saɪd] sport. esantis nuošalėje
offspring ['ɔfsprɪŋ] n *(pl ~)* **1** palikuonis, atžala **2** prk. kūrinys, vaisius, rezultatas **3** *(gyvulio)* jauniklis
offstage [ˌɔf'steɪdʒ] adv **1** už scenos; už kulisų *(t. p. prk.)* **2** asmeniniame gyvenime
off-street ['ɔfstriːt] a nepagrindinėje gatvėje; **~ parking** automobilių stovėjimo vieta šalutinėse gatvėse
offtake ['ɔfteɪk] n **1** kom. prekių pardavimas; produkcijos išleidimas **2** *(oro, dujų)* nuvedimas
off-the-cuff [ˌɔfðə'kʌf] a neparuoštas, improvizuotas, spontaniškas *(apie kalbą ir pan.)*
adv spontaniškai
off-the-peg [ˌɔfðə'peg] a gatavas *(apie rūbus praduotuvėje)*
off-the-record [ˌɔfðə'rekɔːd] a **1** neskelbtinas *(spaudoje)* **2** neoficialus
adv neoficialiai
off-the-shelf [ˌɔfðə'ʃelf] a gatavas, standartinis *(apie prekes parduotuvėje)*
off-the-wall [ˌɔfðə'wɔːl] a šnek. neįprastas, keistokas
off-white [ˌɔf'waɪt] a labai šviesus, beveik baltas *(apie atspalvį)*
off-year ['ɔfjɪə] n **1** nesėkmingi metai *(for)* **2** amer. metai, kada nevyksta rinkimai
oft [ɔft] adv psn., poet. dažnai; **many a time and ~** ne kartą
oft- [ɔft-] *(+part I, part II)* dažnai; **oft-recurring** dažnai pasikartojantis; **oft-told** ne kartą pasakotas
often ['ɔfn, ɔftən] adv dažnai, daug kartų; **~ and ~** dažnokai; **more and more ~** vis dažniau ir dažniau; **as ~ as not** neretai; **more ~ than not** dažniausiai, labai dažnai; **every so ~** kartais, kai kada
oftentimes ['ɔfntaɪmz] adv knyg., psn. dažnai, daug kartų
ogdoad ['ɔgdəuæd] n ret. aštuonetas
ogee ['əudʒiː] n archit. **1** išraita **2** S pavidalo kreivė
ogive ['əudʒaɪv] n archit. **1** smailioji arka, skliauto strėlė **2** nerviūra, skliauto briauna

ogle ['əugl] n meilės žvilgsnis
v šaudyti akimis, žvelgti įsimylėjusiomis akimis; koketiškai žvilgčioti; žiūrėti išpūtus akis
-ography [-'ɔgrəfɪ] *(sudurt. žodžiuose)* -grafija; **cardiography** kardiografija
ogre ['əugə] n **1** žmogėdra, milžinas *(pasakose)* **2** prk. baisybė, pabaisa
ogress ['əugrɪs] n *(apie moteris)* = **ogre**
oh [əu] žr. **O²**
Ohio [əu'haɪəu] n Ohajas *(JAV valstija ir upė)*
ohm [əum] n el. omas
oho [əu'həu] int oho! *(reiškiant nusistebėjimą, nudžiugimą)*
-oid [-ɔɪd] suff -oidas; **rhomboid** romboidas
oik [ɔɪk] n šnek. storžievis, chamas
oil [ɔɪl] n **1** aliejus; **castor ~** farm. ricina, ricinos aliejus; **sweet ~** alyvų/Provanso aliejus; **boiled/drying ~** pokostas; **whale ~** banginio taukai; **cod-liver/fish ~** žuvų taukai; **~ of vitriol** koncentruota sieros rūgštis; **blasting ~** nitroglicerinas; **volatile ~s** eteriniai aliejai **2** nafta; žibalas; **boiler/fuel ~** mazutas; **to strike ~** a) rasti naftos telkinį; b) prk. praturtėti; *(kam)* pasisekti **3** *(mašinų)* alyva, skystas tepalas; **all-purpose ~** universalioji alyva; **grease/solid ~** solidolis **4** *(ppr. pl)* aliejiniai dažai; aliejiniais dažais tapyti paveikslai ◊ **~ and vinegar** nesutaikomos priešybės; **~ of birch** ≡ beržo taukai, beržinė košė *(mušimas);* **to pour ~ on the flame** ≡ pilti alyvos į ugnį; dar labiau sukiršinti *(besibarančiųjų);* **to pour ~ on troubled waters** nuraminti, sutaikyti *(besiginčijančius)*
v (pa)tepti *(alyva, tepalu);* **to ~ the wheels** a) patepti ratus; b) prk. patepti, duoti kyšį
oil-bearing ['ɔɪlˌbɛərɪŋ] a **1** naftingas **2**: **~ plants** aliejiniai augalai
oilbox ['ɔɪlbɔks] n tech. tepalinė
oilcake ['ɔɪlkeɪk] n išspaudos
oilcan ['ɔɪlkæn] n tech. rankinė tepalinė
oilcloth ['ɔɪlklɔθ] n **1** klijuotė, vaškuotė **2** linoleumas
oil-colour ['ɔɪlˌkʌlə] n *(ppr. pl)* aliejiniai dažai
oil-cup ['ɔɪlkʌp] n tech. tepalinė
oil-derrick ['ɔɪlˌderɪk] n naftos bokštas
oiled ['ɔɪld] a **1** išteptas alyva/aliejumi, (iš)aliejuotas; **badly ~ (bicycle)** blogai suteptas (dviratis) **2** šnek. išgėręs
oil-engine ['ɔɪlˌendʒɪn] n tech. naftinis variklis
oiler ['ɔɪlə] n **1** tepėjas **2** tepalinė **3** prekiautojas aliejumi **4** naftovežis, naftos tanklaivis **5** pl = **oilskin** 2 **6** amer. = **oil-well** 7 = **oil-engine**
oilfield ['ɔɪlfiːld] n **1** naftos telkinys **2** naftos pramonė
oil-filler ['ɔɪlˌfɪlə] a tech. tepalinė
oil-fired ['ɔɪlfaɪəd] a naudojantis skystąjį kurą *(apie radiatorius ir pan.)*
oil-fuel ['ɔɪlfjuəl] n skystasis kuras
oil-gland ['ɔɪlglænd] n riebalinė liauka
oil-hole ['ɔɪlhəul] n tech. tepamoji anga
oilman ['ɔɪlmən] n *(pl -men [-mən]) (tik v.)* **1** aliejaus, ar aliejinių dažų, pardavėjas **2** naftininkas
oil-mill ['ɔɪlmɪl] n aliejinė, aliejaus spaudykla
oil-paint ['ɔɪlpeɪnt] n = **oil-colour**
oil-painting ['ɔɪlˌpeɪntɪŋ] n **1** aliejiniais dažais tapytas paveikslas **2** tapyba aliejiniais dažais ◊ **she is no ~** ji nėra gražuolė
oil-pan ['ɔɪlpæn] n tech. **1** alyvos karteris **2** amer. karterio dugninė
oil-paper ['ɔɪlˌpeɪpə] n vaškinis/sviestinis/pergamentinis popierius
oil-pump ['ɔɪlpʌmp] n tech. alyvos siurblys
oilrig ['ɔɪlrɪg] n naftos bokštas

oil-seal ['ɔɪlsi:l] *n tech.* riebokšlis
oilseeds ['ɔɪlsi:ds] *n pl* aliejinių augalų sėklos
oilskin ['ɔɪlskɪn] *n* **1** klijuotė, vaškuotė **2** *pl* drabužiai iš klijuotės
oil-slick ['ɔɪlslɪk] *n* naftos dėmė *(vandens paviršiuje)*
oilstone ['ɔɪlstəun] *n* galąstuvas
oil-tank ['ɔɪltæŋk] *n* alyvos rezervuaras
oil-tanker ['ɔɪlˌtæŋkə] *n* naftos tanklaivis, naftovežis
oil-tight ['ɔɪltaɪt] *n* riebalų nepraleidžiantis, nepralaidus alyvai/naftai
oilway ['ɔɪlweɪ] *n* alyvos kanalas
oil-well ['ɔɪlwel] *n* naftos gręžinys
oily ['ɔɪlɪ] *a* **1** aliejinis, aliejaus pavidalo; aliejingas **2** aliejuotas, alyvuotas; riebaluotas, taukuotas; tepaluotas; ~ *stain* riebalinė dėmė **3** perdėtai malonus/saldus, saldutis; pataikaujamas
oink [ɔɪŋk] *v* kriuksėti, kriūkti
int kriukt, kriūkt
ointment ['ɔɪntmənt] *n* tepalas, kremas
OK [əu'keɪ] = **okay**
okapi [əu'kɑ:pɪ] *n zool.* okapija *(Afrikos gyvūnas)*
okay [əu'keɪ] <*n, a, adv, v, int*> *šnek. n* pritarimas; sutikimas; *to give one's* ~ *(to)* duoti savo sutikimą, pritarti
a predic **1** geras, neblogas; *do you feel* ~ *now?* ar tu dabar gerai jautiesi? **2** deramas, tinkamas; priimtinas; *is my hat* ~? ar man skrybėlaitė dera?; *that may be* ~ *in other countries, but...* tai gali būti priimtina kitose šalyse, bet...
adv viskas gerai; gerai; *it's* ~ *with me* aš sutinku
v (past ir pII okayed) sutikti, pritarti *(žodžiu, raštu)*
int gerai!; puiku!, sutinku!; ~, *let's go on to item B* gerai, eime prie punkto B
okey-doke(y) [ˌəukɪ'dəukɪ] = **okay** *int*
Okhotsk [əu'kɔ:tsk] *n: the Sea of* ~ Ochotsko jūra
Okie ['əukɪ] *n amer. menk.* klajojantis žemės ūkio darbininkas/samdinys *(ypač iš Oklahomos valstijos)*
Okinawa [ˌəukɪ'nɑ:wə] *n* Okinava *(sala)*
Oklahoma [ˌəuklə'həumə] *n* Oklahoma *(JAV valstija)*
old [əuld] *a* **1** senas; ~ *age* senatvė; ~ *clothes* seni drabužiai; ~ *people* seniai, senuomenė; *to grow/get* ~ (pa)senti; *an* ~ *friend of mine* senas mano draugas **2** *(apie amžių, metus): how* ~ *is he?* kiek jam metų?; *he is ten years* ~ jam dešimt metų; *she was a couple of years* ~*er than me* ji pora metų vyresnė už mane **3** senatviškas, senyvas, senai atrodantis; ~ *voice* senatviškas balsas; *to look* ~ atrodyti senam **4** senovės, senovės laikų; senovinis; seniai buvęs/praėjęs; ~ *method* senovinis metodas; *of the* ~ *school* senos mados; ~ *boy [soldier]* buvęs mokinys [kareivis] **5** įsisenėjęs, įgrimzdęs *(in)*; nepataisomas; ~ *bachelor* senbernis; ~ *criminal* nepataisomas nusikaltėlis **6** *suteikia malonine/ emfatinę reikšmę: there's good* ~ *John!* štai šaunuolis Jonelis!; *just put them down any* ~ *how [where]* padėk juos bet kaip [kur] ◊ ~ *boy/thing* draugužis, bičiulis; ~ *man šnek.* a) *(ppr. my/your* ~ *man)* senis *(apie vyrą, tėvą);* b) *the* ~ *man* šeimininkas, šefas; c) *jūr.* kapitonas; *the* ~ *woman šnek.* a) *(ppr. my/the* ~ *woman)* senutė *(apie žmoną, motiną);* b) *menk.* tikras pedantas *(apie vyrą)*
n **1** *(the* ~*) kuop.* seniai; ~ *and young* seni ir jauni, visi **2** *(of* ~*)* iš seno, seniai; seniai; *in days of* ~ *knyg.* senovėje
old-age ['əuld'eɪdʒ] *a* senatvės, senatvinis; ~ *pension* senatvės pensija; ~ *sight med.* senatvinė tolregystė, presbiopija

olde ['əuldɪ] *a* senovinis *(pabrėžiant tradiciškumą; vart. parduotuvių, gaminių ir pan. pavadinimuose)*
olden ['əuldən] *a psn.* senas; seniai praėjęs, praeities; *in* ~ *days/times* senais laikais, senovėje
olde-worlde [ˌəuldɪ'wə:ldɪ] *a (ypač iron.)* pseudosenovinis; stilizuotas/padarytas senoviškai
old-fashioned ['əuld'fæʃnd] *a* **1** pasenęs, išėjęs iš mados; senamadis **2** senoviškas *(apie žmogų)* ◊ ~ *look* pašaipus/smerkiamas žvilgsnis
n amer. kokteilis su degtine
old-hat [ˌəuld'hæt] *a šnek.* pasenęs, senamadis; nuobodokas
oldie ['əuldɪ] *n šnek.* **1** kas nors nuvalkioto/banalaus; senamadis žmogus **2** sena daina *(išlikusi populiari; t. p. golden* ~*)*
oldish ['əuldɪʃ] *a* senokas; senyvas
old-maidish [ˌəuld'meɪdɪʃ] *a* senmergiškas; manieringas
old-stager [ˌəuld'steɪdʒə] *n šnek.* daug matęs, patyręs žmogus; ≅ senas vilkas
oldster ['əuldstə] *n šnek.* senyvas žmogus
old-time ['əuldtaɪm] *a* senoviškas, senovinis
old-timer [ˌəuld'taɪmə] *n (ypač amer.)* **1** senbuvis, senas darbuotojas/narys; veteranas **2** pagyvenęs/senyvas žmogus
old-womanish [ˌəuld'wumənɪʃ] *a* sunerimęs, nervingas
old-world ['əuldwə:ld] *a attr* **1** senovinis, senovės **2** *amer.* Senojo pasaulio
ole [əul] *a šnek.* = **old**
oleaginous [ˌəulɪ'ædʒɪnəs] *a spec.* **1** aliejinis; aliejingas **2** aliejuotas, taukuotas, riebus, riebalingas
oleander [ˌəulɪ'ændə] *n bot.* oleandras
oleaster [ˌəulɪ'æstə] *n bot.* siauralapis žilakrūmis
oleo ['əulɪəu] *n amer.* = **oleomargarine**
oleo- [ˈəulɪəu-] *(sudurt. žodžiuose)* alyvos; tepalo; *oleometer* alyvos matuoklis; *oleoduct* tepalo vamzdis
oleograph ['əulɪəɡrɑ:f] *n spec.* oleografija
oleomargarine [ˌəulɪəu'mɑ:dʒəri:n] *n amer.* margarinas
olericulture ['ɔlərɪkʌltʃə] *n* daržininkystė
oleum ['əulɪəm] *n chem.* oleumas *(koncentruota sieros rūgštis)*
olfactory [ɔl'fæktərɪ] *spec. a* uodžiamasis, uoslės; ~ *organ* uoslės organas, nosis
n (ppr. pl) uoslės organas
oligarch ['ɔlɪɡɑ:k] *n* oligarchas
oligarchic(al) [ˌɔlɪ'ɡɑ:kɪk(l)] *a* oligarchinis
oligarchy ['ɔlɪɡɑ:kɪ] *n* oligarchija
Oligocene ['ɔlɪɡəsi:n] *n geol.* oligocenas
olio ['əulɪəu] *n (pl* ~s [-z]) **1** mišinys, kratinys **2** *muz.* popuri
olivaceous [ˌɔlɪ'veɪʃəs] *a* alyvų spalvos, gelsvai žalias
olivary ['ɔlɪvərɪ] *a anat.* alyvos pavidalo, ovalus
olive ['ɔlɪv] *n* **1** alyva *(vaisius);* alyvmedis *(medis, mediena)* **2** *pl* mėsos vyniotinis *(su prieskoniais)* **3** alyvų spalva, gelsvai žalia spalva
a alyvų spalvos, gelsvai žalias; ~ *oil* alyvų/Provanso aliejus
olive-branch ['ɔlɪvbrɑ:ntʃ] *n* **1** alyvmedžio/alyvų šakelė *(taikos simbolis)* **2** *(ppr. pl) juok.* vaikai ◊ *to hold out the* ~ siūlyti susitaikyti
olive-green ['ɔlɪvɡri:n] *a* rusvai/šviesiai žalias
Oliver ['ɔlɪvə] *a* Oliveris *(vardas)*
olive-tree ['ɔlɪvtri:] *n bot.* alyvmedis
olive-wood ['ɔlɪvwud] *n* **1** alyvmedžio mediena **2** alyvmedžių giraitė
Olivia [ɔ'lɪvɪə] *n* Olivija *(vardas)*

-ologist [-ɔlədʒɪst] *suff* = **-logist**
ology ['ɔlədʒɪ] *n (ppr. pl) juok.* mokslas, mokslai
-ology [-'ɔlədʒɪ] *suff* = **-logy**
Olympia [əu'lɪmpɪə] *n* Olimpija *(vardas)*
Olympiad [ə'lɪmpɪæd] *n* olimpiada
Olympian [ə'lɪmpɪən] *a* **1** olimpinis **2** prk. olimpiškas, didingas; išdidus; **~ calm** olimpinė ramybė, olimpiška rimtis
n gr. mit. dievas, olimpietis *(t. p. prk.)*
Olympic [ə'lɪmpɪk] *a* **1** olimpinis; **the ~ Games** olimpinės žaidynės, olimpiada **2**: **~ green** *min.* vario žaliasis/žalis
Olympics [ə'lɪmpɪks] *n (the ~)* olimpinės žaidynės, olimpiada
Olympus [ə'lɪmpəs] *n gr. mit.* Olimpas
Oman [əu'mɑːn] *n* Omanas *(Azijos šalis)*
ombudsman ['ɔmbudzmən] *n (pl* -men [-mən]) *(tik v.)* kontrolierius, ombudsmenas *(pareigūnas, tiriantis piliečių skundus prieš valstybines įstaigas)*
omega ['əumɪgə] *n* **1** omega *(graikų abėcėlės paskutinė raidė)* **2** pabaiga, galas
omelet ['ɔmlɪt] *n amer.* = **omelette**
omelette ['ɔmlɪt] *n* omletas, kiaušinienė ◊ **you can't make an ~ without breaking eggs** ≅ be skiedros medžio nenukirsi
omen ['əumən] *n* pranašingas ženklas; **to be of good [ill] ~** būti geru [blogu] ženklu
v (ppr. pass) būti ženklu, pranašauti
omentum [əu'mentəm] *n (pl* -ta [-tə]) *anat.* taukinė
-ometer [-ɔmɪtə] *(sudurt. žodžiuose)* -ometras, -(o)matis;
speedometer spidometras; **gasometer** gazometras, dujomatis
ominous ['ɔmɪnəs] *a* nelaimę pranašaujantis; grėsmingas; keliantis nerimą
omissible [əu'mɪsəbl] *a* praleidžiamas; nepaisytinas
omission [ə'mɪʃn] *n* **1** praleidimas **2** aplaidumas, nepaisymas; nepadarymas *(ko); teis.* neveikimas
omit [ə'mɪt] *v* **1** praleisti, neįtraukti **2** neatlikti; nepaisyti; **to ~ doing, ar to do, smth** nepadaryti, neatlikti ko
omni- ['ɔmnɪ-] *(sudurt. žodžiuose)* visa-, viskas; **omnipotent** visagalis; **omniscience** visažinystė, visko žinojimas
omnibus ['ɔmnɪbəs] *n* **1** *(vieno autoriaus ar temiškai artimų kūrinių)* rinktinė; vienatomis *(t. p.* **~ volume**) **2** *rad., tel.* dviejų ar daugiau panašių programų laida *(pradžioje transliuotų atskirai)* **3** *psn.* omnibusas; autobusas; **the outside of an ~** omnibuso imperialas *(2-asis aukštas)*
a apimantis kelis punktus/dalykus; daugelį apimantis;
~ bill įstatymo projektas įvairiais klausimais; **~ train** keleivinis traukinys, sustojantis visose stotyse
omnidirectional [ˌɔmnɪdɪ'rekʃnəl] *a* bekryptis *(apie anteną ir pan.)*
omnifarious [ˌɔmnɪ'fɛərɪəs] *a* visoks, visokeriopas; **~ reading** skaitymas be sistemos, netvarkingas skaitymas
omnipotence [ɔm'nɪpətəns] *n* visagalybė
omnipotent [ɔm'nɪpətənt] *a* visagalis
omnipresence [ˌɔmnɪ'prezns] *n* visur buvimas
omnipresent [ˌɔmnɪ'preznt] *a* visur esantis
omniscience [ɔm'nɪsɪəns] *n* visko žinojimas
omniscient [ɔm'nɪsɪənt] *a* viską žinantis, visažinis
omnium-gatherum [ˌɔmnɪəm'gæðərəm] *n* **1** kratinys, mišinys **2** mišri, marga draugija
omnivore ['ɔmnɪvɔː] *n zool.* visaėdis gyvūnas
omnivorous [ɔm'nɪvərəs] *a* **1** *zool.* visaėdis; viskuo mintantis **2** *prk.* viską ryjantis, skaitantis be atrankos; **~ reader** skaitytojas, ryjantis knygas

omphalos ['ɔmfəlɔs] *gr. n knyg.* **1** bamba **2** centrinis punktas, centras
omul ['ɔmjuːl] *n zool.* omulis *(žuvis)*
on [ɔn] *<prep, adv, part, a>* *prep* **1** ant; prie *(t. p. verčiamas vietininku; žymint vietą);* **to lie on one's back** gulėti ant nugaros; **the picture hangs on the wall** paveikslas kabo ant sienos; **a house on the river** namas prie upelio; **on page five** penktame puslapyje; **we lunched on the plane** papietavome lėktuve **2** į *(žymint kryptį);* **the window opens on the street** langas išeina į gatvę; **a blow on the head** smūgis į galvą **3** *džn.* verčiamas galininku *(žymint tikslią savaitės dieną/datą, tikslų momentą):* **on Sunday** sekmadienį; **on the 1st of July** liepos pirmąją; **on the morning of the fifth of May** gegužės penktosios rytą; **on time** laiku, punktualiai **4** *džn.* verčiamas dalyviu, padalyviu, *t. p.* vietininku *(žymint tuoj pat po ko vykstantį veiksmą, procesą, padėtį):* **on hearing this** tai užgirdęs; **on the death of his wife** žmonai mirus; **on fire** degantis, ugnies apimtas; **on sale** parduodama; **payable on demand** apmokėtina pareikalavus; **on my way home** man einant namo; **the dog is on chain** šuo pririštas (grandine); **on leave** atostogose **5** *džn.* verčiamas naudininku *(žymint veiksmo apimamą daiktą/asmenį):* **a tax on cigarettes** mokestis cigaretėms; **to have a bad effect on the children** daryti blogą poveikį vaikams **6** *džn.* verčiamas įnagininku *(žymint susisiekimo ir pan. priemonę):* **on the train** traukiniu; **on the (tele)phone** telefonu; **on the radio** per radiją; **to play on an organ** groti vargonais **7** *verčiamas įnagininku/vietininku (žymint įtrauktą į ko sudėtį):* **to be on the commission [delegation]** būti komisijos [delegacijos] nariu; **on the list** sąraše **8** iš; su *(t. p. verčiamas įnagininku) (žymint pagrindą, priežastį, sąlygą, šaltinį, tikslą);* **on that ground** tuo pagrindu; **on a new principle** naujais pagrindais; **it is all clear on the evidence** viskas aišku iš parodymų; **on no account** be jokios priežasties; **on certain conditions/terms** tam tikromis sąlygomis; **on good authority** iš patikimo šaltinio; **on purpose** tyčia, su tikslu; **on business** su reikalais **9** apie *(žymint turinį, temą);* **to talk on many subjects** kalbėti apie daug ką; **a book on birds** knyga apie paukščius; **a book on grammar** gramatikos knyga; **my opinion on that question** mano nuomonė tuo klausimu **10** *verčiamas prieveiksmiu (žymint veiksmo būdą):* **on foot** pėsčiomis; **on the cheap** pigiai; **on the sly** slapta **11** po *(žymint pasikartojimą); disaster on disaster* nelaimė po nelaimės **12** iš *(žymint pragyvenimo šaltinį);* **to live on 5£ a week** gyventi iš 5 svarų per savaitę **13** *(+pron pers)* su, pas; **I have no money on me** aš neturiu pinigų su savimi; **to be on it** būti pasiruošusiam/įgudusiam **14** vartojantis; **to be on drugs [tablets]** vartoti narkotikus [tabletes]; **to be on a bottle of whiskey a day** išgerti (vieną) butelį degtinės per dieną
adv **1** pirmyn; iš anksto; **walk/go on!** eik(ite) pirmyn; **to send one's luggage on** pasiųsti bagažą iš anksto **2** toliau *(žymint veiksmo tąsą/eigą);* **on and on** be paliovos, nesustojant; **to play [to read] ~** žaisti [skaityti] toliau; **the meeting is on** susirinkimas tebevyksta; *dar žr.* **be on 3** nuo *(žymint išeities tašką/momentą); from this day on* nuo šios dienos; **20 years on he was still the same** ir po 20 metų jis liko toks pat **4** greit; **he goes on two** jam greit sueis dveji metai; **it is getting on for five o'clock** greit bus penkios valandos ◊ **on and off** retkarčiais, kartais; **to be on at smb** įkyrėti kam prašymais/raginimais; **it's not on** tai negerai/neprotinga; **I don't know what you're on about** nežinau, apie ką tu čia šneki

onager

part (vart. su vksm.) **1** į- *(apie aparato/mechanizmo ir pan. įjungimą);* ***turn on the gas!*** ijunk dujas; ***the light is on*** šviesa įjungta/dega **2** už-, ap- *(apie apsirengimą ir pan.);* ***to put on shoes*** užmauti batus; ***what had she on?*** kuo ji buvo apsirengusi?
a šnek. **1** *amer.* žinantis paslaptį **2** norintis dalyvauti *(ypač kur rizikinga)*
onager ['ɔnəgə] *n (pl* ~s, -gri [-graɪ]) *zool.* laukinis asilas, onagras
on-air ['ɔnɛə] *a attr rad., tel.* tiesioginis, transliuojamas tiesiogiai
onanism ['əʊnənɪzm] *n* onanizmas
on-board ['ɔnbɔːd] *a attr* borto; ~ ***equipment*** borto aparatūra *(lėktuve, laive)*
once [wʌns] <*adv, n, conj*> *adv* **1** (vieną) kartą, vienąkart; ~ ***again/more*** dar kartą/sykį; ~ ***and again*** a) kelis kartus; b) kartais; ~ ***every day*** kartą per dieną; ~ ***and for all*** visiems laikams; ~ ***or twice*** kelis kartus; ~ ***in a while/way*** kartais, retkarčiais; ***more than*** ~ ne sykį/kartą; ***not*** ~ nė sykio/karto **2** kažkada, kadaise; ~ (***upon a time) there lived*** kartą, *ar* seniai, labai seniai, gyveno *(pasakos pradžia)* ◊ ***all at*** ~ nelauktai, staiga; ***at*** ~ a) tuojau pat; b) kartu, tuo pačiu laiku; ***at*** ~ ***stern and tender*** griežtas ir kartu švelnus
n vienas kartas; *(just) for* ~ bent kartą; *(just) for this* ~ tik šį kartą; išimties būdu; ~ ***is enough for me*** vieno karto man visiškai pakanka
conj jei tik, kai tik; ~ ***you hesitate, you are lost*** jei tik suabejosi, prapulsi; ~ ***he arrives we...*** kai tik jis atvyks, mes...
once-over ['wʌns,əʊvə] *n šnek.* greitas apžiūrėjimas; greitas, bet tiriamas žvilgsnis; ***to give smb/smth the*** ~ greitomis apžiūrėti *(tikrinant)*
oncological [,ɔŋkə'lɔdʒɪkl] *a* onkologinis
oncology [ɔn'kɔlədʒɪ] *n* onkologija
oncoming ['ɔn,kʌmɪŋ] *n psn.* artėjimas, prisiartinimas
a **1** artėjantis, besiartinantis; ateinantis, būsimas **2** priešpriešinis; priešais einantis/važiuojantis *(apie automobilį ir pan.)*
oncost ['ɔnkɔst] = **overhead** *n*
ondograph ['ɔndəgrɑːf] *n el.* ondografas
ondometer [ɔn'dɔmɪtə] *n rad.* bangomatis
one [wʌn] <*num, n, a, pron*> *num card* **1** vienas; ~ ***in a thousand*** vienas iš tūkstančio **2** numeris vienas, pirmas; ***Room*** ~ kambarys numeris vienas; ***volume*** ~ pirmas tomas ◊ ~ ***and all*** visiems iki vieno *(padėkoti, palinkėti);* ~ ***or two*** keletas, keli, vienas kitas
n **1** vienetas *(t. p. figure of* ~); ***write down three*** ~s parašykite tris vienetus **2** vienas; ~ ***by*** ~ vienas po kito **3** pirma valanda; vieneri metai; ***I'll meet you at*** ~ aš sutiksiu tave pirmą valandą; ***he will be*** ~ ***in a month*** po mėnesio jam sueis vieneri metai **4** žmogus, gyvas padaras; ***the great*** ~s ***and the little*** ~s didieji ir mažieji; ***the little*** ~s vaikai; ***my little*** ~! mano vaikeli! ◊ ***at*** ~ visi kaip vienas, išvien, sutartinai; ***all in*** ~ visi drauge; ***to be made*** ~ vesti, tuoktis; ***I for*** ~ aš, pavyzdžiui, aš iš savo pusės; ~ ***up [down] to smb*** vienas taškas/įvartis *ir pan.* kieno naudai [nenaudai]; ***to be*** ~ ***up on smb*** *šnek.* turėti pranašumą prieš ką; ***have you heard the*** ~ ***about...?*** girdėjai anekdotą apie...?; ***I've heard that*** ~ ***before*** aš tai ne pirmąkart girdžiu; ***to have had*** ~ ***too many*** *šnek.* paimti/išgerti per daug
a **1** vienintelis, vienas; ***the*** ~ ***way to do it*** vienintelis būdas tai padaryti **2** vieningas; ***to have*** ~ ***opinion*** turėti vieningą nuomonę; ***to cry out with*** ~ ***voice*** sušukti vienu balsu, vieningai **3** vienodas, tas pats; ***it is all*** ~ ***to me***

man vienas ir tas pats **4** kažkoks, vienas *(neapibrėžtas);* ***at*** ~ ***time I lived here*** kadaise aš čia gyvenau; ~ ***fine morning*** vieną gražų rytą; ***I'm not*** ~ ***to complain, as you know*** kaip žinot, aš ne iš tų, kurie skundžiasi
pron **1** *asmeniniuose neapibrėžtuosiuose sakiniuose:* ~ ***must admit*** reikia pripažinti; ~ ***never knows what may happen*** niekada nežinai, kas gali atsitikti **2** atstoja anksčiau pavartotą daiktavardį: ***the new law and the old*** ~ naujasis įstatymas ir senasis **3** *knyg.* toks, kažkoks, kažkas; ~ ***Brown*** toks Braunas; ~ ***came running*** kažkas įbėgo ◊ ***in the year*** ~ priešvaniniais laikais, labai seniai
one-act ['wʌnækt] *a* vienaveiksmis *(apie komediją ir pan.)*
one-aloner [,wʌnə'ləʊnə] *n* visiškai vienišas žmogus, vienišius
one-armed ['wʌnɑːmd] *a* vienarankis; ~ ***bandit*** lošimo automatas *(su rankena)*
one-eyed ['wʌnaɪd] *a* **1** vienaakis **2** *šnek.* siauras, ribotas; prastas
one-figure ['wʌn,fɪgə] *n* vienaženklis skaičius
onefold ['wʌnfəʊld] *a* **1** paprastas, nesudėtingas **2** paprastas, tiesus, nuoširdus
one-handed ['wʌn'hændɪd] *a* **1** vienarankis **2** (padarytas) viena ranka
one-horse ['wʌnhɔːs] *a* **1** vienaarklis; vienakinkis **2** *šnek.* nežymus, nedidelis ir nuobodus *(apie miestą)*
one-idea'd, one-ideaed ['wʌnaɪ'dɪəd] *a* **1** vienos idėjos apsėstas **2** siauras *(apie pažiūras);* siauraprotis, ribotas *(apie žmogų)*
O'Neill [əʊ'niːl] *n: Eugene* ~ Judžinas O'Nilas *(amerikiečių dramaturgas)*
one-legged ['wʌn'legd] *a* **1** vienakojis **2** *prk.* vienašališkas
one-liner [,wʌn'laɪnə] *n šnek.* trumpas sąmojis *(komedijoje ir pan.)*
one-man ['wʌnmæn] *a attr* **1** vieninis; vienasmenis; atliekamas vieno žmogaus; ~ ***exhibition/show*** personalinė paroda; ~ ***band*** a) gatvės muzikantas, grojantis vienu metu keliais instrumentais; b) *šnek.* darantis viską vienas pats *(organizacijoje)* **2** vienvietis
oneness ['wʌnnɪs] *n* **1** vienumas, vienybė, vieningumas; tapatybė **2** išskirtinumas, ypatingumas **3** sutarimas, santaika
one-off ['wʌn'ɔf] *n* vienintelė proga/galimybė; vienintelis įvykis/pasiekimas *ir pan.*
a vienkartinis; skirtas ypatingam atvejui; unikalus
one-parent ['wʌn,pɛərənt] *a* turintis tik vieną iš tėvų *(apie šeimą)*
one-piece ['wʌnpiːs] *a attr* vientisas, iš vieno gabalo *(ypač apie maudymosi kostiumą)*
oner ['wʌnə] *n šnek.* **1** retas žmogus/daiktas; retenybė **2** smarkus smūgis
onerous ['ɔnərəs] *a* apsunkinantis, varginantis, sunkus *(apie pareigas, mokslą ir pan.)*
one's [wʌnz] *pron* savo; -s, -si *(sangrąžos dalelytė);* ***to wash*** ~ ***hands*** nusiplauti rankas
oneself [wʌn'self] *pron* **1** *refl* savęs; save; sau; savimi; savyje; -s, -si- *(sangrąžos dalelytė);* ***one knows*** ~ ***better than anybody else does*** pats save pažįsti geriau, negu kas nors kitas; ***one must buy*** ~ ***whatever is necessary*** reikia pirkti sau visa, kas tik reikalinga; ***to dress*** ~ rengtis; ***to excuse*** ~ atsiprašyti **2** *emph* pats; (save) patį; (sau) pačiam; ***one should know it*** ~ reikėtų žinoti tai pačiam ◊ ***not to be*** ~ prastai jaustis, būti suirzusiam
one-shot ['wʌnʃɔt] *n šnek.* **1** *(vienkartinis tematinis)* rinkinys, almanachas **2** *(artisto)* vienkartinis pasirodymas
a amer. = **one-off**

one-sided ['wʌn'saɪdɪd] *a* **1** nelygiavertis; *a ~ contest* nelygiavertės rungtynės **2** vienšalis, šališkas

one-star ['wʌnstɑ:] *a* vienos žvaigždutės *(apie neaukštos klasės viešbutį/restoraną ir pan.)*

onetime ['wʌntaɪm] *a attr* **1** buvęs; praėjęs **2** vienkartinis

one-to-one ['wʌntə'wʌn] *a* **1** vienas su vienu *(apie santykį ir pan.)* **2** vienu du, akis į akį *(apie susitikimą ir pan.)*

one-track ['wʌn'træk] *a* **1** *glžk.* vien(a)vėžis **2** *šnek.* siauras, ribotas; *~ mind* ribotas protas; riboto proto žmogus

one-up *šnek. a* [,wʌn'ʌp] turintis vienu tašku daugiau *(žaidime);* turintis pranašumą
v amer. pralenkti, turėti/įgyti pranašumą *(prieš)*

one-upmanship [,wʌn'ʌpmənʃɪp] *n* mokėjimas pasiekti pranašumo, pralenkti kitus *ir pan.*

one-way ['wʌn'weɪ] *a* vienakryptis, vienos krypties *(apie ryšį, eismą, gatvę);* vienapusis; *~ plough* apverčiamasis plūgas; *~ ticket* bilietas, galiojantis į vieną pusę

one-woman ['wʌnwumən] *a attr* vienos moters *(atliekamas ir pan.); ~ show* a) *teatr.* vienos artistės spektaklis; b) *men.* personalinė paroda

one-year-old [,wʌnjɪər'əuld] *n* metinukas *(žmogus, gyvulys)* *a* vienerių metų

onfall ['ɔnfɔ:l] *n* užpuolimas

on-glide ['ɔnˌglaɪd] *n fon.* ekskursija, įgarsis

ongoing ['ɔnˌgəuɪŋ] *a* tebevykstantis, toliau vykstantis, nuolatinis, užtrukęs

ongoings ['ɔnˌgəuɪŋz] *n pl* = **goings-on**

onhanger ['ɔnˌhæŋə] *n* = **hanger-on**

onion ['ʌnɪən] *n* **1** svogūnas; *common ~* valgomasis svogūnas; *spring/amer. green ~* svogūnų laiškai; žali svogūnai ◊ *to be off one's ~ šnek.* ≅ iš galvos kraustytis; *to know one's ~s šnek.* gerai žinoti/nusimanyti
v **1** pridėti svogūnų *(skaninant maistą)* **2** trintis *(akis)* svogūnu *(ašarojimui sukelti)*

onion-skin ['ʌnɪənskɪn] *n* **1** svogūno lukštas **2** plonas lygus popierius

onlay ['ɔnleɪ] *n (knygos)* aptaisas

on-licence ['ɔnˌlaɪsəns] *n* patentas alkoholiniams gėrimams pardavinėti *(išgeriant vietoje)*

on-line ['ɔn'laɪn] *a komp.* neautonominis, tiesioginis *(apie darbo režimą);* susijęs su pagrindiniu procesoriumi

onlooker ['ɔnˌlukə] *n* žiūrovas, stebėtojas ◊ *the ~ sees most of the game* ≅ iš šalies geriau matyti

only ['əunlɪ] <*a, adv, part, conj*> *a* **1** vienintelis; *one and ~* vienas vienintelis; *~ child* vienintelis vaikas **2** tinkamiausias, geriausias; *he's the ~ man for the job* tik jis vienas tinka tam darbui
adv, part tik, tiktai, išimtinai; *if ~* jei tik, jeigu tiktai ◊ *~ just* ką tik; *~ not* vos ne, beveik; *I am ~ too pleased* aš labai džiaugiuosi; *it's ~ too true* deja, tikrai taip
conj tik, bet; *I would do it with pleasure, ~ I am too busy* aš mielai tai padaryčiau, tik esu pernelyg užsiėmęs; *~ that...* išskyrus tai, kad...; jeigu ne (tai, kad)...

onomastics [,ɔnə'mæstɪks] *n kalb.* **1** onomastika **2** vardynas

onomatopoeia [,ɔnəmætə'pi:ə] *n kalb.* onomatopėja, garsų pamėgdžiojimas

onomatopoeic [,ɔnəmætə'pi:ɪk] *a kalb.* garsų pamėgdžiojamasis/pamėgdžiojimo; *~ word* garsažodis

on-position ['ɔnpəˌzɪʃn] *n tech.* įjungimo padėtis

onrush ['ɔnrʌʃ] *n (jausmų)* antplūdis, užplūdimas; (veržli) ataka

on-screen ['ɔn'skri:n] *a, adv* (pasirodantis) ekrane

onset ['ɔnset] *n* **1** ataka, puolimas; *~ of wind* vėjo gūsis **2** pradžia; *at the first ~* tuojau pat

onshore *a* ['ɔnʃɔ:] **1** judantis/pučiantis į kranto pusę; *~ gale* stiprus vėjas nuo jūros **2** esantis pakrantėje, pakrantinis
adv [ɔn'ʃɔ:] **1** į krantą, į kranto pusę **2** krante, pakrantėje; pakrante

onside ['ɔn'saɪd] *a, adv sport.* (esantis) ne nuošalėje

onslaught ['ɔnslɔ:t] *n* antpuolis, puolimas

on-stream ['ɔn'stri:m] *a* pradėjęs/pradedantis veikti, stojęs į rikiuotę *(apie įmonę ir pan.)*

Ontario [ɔn'tɛərɪəu] *n* Ontarijas *(Kanados provincija; ežeras)*

on-the-job [,ɔnðə'dʒɔb] *a* darbo vietoje; neatsitraukiant nuo darbo *(apie mokymą)*

onto ['ɔntu, 'ɔntə] *prep* **1** ant; *to throw a ball ~ the roof* užmesti sviedinį ant stogo; *to get ~ a horse* užsėsti ant arklio **2** į *(žymint kryptį)* ◊ *to be ~ smb* sužinoti apie kieno neteisėtą veiklą; *to get ~ smb* susisiekti su kuo

ontogenesis, ontogeny [,ɔntə'dʒenɪsɪs, ɔn'tɔdʒɪnɪ] *n biol.* ontogenezė

ontological [,ɔntə'lɔdʒɪkl] *a filos.* ontologinis

ontology [ɔn'tɔlədʒɪ] *n filos.* ontologija

onus ['əunəs] *lot. n (the ~)* našta, pareiga; atsakomybė

onward ['ɔnwəd] *a attr* žengiantis/nukreiptas į priekį; *~ movement* judėjimas pirmyn
adv į priekį, pirmyn, toliau

onwards ['ɔnwədz] = **onward** *adv*

onyx ['ɔnɪks] *n min.* oniksas

oo [u:] *int* = **ooh**

oocyte ['əuəsaɪt] *n biol., fiziol.* oocitas

oodles ['u:dlz] *n pl šnek.* aibės, gausybė; *~ of money* krūva pinigų

oof[1] [u:f] *n sl.* pinigai, turtas

oof[2] *int* uh! *(staiga pajutus skausmą)*

oofy ['u:fɪ] *a sl.* turtingas

ooh [u:] *int šnek.* uh!, ui! *(išreiškiant nuostabą, susižavėjimą, skausmo pojūtį)*

ooh la la [,u:lɑ:'lɑ:] *pr.* oho!, tai bent! *(išreiškiant nuostabą, susižavėjimą)*

oolong ['u:lɔŋ] *n juodos kiniškos arbatos rūšis*

oomph [umf] *n šnek.* **1** patrauklumas; žavesys **2** gyvumas, energija

oont [u:nt] *ind. n* dramblys

oophoritis [,əuəfə'raɪtɪs] *n med.* ooforitas, kiaušidės uždegimas

oops [ups] *int* ai!, ak! *(apsirikus)*

ooze [u:z] *n* **1** dumblas, maurai **2** lėtas tekėjimas; prasisunkimas; *(drėgmės)* išsiskyrimas
v **1** srūti, lėtai tekėti; pratekėti, sunktis; *the wound ~d blood* kraujas sunkėsi iš žaizdos **2** išskirti *(drėgmę, kraują; džn. ~ out)* **3** *prk.* skleisti; veržtis, skliste sklisti *(apie jausmus)* □ *~ away/out* išgaruoti, (iš)nykti; *his strength ~d away* jo jėgos išseko; *the secret ~d out* paslaptis išaiškėjo

oozy ['u:zɪ] *a* **1** dumbluotas; dumblingas **2** išskiriantis drėgmę, besisunkiantis

op [ɔp] *n šnek.* operacija

opacity [əu'pæsətɪ] *n* **1** nepermatomumas; *acoustic ~* garso nepralaidumas **2** tamsuma **3** *(minties, vaizdo)* neaiškumas

opal ['əupl] *n* **1** *min.* opalas **2** *attr* opalinis, opalo; *~ glass* baltasis stiklas

opalescent [,əupə'lesnt] *a* opalinis; vaivorykštinis, keičiantis spalvas

opaline *n* ['əupəli:n] baltasis stiklas
a ['əupəlaɪn] = **opalescent**

opaque [əu'peɪk] *a* **1** nepermatomas; matinis; tamsus **2** neaiškus, nesuprantamas **3** kvailas, bukas *n (the ~)* tamsa
ope [əup] *poet.* = **open** *v*
op-ed [,əu'ped] *a:* ~ *page amer. šnek.* laikraščio puslapis su išspausdintais skaitytojų laiškais *(įdomiomis nuomonėmis ir pan.)*
open ['əupᵊn] <*a, n, v*> *a* **1** atdaras, atviras, atidarytas, atverstas; ~ *box* atdara/atvira dėžė; *in the* ~ *air* atvirame ore, lauke; *to leave the door* ~ palikti duris atdaras; *to break/blow/throw/fling* ~ smarkai/plačiai atverti *(duris, langą); to force an* ~ *door prk.* laužtis pro atviras duris; *to tear* ~ praplėšti, atplėšti *(voką, paketą); with* ~ *eyes* a) atmerktomis akimis; b) *prk.* sąmoningai, turint omenyje visas pasėkmes; ~ *flower* išsiskleidęs žiedas; *the book was open at page twenty* knyga buvo atversta dvidešimtame puslapyje; *the bank is not* ~ *yet* bankas dar neatidarytas **2** atviras, prieinamas; laisvas, neužimtas; ~ *ground* atviras/neapsaugotas gruntas; ~ *ice* ledas, netrukdantis navigacijai; ~ *port* atviras uostas; ~ *market* atviroji rinka; ~ *champion* atvirų pirmenybių nugalėtojas; *in* ~ *court* atvirame teismo posėdyje; ~ *day* atvirų durų diena *(mokykloje);* ~ *admissions/enrollment* laisvas priėmimas į aukštąją mokyklą *(be stojamųjų egzaminų ir pan.);* ~ *road* laisvas kelias; ~ *ballot* viešas balsavimas; ~ *to visitors* atviras lankytojams; *the post is still* ~ vieta dar neužimta **3** imlus, pasiduodantis *(to – kam);* ~ *to persuasion* lengvai įkalbamas; *we are* ~ *to offers kom.* mes laukiam pasiūlymų **4** atviras, nuoširdus; aiškus; ~ *countenance* atviras/nuoširdus veidas; *to be* ~ *with smb* būti atviram su kuo; ~ *contempt* aiški panieka **5** atviras, neišspręstas; ~ *question* atviras klausimas; *to leave the question* ~ palikti klausimą atvirą/neišspręstą **6** atviras, neužstotas *(apie vietovę);* ~ *field* atviras laukas **7** atsegtas, atsegiotas *(apie švarką ir pan.); to fall* ~ a) atsisegioti; b) atsiversti *(apie knygą)* **8** dosnus; vaišingas; *to welcome [to receive] with* ~ *arms* sutikti [priimti] išskėstomis rankomis, šiltai; *an* ~ *hand* dosni ranka; *to keep* ~ *house* būti svetingam **9** *fon.* atviras; ~ *vowel* atvirasis balsis *n* **1** anga **2** *(the ~)* atvira erdvė; atvira jūra; *in the* ~ atvirame ore, lauke, po atviru dangumi **3** atviros varžybos *(mėgėjams ir profesionalams)* ◊ *to bring smth out into the* ~ iškelti ką į viešumą; *to come into the* ~ iškilti viešumon, išaiškėti
v **1** atidaryti, atsidaryti, at(si)verti; atversti *(knygą);* atskleisti *(laikraštį);* išskėsti *(skėtį); to* ~ *a bottle* atidaryti/atkimšti butelį; *to* ~ *the door* a) atidaryti duris; b) *prk.* atverti kelią *(to – kam);* padaryti *(ką)* galimą; *to* ~ *one's eyes* praverti akis, atsimerkti; *the bus doors* ~ *and close automatically* autobuso durys atsidaro ir užsidaro automatiškai **2** pra(si)dėti, atsidaryti; *to* ~ *the debate* pradėti diskusijas; *to* ~ *a game* pradėti žaidimą; *to* ~ *an attack kar.* pradėti puolimą; *to* ~ *fire kar.* paleisti ugnį, pradėti šaudyti; *the story* ~*s with a wedding* apysaka prasideda vestuvių aprašymu; *the shop* ~*s at eleven* parduotuvė atsidaro 11 valandą **3** atidaryti, įsteigti; *to* ~ *a shop* atidaryti *(naują)* parduotuvę; *to* ~ *an account* atidaryti sąskaitą *(banke)* **4** atplėšti *(voką, siuntinį)* **5** išeiti *(apie langą, duris, kambarį; on, onto)* **6** susisiekti *(apie kambarius; into)* □ ~ *out* a) praplatėti; b) atskleisti, išskleisti *(sparnus, sulankstytą žemėlapį); to* ~ *out one's arms* išskėsti rankas *(apkabinant);* c) išsiskleisti *(apie gėlę);* atsiskleisti *(apie reginį);* d) atsiskleisti, išsisakyti; ~ *up* a) atidaryti, atverti; atsidaryti; ~ *up in the name of law!* įstatymo vardu atidarykite!; b) padaryti prieinamą, praskinti *(kelią);* c) at(si)skleisti; imti atvirai kalbėti; d) *šnek.* didinti *(automobilio)* greitį, spausti; e) *kar.* paleisti ugnį, imti šaudyti ◊ *to* ~ *one's heart/mind* ≡ atverti širdį *(to – kam)*
open-air ['əupn'ɛə] *a* vykstantis/esantis atvirame ore, po atviru dangumi; ~ *life* gyvenimas atvirame ore; ~ *theatre* teatras po atviru dangumi
open-and-shut ['əupnənd'ʃʌt] *a* elementarus, nesudėtingas, lengvai sprendžiamas *(apie bylą, problemą ir pan.)*
open-armed ['əupn'ɑ:md] *a* išskėstomis rankomis; ~ *welcome/reception* nuoširdus priėmimas
opencast ['əupᵊnkɑ:st] *a kas.* gautas atviruoju būdu; ~ *mining* atviroji kasyba
open-door [,əupn'dɔ:] *a:* ~ *policy* atvirų durų politika
open-eared ['əupn'ɪəd] *a* atidžiai klausantis
open-ended ['əupn'endɪd] *a* **1** neturintis nustatytų ribų, neapribotas laiko; ~ *agreements* neterminuotas susitarimas **2** negalutinis *(apie projektą, pasiūlymą ir pan.)*
opener ['əupnə] *n* **1** atidarytojas **2** *(konservų)* atidariklis; atkimštukas, kamščiatraukis **3** *teatr., tel.* pirmas veiksmas/epizodas ◊ *for* ~*s šnek.* pradžiai
open-eyed ['əupn'aɪd] *a* **1** atsimerkęs; išplėstomis akimis **2** budrus **3** sąmoningas
open-faced ['əupn'feɪst] *a* atviraveidis
open-handed ['əupn'hændɪd] *a* dosnus
open-hearted ['əupᵊn'hɑ:tɪd] *a* **1** atviraširdis, nuoširdus **2** kilniaširdis
opening ['əupnɪŋ] *n* **1** anga, skylė, kiaurymė; plyšys, tarpas **2** *(durų ir pan.)* at(s)idarymas **3** pradžia; įžanga; įžanginė dalis **4** *(konferencijos, parodos, sezono ir pan.)* atidarymas **5** *(pjesės, filmo)* premjera **6** patogi proga, palankios sąlygos *(for – kam)* **7** vakansija, laisva darbo vieta **8** kanalas; sąsiauris **9** progymė, proskyna, properša *(miške)* **10** *sport.* spraga gynyboje **11** *šach.* debiutas
a **1** pirmas; atidarymo; *the* ~ *day of the exhibition* parodos atidarymo diena; *the* ~ *night (pjesės, filmo)* premjera **2** pradinis, įžanginis
openly ['əupnlɪ] *adv* **1** atvirai, viešai **2** nuoširdžiai, atvirai
open-minded ['əupn'maɪndɪd] *a* plačių pažiūrų; nešališkas, be išankstinio nusistatymo
open-mouthed ['əupn'mauðd] *a* **1** pravira burna; išsižiojęs *(iš nustebimo)* **2** plačiakaklis, plačiagurklis *(apie indą)*
openness ['əupnnɪs] *n* **1** atvirumas; tiesumas **2** aiškumas
openwork ['əupnwə:k] *n* ažūrinis/išpjaustinėtas/kiauraraštis dirbinys *(metale, akmenyje, medyje, siuvinyje)*
a **1** ažūrinis, kiauraraštis; ~ *stockings* ažūrinės kojinės **2** *archit.* išpjaustinėtas, su tarpais
opera ['ɔpᵊrə] *n* opera; *horse* ~ *juok.* kaubojiškas filmas/spektaklis; *space* ~ *amer.* kosmoso beletristika; mokslinis fantastinis filmas, romanas *ir pan.*
operable ['ɔpᵊrəbl] *a* **1** veikiantis **2** *med.* galimas operuoti, operuojamas
opera-glasses ['ɔpᵊrəˌglɑ:sɪz] *n pl* teatriniai žiūronai
operagoer ['ɔpᵊrəˌgəuə] *n* dažnas operos lankytojas
opera-hat ['ɔpᵊrəhæt] *n* suglaudžiamas cilindras *(skrybėlė)*
opera-house ['ɔpᵊrəhaus] *n* operos teatras
operand ['ɔpᵊrænd] *n mat., komp.* operandas
operate ['ɔpəreɪt] *v* **1** dirbti; veikti; funkcionuoti **2** daryti įtakos, (pa)veikti *(on, upon); the medicine is operating* vaistas jau veikia **3** *med.* operuoti *(on); they* ~*d on his lungs* jam operavo plaučius **4** atlikti operacijas *(finan-*

operated | 627 | **oppression**

sines) **5** eksploatuoti, naudoti; paleisti *(mašiną ir pan.);* **can you ~ a car?** ar vairuojate mašiną? **6** valdyti *(įmonę, rančą ir pan.)*
operated ['ɔpəreɪtɪd] *a* valdomas; **remotely ~** su distanciniu valdymu
operatic [ˌɔpə'rætɪk] *a* operinis, operos
operatics [ˌɔpə'rætɪks] *n* mėgėjiška opera
operating ['ɔpəreɪtɪŋ] *a* **1** operacinis; **~ system** komp. operacinė sistema; **~ surgeon** med. operuojantis chirurgas **2** einamasis, eksploatacijos; **~ costs** einamosios/eksploatacijos išlaidos **3** darbinis, darbo *(apie režimą ir pan.);* valdymo; **~ personnel** techninis/aptarnaujantis personalas; **~ conditions** darbo sąlygos, režimas; **~ cam** *tech.* valdymo kumštelis
operating-room ['ɔpəreɪtɪŋrum] *n amer.* operacinė
operating-theatre ['ɔpəreɪtɪŋˌθɪətə] *n* operacinė *(ypač parodomosioms operacijoms)*
operation [ˌɔpə'reɪʃn] *n* **1** *(įv. reikšm.)* operacija; **to perform an ~** daryti/atlikti operaciją **2** veikimas; galiojimas; **to come into ~** pradėti veikti/galioti; **in ~** a) veikiantis; galiojantis; b) naudojamas **3** *(mašinos, sistemos ir pan.)* paleidimas į darbą; darbas; **noisy ~** triukšmingas veikimas/darbas; **to bring/put smth into ~** paleisti į darbą **4** procesas; **~ of breathing [of thinking]** kvėpavimo [mąstymo] procesas **5** naudojimas, eksploatavimas; **port ~** uosto eksploatacija **6** *(įmonės ir pan.)* valdymas **7** *mat.* veiksmas
operational [ˌɔpə'reɪʃnəl] *a* **1** *spec.* operacinis; **~ research** operaciniai tyrimai/skaičiavimai **2** veikiantis, dirbantis **3** eksploatuojamas, naudojamas; **~ costs** eksploatacijos išlaidos **4** *kar.* operatyvinis
operative ['ɔpərətɪv] *a* **1** veikiantis; dirbantis; **to become ~** įsigalioti, pradėti veikti/galioti *(apie įstatymą)* **2** veiksmingas, efektyvus; operatyvus; **the ~ word** svarbiausias/lemiamas žodis **3** med. operacinis
n **1** kvalifikuotas darbininkas, meistras **2** *amer.* slaptosios tarnybos agentas, seklys
operator ['ɔpəreɪtə] *n* **1** *(įv. reikšm.)* operatorius **2** dirbantysis su mašina, mašinistas; telefonistas, telegrafistas; radistas **3** *(džn. menk.)* verslovininkas, verteiva; manipuliatorius; **big-time ~** stambus sukčius/makleris **4** *amer.* įmonės valdytojas, įmonininkas; fabrikantas **5** *mat.* ženklas; funkcija; **negation ~** neigiamo skaičiaus ženklas
operculum [əʊ'pɜːkjuləm] *n (pl* -la [-lə]) **1** *biol.* dangtelis, gaubtelis **2** *zool.* žiaunų dangtelis
operetta [ˌɔpə'retə] *n* operetė
operon ['ɔpərɔn] *n biol.* operonas
Ophelia [ɔ'fiːlɪə] *n* Ofelija *(vardas)*
ophidian [ɔ'fɪdɪən] *zool. a* **1** priklausantis gyvačių pobūriui **2** gyvatiškas
n gyvatė
ophthalmia [ɔf'θælmɪə] *n med.* akies uždegimas, oftalmija
ophthalmic [ɔf'θælmɪk] *a med.* akies, akių
ophthalmo- [ɔf'θælməu-] *(sudurt. žodžiuose)* oftalmo- *(žymint sąsają su akimis, su akių ligomis);* **ophthalmoscope** oftalmoskopas
ophthalmology [ˌɔfθæl'mɔlədʒɪ] *n med.* oftalmologija, akių ligų mokslas
opiate ['əʊpɪət] *<n, a, v>* *n* **1** *farm.* turintis opijaus, narkotinis vaistas, opiatas **2** tai, kas ramina/malšina/slopina/bukina
a turintis opijaus, narkotinis, migdomasis
v ['əʊpɪeɪt] *ret.* **1** veikti opijumi **2** migdyti; (at)bukinti, slopinti *(protą, jausmus)*
opine [əʊ'paɪn] *v knyg.* pareikšti *(nuomonę),* manyti

opinion [ə'pɪnɪən] *n* **1** nuomonė; pažiūra, požiūris; **public ~** opinija, viešoji nuomonė; **to be of the ~ that...** manyti, kad...; **to have no ~ of smb** būti nekokios nuomonės apie ką; **in my ~** mano nuomone/manymu; **dissenting ~** *(teisėjo)* atskira nuomonė **2** specialisto patarimas/išvada; konsiliumas; **to have the best ~** kreiptis pas geriausią specialistą ◊ **~s differ** ≅ dėl skonio nesiginčijama
opinionated [ə'pɪnɪəneɪtɪd] *a* per daug pasitikintis savimi; užsispyręs; **he is very ~** jis užsispyręs dogmatikas
opinion-makers [ə'pɪnɪənˌmeɪkəz] *n pl (kitų žmonių)* nuomonės formuotojai
opium ['əʊpɪəm] *n* opijus, opiumas; **~ den**/*amer.* **joint** opijaus rūkytojų landynė; **~ poppy** *bot.* daržinė aguona
opium-eater ['əʊpɪəmˌiːtə] *n* opijaus rūkytojas
opopanax [əʊ'pɔpənæks] *n bot.* opopanaksas
opossum [ə'pɔsəm] *n zool.* oposumas, sterblinė žiurkė
oppidan ['ɔpɪdən] *ret. n* miestietis
a miesto
oppo ['ɔpəʊ] *n sutr. šnek.* **opposite number,** *žr.* **opposite** *a* ◊
opponent [ə'pəʊnənt] *n* **1** priešininkas, varžovas *(t. p. sport.)* **2** oponentas
a **1** priešiškas **2** priešingas
opportune ['ɔpətjuːn] *a* **1** palankus, tinkamas; **to wait for the ~ moment** laukti palankaus momento **2** savalaikis; **your arrival was most ~** jūs atvykote labai laiku
opportunism [ˌɔpə'tjuːnɪzm] *n* oportunizmas, prisitaikėliškumas
opportunist [ˌɔpə'tjuːnɪst] *n* oportunistas, prisitaikėlis
a oportunistinis
opportunistic [ˌɔpətjuː'nɪstɪk] *a* oportunistinis
opportunity [ˌɔpə'tjuːnətɪ] *n* **1** (gera/palanki) proga; **to take/seize the ~ (of)** pasinaudoti proga; **at the first/earliest ~** pirmai progai pasitaikius **2** galimybė; **trade opportunities** prekybos galimybės
oppose [ə'pəʊz] *v* **1** priešintis, rodyti pasipriešinimą; nepritarti, būti nusistačiusiam prieš; **to be ~d to smth** būti prieš ką; **to ~ the resolution** nepritarti rezoliucijai **2** būti *(kieno)* priešininku/varžovu **3** priešpriešinti, statyti priešpriešiais *(with, against)*
opposed [ə'pəʊzd] *prep: as ~ to* o ne *(lyginant du dalykus)*
opposing [ə'pəʊzɪŋ] *a* priešiškas; priešingas
opposite ['ɔpəzɪt] *<a, n, adv, prep>* *a* **1** priešingas, esantis prieš, kitas **2** priešingas, visiškai skirtingas ◊ **~ number** asmuo, einantis tokias pat pareigas kitoje įstaigoje/valstybėje *ir pan.*
n priešybė, priešingumas, priešprieša; **direct ~** visiška priešingybė; **just the ~** kaip tik priešingai
adv priešais; **to sit ~** sėdėti priešais
prep prieš; **we sat ~ each other** mes sėdėjome vienas prieš kitą
opposition [ˌɔpə'zɪʃn] *n* **1** *(įv. reikšm.)* opozicija; **the ~ benches** *parl.* opozicijos suolai **2** priešinimasis, pasipriešinimas **3** kontrastas, priešingumas; **in ~** priešingai, prieš **4** *kuop.* priešininkai, varžovai; **to make the break through the ~'s defence** prasiveržti pro priešininkų gynybą
oppositionist [ˌɔpə'zɪʃənɪst] *n* opozicionierius
oppress [ə'pres] *v* **1** engti **2** (pri)slėgti, spausti; **to feel ~ed by/with the heat** būti kamuojamam kaitros
oppressed [ə'prest] *a* engiamas; prislėgtas
n (the ~) kuop. engiamieji
oppression [ə'preʃn] *n* **1** priespauda, engimas; **under the ~ (of)** engiamas **2** slėgimas; depresija, prislėgtumas

oppressive [ə'presɪv] *a* **1** slegiantis, nepakeliamas; slogus; ~ **weather** slogus oras **2** engėjiškas, despotiškas
oppressiveness [ə'presɪvnɪs] *n* slogi atmosfera, slogumas
oppressor [ə'presə] *n* engėjas, prispaudėjas
opprobrious [ə'prəubrɪəs] *a knyg.* **1** niekinamas, plūstamas; ~ *language* keiksmažodžiai **2** *ret.* garbę plėšiantis, gėdingas
opprobrium [ə'prəubrɪəm] *n knyg.* gėda; (su)gėdinimas
oppugn [ə'pju:n] *v knyg.* **1** prieštarauti, ginčyti **2** pulti, kovoti *(prieš)*
oppugnant [ə'pʌgnənt] *a knyg.* antagonistinis, priešiškas, kovojantis *(prieš)*
opt [ɔpt] *v* **1** rinktis, pasirinkti *(for);* nuspręsti **2** *polit.* optuoti □ ~ *out* a) nusišalinti, (iš)vengti; b) atsisakyti *(daryti, dalyvauti)*
optative ['ɔptətɪv] *n gram.* optatyvas, geidžiamoji nuosaka *(t. p.* ~ *mood)*
optic ['ɔptɪk] *a attr anat.* akių; regimasis; ~ *nerve* regos nervas
n **1** *juok.* akis **2** dozatorius *(pilstant iš butelio alkoholinius gėrimus)*
optical ['ɔptɪkl] *a attr* optinis; regos; ~ *illusion* optinė apgaulė; ~ *disc komp.* optinis diskas; ~ *fibre spec.* optinė skaidula
optician [ɔp'tɪʃn] *n* optikas
optics ['ɔptɪks] *n* optika; *fibre* ~ skaidulinė optika
optimal ['ɔptɪməl] *a* optimalus
optimism ['ɔptɪmɪzm] *n* optimizmas
optimist ['ɔptɪmɪst] *n* optimistas
optimistic(al) [,ɔptɪ'mɪstɪk(l)] *a* optimistinis, optimistiškas
optimize ['ɔptɪmaɪz] *v* daryti optimalų/tinkamiausią/geriausią
optimum ['ɔptɪməm] *n (pl* -tima [-tɪmə], ~s) palankiausios sąlygos
a attr optimalus
option ['ɔpʃn] *n* **1** pasirinkimas; pasirinkimo teisė; *the first* ~ galimybė pasirinkti pirmam; *I had no* ~ aš neturėjau pasirinkimo; *I am keeping my* ~*s open* aš dar nepasirinkau/neapsisprendžiau **2** *mok.* fakultatyvus dalykas **3** *teis.* optacija **4** *kom.* opcionas; nuožiūra; *first* ~ teisė pirkti pirmam; *call* ~ teisė pirkti tam tikrą kiekį akcijų nustatytu laiku ◊ *soft/easy* ~ lengvas/lengviausias kelias
optional ['ɔpʃnəl] *a* nebūtinas, neprivalomas, laisvai pasirenkamas, fakultatyvus; ~ *exercises sport.* laisvieji pratimai
optometrist [ɔp'tɔmɪtrɪst] *n* specialistas, parenkantis akinius
opulence ['ɔpjuləns] *n* turtai, turtingumas, prabanga
opulent ['ɔpjulənt] *a* **1** turtingas, pasiturintis **2** prabangus; gausus, gausingas **3** įmantrus *(apie stilių)*
opuntia [əu'pʌnʃɪə] *n bot.* opuncija
opus ['əupəs] *lot. n (ppr. sg)* muzikos kūrinys, opus; *magnum* ~ *(menininko, rašytojo ir pan.)* šedevras, žymiausias veikalas
opuscule [ə'pʌskju:l] *n (pl* ~s, -la [-lə]) nedidelis literatūros/muzikos kūrinys
or¹ [ɔ:] *conj* **1** ar, arba; *a day* ~ *two* diena arba dvi; *in need* ~ *not* reikia ar nereikia; *he doesn't have a television* ~ *a video* jis neturi nei televizoriaus, nei videomagnetofono **2** kitaip *(t. p.* ~ *else);* hurry up ~ *(else) you will be late* skubėkite, kitaip pavėluosite
or² *n her.* auksinė/geltona spalva
-or [-ə] *suff* **1** -ėjas, -ojas, -ininkas, -orius *(žymint veiksmo atlikėją, profesiją); inventor* išradėjas; *lessor* nuomotojas; *sailor* jūrininkas, jūreivis; *actor* aktorius **2** -orius,

-uvas *(žymint padargą, priemonę veiksmui atlikti); compressor* kompresorius; *elevator* elevatorius; keltuvas; *refrigerator* refrižeratorius, šaldytuvas
orach(e) ['ɔrətʃ] *n bot.* balandūnė
oracle ['ɔrəkl] *n* **1** *ist.* orakulas *(t. p. iron. apie žmogų)* **2** *ist.* išminčius, žynys **3** patarėjas *(apie knygą ir pan.)* **4** pranašavimas, pranašystė **5** nenginčijama tiesa ◊ *to work the* ~ pasinaudoti įtaka
oracular [ɔ'rækjulə] *a* **1** orakulo; pranašiškas **2** dogmatiškas; pretenduojantis į neklaidingumą **3** dviprasmiškas; neaiškus, mįslingas
oral ['ɔ:rəl] *a* **1** sakytinis, sakomasis; žodinis, žodžiu **2** *anat., med.* burnos, per burną imamas, oralinis
n egzaminas žodžiu
orally ['ɔ:rəlɪ] *adv* **1** žodžiu **2** per burną
Orange ['ɔrɪndʒ] *n ist.* Oranžija *(valstybė)*
orange ['ɔrɪndʒ] *n* **1** apelsinas *(vaisius); blood* ~ raudonasis apelsinas **2** *bot.* apelsinas, apelsinmedis *(t. p.* ~ *tree)* **3** oranžadas, apelsinų gėrimas **4** oranžinė spalva ◊ *sucked* ~ visiškai išsekęs/išvargęs žmogus; *squeezed* ~ nebereikalingas/nenaudingas žmogus/daiktas
a **1** oranžinis **2** apelsininis, apelsinų
orangeade [,ɔrɪndʒ'eɪd] *n* oranžadas, apelsinų gėrimas
orange-fin ['ɔrɪndʒfɪn] *n zool.* jauniklis upėtakis
Orangeman ['ɔrɪndʒmən] *n (pl* -men (-mən]) oranžistas *(Š. Airijos ultraprotestantų partijos narys)*
orange-peel ['ɔrɪndʒpi:l] *n* apelsino žievelė; cukruotos apelsinų žievelės, cukrintiniai
orange-root ['ɔrɪndʒru:t] *n bot.* auksašaknė
orangery ['ɔrɪndʒərɪ] *n* oranžerija *(apelsinmedžių)*
orang-outang, orang-utan [ɔ:,ræŋu:'tæŋ, -u:'tæn] *n zool.* orangutangas
orate [ɔ:'reɪt] *v juok., iron.* oratoriškai/iškilmingai kalbėti, sakyti kalbą
oration [ə'reɪʃn] *n* **1** kalba *(ypač iškilminga)* **2** *gram.: [in]direct* ~ [ne]tiesioginė kalba
orator ['ɔrətə] *n* oratorius; (geras) kalbėtojas, gražbylys; *to be no* ~ būti blogu oratoriumi
oratorical [,ɔrə'tɔrɪkl] *a* **1** oratorinis, oratoriškas **2** retoriškas
oratorio [,ɔrə'tɔ:rɪəu] *n (pl* -s [-z]) *muz.* oratorija
oratory¹ ['ɔrətrɪ] *n* iškalbingumas, iškalba, gražbylystė; oratoriaus menas, retorika; *stump* ~ gražbyliavimas iš improvizuotos tribūnos; demagogija
oratory² *n* koplytėlė
orb [ɔ:b] *n* **1** rutulys; sfera **2** rutulys su kryžiumi *(karališkoji regalija)* **3** *poet. (dangaus)* šviesulys **4** *poet.* akis, akies obuolys
orbed [ɔ:bd] *a* = **orbicular** 1
orbicular [ɔ:'bɪkjulə] *a knyg.* **1** sferinis, rutulinis, apskritiminis; ~ *muscle anat.* žiedinis raumuo **2** visiškas, išbaigtas
orbit ['ɔ:bɪt] *n* **1** orbita; *to go into* ~ a) išeiti į orbitą; b) *prk.* pavykti; ~ *time* apsisukimo periodas *(orbitoje)* **2** *(įtakos, veiklos)* sfera; užmojis **3** *anat.* akiduobė
v **1** išvesti/išeiti į orbitą **2** suktis, skrieti *(apie),* apskrieti
orbital ['ɔ:bɪtl] *a* **1** orbitinis; ~ *station* orbitinė stotis **2** žiedinis *(apie kelią aplink miestą)*
n fiz. orbitalė
orchard ['ɔ:tʃəd] *n* vaismedžių sodas; ~ *grass bot.* paprastoji šunažolė
orchardist ['ɔ:tʃədɪst] *n* sodininkas
orchardman ['ɔ:tʃədmən] *n (pl* -men [-mən]) = **orchardist**
orchestra ['ɔ:kɪstrə] *n* **1** orkestras (1 *kolektyvas;* 2 *vieta prieš sceną muzikantams)* **2** *amer.* parteris *(t. p.* ~ *seats/stalls)*

orchestral [ɔː'kestrəl] *a* orkestro, orkestrinis
orchestrate ['ɔːkɪstreɪt] *v* orkestruoti
orchestration [ˌɔːkɪ'streɪʃn] *n* orkestravimas, instrumentavimas
orchid ['ɔːkɪd] *n bot.* orchidėja
orchil ['ɔːtʃɪl] *n* orselis *(violetiškai raudoni dažai)*
orchis ['ɔːkɪs] *n bot.* gegužraibė
ordain [ɔː'deɪn] *v* **1** *bažn.* įšventinti *(į dvasininkus)* **2** iš anksto nustatyti, (nu)lemti **3** *teis.* nustatyti/įvesti įstatymu
ordeal [ɔː'diːl, 'ɔːdiːl] *n* **1** sunkus išmėginimas/išbandymas **2** *ist.* ordalija
order ['ɔːdə] *n* **1** įsakymas, nurodymas, paliepimas; *by ~ (of)* pagal *(kieno)* įsakymą, *(kieno)* pavedimu; *under ~s* įsakyta *(kam); under the ~s (of) (kieno)* komanduojamas; *to take ~s from smb* gauti įsakymus iš ko **2** užsakymas; paraiška; *made to ~* padarytas pagal užsakymą; *on ~* užsakytas; *as per ~ kom.* pagal užsakymą; *repeat ~* pakartotinis užsakymas **3** patiekalo porcijomis užsakymas *(restorane); to take smb's ~* priimti kieno užsakymą; *short ~ amer.* patiekalas ne porcijomis **4** orderis; leidimas; *postal/money ~* pašto perlaida; *court ~* teismo potvarkis **5** ordinas *(brolija)* **6** ordinas *(pasižymėjimo ženklas); he was wearing his ~s* jis buvo prisisegęs ordinus **7** tvarka; *(gera)* būklė; *public ~* viešoji tvarka; *in bad ~* netvarkingas, nesutaisytas; *out of ~* a) nesutvarkytas; b) neveikiantis, sugedęs; c) nesveikas; *to get out of ~* sugesti; *to put in ~* sutvarkyti; sutaisyti; *to keep smth in ~* laikyti ką tvarkingai; *to keep ~ laikytis tvarkos; ~!, ~!* prašome laikytis tvarkos!; *to call to ~* a) sudrausti, paprašyti laikytis tvarkos; b) *amer.* atidaryti *(posėdį ir pan.); the running ~ (renginio)* darbotvarkė, programa; *~ of the day* a) darbotvarkė; b) paplitusi mada, vyraujanti nuomonė *ir pan.,* išpopuliarėjusi srovė **8** *(išdėstymo ir pan.)* tvarka; *in alphabetical ~* abėcėlės tvarka, abėcėliškai; *word ~ kalb.* žodžių tvarka **9** santvarka; *social ~* visuomeninė santvarka **10** socialinė grupė, visuomenės sluoksnis; *pecking ~ (neoficiali)* susiklosčiusi hierarchija; *the lower ~s* platieji gyventojų sluoksniai **11** rūšis; pobūdis; *of the highest ~* aukščiausios rūšies, geriausias **12** *bot., zool.* būrys, poklasis **13** *kar.* rikiuotė **14** *bažn.* dvasininko rangas; *to take (holy) ~s* tapti dvasininku; *to be in ~s* būti dvasininku; *to confer ~s* (į)šventinti **15** *mat.* laipsnis **16** *archit.* orderis ◊ *in ~ that..., in ~ (+inf)* kad..., idant...; tam, kad...; *of/in the ~ (of)* maždaug; *in short ~* greitai; *amer.* tuojau pat; *sailing ~s jūr.* įsakymas-instrukcija *(prieš išplaukiant į jūrą); standing ~* a) susitarimas mokėti reguliariai pervedant pinigus; b) *kar.* įsakymas-instrukcija; c) *pl parl.* procedūros taisyklės, reglamentas; *to be in ~ amer.* (pri)derėti; *a tall ~* (pernelyg) didelis/sunkus darbas/reikalavimas *ir pan.*
v **1** įsakyti, liepti **2** (pa)siųsti, išsiųsti; *I was ~ed home* mane išsiuntė namo; *the referee ~ed him off the field* teisėjas pašalino jį iš aikštės **3** užsakyti; *to ~ a second whisky* užsakyti antrą viskio porciją **4** (su)tvarkyti **5** prirašyti, paskirti *(vaistą ir pan.; for)* **6** *knyg.* nulemti, skirti **7** *bot., zool.* klasifikuoti □ *~ about/around* įsakinėti, komanduoti, stumdyti; *~ off* įsakyti apleisti/išeiti; pašalinti *(žaidėją); ~ out* a) nusiųsti *(kareivius/ policiją tvarkai palaikyti);* b) liepti išeiti *(iš klasės)*
order-book ['ɔːdəbuk] *n* **1** užsakymų knyga **2** *kar.* įsakymų knyga
ordered ['ɔːdəd] *a* sutvarkytas; tvarkingas
order-form ['ɔdəfɔːm] *n* užsakymo blankas

orderliness ['ɔːdəlɪnɪs] *n* **1** tvarkingumas, tvarka **2** įstatymų laikymasis, drausmingumas
orderly ['ɔːdəlɪ] *n* **1** *kar.* pasiuntinys, ordonansas **2** *med.* sanitaras **3** gatvės valytojas *(t. p. street ~)*
a **1** tvarkingas **2** ramus; gero elgesio; drausmingas **3** reguliarus, metodiškas **4** organizuotas **5** budintis; *~ man* a) *kar.* pasiuntinys; b) sanitaras *(ligoninėje); ~ officer* budintis karininkas
orderly-room ['ɔːdəlɪrum] *n kar.* kuopos raštinė
order-paper ['ɔːdəˌpeɪpə] *n parl.* darbotvarkė *(parašyta, spausdinta)*
ordinal ['ɔːdɪnl] *a* **1** rodantis vietą skaičių eilėje **2** *gram.:* *~ number* kelintinis skaitvardis
n gram. kelintinis skaitvardis
ordinance ['ɔːdɪnəns] *n* **1** įsakas, dekretas; potvarkis **2** *amer.* municipaliteto nutarimas **3** *bažn.* apeigos, ritualas **4** *archit.* dalių išsidėstymas; *lit.* architektonika
ordinand ['ɔːdɪnænd] *n bažn.* klierikas
ordinary ['ɔːdənərɪ] *a* **1** paprastas, įprastas, eilinis; kasdieninis; *~ share fin.* paprastoji akcija; *in the ~ way* normaliai, įprastinėmis aplinkybėmis **2** vidutiniškas
n **1** tai, kas įprasta/normalu/vidutiniška; *in ~* nuolatinis; *professor in ~* ordinarinis profesorius; *smth out of the ~* kas nors ypatinga, neįprasta, ne toks kaip visada/visų **2** paruoštas patiekalas *(negaminamas pagal užsakymą restorane)* **3** *bažn.* apeigų/ritualų knyga
ordinate ['ɔːdɪnət] *n geom.* ordinatė
ordination [ˌɔːdɪ'neɪʃn] *n bažn.* įšventinimas
ordnance ['ɔːdnəns] *n kar.* artilerija, artilerijos pabūklai; aprūpinimas ginklais, amunicija, daiktais; *~ (survey) map* karinis topografinis žemėlapis
Ordovician [ˌɔːdə'vɪʃɪən] *n geol.* ordovikas
ordure ['ɔːdjuə] *n* **1** mėšlas; ekskrementai, išmatos **2** nešvarumas; nešvankumas
ore [ɔː] *n* rūda; *iron ~* geležies rūda
oread ['ɔːrɪæd] *n mit.* oreadė *(kalnų nimfa)*
ore-dressing ['ɔːˌdresɪŋ] *n* rūdos apdirbimas/įsodrinimas
oregano [ˌɒrɪ'gɑːnəʊ] *n bot.* raudonėlis
Oregon ['ɒrɪgən] *n* Oregonas *(JAV valstija)*
organ ['ɔːgən] *n* **1** *(įv. reikšm.)* organas; *the internal ~s anat.* vidaus organai; *~s of speech* kalbos padargai; *government(al) ~s* vyriausybės organai; *the ~ of the Conservative Party* konservatorių partijos organas *(laikraštis); ~ bank med.* organų bankas **2** *muz.* vargonai; *American ~* fisharmonija; *mouth ~* lūpinė armonikėlė; *street ~* ryla, vargonėliai
organ-blower ['ɔːgənˌbləʊə] *n (vargonų)* dumplių pūtėjas/pūtiklis
organdie ['ɔːgəndɪ] *n tekst.* standus muslinas
organdy ['ɔːgəndɪ] *n amer.* = **organdie**
organ-grinder ['ɔːgənˌgraɪndə] *n* rylininkas
organic [ɔː'gænɪk] *a* **1** organo, organų; organinis; *~ disease med.* organinis susirgimas **2** organiškas; *~ whole* organiška visuma **3** organizuotas; susistemintas **4** be chemijos, be pesticidų *ir pan.,* natūralus *(apie maistą ir pan.);* nenaudojantis chemikalų/pesticidų *(apie ūkininką ir pan.)* **5** *teis.* pagrindinis; *~ law* pagrindinis įstatymas, konstitucija
organism ['ɔːgənɪzm] *n* organizmas *(t. p. prk.)*
organist ['ɔːgənɪst] *n* vargonininkas
organization [ˌɔːgənaɪ'zeɪʃn] *n* **1** organizacija; *~ chart spec.* struktūrinė organizacijos schema **2** organizavimas; sutvarkymas; *the ~ of a new government* naujos vyriausybės formavimas/sudarymas **3** organizuotumas, sistemingumas; struktūra; sąranga **4** organizmas

organizational [ˌɔːgənaɪˈzeɪʃnəl] *a* organizacinis
organizationally [ˌɔːgənaɪˈzeɪʃnəlɪ] *adv* organizaciniu požiūriu
organize [ˈɔːgənaɪz] *v* **1** (su)organizuoti, (su)rengti; sudaryti **2** sisteminti *(faktus ir pan.)* **3** *(ypač amer.)* kurti *(profsąjungą/partiją ir pan.);* jungtis *(į profsąjungas ir pan.);* atlikti organizacinį darbą, suburti, suvienyti; **to ~ the House** rinkti svarbiausius pareigūnus ir kongreso komisijas **4** *biol.* daryti organišką; darytis organišku
organized [ˈɔːgənaɪzd] *a* **1** organizuotas; gerai parengtas; **~ protest** (iš anksto) paruoštas protestas; **~ labour** profsąjungos nariai **2** organizuotai dirbantis, susikaupęs **3**: **~ matter** gyvoji materija
organizer [ˈɔːgənaɪzə] *n* **1** organizatorius, rengėjas **2** *(paprasta, elektroninė)* užrašinė *(t. p. personal ~)*
organ-player [ˈɔːgənˌpleɪə] *n* = **organist**
orgasm [ˈɔːgæzm] *n fiziol.* orgazmas
orgasmic [ɔːˈgæzmɪk] *a* **1** *fiziol.* orgazmo **2** *prk.* ekstazės
orgiastic [ˌɔːdʒɪˈæstɪk] *a* **1** orgiškas, orgijos **2** nežabotas; laukiniškas
orgy [ˈɔːdʒɪ] *n* **1** orgija; lėbavimas **2** *šnek. (pramogų ir pan.)* aibė, daugybė; **a regular ~ of parties and concerts** nesibaigiantys vakarai ir koncertai
oriel [ˈɔːrɪəl] *n archit.* **1** alkova, gili niša **2** uždaras balkonas, erkeris; **~ window** erkerio langas
orient <*n, a, v*> *n* [ˈɔːrɪənt] **1 (the O.)** Rytai, Rytų šalys **2** aukščiausia *(perlų)* rūšis; aukščiausios rūšies perlas *(t. p. pearl of ~)*
a [ˈɔːrɪənt] **1** *poet.* rytinis, rytų; **the ~ sun** tekanti saulė **2** aukščiausios rūšies; tviskantis *(apie perlus)*
v [ˈɔːrɪent] **1** nustatyti *(kieno)* buvimo vietą *(pagal kompasą)* **2** orientuoti; nukreipti *(to, towards);* **her whole life has been ~ed around the children** jos visas gyvenimas sukosi apie vaikus; *refl* orientuotis **3** susiorientuoti, susivokti *(naujoje padėtyje/aplinkoje)* **4** statyti *(pastatą)* fasadu į rytus
oriental [ˌɔːrɪˈentl] *a* Rytų; Rytų Azijos, rytietiškas, orientalinis
n **(O.)** Rytų (kraštų) gyventojas, rytietis *(indas, kinas, japonas)*
orientalist [ˌɔːrɪˈentəlɪst] *n* orientalistas
orientate [ˈɔːrɪənteɪt] = **orient** *v*
orientation [ˌɔːrɪənˈteɪʃn] *n* **1** orientacija; orientavimas(is) **2** supažindinimas *(su nauju darbu ir pan.);* įvadinis kursas *(studentams)*
orienteering [ˌɔːrɪənˈtɪərɪŋ] *n* orientacijos sportas
orifice [ˈɔrɪfɪs] *n* **1** anga, kiaurymė; žiomuo, žiomenys **2** *tech.* tūta, antgalis, purkštukas
origami [ˌɔrɪˈgɑːmɪ] *jap. n* origami, popierinių figūrėlių sulankstymo menas
origanum [əˈrɪgənəm] *n bot.* paprastasis raudonėlis
origin [ˈɔrɪdʒɪn] *n* **1** šaltinis, ištaka; pradžia **2** atsiradimas; *(džn. pl)* kilmė; **his aristocratic ~s** jo aristokratiška kilmė; **the ~ of species** *biol.* rūšių atsiradimas **3** *anat.* raumens pradžia **4** *spec. (koordinačių)* susikirtimo taškas, pradžia
original [əˈrɪdʒɪnəl] *n* **1** originalas **2** *šnek.* keistuolis, originalas
a **1** pirmasis, pirminis, pradinis; **the ~ edition** pirmasis leidimas; **~ sin** *rel.* pirmoji/gimtoji nuodėmė; **~ selection** pradinė atranka **2** originalus; autentiškas; **the ~ picture** paveikslo originalas; **this is an ~ document** tai autentiškas/tikras dokumentas **3** originalus, savotiškas, savitas; **what an ~ idea!** kokia originali mintis! **4** naujas, naujoviškas

originality [əˌrɪdʒɪˈnælətɪ] *n* **1** autentiškumas **2** originalumas, savitumas **3** naujumas
originally [əˈrɪdʒɪnəlɪ] *adv* **1** pradžioje, iš pradžių **2** originaliai **3** pagal kilmę
originate [əˈrɪdʒɪneɪt] *v* **1** duoti pradžią, sukurti; sukelti **2** prasidėti, atsirasti *(in, from – nuo);* kilti *(with – kam);* **with whom did the idea ~?** kam kilo ta mintis?
origination [əˌrɪdʒɪˈneɪʃn] *n* **1** pradžia, kilmė **2** sukūrimas; sukėlimas
originator [əˈrɪdʒɪneɪtə] *n* sukūrėjas, pradininkas
Orinoco [ˌɔːrɪˈnəukəu] *n* Orinokas *(upė Venesueloje)*
oriole [ˈɔːrɪəul] *n zool.* volungė; **black-naped ~** juodagalvė volungė
Orion [əˈraɪən] *n mit., astr.* Orionas
orison [ˈɔrɪzən] *n (ppr. pl) psn.* malda
Orkney [ˈɔːknɪ] *n:* **the ~ Islands** Orknio salos
Orlon [ˈɔːlɔn] *n* orlonas *(sintetinio audinio prekinis pavadinimas)*
orlop (-deck) [ˈɔːlɔp(dek)] *n jūr.* apatinis denis
ormolu [ˈɔːməluː] *n* **1** vario, alavo ir švino lydinys auksavimui; aukso imitacija; paauksuota bronza **2** baldai/daiktai su paauksuotos bronzos papuošimais
ornament *n* [ˈɔːnəmənt] **1** papuošalas, puošmena; ornamentas; papuošimas/dekoratyvinis daiktas **2** pažiba *(to)* **3** *pl* liturginiai drabužiai/indai **4** *pl muz.* ornamentika
v [ˈɔːnəment] *(ppr. pass)* (pa)puošti, ornamentuoti, dekoruoti *(with)*
ornamental [ˌɔːnəˈmentl] *a* dekoratyvinis; ornamentinis
ornamentation [ˌɔːnəmenˈteɪʃn] *n* **1** (pa)puošimas, dekoravimas **2** *kuop.* papuošalai, ornamentika
ornate [ɔːˈneɪt] *a* **1** puošnus **2** įmantrus, išpūstas *(apie literatūros stilių)*
ornery [ˈɔːnərɪ] *a amer. juok.* bjaurus, ūmus, užsispyręs
ornithic [ɔːˈnɪθɪk] *a* paukščių, paukštinis
ornitho- [ˈɔːnɪθəu-] *(sudurt. žodžiuose)* ornito- *(žymint sąsają su paukščiais);* **ornithopod** ornitopodas
ornithological [ˌɔːnɪθəˈlɔdʒɪkl] *a* ornitologinis
ornithologist [ˌɔːnɪˈθɔlədʒɪst] *n* ornitologas
ornithology [ˌɔːnɪˈθɔlədʒɪ] *n* ornitologija
ornithorhynchus [ˌɔːnɪθəˈrɪŋkəs] *n zool.* ančiasnapis
orogenesis [ˌɔːrəuˈdʒenɪsɪs] *n* = **orogeny**
orogeny [ɔˈrɔdʒənɪ] *n geol.* kalnodara, orogenezė
oroide [ˈɔurəuɪd] *n* aukso spalvos vario ir cinko lydinys
orotund [ˈɔrəutʌnd] *a knyg.* **1** skardingas, skambus *(apie balsą)* **2** pompastiškas, pretenzingas *(apie stilių)*
orphan [ˈɔːfn] <*n, a, v*> *n* našlaitis
a našlaičių, likęs našlaičiu
v padaryti našlaičiu; *pass* likti našlaičiu
orphanage [ˈɔːfənɪdʒ] *n* **1** našlaitystė **2** našlaičių namai/prieglauda
orphaned [ˈɔːfənd] *a* likęs našlaičiu
orphanhood [ˈɔːfənhud] *n* našlaitystė
Orphean [ɔːˈfiːən] *a* maloniai skambantis, melodingas, kerintis kaip Orfėjo muzika
Orpheus [ˈɔːfjuːs] *n gr. mit.* Orfėjas
orpin(e) [ˈɔːpɪn] *n bot.* šilokas
orrery [ˈɔrərɪ] *n* planetariumas *(aparatas)*
orris [ˈɔrɪs] *n* **1** *bot.* vilkdalgis; vilkdalgio šaknis **3** vilkdalgio šaknies milteliai
orris-powder [ˈɔrɪsˌpaudə] *n* = **orris** 3
orris-root [ˈɔrɪsruːt] *n* = **orris** 2
ortho- [ˈɔːθəu-] *(sudurt. žodžiuose)* orto- *(žymint, kad kas nors yra taisyklinga/normalu/tikra);* **orthogenesis** ortogenezė; **orthochromatic** ortochromatinis; **orthodontics** ortodontija

orthodontist [ˌɔːθəˈdɔntɪst] *n med.* ortodontas
orthodox [ˈɔːθədɔks] *a* **1** griežtų pažiūrų, ortodoksinis; visų priimtas, tradicinis **2** *(O.) rel.* stačiatikių; ***O. Church*** stačiatikių bažnyčia
orthodoxy [ˈɔːθədɔksɪ] *n* **1** ortodoksija **2** *(O.) rel.* stačiatikybė
orthoepy [ˈɔːθəuepɪ] *n kalb.* ortoepija
orthogonal [ɔːˈθɔgənəl] *a geom.* stačiakampis, ortogonalus
orthographic(al) [ˌɔːθəˈgræfɪk(l)] *a kalb.* ortografinis, rašybos
orthography [ɔːˈθɔgrəfɪ] *n kalb.* ortografija, rašyba
orthop(a)edic [ˌɔːθəˈpiːdɪk] *a med.* ortopedinis
orthop(a)edics [ˌɔːθəˈpiːdɪks] *n med.* ortopedija
orthop(a)edist [ˌɔːθəˈpiːdɪst] *n* ortopedas
orthoptera [ɔːˈθɔptərə] *n pl zool.* tiesiasparniai
ortolan [ˈɔːtələn] *n zool.* sodinė starta *(t. p.* **~ *bunting*)*
Orwell [ˈɔːwel] *n:* ***George ~*** Džordžas Orvelas *(anglų rašytojas)*
-ory [-ərɪ] *suff* -inis *(santykiniuose būdvardžiuose); t. p. verčiamas dalyviu ir daiktavardžio kilmininku;* ***declamatory*** deklamacinis; ***sensory*** sensorinis; juntamasis; ***exploratory*** tiriamasis, tyrimo
oryx [ˈɔrɪks] *n zool.* oriksas, arklinė antilopė
Oscar [ˈɔskə] *n* Oskaras *(vardas ir prizas)*
oscillate [ˈɔsɪleɪt] *v spec.* virpėti, vibruoti; svyruoti *(t. p. prk.; between)*
oscillation [ˌɔsɪˈleɪʃn] *n spec.* virpėjimas, vibracija; svyravimas *(t. p. prk.); pl* virpesiai; ***~ frequency*** *rad.* svyravimų/virpesių dažnis
oscillator [ˈɔsɪleɪtə] *n* **1** *tech.* osciliatorius, vibratorius; generatorius **2** *rad.* heterodinas
oscillatory [ˈɔsɪlətərɪ] *a spec.* svyruojamasis, virpesių, vibracinis; ***~ circuit*** *rad.* virpesių kontūras; ***~ motion*** virpamasis judesys
oscillograph [əˈsɪləgrɑːf] *n fiz.* oscilografas
oscilloscope [əˈsɪləskəup] *n fiz.* osciloskopas
oscular [ˈɔskjulə] *a* **1** *anat.* burnos, burninis **2** *juok.* bučiavimo(si)
osculate [ˈɔskjuleɪt] *v* **1** *juok.* bučiuotis **2** liestis *(t. p. geom.)*
-oses [-əusiːz] *pl žr.* **-osis**
osier [ˈəuzɪə] *n* **1** *bot.* gluosnis, karklas, žilvitis; ***red ~ purpurinis*** gluosnis; ***~ willow*** gluosnis, žilvitis **2** vytelė, vytis *(pynimui)*
osier-bed [ˈəuzɪəbed] *n* gluosnynas, karklynas, žilvitynas
Osiris [əuˈsaɪrɪs] *n* Ozyris *(sen. egiptiečių dievas)*
-osis [-əusɪs] *suff (pl* -oses) -ozė *(žymint būseną, procesą);* ***silicosis*** silikozė; ***leucocytosis*** leukocitozė; ***neuroses*** neurozės
Oslo [ˈɔzləu] *n* Oslas *(Norvegijos sostinė)*
osmium [ˈɔzmɪəm] *n chem.* osmis
osmosis [ɔzˈməusɪs] *n chem., fiz.* osmosas ◊ ***by ~*** dažnai girdint *(išmokti, suprasti)*
osmotic [ɔzˈmɔtɪk] *a chem., fiz.* osmosinis; ***~ pressure*** *fiz.* osmosinis slėgis; ***~ shock*** *biol.* osmosinis šokas
osprey [ˈɔsprɪ] *n zool.* (erelis) žuvininkas
osseous [ˈɔsɪəs] *a knyg.* **1** kaulėtas **2** kaulinis, kaulų
ossicle [ˈɔsɪkl] *n anat.* kaulelis
ossific [əˈsɪfɪk] *a med.* kaulėjamasis, kaulėjantysis
ossification [ˌɔsɪfɪˈkeɪʃn] *n* **1** *med.* (su)kaulėjimas, osifikacija **2** *prk.* sustabarėjimas
ossify [ˈɔsɪfaɪ] *v* **1** (su)kaulėti **2** *prk.* sustabarėti; sukietėti *(širdžiai),* tapti kietaširdžiam/nejautriam; padaryti kietaširdį/nejautrų/apdiržusį
ossuary [ˈɔsjuərɪ] *n ret.* **1** kremacinė urna **2** urvas su kaulais

osteitis [ˌɔstɪˈaɪtɪs] *n (pl* -tides [-tɪdiːz]) *med.* kaulo uždegimas, ostitas
ostensible [ɔˈstensəbl] *a* tariamas, apsimestinis, apsimetamas; oficialus; ***~ purpose*** oficialiai skelbiamas tikslas
ostensibly [ɔˈstensəblɪ] *adv* tariamai, neva; *(ko)* dingstimi
ostensive [ɔˈstensɪv] *a* **1** (pa)vaizdus, parodomasis; tiesioginis **2** = **ostensible**
ostentation [ˌɔstənˈteɪʃn] *n menk.* pasirodymas *(turtų, žinių ir pan.),* puikavimasis, pasigyrimas
ostentatious [ˌɔstənˈteɪʃəs] *a* mėgstantis pasirodyti; demonstratyvus; paradinis, pretenzingas
ostentatiously [ˌɔstənˈteɪʃəslɪ] *adv* demonstratyviai, pabrėžiamai; norint pasirodyti
osteo- [ˈɔstɪəu-] *(sudurt. žodžiuose)* osteo-; ***osteoarthritis*** osteoartritas; ***osteoid*** osteoidinis; ***osteology*** osteologija
osteopathy [ˌɔstɪˈɔpəθɪ] *n med.* osteopatija
ostler [ˈɔslə] *n ist.* arklininkas *(užvažiuojamame kieme)*
ostracism [ˈɔstrəsɪzm] *n* **1** ostrakizmas *(sen. Graikijoje)* **2** išvarymas *(iš visuomenės),* atsisakymas priimti į savo tarpą, atstūmimas
ostracize [ˈɔstrəsaɪz] *v* ištremti; išvaryti *(iš visuomenės),* atsisakyti priimti į savo tarpą, atstumti
ostrich [ˈɔstrɪtʃ] *n zool.* strutis ◊ ***~ policy*** politika, pagrįsta savęs apgaudinėjimu; ***to have the digestion of an ~*** *(ppr. juok.)* turėti gerą skrandį *(kuris viską suvirškina)*
Ostrogoth [ˈɔstrəugɔθ] *n ist.* ostgotas, ostrogotas
Oswald [ˈɔzwəld] *n* Osvaldas *(vardas)*
Othello [əuˈθeləu] *n* Otelas *(vardas)*
other [ˈʌðə] <*a, pron, adv, prep*> *a* **1** kitas; ***there was no ~ way to do it*** nebuvo kito kelio tai padaryti; ***every ~ day*** kas antra diena **2** anas; ***the ~ way*** anaip; priešinga kryptimi; ***on the ~ side*** anapus, kitapus; ***I saw them the ~ day*** aš mačiau juos aną/kažkurią dieną **3** *(su dkt. dgsk.)* kiti, likusieji; ***~ pupils*** kiti mokiniai; ***~ times, ~ manners*** kiti laikai – kiti papročiai; ***there were ~ people*** buvo ir šiaip žmonių
pron indef **1** kitas; ***no/none ~ than*** ne kas kitas kaip; ***one or ~ of us*** kas nors iš mūsų; ***some ~ time, perhaps*** kitąkart galbūt; ***some day/time or ~*** kada nors, anksčiau ar vėliau; ***smb/smth or ~*** kažkas, kas nors; ***think of ~s*** pagalvok apie kitus, nebūk egoistas **2** kitoks, kitoniškas; ***he may be quite ~ than seems*** jis gali būti visai kitoks negu atrodo **3** dar; ***they and three ~s*** jie ir dar trys; ***how many ~s do you want?*** kiek jums dar reikia ◊ ***on the ~*** antra vertus
adv (džn. vart. su **than**) kitaip; ***I could not do ~ than I did*** aš kitaip negalėjau pasielgti
prep (~ than) išskyrus; ***~ than that, everything's OK*** išskyrus tai, viskas gerai
other-directed [ˌʌðədɪˈrektɪd] *a* besistengiantis būti kaip visi, prisitaikantis prie kitų; konformistinis
otherness [ˈʌðənɪs] *n* kitoniškumas, skirtingumas
otherwhere [ˈʌðəweə] *n psn., poet.* kitur, kitoje vietoje
otherwise [ˈʌðəwaɪz] <*adv, conj, a*> *adv* **1** kitaip, kitoniškai; ***to think ~*** galvoti kitaip; ***or ~*** a) ar kitaip; b) ar ne **2** kitais atžvilgiais, šiaip; ***my lonely but ~ happy childhood*** mano vieniša, bet šiaip laiminga vaikystė ◊ ***and ~*** ir priešingai/atvirkščiai
conj kitaip, priešingu atveju; ***go at once, ~ you will be late*** eikite tuoj pat, kitaip pavėluosite
a kitoks, kitas; ***the matter is quite ~*** reikalas visai kitoks
otherwise-minded [ˈʌðəwaɪzˈmaɪndɪd] *a* kitų pažiūrų, kitamintis
otherworldly [ˌʌðəˈwəːldlɪ] *a* ne šio pasaulio, nežemiškas; anapusinis

otic ['əutɪk] *a anat.* ausų, ausinis; klausos
otiose ['əuʃɪəus, əutɪəus] *a* **1** *knyg.* niekam tinkamas, nereikalingas **2** *psn.* bergždžias; tingus, vangus
oto- ['əutəᵁ-] *(sudurt. žodžiuose)* oto-, ausies; **otolith** otolitas, ausies smėlis; **otophone** otofonas
otology [əu'tɔlədʒɪ] *n* otologija *(ausų ligų mokslas)*
otoscope ['əutəskəup] *n med.* otoskopas
Ottawa ['ɔtəwə] *n* Otava *(Kanados sostinė)*
otter ['ɔtə] *n* **1** *zool.* ūdra **2** ūdros kailis, ūdrena
otter-dog, -hound ['ɔtədɔg, -haund] *n* šuo ūdroms gaudyti
Ottoman ['ɔtəmən] *n* osmanas, otomanas; turkas *a* **1** *ist.* osmanų, otomanų **2** turkų; Turkijos
ottoman ['ɔtəmən] *n* otomanė *(plati sofa)*
oubliette [ˌu:blɪ'et] *pr. n ist.* požeminis kalėjimas
ouch [autʃ] *int* ai!, oi!, ach! *(pajutus skausmą, apmaudą)*
ought¹ [ɔ:t] *n šnek.* nulis
ought² *v mod* **1** reikėti; turėti, privalėti; *I ~ to go there* man reikėtų ten eiti; *you ~ not to say things like that* tu neturėtum tokių dalykų sakyti; *you ~ to have written to her* tu turėjai jai parašyti *(o neparašei)* **2** turbūt; *it ~ to be a fine day tomorrow* ryt turbūt bus graži diena; *that ~ to please him* tai turėtų jam patikti
oughtn't ['ɔ:tnt] = ought not
ounce¹ [auns] *n* **1** uncija *(= 28,35 gramo; sutr.* oz) **2** uncija *(skysčio tūrio vienetas; = 0,028 l D. Britanijoje; = 0,035 l JAV)* **3** lašas, truputis; *he hasn't an ~ of common sense* jis neturi nė trupučio sveiko proto ◊ *with every last ~ of strength* iš paskutiniųjų
ounce² *n zool.* irbis, sniego leopardas
our ['auə] *pron poss (vart. pažyminiu prieš dktv., plg.* **ours**) mūsų; savo; *this is ~ house* tai mūsų namas; *we came in ~ own car* mes atvažiavome savo mašina; *we sometimes do not know ~ own mind* mes kartais nežinome, ko patys norime
ours ['auəz] *pron poss (nevart. pažyminiu prieš dktv., plg.* **our**) mūsų; *this garden is ~* šis sodas mūsų; *it is no business of ~* (tai) ne mūsų reikalas
ourself [auə'self] *pron emph pr.* mes *(karaliaus kalboje, moksliniuose straipsniuose ir pan.)*
ourselves [auə'selvz] *pron* **1** *refl* savęs (pačių); save (pačius); sau (patiems); -si *(sangrąžos dalelytė);* *we hurt ~* mes susižeidėme; *we shall only harm ~* mes tik sau pakenksime **2** *emph* patys; *let us do it ~* padarykime tai patys ◊ *(all) by ~* a) vieni; b) vieni patys, be pašalinės pagalbos; *we came to ~ two hours later* mes atsigavome po dviejų valandų; *we are not ~* mes kaip nesavi
-ous [-əs] *(t. p.* -ious) *suff* -inis, -iškas, -ingas, -us, -uotas *(reiškiant savybės turėjimą);* **barbarous** barbariškas, laukinis; **jealous** pavydus, pavydulingas; **mountainous** kalnuotas
ousel ['u:zl] *n* = **ouzel**
oust [aust] *v* **1** pašalinti, išstumti, išvaryti *(from);* užimti *(kieno vietą)* **2** *teis.* iškeldinti, atimti *(turtą) (of)*
ouster ['austə] *n* **1** *(ypač amer.)* pašalinimas, atleidimas *(iš darbo, pareigų)* **2** *teis.* iškeldinimas, turto atėmimas *(ypač neteisėtas)*
out [aut] <*adv, part, prep, a, n, int, v*> *adv* lauke, laukan, lauk; ne namie; *to be ~* būti lauke, nebūti namie; *to eat ~* valgyti ne namie; *to go ~* eiti laukan, išeiti; *to want ~* prašytis laukan, norėti išeiti *(apie šunį ir pan.);* *~ at sea* atviroje jūroje; *he is ~* jis išėjęs; *~ with him!* lauk jį! ◊ *~ and about* ≅ vėl ant kojų, pasitaisęs *(po ligos);* *~ and away* žymiai, nepalyginamai; *~ and out* visiškai;

~ and home ten ir atgal; *to be ~ for smth* siekti, norėti ko; *to be ~ (all) to smth* visomis išgalėmis siekti ko; *to be ~ with smb* nesugyventi su kuo; *~ with it!* na, sakyk! *part (vart. su vksm.)* **1** iš- *(žymint veiksmo kryptį į išorę);* *to take ~* išimti **2** nu-, su-, už-, iš- *(žymint veiksmo/reiškinio užbaigimą/pabaigą);* *to wear ~* nudėvėti, sudėvėti; *to sell ~* išparduoti; *to write ~ a check* išrašyti čekį; *the fire [the candle] is ~* ugnis [žvakė] užgeso; *the money is ~* pinigai baigėsi; *before the week is ~* iki savaitės galo **3** *žymint nukrypimą nuo normos/ taisyklių, nebevartojimą ir pan.:* *to be ~ in one's calculations/reckoning* suklysti skaičiuojant, apsiskaičiuoti; *my watch is five minutes ~* mano laikrodis penkias minutes skuba/vėluoja; *crinolines are ~* krinolinai išėjo iš mados **4** *žymint pasirodymą, išaiškėjimą:* *the book is ~* knyga išėjo iš spaudos; *the secret is ~* paslaptis išaiškėjo; *the sun came ~* saulė pasirodė
prep (~ of) **1** už *(žymint padėtį už ko ribų);* *he lives ~ of town* jis gyvena už miesto **2** iš *(žymint judėjimą už ko ribų);* *they moved ~ of town* jie išvažiavo iš miesto; *stand ~ of the way* eikite iš kelio **3** iš *(žymint medžiagą, iš kurios kas pagaminta);* *the house is built ~ of bricks* namas pastatytas iš plytų **4** iš *(tam tikro skaičiaus);* *five pupils ~ of twenty* penki mokiniai iš dešimties **5** iš, dėl *(žymint veiksmo priežastį, pagrindą);* *~ of envy* iš pavydo **6** be, ne- *(žymint ko nebuvimą);* *~ of money* be pinigų; *~ of work* be darbo; *~ of time* ne laiku; b) ne į taktą; *~ of use* nevartojamas; *~ of health* nesveikas ◊ *to be/feel ~ of it šnek.* a) jaustis vienišam, nepritapti; b) būti įkaušusiam
a **1** esantis/vykstantis ne namie; nukreiptas laukan; *~ match* mačas išvykoje; *~ train* traukinys iš miesto **2** didesnis negu įprasta, didžiulis **3** laisvėje, laisvas *(ne kalėjime)* **4** suplyšęs, skylėtas *(apie drabužį)* **5** *tech.* išjungtas
n šnek. **1** išeitis, proga išsisukti, pasiteisinimas **2** *(O.)* išėjimas *(užrašas)* **3** *(the ~s) pl parl.* opozicija **4** *amer.* trūkumas ◊ *to be on the ~s with smb šnek.* būti susipykusiam su kuo
int sport. *~!* užribis!
v **1** *šnek.* išvaryti, išstumti **2** gesinti *(lempą ir pan.)* **3** *sport.* pašalinti iš aikštės **4** *sport.* nokautuoti **5** *(ppr. pass)* viešai paskelbti *(apie homoseksualistą)*
out- [aut-] *pref* **1** iš- *(reiškiant veiksmo/judėjimo kryptį laukan/išorėn);* **outpour** išpilti; **outgoing** išeinantis, išvykstantis **2** per-, geriau, ilgiau, pralenkti *(reiškiant pranašumą, persvarą);* **outcry** perrėkti; **outlive** pergyventi, pragyventi *(ilgiau);* **outrun** pralenkti *(bėgant);* **outperform** atlikti geriau
outage ['autɪdʒ] *n* **1** *(mašinos)* prastova; darbo nutraukimas/sustabdymas **2** *spec.* nubyrėjimas, nutekėjimas, nuotėkis **3** *tech.* išleidimo anga
out-and-out [ˌautənd'aut] *a attr* **1** visiškas, visas; *~ war* totalinis karas **2** įsitikinęs, tvirtai nusistatęs; *~ republican* įsitikinęs respublikonas **3** paskutinis, nepataisomas, beviltiškas *(apie kvailį, nenaudėlį)*
out-and-outer [ˌautənd'autə] *n* **1** *šnek.* ekstremistas; tas/ tai, kas neturi sau panašaus/lygaus **2** *sl.* paskutinis/didžiausias netikėlis
outargue [aut'ɑ:gju:] *v* perginčyti
outback ['autbæk] *n austral.* tolimi, retai gyvenami rajonai
outbalance [aut'bæləns] *v* **1** nusverti **2** būti pranašesniam, pralenkti, viršyti
outbid [aut'bɪd] *v* (outbid) **1** kelti kainą *(varžantis);* (pa)siūlyti didesnę kainą **2** pranokti, viršyti

outboard ['autbɔ:d] *a* **1** *jūr.* esantis už borto, užbortinis; *~ motor* variklis, įtaisytas už borto **2** *av.* esantis ant sparno *ar* po sparnu

outbound ['autbaund] *a* **1** išplaukiantis į tolimą plaukiojimą *ar* į užsienį *(apie laivą)* **2** eksportinis, išvežamasis *(apie krovinį);* išsiunčiamas *(apie pašto korespondenciją)*

outbrave [aut'breɪv] *v* **1** pralenkti drąsumu/narsumu **2** nesiskaityti, elgtis įžūliai **3** nepabūgti

outbreak ['autbreɪk] *n* **1** išsiveržimas, prasiveržimas; *volcanic ~* staigus vulkano išsiveržimas **2** *(karo, epidemijos, ligos ir pan.)* (staigi) pradžia, protrūkis, įsiliepsnojimas; *(kenkėjų)* masinis atsiradimas; *an ~ of rain* liūtis **3** sukilimas; maištas
v poet. = **break out**

outbuilding ['aut‚bɪldɪŋ] *n* = **outhouse** 1 *ir* 2

outburst ['autbɔ:st] *n (jausmo)* protrūkis, prasiveržimas; sprogimas; *~ of laughter [of anger]* juoko [pykčio] protrūkis

outcast ['autkɑ:st] *n* atstumtasis, paniekintasis
a atstumtas, paniekintas; benamis

outcaste ['autkɑ:st] *n* **1** žmogus, nepriklausantis jokiai kastai, *ar* netekęs kastos teisių *(Indijoje)* **2** *prk.* parijas

outclass [aut'klɑ:s] *v* **1** palikti toli užpakalyje; pralenkti **2** *sport.* būti aukštesnės kategorijos; turėti aukštesnį atskyrį

outcome ['autkʌm] *n* rezultatas, pasekmė, išdava

outcrop ['autkrɒp] *n* **1** *geol.* uolienų atodanga; sluoksnių išeiga **2** atsiskleidimas, prasiveržimas
v **1** *geol.* išeiti į žemės paviršių; atsidengti **2** atsitiktinai iškilti aikštėn, atsiskleisti

outcry ['autkraɪ] *n* **1** sušukimas, šauksmas; riksmas **2** *(atviras)* nepasitenkinimas, protestas
v perrėkti

outdance [aut'dɑ:ns] *v* šokti ilgiau/geriau už kitus

outdare [aut'dɛə] *v* **1** pralenkti drąsumu/narsumu **2** nepabūgti

outdated [‚aut'deɪtɪd] *a* pasenęs

outdid [aut'dɪd] *past žr.* **outdo**

out-distance [aut'dɪstᵊns] *v* pralenkti, aplenkti

outdo [aut'du:] *v* (outdid; outdone [aut'dʌn]) pralenkti, nurungti, būti pranašesniam *(in – kuo)*

outdoor ['autdɔ:] *a attr* **1** *(esantis, vykstantis)* lauke, atvirame ore; *to lead an ~ life* praleisti daug laiko lauke/gamtoje; *~ type* žmogus, mėgstantis aktyvų poilsį gamtoje; *~ theatre* vasaros teatras **2** lauko; skirtas dėvėti lauke *~ aerial rad.* lauko antena ◊ *~ hands* supleišėjusios/sutrūkinėjusios rankos

outdoors [‚aut'dɔ:z] *adv* lauke, atvirame ore; užduryje; *to go ~* išeiti į lauką
n atviras oras, gamta, kaimas *(t. p. the great ~)* ◊ *all ~ amer.* visas pasaulis, viskas

outdrive [aut'draɪv] *v* (outdrove [aut'drəuv]; outdriven [aut'drɪvn]) aplenkti *(važiuojant)*

outer ['autə] *a attr* **1** išorinis; *the ~ world* a) išorinis/materialusis pasaulis; b) išorinis pasaulis, visuomenė, žmonės; *the ~ man* žmogaus išorė/išvaizda, kostiumas; *~ garments* viršutiniai drabužiai; *~ space* visata, esanti už žemės atmosferos; *the ~ wood* pamiškė **2** nutolęs nuo centro, tolimesnis, atokus **3** fizinis *(priešingas psichiniam)* **4** *filos.* objektyvus
n kar., sport. išorinis (taikinio) ratas

outermost ['autəməust] *a attr* tolimiausias, atokiausias, daugiausia nutolęs *(nuo centro/vidurio)*

outerwear ['autəwɛə] *n* viršutiniai drabužiai

outface [aut'feɪs] *v* **1** sutrikdyti žvilgsniu/sukonfūzyti **2** elgtis arogantiškai; mesti iššūkį; nenusileisti, įveikti

outfall ['autfɔ:l] *n (upės, kanalo ir pan.)* nutekėjimas, nuotakas *(į jūrą),* žiotys, išvadas

outfield ['autfi:ld] *n* **1** tolimas laukas **2** *sport.* tolimoji aikštelės dalis *(beisbole, krikete);* žaidėjai tolimojoje aikštelės dalyje

outfighting ['aut‚faɪtɪŋ] *n kar.* kautynės tolimose prieigose **2** tolima kova *(bokse)*

outfit ['autfɪt] *n* **1** apranga, drabužiai, drabužių komplektas **2** įranga, reikmenys, įrankių komplektas; *a carpenter's ~* dailidės instrumentai **3** *šnek.* organizuota grupė, skyrius; ekspedicija; *polit.* frakcija; *kar.* dalis, dalinys **4** *(džiazo ir pan.)* grupė, ansamblis **5** įmonė; *publishing ~* leidykla ◊ *mental ~* žinių bagažas, žinios
v (-tt-) **1** ap(si)rūpinti (viskuo, kas reikalinga); išrengti; aprengti **2** tiekti įrengimus; įrengti

outfitter ['autfɪtə] *n* **1** aprangos/įrangos tiekėjas **2** vyriškų drabužių parduotuvė *(t. p. (gentle)men's ~)* **3** *amer.* sporto reikmenų parduotuvė

outflank [aut'flæŋk] *v* **1** *kar.* apeiti *(priešo)* sparną **2** pergudrauti

outflew [aut'flu:] *past žr.* **outfly**

outflow *n* ['autfləu] ištekėjimas; nuotėkis; *an ~ of language* žodžių srautas
v [aut'fləu] ištekėti

outfly [aut'flaɪ] *v* (outflew; outflown [aut'fləun]) **1** aplenkti *(skrendant)* **2** skristi greičiau/toliau

outfox [aut'fɒks] *v* pergudrauti

outgeneral [‚aut'dʒenᵊrəl] *v (-ll-) kar.* pralenkti vadovavimu/sumanumu; įveikti *(geresnės taktikos, strategijos dėka)*

outgiving ['aut‚gɪvɪŋ] *n* pareiškimas, pasisakymas
a nesusilaikantis, atviras

outgo *n* ['autgəu] *(pl ~es* [-z]) **1** išėjimas; išvykimas **2** išlaidos **3** nuotėkis
v [aut'gəu] (outwent; outgone) pralenkti, viršyti

outgoing ['aut‚gəuɪŋ] *a* **1** išeinantis; išvykstantis, išplaukiantis; atslūgstantis *(apie potvynį)* **2** baigiantis kadenciją, pasitraukiantis *(apie prezidentą ir pan.)* **3** (iš)siunčiamasis *(apie raštus, paštą)* **4** draugiškas, mėgstantis bendrauti **5** *tech.* (iš)naudotas
n **1** išėjimas **2** *pl* išlaidos

outgone [aut'gɒn] *pII žr.* **outgo** *v*

outgrow [aut'grəu] *v* (outgrew [aut'gru:]; outgrown [aut'grəun]) **1** peraugti **2** išaugti *(drabužius, avalynę)* **3** išaugti, augant pamiršti *(vaikiškus įpročius ir pan.)*

outgrowth ['autgrəuθ] *n* **1** *bot., med.* išauga, ataugа **2** rezultatas, išdava, produktas, padarinys

outguess [aut'ges] *v* atspėti *(kieno)* ketinimus; pralenkti gudrumu

outhaul ['authɔ:l] *n jūr.* atotampa

out-Herod [‚aut'herəd] *v* pralenkti žiaurumu Erodą *(t. p. ~ Herod)*

outhouse ['authaus] *n* **1** atskiras priestatas/flygelis **2** ūkiniai/sodybiniai pastatai **3** *amer.* išvietė kieme

outing ['autɪŋ] *n* **1** ekskursija, išvyka *(į užmiestį, muziejų, teatrą ir pan.);* piknikas **2** viešas paskelbimas *(apie homoseksualistą)*

outjockey [aut'dʒɒkɪ] *v šnek.* pergudrauti, pralenkti apsukrumu

outlaid [aut'leɪd] *past ir pII žr.* **outlay** *v*

outlandish [aut'lændɪʃ] *a* **1** svetimas; nežinomas **2** keistas, groteskinis **3* atkampus, nuošalus

outlast [aut'lɑ:st] *v* **1** trukti ilgiau *(už)* **2** = **outlive** 2 **3** išgyventi *(kurį laiką)*

outlaw ['autlɔ:] <n, a, v> n **1** asmuo, esantis už įstatymo ribų *(įstatymo neginamas);* nusikaltėlis **2** organizacija, paskelbta už įstatymo ribų
a neteisėtas; ~ **strike** *amer.* streikas, nesuderintas su profsąjunga
v **1** paskelbti už įstatymo ribų; uždrausti įstatymu **2** *amer.* atimti įstatymo galią
outlawry ['autlɔ:rɪ] n *ist. (kieno)* buvimas/paskelbimas už įstatymo ribų
outlay n ['autleɪ] *fin.* išlaidos, sąnaudos; **cost** ~ kaštų sąmata
v [aut'leɪ] (outlaid) leisti *(pinigus)*
outlet ['autlet] n **1** išleidimo/išėjimo anga, išeiga, išėjimas **2** *(jausmų, energijos)* iš(si)liejimas; būdas/proga išlieti *(jausmus ir pan.)* **3** nutekėjimas, ištekėjimas; nuotakas **4** *kom.* realizavimo rinka **5** *amer. el.* kištukinis lizdas
outline ['autlaɪn] n **1** *(džn. pl)* kontūras, apybraiža; **an ~ of European history** Europos istorijos apybraiža; **in ~** a) bendrais bruožais; b) kontūrinis *(apie piešinį)* **2** metmenys; eskizas, škicas **3** nusakymas bendrais bruožais; planas **4** *pl* pagrindai, pagrindiniai principai **5** *attr* kontūrinis; ~ **map** kontūrinis žemėlapis; ~ **drawing** scheminis brėžinys; brėžinys-šablonas
v **1** nubrėžti/nupiešti kontūrus **2** apmesti; škicuoti **3** nubrėžti/nusakyti bendrais bruožais
outlive [aut'lɪv] v **1** pergyventi, išgyventi; **to ~ the disgrace** pergyventi tą bėdą **2** pragyventi *(ilgiau už kitą)* ◊ **to ~ its usefulness** atgyventi savo dienas
outlook ['autluk] n **1** perspektyva; **the economic ~ is bleak [bright]** ekonomikos perspektyvos liūdnos [šviesios]; **the ~ for tomorrow is rain** *meteor.* rytoj numatomas lietingas oras **2** požiūris *(on – į);* **world ~** pasaulėžiūra **3** vaizdas *(žiūrint pro langą ir pan.); prk.* akiratis **4** stebėjimas; stebėjimo vieta
outlying ['aut͵laɪɪŋ] a attr atokus, nuošalus
outman(o)euvre [͵autmə'nu:və] v **1** įgyti pranašumą sumaniau manevruojant **2** pergudrauti
outmarch [aut'mɑ:tʃ] v **1** žygiuoti greičiau/toliau *(už)* **2** pralenkti
outmatch [aut'mætʃ] v būti pranašesniam, pralenkti
outmeasure [aut'meʒə] v pralenkti/viršyti kiekiu/dydžiu
outmoded [͵aut'məudɪd] a išėjęs iš mados; pasenęs
outmost ['autməust] a = **outermost**
outness ['autnɪs] n išorinis pasaulis; objektyvi tikrovė
outnumber [aut'nʌmbə] v viršyti skaičiumi
out-of-bounds [͵autəv'baundz] a *sport.* (esantis) nuošalėje, už aikštės ribų
out-of-date ['autəv'deɪt] a išėjęs iš mados, senamadis; pasenęs, nebegaliojantis
out-of-door(s) ['autəv'dɔ:(z)] <a, adv, n> a = **outdoor**
adv = **outdoors**
n = **outdoors**
out-of-pocket ['autəv'pɔkɪt] a **1** apmokėtas/apmokėtinas grynais; ~ **expenses** smulkios išlaidos, susijusios su darbu *(apmokamos darbdavio)* **2** be lėšų
out-of-print ['autəv'prɪnt] a retas *(apie knygą);* ~ **books** bukinisto knygos
out-of-sight [͵autəv'saɪt] a *amer.* didžiulis *(apie pinigų sumą ir pan.)*
out-of-the-way [͵autəvðə'weɪ] a **1** nuošalus, atokus; atkampus, tolimas; **2** mažai žinomas; retas, neįprastas, keistokas
out-of-work ['autəv'wə:k] a neturintis darbo
n bedarbis
outpace [aut'peɪs] v aplenkti, eiti greičiau

out-party ['aut͵pɑ:tɪ] n opozicinė partija *(ne valdžioje)*
outpatient ['aut͵peɪʃnt] n ambulatorinis ligonis
outplacement ['aut͵pleɪsmənt] n atleistųjų iš darbo į(si)darbinimas
outplay [aut'pleɪ] v žaisti geriau *(už);* nužaisti
outpoint [aut'pɔɪnt] v *sport.* laimėti daugiau taškų už
outpost ['autpəust] n **1** *kar.* avanpostas; priešakinis *(sargybos)* postas **2** tolima sritis/kolonija; atoki vieta; tolimas prekybos taškas/filialas
outpour n ['autpɔ:] iš(si)liejimas; ištekėjimas
v [aut'pɔ:] išlieti, išpilti
outpouring ['aut͵pɔ:rɪŋ] n **1** *(ppr. pl) (jausmų)* išliejimas; širdies atvėrimas **2** *(žodžių)* tirada
output ['autput] n **1** produkcija, išeiga; gamybos apimtis; išdirbis; ~ **quota** išdirbio norma **2** *komp. (informacijos, duomenų)* išvestis; ~ **device/unit** duomenų išvesties įrenginys **3** *tech.* našumas; gamybinis pajėgumas, galingumas, galia; **energy** ~ energijos atidavimas **4** *kas.* gavyba
v *komp.* išvesti informaciją
outrage ['autreɪdʒ] n **1** pasipiktinimą keliantis dalykas; pa(si)piktinimas, įžeidimas; **what an ~!** kaip pikta/apmaudu! **2** *(įstatymo, teisių)* šiurkštus pažeidimas; **an ~ against society** pasityčiojimas iš visuomenės **3** smurtas
v **1** pa(si)piktinti, įžeisti, šokiruoti **2** šiurkščiai pažeisti *(įstatymą)* **3** naudoti smurtą
outrageous [aut'reɪdʒəs] a **1** piktinantis, papiktinamas; įžeidžiamas **2** siaubingas; nežmoniškas
outran [aut'ræn] *past žr.* **outrun**
outrange [aut'reɪndʒ] v **1** *kar.* šaudyti toliau *(negu kitas pabūklas)* **2** aplenkti *(laivą lenktynėse)*
outrank [aut'ræŋk] v **1** būti aukštesnio rango, turėti aukštesnį laipsnį **2** būti pranašesniam/svarbesniam
outré ['u:treɪ] *pr. a* **1** peržengiantis *(padorumo ir pan.)* ribas; ekscentriškas **2** perdėtas, utriruotas
outreach n ['autri:tʃ] *(ypač amer.)* **1** paslaugų centras *(žmonėms su negalia)* **2** *(vartotojų ir pan.)* aprėpimas
v [aut'ri:tʃ] peržengti/plėsti ribas, viršyti; siekti toliau *(už)*
outride [aut'raɪd] v (outrode; outridden [aut'rɪdn]) **1** aplenkti, pralenkti *(važiuojant, jojant)* **2** atlaikyti, pakelti *(audrą, nelaimę ir pan.; džn. apie laivą)*
outrider ['aut͵raɪdə] n **1** raitininkas, lydintis ekipažą **2** eskorto motociklininkas *(t. p.* **motorcycle ~***)*
outrigger ['aut͵rɪgə] n **1** *jūr.* autrigeris *(irklinė valtis su išorinėmis įkabomis)* **2** *spec.* spyrys
outright a ['autraɪt] *attr* **1** tiesus, atviras **2** visiškas; **he gave an ~ denial** jis griežtai paneigė **3** aiškus, neabejotinas; ~ **rogue** paskutinis nenaudėlis/niekšas; **he's the ~ winner** jis yra aiškus nugalėtojas
adv [aut'raɪt] **1** visiškai **2** atvirai, tiesiai **3** iš karto, vietoje; **all three were killed ~** visus tris užmušė iš karto **4** kartą visiems laikams
outrival [aut'raɪvl] v *(-ll-)* nurungti, nukonkuruoti
outrode [aut'rəud] *past žr.* **outride**
outrun [aut'rʌn] v (outran; outrun) **1** aplenkti, pralenkti; pabėgti *(nuo)* **2** peržengti ribas, nueiti per toli
outrunner ['autrʌnə] n **1** *ist.* palydovas *(bėgantis šalia ekipažo)* **2** šauklys **3** dvailas arklys **4** *(pakinkytas)* šuo vedlys
outsat [aut'sæt] *past ir pII žr.* **outsit**
outsell [aut'sel] v (outsold) **1** parduoti greičiau/daugiau *(kaip kitą prekę)* **2** parduoti daugiau *(už konkurentus)*
outset ['autset] n **1** pradžia; išvykimas; **at the ~** pradžioje; **from the ~** iš pat pradžių **2** *poligr.* priegrafis

outshine [aut'ʃaɪn] *v* (outshone [aut'ʃɔn]) **1** šviesti ryškiau *(už)* **2** *prk.* užtemdyti, nustelbti

outside <*n, a, adv, prep*> *n* ['aut'saɪd] **1** išorinė/lauko pusė; išorė; *on the ~* a) iš lauko/išorės; b) iš šalies, pašalinis *(apie žmogų);* c) laisvėje *(ne kalėjime);* **to bring in an expert from (the) ~** pasikviesti ekspertą iš šalies; *the window opens to the ~* langas atsidaro į lauko pusę **2** išorinis pasaulis; objektyvi tikrovė **3** išorė, išvaizda; *judging from the ~* sprendžiant iš išorės/išvaizdos **4** *pl* viršuje esantys lapai *(popierių šūsnyje)* ◊ *at the (very) ~* kraštutiniu atveju, daugių daugiausia
a ['autsaɪd] *attr* **1** išorinis; esantis/vykstantis lauke/ore; *~ staircase* išoriniai laiptai; *~ work* darbas lauke/ore; *~ water* jūr. vanduo už borto **2** kraštinis; *~ seat* kraštinė vieta *(prie lango); ~ left* sport. kairysis kraštinis puolėjas **3** pašalinis, iš šalies teikiamas; nesusijęs su įstaiga/darbu; *~ help* pagalba iš šalies; *~ matters* pašaliniai reikalai; *~ broadcast* rad., tel. laida ne iš studijos **4** kraštutinis, didžiausias; *~ price* paskutinė kaina **5** labai mažas, menkas *(apie progą, galimybę);* *he has got an ~ chance of winning* jam maža šansų laimėti
adv [aut'saɪd] **1** iš išorės, iš lauko **2** lauke, ore; laukan, oran; *it's still dark ~* lauke dar tamsu; *he went ~* jis išėjo laukan *(iš namų)* **3** *jūr.* atviroje jūroje ◊ *~ in* išvirkščiai
prep [aut'saɪd] *(t. p. ~ of)* **1** už *(ribų); ~ the door* už durų; *~ office hours* ne tarnybos laiku **2** išskyrus; *this species isn't found ~ Europe* ta rūšis sutinkama tik Europoje ◊ *~ of a horse* šnek. raitas; *to get ~ of* šnek. a) suvalgyti, išgerti; b) susigaudyti *(kur, kokioje srityje)*

outsider [‚aut'saɪdə] *n* **1** pašalietis, pašalinis (asmuo); *šnek.* ≡ ne mūsų žmogus **2** nespecialistas, mėgėjas **3** *šnek.* neišauklėtas žmogus **4** *sport.* autsaideris; lenktynių arklys, nesantis favoritu **5** *ekon.* autsaideris; pašalinis verteiva

outsit [aut'sɪt] *v* (outsat) pasilikti ilgiau *(už kitus svečius);* užsisėdėti

outsize(d) ['autsaɪz(d)] *a* nestandartinis; didžiulis; didelio numerio *(apie drabužį)*

outskirts ['autskə:ts] *n pl* **1** priemiestis; pakraštys; *on the ~s (of town)* priemiestyje **2** pagirys, pamiškė

outsmart [aut'sma:t] *v* pralenkti gudrumu, pergudrauti

outsold [aut'səuld] *past ir pII žr.* **outsell**

outspoken [aut'spəukən] *a* **1** atvirai pasakytas/išreikštas; *to be ~ in one's criticism* kritikuoti tiesiai/atvirai **2** tiesmukas, atviras,

outspread <*n, a, v*> *n* ['autspred] **1** iš(si)skleidimas **2** išplitimas
a ['aut'spred] **1** ištiestas, išskleistas **2** išplėstas, išplitęs
v [aut'spred] (outspread) **1** (iš)sklisti, iš(si)skleisti **2** plisti; plėsti

outstanding [aut'stændɪŋ] *a* **1** įžymus; išsiskiriantis, iškilus; nuostabus **2** išsikišęs, kyšojantis; *~ veins* iššokusios/išsivertusios venos **3** neapmokėtas, nesumokėtas *(apie skolą ir pan.)* **4** neišspręstas *(apie klausimą, ginčą);* nepadarytas, neatliktas

outstandingly [aut'stændɪŋlɪ] *adv* nuostabiai, nepaprastai

outstare [aut'stɛə] *v* sugluminti žvilgsniu

outstay [aut'steɪ] *v* **1** užsibūti ilgiau *(už);* per ilgai užsibūti; *to ~ one's welcome* pasilikti svečiuose ilgiau, negu patinka šeimininkams **2** išlaikyti, ištverti

outstep [aut'step] *v* peržengti ribas; nužengti/nueiti toliau *(už)*

outstretched [‚aut'stretʃt] *a* **1** ištiestas *(apie ranką ir pan.)* **2** išsitiesęs; ištemptas, išsitempęs

outstrip [aut'strɪp] *v* **1** aplenkti **2** pralenkti, būti gausesniam/pranašesniam; *demand for energy is ~ping the supply* energijos pareikalavimas yra didesnis už turimus išteklius

outtake ['autteɪk] *n (redaktoriaus)* iškirpta filmo/juostos dalis

outtalk [aut'tɔ:k] *v* perkalbėti, užkalbėti *(kitą žmogų);* neduoti pasakyti žodžio

out-to-out ['auttu'aut] *n tech.* didžiausia gabaritų apimtis

outtop [aut'tɔp] *v* **1** būti aukštesniam/aukščiau *(ko)* **2** pralenkti

out-tray ['auttreɪ] *n* siunčiamų laiškų/dokumentų dėžutė *(įstaigoje)*

outturn ['autə:n] *n* = **output** 1

outvalue [aut'vælju:] *v* būti vertingesniam *(už)*

outvie [aut'vaɪ] *v* pranokti, pralenkti *(varžovus)*

outvoice [aut'vɔɪs] *v* perrėkti

outvote [aut'vəut] *v* **1** nugalėti balsų dauguma **2** neišrinkti, atmesti balsų dauguma

outwalk [aut'wɔ:k] *v* eiti greičiau/toliau *(už)*

outward ['autwəd] <*a, n, adv*> *a* **1** išorinis, išviršinis; nukreiptas laukan/tolyn; *~ form* išorė; *~ flow* ištekančioji srovė; *~ things* supantis pasaulis; *to all ~ appearances, to ~ seeming* sprendžiant iš išorės **2** matomas **3** *jūr.* pasiruošęs išplaukti ◊ *the ~ man* a) žmogaus kūnas; b) *juok.* drabužis
n psn. **1** išorė; išvaizda **2** materialusis pasaulis
adv = **outwards**

outward-bound ['autwəd'baund] *a* išplaukiantis į tolimą plaukiojimą *(apie laivą);* vykstantis/siunčiamas į užsienį

outwardly ['autwədlɪ] *adv* **1** iš oro pusės **2** iš išorės, išoriškai, iš pažiūros; *she remained ~ calm* išoriškai ji išliko rami

outwardness ['autwədnɪs] *n* **1** išoriškumas, išorė; objektyvumas **2** per didelis praktiškumas

outwards ['autwədz] *adv* išorėn, laukan, oran, tolyn; už ribų; *the door opens ~* durys atsidaro į lauko pusę

outwash ['autwɔʃ] *n geol.* nuoplova; nešmenys

outwatch [aut'wɔtʃ] *v* **1** neiti gulti ilgiau *(už),* nemiegoti, išbudėti *(visą naktį)* **2** stebėti, sekti akimis *(daiktą, kol jis dings iš akių)*

outwear [aut'wɛə] *v* (outwore; outworn) **1** nunešioti, nudėvėti **2** ilgiau dėvėtis *(už)* **3** *(ppr. pII)* išsekinti *(jėgas ir pan.)*

outweigh [aut'weɪ] *v* **1** nusverti; viršyti *(svoriu)* **2** turėti persvarą; persverti, būti įtakingesniam/svarbesniam *ir pan.*

outwent [aut'went] *past žr.* **outgo** *v*

outwit [aut'wɪt] *n* pralenkti apsukrumu/gudrumu; pergudrauti; apgauti

outwith [aut'wɪθ] *škot.* = **outside** *prep*

outwore [aut'wɔ:] *past žr.* **outwear**

outwork *n* ['autwə:k] **1** darbas ne dirbtuvėje, ne fabrike *ir pan.,* namudinis darbas **2** *(ppr. pl) kar.* išoriniai įtvirtinimai
v [aut'wə:k] dirbti greičiau ir geriau *(už),* pralenkti darbe

outworker ['aut‚wə:kə] *n* namudininkas

outworn *pII* [aut'wɔ:n] *žr.* **outwear**
a ['aut'wɔ:n] *attr* **1** nudėvėtas **2** pasenęs, atgyvenęs *(apie pažiūras, papročius); ~ quotations* nuvalkiotos citatos **3** išsekintas, sunykęs

ouzel ['u:zl] *n zool.* strazdas; juodasis strazdas; *ring ~* baltagurklis strazdas

ova ['əuvə] *pl* žr. **ovum**

oval ['əuvl] *a* ovalus, apvalainas; **the O. Office** *amer.* prezidentūra *(Baltuosiuose rūmuose)* *n* ovalas

oval-shaped ['əuvlʃeɪpt] = **oval** *a*

ovarian [əu'vɛərɪən] *a anat.* kiaušidės

ovary ['əuvərɪ] *n* 1 *anat.* kiaušidė 2 *bot.* mezginė

ovate ['əuveɪt] *a bot.* ovalus *(apie lapą)*

ovation [əu'veɪʃn] *n* ovacija; **to give smb an** ~ surengti kam ovaciją; **standing** ~ griausmingos ovacijos *(visiems atsistojus)*

oven ['ʌvn] *n* 1 orkaitė 2 krosnis ◊ **like an** ~ ≡ kaip pirtyje

ovenproof ['ʌvnpruːf] *a* atsparus karščiui *(apie indus)*

oven-ready [ˌʌvn'redɪ] *a* paruoštas virti/kepti *(apie nupirktus maisto produktus)*

over ['əuvə] *<prep, adv, part, n, a>* *prep* 1 virš, viršum; per; už; prie *(žymint vietą)*; ~ **our heads** a) virš mūsų galvų; b) ne mūsų galvoms, mums nesuprantama; c) *šnek.* apeinant mus, nepasitarus su mumis; **a bridge** ~ **the river** tiltas per upę; **a village** ~ **the river** kaimas už upės; **they were sitting** ~ **the burning fire** jie sėdėjo prie laužo, aplink laužą 2 per, nuo, ant *(žymint judėjimą per ką, nuo ko, paviršiumi ko)*; **he looked** ~ **his spectacles** jis pažiūrėjo per akinių viršų; **he jumped** ~ **the ditch** jis peršoko per griovį; **to fall** ~ **the cliff** nukristi nuo uolos; **he pulled his hat** ~ **his eyes** jis užsimaukšlino skrybėlę ant akių; **she spread a carpet** ~ **the floor** ji patiesė kilimą ant grindų 3 po *(žymint paplitimą ir pan., džn.* **all** ~); **all** ~ **the town** po visą miestą 4 per *(žymint laiko tarpą)*; **he packed** ~ **two hours** jis susipakavo per dvi valandas; **we stayed with her** ~ **the weekend** mes pasilikome pas ją savaitgaliui 5 daugiau kaip, per; ~ **five millions** per penkis milijonus, daugiau kaip penki milijonai 6 aukščiau už, palyginti su *(žymint aukštesnę padėtį, pranašumą, valdžią ir pan.)*; **a colonel is** ~ **a lieutenant** pulkininkas yra aukščiau už leitenantą; **to win an advantage** ~ **smb** pasiekti pranašumo prieš ką 7 per *(žymint šaltinį, priemonę ir pan.)*; **I heard it** ~ **the radio** aš girdėjau tai per radiją 8 apie, dėl *(žymint minties, ginčo ir pan. objektą)*; **to think** ~ **smth** galvoti apie ką; **to quarrel** ~ **smth** ginčytis dėl ko 9 prie *(žymint aplinkybes)*; **he sits up all night** ~ **his books** jis visą naktį sėdi prie knygų; **let's discuss it** ~ **coffee** aptarkime tai prie kavos 10 *(dalijant)* iš; **12** ~ **3 is 4** 12 iš 3 lygu 4 ◊ ~ **all** iš viso; ~ **and above** be, neskaitant *(apie kiekį)*; **she was all** ~ **him** ji nežinojo, kaip geriau jam įtikti; **to be** ~ **smth** pasijusti geriau *(po ligos, bėdos ir pan.)* *adv* 1 viršuje, viršum; viršun; **the balloon was directly** ~ balionas buvo tiesiai virš mūsų; **this strap goes** ~ **and that one under** šis diržas turi būti viršuje, o anas – apačioje 2 visas, visur *(žymint veiksmo/padėties visuotinumą; džn.* **all** ~); **paint the wall** ~ nudažyk visą sieną; **I ache all** ~ man viskas/visur skauda 3 iš naujo, dar kartą; **he read the article twice** ~ jis dar kartą perskaitė straipsnį 4 per daug; dar, daugiau, virš; **he is** ~ **polite** jis per daug mandagus; **I paid my bill and five pounds** ~ aš užmokėjau sąskaitą ir dar penkis svarus; **it can be two metres or** ~ gali būti du metrai ar daugiau; **children aged thirteen and** ~ vaikai trylikos metų ir vyresni 5 *žymint ko pabaigą*: **to be** ~ pasibaigti; būti baigtam; **it is all** ~ viskas baigta 6 pas save; **we had them** ~ **for dinner** mes pasikvietėme juos (pas save) pietums ◊ ~ **again** dar kartą; ~ **and** ~ **(again)** kiek kartų, vis; ~ **and above** dar, be to; ~ **against** a) prieš(ais); b) palyginti; ~ **to** *(smb)* dabar *(kieno)* eilė *(daryti, kalbėti)* *part (vart. su vksm.)* 1 per- *(žymint judėjimą per ką)*; **to step** ~ peržengti; **to swim** ~ perplaukti 2 ap-, per- *(žymint veiksmo visišką užbaigimą)*; **to think** ~ apgalvoti; **to read a book** ~ perskaityti knygą 3 par-, ap- *(žymint krypties/padėties pakeitimą)*; **to fall** ~ pargriūti; **to turn** ~ apvirsti, apversti 4 per- *(žymint perėjimą, perdavimą; to)*; **when we went** ~ **to decimal currency** kada mes perėjome į dešimtainę pinigų sistemą; **to hand smth** ~ **to smb** perduoti ką kam

n 1 perviršis 2 *kar.* perlėkis

a 1 viršutinis 2 aukščiau esantis; aukštesnysis *(apie organą ir pan.)* 3 atliekamas, likęs; **I had £ 5** ~ man liko penki svarai 4 per didelis

over- ['əuvə-] *pref* 1 viršuje, iš viršaus, ant- *(žymint padėtį virš ko)*; **overhead** viršuje; **overlook** žiūrėti iš viršaus; **overground** antžeminis 2 per- *(žymint judėjimą virš ko, per ką)*; **overjump** peršokti; **overpass** pereiti 3 per-, per, per daug, pernelyg, per didelis *(žymint normos viršijimą)*; **overcrowd** perpildyti; **overdry** perdžiovinti; **overlong** per ilgas/ilgai; **overzealous** pernelyg uolus; **overenthusiasm** per didelis entuziazmas

overabundance [ˌəuvərə'bʌndəns] *n* perteklius, perviršis

over-achiever [ˌəuvərə'tʃiːvə] *n* persistengėlis, maksimalistas, darbštuolis

overact [ˌəuvər'ækt] *v* persistengti vaidinant, nenatūraliai vaidinti

overactive [ˌəuvər'æktɪv] *a* per daug aktyvus; **to have an** ~ **imagination** turėti per daug lakią vaizduotę

overage ['əuvərɪdʒ] *n amer. kom.* = **overabundance**

over-age ['əuvər'eɪdʒ] *a* išėjęs iš metų, peraugęs *(tam tikrą)* amžių; persenęs; ~ **students** peraugėliai studentai; **he is** ~ **for the draft** jis išėjęs iš šaukiamojo amžiaus jaunuolių

overall *<n, a, adv>* *n* ['əuvərɔːl] 1 darbinis chalatas/drabužis 2 *pl* specdrabužiai, kombinezonas

a ['əuvərɔːl] 1 visas, bendras; ~ **dimensions** gabaritiniai matmenys; ~ **housing** *stat.* šiltnamis 2 visuotinis; visaapimantis 3 *sport., polit.* absoliutus; ~ **majority** absoliuti dauguma

adv [ˌəuvər'ɔː] 1 iš viso 2 aplamai, apskritai

overanxious [ˌəuvər'æŋkʃəs] *a* 1 per daug susirūpinęs; pasidavęs panikai 2 pernelyg rūpestingas

overarm ['əuvərɑːm] *a, adv sport.* per petį; ~ **stroke** kraulis

overate [ˌəuvər'et] *past* žr. **overeat**

overawe [ˌəuvər'ɔː] *v (ppr. pass)* laikyti baimėje; įbauginti, įvaryti baimės

overbalance [ˌəuvə'bæləns] *n* antsvoris; persvara

v 1 persverti, nusverti; turėti persvarą; **the gains** ~**d the losses** pajamos viršijo nuostolius 2 išvesti iš pusiausvyros 3 netekti pusiausvyros *(ir nukristi)*

overbear [ˌəuvə'bɛə] *v* (overbore; overborne) 1 įveikti, nugalėti; primesti savo valią; **he overbore all my arguments** jo argumentai paėmė viršų 2 viršyti

overbearing [ˌəuvə'bɛərɪŋ] *a* 1 valdingas; arogantiškas 2 dominuojantis, vyraujantis; itin svarbus

overbid [ˌəuvə'bɪd] *v* (overbid) siūlyti didesnę, *ar* pernelyg didelę, kainą *(varžytynėse)*

overblown [ˌəuvə'bləun] *a* 1 praūžęs *(apie audrą ir pan.)* 2 visai išsiskleidęs *(apie gėlę; t. p. prk.)*; ~ **beauty** gražiu trykštanti moteris 3 pernelyg išpūstas/ištęstas *(apie stilių)*

overboard ['əuvəbɔːd] *adv* už borto; **to fall** ~ kristi į vandenį *(iš laivo)*; **to throw** ~ a) išmesti už borto; b) *prk.* atsikratyti; atmesti *(pasiūlymą ir pan.)* ◊ **to go** ~ perdėtai žavėtis/girti/peikti *ir pan.*; persistengti

overboil [ˌəuvə'bɔɪl] v **1** pervirti **2** šnek. išbėgti (apie pieną ir pan.)
overbold [ˌəuvə'bəuld] a per drąsus, pernelyg įžūlus
overbook [ˌəuvə'buk] v parduoti/rezervuoti daugiau bilietų, negu yra vietų (į teatrą, lėktuvą ir pan.)
overbore [ˌəuvə'bɔː] past žr. **overbear**
overborne [ˌəuvə'bɔːn] pII žr. **overbear**
overbought [ˌəuvə'bɔːt] past ir pII žr. **overbuy**
overbridge ['əuvəbrɪdʒ] n stat. viadukas
overbrim [ˌəuvə'brɪm] v per(si)pildyti; perpilti/tekėti per kraštus
overbuild [ˌəuvə'bɪld] v (overbuilt [ˌəuvə'bɪlt]) **1** statyti (ko) viršuje **2** per daug užstatyti (pastatais)
overburden [ˌəuvə'bəːdn] v (ppr. pass) **1** perkrauti; per daug apsunkinti **2** prislėgti; **~ed with grief** liūdesio prislėgtas
overbuy [ˌəuvə'baɪ] v (overbought) per daug pirkti, padauginti nupirkti
overcame [ˌəuvə'keɪm] past žr. **overcome**
overcapacity [ˌəuvəkə'pæsətɪ] n ekon. pertekliniai gamybos pajėgumai
overcapitalization [ˌəuvəˌkæpɪtəlaɪ'zeɪʃn] n fin. pelno kapitalizacija
overcapitalize [ˌəuvə'kæpɪtəlaɪz] v **1** per aukštai įkainoti (kompanijos ir pan.) kapitalą **2** turėti didesnį kapitalą negu reikia (apie akcinę bendrovę, įmonę)
overcast <n, a, v> n ['əuvəkɑːst] meteor. apsiniaukimas; didelis debesuotumas
a ['əuvəkɑːst] apsiniaukęs, apniūkęs, debesuotas; tamsus, rūškanas (t. p. prk.)
v [ˌəuvə'kɑːst] (overcast) **1** apsiniaukti, apniūkti, ap(si)traukti/užsitraukti debesimis **2** tamsinti, temdyti; temti **3** atsiūlėti, apmėtyti (kraštą)
overcautious [ˌəuvə'kɔːʃəs] a pernelyg atsargus
overcharge v [ˌəuvə'tʃɑːdʒ] **1** užprašyti/(pa)imti per didelę kainą **2** perkrauti, per daug apkrauti (t. p. el., tech.) **3** perkrauti (smulkmenomis)
n ['əuvətʃɑːdʒ] **1** per didelė kaina; užsiprašymas (kainos) **2** per didelis apkrovimas, perkrovimas, perkrova
overclassify [ˌəuvə'klæsɪfaɪ] v spec. pernelyg įslaptinti (dokumentą)
overcloud [ˌəuvə'klaud] v ap(si)traukti debesimis; ap(si)niaukti; aptemdyti (t. p. prk.)
overcoat ['əuvəkəut] n **1** paltas, apsiaustas **2** milinė
overcolour [ˌəuvə'kʌlə] v tirštinti spalvas; perdėti
overcome [ˌəuvə'kʌm] v (overcame; overcome) **1** nugalėti, įveikti; priveikti **2** apimti (apie jausmą); **~ by emotion** jaudulio apimtas, sujaudintas **3** pass būti nusilpusiam, netekusiam jėgų, sunykusiam; **~ by/with drink** girtas; **~ by hunger** išbadėjęs; **he was ~ by the heat** nuo karščio jam pasidarė bloga
overcompensate [ˌəuvə'kɒmpenseɪt] v gausiai kompensuoti/atsilyginti (for)
overconfident [ˌəuvə'kɒnfɪdənt] a pernelyg pasitikintis
overcrop [ˌəuvə'krɒp] v ž. ū. nualinti žemę
overcrow [ˌəuvə'krəu] v triumfuoti
overcrowd [ˌəuvə'kraud] v perpildyti (patalpą ir pan.); pri(si)grūsti; **~ed bus** perpildytas/sausakimšas autobusas
overcrowding [ˌəuvə'kraudɪŋ] n **1** (kalėjimų ir pan.) perpildymas; **~ in classrooms** perpildytos klasės **2** gyventojų perteklius (mieste)
overdevelop [ˌəuvədɪ'veləp] v (ppr. pass) **1** per daug išvystyti **2** fot. perlaikyti (ryškinant)
overdo [ˌəuvə'duː] v (overdid [ˌəuvə'dɪd]; overdone) **1** perdėti; padauginti; persistengti, persūdyti (t. p. **~ it**); **don't ~ quotations** nepadauginkite citatų, nepiktnaudžiaukite citatomis **2** perkepti, per daug iškepinti **3** pervarginti
overdone [ˌəuvə'dʌn] a **1** perdėtas **2** perkeptas
pII žr. **overdo**
overdose n ['əuvədəus] per didelė dozė; **radiation ~** per didelė radiacijos dozė; **to take an ~** (of) paimti mirtiną (ko) dozę
v [ˌəuvə'dəus] duoti per didelę dozę
overdraft ['əuvədrɑːft] n **1** fin. (banke suteikto kredito) viršijimas; (kredito) perviršis **2** tech. viršutinis pūtimas
overdrank [ˌəuvə'dræŋk] past žr. **overdrink**
overdraw [ˌəuvə'drɔː] v (overdrew; overdrawn [ˌəuvə'drɔːn]) **1** fin. pereikvoti/perviršyti savo kreditą (banke) **2** perdėti (vaizduojant, aprašant)
overdress n ['əuvədres] viršutinis drabužis
v [ˌəuvə'dres] per daug prašmatniai/puošniai rengti(s)
overdrew [ˌəuvə'druː] past žr. **overdraw**
overdrink [ˌəuvə'drɪŋk] v (overdrank; overdrunk) **1** per daug gerti; išgerti daugiau už (kitą) **2** nusigerti
overdrive v [ˌəuvə'draɪv] (overdrove [ˌəuvə'drəuv]; overdriven [ˌəuvə'drɪvn]) **1** nuvarginti, pervarginti; išsekinti **2** nuvaryti (arklį)
n ['əuvədraɪv] aut. greitinančioji pavara ◊ **to go into ~** įsiaudrinti
overdrugging [ˌəuvə'drʌgɪŋ] n piktnaudžiavimas medikamentais, skausmą malšinančiais, raminamaisiais ir pan. vaistais
overdrunk [ˌəuvə'drʌŋk] pII žr. **overdrink**
overdue [ˌəuvə'djuː] a **1** pavėluotas; vėluojantis, pavėlavęs, per vėlus; **reform is long ~** reforma smarkiai pavėlavo; **the train is ~** traukinys vėluoja **2** praleistas, praėjęs (apie terminą); uždelstas, laiku nesumokėtas, negrąžintas, neatliktas; **the book is ~** knyga turėjo būti (jau) grąžinta
overeager [ˌəuvə'iːgə] a per daug uolus/stropus
overeat [ˌəuvər'iːt] v (overate; overeaten [ˌəuvər'iːtn]) apsivalgyti, persivalgyti
overemphasize [ˌəuvər'emfəsaɪz] v teikti per didelę reikšmę (kam); perdėti (svarbą)
overemployment [ˌəuvərɪm'plɔɪmənt] n ekon. per didelis užimtumas
overestimate n [ˌəuvər'estɪmət] **1** pervertinimas, per didelis įvertinimas **2** padidinta sąmata
v [ˌəuvər'estɪmeɪt] **1** pervertinti, per daug įvertinti **2** sudaryti padidintą sąmatą
overexcite [ˌəuvərɪk'saɪt] v per daug sujaudinti
overexpose [ˌəuvərɪk'spəuz] v **1** fot. perlaikyti (fotografuojant) **2** pass per dažnai pasirodyti (televizijoje, spaudoje)
overexposure [ˌəuvərɪk'spəuʒə] n **1** fot. perlaikymas **2** gavimas per didelės dozės radiacijos ir pan. **3** amer. per didelis triukšmas (spaudoje ir pan.)
overextend [ˌəuvərɪk'stend] v **1** pereikvoti (resursus ir pan.) **2** refl persidirbti
overfall ['əuvəfɔːl] n **1** hidr. slenkstis **2** jūr. sraujymė, sraunuma, srauni vieta
overfeed [ˌəuvə'fiːd] v (overfed [ˌəuvə'fed]) **1** permaitinti; peršerti; užpenėti **2** apsiėsti; persivalgyti
overfill [ˌəuvə'fɪl] n per(si)pildyti
overflew [ˌəuvə'fluː] past žr. **overfly**
overflow n ['əuvəfləu] **1** išsiliejimas, persiliejimas (per kraštus); potvynis **2** persipildymas, perpilda; **the ~ of passengers** per didelis keleivių skaičius **3** nutekamasis vamzdis (esant perpildytai voniai/kriauklei; t. p. **~ pipe**) **4** hidr. pralaida, pratakas **5** attr: **~ dam/weir** hidr. slenkstinė užtvanka; **~ meeting** susirinkimas, netilpusiems pagrindinėje salėje

overflowing v [ˌəuvə'fləu] 1 per(si)pilti, lietis *(per kraštus)* 2 užlieti, užtvindyti; išsilieti *(iš krantų)* *(apie upę)* 3 užplūsti, pasipilti; **the crowds ~ed the barriers** minia pasipylė už barjerų 4 prisipildyti; **to ~ with kindness** būti kupinam gerumo

overflowing [ˌəuvə'fləuɪŋ] *a* perpildytas; labai pilnas, sklidinas

overfly [ˌəuvə'flaɪ] *v* (overflew; overflown [ˌəuvə'fləun]) 1 perskristi *(teritoriją)* 2 (nu)skristi toliau

overfulfil [ˌəuvəful'fɪl] *v* perviršyti *(planą ir pan.)*

overfulfilment [ˌəuvəful'fɪlmənt] *n (plano)* perviršijimas

overfull [ˌəuvə'ful] *a* perpildytas; **~ employment** *ekon.* darbo jėgos stoka *(esant pernelyg dideliam užimtumui)*

overgarment ['əuvəˌgɑːmənt] *n amer.* viršutinis drabužis

overgild [ˌəuvə'gɪld] *v* (overgilded, overguilt [-t]) paauksinti

overgrow [ˌəuvə'grəu] *v* (overgrew [ˌəuvə'gruː]; overgrown) 1 per greitai augti 2 peraugti; išaugti *(iš)* 3 *(ypač pass)* apaugti, užaugti; nustelbti

overgrown [ˌəuvə'grəun] *a* 1 per daug išaugęs; peraugęs; **~ schoolboy** peraugęs, išėjęs iš metų mokinys 2 apaugęs; užaugęs, užakęs; **~ with weeds** piktžolėmis apaugęs *pII žr.* **overgrow**

overgrowth ['əuvəgrəuθ] *n* 1 nenormaliai greitas augimas; užaugimas 2 sąžalynas, brūzgynas

overhang *n* ['əuvəhæŋ] *stat.* nuosvyra; iškyša; *(stogo)* užlaidas
v [ˌəuvə'hæŋ] (overhung) 1 išsikišti, kyšoti *(virš)* 2 kaboti; (pa)kibti *(t. p. prk.)*; **a danger ~s us** virš mūsų kybo pavojus

overhaul *n* ['əuvəhɔːl] 1 nuodugnus patikrinimas; revizija 2 kapitalinis remontas
v [ˌəuvə'hɔːl] 1 nuodugniai apžiūrėti/patikrinti *(remonto/gydymo tikslais)*; peržiūrėti; **to ~ state of accounts** padaryti buhalterijos reviziją 2 daryti kapitalinį remontą; rekonstruoti 3 pa(si)vyti ir aplenkti

overhead <a, adv, n> *a* ['əuvəhed] 1 esantis viršuje, iškeltas aukštai, virš žemės; **~ railway** antžeminis geležinkelis *(virš žemės, iškeltas)*; **~ road** estakada; **~ crane** *tech.* tiltinis kranas 2 *attr:* **~ costs/charges/expenses** *ekon.* pridėtinės išlaidos
adv [ˌəuvə'hed] viršuje, virš galvos; aukštai *(danguje)*; viršutiniame aukšte
n ['əuvəhed] *(ppr. pl)* pridėtinės išlaidos

overhear [ˌəuvə'hɪə] *v* (overheard [ˌəuvə'hɜːd]) 1 slapta klausytis 2 netyčia/atsitiktinai nugirsti

overheat [ˌəuvə'hiːt] *n* perkaitinimas; perkaitimas
v perkaitinti; perkaisti

overhoused [ˌəuvə'hauzd] *a* turintis gyvenamosios patalpos viršplotį; gyvenantis per dideliame name

overhung [ˌəuvə'hʌŋ] *past ir pII žr.* **overhang** *v*

overindulge [ˌəuvərɪn'dʌldʒ] *v* per daug sau leisti; per daug lepinti/paikinti

overindulgence [ˌəuvərɪn'dʌldʒəns] *n* per didelis susižavėjimas, piktnaudžiavimas

overissue [ˌəuvər'ɪʃjuː] *v fin.* išleisti *(akcijų, banknotų ir pan.)* daugiau negu numatyta

overjoyed [ˌəuvə'dʒɔɪd] *a predic* nesitveriantis džiaugsmu, labai nudžiugęs

overjump [ˌəuvə'dʒʌmp] *v* peršokti; nušokti per toli

overkill *n* ['əuvəkɪl] 1 *(ypač branduolinio ginklo)* naikinamoji galia *(didesnė negu reikalinga priešui sunaikinti)* 2 *prk. (reklamos ir pan.)* perlenkimas
v [ˌəuvə'kɪl] vartoti per didelės galios naikinimo priemones; pakakti daug kartų sunaikinti *(gyvąją jėgą, techniką ir pan.)*

overladen [ˌəuvə'leɪdn] *a* perkrautas

overlaid [ˌəuvə'leɪd] *past ir pII žr.* **overlay¹** *v*

overlain [ˌəuvə'leɪn] *pII žr.* **overlie**

overland *a* ['əuvəlænd] sausumos; **~ route** sausumos kelias
adv [ˌəuvə'lænd] sausuma, sausumoje

overlap *v* [ˌəuvə'læp] 1 iš dalies uždengti, užleisti *(lentas ir pan.)*; užeiti *(vienam ant kito)* 2 *prk.* iš dalies sutapti; **his duties and mine ~** mes atliekame beveik tas pačias pareigas; **my vacation ~s with yours** mano atostogos beveik sutampa su jūsų
n ['əuvəlæp] *(ypač tech.)* užleidimas, užlaida; užėjimas *(vienas ant kito)*; **leave a good ~** palikite daugiau užmetimui *(siuvant)*

overlay¹ *n* ['əuvəleɪ] 1 dangtis, apdangalas, servetėlė *ir pan.* 2 *škot.* kaklaraištis 3 *komp.* perdanga 4 *poligr.* pritaisymas
v [ˌəuvə'leɪ] (overlaid) 1 *(plonai)* padengti *(laku, folija, dažais ir pan.)* 2 apdengti

overlay² [ˌəuvə'leɪ] *past žr.* **overlie**

overleaf [ˌəuvə'liːf] *adv (knygos lapo)* antroje pusėje

overleap [ˌəuvə'liːp] *v* (overleaped [-t], overleapt [ˌəuvə'lept]) 1 peršokti 2 praleisti 3 *refl* persistengti; pervertinti savo galimybes

overlie [ˌəuvə'laɪ] *v* (overlay; overlain; *pI* overlying) 1 gulėti *(ant, virš)* 2 nugulti, užgulti, uždusinti *(jauniklį, vaiką)*

overlive [ˌəuvə'lɪv] *v psn.* pergyventi; pragyventi *(kitą žmogų)*

overload *n* ['əuvələud] perkrovimas; perkrova *(t. p. el.)*
v [ˌəuvə'ləud] 1 perkrauti, per daug apkrauti; užversti 2 *el.* perkrauti *(elektros sistemą)*

overlong [ˌəuvə'lɔŋ] *a, adv* per ilgai (užsitęsęs), per ilgas

overlook [ˌəuvə'luk] *v* 1 žiūrėti iš viršaus, apžvelgti; būti iškilusiam, stūksoti *(virš miesto ir pan.)*; **a view ~ing the town** vaizdas į miestą iš viršaus 2 atsiverti, išeiti (langais) *(į)*; **the window ~s...** pro langą atsiveria *(vaizdas)*; **my windows ~ the garden** mano langai išeina į sodą 3 pražiūrėti, nepastebėti, neapsižiūrėti 4 žiūrėti pro pirštus *(į)*, dovanoti; **to ~ an offence** neįsižeisti, dovanoti įžeidimą 5 prižiūrėti 6 *šnek. ret.* bloga akimi pagadinti, nužiūrėti

overlooker [ˌəuvə'lukə] *n* prižiūrėtojas

overlord *n* ['əuvəlɔːd] *ist.* siuzerenas; vyriausiasis valdovas; viešpats
v [ˌəuvə'lɔːd] *ret.* dominuoti; viešpatauti

overly ['əuvəlɪ] *adv* per daug

overlying [ˌəuvə'laɪɪŋ] *pI žr.* **overlie**

overman ['əuvəmæn] *n (pl* -men [-men]) 1 prižiūrėtojas *(ypač akmens anglių kasykloje)* 2 arbitras 3 *psn.* antžmogis
v [ˌəuvə'mæn] samdyti per daug darbininkų; išpūsti etatus

overmantle ['əuvəmæntl] *n* lentynėlės virš židinio atbrailos

overmaster [ˌəuvə'mɑːstə] *v knyg.* užvaldyti, apimti *(apie jausmus ir pan.)*; pajungti sau

overmastering [ˌəuvə'mɑːstərɪŋ] *a* nenugalimas; **~ passion** nenugalima aistra

overmatch [ˌəuvə'mætʃ] *v* pralenkti jėga/mokėjimu *ir pan.*

overmature [ˌəuvəmə'tʃuə] *a* perbrendęs, pernokęs

overmeasure ['əuvəˌmeʒə] *n* perviršis, antviršis

overmuch [ˌəuvə'mʌtʃ] *adv* per daug, pernelyg; **to work ~** per daug dirbti; persidirbti

overnice [ˌəuvə'naɪs] *a* 1 per daug lepus/išrankus; priekabus 2 rafinuotas

overnight <a, n, adv> *a* ['əuvəˌnaɪt] 1 skirtas nakčiai, naktinis, (padarytas) nakties metu 2 (įvykęs, padary-

tas) išvakarėse, iš vakaro 3 labai greitas, žaibiškas; ~ *success* staigus pasisekimas
n ['əuvəˌnaɪt] lagaminėlis *(trumpai kelionei)*
adv [ˌəuvə'naɪt] 1 (per) naktį; nakčiai; iš vakaro (ir visą naktį); *to stay ~* nakvoti 2 staiga, žaibiškai 3 išvakarėse
overpaid [ˌəuvə'peɪd] *past ir pII žr.* **overpay**
overparticular [ˌəuvəpə'tɪkjulə] *a* 1 per daug smulkmeniškas 2 labai susirūpinęs *(about)*
overpass *n* ['əuvəpɑːs] *amer.* viadukas
v [ˌəuvə'pɑːs] *ret.* 1 pereiti, perkirsti; peržengti 2 įveikti 3 pralenkti, viršyti 4 praeiti pro šalį, nekreipti dėmesio, praleisti
overpast [ˌəuvə'pɑːst] *a* praėjęs, praeitas
overpay [ˌəuvə'peɪ] *v* (overpaid) permokėti
overpeopled [ˌəuvə'piːpld] *a* per tirštai gyvenamas
overpersuade [ˌəuvəpə'sweɪd] *v* perkalbėti, palenkti *(į savo pusę)*
overplay [ˌəuvə'pleɪ] *v* perdėti; pervertinti; *to ~ one's hand* pervertinti savo galimybes
overplus ['əuvəplʌs] *n* perteklius
overpoise *n* ['əuvəpɔɪz] persvara
v [ˌəuvə'pɔɪz] persverti
overpopulated [ˌəuvə'pɔpjuleɪtɪd] *a* per tankiai gyvenamas, turintis gyventojų perteklių
overpopulation [ˌəuvəpɔpju'leɪʃn] *n* gyventojų perteklius
overpower [ˌəuvə'pauə] *v* 1 jėga įveikti, nugalėti 2 apimti *(apie jausmą);* (pri)slėgti; nustelbti *(kvapą ir pan.); she was ~ed by the heat* ją slėgė karštis
overpowering [ˌəuvə'pauərɪŋ] *a* 1 neįveikiamas, nenugalimas; neatsispiriamas; *~ beauty* nepaprastas grožis; *~ smell* viską užgožiantis kvapas 2 valdingas
overpressure ['əuvəˌpreʃə] *n* 1 per didelis slėgis; *~ side* padidėjusio slėgio zona 2 per didelis proto/nervų įtempimas
overpriced [ˌəuvə'praɪst] *a* per brangus *(apie prekes)*
overprint [ˌəuvə'prɪnt] *v* 1 spausdinti virš teksto/piešinio *(pašto ženklo)* 2 spausdinti virš tiražo
overproduce [ˌəuvəprə'djuːs] *v* sukelti perprodukciją
overproduction [ˌəuvəprə'dʌkʃn] *n ekon.* perprodukcija
overproof [ˌəuvə'pruːf] *a* turintis *(tiek)* laipsnių daugiau negu nustatyto stiprumo *(apie spiritą ir pan.)*
overprotective [ˌəuvəprə'tektɪv] *a* pernelyg globėjiškas/rūpestingas/besirūpinantis
overran [ˌəuvə'ræn] *past žr.* **overrun**
overrate [ˌəuvə'reɪt] *v* pervertinti, per daug (į)vertinti
overreach [ˌəuvə'riːtʃ] *v* 1 apgauti, pergudrauti, gudrumu pasiekti; *refl* apsigauti 2 *refl* persistengti; persitempti 3 *refl* per plačiai užsimoti; išeiti už ribų 4 patempti *(sausgyslę);* užsikirsti *(koją; apie arklį)*
overreact [ˌəuvərɪ'ækt] *v* pernelyg jautriai reaguoti *(to – į)*
override *v* [ˌəuvə'raɪd] (overrode; overridden [ˌəuvə'rɪdn]) 1 turėti viršų, būti viršesniam 2 nepaisyti, nekreipti dėmesio; panaikinti *(žemesniojo nutarimus ir pan.)* 3 pervažiuoti, suvažinėti 4 nuvaryti, važinėjimu nukamuoti *(arklį)*
n ['əuvəraɪd] *n* rankinis valdymas/reguliavimas
overriding [ˌəuvə'raɪdɪŋ] *a attr* svarbiausias, pagrindinis; *~ problems* pagrindiniai klausimai
overripe [ˌəuvə'raɪp] *a* perbrendęs, pernokęs, persirpęs
overrode [ˌəuvə'rəud] *past žr.* **override**
overrotten [ˌəuvə'rɔtn] *a* perpuvęs
overrule [ˌəuvə'ruːl] *v* 1 panaikinti, anuliuoti *(nutarimą)* 2 atmesti *(pasiūlymą, reikalavimą)* 3 turėti/paimti viršų
overrun *v* [ˌəuvə'rʌn] (overran; overrun) 1 lietis per kraštus; užtvindyti *(t. p. prk.); the town was ~ with tourists* miestą užtvindė turistai 2 užplūsti; knibždėti 3 nustelb-

ti *(apie piktžoles)* 4 užgrobti *(teritoriją, miestą);* niokoti, (nu)siaubti 5 peržengti, viršyti *(nustatytas ribas, leistą laiką); the programme overran its time by 5 minutes* programa užsitęsė 5 minutėmis 6 *poligr.* perkelti *(raidę, žodį, eilutę)* 7 *aut.* važiuoti savirieda
n ['əuvərʌn] *(biudžeto ir pan.)* viršijimas; perviršis
oversaw [ˌəuvə'sɔː] *past žr.* **oversee**
oversea(s) *a* ['əuvəsiː(z)] *attr* užjūrinis, užjūrio; užsienio, užsieninis
adv [ˌəuvə'siː(z)] už jūros, į užjūrį; užsienyje, į užsienį; *to go ~* važiuoti į užjūrį
oversee [ˌəuvə'siː] *v* (oversaw; overseen [ˌəuvə'siːn]) 1 prižiūrėti *(darbininkus ir pan.)* 2 (slapta) sekti; atsitiktinai/netyčia pamatyti
overseer ['əuvəsɪə] *n* prižiūrėtojas, prievaizdas; kontrolierius
oversell [ˌəuvə'sel] *v* (oversold) 1 pardavinėti viršijant tiekimo galimybes 2 pergirti, perdėti; *refl* perdėti savo nuopelnus
oversensitive [ˌəuvə'sensɪtɪv] *a* per daug jautrus; lengvai įsižeidžiantis, greit reaguojantis *(į); to be ~ about public opinion* per daug jautriai reaguoti į viešąją nuomonę
overset [ˌəuvə'set] *v* (overset) 1 suardyti *(planus, tvarką ir pan.)* 2 sutrikdyti 3 apversti; apvirsti 4 nuversti *(vyriausybę ir pan.)*
oversew ['əuvəsəu] *v* (oversewed; oversewn [-n]) susiūti kraštus
oversexed [ˌəuvə'sekst] *a* erotinis; turintis padidėjusį lytinį potraukį
overshadow [ˌəuvə'ʃædəu] *v* 1 mesti šešėlį, pavėsinti; būti iškilusiam *(virš)* 2 aptemdyti, užtemdyti; *(prk. t. p.)* nustelbti 3 nusverti, viršyti
overshoe ['əuvəʃuː] *n* kaliošas, botas
overshoot [ˌəuvə'ʃuːt] *v* (overshot [ˌəuvə'ʃɔt]) 1 prašauti *(virš),* nepataikyti; *to ~ the mark* a) šauti aukščiau/toliau taikinio; b) išeiti iš ribų; persūdyti; c) viršyti *(tam tikrą)* lygį 2 šaudyti geriau *(už)* 3 pravažiuoti *(posūkį, stotelę ir pan.)*
overside [ˌəuvə'saɪd] *jūr. a* iškraunamas per bortą; *~ delivery* iškrovimas į kitą laivą
adv per bortą
oversight ['əuvəsaɪt] *n* 1 neapsižiūrėjimas; apsirikimas 2 *knyg.* priežiūra, vadovavimas *(projektui ir pan.)*
oversimplify [ˌəuvə'sɪmplɪfaɪ] *v* pernelyg supaprastinti
over-sixties [ˌəuvə'sɪkstɪz] *n pl* žmonės virš 60 m. amžiaus
oversize(d) ['əuvəsaɪz(d)] *a* per didelio numerio *(apie drabužį);* padidintų matmenų, didžiulis
overslaugh [ˌəuvə'slɔː] *v kar.* 1 atleisti iš pareigų paaukštinus 2 *amer.* nesuteikti aukštesnio laipsnio *(suteikiant jį kitam)*
oversleep [ˌəuvə'sliːp] *v* (overslept) pramiegoti, užsimiegoti
oversleeve ['əuvəsliːv] *n* antrankovis *(rankovėms nuo nusitrynimo apsaugoti)*
overslept [ˌəuvə'slept] *past ir pII žr.* **oversleep**
oversmoke [ˌəuvə'sməuk] *v* 1 per daug rūkyti 2 *refl* prisirūkyti *(iki apsvaigimo)*
oversold [ˌəuvə'səuld] *past ir pII žr.* **oversell**
overspend [ˌəuvə'spend] *v* (overspent [-t]) 1 (iš)eikvoti, (iš)švaistyti *(pinigus, turtą; t. p. refl)* 2 pereikvoti *(by)*
n išeikvojimas
overspill ['əuvəspɪl] *n* 1 iš(si)liejimas *(per kraštus);* pralietas skystis 2 *(miesto)* gyventojų perteklius, gyventojai, emigruojantys į mažesnius miestus *ar* svetur
overspread [ˌəuvə'spred] *v* (overspread) 1 uždengti, užtiesti 2 paskleisti, išskaidyti; pasklisti; iš(si)driekti

overstaffed [ˌəuvəˈstɑːft] *a* pernelyg didelis, išpūstas *(apie etatus)*

overstaid [ˌəuvəˈsteɪd] *past ir pII žr.* **overstay**

overstate [ˌəuvəˈsteɪt] *v* perdėti, išpūsti

overstatement [ˌəuvəˈsteɪtmənt] *n* perdėjimas

overstay [ˌəuvəˈsteɪ] *v* (overstayed, overstaid) užsisvečiuoti, užsibūti, užsisėdėti; *to ~ one's welcome* pasilikti svečiuose ilgiau, negu patinka šeimininkams, užsisvečiuoti

overstayer [ˈəuvəˌsteɪə] *n* nelegalus imigrantas *(likęs šalyje pasibaigus vizos/kontrakto terminui)*

oversteer *aut. n* [ˈəuvəstɪə] perteklinis pasukamumas
v [ˌəuvəˈstɪə] per staigiai pasukti

overstep [ˌəuvəˈstep] *v* **1** peržengti **2** *prk.* peržengti leistinas ribas, viršyti *(teises, įgaliojimus);* *to ~ the mark* nusižengti elgesio normoms

overstock [ˈəuvəstɔk] *n (prekių)* perteklius; nereikalingos/perteklinės atsargos
v [ˌəuvəˈstɔk] daryti per dideles atsargas; užversti prekėmis *(parduotuvę, rinką);* *~ed market* perpildyta rinka

overstrain *n* [ˈəuvəstreɪn] per didelis įtempimas
v [ˌəuvəˈstreɪn] pervarginti, pertempti, per daug įtempti *(jėgas);* *refl* pervargti

overstress [ˌəuvəˈstres] *v* **1** per daug pabrėžti *(svarbą)* **2** *kalb.* per smarkiai kirčiuoti

overstressed [ˌəuvəˈstrest] *a* pervargęs

overstrung [ˌəuvəˈstrʌŋ] *a* per daug įtemptas *(apie nervus ir pan.);* labai įsitempęs *(apie žmogų)*

overstuffed [ˌəuvəˈstʌft] *a* **1** minkštas *(apie baldus)* **2** pernelyg ištęstas, daugiažodis *(apie romaną ir pan.)*

oversubscribe [ˌəuvəsəbˈskraɪb] *v* viršyti numatytą sumą *(pasirašant paskolą ir pan.);* pasirašyti didesnei sumai *(negu reikalinga);* turėti didesnę paklausą *(negu galima tenkinti)*

oversupply *n* [ˈəuvəsəˌplaɪ] perteklinis tiekimas; perteklinė pasiūla
v [ˌəuvəsəˈplaɪ] per daug tiekti/aprūpinti

overt [ˈəuvəːt] *a* **1** atviras, viešas, neužslėptas **2** aiškus, akivaizdus

overtake [ˌəuvəˈteɪk] *v* (overtook; overtaken [-ən]) **1** pa(si)vyti; (ap)lenkti, pralenkti *(t. p. prk.);* *to ~ arrears* a) likviduoti įsiskolinimą; b) pasivyti, kiek atsilikta; kompensuoti, kas nepadaryta; *'no overtaking'* „aplenkti draudžiama" *(užrašas)* **2** užklupti *(apie audrą, bėdą)* **3** apimti, užvaldyti; *to be ~n by fear/terror* būti baimės apimtam; *~n in/with drink* girtas

overtask [ˌəuvəˈtɑːsk] *v* perkrauti darbu; skirti per sunkią užduotį

overtax [ˌəuvəˈtæks] *v* **1** apdėti per dideliais mokesčiais **2** per daug apkrauti, per daug įtempti/išsekinti *(jėgas ir pan.)*

over-the-counter [ˌəuvəðəˈkauntə] *a attr* **1** oficialiai nekotiruojamas, parduodamas be tarpininko *(apie akcijas)* **2** parduodamas be recepto; *~ drugs* patentuoti vaistai

over-the-top [ˌəuvəðəˈtɔp] *a šnek.* aiškiai perlenktas/perdėtas, išpūstas

overthrow *n* [ˈəuvəθrəu] nuvertimas *(t. p. polit.);* nugalėjimas; *(planų ir pan.)* suardymas
v [ˌəuvəˈθrəu] (overthrew [ˌəuvəˈθruː]; overthrown [-n]) **1** apversti **2** nuversti, nugalėti; sunaikinti, suardyti

overtime <*n, adv, v*> *n* [ˈəuvətaɪm] **1** viršvalandžiai; viršvalandinis darbas; *~ pay* apmokėjimas už viršvalandžius **2** *amer. sport.* papildomas laikas
adv [ˈəuvətaɪm] po *(nustatytų)* darbo valandų; *to work ~* a) dirbti viršvalandžius; b) *šnek.* labai stengtis *(ką padaryti);* ≡ nertis iš kailio
v [ˌəuvəˈtaɪm] **1** *(ppr. fot.)* perlaikyti **2** *sport.* finišuoti vėliau negu nustatytu laiku

overtire [ˌəuvəˈtaɪə] *v* pervarginti; *refl, pass* pervargti

overtly [ˈəuvətlɪ] *adv* atvirai, viešai

overtone [ˈəuvətəun] *n* **1** *muz.* obertonas **2** *(ppr. pl)* gaidelė, potekstė, užuomina

overtook [ˌəuvəˈtuk] *past žr.* **overtake**

overtop [ˌəuvəˈtɔp] *v* **1** būti aukštesniam/geresniam *(už)* **2** (per)viršyti; pralenkti

overtrain [ˌəuvəˈtreɪn] *v sport.* persitreniruoti

overtrump [ˌəuvəˈtrʌmp] *v* perkirsti didesniu koziriu

overture [ˈəuvətjuə, -tʃuə] *n* **1** *(ppr. pl)* bandymas *(susitaikyti, susipažinti ir pan.);* *(derybų, sutarties sudarymo ir pan.)* iniciatyva; (oficialus) pasiūlymas **2** *muz.* uvertiūra ◊ *to be an ~ (to)* būti *(ko nors svarbesnio)* pradžia, įžanga

overturn *n* [ˈəuvətəːn] **1** nuvertimas; pralaimėjimas **2** perversmas
v [ˌəuvəˈtəːn] **1** ap(si)versti; apvirsti **2** nuversti *(vyriausybę, režimą)* **3** panaikinti *(nutarimą);* sugriauti *(teoriją ir pan.)*

overtype [ˈəuvətaɪp] *n komp. (duomenų)* keitimo režimas

overuse *n* [ˌəuvəˈjuːs] piktnaudžiavimas; per didelis naudojimas
v [ˌəuvəˈjuːs] per dažnai naudoti; piktnaudžiauti; nuvalkioti *(žodį)*

overvalue *n* [ˈəuvəˌvæljuː] pervertinimas
v [ˌəuvəˈvæljuː] pervertinti; teikti per didelę reikšmę

overview [ˈəuvəvjuː] *n* bendras supratimas/įspūdis *(of – apie)*

overwatched [ˌəuvəˈwɔtʃt] *a* išvargęs dėl nemiegojimo/nemigos

overweening [ˌəuvəˈwiːnɪŋ] *a knyg.* per daug pasitikintis savimi; išdidus, išpuikęs; *~ pride* per didelis išdidumas

overweight <*n, a, v*> *n* [ˈəuvəweɪt] **1** priesvoris, svorio perteklius/perviršis; per didelis svoris, nereikalingas svoris **2** persvara
a [ˌəuvəˈweɪt] sveriantis virš normos; (per daug) storas *(apie žmogų);* *~ luggage* *(apmokamas)* bagažo perviršis; *I am 4 kilos ~* aš sveriu 4 kilogramus virš normos
v [ˌəuvəˈweɪt] *(ppr. pII)* nusverti, persverti; perkrauti, per daug apkrauti *(with)*

overweighted [ˌəuvəˈweɪtɪd] *a* šališkas, vienašališkas, neobjektyvus

overwhelm [ˌəuvəˈwelm] *v* **1** apimti, užvaldyti *(apie jausmus; with)* **2** sukrėsti, priblokšti; *your kindness has ~ed me* jūsų gerumas sukrėtė mane **3** (su)triuškinti *(priešą);* sunaikinti **4** apiberti *(klausimais ir pan.)* **5** *knyg.* užlieti; užversti *(darbu, laiškais)*

overwhelming [ˌəuvəˈwelmɪŋ] *a* **1** triuškinantis **2** didžiulis, nesuskaičiuojamas; *~ majority* didžioji dauguma **3** neįveikiamas, nenugalimas

overwhelmingly [ˌəuvəˈwelmɪŋlɪ] *adv* **1** didžiai, nepaprastai, neapsakomai **2** daugiausia, dauguma; *the country is ~ Protestant* dauguma šalies gyventojų protestantai

overwind [ˌəuvəˈwaɪnd] *v* (overwound) persukti *(laikrodį ir pan.)*

overwinter [ˌəuvəˈwɪntə] *v* peržiemoti

overwork *n* **1** [ˈəuvəwəːk] viršvalandinis/viršnorminis darbas **2** [ˌəuvəˈwəːk] persidirbimas, pervargimas, per didelė įtampa
v [ˌəuvəˈwəːk] **1** persidirbti, pervargti *(t. p. refl);* per daug apkrauti darbu, priversti per daug dirbti **2** (nu)varginti pernelyg sunkiu darbu **3** per dažnai vartoti, nuvalkioti *(žodį, posakį ir pan.)*

overwound [ˌəuvəˈwaund] *past ir pII žr.* **overwind**

overwrite [ˌəuvəˈraɪt] v (overwrote [ˌəuvəˈrəut]; overwritten [ˌəuvəˈrɪtn]) **1** rašyti per daug *(apie)* **2** rašyti pernelyg išdailinta kalba **3** *refl* išsisemti *(apie rašytoją)*
overwrought [ˌəuvəˈrɔːt] a **1** persidirbęs, pervargęs **2** pernelyg sujaudintas/suerzintas **3** perkrautas detalėmis **4** per daug išdailintas
oviduct [ˈəuvɪdʌkt] n anat. kiaušintakis
oviform [ˈəuvɪfɔːm] a biol. kiaušininis, kiaušinio pavidalo
ovine [ˈəuvaɪn] a zool. avies, avinis
oviparous [əuˈvɪpərəs] a zool. dedantis kiaušinius
ovipositor [ˌəuvɪˈpɔzɪtə] n zool. kiaušdėtis
ovoid [ˈəuvɔɪd] a knyg. kiaušininis, kiaušinio pavidalo
ovulate [ˈɔvjuleɪt] v biol. išeiti iš kiaušidės *(apie kiaušinėlį)*
ovulation [ˌəuvjuˈleɪʃn] n biol. ovuliacija
ovule [ˈəuvjuːl] n **1** bot. sėklapradis **2** biol. kiaušialąstė
ovum [ˈəuvəm] n (pl ova) biol. kiaušinėlis
ow [au] int oi!, ai! *(staiga suskaudėjus)*
owe [əu] v **1** būti skolingam; *I ~ him 5 dollars* aš esu jam skolingas 5 dolerius **2** turėti, privalėti; *to ~ reverence and obedience* privalėti gerbti ir klausyti; *we ~ loyalty to our country* mes privalome būti ištikimi savo kraštui **3** būti dėkingam; *I ~ it to him* aš už tai dėkingas jam; *I ~ it to you that I am still alive* aš turiu jums dėkoti už gyvybę
owing [ˈəuɪŋ] a skolingas; neišmokėtas; *how much is ~ to you?* kiek jums dar priklauso?
prep (~ to) dėl; *~ to illness* dėl ligos
owl [aul] n **1** zool. pelėda; *barn [pygmy, tawny] ~* liepsnotoji [žvirblinė, naminė] pelėda, *long-eared ~* ausytoji pelėda, mažasis apuokas; *little ~* pelėdikė **2** mulkis; pasipūtęs, rimtai atrodantis kvailys **3** naktininkas, nakviša *(t. p. night ~)* **4** attr amer. naktinis; *~ train* naktinis traukinys
owlet [ˈaulɪt] n **1** pelėdžiukas, pelėdėlė **2** zool. paprastoji pelėdikė
owlish [ˈaulɪʃ] a pelėdiškas, panašus į pelėdą
owl-light [ˈaullaɪt] n sutemos
owl-moth [ˈaulmɔθ] n zool. pelėdgalvis *(drugys)*
own [əun] a, pron **1** savas, (jis) pats, (jie) patys; nuosavas; *one's ~ house* nuosavas namas; *to make one's ~ clothes* sau pačiam siūtis; *he is his ~ man* jis pats sau šeimininkas; *I have a copy of my ~* aš turiu savo egzempliorių; *he didn't borrow it, it's his ~* jis jo(s) nesiskolino, tai jo paties/nuosavas; *it was her ~ idea* tai buvo jos pačios mintis; *name your ~ price* pasakykite savo kainą **2** tikras, savas; *my ~ father* mano (tikras) tėvas *(ne patėvis)* ◊ *my ~ one* mano mielasis/brangusis; *among one's ~* tarp savųjų; *on one's ~* pats, vienas; savarankiškai; savo atsakomybe; *to come into one's ~* pasiekti savo; *to get one's ~ back* at(si)keršyti *(on – kam); to have nothing to call one's ~* nieko sava neturėti; *to hold one's ~* išlaikyti savo pozicijas/orumą
v **1** valdyti, turėti; *who ~s this dog?* kam priklauso šis šuo? **2** pripažinti; prisipažinti *(t. p. refl); to ~ a child* pripažinti savo tėvystę; *he ~ed himself defeated* jis prisipažino nugalėtu □ *~ up* a) atvirai prisipažinti; *she ~ed to telling lies* ji prisipažino melavusi; b) nuolankiai paklusti
own-brand [ˈəunˈbrænd] n attr firminis *(apie prekę, gaminį)*
owner [ˈəunə] n **1** savininkas, valdytojas, šeimininkas; *joint ~* nuosavybės bendrininkas, bendraturtis; *part ~* nuosavybės dalininkas **2** *(the ~)* jūr. sl. laivo vadas
owner-driver [ˌəunəˈdraɪvə] n automobilio savininkas *(kuris jį ir vairuoja)*
ownerless [ˈəunələs] a **1** bešeimininkis, (likęs) be šeimininko/savininko **2** be priežiūros
owner-occupied [ˌəunərˈɔkjupaɪd] a šeimininko gyvenamas *(apie namą, butą)*

owner-occupier [ˌəunərˈɔkjupaɪə] n namo šeimininkas *(pats gyvenantis savo name)*
ownership [ˈəunəʃɪp] n **1** nuosavybė; *under new ~* pasikeitus savininkui/šeimininkui **2** nuosavybės teisė
ownsome [ˈəunsəm] n: *all on one's ~* šnek. vienui vienas
ox [ɔks] n (pl oxen) **1** jautis *(t. p. prk.)* **2** buivolas, bizonas, karvė ir kt. jaučių šeimos atstovai; *grunting ~* jakas ◊ *the black ~* a) senatvė; b) nelaimė; *you cannot flay the same ~ twice* ≅ nuo vieno jaučio dviejų odų nelupa
oxalic [ɔkˈsælɪk] a chem. oksalo, rūgštynių; *~ acid* oksalo rūgštis
oxbow [ˈɔksbəu] n **1** jungas **2** *(upės)* užutėkis *(t. p. ~ lake)*
Oxbridge [ˈɔksbrɪdʒ] n Oksfordo ir Kembridžo universitetai *(kaip priešybė kitiems, ypač naujiems, universitetams)*
oxcart [ˈɔkskɑːt] n jaučių traukiamas vežimas
oxen [ˈɔksən] n pl **1** žr. **ox 2** kuop. galvijai
oxeye [ˈɔksaɪ] n **1** jaučio akis **2** archit. apskritas/ovalus langas
ox-fence [ˈɔksfens] n tvora/aptvaras galvijams
Oxford [ˈɔksfəd] n **1** Oksfordas *(Anglijos miestas ir universitetas); ~ man* žmogus, baigęs Oksfordo universitetą; *~ grey* pilka/plieninė spalva **2** *(o.)* amer. standūs medvilniniai marškiniai **3** *(o.)* pl pusbačiai *(t. p. ~ shoes)*
Oxfordshire [ˈɔksfədʃə] n Oksfordšyras *(Anglijos grafystė)*
oxherd [ˈɔkshəːd] n piemuo
oxhide [ˈɔkshaɪd] n jautena, jaučio oda
oxidation [ˌɔksɪˈdeɪʃn] n chem. oksidavimas(is), oksidacija
oxide [ˈɔksaɪd] n chem. oksidas, deginys
oxidize [ˈɔksɪdaɪz] v chem. oksiduoti(s)
oxlip [ˈɔkslɪp] n bot. aukštoji raktažolė
Oxonian [ɔkˈsəunɪən] knyg. n **1** Oksfordo universiteto studentas/dėstytojas **2** Oksfordo gyventojas
a Oksfordo (universiteto)
oxtail [ˈɔksteɪl] n jaučio uodega; *~ soup* jaučio uodegos sriuba
oxter [ˈɔkstə] n šiaur. pažastis
oxygen [ˈɔksɪdʒən] n chem. deguonis; *~ mask* med. deguonies kaukė; *~ welding* tech. autogeninis suvirinimas
oxygenate [ˈɔksɪdʒəneɪt] v spec. oksiduoti; prisotinti deguonimi
oxygenous [ɔkˈsɪdʒənəs] a chem. deguonies
oxymoron [ˌɔksɪˈmɔːrɔn] n lit. oksimoronas, oksimoras *(stilistinė figūra)*
oyez [əuˈjez] int klausykite!, dėmesio! *(teisme ir pan.)*
oyster [ˈɔɪstə] n zool. austrė; *~ bed* austrių veisykla; ◊ *close/dumb as an ~* ≅ tylus kaip žuvis; *the world is one's/smb's ~* visas pasaulis kam po kojų *(visur galima dirbti/keliauti ir pan.);* mano/tavo *ir t. t.* ateitis mano/tavo *ir t. t.* rankose
oyster-catcher [ˈɔɪstəˌkætʃə] n zool. jūrinė šarka
oyster-plant [ˈɔɪstəplɑːnt] n bot. valgomasis pūtelis
Oz [ɔz] šnek. n **1** Australija **2** australietis
a Australijos, australiečių
ozocerite, ozokerite [əuˈzəukəraɪt] n min. ozokeritas
ozone [ˈəuzəun] n **1** chem. ozonas; *~ layer* ozono sluoksnis **2** šnek. grynas jūros oras
ozone-depleting [ˌəuzəundrɪˈpliːtɪŋ] a ardantis ozono sluoksnį *(apie medžiagas, dujas)*
ozone-friendly [ˌəuzəunˈfrendlɪ] a neardantis ozono sluoksnio
ozonize [ˈəuzənaɪz] v chem. ozonuoti
ozonizer [ˈəuzənaɪzə] n ozonatorius
ozonosphere [əuˈzəunəsfɪə] n ozonosfera

P

P, p [pi:] *n* (*pl* Ps, P's [pi:z]) šešioliktoji anglų abėcėlės raidė
pa [pɑ:] *n* (papa *sutr.*) *vaik.* tėtis, tėvelis
pabulum ['pæbjuləm] *n knyg.* penas, maistas (*džn. prk.*)
paca ['pækə] *n zool.* paka (*graužikas*)
pace¹ [peɪs] *n* **1** žingsnis; eisena; *to put on ~, to mend/quicken one's ~* paspartinti žingsnį; *take one ~ forward!* (vieną) žingsnį pirmyn! **2** greitis; tempas; *the ~ of development* vystymosi tempai; *at a slow ~* labai lėtai; *to gather ~* didinti greitį; *to go/hit the ~* a) lėkti, dumti; b) *prk.* užti, palaidai gyventi; *to keep ~ (with)* eiti kartu (*su*); neatsilikti (*nuo; t. p. prk.*); *to stand the ~* išlaikyti tempą (*t. p. prk.*); *to set the ~* a) diktuoti greitį, diktuoti/duoti tempą; b) *prk.* duoti toną **3** (*kopėčių*) skersinis, pakopa **4** (*arklio*) bėgsena, eidinė ◊ *to put smb through his/her/its ~s šnek.* priversti ką parodyti, ką sugeba, išbandyti ką; *to show one's ~s* parodyti, ko yra vertas
v **1** žingsniuoti; vaikštinėti **2** (iš)matuoti/atmatuoti žingsniais (*t. p. ~ out/off*) **3** bėgti eidine (*apie arklį*) **4** diktuoti greitį (*lenktynėse*) **5** *refl* nusistatyti sau tinkamą tempą (*ypač pirmaujant lenktynėse*)
pace² ['peɪsɪ] *lot. prep* priešingai (*kam*), (*kam*) leidus (*vart. reiškiant priešingą nuomonę*)
pacemaker ['peɪsˌmeɪkə] *n* **1** duodantysis toną **2** *sport.* duodantysis tempą, pirmaujantysis, lyderis **3** *med.* širdies stimuliatorius (*t. p. heart ~*)
pacer ['peɪsə] *n* **1** eidininkas, ristūnas (*apie arklį*) **2** = **pacemaker** 2
pacesetter ['peɪsˌsetə] *n* (*ypač amer.*) = **pacemaker** 1, 2
pacha ['pɑ:ʃə] *n* = **pasha**
pachyderm ['pækɪdə:m] *n* **1** *zool.* storaodis (*gyvulys*) **2** *prk.* nejautrus žmogus
pachydermatous [ˌpækɪ'də:mətəs] *a zool.* storaodis
pacific [pə'sɪfɪk] *a* **1** *knyg.* taikus, taikingas **2** *knyg.* ramus, tylus **3** *(P.)* Ramiojo vandenyno; *the P. (Ocean)* Ramusis vandenynas; *P. Islands* Ramiojo vandenyno salos; *the P. Rim* Ramiojo vandenyno pakrančių šalys
pacification [ˌpæsɪfɪ'keɪʃn] *n* nuraminimas; sutaikinimas; pacifikacija ◊ *Edict of ~ ist.* Nanto ediktas
pacificator [pə'sɪfɪkeɪtə] *n* taikintojas
pacificatory [pə'sɪfɪkətərɪ] *a* raminamasis; taikinamasis
pacificism [pə'sɪfɪsɪzm] *n* = **pacifism**
pacifier ['pæsɪfaɪə] *n* **1** ramintojas; taikintojas **2** *amer.* (*kūdikio*) žindukas
pacifism ['pæsɪfɪzm] *n* pacifizmas
pacifist ['pæsɪfɪst] *n* pacifistas
pacify ['pæsɪfaɪ] *v* **1** nuraminti; sutaikinti; numalšinti (*pyktį*) **2** *kar., polit.* grąžinti taikos padėtį
pack [pæk] *n* **1** ryšulys, ryšys; paketas **2** kuprinė **3** (*ypač amer.*) pakelis; *~ of cigarettes* pakelis cigarečių **4** (*kortų*) malka **5** (*šunų, vilkų*) ruja, gauja **6** šutvė, gauja; *a ~ of crooks* sukčių gauja **7** *sport.* (*lenktyniaujančiųjų*) pagrindinė grupė **8** *kar.* (*lėktuvų ir pan.*) grandis, padalinys; *a ~ of submarines* povandeninių valčių padalinys **9** daugybė, aibė; *a ~ of lies* grynas melas; *a ~ of nonsense* gryni niekai **10** = **pack-ice 11** (*žuvų/vaisių konservų*) sezoninė produkcija **12** kosmetinė kaukė (*t. p. face ~*) **13** *med.* kompresas; šlapia paklodė, tamponas **14** *kas.* užpildymas, užpylimas **15** *stat.* laukakmenių mūras
v **1** pakuoti(s), su(si)pakuoti, su(si)dėti (*džn. ~ up*); *to ~ goods* pakuoti prekes; *I forgot to ~ my toothbrush* aš pamiršau įsidėti dantų šepetuką; *to ~ one's traps* susiruošti kelionei **2** prigrūsti, užpildyti (*patalpas, gatves; with*); *to ~ a cellar with snow* privaryti rūsį sniego **3** su(si)spausti, susigrūsti (*t. p. ~ up*); *we were ~ed like sardines* mes susigrūdome kaip silkės statinėje **4** būriuotis, gaujotis, rinktis (*į gaują*) **5** *menk.* pririnkti savo šalininkų (*suvažiavime, susirinkime ir pan.*); rinktis sau palankius narius **6** konservuoti **7** apkrauti (*arklį*) **8** *šnek.* nešioti(s); *to ~ a watch [a gun]* nešiotis laikrodį [ginklą] **9** (*galėti*) smarkiai smogti; turėti (*daug jėgos*) **10** *tech.* sandarinti **11** *med.* suvynioti (*pacientą*) į šlapią paklodę □ *~ away* sudėti atgal, į vietą; *~ in šnek.* a) mesti (*darbą, žaidimą*); *it's time to ~ it in* laikas padaryti tam galą; b) pritraukti (*daug žiūrovų ir pan.*); c) sugesti (*apie mašiną ir pan.*); *~ off* išsiųsti; išvaryti lauk, išvyti; *~ up šnek.* a) baigti darbą; b) sugesti (*apie mechanizmą*); c) liautis (*ką darius*); *~ it up!* liaukis!, prilaikyk liežuvį!
package ['pækɪdʒ] *n* **1** ryšulys; paketas; siuntinys; (*bagažo*) vienetas, bagažas **2** *amer.* (*cigarečių*) pakelis **3** įpakavimas; pakavimo kaštai **4** muitas įpakuotoms prekėms **5** komplektas; paketas (*t. p. komp.*); *~ deal/offer* pasiūlymų komplektas/paketas; *~ holiday/tour* (*kompanijos*) suorganizuota išvyka (*su visu išlaikymu*); *the radio is part of the ~* radijas įeina į komplektą
v **1** (į)pakuoti; supakuoti (*t. p. ~ up*) **2** patraukliai pateikti; (su)daryti (*ko*) įvaizdį
packaging ['pækɪdʒɪŋ] *n* = **packing** 1, 2
pack-animal ['pækˌænɪml] *n* nešulinis gyvulys
pack-drill ['pækdrɪl] *n kar.* marširavimas su visa žygio apranga (*bausmė*)
packed [pækt] *a* **1** supakuotas, suvyniotas (*in, with*); susipakavęs **2** prikimštas, prigrūstas; sausakimšas, pilnas (*t. p. ~ out*) **3** susispaudęs, susigulėjęs (*apie smėlį, sniegą ir pan.*)
packer ['pækə] *n* **1** pakuotojas; pakavimo firma/įmonė **2** pakavimo mašina **3** maisto produktų (*ypač mėsos*) paruošėjas/eksportuotojas
packet ['pækɪt] *n* **1** paketas, ryšulys; pakelis, dėžutė **2** *šnek.* apvali sumelė, dideli pinigai **3** *ist.* pašto ir keleivių laivas, paketbotas (*t. p. ~ boat*) ◊ *to catch/cop/get/stop a ~ šnek.* a) būti sunkiai sužeistam (*sviediniu, kulka*); b) patekti į didelę bėdą; *to cost a ~ šnek.* kainuoti daug pinigų

packhorse ['pækhɔ:s] *n* nešulinis arklys
packhouse ['pækhaus] *n* prekių sandėlis
pack-ice ['pækaɪs] *n* pakas *(didelis jūroje plaukiojantis ledas)*
packing ['pækɪŋ] *n* **1** *(daiktų)* susidėjimas, pakavimas; *to do one's* ~ susidėti daiktus, susiruošti kelionei **2** įpakavimas; tara; *film [paper]* ~ plėvelinė [popierinė] tara; ~ *not included* kaina be įpakavimo **3** įpakavimo medžiaga **4** *tech.* kamšalas, įkamša, tarpiklis; sandarinimas
packing-case ['pækɪŋkeɪs] *n* įpakavimo dėžė
packinghouse ['pækɪŋhaus] *n amer.* **1** konservų fabrikas **2** mėsos kombinatas
packing-sheet ['pækɪŋʃi:t] *n* **1** įpakavimo drobė **2** *med.* šlapia paklodė
packsack ['pæksæk] *n* kuprinė, kelionmaišis
packsaddle ['pæk͵sædl] *n* nešulinis balnas
packthread ['pækθred] *n* virvelė, špagatas
packtrain ['pæktreɪn] *n* nešulinių gyvulių virtinė
paco ['pɑ:kəu] *n (pl* ~s [-z]) *zool.* alpaka, naminė lama
pact [pækt] *n* paktas, sutartis, susitarimas; *peace* ~ taikos paktas; *non-aggression* ~ nepuolimo paktas; *to enter into a* ~ sudaryti sutartį
pad¹ [pæd] *n* **1** minkštas kamšalas/tarpiklis/pamušas; tamponas **2** paspaudė *(antspaudui; t. p. inking* ~*)* **3** minkštas balnelis **4** *(laiškinio popieriaus, piešimo)* bloknotas *(t. p. stationery* ~*)*; aplankas, biuvaras **5** *(kūno)* minkštimas, susikaupę riebalai **6** *(gyvulio)* letena **7** *bot. (vandens lelijos ir pan.)* plaukiojantis lapas **8** *tech.* padėklas, briaunelė, letenėlė **9** *sport.* antkelis **10** *kosm.* paleidimo aikštelė *(t. p. launch* ~*)* **11** *šnek.* būstas, butas
v **1** pamušti *(vata)*, prikimšti ko nors minkšto **2** nepagrįstai padidinti, išpūsti *(etatus, sąskaitą ir pan.)* **3** *(ppr. pass)* pasidengti riebalais *(apie kūną, jo dalį)*
▫ ~ *out* a) ištęsti, perkrauti nereikalingomis detalėmis *(apsakymą, kalbą ir pan.);* išpūsti *(sąskaitą);* b) iškimšti, prikimšti
pad² *n* **1** ramus arklys *(važinėti)* **2** tylus garsas
v tapenti, pėdinti *(t. p.* ~ *along);* keliauti pėsčiomis; *to* ~ *it, to* ~ *the hoof šnek.* eiti pėsčiomis; vaikščioti, bastytis keliais
pad³ *n* pintinė *(kaip matas)*
padded ['pædɪd] *a* **1** pamuštas, išmuštas; ~ *cell* palata, išmušta veltiniu *(psichiatrinėje ligoninėje); a jacket with* ~ *shoulders* švarkas su peteliais **2:** ~ *bills* išpūstos sąskaitos
padding ['pædɪŋ] *n* **1** kamšalas, medžiaga pamušui **2** tuščios frazės, vanduo; daugiažodžiavimas **3** *(etatų, sąskaitos, išlaidų)* nepagrįstas padidinimas, išpūtimas **4** *šnek.* sotus maistas
paddle¹ ['pædl] *n* **1** *(baidarės)* irklas; *double* ~ dvimentis irklas **2** irklavimas; yris **3** *(laivaračio, vandenračio)* mentė **4** lopetėlė, mentė *(maišyti);* kultuvė **5** *zool.* pelekas; plaukmuo **6** *hidr. (šliuzo)* vartai **7** *amer.* stalo teniso raketė
v **1** irkluoti vienu irklu; *to* ~ *a canoe* plaukti baidare/ kanoja **2** plaukti *(pelekų/plaukmenų ir pan. pagalba)*
paddle² *v* **1** pliuškentis, taškytis *(vandenyje)* **2** strapinėti *(apie vaiką)* **3** *psn.* žaisti pirštais, knebinėti, čiupinėti
paddle-boat ['pædlbəut] *n* = **paddle-steamer**
paddle-steamer ['pædl͵sti:mə] *n* ratinis garlaivis
paddle-wheel ['pædlwi:l] *n* laivaratis
paddling-pool ['pædlɪŋpu:l] *n* negilus vaikų baseinas *(parke ir pan.)*

paddock ['pædək] *n* **1** aptvaras, diendaržis *(arkliams)* **2** veja, pievelė *(prie hipodromo)*
v laikyti/užadaryti aptvare
Paddy ['pædɪ] *n šnek. menk.* Pedis *(airio pravardė)*
paddy¹ ['pædɪ] *n* **1** žaliaviniai ryžiai **2** ryžių laukas *(t. p.* ~ *field)*
paddy² *n šnek.* įtūžis, įniršis
paddywhack ['pædɪwæk] *n* = **paddy²**
Padishah ['pɑ:dɪʃɑ:] *n ist.* padišachas
padlock ['pædlɔk] *n* pakabinamoji spyna
v užrakinti spyna; uždėti/pakabinti spyną
padre ['pɑ:drɪ, 'pɑ:dreɪ] *isp. n šnek.* **1** pulko/laivo kapelionas **2** katalikų kunigas
paean ['pi:ən] *n knyg.* šlovinamoji/pergalės giesmė
paederast ['pedəræst] *n* = **pederast**
paediatrician [͵pi:dɪə'trɪʃn] *n* = **pediatrician**
paediatrics [͵pi:dɪ'ætrɪks] *n* = **pediatrics**
paedo- ['pi:dəᵘ-] *(sudurt. žodžiuose)* pedo-; *paedophilia* pedofilija
paeon ['pi:ən] *n lit.* peonas
pagan ['peɪgən] *n* **1** pagonis **2** netikintysis
a pagoniškas, pagonių
paganism ['peɪgənɪzm] *n* pagonybė
page¹ [peɪdʒ] *n* **1** puslapis *(t. p. prk.); yellow* ~*s* geltoni lapai *(telefonų knygos puslapiai su parduotuvių, įstaigų numeriais); a bright* ~ *in her life* ryškus jos gyvenimo puslapis **2** *(knygos)* lapas; ~ *imposition/make-up poligr.* laužymas **3** *(kompiuterio atminties)* fizikinis blokas *(atitinkantis lapą)*
v **1** numeruoti puslapius **2** *amer.* peržiūrinėti *(laikraščius ir pan.; through)*
page² *n* **1** *ist.* pažas **2** berniukas patarnautojas **3** = **pageboy** 1
v **1** tarnauti/būti pažu **2** iškviesti *(ką)* garsiai skelbiant pavardę; ~ *Dr. Jones!* iškvieskite daktarą Džounsą!
pageant ['pædʒənt] *n* **1** puikus reginys, prašmatni procesija **2** karnavalo eisena; maskaradas **3** inscenizacija, vaidinimas **4** pompastiškumas; (išorinis) prašmatnumas **5** *amer.* gražuolių konkursas **6** *ist.* judamoji scena *(misterijoms rodyti)*
pageantry ['pædʒəntrɪ] *n* **1** puikumas, spindesys; iškilmingumas **2** = **pageant** 4
pageboy ['peɪdʒbɔɪ] *n* **1** berniukas, nešantis nuotakos šleifą **2** *(moteriška)* pažo šukuosena **3** = **page²** 2
pager ['peɪdʒə] *n spec.* pranešimų gaviklis
paginal ['pædʒɪnl] *a* puslapių, pagal puslapius; ~ *reference* puslapio nurodymas
paginate ['pædʒɪneɪt] *v* numeruoti puslapius
pagination [͵pædʒɪ'neɪʃn] *n* puslapių numeracija/numeravimas
paging ['peɪdʒɪŋ] *n komp.* puslapių mainai
pagoda [pə'gəudə] *n* **1** pagoda *(budistų šventykla)* **2** *(pagodos formos)* nedidelis statinys, kioskas **3** *ist.* pagoda *(Indijos auksinės monetos pavadinimas)*
pagoda-tree [pə'gəudətri:] *n bot.* japoninė sofora ◊ *to shake the* ~ greitai praturtėti
pagurian [pə'gjuərɪən] *n zool.* vėžys vienuolis
pah [pɑ:] *int* fui!
paid [peɪd] *past ir pII žr.* **pay¹** *v*
a (ap)mokamas; apmokėtas; ~ *assassin* samdomas žudikas ◊ *to put* ~ *(to)* sužlugdyti, sugriauti *(planus, viltis ir pan.);* baigti *(skųstis ir pan.)*
paid-in ['peɪdɪn] *a* **1** įmokėtas, sumokėtas *(apie nario mokestį ir pan.)* **2** mokantis nario mokestį

paid-up ['peɪd'ʌp] *a* **1** apmokėtas; ~ *shares* visiškai apmokėtos akcijos **2** sumokėjęs/mokantis nario mokestį; užregistruotas *(apie organizacijos narį)* **3** *šnek.* tikras, atsidavęs *(apie gerbėją, šalininką ir pan.; t. p. fully ~)*
pail [peɪl] *n (medinis, skardinis)* kibiras; kubiliukas, kubilas
pailful ['peɪlful] *n* kibiras *(kaip matas)*
paillasse ['pælɪæs] *n* = **palliasse**
paillette [pæl'jet] *n* papuošalas; blizgutis
pain [peɪn] *n* **1** skausmas, kančia; *to be in* ~ skaudėti; *to have suffered all ~s* patirti/iškentėti visokių kančių; *where have you a ~?* kur jums skauda? **2** sielvartas, širdgėla; *he is in great ~* jis labai sielvartauja, jis labai nusiminęs/susikrimtęs **3** *pl* pastangos; *to take ~s, to be at (the) ~s* dėti pastangas, stengtis; *to be a fool for one's ~s, to have one's labour for one's ~s* veltui stengtis/plušti; *to save one's ~s* taupyti savo jėgas, veltui nesivarginti **4** bausmė; *on/under ~ of death knyg.* grasinant/rizikuojant mirties bausme; *~s and penalties* bausmės ir nuobaudos **5** *pl* gimdymo skausmai/sąrėmiai *(t. p. labour ~s)* ◊ *to give smb a ~ (in the neck)* įgristi kam; erzinti ką; *a ~ in the neck šnek.* įkyruolis, įgrisėlis; ≡ tikra rakštis; *a ~ in the arse/amer. ass vulg.* ≡ rakštis šikinėj
v **1** skaudinti, sukelti skausmą; *it ~s me to leave you* man skaudu jus palikti **2** *ret.* skaudėti
pained [peɪnd] *a* **1** įskaudintas, skausmingas; *he looked ~* jo veidas rodė skausmą **2** įžeistas
painful ['peɪnfəl] *a* **1** skausmingas, skaudamas; *it is ~* skauda *(apie kūno dalį)* **2** skaudus; *~ experience* skaudus patyrimas; *it's still ~ for her to talk about the divorce* jai vis dar skaudu kalbėti apie skyrybas **3** kankinantis, sunkus; *~ problem* opus klausimas; *~ surprise* nemalonus netikėtumas
painfully ['peɪnfəlɪ] *adv* **1** skausmingai **2** skaudžiai; sunkiai; *to be ~ timid* būti liguistai bailiam
painkiller ['peɪnkɪlə] *n* skausmą malšinantis vaistas, analgetikas
painkilling ['peɪnkɪlɪŋ] *a* skausmą malšinantis
painless ['peɪnləs] *a* **1** beskausmis, neskausmingas; *~ dentistry* beskausmis dantų gydymas **2** *šnek.* nesunkus; *the ~ way to learn German* lengvas būdas išmokti vokiečių kalbą
painstaking ['peɪnzteɪkɪŋ] *n knyg.* stengimasis, uolumas
a **1** uolus, stropus **2** kruopštus
paint [peɪnt] *n* **1** dažai; (nu)dažymas; *wet ~!* atsargiai – dažyta! *(užrašas)* **2** skaistalai *(t. p. face ~)* ◊ *as smart/ pretty, etc. as ~* labai gražus, žavus
v **1** tepti dažais, dažyti; spalvinti, spalvoti **2** (nu)tapyti **3** (pa)vaizduoti; *to ~ in bright colours* a) vaizduoti ryškiomis spalvomis; b) *prk.* pagražinti *(pasakojant, aprašant)* **4** dažytis, nusidažyti *(veidą, lūpas)* **5** (pa)tepti *(žaizdą ir pan.)* ▯ *~ in* pripiešti *(jau nutapytame paveiksle)*; *~ out/over* užtepti dažais, uždažyti *(užrašą ir pan.)*
paintbox ['peɪntbɒks] *n* dažų dėžutė
paintbrush ['peɪntbrʌʃ] *n* teptukas; *(dažytojo)* teptuvas
painted ['peɪntɪd] *a* **1** (nu)dažytas; spalvotas, spalvingas; nusidažęs **2** tapytas **3** apsimestinis, netikras ◊ *~ lady zool.* ugniukas *(drugelis)*
painter[1] ['peɪntə] *n* **1** tapytojas; dailininkas **2** dažytojas ◊ *~'s colic med.* apsinuodijimas švinu
painter[2] *n jūr. (valties)* pririšamoji virvė; bakštovas ◊ *to cut the ~* nutraukti ryšį; atsiskirti *(nuo metropolijos, šeimos ir pan.)*
painter[3] *n zool.* puma

painterly ['peɪntəlɪ] *a* tapybinis, tapybos
painting ['peɪntɪŋ] *n* **1** tapyba **2** paveikslas, tapybos kūrinys; *a ~ in oils* paveikslas, nutapytas aliejiniais dažais **3** (nu)dažymas
paintpot ['peɪntpɒt] *n* dažų puodas/kibiras
paintress ['peɪntrɪs] *n* tapytoja; dailininkė
paintwork ['peɪntwɜːk] *n (pastato, transporto priemonės)* dažytas paviršius, dažų sluoksnis
painty ['peɪntɪ] *a* **1** *(šviežiai)* dažytas; *~ smell* dažų kvapas **2** perkrautas dažais *(apie paveikslą)*
pair [pɛə] *n* **1** pora; *in ~s* poromis; po du; *a ~ of trousers [of scissors]* kelnės [žirklės]; *a ~ of socks [of shoes]* kojinių [batų] pora **2** sutuoktinių pora; *they make a ~* iš jų graži porelė **3** gyvulių/arklių/paukščių pora **4** *pl* du valetai/karaliai *ir pan. (žaidžiant kortomis)* **5** *(darbininkų)* brigada **6** *parl.* priešingų partijų du nariai, susitarę nebalsuoti **7** *attr* porinis ◊ *I have only one ~ of hands šnek.* ≡ aš neturiu dešimt rankų; *the ~ of you/them šnek.* ≡ abu labu tokiu
v **1** poruoti; su(si)poruoti, susijungti po du *(t. p. ~ up)* **2** susituokti **3** (su)kergti *(gyvulių)* ▯ *~ off* a) pa(si)skirstyti poromis; išeiti poromis; b) *šnek.* poruotis, suporuoti; leisti *(už vyro);* tekėti, vesti *(with)*
-pair [-pɛə] *(sudurt. žodžiuose)* kambarys... aukšte; *one- [two-, three-] pair front [back]* kambarys antrame [trečiame, ketvirtame] aukšte iš gatvės [iš kiemo]
pair-horse ['pɛəhɔːs] *a* porinis *(apie plūgą, vežimą)*
pair-oar ['pɛərɔː] *n sport.* dvivietė valtis *(be vairininko)*
paisa ['paɪsɑː, 'paɪsə] *ind. n* paisas, peisas *(piniginis vienetas = 1/100 rupijų)*
paisley ['peɪzlɪ] *a* išmargintas turkišku raštu *(apie audinį, šaliką ir pan.)*
pajamas [pə'dʒɑːməz] *n (ypač amer.)* = **pyjamas**
Paki ['pækɪ] *sl. niek. n* pakistanietis
a pakistaniečių
Pakistan [ˌpɑːkɪ'stɑːn] *n* Pakistanas
Pakistani [ˌpɑːkɪ'stɑːnɪ] *n* pakistanietis
a Pakistano; pakistaniečių
pal [pæl] *šnek. n* bičiulis, draugužis; *pen ~ (ypač amer.)* susirašinėjimo draugas
v (susi)draugauti *(ppr. ~ up; with)* ▯ *~ about amer.* vaikštinėti su bičiuliu *(with)*
palace ['pælɪs] *n* **1** rūmai; rūmas, puošnus namas **2** *(aukšto dvasiškio, monarcho)* oficiali rezidencija
paladin ['pælədɪn] *n* **1** *ist.* paladinas **2** *prk. knyg.* riteris, paladinas
palaeo- ['pælɪəʊ-] *(sudurt. žodžiuose)* paleo-; *pal(a)eobotany* paleobotanika; *pal(a)eozoic* paleozoinis; paleozoinė era
palaeography [ˌpælɪ'ɒgrəfɪ] *n* paleografija
palaeolith ['pælɪəlɪθ] *n archeol.* paleolitas
palaeolithic [ˌpælɪəʊ'lɪθɪk] *a archeol.* paleolitinis
palaeontology [ˌpælɪɒn'tɒlədʒɪ] *n* paleontologija
palais ['pæleɪ] *pr. n* **1** *šnek.* šokių salė **2** *ist.* šokių rūmai *(t. p. ~ de dance)*
palankeen, palanquin [ˌpælən'kiːn] *n ist.* palankinas, neštuvai *(Rytų šalyse)*
palatable ['pælətəbl] *a* **1** skanus, gardus **2** malonus, priimtinas *(to)*
palatal ['pælətl] *a* **1** gomurinis **2** *fon.* palatalinis
n fon. palatalinis garsas
palatalization [ˌpælətəlaɪ'zeɪʃn] *n fon.* palatalizacija, minkštinimas, suminkštėjimas
palatalize ['pælətəlaɪz] *v fon.* palatalizuoti, (su)minkštinti

palate ['pælət] *n* **1** *anat.* gomurys; *hard [soft]* ~ kietasis [minkštasis] gomurys; *cleft* ~ vilko gomurys **2** skonis *(t. p. prk.);* **to have a delicate** ~ turėti subtilų skonį, būti išrankiam **3** palinkimas, pamėgimas
palatial [pə'leɪʃl] *a* **1** rūmų, tinkamas rūmams **2** puošnus; didingas, didžiulis
palatinate [pə'lætɪnət] *n ist.* palatino valda
palatine[1] ['pælətaɪn] *n (P.) ist.* palatinas *(t. p. Count P.)*
palatine[2] *anat. a* gomurio; ~ *bones* gomurio kaulai *n pl* gomurio kaulai
palaver [pə'lɑːvə] *šnek. n* **1** bereikalingas triukšmas/rūpestis **2** paistalai, tuščios kalbos, šnekalas **3** meilikavimas **4** užsitęsęs/varginantis reikalas; derybos *v* **1** paistyti, plepėti **2** meilikauti; norėti įsiteikti
pale[1] [peɪl] *n* **1** statinis; mietas **2** *ret.* statinių tvora; užtvara **3** *prk.* ribos, rėmai; *within [beyond] the* ~ ribose, rėmuose [už ribų, nepriimtinas] *v* (ap)tverti *(statinių tvora, užtvara)*
pale[2] *a* **1** išblyškęs, išbalęs; *to turn* ~ pabalti, išblykšti **2** blyškus, blankus *(apie spalvą);* ~ *blue* šviesiai mėlynas **3** blyškus, blausus *(apie šviesą)* *v* **1** blankti, (iš)blykšti, (iš)balti **2** *prk.* nublankti *(before, beside)* **3** blankinti, blyškinti
paled [peɪld] *a* aptvertas *(statinių tvora)*
paleface ['peɪlfeɪs] *n* baltaveidis *(romanuose/filmuose iš Amerikos indėnų gyvenimo)*
paleo- ['peɪlɪəʊ-] *amer.* = **palaeo-**
Palestine ['pæləstaɪn] *n* Palestina
Palestinian [ˌpælə'stɪnɪən] *n* **1** palestinietis **2** Palestinos gyventojas *a* **1** palestiniečių **2** Palestinos
paletot ['pæltəʊ] *pr. n* laisvas platus paltas
palette ['pælɪt] *n (tapytojų)* paletė *(t. p. prk.)*
palette-knife ['pælɪtnaɪf] *n spec.* mentelė
palfrey ['pɔːlfrɪ] *n psn.* jojamasis žirgas
Pali ['pɑːliː] *n* pali *(Indijos tarmė; t. p. budistų šventųjų knygų kalba)*
palimony ['pælɪmənɪ] *n* alimentai, mokami buvusiai sugyventinei
palimpsest ['pælɪmpsest] *n ist.* palimpsestas
palindrome ['pælɪndrəʊm] *n knyg.* palindromas, grįžinys
paling ['peɪlɪŋ] *n* **1** *pl* statiniai, statinių tvora; užtvara **2** statinis, mietas
palingenesis [ˌpælɪn'dʒenɪsɪs] *n* **1** atgimimas, atsinaujinimas **2** *biol.* palingenezė, organizmo, *ar* jo dalies, regeneracija
palisade [ˌpælɪ'seɪd] *n* **1** statinių *ar* metalinių strypų tvora **2** *kar. ist.* palisadas **3** *pl amer.* uolų virtinė, uolynas *v* aptverti statinių tvora
palish ['peɪlɪʃ] *a* baltokas, blyškus, blausokas
pall[1] [pɔːl] *n* **1** *(aksomo)* apdangalas *(karstui ir pan.)* **2** *prk.* danga, skraistė; *a* ~ *of smoke* dūmų debesis **3** *amer.* karstas *(su lavonu)* ◊ *to cast a* ~ *(on, over)* aptemdyti *(džiaugsmą ir pan.)* *v* apdengti, apgaubti, apsiausti
pall[2] *v* **1** įkyrėti, įgrįsti *(on)* **2** per(si)sotinti
palladium[1] [pə'leɪdɪəm] *lot. n (pl* -dia [-dɪə]) **1** *ist.* paladiumas *(senovės Graikijoje)* **2** apsaugos laidas/garantija; apsauga, atrama
palladium[2] *n chem.* paladis
pallbearer ['pɔːlˌbɛərə] *n* žmogus, lydintis/nešantis karstą
pallet[1] ['pælɪt] *n* **1** šiaudinis čiužinys **2** gultas, guolis
pallet[2] *n* **1** kilnojamoji platforma, padėklas *(krovimo aikštelėje)* **2** *stat.* glaistytuvas, mentelė **3** *tech.* reketo strektė **4** *(laikrodžio)* inkaras **5** = **palette**

palletize ['pælɪtaɪz] *v* (su)krauti *(krovinį)* ant padėklo
pallia ['pælɪə] *pl žr.* **pallium**
palliasse ['pælɪæs] *n ret.* šiaudinis čiužinys
palliate ['pælɪeɪt] *v knyg.* **1** sumažinti, palengvinti *(skausmą ir pan.)* **2** sušvelninti *(nuoskaudą, kaltę);* pateisinti
palliation [ˌpælɪ'eɪʃn] *n knyg.* **1** *(skausmo)* laikinas sumažinimas; palengvinimas, paliacija **2** *(nusikaltimo)* pateisinimas
palliative ['pælɪətɪv] *a* švelninantis, lengvinantis; paliatyvus *n* **1** paliatyvas *(t. p. med.),* pusinė priemonė **2** lengvinanti aplinkybė
pallid ['pælɪd] *a* **1** *(mirtinai)* išblyškęs, išbalęs **2** blankus, blyškus *(apie šviesą)*
pallidness ['pælɪdnɪs] *n* mirtinas išblyškimas
pallium ['pælɪəm] *lot. n (pl* -lia) **1** *(popiežiaus, arkivyskupo)* skraistė **2** *zool. (moliuskų)* mantija
pallor ['pælə] *n* blyškumas, pabalimas
pally ['pælɪ] *a šnek.* draugiškas, bičiuliškas; *to be* ~ *(with)* bičiuliauti
palm[1] [pɑːm] *n* **1** delnas **2** *jūr. (inkaro)* nagas **3** *(irklo)* platgalys, mentė ◊ *to cross smb's* ~ *with silver* duoti kam pinigų; *to grease/oil smb's* ~ duoti kam kyšį, patepti ką; *to tickle smb's* ~ duoti kam arbatpinigių; papirkti ką; *to have an itching/itchy* ~ būti kyšininku; būti gobšiam; *to hold smb in the* ~ *of one's hand* ≅ laikyti ką savo rankose *v* **1** slėpti delne/rankoje **2** glostyti **3** sveikinti ranka **4** papirkti, duoti kyšį ▢ ~ *off šnek.* a) įpiršti, įbrukti, įkišti, iškišti *(apgaunant; on, onto);* b) pakakinti, atsikratyti *(pažadant, pameluojant ir pan.; with)*
palm[2] *n* **1** *bot.* palmė *(t. p.* ~ *tree)* **2** palmės šakelė *(pergalės simbolis); prk.* pergalė, triumfas; *to bear, ar to carry off, the* ~ *knyg.* pasiekti pergalę; *to yield the* ~ *knyg.* pralaimėti, prisipažinti nugalėtam **3** verba; *P. Sunday bažn.* Verbų sekmadienis, Verbos
palmaceous [pæl'meɪʃəs] *a bot.* palmių, palminis
palmar ['pælmə] *a anat.* delninis
palmary ['pælmərɪ] *a* vertas pergalės, puikus
palmate ['pælmeɪt] *a* **1** *bot.* plaštakiškas, delniškas, pirštuotas **2** *zool.* turintis plaukiojamąją plėvę *(apie paukščio kojas)*
palmer ['pɑːmə] *n* **1** *ist.* keliaujantis maldininkas, piligrimas **2** *zool. (drugio kenkėjo)* vikšras *(t. p.* ~ *worm)* **3** dirbtinis jaukas *(meškeriojant)*
palmetto [pæl'metəʊ] *n (pl* ~(e)s [-z]) *archit.* palmetė
palmful ['pɑːmful] *n (ko)* sauja
palmiped ['pælmɪped] *zool. n* plėvialetenis paukštis *a* plėvialetenis
palmist ['pɑːmɪst] *n* chiromantas
palmistry ['pɑːmɪstrɪ] *n* chiromantija
palmitic [pæl'mɪtɪk] *a:* ~ *acid chem.* palmitino rūgštis
palm-oil ['pɑːmɔɪl] *n* **1** palmių aliejus **2** *šnek.* kyšis
palmtop ['pɑːmtɒp] *n* kišeninis kompiuteris
palmy ['pɑːmɪ] *a* **1** palmių; gausus palmių **2** klestintis, žydintis; *(one's)* ~ *days* klestėjimo laikotarpis
palmyra [pæl'maɪərə] *n bot.* palmyra *(t. p.* ~ *palm)*
palomino [ˌpælə'miːnəʊ] *n (pl* ~s [-z]) sartas arklys, sartis
palooka [pə'luːkə] *n amer. šnek.* **1** blogas boksininkas **2** kerėpla, griova
palp [pælp] *n zool.* čiuptuvėlis
palpability [ˌpælpə'bɪlətɪ] *n* **1** akivaizdumas **2** *ret.* apčiuopiamumas
palpable ['pælpəbl] *a* **1** aiškus, akivaizdus; ~ *lie* akivaizdus melas **2** apčiuopiamas, juntamas
palpate ['pælpeɪt] *v med.* palpuoti, daryti palpaciją, stengtis apčiuopti

palpation [pæl'peɪʃn] *n med.* palpacija, apčiuopa
palpi ['pælpaɪ] *pl žr.* **palpus**
palpitate ['pælpɪteɪt] *v* **1** *med.* smarkiai plakti, tvinkčioti, daužytis *(apie širdį)* **2** *knyg.* virpėti *(iš baimės, džiaugsmo ir pan.; with)*
palpitation [ˌpælpɪ'teɪʃn] *n* **1** *(ppr. pl) med. (širdies)* smarkus plakimas, tvaksėjimas **2** virpėjimas
palpus ['pælpəs] *n (pl* -pi*) =* **palp**
palsgrave ['pɔːlzgreɪv] *n ist.* pfalcgrafas
palsy ['pɔːlzɪ] *n* **1** paralyžius *(t. p. prk.);* paralyžinis drebulys **2** visiško bejėgiškumo būsena
v paralyžiuoti *(t. p. prk.)*
palsy-walsy [ˌpælzɪ'wælzɪ] *a šnek.* draugingas, lipšnus, prieplaikus
palter ['pɔːltə] *v* **1** apgaudinėti, gudrauti; *to ~ with one's honour* veidmainiauti, būti nenuoširdžiam; *to ~ with facts* iškraipyti faktus **2** derėtis **3** niekais užsiiminėti; *this work should not be ~ed with* į šį darbą reikia žiūrėti rimtai
paltry ['pɔːltrɪ] *a* **1** menkas, nežymus *(apie kiekį);* nereikšmingas **2** niekam vertas, niekingas; apgailėtinas; *~ excuses* niekam verti pasiteisinimai
paludal [pə'ljuːdl] *a med.* **1** balų, pelkinis **2** maliarijos
paly[1] ['peɪlɪ] *a poet.* pabalęs, pablyškęs
paly[2] *a her.* padalytas vertikaliai
Pamela ['pæmələ] *n* Pamela *(vardas)*
Pamirs [pə'mɪəz] *n: the ~* Pamyras *(kalnai)*
pampas ['pæmpəs] *n pl geogr.* pampos
pampas-grass ['pæmpəsgrɑːs] *n bot.* pampų žolė
pamper ['pæmpə] *v* (iš)lepinti, (iš)paikinti; *refl* lankstinukas
pampero [pæm'pɛərəu] *isp. n (pl ~*s [-z]*)* pamperas *(šaltas pampų vėjas)*
pamphlet ['pæmflɪt] *n* **1** brošiūra; propagandinis lankstinukas **2** techninė informacija/instrukcija **3** *ist.* pamfletas
pamphleteer [ˌpæmflə'tɪə] *n* **1** pamfletistas **2** *menk.* rašeiva
v **1** rašyti brošiūras **2** polemizuoti
pamphletize ['pæmflətaɪz] *v* rašyti pamfletus
Pan [pæn] *n mit.* Panas
pan[1] [pæn] *n* **1** kaistuvas, prikaistuvis; keptuvė **2** *(svarstyklių)* lėkštė **3** įduba **4** unitazas **5** plūduriuojanti ledo lytis **6** *amer. šnek.* veidas; *dead ~* neišraiškus veidas **7** *amer. sl.* griežta kritika *(knygos, pjesės)* **8** *tech.* kaušas; lovys **9** *geol.* podirvinis klodas ◊ *to leap/fall out of the ~ into the fire* ≅ nuo vilko bėgant užbėgti ant meškos; *to go down the ~ sl.* ≅ nueiti šuniui ant uodegos
v **1** gaminti/paduoti *(valgį)* kaistuve **2** (iš)plauti *(auksingą smėlį; t. p. ~ off/out)* **3** duoti aukso *(apie auksingą smėlį; ppr. ~ out)* **4** *šnek.* išpeikti, griežtai kritikuoti ⬜ *~ out šnek.* pasisekti, išdegti; *the business did not ~ out* reikalas neišdegė, nepasisekė
pan[2] *v fot., kin.* duoti, *ar* pereiti į, panoraminį vaizdą
pan- [pæn-] *pref* pan- *(reiškiant visumą);* **panchromatic** panchromatinis; **Pan-Germanism** pangermanizmas
panacea [ˌpænə'sɪə, -'siːə] *n* panacėja, universali priemonė
panache [pə'næʃ] *pr. n* **1** *ist. (galvos apdangalų)* pliumažas, papuošalas iš plunksnų **2** manieringumas, elegancija; *(aprašymo)* raiškumas
Panama ['pænəmɑː, ˌpænə'mɑː] *n* **1** Panama; *the ~ Canal* Panamos kanalas **2** *(p.)* panama *(skrybėlė; t. p. ~ hat)*
pan-American [ˌpænə'merɪkən] *a* visos Amerikos
panatella [ˌpænə'telə] *n* plonas cigaras, panatela
pan-breaker ['pænˌbreɪkə] *n ž. ū.* podirvio purentuvas
pancake ['pænkeɪk] *n* **1** blynas; *flat as a ~* plokščias kaip blynas **2** *teatr.* storas veido dažų sluoksnis **3** *av.* greičio netekimas prieš nutūpiant; nutūpimas per anksti išlyginus lėktuvą *(t. p. ~ landing)* ◊ *P. Day/Tuesday bažn.* Užgavėnės
v av. nutūpti per anksti išlyginus lėktuvą
pancreas ['pæŋkrɪəs] *n anat.* kasa *(liauka)*
pancreatic [ˌpæŋkrɪ'ætɪk] *a anat.* kasos
panda ['pændə] *n zool.* panda; *giant ~* didžioji panda ◊ *~ car* patruliuojantis policijos automobilis
pandanus [pæn'deɪnəs] *n bot.* pandanas
pandect ['pændekt] *n (ppr. pl)* **1** įstatymų kodeksas **2** *ist.* susistemintas Romos teisininkų rinkinys; *the Pandects* Justiniano pandektai
pandemic [pæn'demɪk] *med. n* pandemija *(visuotinė epidemija; t. p. prk.)*
a pandeminis
pandemonium [ˌpændə'məunɪəm] *n knyg.* **1** pragaras **2** *prk.* tikras pragaras, chaosas, suirutė
pander ['pændə] *n* **1** kurstytojas, pataikautojas **2** *psn.* savadautojas
v **1** (pa)kurstyti; tenkinti, nuolaidžiauti, pataikauti *(kieno silpnybėms, pigiam skoniui ir pan.; to)* **2** *psn.* savadauti
pandit ['pændɪt] *n =* **pundit**
Pandora [pæn'dɔːrə] *n mit.* Pandora ◊ *~'s box* Pandoros skrynia, nelaimių šaltinis
pandowdy [pæn'daudɪ] *n amer.* obuolių pudingas/pyragas
pane [peɪn] *n* **1** *(lango)* stiklas; langas **2** *(audinio, piešinio)* langelis **3** *(brilianto, veržlės)* briauna, sienelė
v stiklinti *(langą)*
panegyric [ˌpænɪ'dʒɪrɪk] *n* panegirika; per didelis gyrimas *(on, upon)*
panegyric(al) [ˌpænɪ'dʒɪrɪk(l)] *a* giriamasis, panegiriškas
panegyrize ['pænɪdʒɪraɪz] *v* (iš)girti, (iš)garbinti
panel ['pænl] *n* **1** *stat.* panelis; plokštė; *(durų)* įspruda **2** įrėminta tapymo lenta; pano **3** *(kitos medžiagos/ spalvos)* juosta/įsiuvas drabužyje **4** ilgo siauro formato nuotrauka **5** *(prietaisų)* skydas; skirstomoji lenta **6** *tech.* kesonas, dėžė **7** specialistų grupė; viešai aptariami aktualų klausimą; viešos diskusijos, *ar* viktorinos, dalyviai; *~ game rad., tel.* viktorinos *ir pan.* žaidimai **8** žiuri; prisiekusieji tarėjai; prisiekusiųjų tarėjų, arbitrų *ir pan.* sąrašas **9** *škot. teis.* kaltinamasis **10** *ist.* draudimo kasų gydytojų sąrašas
v (-ll-) **1** apmušti *(sienas)* plokštėmis **2** papuošti *(drabužį kitos medžiagos/spalvos)* juosta/įsiuvu **3** sudaryti, *ar* įtraukti į, prisiekusiųjų tarėjų sąrašą
panel(l)ing ['pænəlɪŋ] *a* **1** apmušimas/apkalimas plokštėmis **2** plokštės/plokščių apkalas
panel(l)ist ['pænəlɪst] *n rad., tel.* viktorinos dalyvis
pan-fry ['pænfraɪ] *v* kepti keptuvėje
panful ['pænful] *n* pilnas kaistuvas/prikaistuvis
pang [pæŋ] *n* **1** *(aštrus, staigus)* skausmas **2** *pl* kančios; *~s of conscience* sąžinės graužimas; *~s of jealousy* pavyduliavimo kančios
pangolin [pæŋ'gəulɪn] *n zool.* skujuočius
panhandle ['pænˌhændl] *n* **1** kaistuvo rankena **2** *amer.* ilgas siauras teritorijos ruožas tarp kitų dviejų teritorijų
v amer. šnek. prašyti išmaldos, elgetauti
panhandler ['pænˌhændlə] *n amer. šnek.* elgeta
panic[1] ['pænɪk] *<n, a, v>* n **1** panika; *financial ~* finansinė panika; *to get into a ~* pulti į paniką; *the news threw the town into a ~* žinia sukėlė paniką mieste **2** *amer. šnek.* pramoga; labai juokingas žmogus/daiktas

a paniškas; ~ *fear* paniška baimė
v **1** kelti paniką; pulti į paniką, panikuoti; *he ~ked thinking it was a shark* jis puolė į paniką pagalvojęs, kad tai ryklys **2** įbaiminti, įbauginti *(into)* **3** *amer. sl.* sužavėti *(publiką);* sukelti aplodismentus
panic² *n bot.* sora, mogaras *(t. p. ~ grass)*
panicky ['pænɪkɪ] *a šnek.* paniškas, pasiduodantis panikai
panicle ['pænɪkl] *n bot.* šluotelė *(augalo žiedynas)*
panic-monger ['pænɪkˌmʌŋgə] *n* panikos kėlėjas
panic-stricken ['pænɪkˌstrɪkən] *a* apimtas panikos
paniculate [pə'nɪkjulɪt] *a bot.* šluotelinis
panjandrum [pən'dʒændrəm] *n iron.* svarbi persona
panne [pæn] *n tekst.* šilkinis aksomas *(t. p. ~ velvet)*
pannier ['pænɪə] *n* **1** pintinė, krepšys *(persvertas ant nešulinio gyvulio, ant dviračio, ant žmogaus pečių)* **2** *(sijono)* raukčiai, klostės; *ist.* krinolinas
pannikin ['pænɪkɪn] *n ret.* skardinis puodelis; dubenėlis ◊ *to be off one's ~* ≡ išeiti iš proto
panoplied ['pænəplɪd] *a knyg. (visiškai)* apsišarvavęs
panoply ['pænəplɪ] *n knyg.* **1** šarvai *(t. p. prk.)* **2** *prk.* puošnūs rūbai; puikumas, prašmatnumas
panorama [ˌpænə'rɑːmə] *n (įv. reikšm.)* panorama
panoramic [ˌpænə'ræmɪk] *a* panoraminis; *~ sight kar.* panorama *(prietaisas)*
panpipes ['pænpaɪps] *n pl muz.* pano fleita
pansy ['pænzɪ] *n* **1** *bot.* (darželinė) našlaitė **2** *šnek.* lepšis, ištižėlis; *niek.* pederastas *(t. p. ~ boy)* **3** ryškiai violetinė spalva *(t. p. ~ violet)*
pant [pænt] *v* **1** dūsuoti, šnopšti, švokšti; (už)dusti **2** pūkšti, pūškuoti, šniokšti **3** geisti, trokšti *(for, after)* **4** tvinkčioti, plakti *(apie širdį)* **5** dūstant (iš)tarti/(su)švokšti; išdrožti *(vienu atsidusimu; ppr. ~ out)*
n **1** dūsavimas, šnopštimas, švokštimas; atodūsis **2** *(širdies)* tvinkčiojimas, plakimas
pantalet(te)s [ˌpæntə'lets] *n pl ist.* ilgos vaikiškos/moteriškos kelnaitės
pantaloon [ˌpæntə'luːn] *n* **1** *pl (ypač amer.)* kelnės **2** *ist.* ilgos aptemptos kelnės **2** *(P.)* Pantalonė; antrasis klounas/juokdarys
pantechnicon [pæn'teknɪkən] *n* baldams vežti furgonas *(t. p. ~ van)*
pantheism ['pænθɪɪzm] *n* panteizmas
pantheist ['pænθɪɪst] *n* panteistas
pantheistic(al) [ˌpænθɪ'ɪstɪk(l)] *a* panteistinis
pantheon ['pænθɪən] *n* panteonas
panther ['pænθə] *n zool.* **1** pantera, leopardas **2** *amer.* puma; jaguaras
panties ['pæntɪz] *n pl šnek.* moteriškos/vaikiškos kelnaitės/trumpikės
pantihose ['pæntɪhəʊz] *n =* **pantyhose**
pantile ['pæntaɪl] *n (ppr. pl) stat.* lovinės čerpės
panto ['pæntəʊ] *sutr. šnek. =* **pantomime** *n*
panto- ['pæntəʊ-] *(sudurt. žodžiuose)* panto-; *pantograph* pantografas
pantomime ['pæntəmaɪm] *n* **1** pantomima **2** kalėdinis vaidinimas vaikams **3** gestų kalba; *to express oneself in ~* kalbėti(s) gestais
v **1** kalbėti gestais **2** vaidinti/dalyvauti pantomimoje
pantomimic [ˌpæntə'mɪmɪk] *a* pantomimos
pantry ['pæntrɪ] *n* **1** maisto sandėliukas/sandėlis/podėlis **2** patalpa, kur laikomi indai, ruošiami užkandžiai, bufetinė *(t. p. butler's ~, housemaid's ~)*
pants [pænts] *n pl* (pantaloons *sutr.*) **1** *amer. (vyriškos)* kelnės **2** trumpikės, kelnaitės; *hot ~* aptempti moteriški šortai ◊ *in long ~* subrendęs; ≡ kelnes priaugęs; *with one's ~ down šnek.* užkluptas nepasiruošęs; *to beat the ~ off smb šnek.* įvaryti kam baimės; *to bore the ~ off smb šnek.* ≡ įgrįsti kam iki gyvo kaulo
pantsuit ['pæntsuːt] *n amer. (moteriškas)* kostiumas *(su kelnėmis)*
pantyhose ['pæntɪhəʊz] *n (ypač amer.)* pėdkelnės
pap¹ [pæp] *n* **1** tyrė, košelė *(vaikams, ligoniams)* **2** pusiau skysta masė/pasta **3** skaitalas; šlamštas **4** *amer. šnek.* valstybinės tarnybos duodamos pajamos/privilegijos
pap² *n* **1** *psn., dial.* papas, spenelis **2** *tech.* apskritas iškyšulys
papa [pə'pɑː] *n vaik.* tėtis, tėtė
papacy ['peɪpəsɪ] *n* popiežiaus valdžia, pontifikatas
papain [pə'peɪn] *n spec.* papainas
papal ['peɪpl] *a attr* popiežiaus
papaveraceous [pəˌpeɪvə'reɪʃəs] *a bot.* aguonų, aguoninis
papaw [pə'pɔː] *n amer. =* **papaya**
papaya [pə'paɪə] *n bot.* papaja, melionmedis; jo vaisius
paper ['peɪpə] *<n, a, v>* *n* **1** popierius; *brown ~* vyniojamasis popierius; *design ~* vatmanas; *ruled ~* liniuotas popierius; *section ~* languotas popierius; *to commit to ~* užrašyti, užfiksuoti; *on ~* a) raštu; b) *prk.* popieriuje; *to put pen to ~* imti rašyti **2** laikraštis; *fashion ~* madų žurnalas; *to make the ~s* patekti į laikraščius, išgarsėti **3** *(mokslinis)* pranešimas, straipsnis, referatas; *term ~ amer.* kursinis darbas **4** *(egzaminų)* bilietas; rašomasis darbas; *exam/examination ~* a) egzaminų bilietai/užduotys; b) egzaminų rašomasis darbas *(parašyti lapai)* **5** *(sienų)* tapetai, apmušalai **6** popierinis maišelis **7** *kuop.* banknotai, vekseliai, vertybiniai popieriai, popieriniai pinigai *(t. p. ~ currency, ~ money)* **8** *(ppr. pl)* dokumentai, raštai; *to send in one's ~s* įteikti dokumentus išleisti į dimisiją, atsistatydinti **9** *šnek.* leidimas; kontramarkė **10** *pl* papiliotės *(plaukams sukti)*
a **1** popierinis; *~ sculpture* modelių lankstymas iš popieriaus **2** *prk. (esantis)* tik popieriuje, popierinis; *~ profits* fiktyvus pelnas **3** laikraštinis, laikraščių **4** plonas kaip popierius
v **1** (ap)klijuoti apmušalais/popieriais, tapetuoti **2** vynioti į popierių **3** aprūpinti popieriumi □ *~ over* užtušuoti *(prieštaravimus, klaidas ir pan.)*
paperback ['peɪpəbæk] *n* knyga minkštu viršeliu; *mass-market ~s* pigūs masiniai leidiniai
a aptaisytas minkštu viršeliu
paperboard ['peɪpəbɔːd] *n* statybinis kartonas
paperboy ['peɪpəbɔɪ] *n (tik v.)* laikraščių išnešiotojas/pardavėjas
paperchase ['peɪpətʃeɪs] *n* **1** bėgimo krosas, kurio trasa pažymėta popierėliais **2** *amer.* bandymas įgyti universitetinį laipsnį
paperclip ['peɪpəklɪp] *n* sąvaržėlė *(popieriaus lapams susegti)*
paper-cutter ['peɪpəˌkʌtə] *n* **1** *=* **paper-knife 2** popieriaus pjaustymo mašina
papergirl ['peɪpəgɜːl] *n* laikraščių išnešiotoja/pardavėja
paperhanger ['peɪpəˌhæŋə] *n (sienų)* apmušėjas tapetais, tapetuotojas
paperhanging ['peɪpəˌhæŋɪŋ] *n* **1** *(sienų)* tapetavimas, apmušimas/apklijavimas tapetais **2** *pl (sienų)* apmušalai
paper-knife ['peɪpənaɪf] *n (pl* -knives [-naɪvz]*)* peilis popieriui pjaustyti, pjaustiklis
paperless ['peɪpələs] *a komp.* elektroninis *(ne rašytinis);* kompiuterizuotas
paper-mill ['peɪpəmɪl] *n* popieriaus fabrikas
paper-thin ['peɪpə'θɪn] *a* plonutis

paperweight ['peɪpəweɪt] *n* prespapjė
paperwork ['peɪpəwə:k] *n* 1 kanceliarinis/nuobodus darbas 2 dokumentacijos, rašomųjų darbų *ir pan.* tikrinimas
papery ['peɪpərɪ] *a* kaip popierius; plonas
papier-mâché [ˌpæpɪeɪ'mæʃeɪ] *pr. n* papjė mašė *(kieta medžiaga iš popieriaus masės)*
papilionaceous [pəˌpɪlɪə'neɪʃəs] *a bot.* drugėlinis
papilla [pə'pɪlə] *n (pl* -lae [-li:]) *anat., zool., bot.* papilė, spenelis, gumburėlis
papiloma [ˌpæpɪ'ləumə] *n (pl* ~s, ~ta [-tə]) *med.* papiloma
papist ['peɪpɪst] *n* 1 popiežininkas 2 *menk.* katalikas
papoose [pə'pu:s] *n* 1 įremintas krepšys *(vaikui ant nugaros nešioti)* 2 *psn. (indėnų)* vaikas
pappus ['pæpəs] *n bot.* skristukas
pappy[1] ['pæpɪ] *a* 1 kaip košelė 2 minkštas, sultingas
pappy[2] *n amer. šnek.* tėtis
paprika ['pæprɪkə] *n* raudonasis pipiras, paprika
Papuan ['pæpjuən] *n* papuasas
a papuasų
Papua New Guinea [ˌpɑ:puə nju:'gɪni:] Papua ir Naujoji Gvinėja *(valstybė)*
papula ['pæpjulə] *n (pl* -lae [-li:], ~s) *med.* papulė, mazgelis
papule ['pæpju:l] *n* = **papula**
papyrus [pə'paɪərəs] *n (pl* ~es, -ri [-raɪ]) *bot.* papirusas *(t. p.* rašomoji medžiaga)
par[1] [pɑ:] *n* 1 normalus lygis; **on a** ~ normaliai; lygus, lygiavertis, vienodo lygio *(with – su)* 2 *fin. (valiutų)* paritetas *(ppr.* **~ of exchange)**; **on a ~ (with)** pariteto pagrindais *(su)* 3 *fin.* nominali vertė *(t. p.* **~ value)***; **above [below]** ~ aukščiau [žemiau] nominalios vertės; **at ~** pagal nominalą, nominalią vertę ◊ **to feel below/under ~** prastai/nekaip jaustis; **to be up to ~** normaliai/gerai jaustis; **~ for the course** *šnek.* normalu, būdinga *a* normalus, atitinkantis standartą, toks kaip paprastai
par[2] *n* (paragraph *sutr.*) *šnek.* 1 paragrafas 2 straipsnelis, žinutė *(laikraštyje)*
para ['pærə] *n šnek.* 1 parašiutininkas 2 *pl* desantininkai
para- ['pærə-] *(prieš balsį ir h* **par-***)* pref para-; **paracentric(al)** paracentrinis; **parapsychology** parapsichologija
parabiosis [ˌpærəbaɪ'əusɪs] *n biol.* parabiozė
parable ['pærəbl] *n* parabolė, didaktinė alegorija
parabola [pə'ræbələ] *n geom.* parabolė
parabolic [ˌpærə'bɔlɪk] *a spec.* parabolinis; alegorinis
paraboloid [pə'ræbəlɔɪd] *n* 1 *geom.* paraboloidas 2 *tech.* parabolinis reflektorius *(t. p.* **~ reflector***)*
parachronism [pə'rækrənɪzm] *n knyg.* parachronizmas, chronologinė klaida *(įvykio datos nukėlimas į vėlesnį laiką)*
parachute ['pærəʃu:t] *n* parašiutas; **~ jump** šuolis su parašiutu; **~ drop** numetimas parašiutu
v nu(si)leisti parašiutu; **to ~ to safety** išsigelbėti parašiutu
parachuter ['pærəʃu:tə] *n* parašiutininkas
parachutist ['pærəʃu:tɪst] *n* parašiutininkas
paraclete ['pærəkli:t] *n* 1 užtarėjas, gynėjas 2 *(P.) rel.* Šventoji dvasia *(kaip patarėja, guodėja)*
parade [pə'reɪd] *n* 1 paradas; **to be on ~** paraduoti 2 pa(si)rodymas, demonstravimas; **fashion/mannequin ~** madų demonstravimas; **identification/identity ~** *teis. (asmens)* parodymas atpažinti; **to make a ~ of smth** išstatyti ką visiems žiūrėti, puikuotis kuo 3 *amer.* procesija, manifestacija 4 pasivaikščiojimų vieta; aikštė 5 *(namų, parduotuvių)* eilė 6 *kar.* išsirikiavimas 7 *kar.* pratybų aikštė *(t. p.* **~ ground***)* ◊ **programme ~** *rad., tel.* programa *(skelbiama šiai dienai)*

v 1 paraduoti, žygiuoti *(parade);* rikiuotis 2 iškilmingai žingsniuoti; puikuoti(s) 3 pa(si)rodyti, demonstruoti *(savo žinias/turtus ir pan.)*
paradigm ['pærədaɪm] *n* 1 *knyg.* pavyzdys 2 *kalb.* paradigma
paradigmatic [ˌpærədɪg'mætɪk] *a* 1 *knyg.* tipiškas 2 *kalb.* paradigminis; **~ relations** paradigminiai santykiai
paradisaic(al) [ˌpærədɪ'seɪk(l)] *a* = **paradisiac(al)**
paradise ['pærədaɪs] *n* 1 *(džn. P.) rel.* rojus *(t. p. prk.),* dausos; **to expel from P.** *rel.* išvaryti iš Rojaus; **~ apple** *bot.* rojinė obelis; rojinukas; **birds of ~** rojaus paukščiai 2 *šnek.* viršutinis aukštas, galerija *(teatre)* ◊ **to live in a fool's ~** gyventi iliuzijomis
paradisiac(al), paradisic(al) [ˌpærədɪ'saɪək(l), ˌpærə'dɪsɪk(l)] *a* rojiškas, rojaus
paradox ['pærədɔks] *n* paradoksas
paradoxical [ˌpærə'dɔksɪkl] *a* paradoksalus
paraffin ['pærəfɪn] *n* 1 *chem.* parafinas *(t. p.* **~ wax)** 2 žibalas, parafino aliejus *(t. p.* **~ oil***)*
v apdėti/impregnuoti parafinu
paragon ['pærəgən] *n* 1 *(tobulybės, dorybės, grožio)* pavyzdys, įsikūnijimas; **~ wife** pavyzdinga žmona 2 didelis deimantas/briliantas *(šimto ir daugiau karatų)* 3 *poligr.* paragonas
paragraph ['pærəgrɑ:f] *n* 1 paragrafas, skirsnis; pastraipa; **to begin a new/fresh ~** pradėti iš naujos eilutės 2 *poligr.* įtraukos ženklas *(korektūroje; t. p.* **~ mark***)* 3 *(laikraščio)* žinutė, straipsnelis
v 1 paragrafuoti; padalyti į pastraipas 2 rašyti/įdėti žinutę/straipsnelį *(laikraštyje)*
Paraguay ['pærəgwaɪ] *n* Paragvajus *(valstybė)*
Paraguayan [ˌpærə'gwaɪən] *a* Paragvajaus; paragvajiečių *n* paragvajietis
parakeet ['pærəki:t] *n zool.* ilgauodegė papūga
paralinguistics [ˌpærəlɪŋ'gwɪstɪks] *n* paralingvistika
parallax ['pærəlæks] *n astr.* paralaksas
parallel ['pærəlel] <*n, a, adv, v*> *n* 1 lygiagretė; **in ~ (with)** lygiagrečiai *(su)* 2 *prk.* paralelė, sugretinimas; analogija; **to draw a ~ (between)** nubrėžti paralelę *(tarp)*, sugretinti *(su); **without ~** neturintis analogijos 3 *geogr.* lygiagretė 4 *el.* lygiagretus jungimas
a 1 lygiagretus *(to, with);* **~ lines** *geom.* lygiagrečios linijos 2 panašus, analogiškas *(to);* **it is not a ~ case** tai ne analogiškas atvejis
adv lygiagrečiai *(to, with)*
v **(-ll-)** 1 išvesti paralelę *(tarp);* palyginti, sugretinti *(with)* 2 atitikti, prilygti, sugretinti; **it cannot be ~ed** tam nėra lygaus 3 būti lygiagrečiam, eiti lygiagrečiai 4 *el.* jungti lygiagrečiai
parallelepiped [ˌpærəle'lepɪped] *n geom.* gretasienis
parallelism ['pærəlelɪzm] *n* paralelizmas; lygiagretumas
parallelogram [ˌpærə'leləgræm] *n geom.* lygiagretainis
parallel-park ['pærəlelpɑ:k] *v aut.* statyti lygiagrečiai su keliu
paralyse ['pærəlaɪz] *v* paralyžiuoti *(t. p. prk.)*
paralysis [pə'ræləsɪs] *n (pl* -yses [-si:z]) paralyžius *(t. p. prk.)*
paralytic [ˌpærə'lɪtɪk] *a* 1 *attr* paralyžiuotas, paralyžiaus ištiktas; paralyžinis 2 *predic šnek.* girtut girtutėlis
n paralitikas
paramatta [ˌpærə'mætə] *n* lengvas pusvilnonis audinys
paramedic ['pærəˌmedɪk] *n* vidurinio medicinos personalo darbuotojas: medicinos sesuo, felčeris, laborantas *ir pan.*
parameter [pə'ræmɪtə] *n (ppr. pl)* 1 *mat., tech.* parametras 2 matas, kriterijus

paramilitary [ˌpærə'mɪlɪtrɪ] *a* sukarintas, pusiau karinis *n* sukarintos organizacijos narys

paramount ['pærəmaunt] *a* **1** pirmaeilis; **to be ~** būti pirmoje vietoje; **of ~ importance** pirmaeilės svarbos; **his influence became ~** jis turi didžiausią įtaką **2** aukščiausias, viršiausias

paramour ['pærəmuə] *n knyg., psn.* meilužis

paranoia [ˌpærə'nɔɪə] *n med.* paranoja *(psichikos liga)*

paranoiac [ˌpærə'nɔɪæk] *med. n* paranoikas *a* **1** sergantis paranoja **2** paranojinis, paranojos

paranoid ['pærənɔɪd] = **paranoiac** *n, a*

paranormal [ˌpærə'nɔːml] *a* antgamtinis

parapet ['pærəpɪt] *n* **1** *archit.* parapetas, turėklai **2** *kar.* brustveras *(pylimas, ar dirbtinė siena, apsisaugoti nuo priešo šūvių)*

paraph ['pærəf] *n dipl.* parafas, inicialai, parašo užraitas

paraphernalia [ˌpærəfə'neɪlɪə] *n pl* **1** asmeninis turtas, asmeniniai daiktai **2** reikmenys, įranga; priklausiniai **3** nereikalingi dalykai

paraphrase ['pærəfreɪz] *n* **1** parafrazė *(t. p. muz.);* atpasakojimas **2** *lit.* perifrazė *v* parafrazuoti; atpasakoti/pasakyti savais žodžiais

paraplegia [ˌpærə'pliːdʒə] *n med.* paraplegija *(abiejų kojų paralyžius)*

paraplegic [ˌpærə'pliːdʒɪk] *a* sergantis abiejų kojų paralyžiumi

parapolice [ˌpærəpə'liːs] *a:* **~ troops** pagalbiniai policijos būriai

paraprofessional [ˌpærəprə'feʃnəl] *n* specialistas be aukštojo išsilavinimo, specialistas praktikas *(be diplomo)*

parapsychology [ˌpærəsaɪ'kɔlədʒɪ] *n* parapsichologija

parashoot ['pærəʃuːt] *v* šaudyti į parašiutininkus

parasite ['pærəsaɪt] *n* **1** *biol.* parazitas **2** *prk.* parazitas, veltėdis

parasitic(al) [ˌpærə'sɪtɪk(l)] *a* parazitinis, parazitiškas

parasiticide [ˌpærə'sɪtɪsaɪd] *n* priemonė parazitams naikinti

parasitism ['pærəsaɪtɪzm] *n* parazitizmas

parasitize ['pærəsaɪtaɪz] *v biol.* parazituoti

parasol ['pærəsɔl] *n* **1** skėtis *(nuo saulės)* **2** *av.* parasolis

parasympathetic [ˌpærəsɪmpə'θetɪk] *a anat.* parasimpatinis

parataxis [ˌpærə'tæksɪs] *n gram.* parataksė, bejungtukė konstrukcija

parathyroid [ˌpærə'θaɪrɔɪd] *n anat.* prieskydinė liauka *(t. p. ~ gland)*

paratrooper ['pærəˌtruːpə] *n kar.* desantininkas

paratroops ['pærətruːps] *n pl kar.* desantiniai daliniai

paratyphoid [ˌpærə'taɪfɔɪd] *n med.* paratifas *(t. p. ~ fever)*

paravane ['pærəveɪn] *n jūr.* paravanas

parboil ['pɑːbɔɪl] *v* apvirti, apšutinti *(daržoves ir pan.)*

parcel ['pɑːsl] *<n, adv, v>* *n* **1** siuntinys; ryšulys, paketas; **~ post** siuntinių skyrius *(pašte)* **2** *(prekių, krovinio)* partija **3** *(žemės)* sklypas **4** būrys, šutvė; **a ~ of scamps** niekšų gauja **5** *fin. (akcijų)* paketas ◊ **to be part and ~** būti neatskiriama dalimi
adv psn. iš dalies, dalinai; **~ gilt** paauksuotas tik iš vidaus *(apie indą)*
v (-ll-) **1** dalyti į dalis, išdalyti, (iš)parceliuoti *(t. p. ~ out)* **2** susukti į paketą, supakuoti *(t. p. ~ up)*

parcener ['pɑːsɪnə] *n teis.* įpėdinystės bendrininkas

parch [pɑːtʃ] *v* **1** džiovinti, gruzdinti, padeginti *(miežius, žirnius ir pan.)* **2** išdžiovinti, išdeginti *(apie saulę)* **3** (iš)džiūti; perdžiūti *(apie gerklę, liežuvį);* sukepti *(apie lūpas)* ▢ **~ up** išdžiūti, (su)džiūti

parched [pɑːtʃt] *a* **1** apdegintas, padegintas **2** perdžiūvęs, sausringas; sukepęs *(apie lūpas)* **3** troškulio kankinamas, ištroškęs; **~ wayfarer** troškulio kankinamas keleivis; **to be ~** *šnek.* mirti iš troškulio

parchment ['pɑːtʃmənt] *n* **1** pergamentas **2** rankraštis/dokumentas, parašytas pergamente; diplomas **3** pergamentinis popierius *(t. p. ~ paper)*

parcook ['pɑːkuk] *v* apvirti, pavirinti

pard, pardner [pɑːd, 'pɑːdnə] *n amer. sl.* kompanijonas, draugužis, partneris

pardon ['pɑːdn] *<n, v, int>* *n* **1** atleidimas, dovanojimas; **I beg your ~!** a) atsiprašau!, dovanokite! *(apsirikus, nesutinkant);* b) prašom pakartoti!, atsiprašau! *(neišgirdus, nesupratus)* **2** *teis.* malonė, bausmės dovanojimas; **free ~** paleidimas *(nesurinkus įkalčių);* **general ~** amnestija **3** *ist.* indulgencija
v **1** atleisti, dovanoti; **~ me!** atleiskite!, dovanokite!; **~ my disturbing you!** dovanokit, kad jus trukdau! **2** *teis.* atleisti nuo bausmės, suteikti malonę
int atsiprašau!, dovanokite! *(neišgirdus)*

pardonable ['pɑːdnəbl] *a* dovanotinas, atleistinas

pardoner ['pɑːdnə] *n ist.* indulgencijų pardavinėtojas

pare [pɛə] *v* **1** apkarpyti *(nagus)* **2** (nu)lupti, (nu)skusti, nupjauti *(t. p. ~ away/off)* **3** sumažinti *(t. p. ~ down);* **to ~ (down) expenses** sumažinti išlaidas

pared-down [ˌpɛəd'daun] *a* sumažintas *(apie biudžetą ir pan.);* sutrumpintas *(apie variantą)*

paregoric [ˌpærɪ'gɔrɪk] *med. a* skausmą malšinantis
n skausmą malšinantis vaistas

parenchyma [pə'ræŋkɪmə] *n anat., bot.* parenchima

parent ['pɛərənt] *n* **1** tėvas; motina **2** *pl* tėvai, gimdytojai **3** protėvis **4** *biol.* augalas/gyvulys, iš kurio išaugę/kilę kiti **5** *(blogio ir pan.)* priežastis, šaltinis **6** *attr* pirminis, pagrindinis; **the ~ tree** *bot.* motinmedis; **~ rock** *geol.* kilminė uoliena, **~ material** *fiz.* pirminė medžiaga; **~ element** *fiz.* pirminis elementas; **~ unit** *kar.* pagrindinis dalinys; **~ company** pagrindinė bendrovė; **~ body** aukštesnysis organas; **~ state** metropolija; **~ language** prokalbė

parentage ['pɛərəntɪdʒ] *n* **1** kilmė, giminystės linija **2** tėvystė; motinystė

parental [pə'rentl] *a* **1** tėvų; tėviškas; motinos, motiniškas; **~ authority** tėvų autoritetas; **~ home/school** *amer.* mokykla internatas sunkiai auklėjamiems vaikams **2** esantis šaltiniu; kilminis

parenthesis [pə'renθəsɪs] *n (pl* -theses [-θəsiːz]) **1** *gram.* įterpinys, įterptinis žodis/sakinys ar žodžių junginys **2** *(ppr. pl)* lenktiniai skliaustai **3** *knyg.* tarpas, tarpinis epizodas

parenthesize [pə'renθəsaɪz] *v knyg.* įterpti *(įterptinį žodį/sakinį ar žodžių junginį)* **2** imti į skliaustus

parenthetic(al) [ˌpærən'θetɪk(l)] *a* **1** *gram.* įterptinis **2** įterptas; susklaustas **3** *ret.* turintis/vartojantis daug įterptinių sakinių

parenthetically [ˌpærən'θetɪklɪ] *adv* tarp kita ko

parenthood ['pɛərənthud] *n* tėvystė; motinystė

parenting ['pɛərɪntɪŋ] *n* vaikų auklėjimas *(šeimoje)*

paresis ['pærɪsɪs] *n med.* parezė

par excellence [ˌpɑːr'eksəlɑːns] *pr.* pats geriausias

parfait [pɑː'feɪ] *pr. n kul.* **1** saldus desertinis patiekalas **2** *amer.* sluoksniuoti ledai

parget ['pɑːdʒɪt] *n* **1** tinkas **2** gipsas
v tinkuoti, dekoruoti

parhelion [pɑː'hiːlɪən] *n (pl* -lia [-lɪə]) *astr.* parahelis

pariah [pə'raɪə] *ind. n* parijas *(t. p. prk.)*

pariah-dog [pəˈraɪədɔg] *ind. n* benamis šuo
paries [ˈpɛərɪiːz] *n (pl* -etes) *anat.* siena, sienelė
parietal [pəˈraɪɪtl] *a* **1** *anat.* parietalinis, esantis prie sienelės; ~ *bone* viršugalvio kaulas **2** *bot.* sieninis
parietals [pəˈraɪətlz] *n pl amer.* vaikinų/merginų lankymosi taisyklės universiteto/koledžo bendrabučiuose
parietes [pəˈraɪɪtiːz] *pl žr.* **paries**
pari-mutuel [ˌpærɪˈmjuːtʃuəl] *pr. n* totalizatorius
paring [ˈpɛərɪŋ] *n* **1** apkarpymas; (nu)pjovimas, skutimas **2** *pl* skutenos, lupenos, nuolupos **3** *pl (nagų)* nuokarpos **4** *fin.* sumažinimas, apkarpymas
pari passu [ˌpærɪˈpæsuː] *lot.* lygiai (ir tuo pačiu laiku), vienodai *(with – su)*
Paris [ˈpærɪs] *n* Paryžius
parish [ˈpærɪʃ] *n* **1** *bažn.* parapija **2** *kuop.* parapijiečiai **3** apylinkė *(t. p. civil ~); amer.* apygarda **4** *attr:* ~ *clerk* parapijos tarnautojas/sekretorius; ~ *register* metrikacijos knyga; ~ *council* a) *bažn.* parapijos taryba; b) apylinkės taryba ◊ ~ *lantern juok.* mėnulis
parishioner [pəˈrɪʃənə] *n* parapijietis
parish-pump [ˌpærɪʃˈpʌmp] *a prk.* parapinis; ~ *politics* parapinis uždarumas *(politikoje)*
Parisian [pəˈrɪzɪən] *n* Paryžiaus; paryžiečių
n paryžietis
parity [ˈpærɪtɪ] *n* **1** lygybė; lygiavertiškumas **2** analogija, atitikimas; *by ~ of reasoning* pagal analogiją **3** *fin.* paritetas **4** *fiz.* lyginumas
park [pɑːk] *n* **1** parkas; ~ *bench* parko suoliukas **2** draustinis **3** *aut.* stovėjimo vieta **4** *šnek.* aikštė *(ypač sport. žaidimų)* **5** *amer.* aukštikalnių slėnis
v **1** užveisti parką; aptverti sklypą *(parkui)* **2** (pa)statyti automobilį *ir pan. (ilgesniam laikui)* **3** *šnek.* padėti, prikrauti (ir palikti) *(ypač ne vietoje)* **4** *refl šnek.* įsitaisyti *(kėdėje ir pan.)*
parka [ˈpɑːkə] *n* skranda su gobtuvu *(eskimų drabužis)*
parkin [ˈpɑːkɪn] *n* imbierinis tešlainis *(iš avižinių miltų)*
parking [ˈpɑːkɪŋ] *n* automobilių (pa)statymas; automobilių stovėjimo vieta *(t. p. ~ place); No ~* statyti automobilius draudžiama *(užrašas);* ~ *meter* automobilio stovėjimo skaitiklis
parking-lot [ˈpɑːkɪŋlɔt] *n amer. aut.* stovėjimo aikštelė
Parkinsonism [ˈpɑːkɪnsənɪzm] *n =* **Parkinson's disease**
Parkinson's [ˈpɑːkɪnsənz] *a:* ~ *disease med.* parkinsonizmas
park-keeper [ˈpɑːkˌkiːpə] *n* parko sargas/prižiūrėtojas
parkland [ˈpɑːklænd] *n* parkas; parko tipo teritorija
parkway [ˈpɑːkweɪ] *n amer.* bulvaras, alėja
parky[1] [ˈpɑːkɪ] *a šnek.* šaltokas, vėsokas *(apie orą)*
parky[2] *n šnek.* = **park-keeper**
parlance [ˈpɑːləns] *n knyg.* kalba; kalbėsena; *in legal ~* juridinė kalba; *in common ~* liaudies kalba; *in vulgar ~* šiurkščiai kalbant
parlay [ˈpɑːleɪ] *amer. n* lažybos
v **1** vėl lažintis *(panaudojant išloštus pinigus)* **2** sumaniai/naudingai pasinaudoti *(into)*
parley [ˈpɑːlɪ] *n* pasitarimas; derybos *(džn. kar.)*
v **1** tartis; vesti derybas **2** kalbėti *(svetima kalba)*
parliament [ˈpɑːləmənt] *n (džn. P.)* parlamentas; parlamento sesija; *to enter P., to go into P.* tapti parlamento nariu; *hung ~* parlamentas, kuriame nei viena politinė partija nesudaro daugumos
parliamentarian [ˌpɑːləmənˈtɛərɪən] *n* **1** parlamentaras **2** parlamentinės praktikos žinovas **3** *ist.* parlamentarizmo šalininkas *(Anglijoje)*
a parlamentinis
parliamentary [ˌpɑːləˈmentərɪ] *a* parlamento, parlamentinis; *old ~ hand* prityręs parlamentaras; ~ *language*

a) kalba, tinkama parlamente; b) *šnek.* mandagus/korektiškas pasakymas
n parlamentaras *(t. p. kar.)*
parlor [ˈpɑːlə] *n amer.* = **parlour**
parlor-car [ˈpɑːləkɑː] *n amer.* vagonas-salonas
parlour [ˈpɑːlə] *n* **1** salonas, kabinetas; *beauty ~* kosmetikos kabinetas; *hairdresser's ~* kirpykla, salonas; *massage ~* a) masažo kabinetas; b) *euf.* viešieji namai **2** *ret.* svetainė, svečių kambarys **3** *ret.* priimamasis, priėmimo kambarys *(viešbutyje ir pan.);* atskiras kambarys/kabinetas *(restorane, smuklėje; t. p. bar ~)*
parlour-boarder [ˈpɑːləˌbɔːdə] *n* pensiono mokinys, gyvenantis pensiono šeimininko šeimoje
parlourmaid [ˈpɑːləmeɪd] *n ist.* kambarinė
parlous [ˈpɑːləs] *a psn., juok.* grėsmingas, pavojingas; sunkus, keblus
adv šnek. baisiai, velniškai
Parmesan [ˌpɑːmɪˈzæn] *n kul.* parmezanas *(itališkas kietas sūris; t. p. ~ cheese)*
Parnassus [pɑːˈnæsəs] *n mit.* Parnasas
parochial [pəˈrəukɪəl] *a* **1** parapijos **2** *prk.* parapinis, siaurai vietinis, siauras, ribotas
parochialism [pəˈrəukɪəlɪzm] *n* parapinis uždarumas; interesų ribotumas/siaurumas
parodic [pəˈrɔdɪk] *a* parodijinis
parodist [ˈpærədɪst] *n* parodijų rašytojas
parody [ˈpærədɪ] *n* **1** *lit., teatr.* parodija **2** iškraipymas, parodija; *a ~ of justice* teisingumo parodija
v parodijuoti *(žmogų, stilių)*
parol [ˈpærəl] *a teis.* žodinis *(apie susitarimą, sutartį ir pan.)*
parole [pəˈrəul] *n* **1** garbės žodis, pažadas *(t. p. ~ of honour); on ~* paleistas pasitikint garbės žodžiu, paleistas lygtinai *(apie kalinį, belaisvį)* **2** *kar.* parolis, slaptažodis **3** *attr:* ~ *system amer.* sistema, pagal kurią suimtieji paleidžiami tam tikromis sąlygomis prieš laiką
v paleisti pasitikint garbės žodžiu, paleisti lygtinai *(kalinį)*
parolee [pəˌrəuˈliː] *n amer.* paleistasis pasitikint garbės žodžiu; kalinys, paleistas lygtinai
paronomasia [ˌpærənəˈmeɪzɪə] *gr. n lit.* paronomazija, kalambūras
paronym [ˈpærənɪm] *n kalb.* paronimas
paroquet [ˈpærəkɪt] *n =* **parakeet**
parotid [pəˈrɔtɪd] *anat. n* paausinė liauka
a paausinis
parotitis [ˌpærəˈtaɪtɪs] *n med.* paausinės liaukos uždegimas, parotitas
paroxysm [ˈpærəksɪzm] *n (ligos, pykčio, juoko)* priepuolis
paroxysmal [ˌpærəkˈsɪzməl] *a* pasireiškiantis priepuoliais; mėšlungiškas
parquet [ˈpɑːkeɪ] *pr. n* **1** parketas; ~ *floor* parketo grindys **2** *(ypač amer.) teatr.* parteris *(pirmosios eilės);* ~ *circle* paskutinės parterio eilės, amfiteatras
v dėti parketą
parquetry [ˈpɑːkɪtrɪ] *n* parketas
parr [pɑː] *n* jauniklė lašiša
parramatta [ˌpærəˈmætə] *n =* **paramatta**
parricide [ˈpærɪsaɪd] *n* **1** tėvažudys; motinžudys; *(artimo giminaičio)* žudikas **2** tėvažudystė; motinžudystė
parrot [ˈpærət] *n* papūga *(t. p. prk.)* ◊ *as sick as a ~ šnek.* išsirdęs/įniršęs kaip širšė
v (mokyti ką) mechaniškai kartoti kaip papūgai
parrot-fashion [ˈpærətˌfæʃn] *adv* kaip papūga, papūgiškai, mechaniškai
parroty [ˈpærətɪ] *a* papūgiškas

parry ['pærɪ] (*ypač sport.*) *n* (*smūgio ir pan.*) atrėmimas, atmušimas; apsigynimas (*fechtavime*)
v atmušti, atremti (*smūgį ir pan.*); **to ~ a question** išsisukti nuo, *ar* vengti, tiesioginio atsakymo į klausimą

parse [pɑ:z] *v* gramatiškai nagrinėti (*žodžius, sakinį*)

parsec ['pɑ:sek] *n astr.* parsekas (*atstumo vienetas*)

parsimonious [ˌpɑ:sɪ'məunɪəs] *a knyg.* šykštus (*t. p. prk.*); menkas

parsimony ['pɑ:sɪmənɪ] *n knyg.* šykštumas (*t. p. prk.*); **to exercise ~ of phrase** mažai kalbėti

parsing ['pɑ:zɪŋ] *n* gramatinis nagrinėjimas

parsley ['pɑ:slɪ] *n bot.* petražolė

parsnip ['pɑ:snɪp] *n bot.* pastarnokas; **water ~** drėgmenė

parson ['pɑ:sn] *n* **1** klebonas **2** *šnek.* pastorius, dvasininkas ◊ **~'s nose** *šnek.* (*valgyti paruošto paukščio*) sturplis

parsonage ['pɑ:sənɪdʒ] *n* klebonija

part [pɑ:t] <*n, adv, a, v*> *n* **1** dalis; **for the most ~, in large ~** daugiausia, dažniausiai; **in ~** iš dalies, dalinai; **to form a ~ (of)** sudaryti (*ko*) dalį; **to pay in ~s** mokėti dalimis; **in the early [latter] ~ of the week** savaitės pradžioje [pabaigoje]; **the book is interesting in ~s** knyga vietomis įdomi; **~ of speech** *gram.* kalbos dalis **2** (*knygos, leidinio*) dalis, sąsiuvinis; (*filmo*) serija; **novel in two ~s** dviejų dalių romanas **3** kūno dalis, organas; **the (private) ~s** *euf.* lytiniai organai **4** (*mašinos ir pan.*) detalė, (atsarginė) dalis; **~ catalogue** atsarginių dalių katalogas **5** dalyvavimas; reikalas; **to take/have/bear ~ (in)** dalyvauti (*kur*); **it is no ~ of parents** tai ne tėvų reikalas **6** pusė; **the better ~ (of) (***ko***)** didesnė pusė; **for my ~** aš pats, iš mano/savo pusės, dėl manęs; **on the ~ of smb** iš kieno pusės; **to take smb's ~, to take ~ with smb** palaikyti, *ar* stoti į, kieno pusę **7** *teatr., kin., tel.* vaidmuo (*t. p. prk.*); **thinking ~** *šnek.* vaidmuo be žodžių; **to play/act a ~** a) (su)vaidinti vaidmenį; b) dėtis, vaidinti **8** *muz.* partija; balsas **9** *amer.* (*plaukų*) skyrimas **10** *pl* vietovė, kraštas; **in foreign ~s** svetimuose kraštuose; **in/round these ~s** šiose vietose/kraštuose, čia ◊ **a man of (many) ~s** gabus/įvairiapusis vyras; **on the one ~... on the other ~...** viena vertus... antra vertus...; **in good ~** be skriaudos, palankiai; **to take smth in good ~** priimti geraširdiškai/neįsižeidžiant; **to take in bad/evil ~** įsižeisti
adv iš dalies, dalinai
a dalinis (*apie apmokėjimą ir pan.*)
v **1** perskirti; skirtis, persiskirti (*with*); iš(si)skirti; **to ~ branches** praskirti šakas; **let us ~ friends!** ir išsiskyrę likime draugais! **2** at(si)skirti (*from*); atsisveikinti **3** perskirti skyrimu (*plaukus*) **4** *šnek.* skirtis (*su pinigais ir pan.*), mokėti; **he won't ~** jis neužmokės

partake [pɑ:'teɪk] *v* (partook; partaken [-ən]) *knyg.* **1** dalyvauti (*in, of*); dalytis (*džiaugsmu ir pan.; with*) **2** pasivaišinti, suvalgyti, paragauti (*of*) **3** turėti (*kokių*) bruožų/savybių (*of*)

partaker [pɑ:'teɪkə] *n* (*džiaugsmo, vargo*) dalininkas

parted ['pɑ:tɪd] *a* **1** perskirtas; **~ lips** pravira burna **2** *bot.* suskaldytas (*apie lapus*)

parterre [pɑ:'tɛə] *pr. n* **1** parteris, gėlynas **2** *amer.* paskutinės parterio eilės, amfiteatras

part-exchange [ˌpɑ:tɪks'tʃeɪndʒ] *n* (*televizoriaus, automobilio ir pan.*) pirkimas atiduodant senąjį (*televizorių ir pan.*)

parthenogenesis [ˌpɑ:θɪnəu'dʒenɪsɪs] *n biol.* partenogenezė

parti [pɑ:'ti:] *pr. n* **1** partija, partneris (*santuokoje*) **2: ~ pris** [pri:] išankstinė nuomonė

partial ['pɑ:ʃl] *a* **1** dalinis, nepilnas; **~ assimilation** *fon.* dalinė asimiliacija **2** šališkas **3** neabejingas, mėgstantis, turintis silpnybę (*to*); **he is very ~ to sport** jis labai mėgsta sportą

partiality [ˌpɑ:ʃɪ'ælətɪ] *n* **1** šališkumas **2** palinkimas, potraukis, silpnybė (*for*)

partially ['pɑ:ʃəlɪ] *n* **1** iš dalies, dalinai; **~ clothed** pusiau apsirengęs; pusnuogis **2** *ret.* šališkai

partible ['pɑ:tɪbl] *a knyg.* **1** dalijamas **2** dalintinas (*ypač apie palikimą*)

participant [pɑ:'tɪsɪpənt] *n* dalyvis, dalininkas
a dalyvaujantis

participate [pɑ:'tɪsɪpeɪt] *v* **1** dalyvauti, bendrininkauti (*in*) **2** *ret.* dalytis (*in – kuo, with – su*) **3** *knyg., psn.* turėti (*kokių*) bruožų/savybių

participation [pɑ:ˌtɪsɪ'peɪʃn] *n* dalyvavimas, bendrininkavimas (*in*)

participator [pɑ:'tɪsɪpeɪtə] *n* dalyvis, bendrininkas

participatory [pɑ:ˌtɪsɪ'peɪtərɪ] *a* pasiektas/atliekamas visų pritarimu *ar* kartu dalyvaujant

participial [ˌpɑ:tɪ'sɪpɪəl] *a gram.* dalyvinis, dalyvio; pusdalyvinis, pusdalyvio

participle ['pɑ:tɪsɪpl] *n gram.* dalyvis; pusdalyvis

particle ['pɑ:tɪkl] *n* **1** dalelė, dalelytė; **~ of dust** dulkelė; **not a ~ of truth** nė krislelio tiesos **2** *fiz.* dalelė **3** *gram.* dalelytė; priesaga; priešdėlis **4** (*dokumento*) straipsnis, punktas

particoloured ['pɑ:tɪ'kʌləd] *a* margas, įvairiaspalvis

particular [pə'tɪkjulə] *a* **1** tam tikras, būtent tas, konkretus; **to keep in a ~ place** laikyti tam tikroje vietoje; **in this ~ case** šiuo konkrečiu atveju **2** ypatingas, savotiškas; skirtingas; **for no ~ reason** be ypatingos priežasties; **of no ~ importance** neypatingai svarbus, ne tiek svarbus; **~ friend** artimas draugas **3** individualus, atskiras; **our ~ wrongs** mūsų asmeninės skriaudos **4** smulkmeniškas, detalus; **full and ~ account** išsami ir smulki ataskaita **5** reiklus; išrankus (*valgiui, kadrams ir pan.*) ◊ **I'm not ~ how [where, etc.]** *šnek.* man nesvarbu, kaip (kur *ir pan.*)
n **1** detalė, smulkmena; **in ~** ypač; ypatingai; **nothing in ~** nieko ypatingo; **to go into ~s** leistis į smulkmenas **2** *pl* smulki, detali ataskaita/informacija; **to give all the ~s** duoti smulkią ataskaitą; **for further ~s please phone...** smulkesnės informacijos prašom skambinti... ◊ **London ~** *šnek.* Londono rūkas

particularism [pə'tɪkjulərɪzm] *n* **1** ypatingas prisirišimas **2** *polit.* partikuliarizmas

particularity [pəˌtɪkju'lærətɪ] *n* **1** smulkmeniškumas, detalumas; išsamumas **2** išrankumas **3** specifika; individualumas; ypatingumas **4** smulkmena, detalė

particularize [pə'tɪkjuləraɪz] *v* **1** leistis į smulkmenas **2** individualizuoti; specifikuoti, konkrečiai nurodyti

particularly [pə'tɪkjulərlɪ] *adv* **1** ypač; ypatingai, labai **2** individualiai; atskirai/skyrium imant; **generally and ~** apskritai ir atskirai imant **3** detaliai, smulkiai

particulates [pə'tɪkjulətс] *n pl* sveikatai žalingos dalelės (*ore*)

parting ['pɑ:tɪŋ] *n* **1** atsiskyrimas, išsiskyrimas; persiskyrimas; atsisveikinimas; **at ~** išsiskiriant **2** (*kelio*) atsišakojimas; kryžkelė (*ppr.* **~ of the ways**; *t. p. prk.*) **3** (*plaukų*) skyrimas, sklastymas **4** *tech.* atpjovimas, nupjovimas **5** *geol.* klodinis skirtumas
a **1** atsisveikinamasis, atsisveikinimo; **~ kiss** atsisveikinimo bučkis **2** atsiskiriantis; mirštantis, blėstantis **3** atsišakojantis, išsiskiriantis (*apie kelią*)

partisan ['pɑːtɪzæn, ˌpɑːtɪ'zæn] *n* **1** (fanatiškas) šalininkas; *~s of the reform* reformos šalininkai **2** partizanas *a* **1** partizaninis; *~ raid* partizanų užpuolimas **2** šališkas, palaikantis

partisanship ['pɑːtɪzænʃɪp, ˌpɑːtɪ'zænʃɪp] *n* **1** prisirišimas, atsidavimas **2** šališkumas; palaikymas

partita [pɑː'tiːtə] *n muz.* partita

partite ['pɑːtaɪt] *a bot., zool.* (per)dalytas, perskirtas

partition [pɑː'tɪʃn] *n* **1** padalijimas, suskirstymas; atskyrimas; *~ of an exercise sport.* pratimo suskaldymas **2** dalis, padala; skyrius **3** perdaras, pertvara; sienelė *(t. p. ~ wall)*
v (pa)dalyti; perskirti, perdalyti □ *~ off* atskirti, atitverti, perdaryti *(sienele ir pan.)*

partitive ['pɑːtɪtɪv] *a* **1** skiriamasis; dalijamasis; *~ judgement log.* skirstytinis sprendimas **2** *gram.* dalies, reiškiantis dalį; *~ genitive* dalies kilmininkas

partly ['pɑːtlɪ] *adv* iš dalies, dalinai

partner ['pɑːtnə] *n* **1** bendrininkas, dalyvis *(in, of);* kolega, draugas *(with)* **2** *kom.* kompanionas, partneris, dalininkas; *business ~* komercijos partneris; *sleeping/amer. silent ~* kompanionas, aktyviai nedalyvaujantis tvarkant reikalus, pasyvus biznio partneris; *general ~* pagrindinis partneris **3** *spec.* kontrahentas **4** žmona; vyras **5** *(šokių, žaidimo)* partneris; *tennis ~* teniso partneris **6** *amer. šnek.* draugužis
v **1** būti *(kam)* partneriu **2** statyti į porą *(with)*, (pa)daryti *(kieno)* partneriu *(t. p. ~ up)*

partnership ['pɑːtnəʃɪp] *n* **1** dalyvavimas; buvimas partneriu, partnerystė **2** pora, grupė *(pvz., žaidžiant)* **3** kompanija, bendrovė; (ūkinė) bendrija

partook [pɑː'tuk] *past žr.* **partake**

part-owner [ˌpɑː'əunə] *n* nuosavybės bendrininkas, bendravaldis

partridge ['pɑːtrɪdʒ] *n zool.* **1** kurapka **2** Virdžinijos putpelė

part-song ['pɑːtsɔŋ] *n muz.* vokalinis kūrinys trims ar daugiau balsų

part-time [ˌpɑː'taɪm] *a* nepilnos darbo dienos; dirbantis nepilną darbo dieną; *~ job* darbas ne visu etatu; *~ student* vakarinio/neakivaizdinio skyriaus studentas
adv nepilną darbo dieną

part-timer [ˌpɑː'taɪmə] *n* žmogus, dirbantis nepilną darbo dieną

parturient [pɑː'tjuərɪənt] *a* **1** gimdančioji; atsivedanti *(jauniklius)* **2** gimdymo **3** *prk. ret.* kūrybingas

parturition [ˌpɑːtjuə'rɪʃn] *n* gimdymas; atsivedimas; apsiveršiavimas, apsikačiavimas *ir pan.*

partway ['pɑːtweɪ] *adv* **1** įpusėjus; pusiaukelėje; *shall I walk you ~?* galima jus truputį palydėti? **2** dalinai

party ['pɑːtɪ] <n, a, v> *n* **1** būrys, grupė, partija; komanda; *rescue parties* gelbėjimo būriai; *working ~* darbo grupė/komisija **2** *polit.* partija; *the country ~* agrarinė partija **3** draugija, kompanija; *a small ~ had gathered* susirinko nedidelė kompanija **4** pobūvis, pokylis, vakaras, vakarėlis; *dancing ~* šokių vakaras; *to give a ~* suruošti vakarą; *dinner ~* kviestiniai pietūs; *cocktail ~* pusiau oficialus priėmimas **5** *(ministrų ir pan.)* lydintieji asmenys **6** dalyvis, asmuo *(dalyvavęs/dalyvaujantis kur nors); to be a ~ (to)* dalyvauti **7** *teis.* šalis; *the parties concerned* suinteresuotos šalys **8** *šnek. juok.* tipelis, žmogysta, subjektas
a **1** partinis, partijos; *~ card* partinis bilietas; *~ line* a) partijos linija; politikos kursas; b) bendra telefono linija *(keliems abonentams);* c) *amer.* riba tarp privačių valdų; *~ wire amer.* = *~ line* b) **2** pobūvio, vakarinis; *~ clothes* vakariniai/išeiginiai drabužiai; *~ animal* pobūvių mėgėjas
v (ypač amer.) šnek. linksmintis *(t. p. ~ down)*

partygoer ['pɑːtɪˌgəuə] *n* pobūvių/vakarų lankytojas

partying ['pɑːtɪɪŋ] *n* pobūvių/vakarų lankymas

party-liner ['pɑːtɪˌlaɪnə] *n* partijos linijos šalininkas

party-pooper ['pɑːtɪˌpuːpə] *n šnek.* žmogus, gadinantis draugijos nuotaiką

party-spirit [ˌpɑːtɪ'spɪrɪt] *n* **1** partinė ištikimybė; partinis fanatiškumas **2** pobūvio nuotaika, nusiteikimas linksmintis

party-wall [ˌpɑːtɪ'wɔːl] *n stat. (dviejų gretimų pastatų)* bendra siena

parvenu ['pɑːvənjuː] *pr. n* iškilėlis, prasimušėlis, parveniu

pas [pɑː] *pr. n* **1** pirmenybė; *to give the ~* atiduoti pirmenybę; *to take the ~* turėti pirmenybę *(of – prieš)* **2** *(šokio)* pa; *~ seul* [pɑː'səːl] solinis šokis; *~ de deux* [ˌpɑːdə'dəː] pa de dė *(šokis dviem balete)*

pascal ['pæskəl] *n fiz.* paskalis *(slėgio vienetas)*

Pascal ['pæskæl, ˌpæs'kæl] *n komp.* Paskalis *(kalba)*

paschal ['pæskəl] *a bažn.* velykinis, Velykų

Pas-de-Calais [ˌpɑːdkʌ'le] *pr. n* Pa de Kalė *(sąsiauris)*

pash [pæʃ] *n* (passion *sutr.) sl.: to have a ~ (for)* labai mėgti, žavėtis

pasha ['pæʃə] *n ist.* paša *(titulas Turkijoje)*

pashm [pæʃm] *n* kašmiro ožkos pavilnė

pasqueflower ['pɑːskˌflauə] *n bot.* šilagėlė

pasquinade [ˌpæskwɪ'neɪd] *n* paskvilis

pass [pɑːs] *n* **1** leidimas *(įeiti ir pan..; t. p. free ~);* nemokamas bilietas; kontramarkė **2** egzamino išlaikymas *(vidutiniu pažymiu);* teigiamas įvertinimas, vidutinis pažymys *(t. p. ~ mark)* **3** *(kalnų)* perėjimas, perėja; tarpeklis; *narrow ~* siaurukalnė **4** farvateris, upės vaga *(tinkama laivybai);* pralaida **5** *(hipnotizuotojo)* rankų judesys, prisilietimas **6** fokusas **7** perdavimas, padavimas *(t. p. sport.);* pasas *(t. p. kortuojant)* **8** *sport.* įtūpstas *(fechtavime)* **9** *kar.* leidimas *(nebūti per patikrinimą, trumpam išvykti ir pan.)* **10** *metal.* velenėlio kalibras
◊ *to make a ~* a) *av.* perskristi *(over);* b) *šnek.* lįsti, kibti *(prie merginos; at); to hold the ~* ginti savo reikalą; *to sell the ~* išduoti *(reikalą ir pan.);* apvilti pasitikėjimą; *things have come to a pretty ~* reikalai pakrypo į blogą pusę
v **1** praeiti, pravažiuoti *(smth, smb; by, along),* pereiti, pervažiuoti *(smth; across, over); I ~ the post office on the way to work* aš praeinu pro paštą pakeliui į darbą; *the road ~es close to the village* kelias eina netoli kaimo; *please let me ~* prašom leisti man pereiti **2** (pra)eiti, (pra)slinkti *(apie laiką);* praleisti; *how did you ~ your time?* kaip praleidote laiką? **3** išlaikyti *(egzaminą, patikrinimą ir pan.);* įstoti, patekti *(į mokyklą; into)* **4** atitikti *(reikalavimus, normas); the film ~ed the censors* filmas perėjo cenzūrą **5** praleisti *(egzaminuojamąjį ir pan.);* pasirašyti/duoti įskaitą; *the censor ~ed the play* cenzūra praleido pjesę **6** priimti, patvirtinti *(įstatymą, rezoliuciją, nuosprendį, darbotvarkę ir pan.);* būti priimtam/patvirtintam; *the verdict ~ed for the plaintiff* nuosprendis buvo priimtas ieškovo naudai **7** duoti *(žodį, pažadą); to ~ one's word* duoti garbės žodį, pažadėti **8** praeiti, liautis; dingti; *the pain ~ed* skausmas praėjo; *his anger soon ~ed* pyktis jam greit praėjo; *to ~ out of sight* dingti iš akių **9** virsti, pereiti *(į kitą būklę, į kitas rankas ir pan.; into, to); it has ~ed into a proverb* tai virto priežodžiu **10** (į)vykti, atsitikti *(t. p. come to ~); to bring smth to ~* įvykdyti ką; *to observe what ~es*

passable

stebėti, kas vyksta **11** nepastebėti; praleisti *(t. p. let smth ~)* **12** paduoti; perduoti; *~ the salt please* prašom paduoti druską; *to ~ the word* perduoti kitam žinią/įsakymą **13** pasakyti, ištarti; *to ~ an opinion* pasakyti nuomonę *(on – apie); few words ~ed* maža buvo pasakyta **14** *aut.* pralenkti; *to ~ each other* prasilenkti **15** viršyti; *he has ~ed ten* jam jau daugiau kaip dešimt; *it ~es belief* tai neįtikima **16** leisti į apyvartą; būti apyvartoje *(apie padirbtus pinigus); this coin will not ~* šios monetos nepriims **17** perbraukti *(ranka)* **18** būti laikomam/ žinomam *(ppr. neteisingai; for, as); he ~es for a learned man* jis laikomas mokytu žmogumi **19** *sport.* pasuoti *(t. p. kortuojant)* **20** *sport.* įveikti *(kliūtį); to ~ the height* peršokti **21** *med.* tuštintis; *to ~ water/urine* šlapintis; *to ~ blood in one's urine* būti kraujo šlapime **22** *(ypač amer.) fin.* neskirti *(dividendų)* **23** *psn.* keliauti iš šio pasaulio, mirti *(ppr. ~ hence, ~ from life, ~ from among us)* □ *~ around* apdalyti *(vaišinant ir pan.);* leisti per rankas; *~ away* a) praeiti, dingti; b) *euf.* atsisveikinti su pasauliu, (nu)mirti; *~ by* a) praeiti pro šalį *(t. p. prk.);* pravažiuoti pro šalį; b) praleisti, apeiti *(sunkų klausimą ir pan.);* c) vengti; *~ down (ppr. pass)* pereiti, per(si)duoti *(iš kartos į kartą); ~ in* paduoti; pateikti *(čekį ir pan.); ~ off* a) praeiti *(apie jausmus);* b) liautis, praeiti *(apie lietų, audrą);* c) *(gerai, blogai)* praeiti *(apie renginį, įvykį);* d) vaizduoti, sakyti esant *(as); he ~ed himself off as a doctor* jis sakėsi esąs daktaras; e) atitraukti dėmesį *(nuo);* nekreipti dėmesio; *~ on* a) paeiti toliau; *~ on, please!* prašom eiti pirmyn!, nesustokite!; b) pereiti *(prie kito klausimo ir pan.; to);* c) perduoti *(to – kam);* d) *euf.* iškeliauti į amžinybę, mirti; *~ out* a) sėkmingai (už)baigti *(mokymo kursą karo/policijos mokykloje);* b) apalpti; c) (iš)dalyti *(veltui); ~ over* a) praleisti, nepastebėti; aplenkti *(paaukštinant tarnyboje);* b) apeiti, ignoruoti, nekreipti dėmesio; nutylėti *(t. p. ~ over in silence);* c) peržvelgti; *to ~ one's eye/glance over smth* peržiūrėti ką; d) *ret.* mirti; e) *chem.* būti distiliuojamam; *~ round* a) perduoti vienas kitam; b) apvynioti; *~ through* a) pereiti, perkirsti; b) pravažiuoti *(ilgiau neapsistojant);* c) pergyventi; d) (už)baigti *(mokyklą);* e) praleisti, košti, sijoti *(per);* f) praverti, perverti, prakišti, perkišti; *~ up* a) užkelti, paduoti *(aukštyn);* b) *šnek.* praleisti *(progą ir pan.),* nepriimti, atsisakyti ◊ *(I) ~* pasuoju!, pasiduodu! *(nežinant atsakymo į klausimą, žaidžiant)*

passable ['pɑ:səbl] *a* **1** praeinamas, pravažiuojamas, tinkamas keliauti **2** pakenčiamas, neblogas, priimtinas **3** esantis apyvartoje, galiojantis

passably ['pɑ:səblɪ] *adv* pakenčiamai, pusėtinai, gana

passacaglia [,pæsə'kɑ:lɪə] *n* pasakalija *(šokis; t. p. muz.)*

passage[1] ['pæsɪdʒ] *n* **1** koridorius; pasažas **2** kelias, perėja; perėjimas, įėjimas, išėjimas; *no ~* pereiti draudžiama, įėjimo/išėjimo nėra *(užrašas); he was refused a ~* jo nepraleido **3** praėjimas, pravažiavimas; perėjimas, pervažiavimas *(veiksmas)* **4** reisas, kelionė *(laivu, lėktuvu); he paid his own ~* jis pats mokėjo už kelionę; *~ days* jūroje praleistos dienos **5** *(paukščių)* perskridimas; *bird of ~* a) paukštis keliauninkas; b) *prk.* vėjo paukštis, perėjūnas **6** *(įvykių)* eiga; *(laiko)* tėkmė, ėjimas, slinkimas **7** perėjimas *(iš vieno būvio į kitą)* **8** *(įstatymo)* priėmimas, patvirtinimas **9** atsitikimas, įvykis, epizodas **10** ištrauka, fragmentas *(iš knygos)* **11** *muz.* pasažas **12** *anat.* latakas, kanalas **13** *tech.* kanalas **14** *med.* tuštinimasis; *back ~ euf.* išeinamoji anga **15** *pl* persemetimas *(žodžiais); ~ of/at arms* susikirtimas, susirėmimas *v* (per)kirsti *(jūrą, kanalą ir pan.)*

passive

passage[2] *v* eiti šonu *(apie arklį);* sukti į šoną *(arklį)*

passageway ['pæsɪdʒweɪ] *n* **1** koridorius; pasažas **2** *tech.* praleidimo kanalas

passbook ['pɑ:sbuk] *n* **1** banko atsiskaitymo knygelė; einamosios sąskaitos knygelė **2** prekių kreditavimo knygelė

pass-degree ['pɑ:sdɪˌgri:] *n* diplomas be pagyrimo

passé ['pæseɪ, 'pɑ:seɪ] *pr. a* **1** pasenęs, išėjęs iš mados **2** nuvytęs *(ypač apie moters grožį)*

passel ['pæsl] *n amer.* būrys *(of)*

passenger ['pæsɪndʒə] *n* **1** keleivis **2** *šnek.* silpnas/blogas žaidėjas; nevykęs/negabus *(komandos ir pan.)* narys; dykūnas **3** *attr* keleivinis, keleivių; *~ train* keleivinis traukinys; *~ pigeon* zool. karvelis keleivis; *~ list* keleivių sąrašas; *~ seat* keleivio vieta šalia vairuotojo

passe-partout [,pæspɑ:'tu:] *pr. n* **1** visraktis **2** kartoninis apreminimas, paspartu

passerby [,pɑ:sə'baɪ] *n (pl* passersby [,pɑ:sez'baɪ]) praeivis; *(pravažiuojantis)* keleivis

passerine ['pæsəraɪn] *zool. a* žvirblių, žvirblinis *n* žvirblinių būrio paukštis

passible ['pæsɪbl] *a knyg.* galintis jausti/kentėti; jauslus

passim ['pæsɪm] *lot. adv* visur, daugelį kartų, įvairiose vietose *(knygoje ir pan.)*

passing ['pɑ:sɪŋ] <*n, a, adv*> *n* **1** praėjimas; perėjimas **2** *(laiko)* ėjimas, slinkimas, bėgimas **3** išnykimas; pasibaigimas **4** perkėla; brasta **5** aplenkimas, prasilenkimas **6** *euf.* galas, mirtis **7** *sport.* perdavimas, pasavimas **8** *teis. (teisės į turtą)* perėjimas *(kitam)* ◊ *in ~* prabėgomis; tarp kitko
a **1** praeinantis, pravažiuojantis **2** praeinamas; trumpalaikis; *to make only a ~ reference to the problem* paliesti klausimą tik prabėgomis **3** atsitiktinis, trumpas
adv psn. labai, nepaprastai; *it is ~ strange* tai labai keista

passing-bell ['pɑ:sɪŋbel] *n* **1** laidotuvių varpas **2** pabaigos ženklas; ≡ išmušė paskutinė valanda

passingly ['pɑ:sɪŋlɪ] *adv* prabėgomis, paviršutiniškai; tarp kitko

passion ['pæʃn] *n* **1** aistra, aistringas geidulys/potraukis *(for)* **2** aistringumas, užsidegimas, entuziazmas **3** *(jausmų)* išsiliejimas, priepuolis; *to burst into a ~ of weeping/tears* paplūsti ašaromis, pravirkti; *to fly/fall into a ~* supykti, įširšti; *a ~ of grief* sielvarto priepuolis **4** *(the P.) rel.* Kristaus Kančios; *P. Week* Didžioji savaitė; *P. Sunday* penktasis gavėnios sekmadienis
v poet. jausti/reikšti aistrą

passional ['pæʃnəl] *n bažn.* martirologija *(knyga)*

passionate ['pæʃnət] *a* **1** aistringas *(t. p. prk.); ~ love* aistringa meilė; *~ fisherman* aistringas žvejys **2** ugningas, karštas, ūmus; *~ supporter of women's rights* karštas moterų teisių šalininkas; *men of ~ temper* ūmaus būdo žmonės **3** įsimylėjęs

passionflower ['pæʃnˌflauə] *n bot.* kryžiažiedė

passionless ['pæʃnləs] *a* beaistris, šaltas

passion-play ['pæʃnpleɪ] *n ist.* misterija, vaizduojanti Kristaus kančias

Passiontide ['pæʃntaɪd] *n bažn.* paskutinės dvi gavėnios savaitės

passivation [,pæsɪ'veɪʃn] *n spec.* pasyvinimas, dekapiravimas

passive ['pæsɪv] *n (the ~) gram.* neveikiamoji rūšis, pasyvas
a **1** pasyvus, inertiškas; neveiklus **2** romus; nuolankus **3** *gram.* neveikiamasis; *~ voice* neveikiamoji rūšis **4** *fin.* neprocentinis, nepalūkaninis; *~ balance* pasyvus saldo

passivity [pæ'sɪvətɪ] *n* 1 pasyvumas, inertiškumas 2 romumas; nuolankumas

passivize ['pæsɪvaɪz] *v gram.* (pa)versti neveikiamąja rūšimi

passkey ['pɑːskiː] *n* 1 visraktis 2 prancūziškos spynos raktas; namų raktas; atsarginis raktas *(saugomas budinčiojo, šveicoriaus ir pan.)*

pass-out ['pɑːsaut] *n* kontramarkė *(grįžti atgal; t. p.* ~ *check)*

Passover ['pɑːsəuvə] *n rel.* žydų Velykos

passport ['pɑːspɔːt] *n* 1 pasas 2 *prk.* tai, kas neša laimę, atveria duris *ir pan.;* laidas *(to – į);* ~ *to success* sėkmės laidas

pass-rate ['pɑːsreɪt] *n mok.* pažangumo procentas; išlaikiusiųjų egzaminą procentas

password ['pɑːswəːd] *n* slaptažodis

past [pɑːst] <*n, a, adv, part, prep*> *n* 1 praeitis; *a woman with a* ~ moteris su (bloga) praeitimi; *the shadowy* ~, *the dim and distant* ~ tolima praeitis; *we cannot change the* ~ ≡ praeities nesugrąžinsi 2 *(ppr. the* ~*) gram.* būtasis laikas
a 1 praėjęs, pasibaigęs; *in the* ~ *year* per praėjusius metus; *winter is* ~ žiema praėjo; *for some time* ~ pastaruoju metu 2 *attr* buvęs, ankstesnis; ~ *government* buvusi vyriausybė 3 *gram.* būtasis; ~ *participle* būtojo laiko dalyvis ◊ *to be* ~ *it šnek.* išaugti iš to amžiaus, būti per senam
adv pro šalį; *the years glide* ~ metai praslenka pro šalį
part pra- *(žymint judėjimą pro šalį); the buses go* ~ *once an hour* autobusai pravažiuoja kas valandą
prep 1 pro, pro šalį; *to run* ~ *the house* prabėgti pro namą 2 už; *the station is* ~ *the river* stotis yra už upės 3 po; *it is* ~ *nine* dabar po devynių; *at half* ~ *ten* pusę vienuoliktos; *the train is* ~ *due* traukinys pavėlavo; *he is* ~ *fifty* jam daugiau kaip penkiasdešimt (metų) 4 ne-, be- *(žymint ko viršijimą, išėjimą už ribų); such conduct is* ~ *comprehension* toks elgesys yra nesuprantamas; ~ *cure* neišgydomas; ~ *hope* be vilties, beviltiškas; ~ *doubt* neabejotinas; *he is* ~ *(all) danger* pavojus jam praėjęs ◊ *I would not put it* ~ *smb (to do smth) šnek.* aš visai nenustebčiau (jei kas nors padarytų ką nederama/bloga)

pasta ['pæstə] *it. n* 1 pasta, kieta tešla *(spageti, makaronams ir pan.)* 2 makaronai, patiekalas iš makaronų

paste [peɪst] *n* 1 tešla *(pyragams)* 2 pastilė, chalva 3 *kul.* paštetas; *tomato* ~ pomidorų tyrė 4 pasta; mastika; *grinding* ~ šlifavimo pasta 5 kleisteris, (miltų) klijai 6 minkytas molis 7 stiklo masė *(dirbtiniams brangakmeniams gaminti);* dirbtiniai brangakmeniai
v 1 (pri)klijuoti, suklijuoti, įklijuoti, užklijuoti; apklijuoti *(with)* 2 tepti klijais 3 *šnek. ret.* primušti, apdaužyti; sumušti, sutriuškinti □ ~ *up* apklijuoti; išklijuoti, išlipdyti *(skelbimus, sienas popieriais)*

pasteboard ['peɪstbɔːd] *n* 1 kartonas 2 *šnek.* vizitinė kortelė 3 *šnek.* korta 4 *šnek.* geležinkelio bilietas 5 *attr* kartoninis; *prk.* netvirtas, efemeriškas, nerealus

pastel ['pæstəl] *n* 1 pastelė *(sausų dažų lazdelė; paveikslas)* 2 *bot.* mėlžolė 3 mėlyni dažai iš mėlžolės
a attr 1 pastelinis *(apie spalvą)* 2 tapytas pastelėmis

paster ['peɪstə] *n* 1 klijuotojas, darbininkas, užklijuojantis etiketes *ir pan.* 2 *amer.* lipnaus popieriaus juostelė *(ypač užklijuoti pavardėms rinkėjų sąraše)*

pastern ['pæstən] *n (arklio kojos)* čiurna

paste-up ['peɪstʌp] *n poligr. (spausdinio puslapio)* maketas; ~ *artist* maketuotojas

pasteurize ['pɑːstʃəraɪz] *v* 1 pasterizuoti; ~*d milk* pasterizuotas pienas 2 skiepyti Pastero metodu *(ypač nuo pasiutligės)*

pastiche [pæ'stiːʃ] *it. n* 1 kompiliacija; imitacija 2 *muz.* pastišas; popuri 3 *knyg.* stilizacija
v 1 kompiliuoti 2 stilizuoti

pastil(le) ['pæstəl, 'pæstɪl] *n* 1 pastilė 2 smilkymo žvakė

pastime ['pɑːstaɪm] *n* laisvalaikio užsiėmimas; malonus laiko leidimas; pramoga

pastiness ['peɪstɪnɪs] *n* lipnumas

pasting ['peɪstɪŋ] *n* 1 (su)klijavimas, išklijavimas 2 *šnek.* primušimas, apdaužymas; *to give smb a* ~ ≡ a) duoti kam pylos; b) sutriuškinti ką 3 *šnek.* sunkus pralaimėjimas *(varžybose)*

past-master [,pɑːst'mɑːstə] *n* patyręs meistras, (neprilygstamas) specialistas *(at)*

pastor ['pɑːstə] *n* 1 pastorius; ganytojas 2 *zool.* rožinis varnėnas

pastoral ['pɑːstərəl] *a* 1 *knyg.* kaimiškas, kaimo; piemenų; ~ *scene* idiliškas vaizdelis 2 *men.* pastoralinis 3 *bažn.* pastoriaus; ganytojiškas; ~ *letter* ganytojiškas laiškas 4 *mok.* pamokomasis *(apie patarimą besimokančiajam kaip gyventi ir pan.)*
n 1 *lit.* pastoralė 2 *bažn.* laiškas, raštas

pastorale [,pæstə'rɑːlɪ] *n (pl* -li [-liː], ~s) *muz.* pastoralė

pastorate ['pɑːstərət] *n* 1 pastoratas; pastoriaus pareigos 2 *kuop.* pastoriai

pastrami [pə'strɑːmɪ] *it. n* rūkyta jautiena su daug prieskonių

pastry ['peɪstrɪ] *n* 1 *(saldi)* tešla 2 tešlainis, pyragaitis

pastry-cook ['peɪstrɪkuk] *n* konditerininkas, pyragininkas

pasturable ['pɑːstʃərəbl] *a* ganyklinis; ganomas(is)

pasturage ['pɑːstʃərɪdʒ] *n* 1 ganykla; ganiava, ganiavos pašaras 2 ganymas

pasture ['pɑːstʃə] *n* 1 ganykla 2 ganiava; *to put cattle out to* ~ išleisti galvijus ganytis ◊ *to put smb out to* ~ *šnek.* išleisti poilsio, nurašyti ką *(ypač dėl amžiaus); to leave for* ~*s greener [new] juok.* išeiti į geresnį [naują] darbą *ir pan.*
v ganyti(s)

pastureland ['pɑːstʃəlænd] = **pasture** *n* 1

pasty[1] ['pæstɪ] *n kul.* pyragas su įdaru *(ypač mėsos)*

pasty[2] ['peɪstɪ] *a* 1 kaip tešla 2 nesveikai išblyškęs, papurtęs

pasty-faced ['peɪstɪfeɪst] *a* = **pasty**[2] 2

Pat [pæt] *n* 1 Patas; Pat(ė) *(vardas)* 2 *šnek. juok.* airis

pat[1] [pæt] *n* 1 (pa)plekšnojimas, (pa)tapšnojimas 2 pliaukštelėjimas 3 *(mušto sviesto)* gumulėlis ◊ *to deserve a* ~ *on the back šnek.* nusipelnyti pagyrimo
v 1 (pa)plekšnoti, (pa)tapšnoti, plekšenti; *to* ~ *a dog* paglostyti šunį; *to* ~ *smb on the back* a) patapšnoti kam per petį; b) *prk.* išreikšti kam pritarimą, pagirti, padrąsinti ką 2 bidzenti, trepenti

pat[2] *adv* kaip tik; (tinkamu) laiku; *the anecdote came* ~ *to the occasion* anekdotas buvo pasakytas kaip tik vietoje/laiku ◊ *to have smth off/amer. down* ~ atmintinai/gerai mokėti ką; *to stand* ~ a) nepirkti, nekeisti kortų *(žaidžiant pokerį);* b) *(ypač amer.)* tvirtai laikytis savo; nekeisti savo pozicijos/nutarimo
a iš anksto paruoštas, išmoktas *(apie atsakymą ir pan.)*

Patagonia [,pætə'gəunɪə] *n* Patagonija *(Argentinos sritis)*

patball ['pætbɔːl] *n šnek. (teniso, kriketo)* prastas žaidimas, kamuoliuko atmušinėjimas

patch [pætʃ] *n* 1 lopas, lopinys; ~*es all over* visas lopiniuotas 2 *(netaisyklingos formos)* dėmė, lopas; *a horse*

patchouli 655 **patricide**

with a white ~ on its forehead arklys su baltu lopu kaktoje 3 raištis *(ant akies)* 4 skuduras, skiautė 5 *(žemės, sniego ir pan.)* sklypelis, lopas; *strawberry ~* braškių plotelis 6 nuotrupa, fragmentas; *purple ~ (literatūros kūrinio)* geriausia vieta; *the book is good in ~es* vietomis knyga nebloga 7 gerai žinoma vietovė; apylinkė *(ypač policininko)* 8 *šnek.* neganda *(džn.* **bad/sticky ~***); to hit/strike a bad ~* užpulti negandoms; turėti sunkumų 9 *ret.* priklijuoto pleistro gabalėlis 10 *ist.* muselė *(ant veido dėl grožio; t. p. beauty ~)* 11 *komp.* lopas, pataisa *(programoje)* ◊ *not a ~ on smth/smb šnek.* niekas, palyginti su kuo
v 1 (už)lopyti, taisyti; prisiūti/uždėti lopą 2 būti vietomis padengtam/užklotam; *hills ~ed with snow* kalvos, vietomis padengtos sniegu 3 sudėti iš gabalų ◻ *~ together* sukurti paskubomis; sukompiliuoti; *~ up* a) pataisyti paskubomis, bet kaip; užlopyti, užtaisyti; b) užbaigti *(ginčą);* sutvarkyti *(reikalą ir pan.)*
patchouli ['pætʃᵘlɪ] *n* 1 *bot.* pačulė 2 aštraus kvapo kvepalai *(iš pačulės)*
patch-pocket [ˌpætʃ'pɔkɪt] *n* uždėtinė kišenė
patchwork ['pætʃwəːk] *n* 1 durstinys iš įvairiaspalvių skudurų/skiaučių *(kilimėlis, antklodė ir pan.)* 2 *(minčių, stilių ir pan.)* mišinys, kratinys; *a mere ~ of quotations* vienų citatų rinkinys 3 *(margas, nevienodas)* vietovaizdis
patchy ['pætʃɪ] *a* 1 sulopytas, lopiniuotas 2 dėmėtas, margas; įvairiaplaukis, nevienodas 3 fragmentiškas, su spragomis; *~ knowledge* paviršutiniškos/spragotos žinios
pate [peɪt] *n psn., juok.* viršugalvis; makaulė; *bald ~* plikė
pâté ['pæteɪ] *pr. n* paštetas; *~ de fois gras* žąsies kepenų paštetas
patella [pə'telə] *n (pl* -lae [-liː]) *anat.* girnelė
paten ['pætn] *n* 1 metalinis skrituėlis 2 *bažn.* patena
patency ['peɪtənsɪ] *n knyg.* aiškumas, akivaizdumas
patent ['peɪtᵊnt] <*a, n, v*> *a* 1 aiškus, akivaizdus *(apie melą, nesąmonę ir pan.)* 2 atviras; prieinamas 3 patentuotas; *~ medicine* patentuoti vaistai 4 *šnek.* paties išrastas; originalus, naujas; sąmojingas; *to have a ~ way of doing smth* turėti savo manierą; savaip ką daryti
n [t. p. 'pætᵊnt] 1 patentas; diplomas; privilegijų raštas *(t. p. letters ~)* 2 patento suteikiama teisė, išimtinė teisė 3 patentuotas išradimas 4 *(proto, genialumo ir pan.)* ženklas, žymė, atspaudas 5 *attr* patentinis; *~ office* patentų biuras; *~ right amer.* patentas
v [t. p. 'pætᵊnt] patentuoti; imti patentą
patentable ['peɪtntəbl, 'pæt-] *a* patentabilus; veiksnus naudotis patentu
patentee [ˌpeɪtᵊn'tiː] *n* patento savininkas/turėtojas
patent-leather ['peɪtᵊnt'leðə] *a* lakuotas, lakinis
patently ['peɪtᵊntlɪ] *adv menk.* aiškiai, akivaizdžiai; atvirai; *~ false* aiškiai klaidingas
pater ['peɪtə] *n mok. sl.* tėvas
paterfamilias [ˌpeɪtəfə'mɪlɪæs] *lot. n knyg. (tik v.)* šeimos tėvas/galva
paternal [pə'təːnl] *a* 1 tėvinis, tėvo; *~ grandfather* senelis iš tėvo pusės 2 tėviškas; *to feel ~ towards smb* jausti kam tėviškus jausmus ◊ *~ legislation* pernelyg smulkmeniški įstatymai
paternalism [pə'təːnᵊlɪzm] *n knyg.* 1 tėviškas rūpinimasis, globa 2 *polit.* paternalizmas
paternalistic [pəˌtəːnə'lɪstɪk] *a knyg.* paternalistinis, paternalizmo; tėvinis
paternity [pə'təːnətɪ] *n* 1 *teis.* tėvystė; *~ suit* byla tėvystei nustatyti; *the ~ of the child is unknown* nežinoma, kas vaiko tėvas 2 *knyg.* autorystė; šaltinis

paternoster [ˌpætə'nɔstə] *n* 1 *bažn.* „Tėve mūsų" *(malda)* 2 *bažn.* rožančiaus karolis „Tėve mūsų" 3 meškerės valas su kabliukų eile *(t. p. ~ line)* 4 atviras nuolat judantis liftas, eskalatorinis liftas
path¹ [paːθ] *n* 1 takas, takelis 2 bėgimo takelis 3 *prk.* kelias; *~ to independence* kelias į nepriklausomybę/ savarankiškumą; *to enter on, ar to take, the ~ (of)* stoti į *(ko)* kelią; *to cross smb's ~* stoti kam skersai kelio; susidurti, turėti reikalų su kuo 4 *spec.* trajektorija; maršrutas; kelias ◊ *to beat a ~ to smb's door* praminti takelį pas ką, mielai lankyti ką
path² *n sutr.* = **pathology**
pathetic [pə'θetɪk] *a* 1 gailus, graudus; jaudinantis; *~ sight* graudus vaizdas 2 *menk.* beviltiškas, niekingas *(apie pasiteisinimą, vaizdą, žmogų ir pan.)* ◊ *the ~ fallacy lit.* gamtos įasmeninimas, antropomorfizmas
pathetics [pə'θetɪks] *n* patetika
pathfinder ['paːθˌfaɪndə] *n* 1 vedlys; pėdsekys; *(neištirto krašto, naujo dalyko)* tyrinėtojas; pionierius, pradininkas 2 *rad.* kurso rodyklė *(radiolokacijoje)* 3 *av.* lėktuvas vedlys *(nustatantis bombardavimo taikinius)*
pathless ['paːθləs] *a* 1 be takų, nepraeinamas 2 nepramintas; neištirtas
pathogenesis [ˌpæθə'dʒenɪsɪs] *n med.* patogenezė, ligos raida
pathogenic [ˌpæθə'dʒenɪk] *a med.* patogeninis, sukeliantis ligą
pathological [ˌpæθə'lɔdʒɪkl] *a* 1 *med.* patologinis 2 patologiškas, nenormalus
pathologist [pə'θɔlədʒɪst] *n* patologas
pathology [pə'θɔlədʒɪ] *n med.* patologija
pathos ['peɪθɔs] *n* 1 kas nors, kas sukelia liūdesį/gailestį 2 patosas; tragizmas
pathway ['paːθweɪ] *n* 1 takas, takelis; keliukas, kelias *(t. p. prk.); a ~ to knowledge* kelias į mokslą 2 trajektorija
-pathy [-pəθɪ] -patija *(sudurt. daiktavardžiuose, reiškiančiuose gydymo būdą ar jutimus); homoeopathy* homeopatija; *telepathy* telepatija
patience ['peɪʃns] *n* 1 kantrybė, kantrumas; *I have no ~ with him* jis mane iš kantrybės veda; *out of ~ (with)* netekęs kantrybės; *my ~ is running out ar wearing thin* mano kantrybė baigiasi, baigia išsekti 2 ištvermė 3 pasiansas *(kortų žaidimas)*
patient ['peɪʃnt] *a* 1 kantrus 2 ištvermingas 3 *ret.* leidžiantis, pakenčiantis; *plants ~ of cold* šalčiui atsparūs augalai; *the facts are ~ of various interpretations* faktai leidžia įvairiai aiškinti
n ligonis, pacientas; *heart ~* širdininkas
patina ['pætɪnə] *n* 1 patina *(ppr. žalsvas apnašas ant varinių/bronzinių ir kt. daiktų)* 2 *(sėkmės ir pan.)* žavesys
patio ['pætɪəu] *isp. n (pl ~s* [-z]) patijus, vidaus kiemas
patisserie [pə'tiːsərɪ] *pr. n* konditerija, cukrainė
patois ['pætwaː] *pr. n (pl ~* [-waːz]) vietinė tarmė/šnekta
patrial ['peɪtrɪəl] *a* asmuo, turintis teisę gauti D. Britanijos pilietybę *(dėl kilmės)*
patriarch ['peɪtrɪaːk] *n* 1 *(įv. reikšm.)* patriarchas 2 kūrėjas, tėvas, pradininkas
patriarchal [ˌpeɪtrɪ'aːkl] *a* 1 patriarcho, patriarchų; patriarchalinis 2 patriarchališkas
patriarchate ['peɪtrɪəkət] *n bažn.* 1 patriarchatas; patriarchystė 2 patriarcho rezidencija
patriarchy ['peɪtrɪaːkɪ] *n ist.* patriarchatas
Patricia [pə'trɪʃə] *n* Patricija *(vardas)*
patrician [pə'trɪʃn] *n* 1 *ist.* patricijus 2 aristokratas
a 1 *ist.* patricijų 2 aristokratinis, aristokratiškas
patricide ['pætrɪsaɪd] *n* 1 tėvažudystė 2 tėvažudys

Patrick ['pætrɪk] *n* Patrikas *(vardas);* **St ~'s Day** Šv. Patriko diena *(kovo 17 d.)*
patrilineal [ˌpætrɪ'lɪnɪəl] *a knyg.* (nustatomas) pagal tėvo liniją, iš tėvo pusės *(apie kilmę, paveldėjimo tvarką ir pan.)*
patrimonial [ˌpætrɪ'məunɪəl] *a* tėvoninis, paveldimas, giminės; **~ estate** tėvoninis dvaras, tėvoninės žemės
patrimony ['pætrɪmənɪ] *n* **1** tėvonija; tėvonystė; *(iš tėvo)* paveldimas turtas **2** palikimas **3** bažnyčios žemės/turtas
patriot ['pætrɪət] *n* patriotas
patriotic [ˌpætrɪ'ɔtɪk] *a* patriotinis; patriotiškas; **~ feelings** patriotiniai jausmai
patriotism ['pætrɪətɪzm] *n* patriotizmas
patrol [pə'trəul] *n* **1** patrulis; sargyba; **motorway/highway ~** kelių policijos patrulis; **on ~** sargyboje; patruliuojantis; **~ boat/vessel** patrulinis/sargybinis laivas **2** patruliavimas **3** *(skautų)* grandis
v (-II-) patruliuoti; eiti sargybą
patrolman [pə'trəulmən] *n (pl* -men [-mən]) **1** patruliuojantis remontininkas *(aptarnaujantis D. Britanijos automobilininkų asociacijos narius)* **2** *amer.* policininkas patrulis
patrol-wagon [pə'trəulˌwægən] *n amer.* policijos mašina *(suimtiesiems vežti)*
patron ['peɪtrən] *n* **1** patronas, globėjas, šefas; mecenatas; **~ saint** šventas(is) *(ko)* globėjas/užtarėjas **2** nuolatinis pirkėjas, klientas; nuolatinis lankytojas **3** [pæ'trɔn] *(restorano, baro, viešbučio)* savininkas *(ypač Prancūzijoje)*
patronage ['pætrənɪdʒ] *n* **1** globa, globojimas; patronatas; šefavimas; užtarimas **2** skyrimo į tarnybas teisė *(t. p. bažn.);* protekcija; **to get a ~ appointment** gauti tarnybą per protekciją **3** globėjiškas elgimasis **4** klientūra; *(tam tikro teatro, kino ir pan.)* nuolatiniai lankytojai
patroness ['peɪtrənɪs] *n* globėja, patronesė
patronize ['pætrənaɪz] *v* **1** globoti, remti; patronuoti **2** globėjiškai elgtis *(su kuo),* kalbėti globėjišku tonu *(su kuo)* **3** būti nuolatiniu pirkėju/lankytoju, nuolat lankyti(s); **I ~ that shop** aš visada perku toje krautuvėje
patronizing ['pætrənaɪzɪŋ] *a* patronuojantis; globėjiškas
patronymic [ˌpætrə'nɪmɪk] *a* **1** kilęs iš tėvo/protėvio vardo *(apie vardą)* **2** *kalb.* nurodantis kilmę *(apie priešdėlį, priesagą, pvz.:* Mac-, -son)
n kalb. patronimas; tėvavardis
patsy ['pætsɪ] *n amer. šnek.* **1** mulkis, liurbis **2** atpirkimo ožys
patten ['pætn] *n ist.* medinė klumpė, medpadis *(su metaliniu žiedu; po purvą vaikščioti)*
patter[1] ['pætə] *n* **1** *(vagių ir pan.)* žargonas, sutartinė kalba **2** greitakalbė **3** *šnek.* tauškalas, šnekalas *(apie kalbą)* **4** *šnek. (komedijų, dainelių)* žodžiai; rečitatyviniai intarpai
v taukšti, tarškėti, liežuviu malti; berti *(poterius)*
patter[2] *n* **1** *(lietaus lašų)* teškenimas, tekšėjimas **2** trepenimas, tapsenimas
v **1** teškenti, tekšėti *(apie lietų)* **2** trepenti, tapsenti, kicenti *(apie vaiką, šunį)*
pattern ['pætən] *n* **1** modelis, šablonas; **behaviour ~s** elgsenos modeliai *(sociologijoje)* **2** būdas; struktūra; **to follow a set ~** vykti nustatytu/įprastiniu būdu; **~ of life** gyvensena; **~ of trade** prekybos pobūdis/struktūra **3** pavyzdys; **to set a ~ (for)** duoti pavyzdį **4** iškarpa, sukirpimo pavyzdys; fasonas **5** *(audinio ir pan.)* raštas, marginys *(t. p.* **distribution ~**) **6** *amer. (medžiagos)* atraiža *(drabužiui)* **7** *attr* pavyzdingas
v (ppr. pass) **1** daryti pagal pavyzdį, modeliuoti *(after, on, upon)* **2** raštuoti, puošti raštais, išmarginti *(with)*

patterning ['pætənɪŋ] *n* **1** modeliavimas **2** *(gyvūno)* margumas
pattern-maker ['pætnˌmeɪkə] *n* modelininkas, modeliuotojas
patty ['pætɪ] *n* **1** pyragaitis **2** *amer. (mėsos ir pan.)* paplotėlis **3** *(ypač amer.)* plokščias saldainis
pattypan ['pætɪpæn] *n* **1** keptuvė pyragaičiams/paplotėliams kepti **2** *bot.* patisonas *(t. p.* **~ squash**)
patuluos ['pætjuləs] *a* **1** platus **2** *bot.* išsikerojęs, išsišakojęs
paucity ['pɔːsətɪ] *n knyg.* mažas kiekis; nepakankamumas, trūkumas *(of – ko)*
Paul [pɔːl] *n* Paulius, Polis *(vardas)*
Pauline [pɔː'liːn] *n* Paulina, Polina *(vardas)*
a ['pɔːlaɪn] *rel. šv.* Povilo
paunch [pɔːntʃ] *n* **1** *menk., juok. (didelis)* pilvas **2** *(atrajotojų)* didysis skrandis
v ret., dial. išmėsinėti, išdarinėti *(gyvulį)*
paunchy ['pɔːntʃɪ] *a menk., juok.* pilvotas, su pilvuku
pauper ['pɔːpə] *n* skurdžius, vargšas, beturtis
pauperism ['pɔːpərɪzm] *n* skurdas, vargas
pauperize ['pɔːpəraɪz] *v* nuskurdinti
pause [pɔːz] *n* **1** pauzė, pertrauka; stabtelėjimas, sustojimas **2** dvejojimas; **to give ~ (to)** a) priversti sustoti ir susimąstyti; b) sugluminti; **at ~** dvejojant, neryžtingai **3** *lit.* cezūra **4** *muz.* fermata
v **1** (pa)daryti pauzę/pertrauką; stabtelėti, sustoti **2** dvejoti, susimąstyti ◊ **to ~ upon a note** prailginti gaidą
pavane [pə'væn, pə'vɑːn] *n ist.* pavana *(šokis)*
pave [peɪv] *v* **1** (iš)grįsti *(kelią, gatvę);* kloti *(grindis)* **2** nukloti *(gėlėmis ir pan.)* ◊ **to ~ the way** ≡ praskinti kelią, paruošti dirvą *(for, to);* **the streets are ~d with gold** *(ten)* galima greitai praturtėti
pavement ['peɪvmənt] *n* **1** šaligatvis **2** grindys, išklotos mozaika *ir pan.* **3** grindinys **4** *amer.* gatvės/kelio danga ◊ **on the ~** be prieglobsčio, gatvėje
pavement-artist ['peɪvməntˌɑːtɪst] *n* gatvės dailininkas *(piešiantis ant šaligatvio pragyvenimui užsidirbti)*
paver ['peɪvə] *n* **1** grindėjas **2** akmuo/plyta *ir pan.* grindiniui grįsti, klotumas
pavilion [pə'vɪlɪən] *n* paviljonas **2** palapinė **3** *(ligoninės, sanatorijos)* korpusas **4** išsikišęs priestatas, fligelis
v **1** pri(si)glausti *(paviljone, palatoje ir pan.)* **2** statyti paviljonus/palapines
paving ['peɪvɪŋ] *n* **1** *(gatvių)* grindimas **2** grindinys; kelio danga; **crazy ~** grindinys, padarytas iš netaisyklingos formos akmenų gabalų **3** medžiaga grindiniui grįsti
paving-stone ['peɪvɪŋstəun] *n (tašytas)* grindinio akmuo; *kuop.* grindinio akmenys
pavonine ['pævənaɪn] *a* **1** povo **2** vaivorykštės spalvų
paw [pɔː] *n* **1** letena **2** *šnek. (žmogaus)* letena, ranka
v **1** liesti/suduoti/draskyti letena **2** kasti kanopa *(apie arklį)* **3** *šnek.* grabalioti, grabinėti *(džn.* **~ about**)
pawky ['pɔːkɪ] *a šiaur.* gudrus, vylingas; pašaipus
pawl [pɔːl] *tech. n* strektė; skląstis; saugiklis
v sustabdyti strektės pagalba
pawn[1] [pɔːn] *n* **1** *šach.* pėstininkas; **passed ~** praeinantysis pėstininkas **2** *prk.* marionetė, pastumdėlis
pawn[2] *n* užstatas; įkaitas; **in/at ~** užstatytas, įkeistas
v **1** užstatyti, įkeisti *(lombarde)* **2** laiduoti; **to ~ one's word** duoti žodį; **I'll ~ my life for her** galvą dedu už ją
pawnbroker ['pɔːnˌbrəukə] *n* lombardininkas; **at the ~'s** lombarde
pawnee [pɔː'niː] *n* užstato turėtojas/laikytojas *(skolinantis pinigus)*

pawnshop ['pɔːnʃɔp] *n* lombardas
pawpaw ['pɔːpɔː] *n* = **papaya**
pax [pæks] *lot. n* taika; taikos simbolis *int vaik.* taika!, užteks!, nustok!
pay[1] [peɪ] *n* **1** mokestis, (ap)mokėjimas, sumokėjimas; išmoka; *redundancy/amer. severance* ~ išeitinė išmoka **2** *(darbo)* užmokestis, atlyginimas; alga; *holiday* ~ atostoginiai pinigai; *holidays with [without]* ~ apmokamos [neapmokamos] atostogos; *full* ~ visas *(tarifinis)* atlygis; *half* ~ pusė *(tarifinio)* atlygio; *call* ~ garantuotas darbo užmokesčio minimumas; *take-home* ~ užmokestis, darbininko gaunamas į rankas *(atskaičius)* **3** pašalpa; pensija; *deferred* ~ a) pašalpa, mokama paleidžiamam kariškiui *ar* jo šeimai po jo mirties; b) valstybės tarnautojo pensija; *strike* ~ pašalpa, profsąjungos mokama streikuojantiems **4** skolos mokėtojas **5** *attr* atlyginimų; rentabilus, pelningas eksploatuoti; *amer.* (ap)mokamas; ~ *freeze* atlyginimų įšaldymas; ~ *toilet* mokamas tualetas ◊ *in the* ~ *of smb* kieno pasamdytas *(apie agentą ir pan.)*
v (paid) **1** (už)mokėti *(for – už);* apmokėti, sumokėti, užmokėti; išmokėti; *to* ~ *in kind* (ap)mokėti natūra; *to* ~ *as you go* a) apmokėti laiku *(sąskaitas);* b) mokėti pajamų mokestį iš karto **2** atlyginti, atmokėti; kompensuoti **3** apsimokėti; duoti pelno; *it usually* ~*s to tell the truth* paprastai apsimoka sakyti tiesą **4** *prk.* užmokėti, gauti atpildą *(for); I'll make you* ~ *for this!* tu man už tai užmokėsi!, aš tau to nedovanosiu! **5** skirti, (pa)rodyti, (pa)reikšti *(pagarbą ir pan.); to* ~ *serious consideration* kreipti rimtą dėmesį; *he went to* ~ *his respects to them* jis nuėjo pareikšti jiems pagarbos; *to* ~ *a call/visit (on)* aplankyti; *to* ~ *a compliment* sakyti komplimentą ▫ ~ *away* = ~ *out* c); ~ *back* a) grąžinti *(pinigus);* b) *prk.* atsilyginti; ~ *down* (iš)mokėti grynaisiais; ~ *in* įmokėti *(į einamąją sąskaitą ir pan.);* ~ *off* a) *(visiškai)* atsiskaityti *(su; atleidžiant iš darbo);* b) apsimokėti; c) *prk.* atsilyginti; d) *šnek.* pavykti; e) *šnek.* užmokėti/papirkti, kad tylėtų; ~ *out* a) išmokėti; b) *prk.* atsilyginti; c) *jūr.* atleisti *(virvę, lyną);* ~ *up* a) grąžinti skolą, viską sumokėti; likviduoti *(įsiskolinimą);* b) laiku sumokėti ◊ *the devil/deuce to* ~ sunki padėtis, bėda; dideli nemalonumai; *smth is to* ~ kažkas ne taip, kažkas negerai; *who breaks* ~*s* ≡ prisivirei košės, tai ir srėbk; kaltasis moka
pay[2] *v jūr.* dervuoti
payable ['peɪəbl] *a* **1** (ap)mokėtinas; *to make a cheque* ~ *to smb* išrašyti čekį kieno vardu **2** pelningas; apsimokantis eksploatuoti *(apie gręžinį ir pan.)*
pay-as-you-earn ['peɪəzjuˈəːn] *n* pajamų mokesčio atskaitymas iš atlyginimo
payback ['peɪbæk] *n* skolos grąžinimas; įdėtų lėšų grįžimas
paybed ['peɪbed] *n* mokama vieta ligoninėje
paybill ['peɪbɪl] *n* = **payroll**
paybook ['peɪbuk] *n (kareivių)* atsiskaitymo knygelė
paybox ['peɪbɔks] *n* teatro kasa
payday ['peɪdeɪ] *n (algos)* mokėjimo diena
pay-dirt ['peɪdəːt] *n amer.* **1** turtinga iškasenų žemė, rūdinga žemė, rūdynas *(apsimokantis eksploatuoti)* **2** *šnek.* vertingas atradimas; sėkmė; *to hit* ~ ≡ rasti aukso gyslą
payee [peɪˈiː] *n (pinigų, mokos)* gavėjas; asmuo, kuriam (turi būti) išmokama; remitentas
pay-envelope ['peɪˌenvələup] *n amer.* = **pay-packet**
payer ['peɪə] *n* mokėtojas
paying ['peɪɪŋ] *a* pelningas, naudingas; rentabilus; ~ *capacity* mokumas, mokamasis pajėgumas

paying-in [ˌpeɪɪŋˈɪn] *n:* ~ *book (banko)* einamosios sąskaitos knygelė; ~ *slip* blankas, užpildomas mokant sumą į einamąją sąskaitą
payload ['peɪləud] *n* **1** *kom.* naudingoji apkrova; ~ *volume* naudingas tūris **2** *(raketos)* kovinis užtaisas
paymaster ['peɪˌmɑːstə] *n* **1** kasininkas, iždininkas; *P. General* vyriausiasis iždininkas **2** *prk. menk.* samdytojas
payment ['peɪmənt] *n* **1** (ap)mokėjimas, sumokėjimas, išmokėjimas, atsiskaitymas; (už)mokestis; *international* ~*s* tarptautiniai atsiskaitymai; *on* ~ *(of)* sumokėjus *(ką)* **2** at(si)lyginimas; atpildas *(for); in* ~ *for your kindness* atsilyginant už jūsų gerumą
payoff ['peɪɔf] *n šnek.* **1** išmokėjimas, išmoka **2** išmokėjimo laikas **3** atsiskaitymas, atpildas **4** papirkimas; kyšio davimas; *to make a* ~ papirkti, duoti kyšį **5** baigtis, atomazga; rezultatas
pay-office ['peɪˌɔfɪs] *n kar.* išmokėjimo punktas
payola [peɪˈəulə] *n (ypač amer.) šnek.* **1** papirkimas, kyšis **2** papirkinėjimas, kyšininkavimas
payout ['peɪaut] *n* išmokėjimas; išmoka
pay-packet ['peɪˌpækɪt] *n* **1** vokas su atlyginimu **2** atlyginimas; uždarbis
payphone ['peɪfəun] *n* telefonas automatas
payroll ['peɪrəul] *n* **1** algalapis; *to be off the* ~ būti be darbo, būti atleistam **2** bendra išmokamų atlyginimų suma **3** *pl (įmonės, kompanijos)* darbininkai ir tarnautojai
paysheet ['peɪʃiːt] *n* algalapis
payslip ['peɪslɪp] *n* lapelis, kuriame nurodomas atlyginimo dydis ir atskaitymai
pea [piː] *n* žirnis; žirnelis; *split* ~*s* išaižyti žirniai *(sriubai); green* ~*s* žalieji žirniai; *sweet* ~ *bot.* kvapusis pelėžirnis ◊ *as like/alike as two* ~*s (in a pod)* ≡ panašūs kaip du vandens lašai
peace [piːs] *n* **1** taika; *negotiated* ~ derybų keliu pasiekta taika; *universal* ~ visuotinė taika; ~ *with honour* garbinga taika; *at* ~ *(with)* taikoje *(su); to ensure* ~ užtikrinti taiką; *to preserve* ~ išsaugoti taiką; *to make* ~ a) sudaryti taiką; b) susitaikyti *(with)* **2** ramybė, rimtis, tyla; ~ *of mind* dvasios ramybė; *to hold/keep one's* ~ tylėti, nutilti; ~*!* tyliau!, nutilkite!; *may he rest in* ~*!* tesiilsi ramybėje! **3** santarvė **4** viešoji tvarka; *to break the* ~ pažeisti viešąją tvarką; triukšmauti; *to keep the* ~ žiūrėti (viešosios) tvarkos, palaikyti tvarką; neleisti triukšmauti **5** *(P.)* taikos sutartis *(t. p.* ~ *treaty)* **6** *attr* taikos; ~ *talks* taikos derybos; ~ *movement* judėjimas už taiką; *P. Corps amer.* Taikos korpusas ◊ *at* ~ miręs, amžinai užmigęs/nutilęs
peaceable ['piːsəbl] *a* taikingas, taikus
peaceful ['piːsfəl] *a* **1** ramus **2** taikingas, taikus; ~ *initiatives* taikios iniciatyvos
peacekeeping ['piːskiːpɪŋ] *n* taikos išlaikymas/išsaugojimas
a attr taikos palaikymo *(apie pajėgas ir pan.)*
peace-loving ['piːsˌlʌvɪŋ] *a* taiką mylintis, taikus
peacemaker ['piːsˌmeɪkə] *n* taikytojas; taikdarys
peacemonger ['piːsˌmʌŋgə] *n menk.* taikos šalininkas
peacenik ['piːsnɪk] *n šnek.* kovotojas už taiką; antikarinių demonstracijų dalyvis
peace-offering ['piːsˌɔfərɪŋ] *n* **1** dovana kaip susitaikymo/nusiraminimo ženklas **2** *bibl.* auka *(kaip padėka Dievui)*
peace-officer ['piːsˌɔfɪsə] *n* tvarkos saugotojas *(policininkas, šerifas)*
peace-pipe ['piːspaɪp] *n* taikos pypkė

peacetime ['pi:staɪm] *n* taikos metas; ~ *strength* taikos meto kariuomenės dydis

peach¹ [pi:tʃ] *n* 1 persikas *(medis ir vaisius)* 2 persikų *ar* rausvai oranžinė spalva 3 *šnek.* kas nors pirmarūšio/ nuostabaus; gražuolė ◊ ~*es and cream* ≡ kraujas ir pienas
a persikų, *ar* rausvai oranžinės, spalvos

peach² *v sl.* (į)skųsti, įduoti *(bendrininką; against, on, upon)*

peachcoloured ['pi:tʃˌkʌləd] *a* persikų spalvos

peachick ['pi:tʃɪk] *n* jauniklis povas, jauniklė povė, poviukas

peach-stone ['pi:tʃstəun] *n min.* chloritinis skalūnas

peach-tree ['pi:tʃtri:] *n* persiko medis

peachy ['pi:tʃɪ] *a* 1 kaip persikas, persiko spalvos 2 *šnek.* puikus, nuostabus

peacoat ['pi:kəut] *n* = **pea-jacket**

peacock ['pi:kɔk] *n* 1 *zool.* povas; *female* ~ povė; *proud/ vain as a* ~ pasipūtęs/išdidus kaip povas 2 blizganti/ mirguliuojanti mėlyna spalva *(t. p.* ~ *blue)*
v 1 pasipūsti; puikuoti(s), puikauti 2 vaikščioti/žingsniuoti pasipūtus/išdidžiai

peacock-butterfly [ˌpi:kɔk'bʌtəflaɪ] *n zool.* spungė

peacockery ['pi:ˌkɔkərɪ] *n* pasipūtimas; puikavimasis

peafowl ['pi:faul] *n zool.* povas; povė

pea-green ['pi:'gri:n] *a* šviesiai žalias

peahen ['pi:hen] *n zool.* povė

pea-jacket ['pi:ˌdʒækɪt] *n jūr.* bušlatas, striukė

peak¹ [pi:k] <*n, a, v*> *n* 1 viršukalnė 2 viršūnė *(t. p. prk.); (kalno, bangos)* ketera; smailė; *(barzdos)* smailuma 3 *prk.* aukščiausias/kulminacinis taškas, pikas; maksimumas; *noise* ~ maksimalus triukšmas 4 *(kepurės)* snapelis, priekaktis 5 *jūr.* patalpa prekėms *(laivo smaigalyje)*
a attr piko; maksimalus, didžiausias; ~ *hours* piko valandos; *the* ~ *demand for electricity* didžiausias elektros poreikis
v 1 pasiekti aukščiausią tašką, viršūnę 2 pakelti vertikaliai *(irklus)* 3 pakelti uodegą tiesiai viršun *(apie banginį)*

peak² *v psn.* liesėti, nykti; *to* ~ *and pine* džiūti ir nykti

peaked¹ [pi:kt] *a* smailiu galu, smailiaviršūnis; ~ *cap* kepurė su snapeliu

peaked² *a (ypač amer.)* sunykęs, sulysęs

peaky¹ ['pi:kɪ] *a* = **peaked¹**

peaky² *a šnek.* negaluojantis, silpnas; išblyškęs

peal [pi:l] *n* 1 *(varpų)* skambėjimas, gaudimas, gaudesys; *the bells ring in* ~ varpai darniai skamba 2 kurantai 3 griaudėjimas, griaudimas, dundesys; ~ *of laughter* juoko protrūkis, nusikvatojimas
v (džn. ~ *out)* 1 skambinti *(varpais)* 2 (nu)skambėti, gausti 3 (nu)griaudėti, dundėti 4 ištrimituoti; (pa)garsinti, (pa)skleisti

peanut ['pi:nʌt] *n* 1 žemės riešutas, arachis 2 *pl šnek.* skatikai, maža suma *(pinigų);* niekai ◊ ~ *gallery amer. juok.* pigios galinės vietos *(kine, teatre)*

pear [pɛə] *n* kriaušė *(vaisius ir medis)*

pearl [pɜ:l] *n* 1 perlas *(t. p. prk.); a string of* ~*s* perlų vėrinys; ~*s of wisdom* išminties perlai 2 perlamutras 3 *poet. (rasos)* perliukas, lašelis; ašara 4 žirnelis, grūdelis 5 melsvai pilka spalva ◊ *to cast* ~*s before swine* kalbėti klausytojui nesuvokiamus dalykus
v 1 ieškoti perlų 2 puošti/apiberti perlais 3 *poet.* lašėti, laščioti 4 krušti *(miežius)*

pearl-ash ['pɜ:læʃ] *n* = **potash**

pearl-barley [ˌpɜ:l'bɑ:lɪ] *n* perlinės kruopos

pearl-button [ˌpɜ:l'bʌtn] *n* perlamutrinė saga

pearl-diver ['pɜ:lˌdaɪvə] *n* perlų ieškotojas

pearl-fisher ['pɜ:lˌfɪʃə] *n* perlų gaudytojas

pearl-fishery ['pɜ:lˌfɪʃərɪ] *n* perlų gaudymas

pearl-grey ['pɜ:l'greɪ] *a* melsvai pilkas

pearl-handed ['pɜ:lˌhændɪd] *a* (su) perlamutriniu kotu

pearlies ['pɜ:lɪz] *n pl* perlamutrinės sagos

pearlite ['pɜ:laɪt] *n metal.* perlitas

pearl-oyster ['pɜ:lˌɔɪstə] *n zool.* perluotė *(moliuskas)*

pearl-sago ['pɜ:lˌseɪgəu] *n* sago *(kruopos)*

pearl-shell ['pɜ:lʃel] *n* perlinė kriauklė

pearl-white ['pɜ:lwaɪt] *n chem.* 1 bismuto baltasis 2 bismuto oksichloridas

pearly ['pɜ:lɪ] *a* 1 kaip perlai, perlinis 2 perlų spalvos 3 nusagstytas perlais ◊ *the P. Gates šnek.* Dangaus vartai

pear-shaped ['pɛəʃeɪpt] *n* kriaušės formos, kriaušinis

peart [pɜ:t, pɪət] *a amer. dial.* geros nuotaikos, linksmas, gyvas

pear-tree ['pɛətri:] *n* kriaušė *(medis)*

peasant ['peznt] *n* 1 valstietis; *medium* ~ valstietis vidutiniokas; *poor* ~ vargingasis valstietis; ~ *woman* valstietė 2 *menk.* kaimo stuobrys, prasčiokas

peasantry ['pezntrɪ] *n* valstietija

pease [pi:z] *n pl psn.* žirniai

pease-pudding [ˌpi:z'pudɪŋ] *n* žirnių pudingas

peashooter ['pi:ˌʃu:tə] *n* žaislinis šautuvėlis žirniams *ir pan.* pūsti

pea-soup [ˌpi:'su:p] *n* žirnienė, žirnių sriuba

pea-souper [ˌpi:'su:pə] *n šnek.* tirštas gelsvas rūkas

peat [pi:t] *n* 1 durpės; ~ *litter* durpių kraikai, durpmilčiai 2 durpių briketas

peatbog ['pi:tbɔg] *n* durpynas

peatery ['pi:tərɪ] *n* 1 durpinė 2 durpių kasimas

pea-time ['pi:taɪm] *n amer.: the last of* ~ *(ko)* paskutinis etapas; gyvenimo pabaiga; ~*'s past* reikalas baigtas

peatman ['pi:tmən] *n (pl* -men [-mən]) durpininkas

peat-moss ['pi:tmɔs] *n bot.* baltosios durpinės samanos, kiminas

peaty ['pi:tɪ] *a* durpinis, durpingas

pebble ['pebl] *n* 1 *(vandens)* nuzulintas akmuo/akmenukas; paplokštainis, žvirgždas, gargždas 2 kalnų krištolas 3 lęšis *(iš kalnų krištolo)* ◊ *not the only* ~ *on the beach* ne vienintelis toks, atsiras ir kitų *(apie jaunikius, kandidatus ir pan.)*
v 1 pabarstyti žvirgždu/akmenukais 2 grįsti akmenimis

pebbledash ['pebldæʃ] *stat. n* cemento skiedinys su žvirgždu *(namo išorinėms sienoms)*
v tinkuoti

pebbly ['peblɪ] *a* padengtas žvirgždu/akmenukais

pecan ['pi:kən, pɪ'kæn] *n* 1 *bot.* pekanas *(Š. Amerikos pietrytinės dalies medis)* 2 pekano riešutas

peccability [ˌpekə'bɪlətɪ] *n knyg.* nuodėmingumas

peccable ['pekəbl] *a knyg.* nuodėmingas

peccadillo [ˌpekə'dɪləu] *n (pl* ~(e)s [-z]) nedidelė nuodėmė, silpnybė

peccant ['pekənt] *a knyg.* 1 nuodėmingas 2 neteisingas; *the* ~ *string* detonuojanti styga 3 sukeliantis ligą; kenksmingas, nesveikas

peccary ['pekərɪ] *n zool.* pekaris, laukinė kiaulė *(Centr. ir P. Amerikoje)*

peck¹ [pek] *n* 1 pekas *(biralų matas;* = *9,08 litro)* 2 *šnek.* aibė, daugybė *(of); a* ~ *of troubles* labai daug nemalonumų

peck² *n* 1 kirtis/kaptelėjimas snapu 2 *juok.* pakštelėjimas, lengvas pabučiavimas

pecker

v **1** kapoti/kirsti/kaptelėti snapu; lesti; *to ~ a hole* prakapoti/pralesti skylę **2** *juok.* pakštelėti, greitomis pabučiuoti **3** *šnek.* gnaibyti, (pa)knebenti *(maistą; at);* mažai valgyti **4** kirstuvu kasti/kirsti *(ppr. ~ up/down)*
pecker ['pekə] *n* **1** paukštis kirtiklis **2** kirtiklis, kirstuvas **3** *amer. vulg.* vyrų lytinis organas ◊ *keep your ~ up! šnek.* ≡ nenukabink nosies!, nenusimink!
peckish ['pekɪʃ] *a šnek.* **1** išalkęs; *to feel ~* išalkti **2** *amer.* irzlus
pecs [peks] *n pl šnek.* = **pectoral** 3
pectic ['pektɪk] *a chem.* pektininis
pectin ['pektɪn] *n chem.* pektinas
pectinate, pectinated ['pektɪnət, 'pektɪneɪtɪd] *a bot., zool.* skiauterėtas, dantytas
pectoral ['pektərəl] *n* **1** antkrūtinis; krūtinės papuošalas **2** *(žuvų)* krūtinės pelekas *(t. p. ~ fin)* **3** *pl anat.* krūtinės raumenys *(t. p. ~ muscles)*
a **1** krūtininis, krūtinės; krūtinės ląstos **2** ant krūtinės dėvimas/nešiojamas; *~ cross* ant krūtinės nešiojamas kryželis
peculate ['pekjuleɪt] *v knyg.* pasisavinti, išeikvoti *(lėšas)*
peculation [ˌpekju'leɪʃn] *n knyg.* pasisavinimas, išeikvojimas
peculiar [pɪ'kju:lɪə] *a* **1** ypatingas, specifinis, būdingas tik *(to)* **2** savitas, savybingas, saviškas; asmeninis; *my own ~ property* mano asmeninė nuosavybė **3** keistas, savotiškas; *a ~ sort of chap* keistas vaikinas **4** *šnek.* nesveikuojantis, sirguliuojantis
n psn. asmeninė nuosavybė; ypatinga privilegija
peculiarity [pɪˌkju:lɪ'ærətɪ] *n* **1** ypatumas; savitumas **2** saviškumas, asmeninė savybė; ypatybė, būdingas bruožas **3** keistumas, keistybė
peculiarly [pɪ'kju:lɪəlɪ] *adv* **1** ypač **2** keistai **3** asmeniškai; *he is ~ interested in that affair* jis asmeniškai/pats suinteresuotas tuo reikalu; *~ Lithuanian phenomenon* tik Lietuvai būdingas reiškinys
pecuniary [pɪ'kju:nɪərɪ] *a knyg.* piniginis; *~ offence* nusižengimas, už kurį baudžiama pinigine bauda; *~ legacy teis.* turtinis legatas
pedagogic(al) [ˌpedə'gɔdʒɪk(l)] *a* pedagoginis
pedagogics [ˌpedə'gɔdʒɪks] *n* pedagogika
pedagogue ['pedəgɔg] *n* **1** mokytojas pedantas **2** *psn.* pedagogas, mokytojas
pedagogy ['pedəgɔdʒɪ] *n* pedagogika
pedal ['pedl] <*n, a, v*> *n* pedalas; pamina, pakoja; *brake [clutch] ~ aut.* stabdžio [sankabos] pedalas; *soft ~ muz.* kairysis pedalas
a **1** pedalo; *~ bin* šiukšlių dėžė su pedalu **2** *anat., zool.* pėdos, kojos; kojų
v (-ll-) **1** spausti pedalą; minti pedalus **2** važiuoti *(dviračiu)*
pedalo ['pedələu] *n (pl ~(e)s [-z])* vandens dviratis
pedal-pusher ['pedlpuʃə] *n* **1** *šnek.* pedalų minėjas, dviratininkas **2** *pl* moteriškos kelnės iki blauzdų
pedant ['pedənt] *n* **1** pedantas **2** doktrinierius
pedantic [pɪ'dæntɪk] *a* pedantiškas
pedantry ['pedəntrɪ] *n* pedantiškumas, pedantizmas
pedate ['pedeɪt] *a* **1** *zool.* turintis kojas **2** *bot.* plaštakiškas, skiautėtas *(apie lapą)*
peddle ['pedl] *v* **1** prekiauti išnešiotinai *(smulkiomis prekėmis)* **2** niekais užsiiminėti *(t. p. ~ away); to ~ away at trifles* švaistyti jėgas mažmožiams; *to ~ scandal* nešioti/skleisti gandus **3** *(ypač amer.) šnek.* pardavinėti prastos kokybės prekes
peddler ['pedlə] *n* **1** narkotikų pardavinėtojas *(t. p. drug ~)* **2** *amer.* = **pedlar** 1

peeler¹

peddling ['pedlɪŋ] *n* išnešiojamoji/smulki prekyba; *dope ~* narkotikų pardavinėjimas
a smulkus, smulkmeniškas; nereikšmingas
pederast ['pedəræst] *n (tik. v.)* pederastas
pederasty ['pedəræstɪ] *n* pederastija
pedestal ['pedɪstl] *n* **1** pjedestalas, papėdė; pakolonis, cokolis; *to put/set smb on a ~ prk.* užkelti ką ant pjedestalo; šlovinti; *to knock smb off his ~ prk.* nuversti ką nuo pjedestalo **2** pagrindas, pamatas, bazė **3** rašomojo stalo spintelė
v statyti ant pjedestalo
pedestrian [pɪ'destrɪən] *n* **1** pėsčiasis **2** sportinio ėjimo varžybų dalyvis
a **1** pėsčias; *~ journey* kelionė pėsčiomis; *~ crossing [walkway]* pėsčiųjų perėja [takas] **2** proziškas, nuobodus, kasdienis; vidutinis; *~ approach spec.* elementarus *(reiškinių)* traktavimas
pedestrianize [pɪ'destrɪənaɪz] *v* skirti *(gatvę, rajoną)* tik pėstiesiems, paversti pėsčiųjų zona *(uždraudžiant automobilių eismą)*
pediatric [ˌpi:dɪ'ætrɪk] *a* pediatrijos; vaikų; *~ medicine* pediatrija
pediatrician [ˌpi:dɪə'trɪʃn] *n* pediatras
pediatrics [ˌpi:dɪ'ætrɪks] *n* pediatrija
pedicab ['pedɪkæb] *n* dviratis rikša
pedicel, -cle ['pedɪsəl, -kl] *n* **1** *zool.* stiebelis **2** *bot.* žiedkotis
pedicular, -lous [pə'dɪkjulə, -ləs] *a* utėlių; utėlėtas
pedicure ['pedɪkjuə] *n* pedikiūras
v daryti pedikiūrą
pedigree ['pedɪgri:] *n* **1** genealogija, kilmė; *a family of ~* sena kilminga giminė **2** grynaveislis gyvulys; *my dog is a ~* mano šuo grynaveislis **3** *(žodžio)* kilmė; etimologija *a attr* veislinis; *~ cattle* veisliniai galvijai
pedigreed ['pedɪgri:d] *a* veislinis, grynaveislis
pediment ['pedɪmənt] *n archit.* frontonas
pedlar ['pedlə] *n* **1** prekiautojas išnešiojamomis prekėmis; prekeivis **2** *(gandų ir pan.)* skleidėjas, gandonešis
pedlary ['pedlərɪ] *n* **1** išnešiojamoji prekyba **2** smulkios prekės
pedo- ['pi:dəʊ-] *amer.* = **paedo-**
pedology [pɪ'dɔlədʒɪ] *n* dirvožemio mokslas, dirvotyra, pedologija
pedometer [pɪ'dɔmɪtə] *n* žingsniamatis
peduncle [pɪ'dʌŋkl] *n* **1** *bot.* žiedynkotis; sporogono kotelis **2** *zool.* kojytė, stiebas
pee [pi:] *šnek. n* **1** šlapinimasis **2** šlapimas
v šlapintis
peek [pi:k] *n* žvilgsnis vogčiomis; greitas žvilgsnis, žvilgtelėjimas
v žvilgčioti, dirsčioti, žvilgtelėti *(at); no ~ing!* nežiūrėk!
peekaboo [ˌpi:kə'bu:] *n* žaidimas su vaiku „kukū"
int kukū
peel¹ [pi:l] *n* žievė, žievelė, odelė; *(svogūno, grūdo t. p.)* lukštas; *potato ~s* bulvių lupenos/skutenos
v **1** (nu)lupti, (nu)skusti *(vaisius, daržoves)* **2** nulupti *(saldainio popieriuką ir pan.)* **3** luptis, nusilupti *(t. p. ~ off); my back is beginning to ~* man ima luptis nugara ▫ *~ off* a) nu(si)rengti; b) atsilikti, atsiskirti *(nuo grupės)*
peel² *v* ližė
peeled [pi:ld] *a* **1** nuluptas, nuskustas **2** nuogas; plikas ◊ *to keep one's eyes ~ šnek.* būti atsargiam/budriam, nežiopsoti
peeler¹ ['pi:lə] *n* **1** skustukas, skuteklis, lupimo/skutimo mašina **2** *amer. šnek.* striptizo atlikėja

peeler² *n psn. sl.* policininkas
peeling ['pi:lɪŋ] *n* **1** (nu)lupimas, (nu)skutimas *(vaisių, daržovių)* **2** lupimasis *(sluoksniais)* **3** žievė, odelė; *potato ~s* bulvių lupenos/skutenos
peep¹ [pi:p] *n* **1** žvilgsnis vogčiomis; *to get a ~ (of)* pamatyti; *to have/take a ~ (at)* pažvelgti, mesti žvilgsnį *(į)* **2** pirmas pasirodymas, blykstelėjimas; *~ of day/dawn* aušra **3** plyšys, skylė ◊ *without a ~* tuojau, iš karto
v **1** žvilgtelėti paslapčiomis/prisimerkus; pažvelgti, dirstelėti *(at, into);* žiūrėti pro plyšelį/skylutę *(through)* **2** pasirodyti, žvilgtelėti, blykstelėti *(apie saulę, mėnulį)* ▢ *~ out* išlįsti *(t. p. prk.); his stinginess is always ~ing out* visur išlenda jo šykštumas
peep² *n* **1** cypimas, cypsėjimas; čirškėjimas **2** *(aut. signalo)* pyptelėjimas, pypsėjimas **3** *šnek.* (vos girdimas) garsas; *one ~ out of you!* nė garso!, cit!
v **1** cypti, cypsėti; čirškėti **2** pyptelėti, pypsėti
peepbo ['pi:pbəʊ] = **peekaboo** *n, int*
peeper¹ ['pi:pə] *n* **1** smalsuolis **2** *(ppr. pl) sl.* akys, spangės, žlibės
peeper² *n* cyplys, cypliukas
peephole ['pi:phəʊl] *n* anga/plyšelis/skylutė žiūrėti/stebėti; *(durų)* akutė
peepshow ['pi:pʃəʊ] *n* **1** kinetoskopas **2** nusirengiančios moters stebėjimas *(apmokama pramoga)*
peep-through ['pi:pθru:] *a* permatomas, su skylutėmis *(apie audinį)*
peer¹ [pɪə] *n* **1** tos pačios amžiaus grupės *ar* socialinės padėties žmogus; toks pat, lygus; *~ group (amžiumi, padėtimi ir pan.)* lygių grupė; *you will not find his ~* jūs nesurasite jam lygaus; *without ~* neprilygstamas **2** *(tik v.)* peras, lordas; *he was made a ~* jį pakėlė peru
v daryti peru
peer² *v* **1** įsižiūrėti; įdėmiai žiūrėti, spoksoti *(at, into)* **2** išlįsti, pasirodyti *(apie saulę)*
peerage ['pɪərɪdʒ] *n* **1** perų luomas; diduomenė **2** pero titulas **3** perų knyga
peeress ['pɪərɪs] *n* **1** pero titulą turinti moteris **2** pero žmona
peerless ['pɪələs] *a* neprilygstamas, neturintis lygių
peeve [pi:v] *šnek. n* susierzinimas, suirzimas ◊ *my pet ~* mano skaudama vieta
v (su)erzinti
peeved [pi:vd] *a šnek.* susierzinęs, suirzęs
peevish ['pi:vɪʃ] *a* **1** irzlus, piktas; niurzgus **2** aikštingas, gižlus
peewee ['pi:wi:] *n* **1** *amer. šnek.* neūžauga *(žmogus ar gyvulys)* **2** *škot.* pempė
peewit ['pi:wɪt] *n zool.* pempė
peg [peg] *n* **1** vagis, gembė, kablys *(pakabinti)* **2** spaustukas *(skalbiniams prie virvės pritvirtinti)* **3** smaigtas, kaištis, užkaištis; gairė; *(muzikos instrumento)* kaištelis; kuolelis **4** konjako/džino porcija *(su sodos vandeniu)* **5** *šnek.* koja; medinė koja **6** *fin.* (nustatytos kainos, valiutos kurso) palaikymas; *adjustable ~* fiksuota suderinamoji norma ◊ *a ~ to hang smth on (ko)* dingstis, pretekstas; *a good ~ to hang a debate on* gera tema pokalbiui/ginčui; *to take/bring smb down a ~ (or two)* ≡ aplaužyti kam ragus, nusodinti ką; *to come down a ~* nuleisti toną, pasidaryti nuolankesniam; *to be a square ~ in a round hole* būti ne savo vietoje; *to buy clothes off the ~* pirkti gatavus drabužius
v **1** (pri)tvirtinti/(pri)kalti/(pri)smeigti kaiščiu/kuoleliu; (pri)segti *(skalbinius)* **2** dirbtinai palaikyti *(pastovią kainą, biržos kursą); to ~ one's currency to the US dollar* priderinti savo valiutą prie JAV dolerio **3** *šnek.* mėtyti, mesti *(at)* **4** *šnek.* bedžioti, smaigyti; besti, durti **5** iškelti *(į aukštesnes pareigas; for)* **6** *amer.* apibūdinti *(as)* ◊ *~ away šnek.* plušėti, triūsti, uoliai dirbti *(at); ~ down* a) pritvirtinti kuoleliais/kaišteliais; b) apriboti, varžyti; *~ in* įkalti, įmušti; *~ out* a) pažymėti kuoleliais *(sklypą);* b) *šnek.* nugriūti, išsikvėpti; mirti; c) išdžiaustyti *(skalbinius)* prisegant spaustukais ◊ *to ~ it amer. sl.* mirti
Pegasus ['pegəsəs] *n mit.* Pegasas *(t. p. prk.)*
Peggoty ['pegətɪ] *n* Pegotė, Pegoti *(lit. personažas)*
peg-leg ['pegleg] *n šnek.* **1** medinė koja **2** invalidas su medine koja
pegmatite ['pegmətaɪt] *n min.* pegmatitas
peg-top ['pegtɒp] *n* sukutis, vilkelis *(žaislas)*
a siaurėjantis į apačią *(apie rūbą)*
peignoir ['peɪnwɑ:] *pr. n* peniuaras
pejorative [pɪ'dʒɔrətɪv] *a kalb.* menkinamasis, pejoratyvinis; *word used in a ~ sense* žodis, pavartotas menkinamąja reikšme; *~ word* pejoratyvas
peke [pi:k] *n šnek.* = **Pekinese** 2
Pekinese [,pi:kɪ'ni:z] *n* **1** = **Pekingese** 2 kinų mopsas, pekinas *(šunų veislė)*
Peking [,pi:'kɪŋ] *n* Pekinas *(Kinijos sostinė)*
Pekingese [,pi:kɪŋ'i:z] *n* Pekino gyventojas
pekoe ['pi:kəʊ] *n* juodos arbatos aukščiausia rūšis
pelage ['pelɪdʒ] *n (gyvulio)* kailis, vilna, gaurai
pelagic [pɪ'lædʒɪk] *a* (atviros) jūros, vandenyninis, pelaginis; *~ sealing* ruonių medžioklė atviroje jūroje
pelamyd ['peləmɪd] *n zool.* pelamidė *(žuvis)*
pelargonium [,pelə'gəʊnɪəm] *n bot.* pelargonija
pelerine ['pelərɪn] *n* pelerina
pelf [pelf] *n niek.* pinigai, turtas
pelican ['pelɪkən] *n zool.* pelikanas ◊ *~ crossing* pėsčiųjų perėja *(kur patys pėstieji perjungia šviesoforą)*
pelisse [pɪ'li:s] *n ist.* **1** ilga kailinė mantija; rotonda **2** husarų apsiaustas
pellagra [pə'lægrə] *n med.* pelagra
pellet ['pelɪt] *n* **1** *(popieriaus, duonos ir pan.)* gniutuliukas, gumulėlis, rutulėlis **2** piliulė, *(vaistų)* žirnelis **3** šratas, kulkelė **4** *ž. ū.* granulė
v **1** apšaudyti *(popieriaus gumulėliais ir pan.)* **2** daryti gumuliukus/rutulėlius *ir pan.*
pellicle ['pelɪkl] *n spec.* odelė, plėvelė
pellitory ['pelɪtərɪ] *n bot.* vaistinė sienažolė *(t. p. ~ of the wall)*
pell-mell [,pel'mel] <*n, a, adv*> *n* netvarka; maišatis
a netvarkingas, padrikas
adv **1** be tvarkos, netvarkingai; bet kaip, padrikai **2** galvotrūkčiais, (per) skubotai
pellucid [pə'lu:sɪd] *a knyg.* **1** permatomas, skaidrus **2** aiškus, suprantamas
pelmet ['pelmɪt] *n* lambrekenas; trumpa užuolaidėlė *(virš lango)*
Peloponnesus [,peləpə'ni:səs] *n* Peloponesas *(sąsiauris)*
pelt¹ [pelt] *n* **1** kailis; oda **2** *juok.* žmogaus oda
pelt² *n* **1** (ap)mėtymas; apšaudymas **2** *(mesto/krintančio daikto)* smūgis **3** *(lietaus)* pylimas ◊ *(at) full ~* galvotrūkčiais, visu greičiu
v **1** (ap)mėtyti, (ap)svaidyti *(akmenimis ir pan.);* apšaudyti **2** apiberti *(klausimais);* užsipulti *(su priekaištais ir pan.)* **3** pliaupti, pilti, pliekti, kirsti, kristi *(apie lietų, krušą ir pan.; t. p. ~ down)* **4** *šnek.* mestis, lėkti galvotrūkčiais; skubėti
peltate ['pelteɪt] *a bot.* skydiškas

pelting ['peltɪŋ] *a:* ~ *rain* liūtis, pyla
peltry ['peltrɪ] *n* **1** *kuop. (brangieji)* kailiai **2** kailis
pelves ['pelvi:z] *pl žr.* **pelvis**
pelvic ['pelvɪk] *a anat.* dubens
pelvis ['pelvɪs] *n (pl* -ves) *anat.* **1** dubuo; *upper [lower]* ~ didysis [mažasis] dubuo **2** inksto geldelė
pemmican ['pemɪkən] *n kul.* pemikanas
pemphigus ['pemfɪgəs] *n med.* pūslinė
pen[1] [pen] *n* **1** plunksna; plunksnakotis su plunksna *(t. p. automatinis);* rašiklis, tušinukas; braižiklis; *dash/stroke of the* ~ plunksnos brūkštelėjimas **2** literatūrinis darbas; literatūrinis stilius; *to live by one's* ~ gyventi iš literatūrinio darbo; *to put/set* ~ *to paper, to take up one's* ~ imtis plunksnos, pradėti rašyti; ~ *and ink* a) rašymo reikmenys; b) literatūrinis darbas
v knyg. rašyti
pen[2] *n* **1** diendaržis, aptvaras, gardas, žardis; vištidė **2** areštinė **3** plantacija, ferma *(Jamaikoje)*
v (penned, pent) **1** uždaryti, laikyti uždarius *(džn.* ~ *up/in); I feel ~ned in there* jaučiuosi kaip kalėjime **2** suvaryti *(gyvulius)* į diendaržį/gardą/aptvarą
pen[3] *n* gulbė *(patelė)*
pen[4] *amer. šnek.* = **penitentiary** *n* 2
penal ['pi:nl] *a* **1** baudžiamasis; ~ *code* baudžiamasis kodeksas; ~ *servitude teis. ist.* katorgos darbai **2** *(baudžiamaisiais įstatymais)* baudžiamas **3** griežtas, didelis *(apie bausmę, mokesčius ir pan.)* **4** pataisos *(apie koloniją)*
penalize ['pi:nəlaɪz] *v* **1** (nu)bausti *(t. p. sport.);* paskirti nuobaudą **2** statyti į nepatogią/nepalankią padėtį; sudaryti sunkumų
penalty ['penltɪ] *n* **1** bausmė; (nuo)bauda; sankcija; *on/ under* ~ *(of)* gresiant *(kokiai bausmei);* **to pay the** ~ susilaukti bausmės/atpildo; atsakyti *(už savo klaidas ir pan.);* ~ *clause teis.* baudų išlyga **2** *sport.* baudinys; bauda; ~ *area* baudos aikštelė; ~ *kick* vienuolikos metrų baudinys; *misconduct* ~ žaidėjo pašalinimas iš aikštės dešimčiai minučių; *match* ~ žaidėjo pašalinimas iš aikštės visam susitikimui; ~ *shoot-out* baudinių serija *(pasibaigus futbolo rungtynėms lygiosiomis)*
penance ['penəns] *n* **1** *bažn.* atgaila; bausmė *(už nuodėmes);* **to do/perform** ~ atgailauti; išpirkti nuodėmes **2** vargas, kankynė
pen-and-ink [,penən'dɪŋk] *a* nupieštas/nubrėžtas plunksna *(apie paveikslą, brėžinį);* parašytas plunksna
penates [pɪ'nɑ:ti:z] *n pl mit.* penatai
pence [pens] *pl žr.* **penny** 1
penchant ['pɔnʃɔn, 'pentʃənt] *pr. n* polinkis, patraukimas *(for)*
pencil ['pensl] *n* **1** pieštukas; *eyebrow* ~ pieštukas antakiams; *in* ~ pieštuku *(parašytas, nubraižytas, nupieštas)* **2** teptukas **3** *(tapytojo)* maniera, stilius **4** *opt.* spindulių pluoštas
v (-ll-) rašyti/piešti/braižyti pieštuku; *to* ~ *a note* parašyti raštelį □ ~ *in* įrašyti pieštuku; įtraukti į sąrašą *(bet ne galutinai)*
pencil-case ['penslkeɪs] *n* penalas
pencilled ['pensld] *a* **1** pieštuku pieštas/braižytas/rašytas *ir pan.* **2** gražiai/plonai išpieštas/išbrėžtas
pencil-pusher ['pensl,puʃə] *n amer.* = **pen-pusher**
pencil-sharpener ['penslʃɑ:pnə] *n* droštukas
pend [pend] *v knyg. ret.* likti neišspręstam; kyboti
pendant ['pendənt] *n* **1** kabantis papuošalas; pakabutis, karuoklis, karulys **2** *archit.* išsikišęs/pakibęs ornamentas/puošmuo **3** pora *(kokiam nors daiktui, asmeniui);* partneris; priedas *(to)* **4** *jūr.* vimpelas; škentelis
a = **pendent**

pendent ['pendənt] *n* = **pendant**
a **1** kabantis, karantis; nukaręs; ~ *lamp* kabamoji lempa **2** pakibęs, išsikišęs *(virš)* **3** *knyg.* laukiantis sprendimo, neišspręstas; *the case remains* ~ reikalas lieka neišspręstas **4** *gram.* nebaigtas, nepilnos struktūros *(apie sakinį)*
pending ['pendɪŋ] *a* **1** laukiantis sprendimo, neišspręstas; nagrinėjamas, sprendžiamas, nebaigtas **2** laukiamas, artėjantis, neišvengiamas
prep knyg. **1** iki; ~ *his return* laukiant/iki jo grįžimo **2** *ret.* per, metu; ~ *these negotiations* šių derybų metu
pendulate ['pendjuleɪt] *v ret.* **1** švytuoti **2** *prk.* svyruoti, būti netikram
pendulous ['pendjuləs] *a* **1** kabantis; nukabęs, nukaręs, nusviręs **2** *spec.* švytuoklinis
pendulum ['pendjuləm] *n* švytuoklė, svyruoklė; *swing of the* ~ a) švytuoklės švytavimas; b) *prk. (ko)* kaita, kaitaliojimasis ◊ *the* ~ *of public opinion swung in his favour* visuomeninė nuomonė pasikeitė jo naudai; *the*~ *swung* padėtis pasikeitė
a su švytuokle
Penelope [pɪ'neləpɪ] *n gr. mit.* Penelopė
peneplane ['pi:nɪpleɪn] *n geol.* peneplena
penes ['pi:ni:z] *pl žr.* **penis**
penetrable ['penɪtrəbl] *a* **1** prasiskverbiamas; pasiekiamas **2** matomas
penetralia [,penɪ'treɪlɪə] *n pl* slapčiausios vietos, slaptavietės; šventovės atokiausios vietos, nišos
penetrate ['penɪtreɪt] *v* **1** skverbtis, įsiskverbti, prasiskverbti, (kiaurai) pereiti, įsigauti *(into, through)* **2** per(si)sunkti **3** giliai jaudinti; apimti *(with)* **4** permanyti, perprasti, įžvelgti
penetrating ['penɪtreɪtɪŋ] *a* **1** prasiskverbiantis; skvarbus, įžvalgus, aštrus; ~ *gaze* skvarbus žvilgsnis; ~ *mind* įžvalgus protas **2** skardus, šaižus; spiegiamas
penetration [,penɪ'treɪʃn] *n* **1** skverbimasis, prasiskverbimas, įsiskverbimas **2** skvarbumas; įžvalgumas; *(proto t. p.)* aštrumas **3** *(šnipų)* infiltracija **4** *kar.* puolimas siekiant pralaužti frontą
penetrative ['penɪtrətɪv] *a* **1** prasiskverbiantis; skvarbus **2** aštrus, įžvalgus **3** šaižus; spiegiamas
penetrometer [,penɪ'trɔmɪtə] *n fiz., tech.* penetrometras
pen-feather ['pen,feðə] *n (sparno)* plasnojamoji plunksna
pen-friend ['penfrend] *n* susirašinėjimo draugas
penguin ['peŋgwɪn] *n zool.* pingvinas; *king* ~ karališkasis pingvinas
penholder ['pen,həuldə] *n* plunksnakotis
penicillin [,penɪ'sɪlɪn] *n farm.* penicilinas
penile ['pi:naɪl] *a anat.* varpos
peninsula [pɪ'nɪnsjulə] *n* pusiasalis
peninsular [pɪ'nɪnsjulə] *a* pusiasalio (formos)
n pusiasalio gyventojas
penis ['pi:nɪs] *n (pl* ~es, penes) *anat.* varpa
penitence ['penɪtəns] *n* atgailavimas, atgaila
penitent ['penɪtənt] *a* atgailaujantis
n atgailaujantis nusidėjėlis, atgailautojas; žmogus, atliekantis bažnytinę bausmę
penitential [,penɪ'tenʃl] *a* atgailos, atgailaujamasis
penitentiary [,penɪ'tenʃərɪ] *n* **1** pataisos namai *(kalinimo vietoje)* **2** *amer.* (sunkiųjų darbų) kalėjimas **3** *bažn.* penitenciarijus, popiežiaus tribunolas
a **1** pataisos, pataisomasis **2** *teis.* penitenciarinis **3** = **penitential**
penknife ['pennaɪf] *n (pl* -knives [-naɪvz]) lenktinis peiliukas

penman ['penmən] *n* (*pl* -men [-mən]) **1** kaligrafas; perrašinėtojas; *he is a good ~* jis turi gražią rašyseną **2** rašytojas

penmanship ['penmənʃɪp] *n* **1** kaligrafija, dailyraštis **2** rašysena **3** rašymo stilius

pen-name ['penneɪm] *n* literatūrinis slapyvardis, pseudonimas

pennant ['penənt] *n* **1** *jūr.* vimpelas **2** *amer.* gairelė, vėliavėlė **3** *amer.* čempionatas, pirmenybės; *~ holder/winner* čempionas

pennies ['penɪz] *pl* žr. **penny**

penniless ['penɪləs] *a* bepinigis, be pinigų; beturtis, neturtingas

pennon ['penən] *n* **1** (*ypač ist.*) vėliava, gairė, vėliavėlė (*džn. ilga trikampė*) **2** *jūr.* vimpelas

penn'orth ['penəθ] *n šnek.* = **pennyworth**

Pennsylvania [ˌpensɪl'veɪnɪə] *n* Pensilvanija (*JAV valstija*)

penny ['penɪ] *n* **1** (*pl* pence – *apie pinigų sumą;* pennies – *apie atskiras monetas*) pensas (= *1/100 svaro*); *a 20 pence coin* 20 pensų moneta; *she'll never get a ~ from me* ji iš manęs negaus nė penso **2** (*pl* pennies) *amer.* 1 cento moneta **3** skatikas, centas, grašis; *it won't cost you a ~!* tai tau nekainuos nė cento! ◊ *a pretty ~* apskrita sumelė; *two/ten a ~ šnek.* ≡ pigiau grybų, menkavertis; lengvai gaunamas; *to turn a useful ~* neblogai uždirbti; *to turn an honest ~* a) sąžiningai/dorai uždirbti; b) uždarbiauti; *to turn up like a bad ~* ≡ painiotis/prikibti kaip piktam pinigui; *to look twice at every ~* ≡ drebėti dėl kiekvieno cento; *not a ~ the worse* nė kiek ne blogiau; *a ~ for your thoughts! šnek.* apie ką susimąstėte?; *~ blood/dreadful šnek.* pigus sensacingas romanas/žurnalas; *a ~ saved is a ~ gained* sutaupytas pensas – tas pat kaip uždirbtas pensas; *a ~ soul never came to twopence* smulkmeniškam žmogui visada nesiseka; *in for a ~, in for a pound* ≡ pasakei A, sakyk ir B; kas pradėta, reikia baigti; *~ wise (and) pound foolish* taupus mažmožiams, o išlaidus dideliems daiktams; *the ~ (has) dropped šnek.* viskas aišku, (pagaliau) suprato; *to spend a ~ euf.* nusišlapinti; eiti į tualetą

penny-a-line [ˌpenɪə'laɪn] *a* menkavertis, prastas (*apie kūrinį*)

penny-a-liner [ˌpenɪə'laɪnə] *n niek.* samdomas rašeiva; laikraščio reporteris

penny-bank ['penɪbæŋk] *n* (*smulkių santaupų*) taupomoji kasa

penny-farthing [ˌpenɪ'fɑːðɪŋ] *n ist.* dviratis (*su dideliu priekiniu ir mažu užpakaliniu ratu*)

penny-gaff ['penɪgæf] *n* prastas teatras, balaganas

penny-in-the-slot ['penɪɪnðə'slɒt] *n* (*prekybos*) automatas, kuris veikia įmetus pensą (*t. p. ~ machine*)

penny-pincher ['penɪˌpɪntʃə] *n* šykštuolis

penny-pinching ['penɪˌpɪntʃɪŋ] *n* šykštumas *a* šykštus

pennyweight ['penɪweɪt] *n* penivaitas (*svorio vienetas;* = 24 granams = 1,5552 g)

pennyworth ['penɪwəːθ] *n* penso vertės (*prekių*) kiekis; tai, kas perkama už 1 pensą; *to buy a ~ of tobacco* pirkti tabako už pensą ◊ *a good [bad] ~* pelningas [nepelningas] sandėris; *not a ~* nė kiek; *to get one's ~ šnek.* a) gauti savo; b) ≡ gauti pipirų

penology [piː'nɒlədʒɪ] *n* penologija, mokslas apie bausmes ir kalėjimus

pen-pusher ['penˌpʊʃə] *n menk.* kanceliaristas, kanceliarijos pelė; raštininkėlis

pen-pushing ['penˌpʊʃɪŋ] *n menk.* kanceliarijos/raštininkėlio darbas

pension[1] ['penʃn] *n* pensija; pašalpa; *to retire on a ~* išeiti į pensiją; *to draw a ~* gauti pensiją *v* skirti pensiją, subsidijuoti □ *~ off* a) išleisti į pensiją; b) atleisti, atsikratyti

pension[2] ['pɒnsɪɒn] *pr. n* pensionas

pensionable ['penʃnəbl] *a* **1** turintis teisę į pensiją **2** duodantis teisę į pensiją; *~ age* pensinis amžius

pensionary ['penʃ[ə]nərɪ] *n* **1** pensininkas **2** samdinys *a* pensijos, pensinis

pensioner ['penʃ[ə]nə] *n* **1** pensininkas **2** studentas, mokantis už mokslą ir išlaikymą (*Kembridžo universitete*)

pensive ['pensɪv] *a* (liūdnai) susimąstęs, svajingas; liūdnas

penstock ['penstɒk] *n* **1** *hidr.* šliužas; šliužo uždoris **2** *tech.* slėgimo vamzdynas; vandentakis

pent [pent] *past ir pl* žr. **pen**[2] *v* *a* uždarytas; sulaikytas; *~ up grief* užgniaužtas sielvartas

penta- ['pentə-] (*sudurt. žodžiuose*) penkia-, penta-; *pentasyllable* penkiaskiemenis žodis; *pentameter* pentametras

pentachord ['pentəkɔːd] *n muz.* penkiastygis instrumentas

pentacle ['pentəkl] *n* = **pentagram**

pentad ['pentæd] *n* **1** skaičius penki **2** penketas, grupė iš penkių **3** penkeri metai; penkerių metų periodas **4** *chem.* penkiavalentis elementas

pentagon ['pentəgən] *n* **1** *geom.* penkiakampis **2** (*the P.*) Pentagonas, JAV gynybos ministerija; *prk.* JAV karo vadovybė

pentagonal [pen'tægənl] *a* **1** penkiakampis **2** Pentagono

pentagram ['pentəgræm] *n* penkiakampė žvaigždė; pentagrama (*magiškas ženklas*)

pentahedral [ˌpentə'hiːdrəl] *a* penkiabriaunis

pentahedron [ˌpentə'hiːdrən] *n* (*pl* -ra [-rə], ~s) *geom.* penkiasienis, penkiabriaunis

pentameter [pen'tæmɪtə] *n lit.* pentametras

pentane ['penteɪn] *n chem.* pentanas

Pentateuch ['pentətjuːk] *n bibl.* penkiaknygė

pentathlete [pen'tæθliːt] *n sport.* penkiakovininkas

pentathlon [pen'tæθlən] *n sport.* penkiakovė

Pentecost ['pentɪkɒst] *n bažn.* Sekminės, Penkiasdešimtinės

Pentecostal [ˌpentɪ'kɒstl] *a* **1** penkiasdešimtininkų **2** *bažn.* Sekminių

Pentecostalist [ˌpentɪ'kɒstəlɪst] *n* penkiasdešimtininkas, sekmininkas (*sektos narys*)

penthouse ['penthaʊs] *n* **1** (*prabangus*) butas pastogėje, mansarda **2** vienšlaitis priestatas, stoginė, pastogė

pent-roof ['pentruːf] *n archit.* vienšlaitis stogas

pent-up [ˌpent'ʌp] *a* **1** uždarytas (*namuose*) **2** slopinamas, tramdomas (*apie jausmus*); *he is all ~* jis be galo susijaudinęs

penult(imate) [pɪ'nʌlt(ɪmət)] *a attr knyg.* priešpaskutinis *n kalb.* priešpaskutinis skiemuo

penumbra [pɪ'nʌmbrə] *n* **1** *knyg.* pusšešėlis, prietamsis **2** *astr.* penumbra

penurious [pɪ'njʊərɪəs] *a knyg.* **1** skurdus, vargdienio, neturtingas **2** (labai) šykštus

penury ['penjʊrɪ] *n knyg.* **1** neturtas, skurdas, vargas **2** nepriteklius (*of*)

peon[1] ['piːən] *ind. n* **1** pasiuntinys **2** *kar.* pėstininkas

peon[2] *n amer.* juodadarbis; žemės ūkio darbininkas, kumetis, peonas (*P. Amerikoje*)

peonage ['piːənɪdʒ] *n* peonažas, peonų baudžiavinis darbas; kumečiavimas

peony ['piːənɪ] *n bot.* bijūnas

people ['pi:pl] *n* **1** tauta; liaudis; *the English-speaking ~s* angliškai kalbančios tautos; *a man of the ~* žmogus iš liaudies **2** *(vart. kaip pl)* žmonės, asmenys; gyventojai; *~ of good will* geros valios žmonės; *young ~* jaunimas, jaunuomenė; *country ~* kaimo gyventojai; *~ say that...* sako/kalbama, kad... **3** *(vart. kaip pl) (kurios nors srities)* darbuotojai, specialistai; *~ in culture* kultūros darbuotojai; *business ~* verslininkai; *theatre ~* teatralai **4** *(vart. kaip pl)* giminės, giminaičiai, tėvai; *my wife's ~* mano žmonos giminės ◊ *~ (who live) in glasshouses should not throw stones* ≡ kam šnekėti, o tau patylėti; *the good ~* elfai, fėjos; *of all ~* kas ne kas, o būtent tu/jis ir pan. *(reiškiant nustebimą)*
v (ppr. pass) **1** apgyventi; gyventi *(kur)* **2** būti užpildytam *(with, by – ko)*

pep [pep] *šnek. n* energija, smarkumas, žvalumas, žvali nuotaika; *~ talk* drąsinanti/įkvepianti kalba, paskatinimas; *~ pills* stimuliuojančios tabletės
v (pa)gyvinti, pakelti nuotaiką, paskatinti *(ppr. ~ up); to ~ up the drink* pastiprinti gėrimą

pepper ['pepə] *n* **1** *bot.* pipirmedis; pipiras, pipirai *(prieskonis);* paprika; *red ~* raudonasis pipiras, vienmetė paprika **2** aštrumas; kandumas **3** temperamento karštumas; energija; gyvumas
v **1** pipirinti, pipiruoti; dėti/berti pipirų **2** (api)barstyti, (pa)berti **3** apiberti *(klausimais, kulkomis ir pan.; with)* **4** ≡ duoti pipirų, nubausti

pepper-and-salt ['pepərənd'sɔ:lt] *n* kanapėta vilnonė medžiaga
a **1** kanapėtas **2** žilstelėjęs

pepperbox ['pepəbɔks] *n* pipirinė *(indelis)*
pepper-caster, pepper-castor ['pepə‚kɑ:stə] *n* pipirinė *(indelis)*
peppercorn ['pepəkɔ:n] *n (juodo)* pipiro grūdelis
peppermill ['pepəmɪl] *n* pipirmalė
peppermint ['pepəmɪnt] *n* **1** *bot.* pipirmėtė, šaltmėtė **2** šaltmėtinis saldainis
pepper-pot ['pepəpɔt] *n* = **pepperbox**
pepper-shaker ['pepə‚ʃeɪkə] *n amer.* = **pepperbox**
peppery ['pepərɪ] *a* **1** pipiruotas, su pipirais, aštrus **2** *prk.* karštas, ūmus
peppy ['pepɪ] *a šnek.* energingas, smarkus, žvalus; geros nuotaikos
Pepsi(-Cola) [‚pepsɪ'kəulə] *n* pepsikola *(tonizuojantis gėrimas)*
pepsin ['pepsɪn] *n fiziol.* pepsinas
pep-talk ['peptɔ:k] *n amer.* uždeganti/padrąsinanti kalba
peptic ['peptɪk] *a fiziol.* virškinamasis; virškinimo; skatinantis virškinimą; *~ ulcer med.* skrandžio/dvylikapirštės žarnos opa
peptide ['peptaɪd] *n spec.* peptidas
peptone ['peptəun] *n fiziol.* peptonas
per [pɔ:, pə] *prep* **1** per, už *(reiškiant kiekį);* iš; *20 miles ~ hour* 20 mylių per valandą; *80 cents ~ kilo* 80 centų už kilogramą; *~ man* iš (kiekvieno) žmogaus **2** per; *džn.* verčiamas įnagininku *(reiškiant priemonę); ~ post* paštu; *~ rail* geležinkeliu; *~ carrier* per pasiuntinį **3** pagal *(ppr. as ~); as ~ instructions* pagal instrukcijas; *as ~ usual šnek.* kaip paprastai, savo papratimu **4** *lotyniškuose posakiuose: ~ annum* [pər'ænəm] per metus, kasmet; *~ mensem* [pə'mensəm] per mėnesį; *~ diem* [pə'diəm] per dieną, kasdien; *~ capita* [pə'kæpɪtə] iš kiekvieno (žmogaus); *~ se* [pə:'seɪ] kaip toks; savaime, pats; *per pro.* [‚pə:'prəu] pagal įgaliojimą *(prie parašo)*
per- [pə-] *pref* per-; *peracid* perrūgštis; *perchlorate* perchloratas

peradventure [pərəd'ventʃə] *psn. n* abejonė, nežinojimas; *beyond/without (all) ~* be abejonės
adv galbūt; atsitiktinai; *if ~* jeigu *(atsitiktinai); lest ~* kad ir kas atsitiktų
perambulate [pə'ræmbjuleɪt] *v knyg.* **1** (iš)vaikščioti, vaikštinėti, keliauti **2** apvaikščioti, apvažinėti *(ūkio, teritorijos ir pan.)* ribas *(tikrinant, inspektuojant ir pan.)*
perambulator [pə'ræmbjuleɪtə] *n* **1** *ret.* vaikiškas vežimėlis **2** *psn.* žingsniamatis
percale [pə'keɪl] *n tekst.* perkelis
perceive [pə'si:v] *v* **1** suprasti, suvokti, pagauti; *I soon ~d my mistake* aš greitai suvokiau savo klaidą **2** (pa)justi; pastebėti
percent, per cent [pə'sent] *n* procentas; %; *three ~* trys procentai; *a/one hundred ~* šimtas/šimtu procentų; visiškai
percentage [pə'sentɪdʒ] *n* **1** procentinis dydis/santykis/ skaičius, procentas; *a high ~ of immigrants* didelis procentas imigrantų; *the ~ of metal in the ore* procentinis metalo kiekis rūdoje **2** *šnek.* dalis; *it contains a small ~ of alcohol* jame yra maža alkoholio **3** *šnek.* nauda, pelnas; *no ~* jokios naudos
percentile [pə'sentaɪl] *n* procentilis *(statistikoje)*
percept ['pə:sept] *n filos.* perceptas, suvokinys *(suvokiamo objekto vaizdas)*
perceptibility [pə‚septə'bɪlətɪ] *n* juntamumas; suvokiamumas
perceptible [pə'septəbl] *a* juntamas, pastebimas, apčiuopiamas; suvokiamas; *barely ~ sound* vos girdimas garsas
perception [pə'sepʃn] *v* **1** suvokimas, supratimas **2** nuovoka; įžvalgumas **3** *filos., psich.* percepcija, suvokimas **4** *kom. (mokesčių)* rinkliava, ėmimas
perceptive [pə'septɪv] *a* **1** nuovokus; įžvalgus **2** *psich.* suvokimo
perceptivity [‚pə:sep'tɪvətɪ] *n* nuovokumas; įžvalgumas; sugebėjimas suvokti/suprasti
perceptual [pə'septʃuəl] *a psich.* suvokimo, percepcinis
perch[1] [pə:tʃ] *n* **1** lakta *(vištoms)* **2** aukšta sėdynė **3** aukšta/tvirta padėtis **4** *(vežimo)* pertraukas, išautys **5** *ist.* ilgio matas (= 5,03 m) **6** *archit.* karnizas ◊ *come off your ~!* neriesk nosies!; *to knock smb off their feet šnek.* nusodinti ką; *to hop, ar to tip over, the ~ šnek.* (nu)mirti, ≡ ištiesti kojas
v **1** nutūpti, tupėti *(apie paukštį);* tupdyti *(ant laktos)* **2** sėsti, sėdėti *(aukštoje vietoje/sėdynėje)* **3** užsikarti, užsiropšti; aukštai uždėti/užkarti; *town ~ed on a hill* miestas ant kalno; *to ~ one's hat on the side* užsmaukti skrybėlę ant šalies
perch[2] *n zool.* ešerys; *red ~* raudonasis ešerys
perchance [pə'tʃɑ:ns] *adv psn., poet.* **1** atsitiktinai **2** galbūt
perchloric [pə'klɔ:rɪk] *a: ~ acid chem.* chloro perrūgštis
percipient [pə'sɪpɪənt] *a knyg.* juslus; sugebantis greitai suvokti
percolate ['pə:kəleɪt] *v* **1** sunktis, prasisunkti **2** *prk.* prasismelkti, persisunkti *(t. p. ~ through)* **2** košti, filtruoti **3** virti *(kavą)* aparatu su sieteliu
percolation [‚pə:kə'leɪʃn] *n* **1** sunkimasis **2** filtravimas, košimas
percolator ['pə:kəleɪtə] *n* **1** filtras, koštuvas, sietelis **2** kavinuko sietelis; kavavirė su sieteliu **3** *chem.* perkoliatorius
percuss [pə'kʌs] *v med.* perkusuoti, atlikti perkusiją
percussion [pə'kʌʃn] *n* **1** *(dviejų kūnų)* susidūrimas, susitrenkimas; smūgis **2** *med.* perkusija, stuksenimas **3** *muz.* mušamieji instrumentai *(t. p. ~ instruments)*

4 *attr* sprogstamasis; smogiamasis; ~ **bullet** sprogstamoji kulka; ~ **cap** kapsulė su sprogstamąja medžiaga; ~ **boring/drilling** smogiamasis gręžimas; ~ **welding** smūginis suvirinimas

percussionist [pəˈkʌʃənɪst] *n* muzikantas, grojantis mušamaisiais instrumentais

percussive [pəˈkʌsɪv] *a* smogiamasis, smūginis; perkusinis

percutaneous [ˌpəːkjuˈteɪnɪəs] *a spec.* poodinis *(apie injekciją ir pan.)*

Percy [ˈpəːsɪ] *n* Persis *(vardas)*

perdition [pəˈdɪʃn] *n knyg.* **1** *rel.* prakeikimas, amžinas pasmerkimas **2** *psn.* pražūtis, pražuvimas, pragaištis

perdu(e) [pəːˈdjuː] *a predic ret.* pasislėpęs; užslėptas; **to lie** ~ pasislėpti; slypėti, glūdėti

perdurable [pəˈdjuərəbl] *a knyg.* amžinas, nuolatinis; labai tvirtas

peregrinate [ˈperɪgrɪneɪt] *v psn., juok.* keliauti *(ypač pėsčiomis);* lankyti svetimas žemes, bastytis po pasaulį

peregrination [ˌperɪgrɪˈneɪʃn] *n knyg., juok.* keliavimas, kelionė, bastymasis *(ypač po svetimas šalis)*

peregrine [ˈperɪgrɪn] *n zool.* sakalas keleivis *(t. p.* ~ **falcon)**
a psn. svetimos šalies; iš svetimų šalių atvežtas

peremptory [pəˈremptərɪ] *a* **1** kategoriškas, įsakmus; neleidžiantis prieštarauti/atsisakyti **2** dogmatiškas **3** valdingas, diktatoriškas *(apie žmogų, elgesį)* **4** *teis.* galutinis; imperatyvus; ~ **day** paskutinis terminas

perennial [pəˈrenɪəl] *a* **1** amžinas, nuolatinis; ~ **theme** amžina tema **2** trunkantis ištisus metus **3** neišdžiūstantis vasarą **4** *bot.* daugiametis
n bot. daugiametis augalas

perennially [pəˈrenɪəlɪ] *adv* amžinai, visada; nuolat

perfect <*n, a, v*> *n* [ˈpəːfɪkt] *gram.* perfektas; **the present** ~ įvykio veiksmo esamasis laikas
a [ˈpəːfɪkt] **1** tobulas, idealus, nepriekaištingas; puikus; ~ **actress** puiki artistė; ~ **match** ideali pora **2** visiškai išbaigtas; tobulai paruoštas; tinkamas *(for)* **3** tikslus; tikras; ~ **copy** tiksli kopija; ~ **gentleman** tikras džentelmenas **4** visiškas, absoliutus; ~ **silence** visiška/absoliuti tyla; ~ **stranger** visiškai svetimas žmogus **5** teisiškai įformintas, įteisintas **6** *gram.* perfekto; įvykio *(apie veikslą)*
◊ **nobody's** ~ neklystančių/idealių žmonių nėra
v [pəˈfekt] **1** (pa)tobulinti, (pa)gerinti **2** užbaigti, išbaigti

perfectible [pəˈfektəbl] *a* galimas tobulinti; galintis tobulėti

perfection [pəˈfekʃn] *n* **1** tobulinimas; tobulėjimas **2** tobulumas; tobulybė; **to** ~ tobulai; visiškai **3** užbaigimas; išbaigtumas **4** *teis.* įforminimas

perfectionism [pəˈfekʃənɪzm] *n* **1** (moralinio) tobulėjimo doktrina **2** didelis reiklumas sau ir kitiems

perfectionist [pəˈfekʃənɪst] *n* **1** žmogus, visur siekiantis tobulumo; linkęs į pedantizmą žmogus **2** (moralinio) tobulėjimo doktrinos šalininkas

perfective [pəˈfektɪv] *a:* ~ **aspect** *gram.* įvykio veikslas

perfectly [ˈpəːfɪktlɪ] *adv* **1** tobulai, puikiai, idealiai, labai gerai **2** visiškai

perfidious [pəˈfɪdɪəs] *a knyg.* išdavikiškas; klastingas

perfidy [ˈpəːfɪdɪ] *n knyg.* išdavystė; klastingumas

perforate [ˈpəːfəreɪt] *v* **1** pragręžti, pradurti, pramušti *(skylę);* perforuoti, pramušti skylučių eilę; **to** ~ **the block** pramušti bloką *(tinklinis)* **2** prasiskverbti *(into, through)*

perforation [ˌpəːfəˈreɪʃn] *n* **1** *(skylių, skylės)* pragręžimas, pramušimas; perforacija **2** skylė, skylutė; skylutės **3** *med.* perforacija, prakiurimas, pradūrimas

perforator [ˈpəːfəreɪtə] *n* **1** grąžtas; perforatorius **2** gręžimo, *ar* skylių kirtimo, staklės

perforce [pəˈfɔːs] *adv psn., knyg.* esant reikalui; neišvengiamai, noromis nenoromis

perform [pəˈfɔːm] *v* **1** (į)vykdyti, atlikti; **to** ~ **miracles** daryti stebuklus; **to** ~ **an operation** *med.* padaryti operaciją; **he** ~**ed his task well** jis gerai įvykdė užduotį **2** (su)vaidinti, atlikti; (pa)rodyti *(pjesę);* **to** ~ **tricks** rodyti triukus **3** pasirodyti *(scenoje, arenoje ir pan.);* daryti pratimus *(ant gimnastikos prietaisų);* **how did the team** ~**?** kaip žaidė komanda?; **how are the new machines** ~**ing?** kaip veikia naujos mašinos? **4** *austral.* skandalyti, triukšmauti

performance [pəˈfɔːməns] *n* **1** (į)vykdymas; atlikimas; **the** ~ **of one's duties** savo pareigų atlikimas **2** *teatr., muz.* vaidyba, atlikimas; spektaklis, vaidinimas; **orchestra** ~**s** orkestro koncertai; **I liked his** ~ **of Lear [of the sonata]** man patiko, kaip jis suvaidino Lyrą [sugrojo sonatą] **3** pasirodymas; pasielgimas; darbas; **to put up a good** ~ gerai pasirodyti/elgtis **4** triukai **5** *tech. (mašinos darbo)* charakteristika, apibūdinimas; eksploatacinės savybės; ~ **parameters** eksploatacijos parametrai

performative [pəˈfɔːmətɪv] *a* atlikimo; reiškiantis įsakymo *ir pan.* įvykdymą

performer [pəˈfɔːmə] *n* atlikėjas; **the star** ~ geriausias atlikėjas; **the** ~**s were exhausted** artistai/muzikantai pavargo

performing [pəˈfɔːmɪŋ] *a* **1** dresiruotas *(apie gyvulį)* **2: the** ~ **arts** scenos meno rūšys

perfume *n* [ˈpəːfjuːm, pəˈfjuːm] **1** kvapas, aromatas, kvepėjimas **2** kvepalai
v (pri)kvepinti, iškvėpinti, įkvepinti; prikvėpinti

perfumer [pəˈfjuːmə] *n* parfumininkas

perfumery [pəˈfjuːmərɪ] *n* **1** parfumerija **2** parfumerijos parduotuvė **3** parfumerijos gamyba/fabrikas

perfunctory [pəˈfʌŋktərɪ] *a* paviršutiniškas, atsainus, neatidus; mechaniškas; **in a** ~ **manner** atsainiai, nerūpestingai

perfuse [pəˈfjuːz] *v* **1** aptaškyti *(with)* **2** nušviesti, nutvieksti; **the sky was** ~**d with red light** dangus buvo nutviekstas raudona spalva **3** *med.* perleisti skystį *(per organą ir pan.)*

perfusion [pəˈfjuːʒn] *n* **1** aptaškymas **2** *med.* perfuzija

pergola [ˈpəːgələ] *n* pergolė *(vijokliniais augalais apaugusi pavėsinė/galerija)*

perhaps [pəˈhæps, præps] *mod* galbūt, gal, galimas dalykas

peri [ˈpɪərɪ] *n* **1** *mit.* peri, fėja **2** gražuolė

peri- [ˈperɪ-] *pref* peri-, apy- *(žymint buvimą šalia, aplink ką);* **pericardium** perikardas, širdiplėvė; **peripheral** periferinis; **pericarp** perikarpis, apyvaisis

perianth [ˈperɪænθ] *n bot.* apyžiedis

periapt [ˈperɪæpt] *n knyg.* amuletas

pericardium [ˌperɪˈkɑːdɪəm] *n (pl* -dia [-dɪə]) perikardas, širdiplėvė

pericarp [ˈperɪkɑːp] *n bot.* perikarpis, apyvaisis

pericranium [ˌperɪˈkreɪnɪəm] *n (pl* -nia [-nɪə]) **1** *anat.* kaukolės antkaulis **2** *psn., juok.* kaukolė; makaulė; smegeninė

perigee [ˈperɪdʒiː] *n astr.* perigėjus

perihelion [ˌperɪˈhiːlɪən] *n (pl* -lia [-lɪə]) *astr.* perihelis

peril [ˈperɪl] *n* pavojus; rizikinga situacija, rizika; **at one's** ~ savo rizika; **in** ~ **(of)** rizikuojant; **at the** ~ **of one's life** rizikuodamas gyvybe
v **(-ll-)** *ret.* statyti į pavojų

perilous [ˈperɪləs] *a knyg.* pavojingas, rizikingas

perilune ['perɪluːn] *n astr.* periselenis
perimeter [pə'rɪmətə] *n* **1** *geom.* perimetras **2** *(aerodromo, stovyklos ir pan.)* išorinė riba; aptvara
perinatal [‚perɪ'neɪtl] *a med.* perinatalinis
perineum [‚perɪ'niːəm] *n (pl* -nea [-'niːə]) *anat.* tarpvietė
period ['pɪərɪəd] *n* **1** periodas *(t. p. spec.);* laikas, laikotarpis; terminas; *trial* ~ bandomasis laikotarpis; *for a short* ~ trumpam laikui; *at the expiration of the* ~ terminui pasibaigus; *bright [rainy]* ~*s meteor.* pragiedruliai [liūtys]; ~ *of service tech. (detalės ir pan.)* darymo/darbo trukmė **2** epocha; *the greatest poet of his* ~ didžiausias savo epochos poetas **3** ciklas **4** *pl* retoriška kalba **5** *pl fiziol.* menstruacijos, mėnesinės **6** *(ypač amer.)* taškas; *to put a* ~ *(to) prk.* ≡ padėti tašką *(kam),* padaryti galą *(kam);* ~*!* baigta!, taškas! **7** pamoka, užsiėmimas **8** *sport.* kėlinys *(ledo ritulys)*
a tam tikro laikotarpio, būdingas tam laikotarpiui *(apie baldus, pastatus, drabužius ir pan.)*
periodic[1] [‚pɪərɪ'ɔdɪk] *a* **1** periodinis; periodiškas; ~ *law chem.* periodinė elementų sistema **2** cikliškas **3** retoriškas *(apie stilių)*
periodic[2] [‚pəːraɪ'ɔdɪk] *a:* ~ *acid chem.* jodo perrūgštis
periodical [‚pɪərɪ'ɔdɪkl] *a* periodiškas; periodinis
n periodinis leidinys; žurnalas
periodically [‚pɪərɪ'ɔdɪk^əlɪ] *adv* **1** periodiškai **2** kartkartėmis
periodicity [‚pɪərɪə'dɪsətɪ] *n* periodiškumas, dažnumas
periodontal [‚perɪəu'dɔntl] *a anat.* apydančių, periodonto
periosteum [‚perɪ'ɔstɪəm] *n (pl* -tea [-tɪə]) *anat.* antkaulis, periostas
peripatetic [‚perɪpə'tetɪk] *a* **1** *(ppr. P.) filos.* Aristotelio, peripatetinis **2** keliaujantis; ~ *existence* klajoklio gyvenimas
n **1** *filos.* peripatetikas **2** *juok.* keliauninkas
peripeteia [‚perɪpɪ'taɪə, -'tiːə] *n* peripetija
peripheral [pə'rɪf^ərəl] *a* **1** periferinis, periferijos, pakraštinis **2** antraeilis, šalutinis; *matters of* ~ *interest* antraeilės reikšmės dalykai
n komp. periferinis įrenginys *(t. p.* ~ *device)*
periphery [pə'rɪfərɪ] *n* periferija, pakraštys, paribys
periphrasis [pə'rɪfrəsɪs] *n (pl* -ses [-siːz]) *lit.* perifrazė, pakaita
periphrastic [‚perɪ'fræstɪk] *a* **1** aplinkinis, išreikštas perifraze **2** *gram.* analitinis, aprašomasis
periscope ['perɪskəup] *n* periskopas
perish ['perɪʃ] *v* **1** (pra)žūti; mirti; *to* ~ *in battle* kristi kovoje **2** *(ppr. pass)* kentėti; nykti; *we were* ~*ed with cold [hunger]* mes kentėme šaltį [badą] **3** gadinti; gesti *(apie produktus ir pan.)* ◊ ~ *the thought!* neturėk nė tokios minties!, sergėk Dieve!
perishable ['perɪʃəbl] *a* **1** dūlus, irus **2** greitai gendantis
n pl greitai gendančios prekės *(ypač maisto produktai)*
perisher ['perɪʃə] *n šnek.* **1** padauža, pajodžarga *(ypač apie vaiką)* **2** vargšelis *(apie vaiką)*
perishing ['perɪʃɪŋ] *a šnek.* **1** stingdantis, kaustantis *(apie šaltį);* labai šaltas **2** netikęs, baisus; *those* ~ *kids* tie nenuoramos vaikai
peristalsis [‚perɪ'stælsɪs] *n (pl* -ses [-siːz]) *fiziol.* peristaltika
peristaltic [‚perɪ'stæltɪk] *a fiziol.* peristaltinis
peristyle ['perɪstaɪl] *n archit.* peristilis, kolonada aplink pastatą/kiemą
peritoneum [‚perɪtə'niːəm] *n (pl* ~s, -nea [-'niːə]) *anat.* pilvaplėvė
peritonitis [‚perɪtə'naɪtɪs] *n med.* pilvaplėvės uždegimas, peritonitas

periwig ['perɪwɪg] *n ist.* perukas
periwigged ['perɪwɪgd] *a ist.* su peruku
periwinkle[1] ['perɪwɪŋkl] *n bot.* žiemė; *lesser* ~ žiemė slenktenė
periwinkle[2] *n zool.* krantinė sraigė
perjure ['pəːdʒə] *v refl teis.* melagingai prisiekti/liudyti; sulaužyti priesaiką
perjured ['pəːdʒəd] *a* sulaužęs priesaiką; melagingai prisiekęs
perjurer ['pəːdʒərə] *n teis.* priesaikos laužytojas; meluojantis liudytojas
perjury ['pəːdʒərɪ] *n teis.* priesaikos sulaužymas; melaginga priesaika; melagingas liudijimas
perk[1] [pəːk] *v šnek. (ppr.* ~ *up)* **1** išdidžiai atmesti galvą; staiga kilstelėti galvą; riesti nosį **2** atsigauti, atgyti, atkusti, pralinksmėti **3** gražinti(s), puošti(s), pa(si)gražinti, pa(si)puošti
perk[2] *n (ppr. pl;* perquisite *sutr.) šnek.* **1** pašalinės pajamos, priedai *(prie atlyginimo)* **2** *(tarnybos)* privalumai; lengvatos, privilegijos
perk[3] *v šnek.* = **percolate** 3
perky ['pəːkɪ] *a* **1** žvitrus, gyvas, žvalus **2** išdidus, pasipūtęs
perlustrate [pəː'lʌstreɪt] *v spec.* perliustruoti
perm[1] [pəːm] *n* (permanent wave *sutr.)* ilgalaikė šukuosena
v padaryti ilgalaikę šukuoseną
perm[2] *šnek. n* = **permutation**
v = **permute**
permafrost ['pəːməfrɔst] *n* amžinasis įšalas
permanence ['pəːmənəns] *n* nekintamumas, pastovumas
permanency ['pəːmənənsɪ] *n* **1** = **permanence** **2** kas nors pastovaus, pastovus darbas, pastovi vieta/organizacija
permanent ['pəːmənənt] *a* nuolatinis; pastovus; ilgalaikis; permanentinis; ~ *secretary* nuolatinis sekretorius; ~ *wave* ilgalaikė šukuosena; ~ *way* geležinkelio sankasa; ~ *magnetism* nuolatinis magnetizmas; ~ *repair* einamasis remontas; ~ *deformation tech.* liekamoji deformacija
n amer. = **perm**[1]
permanently ['pəːmənəntlɪ] *adv* nuolatos, ilgam; *I don't want to stay here* ~ aš nenoriu likti čia visam laikui
permanent-press ['pəːmənənt‚pres] *a tekst.* neglamžus, nesiglamžantis
permanganate [pə'mæŋgənət] *n chem.* permanganatas; *potassium* ~ kalio permanganatas
permanganic [‚pəːmæŋ'gænɪk] *a chem.:* ~ *acid* mangano perrūgštis
permeability [‚pəːmɪə'bɪlətɪ] *n* **1** *(dirvožemio)* (pra)laidumas **2** *spec.* skvarba
permeable ['pəːmɪəbl] *n* laidus, pralaidus *(vandeniui)*
permeance ['pəːmɪəns] *n el.* magnetinis laidumas
permeate ['pəːmɪeɪt] *v* **1** prasismelkti; prasiskverbti, praeiti *(through – pro)* **2** paplisti *(among, through, into)*
permeation [‚pəːmɪ'eɪʃn] *n* prasisunkimas; prasiskverbimas
Permian ['pəːmɪən] *n (the* ~) *geol.* permas, permo periodas
permissible [pə'mɪsəbl] *a* leidžiamas, leistinas; ~ *load tech.* leistinoji apkrova
permission [pə'mɪʃn] *n* leidimas; *to give* ~ *for smb to do smth, to give smb* ~ *to do smth* duoti kam leidimą daryti ką; *with your (kind)* ~ jums (maloniai) leidus, jums sutikus
permissive [pə'mɪsɪv] *a* **1** leidžiantis; leidžiamas **2** nebūtinas, fakultatyvus **3** atlaidus; liberalus, negriežtas moralės klausimais

permit *n* ['pɜːmɪt] **1** leidimas; ***export** ~* leidimas eksportuoti/išvežti; ***work** ~* leidimas dirbti užsienyje **2** *amer.* vairuotojo teisės
v [pəˈmɪt] **1** leisti; duoti leidimą; ***smoking (is) ~ted*** rūkyti leidžiama; ***weather ~ting*** jei bus palankus oras; ***the words hardly ~ doubt*** po šių žodžių vargu ar galima abejoti, kad... **2** *knyg.* sudaryti galimybę; leisti *(of);* ***matters that ~ of no delay*** neatidėliotini reikalai; ***his health would not ~ of his staying there*** sveikata neleidžia jam ten gyventi

permittivity [ˌpɜːmɪˈtɪvətɪ] *n el.* (dielektrinė) skvarba

permutation [ˌpɜːmjuˈteɪʃn] *n spec.* **1** pakeitimas, sukeitimas, perstatymas, permutacija **2** derinys, kombinacija; *mat.* perstatiniai

permute [pəˈmjuːt] *v spec.* perstatyti, pakeisti, sukeisti *(tvarką)*

pern [pɜːn] *n zool.* vapsvaėdis *(paukštis)*

pernicious [pəˈnɪʃəs] *a* pražūtingas; kenksmingas, žalingas; *~ **anaemia** med.* piktybinė mažakraujystė

pernickety [pəˈnɪkətɪ] *a šnek.* **1** smulkmeniškas, skrupulingas **2** išrankus; ***she is very ~ about her food*** ji labai išranki maistui **3** delikatus, kruopštus *(apie darbą)*

peroneal [ˌperəʊˈniːəl] *a anat.* šeivikaulinis, šeivikaulio

perorate ['perəreɪt] *v* **1** plačiai kalbėti, postringauti, gražbyliauti **2** užbaigti kalbą; reziumuoti

peroration [ˌperəˈreɪʃn] *n* **1** (retorinis) kalbos užbaigimas/užbaiga; reziumavimas **2** postringavimas, gražbyliavimas

peroxide [pəˈrɒksaɪd] *n* **1** *chem.* peroksidas; *~ **blonde*** dažyta blondinė **2** *farm.* vandenilio peroksidas *(t. p. **hydrogen ~**)*

perpend[1] [pəˈpend] *v psn., juok.* svarstyti, (ap)galvoti

perpend[2] ['pɜːpənd] *n stat.* sienos storumo didelis akmuo

perpendicular [ˌpɜːpənˈdɪkjulə] *n* **1** *geom.* statmuo; statmenoji plokštuma; ***to draw a ~ to a line, to let fall a ~ upon a line*** nuleisti statmenį į tiesę **2** vertikali padėtis; ***out of the ~*** ne vertikalus, ne stačiu kampu **3** *šnek.* valgymas/užkandžiavimas stovint
a **1** statmenas, statmeniškas **2** vertikalus; stačias **3** *šnek.* stovimas

perpetrate ['pɜːpɪtreɪt] *v* **1** padaryti *(nusikaltimą, klaidą ir pan.)* **2** *juok.* sukurti; ***to ~ a joke*** iškrėsti pokštą; ***to ~ a pun*** sukurti kalambūrą

perpetration [ˌpɜːpɪˈtreɪʃn] *n* **1** *(nusikaltimo)* padarymas **2** nusikaltimas

perpetrator ['pɜːpɪtreɪtə] *n* nusikaltėlis, kaltininkas

perpetual [pəˈpetʃuəl] *a* **1** amžinas, begalinis; *~ **motion*** perpetuum mobile, amžinas judėjimas **2** nepabaigiamas, nuolatinis; *~ **quarrels*** nuolatiniai/amžini ginčai **3** iki gyvos galvos; neribotam laikui; *~ **imprisonment*** įkalinimas iki gyvos galvos

perpetually [pəˈpetʃuəlɪ] *adv* amžinai; nuolat

perpetuate [pəˈpetʃueɪt] *v* įamžinti; išsaugoti amžinai

perpetuity [ˌpɜːpɪˈtjuːətɪ] *n* **1** amžinumas, amžinybė; ***in/for ~*** amžinai, visam laikui **2** *teis.* (turto) valdymas neribotą laiką **3** *fin.* renta/pensija iki gyvos galvos

perplex [pəˈpleks] *v* **1** (su)gluminti, (ap)stulbinti **2** (su)painioti

perplexed [pəˈplekst] *a* suglumintas, sumišęs, apstulbintas; ***he looked ~*** jis atrodė suglumęs **2** supainiotas, painus; keblus

perplexing [pəˈpleksɪŋ] *a* (su)gluminantis, (ap)stulbinantis; ***it's all very ~*** visa tai labai stebina/stulbina

perplexity [pəˈpleksətɪ] *n* **1** suglumimas, apstulbimas; *in ~* suglumęs, sumišęs **2** keblumas; dilema

perquisite ['pɜːkwɪzɪt] *n (ppr. pl)* papildomas/šalutinis uždarbis; atsitiktinės pajamos; privilegijos

perquisition [ˌpɜːkwɪˈzɪʃn] *n* nuodugni krata; patikrinimas

perry ['perɪ] *n* kriaušių sidras

persecute ['pɜːsɪkjuːt] *v* **1** persekioti **2** įkyrėti, įgrįsti

persecution [ˌpɜːsɪˈkjuːʃn] *n* persekiojimas; *~ **complex/mania*** persekiojimo manija

persecutor ['pɜːsɪkjuːtə] *n* persekiotojas

Perseus ['pɜːsjuːs, -sɪəs] *n gr. mit.* Persėjas

perseverance [ˌpɜːsɪˈvɪərəns] *n* atkaklumas; ištvermingumas

persevere [ˌpɜːsɪˈvɪə] *v* atkakliai ir ištvermingai toliau *(ką)* daryti/*(ko)* siekti *(in, with)*

persevering [ˌpɜːsɪˈvɪərɪŋ] *a* atkaklus; ištvermingas

Persia ['pɜːʃə, 'pɜːʒə] *n ist.* Persija

Persian ['pɜːʃn, 'pɜːʒən] *a* persiškas, persų; Persijos; Irano; *~ **rug/carpet*** persiškas kilimas
n **1** persas **2** persų kalba

persiennes [ˌpɜːʃɪˈenz] *pr. n pl* žaliuzės

persiflage ['pɜːsɪflɑːʒ] *pr. n* pajuokavimas, pasišaipymas

persimmon [pəˈsɪmən] *n bot.* japoninė churma

persist [pəˈsɪst] *v* **1** užsispirti, atkakliai toliau *(ką)* daryti *(in);* ***he ~ed in his opinion*** jis atkakliai laikėsi savo nuomonės **2** išsilaikyti, išlikti; tęstis; ***this tendency still ~s*** ta tendencija dar laikosi/tebėra; ***if rain ~s*** jei lietus nesiliaus

persistence, -cy [pəˈsɪstəns, -sɪ] *n* **1** užsispyrimas; atkaklumas **2** ištvermingumas; gajumas **3** išsilaikymas; nuolatinis buvimas, užsitęsimas

persistent [pəˈsɪstənt] *a* **1** atkaklus, užsispyręs **2** nepaliaujamas; pastovus, nuolatinis; *~ **cough*** nepaliaujamas kosulys **3** išsilaikantis, išliekantis

persnickety [pəˈsnɪkətɪ] *a amer. šnek.* = **pernickety**

person ['pɜːsn] *n* **1** asmuo, žmogus; asmenybė; *natural ~ teis.* fizinis asmuo; *~ **of law*** teisės subjektas; ***in (one's own) ~*** pats, asmeniškai; ***on/about one's ~*** (nešiojamas) su savimi; ***not a single ~*** nė gyvos dvasios, nė vieno, nieko; ***the accident killed one ~ and injured four more*** per avariją žuvo vienas žmogus ir dar keturi buvo sužeisti **2** *šnek.* (ko) mėgėjas; ***I'm not a coffee ~*** aš nesu kavos mėgėjas **3** išvaizda, išorė; ***a woman of an agreeable ~*** malonios išvaizdos moteris **4** veikiantysis asmuo; personažas **5** *gram.* asmuo **6** *zool.* individas, atskira būtybė

-person [-ˌpɜːsn] *(sudurt. žodžiuose)* -ininkas, -ėjas *(nenurodant žmogaus lyties);* ***chairperson*** pirmininkas; ***salesperson*** pardavėjas

persona [pɜːˈsəʊnə] *lot. n (pl ~s, -nae* [-niː]) **1** persona; *~ **(non) grata*** *dipl.* persona (non) grata **2** *psich.* išorinė asmenybės pusė *(kaip priešingybė vidinei/tikrajai);* imidžas **3** *lit.* personažas; ***dramatis ~e*** *teatr.* veikėjai

personable ['pɜːsnəbl] *a* gražus, geros išvaizdos

personage ['pɜːsnɪdʒ] *n* **1** įžymi asmenybė, persona **2** žmogus, asmuo, individas **3** *lit., teatr.* personažas, veikiantysis asmuo

personal ['pɜːsnəl] *a* **1** asmeninis, asmens, personalinis; asmeniškas, privatus; *~ **belongings*** asmeniniai daiktai; *~ **matter*** asmeniškas reikalas; *~ **assistant*** asmens sekretorius **2** užgaunantis asmenį; linkęs į asmeniškumą; ***to become ~*** pereiti prie asmeniškumo; *~ **remarks*** asmeniško pobūdžio, *ar (asmenį)* įžeidžiančios, pastabos; ***it's nothing ~*** nieko nenoriu įžeisti **3** *gram.* asmeninis; *~ **pronoun*** asmeninis įvardis **4** *teis.* kilnojamasis *(apie turtą);* *~ **tax*** tiesioginis mokestis
n amer. skelbimas *(laikraščio)* pažinčių skyrelyje

personalism ['pɜːsnəlɪzm] *n filos.* personalizmas

personality [ˌpɜːsəˈnælətɪ] *n* **1** asmenybė; individualybė; *~ **cult*** asmenybės kultas; ***she has a very strong ~*** ji labai stipri asmenybė, ji turi labai tvirtą charakterį 2 įžymybė, įžymi asmenybė 3 *(ppr. pl)* asmeniškumai, įžeidžiančios pastabos, priešiškas pasisakymas

personalize ['pə:snəlaɪz] *v* 1 aiškinti iš asmeninių/savo pozicijų *(klausimą, ginčą ir pan.)* 2 (pa)žymėti inicialais *(savo daiktą)* 3 pritaikyti asmeniniams poreikiams

personally ['pə:snəlɪ] *adv* asmeniškai; pats; ~ *I don't object* dėl manęs, aš nieko prieš; *don't take it* ~ nepriimkite to asmeniškai, neįsižeiskite

personalty ['pə:sənltɪ] *n teis.* kilnojamasis turtas

personate ['pə:səneɪt] *v* 1 *teatr.* vaidinti vaidmenį; į(si)kūnyti 2 dėtis, apsimesti *(kuo)*

personation [,pə:sə'neɪʃn] *n* 1 *teatr.* į(si)kūnijimas 2 apsimetimas, dėjimasis *(kuo nors kitu)*

personification [pə,sɔnɪfɪ'keɪʃn] *n* 1 *lit., men.* personifikacija, įasmeninimas 2 į(si)kūnijimas

personify [pə'sɔnɪfaɪ] *v* 1 *lit., men.* personifikuoti, įasmeninti 2 įkūnyti

personnel [,pə:sə'nel] *n* 1 personalas; darbuotojai, kadrai 2 kadrų skyrius *(t. p.* ~ *department)* 3 *kar.* asmeninė sudėtis

person-to-person ['pə:sntə'pə:sn] *a attr* nurodytam konkrečiam asmeniui *(apie tarpmiestinį/tarptautinį telefono skambutį)*

perspective [pə'spektɪv] *n (įv. reikšm.)* perspektyva; *historical* ~ istorinė perspektyva; *in* ~ a) atitinkantis perspektyvos dėsnius; b) *prk.* objektyviai, teisingai; *to see smth from a different* ~ pažiūrėti į ką iš kito taško, kitu požiūriu; *when seen through the* ~ *of years* žiūrint pro metų prizmę
a perspektyvinis

perspex ['pə:speks] *n* organinis stiklas

perspicacious [,pə:spɪ'keɪʃəs] *a* nuovokus, įžvalgus

perspicacity [,pə:spɪ'kæsətɪ] *n* nuovokumas, įžvalgumas

perspicuity [,pə:spɪ'kju:ətɪ] *n (kalbos, dėstymo)* aiškumas, suprantamumas

perspicuous [pə'spɪkjuəs] *a* 1 aiškus, suprantamas 2 aiškiai reiškiantis savo mintis

perspiration [,pə:spɪ'reɪʃn] *n* 1 prakaitavimas 2 prakaitas

perspire [pə'spaɪə] *v* prakaituoti

persuadable [pə'sweɪdəbl] *a* įtikinamas, įkalbamas

persuade [pə'sweɪd] *v* 1 įtikinti; *refl* įsitikinti; *he* ~*d me that it was true* jis įtikino mane, kad tai tiesa; *I am thoroughly* ~*d that...* aš visiškai įsitikinęs, kad... 2 įkalbėti, prikalbinti *(into);* atkalbėti *(out of); he* ~*d me into doing it* jis įkalbėjo mane tai padaryti

persuader [pə'sweɪdə] *n* 1 įkalbėtojas; įtikinėtojas 2 *šnek.* poveikio priemonė *(botagas, peilis, revolveris ir pan.)*

persuasion [pə'sweɪʒn] *n* 1 įkalb(in)ėjimas; įtikin(ėj)imas; įtikimumas 2 įsitikinimas; tikėjimas *(t. p. rel.)* 3 sekta, frakcija 4 *juok.* rūšis; *the male* ~ vyriškoji lytis; *a man of French* ~ prancūzas pagal tautybę

persuasive [pə'sweɪsɪv] *n ret.* paskata
a įtikinantis, įtikinamis; ~ *argument* įtikinamas argumentas; *she was very* ~ ji labai įtikinamai kalbėjo, ji mokėjo įtikinti

pert [pə:t] *a* 1 šelmiškas; smagus, gyvas 2 prašmatnus, dailus *(apie drabužį)*

pertain [pə'teɪn] *v* 1 priklausyti; sietis, būti susijusiam, turėti ryšio *(to)* 2 (pri)tikti, (pri)derėti

pertinacious [,pə:tɪ'neɪʃəs] *a* užsispyręs, atkaklus; nenuolaidus

pertinacity [,pə:tɪ'næsətɪ] *n* užsispyrimas, atkaklumas

pertinence, -cy ['pə:tɪnəns, -sɪ] *n* 1 *(pastabos ir pan.)* tikimas, tinkamumas 2 ryšys; *it is of no* ~ *to us* tai mūsų neliečia

pertinent ['pə:tɪnənt] *a* 1 kaip tik vietoje/laiku; tinkamas; ~ *question* klausimas vietoje 2 susijęs, liečiantis *(reikalą; to)*
n pl teis. priklausiniai

perturb [pə'tə:b] *v* 1 (su)kelti nerimą/sąmyšį; sudrumsti *(ramybę);* (su)jaudinti; *no need to get* ~*ed* nereikia jaudintis 2 *astr.* trikdyti

perturbation [,pə:tə'beɪʃn] *n* 1 sumišimas, sutrikimas 2 nerimas; susijaudinimas 3 *astr.* trikdymas, perturbacija

perturbative [pə'tə:bətɪv] *a* (su)keliantis sąmyšį/nerimą, trikdantis

pertussis [pə'tʌsɪs] *n med.* kokliušas

Peru [pə'ru:] *n* Peru

peruke [pə'ru:k] *n ist.* perukas

perusal [pə'ru:zl] *n* 1 *knyg.* atidus skaitymas; perskaitymas 2 *ret.* žiūrinėjimas

peruse [pə'ru:z] *v* 1 *knyg.* atidžiai skaityti 2 *ret.* tirti, žiūrinėti *(veidą ir pan.)*

Peruvian [pə'ru:vɪən] *a* Peru; peruiečių ◊ ~ *bark farm.* kinmedžio žievė
n peruietis

perv [pə:v] *šnek.* = **pervert** *n*

pervade [pə'veɪd] *v* 1 pasklisti, paplisti; pripildyti; apimti; *the fragrance* ~*d the room* aromatas pasklido kambaryje 2 *ret.* prasiskverbti

pervasion [pə'veɪʒn] *n* pasklidimas, paplitimas *ir kt. žr.* **pervade**

pervasive [pə'veɪsɪv] *a* sklindantis, plintantis (visur); prasismelkiantis

perverse [pə'və:s] *a* 1 priešgynus, kaprizingas; užsispyręs 2 iškreiptas, ydingas 3 *teis.* klaidingas, nepagrįstas *(apie nuosprendį ir pan.)*

perversion [pə'və:ʃn] *n* 1 iškraipymas, iškreipimas 2 iškrypimas; *sexual* ~ lytinis iškrypimas

perversity [pə'və:sətɪ] *n* 1 užsispyrimas, priešgynumas; įnoringumas, užgaidumas, užgaida 2 iškrypimas, nenormalumas

perversive [pə'və:sɪv] *a* iškraipantis *(of);* iškrypęs

pervert *n* ['pə:və:t] 1 iškrypėlis 2 atskalūnas, persimetėlis
v [pə'və:t] 1 iškraipyti, iškreipti; *to* ~ *the course of justice teis.* trukdyti bešališkai nagrinėti bylą 2 pagadinti; (iš)tvirkinti

perverted [pə'və:tɪd] *a* 1 iškreiptas, iškraipytas; *by a* ~ *logic* priešingai logikai 2 iškrypęs *(ypač lytiškai)*

pervious ['pə:vɪəs] *a* 1 praeinamas; laidus, pralaidus *(to)* 2 pasiduodantis *(įtakai ir pan.);* imlus

peseta [pə'seɪtə] *isp. n* peseta *(Ispanijos moneta)*

pesky ['peskɪ] *a (ypač amer.) šnek.* 1 įkyrus, varginantis 2 baisus, nemalonus

peso ['peɪsəʊ] *isp. n (pl* ~s [-z]*)* pesas *(kai kurių Lotynų Amerikos šalių ir Filipinų moneta)*

pessary ['pesərɪ] *n med.* pesaras

pessimism ['pesɪmɪzm] *n* pesimizmas

pessimist ['pesɪmɪst] *n* pesimistas

pessimistic [,pesɪ'mɪstɪk] *a* pesimistinis, pesimistiškas

pest [pest] *n* 1 *ž. ū.* kenkėjas, parazitas; *garden* ~*s* sodo kenkėjai; ~ *control* kova su kenkėjais 2 *šnek.* nenaudėlis, įkyruolis; rykštė *(džn. apie vaiką);* ~*s of society* veltėdžiai, parazitai 3 *psn.* maras, epidemija

pester ['pestə] *v* kamuoti; varginti, grizinti *(prašymais, klausimais);* įgristi; *we were* ~*ed with mosquitoes* mus kamavo uodai

pesthole ['pesthəʊl] *n* epidemijos židinys

pesticidal [,pestɪ'saɪdl] *a ž. ū.* pesticidų

pesticide ['pestɪsaɪd] *n ž. ū.* pesticidas

pestiferous [pe'stɪfərəs] *a* **1** užkrečiamas **2** kenksmingas, žalingas; pavojingas
pestilence ['pestɪləns] *n knyg., psn.* maras; epidemija, greitai plintanti užkrečiamoji liga
pestilent ['pestɪlənt] *a* **1** užkrečiamas **2** pragaištingas, kenksmingas **3** mirtinas, nuodingas **4** *šnek.* įkyrus, bjaurus, grasus
pestilential [,pestɪ'lenʃl] *a* = **pestilent**
pestle ['pesl] *n* grūstuvas, grūstuvėlis
v grūsti
pet[1] [pet] <*n, a, v*> *n* **1** kambarinis gyvulėlis; mėgstamas daiktas **2** mylimasis, numylėtinis; lepūnėlis **3** brangusis, mielasis *(kreipiantis)*
a **1** kambarinis; prijaukintas; **~ dog** kambarinis šunytis **2** didžiausias, mėgstamiausias; **one's ~ aversion/hate** *(kieno)* didžiausia antipatija, labiausiai nemėgstamas dalykas; **~ name** maloninis vardas; **~ corn** *juok.* silpna vieta
v **1** lepinti; glamonėti **2** bučiuotis, glamonėtis
pet[2] *n* bloga nuotaika, susierzinimas; **to be in a ~** ožiuotis, šiaustis, irzti; būti blogos nuotaikos
petal ['petl] *n bot.* vainiklapis
petal(l)ed ['petld] *a bot.* su vainiklapiais *(t. p. sudurt. žodžiuose);* **blue-petalled** su mėlynais vainiklapiais
petard [pə'tɑ:d] *n* petarda ◊ **hoist with one's own ~** ≡ nekask kitam duobės, nes pats įkrisi
Pete [pi:t] *n* Pitas *(vardas)* ◊ **for ~'s sake, stop it!** *šnek.* dėl Dievo, liaukis!
Peter ['pi:tə] *n* Piteris, Petras ◊ **to rob ~ to pay Paul** apmokėti skolas, pasiskolinus iš kito; padaryti kam nors gera kieno nors sąskaita; **Blue ~** *jūr.* išplaukimo vėliava
peter ['pi:tə] *v:* **~ out** išsekti *(apie laiką, atsargas, kalbas ir pan.);* baigtis, užsibaigti *(apie kelią, susirinkimą ir pan.)*
petersham ['pi:təʃəm] *n* ripso kaspinas *(skrybėlėms ir pan.)*
pethidine ['peθɪdi:n] *n farm.* raminamieji vaistai
petiole ['petɪəul] *n bot.* lapkotis
petit ['petɪ, pə'ti:] *pr. a teis.* smulkus; mažas; **~ larceny** smulki vagystė; **~ mal** *med.* lengvoji epilepsija; nedidelis priepuolis
petite [pə'ti:t] *pr. a* miniatiūrinė, smulkutė *(apie moterį)*
petit-four [,petɪ'fɔ:] *pr. n* pyragėlis, sausainis *(prie kavos)*
petition [pə'tɪʃn] *n* **1** peticija; prašymas; **to sign a ~** *(against)* pasirašyti peticiją **2** *teis.* prašymas, pareiškimas; **~ in bankruptcy** bankrutavimo pareiškimas **3** malda, maldavimas
v **1** paduoti prašymą/pareiškimą; įteikti peticiją, kreiptis su peticija/prašymu **2** prašyti; maldauti
petitioner [pə'tɪʃnə] *n* **1** prašytojas; peticijos įteikėjas **2** *teis.* ieškovas; ieškovas, padavęs pareiškimą išsituokti
petrel ['petrəl] *n zool.* audrapaukštis; **stormy ~** kregždinis audrapaukštis, petrelis
petrifaction [,petrɪ'fækʃn] *n* **1** suakmenėjimas **2** *prk.* suakmenėjimas, sustabarėjimas, sustingimas
petrification [,petrɪfɪ'keɪʃn] *n* = **petrifaction**
petrify ['petrɪfaɪ] *v* **1** (su)akmenėti; paversti akmeniu; **petrified fish [wood]** suakmenėjusi žuvis [mediena] **2** *prk.* suakmenėti, sustabarėti, sustingti **3** (ap)stulbinti; apstulbti *(iš nustebimo, išgąsčio ir pan.)*
petro- ['petrəu-] *(sudurt. žodžiuose)* petro-; **petrogenesis** petrogenezė
petrochemistry [,petrəu'kemɪstrɪ] *n* **1** naftos chemija **2** petrochemija
petrodollar ['petrəu,dɒlə] *n* naftos doleriai *(naftą eksportuojančių šalių įplaukos)*

petrography [pe'trɒgrəfɪ] *n* petrografija
petrol ['petrəl] *n* benzinas, lengvieji degalai; **to draw ~** prisipilti degalų; **~ bomb** butelis su padegamuoju mišiniu *(savos gamybos bomba);* **~ station** degalinė; **~ pump** benzino siurblys/kolonėlė; **~ injection** lengvųjų degalų įpurškimas
petrolatum [,petrə'leɪtəm] *n amer.* vazelinas
petrol-bomb ['petrəlbɒm] *v* mesti butelį su padegamuoju skysčiu
petroleum [pə'trəulɪəm] *n* nafta; **~ jelly** techninis vazelinas; **~ car** skystų degalų autocisterna
petrolic [pɪ'trɒlɪk] *a* naftos; benzino
petroliferous [,petrə'lɪfərəs] *a geol.* naftingas
petrology [pə'trɒlədʒɪ] *n* petrologija
petrous ['petrəs] *a geol.* suakmenėjęs, sukietėjęs, kietas kaip akmuo
petticoat ['petɪkəut] *n* **1** apatinis sijonas; vaikiškas sijonėlis **2** *juok.* moteris, mergina; *pl* moteriškoji lytis; **~ influence [government]** *šnek.* moterų įtaka [valdžia] ◊ **to chase ~s** lakstyti paskui mergų sijonus
pettifog ['petɪfɒg] *v* **1** šunadvokatauti **2** priekabiauti; vaidytis, kivirčytis *(dėl niekų)*
pettifogger ['petɪfɒgə] *n* šunadvokatis; intrigantas; kliautininkas
pettifogging ['petɪfɒgɪŋ] *a* **1** priekabus; pedantiškas **2** smulkus; nereikšmingas, menkas
pettiness ['petɪnɪs] *n* smulkmeniškumas
petting ['petɪŋ] *n* glamonėjimas(is), glamonės
pettish ['petɪʃ] *a* irzlus, piktas; nekantrus, ožiuotas
pettitoes ['petɪtəuz] *n pl* **1** *kul.* kiaulės kojos **2** *(vaiko)* kojytės
petty ['petɪ] *a* **1** smulkus; nereikšmingas, menkas; **~ cash** smulkios sumos, smulkioms išlaidoms skirti pinigai; **~ larceny** *teis.* smulki vagystė; **~ bourgeoisie** smulkioji buržuazija **2** smulkmeniškas; siauras, ribotas; **~ dictator** niekingas diktatorius
petulance ['petʃuləns] *n* irzlumas, susierzinimas; nekantrumas
petulant ['petʃulənt] *a* irzlus; aikštingas, nekantrus
petunia [pɪ'tju:nɪə] *n bot.* petunija
pew[1] [pju:] *n* **1** klauptas *(suolas bažnyčioje)* **2** *šnek.* suolas, kėdė; **take a ~!** *juok.* sėskitės!
pew[2] *int amer.* fui!, pfui! *(reiškiant pasibjaurėjimą nemaloniu kvapu)*
pewit ['pi:wɪt] *n zool.* pempė
pewter ['pju:tə] *n* **1** alavo lydinys su kitu metalu **2** alaviniai indai; alavinis puodukas
peyote [peɪ'əutɪ] *n* **1** *bot.* meskalas *(Meksikos kaktusas)* **2** meskalinas *(narkotikas)*
pfennig ['fenɪg] *n* pfenigas *(Vokietijos moneta = 0,01 markės)*
phaeton ['feɪtn] *n* **1** *ist.* fajetonas **2** *zool.* fajetonas *(tropikų jūrų paukštis)*
phagocyte ['fægəsaɪt] *n biol.* fagocitas
-phagy [-fədʒɪ] *(sudurt. žodžiuose)* -fagija *(reiškiant sąsają su rijimu);* **anthropophagy** antropofagija, žmogėdrystė
phalange ['fælændʒ] *n* = **phalanx**
phalanx ['fælæŋks] *n* **1** *(pl* -xes [-ksɪz]*)* falanga **2** *(pl* ~es, -nges [fə'lændʒi:z]*) anat.* pirštakaulis, falanga
phalarope ['fælərəup] *n zool.* plaukikas *(paukštis)*
phallus ['fæləs] *n (pl* -li [-laɪ], ~es*)* varpa, falas *(vyriškasis lyties organas – džn. kaip simbolis)*
phanerogam ['fænərəᵘgæm] *n bot.* žiedinis augalas
phantasm ['fæntæzm] *n knyg.* **1** šmėkla, vaiduoklis, fantomas **2** iliuzija

phantasmagoria [ˌfæntæzmə'gɔ:rɪə] *n knyg.* fantasmagorija
phantasmal [fæn'tæzml] *a* šmėkliškas; iliuzinis
phantasy ['fæntəsɪ] *n* = **fantasy**
phantom ['fæntəm] *n* **1** šmėkla, vaiduoklis, fantomas **2** iliuzija **3** *attr* vaiduokliškas; iliuzinis; ~ *ship* laivas vaiduoklis
Pharaoh ['fɛərəu] *n ist.* faraonas
pharisaic(al) [ˌfærɪ'seɪɪk(l)] *a* fariziejiškas, veidmainiškas
pharisee ['færɪsi:] *n* **1** *(P.) ist.* fariziejus **2** *prk.* fariziejus, veidmainis, šventeiva
pharmaceutical [ˌfɑ:mə'sju:tɪkl] *a* farmacinis, farmacijos; ~ *scales* vaistų svarstyklės
n pl medikamentai, vaistai
pharmaceutics [ˌfɑ:mə'sju:tɪks] *n* farmacija
pharmacist ['fɑ:məsɪst] *n* farmacininkas; vaistininkas
pharmacological [ˌfɑ:məkə'lodʒɪkl] *a* farmakologijos, farmakologinis
pharmacology [ˌfɑ:mə'kɔlədʒɪ] *n* farmakologija
pharmacopoeia [ˌfɑ:məkə'pi:ə] *n* farmakopėja
pharmacy ['fɑ:məsɪ] *n* **1** farmacija, vaistininkystė **2** vaistinė
pharos ['fɛərɔs] *gr. n poet.* švyturys
pharyngitis [ˌfærɪn'dʒaɪtɪs] *n med.* faringitas, ryklės gleivinės uždegimas
pharynx ['færɪŋks] *n anat.* ryklė
phase [feɪz] *n* **1** *(iv. reikšm.)* fazė; tarpsnis; *the ~s of the moon* mėnulio fazės; *the first ~ of the work stat.* pirmoji darbų fazė/stadija; *to enter into a new ~* įžengti į naują tarpsnį **2** aspektas ◊ *to be in [out of] ~ with smth* būti suderintam, sutapti [būti nesuderintam, nesutapti] su kuo
v išdėstyti tarpsniais; palaipsniui vykdyti; *to ~ the increase in rail fares* palaipsniui didinti mokestį už važiavimą geležinkeliu ▢ ~ *down* palaipsniui nutraukti/mažinti; ~ *in* palaipsniui įvesti; ~ *out* palaipsniui nutraukti/likviduoti
phasic ['feɪzɪk] *a spec.* fazinis, stadijinis
phatic ['fætɪk] *a kalb.* fatinis
pheasant ['feznt] *n zool.* fazanas; *golden* ~ auksinis fazanas
phenobarbitone [ˌfi:nəu'bɑ:bɪtəun] *n farm.* fenobarbitalis
phenol ['fi:nɔl] *n chem.* fenolis, karbolio rūgštis
phenology [fɪ'nɔlədʒɪ] *n* fenologija
phenom ['fɪnɔm] *n* (phenomenon *sutr.*) *amer. šnek.* fenomenas *(žmogus)*
phenomena [fə'nɔmɪnə] *pl žr.* **phenomenon**
phenomenal [fə'nɔmɪnl] *a* nepaprastas, fenomenalus
phenomenology [fəˌnɔmɪ'nɔlədʒɪ] *n* fenomenologija
phenomenon [fə'nɔmɪnən] *n (pl* -ena) **1** reiškinys **2** nepaprastas reiškinys; fenomenas; *infant* ~ vunderkindas
pheromone ['ferəməun] *n biol.* feromonas
phew [fju:] *int* oi!, ui! *(reiškiant palengvėjimą, nustebimą)*
phial ['faɪəl] *n* buteliukas, stiklinis indelis *(ypač vaistams)*
Phil [fɪl] *n* Filas *(vardas)*
-phil [-fɪl] *(sudurt. žodžiuose)* -filas *(žymint ko pomėgį, palinkimą į ką);* **Anglophil(e)** anglofilas
Philadelphia [ˌfɪlə'delfɪə] *n* Filadelfija *(JAV miestas)* ◊ ~ *lawyer amer.* apsukrus/suktas advokatas
philander [fɪ'lændə] *v* flirtuoti, merginti, merginėti
philanderer [fɪ'lændərə] *n* mergininkas, mergintojas; donžuanas
philanthropic [ˌfɪlən'θrɔpɪk] *a* filantropinis, filantropiškas
philanthropist [fɪ'lænθrəpɪst] *n* filantropas
philanthropy [fɪ'lænθrəpɪ] *n* filantropija

philatelic [ˌfɪlə'telɪk] *a* filatelijos; ~ *society* filatelistų draugija
philatelist [fɪ'lætəlɪst] *n* filatelistas
philately [fɪ'lætəlɪ] *n* filatelija
-phile [-faɪl] = **-phil**
philharmonic [ˌfɪlə'mɔnɪk, ˌfɪlhɑ:-] *n* filharmonija
a **1** filharmonijos *(apie draugiją, orkestrų pavadinimuose)* **2** mėgstantis muziką
-philia [-fɪlɪə] *(sudurt. žodžiuose)* -filija *(žymint palankumą kam, ko potraukį);* **Anglophilia** anglofilija; **necrophilia** nekrofilija
Philip ['fɪlɪp] *n* Filipas, Pilypas
philippic [fɪ'lɪpɪk] *n (ppr. pl) knyg.* filipika, pliekiama, kaltinamoji kalba
Philippine ['fɪlɪpi:n] *a* Filipinų; filipiniečių
n (the ~s) Filipinai *(valstybė)*
philistine ['fɪlɪstaɪn] *n* **1** filisteris, miesčionis; banalus, lėkštas žmogus **2** *juok.* (aršiausias) priešas *(pvz., kritikas ir pan.)* **3** *(P.) bibl.* filistinas ◊ *to fall among ~s* patekti į bėdą; turėti nemalonumų
a filisteriškas, miesčioniškas
philistinism ['fɪlɪstɪnɪzm] *n* filisterystė, miesčioniškumas
philobiblic [ˌfɪləu'bɪblɪk] *a knyg.* mėgstantis knygas
philodendron [ˌfɪləu'dendrən] *n bot.* filodendras
philological [ˌfɪlə'lɔdʒɪkl] *a* filologinis, filologijos; filologiškas
philologist [fɪ'lɔlədʒɪst] *n* filologas, kalbininkas
philologize [fɪ'lɔlədʒaɪz] *v* užsiimti filologija
philology [fɪ'lɔlədʒɪ] *n* filologija; *Germanic* ~ germanų filologija, germanistika
philosopher [fɪ'lɔsəfə] *n* filosofas *(t. p. prk.); the ~'s stone* filosofinis akmuo
philosophic(al) [ˌfɪlə'sɔfɪk(l)] *a* **1** filosofinis, filosofijos; filosofiškas **2** giliamintis; filosofiškai galvojantis, stoiškas
philosophize [fɪ'lɔsəfaɪz] *v* filosofuoti, samprotauti; teorizuoti
philosophy [fɪ'lɔsəfɪ] *n* **1** filosofija **2** koncepcija, pagrindinis principas; filosofiška pažiūra *(į gyvenimą ir pan.)* **3** ramumas, šaltakraujiškumas, susikaupimas
philter ['fɪltə] *n amer.* = **philtre**
philtre ['fɪltə] *n* meilės gėrimas
philumenist [fɪ'lu:mɪnɪst] *n* filumenistas, degtukų dėžučių etikečių kolekcionuotojas
phiz, phizog [fɪz, 'fɪzɔg] *n* (physiognomy *sutr.*) *šnek.* fizionomija, veidas; veido išraiška
phlebitis [flɪ'baɪtɪs] *n med.* flebitas, venos uždegimas
phlebology [flɪ'bɔlədʒɪ] *n med.* flebologija
phlebotomy [flɪ'bɔtəmɪ] *n med.* flebotomija, venos prapjovimas
phlegm [flem] *n* **1** skrepliai, gleivės **2** flegmatizmas, lėtumas; šaltakraujiškumas, abejingumas
phlegmatic [fleg'mætɪk] *a* flegmatiškas; šaltakraujis
phlegmon ['flegmən] *n med.* flegmona, pūlynas
phlox [flɔks] *n bot.* flioksas
-phobe [-fəub] *(sudurt. žodžiuose)* -fobas *(žymint asmenį, bijantį/nemėgstantį ko);* **Anglophobe** anglofobas
phobia ['fəubɪə] *n med.* fobija, patologinė baimė
-phobia [-'fəubɪə] *(sudurt. žodžiuose)* -fobija *(žymint ko baimę, nemėgimą);* **Anglophobia** anglofobija; **claustrophobia** klaustrofobija, uždarų patalpų baimė; **photophobia** fotofobija, šviesos baimė
Phoenicia [fɪ'nɪʃə] *n ist.* Finikija
Phoenician [fɪ'nɪʃən] *ist. a* finikiečių; Finikijos
n **1** finikietis **2** finikiečių kalba

phoenix ['fi:nɪks] *n mit.* feniksas ◊ **to rise like a ~ from the ashes** pakilti kaip feniksui iš pelenų
phon [fɔn] *n fiz.* fonas *(garsumo vienetas)*
phone[1] [fəun] *n fon.* kalbos garsas
phone[2] *šnek. n* telefonas; **on/over the ~** telefonu *(amer. t. p.* **by ~**); **to be on the ~** a) kalbėti telefonu; b) turėti telefoną *(namie, darbe);* **to get smb on the ~** prisiskambinti kam (telefonu); **to pick up the ~** pakelti (telefono) ragelį; **to take the ~ off the hook** nuimti telefono ragelį *(kad niekas neprisiskambintų) v* (pa)skambinti (telefonu), (pa)telefonuoti *(t. p.* **~ up**); **to ~ for a doctor [taxi]** iškviesti telefonu gydytoją [taksi]
-phone [-fəun] *(sudurt. žodžiuose)* -fonas *(žymint muzikos instrumentus, aparatus);* **saxophone** saksofonas; **megaphone** megafonas
phone-booth ['fəunbu:θ] *n* **1** telefono kabina *(pastate)* **2** *amer.* = **phone-box**
phone-box ['fəunbɔks] *n* telefono būdelė *(gatvėje)*
phonecard ['fəunka:d] *n* telefoninių pokalbių kortelė
phone-in ['fəunɪn] *n rad., tel.* „skambinkite–atsakysime" *(laida, kurios metu klausytojai/žiūrovai skambina į studiją ir dalyvauja joje)*
phoneme ['fəuni:m] *n kalb.* fonema
phonemic [fə'ni:mɪk] *a kalb.* foneminis, fonemų
phone-tapping ['fəun,tæpɪŋ] *n* slaptas telefoninių pokalbių klausymasis
phonetic [fə'netɪk] *a* fonetinis; **~ notation/transcription** fonetinė transkripcija
phonetician [,fəunə'tɪʃn] *n* fonetikas
phonetics [fə'netɪks] *n* **1** fonetika **2** *pl* fonetiniai ženklai
phoney ['fəunɪ] = **phony** *a, n*
phonic ['fəunɪk] *a* **1** akustinis; garsinis **2** sudaromas dalyvaujant balsui *(apie garsą)*
phonics ['fəunɪks] *n spec.* **1** fonika; akustika **2** fonetinis metodas mokant skaityti
phono- [ˈfəunəu-] *(sudurt. žodžiuose)* fono- *(nurodant sąsają su garsu);* **phonometer** fonometras, balso matuoklis
phonogram ['fəunəgræm] *n* **1** fonetinis/transkripcijos ženklas **2** fonograma; garso įrašymas **3** telefonograma
phonograph ['fəunəgra:f] *n* **1** fonografas **2** *amer.* gramofonas
phonography [fə'nɔgrəfɪ] *n* **1** fonografija **2** stenografija pagal fonetinę sistemą
phonologic(al) [,fɔnə'lɔdʒɪk(l)] *a kalb.* fonologinis
phonology [fə'nɔlədʒɪ] *n kalb.* fonologija
phony ['fəunɪ] *šnek. a* **1** netikras, suklastotas **2** apsimestinis; nenuoširdus, apgaulingas
n **1** apgavystė; klastotė **2** apgavikas, apsimetėlis; **he's not a real scientist, he's a ~** jis nėra tikras mokslininkas, jis – šarlatanas
phooey ['fu:ɪ] *int* **1** fui!, fe!, et! *(reiškiant pasibjaurėjimą, nusivylimą)* **2** nesąmonė!, eik jau! *(reiškiant netikėjimą)*
phosgene ['fɔzdʒi:n] *n chem.* fosgenas *(nuodingos dujos)*
phosphate ['fɔsfeɪt] *n* **1** *chem.* fosfatas; **sodium ~** natrio fosfatas **2** *pl ž. ū.* fosfatinės trąšos
a chem. fosforo rūgšties
phosphene ['fɔsfi:n] *n chem.* fosfinas
phosphide ['fɔsfaɪd] *n chem.* fosfidas
phosphite ['fɔsfaɪt] *n chem.* fosfitas
Phosphor ['fɔsfə] *n poet.* aušrinė, Veneros planeta
phosphorate ['fɔsfəreɪt] *v chem.* (su)jungti su fosforu; prisotinti fosforo
phosphoresce [,fɔsfə'res] *v* fosforescuoti
phosphorescence [,fɔsfə'resns] *n* fosforescencija
phosphorescent [,fɔsfə'resnt] *a* fosforescuojantis
phosphoric [fɔs'fɔrɪk] *a* fosforo, fosforinis, fosforiškas; **~ acid** *chem.* fosforo rūgštis
phosphorite ['fɔsfəraɪt] *n miner.* fosforitas
phosphorous ['fɔsfərəs] *a chem.* fosforo, fosforinis
phosphorus ['fɔsfərəs] *n chem.* fosforas
phot [fəut] *n fiz.* fotas *(apšviestumo vienetas)*
photo ['fəutəu] (**photograph** *sutr.*) *n (pl* **~s** [-z]) fotografija, nuotrauka
v fotografuoti
photo- ['fəutəu-] *(sudurt. žodžiuose)* foto- *(reiškiant sąsają su šviesa/fotografija);* **photoelectricity** fotoelektra; **photomechanical** fotomechaninis
photoactive [,fəutə'æktɪv] *a* jautrus šviesai
photochemical [,fəutə'kemɪkl] *n* fotocheminis
photochemistry [,fəutə'kemɪstrɪ] *n* fotochemija
photocopier ['fəutəu,kɔpɪə] *n* fotokopijavimo aparatas
photocopy ['fəutəu,kɔpɪ] *n* fotokopija
v padaryti *(ko)* fotokopiją
photoelectric [,fəutəuɪ'lektrɪk] *a* fotoelektrinis; **~ cell** fotoelementas
photoengraving [,fəutəuɪn'greɪvɪŋ] *n poligr.* fototipija
photofinish [,fəutəu'fɪnɪʃ] *n sport.* fotofinišas
photofit ['fəutəufɪt] *n* fotorobotas
photoflash ['fəutəuflæʃ] *n fot.* blyksnio lempa
photogenic [,fəutə'dʒenɪk] *a* fotogeniškas
photograph ['fəutəgra:f] *n* fotografija, nuotrauka; **to take a ~** fotografuoti
v **1** fotografuoti, traukti **2** *(gerai, blogai)* atrodyti fotografijoje
photographer [fə'tɔgrəfə] *n* fotografas
photographic [,fəutə'græfɪk] *a* fotografijos, fotografinis; fotografiškas; **~ paper** fotopopierius; **~ memory** fotografiškai tiksli atmintis
photography [fə'tɔgrəfɪ] *n* fotografavimas, fotografija; **trick ~** *kin.* kombinuotas filmavimas
photogravure [,fəutəgrə'vjuə] *n* fotograviūra
photokinesis [,fəutəukaɪ'ni:sɪs] *n biol.* fototaksis
photolysis [fəu'tɔlɪsɪs] *n (pl* -ses [-si:z]) *chem.* fotolizė
photometer [fəu'tɔmɪtə] *n* fotometras
photomontage [,fəutəumɔn'ta:ʒ] *n* fotomontažas
photon ['fəutɔn] *n fiz.* fotonas
photophobia [,fəutəu'fəbɪə] *n med.* fotofobija, šviesos baimė
photoplay ['fəutəpleɪ] *n* filmas-spektaklis
photorealism [,fəutəu'rɪəlɪzm] *n men.* hiperrealizmas
photosensitive [,fəutəu'sensətɪv] *a* jautrus šviesai, fotosensibilus
photosensitize [,fəutəu'sensətaɪz] *v* daryti jautrų šviesai
photosphere ['fəutə,sfɪə] *n astr.* fotosfera
photostat ['fəutəstæt] *n* fotostatas; šviesoraštis
photosynthesis [,fəutəu'sɪnθəsɪs] *n biol.* fotosintezė
photosynthetic [,fəutəusɪn'θetɪk] *a biol.* fotosintezės, fotosintetinis
phototherapy [,fəutəu'θerəpɪ] *n med.* gydymas šviesa, fototerapija
phototropism [,fəutəu'trɔpɪzm] *n biol.* fototropizmas
phototube ['fəutəutju:b] *n* fotoelementas
phototype ['fəutətaɪp] *n poligr.* fototipija; **~ edition** fototipinis leidinys
phrasal ['freɪzl] *a kalb.* frazės, frazinis; **~ stress** frazės kirtis; **~ verb** frazinis veiksmažodis
phrase [freɪz] *n* **1** frazė, žodžių junginys; posakis; **a neat turn of ~** vykęs posakis; **stock/set ~** *kalb.* pastovi žodžių samplaika/grupė **2** kalba, išraiška; **in simple ~**

paprastais žodžiais, paprasta kalba **3** *pl* tušti žodžiai **4** *muz.* frazė ◊ *to coin a* ~ *šnek.* kaip sakoma *v* **1** (iš)dėstyti/(iš)reikšti žodžiais, pasakyti **2** *muz.* frazuoti

phrasebook ['freɪzbuk] *n* posakių bei idiomų žodynėlis, pasikalbėjimų knygelė *(turistams ir pan.)*

phrase-monger ['freɪzˌmʌŋgə] *n* frazierius, niektauza

phrase-mongering ['freɪzˌmʌŋgərɪŋ] *n* tuščios frazės, tuščiažodžiavimas

a: ~ *statement* skambi frazė

phraseological [ˌfreɪzɪə'lɔdʒɪkl] *a* frazeologinis; ~ *unit* frazeologinis vienetas, frazeologizmas

phraseology [ˌfreɪzɪ'ɔlədʒɪ] *n* **1** frazeologija **2** žodžių jungimas/parinkimas; kalba, stilius

phrasing ['freɪzɪŋ] *n* **1** *(minčių)* formulavimas; formuluotė **2** *muz.* frazuotė

phrenetic [frɪ'netɪk] *a* **1** pašėlęs, įsiutęs; pamišęs **2** fanatiškas
n maniakas, fanatikas

phrenic ['frenɪk] *a anat.* diafragminis, perdanginis

phrenology [frɪ'nɔlədʒɪ] *n ist.* frenologija

phthisis ['θaɪsɪs] *n med.* džiova, plaučių tuberkuliozė

phut [fʌt] *n* pokštelėjimas ◊ *to go* ~ *šnek.* a) sprogti *(apie lemputę ir pan.);* b) (su)žlugti, pasibaigti nesėkmingai

phyla ['faɪlə] *pl žr.* **phylum**

phylloxera [fɪ'lɔksərə] *n zool.* filoksera *(vabzdys)*

phylogenesis [ˌfaɪlə'dʒenɪsɪs] *n biol.* filogenezė

phylogenetic [ˌfaɪlədʒɪ'netɪk] *a biol.* filogenetinis

phylum ['faɪləm] *n (pl* phyla) *biol.* tipas

physalis ['faɪsəlɪs] *n bot.* fizalis

physi- ['fɪzɪ-] = **physio-**

physic ['fɪzɪk] *psn. n* vaistas *(ypač vidurių laisvinamasis)*
v gydyti; duoti vaistų *(ypač vidurių laisvinamųjų)*

physical ['fɪzɪkl] *a* **1** *(įv. reikšm.)* fizinis; *the* ~ *world* fizinis pasaulis; ~ *geography* fizinė geografija; ~ *culture* kūno kultūra; ~ *properties* fizinės savybės; ~ *drill* gimnastikos pratimas; treniruotė; *it's a* ~ *impossibility* tai fiziškai neįmanoma **2** fizikos, fizikinis; ~ *chemistry* fizikinė chemija
n medicininė apžiūra *(t. p.* ~ *examination)*

physically ['fɪzɪklɪ] *adv* **1** fiziškai **2** *šnek.* visiškai

physician [fɪ'zɪʃn] *n amer.* gydytojas (terapeutas)

physicist ['fɪzɪsɪst] *n* fizikas

physico- ['fɪzɪkəu-] *(sudurt. žodžiuose)* fizinis ir; fizikos ir; *physico-mental* fizinis ir protinis; *physico-mathematical* fizikos ir matematikos

physics ['fɪzɪks] *n* fizika

physio ['fɪzɪəu] *n (pl* ~s [-z]) *šnek.* **1** fizioterapija **2** fizioterapeutas

physio- ['fɪzɪə-] *(sudurt. žodžiuose)* fizio-; *physiotherapy* fizioterapija

physiognomist [ˌfɪzɪ'ɔnəmɪst] *n* fizionomistas

physiognomy [ˌfɪzɪ'ɔnəmɪ] *n* **1** fizionomija, veidas; veido išraiška; fizionomika **2** *geogr.* išvaizda, (išorinis) vaizdas; pobūdis

physiography [ˌfɪzɪ'ɔgrəfɪ] *n* fizinė geografija

physiologic(al) [ˌfɪzɪə'lɔdʒɪk(l)] *a* fiziologinis; fiziologijos

physiologist [ˌfɪzɪ'ɔlədʒɪst] *n* fiziologas

physiology [ˌfɪzɪ'ɔlədʒɪ] *n* fiziologija

physiotherapist [ˌfɪzɪəu'θerəpɪst] *n* fizioterapeutas

physiotherapy [ˌfɪzɪəu'θerəpɪ] *n* fizioterapija

physique [fɪ'ziːk] *n* stotas, kūno sudėjimas, fiziniai duomenys; išorė

phyto- ['faɪtəu-] *(sudurt. žodžiuose)* fito- *(nurodant sąsają su augalais); phytopathology* fitopatologija

phytogenesis, phytogeny [ˌfaɪtə'dʒenɪsɪs, faɪ'tɔdʒɪnɪ] *n biol.* fitogenezė *(augalų kilmė ir evoliucija)*

pi[1] [paɪ] *n* **1** pi *(gr. raidė* π) **2** *mat.* skaičius π *(= 3,1415926)*

pi[2] *a mok. sl.* per daug dievobaimingas; mėgstantis sakyti pamokslus; *pi jaw* pamokslavimas, pamokslas, moralas

piaffe [pɪ'æf] *n* bėgti ristele, risnoti

pia mater [ˌpaɪə'meɪtə] *anat.* švelnusis smegenų dangalas

pianism ['pɪənɪzm] *n muz.* pianizmas

pianissimo [pɪæ'nɪsɪməu] *it adv, n muz.* pianissimo

pianist ['pɪənɪst] *n* pianistas

piano[1] [pɪ'ænəu] *n (pl* ~s [-z]) pianinas *(t. p. upright* ~*);* fortepijonas, rojalis *(t. p. grand* ~*)*

piano[2] ['pjɑːnəu] *it. adv, n muz.* piano, tyliai

piano-accordion [pɪ'ænəuəˌkɔːdɪən] *n* klavišinis akordeonas

pianoforte [pɪˌænəu'fɔːtɪ] *n* = **piano**[1]

pianola [pɪə'nəulə] *n muz.* pianola

piano-organ [pɪ'ænəuˌɔːgən] *n* ryla

piano-player [pɪ'ænəuˌpleɪə] *n* **1** pianola **2** *ret.* pianistas

piaster, piastre [pɪ'æstə] *n* piastras *(Egipto, Turkijos, Libano, Libijos, Sirijos, Sudano moneta)*

piazza [pɪ'ætsə] *it. n* **1** (turgaus) aikštė *(ypač Italijoje)* **2** *amer.* veranda

pibroch ['piːbrɔk] *n škot. muz.* variacijos dūdmaišiui

pic [pɪk] *n šnek.* nuotrauka; *kin.* kadras

pica[1] ['paɪkə] *n poligr.* ciceras

pica[2] *n med.* pikacizmas *(potraukis valgyti ar imti į burną neįprastus dalykus)*

picador ['pɪkədɔː] *isp. n* pikadoras

picaresque [ˌpɪkə'resk] *a lit.* vaizduojantis šelmių nuotykius *(apie romaną)*

picaroon [ˌpɪkə'ruːn] *n psn.* **1** sukčius; avantiūristas **2** piratas **3** piratų laivas
v **1** sukčiauti **2** plėšikauti, plėšti *(apie piratus)*

picayune [ˌpɪkə'juːn] *amer. n* **1** *ist.* smulki moneta *(= 5 centams)* **2** *šnek.* menkniekis; menkystė *(žmogus)*
a šnek. menkas, smulkus, nereikšmingas; niekingas

piccalilli [ˌpɪkə'lɪlɪ, 'pɪkəlɪlɪ] *n kul.* aštrūs pikuliai, aštrios marinuotų daržovių salotos

piccaninny ['pɪkənɪnɪ] *n* negriukas
a labai mažas, mažutis

piccolo ['pɪkələu] *n (pl* ~s [-z]) *muz.* pikola, mažoji fleita

pick[1] [pɪk] *n* **1** kirtiklis, kirstuvas; kaplys **2** smailiagalis/smailus įrankis; krapštukas, krapštiklis **3** *muz. šnek.* plektras **4** *poligr.* murzlas

pick[2] *n* **1** pasirinkimas; atranka; *take your* ~ rinkitės **2** tai, kas atrinkta, rinktiniai daiktai/dalykai; geriausioji *(ko)* dalis *(t. p.* ~ *of the basket/bunch); the* ~ *of the army* rinktinė kariuomenė; *the* ~ *of this month's new films* geriausieji šio mėnesio nauji filmai
v **1** rinkti(s); pa(si)rinkti; išsirinkti *(through); to* ~ *one's way/steps* rinktis kelią *(nenorint susipurvinti ir pan.); to* ~ *and choose* (ilgai) rinktis, būti išrankiam; *you* ~*ed a good time to do it* tu pasirinkai gerą laiką tai padaryti; *he was* ~*ed for the Lithuanian team* jis buvo atrinktas į Lietuvos komandą **2** pasiimti, nusiimti *(off – nuo, from, out of – iš)* **3** rinkti, (nu)skinti *(vaisius, uogas, gėles)* **4** valyti *(uogas);* (nu)pešti *(vištą)* **5** pešioti, pašyti **6** krapštyti, rakinėti *(dantis ir pan.);* timpčioti, sukinėti rankose *(at); to* ~ *a hole (in)* prakrapštyti skylę **7** knaibyti, knėbčioti, (pa)knibinėti *(maistą; at); šnek.* valgyti **8** lesti **9** nugraužti *(kaulą)* **10** išlaužti, atrakinti ne raktu *(t. p.* ~ *a lock)* **11** (pra)kirsti, (pra)mušti, pragręžti **12** vagiliauti *(t. p.* ~ *and steal);* apvogti, apkraustyti *(kišenę)* **13** *šnek.* (pri)kibti, užsipulti *(on); why* ~ *on me*

every time? kodėl visada aš *(kaltas ir pan.)?* **14** *refl* atsistoti *(pargriuvus; off)* **15** *amer.* liesti *(stygas)* ☐ **~ off** a) nupešti, nuskinti; b) nušauti; iššaudyti *(vieną po kito);* **~ out** a) išrinkti; atrinkti; b) atpažinti, atskirti; c) suprasti; d) skambinti *(pianinu ir pan.)* iš klausos; e) paryškinti *(kita spalva);* f) išpešti, ištraukti; **~ over** a) kruopščiai atrinkti/išrinkti; b) vis minėti/galvoti/prisiminti; **~ up** a) pakelti; surinkti, paimti *(ypač kas nukritę);* b) *refl* atsikelti *(nukritus);* c) užvažiuoti, užsukti *(ką)* nupirkti/paimti; pasiimti *(paliktus daiktus);* paimti *(ką)* pavežėti/pavežti; d) gauti, įgyti; **to ~ up flesh** papilnėti; ***students ~ up a lot of money in summer jobs*** studentai gerai užsidirba vasaros darbuose; e) prisirinkti/prisigraibstyti žinių, (greitai) išmokti, pramokti; ***where did you ~ up that habit?*** iš kur tas tavo įprotis?; f) suimti, sugauti *(įtariamąjį ir pan.);* g) perimti, pagauti *(prožektoriumi, per radiją ir pan.);* h) užsikrėsti, (pasi)gauti *(ligą);* i) užmegzti pažintį *(with);* pasigauti *(moterį);* j) užuosti; užgirsti; pastebėti; k) padaryti pastabą/priekaištą *(on);* l) rasti *(kelią, klaidą ir pan.);* m) grįžti *(prie temos);* toliau tęsti; n) (pa)sveikti, pasitaisyti *(t. p. prk.);* (pa)gerėti; o) pakelti nuotaiką; p) išgelbėti *(skęstantį ir pan.);* r) sutvarkyti *(kambarį ir pan.);* s) *ž. ū.* kapliuoti ◊ **to ~ up and leave** *šnek.* susirinkti daiktus ir paskubom išvykti

pickaback ['pɪkəbæk] = **piggyback** *n, v, adv*
pickaninny ['pɪkənɪnɪ] *amer.* = **piccaninny** *n*
pickax(e) ['pɪkæks] *n* kirtiklis, kirstuvas
v dirbti/kirsti kirtikliu
picked [pɪkt] *a attr* **1** rinktinis; atrinktas **2** nugraužtas *(apie kaulą)*
picker ['pɪkə] *n* **1** *(medvilnės, vaisių ir pan.)* rinkėjas **2** rūšiuotojas **3** kirtiklis, kirstuvas **4** *tekst.* plakimo mašina **5** *tekst.* daužiklis, smogiklis
pickerel ['pɪkᵊrəl] *n* lydekaitė
picket ['pɪkɪt] *n* **1** piketas; piketavimas **2** piketininkas **3** *kar.* sauga, sargyba, sargybos postas **4** *(džn. pl)* kuolas, mietas; **~ fence** *amer.* statinių tvora
v **1** išstatyti piketą/saugos/sargybos postus *(prie)* **2** piketuoti; eiti sargybą *(prie)* **3** aptverti *(statinių tvora)* **4** pririšti prie kuolo
picket-line ['pɪkɪtlaɪn] *n* **1** piketininkų užtvara **2** *kar.* saugos/sargybos linija
picking ['pɪkɪŋ] *n* **1** (su)rinkimas; atrinkimas; *(vaisių, gėlių)* skynimas **2** vagystė; **~ and stealing** smulki vagystė **3** *pl* pasipelnymas; lengvas pelnas **4** *pl* likučiai *(ypač valgio)* **5** *(paukščio)* (nu)pešimas
pickle ['pɪkl] *n* **1** (acto) marinatas, sūrymas **2** *(ppr. pl)* pikuliai, marinuotos/raugintos daržovės; *amer.* raugintas/marinuotas agurkas, karnišonas **3** *šnek.* išdykėlis; ***that child is a little ~*** su tuo vaiku negalima susitvarkyti **4** *tech.* beicas ◊ **to be in a (pretty) ~** patekti į bėdą
v **1** marinuoti, sūdyti, rauginti **2** *amer.* padirbinėti paveikslus *(suteikiant seną išvaizdą)* **3** *spec.* ėsdinti rūgštimi; beicuoti
pickled ['pɪkld] *a* **1** marinuotas, sūdytas, raugintas **2** *sl.* girtas
pickler ['pɪklə] *n* **1** marinuotojas, sūdytojas **2** daržovės marinavimui
picklock ['pɪklɔk] *n* **1** įsilaužėlis *(vagis)* **2** visraktis
pick-me-up ['pɪkmɪˌʌp] *n šnek.* tonizuojantis/stimuliuojantis gėrimas/vaistas, stimuliatorius; ***let's have a ~*** išmeskime burnelę
pickpocket ['pɪkˌpɔkɪt] *n* kišenvagis

pickup ['pɪkʌp] *n* **1** surinkimas, paėmimas; ***the school bus makes about twenty ~s*** mokyklos autobusas sustoja apie 20 kartų paimti mokinių **2** *(žinių, pokalbio ir pan.)* perėmimas **3** *šnek.* pagerėjimas **4** *šnek.* suėmimas, areštas **5** *šnek.* atsitiktinė pažintis **6** *šnek.* atsitiktinai įgytas daiktas; vykęs, naudingas pirkinys **7** *aut.* pikapas **8** *tech.* griebimo įtaisas; daviklis **9** *tech.* greičio nustatymo įtaisas; *fiz.* (pa)greitinimas **10** *aut. (variklio)* dinamiškumas **11** *spec.* jautrumas **12** *rad.* garso ėmiklis, adapteris **13** *tel.* perdavimo vamzdelis **14** *ž. ū. (grūdų)* rinktuvas, pikapas
Pickwick ['pɪkwɪk] *n* Pikvikas *(lit. personažas)*
picky ['pɪkɪ] *a (ypač amer.) šnek.* pernelyg išrankus, smulkmeniškas
picnic ['pɪknɪk] *n* piknikas, iškyla; pikniko užkandžiai ◊ ***it/ that is no ~*** *šnek.* tai ne juokas, tai nelengvas darbas
v (-ck-) dalyvauti piknike, iškylauti; (su)rengti pikniką
picnicker ['pɪknɪkə] *n* pikniko dalyvis
pico- ['pi:kəʊ-] *(sudurt. žodžiuose)* piko- *(viena trilijonoji dalis);* **picosecond** pikosekundė
picric ['pɪkrɪk] *a:* **~ acid** *chem.* pikrino rūgštis
Pict [pɪkt] *n ist.* piktas
pictogram ['pɪktəgræm] *n kalb.* piktograma
pictography [pɪk'tɔgrəfɪ] *n kalb.* piktografija
pictorial [pɪk'tɔ:rɪəl] *a* **1** iliustruotas, paveiksluotas **2** vaizdingas; vaizdinis; vaizduojamasis **3** tapybos, tapybinis; **~ art** tapyba, tapybos menas
n iliustruotas žurnalas/laikraštis
picture ['pɪktʃə] *n* **1** paveikslas, piešinys, paveiksliukas; **~ gallery** paveikslų galerija **2** vaizdas, vaizdelis; ***mental ~*** mintyse sukurtas vaizdas; ***the ~s of the past*** praeities vaizdai; ***he painted a gloomy ~ of the future*** *prk.* jis nupiešė liūdną ateities vaizdą; ***the big ~*** *amer. šnek.* bendras vaizdas; ***we get a good ~ on our TV*** mūsų televizorius rodo gerą vaizdą **3** nuotrauka; ***still ~*** nuotrauka *(ne filmas);* ***to take ~s*** fotografuoti **4** portretas; *prk.* kopija; ***he is a ~ of his father*** jis tikra savo tėvo kopija **5** *(the ~) (sveikatos, sielvarto ir pan.)* įsikūnijimas, tikras pavyzdys **6** *kin.* kadras; (kino) filmas *(t. p. moving ~);* **the ~s** kinas; **to be in ~s** dirbti kino/kinematografijos srityje ◊ ***to be in the ~*** a) būti susipažinusiam su padėtimi, būti informuotam; b) vaidinti vaidmenį; figūruoti; ***to be a ~*** būti žavingam; ***to be out of the ~*** nefigūruoti; neturėti nieko bendro *(su);* ***to get the ~*** suprasti padėtį/situaciją; ***to pass from the ~*** ≡ nueiti nuo scenos; ***to put smb in the ~*** informuoti ką *(apie situaciją)*
v **1** (at)vaizduoti **2** piešti, tapyti **3** įsivaizduoti *(t. p. ~ to oneself)*
picture-book ['pɪktʃəbuk] *n* paveiksliukų knygelė *(vaikams)*
picture-card ['pɪktʃəkɑ:d] *n* kortų figūra
picturegoer ['pɪktʃəˌgəʊə] *n* kino lankytojas
picture-palace ['pɪktʃəˌpælɪs] *n psn.* kino teatras
picture-perfect ['pɪktʃəˈpɜ:fɪkt] *a amer.* (atrodantis) kaip paveiksliukas
picture-show ['pɪktʃəʃəʊ] *n* **1** *(paveikslų)* paroda **2** kino filmas
picturesque [ˌpɪktʃəˈresk] *a* **1** vaizdingas, vaizdus; gyvas, raiškus **2** pavaizdus, gražus *(apie vaizdą ir pan.)* **3** *prk.* spalvingas *(apie charakterį)*
picture-window ['pɪktʃəˌwɪndəʊ] *n* didelis langas, pro kurį atsiveria gražus vaizdas
picture-writing ['pɪktʃəˌraɪtɪŋ] *n kalb.* piktografija, piešinių raštas

piddle ['pɪdl] v šnek. šlapintis, čiurinti ☐ ~ **about/around** krapštytis, čiupinėtis; ~ **away** niekais užsiiminėti, tuščiai leisti laiką; ~ **down** ≡ pilti kaip iš kibiro

piddling ['pɪdlɪŋ] a šnek. menkas, smulkus, nereikšmingas, niekingas

pidgin ['pɪdʒɪn] n maišyta kalba; žargonas; ~ **English** maišyta anglų kalba (pvz., anglų-kinų kalbų žargonas)

pie[1] [paɪ] n **1** pyragas, pyragėlis (su įdaru); paštetas (t. p. **meat** ~); **cottage/shepherd's** ~ bulvių apkepas su mėsa **2** amer. sluoksniuotas tortas ◊ **to eat humble** ~ prisipažinti klydus, nusižeminti; **to have a finger in the** ~ ≡ būti nagus prikišusiam, būti įsipainiojusiam (kur); ~ **in the sky** šnek. (tik) graži svajonė

pie[2] n psn. šarka

pie[3] n **1** poligr. sumaišytas šrifto rinkinys (t. p. **printer's** ~) **2** prk. netvarka, chaosas

pie[4] n ist. pajas (smulkiausia Indijos moneta = 1/12 anos)

piebald ['paɪbɔːld] a **1** keršas **2** prk. margas n keršis; keršas arklys

piece [piːs] n **1** gabalas; dalis; ~ **by** ~ a) gabalais, dalimis; b) palaipsniui; **in** ~**s** a) gabalėliais, šipuliais; b) dalimis, nesudėtas (apie baldus); **to** ~**s** į gabalėlius, į šipulius; **to take to** ~**s** išardyti, išnarstyti **2** skiautė, skutas; sklypelis; ~ **of ground** žemės gabalas (sklypas); ~ **of water** tvenkinys; ežerėlis; ~ **of paper** popiergalis **3** atskiras daiktas, gabalas, vienetas; **a** ~ **of furniture** baldas; **a** ~ **of plate** indas; **by the** ~ pavieneičiui **4** kūrinys; paveikslas; pjesė (t. p. muz.); straipsnis; **a** ~ **of art** meno kūrinys; **a** ~ **of poetry** eilėraštis; **a dramatical** ~ dramos kūrinys; **a museum** ~ a) muziejaus eksponatas; b) retenybė **5** pavyzdys; atvejis; **a** ~ **of impudence** įžūlus poelgis, įžūlumo pavyzdys; **a** ~ **of luck** laimė; **a** ~ **of news** naujiena; žinutė; **a** ~ **of advice** patarimas **6** (šachmatų, šaškių) figūra **7** moneta (t. p. **a** ~ **of money**) **8** amer. (pelno ir pan.) dalis **9** (ypač amer.) šnek. šaunamasis ginklas; šautuvas, pistoletas **10** sl. merga, mergiotė (t. p. **a** ~ **of goods/work**) **11** lopinys, įsiuvas ◊ **to be (all) of a** ~ **(with)** a) būti vienodam (su); b) atitikti, derintis (prie); **all to** ~**s** a) iškankintas; b) visiškai; labai gerai; **to go (all) to** ~**s** a) neišlaikyti; palūžti; b) pasimesti; **(all) in one** ~ sveikas, nesugadintas, nesužalotas; **to pick/pull/tear to** ~**s** sukritikuoti; **to say/speak one's** ~ pasisakyti, pasakyti savo nuomonę, išdėti viską v **1** taisyti, lopyti (t. p. ~ **up**) **2** pridurti siūlą (verpiant) ☐ ~ **down** pridurti, pailginti (drabužį); ~ **on** pritaikyti, priderinti (to); ~**out** sukurti, sudaryti (iš dalių); ~ **together** a) sujungti į vieną, sudėti iš gabalų; b) suvesti (faktus); suvokti, suprasti (tiesą)

pièce de résistance [ˌpjes də reɪzɪ'stɔns] pr. (ko) svarbiausias/pagrindinis dalykas

piece-goods ['piːsgudz] n pl vienetinės prekės; (standartinio ilgio) audinių rietimai

piecemeal ['piːsmiːl] adv **1** gabalais, dalimis, vienetais; palaipsniui **2** į gabalus, į dalis a **1** padarytas dalimis; be sąryšio; ~ **action** nesuderinti veiksmai **2** dalinis, laipsniškas

piece-rate ['piːsreɪt] a vienetinis (apie apmokėjimą)

piecework ['piːswəːk] n darbas, apmokamas už padarytus vienetus; **to do** ~ dirbti darbą, apmokamą už padarytus vienetus

pieceworker ['piːsˌwəːkə] n vienetininkas

piecrust ['paɪkrʌst] n pyrago plutelė ◊ **promises are like** ~, **made to be broken** ≡ pažadai tam ir duodami, kad juos laužytų

pied [paɪd] a margas, raibas; keršas

pied-à-terre [ˌpjeɪdɑː'tɛə] pr. n laikinas butas, prieglobstis

pie-eyed ['paɪaɪd] a šnek. girtas, ≡ su dryžomis akimis

pieman ['paɪmən] n (pl -men [-mən]) pyragininkas, pyragų pardavinėtojas

pieplant ['paɪplɑːnt] n amer. rabarbaras

pier [pɪə] n **1** molas, bangolaužis; damba, (uosto) pylimas **2** tiltas į jūrą (pasivaikščiojimams ir pan.) **3** jūr. pirsas; prieplauka **4** stat. (tilto) tauras **5** stat. atrama, ramstis, stulpas; tarpusienis; mūrinys tarp langų

pierage ['pɪərɪdʒ] n jūr. prisišvartavimo/krantinės rinkliava

pierce [pɪəs] v **1** perdurti, pradurti, persmeigti, perskrosti, persmelkti, perverti; **to** ~ **smb with one's glance** prk. perverti ką žvilgsniu **2** pragręžti; pramušti (skylę) **3** (kiaurai) pereiti, prasiskverbti (t. p. prk.; into, through)

piercer ['pɪəsə] n **1** tech. pramuštuvas, įmuštuvas; kirstukas; gręžtas **2** (vabzdžio) įkandimas

piercing ['pɪəsɪŋ] a **1** (per)veriantis, (per)smelkiantis, žvarbus; ~ **sarcasm** kandus sarkazmas **2** veriamas, skvarbus, aštrus (apie akis, žvilgsnį) **3** kar. (šarvų) pramušamasis

pier-glass ['pɪəglɑːs] n triumò (veidrodis)

pierrette [pɪə'ret] pr. n Pjereta (pantomimoje)

pierrot ['pɪərəu] pr. n Pjero (pantomimoje)

pieta [ˌpɪeɪ'tɑː] it. n men. pieta

pietism ['paɪətɪzm] n pietizmas; perdėtas/apsimestinis pamaldumas/dievobaimingumas

pietist ['paɪətɪst] n dievobaimingas žmogus

piety ['paɪətɪ] n **1** pamaldumas, dievobaimingumas **2** pagarba (tėvams, vyresniesiems, tėvynei)

piezoelectric [paɪˌiːzəuɪ'lektrɪk, ˌpiːzəu-] a fiz. pjezoelektrinis

piezometer [ˌpaɪɪ'zɔmɪtə] n fiz. pjezometras

piffle ['pɪfl] šnek. n paistalas, tauškalas v **1** paistyti, taukšti **2** paikioti, kvailioti

piffling ['pɪflɪŋ] a šnek. menkas, menkutis, nesvarbus

pig [pɪg] n **1** kiaulė; paršas, paršiukas; **in** ~ paršinga; ~ **breeding** kiaulininkystė **2** prk. šnek. kiaulė, paršas (apie žmogų) **3** paršiena; **roast** ~ keptas paršiukas **4** (apelsino) skiltelė **5** metal. (geležies) luitas **5** sl. menk. policininkas ◊ **a** ~ **of a job** bjaurus/šuniškas darbas; **to make a** ~ **of oneself** šnek. prisiprogti, persivalgyti; **to buy a** ~ **in a poke** ≡ pirkti katę maiše; **when** ~**s fly** ≡ kai kuolai žydės; ~**s might fly** būtų stebuklas (jei, kad), ≡ matysi kaip savo ausis v **1** paršiuotis **2** kiauliškai elgtis **3** šnek. (su)šlemšti, suryti ☐ ~ **out** šnek. prišlemšti, prisprogti, prisiryti (on) ◊ **to** ~ **it** šnek. kiauliškai/purve gyventi

pigeon[1] ['pɪdʒɪn] n **1** zool. karvelis, balandis **2** šnek. mulkis, neišmanėlis **3** molinė lėkštelė (šaudymo taikinys; t. p. **clay** ~) ◊ **that's my [his, etc.]** ~ tai jau mano [jo ir t. t.] dalykas; ~**'s milk** ≡ gulbės/paukščio pienas

pigeon[2] n = pidgin

pigeon-berry ['pɪdʒɪnˌberɪ] n bot. **1** sedula **2** medlieva

pigeon-breast, pigeon-chest ['pɪdʒɪnbrest, -tʃest] n med. „karvelio krūtinė" (iš šonų suspausta ir į priekį išsikišusi)

pigeongram ['pɪdʒɪngræm] n karvelio nunešta žinia

pigeon-hawk ['pɪdʒɪnhɔːk] n zool. startsakalis

pigeon-hearted ['pɪdʒɪn'hɑːtɪd] a bailus, baikštus

pigeonhole ['pɪdʒɪnhəul] a **1** uoksas/urvas uoloje, kuriame karvelis suka lizdą **2** dėžutė (prie sienos); (rašomojo stalo) skyrelis (dokumentams, korespondencijai) **3** (klasifikavimo) skyrelis v **1** (iš)dėlioti (popierius) į stalčiukus/dėžutes **2** atidėti į šalį, ilgam atidėti **3** klasifikuoti, skirstyti; menk. (pri)lipdyti etiketes

pigeonry ['pɪdʒɪnrɪ] n karvelidė

pigeon-toed ['pɪdʒɪntəud] *a* šleivas
piggery ['pɪgərɪ] *n* kiaulidė, kiaulių tvartas; kiaulių ferma
piggish ['pɪgɪʃ] *a* **1** kaip kiaulė; nešvarus; bjaurus **2** rajus, godus **3** užsispyręs
piggy ['pɪgɪ] *n vaik.* paršiukas, kiaulytė, kūkutis ◊ *to be ~ in the middle šnek.* atsidurti tarp besiginčijančiųjų *a* **1** kiaulės; kiauliškas **2** *šnek.* rajus kaip kiaulė
piggyback ['pɪgɪbæk] <*n, v, adv*> *n* jojimas *(kam)*/panešiojimas *(ko)* ant nugaros/pečių
v **1** panešioti/joti/jodinti ant nugaros/pečių **2** *amer. šnek.* pri(si)šlieti, prisidėti
adv ant nugaros/pečių
piggybank ['pɪgɪbæŋk] *n šnek.* taupyklė *(ypač paršiuko pavidalo)*
piggy-wiggy ['pɪgɪˌwɪgɪ] *n* **1** paršiukas, kiaulytė **2** murzius, murza *(apie vaiką)*
pigheaded ['pɪg'hedɪd] *a* bukagalvis, kietakaktis
pig-iron ['pɪgˌaɪən] *n metal.* ketus luitais
piglet, pigling ['pɪglɪt, 'pɪglɪŋ] *n* paršelis, kiaulytė
pigment ['pɪgmənt] *n biol., tech.* pigmentas
pigmental, pigmentary [pɪg'mentl, 'pɪgmɪntᵊrɪ] *a* pigmentinis, pigmento
pigmentation [ˌpɪgmən'teɪʃn] *n spec.* pigmentacija
pigmy ['pɪgmɪ] *n* = **pygmy**
pignut ['pɪgnʌt] *n* žemės riešutas
pigpen ['pɪgpen] *n amer.* = **pigsty**
pigskin ['pɪgskɪn] *n* **1** kiaulena, kiaulės oda **2** *amer. šnek.* futbolo kamuolys
pigsticker ['pɪgˌstɪkə] *n* **1** šernų medžiotojas **2** *šnek.* didelis kišeninis peilis
pigsticking ['pɪgˌstɪkɪŋ] *n* šernų medžiojimas ietimi
pigsty ['pɪgstaɪ] *n* kiaulidė *(t. p. prk.)*
pigswill ['pɪgswɪl] *n* = **pigwash**
pigtail ['pɪgteɪl] *n* **1** *(plaukų)* kasa, kaselė **2** tabakas, susuktas į ritinėlius
pigwash ['pɪgwɔʃ] *n* pamazgos *(kiaulėms; t. p. prk.)*
pigweed ['pɪgwi:d] *n bot.* **1** burnotis **2** balanda
pike¹ [paɪk] *n zool.* lydeka, lydys
pike² *n* **1** *šiaur.* viršukalnė, pikas *(vietovardžiuose)* **2** *ist.* ietis
v ist. perverti ietimi
pike³ *n* **1** užkarda, užtvaras *(kur renkamas kelio mokestis, muitas)* **2** kelio mokestis
pike⁴ *n sport.* šuolis *(į vandenį)* susirietus *(t. p. ~ dive)*
pikelet ['paɪklɪt] *n šiaur.* bandelė, paplotėlis
pikeperch ['paɪkpə:tʃ] *n zool.* sterkas
piker ['paɪkə] *n amer. šnek.* **1** atsargus lošikas, smulkus spekuliantas **2** bailys
pikestaff ['paɪkstɑ:f] *n* **1** *ist.* ieties kotas **2** *(kelionės)* lazda su metaliniu smaigaliu ◊ *as plain as a ~* aiškus kaip diena, akivaizdus
pilaf(f) ['pɪlæf] *n kul.* plovas
pilaster [pɪ'læstə] *n archit.* piliastras
Pilate ['paɪlət] *n bibl.* Pilotas
pilau ['pi:lau, pɪ'lau] *n* = **pilaf(f)**
pilchard ['pɪltʃəd] *n zool.* sardinė
pile¹ [paɪl] *n* **1** krūva; šūsnis, rietuvė; *a ~ of logs* rąstų šūsnis/rietuvė **2** *šnek.* krūva, daugybė *(of); to have ~s of money* turėti krūvą pinigų **3** laidojimo laužas *(t. p. funeral ~)* **4** didžiuliai rūmai **5** *ž. ū.* kaupas **6** *el.* baterija **7** *fiz.* branduolinis reaktorius *(t. p. nuclear ~)* ◊ *to make one's ~* susikrauti turtą
v **1** (su)dėti/(su)krauti į krūvą/rietuvę, rieti; sukrauti; šūsniuoti; *to ~ arms* statyti šautuvus į piramidę **2** prikrauti, užgriozdinti *(on; with)* □ *~ in* a) su(si)grūsti *(kur);* b) *šnek.* už(si)pulti; *~ in!* griebkit!, čiupkit! *(valgi); ~ out* iškrikti; *~ up* a) sukrauti; prikrauti; *to ~ up the tables with good things* nukrauti stalus skaniais valgiais; b) su(si)kaupti *(apie darbą, prekes, korespondenciją);* c) susidurti *(apie transporto priemones);* d) užplaukti ant seklumos *(apie laivą)* ◊ *to ~ it on šnek.* (nu)riesti, perdėti *(kritikuojant ir pan.)*
pile² *n* polis, stapas; stulpas
v **1** įkalti/įleisti polius **2** sutvirtinti poliais
pile³ *n* **1** *(audinio)* pūkas, plaukeliai, šereliai **2** vilna, minkšti plaukai, pūkas
pile⁴ *n (ppr. pl)* hemorojus
pile⁵ *n psn.* atvirkštinė monetos pusė; *cross or ~* raštas ar erelis *(žaidimas)*
piledriver ['paɪlˌdraɪvə] *n* **1** *tech.* poliakalė **2** *šnek.* stiprus/nokautuojantis smūgis
pile-dwelling ['paɪlˌdwelɪŋ] *n* pastatas ant polių
pileup ['paɪlʌp] *n* **1** *(mašinų)* susidūrimas **2** *(korespondencijos)* susikaupimas
pilewort ['paɪlwə:t] *n bot.* vėdrynas švitriešis
pilfer ['pɪlfə] *v* vaginėti, vagiliauti
pilferage ['pɪlfərɪdʒ] *n* vagiliavimas; smulki vagystė
pilferer ['pɪlfərə] *n* vagišius
pilgrim ['pɪlgrɪm] *n* **1** piligrimas, keliaujantis maldininkas **2** keliautojas, keleivis ◊ *P. Fathers ist.* pirmieji anglų kolonistai Amerikoje *(1620 m.)*
pilgrimage ['pɪlgrɪmɪdʒ] *n* **1** kelionė *(į šventąsias vietas)* **2** *šnek.* kelionė
v keliauti *(į šventąsias vietas)*
pill [pɪl] *n* **1** piliulė, žirnelis **2** *(the ~, the P.)* tabletė nuo pastojimo **3** *šnek.* sviedinys; kulka; sviedinukas; rutuliukas **4** *pl* biliardas **5** *šnek.* nemalonus žmogus, įkyruolis ◊ *a ~ to cure an earthquake juok.* mažai efektyvi priemonė, ≅ lašas jūroje; *a bitter/hard ~ (to swallow)* ≅ karti piliulė; *to sugar/sweeten/gild the ~* sušvelninti ką nors nemalonų
v **1** duoti piliules **2** *šnek.* neišrinkti *(įmesti į urną juodą balsavimo rutuliuką)*
pillage ['pɪlɪdʒ] *n* **1** plėšikavimas, plėšimas, grobimas **2** grobis
v plėšikauti, grobti, plėšti
pillager ['pɪlɪdʒə] *n* plėšikas, grobikas; marodierius
pillar ['pɪlə] *n* **1** *archit.* piliorius; kolona; stulpas *(t. p. prk.); a ~ of smoke* dūmų stulpas **2** pilonas, atrama, *stat.* ramstis **3** *prk.* šulas; *~s of society* visuomenės šulai **4** *jūr.* pileris ◊ *from ~ to post (siuntinėti, gainioti)* tai šen, tai ten, nuo vieno prie kito
v paremti/tvirtinti stulpais; puošti kolonomis
pillar-box ['pɪləbɔks] *n* pašto dėžutė
pillared ['pɪləd] *a* su kolonomis *(apie pastatą)*
pillbox ['pɪlbɔks] *n* **1** piliulių dėžutė **2** moteriška skrybėlaitė *(plokščiu viršum, be kraštų; t. p. ~ hat)* **3** *kar.* atsparioji ugniavietė
pillion ['pɪlɪən] *n* **1** *(motociklo, dviračio)* užpakalinė sėdynė; *to ride ~* važiuoti sėdint ant užpakalinės sėdynės; sėdėti užpakalyje *(jojant)* **2** *ist.* moteriškas balnelis
pilliwinks ['pɪlɪwɪŋks] *n ist.* kankinimo įrankis pirštams suspausti
pillock ['pɪlək] *n sl.* kvaiša
pillory ['pɪlərɪ] *n ist.* gėdos stulpas; *prk.* pajuoka; *to be in the ~* būti pajuokos objektu; *to put/set in the ~* statyti prie gėdos stulpo, išstatyti pajuokai
v **1** *ist.* pastatyti prie gėdos stulpo **2** *(ppr. pass) prk.* prikalti prie gėdos stulpo; viešai iškritikuoti/išpeikti

pillow ['pɪləu] *n* **1** pagalvė, priegalvis **2** *tech.* (atraminis) guolis, padėklas *(t. p.* **~ block)** ◊ *to take councel of one's ~* ≡ ryto protas skaistesnis; atidėti sprendimą rytdienai; *~ talk* intymus pokalbis *(lovoje)*
v **1** padėti, priglausti *(galvą; on)* **2** būti pagalve; padėti pagalvę
pillowcase ['pɪləukeɪs] *n (pagalvės)* užvalkalas
pillow-fight ['pɪləufaɪt] *n (vaikų)* mėtymasis pagalvėmis
pillow-sham ['pɪləuʃæm] *n (pagalvės)* užtiesalas
pillowslip ['pɪləuslɪp] *n* = **pillowcase**
pillule ['pɪlju:l] *n* = **pilule**
pilose ['paɪləuz] *a bot., zool.* plaukuotas, apaugęs plaukeliais
pilot ['paɪlət] *n* **1** pilotas, lakūnas **2** locmanas, laivavedys **3** prityręs palydovas; vadovas **4** *tel., rad.* bandomoji programa **5** *tech.* pagalbinis vožtuvas/mechanizmas **6** *attr* bandomasis, eksperimentinis; *~ plant* bandomasis fabrikas/įrenginys; *~ frequency* kontrolinis dažnis; *~ light* a) nuolat įjungtas dujų degiklis; b) kontrolinė/signalinė lemputė **7** *attr* locmano; *~ chart* locmano jūrlapis; aeronavigacijos žemėlapis ◊ *to drop the ~* atstumti/atleisti ištikimą patarėją
v **1** valdyti, pilotuoti, vairuoti **2** palydėti, nuvesti *(kur)* **3** prastumti, gauti pritarimą *(įstatymo projektui; through)* **4** išbandyti ☐ *~ out* išvesti *(iš kur)* ◊ *to ~ one's way* irtis per minią
pilotage ['paɪlətɪdʒ] *n* **1** laivo/lėktuvo valdymas; pilotažas **2** *prk.* vadovavimas
pilot-balloon ['paɪlətbəˌlu:n] *n meteor.* bandomasis balionas
pilot-boat ['paɪlətbəut] *n jūr.* locmano kateris/botas
pilot-cloth ['paɪlətklɔθ] *n* mėlyna gelumbė
pilot-engine ['paɪlətˌendʒɪn] *n glžk.* sniego valytuvas; žvalgomasis garvežys *(tikrinantis, ar nėra kliūčių kelyje)*
pilot-fish ['paɪlətfɪʃ] *n zool.* locmanas *(žuvis)*
pilous ['paɪləs] *a* = **pilose**
pilule ['pɪlju:l] *n* nedidelė piliulė; žirnelis
pimento [pɪ'mentəu] *n (pl ~s [-z]) bot.* pimentas *(saldusis pipiras)*
pimp [pɪmp] *n (tik v.)* sąvadautojas
v sąvadauti
pimpernel ['pɪmpənel] *n bot.* progailis; *scarlet ~* raudonasis progailis
pimping¹ ['pɪmpɪŋ] *a* **1** mažas; menkas **2** silpnas, liguistas
pimping² *n* sąvadavimas
pimple ['pɪmpl] *n* **1** spuogas **2** gūburėlis
pimpled, pimply ['pɪmpld, 'pɪmplɪ] *a* spuoguotas
pin [pɪn] *n* **1** segtukas; smeigė, smeigtas, smeigtukas **2** įsagas, sagė; ženkliukas **3** *pl šnek.* kojos; *he is quick on his ~s* jis greitai bėgioja; *he is weak on his ~s* jis silpnai laikosi ant kojų **4** statinaitė *(19,143 litro talpos)* **5** kočėlas **6** *(rakto)* galvutė, barzdelė **7** kėglis **8** kuolelis, vagelis; kaištelis, kaištis **9** *tech.* pirštas, smaigas, smaigė; varžtas; šerdesas, ašis; kakliukas; vielokaištis *(t. p. split ~); stop ~* atraminis pirštas ◊ *for two ~s* su malonumu padarytų/pasakytų *(bet nelabai protinga/mandagu ir pan.); ~s and needles* dilgsėjimas *(galūnėse po nutirpimo); to be on ~s and needles* ≡ sėdėti kaip ant žarijų; *I don't care a ~* ≡ man nusispjauti; *one/you could hear a ~ drop* girdėtum skrendančią musę
v **1** segti, sagstyti *(segtuku);* prismeigti, prisegti *(ppr. ~ up; to, on);* susmeigti, susegti *(ppr. ~ together)* **2** pradurti, pramušti **3** prispausti *(against, to, under)* **4** (su)versti kaltę *(on smb – kam, for smth – dėl ko)* **5** *sport., kar.* prispausti, blokuoti ☐ *~ down* a) priremti; prispirti pasakyti; b) aiškiai nustatyti; atpažinti; *~ down to a promise* susaistyti pažadu ◊ *~ back your ears/lugholes šnek.* ≡ ausis atplėškit/pastatykit
pina colada [ˌpi:nəkə'lɑ:də] *isp.* pinakolada *(gėrimas iš romo, ananasų sulčių ir kokoso riešutų sulčių)*
pinafore ['pɪnəfɔ:] *n* prijuostė, prijuostėlė
pinball ['pɪnbɔ:l] *n* kiniškas biliardas
pince-nez [ˌpæns'neɪ] *pr. n* pensnė
pincers ['pɪnsəz] *n pl* **1** *(t. p. a pair of ~)* replės, žnyplės; pincetas **2** *(vėžio)* žnyplės
pincette [pɪn'set, pæn'set] *pr. n* pincetas, žnybtukas
pinch [pɪntʃ] *n* **1** gnybis, žnybtelėjimas; *to give smb a ~ on the cheek* įžnybti kam į skruostą **2** *(druskos ir pan.)* žiupsnis, žiupsnelis **3** (su)spaudimas; suvaržymas **4** labai sunki padėtis; bėda, nepriteklius; *the ~ of poverty* vargas **5** laužtuvas *(t. p. ~ bar)* **6** *šnek.* vagystė **7** *sl.* areštas, suėmimas ◊ *at a ~, amer. in a ~* būtiniausiu atveju; *to feel the ~* ≡ turėti susiveržti diržą
v **1** (nu)žnybti, žnaibyti; įgnybti, sugnybti; priverti *(durimis)* **2** kankinti; *to be ~ed with cold [hunger]* sužvarbti [išalkti] **3** spausti *(apie batus)* **4** apriboti, suvaržyti **5** raginti *(arklį, ypač lenktynėse)* **6** taupyti, sunkiai verstis *(džn. ~ and save/scrape)* **7** *šnek.* (nu)kniaukti, nudžiauti **8** *(ppr. pass) sl.* suimti, areštuoti **9** *ž. ū.* pinciruoti ◊ *that is where the shoe ~es* ≡ štai kur visa esmė; štai kur keblumas
pinchbeck ['pɪntʃbek] *n* **1** *metal.* tombakas **2** pigus juvelyrinis dirbinys, imitacija
a padirbtas, suklastotas, dirbtinis; *~ manners* dirbtinės manieros
pinched [pɪntʃt] *a* **1** sugnybtas, nužnybtas **2** suvaržytas; stokojantis *(pinigų; for)* **3** sužvarbęs, sumenkęs, suvargęs *(apie veidą)*
pinchers ['pɪntʃəz] *n pl* = **pincers** 1
pinch-hit ['pɪntʃhɪt] *v amer.* pavaduoti *(esant būtinybei; for)*
pincushion ['pɪnˌkuʃn] *n* pagalvėlė segtukams
pine¹ [paɪn] *n* **1** *bot.* pušis; *Scotch [red] ~* paprastoji [sakingoji] pušis; *~ bath* pušų vonia; *~ spruce* Kanados eglė **2** *šnek.* ananasas
pine² *v* **1** nykti, menkėti, silpti *(ppr. ~ away)* **2** ilgėtis, mausti *(for)*
pineal ['pɪnɪəl] *a* kankorėžinis, kankorėžiškas; *~ body/gland anat.* kankorėžinė liauka
pineapple ['paɪnæpl] *n* ananasas *(medis ir vaisius)*
pinecone ['paɪnkəun] *n* pušies kankorėžis
pine-needle ['paɪnˌni:dl] *n (ppr. pl)* pušies spyglys
pinery ['paɪnərɪ] *n* **1** pušynas, pušynėlis **2** ananasų plantacija/šiltnamis
pine-scented ['paɪn'sentɪd] *a* turintis pušų kvapą, kvepiantis pušimi
pine-tree ['paɪntri:] *n* = **pine¹** 1
pinewood ['paɪnwud] *n* **1** pušynas, šilas **2** pušų mediena
pinfold ['pɪnfəuld] *(ypač ist.) n* užtvara, žardis *(galvijams)*
v uždaryti/laikyti *(galvijus)* užtvaroje
ping [pɪŋ] *n* **1** zvimbtelėjimas; dzingtelėjimas **2** *(uodo)* zyzimas; *(kulkos)* zvimbimas
v **1** zvimbtelėti; dzingtelėti **2** zirzti, zyzti, zvimbti **3** *amer.* = **pink³**
ping-pong ['pɪŋpɔŋ] *n* stalo tenisas
pinguid ['pɪŋgwɪd] *a knyg., juok.* riebus, nutukęs
pinhead ['pɪnhed] *n* **1** segtuko galvutė **2** mažmožis, smulkmena **3** *šnek.* bukagalvis, kvailys
pinhole ['pɪnhəul] *n* **1** segtuko skylutė **2** pradūrimas *(segtuku)* **3** *tech.* kaiščio skylė; maža anga
pinion¹ ['pɪnjən] *n tech.* dantratukas; *planet ~* satelitas

pinion[2] *n* **1** paukščio sparno galas **2** (plasnojamoji) plunksna **3** *poet.* sparnas
v **1** pakirpti/surišti sparnus **2** surišti *(rankas)* **3** stipriai pririšti *(to)*
pink[1] [pɪŋk] *n* **1** *bot.* gvazdikas **2** rožinė, rausva spalva **3** *(the ~)* aukščiausias laipsnis; *the ~ of perfection* didžiausias tobulumas, pati tobulybė **4** raudonas drabužis *(dėvimas medžiojant lapes; t. p. ~ coat);* medžiotojas raudonu drabužiu **5** nuosaikus radikalas ◊ *in the ~ (of condition/health)* a) *šnek.* trykštantis sveikata; klestintis; b) *sport.* puikios formos
a **1** rožinis, rausvas *(apie spalvą); shocking ~* skaisčiai rožinis; *to go/turn ~* parausti **2** kairuoliškas; liberalių pažiūrų **3** *attr* žydras *(apie homoseksualistus)*
pink[2] *v* **1** pradurti, perdurti **2** (iš)gražinti išbadant skylutes, (iš)dantyti *(t. p. ~ out)*
pink[3] *v* čiaudėti, springčioti *(dėl detonacijos; apie variklį)*
pink[4] *n* jauniklė lašiša
pink-collar [ˌpɪŋkˈkɔlə] *a* mažai apmokamas *(apie moterų darbą, darbininkes)*
pinkeye [ˈpɪŋkaɪ] *n med., vet.* aštrus užkrečiamas konjunktyvitas
pinkie [ˈpɪŋkɪ] *n amer., škot. šnek.* mažylis pirštas
pinking [ˈpɪŋkɪŋ] *n aut. (variklio)* čiaudėjimas, springčiojimas, detonacinis degimas
pinkish [ˈpɪŋkɪʃ] *a* šviesiai rožinis
pinko [ˈpɪŋkəu] *n (pl ~(e)s [-z])* **1** *amer. niek.* kairuolis *(apie socialistą, komunistą)* **2** *šnek.* nuosaikus liberalas
Pinkster [ˈpɪŋkstə] *n amer. dial.* savaitė po Sekminių ◊ *p. flower* rožinė azalija
pinky[1] [ˈpɪŋkɪ] *a* = **pinkish**
pinky[2] *n* = **pinkie**
pin-money [ˈpɪnˌmʌnɪ] *n* kišenpinigiai; pinigai smulkioms išlaidoms *(ypač moterų)*
pinna [ˈpɪnə] *n (pl* pinnae, *~s) anat.* ausies kaušelis
pinnace [ˈpɪnɪs] *n jūr.* **1** *ist.* pinasa *(prekybinis tristiebis laivas)* **2** *(laivo)* motorinė valtis
pinnacle [ˈpɪnəkl] *n* **1** *archit.* smailus bokštelis; smailė **2** *(uolos, kalno)* viršūnė **3** *prk.* viršūnė, kulminacija, aukščiausias taškas *(of)*
v **1** (iš)aukštinti, iškelti (aukštai) **2** puošti bokšteliais
pinnae [ˈpɪniː] *pl žr.* **pinna**
pinnate [ˈpɪneɪt] *a bot.* plunksniškas *(apie lapą)*
pinniped [ˈpɪnɪped] *a zool.* irklakojis
pinny [ˈpɪnɪ] *n šnek., vaik.* prijuostėlė
pinocytosis [ˌpiːnəusaɪˈtəusɪs, pɪnəu-] *n biol.* pinocitozė
pinpoint [ˈpɪnpɔɪnt] *<n, a, v> n* **1** segtuko smaigalys **2** kas nors labai maža/nereikšminga; *~s of light* šviesos taškeliai
a **1** tikslus, reikalaujantis tikslumo **2** labai mažas
v **1** tiksliai nustatyti/nurodyti; pabrėžti **2** *kar.* fiksuoti taikinį; tiksliai pataikyti į taikinį
pinprick [ˈpɪnprɪk] *n* **1** segtuko įdūrimas **2** *prk.* įgėlimas; mažas nemalonumas; *I get constant little ~s from her* ji vis stengiasi man įgelti *(šviesos ir pan.)* ruoželis
pinstripe [ˈpɪnstraɪp] *n* **1** plonas šviesus ruoželis *(audinyje)* **2** *pl* kostiumas su šviesiais ruoželiais *(t. p. ~ suit)*
pinstriped [ˈpɪnstraɪpt] *a* su ruoželiais *(apie audinį, kostiumą)*
pint [paɪnt] *n* **1** pinta *(D. Britanijoje = 0,57 litro; JAV = 0,47 litro skysčių ir 0,55 litro biralų)* **2** *šnek.* bokalas alaus; *to go for a ~* eiti išgerti alaus ◊ *to make a ~ measure hold a quart* stengtis padaryti ką nors negalimą
pinta [ˈpaɪntə] *n šnek. (pieno ir pan.)* pinta

pintale [ˈpɪnteɪl] *n zool.* smailiauodegė antis
pintle [ˈpɪntl] *n tech.* ašis; kakliukas; šerdesas; varžtas; kaištis; *~ disperser/tip* kaištinis purškiklis
pinto [ˈpɪntəu] *amer. a* keršas, margas *(apie arklį)*
n (pl ~(e)s [-z]) keršis *(arklys)*
pint-size(d) [ˈpaɪntsaɪz(d)] *a šnek.* mažas, mažutis
pinup [ˈpɪnʌp] *n* žavios moters, ar žymaus žmogaus, fotografija *(ypač prismeigiama prie sienos)*
a **1** žavus, dailus *(apie moterį); she is my ~ girl* ji mano idealas **2** sieninis; *~ calendar* sieninis kalendorius
pinwheel [ˈpɪnwiːl] *n amer.* vėjo malūnėlis *(žaislas)*
piny [ˈpaɪnɪ] *a* pušų, pušinis; apaugęs pušimis
pioneer [ˌpaɪəˈnɪə] *n* **1** pionierius; *(kokios nors veiklos)* pradininkas, iniciatorius **2** pirmasis kolonistas **3** *kar.* pionierius; *~ tools* įrankiai apkasams/tranšėjoms įrengti, apsikasamieji įrankiai
v **1** skinti kelią; būti pionieriumi/pradininku **2** vadovauti, nukreipti
pioneering [ˌpaɪəˈnɪərɪŋ] *a attr* novatoriškas
pious [ˈpaɪəs] *a* **1** dievobaimingas, pamaldus; religingas **2** šventeiviškas, davatkiškas ◊ *~ hopes* nerealios/neįtikėtinos viltys
pip[1] [pɪp] *n* **1** pieputis *(vištų liga)* **2** *šnek.* bloga savijauta, negalavimas; *to have the ~* blogai jaustis; būti blogai nusiteikusiam; *he gives me the ~* jis mane erzina
pip[2] *n (vaisiaus)* kauliukas, sėkla
pip[3] *n* **1** *(domino, kortų)* akis **2** *(antpečių)* žvaigždutė
pip[4] *v šnek.* **1** pašauti, sužeisti **2** įveikti, nugalėti **3** neišrinkti *(per rinkimus)* **4** sukirsti *(per egzaminą)* ☐ *~ out* mirti ◊ *to be ~ped at the post sport.* pralaimėti paskutinę minutę
pip[5] *n (radijo, telefono)* signalas, pyptelėjimas, pypsėjimas
v pyptelėti, pypsėti
pipage [ˈpaɪpɪdʒ] *n* **1** tiekimas/perpumpavimas vamzdžiais **2** vamzdynas *(dujų, vandens)*
pipe [paɪp] *n* **1** vamzdis, vamzdelis; *the ~s* vamzdžiai, vamzdynas; radiatorius **2** pypkė **3** dūda, dūdelė, švilpukas, švilpynė, *(vargonų)* vamzdis; *jūr.* locmano švilpukas **4** *(paukščių)* čiulbėjimas, giedojimas **5** *pl muz.* dūdmaišis **6** *pl šnek.* kvėpavimo takai **7** *(vyno)* statinė *(= 477 litrai)* **8** *metal.* subėgimo kiaurymė ◊ *to smoke the ~ of peace* ≡ surūkyti taikos pypkę, susitaikyti; *to hit the ~ amer.* rūkyti opiumą; *put that in your ~ and smoke it šnek.* ≡ užsirašykite tai sau ant kaktos
v **1** groti *(dūdele ir pan.),* dūduoti, švilpti **2** švilpti, švilpauti *(apie vėją)* **3** *jūr.* sušaukti švilpuku **4** vilioti dūdele *(medžiojant)* **5** čiulbėti, giedoti; pypti **6** (su)spiegti, (su)cypti, cyptelėti **7** *šnek.* žliumbti, verkti *(t. p. ~ one's eye)* **8** apsiuvinėti *(drabužio)* kraštą **9** *kul.* papuošti *(tortą)* **10** instaliuoti vamzdžių sistemą; tiesti vamzdžius **11** *(džn. pass)* tiekti/leisti vamzdžiais *(vandenį ir pan.)* ☐ *~ away jūr.* duoti signalą išplaukti; *~ down šnek.* nutilti; nuleisti/sušvelninti toną; *~ up* užgroti; užgiedoti; prakalbėti
pipeclay [ˈpaɪpkleɪ] *n* baltasis molis *(pypkėms gaminti, odai valyti)*
v **1** baltinti/valyti baltuoju moliu **2** *prk.* (su)tvarkyti, palaikyti tvarką
pipe-dream [ˈpaɪpdriːm] *n* nepasiekiama svajonė
pipefish [ˈpaɪpfɪʃ] *n zool.* jūros adata *(žuvis)*
pipe-fitter [ˈpaɪpˌfɪtə] *n* šaltkalvis vandentiekininkas
pipeful [ˈpaɪpful] *n* pilna pypkė *(tabako)*
pipe-layer [ˈpaɪpˌleɪə] *n* vamzdžių klotuvas
pipe-laying [ˈpaɪpˌleɪɪŋ] *n* vamzdžių tiesimas/klojimas

pipeline ['paɪplaɪn] *n* **1** naftotiekis; vamzdžiai, vamzdynas **2** *(informacijos ir pan.)* kanalas; ***diplomatic ~s*** diplomatiniai kanalai ◊ ***in the ~*** ruošiamas, bręstantis
v **1** pumpuoti vamzdžiais **2** tiesti/kloti vamzdžius

piper ['paɪpə] *n* **1** dūdininkas, dūdmaišininkas; vamzdininkas, fleitininkas **2** nuvarytas arklys ◊ ***to pay the ~*** apmokėti sąskaitą, padengti išlaidas; ***he who pays the ~ calls the tune*** kas moka, tas ir įsakinėja

pipette [pɪ'pet] *n* pipetė

piping ['paɪpɪŋ] *n* **1** grojimas *(dūdele ir pan.)*, dūdavimas **2** švilpavimas; spiegimas; *(paukščių)* čiulbėjimas, čiulbesys **3** vamzdynas; tiekimas vamzdžiais **4** *(drabužio)* apvadas **5** *kul. (torto)* ornamentinių linijų papuošimas **6** *metal.* subėgimo kiaurymė
a **1** cypiamas, spiegiamas *(apie balsą)* **2** romus, idiliškas; ***the ~ time(s) of peace*** taikos metas ◊ ***~ hot*** a) labai karštas; b) naujutėlis, ką tik pagamintas/išleistas *ir pan.*

pipit ['pɪpɪt] *n zool.* kalviukas *(paukštis);* ***tree ~*** miškinis kalviukas

pipkin ['pɪpkɪn] *n* molinis puodelis/dubenėlis

pippin ['pɪpɪn] *n* **1** pepinai *(obuolių veislė)* **2** *šnek.* dievaitis, žavus žmogus; gražuolė

pippin-faced ['pɪpɪn'feɪst] *a* apvalaus raudono veido, apskritaveidis

pipsqueak ['pɪpskwi:k] *n šnek.* niekingas padaras, ≡ tuščia vieta

pipy ['paɪpɪ] *a* **1** vamzdžio pavidalo, vamzdiškas **2** skardus, spiegiamas

piquancy ['pi:kənsɪ] *n* pikantiškumas *(t. p. prk.)*

piquant ['pi:kənt] *a* pikantiškas; *(prk. t. p.)* intriguojantis

pique [pi:k] *n* įžeista savimeilė; nuoskauda, apmaudas; ***in a fit of ~*** apmaudo apimtas, labai susierzinęs; ***out of ~*** iš apmaudo
v **1** *(ppr. pass)* įžeisti, įskaudinti **2** sužadinti *(smalsumą)* **3** *refl* didžiuotis, pūstis *(on – kuo)* **4** *av.* pikiruoti

piqué ['pi:keɪ] *n tekst.* pikė *(audinys)*

piquet[1] [pɪ'ket] *n* piketas *(kortų lošimas)*

piquet[2] ['pɪkɪt] = **picket** *n* 3

piracy ['paɪərəsɪ] *n* **1** piratavimas, plėšikavimas *(jūroje)* **2** autorinių teisių pažeidimas, piratavimas

piragua [pɪ'rægwə] *n* = **pirogue**

piranha [pɪ'rɑ:nə] *n zool.* piranija *(P. Amerikos plėšri upių žuvis)*

pirate ['paɪərət] *n* **1** piratas **2** piratų laivas **3** autorinių teisių pažeidėjas; plagiatorius; ***~ radio station*** neteisėta radijo stotis
v **1** piratauti, plėšikauti, apiplėšti *(jūroje)* **2** išleisti/transliuoti pažeidžiant autorines teises; ***to ~ smb's ideas [inventions]*** pasisavinti kieno mintis [išradimus]

piratic(al) [paɪ'rætɪk(l)] *a* **1** piratų, piratiškas **2** neteisėtai išleistas/transliuotas; ***~ edition*** neteisėtai perspausdintas, piratiškas leidinys

pirogue [pɪ'rəʊg] *n* piroga *(siaura valtis)*

pirouette [ˌpɪru'et] *n* piruetas, suktukas
v daryti piruetus

piscatorial, piscatory [ˌpɪskə'tɔ:rɪəl, 'pɪskət°rɪ] *a spec.* **1** žvejų **2** žvejybos, žvejybinis

Pisces ['paɪsi:z] *n pl* Žuvys *(žvaigždynas ir zodiako ženklas)*

pisciculture ['pɪsɪkʌltʃə] *n spec.* žuvivaisa, žuvininkystė

pisciculturist [ˌpɪsɪ'kʌltʃərɪst] *n spec.* žuvivaisininkas

piscina [pɪ'si:nə] *n (pl* -nae [-ni:], -s) **1** žuvų tvenkinys **2** *ist.* plaukymo baseinas *(sen. Romoje)*

piscine ['pɪsaɪn] *a spec.* žuvų, žuvies, žuvinis

pisé ['pi:zeɪ] *pr. n* plūktinė medžiaga/statyba; ***~ building*** krėstinis/plūktinis pastatas

pish [pɪʃ] *int psn.* fe!, fui! *(išreiškiant pasibjaurėjimą, nepakentimą ir pan.)*

pismire ['pɪsmaɪə] *n ret.* skruzdėlė

piss [pɪs] *vulg. n* **1** myžalai **2** myžimas ◊ ***to take the ~ (out of)*** ≅ miglas pūsti, muilinti akis; ***full of ~ and vinegar*** *amer.* smarkus, padūkęs
v **1** myžti **2** primyžti *(lovą, kelnes)* **3** išleisti *(kraujo)* su šlapimu **4** pilti, smarkiai lyti *(t. p.* ***~ down)*** **5** mirti iš juoko *(t. p.* ***~ laughing)*** ◻ ***~ about/around*** a) krapštytis, kuistis; b) kvailioti; ***~ away*** *amer.* išsvaistyti *(pinigus ir pan.);* ***~ off*** a) *(ppr. pass)* įgristi iki gyvo kaulo, atsibosti; b): ***~ off!*** eik tu žinai kur!, atsikabink!

pissed [pɪst] *a sl.* **1** girtas; ***~ as a newt, ~ out of one's head*** girtas kaip kiaulė **2** *amer.* supykęs, užsiutęs, susinervinęs

pisser ['pɪsə] *n sl.* **1** velniava; nemalonumai **2** tualetas **3** *amer.* nuostabus dalykas

pissoir ['pɪswɑ:] *pr. n* viešas tualetas

pisspot ['pɪspɔt] *n vulg.* myžpuodis, naktinis puodukas

piss-take ['pɪsteɪk] *n sl.* parodija, pasijuokimas *(of – iš)*

piss-up ['pɪsʌp] *n sl.* išgertuvės, gėrynė(s)

pistachio [pɪ'stɑ:ʃɪəʊ] *n (pl* ~s [-z]) pistacija *(medis ir riešutas)*
a šviesiai žalias *(t. p.* ***~ green)***

piste [pi:st] *n* greitojo kalnų nusileidimo trasa/distancija

pistil ['pɪstɪl] *n bot.* piestelė

pistillate ['pɪstɪlət] *a bot.* piestelinis

pistol ['pɪstl] *n* pistoletas ◊ ***to hold a ~ to smb's head*** grasinti karu, versti ką daryti
v šau(dy)ti iš pistoleto

pistol-whip ['pɪstlwɪp] *v* mušti pistoleto rankena

piston ['pɪstən] *n* **1** *tech.* stūmoklis; ***retaining/stop ~*** uždarantysis stūmoklis **2** *(pučiamojo instrumento)* pistonas, vožtuvėlis

piston-pump ['pɪstənpʌmp] *n* stūmoklinis siurblys

piston-rod ['pɪstənrɔd] *n tech.* stūmoklio kotas, švaistiklis

pit[1] [pɪt] *n* **1** duobė; įduba; iškasa; ***gravel ~*** žvyrduobė; ***inspection ~*** *aut.* apžiūros duobė **2** šachta, kasykla; ***open ~*** karjeras; atviras eksploatavimas; ***test ~*** *geol.* žvalgymo gręžinys **3** vilkaduobė, spąstai **4** *(the ~s) bibl.* pragaras *(t. p.* ***the ~ of hell)*** **5** *šnek.* skylė *(apie apleistą/prastą kambarį ir pan.)* **6** *anat.* duobutė, duobė; ***in the ~ of the stomach*** po krūtine, paširdžiuose **7** *(raupų)* randas **8** *teatr. ret.* parteris *(užpakalinės eilės);* parterio publika **9** *teatr.* orkestro duobė *(t. p.* ***orchestra ~)*** **10** automobilių remonto ir degalų papildymo punktas *(treko šone);* ***~ stop*** sustojimas automobilių remonto punkte *(pasipildyti degalų, pasiremontuoti)* **11** arena *(gaidžių peštynėms)* **12** *sport.* šuoliaduobė **13** *amer. šnek.* pažastis **14** *amer.* biržos patalpų dalis, skirta prekiauti kokiomis nors prekėmis **15** *metal.* liejimo kiaurymė ◊ ***to dig a ~ for smb*** ≅ kasti kam duobę
v **1** supilti/užkasti į duobę *(daržoves ir pan.)* **2** kasti duobes **3** išberti *(raupais);* ***~ted with smallpox*** raupuotas **4** kiršinti *(gaidžius, šunis)* **5** *prk. (against)* priversti kovoti *(su),* nustatyti vieną prieš kitą; išbandyti savo jėgas, varžytis; ***to ~ one's strength against an enemy*** kautis su priešu; ***to ~ oneself against heavy odds*** kovoti su didžiuliais sunkumais ◻ ***~ out*** *amer. šnek.* išprakaituoti, suprakaituoti

pit[2] *amer. n (vaisiaus)* kauliukas
v išimti kauliuką

pit-a-pat ['pɪtəˌpæt] *n* tuksėjimas; tapsėjimas
adv: ***to go ~*** sutuksėti *(apie širdį);* ***his feet went ~ with joy*** iš džiaugsmo jis ėmė trepsėti

pitch¹ [pɪtʃ] *n* derva, degutas; pikis; *(as) black/dark as* ~ juodas/tamsus kaip degutas, labai juodas, visiškai tamsus
v dervuoti; pikiuoti
pitch² *n* **1** metimas **2** nuolydis, nuolaidumas, nuožulnumas; *(stogo)* šlaitas **3** *(tono, garso ir pan.)* aukštis; *absolute* ~ a) absoliutus aukštis; b) absoliuti klausa; *to give the* ~ *muz.* duoti toną; *the noise rose to a deafening* ~ triukšmas tapo kurtinantis **4** *(susijaudinimo, tobulumo, šviesos ir pan.)* laipsnis, stiprumas **5** prekių partija **6** *(gatvės prekybininko ir pan.)* prekiavimo vieta, įprastinė vieta **7** *šnek.* šmaikštūs žodeliai, šmaikštavimas *(giriant pardavinėjamas prekes)* **8** *sport.* aikštelė, aikštė **9** *tech. (sraigto, sriegio, krumpliaračių kabinimo)* žingsnis **10** *jūr.* išilginis *(laivo)* supimasis **11** *geol. (klodo)* polinkis
v **1** mesti, sviesti, mėtyti **2** (nu)kristi, pulti *(nuo arklio, dviračio ir pan.; t. p.* ~ *off)* **3** (už)pulti *(žodžiais, smūgiais; into)* **4** (pri)taikyti *(tam tikram lygiui); he ~ed his speech at a very simple level* jis kalbėjo labai paprastai **5** *šnek.* taikyti, aukštai siekti; šmaikštauti, liaupsinti *(ypač apie biznierius, prekiautojus); to ~ a yarn* fantazuoti; *to ~ it strong* perdėti; *he ~ed his hopes too high* jis per aukštai siekė, jis turėjo per didelių vilčių **6** *muz.* būti tam tikro aukščio; *to ~ one's voice higher* paaukštinti balsą **7** *sport.* paduoti, mesti *(sviedinį)* **8** (pa)statyti, įrengti *(palapines, stovyklą); to ~ one's tent* a) pasistatyti palapinę; b) laikinai apsigyventi **9** eiti žemyn/ nuožulniai *(apie stogą ir pan.)* **10** *jūr.* išilgai suptis *(apie laivą); to ~ heavily/violently* smarkiai supti(s) **11** *tech.* užkabinti *(apie krumplius)* ☐ ~ *in šnek.* a) energingai imtis, įnikti; b) (imti) kirsti, šveisti *(valgį);* c) (siūlytis) padėti *(with);* ~ *out* išmesti, atsikratyti; ~ *up šnek.* (netikėtai) atvykti
pitch-and-toss [,pɪtʃən'tɒs] *n* žaidimas monetomis, panašus į „raštas ar erelis"
pitch-black [,pɪtʃ'blæk] *a* juodas kaip degutas
pitchblende ['pɪtʃblend] *n min.* uranitas, urano rūda
pitch-dark [,pɪtʃ'dɑːk] *a* labai tamsus, tamsu – nors į akį durk
pitched [pɪtʃt] *a* nuožulnus; *the roof is* ~ stogas per daug status ◊ ~ *battle* a) lemiamos kautynės; b) muštynės, smarkus kivirčas
pitcher¹ ['pɪtʃə] *n* ąsotis ◊ *little ~s have long ears* vaikai viską nusiklauso; ≡ ir sienos turi ausis
pitcher² *n* **1** *sport. (beisbolo kamuoliuko)* metėjas, padavėjas **2** gatvės prekiautojas *(prekiaujantis tam tikroje vietoje)*
pitchfork ['pɪtʃfɔːk] *n* šakės *(ilgu kotu)* ◊ *it rains ~s amer.* ≡ lyja kaip iš kibiro
v **1** kelti/mesti šakėmis **2** *prk.* aukštai iškelti, nelaukti paskirti į aukštas pareigas *(into)*
pitching ['pɪtʃɪŋ] *n* **1** *stat.* kranto sutvirtinimas; grindimas **2** *jūr.* išilginis *(laivo)* supimasis/svyravimas
pitchman ['pɪtʃmən] *(pl* -men [-mən]) *n amer.* = **pitcher²** 2
pitch-pine ['pɪtʃpaɪn] *n* dervinga pušis
pitchy ['pɪtʃɪ] *a* **1** dervinis **2** dervuotas **3** dervingas **4** juodas kaip degutas
piteous ['pɪtɪəs] *a* pasigailėtinas, vertas pasigailėjimo; gailus, graudus
pitfall ['pɪtfɔːl] *n* **1** vilkduobė **2** *prk.* spąstai
pith [pɪθ] *n* **1** *bot.* šerdis; *biol.* parenchima, minkštimas **2** esmė *(t. p. the ~ and marrow; of)* **3** jėga, energija **4** *psn.* nugaros smegenys **5** *attr:* ~ *fleck* kirmgrauža

v **1** pjauti *(gyvulį)* perduriant nugaros smegenis **2** išimti šerdį *(iš augalo)*
pithead ['pɪthed] *n kas.* įėjimas į šachtą; statinys ant šachtos
pithecanthropus [,pɪθɪkæn'θrəʊpəs] *n* pitekantropas
pithily ['pɪθɪlɪ] *adv* iš esmės, glaustai
pithless ['pɪθləs] *a* **1** *bot.* be šerdies **2** *prk.* silpnas, išglebęs **3** neturiningas
pithy ['pɪθɪ] *a* **1** su šerdimi; šerdingas **2** turiningas; glaustas *(apie stilių)* **3** *(ypač škot.)* stiprus, energingas
pitiable ['pɪtɪəbl] *a* apgailėtinas, vertas užuojautos; niekingas
pitiful ['pɪtɪfəl] *a* **1** pasigailėtinas, keliantis pasigailėjimą, graudus **2** niekingas, menkas **3** *psn.* gailestingas
pitiless ['pɪtɪləs] *a* negailestingas
pitman ['pɪtmən] *n* **1** *(pl* -men [-mən]) kalnakasys, šachtininkas **2** *(pl ~s) amer. tech.* vairo svirtis, švaistiklis, jungiamoji trauka
piton ['piːtɒn] *n (alpinistų)* kobinys, vąšas
pitta ['pɪtə] *n zool.* pitas *(pitidų šeimos paukštis)*
pittance ['pɪtəns] *n* **1** menka alga/pašalpa; išmalda; *for a* ~ už skatikus/centus **2** nedidelis kiekis
pitted¹ ['pɪtɪd] *a* **1** duobėtas; su duobelėmis **2** raupuotas *(apie veidą)*
pitted² *a* be kauliuko, išimtu kauliuku *(apie vaisių)*
pitter-patter ['pɪtə,pætə] = **pit-a-pat** *n, adv*
pituitary [pɪ'tjuːɪtərɪ] *n* **1** *anat.* hipofizė *(t. p. ~ body/gland)* **2** *farm.* pituitrinas
pity ['pɪtɪ] *n* **1** gailestis; pasigailėjimas *(for); out of ~ for her* iš gailesčio/pasigailėjimo jai; *to have/take ~* pasigailėti *(on – ko)* **2** apgailestavimas; *it is a ~ that...* gaila, kad...; *it is a thousand pities* labai gaila; *what a ~!, the ~ of it!* kaip gaila!; *more's the ~* tuo blogiau; *kad ir* kaip būtų gaila
v gailėti, užjausti; apgailestauti; *I ~ you if you think that* man gaila tavęs, jei tu taip galvoji
pityingly ['pɪtɪɪŋlɪ] *adv* su gailesčiu, su užuojauta; apgailestaujant
Pius ['paɪəs] *n* Pijus *(vardas)*
pivot ['pɪvət] *n* **1** sukimosi centras, atsparos taškas **2** ašis; šerdesas; *(durų)* vyris, strypas **3** *prk.* centras, ašis; pagrindinis taškas **4** *sport.* posūkis
v **1** suktis *(apie ašį);* apsisukti **2** priklausyti *(on, upon – nuo)* **3** tvirtinti ant ašies, uždėti ant vyrių
pivotal ['pɪvətl] *a* **1** centrinis; ašinis, ašies **2** *prk.* pagrindinis, lemiamas
pix [pɪks] *n pl šnek.* paveikslai, nuotraukos
pixel ['pɪksəl] *n komp.* vaizdo elementas/taškas
pixie ['pɪksɪ] *n* laumė, elfas, fėja
pixil(l)ated ['pɪksɪleɪtɪd] *n juok.* **1** kvaištelėjęs, kuoktelėjęs; keistokas **2** kauštelėjęs, įkaušęs
pixy ['pɪksɪ] *n* = **pixie**
pizza ['piːtsə] *it. n kul.* pica; ~ *parlour* picerija
pizzazz [pɪ'zæz] *n šnek.* gyvumas, ugnelė; prašmatnumas
pizzeria [,piːtsə'riːə] *it. n* picerija
pizzicato [,pɪtsɪ'kɑːtəʊ] *adv, a, n muz.* pizzikato *(skaityk:* picikato*)*
placability [,plækə'bɪlətɪ] *n* romumas, atlaidumas; geraširdiškumas
placable ['plækəbl] *a* romus, atlaidus; geraširdiškas
placard ['plækɑːd] *n* plakatas, afiša
v **1** išlipdyti skelbimus *(ant sienų)* **2** skelbti/reklamuoti afišomis
placate [plə'keɪt] *v* (nu)raminti; nuteikti savo naudai
placatory [plə'keɪtərɪ] *a* raminamasis, raminantis

place [pleɪs] *n* **1** (*įv. reikšm.*) vieta; *~ of residence* gyvenamoji vieta; *in ~* a) savo vietoje; b) tinkamas; *out of ~* a) ne vietoje; netvarkingas; b) netinkamas; *in ~s* vietomis; *in ~ of it* vietoj to; *a good ~ to plant roses* gera vieta rožėms sodinti; *a sore ~ on one's shoulder* skaudama peties vieta; *to give ~ (to)* užleisti vietą; *to engage/secure ~s* užsakyti vietas (*viešbutyje ir pan.*); *he seemed to know the ~ well* atrodė, kad jis gerai pažįsta tą vietą; *I've lost my ~* aš pamečiau vietą, kur skaičiau; *six ~s were laid* stalas buvo padengtas šešiems asmenims **2** apgyventa vietovė, gyvenvietė, miestelis, miestas; *what ~ do you come from?* iš kur esi kilęs? **3** (*P.*) aikštė, gatvė (*vietovardžiuose*); *Portland P., London* Portlando aikštė Londone **4** sodyba, užmiesčio namas **5** *šnek.* namai; *at his ~* jo namuose **6** vieta, pareigos, tarnyba; *to take the ~ of smb* užimti kieno vietą, pavaduoti, pakeisti ką; *he is out of ~* jis neturi darbo; *he has got a ~ in the publishing house* jis pradėjo dirbti leidykloje **7** pareiga, reikalas; *it's not my ~ to interfere* ne mano reikalas kištis **8** padėtis (*visuomenėje, pasaulyje*); *Lithuania's ~ in Europe* Lietuvos vieta Europoje; *he has friends in high ~s* jis turi įtakingų draugų **9** *sport.* antra/trečia prizinė vieta; *amer.* antroji vieta (*lenktynėse*) **10** (*ypač amer.*) visur (*t. p. every ~, all over the ~*); *no ~* niekur; *I can't find it any ~* aš niekur negaliu jo rasti; *I've seen her before some ~* aš ją jau kažkur mačiau **11** *mat.*: *(calculated) to five decimal ~s* (apskaičiuotas) vienos šimtatūkstantosios tikslumu ◊ *another ~, the other ~ parl.* kiti rūmai (*bendruomenių ar lordų rūmai*); *in the first [second, etc.] ~* pirma, pirmiausia [antra *ir t. t.*]; *to behave as if, ar* to *act like, one owns the ~* elgtis tarsi būtų šeimininkas; *to go ~s* a) *šnek.* toli nueiti, daug pasiekti; (iš)populiarėti; b) *amer.* visur važinėti, daug pamatyti; *to keep smb in his ~* neleisti kam išpuikti; *to know one's ~* žinoti savo vietą, elgtis kaip pridera; *to put/set smb in his (proper) ~* nurodyti kam tikrą jo vietą; *to take ~* atsitikti, (į)vykti; *to take one's ~* a) užimti pradinę padėtį; b) užimti deramą vietą (*among – tarp*); *there is no ~ like home* ≡ visur gera, bet namie geriausia; *to be in the wrong ~ at the wrong time* netyčia pakliūti į keblią padėtį
v **1** (pa)dėti, statyti, (pa)talpinti; *to ~ a notice in a paper* įdėti skelbimą į laikraštį **2** nustatyti vietą/padėtį/datą *ir pan.*; įvertinti; *I would ~ him among the best modern writers* aš jį laikyčiau vienu iš geriausių dabartinių rašytojų **3** (*on, in*) dėti (*viltis ir pan.*); užkrauti (*atsakomybę ir pan.*); *to ~ confidence in smb* pasitikėti kuo **4** (pa)skirti į tarnybą; parūpinti darbą **5** atiduoti; *the child was ~d in his uncle's care* vaiką atidavė dėdės globai **6** įdėti, investuoti (*pinigus*) **7** parduoti, realizuoti (*prekes*); *to ~ an order* užsakyti **8** atpažinti, prisiminti **9** *pass* geriau tikti/sugebėti **10** (*ppr. pass*) *sport.* skirti/užimti vieną iš prizinių vietų; *his horse wasn't even ~d* jo arklys net nepateko tarp prizininkų **11** *amer.* būti antruoju (*lenktynėse*)

place-bet ['pleɪsbet] *n* lažybos dėl prizinių vietų (*žirgų lenktynėse*)

placebo [pləˈsiːbəʊ] *n* (*pl ~*(e)s [-z]) *med.* placebas (*neveiklus preparatas, skiriamas ligoniams įtaigos tikslais*)

place-card ['pleɪskɑːd] *n* kortelė, nurodanti svečio vietą prie stalo

place-kick ['pleɪskɪk] *n sport.* smūgis į nejudantį kamuolį

placeman ['pleɪsmən] *n* (*pl -men* [-mən]) (*ppr. menk.*) valdininkas; kreatūra, statytinis

placement ['pleɪsmənt] *n* **1** sudėliojimas, sustatymas; talpinimas **2** skyrimas į tarnybą, į(si)darbinimas

place-name ['pleɪsneɪm] *n* vietovardis; *~ study* toponimika

placenta [pləˈsentə] *n* (*pl ~s, -tae* [-tiː]) *anat.* nuovala, placenta (*t. p. bot.*)

placer ['pleɪsə] *n* (*brangiųjų iškasenų*) sąnašynas, kasykla

place-setting ['pleɪsˌsetɪŋ] *n* valgomųjų įrankių komplektas (*vienam asmeniui*)

placet ['pleɪset] *lot. n* balsas „už" *int* už!; *non ~!* prieš!

placid ['plæsɪd] *a* ramus, taikus

placidity [pləˈsɪdətɪ] *n* ramumas, taikumas

placing ['pleɪsɪŋ] *n* **1** iš(si)dėstymas **2** vieta (*varžybose ir pan.*) **3** *fin.* (*paskolos, investicijų*) paskirstymas

placket ['plækɪt] *n* (*sijono ir pan.*) prarėžas (*užsegimui, kišenei*)

plafond [plæˈfɔːŋ] *pr. n stat.* plafonas

plage [plɑːʒ] *pr. n* pliažas, paplūdimys (*kurorte*)

plagiarism ['pleɪdʒərɪzm] *n* plagiatas

plagiarist ['pleɪdʒərɪst] *n* plagiatorius

plagiarize ['pleɪdʒəraɪz] *v* (nu)plagijuoti (*from*)

plagioclase ['pleɪdʒɪəkleɪz] *n min.* plagioklazai

plague [pleɪg] *n* **1** maras; maro epidemija; *the ~* buboninis maras **2** bėda, nelaimė; (dievo) rykštė; apmaudas; *a ~ of rats* žiurkių antplūdis ◊ *white ~* džiova; *~ on it/him!* *ret.* kad jį kur maras!; *to avoid smth/smb like the ~* vengti ko kaip maro
v **1** kamuoti, varginti **2** *šnek.* neduoti ramybės, įkyrėti, įgristi (*prašymais, klausimais; with*)

plaguesome ['pleɪgsəm] *a šnek.* nemalonus, įkyrus

plague-spot ['pleɪgspɔt] *n ret.* **1** maro dėmė **2** maru užkrėsta vietovė **3** *prk.* užkrėtimo židinys; moralinio pakrikimo požymis

plague-stricken ['pleɪgstrɪkən] *a* maro apimtas; sergantis maru

plaice [pleɪs] *n* (*pl ~*) *zool.* plekšnė

plaid [plæd] *n* pledas, languota vilnonė skraistė/skara

plain[1] [pleɪn] <*a, n, adv*> *a* **1** paprastas; *~ food* paprastas maistas; *~ country-folk* paprasti kaimo žmonės **2** aiškus; suprantamas; *~ writing* aiški, išskaitoma rašysena; *to make it ~ (to)* aiškiai/nedviprasmiškai pasakyti (*kam*) **3** tiesus, atviras; *~ dealer* tiesus žmogus; *~ dealing* tiesumas, sąžiningumas; *to be ~ with smb* sakyti kam tiesą į akis **4** *euf.* negražus, prastas (*ypač apie moterį*); *~ features* neišraiškingi veido bruožai **5** akivaizdus; *the ~ truth* gryna tiesa; *it was ~ to everyone that he was lying* visiems buvo aišku/akivaizdu, kad jis meluoja **6** vienspalvis, nespalvotas (*apie medžiagą, piešinį*); neliniuotas (*apie popierių*); *a blue dress* grynai mėlyna suknelė **7** lygus (*apie vietovę*)
n **1** *geogr.* lyguma **2** paprastas/lygus mezgimas
adv **1** tiesiog; visiškai **2** atvirai, aiškiai **3** paprastai

plain[2] *v psn., poet.* skųstis, guostis, verkšlenti

plainchant ['pleɪntʃɑːnt] *n = plainsong*

plain-clothes ['pleɪnˈkləʊðz] *a attr* neuniformuotas, dėvintis civilinius drabužius (*apie policininką*); *~ man* seklys

plainly ['pleɪnlɪ] *adv* **1** aiškiai (*girdėti, matyti ir pan.*) **2** atvirai, tiesiai (*pasakyti*) **3** *mod* aiškiai, neabejotinai **4** paprastai

plainsman ['pleɪnzmən] *n* (*pl -men* [-mən]) lygumų gyventojas

plainsong ['pleɪnsɔŋ] *n bažn.* grigališkasis giedojimas

plainspoken ['pleɪnˈspəʊkən] *a* tiesmukas, tiesus

plaint [pleɪnt] *n* **1** *teis.* ieškinys, ieškininis prašymas **2** *poet., psn.* skundas, dejonė, rauda; sielvartavimas

plaintiff ['pleɪntɪf] *n teis.* ieškovas
plaintive ['pleɪntɪv] *a* graudus, gailus
plait [plæt] *n* **1** *(plaukų)* kasa; pynė **2** = **pleat**
v **1** (su)pinti *(kasas ir pan.)* **2** = **pleat**
plan [plæn] *n* **1** *(įv. reikšm.)* planas; *counter* ~ kontrplanas; *to draw up a* ~ sudaryti planą; *a* ~ *of an apartment house* daugiabučio namo planas/projektas; *make a* ~ *before you start to write* prieš pradedant rašyti, sudarykite planą; *what are your* ~*s for the future?* kokie jūsų ateities planai? **2** schema, diagrama; brėžinys **3** sumanymas; projektas; *to change one's* ~*s* pakeisti savo planus/sumanymus **4** veikimo būdas; *the best* ~ *would be to phone him* geriausia būtų jam paskambinti
v **1** (su)planuoti, sudaryti planą; projektuoti **2** pasirengti, organizuoti; numatyti; *she hadn't* ~*ned for/on so many guests* ji nenumatė, kad bus tiek daug svečių **3** sumanyti; ketinti □ ~ *ahead* iš anksto planuoti, numatyti; ~ *out* suplanuoti, išplanuoti
planar ['pleɪnə] *n geom.* plokštuminis
planch [plɑːnʃ] *n (akmens, metalo)* plokštė
planchet ['plænʧɪt] *n* monetos diskas, ruošinys *(monetoms gaminti)*
planchette [plɑːnˈʃet] *pr. n* lentelė *(naudojama spiritizmo seansuose)*
plane[1] [pleɪn] <*n, a, v*> *n* **1** plokštuma **2** *prk.* lygmuo, plotmė; *(žinių, vystymosi ir pan.)* lygis; *on a new* ~ nauju pagrindu **3** projekcija **4** *(kristalo)* sienelė **5** lėktuvas **6** *av.* aerodinaminis profilis **7** *kalb.* planas; *content [expression]* ~ turinio [išraiškos] planas
a **1** plokščias, lėkštas **2** *geom.* plokštuminis; ~ *geometry* planimetrija
v **1** sklęsti, sklandyti **2** keliauti lėktuvu **3** *av.* sklandyti **4** *jūr.* glisuoti, slysti vandens paviršiumi
plane[2] *n* **1** *tech.* oblius; leistuvas; drėkstuvas; drožtuvas **2** *stat.* lygintuvas
v obliuoti; lyginti □ ~ *away/down/off* nuobliuoti
plane[3] *n bot.* platanas *(t. p.* ~ *tree)*
planer ['pleɪnə] *n* **1** *tech.* drožimo/obliavimo staklės **2** obliuotojas; drožėjas
planet ['plænɪt] *n* planeta; *major [minor]* ~*s* didžiosios [mažosios] planetos
plane-table ['pleɪnˌteɪbl] *n geod.* menzula; planšetė
planetarium [ˌplænɪˈtɛərɪəm] *n (pl* ~s, -ria [-rɪə]*)* planetariumas
planetary ['plænɪtərɪ] *a* **1** planetinis, planetų **2** klaidžiojantis **3** žemės; pasaulinis, kosminis
planetesimal [ˌplænɪˈtesɪml] *n astr.* planetesimalė
planetology [ˌplænɪˈtɒləʤɪ] *n* planetologija
plangent ['plænʤənt] *a knyg.* **1** gūdus, raudulingas **2** pratisas, aidintis
planish ['plænɪʃ] *v tech.* **1** lyginti *(metalą)* **2** šlifuoti, poliruoti
planisphere ['plænɪsfɪə] *n spec.* planisfera
plank [plæŋk] *n* **1** (stora) lenta; lentjuostė **2** *polit.* pagrindinis bruožas; partijos programos punktas *(t. p. party* ~) ◊ *to walk the* ~ a) *ist.* būti nužudytam piratų papročiu; b) *amer.* būti priverstam pasitraukti *(iš užimamos vietos);* **(as) thick as two short** ~**s** ≡ kvailas per visą pilvą
v apkalti/iškloti lentomis □ ~ *down* a) smarkiai dėti, tėkšti, trenkti; b) *(ypač amer.) šnek.* pakloti *(pinigus),* mokėti iš karto
plank-bed ['plæŋkbed] *n* gultas
planking ['plæŋkɪŋ] *n* **1** apkalimas lentomis, apkala; lentų klojinys, paklotas **2** lentos
plankton ['plæŋktən] *n biol.* planktonas

planned [plænd] *a* planinis; planavimo; ~ *economy* planinė ekonomika; ~ *obsolescence ekon.* greit senstančios produkcijos gaminimas; planuojamas *(produkcijos)* senėjimas; ~ *parenthood* gimimų planavimas
planner ['plænə] *n* **1** planuotojas, projektuotojas **2** topografas
planning ['plænɪŋ] *n* **1** planavimas, projektavimas **2** žemėtvarka; *the* ~ *department (savivaldybės)* žemėtvarkos skyrius; ~ *permission (savivaldybės)* leidimas pastatui statyti/praplėsti **3** rengimas, organizavimas
plant[1] [plɑːnt] *n* **1** augalas; sodinukas; ~ *protection* augalų apsauga **2** augimas; *in* ~ augantis, tarpstantis; *to lose* ~ (nu)džiūti **3** *kuop.* derlius **4** poza, pozicija **5** *šnek.* informatorius; šnipas **6** *šnek.* pakištas įkaltis; vogti daiktai **7** *šnek.* apgaulė, šunybė
v **1** (pa)sodinti *(augalus);* (į)veisti *(sodą);* apsodinti, apželdinti *(with); to* ~ *a field with wheat* apsėti lauką kviečiais **2** veisti *(žuvį)* **3** tvirtai pastatyti *(in, on); refl* užimti poziciją, įsitaisyti; *to* ~ *a standard* iškelti vėliavą **4** įsmeigti, įbesti **5** įdiegti, įskiepyti *(mintis, jausmus; in);* pakišti *(minų ir pan.); to* ~ *doubt in smb's mind* pasėti abejones kieno galvoje **6** suduoti smūgį; *to* ~ *a kiss* pabučiuoti *(on – į)* **7** slapta padėti/įtaisyti *(bombą, magnetofoną ir pan.)* **8** *šnek.* pakišti *(įkaltį, inkriminuojančią medžiagą; on – kam)* **9** slėpti *(vogtus daiktus)* **10** slapta pasiųsti *(informatorių, savo šalininkus ir pan. į kamerą/organizaciją ir pan.)* **11** *(on)* primesti, palikti *(kam);* įkišti, įbrukti *(prekę)* **12** *ret.* įkurti *(koloniją ir pan.);* apgyvendinti □ ~ *out* persodinti į atvirą gruntą
plant[2] *n* **1** gamykla, fabrikas; įmonė **2** įranga, mašinos, agregatai
plantain ['plæntɪn] *n* **1** *bot.* gyslotis; *hoary* ~ trumpakotis gyslotis; *water* ~ dumblialaiškis **2** plantanas *(bananų rūšis)*
plantar ['plæntə] *a anat.* pado, padinis, plantarinis
plantation [plænˈteɪʃn] *n* **1** plantacija **2** sodiniai **3** *ist.* kolonizacija **4** *ist.* kolonija
planter ['plɑːntə] *n* **1** plantatorius **2** sodintojas **3** sodinamoji *(mašina)* **4** dekoratyvinis vazonas/lovelis *(gėlėms)* **5** *ist.* kolonistas
planting ['plɑːntɪŋ] *n* sodinimas; *tree* ~ medžių sodinimas
plant-louse ['plɑːntlaus] *n (pl* -lice [-laɪs]*) zool.* amaras
plaque [plæk, plɑːk] *n* **1** metalinis/porceliano diskas, dekoratyvinė lėkštė **2** lentelė/plokštelė su pavarde *ar* įstaigos pavadinimu; *memorial* ~ paminklinė lenta **3** garbės ženklelis **4** *med.* dantų akmuo
plash[1] [plæʃ] *n* **1** pliuškenimas, teškenimas; taškymas(is) **2** klanas, balutė
v pliuškenti, teškenti; taškyti(s)
plash[2] *v* lenkti ir pinti *(šakas, pinant tvorą)*
plashy ['plæʃɪ] *a* **1** purvinas; klampus **2** besipliuškenantis
plasm ['plæzm] *n* = **plasma**
plasma ['plæzmə] *n* **1** *fiziol., fiz.* plazma **2** *biol.* protoplazma **3** *min.* heliotropas
plaster[1] ['plɑːstə] *n* **1** tinkas **2** gipsas *(džn.* ~ *of Paris); his arm is in* ~ jo ranka gipse **3** pleistras **4** *ist.* trauklas, trauklapis
v **1** (iš)tinkuoti **2** uždėti pleistrą; (su)gipsuoti **3** apklijuoti; (už)tepti; sutepti **4** *sl.* apiberti kulkų *ir pan.* krušа; sumušti □ ~ *down* įtepti ir suglostyti *(plaukus);* ~ *over* užtinkuoti
plasterboard ['plɑːstəbɔːd] *n stat.* tinko plokštė, sausasis tinkas
plaster-cast ['plɑːstəkɑːst] *n* **1** gipso atlieja *(skulptūrai)* **2** *med.* gipso tvarstis

plastered ['plɑ:stəd] *a predic* **1** prilipęs **2** įdėtas lengvai pastebimoje vietoje *(laikraštyje ir pan.)* **3** *šnek.* įkaušęs, nusilesęs; *to get ~* įkaušti, nusilesti

plasterer ['plɑ:stərə] *n* tinkuotojas

plastering ['plɑ:stərɪŋ] *n* tinkavimas; tinko darbai; tinkas

plastic ['plæstɪk] *a* **1** plastmasinis; *~ bags* plastmasiniai krepšiai **2** plastinis; plastiškas; *~ surgery* plastinė chirurgija; *~ art* plastika, lipdybos/skulptūros menas; *~ clay* a) priemolis; b) plastiškas molis **3** lipdytinis, skulptūrinis; *~ figures* lipdytinės figūros **4** *menk.* netikras, dirbtinis, nepatikimas **5** *ret.* nuolaidus, lankstus *n* **1** *(džn. pl)* plastmasė; plastikas **2** *(the ~)* plastika, plastiškumas **3** *šnek.* kreditinės kortelės

plasticine ['plæstɪsi:n] *n* plastilinas

plasticity [plæ'stɪsətɪ] *n* plastiškumas

plasticize ['plæstɪsaɪz] *n* plastikuoti, didinti plastiškumą/tamprumą; darytis plastiškam/tampriam

plastron ['plæstrən] *n* **1** antkrūtinis, antkrūtinė **2** vėžlio šarvo apatinis skydas, plastronas

plat[1] [plæt] *n* **1** *amer.* planas, žemėlapis **2** *psn.* žemės sklypas
v amer. sudaryti planą

plat[2] = **plait** *n* 1, *v* 1

platan ['plætən] *n* = **plane**[3]

platband ['plætbænd] *n stat. (durų)* apvadas; sąrama; viršduris

plat du jour [,plɑ:du:'ʒuə] *pr.* dienos patiekalas *(gaminamas restorane tik tą dieną)*

plate [pleɪt] *n* **1** lėkštė **2** plokštelė, lentelė **3** *(metalo)* plokštė, lakštas, lapas **4** fotoplokštelė **5** sidabriniai valgomieji įrankiai; sidabriniai/auksiniai indai **6** graviūra; estampas **7** ekslibrisas **8** iliustracija ant atskiro lapo *(knygoje)* **9** *poligr.* spausdinimo forma, matrica **10** iškaba; *to put up one's ~* pradėti praktiką *(apie gydytoją)* **11** prizinė taurė **12** lenktynės prizui laimėti **13** plokštelė, plokščias dantų protezas *(t. p. dental ~)* **14** *biol.* apsauginė plokštelė, šarvas **15** *geol.* platforma **16** *stat.* gegninis **17** *el. (lempos)* anodas ◊ *to have a lot, ar too much, on one's ~* būti užsiėmusiam iki ausų, turėti daug rūpesčių/problemų; *to hand/give smth on a ~* pateikti ką gatava, lengvai atiduoti *(pergalę ir pan.)*; *to clean one's ~* išvalgyti viską
v **1** apkalti, apšarvuoti *(laivą)* **2** auksinti, sidabruoti, nikeliuoti **3** *metal.* (su)ploti *(metalą)* **4** *tech.* plakiruoti

plateau ['plætəu] *n (pl* ~s, ~x [-z]) **1** *geogr.* plokščiakalnis, plynaukštė, plato **2** *(kainų ir pan.)* stabilizavimasis

plate-basket ['pleɪt,bɑ:skɪt] *n* pintinėlė šakutėms, peiliams *ir pan.*

plateful ['pleɪtful] *n* (pilna) lėkštė *(kiekis)*

plate-glass ['pleɪt'glɑ:s] *n* veidrodinis stiklas *(ypač vitrinoms)*

platelayer ['pleɪt,leɪə] *n* kelio darbininkas; bėgių klojikas

platelet ['pleɪtlɪt] *n med.* trombocitas, kraujo plokštelė

plate-mark ['pleɪtmɑ:k] *n* prabavimo spaudas, praba

platen ['plætən] *n* **1** *(rašomosios mašinėlės)* velenėlis **2** *poligr.* tiglis **3** *tech. (staklių)* stalas

plate-powder ['pleɪt,paudə] *n* milteliai sidabrui valyti

plate-rack ['pleɪtræk] *n* indų džiovykla

platform ['plætfɔ:m] *n* **1** platforma; pakyla, paaukštinimas **2** tribūna; scena **3** *glžk.* peronas, platforma, prievaža; *~ ticket* perono bilietas **4** *prk. polit.* platforma, praktinė programa **5** *(vagono ir pan.)* aikštelė **6** tramplinas *(t. p. prk.)* **7** *pl* batai ant platformos *(t. p. ~ shoes)*

platform-car ['plætfɔ:mkɑ:] *n amer.* platforma *(prekinis vagonas)*

plating ['pleɪtɪŋ] *n* **1** apkalimas/dengimas metalu; nikeliavimas, auksinimas, sidabravimas **2** metalo lakštų apkala; *(nikelio, sidabro, aukso)* sluoksnelis

platinize ['plætɪnaɪz] *v* (pa)dengti platina, platinuoti

platinum ['plætɪnəm] *n* **1** platina **2** *attr* platinos, platininis; *~ blonde šnek.* labai šviesi blondinė

platitude ['plætɪtju:d] *n* banalybė, nuvalkiotas pasakymas; banalumas, trivialumas

platitudinize [,plætɪ'tju:dɪnaɪz] *v* sakyti banalybes

platitudinous [,plætɪ'tju:dɪnəs] *a* banalus, trivialus, nuvalkiotas

Plato ['pleɪtəu] *n* Platonas *(graikų filosofas)*

platonic [plə'tɒnɪk] *a* **1** platoniškas **2** nepraktiškas, apsiribojantis kalbomis **3** *(P.)* Platono, Platonui būdingas

Platonism ['pleɪtənɪzm] *n* platonizmas, Platono filosofija

Platonist ['pleɪtənɪst] *n* platonikas, Platono pasekėjas

platoon [plə'tu:n] *n* **1** *kar.* būrys **2** būrys, grupė; *a ~ of police* policijos būrys **3** *amer. sport.* gynėjai, puolėjai

platter ['plætə] *n* **1** *(ypač amer.)* negili pailga lėkštė, pusdubenis **2** *amer. šnek.* gramofono plokštelė **3** *psn.* negili medinė lėkštė

platypus ['plætɪpəs] *n zool.* ančiasnapis

plaudits ['plɔ:dɪts] *n pl* plojimai, aplodismentai; ovacijos

plausibility [,plɔ:zə'bɪlətɪ] *n* **1** patikimumas; tikėtinumas **2** mokėjimas įtikinti *ar* priversti patikėti

plausible ['plɔ:zɪbl] *a* **1** patikimas; tikėtinas **2** mokantis įtikinti *ar* priversti patikėti

play [pleɪ] *n* **1** žaidimas; žaismas; *to be at ~* žaisti; *~ on words* žodžių žaismas, kalambūras; *out of ~ sport.* už aikštės ribų, nežaidžiamas *(apie kamuolį)* **2** lošimas; *high ~* lošimas didelėmis pinigų sumomis **3** ėjimas *(žaidžiant, lošiant)*; *it's your ~* jūsų ėjimas **4** juokai; *in ~* juokais **5** pjesė, drama; vaidinimas, spektaklis; *a radio ~, a ~ for radio* radijo vaidinimas; *to go to the ~* eiti į teatrą **6** žaismas, mainymasis; *~ of colours* spalvų žaismas; *~ of the waves* bangų raibuliavimas **7** *(jausmų, jėgų ir pan.)* sąveika **8** veikimas; *to bring/call into ~* paleisti į darbą, panaudoti; *to come into ~* imti veikti, pasireikšti; *to make ~* ryžtingai veikti, suveikti **9** *(veikimo, judesio)* laisvė; *to give free ~ to one's imagination* duoti visišką laisvę savo vaizduotei; *give the rope more ~!* neįtempk virvės! **10** *tech.* laisvumas, tarpas, laisvoji eiga ◊ *to make one's/a ~ for smth* padaryti tai, kas įmanoma *(siekiant ko)*; *to make great ~ (of, about), to make a lot of ~ (of)* pabrėžti, skirti daug reikšmės *(kam)*
v **1** žaisti, linksmintis; *to ~ (at) hide-and-seek* žaisti slėpynių **2** žaisti, dalyvauti žaidime; *to ~ football* žaisti futbolą; *to ~ smb at chess, to ~ chess with smb* žaisti šachmatais su kuo **3** lošti; *to ~ for money* lošti iš pinigų **4** vaidinti, atlikti *(vaidmenį, muzikos kūrinį)*; *to ~ the part of Cleopatra* vaidinti/atlikti Kleopatros vaidmenį; *he ~ed a major role in negotiations prk.* jis suvaidino svarbų vaidmenį derybose **5** griežti, groti; *to ~ the piano* skambinti pianinu **6** vaidinti, dėtis; *to ~ the fool* dėtis kvailiu, kvailioti; *they ~ed at being huntsmen* jie suvaidino esą medžiotojai **7** elgtis; *to ~ the man* elgtis vyriškai; *to ~ fair* garbingai elgtis; *to ~ foul* negarbingai elgtis; *to ~ dirty* nesąžiningai elgtis; sukčiauti; *to ~ false* išduoti, būti neištikimam; *to ~ it cool* ramiai elgtis *(neišsiduoti)*; *to ~ it low* nesąžiningai pasielgti *(on – kieno atžvilgiu)* **8** iškrėsti *(išdaigą)*; *to ~ a trick (on)* iškrėsti pokštą *(kam)* **9** tikti žaidimui; tikti scenai; *the ground ~s well* šioje sporto aikštelėje gera žaisti; *the drama ~s well* ta drama labai sceniška **10** skrajoti; *butterflies ~ among flowers* tarp gėlių skrajoja peteliškės

playable   682   **pleasing**

11 žaisti, žaismingai rodytis, mirgėti; *a smile ~ed on/over her lips* šypsena žaidė jos lūpose; *the sunlight ~ed on the water* saulė žaidė vandenyje **12** trykšti *(apie fontaną)* **13** nukreipti *(šviesą ir pan.; on, over, along);* apšaudyti *(on, upon);* **to ~ a searchlight** nukreipti prožektorių; **to ~ a hose** laistyti vandenį žarna **14** turėti laisvumo, laisvai judėti *(apie mechanizmo dalį);* veikti, dirbti, eiti *(apie mašiną ir pan.)* **15** paleisti *(į darbą);* **to ~ a record** uždėti plokštelę, paleisti juostelę **16** lengvai valdyti; **to ~ a good knife and fork** valgyti su apetitu, šveisti **17** eiti *(šaške, korta)* **18** *sport.* įtraukti į komandą; priimti žaisti *(žaidėją)* **19** *sport.* (at)mušti, paduoti *(sviedinį)* **20** turėti savo žinioje *(pinigų, laiko; with)* **21** *(on)* pasinaudoti *(kuo),* išnaudoti *(ką); he ~ed upon her credulity* jis pasinaudojo jos lengvatikybe □ **~ about** = **~ around;** **~ along** meluoti, apgauti; sutikti *(trumpam);* **~ around** a) flirtuoti, mylėtis; b) sukinėti, sukalioti; užsiimti *(with – kuo);* **~ down** sumažinti, sumenkinti *(svarbą ir pan.);* **~ off** a) sužaisti; žaisti lemiamą susitikimą *(po lygiųjų);* b) (ap)mulkinti, apšauti; *he ~ed off a bad coin on me* jis įkišo blogą monetą; c) kurstyti, sukiršinti *(against – prieš);* **to ~ off one against another** kurstyti vieną prieš kitą *(savo naudai);* **~ out** *(ppr. pass)* a) įvykti *(kas turėjo įvykti);* b) išsisemti, išsekti; **~ over** *sport.* peržaisti; **~ up** a) aktyviai dalyvauti *(pokalbyje, veikloje);* b) išpūsti, perdėti *(svarbą ir pan.);* c) varginti, (nu)kamuoti; erzinti; d) išdykauti, krėsti išdaigas; e) *(to)* pritarinėti, įsiteikinėti, meilikauti ◊ **to ~ upon words** sakyti kalambūrus; **to ~ for time** stengtis laimėti laiko, vilkinti; **to ~ (it) safe** vengti rizikos, nerizikuoti, apsidrausti; **to ~ hard to get** apsimesti nenorinčiu/nesidominčiu; **to ~ the devil/dence** *(with);* **to ~ (merry) hell** *(with)* kenkti, (pri)daryti bėdos; *what is he ~ing at? (nesuprantu)* ko jis nori/siekia?

playable ['pleɪəbl] *a* **1** tinkamas žaisti *(apie aikštelę)* **2** ne per sunkus groti *(apie muzikos kūrinį)*

play-act ['pleɪækt] *v* **1** apsimetinėti; maivytis **2** *menk.* būti artistu

play-actor ['pleɪˌæktə] *n menk.* artistas, komediantas *(t. p. prk.)*

playback ['pleɪbæk] *n* atsukimas atgal *(juostoje įrašyto garso/vaizdo)*

playbill ['pleɪbɪl] *a teatr.* afiša; programa

playboy ['pleɪbɔɪ] *n (tik v.)* plevėsa, lėbautojas, užautojas; švaistūnas

play-by-play ['pleɪbaɪ'pleɪ] *n amer.* tiesioginis reportažas *(apie varžybas ir pan.)*

playday ['pleɪdeɪ] *n* **1** poilsio/nedarbo diena **2** *(moksleivių)* sporto varžybos

played-out ['pleɪd'aut] *a* **1** išsekęs, išvargęs **2** susidėvėjęs; pasenęs

player ['pleɪə] *n* **1** žaidėjas; *basketball ~* krepšininkas; *positioning of ~s sport.* žaidėjų išdėstymas **2** lošėjas; kortuotojas **3** muzikantas, griežėjas **4** veikėjas, šulas *(ypač verslo)* **5** *ret.* artistas

player-piano [ˌpleɪəpɪ'ænəu] *n* pianola

playfellow ['pleɪˌfeləu] *n* vaikystės draugas

playful ['pleɪfəl] *a* **1** žaismingas; mėgstantis žaisti, linksmas **2** juokaujamas, nerimtas

playgame ['pleɪgeɪm] *n* vaikų žaidimas; *it is a ~!* vieni niekai!

playgoer ['pleɪˌgəuə] *n* teatro lankytojas

playground ['pleɪgraund] *n* **1** žaidimų aikštelė **2** poilsio ir pasilinksminimų vieta; kurortas **3** veiklos sfera

playgroup ['pleɪgruːp] *n* vaikų darželis *(visuomeniniais pagrindais)*

playhouse ['pleɪhaus] *n* **1** *(dramos)* teatras *(pavadinimuose)* **2** vaikų namelis/trobelė; žaislinis namelis

playing-field ['pleɪɪŋfiːld] *n sport.* aikštelė, futbolo *ir pan.* aikštė ◊ *level ~* vienodos galimybės *(varžytis, konkuruoti; apie kompanijas ir pan.)*

playlet ['pleɪlɪt] *n* nedidelė pjesė

playmate ['pleɪmeɪt] *n* **1** = **playfellow** **2** *(žaidimų)* partneris, draugas

play-off ['pleɪɔf] *n sport.* **1** papildomas/lemiamas susitikimas po lygiųjų; pratęsimas **2** atkrintamosios varžybos

playpen ['pleɪpen] *n* aptvarėlis *(vaikams žaisti)*

playroom ['pleɪrum] *n* žaidimų kambarys *(vaikams)*

playschool ['pleɪskuːl] *n* = **playgroup**

plaything ['pleɪθɪŋ] *n* žaislas, žaisliukas *(t. p. prk.)*

playtime ['pleɪtaɪm] *n* **1** *mok.* žaidimų, poilsio metas/pertrauka **2** *amer.* spektaklio pradžios laikas

playwright ['pleɪraɪt] *n* dramaturgas, pjesių autorius

plaza ['plɑːzə] *isp. n* **1** aikštė *(mieste);* turgavietė **2** prekybos ir biznio centras

plea [pliː] *n* **1** prašymas; maldavimas; *~ for mercy* malonės prašymas **2** pasiteisinimas; argumentas; *on the ~ (of) (ta)* dingstimi, *(tuo)* pretekstu **3** *teis.* *(kaltinamojo, atsakovo)* pareiškimas; gynybos žodis; *~ of guilty* prisipažinimas kaltu; *to cop a ~* prisipažinti padarius nedidelį nusikaltimą siekiant išvengti teismo už sunkų nusikaltimą

pleach [pliːtʃ] *v* (su)pinti *(šakas, pinant tvorą)*

plead [pliːd] *v* (pleaded, pled) **1** prašyti, maldauti *(with – ką, for – ko);* **to ~ for mercy** prašyti pasigailėti **2** teisintis; **to ~ ignorance** *teis.* teisintis nežinojimu **3** *teis.* ginti **4** užtarti **5** atsakyti į kaltinimą; kreiptis į teismą; **to ~ guilty [non-guilty]** prisipažinti [neprisipažinti] kaltu

pleader ['pliːdə] *n* **1** gynėjas, advokatas **2** prašytojas; užtarėjas

pleading ['pliːdɪŋ] *n* **1** užtarimas; prašymas **2** *teis.* gynimas; *special ~* neobjektyvi vienašališka argumentacija **3** *pl teis.* ieškovo ir atsakovo pareiškimai/pasisakymai; pradinė teismo procedūra; ginamoji advokato kalba *a* prašomas, maldaujamas

pleasant ['pleznt] *a* **1** malonus; *~ to the ear* malonus ausiai **2** mielas, smagus

pleasantly ['plezntlɪ] *adv* **1** maloniai; *~ surprised* maloniai nustebintas **2** mielai, smagiai

pleasantry ['plezntrɪ] *n* **1** juokavimas, juokai **2** *pl* mandagumo pareiškimai; *to exchange pleasantries* persimesti mandagiais/maloniais žodžiais

please [pliːz] *v* **1** patikti; *as you ~* kaip jūs norite, kaip jums patinka; *~ yourself* šnek. daryk kaip patinka **2** *pass* turėti malonumo; būti patenkintam *(with – kuo)* **3** suteikti malonumo; įtikti; *he is hard to ~* jam sunku įtikti **4** malonėti, norėti; *let him say what he ~s* tegu jis kalba, ką nori; *if you ~!* a) gal malonėtumėte, malonėkite; b) *iron.* (tik) įsivaizduokit!, tik pamanyk! *mod* **1** prašom!, prašau!; būkite malonus!; *~ do not smoke* prašom nerūkyti **2** *(ypač vaik.)* atsiprašau!

pleased [pliːzd] *a* **1** patenkintas; *~ smile* patenkinta šypsena; *she looked ~ with herself* ji atrodė patenkinta savimi **2** *(+inf)* laimingas; *~ to meet you* labai malonu (susipažinti su jumis), džiaugiuosi (su jumis susipažinęs)

pleasing ['pliːzɪŋ] *a* **1** malonus, teikiantis malonumo; *~ to the eye* malonus akiai/pažiūrėti **2** patinkamas, patrauklus

pleasurable ['pleʒərəbl] *a* malonus

pleasure ['pleʒə] *n* **1** malonumas, pomėgis; pasitenkinimas; *with* ~ su malonumu, mielu noru; *to take* ~ *(in)* džiaugtis, didžiuotis *(kuo); to take* ~ *in doing smth* jausti malonumą ką darant; *may I have the ~...?* ar galima...?; *man of* ~ geidulingas, pasileidęs žmogus; sibaritas **2** *knyg.* noras, pageidavimas; *what is your ~?* ko pageidaujate?; *at smb's* ~ pagal kieno norą **3** *attr* pramoginis; ~ *trip* pramoginė kelionė ◊ *(it's) a* ~, *(it's) my* ~ *šnek.* tai aš turiu dėkoti *(mandagiai atsakant į padėką)*
v **1** (su)teikti malonumo **2** jausti malonumą *(in)* **3** *šnek.* ieškoti malonumų; pramogauti

pleasure-boat ['pleʒəbəut] *n* pramogų/iškylų valtis/jachta/kateris

pleasure-ground ['pleʒəgraund] *n* **1** žaidimų/pramogų aikštelė **2** sodas, parkas

pleat [pli:t] *n (drabužio)* klostė
v klostuoti, plisuoti

pleb [pleb] *sutr. šnek.* = **plebeian** *n* 1

plebe [pli:b] *n amer. šnek.* Karo akademijos pirmo kurso studentas

plebeian [plə'bi:ən] *n* **1** *ist.* plebėjas **2** *niek.* skurdžius
a plebėjiškas

plebiscite ['plebɪsɪt] *n* plebiscitas

plectrum ['plektrəm] *n (pl* ~s, -ra [-rə]) *muz.* plektras

pled [pled] *škot., amer. past ir pI žr.* **plead**

pledge [pledʒ] *n* **1** pažadas, pasižadėjimas, įžadas, įsipareigojimas; *under* ~ *of secrecy* pasižadėjus laikyti paslaptį; *to take/sign the* ~ *juok.* (pa)daryti įžadą negerti **2** laidas, garantija; *a* ~ *of friendship* draugystės laidas **3** užstatas, įkaitas; *to put in* ~ užstatyti, įkeisti; *to take out of* ~ išpirkti *(užstatą)* **4** *psn.* tostas
v **1** įsipareigoti; iškilmingai pa(si)žadėti; *to* ~ *one's word/honour* duoti garbės žodį **2** užstatyti, įkeisti **3** gerti į *(kieno)* sveikatą; siūlyti tostą *(už)*

pledgee [ˌplɪ'dʒi:] *n teis.* užstato, įkaito turėtojas, gavėjas

pledger ['pledʒə] *n teis.* užstato, įkaito davėjas

pledget ['pledʒɪt] *n (marlės, vatos)* tamponas; kompresas

Pleiad ['plaɪəd] *n (pl* ~s), ~es [-i:z]) **1** *pl astr.* Sietynas **2** *pl gr. mit.* plejadės **3** *(p.)* plejada

Pleistocene ['plaɪstəsi:n] *n geol.* pleistocenas

plena ['pli:nə] *pl žr.* **plenum** *n*

plenary ['pli:nərɪ] *a* **1** neribotas, visiškas; ~ *powers* neriboti/platūs įgaliojimai **2** plenarinis *(apie posėdį ir pan.)*

plenipotentiary [ˌplenɪpə'tenʃərɪ] *a* **1** įgaliotas(is) **2** absoliutus, neribotas *(apie valdžią)*
n dipl. įgaliotasis atstovas/pasiuntinys

plenitude ['plenɪtju:d] *n knyg.* pilnybė, pilnatvė; gausybė; *in the* ~ *of one's power* pačiame jėgų žydėjime

plenteous ['plentɪəs] *a poet.* **1** gausus **2** derlingas

plentiful ['plentɪfəl] *a* **1** gausus **2** našus; turtingas *(ko)*

plenty ['plentɪ] <*n, a, adv*> *n* **1** gausumas, gausa, daugybė; *horn of* ~ gausybės ragas; ~ *of* (pakankamai) daug; *there are* ~ *of other reasons* yra daug kitų priežasčių; *to see* ~ *of smb* susitikti su kuo dažnai **2** perteklius; gerovė; *to live in peace and* ~ gyventi taikoje ir pertekliuje; *in* ~ pertektinai, gausiai
a šnek. gausus, gausingas, (pakankamai) daug
adv šnek. **1** gana, pakankamai *(ppr.* ~ ... *enough);* ~ *hot enough* gana karšta **2** *amer.* labai

plenum ['pli:nəm] *n (pl* ~s, -na) **1** plenumas **2** *fiz.* užpildymas **3** *fiz.* slėgis, didesnis už atmosferos **4** *stat.* tiekiamoji ventiliacija
a tech. slegiamasis; tiekiamasis *(apie ventiliaciją)*

pleonasm ['pli:ənæzm] *n kalb.* pleonazmas

plethora ['pleθərə] *n* **1** *med.* pilnakraujystė **2** *knyg.* perteklius

plethoric [plɪ'θɔrɪk] *a* **1** *med.* pilnakraujis **2** perpildytas, išpūstas

pleura ['pluərə] *n (pl* -ae [-i:]) *anat.* pleura, krūtinplėvė

pleurisy ['pluərəsɪ] *n med.* pleuritas

pleuritic [pluə'rɪtɪk] *a med.* pleurito, pleuritinis

plexiglass ['pleksɪglɑ:s] *n amer.* organinis stiklas

plexor ['pleksə] *n med.* stukseklis, perkusinis plaktukas

plexus ['pleksəs] *n (pl* ~, ~es) **1** *anat.* rezginys; *solar* ~ saulės rezginys **2** *(įvykių, minčių ir pan.)* sąraizga, susipynimas

pliability [ˌplaɪə'bɪlətɪ] *n* **1** lankstumas *(t. p. prk.)* **2** = **pliancy** 2

pliable ['plaɪəbl] *a* **1** lankstus *(t. p. prk.)* **2** = **pliant** 2

pliancy ['plaɪənsɪ] *n* **1** lankstumas **2** nuolaidumas

pliant ['plaɪənt] *a* **1** lankstus **2** nuolaidus; lengvai pasiduodantis įtakai, sukalbamas

plica ['plaɪkə] *n (pl* plicae ['plaɪsi:]) **1** *anat.* klostė **2** *med.* kaltūnas

pliers ['plaɪəz] *n pl* (plokščiosios) replės, plokščiareplės

plight[1] [plaɪt] *n (bloga, kebli)* padėtis; *in a sorry* ~ (jo) sunki būklė

plight[2] *psn. n* **1** įsipareigojimas **2** sužadėtuvės
v **1** pasižadėti; *refl* įsipareigoti; *to* ~ *one's word* duoti (garbės) žodį **2** su(si)žadėti *(to);* ~*ed lovers* sužadėtiniai

plimsolls ['plɪmsəlz] *n pl* sportbačiai

plinth [plɪnθ] *n* **1** *archit.* plintas; cokolis **2** *stat.* grindjuostė

Pliny ['plɪnɪ] *n* Plinijus; ~ *the Younger [the Elder]* Plinijus Jaunesnysis [Vyresnysis] *(romėnų rašytojai)*

Pliocene ['plaɪəᵘsi:n] *n geol.* pliocenas

plod [plɔd] *v* **1** kiūtinti, dūlinti, vilktis, sunkiai eiti *(t. p.* ~ *along/on)* **2** įtemptai ir uoliai dirbti, plušėti, triūsti *(t. p.* ~ *away/on; at)*
n **1** sunkūs žingsniai; sunkių žingsnių garsas **2** sunkus darbas

plodder ['plɔdə] *n šnek.* darbo pelė; krapštukas

plodding ['plɔdɪŋ] *a* **1** lėtas ir sunkus *(apie eiseną, žingsnius)* **2** triūslus

plonk[1] [plɔŋk] <*n, v, adv*> *n (sunkus)* bumbtelėjimas, dribtelėjimas; trenksmas
v šnek. (nu)drėbti, (nu)trenkti; tėkšti(s) ▯ ~ *away* kliunkinti *(pianinu);* ~ *down (džn. refl)* įsidrėbti, įsitaisyti
adv **1** bumbt, pumpt *(reiškiant sunkų kritimą)* **2** *šnek.* tiksliai

plonk[2] *n šnek.* pigus vynas

plonker ['plɔŋkə] *n sl.* **1** kvaiša **2** = **penis**

plop [plɔp] <*n, v, int*> *n* pliumptelėjimas
v pliumptelėti, pūkštelėti; *the stone ~ped into the water* akmuo pliumptelėjo į vandenį
int pliumpt, pūkšt *(reiškiant įkritimą į vandenį)*

plosion ['pləuʒn] *n fon.* sprogimas

plosive ['pləusɪv] *fon. a* sprogstamasis *(apie priebalsį)*
n sprogstamasis priebalsis

plot[1] [plɔt] *n* **1** sąmokslas **2** *lit., kin.* intriga; siužetas, fabula **3** *amer.* planas, brėžinys; diagrama, grafikas, kreivė
v **1** rengti/daryti/(su)planuoti sąmokslą **2** sudaryti *(ko)* planą **3** (pa)žymėti plane; (nu)braižyti/nubrėžti *(ko)* kreivę/grafiką/diagramą **4** apmesti siužetą *(džn.* ~ *out)*

plot[2] *n* **1** *(žemės)* sklypas; laukas; *potato* ~ bulvių laukas **2** *(kapinių)* žemės plotelis *(artimiesiems laidoti)*
v dalyti į sklypus, išsklypuoti *(ppr.* ~ *out)*

plotter ['plɔtə] *n* **1** sąmokslininkas; intrigantas **2** brėžėjas **3** *spec.* kreivių brėžiklis; braižymo įrenginys, braižytuvas

plough [plau] *n* **1** plūgas; *ridging* ~ vagotuvas **2** sniego valytuvas **3** arimas *(laukas); to go under the* ~ virsti

dirbama žeme 4 *el.* kontaktas srovei imti 5 *(the P.) astr.* Didieji Grįžulo Ratai ◊ *to put/set one's hand to the ~* imtis darbo
v 1 arti 2 vagoti *(t. p. prk.)* 3 *poet.* raižyti, skrosti *(bangas)* 4 įsirėžti *(into)* 5 investuoti kapitalą *(into)* 6 skintis kelią, skverbtis, irtis *(t. p. ~ one's way)* 7 *prk.* susidoroti, įveikti *(knygą, valgį; through)* 8 *sl. psn.* su(si)kirsti *(per egzaminą)* □ *~ back ekon.* paversti kapitalu, kapitalizuoti *(pelną; into); ~ in* užarti, aparti; *~ up* išarti, išrausti
ploughboy ['plaubɔɪ] *n (tik v.) psn.* 1 arklių vedžiotojas *(ariant)* 2 kaimo vaikinas, kaimietis
ploughland ['plaulænd] *n* ariamoji žemė
ploughman ['plaumən] *n (pl* -men [-mən]) *(tik v.)* 1 artojas 2 kaimietis ◊ *a ~'s lunch* duona su sūriu ir raugintu agurku *(valgis, valgomas alinėje)*
ploughshare ['plauʃɛə] *n ž. ū.* noragas
ploughtail ['plauteɪl] *n* plūgo rankenos; *he is at the ~* jis dirba lauko darbus
plover ['plʌvə] *n zool.* sėjikas *(paukštis); golden [grey] ~* dirvinis [jūrinis] sėjikas; *little ringed ~* upinis kirlikas
plow [plau] *amer.* = **plough** *n, v*
ploy [plɔɪ] *n* gudrybė, gudrus taktinis žingsnis/manevras
pluck [plʌk] *n* 1 raškymas, skynimas 3 pešimas, pešiojimas 3 drąsa; vyriškumas 4 *kul.* plaučkepeniai 5 *šnek.* su(si)kirtimas *(per egzaminą)*
v 1 raškyti; (nu)skinti *(gėles, vaisius, lapą; t. p. ~ off)* 2 (iš)pešti *(plauką);* nupešti *(paukštį); to ~ the eyebrows* pešioti antakius 3 išplėšti, ištraukti *(iš rankos);* patempti, truktelėti, tampyti, traukioti *(at, by – už)* 4 timpčioti *(stygas)* 5 išgelbėti 6 *šnek.* apiplėšti, apsukti; *to ~ a pigeon* aplošti/apvogti žioplį 7 *šnek. psn.* sukirsti *(per egzaminą)* ◊ *to ~ up one's courage/heart/spirits* įsidrąsinti, išdrįsti
plucky ['plʌkɪ] *a* drąsus, narsus; ryžtingas
plug [plʌg] *n* 1 kamštis, kaištis, užkaištis; *to pull out the ~* ištraukti kaištį 2 vola, žvikė 3 (ugniagesių) čiaupas, hidrantas 4 presuotas *(kramtomasis)* tabakas 5 *(vatos, vaško)* gumulėlis, tamponas *(nosiai/ausims užkimšti)* 6 *el.* kištukas; *šnek.* kištukinis lizdas; *to pull out the ~* ištraukti kištuką 7 *kar.* stūmoklinė spyna 8 *aut. šnek.* žvakė 9 *amer. šnek.* cilindras *(skrybėlė; t. p. ~ hat)* 9 *šnek.* reklama; *to give smth a ~* reklamuoti ką 10 *šnek.* smūgis; kumštynės 11 *šnek.* neturinti paklausos knyga/prekė 12 *amer. šnek.* kuinas
v 1 užkimšti, užkišti *(t. p. ~ up)* 2 įjungti, sujungti *(into)* 3 *amer. šnek.* įsigilinti, įsijausti *(į kieno reikalus ir pan.)* 4 *šnek.* populiarinti *(dainą);* (įkyriai) reklamuoti 5 *amer. šnek.* nušauti □ *~ away* uoliai dirbti/mokytis *(at); ~ in* įjungti (įkišus kištuką); *to ~ in a radio [a lamp]* įjungti radiją [lempą] į tinklą
plugger ['plʌgə] *n* 1 *amer. šnek.* uolus darbininkas/studentas 2 *tech.* gręžimo plaktukas
plughole ['plʌghəul] *n (praustuvės, vonios)* skylė ◊ *to go down the ~* nueiti niekais; žlugti
plug-in ['plʌgɪn] *a attr* įjungiamas kištuku
plug-switch ['plʌgswɪtʃ] *n el.* jungiklis
plug-ugly ['plʌgˌʌglɪ] *n (tik v.) amer. šnek.* chuliganas
plum [plʌm] *n* 1 slyva *(vaisius ir medis); French/dried ~* džiovinta slyva 2 razina 3 tamsiai violetinė spalva 4 gardus skrešnelis; geriausioji dalis; pelninga vietelė; *to pick/take the ~s* išrinkti tai, kas geriausia
a 1 tamsiai violetinis 2 *šnek.* pelningas *(apie darbą)*
plumage ['plu:mɪdʒ] *n* 1 *(paukščio)* plunksnos, plunksnų danga 2 *juok.* puošnūs, spalvingi drabužiai

plumb [plʌm] *<n, a, adv, v> n* 1 svambalas, lotas 2 pasvaras; grimzdas ◊ *off ~, out of ~* nevertikaliai; nevertikalus
a 1 vertikalus, statmenas 2 visiškas, tikras
adv 1 vertikaliai, statmenai 2 *šnek.* tiksliai, kaip tik 3 *amer. šnek.* visiškai
v 1 statyti stačiai/vertikaliai 2 *jūr.* nuleisti lotą, matuoti gylį lotu 3 *prk.* gilintis, prasiskverbti; perprasti; *to ~ the depths (of)* išgyventi/patirti visa ko gilumą 4 dirbti vandentiekininku □ *~ in* prijungti prie vandentiekio *(vonią, skalbimo mašiną ir pan.)*
plumbago [plʌmˈbeɪgəu] *n (pl ~s* [-z]) 1 *min.* grafitas 2 piešinys pieštuku
plumbeous ['plʌmbɪəs] *a* švininis, švino spalvos
plumber ['plʌmə] *n* vandentiekio darbininkas, vandentiekininkas; santechnikas; *~'s helper/friend amer. šnek.* kanalizacinė pompa
plumbery ['plʌmərɪ] *n* darbas vandentiekio sistemoje; vandentiekininko darbas/dirbtuvė
plumbic ['plʌmbɪk] *a chem.* švininis
plumbing ['plʌmɪŋ] *n* 1 vandentiekis, vandentiekio sistema; sanitarinė technikos įranga 2 vandentiekininko amatas/darbas; santechnikos darbai 3 *šnek.* išvietė 4 *jūr.* gylio matavimas
plumb-line ['plʌmlaɪn] *n* 1 svambalas 2 kriterijus, matas
plumbum ['plʌmbəm] *n chem.* švinas
plum-duff ['plʌmdʌf] *n* pudingas su razinomis
plume [plu:m] *n* 1 *(paukščio)* plunksna 2 pliumažas 3 *(dūmų, dulkių ir pan.)* kamuolys ◊ *in borrowed ~s* ≡ povo plunksnomis apsikaišęs
v 1 puošti(s) pliumažu 2 valyti(s) snapu *(plunksnas);* gražintis *(apie paukštį)* 3 *refl* didžiuotis *(on – kuo)*
plumelet ['plu:mlɪt] *n* plunksnelė
plummet ['plʌmɪt] *n* 1 švininis svambalas; svarstis 2 pasvaras, svarlys 3 *prk.* sunkumas, našta
v 1 staiga kristi, virsti *(t. p. ~ down)* 2 staiga kristi *(apie kainas, lygį);* sumažėti, pablogėti
plummy ['plʌmɪ] *a* 1 slyvinis; gausus slyvų 2 įmantrus, manieringas *(apie balsą, tarseną)*
plumose ['plu:məus] *a spec.* 1 plunksnotas 2 plunksniškas
plump[1] [plʌmp] *a* putlus; apvalus, apkūnus, pilnas; *~ child* rubuilis vaikas
v daryti putlų, putlinti; supurtyti, (su)purenti *(pagalvę; t. p. ~ up)* □ *~ out* storėti, pilnėti; suapvalėti *(apie skruostus)*
plump[2] *<a, adv, n, v> a ret.* tiesus, kategoriškas; *to give a ~ refusal* kategoriškai atsisakyti
adv šnek. 1 staiga; *he fell ~ into the water* jis pliumptelėjo į vandenį 2 tiesiai, atvirai
n netikėtas kritimas, pliumptelėjimas
v 1 sunkiai/staiga kristi/pargriūti, pliumptelėti *(ppr. ~ down)* 2 nudrėbti, numesti *(pinigus, krepšį ir pan.; ppr. ~ down)* 3 pakliūti *(into);* užgriūti *(upon)* 4 balsuoti tik už vieną *(kai galima balsuoti už keletą kandidatų; for)* 5 *šnek.* pasirinkti, apsispręsti *(for – ko naudai)* □ *~ down refl* įsidrėbti *(į kėdę ir pan.)*
plumper ['plʌmpə] *n* 1 *(staigus, smarkus)* kritimas 2 balsavimas tik už vieną *(kandidatą)*
plum-pudding [ˌplʌmˈpudɪŋ] *n* pudingas su razinomis *(t. p.* kalėdinis*)*
plum-tree ['plʌmtri:] *n bot.* slyva ◊ *to shake the ~ amer. polit. šnek.* dalyti pareigas
plumule ['plu:mju:l] *n* 1 *zool.* plunksnelė 2 *bot.* pumpurėlis
plumy ['plu:mɪ] *a* 1 plunksnotas 2 papuoštas plunksnomis

plunder ['plʌndə] *n* **1** (api)plėšimas, grobimas; grobstymas **2** grobis; laimikis
v (api)plėšti, grobti; plėšikauti *(ypač kare)*; grobstyti
plunderage ['plʌndərɪdʒ] *n* **1** plėšimas, grobimas **2** *teis.* prekių grobstymas laive; grobis
plunderer ['plʌndərə] *n* plėšikas, grobikas; grobstytojas
plunge [plʌndʒ] *n* **1** kritimas, puolimas *(žemyn, pirmyn)*; nėrimas, pasinėrimas *(t. p. prk.)* **2** *(kainų)* kritimas ◊ *to take the ~* žengti ryžtingą žingsnį, surizikuoti
v **1** mestis, pulti *(into, out of)*; mestis pirmyn *(t. p. ~ forward)* **2** (pa)nardinti; (nu)grimzti; nerti, pa(si)nerti *(t. p. prk.)*; *to ~ into debt* įbristi į skolas; *the hall was ~d into darkness* salė paskendo/skendėjo tamsoje **3** įkišti, įgrūsti, įstumti, smeigti *(into)*; *to ~ one's hands into one's pockets* susikišti rankas į kišenes; *to ~ a country into war* įstumti kraštą į karą **4** *prk.* leistis *(into)*; *to ~ into argument* leistis į ginčus **5** staiga kristi, sumažėti *(apie kainas ir pan.)* **6** *šnek.* azartiškai lošti; rizikuoti **7** suptis, būti supamam *(apie laivą)* ▢ *~ down* staiga leistis žemyn *(apie kelią ir pan.)*; *~ in* pasinerti; *~ up* staiga kilti aukštyn *(apie kelią ir pan.)*
plunge-bath ['plʌndʒbɑ:θ] *n* gili vonia
plunger ['plʌndʒə] *n* **1** naras **2** *šnek.* azartiškas lošėjas **3** *tech.* plunžeris; plunžerinis stūmoklis *(t. p. ~ piston)* **4** kanalizacinė pompa
plunk [plʌŋk] *n* **1** *(stygų)* timpčiojimas; trenksmas **2** *šnek.* smarkus smūgis
v **1** *šnek.* drėbtis, tėkštis, (par)griūti *(t. p. ~ down)* **2** *šnek.* smarkiai mesti, tėkšti, trenkti *(t. p. ~ down)* **3** skambėti *(apie stygas)*; timpčioti *(stygas)*, skambinti ▢ *~ down šnek.* pakloti *(pinigus)*
pluperfect [plu:'pə:fɪkt] *n gram.* pliuskvamperfektas, būtasis atliktinis laikas
plural ['pluərəl] *a* **1** pliuralinis; *~ population* daugianacionalinė/daugiarasinė gyventojų sudėtis **2** *gram.* daugiskaitinis, daugiskaitos; dauginis
n gram. daugiskaita
pluralism ['pluərəlɪzm] *n* **1** kelerių pareigų ėjimas **2** *filos., polit.* pliuralizmas
pluralist ['pluərəlɪst] *n* pliuralizmo šalininkas
a pliuralistinis
pluralistic [ˌpluərə'lɪstɪk] *a* pliuralistinis
plurality [pluə'rælətɪ] *n* **1** gausumas, daugybė **2** kelerių pareigų ėjimas **3** dauguma; *~ of votes* balsų persvara *(prieš kitus kandidatus)* **4** *gram.* daugiskaitiškumas
plus [plʌs] <*n, a, prep, conj*> *n* **1** pliusas *(t. p. prk.)*, pliuso ženklas *(t. p. ~ sign)* **2** priedas; papildomas kiekis **3** teigiama ypatybė **4** *mat.* teigiamasis dydis
a **1** pliusinis, plius **2** papildomas **3** daugiau *(po skaitvardžių)*; *she earns $ 60,000 a year ~* ji uždirba per metus daugiau kaip 60.000 dolerių **4** *mat., el.* teigiamas
prep plius; *four ~ six equals ten* keturi plius šeši lygu dešimt
conj be to, ir dar; *you'll need a sense of humour, ~ tolerance and patience* jums prireiks humoro jausmo, be to, tolerancijos ir kantrybės
plus-fours [ˌplʌs'fɔ:z] *n pl* golfo kelnės, plačkelnės *(susegamos prie kelių)*
plush [plʌʃ] *n* **1** pliušas **2** *pl* pliušinės kelnės
a **1** pliušinis **2** *šnek.* prabangus, ištaigingas
plushy ['plʌʃɪ] *a* **1** pliušinis **2** *šnek.* = **plush** *a* 2
Pluto ['plu:təu] *n mit., astr.* Plutonas
plutocracy [plu:'tɔkrəsɪ] *n* plutokratija
plutocrat ['plu:təkræt] *n* plutokratas
plutocratic [ˌplu:tə'krætɪk] *a* plutokratinis, plutokratiškas

Plutonian, Plutonic [plu:'təunɪən, plu:'tɔnɪk] *a* **1** Plutono, požemio karalystės, pragaro **2** *geol.* plutoninis
plutonium [plu:'təunɪəm] *n chem.* plutonis
pluvial ['plu:vɪəl] *a* **1** lietaus; lietingas **2** *geol.* pliuvialinis
pluviometer [ˌplu:vɪ'ɔmɪtə] *n meteor.* lietmatis
pluvious ['plu:vɪəs] *a meteor.* lietingas, gausus lietaus
ply[1] [plaɪ] *n* **1** *(kartono, faneros ir pan.)* sluoksnis, storis **2** *(lyno, virvės)* vija; gija; pluoštas **3** kryptis, kursas; *to take a ~* pasukti/nuskristi *ir pan. (į)*
ply[2] *v* **1** energingai darbuotis; *to ~ one's oars* užgulti irklus, smarkiai irkluoti **2** *knyg.* užsiimti *(darbu, verslu; t. p. ~ for trade)*; dirbti *(su)*; *to ~ the needle* siūti, būti siuvėju **3** apiberti *(klausimais; with)* **4** primygtinai siūlyti, vaišinti *(with)* **5** kursuoti *(apie laivą, autobusą; between)* **6** laukti/ieškoti keleivių/klientų *(t. p. ~ for hire)* **7** *jūr.* laviruoti
Plymouth ['plɪməθ] *n* Plimutas *(miestas)*
plywood ['plaɪwud] *n* (klijuota) fanera
pneumatic [nju:'mætɪk] *a* pneumatinis; oro; *~ control [dispatch]* pneumatinis valdymas [paštas]; *~ drill tech.* pneumatinis grąžtas *(asfaltui ardyti)*
n pneumatinė padanga
pneumatics [nju:'mætɪks] *n* pneumatika
pneumoconiosis [ˌnju:məᵘkəunɪ'əusɪs] *n (pl* -ses [-si:z]) *med.* plaučių dulkialigė, pneumokoniozė
pneumonia [nju:'məunɪə] *n med.* plaučių uždegimas, pneumonija
pneumonic [nju:'mɔnɪk] *a med.* plaučių uždegimo, pneumoninis
Pnompenh [ˌnɔm'pen] *n* Pnompenis *(Kampučijos sostinė)*
po [pəu] *n (pl ~s* [-z]) *šnek.* naktipuodis
poach[1] [pəutʃ] *v* **1** brakonieriauti, nelegaliai medžioti/ žvejoti; įsibrauti į svetimas valdas **2** kištis; *to ~ on smb's preserves* kištis į kieno asmeninį gyvenimą **3** pavilioti *(į savo komandą, organizaciją)* **4** pasisavinti *(svetimą mintį/daiktą)* **5** (su)trypti **6** minkyti *(molį)*
poach[2] *v kul.* virti *(kiaušinį be lukšto, žuvį)* ant lengvos ugnies
poacher[1] ['pəutʃə] *n* brakonierius
poacher[2] *n* prikaistuvis *(kiaušiniams/žuviai virti)*
pochard ['pəutʃəd] *n zool.* rudagalvė antis; *red-crested ~* šalminė antis
pock [pɔk] *n* = **pockmark**
pocket ['pɔkɪt] *n* **1** kišenė; *(prk. t. p.)* pinigai; *with one's hands in one's ~s* susikišęs rankas į kišenes; *he will suffer in his ~* ≡ jam per kišenę suduos; *empty ~s* tuščios kišenės, pinigų stoka; *he has a deep ~* ≡ jo stora/ilga kišenė; *to put/dip one's hand in one's ~, to dip into one's ~* ≡ kištis pakratyti, leisti pinigus **2** maišas *(ypač kaip matas)*; *~ of wool* vilnų maišas *(= 168 svarams)* **3** *(biliardo stalo, lagamino, lėktuvo sėdynės ir pan.)* kišenė **4** *av.* oro duobė **5** *(kelio)* duobė, raguva **6** dėžė, bunkeris *(grūdams, anglims)* **7** *(nedarbo, nelaimės ir pan.)* rajonas, vieta; *~s of resistance* pasipriešinimo židiniai **8** *stat.* išėma; įtarpis **9** *kas., geol.* nedidelis telkinys, kišenė **10** *attr* kišeninis; *~ dictionary* kišeninis žodynas; *~ veto amer. pol.* „kišeninis veto" *(kada prezidentas nepasirašo įstatymo projekto iki kongreso darbo pabaigos)* ◊ *to be out of ~* a) turėti nuostolių, prakišti; b) neturėti pinigų; c) netekti ryšio *(su)*; *to be in ~* a) laimėti, pelnyti; b) turėti pinigų; *to have smb in one's ~* visiškai ką valdyti/kontroliuoti; *to be in one another's ~* ≡ būti neišskiriamiems; *to line one's ~s* ≡ prisikimšti kišenes, pratūrtėti, *to save one's ~* nedaryti nereikalingų išlaidų

pocketbook

v **1** į(si)dėti į kišenę **2** pasisavinti, pasiglemžti **3** nukęsti, nuryti *(įžeidimą, pašaipą);* suvaldyti, užgniaužti *(pyktį ir pan.);* **to ~ one's pride** nusižeminti **4** įmušti/įvaryti rutulį *(žaidžiant biliardą)*

pocketbook ['pɒkɪtbuk] *n* **1** užrašų knygutė **2** *amer.* mažo formato knyga *(ppr. minkštais viršeliais)* **3** *amer.* rankinė **4** *amer.* piniginė

pocketful ['pɒkɪtful] *n* **1** (pilna) kišenė *(of – ko)* **2** *šnek.* daugybė

pocket-handkerchief [ˌpɒkɪt'hæŋkətʃɪf] *n* **1** nosinė, nosinaitė **2** nedidelis žemės plotelis

pocketknife ['pɒkɪtnaɪf] *n* (*pl* -knives [-naɪvz]) kišeninis peilis/peiliukas

pocket-money ['pɒkɪtˌmʌnɪ] *n* kišenpinigiai, pinigai smulkioms išlaidoms

pocket-size(d) ['pɒkɪtsaɪz(d)] *a* kišeninis, mažo formato

pockety ['pɒkɪtɪ] *a* **1** kaip kišenė **2** tvankus, sudusęs

pockmark ['pɒkmɑːk] *n* **1** randas, raupas **2** *pl (kulkų)* žymės, skylutės

pockmarked ['pɒkmɑːkt] *a* raupuotas

pocky ['pɒkɪ] *a* = **pockmarked**

poco ['pəʊkəʊ] *it. adv muz.* poco, truputį, nedaug

pococurante [ˌpəʊkəʊkjuˈræntɪ] *it. a* abejingas; nerūpestingas
n abejingas žmogus

pod[1] [pɒd] *n* **1** ankštis, lukštas; **pea ~** žirnių ankštis **2** *(šilkaverpio vikšro)* kokonas **3** bučius, varža *(unguriams)* **4** *av.* atskiriama sekcija *(lėktuvo apačioje; t. p. kosminio laivo)* **5** *sl.* marihuana
v **1** leisti ankštis **2** lukštenti, aižyti, gliaudyti *(pupas, žirnius)*

pod[2] *n (banginių, ruonių)* pulkelis, būrelis

podagra [pə'dægrə] *n med.* podagra

podded ['pɒdɪd] *a* **1** ankštinis **2** *šnek.* pasiturintis

podgy ['pɒdʒɪ] *a šnek.* **1** kresnas **2** trumpas ir storas *(apie pirštus)*

podia ['pəʊdɪə] *pl žr.* **podium**

podiatry [pə'daɪətrɪ] *n amer.* pėdų gydymas, podiatrija

podium ['pəʊdɪəm] *n (pl* podia, ~s) **1** pakyla, paaukštinimas *(dirigentui, oratoriui)* **2** suolai palei kambario sienas **3** *ist.* podiumas

Podunk ['pəʊdʌŋk] *n amer. šnek.* provincijos miestelis

Poe [pəʊ] *n:* **Edgar Allan ~** Edgaras Alanas Po *(amerikiečių rašytojas)*

poem ['pəʊɪm] *n* poema *(t. p. prk.);* eilėraštis

poesy ['pəʊɪzɪ] *n psn.* **1** poezija **2** eilėraštis

poet ['pəʊɪt] *n* poetas; **Poets' Corner** a) Poetų kapai *(Vestminsterio vienuolyne);* b) *juok.* poezijos skyrius *(laikraštyje)*

poetaster [ˌpəʊɪ'tæstə] *n menk.* eiliakalys

poetess ['pəʊɪtes] *n ret.* poetė

poetic [pəʊ'etɪk] *a* poetiškas; poetinis ◊ **~ justice** idealus teisingumas

poetical [pəʊ'etɪkl] *a* **1** eiliuotas, eiliuotinis **2** poetinis; poetiškas; **~ words** poetizmai

poetics [pəʊ'etɪks] *n* poetika

poetize ['pəʊɪtaɪz] *v* **1** rašyti eilėraščius **2** poetizuoti, supoetinti

poetry ['pəʊɪtrɪ] *n* **1** *(įv. reikšm.)* poezija **2** poetiškumas

po-faced ['pəʊ'feɪst] *a šnek. menk.* kupinas pasipūtimo, pasipūtėliškas

pogrom ['pɒgrəm] *n* pogromas

poignancy ['pɔɪnjənsɪ] *n* **1** aitrumas, kartumas, skaudumas **2** kandumas, aštrumas

poignant ['pɔɪnjənt] *a* **1** aitrus, gailus, kartus, širdį graužiantis, skaudus; skaudžiai malonus **2** kandus, aštrus, skvarbus *(apie protą)* **3** gyvas *(apie domėjimąsi)*

poinsettia [pɔɪn'setɪə] *n bot.* puansetija *(gėlė)*

point [pɔɪnt] *n* **1** dalykas; klausimas; **a ~ of honour** garbės reikalas; **talking ~** aktualus, aptarinėjamas klausimas; **sore ~** opus klausimas; **the finer ~s** *(of) (ko)* plonybės, subtilybės **2** mintis, nuomonė; **to make a ~** išreikšti mintį *(about – apie);* **to agree with smb's ~** sutikti su kieno nuomone; **my ~ was that...** aš norėjau pasakyti tai, kad... **3** esmė; prasmė; tikslas; **to come/get to the ~** prieiti prie dalyko esmės; **to carry/gain/win one's ~** pasiekti savo (tikslą); **there is no ~ in doing this** nėra prasmės tai daryti; **I see/take your ~** aš suprantu, ką jūs turite galvoje; **that is just the ~** tas ir yra; **what was the ~ of his visit?** koks buvo jo apsilankymo tikslas? **4** (būdingas) bruožas, (gera) ypatybė, privalumas; **punctuality is not her strong ~** punktualumas nėra jai būdingas bruožas; **it has it's ~s** turi savo privalumų; **what is his strong ~?** kuo jis pasižymi? **5** punktas; vieta; **~ on the map** vieta/punktas žemėlapyje; **water ~** vandens tiekimo punktas; **~ by ~** papunkčiui; **the ~s of the compass, cardinal ~s** pasaulio šalys; **the main ~s of a speech** pagrindinės kalbos mintys; **a ~ of departure** a) išvykimo punktas; b) *prk.* pradinis/išeities taškas **6** taškas; **boiling [lubrication] ~** virimo [tepimo] taškas; **full ~** taškas *(skyrybos ženklas);* **four ~ three (4.3)** keturi ir trys dešimtosios (4,3); **the highest ~ in Wales** aukščiausias Velso taškas; **the high ~** *(of) prk. (vyksmo, vystymosi)* viršūnė **7** *sport.* taškas, balas; **~ verdict** pergalės pripažinimas taškais **8** laipsnis; mastas; **up to a ~** iš dalies, tam tikru mastu; **the temperature has gone up five ~s** temperatūra pakilo penkiais laipsniais; **the rope had been strained to breaking ~** virvė buvo tiek įtempta, kad vos netrūko **9** *(laiko)* momentas; riba; **at this ~ (in time)** šiuo metu, dabar; **at that ~** tada, tuo metu; **at the ~ of death** prie mirties; **there comes a ~ when...** ateina momentas, kada...; **to bring the economy to crisis ~** privesti ekonomiką prie krizės; **the ~ of no return** kritiškas, lemiamas momentas *(kada grįžti atgal nebėra kaip)* **10** smaigalys, smailuma; galas, antgalis **11** *pl (baleto šokėjo)* puantai **12** *(graverio)* raižiklis, graviravimo adata **13** nėriniai *(nerti adata/virbalais)* **14** *pl (gyvulio)* sudėjimas, eksterjeras **15** *geogr. (žemės)* ragas, kyšulys **16** *el.* kištukinis lizdas **17** *pl glžk.* iešmas, iešmo plunksna/smailė **18** *jūr.* rumbas *(kompaso padala = 1/32 apskritimo)* **19** *jūr. (lyno)* apvytas galas, pynė **20** *kar.* priešakinis patrulis **21** *poligr.* punktas *(literų matavimo vienetas)* **22** *(maisto/pramonės prekių kortelės)* vertės vienetas; **free from ~s** nenormuotas ◊ **~ of view** požiūris; **at all ~s** a) visais atžvilgiais; b) visur; **at ~** pasiruošęs *(kam);* **at sword's ~s** ≡ ant peilių; priešiškai nusiteikęs, pasiruošęs vykdyti priešiškus veiksmus; **beside/off the ~** a) ne į temą, ne vietoje; b) nesvarbu; **to the ~** į temą, kaip tik vietoje/laiku; **in ~** tinkamas; **in ~** *(of) (ko)* atžvilgiu; **in ~ of fact** faktiškai; **on a ~ of order** dėl *(posėdžio)* vedimo tvarkos; **to be on the ~ of doing smth** ruoštis ką daryti; **to be at gun/rifle ~** būti grasinamam šautuvu *(norint priversti ką daryti);* **to make a ~ of doing smth** pasistengti ką padaryti; laikyti ką (sau) būtinu; **to make/prove one's ~** įrodyti *(savo teisybę);* **not to put too fine a ~ upon it** tiesiai sakant, nepagražinant; **to stretch a ~** nesilaikyti *(griežtai)* taisyklių, daryti *(nepagrįstas)* išimtis; peržengti savo kompetencijos ribas

point-blank — **poleax(e)**

v **1** rodyti *(pirštu, ranka ir pan.)*; nurodyti, parodyti *(kur eiti ir pan.; at, to)*; *it's rude to* ~ nemandagu rodyti pirštu **2** (nu)taikyti, (nu)kreipti *(ginklą, tel. kamerą ir pan.)* **3** liudyti, byloti *(to – apie)* **4** (pa)smailinti, užaštrinti *(pieštuką ir pan.)* **5** pabrėžti **6** *komp.* parodyti *(pelės žymekliu)* **7** dėti skyrybos ženklus **8** *stat.* užglaistyti skiediniu *(siūles)* ☐ ~ *off* atskirti tašku *(dešimtaines trupmenas nuo sveiko skaičiaus)*; ~ *out* a) parodyti; b) nurodyti, atkreipti dėmesį; paaiškinti; ~ *up* pabrėžti, išryškinti

point-blank [ˌpɔɪnt'blæŋk] *a* **1** griežtas, kategoriškas **2** *kar.* tiesus, horizontalus *(apie šūvį)*
adv **1** griežtai, kategoriškai, tiesiai šviesiai **2** *kar.* tiesiu taikymu, iš arti

point-duty ['pɔɪntdjuːtɪ] *n (eismo)* reguliuotojo pareigos, reguliavimas *(ypač sankryžos centre)*

pointed ['pɔɪntɪd] *a* **1** smailus, nusmailintas, aštrus; *the ~ style* gotiškas stilius **2** taiklus, kritiškas *(apie pastabą)* **3** pabrėžtas, aiškus **4** nukreiptas *(prieš, į)* **5** nutaikytas *(apie ginklą)*

pointedly ['pɔɪntɪdlɪ] *adv* **1** aštriai, kandžiai **2** siekiant pabrėžti; reikšmingai; ryškiai, aiškiai

pointer ['pɔɪntə] *n* **1** (naudinga) užuomina, patarimas **2** rodyklė; strėlė **3** rodomoji lazdelė **4** *zool.* pointeris *(medžioklinis šuo)* **5** *kar.* taikytojas **6** *(Pointers)* pl *astr.* dvi Didžiųjų Grįžulo Ratų žvaigždės, esančios vienoje linijoje su Šiaurine žvaigžde **7** *komp.* pelės žymeklis *(t. p. mouse ~)*

pointful ['pɔɪntfəl] *a* tinkamas, vykęs, vietoje

pointilism ['pwæntɪlɪzm] *pr. n men.* puantilizmas

pointing ['pɔɪntɪŋ] *n* **1** (nu)rodymas; ~ *device komp.* rodomasis įtaisas **2** *šnek.* užuomina **3** skyryba, punktuacija **4** *stat.* siūlių glaistymas; cementas siūlėms glaistyti **5** *jūr. (lyno/tinklo galo)* apipynimas **6** *kar.* taikymas

pointless ['pɔɪntləs] *a* **1** beprasmiškas, betikslis; *it would be ~ to discuss the issue again* būtų beprasmiška vėl svarstyti tą klausimą **2** neefektyvus; lėkštas, nesąmojingas **3** *sport.* nelaimėjęs nė vieno taško, be rezultato **4** *ret.* bukas, neaštrus

pointsman ['pɔɪntsmən] *n (pl* -men [-mən]) **1** *glžk.* iešmininkas **2** budintis kelių policininkas, reguliuotojas

point-to-point [ˌpɔɪnttə'pɔɪnt] *n* žirgų kliūtinės lenktynės pažymėta vietove, krosas *(t. p. ~ race)*

pointy ['pɔɪntɪ] *a* smailus

poise [pɔɪz] *n* **1** pusiausvyra *(t. p. prk.)* **2** savitvarda, šaltakraujiškumas; ramybė **3** *(galvos, kūno)* laikysena **4** *fiz.* puazas *(klampumo vienetas)*
v **1** balansuoti; išlaikyti pusiausvyrą **2** pleventi, pakibti ore **3** laikyti *(galvą)* **4** pakelti ranką *(mesti ir pan.)* **5** *pass* pasiruošti

poised [pɔɪzd] *a* **1** pakibęs, kabantis **2** pasiruošęs **3** susitvardantis, šaltakraujis

poison ['pɔɪzn] *n* nuodai *(t. p. prk.); to take ~* nusinuodyti ◊ *to hate like ~* mirtinai neapkęsti; *what's your ~? juok.* ką tu gersi?
v **1** (nu)nuodyti, užnuodyti *(t. p. prk.); to ~ the minds of the young* nuodyti jaunimo protus **2** užkrėsti; *his foot was ~ed by being pierced with a nail* jis prasidūrė koją vinimi ir prasidėjo kraujo užkrėtimas ◊ *to ~ smb's mind against smb/smth* nuteikti ką prieš ką

poisoner ['pɔɪznə] *n* nuodytojas

poison-gas [ˌpɔɪzn'gæs] *n* nuodingosios dujos

poisoning ['pɔɪznɪŋ] *n* nuodijimas *(t. p. prk.);* ap(si)nuodijimas; *alcohol ~* apsinuodijimas alkoholiu

poisonous ['pɔɪznəs] *a* **1** nuodingas *(t. p. prk.)* **2** šlykštus, bjaurus; piktas; ~ *tongue* liežuvautojas

poison-pen [ˌpɔɪzn'pen] *a:* ~ *letter* piktas anoniminis laiškas

poke¹ [pəʊk] *n dial.* maišelis, maišas

poke² *n* **1** stumtelėjimas, bakstelėjimas, kumštelėjimas, niuksas; *to give smb a ~* kumštelėti kam **2** *vulg. sl.* (iš)dulkinimas ◊ *slow ~ šnek.* krapštukas, lėtapėdis
v **1** stumtelėti, bakstelėti, kumštelėti; *to ~ a hole* prabesti/pradurti skylę *(in)* **2** baksnoti; kaišioti, kišti *(t. p. ~ in/up/down)* **3** iš(si)kišti; kyšoti **4** žarstyti, maišyti *(ugnį; t. p. ~ up)* **5** kąsnoti, iš lėto nenoromis valgyti *(at)* **6** *šnek.* trenkti kumščiu **7** *vulg. sl.* (iš)dulkinti ☐ ~ *about/around* a) grabalioti(s), graibyti(s) *(patamsyje);* apgraibomis eiti/ieškoti; b) kišti/kaišioti nosį, naršyti, šniukštinėti; ~ *through* pradurti, persmeigti; ~ *up šnek.* už(si)daryti, gyventi *(užkaboryje, užkampyje)* ◊ *to ~ (one's nose) into other people's business, to ~ and pry* ≡ kišti/kaišioti nosį į svetimus reikalus

poker¹ ['pəʊkə] *n* žarsteklis ◊ *as stiff as a ~* ≡ lyg mietą prarijęs; manieringas, ceremoningas

poker² *n* pokeris *(kortų lošimas)*

poker-face ['pəʊkəfeɪs] *n* neišraiškus, nieko nesakantis veidas

pokerwork ['pəʊkəwəːk] *n (piešinio, ornamento)* (į)deginimas medyje/odoje

pokey ['pəʊkɪ] = **poky** *n*

poky ['pəʊkɪ] *a* **1** ankštas; menkas, skurdus; *a ~ hole of a place* užkampis, užkaboris **2** nežymus, smulkus; neįdomus, pilkas **3** netvarkingas *(apie drabužį)* **4** *amer. šnek.* lėtas, vangus
n amer. sl. kalėjimas, cypė

pol [pɒl] *n* (politician *sutr.) amer. šnek.* politikas, politikierius

Polack ['pəʊlæk] *n amer. niek.* lenkas

Poland ['pəʊlənd] *n* Lenkija

polar ['pəʊlə] *a* **1** poliarinis, ašigalio; ~ *circle* poliarinis ratas, poliaratis, speigratis; ~ *bear* baltasis lokys; ~ *fox* poliarinė lapė; ~ *lights* šiaurės/poliarinė pašvaistė **2** *fiz.* poliaus, polinis; ~ *molecule* polinė molekulė **3** *knyg.* visiškai/diametraliai priešingas *(t. p. ~ opposite/extreme)*

polarimeter [ˌpəʊlə'rɪmɪtə] *n fiz.* poliarimetras

polarity [pə'lærɪtɪ] *n* **1** visiškas priešingumas **2** *fiz.* poliškumas

polarization [ˌpəʊləraɪ'zeɪʃn] *n* poliarizacija; *(fiz. t. p.)* poliarizuotumas, poliarizacijos vektorius

polarize ['pəʊləraɪz] *v* **1** suteikti kryptį, orientuoti *(towards)* **2** *polit.* dalyti(s) į priešingas stovyklas, su(si)skaldyti *(into)* **3** *fiz.* poliarizuoti

polder ['pəʊldə] *n* polderis *(ypač Olandijoje)*

Pole [pəʊl] *n* lenkas; *the ~s kuop.* lenkai

pole¹ [pəʊl] *n* **1** stulpas, stiebas, kartis, kuolas **2** slidžių lazda *(t. p. ski ~)* **3** *(vežimo)* rodiklis, grąžulas **4** *ilgio matas (= 5,029 m)* ◊ *under bare ~s jūr.* be burių; *up the ~ šnek.* a) pakvaišęs, nesveiko proto; b) *(kieno)* sunki padėtis
v **1** paremti stulpais/kartimis **2** at(si)stumti, *ar* varyti į priekį, kartimi/lazdomis/irklais *(valtį, slides ir pan.)*

pole² *n* **1** *geogr., astr.* ašigalis, polius; *North [South] ~* Šiaurės [Pietų] ašigalis **2** *el.* polius; *magnetic ~* magnetinis polius ◊ *to be ~s apart/asunder* būti visiškomis priešingybėmis, diametraliai skirtis

poleax(e) ['pəʊlæks] *n* **1** *ist.* alebarda; dalginis kirvis, bardišius **2** kapoklė, skerdžiamasis peilis
v **1** užmušti alebarda *ir pan.* **2** skersti **3** *pass* netekti sąmonės *(nuo smūgio)*

poleaxed ['pəulækst] *a šnek.* **1** pritrenktas, priblokštas **2** girtas kaip šniūras
polecat ['pəulkæt] *n zool.* **1** šeškas **2** *amer.* skunkas
pole-jump ['pəuldʒʌmp] = **pole-vault** *v, n*
polemic [pə'lemɪk] *a* poleminis, polemiškas
n **1** polemika, ginčas **2** *ret.* polemistas, ginčininkas
polemical [pə'lemɪkl] = **polemic** *a*
polemicist [pə'lemɪsɪst] *n* polemistas
polemics [pə'lemɪks] *n* polemizavimas; polemikos menas
pole-star ['pəulstɑ:] *n* **1** Poliarinė/Šiaurinė žvaigždė **2** *prk.* kelrodė žvaigždė
pole-vault ['pəulvɔ:lt] *sport. v* šokinėti su kartimi
n (the ~) šuoliai su kartimi
pole-vaulter ['pəulvɔ:ltə] *n sport.* šuolininkas su kartimi
police [pə'li:s] *n* **1** policija; *military ~* karo policija **2** *(+v pl)* policininkai **3** *amer. kar.* tvarkos/švaros palaikymas **4** *attr* policinis, policijos; *~ officer/constable* policininkas; *~ state* policinė valstybė; *~ power amer.* teisėtvarkos saugojimas; *~ record* teistumas ir atvesdinimas į policiją, policijos dosjė
v **1** saugoti, palaikyti teisėtvarką *(šalyje, mieste)* **2** valdyti, kontroliuoti **3** duoti policijos apsaugą, apstatyti policija **4** *amer. kar.* švarinti, tvarkyti
police-court [pə'li:skɔ:t] *n* pirmos instancijos teismas
policeman [pə'li:smən] *n (pl* -men [-mən]) *(tik v.)* policininkas
police-office [pə'li:sˌɔfɪs] *n (miesto)* policijos valdyba
policewoman [pə'li:sˌwumən] *n (pl* policewomen [pə'li:sˌwɪmɪn]) policininkė
policy[1] ['pɔlɪsɪ] *n* **1** politika; *foreign ~* užsienio politika; *peace ~* taikos politika; *tough ~* tvirta politika; *give-and-take ~* abipusių nuolaidų politika; *for reasons of ~* politiniais sumetimais; *prices and incomes ~* kainų ir pajamų politika *(siekiant pažaboti infliaciją)* **2** elgsena, veiklos kryptis, kursas, strategija **3** sumanumas, protingumas; diplomatiškumas
policy[2] *n* polisas, draudimo liudijimas *(t. p. insurance ~); life ~* gyvybės draudimo polisas
policyholder ['pɔlɪsɪˌhəuldə] *n* poliso savininkas
policymaking ['pɔlɪsɪˌmeɪkɪŋ] *n pol.* veiklos kryptiės, strategijos formavimas
polio ['pəulɪəu] *n sutr.* = **poliomyelitis**
poliomyelitis [ˌpəulɪəumaɪə'laɪtɪs] *n med.* poliomielitas, vaikų paralyžius
poli sci [ˌpɔlɪ'saɪ] *amer. šnek.* politika *(mokslas)*
Polish ['pəulɪʃ] *a* lenkų, lenkiškas; Lenkijos
n **1** lenkų kalba **2** *(the ~) kuop.* lenkai
polish ['pɔlɪʃ] *n* **1** *(paviršiaus)* blizgesys, blizgėjimas **2** šlifavimas; poliravimas **3** politūra, lakas; *(grindų)* mastika, vaškas; *French ~* šelako politūra **4** rafinuotumas; įmantrumas
v **1** blizginti *(t. p. batus);* šlifuoti *(t. p. prk.);* poliruoti, svidinti, gludinti **2** valyti *(akinius ir pan.)* **3** daryti rafinuotą/įmantrų; prusinti ☐ *~ off šnek.* a) greitai susidoroti/apsidirbti; sušveisti *(valgį); to ~ off a bottle* išmaukti butelį; b) įveikti, atsikratyti *(konkurento ir pan.);* pribaigti; *~ up* a) nublizginti; b) (pa)tobulinti; *to ~ up one's English* tobulinti savo anglų kalbos žinias
polished ['pɔlɪʃt] *a* **1** nušlifuotas, nugludintas, poliruotas; glotnus, blizgantis **2** nublizgintas, nuvalytas *(apie avalynę ir pan.)* **3** rafinuotas, elegantiškas; įmantrus **4** nepriekaištingas
polisher ['pɔlɪʃə] *n* **1** šlifavimo/poliravimo mašina/įrankis; *(grindų)* blizgintuvas **2** šlifuotojas; poliruotojas
polite [pə'laɪt] *a* **1** mandagus, išauklėtas; *to do the ~ šnek.* stengtis mandagiai elgtis; *to be just/only being ~* sakyti ką tik iš mandagumo **2** rafinuotas; dailus; *~ letters/literature* grožinė literatūra; *~ learning* klasikinis išsilavinimas
politely [pə'laɪtlɪ] *adv* mandagiai
politeness [pə'laɪtnɪs] *n* mandagumas, išsiauklėjimas
politic ['pɔlɪtɪk] *a* **1** protingas, sumanus **2** politiškas, diplomatiškas
political [pə'lɪtɪkl] *a* **1** politinis; *~ economy [geography]* politinė ekonomija [geografija]; *~ science* politiniai mokslai; *the parties are playing ~ football* partijos žaidžia politinį žaidimą **2** valstybinis; *~ machinery* valstybės aparatas
politically [pə'lɪtɪkəlɪ] *adv* politiškai; politiniu/valstybiniu požiūriu *(t. p. ~ speaking)*
politician [ˌpɔlɪ'tɪʃn] *n* **1** politikas; valstybės veikėjas **2** *menk.* politikierius
politicize [pə'lɪtɪsaɪz] *v* **1** politikuoti; svarstyti politinius klausimus; dalyvauti politinėje veikloje **2** politizuoti, suteikti politinį pobūdį
politick ['pɔlɪtɪk] *v (ypač menk.)* politikuoti
politicking ['pɔlɪtɪkɪŋ] *n (ypač menk.)* politinė veikla, politikavimas; agitacija už savo kandidatūrą, už savo politikos kursą
politico [pə'lɪtɪkəu] *n (pl ~s* [-z]) *menk.* politikierius
politics ['pɔlɪtɪks] *n* **1** politika; politinė veikla; *party [power] ~* partijos [jėgos] politika; *to go into ~* tapti politiku, pasišvęsti politinei veiklai **2** *pl* politiniai įsitikinimai; *what are his ~?* kokie jo politiniai įsitikinimai? **3** *pl amer.* politinės machinacijos/intrigos; *to play ~ menk.* žaisti politinį žaidimą
polity ['pɔlətɪ] *n knyg.* **1** valstybinė santvarka; valdymo forma **2** valstybė
polka ['pɔlkə] *n* polka
polka-dot ['pɔlkədɔt] *n* taškutis, žirnelis *(taškuotame audinyje); ~ skirt* taškuotas sijonas
poll[1] [pəul] *n* **1** apklausa; *(public) opinion ~* viešosios nuomonės apklausa **2** rinkimai; balsavimas, balotiravimas; *to go to the ~s* a) eiti į rinkimus *(balsuoti),* dalyvauti rinkimuose; b) iškelti savo kandidatūrą *(rinkimuose); exclusion from the ~* balsavimo teisės atėmimas **3** balsų skaičiavimas **4** balsų skaičius; rinkimų rezultatai; *heavy [light] ~* didelis [mažas] dalyvavimo rinkimuose procentas **5** rinkėjų sąrašas **6** *(the ~s) (ypač amer.)* balsavimo patalpa, punktas **7** *dial., juok.* galva; pakaušis
v **1** apklausti *(siekiant nustatyti viešąją nuomonę); a majority of those ~ed were against cenzorship* dauguma apklaustųjų buvo prieš cenzūrą **2** gauti, surinkti *(balsų); to ~ a large majority* gauti didelę balsų daugumą **3** balsuoti, dalyvauti rinkimuose **4** skaičiuoti balsus **5** apkarpyti *(medžio)* viršūnę **6** *(ypač pII)* nupjauti ragus **7** *psn.* (nu)kirpti *(plaukus, vilną)*
poll[2] [pɔl] *n šnek.* prijaukinta papūga *(t. p. ~ parrot)*
pollack ['pɔlək] *n zool.* saida
pollard ['pɔləd] *n* **1** apkarpytas medis, medis su patrumpinta viršūne **2** beragis gyvulys, baužis **3** sėlenos
v apkarpyti *(medžio viršūnę)*
poll-cow ['pəulkau] *n* beragė, bauža karvė
pollen ['pɔlən] *bot. n* žiedadulkės
v ap(si)dulkinti
pollinate ['pɔlɪneɪt] *v bot.* ap(si)dulkinti
pollination [ˌpɔlɪ'neɪʃn] *n bot.* ap(si)dulkinimas
polling ['pəulɪŋ] *n* balsavimas; *~ day* rinkimų diena
polling-booth ['pəulɪŋbu:θ] *n* balsavimo kabina
polling-station ['pəulɪŋˌsteɪʃn] *n* balsavimo punktas, rinkimų apylinkė *(patalpa)*

polliwog ['pɔlıwɔg] *n amer. zool.* buožgalvis
pollock ['pɔlək] *n* = **pollack**
pollster ['pəulstə] *n* asmuo, atliekantis viešosios nuomonės apklausą
poll-tax ['pəultæks] *n ist.* pagalvė, asmens mokestis
pollutant [pə'lu:tənt] *n spec.* teršalas; teršimo židinys
pollute [pə'lu:t] *v* **1** (su)teršti, užteršti *(t. p. prk.);* **~d rivers** užterštos upės **2** išniekinti *(garbę, šventovę)*
polluter [pə'lu:tə] *n* teršėjas
pollution [pə'lu:ʃn] *n* **1** (su)teršimas, užteršimas, tarša **2** *kuop.* teršalai **3** išniekinimas **4** *fiziol.* poliucija
Polly ['pɔlı] *n* Pol(ė), Poli *(vardas)*
Pollyanna [,pɔlı'ænə] *n* per didelis optimistas, matantis tik gerąsias puses *(pagal E. H. Porter apsakymo pagrindinį veikėją)*
pollywog ['pɔlıwɔg] *n* = **polliwog**
polo ['pəuləu] *n sport.* polo; **water ~** vandensvydis
polonaise [,pɔlə'neız] *n* polonezas
polo-neck ['pəuləunek] *n* megztinis aukšta atverčiama apykakle *(t. p. ~ sweater);* marškiniai aukšta atverčiama apykakle
Polonism ['pɔlənızm] *n kalb.* polonizmas, lenkybė
polonium [pə'ləunıəm] *n chem.* polonis
Polonius [pə'ləunıəs] *n* Polonijus *(lit. personažas)*
polony [pə'ləunı] *n* apvirta ir parūkyta dešra
polo-stick ['pəuləustık] *n sport.* polo lazda, riedmuša
poltergeist ['pɔltəgaıst] *n* bildukas *(dvasia)*
poltroon [pɔl'tru:n] *n psn.* bailys
poltroonery [pɔl'tru:nərı] *n psn.* bailumas
poly ['pɔlı] *n (pl* **~s** [-z]) *šnek.* = **polytechnic**
poly- ['pɔlı-] *(sudurt. žodžiuose)* daug(ia)-, poli-; **polysemantic** polisemantinis, daugiareikšmis; **polyphase** daugiafazis
polyandry ['pɔlıændrı] *n spec.* daugvyrystė, poliandrija
polyanthus [,pɔlı'ænθəs] *n bot.* raktažolė
polyatomic [,pɔlıə'tɔmık] *a* daugiaatomis
polychromatic [,pɔlıkrə'mætık] = **polychrome** *a*
polychrome ['pɔlıkrəum] *a* daugiaspalvis
n daugiaspalvė statula/vaza *ir pan.*
polychromy ['pɔlıkrəumı] *n* daugiaspalviškumas, polichromija
polyclinic [,pɔlı'klınık] *n* klinika, ligoninė
polyester [,pɔlı'estə] *n chem.* poliesteris
polyethylene [,pɔlı'eθəli:n] *n (ypač amer.)* = **polythene**
polygamous [pə'lıgəməs] *a spec.* poligaminis
polygamy [pə'lıgəmı] *n spec.* poligamija, daugpatystė
polyglot ['pɔlıglɔt] *n* poliglotas
a **1** daugiakalbis; kalbantis daugeliu kalbų **2** knyga su lygiagrečiai einančiu tekstu keliomis kalbomis
polygon ['pɔlıgən] *n geom.* daugiakampis
polygonal [pə'lıgənl] *a* daugiakampis
polygraph ['pɔlıgra:f] *n* poligrafas, melo detektorius
polygyny [pə'lıdʒını] *n* poliginija, daugpatystė
polyhedral [,pɔlı'hi:drəl] *a* daugiasieēnis
polyhedron [,pɔlı'hi:drən] *n (pl* -ra [-rə], **~s**) *geom.* daugiāsienis, briauniainis
polymath ['pɔlımæθ] *n knyg.* eruditas, enciklopedistas
polymer ['pɔlımə] *n chem.* polimeras
polymeric [,pɔlı'merık] *a chem.* polimerinis
polymorphous [,pɔlı'mɔ:fəs] *a spec.* polimorfinis
Polynesia [,pɔlı'ni:zıə, -ʒə] *n* Polinezija *(salynas)*
Polynesian [,pɔlı'ni:zıən, -ʒən] *a* polineziečių; Polinezijos
n polinezietis
polynomial [,pɔlı'nəumıəl] *mat. a* daugianāris
n daugiānaris, polinomas

polyp ['pɔlıp] *n zool., med.* polipas
polyphonic [,pɔlı'fɔnık] *a* **1** daugiabalsis **2** *muz., kalb.* polifoninis
polyphony [pə'lıfənı] *n muz., kalb.* polifonija
polypody ['pɔlıpəudı] *n bot.* šertvė
polypropylene [,pɔlı'prəupıli:n] *n chem.* polipropilenas
polypus ['pɔlıpəs] *n (pl* -pi [-paı], **~es**) *med.* polipas
polysemous [pə'lısəməs, ,pɔlı'si:məs] *a kalb.* daugiareikšmis, polisemantinis
polysemy ['pɔlısımı] *n kalb.* daugiareikšmiškumas, polisemija
polyspast ['pɔlıspæst] *n tech.* skrysčiai
polystyrene [,pɔlı'staıri:n] *n chem.* polistirolas
polysyllabic [,pɔlısı'læbık] *a gram.* daugiaskiemenis
polysyllable ['pɔlı,sıləbl] *n gram.* daugiaskiemenis žodis
polysyndeton [,pɔlı'sındıtən] *n kalb.* polisindetonas, sindezė *(stiliaus figūra)*
polytechnic [,pɔlı'teknık] *a* politechninis
n politechnikumas; politechnikos koledžas/institutas
polytheism ['pɔlıθi:ızm] *n* politeizmas, daugiadievystė
polythene ['pɔlıθi:n] *n chem.* polietilenas
polyvalent [,pɔlı'veılənt] *a chem.* daugiavalentis
pom [pɔm] *n* = **pommy**
pomace ['pʌmıs] *n* **1** trintų obuolių masė/išsunkos *(gaminant sidrą)* **2** žuvų atliekos *(išspaudus riebalus; vart. kaip trąšą)* **3** išspaudos
pomade [pə'mɑ:d] *n* pomada
v tepti pomada
pomander [pəu'mændə] *n* dėžutė/rutuliukas su sausais kvepalais *(kambariui, bufetui ir pan. kvepinti)*
pomatum [pə'meıtəm] = **pomade** *n, v*
pomegranate ['pɔmıgrænıt] *n* **1** granatas *(vaisius)* **2** *bot.* granatmedis, granatas
pomelo ['pʌmələu, 'pɔmələu] *n (pl* **~s** [-z]) greipfrutas
Pomeranian [,pɔmə'reınıən] *n* špicas *(šunų veislė; t. p.* **~ dog**)
pomfret ['pɔmfrıt] *n zool.* jūros karšis
pomiculture ['pəumıkʌltʃə] *n* vaisininkystė
pommel ['pʌml] *n* **1** *(špagos/kardo rankenos)* buožė **2** *(balno)* guga
v mušti *(buože, kumščiais)*
pommy ['pɔmı] *n austral. sl.* anglas *(ypač neseniai apsigyvenęs Australijoje, N. Zelandijoje)*
pomology [pə'mɔlədʒı] *n* pomologija
pomp [pɔmp] *n* pompa, pompastika
pom-pom ['pɔmpɔm] *n* **1** *kar.* automatinė zenitinė artilerija *(ypač laive)* **2** = **pompon**
pompon ['pɔmpɔn] *n* bumbulas *(kepuraitės ir pan. papuošimas)*
pomposity [pɔm'pɔsətı] *n* pompastiškumas; pasipūtimas
pompous ['pɔmpəs] *a* **1** pompastiškas, išpūstas, iškilmingas **2** pasipūtęs
ponce [pɔns] *šnek. n* **1** sąvadautojas **2** *menk.* dabišius, pliuškis
v sąvadauti ☐ **~ about/around** *menk.* krapštinėtis, puoštis *(kaip moteriai; apie vyrą)*
poncho ['pɔntʃəu] *n (pl* **~s** [-z]) **1** pončas *(P. Amerikoje dėvimas apsiaustas)* **2** nepeperšlampamas apsiaustas su gobtuvu
pond [pɔnd] *n* **1** tvenkinys, kūdra; vandens telkinys/saugykla; baseinas *(sode)* **2** *juok.* jūra, vandenynas; **across the ~, on the other side of the ~** anapus Atlanto
v užtvenkti *(ppr.* **~ up**); įruošti tvenkinį/kūdrą
pondage ['pɔndıdʒ] *n* vandens telkinio/saugyklos talpa

ponder ['pɔndə] *v (gerai)* (ap)mąstyti, (ap)galvoti, apsvarstyti *(on, upon, over)*
ponderability [ˌpɔndᵊrə'bılətı] *n knyg.* svarumas
ponderable ['pɔndᵊrəbl] *knyg. a* **1** svarus, turintis svorį **2** reikšmingas
ponderosity [ˌpɔndə'rɔsətı] *n* **1** svoris; sunkumas **2** gremėzdiškumas
ponderous ['pɔndᵊrəs] *a* **1** sunkus, dramblotas *(apie eiseną ir pan.)* **2** *prk.* gremėzdiškas; nuobodus; ~ *style* gremėzdiškas stilius; ~ *lecture* nuobodi paskaita **3** svarus, daug sveriantis; masyvus
pondweed ['pɔndwiːd] *n bot.* plūdė
pone [pəun] *n amer.* kukurūzinis paplotis/sklindis *(t. p. corn ~)*
pong [pɔŋ] *šnek. n* smarvė
v smirdėti, dvokti
pongee [pɔn'dʒiː] *n tekst.* česučia *(gelsvos spalvos šilkinis audinys)*
pongid ['pɔndʒıd] *n zool.* pongidas *(žmogbeždžionė)*
poniard ['pɔnjəd] *ist. n* kinžalas
v nudurti kinžalu
pontiff ['pɔntıf] *n bažn.* **1** Romos popiežius *(t. p. Sovereign/Supreme ~)* **2** vyskupas **3** vyriausiasis dvasininkas ◊ *the ~s of science* mokslo žyniai
pontifical [pɔn'tıfıkl] *a* **1** *bažn.* popiežiaus; vyskupo **2** pretenduojantis į neklystamumą, neklystantis; neklystamas *(apie toną ir pan.)*
n pl vyskupo rūbai
pontificate *n* [pɔn'tıfıkət] *bažn.* pontifikatas
v [pɔn'tıfıkeıt] dogmatiškai/pompastiškai kalbėti/postringauti
pontoon¹ [pɔn'tuːn] *n* **1** pontonas; pontoninis tiltas *(t. p. ~ bridge)* **2** *jūr.* plaškautas, plokščialaivis **3** *(hidroplano)* plūdė
pontoon² *n* dvidešimt vienas, akis *(kortų lošimas)*
pony ['pəunı] *<n, a, v> n* **1** ponis; žemaūgis arklys; *Jerusalem ~ juok.* asilas **2** *šnek.* 25 svarai sterlingų **3** *amer. šnek.* stiklelis, stikliukas *(alkoholiniams gėrimams)* **4** *amer. šnek.* špargalka; pažodinis vertimas **5** *pl sl.* lenktyniniai arkliai
a **1** mažas; ~ *size* mažo dydžio; ~ *car* mažas dviejų durų automobilis **2** *tech.* pagalbinis, papildomas
v amer. šnek. atsakinėti pamoką iš špargalkos □ ~ *up amer. šnek.* (su)mokėti *(džn. nenoromis)*
ponytail ['pəunıteıl] *n* arklio uodega *(moteriška šukuosena)*
poo [puː] *vaik. n* kaka
v kakoti
pooch [puːtʃ] *n (džn. juok.)* šuo
poodle ['puːdl] *n* pudelis *(šunų veislė)* ◊ *to be smb's ~* būti klusniam kaip šuneliui
poof [puf, puːf] *n (tik v.) šnek. menk.* **1** sumoterėjęs vyras, boba **2** pederastas
int **1** brauksk!; žybt! *(nusakant staigų veiksmą)* **2** et!, pfui! *(išreiškiant niekinimą ir pan.)*
poofter ['puftə] = **poof** *n* 2
poofy ['pufı] *a šnek.* sumoterėjęs, bobiškas *(apie vyrą)*
pooh [puː] *n vaik.* kaka
int fui!, fu!, pfui! *(išreiškiant pasibjaurėjimą, panieką)*
pooh-pooh [ˌpuː'puː] *v šnek.* niekinamai žiūrėti *(į ką)*
pool¹ [puːl] *n* **1** klanas, bala; *a ~ of blood* kraujo klanas **2** duburys, sietuva **3** *sport.* (plaukymo) baseinas *(t. p. swimming ~)* **4** *geol.* (naftos) telkinys **5** *hidr.* bjefas
pool² *n* **1** (bendrasis) fondas; *car ~* automobilių savininkų susitarimas paeiliui vienas kitą pavežti **2** *ekon.* pulas *(susivienijimas kovai su konkurencija)* **3** biuras, susivienijimas; *typing ~* mašininkių biuras **4** pastatytoji suma, bankas *(lošiant, einant lažybų); the (football) ~s* lošimas (futbolo) rungtynių rezultatui atspėti **5** pulas *(amerikietiškasis biliardas)*
v kaupti į, *ar* sudaryti, (bendrąjį) fondą; su(si)jungti, su(si)dėti; *to ~ interests* veikti drauge/išvien
poolroom ['puːlrum] *n amer.* **1** lošimo kambarys; biliardinė **2** vieta, kur einama lažybų *(prieš lenktynes, varžybas ir pan.)*
poop¹ [puːp] *jūr. n* antstatas laivagalyje, jutas
v aptaškyti/apsemti laivagalį *(apie bangas)*
poop² *vaik. n* **1** kaka; kakojimas **2** perdimas
v **1** kakoti **2** persti
poop³ *n amer. šnek.* naujienos *(neoficialios)*
poop⁴ *n sl.* = **nincompoop**
poop-deck ['puːpdek] *n jūr.* juto denis
pooped [puːpt] *a amer. šnek.* išvargęs, išsisėmęs *(t. p. ~ out)*
pooper-scooper ['puːpəˌskuːpə] *n šnek. (šuns savininko)* kastuvėlis ir maišelis
poor [puə] *a* **1** neturtingas, vargingas, skurdus; ~ *peasant* vargingasis valstietis; *the ~ kuop.* neturtėliai, vargšai, varguoliai, varguomenė **2** vargšas, nelaimingas, pasigailėtinas; *the ~ little boy [horse]* vargšas mažas berniukas [arklys] **3** menkas, prastas, blogas; ~ *speaker* menkas/prastas oratorius; ~ *health* bloga/prasta sveikata; ~ *at maths* silpnas iš matematikos **4** nederlingas *(apie žemę)* **5** nepakankamas, nemaistingas ◊ *to be a ~ second [third]* baigti *(lenktynes ir pan.)* antruoju [trečiuoju] smarkiai atsilikus nuo pirmojo
poorhouse ['puəhaus] *n ist.* vargšų prieglauda
poor-law ['puəlɔː] *n ist.* įstatymas, reguliuojantis varguomenės padėtį; socialinio aprūpinimo įstatymas; ~ *guardian* socialinio aprūpinimo inspektorius
poorly ['puəlı] *adv* **1** menkai, blogai, prastai; *to think ~ (of)* būti blogos nuomonės *(apie)* **2** neturtingai, vargingai, skurdžiai
a predic **1** *šnek.* ligotas, nesveikas; *I feel rather ~* aš blogai jaučiuosi, jaučiu silpnumą **2**: ~ *off* neturtingas
poor-mouth ['puəmauθ] *v amer. šnek.* skųstis esant neturtingam
poorness ['puənıs] *n* **1** neturtingumas, skurdumas; ~ *of soil* dirvos skurdumas **2** prastumas, menkumas; ~ *of appetite* neturėjimas apetito
poor-rate ['puəreıt] *n ist.* mokestis vargšų labui
poor-spirited ['puə'spırıtıd] *a knyg.* bailus
poove [puːv] = **poof** *n*
poovey, poovy ['puːvı] *a sl.* homoseksualus
pop¹ [pɔp] *<n, v, adv, int> n* **1** *(kamščio, šūvio)* pykštelėjimas, pokštelėjimas **2** *šnek.* šūvis **3** kumščio smūgis **4** *šnek.* putojantis gazuotas gėrimas
v **1** pykštelėti, pokštelėti; pokšėti **2** kaišioti, kišti *(in, into; out of); he ~ped his head out of the window* jis iškišo galvą per langą **3** *šnek.* staiga/skubiai nubėgti *(ko parnešti ir pan.) (t. p. ~ round)* **4** *šnek.* pyškinti, šaudyti *(at; t. p. ~ off)* **5** iššauti *(kamštį)* **6** sproginėti, trūkinėti *(apie kukurūzus/kaštonus ugnyje ir pan.);* (su)sprogdinti *(balioną ir pan.)* **7** *šnek.* išsproginti, išversti *(akis; nustebus)* **8** *šnek.* ryti *(piliules su narkotikais)* **9** *šnek.* trenkti *(on – į)* **10** zuiti, šmaižioti *(ypač ~ in and out)* **11** *psn. šnek.* užstatyti *(laikrodį ir pan.)* □ ~ *back šnek.* grįžti; ~ *in* a) staiga pasirodyti; b) užsukti, užeiti; ~ *off šnek.* a) staiga išeiti/išslinkti; b) *šnek.* staiga mirti; ~ *on šnek.* a) užsimesti *(drabužį);* b) įjungti; ~ *out* a) staiga išbėgti/išlėkti; b) staiga išlįsti/pasirodyti; c) staiga užgesti; ~ *up* a) staiga pašokti; b) (nelauktai) pasirodyti/iškilti

adv staiga, netikėtai; ***to go*** ~ a) pokštelėti, iššauti; b) staiga mirti; c) nusigyventi *int* pykšt!, pokšt!

pop² *n* popmuzika; popmuzikos koncertas *(t. p. ~ concert) a* pop stiliaus; populiarus *(ypač tarp jaunimo)*

pop³ *n amer. šnek.* tėtė; tėvelis

popadom, popadum ['pɔpədəm] *n* = **poppadom**

popcorn ['pɔpkɔ:n] *n* kukurūzų spragėsiai

pope [pəup] *n* **1** *(P.)* popiežius **2** *iron.* neginčijamas autoritetas **3** dvasininkas ◊ ***~'s eye*** avies kojos riebuma; ***~'s nose*** *šnek.* (kepto) paukščio sturplis; ***is the P. (a) Catholic?*** *juok.* ar dar verta klausti?

Pope [pəup] *n:* **Alexander** ~ Aleksanderis Popas *(anglų poetas)*

Popemobile ['pəupməbi:l] *n* papamobilis *(popiežiaus automobilis)*

popery ['pəupərɪ] *n menk.* papizmas, popiežiaus valdžia; katalikybė

pop-eyed ['pɔp'aɪd] *a šnek.* **1** išverstomis akimis, išsigandęs, nustebęs **2** išverstakis

pop-group ['pɔpgru:p] *n* popgrupė, popansamblis

popgun ['pɔpgʌn] *n* orinis pistoletas *(žaislas)*

popinjay ['pɔpɪndʒeɪ] *n* **1** *menk. ret.* puošeiva, dabita **2** *dial.* žalioji meleta *(paukštis)* **3** *psn.* papūga

popish ['pəupɪʃ] *a ret. menk.* popiežininkų; katalikų

poplar ['pɔplə] *n bot.* tuopa; **Lombardy** ~ piramidinė tuopa; ***trembling*** ~ epušė; ***black*** ~ juodoji tuopa

poplin ['pɔplɪn] *n tekst.* poplinas

popliteal [pɔ'plɪtɪəl] *a anat.* pakinklinis

popover ['pɔpəuvə] *n amer.* tuščiaviduris pyragaitis

poppa ['pɔpə] *n* = **pop**³

poppadom, poppadum ['pɔpədəm] *ind. n* aliejuje keptas paplotėlis, valgomas su aštriais prieskoniais

popper ['pɔpə] *n* **1** spaustukas *(skalbiniams)* **2** *amer. kul.* krosnelė kukurūzų spragėsiams ruošti

poppet ['pɔpɪt] *n* **1** mažytis, mažytėlis; meilutis *(ypač kaip kreipinys* **my** ~*)* **2** *tech.* staklių užpakalinė galvutė, arkliukas **3** = **poppet-valve 4** *jūr.* ramstis

poppet-valve ['pɔpɪt'vælv] *n tech.* lėkštinis vožtuvas

poppied ['pɔpɪd] *a* **1** apaugęs aguonomis **2** migdomas; mieguistas

popple ['pɔpl] *n* **1** *(vandens)* kunkuliavimas **2** raibuliavimas; banguota jūra
v **1** kunkuliuoti, burbuliuoti **2** banguoti; raibuliuoti

poppy ['pɔpɪ] *n* aguona; ***rough*** ~ *bot.* smiltyninė aguona

poppycock ['pɔpɪkɔk] *n šnek.* niekai, nesąmonė

poppyseed ['pɔpɪsi:d] *n* aguonos grūdelis

pops [pɔps] *a amer.* populiariõs ir klasikinės muzikos *(apie koncertą, orkestrą)*

popshop ['pɔpʃɔp] *n sl.* lombardas

popsicle ['pɔpsɪkl] *n amer.* ledinukas ant pagaliuko

popsy ['pɔpsɪ] *n šnek.* brangioji, pupytė *(apie mergaitę)*

populace ['pɔpjuləs] *n* **1** liaudis, masės; prastuomenė **2** *knyg.* gyventojai

popular ['pɔpjulə] *a* **1** populiarus; ***~ hero*** mėgstamas herojus; ***Tom is*** ~ ***with girls*** Tomas populiarus, *ar* turi pasisekimą, tarp merginų **2** *(visiems)* prieinamas; ***at*** ~ ***prices*** prieinamomis kainomis **3** visuotinis; liaudies, liaudinis; liaudiškas; ~ ***discontent*** visuotinis nepasitenkinimas; ~ ***voice*** liaudies balsas; ~ ***pressure*** liaudies masių spaudimas; ~ ***press*** bulvarinė spauda; ***the*** ~ ***view*** plačiai paplitusi nuomonė ◊ ***you'll be*** ~ *iron.* visi nudžiugs

popularity [ˌpɔpju'lærətɪ] *n* populiarumas; ***to gain in*** ~ įgyti populiarumo

popularization [ˌpɔpjulərai'zeɪʃn] *n* populiarinimas, populiarizacija

popularize ['pɔpjuləraɪz] *v* populiarinti, populiarizuoti

popularly ['pɔpjulərli] *adv* **1** populiariai **2** visos liaudies; ~ ***accepted*** visų priimtas/pripažintas **3** pigiai, prieinamai

populate ['pɔpjuleɪt] *v* apgyvendinti, įkurdinti; (ap)gyventi; ***thinly/sparcely [thickly/densely]*** ~***d*** retai [tirštai] gyvenamas

population [ˌpɔpju'leɪʃn] *n* **1** gyventojai; gyventojų skaičius; ***what is the*** ~ ***of Lithuania?*** kiek (yra) gyventojų Lietuvoje? **2** apgyvendinimas **3** *fiz.* užpildymas **4** *biol.* populiacija **5** *attr:* ~ ***control*** gimstamumo reguliavimas; ~ ***explosion*** demografinis sprogimas

populism ['pɔpjulɪzm] *n polit.* populizmas

populist ['pɔpjulɪst] *polit. n* populistas, liaudininkas
a populistinis

populous ['pɔpjuləs] *a* gausus gyventojų, tankiai gyvenamas

pop-up ['pɔpʌp] *a:* ~ ***book*** knyga su iškilusiais/iškylančiais paveikslėliais; ~ ***toaster*** iššokantis skrudintuvas

porcelain ['pɔ:səlɪn] *n* **1** porcelianas **2** *attr* porcelianinis; *prk.* trapus; ~ ***clay*** porcelianinis molis, kaolinas

porch [pɔ:tʃ] *n* **1** priebutis, prienamis, prieangis, prieemenė **2** priebažnytis **3** *amer.* veranda; balkonas

porcine ['pɔ:saɪn] *a* **1** *spec.* kiaulės, kiaulinis **2** *menk.* kiauliškas

porcupine ['pɔ:kjupaɪn] *n zool.* dygliakiaulė, dygliuotis

pore¹ [pɔ:] *n* pora, angelė, akutė

pore² *v* **1** būti įsigilinusiam/įnikusiam *(over – į);* ***poring over books*** įnikęs į knygas **2** *psn.* susikaupti, (susi)mąstyti *(on, upon, over)*

poriferous [pɔ:'rɪfərəs] *a* poringas, akytas

pork [pɔ:k] *n* **1** kiauliena; ***roast*** ~ kiaulienos kepsnys **2** *amer. šnek.* vyriausybės dotacijos/privilegijos *ir pan.,* suteikiamos politiniais sumetimais

pork-barrel ['pɔ:kˌbærəl] *amer. šnek. v* suteikti privilegijas, lengvatinius kreditus *(už vyriausybės paramą)*
n užmaskuotas papirkinėjimas *(ypač politiniais tikslais)*

porker ['pɔ:kə] *n* **1** nupenėtas meitelis, penimis **2** *šnek.* lašininis, druckis **3** *sl.* meilas

pork-pie ['pɔ:kpaɪ] *n* **1** pyragas su kiaulienos įdaru **2** skrybėlė su apskritu plokščiu dugnu ir užlenktais kraštais *(t. p.* ~ ***hat)***

porky ['pɔ:kɪ] *a* **1** kiaulienos **2** *šnek.* riebus, storas
n sl. melas *(t. p.* ~ ***pie)***

porn, porno [pɔ:n, 'pɔ:nəu] *šnek. n* pornografija *(t. p.* ***hard*** ~*);* ***soft*** ~ erotika
a = **pornographic**

pornographic [ˌpɔ:nə'græfɪk] *a* pornografinis

pornography [pɔ:'nɔgrəfɪ] *n* pornografija

porosity [pɔ:'rɔsətɪ] *n* poringumas, akytumas

porous ['pɔ:rəs] *a* poringas, akytas, korytas

porphyry ['pɔ:fɪrɪ] *n min.* porfyras

porpoise ['pɔ:pəs] *n zool.* jūros kiaulė; delfinas

porridge ['pɔrɪdʒ] *n* **1** *(miltų, kruopų)* košė **2** *sl.* bausmės atlikimas kalėjime; ***to do*** ~ atlikti bausmę

porringer ['pɔrɪndʒə] *n* dubenėlis

port¹ [pɔ:t] *n* **1** uostas; ~ ***of destination*** paskyrimo uostas; ~ ***of call*** a) įplaukimo uostas; b) *šnek.* trumpo apsilankymo vieta; ~ ***call*** įplaukimas į uostą; ***close*** ~ upės uostas; ***free*** ~ laisvas uostas **2** uostamiestis **3** *prk.* prieglauda ◊ ***any*** ~ ***in a storm*** nėra padėties be išeities

port² *n* **1** *jūr.* liukas, borto anga **2** *tech.* anga, praėjimas **3** *komp.* prievadas, jungtis **4** *ist., škot. (miesto)* vartai

port³ *jūr., av. n* **1** kairysis bortas **2** *attr (laivo)* kairėje; kairysis
v sukti kairėn
port⁴ *n* **1** *kar.* ginklo padėtis apžiūrai **2** *psn., knyg.* laikysena, elgsena
v kar. laikyti *(ginklą)* prieš save *(apžiūrai)*
port⁵ *n* portveinas *(t. p. ~ wine)*
port⁶ *n austral. šnek.* **1** lagaminas **2** krepšys *(pirkiniams ir pan.)*
portability [ˌpɔːtəˈbɪlətɪ] *n* portatyvumas
portable [ˈpɔːtəbl] *a* portatyvus, nešiojamasis, kilnojamasis; *~ house* surenkamasis/išardomasis namas; *~ engine* lokomobilis
n portatyvus, patogus nešiotis daiktas, pvz., kompiuteris, radijo aparatas
portacrib [ˈpɔːtəkrɪb] *n amer.* nešiojamasis lopšys su dviem rankenomis
portage [ˈpɔːtɪdʒ] *n* **1** pervežimas, pernešimas, perkėlimas **2** pervežimo mokestis **3** pervalkas *(tarp upių)*
v pervilkti sausuma *(laivą);* pervežti sausuma *(prekes)*
Portakabin [ˈpɔːtəkæbɪn] *n* surenkamasis namelis
portal¹ [ˈpɔːtl] *n knyg.* **1** portalas, paradinis įėjimas; vartai **2** *(durų)* tambūras **3** *tech.* portalinis rėmas *(t. p. ~ frame);* ~ *crane* portalinis kranas
portal² *a: ~ vein anat.* vartų vena
Port Arthur [ˌpɔːtˈɑːθə] *ist.* Port Artūras *(Kinijos uostas)*
portative [ˈpɔːtətɪv] = **portable** *a*
Port-au-Prince [ˌpɔːtəuˈprɪns] *n* Port o Prensas *(Haičio sostinė)*
portcullis [pɔːtˈkʌlɪs] *n ist.* nuleidžiamosios grotos *(tvirtovės vartuose)*
portend [pɔːˈtend] *v knyg.* pranašauti, būti ženklu
portent [ˈpɔːtent] *n knyg.* **1** *(pranašingas)* ženklas, pranašas; *these clouds are ~s of a storm* šie debesys pranašauja/žada audrą **2** stebuklas
portentous [pɔːˈtentəs] *a knyg.* **1** nelaimę pranašaujantis, bloga lemiantis; grėsmingas **2** rimtas, reikšmingas **3** *prk.* išpūstas, pompastiškas, pretenzingas
porter¹ [ˈpɔːtə] *n* **1** durininkas, šveicorius, portjė; budintysis; *~'s lodge* budinčiojo/šveicoriaus kambarėlis/būstas
porter² *n* **1** nešikas **2** *amer. (miegamojo vagono)* palydovas
porter³ *n* porteris *(alus)*
porterage [ˈpɔːtərɪdʒ] *n* **1** *(krovinio)* nešimas, gabenimas **2** užmokestis nešikui
porterhouse [ˈpɔːtəhaus] *n* **1** *kul.* bifšteksas *(iš filė; t. p. ~ steak)* **2** *(ypač amer.) psn.* aludė; pigus restoranėlis
portfire [ˈpɔːtfaɪə] *n kar.* degtuvas, padegamoji virvutė
portfolio [pɔːtˈfəuliəu] *n (pl ~s* [-z]) **1** portfelis **2** aplankas *(dokumentams ir pan.)* **3** ministro pareigos/postas; *minister without ~* ministras be portfelio **4** *fin.* vertybinių popierių portfelis/rinkinys; akcijų paketas
porthole [ˈpɔːthəul] *n* **1** *jūr.* liukas **2** *jūr., av.* iliuminatorius
portico [ˈpɔːtɪkəu] *n (pl ~(e)s* [-z]) *archit.* portikas
portière [pɔːtɪˈɛə] *pr. n* portjera
portion [ˈpɔːʃn] *n* **1** dalis; *this ~ of Lithuania* ši Lietuvos dalis; *to bear a ~ of the blame* prisiimti dalį kaltės **2** porcija, davinys; *an extra ~* papildoma porcija **3** palikimas, dalis **4** kraitis **5** *knyg.* dalia, likimas
v **1** dalyti *(į dalis)* **2** duoti kraitį □ *~ out* išdalyti, padalyti
portionless [ˈpɔːʃnləs] *a* be kraičio/dalies
portliness [ˈpɔːtlɪnɪs] *n* **1** apkūnumas **2** solidumas
portly [ˈpɔːtlɪ] *a* **1** apkūnus, kūningas, stuomeningas **2** orus, solidus
portmanteau [pɔːtˈmæntəu] *n (pl ~s, ~x* [-z]) lagaminas

a attr įvairiaprasmis; *~ word kalb.* žodis, atsiradęs kontaminacijos būdu
portrait [ˈpɔːtrɪt] *n* **1** portretas, atvaizdas **2** atvaizdavimas, aprašymas
a portretinis *(apie formatą)*
portraitist [ˈpɔːtrɪtɪst] *n* portretistas
portraiture [ˈpɔːtrɪtʃə] *n* **1** portretinė tapyba **2** portretas; *kuop.* portretai **3** atvaizdavimas, aprašymas
portray [pɔːˈtreɪ] *v* **1** (nu)tapyti portretą **2** (pa)vaizduoti; aprašyti, (nu)piešti **3** (su)vaidinti *(scenoje)*
portrayal [pɔːˈtreɪəl] *n knyg.* **1** portreto (nu)tapymas/(nu)piešimas; atvaizdas **2** (at)vaizdavimas, aprašymas, nupiešimas
portreeve [ˈpɔːtriːv] *n ist.* meras, valdytojas *(kai kuriuose miestuose)*
portress [ˈpɔːtrɪs] *n* durininkė; vartininkė
port-side [ˈpɔːtsaɪd] *n jūr.* kairysis bortas
Portsmouth [ˈpɔːtsməθ] *n* Portsmutas *(Anglijos uostas)*
Portugal [ˈpɔːtʃugl] *n* Portugalija
Portuguese [ˌpɔːtʃuˈgiːz] *a* portugalų; portugališkas; Portugalijos
n **1** portugalas; *the ~ kuop.* portugalai **2** portugalų kalba
pose¹ [pəuz] *v* **1** pozuoti *(t. p. prk.);* padaryti/nustatyti pozą **2** dėtis, apsimesti *(as)* **3** (iš)kelti, (už)duoti *(klausimą, uždavinį);* sudaryti *(sunkumų ir pan.); rising unemployment is posing serious problems* didėjantis nedarbas kelia rimtų problemų
n **1** poza *(t. p. prk.); her modesty is a mere ~* jos kuklumas yra tik poza **2** pozavimas
pose² *v* sugluminti, (pa)statyti į keblią padėtį *(pateikiant keblų klausimą)*
poser¹ [ˈpəuzə] *n* = **poseur**
poser² *n* sunkus/keblus klausimas/uždavinys, sunkumų sudaranti problema
poseur [pəuˈzəː] *pr. n menk.* pozuotojas, pamaiva
posh [pɔʃ] *a šnek.* **1** prašmatnus, ištaigingas **2** gerų manierų, kultūringas; aukštuomenės **3** snobiškas
poshed [pɔʃt] *a: all ~ up šnek.* išsičiustijęs, išsipuštęs
posit [ˈpɔzɪt] *v* **1** *filos.* priimti be įrodymų, postuluoti **2** *knyg.* nustatyti
position [pəˈzɪʃn] *n* **1** padėtis; pozicija *(t. p. sport., kar.);* statusas; *~ of political affairs* politinė padėtis; *the sitting ~* sėdima padėtis; *home ~ tech.* pradinė padėtis; *to take up a ~ (ypač kar.)* užimti poziciją; *to be placed in an awkward ~* atsidurti keblioje padėtyje; *from a ~ of strength* iš jėgos pozicijų; *pole ~* priekinė starto pozicija *(automobilių, dviračių lenktynėse)* **2** vieta; iš(si)dėstymas; *in [out of] ~* tinkamoje [netinkamoje] vietoje; *the players were in ~* žaidėjai buvo savo vietose; *I can't see anything from this ~* aš nieko negaliu matyti iš čia **3** vieta, postas, pareigos; *to get a ~ as a secretary* gauti sekretoriaus vietą **4** pozicija, požiūris; *to define one's ~* aiškiai apibrėžti savo požiūrį *(on – į); to take up the ~ that...* tvirtinti, kad... **5** galimybė; *to be in a ~ to do smth* galėti, *ar* turėti galimybę, ką (pa)daryti **6** *attr: ~ paper (organizacijos ir pan.)* raštas/memorandumas, kuriame išdėstyta veiklos programa
v **1** dėti, statyti *(į vietą)* **2** nustatyti padėtį **3** *refl* užsiimti poziciją
positional [pəˈzɪʃnəl] *a* pozicinis
position-finder [pəˈzɪʃnˌfaɪndə] *n jūr.* prietaisas laivo vietai nustatyti, pelengatorius
positive [ˈpɔzɪtɪv] *a* **1** tikras, įsitikinęs; pasitikintis savimi; *I'm ~ that...* esu tikras, kad... **2** neabejotinas, aiškus,

tikslus; ~ **instructions** tikslūs nurodymai **3** teigiamas *(t. p. mat., fiz.)*; pozityvus; *a very ~ experience* labai teigiama patirtis; *~ number* teigiamas skaičius; *~ charge of electricity* teigiamasis elektros krūvis; *~ philosophy* pozityvizmas; *~ criticism* konstruktyvi kritika; *~ sign* pliusas, pliuso ženklas **4** *šnek.* visiškas; didžiulis; *it's a ~ disgrace* tiesiog gėda **5** *gram.* nelyginamasis *(apie laipsnį)* **6** *fot.* pozityvinis
n **1** *gram.* nelyginamasis laipsnis **2** *fot.* pozityvas **3** *knyg.* tai, kas tikra/realu
positively ['pɔzɪtɪvlɪ] *adv* **1** tikrai; neabejotinai, aiškiai; tiesiog **2** teigiamai; pritariamai; pozityviai; konstruktyviai **3** aktyviai **4** visiškai, absoliučiai; *~ nothing* absoliučiai nieko
positivism ['pɔzɪtɪvɪzm] *n filos.* pozityvizmas
positron ['pɔzɪtrɔn] *n fiz.* pozitronas
positronium [ˌpɔzɪ'trəʊnɪəm] *n fiz.* pozitronis
poss [pɔs] *a* (possible *sutr.*) *šnek.*: *if ~* jeigu galima; *as ~ as* kaip galima
posse ['pɔsɪ] *n* **1** *ist.* šerifo sušaukiamų piliečių grupė *(nusikaltėliui ieškoti ir pan.)* **2** *(policininkų, ginkluotų žmonių)* būrys; *(žurnalistų ir pan.)* grupė, būrys
possess [pə'zes] *v* **1** turėti, valdyti; *he ~es a good character* jo geras charakteris; *to be ~ed of smth* turėti ką; *to ~ oneself in patience* valdytis, turėti kantrybės **2** *refl* įsigyti *(of – ko)* **3** *(džn. pass)* apimti, pagauti *(apie jausmą, nuotaiką)*; *he is ~ed by this idea* jį užvaldė ta mintis; *you are surely ~ed* jūs iš proto išėjote; *what ~ed him to do it?* kurių galų jis taip padarė?
possessed [pə'zest] *a* **1** apimtas, apsėstas *(by, with)*; nenormalus; *to be ~ by a devil* būti velnio apsėstam **2** *knyg.* turintis *(of)*; *every human being ~ed of reason* kiekvienas, turintis proto, protingas žmogus
possession [pə'zeʃn] *n* **1** turėjimas, valdymas; *the ~ of certain abilities* turėjimas tam tikrų sugebėjimų; *in ~ (of)* turintis; *to be in ~, to get ~ sport.* turėti/kontroliuoti kamuolį; *in the ~ of smb, in smb's ~* kieno nuosavybėje; *to take ~ (of)* pradėti valdyti, tapti savininku **2** *(džn. pl)* nuosavybė, turtas **3** *(džn. pl)* valdos **4** valdymasis **5** *teis. (negalus)* laikymas; *to be in ~ of drugs* laikyti narkotikus **6** *(dvasių)* apsėdimas
possessive [pə'zesɪv] *a* **1** savininkiškas, egoistinis, egoistiškas; *he's ~ about his toys* jis nemėgsta duoti savo žaislų **2** *gram.* savybinis; *~ case [pronoun]* savybinis linksnis [įvardis] **3** *teis.* savininkui priklausantis, posesorinis
n = *~ case* **[pronoun]**
possessor [pə'zesə] *n* savininkas, valdytojas, turėtojas
possessory [pə'zesərɪ] *a* **1** nuosavybės; savininko, valdytojo **2** savininkiškas
posset ['pɔsɪt] *n ist.* karštas gėrimas iš pieno ir vyno/alaus
possibility [ˌpɔsə'bɪlətɪ] *n* galimybė; galimumas; *within the bounds of ~* galimas daiktas; *to exhaust all the possibilities* išsemti visas galimybes; *the ~ of failure* nesėkmės galimumas; *there is no ~ of changing the text* negalima pakeisti teksto
possible ['pɔsəbl] *a* **1** galimas, įmanomas; *as early as ~* kaip galima anksčiau; *as far as ~* kiek galima/galint; *that's quite ~* (tai) labai galimas daiktas **2** *šnek.* pakenčiamas
n **1** (tai, kas) galima; *to do one's ~* padaryti visa, kas galima/įmanoma **2** galimas kandidatas/nugalėtojas *ir pan.*; *a list of ~s for the vacancy* galimų kandidatų į vakuojančią vietą sąrašas
possibly ['pɔsəblɪ] *adv* **1** *mod* galbūt, galimas daiktas **2** *(+ can, could)* galima, įmanoma *(pabrėžiant)*; *I'll do it as soon as I ~ can* aš padarysiu tai, kai tik bus galima; *how can I ~ do it?* kaip gi aš galiu tai padaryti?; *I can't ~ allow you to go home in this weather* aš niekaip negaliu tavęs išleisti namo tokiu oru
possum ['pɔsəm] *n amer. šnek.* oposumas *(sterblinė žiurkė)* ◊ *to play ~* a) apsimesti miegančiam/negyvam; b) dėtis nesuprantančiam/nežinančiam
post[1] [pəʊst] <*n, v, adv*> *n* **1** paštas; pašto skyrius; *P. Office* Pašto ministerija; *by return of ~* grįžtamuoju paštu **2** korespondencija; *is there any ~ for me?* ar yra kokios nors korespondencijos man? **3** pašto dėžutė **4** popieriaus formatas
v **1** (pa)siųsti paštu; įmesti į pašto dėžutę **2** *(džn. pass)* informuoti, suteikti žinių; būti susipažinusiam *(as to – su)*; *to keep smb ~ed* nuolatos ką informuoti **3** *buh.* perkelti į buhalterijos knygą *(t. p. ~ up)* **4** *ist.* važiuoti pašto arkliais **5** skubėti, lėkti □ *~ off* išsiųsti paštu
adv **1** paštu **2** *ist.* pašto arkliais **3** skubiai
post[2] *n* **1** stulpas, gairė, baslys; polis, statramstis **2** *(the ~) sport.* stulpas *(prie starto, finišo)*; *beaten at the ~* nugalėtas prie pat finišo; *to be the first past the ~* a) pasiekti finišą pirmajam *(lenktynėse)*; b) *prk. polit.* laimėti, nugalėti **3** = **goalpost 4** *geol.* smulkiagrūdis smiltainis ◊ *as deaf as a ~* kurčias kaip kelmas, visai kurčias
v **1** iškabin(ė)ti, išlipdyti *(afišas ir pan.; ppr. ~ up)*; reklamuoti skelbimais/plakatais; skelbti **2** apklijuoti *(sieną ir pan.)* afišomis/plakatais **3** pranešti apie laivo žuvimą, laiku neatplaukimą *ir pan.* **4** pakabinti sąrašą studentų, neišlaikiusių egzaminų
post[3] *n* **1** postas, tarnyba, *(atsakingos)* pareigos; *to offer smb a ~* pasiūlyti kam postą **2** *kar.* postas; pozicija; *command ~* vadavietė **3** *amer. kar.* įgula; *~ exchange* karinė parduotuvė **4** prekybos punktas, faktorija *(kolonijoje ir pan.; t. p. trading ~)*
v **1** (iš)statyti *(kareivius ir pan.)*, pastatyti sargybą **2** skirti, siųsti *(užimti pareigas; į kitą šalį/miestą)*, priskirti *(to)*
post- [pəʊst-] *pref* **1** po- *(žymint laiką)*; *post-glacial geol.* poledyninis **2** post- *(žymint dėjimą/buvimą po ko)*; *postfix gram.* postfiksas
postage ['pəʊstɪdʒ] *n* pašto išlaidos/rinkliava; *~ stamp* pašto ženklas; *inland ~* pašto vidaus tarifas
postal ['pəʊstl] *a* **1** pašto; *~ card amer.* (pašto) atvirukas; *~ order* pašto perlaida; *P. Union* Tarptautinė pašto sąjunga **2** pasiųstas paštu; *~ ballot/vote* balsavimas paštu
n amer. šnek. atvirukas
postbag ['pəʊstbæg] *n* **1** laiškanešio krepšys **2** *šnek.* paštas *(gauta korespondencija)*
postbox ['pəʊstbɔks] *n* pašto dėžutė *(gatvėje ar gaunamam paštui)*
postboy ['pəʊstbɔɪ] *n (tik v.)* **1** laiškanešys **2** foreiteris
postcard ['pəʊstkɑ:d] *n* atvirukas; meninis atvirukas su vaizdeliu *(t. p. picture ~)*
post-chase, post-coach ['pəʊstʃeɪz, 'pəʊstkəʊtʃ] *n ist.* pašto karieta, diližanas
postcode ['pəʊstkəʊd] *n* pašto kodas
postdate [ˌpəʊst'deɪt] *v* **1** datuoti *(čekį ir pan.)* vėlesne data **2** priskirti vėlesniam laikotarpiui
postdiluvial [ˌpəʊstdɪ'lu:vɪəl] *a* **1** *geol.* postdiliuvialinis **2** = **postdiluvian**
postdiluvian [ˌpəʊstdɪ'lu:vɪən] *a bibl.* potvaninis, potvaninių laikų
poster ['pəʊstə] *n* **1** *(didelis)* skelbimas, plakatas, afiša **2** *(plakatų, afišų)* lipdytojas
v **1** reklamuoti **2** apklijuoti skelbimais/reklamomis

poste restante [ˌpəust'restənt, -tɑːnt] *pr.* iki pareikalavimo *(skyrius paište)*
posterior [pɔ'stɪərɪə] *a* **1** *med.* užpakalinis **2** *knyg.* vėlesnis, tolesnis; ~ *events* tolesni įvykiai
n juok. užpakalis, sėdynė
posteriority [pɔˌstɪərɪ'ɔrətɪ] *n knyg.* ėjimas, vykimas *(po ko)*; vėlesnės aplinkybės
posterity [pɔ'sterətɪ] *n* palikuonys, ainiai, būsimosios kartos
postern ['pəustən] *n knyg.* **1** užpakalinės durys *(t. p. ~ door)* **2** šoninis kelias/įėjimas
post-existence [ˌpəustɪg'zɪstəns] *n* pomirtinis gyvenimas
post-free [ˌpəust'friː] *a, adv* (siunčiamas) be pašto mokesčio
postgrad [ˌpəust'græd] *šnek.* = **postgraduate** *n, a*
postgraduate [ˌpəust'grædʒuət] *n* antrosios pakopos studentas, magistrantas
a **1** studijuojamas po universiteto baigimo **2** antrosios studijų pakopos, magistrantų; ~ *studies* magistrantūra
post-haste [ˌpəust'heɪst] *adv knyg.* didele sparta, labai greitai
post-hoc [ˌpəust'hɔk] *lot. a* (einantis) po to *(apie klaidingą aiškinimą ir pan.)*
post-horse ['pəusthɔːs] *n ist.* pašto arklys
posthumous ['pɔstʃuməs] *a* **1** pomirtinis **2** gimęs po tėvo mirties
posthumously ['pɔstʃuməslɪ] *adv* po mirties; *awarded* ~ apdovanotas po mirties; *born* ~ gimęs po tėvo mirties
postiche [pɔ'stiːʃ] *pr. a* netikras, dirbtinis *(apie plaukus)*
postie ['pəustɪ] *n šnek.* = **postman**
post-industrial [ˌpəustɪn'dʌstrɪəl] *a* poindustrinis *(apie visuomenę)*
posting ['pəustɪŋ] *n* paskyrimas *(užimti pareigas; į kitą šalį/miestą)*
postirradiation [ˌpəustɪˌreɪdɪ'eɪʃn] *a spec.* atsirandantis po švitinimo
postman ['pəustmən] *n (pl* -men [-mən]) *(tik v.)* laiškanešys, laiškininkas
postmark ['pəustmɑːk] *n* pašto antspaudas
v antspauduoti *(laišką, siuntinį ir pan.)*
postmaster ['pəustˌmɑːstə] *n* pašto viršininkas
post meridiem [ˌpəustmə'rɪdɪəm] *lot.* po pusiaudienio *(ppr. sutr. p. m.)*
postmistress ['pəustˌmɪstrɪs] *n* pašto viršininkė
postmodernism [ˌpəust'mɔdənɪzm] *n* postmodernizmas
postmortem [ˌpəust'mɔːtəm] *lot.* <*n, a, v*> *n* **1** lavono skrodimas *(t. p. ~ examination)* **2** *šnek.* aptarimas *(nesėkmingai pasibaigus rinkimams, lošimui ir pan.)*
a pomirtinis
v skrosti lavoną, daryti skrodimą
postnatal [ˌpəust'neɪtl] *a med.* pogimdyminis, postnatalinis
postnuptial [ˌpəust'nʌpʃl] *a ret.* povedybinis
post-obit [ˌpəust'ɔbɪt] *teis. n* įsipareigojimas sumokėti kreditoriui gavus palikimą
a įsigaliojantis po *(kieno)* mirties
post-office ['pəustˌɔfɪs] *n* paštas; pašto skyrius; ryšių kontora; *general* ~ centrinis paštas; ~ *box* abonentinė pašto dėžutė; ~ *savings-bank* taupomasis bankas pašte
post-operative [ˌpəust'ɔpərətɪv] *a med.* pooperacinis
postpaid ['pəust'peɪd] *a, adv* su apmokėtomis pašto išlaidomis; pašto išlaidos apmokėtos
postpone [pəuˢs'pəun] *v* atidėti, nukelti *(vėlesniam laikui); to ~ one's departure for some time* atidėti (savo) išvykimą kuriam laikui
postponement [pəuˢs'pəunmənt] *n* atidėjimas, atidėliojimas, nukėlimas; *the ~ of the new parliamentary session* naujos parlamento sesijos atidėjimas

postposition [ˌpəustpə'zɪʃn] *n kalb.* postpozicija; polinksnis
postpositive [ˌpəust'pɔzɪtɪv] *a kalb.* postpozicinis
post-postscript [ˌpəust'pəustˌskrɪpt] *n* antrasis prierašas, antrasis post scriptum *(sutr. P. P. S.)*
postprandial [ˌpəust'prændɪəl] *a juok.* popietinis
postscript ['pəustskrɪpt] *n* prierašas, post scriptum *(sutr. P. S.)*
post-tax [ˌpəust'tæks] *a attr* atskaičiavus mokesčius *(apie pajamas)*
postulant ['pɔstjulənt] *n* prašytojas, kandidatas *(ypač įstoti į rel. ordiną)*
postulate *knyg. n* ['pɔstjulət] **1** postulatas **2** *ret.* pradinė sąlyga, prielaida
v ['pɔstjuleɪt] **1** postuluoti, priimti be įrodymų **2** kelti sąlygą, saistyti sąlyga, sąlygoti *(for)* **3** *(ppr. pII)* reikalauti
posture ['pɔstʃə] *n* **1** *(kūno)* laikysena, padėtis, poza; *to have good [bad]* ~ laikytis gerai [blogai] **2** padėtis; *the present ~ of affairs* dabartinės aplinkybės **3** pozicija, požiūris
v **1** statyti į tam tikrą padėtį **2** pozuoti **3** dėtis *(as)*
postwar [ˌpəust'wɔː] *a* pokarinis, pokario
postwoman ['pəustˌwumən] *n* (pl -women [-ˌwɪmɪn]) laiškanešė, laiškininkė
posy ['pəuzɪ] *n* **1** *(gėlių)* puokštelė **2** *psn.* devizas, įrašas *(žiede ir pan.)*
pot [pɔt] *n* **1** puodas; puodynė, katiliukas; puodelis **2** stiklainis; *jam* ~ uogienės stiklainis **3** naktipuodis, naktinis puodas **4** vazonas *(t. p. plant ~); ~ plant* vazoninis augalas **5** *sport. šnek.* taurė, prizas **6** *šnek. (didelis)* pilvas **7** *šnek.* bankas *(lošiant, lažinantis)* **8** *metal.* tiglis **9** *(biliardo)* kišenė **10** *šnek.* hašišas, marihuana ◊ *a big* ~ *šnek.* svarbi/žymi persona; *to go to* ~ *šnek.* žlugti; bankrutuoti, nusmukti; *all gone to* ~ *šnek.* ≡ viskas nuėjo šuniui ant uodegos; *to have ~s of money šnek.* turėti krūvas pinigų; *to keep the ~ boiling* a) uždirbti prasimaitinimui; b) kurstyti, neleisti nurimti; *to make the ~ boil, to boil the* ~ a) uždirbti pragyvenimui; b) uždarbiauti; *to take a ~ (at) šnek.* aklai, iš akies šauti; *a watched* ~ *never boils* laukiančiam laikas prailgsta; *the ~ calls the kettle black* ≡ juokiasi puodas, kad katilas juodas
v **1** dėti į puodą **2** konservuoti, daryti ko atsargas **3** virti puode **4** (pa)sodinti į puodą/vazoną *(gėles; t. p. ~ up)* **5** *šnek.* sodinti ant puoduko *(vaiką)* **6** įmušti *(rutuliuką)* į biliardo kišenę **7** šaudyti; nušauti *(maistui)* **8** nučiupti, pagrobti □ ~ *on* persodinti į didesnį vazoną
potable ['pəutəbl] *a (ypač amer.)* tinkamas gerti; geriamas
n pl gėrimai
potash ['pɔtæʃ] *n chem.* potašas, kalio karbonatas
potash-soap ['pɔtæʃˌsəup] *n* kalio muilas, žaliasis muilas
potassium [pə'tæsɪəm] *n chem.* kalis
potation [pəu'teɪʃn] *n knyg.* **1** (iš)gėrimas; *pl* girtavimas **2** alkoholinis gėrimas **3** gurkšnis
potato [pə'teɪtəu] *n (pl* ~es [-z]) bulvė; *mashed ~es* trintos bulvės; bulvių košė; *Spanish/sweet* ~ *bot.* batatas; ~ *beetle/bug* Kolorado vabalas; ~ *haulm/vine* bulvienojai ◊ *hot* ~ *šnek.* keblus dalykas; *to drop like a hot* ~ *šnek.* paskubomis atsikratyti *(ko nereikalingo, pavojingo ir pan.); small ~es šnek.* a) smulkmė, niekai; b) maži/niekingi žmogeliai; *quite the* ~ *šnek.* kaip tik tai, ko reikia; *not (quite) the clean* ~ *šnek.* įtartina asmenybė; menkysta

potato-box [pə'teɪtəubɔks] n = **potato-trap**
potato-digger [pə'teɪtəu͵dɪgə] n ž. ū. bulviakasė
potato-trap [pə'teɪtəutræp] n vulg. burna, terlė, putralakė
pot-bellied ['pɔt'belɪd] a pilvotas
potbelly ['pɔt͵belɪ] n 1 didelis pilvas 2 pilvūzas; pilvotas žmogus
potboiler ['pɔt͵bɔɪlə] n chaltūra *(apie knygą, filmą)*
potbound ['pɔtbaund] a augantis per mažame vazone
potboy ['pɔtbɔɪ] n *(tik v.)* *(smuklės)* padavėjas, patarnautojas
poteen [pɔ'ti:n] n airių naminė/krūminė
potency ['pəutᵊnsɪ] n 1 jėga; galia, galybė; gebėjimas; **the ~ of an argument** argumento jėga 2 *(gėrimų, vaistų)* stiprumas 3 potencija, pajėgumas
potent ['pəutᵊnt] a 1 galingas; stiprus; veiksmingas; stipriai veikiantis *(apie vaistą)* 2 įtikinamas 3 lytiškai pajėgus 4 knyg. įtakingas
potentate ['pəutᵊnteɪt] n knyg. 1 valdovas, monarchas 2 įtakingas asmuo; galiūnas
potential [pə'tenʃl] n 1 galimybė; pajėgumas; **to realize one's ~** realizuoti savo galimybes 2 fiz. potencialas *(t. p. prk.)*; **~ difference** potencialų skirtumas; **~s of war** karinis potencialas
a attr potencialus, galimas; **~ buyers** potencialūs pirkėjai
potentiality [pə͵tenʃɪ'ælətɪ] n 1 potencialumas; galimybė 2 pl potencinės galimybės
potentiate [pə'tenʃɪeɪt] v 1 suteikti jėgos 2 daryti galimą
potentiometer [pə͵tenʃɪ'ɔmɪtə] n el. potenciometras
pothead ['pɔthed] n šnek. narkomanas, marihuanos rūkytojas
potheen [pɔ'tʃi:n] n = **poteen**
pother ['pɔðə] knyg. n 1 (nereikalingas) triukšmas, erzelis; sąmyšis; sambrūzdis 2 susijaudinimas, susirūpinimas 3 ret. troškūs dūmai; dulkių debesys
v jaudinti(s); nerimauti
potherb ['pɔthə:b] n prieskoninis augalas; prieskoninė daržovė
potholder ['pɔt͵həuldə] n puodkėlė
pothole ['pɔthəul] n 1 skrodė, išgrauža 2 *(kelio)* duobė 3 geol. įduba, duburys
potholed ['pɔthəuld] a duobėtas *(apie kelią)*
potholer ['pɔthəulə] n speleologas
pothook ['pɔthuk] n 1 kablys su ilga rankena *(puodui ir pan. virš ugnies pakabinti ar nuo ugnies nukelti)* 2: **~s and hangers** kabliukai ir lazdelės *(mokant rašyti)*; tai, kas prikeverzota
pothouse ['pɔthaus] n menk. smuklė, alinė
pothunter ['pɔt͵hʌntə] n menk. 1 medžiotojas, medžiojantis kas pakliuvo 2 sport. prizų mėgėjas
potion ['pəuʃn] n knyg. vaistų/nuodų dozė; stebuklingas gėrimas; **love ~** meilės gėrimas
potluck [͵pɔt'lʌk] n 1 turimas valgis; užkandimas; **come and take ~ with us** ≡ ką turim, tuo ir vaišinam, sėskite užkąsti su mumis 2 laimė; **to take ~** pabandyti laimę
potman ['pɔtmən] n *(pl* -men [-mən]) *(tik v.)* = **potboy**
potpie ['pɔtpaɪ] n pyragas su mėsos įdaru
potpourri [pəu'puərɪ] pr. n 1 aromatinis mišinys *(iš sausų lapelių ir žiedlapių)* 2 popuri
pot-roast ['pɔtrəust] n troškinta mėsa *(ypač jautiena)*
v troškinti *(jautieną)*
potsherd ['pɔtʃə:d] n archeol. puodo šukė
potshot ['pɔtʃɔt] n 1 šūvis iš nedidelio atstumo 2 aklas šūvis, šūvis iš akies 3 išpuolis, užsipuolimas; **to take a ~** *(at)* (pa)kritikuoti; užsipulti

pottage ['pɔtɪdʒ] n psn. viralas, buiza
potted ['pɔtɪd] a 1 konservuotas; troškintas; **~ meat** mėsos konservai 2 vazoninis, kambarinis *(apie augalą)* 3 sutrumpintas, adaptuotas *(apie tekstą)* 4 amer. sl. girtas
potter[1] ['pɔtə] n puodžius, puodininkas; **~'s clay** puodinis/puodžiaus molis; **~'s wheel** žiedžiamasis ratas
potter[2] v 1 palengva dirbinėti, krapštinėtis *(t. p. ~ about/around)*, 2 užsiiminėti niekais *(at, in)*; dykinėti
pottery ['pɔtərɪ] n 1 moliniai indai; keramikos dirbiniai, keramika 2 puodininkystė 3 fajansas 4 puodų/keramikos dirbtuvė
pottle ['pɔtl] n 1 pintinėlė *(uogoms)* 2 psn. indas apie 1/2 galono talpos
potty[1] ['pɔtɪ] n vaik. naktinis puodukas; **to go to the ~** eiti į tualetą
potty[2] a šnek. 1 menkas, nežymus, nedidelis *(ppr. ~ little)* 2 kvailas; **to drive smb ~** varyti ką iš proto 3 pamišęs; **to be ~ about smb/smth** ≡ pamesti galvą dėl ko
potty-trained ['pɔtɪtreɪnd] a įpratintas naudotis naktiniu puoduku *(apie vaiką)*
pot-valiant ['pɔt͵vælɪənt] a drąsus tik išgėręs
pouch [pautʃ] n 1 kapšas, kapšiukas; krepšelis; *(prisiūta)* kišenė 2 maišelis; maišiukas; **~es under the eyes** maišeliai paakiuose 3 amer. maišas su paštu 4 kar. šovininė 5 *(kengūros)* sterblė; *(graužikų)* pažandės maišelis, „kišenė"
v 1 dėti į kapšą/maišiuką/kišenę 2 šnek. duoti arbatpinigių 3 kaboti kaip maišui *(apie drabužį)*; išleisti, užleisti *(drabužį)*
pouchy ['pautʃɪ] a panašus į maišą; apsmukęs; padribęs
pouf [puf, pu:f] = **poof** n
pouffe [pu:f] n pufas *(minkšta taburetė)*
poulard [pu:'lɑ:d] pr. n nupenėta višta
poult [pəult] n *(naminio paukščio)* jauniklis
poulterer ['pəultᵊrə] n paukštienos pardavėjas
poultice ['pəultɪs] n šuteklis, karštas kompresas
v dėti karštą kompresą
poultry ['pəultrɪ] n 1 kuop. naminiai paukščiai; **~ farm** paukštynas, paukštininkystės ferma; **~ house** paukštidė; **~ yard** paukštynas 2 paukštiena
pounce[1] [pauns] n 1 staigus šuolis/užpuolimas 2 *(plėšraus paukščio)* nagas
v 1 staiga (už)pulti/mestis/(už)šokti *(on, upon, at)* 2 (su)griebti, nutverti 3 prk. nusitverti; pasinaudoti *(klaida ir pan.)*; kabintis, prikibti *(on)*
pounce[2] v iškalti reljefinį ornamentą
pound[1] [paund] n 1 svaras *(svorio matas; anglų = 453,6 g)*; **to lose ten ~s in weight** numesti apie puspenkto kilogramo svorio 2 svaras sterlingų *(t. p. ~ sterling; = 100 pensų)* 3 svaras *(Airijos, Egipto, Turkijos ir kt. šalių piniginis vienetas)* ◊ **one's ~ of flesh** tikslus kiekis, priklausantis įstatymiškai; įstatymiškas, bet nesąžiningas reikalavimas; **a ~ to a penny** šnek. galiu lažintis iš bet ko
pound[2] n 1 aptvaras *(paklydusiems/benamiams gyvuliams, policijos paimtiems automobiliams)* 2 kalėjimas
v 1 varyti į aptvarą 2 uždaryti į kalėjimą
pound[3] v 1 daužyti, belsti, trankyti; **to ~ at a piano** daužyti klavišus 2 kul. (su)grūsti *(t. p. ~ up)*; mušti *(mėsą)* 3 mušti, tuksėti *(apie širdį)* 4 bombarduoti *(t. p. ~ away; at)* ▢ **~ along/down** tapnoti, lapnoti, plumpinti
n smarkus smūgis
poundage ['paundɪdʒ] n 1 procentas nuo svaro sterlingų; atskaitymas nuo pelno 2 mokestis už piniginę operaciją priklausomai nuo pervedamos sumos 3 mokestis

pagal svorį; svorio muitas **4** *šnek. (žmogaus)* svoris *(ypač per didelis)*
poundal ['paundəl] *n* paundalis *(angliškosios vienetų sistemos jėgos vienetas)*
pound-cake ['paundkeɪk] *n* tortas, padarytas iš vienodo svorio komponentų
pounder[1] ['paundə] *n* vieną svarą sveriantis daiktas *(ypač apie žuvį)*
pounder[2] *n* grūstuvėlis, grūstuvis; smulkintuvas
-pounder [-'paundə] *(sudurt. žodžiuose)* **1** sveriantis tiek ir tiek svarų **2** su sviediniu, sveriančiu *tiek ir tiek* svarų *(apie patranką)* **3** *tiek ir tiek* svarų vertės *(apie daiktą)* **4** turintis turtą, lygų *tiek ir tiek* svarų
pounding ['paundɪŋ] *n* **1** daužymas, beldimas; trenksmas, dundesys **2** *(širdies)* mušimas, tuksėjimas ◊ *to take a ~* a) būti subombarduotam; b) *sport. šnek.* būti sutriuškintam
pour [pɔː] *v* **1** (į)pilti, (į)lieti, pripilti, supilti *(into);* užpilti *(over)* **2** (iš)pilstyti *(arbatą ir pan.; t. p. ~ out)* **3** lietis; smarkiai lyti, pilti *(t. p. ~ down); the sweat ~ed off him* nuo jo liejosi prakaitas; *it is ~ing (wet ar with rain)* pila kaip iš kibiro **4** pasipilti, plūsti, plaukti *(apie minią, laiškus ir pan.; t. p. ~ in/out)* **5** išsakyti, berte (iš)berti; svaidyti *(keiksmus ir pan.; on; t. p. ~ forth/out)* **6** *(into)* įdėti *(energijos ir pan.);* investuoti *(pinigų)* **7** *metal.* lieti, liedinti □ *~ off* nupilti *(riebalus, grietinę ir pan.); ~ out* išpilti; išlieti *(t. p. prk. jausmus ir pan.)* ◊ *to ~ it on šnek.* perdėti *(kalbant)*
n **1** liūtis **2** *metal.* lietis
pouring ['pɔːrɪŋ] *n* užliejimas; pripylimas; *concrete ~ stat.* betonavimas
a **1** smarkus *(apie lietų);* liūtingas **2** pilstomasis
pourparler [ˌpuəpɑː'leɪ] *pr. n (ppr. pl)* parengiamosios neoficialios derybos
pout [paut] *n* rūgšti mina, nepatenkinta veido išraiška; raukymasis; *amer.* bloga nuotaika; *to be in the ~s* raukytis
v (pa)tempti lūpą, pastatyti lūpas; susiraukti
pouter ['pautə] *n* **1** susiraukėlis, paniurėlis **2** *zool.* didžiagurklis karvelis
poverty ['pɔvətɪ] *n* **1** neturtas, skurdas; *the ~ line/level* skurdo riba **2** skurdumas; *~ of soil* dirvos skurdumas/ nederlingumas **3** trūkumas, neturėjimas; *~ of vitamins* vitaminų stoka
poverty-stricken ['pɔvətɪˌstrɪkn] *a* neturtingas, skurdus; nuskurdęs
pow [pau] *int* pykšt!, paukšt!
powder ['paudə] *n* **1** milteliai *(t. p. farm.); soap ~* skalbimo milteliai **2** pudra *(t. p. face ~)* **3** parakas; *smokeless ~* bedūmis parakas ◊ *to keep one's ~ dry* būti pasiruošus kovai; *food for ~* ≅ patrankų mėsa; *not worth ~ and shot* neapsimoka stengtis, neverta dėti pastangų; *put more ~ into it! sport.* smarkiau muškit!; *to take a ~ amer. šnek.* nešdintis
v **1** (api)barstyti *(milteliais)* **2** pudruoti(s) **3** grūsti, su(si)trinti *(į miltelius)* **4** marginti
powder-blue [ˌpaudə'bluː] *a* melsvas, pilkšvas
powdered ['paudəd] *a* **1** miltelių *(pavidalo),* panašus į miltelius; *~ milk* pieno milteliai; *~ sugar* cukraus pudra; *~ fuel* miltelių pavidalo degalai; *~ coal* anglių dulkės **2** pudruotas **3** išmargintas
powder-flask ['paudəflɑːsk] *n ist.* parakinė
powder-keg ['paudəkeg] *n* parako statinė *(t. p. prk.)*
powder-magazine ['paudəmægəˌziːn] *n* **1** parako sandėlis **2** *jūr.* sprogstamųjų medžiagų sandėlis

powder-monkey ['paudəˌmʌŋkɪ] *n* **1** *jūr. ist.* berniukas, atnešantis paraką **2** *amer.* sprogdintojas, minuotojas
powder-room ['paudərum] *n euf.* moterų tualetas *(restorane, teatre, viešbutyje ir pan.)*
powdery ['paudərɪ] *a* **1** birus; *~ snow* sniegdulkės; birus/ pudrinis sniegas **2** miltelių pavidalo, panašus į miltelius **2** apibarstytas milteliais; pudruotas
power ['pauə] *<n, a, v> n* **1** jėga; galingumas, stiprumas; energija; *the ~ of the explosion* sprogimo jėga; *electric ~* elektros energija; *~ loss* energijos/galingumo netekimas; *without ~* išjungtu varikliu **2** pajėgumas, galėjimas; galia, sugebėjimas; *purchasing ~* perkamoji galia; *the ~ of speech* žadas, galėjimas kalbėti; *I will do all in my ~* aš padarysiu visa, ką galėsiu; *it is beyond my ~* tai ne mano galioje **3** galia, valdžia; *economic and political ~ of the country* šalies ekonominė ir politinė galia; *supreme ~* aukščiausioji valdžia; *corridors of ~* valdžios užkulisiai; *the party in ~* valdančioji partija; *~ grab sl.* valdžios užgrobimas; perversmas **4** įtaka; įtakingas žmogus; *the immense ~ of television* didžiulė televizijos jėga; *he's quite a ~ in the town* jis gana įtakingas žmogus mieste **5** teisė; įgaliojimas *(t. p. the ~ of attorney); to have the ~ of veto* turėti veto teisę; *large ~s* dideli įgaliojimai **6** galinga valstybė; *the Great Powers* didžiosios valstybės **7** *šnek.* galybė, daugybė; *a ~ of good* daug gero; *a ~ of money* didelė suma pinigų **8** *mat.* laipsnis; *nine to the second ~* devyni kvadrate **9** *opt. (lęšio, mikroskopo ir pan.)* didinamoji galia **10** *fiz.* geba; *rotary ~* sukamoji geba ◊ *more ~ to your elbow!* (linkiu) sėkmės!; *the ~s that be* viršūnės, valdantieji; šio pasaulio galiūnai
a attr **1** jėgos; energetinis; motorinis; *~ steering aut.* vairo stiprintuvas; *~ point el.* kištukinis lizdas; *~ tools* elektriniai įrankiai **2** *šnek.* įtakingų asmenų
v **1** tiekti energiją **2** būti varomąja jėga; varyti □ *~ down* mažinti energijos sunaudojimą *(kosminiame laive)*
power-base ['pauəbeɪs] *n* politinė atrama *(teritorija, žmonių grupė)*
powerboat ['pauəbəut] *n (lenktyninis)* motorinis kateris, motorinė valtis
power-cut ['pauəkʌt] *n* elektros energijos tiekimo nutraukimas, elektros srovės nutrūkimas
power-dive ['pauədaɪv] *n av.* pikiravimas su veikiančiu varikliu
power-driven [ˌpauə'drɪvn] *a* elektra *ar* kitokia energija varomas; *~ bike* motorinis dviratis
powerful ['pauəfəl] *a* **1** galingas, stiprus **2** efektyvus, veiksmingas **3** išraiškingas, raiškus *(apie kalbą, aprašymą)*
powerhouse ['pauəhaus] *n* **1** jėgainė **2** *šnek.* labai energingas žmogus, stipruolis; įtakinga grupė *(ypač polit.)*
powerless ['pauələs] *a* bejėgis
power-plant ['pauəplɑːnt] *n* jėgainė
powersaw ['pauəsɔː] *n tech.* motorinis pjūklas
power-shovel ['pauəˌʃʌvl] *n* (vienakaušis) ekskavatorius
power-station ['pauəˌsteɪʃn] *n* jėgainė, elektrinė
power-stroke ['pauəstrəuk] *n tech. (variklio)* darbo eiga
powwow ['pauwau] *n* **1** *(Š. Amerikos indėnų)* žynys, burtininkas, šundaktaris **2** *(Š. Amerikos indėnų)* užbūrimo ceremonija **3** *(indėnų)* susirinkimas **4** *juok.* pasitarimas; konferencija; susitikimas
v **1** užsiiminėti būrimu; užkalbėti **2** *juok.* (triukšmingai) tartis; svarstyti
pox [pɔks] *n* **1** *šnek.* sifilis **2** *med. psn.* raupai
poxy ['pɔksɪ] *a šnek.* bjaurus, prastas; menkas
pozzolana [ˌpɔtsə'lɑːna] *it. n geol.* pucolanai

practicability [ˌpræktıkə'bılətı] *n* **1** įvykdomumas **2** *(kelio)* pravažiuojamumas
practicable ['præktıkəbl] *a* **1** įvykdomas, įgyvendinamas, realus **2** naudingas, tinkamas naudoti **3** pravažiuojamas *(apie kelią)* **4** *teatr.* tikras, nedekoratyvinis *(apie langą, duris ir pan.)*
practical ['præktıkl] *a* **1** praktinis, praktinio pobūdžio; praktiškas; **~ English** praktinis anglų kalbos kursas; *the ~ application of a theory* teorijos taikymas praktikoje; *for all ~ purposes* grynai praktiniu požiūriu, praktiškai; **~ person** praktiškas žmogus **2** patogus, tinkamas, praktiškas; *a very ~ little table* labai praktiškas staliukas **3** faktiškas, realus, tikras; **~ scheme** realus planas; *a ~ disaster* beveik tikra nelaimė **4** neturintis specialaus (teorinio) pasirengimo; **~ engineer** inžinierius praktikas ◊ **~ joke** (storžieviška) išdaiga *n (džn. pl)* praktikos darbai, pratybos
practicality [ˌpræktı'kælətı] *n* **1** praktiškumas; prakticizmas **2** *(ppr. pl)* praktiniai klausimai; realybė
practically ['præktıkəlı] *adv* **1** praktiškai **2** faktiškai, iš tikrųjų; **~ speaking** faktiškai, praktiškai, tiesą sakant **3** beveik; **~ impossible** beveik negalimas
practice ['præktıs] *n* **1** praktika; (pri)taikymas, panaudojimas; *in ~* praktiškai; faktiškai; *to put in(to) ~* (pri)taikyti praktiškai, įgyvendinti **2** praktika, pratybos, treniravimasis; *to be out of ~* neturėti praktikos, būti atpratusiam **3** įprotis; nusistovėjusi tvarka; *to make a ~ (of)* būti įpratusiam *(daryti ppr. ką netinkama, nederama); in Lithuania it is common ~ (+ inf)* Lietuvoje įprastas dalykas...; *it was then the ~* tada buvo taip priimta **4** *(teisininko, gydytojo)* praktika, veikla; klientūra **5** *(ppr. pl)* intrigos, pinklės; *artful ~s* gudrios pinklės; *corrupt ~s* kyšininkavimas; *sharp ~s* sukčiavimas **6** technologija **7** *kar.* mokomasis šaudymas, šaudyba **7** *attr* mokomasis; bandomasis; praktinis; **~ classes** praktiniai užsiėmimai; **~ ground** a) *kar.* mokymo aikštė; b) *ž. ū.* bandomasis laukas ◊ **~ makes perfect** *pat.* įgudimas daro meistrą; ≡ ardami arti, pjaudami pjauti mokomės
v amer. = **practise**
practician [præk'tıʃn] *n* praktikas
practise ['præktıs] *v* **1** praktikuoti(s); treniruotis; *to ~ the violin* lavintis groti smuiku **2** būti įpratusiam **3** verstis *(kokia)* praktika, užsiimti; *to ~ medicine* dirbti gydytoju; *to ~ law* dirbti/būti teisininku **4** (pri)taikyti, (pasi)naudoti; piktnaudžiauti *(upon, on); to ~ on smb's weaknesses* naudotis kieno silpnybėmis ◊ *to ~ what one preaches* elgtis pagal savo skelbiamas pažiūras, žodžius paremti darbais
practised ['præktıst] *a* **1** prityręs, įgudęs **2** įprastinis, įprastas
practitioner [præk'tıʃnə] *n* **1** praktikuojantis gydytojas/teisininkas **2** specialistas
prae- [priː-] *pref* = **pre-**
praepostor [ˌprı'pɔstə] *n mok.* vyresnysis mokinys, kuris rūpinasi drausme; seniūnas
praesidium [prı'sıdıəm] *n* = **presidium**
praetor ['priːtə] *n ist.* pretorius
praetorian [priː'tɔːrıən] *a ist.* pretorionų; **~ guard** pretorionų gvardija
pragmatic [præg'mætık] *a* **1** pragmatinis; pragmatiškas **2** praktiškas **3** dogmatiškas **4** *ret.* = **pragmatical** 1
pragmatical [præg'mætıkl] *a* **1** įkyrus, landus **2** *ret.* = **pragmatic** 1, 2, 3
pragmatics [præg'mætıks] *n kalb.* pragmatika

pragmatism ['prægmətızm] *n* **1** *filos.* pragmatizmas **2** pragmatinis požiūris/elgesys, praktiškumas
pragmatist ['prægmətıst] *n* pragmatizmo šalininkas; pragmatikas
Prague [prɑːg] *n* Praha *(Čekijos sostinė)*
prairie ['prɛərı] *n* prerija, stepė
praise [preız] *n* (pa)gyrimas, pagyros; garbinimas; *to be loud in one's ~s* labai ką girti, giedoti kam ditirambus; *~ the Lord!* garbinkime Viešpatį! ◊ *~ be!* dėkui Dievui! *v* girti, liaupsinti; garbinti; *highly ~d novel* labai giriamas romanas
praiseworthy ['preızwəːðı] *a* (pa)girtinas
praline ['prɑːliːn] *pr. n kul.* cukruje apkepinti riešutai
pram[1] [prɑːm] *n jūr.* plaškautas, plokščiadugnis laivas
pram[2] [præm] *n* (perambulator *sutr.*) vaikiškas vežimėlis
prance [prɑːns] *n* **1** *(arklio)* šuolis **2** išdidi eisena **3** išdidumas, pasipūtimas
v **1** piestu stoti *(apie arklį)* **2** šauniai/išdidžiai vaikštinėti; pūstis, didžiuotis **3** *šnek.* šokti; šokinėti
prandial ['prændıəl] *a ofic., juok.* pietų; *~ invitation* pakvietimas pietums
prang [præŋ] *šnek. n* **1** (sėkmingas) antskrydis; bombardavimas **2** susidūrimas *(t. p. prk.)*
v **1** subombarduoti, sunaikinti **2** sudaužyti *(lėktuvą, automobilį ir pan.);* susidurti *(su kitu automobiliu/lėktuvu)*
prank[1] [præŋk] *n* išdaiga, pokštas; *to play ~s* a) juokus krėsti; b) užsikirsti *(apie mašiną)*
prank[2] *v* puošti(s), puošniai rengtis; išsipuošti, išsidabinti *(t. p. ~ out/up)*
prankish ['præŋkıʃ] *a* mėgstantis krėsti išdaigas, išdaigus, išdykęs; juokaujamas
prankster ['præŋkstə] *n* pokštininkas, išdaigininkas
praps [præps] *mod šnek.* = **perhaps**
praseodymium [ˌpreızıəʊ'dımıəm] *n chem.* prazeodimas
prat [præt] *n šnek.* **1** neišmanėlis, kvailys **2** *vulg.* subinė
prate [preıt] *n* plepalai, tauškalai
v plepėti, niekus taukšti; išplepėti
pratfall ['prætfɔːl] *n šnek.* **1** žeminantis, bet juokinga nesėkmė **2** *amer.* kritimas ant subinės/sėdynės
praties ['preıtız] *n pl air. šnek.* bulvės
pratique ['prætiːk] *pr. n jūr.* karantino atšaukimas
prattle ['prætl] *n* čiauškesys; plepėjimas
v **1** čiauškėti *(apie vaikus);* plepėti, paistyti, vapalioti *(t. p. ~ on)* **2** čiurlenti
prattler ['prætlə] *n* **1** čiauškutis *(vaikas)* **2** plepys
prawn [prɔːn] *n zool., kul.* krevetė
v gaudyti krevetes
praxis ['præksıs] *n* **1** praktika **2** papratimas, įprotis **3** *gram.* pavyzdžiai *(pratimams)*
pray [preı] *v* **1** melstis; poteriauti **2** melsti, maldauti, prašyti
mod prašom!, prašau!, meldžiu!; *who, ~, invited you?* kas, prašom/malonėkit pasakyti, jus pakvietė?
prayer[1] ['preıə] *n* **1** prašytojas, meldėjas **2** besimeldžiantysis; maldininkas
prayer[2] [prɛə] *n* **1** meldimasis **2** prašymas; maldavimas **3** malda; poteriai; *to say one's ~s* kalbėti poterius; *my ~s were answered* mano maldos buvo išklausytos **4** *pl* pamaldos ◊ *not to have a ~ šnek.* neturėti šansų
prayer-book ['prɛəbuk] *n* maldaknygė
prayerful ['prɛəfəl] *a* **1** pamaldus **2** maldaujamas
praying ['preııŋ] *n* meldimas; meldimasis ◊ *he is past ~ for* jis beviltiškas *(apie ligonį; juok. apie kvailį)*
pre- [priː-] *pref* iki-, prieš-; iš anksto, pirma; iki; *preoperative* ikioperacinis, priešoperacinis; *to preestablish* nu-

statyti iš anksto; ***to preheat*** pirma įkaitinti, iš anksto įšildyti; ***precompression*** išankstinis suspaudimas/gniuždymas; ***pre-Christian*** ikikrikščioniškas

preach [pri:tʃ] *v* **1** sakyti pamokslą **2** *menk.* pamokslauti **3** skelbti *(pažiūras, mokslą ir pan.)*; propaguoti ☐ ~ ***down*** a) neleisti ištarti nė žodžio; b) smerkti; pasisakyti prieš; ~ ***up*** (iš)girti, garbinti

preacher ['pri:tʃə] *n* **1** pamokslininkas; dvasininkas **2** *(tam tikrų pažiūrų ir pan.)* skelbėjas

preachify ['pri:tʃɪfaɪ] *v šnek.* sakyti nuobodžius pamokslus/moralus, pamokslauti

preachment ['pri:tʃmənt] *n* pamokslas *(ypač nuobodus)*; pamokslavimas

preachy ['pri:tʃɪ] *a šnek.* mėgstantis pamokslauti, pamokslaujantis; moralizuojantis

preadmission [ˌpri:əd'mɪʃn] *n tech.* *(garų, degalų)* įleidimo paankstinimas

preadolescent [ˌpri:ˌædə'lesnt] *n knyg.* paauglys *(9–12 metų vaikas)*

preadult [ˌpri:'ædʌlt] *a* jaunuoliškas, dar ne (visai) suaugęs

preamble [pri:'æmbl] *n* **1** preambulė **2** įžanga; pratarmė; ***without*** ~ be įžangų, daug neaiškinant, tiesiai

preamplifier [pri:'æmplɪfaɪə] *n rad.* pradinis stiprintuvas

prearrange [ˌpri:ə'reɪndʒ] *v* iš anksto ruošti/susitarti

preaudience [pri:'ɔ:dɪəns] *n teis.* *(advokato)* teisė būti išklausytam pirma kito

prebend ['prebənd] *n bažn.* prebenda

prebendary ['prebəndərɪ] *n bažn.* prebendarijus

precapitalist [pri:'kæpɪtəlɪst] *a* ikikapitalistinis

precarious [prɪ'kɛərɪəs] *a* **1** nesaugus; rizikingas, pavojingas **2** nepatikimas, netikras; nepagrįstas; ~ ***inference*** abejotina išvada

precast [ˌpri:'kɑ:st] *a stat.* blokinis *(apie betoną)*

precatory ['prekətərɪ] *a knyg.* prašomas, maldaujamas

precaution [prɪ'kɔ:ʃn] *n* **1** atsargumas, atsarga; apdairumas **2** *pl* atsargumo priemonės; ***to take*** ~***s*** *(against)* imtis atsargumo priemonių *(prieš)*

precautionary [prɪ'kɔ:ʃənərɪ] *a* įspėjamasis, prevencinis, atsargumo *(apie priemones)*

precautious [prɪ'kɔ:ʃəs] *a ret.* atsargus, apdairus

precede [prɪ'si:d] *v* **1** būti/įvykti/eiti prieš/pirma/anksčiau; ***the conference was*** ~***d by a reception*** prieš konferenciją įvyko priėmimas **2** būti pranašesniam/svarbesniam; užimti aukštesnę vietą **3** pateikti/pasakyti/išdėstyti pirma/įžangoje *(with, by)*

precedence ['presɪdəns] *n* **1** pirmavimas, ėjimas/buvimas prieš/pirma/anksčiau **2** pirmumas; pirmenybė, viršenybė; aukštesnė vieta/padėtis; ***to take*** ~ *(over, of)* a) eiti pirma/priekyje; b) viršyti, pralenkti, būti svarbesniam/pranašesniam; ***in order of*** ~ a) pagal pirmumą; b) pagal vyresnumą; pagal rangus

precedent *n* ['presɪdənt] **1** precedentas; ***without*** ~ beprecedentis, neturintis precedento; ***to set*** ~ sudaryti precedentą **2** paprotys
a [prɪ'si:dənt] **1** *ret.* pirma einantis; ankstesnis **2** *teis.* išankstinis

preceding [prɪ'si:dɪŋ] *a attr* pirma einantis/įvykęs, ankstesnis; pirmesnis

precentor [prɪ'sentə] *n (bažnytinio choro)* kantorius, chorvedys

precept ['pri:sept] *n* **1** pamokymas, nurodymas; principas **2** priesakas, prisakymas **3** *teis.* *(rašytinis)* nurodymas, potvarkis

preceptive [prɪ'septɪv] *a* pamokomas

preceptor [prɪ'septə] *n knyg.* mokytojas, auklėtojas

preceptress [prɪ'septrɪs] *n knyg.* mokytoja, auklėtoja

precinct ['pri:sɪŋkt] *n* **1** *(miesto)* speciali zona, rajonas; ***pedestrian*** ~ pėsčiųjų zona *(miesto centre)*; ***shopping*** ~ parduotuvių/prekybos rajonas *(į kurį draudžiama įvažiuoti automobiliais)* **2** *pl* aptverta teritorija aplink pastatą *(prie bažnyčios, universiteto)* **3** *pl (miesto ir pan.)* apylinkės; ***within the city*** ~***s*** mieste, miesto teritorijoje **4** *amer.* nuovada, policijos prižiūrima teritorija; rinkimų apylinkė

preciosity [ˌpreʃɪ'ɔsətɪ] *n knyg.* *(kalbos, stiliaus)* įmantrumas, manieringumas

precious ['preʃəs] <*a, n, adv*> *a* **1** brangus *(t. p. prk.)*; didelės vertės, vertingas; ~ ***stone*** brangakmenis; ~ ***metals*** brangieji metalai; ~ ***recollections*** brangūs prisiminimai; ***a*** ~ ***friend you have been!*** *iron.* geras draugas! **2** manieringas; rafinuotas, įmantrus *(apie stilių, meną, elgesį ir pan.)* **3** *šnek. vart. norint sustiprinti:* ***do not be in such a*** ~ ***hurry*** neskubėkite taip; ***he has got into a*** ~ ***mess*** jis pateko į gana keblią padėtį
n mylimasis; ***my*** ~ mano mielasis
adv: ~ ***little/few*** *šnek.* labai mažai; ***there's*** ~ ***little they can learn from us*** iš mūsų jie gali išmokti labai nedaug

precipice ['presɪpɪs] *n* praraja, bedugnė *(t. p. prk.)*; skardis; ***to stand on the edge of a*** ~ būti ant bedugnės krašto

precipitance, -cy [prɪ'sɪpɪtəns, -sɪ] *n* **1** smarkumas, veržlumas **2** skubotumas

precipitant [prɪ'sɪpɪtənt] *n chem.* nusodiklis
a ret. **1** smarkus, veržlus; staigus **2** skubotas, neapgalvotas

precipitate <*n, a, v*> *n* [prɪ'sɪpɪtət] *chem.* nuosėdos
a [prɪ'sɪpɪtət] *knyg.* **1** pernelyg skubotas, neapgalvotas **2** smarkus, veržlus; per staigus
v [prɪ'sɪpɪteɪt] **1** pagreitinti, (pa)skubinti **2** nublokšti, parblokšti; *refl* pulti žemyn galva **3** *chem.* nusistoti, nusėsti; nusodinti *(t. p.* ~ ***out)*** **4** *meteor.* iškristi *(apie kritulius)*

precipitation [prɪˌsɪpɪ'teɪʃn] *n* **1** skubotumas; veržlumas **2** *(tempo)* pagreitinimas, didinimas **3** nubloškimas; puolimas *(žemyn)* **4** *chem.* nusėdimas; nusodinimas **5** *meteor.* krituliai; ***annual*** ~ metinis kritulių kiekis

precipitator [prɪ'sɪpɪteɪtə] *n tech.* nusodintuvas

precipitous [prɪ'sɪpɪtəs] *a* **1** labai status, skardingas **2** skubotas

précis ['preɪsɪ] *pr. n* *(pl* précis [-si:z]) santrauka, konspektas
v daryti *(ko)* santrauką/konspektą

precise [prɪ'saɪs] *a* **1** tikslus, apibrėžtas; ***to arrive at the*** ~ ***moment*** atvykti tiksliai laiku; ***to be*** ~ tiksliau (sakant) **2** aiškus *(apie tartį ir pan.)* **3** kruopštus; skrupulingas, pedantiškas

precisely [prɪ'saɪslɪ] *adv* **1** tiksliai **2** būtent; būtent taip *(atsakant)*; ***that's*** ~ ***why...*** būtent čia priežastis, kodėl...

precisian [prɪ'sɪʒn] *n* **1** formalistas, pedantas **2** *ist.* puritonas

precision [prɪ'sɪʒn] *n* **1** tikslumas, precizija **2** *attr* tikslus, precizinis; ~ ***balance*** tikslios svarstyklės; ~ ***instrument*** tikslus/precizinis instrumentas; ~ ***fire*** *kar.* tiksli/taikli ugnis

preclude [prɪ'klu:d] *v* **1** neleisti atsirasti, užkirsti kelią; ***to*** ~ ***the possibility of any error*** išvengti bet kokios klaidos **2** sukliudyti, sutrukdyti *(from)*; ***illness*** ~***d me from coming*** liga sukliudė man ateiti

preclusion [prɪ'klu:ʒn] *n ret.* kliūtis; trukdymas

precocious [prɪ'kəʊʃəs] *a* **1** per anksti išsivystęs; ne pagal metus išsivystęs **2** ankstyvas **3** *ž. ū.* ankstyvasis, anksti subręstantis

precocity [prɪ'kɔsətɪ] *n* priešlaikinis subrendimas, ankstyvas išsivystymas *(ypač apie vaiką)*

precognition [ˌpriːkɔg'nɪʃn] *n knyg.* žinojimas iš anksto, nujautimas
preconceive [ˌpriːkən'siːv] *v* iš anksto įsivaizduoti *ar* susidaryti nuomonę
preconceived [ˌpriːkən'siːvd] *a attr* išankstinis; ~ *notion* išankstinė nuomonė
preconception [ˌpriːkən'sepʃn] *n* išankstinė nuomonė; išankstinis nusistatymas
preconcert [ˌpriːkən'səːt] *v* iš anksto susitarti
precondition [ˌpriːkən'dɪʃn] *n* preliminari/išankstinė sąlyga, prielaida
precontract [priː'kɔntrækt] *n* ankstyvesnė sutartis *(trukdanti sudaryti naują sutartį)*
v iš anksto sudaryti sutartį
precook [ˌpriː'kuk] *v kul.* iš anksto ruošti/išvirti *(kad reiktų tik pašildyti)*
precool [ˌpriː'kuːl] *v* iš anksto atvėsinti/ataušinti
precursor [prɪ'kəːsə] *n* 1 pirmtakas 2 pranašiškas ženklas, pranašas
precursory [prɪ'kəːsərɪ] *a knyg.* 1 pranašaujantis *(of)* 2 parengtinis; ~ *symptoms* pirmieji simptomai
predacious [prɪ'deɪʃəs] *a ret.* plėšrus; grobuoniškas
predate [ˌpriː'deɪt] *v* 1 įvykti/būti anksčiau *(už)* 2 datuoti atgaline data
predator ['predətə] *n* plėšrūnas, grobuonis *(t. p. prk.)*
predatory ['predətərɪ] *a* 1 grobuoniškas; grobikiškas; ~ *habits* grobuonių įpročiai 2 plėšrus
predawn [priː'dɔːn] *a* priešaušrio, paryčio
predecease [ˌpriːdɪ'siːs] *v teis.* mirti pirma/anksčiau *(ko);* *he ~d his father* jis mirė anksčiau už savo tėvą
predecessor ['priːdɪsesə] *n* 1 pirmtakas 2 daiktas, pakeistas nauju; *my present car is far superior to its ~* mano dabartinė mašina žymiai geresnė už ankstesnę 3 *ret.* protėvis
predestinate [priː'destɪneɪt] *v knyg.* = **predestine**
predestination [ˌpriːdestɪ'neɪʃn] *n knyg.* 1 nulėmimas 2 lemtis; likimas
predestine [priː'destɪn] *v (ppr. pass) knyg.* iš anksto nulemti/paskirti
predetermine [ˌpriːdɪ'təːmɪn] *v* 1 *(ppr. pass)* iš anksto nulemti/nuspręsti/nustatyti 2 paveikti, palenkti; nukreipti *(kieno)* veiksmus *ir pan.* tam tikra kryptimi
predial ['priːdɪəl] *a ist.* 1 agrarinis, žemės; nekilnojamas *(apie turtą)* 2 priskirtas prie žemės *(apie baudžiauninką)*
predicable ['predɪkəbl] *a log.* galimas patvirtinti, patvirtinamas
predicament [prɪ'dɪkəmənt] *n* 1 kebli, nemaloni padėtis; *what a ~!* koks nemalonumas! 2 *log.* kategorija
predicant ['predɪkənt] *n bažn. ist.* pamokslininkas
predicate *n* ['predɪkət] 1 *gram.* tarinys, predikatas; *simple ~* vientisinis/grynasis tarinys 2 *log.* predikatas
a ['predɪkət] *gram., log.* predikatinis; predikacinis
v ['predɪkeɪt] 1 tvirtinti, teigti *(t. p. log.; of, about)* 2 *(džn. pass)* remti, grįsti *(on)*
predication [ˌpredɪ'keɪʃn] *n* 1 tvirtinimas, teigimas *(t. p. log.)* 2 *gram.* predikacija, tarinio turinys
predicative [prɪ'dɪkətɪv] *gram. a* predikatinis
n predikatyvas, vardinė tarinio dalis
predict [prɪ'dɪkt] *v* (iš)pranašauti; numatyti
predictable [prɪ'dɪktəbl] *a* nuspėjamas, numatomas; iš anksto žinomas
predictably [prɪ'dɪktəblɪ] *mod* kaip manyta, kaip laukta
predicted [prɪ'dɪktɪd] *a:* ~ *fire kar.* šaudymas pagal apskaičiuotus duomenis
prediction [prɪ'dɪkʃn] *n* 1 pranašavimas, pranašystė; prognozė 2 *kar.* duomenų apskaičiavimas šaudymui

predictive [prɪ'dɪktɪv] *a* pranašaujantis; pranašiškas; prognozuojantis
predictor [prɪ'dɪktə] *n* 1 pranašautojas, numatytojas 2 *kar.* instrumentas priešlėktuvinei artilerijos ugniai koreguoti
predigest [ˌpriːdaɪ'dʒest] *v* 1 *fiziol.* apdoroti *(maistą)* chemiškai *(kad būtų galima lengviau suvirškinti)* 2 supaprastinti, adaptuoti *(knygą ir pan.)*
predilection [ˌpriːdɪ'lekʃn] *n knyg. (didelis)* pamėgimas, pomėgis, polinkis *(for)*
predispose [ˌpriːdɪ'spəuz] *v* iš anksto nuteikti; palenkti; būti linkusiam *(to – į)*
predisposition [ˌpriːdɪspə'zɪʃn] *n* palinkimas, polinkis
predominance [prɪ'dɔmɪnəns] *n* vyravimas, dominavimas, viešpatavimas
predominant [prɪ'dɔmɪnənt] *a* vyraujantis, dominuojantis, labiausiai paplitęs
predominantly [prɪ'dɔmɪnəntlɪ] *adv* daugiausia
predominate [prɪ'dɔmɪneɪt] *v* vyrauti, dominuoti; viešpatauti *(over)*
preelection [ˌpriːɪ'lekʃn] *a attr* priešrinkiminis
preem [priːm] *n amer. šnek. (filmo ir pan.)* premjera
preemie ['priːmɪ] *n amer. šnek.* neišnešiotas kūdikis
preeminence [priː'emɪnəns] *n* pranašumas; primatas
preeminent [priː'emɪnənt] *a* pranašesnis; išsiskiriantis, žymus
preeminently [priː'emɪnəntlɪ] *adv* visų pirma
preempt [priː'empt] *v* 1 užbėgti už akių; sukliudyti, užkirsti kelią 2 užimti/pasisavinti anksčiau už kitus 3 *teis.* pirkti anksčiau už kitus 4 *amer.* įsigyti pirmumo teisę pirkti žemę iš valstybės
preemption [priː'empʃn] *n* 1 pirkimas/įsigijimas/pasinaudojimas *(teise)* anksčiau už kitus 2 pirmumo teisė pirkti *(amer.* pirkti žemę iš valstybės) 3 užbėgimas už akių, prevencija
preemptive [priː'emptɪv] *a* 1 pirmumo *(ypač apie teisę pirkti)* 2 prevencinis *(apie užpuolimą ir pan.)*
preen [priːn] *v* 1 valyti *(plunksnas)* snapu 2 *(ppr. refl)* gražintis, dabintis 3 *(džn. refl)* didžiuotis *(on, upon)*
preengage [ˌpriːɪn'geɪdʒ] *v* kontraktuoti; iš anksto susieti žodžiu/įsipareigojimu
preestablish [ˌpriːɪs'tæblɪʃ] *v* iš anksto nustatyti
preexist [ˌpriːɪg'zɪst] *v* egzistuoti prieš *(ką)*
preexistent [ˌpriːɪg'zɪstənt] *a* pirmesnis, anksčiau buvęs
prefab ['priːfæb] *sutr. n* surenkamasis/standartinis namas *a* surenkamas *(apie namą ir pan.)*
prefabricate [priː'fæbrɪkeɪt] *v* gaminti *(ypač surenkamųjų pastatų)* dalis
prefabricated [priː'fæbrɪkeɪtɪd] *a* surenkamasis; ~ *house* surenkamasis/standartinis namas
preface ['prefɪs] *n* pratarmė; įvadas, įžanga
v 1 parašyti pratarmę/įžangą; įžangoje išdėstyti 2 pradėti *(by, with)*
prefatory ['prefətərɪ] *a* įvadinis, įžanginis
prefect ['priːfekt] *n* 1 prefektas 2 *mok.* vyresnysis mokinys
prefecture [priː'fektʃuə] *n* prefektūra
prefer [prɪ'fəː] *v* 1 labiau mėgti/norėti, duoti/teikti pirmenybę *(to); I much ~ dogs to cats* man daug labiau patinka šunys negu katės 2 (pa)aukštinti *(tarnyboje)* 3 pateikti *(svarstyti);* paduoti *(prašymą, skundą); to ~ charges teis.* iškelti kaltinimus *(against)*
preferable ['prefərəbl] *a* labiau mėgstamas/pageidaujamas; vertesnis, tinkamesnis *(to)*
preferably ['prefərəblɪ] *adv* verčiau, geriau
preference[1] ['prefərəns] *n* 1 pirmumas, pirmenybė; laikymas vertesniu/tinkamesniu; *to give ~ (to)* duoti pirmenybę; *in – to* labiau, mieliau 2 tai, kam atiduodama pirmenybė; tai, kas labiau mėgstama 3 *kom.* preferen-

cija; muitų lengvata **4** *attr ekon.* lengvatinis, privilegijuotas; **~ share** privilegijuotoji akcija
preference[2] *n* preferansas *(kortų lošimas)*
preferential [,prefə'renʃl] *a attr* **1** turintis/duodantis pirmenybę; pirmenybinis; **~ shop** *amer.* įmonė, kuri įsipareigoja duoti pirmenybę profsąjungos nariams **2** *ekon.* lengvatinis, preferencinis *(apie įvežamuosius muitus)*
preferment [prɪ'fɜ:mənt] *n knyg.* **1** pirmenybė; pirmenybės davimas **2** paaukštinimas *(tarnyboje)*
preferred [prɪ'fɜ:d] *a ekon.* lengvatinis, privilegijuotas; **~ stock** *amer.* privilegijuotosios akcijos
prefigure [pri:'fɪgə] *v* **1** įsivaizduoti; numatyti **2** būti *(ko)* ženklu/pranašu
prefix ['pri:fɪks] *n* **1** *gram.* priešdėlis, prefiksas **2** titulas *ir pan.*, vart. prieš asmenvardžius *(pvz., Dr., Sir ir pan.)* **3** raidė(s)/skaičius, vart. prieš kodą
v **1** *gram.* pridėti priešdėlį **2** pridėti titulą *ir pan. (prieš asmenvardžius)* **3** (pri)dėti *(knygos, kodo ir pan.)* pradžioje
prefixation [,pri:fɪk'seɪʃn] *n gram.* priešdėlinė žodžių daryba, prefiksacija
preflight ['pri:flaɪt] *a (pasireiškiantis, vykdomas)* prieš lėktuvo pakilimą/skridimą
preform [pri:'fɔ:m] *v* iš anksto formuoti/sudaryti
pregnable ['pregnəbl] *a* įveikiamas, (lengvai) paimamas *(apie tvirtovę ir pan.)*; pažeidžiamas
pregnancy ['pregnənsɪ] *n* **1** nėštumas **2** *(idėjų, sumanymų)* turtingumas; *(vaizduotės)* lakumas
pregnant ['pregnənt] *a* **1** nėščia **2** ėringa, kumelinga, veršinga *ir pan.* **3** turiningas; kupinas *(sumanymų, idėjų; with)*; lakus, kūrybingas *(apie vaizduotę, mintį)* **4** prasmingas, reikšmingas *(apie tylą ir pan.)*
preheat [pri:'hi:t] *v* pirma įkaitinti/pašildyti
prehensile [prɪ'hensaɪl] *a zool.* graibštus, kibus *(apie beždžionės uodegą ir pan.)*; čiumpamasis, griebiamasis
prehension [prɪ'henʃn] *n* **1** *zool.* (su)griebimas, (su)čiupimas, įsikabinimas **2** supratimas, suvokimas
prehistoric [,pri:hɪ'stɒrɪk] *a* **1** priešistorinis **2** *iron.* prieštvaninis, pasenęs
prehistory [pri:'hɪstərɪ] *n* priešistorė
prehuman [pri:'hju:mən] *a* egzistavęs Žemėje prieš pasirodant žmogui
prejudge [pri:'dʒʌdʒ] *v* **1** iš anksto išspręsti/nuspręsti *ar* susidaryti nuomonę **2** *teis.* nuteisti neištyrus/neišklausius *(teisiamojo)*
prejudice ['predʒudɪs] *n* **1** išankstinis nusistatymas; iš anksto susidariusi *(džn. nepalanki)* nuomonė **2** prietaras; **steeped in ~** paskendęs prietaruose **3** žala; **to the ~** *(of)*, **in ~** *(of) (ko)* nenaudai; **without ~** *teis.* be žalos *(to – kam)*, nepažeidžiant, neapribojant *(teisės ir pan.)*
v **1** iš anksto nuteikti *(against – prieš);* **to be ~d in favour of smb** būti palankiai nusiteikusiam kieno atžvilgiu **2** (pa)kenkti, apsunkinti; pabloginti *(kieno galimybes)*
prejudicial [,predʒu'dɪʃl] *a* kenkiantis, žalingas, pragaištingas
prelacy ['preləsɪ] *n bažn.* **1** prelato titulas **2** *(the ~)* kuop. prelatai
prelate ['prelɪt] *n bažn.* prelatas
prelect [prɪ'lekt] *v knyg.* skaityti paskaitą
prelection [prɪ'lekʃn] *n knyg.* paskaita
prelector [prɪ'lektə] *n knyg.* lektorius
prelim ['pri:lɪm] *n (ppr. pl)* **1** (preliminary examination *sutr.*) stojamasis egzaminas **2** *sport.* preliminarinės/parengtinės varžybos
preliminary [prɪ'lɪmɪnərɪ] *n* **1** *(džn. pl)* parengiamosios priemonės **2** *pl* parengtinės derybos, preliminarai **3** *pl sport.* parengtinės varžybos

a preliminarinis, parengiamasis, parengtinis; įžanginis; **~ work** *spec.* parengiamieji darbai; **~ examination** stojamasis egzaminas; **~ investigation** *teis.* parengtinis tardymas, priminis nagrinėjimas; **~ preparation** išankstinis parengimas *(for)*
preload [pri:'ləud] *n tech.* išankstinė apkrova
prelude ['prelju:d] *n* **1** preliudija, įžanga **2** *muz.* preliudas
v **1** būti įžanga/preliudija **2** *muz.* pradėti preliudu *(with);* groti preliudą
prelusive [prɪ'lju:sɪv] *a* įžanginis, įvadinis
premarital [pri:'mærɪtl] *a* priešvedybinis, ikisantuokinis
premature ['premətʃʊə, ,premə'tʃʊə] *a* **1** pirmalaikis, priešlaikinis, per ankstyvas; **~ death** pirmalaikė/belaikė mirtis; **~ baby** neišnešiotas kūdikis **2** skubotas, neapgalvotas
prematurely [,premə'tʃʊəlɪ] *adv* pirma laiko, per anksti
prematurity [,premə'tʃʊərətɪ] *n* priešlaikiškumas
premed [pri:'med] *sutr. n* = **premedication**
a = **premedical**
premedical [pri:'medɪkl] *a amer.* parengiamųjų medicinos kursų *(stojant į universitetą)*
premedication [,pri:medɪ'keɪʃn] *n med.* priešoperacinis/parengtinis gydymas
premeditate [pri:'medɪteɪt] *v* iš anksto apgalvoti
premeditated [pri:'medɪteɪtɪd] *a* iš anksto apgalvotas; sąmoningas, tyčinis
premeditation [pri:,medɪ'teɪʃn] *n* apgalvojimas iš anksto
premenstrual [pri:'menstruəl] *a med.* priešmenstruacinis
premie ['pri:mɪ] *n amer. šnek.* pirma laiko gimęs kūdikis
premier ['premɪə] *n* ministras pirmininkas, premjeras; vyriausybės vadovas
a pirmaeilis, svarbiausias, pagrindinis; pirmas
première ['premɪɛə] *pr. teatr. n* premjera
v parodyti premjerą; įvykti premjerai
premiership ['premɪəʃɪp] *n* premjero postas; buvimas premjeru
premise *n* ['premɪs] **1** *log.* premisa; prielaida **2** *pl teis.* įžanginė dokumento dalis **3** *pl* pastatas, namai, patalpos; namų valdos *(su priestatais ir sodyba)* ◊ **to be consumed/drunk on the ~s** parduodama neišsineštinai/išgertinai; **to see smb off the ~s** išprašyti ką lauk
v [prɪ'maɪz] **1** pirma išdėstyti/pateikti/pasakyti **2** *log.* daryti prielaidą
premiss ['premɪs] = **premise** *n* 1
premium ['pri:mɪəm] *n* **1** premija; priedas, priemoka, papildomas atlyginimas; **~ pay** premijinė priemoka **2** mokestis *(už mokymą ir pan.)* **3** *fin.* draudimo įmoka, apdrauda *(t. p.* **insurance ~***)*; **exchange ~** ažio **4** *attr* aukščiausios kokybės *(apie prekes)* ◊ **at a ~** a) didesne negu nominalia kaina; b) turintis didelę paklausą; labai vertinamas/madingas; **to put/place a ~** *(on)* vertinti, laikyti svarbiu, skatinti
premolar [pri:'məulə] *n anat.* kaplys *(priekinis dantis)*
premonition [,premə'nɪʃn] *n* **1** nujautimas **2** perspėjimas
premonitory [prɪ'mɒnɪtərɪ] *a knyg.* perspėjamasis, įspėjantis; **~ symptoms** *med.* pirmieji simptomai
prenatal [,pri:'neɪtl] *a med.* priešgimdyminis, prenatalinis; **~ care** nėščiosios priežiūra/higiena; **~ clinic** moterų konsultacija
prentice ['prentɪs] *n psn.* pameistrys ◊ **~ hand** neįgudusi/nemikli ranka; **~ effort** nevykęs/prastas bandymas
prenuclear [,pri:'nju:klɪə] *a* ikibranduolinis, ikiatominis
prenuptial [,pri:'nʌpʃl] *a knyg.* priešvedybinis, ikivedybinis
preoccupation [pri:,ɒkju'peɪʃn] *n* **1** nuolatinis rūpestis, susirūpinimas; susimąstymas **2** *(vietos/sklypo ir pan.)* užėmimas/užvaldymas anksčiau *(už kitą)* ar iš anksto
preoccupied [prɪ'ɒkjupaɪd] *a* susimąstęs; susirūpinęs

preoccupy [pri:'ɔkjupaɪ] v **1** užimti, užvaldyti *(mintis, protą); pass* būti susimąsčiusiam/susirūpinusiam **2** užimti/užvaldyti anksčiau *(už kitą) ar* iš anksto
pre-op [pri:'ɔp] *šnek. n* priešoperacinis gydymas
a = **preoperative**
preoperative [pri:'ɔpərətɪv] *a* priešoperacinis
preordain [,pri:ɔ:'deɪn] *v pass* būti iš anksto nustatytam/nulemtam
prep [prep] <*n, a, v*> *mok. šnek. n* **1** pamokų ruošimas **2** parengiamoji mokykla *(t. p. ~ school)* **3** *amer.* privačios mokyklos mokinys
a paruošiamasis, parengiamasis
v **1** ruoštis *(pamokai);* mokytis *(kokio dalyko)* **2** *amer.* ruošti; ruoštis **3** *amer.* mokytis parengiamojoje mokykloje *(privačioje)*
prepack [,pri:'pæk] *n* fasuotos prekės
v fasuoti
prepackage [,pri:'pækɪdʒ] = **prepack** *v*
prepaid [pri:'peɪd] *past ir pII žr.* **prepay**; *~ envelope [reply]* iš anksto apmokėtas siunčiamas vokas [atsakymas]
preparation [,prepə'reɪʃn] *n* ruošimas(is), pa(si)ruošimas, pa(si)rengimas; *to make ~s (for)* ruoštis, pasiruošti; *the book is in ~* knyga ruošiama spaudai **2** pamokų ruošimas **3** preparatas; vaistas **4** *kas.* sodrinimas
preparative [prɪ'pærətɪv] *a* paruošiamasis
n **1** paruošimas **2** *kar.* signalas pasiruošti
preparatory [prɪ'pærət(ə)rɪ] *a* **1** paruošiamasis, parengiamasis, parengtinis; *~ school* privati parengiamoji mokykla *(D. Britanijoje – 8–13 m. vaikams; JAV – vidurinė mokykla)* **2**: *~ to (vart. kaip prep)* prieš, pirma/anksčiau negu
prepare [prɪ'pɛə] *v* **1** ruošti(s), rengti(s), pa(si)ruošti; *to ~ the ground for smth* paruošti žemę kam; *she is quite ~d to be friendly* ji visai draugiškai nusiteikusi; *to ~ a plan* sudaryti/parengti planą **2** gaminti *(valgį ir pan.); Tom is preparing supper for us* Tomas ruošia mums vakarienę **3** *spec.* preparuoti
prepared [prɪ'pɛəd] *a* parengtas, paruoštas; pasiruošęs; *to be ~ for the worst* būti pasiruošusiam blogiausiam (atvejui)
preparedness [prɪ'pɛədnɪs] *n* pasiruošimas; parengtis; *a state of ~* kovinė parengtis
prepay [pri:'peɪ] *v* (prepaid) (ap)mokėti iš anksto; mokėti į priekį
prepayment [pri:'peɪmənt] *n* išankstinis apmokėjimas
prepense [prɪ'pens] *a* iš anksto apgalvotas; *of malice ~ teis.* tyčinis, padarytas tyčia, iš anksto apgalvotas *(apie nusikaltimą ir pan.)*
preplan [pri:'plæn] *v* planuoti iš anksto
preplant [pri:'plɑ:nt] *a ž. ū.* priešsėjinis, prieš sėją *(apie dirvos įdirbimą)*
preponderance [prɪ'pɔndərəns] *n* persvara; vyravimas
preponderant [prɪ'pɔndərənt] *a* turintis persvarą/viršų, vyraujantis; pirmaujantis
preponderate [prɪ'pɔndəreɪt] *v knyg.* **1** turėti persvarą, nusverti **2** vyrauti; būti pranašesniam
preposition *n gram.* **1** [,prepə'zɪʃn] prielinksnis **2** [,pri:pə'zɪʃn] prepozicija
prepositional [,prepə'zɪʃnəl] *a gram.* prielinksninis, prielinksnio
prepositive [prɪ'pɔzɪtɪv] *a gram.* prepozicinis
prepossessed [,pri:pə'zest] *a* **1** *(jausmų, minčių ir pan.)* apimtas, apsėstas, apniktas **2** iš anksto nuteiktas; palankiai nuteiktas

prepossessing [,pri:pə'zesɪŋ] *a* žavingas, mielas, malonus, simpatiškas; *she is not very ~* ji nelabai kelia simpatiją
prepossession [,pri:pə'zeʃn] *n* **1** išankstinis nusistatymas **2** palinkimas
preposterous [prɪ'pɔst(ə)rəs] *a* absurdiškas, neprotingas, beprasmiškas
prepotent [prɪ'pəutənt] *a* **1** labai galingas; galingesnis **2** *biol.* dominuojantis, vyraujantis
preppie, preppy ['prepɪ] *amer. šnek. n* privačios parengiamosios mokyklos moksleivis/auklėtinis
a būdingas parengiamosios mokyklos moksleiviams; tvarkingas
preprogram [pri:'prəugræm] *v spec.* suprogramuoti *(vėlesniam programiniam valdymui)*
prepster ['prepstə] *amer. šnek.* = **preppie** *n*
prepubescent [,pri:pju:'besənt] *a* (vykstantis) prieš lytinį subrendimą, nesulaukęs lytinio subrendimo
prepuce ['pri:pju:s] *n anat.* apyvarpė
Pre-Raphalite [,prɪ:'ræfəlaɪt] *men. ist. n* prerafaelitas
a prerafaelitų
prerecord [,pri:rɪ'kɔ:d] *v* įrašyti iš anksto *(muziką, kalbą ir pan.)*
prerelease [,pri:rɪ'li:s] *n kin.* uždara peržiūra *(t. p. ~ show)*
prerequisite [,pri:'rekwɪzɪt] *n* prielaida, būtina sąlyga *(for)*
a būtinas *(kaip sąlyga; to)*
prerogative [prɪ'rɔgətɪv] *n* prerogatyva, išimtinė teisė; privilegija
a turintis prerogatyvą; *~ right* išimtinė/pirmumo teisė
presage ['presɪdʒ] *n* **1** *(pranašingas)* ženklas, pranašystė **2** nujautimas
v **1** pranašauti, būti ženklu **2** nujausti *(ypač ką nors bloga)*
presbyopia [,prezbɪ'əupɪə] *n med.* senatvinė tolregystė, presbiopija
presbyter ['prezbɪtə] *n bažn.* presbiteris; presbiterionų bendruomenės vadovas
Presbyterian [,prezbɪ'tɪərɪən] *bažn. n* presbiterionas
a presbiterionų
presbytery ['prezbɪt(ə)rɪ] *n bažn.* **1** presbiterija **2** parapijos komitetas **3** klebonija
preschool *n* ['pri:sku:l] *amer.* vaikų darželis
a [,pri:'sku:l] ikimokyklinis; *~ child* ikimokyklinukas, ikimokyklinio amžiaus vaikas
preschooler [,pri:'sku:lə] *n amer.* ikimokyklinukas
prescience ['preʃəns] *n knyg.* numatymas
prescient ['preʃənt] *a knyg.* numatantis, iš anksto žinantis
prescind [prɪ'sɪnd] *v knyg.* **1** abstrahuoti(s), atsieti, atsyti **2** atitraukti dėmesį *(from)* **3** atskirti, atplėšti *(from)*
prescribe [prɪ'skraɪb] *v* **1** nurodyti, įsakyti; nurodinėti **2** (pa)skirti; išrašyti *(vaistus; to, for)* **3** *teis.* reikalauti remiantis senaties teise
prescript ['pri:skrɪpt] *n* nurodymas, įsakymas
prescription [prɪ'skrɪpʃn] *n* **1** nurodymas, įsakymas **2** *(bausmės ir pan.)* skyrimas **3** *med.* receptas; recepto išrašymas; *on ~* tik pagal receptą **4** *teis.* senatis; *positive [negative] ~* teisės įgijimas [netekimas] dėl senaties **5** *prk.* nerašytas įstatymas
prescriptive [prɪ'skrɪptɪv] *a* **1** nurodantis, įsakantis **2** *teis.* grindžiamas/pagrįstas senaties teise *ar* senu papročiu; *~ right* senaties teisė **3** *kalb.* preskriptyvinis; norminamasis
presell [pri:'sel] *v* (presold) reklamuoti gaminį prieš imant jį pardavinėti
presence ['prezns] *n* **1** buvimas, dalyvavimas; akivaizda; *your ~ is required* jūsų buvimas būtinas; *in his ~* jo

akivaizdoje, jam esant; *I was admitted to his ~* aš buvau įleistas pas jį 2 *(įspūdinga)* išvaizda, laikysena; *dignified ~* ori išvaizda; *to have ~* daryti įspūdį savo išvaizda ir elgsena 3 *ret.* antgamtinė būtybė, kažkas paslaptingo/nežemiško ◊ *~ of mind* šaltakraujiškumas, susivaldymas, blaivus protas; *to make one's ~ felt* nelikti nepastebėtam *(apie kieno dalyvavimą kur)*

presence-chamber ['prezns‚tʃeɪmbə] *n* priimamasis, priėmimo kambarys

present¹ ['preznt] *n* 1 *(the ~)* dabartis; *at ~* dabar, šiuo metu; *for the ~* tuo tarpu, šį kartą 2 *pl teis.*: *by these ~s* šiuo raštu/dokumentu 3 = *~ tense žr. a* 4 ◊ *(there is) no time like the ~* dabar pats tinkamiausias laikas; neatidėk darbo rytdienai
a 1 *attr* dabartinis, esamas, nūdienis; *in the ~ circumstances* dabartinėmis aplinkybėmis 2 *predic* esantis, dalyvaujantis; *to be ~ (at)* dalyvauti; *to be ~ in the mind* likti atmintyje, aiškiai atsiminti; *all those ~, everybody ~* visi dalyvaujantieji 3 *attr* šis, kalbamasis; *the ~ volume* ši knyga; *the ~ writer* šių eilučių autorius 4 *attr gram.*: *~ tense* esamasis laikas; *~ participle* esamojo laiko dalyvis ◊ *all ~ and correct, amer. all ~ and accounted for* visi (yra) čia; viskas gerai

present² *n* ['preznt] dovana; *to make smb a ~ of smth* dovanoti kam ką, apdovanoti ką kuo
v [prɪ'zent] 1 įteikti; (pa)dovanoti; apdovanoti *(with)* 2 (pa)reikšti; *to ~ one's compliments/regards* reikšti savo pagarbą; *to ~ one's apologies* atsiprašyti 3 pateikti; perduoti *(svarstyti pareiškimą, prašymą ir pan.)*; *to ~ one's passport to the customs officer* pateikti pasą muitinės darbuotojui 4 pristatyti, supažindinti *(to)* 5 *refl* prisistatyti; atvykti; *to ~ oneself for trial* stoti į teismą 6 *refl* pasitaikyti, staiga atsirasti, pasirodyti; *as soon as the opportunity ~s itself...* kai tik pasitaikys proga... 7 atrodyti, būti; sudaryti; *they ~ed a different aspect* jie atrodė kitaip; *it will ~ no problem/difficulty (to him)* tai nesudarys (jam) sunkumų 8 pavaizduoti *(as – kaip)* 9 statyti *(pjesę)*; (pa)rodyti *(scenoje, filme)*; *tel., rad.* pristatyti *(programą ir pan.)* 10 *kar.* gerbti ginklu *(ppr. ~ arms)*

presentable [prɪ'zentəbl] *a* 1 tinkamas, (pri)deramas *(pasirodyti, pateikti)* 2 išvaizdus, tinkamas pasirodyti, reprezentatyvus

presentation [‚prezən'teɪʃn] *n* 1 (pa)teikimas; *on ~* pateikus 2 pristatymas; supažindinimas *(to)*; *a letter of ~* rekomendacinis laiškas 3 *(dovanos ir pan.)* įteikimas; dovana; *~ copy* autoriaus dovanotas egzempliorius 4 *teatr., kin.* pastatymas; parodymas 5 *med.* pirmeiga, prezentacija

present-day [‚preznt'deɪ] *a* dabartinis, nūdienis, šių laikų

presentee [‚prezn'ti:] *n* 1 kandidatas, pristatytasis *(ypač bažnytinei tarnybai)* 2 dovanos gavėjas, apdovanotasis

presenter [prɪ'zentə] *n* 1 įteikėjas, pateikėjas 2 *rad., tel.* *(laidos, programos)* vedėjas

presentiment [prɪ'zentɪmənt] *n* nuojauta, nujautimas *(ypač blogas; of)*

presently ['prezntlɪ] *adv* 1 greitai, netrukus 2 dabar, šiuo metu

presentment [prɪ'zentmənt] *n* 1 (pa)vaizdavimas; parodymas *(scenoje)* 2 pateikimas; išdėstymas 3 *teis. (prisiekusiųjų)* pareiškimas 4 oficialus skundas vyskupui

preservation [‚prezə'veɪʃn] *n* 1 išsaugojimas, išlaikymas; *in (a state of) good ~* gerai išsilaikęs 2 konservavimas 3 apsauga, apsaugojimas *(nuo brakonierių ir pan.)*

preservationist [‚prezə'veɪʃnɪst] *n (ypač amer.) (istorinių pastatų, draustinių ir pan.)* apsaugos darbuotojas

preservative [prɪ'zɜːvətɪv] *a* apsauginis, apsaugos; apsaugantis
n apsauginė priemonė; konservantas

preserve [prɪ'zɜːv] *n* 1 *(ppr. pl)* konservai, prezervai; uogienė 2 *(medžioklės, žvejybos)* draustinis 3 *(kurios nors žmonių grupės)* monopolis, veiklos sritis
v 1 (iš)saugoti; išlaikyti; *to ~ one's health* saugoti sveikatą; *to ~ discipline* palaikyti drausmę 2 *kul.* konservuoti 3 saugoti *(nuo brakonierių ir pan.)*

preserver [prɪ'zɜːvə] *n (kalbos, tradicijų ir pan.)* saugotojas, išlaikytojas

preset [priː'set] *v* (preset) 1 iš anksto įjungti *(aparatą)* 2 iš anksto nuspręsti

preside [prɪ'zaɪd] *v* 1 pirmininkauti *(at, over)* 2 vadovauti; kontroliuoti *(over)* 3 dominuoti *(over)*

presidency ['prezɪdənsɪ] *n* 1 prezidentystė; prezidentavimas 2 pirmininkavimas; pirmininko pareigos

president ['prezɪdənt] *n* 1 prezidentas 2 pirmininkas 3 rektorius 4 *amer. (banko, bendrovės, firmos)* direktorius, vadovas, valdybos pirmininkas

president-elect [‚prezɪdəntɪ'lekt] *n amer.* išrinktas, bet dar nepradėjęs eiti pareigų prezidentas

presidential [‚prezɪ'denʃl] *a* prezidentinis, prezidento; *~ year* prezidento rinkimų metai

presidium [prɪ'sɪdɪəm] *n polit.* prezidiumas

presold [priː'səʊld] *past ir pII žr.* **presell**

presort [priː'sɔːt] *v amer.* išskirstyti *(korespondenciją)* pagal indeksus

press¹ [pres] *n* 1 spūstis; minia 2 skuba, skubėjimas; *there is a great ~ of work* daug skubaus darbo 3 spaudimas *(t. p. sport.)*; paspaudimas; *to give a slight ~* spustelėti; *full-court/all court ~* spaudimas/presingas po visą aikštę *(krepšinyje)* 4 *tech.* presas, slėgtuvas, spaustuvas; spaustuvai; *punch(ing) ~* štampavimo presas 5 spausdinimo mašina *(t. p. printing ~)* 6 spaustuvė, tipografija; leidykla 7 spausdinimas; *to go to ~* būti spausdinamam; *to correct the ~* taisyti korektūrą 8 spauda; *to have [to get] a good ~* turėti [gauti] gerų spaudos atsiliepimų; *~ agent* spaudos ir reklamos agentas 9 *kuop.* spaudos darbuotojai, žurnalistai 10 *(drabužių)* lyginimas 11 *air., škot.* spinta *(ypač sieninė)*
v 1 spausti *(t. p. apie avalynę)*; slėgti, mygti; pri(si)spausti *(to)*; išspausti *(t. p. ~ out)*; *to ~ smb's hand* (pa)spausti kam ranką; *to ~ juice out of apples* spausti obuolių sultis; *to ~ home tech.* nuspausti iki galo 2 spaustis, spraustis; *to ~ forward* spaustis/veržtis į priekį 3 *(džn. pass)* varžyti, apsunkinti; slėgti; *to be ~ed for money* turėti piniginių sunkumų; *to be ~ed for time* turėti nedaug laiko, labai skubėti; *his responsibilities ~ heavily on him* atsakomybės našta slegia jį 4 skubinti; būti neatidėliotinam; *time ~es* laikas nelaukia; *have you any business that ~es?* ar turite neatidėliotinų reikalų? 5 primygtinai reikalauti, spausti, spirti, versti *(for)*; *to ~ for rent* reikalauti neatidėliotinai įmokėti mokestį už butą; *he ~ed me to do it* jis spyrė mane tai padaryti 6 primesti, užkarti *(on, upon)*; *to ~ one's opinion on smb* primesti kam savo nuomonę 7 laidyti, lyginti *(laidyne)* 8 suspausti; presuoti *(šieną ir pan.)* 9 *sport.* išspausti *(štangą)* □ *~ down* (nu)spausti *(žemyn)*; *~ on* energingai/užsispyrus tęsti *(darbą ir pan.)*; skubėti ◊ *to ~ home* a) įtikinti, išaiškinti; b) atkakliai laikytis/tęsti; *to ~ home one's advantage* pasinaudoti proga, palankiomis aplinkybėmis

press² ist. v **1** verbuoti jėga/prievarta; *to ~ into the service (of) prk.* panaudoti *(kam)* **2** rekvizuoti
n verbavimas jėga
press-box ['presbɔks] *n* vietos spaudos atstovams *(stadione ir pan.)*
press-button ['presˌbʌtn] *n* mygtukas, spaustukas
press-clipping ['presˌklɪpɪŋ] *n* = **press-cutting**
press-conference ['presˌkɔnfərəns] *n* spaudos konferencija
press-cutting ['presˌkʌtɪŋ] *n* laikraščio iškarpa
press-gallery ['presˌgælərɪ] *n* vietos spaudos atstovams *(parlamente, suvažiavime ir pan.)*
pressgang ['presgæŋ] *n* ist. verbuotojų būrys
v **1** *ist.* verbuoti prievarta **2** priversti; įtraukti prievarta *(into)*
pressie ['presɪ] *n* = **prezzie**
pressing ['presɪŋ] *a* **1** neatidėliotinas, skubus **2** primygtinis; atkaklus
n **1** spaudimas, slėgimas; prispaudimas **2** presavimas; presavimo gaminys; štampuota detalė **3** *sport.* presingas
pressman ['presmæn] *n (pl* -men [men]) **1** *(tik v.)* žurnalistas, laikraštininkas, reporteris **2** spaustuvininkas **3** presuotojas
pressmark ['presmɑ:k] *n (knygos)* šifras
press-office ['presˌɔfɪs] *n* spaudos biuras
press-officer ['presˌɔfɪsə] *n* darbuotojas, atsakingas už ryšius su spauda, spaudos atašė
press-photographer ['presfəˌtɔgrəfə] *n* fotokorespondentas, fotoreporteris
press-release ['presrɪˌli:s] *n* pranešimas/pareiškimas spaudai
pressroom ['presrum] *n poligr.* spausdinimo cechas
press-stud ['presstʌd] *n* spaustukas
press-up ['presʌp] *n* atsispaudimas *(pratimas)*
pressure ['preʃə] *n* **1** (su)spaudimas; suslėgimas; *~ indicator* spaudimo rodiklis **2** *prk.* spaudimas; *under ~* spaudžiamas, verčiamas; *to bring ~ (to bear) upon smb, to put ~ on smb* daryti spaudimą kam; *peer ~* bendraamžių įtaka; *~ group polit.* spaudimo grupė, lobiai **3** sunkumas, našta; priespauda; *~ of taxation* mokesčių našta; *financial ~* piniginiai sunkumai **4** įtampa; *the ~s of modern life* nūdienio gyvenimo įtampa **5** *fiz.* slėgimas, slėgis **6** *meteor.* oro slėgis **7** *tech.* presavimas, įspaudimas **8** *spec.* spūdis ◊ *to work at high [low] ~* dirbti energingai/intensyviai [lėtai/vangiai]
v = **pressurize** 1
pressure-cook ['preʃəkuk] *v* virti greitpuodyje
pressure-cooker ['preʃəˌkukə] *n* greitpuodis
pressure-gauge ['preʃəgeɪdʒ] *n tech.* manometras
pressurize ['preʃəraɪz] *v* **1** daryti spaudimą; priversti *(into)* **2** hermetinti **3** *tech.* palaikyti normalų oro slėgį
pressurized ['preʃəraɪzd] *a* **1** *tech.* hermetiškas; aukšto spaudimo **2** susirūpinęs, kamuojamas įtampos
presswoman ['preswumən] *n (pl* -women [-wɪmɪn]) žurnalistė, reporterė
prestidigitation [ˌprestɪˌdɪdʒɪ'teɪʃn] *n* rankų miklumas; fokusų rodymas
prestidigitator [ˌprestɪ'dɪdʒɪteɪtə] *n* fokusininkas
prestige [pre'sti:ʒ] *pr. n* prestižas
prestigious [pre'stɪdʒəs] *a* prestižinis; autoritetingas; *for ~ reasons* prestižo sumetimais
presto ['prestəu] *it. adv, n muz.* presto
prestress [pri:'stres] *n stat.* išankstinis įtempis
presumable [prɪ'zju:məbl] *a* galimas, tikėtinas
presumably [prɪ'zju:məblɪ] *adv* galimas daiktas, turbūt, matyt

presume [prɪ'zju:m] *v* **1** manyti; *no one, I ~, denies it* niekas, manau, to neneigia **2** drįsti, leisti sau; *you ~ too much* tu per daug sau leidi **3** piktnaudžiauti; per daug pasitikėti *(upon, on – kuo); to ~ upon a short acquaintance* familiariai elgtis **4** numanyti; daryti prielaidą
presumedly [prɪ'zju:mɪdlɪ] *adv* turbūt
presuming [prɪ'zju:mɪŋ] *a* leidžiantis sau; arogantiškas, pasitikintis savimi
presumption [prɪ'zʌmpʃn] *n* **1** manymas, spėjimas; prielaida **2** pagrindas manyti/tikėti; *there's a strong ~ against it* tai mažai tikėtina **3** perdėtas pasitikėjimas savimi; drąsa **4** *teis.* prezumpcija; *the ~ of innocence* nekaltumo prezumpcija
presumptive [prɪ'zʌmptɪv] *a (džn. teis.)* manomas, spėjamas; galimas, tikėtinas
presumptuous [prɪ'zʌmptʃuəs] *a* pernelyg pasitikintis savimi, arogantiškas, įžūlus; *that would be ~ of me* iš mano pusės (tai) būtų įžūlu
presuppose [ˌpri:sə'pəuz] *v* **1** iš anksto manyti, laikyti galimu, spėti **2** suponuoti, turėti kaip prielaidą
presupposition [ˌpri:sʌpə'zɪʃn] *n* spėjimas; prielaida
presurmise [pri:'sə:maɪz] *n* iš anksto susidariusi nuomonė
pretax ['pri:tæks] *a attr* ikimokestinis, prieš išskaitant mokesčius *(apie pajamas, pelną)*
preteen [ˌpri:'ti:n] *a* mažametis *(10–12 metų amžiaus);* skirtas 10–12 metų vaikams
pretence [prɪ'tens] *n* **1** apsimetimas; *under the ~ of friendship* apsimetęs draugu; *by/under false ~s* per apgavystę; *to keep up the ~ (of)* apsimetinėti **2** pretekstas; *under the ~ (of) (ko)* dingstimi, pretekstu, apsimetęs *(kuo)* **3** pretenzija; *to make no ~ (of)* nepretenduoti *(į)* **4** pretenzingumas
pretend [prɪ'tend] *v* **1** apsimesti, dėtis; *to ~ of illness* apsimesti sergančiu, simuliuoti sergantį **2** įsivaizduoti **3** sugalvoti dingstį, naudotis kaip pretekstu; teisintis **4** pretenduoti *(to – į)* **5** *šnek.* drįsti
a šnek. įsivaizduojamas *(vaikų žaidimuose); it's only ~!* tai tik juokais!
pretended [prɪ'tendɪd] *a* netikras, apsimetamas *(apie jausmus, ligą ir pan.)*
pretender [prɪ'tendə] *n* **1** apsimetėlis; simuliantas **2** pretendentas
pretense [prɪ'tens] *n amer.* = **pretence**
pretension [prɪ'tenʃn] *n* **1** pretenzija; *of no ~s* be pretenzijų; *to make no ~* nepretenduoti *(to – į)* **2** apsimetimas; simuliavimas **3** pretenzingumas
pretentious [prɪ'tenʃəs] *a* pretenzingas
preterhuman [ˌpri:tə'hju:mən] *a* antžmogiškas, nežmogiškas
preterit(e) ['pretərɪt] *n gram.* preteritas, būtasis laikas
preterition [ˌpri:tə'rɪʃn] *n* **1** praleidimas; neapsižiūrėjimas **2** *teis.* nepaminėjimas vieno iš teisėtų įpėdinių testamente **3** *lit. ret.* nutylėjimas
pretermission [ˌpri:tə'mɪʃn] *n knyg.* **1** neapsižiūrėjimas; apsileidimas, aplaidumas; *~ of duty* aplaidumas darbe; aplaidus pareigų ėjimas **3** (laikinas) nutraukimas **3** praleidimas
pretermit [ˌpri:tə'mɪt] *v* **1** praleisti; nepaminėti **2** nepaisyti; apleisti **3** pertraukti, nutraukti
preternatural [ˌpri:tə'nætʃrəl] *a knyg.* antgamtiškas
pretext *n* ['pri:tekst] pretekstas, dingstis; *on/under the ~ (of, that)* ta dingstimi, tuo pretekstu *(kad)*
v [prɪ'tekst] pateikti kaip pretekstą

pretor ['pri:tə] *n amer.* = **praetor**
Pretoria [prɪ'tɔ:rɪə] *n* Pretorija *(Pietų Afrikos Respublikos sostinė)*
pretrial [pri:'traɪəl] *n amer. teis.* teisėjo ir abiejų šalių advokatų pasitarimas *(prieš bylos pradžią)*
a ikiteisminis
prettify ['prɪtɪfaɪ] *v* (iš)gražinti, (iš)dailinti *(džn. iron.)*
prettily ['prɪtɪlɪ] *adv* gražiai, žaviai
prettiness ['prɪtɪnɪs] *n* gražumas, žavumas
pretty ['prɪtɪ] <*a, n, adv, v*> *a* **1** gražus *(ypač apie mergaites, vaikus; t. p. iron.)*; dailus, puikus, gražutis; *as ~ as a portrait/picture* gražus kaip paveikslėlis, labai gražus; *a ~ business! iron.* gražus, nieko sau dalykėlis! **2** mielas, malonus; geras **3** *šnek.* didelis, gerokas, gražus; *a ~ penny/sum* graži sumelė, didoka suma
n **1** *pl* gražumynai, gražūs drabužiai **2** *amer.* niekutis, gražus daiktelis **3**: *my ~!* mano mieloji/mielasis! *(kreipinys)*
adv (+ *a, adv*) **1** gana, ganėtinai, gerokai; *to feel ~ well* jaustis gana gerai; *I feel ~ sick about it* man tai ganėtinai įgriso **2**: *~ much/well šnek.* beveik; *that is ~ much the same thing* tai beveik tas pats
v: *~ up* išgražinti, pagražinti
pretty-pretty ['prɪtɪˌprɪtɪ] *šnek. a* gražučiukas, pernelyg gražus; *~ face* veidas kaip lėlės
n pl niekučiai
pretzel ['pretsəl] *vok. n* druska apibarstytas riestainiukas, riestė
prevail [prɪ'veɪl] *v* **1** egzistuoti; būti įsigalėjusiam/paplitusiam, viešpatauti **2** vyrauti, imti viršų, dominuoti *(over)* **3** įveikti, nugalėti, triumfuoti *(over, against)* **4** įtikinti, įkalbėti *(upon, on)*
prevailing [prɪ'veɪlɪŋ] *a* **1** vyraujantis, dominuojantis **2** (plačiai) paplitęs, visuotinis
prevalence ['prevələns] *n* **1** paplitimas **2** vyravimas
prevalent ['prevələnt] *a* **1** paplitęs **2** vyraujantis, dominuojantis
prevaricate [prɪ'værɪkeɪt] *v* **1** išsisukinėti, vangstytis **2** *euf.* meluoti
prevarication [prɪˌværɪ'keɪʃn] *n* išsisukinėjimas
prevenance ['prevənəns] *n knyg.* paslaugumas
prevenient [prɪ'vi:nɪənt] *a knyg.* einantis pirma, pirmesnis
prevent [prɪ'vent] *v* **1** (su)trukdyti, (su)kliudyti, užkirsti kelią, užkardyti; *the weather ~ed him from coming* oras sukliudė jam ateiti **2** neleisti *(nelaimei ir pan. atsitikti); to ~ the spread of disease* neleisti ligai plisti
preventable [prɪ'ventəbl] *a* išvengiamas
preventative [prɪ'ventətɪv] = **preventive** *a, n*
prevention [prɪ'venʃn] *n* (su)trukdymas, kelio užkirtimas; prevencija; įspėjimas; *accident ~* saugumo technika; kelio užkirtimas nelaimingiems atsitikimams; *crime ~* nusikaltimų prevencija ◊ *is better than cure pat.* lengviau užkirsti kelią *(ligai ir pan.)* negu išgydyti
preventive [prɪ'ventɪv] *a* **1** įspėjamasis, apsisaugomasis, apsauginis, profilaktinis; prevencinis; *~ medicine* profilaktinė medicina; *~ measures* apsisaugojimo/profilaktinės priemonės **2** antikontrabandinis; *P. Service* tarnyba, kovojanti su kontrabanda *(muitinėje)*
n saugumo/profilaktinė priemonė
preview ['pri:vju:] *n* **1** *(naujo filmo, naujų madų ir pan.)* uždara peržiūra **2** *(naujo filmo fragmentų)* reklaminis demonstravimas, anonsas
v rengti peržiūrą; demonstruoti *(prieš, iš anksto)*
previous ['pri:vɪəs] *a* **1** *attr* pirmesnis, ankstesnis; ką tik praėjęs; *the ~ day* praėjusi diena; *my ~ experience* mano ankstesnė patirtis; *to have a ~ engagement* būti jau susitarusiam/pasižadėjusiam **2** *predic šnek.* per skubus/ankstyvas ◊ *P. Examination* pirmasis egzaminas bakalauro laipsniui gauti *(Kembridžo universitete)*
prep (*~ to*) prieš, iki, pirma; *~ to living here, he...* prieš čia apsigyvendamas, jis...
previously ['pri:vɪəslɪ] *adv* **1** anksčiau, pirma **2** prieš; *three months ~* prieš tris mėnesius
previse [prɪ'vaɪz] *v knyg.* numatyti; įspėti
prevision [prɪ'vɪʒn] *n knyg.* numatymas
prewar [ˌpri:'wɔ:] *a* prieškarinis
prewash [pri:'wɔʃ] *n* nuskalbimas
prewrap [pri:'ræp] *v* (su)fasuoti
prex, prexy [preks, 'preksɪ] *n amer. šnek. (koledžo)* direktorius, *(universiteto)* rektorius
prey [preɪ] *n* **1** *(plėšrūno)* grobis; *beast/bird of ~* plėšrūnas **2** auka; *to become/fall a ~ (to)* tapti *(ko)* auka; *she is a ~ to anxiety* ją kankina rūpesčiai
v (*ppr. on, upon*) **1** medžioti, gaudyti **2** išvilioti, gyventi svetimo sąskaita, apgaudinėti **3** plėšti, grobti **4** kankinti, graužti, slėgti; *remorse ~ed upon his mind* jį kankino sąžinės graužimas
prez [prez] *n amer. šnek. polit.* prezidentas
prezzie ['prezɪ] *n šnek.* dovanėlė
price [praɪs] *n* kaina *(t. p. prk.);* vertė; *ceiling ~* aukščiausia kaina; *cost ~* savikaina; *trade ~* pardavimo kaina; *deliver ~* pardavimo kaina su pristatymu; *to pay a heavy ~ (for) prk.* brangiai užmokėti *(už); name your ~* pasakykite savo kainą; *list ~* kainoraštyje nurodyta kaina; *above/beyond/without ~* neįkainojamas, labai brangus; *at a ~* nepigiai; pagal vertę; *at any ~* bet kokia kaina; *not at any ~* už jokius pinigus, jokiu būdu ◊ *what ~...?* a) ko vertas...?; b) kaip dėl...?; *what ~ my new bike* kaip (tau patinka) mano naujas dviratis?; *to put a ~ on smb's head* skirti premiją už kieno galvą
v **1** nustatyti *(ko)* kainą, įkainoti; pažymėti kainą *(ant)* **2** *šnek.* paklausti *(ko)* kainos □ *~ down* sumažinti kainą; *~ up* pakelti kainą
price-boom ['praɪsbu:m] *n* aukščiausias kainų lygis
price-current ['praɪsˌkʌrənt] *n* kainoraštis
price-cutting ['praɪsˌkʌtɪŋ] *n* kainų (su)mažinimas
priced [praɪst] *a* įkainotas; *~ catalogue* kainynas
price-fixing ['praɪsˌfɪksɪŋ] *n* (*vyriausybės ar prekiautojų*) kainų nustatymas/fiksavimas
priceless ['praɪsləs] *a* **1** neįkainojamas **2** *šnek.* labai juokingas/komiškas; absurdiškas
price-list ['praɪslɪst] *n* kainoraštis
price-ring ['praɪsrɪŋ] *n ekon.* kainų ringas (*monopolininkų grupė, nustatanti kainų lygį*)
price-tag ['praɪstæg] *n* etiketė su nurodyta kaina; kaina
pricey ['praɪsɪ] *a šnek.* brangus
pricing ['praɪsɪŋ] *n* kainų nustatymas/kalkuliacija
prick [prɪk] *n* **1** (į)dūrimas, dūris **2** dyglys; spyglys, adata **3** praduri skylutė **4** dilgtelėjimas, skausmas (kaip) nuo dūrio; *the ~s of conscience* sąžinės graužimas **5** *vulg.* vyrų lytinis organas **6** *(tik. v.) sl. niek.* bjaurybė, nelabasis ◊ *to kick against the ~s* ≡ pūsti prieš vėją
v **1** į(si)durti **2** (pra)durti, (iš)bedžioti, (iš)badyti *(skylutes); to ~ all over* subadyti *(segtuku ir pan.)* **3** graužti, kankinti; *his conscience ~ed him* jį graužė sąžinė **4** *psn.* (pa)žymėti *(sąraše ir pan.)* **5** užkaustyti *(arklį)* □ *~ in/off/out* persodinti, pikuoti *(daigus, sėjinukus)* ◊ *to ~ a/the bladder/bubble* parodyti *(kieno, ko)* tuštumą/menkumą; *to ~ up one's ears* pastatyti ausis, suklusti

prick-eared ['prɪk'ɪəd] *a* **1** smailiaausis **2** pastatęs ausis, suklusęs
pricker ['prɪkə] *n* duriamasis įrankis *(yla, skylmuša ir pan.)*
pricket ['prɪkɪt] *n* **1** vienametis elnias **2** smaigaliukas, ant kurio užsmeigiama žvakė
prickle ['prɪkl] *n* **1** dyglys, spyglys **2** dūrimas; diegimas *v* **1** (į)durti **2** dygsėti, diegti; peršėti; *my skin ~d* man pašiurpo oda
prickly ['prɪklɪ] *a* **1** dygliuotas, spygliuotas **2** dygus, dilgus, duriantis, badantis, peršintis; *~ heat med.* prakaitinė **3** *šnek.* įžeidus, greitai supykstantis
pricy ['praɪsɪ] *a* = **pricey**
pride [praɪd] *n* **1** išdidumas; pasididžiavimas; pasitenkinimo jausmas; *with ~* išdidžiai, pasididžiuodamas; *to take (a) ~ (in)* a) didžiuotis *(kuo);* b) jausti pasitenkinimą *(dėl);* c) rūpintis *(savo išvaizda ir pan.); the basketball team was the ~ of the town* krepšinio komanda buvo miesto pasididžiavimas **2** išpuikimas, savimana; *false ~* puikybė, pasipūtimas **3** savigarbos jausmas *(t. p. proper ~); to nurse one's ~* atstatyti savo orumą/savigarbą **4** aukščiausias taškas, viršūnė; žydėjimas; *in the ~ of one's youth* pačioje jaunystėje, pačiame žydėjime **5** *(liūtų)* būrys, pulkas ◊ *~ goes before a fall* ≅ kas aukštai kyla, tas žemai puola; *~ of the morning* rūkas/lietus auštant; *~ of place* garbingiausia vieta; *to put one's ~ in one's pocket, to swallow one's ~* nuslopinti savo išdidumą, įveikti savimeilę, nusižeminti *(savo labui); London ~ bot.* uolaskėlė
v refl didžiuotis *(on, upon)*
priest [priːst] *n* **1** kunigas, dvasininkas; *parish ~* klebonas **2** žynys, vaidila; *high ~* a) vyriausiasis žynys/dvasininkas; b) *(meno, muzikos)* didžiausias autoritetas
priestcraft ['priːstkrɑːft] *n* dvasininkijos intrigos
priestess ['priːstes] *n* dvasininkė; vaidilutė
priesthood ['priːsthud] *n* **1** kunigystė **2** *kuop.* dvasininkija
priestly ['priːstlɪ] *a* kunigo, kunigiškas; dvasininkų
priest-ridden ['priːst‚rɪdn] *a* esantis dvasininkų įtakoje/valdžioje
prig [prɪg] *n* pedantas, formalistas; savimana
priggish ['prɪgɪʃ] *a menk.* pedantiškas; patenkintas savimi
prim [prɪm] *a* **1** ceremoningas, manieringas, pabrėžtinai mandagus/oficialus *(t. p. ~ and proper); ~ smile* nenatūrali šypsena **2** tvarkingas *(apie drabužius, išvaizdą)*
v dėtis rimtam; nutaisyti griežtą veidą; *to ~ one's lips* sučiaupti lūpas
prima ballerina [‚priːməbæləˈriːnə] *it.* primabalerina
primacy ['praɪməsɪ] *n* **1** pirmumas, primatas, viršenybė *(over)* **2** arkivyskupo pareigos
prima donna [‚priːməˈdɒnə] *it.* **1** *teatr.* primadona **2** pasipūtėlis
primaeval [praɪˈmiːvl] *a* = **primeval**
prima facie [‚praɪməˈfeɪʃiː] *lot.* **1** iš pirmo žvilgsnio **2** *teis.* atrodantis patikimu, akivaizdus
primage ['praɪmɪdʒ] *n jūr.* frachto priedas/priemoka *(už naudojimąsi pakrovimo įtaisais laive)*
primal ['praɪml] *a* **1** pirminis; pirmykštis **2** svarbiausias, pagrindinis
primarily ['praɪmərəlɪ] *adv* **1** visų pirma, pirmiausiai **2** iš pradžių, pradžioje
primary ['praɪmərɪ] *n* **1** tai, kas svarbiausia **2** *amer.* preliminariniai rinkimai *(t. p. ~ election);* rinkiminis susirinkimas *(kandidatams iškelti)* **3** pagrindinė spalva **4** *(paukščio)* plasnojamoji plunksna *(t. p. ~ feather)* **5** *astr.* planeta **6** *el. (trasformatoriaus)* pirminė apvija **7** *geol.* paleozojus

a **1** svarbiausias, pagrindinis; pirmaeilis; *~ stress/accent fon.* pagrindinis kirtis; *~ colours* pagrindinės spalvos; *the ~ planets* Saulės sistemos planetos; *of ~ importance* pirmaeilės svarbos **2** pirminis, pradinis; *~ source* pirminis šaltinis; *~ stem gram.* pirminis kamienas; *~ current fiz.* pirminė srovė; *~ school* pradinė mokykla *(5–11 metų vaikams); ~ teacher* pradinės mokyklos mokytojas
primate ['praɪmət] *n bažn.* arkivyskupas; primas
primates ['praɪmeɪts] *n pl zool.* primatai
primatology [‚praɪməˈtɒlədʒɪ] *n zool.* primatologija
prime [praɪm] <*n, a, v*> *n* **1** pats gražumas/gerumas, (su)žydėjimas; *in the ~ of life* pačiame gyvenimo gražume, pačiame jėgų žydėjime **2** pradžia; *poet.* pavasaris *(t. p. the ~ of the year)* **3** *bažn.* rytmetinės (pamaldos) **4** pirmoji pozicija *(fechtavime)* **5** *mat.* pirminis skaičius
a attr **1** pagrindinis, svarbiausias; *~ motive* pagrindinis motyvas **2** puikus, geriausias; *~ candidate* tinkamiausias kandidatas **3** pirmasis, pirmutinis, pirminis; *~ cause* pirmoji/pagrindinė priežastis; *~ number mat.* pirminis skaičius **4** tipiškiausias, ryškiausias *(apie pavyzdį ir pan.)*
v **1** (iš anksto) pamokyti, painstruktuoti; painformuoti, supažindinti *(about)* **2** dėti pirmąjį dažų sluoksnį, gruntuoti **3** *kar.* užtaisyti *(šautuvą ir pan.)* **4** *tech.* pripildyti, pripilti *(degalų, tepalo, vandens);* paleisti į darbą
primely ['praɪmlɪ] *adv šnek., dial.* puikiai
primer ['praɪmə] *n* **1** elementorius, pradžiamokslis **2** *spec.* gruntas; *epoxy ~* epoksido gruntas **3** *kar.* detonatorius *(kapsulė, degtuvas)* **4** ['prɪmə] *poligr.: great ~* 18 punktų šriftas; *long ~* korpusas
prime-time ['praɪm‚taɪm] *a attr tel.* (rodomas) vakare, pačiu patogiausiu laiku *(kada didžiausias žiūrovų skaičius)*
primeval [praɪˈmiːvl] *a* **1** pirmykštis, pirmapradis; senovinis **2** instinktyvus
primigravida [‚praɪmɪˈgrævɪdə] *n (pl* -dae [-diː]) pirmakartė nėščioji, moteris, pastojusi pirmą kartą
priming ['praɪmɪŋ] *n* **1** *spec.* gruntas; gruntavimas **2** *tech.* pripylimas, įpylimas, užpildymas; užtaisymas **3** *kar.* degtuvas, degiklis
primipara [praɪˈmɪpərə] *n (pl* -ae [-iː]) *med.* pirmakartė gimdyvė, pirmagimdė
primitive ['prɪmɪtɪv] *a* **1** pirmykštis, pirminis; *~ man* pirmykštis žmogus **2** senoviškas; primityvus, paprastas, elementarus; *~ tools* primityvūs įrankiai **3** pradinis, pirmasis; pagrindinis *(apie spalvą ir pan.); ~ cause* pirmoji priežastis
n **1** pirmykštis žmogus **2** primityvas *(t. p. men.)* **3** pagrindinė spalva **4** *komp.* bazinis elementas, primityvas
primness ['prɪmnəs] *n* manieringumas
primogeniture [‚praɪməʊˈdʒenɪtʃə] *n* **1** *knyg.* pirmagimystė **2** *teis.* majoratas, vyriausiojo sūnaus teisė *(paveldėti turtą; t. p. right of ~)*
primordial [praɪˈmɔːdɪəl] *a knyg.* pirmapradis; pirmykštis; *~ soup biol.* pirmapradis gyvybės šaltinis
primp [prɪmp] *v* dabintis(s), pustyti(s) *(t. p. ~ and preen)*
primrose ['prɪmrəʊz] *n* **1** *bot.* raktažolė **2** šviesiai geltona spalva *(t. p. ~ yellow)* ◊ *the ~ path/way* malonumų kelias *(vedantis į pragaištį)*
primula ['prɪmjʊlə] *n bot.* primulė, raktažolė
Primus ['praɪməs] *n* primusas *(t. p. ~ stove/heater)*
prince [prɪns] *n (tik v.)* **1** princas; karalaitis *(t. p. ~ of the blood)* **2** kunigaikštis **3** *psn.* valdovas **4** įžymus vyriškis, didžiausias *(of – iš);* the ~ of poets poetų karalius, didžiausias poetas ◊ *P. of Peace* Kristus Karalius; *P. of the Church* kardinolas; *P. of darkness, P. of the air/world* šėtonas; *to live like a ~* gyventi karališkai

princeling ['prɪnslɪŋ] *n menk.* kunigaikštėlis
princely ['prɪnslɪ] *a* **1** princo, kunigaikščio; kunigaikštiškas **2** kilnus; didingas, prabangus; dosnus; ~ *sum (džn. iron.)* dosni sumelė *(pinigų)*
princess [prɪn'ses] *n* **1** princesė; karalaitė *(t. p.* ~ *of the blood);* kunigaikštytė; *the P. Royal* ['prɪnses'rɔɪəl] Britanijos karaliaus vyresnioji duktė **2** kunigaikštienė
principal ['prɪnsəpl] *n* **1** viršininkas, patronas **2** rektorius; *(mokyklos, koledžo)* direktorius **3** *teatr., muz.* pagrindinis/pagrindinio vaidmens atlikėjas *(spektaklyje ir pan.)* **4** *teis. (nusikaltimo)* vykdytojas **5** *teis.* atstovaujamasis; įgaliotojas **6** *ekon.* pagrindinė suma *(kuriai priskaičiuojamos palūkanos)* **7** *stat.* gegnių santvara
a pagrindinis, svarbiausias; ~ *clause gram.* pagrindinis sakinys; ~ *parts of the verb gram.* pagrindinės veiksmažodžio formos; ~ *staff* atsakingi darbuotojai
principality [ˌprɪnsɪ'pælətɪ] *n* kunigaikštystė; *the P.* Velsas
principally ['prɪnsəplɪ] *adv* daugiausia
principle ['prɪnsəpl] *n* **1** *(įv. reikšm.)* principas; *unanimity* ~ vienbalsiškumo principas; *on* ~ iš principo *(iš įsitikinimo); in* ~ a) iš esmės; b) iš principo, teoriškai; *a question of* ~ principinis klausimas; *a man of no* ~*s* neprincipingas žmogus; *it's the* ~ *of the thing šnek.* tai principo reikalas **2** pirmoji priežastis; pagrindas, pradmuo; ~*s of biology* biologijos pagrindai **3** *chem.* elementas, sudedamoji dalis
principled ['prɪnsəpld] *a* principingas; principinis
prink [prɪŋk] *v* **1** puošti(s), pustyti(s) **2** taisyti plunksnas *(apie paukščius)*
print [prɪnt] *n* **1** atspaudas; žymė, pėdsakas *(t. p. prk.); sorrow's* ~ *upon his face* liūdesio pėdsakai jo veide **2** spauda, spausdinimas; *in* ~ a) spausdinama; atspausdintas; b) parduodama *(apie knygą, brošiūrą ir pan.); out of* ~ išparduotas *(apie leidinį); to rush into* ~ per daug skubiai atiduoti spausdinti; *to get into* ~ pasirodyti spaudoje **3** spaudmuo, šriftas; *small [large]* ~ smulkus [stambus] šriftas **4** *men.* graviūra, estampas **5** *(ypač amer.)* spaudinys; laikraštis **6** fotoatspaudas, nuotrauka **7** *(audinio)* marginys, raštas; kartūnas
v **1** (iš)spausdinti **2** palikti pėdsaką **3** įstrigti *(atmintyje)* **4** rašyti spausdintomis raidėmis **5** marginti, raštuoti *(audinį; with)* **6** spausdinti, daryti *(atspaudus, kopijas; t. p.* ~ *out/off)*
printable ['prɪntəbl] *a* spausdintinas
printed ['prɪntɪd] *a* (iš)spausdintas, atspausdintas; ~ *matter* spaudiniai; banderolė; ~ *circuit el.* spausdintinė schema
printer ['prɪntə] *n* **1** spaustuvininkas **2** *(audinių)* raštuotojas, margintojas **3** *komp.* spausdintuvas, spausdinimo įrenginys; *ink-jet* ~ rašalinis spausdintuvas ◊ *to spill* ~*'s ink* rašyti/publikuoti spaudoje *(savo kūrinius);* ~*'s devil ist.* spaustuvės mokinys
printing ['prɪntɪŋ] *n* **1** spauda, spausdinimas; *the invention of* ~ spaudos atradimas **2** spaudinys, spausdintas leidinys **3** tiražas
printing-house ['prɪntɪŋhaʊs] *n psn.* spaustuvė, tipografija
printing-ink ['prɪntɪŋɪŋk] *n poligr.* spaustuvės dažai
printing-machine, -press ['prɪntɪŋməˌʃiːn, -pres] *n* spausdinimo mašina
printmaker ['prɪntmeɪkə] *n* graviruotojas
printmaking ['prɪntmeɪkɪŋ] *n* graviravimas
printout ['prɪntaʊt] *n (ypač komp.)* spausdinta medžiaga
print-seller ['prɪntˌselə] *n* graviūrų ir estampų pardavėjas
print-shop ['prɪntʃɔp] *n* **1** graviūrų ir estampų parduotuvė **2** spaustuvė

print-works ['prɪntwɔːks] *n (vart. kaip sing ir kaip pl) tekst.* marginimo fabrikas
prior[1] ['praɪə] *a* **1** ankstesnis; pirmesnis; *under a* ~ *agreement* pagal ankstesnį susitarimą **2** svarbesnis, svaresnis; ~ *claim* svaresnis reikalavimas
prep: ~ *to* pirma, prieš, anksčiau; ~ *to making a decision* prieš priimant nutarimą
prior[2] *n* prioras, vienuolyno vyresnysis
prioress ['praɪərɪs] *n* priorė, vienuolyno vyresnioji
prioritize [praɪ'ɔrɪtaɪz] *v* išdėstyti pagal svarbą/skubą *ir pan.;* suteikti prioritetą
priority [praɪ'ɔrətɪ] *n* **1** pirmumas; prioritetas, svarbiausias dalykas; vyresniškumas; *to take* ~ *(of, over)* a) eiti pirma; b) naudotis pirmenybe; *order of* ~ eiliškumas; *we must give top* ~ *to housing* pirmiausia mes turime spręsti butų problemą **2** *(transporto)* pirmumo teisė
priory ['praɪərɪ] *n* nedidelis vienuolynas
prise [praɪz] *n* svertas
v atidaryti/išlaužti svertu *(ppr.* ~ *open)* □ ~ *away* atplėšti, atitraukti *(nuo darbo, televizoriaus; from);* ~ *out* ištraukti *(vinį ir pan.; t. p. prk. paslaptį, informaciją ir pan.);* ~ *up* kelti svertu
prism ['prɪzm] *n tech., geom.* prizmė
prismatic [prɪz'mætɪk] *a* **1** prizminis **2** ryškus *(apie spalvas)*
prison ['prɪzn] *n* kalėjimas *(t. p. prk.);* nelaisvė; *to lie/be in* ~ būti kalėjime, kalėti; *to put smb in* ~*, to send smb to* ~ įkalinti ką; ~ *camp* karo belaisvių stovykla; *her house felt like a* ~ ji jautėsi įkalinta tarp keturių sienų
prison-breaker ['prɪznˌbreɪkə] *n* pabėgėlis iš kalėjimo
prison-breaking ['prɪznˌbreɪkɪŋ] *n* pabėgimas iš kalėjimo
prisoner ['prɪznə] *n* **1** kalinys; kaltinamasis, teisiamasis *(t. p.* ~ *at the bar);* ~ *on bail* teisiamasis, paleistas už užstatą; ~ *of state, state* ~ politinis kalinys **2** (karo) belaisvis *(t. p.* ~ *of war); to be taken* ~ būti paimtam *ar* patekti į nelaisvę **3** *prk.* belaisvis, neturintis laisvės; *his illness kept him a* ~ *to his room* liga vertė jį būti kambaryje
prison-house ['prɪznhaʊs] *n poet.* kalėjimas *(džn. prk.)*
prissy ['prɪsɪ] *a menk.* manieringas; perdėtai mandagus
pristine ['prɪstiːn] *a knyg.* **1** pirmykštis; senovinis **2** švarus, kaip naujas; neliestas, nevartotas
prithee ['prɪðɪ] *int* (I pray thee *sutr.) psn.* prašau
privacy ['prɪvəsɪ] *n* **1** vienuma, atskiruma; nuošalumas **2** *(privataus gyvenimo)* slaptumas; asmeninis gyvenimas; *in the* ~ *of one's thoughts* giliai mintyse, sielos gelmėse
private ['praɪvət] *a* **1** privatinis, privatus; asmeniškas; ~ *life* privatus gyvenimas; ~ *business* asmeniškas reikalas, privatus dalykas; ~ *person* privatus asmuo; ~ *law [property]* privatinė teisė [nuosavybė]; ~ *(medical) practitioner* privačiai praktikuojantis gydytojas; ~ *view (parodos, filmo ir pan.)* uždara peržiūra; *Private* pašaliniams įeiti draudžiama *(užrašas ant durų)* **2** eilinis; neoficialus; ~ *member* eilinis parlamento narys *(nesantis ministru);* ~ *soldier* eilinis kareivis **3** nuošalus, atskirtas; uždaras *(apie žmogų); we are not* ~ *here* mes čia ne vieni **4** slaptas, konfidencialus; *for one's* ~ *ear* kaip paslaptį, konfidencialiai; *to keep a thing* ~ laikyti ką paslaptyje ◊ *to go* ~ gydytis privačiai
n **1** *kar.* eilinis *(t. p.* ~ *soldier)* **2** *pl euf.* išoriniai lyties organai ◊ *in* ~ a) vienu du; konfidencialiai; ≡ prie keturių akių; b) privačiame gyvenime
privateer [ˌpraɪvə'tɪə] *n ist.* **1** kaperis **2** kaperio kapitonas; kaperio įgulos narys
v ret. kaperiauti, plėšikauti *(jūroje)*

privately ['praɪvətlɪ] *adv* **1** asmeniškai; konfidencialiai; ~ *I think that...* aš asmeniškai manau, kad... **2** privačiai

privation [praɪ'veɪʃn] *n* nepriteklius, trūkumas, stoka; skurdas

privative ['prɪvətɪv] *a* **1** neturintis, stokojantis **2** *gram.* neigiamas *(apie afiksus ir pan.)*

privatization [ˌpraɪvətaɪ'zeɪʃn] *n* privatizavimas, privatizacija

privatize ['praɪvətaɪz] *v* privatizuoti

privet ['prɪvɪt] *n bot.* ligustras

privilege ['prɪvɪlɪdʒ] *n* **1** privilegija, *(ypatinga, išskirtinė)* teisė, lengvata; prerogatyva; ~ *of Parliament* deputato neliečiamybė ir kai kurios kitos parlamento narių privilegijos; *breach of* ~ parlamento teisių pažeidimas; *executive* ~ *amer.* prezidento prerogatyva *(ypač jo susirašinėjimo ir pokalbių konfidencialumas)* **2** ypatinga garbė, malonumas; *to hear her sing was a* ~ girdėti ją dainuojant buvo ypatingai malonu
v suteikti privilegiją, privilegijuoti

privileged ['prɪvɪlɪdʒd] *a* **1** privilegijuotas; *the* ~ *few* nedaugelis išrinktųjų **2** konfidencialus, slaptas; ~ *communication (kliento, paciento)* konfidenciali informacija *(advokatui, gydytojui)*

privity ['prɪvətɪ] *n* **1** *(slaptas)* žinių turėjimas, žinojimas, informuotumas; *with the* ~ su *(kieno)* žinia **2** dalyvavimas, prisidėjimas *(to)* **3** *teis.* įstatymo pripažintas ryšys tarp dviejų asmenų/pusių; turtiniai santykiai

privy ['prɪvɪ] *a* **1** privatus; asmeninis; nuošalus *(apie vietą)* **2** žinantis, susipažinęs *(to)*; ~ *to a contract teis.* dalyvaujantis kontrakte; *to be* ~ *to the conspiracy* būti sąmokslo dalyviu **3** *psn.* slaptas, paslėptas
n **1** *teis.* suinteresuotas asmuo **2** *amer., psn.* išvietė

prize[1] [praɪz] <*n, a, v*> *n* **1** prizas, premija, apdovanojimas; *cash* ~ piniginė premija; *no ~s for guessing* prizų neteiksime *(kai lengva įspėti)* **2** laimėjimas; netikėta laimė; geidžiamas laimikis; trofėjus; *to draw a ~ in the lottery* laimėti loterijoje; *the ~s of life* gyvenimo gėrybės
a **1** prizinis; premijuotas, apdovanotas; ~ *competition* varžybos dėl prizo **2** vertas apdovanojimo *(t. p. iron.);* ~ *idiot šnek.* visiškas kvailys **3** labai vertingas
v (ppr. pass) labai vertinti; įvertinti

prize[2] *n jūr. ist.* **1** prizas, jūros trofėjus, užgrobtas laivas/turtas; *to make (a)* ~ *(of)* užgrobti **2** *attr* prizinis; *naval* ~ *law* jūrų prizinė teisė

prize[3] *amer.* = **prise** *n, v*

prized ['praɪzəd] *a* vertingas, brangus, labiausiai vertinamas

prizefight ['praɪzfaɪt] *n* profesionalų bokso varžybos *(prizui laimėti)*

prizefighter ['praɪzˌfaɪtə] *n* boksininkas profesionalas

prizegiving ['praɪzˌgɪvɪŋ] *n* prizų/apdovanojimų įteikimas

prizeman ['praɪzmən] *n (pl* -men [-mən]) prizininkas, premijuotasis; laureatas

prize-ring ['praɪzrɪŋ] *n sport.* **1** ringas **2** profesionalų boksas

prizewinner ['praɪzˌwɪnə] *n* = **prizeman**

prizewinning ['praɪzwɪnɪŋ] *a attr* laimėjęs prizą *(apie filmą, knygą ir pan.)*

pro[1] [prəu] *prep, n šnek.* už; *~s and cons* (argumentai/balsai) už ir prieš

pro[2] *sutr. šnek.* **1** = **professional** *n* **2** = **prostitute** *n* **1**

pro- [prəu-] *pref* pro- *(žymint* a) *palankumą;* b) *subordinaciją);* **profascist** profašistinis; **prorector** prorektorius

proactive [prəu'æktɪv] *a* iniciatyvus, veiksnus

pro-am [prəu'æm] *n sport.* profesionalų ir mėgėjų bendros varžybos

probability [ˌprɔbə'bɪlətɪ] *n* **1** galimumas, tikimumas, tikėtinumas; *in all* ~ tikriausiai, veikiausiai, labai galimas dalykas **2** *spec.* tikimybė; ~ *function mat.* tikimybinė funkcija

probable ['prɔbəbl] *a* **1** galimas **2** tikėtinas; *success is possible but hardly* ~ pasisekimas galimas, bet jo tikimybė labai maža
n labai galimas kandidatas *(į komandą ir pan.)*

probably ['prɔbəblɪ] *mod* turbūt, tikriausiai

probate ['prəubeɪt] *teis. n* **1** oficialus testamento patvirtinimas **2** patvirtintoji testamento kopija *(t. p.* ~ *copy)*
v amer. patvirtinti testamentą

probation [prə'beɪʃn] *n* **1** išbandymas; stažavimas, stažas; *to work on* ~ atlikti stažą, stažuotis **2** bandomasis laikas **3** *teis.* lygtinis *(ypač nepilnamečio nusikaltėlio)* nuteisimas; *on* ~ lygtinai; ~ *officer* inspektorius, prižiūrintis lygtinai nuteistuosius

probationary [prə'beɪʃnərɪ] *a* **1** bandomasis **2** stažavimo; stažuotės; ~ *teachers* mokytojai stažuotojai **3** *teis.* lygtinis; ~ *sentence* lygtinė bausmė

probationer [prə'beɪʃnə] *n* **1** stažuotojas, stažistas; kandidatas į narius *(t. p.* ~ *member);* ~ *nurse* medicinos sesuo praktikantė **2** *teis.* lygtinai nuteistasis

probative ['prəubətɪv] *a* **1** įrodomas(is), pagrįstas įrodymu **2** bandymo, bandomasis

probe [prəub] *n* **1** zondas *(t. p. med.)* **2** zondavimas **3** (iš)tyrimas **4** *tech.* liestukas
v **1** *spec.* zonduoti *(t. p. prk.)* **2** (iš)tirti, išsiteirauti, išgauti *(klausinėjant)*

probity ['prəubətɪ] *n* dorumas, sąžiningumas

problem ['prɔbləm] *n* **1** problema, klausimas **2** *mat., šach.* uždavinys **3** keblumas, sudėtinga situacija, sunkumas, sunkus atvejis; *it's/that's not my ~!* tai ne mano reikalas/problema! **4** *attr* probleminis; ~ *novel* probleminis romanas; ~ *child* sunkus vaikas ◊ *no* ~ a) žinoma, būtinai *(sutinkant ką daryti);* b) viskas gerai; nėr už ką

problematic(al) [ˌprɔblə'mætɪk(l)] *a* probleminis, problemiškas; abejojamas

pro bono (publico) [prəu'bəunəu ('publɪkəu)] *lot. attr* nemokamas, klientui suteikiamas veltui *(ypač apie advokato paslaugas)*

proboscis [prə'bɔsɪs] *n (pl* -cises [-si:z], -cides [-sidi:z], ~es) **1** *(dramblio)* straublys **2** *biol.* siurbtukas, čiulptuvėlis, straubliukas **3** *juok.* ištįsusi/ilga nosis

procaryote [prəu'kærɪəut] *n* = **prokaryote**

procedural [prə'si:dʒərəl] *a* procedūrinis, procedūros; procesinis

procedure [prə'si:dʒə] *n* **1** procedūra; *legal* ~ teismo procedūra **2** veikimo būdas; darbo tvarka **3** technologijos procesas; *(bandymo, analizės)* atlikimo metodika **4** *teis.* procesas; proceso teisės normos

proceed [prə'si:d] *v* **1** tęsti, toliau kalbėti; *please* ~ prašom kalbėti toliau **2** leistis pirmyn; keliauti/eiti toliau **3** (iš naujo) pradėti, (vėl) imtis *(with, in);* pereiti *(+ inf; to – prie);* *let us* ~ *to the next point* pereikime prie kito klausimo **4** kilti, išeiti *(from);* *shouts ~ed from the house* šauksmai sklido iš namo **5** vykti, vystytis; *the play ~s slowly* pjesės veiksmas vystosi lėtai **6** veikti, daryti, elgtis **7** *teis.* (iš)kelti bylą *(against)* **8** siekti gauti (mokslo) laipsnį *(to)*

proceeding [prə'si:dɪŋ] *n* **1** vyksmas, eiga, įvykis; *I took no part in the ~s* aš nedalyvavau tuose įvykiuose **2** *pl teis.* teismo procesas, teisminis nagrinėjimas; procesiniai veiksmai; *legal ~s* teismo procesas/procedū-

ra, teisena; *to take/start (legal)* ~s *(against)* iškelti bylą *(prieš)* **3** *pl (komisijos)* darbas, veikla **4** *pl (mokslo draugijos)* darbai; protokolai
proceeds ['prəusi:dz] *n pl* pajamos, įplaukos
process ['prəuses] *n* **1** procesas, vyksmas; eiga, raida; *changes are in* ~ vyksta pakitimai; *in* ~ *of time* laikui bėgant **2** *teis.* šaukimas *(į teismą);* teismo procesas; *due* ~ įstatyminė tvarka; tinkamas teismo procesas **3** *anat., zool., bot.* atauga **4** *tech.* technologijos procesas/būdas **5** *poligr.* fotomechaninis būdas
v **1** *(technologiškai)* apdirbti, apdoroti; perdirbti **2** *teis.* pradėti teismo procesą, pradėti/kelti bylą **3** apiforminti; (ap)svarstyti *(pareiškimą ir pan.)* **4** [prə'ses] dalyvauti procesijoje **5** *poligr.* atgaminti fotomechaniniu būdu
processed ['prəusest] *a* apdorotas, perdirbtas *(apie maistą);* ~ *cheese* lydytas sūris
processing ['prəusesɪŋ] *n* **1** apdorojimas, apdirbimas **2** *(maisto)* gaminių perdirbimas **3** *(vizos ir pan.)* apiforminimas; *(pareiškimo ir pan.)* apsvarstymas
procession [prə'seʃn] *n* procesija, eitynės; vilkstinė
v dalyvauti procesijoje/eitynėse
processional [prə'seʃnəl] *a attr* procesijos
processionist [prə'seʃnɪst] *n* procesijos dalyvis
processor ['prəusesə] *n komp.* procesorius; *word* ~ tekstų rengimo sistema
process-server ['prəuses,sɜ:və] *n* teismo kurjeris
procès-verbal [,prɔseɪvə:'bɑ:l] *pr. n (pl* -verbaux [-və:'bəu]) protokolas
pro-choice [prəu'tʃɔɪs] *a* remiantis moterų teisę pasirinkti abortą
proclaim [prə'kleɪm] *v* **1** (pa)skelbti; (pa)garsinti, proklamuoti; *to* ~ *peace* skelbti taiką **2** liudyti, byloti *(apie);* rodyti
proclamation [,prɔklə'meɪʃn] *n* **1** paskelbimas; pagarsinimas; deklaracija **2** atsišaukimas, proklamacija
proclitic [prə'klɪtɪk] *n kalb.* proklitikas
proclivity [prə'klɪvətɪ] *n knyg.* palinkimas, polinkis *(to, towards)*
proconsul [prəu'kɔnsəl] *n* **1** prokonsulas *(sen. Romoje)* **2** *(kolonijos)* gubernatorius
proconsulate [prəu'kɔnsjulət] *n ist.* prokonsulatas; prokonsulo pareigos
procrastinate [prə'kræstɪneɪt] *v* delsti, vilkinti; atidėlioti
procrastination [prə,kræstɪ'neɪʃn] *n* delsimas, vilkinimas; atidėliojimas ◊ ~ *is the thief of time* pat. ≡ neatidėk rytdienai to, ką gali padaryti šiandien
procreate ['prəukrɪeɪt] *v* dauginti; (pa)gimdyti, duoti gyvybę; *to* ~ *offsprings* gimdyti palikuonis
procreation [,prəukrɪ'eɪʃn] *n* dauginimasis; gimdymas, gyvybės davimas
Procrustian [prəu'krʌstɪən] *a mit.* Prokrusto; *prk.* drakoniškas
proctor ['prɔktə] *n* **1** proktorius, inspektorius *(ypač Oksfordo ir Kembridžo universitetuose)* **2** *(P.)* advokatas, įgaliotinis *(specialiuose, bažnyčios teismuose)* **3** *amer. mok.* egzamino stebėtojas/prižiūrėtojas
v amer. stebėti, sekti *(egzaminuojamuosius rašomojo darbo metu)*
procumbent [prəu'kʌmbənt] *a* **1** *knyg.* gulintis kniūbsčias, išdrikas **2** *bot.* besidriekiantis
procurable [prə'kjuərəbl] *a* gaunamas, įgyjamas; prieinamas
procuration [,prɔkju'reɪʃn] *n* **1** gavimas, į(si)gijimas **2** *teis.* įgaliojimas **3** *teis.* sąvadavimas

procurator ['prɔkjureɪtə] *n* **1** *teis.* įgaliotinis, patikėtinis **2** *teis.* prokuroras *(t. p. public* ~*); powers of* ~ prokuroro priežiūra **3** prokuratorius *(sen. Romoje)*
procure [prə'kjuə] *v* **1** į(si)gyti, gauti, pasiekti; parūpinti **2** *teis.* sąvadauti **3** *psn.* sukelti, būti priežastimi
procurement [prə'kjuəmənt] *n* į(si)gijimas; parūpinimas; (su)pirkimas
procurer [prə'kjuərə] *n* **1** parūpintojas, tiekėjas **2** *(tik v.)* sąvadautojas
procuress [prə'kjuərɪs] *n* sąvadautoja
prod [prɔd] *n* **1** bakstelėjimas; *a* ~ *with a bayonet* dūris durtuvu **2** įnagis pradurti/badyti; yla, prakalas *ir pan.* **3** bakštinimas, raginimas; *to give smb a* ~ raginti, bakštinti ką *(daryti ką)*
v **1** bakstelėti, durti; badyti, baksnoti *(pirštu, lazdele)* **2** bakštinti, raginti *(into)*
Prod(dy) ['prɔd(ɪ)] *n sl. niek.* protestantas *(ypač Airijoje)*
prodigal ['prɔdɪgl] *knyg. a* **1** išlaidus, švaistus; ~ *expenditure* per didelės, besaikės išlaidos **2** dosnus; gausus ◊ *the* ~ *son bibl.* sūnus palaidūnas/paklydėlis
n švaistūnas, išlaidūnas; palaidūnas
prodigality [,prɔdɪ'gælətɪ] *n knyg.* **1** išlaidumas **2** dosnumas; gausumas
prodigious [prə'dɪdʒəs] *a* stebuklingas; didžiulis, milžiniškas
prodigy ['prɔdɪdʒɪ] *n* **1** stebuklas **2** nuostabių gabumų žmogus; *infant/child* ~ vunderkindas **3** *attr* nepaprastai gabus
prodrome ['prəudrəum] *n* **1** *knyg.* įvadas, įvadinė knyga, įvadinis straipsnis **2** *med. (ligos)* pirmasis simptomas, pranašingas požymis
produce *n* ['prɔdju:s] **1** produkcija; produktai; *farm/agricultural* ~ žemės ūkio produktai **2** rezultatas
v [prə'dju:s] **1** (pa)gaminti; duoti *(derlių, rezultatus, pelną ir pan.)* **2** kurti; parašyti, išleisti *(knygą); to* ~ *better teachers* išleisti geresnius mokytojus **3** (pa)statyti *(pjesę, filmą)* **4** pateikti, parodyti; *to* ~ *one's ticket* pateikti bilietą; *he* ~d *a key from his pocket* jis ištraukė iš kišenės raktą **5** sukelti, būti priežastimi **6** pagimdyti; at(si)vesti; *the country that* ~d *Picasso* šalis, kuri pagimdė Pikaso **7** *geom.* pratęsti *(liniją)* **8** *sport.* pasiekti *(įvartį ir pan.); to* ~ *a fine performance* puikiai žaisti
producer [prə'dju:sə] *n* **1** gamintojas **2** *(spektaklio ir pan.)* statytojas; prodiuseris; teatro direktorius; kino studijos savininkas **3** *rad., tel.* laidos rengėjas **4** *tech. (dujų)* generatorius; ~ *gas* generatoriaus dujos
producible [prə'dju:səbl] *a* gaminamas
product ['prɔdʌkt] *n* **1** produktas, gaminys, fabrikatas *(t. p. finished/manufactured* ~*); gross national* ~ bendrasis nacionalinis produktas **2** rezultatas, padarinys; *(darbo)* vaisiai **3** *mat.* sandauga **4** *chem.* reakcijos produktas
production [prə'dʌkʃn] *n* **1** gamyba; gaminimas; *mass [serial]* ~ masinė [serijinė] gamyba **2** produkcija; kūrinys; *secondary* ~ šalutinė/antrinė produkcija **3** našumas; išdirbis **4** *teatr., kin.* pastatymas **5** *(bilieto ir pan.)* parodymas, pateikimas **6** *attr* gamybinis; ~ *meeting* gamybinis pasitarimas; ~ *line spec.* srovinė linija; ~ *standard* išdirbio norma
productive [prə'dʌktɪv] *a* **1** produktyvus, našus; vaisingas; ~ *capacity* a) gamybinis pajėgumas; b) našumas; derlingumas; ~ *collaboration* vaisingas bendradarbiavimas **2** derlingas; ~ *year* derlingi metai **3** sukeliantis, nešantis *(of); it may be* ~ *of much good* tai gali atnešti daug naudos

productivity [ˌprɒdʌk'tɪvəti] *n* produktyvumas, našumas; *labour* ~ darbo našumas; ~ *of land* derlingumas

proem ['prəʊɪm] *n knyg.* įvadas, įžanga

prof [prɒf] *n sutr. šnek.* = **professor** 1, 2

profanation [ˌprɒfə'neɪʃn] *n* profanacija; *(šventenybės)* (iš)niekinimas, (su)teršimas

profane [prə'feɪn] *a* 1 pasaulietiškas 2 bedieviškas; šventvagiškas 3 pagonių, pagoniškas
v profanuoti; (iš)niekinti, (su)teršti

profanity [prə'fænəti] *n* 1 šventvagystė; Dievo niekinimas 2 *pl* nešvankybės

profess [prə'fes] *v* 1 atvirai pripažinti/pareikšti; prisipažinti 2 išpažinti *(tikėjimą)* 3 pretenduoti *(į);* apsimesti, dėtis *(žinančiu, mokančiu ir pan.)* 4 *ret.* praktikuotis, užsiimti *(kokia profesija)* 5 *ret.* dėstyti 6 *(ppr. pass)* priimti į religinį ordiną

professed [prə'fest] *a* 1 atviras, atvirai pareikštas 2 apsimestinis, netikras; tariamasis 3 prisiekęs; išpažįstantis

professedly [prə'fesɪdlɪ] *adv* 1 atvirai, aiškiai; savo paties prisipažinimu 2 neva, esą; ~ *on business* tariamai/neva su reikalais

profession [prə'feʃn] *n* 1 profesija; verslas; *the learned ~s* teologija, teisė, medicina; *liberal ~s* laisvos profesijos; *a doctor by ~* gydytojas iš profesijos 2 *(the ~)* kurios nors profesijos žmonės; *the medical ~* medikai; *the ~ teatr. sl.* artistai 3 viešas pri(si)pažinimas, pareiškimas; išreiškimas *(jausmų ir pan.)* 4 išpažinimas; religija, tikėjimas 5 įstojimas į religinį ordiną; įžadas

professional [prə'feʃnəl] *a* 1 profesinis; ~ *advice* specialisto konsultacija/patarimas; ~ *skill* profesinis meistriškumas; ~ *school* profesinė mokykla 2 profesionalų; profesionalus; ~ *footballer* futbolininkas profesionalas 3 turintis profesiją/specialybę 4 *menk.* užkietėjęs *(apie melagį ir pan.)*
n 1 profesionalas 2 specialistas 3 sportininkas profesionalas 4 sporto instruktorius; kūno kultūros mokytojas

professionalism [prə'feʃnəlɪzm] *n* 1 profesionalizmas 2 profesionalizacija

professionalize [prə'feʃnəlaɪz] *v* paversti *(kokį užsiėmimą)* profesija; specializuotis

professionally [prə'feʃnəlɪ] *adv* 1 profesionaliai 2 kaip specialistas; *we consulted him* ~ mes kreipėmės į jį kaip į specialistą 3 kaip profesionalas *(žaidžia, dainuoja ir pan.)*

professor [prə'fesə] *n* 1 profesorius 2 *amer.* dėstytojas 3 *ret. (tikėjimo)* išpažinėjas

professorate [prə'fesərət] *n* profesūra

professorial [ˌprɒfɪ'sɔːrɪəl] *a* profesoriaus; profesoriškas

professoriate [ˌprɒfɪ'sɔːrɪət] *n* profesūra, profesorių kolektyvas

professorship [prə'fesəʃɪp] *n* profesūra *(vardas, pareigos)*, profesoriaus vieta

proffer ['prɒfə] *knyg. n* pasiūlymas
v 1 siūlyti *(draugystę, pagalbą, paslaugas)* 2 paduoti; *to shake the ~ed hand* paspausti ištiestą ranką

profficiency [prə'fɪʃnsɪ] *n* įgudimas, patyrimas; mokėjimas; ~ *test* specialybės egzaminas *(iš užsienio kalbos ir pan.);* kvalifikacijos patikrinimas *(priimant į darbą)*

proficient [prə'fɪʃnt] *a* įgudęs, patyręs; mokantis; *he is ~ in driving a car* jis įgudęs vairuotojas
n žinovas, specialistas

profile ['prəʊfaɪl] *n* 1 profilis; *in ~* iš profilio 2 kontūras 3 trumpa (biografinė) apybraiža 4 *tech.* profilis, vertikalusis pjūvis 5 *attr* profilinis; fasoninis ◊ *to keep a low ~* nepatraukti į save dėmesio, laikytis atokiai, likti nepastebimam; *to have a high ~* būti pastebimam, atkreipti daugelio dėmesį
v 1 piešti iš profilio; pasisukti profiliu; vaizduoti pjūvyje 2 trumpai apibūdinti *(laikraštyje ir pan.)* 3 *spec.* profiliuoti

profit ['prɒfɪt] *n* 1 nauda; *to make a ~ (on)* gauti naudos (iš) 2 *(džn. pl)* pelnas; pajamos; *gross [net]* ~ bendrasis [grynasis] pelnas; ~ *and loss account* pelno ir nuostolių sąskaita; *to sell at a ~* parduoti pelningai
v 1 duoti naudos/pelno; būti naudingam 2 gauti naudos/pelno, pelnyti 3 pasinaudoti, pasimokyti *(by, from – iš)*

profitability [ˌprɒfɪtə'bɪlətɪ] *n ekon.* pelningumas, rentabilumas

profitable ['prɒfɪtəbl] *a* 1 pelningas, rentabilus 2 naudingas, vaisingas

profiteer [ˌprɒfɪ'tɪə] *n* spekuliantas
v spekuliuoti

profiterole [prə'fɪtərəʊl] *n* profitrolis *(pyragaitis)*

profitless ['prɒfɪtləs] *a* nepelningas, be pelno; nenaudingas

profit-making ['prɒfɪtˌmeɪkɪŋ] *a:* ~ *organization* pelno siekianti organizacija

profit-sharing ['prɒfɪtˌʃɛərɪŋ] *n ekon.* pelno padalijimas

profligacy ['prɒflɪgəsɪ] *n* 1 išlaidumas 2 pasileidimas, ištvirkimas

profligate ['prɒflɪgət] *a* 1 švaistus, išlaidus 2 pasileidęs, ištvirkęs
n 1 išlaidūnas, švaistūnas 2 ištvirkėlis

pro forma [ˌprəʊ'fɔːmə] *lot.* pro forma, dėl formos

profound [prə'faʊnd] *a* 1 *knyg.* gilus; *to make a ~ reverence* žemai nusilenkti 2 *prk.* gilus; giliamintis; išmintingas; įžvalgus; ~ *knowledge* gilios žinios, nuodugnus žinojimas 3 visiškas; ~ *ignorance* visiškas nemokšiškumas 4 sudėtingas, nesuprantamai įmantrus
n (the ~) poet. giluma, gelmė

profoundness, profundity [prə'faʊndnɪs, prə'fʌndətɪ] *n knyg.* 1 *(minties, jausmo)* gilumas, gilybė; giliamintiškumas 2 *poet.* giluma, gelmė

profuse [prə'fjuːs] *a* 1 gausus, gausingas 2 dosnus, nešykštintis *(pagyrų ir pan., in, of)*

profusion [prə'fjuːʒn] *n* 1 gausumas, gausingumas, gausybė; perteklius 2 dosnumas

prog[1] [prɒg] *n* (programme *sutr.*) *rad., tel. šnek.* programa

prog[2] *n* (progressive *sutr.*) *menk.* pažanguolis

prog[3] *n sl.* = **proctor** 1

progenitor [prəʊ'dʒenɪtə] *n knyg.* 1 protėvis, sentėvis 2 pradininkas, pirmtakas

progenitress, progenitrix [prəʊ'dʒenɪtrɪs, -trɪks] *n* pramotė, prosenelė

progeny ['prɒdʒənɪ] *n* 1 palikuonis; *kuop.* palikuonys 2 *juok.* atžalos *(vaikai)* 3 rezultatas, vaisius

progesterone [prəʊ'dʒestərəʊn] *n fiziol.* progesteronas

prognathous [prɒg'neɪθəs] *a spec.* 1 atsikišusiais žandikauliais 2 atsikišęs *(apie žandikaulį)*

prognosis [prɒg'nəʊsɪs] *n (pl* -ses [-siːz]) prognozė *(t. p. med.)*

prognostic [prɒg'nɒstɪk] *a* pranašaujantis
n 1 *(būsimo įvykio)* ženklas, pranašas 2 pranašavimas, pranašystė

prognosticate [prɒg'nɒstɪkeɪt] *v knyg.* pranašauti; prognozuoti

prognostication [prɒgˌnɒstɪ'keɪʃn] *n knyg.* 1 pranašavimas; prognozavimas, spėjimas 2 *(būsimo įvykio)* ženklas; nujautimas

program ['prəʊgræm] *(ypač amer.)* = **programme** *n, v*
programmable ['prəʊgræməbl] *a komp.* programuojamas; programinio valdymo
programme ['prəʊgræm] *n* **1** *(įv. reikšm.)* programa; **party** ~ partijos programa; **theatre** ~ teatro programa **2** *(darbo, veikimo)* planas; **what's the/our ~ for tomorrow?** *šnek.* ką darysime rytoj?; **I have a full ~ this week** aš esu užimtas visą šią savaitę **3** *attr* programinis, programos; ~ **music** programinė muzika
v **1** sudaryti programą/planą; planuoti **2** *spec.* programuoti
programmed ['prəʊgræmd] *a* programuotas; ~ **instruction** programuotasis mokymas; ~ **key** *komp.* programuojamasis klavišas
programmer ['prəʊgræmə] *n komp.* programuotojas, programų sudarytojas
progress *n* ['prəʊgres] **1** progresas; vystymasis; judėjimas į priekį; **to be in ~** vykti, vystytis; judėti į priekį; **changes are in ~** vyksta pakitimai **2** pažanga; **to make ~** pažengti, daryti pažangą; progresuoti **3** *(įvykių, darbų)* eiga; **we are watching the ~ of the negotiations with interest** mes susidomėję stebime derybų eigą **4** *ist.* oficialaus asmens *(ypač karaliaus)* kelionė po šalį
v [prə'gres] **1** progresuoti; vystytis **2** judėti/pasistumti į priekį; **matters are ~ing slowly** reikalai juda lėtai **3** daryti pažangą **4** pereiti *(to – prie)*
progression [prə'greʃn] *n* **1** judėjimas/pasistūmimas į priekį; progresavimas **2** *(įvykių ir pan.)* seka **3** *ret.* progresas **4** *mat.* progresija
progressionist [prə'greʃnɪst] *n knyg.* progreso šalininkas
progressive [prə'gresɪv] *a* **1** progresyvus, pažangus; ~ **policy** progresyvi politika **2** judantis pirmyn; ~ **rotation** sukamasis-slenkamasis judėjimas **3** progresinis, progresuojantis; ~ **tax** progresinis mokestis; ~ **paralysis** progresuojantis paralyžius **4** laipsniškas **5** *gram.* eigos *(apie veikslą)*
n **1** progresyvus veikėjas; pažanguolis **2** *(P.) amer.* Progresyviosios partijos narys
progressively [prə'gresɪvlɪ] *adv* **1** progresyviai **2** palaipsniui; vis labiau
prohibit [prə'hɪbɪt] *v* **1** (už)drausti; **smoking strictly ~ed** rūkyti griežtai draudžiama **2** (su)trukdyti, (su)kliudyti *(from)*; **bad health ~ed him from finishing the work** bloga sveikata sutrukdė jam užbaigti darbą
prohibition [ˌprəʊhɪ'bɪʃn] *n* **1** (už)draudimas; ~ **of the sale of firearms** draudimas pardavinėti šaunamuosius ginklus **2** stiprių svaigiųjų gėrimų draudimas, sausas įstatymas; *amer. ist.* prohibicija **3** *teis.* draudžiamasis įsakymas/dekretas *(t. p.* **writ of ~**)
prohibitionist [ˌprəʊhɪ'bɪʃnɪst] *n* svaigiųjų gėrimų draudimo šalininkas; *amer. ist.* prohibicionistas
prohibitive [prə'hɪbɪtɪv] *a* **1** draudžiamasis; ~ **duty** draudžiamas muitas **2** pernelyg didelis, neįperkamas *(apie kainas)*
prohibitory [prə'hɪbɪtərɪ] *a* = **prohibitive** 1
project *n* ['prɒdʒekt] **1** projektas; planas, sumanymas **2** *mok.* užduotis, tema *(mokinio/studento savarankiškam darbui)*; **research ~** mokslinis darbas/tyrimas **3** *(naujoji)* statyba, statybos objektas, statinys
v [prə'dʒekt] **1** projektuoti; daryti projektą; planuoti; apgalvoti planą, numatyti **2** mesti *(šešėlį, spindulį ir pan.)* **3** paleisti, (iš)mesti, iššauti *(sviedinį)* **4** iš(si)kišti, kyšoti; iššišauti **5** primesti *(savo mintis, jausmus; on, onto – kam)* **6** *(džn. refl)* vaizduoti save; **to ~ an image** kurti imidžą **7** *refl* persikelti mintimis *(į ateitį ir pan.; into)* **8** *kin.* projektuoti, demonstruoti

projectile [prə'dʒektaɪl] *n* sviedinys, šovinys, kulka
a metamasis, mėtomasis
projecting [prə'dʒektɪŋ] *a* išsikišęs, atsikišęs
projection [prə'dʒekʃn] *n* **1** projektavimas **2** projektas; planas **3** metimas **4** projekcija *(t. p. kin., tel.)* **5** iškyšulys, išsikišimas, išsikišęs daiktas; iškyša
projectionist [prə'dʒekʃnɪst] *n* kino mechanikas
projector [prə'dʒektə] *n* **1** projektuotojas, projektų/planų kūrėjas/sudarytojas **2** *kin.* projektorius, projekcinis aparatas; **overhead** ~ epidiaskopas **3** prožektorius **4** *kar.* granatsvaidis; liepsnosvaidis; dujosvaidis
prokaryote [prəʊ'kærɪəʊt] *n biol.* prokariotas *(organizmas, neturintis ląstelėse tikro branduolio)*
prolactin [prəʊ'læktɪn] *n fiziol.* prolaktinas
prolapse ['prəʊlæps] *med. n (vidaus organo)* iškritimas, prolapsas
v [*t. p.* prə'læps] iškristi *(apie vidaus organą)*
prolate ['prəʊleɪt] *a* **1** *geom.* ištįsęs, pailgėjęs *(prie polių, pvz., sferoidas)* **2** *prk.* paplitęs
prole [prəʊl] *n šnek. menk.* proletaras
prolegomena [ˌprəʊlɪ'gɒmɪnə] *n pl knyg.* įvadas, įvadinės pastabos, prolegomenai
proletarian [ˌprəʊlɪ'tɛərɪən] *n* proletaras
a proletarinis
proletarianization [ˌprəʊlɪˌtɛərɪənaɪ'zeɪʃn] *n* proletarizacija, (su)proletarėjimas; (su)proletarinimas
proletariat(e) [ˌprəʊlɪ'tɛərɪət] *n* proletariatas
prolicide ['prəʊlɪsaɪd] *n knyg.* vaikžudystė
pro-life [ˌprəʊ'laɪf] *a* pasisakantis prieš abortus
pro-lifer [ˌprəʊ'laɪfə] *n* abortų priešininkas
proliferate [prə'lɪfəreɪt] *v* **1** (greitai) daugėti, augti; plisti *(apie žinias ir pan.)* **2** *biol.* proliferuoti; dauginis, pumpuruoti
proliferation [prəˌlɪfə'reɪʃn] *n* **1** daugėjimas; paplitimas **2** *biol.* proliferacija; dauginimasis, pumpuravimas
prolific [prə'lɪfɪk] *a* **1** vaisingas, produktyvus *(t. p. prk.)*; ~ **writer** produktyvus rašytojas **2** *zool.* vislus **3** *knyg.* gausus *(in)*; turintis daug *(of)*
prolificacy [prə'lɪfɪkəsɪ] *n* **1** vaisingumas **2** vislumas
prolix ['prəʊlɪks] *a* daugiažodis; ištęstas, nuobodus *(apie kalbą ir pan.)*; daugiakalbis
prolixity [prə'lɪksətɪ] *n* daugiažodiškumas; ištęstumas, nuobodumas
prolocutor [prəʊ'lɒkjutə] *n* pirmininkas *(ypač bažnyčios susirinkimo)*
prologize ['prəʊləgaɪz] *v knyg.* rašyti/sakyti prologą
prologue ['prəʊlɒg] *n* prologas *(t. p. prk.)*
prolong [prə'lɒŋ] *v* **1** (pra)ilginti, (pra)tęsti; **to ~ one's life** prailginti savo gyvenimą; **to ~ the term** pratęsti terminą **2** *spec.* prolonguoti
prolongation [ˌprəʊlɒŋ'geɪʃn] *n* **1** prailginimas, (pra)tęsimas **2** *spec.* prolongacija **3** tęsinys, tąsa
prolonged [prə'lɒŋd] *a* užsitęsęs, ilgai trunkantis; ~ **visit** užsitęsęs vizitas
prolusion [prə'lju:ʒn] *n knyg.* **1** įžanginis straipsnis; preliminarinės pastabos **2** literatūrinis debiutas, pirmasis spausdintas kūrinys
prom [prɒm] *n sutr. šnek.* **1** = **promenade** 2 **2** = **promenade concert** **3** *amer. (mokinių, studentų)* šokių vakaras *(ppr. mokslo metų pabaigoje)*
promenade [ˌprɒmə'nɑ:d] *n* **1** pasivaikščiojimas; pasivažinėjimas **2** pasivaikščiojimo vieta/takas **3** = **prom** 3 **4** *attr.* ~ **concert** koncertas, kurio metu publika gali laisvai vaikščioti po salę *(dalis salės stovintiems klausytojams);* ~ **deck** viršutinis denis *(kur keleiviai gali pasivaikščioti)*

v **1** pasivaikščioti, vaikštinėti **2** vesti pasivaikščioti *(ypač norint parodyti, kad visi matytų)*
Prometheus [prə'mi:θɪəs] *n mit.* Prometėjas
Promethian [prə'mi:θɪən] *a:* ~ *fire* Prometėjo ugnis
promethium [prə'mi:θɪəm] *n chem.* prometis
prominence, -cy ['prɔmɪnəns, -sɪ] *n* **1** išsikišimas; iškiluma(s) **2** reikšmingumas, žymumas; aukšta padėtis; *to come to* ~ *as a writer* tapti žymiam kaip rašytojui; *to give smth* ~ (su)reikšminti ką **3** *astr.* protuberantas
prominent ['prɔmɪnənt] *a* **1** išsikišęs; iškilus, iškilas, reljefiškas **2** gerai matomas, pastebimas; *in a* ~ *place* matomoje vietoje **3** įžymus, garsus; žinomas *(in)*
promiscuity [,prɔmɪ'skju:ətɪ] *n* **1** įvairumas, nevienodumas **2** mišrumas; susimaišymas, netvarkingumas **3** paleistuvavimas; *spec.* promiskuitetas
promiscuous [prə'mɪskjuəs] *a* **1** pasileidęs, doroviškai pakrikęs; ~ *girl* paleistuvė **2** įvairus, įvairiarūšis; ~ *crowd* marga minia **3** mišrus, sumaišytas, netvarkingas; ~ *bathing* bendras maudymasis **4** *psn.* nedarantis skirtumo, nesirenkantis
promise ['prɔmɪs] *n* **1** pažadas; prižadėjimas; *to make/give a* ~ žadėti; *to keep one's* ~ ištesėti, išlaikyti/išpildyti pažadą; *conditional* ~ *teis.* sąlyginis įsipareigojimas **2** perspektyva, viltys; *to give/show* ~ būti perspektyviam; *of (great)* ~ daug žadantis, teikiantis vilčių; *there seems little* ~ *of peace* atrodo, maža vilčių, jog bus taika
v **1** (pa)žadėti, prižadėti **2** teikti vilčių **3** *šnek.: I* ~ *you* tikėkit manim; *it was not so easy, I* ~ *you* patikėkit, tai nebuvo labai lengva; *I* ~ *you, the work won't be easy* aš įspėju, darbas bus nelengvas
promised ['prɔmɪst] *a* žadėtas; ~ *land bibl.* pažadėtoji žemė *(t. p. prk.)*
promisee [,prɔmɪ'si:] *n teis.* **1** asmuo, kuriam įsipareigota **2** kreditorius; vekselio turėtojas
promiser ['prɔmɪsə] *n* = **promisor**
promising ['prɔmɪsɪŋ] *a* daug žadantis, perspektyvus, teikiantis vilčių; *things look* ~ yra vilčių
promisor ['prɔmɪsɔ:] *n teis.* **1** (pa)žadėtojas; skolininkas **2** vekselio (iš)davėjas
promissory ['prɔmɪsərɪ] *a ekon.* įsipareigojantis; ~ *note* skolinis įsipareigojimas; paprastasis vekselis
promo ['prəuməu] *n (pl* ~s [-z]) *šnek.* reklaminis filmukas
a reklaminis
promontory ['prɔməntrɪ] *n* **1** *geogr.* kyšulys, ragas **2** *anat.* išsikišimas
promote [prə'məut] *v* **1** pagelbėti, prisidėti; paremti, skatinti *(augimą, pardavimą ir pan.;) to* ~ *trade* skatinti prekybos augimą **2** reklamuoti **3** paaukštinti, pakelti *(tarnyboje)* **4** perkelti į aukštesnę klasę *(mokinį)* **5** *šach.* paversti *(pėstininką valdove)*
promoter [prə'məutə] *n* **1** rėmėjas; propaguotojas **2** *(bendrovės)* steigėjas *(t. p. company* ~*); ~s' shares* steigėjų akcijos **3** *chem.* aktyvatorius
promotion [prə'məuʃn] *n* **1** paaukštinimas, pakėlimas *(tarnyboje)* **2** *(mokinio)* perkėlimas į aukštesnę klasę **3** *ekon.* skatinimas *(pardavimo ir pan.);* reklamavimas; reklama; ~ *man* agentas, tarpininkas **4** reklaminis gaminys **5** rėmimas, parama; propagavimas **6** *(akcinės bendrovės ir pan.)* steigimas
promotional [prə'məuʃnəl] *a* reklaminis
prompt[1] [prɔmpt] *a* **1** greitas, skubus; skubrus; ~ *assistance* neatidėliotina/neatidėtina pagalba **2** punktualus; tikslus **3** *kom.* apmokėtas/pristatytas nedelsiant; *for* ~ *cash* už grynus pinigus
adv **1** greitai **2** tiksliai, lygiai; *at five o'clock* ~ lygiai penktą valandą
prompt[2] *n* **1** (pa)sufleravimas; pasakinėjimas; užminimas **2** *komp.* kreipinys kompiuterio ekrane, raginantis pradėti naują operaciją; raginimas
v **1** raginti, (pa)skatinti **2** įteigti; įkvėpti, sukelti *(mintį ir pan.)* **3** (pa)sufleruoti *(t. p. teatr.);* pasakinėti; *no* ~*ing!* nesufleruokite!, nepasakinėti!
prompt[3] *n kom.* mokėjimo diena/terminas
prompt-box ['prɔmptbɔks] *n* suflerio būdelė
prompter ['prɔmptə] *n* **1** sufleris *(t. p. teatr.);* pasakinėtojas **2** skatintojas, skubintojas
promptitude ['prɔmptɪtju:d] *n* **1** greitumas, skubumas; skubrumas **2** *kom.* savalaikiškumas; ~ *in paying (įmokų)* mokėjimas laiku
promptly ['prɔmptlɪ] *adv* **1** greitai, skubiai, nedelsiant, tuojau pat **2** tiksliai; punktualiai; *the performance begins* ~ *at eight o'clock* spektaklis prasideda lygiai/tiksliai aštuntą valandą
prompt-note ['prɔmptnəut] *n* apmokėtinos sąskaitos priminimas klientui *(raštelis)*
prompt-side ['prɔmptsaɪd] *n teatr.* **1** kairioji scenos pusė *(nuo artisto)* **2** *amer.* dešinioji scenos pusė *(nuo artisto)*
promulgate ['prɔmᵊlgeɪt] *v* **1** *ofic.* paskelbti *(naują įstatymą ir pan.)* **2** (pa)skleisti, (iš)platinti *(pažiūras, teoriją ir pan.)*
promulgation [,prɔmᵊl'geɪʃn] *n* **1** *ofic.* paskelbimas; promulgacija **2** paskleidimas
prone [prəun] *a* **1** kniūbsčias; išsitiesęs; *to fall* ~ pulti kniūbsčiam, išsitiesti **2** *predic* linkęs, turintis polinkį *(to) (t. p. sudurt. žodžiuose); he is* ~ *to prompt action* jis linkęs greitai veikti; ~ *to anger* greit supykstantis, ūmus; *coronary-prone* turintis polinkį į koronarinius susirgimus **3** *psn.* nuotakus, nuolaidus
prong [prɔŋ] *n* **1** *(šakutės ir pan.)* dantis; *(šakių)* virbalas, pirštas **2** šakės **3** *(briedžio rago ir pan.)* šaka, išsikišimas, smaigalys **4** *amer. (upės)* šaka
v **1** kelti/versti šakėmis **2** durti, įsmeigti, smaigyti
pronominal [prəu'nɔmɪnl] *a gram.* įvardinis; įvardžiuotinis
pronominalization [prəu,nɔmɪnəlaɪ'zeɪʃn] *n gram.* įvardėjimas, pronominalizacija
pronoun ['prəunaun] *n gram.* įvardis
pronounce [prə'nauns] *v* **1** (iš)tarti **2** paskelbti; pareikšti; *to* ~ *a sentence teis.* paskelbti nuosprendį; *to* ~ *a curse (upon)* prakeikti **3** *(džn. refl)* pareikšti savo nuomonę, pasisakyti *(on, for, against)*
pronounceable [prə'naunsəbl] *a* (lengvai) ištariamas
pronounced [prə'naunst] *a* **1** aiškiai išreikštas, ryškus; ~ *smell* smarkus kvapas; ~ *accent* jaučiamas akcentas; *he has* ~ *views on this subject* jis turi aiškų/tvirtą požiūrį šiuo klausimu **2** ištartas
pronouncement [prə'naunsmənt] *n* **1** *(nutarimo, nuosprendžio)* paskelbimas **2** nutarimas, oficialus pareiškimas **3** (iš)tarimas
pronouncing [prə'naunsɪŋ] *n* **1** (iš)tarimas; ~ *dictionary* ortoepijos/tarimo žodynas **2** paskelbimas
pronto ['prɔntəu] *adv šnek.* greitai, skubiai, nedelsiant
pronunciation [prə,nʌnsɪ'eɪʃn] *n* **1** (iš)tarimas **2** tarsena; tartis
proof [pru:f] <*n, a, v*> *n* **1** įrodymas *(t. p. teis., mat.);* ~ *of identity* tapatumo įrodymas; *in* ~ *of it* tam įrodyti **2** išmėginimas, išbandymas; patikrinimas; *to put smth/smb to the* ~ išbandyti ką **3** *(spirito)* nustatytas stiprumo laipsnis **4** mėgintuvėlis **5** *poligr.* korektūra **6** *(ypač fot.)* bandomasis atspaudas, bandomoji nuotrauka

a **1** išmėgintas; nepramušamas *(against);* **~ against water** nepralaidus vandeniui **2** nepalenkiamas; nepasiduodantis *(gundymui ir pan.; against)* **3** nustatyto stiprumo *(apie spiritą);* **to be 40°** ~ būti 40° stiprumo
v **1** daryti nepralaidų; impregnuoti **2** *amer. poligr.* taisyti korektūrą/skiltis
-proof [-pru:f] *(sudurt. žodžiuose)* nepralaidus, atsparus; ***waterproof*** vandeniui nepralaidus; ***fireproof*** ugniai atsparus, nedegantis
proofread ['pru:fri:d] *v* (proofread ['pru:fred]) taisyti/skaityti korektūrą/skiltis
proofreader ['pru:f,ri:də] *n* korektorius; **~'s mark** *poligr.* korektūros ženklas
proof-sheet ['pru:ʃʃi:t] *n* bandomoji nuotrauka, korektūra
prop[1] [prɔp] *n* **1** ramstis, atrama, paspara, paspirtis *(t. p. prk.);* **the ~ (and stay) of the home** šeimos ramstis/išlaikytojas **2** kuoliukas, pagaliukas *(t. p. augalams paremti/pririšti)* **3** *pl kas.* sutvirtinimai
v (t. p. **~ up) 1** atremti; (pa)remti, (pa)ramstyti; *refl* atsiremti *(against – į)* **2** *prk.* palaikyti, paremti
prop[2] *n (ppr. pl)* (property *sutr.) teatr. šnek.* **1** butaforija **2** rekvizitininkas
prop[3] *n* (proposition *sutr.) mok. sl.* teorema
prop[4] *n* (propeller *sutr.) av. šnek.* propeleris
propaedeutic(al) [,prəupi:'dju:tık(l)] *a* įvadinis, propedeutinis
propaedeutics [,prəupi:'dju:tıks] *n* įvadinis kursas, propedeutika
propaganda [,prɔpə'gændə] *n* **1** propaganda **2** *attr* propagandinis
propagandist [,prɔpə'gændıst] *n* propagandininkas
propagandize [,prɔpə'gændaız] *v* propaguoti, užsiimti propaganda
propagate ['prɔpəgeıt] *v* **1** skleisti, platinti, propaguoti **2** dauginti(s); veisti(s); **a species that ~s by spores** rūšis, kuri dauginasi sporomis **3** perduoti paveldėjimo keliu *(ypatybes)* **4** *fiz.* sklisti, per(si)duoti
propagation [,prɔpə'geıʃn] *n* **1** skleidimas, platinimas, propagavimas; **~ of ideas [of knowledge]** idėjų [žinių] skleidimas **2** dauginimas(is); veisimas(is) **3** *fiz. (garso, šviesos, bangų)* sklidimas
propagator ['prɔpəgeıtə] *n* **1** propaguotojas **2** dėžutė/ puodas sėkloms daiginti
propane ['prəupeın] *n chem.* propanas
propel [prə'pel] *v (-ll-)* stumti į priekį, (iš)judinti, varyti *(t. p. prk.);* **~led by electricity** elektros varomas
propellant, -lent [prə'pelənt] *n* **1** varomoji jėga **2** raketinis kuras **3** *kar.* metamoji sprogstamoji medžiaga
a = **propelling**
propeller [prə'pelə] *n* **1** propeleris, orsraigtis **2** *(laivo)* vandensraigtis, sraigtas, varytuvas
propelling [prə'pelıŋ] *a* **1** varomasis, stumiamasis; **~ force** varytuvo traukos jėga; **~ pencil** automatinis pieštukas *(su įdedama šerdele)* **2** metamasis
propensity [prə'pensətı] *n knyg.* palinkimas, polinkis
proper ['prɔpə] *a* **1** (pri)deramas, tinkamas, reikiamas; **~ behaviour** prideramas/padorus elgesys; **all in it's ~ time [place]** viskas savo laiku [vietoje] **2** tikras(is); teisingas; **~ fraction** *mat.* tikroji trupmena; **in a ~ sense** tikrąja prasme **3** *(pavartotas)* siaurąja žodžio prasme; ***literature* ~** literatūra siaurąja žodžio prasme **4** būdingas, savybingas *(to)* **5** *šnek.* visiškas; **I felt a ~ fool** aš jaučiausi visiškas kvailys; **he is a ~ rascal** jis geras sukčius; **he was in a ~ rage** jis buvo kaip reikiant įsiutęs **6** *gram.*
tikrinis; **~ name/noun** tikrinis daiktavardis **7** *psn.* gražus, puikus **8** *psn.* savo, nuosavas; **with my own ~ hands** savo paties rankomis
adv šnek. = **properly** 1, 4
properly ['prɔpəlı] *adv* **1** (pri)deramai, tinkamai, padoriai **2** teisingai; kaip reikiant; **quite/perfectly ~** visiškai teisingai **3** iš tikrųjų; **~ speaking** tikrai/tiesą sakant **4** *šnek.* visiškai; gerokai; išsamiai
propertied ['prɔpətıd] *a attr* turintis nuosavybę; turtingas; **the ~ classes** turtingųjų klasės, turtuoliai
property ['prɔpətı] *n* **1** nuosavybė; turtas *(džn. kilnojamasis);* **government ~** valstybės nuosavybė; **a man of ~** savininkas; turtuolis; **the news is common ~** ši žinia nėra niekam naujiena; **~ qualification** turto cenzas; **~ tax** turto mokestis; **~ relations** turtiniai santykiai **2** žemės nuosavybė; dvaras, ūkis **3** *(ppr. pl)* ypatybė, savybė **4** *(ppr. pl) teatr.* butaforija; rekvizitas ◊ **hot ~** populiarus artistas/dainininkas *ir pan. (kurį nori turėti teatrai ir pan.)*
property-man ['prɔpətımæn] *n (pl* -men [-men]) *(tik v.) teatr.* rekvizitininkas
property-mistress ['prɔpətı,mıstrıs] *n teatr.* rekvizitininkė
prophecy ['prɔfəsı] *n* pranašystė, pranašavimas; numatymas
prophesy *v* ['prɔfəsaı] pranašauti; spėti; numatyti
n ['prɔfəsı] *amer.* = **prophecy**
prophet ['prɔfıt] *n* **1** *(tik v.) bažn.* pranašas; **the P.** Mahometas; **the Prophets** *(Senojo testamento)* Pranašų knygos **2** pranašautojas, pranašas **3** *(minties, teorijos ir pan.)* skleidėjas, šalininkas
prophetess ['prɔfıtıs, ,prɔfı'tes] *n* pranašė
prophetic(al) [prə'fetık(l)] *a* **1** pranašo **2** pranašiškas, pranašingas
prophylactic [,prɔfı'læktık] *med. a* profilaktinis, apsauginis
n **1** profilaktinė priemonė **2** *amer.* prezervatyvas
prophylaxis [,prɔfı'læksıs] *n (pl* -xes [-ksi:z]) *med.* profilaktika
propinquity [prə'pıŋkwətı] *n knyg.* **1** artimumas, gretimumas **2** giminingumas; panašumas
propitiate [prə'pıʃıeıt] *v knyg.* **1** permaldauti, suminkštinti širdį; nuraminti *(pyktį ir pan.)* **2** sutaikinti
propitiation [prə,pıʃı'eıʃn] *n knyg.* **1** permaldavimas; nuraminimas **2** sutaikinimas
propitiatory [prə'pıʃıətərı] *a knyg.* **1** siekiantis suminkštinti širdį, raminamasis **2** *(kaltės)* atpirkimo, atperkamasis
propitious [prə'pıʃəs] *a* palankus; prielankus, maloningas
propjet ['prɔpdʒet] *n* turbosraigtinis variklis/lėktuvas
propolis ['prɔpəlıs] *n* propolis, pikis
proponent [prə'pəunənt] *n* **1** gynėjas, šalininkas **2** siūlytojas; *(pasiūlymo ir pan.)* pateikėjas
proportion [prə'pɔ:ʃn] *n* **1** proporcija *(t. p. mat.),* santykis **2** proporcingumas; **in ~ (to)** a) proporcingas, proporcingai *(kam);* b) palyginti *(su);* **out of ~ (to)** a) neproporcingas, neproporcingai; b) nepalyginti **3** dalis; **a large ~ of the audience** didžioji žiūrovų dalis **4** *(ppr. pl)* dydis, mastas; **to reach alarming ~s** pasiekti nerimą keliantį mastą; **sense of ~** saiko jautimas/žinojimas **5** *mat.* triskaitė taisyklė ◊ **to get/blow things (all) out of ~** išpūsti, perdėti
v **1** (su)derinti *(to – su)* **2** paskirstyti, dozuoti
proportionable [prə'pɔ:ʃnəbl] *ret.* = **proportional** *a*
proportional [prə'pɔ:ʃnəl] *a* proporcingas; proporcinis; **~ representation** proporcingo atstovavimo sistema, proporcinė rinkimų sistema; **directly [inversely] ~** tiesiogiai [atvirkščiai] proporcingas
n mat. proporcijos narys
proportionality [prə,pɔ:ʃə'nælətı] *n* proporcingumas

proportionate [prə'pɔ:ʃənət] *a* proporcingas, atitinkantis *(to)* *v* daryti proporcingą, (su)derinti

proportioned [prə'pɔ:ʃnd] *a* proporcingas, atitinkantis; *the punishment was fully ~ to the offence* bausmė visai atitiko nusikaltimo sunkumą

proposal [prə'pəuzl] *n* **1** pasiūlymas; siūlymas; *to put forward a ~* pateikti pasiūlymą **2** pasipiršimas

propose [prə'pəuz] *v* **1** (pa)siūlyti; pateikti *(svarstyti); to ~ smb's health, to ~ a toast to smb* siūlyti tostą už ką; *to ~ a motion* pateikti pasiūlymą; *the object I ~ to myself* tikslas, kurį aš sau keliu **2** teigti *(apie teoriją)* **3** ketinti; *we ~ to leave at noon* mes ketiname išvykti vidurdienį **4** pasipiršti *(to)* ◊ *man ~s God disposes* ≡ žmogus šaudo, Dievas kulkas gaudo

proposer [prə'pəuzə] *n* pasiūlymo autorius; *(klausimo, teorijos ir pan.)* pateikėjas

proposition [ˌprɔpə'zɪʃn] *n* **1** teiginys, tvirtinimas **2** pasiūlymas; planas, projektas **3** *mat.* teorema; uždavinys **4** *šnek.* (sunkus) reikalas, problema; biznis; *he's a tough ~* su juo yra nelengva/sunku **5** *euf.* pasisiūlymas *(moteriai, vyrui)*
v euf. pasisiūlyti *(moteriai, vyrui)*

propound [prə'paund] *v* **1** pateikti svarstyti **2** *teis.* pateikti tvirtinti testamentą

proprietary [prə'praɪətərɪ] *a* **1** savininko; savininkiškas; privatus; nuosavybės; *~ hospital amer.* privati ligoninė; *~ rights* savininko/nuosavybės teisės **2** firmos, firminis; patentuotas; *~ medicine* patentuotas vaistas
n **1** nuosavybės teisė; nuosavybė **2** savininkas; *kuop.* savininkai, savininkų klasė *(t. p. the ~ classes)* **3** patentuotas vaistas

proprietor [prə'praɪətə] *n* savininkas; valdytojas

proprietorial [prəˌpraɪə'tɔ:rɪəl] *a* savininko; savininkiškas

proprietorship [prə'praɪətəʃɪp] *n* **1** privati nuosavybė; nuosavybės teisė **2** žemės nuosavybė

proprietress [prə'praɪətrɪs] *n* savininkė; valdytoja

propriety [prə'praɪətɪ] *n* **1** teisingumas; prideramumas, tinkamumas **2** padorumas; *the proprieties* elgesio normos, mandagumo taisyklės

propulsion [prə'pʌlʃn] *n* **1** varymas, stūmimas į priekį **2** varomoji jėga *(t. p. prk.);* pastūmėjimas, impulsas

propulsive [prə'pʌlsɪv] *a* stumiamasis, varomasis, sukeliantis judėjimą

propylene ['prəupɪli:n] *n chem.* propilenas

pro-rata [ˌprəu'ra:tə] *lot. knyg. adv* atitinkamai, proporcingai, pagal ką
a proporcingas, apmokamas pagal atliktą darbą, vartojimo laiką

prorate [ˌprəu'reɪt] *v (ypač amer.)* skirstyti/apskaičiuoti proporcingai

prorogation [ˌprəurə'geɪʃn] *n* **1** pertrauka parlamento darbe *(valstybės vadovui įsakius)* **2** *spec.* prorogacija, valstybės vadovo teisė atidėti parlamento sesijas

prorogue [prə'rəug] *v parl.* padaryti pertrauką svarstant kokį klausimą *(iki kito posėdžio);* nutraukti posėdžius

prosaic [prə'zeɪk] *a* **1** prozos, prozinis **2** proziškas, kasdieniškas, pilkas, nuobodus

prosaism ['prəuzeɪɪzm] *n* **1** prozaizmas **2** proziškumas

prosaist ['prəuzeɪɪst] *n knyg.* prozininkas, prozaikas *(t. p. prk.)*

proscenium [prəu'si:nɪəm] *n (pl* -ia [-ɪə], ~s) avanscena; prosceniumas *(t. p. ist.)*

prosciutto [prəu'ʃu:təu] *it. n kul.* džiovintas kumpis

proscribe [prəu'skraɪb] *v* **1** oficialiai uždrausti; pasmerkti **2** *ist.* paskelbti už įstatymo ribų; ištremti

proscription [prəu'skrɪpʃn] *n* **1** *knyg.* uždraudimas **2** *ist.* paskelbimas už įstatymo ribų; ištrėmimas, ištremtis **3** *ist.* proskripcija

prose [prəuz] *n* **1** proza *(t. p. prk.)* **2** proziškumas **3** *mok.* vertimas iš gimtosios į svetimą kalbą *(pratimas)*
v **1** nuobodžiai rašyti/kalbėti **2** rašyti proza

prosector [prəu'sektə] *n med. (ypač ist.)* prozektorius

prosecute ['prɔsɪkju:t] *v* **1** vykdyti; toliau daryti *(ką);* užsiimti; *to ~ an inquiry* vykdyti toliau tyrimą **2** *teis.* patraukti baudžiamojon atsakomybėn; persekioti baudžiamąja tvarka; kaltinti; *to ~ a claim for damages* iškelti/pareikšti ieškinį dėl nuostolių padengimo **3** *teis.* palaikyti kaltinimą, būti kaltintojo advokatu

prosecution [ˌprɔsɪ'kju:ʃn] *n* **1** vykdymas; užsiėmimas *(of – kuo); he was killed in the ~ of his duties* jis žuvo vykdydamas savo pareigas; *~ of war* karo vedimas, kariavimas **2** *teis.* baudžiamasis persekiojimas; patraukimas baudžiamojon atsakomybėn **3** *teis.* kaltinimas; ieškinį pareiškusioji šalis; *to appear for the ~* būti kaltinimo liudytoju

prosecutor ['prɔsɪkju:tə] *n teis.* **1** kaltintojas; *public ~* prokuroras **2** ieškovas

proselyte ['prɔsəlaɪt] *n* perkrikštas, naujakrikštis; prozelitas

proselytize ['prɔsəlɪtaɪz] *v knyg.* (stengtis) atversti į kitą tikėjimą; (stengtis) patraukti į kitą partiją

prosit ['prəusɪt] *lot. int* į Jūsų sveikatą *(sakoma geriant)*

prosodemic [ˌprɔsəu'demɪk] *a med.* plintantis kontaktų keliu *(apie ligą)*

prosodic [prə'sɔdɪk] *a lit.* prozodinis

prosody ['prɔsədɪ] *n lit.* prozodija

prosopopoeia [ˌprɔsəpə'pi:ə] *n lit.* prozopopėja; įasmeninimas

prospect *n* ['prɔspekt] **1** vaizdas, panorama, perspektyva **2** *(džn. pl)* perspektyva; ateities vaizdas/planas/ketinimas; *in ~* perspektyvoje, netolimoje ateityje; *a man of no ~s* žmogus, neturintis jokių perspektyvų; *there is little ~ of improvement* maža vilties, kad pagerės; *what are your ~s for tomorrow?* ką jūs rengiatės rytoj daryti? **3** numatomas/galimas klientas/kandidatas *ir pan.* **4** *kas., geol.* žvalgymas, žvalgyba; tyrimas; *~ hole* žvalgomasis gręžinys
v [prə'spekt] **1** tirti; žvalgyti; *to ~ for gold* ieškoti aukso **2** būti perspektyviam *(apie šachtą ir pan.)*

prospective [prə'spektɪv] *v* **1** būsimas; ateities; *this law is purely ~* šis įstatymas dar negalioja **2** numatomas, laukiamas; *~ customer* galimas klientas

prospectless ['prɔspektləs] *a* neperspektyvus, be perspektyvų

prospector [prə'spektə] *n kas., geol.* žvalgytojas; *gold ~* aukso ieškotojas

prospectus [prə'spektəs] *n (būsimo leidinio, mokymo įstaigos ir pan.)* prospektas, brošiūra; *preliminary ~ fin.* išankstinis prospektas

prosper ['prɔspə] *v* **1** klestėti; tarpti, vešėti, puikiai gyventi; *a lot of companies ~ed* daugelis bendrovių klestėjo **2** *psn.* būti palankiam; *may God ~ you!* tepadeda jums Dievas!

prosperity [prɔ'sperətɪ] *n* **1** (su)klestėjimas; vešėjimas; gerovė; *I wish you all ~!* aš linkiu jums viso gero! **2** *pl ret.* palankios aplinkybės

prosperous ['prɔspərəs] *a* **1** klestintis; sėkmingas **2** pasiturintis, turtingas **3** palankus

prostate ['prɔsteɪt] *n anat.* prostata, priešinė liauka *(t. p. ~ gland)*

prostatic [prɔ'stætɪk] *a anat.* prostatinis
prosthesis [prɔs'θi:sɪs] *n (pl* -ses [-si:z]) **1** protezas **2** protezavimas **3** *kalb.* protezė
prosthetic [prɔs'θetɪk] *a* protezinis; ~ *appliance* protezas
prosthodontist [ˌprɔsθə'dɔntɪst] *n* dantų protezuotojas
prostitute ['prɔstɪtju:t] *n* **1** prostitutė **2** parsiduodantis žmogus, parsidavėlis
v (t. p. refl) **1** užsiimti prostitucija **2** parsiduoti
prostitution [ˌprɔstɪ'tju:ʃn] *n* prostitucija *(t. p. prk.);* parsidavėliškumas
prostrate *a* ['prɔstreɪt] **1** išsitiesęs, kniūbčias **2** leisgyvis, išsekęs; paslikas, sugniuždytas; ~ *with grief* išsekęs nuo vargo, nelaimės/vargo sugniuždytas **3** *bot.* besidriekiantis
v [prɔ'streɪt] **1** parblokšti, pargriauti **2** *refl* pulti/gulėti kniūbsčiam; sukniubti; nusižeminti **3** *pass prk.* parklupdyti; sugniuždyti **4** išsekinti *(apie ligą, vargą ir pan.)*
prostration [prɔ'streɪʃn] *n* **1** gulėjimas kniūbsčia; kniūbsojimas **2** išsekimas, nusilpimas; prostracija
prostyle ['praustaɪl] *n archit.* prostilis
prosy ['prəuzɪ] *a* proziškas, pilkas, nuobodus
Prot [prɔt] *n* (Protestant *sutr.*) protestantas *(airių katalikų kalboje)*
prot- [prəut-] *pref* = **proto-**
protactinium [ˌprəutæk'tɪnɪəm] *n chem.* protaktinis
protagonist [prəu'tægənɪst] *n* **1** *(judėjimo, lygių teisių ir pan.)* šalininkas, kovotojas *(už)* **2** pagrindinis veikėjas, svarbiausio vaidmens atlikėjas, protagonistas
protamine ['prəutəmi:n] *n chem.* protaminas
protasis ['prɔtəsɪs] *n (pl* -ses [-si:z]) *gram.* sąlygos šalutinis sakinys
protean ['prəutɪən, prəu'ti:ən] *a* **1** *knyg.* kaitus, nepastovus **2** *amer. teatr.* atliekantis keletą vaidmenų *(vienoje pjesėje);* visapusiškas *(apie aktorių)*
protect [prə'tekt] *v* **1** (ap)ginti; (ap)saugoti, pridengti; *refl* apsisaugoti, apsiginti; *to ~ one's eyes from the sun* apsaugoti akis nuo saulės **2** globoti; proteguoti **3** *ekon.* vykdyti protekcionizmo politiką **4** *kom., fin.* akceptuoti, (sutikti) apmokėti
protected [prə'tektɪd] *a* ginamas; saugomas
protection [prə'tekʃn] *n* **1** (ap)gynimas; (ap)saugojimas; apgintis, apsauga; priedanga; *fire* ~ apsauga nuo gaisro; *under the* ~ *(of) (ko)* priedangoje **2** globojimas, globa; protegavimas **3** apsaugos raštas; leidimas; pasas **4** *ekon.* protekcionizmas *(t. p. trade* ~) **5** *(reketininkų siūloma)* apsauga; ~ *money* mokestis *(reketininkams)* už apsaugą ◊ *to live under the* ~ *of smb* būti kieno išlaikoma meilužė
protectionism [prə'tekʃənɪzm] *n ekon.* protekcionizmas
protectionist [prə'tekʃənɪst] *n* protekcionistas, protekcionizmo šalininkas
a protekcionistinis
protective [prə'tektɪv] *a* **1** ginamasis; apsauginis; pridengiamasis; ~ *coloration/colouring zool., bot.* apsauginė/slepiamoji spalva; ~ *barrage kar.* užtveriamoji ugnis **2** globėjiškas *(towards); to be* ~ *(of)* žiūrėti pavydžiai *(į kieno turtus, automobilį)* **3** *ekon.* protekcinis, apsauginis; ~ *duty* protekcinis/apsauginis muitas; ~ *tariff* protekcinis/apsauginis muitų tarifas
protector [prə'tektə] *n* **1** gynėjas; saugotojas **2** globėjas, patronas **3** apsaugos priemonė, apsauga **4** *tech.* apsauginis įrenginys; saugiklis **5** *aut.* protektorius **6** *ist.* Anglijos regentas; *(P.)* protektorius *(t. p. Lord P.)*
protectorate [prə'tektərət] *n* protektoratas
protectory [prə'tektərɪ] *n* įstaiga beglobiams vaikams ir nepilnamečiams nusikaltėliams

protectress [prə'tektrɪs] *n* gynėja; globėja
protégé ['prɔtɪʒeɪ] *pr. n* protežė, proteguotinis, statytinis
protégée ['prɔtɪʒeɪ] *pr. n* protežė, proteguotinė, statytinė
protein ['prəuti:n] *n chem.* baltymas, proteinas
pro tem(pore) [ˌprəu'tem(pərɪ)] *lot.* laikinas; laikinai, kol kas
protest *n* ['prəutest] **1** protestas; *to enter/lodge a* ~ pareikšti protestą; *under* ~ priverstinai, prieš valią **2** *teis.* protestas *(kad vekselio davėjas nesumokėjo pažymėtos sumos);* vekselio suprotestavimas
v [prə'test] **1** protestuoti, reikšti protestą *(against, about)* **2** suprotestuoti, užprotestuoti *(vekselį)* **3** iškilmingai pareikšti *(t. p. teis.);* teigti, tvirtinti; *to* ~ *one's innocence* pareikšti apie savo nekaltumą; *they ~ed that they had never heard of him* jie tvirtino, kad jie nė negirdėję apie jį
Protestant ['prɔtɪstənt] *bažn. n* protestantas
a protestantų, protestantiškas
protestant ['prɔtɪstənt] *ret. n* protestuojantysis
a protestuojantis
Protestantism ['prɔtɪstəntɪzm] *n bažn.* protestantizmas
protestation [ˌprɔtɪ'steɪʃn] *n* **1** iškilmingas pareiškimas *(of; that)* **2** protestavimas, protestas *(against)*
protester [prə'testə] *n* protestuotojas; demonstrantas
Proteus ['prəutɪəs, 'prəutju:s] *n* **1** *mit.* Protėjas **2** nepastovus žmogus *(greitai keičiantis pažiūras ir pan.)*
prothallium [prəu'θælɪəm] *n (pl* -ia [-ɪə]), **prothallus** [prəu'θæləs] *n (pl* -li [-laɪ]) *bot.* polaiškis
prothesis ['prɔθɪsɪs] *n (pl* -ses [-si:z]) *kalb.* protezė
proto- ['prəutəu-] *pref* proto- *(žymint pirmumą, pradinį/ pirminį pagrindą);* pirmasis, pradinis; *protozoology* protozoologija; *protomartyr* pirmasis kankinys
Proto-Balts [ˌprəutə'bɔ:lts] *n pl* prabaltai
protocol ['prəutəkɔl] *n* **1** *(įv. reikšm.)* protokolas **2** preliminarinės sutarties sąlygos **3** etiketo/elgesio taisyklės **4** *(the P.) (Užsienio reikalų ministerijos ir pan.)* protokolų skyrius
v protokoluoti, rašyti protokolą
protohistory [ˌprəutəu'hɪstərɪ] *n* ankstyvoji istorija
proton ['prəutɔn] *n fiz.* protonas
protoplasm ['prəutəplæzm] *n biol.* protoplazma
protoplasmic [ˌprəutə'plæzmɪk] *a biol.* protoplazminis
protoplast ['prəutəplæst] *n* **1** prototipas, pirmavaizdis **2** *biol.* protoplastas
protoplastic [ˌprəutə'plæstɪk] *a* **1** pirmasis, pirmapradis **2** *biol.* protoplazminis
prototype ['prəutətaɪp] *n* prototipas, pirmavaizdis
protozoa [ˌprəutə'zəuə] *n pl zool.* protozojai, pirmuonys
protozoan [ˌprəutə'zəuən] *a zool.* protozojų, pirmuonių
protract [prə'trækt] *v* **1** už(si)tęsti, (už)vilkinti; prailginti **2** *ret.* braižyti *(planą)*
protracted [prə'træktɪd] *a* užsitęsęs, užtrukęs; ilgai trunkantis
protractedly [prə'træktɪdlɪ] *adv* (per) ilgai; užtęstai
protractile [prə'træktaɪl] *a* **1** *anat.* tiesiamasis *(apie raumenį)* **2** *zool.* ištęsiamasis, ištempiamasis
protraction [prə'trækʃn] *n* **1** užtęsimas; vilkinimas; prailginimas **2** pažymėjimas plane/brėžinyje
protractor [prə'træktə] *n* **1** *tech.* matlankis; kampamatis **2** *anat.* tiesiamasis raumuo
protrude [prə'tru:d] *v* iš(si)kišti; kyšoti
protruding [prə'tru:dɪŋ] *a* išsikišęs, atsikišęs, išsišovęs; kyšantis; ~ *eyes* išsprogusios akys
protrusion [prə'tru:ʒn] *n* **1** iš(si)kišimas **2** iškyša, iškyšulys

protrusive [prə'tru:sɪv] *v* išsikišęs, išsišovęs, atsikišęs; ~ *chin* atsikišęs smakras

protuberance [prə'tju:bərəns] *n* **1** iškilumas, iš(si)kišimas; išgaubtumas **2** *anat.* gumburas, gumbas **3** *astr.* protuberantas

protuberant [prə'tju:bərənt] *a* iškilęs, išsikišęs, išsikišantis

proud [praud] *a* **1** besididžiuojantis; *to be ~ (of)* didžiuotis **2** išdidus; pasipūtęs; ~ *nation* išdidi tauta **3** iškilnus, įspūdingas, didus, puikus **4** pakilęs *(apie vandens lygį);* ~ *sea* kylanti jūra **5** išsipūtęs, išpurtęs; ~ *flesh* gyvmėsė **6** *poet.* smarkus, karštas; ~ *horse* eiklus žirgas ◊ *to do smb ~ šnek.* a) kelti kam pasididžiavimą; b) svetingai ką priimti, karališkai ką pavaišinti; *to do oneself ~ iron., juok.* galėti didžiuotis, pelnytai didžiuotis *(kuo)*

proud-hearted ['praud'hɑ:tɪd] *a* išdidus, išpuikęs, pasipūtęs

proudly ['praudlɪ] *adv* **1** išdidžiai, su pasididžiavimu **2** didingai

provable ['pru:vəbl] *a* įrodomas

prove [pru:v] *v* (proved; proved, proven) **1** įrodyti; patvirtinti; *the exception ~s the rule* išimtis (tik) patvirtina taisyklę **2** (iš)bandyti, (iš)mėginti **3** pasirodyti, paaiškėti *(esąs); he ~d (to be) a coward* jis pasirodė esąs bailys; *the play ~d a success* pjesė turėjo pasisekimą **4** *refl* gerai pasirodyti **5** *kul.* kilti *(apie tešlą);* kelti **6** *mat.* patikrinti *(ar teisingai suskaičiuota)* **7** *teis.* patvirtinti *(testamentą)* **8** *poligr.* daryti bandomąją nuotrauką □ ~ *out* pasitvirtinti

proven ['pru:vᵊn] *a* įrodytas; *not ~ škot. teis.* nusikaltimas neįrodytas
pII (ypač amer.) žr. **prove**

provenance ['prɔvᵊnəns] *n* kilmė; kilmės vieta

Provençal [ˌprɔvɔn'sɑ:l] *pr. a* Provanso; provansalų
n **1** provansalas **2** provansalų kalba

Provence [prɔ'vɑ:ns] *n* Provansas *(Prancūzijos sritis)*

provender ['prɔvɪndə] *n* **1** *ž. ū.* pašaras **2** *juok.* maistas

provenience [prɔ'vi:nɪəns] *n* = **provenance**

proverb ['prɔvə:b] *n* **1** patarlė; *Book of Proverbs bibl.* (Saliamono) Išminties knyga **2** priežodis; įsikūnijimas; *he is a ~ for ignorance* jis – nemokšiškumo įsikūnijimas ◊ *to a ~* itin, nepaprastai *(neigiama prasme); he is avaricious to a ~* jis nepaprastai šykštus, šykštumo įsikūnijimas

proverbial [prɔ'və:bɪəl] *a* **1** kaip patarlė; priežodinis, priežodžių, patarlių **2** tapęs priežodžiu; plačiai žinomas; *the ~ London fog* visiems žinomi Londono rūkai

proverbially [prɔ'və:bɪəlɪ] *adv* kaip patarlėje, kaip sakoma; visiems žinoma

provide [prɔ'vaɪd] *v* **1** ap(si)rūpinti; parūpinti; tiekti; *he has well ~d for his family* jis gerai aprūpino šeimą **2** duoti, suteikti; *his father ~d him with a good education* tėvas davė jam gerą išsilavinimą **3** iš anksto pa(si)ruošti; *to ~ an excuse* (iš anksto) apgalvoti, kaip reiks pasiteisinti **4** imtis priemonių *(against);* numatyti *(for); the law does not ~ for such a case* įstatymas nenumato tokio atvejo **5** *teis.* drausti *(against); this clause ~s against it* šis punktas tai draudžia

provided [prɔ'vaɪdɪd] *a* **1** aprūpintas; ~ *school* pradinė mokykla, išlaikoma vietinio biudžeto lėšomis **2** numatytas
conj su sąlyga, (tik) jei *(t. p.* ~ *that); you may remain, ~ you keep silent* jūs galite pasilikti su sąlyga, kad tylėsite

providence ['prɔvɪdᵊns] *n* **1** įžvalgumas, įžvalga, numatymas **2** *(P.) rel.* Dievo apvaizda **3** *psn.* taupumas

provident ['prɔvɪdᵊnt] *a* **1** numatantis, įžvalgus **2** taupus

providential [ˌprɔvɪ'denʃl] *a* **1** laimingas, stebuklingas **2** *rel.* (Dievo) apvaizdos; atsiųstas iš aukštybių, likimo lemtas

provider [prɔ'vaɪdə] *n* tiekėjas; aprūpintojas *(ypač šeimos)*

providing [prɔ'vaɪdɪŋ] = **provided** *conj*

province ['prɔvɪns] *n* **1** sritis, provincija **2** *(the ~s) pl* periferija, provincija **3** *prk. (veiklos ir pan.)* sritis, sfera, kompetencija; *it is outside, ar out of, my ~* tai ne mano kompetencijoje **4** *bažn.* arkivyskupija

provincial [prɔ'vɪnʃl] *a* **1** provincinis, provincijos; periferinis **2** provincialus
n **1** provincialas **2** *bažn.* arkivyskupas

provincialism [prɔ'vɪnʃᵊlɪzm] *n* **1** provincializmas, provincialumas **2** *kalb.* provincializmas, provincialybė

provinciality [prɔˌvɪnʃɪ'ælətɪ] *n* provincialumas

proving ['pru:vɪŋ] *n* **1** įrodymas *(veiksmas)* **2** *teis. (testamento)* patvirtinimas **3** *tech.* (iš)bandymas **4** *(tešlos)* kilimas
a bandomasis; ~ *ground* bandomasis poligonas/laukas

provision [prɔ'vɪʒn] *n* **1** ap(si)rūpinimas; parūpinimas; tiekimas; *to make ample ~ for one's family* visiškai aprūpinti šeimą **2** *pl* maisto produktai/atsargos, maistas **3** *(sutarties ir pan.)* sąlyga, nuostata **4** pasiruošimas *(ateičiai),* atsargumo priemonė *(for, against)*
v (ppr. pass) aprūpinti maistu

provisional [prɔ'vɪʒnəl] *a* **1** laikinas; ~ *government* laikinoji vyriausybė **2** parengtinis, negalutinis

proviso [prɔ'vaɪzəu] *n (pl ~s [-z]) (sutarties, sandorio)* išlyga

provisory [prɔ'vaɪzərɪ] *a* **1** sąlyginis; su sąlyga/išlyga **2** laikinas

provitamin [prəu'vaɪtəmɪn] *n* provitaminas

provocation [ˌprɔvə'keɪʃn] *n* **1** provokavimas, kurstymas; iššūkis; *he gets angry at/on the slightest ~* jis supyksta dėl mažiausios priežasties **2** provokacija **3** erzinimas, dirginimas

provocative [prə'vɔkətɪv] *a* **1** provokacinis, provokatoriškas **2** provokuojantis, gundantis *(apie elgesį ir pan.)* **3** sukeliantis *(of);* skatinantis; verčiantis pagalvoti/pamąstyti *(apie knygą, filmą ir pan.)* **4** erzinantis
n **1** jaudiklis; sukėlėjas **2** dirginantis vaistas

provoke [prə'vəuk] *v* **1** (iš)provokuoti **2** sukelti *(juoką, pyktį ir pan.)* **3** (su)pykdyti, (su)erzinti **4** kurstyti; gundyti

provoking [prə'vəukɪŋ] *a* erzinantis; keliantis apmaudą; nemalonus; *how ~!* kaip apmaudu/pikta!

provost ['prɔvəst] *n* **1** *(koledžo)* rektorius **2** *(Amerikos universitetų)* prorektorius **3** *škot.* meras; *Lord P.* lordas meras **4** *bažn.* klebonas **5** *kar.* [prə'vəu] karinės policijos karininkas; ~ *marshal* karinės policijos viršininkas; ~ *prison* karo kalėjimas

prow [prau] *n (laivo ir pan.)* priekis, pirmagalys, nosis

prowess ['prauɪs] *n knyg.* **1** meistriškumas, mokėjimas, menas **2** šaunumas, narsa, drąsa

prowl [praul] *v* **1** sėlinti **2** šmižinėti, klaidžioti *(ypač ieškant grobio; t. p. ~ about/around)*
n **1** sėlinimas; *on the ~* sėlinant, vogčiomis, pasalomis **2** klaidžiojimas; *to take a ~ round the streets* eiti pasibastyti po gatves **3** *attr:* ~ *car amer.* policijos patrulio mašina

prowler ['praulə] *n* **1** bastūnas, klajūnas **2** plėšikas, chuliganas

proximal ['prɔksɪml] *a anat.* proksimalinis

proximate ['prɔksɪmət] *a* **1** artimiausias; ateinantis **2** betarpiškas, tiesioginis *(apie priežastį)*

proximity [prɔk'sɪmətɪ] *n* art(im)umas; ~ *of blood* artima/ kraujo giminystė; *in the* ~ *(of)* arti *(ko)*; *in close* ~ labai arti

proximo ['prɔksɪməu] *lot. a kom.* ateinančio mėnesio; *on the 5th* ~ ateinančio mėnesio penktą dieną

proxy ['prɔksɪ] *n* **1** įgaliojimas; *by* ~ pagal įgaliojimą; *to vote by* ~ a) perduoti savo balsą; b) balsuoti už kitą *(pagal įgaliojimą)* **2** įgaliotinis, pavaduotojas; *to be/stand* ~ *for smb* būti kieno atstovu/įgaliotiniu

prude [pru:d] *n menk.* apsimestinai drovi moteris; davatka, šventoji nekaltybė, dorovės sergėtojas

prudence ['pru:dəns] *n* **1** protingumas **2** apdairumas, atsargumas **3** taupumas

prudent ['pru:dənt] *a* **1** protingas, išmintingas **2** apdairus, atsargus **3** taupus

prudential [pru:'denʃl] *a* protingas, sveiko proto padiktuotas

prudery ['pru:dərɪ] *n menk.* apsimetamas drovumas; perdėtas skrupulingumas

prudish ['pru:dɪʃ] *a menk.* pernelyg drovus/skrupulingas

prune[1] [pru:n] *n* **1** *kul.* džiovinta slyva **2** violetinė spalva **3** *šnek.* mulkis; atsibodėlis ◊ *~s and prisms* manieringa kalbėsena, kalbos manieringumas

prune[2] *v* **1** (ap)genėti, apkarpyti *(medžius ir pan.; t. p.* ~ *back)* **2** sumažinti *(kaštus ir pan.)*; sutrumpinti *(tekstą)*, pašalinti *(tai, kas nereikalinga; ppr.* ~ *down)* ▢ ~ *away/ off* nugenėti, išgenėti

prunella [pru'nelə] *n* priunelė *(medžiaga)*

pruning-hook ['pru:nɪŋhuk] *n* genėjimo peilis

prurience, -cy ['pruərɪəns, -sɪ] *n* **1** geidimas, geidulys **2** gašlumas

prurient ['pruərɪənt] *a* geidus; geidulingas, gašlus

pruritus [pru'raɪtəs] *n med.* niežėjimas

Prussia ['prʌʃə] *n ist.* Prūsija

Prussian ['prʌʃn] *a ist.* Prūsijos; prūsų, prūsiškas ◊ ~ *blue* Berlyno mėlis/mėlynasis *(tamsiai mėlynas pigmentas)*
n ist. prūsas

prussic ['prʌsɪk] *a:* ~ *acid chem.* ciano vandenilio rūgštis

pry[1] [praɪ] *n* smalsuolis *(juok. t. p. Paul P.)*
v **1** smalsiai žvilgčioti/ieškoti; smalsauti **2** kišti nosį *(į svetimus reikalus; into)* ▢ ~ *out* kamantinėti, išgauti *(žinių ir pan.)*

pry[2] *amer. n* svertas; laužtuvas
v **1** kelti svertu; atidaryti, atplėšti *(laužtuvu ir pan.; t. p.* ~ *open)* **2** sunkiai išgauti/ištraukti

prying ['praɪɪŋ] *a* smalsus; *away from* ~ *eyes* toli nuo smalsių akių

psalm [sɑ:m] *n* psalmė, giesmė; *the Psalms, the Book of Psalms bibl.* Psalmių knyga

psalm-book ['sɑ:mbuk] *n* psalmynas

psalmist ['sɑ:mɪst] *n* psalmės kūrėjas, psalmininkas

psalmody ['sɑ:mədɪ] *n* psalmių giedojimas, psalmodija

psalter ['sɔ:ltə] *n* psalmių knyga, psalmynas

psaltery ['sɔ:ltərɪ] *n* psalteriumas *(senovinis muz. instrumentas)*

psephology [se'fɔlədʒɪ] *n* statistinė balsavimo rezultatų analizė

pseud [sju:d] *šnek. n* žmogus, turintis didelių pretenzijų, apsimetėlis, tariamas mokovas
a pretenzingas, su pretenzijomis

pseudo ['sju:dəu] *a* netikras, apgaulingas; pretenzingas

pseud(o)- ['sju:d(əu)-] *pref* pseudo-; *pseudoclassic(al)* pseudoklasikinis; *pseudoscience* pseudomokslas

pseudonym ['sju:dənɪm] *n* slapyvardis, pseudonimas

pseudonymous [sju:'dɔnɪməs] *a* pasirašęs/išleistas slapyvardžiu

pshaw [pʃɔ:] *ret. int* fe!, fu!, pfui! *(reiškiant panieką, pasibjaurėjimą ir pan.)*
v reikšti panieką/pasibjaurėjimą *ir pan. (sakant fu, pfui)*

psittacosis [ˌsɪtə'kəusɪs] *n med.* papūgligė, psitakozė

psoriasis [ˌsə'raɪəsɪs] *n med.* psoriazė, žvynelinė

psst [pst] *int* ei!, ts! *(siekiant atkreipti dėmesį)*

psych [saɪk] *v šnek.* **1** daryti psichinį poveikį, psichiškai (pa)veikti *(t. p.* ~ *out)* **2** *amer.* permanyti, perkąsti *(t. p.* ~ *out)* ▢ ~ *up refl, pass* susikaupti, psichologiškai pasiruošti *(prieš varžybas ir pan.; for)*

psych- [saɪk-] = **psycho-**

psyche ['saɪkɪ] *n* **1** *psich.* siela, dvasia; psichika **2** *(the P.) mit.* Psichė

psychedelic [ˌsaɪkə'delɪk] *a* **1** psichodelinis; sukeliantis haliucinacijas *(apie narkotikus)* **2** absurdiškas, įmantrus *(apie meną ir pan.)*; ryškus *(apie drabužius)*

psychiatric(al) [ˌsaɪkɪ'ætrɪk(l)] *a* psichiatrinis, psichiatrijos

psychiatrist [saɪ'kaɪətrɪst] *n* psichiatras

psychiatry [saɪ'kaɪətrɪ] *n* psichiatrija

psychic ['saɪkɪk] *a* **1** dvasinis; ~ *income* moralinis pasitenkinimas **2** aiškiaregis; pasižymintis telepatija; parapsichologinis **3** = **psychical**
n **1** aiškiaregys **2** mediumas *(asmuo)*

psychical ['saɪkɪkl] *a* psichinis; psichologinis

psychics ['saɪkɪks] *n* psichologija

psycho ['saɪkəu] *n šnek.* psichopatas, pamišėlis

psycho- ['saɪkəu-] *(sudurt. žodžiuose)* psicho-; *psychoanalysis* psichoanalizė; *psychoneurosis* psichoneurozė

psychoanalyse [ˌsaɪkəu'ænəlaɪz] *v* gydyti psichoanalizės metodu

psychoanalyst [ˌsaɪkəu'ænəlɪst] *n* psichoanalitikas

psychoanalytic(al) [ˌsaɪkəuˌænə'lɪtɪk(l)] *a* psichoanalitinis, psichoanalizės

psychobabble ['saɪkəuˌbæbl] *n šnek.* pseudomokslinis žargonas *(kalbant apie psichikos problemas)*

psychokinesis [ˌsaɪkəukɪ'ni:sɪs] *n spec.* psichokinezė

psycholinquistics [ˌsaɪkəulɪŋ'ɡwɪstɪks] *n* psicholingvistika

psychological [ˌsaɪkə'lɔdʒɪkl] *a* psichologinis, psichologijos; psichologiškas ◊ *the* ~ *moment* tinkamiausias momentas

psychologist [saɪ'kɔlədʒɪst] *n* psichologas

psychology [saɪ'kɔlədʒɪ] *n* psichologija

psychometry [saɪ'kɔmɪtrɪ] *n* psichometrija

psychoneurosis [ˌsaɪkəunjuə'rəusɪs] *n (pl* -ses [-si:z]) psichoneurozė

psychopath ['saɪkəpæθ] *n* psichopatas

psychopathic [ˌsaɪkə'pæθɪk] *a* psichopatinis, psichopatiškas

psychopathology [ˌsaɪkəupə'θɔlədʒɪ] *n* psichopatologija

psychophysiology [ˌsaɪkəuˌfɪzɪ'ɔlədʒɪ] *n* psichofiziologija

psychosis [saɪ'kəusɪs] *n (pl* -ses [-si:z]) psichozė

psychosomatic [ˌsaɪkəusə'mætɪk] *a med.* psichosomatinis

psychotherapy [ˌsaɪkəu'θerəpɪ] *n* psichoterapija

psychotic [saɪ'kɔtɪk] *med. n* psichiškai nesveikas žmogus
a psichiškai nesveikas; psichozės paveiktas

psywar ['saɪwɔ:] *n šnek.* psichologinis karas

ptarmigan ['tɑ:mɪɡən] *n amer. zool.* žvyrė, baltasis tetervinas *(t. p. willow* ~)

pterodactyl [ˌterə'dæktɪl] *n zool.* pterodaktilis

Ptolemaic [ˌtɔlə'meɪɪk] *a ist.* Ptolemėjo

Ptolemy ['tɔləmɪ] *n* Ptolemėjas *(sen. Graikijos mokslininkas)*

ptomaine ['təumeɪn] *n* ptomainas *(nuodai, atsirandantys pūvant baltymams)*

ptosis ['təusɪs] *n med.* ptozė, nusileidimas, nudribimas

pub [pʌb] *n* (public house *sutr.*) *šnek.* alinė, baras; smuklė

pub-crawl ['pʌbˌkrɔ:l] v šnek. vaikščioti iš vieno baro į kitą
puberty ['pju:bəti] n lytinis subrendimas
pubes ['pju:bi:z] pl žr. **pubis**
pubescence [pju:'besns] n 1 lytinis (su)brendimas 2 *(augalų)* pūkeliai, plaukeliai
pubescent [pju:'besnt] a 1 lytiškai subrendęs 2 *bot., zool.* su pūkeliais/plaukeliais
pubic ['pju:bɪk] a *anat.* gaktos; *the ~ bone* gaktikaulis; *~ hair* gaktos plaukai
pubis ['pju:bɪs] n *(pl pubes) anat.* gakta
public ['pʌblɪk] a 1 viešas; atviras; visiems žinomas; *~ lecture* vieša paskaita; *~ library* viešoji biblioteka; *~ opinion [peace]* viešoji nuomonė [tvarka]; *~ meeting [protest]* viešas/atviras posėdis [protestas]; *~ road* vieškelis; *~ scandal* viešas skandalas; *to make smth ~, to give smth ~ utterance* viešinti, viešai ką (pa)skelbti, iškelti ką viešumon; *it's a matter of ~ knowledge* tai visiems žinoma 2 visuomenės, visuomeninis; valstybinis; *to be in ~ life* dalyvauti visuomenės gyvenime; *~ man* visuomenės veikėjas; *~ office* a) valstybinė/visuomeninė įstaiga; b) valstybinė tarnyba; *~ official* valstybės tarnautojas; *~ relations* ryšiai su visuomene; visuomenės informavimas *(apie organizacijos ir pan. veiklą); ~ relations department* spaudos biuras; informacijos skyrius; *~ relations man* reklamos agentas; *~ work* visuomeninis darbas; *~ holiday [debt, law]* valstybinė šventė [skola, teisė]; *~ ownership/property* valstybinė nuosavybė; *the law was changed as a result of ~ pressure* įstatymas buvo pakeistas spaudžiant visuomenei 3 visuomeniškas; pilietiškas; *~ spirit* visuomeniškumas, visuomeniškumo jausmas; pilietiškumas 4 komunalinis; *~ utilities* a) komunalinės įstaigos; b) komunalinės paslaugos ◊ *to go ~* a) atskleisti savo ketinimus; paviešinti; b) siūlyti parduoti akcijas *(biržoje)*
n kuop. 1 publika; *the theatre-going ~* teatro publika 2 visuomenė; *the general ~* plačioji visuomenė; *in ~* viešai; *the American ~* Amerikos visuomenė 3 *šnek.* = **pub**
publican ['pʌblɪkən] n 1 baro savininkas, smuklininkas 2 *ist.* publikanas, valstybės pajamų, mokesčių rinkėjas
publication [ˌpʌblɪ'keɪʃn] n 1 paskelbimas; (iš)leidimas; publikavimas, publikacija; *~ date* išleidimo data; *not for ~* ne spaudai, konfidencialiai 2 leidinys; *information ~* informacinis leidinys
public-house [ˌpʌblɪk'haus] n = **pub**
publicist [pʌblɪsɪst] n 1 reklamos agentas 2 publicistas, žurnalistas 3 *psn.* tarptautinės teisės specialistas
publicity [pʌ'blɪsəti] n 1 viešumas; *to give ~ (to)* viešinti, paskelbti; kelti viešumon 2 reklama; *~ campaign* reklamos/propagandinė kampanija; *~ agent* reklamos agentas; *to give a novel wide ~* plačiai reklamuoti romaną 3 reklaminė medžiaga *(brošiūros, afišos, filmai)*
publicize ['pʌblɪsaɪz] v 1 reklamuoti 2 viešinti, paskelbti
publicly ['pʌblɪklɪ] adv viešai
publicly-funded ['pʌblɪklɪ'fʌndɪd] a įgyvendinamas/vykdomas iš valstybės lėšų *(apie projektą ir pan.)*
public-spirited ['pʌblɪk'spɪrɪtɪd] a visuomeniškai nusiteikęs; pilietiškas
publish ['pʌblɪʃ] v 1 (pa)skelbti; *to ~ notice of a death* paskelbti pranešimą apie mirtį 2 (iš)leisti, publikuoti; spausdinti *(laikraštyje, žurnale); have you ~ed anything?* ar jūs turite spausdintų darbų? *(apie mokslininką ir pan.)* 3 *amer.* leisti į apyvartą

publisher ['pʌblɪʃə] n 1 *(knygų, žurnalų)* leidėjas 2 *amer.* laikraščio savininkas
publishing ['pʌblɪʃɪŋ] n *(knygų)* leidyba; leidėjo profesija a leidybos, spaudinių leidimo; *~ house/office* leidykla; *~ industry/trade* leidyba
puce [pju:s] a rausvai rudas
puck¹ [pʌk] n *sport. (ledo ritulio)* ritulys
puck² n 1 *flk.* elfas, velniūkštis išdaigininkas 2 *prk.* velniūkštis, aitvaras *(apie vaiką)*
pucka ['pʌkə] a = **pukka**
pucker ['pʌkə] n 1 *(veido, drabužio)* raukšlė 2 *šnek.* sumišimas; nerimas
v raukšlėti(s); raukti(s) *(džn. ~ up); to ~ (up) one's brows* suraukti antakius; *your jacket ~s under the arm* tavo švarkas raukšlėjasi po pažastimi
puckered ['pʌkəd] a susiraukšlėjęs; surauktas *(apie antakius)*
puckish ['pʌkɪʃ] a *knyg.* išdaigus, šelmiškas
pud¹ [pʌd] n *vaik.* rankutė, kojytė
pud² n *šnek.* = **pudding** 1, 2
pudding ['pudɪŋ] n 1 saldus patiekalas; desertas 2 pudingas, apkepas 3 tai, kas panašu į pudingą *(forma, konsistencija)* 4 dešra; *black [white] ~* kraujinė [kepeninė] dešra 5 *šnek.* nutukėlis, tešlius, tešlagalvis ◊ *~ face* bereikšmis/bukas veidas; *the proof of the ~ is in the eating pat.* ≡ neparagavęs skonio nepažinsi; *more praise than ~* ≡ už ačiū sotus nebūsi, už ačiū košės nevirsi; *to overegg the ~ šnek.* padauginti, perkrauti
pudding-head ['pudɪŋhed] n *šnek.* bukagalvis, tešlagalvis
pudding-stone ['pudɪŋstəun] n *geol.* konglomeratas
puddingy ['pudɪŋɪ] a 1 panašus į pudingą 2 *prk.* sunkus; bukas
puddle ['pʌdl] n 1 klanas, bala 2 *stat.* molio glaistas tvenkinių *ir pan.* dugnui
v 1 drumsti *(vandenį)* 2 taškytis/pliuškentis purve *(t. p. ~ about/in)* 3 daryti molio glaistą 4 išglaistyti *(kanalo dugną ir pan.);* plūkti 5 padaryti balutę/klanelį *(apie kūdikį)* 6 *prk.* teplioti, terlioti 7 *metal.* pudlinguoti
puddling-furnace ['pʌdlɪŋ'fɔ:nɪs] n *metal.* pudlingavimo krosnis
puddly ['pʌdlɪ] a su klanais *(apie kelią ir pan.)*
pudency ['pju:dənsɪ] n *knyg.* drovumas
pudendum [pju:'dendəm] n *(pl* -da [-də]) *(ppr. pl) anat. (moters)* išoriniai lyties organai
pudge [pʌdʒ] n *šnek.* storulis; striukis, žemo ūgio žmogus
pudgy ['pʌdʒɪ] a *šnek.* 1 kresnas, žemas ir storas/riebus 2 trumpas/striukas ir drūtas *(apie pirštus)*
pueblo ['pweblou] *isp.* n *(pl ~s* [-z]) 1 Š. Amerikos pietvakarių indėnų gyvenvietė/kaimas, pueblas 2 indėnų kaimo gyventojas
puerile ['pjuəraɪl] a vaikiškas; naivus, kvailokas
puerility [pjuə'rɪlətɪ] n vaikiškumas
puerperal [pju:'ɜ:pərəl] a *med.* pogimdyminis
Puerto Rico [ˌpwɜ:təu'ri:kəu] n Puerto Rikas *(sala ir valstybė)*
puff¹ [pʌf] n 1 dūmas, dūmelis, užsitraukimas *(rūkant)* 2 *(dūmų ir pan.)* kamuolys, tumulas 3 pūstelėjimas, dvelktelėjimas, dvelksmas, gūsis 4 *(drabužio)* pūpsniai 5 pudrinukas, pūkutis *(t. p. powder ~)* 6 *kul.* sluoksniuotos tešlos pyragaitis *(t. p. ~ pastry)* 7 *ret.* liaupsinimas, nepelnytas (pa)gyrimas; išpūsta reklama ◊ *out of ~ šnek.* ≡ be kvapo, uždusęs; *to get one's ~ back šnek.* atgauti kvapą
v 1 papsėti, dūmyti, leisti dūmus; užtraukti dūmą *(at); to ~ smoke into smb's face* pūsti dūmus kam į veidą *(rūkant)* 2 pūstelėti, pūsti gūsiais; verstis tumulais

3 pūškuoti, pūkšti; *to ~ and blow/pant* sunkiai alsuoti, šniokšti **4** *šnek. ret.* liaupsinti; reklamuoti ☐ *~ out* a) užpūsti *(žvakę);* b) papūsti, išpūsti *(plunksnas, krūtinę ir pan.);* *~ed out with self-importance prk.* pasipūtęs; c) išsiveržti/veržtis kamuoliais/gūsiais; *~ up* a) kilti kamuoliais *(apie dūmus ir pan.);* b) iš(si)pūsti; ištinti; *~ed up prk.* pasipūtęs, išpuikęs

puff² [puf] = **poof** *n* 2

puffball ['pʌfbɔ:l] *n bot.* kukurdvelkis, pumpotaukšlis *(grybas)*

puffed [pʌft] *a* **1** pūstas *(apie drabužį);* *~ sleeves* pūstos rankovės, rankovės su pūpsniais **2** *šnek.* uždusęs, be kvapo

puffer ['pʌfə] *n vaik.* garvežys, traukinys

puffery ['pʌfərɪ] *n* reklamavimas; išpūsta reklama

puffin ['pʌfɪn] *n zool.* pufinas *(paukštis);* *common ~* mormonas

puffiness ['pʌfɪnɪs] *n* **1** išpurtimas, pabrinkimas **2** *(stiliaus)* pompastiškumas

puffinus ['pʌfɪnəs] *n zool.* audrapaukščiai

puff-pastry [,pʌf'peɪstrɪ] *n kul.* sluoksniuota tešla

puff-puff ['pʌf'pʌf] *n vaik.* tu-tu, garvežys

puffy ['pʌfɪ] *a* **1** išpurtęs, pabrinkęs; *to become ~* pabrinkti, papursti **2** putlus **3** uždusęs, dusulingas **4** gūsiuotas *(apie vėją)* **5** išpūstas, pompastiškas *(apie stilių, kalbą)* **6** *ret.* pasipūtęs, išpuikęs

pug¹ [pʌg] *n* mopsas *(šuo)*

pug² *n* **1** minkytas molis **2** molio aptepas
v **1** minkyti *(molį)* **2** pripildyti, užpildyti *(moliu ir pan.; garsui izoliuoti)*

pug³ *ind. n* žvėries pėdsakas
v sekti pėdomis

pug⁴ *n sutr. sl.* = **pugilist**

pug-dog ['pʌgdɒg] *n* = **pug¹**

puggaree ['pʌgərɪ:] *n ind.* **1** lengvas turbanas **2** šalikas aplink skrybėlę *(apsaugoti kaklui nuo saulės)*

pugilism ['pju:dʒɪlɪzm] *n* boksas; kumštynės

pugilist ['pju:dʒɪlɪst] *n* boksininkas; kumštininkas

pugilistic [,pju:dʒɪ'lɪstɪk] *a* bokso, kumštynių

pug-mill ['pʌgmɪl] *n* molio minkytuvas

pugnacious [pʌg'neɪʃəs] *a* mėgstantis ginčytis, linkęs muštis/peštis; *in ~ spirits* kovingai nusiteikęs

pugnacity [pʌg'næsətɪ] *n* palinkimas muštis/peštis; kovos troškimas

pug-nose ['pʌgnəuz] *n* trumpa riesta/priplota nosis

pug-nosed ['pʌg'nəuzd] *a* riestanosis; priplotanosis

puisne ['pju:nɪ] *teis. a* jaunesnysis
n jaunesnysis teisėjas *(t. p. ~ judge)*

puissance ['pju:ɪsns] *n psn., poet.* galia, galybė

puissant ['pju:ɪsnt] *a psn., poet.* galingas

puke [pju:k] *šnek. n* vėmalai
v (iš)vemti *(t. p. ~ up);* *it makes me ~!* mane vemti verčia, man darosi šlykštu *(girdint, žiūrint ir pan.)*

pukka ['pʌkə] *ind. a* **1** tikras **2** pirmos rūšies

pukk(e)y ['pju:kɪ] *a sl.* bjaurus

pulchritude ['pʌlkrɪtju:d] *n knyg. (fizinis)* grožis

pule [pju:l] *v ret.* zirzti, verkšlenti, žliumbti

pull [pul] *n* **1** traukimas; truktelėjimas; *to give a ~ at the bell* patraukti/truktelėti/timptelėti skambutį **2** trauka; traukos jėga; *gravitational ~ of the moon* mėnulio gravitacinė trauka; *to feel the ~ of the sea prk.* jausti jūros trauką **3** *(dūmtraukio)* trauka **4** jėgos įtempimas; pastanga; *a long ~ uphill* sunkus lipimas į kalną **5** pasiirstymas valtimi; yris; irklavimas **6** gurkšnis; užsitraukimas *(rūkant);* *to have a ~ at the bottle* truktelėti, išgerti taurelę **7** *(skambučio ir pan.)* rankenėlė, virvutė **8** *šnek.* protekcija, ryšiai, pažintis; įtaka *(over, with – kam)* **9** *šnek.* pirmenybė *(on, upon, over)*
v **1** (pa)traukti, (pa)tempti, vilkti; *to ~ a sled* traukti/tempti rogutes; *the car seems to be ~ing to the left* atrodo, kad automobilį traukia į kairę **2** tampyti; pešti; *to ~ at smb's sleeve* tampyti ką už rankovės; *to ~ smb's hair, to ~ smb by the hair* pešioti ką už plaukų; *to ~ the horse* įtempti vadeles **3** užtempti, užmaukti; *he ~ed his hat over his eyes* jis užsimaukšlino kepurę ant akių **4** truktelėti, traukti *(dūmus, svaigalus);* už(si)traukti *(rūkant; at, on)* **5** vilktis, slinkti; *the bus ~ed slowly up hill* autobusas lėtai slinko į kalną **6** ištraukti; *to ~ a cork [a tooth]* ištraukti kamštį [dantį] **7** skinti *(gėles, vaisius)* **8** plėšyti; patempti *(sausgysles);* *to ~ a muscle* patempti raumenį **9** (pasi)irstyti; irkluoti; *to ~ a good oar* gerai irkluoti **10** *šnek.* ištraukti *(ginklą)* ir grasinti *(on)* **11** *šnek.* privilioti, atvilioti; sutraukti *(minią);* laimėti *(balsų)* **12** *šnek.* patraukti, suvilioti **13** *sl.* padaryti *(ką nors įžūlaus, nusikalstamo)* **14** *poligr.* spausdinti, daryti atspaudus **15** *sport.* atmušti kamuolį netiesia trajektorija *(žaidžiant golfą, kriketą)* ☐ *~ about* a) taršyti, tampyti ir šen, ir ten; b) kamuoti, šiurkščiai elgtis *(su);* *~ apart* a) perplėšti, sudraskyti; išardyti; b) išskirti; c) kritikuoti; *~ away* a) išsilaisvinti, ištrūkti; b) atsiskirti, atsiplėšti *(from);* c) pradėti judėti *(apie transporto priemonę);* *~ back* a) atitraukti; atsitraukti; b) apsigalvoti, persigalvoti; *~ down* a) nugriauti, nuversti *(namą ir pan.);* b) nuleisti *(užuolaidą ir pan.);* c) *prk.* nutempti žemyn, pažeminti; d) susilpninti; *~ in* a) įtempti vadeles; (su)stabdyti *(arklį);* b) sustoti šalikelėje *(praleidžiant mašiną ir pan.);* c) atvykti *(į stotį ir pan. – apie traukinį);* d) pritraukti, sutraukti *(minias, turistus);* e) įtraukti *(pilvą);* f) *šnek.* uždirbti; g) susivaldyti; h) sumažinti *(išlaidas);* i) *šnek.* sulaikyti, pristatyti į policiją; *~ off* a) nu(si)traukti, nu(si)tempti; b) *šnek.* pasisekti, sėkmingai padaryti *(ką sunkaus);* pasiekti, laimėti *(prizą);* c) išsukti iš kelio; d) atitolti, nutolti; *~ on* a) už(si)tempti, už(si)traukti, užsimauti; b) traukti rankeną į save; *~ out* a) ištraukti; ištempti; b) užtraukti, ištęsti *(pasakojimą);* c) ištrūkti; pasitraukti, nebedalyvauti; d) išvažiuoti į kelią *(prieš tai sustojus);* išvažiuoti į kitą kelio juostą *(norint aplenkti);* e) išeiti *(iš stoties – apie traukinį);* f) išvesti kariuomenę; *~ over* a) užtraukti, užmauti, vilktis *(per galvą);* b) pertempti, pertraukti; c) važiuoti į kelio pakraštį, sustoti; priversti sustoti *(apie policiją);* *~ round* a) apsukti *(į kitą pusę);* b) taisytis, (pa)sveikti; atsigauti; atsipeikėti; c) išgydyti, išgelbėti; *~ through* a) išlikti gyvam; iš(si)gelbėti; b) *(padėti)* išsipainioti, išsikapstyti *(iš bėdos);* (padėti) nugalėti/įveikti *(sunkumus ir pan.);* c) perverti *(siūlą);* *~ together* a) išvien dirbti; b) *refl* suimti save į rankas, susitvardyti; *~ up* a) ištraukti, išpešti; išrauti; b) prisitraukti *(kėdę)* prie sėdinčiojo; c) pa(si)tempti *(aukštyn);* prisitraukti *(ant skersinio);* d) sustabdyti, sulaikyti *(arklius, mašiną ir pan.);* sustoti; e) su(si)laikyti; susiimti; atsigriebti *(kas praleista);* f) išeiti į priekį, susilyginti su kitais *(lenktynėse);* g) išpeikti; h) *sport.* diskvalifikuoti ◊ *to ~ the strings/ropes/wires* panaudoti ryšius/protekcijas; slapta daryti įtaką *(kam);* *~ baker/devil!* spausk!, greičiau! *(raginant varžybose)*

pullback ['pulbæk] *n* **1** (su)trukdymas; kliūtis **2** uždarymo įtaisas *(lango rėme)* **3** *kar.* atsitraukimas

pulldown ['puldaun] *a* **1** nugriaunamas **2** atlošiamasis, atverčiamasis *(apie kėdę ir pan.)*

pulled [puld] *a:* ~ **bread** džiūvėsiai *(iš duonos minkštimo);* ~ **chicken** nupeštas viščiukas; ~ **figs** presuotos figos

puller ['pulə] *n* **1** traukėjas, traukikas, tampytojas **2** irkluotojas **3** traukiklis, kamščiatraukis; trauktuvas, traukimo prietaisas **4** *tech.* nuėmiklis, nuimtuvas

pullet ['pulɪt] *n* vištelė, vištaitė, jauniklė višta

pulley ['pulɪ] *n tech.* skriemulys, skridinys; suktuvas; ***driving*** ~ varantysis skriemulys

pulley-block ['pulɪblɔk] *n tech.* skrysčiai

pulley-weights ['pulɪweɪts] *n sport.* espanderis

pull-in ['pulɪn] *n* = **pull-up** 4

Pullman ['pulmən] *n* **1** *glžk.* pulmanas, prabangus vagonas *(t. p.* ~ *car)* **2** *amer. glžk.* miegamasis vagonas **3** *amer.* lagaminas

pull-off ['pulɔf] *a attr* nutraukiamas, nuimamas

pull-on ['pulɔn] *a attr* užmaunamas, užtempiamas *(be užsegimo)*

pull-out ['pulaut] *n* **1** kariuomenės išvedimas **2** *poligr.* didelio formato įklija *(knygoje, žurnale ir pan.)* **3** *attr:* ~ **seat** ištraukiama/ištempiama sėdynė

pullover ['pul̩əuvə] *n* puloveris, megztinis *(užsivelkamas per galvą)*

pullthrough ['pulθru:] *n kar.* valiklis

pullulate ['pʌljuleɪt] *v* **1** sprogti, želti, leisti atžalas **2** *zool.* (greitai) veistis, daugintis **3** knibždėti **4** kilti, pasirodyti *(apie teorijas ir pan.)*

pull-up ['pulʌp] *n* **1** *(laidų)* įtempimas **2** prisitraukimas *(ant skersinio)* **3** *šnek.* vieta šalikelėje automašinoms sustoti **4** *šnek.* pakelės užkandinė *(džn. vairuotojams)*

pulmonary ['pʌlmənərɪ] *a med.* plaučių, plautinis

pulmotor ['pulməutə] *n* dirbtinio kvėpavimo aparatas

pulp [pʌlp] <*n, a, v*> *n* **1** *(vaisiaus ir pan.)* minkštimas **2** minkšta masė, košė, tyrė **3** medienos/popieriaus masė **4** *menk.* pigi bulvarinė literatūra *(t. p.* ~ *literature)* **5** *anat. (danties)* pulpa **6** *tech.* šlamas, pulpa ◊ *to beat smb to a* ~ *šnek.* ≡ padaryti iš ko košę, smarkiai ką sumušti

a attr menk. bulvarinis; ~ *novels* bulvariniai romanai

v **1** virsti/versti minkšta mase, pertrinti **2** išimti minkštimą

pulpit ['pulpɪt] *n bažn.* **1** sakykla **2** *(the ~)* pamokslų sakymas, pamokslininko darbas **3** *(the ~)* *kuop.* pamokslininkai

pulpiteer [ˌpulpɪ'tɪə] *menk. n* pamokslininkas
v būti pamokslininku, sakyti pamokslus

pulpwood ['pʌlpwud] *n* medienos masė

pulpy ['pʌlpɪ] *a* **1** minkštas, mėsingas **2** *menk.* prastas, bulvarinis *(apie knygą, žurnalą)*

pulsar ['pʌlsɑ:] *n astr.* pulsaras

pulsate [pʌl'seɪt] *v* **1** pulsuoti *(t. p. prk.);* plakti, tvinksėti **2** virpėti, drebėti *(susijaudinus)*

pulsatile ['pʌlsətaɪl] *a* **1** pulsuojantis, tvinkčiojantis **2** *muz.* mušamasis *(apie instrumentą)*

pulsation [pʌl'seɪʃn] *n* pulsavimas, pulsacija *(t. p. tech.)*

pulsatory ['pʌlsətərɪ] *a* pulsuojantis, plakantis

pulse[1] [pʌls] *n* **1** pulsas; pulsavimas; **to feel the** ~ a) čiuopti pulsą; b) *prk.* sužinoti/ištirti tikslus/ketinimus **2** *prk. (gyvenimo ir pan.)* pulsas, tempas; nuotaika **3** ritmas **4** *spec.* impulsas ◊ *to stir smb's* ~*s* sujaudinti ką

v **1** pulsuoti, plakti **2** *spec.* siųsti impulsus

pulse[2] *n* **1** ankštis; *kuop.* ankštys **2** *(ppr. pl)* ankštiniai (augalai)

pulverization [ˌpʌlvəraɪ'zeɪʃn] *n* **1** sutrynimas į miltelius/dulkes **2** pulverizacija

pulverize ['pʌlvəraɪz] *v* **1** (su)smulkinti, sutrinti į miltelius/dulkes; virsti milteliais/dulkėmis **2** pulverizuoti **3** sunaikinti; sutriuškinti *(priešininką, sukilimą);* sugriauti *(argumentus)*

pulverizer ['pʌlvəraɪzə] *n* **1** purkštuvas, pulverizatorius; dulkiklis **2** smulkintuvas

pulverulent [pʌl'verulənt] *a* dulkių/miltelių pavidalo

pulvinus [pʌl'vaɪnəs] *n (pl* -ni [-naɪ]) *bot.* lapsostis

puma ['pju:mə] *n zool.* puma

pumice ['pʌmɪs] *n* pemza *(išakijusi lava; t. p.* ~ *stone)*
v šlifuoti/valyti pemza

pummel ['pʌml] *v (-ll-)* kumščiuoti; kukinti, daužyti

pump[1] [pʌmp] *n* **1** siurblys; pompa; *fuel* ~ degalų siurblys; *bicycle* ~ dviračio pompa **2** pumpavimas ◊ *all hands to the* ~*s!* visi kibkime prie darbo, visi imkimės!; *to prime the* ~ stimuliuoti *(pramonę, verslą),* skatinti ekonominės veiklos augimą

v **1** pumpuoti; *to* ~ *hard* pripūsti kietai padangą **2** (iš)siurbti, išpumpuoti *(t. p.* ~ *out); to* ~ *a well dry* išsiurbti šulinį iki dugno; *to have smb's stomach* ~*ed* išplauti kam skrandį **3** (iš)kvosti, (iš)kamantinėti *(t. p.* ~ *out)* **4** *prk. šnek.* pripumpuoti, įkalti, įvaryti *(into);* perpumpuoti *(pinigus ir pan.); to* ~ *lead into smb* suvaryti kam švino *(daug kulkų); to* ~ *smb full of drugs* kimšte kimšti kam vaistus **5** *(ppr. pII)* nuvarginti, išsekinti *(t. p.* ~ *out)* **6** pulsuoti, tvinksėti *(t. p.* ~ *away)* **7** energingai kratyti *(kieno ranką)* ☐ ~ *out* plūste plūsti, liete lietis; ~ *up* a) pripumpuoti; *to* ~ *up a tyre* pripumpuoti/pripūsti padangą; b) *prk. šnek.* išpūsti, padidinti

pump[2] *n (ppr. pl)* **1** sportbačiai; kedai **2** *(ypač amer.)* baliniai/vakariniai bateliai; kurpaitės

pumpernickel ['pʌmpənɪkl] *vok. n* nesijotų ruginių miltų duona

pump-handle ['pʌmpˌhændl] *n* siurblio rankena
v šnek. ilgai kratyti ranką *(sveikinantis)*

pump-house ['pʌmphaus] *n* siurbykla, siurblinė

pumpkin ['pʌmpkɪn] *n* moliūgas

pumpkin-head ['pʌmpkɪnhed] *n šnek.* bukagalvis, mulkis

pump-priming ['pʌmpˌpraɪmɪŋ] *n* **1** *tech.* siurblio paleidimas į darbą **2** *fin.* įdėjimas lėšų

pump-room ['pʌmpru:m] *n* **1** salė mineraliniam vandeniui gerti *(kurorte),* biuvetė **2** siurblių skyrius

pun [pʌn] *n* žodžių žaismas, kalambūras
v sakyti kalambūrus

Punch [pʌntʃ] *n* Pančas (**1** *anglų lėlių teatro personažas* **2** *anglų humoro žurnalas*); ~ *and Judy show* lėlių teatras ◊ *as pleased [proud] as* ~ labai patenkintas [išdidus]

punch[1] [pʌntʃ] *n* **1** niuksas, smūgis kumščiu, kumštinė **2** *šnek.* jėga, veržlumas; įtaigumas; *he lacks* ~ jam trūksta energijos ◊ *not to pull one's* ~*es šnek.* kirsti iš peties *(kritikuojant ir pan.)*

v **1** niuksėti, kumščiuoti; (su)duoti *(kumščiu); to* ~ *smb in the face [on the nose]* suduoti kam kumščiu į veidą [į nosį] **2** nuspausti *(mygtuką ir pan.)* **3** *amer.* varyti gyvulius

punch[2] *n* **1** komposteris; *(raštinės)* skylmuša **2** *tech.* skylmušys, prakalas, pramuštuvas; žymeklis; puansonas; *nail* ~ viniakalė **3** štampavimo presas *(t. p.* ~ *press)* **4** *komp.* perforatorius **5** *poligr.* puansonas

v **1** (pra)mušti/daryti skyles; komposteruoti; perforuoti **2** (pa)spausti *(mygtuką, klavišą)* **3** *tech.* štampuoti ☐ ~ *in* a) įmušti, įkalti *(vinį ir pan.);* b) *amer.* pažymėti atvykimo į darbą laiką; ~ *out* a) išmušti *(vinį ir pan.);* b) *amer.* pažymėti išėjimo iš darbo laiką; c) *amer.* parmušti, partrenkti

punch³ *n* punšas
punch⁴ *n dial.* **1** darbinis/sunkusis arklys *(ypač Suffolk ~)* **2** kresnas žmogus
punchbag ['pʌntʃbæg] *n sport.* kabantis maišas *(boksininko ir pan. treniruotėms)* ◊ *to use smb as a ~ šnek.* ≅ būti kieno atpirkimo ožiu
punchball ['pʌntʃbɔ:l] *n sport. (boksininko)* kriaušė
punch-bowl ['pʌntʃbəul] *n* indas punšui
punchcard ['pʌntʃkɑ:d] *n spec.* perforacinė kortelė
punch-drunk ['pʌntʃdrʌŋk] *a* **1** apsvaigęs nuo smūgių, gavęs galvos traumą *(apie boksininką)* **2** *šnek.* pritrenktas, sutrikęs; atbukęs, nuvargintas
puncheon¹ ['pʌntʃən] *n* **1** *kas.* ramstis **2** *ret.* = **punch²** 2
puncheon² *n ist.* didelė statinė
puncher ['pʌntʃə] *n* **1** komposteris **2** *amer. šnek.* kaubojus **3** *tech.* pramuštuvas, skylmušys; perforatorius; pneumatinis plaktukas **4** *kas.* anglių kirtimo mašina
punching-bag ['pʌntʃɪŋbæg] *n amer.* = **punchbag**
punchline ['pʌntʃlaɪn] *n (anekdoto, pasakojimo, pjesės ir pan.)* kulminacinė/svarbiausia vieta
punch-up ['pʌntʃʌp] *n šnek.* kumštynės
punchy ['pʌntʃɪ] *a šnek.* **1** įtaigus; smarkus **2** = **punch-drunk** 2
punctate(d) ['pʌŋkteɪt(ɪd)] *a bot., zool.* taškuotas, margas; kanapėtas, gegužėtas
punctilio [pʌŋk'tɪlɪəu] *n (pl ~s [-z])* **1** pedantiškumas, skrupulingumas **2** formalumas
punctilious [pʌŋk'tɪlɪəs] *a* pedantiškas, skrupulingas
punctual ['pʌŋktjuəl] *a* punktualus, tikslus
punctuality [,pʌŋktʃu'ælətɪ] *n* punktualumas, tikslumas
punctuate ['pʌŋktʃueɪt] *v* **1** dėti skyrybos ženklus **2** pabrėžti, akcentuoti **3** *(ppr. pass)* pertrauk(inė)ti *(kalbą ir pan.; by, with)*
punctuation [,pʌŋktʃu'eɪʃn] *n* **1** skyryba, punktuacija; *~ marks* skyrybos ženklai **2** skyrybos ženklų dėjimas
puncture ['pʌŋktʃə] *n* **1** *(padangos)* pradūrimas **2** išdūrimas; (išdurta) skylė **3** *el. (izoliacijos)* pramušimas **4** *med.* punkcija
v **1** pra(si)durti, padaryti skylę; *the tire ~d* padanga prakiuro **2** *(džn. pass)* priblokšti, sugniuždyti **3** *med.* perforuoti, padaryti punkciją
punctured ['pʌŋktʃəd] *a* pradurtas; durtinis; *~ wound* durtinė žaizda
puncture-proof ['pʌŋktʃəpru:f] *a aut.* sunkiai praduriamas *(apie padangą)*
pundit ['pʌndɪt] *ind. n* **1** mokytas brahmanas **2** *(džn. iron.)* mokslo vyras, žinovas
pungency ['pʌndʒənsɪ] *n* **1** *(kvapo, skonio)* aštrumas **2** kandumas
pungent ['pʌndʒənt] *a* **1** aštrus, aitrus, pikantiškas **2** dygus, kandus
Punic ['pju:nɪk] *a ist.* pūnų, kartaginiečių ◊ *~ faith* neištikimybė; klastingumas
punish ['pʌnɪʃ] *v* **1** (nu)bausti *(for – už)* **2** šiurkščiai elgtis *(su);* sudaužyti, sumušti **3** išvarginti, iškamuoti **4** *refl* kaltinti save *(for)* **5** *šnek. juok.* sutaršyti, sušveisti *(valgį);* ištuštinti *(butelį)*
punishable ['pʌnɪʃəbl] *a* baudžiamas, baustinas
punishing ['pʌnɪʃɪŋ] *n* nubaudimas; *to take a ~ prk. šnek.* būti nubaustam *(neįvertinus priešininko)*
a **1** varginantis, silpninantis **2** sunkus *(apie pralaimėjimą)*
punishment ['pʌnɪʃmənt] *n* **1** nubaudimas **2** bausmė; nuobauda; *the terrorists will not escape ~* teroristai neišvengs bausmės **3** *šnek.* šiurkštus elgimasis

punitive ['pju:nətɪv] *a* **1** baudžiamasis; *~ measures* baudžiamosios priemonės **2** nepakeliamas *(apie mokesčius ir pan.)*
Punjab [pʌn'dʒɑ:b] *n* Pandžabas *(sritis Indijoje ir Pakistane)*
Punjabi [pʌn'dʒɑ:bɪ] *a* Pandžabo; pandžabų
n **1** Pandžabo srities gyventojas, pandžabas **2** pandžabų kalba
punk¹ [pʌŋk] *n* **1** pankas *(hipių rūšis)* **2** roko muzika *(t. p. ~ rock)* **3** *amer. šnek.* chuliganas, smulkus nusikaltėlis **4** *ret.* kas nors niekam tikęs, šlamštas
a **1** pankų, pankiškas; chuliganiškas; *~ hairstyle* pankų šukuosena **2** *amer. šnek.* nieko vertas, niekam tikęs, prastas, blogas
punk² *n amer.* pūzras, puvėsis, pintis
punka(h) ['pʌŋkə] *ind. n* plati kabanti vėduoklė
punner ['pʌnə] *n stat.* rankinis plūktuvas
punnet ['pʌnɪt] *n* krepšelis, pintinėlė *(vaisiams, daržovėms)*
punster ['pʌnstə] *n* kalambūrų sakytojas, kalambūrininkas
punt¹ [pʌnt] *n* **1** plokščiadugnė valtis **2** paplaukiojimas
v plaukti valtimi atsistumiant kartimi
punt² *sport. n* spyris *(į kamuolį);* (kamuolio) išmušimas iš rankų
v spirti *(į kamuolį);* išmušti *(kamuolį)* iš rankų
punt³ *v* **1** pontiruoti *(lošiant kortomis)* **2** *šnek.* statyti už arklį, eiti lažybų *(arklių lenktynėse)*
punt⁴ *n* Airijos svaras *(= 100 pensų)*
punter ['pʌntə] *n* **1** lošėjas profesionalas; ponteris **2** lažybininkas *(arklių lenktynėse)* **3** *šnek.* klientas
puny ['pju:nɪ] *a* **1** mažas, silpnas, geibus **2** menkas, nežymus; *~ opinion* kukli nuomonė
pup [pʌp] *n* **1** šuniukas **2** vilkiukas; lapiukas; ruoniukas **3** *(tik v.) šnek.* pienburnis; pasipūtėlis ◊ *to be sold a ~ šnek.* būti apsuktam/apmautam *(ką perkant)*
v (at)vesti *(šuniukus),* šuniuotis; vaikuotis
pupa ['pju:pə] *n (pl -ae [-i:])* *zool. (vabzdžių)* lėliukė
pupal ['pju:pl] *a zool.* lėliukės; *~ chamber* kokonas
pupate ['pju:peɪt, pju:'peɪt] *v zool.* virsti lėliuke
pupil¹ ['pju:pl] *n* **1** mokinys; moksleivis; auklėtinis **2** *teis.* nepilnametis globotinis
pupil² *n (akies)* lėliukė, vyzdys
pupil(l)age ['pju:pɪlɪdʒ] *n* **1** buvimas mokiniu, mokymosi metai **2** buvimas globotiniu **3** *teis.* stažuotė
pupil(l)ary¹ ['pju:pɪlərɪ] *a* **1** globojamas, globoje laikomas **2** mokiniškas, mokinio
pupil(l)ary² *a (akies)* lėliukės, vyzdžio, vyzdinis
puppet ['pʌpɪt] *n* **1** marionetė *(t. p. prk.);* lėlė **2** *attr* lėlių *(apie teatrą);* marionetinis *(apie vyriausybę ir pan.)*
puppeteer [,pʌpɪ'tɪə] *n* lėlių teatro aktorius, lėlininkas
puppet-play ['pʌpɪtpleɪ] *n* **1** lėlių teatro spektaklis **2** lėlių teatras
puppetry ['pʌpɪtrɪ] *n* **1** lėlių teatro menas **2** veidmainiavimas
puppet-show ['pʌpɪtʃəu] *n* lėlių vaidinimas
puppy ['pʌpɪ] *n* = **pup** 1, 3
a: ~ love vaikiška meilė, vaikiškas susižavėjimas
puppy-fat ['pʌpɪfæt] *n* vaikiškas apkūnumas
purblind ['pə:blaɪnd] *a* **1** *knyg.* nenuovokus, nesupratingas **2** *psn.* pusaklis, žlibas, neprimatantis; trumparegis
purchasable ['pə:tʃəsəbl] *a* **1** perkamas **2** paperkamas
purchase ['pə:tʃəs] *n* **1** pirkimas, į(si)gijimas; *on special ~* parduodamas pigiau *(negu paprastai)* **2** pirkinys **3** metinės pajamos *(iš žemės);* nauda, vertė **4** krovinių kėlimo ir perkėlimo prietaisas *(pvz., skrysčiai, svertas, keltuvas ir pan.);* kėlimo blokas **5** atramos taškas; *to get a ~ with one's feet* rasti atramą kojoms *(apie lipantįjį)*

purchaser   721   **purr**

6 *attr:* ~ **price** pirkimo kaina; ~ **department** tiekimo skyrius ◊ *the man's life is not worth a day's* ~ žmogaus gyvybė mažai ko verta
v **1** pirkti, į(si)gyti *(t. p. prk. laisvę, pasitikėjimą ir pan.)* **2** *tech.* kelti keltuvu/svertu; traukti gerve
purchaser ['pɔːtʃəsə] *n* pirkėjas, vartotojas
purdah ['pɜːdə] *ind. n* **1** moterų at(si)skyrimas *(Indijoje, Pakistane ir kt. šalyse)* **2** užuolaida/širma, atskirianti moterų pusę; čadra
pure [pjuə] *a* **1** grynas; tyras; ~ **wool** gryna vilna; ~ **water** tyras/švarus vanduo **2** grynakraujis **3** skaistus, tyras, nesuteptas **4** tikras, visiškas, grynas; ~ **accidence/chance** grynas atsitiktinumas **5** grynas, aiškus *(apie kalbą, garsą ir pan.)* **6** teorinis *(apie mokslą, tyrimą ir pan.)* ◊ ~ **and simple** ir nieko daugiau; *that's the truth* ~ *and simple* gryna/tikra teisybė; *as* ~ *as the driven snow* ≡ švarus kaip krištolas
pureblooded ['pjuə'blʌdɪd] *a* grynakraujis
purebred ['pjuəbred] *a* grynaveislis, grynakraujis
puree, purée ['pjuəreɪ] *pr. n* piurė; *(daržovių, vaisių)* tyrė
v ruošti piurė, pertrinti *(daržoves ir pan.)*
purely ['pjuəlɪ] *adv* **1** visiškai, grynai; tiktai, išimtinai; ~ **accidental** visiškai atsitiktinai **2** grynai, švariai **3** skaisčiai ◊ ~ *and simply* tik
pure-minded ['pjuə'maɪndɪd] *a* tyros širdies
purgation [pɜːˈgeɪʃn] *n* **1** valymas; nusivalymas **2** *med.* žarnyno (iš)valymas **3** *rel.* apsivalymas
purgative ['pɜːgətɪv] *a* **1** *med.* vidurių paleidžiamasis **2** (ap)valantis
n vidurių paleidžiamasis vaistas
purgatorial [ˌpɜːgəˈtɔːrɪəl] *a rel.* atperkamasis, atpirkimo, apsivalymo
purgatory ['pɜːgətərɪ] *n* **1** *rel.* skaistykla **2** kančia, kančių vieta
a valomasis, apsivalymo
purge [pɜːdʒ] *n* **1** (iš)valymas *(t. p. polit.);* nu(si)valymas; *blood* ~ masinis naikinimas *(priešų ir pan.)* **2** vidurių paleidžiamasis vaistas
v **1** (iš)valyti, nuvalyti; *(polit. t. p.)* atlikti valymą *(of, from – nuo; t. p.* ~ *away/off/out); to* ~ *the region of ethnic minorities* apmažinti rajone tautines mažumas **2** *refl knyg.* atsikratyti *(jausmų, norų; of)* **3** *(džn. refl)* apsivalyti *(t. p. rel.)* **4** *teis.* išpirkti *(kaltę);* atsiprašyti; *to* ~ *oneself of a charge* išsiteisinti **5** *med.* duoti vidurių paleidžiamųjų vaistų; valyti žarnyną
purification [ˌpjuərɪfɪˈkeɪʃn] *n* **1** (apsi)valymas **2** *spec.* gryninimas, rektifikacija
purificatory ['pjuərɪfɪkeɪtərɪ] *a* valomasis, valymo, gryninimo
purifier ['pjuərɪfaɪə] *n* **1** *tech.* valytuvas **2** *chem.* valomoji priemonė
purify ['pjuərɪfaɪ] *v* **1** (apsi)valyti *(of, from – nuo)* **2** gryninti *(t. p. chem.)* **3** *bažn.* apsivalyti, atlikti ap(si)valymo apeigą
purism ['pjuərɪzm] *n* purizmas
purist ['pjuərɪst] *n* puristas
a puristinis
Puritan ['pjuərɪtən] *n* **1** *ist.* puritonas **2** *(p.) prk.* puritonas, šventeiva
a **1** *ist.* puritonų **2** *(p.) prk.* puritoniškas
puritanical [ˌpjuərɪˈtænɪkl] *a* puritoniškas
Puritanism ['pjuərɪtənɪzm] *n* **1** *ist.* puritonizmas **2** *(p.) prk.* puritoniškumas, griežtas dorovingumas
purity ['pjuərətɪ] *n* **1** grynumas **2** tyrumas, skaistumas **2** *(tauriųjų metalų)* praba

purl[1] [pɜːl] *n* **1** galionas; *(kraštelio)* dantukas, kilpelės **2** *(mezgimo)* išvirkščia akis
v **1** puošti galionais **2** megzti išvirkščiomis akimis
purl[2] *n* čiurlenimas
v čiurlenti
purler ['pɜːlə] *n šnek.* partrenkimas; parbloškimas; kritimas žemyn galva; *to come/take a* ~ nukristi žemyn galva
purlieu ['pɜːljuː] *n knyg.* **1** *pl (miesto)* pakraščiai, priemiestis; apylinkės **2** dažnai lankoma vieta *(poilsiavietė)* **3** *ist.* žemė karališkos girios pakraštyje *(perduota privačiam savininkui)*
purlin ['pɜːlɪn] *n stat.* grebėstas
purloin [pɜːˈlɔɪn] *v knyg., juok.* vogti, vagiliauti; pasisavinti
purple ['pɜːpl] <*n, a, v*> *n* **1** purpurinė/violetinė spalva; purpuras, raudonis; *ancient* ~ purpuras *(dažai)* **2** porfyra, monarcho/kardinolo rūbai **3** *(the* ~*)* kardinolo titulas; *to raise to the* ~ pakelti į kardinolus ◊ *born in the* ~ a) gimęs kilmingoje/karališkoje šeimoje; b) priklausantis aukštuomenei
a **1** purpurinis, tamsiai raudonas, ryškiai raudonas su violetiniu atspalviu; *to turn* ~ *with rage* paraudonuoti iš pykčio **2** įmantrus; ryškus, puošnus; ~ *passage/patch* įmantri/prašmatni frazė; įmantrybė **3** *poet.* karališkas, valdiškas ◊ ~ *heart* a) *šnek.* narkotinė tabletė *(širdies formos);* b) *(P. Heart) amer.* medalis sužeistajam mūšyje
v **1** dažyti purpurine spalva **2** raudonuoti; pasidaryti tamsiai raudonam
purplish ['pɜːplɪʃ] *a* rausvas, rausvai violetinis
purport *n* ['pɜːpət] **1** prasmė, esmė; turinys; ~ *of life* gyvenimo prasmė **2** *ret.* tikslas, ketinimas
v [pəˈpɔːt] **1** byloti, reikšti; rodyti; *this book ~s to be...* tos knygos turinys rodo, kad..; *this letter ~s to be written by you* šis laiškas neva jūsų parašytas; *what do his words* ~? ką reiškia jo žodžiai? **2** *ret.* pretenduoti, turėti tikslą; ketinti
purportedly [pəˈpɔːtɪdlɪ] *adv* neva, esą, lyg
purpose ['pɜːpəs] *n* **1** tikslas; paskirtis; ketinimas; *his only* ~ *in life was to get rich* jo vienintelis tikslas gyvenime buvo praturtėti; *novel with a* ~ tendencingas romanas; *of set* ~ iš anksto nusistačius/apgalvojus, sąmoningai; tyčinis; *to answer/serve the* ~ atitikti tikslą/paskirtį, pasiteisinti; *beside the* ~ netikslinga **2** rezultatas, nauda; *to little* ~ beveik be rezultatų/naudos; *to no* ~ bergždžiai, tuščiai, veltui; *to some* ~ ne veltui, ne be rezultatų **3** ryžtas, valia; *strength of* ~ valios jėga, ryžtas; *wanting in* ~ silpnavalis, neryžtingas ◊ *on* ~ tyčia; *on* ~ *(+ inf)* siekiant, norint; *to the* ~ (kaip tik) tinkamas; pravartu
v psn. ketinti, rengtis
purpose-built ['pɜːpəsˈbɪlt] *a* specialiai suprojektuotas ir pastatytas *(tam tikrai paskirčiai)*
purposeful ['pɜːpəsfəl] *a* **1** tikslo siekiantis, turintis (aiškų) tikslą; tikslingas; kryptingas; iš anksto apgalvotas **2** ryžtingas **3** reikšmingas; turiningas
purposeless ['pɜːpəsləs] *a* **1** betikslis, beprasmis, tuščias **2** netyčinis, netyčia padarytas
purposely ['pɜːpəslɪ] *adv* tyčia, sąmoningai, tam tikro tikslo siekiant
purpose-made ['pɜːpəsˈmeɪd] *a* specialiai padarytas *(for – kam)*
purposive ['pɜːpəsɪv] *a* **1** tyčia padarytas, sąmoningas **2** į tikslą nukreiptas, tikslinis; tikslingas **3** ryžtingas
purr [pɜː] *n* **1** *(katės)* murkimas **2** *(variklio)* burzgimas
v **1** murkti **2** burgzti, parpti *(apie variklį ir pan.)* **3** švelniai kalbėti *(reiškiant pasitenkinimą)*

purse [pɜːs] *n* **1** piniginė **2** *amer.* rankinė **3** pinigai, turtas *(t. p.* **fat/heavy/long ~***); **lean/light/slender/short** ~* tuščia piniginė, neturtas; ***to open one's*** *~* išleisti pinigų, nepašykštėti; ***to have a common*** *~* dalytis visas išlaidas lygiomis; ***the public*** *~* iždas; ***privy*** *~* a) asignavimai karaliaus/karalienės asmeniniams reikalams; b) asignavimų karaliui/karalienei saugotojas **4** surinktos lėšos; piniginis fondas; prizas; ***to make up a*** *~* (su)rinkti pinigus *(ypač su parašais);* ***to give a*** *~* skirti piniginę premiją **5** maišelis, krepšelis; ***~s under the eyes*** maišeliai paakiuose **6** *zool.* sterblė **7** *(tinklo)* sėdžia ◊ ***you cannot make a silk ~ out of a sow's ear*** *pat.* iš blogo gero nepadarysi, blogo nebeperdirbsi
v suraukti *(antakius; t. p.* **~ *up*)** ◊ ***to ~ one's lips*** sučiaupti lūpas
purse-bearer [ˈpɜːsˌbɛərə] *n* iždininkas
purse-proud [ˈpɜːspraud] *a* išpuikęs dėl turto
purser [ˈpɜːsə] *n (laivo)* iždininkas, ekonomas
purse-strings [ˈpɜːsstrɪŋz] *n pl psn.* dirželiai, raišteliai *(piniginei užtraukti, užrišti)* ◊ ***to hold/control the*** *~* disponuoti pinigais, tvarkyti išlaidas; ***to tighten [to loosen] the*** *~* šykštėti, taupyti [nešykštėti], sumažinti [didinti] išlaidas
purslane [ˈpɜːslən] *n bot.* portulaka
pursuance [pəˈsjuːəns] *n knyg.* **1** vykdymas; laikymasis *(nuostatos ir pan.);* ***in*** *~ **(of)*** vykdant; prisilaikant; siekiant *(ko)* **2** persekiojimas; ieškojimas
pursuant [pəˈsjuːənt] *prep knyg.* **~ *to*** *prep knyg.* sutinkamai su
pursue [pəˈsjuː] *v* **1** vykdyti; ***to ~ a scheme*** vykdyti planą/programą; ***to ~ the policy of peace*** vykdyti taikos politiką **2** siekti *(tikslo),* ieškoti; laikytis, eiti užsibrėžtu keliu; ***to ~ pleasure*** ieškoti malonumų; ***to ~ fame*** vaikytis šlovės **3** persekioti *(t. p. prk.);* vytis, sekti įkandin; ***bad luck ~d her all her life*** nesėkmės persekiojo ją visą gyvenimą **4** tęsti *(mokslą, svarstymą, kelionę);* toliau gvildenti *(klausimą);* ***I won't ~ the matter further*** aš apie tai toliau nekalbėsiu **5** užsiimti *(kuo);* ***what business/occupation do you ~?*** kuo jūs užsiiminėjate? **6** *(ypač škot.) teis.* pareikšti ieškinį
pursuer [pəˈsjuːə] *n* **1** persekiotojas; vijikas **2** *škot. teis.* ieškovas
pursuit [pəˈsjuːt] *n* **1** siekimas, vaikymasis; ***the ~ of happiness*** laimės ieškojimas; ***in*** *~ **(of)*** beieškant; vaikantis **2** persekiojimas, vijimas(is); ***in*** *~* besivejantis **3** *(ppr. pl)* pomėgis, mėgstamas užsiėmimas; ***his leisure ~s are reading and fishing*** laisvalaikiu jis mėgsta skaityti ir žvejoti **4** *attr:* **~ *plane*** naikintuvas; **~ *race*** *sport.* persekiojimo lenktynės
pursy[1] [ˈpɜːsɪ] *a* **1** dusulingas **2** nutukęs, storas, apkūnus
pursy[2] *a* **1** turtingas, išpuikęs dėl turto **2** susiraukšlėjęs; sučiauptas *(apie lūpas)*
purulence [ˈpjʊərələnt] *n med.* **1** pūliavimas **2** pūliai
purulent [ˈpjʊərələnt] *a med.* pūlinis, pūlingas; pūliuojantis
purvey [pəˈveɪ] *v* **1** tiekti; aprūpinti *(ypač maisto produktais);* būti tiekėju **2** sudaryti atsargas, (pa)ruošti **3** (pa)teikti *(informaciją)*
purveyance [pəˈveɪəns] *n* **1** tiekimas; aprūpinimas **2** *(produktų)* atsargos; paruošos **3** *ist.* rekvizicija karaliaus dvaro reikalams
purveyor [pəˈveɪə] *n* **1** tiekėjas **2** *ist.* paruošų įgaliotinis/agentas
purview [ˈpɜːvjuː] *n* **1** *teis.* įstatymo/nutarimo dispozicinė dalis **2** (veikimo) sritis, sfera; kompetencija; ribos; ***to be within the ~ of smb/smth*** būti kieno/ko žinioje/kompetencijoje **3** akiratis
pus [pʌs] *n* pūliai

push [pʊʃ] *n* **1** stūmimas; pastūmėjimas, stumtelėjimas; postūmis *(t. p. prk.);* ***to give smb/smth a*** *~* pastumti, stumtelėti ką **2** spaudimas *(t. p. prk.);* paraginimas; ***at the ~ of the button*** nuspaudus mygtuką **3** veržlumas, energija; energingas bandymas, pastanga; veržimasis; ***to make a*** *~* įsiveržti *(į šalies rinką ir pan.; into);* pasistengti; ***a man of great*** *~* labai energingas/veržlus žmogus **4** *šnek.* atleidimas; ***to give the*** *~* a) atleisti iš darbo; b) nutraukti artimus/meilės ryšius; ***to get the*** *~* būti atleistam iš darbo **5** *kar.* pasistūmėjimas, (energinga) ataka **6** *tech.* mygtukas ◊ ***at a*** *~ šnek.* geriausiu atveju; jei viskas bus gerai; ***if/when it comes to the*** *~ šnek.* jei būtinai reikės; ***it'll be a bit of a*** *~ šnek.* bus nelengva *(ką padaryti)*
v **1** stumti(s), pastumti; stumdyti(s); ***to ~ smb down the stairs*** nustumti ką nuo laiptų; ***to ~ a door*** *(to)* užtrenkti duris; ***don't ~!*** nesistumdykite **2** (nu)spausti; ***to ~ the button*** nuspausti mygtuką **3** prasistumti, brautis, skverbtis *(t. p.* ***to ~ one's way*)** **4** įbrukti, įkišti *(into)* **5** eiti, kilti, leistis *(apie kelią)* **6** *refl* stengtis iškilti/pasiekti; atkakliai siekti, veržtis; ***to ~ one's claims*** pareikšti savo reikalavimus; ***you have to ~ yourself if you want to get on*** reikia būti veržliam norint pasiekti ko nors gyvenime **7** (iš)reklamuoti; ***to ~ one's wares*** reklamuoti savo prekes **8** daryti spaudimą *(kam),* spausti, spirti, (pri)versti; ***his parents ~ him too much*** tėvai per daug jį spaudžia; ***to be ~ed for time [money]*** turėti maža laiko [pinigų] **9** primesti, užkarti *(on – kam)* **10** *kar.* pasistūmėti *(į priešininko teritoriją)* **11** *šnek.* (per)pardavinėti *(narkotikus)* □ **~ *about*** = **~ *around;* ~ *ahead*** *(atkakliai, ryžtingai)* tęsti; **~ *along*** a) *šnek.* judėti, (iš)eiti *(iš svečių);* b) = **~ *on*** a); **~ *around*** *šnek.* stumdyti, visur varinėti; **~ *aside/away*** a) nustumti į šalį, atstumti; b) ignoruoti, atmesti; ***to ~ aside all obstacles*** pašalinti visas kliūtis; **~ *back*** atstumti, nustumti *(atgal; priešą, minią);* **~ *forward*** a) prasistumti, veržtis/žygiuoti į priekį; b) prastumti, pagreitinti įgyvendinimą *(with – ko);* c) *refl* stengtis iškilti *(iš kitų);* **~ *in*** a) prisistumti, priartėti *(prie kranto);* b) kištis, įsiterpti; c) *šnek.* brautis be eilės; **~ *off*** a) atsistumti, atitolti *(nuo kranto);* b) *šnek.* išeiti *(iš svečių);* c) *šnek.* nešdintis, dingti, išnykti; **~ *on*** a) stumtis/keliauti toliau; tęsti; b) paskubinti; pagreitinti; ***to ~ things on*** pagreitinti *(ko)* eigą; **~ *out*** a) išstumti, atstumti; b) atsikratyti; c) (iš)leisti *(ataugas, šaknis);* d) *šnek. (gausiai)* rašyti, siųsti *(informaciją);* **~ *over*** parstumti, pargriauti; apversti *(automobilį);* **~ *through*** a) pra(si)stumti; ***to ~ the matter through*** užbaigti reikalą *(ligi galo);* b) (iš)dygti; **~ *up*** kelti *(kainas, paklausą)* ◊ ***to ~ it*** *šnek.* bandyti likimą
push-bike [ˈpʊʃbaɪk] *n* dviratis *(ne motociklas)*
push-boat [ˈpʊʃbəʊt] *n* buksyras stūmikas
push-button [ˈpʊʃˌbʌtn] *n (skambučio ir pan.)* mygtukas
a **1** mygtukinis **2** mechanizuotas; **~ *age*** mechanizacijos amžius; **~ *war*** raketinis karas
pushcard [ˈpʊʃkɑːd] *n spec.* perfokorta
pushcart [ˈpʊʃkɑːt] *n* stumiamas vežimėlis, stumiami ratukai *(prekėms sudėti/vežioti);* **~ *man*** *amer.* gatvės prekininkas
pushchair [ˈpʊʃtʃɛə] *n* vaikiška sulankstoma kėdutė ant ratelių
pusher [ˈpʊʃə] *n* **1** *šnek.* veržlus, energingas žmogus; karjeristas **2** *šnek.* narkotikų (per)pardavinėtojas *(t. p.* ***drug ~)*** **3** *tech.* stūmiklis, ežektorius; **~ *machine*** *metal.* kokso stumtuvas **4** manevrinis garvežys
pushful [ˈpʊʃfəl] *ret.* = **pushing** *a* 1, 2

pushing ['puʃɪŋ] *n* stūmimas; stumdymasis; *a lot of ~ and shoving* didelė grūstis
a **1** veržlus, energingas, iniciatyvus **2** atkaklus; landus, įkyrus **3** artėjantis *(prie tam tikro amžiaus, skaičiaus); you are ~ fifty* jums greit sueis penkiasdešimt
push-net ['puʃnet] *n* dvibradis, bradinys
pushover ['puʃˌəuvə] *n šnek.* **1** juokų darbas; paprastas/lengvas reikalas/dalykas **2** silpnas priešininkas/žaidėjas **3** patiklus/neatsispiriantis žmogus
pushpin ['puʃpɪn] *n amer.* smeigtukas *(popieriui pritvirtinti)*
push-pull ['puʃpul] *a el.* dvitaktis
pushrod ['puʃrɔd] *n tech.* stūmiklis; stūmiklio strypas
push-up ['puʃʌp] *n (ypač amer.)* atsispaudimas *(mankštos pratimas gulint)*
pushy ['puʃɪ] *a šnek.* landus, įkyrus, įžūlus
pusillanimity [ˌpju:sɪlə'nɪmətɪ] *n knyg.* silpnadvasiškumas, bailumas
pusillanimous [ˌpju:sɪ'lænɪməs] *a knyg.* silpnadvasis, bailus
puss[1] [pus] *n šnek.* **1** katė, katytė **2** *medž.* zuikis **3** (žaisminga) mergaitė *(ypač **sly ~**)* ◊ *P. in Boots* batuotas katinas
int kac *(šaukiant katę)*
puss[2] *n (ypač amer.) šnek.* marmūzė, snukis
pussy[1] ['pʌsɪ] *a* pūlingas; pūlių
pussy[2] ['pusɪ] *n* **1** katytė **2** *(karklo, lazdyno)* kačiukas, spurgas, spurgana **3** minkštas, pūkuotas daiktas **4** *vulg.* moters išoriniai lyties organai **5** *amer. šnek.* silpnuolis, šiaudadūšis
pussycat ['pusɪkæt] *n vaik.* katytė
pussyfoot ['pusɪfut] *n* atsargus žmogus, apsidraudėlis
v **1** sėlinti *(kaip katei)* **2** *šnek.* atsargiai elgtis, vangstytis; bijoti įsipareigoti *(t. p.* **~ about/around**)
pussy-willow ['pusɪˌwɪləu] *n* **1** *bot.* gluosnis, karklas; žilvitis **2** *(gluosnio, karklo)* kačiukai
pustular ['pʌstjulə] *a med.* **1** pustulinis, pūlinėlinis **2** spuoguotas
pustulate *med. v* ['pʌstjuleɪt] spuoguoti
a ['pʌstjulət] spuoguotas
pustule ['pʌstju:l] *n med.* **1** pustulė, pūlinėlis **2** spuogas
pustulous ['pʌstjuləs] *a* = **pustular**
put[1] [put] *v* (put) **1** (pa)dėti, (pa)statyti; *I can't remember where I put my keys* negaliu prisiminti, kur pasidėjau raktus; *to ~ a glass to one's lips* pridėti/priglausti stiklinę prie lūpų; *to ~ a compress on one's knee* užsidėti kompresą ant kelio; *to ~ one's foot into one's shoe* įkišti koją į batą; *to ~ a stamp on an envelope* užklijuoti ženkliuką ant voko; *to ~ a lock on the door* pakabinti spyną ant durų **2** patalpinti; pasodinti; leisti; *to ~ a child to bed* paguldyti vaiką į lovą *(miegoti); to ~ to prison* pasodinti į kalėjimą; *to ~ smb on a train* įsodinti ką į traukinį; *it's time he was ~ to school* laikas leisti jį į mokyklą; *to ~ goods on the market* išleisti prekes į rinką, imti pardavinėti; *~ it out of your mind* išmesk tai iš galvos **3** išreikšti *(žodžiais, raštu);* išdėstyti, pasakyti; versti *(from... into - iš vienos kalbos į kitą);* parašyti *(žodžiams muziką); to ~ on paper* parašyti; *to ~ it in black and white* parašyti juodu ant balto; *to ~ one's own point of view* išdėstyti savo požiūrį; *I don't know how to ~ it* nežinau, kaip tai išreikšti; *to ~ one's feelings into words* rasti žodžių savo jausmams išreikšti; *I ~ it to you that...* aš sakau jums, kad...; *to ~ it mildly* švelniai tariant **4** siūlyti; (iš)kelti, užduoti *(klausimą);*
to ~ smth to the vote pateikti ką balsavimui **5** sukelti, sudaryti *(tam tikrą padėtį, būseną); to ~ smb in doubt* sukelti kam abejonių; *to ~ smb to inconvenience* sudaryti kam nepatogumų; *to ~ into a fright* išgąsdinti; *to ~ into a rage* įsiutinti, įpykinti; *to ~ into smb's head* įteigti, įkalbėti kam; *to ~ smb in an unpleasant position* pastatyti ką į nemalonią padėtį; *to ~ smb in a bad mood* sugadinti kam nuotaiką; *to ~ smb at his/her ease* leisti, *ar* sudaryti sąlygas, kam laisvai jaustis **6** priskirti; labiau vertinti *(above, before, over); I'd ~ it among his earlier works* aš priskirčiau tai ankstesniesiems jo kūriniams; *they ~ Picasso above Dali* jie labiau vertina Pikaso negu Dali **7** skirti *(į darbą, užimti pareigas); to ~ smb in charge (of)* paskirti ką atsakingu **8** įdėti, skirti *(energijos, laiko ir pan.; into); to ~ a lot of effort into smth* įdėti daug pastangų į ką **9** apytikriai (į)vertinti/nustatyti *(dydį, nuotolį, amžių ir pan.; at); I'd ~ him at about 40* aš jam duočiau apie 40 metų **10** skirti *(bausmę ir pan.);* suversti *(kaltę)* **11** pridėti, uždėti *(to); to ~ a new handle to a knife* pritaisyti peiliui naują kotą **12** nukreipti, priversti daryti; *to ~ a horse to/at a fence* priversti arklį įveikti kliūtį; *to ~ to flight* priversti bėgti **13** įvaryti, įsmeigti; *to ~ a knife (into)* įsmeigti peilį *(į); to ~ a bullet through smb* sušaudyti ką **14** *sport.* mesti, mėtyti; stumti *(rutulį)* **15** *ž. ū.* sukergti *(telyčią, kumelaitę; to)*
☐ *~ about* a) skleisti *(gandą ir pan.);* b) *(ppr. pass) škot.* kelti nerimą; *don't ~ yourself about!* nesirūpinkite!; c) *jūr.* keisti kursą/kryptį, pa(si)sukti į kitą pusę; *~ across* a) perkelti *(valtimi, keltu);* b) aiškiai perteikti *(minti);* išaiškinti *(mokymo medžiagą ir pan.);* c) *šnek.* gerai atlikti; *~ aside* a) atidėti *(į šalį);* b) nepaisyti, atmesti *(nesutarimus ir pan.);* c) taupyti, kaupti; *~ away* a) padėti, sudėti *(į vietą);* slėpti; b) (su)taupyti, atidėti *(pinigus);* c) atsisakyti *(minties ir pan.);* d) *euf.* izoliuoti; atiduoti į pamišėlių namus; sodinti į kalėjimą; e) *euf.* nudėti *(gyvulį dėl ligos/senumo);* f) *šnek.* sušveisti; išgerti, ištraukti; *~ back* a) dėti/pastatyti atgal *(į vietą);* b) atidėti; uždelsti, sulaikyti; c) atsukti atgal *(laikrodį);* d) *jūr.* grįžti, grąžinti *(į uostą, į krantą; apie laivą; to); ~ by* a) atidėti *(atsargai);* pasidėti *(juodai dienai);* b) stengtis nepastebėti; *~ down* a) padėti *(ant stalo, lentynos ir pan.);* b) už(si)rašyti; įrašyti, įtraukti į sąrašą *(for);* c) nuslopinti, numalšinti; d) išlaipinti; e) *šnek.* nusodinti, (pa)žeminti *(kitų akivaizdoje);* f) *euf.* sunaikinti, pribaigti *(gyvulį);* g) padėti į rūsį *(vyną);* h) *av.* nusileisti; nutupdyti *(lėktuvą);* nutūpti; i) guldyti *(vaiką);* j) laikyti *(as – kuo);* k) pateikti *(svarstymui);* l) priskirti *(to – kam);* *~ forth* a) įtempti *(jėgas),* dėti *(pastangas),* parodyti *(energiją, jėgą);* b) (iš)leisti *(atžalas, pumpurus);* c) leistis *(į jūrą); ~ forward* a) iškelti, (pa)siūlyti; b) pavaryti pirmyn *(laikrodį);* c) pagreitinti, paankstinti *(datą, laiką); ~ In* a) įstatyti, įdėti, įkišti; b) į(si)terpti; c) įsirengti; d) atlikti, įdėti *(darbo);* skirti *(laiko);* e) pateikti *(dokumentą);* paduoti *(skundą);* f) pareikšti *(pretenzijas, norą),* pretenduoti *(for);* g) išrinkti *(rinkimuose);* h) *jūr.* įplaukti į uostą; i) *šnek.* apsistoti *(trumpam); ~ off* a) atidėti; atidėlioti; b) vengti *(susitikti, daryti ką);* atgrasinti, atbaidyti; c) atstumti, sukelti pasibjaurėjimą; d) nusikratyti *(abejonių, bėdų ir pan.);* išsisukti *(pažadais ir pan.);* *to ~ off with a jest* atsipirkti juoku; e) atitraukti *(nuo darbo),* blaškyti, trukdyti; f) išjungti *(šviesą, radiją ir pan.);* g) išlaipinti, išsodinti; h) *jūr.* išplaukti, nuplaukti *(nuo kranto); ~ on* a) už(si)dėti; apsirengti, apsivilkti, užsimauti; b) dažytis, nusidažyti, pudruotis; c) statyti, rodyti *(spektaklį,*

operą); d) įjungti *(šviesą, radiją ir pan.);* nuspausti *(stabdžius);* uždėti *(plokštelę);* įdėti *(kasetę);* e) pridėti, padidinti; padidėti; ***to ~ on more trains*** padidinti traukinių skaičių; ***to ~ on flesh/weight*** (nu)tukti, (pa)storėti; f) dėtis, apsimesti; ***to ~ on an act*** darkytis, staipytis, apsimetinėti; ***her modesty is all ~ on*** jos kuklumas yra apsimestinis/netikras; g) statyti *(lažybose);* h) *šnek.* apgaudinėti, apgauti; **~ out** a) paskelbti, išleisti; transliuoti; b) užgesinti *(šviesą, ugnį, cigaretę);* išjungti; c) išnešti *(iš namų)* ir palikti; d) ištiesti *(ranką);* iškišti, parodyti *(liežuvį);* e) iš(si)narinti *(petį ir pan.);* f) išdurti *(akį);* g) sudaryti nepatogumų, apsunkinti, trukdyti; h) *(ppr. pass)* suerzinti; būti įsižeidusiam/susierzinusiam; i) *refl* ypač stengtis, eikvoti *(jėgas);* j) pagaminti; k) skolinti pinigus už procentus *(at);* l) išvaryti, išvyti, išmesti; m) padaryti narkozę *(prieš operaciją);* n) *jūr.* išplaukti *(į jūrą);* **~ over** a) *(gražiai, aiškiai)* perteikti *(mintį);* sėkmingai atlikti; b) *refl* padaryti įspūdį *(publikai);* c) *amer.* atidėti *(to);* d) *šnek.* apsukti, apgauti *(ypač* ***to ~ one over on smb*****);** **~ through** a) užbaigti, įvykdyti; b) sujungti *(telefonu);* **~ together** a) sudėti, sustatyti; b) surinkti, sudaryti *(komandą, antologiją ir pan.);* **~ up** a) pastatyti *(namus, paminklą, palapinę; pjesę);* b) iškabinti *(skelbimą);* išstatyti *(parodoje, pardavimui);* c) (pa)siūlyti; d) tiekti, dovanoti, finansuoti; e) pakelti *(kainą ir pan.);* f) iškelti *(vėliavą);* pakelti *(ranką ir pan.);* g) priimti, priglobti; ***to ~ up for the night*** apnakvinti; h) apsistoti *(viešbutyje ir pan.; at);* i) sukurstyti, įkalbėti *(padaryti ką nors kvailo/negero; to);* j) pakęsti, taikstytis *(with);* k) užstatyti *(lombarde);* l) iškelti *(kandidatūrą);* m) *ret.* supakuoti, sudėti, įdėti; n) *ret.* konservuoti *(maistą);* o) *medž.* išbaidyti *(naudojant šunis)* ◊ ***to ~ it on*** *(pernelyg)* pakelti kainą; perdėti, išpūsti *(savo jausmus, skausmą ir pan.);* ***to ~ to it*** pabandyti *(ką padaryti);* **~ *it there!*** *šnek.* še ranką! *(kaip susitarimo ženklas);* **~ *up or shut up!*** *šnek.* prisijunk prie mūsų arba tylėk, arba... arba...; ***to ~ smth behind smb*** stengtis užmiršti *(ką nemalonaus);* ***I didn't know where to ~ myself*** nežinojau, kur dėtis
n **1** (nu)metimas; *sport.* stūmimas *(rutulio)* **2** *ekon.* opcionas

put² [pʌt] = **putt** *n*, *v*

putative ['pjuːtətɪv] *a attr knyg.* tariamas, spėjamas, manomas

put-down ['putdaun] *n* **1** *šnek.* nusodinimas, pažeminimas **2** *(lėktuvo)* nutupdymas, nutūpimas

putlog ['pʌtlɔg] *n stat.* pastolių skersinis

put-off ['putɔf] *n* **1** išsisuki(nėji)mas, atsikalbinėjimas **2** atidė(lio)jimas

put-on ['putɔn] *n* **1** apsimetimas **2** pasipūtimas, įsivaizdavimas **3** *amer. šnek.* apgavystė
a apsimestinis, netikras, dirbtinis

put-out ['putaut] *a šnek.* įžeistas, įsižeidęs

put-put ['pʌtpʌt] *n (benzininio variukliuko)* pupsėjimas
v pupsėti

putrefaction [,pjuːtrɪ'fækʃn] *n* puvimas, trūnijimas

putrefactive [,pjuːtrɪ'fæktɪv] *a* puvimo; pūvantis

putrefy ['pjuːtrɪfaɪ] *v* **1** pūti *(t. p. prk.);* trūnyti, dūlėti **2** pūdyti

putrescence [pjuː'tresns] *n* (su)puvimas

putrescent [pjuː'tresnt] *a* pūvantis, gendantis; **~ *smell*** puvėsių kvapas

putrid ['pjuːtrɪd] *a* **1** puvėsinis; puvimo; supuvęs **2** pagedęs, sugedęs **3** sušvinkęs, dvokiantis **4** *šnek.* bjaurus, šlykštus, prastas

putridity [pjuː'trɪdətɪ] *n* supuvimas; puvėsiai

putsch [putʃ] *vok. n* pučas

putt [pʌt] *n* smūgis, varantis kamuoliuką į duobutę *(žaidžiant golfą)*
v varyti kamuoliuką į duobutę *(žaidžiant golfą)*

puttee ['pʌtɪ] *n (ppr. pl)* **1** tvanktis, autai *(ligi kelių)* **2** antblauzdis, auliukas *(neprisiūtas prie bato)*

putter¹ ['pʌtə] *n* lazda *(golfui žaisti)*

putter² *v* **1** pukšėti *(apie variklį)* **2** *amer.* palengva dirbinėti, krapštinėtis *(t. p.* **~ *around*)** □ **~ *along*** lėtai judėti, pukšėti *(apie motorinę valtį ir pan.);* **~ *away*** *amer.* dykinėti

putter³ ['pʌtə] *n* klausimų uždavėjas, kėlėjas

putti ['putɪ] *pl žr.* **putto**

puttier ['pʌtɪə] *n* stiklius; glaistininkas

putting¹ ['putɪŋ] *n sport.* stūmimas; **~ *the shot*** rutulio stūmimas

putting² ['pʌtɪŋ] *n* kamuoliuko varymas į duobutę *(žaidžiant golfą)*

putting-green ['pʌtɪŋgriːn] *n* lygi aikštelė *(aplink golfo duobutę)*

putto ['putəu] *it. n (pl* -ti) *men.* putas *(nuogo berniuko atvaizdas)*

putty ['pʌtɪ] *n* **1** kitas, glaistas *(t. p.* ***glazier's ~);*** **~ *knife*** glaistytuvas **2** šlifavimo/poliravimo milteliai/mastika *(t. p.* ***jeweller's ~)*** ◊ **~ *medal*** bulvinis medalis; **~ *in smb's hands*** ≡ lengvai vyniojamas apie pirštą
v (už)glaistyti, (už)kituoti

put-up ['putʌp] *a šnek.* iš anksto planuotas/paruoštas; **~ *affair/job*** machinacija, gudrybė

put-upon ['putə,pɔn] *a predic šnek.* išnaudojamas, ujamas, skriaudžiamas

put-you-up ['putjuʌp] *n* **1** laikina lova **2** *amer.* laikina pastogė

putz [pʌts] *n amer.* **1** *šnek.* pakvaišėlis **2** *vulg.* vyro lytinis organas

puzzle ['pʌzl] *n* **1** mįslė, galvosūkis; ***Chinese ~*** neišsprendžiama mįslė; sudėtingas uždavinys; ***pictorial ~*** rebusas **2** sunkus/keblus klausimas; kebli padėtis; ***it's a ~ to me how/why*** man neaišku, kaip/kodėl...
v **1** (su)kelti sumaištį, (su)gluminti; užduoti galvosūkį, pastatyti į sunkią padėtį; sukti galvą *(about, over – dėl);* ***I am ~d as to what to do*** nežinau ką ir daryti **2** supainioti, (ap)sunkinti □ **~ *out*** išpainioti, iš(si)aiškinti; susivokti

puzzled ['pʌzld] *a* sumišęs; suglumintas; suglumęs

puzzle-headed ['pʌzl'hedɪd] *a* susipainiojęs; suglumęs

puzzlement ['pʌzlmənt] *n* **1** sumišimas **2** mįslė *prk.;* ***the affair will long be a ~*** tas reikalas ilgai bus mįslė

puzzle-pated ['pʌzl'peɪtɪd] *a* = **puzzle-headed**

puzzler ['pʌzlə] *n šnek.* sunkus uždavinys; mįslingas klausimas; mįslė, galvosūkis

puzzling ['pʌzlɪŋ] *a* keliantis sumišimą; mįslingas, sunkiai suprantamas

puzzolana [,puːtsə'lɑːnə] *n* = **pozzolana**

pyaemia [paɪ'iːmɪə] *n med.* piemija

pyelitis [paɪə'laɪtɪs] *n med.* pielitas

pyemia ['paɪ'iːmɪə] *n amer.* = **pyaemia**

pygmaean [pɪg'miːən] *a* nykštukinis

Pygmalion [pɪg'meɪlɪən] *n mit.* Pigmalijonas

pygmy ['pɪgmɪ] *n* **1** pigmėjas; nykštukas, neūžauga **2** *prk.* pigmėjas, menkysta **3** *attr* žemaūgis; nykštukinis **4** *attr* menkas, niekingas

pyjamas [pə'dʒɑːməz] *n pl* pižama, pižamos

pyknic [pɪknɪk] *a fiziol.* storo stuomens

pylon ['paɪlən] *n* **1** *archit.* pilonas **2** *tech.* atrama; stulpas *(elektros laidams)*
pylorus [paɪ'lɔːrəs] *n (pl* -ri [-raɪ]) *anat.* prievartis
Pyongyang ['pjəːŋ'jɑːŋ] *n* Pchenjanas *(Šiaurės Korėjos sostinė)*
pyorrh(o)ea [ˌpaɪə'riːə] *n med.* pioreja
pyramid ['pɪrəmɪd] *n (įv. reikšm.)* piramidė; **the Pyramids** Egipto piramidės; ~ **of oranges** apelsinų piramidė; ~ **selling** *ekon.* perpardavinėjimas
v **1** statyti piramidės forma **2** *fin.* didinti akcijų atsargas; spekuliuoti akcijomis
pyramidal [pɪ'ræmɪdl] *a* piramidiškas, piramidinis
pyre ['paɪə] *n* laužas *(lavonams deginti)*
Pyrenees [ˌpɪrə'niːz] *n* Pirėnai *(kalnai)*
pyrethrin [paɪ'riːθrɪn] *n* piretrinas *(insekticidas)*
pyrethrum [paɪ'riːθrəm] *n bot.* skaistenis; ~ **extract** piretrumas *(milteliai)*
pyretic [paɪ'retɪk] *a med.* karščio; sukeliantis karštį
pyridine ['pɪrɪdiːn] *n chem.* piridinas
pyrimidine [pɪ'rɪmɪdiːn] *n chem.* pirimidinas
pyrites [paɪ'raɪtiːz] *n min.* piritas
pyritic [paɪ'rɪtɪk] *a min.* pirito, piritinis
pyro- ['paɪərəu-] *(sudurt. terminuose)* piro-; **pyrometry** pirometrija
pyrolisis [paɪ'rɔlɪsɪs] *n chem.* pirolizė
pyromania [ˌpaɪrə^u'meɪnɪə] *n med.* piromanija *(potraukis padeginėti)*
pyromaniac [ˌpaɪrə^u'meɪnɪæk] *n med.* žmogus, sergantis piromanija

pyrometer [paɪ'rɔmɪtə] *n tech.* pirometras
pyrotechnic(al) [ˌpaɪrə^u'teknɪk(l)] *a* pirotechninis; ~ **pistol** raketinis pistoletas
pyrotechnics [ˌpaɪrə^u'teknɪks] *n* **1** pirotechnika **2** *(gražbylystės, virtuoziškumo ir pan.)* fejerverkas, protrūkis
pyrotechnist [ˌpaɪrə^u'teknɪst] *n* pirotechnikas
pyroxene [paɪ'rɔksiːn] *n min.* piroksenas
pyroxylin [paɪ'rɔksɪlɪn] *n chem.* piroksilinas
pyrrhic ['pɪrɪk] *n* **1** piricha *(sen. graikų karo šokis; t. p.* ~ *dance)* **2** *lit.* pirichis *(t. p.* ~ *foot)*
Pyrrhic ['pɪrɪk] *a:* ~ *victory* Piro laimėjimas/pergalė
Pythagoras [paɪ'θægərəs] *n* Pitagoras *(graikų mokslininkas)*
Pythagorean [paɪˌθægə'riːən] *a* Pitagoro; ~ *theorem geom.* Pitagoro teorema
n pitagorininkas
python ['paɪθn] *n* **1** *zool.* pitonas **2** *(P.) mit.* Pitonas **3** *ret.* šėtonas, (piktoji) dvasia; pranašas
pythoness ['paɪθənɪs] *n* **1** *mit.* pitija **2** pranašė; burtininkė
pyx [pɪks] *n* **1** *bažn.* monstrancija **2** dėžutė prabuojamoms monetoms laikyti *(pinigų kalykloje);* **the trial of the** ~ pinigų prabavimas
v prabuoti
pyxides ['pɪksɪdiːz] *pl žr.* **pyxis**
pyxidium [pɪk'sɪdɪəm] *n (pl* -ia [-ɪə]) *bot.* aukšliškoji dėžutė
pyxis ['pɪksɪs] *lot. n (pl* pyxides) mažytė dėžutė *(brangenybėms ir pan.)*

Q

Q, q [kjuː] *n* (*pl* Qs, Q's [kjuːz]) *septynioliktoji anglų kalbos abėcėlės raidė*
Qatar [ˈkɑːtɑː, kæˈtɑː] *n* Kataras *(pusiasalis ir valstybė)*
q. t. [ˌkjuːˈtiː] *n* (quiet *sutr.*): **on the q. t.** *šnek.* slapta, tyliai
qua [kweɪ] *lot. prep* kaip *(toks)*; **he spoke as a private person, and not ~ judge** jis kalbėjo kaip privatus asmuo, o ne kaip teisėjas
quack[1] [kwæk] *n* kry, kvar *(ančių krykimas, kvarksėjimas)* *v* kvarksėti; krykti, kvarkėti *(t. p. prk.)*
quack[2] *n* **1** šarlatanas; šundaktaris *(t. p. ~ doctor)*; *~ medicine/remedy* šarlataniškas vaistas **2** *šnek.* gydytojas *v* gydyti žolelėmis, šundaktariauti; sukčiauti
quackery [ˈkwækərɪ] *n* šundaktariavimas, šundaktarystė; šarlataniškumas; sukčiavimas
quack-grass [ˈkwækgrɑːs] *n bot.* varputis
quack-quack [ˌkwækˈkwæk] *n vaik.* krykliukė, antytė
quad [kwɔd] *n sutr. šnek.* **1** = **quadrangle** 2 **2** vienas iš keturnaičių *(gimusio ketvertuko)*; *pl* keturnaičiai
quadragenarian [ˌkwɔdrədʒɪˈnɛərɪən] *knyg. a* keturiasdešimties metų, keturiasdešimtmėtis
n keturiasdešimties metų žmogus
Quadragesima [ˌkwɔdrəˈdʒesɪmə] *n bažn.* pirmasis gavėnios sekmadienis *(t. p. ~ Sunday)*
quadragesimal [ˌkwɔdrəˈdʒesɪml] *a* **1** trunkantis 40 dienų **2** *bažn.* gavėnios
quadrangle [ˈkwɔdræŋgl] *n* **1** *geom.* ketùrkampis **2** keturkãmpis kiemas *(ypač universiteto)*
quadrangular [kwɔˈdræŋgjulə] *a* keturkãmpis
quadrant [ˈkwɔdrənt] *n* **1** *(įv. reikšm.)* kvadrantas **2** *tech.* gitara
quadrantal [kwɔˈdræntl] *n geom.* ketvirtinis
quadraphonic [ˌkwɔdrəˈfɔnɪk] *a spec.* kvadrofoninis
quadraphonics, quadraphony [ˌkwɔdrəˈfɔnɪks, kwɔˈdrɔfənɪ] *n spec.* kvadrofonija
quadrat [ˈkwɔdrət] *n* kvadratas *(plotas ekologiniams tyrimams)*
quadrate <*n, a, v*> *n* [ˈkwɔdrət] *(ypač biol.)* kvadratas *a* [ˈkwɔdrət] *anat., zool.* keturkampiškas, kvadratinis *v* [kwɔˈdreɪt] *ret.* **1** daryti kvadratinį **2** derinti(s); atitikti *(with, to)*
quadratic [kwɔˈdrætɪk] *mat. a* kvadratinis; *~ equation* kvadratinė lygtis
n kvadratinė lygtis
quadrature [ˈkwɔdrətʃə] *n geom., astr.* kvadratūra; *~ of the circle* skritulio kvadratūra
quadrennial [kwɔˈdrenɪəl] *a knyg.* **1** ketverių metų (ilgumo), trunkantis ketverius metus **2** pasikartojantis kas ketveri metai; *~ election* rinkimai, vykstantys kas ketveri metai
quadri- [ˈkwɔdrɪ-] *(sudurt. terminuose)* ketur-; *quadribasic chem.* keturbazis
quadriceps [ˈkwɔdrɪseps] *n* (*pl* ~) *anat.* keturgalvis raumuo

quadrilateral [ˌkwɔdrɪˈlæt^ərəl] *n geom.* ketursienis
a keturšonis
quadrilingual [ˌkwɔdrɪˈlɪŋgwəl] *a* keturkalbis; *~ inscription* užrašas keturiomis kalbomis
quadrille [kwəˈdrɪl] *n* kadrilis
quadrillion [kwɔˈdrɪlɪən] *n mat.* kvadrilijonas *(skaičius, reiškiamas vienetu su 15 nulių – 10^{15})*
quadripartite [ˌkwɔdrɪˈpɑːtaɪt] *a* **1** susidedantis iš 4 dalių **2** keturšalis *(apie susitarimą ir pan.)*
quadripole [ˈkwɔdrɪpəul] *n el.* keturpolis
quadrisyllable [ˌkwɔdrɪˈsɪləbl] *n kalb.* keturskiemenis žodis
quadrivalent [ˌkwɔdrɪˈveɪlənt] *a chem.* keturvalentis
quadroon [kwɔˈdruːn] *n psn.* kvarteronas
quadrophonic [ˌkwɔdrəˈfɔnɪk] *a* = **quadraphonic**
quadruped [ˈkwɔdruped] *zool. n* keturkojis (gyvulys)
a keturkojis
quadruple [ˈkwɔdrupl] <*n, a, v*> *n* keturgubas dydis
a **1** keturgubas; keturlinkas, keturkartis **2** keturšalis *(apie susitarimą, sąjungą)*
v keturgubinti, ketverinti; keturgubėti, padidėti keturgubai
quadruplet [ˈkwɔdruplɪt] *n* **1** ketvertas **2** *pl* ketvertukas, keturnaičiai *(keturi drauge gimę vaikai)*
quadruplicate *n* [kwɔˈdruːplɪkət] **1**: *in ~* keturiais egzemplioriais **2** *pl* keturi vienodi egzemplioriai
a [kwɔˈdruːplɪkət] keturgubas
v [kwɔˈdruːplɪkeɪt] **1** ketverinti, keturgubinti **2** sudaryti keturiais egzemplioriais
quaestor [ˈkwiːstə] *n* kvestorius *(sen. Romoje)*
quaff [kwɔf] *v psn.* gerti dideliais gurkšniais; gurkšnoti; išpliaupti, ištuštinti *(bokalą, taurę ir pan.)*
quag [kwæg, kwɔg] *n* = **quagmire** 1
quaggy [ˈkwægɪ, ˈkwɔgɪ] *a* **1** klampus; pelkėtas **2** glebnas *(apie kūną)*
quagmire [ˈkwægmaɪə, ˈkwɔgmaɪə] *n* **1** liūnas, liūlynas, klampynė; pelkė **2** *prk.* bala, kebli padėtis
quail[1] [kweɪl] *n* (*pl* ~) *zool.* putpelė
quail[2] *v knyg.* (su)drebėti, krūptelėti, krūpčioti *(iš skausmo, baimės)*; pabūgti *(to, before)*
quail-call, quail-pipe [ˈkweɪlkɔːl, ˈkweɪlpaɪp] *n* viliojamoji dūdelė *(putpelėms vilioti)*
quaint [kweɪnt] *a* **1** keistas, neįprastas; *~ old customs* saviti seni papročiai **2** nuostabus, žavus, gražus
quake [kweɪk] *n* **1** drebulys, šiurpulys **2** žemės drebėjimas
v **1** drebėti, virpėti *(with – iš)* **2** liumpsėti; siūbuoti
Quaker [ˈkweɪkə] *n* **1** kvakeris *(rel. sektos narys)*; *~(s') meeting* a) kvakerių susirinkimas; b) susirinkimas, kuriame mažai kalbama; *~ City amer. psn.* Filadelfija **2** (*q.*) *amer. ist.* butaforinė patranka *(laivė; t. p. ~ gun)*
a kvakerių
Quakerish [ˈkweɪkərɪʃ] *a* kvakeriškas; paprastas, kuklus kaip kvakeris
quaking [ˈkweɪkɪŋ] *a* drebantis, virpantis; *~ asp(en)/ash* drebulė

quaking-grass ['kweɪkɪŋgrɑːs] *n bot.* (kiškio) ašarėlės
quaky ['kweɪkɪ] *a* drebantis, virpantis
qualification [ˌkwɔlɪfɪ'keɪʃn] *n* **1** kvalifikacija; kvalifikacijos suteikimas; parengtumas; *to have the right ~s for the job* turėti darbui reikalingą kvalifikaciją **2** apribojimas, pataisymas; *to accept smb's statement with certain ~s* priimti kieno teiginį su tam tikromis pataisomis **3** išlyga, sąlyga; *without ~* besąlygiškai **4** *(veiklos, pažiūrų ir pan.)* apibūdinimas; kvalifikavimas **5** cenzas; *residential ~* sėslumo cenzas **6** *sport.* kvalifikacinės varžybos
qualificatory ['kwɔlɪfɪkeɪtərɪ] *a* **1** apibūdinantis, kvalifikuojantis **2** apribojantis
qualified ['kwɔlɪfaɪd] *a* **1** kvalifikuotas, kompetentingas; tinkamas **2** ribotas; sąlyginis; *to give smth one's ~ approval* iš dalies kam pritarti
qualifier ['kwɔlɪfaɪə] *n* **1** žmogus, turintis reikalingą kvalifikaciją **2** kvalifikacinės atrankos rungtynės **3** *gram.* apibrėžiamasis žodis
qualify ['kwɔlɪfaɪ] *v* **1** įgyti/turėti kvalifikaciją; *to ~ as a doctor* gauti gydytojo diplomą **2** įgyti/suteikti/turėti teisę *(for)*; *to ~ for the vote* gauti balso teisę; *to ~ for the finals sport.* išeiti/patekti į finalą **3** rengti(s), ruošti(s) *(kokiai nors veiklai, profesijai)*; *to ~ oneself for the bar* rengtis advokatūrai **4** kvalifikuoti, vertinti, apibūdinti *(as)*; *does photography ~ as an art form?* ar fotografiją galima vertinti/apibūdinti kaip meno rūšį? **5** pataisyti, patikslinti, sušvelninti; apriboti *(reikšmę ir pan.)*; *to ~ one's criticism* (su)švelninti kritiką **6** *gram.* pažymėti, apibrėžti
qualifying ['kwɔlɪfaɪɪŋ] *a* **1** kvalifikacinis; *~ examination* egzaminas kvalifikacijai įgyti; *~ shares* administracinės akcijos **2** *gram.* apibrėžiamasis
qualitative ['kwɔlɪtətɪv] *a* kokybinis; *~ analysis chem.* kokybinė analizė
quality ['kwɔlɪtɪ] *n* **1** kokybė *(t. p. filos.)*; rūšis; *of high ~* (labai) geros kokybės; aukščiausios rūšies **2** ypatybė, savybė; *to give a taste of one's ~* pasirodyti, parodyti savo sugebėjimus *ir pan.* **3** teigiamybė, gera savybė; privalumas **4** *fiz.* tembras **5** *psn.* aukšta padėtis visuomenėje; kilmingumas; *people of ~, the ~* aukštuomenė, diduomenė; *a lady of ~* kilminga dama
a attr aukštos/geros kokybės; *~ (news)papers* solidūs laikraščiai, rimti spaudiniai; *~ circle* kokybės grupė/būrelis *(pasiūlymams/skundams aptarti įmonėje)*
qualm [kwɑːm] *n* **1** nuogąstavimas, nerimastinga dvejonė; *to have ~s* dvejoti, abejoti; *~s of conscience* sąžinės graužimas **2** šleikštulys, koktumas, pykinimas; vertimas vemti
qualmish ['kwɑːmɪʃ] *a* **1** šleikštus, pykinantis; jaučiantis šleikštulį **2** jaučiantis sąžinės graužimą
quandary ['kwɔndərɪ] *n* kebli padėtis, sunkumas; dvejojimas; *to be in a ~ (about, over)* būti keblioje padėtyje, nežinoti, kaip elgtis, dvejoti
quango ['kwæŋgəʊ] *n (pl ~s [-z]) polit.* pusiau savarankiška nevalstybinė organizacija; valstybinių organų pusiau autonominiai komitetai *ir pan.*
quanta ['kwɔntə] *pl žr.* **quantum**
quantifiable ['kwɔntɪfaɪəbl] *a spec.* kiekybiškai įvertinamas/nustatomas
quantifier ['kwɔntɪfaɪə] *n* **1** *log., mat.* kvantorius **2** *gram.* kvantifikatorius, kiekinis žodis
quantify ['kwɔntɪfaɪ] *v* nustatyti kiekį, išmatuoti ir įvertinti/išreikšti skaičiais
quantitative ['kwɔntɪtətɪv] *a* kiekybinis; kiekinis; *~ analysis chem.* kiekybinė analizė

quantity ['kwɔntətɪ] *n* **1** kiekis; kiekybė *(t. p. filos., fon.)*; *negligible ~* a) nežymus/nedidelis kiekis; b) *prk.* nežymus/nedidelis žmogus; žmogus, su kuriuo nesiskaitoma **2** daugybė; *in ~, in quantities* dideliais kiekiais **3** *mat.* dydis, skaičius; *unknown ~* a) nežinomasis; b) *prk.* žmogus, apie kurį nieko nežinoma *ar* kurio veiksmų negalima numatyti **4** *attr: ~ production* masinė gamyba; *~ discount* kiekybinė kainos nuolaida
quantum ['kwɔntəm] *lot. n (pl -*ta*)* **1** kiekis, suma **2** dalis **3** *fiz.* kvantas; *~ number* kvantinis skaičius; *~ theory* kvantinė teorija; *~ jump/leap* a) kvantinis šuolis; b) *ekon.* ≡ didysis šuolis; c) *prk.* didelis žingsnis į priekį
quarantine ['kwɔrəntiːn] *n* **1** karantinas **2** izoliacija; izoliatorius **3** *teis. ist.* keturiasdešimties dienų laikotarpis *v* paskelbti karantiną; karantinuoti; izoliuoti
quark [kwɑːk] *n fiz.* kvarkas
quarrel[1] ['kwɔrəl] *n* **1** ginčas, kivirčas; *pl* vaidai, barniai; *to get into a ~ (with)* susiginčyti *(su)*; *to make up a ~* susitaikyti **2** dingstis susivaidyti; *to pick/seek a ~ (with)* ieškoti dingsties ginčytis *(su)*, ieškoti priekabių ◊ *to find ~ in a straw* būti priekabiam
v (-ll-) **1** ginčytis, susiginčyti, kivirčytis, vaidytis; bartis, susibarti **2** priešgyniauti; priekabiauti; *I would find difficulty to ~ with this statement* man sunku nuginčyti šį teiginį
quarrel[2] *n stat.* kvadratinis/rombinis stiklas; kvadratinė plokštelė
quarrelsome ['kwɔrəlsəm] *a* priekabus; vaidingas, barningas; priešgynus
quarry[1] ['kwɔrɪ] *n* **1** karjeras; *rock ~* akmenų laužykla/kirtykla **2** žinių šaltinis
v **1** eksploatuoti karjerą, skaldyti akmenis *(karjere)* **2** knistis, raustis *(knygose ir pan.)*; (su)ieškoti *(for)*
quarry[2] *n* **1** grobinys, grobis, laimikis; persekiojamas žvėris/paukštis **2** *prk.* numatyta auka
quart *n* **1** [kwɔːt] kvorta *(tūrio vienetas = 1,14 litro)*; 1 kvortos talpos indas **2** [kɑːt] kvarta *(ketvirtoji pozicija fechtuojantis)* ◊ *(to try) to put a ~ into a pint pot* šnek. (stengtis) padaryti tai, kas neįmanoma; nesutilpti visiems *(kur)*
quarter ['kwɔːtə] *<n, v> n* **1** ketvirtis *(t. p. mok.)*; ketvirtadalis *(of)*; *to divide into ~s* (pa)dalyti į ketvirčius; *a ~ of a year* metų ketvirtis; *a ~ of a hectare* ketvirtadalis hektaro; *three and a ~ years* treji metai ir trys mėnesiai; *for a ~ (of) the price* už ketvirtį kainos **2** ketvirtis valandos; *a ~ to six, amer. a ~ of six* be penkiolikos minučių šešios; *a ~ past six, amer. a ~ after six* penkiolika minučių po šešių; *a bad ~ of an hour* keletas nemalonių minučių **3** *(miesto)* kvartalas; *residential ~* gyvenamųjų namų kvartalas **4** šalis, pusė; vieta; *the four ~s of the globe* keturios pasaulio šalys; *from every ~* iš visų pusių, iš visur; *from no ~* iš niekur **5** *(žmonių)* sluoksniai, sferos; *we learned from the highest ~s* mes sužinojome iš pačių autoritetingiausių sluoksnių **6** *pl* butai, patalpos; *married ~s* karių šeimų butai; *to beat up the ~s of smb* aplankyti ką, užeiti pas ką; *to have free ~s* gyventi veltui; *to take up one's ~s (with)* apsigyventi *(pas, su)* **7** *pl kar.* kareivinės; *jūr.* postas; *to beat to ~s* duoti signalą rinktis **8** pasigailėjimas; *to ask for ~, to cry for ~* prašyti pasigailėti **9** ketvirtis *(saikas)* **10** kvarteris *(svorio/tūrio vienetas)* **11** *amer.* 25 centai; 25 centų moneta **12** ketvirtmylis *(t. p. ~ mile)*; *sport.* ketvirtmylio bėgimas **13** *jūr. (laivo)* paskuigalis, laivagalis **14** *(bato)* užkulnis **15** *astr.* pusmėnulis *(priešpilnis, delčia)* **16** *kul.* ketvirtis skerdenos **17** *her.* heraldinio skydo ketvirtis

◊ **not a ~ so good as...** toli gražu ne taip geras, kaip...; **at close ~s** a) iš arti, visai arti; b) susidūrę vienas prieš kitą *(su priešininku)*; **to come to close ~s** a) kautis vienam prieš vieną; b) susidurti akis į akį; c) susigrinčyti, susiimti
v **1** dalyti *(ppr. į keturias dalis);* ketvirčiuoti **2** *ist.* ketvirčiuoti *(kalinį)* **3** apgyvendinti; paskirstyti po butus *(ypač kariuomenę);* apsigyventi *(at)* **4** lakstyti įvairiomis kryptimis *(apie medžioklinius šunis)* **5** *jūr.* plaukti bakštagu
quarterage ['kwɔ:tərɪdʒ] *n* **1** *(pensijos, pašalpos ir pan.)* ketvirtinė išmoka; trijų mėnesių atlyginimas **2** *(kareivių)* paskirstymas po butus
quarter-day ['kwɔtədeɪ] *n* metų ketvirčio pirmoji diena *(mokėjimų, atsiskaitymų diena)*
quarterdeck ['kwɔ:tədek] *n* *jūr.* kvarterdekas, škancai
quarterfinal [ˌkwɔ:təˈfaɪnl] *n* *sport.* ketvirtfinalis
quarterly ['kwɔ:təlɪ] <*n, a, adv*> *n* žurnalas, išeinantis kartą per tris mėnesius
a trijų mėnesių, ketvirtinis
adv kartą per tris mėnesius, kas ketvirtį
quartermaster ['kwɔ:təˌmɑːstə] *n* **1** *kar.* ūkio dalies viršininkas; intendantas **2** *jūr.* viršila vairininkas
quartern ['kwɔ:tən] *n* *psn.* ketvirtis pintos/uncijos
quartern-loaf ['kwɔ:tənˌləʊf] *n* keturių svarų duonos kepalas
quarter-note ['kwɔ:tənəʊt] *n* *amer. muz.* ketvirtinė nata
quarter-sessions ['kwɔ:təˌseʃnz] *n* *ist.* taikos teisėjų sesijos *(kartą per 3 mėnesius)*
quarterstaff ['kwɔ:təstɑːf] *n* *ist.* 1,8–2,4 m kuoka, vėzdas *(valstiečių ginklas)*
quartet(te) [kwɔ:'tet] *n* **1** *muz.* kvartetas **2** *(žmonių, daiktų)* ketvertas
quartic ['kwɔ:tɪk] *a* *mat.* ketvirto laipsnio
quarto ['kwɔ:təʊ] *n* *(pl* ~s *[-z])* *poligr.* lapo ketvirtadalis; tokio formato knyga *(t. p.* **~ book***)*
quartz [kwɔ:ts] *n* *min.* kvarcas; **~ lamp** kvarco lempa
quartzite ['kwɔ:tsaɪt] *n* *min.* kvarcitas
quasar ['kweɪzɑː] *n* *astr.* kvazaras
quash [kwɒʃ] *v* **1** *teis.* panaikinti, anuliuoti **2** (nu)slopinti, sugniuždyti *(maištą ir pan.)*
quasi ['kweɪzaɪ, 'kwɑːzɪ] *lot. adv* lyg, tar(y)tum, neva
quasi- ['kweɪzaɪ-, 'kwɑːzɪ-] *(sudurt. žodžiuose)* kvazi-, pus-, tariamas; **quasi-scientific** kvazimokslinis, tariamai mokslinis; **quasi-official position** pusiau oficiali padėtis
quasi-conductor ['kweɪzaɪkənˈdʌktə] *n* *fiz.* puslaidininkis
quasiparticle ['kwɑːzɪˌpɑːtɪkl] *n* *fiz.* kvazidalelė
quassia ['kwɒʃə] *n* *bot.* kasija, musmedis
quatercentenary [ˌkwætəsenˈtiːnərɪ] *n* *knyg.* 400 metų jubiliejus; 400-osios metinės
quaternary [kwəˈtɜːnərɪ] *a* **1** susidedantis iš keturių dalių; ketvirtinis **2** *(Q.)* *geol.* kvartero, kvarterinis
n **1** keturių daiktų komplektas; ketvertas **2** *(Q.)* *geol.* kvarteras
quaternion [kwəˈtɜːnɪən] *n* **1** *knyg.* ketvertas, keturi **2** *mat.* kvaternionas
quatrain ['kwɒtreɪn] *n* *lit.* ketureilis; keturių eilučių eilėraštis
quaver ['kweɪvə] *n* **1** balso virpėjimas **2** trelė **3** *muz.* aštuntinė nata
v **1** drebėti *(apie balsą);* virpinti, drebinti *(balsą)* **2** treliuoti **3** (iš)tarti drebančiu balsu
quavery ['kweɪvərɪ] *a* drebantis, virpantis
quay [kiː] *n* krantinė, prieplauka
quayage ['kiːɪdʒ] *n* **1** krantinės/prieplaukos rinkliava **2** krantinės ilgis

quayside ['kiːsaɪd] *n* prieplaukos rajonas
quean [kwiːn] *n* *psn.* kekšė, paleistuvė
queasiness ['kwiːzɪnɪs] *n* šleikštulys, šleikštumas; norėjimas vemti
queasy ['kwiːzɪ] *a* **1** verčiantis vemti; šleikštus; **to feel ~** jausti šleikštulį **2** norintis vemti **3** neramus, nesmagus; **to feel ~ about smth** jaustis nesmagiai dėl ko **4** įnoringas, įgeidus
Quebec [kwɪˈbek] *n* Kvebekas *(Kanados provincija ir miestas)*
quebracho [kəˈbrɑːtʃəʊ] *n* *(pl* ~s *[-z])* kvebrachas *(labai kietas P. Amerikos medis)*
queen [kwiːn] *n* **1** karalienė *(t. p. prk.);* **Q. Mother** karalienė motina; **movie ~** ekrano karalienė **2** *prk.* perlas, pažiba; **London is the ~ of British cities** Londonas – D. Britanijos miestų pažiba **3** *(kortų)* dama; **~ of hearts** a) čirvų dama; b) *prk.* širdžių pavergėja/ėdikė **4** *šach.* valdovė **5** *(bičių)* motinėlė; *(skruzdėlių)* patelė **6** *šnek. niek.* pederastas ◊ **Q. Ann is dead!** ≡ atrado Ameriką! *(atsakymas į pasenusią naujieną)*
v **1** vainikuoti karaliene **2** būti karaliene, viešpatauti *(over)* **3** *šach.* paversti *(pėstininką)* valdove; nueiti į valdoves ◊ **to ~ it** *šnek.* a) laikytis išdidžiai; b) komanduoti, šeimininkauti *(over)*
queenhood ['kwiːnhʊd] *n* **1** karalienės titulas **2** karalienės viešpatavimo laikas
queenly ['kwiːnlɪ] *a* karalienės, derantis karalienei; didingas
queensize ['kwiːnsaɪz] *a* didelis, platus *(apie lovą ir pan.)*
Queensland ['kwiːnzlənd] *n* Kvinslandas *(Australijos valstija)*
queer [kwɪə] <*a, n, v*> *a* **1** keistas, keistuoliškas, ekscentriškas; **she wears ~ clothes** ji keistai rengiasi **2** įtartinas, abejotinas; **there is something ~ about it** čia kažkas įtartina **3** negaluojantis, jaučiantis galvos svaigimą; **to feel ~** prastai jaustis; **~ in the head** pamišęs, pakvaišęs **4** *šnek.* lytiškai iškrypęs
n *šnek. niek.* pederastas
v *šnek.* **1** (su)gadinti; **to ~ smb's pitch** (pa)daryti kam kiaulystę, (su)ardyti kieno planus **2** *refl* patekti į nepatogią padėtį *(with – prieš)* **3** apsukti, apmauti
quell [kwel] *v* **1** (nu)malšinti; (nu)slopinti, užgniaužti **2** (su)tramdyti, įveikti *(baimę ir pan.)*
quench [kwentʃ] *v* **1** (nu)malšinti *(troškulį; t. p. prk.)* **2** (už)gesinti **3** atšaldyti, atausinti *(t. p. prk.)* **4** *metal.* grūdinti *(plieną)* **5** *sl.* priversti nutilti *(priešininką)*
quencher ['kwentʃə] *n* **1** malšintojas, gesintojas *ir kt., žr.* **quench** **2** *šnek.* gėrimas
quenchless ['kwentʃləs] *a* nenumalšinamas; neužgesinamas, negęstamas
quenelle [kəˈnel] *pr. n* *kul.* frikadelės; leistinukai
Quentin ['kwentɪn] *n* Kventinas *(vardas)*
querist ['kwɪərɪst] *n* *knyg.* klausėjas
quern [kwɜːn] *n* **1** girnos, rankinis malūnas **2** malūnėlis *(pipirams ir pan. malti)*
quernstone ['kwɜːnstəʊn] *n* girnapusė, girna
querulous ['kwerʊləs] *a* niurzgus, urzgus, zirzlus; irzlus
query ['kwɪərɪ] *knyg.* *n* **1** klausimas *(t. p. kaip įterptinis žodis);* užklausimas; **readers' queries** skaitytojų klausimai; **~, is it true?** klausimas, ar tai tiesa? **2** abejonė **3** klaustukas **4** *komp.* užklausa
v **1** klausti; teirautis, užklausti *(if, whether)* **2** reikšti abejonę, (su)abejoti; **I ~ whether these figures are reliable** abejoju, ar šie skaičiai patikimi **3** rašyti klaustuką

quest [kwest] *knyg. n* **1** ieškojimas; *in ~ (of)* ieškodamas, beieškant; *to be in ~ (of)* ieškoti **2** ieškomas daiktas **3** *bažn.* aukų rinkimas
v ieškoti *(for)*

question ['kwestʃən] *n* **1** klausimas; *to ask/put a ~* (už)duoti klausimą, paklausti; *indirect/oblique ~ gram.* netiesioginis klausimas **2** problema, dalykas, svarstomas klausimas; *economic [social] ~s* ekonominės [socialinės] problemos; *the ~ of the day/hour* aktualus klausimas; *the ~ is...* dalykas tas...; *kyla klausimas...; that is not the ~* ne tai svarbu; *it is out of the ~* dėl to negali būti nė kalbos; *it is merely a ~ of time* tai jau tik laiko klausimas; *to come into ~* būti svarstomam; *to go into the ~* gilintis/įsigilinti į klausimą; *the matter in ~* svarstomas klausimas; *the person in ~* kalbamasis/svarstomasis asmuo; *to put the ~* pateikti balsuoti **3** abejonė; *beyond/without/past ~* a) be abejonės; b) be ginčų; *to beg the ~* kelti abejonių *(apie klausimą, pasiūlymą ir pan.); to call into ~* suabejoti, ginčyti; *there is no ~ about/that...* nėra abejonės, kad...; *there's no ~ (of)* nėra galimybės, neįmanoma **4** *ist.* kankinimas; *to put to the ~* kankinti **5** *attr: ~ time parl.* vyriausybės valanda *(kai parlamentarai klausinėja ministrus)* ◊ *to pop the ~ šnek.* pasipiršti; *~!* a) prašom kalbėti į temą! *(pirmininkaujantis oratoriui);* b) tai dar klausimas!
v **1** klausinėti, klausti; apklaus(inė)ti, kvosti **2** (su)abejoti; *to ~ the honesty of smb* suabejoti kieno sąžiningumu; *I ~ whether he is right* aš nesu tikras, ar jis teisus **3** tirti *(reiškinius, faktus)*

questionable ['kwestʃənəbl] *a* **1** abejotinas, ginčijamas; *it is ~ whether...* abejotina, ar... **2** įtartinas, prastos reputacijos

question-begging ['kwestʃən,begɪŋ] *n* loginė klaida

questioner ['kwestʃənə] *n* **1** klausėjas, klausinėtojas **2** korespondentas, žmogus, kuris rengia interviu

questioning ['kwestʃənɪŋ] *n* klausinėjimas, klausimas; kvota; apklausa *(t. p. mok); ~ by police [by reporters]* policijos [žurnalistų] apklausa
a **1** klausiamasis **2** smalsus

questionless ['kwestʃənləs] *a* **1** neabejotinas, neginčijamas **2** naivus
adv neabejotinai

question-mark ['kwestʃənmɑːk] *n* klaustukas *(t. p. prk.); there's a ~ about his honesty* klausimas, ar jis sąžiningas

question-master ['kwestʃən,mɑːstə] *n rad., tel.* viktorinos vadovas/vedėjas

questionnaire [,kwestʃə'nɛə] *pr. n* anketa, apklausos lapas, apklausas

quetzal ['ketsl] *n* ketsalis (**1** *paukštis* **2** *Gvatemalos piniginis vienetas*)

queue [kjuː] *n* **1** eilė; *(automobilių ir pan. t. p.)* vora, vilkstinė; *to join the ~* stoti į eilę; *to stand in a ~* stovėti eilėje **2** *(plaukų)* kasa
v **1** stovėti eilėje, stoti į eilę *(džn. ~ up; for)* **2** pinti kasą

queue-jump ['kjuːdʒʌmp] *v šnek.* lįsti be eilės, nesilaikyti eilės, užlįsti į priekį

quibble ['kwɪbl] *n* **1** smulki priekabė **2** išsisukinėjimas **3** *psn.* žodžių žaismas, kalambūras
v **1** priekabiauti, ginčytis *(about, over – dėl)* **2** išsisukinėti, vengti tiesiai atsakyti *(klaidinti išvedžiojimais)*

quiche [kiːʃ] *n kul. (pyrago tešlos)* apkepas su įdaru

quick [kwɪk] <*a, adv, n*> *a* **1** greitas; spartus; *to be ~* skubėti; *~ pace/step* spartus žingsnis; *~ luncheon* pusryčiai greituoju/greitosiomis; *she's a ~ worker* ji dirba sparčiai **2** vikrus, gyvas, žvitrus, guvus; *she is ~ with her hands* jos rankos vikrios/mitrios **3** supratingas; greit reaguojantis; *~ child* supratingas/nuovokus vaikas; *~ to learn* greit suprantantis/pagaunantis; *~ temper* karštas/ūmus būdas, ūmumas **4** aštrus *(apie protą, regą, klausą)* **5** *psn.* gyvas; *~ with child* nėščia ◊ *to have a ~ one/half/pint šnek.* išgerti paskubomis *(prieš išvykstant)*
adv greitai; skubiai; *now then ~!* na, greičiau!
n gyvuonis; *(prk. dar)* jautri vieta; *to the ~* a) iki gyvuonies, iki gyvo kaulo; b) *prk.* iki širdies gelmių; *to cut/touch smb to the ~* sujaudinti ką iki širdies gelmių; ≡ paliesti kieno jautrią vietą ◊ *the ~ and the dead* gyvieji ir mirusieji

quick-acting ['kwɪk,æktɪŋ] *a spec.* greitaveikis, greit veikiantis

quick-change [,kwɪk'tʃeɪndʒ] *a: ~ actor* aktorius, greitai keičiantis išvaizdą *(vaidinant įvairius personažus)*

quicken ['kwɪkən] *n* **1** (pa)greitinti, (pa)spartinti; (pa)greitėti; *his pulse ~ed* jo pulsas padažnėjo **2** (su)žadinti, kurstyti; *to ~ smb's interest* (su)žadinti kieno domėjimąsi, sudominti ką **3** *knyg., psn.* atgaivinti; atgyti; pagyvinti; pagyvėti **4** pradėti krutėti/judėti *(apie vaisių);* pajusti vaisiaus krutėjimą *(apie nėščią moterį)*

quickfire ['kwɪkfaɪə] *a* **1** šmaikštus, sąmojingas *(apie kalbą ir pan.)* **2** greitašaudis

quick-freeze ['kwɪkfriːz] *v* greitai užšaldyti *(produktus)*

quickie ['kwɪkɪ] *šnek. n* **1** skubotas darbas, madaras *(literatūroje, mene)* **2** kas nors greitai padaryta; išgėrimas/užvalgymas greitosiomis
a greitosiomis padarytas, skubiai atliktas

quicklime ['kwɪklaɪm] *n stat.* negesintos kalkės

quickly ['kwɪklɪ] *adv* **1** greitai; skubiai; *as ~ as possible* kuo greičiau **2** trumpam

quickness ['kwɪknɪs] *n* greitumas, spartumas *ir kt., žr.* **quick** *a*

quicksand ['kwɪksænd] *n* **1** dribsmėlis, slankusis smėlis **2** *prk.* liūnas, klampynė

quickset ['kwɪkset] *n* **1** gyvašakė *(ypač gudobelės)* **2** gyvatvorė *(t. p. ~ hedge)*

quick-setting ['kwɪk,setɪŋ] *a* greitai stingstantis *(apie betoną ir pan.)*

quicksilver ['kwɪk,sɪlvə] *n* gyvsidabris ◊ *to have ~ in one's veins* būti labai gyvam *(kaip gyvsidabriui)*
v aptraukti gyvsidabrio amalgama

quickstep ['kwɪkstep] *n* kvikstepas, greitas fokstrotas

quick-tempered ['kwɪk'tempəd] *a* karštas, ūmus

quickthorn ['kwɪkθɔːn] *n bot.* gudobelė

quick-witted ['kwɪk'wɪtɪd] *a* sumanus, nuovokus, sąmojingas

quid[1] [kwɪd] *n* kramtomojo tabako gniužulėlis

quid[2] *n (pl ~) šnek.* (vienas) svaras sterlingų ◊ *to be ~s in šnek.* (gerokai) pasipelnyti

quiddity ['kwɪdətɪ] *n knyg.* **1** esmė **2** priekabė; subtilybė, smulkmena

quidnunc ['kwɪdnʌŋk] *lot. n psn.* liežuvautojas, liežuvininkas

quid pro quo [,kwɪdprəu'kwəu] *lot.* **1** paslauga už paslaugą, kompensacija **2** vienas vietoj kito, nesusipratimas *(palaikius vieną daiktą kitu)*

quiescence, -cy [kwɪ'esns, kwaɪ'esns, -sɪ] *n knyg.* nejudamumas; ramybė

quiescent [kwɪ'esnt, kwaɪ'esnt] *a knyg.* **1** nejudamas; *~ load tech.* statinė/pastovioji apkrova **2** ramus; tylus

quiet ['kwaɪət] <*a, n, v, int*> *a* **1** ramus, tylus; betriukšmis; *keep/be ~* netriukšmauk(ite) **2** ramus, kuklus; santūrus; *~ conscience* rami sąžinė; *a ~ wedding* kuklios vestuvės **3** neryškus *(apie spalvas)* **4** paslėptas, slaptas;

quieten

jaukus; ***to keep smth ~*** slėpti, laikyti ką paslaptyje, nepasakoti; ***in a ~ corner*** jaukiame kampelyje
n tyla; ramybė, ramuma(s); tykumas; rimtis *(t. p. fiz.)*; ***~, please!*** prašom tylos! ◊ ***on the ~*** *šnek.* tylomis, slapta
v amer. **1** (nu)raminti; nurimti *(ppr. ~ down)* **2** pritildyti *(t. p. ~ down)*
int tyliau!, netriukšmauti!

quieten ['kwaɪətn] *v* (nu)raminti, apraminti; nurimti *(t. p. ~ down)*

quietism ['kwaɪətɪzm] *n* **1** *filos.* kvietizmas **2** *knyg.* romybė, romumas

quietly ['kwaɪətlɪ] *adv* **1** ramiai, tyliai **2** santūriai; ***~ confident*** gana pasitikintis

quietness ['kwaɪətnɪs] *n* ramumas, tylumas; ramybė, tyluma

quietude ['kwaɪətjuːd] *n* ramybė, tyla

quietus [kwaɪ'iːtəs] *n knyg.* **1** mirtis; ***to get one's ~*** mirti **2** galas, pražūtis, paskutinis, lemiamas smūgis **3** kas nors raminantis/slopinantis

quiff [kwɪf] *n* ežiukas *(vyrų šukuosena)*

quill [kwɪl] *n* **1** *(paukščio)* plunksna; plunksnos kotas **2** *(dygliakiaulės)* dyglys **3** dantų krapštiklis/krapštukas **4** plūdės kotelis **5** *ist.* rašomoji plunksna *(t. p. ~ pen)*; ***to drive a ~*** rašinėti, būti rašytoju **6** *tekst.* tūtelė, šeiva, ritė **7** *tech.* įvorė; tuščiaviduris velenas
v **1** gofruoti **2** *tekst.* vynioti ant ritės

quill-driver ['kwɪlˌdraɪvə] *n menk.* **1** plunksnagraužys, rašeiva **2** raštinės pelė

quilling ['kwɪlɪŋ] *n* kripė, kriputė *(dygsnis)*

quilt [kwɪlt] *n* **1** dygsniuota antklodė **2** *(ypač amer.)* lovos užtiesalas
v **1** dygsniuoti; pamušti *(vata ir pan.)* **2** užsiūti *(pinigus ir pan. į pamušalą/diržą)* **3** kompiliuoti

quilted ['kwɪltɪd] *a* dygsniuotas

quin [kwɪn] *n sutr. šnek.* = **quintuplet**

quinary ['kwaɪnərɪ] *a spec.* susidedantis iš penkių dalių; penkiagubas

quince [kwɪns] *n bot.* svarainis

quincentenary [ˌkwɪnsenˈtiːnərɪ] *n knyg.* 500 metų jubiliejus; 500-osios metinės

quincunx ['kwɪnkʌŋks] *n* penkių daiktų išdėstymas keturkampio kampuose, paliekant penktą daiktą viduryje; išdėstymas šachmatine tvarka

quinine ['kwɪniːn, kwɪ'niːn] *n farm.* chininas

quinquagenarian [ˌkwɪŋkwədʒɪ'nɛərɪən] *knyg. a* penkiasdešimties metų
n penkiasdešimties metų žmogus

Quinquagesima [ˌkwɪŋkwəˈdʒesɪmə] *n bažn.* sekmadienis prieš Užgavėnes *(t. p. ~ Sunday)*

quinque- ['kwɪŋkwə-] *(sudurt. terminuose)* penkia-; ***quinquelateral*** penkiašonis

quinquennia [kwɪŋ'kwenɪə] *pl žr.* **quinquennium**

quinquennial [kwɪŋ'kwenɪəl] *knyg. a* **1** penkmetinis, penkiametis **2** pasikartojantis kas penkeri metai
n penkerių metų tarpas, penkmetis

quinquennium [kwɪŋ'kwenɪəm] *n (pl ~s, -nia) knyg.* penkerių metų tarpas, penkmetis

quinquevalent [ˌkwɪŋkwə'veɪlənt] *a chem.* penkiavalentis

quinsy ['kwɪnzɪ] *n med.* pūlinė angina

quint [kwɪnt] *n* **1** *muz.* kvinta **2** kvinta *(penktoji pozicija fechtuojantis)* **3** *amer.* = **quintuplet**

quintal ['kwɪntl] *n* centneris, kvintalas *(= 100 kg; anglų = 50,8 kg; amer. = 45,36 kg)*

quintessence [kwɪn'tesns] *n* kvintesencija

quintessential [ˌkwɪntɪ'senʃl] *a* esantis kvintesencija, esmingiausias

quintet(te) [kwɪn'tet] *n muz.* kvintetas

quintillion [kwɪn'tɪljən] *n mat.* kvintilijonas *(skaičius, reiškiamas vienetu su 18 nulių – 10^{18})*

quintuple ['kwɪntjupl] *knyg. a* **1** penkiagubas, penkiakartis **2** susidedantis iš penkių dalių
v penkis kartus didinti/didėti

quintuplet ['kwɪntjuplɪt] *n* **1** penkių daiktų rinkinys, penketas **2** *pl* penketukas, penki vienu kartu gimę vaikai

quintuplicate *a* [kwɪn'tjuːplɪkət] penkiagubas
v [kwɪn'tjuːplɪkeɪt] **1** penkerinti **2** sudaryti penkiais egzemplioriais

quip [kwɪp] *n* **1** sąmojinga/šmaikšti pastaba, sąmojis, šmaikštybė **2** išsisukinėjimas, sofizmas **3** keistybė
v daryti sąmojingas/šmaikščias pastabas, šmaikštauti

quipster ['kwɪpstə] *n* šmaikštuolis

quire[1] ['kwaɪə] *n poligr.* **1** 24 lapai *(popieriaus skaičiavimo vienetas)* **2** (sulankstytas) spaudos lankas; ***in ~s*** nesubrošiūruotas, neįrištas, lankais

quire[2] *psn.* = **choir** *n, v*

quirk [kwəːk] *n* **1** keistybė **2** *(likimo ir pan.)* pokštas, išdaiga **3** gudrybė, vingrybė **4** užraitas, užraitymas, užsukimas; plunksnos brūkštelėjimas **5** *archit.* griovelis, latakėlis

quirky ['kwəːkɪ] *a* **1** keistas **2** išdaigus; vingrus

quirt [kwəːt] *amer. n* rimbas
v pliekti/čaižyti rimbu

quisling ['kwɪzlɪŋ] *n* kvislingas, kolaborantas

quit [kwɪt] *<n, a, v> n amer.* išėjimas iš darbo/tarnybos
a predic laisvas, atsikratęs, nusikratęs *(kuo, ko)*; ***to be/get ~*** atsikratyti *(of – ko)*; išsisukti, atsipirkti *(for – kuo)*
v (quitted, *amer. šnek.* quit) **1** palikti; išeiti; ***to ~ the army*** išeiti į atsargą; ***to ~ hold*** *(of)* išleisti *(iš rankų)* **2** *(ypač amer.)* mesti *(darbą ir pan.)* **3** *(ypač amer.)* nustoti, liautis; ***~ fooling*** nustok kvailiojęs **4** iš(si)kelti *(iš buto)* **5** *psn.* at(si)mokėti, at(si)lyginti; ***to ~ love with hate*** už meilę atsilyginti neapykanta **6** *psn.* elgtis

quitch [kwɪtʃ] *n bot.* varputis *(t. p. ~ grass)*

quitclaim ['kwɪtkleɪm] *teis. n* teisės atsisakymas
v atsisakyti teisės

quite [kwaɪt] *adv* **1** gana; ganėtinai; ***~ a long time*** gana ilgai; ***~ a long time ago*** gana seniai; ***~ a few/lot*** *šnek.* gana nemažai, daugoka **2** visai, visiškai; ***~ new*** visai naujas; ***~ so!*** visiškai teisingai!; ***(oh) ~!*** (o) taip!, visiškai!; ***the food was ~ good!*** maistas buvo visai geras!; ***~ the best [the worst]*** pats geriausias [blogiausias] **3** na ir, bent *(pabrėžiant)*; ***it was ~ something*** tai buvo nepaprasta/nuostabu; ***he's ~ a lad!*** na ir vaikinas/vyrukas!; ***it was ~ a journey!*** tai bent kelionė buvo!

Quito ['kiːtəʊ] *n* Kitas *(Ekvadoro sostinė)*

quits [kwɪts] *a predic*: ***to be ~*** atsilyginti, atsiskaityti, atsiteisti *(with – su)*; ***to cry ~*** a) atsiteisti; b) susitaikyti; ***to call it ~*** nustoti, nutraukti *(veiklą, ginčą)*; laikyti lygiais/atsiteisusiais

quittance ['kwɪtəns] *n psn.* **1** kvitas **2** at(si)lyginimas, apmokėjimas **3** *teis.* atleidimas *(nuo skolos mokėjimo, įsipareigojimo)*

quitter ['kwɪtə] *n šnek.* neištvermingas žmogus, lengvai metantis pradėtą darbą; atsimetėlis, bailys; ***I'm no ~*** ką aš pradedu, užbaigiu

quiver[1] ['kwɪvə] *n* virpėjimas, drebėjimas; virpesys, virpulys; ***a ~ of excitement*** susijaudinimo virpulys, jaudulys
v **1** virpėti, drebėti, tirtėti **2** virpinti, tirtinti

quiver² *n* strėlinė ◊ *a ~ full of children* = **quiverful** 2
quiverful ['kwɪvəful] *n* **1** strėlių kiekis, telpantis į strėlinę **2** *prk. juok.* didelė šeima
qui vive [ˌkiːˈviːv] *pr.:* ***to be on the ~*** saugotis, būti budriam
Quixote, quixote ['kwɪksət] *n* donkichotas
quixotic [kwɪkˈsɔtɪk] *a* donkichotiškas
quixotism, quixotry ['kwɪksətɪzm, -trɪ] *n* donkichotiškumas
quiz¹ [kwɪz] *n* **1** viktorina; *~ show/program* televiktorina, radioviktorina **2** *(ypač amer.) mok.* apklausa, apklausi(nėji)mas; *written ~* apklausa/patikrinimas raštu
v (ap)klausinėti, atlikti apklausą; patikrinti
quiz² *psn. n* **1** pajuoka, pašaipa; pokštas **2** (pa)šaipūnas **3** keistuolis
v **1** pajuokti, pašiepti **2** žiūrėti pašaipiai/smalsiai
quizmaster ['kwɪzmɑːstə] *n* viktorinos vedėjas/vadovas
quizzical ['kwɪzɪkl] *a* **1** atlaidžiai pašaipus/ironiškas, pašaipiai klausiamas *(apie šypseną, žvilgsnį)* **2** keistabūdis, juokingas
quod [kwɔd] *sl. n* kalėjimas
v sodinti į kalėjimą
quoin [kɔɪn] *n* **1** *stat.* išorinis pastato kampas; kertinis akmuo, kertinė plyta **2** *tech.* pleištas
quoit [kɔɪt, kwɔɪt] *n sport.* **1** mėtomasis žiedas **2** *pl* žiedų mėtymas į taikinį *(žaidimas)*
quondam ['kwɔndəm] *lot. a* buvęs, buvusis
Quonset ['kwɔnsət] *n amer.:* *~ hut* surenkamasis metalinis namelis

quorate ['kwɔːrət, -reɪt] *a* turintis kvorumą *(apie posėdį, susirinkimą)*
quorum ['kwɔːrəm] *lot. n* kvorumas
quota ['kwəutə] *n* **1** kvota *(t. p. ekon.);* dalis, kiekis; *export [import] ~* eksporto [importo] kvota; *immigration ~* imigracijos kvota **2** norma, kontingentas
quotable ['kwəutəbl] *a* cituotinas, cituojamas, vertas (pa)cituoti
quotation [kwəuˈteɪʃn] *n* **1** citata **2** citavimas **3** *kom.* kaina **4** *ekon. (vertybinių popierių, valiutos)* kursas; kotiravimas
quotation-marks [kwəuˈteɪʃnmɑːks] *n pl* kabutės; ***to put smth in ~, to put ~ around smth*** imti ką į kabutes
quote [kwəut] *v* **1** cituoti; remtis *(kuo);* ***to ~ an instance*** pacituoti pavyzdį **2** imti į kabutes **3** *kom.* nustatyti kursą/kainą; kotiruoti *(at)*
n **1** citata **2** *pl* kabutės; *start [end] of ~s* atidaryti [uždaryti] kabutes **3** kaina
quoth [kwəuθ] *v psn., juok.* pasakė, pasakiau, (iš)tarė, (iš)tariau
quotidian [kwəuˈtɪdɪən] *a knyg.* **1** kasdieninis **2** banalus, nuvalkiotas
n med. kasdieniniai maliarijos priepuoliai *(t. p. ~ fever)*
quotient ['kwəuʃnt] *n* **1** koeficientas **2** *mat.* dalmuo
quotum ['kwəutəm] *n* = **quota**
Quran, Qu'ran [kɔːˈrɑːn] *n* Koranas
Quranic, Qur'anic [kɔːˈrænɪk] *a* Korano
qwerty ['kwəːtɪ] *a* turintis standartinį raidinių klavišų išdėstymą *(apie kompiuterį, rašomąją mašinėlę)*

R

R, r [ɑ:] *n* (*pl* Rs, R's [ɑ:z]) aštuonioliktoji anglų kalbos abėcėlės raidė ◊ **the three R's** šnek. skaitymas, rašymas ir aritmetika (reading, (w)riting, (a)rithmetic)
Rabat [rə'bɑ:t] *n* Rabatas (*Maroko sostinė*)
rabbet ['ræbɪt] *tech. n* įlaidas, išdroža; užkaitas; užlankas
  v įlaiduoti, daryti įlaidus/išdrožas
rabbi ['ræbaɪ] *n* rabinas
rabbinate ['ræbɪnət] *n* **1** rabinatas, rabinystė **2** *kuop.* rabinai
rabbinic(al) [rə'bɪnɪk(l)] *a* rabinų; rabiniškas
rabbit ['ræbɪt] *n* **1** triušis **2** *amer.* kiškis, zuikis **3** triušena; triušiena **4** *šnek.* (*teniso, kriketo*) silpnas žaidėjas ◊ ***to breed like ~s*** daugintis kaip triušiai; **Welsh ~** skrebučiai su sūriu
  v **1** medžioti triušius (*t. p.* **go ~ing**) **2** *šnek.* postringauti (*t. p.* **~ on**)
rabbit-breeder ['ræbɪt‚bri:də] *n* triušininkas
rabbit-fish ['ræbɪtfɪʃ] *n zool.* chimera (*žuvis*)
rabbit-hutch ['ræbɪthʌtʃ] *n* triušių narvas
rabbit-skin ['ræbɪtskɪn] *n* triušena
rabbit-warren ['ræbɪt‚wɔrən] *n* **1** triušidė **2** *prk.* labirintas
rabble¹ ['ræbl] *n* **1** minia, tuntas **2** (**the ~**) *niek.* prastuomenė, prasčiokai
rabble² *n metal.* mechaninis maišytuvas, maišiklis
rabble-rouse ['ræblrauz] *v* kurstyti (*minios*) aistras; varyti įžūlią demagogiją
rabble-rouser ['ræbl‚rauzə] *n* (*minios*) kiršintojas, kurstytojas; demagogas
rabid ['ræbɪd] *a* **1** pasiutęs, pašėlęs, padūkęs; **~ dog** pasiutęs šuo **2** *menk.* piktas; fanatiškas, kraštutinis; **~ hatred** pikta neapykanta
rabidity [rə'bɪdətɪ] *n* pašėlimas, padūkimas
rabies ['reɪbi:z] *n med., vet.* pasiutligė, pasiutimas
raccoon [rə'ku:n] *n zool.* meškėnas; **~ dog** usūrinis šuo
race¹ [reɪs] *n* **1** lenktynės; varžybos; (greitas) bėgimas; **the ~s** arklių/žirgų lenktynės; **obstacle ~s** kliūtinio jojimo varžybos, kliūtinis jojimas; **sprint [turnback] ~** sprinto [žiedinės] lenktynės; **~ boat** lenktyninė valtis; **Marathon ~** maratono bėgimas; **~ for power** kova dėl valdžios; **presidential ~** kova dėl prezidento posto; **armaments/arms ~** ginklavimosi varžybos **2** smarki tėkmė, srautas **3** *knyg.* kelias; gyvenimo kelias; **his ~ is nearly over** jo gyvenimo kelias beveik baigiasi **4** (dirbtinė) upės vaga; greitvietė; pritekamasis kanalas **5** *tech.* (*guolio žiedo*) riedėjimo vagutė; (*guolio*) apkaba ◊ **a ~ against time** skubėjimas dėl to, kad laikas spaudžia
  v **1** lenktyniauti; dalyvauti lenktynėse **2** (nu)skubėti; lėkti, skusti; **he ~d his car against a post** jis su automobiliu užlėkė ant stulpo **3** varyti, leisti (*automobilį, arklį*) dideliu greičiu **4** smarkiai plakti, tvinksėti (*apie širdį*) □ **~ around** lakstyti, bėgioti; **~ away** a) nulėkti; nutolti (*from*); b) pralošti lenktynėse (*turtą ir pan.*); **~ by** pralėkti (*apie laiką*) ◊ **to ~ the bill through the House** pasiekti, kad skubos tvarka būtų patvirtintas įstatymo projektas parlamente, pratempti įstatymo projektą parlamente
race² *n* **1** rasė; **~ relations** rasiniai santykiai **2** giminė, padermė; tauta **the human ~** žmonija; **the feathered ~** *juok.* plunksnuočiai **3** veislė, rūšis
race³ *n* šaknis (*ypač imbiero*)
racecard ['reɪskɑ:d] *n* arklių/žirgų lenktynių programa
racecourse ['reɪskɔ:s] *n sport.* **1** hipodromas **2** lenktynių/bėgimo takas/trasa
racegoer ['reɪsgəuə] *n* žirgų lenktynių lankytojas
race-hatred ['reɪs‚heɪtrɪd] *n* rasinė neapykanta
racehorse ['reɪshɔ:s] *n* lenktyninis arklys/žirgas
raceme [rə'si:m, 'ræsi:m] *n bot.* kekė, raceminis žiedynas
race-meeting ['reɪs‚mi:tɪŋ] *n* arklių/žirgų lenktynių diena
racemose ['ræsɪməus] *a* **1** *bot.* raceminis, kekinis **2** *anat.* kekinis
racer ['reɪsə] *n* **1** lenktynininkas **2** lenktyninis arklys/žirgas; lenktyninis dviratis/automobilis; lenktyninė valtis *ir pan.* **3** *amer. zool.* gyvatės rūšis **4** *tech.* (riedėjimo) guolio žiedas
race-suicide ['reɪs‚su:ɪsaɪd] *n* tautos išmirimas (*dirbtinai sumažinus gimimų skaičių*)
racetrack ['reɪstræk] *n* = **racecourse**
raceway ['reɪsweɪ] *n* **1** *el.* kanalas vidiniams kabeliams tiesti **2** = **millrace 3** = **racecourse 4** = **race¹ 5**
Rachel ['reɪtʃəl] *a* Rachilė, Reičelė (*vardas*)
rachitis [rə'kaɪtɪs] *n med.* rachitas
Rachmanism ['rækmənɪzm] *n* nuomininkų gąsdinimas (*norint juos iškeldinti*)
racial ['reɪʃl] *a* rasinis, rasių; **~ prejudice** rasiniai prietarai
racialism ['reɪʃəlɪzm] *n* rasizmas
racialist ['reɪʃəlɪst] *n* rasistas
  a rasistinis
racing ['reɪsɪŋ] *n* **1** dalyvavimas arklių/žirgų lenktynėse; lenktyniavimas; lenktynės; **flat ~** arklių/žirgų lenktynės be kliūčių; **~ form** lenktynių programa **2** *tech.* įsibėgėjimas; (*variklio*) įsisukimas
  a attr lenktyninis, lenktynių
racism ['reɪsɪzm] *n* rasizmas
racist ['reɪsɪst] *n* rasistas
  a rasistinis
rack¹ [ræk] *n* **1** kabykla, gembinė **2** lentyna, padėklas, stelažas; regztis bagažui (*vagone, autobuse ir pan.; t. p.* **luggage ~**) **3** pastovas, stovas; rėmai; dėžė su pertvaromis (*buteliams*) **4** grotelės, pinučiai **5** *ž. ū.* ėdžios **6** *tech.* krumpliastiebis (*t. p.* **~ bar/link**); krumpliastiebinė pavara ◊ **~ of bones** *amer. sl.* ≅ oda ir kaulai, vieni griaučiai
  v **1** dėti į lentyną/regztį **2** dėti (*šieno*) į ėdžias (*ppr.* **~ up**)
rack² *n kul.* šoninė (*mėsa*)

rack³ *n* **1** *ist.* kankinimo suolas **2** *prk.* kankinimas; kančia; ***to be on the ~*** labai kankintis; turėti didelę bėdą; ***to put smb on the ~*** priversti ką kentėti
v **1** kankinti; ***to be ~ed with guilt*** būti kankinamam kaltės jausmo **2** iškankinti, išvarginti *(sunkiu darbu)* **3** plėšti, lupti; ***to ~ tenants*** plėšti didelį nuomos mokestį ▫ ***~ up*** *amer. šnek.* a) surinkti *(balsų, taškų ir pan.)*; b) pakenkti, sužaloti ◊ ***to ~ one's brains/wits šnek.*** ≡ laužyti/sukti sau galvą; ***to go to ~ and ruin*** (su)griūti, (su)žlugti, (su)irti

rack⁴ *v* (nu)sunkti, (nu)tekinti *(vyną ir pan.; džn. ~ off)*

rack⁵ *n knyg.* vėjo nešami debesys

rack-and-pinion [ˌrækənd'pɪnɪən] *n tech.* krumpliastiebis

racket¹ ['rækɪt] *n sport.* **1** raketė **2** *pl* teniso rūšis

racket² *n* **1** triukšmas; ***to kick up a ~, to make a ~*** (su)kelti daug triukšmo; skandalyti **2** lėbavimas, triukšmingas gyvenimas; ***to go on the ~*** lėbauti, triukšmingai gyventi **3** reketas; sukčiavimas; ***protection ~*** turto prievartavimas, reketavimas **4** *šnek.* sukčiaujanti/spekuliuojanti organizacija **5** *šnek.* lengvas uždarbis; biznis ◊ ***to stand/ face the ~*** a) užmokėti; b) atsakyti *(už);* c) ištverti, išlaikyti *(bandymą)*
v triukšmauti, ūžti, linksmai/triukšmingai gyventi *(džn. ~ about/around)*

racketeer [ˌrækə'tɪə] *n* reketininkas

racketeering [ˌrækə'tɪərɪŋ] *n* reketavimas

rackety ['rækɪtɪ] *a* **1** triukšmingas, netvarkingas; ***~ old typewriter*** tarški sena rašomoji mašinėlė **2** linksmas, palaidas; ***to lead a ~ life*** linksmai/palaidai gyventi, ūžti

racking ['rækɪŋ] *a* kankinamas; ***~ headache*** kankinantis/ smarkus galvos skausmas

rack-rent ['rækrent] *n* pernelyg didelė nuoma
v imti pernelyg didelę nuomą

rack-wheel ['rækwiːl] *n* krumpliaratis

raconteur [ˌrækɔn'tɜː] *pr. n* (geras) pasakotojas

racoon [rə'kuːn] *n* = **raccoon**

racquet ['rækɪt] *n* = **racket¹** 1

racy ['reɪsɪ] *a* **1** aromatingas, pikantiškas; skanus **2** nepadorus, nešvankus **3** gyvas; energingas, smarkus **4** būdingas, savitas; ***~ flavour*** būdingas prieskonis ◊ ***~ of the soil*** a) paprastas, nerafinuotas, liaudiškas; b) koloritingas, sodrus *(apie kalbą)*

rad¹ [ræd] *n* (radiator *sutr.*) *šnek.* radiatorius

rad² *n* (radical *sutr.*) *polit. sl.* radikalas

radar ['reɪdɑː] *n* **1** radiolokatorius, radaras, radiolokacijos įrenginys **2** radiolokacija **3** *attr* radiolokacinis, radiolokacijos

raddle ['rædl] *n* raudona ochra *(dažai)*
v **1** dažyti ochra **2** ženklinti/žymėti ochra *(avis)*

raddled ['rædld] *a* **1** susenęs, išvargęs, susidėvėjęs; ***~ face*** išsekęs veidas **2** *amer.* susipainiojęs, be nuovokos

radial ['reɪdɪəl] *a* **1** *spec.* spindulinis, radialinis; ***~ bearing*** *tech.* radialinis guolis **2** *anat.* stipininis, stipinkaulio
n radialinė padanga *(t. p. ~ tyre)*

radian ['reɪdɪən] *n geom.* radianas

radiance, -cy ['reɪdɪəns, -sɪ] *n* **1** spindesys; spindėjimas, švytėjimas **2** spinduliavimas; spindingumas

radiant ['reɪdɪənt] *a* **1** spinduliuojantis, spindintis, švytintis, spindulingas *(t. p. prk.)*; ***~ eyes*** spinduliuojančios/ spindulingos akys; ***to be ~ with joy*** spindėti/švytėti iš džiaugsmo **2** *prk.* šviesus; ***~ intelligence*** šviesus protas **3** *attr spec.* spinduliavimo; ***~ energy [heat]*** spinduliavimo energija [šiluma]
n **1** *fiz.* šilumos/šviesos šaltinis **2** *astr.* radiantas

radiate *a* ['reɪdɪət] spinduliškas; spindulinis
v ['reɪdɪeɪt] **1** spinduliuoti *(t. p. prk.);* spindėti; ***to ~ light*** spinduliuoti šviesą; ***to ~ heat*** skleisti šilumą; ***he ~s health*** iš jo trykšta sveikata **2** (iš)eiti iš centro *(apie spindulius, kelius ir pan.; from)*

radiation [ˌreɪdɪ'eɪʃn] *n* **1** spinduliavimas; radiacija; ***nuclear [solar] ~*** branduolinis [saulės] spinduliavimas/radiacija; ***a high level of ~*** aukštas radiacijos lygis **2** spindėjimas **3** *attr* spindulinis; radiacinis; ***~ sickness*** spindulinė liga; ***~ chemistry*** radiacinė chemija; ***~ field*** spinduliavimo laukas

radiative ['reɪdɪətɪv] *a* spinduliuojantis

radiator ['reɪdɪeɪtə] *n* **1** radiatorius *(t. p. aut.);* ***~ grille*** *aut.* radiatoriaus grotelės **2** *tech.* spinduliuotuvas **3** *fiz.* spinduolis

radical ['rædɪkl] *n* **1** *polit.* radikalas **2** *mat.* šaknis; radikalas **3** *chem.* radikalas **4** *kalb. (žodžio)* šaknis
a **1** radikalus, radikalinis *(t. p. polit.);* ***a ~ reform of the tax system*** radikali mokesčių sistemos reforma **2** pagrindinis, esminis **3** *bot.* augantis iš šaknies, šakninis **4** *mat.* šaknies; ***~ sign*** šaknies ženklas **5** *kalb.* šakninis **6** *amer. sl.* puikus, nuostabus

radicalism ['rædɪkəlɪzm] *n polit.* radikalizmas

radicalize ['rædɪkəlaɪz] *v* radikalinti

radically ['rædɪklɪ] *adv* radikaliai, iš esmės

radices ['reɪdɪsiːz] *pl žr.* **radix**

radicle ['rædɪkl] *n bot., anat.* šaknelė

radii ['reɪdɪaɪ] *pl žr.* **radius**

radio ['reɪdɪəʊ] *n (pl ~s [-z])* **1** radijas; ***on the ~*** per radiją **2** radijo imtuvas *(t. p. ~ set)* **3** radiograma **4** *attr* radijo; ***~ frequency*** radijo dažnis; ***~ play*** radijo vaidinimas; ***~ station*** radijo stotis
v perduoti per radiją; siųsti radiogramą; ***to ~ for help*** kreiptis pagalbos per radiją

radio- ['reɪdɪəʊ-] *(sudurt. terminuose)* radio-, radijo; ***radiobiology*** radiobiologija; ***radio-controlled*** radijo valdomas

radioactive [ˌreɪdɪəʊ'æktɪv] *a* radioaktyvus; ***~ waste*** radioaktyviosios atliekos; ***~ area*** rajonas, užkrėstas radioaktyviomis medžiagomis

radioactivity [ˌreɪdɪəʊæk'tɪvətɪ] *n* radioaktyvumas; ***contaminating ~*** teršiančios/užkrečiančios radioaktyviosios medžiagos

radiobroadcast [ˌreɪdɪəʊ'brɔːdkɑːst] *v* transliuoti per radiją

radiocarbon [ˌreɪdɪəʊ'kɑːbən] *n chem.* radioaktyvusis anglies izotopas

radiochemistry [ˌreɪdɪəʊ'kemɪstrɪ] *n* radiochemija

radio-controlled [ˌreɪdɪəʊkən'trəʊld] *a* radijo valdomas

radioelement [ˌreɪdɪəʊ'elɪmənt] *n chem.* radioaktyvusis elementas

radiogram ['reɪdɪəʊgræm] *n* **1** radiograma **2** rentgeno nuotrauka **3** radiola

radiograph ['reɪdɪəʊgrɑːf] *n* rentgeno nuotrauka, rentgenograma
v daryti rentgeno nuotrauką

radiographer [ˌreɪdɪ'ɔgrəfə] *n* rentgenologas

radiography [ˌreɪdɪ'ɔgrəfɪ] *n* radiografija; rentgenografija

radioisotope [ˌreɪdɪəʊ'aɪsətəʊp] *n fiz.* radioaktyvusis izotopas

radiolocation [ˌreɪdɪəʊləʊ'keɪʃn] *n* radiolokacija

radiological [ˌreɪdɪə'lɔdʒɪkl] *a* **1** radiologinis; rentgenologinis **2** radioaktyvusis

radiology [ˌreɪdɪ'ɔlədʒɪ] *n* radiologija; rentgenologija

radiolysis [ˌreɪdɪ'ɔləsɪs] *n* radiolizė

radioman ['reɪdɪəʊmæn] *n (pl* -men [-men]) *(tik v.)* radistas; radiotechnikas

radiometer [ˌreɪdɪ'ɒmɪtə] *n fiz.* radiometras
radionics [ˌreɪdɪ'ɒnɪks] *n* radioelektronika
radiophone ['reɪdɪəufəun] *n* radiotelefonas
radioscopy [ˌreɪdɪ'ɒskəpɪ] *n* rentgenoskopija, tyrimas rentgeno spinduliais
radiosensitive [ˌreɪdɪəu'sensɪtɪv] *a med.* jautrus spinduliams/švitinimui
radiosonde ['reɪdɪəusɒnd] *n meteor.* radiozondas
radiotelegraph [ˌreɪdɪəu'telɪgrɑːf] *n* radiotelegrafas
radiotelephone [ˌreɪdɪəu'telɪfəun] *n* radiotelefonas
radiotelescope [ˌreɪdɪəu'telɪskəup] *n* radioteleskopas
radiotherapy [ˌreɪdɪəu'θerəpɪ] *n med.* radioterapija, rentgenoterapija
radiothermy [ˌreɪdɪəu'θəːmɪ] *n med.* radiotermija
radiotrician [ˌreɪdɪəu'trɪʃn] *n* radiotechnikas
radish ['rædɪʃ] *n* ridikėlis, ridikas
radium ['reɪdɪəm] *n chem.* radis
radius ['reɪdɪəs] *n (pl* radii) **1** *geom.* spindulys **2** plotas; ribos; *within a five kilometre* ~ penkių kilometrų spinduliu; *within the* ~ *of knowledge* pažinimo ribose **3** *(rato)* stipinas **4** *anat.* stipinkaulis, spindulio kaulas **5** *tech.* limbas
radix ['reɪdɪks] *n (pl* radices) **1** *bot., anat.* šaknis *(t. p. prk.)* **2** *mat.* skaičiavimo sistemos pagrindas
radon ['reɪdɒn] *n chem.* radonas
radwaste ['rædweɪst] *n amer.* radioaktyviosios atliekos
raffia ['ræfɪə] *n* **1** *bot.* rafija **2** rafijos pluoštas
raffish ['ræfɪʃ] *a knyg.* **1** vėjavaikiškas; ~ *young man* vėjavaikis, plevėsa **2** neskoningas; vulgarus
raffle ['ræfl] *n* daiktinė loterija
v **1** leisti į loteriją *(daiktą; džn.* ~ *off)* **2** lošti/dalyvauti loterijoje
raft[1] ['rɑːft] *n* **1** sielis **2** keltas, plaustas **3** pripučiamoji gelbėjimo valtis *(t. p. life* ~*)* **4** *stat. (pastato)* atraminė plokštė; antpolis, rostverkas
v **1** plukdyti sielius **2** per(si)kelti/plaukti keltu/plaustu
raft[2] *n (ypač amer.) šnek.* daugybė, begalė, aibė *(of)*
rafter[1] ['rɑːftə] *n* **1** sielininkas, plukdytojas **2** plaustininkas, keltininkas
rafter[2] *stat. n* gegnė ◊ *from cellar to* ~ visame name, nuo viršaus ligi apačios
v kelti gegnes
rafting ['rɑːftɪŋ] *n (rąstų)* plukdymas; rąstų (su)rišimas į sielius
raftsman ['rɑːftsmən] *n (pl* -men [-mən]) = **rafter**[1]
rag[1] [ræg] *n* **1** skuduras, skarmalas *(t. p. menk. apie vėliavą, burę ir pan.); in* ~*s* nuplyšęs, nudriskęs, skarmaluotas; suplyšusiais drabužiais; ~ *doll* skudurinė lėlė, skudurinukė; ~ *fair* senų daiktų *(ypač drabužių)* prekyvietė; ~ *paper* skudurinis popierius **2** *menk.* popiergaliai *(apie popierinius pinigus);* laikraštpalaikis **3** skiautė, skutelis; *prk.* mažas kiekis, trupinėlis, lašelis; *there is not a* ~ *of evidence* nėra nė mažiausių įrodymų ◊ *to chew the* ~ *šnek.* a) bėdoti, skųstis; b) *amer.* šnekučiuoti(s); *to feel like a wet* ~ *šnek.* jaustis nusikamavusiam; *to cram on every* ~ *jūr. sl.* iškelti visas bures; *to go from* ~*s to riches* greitai praturtėti *(apie vargšą); he has not a* ~ *to his back* jis visiškai apiplyšęs, ≡ plikas kaip tilvikas; *(like a) red* ~ *(to a bull)* kas nors keliantis pasipiktinimą/susierzinimą
rag[2] *šnek. n* **1** pokštas; šiurkštūs juokavimai/juokai; *to say smth only for a* ~ pasakyti ką erzinant/juokais **2** triukšmingi kasmetiniai studentų renginiai *(labdaros tikslais)* ◊ *to lose one's* ~ *šnek.* įpykti, įsiusti
v **1** erzinti, apjuokti; pokštauti **2** triukšmauti, skandalyti
rag[3] *n muz.* regtaimo melodija/kūrinys
rag[4] *n min.* kietoji sluoksniuotoji klintis, stambiagrūdis smiltainis
v **1** smulkinti rūdą/akmenis **2** *tech.* nuimti atplaišas/ištrupas
raga ['rɑːgə] *ind. n* raga *(indų muzikos tradicinis melodinis modelis)*
ragamuffin ['rægəˌmʌfɪn] *n* driskius, skarmalius, nudriskėlis, nuskurėlis
rag-and-bone-man [ˌrægən'bəunmæn] *n (pl* -men [-men]) *(tik v.)* skudurininkas
rag-baby ['rægˌbeɪbɪ] *n* skudurinė lėlė, skudurinukė
ragbag ['rægbæg] *n* **1** maišelis skiautėms/lopiniams **2** *prk.* kratinys *(of)* **3** *sl.* susivėlėlė, apsileidėlė
rag-bolt ['rægbəult] *n tech.* šerpetotasis varžtas
rage ['reɪdʒ] *n* **1** įniršimas, įniršis; *to fly into a* ~ įniršti, įpykti **2** siautėjimas, šėlimas **3** *šnek.* visuotinis susižavėjimas, mada; *all the* ~ paskutinis mados žodis; *bicycles were (all) the* ~ *then* tada visi ėjo iš galvos dėl dviračių
v **1** niršti *(at, about, against)* **2** siautėti, siausti, šėlti; *outside a great storm was raging* lauke labai šėlo audra
□ ~ *out refl* a) nurimti *(apie audrą);* b) išsekti, baigtis, pasibaigti *(apie įniršį)*
ragged ['rægɪd] *a* **1** nuplyšęs, apdriskęs, skarmaluotas; atspuręs, atskaręs **2** nelygus, dantytas, rantuotas; šiurkštus **3** gauruotas, susivėlęs **4** nenudailintas, neišbaigtas *(apie stilių ir pan.);* nedarnus **5** plėštinis *(apie žaizdą)* **6** *šnek.* išvargęs; *to run smb* ~ nualinti, nuvarginti ką
raggedy ['rægɪdɪ] *a* = **ragged** 1, 2
ragging ['rægɪŋ] *n šnek.* **1** erzinimas, pa(si)juokimas **2** (iš)plūdimas, sudirbimas **3** *sport.* laiko delsimas
raging ['reɪdʒɪŋ] *a* **1** įnirtingas, įniršęs **2** siautingas, siautulingas, šėlstantis; ~ *sea* šėlstanti jūra **3** smarkus, nepaprastas; ~ *pain* smarkus skausmas
raglan ['ræglən] *a* reglano, pasiūtas pagal reglano fasoną
ragman ['rægmən] *n (pl* -men [-mən]) skudurininkas
ragout [ræ'guː, 'ræguː] *pr. n kul.* ragu
ragpicker ['rægˌpɪkə] *n (ypač ist.)* skudurininkas, skudurrinkis
rags-to-riches [ˌrægztə'rɪtʃɪz] *a attr* greitai praturtėjęs; ~ *story* pasakojimas apie greitą praturtėjimą
ragtag ['rægtæg] *n kuop. niek.* padugnės, valkatos *(ppr.* ~ *and bobtail)*
a šnek. **1** susivėlęs, purvinas, murzinas **2** netvarkingas *(apie organizaciją ir pan.)*
ragtime ['rægtaɪm] *n muz.* regtaimas *(t. p.* ~ *music)*
ragtop ['rægtɒp] *n amer. šnek.* nuimamas/atlošiamas automobilio viršus
ragweed ['rægwiːd] *n bot.* **1** = **ragwort 2** *amer.* ambrozija
rag-wheel ['rægwiːl] *n tech.* grandininis ratas
ragwort ['rægwəːt] *n bot.* žilė
rah [rɑː] *int* (hurrah *sutr.*) *(ypač amer.) šnek.* valio!
rah-rah ['rɑːrɑː] *a amer. šnek.* per daug entuziastingas
raid [reɪd] *n* **1** reidas, užpuolis, užpuolimas; antskrydis *(t. p. air* ~*)* **2** *(policijos)* reidas, netikėta krata, gaudynės **3** *kom.* spekuliacija *(biržoje); bear* ~ akcijų pardavimas norint numušti kainas
v **1** užpulti; (su)rengti reidą **2** įsiveržti; įsilaužti, apiplėšti
raider ['reɪdə] *n* **1** reido/užpuolimo dalyvis **2** plėšikas, užpuolikas **3** *av.* vienas iš antskrydžio lėktuvų **4** *jūr.* reideris

rail¹ [reɪl] *n* **1** turėklai; *to hold onto the ~* laikytis (už) turėklų **2** *(durų ir pan.)* skersinis; *pl* tvora; *clothes ~* skersinis drabužiams kabinti **3** metalinis strypas *(užuolaidoms)* **4** bėgis; *to go off the ~s* a) nueiti nuo bėgių; b) *prk.* būti išmuštam iš vėžių, nueiti blogais keliais; išeiti iš proto **5** geležinkelio linija; *by ~* geležinkeliu **6** *pl* lenktynių tako tvora **7** *pl kom.* geležinkelio akcijos ◊ *to have/get on the ~s* (su)grąžinti į vėžes *v* **1** aptverti, atitverti *(ppr. ~ in/off)* **2** vežti/siųsti geležinkeliu **3** kloti/tiesti bėgius
rail² *v* plūsti(s), keikti(s), konevеikti *(at, against)*
rail³ *n zool.* ilgasnapė vištelė *(t. p.* ***water ~****)*
railage ['reɪlɪdʒ] *n* **1** gabenimas geležinkeliu **2** apmokėjimas už gabenimą geležinkeliu
railcar ['reɪlkɑː] *n glžk.* drezina, automotrisa
railcard ['reɪlkɑːd] *n* asmens liudijimas papigintiems traukinio bilietams pirkti
rail-chair ['reɪltʃɛə] *n glžk.* bėgių padėklas
railhead ['reɪlhed] *n* **1** galinis geležinkelio punktas **2** geležinkelio iškrovimo stotis
railing¹ ['reɪlɪŋ] *n* **1** *(džn. pl)* užtvara, baliustrada, turėklai **2** bėgiai, bėgių kelias
railing² *n* konevеikimas, keikimas *(at, against)*
raillery ['reɪləri] *n* (pa)juokavimas, (pa)erzinimas, geraširdiška pašaipa
railman ['reɪlmən] *n* = **railwayman**
rail-mill ['reɪlmɪl] *n* bėgių valcavimo staklynas
railroad ['reɪlrəud] *amer. n* **1** geležinkelis **2** geležinkelių kompanija
v **1** važiuoti/vežti geležinkeliu **2** tiesti geležinkelį **3** skubinti, kurstyti *(skubiai ką daryti; into)* **4** skubiai pratempti/ prastumti *(įstatymo projektą ir pan.; through)* **5** *šnek.* pasodinti į kalėjimą neteisingai apkaltinus
railroader ['reɪlrəudə] *n amer.* **1** geležinkelininkas **2** geležinkelio savininkas
railway ['reɪlweɪ] *n* **1** geležinkelis; geležinkelio linija *(t. p. ~ line);* **~ *bed* [*station*]** geležinkelio sankasa [stotis] **2** geležinkelių kompanija *(t. p. ~ company)* **3** *amer.* bėgių kelias ◊ *at ~ speed* labai greitai
v **1** tiesti geležinkelį **2** važiuoti geležinkeliu
railwayman ['reɪlweɪmən] *n (pl* -men [-mən]) geležinkelininkas
railway-yard ['reɪlweɪjɑːd] *n glžk.* rūšiavimo/manevravimo stotis
raiment ['reɪmənt] *n poet., psn.* drabužiai, apdaras
rain [reɪn] *n* **1** lietus; *if the ~ keeps off* jei nebus lietaus; *to be caught in the ~* būti lietaus užkluptam; *to keep the ~ out* pasislėpti nuo lietaus **2** *(the ~s) pl* atogrąžų liūtys, liūčių sezonas **3** *(ašarų)* upeliai, *(sveikinimų)* srautas, *(smūgių)* kruša *ir pan.* ◊ *as right as ~* visiškai atsigavęs/sveikas; *~ or shine* a) bet kokiu oru; b) kad ir kas būtų
v **1** lyti; *it ~s, it is ~ing* (lietus) lyja **2** lieti(s), pilti(s) *(upon; t. p. ~ down); blows ~ed upon him* ant jo pasipylė smūgių kruša □ *~ off pass* būti atšauktam/nutrauktam dėl lietaus *(apie varžybas ir pan.); ~ out amer.* = *~ off* ◊ *it never ~s but it pours* ≡ nelaimė nevaikščioja viena, viena bėda – ne bėda
rainbow ['reɪnbəu] *n* **1** vaivorykštė; *all the colours of the ~* visos vaivorykštės spalvos **2** *attr* vaivorykštės, daugiaspalvis; *~ trout* vaivorykštinis upėtakis ◊ *to come to the end of one's ~* ≡ prieiti liepto galą; *to chase (after) ~s* ≡ padangėmis skraidyti
raincoat ['reɪnkəut] *n* lietpaltis
raindrop ['reɪndrɒp] *n* lietaus lašas

rainfall ['reɪnfɔːl] *n* kritulių kiekis; krituliai; *excess ~* liūtis
rainforest ['reɪnfɒrɪst] *n* drėgna atogrąžų giria
rain-gauge ['reɪngeɪdʒ] *n meteor.* lietmatis
rainless ['reɪnləs] *a* sausringas; be lietaus
rainout ['reɪnaut] *n amer.* dėl lietaus atšauktas renginys *(varžybos ir pan.)*
rainproof ['reɪnpruːf] *a* neperšlampamas, nepraleidžiantis lietaus
rain-soaked ['reɪnsəukt] *a* lietaus permerktas
rainstorm ['reɪnstɔːm] *n* liūtis su audra
raintight ['reɪntaɪt] *a* = **rainproof**
rainwater ['reɪnˌwɔːtə] *n* lietaus vanduo
rainwear ['reɪnwɛə] *n* drabužiai nuo lietaus
rain-worm ['reɪnwəːm] *n zool.* sliekas
rainy ['reɪnɪ] *a* lietingas ◊ *for a ~ day* ≡ juodai dienai
raise [reɪz] *v* **1** (pa)kelti; iškelti; *to ~ one's arm above one's head* (pa)kelti ranką virš galvos; *to ~ anchor* pakelti inkarą; *to ~ a claim* kelti reikalavimą; pareikšti teises *(to – į); to ~ a cloud of dust* sukelti dulkių debesį; *to ~ one's glass to smb's health* pakelti bokalą už ką, gerti į kieno sveikatą; *to ~ an issue, to ~ a point/question* (iš)kelti klausimą; *to ~ one's voice* (pa)kelti balsą; *to ~ to the power (of) mat.* (pa)kelti *(kuriuo)* laipsniu **2** (pa)kelti, (pa)aukštinti; (pa)didinti; *to ~ to the rank of captain* pakelti į kapitonus; *to ~ prices* [*taxes, wages*] pakelti/padidinti kainas [mokesčius, atlyginimą] **3** (su)kelti *(juoką, sumišimą, netvarką ir pan.; žmones kokiai nors veiklai); to ~ doubts* [*hopes*] (su)kelti abejonių [vilčių] **4** (iš)leisti *(garsą); to ~ a song* uždainuoti; *to ~ a cry* surikti **5** *knyg.* (pri)žadinti; (pri)kelti *(t. p. bibl.); to ~ from the dead* prikelti iš numirusių **6** iššaukti, iškviesti *(dvasią, šmėklą)* **7** (su)rinkti *(kariuomenę, pinigų ir pan.);* pritraukti *(kapitalą); to ~ a loan* gauti/ užtraukti paskolą; *to ~ money* surinkti/prasimanyti pinigų; *to ~ a unit kar.* suorganizuoti dalį/dalinį **8** auginti *(augalus, gyvulius, paukščius)* **9** *(ypač amer.)* (už)auginti, išauginti, (iš)ugdyti *(vaikus); I was ~d in the country* aš užaugau kaime **10** panaikinti, nutraukti *(embargą, blokadą ir pan.)* **11** statyti *(namą, paminklą)* **12** susisiekti *(per radiją, telefonu)* **13** *refl* pasikelti, atsistoti *(t. p. ~ up)* **14** *amer.* (su)klastoti *(čekį ir pan.)* **15** *tekst.* šiaušti **16:** *~ bread* užraugti duoną ◊ *to ~ Cain/hell ar the devil* a) (pa)kelti triukšmą/skandalą, ≡ (pa)kelti vėją; b) *(ypač amer.)* baisiai triukšmauti
n (ypač amer.) **1** pakėlimas, paaukštinimas, padidinimas *(atlyginimo ir pan.)* **2** pakilimas, pakiluma
raised [reɪzd] *a* **1** pakeltas, paaukštintas; pakilęs **2** reljefiškas, papuoštas reljefu **3** užraugtas *(su mielėmis);* mielinis
raiser ['reɪzə] *n* **1** kėliklis; keltuvas **2** *(paukščių, gyvulių)* augintojas *(džn. sudurt. žodžiuose)*
raisin ['reɪzn] *n* razina; *golden ~ amer.* smulki razina be grūdelių
raison d'etre [ˌreɪzɒn'detrə] *pr. (egzistavimo)* prasmė, pagrindas
raj [rɑːdʒ] *ind. n ist.* viešpatavimas; *under the British ~* D. Britanijos valdomas
raja(h) ['rɑːdʒə] *ind. n* radža
rake¹ [reɪk] *n* **1** grėblys; grėbyklė **2** žarsteklis
v **1** grėbti, grėbstyti; grėbliu (su)lyginti *(t. p. ~ level/ smooth)* **2** sugrėbti, (su)žarstyti, sužerti *(ppr. ~ together/up)* **3** raustis, knistis, rūpestingai ieškoti *(in, among)* **4** aprėpti, apžvelgti *(kamera, prožektoriumi ir pan.; with)* **5** *kar., jūr.* apšaudyti išilgine ugnimi

□ ~ *in šnek.* susižerti *(pinigų)*, nesunkiai užsidirbti; ~ *out* a) išgrėb(sty)ti; b) *prk.* suieškoti, surasti; *to* ~ *out the fire* išžarstyti/išžerti žarijas/pelenus; ~ *up šnek.* a) sunkiai suieškoti; b) vėl pažadinti, atgaivinti *(nemalonius prisiminimus ir pan.)* ◊ *to ~ over the ashes/coals* raustis *(praeityje)*, prisiminti *(ypač ką nors nemalonų)*
rake² *n* **1** *spec.* nuolydis, nukrypimas, polinkis *(nuo statmens);* ~ *of a mast jūr.* stiebo polinkis **2** nuolaidžios grindys *(teatre, auditorijoje)* **3** *tech.* nuolydžio kampas; priekinis *(peilio)* kampas; nuosklemba
v spec. nukrypti nuo vertikalios linijos, turėti nuolydį
rake³ *n* palaidūnas, patvirkėlis, viliūgas
v psn. palaidai gyventi; ištvirkauti
rake-off ['reɪkɔf] *n šnek.* **1** *(pelno)* dalis, *(neteisėto sandėrio)* komispinigiai **2** *(kainos)* nuolaida
raker ['reɪkə] *n* **1** grėblys **2** grėbėjas, grėbikas **3** *šnek.* (tankios) šukos **4** grandiklis
rakish ['reɪkɪʃ] *a* **1** palaidas; viliūgiškas *(apie žvilgsnį)* **2** dabitiškas; šaunus; *at a ~ angle* pakreiptas ant šono *(apie skrybėlę ir pan.)* **3** greitas *(apie laivą)*
râle [rɑːl] *pr. n med.* karkalas, karkesys
rallentando [ˌrælənˈtændəʊ] *it. adv muz.* rallentando, lėtinant
rallicar(t) ['rælɪkɑː(t)] *n* keturvietis dviratis vežimas
rally¹ ['rælɪ] *n* **1** sambūris, sueiga; masinis mitingas **2** susitelkimas, susivienijimas *(bendroms pastangoms);* ~ *point* vienijantis veiksnys/principas *ir pan.* **3** *(jėgų, energijos)* atgavimas, atkūrimas **4** *kom. (paklausos)* (pa)gyvėjimas, (pa)kilimas *(biržoje, rinkoje)* **5** *sport.* (auto)ralis *(t. p. ~ driving)* **6** *sport.* pasikeitimas smūgiais/kirčiais *(bokse, tenise ir pan.)*
v **1** su(si)telkti, su(si)burti, su(si)vienyti; sukaupti jėgas; *to ~ one's supporters around/behind one* sutelkti aplink save savo rėmėjus **2** atnaujinti kovą po pralaimėjimo **3** atsigauti, atsipeikėti; atgauti *(jėgas)* **4** pakilti/padidėti *(prekių)* paklausai; *the market rallied* rinka pagyvėjo □ ~ *(a)round* a) susitelkti; b) pagelbėti, padėti *(sunkioje padėtyje)*
rally² *v* pajuokti, pasijuokti *(iš)*, ironizuoti
rallymaster ['rælɪˌmɑːstə] *n* ralio organizatorius
Ralph [rælf, reɪf] *n* Ralfas *(vardas)*
ram [ræm] *n* **1** avinas **2** *(the R.)* Avinas *(žvaigždynas ir Zodiako ženklas)* **3** *tech.* tvoklė; taranas; šliaužiklis, plunžeris; *hydraulic ~* hidraulinis taranas **4** *metal.* kokso stumtuvas
v **1** (į)kalti, įmušti *(t. p. prk.);* *to ~ smth into smb* įkalti ką kam į galvą **2** (su)plūkti *(t. p. ~ down)* **3** trenktis *(į; apie automobilį, laivą)* **4** *kar.* taranuoti, pramušti taranu ◊ *to ~ it home* įtikinti, įrodyti
Ramadan [ˈræmədæn, ˌræməˈdæn] *n rel.* ramadanas; *(musulmonų)* pasninkas
ramble ['ræmbl] *n* klajojimas, pasivaikščiojimas; išvyka
v **1** klajoti be tikslo, vaikštinėti savo malonumui **2** kalbėti padrikai, be sąryšio; kliedėti **3** vingiuoti *(apie upelį, taką)* **4** vyniotis *(apie augalus)* □ ~ *on* raizgoti, rentauti
rambler ['ræmblə] *n* **1** klajūnas; iškylautojas **2** vijoklinė rožė *(t. p. ~ rose)*
rambling ['ræmblɪŋ] *n* klajojimas, slankiojimas
a **1** išdrikas, padrikas, be sąryšio *(apie pokalbį ir pan.)* **2** iškrikas, pakrikas; raizgus, vingrus **3** vijoklinis *(apie augalą)*
rambunctious [ræmˈbʌŋkʃəs] *a amer. šnek.* **1** padūkęs, dūkus; triukšmingas **2** nesuvaldomas

ramekin ['ræməkɪn] *n* **1** indelis atskirai valgio porcijai paruošti *(t. p. ~ dish/case)* **2** sūrio apkepas *(su kiaušiniu, duonos guriniais)*
ramie ['ræmɪ] *n bot.* pluoštinė bemerija
ramification [ˌræmɪfɪˈkeɪʃn] *n* **1** šakojimasis; išsišakojimas *(t. p. prk.); spec.* ramifikacija **2** *pl* atsišakojimai, atšakos
ramify ['ræmɪfaɪ] *v ret.* šakotis, kerotis; išsišakoti *(t. p. prk.)*
ramjet ['ræmdʒet] *n av.* tiesiasrovis reaktyvinis variklis *(t. p. ~ engine)*
rammer ['ræmə] *n* **1** *tech.* plūktuvas **2** *kar.* grūstuvas
ramose ['reɪməs, 'ræməs] *a ret.* šakotas
ramp¹ [ræmp] *n* **1** nuožulnumas; nuožulnioji plokštuma; pandusas **2** *(paviršiaus)* nevienodas aukštis/lygis *(taisant kelią)* **3** *gžk.* rampa; aparelė; pakrovimo vieta **4** *tech.* trapas
v **1** siusti, šėlti; grasinti *(ppr. ~ about)* **2** vyniotis *(apie augalus)* **3** eiti nuolaidžiai/nuožulniai *(apie sieną ir pan.)* **4** įrengti rampą/pandusą **5** *her.* stoti(s) piestu, stovėti ant užpakalinių kojų *(ypač apie liūtą)*
ramp² *sl. n* plėšikavimas, apiplėšimas *(imant per didelę kainą)*
v brangiai lupti, plėšikauti, plėšti
rampage *n* ['ræmpeɪdʒ] šėlimas, siautėjimas; siautulys; *to be/go on the ~* siautėti
v [ræmˈpeɪdʒ] šėlti, siautėti, smarkauti *(about, through)*
rampageous [ræmˈpeɪdʒəs] *a* šėlstantis, siautėjantis, dūkstantis
rampancy ['ræmpənsɪ] *n* šėlimas, siautėjimas; smarkumas
rampant ['ræmpənt] *a* **1** šėlstantis, nesuvaldomas; smarkus **2** paplitęs, siaučiantis *(apie ligas, ydas)* **3** vešlus **4** *her.* stovintis piestu, stovintis ant užpakalinių kojų; *lion ~* liūtas, stovintis ant užpakalinių kojų **5** *archit.* su ramsčiais nevienoduose lygiuose *(apie arką, skliautą)*
rampart ['ræmpɑːt] *n* **1** *ist. (tvirtovės)* pylimas **2** *prk.* tvirtovė; apsauga
v apjuosti/apsaugoti pylimu
rampion ['ræmpɪən] *n bot.* dirvinis katilėlis
ram-raid(ing) ['ræmreɪd(ɪŋ)] *n šnek. (plėšiko)* įsilaužimas į parduotuvę automobiliu
ramrod ['ræmrɒd] *n kar.* stumplys, grūstuvas ◊ *stiff as a ~* a) ≡ kaip mietą prarijęs; b) griežtas, kietas *(apie žmogų)*
ramshackle ['ræmˌʃækl] *a* aptriušęs, aplūžęs, apgriuvęs; sukiužęs
ramson ['ræmsn] *n bot.* meškinis česnakas
ran [ræn] *past žr.* **run** *v*
ranch [rɑːntʃ] *amer. n* **1** rančia; didelė ferma *(ypač gyvulininkystės); dude ~* rančia, pritaikyta aktyviajam poilsiui **2** vienaaukštis namas; namas, pastatytas nevienodo lygio plokštumoje *(t. p. ~ house)*
v **1** verstis gyvulininkyste **2** gyventi fermoje/rančioje
rancher ['rɑːntʃə] *n amer. (gyvulių)* fermos/rančos savininkas/darbininkas
ranchman ['rɑːntʃmən] *n (pl* -men [-mən]) = **rancher**
rancid ['rænsɪd] *a* apkartęs, pakartęs, gaižus; sudusęs; *to go ~* apkarsti *(apie riebalus)*
rancidity, rancidness [rænˈsɪdətɪ, ˈrænsɪdnɪs] *n* gaižumas, apkartimas
rancor ['ræŋkə] *n amer.* = **rancour**
rancorous ['ræŋkərəs] *a* pagiežingas, piktas
rancour ['ræŋkə] *n* pagieža, apmaudas
rand¹ [rænd] *n (bato)* rantas, užkraštis
rand² *n* rendas *(P. Afrikos Respublikos piniginis vienetas)*

random ['rændəm] *n: at ~* iš akies; kaip pakliūva, atsitiktinai; *to speak at ~* kalbėti nepagalvojus, kas ant liežuvio užėjo
a padarytas kaip papuola; atsitiktinis; išrinktas aklai
random-access ['rændəmək'ses] *a: ~ memory* komp. operatyvinė atmintis, tiesioginės kreipties atmintis
randy ['rændɪ] *a* **1** *šnek.* gašlus, geidulingas **2** *škot.* rėksmingas, grubus, šiurkštus
n škot. **1** barni moteris, ragana **2** valkata; įkyrus prašeika
ranee ['rɑːniː, rɑː'niː] *ind. n ist.* radžos žmona
rang [ræŋ] *past žr.* **ring**[2] *v*
range [reɪndʒ] *n* **1** *(interesų, veiklos)* sritis, sfera; *that is out of my ~* tai ne mano sritis; toje srityje aš ne specialistas **2** spindulys, ribos; atstumas, nuotolis; siekis; *~ of visibility* matomumo riba/tolis; *~ of vision* akiratis, regėjimo laukas; *at close/short ~* nedideliu atstumu, iš nedidelio atstumo; *out of ~* nepasiekiamas **3** *spec.* diapazonas *(t. p. prk.);* atkarpa, intervalas; *vocal ~ muz.* balso diapazonas; *wave ~ rad.* bangų diapazonas; *he has a wide ~ of knowledge* jo platus žinių diapazonas; *a wide ~ of colours* plati spalvų gama; *we covered a wide ~ of subjects* mes apėmėme daug įvairių klausimų **4** grupė, kategorija; *age ~* amžiaus grupė **5** *ekon.* asortimentas; *~ of exports goods* eksporto asortimentas **6** *fin. (kainų ir pan.)* svyravimas, kitimas **7** *(namų)* eilė; *(kalnų ir pan.)* virtinė, grandinė **8** *(augalo, gyvulio)* paplitimo sritis, arealas **9** *amer. ž. ū.* didelė neapiverta ganykla **10** *amer.* viryklė **11** šaudykla; poligonas; tiras; *missile ~* raketų poligonas **12** *kar. (šaudymo)* nuotolis; tolišauda; *this gun has a ~ of 5 km* šis pabūklas šaudo iki 5 km **13** *muz.* tesitūra
v **1** svyruoti *(tam tikrose ribose; from... to, between);* *temperature ~s from -5° to -30°* temperatūra svyruoja nuo -5° iki -30° **2** aprėpti; *researches ranging over a wide field* tyrimai, aprėpiantys plačią sritį **3** *(dažn. refl)* jungti(s), burti(s) *(with, against);* *to ~ oneself with smb* stoti į kieno pusę **4** (su)statyti į eilę; iš(si)rikiuoti; iš(si)dėstyti, tvarkyti(s); *the books were ~d on shelves on the walls* knygos buvo sudėtos lentynose prie sienų **5** klajoti, klaidžioti; bastytis, (ap)keliauti *(over, through)* **6** tęstis, driektis *(along)* **7** būti vienoje linijoje *(with – su);* būti vieno lygio *(with, among);* *he ~s with the great writers* jį galima lyginti su didžiaisiais rašytojais **8** *zool., bot.* veistis, būti *(tam tikrame areale)* **9** *kar.* šaudant nustatyti taikinį *(t. p. ~ in);* šaudyti *(nustatytu nuotoliu)*
rangefinder ['reɪndʒˌfaɪndə] *n* **1** *kar.* tolimatis **2** *fot.* eksponometras
range-pole ['reɪndʒpəʊl] *n geod.* tolimatinė matuoklė; vizuojamoji gairė
ranger ['reɪndʒə] *n* **1** *(karališkojo/valstybinio miško/parko)* prižiūrėtojas **2** *(ypač amer.)* eigulys *(t. p. forest ~)* **3** vyresnioji skautė **4** *amer. ist.* raitas patrulis **5** *amer.* desantininkas **6** *ret.* klajūnas, bastūnas
Rangoon [ræŋ'guːn] *n* Rangūnas *(buvusi Birmos sostinė)*
rangy ['reɪndʒɪ] *a* **1** liemeningas; ilgakojis **2** klajojantis, klajojamasis *(apie gyvulius)* **3** *austral.* kalnuotas
rani ['rɑːnɪ] *n =* **ranee**
rank[1] [ræŋk] *n* **1** eilė, greta *(t. p. kar.);* *to join/to swell the ~s (of)* prisidėti prie ko, papildyti/pagausinti *(kieno)* gretas; *to break ~s* a) išeiti iš rikiuotės, suardyti rikiuotę; b) dezertyruoti, išduoti; *to fall into ~* išsirikiuoti; *to close ~s* suglausti gretas, susiburti *(against);* *the ~s of the unemployed* bedarbių gretos **2** laipsnis, rangas, vardas; kategorija, klasė, atskyris; *honorary ~* garbės vardas; *badges of ~* atskyrio ženklai; *a writer of the first/highest ~* įžymus rašytojas; *to take ~ (with)* a) būti vienos kategorijos *(su);* b) *kar.* turėti tą patį laipsnį *(kaip)* **3** aukšta padėtis; *persons of ~* aristokratija; *~ and fashion* aukštuomenė **4** taksių stovėjimo vieta **5** *kalb.* rangas **6** *(the ~s) pl kar.* eiliniai ir puskarininkiai; *to rise from the ~ s* iš eilinių iškilti į karininkus; nueiti kelią nuo eilinio iki karininko ◊ *the ~ and file* eiliniai *(partijos ir pan.)* nariai; paprasti žmonės, masė; *to pull one's ~ (on) šnek.* naudotis aukštesne padėtimi, kibti prie žemesniųjų; komanduoti, įsakinėti
v **1** rikiuoti(s)/iš(si)rikiuoti viena eile/greta **2** klasifikuoti; priskirti kokiai kategorijai, pripažinti, vertinti; *to be ~ed third in the world* būti pripažintam trečiuoju pasaulyje; *I ~ his abilities very high* aš labai vertinu jo gabumus **3** priklausyti kokiai kategorijai; užimti vietą; *to ~ above [below, alongside] smb* užimti vietą aukščiau [žemiau, šalia] ko; *he ~s high as a lawyer [scholar]* jis – įžymus advokatas [mokslininkas]; *a general ~s with an admiral* generolas yra vieno laipsnio/rango su admirolu **4** *amer.* būti aukštesnio laipsnio, užimti aukštesnę vietą; *a captain ~s a lieutenant* kapitonas laipsniu aukštesnis už leitenantą
rank[2] *a* **1** vešlus, tarpus **2** užžėlęs, apžėlęs *(with)* **3** trąšus, riebus *(apie žemę)* **4** pakartęs; sudusęs; dvokiantis **5** nešvankus, šlykštus; grubus **6** *attr* aiškus, tikras, visiškas *(ppr. apie neigiamas ypatybes);* *~ nonsense* aiški nesąmonė
rank-and-file [ˌræŋkənd'faɪl] *a attr* žemesnio rango, eilinis *(apie komisiją, narius ir pan.)*
ranker ['ræŋkə] *n kar.* **1** eilinis **2** karininkas, iškilęs iš eilinių
ranking ['ræŋkɪŋ] *a* **1** *amer.* aukštesnis; vyriausias; aukštas *(apie pareigūną)* **2** įžymus
n sport. padėtis rangų skalėje; atskyris
rankle ['ræŋkl] *v* **1** kankinti, graužti, mausti širdį, kelti skausmą/pagiežą *(apie pavydą, nusivylimą ir pan.)* **2** *psn.* pūliuoti *(apie žaizdą)*
rankness ['ræŋknɪs] *n* **1** vešlumas **2** *(sviesto ir pan.)* kartumas; bjauras kvapas
ransack ['rænsæk] *v* **1** (ap)ieškoti; (iš)naršyti, raustis, knistis *(ko ieškant)* **2** (api)plėšti; apkraustyti *(butą)*
ransom ['rænsəm] *n* **1** išpirkimas, atpirkimas *(t. p. rel.)* **2** išpirka; *to hold smb to/amer. for ~* a) laikyti įkaitu ką reikalaujant išpirkos; b) reikalauti sutikti, šantažuoti ką ◊ *a king's ~* pinigai, apvali suma
v **1** išpirkti; atpirkti *(t. p. rel.)* **2** paleisti už išpirką
rant [rænt] *n* skambios frazės; pompastiška/tuščia kalba; tirada
v šaukti garsiai, murmėti nerišliai, kalbėti pompastiškai; ◊ *~ and rave* šaukte šaukti *(iš pykčio ir pan.)*
ranter ['ræntə] *n* kalbantysis pompastiškai; tuščiažodžiautojas
ranunculus [rə'nʌŋkjʊləs] *n (pl ~es, -li [-laɪ]) bot.* vėdrynas
rap[1] [ræp] *n* **1** lengvas smūgis; *to get [to give] a ~ over/on the knuckles* a) gauti [duoti] per pirštus; b) *prk.* būti kritikuojamam [kritikuoti]; gauti [paskelbti] papeikimą/pastabą; *to take a ~ amer.* susitrenkti, užsigauti **2** belstelėjimas, pabeldimas **3** *amer. šnek.* (atviras) pašnekesys **4** *muz.* repas ◊ *to take the ~* prisiimti kaltę; būti nubaustam *(už kito kaltes; for);* *to beat the ~* išvengti bausmės
v **1** lengvai suduoti **2** belstelėti, (pa)barbenti, stuktelėti *(at, on)* **3** (iš)kritikuoti, (iš)peikti **4** *amer. šnek.* kal-

bėtis/šnekučiuotis *(iš širdies, atvirai)* ☐ ~ *out* a) burbtelėti, išrėkti *(keiksmą, įsakymą ir pan.);* b) išstuksenti

rap² *n ist.* rapas *(XVIII a. Airijos smulki moneta)* ◊ *not a* ~ ≡ nė skatiko; *not worth a* ~ nevertas nė (sudilusio) skatiko; *I don't care/give a* ~ ≡ man nusispjauti, man visiškai nerūpi

rap³ *n tekst.* (120 jardų ilgio verpalų) sruoga, posmas

rapacious [rə'peɪʃəs] *a* 1 godus; rajus 2 plėšrus, grobuoniškas; ~ *wolf* plėšrūnas vilkas

rapacity [rə'pæsətɪ] *n* 1 godumas; rajumas 2 plėšrumas

rape¹ [reɪp] *n* 1 (iš)žaginimas, (iš)prievartavimas; *attempted* ~ kėsinimasis/pasikėsinimas išžaginti 2 *knyg.* (nu)niokojimas, (su)naikinimas *(išteklių, miškų ir pan.)* 3 *poet.* (pa)grobimas *(ypač moters)*
v 1 (iš)prievartauti, (iš)žaginti 2 *poet.* (pa)grobti

rape² *n bot.* rapsas, aliejinis griežtis; *broom* ~ džiovėklė

rape³ *n* vynuogių išspaudos *(vartojamos actui gaminti)*

rape-oil ['reɪpɔɪl] *n* rapso aliejus

Raphael ['ræfɪəl] *n* Rafaelis *(vardas)*

rapid ['ræpɪd] *a* 1 greitas, spartus; sraunus; ~ *pulse* padažnėjęs pulsas 2 status *(apie šlaitą)*

rapid-fire ['ræpɪdfaɪə] *a* 1 greitašaudis 2 greitai daromas/ sakomas, greitas

rapidity [rə'pɪdətɪ] *n* greitumas, sparta; ~ *of fire kar.* greitšovumas, greitašaudis ugnies smūgis

rapids ['ræpɪdz] *n pl* upės slenkstis, sraunuma, sraujymė

rapier ['reɪpɪə] *n* rapyra

rapier-thrust ['reɪpɪəθrʌst] *n* 1 dūris rapyra 2 sąmojingas/ sumanus atsakymas

rapine ['ræpaɪn] *n knyg.* plėšimas; (pa)grobimas

rapist ['reɪpɪst] *n (tik v.)* žagintojas, prievartautojas

rappee [ræ'pi:] *n* stiprus uostomasis tabakas

rappel [ræ'pel] *v (-ll-)* nusileisti virve *(nuo uolos)*

rapport [ræ'pɔ:] *pr. n* ryšys, (savitarpio) santykiai *(between, with)*

rapprochement [ræ'prɔʃmɔŋ] *pr. n* draugiškų santykių atnaujinimas/atkūrimas *(ypač tarp valstybių)*

rapscallion [ræp'skæljən] *n psn.* šelmis, sukčius, nedorėlis

rapt [ræpt] *a* 1 susižavėjęs, sužavėtas, pilnas pasigėrėjimo 2 *knyg.* pasinėręs *(mintyse ir pan.); he is* ~ *in reading* jis įnikęs skaityti; ~ *attention* sutelktas dėmesys 3 *poet.* pagrobtas *(apie žmogų)*

raptor ['ræptə] *n zool.* plėšrūnas *(paukštis)*

raptorial [ræp'tɔ:rɪəl] *zool. a* plėšrus
n plėšrūnas

rapture ['ræptʃə] *n* 1 susižavėjimas, žavėjimasis; ekstazė; džiūgavimas; *to be in* ~s, *to go into* ~s būti sužavėtam, susižavėti; džiūgauti 2 *poet.* pagrobimas

rapturous ['ræptʃərəs] *a* 1 sužavėtas, kupinas susižavėjimo 2 džiūgaujamas, entuziastiškas; *to give smb a* ~ *welcome* sutikti ką entuziastiškai, su džiugesiu

rara avis [ˌrɑ:rə'eɪvɪs, -eɪvɪs] *lot.* ≡ retas paukštis; retenybė; retas žmogus

rare¹ [rɛə] *a* 1 retas; praretėjęs, praretintas; *with a few* ~ *exceptions* su keliomis retomis išimtimis; *at* ~ *intervals* retai; *the* ~ *atmosphere of the mountain tops* praretėjęs viršukalnių oras 2 nepaprastas, retai pasitaikantis, retas 3 *attr* puikus, nuostabus; *to have a* ~ *time/fun* nuostabiai pasilinksminti
adv šnek. nepaprastai, kaip reta

rare² *a kul.* ne visai išvirtas/iškeptas, puskepis, pusžalis *(apie mėsą)*

rarebit ['rɛəbɪt] *n* skrebučiai su sūriu *(t. p. Welsh* ~*)*

raree-show ['rɛəri:ʃəu] *n* 1 lėlių teatras; *(sukiojama)* paveikslų skrynelė 2 (balaganinis) vaidinimas, pasirodymas

rarefaction [ˌrɛərɪ'fækʃn] *n spec.* 1 praretinimas, išretinimas; išretėjimas 2 *(oro)* retumas

rarefied ['rɛərɪfaɪd] *a* 1 *(džn. iron.)* aukštas, prakilnus; žinomas siauram ratui 2 *spec.* praretintas, išretintas

rarefy ['rɛərɪfaɪ] *v spec.* praretinti, išretinti; išretėti, praretėti

rarely ['rɛəlɪ] *adv* 1 retai, ne dažnai 2 nepaprastai, puikiai

rareness ['rɛənɪs] *n* retumas

rareripe ['rɛəraɪp] *a* ankstyvas(is)
n ankstyvasis vaisius, ankstyvoji daržovė

raring ['rɛərɪŋ] *a* labai norintis, trokštantis *(ką daryti);* nekantrus ◊ *to be* ~ *to go* veržte veržtis, degti nekantrumu

rarity ['rɛərətɪ] *n* 1 retumas 2 retenybė

rascal ['rɑ:skl] *n* 1 *juok.* išdykėlis *(ypač apie vaiką)* 2 nenaudėlis, nedorėlis, šelmis

rascality [rɑ:'skælətɪ] *n* nedorybė; niekšiškumas

rascally ['rɑ:skəlɪ] *a* nedoras, šelmiškas

rase [reɪz] *v* = **raze**

rash¹ [ræʃ] *a* skubotas, per skubus, neapgalvotas, neapdairus

rash² *n* 1 *med.* išbėrimas; *to come/break out in a* ~ išberti; ~ *nappy, amer. diaper* ~ išbėrimas nuo šlapių vystyklų 2 *prk.* srautas, protrūkis *(of); a* ~ *of strikes* streikų protrūkis

rasher ['ræʃə] *n (lašinių, kumpio)* plonas griežinėlis, bryzelis

rasp [rɑ:sp] *n* 1 dildė, brūžiklis 2 gergždžiantis garsas; džeržgimas, džerkšėjimas
v 1 brūžinti, dildyti, trinti 2 gergždėti, džerskėti; (iš)tarti gergždžiančiu balsu, sugergžti *(ppr.* ~ *out)* 3 *prk.* erzinti, rėžti ausį; *to* ~ *the nerves* nervus gadinti 4 zirzinti, čyrinti *(smuiku)*

raspberry ['rɑ:zbərɪ] *n* 1 avietė 2 *šnek.* (garsiai reiškiamas) niekinimas; *to blow/amer. give smb a* ~ (iš)reikšti kam visišką panieką; ≡ (nusi)spjauti į ką

raspberry-cane ['rɑ:zbərɪkeɪn] *n* avietojas; *pl* avietynas

rasper ['rɑ:spə] *n* 1 didelė dildė/brūžiklis/trintuvė 2 dildytojas 3 *šnek.* (tikras) pjūklas *(apie žmogų)*

rasping ['rɑ:spɪŋ] *a* gergždžiantis, šaižus *(apie balsą, garsą)*

raster ['ræstə] *n spec.* rastras; taškinė matrica; ~ *graphics komp.* taškinė grafika

rat [ræt] *n* 1 *zool.* žiurkė, žvynė 2 *niek.* išdavikas, persimetėlis; streiklaužys 3 *niek.* šnipas; skundeiva ◊ *like a drowned* ~ šlapias kaip višta; *like a* ~ *in a hole* beviltiškoje padėtyje; *to smell a* ~ nujausti ką negera; įtarti; ~*s leave a sinking ship pat.* žiurkės bėga iš skęstančio laivo
v 1 naikinti žiurkes, žiurkiauti 2 *niek.* dezertyruoti 3 *šnek.* išduoti, įskųsti *(on)*

ratable ['reɪtəbl] *a amer.* = **rateable**

ratafia [ˌrætə'fɪə] *n* 1 migdolinis likeris; antpilas *(ant vaisių kauliukų)* 2 migdoliniai sausainiai

ratal ['reɪtəl] *n fin.* apmokestinamoji suma

rataplan [ˌrætə'plæn] *n* būgno mušimas/ tratėjimas
v būgnyti, mušti būgną

rat-arsed [ræt'ɑ:st] *a sl.* girtas kaip pėdas/pantis

rat-a-tat [ˌrætə'tæt] *n* = **rat-tat**

ratatouille [ˌrætə'tu:i] *pr. n kul.* daržovių troškinys

ratbag ['rætbæg] *n šnek.* šunsnukis

ratcatcher ['ræt,kætʃə] *n ist.* žiurkiautojas; žiurkininkas

ratchet ['rætʃɪt] *n tech.* reketo mechanizmas; reketas
v (pa)kelti *(kainas; t. p.* ~ *up)*

ratchet-drill ['rætʃɪtdrɪl] *n tech.* terkšlė

ratchet-wheel ['rætʃɪtwi:l] *n tech.* reketas

rate¹ [reɪt] *n* 1 tempas, greitis; dažnis, dažnumas; *growth [inflation]* ~ kilimo [infliacijos] tempai; *at the* ~ *of five miles an hour* penkių mylių per valandą greičiu;

pulse* ~** pulso dažnis **2** koeficientas, rodiklis; proporcija; procentų dydis, procentas; laipsnis; ***mortality* ~** mirštamumo procentas; ***annual* ~** metinis rodiklis; ***divorce [marriage]* ~** ištuokų [santuokų] skaičius **3** *ekon.* norma; tarifas, atlygis; *fin.* kursas; **~ *of surplus value pridėtosios vertės norma; ***average* ~ *of profit*** vidutinė pelno norma; ***real interest* ~** realioji palūkanų norma; ***customs* ~, ~ *of duty*** muitų tarifas; ***currency* ~, ~ *of exchange*** valiutos kursas **4** kaina; ***the regular* ~** įprastinė/normali kaina; ***at an easy* ~** a) nebrangiai, pigiai; b) *prk.* lengvai; ***to live at a high* ~** plačiai gyventi **5** klasė, kategorija; ***diplomatic* ~s** diplomatiniai rangai; ***of the first* ~** pirmarūšis, geriausias **6** *(laikrodžio)* tikslumas; ***daily* ~** užskubėjimas/atsilikimas per parą **7** *pl* vietiniai/ komunaliniai mokesčiai **8** *tech.* *(vandens)* debitas; ***flow* ~** *(dujų, skysčio)* sąnaudos ◊ ***at any* ~** a) bent; b) šiaip ar taip, kad ir kaip būtų; ***at this/that* ~** tokiu atveju; ***at a* ~ *of knots*** *šnek.* labai greitai
v **1** laikyti; vertinti; ***he was* ~d *the best poet of his time*** jis buvo laikomas geriausiu to meto poetu **2** įkainoti, įvertinti; apskaičiuoti, nustatyti; ***to* ~ *paper money below its real value*** nustatyti popierinių pinigų kursą žemesnį už tikrąją vertę **3** nusipelnyti, būti vertam; ***the story hardly* ~s *a mention*** vargu ar verta kalbėti apie tą istoriją **4** *(džn. pass)* apmokestinti, apdėti vietiniais mokesčiais **5** *jūr.* nustatyti klasę/kategoriją; turėti/skirti klasę/kategoriją
rate² *v* koneveikti, plūsti
rate³ *v* = **ret**
rateable ['reɪtəbl] *a* **1** įvertinamas **2** apmokestinamas; ***~ value*** *(pastato)* apmokestinamoji vertė
rate-cap ['reɪtkæp] *v ekon.* nustatyti viršutinę apmokestinimo ribą *(vietiniais mokesčiais)*
rated ['reɪtɪd] *a spec.* nominalus; projektinis
ratepayer ['reɪtpeɪə] *n (vietinių, komunalinių)* mokesčių mokėtojas
rat-face ['rætfeɪs] *n amer. sl.* gudragalvis; bjaurybė, nenaudėlis
ratfink ['rætfɪŋk] *n šnek.* skundeiva, niekšas
rathe [reɪð] *a poet., psn.* ankstus, ankstyvas
rather ['rɑːðə] *adv* **1** gana, gerokai; šiek tiek; **~ *easily [stupidly]*** gana lengvai [kvailai]; ***he was* ~ *tired*** jis gerokai pavargo; **~ *accurate/exact*** apytikslis **2** *(džn.* ~ *than)* verčiau, geriau, greičiau; ***to die* ~ *than surrender*** verčiau mirti, negu pasiduoti; ***to use soft water* ~ *than hard*** geriau vartoti minkštą vandenį, o ne kietą; ***this is not the result,* ~ *it is the cause*** tai ne rezultatas, o greičiau priežastis **3** tikriau (sakant) *(ppr. or* ~*)*; ***late last night or* ~ *early this morning*** vakar vėlai naktį, arba, tikriau sakant, šiandien anksti rytą **4** *šnek. (atsakant į klausimą, pasiūlymą)* žinoma, taip; ***do you know him? – R.!*** jūs jį pažįstate? – Taip, žinoma ◊ ***the* ~ *that...*** tuo labiau, kad...; **~ *you than me!*** gerai, kad ne aš!
rathe-ripe ['reɪðraɪp] = **rareripe** *a*
rathskeller ['rɑːtskelə] *vok. n amer.* alinė/restoranas rūsyje
raticide ['rætɪsaɪd] *n* žiurkių nuodai
ratification [ˌrætɪfɪ'keɪʃn] *n teis.* ratifikacija, patvirtinimas
ratify ['rætɪfaɪ] *v teis.* ratifikuoti, patvirtinti
rating¹ ['reɪtɪŋ] *n* **1** įkainojimas, įvertinimas; reitingas; ***the President's popularity* ~** prezidento populiarumo reitingas; ***credit* ~ *appraisal/assessment*** kreditingumo įvertinimas **2** klasė; kategorija, atskyris; rangas **3** apmokestinimas, apdėjimas vietiniais mokesčiais **4** *amer. mok.* įvertinimas, pažymys **5** *pl* skaičių duomenys, skaičiai **6** *pl tel., rad.* atrankinis skaičiavimas *(nustatant programos populiarumą)* **7** normavimas **8** *tech.* (nominalus) pajėgumas; našumas **9** *jūr. (eilinių, viršilų)* laipsnis, specialybė; *pl* eiliniai (ir viršilos)
rating² *n* (pa)barimas, (iš)pliūdimas; ***to give smb a good/ severe* ~** smarkiai ką išbarti/išplūsti
ratio ['reɪʃɪəu] *n (pl* ~s [-z]) **1** santykis, proporcija, koeficientas *(t. p. mat.);* **~ *of exchange*** *ekon.* mainų santykis; ***in direct [inverse]* ~** tiesiog [atvirkščiai] proporcingai **2** *tech.* perdavimo skaičius
ratiocinate [ˌrætɪ'ɒsɪneɪt] *v knyg.* samprotauti/išvedžioti logiškai
ratiocination [ˌrætɪˌɒsɪ'neɪʃn] *n knyg.* logiškas samprotavimas *(naudojantis silogizmais)*
ratiometer [ˌreɪʃɪ'ɒmɪtə] *n el.* logometras
ration ['ræʃn] *n* **1** davinys, racionas, norma, porcija **2** *pl* maistas, maisto produktai *(ypač kariuomenėje);* ***iron* ~s** *(kareivio, alpinisto ir pan.)* neliečiamoji atsarga
v nustatyti normą/davinį; normuoti *(produktus, prekes)* ☐ **~ *out*** išduoti davinį
rational ['ræʃnəl] *a* **1** protingas; racionalus *(t. p. mat.);* **~ *being*** protinga būtybė **2** saikingas
rationale [ˌræʃə'nɑːl] *n* **1** logiškas išaiškinimas, išdėstymas **2** pagrindinė priežastis; loginis pagrindas
rationalism ['ræʃnəlɪzm] *n* racionalizmas
rationalist ['ræʃnəlɪst] *n* racionalistas
a racionalistinis
rationalistic [ˌræʃnə'lɪstɪk] *a* racionalistinis
rationality [ˌræʃə'nælətɪ] *n* protingumas, racionalumas
rationalization [ˌræʃnəlaɪ'zeɪʃn] *n* **1** racionalizacija **2** racionalus paaiškinimas **3** *mat.* iracionalumo panaikinimas
rationalize ['ræʃnəlaɪz] *v* **1** racionalizuoti **2** duoti racionalų paaiškinimą; aiškinti racionaliai **3** *mat.* panaikinti iracionalumą
rationalizer ['ræʃnəlaɪzə] *n* racionalizatorius
rationally ['ræʃnəlɪ] *adv* racionaliai; protingai
ration-card ['ræʃnkɑːd] *n* maisto/pramonės prekių kortelė
rationing ['ræʃnɪŋ] *n (produktų, pramonės prekių)* normavimas
ratlin(e) ['rætlɪn] *n (ppr. pl) jūr.* virvinės kopėčios; vantų skersinė
rat-race ['rætreɪs] *n* žiauri tarpusavio konkurencija, rietenos *(darbuotojų kolektyve)*
rat-run ['rætrʌn] *n aut. šnek.* gatvelė, trumpinanti kelią
rats [ræts] *int šnek.* po šimts pypkių!
ratsbane ['rætsbeɪn] *n* **1** *knyg.* žiurkių nuodai **2** *šnek.* nuodingas augalas
rat's-tail ['rætsteɪl] *n* tai, kas panašu į žiurkės uodegą; **~ *file*** *tech.* apskrita plona dildė
rat-tail ['rætteɪl] *n zool.* chimera *(žuvis)*
rattan [rə'tæn] *n* **1** *bot.* rotangas, rotanginis kaliamas **2** lazda iš rotango
rat-tat [ˌræt'tæt] *n* beldimas į duris *(garsas)*
ratted ['rætɪd] *a* = **rat-arsed**
ratter ['rætə] *n* žiurkiautojas, žiurkininkas *(apie šunį, katę)*
rattle ['rætl] *n* **1** barškėjimas, barškesys, tarškėjimas, tarškesys, dardėjimas; barškinimas **2** barškalas, tarškalas; barškutis, tarškutis, tarškynė; terkšlė **3** *šnek.* barškalius, tarškalius, patarška **4** barškuolės gyvatės uodegos barškaliukai
v **1** barškėti, tarškėti, tarkšti, dardėti; tarškinti, barškinti; žvanginti **2** nudardėti, nubarškėti, pradumti *(ppr.* **~ *down/along/past)*** **3** *šnek.* taukšti, tarškėti *(ppr.* **~ *on/ away/along)*;** atbarškinti, atpilti *(pamoką, kalbą, eilėraštį ir pan.; ppr.* **~ *off/away/out)*** **4** gargti, kriokti *(apie mirštantį)* **5** (su)jaudinti, (iš)gąsdinti; ***to get* ~d** susijaudinti, sutrikti **6** *medž.* persekioti, iškelti *(lapę ir pan.)*

rattlebox ['rætlbɔks] *n* **1** barškutis *(žaislas)* **2** *bot.* barškutis; krotaliarija **3** *šnek.* barškalius, barškutis, plepys
rattlebrain ['rætlbreɪn] *n* patauška, barškalynė
rattlebrained ['rætlbreɪnd] *a* tuščiagalvis, tarškus
rattler ['rætlə] *n* **1** tai, kas darda/barška, *pvz.,* prekinis traukinys, senas vežimas **2** barškalius, plepys **3** *šnek.* barškuolė gyvatė **4** *sl.* sensacija; nuostabus dalykas/žmogus; triuškinantis smūgis
rattlesnake ['rætlsneɪk] *n zool.* barškuolė gyvatė
rattletrap ['rætltræp] *menk. n* kledaras, senas iškleręs vežimas/automobilis
a išklibęs, išgveręs, senas
rattling ['rætlɪŋ] *a* **1** tarškantis, triukšmingas **2** smarkus *(apie vėją)* **3** *šnek.* gyvas, energingas *(apie judesius ir pan.);* **~ trade** gyva prekyba **4** *šnek.* puikus, nuostabus
adv šnek. nepaprastai, nuostabiai
rattrap ['rættræp] *n* **1** žiurkių spąstai; žiurkėkautai **2** *prk.* spąstai; beviltiška padėtis **3** kas nors išgveręs/aplūžęs/apgriuvęs
ratty ['rætɪ] *a* **1** žiurkės, žiurkinis, žiurkiškas; knibždantis žiurkių **2** *šnek.* irzlus, supykęs, susierzinęs **3** *amer. šnek.* nutriušęs, nusidėvėjęs **4** *amer. šnek.* susivėlęs, susitaršęs *(apie plaukus)*
raucous ['rɔːkəs] *a* gargždus, gergždžiantis; triukšmingas
raunch [rɔːntʃ] *n amer.* ištvirkimas
raunchy ['rɔːntʃɪ] *a šnek.* **1** gašlus; nešvankus, vulgarus **2** *(ypač amer.)* nevalyvas, netvarkingas
ravage ['rævɪdʒ] *n* **1** (nu)siaubimas, (nu)niokojimas **2** *pl* *(karo, audros ir pan.)* padariniai, žala
v (nu)siaubti, (nu)niokoti; *a face ~d by disease* ligos subjaurotas veidas
rave [reɪv] *v* **1** kliedėti, klejoti, svaičioti **2** šaukti, rėkti *(supykęs; at);* *to ~ against one's fate* keikti savo likimą; *to ~ oneself hoarse* užkimti bekalbant **3** *šnek.* entuziastingai/susižavėjus kalbėti *(about, over)* **4** šėlti, siautėti *(apie jūrą ir pan.)* ◊ *to ~ it up šnek.* ūžti, siausti, linksmintis
n **1** kliedesys, klejojimas, svaičiojimas **2** *šnek.* žavėjimasis, susižavėjimas; entuziastiški atsiliepimai *(t. p. ~ reviews)* **3** *muz.* reivas **4** orgija, reiverių vakarėlis *(t. p. ~ party)* **5** *(audros, jūros)* šėlimas, siautimas
ravel ['rævl] *knyg. n* **1** painiava **2** nutrūkusių siūlų galai
v *(-ll-)* **1** susipainioti, susisukti *(apie siūlus)* **2** daryti painesnį, komplikuoti *(klausimą ir pan.)* **3** išpainioti, išnarplioti *(t. p. prk.; ppr. ~ out)* **4** prasitrinti *(apie audinį);* iširti, atbrigzti *(ppr. ~ out)*
ravelin ['rævlɪn] *n kar. ist.* ravelinas
raven[1] ['reɪvn] *n zool.* varnas, kranklys
a attr knyg. juodas kaip varnas
raven[2] ['rævn] *v* **1** ieškoti grobio *(after)* **2** ryti, šveisti; turėti vilko apetitą *(for)*
raven-haired ['reɪvn'hɛəd] *a knyg.* juodais blizgančiais plaukais
ravening ['rævnɪŋ] *a knyg.* plėšrus, peralkęs *(apie žvėris)*
ravenous ['rævənəs] *a* **1** alkanas kaip vilkas; *~ appetite* vilko apetitas **2** godus; ištroškęs, trokštantis *(for)*
raver ['reɪvə] *n šnek.* puotautojas, plevėsa; reiveris
rave-up ['reɪvʌp] *n šnek.* triukšmingas pobūvis, išgertuvės
ravin ['rævɪn] *n psn., poet.* **1** grobis **2** plėšimas
ravine [rə'viːn] *n* siauras tarpeklis; siaurukalnė; griova, siaura dauba
raving ['reɪvɪŋ] *n* **1** kliedėjimas, klejonė; *the ~s of a madman* pamišėlio svaičiojimai **2** šėlimas, siautėjimas
a **1** kliedintis; svaičiojantis **2** *šnek.* pašėlęs, pasiutiškas; *~ success* pašėlęs pasisekimas; *she's a ~ beauty* ji pasiutiškai graži

ravioli [ˌrævɪ'əʊlɪ] *it. n* ravioli *(virtinukai su mėsa/varške)*
ravish ['rævɪʃ] *v knyg.* **1** *(ppr. pass)* (su)žavėti **2** (pa)grobti; (iš)plėšti **3** *psn.* (iš)prievartauti, (iš)žaginti
ravishing ['rævɪʃɪŋ] *a* žavingas, žavus
ravishment ['rævɪʃmənt] *n knyg.* **1** su(si)žavėjimas **2** pagrobimas *(ypač moters)* **3** *psn.* išprievartavimas
raw [rɔː] *<a, n, v>* *a* **1** žalias; puršalis; nebaigtas virti/kepti, neišviręs; neapdirbtas; *~ apple* žalias *(neprinokęs)* obuolys; *~ brick* žalia *(nedegta)* plyta; *~ meat* žalia/neišvirusi mėsa; *~ material/stuff/produce* žaliava; *~ ore* nesodrinta rūda; *~ silk* žaliasis šilkas, šilko žaliava; *~ spirit* žalias/nevalytas spiritas; *~ sugar* nerafinuotas cukrus **2** žalias, neprityręs, neišprusęs; *~ voice* neišlavintas balsas; *~ youth* žalias/skystablauzdis jaunuolis **3** be odos, atviras, nubrozdintas; jautrus *(apie žaizdą, odą ir pan.)* **4** žvarbus, darganas *(apie vėją/orą)* **5** primityvus, vulgarus *(meno atžvilgiu)* **6** neapdorotas *(apie statistiką ir pan.);* nepagražintas *(apie faktus ir pan.);* *~ data* neapdoroti duomenys ◊ *to get a ~ deal šnek.* negarbingai/nesąžiningai pasielgti su kuo; *to pull a ~ one, to pull some ~ stuff amer. šnek.* (pa)pasakoti nešvankų anekdotą; *~ head and bloody bones* kaukolė su dviem sukryžiuotais kaulais; kas nors baisus *(ypač vaikams)*
n **1** žaliava **2** nutrynimas, įdrėskimas ◊ *to catch/touch smb on the ~, to touch/hit a ~ nerve* paliesti kieno skaudamą vietą; *in the ~* a) necivilizuotas, primityvus; b) *šnek.* nuogas
v nutrinti/numaukti odą
raw-boned ['rɔː'bəʊnd] *a* prakaulus, liesas
rawhide ['rɔːhaɪd] *amer. n* **1** žaliaminė oda **2** rimbas iš žaliaminės odos
a (padarytas) iš žaliaminės odos
rawness ['rɔːnɪs] *n* **1** žalumas **2** neprityrimas **3** skaudama vieta **4** *(oro)* žvarbumas, dargana
ray[1] [reɪ] *n* **1** spindulys **2** prošvaistė; *not a ~ of hope* nė mažiausios vilties
v **1** spinduliuoti, skleisti spindulius **2** skirstyti(s)/iš(si)skirstyti/plisti spinduliais **3** švitinti spinduliais
ray[2] *n zool.* raja *(žuvis);* *electric ~* elektrinė raja
ray[3] *n muz.* re *(nata)*
Raymond ['reɪmənd] *n* Raimondas, Reimondas *(vardas)*
rayon ['reɪɔn] *n tekst.* dirbtinis šilkas, viskozė
raze [reɪz] *v* **1** sugriauti iki pamatų, sunaikinti; *to ~ to the ground* sulyginti su žeme **2** ištrinti, išdildyti, išbraukti *(ppr. prk.)* **3** *ret.* (nu)slysti paviršiumi *(apie kulką ir pan.);* lengvai paliesti, užkliudyti
razor ['reɪzə] *n* skustuvas
v ret. skusti *(barzdą)*
razorback ['reɪzəbæk] *n* **1** smaili ketera **2** *amer. zool.* raukšlėtasis banginis
razorbill ['reɪzəbɪl] *n zool.* (paprastoji) alka
razor-edge ['reɪzərˌedʒ] *n* **1** skustuvo ašmenys; *(kieno)* aštrus kraštas **2** aštriabriaunis kalnagūbris/kalgūbris **3** griežta riba; *to keep on the ~ of smth* neperžengti ko ribos ◊ *to live on a ~* būti ant bedugnės/pražūties krašto
razor-sharp [ˌreɪzə'ʃɑːp] *a* **1** aštrus kaip skustuvas **2** *prk.* aštrus *(apie protą, sąmojį)*
razz [ræz] *v amer. šnek.* išjuokti; pajuokti; erzinti
razzamatazz [ˌræzəmə'tæz] *n* = **razzle-dazzle** 1
razzle ['ræzl] *n šnek.* linksminimasis, išgertuvės; *to go on the ~* linksmintis, ūžti
razzle-dazzle [ˌræzl'dæzl] *n šnek.* **1** sambrūzdis, triukšmas **2** *amer.* apgaulingi judesiai, manevravimas *(futbole ir pan.)*
razzmatazz [ˌræzmə'tæz] *n* = **razzle-dazzle** 1

re¹ [reɪ] *n muz.* re *(nata)*
re² [ri:] *prep teis., kom.* dėl, apie, remiantis *(laiškuose, dokumentuose; t. p.* **in ~***); I want to speak to you re your behaviour juok.* noriu pasikalbėti su jumis dėl jūsų elgesio
re- [ˌri:-, rɪ-] *pref* iš naujo, vėl, dar kartą, atgal; per-, at-, re- *(žymint veiksmo kartojimą, iš naujo ko darymą, grįžimą į buvusią padėtį);* **re-collect** vėl, iš naujo surinkti; **reimport** įvežti atgal; **reconstruct** perstatyti, atstatyti, rekonstruoti; **renew** atnaujinti
're [-ə] *sutr. šnek.* = **are¹**
reach¹ [ri:tʃ] *n* **1** pasiekiamumas; įveikiamas nuotolis/atstumas; *within (easy)* ~ *of the railway* netoli nuo geležinkelio; *within* ~ pasiekiamas; *out of* ~ nepasiekiamas, neprieinamas; *put those bottles out of* ~ *of the children* padėk tuos butelius, kad vaikai nepasiektų **2** *(rankos)* (iš)tiesimas; *to make a* ~ *for smth* tiesti ranką į ką, siekti ko; *he has a long* ~ jo ilgos rankos **3** akiratis; sritis, sfera; *(supratimo)* ribos; *it is beyond/above his* ~ tai jam nesuprantama **4** *(ppr. pl)* platybės; upėbaris; *great ~es of forest* miškų platybės; *the lower ~es* žemupys **5** *(visuomenės sluoksnių)* ribos; *the lower [upper] ~es* žemesnieji [aukštesnieji] sluoksniai **6** *jūr.* halsas; *(burlaivio)* padėtis vėjo atžvilgiu; *broad [close]* ~ visiškas [staigus] beidevindas **6** *tech. (krano strėlės)* siekis
v **1** siekti; *to* ~ *for the bread* siekti duonos; *he hardly ~ed my shoulder* jis buvo man vos ligi pečių; *the ladder won't* ~ *the window* šios kopėčios nesieks lango **2** pasiekti; *to* ~ *a goal* pasiekti tikslą; *to* ~ *an agreement [a compromise]* pasiekti susitarimą [kompromisą]; *your letter ~ed me yesterday* jūsų laiškas pasiekė mane vakar; *to* ~ *old age* sulaukti senatvės; *the train ~es London at five* traukinys atvyksta į Londoną penktą valandą **3** ištiesti *(ypač ranką; džn.* ~ *out); to* ~ *one's hand across the table* ištiesti ranką per stalą **4** pasiekti, paduoti; *we picked all the fruit we could* ~ mes nuskynėme visus vaisius, kuriuos pasiekėme; *can you* ~ *me (over) the salt?* prašom paduoti man druską **5** siekti, sudaryti *(sumą)* **6** susisiekti, susižinoti *(su kuo, pvz., telefonu)* **7** liesti; (pa)daryti įtaką □ ~ *down* nuimti, nukelti *(nuo lentynos ir pan.);* ~ *out* a) ieškoti *(meilės, sėkmės; for);* b) *(to)* pagelbėti; užmegzti ryšius *(su)*
reach² *v* = **retch**
reachless ['ri:tʃləs] *a* nepasiekiamas
reach-me-down ['ri:tʃmɪˌdaun] *šnek. n* pigus gatavas drabužis
a gatavas *(apie drabužį);* ~ *clothes* išdėvos, išnašos
react [rɪ'ækt] *v* **1** reaguoti *(to)* **2** veikti vienas kitą *(on, upon); the applause ~ed upon the orator* plojimai kėlė oratoriaus nuotaiką **3** veikti prieš, priešintis *(against)* **4** *chem.* reaguoti; sukelti reakciją
reactance [ri:'æktəns] *n el.* reaktyvioji varža, reaktansas
reaction [rɪ'ækʃn] *n* **1** *(įv. reikšm.)* reakcija; *nuclear* ~ branduolinė reakcija; *the forces of* ~ *polit.* reakcijos jėgos **2** reagavimas; *mixed* ~ nevienodas reagavimas; *what was his* ~ *to this news?* kaip jis reagavo į tą žinią? **3** sąveika, tarpusavio veikimas **4** atoveikis, atoveiksmis **5** *attr* reaktyvinis; ~ *engine* reaktyvinis variklis
reactionary [rɪ'ækʃənrɪ] *n* reakcionierius
a **1** reakcinis, reakcingas **2** veikiantis prieš
reactionist [rɪ'ækʃənɪst] = **reactionary** *n*
reactivate [rɪ'æktɪveɪt] *v* atnaujinti, atgaivinti *(veiklą, darbą);* atgyti
reactive [rɪ'æktɪv] *a* **1** reaguojantis **2** veikiantis prieš **3** *spec.* reaktyvus(is)

reactivity [ˌriːæk'tɪvətɪ] *n spec.* reaktyvumas
reactor [rɪ'æktə] *n* **1** *fiz., tech.* reaktorius; branduolinis reaktorius; *fast breeder* ~ greitasis bryderis **2** *el.* stabilizatorius
read¹ [ri:d] *v* (read [red]) **1** skaityti; *to* ~ *aloud* garsiai skaityti; *to* ~ *to oneself* skaityti tylomis, pačiam sau; *to* ~ *a paper* (pa)skaityti pranešimą/laikraštį **2** suprasti; aiškinti, interpretuoti; *it is intended to be read...* tai reikia suprasti taip...; *to* ~ *smth into smth* savaip aiškinti/interpretuoti ką, suteikti tam tikrą prasmę kam; *to* ~ *music [maps]* skaityti gaidas [žemėlapius]; *to* ~ *a riddle* įminti mįslę; *to* ~ *the cards* burti kortomis **3** skambėti, sakyti; *the passage quoted ~s as follows* citata skamba taip **4** rodyti *(apie prietaisą ir pan.);* užrašyti *(prietaiso)* parodymus; *the thermometer ~s 10°* termometras rodo 10°; *to* ~ *untrue* parodyti neteisingai **5** studijuoti; apsiskaityti, rengtis *(t. p.* ~ *up); to ~(up) for the examinations* rengtis egzaminams; *he is ~ing law* jis studijuoja teisę **6** *komp.* (nu)skaityti *(informaciją)* **7** *parl.* svarstyti ir tvirtinti *(įstatymo projektą); the bill was read the first [the third] time* įstatymo projektas buvo priimtas pirmuoju [trečiuoju] skaitymu □ ~ *back* vėl, iš naujo skaityti; ~ *on* toliau skaityti; ~ *out* perskaityti/paskelbti garsiai; ~ *over/through* perskaityti atidžiai; ~ *up* studijuoti/mokytis iš pagrindų *(on)*
n **1** skaitymas; *to have a short* ~ truputį paskaityti **2** tai, kas verta/įdomu paskaityti *(ppr. a good ~)*
read² [red] *a* apsiskaitęs, išprusęs, išmanantis *(in); he is poorly* ~ *in history* jis prastai moka istoriją ◊ *to take it as* ~ *that...* būti tikram/garantuotam, kad...
readability [ˌri:də'bɪlətɪ] *n* išskaitomumas, aiškumas
readable ['ri:dəbl] *a* **1** lengvai skaitomas, įdomus **2** išskaitomas, aiškus
readdress [ˌri:ə'dres] *v* **1** persiųsti nauju adresu; pakeisti adresą *(ant voko)* **2** iš naujo iškelti *(klausimą)*
reader ['ri:də] *n* **1** skaitytojas; *he is not much of a* ~ jis nelabai mėgsta skaityti **2** skaitovas **3** recenzentas **4** korektorius **5** *(aukštosios mokyklos)* docentas, lektorius **6** *mok.* chrestomatija; skaitiniai, skaitymo knyga **7** skaitytuvas; skaitymo įrenginys; aparatas mikrofilmams skaityti *(t. p. microfilm ~)*
reader-printer ['ri:də'prɪntə] *n* skaitymo ir kopijavimo aparatas
readership ['ri:dəʃɪp] *n* **1** docentūra, docento vardas/pareigos **2** *kuop. (laikraščio ir pan.)* skaitytojai
readily ['redɪlɪ] *adv* **1** noriai, mielai, greitai **2** lengvai, be vargo; ~ *comprehensible* lengvai suprantamas
readiness ['redɪnɪs] *n* **1** pasiruošimas, pasirengimas, parengtis; *all is in* ~ viskas parengta; *to put/get in* ~ parengti **2** greitumas; sumanumas, nuovokumas *(t. p.* ~ *of mind);* ~ *of wit* greitas sąmojis **3** noras, sutikimas *(ką daryti)* **4** *fin.* sanacija
reading ['ri:dɪŋ] *n* **1** skaitymas; *it made interesting* ~ tai buvo įdomu paskaityti; *close* ~ atidus skaitymas; ~ *in unison mok.* skaitymas choru **2** apsiskaitymas; *a man of wide* ~ *(labai)* apsiskaitęs žmogus **3** skaitinys; *light* ~ lengvi skaitiniai **4** teksto variantas, kita redakcija/formuluotė **5** *(termometro, barometro ir pan.)* parodymas; rodmuo; *(skalės)* atskaita; *to take a* ~ užrašyti parodymus **6** ištrauka *(t. p. bibl.; from)* **7** *(ko)* supratimas, aiškinimas; *what is your* ~ *of the facts?* kaip jūs suprantate/aiškinate tuos faktus? **8** *parl. (įstatymo projekto)* svarstymas *(viena iš trijų pakopų)* **9** *teatr.* skaitymas vaidmenimis
reading-desk ['ri:dɪŋdesk] *n* piupitras

reading-glass ['ri:dɪŋglɑ:s] *n* **1** (pa)didinamasis stiklas **2** *pl* akiniai *(skaityti)*
reading-lamp ['ri:dɪŋlæmp] *n* stalinė lempa
reading-list ['ri:dɪŋlɪst] *n mok.* rekomenduojamos literatūros sąrašas
reading-room ['ri:dɪŋrum] *n* skaitykla
readjust [ˌri:ə'dʒʌst] *v* **1** (iš naujo) pritaikyti, priderinti; *(džn. refl)* prisitaikyti, prisiderinti **2** pertaisyti, atitaisyti, pataisyti; pertvarkyti **3** pareguliuoti
readjustment [ˌri:ə'dʒʌstmənt] *n* **1** pri(si)taikymas **2** pertaisymas; (pa)reguliavimas **3** pertvarkymas, reorganizavimas
read-only ['ri:dˌəʊnlɪ] *a*: **~ memory** *(sutr.* ROM) *komp.* skaitomoji atmintis
read-out ['ri:daut] *n (prietaiso, kompiuterio)* parodymas; rodmuo
readvertise [ˌri:'ædvətaɪz] *v* iš naujo parengti *(reklaminį)* skelbimą
ready ['redɪ] <*a, n, v, int*> *a* **1** pasiruošęs, pasirengęs; **to have a ~ answer for any question** būti pasirengusiam atsakyti į bet kokį klausimą; *I must get ~ for the journey* man reikia rengtis kelionei **2** gatavas, parengtas, padarytas, pagamintas; **to get/make smth ~** (pa)rengti ką **3** linkęs; *he gave a ~ assent* jis noriai sutiko; *she was ~ to cry* ji buvo bepravirkstanti **4** greitas; guvus; **to be ~ with one's criticism** greitas kritikuoti; **~ solubility in water** geras tirpumas vandenyje; **to have a ~ wit** būti sąmojingam/sumaniam **5** parankus, patogus; **~ at hand, ~ to hand(s)** esantis po ranka **6** grynasis *(apie pinigus)*
n **1** *(the readies)* *šnek.* grynieji (pinigai) **2** *(ypač kar.)* padėtis laikant šautuvą parengtą; *cameras at the ~* kameros parengtos darbui; **to have a pen at the ~** būti pasirengusiam rašyti
v (pa)rengti, (pa)ruošti; *refl* rengtis, ruoštis
int: **~, steady, go!** pasirengti!, dėmesio!, marš!
ready-made [ˌredɪ'meɪd] *a attr* **1** gatavas; **~ clothes** gatavi drabužiai; **~ shop** gatavų drabužių parduotuvė **2** neoriginalus, nuvalkiotas **3** (greitas ir) patogus *(apie pasiteisinimą)*
n šnek. gatavas drabužis
ready-mix ['redɪmɪks] *n stat.* gatavas betonas
ready-to-cook [ˌredɪtə'kuk] *a*: **~ food** *kul.* pusgaminiai, pusfabrikačiai
ready-to-serve [ˌredɪtə'sɜ:v] *a*: **~ food** kulinarijos gaminiai
ready-to-wear [ˌredɪtə'wɛə] = **ready-made** *a* 1
ready-witted ['redɪˌwɪtɪd] *a* nuovokus, sumanus
reaffirm [ˌri:ə'fɜ:m] *v* vėl patvirtinti
reafforestation [ˌri:əfɒrɪ'steɪʃn] *n spec.* miško atželdinimas
reagent [rɪ'eɪdʒənt] *n chem.* reagentas, reaktyvas
real¹ [rɪəl] <*a, n, adv*> *a* **1** tikras, realus, faktinis; **the ~ reason** tikroji priežastis; **the ~ state of affairs** tikroji padėtis; **~ life** realusis gyvenimas; tikrovė; **~ income** realiosios pajamos **2** tikrovinis, tikroviškas; **the ~ world** realusis pasaulis **3** nedirbtinis, tikras; gyvas; **~ leather** natūrali oda; **~ flowers** gyvos gėlės; **~ heroism** tikras didvyriškumas; **~ friend** tikras draugas **4** gyvas, tikras *(pabrėžiant);* **a ~ trouble** gyvas vargas; **a ~ shame** tikra gėda; *you're a ~ idiot!* tu tikras idiotas! **5** *teis.* daiktinis *(apie įrodymą)* **6** *teis., ekon.* nekilnojamasis *(apie turtą);* **~ action** turtinis ieškinys **7** *mat.* realinis, tikrasis
n (the ~) realybė, tikrovė ◊ *for ~ šnek.* a) tikrai, rimtai; b) rimtas
adv amer. šnek. tikrai, labai; *I'm ~ sorry!* man tikrai gaila!
real² [reɪ'ɑ:l] *n* realas *(Brazilijos/ist. Ispanijos moneta)*
realgar [rɪ'ælgə] *n min.* arseno sulfidas, realgaras

realia [rɪ'ælɪə] *n pl* **1** realijos **2** daiktai, naudojami kaip vaizdumo priemonės *(pradinėse klasėse)*
realign [ˌri:ə'laɪn] *v* pergrupuoti, perrikiuoti *(ypač jėgas)*
realism ['rɪəlɪzm] *n (įv. reikšm.)* realizmas
realist ['rɪəlɪst] *n* realistas
a = **realistic**
realistic [rɪə'lɪstɪk] *a* **1** realistinis; realistiškas, tikroviškas **2** praktiškas, realus; **~ plan** realus planas
realistically [rɪə'lɪstɪklɪ] *adv* **1** realiai; *mod* iš tikrųjų, tiesą sakant **2** realistiškai
reality [rɪ'ælətɪ] *n* **1** tikrovė, tikr(en)ybė, realybė; *in ~* iš tikrųjų, tikrai **2** tikrumas; realumas, tikroviškumas
realizable ['rɪəlaɪzəbl] *a* **1** įgyvendinamas; realizuojamas **2** suprantamas **3** *kom.* (iš)keičiamas į pinigus, likvidus
realization [ˌrɪəlaɪ'zeɪʃn] *n* **1** įsisąmoninimas, supratimas; *to come to the ~ that...* suprasti, kad...; *to have a true ~ of one's danger* aiškiai suprasti pavojų **2** įgyvendinimas; *(plano ir pan.)* (į)vykdymas **3** *kom.* realizavimas, realizacija
realize [rɪəlaɪz] *v* **1** (aiškiai, visiškai) įsisąmoninti, suvokti, suprasti **2** įgyvendinti; įvykdyti; *my worst fears were ~d* įvyko tai, ko labiausiai bijojau **3** *kom.* realizuoti, parduoti; **to ~ securities** realizuoti vertybinius popierius **4** *kom.* duoti pelno *(apie turtą);* gauti pelno; **~d income** gautosios pajamos
reallocate [ri:'æləkeɪt] *v* perskirstyti
really ['rɪəlɪ] *adv* **1** tikrai, iš tikrųjų, iš tiesų; **~ and truly** tikrų tikriausiai **2** labai; **~ big** labai didelis **3** nejaugi *(klaus. ir neig. sakiniuose);* **~?** nejaugi?, tikrai?, tiesa?; **not ~!** negali būti!
realm [relm] *n* **1** *knyg.* karalystė *(t. p. prk.);* **the ~ of dreams** sapnų karalystė **2** *prk.* sritis; **the ~s of fancy** vaizduotės/fantazijos sritis
realpolitik [reɪ'ɑ:lpɒlɪti:k] *vok. n* realistinė politika
real-time ['rɪəltaɪm] *a attr (ypač komp.)* skubiai/nedelsiant apdorojamas/atliekamas
realtor ['rɪəltə] *n amer.* nekilnojamojo turto pardavimo agentas
realty ['rɪəltɪ] *n teis., ekon.* nekilnojamasis turtas
ream¹ [ri:m] *n* **1** *(popieriaus)* stopa *(= 480, amer. 500 lapų)* **2** *pl šnek. (parašyto, išspausdinto ir pan. teksto)* šūsnis, krūva; *she has written ~s of poetry* ji prirašė daugybę eilėraščių
ream² *v* **1** *tech.* (pra)plėsti, paplatinti *(skylę gręžiant)* **2** *amer. šnek.* apsukti, apgauti
reamer ['ri:mə] *n tech.* plėstuvas
reanimate [ri:'ænɪmeɪt] *v* atgaivinti; pagyvinti; *(prk. t. p.)* (vėl) įkvėpti *(drąsos, dvasios)*
reap [ri:p] *v* **1** (nu)kirsti, (nu)pjauti *(javus);* doroti/nuimti derlių **2** *prk.* susilaukti *(atpildo);* **to ~ fruits of one's work** susilaukti savo darbo vaisių ◊ **to ~ what one sows** ≡ ką pasėsi, tą ir pjausi; **to ~ where one has not sown** naudotis svetimo darbo vaisiais
reaper ['ri:pə] *n* **1** pjaunamoji, kertamoji, javapjovė **2** pjovėjas, kirtėjas **3** *(the R.)* giltinė *(mirties simbolis; t. p. the Grim R.)*
reaping ['ri:pɪŋ] *n* pjūtis; derliaus dorojimas/nuėmimas
reappear [ˌri:ə'pɪə] *v* vėl pasirodyti
reappearance [ˌri:ə'pɪərəns] *n* pakartotinis pasirodymas
reapply [ˌri:ə'plaɪ] *v* vėl kreiptis, iš naujo kelti savo kandidatūrą *(postui ir pan. užimti)*
reapportionment [ˌri:ə'pɔ:ʃnmənt] *n amer.* rinkimų apygardos ribų pakeitimas
reappraisal [ˌri:ə'preɪzl] *n* pervertinimas, perkainojimas *(iš naujo)*
reappraise [ˌri:ə'preɪz] *v (iš naujo)* pervertinti, perkainoti

rear¹ [rɪə] v **1** (iš)auginti, veisti; kultivuoti, ugdyti **2** pakelti *(galvą, ranką; balsą)* **3** pastatyti; iškelti *(vėliavos stiebą ir pan.)* **4** iškilti *(apie pastatą, bokštą; over)* **5** piestu stoti *(ppr. ~ up)*
rear² n **1** užpakalinė dalis/pusė; užpakalis; *at the ~ of the house* už namo; *in the ~ of the house* užpakalinėje namo dalyje; *to follow in the ~* eiti/vilktis užpakalyje/uodegoje **2** *šnek.* užpakalis, pasturgalis **3** *kar.* užnugaris, užfrontė; *to take/attack in the ~* užpulti iš užnugario ◊ *to bring up the ~* būti/eiti paskutiniam
  a attr užpakalinis; *~ arch* užpakalinė balno guga; *~ axle tech.* užpakalinis tiltas; *~pakalinis* užpakalinė ašis
rear-admiral [,rɪə'ædmərəl] n kontradmirolas
rear-drive ['rɪədraɪv] n *tech.* varantieji užpakaliniai ratai
rear-end ['rɪərend] v *amer. šnek.* įsirėžti į kito automobilio užpakalį
rear-engined [,rɪər'endʒɪnd] a su varikliu užpakalyje
rearer ['rɪərə] n **1** *ž. ū.* kultivatorius **2** inkubatorius **3** *(vežimo)* užgalis **4** nartus/nirtus arklys
rearguard ['rɪəgɑ:d] n *kar.* ariergardas; *to fight a ~ action* a) kovoti ariergarde; b) dar priešintis *(pralaimint)*
rearm [ri:'ɑ:m] v per(si)ginkluoti
rearmament [ri:'ɑ:məmənt] n per(si)ginklavimas
rearmost ['rɪəməʊst] a *attr* galinis, pats paskutinis
rear-mounted ['rɪə,maʊntɪd] a *tech.* įtaisytas užpakalyje
rearrange [,rɪə'reɪndʒ] v **1** pertvarkyti; vėl sutvarkyti; *to ~ the furniture* perstatyti baldus **2** pakeisti *(datą, laiką)*
rear-view ['rɪəvju:] a: *~ mirror aut.* užpakalinio vaizdo veidrodis
rearward ['rɪəwəd] <a, n, adv> n užpakalinė dalis; užnugaris; ariergardas
  a užpakalinis; užnugario
  adv = **rearwards**
rearwards ['rɪəwədz] adv atgal; į užnugarį
reason ['ri:zn] n **1** priežastis; pagrindas; motyvas, argumentas; paaiškinimas; *for some ~ or other* dėl vienos ar kitos priežasties; *to discover good ~s* rasti gerą priežastį/paaiškinimą; *to give ~s (for)* paaiškinti priežastis, motyvuoti; *by ~ of* dėl; *with ~* pamatuotai, pagrįstai; *not without ~* ne be pagrindo **2** protas, supratimas; *to bring to ~* atvesti į protą; *to come to ~* ateiti į protą; susiprasti, susiprotėti; *to go beyond all ~* nepaisyti sveiko proto *(apie reikalavimus ir pan.);* *to listen to ~* leistis įtikinamam; paklausyti protingo patarimo; *to lose one's ~* išeiti iš proto; *it stands to ~* (tai) suprantama, visiškai aišku
  v **1** protauti, mąstyti *(about)* **2** samprotauti, daryti išvadą **3** įtikinėti *(with);* įtikinti *(into);* *to ~ smb out of smth* įtikinti ką (pa)keisti nuomonę; *to ~ smb out of his fears* išsklaidyti kieno būgštavimus **4** argumentuoti, pagrįsti □ *~ out* apgalvoti ligi galo; nuspręsti
reasonable ['ri:znəbl] a **1** protingas, supratingas; protaujantis **2** pagrįstas; nuosaikus **3** priimtinas, pakenčiamas; prieinamas *(apie kainą)* **4** prideramas, tinkamas
reasonably ['ri:znəblɪ] adv **1** protingai **2** pagrįstai; nuosaikiai **3** prieinamai, pakenčiamai; gana; *I am ~ sure* aš maždaug įsitikinęs
reasoned ['ri:zənd] a *attr* **1** pagrįstas, motyvuotas, argumentuotas **2** protingas, racionalus
reasoning ['ri:znɪŋ] n **1** protavimas; samprotavimas **2** pagrindimas, aiškinimas; argumentacija
  a protaujantis, mąstantis
reasonless ['ri:znləs] a **1** neprotingas; neprotaujantis **2** nepagrįstas
reassemble [,ri:ə'sembl] v **1** vėl su(si)rinkti **2** *tech.* vėl surinkti, sumontuoti

reassert [,ri:ə'sɜ:t] v **1** (pakartotinai) patvirtinti, pareikšti *(savo valdžią ir pan.)* **2** *refl* dar kartą pasitvirtinti *(apie mintį, dėsnį ir pan.)*
reassess [,ri:ə'ses] v **1** pergalvoti, peržiūrėti *(nuomonę ir pan.)* **2** iš naujo įvertinti, perkainoti
reassurance [,ri:ə'ʃʊərəns, ,ri:ə'ʃɔ:rəns] n **1** patikinimas, garantavimas; nuraminimas **2** atgautas pasitikėjimas
reassure [,ri:ə'ʃʊə, ,ri:ə'ʃɔ:] v **1** (dar kartą) patikinti **2** įtikinti nenuogąstauti, nuraminti
reassuring [,ri:ə'ʃʊərɪŋ, ,ri:ə'ʃɔ:rɪŋ] a raminamasis, raminantis
Réaumur ['reɪəmjʊə] n Reomiūro termometras; *~ scale* Reomiūro skalė
reave [ri:v] v (reft) *psn., poet.* **1** pagrobti *(ppr. ~ away)* **2** atimti *(of)* **3** plėšti
reaver ['ri:və] n = **reiver**
reawaken [,ri:ə'weɪkən] v **1** vėl pabudinti; vėl pabusti **2** *prk.* iš naujo sužadinti *(entuziazmą ir pan.)*
rebarbative [rɪ'bɑ:bətɪv] a *ret.* atgrasus, atstumiantis
rebate¹ n ['ri:beɪt] **1** *kom.* nuolaida **2** permokos grąžinimas
  v [rɪ'beɪt] **1** *knyg.* (at)bukinti **2** *kom.* daryti nuolaidą, nuleisti **3** *psn.* (su)mažinti *(jėgą, energiją)*
rebate² = **rabbet** n, v
Rebecca [rɪ'bekə] n Rebeka *(vardas)*
rebec(k) ['ri:bek] n senovinis tristygis smuikas
rebel n ['rebl] **1** sukilėlis; maištininkas **2** *attr* sukilėlių; maištingas
  v [rɪ'bel] *(-ll-)* **1** sukilti; maištauti **2** priešintis, protestuoti **3** *šnek.* piktintis, pasipiktinti
rebellion [rɪ'belɪən] n **1** sukilimas; maištas; *in ~* sukilimo apimtas; *the Geat R. ist.* Anglijos pilietinis karas *(1642–1660 m.)* **2** priešinimasis **3** *šnek.* pasipiktinimas
rebellious [rɪ'belɪəs] a **1** maištingas; maištaujantis; *~ speeches* maištingos kalbos; *~ troops* maištaujanti kariuomenė **2** nedrausmingas; nepaklusnus, užsispyręs **3** sunkiai gydomas *(apie ligą)*
rebirth [ri:'bɜ:θ] n atgimimas
rebore *tech.* n ['ri:bɔ:] paplatinimas
  v [ri:'bɔ:] paplatinti *(skylę; gręžiant)*
reborn [ri:'bɔ:n] a atgimęs; *to be ~ (ypač rel.)* atgimti, prisikelti
rebound n ['ri:baʊnd] **1** atšokimas; rikošetas; *on the ~* rikošetu; atšokus **2** reakcija *(po susijaudinimo, nesėkmės);* *to marry smb on the ~* ištekėti už ko *ar* vesti ką nusivylus meile *(kitam, kitai)* **3** *sport.* atšokusio kamuolio sugavimas *(krepšinyje)*
  v [rɪ'baʊnd] **1** atšokti, rikošetuoti; at(si)mušti **2** atsiliepti, pakenkti *(on – kam);* *the ill he did ~ed on him* jo blogi darbai atsigręžė prieš jį patį **3** pašokti *(apie kainas ir pan.)* **4** *sport.* sugauti atšokusį kamuolį *(krepšinyje)*
rebroadcast [ri:'brɔ:dkɑ:st] n (rebroadcast, rebroadcasted) vėl transliuoti; retransliuoti
rebuff [rɪ'bʌf] n **1** atkirtis, griežtas atsisakymas; *to meet with a ~, to suffer a ~* a) gauti atkirtį; b) ištikti nesėkmei, nepasisekti **2** *kar.* atrėmimas
  v **1** duoti atkirtį, atkirsti; griežtai atsisakyti **2** *kar.* atremti
rebuild [ri:'bɪld] v (rebuilt [-t]) **1** atstatyti **2** rekonstruoti; atkurti, atgaivinti
rebuke [rɪ'bju:k] n **1** priekaištas; *without ~* nepriekaištingas **2** papeikimas
  v **1** priekaištauti; *to ~ smb for smth* prikaišioti kam ką **2** (pa)peikti
rebus ['ri:bəs] n rebusas

rebut [rɪ'bʌt] v **1** duoti atkirtį; atremti *(kritiką ir pan.)* **2** *teis.* paneigti, atmesti

rebuttal [rɪ'bʌtl] n *teis. (kaltinimo ir pan.)* paneigimas

rec [rek] n (recreation ground *sutr.*) *šnek.* žaidimų aikštelė; **~ room** *amer.* poilsio/žaidimų kambarys

recalcitrance, -cy [rɪ'kælsɪtrəns, -sɪ] n *knyg.* nepaklusnumas, užsispyrimas

recalcitrant [rɪ'kælsɪtrənt] *knyg.* a **1** nepaklusnus, užsispyręs; priešinantis **2** nesiduodantis paveikiamas n užsispyrėlis

recalcitrate [rɪ'kælsɪtreɪt] v *knyg.* būti atkakliam/užsispyrusiam; priešintis

recalculate [ri:'kælkjuleɪt] v perskaičiuoti

recall n ['ri:kɔ:l] **1** atgaminimas, atkūrimas *(atmintyje)* **2** *(pasiuntinio ir pan.)* atšaukimas; **letters of ~** *dipl.* atšaukiamieji raštai **3** *komp., kar.* signalas grįžti **4** *teatr.* iškvietimas *(atlikėjo į sceną)* ◊ **beyond/past ~** a) neatitaisomas, neatšaukiamas; b) užmirštas
v [rɪ'kɔ:l] **1** atgaminti/atkurti atmintyje; pri(si)minti *(t. p. komp.);* **as I ~ ...** kiek prisimenu... **2** atšaukti *(deputatą, pareigūną ir pan.; from – iš kur)* **3** atšaukti, panaikinti *(įsakymą ir pan.)* **4** atsiimti atgal *(dovaną; savo žodžius)* **5** *ekon.* išimti; reikalauti grąžinti; **to ~ from circulation** išimti iš apyvartos **6** *kar.* grąžinti

recant [rɪ'kænt] v *knyg.* atsižadėti, išsižadėti, atsisakyti *(pažiūrų, tikėjimo ir pan.)*

recap[1] [ri:'kæp] v *amer. šnek.* atnaujinti protektorių, uždėti naują protektorių

recap[2] *sutr. šnek.* n ['ri:kæp] = **recapitulation**
v [ri:'kæp] = **recapitulate**

recapitulate [,ri:kə'pɪtʃuleɪt] v trumpai pakartoti; reziumuoti, (su)sumuoti

recapitulation [,ri:kəpɪtʃu'leɪʃn] n **1** (su)glaustas pakartojimas, reziumavimas; santrauka, reziumė **2** *muz.* repriza *(sonatos forma)* **3** *biol.* rekapituliacija

recapitulative, recapitulatory [,ri:kə'pɪtʃulətɪv, ,ri:kə'pɪtʃulətərɪ] a kartojamasis; suglaustas, konspektyvus; (su)sumuojantis

recapture [ri:'kæptʃə] n **1** *(miesto ir pan.)* atsiėmimas **2** tai, kas atsiimama/atsiimta
v **1** atsiimti; vėl atgauti, susigrąžinti **2** atkurti; atgaivinti *(jausmus);* **the author ~s the atmosphere of the twenties** autorius atkuria trečiojo dešimtmečio atmosferą **3** vėl sugauti *(bėglį ir pan.)*

recast [ri:'kɑ:st] n perdirbimas; pertaisymas; naujos formos suteikimas
v (recast) **1** perdirbti, pertaisyti *(knygą, tekstą ir pan.);* suteikti naują formą **2** perskaičiuoti **3** *teatr., kin.* perskirstyti vaidmenis; **to ~ a play** (pa)statyti pjesę su naujais atlikėjais **4** *tech.* perlieti, perliedinti

recce ['rekɪ] n *sutr. šnek.* = **reconnaissance**
v (iš)žvalgyti, apžiūrėti *(vietą)*

recede [rɪ'si:d] v **1** trauktis, atsitraukti; tolti; **the shore ~d** krantas pamažu tolo; **to ~ into the background** a) pasitraukti toliau; b) netekti reikšmės, įtakos **2** išsižadėti, atsisakyti **3** mažėti, silpnėti; kristi *(apie kainas ir pan.)* **4** imti plikti *(nuo kaktos)*

re-cede [ri:'si:d] v (su)grąžinti *(savininkui);* (su)grąžinti *(tai, kas užgrobta)*

receding [rɪ'si:dɪŋ] a **1** tolstantis; **~ star** *astr.* tolstanti žvaigždė; **~ hairline** nuo kaktos prasidedantis plikimas **2** atlašus *(apie kaktą);* nusklembtas *(apie smakrą)* **3** mažėjantis, krintantis *(apie kainas ir pan.)*

receipt [rɪ'si:t] n **1** *(gavimo)* pakvitavimas; kvitas; **to make out a ~** išrašyti kvitą **2** *ofic.* gavimas; **on ~ (of)** gavus; **we are now in ~ of your letter of the 5th** mes gavome jūsų penktos dienos laišką **3** *(ppr. pl) fin.* pajamos, įplaukos **4** *psn.* receptas *(ypač kulinarinis)*
v pakvituoti, pasirašyti gavus

receipt-book [rɪ'si:tbuk] n kvitų knygelė

receivable [rɪ'si:vəbl] a **1** gaunamas(is); gautinas, tinkamas gauti **2** priimamas; priimtinas

receivables [rɪ'si:vəblz] n pl *buh.* debitorių sąskaitos

receive [rɪ'si:v] v **1** gauti; **to ~ a letter [assistance from the state]** gauti laišką [valstybės paramą]; **he ~d a 20-year sentence** jį nuteisė 20 metų kalėti **2** priimti; sutikti; **to ~ the delegation** priimti/sutikti delegaciją **3** suvokti; patirti **4** tilpti; **vessel large enough to ~ ten litres** indas, kuriame telpa dešimt litrų **5** *rad., tel.* priimti *(garsą, vaizdą);* **are you receiving me?** ar jūs girdite mane? **6** *teis.* supirkti *(vogtus daiktus);* **to ~ stolen goods** slėpti vogtus daiktus

received [rɪ'si:vd] a visų priimtas/pripažintas, laikomas teisingu; **~ pronunciation** norminis tarimas; tarimo norma; **~ wisdom** visų pripažinta, labai paplitusi nuomonė

receiver [rɪ'si:və] n **1** gavėjas; priėmėjas **2** *teis. (vogtų daiktų)* slėpėjas, supirkinėtojas **3** teismo vykdytojas, bankrutavusio skolininko turto likvidatorius/administratorius *(t. p.* **official ~)** **4** telefono ragelis **5** *(radijo ir pan.)* imtuvas; televizorius **6** *tech.* surinkimo rezervuaras; resiveris **7** *(šautuvo)* uoksas

receivership [rɪ'si:vəʃɪp] n *teis.* bankrutavimas ir turto atitekimas administratoriams

receiving [rɪ'si:vɪŋ] n **1** gavimas; priėmimas **2** *teis.* vogtų daiktų supirkimas/slėpimas

receiving-order [rɪ'si:vɪŋ,ɔ:də] n *teis.* vykdomasis raštas

recency ['ri:snsɪ] n naujumas, naujovė

recension [rɪ'senʃn] n *knyg.* **1** teksto peržiūrėjimas ir ištaisymas; recenzavimas **2** peržiūrėtas ir ištaisytas tekstas

recent ['ri:snt] a nesenas, paskutinis; naujas, dabartinis; **~ events** paskutiniai/neseni įvykiai; **~ fashions** naujosios/dabartinės mados

recently ['ri:sntlɪ] adv neseniai, pastaruoju metu; šiomis dienomis; **as ~ as Friday** ne seniau kaip penktadienį

receptacle [rɪ'septəkl] n **1** talpykla, saugykla; dėžė/indas kam nors laikyti **2** *el.* kištukinis lizdas; patronas **3** *bot.* žiedsostis

reception [rɪ'sepʃn] n **1** gavimas **2** priėmimas *(t. p. svečių, į narius);* sutikimas; **to hold a ~** surengti priėmimą; **the play had a cold ~** spektaklis buvo šaltai sutiktas **3** suvokimas **4** *(viešbučio ir pan.)* priimamasis; registratūra *(t. p.* **~ desk)** **5** *rad., tel.* priėmimas

receptionist [rɪ'sepʃənɪst] n priimamojo sekretorius; *(viešbučio, ligoninės ir pan.)* registratorius

reception-room [rɪ'sepʃnrum] n **1** bendrasis kambarys *(ne virtuvė ar miegamasis)* **2** *(viešbučio)* priimamasis

receptive [rɪ'septɪv] a imlus; juslus; **~ mind** pagaulus protas; **when he's in a more ~ mood** kai jis bus labiau linkęs išklausyti

receptivity [,ri:sep'tɪvətɪ] n imlumas; (su)gebėjimas suvokti/priimti

receptor [rɪ'septə] n *fiziol.* receptorius

recess [rɪ'ses] n **1** *(parlamento ir pan.)* darbo pertrauka **2** *amer. mok.* pertrauka; **at ~** per pertrauką **3** nuošali vieta, kampelis, užkampis; **in the deepest/secret ~es of the heart** širdies gilumoje **4** niša, alkova **5** įlankėlė **6** *anat.* kišenė; ertmė, duobė, duobutė **7** *tech.* įpjova, išėma; įduba; griovelis
v **1** daryti įdubą/išėmą/nišą **2** (pa)dėti į nuošalią vietą, (pa)slėpti **3** (ati)traukti atgal **4** *(ypač amer.)* daryti pertrauką, nutraukti darbą

recessed [rɪ'sest] a įtaisytas nišoje *(apie lentyną ir pan.)*

recession [rɪ'seʃn] *n* **1** pasitraukimas, atsitraukimas, atsitolinimas; pasišalinimas **2** *ekon.* nuosmukis, recesija; ~ *in demand* paklausos (su)mažėjimas

recessional [rɪ'seʃnəl] *bažn. n* paskutinė giesmė *(mišių pabaigoje) a* giedamas mišių pabaigoje

recessionary [rɪ'seʃnərɪ] *a ekon.* recesijos; liudijantis/rodantis nuosmukį

recessive [rɪ'sesɪv] *a* **1** atsitraukiantis, (nu)tolstantis, pasišalinantis **2** *biol., kalb.* recesyvinis

recharge [ri:'tʃɑ:dʒ] *el. n* per(si)elektrinimas; kartotinė įkrova
v pakartotinai įkrauti/prikrauti *(bateriją)*

rechauffé [reɪ'ʃəufeɪ] *pr. n* **1** pašildytas valgis; atkaita **2** *menk.* (ko nors seno) perdirbimas naujaip; literatūros kūrinio perdirbimas

recherché [rə'ʃɛəʃeɪ] *pr. n* rinktinis, rafinuotas *(apie skonį, valgį ir pan.);* įmantrus

recidivism [rɪ'sɪdɪvɪzm] *n* recidyvizmas

recidivist [rɪ'sɪdɪvɪst] *n* recidyvistas

recipe ['resɪpɪ] *n* **1** *(ypač kul.)* receptas **2** *prk.* receptas, būdas *(kaip veikti, ko siekti; for);* **a ~ for success** pasisekimo receptas

recipience, -cy [rɪ'sɪpɪəns, -sɪ] *n* **1** gavimas **2** imlumas; (su)gebėjimas priimti

recipient [rɪ'sɪpɪənt] *n* **1** gavėjas; **welfare ~** socialiai remiamas žmogus; pašalpos gavėjas **2** priėmėjas; imtuvas **3** *spec.* recipientas
a gaunantis; priimantis, imlus

reciprocal [rɪ'sɪprəkl] *a* **1** abipusis, abipusiškas, savitarpiškas; atsakomasis; **~ understanding** savitarpio/tarpusavio supratimas **2** ekvivalentinis; atitinkamas **3** *gram.* savitarpinis *(apie įvardžius)* **4** *mat.* atvirkštinis
n mat. atvirkštinis dydis

reciprocate [rɪ'sɪprəkeɪt] *v* **1** atsakyti, atsimokėti (tuo pačiu); **to ~ smb's feeling** atsakyti tuo pačiu jausmu **2** pasikeisti *(komplimentais, paslaugomis ir pan.)* **3** *teis.* veikti abipusiškumo pagrindais **4** *tech.* judėti/slankioti pirmyn ir atgal; daryti slankiojamąjį judėjimą

reciprocation [rɪˌsɪprə'keɪʃn] *n* **1** atoveikis; atsiliepimas *(į)* **2** pasikeitimas *(paslaugomis ir pan.)* **3** *tech.* slankiojamasis judėjimas

reciprocity [ˌresɪ'prɒsətɪ] *n* **1** abipusiškumas, savitarpiškumas **2** tarpusavio sąveika **3** pasikeitimas *(paslaugomis ir pan.)* **4** *attr.:* **~ principle** *spec.* grįžtamumo principas; **~ law** *log.* dualumo dėsnis

recital [rɪ'saɪtl] *n* **1** rečitalis, solinis koncertas; koncertas, skirtas vienam kompozitoriui **2** pasakojimas, (pa)vaizdavimas **3** *(faktų ir pan.)* smulkus (iš)vardijimas/(iš)dėstymas *(t. p. teis.);* *(dokumento)* konstatuojamoji dalis

recitation [ˌresɪ'teɪʃn] *n* **1** deklamavimas; deklamacija *(t. p. the art of ~)* **2** *(faktų, įvykių)* (iš)vardijimas *(t. p. teis.)* **3** *amer. mok.* atsakinėjimas **4** *attr.:* **~ room** auditorija

recitative [ˌresɪtə'ti:v] *n muz.* rečitatyvas

recite [rɪ'saɪt] *v* **1** deklamuoti; atmintinai sakyti **2** (iš)vardyti *(faktus ir pan.)* **3** pasakoti, (iš)dėstyti **4** *amer.* atsakinėti *(pamoką)*

reciter [rɪ'saɪtə] *n* **1** deklamatorius; skaitovas **2** deklamacijos tekstų chrestomatija

reck [rek] *v poet., psn. (klaus. ir neig. sakiniuose)* kreipti dėmesį, atsižvelgti *(of – į);* **it ~s him not what others think** jam nesvarbu ar vis tiek, ką kiti mano; **what ~s him that...?** kas jam darbo, kad...?, kas jam rūpi, kad...?

reckless ['rekləs] *a* **1** neapgalvotas; nerūpestingas **2** beatodairiškas, nutrūktgalviškas; **a ~ waste of money** beatodairiškas pinigų švaistymas **3** neatsargus, nepaisantis *(taisyklių, pavojaus; of)*

reckon ['rekən] *v* **1** laikyti *(kuo);* manyti *(esant);* **the region is ~ed uninhabitable** manoma, kad tas rajonas negyvenamas; **I ~ him among my friends** aš priskiriu jį prie savo draugų **2** *šnek.* manyti; **I ~ that we should leave now** manau, kad mums dabar reikia išeiti **3** tikėtis; **we didn't ~ on spending so much on repairs** nesitikėjome tiek daug pinigų išleisti remontui **4** atsiskaityti, suvesti sąskaitas *(with)* **5** skaitytis *(with);* **he is to be ~ed with** su juo reikia skaitytis **6** skaičiuoti, skaityti □
~ in įskaityti, įskaičiuoti, priskaičiuoti *(išlaidas ir pan.);*
~ up apskaičiuoti, suskaičiuoti

reckoner ['rekənə] *n* **1** skaičiuotojas **2** skaičiavimo lentelė *(t. p.* **ready ~**)

reckoning ['rekənɪŋ] *n* **1** (ap)skaičiavimas; **to be good at ~** gerai skaičiuoti; **dead ~** *av., jūr. (lėktuvo, laivo)* kelio apskaičiavimas; apytikris plaukimas/skridimas **2** atsiskaitymas, atpildas, atmokėjimas; **the day of ~** a) atsiskaitymo diena; b) *prk.* atpildo diena/valanda; c) *rel.* paskutinio teismo diena **3** *psn.* sąskaita *(ypač viešbučio)* ◊ **to make no ~** *(of)* neatsižvelgti *(į),* neteikti reikšmės *(kam)*

reclaim [rɪ'kleɪm] *v* **1** reikalauti grąžinti; atsiimti **2** (iš)arti, plėšti *(dirvonus, plėšinį);* įsisavinti *(naujas/apleistas žemes);* melioruoti **3** utilizuoti, panaudoti *(atliekas);* gauti *(iš atliekų)* **4** pataisyti; atpratinti *(from – nuo ko nors bloga);* **to ~ a criminal** perauklėti nusikaltėlį
n: **it is beyond/past ~** tai nepataisoma

re-claim [ri:'kleɪm] *amer.* = **reclaim** *v* 1

reclaimed [rɪ'kleɪmd] *a* pasitaisęs; atgailaujantis; **~ drunkard** išsigydęs alkoholikas; žmogus, metęs gerti

reclamation [ˌreklə'meɪʃn] *n* **1** *(dirvonų ir pan.)* plėšimas, (iš)arimas, įsisavinimas; melioracija **2** *(atliekų)* utilizacija, panaudojimas **3** pataisymas **4** *kom.* reklamacija, pretenzijų pareiškimas **5** *spec.* atstatymas, regeneracija

réclame [reɪ'klɑ:m] *pr. n* reklama

recline [rɪ'klaɪn] *v* atsilošti, atsiremti *(against);* atlošti *(galvą);* sėdėti atsilošus/atsirėmus; gulėti pusiausėda *(on)* **2** atlošti, nuleisti *(sėdynės atlošą)*

reclining [rɪ'klaɪnɪŋ] *a* **1** atlošiamas *(apie sėdynę)* **2** *men.* atsilošęs, atsirėmęs *(apie figūrą)*

recluse [rɪ'klu:s] *n* atsiskyrėlis
a (gyvenantis) atsiskyręs

reclusive [rɪ'klu:sɪv] *a* atsiskyręs; atsiskyrėliškas

recognition [ˌrekəg'nɪʃn] *n* **1** (at)pažinimas; **beyond ~, out of all ~** neatpažįstamai **2** pripažinimas *(t. p. teis., dipl.);* **to win/receive ~ from the public** būti publikos pripažintam, susilaukti pripažinimo; **in ~ of your services** pripažįstant jūsų nuopelnus

recognizable ['rekəgnaɪzəbl] *a* atpažįstamas

recognizance [rɪ'kɒgnɪzəns] *n teis.* **1** įsipareigojimas *(duotas teismui)* **2** užstatas *(laiduojant)*

recognize ['rekəgnaɪz] *v* **1** (at)pažinti; **to ~ smb by his/her walk** pažinti ką iš eisenos **2** pripažinti *(t. p. teis., dipl.);* **to ~ a government** pripažinti vyriausybę; **to be ~d as a work of genius** būti pripažintam genialiu kūriniu **3** suprasti, suvokti

recoil *n* ['ri:kɔɪl] **1** atšokimas; atsitraukimas *(pasibaisėjus, pasibjaurėjus)* **2** *kar.* atatranka; *(pabūklo)* atošliauža
v [rɪ'kɔɪl] **1** atšokti; *(staiga)* atsitraukti atgal *(iš baimės ir pan.)* **2** *kar.* atitrenkti, duoti atatranką **3** *prk.* nusisukti *(from – nuo);* atsigręžti, atsisukti *(on, upon)*

recoinage [ri:'kɔɪnɪdʒ] *v (monetų)* perkalimas

re-collect [ˌri:kə'lekt] *v* **1** vėl, iš naujo surinkti **2** *refl* atsipeikėti, atsigauti

recollect [ˌrekə'lekt] *v* atsiminti, prisiminti
recollection [ˌrekə'lekʃn] *n* **1** at(si)minimas, prisiminimas; *within my ~* mano atminimu; *to the best of my ~* kiek aš pamenu **2** *(džn. pl)* atsiminimai, memuarai
recommence [ˌri:kə'mens] *v* iš naujo pradėti; atnaujinti
recommend [ˌrekə'mend] *v* **1** rekomenduoti; patarti; *the ~ed dosage* rekomenduojama dozė **2** pristatyti *(apdovanoti ir pan.; for)* **3** kalbėti *(kieno)* naudai, palankiai/ teigiamai atsiliepti; *his diligence ~s him* stropumas yra jo geroji savybė **4** pavesti *(kieno)* globai
recommendable [ˌrekə'mendəbl] *a* rekomenduojamas; rekomenduotinas
recommendation [ˌrekəmen'deɪʃn] *n* **1** rekomendavimas; rekomendacija; patarimas; *on smb's ~* kam rekomendavus, su kieno rekomendacija **2** pristatymas *(apdovanoti ir pan.; for)* **3** savybės *(kieno)* naudai
recommendatory [ˌrekə'mendətərɪ] *a* rekomendacinis
recommit [ˌri:kə'mɪt] *v* parl. grąžinti *(įstatymo projektą)* komitetui pakartotinai svarstyti
recommitment, recommittal [ˌri:kə'mɪtmənt, ˌri:kə'mɪtl] *n parl.* *(įstatymo projekto)* grąžinimas komitetui pakartotinai svarstyti
recompense ['rekəmpens] *n* kompensacija, atlyginimas; atpildas; *as a ~ (for)* kompensuojant, atlyginant *(už)* *v* kompensuoti, atlyginti, atmokėti; *to be ~d for damages* gauti kompensaciją už žalą
recompose [ˌri:kəm'pəʊz] *v* **1** pertvarkyti, perdaryti; perrašyti **2** nuraminti
recon [rɪ'kɒn] *n* (reconnaissance *sutr.*) *amer. kar. šnek.* žvalgyba
reconcilable ['rekənsaɪləbl] *a* sutaikomas; suderinamas
reconcile ['rekənsaɪl] *v* **1** sutaikinti; užbaigti *(ginčą)*; *to become/be ~d to smth, with smb* susitaikyti, taikintis su kuo **2** suderinti, sutaikyti; *to ~ duty and pleasure* suderinti pareigą su malonumu **3** *refl* taikstytis, susitaikyti *(to — su)*
reconcilement ['rekənsaɪlmənt] *n* = **reconciliation**
reconciliation [ˌrekənsɪlɪ'eɪʃn] *n* **1** taikinimas(is), sutaikinimas; susitaikymas; *all our attempts at ~ failed* visos mūsų pastangos susitaikyti žlugo **2** suderinimas
recondite ['rekəndaɪt, rɪ'kɒndaɪt] *a attr* **1** neaiškus; nelabai žinomas **2** sunkiai suprantamas; nesuprantamas, nesuprantamai įmantrus
recondition [ˌri:kən'dɪʃn] *v* (su)remontuoti, atnaujinti *(automobilį ir pan.)*
reconnaissance [rɪ'kɒnɪsəns] *n* **1** *spec.* žvalgymas, žvalgyba; rekognoskavimas; rekognoskuotė **2** *attr* žvalgomasis, žvalgybinis; *~ detachment kar.* žvalgomasis būrys
reconnoiter [ˌrekə'nɔɪtə] *v amer.* = **reconnoitre**
reconnoitre [ˌrekə'nɔɪtə] *v kar., geod.* (iš)žvalgyti
reconsider [ˌri:kən'sɪdə] *v (iš naujo)* peržiūrėti, persvarstyti, pergalvoti
reconsideration [ˌri:kənsɪdə'reɪʃn] *n (sprendimo ir pan.)* peržiūrėjimas, persvarstymas; pakartotinis/naujas svarstymas
reconstitute [ri:'kɒnstɪtju:t] *v* **1** atkurti *(komitetą ir pan.)* **2** atstatyti
reconstruct [ˌri:kən'strʌkt] *v* **1** perstatyti, pertvarkyti, rekonstruoti **2** atstatyti *(pastatą)* **3** atkurti *(įvykius)*
reconstruction [ˌri:kən'strʌkʃn] *n* **1** perstatymas, pertvarkymas, pertvarka, rekonstrukcija **2** atstatymas; *~ area* rajonas, atstatomas po karo **3** atkūrimas *(to, kas buvo nustoję veikti)*
reconstructive [ˌri:kən'strʌktɪv] *a* atstatomasis, atkuriamasis

reconvene [ˌri:kən'vi:n] *v* vėl su(si)rinkti, toliau dirbti *(po pertraukos; apie susirinkimą ir pan.)*
record <*n, a, v*> *n* ['rekɔ:d] **1** įrašas, užrašas; *(įvykių, faktų)* aprašymas, registravimas; apskaita; *~s of births* gimimo įrašų knyga; *to keep a ~ of road accidents* registruoti eismo avarijas; *to bear ~ (to)* patvirtinti *(faktų ir pan.)* tikrumą; *a matter of ~* įregistruotas/tikras faktas; *on ~* a) užrašytas; įregistruotas; b) oficialus **2** *(oficialus)* dokumentas; protokolas; *smb's medical ~s* kieno medicininė kortelė, ligos istorija; *off the ~* a) ne protokolui, neskelbtina *(spaudoje)*; b) neoficialus; neoficialiai; *to enter on the ~s* įrašyti į protokolą **3** atsiliepimas, charakteristika; duomenys *(apie žmogaus praeitį)*; *to have a good [bad] ~* turėti gerą [prastą] reputaciją; *his ~ is against him* jam kenkia praeitis; *service ~ (ypač kar.)* tarnybos lapas; *~ of service* darbo stažas **4** *(gramofono)* plokštelė, diskas; įrašas plokštelėje/juostelėje **5** *(ypač sport.)* rekordas; *to beat/break/cut the ~* viršyti rekordą **6** *(the ~) (ypač teis.)* dalyko esmė; *to keep to the ~* laikytis dalyko esmės **7** *teis.* žinios apie teistumą *(t. p. criminal ~)*; *to have no ~* neturėti teistumo **8** *(istorinis)* paminklas *(apie paveikslą, rankraštį, statulą ir pan.)* ◊ *to put/set the ~ straight* ištaisyti klaidą, pašalinti nesusipratimą
a ['rekɔ:d] *a attr* **1** rekordinis; *in ~ time* per rekordinį/ trumpiausią laiką **2** plokštelių, diskų
v [rɪ'kɔ:d] **1** užrašyti, (už)fiksuoti; registruoti; *the thermometer ~ed 40°* termometras rodė 40° **2** protokoluoti; įrašyti į protokolą/sąrašą **3** įrašyti į plokštelę/juostelę **4** įamžinti
record-breaker ['rekɔ:dˌbreɪkə] *n sport.* rekordininkas
record-breaking ['rekɔ:dˌbreɪkɪŋ] *a attr* viršijantis rekordą *(apie skrydį ir pan.)*
recorder [rɪ'kɔ:də] *n* **1** registratorius; protokolininkas **2** *(R.)* advokatas, laikinai einantis teisėjo pareigas *(Anglijoje, Velse)* **3** magnetofonas **4** *tech.* savirašis, registravimo prietaisas; rekorderis, garso įrašymo mechanizmas/aparatas **5** *muz.* išilginė fleita
record-holder ['rekɔ:dˌhəʊldə] *n sport.* rekordininkas
recording [rɪ'kɔ:dɪŋ] *n* **1** įrašymas; įrašas; *~ studio* įrašų studija **2** registracija, užrašymas
a registruojantis, užrašantis; *~ barometer* barografas
recordist [rɪ'kɔ:dɪst] *n rad., tel.* garso operatorius
record-player ['rekɔ:dˌpleɪə] *n* gramofonas, patefonas; grotuvas
recount [rɪ'kaʊnt] *v* **1** smulkiai (pa)pasakoti/nupasakoti; apsakyti **2** suminėti, išskaičiuoti
re-count *n* ['ri:kaʊnt] perskaičiavimas *(ypač balsų per rinkimus)*
v [ri:'kaʊnt] perskaičiuoti *(ypač balsus per rinkimus)*
recoup [rɪ'ku:p] *v* **1** kompensuoti; atgauti, susigrąžinti *(išlaidas, nuostolius)* **2** *teis.* išskaityti *(sumos dalį)*
recourse [rɪ'kɔ:s] *n* **1** kreipimasis pagalbos; *to have ~ (to)* kreiptis pagalbos *(į)*; pasinaudoti *(kuo)* **2** išeitis, išsigelbėjimas; *his last ~ will be...* vienintelė išeitis jam bus... **3** *fin., teis.* regresas, atgręžtinis reikalavimas; regreso teisė; *with ~* su regreso teise
recover [rɪ'kʌvə] *v* **1** (pa)sveikti, (iš)gyti, atsitaisyti, taisytis *(from)* **2** atgauti; susigrąžinti; atsigauti *(t. p. refl)*; *to ~ the stolen jewelry* atgauti pavogtas brangenybes; *to ~ consciousness [one's confidence]* atgauti sąmonę [pasitikėjimą]; *to ~ lost ground* susigrąžinti prarastas pozicijas *(t. p. prk.)*; *to ~ control of one's temper* susivaldyti, susitvardyti; *to ~ one's feet/legs* atsistoti, atsikelti *(pargriuvus, po ligos)*; *it took her a few minutes to ~*

herself ji atsigavo/atsipeikėjo po keleto minučių **3** kompensuoti, susigrąžinti *(sugaištą laiką, nuostolius)* **4** *teis.* išieškoti *(skolą ir pan.);* siekti *(ką)* susigrąžinti; laimėti *(bylą)* **5** *tech.* regeneruoti; utilizuoti *(atliekas)*

re-cover [ri:'kʌvə] *v* perdengti, iš naujo (ap)dengti/apmušti *(kėdę, sofą ir pan.)*

recoverable [rɪ'kʌvərəbl] *a* **1** kompensuojamas, grąžintinas; atgautinas **2** išgydomas

recovered [rɪ'kʌvəd] *a* **1** pasveikęs, išgijęs **2** atgautas *(apie nuosavybę)* **3** *tech.* regeneruotas; **~** *oil* regeneruotoji alyva

recovery [rɪ'kʌvərɪ] *n* **1** pasveikimas, išgijimas; atsigavimas; **~** *room* pooperacinė palata **2** atgavimas *(of – ko)* **3** susigrąžinimas; kompensavimas **4** *(ekonominis)* pagyvėjimas **5** *teis.* *(skolos ir pan.)* išieškojimas **6** *tech.* regeneravimas; išgavimas *(metalo iš rūdos); (atliekų)* utilizavimas

recreancy ['rekrɪənsɪ] *n poet., psn.* **1** bailumas; silpnadvasiškumas **2** atsimetimas; atskalūnystė, išdavystė

recreant ['rekrɪənt] *poet., psn. n* **1** bailys **2** atsimetėlis, atskalūnas, išdavikas
a **1** bailus, silpnadvasis **2** atskalūniškas, atsimetėliškas, išdavikiškas

recreate ['rekrɪeɪt] *v* **1** atgaivinti **2** *refl* atgauti jėgas, pailsėti **3** linksminti(s), pramogauti **4** = **re-create**

re-create [ˌri:krɪ'eɪt] *v* atkurti, iš naujo sukurti

recreation [ˌrekrɪ'eɪʃn] *n* **1** at(si)gaivinimas; jėgų atgavimas **2** poilsis, pramoga; **~** *ground* žaidimų aikštelė; **~** *room* amer. poilsio kambarys *(žaidimams, šokiams ir pan.);* **~** *centre* poilsio ir pasilinksminimo centras *(pastatai ir aikštelės);* klubas, parkas, kultūros namai *ir pan.* **3** = **re-creation**

re-creation [ˌri:krɪ'eɪʃn] *n* atkūrimas, atstatymas

recreational [ˌrekrɪ'eɪʃnəl] *a* pasilinksminimo; pramogų, pramoginis; **~** *facilities* poilsio ir pasilinksminimo vietos *(klubai, stadionai, teatrai, restoranai ir pan.)*

recreative ['rekrɪeɪtɪv] *a* **1** grąžinantis/atkuriantis jėgas, atgaivinantis **2** pramoginis, įdomus

recrement ['rekrɪmənt] *n* **1** *ret.* atliekos **2** *fiziol.* sekrecijos produktas, iš dalies vėl įsiurbiamas į kraują

recriminate [rɪ'krɪmɪneɪt] *v* kaltinti vienas antrą; (iš)kelti priešpriešinį kaltinimą

recrimination [rɪˌkrɪmɪ'neɪʃn] *n (džn. pl)* abipusiški/priešpriešiniai kaltinimai

recriminatory [rɪ'krɪmɪnətrɪ] *a* savitarpio, abipusiškas *(apie kaltinimus ir pan.)*

recrudesce [ˌri:kru:'des] *v* **1** *med.* vėl atsiverti *(apie žaizdą);* vėl paaštrėti *(apie ligą);* recidyvuoti **2** *prk. knyg.* vėl pasirodyti/kilti; atsinaujinti

recrudescence [ˌri:kru:'desns] *n* **1** *med.* recidyvas, *(ligos)* pablogėjimas **2** *prk. knyg.* recidyvas, atsinaujinimas

recrudescent [ˌri:kru:'desnt] *a knyg.* atsinaujinęs, vėl pasirodęs *(apie ką nors bloga)*

recruit [rɪ'kru:t] *n* **1** naujokas *(t. p. kar.); ist.* rekrutas **2** *(partijos, draugijos ir pan.)* naujas narys/dalyvis
v **1** verbuoti, (su)telkti; imti naujokus **2** komplektuoti *(dalį);* papildyti *(eiles, atsargas)* **3** *psn.* stiprinti *(sveikatą);* (su)stiprėti

recruitment [rɪ'kru:tmənt] *n* **1** verbavimas, telkimas; naujokų ėmimas **2** komplektavimas; papildymas, pastiprinimas

recta ['rektə] *pl žr.* **rectum**

rectal ['rektəl] *a anat.* rektinis, tiesiosios žarnõs

rectangle ['rektæŋgl] *n geom.* stačiãkampis

rectangular [rek'tæŋgjulə] *a geom.* stačiakam̃pis; stačiãkampio formos; **~** *coordinates* stačiakam̃pės koordinatės

rectifiable ['rektɪfaɪəbl] *a* atitaisomas, ištaisomas

rectification [ˌrektɪfɪ'keɪʃn] *n* **1** *knyg.* atitaisymas, ištaisymas **2** *chem.* rektifikacija, gryninimas **3** *el. (srovės)* lyginimas **4** *rad.* detekcija **5** *geom. (kreivės)* ištiesinimas

rectifier ['rektɪfaɪə] *n* **1** *chem.* rektifikatorius **2** *el.* lygintuvas **3** *rad.* detektorius

rectify ['rektɪfaɪ] *v* **1** atitaisyti, ištaisyti **2** (su)reguliuoti, (su)derinti *(aparatą, instrumentą)* **3** *chem.* rektifikuoti, gryninti **4** *el.* lyginti *(srovę)* **5** *rad.* detektuoti **6** *geom.* ištiesinti *(kreivę)*

rectilineal, rectilinear [ˌrektɪ'lɪnɪəl, ˌrektɪ'lɪnɪə] *a spec.* tiesialinijinis, tiesinis; tiesiaeigis *(apie judėjimą)*

rectitude ['rektɪtju:d] *n knyg.* **1** tiesumas, sąžiningumas, dorumas **2** teisingumas

recto ['rektəu] *n (pl* ~s [-z]) *poligr.* rekto; *(atverstos knygos)* dešinysis puslapis

rector ['rektə] *n* **1** rektorius; *Lord R.* garbės rektorius *(Škotijos universitetuose)* **2** klebonas; *(anglikonų bažnyčios)* kunigas, pastorius

rectorial [rek'tɔ:rɪəl] *a* **1** rektoriaus **2** *bažn.* klebono; pastoriaus, kunigo

rectorship ['rektəʃɪp] *n* rektoriaus pareigos/vardas

rectory ['rektərɪ] *n* klebonija; pastoriaus namas; parapija

rectrix ['rektrɪks] *n (pl* -ces [-rɪsi:z]) *(paukščio)* vairinė plunksna

rectum ['rektəm] *n (pl* -ta, ~s) *anat.* tiesioji žarna

recumbency [rɪ'kʌmbənsɪ] *n knyg.* gulimoji padėtis, padėtis gulom

recumbent [rɪ'kʌmbənt] *a knyg.* gulintis, gulsčias

recuperate [rɪ'ku:pəreɪt] *v* **1** atgauti *(jėgas, pinigus ir pan.)* **2** atsigauti, pasveikti, išgyti **3** *tech.* rekuperuoti

recuperation [rɪˌku:pə'reɪʃn] *n* **1** jėgų atgavimas, atsigavimas; pasveikimas **2** *tech.* rekuperacija

recuperative [rɪ'ku:pərətɪv] *a* **1** sveikatos/jėgų atgavimo, padedantis atgauti jėgas **2** *tech.* rekuperacinis, rekuperavimo

recuperator [rɪ'ku:pəreɪtə] *n tech.* rekuperatorius

recur [rɪ'kə:] *v* **1** (su)grįžti *(kalboje, mintyse; to – prie);* vėl dingtelėti *(į galvą);* vėl kilti *(apie mintį)* **2** atsikartoti, pasikartoti; vėl atsitikti **3** imtis, panaudoti; *to* **~** *to arms* imtis/griebtis ginklo, panaudoti ginklą **4** *mat.* kartotis iki begalybės *(apie skaičius)*

recurrence [rɪ'kʌrəns] *n* **1** (su)grįžimas *(prie ko)* **2** *(reiškinių, įvykių)* kartojimas(is), pasikartojimas; recidyvas; *the possibility of a* **~** *of his illness* galimybė pasikartoti jo ligai **3** *ret.* kreipimasis *(pagalbos ir pan.); to have* **~** *(to)* kreiptis pagalbos *(į),* pasinaudoti *(kuo)*

recurrent [rɪ'kʌrənt] *a* **1** kartojamas, pasikartojantis; periodinis **2** *med.* grįžtamasis; **~** *fever* grįžtamoji šiltinė

recurring [rɪ'kə:rɪŋ] *a* periodinis; pasikartojantis; **~** *decimal mat.* periodinė dešimtainė trupmena; **~** *expenses ekon.* periodinės išlaidos

recursion [rɪ'kə:ʃn] *n mat., kalb.* rekursija

recursive [rɪ'kə:sɪv] *a* **1** pasikartojantis **2** *spec.* grįžtamasis, rekursinis **3** *tech.* galimas pakartotinai panaudoti

recurve [rɪ'kə:v] *v knyg.* už(si)lenkti atgal, į kitą pusę

recusancy ['rekjuzənsɪ] *n* **1** *knyg.* nenusileidimas, neklausymas **2** *ist.* nonkonformizmas

recusant ['rekjuzənt] *a knyg.* atsisakantis klausyti įstatymų/valdžios
n ist. nonkonformistas

recyclable [riːˈsaɪkləbl] *a* pakartotinai panaudojamas *(apie atliekas)*
recycle [riːˈsaɪkl] *v* **1** pakartotinai panaudoti *(gamybos atliekas)* **2** *fin.* grąžinti į apyvartą **3** *tech.* recirkuliuoti
red [red] *a* **1** raudonas; raudonskruostis; paraudęs; **to become ~ in the face** paraudonuoti, parausti, išrausti **2** rudas *(apie plaukus)* **3** kruvinas; **~ hands** kruvinos rankos **4** *polit. šnek.* raudonas, komunistinis **5** Šiaurės *(apie magnetinį polių/magnetizmą)* *n* **1** raudona spalva/šviesa; **Turkey ~** skaisčiai raudona spalva; **dressed in ~** apsirengęs raudonais drabužiais **2** raudonasis vynas **3** raudė, raudoni dažai **4** *polit. šnek.* raudonasis, komunistas **5** *(the Reds) pl amer.* raudonodžiai, indėnai **6** *(the ~)* įsiskolinimas, skola, deficitas; **to be in the ~** a) būti nuostolingam; b) būti skolingam *(bankui)* ◊ **to see ~s under the bed** *šnek.* visur matyti komunistų kėslus
redact [rɪˈdækt] *v ret.* redaguoti, rengti spaudai
redaction [rɪˈdækʃn] *v ret.* redagavimas, rengimas spaudai **2** naujas, pataisytas leidimas
redactor [rɪˈdæktə] *n ret.* redaktorius
redan [rɪˈdæn] *n kar. ist.* redanas
red-back [ˈredbæk] *n zool.* nuodingas raudonnugaris voras *(t. p. ~ spider; Australijoje)*
red-bearded [ˈredˈbɪədɪd] *a* rudabarzdis, raudonbarzdis
red-blindness [ˈredˌblaɪndnɪs] *n med.* daltonizmas, raudonos spalvos neskyrimas
red-blooded [ˈredˈblʌdɪd] *a* **1** energingas, drąsus, stiprus; vyriškas **2** nuotykingas, jaudinantis *(apie romaną ir pan.)*
redbreast [ˈredbrest] *n zool.* liepsnelė, raudongurklė *(paukštis)*
redbrick [ˈredbrɪk] *a attr* **1** raudonų plytų *(apie pastatą)* **2** naujasis *(apie Anglijos universitetus, įsteigtus XIX–XX a.)*
redcap [ˈredkæp] *n* **1** karinis policininkas **2** *amer.* nešikas *(geležinkelio stotyje)*
redcoat [ˈredkəʊt] *n ist.* anglų kareivis
redcurrant [ˌredˈkʌrənt] *n* raudonieji serbentai *(krūmas ir uogos)*
redden [ˈredn] *v* **1** raudonai dažyti(s), raudoninti **2** rausti, raudonuoti
reddish [ˈredɪʃ] *a* rausvas
reddle [ˈredl] = **ruddle** *n, v*
rede [riːd] *psn. n* **1** patarimas **2** (pa)aiškinimas, įspėjimas *v* **1** patarti **2** (iš)aiškinti, įspėti *(sapną ir pan.);* įminti *(mįslę)*
redecorate [riːˈdekəreɪt] *v* perdažyti, išklijuoti tapetais/apmušalais *(kambarius)*
redeem [rɪˈdiːm] *v* **1** išpirkti; **to ~ a pledge** išpirkti užstatą **2** grąžinti, sumokėti, padengti; **to ~ debt** padengti/grąžinti skolą **3** *refl* susigrąžinti; **to ~ one's good name** susigrąžinti gerą vardą **4** tesėti, vykdyti *(pažadą ir pan.)* **5** (iš)gelbėti, (iš)vaduoti **6** *rel.* atpirkti; **to ~ from sin** atpirkti savo kaltę
redeemable [rɪˈdiːməbl] *a fin., kom.* išperkamas, išpirktinas; iškeičiamas; **~ bond** išpirktinoji obligacija
redeemer [rɪˈdiːmə] *n* **1** išpirkėjas **2** (iš)gelbėtojas, (iš)vaduotojas **3** *(R.) rel.* Atpirkėjas *(Jėzus Kristus)*
redefine [ˌriːdɪˈfaɪn] *v* iš naujo, kitaip apibrėžti
redemand [ˌriːdɪˈmɑːnd] *v teis.* reikalauti (su)grąžinti *(ką);* iš naujo (pa)reikalauti
redemption [rɪˈdempʃn] *n* **1** išpirkimas; **~ price** *fin.* išperkamoji kaina **2** grąžinimas, apmokėjimas, padengimas; **~ of foreign debts** užsienio skolų (su)mokėjimas **3** (iš)gelbėjimas; **beyond/past ~** nepataisomas **4** *rel.* atpirkimas
redemptive [rɪˈdemptɪv] *a rel.* atperkamasis

redeploy [ˌriːdɪˈplɔɪ] *v* **1** *kar.* per(si)dislokuoti **2** perkelti, permesti *(į kitą vietą/darbą ir pan.)*
redesign [ˌriːdɪˈzaɪn] *v* pertvarkyti; perprojektuoti
redevelop [ˌriːdɪˈveləp] *v* perstatyti, rekonstruoti *(miesto dalį ir pan.)*
redeye[1] [ˈredaɪ] *n amer.* **1** *šnek. (lėktuvo)* naktinis reisas *(t. p. ~ flight)* **2** *sl.* pigi degtinė
redeye[2] *n zool.* raudė, raudonakė
red-faced [ˈredˈfeɪst] *a* paraudęs, susigėdęs
red-fish [ˈredfɪʃ] *n zool.* raudonasis jūros ešerys
red-haired [ˈredˈhɛəd] *a* rudaplaukis, raudonplaukis
red-handed [ˈredˈhændɪd] *a* kruvinomis rankomis ◊ **to catch smb ~** pagauti ką nusikaltimo vietoje
redhead [ˈredhed] *n* **1** rudaplaukis *(žmogus)* **2** *zool.* amerikinė rud(a)galvė antis
red-headed [ˈredˈhedɪd] *n* **1** rudaplaukis *(apie žmogų)* **2** raudongalvis *(apie paukštį)*
red-hot [ˌredˈhɒt] *a* **1** įkaitintas/įkaitęs iki raudonumo *(apie metalą)* **2** labai karštas **3** *prk.* karštas, liepsningas **4** *šnek.* įsikarščiavęs; įsiutęs, įtūžęs **5** *šnek.* šviežias, naujausias
redial [riːˈdaɪəl] *v* iš naujo surinkti *(telefono numerį),* perskambinti
redid [riːˈdɪd] *past žr.* **redo**
redingote [ˈredɪŋɡəʊt] *n* redingotas *(drabužis)*
redintegrate [reˈdɪntɪɡreɪt] *v knyg.* atkurti *(vientisumą, vienybę);* vėl suvienyti/sujungti
redirect [ˌriːdɪˈrekt] *v* **1** vėl nukreipti; nukreipti kita kryptimi; **to ~ funds to other departments** nukreipti lėšas kitiems skyriams, kitoms žinyboms **2** peradresuoti *(laišką)*
rediscover [ˌriːdɪˈskʌvə] *v* vėl atrasti; vėl atskleisti
redistribute [ˌriːdɪˈstrɪbjuːt] *v* perskirstyti, iš naujo (pa)skirstyti
redistribution [ˌriːdɪstrɪˈbjuːʃn] *n* perskirstymas
redistrict [ˌriːdɪsˈtrɪkt] *v amer.* perskirstyti rinkimų apygardas
red-legged [ˈredˈlegd] *a* raudonkojis
red-letter [ˌredˈletə] *a* raudonai išspausdintas *(kalendoriuje; apie dieną);* **~ day** a) šventadienis; b) *prk.* atmintina/laiminga diena
red-light [ˌredˈlaɪt] *a:* **~ district** viešųjų namų kvartalas
redly [ˈredlɪ] *adv* rausvai; raudonai
red-man [ˈredmæn] *n (pl* -men [-men]) *amer. niek.* raudonodis, indėnas
redneck [ˈrednek] *n amer. šnek.* prasčiokas, prastuolis; kaimo Jurgis *(baltastis; JAV pietuose)*
red-necked [ˈredˈnekt] *a* raudonkaklis
redness [ˈrednɪs] *n* raudonumas, raudonis
redo [riːˈduː] *v* (redid; redone) **1** perdaryti, perdirbti **2** perdažyti, suremontuoti
redolence [ˈredələns] *n* aromatas, (malonus) kvapas, kvepėjimas
redolent [ˈredələnt] *a* **1** kvapus, aromatingas; kvepiantis *(of)* **2** primenantis, žadinantis prisiminimus *(of – apie)*
redone [riːˈdʌn] *pII žr.* **redo**
redouble [riːˈdʌbl] *v* **1** stiprinti, didinti; stiprėti, didėti **2** dvigubinti, dvejinti; dvigubėti; **to ~ one's efforts** padvigubinti pastangas
redoubt [rɪˈdaʊt] *n* **1** *kar. ist.* redutas **2** *prk. knyg.* tvirtovė, saugi vieta
redoubtable [rɪˈdaʊtəbl] *a knyg.* grasus, rūstus
redoubted [rɪˈdaʊtɪd] *a psn.* = **redoubtable**
redound [rɪˈdaʊnd] *v knyg.* **1** prisidėti, padėti *(to); that ~s to his honour/credit* tai daro jam garbę **2** *prk.* atsigrįžti, atsigręžti *(upon – prieš)*
red-pencil [ˈredpensl] *v* taisyti *(raudonu pieštuku)*

redpoll ['redpəul] *n* **1** *zool.* čimčiakas *(paukštis)* **2** *pl ž. ū.* redpoliai *(žalų baužų gyvulių veislė)*
redraft [ri:'drɑ:ft] *v* iš naujo sudaryti *(projektą, planą)*; perrašyti *(dokumentą)*
redress [rɪ'dres] *n* **1** *(skriaudos ir pan.)* atitaisymas **2** *(išlaidų, žalos)* atlyginimas, kompensavimas, atsiteisimas *v* **1** atitaisyti, išlyginti; *to ~ the balance* atkurti pusiausvyrą **2** atsiteisti; kompensuoti **3** *rad.* išlyginti
redshank ['redʃæŋk] *n zool.* raudonkojis tulikas ◊ *to run like a ~* bėgti kaip kiškiui
red-short [ˌred'ʃɔ:t] *a metal.* karštyje trapus
redskin ['redskɪn] *n niek.* raudonodis, indėnas
redstart ['redstɑ:t] *n zool.* raudonuodegė; *blue-headed [Daurian] ~* žilagalvė [sibirinė] raudonuodegė
red-tape [ˌred'teɪp] *n* biurokratizmas, kanceliariškumas, popierizmas
a biurokratinis, kanceliarinis
red-top ['redtɔp] *n bot.* baltoji smilga
reduce [rɪ'dju:s] *v* **1** (su)mažinti; (su)silpninti; *to ~ prices* sumažinti kainas **2** suvesti *(to – į)*, privesti *(to – iki, prie tam tikros būklės)*; priversti; *to ~ to begging* nuskurdinti, priversti elgetauti; *to ~ to silence* nutildyti, priversti nutilti; *to ~ to order* įvesti tvarką; *to ~ to tears* pravirkdyti **3** pažeminti *(pareigas ir pan.)*; *to ~ to the ranks* pažeminti iki eilinio **4** paversti *(to, into)*; *to ~ smth to ashes [dust]* paversti pelenais [dulkėmis]; *to ~ to elements* suskaidyti į dalis **5** sutrumpinti *(to – iki)*; *to ~ building time* sutrumpinti statybos laiką **6** suliesėti, sulysti, sublogti; liesinti, bloginti; *he is greatly ~d by illness* jis dėl ligos labai sulyso; *to be ~d to a shadow/skeleton* būti iškankintam/sublogusiam **7** *ret. kar.* užimti **8** *med.* atitaisyti *(išnirimą)* **9** *mat.* paversti; subendravardiklinti **10** *chem.* redukuoti, dezoksiduoti **11** *kul.* nugarinti; nugaruoti *(virinant)*
reduced [rɪ'dju:st] *a* **1** sumažintas; sumažėjęs; *~ tariff* lengvatinis tarifas **2** pablogėjęs; *to live/be in ~ circumstances* sunkiai verstis **3** priverstas **4** *fon.* redukuotas
reducer [rɪ'dju:sə] *n tech.* reduktorius; redukcinis vožtuvas *(t. p. ~ valve)*
reducible [rɪ'dju:səbl] *a* sumažinamas; redukuojamas
reductio ad absurdum [rɪˌdʌktɪəuædəb'sə:dəm] *lot.* privedimas ligi nesąmonės
reduction [rɪ'dʌkʃn] *n* **1** (su)mažinimas; (su)mažėjimas; *~ of armaments* ginklavimosi (su)mažinimas **2** pavertimas; privedimas *(prie tam tikros būklės)* **3** *(ypač kar.)* pažeminimas *(pareigų ir pan.)* **4** *kom.* nuolaida **5** *(paveikslo ir pan.)* sumažinta kopija **6** *ret.* užėmimas, sunaikinimas *(priešo pozicijų, tvirtovės)* **7** *med. (išnirimo)* atitaisymas **8** *chem.* redukcija, dezoksidacija **9** *fon.* redukcija **10** *mat.* subendravardiklinimas; pavertimas **11** *tech.* apspaudimas
reductionism [rɪ'dʌkʃnɪzm] *n filos.* redukcionizmas
reductive [rɪ'dʌktɪv] *a* sumažinantis; suprastinantis *(apie aiškinimą ir pan.)*
redundancy [rɪ'dʌndənsɪ] *n* **1** *(darbuotojo)* atleidimas; etatų mažinimas **2** *ekon.* darbo jėgos perteklius **3** perteklius; gausybė **4** *spec. (mechanizmo, komponento)* dubliavimas **5** *kalb.* redundancija; daugiažodiškumas, pleonazmas
redundant [rɪ'dʌndənt] *a* **1** likęs be darbo; *to be made ~* būti atleistam iš darbo **2** perteklinis, nereikalingas; *~ population in the cities* gyventojų perteklius miestuose **3** daugiažodis, ištęstas *(apie stilių)* **4** *spec.* dubliuojamasis, atsarginis *(apie sistemą, elementą ir pan.)*
reduplicate [rɪ'dju:plɪkeɪt] *v* **1** dvejinti; kartoti **2** *kalb.* reduplikuoti

reduplication [rɪˌdju:plɪ'keɪʃn] *n* **1** dvejinimas; kartojimas **2** *kalb.* reduplikacija, dvigubinimas
redwing ['redwɪŋ] *n zool.* baltabruvis strazdas
redwood ['redwud] *n* **1** rausvos medienos medis **2** *bot.* viššalė sekvoja
reecho [ri:'ekəu] *n* (kartotinis) aidas
v (nu)aidėti, aidui atsikartoti
reed [ri:d] *n* **1** nendrė; *kuop.* nendrės, nendrynas **2** *pl* nendrės/šiaudai stogui dengti **3** birbynė, dūdelė **4** *pl (orkestro)* pučiamieji **5** *muz. (instrumento)* liežuvėlis **6** *tekst.* skietas **7** *kas.* padegamoji virvutė ◊ *a broken ~* a) nepatikimas žmogus/pagalbininkas; b) netvirtas daiktas; *to lean on a ~* dėti viltis į nelabai patikimą žmogų, pasitikėti kuo nors netikru
v dengti *(stogą)* nendrėmis/šiaudais
reedgrass ['ri:dgrɑ:s] *n bot.* lendrūnas
reedify [ri:'edɪfɑɪ] *v* **1** iš naujo statyti, atstatyti **2** atgaivinti, atkurti *(viltis ir pan.)*
reed-mace ['ri:dmeɪs] *n bot.* plačialapis švendras
reed-pipe ['ri:dpɑɪp] *v* birbynė, dūdelė
reeducate [ˌri:'edʒukeɪt] *v* perauklėti
reed-warbler ['ri:dwɔ:blə] *n zool.* nendrinukė *(paukštis)*
reedy ['ri:dɪ] *a* **1** nendrėtas, apaugęs nendrėmis **2** nendrinis, nendrių **3** *poet.* lieknas kaip nendrė **4** spiegiamas
reef[1] [ri:f] *n* **1** rifas, povandeninė uola **2** *geol.* rūdgyslė
reef[2] *jūr. n* rifas *(raiščiai burei sutraukti)*; *to let out a ~* a) atleisti rifą; b) *šnek.* atleisti diržą *(privalgius)*; *to take in a ~* a) (su)rifuoti; b) atsargiai elgtis; c) *šnek.* suveržti diržą
v (su)rifuoti, rifais (su)mažinti burių plotą □ *~ away/off* atleisti rifus
reefer[1] ['ri:fə] *n* **1** *jūr.* jūrininkas, rifuojantis burę **2** jūreiviška striukė, vatinukas; dvieilis švarkas **3** *šnek.* cigaretė su hašišu
reefer[2] *n šnek.* refrižeratorius
reef-knot ['ri:fnɔt] *n jūr.* rifo mazgas
reek [ri:k] *n* **1** dvokas, tvaikas **2** *knyg., škot.* dūmai; garai, šutas
v **1** atsiduoti *(t. p. prk.)*, dvokti *(of)*; *it ~s of murder* čia kvepia žmogžudyste, panašu į žmogžudystę **2** rūkti, smilkti **3** garuoti; *to ~ with sweat* smarkiai prakaituoti, šusti **4** knibždėte knibždėti *(with)*
reeky ['ri:kɪ] *a* **1** rūkstantis, smilkstantis; garuojantis **2** dūminis
reel[1] [ri:l] *n* **1** ritė; lanktis, lenktuvas **2** *tech.* būgnas; suktuvas **3** *(kombaino)* lenktuvai **4** *(kino juostos, filmo)* rulonas; *(kino filmo)* dalis ◊ *off the ~* nesustodamas, be pertraukos, iš eilės; iš karto
v (su)vynioti į ritę; suraityti ant suktuvo *(t. p. ~ in/up)*; išvynioti, nuvynioti *(t. p. ~ off)* □ *~ off* greitai, be perstojo papasakoti/perskaityti *ir pan.*; išpilti, išpyškinti *(datas, faktus, sąrašą ir pan.)*
reel[2] *n* **1** svirduliavimas; sukimasis **2** sūkurys **3** rilis *(greitas škotų/airių šokis)*
v **1** svirduliuoti, sverdėti; susvirduliuoti, susverdėti *(nuo smūgio)* **2** suktis *(apie galvą; with)*; jausti galvos sukimąsi **3** susvyruoti, neišlaikyti *(mūšyje)*; atsitraukti *(t. p. ~ back)* **4** šokti rilį
re-elect [ˌri:ɪ'lekt] *v* perrinkti, vėl išrinkti
re-embark [ˌri:ɪm'bɑ:k] *v* vėl, iš naujo pakrauti laivą; vėl sėsti/sodinti į laivą
re-employ [ˌri:ɪm'plɔɪ] *v* priimti atgal į darbą
re-enact [ˌri:ɪ'nækt] *v* **1** atkurti *(vaidmenį, judesius ir pan.)* **2** *teis.* vėl padaryti galiojantį *(įstatymą ir pan.)*

reengage [ˌri:ɪnˈgeɪdʒ] v **1** tech. vėl su(si)kabinti/sukibti/įjungti **2** kar. vėl leisti į mūšį **3** kar. likti liktiniu

reenlistee [ˌri:ɪnlɪsˈti:] n kar. liktinis

re-entry [rɪˈentrɪ] n **1** (su)grįžimas **2** grįžimas į Žemės atmosferą (apie erdvėlaivį ir pan.) **3** teis. atgalinis turto užvaldymas

re-equip [ˌri:ɪˈkwɪp] v ap(si)rūpinti nauja įranga

re-erect [ˌri:ɪˈrekt] v **1** atstatyti (paminklą, pastatą) **2** atkurti (sistemą ir pan.) **3** tech. iš naujo (su)montuoti

re-establish [ˌri:ɪˈstæblɪʃ] v **1** atstatyti, atkurti **2** įkurti/įkurdinti naujoje vietoje

reeve[1] [ri:v] n zool. gudgaidžio/gaiduko patelė

reeve[2] n **1** ist. (Anglijos miesto/apygardos) vyriausiasis magistratas **2** ist. dvaro valdytojas/prievaizdas **3** municipaliteto pirmininkas (Kanadoje)

reeve[3] v (rove, reeved, reeved) jūr. prakišti, praleisti, prastumti (trosą); praeiti (pro angą ir pan.; apie trosą)

re-examine [ˌri:ɪgˈzæmɪn] v **1** iš naujo nagrinėti/peržiūrėti **2** peregzaminuoti **3** teis. pakartotinai apklausti liudytoją

ref [ref] (referee sutr.) sport. šnek. n teisėjas
v teisėjauti

refection [rɪˈfekʃn] n knyg. užkandis; užvalgymas

refectory [rɪˈfektərɪ] n (vienuolyno, mokyklos) valgykla

refer [rɪˈfə:] v **1** minėti, kalbėti (to); the document ~red to minėtas dokumentas; I wasn't ~ring to you aš nekalbėjau apie tave **2** nurodyti (to); the asterisk ~s the footnote žvaigždutė nurodo išnašą **3** (pa)žiūrėti (į žodyną, užrašus ir pan.; to) **4** remtis (to – kuo) **5** (pa)siųsti (pas gydytoją, specialistą ir pan.); I was ~red to the chief mane pasiuntė pas viršininką **6** kreiptis; he ~red to me for help jis kreipėsi į mane pagalbos **7** vadinti; she ~s to him as Bob ji vadina jį Bobu **8** perduoti (svarstyti, spręsti); to ~ the question to smb's decision perduoti klausimą kam spręsti **9** liesti, turėti ryšio; his words ~red to me only jo žodžiai lietė tik mane; what does this date here ~ to? su kuo susijusi ši data? **10** ret. priskirti □ ~ back grąžinti persvarstyti

referable [rɪˈfə:rəbl] a priskirtinas (to)

referee [ˌrefəˈri:] n **1** trečiųjų teismo teisėjas, arbitras **2** sport. (vyresnysis) teisėjas **3** rekomendacijos davėjas
v sport. teisėjauti

reference [ˈrefərəns] n **1** paminėjimas; užuomina; to make no ~ (to) nepaminėti (ko); neužsiminti (apie ką) **2** nurodymas (šaltinio ir pan.); rėmimasis, pasirėmimas; point of ~ gairė, atramos taškas (padedantis suprasti padėtį); with ~ (to) remiantis (kuo), dar žr. 7; to make ~ (to) remtis (kuo) **3** nuoroda (t. p. ~ word) **4** informacija; ~ book informacinė knyga, vadovas, žinynas **5** charakteristika, rekomendacija (t. p. character ~) **6** charakteristikos/rekomendacijos davėjas **7** ofic. ryšys; in/with ~ to ryšium su, o dėl (ypač laiškuose), dar žr. 2; without ~ (to) nepriklausomai (nuo) **8** perdavimas svarstyti į kitą instanciją, kitam arbitrui ir pan. **9** arbitro/instancijos įgaliojimai/kompetencija **10** kom. referencija, rekomendacija; pažyma **11** tech. etalonas, standartas **12** kalb. referencija; denotatas **13**: map ~s geogr. koordinatės
v duoti nuorodas (tekste, knygoje)

referenda [ˌrefəˈrendə] pl žr. **referendum**

referendary [ˌrefəˈrendərɪ] n ist. referendorius; antspaudo saugotojas

referendum [ˌrefəˈrendəm] n (pl ~s, -da) polit. referendumas

referent [ˈrefrənt] n kalb., log. referentas

referral [rɪˈfə:rəl] n perdavimas, persiuntimas (kitai instancijai ir pan.)

refill n [ˈri:fɪl] **1** pakartotinis pripildymas; ~ of fuel degalų papildymas/pripylimas **2** (tušinuko) nauja šerdelė
v [ri:ˈfɪl] iš naujo pripildyti; pa(si)pildyti (degalų)

refine [rɪˈfaɪn] v **1** valyti, rafinuoti **2** kilninti, taurinti; daryti rafinuotesnį/įmantresnį/dailesnį; darytis rafinuotesniam/įmantresniam/dailesniam **3** (iš)tobulinti, patobulinti (upon, on) **4** gilintis/leistis į smulkmenas (on, upon)

refined [rɪˈfaɪnd] a **1** valytas, rafinuotas; ~ oil rafinuotas aliejus; ~ sugar rafinadas **2** prk. rafinuotas; dailus, įmantrus; ~ manners rafinuotos/grakščios manieros **3** ištobulintas

refinement [rɪˈfaɪnmənt] n **1** valymas, rafinavimas; (nu)dailinimas **2** (iš)tobulinimas; patobulinimas **3** rafinuotumas; dailumas; įmantrumas; subtilybė

refiner [rɪˈfaɪnə] n **1** valytojas, rafinuotojas **2** metal. pirmojo rafinavimo krosnis **3** rafineris (mašina, naudojama popieriaus gamyboje)

refinery [rɪˈfaɪnərɪ] n rafinavimo fabrikas

refit n [ˈri:fɪt] (laivo ir pan.) remontas/remontavimas ir naujos įrangos montavimas
v [ri:ˈfɪt] suremontuoti ir vėl įrengti (laivą ir pan.)

refitment [ˈri:fɪtmənt] = **refit** n

reflate [ri:ˈfleɪt] v fin. pagyvinti ekonomiką didinant apyvartos lėšas

reflation [ri:ˈfleɪʃn] n fin. refliacija

reflect [rɪˈflekt] v **1** at(si)spindėti; atmušti (šviesą, garsą) **2** atspindėti, (pa)vaizduoti (literatūroje ir pan.) **3** prk. mesti šešėlį, daryti (ne)garbę (on, upon); his conduct ~s great dishonour on him toks elgesys daro jam gėdą; no ~ on you, but... nenoriu jūsų kritikuoti, bet... **4** (ap)galvoti, (ap)mąstyti (on, over)

reflection [rɪˈflekʃn] n **1** at(si)spindėjimas; atspindys (t. p. prk.); diffuse/scattered ~ fiz. sklaidusis atspindys **2** atošvaistė, atšvaistė **3** atvaizdas, atvaizdinys **4** apgalvojimas; svarstymas; apmąstymas, susimąstymas; on ~ pagalvojus, apgalvojus **5** kaltinimas, pasmerkimas; priekaištas **6** prk. šešėlis, dėmė **7** fiziol. refleksija

reflective [rɪˈflektɪv] a **1** atspindintis; ~ number plate aut. atspindintis numerio ženklas **2** svarstantis, apmąstantis **3** mąslus; susimąstęs

reflector [rɪˈflektə] n fiz., tech. **1** atšvaitas, reflektorius **2** veidrodinis teleskopas

reflex [ˈri:fleks] n **1** fiziol. refleksas; pl reakcija **2** atspindys; atvaizdas **3** ret. atšvaistė, atošvaita
a **1** fiziol. refleksinis, nevalingas; ~ action refleksinis judesys; in a ~ action instinktyviai **2** grįžtamasis, reaguojantis **3** atspindėtas, atmuštas; ~ camera veidrodinis fotografijos aparatas **4**: ~ angle geom. didesnis kaip 180° kampas

reflexion [rɪˈflekʃn] n = **reflection**

reflexive [rɪˈfleksɪv] gram. a sangrąžinis
n **1** sangrąžinis veiksmažodis **2** sangrąžinis įvardis

reflexology [ˌri:flekˈsɔlədʒɪ] n psich. refleksologija

refloat [ri:ˈfləʊt] v jūr. nutraukti nuo seklumos (laivą)

refluent [ˈreflʊənt] a (nu)slūgstantis (apie potvynį)

reflux [ˈri:flʌks] n **1** atoslūgis; tekėjimas/plūdimas atgal **2** tech. atgalinis srautas

reforest [ri:ˈfɔrɪst] v atkurti miško masyvus, atželdinti miškus

reform [rɪˈfɔ:m] n **1** reforma, pertvarkymas; R. Bill/Act Anglijos rinkimų sistemos reforma (1831–32 m.) **2** (iš)taisymas, atitaisymas, pagerinimas

v **1** reformuoti, pertvarkyti; gerinti; gerėti **2** per(si)auklėti, pataisyti, taisyti(s) *(apie žmones, charakterį)* **3** *ret.* panaikinti, pašalinti *(piktnaudžiavimus, klaidas ir pan.)*
re-form [ˌriː'fɔːm] *v* per(si)formuoti; *(kar. t. p.)* per(si)rikiuoti
reformation [ˌrefə'meɪʃn] *n* **1** pertvarkymas, reformavimas **2** *(žmonių)* pa(si)taisymas; per(si)auklėjimas **3** *(the R.) ist.* Reformacija
reformative [rɪ'fɔːmətɪv] *a* **1** reformuojamasis; pertvarkomasis **2** pataisos
reformatory [rɪ'fɔːmət^ərɪ] *n amer., psn.* pataisos namai *(ypač mažamečiams nusikaltėliams)*
a pataisos
reformed [rɪ'fɔːmd] *a* **1** reformuotas, pertvarkytas; ištaisytas **2** pasitaisęs, persiauklėjęs
reformer [rɪ'fɔːmə] *n* **1** reformatorius, reformuotojas, pertvarkytojas **2** *ist.* Reformacijos epochos veikėjas **3** *ist.* Anglijos rinkimų sistemos reformos šalininkas *(1831–32 m.)*
reformist [rɪ'fɔːmɪst] *polit. n* reformistas
a reformistinis
refract [rɪ'frækt] *v fiz.* laužti *(spindulius)*
refraction [rɪ'frækʃn] *n fiz.* lūžimas, lūžis, refrakcija; **~ index** lūžio rodiklis
refractive [rɪ'fræktɪv] *a fiz.* laužiantis *(spindulius);* lūžtantis; lūžimo, refrakcijos; **~ medium** laužiančioji aplinka
refractor [rɪ'fræktə] *n fiz.* refraktorius
refractory [rɪ'frækt^ərɪ] *n tech.* ugniai atspari medžiaga
a **1** užsispyręs, ne(su)valdomas, ne(pa)klusnus **2** *med.* atsparus; nepaveikiamas, sunkiai (iš)gydomas **3** *tech.* sunkiai lydus/tirpus; atsparus ugniai; **~ metal** nelydusis metalas
refrain[1] [rɪ'freɪn] *v* susilaikyti, susitūrėti *(from – nuo); he could not ~ from saying* jis negalėjo susilaikyti nepasakęs
refrain[2] *n* refrenas, priedainis
refrangible [rɪ'frændʒəbl] *a fiz.* lūžtamas
refresh [rɪ'freʃ] *v* **1** (at)gaivinti, atšviežinti; pažvalinti; *to ~ one's memory* atgaivinti atmintyje, prisiminti; *he awoke ~ed* jis pabudo atsigavęs/pašviežėjęs **2** *refl* atsigaivinti, pasistiprinti *(gėrimu, valgiu)* **3** (iš naujo) aprūpinti, papildyti *(atsargas)* **4** atvėsinti
refresher [rɪ'freʃə] *n* **1** kas nors gaivinantis; gaivinantis gėrimas **2** priminimas; kartojamasis kursas; **~ course** tobulinimosi, kvalifikacijos kėlimo kursai **3** papildomas honoraras advokatui *(užsitęsusioje byloje)* **4** *šnek.* išgėrimas
refreshing [rɪ'freʃɪŋ] *a* gaivinantis, gaivus; žvalinantis; gaivinamasis **2** įdomus, malonus
refreshment [rɪ'freʃmənt] *n* **1** atsigaivinimas; pasistiprinimas **2** kas nors gaivinantis/stiprinantis; *liquid ~* *juok.* alkoholis **3** *(ppr. pl)* užkandžiai; gaivinamieji gėrimai; **~ room** bufetas *(stotyje ir pan.);* **~ car** vagonas restoranas
refrigerant [rɪ'frɪdʒərənt] *n* **1** *spec.* aušinimo/šaldymo medžiaga, šaltnešis **2** *med.* vėsinamasis vaistas, karščio mažinamasis vaistas
a **1** aušinantis, vėsinantis; šaldomasis **2** *med.* karščio mažinamasis
refrigerate [rɪ'frɪdʒəreɪt] *v* **1** (at)aušinti; (su)šaldyti, užšaldyti **2** laikyti šaltoje vietoje
refrigerated [rɪ'frɪdʒəreɪtɪd] *a* (už)šaldytas; **~ vehicle/truck** automobilis refrižeratorius
refrigerating [ri'frɪdʒəreɪtɪŋ] *a* šaldomasis; refrižeratorinis; **~ equipment** šaldymo įrenginys
refrigeration [rɪˌfrɪdʒə'reɪʃn] *n* (at)aušinimas; (su)šaldymas, užšaldymas; *meat must be kept under ~* mėsą reikia laikyti sušaldytą

refrigerator [rɪ'frɪdʒəreɪtə] *n* **1** šaldytuvas, refrižeratorius **2** kondensatorius
refrigeratory [rɪ'frɪdʒərət^ərɪ] *n ist.* kondensatorius, aušintuvas
a šaldomasis, aušinamasis
reft [reft] *past ir pII žr.* **reave**
refuel [riː'fjuːəl] *v (-ll-)* **1** pa(si)pildyti degalų/kuro **2** sustiprinti, vėl sukelti *(jausmus)*
refuge ['refjuːdʒ] *n* **1** prieglobstis, prieglauda; *to take ~ (from)* rasti prieglobstį **2** išsigelbėjimas; paguoda; *to take ~ in lying* griebtis melo; *to take ~ in silence* vengti atsakyti, atkakliai tylėti **3** saugumo salelė, pakyla *(intensyvaus eismo gatvėje)*
refugee [ˌrefjuː'dʒiː] *n* **1** pabėgėlis, bėglys *(ypač karo)* **2** emigrantas
refulgence [rɪ'fʌldʒ^əns] *n knyg.* spindėjimas, blizgesys
refulgent [rɪ'fʌldʒ^ənt] *a knyg.* spindintis, švytintis, blizgantis
refund *n* ['riːfʌnd] *(pinigų)* grąžinimas; *(išlaidų)* apmokėjimas, padengimas; *tax ~* dalies išskaitytųjų mokesčių grąžinimas; *to get a ~ on smth* atgauti pinigus už ką
v [rɪ'fʌnd] (su)grąžinti *(pinigus),* padengti
refundable [rɪ'fʌndəbl] *a* grąžintinas, apmokėtinas
refurbish [riː'fɜːbɪʃ] *v* nušveisti, nušlifuoti *(t. p. prk.);* atnaujinti
refurnish [riː'fɜːnɪʃ] *v* apstatyti naujais baldais
refusal [rɪ'fjuːzl] *n* **1** atsisakymas; *(pasiūlymo, pakvietimo ir pan.)* atmetimas; *to take no ~* nepriimti atsisakymo **2** *kom.* teisė pirmam pasirinkti; *to have [to give] first ~ of smth* turėti [suteikti] teisę pirmam ką pasirinkti **3** *teis.* atsisakymas vykdyti teisingumą **4** *(arklio)* užsispyrimas *(prieš jojimo kliūtį)*
refuse[1] [rɪ'fjuːz] *v* **1** at(si)sakyti; atmesti, nepriimti; *to ~ one's consent* neduoti sutikimo **2** užsispirti *(apie arklį prieš kliūtį)*
refuse[2] ['refjuːs] *n* **1** šiukšlės; atmatos *(t. p. prk.);* liekanos, likučiai; **~ collection** šiukšlių surinkimas/išvežimas; **~ collector** šiukšliavežis; **~ chute** šiukšlių vamzdis **2** *tekst.* nuokaršos, atliekos **3** *kas.* uolienų sąvartynas
a išmestas *(kaip nereikalingas);* niekam vertas
re-fuse [riː'fjuːz] *v* iš naujo lydyti; perlydyti
refutable ['refjutəbl, rɪ'fjuːtəbl] *a* paneigiamas
refutation [ˌrefjuː'teɪʃn] *n (nuomonės, argumento, kaltinimo ir pan.)* atmetimas, sugriovimas, paneigimas
refute [rɪ'fjuːt] *v* atmesti, sugriauti, paneigti *(kaltinimus, teoriją ir pan.)*
regain [rɪ'ɡeɪn] *v* **1** atgauti; *to ~ consciousness* atgauti sąmonę, atsigauti; *to ~ one's health* pasveikti, pasitaisyti; *to ~ one's balance* išsilaikyti *(nepargriūti);* *to ~ one's footing* atsistoti *(paslydus, pargriuvus)* **2** *knyg.* sugrįžti, (vėl) pasiekti *(krantą, namus)*
regal ['riːgl] *a* karališkas; didingas
regale [rɪ'ɡeɪl] *n psn.* **1** vaišės, puota **2** rinktinis valgis/gėrimas
v **1** vaišinti(s) *(with, on; džn. iron.);* *to ~ smb with anecdotes* linksminti ką anekdotais **2** *prk.* glostyti akį, džiuginti
regalia [rɪ'ɡeɪlɪə] *n pl* regalijos
regality [rɪ'ɡælətɪ] *n* **1** karaliaus vienvaldiškumas **2** *ist.* karaliaus teisė/privilegija
regard [rɪ'ɡɑːd] <*n, v, prep*> *n* **1** dėmesys, paisymas, rūpinimasis; *to pay no ~ (to)* nekreipti dėmesio (į), nepaisyti **2** pagarba, palankumas; *to have a great ~ for smb* būti labai palankiam kam; *to have high [low] ~, to hold a high [low] ~* būti geros [prastos] nuomonės; *out*

of ~ for smb iš pagarbos kam, pagerbdamas ką **3** *pl* linkėjimai; *give my (best) ~s (to)* perduokite nuo manęs labų dienų **4** atžvilgis; *in/with ~ to (kieno, ko)* atžvilgiu; ryšium su; *in this ~* šiuo atžvilgiu **5** *knyg. (įdėmus, reikšmingas)* žvilgsnis
v **1** atsižvelgti, paisyti, skaitytis; gerbti; *he is much ~ed* jis yra labai gerbiamas; *I do not ~ his opinion* man nesvarbu jo nuomonė **2** laikyti *(as – kuo); to ~ as worthless* nevertinti **3** liesti; *it does not ~ me* tai manęs neliečia **4** *knyg.* žiūrėti *(kaip); to ~ smb with favour [with admiration]* žiūrėti į ką draugiškai [susižavėjus]
prep (as ~s) dėl, o dėl; *as ~s his suggestion, I would like to point out that...* o dėl jo pasiūlymo aš norėčiau pabrėžti, kad...
regardant [rɪˈɡɑːdənt] *a her.* žiūrintis atgal *(apie būtybę herbe)*
regardful [rɪˈɡɑːdfəl] *a* **1** dėmesingas, atidus **2** pagarbus
regarding [rɪˈɡɑːdɪŋ] *prep* ryšium su, dėl *(ypač laiškuose)*
regardless [rɪˈɡɑːdləs] *adv šnek.* nieko nepaisant, kad ir kas būtų
prep (~ of) nekreipdamas/nekreipiant dėmesio; nepaisant/nepaisydamas; *our proposals were rejected ~ of their merits* mūsų pasiūlymai buvo atmesti, nepaisant jų privalumų
regatta [rɪˈɡætə] *n* regata, irkluotojų/buriuotojų lenktynės
regelate [ˌriːdʒɪˈleɪt] *v spec.* vėl sušalti draugėn *(apie ledo gabalus)*
regency [ˈriːdʒənsɪ] *n* regentystė; regentavimas
regenerate *a* [rɪˈdʒenərət] **1** dvasiškai atgimęs, atgijęs; pasitaisęs **2** *spec.* regeneruotas
v [rɪˈdʒenəreɪt] **1** atgimti, atgyti; (iš pagrindų) pa(si)keisti **2** atstatyti, atkurti, atnaujinti **3** *spec.* regeneruoti
regeneration [rɪˌdʒenəˈreɪʃn] *n* **1** (dvasinis) atgimimas; visiškas at(si)naujinimas, atkūrimas, atstatymas **2** *spec.* regeneravimas, regeneracija, atkūrimas, atgaminimas
regenerative [rɪˈdʒenərətɪv] *a* **1** atgimstantis, atsikuriantis, atsistatantis; atgimimo, atkūrimo, atstatymo **2** *tech.* regeneracinis, atkuriamasis
regenerator [rɪˈdʒenəreɪtə] *n tech.* regeneratorius
regent [ˈriːdʒənt] *n* **1** regentas **2** *amer. (universiteto)* valdybos narys
a esantis regentu; *the Prince R.* princas regentas
regicide [ˈredʒɪsaɪd] *n* **1** karaliaus žudikas, karalžudys **2** karaliaus nužudymas
regild [riːˈɡɪld] *v* vėl paauksuoti
regime, régime [reɪˈʒiːm] *pr. n* **1** režimas; santvarka; *the ~ has liquidated all its opponents* režimas atsikratė visų savo priešininkų **2** = **regimen** 1
regimen [ˈredʒɪmən] *n* **1** *med.* režimas **2** *gram. ret.* valdymas **3** *psn.* valdymas, valdymo sistema
regiment [ˈredʒɪmənt] *n* **1** *kar.* pulkas **2** *(džn. pl)* daugybė, pulkas *(of)* **3** *psn.* valdymas
v **1** sudaryti pulką **2** organizuoti, skirstyti grupėmis **3** *menk.* griežtai reglamentuoti *(gyvenimą);* valdyti kieta ranka *(nepaisant skirtybių/individualumo)*
regimental [ˌredʒɪˈmentl] *a kar.* pulko; *~ headquarters* pulko štabas
regimentals [ˌredʒɪˈmentlz] *n pl* pulko uniforma
regimentation [ˌredʒɪmenˈteɪʃn] *n* **1** *kar.* pulkų sudarymas **2** skirstymas grupėmis/kategorijomis *ir pan.* **3** griežtas reglamentavimas, subordinacija; ≡ lazdos disciplina
Regina [rɪˈdʒaɪnə] *n* **1** Regina, Ridžina *(vardas)* **2** valdančioji karalienė; *~ v Brown teis.* karalienė *(valstybė kaip viena iš bylos šalių)* prieš Brauną
Reginald [ˈredʒɪnəld] *n* Reginaldas, Redžinaldas *(vardas)*

region [ˈriːdʒən] *n* **1** kraštas; sritis *(t. p. prk.);* rajonas; regionas; *the forest ~* miškų juosta **2** *pl* provincija **3** *anat.* sritis, zona; *the abdominal ~* pilvo sritis
prep (in the ~ of) netoli, arti *(ko); to receive a grant somewhere in the ~ of 2,000 litas* gauti dotaciją maždaug apie 2000 litų
regional [ˈriːdʒənl] *a* srities, sritinis *(t. p. anat.);* rajono, rajoninis; regioninis, vietinis; *~ studies* kraštotyra
regionalism [ˈriːdʒənəlɪzm] *n* **1** rajonavimas, skirstymas rajonais **2** vietininkiškumas **3** *kalb.* regionalizmas
register [ˈredʒɪstə] *n* **1** žurnalas *(įrašams);* registras, sąrašas; *a ~ of births, marriages and deaths* metrikų knyga; *to take the ~ mok.* užpildyti lankomumo žurnalą; *land ~* žemės kadastras **2** įrašas *(žurnale ir pan.)* **3** kasos aparatas **4** *muz.* registras **5** *kalb.* funkcinis stilius **6** *tech.* skaitiklis; registratorius; vėdinimo grotelės **7** *amer. (krosnies ir pan.)* sklendė; krosniadangtė
v **1** registruoti(s), į(si)registruoti, už(si)registruoti; įrašyti/įtraukti į sąrašą; *to ~ a letter* pasiųsti registruotą laišką; *to ~ with a doctor* užsiregistruoti pas gydytoją **2** rodyti, žymėti, registruoti *(apie prietaisą); the earthquake ~ed six on the Richter scale* buvo užregistruotas 6 balų pagal Richterio skalę žemės drebėjimas **3** siųsti registruotu paštu; atiduoti *(bagažą)* į apsaugą **4** (iš)reikšti *(apie veidą; t. p. jausmus, nuomonę)* **5** *šnek. (ppr. neig. sakiniuose)* už(si)fiksuoti; įstrigti *(atmintyje)* **6** *knyg.* pasiekti *(pažangą, pergalę ir pan.)*
registered [ˈredʒɪstəd] *a* (už)registruotas; pažymėtas; *~ letter* registruotas laiškas; *~ nurse* diplomuota medicinos sesuo; *~ bond fin.* vardinė obligacija
registrar [ˌredʒɪˈstrɑː] *n* **1** archyvaras **2** registratorius; civilinių aktų registratorius **3** *(ligoninės)* gydytojas stažuotojas
registration [ˌredʒɪˈstreɪʃn] *n* registravimas, registracija; už(si)rašymas; įrašymas; įrašas; *~ plate aut.* numerio lentelė
registry [ˈredʒɪstrɪ] *n* **1** registratūra, registracijos biuras, metrikacijos įstaiga *(t. p. ~ office)* **2** registracija **3** įrašų žurnalas, registras
reglet [ˈreɡlɪt] *n* **1** *archit.* siaura juostelė **2** *poligr.* regletė
regnal [ˈreɡnəl] *a knyg.* karaliaus viešpatavimo; *~ year* metai, kai karalius įžengė į sostą
regnant [ˈreɡnənt] *a knyg.* **1** valdantysis *(ypač apie karalienę)* **2** vyraujantis; labai paplitęs
regolith [ˈreɡəlɪθ] *n geol.* regolitas
regorge [riːˈɡɔːdʒ] *v* **1** išvemti **2** atgal tekėti
regress *n* [ˈriːɡres] **1** grįžimas; atgalinis judėjimas **2** regresas; smukimas
v [rɪˈɡres] **1** grįžti, judėti atgal **2** *spec.* regresuoti **3** *astr.* judėti iš rytų į vakarus
regression [rɪˈɡreʃn] *n* **1** = **regress** 2 grįžimas *(į išeities tašką, į ankstesnę būklę)* **3** *spec.* regresija, atžanga
regressive [rɪˈɡresɪv] *a* regresyvus, atžanginis; atgalinis; *~ assimilation kalb.* regresyvioji/atgalinė asimiliacija
regret [rɪˈɡret] *n* apgailestavimas; gailėjimasis, gailestis; *much to my ~* didžiai apgailestauju; deja; *with much/ great ~, with many ~s* labai apgailestaudamas/apgailestaujant; *to express ~ (for)* reikšti apgailestavimą; atsiprašyti; *to have no ~s about doing smth* nesigailėti padarius ką
v apgailestauti; apgailėti, gailėtis, gailauti; *I ~ to say ofic.* apgailestauju, bet turiu pasakyti; deja, turiu pasakyti; *she deeply ~ted losing her temper* ji labai apgailestavo, kad nesusivaldė; *you'll ~ it* tu dar to pasigailėsi; *it is to be ~ted that...* apgailėtina, kad...

regretful [rɪ'gretfᵘl] *a* **1** pilnas gailesčio, gailestingas **2** (labai) apgailestaujantis
regretfully [rɪ'gretfəlɪ] *adv* **1** su apgailestavimu/gailesčiu **2** *mod* = **regrettably**
regrettable [rɪ'gretəbl] *a* apgailestaujamas, apgailėtinas
regrettably [rɪ'gretəblɪ] *mod* gaila, deja
regroup [ri:'gru:p] *v* per(si)grupuoti
regs [regz] *n pl šnek.* = **regulation** 3
regulable ['regjuləbl] *a* reguliuojamas
regular ['regjulə] *a* **1** reguliarus; *on a ~ basis* reguliariai; *~ army* reguliarioji kariuomenė **2** taisyklingas *(t. p. gram., geom.);* darnus; *~ features* taisyklingi veido bruožai **3** normalus, dėsningas; *~ pulse* lygus/normalus pulsas; *to keep ~ hours* tvarkingai gyventi, laikytis režimo; *as ~ as clockwork* tikslus/tiksliai kaip laikrodis **4** nuolatinis; įprastinis; *~ visitor* nuolatinis lankytojas; *his ~ duties* jo įprastinės pareigos, jo nuolatinis darbas; *to be in ~ employment* turėti nuolatinį darbą; *~ officer* kadrinis karininkas; *~ lecturer* etatinis dėstytojas **5** kvalifikuotas; profesionalus **6** *šnek.* tikras; *a ~ guy/fellow amer.* puikus vaikinas; šaunuolis **7** *bažn.* vienuolių; *the ~ clergy* dvasininkai vienuoliai
n **1** nuolatinis lankytojas/klientas *ir pan.* **2** reguliariosios kariuomenės kareivis; kadrinis karys **3** *bažn.* vienuolis **4** *amer. (kokios nors partijos)* ištikimas šalininkas **5** *amer.* etiliuotasis benzinas
regularity [ˌregju'lærətɪ] *n* reguliarumas, taisyklingumas *ir kt., žr.* **regular** *a*
regularize ['regjulərɑɪz] *v* (su)tvarkyti, (su)reguliuoti, (su)derinti
regularly ['regjuləlɪ] *adv* **1** reguliariai; dažnai **2** taisyklingai; tvarkingai
regulate ['regjuleɪt] *v* **1** reguliuoti; reglamentuoti, tvarkyti **2** (pri)derinti *(prie reikalavimų, sąlygų)* **3** (su)reguliuoti, (pa)tikrinti *(mechanizmą)*
regulation [ˌregju'leɪʃn] *n* **1** reguliavimas; reglamentavimas, tvarkymas **2** taisyklė; nurodymas **3** *pl* nuostatai; reglamentas, įstatai; statutas *(t. p. kar.);* *admittance ~s* priėmimo taisyklės/tvarka; *building/construction ~s* statybos normos; *college ~* koledžo statutas
a attr nustatytas; nurodytas; nustatyto pavyzdžio; *kar.* uniforminis; *~ speed* nustatytas/leidžiamas greitis; *of ~ size* nustatyto dydžio
regulative ['regjulətɪv] *a* **1** reguliuojamasis; tvarkymo, tvarkomasis **2** *filos.* reguliatyvus, reguliatyvinis
regulator ['regjuleɪtə] *n* **1** reguliuotojas **2** *tech.* reguliatorius; stabilizatorius
regulatory [ˌregju'leɪtərɪ] *a* reguliavimo, kontrolės, priežiūros
regurgitate [rɪ'gɜ:dʒɪteɪt] *v spec.* **1** paplūsti/tekėti atgal; išsiveržti **2** atryti *(maistą)* **3** (mechaniškai) atgaminti, pakartoti *(atsakymą ir pan.)*
rehab ['ri:hæb] *n amer. šnek.* = **rehabilitation** 3
rehabilitate [ˌri:hə'bɪlɪteɪt] *v* **1** atkurti; rekonstruoti **2** reabilituoti *(ligonį);* grąžinti/atgauti darbingumą **3** *polit.* reabilituoti; grąžinti teises **4** perauklėti *(nusikaltėlį)* **5** *fin.* sanuoti
rehabilitation [ˌri:hᵊbɪlɪ'teɪʃn] *n* **1** atkūrimas, atstatymas, rekonstrukcija; remontas **2** *(ligonio)* reabilitacija; darbingumo atgavimas; sanacija **3** *polit.* reabilitacija; teisių grąžinimas **4** *(nusikaltėlio)* perauklėjimas **5** *fin.* sanavimas
rehash *n* ['ri:hæʃ] **1** *(ko nors sena)* perdirbimas; perfrazavimas **2** atnaujinta sena medžiaga, atnaujinta kopija *ir pan.*
v [ri:'hæʃ] *(ką nors sena)* perdirbti; perfrazuoti; atnaujinti, atpasakoti naujaip

rehear [ri:'hɪə] *v* (reheard [ri:'hɜ:d]) **1** iš naujo nagrinėti, perklausyti *(bylą)* **2** vėl girdėti
rehearsal [rɪ'hɜ:sl] *n* **1** repeticija; *dress ~* generalinė repeticija **2** (pa)kartojimas; atpasakojimas
rehearse [rɪ'hɜ:s] *v* **1** repetuoti **2** kartoti; (iš)vardyti; atpasakoti
reheat [ri:'hi:t] *v* **1** pašildyti *(valgį, gėrimą)* **2** *tech.* pakartotinai šildyti/kaitinti
rehouse [ri:'hauz] *v (ppr. pass)* per(si)kelti į naujus namus
Reich [raɪk] *vok. n ist.* reichas
Reichstag ['raɪkstɑ:g] *vok. n ist.* Reichstagas
reify ['ri:ɪfaɪ] *v knyg.* materializuoti, (su)daiktinti
reign [reɪn] *n* **1** karaliavimas, viešpatavimas; *a ~ of terror* teroro siautėjimas; *in the ~ of smb* kieno viešpatavimo metu, kam viešpataujant **2** valdžia; *under the ~ (of) (kieno)* valdžioje
v karaliauti, viešpatauti *(t. p. prk.);* *darkness was ~ing* viešpatavo tamsa
reigning ['reɪnɪŋ] *a* **1** karaliaujantis, viešpataujantis **2** dabartinis *(apie čempioną ir pan.)*
reimburse [ˌri:ɪm'bɜ:s] *v* apmokėti, atlyginti, grąžinti *(išlaidas);* padengti, kompensuoti
reimbursement [ˌri:ɪm'bɜ:smənt] *n* apmokėjimas, atlyginimas; padengimas, kompensavimas
rein [reɪn] *n (džn. pl)* **1** vadelės, vadžios; pavadis; *to draw ~* a) įtempti pavadį/vadeles; sustabdyti arklį, sustoti; b) *prk.* sumažinti *(greitį, tempą; išlaidas);* *with a loose ~* a) paleidus vadeles; b) *prk.* negriežtai, švelniai **2** *prk.* tai, kas sulaiko; sulaikymo/suvaldymo priemonė; *the ~s of government* valdžios vairas; *a tight ~* griežta drausmė **3** *tech.* rankena ◊ *to keep a tight ~ on smth/smb* ≡ laikyti ką už pavadžio, griežtai ką kontruoliuoti; *to give (free) ~ (to one's imagination, etc.)* duoti valią (vaizduotei *ir pan.*)
v **1** įtempti vadeles, stabdyti, valdyti *(arklius)* **2** *prk.* (su)valdyti, (su)laikyti; neduoti laisvės *(t. p. ~ in)* □ *~ back/in/up* sustabdyti *(arklį; t. p. prk.);* sustoti
reincarnate *v* [ˌri:ɪn'kɑ:neɪt] *(ppr. pass)* naujai įkūnyti; persikūnyti
a [ˌri:ɪn'kɑ:nət] *knyg.* naujai įkūnytas, persikūnijęs
reincarnation [ˌri:ɪnkɑ:'neɪʃn] *n* **1** naujo pavidalo įgavimas; persikūnijimas **2** persikūnijęs žmogus/gyvulys
reindeer ['reɪndɪə] *n zool.* šiaurės elnias; *~ moss/lichen bot.* (elninė) šiurė
reinforce [ˌri:ɪn'fɔ:s] *v* **1** (su)stiprinti, pastiprinti *(t. p. kar.);* sutvirtinti; *to ~ an argument with facts* patvirtinti nuomonę faktais **2** *stat.* armuoti *(betoną)*
reinforced [ˌri:ɪn'fɔ:st] *a* **1** sustiprintas, pastiprintas *(t. p. kar.)* **2** *stat.* armuotas(is); *~ concrete* gelžbetonis
reinforcement [ˌri:ɪn'fɔ:smənt] *n* **1** sustiprinimas; sutvirtinimas **2** *(ppr. pl) kar.* pastiprinimas, papildymas *(t. p. prk.)* **3** *stat.* armavimas; armatūra *(t. p. ~ rod);* *~ bar* armatūros strypas
reinless ['reɪnləs] *a* **1** be vadelių, be pavadžio **2** *prk.* ne(pa)žabotas, nevaldomas, nekontroliuojamas
reinstate [ˌri:ɪn'steɪt] *v* atkurti, grąžinti *(ankstesnę padėtį, tvarką, teises, sveikatą);* *to ~ smb in his former office* grąžinti ką į ankstesnes pareigas, į ankstesnę tarnybą
reinstatement [ˌri:ɪn'steɪtmənt] *n teis.* atkūrimas, atitaisymas; (su)grąžinimas *(į darbą);* reabilitacija
reinsurance [ˌri:ɪn'ʃuərəns, ˌri:ɪn'ʃɔ:rəns] *n spec.* perdraudimas, pakartotinis/atnaujintas draudimas
reinsure [ˌri:ɪn'ʃuə, ˌri:ɪn'ʃɔ:] *v spec.* perdrausti, pakartotinai apdrausti
reintegrate [ri:'ɪntɪgreɪt] *v* **1** = **redintegrate** **2** vėl integruoti(s) į visuomenę **3** *teis.* antrą kartą įgyti pilietybę toje pačioje valstybėje

reinvest [ˌriːɪnˈvest] *v ekon.* reinvestuoti; investuoti į kitą objektą

reissue [riːˈɪʃuː] *n* pakartotinis leidimas *(knygos ir pan.)* *v* pakartotinai (iš)leisti *(knygą ir pan.)*

reiterate [riːˈɪtəreɪt] *v* (pa)kartoti; atsikartoti

reiteration [riːˌɪtəˈreɪʃn] *n (daugiakartis)* (pa)kartojimas; atsikartojimas

reiterative [riːˈɪtᵊrətɪv] *a* kartotinis

reive [riːv] *v (ypač škot.)* niokoti, plėšti

reiver [ˈriːvə] *n (ypač škot.)* plėšikas, plėšikautojas

reject *n* [ˈriːdʒekt] **1** atstumtasis **2** pripažintasis netinkamu *(ypač karo tarnybai)* **3** *kom.* nukainotos prekės; brokas
v [rɪˈdʒekt] **1** atmesti; at(si)sakyti; *to ~ an offer* atmesti pasiūlymą; *to ~ one's lover* atstumti savo mylimąjį **2** pripažinti netinkamu/išbrokuoti; išmesti **3** *med.* atmesti, nepriimti *(svetimo organo)*

rejectamenta [rɪˌdʒektəˈmentə] *lot. n pl* **1** atmatos **2** išmatos; ekskrementai

rejectee [ˌrɪdʒekˈtiː] *n kar.* netinkamas karo tarnybai

rejection [rɪˈdʒekʃn] *n* **1** atmetimas, nepriėmimas *(t. p. med.)*; at(si)sakymas **2** atrinkimas, brokavimas; pripažinimas netinkamu *(karo tarnybai)* **3** išmetimas **4** išmatos; vėmalai

rejig [riːˈdʒɪg] *v* **1** rekonstruoti *(gamyklą)* **2** pertvarkyti, perdirbti, (pa)tobulinti

rejigger [riːˈdʒɪgə] *v amer.* = **rejig**

rejoice [rɪˈdʒɔɪs] *v* **1** džiūgauti, džiaugtis *(at, over)*; (pra)džiuginti, (pra)linksminti **2** *juok.* turėti garbę *(vadintis; in – kuo)*

rejoicing [rɪˈdʒɔɪsɪŋ] *n (džn. pl)* džiūgavimas, linksminimasis *(at, over)*; linksmybė; šventė

rejoicingly [rɪˈdʒɔɪsɪŋlɪ] *adv* džiaugsmingai; linksmai

rejoin[1] [rɪˈdʒɔɪn] *v* **1** vėl su(si)jungti **2** vėl prisijungti; grįžti *(į savo būrį, pas savo draugus); you go on and I will ~ you later* jūs eikite, o aš ateisiu kiek vėliau

rejoin[2] [rɪˈdʒɔɪn] *v* **1** atšauti, at(si)kirsti **2** *teis.* atsakyti į kaltinimą

rejoinder [rɪˈdʒɔɪndə] *n* **1** atšovimas, atkirtis; atsakymas į kritiką **2** *teis.* atsakovo atsikirtimas į ieškovo reikalavimus/repliką

rejuvenate [rɪˈdʒuːvəneɪt] *v* **1** atjauninti; atjaunėti **2** atnaujinti, pagyvinti

rejuvenation [rɪˌdʒuːvəˈneɪʃn] *n* atjauninimas, jėgų atgavimas; atjaunėjimas

rejuvenescence [ˌriːdʒuːvəˈnesns] *n knyg.* atjauninimas, jėgų ir sveikatos atgavimas **2** *biol.* naujų ląstelių susidarymas iš senų ląstelių protoplazmos

rejuvenescent [ˌriːdʒuːvəˈnesnt] *a knyg.* **1** (su)teikiantis jėgų/gyvumo **2** jaunėjantis

rekindle [riːˈkɪndl] *v* **1** vėl užkurti/uždegti **2** vėl sužadinti *(jausmą, mintį ir pan.)*

relaid [riːˈleɪd] *past ir pII žr.* **relay**[1]

relapse [rɪˈlæps] *n* pasikartojimas; atkrytis, recidyvas *(ypač med.)*
v vėl susirgti, atkristi; vėl nugrimzti, vėl patekti *(į kokią būklę); to ~ into despair* vėl nusiminti; *to ~ into drunkenness* vėl imti girtauti; *to ~ into silence* vėl nutilti

relate [rɪˈleɪt] *v* **1** (su)sieti, nustatyti ryšį *(with, to – su, tarp); to ~ theory and practice* (su)sieti teoriją su praktika **2** *(ppr. pass)* būti susijusiam; giminiuotis; *we are distantly ~d* mes – tolimi giminės **3** sutarti, artimai bendrauti *(to – su); the way children ~ to their teachers* vaikų bendravimo su savo mokytojais būdas **4** (pa)pasakoti **5** *amer. šnek.* suprasti, įsivaizduoti

related [rɪˈleɪtɪd] *a* **1** susijęs *(to)* **2** giminingas; *we are ~ by marriage* mes giminės per santuoką

relating [rɪˈleɪtɪŋ]: *~ to prep* apie, dėl

relation [rɪˈleɪʃn] *n* **1** santykis; ryšys; *sexual ~s* lytiniai santykiai; *~s of production ekon.* gamybiniai santykiai; *to be out of all ~ (to), to bear no ~ (to)* neturėti jokio ryšio, nieko bendra *(su)* **2** giminaitis, giminė **3** *ret.* giminystė **4** pasakojimas; *(įvykių ir pan.)* atpasakojimas, apsakymas
prep (in/with ~ to) **1** ryšium su, dėl **2** palyginti su

relational [rɪˈleɪʃnəl] *a* **1** santykinis; sąryšinis, reliacinis **2** *gram.* reiškiantis santykius *(apie prielinksnį, jungtuką ir pan.)*

relationship [rɪˈleɪʃnʃɪp] *n* **1** giminingumas; giminystė **2** santykis; sąryšis, savitarpio santykiai; *a good working ~* geri darbo santykiai *(tarp bendradarbių ir pan.)*

relative [ˈrelətɪv] *n* **1** giminaitis **2** *gram.* santykinis įvardis *(t. p. ~ pronoun)*
a **1** santykinis *(t. p. gram.)*; reliatyvus; *he did it with ~ coolness* jis padarė tai palyginti ramiai; *he's a ~ stranger* jis beveik nepažįstamas **2** (tarpusavyje) susijęs; liečiantis; *facts ~ to this issue* faktai, susiję su šiuo klausimu **3** atitinkamas *(to); supply must be ~ to demand* pasiūla turi atitikti paklausą

relatively [ˈrelətɪvlɪ] *adv* **1** reliatyviai, santykiškai **2** *mod* palyginti; *~ easy* palyginti lengvas ◊ *~ speaking* apskritai

relativism [ˈrelətɪvɪzm] *n filos.* reliatyvizmas

relativistic [ˌrelətɪˈvɪstɪk] *a spec.* reliatyvistinis; reliatyvumo; *~ electron fiz.* reliatyvistinis elektronas

relativity [ˌreləˈtɪvətɪ] *n* **1** reliatyvumas **2** reliatyvumo teorija

relaunch [riːˈlɔːntʃ] *v* pakartotinai reklamuoti *(jau pardavinėjamą prekę ir pan.)*

relax [rɪˈlæks] *v* **1** at(si)palaiduoti; (su)glebinti; (su)glebti; *to ~ muscles* atpalaiduoti raumenis **2** at(si)leisti; *the cold is ~ing* šaltis atsileidžia/slūgsta **3** (su)silpninti; (su)silpnėti; *to ~ one's attention* (su)silpninti dėmesį; *to ~ international tension* sumažinti tarptautinę įtampą **4** suminkštėti, tapti nebegriežtam, atlaidesniam; daryti atlaidesnį/švelnesnį **5** pailsėti, atsikvėpti ◊ *to ~ the bowels* išsituštinti

relaxant [rɪˈlæksᵊnt] *n med.* relaksantas *(atpalaiduojamieji vaistai)*

relaxation [ˌriːlækˈseɪʃn] *n* **1** atvanga, poilsis; pramoga; *to seek ~* ieškoti pramogų, pramogauti **2** (su)silpninimas; (su)silpnėjimas; *(įtampos)* mažėjimas, mažinimas; suminkštėjimas **3** at(si)palaidavimas; suglebinimas; suglebimas **4** *teis. (bausmės ir pan.)* sušvelninimas, sumažinimas **5** *spec.* relaksacija

relaxed [rɪˈlækst] *a* **1** atsipalaidavęs **2** laisvas, neįtemptas

relay[1] [riːˈleɪ] *v* (relaid) iš naujo dėti/tiesti; perdėti

relay[2] [ˈriːleɪ] *n* **1** pamaina, pakaita **2** *sport.* estafetė; estafetės etapas **3** *el.* relė; perjungiklis **4** *rad., tel.* (re)transliacija; *~ station* retransliacijos stotis
v [*t. p.* rɪˈleɪ] **1** (pa)keisti, keistis *(apie pamainą)* **2** perduoti, persakyti *(kitam)* **3** *el.* perduoti *(toliau)* **4** *rad., tel.* transliuoti; *the concert will be ~ed at 8 p. m.* koncertas bus transliuojamas 8 val. vakaro

relay-race [ˈriːleɪreɪs] *n* estafetė, estafetinis bėgimas

release [rɪˈliːs] *n* **1** paleidimas, išlaisvinimas *(iš kalėjimo ir pan.; from); the ~ of the hostages* įkaitų paleidimas **2** atpalaidavimas; *(kančių, skausmų)* palengvinimas; *a feeling of ~* palengvėjimo jausmas **3** (iš)leidimas *(naujos produkcijos ir pan.); this record is a new ~* ta

relegate 755 **reload**

plokštelė išėjo neseniai; *on (general)* ~ neseniai išleistas *(apie filmą ir pan.)* **4** perdavimas, atidavimas *(naudoti)* **5** oficialus pareiškimas **6** atleidimas *(nuo bausmės, atsakomybės ir pan.)* **7** *teis.* pateisinamasis dokumentas; dokumentas apie teisės/turto perdavimą **8** *tech.* atjungimo automatas/mechanizmas; atjungimas, išjungimas; *(spyruoklės ir pan.)* atpalaidavimas; **~ clutch** atjungimo mova **9** *(raketos)* paleidimas; *(bombos)* numetimas **10** *kar.* demobilizacija **11** *fiz.* iš(si)skyrimas *v* **1** paleisti, išleisti; išleisti, išlaisvinti *(from); to ~ a rabbit from a trap* paleisti triušį iš spąstų; *the man ~d her arm* vyriškis paleido jos ranką **2** atpalaiduoti *(įtampą ir pan.);* palengvinti *(skausmą, kančias)* **3** atleisti; *to ~ from debts* atleisti nuo skolų mokėjimo **4** (pa)gaminti *(naują produkciją)* **5** atiduoti, perduoti *(spaudai);* leisti paskelbti; leisti demonstruoti *(filmą)* **6** atleisti, atjungti *(stabdį ir pan.)* **7** paleisti *(raketą ir pan.);* numesti *(bombą); to ~ an arrow from a bow* paleisti strėlę iš lanko **8** *chem.* atpalaiduoti **9** *kar.* paleisti; demobilizuoti **10** *teis.* atsisakyti *(teisės);* perduoti kitam *(turtą)*
relegate ['relɪgeɪt] *v* **1** perkelti, nukreipti *(į prastesnę vietą, į žemesnę padėtį ir pan.); the old table was ~d to the attic* seną stalą nugabeno į palėpę **2** perduoti *(klausimą, reikalą)* (ap)svarstyti/vykdyti *(to)* **3** *sport.* pažeminti, perkelti *(į žemesnę lygą)* **4** *ret.* išsiųsti, ištremti
relegation [ˌrelɪ'geɪʃn] *n* **1** *(reikalo, klausimo)* perdavimas svarstyti/vykdyti **2** *sport.* perkėlimas į žemesnę lygą **3** *ret.* išsiuntimas, ištrėmimas
relent [rɪ'lent] *v* **1** suminkštėti, nusileisti, pasigailėti **2** (nu)rimti *(apie audrą ir pan.)*
relentless [rɪ'lentləs] *a* **1** negailestingas, nepalenkiamas, nepermaldaujamas **2** nesilpnėjantis, nemažėjantis; nepaliaujamas
relet [riː'let] *v* (relet) vėl išnuomoti
relevance, -cy ['reləvəns, -sɪ] *n* **1** tiesioginis ryšys; tinkamumas **2** svarbumas; aktualumas; *it is a matter of great ~ to our society* tai labai svarbu/aktualu mūsų visuomenei **3** *spec.* relevantiškumas
relevant ['reləvənt] *a* **1** tiesiogiai susijęs *(su svarstomu dalyku);* tinkamas; relevantiškas; *to be ~ (to)* turėti ryšį *(su)* **2** svarbus; aktualus; *~ document* *teis.* pateisinamasis dokumentas **3** *spec.* relevantinis
reliability [rɪˌlaɪə'bɪlətɪ] *n* **1** patikimumas; *(duomenų ir pan.)* tikrumas **2** tvirtumas; *~ trial (automobilio ir pan.)* bandomasis važiavimas
reliable [rɪ'laɪəbl] *a* **1** patikimas, tikėtinas, tikras; *a ~ source of information* patikimas informacijos šaltinis **2** *tech.* tvirtas
reliance [rɪ'laɪəns] *n* **1** pasitikėjimas, pasikliovimas; tikrumas; *to place/have/put ~ (in, upon, on)* (pasi)tikėti *(kuo)* **2** priklausomumas, priklausomybė *(on – nuo)*
reliant [rɪ'laɪənt] *a* **1** pasitikintis *(on)* **2** priklausomas; *to be ~ on smb (materialiai)* priklausyti nuo ko
relic ['relɪk] *n* **1** liekana, pėdsakas, reliktas; atgyvena **2** *(džn. pl)* palaikai, relikvijos *(t. p. bažn.)* **3** suvenyras
relict ['relɪkt] *n* **1** *biol., geol.* reliktas **2** *psn.* našlė *a spec.* reliktinis, liekamasis
relief¹ [rɪ'liːf] *n* **1** *(skausmo, kančių)* (pa)lengvinimas, (su)mažinimas; (pa)lengvėjimas; paguoda; *to heave a sigh of ~* atsidusti su palengvėjimu; *to bring/give ~* palengvinti **2** parama, pagalba; šalpa, pašalpa; *famine ~* parama bado aukoms; *unemployment ~* nedarbo pašalpa; *~ cut* pašalpos (su)mažinimas; *~ fund* paramos/ šalpos fondas; *outdoor ~ ist.* pašalpa beturčiams, gyvenantiems savarankiškai *(ne prieglaudoje ir pan.); to put on ~* įtraukti į sąrašą nedarbo pašalpai gauti **3** *(malonus)* pasikeitimas, įvairumas; *to provide light ~* praskaidrinti nuotaiką **4** atleidimas *(nuo skolos mokėjimo, baudos ir pan.); duty ~* muitų nuolaida **5** *teis.* teisių gynimo būdas/priemonė **6** *(slėgio)* sumažinimas **7** *(budėtojų, sargybinių)* pamaina, pamaininkas **8** *kar.* apsiausties nutraukimas
relief² *n* **1** *men.* reljefas *(skulptūrinis vaizdas);* reljefiškumas; *low ~* bareljefas; *high ~* horeljefas; *in ~* reljefiškai **2** ryškumas, kontrastas; *to stand out in bold/sharp/ clear ~* išsiskirti, kontrastuoti *(against)* **3** *geogr.* reljefas; *~ map* reljefinis žemėlapis
relieve¹ [rɪ'liːv] *v* **1** (pa)lengvinti, (su)mažinti *(skausmą, kančias, įtampą ir pan.); to ~ smb of his cash/purse juok.* apšvarinti, apvogti ką **2** raminti; *to ~ one's feelings* išlieti širdį **3** padėti *(bėdoje ir pan.; of)* **4** išvaduoti; atleisti *(of)* **5** (pa)įvairinti, (pa)gyvinti **6** (pa)keisti *(sargybą)* **7** *kar.* išvaduoti iš apsiausties *(miestą ir pan.)* ◊ *to ~ oneself/nature* nusilengvinti; nusišlapinti
relieve² *v* daryti reljefišką; iš(si)skirti
relieved [rɪ'liːvd] *a* jaučiantis palengvėjimą, palengvėjęs
relievo [rɪ'liːvəʊ] *it. n (pl ~s [-z])* = **relief²** 1
relight [riː'laɪt] *v* (relighted, relit) vėl už(si)degti
religion [rɪ'lɪdʒən] *n* **1** religija; tikyba; *the Christian ~* krikščionių religija; *to get ~ šnek.* tapti religingam **2** vienuolio gyvenimas; *to enter into ~* (į)stoti į vienuolyną; *to be in ~* būti vienuoliu **3** kultas, šventas dalykas, šventenybė; *to make a ~ of smth* daryti iš ko kultą; laikyti ką savo šventa pareiga; *her work is her ~* darbas jai šventas dalykas
religionist [rɪ'lɪdʒɪnɪst] *n* religingas žmogus; religinis fanatikas
religiose [rɪ'lɪdʒɪəʊs] *a* fanatiškai religingas
religiosity [rɪˌlɪdʒɪ'ɒsətɪ] *n* religingumas; religinis fanatizmas, šventeiviškumas
religious [rɪ'lɪdʒəs] *a* **1** religinis; tikybinis; religingas; *~ liberty* tikėjimo laisvė **2** vienuolių, vienuoliškas **3** sąžiningas, skrupulingas
n (pl ~) vienuolis
religiousness [rɪ'lɪdʒəsnɪs] *n* religingumas
reline [ˌriː'laɪn] *v* dėti naują pamušalą; (pa)keisti pamušalą
relinquish [rɪ'lɪŋkwɪʃ] *v* **1** paleisti, palikti; *to ~ one's hold* paleisti iš rankų **2** atsisakyti *(plano, teisės ir pan.);* mesti *(įprotį);* išsižadėti *(vilties);* užleisti, perleisti
relinquishment [rɪ'lɪŋkwɪʃmənt] *n teis.* atsisakymas *(teisės ir pan.)*
reliquary ['relɪkwərɪ] *n* relikvinė, relikvijorius *(dėžutė relikvijoms/palaikams)*
reliquiae [rɪ'lɪkwiː] *lot. n pl* **1** relikvijos, palaikai **2** *geol.* suakmenėjusių gyvūnų/augalų liekanos, reliktai
relish ['relɪʃ] *n* **1** pasigardžiavimas; pamėgimas; potraukis, patraukimas; *with great ~* pasigardžiuodamas, su apetitu, su malonumu; *to have no ~ (for)* nemėgti *(ko)* **2** patrauklumas; *to lose its ~* prarasti savo žavesį **3** skonis, kvapas **4** pagardai, užkulas ◊ *hunger is the best ~ ≡* alkis yra geriausias virėjas
v **1** patikti, mėgti; patirti malonumą; *to ~ the simple family life* mėgautis ramiu šeimos gyvenimu; *I do not ~ the prospect* manęs nežavi ta perspektyva **2** gardžiuotis, skanintis, pasigardžiuoti; *to ~ meals* mėgautis valgiais **3** *ret.* turėti kvapą, kvepėti
relit [riː'lɪt] *past ir pII žr.* **relight**
relive [riː'lɪv] *v* dar kartą pergyventi
rello ['reləʊ] *n austral. šnek.* giminaitis, giminė
relly ['relɪ] *n šnek.* giminaitis, giminė
reload [ˌriː'ləʊd] *v* **1** perkrauti; iš naujo pakrauti **2** *kar.* iš naujo užtaisyti

relocate [ˌriːləuˈkeɪt] v per(si)kelti (į naują vietą)
relocation [ˌriːləuˈkeɪʃn] n per(si)kėlimas, per(si)kraustymas; (vietos) pakeitimas; ~ **allowance** persikėlimo pašalpa
reluctance [rɪˈlʌktəns] n 1 nenoras, nenorėjimas; prieštaravimas; **with** ~ nenorom(is), nenoriai 2 el. magnetinė varža
reluctant [rɪˈlʌktənt] a 1 nenorintis, nenoringas; darantis/daromas nenoromis, priverstinis (apie sutikimą ir pan.) 2 prieštaraujantis; nepasiduodantis (gydymui ir pan.), sunkiai gydomas ir pan.
reluctantly [rɪˈlʌktəntlɪ] adv 1 nenoriai, be noro 2 mod deja, apgailestaudamas
reluctivity [ˌrɪlʌkˈtɪvətɪ] n el. specifinė magnetinė varža
relume [rɪˈljuːm] v poet. 1 vėl uždegti (t. p. prk.) 2 vėl apšviesti
rely [rɪˈlaɪ] v 1 pasitikėti, pasikliauti (on, upon – kuo); **he can't be relied (up)on** juo negalima pasikliauti; ~ **upon it** būk(ite) tikras dėl to, neabejok(ite) 2 priklausyti (on – nuo)
remade [riːˈmeɪd] past ir pII žr. **remake** v
remain [rɪˈmeɪn] v 1 (pasi)likti; **to** ~ **standing [seated]** likti stovėti [sėdėti]; **nothing** ~**s but** nieko kito nelieka, kaip; **it** ~**s to be seen** dar neaišku, pagyvensim – pamatysim; **I** ~**, yours truly** (laiško pabaigoje) (lieku) jums atsidavęs; **it only** ~**s for me to say [to thank]** man belieka pasakyti [padėkoti] 2 išlikti; **the Government** ~**ed in power for 12 years** vyriausybė išliko valdžioje 12 metų
remainder [rɪˈmeɪndə] n 1 likutis, liekana (t. p. mat.); likusieji; **the** ~ **of his life he spent in the country** likusią gyvenimo dalį jis praleido kaime 2 neparduotos knygos tiražo likutis; pl kom. neparduotos prekės 3 teis. nuosavybės/titulo perėmimo teisė
v pigiai išparduoti ar nupiginti knygos tiražo likutį
remaining [rɪˈmeɪnɪŋ] a likęs
remains [rɪˈmeɪnz] n pl 1 likučiai, liekanos (of) 2 palaikai, relikvijos; **human** ~ žmonių palaikai 3 (senovės) griuvėsiai 4 kūriniai, neišleisti autoriui gyvam esant; literatūrinis palikimas (džn. **literary** ~)
remake v [riːˈmeɪk] (remade) 1 perdirbti 2 (nu)filmuoti/įrašyti iš naujo
n [ˈriːmeɪk] 1 perdirbimas 2 perdirbinys, kas nors perdirbta, ypač perdirbtas filmas
reman [riːˈmæn] v 1 kar., jūr. iš naujo sudaryti/komplektuoti (komandą), papildyti sudėtį 2 poet. padrąsinti, įkvėpti drąsos
remanant [ˈremənənt] a likęs, liekamasis, liktinis
remand [rɪˈmɑːnd] teis. n (suimtojo) pakartotinis paleidimas už užstatą; grąžinimas kardomajam kalinimui; **a person on** ~ tardomasis, tardomasis asmuo; ~ **centre/home** kardomasis kalėjimas (nepilnamečiams)
v 1 grąžinti (suimtąjį) kardomajam kalinimui 2 amer. grąžinti (bylą žemesnei instancijai) iš naujo nagrinėti
remark [rɪˈmɑːk] n 1 pastaba; teis. replika; **opening [closing]** ~**s** įžanginis [baigiamasis] žodis; **to make no** ~ nieko nepasakyti; **to pass/make a** ~ (pa)daryti pastabą, (pa)sakyti savo nuomonę 2 pastebėjimas; **worthy of** ~ vertas dėmesio
v 1 pažymėti, pridėti (kalbant) 2 pastebėti, daryti pastabą (on, upon)
remarkable [rɪˈmɑːkəbl] a nepaprastas; nuostabus, (į)žymus, puikus; **Finland is** ~ **for its large number of lakes** Suomija yra nuostabi savo daugybe ežerų
remarkably [rɪˈmɑːkəblɪ] adv 1 nepaprastai; nuostabiai, puikiai 2 mod visų nuostabai, stebuklas, kad...
remarriage [riːˈmærɪdʒ] n antroji santuoka

remarry [ˌriːˈmærɪ] v susituokti/vesti antrą kartą
rematch [ˈriːmætʃ] n sport. atsakomasis susitikimas
Rembrandt [ˈrembrænt] n: **Harmenszoon** ~ Harmensas Rembrantas (olandų dailininkas)
remediable [rɪˈmiːdɪəbl] a pataisomas; išgydomas
remedial [rɪˈmiːdɪəl] a 1 gydomasis; ~ **gymnastics** gydomoji gimnastika 2 (pa)taisomasis; korekcinis; ~ **course** korekcinis kursas; ~ **work** darbas su atsiliekančiais
remediless [ˈremədɪləs] a poet. nepataisomas; neišgydomas
remedy [ˈremədɪ] n 1 vaistas 2 priemonė (of, for); **beyond/past** ~ nepataisomas 3 teis. teisės gynimo būdas/priemonė; priemonė susigrąžinti teisei, išieškoti nuostoliams ir pan.
v 1 ištaisyti, pataisyti 2 ret. išgydyti
remember [rɪˈmembə] v 1 atsiminti, atminti, prisiminti; **I** ~ **him falling down the steps** atsimenu, kaip jis nukrito nuo laiptų 2 neužmiršti; **did you** ~ **to post the letters?** ar neužmiršote įmesti laiškų? 3 pasveikinti; ~ **me (kindly) to him** perduokite jam linkėjimų 4 dovanoti, duoti arbatpinigių; **to** ~ **a child on its birthday** neužmiršti nupirkti dovaną vaikui gimimo dienos proga 5 refl atsigodėti, atsigosti
remembrance [rɪˈmembrəns] n 1 at(si)minimas, prisiminimas; **in** ~ **of smb** kieno atminimui; **to put in** ~ priminti; **R. Day/Sunday** Pirmojo ir Antrojo pasaulinio karo aukų atminimo diena 2 pl linkėjimai (perduodami per ką) 3 suvenyras, atminimo dovana
remilitarization [riːˌmɪlɪtəraɪˈzeɪʃn] n remilitarizacija
remilitarize [riːˈmɪlɪtəraɪz] v remilitarizuoti, atnaujinti militarizaciją, vėl apsiginkluoti
remind [rɪˈmaɪnd] v 1 priminti (of); **he** ~**ed me of/about our plan** jis man priminė mūsų planą; **you** ~ **me of my mother** jūs man primenate mano motiną 2 refl pagalvoti, neužmiršti
reminder [rɪˈmaɪndə] n priminimas; **gentle** ~ užuomina
remindful [rɪˈmaɪndfəl] a primenantis; sukeliantis prisiminimus
reminisce [ˌremɪˈnɪs] v dalytis prisiminimais, pasakoti prisiminimus, prisiminti (about)
reminiscence [ˌremɪˈnɪsəns] n 1 prisiminimas, atsiminimas 2 ypatybė, primenanti ką 3 pl atsiminimai, memuarai (of, about)
reminiscent [ˌremɪˈnɪsənt] a 1 prisimenantis; linkęs į atsiminimus 2 primenantis (of)
remise [rɪˈmaɪz] v teis. perleisti, perduoti (teisę, turtą)
remiss [rɪˈmɪs] a 1 aplaidus, nerūpestingas, neatidus; **the service in this hotel is** ~ šiame viešbutyje aptarnauja prastai 2 psn. silpnas, išglebęs
remissible [rɪˈmɪsəbl] a atleistinas, dovanotinas
remission [rɪˈmɪʃn] n 1 atleidimas, dovanojimas; ~ **of sins** bažn. nuodėmių atleidimas 2 teis. (bausmės ir pan.) (su)švelninimas, (su)mažinimas; atsisakymas (teisių) 3 med. remisija
remissive [rɪˈmɪsɪv] a 1 atleidžiantis, dovanojantis 2 mažinantis; mažėjantis
remit v [rɪˈmɪt] 1 persiųsti, pervesti (pinigus) 2 dovanoti, atleisti (nuodėmes ir pan.) 3 (su)mažinti, (su)švelninti (bausmę); mažėti, silpnėti 4 laikinai nutraukti, atidėti 5 grąžinti (pasiūlymą ir pan.) svarstyti 6 teis. perduoti (bylą) nagrinėti žemesnei instancijai (to)
n [ˈriːmɪt] (veiklos ir pan.) sritis, kompetencija; **it's outside my** ~ tai ne mano kompetencija/funkcija
remittal [rɪˈmɪtl] n teis. bausmės sumažinimas
remittance [rɪˈmɪtəns] n 1 (pinigų) pervedimas, (per)siuntimas 2 pervedami pinigai, perlaida
remittee [ˌremɪˈtiː] n perlaidos gavėjas

remittent [rɪ'mɪtənt] *med. a* protarpinis, protarpiais pasikartojantis; remisinis
n protarpinis karščiavimas
remitter [rɪ'mɪtə] *n* **1** perlaidos siuntėjas **2** *teis. (bylos)* perdavimas kitai instancijai
remnant ['remnənt] *n* **1** *(ppr. pl)* likutis, liekana; likusieji **2** *(audeklo ir pan.)* atraiža; **~ sale** atraižų išpardavimas
remodel [riː'mɔdl] *v (-ll-)* perdirbti; rekonstruoti
remold [riː'məʊld] *v amer.* = **remould²**
remonstrance [rɪ'mɔnstrəns] *n* **1** protestas; prieštaravimas **2** atkalbinėjimas
remonstrant [rɪ'mɔnstrənt] *a* protestuojantis, prieštaraujantis
n prieštaraujantysis
remonstrate ['rɛmənstreɪt] *v* **1** protestuoti, prieštarauti *(against)* **2** atkalbinėti, ginčytis *(with)*
remontant [rɪ'mɔntənt] *a bot.* remontantinis
remorse [rɪ'mɔːs] *n* **1** sąžinės graužimas **2** gailėjimasis, gailestis; **without ~** be gailesčio, negailestingai
remorseful [rɪ'mɔːsfəl] *a* kenčiantis sąžinės graužimą, atgailaujantis
remorseless [rɪ'mɔːsləs] *a* negailestingas, be gailesčio
remote [rɪ'məʊt] *a* **1** tolimas, nutolęs *(t. p. prk.)*; **~ ancestors** tolimi protėviai; **the leaders are too ~ from the people** vadovai labai nutolę nuo žmonių **2** atokus, nuošalus; **~ village** atokus kaimas **3** menkas; mažas; **~ resemblance** nedidelis panašumas; **not the ~st idea** nė mažiausio supratimo **4** *tech.* distancinis, nuotolinis; **~ sensing** Žemės stebėjimas iš palydovų; **~ control** distancinis valdymas; distancinio valdymo prietaisas
n **1** *šnek.* = **~ control 2** reportažas iš *(įvykio)* vietos *(ne iš studijos)*
remote-controlled [rɪ'məʊtkən'trəʊld] *a* distancinio valdymo; valdomas iš toli
remotely [rɪ'məʊtlɪ] *adv* **1** toli; iš toli; atokiai **2** nežymiai, truputį
remoteness [rɪ'məʊtnɪs] *n* **1** nutolimas **2** atokumas **3** *teis.* netiesioginis priežastinis ryšys
remould¹ ['riːməʊld] *n* restauruota padanga
remould² [riː'məʊld] *v* pakeisti, performuoti
remount¹ [riː'maʊnt] *v* **1** vėl (už)lipti/ *(laiptais ir pan.)*; vėl (už)sėsti *(ant arklio, dviračio)* **2** kilti *(to – iš)*; **a practice which ~s to antiquity** paprotys, kilęs iš senovės
remount² *n* ['riː'maʊnt] **1** atsarginis arklys **2** *kar.* arklių papildymas **3** *ž. ū.* bandos papildymas
v [riː'maʊnt] **1** *kar.* papildyti arklių skaičių **2** *ž. ū.* papildyti bandą
removable [rɪ'muːvəbl] *a* **1** perkeliamas, kilnojamas; nuimamas **2** pakeičiamas, pašalinamas
removal [rɪ'muːvl] *n* **1** (pa)šalinimas; (pa)naikinimas; **~ of dissatisfaction** nepasitenkinimo (priežasties) pašalinimas; **~ of a ban** draudimo panaikinimas; **for the ~ of grease stains** riebalų dėmėms šalinti **2** *(teisėjo ir pan.)* nušalinimas **3** per(si)kėlimas, per(si)kraustymas; **~ of furniture** baldų pervežimas **4** *fiz. (energijos, šilumos)* atidavimas **5** *euf. šnek.* likvidavimas, pašalinimas *(nužudymas)* **6** *attr:* **~ firm** transporto agentūra; **~ van** *(dengtas)* sunkvežimis/furgonas baldams vežioti; **~ expenses** persikraustymo/pergabenimo išlaidos
remove [rɪ'muːv] *n* **1** žingsnis, pakopa, nutolimo laipsnis; **only one ~** *(from)* tik vienas žingsnis *(nuo)*; **at many ~s** dideliu atstumu; **at every ~** su kiekvienu žingsniu **2** giminystės laipsnis, eilė, karta **3** mokinio (per)kėlimas į aukštesnę klasę; **to get one's ~** būti perkeltam į aukštesnę klasę **4** skyrius, klasė *(kai kuriose D. Britanijos mokyklose)*

v **1** nuimti; nunešti *(nuo stalo)*; **to ~ a bandage [one's hand]** nuimti tvarstį [ranką]; **to ~ one's coat** nusivilkti apsiaustą; **to ~ one's eyes** nugręžti/nusukti akis **2** per(si)kelti, per(si)kraustyti **3** nušalinti, pašalinti *(iš pareigų)* **4** pašalinti; tolinti; *refl* pasišalinti; **to ~ tumour** pašalinti auglį **5** panaikinti; išsklaidyti *(abejones ir pan.)* **6** išvalyti, išimti *(dėmes)* **7** *euf.* likviduoti, pašalinti *(užmušti)* **8** *refl juok.* išeiti, pasitraukti ◊ **to ~ mountains** ≅ kalnus nuversti
removed [rɪ'muːvd] *a* **1** nutolęs; atskirtas, atsiskyręs; **life in the army was far ~ from...** gyvenimas kariuomenėje labai skyrėsi nuo... **2**: **cousin once ~** pusbrolis, pusseserė; **cousin twice ~** antros eilės pusbrolis/pusseserė
remover [rɪ'muːvə] *n* **1** baldų vežėjas *(t. p. furniture ~)* **2** preparatas dėmėms išimti/valyti, valiklis **3** *tech.* nuimtuvas, nuėmiklis; šalintuvas
remunerate [rɪ'mjuːnəreɪt] *v* at(si)lyginti, atsiteisti; kompensuoti
remuneration [rɪˌmjuːnə'reɪʃn] *n* at(si)lyginimas, atlygis, atsiteisimas, apmokėjimas; kompensacija, užmokestis
remunerative [rɪ'mjuːnərətɪv] *a* **1** (gerai) apmokamas, pelningas **2** (gausiai) apdovanojantis, atsilyginantis
renaissance [rə'neɪsəns] *n* **1** (**the R.**) Renesansas; *R.* **architecture** Renesanso architektūra; *R.* **man** a) Renesanso epochos žmogus; b) *prk.* įvairiapusis žmogus **2** *(meno, literatūros ir pan.)* atgimimas, atgijimas
renal ['riːnl] *a anat.* inkstų, inkstinis; **~ calculus** *med.* inkstų akmuo; **~ specialist** nefrologas
rename [riː'neɪm] *v (ppr. pass)* duoti naują pavadinimą/vardą; pakeisti vardą/pavadinimą
renascence [rɪ'næsns] *n* = **renaissance**
renascent [rɪ'næsnt] *a attr* atgimstantis; **~ enthusiasm** naujas entuziazmas
rencontre [renˈkɔntə] *pr. psn.* = **rencounter** *n*
rencounter [renˈkaʊntə] *psn. n* **1** susirėmimas; susidūrimas; dvikova **2** atsitiktinis susitikimas
v **1** susiremti, susidurti **2** atsitiktinai susitikti
rend [rend] *v* (rent) *knyg.* **1** plėšti; plėšyti, draskyti; **my heart is ~ing** man širdį drasko **2** skaldyti; skilti **3** plyšti, sprogti □ **~ away/off** atplėšti, išplėšti *(from)*
render ['rendə] *n* **1** atmokėjimas, atsilyginimas **2** *stat.* pirmasis tinko sluoksnis
v **1** (pa)daryti, (pa)versti *(kuo)*; **to ~ helpless [impossible]** daryti bejėgį [negalimą]; **to ~ active** aktyvinti; **to be ~ed speechless with rage** netekti žado iš pykčio **2** (su)teikti *(pagalbą ir pan.)*; duoti, pateikti; **to ~ a service** (pa)daryti paslaugą; **to ~ an account** *(of)* duoti ataskaitą; **to ~ an account (for payment)** pateikti sąskaitą (apmokėti); **to ~ judg(e)ment** *teis.* priimti teismo sprendimą; **to ~ thanks** pareikšti padėką **3** perteikti, perduoti, (pa)vaizduoti; atlikti *(vaidmenį ir pan.)* **4** versti *(į kitą kalbą; into)* **5** atmokėti, at(si)lyginti; **to ~ good for evil** atmokėti geru už bloga **6** *knyg.* atiduoti; **to ~ one's life for one's country** atiduoti gyvybę už tėvynę **7** *stat.* tinkuoti □ **~ down** *spec.* (iš)lydyti, tirp(d)yti *(taukus)*; **~ up** *knyg.* atiduoti *(priešui, valdovui)*
rendering ['rendərɪŋ] *n* **1** perdavimas, perteikimas, vaizdavimas; *(muz. kūrinio, vaidmens)* atlikimas **2** vertimas **3** *(pagalbos ir pan.)* (su)teikimas **4** *spec. (taukų)* lydymas **5** *stat.* tinkavimas be balanų; bebalanis tinkas
rendezvous ['rɔndɪvuː] *pr. n (pl* -vous [-vuːz]) **1** susitikimas, pasimatymas, randevu **2** susitikimo vieta **3** *(artistų, rašytojų ir pan.)* lankymosi vieta **4** kariuomenės/laivų su(si)telkimas paskirtoje vietoje
v susitikti sutartoje vietoje *(džn. kar.)*

rendition [ren'dıʃn] *n* **1** = **rendering** 1 **2** *amer.* vertimas **3** *(teismo sprendimo)* priėmimas **4** *teis.* *(pabėgusių nusikaltėlių kitos šalies vyriausybei)* perdavimas, atidavimas

renegade ['renıgeıd] *n* renegatas, išdavikas; persimetėlis, perbėgėlis
a renegatiškas, išdavikiškas

renege [rı'ni:g, rı'neıg] *v* išsižadėti žodžio, sulaužyti žodį *(on)*

renegotiate [ˌri:nı'gəuʃıeıt] *v dipl.* persvarstyti *(susitarimą ir pan.)*

renegue [rı'ni:g, rı'neıg] *v* = **renege**

renew [rı'nju:] *v* **1** at(si)naujinti; atstatyti, atkurti; restauruoti **2** atgaivinti, vėl sukelti *(jausmus ir pan.)* **3** pakartoti; *he ~ed his invitation* jis pakartojo pakvietimą **4** pratęsti *(galiojimo laiką)*; *to ~ a book* pratęsti knygos grąžinimo laiką *(bibliotekoje)* **5** papildyti *(atsargas ir pan.)*

renewable [rı'nju:əbl] *a* **1** atnaujinamas; atstatomas; *~ liner tech.* keičiamoji įvorė **2** pratęsiamas; *the permit is ~ after 12 months* leidimą galima pratęsti po 12 mėnesių

renewal [rı'nju:əl] *n* **1** at(si)naujinimas; atstatymas; atkūrimas; *~ of trees* medžių atjauninimas **2** pakartojimas **3** *(galiojimo laiko)* pratęsimas, prolongacija **4** *(atsargų)* papildymas **5** *tech.* susidėvėjusių įrengimų (pa)keitimas naujais; atkuriamasis remontas

reniform ['ri:nıfɔ:m] *a knyg.* inksto formos, inkstiškas; pumpuriškas *(apie lapą)*

rennet[1] ['renıt] *n* renetas *(obelų veislių grupė)*

rennet[2] *n anat.* šliužas *(atrajotojų skrandžio dalis; t. p. ~ bag)*; šliužo fermentas

renominate [ri:'nɒmıneıt] *v* paskirti kitai kadencijai

renounce [rı'nauns] *v* **1** atsisakyti *(teisių, reikalavimų, įpročių ir pan.)*; *to ~ a treaty dipl.* denonsuoti sutartį **2** atsižadėti, išsižadėti *(draugų ir pan.)* **3** nepripažinti; atmesti **4** renonsuotis *(lošiant kortomis)*
n renonsas

renouncement [rı'naunsmənt] *n* atsisakymas; išsižadėjimas

renovate ['renəveıt] *v* at(si)naujinti, atstatyti; suremontuoti, sutaisyti

renovation [ˌrenə'veıʃn] *n* at(si)naujinimas, atstatymas; suremontavimas, sutaisymas; *pl* atnaujinimo darbai

renovator ['renəveıtə] *n* **1** atnaujintojas **2** restauratorius

renown ['rı'naun] *n* garbė, šlovė, pagarsėjimas; *to win ~ by exploits* pagarsėti žygiais

renowned [rı'naund] *a* (į)žymus, garsus, pagarsėjęs *(for, as)*

rent[1] [rent] *past* ir *pII žr.* **rend**
n **1** proplėša, skylė, plyšys **2** plyšimas; trūkis, trūkimas **3** *ret.* (su)skilimas, nesutarimas

rent[2] *n* **1** nuoma; nuompinigiai; mokestis *(už butą, telefoną ir pan.)*; *for ~* nuomon **2** *ekon.* renta; *ground ~* žemės renta
v nuomoti, iš(si)nuomoti, duoti/imti nuomon *(at, for – už)* □ *~ out* išnuomoti

rental ['rentl] *n* **1** nuompinigiai, nuomos mokestis; nuomos pajamos **2** *amer.* (išsi)nuomojimas *(automobilio ir pan.)*; (iš)nuomojamas butas/automobilis *ir pan.*

renter ['rentə] *n* **1** nuomininkas **2** nuomotojas *(ypač kino filmų)*

rent-free [ˌrent'fri:] *a* atleistas nuo nuomos mokesčio; nemokamai (iš)nuomojamas
adv nemokant *ar* atleidžiant nuo nuomos mokesčio

rentier ['rɒntıeı] *pr. n ekon.* rentininkas, rentjė

rent-roll ['rentrəul] *n* **1** nuomininkų sąrašas **2** nuomos/rentos pajamos

renumber [ri:'nʌmbə] *v* pernumeruoti

renunciation [rıˌnʌnsı'eıʃn] *n* **1** atsisakymas; išsižadėjimas **2** pasiaukojimas

renunciative, renunciatory [rı'nʌnsıətıv, rı'nʌnsıətərı] *a* atsisakymo, atsisakomasis

reoccupy [ri:'ɒkjupaı] *v* iš naujo užimti; vėl okupuoti

reopen [ri:'əupən] *v* **1** vėl at(s)idaryti **2** atnaujinti *(derybas, bylą ir pan.)*, vėl pradėti **3** atsinaujinti *(apie žaizdą)*; *to ~ old ~s prk.* atverti senas žaizdas

reorder [ri:'ɔ:də] *n* pakartotinis/atnaujintas užsakymas
v **1** vėl/pakartotinai užsakyti **2** pertvarkyti

reorganization [ri:ˌɔ:gənaı'zeıʃn] *n* reorganizacija, reorganizavimas; pertvarkymas

reorganize [ri:'ɔ:gənaız] *v* reorganizuoti; pertvarkyti

rep[1] [rep] *n tekst.* ripsas

rep[2] *n fiz.* repas, fizikinis rentgeno ekvivalentas

rep[3] *n* (representative *sutr.*) *šnek.* **1** komivojažierius **2** atstovas

rep[4] *n sutr. šnek.* = **repertory theatre**, *žr.* **repertory** 2

rep[5] *n sutr. amer. šnek.* = **reputation**

repackage [ri:'pækıdʒ] *v* **1** *kom.* perpakuoti **2** *prk.* keisti *(politiko ir pan.)* įvaizdį

repaid [rı'peıd] *past* ir *pII žr.* **repay**

repaint [ri:'peınt] *v* perdažyti

repair[1] [rı'peə] *n* **1** *(džn. pl)* remontas; taisymas; *under ~* remontuojamas; *closed for ~s* uždaryta dėl remonto *(užrašas)*; *damage/emergency ~s tech.* avarinis remontas; *major ~s* kapitalinis remontas; *~ parts* atsarginės dalys; *~ shop* remonto dirbtuvė, taisykla; *the ~s to the roof cost £900* stogo taisymas kainavo 900 svarų sterlingų **2** *(jėgų, sveikatos)* atkūrimas, atgavimas; *(žaizdos)* (už)gijimas **3** tinkamumas, tvarkingumas; *in good ~* sutaisytas, suremontuotas, visiškai tvarkingas, tinkamas naudoti; *in bad ~, out of ~* netvarkingas, nepataisytas; *beyond ~* nepataisomas, visai netinkamas naudoti; *to keep in ~* laikyti tvarkingą **4** (su)taisyta/(su)remontuota vieta
v **1** (su)remontuoti; (pa)taisyti; *to ~ a broken fence* sutaisyti sulaužytą tvorą **2** pataisyti, atgauti *(sveikatą ir pan.)*; *to ~ the ravages of war* (už)gydyti karo padarytas žaizdas **3** atitaisyti, ištaisyti *(kaltę, skriaudą ir pan.)* **4** atlyginti *(nuostolius)*

repair[2] *v knyg. (to)* **1** (nu)vykti *(į)*; lankytis *(kur)* **2** kreiptis *(į ką)*

repairable [rı'peərəbl] *a* pataisomas; taisytinas; *the house is not ~* namo jau negalima suremontuoti

repairer [rı'peərə] *n* remontininkas, remonto meistras; *watch ~, ~ of clock* laikrodininkas; *cabinet ~* baldų remonto meistras

repairman [rı'peəmən] *n (pl* -men [-mən]) *(tik v.)* = **repairer**

repaper [ri:'peıpə] *v* iš naujo, vėl klijuoti sienų apmušalus

reparable ['repərəbl] *a* ištaisomas, atitaisomas

reparation [ˌrepə'reıʃn] *n* **1** *(skriaudos ir pan.)* atitaisymas **2** *(nuostolių)* atlyginimas, kompensacija **3** *(ppr. pl)* reparacijos **4** *ret.* remontavimas, taisymas

repartee [ˌrepɑ:'ti:] *n* **1** sąmojingas atsakymas/pokalbis **2** sąmojis, sąmojingumas

repartition [ˌri:pɑ:'tıʃn] *n* **1** pa(si)skirstymas **2** perskirstymas
v perskirstyti

repass [ri:'pɑ:s] *v* **1** vėl praeiti *(ypač grįžtant)*; vėl pereiti/perkirsti **2** vėl priimti *(rezoliuciją ir pan.)*

repast [rı'pɑ:st] *n knyg., juok.* valgis, valgymas *(t. p. veiksmas)*; valgymo laikas

repatriate [ri:'pætrıeıt] *n* repatriantas
v (ppr. pass) repatrijuoti, grįžti/grąžinti į tėvynę

repatriation [ˌriːpætrɪˈeɪʃn] *n* repatriacija, grįžimas/grąžinimas į tėvynę
repay [rɪˈpeɪ] *v* (repaid) **1** grąžinti *(skolą)* **2** at(si)lyginti, at(si)mokėti; *to ~ smb for his service* atsilyginti/apmokėti kam už paslaugą **3** būti vertam; *the article will ~ careful reading* tą straipsnį verta atidžiai perskaityti
repayable [rɪˈpeɪəbl] *a* **1** apmokėtinas, atlygintinas **2** padengiamasis *(apie paskolą)*
repayment [rɪˈpeɪmənt] *n* **1** *(kredito, skolos)* grąžinimas; *(paskolos)* padengimas **2** at(si)lyginimas, at(si)mokėjimas; atpildas
repeal [rɪˈpiːl] *teis. n* panaikinimas, anuliavimas *v* panaikinti, anuliuoti, atšaukti
repeat [rɪˈpiːt] *n* **1** (pa)kartojimas; *~ order* pakartotinis užsakymas **2** pakartotinis atlikimas *(spektaklyje, koncerte)* **3** *rad., tel.* laidos kartojimas **4** *muz.* repriza *v* **1** kartoti(s), pa(si)kartoti, at(si)kartoti; *to ~ a course/year* kartoti kursą, palikti antriems metams; *history ~s itself* istorija kartojasi **2** atsakinėti/sakyti atmintinai; *to ~ one's lesson* atsakinėti pamoką **3** sakyti, pasakoti **4** *šnek.* atsirūgti *(svogūnais ir pan.; on)* **5** *amer.* neteisėtai balsuoti per rinkimus keletą kartų
repeatable [rɪˈpiːtəbl] *a* (pa)kartojamas, kartotinas
repeated [rɪˈpiːtɪd] *a* (pa)kartotinis; daugiakartis; dažnas; *on ~ occasions* ne kartą, daug kartų
repeatedly [rɪˈpiːtɪdlɪ] *adv* pakartotinai, kelis kartus
repeater [rɪˈpiːtə] *n* **1** kartotojas **2** repetyras *(laikrodis)* **3** *amer. šnek.* antrametis *(mokinys, studentas)* **4** *amer. šnek.* recidyvistas **5** *amer. sl.* neteisėtai balsuojantis keletą kartų per rinkimus **6** *kar.* magazininis šautuvas **7** *mat.* periodinė trupmena **8** *el.* retransliatorius **9** *jūr.* kartotuvas, repyteris
repeating [rɪˈpiːtɪŋ] *a* kartojamas, pasikartojantis; *~ rifle* magazininis šautuvas; *~ watch* repetyras *(laikrodis)*
repel [rɪˈpel] *v (-ll-)* **1** (su)kelti pasibjaurėjimą; *he ~s me* aš jaučiu jam antipatiją **2** atremti, atmušti *(puolimą)* **3** atmesti *(pasiūlymą, kaltinimą)* **4** atbaidyti; *fire ~s wild animals* ugnis atbaido žvėris **5** *spec.* atstumti; *this material ~s water* tai – hidrofobinis audinys
repellent [rɪˈpelənt] *a* **1** atstumiantis; bjaurus; (su)keliantis pasibjaurėjimą **2** *tekst.* hidrofobinis, atstumiantis vandenį *(t. p. water ~)* *n* **1** *chem.* repelentas *(vabzdžiams ir pan. atbaidyti)* **2** *tekst.* hidrofobinis audinys
repent[1] [ˈriːpənt] *a* **1** *bot.* šliaužiantis **2** *zool.* ropojantis
repent[2] [rɪˈpent] *v* **1** gailėtis, apgailestauti; *he has nothing to ~ of* jam nėra ko gailėtis **2** atgailauti *(of – už)*
repentance [rɪˈpentəns] *n* gailėjimasis, apgailestavimas; atgaila
repentant [rɪˈpentənt] *a* apgailestaujantis; atgailaujantis; *~ tears* gailesčio ašaros
repercussion [ˌriːpəˈkʌʃn] *n* **1** atšokimas, atatranka, atsimušimas **2** aidas *(t. p. prk.)* **3** *(ppr. pl)* *(įvykio ir pan.)* atgarsis, atbalsis
repertoire [ˈrepətwɑː] *pr. n* repertuaras
repertory [ˈrepətərɪ] *n* **1** žinynas, rinkinys; *(informacijos ir pan.)* saugykla **2** repertuaras; *~ theatre* teatras su nuolatine trupe ir sezono repertuaru
repetition [ˌrepɪˈtɪʃn] *n* **1** (pa)kartojimas; kartojimasis, pasikartojimas **2** sakymas/mokymas(is) atmintinai **3** kopija
repetitious [ˌrepɪˈtɪʃəs] *a* nuolat kartojamas/pasikartojantis, nuobodus, įkyrus
repetitive [rɪˈpetətɪv] *a* **1** kartojamasis, pasikartojantis **2** = **repetitious**

rephrase [riːˈfreɪz] *v* perfrazuoti
repine [rɪˈpaɪn] *v knyg.* skųstis, sielotis *(at, against)*
replace [rɪˈpleɪs] *v* **1** (pa)keisti, išstumti *(by, with); impossible to ~* nepakeičiamas; *buses are replacing the trams* autobusai išstumia tramvajus **2** *kom.* grąžinti; papildyti *(atsargas; with)* **3** dėti atgal į vietą *n spec. (teksto)* keitimas
replaceable [rɪˈpleɪsəbl] *a* pakeičiamas, keičiamasis
replacement [rɪˈpleɪsmənt] *n* **1** pakeitimas; pakaitas, pakaitalas **2** grąžinimas; papildymas **3** pavaduojantis asmuo, pavaduotojas
replant [riːˈplɑːnt] *v* **1** persodinti *(augalą)* **2** (vėl) užsodinti *(kitais augalais)*
replay *v* [riːˈpleɪ] **1** *sport.* peržaisti **2** pergroti *n* [ˈriːpleɪ] **1** *sport.* peržaidimas; *action/amer. instant ~ tel.* svarbaus varžybų epizodo (pa)kartojimas; *to show an instant ~ of a goal* amer. pakartotinai parodyti įvartį *(rungtynių transliacijos metu)* **2** *šnek.* kartojimas *(tų pačių klaidų ir pan.)*
replenish [rɪˈplenɪʃ] *v* vėl pripildyti/pripilti *(with);* papildyti; *to ~ supplies* papildyti atsargas
replenishment [rɪˈplenɪʃmənt] *n* pripildymas, papildymas
replete [rɪˈpliːt] *a* **1** pripildytas, gerai aprūpintas, daug turintis *(with); a book ~ with wisdom* knyga, pilna išminties **2** prisotintas, prisisotinęs
repletion [rɪˈpliːʃn] *n* **1** pripildymas, *a hall filled to ~ with children* salė, pilna vaikų **2** pri(si)sotinimas; *to eat to ~* prisivalgyti ligi soties
replica [ˈreplɪkə] *n men.* tiksli kopija; reprodukcija
replicate [ˈreplɪkeɪt] *v* **1** *men.* kopijuoti **2** *ret.* kartoti **3** *refl biol.* replikuoti, savaime dvigubėti
replication [ˌreplɪˈkeɪʃn] *n* **1** replika, atkirtis, atsikirtimas **2** *teis.* ieškovo atsikirtimas atsakovui **3** kopijavimas **4** *men.* kopija, reprodukcija **5** *biol.* replikacija
reply [rɪˈplaɪ] *n* **1** atsakymas; *in ~* atsakydamas, atsakant **2** = **replication** 2 ◊ *without ~* sausu rezultatu *(laimėti)* *v* **1** atsakyti **2** *teis.* prieštarauti, atsikirsti **3** reaguoti, imtis atsakomųjų veiksmų *(to, with)*
reply-paid [rɪˈplaɪˈpeɪd] *a* su apmokėtu atsakymu *(apie telegramą ir pan.)*
report [rɪˈpɔːt] *n* **1** ataskaita *(on, of);* protokolas; *to draw up a ~ on/of an accident* surašyti avarijos aktą/protokolą; *expert ~* eksperto išvada **2** pranešimas; raportas; *weather ~* pranešimas apie orą **3** gandas, paskala; *the ~ goes* šneka(ma), eina kalbos; *mere ~* tiktai gandas **4** reputacija **5** *mok.* pažangumo pažymėjimas *(amer. t. p. ~ card)* **6** šūvio/sprogimo garsas *v* **1** pranešti; *to ~ oneself ill* pranešti apie savo susirgimą; *no casualties have been ~ed* apie aukas nebuvo pranešta **2** daryti *(oficialų)* pranešimą; atsiskaityti, pateikti ataskaitą *(t. p. ~ back);* raportuoti; *to ~ a bill parl.* paskelbti komisijos nutarimą dėl įstatymo projekto parlamente prieš trečiąjį svarstymą **3** (pa)pasakoti, (iš)dėstyti; perduoti *(žodžius); did she have anything of interest to ~?* ar ji turėjo ką nors įdomaus papasakoti? **4** rengti/rašyti reportažą; *to ~ well [badly]* duoti palankų [nepalankų] atsiliepimą *(apie)* **5** atvykti; pareikšti, kad atvykote, prisistatyti; *to ~ for work* atvykti į darbą; *to ~ to the police* registruotis policijoje **6** skųstis, pateikti skundą **7** būti pavaldžiam *(to)* **8** *(ppr. pass)* kalbėti, sklisti *(apie gandus)* ▢ *~ back* a) prisistatyti *(į darbą po nebuvimo);* b) pateikti ataskaitą *(about, on)* ◊ *to ~ progress* a) pranešti apie padėtį; b) *parl.* nutraukti debatus dėl įstatymo projekto; c) atidėti; *to move to ~ progress parl.* pateikti pasiūlymą nutraukti debatus
reportable [rɪˈpɔːtəbl] *a* pranešinas; įdomus *(spaudai)*

reportage [rɪˈpɔːtɪdʒ, ˌrepɔːˈtɑːʒ] *pr. n* reportažas
reported [rɪˈpɔːtɪd] *a gram.*: **~ speech** netiesioginė kalba
reportedly [rɪˈpɔːtɪdlɪ] *adv* kaip kalbama, pagal turimas žinias
reporter [rɪˈpɔːtə] *n* **1** reporteris, korespondentas; radijo komentatorius; **cub ~** jaunas, neprityręs korespondentas **2** referentas
reporting [rɪˈpɔːtɪŋ] *n* reportažai
repose[1] [rɪˈpəuz] *v*: **to ~ one's trust/confidence in smb** tikėti, pasikliauti kuo
repose[2] *knyg. n* **1** poilsis; miegas **2** ramybė; laisvumas; **to have ~ of manner** laisvai/paprastai elgtis ◊ **angle of ~** *tech.* natūraliojo šlaito kampas
v **1** ilsėtis; gulėti **2** dėti, guldyti; **to ~ one's head on the pillow** padėti galvą ant pagalvės **3** būti padėtam *(on)*
reposeful [rɪˈpəuzfəl] *a* **1** ramus **2** raminantis
repository [rɪˈpɔzɪtərɪ] *n* **1** saugykla, talpykla; sandėlis **2** *(džn. juok.)* žinovas, informacijos šaltinis, enciklopedija **3** patikėtinis, paslapties saugotojas
repossess [ˌriːpəˈzes] *v knyg.* vėl imti valdyti, susigrąžinti *(nuosavybę);* atsiimti *(išnuomotą/paskolintą daiktą)*
repot [riːˈpɔt] *v* persodinti *(augalą)* į kitą puodą
repoussé [rəˈpuːseɪ] *pr. n* štampuotas dirbinys; *(metalo)* bareljefas; štampavimas
a štampuotas *(apie metalą);* reljefinis
repp [rep] *n* = **rep**[1]
reprehend [ˌreprɪˈhend] *v* peikti, priekaištauti; (pa)smerkti
reprehensible [ˌreprɪˈhensəbl] *a* peiktinas, smerktinas
reprehension [ˌreprɪˈhenʃn] *n* (pa)peikimas; (pa)smerkimas
represent [ˌreprɪˈzent] *v* **1** atstovauti, būti atstovu; reprezentuoti **2** simbolizuoti; reikšti, ženklinti, rodyti; pateikti; **the red lines on the map ~ railways** raudonos linijos žemėlapyje rodo/reiškia geležinkelius; **to ~ falsely** pateikti melagingą informaciją **3** (pa)vaizduoti; piešti; **Shakespeare ~s Richard III as a black-hearted villain** Šekspyras vaizduoja Ričardą III kaip beširdį piktadarį **4** vaidinti *(vaidmenį)* **5** *refl* pristatyti, vaizduotis *(esant; as)*
re-present [ˌriːprɪˈzent] *v* pakartotinai pateikti/pasiųsti *(ypač dokumentą)*
representation [ˌreprɪzenˈteɪʃn] *n* **1** atstovavimas; reprezentavimas, reprezentacija **2** (pa)vaizdavimas; vaizdas **3** pavaizdavimas, pateikimas **4** vaidinimas **5** *ofic.* protestas; *pl* nusiskundimai; **to make ~s** kreiptis kokiu reikalu/prašymu; nusiskųsti *(to – kam, about – dėl)*
representational [ˌreprɪzenˈteɪʃnəl] *a* **1** atstovaujamasis **2** *men.* vaizduojamasis
representative [ˌreprɪˈzentətɪv] *n* **1** atstovas; delegatas; įgaliotinis; **the mole is the sole British ~ of the family** kurmis – vienintelis šios šeimos gyvūnas Britanijoje; **~s of the press** spaudos darbuotojai **2** *amer.* atstovų rūmų narys; **House of Representatives** atstovų rūmai
a **1** tipiškas, tipingas; pavyzdinis **2** atstovaujantis; vaizduojantis; simbolizuojantis **3** *spec.* atstovaujamasis; reprezentacinis
repress [rɪˈpres] *v* **1** (nu)malšinti, (nu)slopinti; (su)tramdyti **2** (su)laikyti *(ašaras ir pan.);* (su)valdyti *(aistras)*
represser [rɪˈpresə] *n* **1** engėjas, tironas **2** malšintojas, slopintojas
repression [rɪˈpreʃn] *n* **1** represija **2** (nu)malšinimas, (nu)slopinimas **3** sulaikymas, (su)valdymas *(jausmų, impulsų)*
repressive [rɪˈpresɪv] *a* represinis; represyvus; **~ measures** represinės/represavimo priemonės
repressor [rɪˈpresə] *n biol.* represorius

reprieve [rɪˈpriːv] *n* **1** *teis. (mirties)* nuosprendžio vykdymo atidėjimas; įsakymas dėl nuosprendžio vykdymo atidėjimo **2** atokvėpis, trumpa pertraukėlė
v **1** *(ppr. pass)* atidėti *(mirties)* nuosprendžio vykdymą **2** leisti atsikvėpti/atsidusti
reprimand [ˈreprɪmɑːnd] *n* papeikimas
v pareikšti papeikimą, papeikti
reprint *n* [ˈriːprɪnt] **1** perspausdinimas; naujas *(stereotipinis)* leidimas **2** *(straipsnio ir pan.)* atspaudas
v [riːˈprɪnt] perspausdinti, išleisti naują leidimą; daryti atspaudą
reprisal [rɪˈpraɪzl] *n (džn. pl)* represalijos; atsakomasis veiksmas/smūgis
reprise [rɪˈpriːz] *n muz., kin.* repriza
repro [ˈriːprəu] *sutr. šnek. n (pl ~s* [-z]) = **reproduction** 2
a senovinio stiliaus *(apie namą ir pan.)*
reproach [rɪˈprəutʃ] *n* **1** priekaištas; **above/beyond ~** nepriekaištingas; **to heap ~es (on)** apiberti priekaištais *(ką)* **2** gėda *(to – kam);* **to bring ~ (on)** užtraukti gėdą *(kam)*
v **1** priekaištauti, prikaišioti; prikišti; **to ~ smb with carelessness** prikišti/prikaišioti kam nerūpestingumą **2** *refl* kaltinti save; gailėtis
reproachful [rɪˈprəutʃfəl] *a* **1** priekaištingas **2** gėdingas, negarbingas
reprobate [ˈreprəbeɪt] *<n, a, v>* *n* **1** pasileidėlis, ištvirkėlis; nedorėlis **2** *rel.* nusidėjėlis
a pasileidęs, ištvirkęs; nedoras **2** *rel.* nuodėmingas, atstumtas, paniekintas
v knyg. **1** smerkti, peikti **2** *rel.* atstumti
reprobation [ˌrepreˈbeɪʃn] *n* pasmerkimas, papeikimas
reprocess [riːˈprəuses] *v* pakartotinai apdirbti, perdirbti
reproduce [ˌriːprəˈdjuːs] *v* **1** atgaminti, atkurti; reprodukuoti; **to ~ the sound exactly** tiksliai atgaminti garsą; **to ~ a play** atnaujinti pastatymą **2** atstatyti; **lobsters are able to ~ lost claws** vėžiams vėl atauga nutrauktos žnyplės **3** *biol.* gimdyti; veistis *(t. p. refl);* **to ~ one's kind** daugintis
reproducer [ˌriːprəˈdjuːsə] *n* reproduktorius; atkūrimo įrenginys
reproducibility [ˌriːprəˌdjuːsəˈbɪlətɪ] *n spec.* atkuriamumas, atgaminamumas
reproducible [ˌriːprəˈdjuːsəbl] *a* atkuriamas, atgaminamas
reproduction [ˌriːprəˈdʌkʃn] *n* **1** atgaminimas; *(ekon. t. p.)* reprodukcija **2** kopija, reprodukcija **3** *biol.* dauginimas(is), veisimas(is), reprodukcija
reproductive [ˌriːprəˈdʌktɪv] *a attr* **1** *spec.* atgaminamasis, atgaminimo; reprodukavimo **2** *biol.* reprodukcinis; **~ organs** vaisos/dauginimosi/reprodukcijos organai; **highly ~** vislus
reprographics, reprography [ˌriːprəˈgræfɪks, rɪˈprɔgrəfɪ] *n* reprografija
reproof[1] [rɪˈpruːf] *n* priekaištas; (pa)peikimas; **a glance of ~** priekaištingas žvilgsnis
reproof[2] [riːˈpruːf] *v* vėl impregnuoti *(lietpaltį ir pan.)*
reprove [rɪˈpruːv] *v* prikaišioti, prikišti; (pa)peikti; (pa)barti
reproving [rɪˈpruːvɪŋ] *a* priekaištingas
reptant [ˈreptənt] *a* = **repent**[1]
reptile [ˈreptaɪl] *n zool.* roplys, šliaužikas **2** *prk.* šliužas, palaižūnas
a **1** ropojantis, šliaužiojantis **2** *prk.* žemas, parsidavėliškas
reptilian [repˈtɪlɪən] *n zool.* roplys, reptilija
a **1** roplių; roplinis **2** *prk. šnek.* = **reptile** 2

republic [rɪ'pʌblɪk] *n* **1** respublika; *the R. of Lithuania* Lietuvos Respublika **2** *(lygiateisė)* bendruomenė; *the ~ of letters* literatūrinis pasaulis
republican [rɪ'pʌblɪkən] *a* **1** respublikinis **2** *(R.) amer.* respublikonų
n **1** respublikonas *(respublikinės santvarkos šalininkas)* **2** *(R.) amer.* respublikonas *(partijos narys)*
republication [ˌriːpʌblɪ'keɪʃn] *n* pakartotinis (iš)leidimas; pakartotinai išleista knyga, naujas leidimas
republish [riː'pʌblɪʃ] *v* iš naujo (iš)leisti
repudiate [rɪ'pjuːdɪeɪt] *v* **1** atstumti, atmesti; nepripažinti; *he ~ed the accusation* jis atmetė kaltinimą **2** atsisakyti, išsižadėti; *to ~ one's former friends* išsižadėti senų draugų **3** atsisakyti mokėti *(skolą)*, anuliuoti *(skolas, sutartį)* **4** skirtis, išsiskirti *(su žmona)*
repudiation [rɪˌpjuːdɪ'eɪʃn] *n* **1** nepripažinimas **2** atsisakymas, išsižadėjimas **3** atsisakymas mokėti *(skolą); (skolų)* anuliavimas **4** skyrimasis, išsiskyrimas *(su žmona)*
repugnance, -cy [rɪ'pʌgnəns, -sɪ] *n* **1** bjaurėjimasis, pasibjaurėjimas, antipatija, nepalankumas *(for, to, against)* **2** prieštaravimas, nesuderinamumas *(between, of)*
repugnant [rɪ'pʌgnənt] *a* **1** bjaurus, atstumiantis, nepakenčiamas *(to)* **2** prieštaraujantis; nesuderinamas *(with, to);* priešiškas
repulse [rɪ'pʌls] *n* **1** atrėmimas; *to suffer a ~* pralaimėti **2** atmetimas, *(neigiamas)* atsakymas; atstūmimas
v **1** atremti *(priešą)* **2** atmesti *(pasiūlymą ir pan.);* atstumti *(siūlytoją ir pan.); to ~ a request* atmesti prašymą, nepatenkinti prašymo
repulsion [rɪ'pʌlʃn] *n* **1** bjaurėjimasis, pasibjaurėjimas, antipatija **2** atrėmimas **3** *fiz.* stūma; *mutual ~* atsistūmimas
repulsive [rɪ'pʌlsɪv] *a* **1** atstumiantis, bjaurus, šlykštus **2** atremiantis, atmetantis **3** *fiz.:* *~ force* stūmos jėga
repurchase [riː'pɜːtʃəs] *kom. n* atpirkimas, išpirkimas
v atpirkti *(parduotą prekę)*
reputable ['repjutəbl] *a* gerbiamas; garbingas; *~ profession* garbinga profesija
reputation [ˌrepju'teɪʃn] *n* reputacija; geras vardas; *a person of ~* gerbiamas žmogus; *a person of no ~* įtartina asmenybė; *a scientist of worldwide ~* pasaulinio garso mokslininkas; *to have a ~ for wit* garsėti sąmojingumu; *to live up to one's ~* pateisinti savo reputaciją
repute [rɪ'pjuːt] *n* bendroji nuomonė, reputacija, vardas; *to know by ~* žinoti iš nuogirdų; *of bad ~* prastos reputacijos; *to be held in high ~* būti geros reputacijos, turėti gerą vardą; *writers of ~* žinomi rašytojai
v (ppr. pass) laikyti, manyti; *he is well ~d* apie jį gerai kalbama/atsiliepiama; *he is ~d to be rich* jis laikomas turtuoliu
reputed [rɪ'pjuːtɪd] *a attr* **1** geros reputacijos, gero vardo; žinomas **2** manomas, laikomas, spėjamas; *the ~ father of the child* manomas/spėjamas vaiko tėvas
reputedly [rɪ'pjuːtɪdlɪ] *adv* visų manymu
request [rɪ'kwest] *n* **1** prašymas; pageidavimas, *(mandagus)* (pa)reikalavimas; *at/by smb's ~* kieno prašymu/pageidavimu; *at the ~ of the public* publikos pageidavimu; *on ~* paprašius; pageidaujant; *to make a ~* a) kreiptis su prašymu; b) paduoti užsakymą/paraišką **2** *kom.* paklausa; *in great ~* paklausus, labai reikalaujamas; populiarus **3** *komp.* užklausa
v **1** prašyti; *(mandagiai)* reikalauti; *your presence is ~ed immediately* jūs prašo tuoj pat atvykti; *your help is ~ed* prašoma jūsų pagalbos; *I must ~ you to obey orders* prašau jus vykdyti įsakymus **2** pageidauti *(ką atlikti per radiją)*

requiem ['rekwɪəm, -ɪem] *n* **1** *muz.* rekviem, requiem **2** *bažn.* gedulingosios mišios *(t. p. ~ mass)*
requiescat [ˌrekwɪ'eskæt] *lot. n bažn.* ilsėkis ramybėje *(malda už mirusįjį)*
require [rɪ'kwaɪə] *v* **1** (pa)reikalauti, įsakyti **2** reikėti, būti reikalingam; *he ~s medical care* jam reikia medicinos priežiūros; *when ~d* kada reikės
required [rɪ'kwaɪəd] *a* reikalingas, būtinas; *to reach the ~ standard* pasiekti reikiamą lygį; *~ studies amer.* privalomieji kursai *(universitete)*
requirement [rɪ'kwaɪəmənt] *n* **1** reikalavimas, būtina sąlyga; *university entrance ~s* stojimo į universitetą reikalavimai; *what are his ~s?* kokios jo sąlygos? **2** poreikis, (pa)reikalavimas; *to meet the ~s* atitikti reikalavimus, (pa)tenkinti poreikius **3** *amer.* privalomieji kursai *(universitete)*
requisite ['rekwɪzɪt] *n* tai, kas reikalinga/būtina; *the ~s for a long journey* visa, ko reikia ilgai kelionei; *sports ~s* sporto reikmenys
a reikalingas, būtinas
requisition [ˌrekwɪ'zɪʃn] *n* **1** oficialus reikalavimas, įsakymas **2** paraiška, (pa)reikalavimas; paklausa; *~ form* paraiškos blankas; *to be in ~* turėti paklausą **3** *(ypač kar.)* rekvizavimas, rekvizicija; *to put in ~, to bring/call into ~* a) rekvizuoti; b) naudoti(s)
v **1** rekvizuoti **2** pateikti paraišką; reikalauti
requital [rɪ'kwaɪtl] *n* atpildas; at(si)lyginimas, atsiskaitymas
requite [rɪ'kwaɪt] *v* **1** at(si)lyginti, at(si)mokėti *(for – už; with – kuo); to ~ like for like* atsilyginti tuo pačiu **2** (at)keršyti; *pass* gauti atpildą
reran [riː'ræn] *past žr.* **rerun** *v*
reread [riː'riːd] *v* (reread [riː'red]) iš naujo (per)skaityti
reredos ['rɪədəs] *n bažn.* altoriaus dekoratyvinis pano
rerefine [ˌriːrɪ'faɪn] *v tech.* regeneruoti *(panaudotą alyvą)*
re-release [ˌriːrɪ'liːs] *v* pakartotinai (iš)leisti *(filmą ir pan.)*
reroof [riː'ruːf] *v* perdengti stogą
reroute [riː'ruːt] *v* (pa)keisti maršrutą/trasą; peradresuoti
rerun *n* ['riːrʌn] **1** pakartotinis rodymas *(kino filmo, televizijos laidos);* senas filmas **2** *(įvykio ir pan.)* pasikartojimas *(of)* **3** pakartotinės lenktynės/varžybos
v [riː'rʌn] (reran; rerun) **1** pakartotinai rodyti *(filmą)* **2** iš naujo lenktyniauti
resale ['riːseɪl, riː'seɪl] *n* perpardavimas
resat [riː'sæt] *past ir pII žr.* **resit**
reschedule [riː'ʃedjuːl] *v* **1** nukelti, atidėti *(vėlesniam laikui)* **2** *fin.* perstruktūrinti, atidėti *(skolą ir pan.)*
rescind [rɪ'sɪnd] *v teis.* panaikinti, anuliuoti; nutraukti *(sutartį ir pan.)*
rescission [rɪ'sɪʒn] *n teis.* panaikinimas, anuliavimas
rescript ['riːskrɪpt] *n* **1** *ist.* reskriptas **2** įsakas; raštas
rescue ['reskjuː] *n* (iš)gelbėjimas; *to come to the ~* ateiti į pagalbą, padėti; *~ party [team]* gelbėjimo ekspedicija [būrys/brigada]
v **1** (iš)gelbėti; *to ~ a drunkard* padėti girtuokliui mesti gerti **2** *teis.* išvaduoti smurtu *(suimtąjį)* **3** *teis.* atsiimti smurtu *(turtą)*
rescuer ['reskjuːə] *n* (iš)gelbėtojas
research [rɪ'sɜːtʃ] *n* **1** *(džn. pl)* (mokslinis) tyri(nėji)mas, nagrinėjimas *(into, on);* mokslo tiriamasis darbas *(t. p. ~ work); to be engaged in ~* dirbti mokslinį darbą; *market ~* rinkos tyrimas **2** rūpestingas ieškojimas *(after, for)* **3** *attr: ~ establishment* mokslinio tyrimo institutas; *~ library* mokslinė biblioteka *~ satellite* mokslinis palydovas
v **1** tirti, tyrinėti; nagrinėti, studijuoti **2** teikti daug informacijos, faktinės medžiagos *(apie knygą ir pan.)*

researcher [rɪˈsɜːtʃə] *n* tyrėjas, tyrinėtojas

reseat [riːˈsiːt] *v* **1** vėl (pa)sodinti, persodinti; *refl* vėl atsisėsti **2** padaryti naują *(kėdės)* sėdynę **3** įrengti naujas sėdėjimo vietas *(teatre ir pan.)* **4** *tech.* pritrinti, priderinti

resect [rɪˈsekt] *v med.* padaryti rezekciją, operacija pašalinti dalį organo

resection [rɪˈsekʃn] *n med.* rezekcija

reseda [ˈresɪdə] *n bot.* razeta

reseed [riːˈsiːd] *v ž. ū.* atsėti

reselect [ˌriːsɪˈlekt] *v polit.* perrinkti

resell [riːˈsel] *v* (resold) perparduoti

resemblance [rɪˈzembləns] *n* panašumas; *to bear/show* ~ būti panašiam, panašėti *(to – į)*

resemble [rɪˈzembl] *v* būti panašiam; *to ~ each other* būti panašiems vienam į kitą

resent [rɪˈzent] *v* piktinti(s); į(si)žeisti; *I ~ the way he treats me* mane piktina jo elgesys su manimi

resentful [rɪˈzentfəl] *a* **1** pasipiktinęs; įsižeidęs *(at, about – dėl)*; (pilnas) apmaudo **2** lengvai įsižeidžiantis

resentment [rɪˈzentmənt] *n* pasipiktinimas, apmaudas; įsižeidimas; *to have no ~ (against)* nejausti apmaudo *(kam)*

reservation [ˌrezəˈveɪʃn] *n* **1** išlyga, sąlyga; *(nutylėta, slapta)* abejonė; *without ~* be išlygų, besąlygiškai; *with ~ (of)* išskyrus; *with the mental ~* slapčia *ar* vienas sau galvodamas; *to have serious ~s (about)* turėti rimtų abejonių *(dėl)* **2** išankstinis užsakymas *(vietų viešbutyje ir pan.)* **3** iš anksto užsakyta/rezervuota vieta *(viešbutyje, restorane, laive ir pan.)* **4** rezervavimas, išsaugojimas *(t. p. teis.)*; *(teisės)* išlaikymas **5** *(magistralės)* skiriamoji juosta *(t. p. central ~)* **6** *amer.* rezervacija **7** *(ypač amer.)* draustinis, rezervatas

reserve [rɪˈzɜːv] *n* **1** atsarga, rezervas *(t. p. kar.)*; *to keep a ~* turėti atsargą; *a body of ~ kar.* rezervinis pulkas **2** rezervatas, draustinis; *nature ~* gamtos draustinis **3** išlyga, sąlyga; apribojimas; *without ~* be išlygų, visiškai; *dar žr.* 4 **4** slaptumas; santūrumas, atsargumas; *without ~* atvirai, nieko neslepiant; *dar žr.* 3 **5** *(ppr. pl) ekon.* ištekliai, resursai, atsargos; *bank [currency] ~s fin.* banko [valiutų] rezervai **6** *fin.* rezervinis/atsargos fondas **7** *sport.* atsarginis žaidėjas **8** *attr* atsarginis, rezervinis; *~ price fin.* žemiausia/minimali kaina *(aukcione)*; *~ currency* rezervinė valiuta
v **1** taupyti, palikti, saugoti; *refl* tausoti savo jėgas *(for – kam)*; *she ~d her fiercest criticism (for)* ji pasiliko aštriausius žodžius *(kam)* **2** rezervuoti; iš anksto už(si)sakyti; *to ~ a seat* a) rezervuoti/už(si)sakyti vietą; b) iš anksto pirkti/už(si)sakyti bilietą **3** (pa)skirti, lemti; *a great future is ~d for you* jūsų laukia didelė ateitis **4** atidėti *(ateičiai)* **5** *teis.* pasilikti, išlaikyti *(teisę)*

reserved [rɪˈzɜːvd] *a* **1** slapus, santūrus, užsidaręs **2** *(iš anksto)* užsakytas, rezervuotas; *~ seat* a) rezervuota vieta; b) vietaženklis, plackartė; c) iš anksto pirktas bilietas *(į teatrą ir pan.)* **3** rezervinis, atsarginis; *~ list kar.* atsargos karininkų sąrašas ◊ *all rights ~* visos teisės priklauso autoriui *(įrašas knygoje ir pan.)*

reservedly [rɪˈzɜːvɪdlɪ] *adv* santūriai, atsargiai

reservist [rɪˈzɜːvɪst] *n kar.* atsarginis, rezervistas

reservoir [ˈrezəvwɑː] *pr. n* **1** rezervuaras; baseinas; vandens saugykla/telkinys **2** *(žinių, energijos ir pan.)* išteklius, atsarga, šaltinis **3** *aut. (stabdžių skysčio)* bakelis, rezervuaras

reset *v* [riːˈset] (reset) **1** vėl nustatyti, pasukti *(laikrodį)*; vėl įrengti/įstatyti/įtaisyti **2** atitaisyti *(sulaužytą kaulą)* **3** *poligr.* perrinkti
n [ˈriːset] *spec.* pakartotinė keltis

resettle [riːˈsetl] *v* **1** perkelti, apgyvendinti kitur; persikelti, apsigyventi kitur **2** vėl, iš naujo apgyvendinti *(gyvenvietę)*

resettlement [riːˈsetlmənt] **1** per(si)kėlimas, apgyvendinimas *(kitoje vietoje)* **2** *(pabėgėlių, imigrantų)* integravimas; *(buvusių kalinių ir pan.)* įsiliejimas į visuomenę, įsidarbinimas

reshape [riːˈʃeɪp] *v* **1** įgyti naują/kitą formą; keistis *(t. p. refl)* **2** perpavidalinti, naujai apipavidalinti; suteikti naują/kitą formą

reship [riːˈʃɪp] *v* **1** iš naujo pakrauti laivą; perkrauti/perkelti į kitą laivą **2** vėl sėsti į laivą, vėl išplaukti

reshuffle *v* [riːˈʃʌfl] **1** perpašyti, pakartotinai supašyti/sumaišyti *(kortas)* **2** *polit.* sukeisti, pergrupuoti
n [ˈriːʃʌfl] **1** perpašymas *(kortų)* **2** *polit.* sukeitimas, pergrupavimas; *Cabinet ~* ministrų kabineto pertvarkymas

reside [rɪˈzaɪd] *v* **1** gyventi, būti *(in, at – kur)* **2** priklausyti, būti patikėtam *(apie teises ir pan.; in – kam)* **3** slypėti *(in)*

residence [ˈrezɪdəns] *n* **1** gyvenamoji/buvimo vieta, buveinė; rezidencija; *in ~* a) (gyvenantis) rezidencijoje; b) (gyvenantis) universiteto patalpose *(apie studentus)* **2** buvimas, gyvenimas *(tam tikroje vietoje)*; *to take up (one's) ~* apsigyventi; *to have one's ~* gyventi **3** gyvenimo *(kur)* laikas/trukmė

residency [ˈrezɪdənsɪ] *n* **1** = **residence** 1, 2 **2** *amer. med.* ordinatūra

resident [ˈrezɪdənt] *n* **1** *(nuolatinis)* gyventojas **2** *(viešbučio)* svečias, gyventojas **3** *amer.* ordinatorius
a **1** gyvenantis *(kur)*; *~ doctor/physician* gydytojas, gyvenantis prie ligoninės; *the ~ population* nuolatiniai gyventojai **2** neiškeliaujantis, neiškrendantis *(apie paukščius)* **3** būdingas *(in)*; *privileges ~ in a class* klasinės privilegijos **4** *komp.* esantis operatyvinėje atmintyje; rezidentinis ◊ *~ minister* diplomatinis atstovas *(t. p. minister ~)*

residential [ˌrezɪˈdenʃl] *a* **1** gyvenamasis *(apie miesto rajoną)*; *~ hotel* viešbutis nuolatiniams gyventojams **2** susijęs su gyvenamąja vieta; *~ qualification* sėslumo cenzas **3**: *~ rental amer.* buto mokestis; *~ treatment facility amer.* psichiatrinė ligoninė

residentiary [ˌrezɪˈdenʃərɪ] *a* **1** susijęs su gyvenamąja vieta; gyvenamosios vietos **2** *bažn.* privalantis gyventi savo parapijoje

residua [rɪˈzɪdjuə] *pl žr.* **residuum**

residual [rɪˈzɪdjuəl] *n* **1** *mat., chem.* liekana, likutis **2** *teis.* autoriaus honoraras už kiekvieną filmo, tel. programos *ir pan.* pakartotinį rodymą
a **1** likęs, liekamasis, liktinis; *~ value ekon.* likutinė vertė **2** likęs neišaiškintas *(apie skaičiavimo klaidą)* **3** *mat.* likęs atėmus

residuary [rɪˈzɪdjuərɪ] *a* likęs, pasilikęs; *~ legatee teis.* turto, likusio sumokėjus skolas ir mokesčius, paveldėtojas

residue [ˈrezɪdjuː] *n* **1** *chem.* likutis, liekana; nuosėdos **2** *teis.* palikimo dalis, likusi apmokėjus skolas ir mokesčius **3** *chem.* radikalas

residuum [rɪˈzɪdjuəm] *n (pl* -dua) = **residue** 1, 2

resign [rɪˈzaɪn] *v* **1** atsisakyti *(pareigų, teisės)*; atsistatydinti **2** atsižadėti, nustoti *(vilties ir pan.)* **3** užleisti, atiduoti *(pareigas, teises; to)* **4** *refl* susitaikyti, nusileisti *(to)*; rezignuoti; *to ~ one's mind (to)* apsiprasti su mintimi; *to ~ oneself to one's fate* susitaikyti su likimu, nusilenkti likimui; *we must ~ ourselves to doing without it* mes turime priprasti apsieiti be to **5** *šach.* pasiduoti

re-sign [riːˈsaɪn] *v* iš naujo pasirašyti

resignation [ˌrezɪg'neɪʃn] *n* **1** pareigų atsisakymas; atsistatydinimas, išėjimas į atsargą **2** atsistatydinimo raštas/pareiškimas; *to hand/send in one's* ~ paduoti prašymą atsistatydinti **3** susitaikymas; nuolankumas, rezignacija; *to accept one's fate with* ~ nuolankiai susitaikyti su likimu **4** *šach.* pasidavimas

resigned [rɪ'zaɪnd] *a* **1** nuolankus, paklusnus; susitaikęs *(to)* **2** atsistatydinęs

resile [rɪ'zaɪl] *v* **1** būti tampriam, atsitiesti, atšokti **2** atsisakyti *(reikalavimų ir pan.);* atsitraukti *(from)* **3** atgauti *(jėgas)*

resilience, -cy [rɪ'zɪlɪəns, -sɪ] *n* **1** (su)gebėjimas greitai atkurti/atgauti fizines ir dvasines jėgas **2** stangrumas, tamprumas, tampra, tamprusis slankumas **3** *tech.* tamprioji deformacija; smūginis tąsumas

resilient [rɪ'zɪlɪənt] *a* **1** stangrus, tamprus, elastingas **2** (su)gebantis greit atsigauti/atsikurti; nenusimenantis, džiugus **3** lankstus *(apie reikalavimus ir pan.)*

resin ['rezɪn] *n* sakai, derva; *synthetic* ~ sintetinė derva; plastikas, plastinė masė
v sakuoti, dervuoti

resinous ['rezɪnəs] *a* dervingas, sakingas; *~ peat* dervingosios durpės, dervadurpės

resist [rɪ'zɪst] *v* **1** priešintis, pasipriešinti; *to ~ changes* priešintis pasikeitimams **2** spirtis, atsispirti, nepasiduoti; *to ~ temptation* spirtis/atsispirti/nepasiduoti pagundai **3** būti atspariam *(karščiui ir pan.)* **4** atremti, atmušti *(priešą)*, priešintis **5** *(ppr. neig. sakiniuose)* susilaikyti; *I can't ~ laughing [a cigarette]* negaliu susilaikyti nesijuokęs [nerūkęs]

resistance [rɪ'zɪstəns] *n* **1** pasipriešinimas, priešinimasis; *to offer ~, to put up ~* priešintis; *to take/follow the line/path of least ~* rinktis mažiausio pasipriešinimo būdą **2** *(organizmo)* atsparumas **3** *spec.* atsparumas, priešinimasis, pasipriešinimas; *wear/abrasive ~, ~ to wear/abration tech.* dylamasis atsparumas, atsparumas dilimui; *rolling ~ tech.* pasipriešinimas riedėjimui; *~ to pests* ž. ū. atsparumas kenkėjams **4** *(R.) polit.* rezistencija, pasipriešinimo judėjimas *(t. p. ~ movement)* **5** *el.* varža **6** = **resistor**

resistant [rɪ'zɪstənt] *a* **1** kuris priešinasi *(pakitimams ir pan.)* **2** atsparus, rezistentiškas *(to)*

resistible [rɪ'zɪstəbl] *a* atremiamas

resistive [rɪ'zɪstɪv] *a* **1** galintis priešintis **2** *el.* turintis varžą; varžos

resistivity [ˌrɪzɪs'tɪvətɪ] *n el.* savitoji/specifinė varža

resistless [rɪ'zɪstləs] *a psn.* **1** neįveikiamas; nesulaikomas **2** nesugebantis priešintis, nesipriešinantis

resistor [rɪ'zɪstə] *n el.* varžas, rezistorius; *regulating ~* reguliavimo varžas

resit *v* [ri:'sɪt] (resat) perlaikyti *(egzaminą)*
n ['ri:sɪt] *(egzamino)* perlaikymas

re-skilling [ri:'skɪlɪŋ] *n* perkvalifikavimas *(ypač bedarbių)*

resold [ri:'səuld] *past ir pII žr.* **resell**

resole [ri:'səul] *v* pakalti *(naujus)* puspadžius

resoluble [rɪ'zɔljubl] *a* išskaidomas *(into)*

resolute ['rezəlu:t] *a* ryžtingas; tvirtai nusistatęs, tvirtas

resolution [ˌrezə'lu:ʃn] *n* **1** ryžtingumas; ryžtas, pasiryžimas; *to make a firm ~ to do smth* tvirtai pasiryžti ką daryti; *New Year ~* naujametis pasižadėjimas **2** sprendimas; nutarimas; rezoliucija; *to take/make a ~* nuspręsti, nutarti; *to pass/adopt/carry ~* priimti nutarimą/rezoliuciją **3** *(problemos, konflikto ir pan.)* (iš)sprendimas **4** su(si)skaidymas *(į sudėtines dalis; into)* **5** *fiz.* skyra, iš(si)skyrimas; skiriamoji geba; *(jėgos, vektoriaus)* skaidymas(is) **6** *med.* išsiskaidymas; uždegiminių reiškinių pasibaigimas **7** *muz.* atomazga, perėjimas į konsonansą

resolvable [rɪ'zɔlvəbl] *a* **1** išsprendžiamas **2** suskaidomas *(into)*

resolve [rɪ'zɔlv] *n* **1** apsisprendimas; *to make a ~ not to go* apsispręsti neiti; *to make good ~s* turėti gerų ketinimų **2** *poet.* ryžtingumas, ryžtas; *of great ~* drąsus ir ryžtingas
v **1** pasiryžti, ryžtis; apsispręsti; *I ~d to tell the truth* pasiryžau sakyti tiesą **2** išspręsti, nuspręsti, nutarti; nuspręsti balsavimu **3** išskaidyti *(abejones ir pan.)* **4** skaidyti(s), su(si)skaidyti, (su)skilti *(into)* **5** *med.* iš(si)skaidyti; rezorbuotis **6** *muz.* baigtis konsonansu **7** *refl* virsti *(into); the water ~s itself into steam* vanduo virsta garais

resolved [rɪ'zɔlvd] *a* ryžtingas, tvirtas; *to be ~* tvirtai apsispręsti

resolvent [rɪ'zɔlvənt] *n* **1** *chem.* tirpiklis **2** *med. (uždegimo produktų)* išsiskaidymą skatinanti priemonė

resonance ['rezənəns] *n* rezonansas

resonant ['rezənənt] *a* **1** aidintis, skambantis *(with);* skambus **2** *(gerai)* rezonuojantis; *~ hall* salė su gera akustika **3** *fiz.* rezonansinis
n fon. balsingasis/sonorinis priebalsis, sonantas

resonate ['rezəneɪt] *v* rezonuoti; *a hall resonating with laughter* salė, skambanti nuo juoko

resonator ['rezəneɪtə] *n spec.* rezonatorius

resorption [rɪ'zɔ:pʃn] *n* **1** įsiurbimas, sugėrimas **2** *fiziol.* rezorbcija

resort [rɪ'zɔ:t] *n* **1** *(priemonės)* panaudojimas; *without ~ to force [violence]* nesiimant/nepavartojant jėgos [smurto] **2** išeitis, *(vienintelis)* išsigelbėjimas **3** lankymas(is); lankoma vieta **4** poilsiavietė, poilsiavimo vieta; kurortas *(t. p. health/holiday ~); summer ~* vasarvietė **5** *amer.* viešbutis atostogaujantiems ◊ *as a last ~, in the last ~* blogiausiu atveju; kaip paskutinė išeitis; *to have a wholesome ~ (for)* prisibijoti *(ko)*
v **1** griebtis, imtis *(to – ko); to ~ to force/compulsion* griebtis jėgos, pavartoti jėgą **2** dažnai lankytis/būti

re-sort [ri:'sɔ:t] *v* perrūšiuoti

resound [rɪ'zaund] *v* **1** skardėti, aidėti, skambėti *(with);* skardenti **2** rezonuoti; (pa)kartoti, atliepti *(garsą)* **3** garsėti; garsinti, šlovinti; *to ~ smb's praises* girti, garbinti ką

resounding [rɪ'zaundɪŋ] *a* **1** skardus; *~ phrase* skambi frazė **2** didžiulis; *~ success* didžiulis pasisekimas; *~ defeat* visiškas pralaimėjimas

resource [rɪ'sɔ:s, rɪ'zɔ:s] *n* **1** *(ppr. pl)* ištekliai, resursai, atsargos; išgalės; lėšos; *natural ~s* gamtos ištekliai/turtai; *to be at the end of one's ~s* išsemti/išnaudoti visas galimybes **2** pramoga, malonus užsiėmimas; *~s for learning* mokymo(si) priemonės; *reading is a great ~ in illness* skaitymas – geras užsiėmimas sergant **3** sumanumas, išradingumas; *full of ~* išradingas
v parūpinti lėšų, finansuoti *(programą ir pan.)*

resourceful [rɪ'sɔ:sfəl, rɪ'zɔ:sfəl] *a* sumanus, išradingas

resourcefulness [rɪ'sɔ:sfəlnɪs, rɪ'zɔ:sfəlnɪs] *n* sumanumas, išradingumas

respect [rɪ'spekt] *n* **1** pagarba, pagarbumas; *out of ~* iš pagarbos, gerbiant *(for); to hold in ~* gerbti; *to pay one's ~s* (pa)reikšti pagarbą *(to); to pay one's last ~ to smb* atiduoti kam paskutinę pagarbą; *to have ~ for one's promise* laikytis žodžio **2** *pl* linkėjimai; *my best ~s for him!* perduokite jam mano geriausius linkėjimus **3** atžvilgis; *to have/pay ~ (to)* atsižvelgti, imti domėn;

in all ~s, in every ~ visais atžvilgiais; *in no ~s* jokiu atžvilgiu/atveju; *without ~ (to)* nekreipiant dėmesio, nepaisant; *in ~ (of) (ko)* atžvilgiu; *with ~ (to)* dėl; *in ~ that...* atsižvelgiant į tai, kad... ◊ *~ of persons* neobjektyvumas; *without ~ of persons* nepaisant asmenų, objektyviai; *with (all due) ~...* nepaisant pagarbos... *(prieštaraujant kam)*
v 1 gerbti 2 paisyti, imti domėn; atsižvelgti
respectability [rɪˌspektə'bɪlətɪ] *n* 1 garbumas; garbingumas, respektabilumas 2 garbus žmogus; garbūs asmenys
respectable [rɪ'spektəbl] *a* 1 garbingas, garbus; respektabilus; orus 2 gerbiamas; gerbtinas 3 padorus, tinkamas; neblogas 4 didokas, gerokas *(apie kiekį ir pan.)*
respecter [rɪ'spektə] *n* gerbėjas, šalininkas ◊ *he [disease] is no ~ of persons* jis – objektyvus žmogus, jam [ligai] visi lygūs
respectful [rɪ'spektfəl] *a* pagarbus, gerbiantis; *at a ~ distance* nemažu atstumu, tolokai
respectfully [rɪ'spektfəlɪ] *adv* pagarbiai; *yours ~* su pagarba *(laiško pabaigoje)*
respectfulness [rɪ'spektfəlnɪs] *n* pagarbumas *(to, towards)*
respecting [rɪ'spektɪŋ] *prep* dėl, apie
respective [rɪ'spekktɪv] *a attr* atitinkamas; *in their ~ places* kiekvienas savo vietoje; *to go their ~ ways* kiekvienam eiti savo keliu
respectively [rɪ'spektɪvlɪ] *adv* atitinkamai, nurodyta tvarka
respiration [ˌrespə'reɪʃn] *n* 1 kvėpavimas 2 įkvėpimas ir iškvėpimas
respirator ['respəreɪtə] *n* respiratorius; dujokaukė
respiratory ['respərətrɪ, rɪ'spɪrət*ə*rɪ] *a med.* kvėpavimo, kvėpuojamasis, respiracinis
respire [rɪ'spaɪə] *v* 1 kvėpuoti 2 atsikvėpti; atgauti kvapą/dvasią
respite ['respaɪt, 'respɪt] *n* 1 atokvėpis, atsikvėpimas; *without a moment's ~* be atvangos 2 *(nuosprendžio vykdymo, mokėjimo)* atidėjimas
v 1 atidėti *(ypač nuosprendžio vykdymą)* 2 leisti atsikvėpti
resplendence [rɪ'splendəns, -sɪ] *n ret.* tviskėjimas, blizgėjimas; prašmatnumas
resplendent [rɪ'splendənt] *a knyg.* blizgantis, žvilgantis, tvaskus; prašmatnus *(apie išvaizdą);* *to be ~ (with)* tviskėti, žvilgėti, žėrėti
respond [rɪ'spɒnd] *v* 1 atsakyti; *to ~ with a letter* atsakyti laišku; *to ~ with a blow* smogti atsakomąjį smūgį 2 reaguoti, atsiliepti, pasiduoti *(įtakai ir pan.; to); to ~ to treatment* būti lengvai gydomam
respondent [rɪ'spɒndənt] *a* 1 atsakantis; reaguojantis 2 atsiliepiantis, atjauslus 3 *teis.* stojantis atsakovu
n 1 respondentas *(atsakantis į anketos ir pan. klausimus)* 2 *teis.* atsakovas 3 *biol.* atsako reakcija
response [rɪ'spɒns] *n* 1 atsakymas; *in ~ (to)* atsakant, atsakydamas *(į); in ~ to a signal* pagal signalą, į signalą 2 atsiliepimas, reagavimas; reakcija; *~ of vehicle tech.* automobilio valdomumas 3 atgarsis; *(skaitytojų ir pan.)* atsiliepimas 4 *bažn.* pamaldų dalis, kai giedama/skaitoma litanija
responsibility [rɪˌspɒnsə'bɪlətɪ] *n* 1 atsakomybė; atsakingumas; *on one's own ~* savo atsakomybe/iniciatyva/atsakymu; *to assume/take ~* prisiimti atsakomybę *(for – už)* 2 pareiga, įsipareigojimas 3 *amer.* mokumas 4 *teis.* pakaltinamumas
responsible [rɪ'spɒnsəbl] *a* 1 atsakingas; atskaitingas; *~ post* atsakingas postas; *to be ~ for smth* a) būti atsakingam, atsakyti už ką; b) būti ko iniciatoriumi/autoriumi;

they are ~ for increased output jų dėka buvo padidinta produkcijos gamyba; *I am ~ (for)* man tenka atsakomybė *(už)* 2 patikimas 3 *amer.* mokus 4 *teis.* pakaltinamas
responsive [rɪ'spɒnsɪv] *a* 1 atsiliepiantis, reaguojantis, pasiduodantis; *to be ~ to the needs of the customer* atsiliepti/reaguoti į pirkėjo poreikius; *~ audience* gyvai reaguojanti auditorija 2 atsakomasis, atliepiamasis 3 atjauslus, jautrus 4 *fiziol.* reaktyvus
respray [ri:'spreɪ] *v* perdažyti *(automobilį; pulverizatoriumi)*
rest[1] [rest] *n* 1 ramybė; poilsis, ilsėjimasis; miegas; *at ~* a) ramybėje; b) nejudamas; c) *euf.* miręs; *to take/have ~* pailsėti, ilsėtis; atsipūsti; *to go/retire to ~* eiti miegoti; *to put/set smb's mind at ~* nuraminti ką; *to set a question at ~* išspręsti klausimą; *without ~* be poilsio, be atvangos 2 nejudamumas; *to bring to ~* sustabdyti *(vežimą, automobilį ir pan.); to come to ~* sustoti 3 *euf.* mirtis; *he has gone to his ~* jis mirė; *to lay to ~* (pa)laidoti 4 poilsio vieta 5 atrama; stovas, pastovas 6 *tech.* suportas 7 *muz.* pauzė 8 *lit.* cezūra ◊ *to lay/put smth to ~* galutinai atmesti/paneigti *(kaltinimus, gandus ir pan.); give it a ~!* *šnek.* pakaks!, nustok!
v 1 ilsėtis, poilsiauti 2 nesijaudinti; *not to ~ until...* nenusiraminti tol, kol... 3 leisti pailsėti, paīlsinti; *~ your men for an hour* leiskite pailsėti žmonėms valandėlę 4 (pa)likti *(be pakitimų); let the matter ~* palikim taip, kaip yra; *to give smth a ~* palikti ką ramybėje, liautis *(ką darius)* 5 laikyti(s), remtis, gulėti *(on, upon);* at(si)remti *(against, on); to ~ on oars* laikyti irklus virš vandens 6 būti įsmeigtam/sutelktam, sustoti *(apie žvilgsnį, dėmesį; on, upon)* 7 būti; priklausyti *(on, upon – nuo); the fault ~s with you* tai yra jūsų kaltė 8 dėti vilčių, tikėti *(in)* 9 *euf.* gulėti *(palaidotam),* ilsėtis; *may he ~ in peace!* tegu ilsisi ramybėje! 10 *teis.* *(savanoriškai)* baigti parodymų pateikimą *(svarstant bylą)* 11 *ž. ū. (leisti)* pūdymuoti
rest[2] *n* 1 *(the ~)* likutis, liekana, kas likę; likusieji, kiti; *and (all) the ~ of it* ir visa kita; *for the ~* dėl visa kita; o dėl visų kitų 2 *fin.* atsargos/rezervinis fondas
v likti; *you may ~ assured* galite būti tikras; *it ~s with you to decide* jums paliekama spręsti
restart *v* [ri:'stɑ:t] 1 iš naujo pradėti; atnaujinti 2 vėl paleisti *(variklį, kompiuterį)*
n ['ri:stɑ:t] 1 *tech.* kartotinis paleidimas 2 *sport.* pakartotinis startas *(aut. lenktynėse);* nauja ataka *(futbole)*
restate [ri:'steɪt] *v* vėl pareikšti; naujaip/kitaip formuluoti
restatement [ri:'steɪtmənt] *n* 1 pakartotinis pareiškimas; patvirtinimas 2 nauja formuluotė 3 *amer.* teisės normų sąvadas
restaurant ['restərɒnt] *pr. n* restoranas; *~ car* vagonas restoranas
restaurateur [ˌrestərə'tɜ:] *pr. n* restorano savininkas/laikytojas
rest-cure ['restkjuə] *n* gydymas poilsiu/ramybe
rest-day ['restdeɪ] *n* poilsio diena
restful ['restfəl] *a* 1 raminamasis; raminantis 2 ramus, tylus
rest-harrow ['restˌhærəu] *n bot.* dirvenis
rest-home ['resthəum] *n* senelių ir invalidų namai; poilsio namai sveikstantiems
rest-house ['resthaus] *n* 1 *ind.* viešbutis keliautojams 2 *ret.* poilsio namai
resting-place ['restɪŋpleɪs] *n* 1 poilsio vieta 2 *euf.* kapai *(t. p. last ~)* 3 laiptų aikštelė
restitution [ˌrestɪ'tju:ʃn] *n* 1 *(turto)* (su)grąžinimas 2 *(nuostolių)* padengimas; *to make ~* atlyginti žalą, padengti nuostolį 3 *teis. (teisių)* atkūrimas, restitucija

restive ['restɪv] *a* **1** sunkiai suvaldomas; nartus *(apie arklį)* **2** neramus, sunerimęs

restless ['restləs] *a* **1** neramus; nenustygstantis; ~ *soul* maištinga dvasia **2** nerimstantis, sunerimęs; *to get/grow* ~ sunerimti; imti nekantrauti

restlessness ['restləsnɪs] *n* **1** neramumas **2** nerimavimas; nekantrumas

restock [ri:'stɔk] *v* papildyti atsargas; vėl ap(si)rūpinti

restoration [ˌrestə'reɪʃn] *n* **1** restauracija; restauravimas; *the R. ist.* Restauracija *(1660 m. Anglijoje)* **2** atstatymas, atkūrimas; rekonstrukcija **3** *(turto, teritorijos)* grąžinimas

restorative [rɪ'stɔ:rətɪv] *a* stiprinamasis; stiprinantis, grąžinantis jėgas
n med. stiprinamasis vaistas; tonizuojamoji/atgaivinimo priemonė; *juok.* tonizuojamasis gėrimas

restore [rɪ'stɔ:] *v* **1** (su)grąžinti; *to ~ smb's sight* grąžinti kam regėjimą; *a victory that ~d the team's confidence* pergalė, grąžinusi komandai pasitikėjimą **2** atkurti; *pass* atgauti *(jėgas ir pan.); to ~ order* (vėl) įvesti tvarką; *to ~ smb to life* prikelti ką gyventi; *to be ~d to health* pasveikti **3** atstatyti, rekonstruoti; atnaujinti **4** restauruoti *(paveikslą ir pan.)* **5** atgaivinti, atkurti *(papročius, tradicijas ir pan.)*

restorer [rɪ'stɔ:rə] *n* restauratorius

restrain [rɪ'streɪn] *v* **1** *(džn. refl)* su(si)laikyti, su(si)turėti; *to ~ one's temper* slopinti susierzinimą; susivaldyti **2** (su)varžyti, (ap)riboti *(kainas, infliaciją ir pan.)* **3** suimti, sulaikyti; izoliuoti *(ypač pamišėlius)*

restrained [rɪ'streɪnd] *a* **1** santūrus; nuosaikus **2** prislopintas

restraint [rɪ'streɪnt] *n* **1** *(džn. pl)* (ap)ribojimas, (su)varžymas; *the ~s of poverty* skurdo varžtai; *without ~* a) laisvai, nesivaržant; b) nesulaikomai **2** susilaikymas, susivaldymas; santūrumas; *to advocate ~* propaguoti saikingumą **3** sulaikymas; uždarymas *(į kalėjimą ir pan.); to put under ~* uždaryti į beprotnamį

restrict [rɪ'strɪkt] *v* **1** (ap)riboti; (su)varžyti; *to ~ to a diet* priversti laikytis dietos **2** *refl, pass* ribotis, apsiriboti *(to – kuo); the damage is ~ed to the left side of the brain* pakenkta tik kairioji smegenų pusė

restricted [rɪ'strɪktɪd] *a* **1** (ap)ribotas; skirtas siauram ratui; ~ *(document)* (dokumentas) tarnybiniam naudojimuisi; ~ *area* uždraustoji/draudžiamoji zona **2** ankštas

restriction [rɪ'strɪkʃn] *n* (ap)ribojimas; (su)varžymas; *without ~* neribotai; *to lift speed ~s* panaikinti greičio apribojimus; *~s of trade kom.* prekybos suvaržymai

restrictive [rɪ'strɪktɪv] *a* (ap)ribojantis, (ap)ribojamas; (su)varžantis; ~ *speed* ribotas greitis

restring [ri:'strɪŋ] *v* (restrung) **1** *muz.* iš naujo sustyguoti **2** perstyguoti *(raketę)* **3** suverti *(karolius ir pan.)* į naują vėrinį

restroom ['restrum] *n* **1** poilsio kambarys **2** *amer.* tualeto kambarys *(viešbutyje, teatre ir pan.)*

restructure [ri:'strʌktʃə] *v* reorganizuoti, pertvarkyti

restrung [ri:'strʌŋ] *past ir pII žr.* **restring**

restyle *n* ['ri:staɪl] nauja šukuosena
v [ri:'staɪl]: *to ~ smb's hair* padaryti kam naują šukuoseną

result [rɪ'zʌlt] *n* **1** rezultatas, padarinys; pasekmė; *the election ~s* rinkimų rezultatai; *without ~* bergždžiai, veltui; *as a ~* todėl; *as a ~ (of)* dėl **2** *mat.* skaičiavimo rezultatas, gautoji suma ◊ *to get a ~ šnek.* laimėti *(rungtynes)*
v **1** išeiti, išplaukti, būti *(ko)* padariniu *(from); nothing has ~ed from my efforts* iš mano pastangų nieko neišėjo **2** baigtis *(in – kuo); heavy rains ~ed in floods* liūtys sukėlė potvynį; *the game ~ed in a draw sport.* žaidimas baigėsi lygiosiomis

resultant [rɪ'zʌltənt] *a* **1** išplaukiantis, kylantis *(dėl)* **2** *fiz.* atstojamasis, lygiai veikiantis
n **1** *fiz.* atstojamoji *(t. p. ~ force)* **2** *mat.* rezultantas

resume [rɪ'zju:m] *v* **1** at(si)naujinti; vėl pradėti, toliau daryti, tęsti *(po pertraukos); to ~ relations [talks]* atnaujinti santykius [derybas]; *to ~ a story* toliau pasakoti *(po pertraukos)* **2** atgauti, atsiimti, susigrąžinti; *he ~ed his seat* jis vėl atsisėdo į savo vietą **3** reziumuoti, (su)sumuoti

resumé ['rezjumeɪ] *pr. n* **1** santrauka, reziumė; suvestinė **2** *(ypač amer.)* trumpa autobiografija, trumpi anketiniai duomenys

resumption [rɪ'zʌmpʃn] *n* **1** *(veiklos)* atnaujinimas *(po pertraukos)* **2** susigrąžinimas, atgavimas, atsiėmimas

resumptive [rɪ'zʌmptɪv] *a* (su)sumuojantis, apibendrinantis

resurface [ri:'sɜ:fɪs] *v* **1** iš naujo kloti/aptraukti/padengti; *to ~ a road* keisti kelio dangą, iš naujo (iš)asfaltuoti kelią **2** vėl išplaukti į vandens paviršių *(apie povandeninį laivą)*

resurgence [rɪ'sɜ:dʒəns] *n knyg.* atgimimas, atgijimas

resurgent [rɪ'sɜ:dʒənt] *a* atgyjantis, atsigaunantis, atgimstantis

resurrect [ˌrezə'rekt] *v* **1** atgaivinti *(senus papročius ir pan.)* **2** atkasti, iškasti **3** *rel.* pri(si)kelti

resurrection [ˌrezə'rekʃn] *n* **1** atgaivinimas; atnaujinimas **2** atkasimas, iškasimas **3** *(the R.) rel.* prisikėlimas ◊ ~ *pie* pyragas iš liekanų

resuscitate [rɪ'sʌsɪteɪt] *v* atgaivinti *(t. p. prk.);* grąžinti sąmonę; atgyti, atgauti sąmonę

resuscitation [rɪˌsʌsɪ'teɪʃn] *n* atgaivinimas

ret [ret] *v* mirkyti *(linus, kanapes ir pan.)*

retail <*n, v, adv*> *n* ['ri:teɪl] **1** mažmeninis pardavimas; *by ~* mažmenomis **2** *attr* mažmeninis; ~ *price [trade]* mažmeninė kaina [prekyba]; ~ *dealer* mažmenininkas
v [ri:'teɪl, rɪ'teɪl] **1** pardavinėti *ar* būti pardavinėjamam mažmenomis **2** *knyg.* (iš)pasakoti *(naujienas, gandus)*
adv ['ri:teɪl] mažmenomis

retailer [ri:'teɪlə] *n* **1** mažmenininkas, prekiautojas mažmenomis; krautuvininkas **2** liežuvautojas, gandonešis *(t. p. ~ of gossip)*

retain [rɪ'teɪn] *v* **1** išlaikyti, išsaugoti; (už)laikyti; *he ~s his place in the team* jis išlaiko savo vietą komandoje; *a sponge ~s water* kempinė laiko vandenį **2** (iš)laikyti atmintyje, atminti **3** (pa)samdyti *(iš anksto apmokant; ypač advokatui)*

retained [rɪ'teɪnd] *a:* ~ *earnings fin.* nepaskirstytasis pelnas; ~ *object gram.* neveikiamosios rūšies veiksmažodžio tiesioginis papildinys

retainer [rɪ'teɪnə] *n* **1** *teis.* kliento susitarimas su advokatu *(dėl bylos vedimo)* **2** *teis.* honoraro avansas advokatui **3** rankpinigiai *(už butą ir pan.)* **4** *ist.* tarnas; vasalas **5** *tech. (guolio)* separatorius, skyriklis **6** *tech.* stabdiklis, fiksatorius; laikiklis; ~ *ring* fiksuojamasis žiedas

retaining [rɪ'teɪnɪŋ] *a* laikantysis, išlaikantis; ~ *wall stat.* atraminė sienelė; ~ *fee* = **retainer** 2

retake *v* [ri:'teɪk] (retook; retaken [ri:'teɪkən]) **1** vėl užimti, atsiimti *(miestą ir pan.)* **2** perfotografuoti, perfilmuoti **3** perlaikyti *(egzaminą)*
n ['ri:teɪk] **1** perfotografavimas, perfilmavimas **2** perlaikymas *(egzamino)*

retaliate [rɪ'tælɪeɪt] v **1** at(si)mokėti/atsiteisti/atsakyti tuo pačiu *(ppr. už pikta piktu)*, at(si)keršyti **2** *teis.* pareikšti priešieškinį *(upon)* **3** naudoti represalijas

retaliation [rɪˌtælɪ'eɪʃn] n **1** at(si)mokėjimas, at(si)keršijimas; atpildas **2** represalijos, atsakomieji veiksmai

retaliatory [rɪ'tælɪətərɪ] a **1** atsakomasis; at(si)mokantis tuo pačiu **2** represinis, baudžiamasis

retard n ['riːtɑːd] n *amer. sl. niek.* dvokla, beprotėlis
v [rɪ'tɑːd] **1** (su)lėtinti, (su)trukdyti, sustabdyti; (už)delsti **2** *ret.* (už)gaišti; vėluotis, vėlintis

retardation [ˌriːtɑː'deɪʃn] n **1** (su)trukdymas, (su)stabdymas *(augimo ir pan.)*; (už)delsimas **2** (su)gaišimas; vėlinimasis **3** kliūtis **4** *spec.* retardacija; atsilikimas

retarded [rɪ'tɑːdɪd] a protiškai atsilikęs *(t. p. mentally ~)*

retarder [rɪ'tɑːdə] n **1** kliūtis **2** *chem.* lėtiklis; stabdiklis **3** *tech.* lėtintuvas

retardment [rɪ'tɑːdmənt] n = **retardation**

retch [retʃ] v žiaukčioti, raugėti

retell [riː'tel] v (retold) atpasakoti, perpasakoti

retention [rɪ'tenʃn] n **1** išlaikymas, išsaugojimas; (už)laikymas; *snow* ~ sniego sulaikymas **2** išlaikymas atmintyje **3** *med.* *(šlapimo ir pan.)* susilaikymas

retentive [rɪ'tentɪv] a **1** išlaikantis; (už)laikantis, sulaikantis; *~ of moisture* gerai sulaikantis drėgmę **2** geras *(apie atmintį)*; turintis gerą atmintį

rethink n ['riːθɪŋk] persvarstymas, peržiūrėjimas
v [riː'θɪŋk] (rethought [riː'θɔːt]) pergalvoti, persvarstyti *(nutarimą, nuomonę ir pan.)*

reticence ['retɪsəns] n **1** uždarumas, slaptumas; *without ~* atvirai **2** (nu)tylėjimas *(about, on)* **3** santūrumas

reticent ['retɪsənt] a **1** užsidaręs, slapus; tylus; nutylintis; *to be ~ about/on smth* nutylėti, slėpti ką **2** santūrus

reticle ['retɪkl] n *(optinio prietaiso)* skalė

reticula [rɪ'tɪkjulə] pl žr. **reticulum**

reticular [rɪ'tɪkjulə] a **1** *(ypač anat.)* tinklinis **2** painus

reticulate a [rɪ'tɪkjulət] tinklinis, tinkliškas
v [rɪ'tɪkjuleɪt] **1** dengti tinklu **2** daryti tinklinį raštą

reticulation [rɪˌtɪkju'leɪʃn] n *(audinio ir pan.)* tinklinis raštas; tinklas

reticule ['retɪkjuːl] n *psn., juok.* rankinukas, ridikiulis

reticulum [rɪ'tɪkjuləm] n *(pl* -la*)* **1** *biol.* tinklelis **2** *anat.* tinklainis *(atrajotojų skrandžio dalis)*

retina ['retɪnə] n *(pl* ~s, -ae [-iː]*)* *anat.* tinklainė

retinal ['retɪnəl] a *anat.* tinklainės, tinklaininis

retinue ['retɪnjuː] n palyda, palydovai

retire [rɪ'taɪə] v **1** pasitraukti *(iš pareigų)*; išeiti, išleisti *(į atsargą, pensiją)*; atsistatydinti; *to be compulsorily ~d* būti priverstam pasitraukti iš pareigų; *to ~ on a pension* išeiti į pensiją **2** pasišalinti, išeiti; *to ~ from the competition due to a leg injury* pasitraukti iš varžybų dėl kojos traumos **3** skirtis, atsiskirti, nutolti, likti vienam; *to ~ into oneself* užsidaryti savyje **4** *knyg.* eiti gulti *(t. p. to ~ for the night, to ~ to bed)* **5** *kar.* at(s)itraukti **6** *fin.* išimti iš apyvartos; išpirkti *(obligacijų, vekselį)*
n *kar.* įsakymas trauktis; pasitraukimo signalas

retired [rɪ'taɪəd] a **1** atsistatydinęs; išėjęs į pensiją; atsargos, dimisijos; *~ pay* atsargos karininko pensija **2** vienišas, atsiskyręs; nuošalus

retiree [rɪˌtaɪə'riː] n *amer.* **1** pensininkas **2** *kar.* atsargos karininkas

retirement [rɪ'taɪəmənt] n **1** atsistatydinimas; pasitraukimas, išėjimas į pensiją/atsargą; *~ age* pensinis amžius *~ pension* valstybinė pensija **2** vienuma; atsiskyrimas; nuošalumas **3** *kar.* traukimasis, atsitraukimas

retiring [rɪ'taɪərɪŋ] a **1** drovus, santūrus; mėgstantis vienumą **2** išeinantis *(džn. į pensiją)*; pensinis; *the ~ members of the committee* nariai, išeinantys iš komiteto

retold [riː'təuld] past ir pII žr. **retell**

retook [riː'tuk] past žr. **retake**

retool [riː'tuːl] v **1** rekonstruoti *(gamyklą, pramonę ir pan.)* **2** *amer.* pertvarkyti, reorganizuoti

retort[1] [rɪ'tɔːt] n at(si)kirtimas; replika, griežtas/sąmojingas atsakymas
v **1** at(si)kirsti, atšauti; griežtai/sąmojingai atsakyti **2** atsakyti tuo pačiu, atremti *(priekaištus ir pan.)*

retort[2] *chem.* n **1** retorta **2** *tech.* konverteris; *metal.* mufelis
v varyti, distiliuoti

retortion [rɪ'tɔːʃn] n **1** už(si)lenkimas atgal **2** *dipl.* retorsija

retouch n ['riːtʌtʃ] retušavimas; retušas
v [riː'tʌtʃ] **1** retušuoti **2** dailinti, taisyti; dažyti *(blakstienas, plaukus)*

retoucher [riː'tʌtʃə] n retušuotojas

retrace [rɪ'treɪs] v **1** grįžti *(nueitu keliu)*; *to ~ one's steps* (su)grįžti atgal tuo pačiu keliu **2** atsekti *(atgal iki pradžios)* **3** pakartoti *(kieno)* kelionės maršrutą **4** atkurti atmintyje, prisiminti

retract [rɪ'trækt] v **1** atsisakyti, atsiimti *(žodžius ir pan.)*, išsiginti, išsižadėti, atsižadėti; atšaukti **2** į(si)traukti; atitraukti, atsitraukti; *cats can ~ their claws* katės gali įtraukti nagus

retractable [rɪ'træktəbl] a įtraukiamas; *~ landing gear* *av.* įtraukiamoji važiuoklė

retractile [rɪ'træktaɪl] a *zool.* įtraukiamas

retraction [rɪ'trækʃn] n **1** išsižadėjimas, atsižadėjimas, atsisakymas *(savo žodžių ir pan.)*; atšaukimas **2** įtraukimas; atitraukimas, atsitraukimas; su(si)traukimas

retractive [rɪ'træktɪv] a **1** įtraukiamas **2** *anat.* sutraukiamasis

retractor [rɪ'træktə] a **1** *med.* retraktorius, *(žaizdų)* plėstuvas **2** *anat.* sutraukiamasis raumuo

retrain [riː'treɪn] v per(si)kvalifikuoti

retranslate [ˌriːtrænz'leɪt] v **1** vėl išversti **2** daryti atvirkštinį vertimą

retransmit [ˌriːtrænz'mɪt] v retransliuoti; vėl transliuoti

retread n ['riːtred] **1** *aut.* naujas protektorius, padanga su nauju protektoriumi **2** *amer.* atnaujinimas *(seno spektaklio ir pan.)* **3** *amer.* perkvalifikuotas žmogus
v [riː'tred] **1** uždėti naują protektorių, atnaujinti protektorių **2** (retrod; retrodden) iš naujo praminti *(taką)*

retreat [rɪ'triːt] n **1** atsitraukimas; pasitraukimas; *to intercept the ~ (of)* atkirsti kelią atsitraukimui, neleisti atsitraukti; *to make good one's ~* a) sėkmingai atsitraukti; b) *prk.* sėkmingai išsisukti **2** *kar.* atsitraukimo signalas; *to beat a ~* a) duoti signalą trauktis; b) *prk.* trauktis, pasišalinti *(skubiai, gėdingai)* **3** *kar.* vakarinis signalas **4** vienuma, nuošalybė; atsiskyrimas **5** *(žodžio ir pan.)* išsižadėjimas **6** prieglobstis, prieglauda; slaptavietė
v **1** atsitraukti *(t. p. kar.)*; *the flood waters are slowly ~ing* potvynio vandenys pamažu traukiasi **2** trauktis, pasitraukti, pasišalinti; nueiti; *to ~ into oneself* užsisklęsti, pasidaryti užsisklendusiam **3** išsižadėti *(žodžio ir pan.; from)* **4** *šach.* atitraukti *(figūrą)*

retreating [rɪ'triːtɪŋ] a: *~ forehead* atlaši/nuolaidi kakta; *~ chin* nusklembtas smakras

retrench [rɪ'trentʃ] v **1** (su)mažinti *(išlaidas)*, taupyti **2** trumpinti, daryti kupiūras *(tekste)* **3** *kar.* apsikasti

retrenchment [rɪ'trentʃmənt] *n* **1** *(išlaidų ir pan.)* (su)mažinimas; taupymas **2** *(teksto)* (su)trumpinimas **3** *kar. ist.* retranšementas, apsikasimas
retrial [riː'traɪəl] *n teis.* bylos peržiūrėjimas; pakartotinis bylos svarstymas/nagrinėjimas
retribution [ˌretrɪ'bjuːʃn] *n knyg.* atpildas, pelnyta bausmė; *divine* ~ Dievo bausmė
retributive [rɪ'trɪbjutɪv] *a knyg.* atpildo, baudžiamasis
retrievable [rɪ'triːvəbl] *a* atgaunamas *(apie sumą)*; atitaisomas *(apie klaidą ir pan.)*
retrieval [rɪ'triːvl] *n* **1** (susi)grąžinimas, atgavimas **2** atitaisymas; *beyond/past* ~ neatitaisomas **3** *komp. (informacijos)* paieška, išrinkimas *(t. p. data ~)*
retrieve [rɪ'triːv] *v* **1** susigrąžinti; atgauti, vėl (at)rasti; *to* ~ *one's losses* susigrąžinti nuostolius **2** atitaisyti *(klaidą)* **3** reabilituoti, atgauti, atkurti *(reputaciją, garbę)* **4** išgelbėti *(padėtį)* **5** *medž.* (su)rasti ir atnešti *(nušautą paukštį/žvėrį; apie šunį)* **6** *komp.* išrinkti *(duomenis)* *n: beyond/past* ~ negrąžinamai, nepataisomai
retriever [rɪ'triːvə] *n* **1** medžioklinis šuo **2** ką nors (su)renkantis žmogus, rinkėjas
retro ['retrəu] *a* retro *(apie stilių)*; netolimos praeities, buvęs
retro- ['retrəu-] *pref* **1** retro- *(žymint atgalinę kryptį)*; *retrospective* retrospektyvus **2** retro-, už- *(žymint buvimą už ko nors)*; *retrobulbar* retrobulbarinis, užakinis
retroaction [ˌretrəu'ækʃn] *n* **1** atvirkštinis veiksmas **2** *teis. (įstatymo)* atgalinis veikimas, retroaktyvumas
retroactive [ˌretrəu'æktɪv] = **retrospective** *a* 2
retrod [riː'trɔd] *past žr.* **retread** *v* 2
retrodden [riː'trɔdn] *pII žr.* **retread** *v* 2
retroengine [ˌretrəu'endʒɪn] *n tech.* stabdymo (raketinis) variklis
retrofit ['retrəufit] *v* modifikuoti, naujai įrengti *(jau pagamintas mašinas, lėktuvą ir pan.)*
retroflex ['retrəfleks] *a fon.* retrofleksinis
retrograde ['retrəgreɪd] *a* **1** nukreiptas atgal; atgaleigis; atžagarias **2** retrogradinis, atžagareiviškas; reakcinis **3** *kar.* atsitraukiamasis
v = **retrogress**
retrogress [ˌretrə'gres] *v* **1** trauktis atgal **2** regresuoti; blogėti
retrogression [ˌretrə'greʃn] *n* **1** atgalinis judėjimas **2** atžanga, regresas, smukimas
retrogressive [ˌretrə'gresɪv] *a* **1** grįžtantis atgal **2** regresuojantis; reakcingas
retropack ['retrəupæk] *n kosm.* stabdymo įrenginys
retro-rocket [ˌretrəu'rɔkɪt] *n* papildomasis raketinis variklis *(grįžti į Žemės atmosferą)*
retrospect ['retrəspekt] *n* žvilgsnis atgal, į praeitį; *in* ~ retrospektyviai
retrospection [ˌretrə'spekʃn] *n* retrospekcija, žvelgimas atgal, į praeitį; praeities apmąstymas
retrospective [ˌretrə'spektɪv] *n* retrospekcinė paroda *(t. p. ~ exhibition/show)*
a **1** retrospektyvus; retrospekcinis, praeities **2** *teis.* turintis atgalinį poveikį, taikomas atgaline data *(apie įstatymą)*
retroussé [rə'truːseɪ] *pr. a* riestas, atkragęs *(apie nosį)*
retroversion [ˌretrəu'vəːʃn] *v* **1** pasisukimas atgal **2** atžanga, regresas **3** *med.* retroversija
retry [ˌriː'traɪ] *v* peržiūrėti, pakartotinai svarstyti/nagrinėti *(bylą)*
retsina [ret'siːnə] *n* graikiškas vynas, turintis sakų prieskonį
rettery ['retərɪ] *n ž. ū.* linmarka, marka
retube [riː'tjuːb] *v* keisti vamzdį

retune [riː'tjuːn] *v* **1** *muz.* iš naujo (su)derinti **2** *rad., tel.* perjungti *(stotį, kanalą)* **3** *aut.* perreguliuoti *(variklį)*
return [rɪ'təːn] *n* **1** (su)grįžimas; *on my* ~ *to Lithuania I...* grįžęs į Lietuvą, aš... **2** grąžinimas; atidavimas; ~ *of prisoners* belaisvių grąžinimas **3** atsakymas *(tuo pačiu)*; atsilyginimas; *in* ~ a) atsilyginant; mainais; b) atsakant; ~ *match/game sport.* atsakomasis susitikimas, revanšas **4** apyvarta; pelnas, pajamos; įplaukos; *to make good* ~*s* duoti gerą pelną; *tax* ~ mokesčių deklaracija; mokestinės pajamos; ~ *on investment* įplaukos iš investuoto kapitalo; *diminishing* ~*s* mažėjančios įplaukos; mažėjantis pelnas **5** oficiali ataskaita; raportas **6** *pl* rinkimų rezultatai **7** bilietas ten ir atgal, grįžtamasis bilietas *(t. p.* ~ *ticket)*; *day* ~ *ticket* bilietas grįžti tą pačią dieną **8** *teatr.* bilietas, grąžintas paskutinę minutę **9** *archit.* sparnas, priestatas **10** *pl kom.* grąžintos/neparduotos prekės; *fin.* grąžinti vekseliai ◊ *many happy* ~*s (of the day)!* sveikinu gimimo dieną!, geriausių linkėjimų gimimo dieną!
v **1** (su)grįžti; *to* ~ *home* grįžti namo; *he* ~*ed to his old habits* jis grįžo prie savo senų įpročių **2** grąžinti, atiduoti; *to* ~ *smth to its place* padėti ką atgal į vietą; *to* ~ *a ball* atmušti/grąžinti kamuolį/kamuoliuką *(žaidžiant futbolą/tenisą ir pan.)* **3** atsakyti *(tuo pačiu)*; atsilyginti; *to* ~ *hundredfold* atsilyginti/atsimokėti šimteriopai; *to* ~ *a bow* a) atsakyti į sveikinimą *(nusilenkiant)*; b) *prk.* palaikyti *(kieno)* iniciatyvą; *to* ~ *smb's love/affection* atsakyti meile į meilę; *to* ~ *thanks* a) atsidėkoti; b) sukalbėti maldą *(po pietų)*; c) atsakyti į tostą; *to* ~ *smb's lead* a) eiti tos pačios spalvos korta; b) *prk.* palaikyti kieno iniciatyvą **4** pasikartoti *(apie ligą, priepuolius)* **5** *ekon.* duoti pelno *(apie investicijas ir pan.)* **6** pranešti; oficialiai pareikšti; *to* ~ *details of one's income* deklaruoti pajamas; *to* ~ *a verdict of guilty teis.* pripažinti kaltu **7** *(ppr. pass)* (iš)rinkti *(į parlamentą)* **8** *kar.* smogti atsakomąjį smūgį
returnable [rɪ'təːnəbl] *a* grąžintinas, grąžinamasis; *hats are not* ~ skrybėlės nekeičiamos *(užrašas parduotuvėje)* *n pl* grąžinamoji tara *(buteliai, stiklainiai ir pan.)*
returnee [ˌrɪtəː'niː] *n* **1** sugrįžėlis, parvykėlis *(iš kelionės, iš tremties ir pan.)*; sugrįžėlis į savo dalinį *(iš ligoninės)* **2** pašauktasis į tikrąją karo tarnybą *(iš atsargos)*
returner [rɪ'təːnə] *n* sugrįžėlis į darbą *(po ilgų atostogų ir pan.)*
retype [riː'taɪp] *v* perrašyti, perspausdinti *(mašinėle)*
reunification [ˌriːjuːnɪfɪ'keɪʃn] *n* su(si)jungimas *(ypač padalytos šalies)*
reunify [riː'juːnɪfaɪ] *v* (vėl) sujungti, suvienyti *(ypač padalytą šalį)*
reunion [riː'juːnɪən] *n* **1** *(pakartotinis)* susijungimas; sujungimas *(iš naujo)* **2** *(bendraklasių, šeimos)* susirinkimas, susitikimas; *to hold a* ~ susirinkti visiems kartu *(po ilgo išsiskyrimo)*
reunite [ˌriːjuː'naɪt] *v* **1** vėl su(si)jungti/su(si)vienyti *(with)* **2** su(si)rinkti
re-up [riː'ʌp] *v amer. kar. sl.* likti tarnauti *(pasibaigus tarnybos laikui)*
reusable [riː'juːzəbl] *a spec.* tinkamas vėl naudoti
reuse *v* [riː'juːz] pakartotinai panaudoti *(medžiagas ir pan.)* *n* [riː'juːs] pakartotinis naudojimas
Reuters ['rɔɪtəz] *n* Roiterio *(žinių)* agentūra
rev [rev] *šnek. n (variklio)* apsisukimas, sūkis, apsisukimų/ sūkių skaičius *(per minutę)*; ~ *counter* = **revolution counter**, *žr.* **revolution**[2] 2
v sukti(s) ☐ ~ *up* a) didinti apsisukimų/sūkių skaičių; b) padidinti, suaktyvinti; padidėti

revalorization [ˌriːvæləraɪˈzeɪʃn] *n fin.* revalorizacija, vertės keitimas

revalorize [riːˈvæləraɪz] *v fin.* revalorizuoti

revalue [riːˈvæljuː] *v* perkainoti, pervertinti *(iš naujo; t. p. ekon., fin.)*

revamp *n* [ˈriːvæmp] perdirbtas literatūros kūrinys
v [riːˈvæmp] pertaisyti, pataisyti, peržiūrėti; **to ~ a play** perdirbti pjesę

revanchism [rɪˈvæntʃɪzm] *pr. n* revanšizmas

revanchist [rɪˈvæntʃɪst] *pr. n* revanšistas
a revanšistinis

reveal[1] [rɪˈviːl] *v* **1** atskleisti; **to ~ a secret** atskleisti paslaptį **2** parodyti; iškelti aikštėn; **to ~ itself** pasirodyti, išeiti aikštėn; **to ~ oneself to be** pasirodyti esant *(kuo)*

reveal[2] *n stat.* angokraštis; *(lango, durų)* ketvirtis

revealing [rɪˈviːlɪŋ] *a* **1** atskleidžiantis, pamokantis, įdomus; atviras *(apie pareiškimą ir pan.)* **2** per daug apnuoginantis *(apie drabužį)*

reveille [rɪˈvælɪ] *pr. n kar.* rytinis trimitas, signalas keltis

revel [ˈrevl] *n* **1** linksminimasis; puotavimas **2** *(džn. pl)* linksmybės; pramogos *(puotos metu)*
v (-ll-) **1** *(triukšmingai)* linksmintis, ūžauti, puotauti **2** mėgautis *(in)* □ **~ away** praūžti *(laiką, pinigus)*

revelation [ˌrevəˈleɪʃn] *n* **1** atskleidimas, atidengimas; reveliacija **2** netikėtas atradimas *(ko nors nepaprasta, gera ir pan.)* **3** *rel.* ap(si)reiškimas; **the Revelations** *bibl.* Apokalipsė

revelatory [ˌrevəˈleɪtrɪ, ˈrevələtrɪ] *a* keliantis viešumon/aikštėn, demaskuojamasis

reveller [ˈrevələ] *n* puotautojas, ūžautojas, triukšmadarys

revelry [ˈrevlrɪ] *n* puotavimas, ūžavimas, linksminimasis

revenge [rɪˈvendʒ] *n* **1** kerštas, (at)keršijimas; **to take (one's) ~ on/upon smb** atkeršyti kam; **in ~** iš keršto, keršijant; **to be out for ~** stengtis atsikeršyti **2** revanšas; **to have [to get] one's ~** revanšuotis [atsirevanšuoti]; **to give smb his ~** duoti kam atsilošti
v (at)keršyti; **to ~ an insult** atkeršyti už įžeidimą; *refl.*, *pass* at(si)keršyti *(on, upon – kam; for – už)*

revengeful [rɪˈvendʒfəl] *a* kerštingas

revenger [rɪˈvendʒə] *n* kerštytojas

revenue [ˈrevənjuː] *n* **1** *(valstybės)* biudžeto pajamos; pajamos; įplaukos; **total ~** bendrosios įplaukos *(gautos už realizuotą produkciją);* **source of ~** pajamų šaltinis **2** *pl* pajamų straipsniai **3** valstybinių mokesčių departamentas/skyrius **4** *attr* mokesčių, muitų; **~ officer** mokesčių valdybos tarnautojas; muitininkas; **~ stamp** žyminis ženklas; **~ ship/vessel** muitinės laivas

reverberant [rɪˈvəːbərənt] *a poet.* atliepiantis, atmušantis *(garsą ir pan.);* aidus, skardus

reverberate [rɪˈvəːbəreɪt] *v* **1** (nu)aidėti *(t. p. prk.)* **2** *fiz.* at(si)mušti, at(si)spindėti **3** *metal.* lydyti *(atšvaitinėje krosnyje)*

reverberating [rɪˈvəːbəreɪtɪŋ] *a* **1** aidintis; dundantis **2** *prk.* nuaidėjęs, išgarsėjęs; **~ fame** plačiai pasklidusi šlovė **3** atsimušantis; **~ furnace** *metal.* atšvaitinė krosnis

reverberation [rɪˌvəːbəˈreɪʃn] *n* **1** aidas, atgarsis *(t. p. prk.)* **2** griaudimas, dundėjimas **3** *fiz.* at(si)mušimas, at(si)spindėjimas; aidėjimas, reverberacija **4** *metal.* lydymas *(atšvaitinėje krosnyje)*

reverberatory [rɪˈvəːbərətərɪ] *a* atspindžio; atsispindėjęs; **~ furnace** *metal.* atšvaitinė krosnis

revere [rɪˈvɪə] *v* garbinti, gerbti

reverence [ˈrevərəns] *n* **1** didelė pagarba, pagarbumas; nuolankumas; **to hold in ~, to regard with ~** gerbti, garbinti **2** *psn.* nusilenkimas, reveransas **3**: *your ~ psn.,* *air.* šventasis tėve *(kreipimasis į kunigą);* **his ~** juok. garbusis, šventasis
v psn. gerbti, garbinti

reverend [ˈrevərənd] *a* **1** *(R.) bažn.* šventas(is) *(apie dvasininką);* **R. Mother** *(moterų vienuolyno)* vyresnioji **2** *psn.* (didžiai) gerbiamas
n dvasininkas; *(protestantų)* pastorius

reverent [ˈrevərənt] *a* pagarbus

reverential [ˌrevəˈrenʃl] *a* pagarbus, nuolankus; gerbiantis

reverie [ˈrevərɪ] *n* **1** susimąstymas; svajingumas **2** svajonės; **to be lost in ~** (pa)skęsti svajonėse, svajoti; **to indulge in ~** užsisvajoti

reversal [rɪˈvəːsl] *n* **1** (visiškas) pa(si)keitimas; ap(si)vertimas **2** *teis. (sprendimo, nutarimo)* panaikinimas, atšaukimas **3** *tech.* reversavimas; **the ~ of rotation** sukimosi krypties keitimas *(priešinga kryptimi)*

reverse [rɪˈvəːs] <*n, a, v*> *n* **1** *(the ~)* tai, kas atvirkščia/priešinga; **quite the ~, very much the ~** visiškai atvirkščiai; **to go into ~** pasukti priešinga linkme **2** *(medalio, monetos ir pan.)* antroji/atvirkščioji pusė **3** permainingumas; nesėkmė; pablogėjimas; **the ~s of fortune** likimo smūgiai; **to have/experience ~s** turėti nuostolių **4** pralaimėjimas *(t. p. kar.)* **5** *kar.* užnugaris; **to take in the ~** pulti iš užnugario **6** *aut.* atbulinė eiga **7** *tech.* reversavimas; reversinis mechanizmas; eigos (pa)keitimo mechanizmas; **~ of the engine** variklio reversas
a attr atvirkščias, priešingas, atvirkštinis; atbulas, atbulinis; **~ side** atvirkščioji pusė; **~ motion** judėjimas į priešingą pusę; **~ fire** *kar.* ugnis iš užnugario; **~ gear** *aut.* atbulinė eiga
v **1** apversti, perversti; perstatyti **2** (pa)keisti (į priešingą); **to ~ a policy** iš pagrindų (pa)keisti politiką; **positions are ~d** padėtis susikeitė **3** *teis.* panaikinti, atšaukti **4** *tech.* keisti kryptį **5** *aut.* važiuoti atbuline eiga

reversible [rɪˈvəːsəbl] *a* **1** grįžtamasis; **~ process** grįžtamasis procesas **2** abipusis *(apie audeklą)* **3** *tech.* reversinis; **~ plough** apverčiamasis plūgas **4** *teis.* panaikinamas, atšaukiamas

reversion [rɪˈvəːʃn] *n* **1** grįžimas *(į ankstesnę padėtį ir pan.)* **2** *biol.* atavizmas *(t. p. ~ to type)* **3** *teis.* reversija, turto grąžinimas *(pirmutiniam savininkui ar jo įpėdiniams)*

reversionary [rɪˈvəːʃnərɪ] *a* **1** grįžtamasis; reversinis **2** *biol.* atavistinis **3** *teis.* grąžinamas, grįžtamas *(apie turtą, teisę)*

revert [rɪˈvəːt] *v* **1** (su)grįžti *(į ankstesnę padėtį; prie ankščiau pasakytos minties)* **2** *teis.* grįžti buvusiam savininkui **3** *ret.* pasukti atgal; **to ~ the eyes** a) pažvelgti atgal; b) nusisukti, nusukti akis

revet [rɪˈvet] *v stat.* apmūryti, apdaryti, aptaisyti, iškloti *(plytelėmis ir pan.)*

revetment [rɪˈvetmənt] *n stat.* apmušalas, aptaisymas, apdaras; **bank ~** kranto danga/sutvirtinimas; **mattress ~** paklotė

review [rɪˈvjuː] *n* **1** apžvalga; apžvelgimas; **to pass in ~** apžvelgti, *dar žr.* 6 **2** apžiūra, peržiūra; patikrinimas **3** recenzija, atsiliepimas; **~ copy** egzempliorius, atsiųstas recenzuoti; **to get a good ~** gauti gerą atsiliepimą **4** žurnalas **5** *teatr.* reviu, apžvalga **6** *kar.* apžiūra; paradas; **to pass in ~** priimti paradą, *dar žr.* 1 **7** *teis.* peržiūrėjimas; **his case is under ~** jo byla peržiūrima **8** *amer. mok.* kartojimas
v **1** apžvelgti **2** apžiūrėti; peržiūrėti *(t. p. teis.)* **3** recenzuoti; daryti kritinę apžvalgą **4** *kar.* priimti paradą *(t. p. ~ troops)* **5** *amer. mok.* kartoti, peržiūrėti

reviewer [rɪˈvjuːə] *n* recenzentas, kritikas; apžvalgininkas

revile [rɪˈvaɪl] *v* plūsti, keikti; užgaulioti

revise [rɪ'vaɪz] *n poligr.* antroji korektūra, patikra
v **1** peržiūrėti, persvarstyti; reviduoti; *to ~ a decision* peržiūrėti/persvarstyti nutarimą/sprendimą **2** taisyti, tikslinti; tikrinti **3** *mok.* kartoti *(medžiagą); to ~ for an examination* ruoštis egzaminui
revised [rɪ'vaɪzd] *a* ištaisytas, peržiūrėtas; *~ estimate* patikslintas apskaičiavimas; *the R. Version* pataisytas Biblijos leidimas *(1870–84 m.); ~ edition* = **revision** 2
reviser [rɪ'vaɪzə] *n* patikros korektorius
revision [rɪ'vɪʒn] *n* **1** peržiūrėjimas, persvarstymas; *constitutional ~* konstitucijos pakeitimas **2** peržiūrėtas ir pataisytas leidimas **3** *mok. (medžiagos)* (pa)kartojimas
revisionism [rɪ'vɪʒᵊnɪzm] *n polit.* revizionizmas
revisionist [rɪ'vɪʒᵊnɪst] *polit. n* revizionistas
a revizionistinis
revisit [riː'vɪzɪt] *n* **1** vėl aplankyti **2** iš naujo peržiūrėti *(pasiūlymą ir pan.)*
revisory [rɪ'vaɪzərɪ] *a* revizijos, revizinis
revitalization [ˌriːvaɪtəlaɪ'zeɪʃn] *n (ekonomikos ir pan.)* atgaivinimas; pagyvinimas
revitalize [riː'vaɪtᵊlaɪz] *v* atgaivinti; pagyvinti
revival [rɪ'vaɪvl] *n* **1** atgimimas, atgijimas; pagyvėjimas; *R. of Learning ist.* Renesansas; *R. Style archit.* Renesanso stilius **2** atgaivinimas; atnaujinimas; *a ~ of traditions* tradicijų atgaivinimas; *~ of a will teis.* testamento atnaujinimas
revivalism [rɪ'vaɪvəlɪzm] *n rel.* tikėjimo atgaivinimas
revive [rɪ'vaɪv] *v* **1** atgimti; atgyti, atsigauti; pagyvėti **2** atgaivinti; atkurti; *to ~ an old custom* atgaivinti seną paprotį **3** atnaujinti; *to ~ a play* atnaujinti pastatymą
revivification [rɪˌvɪvɪfɪ'keɪʃn] *n* **1** atgaivinimas; atgijimas **2** *chem.* redukcija; regeneracija
revivify [rɪ'vɪvɪfaɪ] *v* **1** atgaivinti; pagyvinti **2** *chem.* redukuoti(s)
revocable ['revəkəbl] *a ret.* atšaukiamas; panaikinamas
revocation [ˌrevə'keɪʃn] *n teis.* atšaukimas, panaikinimas *(įstatymo ir pan.)*
revoke [rɪ'vəuk] *v* **1** atšaukti, panaikinti *(įstatymą, nutarimą ir pan.); to ~ a driving licence* atimti vairuotojo teises **2** atsiimti *(pažadą)* **3** paskelbti renonsą *(turint reikalingos spalvos kortą)*
revolt [rɪ'vəult] *n* **1** sukilimas, maištas; *in ~* sukilęs, maištaujantis; apimtas sukilimo, *dar žr.* 2; *to rise in ~* sukilti **2** pasibjaurėjimas; *in ~* pasibjaurėjęs, pasipiktinęs, *dar žr.* 1
v **1** sukilti, maištauti *(against)* **2** piktinti, (su)kelti pasibjaurėjimą; *we were ~ed by their cruelty* jų žiaurumas sukėlė mūsų pasipiktinimą **3** bjaurėtis, piktintis *(at, from, against)*
revolted [rɪ'vəultɪd] *a* sukilęs
revolting [rɪ'vəultɪŋ] *a* **1** (pa)piktinantis, (su)keliantis pasipiktinimą **2** atstumiantis; bjaurus; *to smell ~* turėti labai blogą kvapą, dvokti
revolution[1] [ˌrevə'luːʃn] *n* **1** revoliucija; *impending ~* artėjanti revoliucija; *~ in modern physics* dabartinės fizikos revoliucija **2** perversmas; *palace ~* rūmų perversmas
revolution[2] *n* **1** sukimasis; *the Earth's ~ round the Sun* Žemės sukimasis apie Saulę **2** *tech. (mašinos ir pan.)* pilnas apsisukimas; sūkis; *~ control* sukimosi dažnio reguliavimas; *~ counter* apsisukimų skaitiklis **3** periodiškas kartojimasis; *the ~ of the seasons* metų laikų kaita
revolutionary[1] [ˌrevə'luːʃənᵊrɪ] *n* revoliucionierius
a revoliucinis; revoliucingas; *~ discoveries* atradimai, sukeliantys perversmą moksle

revolutionary[2] *a* sukamasis
revolutionism [ˌrevə'luːʃnɪzm] *n* revoliucingumas
revolutionist [ˌrevə'luːʃnɪst] *n* revoliucionierius
revolutionize [ˌrevə'luːʃənaɪz] *n* revoliucionizuoti, revoliucinti; iš pagrindų (pa)keisti
revolve [rɪ'vɒlv] *v* **1** sukti(s); *the Earth ~s around the Sun* Žemė sukasi apie Saulę **2** periodiškai grįžti/kartotis **3** *prk.* suktis *(galvoje ir pan.; around);* (ap)svarstyti, (ap)galvoti *(t. p. ~ in the mind)*
revolver [rɪ'vɒlvə] *n* **1** revolveris **2** *tech.* būgnas
revolving [rɪ'vɒlvɪŋ] *a* **1** apsisukantis; (pa)sukamasis **2** *fin.* atnaujinamasis; apyvartinis *(apie kapitalą); ~ credit* atnaujinamasis/kartojamasis kreditas
revue [rɪ'vjuː] *pr. n teatr.* reviu, apžvalga; *a students' ~* studentų humoro pobūvis/vakaras
revulsion [rɪ'vʌlʃn] *n* **1** *(jausmų, nuomonės)* staigus pasikeitimas; *to undergo a ~* smarkiai/ryškiai pasikeisti **2** pasibjaurėjimas; *to feel ~ (at)* pasibjaurėti *(kuo)* **3** *med.* atitraukimas
revulsive [rɪ'vʌlsɪv] *med. a* atitraukiantis, atitraukiamasis
n atitraukiančioji/slūgdančioji priemonė
reward [rɪ'wɔːd] *n* **1** atpildas; apdovanojimas **2** atlygis, atlyginimas *(už pagalbą policijai ir pan.); in ~ (for)* atsilyginant *(už)*
v **1** atlyginti, atmokėti; apdovanoti **2** būti vertam *(dėmesio ir pan.)*
rewarding [rɪ'wɔːdɪŋ] *a* teikiantis pasitenkinimą; praturtinantis *(apie patirtį ir pan.); ~ book* knyga, kurią verta perskaityti, vertinga knyga; *financially ~* pelningas
rewind [riː'waɪnd] *v* (rewound) atsukti atgal, atsisukti atgal *(apie magnetinę juostelę)*
rewire [riː'waɪə] *n* pakeisti elektros instaliaciją; nutiesti naujus elektros laidus
reword [riː'wɔːd] *v* **1** išreikšti kitais žodžiais; keisti formuluotę **2** pakartoti *(tuos pačius žodžius)*
rework [riː'wɔːk] *v* perdirbti, pertaisyti, atnaujinti
reworking [riː'wɔːkɪŋ] *n muz., lit.* nauja versija *(of – ko)*
rewound [riː'waund] *past ir pII žr.* **rewind**
rewrite *n* ['riːraɪt] **1** perrašymas **2** *amer.* perrašytas tekstas
v [riː'raɪt] (rewrote [ˌriː'rəut]; rewritten [ˌriː'rɪtn]) **1** perrašyti **2** perdirbti
rewriter [riː'raɪtə] *n amer.* redaktorius
Rex [reks] *n knyg.* karalius; *~ v Smith teis.* karalius *(valstybė kaip viena iš bylos šalių)* prieš Smitą
Reykjavik ['reɪkjəviːk] *n* Reikjavikas *(Islandijos sostinė)*
Reynard ['reɪnəd, 'renɑːd] *n* lapės pravardžiavimas *(pasakose)*
rhapsode ['ræpsəud] *n gr. ist.* rapsodas
rhapsodic(al) [ræp'sɒdɪk(l)] *a* **1** rapsodijos, rapsodiškas **2** egzaltuotas; iškilmingas, pompastiškas
rhapsodize ['ræpsədaɪz] *v* **1** kalbėti/rašyti pompastiškai *(about, on)* **2** kurti/dainuoti rapsodijas
rhapsody ['ræpsədɪ] *n* **1** iškilminga/pompastiška kalba, garbinimas, ekstazė **2** *muz.* rapsodija **3** *lit.* rapsodas
rhea [rɪə] *n zool.* nandù *(Pietų Amerikos strutis)*
rheme [riːm] *n kalb.* rema
Rhenish ['renɪʃ] *psn. a* Reino
n reinvynis
rhenium ['riːnɪəm] *n chem.* renis
rheostat ['riːəstæt] *n el.* reostatas; *slide ~* slankvaržė
rhesus ['riːsəs] *n* **1** *zool.* rezus, bengališkoji makaka *(t. p. ~ monkey)* **2**: *~ factor biol.* rezus faktorius
rhetoric ['retərɪk] *n* retorika *(t. p. prk.); empty ~* tušti žodžiai

rhetorical [rɪ'tɔrɪkl] *a* **1** retorinis; retoriškas; ~ *question* retorinis klausimas **2** pompastiškas, išpūstas *(apie stilių ir pan.)*

rhetorician [ˌretə'rɪʃn] *n* **1** retorikas, oratorius; gražbylys **2** *ist.* retorius

rheum [ruːm] *psn. n* **1** traiškanos; *(burnos)* gleivės **2** sloga, slanktas; kataras

rheumatic [ruː'mætɪk] *a* **1** *med.* reumatinis; reumatiškas; ~ *fever* sąnarių reumatas **2** sergantis reumatu *n* reumatikas

rheumaticky [ruː'mætɪkɪ] *a šnek.* reumatiškas

rheumatics [ruː'mætɪks] *n šnek.* sausgėla, reumatas

rheumatism ['ruːmətɪzm] *n med.* reumatas

rheumatoid ['ruːmətɔɪd] *a med.* reumatoidinis, reumatiškas; ~ *arthritis* reumatoidinis artritas

rheumatology [ˌruːmə'tɔlədʒɪ] *n* reumatologija

rheumy ['ruːmɪ] *a knyg.* traiškanotas

Rhine [raɪn] *n* Reinas *(upė)*

rhinestone ['raɪnstəʊn] *n* netikras briliantas

rhinitis [raɪ'naɪtɪs] *n med.* rinitas, nosies gleivinės uždegimas

rhino ['raɪnəʊ] *n (pl* ~s [-z]) *sutr. šnek.* = **rhinoceros**

rhinoceros [raɪ'nɔsərəs] *n zool.* raganosis; ~ *beetle* raganosis *(vabalas)*

rhinoplasty ['raɪnəʊˌplæstɪ] *n med.* rinoplastika, nosies plastika

rhizome ['raɪzəʊm] *n bot.* šakniastiebis

rhizopod ['raɪzəpɔd] *n zool.* šakniakojis

Rhode [rəʊd] *n:* ~ *Island* Rod Ailandas *(JAV valstija);* ~ *Island red* rodailendas *(vištų veislė)*

Rhodes [rəʊdz] *n* Rodas *(Graikijos sala)*

Rhodesia [rəʊ'diːʒə] *n ist.* Rodezija *(šalis)*

rhodium ['rəʊdɪəm] *n chem.* rodis

rhododendron [ˌrəʊdə'dendrən] *n bot.* rododendras

rhodonite ['rəʊdənaɪt] *n min.* rodonitas

rhomb [rɔm] *n geom.* rombas

rhombi ['rɔmbaɪ] *pl žr.* **rhombus**

rhombic ['rɔmbɪk] *a geom.* rombinis, rombo

rhomboid ['rɔmbɔɪd] *geom. n* romboidas, lygiagretainis *a* romboidinis, romboidiškas; rombiškas

rhombus ['rɔmbəs] *n (pl* ~es, -bi) *geom.* rombas

rhotacism ['rəʊtəsɪzm] *n kalb.* rotacizmas

rhubarb ['ruːbɑːb] *n* **1** *bot.* rabarbaras **2** *teatr.* aktorių tariamas žodis minios klegesiui pavaizduoti **3** *amer. šnek.* vaidai, kivirčas

rhumb [rʌm] *n jūr.* rumbas

rhyme [raɪm] *n lit.* **1** rimas; *double/female/feminine* ~ moteriškas(is) rimas; *single/male/masculine* ~ vyriškas(is) rimas; ~ *royal* septynių eilučių strofa *(rimavimo schema ababbcc)* **2** rimavimas **3** rimuotas eilėraštis ◊ *without* ~ *or reason* be jokios prasmės; nei iš šio, nei iš to; *neither* ~ *nor reason* jokio ryšio, jokios prasmės *v* **1** rimuoti(s) *(with, to)* **2** eiliuoti, rašyti rimuotus eilėraščius

rhymed [raɪmd] *a* rimuotas

rhymer, rhymester ['raɪmə, 'raɪmstə] *n menk.* eiliakalys, eiliadirbys

rhythm ['rɪðəm] *n* **1** ritmas; ~ *of dancing [of the heart]* šokio [širdies] ritmas **2** ritmingumas, ritmiškumas; periodiškumas; ~ *of the seasons* metų laikų kaita

rhythmic(al) ['rɪðmɪk(l)] *a* **1** ritminis; ritmingas, ritmiškas **2** ciklinis, cikliškas, periodinis

rhythmicity [rɪð'mɪsətɪ] *n* biologiniai ritmai, bioritmai

rhythmics ['rɪðmɪks] *n* ritmika *(mokslas)*

rial [rɪ'ɑːl, 'riːɑːl] *n* rialas *(kai kurių arabų šalių piniginis vienetas)*

rib [rɪb] *n* **1** *anat.* šonkaulis; *short* ~ netikras/laisvasis šonkaulis; *to dig/poke smb in the* ~s bakstelėti kam į pašonę **2** *kul.* šoninė, krūtininė *(mėsa)* **3** briauna; kraštelis; *reinforcing/stiffening* ~ *tech.* standumo briauna **4** stulpelis, rumbelis *(mezgant)* **5** *(skėčio)* virbas **6** *(paukščio plunksnos)* spaiglys **7** *bot. (lapo)* gyslelė **8** *jūr.* špantas **9** *archit., av.* nerviūra ◊ *to stick to one's* ~s *šnek.* būti maistingam *(apie maistą)*
v **1** *šnek.* erzinti, išjuokti, juoktis *(iš)* **2** *spec.* tvirtinti, stiprinti

ribald ['rɪbəld] *n* blevyzga, nepraustaburnis; storžievis *a* nepraustaburniškas, nešvankus; grubus, šiurkštus, storžieviškas

ribaldry ['rɪbəldrɪ] *n* blevyzgojimas, nešvankios kalbos; nepadorus elgesys

riband ['rɪbənd] = **ribbon** *n*

ribband ['rɪbənd] *n jūr.* triumo lenta, ribanda

ribbed [rɪbd] *a* **1** briaunotas; rantytas **2** rumbuotas, rumbėtas

ribbing ['rɪbɪŋ] *n* **1** *kuop.* šonkauliai **2** stulpeliai *(mezgimo būdas)* **3** pajuokavimas, paerzinimas **4** *archit., stat.* nerviūros

ribbon ['rɪbən] *n* **1** kaspinas; juosta; *typewriter* ~ rašomosios mašinėlės juostelė **2** *pl* skutai; *torn to* ~s suplėšytas į skutus; ~s *of mist* rūko kuokštai **3** *pl šnek.* vadžios, vadelės; *to handle/take the* ~s laikyti/paimti vadeles **4** ordino kaspinas; pasižymėjimo ženklas; *blue* ~ a) Keliaraiščio ordino kaspinas; b) *amer.* apdovanojimas; pagrindinis prizas; c) blaivininko ženklelis; *red* ~ Pirties ordino kaspinas
v **1** puošti kaspinais **2** plėšyti į skutus

riboflavin [ˌraɪbəʊ'flevɪn] *n* riboflavinas *(vitaminas B₂)*

ribonucleic [ˌraɪbənjuː'kliːɪk] *a:* ~ *acid* ribonukleino rūgštis

rib-tickling [ˌrɪbˌtɪklɪŋ] *a šnek.* juokingas

rice [raɪs] *n* **1** *bot.* ryžis **2** *kuop.* ryžiai
v (su)grūsti *(virtas bulves)*

ricefield ['raɪsfiːld] *n* ryžių plantacija

rice-milk ['raɪsmɪlk] *n* ryžių košė

rice-paper ['raɪsˌpeɪpə] *n* **1** ryžinis popierius **2** *kul.* ryžių paplotėlis

ricer ['raɪsə] *n amer. (bulvių)* grūstuvas

rice-water ['raɪsˌwɔːtə] *n* ryžių nuoviras

rice-weevil ['raɪsˌwiːvɪl] *n zool.* ryžinis straubliukas

rich [rɪtʃ] *a* **1** turtingas; *to grow/get* ~ (pra)turtėti **2** gausus; ~ *harvest* gausus derlius; *citrus fruit are* ~ *in vitamin C* citrusai turi daug vitamino C **3** prabangus, puikus; ~ *wine* rinktinis vynas **4** riebus; ~ *milk* riebus pienas; ~ *dish* maistingas valgis **5** derlingas, trąšus *(apie dirvą)* **6** aštrus, stiprus *(apie skonį, kvapą)* **7** sodrus *(apie spalvas, toną, kalbą)*; tirštas *(apie dažus)* **8** sultingas *(apie vaisius)* **9** įdomus, juokingas *(apie įvykį, mintį)*; vertingas *(apie pasiūlymą ir pan.); that's* ~ (tai) įdomu/juokinga ◊ *that's* ~ *coming from him [her, etc.]* (džn. iron.) keista girdėti iš jo [jos ir pan.]; *to strike it* ~ ≡ atrasti aukso gyslą, staiga praturtėti
n (the ~) *kuop.* turtuoliai, turtingieji

Richard ['rɪtʃəd] *n* Ričardas *(vardas);* ~ *the Lionheart* Ričardas Liūtaširdis

riches ['rɪtʃɪz] *n pl* turtai, lobiai; turtas

richly ['rɪtʃlɪ] *adv* **1** turtingai, prabangiai **2** visai, visiškai **3** sodriai *(nuspalvintas)* **4** gausiai

richness ['rɪtʃnɪs] *n* **1** turtingumas; prabangumas **2** gausumas **3** *(spalvų ir pan.)* sodrumas, gyvumas **4** *(mais-*

to) riebumas **5** *(vaisiaus)* sultingumas **6** trąšumas, derlingumas
Richter ['rɪktə] *n:* ~ *scale* Richterio skalė *(žemės drebėjimo intensyvumui vertinti)*
rick[1] [rɪk] *n* kūgis, stirta
v krauti į kūgį/stirtą
rick[2] *v (lengvai)* patempti, iš(si)narinti
rickets ['rɪkɪts] *n med.* rachitas
rickettsia [rɪ'ketsɪə] *n biol.* riketsija *(mikrobų gentis)*
rickety ['rɪkɪtɪ] *a* **1** iškleręs, išklibęs *(apie baldus, vežimą)* **2** pašlijęs; sukežęs, silpnas **3** rachitinis, rachitiškas
rickrack ['rɪkræk] *n* banguotas apvadas *(drabužio apdailai)*
ricksha(w) ['rɪkʃɔ:] *n* rikša
ricky-tick [ˌrɪkɪ'tɪk] *a amer. šnek.* išėjęs iš mados, nemadingas
ricochet ['rɪkəʃeɪ] *pr. n* rikošetas; *in a* ~ rikošetu
v rikošetuoti, atšokti/atsimušti rikošetu
ricrac ['rɪkræk] *n* = **rickrack**
rictus ['rɪktəs] *n* **1** išsišiepimas; grimasa **2** *zool.* nasrai
rid [rɪd] *v* (rid, ridded) (iš)vaduoti, (iš)gelbėti *(of – nuo); refl* atsikratyti *(of – ko);* **to be** ~ *(of)* būti atsikračiusiam *(ko);* **to get** ~ *(of)* atsikratyti, nusikratyti; išsivaduoti, ištrūkti
ridable ['raɪdəbl] *a* jojamas(is)
riddance ['rɪdᵊns] *n* nusikratymas, atsikratymas; pašalinimas; **to make a good** ~ laimingai *(kuo)* nusikratyti ◊ **good** ~ **(to bad rubbish)!** *šnek.* juo geriau, kad nusikratėme!; laimingos kelionės! *iron.*
ridden ['rɪdn] *pII žr.* **ride** *v*
-ridden [-ˌrɪdn] *(sudurt. žodžiuose) (ko)* apimtas, pagautas; *(ko)* valioje; **fear-ridden** baimės apimtas/pagautas; **science-ridden** atsidavęs/pasiskyręs mokslui
riddle[1] ['rɪdl] *n* mįslė *(t. p. prk.);* **fo ask a** ~ užminti mįslę; **the** ~ **of the Sphinx** sfinkso mįslė
v **1** kalbėti mįslėmis/mįslingai **2** spėti, minti *(mįslę)*
riddle[2] *n* kretilas, rėtis
v **1** sijoti per kretilą, kretiluoti **2** (pa)daryti panašų į rėtį, suskylėti, išvarpyti *(kulkomis; with)* **3** *pass* būti *(ko)* apimtam/kankinamam; būti *(ko)* gausiai, knibždėte knibždėti *(with)*
ride [raɪd] *n* **1** pasijodinėjimas; pasivažinėjimas; **to go for a** ~ pasijodinėti, pasivažinėti; **to take smb for a** ~, **to give smb a** ~ a) pavežti, pavažinėti, pajodinėti ką; b) *šnek.* (ap)mulkinti, apsukti; c) *amer. šnek.* užmušti, pribaigti ką **2** išvyka, kelionė; *a train* ~ *from Klaipėda* kelionė traukiniu iš Klaipėdos **3** kelias, alėja *(ypač jojimui)* **4** *prk.* kelias; **he'll have a difficult** ~ **to the Presidency** jo kelias į prezidentus bus sunkus ◊ **to be in for a bumpy/rough** ~ *šnek.* prisidaryti daug bėdų
v (rode, ridden) **1** joti; jodinėti; jodinti; sėdėti apsižergus; **to** ~ **full speed** joti šuoliais; **to** ~ **a ford** perjoti per brastą; **to** ~ **a race** dalyvauti arklių lenktynėse; **to** ~ **a horse to death** nujodyti/nuvaryti arklį **2** važiuoti *(autobusu, dviračiu, traukiniu, laivu ir pan.);* **to** ~ **a bicycle to school** važiuoti dviračiu į mokyklą **3** patraukti, pasileisti; nukreipti, pasukti *(at – į)* **4** plaukti; slysti *(bangomis);* **to** ~ **the current** plaukti pasroviui **5** stovėti išmetus inkarą *(apie laivą)* **6** būti tinkamam joti *(apie gruntą)* **7** apimti, užvaldyti *(apie jausmus)* **8** *pass* graužti, kamuoti **9** sverti *(apie žokėją)* **10** *šnek.* juoktis *(iš ko),* erzinti **11** *šnek.* nesikišti, palikti savieigai; **let it** ~ ≡ tegu sau, tiek to, tuščia jo *(nereaguojant į nemalonią pastabą ir pan.)* **12** priklausyti *(on – nuo)* ▢ ~ **about/ around** važinėti; ~ **away** nujoti; ~ **down** a) pavyti jojant; b) parmušti, sujodinėti; c) *(ypač amer.)* nusileisti *(liftu);* ~ **out** a) išlaukti *(nuleidus inkarą);* laimingai išlaikyti *(audrą; apie laivą);* b) įveikti *(krizę);* išsigauti, išsikrapštyti *(iš bėdų);* ~ **up** lipti, užsismaukti *(aukštyn; apie drabužį)* ◊ **to** ~ **high** a) džiūgauti, šokinėti *(dėl pasisekimo, pergalės);* turėti pasisekimą; b) *knyg.* būti aukštai danguje *(apie mėnulį);* **to** ~ **the whirlwind/storm** įveikti *(pasipriešinimą ir pan.)*
ride-off ['raɪdɔf] *n* kliūtis, užtvara *(jojimo varžybose)*
rider ['raɪdə] *n* **1** jojėjas, jojikas; raitelis, raitininkas **2** važiuotojas *(dviračiu ir pan.),* dviratininkas, motociklininkas **3** papildomas punktas, papildymas; *(dokumento)* priedas, pataisa **4** išvada; *teis.* atskira nuomonė **5** *mat.* papildomas uždavinys mokinio žinioms patikrinti; papildoma teorema, padedanti įrodyti pirmąją **6** *pl jūr.* ridersai
riderless ['raɪdələs] *a* be raitelio *(apie arklį, netekusį raitelio)*
ridge [rɪdʒ] *n* **1** *(gyvulio, kalno, vagos ir pan.)* ketera, gūbrys; kalvagūbris, kalno viršūnė; kalnų virtinė; takoskyra **2** *(stogo)* kraigas, šelmuo **3** povandeninė uola **4** kraštas, briauna; rumbas, rumbelis **5** *(odos)* raukšlė **6** *meteor.:* ~ *of high pressure* aukšto slėgio ruožas
v **1** (su)raukšlėti; raukšlėtis, šiauštis *(apie jūrą)* **2** *ž. ū.* vagoti
ridged [rɪdʒd] *a* **1** keterotas, gūbriuotas; (iš)vagotas **2** kraiginis, kraigo; ~ *tile* kraiginė čerpė
ridger ['rɪdʒə] *n ž. ū.* vagotuvas
ridgy ['rɪdʒɪ] *a* = **ridged**
ridicule ['rɪdɪkju:l] *n* **1** išjuokimas, pajuokimas; pajuoka; **to hold up to** ~ laikyti pajuokos objektu **2** juokingumas
v išjuokti, pajuokti, apjuokti
ridiculous [rɪ'dɪkjuləs] *a* juokingas; absurdiškas, kvailas
riding[1] ['raɪdɪŋ] *n* jojimas; jodinėjimas
a jojamas(is); ~ *horse* jojamasis arklys; ~ *hall* jodykla, maniežas; ~ *crop* jojiko šmaikštis/vytinis
riding[2] *n* raidingas *(Jorkšyro grafystės administracinis vienetas iki 1974 m.)*
riding-breeches ['raɪdɪŋˌbrɪtʃɪz] *n pl* pūstinės kelnės *(jojimui)*
riding-habit ['raɪdɪŋˌhæbɪt] *n* amazonė *(moteriškas jojamasis drabužis)*
riding-light ['raɪdɪŋlaɪt] *n jūr.* inkaro šviesa
riding-master ['raɪdɪŋˌmɑ:stə] *n* jojimo mokytojas
Riesling ['ri:slɪŋ] *n* rislingas *(vynas)*
rife [raɪf] *a predic* **1** įprastas, įprastinis; paplitęs; **to be [grow/wax]** ~ būti [tapti] įprastiniam; **to run** ~ greit plisti *(apie ligą ir pan.)* **2** gausus, pilnas; *his language is* ~ *with maxims* jo kalba pilna sentencijų
riff [rɪf] *n (džiazo ir pan.)* ritminė figūra
riffle ['rɪfl] *n amer.* **1** *(upės)* slenkstis **2** vilnelės, bangelės **3** *tech.* griovelis, vagelė
v perversti *(knygos lapus, popierius ir pan.; t. p.* ~ *through)*
riffraff ['rɪfræf] *n* visuomenės padugnės/atmatos
a šnek. niekam tikęs, prastas
rifle[1] ['raɪfl] *n* **1** šautuvas; graižtvinis ginklas **2** *pl kar.* šauliai; ~ *company* šaulių kuopa
v **1** šaudyti *(iš šautuvo)* **2** (į)sriegti *(ginklo vamzdį)*
rifle[2] *v* **1** (iš)griozti, (iš)naršyti *(through)* **2** apiplėšti, apvogti; pagrobti
rifle-green ['raɪflgri:n] *a* tamsiai žalias
rifleman ['raɪflmən] *n (pl* -men [-mən]) *kar.* šaulys
rifle-range ['raɪflreɪndʒ] *n kar.* **1** šaudykla **2** šautuvo šūvio nuotolis
rifle-shot ['raɪflʃɔt] *n kar.* **1** šautuvo šūvis **2** = **rifle-range** 2 **3** šaulys

rifling ['raɪflɪŋ] *n (šautuvo)* graižtva
rift [rɪft] *n* **1** plyšys, proplaiša; įskilimas; *a ~ in the clouds* debesų properša **2** *prk. (santykių)* nutraukimas, atsiskyrimas; nesantaika; *a ~ in the lute* nereikšminga aplinkybė, vedanti į nesutarimus; nesantaikos/ligos pradžia **3** tarpeklis **4** *amer. (upės)* rėva, slenkstis **5** *geol.* skirumas
v skelti, skaldyti; skilti
rig[1] [rɪg] *n* **1** *jūr. (burlaivio)* įranga, rangautas ir takelažas **2** *šnek.* apranga, eilutė, kostiumas, drabužiai; žmogaus išvaizda; *in full ~* išsipustęs, išsipuošęs **3** gręžimo bokštas *(t. p. **boring ~**)* **4** *tech.* įrengimai, įranga, įtaisinys **5** *amer.* ekipažas **6** *amer. šnek.* sunkvežimis
v (ppr. pass) ap(si)rūpinti takelažu ir įranga, įrengti *(burlaivį, takelažą)* ☐ *~ out (ppr. refl, pass)* ap(si)rengti, ap(si)taisyti; *~ up* (paskubomis) įrengti/suręsti/pastatyti
rig[2] *n* **1** (su)klastojimas, apgaudinėjimas; gudrybė **2** spekuliacinis prekių supirkimas
v (su)klastoti; apgaudinėti; *to ~ the market* dirbtinai kelti/mažinti kainas; *to ~ an election* falsifikuoti rinkimų rezultatus
Riga ['riːgə] *n* Ryga *(Latvijos sostinė)*
rigamarole ['rɪgəmərəʊl] *n amer.* = **rigmarole**
rigger ['rɪgə] *n* **1** *jūr.* takelažininkas **2** naftos gręžimo platformos darbininkas **3** *amer.* lėktuvų surinkėjas
rigging ['rɪgɪŋ] *n* **1** *jūr.* takelažas, laivavirvės; *~ house/loft* takelažinė **2** įranga, reikmenys; įrengimas, **3** *šnek.* drabužiai, apranga
right[1] [raɪt] <*n, a, adv, v*> *n* **1** teisė; *~ to work* teisė į darbą; *performing ~* a) teisė statyti *(filmą, pjesę);* b) teisė atlikti *(dainą ir pan.);* *~ of common* teisė bendrai naudoti *(ypač žemę);* *~s and duties* teisės ir pareigos; *as of ~* kaip teisėtai priklauso/pridera; *in one's own ~* teisėtai; kaip būdamas *(kas),* nepriklausomai *(nuo kitų);* *under a ~ in international law* pagal tarptautinės teisės normas; *to be within one's ~s* turėti teisę *(ką daryti)* **2** teisybė, teisingumas; *by ~s* pagal teisybę; *by ~ or wrong* visomis teisybėmis ir neteisybėmis; *to do smb ~* deramai ką įvertinti, elgtis su kuo teisingai; *you are in the ~* tavo/jūsų teisybė; *he doesn't know ~ from wrong* jis neskiria, kas gera ir kas bloga **3** pagrindas, teisė; *to have a ~ to be angry* turėti pagrindo pykti **4** *(ppr. pl)* tikroji padėtis, tikrovė **5** *pl* tvarka; *to put/set to ~s* padaryti tvarką, sutvarkyti; atkurti normalią būseną ◊ *Mr. R.* tinkamiausias jaunikis, žadėtasis; *Miss R.* tinkamiausia nuotaka, žadėtoji; *to do ~ by smb* padaryti kam gera
a **1** teisingas; teisus; taisyklingas, tikslus; *~ use of words* taisyklingas žodžių vartojimas; *to be ~* a) būti teisiam *(about);* b) būti teisingam *(apie atsakymą); half ~* iš dalies teisus; *you were ~ to come* jūs gerai padarėte, kad atėjote; *what's the ~ time?* kiek tiksliai dabar laiko?; *so you're a student, is that ~?* tai tu studentas, tiesa?; *that's ~!; ~ you are!* tu/jūs teisus! **2** kaip tik tas, kuris reikalingas; tinkamas, savo vietoje; *the ~ size (avalynės ir pan.)* reikiamas numeris; *the ~ man in the ~ place* žmogus savo vietoje, tinkamas tam reikalui; *when the time is ~* kai bus tinkamas laikas **3** tiesus; status *(apie kampą);* *~ line* tiesė **4** sveikas; tvarkingas; *~ enough* a) neblogas, patenkinamas; b) kaip ir buvo laukiama; *to put/set smth ~* (pa)taisyti, ištaisyti ką; atitaisyti, pataisyti *(sveikatą);* *the engine isn't quite ~* variklis nelabai gerai dirba; *~ let's go!* pasiruošęs? Eikime!; *not in the ~ head šnek.* ≡ ne visi namie, galvoj

pasimaišę; *are you ~ now?* ar jums dabar gerai/patogu? **5** *šnek.* tikras; *a ~ idiot* tikras idiotas/kvailys **6** *šnek.* pasiruošęs; ◊ *all ~* = *all-right;* *~ you are!, ~ oh! šnek.* a) gerai!, sutinku; b) tikrai!, tavo/jūsų tiesa!; *to set/put oneself ~ with smb* a) įsigyti kieno palankumą; b) susitaikyti su kuo
adv **1** teisingai; *to get it ~* suprasti teisingai; *to get/do a sum ~* gerai išspręsti uždavinį **2** tinkamai, reikiamai, prideramai **3** tiesiai, tiesiog; *go ~ ahead* eik(ite) tiesiai į priekį **4** kaip tik, tiksliai; *~ in the middle* kaip tik viduryje, pačiame viduryje; *~ here* a) kaip tik čia; b) šiuo momentu; *~ now* šiuo momentu; šią akimirką **5** pilnutinai, visiškai; *~ to the end* ligi pat galo **6** *šnek.* tuojau (pat), tučtuojau *(t. p. ~ away/off);* *I'll be ~ back* aš tuoj grįšiu **7** didžiai *(tituluose);* *the R. Honourable* didžiai gerbiamas *(apie perą ir pan.)* **8** *psn., šiaur.* labai; *I know ~ well* aš labai gerai žinau ◊ *~ on! amer. šnek.* puiku!, tinka!; *come ~ in amer.* įeikite
v **1** ištaisyti, atitaisyti; *to ~ a wrong* atitaisyti (padarytą) skriaudą **2** iš(si)tiesinti; pasitaisyti, reabilituotis *(t. p. refl)* **3** ginti teises; *to ~ the oppressed* užstoti engiamuosius
right[2] <*n, a, adv*> *n* **1** dešinė; dešinioji pusė/ranka; smūgis dešine ranka; *one's ~ arm [eye]* dešinė ranka [akis]; *to the ~* dešinėn; *on the ~* dešinėje, iš dešinės; *a hard ~* staigus posūkis į dešinę **2** *(the R.) kuop. polit.* dešinieji; *the hard ~* radikalusis/kraštutinis dešiniųjų sparnas
a **1** dešinys(is); *to the ~ hand* į dešinę, dešinėn; *on/at the ~ hand* dešinėje; *~ shoe* dešinės kojos batas **2** *(džn. R.) polit.* dešinys(is)
adv į dešinę; *~ and left* iš dešinės ir iš kairės, iš visų pusių; kairėn ir dešinėn, į visas puses; *~ turn/face kar.* dešinėn! ◊ *~, left and centre, amer. ~ and left* ≡ į kairę ir į dešinę, į visas puses *(švaistyti pinigus ir pan.)*
right-about ['raɪtəbaʊt] *a: ~ turn/face* a) posūkis aplink *(į dešinę pusę);* b) *prk.* staigus posūkis
n: to send (to the) ~s a) išvyti, išprašyti; b) *kar.* priversti pasukti atgal *ar* atsitraukti
right-angled ['raɪtˌæŋgld] *a* stačiakampis; status
right-down ['raɪtdaʊn] *a šnek.* tikras, paskutinis; visiškas; *~ liar* paskutinis melagis
righteous ['raɪtʃəs] *a* **1** doras, teisingas **2** teisėtas *(apie jausmus);* *~ indignation* teisėtas pasipiktinimas
n (the ~) kuop. dorieji, teisingieji
rightful ['raɪtfəl] *a attr* teisėtas; teisėtai priklausantis; *~ heir* teisėtas įpėdinis
right-hand ['raɪthænd] *a attr* dešinys(is); *~ man* a) kaimynas iš dešinės *(rikiuotėje);* b) *prk.* dešinioji ranka, geras/ištikimas pagalbininkas
right-handed ['raɪt'hændɪd] *a* **1** dešiniarankis **2** (skirtas) dešinei rankai; (atliktas) dešine ranka
right-hander [ˌraɪt'hændə] *n* **1** smūgis dešine ranka **2** dešiniarankis
rightism ['raɪtɪzm] *n polit.* dešiniųjų politika/principai
rightist ['raɪtɪst] *polit. n* dešinysis, dešiniosios partijos narys
a dešiniųjų; dešiniosios partijos
rightly ['raɪtlɪ] *adv* **1** teisingai; tiksliai **2** teisėtai; *~ indignant* teisėtai pasipiktinęs; *and ~ so* ir ne be pagrindo **3** reikiamai, deramai **4** *šnek.* tikrai; *I don't ~ know* aš tikrai, iš tikrųjų nežinau
right-minded ['raɪt'maɪndɪd] *a* sveikai galvojantis, sveikų/ teisingų pažiūrų
rightmost ['raɪtməʊst] *a* labiausiai į dešinę, pats dešinysis
righto, right-oh [ˌraɪt'əʊ] *int šnek.* gerai!, sutinku!
right-of-centre [ˌraɪtəv'sentə] *a polit.* į dešinę nuo centro

right-of-way [ˌraɪtəv'weɪ] *n* **1** *(eismo)* pirmumo teisė; **~ signal** signalas „užleisti kelią" **2** perėjimo/pervažiavimo per svetimą žemę teisė **3** *glžk.* nusavinimo ruožas

right-on [ˌraɪt'ɔn] *a šnek.* puikus; šiuolaikinis; politiškai teisingas

right-thinking [ˌraɪt'θɪŋkɪŋ] *a* = **right-minded**

rightward ['raɪtwəd] *a* esantis dešinėje, pasuktas į dešinę; dešinysis

rightwards ['raɪtwədz] *adv* dešinėn

right-wing [ˌraɪt'wɪŋ] *a polit.* dešinysis, dešiniojo sparno

right-winger [ˌraɪt'wɪŋə] *n* **1** *polit. (partijos)* dešiniojo sparno narys, dešinysis; konservatorius **2** *sport.* dešiniojo sparno žaidėjas, dešinysis sparninis

righty-ho ['raɪtɪhəu] *int šnek.* sutinku!, gerai!

rigid ['rɪdʒɪd] *a* **1** kietas, standus, nelankstus; tvirtas; nejudamas; **~ joint/coupling** *tech.* standusis sujungimas **2** griežtas, nepalenkiamas; tikslus **3** stingus; konservatyvus; **his mind has become rather ~** jis tapo gana konservatyvus **4** sustiręs, pastėręs *(iš baimės)* ◊ **to bore smb ~** įgristi kam iki gyvo kaulo; **to shake smb ~** labai ką sukrėsti

rigidity [rɪ'dʒɪdətɪ] *n* **1** kietumas, standumas; tvirtumas; **the ~ of her bearing** jos laikysenos nelankstumas **2** griežtumas

rigmarole ['rɪgmərəul] *n* **1** raizganos, pinklės, pinklybė **2** raizgalynė, tauškalai

rigor[1] ['rɪgə, 'raɪgɔ:] *n med.* sustingimas; **~ mortis** lavono sustingimas

rigor[2] ['rɪgə] *n amer.* = **rigour**

rigorism ['rɪgərɪzm] *n* **1** *(elgesio)* griežtumas; rigorizmas **2** dideli *(stiliaus)* reikalavimai

rigorous ['rɪgərəs] *a* **1** griežtas, rūstus, negailestingas **2** tikslus; kruopštus; **~ scientific method** tikslus mokslinis metodas **3** atšiaurus *(apie klimatą)*

rigour ['rɪgə] *n* **1** griežtumas, rūstumas; **to be punished with the full ~ of the law** būti nubaustam visu įstatymo griežtumu **2** tikslumas; kruopštumas **3** *(klimato)* atšiaurumas; dargana **4** *(džn. pl)* negandos

rig-out ['rɪgaut] *n šnek.* apranga, kostiumas

rile [raɪl] *v šnek.* **1** (su)pykti, (su)erzinti; **it ~s me that...** mane pykdo/erzina tai, kad... **2** drumsti *(vandenį)*

Riley ['raɪlɪ] *n:* **to lead the life of ~** *šnek.* smagiai/nerūpestingai gyventi *(švaistantis pinigais)*

rill [rɪl] *n* **1** *poet.* upokšnis; versmė, šaltinis **2** = **rille**

rille [rɪl] *n astr.* Mėnulio paviršiaus kanalas

rim [rɪm] *n* **1** apvadas, apkraštys, kraštas **2** *(kepurės, indo ir pan.)* lankas; graižtas **3** *(akinių)* rėmeliai **4** ratlankis *(t. p.* **wheel ~)** **5** *tech.* žiedas; apgauba; antbriaunis **6** *jūr.* vandens paviršius

v **1** apvesti apvadu *ir pan.* **2** *kngz.* (ap)supti, (ap)juosti *(apie kalnus, mišką)* **3** uždėti ratlankį *ir pan.;* įrėminti **4** *sport.* liesti krepšio lankelį *(bet neįkristi)*

rime[1] [raɪm] *poet. n* šerkšnas, šarma

v aptraukti šerkšnu

rime[2] *psn.* = **rhyme** *n, v*

rimer ['raɪmə] *n* = **reamer**

rimless ['rɪmləs] *a* be rėmų/graižtų, be lanko; **~ glasses** akiniai be rėmelių, pensnė

-rimmed [-rɪmd] *(sudurt. žodžiuose)* su rėmeliais; **goldrimmed spectacles** akiniai auksiniais rėmeliais

rimose ['raɪməus] *a* plyšiuotas, suskilęs

rimy ['raɪmɪ] *a* apšerkšnijęs, apšarmojęs

rind [raɪnd] *n* **1** *(stora)* žievė, žievelė **2** *(sūrio ir pan.)* pluta, luoba

v (nu)lupti žievę/žievelę/luobą

rinderpest ['rɪndəpest] *n vet.* galvijų maras

ring[1] [rɪŋ] *n* **1** *(įv. reikšm.)* žiedas; **split ~** žiedas raktams; **she wasn't wearing a (wedding) ~** ji nenešiojo (vestuvinio) žiedo; **Saturn's ~s** *astr.* Saturno žiedai; **packing/seal ~** *tech.* sandarinimo žiedas; **~ lubrication/oiling** *tech.* žiedinis tepimas **2** ratas, apskritimas; **to form a ~** sustoti ratu; **~s of smoke** dūmų ratiliukai; **dark ~s round one's eyes** tamsūs ratilai apie akis **3** *(akinių)* rėmeliai **4** cirko arena; *(bokso)* ringas **5** *(the R.)* boksas **6** *ekon.* ringas, įmonininkų susitarimas kartu kontroliuoti rinką **7** klanas, gauja; **spy ~** šnipų tinklas; **political ~** politinė klika **8** *(svogūno ir pan.)* griežinys **9** *(medžio)* metinė rievė **10** *(the R.) kuop.* bukmekeriai **11** *tech.* flanšas, apkaba **12** *archit. (arkos)* archivoltas ◊ **to run/make ~s round smb** *šnek.* smarkiai aplenkti ką; ≡ nušluostyti kam nosį, suraityti ką; **to keep/hold the ~** būti neutraliam

v **1** apjuosti/apsupti/apvesti ratu *(ppr.* **~ about/round)** **2** (į)verti grandį į nosį *(gyvuliui)* **3** (už)mauti žiedą, žieduoti **4** užmesti žiedą *(žaidimuose)* ◊ **to ~ the rounds** aplenkti

ring[2] *n* **1** skambėjimas, skambesys; skambinimas; **to give several ~s at the door** paskambinti keletą kartų prie durų **2** *(telefono ir pan.)* skambutis; **to give smb a ~** paskambinti kam telefonu **3** panašumas *(į tiesą ir pan.);* **it has a ~ of truth about it** tai skamba patikimai, tai panašu į tiesą

v (rang; rung) **1** skambėti; **telephone rang** suskambėjo telefonas; **his promises ~ hollow** jo pažadai skamba neįtikimai **2** skambinti; **you must ~ the hospital at once** jūs turite tuoj pat paskambinti į ligoninę; **to ~ at the door** skambinti prie durų; **to ~ the alarm** skelbti aliarmą **3** iššaukti/iškviesti skambučiu *(for);* **to ~ for tea** skambinti, kad atneštų arbatos **4** skardėti, aidėti, skambėti; **the air rang with shouts** oras skardėjo nuo šauksmų **5** spengti, ūžti *(ausyse)* □ **~ down: to ~ the curtain down** a) *(skambučiu)* duoti signalą nuleisti uždangą; b) *prk. (on)* užbaigti *(ką)*, padaryti galą *(kam);* **~ in** a) (pa)skambinti telefonu *(į darbovietę);* b) pažymėti varpų skambėjimu *(ko pradžią);* **to ~ in the New Year** švęsti Naujuosius metus; c) *šnek.* įvesti, pristatyti; **~ off** padėti *(telefono)* ragelį; **~ out** a) nuskambėti; nuskambinti; b) palydėti varpų skambesiu; **~ round** apskambinti *(telefonu);* **~ up** a) paskambinti *(telefonu);* b) išmušti mokamą sumą *(kasos aparatu);* c): **to ~ the curtain up** a) *(skambučiu)* duoti signalą pakelti uždangą; b) *prk.* pradėti *(on – ką)*

ring-binder ['rɪŋbaɪndə] *n* segtuvas su žiedais

ringbolt ['rɪŋbəult] *n tech.* ąsinis varžtas

ringdove ['rɪŋdʌv] *n zool.* **1** keršulis, laukinis karvelis **2** karvelis purplelis

ringed [rɪŋd] *a* **1** pažymėtas/apvestas rateliu **2** žieduotas; su žiedu; *prk.* susižiedavęs *(su);* vedęs; ištekėjusi **3** žiedinis, žiedo pavidalo

ringer ['rɪŋə] *n* **1** skambintojas; varpininkas **2** *šnek.* pirmarūšis daiktas; puikus žmogus **3** *šnek.* tiksli kopija *(t. p.* **dead ~)**; **he is a ~ for his father** jis – gyvas tėvas **4** *amer. šnek.* arklys/sportininkas, neteisėtai dalyvaujantis varžybose **5** *tech. (elektrinis, telefono)* skambutis

ring-fence ['rɪŋfens] *n* aptvaras, tvora *(supanti iš visų pusių)*

v **1** aptverti **2** *fin.* nuspręsti *(lėšų)* paskirtį

ring-finger ['rɪŋˌfɪŋgə] *n* bevardis pirštas

ringing[1] ['rɪŋɪŋ] *n* **1** skambėjimas; skambinimas *(visais varpais)* **2** spengimas, spengesys *(ausyse)*

a skambus, skardus; skambantis; ~ *phrases* skambios frazės; ~ *frost* spiginantis/smarkus šaltis
ringing² *n (paukščių)* žiedavimas
ringleader ['rɪŋˌliːdə] *n* gaujos vadas/vadeiva, pradėjėjas, kurstytojas
ringlet ['rɪŋlət] *n* 1 garbana 2 *psn.* žiedelis
ringletted, ringlety ['rɪŋlɪtɪd, -tɪ] *a* garbanotas, (su)raitytas
ring-net ['rɪŋnet] *n* 1 žiedinis tinklas 2 gaubiamasis tinklelis *(peteliškėms gaudyti)*
ring-pull ['rɪŋpul] *n* ištraukimo žiedas *(skardinei praimti)*
ring-road ['rɪŋrəud] *a* žiedinis kelias *(aplink miestą)*
ringside ['rɪŋsaɪd] *n* 1 pirmosios eilės aplink ringą/areną *ir pan.; our commentator at the* ~ mūsų komentatorius tiesiogiai iš bokso varžybų 2 patogi vieta apžvelgti *(parodą ir pan.);* ~ *view* stebėjimas/reginys iš arti
ring-tailed ['rɪŋteɪld] *a* 1 rainauodegis, su dryžuota uodega 2 riestauodegis
ringworm ['rɪŋwəːm] *n med.* trichofitija *(grybelių sukeliama odos liga)*
rink [rɪŋk] *n* čiuožykla
v čiuožti ratukinėmis pačiūžomis
rinky-dink *amer. šnek. n* [ˌrɪŋkɪ'dɪŋk] 1 užsigulėjusios, prastos kokybės prekės 2 senamadis žmogus
a ['rɪŋkɪdɪŋk] pigus ir prastas
rinse [rɪns] *n* skalavimas, plovimas; *to give a* ~ (pa)skalauti, praskalauti, praplauti 2 losjonas; plaukų dažai
v 1 nu(si)plauti 2 praplauti, (pra)skalauti; išskalauti *(džn.* ~ *out); to* ~ *one's mouth* išsiskalauti gerklę 3 pasidažyti *(plaukus)* □ ~ *down* užgerti *(maistą; with – kuo)*
rinsing ['rɪnsɪŋ] *n* 1 skalavimas, plovimas 2 *pl* paplavos, pamazgos 3 *pl* likučiai, paskutiniai lašai
Rio de Janeiro [ˌriːəudəʒəˈnɪərəu] *n* Rio de Žaneiras *(miestas)*
riot ['raɪət] *n* 1 riaušės, maištas; *prison* ~ kalinių riaušės; ~ *gear (policininkų, kalėjimo darbuotojų)* apsauginė apranga 2 *teis.* tvarkos ardymas, ramybės drumstimas; *R. Act* įstatymas dėl visuomenės tvarkos ir rimties apsaugos; *to read the* ~ *act* a) perspėti *(demonstrantus, triukšmadarius ir pan., kad skirstytųsi);* b) *juok.* išbarti, ≡ duoti garo; ~ *call amer.* pastiprinimo iškvietimas maištui malšinti ◊ *to run* ~ a) šėlti, smarkauti *(apie demonstrantus ir pan.);* b) duoti laisvę *(vaizduotei ir pan.);* c) vešliai augti, (išsi)keroti; *a* ~ *of colour* spalvų margumynas
v 1 kelti riaušes; maištauti 2 siausti, šėlti 3 švaistyti *(turtą ir pan.);* ūžauti, lėbauti
rioter ['raɪətə] *n* riaušininkas, maištininkas
riotous ['raɪətəs] *a* 1 maištaujantis, maištingas; triukšmingas 2 ne(su)valdomas, šėlstantis, siautėjantis; siautulingas 3 linksmas, juokingas *(apie filmą, spektaklį ir pan.)* 4 palaidas *(apie gyvenimą)*
rip¹ [rɪp] *n* 1 plyšys, properša; prapjova, įpjova
v 1 (iš)plėšti, įplėšti, (su)plėšyti, ardyti; *to* ~ *open* atplėšti *(voką ir pan.)* 2 plyšti, irti; skilti 3 prapjauti, perpjauti, perkirpti, perskrosti *(t. p.* ~ *up)* 4 skelti; skaldyti *(malkas)* 5 lėkti, dumti *(t. p.* ~ *along); to let her/it* ~ *šnek.* leisti visu greičiu *(automobilį, valtį ir pan.)* 6 į(si)rėžti, už(si)pulti *(into)* □ ~ *apart* suplėšyti/sudaužyti į gabalus; ~ *down* nuplėšti *(paveikslą, skelbimą ir pan.);* ~ *off* a) atplėšti, nuplėšti; b) *šnek.* nuplėšti, nulupti *(daug pinigų);* c) *šnek.* nuglemžti; pagrobti; ~ *out* a) išplėšti; b) riktelėti; drėbtelėti, leptelėti *(keiksmažodį);* ~ *up* a) suplėšyti, suardyti; atplėšti; b) suairtinti; įskaudinti *(žaizdą)* ◊ *to let things* ~ nesikišti, nevaržyti; *to let* ~ *šnek.* įniršti, pašėlti; supykti *(at, about)*

rip² *n* 1 kuinas 2 *šnek.* paleistuvis
rip³ *n* = **riptide**
riparian [raɪ'pɛərɪən] *teis. a* pakrantės
n pakrantės ruožo savininkas
ripcord ['rɪpkɔːd] *n (parašiuto, aerostato)* ištraukimo virvė
ripe [raɪp] *a* 1 prinokęs, pribrendęs, išsirpęs, prisirpęs 2 subrendęs; brandus; ~ *scholar* subrendęs mokslininkas 3 išlaikytas, atsigulėjęs *(apie sūrį, vyną)* 4 pasirengęs, pasiruošęs, paruoštas *(for);* ~ *to hear the truth* pasiruošęs išklausyti tiesą; *the time is* ~ *(for)* atėjo laikas, pribrendo reikalas *(kam)* 5 aštrus, nemalonus *(apie kvapą)* 6 nešvankus *(apie kalbą ir pan.)* ◊ *to live to a* ~ *old age* sulaukti senyvo amžiaus
ripen ['raɪpən] *v* 1 bręsti *(t. p. prk.);* nokti, sirpti; *their friendship* ~*ed into love* jų draugystė peraugo į meilę 2 nokinti, sirpinti; brandinti 3 išlaikyti *(sūrį ir pan.)*
ripeness ['raɪpnɪs] *n* brandumas, subrendimas, prinokimas; branda
ripoff ['rɪpɔf] *n šnek.* apiplėšimas, suktybė; nulupimas *(didelės kainos)*
riposte [rɪ'pɔst] *n* 1 atsakomasis *(fechtuotojo)* dūris 2 sumanus atsakymas, atsikirtimas; *to make a* ~ duoti atkirtį, atsikirsti
v 1 atremti/atmušti smūgį *(fechtuojant)* 2 sumaniai atsakyti, atkirsti
ripper ['rɪpə] *n* 1 plėšytojas, ardytojas 2 žudikas *(ypač apie pamišėlį)* 3 = **ripsaw**
ripping ['rɪpɪŋ] *šnek. psn. a* puikus, nepaprastas
adv nepaprastai
ripple¹ ['rɪpl] *n* 1 *(vandens)* raibuliavimas, ribėjimas, šaršas; r(a)ibuliai, vilnelės 2 čiurlenimas 3 nuvilnijimas; *a* ~ *of laughter* sidabrinis juokas; *a* ~ *of applause went round the hall* plojimų banga nusirito per salę 4 atgarsis, atsiliepimas; *this measure will send* ~*s through the economy* ši priemonė atsilieps ekonomikai 5 *(plaukų)* garbanotumas 6 *kul.* įvairių spalvų ledai, ledai asorti 7 *spec.* pulsacija
v 1 vilnyti; raibuliuoti, ribėti; ribinti 2 čiurlenti 3 nuvilnyti, nusiristi *(apie juoką ir pan.)* 4 garbanoti(s) *(apie plaukus)*
ripple² *n (linų)* šepetys, šukuočiai, karštuvai
v šukuoti, karšti *(linus)*
ripply ['rɪplɪ] *a* 1 raibuliuojantis; vilnėtas, vilnytas 2 čiurlenantis
riprap ['rɪpræp] *n stat. (akmeninė)* apsaugos danga
rip-roaring ['rɪprɔːrɪŋ] *a šnek.* triukšmingas, siautulingas
◊ ~ *success* didžiulis pasisekimas; ~ *drunk* nusilakęs, nusitašęs
ripsaw ['rɪpsɔː] *n tech.* išilginis pjūklas
riptide ['rɪptaɪd] *n spec. (bangų)* grūstis; potvynio bangos
rise [raɪz] *n* 1 kilimas; iškilimas, pakilimas; *high [low]* ~ *fon.* aukštutinis [žemutinis] pakilimas; *to be on the* ~ a) kilti; b) didėti; *the* ~ *to power* atėjimas į valdžią; *to look down from the* ~ žvelgti nuo kalvos 2 *(atlyginimo ir pan.)* (pa)didinimas; *(kainų)* (pa)kėlimas; (pa)aukštinimas 3 *(mokesčių, avarijų, įtakos ir pan.)* (iš)augimas, (pa)didėjimas 4 *(saulės, mėnulio)* (pa)tekėjimas 5 atsiradimas, pradžia; *the* ~ *of a new talent* naujo talento atsiradimas; *the* ~ *of fascism in Italy* fašizmo atsiradimas Italijoje 6 *(upės)* ištaka, pradžia; *to give* ~ *(to)* a) prasidėti *(apie upę);* b) sukelti *(padarinį, ginčą ir pan.);* duoti progos, būti pretekstu 7 *(žuvų)* kilimas į vandens paviršių, kibimas 8 *tech., stat. (arkos)* pakyla; nusvirimas; įlinkis, nuosvyra ◊ *to take/get a* ~ *out of smb* (su)erzinti, (iš)vesti iš kantrybės ką

riser — **road**

v (rose; risen ['rɪzn]) **1** (pa)kilti; ***to ~ in waves*** banguoti, vilnyti; ***to ~ from the table*** pakilti nuo stalo; ***smoke rose from the chimney*** dūmai kilo iš dūmtraukio **2** iškilti; ***to ~ to a height*** *(of)* iškilti ligi *(kokio)* aukščio; ***to ~ above smth*** iškilti virš ko, būti aukščiau ko *(t. p. prk.)* **3** (pa)tekėti *(apie saulę)* **4** (pa)didėti, augti, kilti *(apie kainas, lygį ir pan.)*; ***the divorce rate has ~n steadily since 1980*** skyrybų skaičius nuolat didėja nuo 1980 m. **5** tapti įtakingam/autoritetingam *(visuomenėje)*; ***to ~ in the world*** klestėti, susidaryti padėtį *(visuomenėje)* **6** sukilti, pakilti *(against – prieš)*; ***to ~ in arms*** sukilti su ginklu rankose **7** nutraukti darbą, baigtis *(apie sesiją, kongresą ir pan.)*; ***Parliament will ~ tomorrow*** parlamento sesija baigsis rytoj **8** kilti, prasidėti *(apie ginčą ir pan.; out of; apie upę; in, from)* **9** kilti *(apie tešlą)* **10** pasirodyti reikiamo lygio, susidoroti *(su padėtimi ir pan.; to)* **11** reaguoti *(to – į)*; ***to ~ to it*** leistis išprovokuojamam **12** *ret.* keltis *(iš lovos)*; prisikelti; ***to ~ from the dead/grave*** prisikelti iš numirusiųjų ▫ **~ up** a) pakilti *(apie balioną, lėktuvą, paukštį ir pan.)*; b) iškilti *(apie pastatą, kalną)*; c) sukilti *(against – prieš)* ◊ ***to ~ to the bait/fly*** ≡ pakliūti/užkibti ant meškerės; reaguoti į pastabą/iššūkį; ***his gorge/stomach ~s*** jam šlykštu, jis jaučia pasibjaurėjimą; ***to ~ in applause*** sutikti ovacija; ***~ and shine!*** *šnek.* kelki(tė)s! ir būk(ite) žvalūs *(žadinant)*; ***all ~*** prašom atsistoti, teismas eina!

riser ['raɪzə] *n* **1** tas, kas keliasi; ***he is an early ~*** jis anksti keliasi **2** *stat.* laiptų popakopis **3** *tech.* vertikalusis vamzdis, statvamzdis **4** *glžk.* padėklas

risibility [ˌrɪzə'bɪlətɪ] *n* jukumas, palinkimas juoktis

risible ['rɪzəbl] *a* **1** jukus, linkęs juoktis **2** juokingas, sukeliantis *(tik)* juoką *(apie pasiūlymą ir pan.)* **3** *anat.* juoko

rising ['raɪzɪŋ] *n* **1** sukilimas **2** (iš)kilimas, pakilimas; (pa)didėjimas **3** *(saulės)* (pa)tekėjimas **4** kėlimasis, atsikėlimas **5** spuogelis; auglys, votis
a **1** (pa)kylantis, iškylantis; ***the ~ wind*** kylantis vėjas **2** tampantis įtakingas/žinomas; ***he's a ~ star*** jis – kylanti žvaigždė **3** augantis; didėjantis; ***the ~ generation*** augančioji karta; ***~ thirty*** arti trisdešimties metų; ***~ crime [unemployment]*** didėjantis nusikalstamumas [nedarbas] **4** (pa)tekantis *(apie saulę, mėnulį)*

risk [rɪsk] *n* **1** rizika, pavojus; ***at one's own ~*** savo (paties) rizika; ***at the ~ of one's life*** rizikuojant savo gyvybe; ***to be at ~*** būti pavojuje; grėsti pavojui; ***to run/take a ~*** rizikuoti; ***interest rate ~*** *fin.* rizika dėl palūkanų normos svyravimų; ***~ asset ratio*** *fin.* aktyvų rizikos santykis; ***it's not worth the ~*** neverta rizikuoti; ***there is the ~ of his catching cold*** jis rizikuoja peršalti; ***~ level*** rizikos laipsnis **2** rizikos objektas *(apie žmogų)*; ***good ~*** patikimas žmogus; ***security ~*** nepatikimas žmogus **3** apdraustas asmuo/daiktas
v **1** rizikuoti; ***to ~ one's head/life*** rizikuoti gyvybe **2** drįsti; ***to ~ failure*** nebijoti nesėkmės

riskiness ['rɪskɪnɪs] *n* rizikingumas, pavojingumas

risk-taker ['rɪskˌteɪkə] *n* rizikuotojas; ***he's always been a ~*** jis visada mėgdavo rizikuoti

risk-taking ['rɪskˌteɪkɪŋ] *n* rizikavimas

risky ['rɪskɪ] *a* rizikingas, pavojingas

risotto [rɪ'zɔtəu] *it. n* (*pl* ~s [-z]) rizotas *(karštas ryžių patiekalas)*

risqué ['rɪskeɪ, 'riːskeɪ] *pr. a* rizikingas, ne visai padorus, dviprasmiškas *(apie sąmojį, juoką, anekdotą)*

rissole ['rɪsəul] *n* **1** kotletas, muštinis **2** *amer.* pyragėlis su mėsos/žuvies įdaru

Rita ['riːtə] *n* Rita *(vardas)*

rite [raɪt] *n* **1** apeigos; ritualas **2** ceremonija; ***the ~s of hospitality*** svetingumo papročiai/ceremonijos ◊ ***the last ~s*** *bažn.* paskutinis patepimas

ritual ['rɪtʃuəl] *n* **1** ritualas; apeigos; ***the courtship ~*** *zool.* tuoktuvių ritualas **2** *bažn.* apeigų knyga, ritualas
a attr **1** apeiginis, ritualinis **2** įprastinis, tradicinis

ritualistic [ˌrɪtʃuə'lɪstɪk] *a* ritualinis, apeiginis

ritz [rɪts] *n* *šnek.* prašmatnumas, liuksusas

ritzy ['rɪtsɪ] *a* *šnek.* prašnatnus, ištaigingas

rival ['raɪvl] <*n, a, v*> *n* **1** konkurentas, varžovas; ***without a ~*** a) neturintis konkurencijos; b) be konkurencijos; neprilygstamas **2** *kar.* priešininkas
a konkuruojantis; varžovų; ***~ firms*** konkuruojančios firmos
v **(-ll-)** konkuruoti, varžytis; ***to ~ smb/smth in popularity*** varžytis su kuo populiarumu; ***few can ~ his style*** jo stilius beveik neturi sau lygių

rivalry ['raɪvəlrɪ] *n* konkurencija, lenktyniavimas, varžybos

rive [raɪv] *v* (rived; rived, riven ['rɪvən]) *knyg., psn.* **1** skaldyti, skelti; plėšti, plėšyti *(t. p. prk.)* **2** skilti; plyšti *(t. p. prk. apie širdį)* ▫ ***~ away/off*** nuplėšti, atplėšti; atplyšti

riven ['rɪvən] *a knyg.* suskaldytas, suskilęs; ***a community ~ by religious differencies*** bendruomenė, skaldoma dėl religinių skirtumų

river ['rɪvə] *n* upė *(t. p. prk.)*; ***the ~ of cars*** automobilių srautas; ***to cross the ~*** a) persikelti per upę; b) *prk.* įveikti kliūtį; c) mirti; ***~s of blood*** kraujo upės; ***up the ~*** upe aukštyn, prieš srovę; ***~ name*** upėvardis ◊ ***to sell smb down the ~*** išduoti *(grupę pasitikinčių žmonių)*; ***to send smb up the ~*** *amer. šnek.* pasodinti į kalėjimą

riverbank ['rɪvəbæŋk] *n* upės pakrantė, paupys

river-basin ['rɪvəˌbeɪsn] *n* upės baseinas; upynas

riverbed ['rɪvəbed] *n* upės vaga

riverfront ['rɪvəfrʌnt] *n* apstatyta upės pakrantė

river-horse ['rɪvəhɔːs] *n* **1** hipopotamas, begemotas **2** *mit.* vandenis

riverine ['rɪvəraɪn] *a* upės, upinis; paupio, paupinis

riverside ['rɪvəsaɪd] *n* **1** paupys, pakrantė **2** *attr* paupinis, paupio, pakrantės

rivet ['rɪvɪt] *n* kniedė
v **1** (pri)kniedyti, užkniedyti **2** *(ppr. pass) prk.* prikaustyti *(žvilgsnį, dėmesį)*; įsmeigti *(akis, žvilgsnį)* ◊ ***to be ~ed to the spot*** sustingti vietoje *(nustebus, išsigandus)*

riveter ['rɪvɪtə] *n* **1** kniedytojas **2** *tech.* kniedytuvas

riveting ['rɪvɪtɪŋ] *a* jaudinantis, žavintis, labai įdomus

Riviera [ˌrɪvɪ'ɛərə] *pr. n* Rivjera *(kurortų rajonas prie Viduržemio jūros)*

rivière [riː'vjɛə] *pr. n* karoliai, vėrinys

rivulet ['rɪvjulɪt] *n* upelis, upokšnis

Riyadh [rɪ'jɑːd] *n* Rijadas *(Saudo Arabijos sostinė)*

riyal [rɪ'ɑːl] *n* = **rial**

roach[1] [rəutʃ] *n (pl* ~*) zool.* kuoja, mekšras ◊ ***as sound as a ~*** ≡ sveikas kaip ridikas/jautis

roach[2] **1** (cockroach *sutr.*) *amer. šnek.* tarakonas **2** *sl.* papirosgalis su hašišu

road [rəud] *n* **1** kelias; plentas; ***country ~*** lauko kelias, šunkelis; ***main ~*** magistralė; ***~ building*** kelių tiesimas; ***~ races*** *(dviračių)* plento lenktynės; ***~ sense*** mokėjimas elgtis kelyje; ***on the ~*** a) kelyje, kelionėje; b) tinkamas eksploatuoti, eksploatuojamas *(apie susisiekimo priemonę)*; c) gastrolėse; ***to be off the ~*** būti nevažinėjamam/nenaudojamam *(apie transporto priemonę)*; ***to be in the ~, to get in smb's ~*** stovėti skersai kelio; kliudyti, trukdyti; ***get out of my ~*** pasitrauk(ite) man iš kelio; ***„~ up"*** „Darbai" *(kelio ženklas)*; ***it takes two hours by ~*** dvi valandos kelio automobiliu **2** gatvė, gatvės grindinys; **to cross the** ~ pereiti per gatvę/kelią **3** *amer.* geležinkelis **4** *prk.* kelias *(į pasisekimą ir pan.);* kursas *(į);* **there is no royal ~ to learning** nėra lengvo kelio į mokslą; **he's already on the** ~ jis jau sveiksta **5** *(ppr. pl) jūr.* reidas; ~ **time** stovėjimo reide laikas ◊ **one for the** ~ paskutinė/atsisveikinimo taurė *(geriama prieš išvykstant);* **further down the** ~ ateityje; **to take to the** ~ tapti klajūnu/valkata; iškeliauti; **to hit the** ~ *šnek.* leistis į kelionę

roadbed ['rəudbed] *n* **1** kelio sankasa **2** geležinkelio balastas

roadblock ['rəudblɔk] *n* **1** *(kelio)* užtvara *(t. p. kar.);* kelių policijos postas **2** *kar.* pasala **3** *amer.* kliūtis, sunkumas *v amer.* sudaryti kliūtį

roadbook ['rəudbuk] *n* automobilių kelių atlasas

roadhog ['rəudhɔg] *n šnek.* neatsargus automobilistas, eismo taisyklių pažeidėjas

roadholding ['rəudhəuldɪŋ] *n aut.* eismo stabilumas

roadhouse ['rəudhaus] *n amer.* pakelės užkandinė/smuklė/bufetas

roadie ['rəudɪ] *n šnek.* gastroliuojančios muzikantų grupės administratorius

roadless ['rəudləs] *a* be kelių, bekelis

roadman ['rəudmən] *n (pl* -men [-mən]) *(tik v.)* kelio darbininkas, kelininkas

road-mender ['rəudmendə] *n* kelių taisymo darbininkas, kelininkas

road-metal ['rəudmetl] *n (akmenų)* skalda

roadroller ['rəudrəulə] *n* sunkus kelių volas, plentvolis

roadshow ['rəudʃəu] *n* **1** gastrolinis spektaklis **2** reklaminė/propagandinė išvyka/kelionė **3** *rad., tel.* tiesioginė laida *(ypač iš kelių skirtingų vietų)*

roadside ['rəudsaɪd] *n* pakelė, šalikelė; kelkraštis; **by the** ~ pakelėje
a pakelės

roadsign ['rəudsaɪn] *n* kelio ženklas

roadstead ['rəudsted] *n jūr.* reidas

roadster ['rəudstə] *n* **1** kelioninis dviratis **2** *ret.* rodsteris *(atviras dvivietis automobilis)* **3** *jūr.* laivas, stovintis reide

road-test ['rəudtest] *v* **1** (iš)bandyti automobilį natūraliomis sąlygomis **2** *amer.* išbandyti *(sumanymą)*

road-train ['rəudtreɪn] *n* automobilių kortežas; automobilių kolona

roadway ['rəudweɪ] *n* važiuojamoji kelio dalis; grindinys, kelias; **single-lane** ~ vienjuostis kelias

roadworks ['rəudwə:ks] *n pl* kelio darbai

roadworthy ['rəudwə:ðɪ] *a* tinkamas važinėti/eksploatuoti *(apie automobilį)*

roam [rəum] *n* klajojimas, bastymasis
v klajoti, bastytis; klaidžioti *(apie akis; over)*

roamer ['rəumə] *n* bastūnas, klajūnas

roan [rəun] *n* keršas arklys
a keršas, keršai/palšai margas

roar [rɔ:] *n* **1** riaumojimas; kauksmas, staugimas; **to give a** ~ suriaumoti; sustaugti **2** šniokštimas, ūžimas **3** gaudesys, dundesys, griaudimas **4** kvatojimas; **to set in a** ~ sukelti garsų juoką
v **1** riaumoti, mauroti; kaukti, staugti *(t. p. prk. apie variklį, vėją ir pan.);* **we heard the lion** ~ girdėjome liūtą riaumojant **2** užauti, šniokšti, audroti *(apie jūrą, audrą)* **3** dundėti, griaudėti, griausti *(apie perkūniją, patrankas)* **4** garsiai juoktis; **to** ~ **with laughter** plyšti juokais, smarkiai kvatoti **5** prunkšti, šnarpšti *(apie arklį)* ▯ ~ **out** išrėkti *(įsakymą ir pan.);* ~ **past** prašvilpti *(apie automobilį)*

roarer ['rɔ:rə] *n* **1** *šnek.* rėksnys, išverstagerklis **2** *vet.* dusulingas arklys

roaring ['rɔ:rɪŋ] <*n, a, adv*> *n* **1** = **roar 2** *vet. (arklių)* dusulys
a attr triukšmingas, smarkus, audringas; dundantis; ~ **fire** smarki ugnis; ~ **success** didžiulis pasisekimas ◊ **to do a** ~ **trade** *(in)* sėkmingai prekiauti *(kuo)*
adv šnek. labai, smarkiai; ~ **drunk** baisiai girtas

roast [rəust] <*n, a, v*> *n* **1** kepsnys; *(didelis)* mėsos gabalas *(kepti)* **2** griežta kritika, (su)kritikavimas **3** *amer.* piknikas *(su keptu maistu)* **4** *tech. (plytų, keramikos)* (iš)degimas
a attr keptas; ~ **pork** kiaulienos kepsnys; ~ **beef** rostbifas
v **1** kepti, kepinti **2** skrudinti, deginti *(kavos pupeles, žemės riešutus ir pan.)* **3** *refl* kepintis, degintis *(saulėje);* šildytis *(prieš ugnį)* **4** *šnek.* sukritikuoti; išpeikti, išjuokti **5** *tech.* (iš)degti, deginti

roaster ['rəustə] *n* **1** žarijų krosnelė **2** paršiukas, gaidžiukas *(kepsniui)* **3** *šnek.* didelė kaitra *(lauke)* **4** *tech.* degimo krosnis

roasting ['rəustɪŋ] *n* kepimas; ~ **tin**/*amer.* **pan** *(kepamoji)* skarda ◊ **to give smb a** ~ *šnek.* išbarti, išdirbti ką
a **1** *šnek.* kepinantis; labai karštas *(t. p.* ~ **hot)** **2** *kul.* skirtas kepti

roasting-jack ['rəustɪŋdʒæk] *n* iešmas *(mėsai pamauti)*

rob [rɔb] *v* **1** (ap)grobti, (api)plėšti; plėšikauti **2** atimti; **to** ~ **smb off his rights** atimti kam teises **3** *pass sport. šnek.* nepelnytai pralaimėti ◊ **to** ~ **blind** išvilioti, išgauti apgaule *(pinigus)*

robber ['rɔbə] *n* plėšikas, banditas

robbery ['rɔbərɪ] *n* (api)plėšimas; plėšikavimas; *(prk. t. p.)* pernelyg aukšta kaina; **daylight**/*amer.* **highway** ~ ≡ apiplėšimas vidury dienos

robe [rəub] *n* **1** *(ypač amer.)* chalatas **2** *(džn. pl)* mantija; platus drabužis; **the long** ~ teisėjo mantija; kunigo sutana; **gentlemen of the (long)** ~ *kuop.* teisėjai, juristai **3** *amer.* gūnia, kojų apdangalas/užtiesalas *(važiuojant; t. p.* **lap ~)** **4** *amer.* suknelė **5** *poet.* rūbas, apdaras *prk.*
v (ppr. pass, refl) ap(si)siausti, ap(si)rengti

Robert ['rɔbət] *n* Robertas *(vardas)*

Roberta [rə'bɔ:tə] *n* Roberta *(vardas)*

robin ['rɔbɪn] *n* **1** *zool.* liepsnelė *(t. p.* ~ **redbreast)** **2:** **ragged** ~ *bot.* šilkažiedė gaisrena **3:** **round** ~ a) peticija su parašais, išdėstytais ratu *(norint nuslėpti, kas pasirašė pirmasis);* b) *sport.* varžybos ratų sistema ◊ **the first** ~ ≡ pirmoji kregždė *(pavasario pranašas)*

Robin ['rɔbɪn] *n* Robinas; ~ **Hood** Robinas Hudas

robot ['rəubɔt] *n* **1** robotas; automatas **2** automatinis kelių/gatvių eismo signalas **3** *attr* automatinis; ~ **bomb** *av.* valdomoji bomba; ~ **pilot** *av.* autopilotas, automatinis pilotas; ~ **plane** nepilotuojamas lėktuvas

robotic [rəu'bɔtɪk] *a* roboto; automatinis, automatiškas

robotics [rəu'bɔtɪks] *n* robotų technika

robotize ['rəubətaɪz] *v* robotizuoti; automatinti

robust [rə'bʌst] *a* **1** stiprus, tvirtas, sveikatingas; ~ **health** stipri sveikata **2** smarkus, energingas **3** sunkus, reikalaujantis pastangų

robusta [rə'bʌstə] *n* robusta *(kavos rūšis)*

roc [rɔk] *n* rokas *(paukštis; arabų pasakose)*

rocambole ['rɔkəmbəul] *n bot.* porinis česnakas

Rochester ['rɔtʃɪstə] *n* Ročesteris *(lit. personažas)*

rock[1] [rɔk] *n* **1** uola; **as solid/steady as a** ~ tvirtas kaip uola **2** uoliena **3 (the R.)** Gibraltaras *(sąsiauris)* **4** uolos nuolauža; *amer.* akmuo **5** tvirta/patikima atrama **6** nesėk-

mės priežastis; ***the ~ on which we split*** mūsų nesėkmės/nesutarimo priežastis **7** saldukas, ledinukas **8** *(ppr. pl) šnek.* briliantai, brangenybės **9** *sl.* krekas *(narkotikas)* ◊ ***on the ~s*** a) su ledais *(apie gėrimą);* b) sunkioje padėtyje, galintis greit sužlugti/bankrutuoti; ***to go/run upon the ~s*** a) sudužti; (iš)irti *(apie vedybas);* b) bankrutuoti; ***to see ~s ahead*** matyti kylančius pavojus; ***to be between a ~ and a hard place*** ≅ būti tarp kūjo ir priekalo
rock² *n muz.* rokas; ***hard ~*** sunkusis rokas; ***~ concert*** roko koncertas
v šokti/griežti roką
rock³ *v* **1** supti(s); svyruoti, siūbuoti; ***the waves ~ed the boat*** bangos supo valtį **2** užsupti, užlinguoti, užliūliuoti *(t. p. ~ **to sleep**); ~ed **in security*** nerūpestingas, neįtariantis pavojaus **3** sudrebinti; *(prk. t. p.)* sukrėsti; ***to ~ the world*** sukrėsti/sudrebinti pasaulį; ***to ~ with laughter*** raitytis iš juoko
rockabilly ['rɔkəˌbɪlɪ] *n* roko ritmu atliekama liaudies muzika
rock-and-roll [ˌrɔkn'rəul] *n* = **rock'n'roll**
rock-bottom [ˌrɔk'bɔtəm] *n* **1** akmeninis pagrindas **2** žemutinė riba; ***to hit/reach ~*** pasiekti žemiausią ribą
a attr labai žemas, mažiausias *(apie kainas)*
rockbound ['rɔkbaund] *a* uolų apsuptas; uolėtas
rock-climbing ['rɔkˌklaɪmɪŋ] *n* kopimas į uolas, laipiojimas uolomis *(alpinizmas)*
rock-crystal ['rɔkˌkrɪstl] *n* kalnų krištolas
rock-dove ['rɔkdʌv] *n zool.* uolinis karvelis
Rockefeller ['rɔkəfelə] *n: John ~* Džonas Rokfeleris *(JAV pramonininkas)*
rocker¹ ['rɔkə] *n* **1** *amer.* supamasis krėslas **2** *(ppr. pl) (lopšio, supamojo krėslo ir pan.)* pavaža **3** kraipinys *(dailiajame čiuožime)* **4** *tech.* balansyras, svirtis; kulisė, švaistiklis; ***~ arm*** pavaros svirtis; vairo skriejikas **5** *kas.* lovys, latakas *(auksui išplauti)* ◊ ***off one's ~*** *šnek.* pakvaišęs
rocker² *n* **1** rokeris *(ultramadingas jaunuolis)* **2** roko muzikos atlikėjas
rockery ['rɔkərɪ] *n* = **rock-garden**
rocket¹ ['rɔkɪt] *n* **1** raketa **2** raketinis variklis **3** reaktyvinis sviedinys **4** *attr* raketinis; reaktyvinis; ***~ airplane*** reaktyvinis lėktuvas; ***~ engine/motor*** raketinis variklis; ***~ bomb*** valdomoji raketa; ***~ site*** raketų aikštelė *(raketoms leisti)* ◊ ***to give smb a ~*** *šnek.* (iš)barti ką
v **1** leisti raketas **2** (pa)kilti, šauti į viršų *(kaip raketa)* **3** pašokti *(apie kainas; t. p. ~ up)* **4** lėkti *(į priekį)*
rocket² *n bot.* vakarutė
rocketeer [ˌrɔkɪ'tɪə] *n* raketinės technikos specialistas
rocket-launcher ['rɔkɪtˌlɔːntʃə] *n kar.* **1** raketinis prieštankinis šautuvas **2** reaktyvinis įrenginys
rocket-propelled ['rɔkɪtprə'peld] *a* (su) reaktyviniu varikliu
rocketry ['rɔkɪtrɪ] *n* raketinė technika
rockfall ['rɔkfɔːl] *n* akmenų griūtis *(kalnuose)*
rockfish ['rɔkfɪʃ] *n zool.* **1** jūrinis pūgžlys **2** jūrinis ešerys
rock-garden ['rɔkˌgɑːdn] *n* alpinariumas
rock-gunnel ['rɔkgʌnl] *n zool.* glėžas *(žuvis)*
rock-hard [ˌrɔk'hɑːd] *a* kietas kaip akmuo
rock-hewn [ˌrɔk'hjuːn] *a* iškaltas iš akmens
Rockies ['rɔkɪz] *n pl* (Rocky Mountains *sutr.) amer. šnek.* Uoliniai kalnai
rocking-chair ['rɔkɪŋtʃɛə] *n* supamasis krėslas
rocking-horse ['rɔkɪŋhɔːs] *n* arkliukas-sūpuoklės, supamasis arkliukas *(žaislas)*
rock-like ['rɔklaɪk] *a* tvirtas, nepajudinamas
rock'n'roll [ˌrɔkən'rəul] *n* rokenrolas *(šokis)*

rock-oil ['rɔkɔɪl] *n* nafta
rock-pigeon ['rɔkˌpɪdʒɪn] *n* = **rock-dove**
rock-salt ['rɔksɔːlt] *n* akmens druska
rock-solid [ˌrɔk'sɔlɪd] *a* **1** tvirtas, patikimas **2** kietas
rock-steady [ˌrɔk'stedɪ] *a* tvirtas kaip uola; nepaprastai ramus
rock-tar ['rɔktɑː] *n* nevalyta nafta
rocky¹ ['rɔkɪ] *a* **1** uolotas, uolingas, akmenuotas; uolinis; ***R. Mountains*** Uoliniai kalnai **2** *prk.* akmeninis, kietas, nejautrus *(apie širdį);* ***~ endurance*** geležinė ištvermė
rocky² *a* **1** netvirtas *(t. p. prk.);* svyruojantis, svirduliuojantis **2** silpnas, pašlijęs *(apie sveikatą);* apsvaigęs **3** *šnek.* sunkus *(apie gyvenimą, karjerą ir pan.)*
rococo [rə'kəukəu] *n* rokokas, rokoko stilius
a **1** rokokinis, rokoko stiliaus **2** įmantrus, neskoningai išpuoštas **3** senamadis, pasenęs
rod [rɔd] *n* **1** virbas; lazdelė, lazda **2** rykštė, vytinė, žalga; *prk.* bausmė; ***the ~*** rykštės, plakimas/baudimas rykštėmis **3** meškerė **4** rodas *(ilgio vienetas = 5,03 m)* **5** *biol.* lazdelė, bacila **6** *tech.* trauklė; strypas; kotas; matuoklė; ***wheel ~*** vairo trauklė; ***curtain ~*** užuolaidų strypas; ***sounding ~*** futštokas **7** *amer. šnek.* revolveris ◊ ***hot ~*** *(ypač amer.) šnek.* a) senas automobilis *(su galingesniu varikliu);* b) nutrūktagalvis vairuotojas; ***to kiss the ~*** nuolankiai/klusniai priimti bausmę; ***to make a ~ for one's own back*** ≅ užsitraukti bėdą; ***to rule with a ~ of iron*** valdyti geležine ranka; ***to spare the ~ and spoil the child*** *pat.* ≅ už vieną muštą dešimt nemuštų duoda; rykštė vaiką taiso; ***to have a ~ in pickle*** *(for)* laikyti rykštę paruoštą
rode [rəud] *past žr.* **ride** *v*
rodent ['rəudənt] *n zool.* graužikas
rodeo ['rəudɪəu, rəu'deɪəu] *isp. n (pl ~s [-z]) amer.* **1** rodeo; kaubojų jojimo, laso mėtymo *ir pan.* varžybos; *(dviračių ir pan.)* lenktynės **2** aptvaras, gardas *(gyvuliams)*
Roderick ['rɔdərɪk] *n* Roderikas *(vardas)*
rodomontade [ˌrɔdəmɔn'teɪd] *<n, a, v> knyg. n* gyrimasis
a pagyrūniškas
v girtis, pagyrūniškai kalbėti
roe¹ [rəu] *n (pl ~s [-z], ~)* stirna
roe² *n* **1** *(žuvies)* ikrai *(t. p. **hard ~**)* **2** pieniai *(t. p. **soft ~**)* **3** *spec. (medienos)* įvijumas, sukrapluoštis
roebuck ['rəubʌk] *n* stirninas
roed [rəud] *a* ikringas, su ikrais
roe-deer ['rəudɪə] *n* = **roe¹**
roentgen ['rɔntjən] *n fiz.* rentgenas; ***~ rays*** rentgeno spinduliai
rogatory ['rɔgətrɪ] *a* prašomasis, prašymo; ***~ letter*** teismo pavedimas kitos šalies teismui
Roger ['rɔdʒə] *n* Rodžeris *(vardas; anglų kaimiečių šokio pavadinimas; t. p. **Sir ~ de Coverley**)*
roger ['rɔdʒə] *int šnek.* **1** signalas priimtas!, supratau! **2** gerai, sutinku
v vulg. išdulkinti *(moterį)*
rogue [rəug] *n* **1** *(tik v.) (džn. juok.)* išdykėlis, šelmis, nenaudėlis; ***to play the ~*** išdykauti **2** *(tik v.)* sukčius; niekšas; ***~s' company*** a) sukčių kompanija/draugė; b) *(nusikaltėlių)* fotografijų rinkinys **3** nirtus gyvulys **4** *biol.* priemaiša, įmaišalas; priemaišinis augalas
a attr **1** nirtus; atsiskyręs *(ypač apie žvėris)* **2** suktas
roguery ['rəugərɪ] *n* **1** sukčiavimas; suktybė, apgavystė **2** šelmystė; išdykybė
roguish ['rəugɪʃ] *a* **1** suktas, apgavikiškas **2** šelmiškas; išdykęs
roil [rɔɪl] *v* **1** (su)drumsti *(vandenį ir pan.);* (su)plakti **2** *amer.* jaudinti, erzinti, (su)kelti *(pyktį ir pan.)*

roily ['rɔılı] *a* (su)drumstas
roister ['rɔıstə] *v* siausti, triukšmauti, ūžauti
roisterer ['rɔıstᵊrə] *n* ūžautojas, triukšmadarys
roistering ['rɔıstᵊrıŋ] *n* triukšmingas ūžavimas
a triukšmingas, smarkus
Roland ['rəulənd] *n* Rolandas *(vardas)* ◊ *a ~ for an Oliver* atkirtis; ≡ akis už akį; *to give smb a ~ for an Oliver* atsikirsti; smūgiu atsakyti į smūgį
role [rəul] *n* vaidmuo *(t. p. teatr.);* **to play the ~ of Hamlet** vaidinti Hamletą; *the ~ of school in education* mokyklos auklėjamasis vaidmuo; *~ specialization* amplua; *to play a leading/key/major ~* (su)vaidinti pagrindinį vaidmenį *(in)*
role-play ['rəulpleı] *n (ypač mok.)* skaitymas vaidmenimis; inscenizavimas
roll [rəul] *n* **1** ritinys, ritinėlis, rulonas; rietimas; susukimas; *~ of carpet* susuktas kilimas **2** banknotų ryšulėlis, į ritinėlį susukti pinigai *(t. p. a ~ of bills)* **3** bandelė *(t. p. a ~ of bread)* **4** *(vaško, sviesto)* gumulėlis **5** *(vardinis)* sąrašas; rejestras; žiniaraštis; *to be on the ~s* būti sąrašuose; *to call/take the ~* šaukti pagal sąrašą, pavardėmis; *~ of honour* kare žuvusių sąrašas; *honor ~ amer.* geriausių *(mokinių, studentų)* sąrašas; *to strike off the ~s* atimti advokato teises *(išbraukiant iš advokatų sąrašų)* **6** *kul.* vyniotinis **7** ritinimas, ridenimas; riedėjimas; *it's your ~* tavo eilė ridenti/mesti *(kauliuką)* **8** voliojimas(is); kūl(ia)virstis **9** *(laivo, lėktuvo)* šoninis/bortinis supimas **10** krypavimas **11** dundesys, trenksmas; griausmas; *(būgno)* tratėjimas **12** *(kalbos)* skambėjimas, ritmas **13** *av.* statinė *(aukštojo pilotažo figūra)* **14** *kar.* susukta milinė **15** *tech.* velenas, velenėlis; būgnas, cilindras, ritinėlis, volas; *pl* valcai ◊ *to be on a ~ šnek.* nuolatos sektis
v **1** riedėti; ridenti, ritinti; risti(s); *to ~ out of bed šnek.* išsiristi iš lovos; *to ~ downhill* (nu)riedėti nuo kalno **2** volioti(s), vartyti(s); *to ~ in the mud* volioti(s) purve, po purvą; *to ~ in money* maudytis turtuose; *to ~ one's eyes* vartyti akis **3** sukti(s), vynioti(s); *to ~ a cigarette* sukti papirosą; *to ~ smth in a piece of paper* susukti/suvynioti ką į popierių; *to ~ wool into a ball* (su)vyti vilnonius siūlus į kamuolį; *the kitten ~ed itself into a ball* kačiukas susirietė kaip kamuolėlis **4** (už)raityti, (už)raitoti *(rankoves, kelnes ir pan.; t. p. ~ up)* **5** siūbuoti; suptis į šonus *(apie laivą ir pan.);* patirti bortinį supimą **6** krypuoti, svirduliuoti *(džn. ~ along)* **7** vilnyti, banguoti; kamuoliuotis *(apie dulkes, dūmus)* **8** būti kalvotam **9** dundėti, griausti, griaudėti; tratėti *(apie būgną)* **10** garsiai/skambiai tarti/dainuoti *(t. p. ~ out)* **11** veikti *(apie aparatą, kamerą ir pan.);* *to get ~ing* pradėti veikti *(apie biznį ir pan.)* **12** mesti *(kauliuką)* **13** voluoti *(kelią)* **14** kočioti *(tešlą)* **15** valcuoti *(metalą)* **16** *amer. šnek.* apiplėšti *(girtą, miegantį)* □ *~ about/around* raičiotis, voliotis; *~ away* a) nuritinti; nuriedėti; b) trauktis, driektis *(apie kalnus ir pan.);* c) sklaidyti(s), iš(si)sklaidyti *(apie rūką ir pan.);* *~ back* a) atgal nusiristi/nuridenti; b) priversti atsitraukti; atmušti *(priešą);* c) *amer.* sumažinti *(kainas, mokesčius)* iki ankstesnio lygio; *~ by* a) prariedėti; b) prabėgti *(apie laiką);* *~ down* a) nuraityti *(rankoves ir pan.);* b) nuleisti *(langelį ir pan.; atsukant);* *~ in* a) (su)plaukti, pasipilti *(apie pakvietimus, pinigus, turistus ir pan.);* b) įriedėti, atriedėti; atslinkti; *~ on* a) plaukti, tekėti; b) *imp* greičiau!, skubėk! *(norint, kad greičiau savaitgalis ir pan. ateitų);* *~ out* a) išritinti; išvynioti; b) iškočioti *(tešlą);* c) gausiai gaminti; *~ over* a) versti(s), apsiversti *(gulint);* b) apversti; permesti, paristi, pargriauti; *~ up* a) su(si)sukti, su(si)vynioti; įsisupti *(in);* suristi; susiriesti; b) staiga pasirodyti, atvažiuoti; atplūsti, suplūsti; c) (su)kaupti, (su)rinkti; d) *kar.* pulti sparnus/flangus; e) *imp* užeikite! *(kviečiant į cirką/mugę)* ◊ *heads will ~! ≡* galvos lėks!; *to be ~ing in it šnek. ≡* maudytis turtuose
rollaway ['rəuləweı] *n amer.* sudedamoji lova su ratukais *(t. p. ~ bed)*
rollback ['rəulbæk] *n (ypač amer.) ekon. (kainų)* (su)mažinimas iki ankstesnio lygio
roll-bar ['rəulbɑ:] *n aut.* apsauginis lankas/strypas *(automobilio stoge)*
roll-call ['rəulkɔ:l] *n* patikrinimas *(šaukiant pavardėmis);* *~ vote* vardinis balsavimas
rolled [rəuld] *a* **1** *tech.* lakštinis; valcuotas; *~ gold* (pa)auksavimas **2** *fon.* virpamasis *(apie priebalsį)* ◊ *(all) ~ into one* kartu paėmus; viskas viename asmenyje
rolled-up [‚rəuld'ʌp] *a* susuktas, suvyniotas
roller ['rəulə] *n* **1** volas, volelis; ristuvas; *road ~* kelio volas **2** velenas, velenėlis; sukamasis cilindras, ritinėlis; skrituliukas **3** valcuotojas **4** didelė banga, volas **5** *pl* bigudi, plaukų suktukai **6** *zool.* žalvarnis, šilovarnis **7** = **Rolls-Royce 8** *šnek.* = **roll-call 9** *attr tech.* ritininis; *~ bearing* ritininis guolis; *~ bridge* ridenamasis tiltas
roller-blind ['rəuləblaınd] *n* nuleidžiama aklina užuolaida
roller-coaster ['rəulə‚kəustə] *n* geležinkeliukas *(parko, mugės atrakcionas)*
roller-skate ['rəuləskeıt] *n (ppr. pl)* riedučiai, ratukinės pačiūžos
v čiuožti riedučiais, ratukinėmis pačiūžomis
roller-towel ['rəulə‚tauᵊl] *n* rankšluostis ant velenėlio
rollick ['rɔlık] *n* **1** linksminimasis, išdykavimas **2** linksma išdaiga
v linksmintis, išdykauti, dūkti
rollicking ['rɔlıkıŋ] *n šnek.* pabarimas; *to give smb a ~* duoti kam garo
a attr išdykaujantis, linksmas; padūkęs, pašėlęs; išdykėliškas *(apie dainas ir pan.)*
rolling ['rəulıŋ] *n* **1** *(laivo)* bortinis/šoninis supimas **2** *metal.* valcavimas
a **1** svyruojantis, krypuojantis *(apie eiseną)* **2** kalvotas, banguotas **3** atlenkiamas *(apie apykaklę)* **4** *šnek.* labai turtingas; *~ in money* pertekęs pinigų
rolling-mill ['rəulıŋmıl] *n metal.* valcavimo staklynas
rolling-pin ['rəulıŋpın] *n* kočėlas *(tešlai)*
rolling-stock ['rəulıŋstɔk] *n glžk.* riedmenys
rolling-stone ['rəulıŋstəun] *n* bastūnas, klajūnas; nenuorama ◊ *a ~ gathers no moss pat.* kas nenustygsta vietoje, tas turto nesusikraus
rollmop ['rɔlmɔp] *n kul.* rolmopsas
roll-neck ['rəulnek] *n* = **polo-neck**
roll-on ['rəulɔn] *n* **1** dezodoratorius *(t. p. ~ deodorant)* **2** *psn.* elastingas korsetas **3**: *~ roll-off* =roro
roll-over ['rəuləuvə] *n fin. (paskolų, sandėrių ir pan.)* termino pratęsimas; reinvestavimas; *~ credit* kintančių palūkanų kreditas
Rolls-Royce [‚rəulz'rɔıs] *n* **1** *aut.* Rols Roisas **2** *šnek. (gaminio)* aukščiausios kokybės pavyzdys
roll-up ['rəulʌp] *n* suktinė *(cigaretė)*
roly-poly [‚rəulı'pəulı] *n* **1** pudingas su uogiene *(t. p. ~ pudding)* **2** *šnek.* drūčkis, rubuilis
a riebus, putlus, apkūnus
Rom [rɔm] *n (pl* Roma ['rəmə]) *(tik v.)* čigonas
Romaic [rəu'meıık] *n* naujoji graikų kalba

Roman ['rəumən] *n* **1** romėnas **2** Romos gyventojas **3** katalikas **4** *(r.) poligr.* romėnų kapitalinis šriftas *a* **1** romėniškas, romėnų; **~ numerals** romėniškieji skaitmenys; **~ alphabet** lotyniškas alfabetas; **~ nose** romėniška nosis; **~ cement** *stat.* romancementis; **~ law** *teis.* romėnų teisė; **~ letters/type** *poligr.* romėnų kapitalinis šriftas **2** Romos; **~ Catholic** Romos katalikas **3** katalikiškas

Romance [rəᵘ'mæns] *n kuop.* romanų kalbos *a* romanų; **~ philology** romanų filologija, romanistika

romance ['rəumæns, rəᵘ'mæns] *n* **1** romanas, meilės nuotykis; romantiškas epizodas **2** romantika **3** prasimanymas, nebūtas dalykas **4** *(riterių, herojinio, meilės ir pan. žanro)* romanas **5** *muz.* romansas
v **1** romantinti; idealizuoti, gražinti tikrovę **2** iš(si)galvoti, pra(si)manyti, fantazuoti **3** meilikauti; meilintis, merginti(s)

romancer [rəᵘ'mænsə] *n* **1** viduramžių romanų kūrėjas **2** prasimanėlis, fantazuotojas; **to be a ~** *iron.* turėti išradingą vaizduotę

Romanes ['rɔmənes] *n* čigonų kalba

Romanesque [ˌrəumə'nesk] *archit. n* romaniškasis stilius *a* romaniškas, romaninis

Romania [rəu'meɪnɪə, ru'm-] *n* Rumunija *(valstybė)*

Romanian [rəu'meɪnɪən, ru'm-] *a* rumuniškas, rumunų; Rumunijos
n **1** rumunas **2** rumunų kalba

Romanic [rəᵘ'mænɪk] *a* romanų *n* romanų kalbos

Romanism ['rəumənɪzm] *n* katalikybė

Romanist ['rəumənɪst] *n* **1** *menk.* katalikas **2** romanistas *(romanistikos ar romėnų teisės specialistas)*

romanize ['rəumənaɪz] *v* **1** romanizuoti; lotyninti **2** katalikinti **3** priimti katalikybę, katalikėti

romantic [rəᵘ'mæntɪk] *a* **1** romantiškas; meilės **2** fantastiškas, nerealus *(apie projektą ir pan.)* **3** išgalvotas, įsivaizduojamas **4** *(R.) men.* romantinis, romantizmo; **~ poetry** romantinė poezija
n romantikas

romanticism [rəᵘ'mæntɪsɪzm] *n* **1** romantizmas **2** romantika

romanticist [rəᵘ'mæntɪsɪst] *n* romantikas

romanticize [rəᵘ'mæntɪsaɪz] *v* **1** romantinti; idealizuoti **2** *menk.* fantazuoti

romantics [rəᵘ'mæntɪks] *n pl* romantika; perdėti jausmai, išpūstos kalbos

Romany ['rɔmənɪ, 'rəu-] *n* **1** čigonas; **the ~** *kuop.* čigonai **2** čigonų kalba
a čigoniškas, čigonų

Rome [rəum] *n* Roma *(Italijos sostinė);* **ancient ~** senovės Roma ◊ **to fiddle while ~ burns** ≡ čiupinėtis, kai namai dega; **when in ~ do as the Romans do** *pat.* reikia elgtis pagal šalies papročius

Romeo ['rəumɪəu] *n* **1** Romeo *(vardas)* **2** aistringai įsimylėjęs jaunuolis; donžuanas

Romish ['rəumɪʃ] *a menk.* Romos katalikų

romp [rɔmp] *n* **1** išdykavimas; **bedroom ~s** *juok.* mylėjimasis **2** lengva pergalė
v **1** triukšmingai žaisti, išdykauti, siausti *(t. p.* **~ around/about)* **2** lengvai įveikti/laimėti *(t. p.* **~ home),* prasmukti, praslysti *(through)* ☐ **~ along/past** lengvai bėgti *(apie arklį)*

romper ['rɔmpə] *n (ppr. pl)* vaikiškas kombinezonas, šliaužtinukai *(t. p.* **~ suit)*

Ronald ['rɔnld] *n* Ronaldas *(vardas)*

rondeau ['rɔndəu] *n (pl ~x [-z]) lit.* rondo

rondo ['rɔndəu] *n (pl ~s [-z]) muz.* rondo

rondure ['rɔndjuə] *n poet.* **1** ratas **2** apvalumas

röntgen ['rɔntjən] *n =* **roentgen**

roo [ru:] *n austral. šnek.* kengūra

rood [ru:d] *n* **1** rūdas *(žemės ploto vienetas = 1/4 akro);* žemės sklypelis **2** *bažn.* krucifiksas, kryžius su nukryžiuotuoju

roof [ru:f] *n* **1** stogas; *(prk. t. p.)* pastogė, namai; **span ~** dvišlaitis stogas; **curb ~** mansardinis stogas; **under a ~** po stogu; **under one's ~** po savo stogu, savo namuose; **to be left without a ~ over one's head** neturėti stogo virš galvos, likti be pastogės; **the ~ of heaven** dangaus skliautas; **~ of the world** pasaulio stogas *(apie aukštų kalnų virtinę)* **2** gomurys *(ppr.* **the ~ of the mouth)** ◊ **to hit/raise the ~** ≡ pakelti vėją; rėkti, bartis; **their singing raised the ~** nuo jų dainavimo drebėjo sienos; jų dainavimas turėjo didžiulį pasisekimą
v **1** (už)dengti stogą, stiegti; (už)dėti stogą *(t. p.* **~ in/over)* **2** būti stogu/pastoge

roofer ['ru:fə] *n* stogdengys

roofing ['ru:fɪŋ] *n* **1** stogo dengimas; stogo danga **2** stoginės *ar* stogų dengiamosios medžiagos; **~ iron** stoginė skarda; **~ paper** tolis

roofless ['ru:fləs] *a* **1** be stogo **2** *prk.* be namų, be pastogės

roofrack ['ru:fræk] *n* bagažinė *(metaliniai rėmai ant automobilio stogo)*

rooftop ['ru:ftɔp] *n* stogo viršus, kraigas ◊ **to shout smth from the ~s** apskelbti ką, visiems išbūgnyti

rooftree ['ru:ftri:] *n stat.* gegnėgalis ◊ **under one's ~** namie

rook[1] [ruk] *n šach.* bokštas

rook[2] *n* **1** *zool.* kovas **2** *ret.* sukčius
v šnek. apgaudinėti, sukčiauti *(lošiant kortomis);* (ap)sukti, nusukti; **he ~ed me of two litas (change)** jis man nusuko du litus

rookery ['rukərɪ] *n* **1** kovų lizdai; kovų perėjimo vieta **2** *(pingvinų, ruonių)* kolonija, gulykla

rookie ['rukɪ] *n amer. šnek.* naujokas *(ypač kar., sport.)*

room [ru:m, rum] *n* **1** kambarys; **~ and board** *amer.* kambarys ir maistas; **physics ~** *(mokyklos)* fizikos kabinetas **2** *pl (nuomojamas)* butas **3** patalpa; skyrius, cechas; kamera **4** vieta; **there is plenty of ~ here** čia yra daugybė vietos; **to make ~ (for)** susispausti, padaryti vietos; **to retire to make ~ for younger men** išeiti į pensiją ir užleisti vietą jaunesniems **5** galimybė; **there is ~ for improvement** dar galima daug pagerinti; galėtų būti ir geriau; **there is no ~ for doubt** nėra pagrindo abejoti ◊ **no room to turn in, no ~ to swing a cat** *šnek.* nėra kur pasisukti; **to keep the whole ~ laughing** linksminti visą draugiją; **to prefer a man's ~ to his presence** nenorėti ko matyti; **the smallest ~** *euf.* būdelė, tualetas
v **1** *(ypač amer.)* gyventi bute; užimti kambarį; **to ~ with smb** gyventi su kuo *(viename kambaryje)* **2** apgyvendinti *(svečius)*

-roomed [-ru:md] *(sudurt. žodžiuose)* iš *(tiek ir tiek)* kambarių; **one-roomed** vieno kambario; **three-roomed** trijų kambarių

roomer ['ru:mə] *n amer.* kambario gyventojas/nuomininkas

roomette [ru:'met] *n* miegamojo vagono kupė

roomful ['ru:mful] *n* pilnas kambarys *(žmonių, svečių ir pan.)*

roomie ['ru:mɪ] *n amer. šnek.* kambario draugas

roominess ['ru:mɪnɪs] *n* talpumas, erdvumas

rooming-house ['ru:mɪŋhaus] *n amer.* apstatyti baldais kambariai *(nuomojimui)*

roommate ['ru:mˌmeɪt] *n* kambario draugas

roomy ['ru:mɪ] *a* erdvus; talpus

Roosevelt ['ru:svelt, *amer.* 'rəuzəvelt] *n: Franklin Delano* ~ Franklinas Delanas Ruzveltas *(JAV prezidentas)*

roost [ru:st] *n* **1** *(laukinių paukščių)* tupėjimo/perėjimo vieta **2** lakta; vištidė; *to go to* ~ eiti tūpti, *dar žr.* 3 **3** miegamasis, poilsio vieta; *to go to* ~ eiti gulti, *dar žr.* 2 ◊ *to rule the* ~ įsakinėti, vadovauti, visa rikiuoti *(šeimoje ir pan.);* ***curses come home to*** *~* ≡ nekask kitam duobės, pats įkrisi
v **1** tupėti/tūpti ant laktos **2** apsinakvoti, apsistoti

rooster ['ru:stə] *n (ypač amer.)* gaidys

root¹ [ru:t] *n* **1** *(įv. reikšm.)* šaknis; ***tree*** *~s* medžio šaknys; ***to pull up smth by the*** *~s* išrauti ką su šaknimis; ***to strike/take*** *~* leisti šaknis; šaknytis, įsišaknyti *(t. p. prk.);* ***the*** *~* ***of all evil*** blogio šaknys; ***the*** *~* ***of the tongue*** *anat.* liežuvio šaknis; ***the*** *~* ***of the word*** *gram.* žodžio šaknis; ***square [cube]*** *~ mat.* kvadratinė [kubinė] šaknis; ***people are searching again for their*** *~s* žmonės vėl ieško savo šaknų **2** esmė; pagrindas; ***the*** *~* ***of the matter*** klausimo esmė **3** *attr* šakninis; pagrindinis; *~* ***vegetables*** šakniavaisiai; *~* ***cause*** pagrindinė priežastis ◊ *~* ***and branch*** iš pašaknių, iš pagrindų; ***to blush to the*** *~s* ***of one's hair*** nurausti iki ausų
v **1** leisti šaknis, šaknyti(s) įsišaknyti **2** diegti *(t. p. prk.)* **3** *prk.* prikalti, sukaustyti; ***fear*** *~ed* ***him to the ground*** iš baimės jis sustingo vietoje □ *~* ***out/up*** išrauti su šaknimis *(t. p. prk.)*

root² *v* knisti(s), knaisioti(s) *(t. p. prk.; t. p.* *~* ***about/ around);*** ***to*** *~* ***around (for smth) in a drawer*** raustis stalčiuje (ko ieškant) □ *~* ***up*** suieškoti, rasti

root³ *v šnek.* palaikyti *(šūksmais ir pan.),* raginti, skatinti *(for);* ***good luck in the exams — we're all*** *~ing* ***for you!*** sėkmės tau per egzaminus — mes visi jaudinamės dėl tavęs!

root-crop ['ru:tkrɔp] *n ž. ū.* šakniavaisis

rooted ['ru:tɪd] *a* **1** įsišaknijęs *(in);* tvirtas *(apie nuomonę, įsitikinimą ir pan.)* **2** didelis, stiprus *(apie jausmą)* **3** *prk.* prikaustytas *(to);* *~* ***to the ground/spot*** sustingęs vietoje *(iš baimės, nuostabos)*

rooter¹ ['ru:tə] *n* knislys

rooter² *n amer. šnek.* aistruolis, sirgalius

rootle ['ru:tl] *v* knisti(s), griozti *(t. p. ~* ***about/around)***

rootless ['ru:tləs] *a* **1** be šaknų, bešaknis **2** *prk.* nepagrįstas; nestabilus; nerandantis savo šaknų *(apie žmogų)*

rootlet ['ru:tlɪt] *n* šaknelė

root-mean-square [‚ru:t‚mi:n'skwɛə] *n mat.* kvadratinis vidurkis

rootstock ['ru:tstɔk] *n bot.* šakniastiebis

rootsy ['ru:tsɪ] *a šnek.* įkvepiantis, entuziastingas *(apie tradicinę muziką, dainą)*

rooty ['ru:tɪ] *a* šakningas, šaknytas

rope [rəup] *n* **1** virvė; lynas, trosas; ***bolt/leech*** *~ jūr.* liktrosas **2** vėrinys; pynė, kasa; *a* ~ ***of pearls*** perlų vėrinys; *a* ~ ***of onions*** svogūnų pynė **3** *(the ~)* pakorimas; ***to bring back the*** *~* (su)grąžinti korimo bausmę **4** *(the ~s) pl* ringą/areną atitveriančios virvės **5** *pl jūr.* takelažas, laivavirvės **6** tąsus, lipnus skystis ◊ ***to know the*** *~s* žinoti visas gudrybes, užkulisius; gerai nusimanyti/orientuotis; *~* ***of sand*** ≡ smėlio pilis; apgaulingas tvirtumas, iliuzija; ***to make*** *~s* ***of sand*** ≡ statyti smėlio pilis; ***to give smb plenty of*** *ar* ***enough*** *~* duoti kam veikimo laisvę *(tikintis, kad jis pats prieis liepto galą);* ***on the*** *~s* ≡ beveik priėjęs liepto galą; ***to show smb the*** *~s šnek.* pamokyti ką *(kaip daryti)*
v **1** pririšti virve/lynu *(to);* surišti virve; ***to*** *~* ***a box*** perrišti dėžę virve **2** su(si)rišti apsaugos virve *(apie alpinistus; t. p. ~* ***up)*** **3** tempti *(virve, lynu)* **4** gaudyti/pagauti kilpavirve **5** tyčia atsilikti *(lenktynėse)* **6** tirštėti; tįsti, darytis lipniam/tąsiam *(apie skystį)* □ *~* ***in šnek.*** įtraukti; privilioti; *~* ***off*** atskirti/atitverti virve

ropedancer ['rəup‚dɑ:nsə] *n* lyno akrobatas

rope-drive ['rəupdraɪv] *n tech.* lyninė pavara

rope-ladder ['rəup‚lædə] *n* virvinės kopėčios

rope-maker ['rəup‚meɪkə] *n* virvininkas

roper ['rəupə] *n* **1** lynininkas **2** pakuotojas **3** *amer.* kaubojus **4** žokėjus, tyčia prilaikantis arklį *(kad nelaimėtų lenktynių)* **5** streiklaužys; provokatorius

ropewalker ['rəup‚wɔ:kə] *n* = **ropedancer**

ropeway ['rəupweɪ] *n* kabamasis lynų kelias

ropey, ropy ['rəupɪ] *a* **1** tąsus; lipnus **2** *šnek.* prastas, prastos kokybės **3** *šnek.* negaluojantis

Roquefort ['rɔkfɔ:] *n* rokforas *(sūrio rūšis)*

roquet ['rəukɪ] *n* krokiravimas
v krokiruoti *(žaidžiant kroketą)*

roro ['rəurəu] *n* (roll-on roll-off *sutr.) šnek.* automobilių gabenimo laivas/keltas

rorqual ['rɔ:kwəl] *n zool.* raukšlėtasis banginis

rorty ['rɔ:tɪ] *a sl.* linksmas, smagus

Rosa ['rəuzə] *n* Roza *(vardas)*

rosaceous [rəu'zeɪʃəs] *a* **1** *bot.* priklausantis erškėtiniams/rožiažiedžiams **2** rožiškas

Rosalie ['rɔzəlɪ] *n* Rozalė, Rozalija *(vardas)*

rosarium [rəu'zɛərɪəm] *n* rožynas, rozariumas

rosary ['rəuzərɪ] *n* **1** rožių lysvė/keras; rožynas **2** *bažn.* rožinis, rožančius; ***to tell one's*** *~* kalbėti rožinį

rose¹ [rəuz] <*n, a, v*> *n* **1** rožė *(t. p. Anglijos emblema)* **2** *(R.)* Roza, Rožė *(vardas)* **3** *pl* raudonis; ***she has*** *~s* ***in her cheeks*** jos skruostai žydi kaip rožės **4** rožinė spalva **5** rožėlė, rozetė *(papuošalas; t. p. archit.);* *~* ***diamond*** briliantas rožėlė **6** *(dušo, laistiklio)* galvutė, purkštukas **7** gražuolė ◊ ***path strewn with*** *~s* lengvas, malonus gyvenimas; ≡ kelias rožėmis klotas; ***life is not all*** *~s* gyvenime ne vien tik malonumai; ***under the*** *~* slapta, slaptai, kaip paslaptį; ***born under the*** *~* nesantuokinis *(apie vaiką);* ***to come up*** *~s šnek.* (su)klestėti, puikiai sektis/pasisekti
a rožinis
v ret. daryti rožinį; raudinti, raudoninti *(veidą)*

rose² *past žr.* **rise** *v*

rosé ['rəuzeɪ] *pr. n* šviesiai raudonas vynas

roseate ['rəuzɪət] *a* **1** *poet.* rožinis **2** = **rose-coloured**

rosebay ['rəuzbeɪ] *n bot.* **1** oleandras **2** rododendras

rosebud ['rəuzbʌd] *n* **1** rožės pumpuras **2** graži jaunutė mergaitė

rosebush ['rəuzbuʃ] *n* rožių keras/krūmas

rose-colour ['rəuzkʌlə] *n* **1** rožinė spalva **2** maloni išvaizda; kas nors malonus

rose-coloured ['rəuzkʌləd] *a* **1** rožinis, rožiaspalvis **2** šviesus, optimistiškas; džiugus ◊ ***to see through*** *~* ***spectacles/glasses*** žiūrėti pro rausvus akinius, matyti šviesiomis spalvomis, matyti tik gerąsias savybes

rosegarden ['rəuz‚gɑ:dn] *n* rožių darželis, rožynas

rosehip ['rəuzhɪp] *n* erškėtuogė

roseleaf ['rəuzli:f] *n (pl* -leaves [-li:vz]) rožlapis, rožės vainiklapis ◊ ***crumpled*** *~* nereikšmingas nemalonumas, temdantis bendrą džiaugsmą

rosemary ['rəuzmərɪ] *n bot.* rozmarinas

roseola [rəu'zi:ələ] *n med.* **1** rozeolė **2** *psn.* raudonukė *(vaikų liga)*

rose-red [‚rəuz'red] *a* rožiškai raudonas, raudonas kaip rožė

rose-tinted ['rəuztɪntɪd] *a* = **rose-coloured**
rosette [rəu'zet] *n* **1** rozetė, rožele *(papuošalas)* **2** *bot.* skrotelė, rozetė
rosewater ['rəuz‚wɔ:tə] *n* rožių vanduo *a* apsimetamai jautrus/meilus
rose-window ['rəuz‚wɪndəu] *n archit.* rozetė, apskritas langas su radialiniais skirtukais *(ppr. bažnyčioje)*
rosewood ['rəuzwud] *n* palisandras *(tropinių augalų mediena)*
rosin ['rɔzɪn] *n* kanifolija
v įtrinti kanifolija *(stryką)*
roster ['rəustə] *n* **1** sąrašas **2** *kar.* budėjimo/pratybų *ir pan.* tvarkaraštis
v įtraukti į sąrašą
rostrum ['rɔstrəm] *n (pl* -ra [-rə], ~s) **1** tribūna; katedra **2** *ist.* rostras, laivo snapas **3** *biol.* snapas
rosy ['rəuzɪ] *a* **1** rožinis, rožiškai raudonas, rausvas; ~ *sky* rausvas dangus **2** išraudęs; raudonskruostis, žydintis **3** šviesus, giedras; džiugus; ~ *prospects/outlook* šviesios perspektyvos ◊ *everything in the garden is* ~ viskas eina puikiai
rot [rɔt] <*n, v, int*> *n* **1** puvimas *(t. p. prk.);* puvėsiai, trūnėsiai **2** puvinys *(liga); dry* ~ sausasis puvinys **3** *šnek.* nesėkmės *(ypač varžybose);* ***a* ~ *set in*** prasidėjo nesėkmių laikotarpis; ***to stop the*** ~ sustabdyti smukimą **4** *šnek.* niekai, nesąmonė *(t. p. **tommy** ~)*
v **1** (su)pūti *(t. p. prk.);* trūnyti, dūlėti, trešti, gesti; ***to*** ~ ***in prison/jail*** (su)pūti kalėjime **2** (su)pūdyti *(t. p. prk.)* **3** mirkyti *(linus ir pan.)* **4** *sl.* erzinti, šaipytis; kalbėti niekus ☐ ~ *about* bergždžiai leisti laiką; ~ *away* išpūti, sutrūnyti; sunykti, žūti; ~ *off* nupūti
int šnek. niekai!, nesąmonė!
rota ['rəutə] *n* budėjimo *ir pan.* tvarkaraštis/grafikas; *on a* ~ *basis* pamainomis, paeiliui, pagal grafiką
rotary ['rəutərɪ] *n* **1** *poligr.* rotacinė mašina **2** *amer.* žiedinis kelias
a spec. sukantysis apie ašį; rotacinis; rotorinis; ~ *motion fiz.* sukamasis judesys/judėjimas; ~ *engine tech.* rotacinis variklis; ~ *press poligr.* rotatorius, rotacinė mašina; ~ *pump tech.* rotacinis siurblys; ~ *current el.* daugiafazė srovė
Rotary ['rəutərɪ] *n:* ~ *club* Rotary klubas
rotate [rəu'teɪt] *v* **1** sukti(s), sukiotis *(apie ašį)* **2** kaitalioti(s), keisti(s); *the chairmanship of the committee* ~*s annually* komiteto pirmininkas keičiasi kasmet **3** *ž. ū.* taikyti sėjomainą
rotation [rəu'teɪʃn] *n* **1** sukimasis; apsisukimas **2** kaitaliojimas(is); periodinis pasikartojimas; *by/in* ~ pakaitomis; iš eilės, rotacijos tvarka **3** *ž. ū.* sėjomaina, rotacija *(t. p. crop* ~) **4** *sport.* keitimasis vietomis *(tinklinyje)*
rotational [rəu'teɪʃnəl] *a* **1** kintantis, kaitaliojantis, kaitaliojamas **2** *spec.* sukamasis; rotacinis
rotative ['rəutətɪv] *a* **1** = **rotational 2** sukamasis, sukimo
rotator [rəu'teɪtə] *n* **1** (pa)sukamasis/sukimo įrenginys **2** *anat.* sukamasis raumuo
rotatory ['rəutət^ərɪ] *a* = **rotational**
rote[1] [rəut] *n* mechaniškas įsiminimas; *by* ~ atmintinai; vien mechaniškai; ~ *learning* (iš)kalimas
rote[2] *n amer.* bangų mūša *(garsas)*
rotgut ['rɔtgʌt] *n šnek.* prastas, sveikatai kenkiantis alkoholinis gėrimas
rotisserie [rəu'tɪsərɪ] *n* portatyvus elektrinis aparatas šašlikams kepti
rotor ['rəutə] *n* **1** *tech.* rotorius **2** *av. (malūnsparnio)* keliamasis paviršius; ~ *plane* malūnsparnis
rotproof ['rɔtpru:f] *a* nepūvantis

rotten ['rɔtn] *a* **1** supuvęs *(t. p. prk.);* sutrūnijęs, sudūlėjęs, sutrešęs; sugedęs; ~ *ice* sukiožėjęs ledas; ~ *smell* puvėsių kvapas **2** niekingas, žemas; ~ *administration* paperkama administracija **3** *šnek.* prastas, blogas; bjaurus, nemalonus; *to feel* ~ prastai jaustis
rottenness ['rɔtnnɪs] *n* **1** supuvimas; sugedimas **2** žemumas, negarbingumas
rotten-stone ['rɔtnstəun] *n geol.* trepelis
rotter ['rɔtə] *n šnek.* pašlemėkas, šlamštas, bjaurata
Rotterdam ['rɔtədæm] *n* Roterdamas *(Olandijos miestas)*
rottweiler ['rɔtvaɪlə, 'rɔtwaɪlə] *n* rotveileris *(šunų veislė)*
rotund [rəu'tʌnd] *a* **1** apvalus; apkūnus, storas, pilnas **2** skardus, skambus **3** pompastiškas
rotunda [rəu'tʌndə] *n archit.* rotonda
rotundity [rəu'tʌndətɪ] *n* apvalumas, apkūnumas *ir kt., žr.* **rotund**
rouble ['ru:bl] *rus. n* rublis
roué ['ru:eɪ] *pr. n psn., juok.* ištvirkėlis, plevėsa
rouge [ru:ʒ] *pr. n* raudoni dažai *(veidui, lūpoms)*
v dažytis *(veidą, lūpas)*
rough [rʌf] <*a, n, adv, v*> *a* **1** šiurkštus, nelygus; grubus; grublėtas; rupus; ~ *hands* šiurkščios/grubios/grublėtos rankos; ~ *country* raižyta vieta; ~ *edge* dantytas kraštas; ~ *road* nelygus kelias **2** *prk.* šiurkštus; storžieviškas, stačiokiškas; ~ *game/play* šiurkštus žaidimas; ~ *customer* šiurkštuolis, storžievis **3** sunkus, kartus; nelaimingas; ~ *luck* sunki/karti dalia; *to have a* ~ *time* turėti vargo/sunkumų, sunkiai gyventi **4** apytikris, apgrabus; ~ *calculation/estimate* apytikris apskaičiavimas **5** neišdirbtas, ne(iš)baigtas, neapdorotas; ~ *copy/paper* juodraštis; ~ *draft* eskizas, metmenys **6** audringas, žvarbus, šiaurus *(apie vėją, orą);* ~ *passage/crossing* a) plaukimas audringa jūra; b) sunkus metas *(kai kas nors kritikuojamas, niekinamas ir pan.); the sea got* ~ jūra pasišiaušė/įsiaudrojo **7** raižus, šaižus; ~ *voice* raižus/šaižus/šiurkštus balsas **8** *šnek.* prastas; *to be feeling* ~ prastai jaustis; *to look* ~ atrodyti prastai/negražiai **9** aitrus, gaižus *(apie vyną)* **10** gauruotas; ~ *sheep* nekirpta avis
n **1** *(vietos)* nelygumas **2** grubumas; neišbaigtumas; *in the* ~ a) nebaigtas, neapdailintas; b) apytikriai, apskritai **3** juodraštis; *in* ~ juodraštyje **4** storžievis, šiurkštuolis; chuliganas **5** *sport.* nelygi *(golfo)* aikštelė **6** *(pasagos)* kapliukas, įsukamasis nagas ◊ *to take the* ~ *with the smooth* ištvermingai pakelti likimo staigmenas; ramiai sutikti nelaimes/vargus
adv **1** šiurkščiai; *to play* ~ žaisti šiurkščiai **2** lauke; be patogumų; *to live* ~ gyventi be patogumų; *to sleep* ~ miegoti/nakvoti parke/paplūdimyje *ir pan.*
v **1** parašyti juodraštį, negalutinį variantą **2** kaustyti su kapliukais **3** pravažinėti, prajodyti *(arklį)* **4** šiurkščiai (su)žaisti *(ypač futbole; t. p.* ~ *up)* ☐ ~ *in* a) pridėti, pripiešti *(paveiksle);* b) apmesti; škicuoti, parašyti juodraštį; ~ *out* = ~ *in* b); ~ *up* a) suvelti, sutaršyti; pašiaušti; b) *šnek.* apstumdyti, aplamdyti šonus ◊ *to* ~ *it* apsieiti be patogumų, taikstytis su nepatogumais *(laikinai)*
roughage ['rʌfɪdʒ] *n* **1** šiurkštus audeklas/audinys **2** stambusis pašaras; rupus/paprastas maistas
rough-and-ready [‚rʌfənd'redɪ] *a* **1** padarytas paskubomis, neištobulintas *(bet tuo tarpu geras)* **2** šiurkštus (bet energingas)
rough-and-tumble [‚rʌfənd'tʌmbl] *n* **1** peštynės, kumštynės **2** *(gyvenimo, veiklos)* šiurkštumas; susijaukimas, netvarka
a betvarkiškas; šiurkštus

roughcast ['rʌfkɑːst] <n, a, v> n **1** pirmieji apmatai; apgrabus modelis **2** stat. grubus krėstinis tinkas, tinkavimas (iš lauko pusės) a **1** neišbaigtas **2** nedailiai nutinkuotas v **1** apmesti (planą ir pan.) **2** tinkuoti (pridėjus į skiedinį smulkintų akmenėlių)

rough-dry ['rʌfdraɪ] a išdžiovintas, bet neišlygintas (apie skalbinius) v išdžiovinti, bet neišlyginti (skalbinius)

roughen ['rʌfn] v šiurkštėti; šiurkštinti; darytis šiurkščiam/grubiam, daryti šiurkštų/grubų

rough-hewn ['rʌfˈhjuːn] a **1** nedailiai aptašytas/iškaltas **2** prk. šiurkštus, netašytas

roughhouse ['rʌfhaus] šnek. n siautėjimas, šėlimas; skandalas, peštynės v **1** blogai elgtis, šiurkštauti **2** siautėti, šėlti; peštis, skandalyti

roughish ['rʌfɪʃ] a šiurkštokas

roughly ['rʌflɪ] adv **1** šiurkščiai, nelygiai ir kt., žr. **rough** a; **to drop the cat ~ to the floor** negražiai numesti katę ant grindų **2** apytikriai, maždaug; **~ speaking** apytikriai imant, bendrais bruožais

roughneck ['rʌfnek] n **1** šnek. chuliganas, mušeika, triukšmadarys **2** naftos verslovės darbininkas

roughness ['rʌfnɪs] n **1** šiurkštumas; grubumas; grublėtumas, nelygumas **2** storžieviškumas **3** neišbaigtumas **4** (jūros) audringumas, banguotumas **5** žvarbumas; šaižumas **6** aitrumas

roughrider ['rʌfˌraɪdə] n (arklių) išjodinėtojas, prajodinėtojas

roughshod ['rʌfʃɔd] a pakaustytas pasagomis su kapliukais (apie arklį) ◊ **to ride ~** (over) elgtis despotiškai; užgauliai nepaisyti

rough-spoken ['rʌfˌspəukən] a šiurkščiai kalbantis

roulade [ruːˈlɑːd] pr. n muz. ruliada

rouleau [ruːˈləu] pr. n (pl ~s, ~x [-z]) (susuktų į popierių) monetų ritinėlis

roulette [ruːˈlet] pr. n ruletė (azartinis lošimas) ◊ **Russian ~** rusiškoji ruletė

Roumania [ruːˈmeɪnɪə] n Rumunija (valstybė)

Roumanian [ruːˈmeɪnɪən] a rumuniškas, rumunų; Rumunijos n **1** rumunas **2** rumunų kalba

round [raund] <a, n, v, adv, part, prep> a **1** apskritas, apvalus, rutuliškas; **~ face [table]** apskritas veidas [stalas]; **~ back/shoulders** pakumpimas; **~ hand/text** a) apvali rašysena; b) poligr. rondo (šriftas); **~ tour/trip** kelionė žiediniu maršrutu; kelionė ten ir atgal; **~ bow** paapvalintas (laivo) priekis **2** judantis ratu, ratelinis (apie šokį ir pan.); **~ dance** a) ratelis; b) šokis, kuriame poros sukasi ratu (valsas ir pan.) **3** pilnas (apie veidą ir pan.) **4** apvalus, visas, (su)apvalintas (apie skaičius); **in ~ figures** apvaliais skaičiais; **~ half dozen** visas pustuzinis **5** sklandus, nušlifuotas (apie stilių, sakinį) **6** švelnus, minkštas (apie balsą) **7** malonus, malonaus skonio (apie vyną) **8** tiesus, atviras, šiurkštokas; **~ oath** šiurkštus/stiprus keiksmažodis **9** fon. labializuotas (apie garsą)
n **1** ratas, ciklas; **the daily ~** kasdieninių darbų ratas; kasdienybė **2** turas, ratas; (sport. t. p.) raundas **3** apėjimas; pasivaikščiojimas; **to go/make the ~** (of) a) apeiti; b) plisti, cirkuliuoti (apie gandus ir pan.); **to go for a ~** eiti pasivaikščioti; **milk ~** a) kasdieninis pieno pristatymas; b) (kompanijų atstovų) lankymasis pas universitetų absolventus (dėl jų įdarbinimo); **the doctor is out on his ~s** gydytojas vizituoja **4** judėjimas ratu; ratelis (žaidimas) **5** eilė; **whose ~ is it?** kieno eilė? (mokėti už gėrimus); **this ~ is on me** mano eilė pirkti/mokėti/užsakyti **6** porcija; **to order another ~ of drinks** užsakyti visiems dar po taurelę **7** ratas, skritulys, apskritimas, rutulys; kontūras; **this earthly ~** poet. žemė **8** griežinėlis; (duonos) apskrita riekelė **9** kopėčių laiptelis (t. p. **~ of a ladder**) **10** (**the ~**) men. apskrita skulptūra **11** kar. šovinys; šūvis; salvė; **to fire three ~s** triskart iššauti **12** raketinis sviedinys; **ballistic ~** balistinis sviedinys ◊ **~ of cheers/applause** audringi plojimai; **to do/go the ~s** šnek. plisti (apie gripą ir pan.)
v **1** (pa)apvalinti (t. p. **~ off**); apvalėti, suapskritėti **2** aplenkti, apsukti; apeiti (aplink) **3** užbaigti; nudailinti; **to ~ a sentence** nušlifuoti sakinį **4** atsigręžti ir užpulti; užsipulti (on, upon) **5** fon. labializuoti □ **~ down** suapvalinti (iki mažesnio sveiko skaičiaus); **~ off** a) užbaigti (by, with); **to ~ off the evening with a dance** užbaigti vakarą šokiais; b) nukarpyti kraštus (paapvalinant); **~ out** a) papildyti; užbaigti; b) pilnėti; brinkti; **~ up** a) suburti, surinkti; b) suginti (gyvulius); c) apsupti, sugauti, susemti (vagis, prostitutes ir pan.); d) suapvalinti (iki kito sveiko skaičiaus); e) užbaigti (juokais ir pan.; with)
adv aplink(ui); užuolankomis; **~ and round** aplinkui; iš visų pusių; **to argue ~ and ~ the subject** kalbėti vis aplinkui/apsukui/užuolankomis; **all/right ~** aplinkui; **whisky all ~!** degtinės visiems!; **all the year ~** ištisus metus; **a long way ~** aplinkiniu keliu; **the people ~ about** aplinkiniai žmonės; **3 metres ~** 3 metrai aplink (matuojant)
part (su vksm.) ap-; per-; **to look ~** apžiūrėti; **to turn ~** apsisukti; **to pass ~** perduoti (vienas kitam ratu); **to talk smb ~** perkalbėti ką
prep **1** aplink(ui), apie; **~ the world** aplink pasaulį; **the midnight got** mano vidurnaktį; **the wheel goes ~ an axle** ratas sukasi apie ašį **2** po; **~ the garden** po sodą; **to go ~ the shops** vaikščioti po parduotuves

roundabout ['raundəbaut] a aplinkinis; **in a ~ way** aplinkiniu keliu (t. p. prk.) n **1** kelio žiedas/ratas; žiedinė sankryža **2** karuselė **3** amer. (vyriška) trumpa striukė (t. p. **~ jacket**)

rounded ['raundɪd] a **1** apvalus, apvalainas; (pa)apvalintas **2** nudailintas, sklandus (apie stilių ir pan.); **~ sentence** nudailintas/sklandus sakinys **3** fon. labializuotas

roundel ['raundl] n **1** kas nors apskrita (pvz., lėkštė, padėklas, medalionas) **2** lit. rondo; rondelis **3** ratelis (šokis)

roundelay ['raundəleɪ] n **1** trumpa dainelė su priedainiu **2** ratelis (šokis)

rounders ['raundəz] n ritinis (angliškas žaidimas, panašus į beisbolą)

Roundhead ['raundhed] n ist. puritonas

roundhouse ['raundhaus] n **1** glžk. depas **2** jūr. kajutė, būdelė (laivo paskuigalyje)

roundish ['raundɪʃ] a apvalokas

roundly ['raundlɪ] adv **1** apskritai, apvaliai **2** tiesiai, stačiai, atvirai; **tell him ~ of his faults** jo trūkumus sakykite jam tiesiai **3** smarkiai, gyvai, energingai; **to condemn ~** griežtai pasmerkti **4** visiškai

roundness ['raundnɪs] n apskritumas ir kt., žr. **round** a

round-off ['raundɔf] n persivertimas pasisukant 90 laipsnių (gimnastika)

round-shot ['raundʃɔt] n patrankos sviedinys

round-shouldered ['raundˈʃəuldəd] a pakumpęs, nuleistapetis

roundsman ['raundzmən] *n (pl* -men [-mən]) **1** prekybos agentas, priimantis ir atliekantis užsakymus **2** *amer.* vyresnysis policininkas, policijos inspektorius
round-table ['raundteɪbl] *a* (vykstantis prie) apskrito stalo *n* apskrito stalo pasitarimas/konferencija; pokalbis/susitikimas prie apskrito stalo
round-the-clock [‚raundðə'klɔk] *a* ištisõs/visõs parõs
round-trip ['raund'trɪp] *a:* ~ *ticket amer.* bilietas ten ir atgal
roundup ['raundʌp] *n* **1** *rad., tel. (žinių)* santrauka; *press* ~ spaudos apžvalga **2** *(žmonių)* gaudynės, apsupimas **3** *(bandos, arklių)* suvarymas į krūvą **4** varovai
roundworms ['raundwə:mz] *n pl zool.* askaridės, apvaliosios kirmėlės
roup [ru:p] *šiaur. n* varžytynės
v parduoti iš varžytynių
rouse [rauz] *v* **1** *knyg.* (pa)žadinti, (pa)kelti *(t. p.* ~ *up)* **2** *prk.* sužadinti, sukelti; *he wants rousing* jį reikia išjudinti/paakinti **3** *refl* išsijudinti, pajudėti **4** suerzinti; *~d to anger* supykdytas **5** išbaidyti, iškelti, pakelti *(paukštį, žvėrį)* **6** *ret.* (pa)busti *(t. p.* ~ *up)*
n kar. kėlimas, signalas kelti
rousing ['rauzɪŋ] *a* **1** (su)žadinantis; (su)keliantis entuziazmą; įkvepiantis; ~ *welcome* entuziastingas sutikimas **2** gyvas *(apie prekybą ir pan.)*; smarkus *(apie ugnį)*
roust [raust] *v amer.* išjudinti, pajudinti, pakelti
roustabout ['raustəbaut] *n amer. (prieplaukos, doko, naftos telkinio)* darbininkas; nekvalifikuotas darbininkas
rout[1] [raut] *n* (su)triuškinimas; netvarkingas bėgimas/traukimasis; *to put to* ~ sutriuškinti, priversti bėgti/trauktis
v (su)triuškinti
rout[2] *n* **1** susibūrimas; šutvė **2** *teis.* sambūris *(nusikalstamai veikai)* **3** *psn.* triukšmas, klegesys, šėlimas **4** *psn.* rautas, priėmimas
rout[3] *v ret.* = **root**[2] ⎕ ~ *out* a) išvaryti, išvyti; ištraukti, pakelti *(iš lovos ir pan.)*; b) surasti, suieškoti
route [ru:t] *n* **1** trasa; kelias, maršrutas; kursas; ~ *of a pipeline* naftotiekio trasa; *shipping ~s* laivybos keliai/ linijos **2** *prk.* kelias *(į garbę ir pan.; to)* **4** [raut] *amer. (laikraščių išnešiojimo, prekių pristatymo)* maršrutas
v **1** nustatyti maršrutą; parinkti trasą **2** siųsti *(nustatytu maršrutu)*
route-march ['ru:tmɑ:tʃ] *n kar.* žygiuotė
routine [ru:'ti:n] *n* **1** seniai įvesta tvarka; nusisto(vė)jusi tvarka/praktika; *the day's* ~ dienos režimas; *as a matter of ~* įprastai, įprasta tvarka **2** rutina, šablonas; formalumas; *this is just ~* tai tik formalumas **3** *teatr.* numeris; *(choreografijos ir pan.)* pratimas **4** *(elgesio, šypsenos ir pan.)* nenatūralumas, dirbtinumas **5** *komp.* paprogramis
a **1** nustatytas, įprastinis; eilinis, einamasis *(apie remontą ir pan.)*; ~ *check* eilinis/įprastinis patikrinimas **2** rutiniškas, šabloniškas
routineer [‚ru:tɪ'nɪə] *n* rutinierius
routinely [ru:'ti:nlɪ] *adv* kaip nustatyta, kaip įprasta; reguliariai
roux [ru:] *pr. n (pl* ~) *kul.* miltų, sviesto ir pieno mišinys *(padažui)*
rove[1] [rəuv] *n* klajojimas; klaidžiojimas
v **1** klajoti, bastytis, keliauti **2** klaidžioti, klydinėti *(apie akis, žvilgsnį, mintis)*
rove[2] *n* **1** *tech.* poveržlė **2** *tekst.* pussiūliai
rove[3] *past ir pII žr.* **reeve**[3]
rover[1] ['rəuvə] *n* klajūnas, bastūnas, klajoklis
rover[2] *n psn.* piratas, jūrų plėšikas

roving ['rəuvɪŋ] *a* **1** (vis/daug) keliaujantis, važinėjantis *(apie korespondentą ir pan.)* **2** klaidžiojantis *(apie žvilgsnį ir pan.)*; *to have a* ~ *eye* žvalgytis ieškant meilės nuotykių
row[1] [rəu] *n* **1** eilė *(greta vienas kito)*; ~ *of figures* skaitmenų eilė; ~ *of cars* automobilių eilė/vora; *in a* ~ a) eilėje; b) iš eilės **2** eilė *(teatre ir pan.)* **3** gatvė *(ypač adrese)* ◊ *a hard* ~ *to hoe* sunki dalia; sunkus uždavinys; *it does not amount to a* ~ *of beans/pins amer.* ≅ nė surūdijusio skatiko nevertas
row[2] [rəu] *n* **1** yrimas(is); irklavimas **2** pasiirstymas valtimi
v **1** irti(s); irkluoti; *to* ~ *a race (against)* dalyvauti irklavimo lenktynėse **2** perkelti valtimi *(t. p.* ~ *across)* ⎕ ~ *down* aplenkti/pralenkti irkluojant; ~ *over* lengvai laimėti irklavimo lenktynes ◊ *to* ~ *against the flood/ wind* ≅ plaukti prieš srovę
row[3] [rau] *šnek. n* **1** triukšmas; skandalas; *to make/raise a* ~ kelti triukšmą, skandalyti; *what's the ~?* kas atsitiko? **2** kivirčas, ginčas, vaidas, peštynės *(about, over – dėl)*; *family* ~ šeimyninis kivirčas; *to have a* ~ *with smb* susikivirčyti/susiginčyti su kuo **3** pyla; *to get in a* ~ gauti pylos
v **1** triukšmauti, skandalyti **2** kivirčytis, vaidytis *(with – su, about, over – dėl)*
rowan ['rəuən, 'rauən] *n* šermukšnis *(medis ir uoga)*
rowboat ['rəubəut] *n amer.* irklinė valtis
rowdy ['raudɪ] *n (ppr. pl)* chuliganas, skandalistas; triukšmadarys
a triukšmingas; triukšmaujantis; šėlstantis; chuliganiškas
rowdyism ['raudɪɪzm] *n* chuliganiškumas
rowel ['rauəl] *n* pentino ratukas
v sukirsti/raginti pentinais
rower ['rəuə] *n* irkluotojas, irklininkas
rowing[1] ['rəuɪŋ] *n* irklavimas; *academic* ~ *sport.* akademinis irklavimas
rowing[2] ['rauɪŋ] *n* išbarimas
rowing-boat ['rəuɪŋbəut] *n* irklinė valtis
rowlock ['rɔlək] *n* **1** įkaba *(irklui)*, irklatrinkė **2** *stat.* briauninė plyta
Roy [rɔɪ] *n* Rojus *(vardas)*
royal ['rɔɪəl] *a* **1** karališkas *(t. p. prk.)*; *R. Highness* karališkoji didenybė *(titulas)*; *R. Society* Karališkoji draugija *(D. Britanijos mokslų akademija)*; ~ *welcome* karališkas sutikimas; *to have a* ~ *time* karališkai (pra)leisti laiką **2** D. Britanijos, Anglijos *(apie laivyną, aviaciją, kariuomenę ir pan.)* ◊ ~ *blue* ryškiai mėlyna spalva
n **1** *šnek.* karališkosios šeimos narys **2** didelis popieriaus formatas *(t. p.* ~ *paper)* **3** taurusis elnias *(t. p.* ~ *stag)*
royalist ['rɔɪəlɪst] *n* **1** rojalistas **2** *amer. ist.* Anglijos šalininkas *(1775–83 m. nepriklausomybės kare)*
royalistic [‚rɔɪə'lɪstɪk] *a* rojalistinis, rojalizmo
royalty ['rɔɪəltɪ] *n* **1** *kuop.* karališkosios šeimos nariai **2** *(džn. pl)* karaliaus privilegijos/valdžia **3** karališkas orumas/didingumas **4** autorinis honoraras *(procentai už kiekvieną parduotą knygos egzempliorių); atskaitymas pjesės autoriui (už kiekvieną pastatymą); atskaitymai patento/žemės savininkui*
rozzer ['rɔzə] *n šnek.* policininkas
rub [rʌb] *n* **1** trynimas; įtrynimas; *give it a ~!* patrinkite **2** ištrynimas, nutrynimas; sutrynimas; *the ~ of a brush* valymas šepečiu **3** *šnek.* kliūtis, kliuvinys ◊ *there/here is the ~* ≅ štai kur šuo pakastas
v **1** trinti(s); įtrinti *(into)*; *to* ~ *one's hands with* trinti rankas iš džiaugsmo; *she ~bed my back* ji patrynė man

nugarą **2** nu(si)trinti, iš(si)trinti; ***to ~ sore*** sutrinti *(nuospaudą, pūslę);* nutrinti *(koją; against, on)* **3** pratrinti; ***to ~ a hole*** pratrinti skylę, prazulinti *(in)* **4** liestis, kliudyti; ***don't ~ against the wet paint*** neišsitepkite į šviežius dažus **5** kopijuoti *(nuo metalo, akmens)* pieštuku trinant popierių per jį □ **~ along** *šnek.* a) (gerai) sugyventi *(with);* b) stumtis, prasistumti *(po trupuți, šiaip taip);* **~ away** a) nutrinti *(audinio pūką ir pan.);* b) nusitrinti, netekti naujumo; **~ down** a) nutrinti, nulyginti; nušlifuoti; b) ištrinti sausai, apsitrinti *(rankšluosčiu);* c) valyti *(arklį);* d) masažuoti; **~ in** įtrinti; **~ off** iš(si)trinti; nu(si)valyti; išimti *(dėmes);* **~ out** a) iš(si)trinti, iš(si)valyti; b) *amer. šnek.* užmušti, nugalabyti; **~ up** a) išvalyti, nušveisti; b) atgaivinti, atnaujinti *(žinias, kalbos mokėjimą)* ◊ ***to ~ it in*** *šnek.* įkalti į galvą *(ką nors nemalonu);* ***don't ~ it in*** neaitrinkite žaizdos

rub-a-dub ['rʌbəˌdʌb] *n* būgno mušimas; ≡ tra-ta-ta

rubato [ruː'bɑːtəu] *n (pl ~s [-z], -ti [-tɪ]) muz.* rubato

rubber[1] ['rʌbə] *n* **1** guma; kaučiukas **2** trintukas *(t. p.* ***India*** *~)* **3** kempinė *(lentai valyti)* **4** *amer. šnek.* prezervatyvas **5** *amer. pl* kaliošai **6** *pl* gumos dirbiniai **7** trynimo įtaisas **8** trynėjas; masažistas **9** *attr* guminis; gumuotas; kaučiukinis; **~ hand** guminė juostelė, gumelė, **~ plant** a) kaučiukinis augalas; b) fikas, fikusas ◊ ***it's a ~ drum that you beat with a sponge*** tai visiškai tuščias dalykas
v **1** aptraukti guma, gumuoti **2** *amer. sl.* ištempti kaklą *(iš smalsumo);* spoksoti

rubber[2] *n (bridžo, teniso ir pan.)* 3/5 partijų lošis/žaidimas; roberis

rubberized ['rʌbəraɪzd] *a* aptrauktas/impregnuotas guma; gumuotas

rubberneck ['rʌbənek] *(ypač amer.) šnek. n* smalsuolis *(ypač apie turistą);* **~ car/bus** autobusas turistams
v spoksoti, smaksoti

rubber-soled ['rʌbəsəuld] *a* kaučiukiniais/guminiais padais

rubber-stamp [ˌrʌbə'stæmp] *n* **1** spaudas; štampas *(t. p. prk.)* **2** *šnek.* žmogus, automatiškai pritariantis kitiems, neturintis savo nuomonės
v **1** dėti spaudą/štampą **2** *prk. menk.* štampuoti, mechaniškai pritarti/patvirtinti

rubbery ['rʌbərɪ] *a* gumiškas, kaip guma; elastingas

rubbing ['rʌbɪŋ] *n* **1** = **rub** 1, 2 **2** paveikslas, nukopijuotas trynimo būdu, *plg.* **rub** *v* 5

rubbish ['rʌbɪʃ] <*n, a, v, int*> *n* **1** liekanos, nuolaužos, atmatos; šiukšlės; **~ heap** šiukšlių/atmatų krūva, šiukšlynas **2** *šnek.* šlamštas; niekai, nesąmonė **3** *pl* pinigai **4** *kas.* bergždžioji uoliena, bergždas
a = **rubbishy**
v šnek. kalbėti paniekinamai, nevertinti; sukritikuoti, sudirbti
int šnek. niekai!, nesąmonė!

rubbishy ['rʌbɪʃɪ] *a šnek.* netikęs, prastas; ***that's all ~ stuff*** visa tai šlamšta

rubble ['rʌbl] *n* **1** *kuop. (sugriuvusio namo)* nuolaužos; griuvėsiai *(po katastrofos ir pan.)* **2** *kuop. (lauko, statybiniai)* akmenys; skalda **3** *geol.* sąnašynas

rubblework ['rʌblwəːk] *n stat.* tašytų akmenų mūras

rubdown ['rʌbdaun] *n* **1** masažavimas *(ypač po mankštos)* **2** trynimas, (nu)lyginimas

rube [ruːb] *n amer. šnek.* kaimo stuobrys

rubella [ruː'belə] *n med.* raudonukė

Rubicon ['ruːbɪkən] *n:* ***to pass/cross the ~*** peržengti Rubikoną

rubicund ['ruːbɪkənd] *a ret.* išraudęs, raudonas, raudonveidis

rubidium [ruː'bɪdɪəm] *n chem.* rubidis

rubiginous [ruː'bɪdʒɪnəs] *a knyg.* rūdžių spalvos

ruble ['ruːbl] *n* = **rouble**

rubric ['ruːbrɪk] *n* **1** rubrika; paantraštė **2** skirsnis, skyrelis **3** *bažn.* pamaldų taisyklės *(mišiole)*

rubricate ['ruːbrɪkeɪt] *v* **1** suskirstyti rubrikomis/skirsniais **2** duoti paantraštes **3** žymėti/išskirti raudonai

ruby ['ruːbɪ] <*n, a, v*> *n* **1** rubinas **2** ryškiai raudona spalva **3** raudonas spuogelis **4** raudonasis vynas ◊ ***above rubies*** neįkainojamas, labai brangus
a rubininis, rubino; raudonas
v dažyti ryškiai raudona spalva

ruche [ruːʃ] *pr. n* rauktinis apvadas/apsiuvas, rauktinukas

ruck[1] [rʌk] *n* **1** *menk.* prastuomenė; beveidė masė **2** masė, krūva, daugybė **3** *sport. (žaidėjų)* grūstis, grūsmė *(ypač regbyje)*

ruck[2] *n* raukšlė
v raukšlėti(s) □ **~ up** su(si)raukšlėti

ruckle ['rʌkl] = **ruck**[2] *n, v*

rucksack ['rʌksæk] *vok. n* kuprinė

ruckus ['rʌkəs] *n (ypač amer.) šnek.* **1** sambrūzdis **2** rietenos; erzelynė

ructions ['rʌkʃnz] *n pl šnek.* rietenos; nesutarimai, skandalai

rudbeckia [rʌd'bekɪə] *n bot.* rudbekija *(gėlė)*

rudd [rʌd] *n zool.* raudė

rudder ['rʌdə] *n* **1** *jūr., av.* vairas; ***elevating ~*** *av.* aukštumos vairas **2** vadovaujamas/pagrindinis principas

rudderless ['rʌdələs] *a* be vairo; *prk.* be vadovavimo, nevadovaujamas

ruddiness ['rʌdɪnɪs] *n* raudonumas; raudonis, nuoraudis, rausvumas

ruddle ['rʌdl] *n* raudonoji ochra *(dažai)*
v **1** dažyti ochra **2** žymėti/ženklinti ochra *(avis)*

ruddock ['rʌdək] *n dial.* liepsnelė *(paukštis)*

ruddy ['rʌdɪ] *a* **1** rausvas; ***in ~ health*** puikios/žydinčios sveikatos **2** raudonas **3** *šnek. euf.* nelemtas, prakeiktas
v raudoninti; raudonuoti

rude [ruːd] *a* **1** šiurkštus; atšiaurus, storžieviškas, nemandagus, neišauklėtas **2** nešvankus, nepadorus; **~ word** nešvankus žodis **3** nedailus; neapdailintas **4** neapdorotas, neapdirbtas **5** primityvus **6** staigus; **~ shock** staigus smūgis; **~ reminder** netikėtas priminimas **7** stiprus *(apie sveikatą)*

rudely ['ruːdlɪ] *adv* šiurkščiai *ir kt., žr.* **rude**

rudeness ['ruːdnɪs] *n* šiurkštumas *ir kt., žr.* **rude**

rudiment ['ruːdɪmənt] *n* **1** *biol.* rudimentas; užuomazga *(t. p. prk.)* **2** *pl* pradmenys; elementarios žinios

rudimentary [ˌruːdɪ'mentərɪ] *a* **1** rudimentinis, užuomazginis; **~ tail** rudimentinė uodega **2** elementarus, pradinis

Rudolf, Rudolph ['ruːdɔlf] *n* Rudolfas *(vardas)*

rue[1] [ruː] *n psn.* gailestis, gailėjimasis; apgailestavimas; ***crowned with ~*** *poet.* pilnas gailesčio
v poet. gailėti(s); gailestauti; sielvartauti; ***I ~d the day [hour] when...*** aš prakeikiau tą dieną [valandą], kai...

rue[2] *n bot.* rūta

rueful ['ruːfəl] *a* **1** pasigailėtinas **2** gailus, liūdnas, nusiminęs; ***Knight of the R. Countenance*** *lit.* Liūdnojo veido riteris

ruff[1] [rʌf] *n* **1** *ist.* rauktinė apykaklė **2** *(paukščių, gyvulių)* plunksnų/plaukų žiedas aplink kaklą **3** *zool.* gaidukas

ruff[2] *n zool.* pūgžlys

ruff[3] *n* kirtimas švietalu
v kirsti švietalu

ruffian ['rʌfɪən] *n* chuliganas, mušeika, banditas

ruffianly ['rʌfɪənlɪ] *a* chuliganiškas, banditiškas, brutalus

ruffle¹ ['rʌfl] *n* **1** rauktinukas, klostėtas apsiuvas; pinikai **2** šaršas, vilnelės **3** sąmyšis, neramumas; *without ~ or excitement* ramiai, be triukšmo
v **1** šiaušti, taršyti *(plaukus ir pan.; t. p. ~ up); to get ~d pasišiaušti (t. p. prk.)* **2** ribinti, raibinti *(vandenį);* (su)kelti mažas vilneles **3** (su)trikdyti; (su)erzinti, (su)jaudinti **4** raukšlinti, raukti **5** *šnek.* šiauštis, spyriotis

ruffle² *n (būgno)* tratėjimas
v tratinti *(būgną)*

rufous ['ru:fəs] *a* rausvas, raudas, rudas, žalas *(ypač apie gyvulius)*

rug [rʌg] *n* **1** patiesalas, kilimėlis **2** storas vilnonis apdangalas; pledas **3** gūnia ◊ *to pull the ~ (out) from under smb's feet šnek.* išmušti pagrindą kam iš po kojų

Rugby ['rʌgbɪ] *n sport.* regbis *(t. p. ~ football)*

rugged ['rʌgɪd] *a* **1** nelygus, grublėtas, grubus; raižytas; *~ country, amer. ~ terrain* raižyta vieta **2** išvagotas, raukšlėtas *(apie veidą)* **3** šiurkštus; atšiaurus, griežtas **4** tvirtas, stiprus, masyvus *(apie automobilį ir pan.)* **5** sunkus *(apie gyvenimą, laiką)* **6** *ret.* audringas, darganotas

rugger ['rʌgə] *n šnek.* = **Rugby**

rugose ['ru:gəus] *a* **1** raukšlėtas; šiurkštus **2** *bot.* klostytas *(apie lapą)*

Ruhr [ruə, ru:r] *n* Rūras *(Vokietijos sritis, upė)*

ruin ['ru:ɪn] *n* **1** pražūtis, pragaištis; (visiškas) nusigyvenimas, bankrotas; *(vilčių ir pan.)* žuvimas, sudužimas; žlugimas; *to bring to ~* stumti į pražūtį, pražudyti, sužlugdyti **2** *(džn. pl)* griuvėsiai; *in a state of ~* griuvėsiuose **3** (pra)žuvimo priežastis
v **1** (su)griauti, (su)naikinti **2** pražudyti; (su)žlugdyti; *to ~ one's health* (su)griauti savo sveikatą **3** *pass, refl* pražūti; (su)žlugti; (visai) nusigyventi, nusmukti; *all my hopes are ~ed* visos mano viltys žlugo **4** (su)gadinti

ruination [,ru:ɪ'neɪʃn] *n* **1** sugriovimas, sužlugdymas **2** (pra)žuvimas, pražūtis

ruined ['ru:ɪnd] *a attr* **1** sugriuvęs **2** *prk.* pražudytas; *~ health* pakirsta sveikata

ruinous ['ru:ɪnəs] *a* **1** pražūtingas, pragaištingas; griaunamasis **2** daug lėšų (su)ryjantis **3** sugriuvęs

rule [ru:l] *n* **1** taisyklė; *(elgesio)* norma; *~s of the road* a) eismo taisyklės; b) *jūr. (laivų)* plaukiojimo/prasilenkimo taisyklės; *~s of the game* žaidimo taisyklės; *ground ~s* a) pagrindinės *(elgesio)* taisyklės; *(tarpusavio santykių)* principai; b) *sport.* pagrindinės žaidimo taisyklės; *international ~s in force* galiojančios tarptautinės teisės normos; *standing ~* (nuolat) galiojančios taisyklės; korporacijos nustatytos taisyklės; *~ of three mat.* triskaitė taisyklė; *the four ~s mat.* keturios aritmetikos taisyklės, keturi veiksmai; *by ~* pagal taisykles; mechaniškai; *under this ~* pagal šią taisyklę; *to obey the ~s, to stick to the ~s* laikytis taisyklių; *to bend/stretch the ~s* nežymiai nusižengti taisyklėms, padaryti nedidelę išimtį **2** įprotis; *to make it a ~* laikyti taisykle; nusistatyti; *I make it a ~ to get up early* aš paprastai anksti keliuosi; *it is a ~ with me* tai man įprasta **3** valdžia; valdymas; viešpatavimas; *the ~ of the majority* daugumos valdžia; *direct ~* tiesioginis valdymas; *home ~* autonomija, savivalda; *under Tory ~* valdant konservatoriams **4** *(draugijos, ordino)* įstatai, statutas **5** *teis.* nutartis, sprendimas; *pl* reglamentas, nuostatai **6** *(mastelinė)* liniuotė; kampainis; *a meter ~* vieno metro liniuotė ◊ *as a (general) ~* paprastai, dažniausiai; *as a ~ of thumb* apytikriai, iš akies apskaičiavus; *the ~ of law* a) teisėtumas; lygybė įstatymų atžvilgiu; b) *teis.* teisės norma

v **1** valdyti; viešpatauti; *to ~ (over) the country* valdyti šalį; *anarchy ~s* viešpatauja anarchija **2** vyrauti; *love of power ~d his life* valdžios troškimas buvo ryškiausias jo bruožas **3** *pass* klausyti, vadovautis *(kitų patarimais; by)* **4** *(ypač teis.)* nuspręsti, nutarti *(that; against, on)* **5** (su)liniuoti, (su)grafuoti; pabraukti **6** *kom.* būti tam tikro lygio *(apie kainas)* □ *~ off* atskirti linija, pabraukti; *~ out* a) atmesti, nepriimti; b) pašalinti *(galimybę),* daryti negalimą ◊ *smb ~s OK* tegyvuoja...; pats geriausias *(apie komandą ir pan.; džn.* užrašas ant sienos*)*

rulebook ['ru:lbuk] *n* nuostatai, vidaus tvarkos taisyklės *(knygutė)* ◊ *by the ~ šnek.* pagal taisykles, teisingai

ruler ['ru:lə] *n* **1** valdovas **2** liniuotė ◊ *~ of the roast* tono davėjas

ruling ['ru:lɪŋ] *n* **1** valdymas **2** *teis.* nutarimas, nutartis, sprendimas **3** (su)liniavimas
a **1** valdantis, viešpataujantis; *the ~ class [party]* valdančioji/viešpataujančioji klasė [partija] **2** vyraujantis; *smb's ~ passion* kieno vyraujanti aistra

rum¹ [rʌm] *n* **1** romas **2** *amer.* svaigalas, alkoholinis gėrimas

rum² *a šnek. ret.* keistas; įtartinas; *~ fellow* keistuolis; *a ~ do juok.* įtartinas dalykas

Rumania [ru:'meɪnɪə] *n* = **Romania**
Rumanian [ru:'meɪnɪən] = **Romanian** *a, n*

rumba ['rʌmbə] *n* rumba *(šokis)*
v šokti rumbą

rumble¹ ['rʌmbl] *n* **1** dundesys, dundėjimas; dardėjimas, dardesys **2** *(balsų)* gaudesys, gausmas **3** *(vidurių)* gurgimas, gurgėjimas **4** *ist.* sėdynė/vieta bagažui/tarnui karietos užpakalyje **5** *amer. aut. ist.* atverčiamoji sėdynė *(t. p. ~ seat)* **6** *amer. šnek. (paauglių)* gaujų peštynės
v **1** dundėti, du(n)denti, dundinti; dardėti **2** gurgti, gurgėti, urgzti *(apie vidurius)* □ *~ by* pradardėti; *~ in* įdardėti; *~ on* vis dar tęstis *(apie ginčą ir pan.)*

rumble² *v šnek.* viską suprasti, permanyti *(kieno slaptus ketinimus)*

rumble-tumble ['rʌmbl,tʌmbl] *n* **1** griozdiškas kratus vežimas **2** kratymas, trankymas

rumbling ['rʌmblɪŋ] *n* **1** *pl* murmėjimas; *~s of discontent* nepasitenkinimo murmesys **2** = **rumble¹** 1

rumbustious [rʌm'bʌstʃəs] *a* triukšmingas; *to be ~* triukšmauti, dūkti

rumen ['ru:mən, -en] *n (pl ~s, -na [-nə])* *(atrajotojų)* didysis skrandis

ruminant ['ru:mɪnənt] *a* **1** *zool.* atrajojantis, gromuliuojantis **2** susimąstęs
n atrajotojas, gromuliuotojas

ruminate ['ru:mɪneɪt] *v* **1** atrajoti, gromuliuoti **2** (ap)mąstyti, (ap)galvoti *(over, about, of, on)*

rumination [,ru:mɪ'neɪʃn] *n* **1** atrajojimas, gromuliavimas **2** (ap)mąstymas, (ap)galvojimas

ruminative ['ru:mɪnətɪv] *a knyg.* mąslus

rummage ['rʌmɪdʒ] *n* **1** ieškojimas; *to have a ~* apieškoti **2** *(laivo)* muitinės patikrinimas, krata **3** *amer.* šlamštas, sendaikčiai; *~ sale* sendaikčių, atsitiktinių daiktų išpardavimas *(ypač labdaros tikslais)*
v (ap)ieškoti, versti, griozti, knistis *(ppr. ~ about/around)* □ *~ out/up* ištraukti, surasti

rummer ['rʌmə] *n* taurė
rummy¹ ['rʌmɪ] *n* kortų lošimas
rummy² *a* = **rum²**
rumor ['ru:mə] *amer.* = **rumour** *n, v*

rumour ['ru:mə] *n* gandas, girdas, paskala; *~s are about/ afloat, ~ has it (that)...* eina gandai (kad)...; *there is a ~...* kalba(ma), kad...
v skleisti gandus; *it is ~ed that...* sklinda gandai, kad...

rumourmonger ['ru:mə‚mʌŋgə] *n* gandonešis

rump [rʌmp] *n* **1** *anat. (gyvulio)* pasturgalis; *(arklio)* sturplis **2** *šnek. (žmogaus)* pasturgalis, užpakalis **3** *kul.* pasturgalio mėsa, uodeginė; romšteksas *(t. p. ~ steak)* **4** *(organizacijos, valstybės organo ir pan.)* likutis, liekana; *the R. Parliament ist.* Ilgojo parlamento liekanos/likučiai

rumple ['rʌmpl] *v* **1** lamdyti, glamžyti, maigyti **2** velti, taršyti *(plaukus);* (su)jaukti

rumpus ['rʌmpəs] *n* **1** *šnek.* triukšmas; ginčas, kivirčai **2**: *~ room amer., austral.* pasilinksminimų/žaidimų ir pan. kambarys *(pusrūsyje)*

rumrunner ['rʌm‚rʌnə] *n amer. šnek.* uždraustų svaigalų įvežėjas *(asmuo, laivas)*

run [rʌn] *n* **1** bėgimas *(t. p. sport.);* *at a ~* bėgte, *dar žr.* 10; *on the ~* (be)bėgant; judant, skubant; *on the ~all day* visą dieną ant kojų; *to give smb a ~* leisti kam pabėgioti; *to go for a ~* (išeiti) pabėgioti/palakstyti **2** pabėgimas; *to be on the ~* mėginti pabėgti/pasislėpti; slapstytis; *to make a ~ for/of it* pasprukti, pabėgti **3** trumpa išvyka/kelionė; pasivažinėjimas; *to go out for a ~ in the car* eiti pasivažinėti automobiliu **4** *(nubėgtas, nueitas, nuvažiuotas)* kelias, nuotolis; *a ten-minute ~* dešimties minučių kelias *(from... to... – nuo... iki...)* **5** trasa; maršrutas **6** *(mašinos, motoro)* veikimas, darbas; *trial/dummy ~ (aparato, mašinos)* (iš)-bandymas; bandomasis reisas **7** eiga *(t. p. tech.);* vyksmas, procesas; *~ of events* įvykių eiga **8** kryptis; tendencija; *the ~ of the hills is N. E.* kalvos driekiasi į šiaurės rytus; *the ~ of the market* bendra rinkos kainų tendencija **9** *(nesėkmių, pergalių ir pan.)* laikotarpis; *~ of (good) luck* sekimosi laikotarpis, laimingas periodas; *a long ~ of power* ilgas buvimas valdžioje **10** *teatr.* demonstravimas, rodymas; eilė, serija; *the play has a ~ of 20 nights* pjesė eina 20 vakarų iš eilės; *at a ~* iš eilės, be pertraukos, *dar žr.* 1 **11** siekimas, bandymas *(ką pasiekti, laimėti; for);* *dry ~* pirmasis bandymas *(prieš svarbesnį dalyką)* **12** paklausa *(on – kam);* antplūdis; *~ of customers* pirkėjų antplūdis; *a ~ on the bank fin.* masinis indėlių išėmimas iš banko; *the book has a considerable ~* knyga turi didelę paklausą **13** *(knygos ir pan.)* tiražas; *a ~ of ten thousand copies* dešimties tūkstančių egzempliorių tiražas **14** *(gaminių)* partija, serija **15** *šnek.* leidimas naudotis *(kuo);* veikimo laisvė; *to have the ~ of smb's books* turėti teisę naudotis kieno knygomis **16** vidutinis tipas/lygis; *the common ~, the ~ of mankind* eiliniai/paprasti žmonės; *out of the (common) ~* nepaprastas, ypatingas **17** *(paukščių, triušių)* aptvaras **18** *(žuvų)* guotas *(migracijos metu)* **19** lovys, latakas, vamzdis **20** *(laido)* ilgis **21** *(kojinės, triko)* nubėgusi akis **22** šlaitas *(slidinėti)* **23** laimėtas taškas *(krikete, beisbole)* **24** *amer.* upelis; srautas, srovė **25** *(the ~s) pl šnek.* paleisti viduriai, viduriavimas **26** *muz.* pasažas **27** *glžk., aut.* rida **28** *tech.* frakcija *(pvz., naftos)* ◊ *in the long ~* galų gale, galiausiai *(ateityje);* *in the short ~* greitai, artimiausiu metu; *by the ~* a) greitai, smarkiai *(apie kritimą);* b) tuojau pat; *to come down with a ~* greitai kristi; *to go with a ~* ≡ eiti kaip sviestu patepta; *to give smb a (good) ~ for his money* priversti ką pasistengti, lengvai nenusileisti; *to take/have a (good) ~ for one's money* ne veltui stengtis, būti visiškai atlygintam už pastangas; *to keep smb on the ~* neleisti kam sustoti, neduoti kam ramybės

v (ran; run) **1** (nu)bėgti; bėgioti; lėkti; lakstyti; *to ~ after smb* bėgioti paskui ką; *to ~ for the train* bėgti į traukinį **2** pabėgti, pasprukti; *to ~ for it šnek.* gelbėtis bėgant **3** važiuoti, važinėti, riedėti; pavežti, pavėžėti; nuvežti; *to ~ home* pavėžėti namo; *to ~ fat* važiuoti su nuleista padanga **4** vaikščioti, kursuoti; plaukioti; *the buses don't ~ on Sundays* sekmadieniais autobusai nekursuoja/nevaikšto **5** judėti, eiti; vykti; *things must ~ their course* tegu įvykiai klostosi natūraliai; *all my arrangements ran smoothly* viskas ėjo kaip sviestu patepta **6** bėgti, slinkti, (pra)eiti *(apie laiką);* *how fast the years ~!* kaip greitai bėga metai **7** suktis, (nuolat) grįžti *(prie temos, minties ir pan.; on, to);* dingtelėti **8** greitai plisti/sklisti *(apie ugnį, liepsną; apie naujienas, gandus)* **9** tekėti, lieti(s), sroventi; *the tap is ~ning* iš čiaupo teka; *his nose is ~ning* jam nosis varva/bėga **10** leisti bėgti *(vandeniui);* prileisti *(vandens vonią ir pan.)* **11** (pa)sklisti *(apie rašalą);* blukti *(apie audinio raštą)* **12** tęstis, eiti, driektis *(apie kelią, upę, linijas ir pan.)* **13** vijotis, vyniotis, stiebtis, driektis *(apie augalus)* **14** skambėti *(apie tekstą, dokumentą);* *this is how the letter ~s* laiškas skamba taip **15** galioti *(tam tikrą laiką; tam tikroje vietoje);* *the lease ~s for five years* nuoma galioja penkerius metus **16** eiti, būti rodomam/ statomam *(apie spektaklį, filmą);* *the play ran for six months* pjesė ėjo šešis mėnesius **17** *(sudurt. tarinio jungtis) džn.* verčiama priešdėlėtais veiksmažodžiais: *to ~ dry* (iš)džiūti, išsekti; *to ~ mad* pamišti, pasimaišyti; *to ~ low* a) nuslūgti, nusmukti; b) sekti, mažėti *(apie maistą, pinigus ir pan.);* *time is ~ning short* lieka maža laiko **18** dalyvauti *(varžybose, lenktynėse);* rengti *(lenktynes)* **19** balotiruotis, (iš)kelti/būti kandidatu, kandidatuoti *(per rinkimus; for);* *to ~ for president* kandidatuoti į prezidentus **20** dirbti, veikti *(apie mašiną);* *to ~ off batteries* dirbti iš baterijų; *to leave the engine ~ning* negesinti variklio/motoro **21** vairuoti *(automobilį, laivą);* paleisti *(ką veikti);* *to ~ the car in the garage* įvaryti automobilį į garažą; *to ~ the vacuum cleaner* valyti dulkių siurbliu **22** tvarkyti *(reikalus);* valdyti, eksploatuoti *(įmonę, mašiną ir pan.);* *to ~ an office* vadovauti įstaigai; *to ~ a hotel* laikyti viešbutį **23** (iš)spausdinti *(žurnale, laikraštyje)* **24** skverbtis, prasiskverbti; laužti(s), pralaužti; *to ~ the blockade* pralaužti blokadą **25** įvežti, gabenti *(kontrabandą)* **26** susidaryti *(apie skolą; t. p. ~ up)* **27** (pa)siekti *(sumą, skaičių; into, at);* *inflation is ~ning at 12%* infliacija siekia 12%; *the book ran into five editions* knyga susilaukė penkių leidimų **28** įsmeigti *(into);* praktiški; įverti *(siūlą į adatą)* **29** atsitiktinai susitikti, susidurti *(across, against, into);* *to ~ into difficulties* susidurti su sunkumais **30** pulti, mestis *(at);* *to ~ to extremes* pulti į kraštutinumus **31** (iš)švaistyti *(pinigus; through)* **32** užtekti *(pinigų kam pirkti; to)* **33** nubėgti *(apie kojinės akį)* **34** pertraukti; perbraukti *(ranka)* **35** permesti (akimis) **36** persekioti, vytis *(žvėrį; after);* *to ~ a fox to earth* a) (nu)sekti lapę ligi urvo; b) *prk.* susekti, užtikti **37** lydyti *(metalą)* □ *~ about* a) bėginėti, blaškytis; b) lakstyti, siausti, žaisti *(apie vaikus);* c) apsiklausinėti; *~ along: ~ along!* eik šalin/sau! *(sakoma vaikui);* *~ around = ~ about;* *~ away* a) išbėgti, pabėgti; pasprukti *(with – pagriebus, pavogus ką);* b) imti nešti, pasileisti lėkti *(apie arklį);* c) smarkiai aplenkti *(kitus lenktynių dalyvius);* lengvai nugalėti *(with);* d) vengti, šalintis *(ko nors nemalonaus);*

e) netekti savitvardos, nesitvardyti *(with); his temper/ anger ran away with him* jis negalėjo susivaldyti, jis nebesitvėrė pykčiu; f) susivilioti *(mintimi; with);* g) suvartoti, išeikvoti *(daug elektros energijos, pinigų);* **~ back** a) prasidėti *(tam tikru laikotarpiu praeityje);* b) atsekti *(šaltinį, pradžią ir pan.; to);* c) atsukti atgal *(filmo/ magnetofono juostą);* **~ down** a) peikti, dergti, niekinti; b) mažinti *(jėgas ir pan.);* mažėti, (iš)sekti; c) iš(si)eikvoti *(apie bateriją ir pan.);* išeiti, sustoti *(apie laikrodį);* d) užvažiuoti, partrenkti; susidurti; e) pavyti, surasti *(nusikaltėlį ir pan.);* f) trumpam nuvažiuoti *(į užmiestį, į provinciją);* **~ in** a) mestis į artimą kovą; b) *šnek.* suimti, areštuoti; c) užsukti, aplankyti; d) *tech.* įlaidyti, įdirbti *(variklį),* įvažinėti *(naują automobilį);* **~ off** a) pabėgti *(with – su);* b) padauginti, padaryti *(kopijas ir pan.);* c) greitai ir lengvai sukurti; d) nuleisti, išleisti, nutekinti *(skystį);* e) nueiti, nuvirsti *(nuo bėgių);* f) numesti svorį *(bėgiojant);* g) *sport.* bėgti *(tam tikrą nuotolį);* **~ on** a) užtrukti, tęsti(s); b) kalbėti be paliovos; c) rašyti kartu *(apie raides);* d) *poligr.* (su)rinkti tekstą be įtraukos; **~ out** a) išbėgti, ištekėti; b) baigtis, pasibaigti; išsekti; *he ran out of cash* jo pinigai išsibaigė, jam pritrūko pinigų; c) palikti *(draugą, šeimą; on);* d) išsikišti *(apie rifą, statinį);* e) *sport.* baigti bėgimą; **~ over** a) pervažiuoti, suvažinėti; b) bėgti/lietis per kraštus/viršų; c) užtrukti ilgiau *(by);* d) peržiūrėti; permesti *(akimis);* pakartoti; e) perbėgti *(mintimis);* **~ through** a) perdurti; įverti *(siūlą);* b) perbraukti *(kas parašyta);* c) repetuoti *(kalbą, sceną);* **~ up** a) (iš)kelti *(vėliavą);* b) greitai (iš)augti/(pa)didėti/(iš)kilti; c) greitosiomis pasiūti/pastatyti/sukurpti; d) išpūsti *(kainas);* daug sumokėti; e) nuvažiuoti *(į miestą iš kaimo);* f) sudėti *(skaičių stulpelį);* g) trenktis *(against – į);* h) susidurti *(against – su);* i) *sport.* įsibėgėti, įsilėkti ◊ *to* **~ errands/ messages** būti siuntinėjamam/pasiuntinėliu; *to* **~ smb's life** tvarkyti gyvenimą *ar* kištis į kieno gyvenimą; *to* **~ in the family/blood** būti paveldėtam *(apie savybę);* **to ~ it close/fine** turėti labai nedaug *(pinigų, laiko ir pan.);* **to ~ out of steam/**amer. **gas** išsikvėpti, nusivaryti; **to ~ smb off their legs/feet** nuvaryti nuo kojų, nukamuoti ką; *he who **~s** may read* kiekvienas supras, kiekvienam aišku; **~ that by me again** *šnek.* paaiškinkite man dar kartą *(nesupratus)*

runabout ['rʌnəbaut] *n* **1** bastūnas; dykūnas **2** *šnek.* nedidelis automobilis **3** *(ypač amer.)* nedidelė motorinė valtis
a klajojantis, besibastantis

runaround ['rʌnəraund] *n šnek.* išsisukinėjimas, atsikalbinėjimas; **to give smb the ~** a) atsikalbinėti, išsisukinėti; b) ≅ vedžioti už nosies, būti neištikimam

runaway ['rʌnəweɪ] *n* **1** pabėgėlis, bėglys *(ypač vaikas)* **2** pabėgimas **3** *(arklio)* lėkimas; pasibaidęs arklys
a attr **1** pabėgęs, išbėgęs; **~ wedding** pabėgusiųjų vedybos **2** pasibaidęs, ištrūkęs *(apie arklį)* **3** nesulaikomas, nesuvaldomas, greit augantis; **~ inflation** smarki/nevaldoma infliacija **4** lengvas, lengvai įgytas; **~ victory** *sport.* lengva pergalė

rundown *n* ['rʌndaun] **1** trumpas išdėstymas/atpasakojimas; trumpa ataskaita **2** *(verslo ir pan.)* (su)mažinimas
a ['rʌn'daun] **1** suiręs, aplūžęs **2** sunykęs; išsekęs, išvargęs **3** išėjęs, sustojęs *(apie nepriesuktą laikrodį)*

rune [ruːn] *n kalb.* runa

run-flat [ˌrʌn'flæt] *n* nuleista padanga

rung[1] [rʌŋ] *n* **1** *(kopėčių)* laiptelis; skersinis; *(kėdės)* pakoja **2** stipinas **3** *prk.* laiptelis, pakopa

rung[2] *past ir pII žr.* **ring**[2] *v*

runic ['ruːnɪk] *a kalb.* runų, runiškas

run-in ['rʌnɪn] *n* **1** *šnek.* ginčas, susiginčijimas **2** įžanga; parengiamoji priemonė, pasirengimas **3** *(variklio)* įdirbimas; *(automobilio)* įvažinėjimas **4** *sport.* finišo tiesioji

r-unit ['ɑːjuːnɪt] *n fiz.* rentgenas *(spinduliavimo kiekio vienetas)*

runlet ['rʌnlɪt] *n* upelis, upeliukas

runnel ['rʌnl] *n* **1** upeliukas **2** griovys

runner ['rʌnə] *n* **1** bėgikas; bėgūnas **2** *sport. (lenktynių, varžybų)* dalyvis; **relay ~** estafetės dalyvis **3** pasiuntinys, kurjeris **4** *(rogių ir pan.)* pavaža **5** takelis *(ant stalo, grindų)* **6** *tech.* griovelis; bėgūnas; *(turbinos)* darbo ratas; rotorius **7**: **'good ~'** geros techninės būklės (automobilis) *(skelbime)* **8** *metal.* liečio kanalas **9** *bot.* šliaužiantis/driekiantysis augalas, palaipa; *(braškių)* ūsas **10** *sl.* kontrabandininkas **11** *ist.* policininkas ◊ *to do a* **~** *šnek.* pasprukti

runner-bean [ˌrʌnə'biːn] *n* vijoklinė pupelė

runner-up [ˌrʌnər'ʌp] *n* *(pl* runners-up*)* varžybų dalyvis, užėmęs antrą vietą

running ['rʌnɪŋ] *n* **1** bėgimas; bėgiojimas **2** lenktynės **3** *(automobilio, variklio)* eiga, darbas, veikimas; eksploatavimas; **noisy ~** triukšmingas veikimas; **~ trial** *(laivo ir pan.)* eigos bandymas **4** vadovavimas; *(reikalų ir pan.)* tvarkymas ◊ **to be in [out of] the ~** turėti [neturėti] šansų *(gauti, laimėti);* **to make the ~** a) *sport.* pirmauti, vadovauti *(bėgimui);* b) duoti toną, rodyti pavyzdį; **to take up the ~** a) *sport.* imtis vadovauti, tapti lyderiu; b) imtis iniciatyvos
a **1** bėgantis; tekinas **2** bėgimo; lenktynių; **~ track/ path** bėgimo takas; **~ mate** *(ypač amer.)* a) arklys, diktuojantis greitį favoritui žirgų lenktynėse; b) kandidatas į viceprezidento postą **3** einamasis; **~ account** einamoji sąskaita; **~ repairs** *(mašinos)* einamasis remontas; **~ total** nuolat papildomas sąrašas **4** tekamas, tekantis; takus; pratekamasis; **~ tap** tekantis čiaupas; **~ eyes** ašarojančios akys; **~ sore** pūliuojanti žaizda **5** nenutrūkstamas; laisvas; sklandus; **~ battle/argument** nenutrūkstama kova, amžini ginčai; **~ number** eilės numeris; **~ fire** *kar.* tanki ugnis **6** *predic* iš eilės, paeiliui; **for four days ~** keturias dienas iš eilės **7** šliaužiantis, kuris driekiasi *(apie augalus)* **8** dirbantis, veikiantis *(apie mašiną ir pan.);* **in ~ order** gerai veikiantis *(apie mašiną);* **~ gear** *aut.* važiuoklė **9** eksploatacinis, eksploatacijos; **~ costs** valdymo/eksploatacijos išlaidos

running-board ['rʌnɪŋbɔːd] *n (automobilio ir pan.)* laiptelis, pamina

runny ['rʌnɪ] *a* **1** takus; skystas, praskydęs **2** ašarojantis; varvantis *(apie nosį)*

run-off ['rʌnɔf] *n* **1** *spec. (vandens)* nuotėkis **2** *sport.* papildomos varžybos *(esant lygiam rezultatui)* **3** papildomi rinkimai *(dalyvaujant dviem kandidatams, surinkusiems daugiausia balsų)*

run-of-the-mill [ˌrʌnəvðə'mɪl] *a* vidutiniškas, eilinis, niekuo nepasižymintis

run-on ['rʌnɔn] *poligr. n (žodyno ir pan.)* priedas
a papildomas, pridėtinis; rašomas ne iš naujos eilutės

run-out ['rʌnaut] *n* **1** susidėvėjimas **2** išeiga **3** judėjimas iš inercijos **4** *av.* įsibėgėjimas, įsilėkimas **5** *tech.* difuzorius

runproof ['rʌnpruːf] *a* **1** su nebėgančiomis akimis *(apie trikotažą)* **2** neblunkantis *(apie dažus)*

runt [rʌnt] *n* **1** *(vados)* silpniausias paršelis, šuniukas *ir pan.* **2** *menk.* nuogaiša, nuodvasa, neūžauga
run-through ['rʌnθru:] *n* **1** peržiūrėjimas; peržiūra, peržvalga **2** repeticija
run-up ['rʌnʌp] *n* **1** pasirengimas; *in the ~ to the elections* rengiantis rinkimams; priešrinkiminiu laikotarpiu **2** *sport.* įsibėgėjimas *(prieš metant, šokant ir pan.)*
runway ['rʌnweɪ] *n* **1** *av.* kilimo ir leidimosi takas **2** *tech.* krano bėgiai; *glžk.* privažiavimo kelias **3** *sport.* įsibėgėjimo takelis **4** *(žvėrių)* takas
rupee [ruːˈpiː] *n* rupija *(Indijos ir kt. šalių piniginis vienetas)*
rupestrian [ruːˈpestrɪən] *a knyg.* iškaltas akmenyje *(apie užrašą)*
rupiah [ruːˈpiːə] *n* rupija *(Indonezijos piniginis vienetas)*
rupture ['rʌptʃə] *n* **1** (pra)trūkimas, lūžimas, lūžis; pralauža **2** *(santykių, ryšių)* nutraukimas; nutrūkimas **3** *med.* trūkis; išvarža **4** *el. (izoliacijos)* pramušimas
v **1** (pra)trūkti; praplėšti, pramušti **2** nutraukti *(santykius ir pan.)* **3** *refl med.* gauti trūkį; *pass* sirgti išvarža
rupturewort ['rʌptʃəwəːt] *n bot.* plikasis skleistenis
rural ['ruərəl] *a* **1** kaimo, kaimiškas; *in ~ areas* kaime, kaimo vietovėse **2** žemės ūkio; *~ economy* žemės ūkio ekonomika, žemės ūkis
ruse [ruːz] *n* gudrybė, vylius, klasta; *to win by ~* laimėti gudrumu
rush[1] [rʌʃ] *n* **1** skubėjimas, skuba; veržlus/spartus tempas; *there's no ~* nėra ko skubėti; *in a ~* paskubomis **2** (už)plūdimas, antplūdis, samplūdis; *the Christmas ~* *(pirkėjų)* prieškalėdinis antplūdis **3** *(jausmų)* antplūdis, pakilimas **4** veržimasis, metimasis, puolimas; *we saw his ~ for/towards the door* mes matėme, kaip jis metėsi prie durų; *~ for wealth* turtų vaikymasis **5** *kar., sport.* veržlus puolimas, veržli ataka **6** *(vėjo)* šuoras; *(vandens)* srautas **7** *amer. (studentų)* varžybos, rungtyniavimas *(ypač tarp norinčių įstoti į draugijas)* **8** *pl kin. (filmavimo)* pirmosios *(nemontuotos)* kopijos **9** *attr* skubus; *~ meeting amer.* paskubomis sušauktas susirinkimas; *~ work amer.* įtemptas/skubus darbas; šturmavimas *prk.* ◊ *to give smb the bum's ~ amer. šnek.* išmesti laukan *(iš smuklės ir pan.)*
v **1** skubėti, dumti; skubinti; *he ~ed downstairs* jis nulėkė laiptais žemyn; *cheerio, I must ~ now* lik sveikas, man reikia skubėti; *I don't want to ~ you, but...* aš nenoriu tavęs skubinti/ūminti, bet... **2** skubotai veikti/daryti; *to ~ to a conclusion* skubotai daryti išvadas; *to ~ into an undertaking* neapgalvotai imtis *ko; to refuse to be ~ed* atsisakyti daryti *(ką)* paskubomis; *to ~ a bill through the House* skubiai pratempti įstatymo projektą parlamente **3** skubiai pasiųsti/nugabenti *(į ligoninę ir pan.); troops were ~ed to the scene* į įvykio vietą buvo skubiai pasiųsta kariuomenė **4** užplūsti *(apie jausmus); my past life ~ed into my memory* mane užplūdo prisiminimai **5** mestis, pulti, veržtis; *the blood ~ed to his head* kraujas jam mušė į galvą; *an idea ~ed into my head* mintis man šovė į galvą **6** pūsti šuorais *(apie vėją);* plūsti, šniokšti *(apie vandenį)* **7** versti, spirti *(ką skubiai daryti; into); to ~ smb into a decision* versti ką apsispręsti **8** imti šturmu, šturmuoti *(t. p. prk.);* užpulti; *pass* būti staigiai užpultam **9** *amer.* varžytis *(norint patekti į studentų asociacijas/bendrijas)* ☐ *~ about/around* suktis, plušėti; *~ off* nuskubėti; dingti iš akių, išnykti; *~ out* a) išskubėti; b) pridaryti *(nuotraukų ir pan. pardavimui); ~ through* pratempti *(įstatymo projektą);* paskubomis užbaigti

rush[2] [rʌʃ] *n* **1** *bot.* vikšris **2** *psn.* menkniekis, mažmožis; *not to care a ~* visai nesirūpinti, būti abejingam; *not to give a ~ for smth* neteikti reikšmės kam; *it's not worth a ~* ≡ nė skatiko nevertas
rush-candle ['rʌʃˌkændl] *n* = **rushlight** 1
rushed [rʌʃt] *a* **1** atliktas/surengtas labai greitai, paskubomis; *~ job* skubos darbas **2** skubinamas, verčiamas
rush-hour ['rʌʃauə] *n* piko metas, didžiausio *(keleivių)* antplūdžio metas
rushlight ['rʌʃlaɪt] *n* **1** žvakė su dagtimi iš vikšrio šerdies **2** silpna šviesa **3** *(proto, sąmonės)* prošvaistė, blykstelėjimas
rushy ['rʌʃɪ] *a* apaugęs vikšriais; vikšrių
rusk [rʌsk] *n* saldus džiūvėsėlis *(ypač vaikams)*
Russel ['rʌsl] *n: Bertrand ~* Bertranas Raselas *(anglų filosofas)*
russet ['rʌsɪt] *n* **1** rausvai/gelsvai ruda spalva **2** rusvas obuolys *(žieminė veislė)* **3** *ist.* rudinis milas *(storas prastas audeklas)*
a **1** rusvas, rausvai rudas **2** *psn.* kaimiškas, prastas
Russia ['rʌʃə] *n* Rusija *(valstybė)*
Russian ['rʌʃn] *a* rusų, rusiškas; Rusijos; *~ Federation* Rusijos Federacija
n **1** rusas **2** rusų kalba
Russian-speaking ['rʌʃnˌspiːkɪŋ] *a* rusakalbis
Russi(ci)sm ['rʌsɪ(sɪ)zm] *n kalb.* rusicizmas, rusizmas, rusybė
Russo- ['rʌsəu] *(sudurt. žodžiuose)* ruso-; Rusijos (ir); *Russophil* rusofilas; *Russo-Japanese war* Rusijos-Japonijos karas
russule ['rʌsjuːl] *n bot.* umėdė
rust [rʌst] <*n, a, v*> *n* rūdys *(t. p. bot.); wheat ~* kviečių rūdys; *~ removal* rūdžių (pa)šalinimas; *~ prevention* antikorozinė priemonė
a rūdžių spalvos
v **1** rūdyti *(t. p. ~ away);* rūdinti **2** *prk.* rūdyti, gesti, nykti *(tinginiaujant ir pan.)* ☐ *~ up* surūdyti
rust-coloured ['rʌstˌkʌləd] *a* rūdžių spalvos, rūdiškas
rusted ['rʌstɪd] *a* surūdijęs
rustic ['rʌstɪk] *a* **1** kaimiškas, kaimietiškas **2** paprastas, nuoširdus, nesugadintas, naivus **3** šiurkštus; *~ manners* šiurkščios manieros; *~ speech* nesklandi kalba **4** grubiai padarytas; ne(ap)tašytas; *~ masonry/work archit.* rustika, rustavimas
n **1** kaimietis, valstietis **2** netašytas akmuo, rustas
rusticate ['rʌstɪkeɪt] *v* **1** (apsi)gyventi kaime **2** laikinai pašalinti *(studentą)* iš universiteto **3** *stat.* rustuoti
rustication [ˌrʌstɪˈkeɪʃn] *n* **1** apsigyvenimas kaime **2** laikinas pašalinimas *(studento)* iš universiteto **3** *stat.* rustavimas
rusticity [rʌˈstɪsətɪ] *n* **1** paprastumas **2** kaimiškumas; kaimiškos manieros
rustle ['rʌsl] *n* šlamesys, šiugždesys, šlamėjimas, šnarėjimas
v **1** šlamėti, šnarėti, šiugždėti; šiugždinti, šnarinti, šlaminti; *stop rustling that newspaper!* nustok šlaminęs tą laikraštį! **2** *amer.* vogti *(gyvulius)* ☐ *~ up* surasti *(pinigų ir pan.);* paruošti paskubomis *(valgyti netikėtam svečiui)*
rustler ['rʌslə] *n amer. (gyvulių)* vagis, arkliavagis
rustless ['rʌstləs] *a* nesurūdijęs, neaprūdijęs; nerūdijantis
rustproof ['rʌstpruːf] *a* nerūdijantis, atsparus korozijai
v daryti atsparų korozijai
rusty[1] ['rʌstɪ] *a* **1** aprūdijęs, surūdijęs **2** rūdžių spalvos; parudavęs **3** užleistas; *his French is a little ~* jis truputį primiršo prancūzų kalbą **4** pasenęs, atsilikęs **5** gergždžiantis, gargždus

rusty² *a dial.* niaurus, nartus, piktas; *to turn* ~ raukytis, pūstis, supykti
rut¹ [rʌt] *n* **1** vėžė, provėža **2** *prk.* vėžė, įprasta vaga; rutina; *you are in a* ~ tave pražudė/susmukdė rutina; *to move in a* ~ eiti savo keliu, eiti pramintu taku **3** *tech.* latakas; išėma
v palikti vėžes, išvagoti
rut² *zool. n* ruja
v rujoti
rutabaga [ˌruːtəˈbeɪgə] *n bot.* griežtis, sėtinys
ruth [ruːθ] *n psn.* gailestis, gailesys
Ruth [ruːθ] *n* Rūta *(vardas)*
ruthenium [ruˈθiːnɪəm] *n chem.* rutenis
rutherfordium [ˌrʌðəˈfɔːdɪəm] *n fiz.* rezerfordas
ruthless [ˈruːθləs] *a* negailestingas, nuožmus; kietaširdis
rutile [ˈruːtɪl] *n min.* rutilas
rutted [ˈrʌtɪd] *a* = **rutty**
rutting [ˈrʌtɪŋ] *n zool.* rujojimas, ruja; ~ *season* rujos metas
rutty [ˈrʌtɪ] *a* provėžuotas, su provėžomis, vėžių išmuštas/išraižytas *(apie kelią)*
Rwanda [ruˈændə] *n* Ruanda *(valstybė)*
-ry [-rɪ] *suff* = **-ery**
rye [rɪ] *n* **1** rugys; rugiai; ~ *harvest* rugiapjūtė **2** ruginė *(degtinė; t. p.* ~ *whisky)*
rye-bread [ˈraɪbred] *n* ruginė duona
ryegrass [ˈraɪgrɑːs] *n bot. (daugiametė)* svidrė; raigrasas
ryocan [rɪˈəukæn] *n* riokanas *(tradicinio japonų stiliaus viešbutis)*
ryot [ˈraɪət] *ind. n* valstietis, ūkininkas

S

S, s [es] *n* (*pl* Ss, S's ['esɪz]) **1** *devynioliktoji anglų kalbos abėcėlės raidė* **2** S pavidalo daiktas

's [z, s] *sutr. šnek.* **1** = **is**; *he's (=he is) reading* jis skaito; *she's (= she is) kind* ji gera; *there's (= there is) no ink here* čia nėra rašalo **2** = **has**; *she's (= she has) told me* ji man pasakė **3** = **us** (*junginyje let us*); *let's (= let us) go* eime **4** = **does** (*klaus. sakiniuose*); *what's (= what does) he say about it?* ką jis sako apie tai?

-'s [-z,-s] *suff* (*žymint buvimo/veiklos vietą, ppr. junginyje at the -'s*); *at the baker's* duonos parduotuvėje; *at Mary's* pas Meri (*namuose*)

Saar [zɑ:] *n* Saras (*Vokietijos žemė*)

sabbatarian [ˌsæbəˈtɛərɪən] *n rel.* **1** žydas, švenčiantis šabą **2** krikščionis, švenčiantis sekmadienį

sabbath [ˈsæbəθ] *n* **1** *(S.)* šabas, šeštadienis (*šventadienis žydų religijoje*) **2** *(S.)* sekmadienis (*šventadienis krikščionių religijoje*) **3** raganų puota *(t. p. witches' ~)*

sabbatical [səˈbætɪkl] *n* metinės atostogos (*moksliniam darbui, kelionėms; t. p. ~ leave/year*)
a ret. šeštadieninis, šeštadienio (*žydų religijoje*); sekmadieninis, šventadieniškas (*krikščionių religijoje*)

saber [ˈseɪbə] *n amer.* = **sabre**

sable¹ [ˈseɪbl] *n* **1** *zool.* sabalas **2** sabalena, sabalo kailis

sable² *poet. n* **1** juoda spalva **2** *pl* gedulo rūbai
a juodas; gedulingas; niūrus ◊ *his ~ Majesty* velnias, šėtonas

sabot [ˈsæbəʊ] *pr. n* **1** medinė klumpė **2** medpadis, medkurpė

sabotage [ˈsæbətɑːʒ] *pr. n* **1** sabotažas; sabotavimas **2** diversija; kenkimas; *act of ~* diversijos aktas
v **1** sabotuoti **2** daryti diversijas; kenkti

saboteur [ˌsæbəˈtɜː] *pr. n* **1** sabotuotojas, sabotažininkas **2** diversantas

sabra [ˈsæbrə] *n* Izraelyje gimęs izraelietis

sabre [ˈseɪbə] *n* **1** (*lenktas*) kardas **2** *pl* kavaleristai ◊ *to rattle the/one's ~* žvanginti ginklais; tik grasinti
v kirsti/kapoti/sužeisti/nukauti kardu

sabre-rattling [ˈseɪbəˌrætlɪŋ] *n* žvanginimas ginklais

sac [sæk] *n biol.* maišelis, cista

saccharic [səˈkærɪk] *a*: *~ acid chem.* cukraus rūgštis

saccharin [ˈsækərɪn] *n* sacharinas

saccharine [ˈsækəriːn, -ɪn] *a* **1** *spec.* cukraus, cukrinis; cukringas **2** *prk.* per saldus, pernelyg lipšnus/sentimentalus

saccharose [ˈsækərəʊs] *n chem.* sacharozė

sacciform [ˈsæksɪfɔːm] *a biol.* maišelio pavidalo, maišeliškas

sacerdotal [ˌsæsəˈdəʊtl] *a knyg.* dvasininkų, dvasininkiškas

sacerdotalism [ˌsæsəˈdəʊtəlɪzm] *n knyg.* valdymo sistema, kurioje pripažįstama dvasininkų įtaka; klerikalizmas

sachem [ˈseɪtʃəm] *n amer.* **1** (*indėnų*) vadas **2** *šnek.* (*politikos*) veikėjas; (*mafijos*) bosas

sachet [ˈsæʃeɪ] *pr. n* įkvėpintas/kvepalų paketėlis; sausi kvepalai

sack¹ [sæk] *n* **1** maišas **2** (*ypač amer.*) maišelis; krepšys; *paper ~* popierinis maišelis **3** sakas, trumpas platus moteriškas apsiaustas/paltas **4** (*ypač amer.*) *šnek.* lova; *to hit the ~* eiti gulti ◊ *to get the ~ šnek.* būti išmestam/atleistam iš darbo; *to give smb the ~ šnek.* a) išmesti/atleisti ką iš darbo; b) atstumti, atsakyti (*prašančiam moters rankos*); *to be left to hold the ~ amer.* būti apmulkintam, nieko nepešti
v **1** dėti, pilti (*į maišą*) **2** *šnek.* atsakyti, atleisti (*iš darbo*) ☐ *~ in/out amer. šnek.* eiti gulti

sack² (*ypač ist.*) *n* plėšimas, grobimas; *to put to ~* išplėšti
v plėšti, grobti (*užkariautame mieste*); plėšikauti

sack³ *n ist.* baltas sausas vynas (*importuojamas iš Ispanijos ir Kanarų salų*)

sackcloth [ˈsækklɒθ] *n* **1** pašukinis, kiltas (*maišams siūti*) **2** *bažn.* ašutinė; *in ~ and ashes* a) apsivilkęs ašutine ir pasibarstęs galvą pelenais; b) liūdintis ir atgailaujantis

sack-coat [ˈsækkəʊt] *n* platus apsiaustas

sackful [ˈsækful] *n* (*pilnas*) maišas; *~ of grain* maišas grūdų

sacking [ˈsækɪŋ] *n* **1** maišinis audeklas, kiltas **2** (su)pylimas į maišus **3** *šnek.* atleidimas iš darbo

sackload [ˈsækləʊd] *n* maišas (*kiekis*)

sack-race [ˈsækreɪs] *n* bėgtynės/bėgimas maiše (*atrakcionas*)

sacra [ˈseɪkrə] *n pl žr.* **sacrum**

sacral [ˈseɪkrəl] *a* **1** *bažn.* apeiginis **2** *anat.* kryžkaulio, kryžmens, sakralinis

sacrament [ˈsækrəmənt] *n* **1** *bažn.* sakramentas; *the Blessed/Holy S.* švenčiausiasis sakramentas, komunija **2** ženklas, simbolis **3** priesaika

sacramental [ˌsækrəˈmentl] *n bažn.* ritualas
a **1** *knyg.* šventas, sakramentalus **2** *bažn.* sakramentinis **3** prisiektinis; priesaikos, prisiekiamas

sacred [ˈseɪkrɪd] *a* **1** šventas; pašventintas; *it's my ~ duty to do it* tai padaryti – mano šventa pareiga; *~ music* bažnytinė muzika **2** (pa)skirtas (*to*); *~ to the memory (of)* skirtas (*kieno*) atminimui **3** neliečiamas

sacrifice [ˈsækrɪfaɪs] *n* **1** auka; *the great/last ~* mirtis už tėvynę; pasiaukojimas tėvynei; *at the ~ (of)* paaukojant (*ką*); *to make a ~ for one's children* aukotis dėl savo vaikų; *to fall a ~ (to) ret.* tapti (*ko*) auka **2** aukojimas, atnašavimas; *to make a ~* atnašauti, (pa)aukoti auką (*to*); *to make the supreme ~* paaukoti gyvybę **3** *kom.* nuostolis; *to sell at a ~* parduoti nuostolingai
v **1** (pa)aukoti; *refl* aukotis; *it's not worth sacrificing your health for your career* neverta aukoti sveikatos dėl karjeros **2** *kom.* parduoti nuostolingai

sacrificial [ˌsækrɪˈfɪʃl] *a* aukos, aukojimo; aukojamas

sacriledge [ˈsækrɪlɪdʒ] *n* šventvagystė; *to commit a ~* įvykdyti šventvagystę

sacrilegious [ˌsækrɪˈlɪdʒəs] *a* šventvagiškas

sacristan [ˈsækrɪstən] *n bažn.* zakristijonas

sacristy ['sækrɪstɪ] *n bažn.* zakristija
sacroiliac [ˌsækrəu'ɪlɪæk] *a anat.* kryžmens ir dubens
sacrosanct ['sækrəᵘsæŋkt] *a* šventas ir neliečiamas
sacrum ['seɪkrəm] *n (pl* ~s, -ra) *anat.* kryžkaulis
sad [sæd] *a* **1** liūdnas; nuliūdęs, nusiminęs; **~ *song*** liūdna/graudi daina; ***to be/feel* ~** liūdėti, būti nusiminusiam **2** *šnek.* baisus, apgailėtinas; nepataisomas; **~ *mistake*** apgailėtina/nemaloni klaida; baisi/didelė klaida; ***he writes* ~ *stuff*** jis baisiai rašo; **~ *coward*** didelis bailys **3** *ret.* tamsus, niūrus *(apie spalvas)* **4** *dial.* suzmekęs, supuolęs *(apie duoną ir pan.)* ◊ **~*der but wiser*** pasimokęs iš kartaus patyrimo; **~ *to say*** deja
sadden ['sædn] *v* (nu)liūdinti; nuliūsti
saddle ['sædl] *n* **1** balnas; ***to be in the* ~** a) sėdėti balne, joti; b) *prk.* vadovauti **2** balnelis *(pakinktų dalis; dviračio sėdynė)* **3** *kul.* nugarinė; **~ *of mutton*** avienos nugarinė **4** *geogr.* balnakalnis **5** *geol.* antiklina **6** *tech. (kabančio tilto ir pan.)* (atraminis) padėklas; suportas **7** *attr* balninis; jojamas; raitas; **~ *shoes*** *amer.* pusbačiai su kitos spalvos jungtimi ◊ ***to put/lay/set the* ~ *on the right horse*** apkaltinti pagrįstai; ***either win the* ~ *or lose the horse*** ≡ žūti arba būti; ***to get into the* ~** gauti valdžią
v **1** (pa)balnoti *(t. p.* ~ *up)* **2** sėsti į balną, (už)sėsti *(ant arklio, dviračio)* **3** *prk.* apkrauti, užkrauti, apsunkinti *(with)*
saddle-backed ['sædl'bækt] *a* balno pavidalo; išlenktas
saddlebag ['sædlbæg] *n* balnakrepšis; persisveriamas *(per arklio nugarą, dviračio bagažinę)* krepšys/krovinys
saddle-blanket ['sædlˌblæŋkɪt] *n* pabalnė, mitukas
saddle-bow ['sædlbəu] *n* balno guga
saddlecloth ['sædlklɒθ] *n* = **saddle-blanket**
saddle-girth ['sædlgə:θ] *n* pakeltinė, balno pavarža
saddle-horse ['sædlhɔ:s] *n* jojamas arklys
saddle-pin ['sædlpɪn] *n (dviračio ir pan.)* balnelio stovas
saddler ['sædlə] *n* balnius, šikšnius, pakinktininkas
saddlery ['sædlərɪ] *n* **1** odinių pakinktų dirbtuvė **2** pakinktai **3** balniaus amatas, balnininkystė
saddle-sore ['sædlsɔ:] *a* **1** sustingęs nuo jojimo *ar* važiavimo dviračiu **2** balno nutrintas *(apie arklį, raitelį)*
saddle-spring ['sædlsprɪŋ] *n (dviračio ir pan.)* balnelio amortizatorius
saddletree ['sædltri:] *n* **1** *(dviračio, motociklo ir pan.)* sėdynės karkasas; balnakrėslis **2** *bot.* tulpmedis
Sadducee ['sædjusi:] *n rel. ist.* sadukėjas
sadhu ['sɑ:du:] *ind. n* šventas žmogus, asketas, vienuolis
sadiron ['sædˌaɪən] *n ret.* sunkus *(drabužių)* lygintuvas
sadism ['seɪdɪzm] *n* sadizmas
sadist ['seɪdɪst] *n* sadistas
sadistic [sə'dɪstɪk] *a* sadistinis, sadistiškas
sadly ['sædlɪ] *adv* **1** liūdnai **2** baisiai; ***to be* ~ *mistaken*** labai/baisiai klysti **3** *mod* deja
sadness ['sædnɪs] *n* liūdesys; nuliūdimas, nusiminimas
safari [sə'fɑ:rɪ] *arab. n* safaris, *(laukinių gyvūnų)* stebėjimo/medžioklės ekspedicija *(ppr. R. Afrikoje)*
safe [seɪf] *n* **1** seifas, nedegamoji spinta; ***to break/crack a* ~** išlaužti seifą **2** spintelė/šaldykla mėsai *(t. p. meat* ~)
a **1** saugus; ***now they are* ~** dabar jie saugūs; ***no one is* ~ *(from)*** niekas nėra apsaugotas *(nuo ligos, nedarbo ir pan.)* **2** sveikas, nenukentėjęs; **~ *arrival*** laimingas atvykimas; ***he returned* ~ *and sound*** jis grįžo gyvas ir sveikas; ***have a* ~ *journey!*** laimingos kelionės! **3** patikimas; neabejotinas, tikras; **~ *place*** patikima/ saugi vieta; ***it is* ~ *to say*** galima drąsiai sakyti **4** nepavojingas; ***they have got him* ~** jis nepavojingas, jis jau negali nieko bloga padaryti; jis jau nepabėgs **5** atsargus, apdairus; ***to play (it)* ~** elgtis apdairiai **6** *spec.*

leistinas, leidžiamas; **~ *clearance*** *tech.* leistinasis gabaritas/tarpas ◊ ***(as)* ~ *as houses*** ≡ kaip už mūro; visiškai patikimas; ***better (to be)* ~ *than sorry*** ≡ atsarga gėdos nedaro
safebreaker ['seɪfbreɪkə] *n* seifų laužikas
safe-conduct [ˌseɪf'kɒndʌkt] *n* **1** apsaugos raštas; leidimas *(pereiti, įeiti)* **2** apsauga
safe-cracker ['seɪfkrækə] *n amer.* = **safebreaker**
safe-deposit [ˌseɪfdɪ'pɒzɪt] *n* saugykla, seifas *(banke ir pan.; ppr.* ~ *box)*
safeguard ['seɪfgɑ:d] *n* **1** apsauga *(t. p. kar.);* apsaugos raštas **2** garantija *(against)* **3** apsaugos priemonė **4** *tech.* apsaugos įrenginys
v (ap)saugoti, (ap)ginti; garantuoti, užtikrinti *(against);* ***to* ~ *industries*** ginti pramonę *(nuo užsienio konkurencijos)*
safe-house [ˌseɪf'haus] *n* prieglobstis, slėptuvė
safekeeping [ˌseɪf'ki:pɪŋ] *n* saugojimas; apsauga; ***to give smth for* ~** atiduoti ką į apsaugą
safely ['seɪflɪ] *adv* **1** saugiai; laimingai **2** garantuotai, užtikrintai **3** apdairiai, atsargiai
safety ['seɪftɪ] *n* **1** saugumas; sauga; ***road* ~** eismo saugumas; ***for* ~'s *sake*** saugumo sumetimais, dėl saugumo **2** saugi vieta; ***in* ~** saugioje/patikimoje vietoje; **~ *zone*** saugioji zona ◊ ***to play for* ~** nerizikuoti, būti atsargiam; **~ *first!*** atsargiai!, būkite atsargūs!; ***(there is)* ~ *in numbers*** ≡ kur stos du, trys – viską padarys
safety-belt ['seɪftɪbelt] *n* **1** gelbėjimosi diržas **2** *av., aut.* saugos diržas
safety-catch ['seɪftɪkætʃ] *n (šautuvo ir pan.)* saugiklis
safety-chain ['seɪftɪtʃeɪn] *n (durų)* apsauginė grandinė
safety-curtain ['seɪftɪˌkə:tn] *n teatr.* priešgaisrinė asbesto uždanga
safety-deposit ['seɪftɪdɪˌpɒzɪt] *n:* **~ *box*** = **safe-deposit**
safety-first ['seɪftɪˌfə:st] *a (pernelyg)* atsargus; nerizikuojantis
safety-glass ['seɪftɪglɑ:s] *n* beskeveldris stiklas, tripleksas
safety-island ['seɪftɪˌaɪlənd] *n amer.* saugumo salelė *(aikštelė pėstiesiems gatvėje)*
safety-lamp ['seɪftɪlæmp] *n* šachtininko/kasyklų lempa
safety-match ['seɪftɪmætʃ] *n (impregnuotas)* degtukas
safety-net ['seɪftɪnet] *n* **1** apsauginis tinklas *(cirke ir pan.)* **2** apsaugos priemonės, apsauga
safety-nut ['seɪftɪnʌt] *n tech.* apsauginė veržlė
safety-pin ['seɪftɪpɪn] *n* žiogelis *(segtukas)*
safety-razor ['seɪftɪˌreɪzə] *n* barzdos skutamoji mašinėlė, barzdaskutė
safety-valve ['seɪftɪvælv] *n* **1** *tech.* apsauginis vožtuvas **2** *prk. (jausmų)* išliejimas; atsipalaidavimas ◊ ***to sit on the* ~** a) neduoti valios aistroms/jausmams; b) slopinti nepasitenkinimą
safflower ['sæflauə] *n bot.* dažinis dygminas
saffron ['sæfrən] *n* **1** *bot.* krokas **2** kroko spalva
sag [sæg] *n* **1** nulinkimas; įlinkimas, įdubimas **2** susmukimas *(nuo amžiaus, ligos ir pan.)* **3** nukarimas, nukabimas **4** *(kainų)* kritimas **5** *spec.* įlinkis; įsvyra, nuosvyra **6** *jūr.* nukrypimas nuo kurso
v **1** nulinkti *(t. p.* ~ *down);* įlinkti, įsvirti, (į)dubti, sudubti **2** susmukti, sukristi, sukrypti **3** nukarti, nukabti; ***the skirt* ~s *on the sides*** sijonas nukaręs šonuose **4** mažėti, blėsti **5** prarasti įdomumą *(apie knygą ir pan.)* **6** smukti *(apie ekonomiką ir pan.);* kristi *(apie kainas)* **7** *jūr.* nukrypti nuo kurso
saga ['sɑ:gə] *n lit.* saga, sakmė
sagacious [sə'geɪʃəs] *a* **1** *knyg.* įžvalgus; nuovokus, sumanus **2** protingas *(apie gyvūnus)*

sagacity [sə'gæsəti] *n knyg.* įžvalgumas; sumanumas, nuovokumas

sage[1] [seɪdʒ] *n bot.* šalavijas; ~ **tea** šalavijų užpilas

sage[2] *(džn. iron.) n* išminčius
a išmintingas, giliamintis

sagebrush ['seɪdʒbrʌʃ] *n bot.* metėlė, pelynas *(augantis JAV vakaruose)*

sage-green [ˌseɪdʒ'griːn] *a* pilkšvai žalias
n pilkšvai žalia spalva

saggar, sagger ['sægə] *n* kapsulė *(keramikos dirbiniams išdegti)*

saggy ['sægɪ] *a* įdubęs, įlinkęs; nukaręs, nukabęs

sagittal ['sædʒɪtl] *a* **1** strėlinis, strėliškas **2** *anat.* sagitalinis, strėlinis

Sagittarius [ˌsædʒɪ'tɛərɪəs] *n* Šaulys *(žvaigždynas ir Zodiako ženklas)*

sago ['seɪgəʊ] *n (pl* ~s [-z]) sago *(kruopos);* ~ **palm** *bot.* saginė palmė

Sahara [sə'hɑːrə] *n (the* ~) Sahara *(dykuma)*

sahib [sɑːb, 'sɑːhɪb] *ind. n* sahibas, ponas *(kreipiantis į europietį; t. p. titulas, pridedamas prie aukštų pareigūnų vardų)*

said [sed] *past ir pII žr.* **say** *v*
a attr knyg., teis. anksčiau minėtas/nurodytas, nurodytasis, minėtasis; **the** ~ **author** minėtasis *ar* anksčiau nurodytas autorius; **the** ~ **figure** anksčiau minėtas skaičius

saiga ['saɪgə] *n zool.* saiga *(antilopė)*

sail [seɪl] *n* **1** burė; burės; **to hoist/make** ~ a) iškelti/pakelti bures; b) *prk.* leistis į kelionę; išeiti; **to shorten** ~ a) nuleisti dalį burių; b) *prk.* sumažinti greitį; **to strike** ~ a) nuleisti bures; b) *prk.* prisipažinti klydus/kaltu/nugalėtu; **(at) full** ~ *(plaukti)* visomis burėmis, visu greičiu; **under** ~ *poet. (plaukiantis)* pakeltomis burėmis; **to take in** ~ a) nuleisti bures; b) *prk.* sutramdyti įkarštį/puikybę; **to crowd (on)** ~ pakelti daugiau burių; **to put on all** ~ a) pakelti visas bures; b) *prk.* padaryti viską, kas galima; išbandyti visas priemones; **royal** ~ *jūr.* bombramselis **2** burlaivis; *kuop.* burlaiviai; ~ **ho!** matyti laivas! **3** plaukiojimas; kelionė jūra; **to go for a** ~ pakeliauti jūra; paplaukioti; **to set** ~ išplaukti; **4** *(vėjinio malūno)* sparnas
v **1** plaukti, plaukioti; buriuoti, plaukti pakėlus bures; **to** ~ **a course** plaukti pagal kursą **2** keliauti jūra; išplaukti *(for – į)* **3** dumti; greitai bėgti/čiuožti/plaukti *ir pan.* **4** *prk.* plaukti, grakščiai /žengti/judėti; lengvai prasmukti **5** valdyti, vairuoti *(laivą, valtį ir pan.)* **6** laidyti *(laivelius)* **7** *(into)* *šnek.* užsipulti; barti □ **to ~ in** *šnek.* imtis griežtų priemonių; įsikišti; ~ **through** lengvai/sėkmingai prasmukti *(per egzaminą ir pan.)*

sail-arm ['seɪlɑːm] *n (vėjinio malūno)* sparnas

sail-axle ['seɪlˌæksl] *n tech. (vėjinio malūno)* sparno ašis

sailboard ['seɪlbɔːd] *n sport.* burlentė

sailboat ['seɪlbəʊt] *n amer.* = **sailing-boat**

sailcloth ['seɪlklɒθ] *n* burių drobė

sailer ['seɪlə] *n* burinis laivas, burlaivis

sailfish ['seɪlfɪʃ] *n zool.* buržuvė

sailing ['seɪlɪŋ] *n* **1** plaukiojimas/plaukimas burlaiviu **2** laivavedyba, navigacija **3** išplaukimas; kelionė jūra **4** *sport.* buriavimas *(t. p.* **yacht** ~*)* ◊ **plain** ~ lengvas/paprastas kelias; **it will be all plain** ~ ≡ viskas eis kaip sviestu patepta
a burinis

sailing-boat ['seɪlɪŋbəʊt] *n* burinė valtis, burvaltė, burlaivis

sailing-master ['seɪlɪŋˌmɑːstə] *n* šturmanas, laivavedys

sailing-ship, sailing-vessel ['seɪlɪŋʃɪp, -ˌvesl] *n* burlaivis

sail-maker ['seɪlmeɪkə] *n* burių meistras/dirbėjas

sailor ['seɪlə] *n* **1** jūreivis; jūrininkas; **a ~ before the mast** jūreivis *(eilinis);* **to be a good [bad]** ~ gerai [sunkiai] pakelti kelionę jūra; **fresh water** ~ *šnek.* nepatyręs, nebuvęs atviroje jūroje jūreivis; ~ **jacket/suit** *(berniukų)* jūreiviška palaidinė **2** šiaudinė skrybėlė neaukštu viršumi ir siauru graižu *(t. p.* ~ **hat)**

sailplane ['seɪlpleɪn] *n* sklandytuvas

sainfoin ['seɪnfɔɪn, 'sænfɔɪn] *n bot.* bandvikis

saint [seɪnt] *n* šventasis *(t. p. bažn.);* **All Saints' Day** Visų šventųjų diena; **you need the patience of a ~ for this job** šiam darbui reikia šventos kantrybės ◊ **all are not ~s that go to church** ≡ ne kiekvienas svečias, kas viešnagėn atvažiuoja; **enough to make a ~ swear** ir pats kantriausias neištvertų
v **1** *bažn.* kanonizuoti **2** laikyti/vadinti šventuoju

sainted ['seɪntɪd] *a* **1** šventas **2** *bažn.* kanonizuotas

Saint Helena [ˌsentɪ'liːnə] Šv. Elenos sala

sainthood ['seɪnthʊd] *n* **1** šventumas **2** *kuop. rel.* šventieji

saintlike ['seɪntlaɪk] *a* = **saintly**

saintly ['seɪntlɪ] *a* šventas, dievobaimingas, be nuodėmės

saith [seθ] *psn. vksm.* **to say** esam. l. vns. trečiasis asm.

sake[1] [seɪk] *n:* **for the ~ of smb/smth, for smb's ~** dėl ko nors, kieno/ko labui; **do it for your brother's** ~ padarykite tai dėl savo brolio; **for our' ~s** dėl mūsų; **for goodness'/mercy's/ Heaven's/God's/pity's ~**, *amer.* **for land's** ~ dėl Dievo meilės! *(susierzinus, maldaujant);* **for conscience's** ~ sąžinei nuraminti; **for old ~' ~, for old times'** ~ praeities vardan, dėl senos pažinties/draugystės ◊ **~s alive!** *amer.* na jau!, štai kaip!

sake[2] ['sɑːkɪ] *jap. n* sakė *(ryžių degtinė)*

sal [sæl] *n chem., farm.* druska; ~ **volatile** uostomoji druska; ~ **ammoniac** amonio chloridas

salaam [sə'lɑːm] *n* saliam *(rytietiškas pasveikinimas)*
v pa(si)sveikinti *(nusilenkiant)*

salable ['seɪləbl] *a amer.* = **saleable**

salacious [sə'leɪʃəs] *a knyg.* **1** gašlus, geidulingas **2** nepadorus, nešvankus

salacity [sə'læsətɪ] *n knyg.* **1** gašlumas, geidulingumas **2** nepadorumas, nešvankumas

salad ['sæləd] *n* **1** *kul.* mišrainė; salotos; **vegetable** ~ daržovių mišrainė; **to dress the** ~ paruošti mišrainę/salotas **2** *bot.* salota ◊ ~ **days** neprityrusi jaunystė, jaunystės dienos

salad-bowl ['sælədbəʊl] *n* salotinė

salad-dressing ['sælədˌdresɪŋ] *n kul.* mišrainės uždaras/užkulas

salad-oil ['sælədɔɪl] *a* Provanso/alyvų/valgomasis aliejus

salamander ['sæləmændə] *n* **1** *zool., mit.* salamandra **2** *metal.* ožys

salami [sə'lɑːmɪ] *it. n* saliamis *(rūkyta dešra)*

salariat [sə'lɛərɪæt] *n kuop. knyg.* tarnautojai

salaried ['sælərɪd] *a* gaunantis algą; ~ **personnel** tarnautojai, personalas

salary ['sælərɪ] *n* alga, atlyginimas; **to draw one's** ~ gauti algą/atlyginimą; **to live on a teacher's** ~ gyventi iš mokytojo algos

sale [seɪl] *n* **1** pardavimas, pardavinėjimas; realizavimas; **to make a** ~ parduoti; **to lose a** ~ neparduoti; **on/for** ~ parduodama; **short** ~ *kom.* terminuotas pardavimas **2** aukcionas, varžytynės; **to put up for** ~ parduoti iš varžytynių **3** *(džn. pl) (užsigulėjusių prekių)* išpardavimas *(ppr.* **bargain/clearance** ~*); (car)* **boot** ~ vartotų daiktų išpardavimas *(iš automobilio bagažinės)* ◊ ~ **or/and return** grąžinimo susitarimas

saleable   793   **saltshaker**

(teisė grąžinti neparduotas prekes); ~ *of work* labdaros mugė
saleable ['seɪləbl] *a* **1** tinkamas parduoti; *(labai)* perkamas, paklausus *(apie prekę)* **2** įperkamas, nebrangus
salep ['sæləp] *n* salepas *(džiovinti gegužraibės gumbai)*
sale-price ['seɪlpraɪs] *n* **1** *ekon.* pardavimo kaina **2** sumažinta kaina; *to sell at* ~ parduoti sumažintomis kainomis
saleroom ['seɪlrum] *n* aukciono/varžytynių patalpa
salesclerk ['seɪlzklɑːk] *n amer.* pardavėjas
salesgirl ['seɪlzgəːl] *n* pardavėja
saleslady ['seɪlzˌleɪdɪ] *n amer.* = **saleswoman** 1
salesman ['seɪlzmən] *n (pl* -men [-mən]) *(tik v.)* **1** pardavėjas **2** komisionierius **3** *amer.* komivojažierius *(t. p. travelling ~)*
salesmanship ['seɪlzmənʃɪp] *n* **1** sugebėjimas prekiauti **2** *prk.* sugebėjimas įtikinti/įkalbėti/sudominti
salespeople ['seɪlzpiːpl] *n kuop.* pardavėjai
salesperson ['seɪlzpəːsn] *n* pardavėjas
salesroom ['seɪlzrum] *n* = **saleroom**
saleswoman ['seɪlzˌwumən] *n (pl* -women [-ˌwɪmɪn]) **1** pardavėja **2** komisionierė
salicylic [ˌsælɪ'sɪlɪk] *a chem.* salicilo; ~ *acid* salicilo rūgštis
salience ['seɪlɪəns] *n* iškilumas, reljefas; iškyšulys
salient ['seɪlɪənt] *a* **1** išsikišęs, iškilus **2** pagrindinis, ryškiausias; *the* ~ *features of his plan* pagrindiniai jo plano bruožai
n kar. smaigalys, pleištas *(fronto dalis)*
salina [sə'laɪnə] *n* **1** druskožemis, sūrožemis **2** sūrusis ežeras; druskingasis šaltinis
saline ['seɪlaɪn] *n* **1** *chem. (natrio, kalio ir pan.)* druska **2** *med.* fiziologinis tirpalas
a **1** druskos; ~ *solution* druskos tirpalas **2** druskingas, sūrus
salinity [sə'lɪnətɪ] *n spec.* druskingumas, sūrumas
Salisbury ['sɔːlzbərɪ] *n* Solsberis *(Anglijos miestas; Zimbabvės miestas)*
saliva [sə'laɪvə] *n fiziol.* seilės
salivary [sə'laɪvərɪ] *a fiziol.* seilių, išskiriantis seiles; ~ *glands anat.* seilių liaukos
salivate ['sælɪveɪt] *v* **1** seilėti, seilėms bėgti **2** *fiziol.* sukelti seilėtekį; išskirti seiles
sallow[1] ['sæləu] *n bot.* blindė, gluosnis
sallow[2] *a* pageltęs, išgeltęs, išblyškęs *(apie veido spalvą);* geltonveidis
v ret. (pa)gelsti
sally ['sælɪ] *n* **1** pasivaikščiojimas, pasivažinėjimas, iškyla **2** *(pykčio ir pan.)* protrūkis, proveržis; suliepsnojimas **3** netikėta šmaikšti replika **4** *kar.* išpuolis
v **1** išlėkti, leistis *(ppr.* ~ *out/forth)* **2** *kar.* atlikti išpuolį *(džn.* ~ *out)*
Sally[1] ['sælɪ] *n* Sali, Salė *(vardas)* ◊ ~ *Lunn šnek.* saldi bandelė; *Aunt* ~ a) toks liaudies žaidimas *(mugėse);* b) pasityčiojimų/įžeidinėjimų objektas
Sally[2] *n* (Salvation Army *sutr.*) *šnek.* Gelbėjimo armija *arba* jos narys
salmagundi [ˌsælmə'gʌndɪ] *n amer.* = **salmi**
salmi ['sælmɪ] *pr. n kul.* paukštienos ragu/troškinys
salmon ['sæmən] *n (pl* ~) *zool.* lašiša; *dog* ~ keta; *blueback/sockeye* ~ nerka; *pink* ~ kuprė; *white* ~ nelma
a oranžinis, gelsvai rausvas *(t. p.* ~ *pink)*
salmonella [ˌsælmə'nelə] *n (pl* -ae [-iː], ~s) salmonelė *(lazdelių formos bakterija);* ~ *poisoning* salmonelizė
salmon-trout ['sæməntraut] *n zool.* šlakys, upėtakis
Salome [sə'ləumɪ] *n* Salomė, Salomėja *(vardas)*

salon ['sælɔn] *pr. n* **1** *(kirpyklos, madų ir pan.)* salonas; *beauty* ~ grožio salonas **2** salonas, svetainė **3** meno parodų patalpa **4** *(the S.)* kasmetinė meno paroda Paryžiuje
saloon [sə'luːn] *n* **1** sedanas, dengtas automobilis *(t. p.* ~ *car)* **2** salė; salonas **3** *amer.* smuklė, aludė **4** ištaigingas baras *(aludėje; t. p.* ~ *bar)* **5** salonas *(laive);* ~ *deck* pirmos klasės denis
saloon-keeper [sə'luːnˌkiːpə] *n amer.* smuklininkas, aludės/baro savininkas
salsa ['sælsə] *n* **1** salsa *(Lotynų Amerikos šokis ir jo muzika)* **2** aštrus padažas
salsify ['sælsɪfɪ] *n bot.* salsvienis, valgomasis pūtelis
salt [sɔːlt] <*n, a, v>* *n* **1** druska; *in* ~ sūdytas; *white* ~ valgomoji druska **2** *prk.* pikantiškumas; šmaikštumas **3** *pl farm.* druska; *Epsom* ~s karčioji druska **4** *šnek.* jūrų vilkas, prityręs jūrininkas *(džn. old ~)* **5** druskinė ◊ *the* ~ *of the earth* ≅ žemės druska *(geriausi/garbingiausi žmonės); not worth one's* ~ niekam tikęs; *to be worth one's* ~ ne veltui valgyti duoną; *to eat a peck of* ~ *with smb* gerai pažinti ką; *to eat smb's* ~ a) būti kieno svečiu; b) būti kieno išlaikytiniu, priklausyti nuo ko; *to rub* ~ *into smb's wounds* aitrinti *(žaizdą, širdį ir pan.); I am not made of* ~ ≅ ne cukrus, nesutirpsiu; *not to earn* ~ *for one's porridge* nieko neuždirbti; *to take smth with a grain/pinch of* ~ *šnek.* ≅ nepriimti už gryną pinigą; *to sit above the* ~ a) sėdėti krikštasuolėje; b) užimti aukštą padėtį; *true to one's* ~ atsidavęs šeimininkui/darbdaviui
a **1** sūrus; ~ *as brine* labai sūrus; ≅ viena druska **2** sūdytas; ~ *fish [meat]* sūdyta žuvis [mėsa] **3** druskėtas, druskingas, įdruskėjęs; ~ *soil* druskožemis, druskėtas/įdruskėjęs dirvožemis; ~ *water* a) jūros vanduo; b) *prk. sl.* ašaros **4** kandus, aštrus, kartus *(apie ašaras ir pan.)*
v **1** (į)dėti druskos, (pa)sūdyti; užsūdyti *(t. p.* ~ *down)* **2** barstyti druska *(kelią ir pan.)* □ ~ *away* (su)taupyti; atidėti, sukaupti *(ateičiai)*
saltarello [ˌsæltə'reləu] *it. n (pl* ~s [-z], -li [-lɪ]) saltarelas *(italų ir ispanų liaudies šokis)*
saltation [sæl'teɪʃn] *n knyg.* **1** šokinėjimas, šokimas **2** šuolis **3** netikėtas judėjimo/raidos krypties pakitimas
saltatory ['sæltətərɪ] *a knyg.* **1** šuolių, šokinėjimo **2** šuoliškas, netolygus; ~ *evolution* netolygi raida
saltbox ['sɔːltbɔks] *n* **1** medinė druskinė su dangteliu **2** *amer.* namas, kurio priekinėje dalyje yra du aukštai, užpakalinėje – vienas
salt-cake ['sɔːltkeɪk] *n chem.* natrio sulfatas
salt-cellar ['sɔːltˌselə] *n* druskinė, druskinaitė su skylutėmis
salted ['sɔːltɪd] *a* **1** (pa)sūdytas **2** pagyvintas *(sąmoju ir pan.)* **3** užgrūdintas; patyręs
saltern ['sɔːltən] *n* druskos virykla/garintuvė
salt-glaze ['sɔːltgleɪz] *n* glazūra
salt-grass ['sɔːltgrɑːs] *n bot.* skėstašakė žalvė
saltish ['sɔːltɪʃ] *a* sūrokas
Salt Lake City ['sɔːlt'leɪkˌsɪtɪ] Solt Leik Sitis *(JAV miestas)*
saltlick ['sɔːltˌlɪk] *n* **1** druskos gabalas gyvuliams laižyti **2** druskynas, kur gyvuliai ateina druskos laižyti
salt-marsh ['sɔːltmɑːʃ] *n* druskožemis, sūrožemis
salt-mine ['sɔːltmaɪn] *n* druskos kasykla
saltpan ['sɔːltpæn] *n* **1** *(druskos verdamasis)* puodas, druskos garintuvė **2** druskinga dauba *(prie jūros)*
saltpetre [ˌsɔːlt'piːtə] *n chem.* salietra
saltshaker ['sɔːltˌʃeɪkə] *n amer.* druskinaitė su skylutėmis

salt-spoon ['sɔ:ltspu:n] *n* druskos šaukštelis
saltwater ['sɔ:lt͵wɔ:tə] *a attr* sūriavandenis, jūrų; ~ *fish* sūriavandenė/jūrų žuvis; ~ *heater* jūros vandens šildytuvas
salt-works ['sɔ:ltwə:ks] *n* = **saltern**
saltwort ['sɔ:ltwə:t] *n bot.* (smiltyninė) druskė
salty ['sɔ:ltɪ] *a* **1** sūrus, sūrokas; sūdytas **2** *min.* druskingas, druskėtas **3** *prk.* sąmojingas; pikantiškas
salubrious [sə'lu:brɪəs] *a knyg.* **1** sveikas, naudingas sveikatai *(apie orą, klimatą ir pan.)* **2** malonus, tinkamas *(apie aplinką ir pan.)*
salubrity [sə'lu:brətɪ] *n knyg.* **1** tvirta sveikata **2** sveikos, sveikatai palankios sąlygos
salutary ['sæljutərɪ] *a* sveikas, pamokomas, naudingas
salutation [͵sælju'teɪʃn] *n knyg.* **1** (pa)sveikinimas **2** kreipimosi forma *(laiško/kalbos pradžioje)*
salutatory [sə'lju:tətərɪ] *a ret.* sveikinamasis
salute [sə'lu:t] *n* **1** sveikinimas(is), pasveikinimas **2** pagerbimas **3** saliutas **4** *kar.* pagarba; pagarbos reiškimas; *to take the ~* a) atsakyti į karišką pasveikinimą; b) priimti garbės sargybos raportą
v **1** sveikinti(s) **2** pagerbti **3** *jūr., kar.* saliutuoti; reikšti pagarbą
Salvador ['sælvədɔ:] *n* Salvadoras *(Brazilijos miestas)*
salvage ['sælvɪdʒ] *n* **1** *(turto, laivo)* (iš)gelbėjimas *(nuo gaisro, paskendimo, pagrobimo)*; ~ *corps* ugniagesių komanda **2** atlyginimas už *(laivo, krovinio)* išgelbėjimą *(t. p. ~ money)* **3** išgelbėtas turtas/krovinys **4** nuskendusių laivų iškėlimas **5** antrinių žaliavų surinkimas ir panaudojimas **6** *kar.* trofėjai; trofėjų surinkimas
v **1** gelbėti *(laivą, turtą)* **2** išgelbėti, išlaikyti *(reputaciją ir pan.)*; *to ~ a marriage* išsaugoti šeimą, neduoti santuokai iširti **3** surinkti ir panaudoti antrines žaliavas **4** *kar.* surinkti trofėjus
salvation [sæl'veɪʃn] *n* (iš)gelbėjimas; išsigelbėjimas; *that is our only ~* tai mūsų vienintelis išsigelbėjimas; *the S. Army* Gelbėjimo armija *(religinė labdaros organizacija)* ◊ *to work out one's own ~* padaryti/išspręsti ką savo paties jėgomis
salve[1] [sælv] = **salvage** *v* 1
salve[2] *n* **1** *(gydomasis)* tepalas; *poet.* balzamas **2** *prk.* raminamoji priemonė *(for)*
v **1** nuraminti *(sąžinę)* **2** pašalinti, išsklaidyti *(sunkumą, abejonę)* **3** *psn.* patepti
salver ['sælvə] *n* padėklas *(laiškams paduoti, valgiams nešioti)*
salvia ['sælvɪə] *n bot.* šalavijas
salvo[1] ['sælvəu] *n (pl ~s [-z]) ret.* **1** atsikalbinėjimas, išsisukinėjimas; dingstis, pretekstas **2** sąžinės nuraminimo *ar* reputacijos išgelbėjimo priemonė **3** *teis.* išlyga; *with an express ~* su ypatinga išlyga
salvo[2] *n (pl ~(e)s [-z])* **1** pabūklų salvė; šūvių papliūpa **2** *(juoko, plojimų)* papliūpa, protrūkis
salvor ['sælvə] *n* **1** gelbėjimo laivas **2** gelbėtojas *(jūroje)*
Sam [sæm] *n* Semas *(vardas)* ◊ *to stand ~ sl.* pavaišinti *(gėrimu)*
samara [sə'mɑ:rə] *n bot.* sparnavaisis *(sėklų forma)*
Samaritan [sə'mærɪtən] *n* **1** *bibl.* samarietis **2** paguodos draugijos narys, guodėjas *(t. p. good ~)*
samarium [sə'mɛərɪəm] *n chem.* samaris
samba ['sæmbə] *n* samba *(šokis)*
sambo ['sæmbəu] *n (pl ~(e)s [-z])* **1** *ist.* sambas *(indėnų ir negrų mišrių santuokų palikuonis Lotynų Amerikoje)* **2** *menk.* negras
same[1] [seɪm] *pron (vart. būdvardiškai)* tas pats, toks pat; *in the ~ place* čia/ten pat; *in the ~ place where...* toje pačioje vietoje, kur...; *those ~ people who...* tie patys žmonės, kurie...; *working in the ~ way you will get the ~ results* dirbdami tokiu pat būdu/metodu, gausite tokius pat rezultatus; *in much the ~ way* beveik tokiu pat būdu; *in the very ~ house that...* tame pačiame name, kur...; *to belong to one and the ~ class* priklausyti tai pačiai klasei **2** *(vart. daiktavardiškai)* tas pat, vienas tas pats; *we shall tell the ~* mes pasakysime tą patį; *they would do the ~* jie padarytų tą patį; *(the) ~ again, please!* šnek. pakartokite! *(užsakant gerti)* **3** *(vart. prieveiksmiškai)* taip pat; *they are pronounced the ~* jie tariami vienodai; *~ as...* kaip ir...; *~ here* šnek. aš irgi, aš taip pat *(manau)*; *~ to you!* šnek. jus taip pat *(atsakant į linkėjimus)* ◊ *all/just the ~* a) vis dėlto; nepaisant to; b) vis tiek; *it is all the ~ to me* man vis tiek
same[2] *a ret.* vienodas, monotoniškas
n teis., kom. tai, kas anksčiau minėta, minėtasis daiktas; tai; *please, return ~ by return of post* prašome grąžinti jį *(anksčiau minėtą laišką ir pan.)* su grįžtamu paštu
same-day [͵seɪm'deɪ] *a* atliekamas per dieną *(apie cheminį valymą ir pan.)*
sameness ['seɪmnɪs] *n* **1** tapatybė, tapatumas **2** vienodumas, monotoniškumas
samey ['seɪmɪ] *a šnek.* vienodas, nuobodus
samlet ['sæmlɪt] *n* jauniklė lašiša
Samoa [sə'məuə] *n: West ~* Vakarų Samoa *(valstybė)*
Samogitia [͵sæmə'dʒɪʃɪə] *lot. n* Žemaitija
Samogitian [͵sæmə'dʒɪʃɪən] *lot. n* **1** žemaitis **2** žemaičių tarmė/dialektas *(t. p. ~ dialect)*
samovar ['sæməvɑ:] *rus. n* virtuvas, virdulys
sampan ['sæmpæn] *n* sampanas, kinų valtelė
samphire ['sæmfaɪə] *n bot.* salikornija
sample ['sɑ:mpl] *n* **1** pavyzdys; *book of ~s* pavyzdžių albumas; *a ~ of courage* narsumo pavyzdys **2** bandinys, mėginys **3** šablonas, modelis **4** *spec.* atranka *(apklausai)*
v **1** atrinkti/parinkti pavyzdžius **2** atrinkti *(apklausai)*; tirti **3** imti bandinį/mėginį **4** (pa)ragauti; degustuoti *(vyną)*; *to ~ the delights of country life* paragauti kaimo gyvenimo džiaugsmų
sampler ['sɑ:mplə] *n* **1** *(siuvinėjimo)* pavyzdys **2** pavyzdžių atrinkėjas **3** chrestomatija, antologija **4** *tech.* modelis, šablonas **5** *tech.* kolektorius, rinktuvas; bandinių ėmiklis
sampling ['sɑ:mplɪŋ] *n* **1** pavyzdžių atrinkimas **2** bandinio ėmimas **3** atranka; *~ method* atrankos metodas *(statistikoje)*
Samson ['sæmsn] *n bibl.* Samsonas ◊ *~('s) post* jūr. krovininė kolonėlė
Samuel ['sæmjuəl] *n* Samiuelis *(vardas)*
samurai ['sæmuraɪ] *jap. n (pl ~) ist.* samurajus
San'a [sɑ:'nɑ:] *n* Sana *(Jemeno sostinė)*
sanative ['sænətɪv] *a ret.* gydomasis
sanatorium [͵sænə'tɔ:rɪəm] *n (pl -ria [-rɪə], ~s)* **1** sanatorija; reabilitacijos ligoninė **2** izoliatorius *(mokykloje ir pan.)*
sanctified ['sæŋktɪfaɪd] *a* **1** *bažn.* šventas; (pa)šventintas **2** *iron.* šventeiviškas
sanctify ['sæŋktɪfaɪ] *v* **1** *bažn.* pašvęsti; (pa)šventinti **2** *rel.* apvalyti nuo nuodėmių **3** *knyg.* sankcionuoti; pateisinti
sanctimonious [͵sæŋktɪ'məunɪəs] *a knyg.* šventeiviškas, fariziejiškas, veidmainiškas
sanctimony ['sæŋktɪmənɪ] *n knyg.* šventeiviškumas, veidmainystė
sanction ['sæŋkʃn] *n* **1** sankcija; *pl* sankcijos, poveikio priemonės **2** pritarimas, aprobavimas **3** *teis.* įstatymo numatyta bausmė

sanctity 795 **sanitate**

v **1** duoti sankciją, sankcionuoti; pritarti, aprobuoti **2** ratifikuoti, tvirtinti

sanctity ['sæŋktətɪ] *n* **1** šventumas; šventenybė; neliečiamumas **2** *pl* šventa pareiga

sanctuary ['sæŋktʃuərɪ] *n* **1** prieglobstis, prieglauda; *to seek/take* ~ ieškoti prieglobsčio; *to break/violate* ~ pažeisti prieglaudos neliečiamumą **2** rezervatas, draustinis **3** šventovė *(t. p. prk.)*

sanctum (sanctorum) ['sæŋktəm (sæŋk'tɔ:rəm)] *lot. n* **1** šventovė, šventoji vieta **2** *(džn. juok.) (mokslininko, rašytojo ir pan.)* darbo kambarys; nuošalus kampelis

sand [sænd] *n* **1** smėlis; žvirgždas **2** *(džn. pl)* smiltys *(t. p. fine ~);* **a grain of** ~ smiltelė **3** *pl* paplūdimys **4** *pl* smėlynas, smiltynas **5** smėlio spalva **6** *amer. šnek.* atkaklumas, ištvermė; drąsa ◊ *the ~s are running out (for)* a) baigiasi laikas *(kam), (kieno)* dienos suskaičiuotos; b) artėja *(kam)* mirties valanda; *built on* ~ ≅ pastatytas ant smėlio; *to plough/sow the ~(s)* ≅ rėčiu vandenį nešti; tuščiai stengtis; *to throw* ~ *in the wheels amer.* ≅ kaišioti pagalius į ratus

v **1** smėliuoti, barstyti smėliu; užpilti/užkasti/užnešti smėliu **2** (nu)valyti/(nu)šlifuoti švitriniu popieriumi *(t. p.* ~ *down)* **3** sumaišyti su smėliu

sandal ['sændl] *n* **1** sandalas **2** sandalo dirželis

sandalled ['sændld] *a* apsiavęs sandalais, su sandalais

sandalwood ['sændlwud] *n bot.* santalmedis, santalas

sandarac(h) ['sændəræk] *n* **1** *spec.* sandarakas **2** = **realgar**

sandbag ['sændbæg] *n* maišas/maišelis smėlio (**1** *apsaugai* **2** *laivo, baliono balastas* **3** *aukai apsvaiginti nepaliekant žymių*)

v **1** ginti apdėjus smėlio maišais **2** apsvaiginti įnagiu *(nepaliekančiu žymės)* **3** *amer. šnek.* prispirti *(into – ką daryti)*

sandbank ['sændbæŋk] *n* smėlėta sekluma, banka

sandbar ['sændbɑ:] *n geogr.* sėklius; smėlio sekluma *(upės žiotyse)*

sandbath ['sændbɑ:θ] *n tech.* smėlio vonia

sandbed ['sændbed] *n* smėlėtas dugnas

sandblast ['sændblɑ:st] *n* smėlio srovė *(vartojama šlifuoti)* *v* šlifuoti/nulyginti/valyti smėliasroviu

sandblaster ['sænd,blɑ:stə] *n tech.* smėliasrovis

sand-blind ['sændblaɪnd] *a psn.* apyaklis, pusžlibis

sandbox ['sændbɔks] *n* **1** *(ypač amer.)* smėliadėžė *(vaikams žaisti; t. p. tech.)* **2** *ist.* smėlinis sugertuvas *(vietoj sugeriamojo popieriaus)* **3** *metal.* liejimo forma su smėliu

sandboy ['sændbɔɪ] *n: as jolly/happy as a* ~ *šnek.* nerūpestingas, linksmas kaip jaunas mėnuo

sandcastle ['sænd,kɑ:sl] *n* smėlio pilis *(vaikų statoma paplūdimyje)*

sand-crack ['sændkræk] *n* **1** *(arklio)* kanopos įtrūkimas **2** įskilimas nedegtoje plytoje

sand-dune ['sændju:n] *n* kopa

sanded ['sændɪd] *a* **1** smėliuotas, pabarstytas smėliu **2** sumaišytas su smėliu

sand-eel ['sændi:l] *n zool.* mažasis tobis, smiltinis ungurys

sander ['sændə] *n* **1** *glžk.* smėliadėžė **2** *tech.* šlifuotuvas, juostinės šlifavimo staklės **3** *tech.* smėliasrautis aparatas

sanderling ['sændəlɪŋ] *n zool.* smiltinukas *(paukštis)*

sandglass ['sændglɑ:s] *n* smėlio laikrodis

sandhill ['sændhɪl] *n* kopa, smėliakalnis

sandlot ['sændlɔt] *n amer.* tuščias žemės plotas *(vaikams žaisti)*

sandman ['sændmæn] *n: the* ~ *is about šnek.* vaikams laikas miegoti

sand-martin ['sænd,mɑ:tɪn] *n zool.* urvinė kregždė

sandpaper ['sænd,peɪpə] *n* švitrinis popierius, švitras *v* šveisti švitru

sandpiper ['sænd,paɪpə] *n zool.* krantinis tilvikas *(t. p. common ~); green* ~ brastinis tilvikas; *curlew [purple]* ~ riestasnapis [jūrinis] bėgikas; *wood* ~ tikutis

sandpit ['sændpɪt] *n* **1** smėliaduobė **2** *sport.* šuoliaduobė

sandshoes ['sændʃu:z] *n pl* kiltiniai bateliai, *(tekstilinė)* paplūdimio avalynė

sandstone ['sændstəun] *n min.* smiltainis

sandstorm ['sændstɔ:m] *n* smėlio audra; samumas

sandtrap ['sændtræp] *n amer. sport.* smėlio duobelė *(golfo aikštelėje)*

sandwich ['sænwɪdʒ] *n* **1** sumuštinis; *open/amer. open-faced* ~ vienos riekės, nesuvožtas sumuštinis; *club* ~ trijų riekių sumuštinis su mėsa, pomidorais, salotomis, majonezu *ir pan.* **2** perteptas pyragėlis **3** *spec.* sluoksniuotoji konstrukcija **4** *attr tech.* daugiasluoksnis ◊ *to ride [to sit]* ~ važiuoti [sėdėti] suspaustam tarp dviejų žmonių *(kaimynų)*

v **1** į(si)terpti; į(si)sprausti **2** rasti/ištaikyti laiko *(ir tam)* ▢ ~ *together kul.* pertepti *(kremu, uogiene ir pan.)*

sandwich-board ['sænwɪdʒbɔ:d] *n* dviguba skelbimų lenta *(pritvirtinama skelbimų nešiotojui ant nugaros ir priekio)*

sandwich-course ['sænwɪdʒkɔ:s] *n* studijos, kuriose derinamas mokymasis ir darbas

sandwich-man ['sænwɪdʒmæn] *n (pl* -men [-men]) žmogus reklama, skelbimų nešiotojas

sandwort ['sændwɔ:t] *n bot.* smiltė

sandy ['sændɪ] *a* **1** smėlėtas, smėlingas; smėlio; smiltinis; ~ *coast* smėlio krantas **2** smėlinis, smėlio spalvos; gelsvai rusvas **3** netvirtas

sane [seɪn] *a* **1** normalus, sveikas, sveiko proto; blaiviai galvojantis **2** sveikas, protingas *(apie nuomonę ir pan.)*

sanforize ['sænfəraɪz] *v* dekatiruoti *(audinį)*

San Francisko [,sænfrən'sɪskəu] San Franciskas *(JAV miestas)*

sang [sæŋ] *past žr.* **sing**

sangfroid [,sɔŋ'frwɑ:] *pr. n* šaltakraujiškumas, susivaldymas

sangria [sæŋ'gri:ə] *isp. n* sangrija *(raudonas vynas su vaisių sultimis ir prieskoniais)*

sanguinary ['sæŋgwɪnərɪ] *a* **1** kruvinas; ~ *battle* kruvinas mūšis **2** kraugeriškas, trokštantis/ištroškęs kraujo **3** *euf.* prakeiktas; ~ *language* plūstamoji kalba

sanguine ['sæŋgwɪn] *a* **1** sangviniškas; gyvas **2** viltingas, optimistiškas **3** rausvas, žydintis *(apie veidą ir pan.)* **4** *poet.* kraujaraudonis, kraujo spalvos

n **1** raudonai ruda spalva **2** *men.* sangvinas

sanguineous [sæŋ'gwɪnɪəs] *a* **1** *med.* pilnakraujis **2** *med.* kraujinis **3** *bot.* kraujo spalvos, raudonas **4** = **sanguine** 1

sanguivorous [sæŋ'gwɪvərəs] *a* siurbiantis kraują *(apie vabzdžius)*

sanicle ['sænɪkl] *n bot.* girūnė

sanitaria [,sænɪ'tɛərɪə] *n pl žr.* **sanitarium**

sanitarian [,sænɪ'tɛərɪən] *n* sanitarijos inspektorius/specialistas
a sanitarinis

sanitarium [,sænɪ'tɛərɪəm] *n (pl* -ria, ~s) *amer.* = **sanatorium**

sanitary ['sænɪtrɪ] *a* sanitarinis; higieninis; ~ *belt* higieninis diržas; ~ *engineering* sanitarinė technika

sanitate ['sænɪteɪt] *v* **1** gerinti sanitarinę būklę **2** įrengti sanitarinį mazgą

sanitation [ˌsænɪ'teɪʃn] *n* **1** sanitarinių sąlygų priežiūra/gerinimas; sanitarija **2** šiukšlių išvežimas; ~ *truck* šiukšliavežis *(automobilis);* ~ *worker amer.* šiukšlininkas, šiukšlių išvežėjas

sanitize ['sænɪtaɪz] *v* **1** išbraukyti *(netinkamas teksto vietas);* iškarpyti *(filmą)* **2** = **sanitate** 1

sanity ['sænətɪ] *n* **1** sveikas protas, blaivus mąstymas **2** normali psichikos būklė

San José [ˌsænhəu'zeɪ] San Chosė *(Kosta Rikos sostinė)*

San Juan [ˌsæn'hwɑːn] San Chuanas *(Puerto Riko sostinė)*

sank [sæŋk] *past žr.* **sink**

San Marino [ˌsænmə'riːnəu] San Marinas *(valstybė)*

sans [sænz] *pr. prep psn.* be

San Salvador [ˌsæn'sælvədɔː] San Salvadoras *(Salvadoro sostinė)*

Sanskrit ['sænskrɪt] *n* sanskritas
a sanskrito

Santa (Claus) ['sæntə(klɔːz)] *n* Kalėdų senelis

Santiago [ˌsæntɪ'ɑːgəu] *n* Santjagas *(Čilės sostinė)*

São Paulo [ˌsəuəu'paulou] San Paulas *(Brazilijos miestas)*

São Tomé and Principe [səuˌtəumeɪ ən prɪn'siːp] San Tomė ir Prinsipė *(valstybė)*

sap¹ [sæp] *n* **1** *(augalų)* sultys, sula; gyvasakiai **2** *prk.* gyvybės syvai, gyvybinės jėgos; *to feel the ~ rising* pajusti energijos antplūdį **3** *amer. šnek.* mulkis, kuoka **4** *amer. šnek.* vėzdas, kuoka *(mušti)* **5** *bot.* = **sapwood**
v **1** iščiulpti sultis; leisti sulą **2** (iš)sekinti *(jėgas, energiją ir pan.)* **3** *šnek.* būti apmulkintam **4** *amer. sl.* duoti/mušti su kuoka

sap² *n* **1** *kar.* dengta tranšėja, prakasas **2** *prk.* žlugdymas, kenkimas
v **1** prakasti; pa(si)kasti, pasirausti *(iš apačios)* **2** *prk.* pakirsti; pakenkti

sapanwood ['sæpənwud] *n* = **sappanwood**

sap-green ['sæp'griːn] *n* žali dažai iš šaltekšnio uogų

saphead ['sæphed] *n amer. šnek.* mulkis, kvailys

sapid ['sæpɪd] *a knyg.* **1** skanus **2** malonus, įdomus, turiningas

sapidity [sə'pɪdətɪ] *n knyg.* **1** skonis **2** turiningumas

sapience ['seɪpɪəns] *n knyg.* išmintis *(džn. iron.)*

sapient ['seɪpɪənt] *a knyg.* išmintingas, gudraujantis *(džn. iron.)*

sapiential [ˌseɪpɪ'enʃl] *a ret.* išmintingas, pamokomas

sapless ['sæpləs] *a* **1** išsekęs, sunykęs, be gyvybės **2** išdžiūvęs **3** neturiningas, neįdomus

sapling ['sæplɪŋ] *n* **1** medelis, sodinukas **2** jauna būtybė **3** jauniklis kurtas

saponaceous [ˌsæpə'neɪʃəs] *a* **1** *spec.* muilo, muiluotas; muilingas **2** *juok.* salsvas, pernelyg lipšnus; nepagaunamas, slidus

saponify [sə'pɒnɪfaɪ] *v chem.* muilinti

sapor ['seɪpə] *n spec.* skonis

sappanwood ['sæpənwud] *n* **1** *bot.* cezalpinija **2** cezalpinijos mediena

sapper ['sæpə] *n kar.* pionierius

sapphic ['sæfɪk] *a knyg.* lesbiškas, lesbinis

sapphire ['sæfaɪə] *n* safyras
a safyrinis; ryškiai mėlynas

sappy ['sæpɪ] *a* **1** sultingas *(apie augalus)* **2** stiprus, pilnas jėgų, gyvybingas **3** *amer. šnek.* sentimentalus

saprogenic, saprogenous [ˌsæprə'dʒenɪk, sə'prɒdʒɪnəs] *a spec.* saprogeninis, sukeliantis puvimą; atsirandantis dėl puvimo

saprophyte ['sæprəfaɪt] *n bot.* saprofitas

sap-rot ['sæprɒt] *n spec.* kinivarpa

sapwood ['sæpwud] *n bot.* balana

Sara(h) ['sɛərə] *n* Sara *(vardas)*

saraband ['særəbænd] *n* sarabanda *(senovinis ispanų šokis)*

Saracen ['særəsn] *ist. n* saracėnas
a saracėnų

sarafan ['særəˌfæn] *rus. n* sarafanas *(drabužis)*

Saratoga [ˌsærə'təugə] *n ist.* didelis lagaminas, kelionės skrynia *(t. p.* ~ *trunk)*

sarcasm ['sɑːkæzm] *n* sarkazmas

sarcastic [sɑː'kæstɪk] *a* sarkastiškas, kandus

sarcenet ['sɑːsnɪt] *n tekst.* pamušalinis šilkas

sarcoma [sɑː'kəumə] *n (pl* ~ta [-tə]) *med.* sarkoma

sarcophagus [sɑː'kɒfəgəs] *n (pl* -agi [-əgaɪ], ~es) sarkofagas

Sard [sɑːd] *a, n* = **Sardinian**

sardine [sɑː'diːn] *n zool.* sardinė ◊ *packed like ~s* ≡ susispaudę kaip silkės statinėje

Sardinia [sɑː'dɪnɪə] *n* Sardinija *(sala)*

Sardinian [sɑː'dɪnɪən] *a* Sardinijos; sardiniečių
n **1** sardinietis **2** italų kalbos Sardinijos dialektas

sardonic [sɑː'dɒnɪk] *a* sardoniškas, pašaipus

sardonyx ['sɑːdənɪks] *n min.* sardoniksas

saree ['sɑːrɪ] *n* = **sari**

sargasso [sɑː'gæsəu] *n (pl* ~(e)s [-z]) *bot.* sargasas

sarge [sɑːdʒ] *n šnek.* seržantas

sari ['sɑːrɪ] *n* saris *(Indijos moterų drabužis)*

sarky [sɑːkɪ] *a šnek.* = **sarcastic**

sarnie ['sɑːnɪ] *n šnek.* = **sandwich** 1

sarong [sə'rɒŋ] *n* sarongas *(drabužis)*

sarsaparilla [ˌsɑːsəpə'rɪlə] *n* **1** *bot.* sarsaparylius **2** putojantis gėrimas su sarsaparyliaus ekstraktu

sarsenet ['sɑːsnɪt] *n* = **sarcenet**

sartorial [sɑː'tɔːrɪəl] *a* **1** siuvėjo; siuvimo **2** drabužių

sartorius [ˌsɑː'tɔːrɪəs] *n anat.* siuvėjo raumuo

sash¹ [sæʃ] *n* juosta, diržas *(papuošti); (ordino ir pan.)* kaspinas
v (pa)puošti kaspinu/juosta

sash² *n* **1** *(lango, durų)* rėmai; lango rėmų rišinys **2** pakeliamasis langas **3** gateris

sashay ['sæʃeɪ, sæ'ʃeɪ] *v (ypač amer.) šnek.* koketiškai/lengvai/grakščiai (pra)eiti/praplaukti *prk.*

sash-door ['sæʃdɔː] *n* įstiklintos/stiklinės durys

sash-tool ['sæʃtuːl] *n* teptukas *(langų rėmams dažyti)*

sash-window ['sæʃˌwɪndəu] *n* pakeliamasis langas

saskatoon [ˌsæskə'tuːn] *n bot.* ameliankis

sass [sæs] *amer. šnek.* = **sauce** *n* 4 *ir v* 3

sassafras ['sæsəfræs] *n bot.* sasafras, amerikinis lauras

Sassenach ['sæsənæk] *n škot., air. (džn. menk.)* anglas

sassy ['sæsɪ] *a amer. šnek.* = **saucy**

sat [sæt] *past ir pII žr.* **sit**

Satan ['seɪtn] *n* velnias, šėtonas

satanic [sə'tænɪk] *a* **1** šėtono; *His ~ Majesty juok.* šėtonas **2** velniškas, šėtoniškas; demoniškas

satanism ['sætənɪzm] *n* satanizmas, velnio kultas

satanist ['sætənɪst] *n* satanistas, šėtono garbintojas

satchel ['sætʃəl] *n* kuprinė, knygų krepšys

satchelled ['sætʃəld] *n* su kuprine, su knygų krepšiu

sated ['seɪtɪd] *a predic knyg.* pasotintas; pasisotinęs, prisisotinęs *(with)*

sateen [sə'tiːn] *n tekst.* satinas

sateless ['seɪtləs] *a poet.* nepasotinamas

satellite ['sætəlaɪt] *n* **1** palydovas *(t. p. astr.); the launch of a communications* ~ ryšių palydovo paleidimas; *arti-*

satiable / **savage** — 797

ficial Earth ~ dirbtinis Žemės palydovas **2** satelitas *(šalis, miestas, organizacija)* **3** *attr* palydovinis; antraeilis, ne toks reikšmingas; **~ dish** *tel.* palydovinė antena; **~ orbit** palydovo orbita; **~ airfield** *amer. kar.* pagalbinis/ atsarginis aerodromas; **can you get ~ TV here?** ar galite čia matyti palydovinės televizijos programą?

satiable ['seɪʃəbl] *a knyg.* pasotinamas

satiate ['seɪʃɪeɪt] *v* **1** (pri)sotinti, pasotinti; *pass* pasisotinti **2** persotinti; *refl* persisotinti *(with – kuo)* *a psn.* persotintas, persisotinęs

satiation [ˌseɪʃɪ'eɪʃn] *n knyg.* **1** pri(si)sotinimas, pa(si)sotinimas **2** per(si)sotinimas

satiety [sə'taɪətɪ] *n knyg.* **1** sotis, sotumas; **to ~** iki soties **2** per(si)sotinimas

satin ['sætɪn] <n, a, v> *n* **1** atlasas *(audinys);* **the ~ of a fine skin** švelni kaip atlasas oda **2** *šnek.* džinas *(t. p.* **white ~***);* **a yard of ~** stiklelis džino *a attr* atlasinis; atlasiškas, lygus, glotnus *v* satinuoti, kalandruoti *(popierių ir pan.)*

satinflower ['sætɪnˌflauə] *n bot.* blizgė

satinwood ['sætɪnwud] *n* **1** *bot.* atlasmedis **2** atlasmedžio mediena

satiny ['sætɪnɪ] *a* atlasinis, glotnus, šilkinis *(t. p. prk.)*

satire ['sætaɪə] *n* satyra *(t. p. kūrinys);* **biting ~** kandi satyra

satiric(al) [sə'tɪrɪk(l)] *a* satyrinis, satyriškas; kandus

satirist ['sætərɪst] *n* satyrikas

satirize ['sætəraɪz] *v* pajuokti, išjuokti

satisfaction [ˌsætɪs'fækʃn] *n* **1** pa(si)tenkinimas *(at, with);* **to smb's ~** kieno pasitenkinimui **2** satisfakcija; **to demand ~** a) (pa)reikalauti atsiprašyti; b) reikalauti dvikovos, iššaukti į dvikovą; **to give ~** a) atsiprašyti; b) priimti iššūkį kautis **3** *(skolos)* apmokėjimas, atsiteisimas; **in ~** *(of)* apmokėti, padengti *(skolai)* **4** *teis. (įsipareigojimo ir pan.)* įvykdymas

satisfactory [ˌsætɪs'fæktərɪ] *a* **1** patenkinamas; pakankamas; **~ argument** pakankamas/įtikinamas argumentas **2** geras, malonus

satisfied ['sætɪsfaɪd] *a* **1** patenkintas *(with – kuo);* **~ smile** patenkinta šypsena **2** apmokėtas, padengtas **3** įsitikinęs, tikras *(that – kad)*

satisfy ['sætɪsfaɪ] *v* **1** pa(si)tenkinti; atitikti *(reikalavimus);* **to ~ a request** patenkinti prašymą **2** numalšinti *(alkį, smalsumą ir pan.)* **3** įtikinti *(of; that);* išsklaidyti *(abejones, baimę ir pan.);* *refl* įsitikinti **4** apmokėti *(skolą);* atsiteisti **5** *teis.* įvykdyti *(įsipareigojimą, susitarimą ir pan.)*

satisfying ['sætɪsfaɪɪŋ] *a* **1** teikiantis pasitenkinimą **2** sotus *(apie valgį)*

satrap ['sætrəp] *n ist.* satrapas *(t. p. prk.)*

satrapy ['sætrəpɪ] *n ist.* satrapija

satsuma [sæt'su:mə] *n* satsuma *(mandarinų rūšis, auginama Japonijoje)*

saturate ['sætʃəreɪt] *v* **1** prisotinti, primirkyti *(with); pass* permirkti, prisigerti; **you'll be ~d if you go out in this rain** tu permirksi, jei eisi per tokį lietų **2** *prk.* pri(si)sunkti; per(si)imti; pripildyti; **to ~ the market** prisotinti rinką **3** *chem.* prisotinti, įsotinti **4** *kar.* neutralizuoti *(priešo ugnį)* koncentruotu bombardavimu; nuslopinti *(gynybą)*

saturated ['sætʃəreɪtɪd] *a* **1** prisotintas *(t. p. chem.)* **2** tirštas; neatmieštas *(apie spalvas, dažus ir pan.)*

saturation [ˌsætʃə'reɪʃn] *n* **1** prisotinimas; primirkymas **2** *spec.* saturacija, sotis, įsotinimas; **colour ~** spalvų sotis; **~ point** soties taškas **3** *kar. (puolimo)* sukoncentravimas, sutelkimas; **~ bombing** koncentruotas bombardavimas

Saturday ['sætədɪ] *n* šeštadienis; **on ~** šeštadienį

Saturn ['sætən] *n astr., mit.* Saturnas

saturnalia [ˌsætə'neɪlɪə] *n pl* **1 (S.)** saturnalijos *(šventė Saturno garbei sen. Romoje)* **2** *knyg. (džn. vart. kaip sg)* orgija, lėbavimas, puotavimas, šėlimas

Saturnian [sə'tə:nɪən] *a* **1** *astr., mit.* Saturno **2** gimęs po Saturno ženklu **3** laimingas; **~ days** palaimingos dienos

saturnine ['sætənaɪn] *a* **1** *knyg.* niūrus, melancholiškas **2** *ret.* švino; **~ red** *chem.* švino surikas **3** *med. psn.* apsinuodijęs švinu

satyr ['sætə] *n mit.* satyras *(t. p. prk.)*

sauce [sɔ:s] *n* **1** *kul.* padažas **2** *šnek.* daržovių garnyras *(t. p.* **garden ~***)* **3** *amer. (vaisių, uogų)* kompotas, košė, tyrė **4** *šnek.* įžūlybė, akiplėšiškas poelgis/pasakymas; **none of your ~!** nekalbėk įžūliai/šiurkščiai!, nebūk įžūlus! *(su vyresniaisiais)* **5** pikantiškumas **6** *(the ~) amer. šnek.* gėrimai; pasigėrimas; **to be on the ~** girtauti ◊ **hunger is the best ~** ≅ alkanam ir juoda duona skani; **to serve smb with the same ~** atsilyginti kam tuo pačiu; **what's ~ for the goose is ~ for the gander** visus reikia matuoti tuo pačiu matu *v* **1** *ret.* pagardinti padažu **2** *prk.* suteikti pikantiškumo **3** *šnek.* būti įžūliam/akiplėšai

sauce-alone ['sɔ:səˌləun] *n bot.* pikulė

sauceboat ['sɔ:sbəut] *n* padažo indas, padažinė

saucebox ['sɔ:sbɒks] *n šnek.* akiplėša

saucepan ['sɔ:spən] *n* prikaistuvis

saucer ['sɔ:sə] *n* **1** lėkštelė, lėkštutė *(puodukui pastatyti)* **2** padėklas, lėkštelė *(vazonui)* ◊ **~ eyes** *šnek.* didelės apvalios akys *(džn. iš nuostabos)*

saucy ['sɔ:sɪ] *a* **1** įžūlus, akiplėšiškas **2** žvitrus; žaismingas, lengvabūdiškas **3** *šnek.* dabitiškas, prašmatnus; madingas; **~ little hat** elegantiška/koketiška skrybėlaitė

Saudi ['saudɪ, 'sɔ:dɪ] *n* Saudo Arabijos gyventojas *a* Saudo Arabijos *(gyventojų)*

Saudi Arabia [ˌsaudɪ ə'reɪbɪə] Saudo Arabija *(valstybė)*

sauerkraut ['sauəkraut] *vok. n* raugintі kopūstai

Saul [sɔ:l] *n bibl.* Saulius

sauna ['saunə, 'sɔ:nə] *n* suomiška pirtis, sauna

saunter ['sɔ:ntə] *n* **1** pasivaikščiojimas; neskubus vaikštinėjimas **2** slankiojimas *v* **1** vaikštinėti **2** slankioti

sauntering ['sɔ:ntərɪŋ] *n* pasivaikščiojimas *a* tingus, lėtas *(apie eiseną)*

saurel ['sɔ:rəl] *n zool.* stauridė

saurian ['sɔ:rɪən] *a zool.* roplių

saury ['sɔ:rɪ] *n zool.* skumbrė

sausage ['sɒsɪdʒ] *n* dešra; dešrelė; **summer ~** sausa rūkyta dešra ◊ **not a ~!** *šnek.* ničnieko!

sausage-dog ['sɒsɪdʒdɒg] *n šnek.* taksas

sausage-meat ['sɒsɪdʒmi:t] *n* faršas, mėsos įdaras *(dešroms)*

sausage-poisoning ['sɒsɪdʒˌpɔɪznɪŋ] *n med.* botulizmas

sausage-roll [ˌsɒsɪdʒ'rəul] *n* pyragėlis su mėsa

sauté ['səuteɪ] *pr. a* paskrudintas, pakepintas *(riebaluose)* *v* paskrudinti, pakepinti

savage ['sævɪdʒ] <a, n, v> *a* **1** laukinis *(t. p. prk.);* neišsiauklėjęs, necivilizuotas; **~ tribes** laukinės gentys **2** žiaurus, barbariškas; negailestingas, aršus **3** *šnek.* įsiutęs, įniršęs; pašėlęs *n* **1** laukinis/necivilizuotas žmogus **2** *prk.* barbaras **3** įsiutęs/įniršęs žmogus *v (ppr. pass)* **1** žiauriai/negailestingai už(si)pulti **2** kandžiotis, trypti *(apie gyvulius)*

savagery ['sævɪdʒərɪ] *n* 1 barbariškumas, žiaurumas 2 laukinumas

savanna(h) [sə'vænə] *n geogr.* savana

savant ['sævənt] *pr. n knyg.* eruditas, mokslininkas

save [seɪv] <*v, n, prep*> *v* 1 (iš)gelbėti 2 tausoti; ~ *your strength!* tausok savo jėgas! 3 (su)taupyti, (su)kaupti *(t. p.* ~ *up)* 4 (pa)saugoti, (pa)laikyti; ~ *me a seat* užimk man vietą 5 apsaugoti *(from — nuo); you have ~d me trouble* jūs išvadavote mane iš rūpesčių 6 *sport.* atmušti puolimą; apginti/apsaugoti vartus *(futbole, ledo ritulyje)* 7 *komp.* išsaugoti *(informaciją)* ◊ ~ *us!* Dieve sergėk!; *to* ~ *the situation/day* rasti išeitį iš padėties *n* vartų išsaugojimas *(futbole, ledo ritulyje) prep knyg., psn.* išskyrus; neskaitant; be; ~ *and except* išskyrus, neskaitant; ~ *for* jeigu ne

save-all ['seɪvɔːl] *n tech.* gaudiklis, gaudyklė

saveloy ['sævəlɔɪ] *n* sausa rūkyta dešra, servelatas

saver ['seɪvə] *n* 1 (iš)gelbėtojas 2 taupus žmogus; taupytojas; *regular* ~ nuolatinis *(banko)* klientas 3 tai, kas padeda (su)taupyti *(laiką, darbą, pinigus ir pan.); plane is a* ~ *of time* lėktuvas (su)taupo laiką

savin ['sævɪn] *n bot.* kazokinis kadagys

saving ['seɪvɪŋ] <*n, a, prep, conj*> *n* 1 taupymas; *(pinigų, laiko ir pan.)* ekonomija; *at a* ~ su nauda, naudingai 2 (iš)gelbėjimas 3 *pl* santaupos 4 *komp. (informacijos)* išsaugojimas; įsiminimas
a 1 išganingas; *the* ~ *grace of humour* išganinga humoro jėga/galia 2 *ret.* taupantis, taupus; taupomasis 3 *teis.* su išlyga *(apie įstatymo straipsnį)*
prep knyg. išskyrus, tik ◊ ~ *your presence/reverence* atleiskite už pasakymą; kad ir kaip gerbdamas jus
conj knyg. neskaitant, išskyrus, tik

savings-bank ['seɪvɪŋzbæŋk] *n* taupomasis bankas

savior ['seɪvjə] *n amer.* = **saviour**

saviour ['seɪvjə] *n* 1 išgelbėtojas 2 *(the S.) rel.* Išganytojas

savoir-faire [,sævwɑː'fɛə] *pr. n* taktas, išsiauklėjimas, nuovoka, sumanumas

savor ['seɪvə] *n amer.* = **savour**

savory[1] ['seɪvərɪ] *n bot.* dašis *(t. p. summer* ~)

savory[2] *a, n amer.* = **savoury**

savour ['seɪvə] *n* 1 *(specifiškas)* skonis (ir kvapas); prieskonis 2 pikantiškumas; *to add* ~ *(to)* suteikti pikantiškumo 3 atspalvis, priemaiša; skiriamasis bruožas
v 1 skanintis, gardžiuotis; *to* ~ *wine* gardžiuotis vynu 2 mėgautis; *to* ~ *the pleasures of country life in summer* mėgautis kaimo gyvenimo malonumais vasarą 3 turėti skonį/prieskonį/kvapą; kvepėti; atsiduoti; trenkti; *the air ~s of roses* oras kvepia rožėmis; *the soup ~s of onion* sriuba atsiduoda svogūnais 4 *prk.* dvelkti; *his speeches* ~ *of his old pride* iš jo kalbų dvelkia išdidumas 5 *kul. ret.* pridėti prieskonių

savourless ['seɪvələs] *a* be skonio, beskonis *(džn. prk.)*

savoury ['seɪvərɪ] *a* 1 skanus; *ret.* kvapus 2 *kul.* aštrus; pikantiškas 3 malonus; *not a very* ~ *district* nelabai malonus rajonas
n (ppr. pl) aštrus užkandis *(džn. vietoj deserto)*

Savoy [sə'vɔɪ] *n* 1 Savoja *(Prancūzijos sritis)* 2 *(s.)* garbanotasis kopūstas

Savoyard [sə'vɔɪɑːd] *n* savojietis

savvy ['sævɪ] <*n, a, v*> *šnek. n* nutuokimas, supratimas, protas
a amer. nutuokiantis, supratingas
v suprasti, nutuokti; ~? supranti?, aišku?

saw[1] [sɔː] *past žr.* **see**[1]

saw[2] *n* patarlė, priežodis *(ppr. junginiuose old [wise]* ~ sena [išmintinga] patarlė, senas [išmintingas] priežodis

saw[3] *n* pjūklas; *crosscut* ~ skerspjūklis; *crown* ~ išilginis pjūklas; *sash* ~ rėminis pjūklas
v (sawed; sawed, sawn) 1 pjauti, pjaustyti *(pjūklu); to* ~ *wood* pjauti malkas; *this kind of wood does not* ~ *easily* tokį medį nelengva pjauti 2 mosikuoti; *to* ~ *the air* skeryčioti, smarkiai gestikuliuoti □ ~ *off* nupjauti; ~ *up* supjaustyti

saw-blade ['sɔːbleɪd] *n* pjūklo geležtė

sawbones ['sɔːbəunz] *n amer. šnek.* chirurgas

sawbuck ['sɔːbʌk] *n amer.* 1 *sl.* 10 dolerių banknotas 2 = **sawhorse**

sawder ['sɔːdə] *n šnek.* pagyros, (nenuoširdūs) komplimentai *(džn. soft* ~)

sawdust ['sɔːdʌst] *n* pjuvenos ◊ *to let the* ~ *out of smb* ≡ aplaužyti kam ragus

saw-edged ['sɔːedʒd] *a* dantytas

sawfish ['sɔːfɪʃ] *n zool.* pjūklažuvė

sawfly ['sɔːflaɪ] *n zool.* pjūklelis

saw-frame, saw-gate ['sɔːfreɪm, -geɪt] *n tech.* gateris

saw-gin ['sɔːdʒɪn] *n tekst.* pjūklinis pluošto skirtuvas

sawgrass ['sɔːgrɑːs] *n bot.* šakotoji ratainytė

sawhorse ['sɔːhɔːs] *n* ožys malkoms pjauti

sawing ['sɔːɪŋ] *n* pjaustymas, (su)pjovimas *(malkų, lentų)*

sawmill ['sɔːmɪl] *n* lentpjūvė

sawn [sɔːn] *pII žr.* **saw**[3] *v*

Sawney ['sɔːnɪ] *n* 1 *niek.* škotas 2 *(s.) šnek.* mulkis

sawn-off ['sɔːn'ɔf] *a* 1 atpjautas, nupjautas; ~ *shotgun* nupjautavamzdis šautuvas 2 *amer. šnek.* žemas, trumpakojis

saw-set ['sɔːset] *n (pjūklo dantų)* kraipiklis, kleiptukas

saw-tones ['sɔːtəunz] *n pl* spiegiamas tonas/balsas; *to speak/utter in* ~ spiegiamai kalbėti

sawtooth ['sɔːtuːθ] *n (pl* -teeth [-tiːθ]) pjūklo dantis

saw-toothed ['sɔːtuːθt] *a* pjūkliškas, dantytas

sawwort ['sɔːwəːt] *n bot.* dažinė geltė

sawyer ['sɔːjə] *n* 1 pjūklininkas, lentpjovys; *(malkų ir pan.)* pjovėjas 2 *zool.* ožiaragis *(t. p.* ~ *beetle)* 3 *amer.* šiekštas, upėn įgrimzdęs medis

Sawyer ['sɔːjə] *n* Sojeris *(lit. personažas)*

sax [sæks] *n sutr. šnek.* = **saxophone**

saxhorn ['sæksho:n] *n* sakshornas *(muz. instrumentas)*

saxifrage ['sæksɪfreɪdʒ] *n bot.* uolaskėlė

Saxon ['sæksn] *n* 1 *ist.* saksas 2 anglas *(skiriant nuo airio, velsiečio)* 3 škotas *(gyvenantis P. Škotijoje)* 4 Saksonijos gyventojas, saksas 5 (anglo)saksų kalba *(ppr. Old* ~)
◊ *in plain* ~ tiesiai, be užuolankų
a 1 (anglo)saksų 2 germaniškas *(apie žodžius)* 3 Saksonijos

saxony ['sæksənɪ] *n* 1 plonas vilnonis audinys; ploni vilnoniai verpalai 2 *(S.) ist.* Saksonija

saxophone ['sæksəfəun] *n muz.* saksofonas

saxophonist [sæk'sɔfənɪst] *n* saksofonininkas, saksofonistas

say [seɪ] *v* (said; *esam. l. trečiasis asm.* says [sez]) 1 (pa)sakyti; *and it must be said* ir reikia pasakyti; *they* ~... sako(ma), kad...; *the letter [the book, the article ir pan.]* ~s ... laiške [knygoje, straipsnyje ir pan.] sakoma/rašoma; *easier said than done* lengviau pasakyti negu padaryti; *what do you* ~ *to a walk?* ar nenorėtumei pasivaikščioti? 2 liepti, sakyti; *Emma said to meet her at 7.30* Ema liepė ją sutikti pusę aštuonių 3 (iš)tarti; mintinai kartoti; *to* ~ *one's lesson* atsakinėti pamoką 4 byloti, reikšti; *that's not to* ~ *that...* tai dar nereiškia,

kad... **5** rodyti; *the clock ~s ten minutes after five* laikrodis rodo dešimt minučių šeštos **6** *imp* tarkime, sakykime, pavyzdžiui *(t. p. let's ~, just ~)* ☐ *~ on (ppr. imp)* tęsti, toliau kalbėti; *~ out* viską išsakyti, atvirai pasakyti; *~ over* pakartoti ◊ *I ~!, amer. ~!* a) klausykite; b) tik pamanykite!; *you don't ~ (so)! šnek.* ką jūs sakote!; negali būti!; *I shall ~ šnek.* visiškai sutinku; *I should ~ šnek.* a) aš manau; b) nieko sau; *to ~ to oneself* pamanyti; *you may well ~ so* visiškai teisingai; *that is to ~* tai yra; kitaip tariant; *the less said the better* kuo mažiau žodžių, tuo geriau; *learn to ~ before you sing* viskas savo laiku; *when/after all is said and done...* atsiminkime, kad; turint omenyje tai, kad...; *you can ~ that again!, you said it! šnek.* iš tiesų!, tikrai!; sutinku!; *never ~ die!* ≅ nenuleisk rankų!, niekada nenusimink!; *~ no more!* pakaks! aišku!; *to ~ no* a) paneigti; b) uždrausti, neleisti; *I wouldn't ~ no (to)* neatsisakyčiau *(ko); I wouldn't ~ no to some tea* aš neatsisakyčiau išgerti arbatos; *he said yes to the proposal* jis pritarė tam pasiūlymui
n teisė/proga pareikšti nuomonę; žodžio teisė, žodis; *let him have his ~* duokite jam žodį/kalbėti/pasisakyti, tegul jis kalba/pasisako; *I have said my ~* aš savo pasakiau; *to have a ~ in the matter* turėti teisę dalyvauti diskusijoje, reikšti nuomonę; *to have the ~ amer.* turėti teisę galutinai spręsti

sayable ['seɪəbl] *a* **1** reiškiamas žodžiais **2** ištariamas

saying ['seɪɪŋ] *n* pasakymas; posakis, priežodis ◊ *as the ~ is/goes* kaip sakoma; *there is no ~* sunku pasakyti; *~ and doing are two things* lengviau pasakyti negu padaryti

say-so ['seɪsəu] *n šnek.* **1** *(kieno)* leidimas **2** *(kieno)* nepagrįstas tvirtinimas; neginčijamas autoritetas ◊ *on smb's ~ (pasikliaujant)* vien kieno žodžiais

S-bend ['esbend] *n (kelio, kanalizacijos vamzdžio)* S formos vingis

scab [skæb] *n* **1** šašas **2** *vet.* niežai; susas **3** *bot.* šašligė **4** *šnek. menk.* streiklaužys; darbininkas, nenorintis stoti į profsąjungą **5** *sl. psn.* bjaurybė; niekšas
v **1** (ap)šašti, aptekti šašais **2** *menk.* būti streiklaužiu

scabbard ['skæbəd] *n (kardo ir pan.)* makštis; *to throw away the ~* ištraukti/apnuoginti kardą; ryžtingai mestis į mūšį/kovą

scabby ['skæbɪ] *a* **1** nušašęs, šašuotas **2** niežuotas; nususęs **3** *šnek.* šlykštus, bjaurus, niekšiškas

scabies ['skeɪbi:z] *n med.* niežai; *vet.* susas

scabious ['skeɪbɪəs] *n bot.* žvaigždūnė
a **1** nušašęs, šašuotas **2** niežų; niežuotas

scabrous ['skeɪbrəs] *a* **1** šiurkštus, grublėtas; *~ leaf bot.* šepečiuotas lapas **2** nepadorus, nešvankus

scad [skæd] *n* = **saurel**

scads [skædz] *n pl amer. šnek.* daugybė; *~ of money* daugybė/krūva pinigų

scaffold ['skæfəuld, 'skæfəld] *n* **1** pastoliai **2** ešafotas; kartuvės; *to bring to the ~* nuvesti į kartuves; *to send to the ~* pasmerkti myriop; *to go to the ~* būti pakartam; mirti ant ešafoto **3** pakyla, paaukštinimas
v **1** apkalti pastoliais **2** paremti, prilaikyti

scaffolding ['skæfəldɪŋ] *n* pastoliai

scag [skæg] *n* = **skag**

scalable ['skeɪləbl] *a* **1** įlipamas, užlipamas **2** *komp.* keičiamo dydžio/mastelio *(apie šriftą ir pan.)*

scalar ['skeɪlə] *mat. n* skaliaras
a skaliarinis

scalawag ['skæləwæg] *n amer.* = **scallywag**

scald[1] [skɔ:ld] *n* nu(si)plikymas, nu(si)šutinimas *(garais, skysčiu)*
v **1** nu(si)šutinti, nu(si)plikyti; *to be ~ed to death* mirtinai nusiplikyti **2** pasterizuoti **3** sterilizuoti verdančiu vandeniu; *to ~ dishes* išplauti indus verdančiu vandeniu **4** *kul.* blanširuoti

scald[2] *n* = **skald**

scalded ['skɔ:ldɪd] *a* **1** nuplikytas, nušutintas *(garais, skysčiu)* **2** pasterizuotas; *~ cream [milk]* pasterizuota grietinėlė [pienas]

scalding ['skɔ:ldɪŋ] *a* **1** plikinantis; deginantis, karštas **2** *prk.* aštrus; aitrus, kartus; *~ tears* karčios ašaros
adv nepaprastai, labai

scale[1] [skeɪl] *n* **1** žvynas; lukštas; pleiskana **2** *(dantų)* akmuo **3** *pl* kriaunos **4** *zool.* skydamaris *(t. p. ~ insect)* **5** *tech.* nuoviros, nuodegos ◊ *the ~s fell from his eyes* jam nuo akių tartum šydas nukrito, jis staiga praregėjo; *to remove the ~s from smb's eyes* atverti kam akis, parodyti kam tiesą
v **1** skusti, valyti, lupti *(žvyną)* **2** aižyti, lukštenti **3** numesti *(žvynus);* luptis; pleiskanoti **4** pašalinti *(nuodegas ir pan.)* **5** apsitraukti nuoviromis

scale[2] *n* **1** svarstyklių lėkštė; *to turn/tip the ~ at ten kilograms* sverti dešimt kilogramų **2** *pl* svarstyklės *(t. p. ~ a pair of ~s)* **3** *(the Scales) poet.* Svarstyklės *(žvaigždynas ir Zodiako ženklas)* ◊ *to turn/tip the ~* būti lemiamu veiksniu *(ginče ir pan.)*, nulemti, nusverti *(ko baigtį); the turning of a ~* truputis; *to hold the ~s even* spręsti nešališkai/objektyviai
v **1** sverti **2** (su)svarstyti

scale[3] *n* **1** *(raidos)* pakopa, lygis; padėtis; *to be high in the social ~* užimti aukštą padėtį visuomenėje; *to sink in the ~* netekti pirmykštės padėties/reikšmės/įtakos **2** mastas; *on a large/grand/vast ~* dideliu/plačiu mastu; *on a world ~* pasauliniu mastu; *on a small ~* mažu mastu, neplačiai **3** mastelis; *to ~* pagal mastelį **4** skalė; *the ~ of a thermometre* termometro skalė; *~ of wages* darbo užmokesčio skalė; *absolute ~* absoliutinė *(temperatūros)* skalė; *~ interval* skalės padala **5** mastelinė liniuotė *(t. p. drawing ~)* **6** *mat.* skaičių sistema *(t. p. ~ of notation)* **7** *muz.* gama
v **1** (pa)kilti, lipti, kopti **2** nustatyti mastelį; matuoti pagal mastelį ☐ *~ back amer.* = *~ down; ~ down* (su)mažinti pagal skalę *(kainas, algą ir pan.); ~ up* a) didinti pagal skalę; b) *mat.* proporcingai didinti

scale-beam ['skeɪlbi:m] *n* svarstyklių svirtis

scaleboard ['skeɪlbɔ:d] *n* fanera, klijuotė *(prilaikanti įrėmintą paveikslą, veidrodį ir pan.)*

scaled [skeɪld] *a* = **scaly**

scale-leaf ['skeɪlli:f] *n (pl -leaves [-li:vz]) bot.* žvynalapis

scalene ['skeɪli:n] *a geom.* įvairiakraštis *(apie trikampį);* pasvirasis *(apie kūgį)*

scale-winged ['skeɪlwɪŋd] *zool. n* žvynasparniai *(vabzdžiai)*
a žvynasparnis

scaling-ladder ['skeɪlɪŋˌlædə] *n (gaisrininkų)* kopėčios

scallion ['skælɪən] *n* laiškinis svogūnas

scallop ['skɔləp] *n* **1** *zool.* šukutės, geldutė *(moliuskas)* **2** *(moliusko)* geldelė, kiaukutas **3** geldutės formos indas **4** *kul.* eskalopas *(ypač veršienos)* **5** *pl* danteliai, dantytas iškirpimas, festonai
v **1** (iš)virti kiaukute *(austres ir pan.)* **2** iškarpyti/papuošti festonais

scalloping ['skɔləpɪŋ] *n* dantelių/festonų darymas

scallop-shell ['skɔləpʃel] = **scallop** *n* 2

scallywag ['skælıwæg] *n šnek.* nevėkšla; nevidonas, nenaudėlis, šelmis

scalp [skælp] *n* **1** galvos oda; *I have an itchy* ~ man galvą niežti **2** *ist.* skalpas **3** *prk.* pergalės simbolis; trofėjus; *to be out for ~s* būti agresyviai/karingai/kritiškai nusiteikus; ≅ trokšti kraujo; *to take smb's* ~ nugalėti ką *v* **1** (nu)skalpuoti **2** *prk.* sukritikuoti **3** *amer. šnek.* spekuliuoti bilietais/akcijomis; (pra)lobti iš smulkios spekuliacijos **4** *spec.* nulukštenti *(grūdus)*

scalpel ['skælpəl] *n med.* skalpelis

scalper ['skælpə] *n* **1** rupios girnos; *(grūdų)* lukštentuvas **2** *amer. šnek.* spekuliantas bilietais *(t. p. ticket ~)*

scaly [skeılı] *a* **1** žvynuotas; žvyninis **2** apsitraukęs nuodegomis/nuoviromis

scam [skæm] *n šnek.* suktybė

scamp[1] [skæmp] *n šnek.* šelmis, valiūkas; nenaudėlis, sukčius

scamp[2] *v* dirbti apgraibomis/paviršutiniškai/skubotai

scamper ['skæmpə] *n* **1** sprukimas, skubotas bėgimas **2** bėgiojimas, lakstymas *v* **1** (pa)bėgti, sprukti, nerti *(t. p. ~ away/off)* **2** lakstyti, šokinėti *(ppr. ~ about/around)*

scampi ['skæmpı] *it. n pl kul.* krevetės su česnakų padažu

scampish ['skæmpıʃ] *a* šelmiškas; suktas

scan [skæn] *v* **1** peržvelgti, permesti akimis *(t. p. ~ through)* **2** atidžiai/rūpestingai apžiūrėti/peržiūrėti/tyrinėti **3** skanduoti *(eiles)* **4** *tel.* (iš)skleisti *(vaizdą)* **5** *komp.* (nu)skaityti *(skaitytuvu)* **6** *med.* skenuoti *(organą)* *n* **1** tiriamas žvilgsnis; atidus peržiūrėjimas **2** *tel. (vaizdo)* skleidimas **3** *tech.* skleistinė **4** *med.* skenavimas; skenografija

scandal ['skændl] *n* **1** skandalingas/gėdingas dalykas; viešas skandalas; *what a ~!, it is a perfect ~!* kokia gėda!; *to smother up a ~* užglaistyti/užtušuoti skandalą **2** paskalos, apkalbos; liežuvavimas; *to talk* ~ apkalbinėti, skleisti paskalas; liežuvauti; *~ sheet* bulvarinis laikraštis

scandalize ['skændəlaız] *v (ppr. pass)* kelti pasipiktinimą, (pa)piktinti, šokiruoti

scandalmonger ['skændl,mʌŋgə] *n* liežuvautojas

scandalous ['skændələs] *a* **1** skandalingas; gėdingas **2** šmeižiamas, įžeidžiantis

Scandinavia [,skændı'neıvıə] *n* Skandinavija

Scandinavian [,skændı'neıvıən] *a* skandinavų, skandinaviškas; Skandinavijos *n* **1** skandinavas **2** *kuop.* skandinavų kalbos

scandium ['skændıəm] *n chem.* skandis

scanner ['skænə] *n spec.* skaitlys, skaitytuvas; skleidimo mechanizmas/įtaisas

scanning ['skænıŋ] *n* **1** atidus apžiūrinėjimas/tyrinėjimas **2** *spec. (vaizdo)* skleidimas; skleistinė; skaitymas *(skaitytuvu)*

scanning-disk ['skænıŋdısk] *n tel.* skleidimo diskas

scansion ['skænʃn] *n* skandavimas

scansorial [skæn'sɔ:rıəl] *a zool.* laipiojantis *(apie paukščius)*; kibus *(apie paukščių kojas)*

scant [skænt] *a* nepakankamas; ribotas; *to be* ~ *(of)* stokoti, trūkti *(ko)*; *~ of breath* dūstantis; *to pay ~ attention* kreipti mažai dėmesio; *to meet with ~ success* neturėti beveik jokio pasisekimo

scantling ['skæntlıŋ] *n* **1** nedidelis kiekis, truputis **2** smulki pjautinė miško medžiaga **3** statramstis **4** *stat. (rąsto, akmens)* matmenys **5** *psn.* pavyzdys, trafaretas

scanty ['skæntı] *a* **1** skurdus, menkas, prastas; *~ breakfast* menki pusryčiai **2** mažytis, vos užtektinas; *~ bikini* mažytis bikinis

scape [skeıp] *n* **1** *(augalo)* stiebas **2** *(paukščio plunksnos)* kotas **3** *archit.* kolonos liemuo

scapegoat ['skeıpgəut] *n* atpirkimo ožys *v* padaryti atpirkimo ožiu

scapegrace ['skeıpgreıs] *n ret.* plevėsa, netikėlis, paplavūnas

scapula ['skæpjulə] *n (pl ~s, -lae [-li:])* *anat.* mentė, mentikaulis

scapular ['skæpjulə] *n (vienuolių)* pelerina *a anat.* mentikaulio, mentės

scar[1] [skɑ:] *n* **1** randas, rumbas; įbrėžimas **2** *prk.* gilus pėdsakas; žymė *v* **1** likti randui *(t. p. prk.)*; randuoti, išraižyti randais; *to ~ landscape* sudarkyti peizažą **2** randėti, randuotis

scar[2] *n* stačioji uola, skardis; rifas

scarab ['skærəb] *n* skarabėjas *(vabalas ir vabalo statulėlė)*

scaramouch ['skærəmautʃ] *n* **1** *(S.)* Skaramučas *(italų komedijos personažas)* **2** bailus pagyrūnas

scarce [skɛəs] *a* **1** *(ppr. predic)* nepakankamas, menkas; *~ goods* deficitinės prekės; *money is ~* pinigų maža **2** retas, retai pasitaikantis; *~ edition* retas leidinys ◊ *to make oneself ~ šnek.* išnykti, pasitraukti; ≅ nesipainioti akyse *adv knyg.* = **scarcely**

scarcely ['skɛəslı] *adv* **1** vos; vos tik; *I can ~ believe my eyes* vos galiu patikėti savo akimis; *I ~ know him* aš jį menkai pažįstu; *he ~ opened the letter when they asked him* vos tik jis atplėšė laišką, jie jį paklausė **2** vargu ar; *you will ~ state that...* vargu ar jūs tvirtinsite, kad...; *I ~ think so* aš taip nemanau **3** vos ne vos; *he can ~ spell his name* jis vos ne vos pasirašo

scarcity ['skɛəsətı] *n* **1** stoka, stygius, trūkumas; nepriteklius *(of)* **2** retenybė, retumas

scare [skɛə] *n* išgąstis, išsigandimas; panika; *~ tactics* gąsdinimo taktika; *to get a ~* išsigąsti; *to throw a ~ (into) amer.* gąsdinti, bauginti *v* (iš)gąsdinti; išsigąsti; įgąsdinti *(into)* □ *~ away/off* (nu)baidyti, atbaidyti; *~ up (ypač amer.) šnek.* sukrapštyti *(pinigų, ko pavalgyti ir pan.)*

scarecrow ['skɛəkrəu] *n* baidyklė, kaliausė

scared [skɛəd] *a* išgąsdintas, išsigandęs; *to be ~* bijoti *(of; that)*; *to be ~ out of one's wits* pamesti galvą iš baimės

scaredy-cat ['skɛədıkæt] *n šnek.* baikštuolis

scare-head(ing) ['skɛə,hed(ıŋ)] *n* sensacingas straipsnio pavadinimas *(laikraštyje; ppr. stambiomis juodomis raidėmis)*

scaremonger ['skɛə,mʌŋgə] *n* panikos kėlėjas

scaremongering ['skɛə,mʌŋgərıŋ] *n* panikos kėlimas

scarey ['skɛərı] *a* = **scary**

scarf[1] [skɑ:f] *n (pl ~s, -ves)* **1** šalikas, kaklaskarė, kaklajuostė, pakaklinis **2** kaklaraištis

scarf[2] *n* **1** įstrižasis pjūvis; nusklembtasis kraštas **2** *stat.* sutvirtinimas; įstrižasis sudūrimas/sujungimas, įstrižoji sąvarža *(t. p. ~ joint)* *v* **1** (nu)pjauti įstrižai/įžambiai; (nu)sklembti **2** daryti išpjovas **3** *stat.* įstrižai sujungti/sunerti; sutvirtinti **4** *spec.* (per)skrosti išilgai *(banginį)*; lupti *(banginio)* odą

scarf[3] *v amer. sl.* ryti, šveisti *(t. p. ~ down/up)*

scarfpin ['skɑ:fpın] *n* kaklaraiščio segtukas

scarfskin ['skɑ:fskın] *n anat.* viršutinis odos sluoksnis, antodis, epidermis

scarfweld ['skɑ:fweld] *n tech.* užleistinis suvirinimas
scarification [ˌskɛərɪfɪ'keɪʃn] *n* **1** *med. (odos)* įraižymas, įraiža; skarifikacija **2** *ž. ū.* purenimas skarifikatoriumi **3** *ž. ū. (sėklų)* skarifikavimas
scarificator ['skɛərɪfɪkeɪtə] *n med.* skarifikatorius, raižiklis
scarifier ['skɛərɪfaɪə] *n spec.* skarifikatorius
scarify ['skɛərɪfaɪ] *v* **1** *med.* įraižyti *(odą),* skarifikuoti **2** *knyg.* (su)kritikuoti **3** purenti *(dirvą)* prieš sėjant **4** *ž. ū.* skarifikuoti *(sėklas)*
scarlatina [ˌskɑ:lə'ti:nə] *n med.* skarlatina
scarlet ['skɑ:lət] *n* **1** *(skaisčiai)* raudona spalva **2** *(ryškiai)* raudonas audinys/drabužis ◊ **~ woman/whore** a) prostitutė; b) *niek.* Romos katalikų bažnyčia; katalikybė *a (skaisčiai)* raudonas; **to turn ~** smarkiai parausti
scarp [skɑ:p] *n* **1** status šlaitas, skardis **2** *kar.* eskarpas *v* **1** stačiai nukirsti/nukasti **2** *kar.* eskarpuoti
scarper ['skɑ:pə] *v šnek.* (pa)sprukti, nešdintis, išsinešdinti
scarring ['skɑ:rɪŋ] *n* **1** randavimasis, randėjimas **2** randai
scarves [skɑ:vz] *pl žr.* **scarf¹**
scary ['skɛərɪ] *a šnek.* baisus; baugus, bauginantis; **~ film** siaubo filmas
scat¹ [skæt] *n* džiazinio dainavimo maniera *(kai dainininkas be žodžių improvizuoja pamėgdžiodamas muzikos instrumentą; t. p.* **~ singing)**
scat² *šnek. int* škac!, škic!; laukan!, šalin! *v* dumti, mauti
scat³ *n* išmatos
scathe [skeɪð] *psn. n* žala, nuostolis *v* **1** daryti žalą, žlugdyti; (su)naikinti **2** sukritikuoti
scatheless ['skeɪðləs] *a (ppr. predic)* nenukentėjęs, nesužalotas, sveikas
scathing ['skeɪðɪŋ] *a* kandus, piktas, užgaulus, niekinamas; **~ criticism** griežta kritika; **~ remarks** kandžios pastabos
scatological [ˌskætə'lɔdʒɪkl] *a* **1** *med.* koprologinis, skatologinis **2** nešvarus, pornografinis
scatter ['skætə] *n* **1** iš(si)barstymas, iš(si)mėtymas, išsklaidymas **2** *fiz.* sklaida, sklaidymas
v **1** iš(si)mėtyti, iš(si)barstyti, (iš)sklaidyti *(on, over)* **2** apibarstyti *(with)* **3** išsklaidyti; išvaikyti *(debesis, minią, manifestaciją ir pan.)* **4** išvaistyti, išmėtyti *(pinigus, turtą)* **5** (su)žlugti; (su)dužti; sužlugdyti *(planus, viltis)* **6** *fiz.* skaidyti *(elektronus, šviesą)*
scatterbrain ['skætəbreɪn] *n* užuomarša, išsiblaškėlis
scatterbrained ['skætəbreɪnd] *a* užmaršus, išsiblaškęs; lengvabūdis
scattered ['skætəd] *a* **1** išmėtytas, išsimėtęs, išsibarstęs *(apie namus, daiktus);* **the coast is uninhabited except for a few ~ cottages** pakrantė negyvenama, išskyrus keletą kur ne kur išsimėčiusių trobelių **2** išsisklaidęs, pasklidas, padrikas, pakrikas; **~ reflection** *fiz.* sklaidusis atspindys **3** atskiras; **don't speak about ~ instances** nekalbėkite apie atskirus atvejus
scatter-gun ['skætəgʌn] *n* šratinis šautuvas
scattering ['skætərɪŋ] *n* **1** iš(si)barstymas, iš(si)sklaidymas **2** saujelė, nedidelis skaičius *(of – ko)*
scattershot ['skætəʃɔt] *a* **1** šratinio šautuvo *(apie šovinį)* **2** atsitiktinis
scatty ['skætɪ] *a šnek.* = **scatterbrained**
scaup(-duck) ['skɔ:p(dʌk)] *n zool.* žiloji antis
scavenge ['skævɪndʒ] *v* **1** raustis, knistis, naršyti *(ypač ieškant maisto tarp atliekų; for)* **2** misti *(dvėsena, maita; on)* **3** *tech.* prapūsti *(cilindrą);* išmesti panaudotąsias dujas *n tech.* prapūtimas

scavenger ['skævɪndʒə] *n* **1** maitėda; maitlesis paukštis **2** žmogus, ieškantis maisto atliekų *(šiukšlynuose)*
scenario [sɪ'nɑ:rɪəu] *it. n (pl* ~s [-z]) **1** scenarijus **2** *prk.* įsivaizduojamų įvykių seka; veiksmų planas
scenarist ['si:nərɪst] *n* scenaristas
scene [si:n] *n* **1** *(veiksmo, įvykio)* vieta; **the ~ of the crime** nusikaltimo vieta; **the ~ is laid in Italy** veiksmas vyksta Italijoje; **the ~ of operations** karo veiksmų teatras; **international ~** tarptautinė arena **2** *teatr., lit.* scena, paveikslas; **crowd ~** masinė scena; **the second ~ of "Macbeth" was especially good** antrasis „Makbeto" paveikslas buvo ypač geras **3** *(džn. pl)* kulisai, dekoracija; **behind the ~s** užkulisiuose *(t. p. prk.)* **4** vaizdas, reginys, peizažas; **striking ~** sukrečiantis vaizdas **5** *prk. šnek.* scena; **to make/create a ~** iškelti sceną; pakelti triukšmą; **family ~s** šeimyniniai vaidai **6** *ret.* scena; **to appear on the ~** pasirodyti scenoje, išeiti į sceną; **to quit the ~** pasitraukti/nueiti nuo scenos; *prk.* mirti ◊ **to change the ~** pakeisti aplinką, gyvenamąją vietą; **to set the ~** a) apibūdinti *(vietą, situaciją);* b) (pa)ruošti dirvą *(for);* **that's not my ~** tai ne mano sritis/silpnybė
scene-designer ['si:ndɪˌzaɪnə] *n* = **scene-painter**
scene-dock ['si:ndɔk] *n* dekoracijų sandėlis
scene-painter ['si:nˌpeɪntə] *n* dailininkas dekoratorius
scenery ['si:nərɪ] *n* **1** peizažas, vaizdas, reginys; **a change of ~** *prk.* aplinkos pakeitimas **2** *teatr.* dekoracijos
sceneshifter ['si:nˌʃɪftə] *n* scenos darbininkas
scenic ['si:nɪk] *a* **1** sceniškas; sceninis; vaidybinis **2** gražus, vaizdingas, pavaizdus **3** dekoratyvinis, dekoratyvus
scenography [si:'nɔgrəfɪ] *n* scenografija
scent [sent] *n* **1** kvapas *(ppr. malonus)* **2** kvepalai; **to put some ~** pasikvepinti **3** pėdsakas *(t. p. prk.);* **hot blazing ~** šviežias pėdsakas; **to be on the ~** a) sekti pėdsakais/pėdomis; b) *prk.* eiti teisingu keliu; **to be on a wrong/false ~** a) sekti klaidingu pėdsaku; b) *prk.* eiti klaidingu keliu; **to get the ~** *(of)* rasti/užtikti pėdsakus; **to be off the ~** pamesti pėdsakus; **to throw off the ~** ≡ sumėtyti pėdas **4** *(gyvūno)* uoslė *(t. p. prk.);* **to have a good/keen ~** turėti gerą uoslę
v **1** (su)uosti, užuosti *(t. p. prk.),* jausti **2** uostyti **3** (iš)kvepinti **4** kvepėti **5** sekti pėdsaku **6** *prk.* įtarti *(kažką negera)* ▫ **~ about** (ap)uostinėti, apšniukštinėti; **~ out** suuostyti, suuosti, sužinoti, sušniukštinėti
scented ['sentɪd] *a* **1** iškvepintas, įkvėpintas **2** kvapus
scentless ['sentləs] *a* bekvapis
scepter ['septə] *n amer.* = **sceptre**
sceptic ['skeptɪk] *n* skeptikas
sceptical ['skeptɪkl] *a* skeptiškas
scepticism ['skeptɪsɪzm] *n* skepticizmas
sceptre ['septə] *n* **1** *ist.* skeptras **2** *prk.* karaliaus valdžia; **to wield the ~** valdyti, karaliauti
schedule ['ʃedju:l, *amer.* 'skedʒul] *n* **1** tvarkaraštis, grafikas; *(kalendorinis)* planas; **(according to) ~** pagal grafiką/planą; **on ~** tiksliai (pagal tvarkaraštį), laiku; **to be/fall behind ~** vėluoti, atsilikti nuo grafiko/plano **2** katalogas, sąrašas, aprašas, specifikacija **3** *(dokumento)* priedas, papildomas dokumentas **4** *tech.* režimas; programa; tabelis
v **1** (su)uosti, užuosti; numatyti; **they ~ a five days' trip** jie planuoja penkių dienų kelionę; **the new airport is ~d to open next month** naująjį oro uostą numatyta atidaryti kitą mėnesį **2** sudaryti *(aprašą, tvarkaraštį ir pan.);* įtraukti *(į grafiką, katalogą ir pan.)*
scheduled ['ʃedju:ld] *a* planuotas, planinis; **to arrive at the ~ time** atvykti tiksliai pagal tvarkaraštį; **~ territories** sterlingo zona

schema ['ski:mə] *n* (*pl* ~ta [-tə], ~s) *knyg.* schema, diagrama
schematic [skɪ'mætɪk, ski:-] *n* scheminis, schemiškas
schematism ['ski:mətɪzm] *n* schematizmas; scheminis vaizdavimas/išdėstymas
schematize ['ski:mətaɪz] *v* scheminti, sisteminti
scheme [ski:m] *n* **1** planas, projektas; programa; ***to lay a** ~* sudaryti planą/projektą **2** schema, brėžinys **3** struktūra, sistema; ***energy*** *~* energetikos sistema **4** *(slaptas, nedoras)* sumanymas; pinklės, užmačios, kėslai; ***to lay a** ~ **to do smth*** sumanyti/kėsintis/baustis ką daryti
v **1** planuoti, sumanyti *(ką negera)* **2** regzti pinkles, intriguoti
schemer ['ski:mə] *n* **1** intrigantas, pinklininkas **2** *iron.* nepagrįstų/neįgyvendinamų projektų kūrėjas, fantazuotojas
scheming ['ski:mɪŋ] *n* machinacijos, intrigos
a užsiimantis intrigomis; klastingas, vylingas
scherzo ['skɛətsəu] *n* (*pl* ~s [-z], -zɪ [-tsɪ]) *muz.* skerco
schilling ['ʃɪlɪŋ] *n* šilingas *(Austrijos piniginis vienetas)*
schism [sɪzm, skɪzm] *n* **1** *bažn.* schizma **2** *(grupės, organizacijos)* suskilimas, atskala
schismatic [sɪz'mætɪk] *bažn. a* atskalūniškas
n atskalūnas, schizmatikas
schist [ʃɪst] *n min.* (*juodasis*) skalūnas, šiferis
schistose, schistous ['ʃɪstəus, -təs] *a geol.* **1** skalūno **2** sluoksniuotas, sluoksninis
schizo ['skɪtsəu] *sutr. šnek.* = **schizophrenic** *n, a*
schizoid ['skɪtsɔɪd] = **schizophrenic** *n, a*
schizophrenia [ˌskɪtsəu'fri:nɪə] *n* **1** *med.* šizofrenija, schizofrenija **2** *(pažiūrų ir pan.)* nenuoseklumas
schizophrenic [ˌskɪtsəu'frenɪk] *med. n* šizofrenikas, schizofrenikas
a **1** šizofrenijos, schizofrenijos; šizofreniškas, schizofreniškas **2** nenuoseklus, nepastovus *(apie pažiūras ir pan.)*
schlep(p) [ʃlep] *amer. šnek. n* **1** slunkius, suglebėlis **2** ilgas kelias, ilga kelionė
v tempti, tampyti, nešioti *(ppr. ką sunkaus)* □ *~ **around*** dykinėti
schmaltzy ['ʃmæltsɪ, 'ʃmɔ:ltsɪ] *a šnek.* pernelyg meilus, sentimentalus *(apie muziką, meilę ir pan.)*
schmooze [ʃmu:z] *v amer. šnek.* šnekėtis, plepėti
schnapps [ʃnæps] *vok. n* šnapsas, degtinė
schnauzer ['ʃnautsə] *vok. n* šnauceris *(šunų veislė)*
schnitzel ['ʃnɪtsəl] *vok. n* šnicelis, pjausnys
schnorkel ['ʃnɔ:kl] *n amer.* = **snorkel**
schnoz(zle) [ʃnɔz(l)] *n amer. šnek.* nosis, šnipas
scholar ['skɔlə] *n* **1** mokslo žmogus; *(humanitarinių mokslų)* mokslininkas **2** klasikinės filologijos specialistas, klasikas **3** *šnek. (kalbos)* mokovas **4** stipendininkas **5** *šnek.* raštingas žmogus; mokslinčius; ***he is not much of a** ~* jis nelabai raštingas **6** *psn.* mokinys; studentas
scholarly ['skɔləlɪ] *a* **1** mokslo; moksliškas, mokslinis **2** mokslininko, mokslininkų
scholarship ['skɔləʃɪp] *n* **1** išsimokslinimas, mokytumas, erudicija; ***Oxford is a centre of*** *~* Oksfordas – mokslo centras **2** stipendija; ***memorial*** *~* vardinė stipendija
scholastic [skə'læstɪk] *n* scholastas
a knyg. **1** mokyklinis; mokymo; *~ **institution*** mokymo įstaiga; ***the*** *~ **profession*** mokymas; mokytojavimas **2** mokslinis; *~ **degree*** mokslinis laipsnis **3** scholastinis; scholastiškas
scholasticism [skə'læstɪsɪzm] *n* scholastika
scholia ['skəulɪə] *pl žr.* **scholium**
scholiast ['skəulɪæst] *n ist. (senovės autorių)* komentatorius, scholiastas

scholium ['skəulɪəm] *n* (*pl* -lia) *ist.* scholija *(teksto paaiškinimai)*
school[1] [sku:l] *n* **1** mokykla; ***comprehensive*** *~* bendrojo lavinimo mokykla; ***secondary** ~, (ypač amer.)* ***high*** *~* vidurinė mokykla; ***primary,** (ypač amer.)* ***elementary*** *~* pradinė mokykla; ***normal*** *~ amer.* mokytojų seminarija, pedagogikos mokykla *(mokomasi po vidurinės mokyklos dvejus metus);* ***public*** *~* a) uždaroji privilegijuota vidurinė mokykla *(Anglijoje);* b) *amer., škot.* nemokama valstybinė mokykla; ***special*** *~* specialioji pagalbinė mokykla *(vaikams su fiziniais/protiniais trūkumais);* ***boarding*** *~* internatinė mokykla; pensionas; ***trade/industrial*** *~* amatų mokykla; ***vocational*** *~* profesinė mokykla; ***summer*** *~* vasaros kursai *(universitete, koledže, mokykloje);* ***vestibule*** *~* darbininkų profesinio parengimo kursai *(įmonėje, gamykloje);* ***continuation*** *~* papildomoji mokykla *(nebaigusiems pradinės mokyklos);* ***to go to*** *~* a) lankyti mokyklą, mokytis; b) įstoti į mokyklą; ***to start*** *~* pradėti eiti į mokyklą; ***to leave*** *~* baigti mokyklą/mokslą **2** pamokos, paskaitos; *~ **begins at 8.30*** pamokos/paskaitos prasideda pusę devynių; ***wait for me after*** *~* palauk manęs po pamokų/paskaitų **3** klasė *(patalpa)* **4** *(meno, mokslo, literatūros ir pan.)* mokykla; ***the Dutch*** *~ **of painting*** olandų tapybos mokykla; ***of the old*** *~* a) senosios mokyklos *(apie meno ir pan. kūrinius);* b) senoviškas **5** *kuop.* vienos mokyklos mokiniai/studentai; ***the*** *~ **will have an extra holiday*** mokiniai turės papildomą laisvą dieną; ***the whole*** *~ **was there*** visa mokykla buvo ten **6** skyrius, fakultetas; ***law*** *~* teisės fakultetas; ***the French language*** *~* prancūzų kalbos skyrius **7** *(the ~s) pl* viduramžių universitetai **8** *amer.* universitetas **9** *attr* mokyklinis; *~ **age*** mokyklinis amžius; *~ **year*** mokslo metai ◊ *~ **of thought*** nuomonė *(on – dėl);* ***to go to the*** *~ **of hard knocks*** susidurti su gyvenimo sunkumais
v **1** mokyti, lavinti; tramdyti; drausminti; ***to*** *~ **one's feelings*** tramdyti savo jausmus; ***he has been ~ed by life*** jį pamokė gyvenimas **2** dresuoti, treniruoti *(žirgą)*
school[2] *n (žuvų, jūros gyvūnų)* būrys
v būriuotis, plaukioti būriu *(apie žuvis)*
schoolable ['sku:ləbl] *a* privalantis mokytis *(pagal įstatymą)*
schoolbag ['sku:lbæg] *n* mokyklinis portfelis
school-board ['sku:lbɔ:d] *n amer. (vietinis)* švietimo skyrius
schoolbook ['sku:lbuk] *n* mokyklinis vadovėlis, mokomoji knyga
schoolboy ['sku:lbɔɪ] *n* **1** *(tik v.)* mokinys, moksleivis **2** *attr* mokiniškas, moksleiviškas; vaikiškas
schoolchild ['sku:ltʃaɪld] *n* (*pl* -children [-tʃɪldrən]) mokinys, moksleivis; *pl* moksleiviai, moksleivija
schooldays ['sku:ldeɪz] *n* **1** mokykliniai metai **2** mokymosi dienos *(savaitėje)*
schoolfellow ['sku:lˌfeləu] *n* mokyklos/mokslo draugas
schoolfriend ['sku:lfrend] *n* mokyklos/klasės draugas
schoolgirl ['sku:lgə:l] *n* **1** mokinė, moksleivė **2** *attr* mokiniškas, moksleiviškas; vaikiškas
schoolhouse ['sku:lhaus] *n* **1** *(pradinės)* mokyklos pastatas, mokykla **2** mokytojo namas/butas *(prie mokyklos)*
schooling ['sku:lɪŋ] *n* **1** mokslas, mokymas; mokyklinis lavinimas **2** dresavimas, treniravimas *(ypač gyvūno)* **3** *psn.* papeikimas, drausminė nuobauda
schoolkeeper ['sku:lˌki:pə] *n* mokyklos ūkvedys
schoolkid ['sku:lkɪd] *n šnek.* mokyklinukas, mokinys
school-leaver ['sku:lˌli:və] *n* **1** abiturientas **2** mokinys, metęs mokyklą

schoolma'am ['sku:lmæm] *n* = **schoolmarm**
schoolman ['sku:lmæn] *n* (*pl* -men [-men]) (*tik v.*) **1** scholastas **2** *ist.* dėstytojas (*viduramžių universitetuose*)
schoolmarm ['sku:lmɑ:m] *n* **1** (*džn. juok./menk.*) mokytoja **2** *iron.* griežta pedantiška moteris
schoolmaster ['sku:l‚mɑ:stə] *n* (*tik v.*) **1** mokytojas, pedagogas **2** mokyklos vadovas/direktorius **3** *prk.* auklėtojas ◊ *the* ~ *is abroad* mokslas smarkiai plinta
schoolmate ['sku:lmeɪt] *n* = **schoolfriend**
schoolmistress ['sku:l‚mɪstrɪs] *n* **1** mokytoja **2** mokyklos vadovė/direktorė
schoolroom ['sku:lrum] *n* klasė, mokymosi kambarys (*ypač nedidelėje mokykloje*)
school-ship ['sku:lʃɪp] *n jūr.* mokomasis laivas
schoolteacher ['sku:l‚ti:tʃə] *n* mokytojas, pedagogas
schooltime ['sku:ltaɪm] *n* **1** pamokų/paskaitų laikas **2** mokykliniai/mokymosi metai
schoolwork ['sku:lwə:k] *n* mokymasis; mokomoji medžiaga
schoolyard ['sku:ljɑ:d] *n* **1** mokyklos kiemas **2** mokyklos sporto aikštelė
schooner[1] ['sku:nə] *n* **1** škuna, dvistiebis laivas **2** *amer. ist.* dengtas persikėlėlių vežimas (*ppr.* **prairie** ~)
schooner[2] *n* bokalas, didelė taurė (*alui, vynui*)
schwa [ʃwɑ:] *vok. n fon.* šva, redukuotas balsis [ə]
sciagram, sciagraph ['saɪəgræm, -grɑ:f] *n* rentgenograma
sciagraphy [saɪ'ægrəfɪ] *n* **1** rentgenografija **2** (*piešinių*) šešėliavimas
sciatic [saɪ'ætɪk] *a anat.* sėdimasis, sėdmens; ~ *nerve* sėdmens nervas
sciatica [saɪ'ætɪkə] *n med.* sėdmens nervo skausmai, išialgija
science ['saɪəns] *n* **1** mokslas; *man of* ~ mokslininkas; ~ *fiction* mokslinė fantastika; *applied* ~ taikomasis mokslas; *pure* ~ „grynasis" mokslas **2** mokslo šaka; gamtos mokslai (*t. p.* **natural** ~(*s*); **exact** ~(*s*) tikslieji mokslai; **social** ~(*s*) socialiniai mokslai; ~ *of numbers* matematika **3** mokėjimas, meistriškumas ◊ *to blind smb with* ~ apstulbinti ką moksline kalba, moksliniais terminais
scienter [saɪ'entə] *lot. adv teis.* sąmoningai, žinomai
sciential [saɪ'enʃəl] *a ret.* **1** mokslinis, moksliškas **2** mokytas, nusimanantis
scientific [‚saɪən'tɪfɪk] *a* **1** mokslinis **2** moksliškas; sistemingas; tikslus **3** meistriškas; *sport.* techniškas
scientism ['saɪəntɪzm] *n* scientizmas
scientist ['saɪəntɪst] *n* **1** mokslininkas; *political* ~ politologas, politinių mokslų specialistas; *top* ~*s* žymiausi mokslininkai **2** gamtos tyrinėtojas, gamtininkas; *field* ~ mokslininkas praktikas
sci-fi ['saɪfaɪ] *n* (science fiction *sutr.*) *šnek.* mokslinė fantastika; ~ *movie* mokslinis fantastinis filmas
scilicet ['saɪlɪset] *lot. adv* tai yra; būtent
scimitar ['sɪmɪtə] *n ist.* riestas rytietiškas kardas
scintilla [sɪn'tɪlə] *n* **1** kibirkštis, žiežirba **2** *prk.* truputis (*of – ko*); *not a* ~ *of evidence* nė menkiausio įrodymo
scintillate ['sɪntɪleɪt] *v poet.* **1** kibirkščiuoti, žiežirbuoti, žėruoti, žaižaruoti, švytėti; *to* ~ *pleasure* švytėti iš malonumo; *to* ~ *anger* liepsnoti pykčiu; *to* ~ *with wit* trykšti sąmoju **2** mirgėti, bliksėti (*apie žvaigždes*)
scintillating ['sɪntɪleɪtɪŋ] *a* trykštantis (*sąmoju*); smagus, gyvas (*apie pokalbį ir pan.*)
scintillation [‚sɪntɪ'leɪʃn] *n* **1** kibirkščiavimas; žaižaravimas, (su)švytėjimas **2** (*žvaigždžių*) mirgėjimas, bliksėjimas **3** *spec.* scintiliacija, blykstelėjimas; ~ *scanner* scintilografas

sciolism ['saɪəlɪzm] *n knyg.* pseudomoksliškumas; diletantizmas; paviršutinis išsimokslinimas
sciolist ['saɪəlɪst] *n knyg.* pseudomokslininkas; diletantas; *iron.* visa žinantis žmogus
scion ['saɪən] *n* **1** *bot.* ūglis; skiepūglis **2** *prk. knyg.* (*šeimos*) atžala; palikuonis
scission ['sɪʒn] *n spec.* pjovimas; dalijimas; skaldymas
scissor ['sɪzə] *v* kirpti žirklėmis □ ~ *off* atkirpti, nukirpti; ~ *out* iškirpti; ~ *up* sukarpyti
scissoring ['sɪzərɪŋ] *n komp.* (*vaizdo dalies*) iškirpimas
scissors ['sɪzəz] *n pl* žirklės (*t. p.* **a pair of** ~) ◊ ~ *and paste* kompiliacija
sclera ['sklɪərə] *n anat.* (*akies*) odena, sklera
scleroderma [‚sklɪərə'dɜ:mə] *n med.* sklerodermija
sclerometer [sklɪ'rɒmɪtə] *n tech.* sklerometras
sclerosis [sklə'rəʊsɪs] *n* (*pl* -ses [-si:z]) *med.* sklerozė
sclerotic [sklə'rɒtɪk] *a* **1** *anat.* odenos, skleros **2** *spec.* sklerotinis; sklerotiškas
sclerotium [sklɪə'rəʊʃɪəm] *n bot.* sklerotis
scoff[1] [skɒf] *n* **1** pajuoka, pašaipa **2** pajuokos objektas
v pajuokti, pašiepti, šaipytis, tyčiotis (*at*)
scoff[2] *šnek. n* valgis, maistas
v šlamšti, ryti
scoffer ['skɒfə] *n* (pa)šaipūnas, pašaipuolis
scold [skəʊld] *v* barti(s); koneveikti, plūsti
n psn. barninga/vaidinga moteris; niurneklė
scolding ['skəʊldɪŋ] *n* barimas; barnis; *to give smb a (good)* ~ išbarti ką; ≡ ištrinkti kam galvą
scoliosis [‚skɒlɪ'əʊsɪs] *n med.* skoliozė
scollop ['skɒləp] *n* = **scallop**
scomber ['skɒmbə] *n* (*pl* -bri [-braɪ]) *zool.* skumbrė
sconce[1] [skɒns] *n* sieninė žvakidė; šakinys
sconce[2] *n psn.* **1** slėptuvė, priedanga, prieglobstis **2** *kar.* apkasas, redutas
sconce[3] *n juok. psn.* galva, makaulė, pakaušis
scone [skɒn] *n* paplotėlis, sklindis
scoop [sku:p] *n* **1** samtelis, samtukas, semtuvas; bertuvėlė; (*gilus*) kastuvėlis **2** kaušelis; kaušas (*t. p. žemsemės*) **3** (pa)sėmimas; *at one* ~ vienu mostu/smūgiu **4** mentelė (*chirurginis instrumentas*) **5** *šnek.* didžiulė suma pinigų, didžiulis pelnas; *to make a* ~ susižerti daug pinigų **6** *šnek.* sensacinga žinia (*atspausdinta anksčiau negu kituose laikraščiuose*) **7** *ret.* iškasa; įdubimas, duburys **8** *tech.* oro ėmiklis (*t. p.* **air** ~); *oil*~ alyvos gaudyklė ◊ *what's the* ~? (*ypač amer.*) kas nauja?
v **1** (pa)semti, susemti, išsemti (*ppr.* ~ *up/out*) **2** (iš)kasti **3** (iš)skaptuoti, (iš)duobti; (iš)gręžti **4** *šnek.* susižerti didelį pelną **5** *šnek.* paskelbti sensacingą žinią (*pirma kitų laikraščių*) □ ~ *in/up* surinkti, susemti
scoop-neck ['sku:pnek] *n* gili apskrita iškirptė
scoop-net ['sku:pnet] *n* graibštas, samtis (*žuvims gaudyti*)
scoot [sku:t] *v šnek.* lėkti, dumti, skusti
scooter ['sku:tə] *n* **1** dviratukas (*važiuojamas pasispiriant koja*), paspirtukas **2** motoroleris **3** *amer. sport.* skuteris
scop [skɒp] *n* viduramžių dainius/poetas (*Anglijoje*)
scope[1] [skəʊp] *n* **1** užmojis, apimtis; *the* ~ *of his scientific work* jo mokslinio darbo užmojis **2** galimybė; *prk.* (*veikimo*) sritis, sfera; kompetencija; *beyond his* ~ ne jo kompetencija; *to be within one's* ~ įeiti į kieno kompetenciją; *to have full/free* ~ *to act* turėti visišką veikimo laisvę; ~ *of fire kar.* šaudymo/ugnies laukas **3** akiratis; *a mind of wide* ~ plataus akiračio, didelio proto žmogus **4** *jūr.* (*lyno*) ilgis
scope[2] *n sutr. šnek.* **1** = **telescope 2** = **microscope 3** = **periscope**

-scope [-skəup] *(sudurt. žodžiuose)* -skopas *(žymint optinį prietaisą);* **oscilloscope** osciloskopas

-scopy [-skəpɪ] *(sudurt. žodžiuose)* -skopija *(žymint sąsają su stebėjimu);* **microscopy** mikroskopija

scorbutic [skɔː'bjuːtɪk] *a med.* skorbuto, skorbutinis *n* asmuo, sergantis skorbutu

scorch [skɔːtʃ] *n* **1** nudegimas; apsvilimas **2** *(augalų)* degligė **3** *šnek.* greitas važiavimas, pašėlęs lėkimas *v* **1** (nu)deginti, apdeginti, išdeginti; (ap)svilinti **2** nudegti, apdegti; apsvilti; riestis/blukti nuo karščio **3** *šnek.* piktai kritikuoti; plūsti **4** įžeisti *(ironija, sarkazmu ir pan.)* **5** *šnek.* dumti, rūkti, lėkti kaip akis išdegus

scorched [skɔːtʃt] *a* nudegintas, išdegintas; išdegęs, apdegęs; **~ earth policy** išdegintos žemės taktika

scorcher ['skɔːtʃə] *n* **1** *šnek.* karšta diena, didelė kaitra **2** *šnek.* nutrūktgalvis *(apie automobilistą)* **3** *sl.* kas nors nepaprasto/pritrenkiančio

scorching ['skɔːtʃɪŋ] *a* **1** karštas, kaitrus *(t. p.* **~ hot);** deginantis, svilinantis **2** griežtas, rūstus *(apie kritiką ir pan.)*

score [skɔː] *n* **1** *sport.* laimėtas taškas; taškų skaičius, rezultatas; **to keep (the) ~** skaičiuoti taškus; **what is the ~?** koks rezultatas? **2** priežastis, pagrindas; **on that ~** a) dėl tos priežasties; tuo remiantis; b) tuo atžvilgiu; **on what ~?** kuo remiantis? **3** *šnek.* sėkmė; **what a ~!** kaip pasisekė! **4** įranta, įrėžis, brūkšnys; žymelė, lentelė *(prie maišų, dėžių)* **5** skola; sąskaita *(restorane, krautuvėje ir pan.; t. p. prk.);* **to run up a ~** prasiskolinti; **to pay/settle ~s** atsiskaityti, atsiteisti **6** *šnek.* sąmojis kito sąskaita; **he is given to making ~** jis mėgsta pajuokti kitus **7** dvi dešimtys **8** *amer.* balas *(vertinant)* **9** *pl* daugybė; **~s of times** daugybę kartų, dažnai **10** *muz.* partitūra **11** *(filmo, spektaklio ir pan.)* muzika ◊ **to go off at full ~, to start off from ~** a) staigiai mestis į priekį *(apie arklį);* b) karštai imtis *(ko);* **to know the ~** *šnek.* žinoti tikrąją padėtį, žinoti tiesą *(ppr. nemalonią);* **to make a ~ off one's own bat** veikti savo galva; **to tie the ~** sužaisti lygiomis *v* **1** laimėti, įgyti, išlošti; **to ~ a point** laimėti tašką; **to ~ ten points** surinkti dešimt taškų; **to ~ an advantage** įgyti pranašumą, pirmauti **2** skaičiuoti taškus, sumuoti rezultatą; įskaityti *(t. p.* **~ up) 3** skirti/duoti balų *(vertinant);* gauti balų *(iš egzamino, už pasirodymą ir pan.)* **4** *šnek.* turėti sėkmę; pasiekti *(pergalę);* **we ~d by it** mums pavyko/pasisekė **5** įrašyti į skolą/sąskaitą *(t. p.* **~ up) 6** įrėžti, raižyti, žymėti, ženklinti; braukyti; **his manuscript is heavily ~d** jo rankraštis visas išbraukytas **7** *amer.* plūsti, barti; kritikuoti **8** *muz.* orkestruoti **9** *sport.* įmušti, įmesti **10** *šnek.* (nusi)pirkti, įsigyti *(narkotikų)* **11** *sl.* prigauti *(moterį)* □ **~ off** *šnek.* sudirbti, nuginčyti, nurungti; **~ out/through** išbraukti

scoreboard ['skɔːbɔːd] *n sport.* švieslentė

scorecard ['skɔːkɑːd] *n sport.* varžybų dalyvio kortelė

scorekeeper ['skɔːˌkiːpə] = **scorer** *n* 2, 3

scoreless ['skɔːləs] *a sport.* nulinis *(apie lygiąsias ir pan.)*

scoreline ['skɔːlaɪn] = **score** *n* 1

scorer ['skɔːrə] *n sport.* **1** žaidėjas, įmušęs įvartį *ar* pelnęs tašką **2** taškų skaičiuotojas, žymėtojas **3** *(varžybų)* sekretorius

scoria ['skɔːrɪə] *n (pl* -ae [-iː]) **1** šlakas, išdagos **2** *pl geol.* vulkaninės kilmės šlako nuolaužos

scorn [skɔːn] *n* **1** panieka, (pa)niekinimas; **to think ~ (of)** niekinti *(ką);* **to laugh to ~** išjuokti, pajuokti **2** paniekos objektas; **he is a ~ to everybody** visi iš jo tyčiojasi, visi jį niekina *v* (pa)niekinti; atmesti; **to ~ a piece of advice** atmesti/paniekinti patarimą, nepaisyti patarimo; **to ~ lying** nepakęsti melo; **to be ~ed by all decent people** kelti visų dorų žmonių panieką

scornful ['skɔːnfəl] *a* (pa)niekinantis, (pa)niekinamas; pašaipus; **she was ~ of our efforts** ji su panieka žiūrėjo į mūsų pastangas

scornfully ['skɔːnfəlɪ] *adv* su panieka

Scorpio ['skɔːpɪəu] *n* Skorpionas *(žvaigždynas ir Zodiako ženklas)*

scorpion ['skɔːpɪən] *n* **1** *zool.* skorpionas **2** *bibl.* rimbas su metaliniu antgaliu; **to chastise with ~s** pliekti, griežtai bausti *(S.)* = **Scorpio**

Scot [skɔt] *n* škotas

scot [skɔt] *n ist.* mokestis; duoklė; **to pay ~ and lot** a) mokėti mokesčius; b) *prk.* nešti bendrą naštą

Scotch [skɔtʃ] *n* **1** *(the~) kuop.* škotai **2** škotų tarmė; **broad ~** ryškus škotiškas akcentas **3** škotiškas viskis *(t. p.* **~ whisky)** *a* = **Scottish**

scotch[1] [skɔtʃ] *n* **1** įpjova, rėžis **2** brūkšnys, linija *(vaikų žaidime „klasės")* *v* **1** suardyti, sužlugdyti *(planus, viltis);* **I don't ~ my mind** aš sakau tiesiai, neslėpdamas **2** padaryti galą *(kalboms ir pan.)* **3** *psn.* (su)žeisti; (su)luošinti; padaryti nekenksmingą

scotch[2] *n* trinkelė, šliūžė *(stabdanti riedėjimą)* *v* stabdyti, kliudyti *(ratui/statinei)* riedėti

Scotch-Irish [ˌskɔtʃ'aɪrɪʃ] *a* škotų ir airių

Scotchman ['skɔtʃmən] *n (pl* -men [-mən]) *(tik v.)* škotas

Scotchwoman ['skɔtʃˌwumən] *n (pl* -women [-ˌwɪmɪn]) škotė

scoter ['skəutə] *n zool.:* **common ~** juodoji antis; **velvet ~** nuodėgulė *(nardančioji antis)*

scot-free [ˌskɔt'friː] *a* **1** nenukentėjęs, sveikas **2** nenubaustas; **to go ~, to get off/away ~** išsisukti nuo bausmės; nenukentėti **3** *psn.* neapdėtas mokesčiu *adv* nebaudžiamai

Scotland ['skɔtlənd] *n* Škotija ◊ **~ Yard** Skotlend Jardas *(centrinė kriminalinės policijos valdyba Londone)*

Scots [skɔts] *n* škotų tarmė *a* škotiškas, škotų

Scotsman ['skɔtsmən] *n* = **Scotchman**

Scotswoman ['skɔtsˌwumən] *n* = **Scotchwoman**

Scott [skɔt] *n:* **Walter ~** Valteris Skotas *(škotų rašytojas)*

Scotticism ['skɔtɪsɪzm] *n* škoticizmas

Scottie ['skɔtɪ] *n šnek.* škotų terjeras *(t. p.* **~ dog)**

Scottish ['skɔtɪʃ] *a* škotų, škotiškas; Škotijos; **~ terrier** škotų terjeras

scoundrel ['skaundrəl] *n (tik v.)* niekšas, nenaudėlis

scoundrelly ['skaundrəlɪ] *a* niekšiškas; niekingas

scour[1] ['skauə] *n* **1** šveitimas, skutimas, grandymas, valymas **2** išplovimas, išgraužimas *(vandens srove)* **3** išplova, išgrauža; **~ protection** apsauga nuo išplovimo **4** valiklis, šveitiklis **5** *vet. (gyvulių)* viduriavimas *v* **1** (iš)šveisti, (iš)skusti, (iš)grandyti, (iš)valyti *(t. p.* **~ out) 2** išplauti, išgraužti *(stipria vandens srove; t. p.* **~ out) 3** *spec.* kaišti *(kailį)* **4** *vet.* viduriuoti *(apie gyvulius);* išvalyti vidurius *(vaistais)*

scour[2] *v* (api)bėgioti, (ap)lakstyti, (iš)naršyti *(beieškant ko; t. p.* **~ about)**

scourer ['skauərə] *n* **1** *(kailio)* kaišėjas **2** metalinis šveistukas *(indams šveisti)*

scourge [skəːdʒ] *n* **1** *ist.* bizūnas, rimbas **2** *prk. knyg.* rykštė, bausmė, nelaimė; **the ~ of war** karo rykštė; **the divine ~** Dievo bausmė ◊ **the white ~** džiova *v* **1** *ist.* čaižyti, pliekti, plakti *(rimbu)* **2** *prk. knyg.* bausti; (iš)kankinti, (iš)kamuoti

scouring-rush ['skauərɪŋrʌʃ] *n bot.* šiurkštusis asiūklis

scout[1] [skaut] *n* **1** skautas *(t. p. boy ~); amer.* skautė *(t. p. girl ~)* **2** *kar.* žvalgas; žvalgybos laivas/lėktuvas; **on the ~** žvalgyboje **3** tarnas, patarnautojas *(Oksfordo universitete)* **4** talentų ieškotojas *(t. p. talent ~)* **5** *šnek.* geras žmogus/vaikinas *(ppr. good ~)*
v (iš)žvalgyti *(ir kar.; t. p. ~ out)* ☐ **~ about/around** (pa)ieškoti; bėgioti *(ieškant ko; for)*

scout[2] *v knyg.* atmesti, nepaisyti; (pa)niekinti *(idėją, patarimą ir pan.)*

scoutmaster ['skaut͵mɑːstə] *n* skautų būrio vadas

scow [skau] *n jūr.* šalanda, plaškautas

scowl [skaul] *n* rūsti išvaizda/išraiška; piktas žvilgsnis
v susiraukti; rūsčiai/piktai žvelgti/žiūrėti *(at, on)*

scrabble ['skræbl] *n* keverzojimas, krevezojimas *(raštas)*
v **1** braižyti; keverzoti, krevezoti **2** raustis, krapštytis, naršyti *(ieškant ko; ppr. ~ about/around)* **3** sužerti, subraukti; sukrapštyti

Scrabble ['skræbl] *n* žodžių loto *(žaidimas)*

scrag [skræg] *n* **1** džiūsna; dvasna, liesas gyvulys **2** silpnas/sunykęs/nuskurdęs medis/augalas **3** *kul.* avienos sprandinė **4** *sl.* kaklas
v **1** *šnek.* nusukti sprandą; pakarti; pasmaugti **2** *sport.* pagriebti *(priešininką)* už sprando

scrag-end ['skrægend] = **scrag** *n* **3**

scraggly ['skræglɪ] *a amer. šnek.* **1** nelygus **2** retas *(apie plaukus, barzdą);* susivėlęs

scraggy ['skrægɪ] *a* liesas; išdžiūvęs; prakaulus

scram [skræm] *v (ypač imp) šnek.* nešdintis, mauti

scramble ['skræmbl] *n* **1** repečkojimas, korimasis, kabinimasis; užsiropštimas **2** grumtynės, peštynės *(for – dėl)* **3** motociklų lenktynės labai raižyta vietove
v **1** ropštis, kartis, repečkoti; užsikeberioti, užsikarti *(up, upon — ant)* **2** šliaužti, kabintis *(apie augalus)* **3** peštis, grumtis, stumdytis, kovoti *(for – dėl)* **4** sumaišyti, sujaukti **5** *spec.* užšifruoti pranešimą *(sukeičiant kodo signalus)* **6** *ret.* mesti *(monetas į minią)* **7** *ret.* sužerti, sugrėbti *(ppr. ~ up)* **8**: **to ~ eggs** kepti plaktą kiaušinienę; **~d eggs** plakta kiaušinienė **9** *av.* greitai pakilti

scrambler ['skræmblə] *n spec.* šifratorius, kodavimo įrenginys

scran [skræn] *n šnek.* valgis, maistas; likučiai, išėdos
◊ **bad ~ to you!** *air.* kad tau nepasisektų!, kad tu prasmegtum!

scranch [skræntʃ] *v dial.* graužti, traškinti; traškėti, grikšėti

scrannel ['skrænl] *a psn.* **1** liesas; skurdus **2** girgždantis

scrap[1] [skræp] *n* **1** gabaliukas; skiautelė, skutelis; **not a ~** nė trupučio, ne kiek; **it is only a ~ of paper** tai tik popiergalis **2** *pl* likučiai, išėdos **3** *pl* iškarpos *(iš knygų, laikraščių, žurnalų)* **4** *kuop.* metalo laužas *(t. p. ~ metal)* **5** *kuop.* atliekos; **~ paper** a) makulatūra; b) juodraštis *(ant dar nerašytos vienos lapelio pusės)*
v **1** išmesti į atliekas, atiduoti į metalo laužą; paversti laužu, sulaužyti **2** atsikratyti, išmesti *(kaip nereikalingą, bevertį);* atsisakyti *(sumanymo ir pan.)*

scrap[2] *šnek. n* rietenos, peštynės, muštynės
v rietis, peštis, muštis

scrapbook ['skræpbuk] *n* iškarpų albumas

scrape [skreɪp] *n* **1** skutimas, grandymas; valymas; *šnek.* skutimasis **2** įdrėskimas, įbrėžimas; nubrozdinimas **3** girgždėjimas; brūžavimas **4** *šnek.* nemaloni/kebli padėtis; **to get into a ~** patekti į bėdą; **he is always getting into silly ~s** jis amžinai įsivelia į kvailas istorijas

v **1** skusti, gremžti, grandyti; valyti; **to ~ a carrot** skusti morką; **to ~ one's chin** *šnek.* gremžti barzdą; **to ~ one's boots** grandyti/valyti batus *(prie durų);* **to ~ one's plate** išgrandyti lėkštę **2** (už)kliudyti, (nu)brozdinti; užkliūti *(against, along);* **the ship ~d against the rock** laivas užkliuvo už uolos **3** vos pralįsti/prasibrauti; vos išlaikyti *(egzaminą; t. p. ~ through)* **4** girgždėti; girgždinti; brūžuoti **5** čirpinti, džiržginti *(smuiką)* **6** *ret.* spausti(s), šykštauti ☐ **~ away** = **~ off; ~ by** *šnek.* prasistumti, vos pragyventi *(on – iš); ~* **in** vos patekti *(į mokyklą ir pan.); ~* **off** (nu)skusti, (nu)grandyti; (nu)valyti; **~ out** išskusti, išgrandyti; iškasti *(duobę),* išgremžti; **~ together/up** sukrapštyti, sugrandyti *(pinigų ir pan.)* ◊ **~ a living** ≅ sudurti galą su galu, vos užsidirbti/sukrapštyti pragyvenimui; **~ (up) an acquaintance (with)** įsipiršti į pažįstamus *(kam);* **to ~ and screw** drebėti dėl cento, šykštauti; **to ~ and save** spausti pinigą; **to ~ home** laimėti minimaliu skirtumu

scraper ['skreɪpə] *n* **1** grandyklė *(kojoms valyti prie lauko durų)* **2** šykštuolis **3** *tech.* grandiklis; skutiklis **4** *tech.* gremžtukas, skreperis *(t. p. road ~);* **drag/slip ~** velkamasis skreperis

scrapheap ['skræphiːp] *n* šiukšlynas, atmatų krūva; **to throw on the ~** išmesti į šiukšlyną, išmesti kaip netinkamą

scrapie ['skreɪpɪ] *n vet.* kaitulys *(avių liga)*

scrapings ['skreɪpɪŋz] *n pl* nuograndos, pagrandos

scrap-iron ['skræp͵aɪən] *n* metalo laužas

scrapman ['skræpmən] *n (pl* -men [-mən]) **1** metalo laužo supirkėjas **2** senų daiktų supirkėjas

scrapper ['skræpə] *n amer. šnek.* peštukas, mušeika

scrappy[1] ['skræpɪ] *a* **1** padrikas, nerišlus **2** (sudurstytas) iš atraižų/atliekų

scrappy[2] *a amer. šnek.* linkęs peštis/ginčytis, karštas; agresyvus

Scratch [skrætʃ] *n: Old ~ juok.* velnias

scratch [skrætʃ] <*n, a, v*> *n* **1** (į)dreskimas; (į)brėžimas; brėžis; lengvas sužeidimas **2** žymė, ženklas; brūkštelėjimas; **a ~ of the pen** a) brūkštelėjimas *(keleto žodžių);* skubotas raštelis; b) parašas **3** kasymas(is); **to have a ~** pasikasyti **4** krebždesys; krebždėjimas **5** *amer. sl.* pinigai **6** sėkmingas smūgis *(biliarde); prk.* laimingas atsitiktinumas **7** *pl vet.* gruodas *(arklių liga)* **8** *sport.* bendras startas; starto linija *(t. p. ~ line);* **to come (up) to the ~** a) stoti į startą; b) sutikti priešininką pasirengusiam; būti pasiruošusiam atlikti pareigą; c) ryžtingai veikti, ryžtis; **to start from ~** a) startuoti nuo starto linijos; b) neturėti pranašumo/nuolaidų; c) pradėti nuo pradžios **9** *sport.* žaidėjas, negaunantis nuolaidų *(t. p. ~ man)* ◊ **to get off with a ~** lengvai išsisukti; **without a ~** visiškai nenukentėjęs/sveikas; **up to ~** a) reikiamo lygio; b) *sport.* geros formos
a attr **1** *šnek.* atsitiktinai/paskubomis surinktas; **~ crew/team** *sport.* paskubomis surinkta komanda; **~ dinner** paskubomis iš atsitiktinių produktų paruošti pietūs **2** skirtas greitosiomis užsirašyti; **~ paper** juodraštis **3** *sport.* be nuolaidų
v **1** braižyti(s), brėžti; į(si)brėžti, nu(si)brozdinti; **the table is all ~ed** stalas visas subraižytas **2** dręksti, draskytis; į(si)dręksti **3** kapstyti(s), krapštyti(s) *(nagais);* kasyti(s); **to ~ one's head** kasytis galvą/pakaušį *(t. p. prk.)* **4** skrebėti, krabždėti; krebždėti; krebždinti; **the dog is ~ing at the door** šuo krebždina į duris **5** purenti, kasinėti; **to ~ the surface** *(of)* a) pakasinėti *(ko)* paviršiuje; b) *prk.* neįsigilinti *(į ką);* daryti/atlikti *(ką)* pavir-

šutiniškai; c) padaryti *(nagrinėjimo ir pan.)* pradžią; **to ~ a pasture** akėti dirvoną, plėšti velėną **6** brūkštelėti; (pa)keverzoti *(piešinį, laišką ir pan.)* **7** (iš)braukti *(iš dalyvių, kandidatų ir pan. sąrašo; t. p.* **~ off/out/through) 8** *šnek.* atsisakyti *(ko; kur dalyvauti)* **9** *komp.* panaikinti, ištrinti *(iš rinkmenos)* ☐ **~ along** *šnek.* šiaip taip verstis; sudurti galą su galu; **~ around** kuistis, kapstytis *(apie vištas);* **~ off** nukrapštyti; **~ together/up** sugrandyti, sukrapštyti *(pinigų)*
scratch-cat ['skrætʃkæt] *n juok.* pikčiurna; ragana
scratchings ['skrætʃɪŋz] *n pl* kiaulienos spirgučiai *(t. p.* **pork ~)**
scratchpad ['skrætʃpæd] *n* bloknotėlis *(juodraščiui)*
scratch-race ['skrætʃreɪs] *n sport.* varžybos lygiais pagrindais *(be nuolaidų)*
scratchwork ['skrætʃwə:k] *n men.* sgrafitas
scratchy ['skrætʃɪ] *a* **1** keverziškas, nemokšiškai atliktas, nedailus *(apie piešinį)* **2** dreskiantis, brėžiantis *(apie plunksną ir pan.)* **3** šiurkštus *(apie audinį)* **4** margas, mišrus; bet kaip parinktas, nevienodas, atsitiktinis
scrawl [skrɔ:l] *n* **1** keverzonė **2** greitosiomis parašytas raštelis
v keverzoti *(rašant)*
scrawny ['skrɔ:nɪ] *a menk.* liesas, prakaulus
scray [skreɪ] *n zool.* upinė žuvėdra
screak [skri:k] *(ypač amer.)* **n** girgždesys
v girgždėti
scream [skri:m] *n* **1** riksmas, klyksmas; spiegimas; **~ of laughter** nesulaikomas juokas **2** *šnek.* labai juokingas žmogus/dalykas/atvejis *ir pan.*
v **1** rėkti, klykti, klykauti, spiegti; surikti, suklykti; **to ~ with pain** rėkti iš skausmo; **to ~ with laughter** nesulaikomai juoktis; (su)žviegti *(apie stabdžius)* **2** spygauti, kaukti *(apie traukinį, sireną ir pan.)* **3** rėžti akį *(at; t. p.* **~ out)**
screamer ['skri:mə] *n* **1** rėksnys **2** *šnek.* puikus egzempliorius **3** *šnek.* įspūdingas/juokingas pasakojimas, kino filmas *ir pan.* **4** *amer. šnek.* sensacinga antraštė **5** *sport.* įspūdingas smūgis/įvartis/šuolis *ir pan.*
screaming ['skri:mɪŋ] *a* **1** rėkiantis, klykiantis, spiegiantis; spiegiamas **2** rėžiantis *(akį);* sensacingas *(apie antraštę ir pan.)* **3** juokingas, sukeliantis juoką
screamy ['skri:mɪ] *a* **1** isteriškas, spiegiamas **2** rėžiantis akį, ryškus *(apie spalvas)*
scree [skri:] *n* nuobirynas; akmenų nuogriuvos *(kalno šlaite)*
screech [skri:tʃ] *n* **1** klyksmas, kliegesys, spiegimas, riksmas **2** čerškimas
v **1** klykti, kliegti, spiegti, rėkti; čirkšti *(supykus);* **the brakes ~ed and the car suddenly stopped** stabdžiai suspiegė ir mašina staiga sustojo **2** ūbauti *(apie pelėdą)*
screech-owl ['skri:tʃaul] *n* **1** *zool.* liepsnotoji pelėda; *amer.* apuokėlis **2** *prk.* nelaimės pranašas/ženklas
screechy ['skri:tʃɪ] *a* šaižus, veriamas, spiegiamas; čerškiamas
screed [skri:d] *n* **1** ilga neįdomi kalba; ilgas laiškas/raštas/straipsnis **2** *stat.* žyminys **3** *spec.* lyginimo tašas, lygintuvas
screen [skri:n] *n* **1** *(televizoriaus, kompiuterio ir pan.)* ekranas **2 (the ~)** kinas, ekranas; **a star of stage and ~** teatro ir kino žvaigždė **3** ekranas, skydas *(kam nors apsaugoti)* **4** širma, pertvara; **folding ~** sustumiamoji širma **5** priedanga; **to act as a ~ (for)** būti priedanga *(nelegaliai veiklai);* **under the ~ of smoke** dūmų priedangoje/uždangoje **6** *(lango)* tinklelis *(nuo vabzdžių)* **7** rėtis, sietas, kretilas; filtras **8** skelbimų lenta *(ppr.*

uždengta vieliniu tinkleliu*)* **9** *kar., sport.* užtvara; dengimas **10 = windscreen 11** *attr:* **~ fan** *šnek.* kino mėgėjas; **~ fount** *komp.* ekrano šriftas; **~ time** filmo demonstravimo laikas, seanso trukmė; **~ adaptation** literatūros kūrinio ekranizavimas ◊ **to put on a ~ of indifference** nutaisyti abejingą veidą
v **1** (pri)dengti *(apsaugojant);* (ap)ginti, apsaugoti; (pa)slėpti **2** tikrinti *(lojalumą, sveikatą ir pan.);* **to ~ for cancer [Aids]** tikrinti dėl vėžio [AIDS] **3** sijoti; rūšiuoti, atrinkti **4** demonstruoti ekrane **5** ekranizuoti **6: to ~ well [badly]** a) turėti [neturėti] pasisekimo kine; b) būti [nebūti] fotogeniškam **7** *spec.* ekranuoti **8** *kar.* atrinkti naujokus ☐ **~ off** atskirti, atitverti *(širma ir pan.);* **~ out** a) apsaugoti, nepraleisti *(šviesos ir pan.);* b) atmesti *(kandidatūrą);* atleisti *(ypač dėl nelojalumo)*
screening ['skri:nɪŋ] *n* **1** *(lojalumo, sveikatos ir pan.)* patikrinimas **2** (at)sijojimas; rūšiavimas, atranka **3** *pl* atsijos **4** ekranizacija **5** *kin., tel.* demonstravimas **6** *spec.* ekranavimas **7** *kar.* dengimas, apsauga
screenplay ['skri:npleɪ] *n kin., tel.* scenarijus
screen-wiper ['skri:n‚waɪpə] *n aut.* stiklo valytuvas
screenwriter ['skri:n‚raɪtə] *n kin., tel.* scenaristas
screw [skru:] *n* **1** sraigtas, varžtas *(t. p.* **male/external ~);** veržlė *(t. p.* **female/internal ~); to put the ~s (on)** a) priveržti veržles; b) *prk. šnek.* paspausti, paimti stipriau nagan **2** *(varžto)* sukimas, veržimas; **to give a nut a good ~** stipriai priveržti veržlę **3** *tech.* sliekas **4 = thumbscrew 5** *jūr., av.* sraigtas, laivasraigtis *(t. p.* **~ propeller) 6** pakelis, paketėlis; **~ of tobacco** pakelis tabako; **~ of pepper** pakelis pipirų **7** *šnek.* šykštuolis **8** *šnek.* kuinas **9** *šnek.* alga, atlyginimas **10** *sl.* kalėjimo prižiūrėtojas **11** *attr* sraigtinis; **~ steamer** sraigtinis garlaivis; **~ head** varžto galvutė ◊ **he has a ~ loose/missing** *šnek.* ≡ jam trūksta vieno šulo; **to have a ~ loose on smth** *šnek.* ≡ kraustytis iš proto dėl ko; **there is a ~ loose somewhere** čia kažkas ne taip
v **1** (už)sukti, įsukti, prisukti *(sraigtą, varžtą);* priveržti *(veržlę)* **2** (į)sriegti, sraigtuoti **3** (iš)gręžti **4** *šnek.* (iš)spausti *(t. p.* **~ out);** priversti (t. p. **~ up);** apsukti; **to ~ more money out of smb** išspausti/ištraukti daugiau pinigų iš ko; **to ~ oneself (up) to do smth** prisiversti ką atlikti **5** (iš)sukti *(ranką);* nusukti *(sprandą)* **6** šykštauti, būti šykštuoliu ☐ **~ off** atsukti *(dangtelį ir pan.);* **~ on** prisukti *(to – prie);* **~ up** a) už(si)sukti; susukti; b) iškreipti; **to ~ up one's face** iškreipti veidą, susiraukti, padaryti grimasą; **to ~ up one's eyes** prisimerkti; c) *šnek.* nervinti, kelti įtampą; d) *šnek.* apsišauti; e) *sl.* sumauti, sugadinti; sujaukti ◊ **to ~ up one's courage** sukaupti drąsą; **his head is ~ed on the right way** jis nekvailas
screwball ['skru:bɔ:l] *(ypač. amer.) šnek. n* pakvaišėlis, kvaišelis, paikius
a paikas, pakvaišęs; keistas
screw-bolt ['skru:bəult] *n* sriegiuotas varžtas
screw-cap ['skru:kæp] *n* užsukamas dangtelis, aklidangtis
screw-coupling ['skru:‚kʌplɪŋ] *n tech.* sraigtinė sąvarža
screw-cutter ['skru:‚kʌtə] *n tech.* sriegimo staklės
screw-die ['skru:daɪ] *n tech.* sriegimo galvutė, sriegtuvas
screw-down ['skru:daun] *a* su užsukamu dangčiu/dangteliu *(apie indą, liuką ir pan.)*
screwdriver ['skru:‚draɪvə] *n* **1** (at)suktuvas, suktukas **2** degtinė su apelsinų sultimis ir ledu
screwed [skru:d] *a sl.* **1** įkaušęs, įmetęs **2** apsuktas, apgautas

screw-gear ['skru:gɪə] *n tech.* sraigtinė/sliekinė pavara
screw-jack ['skru:dʒæk] *n tech.* sraigtinis kėliklis/domkratas
screwnail ['skru:neɪl] *n tech.* medsraigtis
screw-nut ['skru:nʌt] *n tech.* veržlė
screw-pine ['skru:paɪn] *n bot.* pandanas
screw-plate ['skru:pleɪt] *n tech.* sraigtinė *(metalo)* plokštė
screw-press ['skru:pres] *n tech.* sraigtinis slėgtuvas/presas
screw-stock ['skru:stɔk] *n tech.* sriegtuvas
screw-tap ['skru:tæp] *n tech.* sriegiklis
screw-thread ['skru:θred] *n tech.* sraigtinis sriegis
screw-top ['skru:tɔp] *n* = **screw-cap**
screw-up ['skru:ʌp] *n sl.* apsišovimas; šiurkšti klaida
screw-wheel ['skru:wi:l] *n tech.* sraigtinis ratas
screw-wrench ['skru:rentʃ] *n tech.* skečiamasis veržliaraktis
screwy ['skru:ɪ] *a šnek.* 1 paikas, pakvaišęs, nenormalus 2 keistas, keistokas
scribble¹ ['skrɪbl] *n* 1 keverzojimas, keverzonė *(rašymas);* skubotas raštelis 2 terlionė *(paveikslas)*
v 1 keverzoti, terlioti *(rašant)* 2 *(negražiai, paskubomis)* už(si)rašyti *(t. p. ~ down)* 3 *juok., menk.* būti rašeiva; rašinėti ▢ *~ out* išbraukti *(sakinį, žodį)*
scribble² *v tekst.* kedenti *(vilnas, medvilnę)*
scribbler¹ ['skrɪblə] *n juok., menk.* rašeiva
scribbler² *n tekst.* pirmojo karšimo mašina, kedentuvė
scribe [skraɪb] *n* 1 *ist.* perrašinėtojas 2 raštininkas, klerkas 3 *amer. šnek.* rašytojas; žurnalistas
v 1 *ist.* perrašinėti 2 *tech.* įrėžti, (pa)žymėti *(metale, medyje)*
scriber ['skraɪbə] *n tech.* brėžiklis
scrim [skrɪm] *n* 1 *tekst.* šiurkšti stora medžiaga *(apmušalams ir rankdarbiams)* 2 maskuojamasis tinklas 3 *teatr.* atpakalys
scrimmage ['skrɪmɪdʒ] *n* 1 grumtynės, peštynės, muštynės 2 *sport.* susigrūdimas apie kamuolį *(regbyje ir pan.)*
v 1 dalyvauti muštynėse, peštis, grumtis 2 versti, naršyti *(ieškant)* 3 *sport.* susigrūsti apie kamuolį
scrimp [skrɪmp] *v* 1 šykštėti, šykštauti; taupyti *(ppr. ~ and save)* 2 *ret.* apkarpyti, (su)mažinti; sutrumpinti
scrimpy ['skrɪmpɪ] *a ret.* 1 skurdus, menkas 2 šykštus
scrimshank ['skrɪmʃæŋk] *v sl. ret.* išsisukinėti/vangstytis nuo *(nemalonių)* pareigų, tingėti, vengti darbo
scrimshaw ['skrɪmʃɔ:] *n (dramblio kaulo, kiaukuto ir pan.)* raižinys, raižiniai; raižyba
v raižyti *(dramblio kaulą, kiaukutą ir pan.)*
scrip¹ [skrɪp] *n fin.* kvitas, laikinas sertifikatas; laikina pažyma *(apie indėlį, akcijų nuosavybę); ~ dividend* vekseliu išmokami dividendai; *~ issue* rezervų pavertimas akcijomis
scrip² *n psn.* kelionmaišis; *(keliautojo, elgetos)* krepšys, maišelis
script [skrɪpt] *n* 1 raštas *(grafinių ženklų sistema);* **Arabic** *~* arabų raštas 2 rašysena, braižas 3 *(egzaminuojamojo)* rašynis 4 *kin., tel.* scenarijus 5 *rad.* laidos tekstas *(skaitomas per radiją)* 6 *teis. (dokumento)* originalas
v parašyti scenarijų *(kinui, televizijai, radijui; t. p. pagal literatūros kūrinį)*
scripted ['skrɪptɪd] *a* parengtas pagal scenarijų *(apie kalbą, radijo laidą)*
scripter ['skrɪptə] *n* = **scriptwriter**
scriptorium [skrɪp'tɔ:rɪəm] *n (pl* -s, -ria [-rɪə]) *ist.* skriptoriumas *(perrašinėjimo patalpa viduramžių vienuolynuose)*

scriptural ['skrɪptʃərəl] *a* biblinis, Biblijos, Šventraščio
scripture ['skrɪptʃə] *n* 1 *bažn.* Šventasis Raštas, Šventraštis; Biblija *(t. p. the Holy S.)* 2 *ret.* Biblijos citata *(t. p. ~ text)*
scriptwriter ['skrɪpt,raɪtə] *n* 1 scenaristas 2 radijo laidos autorius
scrivener ['skrɪvnə] *n ist.* 1 perrašinėtojas 2 notaras 3 palūkininkas
scrofula ['skrɔfjulə] *n med. psn.* skrofuliozė
scrofulous ['skrɔfjuləs] *a* 1 *med.* skrofuliozės, skrofuliozinis; skrofulingas 2 *ret.* moraliai puolęs
scroll [skrəul] *n* 1 *(popieriaus, pergamento)* ritinys; susuktas lapas/rankraštis 2 *(parašo ir pan.)* užraitas, užraitymas 3 *archit.* užraitas, voliuta 4 spiralė, įvija 5 *hidr.* spiralinė kamera 6 *tech.* plokščias sriegis 7 *komp.* ekrane matomo vaizdo paslinkimas/poslinkis; *~ bar* slenkamoji juosta; *~ box* slinktukas
v 1 *archit.* papuošti užraitais/voliutomis 2 *komp.* pa(si)slinkti; slinkti 3 *ret.* su(si)sukti 4 *ret.* rašyti ant susukto lapo
scrollwork ['skrəulwə:k] *n archit.* užraitų/voliutų ornamentas
Scrooge [skru:dʒ] *n šnek.* šykštuolis, nagas, šikšna, skručas
scroop [skru:p] *ret. n* girgždesys
v girgždėti
scrotum ['skrəutəm] *n (pl* -ta [-tə], ~s) *anat.* kapšelis
scrounge [skraundʒ] *šnek. n: to be on the ~* prašinėti, elgetauti
v 1 kaulyti, prašinėti; veltėdžiauti 2 nudžiauti, pavogti ▢ *~ around* ieškoti *(ko)* pavogti, landyti
scrounger ['skraundʒə] *n šnek.* prašeiva, kaulytojas; veltėdis
scrub¹ [skrʌb] *n* 1 krūmai, krūmokšniai; krūmynas, brūzgynas 2 žemaūgis padaras/augalas 3 *šnek.* menkysta, žemas/menkas žmogus; *wretched little ~* niekingas žmogiūkštis 4 *amer. sport.* nepagrindinė/antroji universiteto komanda 5 *amer. sport.* nepagrindinės komandos žaidėjas
a amer. = **scrubby**
scrub² *n* 1 valymas *(ppr. šepečiu),* šveitimas; grandymas; *to give smth a ~* nušveisti, nuvalyti ką 2 kietas/nusibrūžinęs šepetys 3 padienis juodadarbis
v 1 valyti, šveisti; trinti, grandyti *(grindis ir pan.)* 2 dirbti juodą darbą, būti valytoja *ir pan.* 3 *šnek.* atsisakyti *(planų, minties ir pan.)* 4 *šnek.* atidėti, atšaukti *(varžybas, raketos paleidimą ir pan.)* 5 *tech.* praplauti *(dujas)* ▢ *~ out* a) išvalyti; b) ištrinti; *~ up* nusiplauti rankas *(prieš operaciją)*
scrubber ['skrʌbə] *n* 1 *tech.* dujų plautuvas 2 kietas šepetys; grandyklė 3 *niek.* kekšė, šliundra 4 *austral.* sulaukėjęs naminis gyvulys
scrubbing-brush ['skrʌbɪŋbrʌʃ] *n* šveistuvas, kietas šepetys *(ppr. grindims)*
scrub-brush ['skrʌbbrʌʃ] *n amer.* = **scrubbing-brush**
scrubby ['skrʌbɪ] *a* 1 apželęs krūmokšniais, krūmingas 2 menkas, skurdus; apskuręs 3 žemas, žemaūgis
scrubland ['skrʌblænd] *n* krūmynas, krūmai
scrub-up ['skrʌbʌp] *n* kruopštus/nuodugnus plovimas/valymas *(rankų ir pan.; prieš operaciją)*
scrubwoman ['skrʌb,wumən] *n (pl* -women [-,wɪmɪn]) *amer.* padienė namų darbininkė, valytoja
scruff¹ [skrʌf] *n* pakarpa; *to take by the ~ of the neck* imti už pakarpos
scruff² *n šnek.* nevala, apsileidęs/netvarkingas žmogus
scruffy ['skrʌfɪ] *a* nevalyvas, nešvarus, netvarkingas

scrum [skrʌm] *n* **1** regbininkų grumtynės *(dėl kamuolio)* **2** *šnek.* besistumdanti/besigrūdanti minia
v **1** grumtis *(apie regbininkus; t. p.* ~ ***down)*** **2** grūstis, stumdytis *(prie bilietų kasos ir pan.)*
scrummage ['skrʌmɪdʒ] = **scrum** *n* 1, *v* 1
scrump [skrʌmp] *v šnek.* vogti *(vaisius iš sodo)*
scrumptious ['skrʌmpʃəs] *a šnek.* nuostabus, puikus
scrumpy ['skrʌmpɪ] *n šnek.* sidras
scrunch [skrʌntʃ] *v* traškinti, triuškinti; triuškėti *(po kojomis)* □ ~ *up* suglamžyti; suspausti
scruple ['skru:pl] *n* **1** dvejojimas, būgštavimas, skrupulas; sąžinės graužimas; *to have* **~s** drovėtis, varžytis; nesiryžti; *to have little/no* ~ nesivaržyti, nesigraužti; *to make no* ~ *to do smth* daryti ką nesvyruojant/nesidrovint; *a man without, ar of no,* **~s** nesąžiningas žmogus **2** *ist.* skrupulas *(vaistinės svorio matas;* = *1,296 gramo)*
v dvejoti, nesiryžti; drovėtis; *don't* ~ *to ask for anything you want* nesivaržykite ir prašykite visko, ko jums reikia
scrupulosity [ˌskru:pjuˈlɔsətɪ] *n* **1** skrupulingumas **2** sąžiningumas
scrupulous ['skru:pjuləs] *a* **1** skrupulingas; kruopštus, tikslus; pedantiškas; ~ *attention to detail* skrupulingas dėmesys detalėms **2** sąžiningas
scrutable ['skru:təbl] *a knyg.* įmanomas ištirti/išnagrinėti ir pan.
scrutineer [ˌskru:tɪˈnɪə] *n* asmuo, tikrinantis rinkimų rezultatų teisingumą
scrutinize ['skru:tɪnaɪz] *v* **1** (iš)nagrinėti; atidžiai (ap)žiūrėti **2** kruopščiai (iš)tirti/patikrinti
scrutiny ['skru:tɪnɪ] *n* **1** tiriamas žvilgsnis **2** kruopštus apžiūrėjimas/peržiūrėjimas/nagrinėjimas **3** rinkimų rezultatų teisingumo tikrinimas; balsų perskaičiavimas
scuba ['sku:bə] *n* akvalangas
scuba-diving ['sku:bəˌdaɪvɪŋ] *n* nardymas su akvalangu
scud [skʌd] *n* **1** bėgimas, skriejimas **2** vėjo genami debesys **3** pūtis, vėtra, trumpa liūtis
v **1** dumti, skrieti, bėgti **2** plaukti *(apie debesis)* **3** *jūr.* plaukti pavėjui
scuff [skʌf] *v* **1** brūkšėti kojomis, vilkti kojas **2** nu(si)trinti, nu(si)dėvėti *(apie batų ir pan. paviršių)*
n šlepetė
scuffle ['skʌfl] *n* muštynės, peštynės
v **1** muštis, peštis; susipešti *(with)* **2** vilkti kojas, brūkščioti; čežėti
scuffmark ['skʌfmɑ:k] *n* įbrėžimas *(balduose, grindyse)*; įdrėskimas *(odoje)*
scull [skʌl] *n* **1** porinis irklas **2** trumpas vairinis irklas **3** irklinė valtis; baidarė; *double* ~ dviviete akademinė valtis **4** pasiirstymas
v irkluoti *(vienu ar dviem irklais)*
sculler ['skʌlə] *n* **1** irkluotojas **2** dviirklė valtis
scullery ['skʌlərɪ] *n* **1** indų plovykla **2** *psn.* indauja *(patalpa)*
scullion ['skʌlɪən] *n psn.* indų plovėjas
sculp(t) [skʌlp(t)] *v* **1** (iš)kalti/lipdyti/kurti skulptūras **2** = **sculpture** 3
sculptor ['skʌlptə] *n* skulptorius
sculptress ['skʌlptrɪs] *n* skulptorė
sculptural ['skʌlptʃərəl] *a* skulptūrinis
sculpture ['skʌlptʃə] *n* **1** skulptūra **2** skulptūrų kūrimas
v **1** *(ppr. pass)* kurti/lipdyti/lieti/kalti/drožti skulptūras **2** (pa)puošti skulptūromis **3** *geol.* išpūsti, išgraužti, išplauti; *the river has* **~d** *the rock* upė išplovė uolą
sculpturesque [ˌskʌlptʃəˈresk] *a* panašus į skulptūrą; skulptūriškas

scum [skʌm] *n* **1** *(verdančio vandens)* puta, putos; nuoviros; maurai; *green* ~ žaliaukės *(vandens paviršiuje)* **2** *(the* **~)** *kuop. šnek. (visuomenės)* padugnės **3** *šnek.* šunsnukis, niekšas **4** *metal.* nuoviros; nuodegos
v **1** nugraibyti putas **2** putoti; maurėti, apsitraukti maurais
scumbag ['skʌmbæg] *n sl.* šunkara, šlamštas *(apie žmogų)*
scumble ['skʌmbl] *v men.* padengti plonu dažų sluoksniu, lasiruoti
scummy ['skʌmɪ] *a* **1** putotas; purvinas **2** *šnek.* niekingas, niekšiškas
scunner ['skʌnə] *šiaur. n* **1** pasibjaurėjimas; *to take a* ~ bjaurėtis *(against, at – kuo)* **2** daiktas, sukeliantis pasibjaurėjimą
v bjaurėtis, šlykštėtis; pykinti
scupper ['skʌpə] *n* **1** *jūr.* špigatas *(denio anga vandeniui nutekėti)* **2** latakas
v **1** paskandinti *(laivą ir įgulą)* **2** *šnek.* suardyti, sugriauti *(planus ir pan.);* pražudyti; *we're* **~ed!** mes žuvę!
scurf [skə:f] *n* **1** pleiskanos **2** apnašos; atplaišos **3** *ret. (metalo)* inkrustacija
scurfy ['skə:fɪ] *a* **1** pleiskanotas **2** padengtas apnašomis
scurrility [skəˈrɪlətɪ] *n* **1** nepadorumas, nešvankumas **2** šmeižimas; šiurkštybė, šmeižiama/šiurkšti pastaba
scurrilous ['skʌrɪləs] *a* **1** nepadorus, nešvankus **2** šmeižiamas, įžeidžiamas
scurry ['skʌrɪ] *n* **1** bėginėjimas, lakstymas; skubėjimas **2** lietaus/sniego gūsis/šuoras
v **1** lėkti, skuosti, rūkti; lakstyti, mėtytis *(about – po)* **2** skubėti □ ~ *away/off* sprukti, nerti
S-curve ['eskə:v] *n amer.* = **S-bend**
scurvied ['skə:vɪd] *a* skorbutiškas, skorbutinis
scurvy[1] ['skə:vɪ] *n med.* skorbutas
scurvy[2] *a psn.* niekingas, bjaurus, niekšiškas
scut [skʌt] *n* trumpa uodega *(ypač kiškio, triušio, elnio)*
scuta ['skju:tə] *pl žr.* **scutum**
scutate ['skju:teɪt] *a bot., zool.* skydinis
scutch [skʌtʃ] *n* **1** brauktuvė, bruktuvė **2** *(mūrininko)* plaktukas
v brukti *(linus, kanapes ir pan.)*
scutcheon ['skʌtʃən] *n* **1** herbo skydas **2** lentelė su pavarde **3** užrakto skylutės dangtelis
scutcher ['skʌtʃə] *n* **1** bruktuvė **2** linamynė; mintuvai
scute [skju:t] *n* = **scutum**
scutellum [skju:ˈteləm] *n (pl* -la [-lə]) *bot., zool.* skydelis
scutter ['skʌtə] *v šnek.* lėkti, sprukti
scuttle[1] [skʌtl] *n* anglių kibiras/dėžė
scuttle[2] *n* anga, liukas *(t. p. jūr.)*
v **1** *jūr.* (pa)skandinti laivą atidarius kingstonus *ar* pramušus skylės borte **2** *prk.* sužlugdyti *(planą ir pan.)*
scuttle[3] *n* **1** skuodimas; skubėjimas **2** dezertyravimas
v **1** sprukti, skuosti, bėgti *(nuo pavojaus, sunkumų; t. p.* ~ *away/off)* **2** skubėti **3** *šnek.* dezertyruoti
scuttlebutt ['skʌtlbʌt] *n* **1** *jūr.* geriamojo vandens bakelis **2** *amer. šnek.* apkalbos, liežuviai
scutum ['skju:təm] *lot. n (pl* -ta) *bot., zool.* skydas, skydelis
scuzzy ['skʌzɪ] *a šnek.* bjaurus, šlykštus
Scylla ['sɪlə] *n: between* ~ *and Charybdis* tarp Scilės/Skilos ir Charibdės ≅ tarp dviejų pavojų
scythe [saɪð] *n* dalgis
v **1** kirsti, pjauti *(dalgiu)* **2** (per)skrosti *(orą)*
Scythia ['sɪðɪə] *n ist.* Skitija
Scythian ['sɪðɪən] *ist. n* **1** skitas **2** skitų kalba
a skitų, skitiškas; Skitijos

sea [si:] *n* **1** jūra, marios; *at* ~ jūroje; *beyond/over the ~s* už jūrų, užjūryje; *by* ~ *(keliauti, siųsti ir pan.)* jūra; *by the* ~ prie jūros; *the (high) ~s* tolimi vandenys *(už teritorinių vandenų);* atviroji jūra; *on the* ~ a) laive; b) jūroje; c) ant jūros kranto; pajūryje; *to put (out) to* ~ leistis jūron; *to take the* ~ išeiti/išplaukti į jūrą; *the closed [open]* ~ uždaroji [atvira] jūra; *free* ~ jūra, laisva visų šalių laivams; *North S.* Šiaurės jūra; *Red [White] S.* Raudonoji [Baltoji] jūra; *the four ~s* keturios jūros, supančios Britaniją; *the narrow ~s* Lamanšas ir Adrijos jūra; *by* ~ *and land* jūra ir sausuma; *(far) across the ~s* už jūrų marių **2** *(džn. pl) (jūros)* bangavimas; banga; *calm* ~ štilis; *heavy/high/rolling* ~ audringa jūra; stiprus bangavimas; *rough* ~ banguota jūra; *subsiding ~s* rimstantysis bangavimas; *at full* ~ potvynio metu; *a ~ struck us* mus užliejo banga **3** daugybė, jūra, marios; *a ~ of faces* jūra veidų; *~s of blood* marios kraujo; *a ~ of flame* ugnies jūra **4** *attr* jūros, jūrinis; *~ air* jūros oras; *~ forces* karinės jūrų pajėgos ◊ *to go to* ~ tapti jūreiviu; *to be (all) at* ~ būti pasimetusiam, nežinoti ką daryti/sakyti; ≡ būti išmuštam iš vėžių; *when the* ~ *gives up its dead* ≡ kai jūra grąžins skenduolius *(niekada); worse/stranger things happen at* ~ ≡ būna blogiau *(nenusimink); there are as good fish in the* ~ *as ever came out of it* ≡ nors vežimu vežk, devynios galybės
sea-anchor ['si:ˌæŋkə] *n jūr.* audros inkaras
sea-anemone ['si:əˌneməni] *n zool.* aktinija
seabag ['si:bæg] *n* brezentinis maišelis *(jūreivio mantai)*
sea-bank ['si:bæŋk] *n* **1** užtvanka; pylimas **2** kopos **3** *psn.* jūros krantas
seabed ['si:bed] *n* jūros dugnas
sea-biscuit ['si:ˌbɪskɪt] *n jūr.* džiūvėsis
sea-blubber ['si:ˌblʌbə] *n zool.* medūza
seaboard ['si:bɔ:d] *n* **1** jūros krantas, pajūris **2** *attr* pakrantės, pajūrio
seaboot ['si:bu:t] *n (jūreivių, žvejų)* ilgaaulis batas
sea-born ['si:bɔ:n] *a poet.* jūros pagimdytas; *the* ~ *town* Venecija
seaborne ['si:bɔ:n] *a* gabenamas jūra/jūros; jūrų; *~ trade* jūrų prekyba
sea-breeze ['si:bri:z] *n* jūros brizas; jūrvėjis *(pučiantis į sausumą)*
sea-calf ['si:kɑ:f] *n zool.* paprastasis ruonis
sea-captain ['si:ˌkæptɪn] *n* tolimojo plaukiojimo kapitonas
sea-change ['si:tʃeɪndʒ] *n* visiškas pasikeitimas
sea-chest ['si:tʃest] *n* jūreiviška skrynelė
sea-cloth ['si:klɔθ] *n teatr.* jūros dekoracija
seacoast ['si:kəust] *n* jūros krantas; pajūris, pamarys
seacock ['si:kɔk] *n jūr.* kingstonas
sea-cow ['si:kau] *n zool.* **1** lamantinas; diugonis **2** jūrų vėplys
seacraft ['si:krɑ:ft] *n* **1** *kuop.* jūrų laivai; jūrų laivynas **2** jūreivystės/laivavedybos menas
seadog ['si:dɔg] *n* **1** „jūrų vilkas", senas jūrininkas *(ppr. old ~); ist.* piratas **2** jūros švytėjimas rūke **3** *zool.* ruonis, jūrų šuo
seadrome ['si:drəum] *n* hidroaerodromas
sea-eagle ['si:ˌi:gl] *n zool.* jūrinis erelis
sea-elephant ['si:ˌelɪfənt] *n zool.* jūrų dramblys
seafarer ['si:ˌfɛərə] *n poet.* jūreivis, jūrininkas, jūrų keliautojas
seafaring ['si:ˌfɛərɪŋ] *n* **1** jūreivio profesija **2** jūreivystė, jūrininkystė
a attr jūrinis; jūreivių; jūrininkystės; *~ man* jūreivis

sea-fight ['si:faɪt] *n* jūrų kautynės
sea-fire ['si:ˌfaɪə] *n* naktinis jūros švytėjimas
seaflower ['si:flauə] *n* **1** *bot.* didysis plukenis **2** *zool.* aktinija
seafolk ['si:fəuk] *n* jūrininkai, jūreiviai
seafood ['si:fu:d] *n* jūros produktai/maistas; žuvų, krabų, valgomųjų moliuskų *ir pan.* patiekalai
seafront ['si:frʌnt] *n* miesto dalis, esanti prie jūros, pajūrio bulvaras
sea-gauge ['si:geɪdʒ] *n jūr.* svambalas; lotas; futštokas
seagirt ['si:gə:t] *a poet.* jūrų apjuostas/juosiamas
seagoing ['si:ˌgəuɪŋ] *n* plaukiojimas jūra
a attr **1** tolimojo plaukiojimo *(apie laivą); ~ ship/vessel* jūrlaivis **2** jūreivių; jūrinis, jūrų; *~ hopper* savaeigė jūrinė žemsiurbė
sea-grass ['si:grɑ:s] *n bot.* jūrų žolė, jūrinis andras
sea-green [ˌsi:'gri:n] *a* jūros bangų spalvos ◊ *~ incorruptible (ypač iron.)* nesavanaudis idealistas; nepaperkamasis
seagull ['si:gʌl] *n zool.* kiras
sea-hare ['si:hɛə] *n zool.* jūrų kiškis *(moliuskas)*
sea-hen ['si:hen] *n zool.* ciegorius *(žuvis)*
seahorse ['si:hɔ:s] *n zool.* **1** jūrų arkliukas **2** jūrų vėplys
sea-jelly ['si:ˌdʒelɪ] *n* medūza
seakale ['si:keɪl] *n bot.* pajūrinė balža
sea-king ['si:kɪŋ] *n ist.* konungas *(vikingų vadas)*
seal[1] [si:l] *n* **1** *zool.* ruonis; *hooded/bladder-nose* ~ jūrų dramblys; *eared* ~ žieduotasis/karčiuotasis ruonis; *fur ~ (jūrų)* kotikas **2** ruonena *(kailis)*
v medžioti ruonius
seal[2] *n* **1** antspaudas; įspaudas, plomba; *(fabriko)* ženklas; *Privy S.* a) mažasis valstybės antspaudas; b) valstybės antspaudo saugotojas *(t. p. Lord Privy S.); State S., Great S.* didysis valstybės antspaudas; *to receive the* ~ sutikti priimti kanclerio/ministro postą; *to put/set one's* ~ *(on)* uždėti antspaudą *(t. p. prk.);* patvirtinti; *under my hand and* ~ *teis.* su mano parašu ir antspaudu; *under the* ~ *of secrecy/silence/confidence* su sąlyga laikyti paslaptį **2** *prk.* žymė, antspaudas; *the* ~ *of death* mirties žymė; *the* ~ *of approval* pritarimo ženklas **3** *prk.* laidas; *~ of love* meilės laidas *(pabučiavimas, kūdikis ir pan.)* **4** *tech.* izoliacinis sluoksnis, izoliacija; tarpiklis; sandarinimas **5** *hidr.* uždoris, užtvara ◊ *to set the* ~ *(on)* a) duoti pritarimą *(kam);* b) įtvirtinti *(pergalę ir pan.)*
v **1** antspauduoti; dėti antspaudą, patvirtinti antspaudu **2** patvirtinti *(sandorį ir pan.)* **3** galutinai nuspręsti; *his fate is ~ed* jo likimas nuspręstas **4** užantspauduoti, užplombuoti *(t. p. ~ up); his lips are ~ed (up)* jo burna užčiaupta; jis privalo tylėti **5** *(t. p. ~ up)* hermetiškai uždaryti; izoliuoti; sandarinti, užtaisyti, užtepti, užklijuoti *(plyšį, langą ir pan.); sleep ~ed his eyes* miegas užmerkė jam akis **6** pažymėti; *death has ~ed his face* jo veide mirties žymė ☐ *~ in* išlaikyti, neleisti išnykti/išeiti *(kvapui); ~ off* apsupti *(pastatą, teritoriją);* užtverti, uždaryti *(gatvę ir pan.)*
Sealab ['si:læb] *n* (sea laboratory *sutr.*) povandeninė laboratorija
sea-lane ['si:leɪn] *n* **1** jūrų trasa/kelias **2** *pl kar.* jūrų komunikacijos
sealant ['si:lənt] *n tech.* sandariklis, hermetikas; sandarinimo glaistas
sealed [si:ld] *a* **1** užantspauduotas; patvirtintas **2** sandarus, hermetiškas **3** nežinomas; nesuprantamas; *it is a ~ book to me* man tai nesuprantama/mįslė ◊ *~ orders* slaptas įsakymas *(užantspauduotame pakete)*

sea-legs ['si:legz] *n pl: to find/get/have one's ~ juok.* priprasti prie jūros supimo
sealer[1] ['si:lə] *n* **1** ruonių medžiotojas **2** ruonių medžioklės laivas
sealer[2] *n* sandarus apsauginis sluoksnis
sealery ['si:lərı] *n* ruonių gulykla
sea-letter ['si:ˌletə] *n (neutralaus laivo)* jūrų pasas *(karo metu)*
sea-level ['si:ˌlevl] *n* jūros lygis; *1,000 m above ~* 1000 m virš jūros lygio
seal-fishery ['si:lˌfɪʃərı] *n* ruonių medžioklė
sea-line ['si:laın] *n* **1** kranto linija **2** horizonto linija *(jūroje)* **3** valas *(žvejoti jūroje)* **4** *jūr.* lynas
sealing[1] ['si:lıŋ] *n* ruonių medžioklė
sealing[2] *n* sandarinimas
sealing-wax ['si:lıŋwæks] *n* smalka, kietasis lakas
sea-lion ['si:ˌlaıən] *n zool.* jūrų liūtas
seal-ring ['si:lrıŋ] *n* žiedas su antspauduku
sealskin ['si:lskın] *n* **1** ruonena, ruonio kailis **2** ruonio kailio apsiaustas; kotiko kailiniai
seam [si:m] *n* **1** siūlė **2** randas, rumbė; raukšlė **3** *geol.* tarpsluoksnis; klodas **4** *tech. (sulituotoji)* siūlė; užlankas ◊ *to break/come/fall apart at the ~s* suirti, žlugti *(apie susitarimą, reikalą ir pan.); bursting/bulging at the ~s* perpildytas, pilnutėlis *(apie patalpą, lagaminą)*
v **1** *(ppr. pII)* išvagoti, išraižyti *(with)* **2** (su)siūti *(t. p. ~ together)*
seamaid ['si:meıd] *n poet.* undinė; jūrų nimfa
seaman ['si:mən] *n (pl* -men [-mən]) jūrininkas, jūreivis; *~s blouse* jūrinikė
seamanship ['si:mənʃıp] *n* jūrininkystė, jūreivystė; praktika jūroje
sea-mark ['si:mɑ:k] *n* **1** navigacijos ženklas *(švyturys, orientyras, plūduras ir pan.)* **2** *(jūros)* vandens lygio linija
seamed [si:md] *a* **1** su siūle; *~ stockings* kojinės su siūle **2** raukšlių išvagotas *(apie veidą)*
seamless ['si:mləs] *a* **1** be siūlių *(apie drabužį)* **2** iš vieno gabalo, vientisas **3** *tech.* besiūlis, trauktinis *(apie vamzdį)*
sea-monster ['si:ˌmɔnstə] *n* jūros pabaisa
seamount ['si:maunt] *n* povandeninis kalnas
seamstress ['si:mstrıs, 'semstrıs] *n* siuvėja
seamy ['si:mı] *a* rumbuotas, randuotas; su siūlėmis; *the ~ side* išvirkščioji pusė *(t. p. prk.); the ~ side of life* išvirkščioji/blogoji gyvenimo pusė
seance ['seıɑ:ns] *pr. n* **1** spiritizmo seansas **2** *ret.* posėdis, susirinkimas
sea-otter ['si:ˌɔtə] *n zool.* kalanas, jūrinė ūdra
sea-pay ['si:peı] *n jūr.* alga *(plaukiojimo metu)*
sea-pen ['si:pen] *n zool.* jūrinė plunksna *(koralas)*
sea-pie ['si:paı] *n* lašiniuotis, pyragaitis su sūdyta mėsa
sea-piece ['si:pi:s] *n men.* jūros peizažas, marina
sea-pike ['si:paık] *n zool.* jūrinė lydeka
seaplane ['si:pleın] *n* vandens lėktuvas, hidroplanas, jūrų aviacijos lėktuvas
seaport ['si:pɔ:t] *n* jūrų uostas; uostamiestis *(t. p. ~ town)*
sea-power ['si:ˌpauə] *n* **1** karinio laivyno galia **2** šalis, turinti galingą laivyną; *~ nation* jūrų valstybė
seaquake ['si:kweık] *n* povandeninis žemės drebėjimas
seaquarium [si:'kwɛərıəm] *n* okeanariumas
sear[1] [sıə] *a knyg.* nuvytęs, sudžiūvęs ◊ *the ~ and yellow leaf* a) ruduo; b) senatvė
v **1** apvirti, apskrudinti *(mėsą smarkia ugnimi)* **2** deginti, svilinti; *to ~ a wound* pridegint žaizdą **3** *prk.* atbukinti; užkietinti *(širdį)* **4** *knyg.* džiovinti; džiūti, vysti

sear[2] *n kar.* paleidimo svirtis
search [sə:tʃ] *n* **1** ieškojimas *(for); to be in ~ (of)* ieškoti *(ko); I am in ~ of an answer* aš ieškau atsakymo **2** *(ypač teis.)* paieška; krata, apieškojimas; *to carry out a ~* daryti kratą; *right of ~* teisė daryti kratą neutralios šalies laive **3** tyri(nėji)mas, ieškojimas **4** *komp.* paieška; *~ key* paieškos raktas
v **1** ieškoti *(for)* **2** krėsti, daryti kratą; apieškoti, perkratyti *(kišenes ir pan.)* **3** tirti, tyrinėti; *to ~ one's heart* analizuoti savo jausmus **4** zonduoti *(žaizdą)* **5** skverbtis, prasiskverbti; *the cold wind ~ed every part of the house* šaltas vėjas skverbėsi į visus namo kampus ▢ *~ out* suieškoti; surasti ◊ *~ me! šnek.* iš kur aš galiu žinoti!
searching ['sə:tʃıŋ] *a* **1** kruopštus *(apie tyrimą ir pan.)* **2** tiriamas, tiriantis *(apie žvilgsnį)* **3** skvarbus, žvarbus *(apie vėją, šaltį)*
n: ~s of heart sąžinės graužimas
searchlight ['sə:tʃlaıt] *n* prožektorius
search-party ['sə:tʃˌpɑ:tı] *n* paieškos būrys/grupė
search-warrant ['sə:tʃˌwɔrənt] *n teis.* kratos orderis
seared [sıəd] *a* atbukintas, susilpnintas; susilpnėjęs; *~ vigilance* susilpnėjęs budrumas
searing ['sıərıŋ] *a* **1** deginantis *(apie skausmą)* **2** karštas **3** griežtas, smarkus *(apie kritiką ir pan.)*
sea-rocket ['si:rɔkıt] *n bot.* stoklė
sea-room ['si:rum] *n jūr.* plotas laivui manevruoti
sea-rover ['si:ˌrəuvə] *n* **1** piratas **2** piratų laivas
sea-sand ['si:sænd] *n* **1** jūros smiltys; pajūrio smėlis **2** *pl* paplūdimys
seascape ['si:skeıp] *n =* **sea-piece**
sea-serpent ['si:ˌsə:pənt] *n* **1** = **sea-snake 2** *mit.* hidra
seashell ['si:ʃel] *n* geldelė, kiaukutas
seashore ['si:ʃɔ:] *n* **1** jūros krantas; pajūris **2** *teis.* pakrantės juosta, užliejama potvynio, atatvanas
seasick ['si:sık] *a* sergantis jūrlige
seasickness ['si:sıknıs] *n* jūros liga, jūrligė
seaside ['si:saıd] *n* **1** pajūrio kurortas *(t. p. ~ resort)* **2** = **seashore** 1
sea-snail ['si:sneıl] *n zool.* plokštys *(žuvis)*
sea-snake ['si:sneık] *n zool.* jūrinė gyvatė
season ['si:zn] *n* **1** metų laikas **2** laikas, metas, laikotarpis; *in the ~ of my youth* mano jaunystės metais; *harvest ~* derliaus nuėmimo laikas **3** sezonas; *high/peak ~* pats sezonas, sezono įkarštis; *low ~* ne sezonas, ne sezono metas; *football ~* futbolo sezonas; *fishing ~* žūklės sezonas; *close ~* laikas, kai uždrausta medžioklė/žūklė; *open ~* medžioklės/žūklės sezonas; *in [off] ~* sezono [ne sezono] metu **4** *šnek.* = **season-ticket** ◊ *in ~* laiku, *dar žr.* 3; *out of ~* ne laiku; *in ~ and out of ~* visada, nuolat; kada reikia ir kada nereikia; *~'s greetings* šventiniai sveikinimai *(ypač kalėdiniai atvirukai)*
v **1** pagardinti, paskaninti, dėti prieskonių; *~ your tomatoes with pepper* pasiskaninkite pomidorus pipirais **2** *prk.* (pa)daryti pikantišką; pagyvinti *(pokalbį)* **3** ruošti vartoti; džiovinti *(medieną);* išlaikyti *(vyną)* **4** už(si)grūdinti, aklimatizuoti(s), pripratinti; *cattle ~ed to diseases* galvijai, atsparūs ligoms
seasonable ['si:znəbl] *a* **1** atitinkantis sezoną; *~ weather* oras, įprastas metų laikui **2** daromas reikiamu laiku; tinkamas; *the help came at a most ~ time* pagalba atėjo pačiu tinkamiausiu momentu
seasonal ['si:znəl] *a* **1** sezoninis; *~ workers [jobs]* sezoniniai darbininkai [darbai] **2** šventinis, šventiškas *(ypač apie Kalėdas)*

seasonally ['si:zənəlɪ] *adv* sezoniškai, atsižvelgiant į sezoną, į metų laiką

seasoned ['si:znd] *a* **1** išlaikytas *(apie vyną ir pan.)* **2** užgrūdintas, daug matęs; **~ soldier** užgrūdintas karys; **with ~ eye** prityrusia akimi **3** *kul.* pagardintas, su prieskoniais

seasoning ['si:znɪŋ] *n* **1** *kul.* paskaninimas; uždaras, prieskoniai **2** *(vyno ir pan.)* išlaikymas **3** aklimatizavimas(is), už(si)grūdinimas **4** tai, kas žadina susidomėjimą, teikia įvairumo/gyvumo

season-ticket ['si:znˌtɪkɪt] *n* **1** sezoninis bilietas **2** abonementas *(į teatrą, koncertus, rungtynes)*

sea-star ['si:stɑ:] *n zool.* jūrų žvaigždė

seat [si:t] *n* **1** vieta atsisėsti; sėdynė, kėdė, suolas; **back ~** a) *(automobilio)* užpakalinė sėdynė; b) *prk.* ne tokia svarbi padėtis; **driver ~** vairuotojo sėdynė; **~ back** sėdynės nugarėlė; **passenger ~** vieta šalia vairuotojo; **to take/have a ~** sėstis; **garden ~** sodo suolelis; **jump ~** atverčiamoji kėdė; **to keep one's ~** sėdėti **2** vieta *(teatre, parlamente ir pan.)*; **to keep a ~ warm for smb** laikyti kam vietą *(laikinai pavaduojant)*; **take two ~s for "Hamlet"** paimkite du bilietus į „Hamletą"; **he has a ~ on the board of directors** jis valdybos narys; **to win a ~** būti išrinktam į parlamentą; **to lose one's ~** nebūti perrinktam į parlamentą; **to book/reserve ~s** užsakyti bilietus iš anksto **3** *(kėdės, žmogaus, drabužio)* sėdynė **4** sėdėsena, laikysena *(jojant)* **5** vieta, buveinė, būstinė; centras; **the ~ of the disease is the lungs** liga lokalizavosi plaučiuose; **the ~ of the Government** vyriausybės būstinė **6** dvaras, sodyba *(t. p. country ~)* **7** *tech. (vožtuvo)* lizdas **8** *tech.* atraminis paviršius **9** *geol.* sluoksnio padas ◊ **to take a back ~** pasitraukti *(užleidžiant svarbesnį vaidmenį kitam)*; **the ~ of war** karo veiksmų teatras; **to be on the anxious ~** *amer.* ≡ sėdėti kaip ant adatų; nerimastauti; **by the ~ of one's pants** savo galva, savarankiškai

v **1** (pa)sodinti; *refl* atsisėsti; **is everybody ~ed?** ar visi susėdo?; **please be ~ed** prašom sėstis **2** sutalpinti; susodinti; **the hall will ~ 3000** salėje 3000 vietų; **don't ~ Irene and Tom next to each other** nesusodinkite Irenos ir Tomo šalia **3** iš(si)sėdėti, išdubti **4** taisyti *(drabužių, kėdės)* sėdynę **5** į(si)statyti *(ypač tech.)* **6** *ret.* prastumti *(kandidatą į parlamentą)*; į(si)taisyti į tarnybą

seat-belt ['si:tbelt] *n aut., av.* saugos diržas

-seater [-'si:tə] *(sudurt. žodžiuose)* -vietis; **four-~** keturvietis

seating ['si:tɪŋ] *n* **1** *(svečių ir pan.)* pasodinimas, susodinimas **2** *kuop.* sėdimos vietos *(t. p. ~ room)*

seatmate ['si:tmeɪt] *n amer.* kaimynas *(sėdint autobuse ir pan.)*

sea-trout ['si:traut] *n zool.* šlakys

sea-turn ['si:tə:n] *n* vėjas nuo jūros

sea-urchin ['si:ˌə:tʃɪn] *n zool.* jūrų ežys

seawall [ˌsi:'wɔ:l] *n* damba, pylimas *(apsaugoti nuo jūros potvynių)*

seaward ['si:wəd] *a* nukreiptas į jūros pusę, jūros link *adv* jūros link

seawards ['si:wədz] = **seaward** *adv*

seaway ['si:weɪ] *n* **1** jūros kelias **2** laivakelis, farvateris **3** laivo plaukimas pirmyn **4** banguota jūra; **in a heavy ~** audringu oru

seaweed ['si:wi:d] *n bot.* jūros dumbliai

sea-wind ['si:wɪnd] *n* = **sea-breeze**

seaworthy ['si:wə:ðɪ] *a* tinkamas plaukioti, gerai įrengtas, gerų navigacinių savybių *(apie laivą)*

sebaceous [sɪ'beɪʃəs] *a fiziol.* riebalinis; **~ glands** riebalų liaukos

Sebastian [sɪ'bæstɪən] *n* Sebastijonas, Sebastianas *(vardas)*

seborrh(o)ea [ˌsebə'ri:ə] *n med.* seborėja

sebum ['si:bəm] *n fiziol. (odos)* riebalai

sec¹ [sek] *pr. a* sausas *(apie vyną)*

sec² *n* (second *sutr.*) *šnek.* sekundė; **just a ~, hang on a ~, wait a ~** palauk sekundę/minutę

secant ['si:kənt] *mat. n* kirstinė; sekantas *a* kertamasis, kertantysis

secateurs ['sekətə:z] *pr. n pl* sodo žirklės, sekatorius

secede [sɪ'si:d] *v knyg.* atsiskirti, atskilti, pasitraukti, išstoti *(iš partijos, sąjungos, bažnyčios ir pan.)*

secernent [sɪ'sə:nənt] *a fiziol.* išskiriamasis, sekrecijos

secession [sɪ'seʃn] *n knyg.* atsiskyrimas, atskilimas, pasitraukimas, išstojimas *(iš partijos, sąjungos ir pan.)*

secessionist [sɪ'seʃnɪst] *n knyg.* atsimetėlis, atskilėlis; separatistas

seclude [sɪ'klu:d] *v* atskirti, izoliuoti; **to ~ oneself from society** pasitraukti iš visuomenės; gyventi atsiskyrus nuo visuomenės

secluded [sɪ'klu:dɪd] *a* atsiskyręs, izoliuotas; nuošalus, vienišas; **~ life** atsiskyrėliškas/vienišas gyvenimas

seclusion [sɪ'klu:ʒn] *n* **1** at(si)skyrimas, izoliavimas; pasitraukimas **2** nuošalumas; vienuma; **to live in ~** gyventi vienumoje **3** nuošali vieta

second¹ ['sekənd] <*num, a, n, v, adv*> *num ord* antras; **February is the ~ month of the year** vasaris – antras metų mėnuo; **a ~ year student at University** universiteto antro kurso studentas

a **1** antras, kitas; **a ~ pair of shoes** kita pora batų; **~ nature** antrasis prigimimas; **~ birth** atgimimas; **the ~ largest city** antras pagal didumą miestas; **he won't get a ~ chance** jis neturės kitos tokios galimybės **2** pakartotinis; **~ ballot** perbalsavimas **3** papildomas, pridėtinis; **a ~ helping** *(valgio)* papildoma porcija; **will you have a ~ cup of tea?** jums dar puoduką arbatos? **4** antrinis; antraeilis; **~ cabin** antrosios klasės kajutė; **~ lieutenant** jaunesnysis leitenantas; **the ~ officer** *(laivo)* kapitono pavaduotojas; antrasis šturmanas; **~ division** a) žemesnieji valstybinių įstaigų darbuotojai; b) *teis.* antroji įkalinimo stadija *(D. Britanijoje)*; **~ violin/fiddle** antrasis smuikas; **to play ~ fiddle/string** *prk.* groti antruoju smuiku ◊ **~ only** *(to)* nusileidžiantis *(kuo)* tik...; **~ to none** neprilygstamas, vienintelis

n **1** padėjėjas; žemesnio rango asmuo; pavaduotojas; **~ in command** *kar.* vado pavaduotojas **2** asmuo, gaunantis antros vietos prizą/premiją; **he was a good ~** jis pasiekė finišą beveik drauge su pirmuoju **3** antrasis *(ne aukščiausias)* įvertinimas *(D. Britanijos universitetuose)* **4** *(traukinio, garlaivio ir pan.)* antroji klasė; **to go ~** vykti antrosios klasės vagone/kajutėje **5** sekundantas **6** (**the ~**) *(mėnesio)* antroji diena **7** *pl* antros rūšies prekės *(ypač brokuotos)*; **these shoes are ~s** šie batai yra antros rūšies **8** *pl šnek. (valgio)* antra *(pakartota)* porcija **9** *(pasiūlymo)* palaikymas; pritarimas **10** *muz.* antrasis balsas; altas **11** *aut.* antroji pavara

v **1** palaikyti, (pa)remti; pritarti; **to ~ a motion** paremti pasiūlymą **2** *knyg.* patvirtinti, paremti; **to ~ words with deeds** žodžius patvirtinti darbais **3** būti sekundantu **4** dainuoti antruoju balsu **5** [sɪ'kɔnd] *(ppr. pass.) (ypač kar.)* perkelti, laikinai komandiruoti

adv **1** antra **2** antras; antroje grupėje; **to speak ~** kalbėti antram

second² *n* **1** sekundė *(t. p. geom.)*; **the whole operation takes about thirty ~s** visa operacija trunka apie 30 sekundžių **2** momentas, akimirka; **just a ~, wait a ~** pa-

secondary 812 **secure**

lauk minutėlę; *I shall finish in a few ~s* aš baigsiu po keleto minučių
secondary ['sekəndᵊrɪ] *a* **1** antrinis; antraeilis, šalutinis; *~ matter* antraeilis dalykas; *~ stress* antrinis/šalutinis kirtis; *~ parts of the sentence* antrininkės sakinio dalys; *~ evidence* teis. išvestiniai/netiesioginiai įrodymai; *~ planet* planetos palydovas; *~ winding* el. antrinė apvija **2** vidurinis *(apie mokyklą ir pan.); ~ education* vidurinis išsilavinimas **3** geol. mezozojinis
n **1** antraeilis dalykas/asmuo **2** vidurinė mokykla
second-best ['sekənd'best] *a* antras pagal gerumą, geresnysis *(bet ne pats geriausias)* ◊ *to come off ~* pralaimėti nugalėtojui, būti antruoju
n antroji *(prastesnė)* išeitis/galimybė
second-class ['sekənd'klɑ:s] *a* **1** antrosios klasės; *~ passenger* antrosios klasės keleivis **2** antrarūšis; *~ citizens* antrarūšiai piliečiai
second-degree ['sekənddɪ'gri:] *a med.* antrojo laipsnio *(apie nudegimą)*
seconder ['sekəndə] *n* asmuo, remiantis pasiūlymą, pritarėjas, šalininkas
second-guess [ˌsekənd'ges] *v* **1** numatyti, įspėti *(kieno veiksmus, kas atsitiks)* **2** apsigalvoti *(kartais po laiko)* **3** amer. kritikuoti *(po laiko)*
second-hand¹ [ˌsekənd'hænd] *a* **1** (pa)naudotas, vartotas, dėvėtas; nenaujas; *~ furniture* padėvėti baldai; *~ idea* nenauja mintis; *~ shop* komiso parduotuvė **2** iš antrų lūpų, iš netiesioginių šaltinių *(apie žinias, informaciją ir pan.)*
second-hand² ['sekəndhænd] *n* **1** sekundininkas **2** *(viršininko ir pan.)* padėjėjas, dešinioji ranka
second-in-command [ˌsekəndɪnkə'mɑ:nd] *n* vado/viršininko pavaduotojas
secondly ['sekəndlɪ] *adv* antra
second-mark ['sekəndmɑ:k] *n spec.* sekundės ženklas (")
secondment [sɪ'kɔndmənt] *n* komandiruotė, komandiruotės laikas
second-rate ['sekənd'reɪt] *a* **1** antrarūšis; antraeilis; *~ grain/corn* antros rūšies grūdai, antralakiai **2** vidutiniškas
second-rater [ˌsekənd'reɪtə] *n* vidutinybė; vidutiniškos vertės daiktas *(apie paveikslus, brangenybes ir pan.)*
second-string ['sekənd'strɪŋ] *a attr* pakaitinis, antrasis, atsarginis *(t. p. sport.)*
secrecy ['si:krəsɪ] *n* **1** slaptumas; paslaptis, *in ~* slaptai, paslaptyje; *I'm sworn to ~, I promised ~* aš pažadėjau laikyti paslaptį **2** mokėjimas laikyti paslaptį; slapumas
secret ['si:krɪt] *n* paslaptis; *in ~* a) slapta(i), slaptomis; b) kaip paslaptį; *to be in the ~* žinoti paslaptį; *to keep a ~* (iš)laikyti paslaptį; *open ~* „vieša paslaptis", visiems žinomas dalykas; *dead/dark ~* didžiulė paslaptis; *trade ~* profesinė/gamybinė paslaptis; *the ~ of success* pasisekimo paslaptis; *to make no ~ of the fact that ...* neslėpti, kad ...
a **1** slaptas, slaptingas; *~ order [wish]* slaptas įsakymas [noras]; *~ treaty* slapta sutartis; *to keep smth ~* laikyti ką paslaptyje; *top ~* visiškai slaptai *(užrašas)* **2** slapus; uždaras **3** nuošalus
secretaire [ˌsekrɪ'tɛə] *pr. n* sekreteras, rašomasis stalas
secretarial [ˌsekrə'tɛərɪəl] *a* sekretoriaus
secretariat [ˌsekrə'tɛərɪət] *n* **1** sekretoriatas **2** sekretorystė, sekretoriavimas
secretary¹ ['sekrətrɪ] *n* **1** *(įv. reikšm.)* sekretorius; *private ~* asmeninis sekretorius; *~ to the meeting* susirinkimo sekretorius **2** ministras; viceministras, ministerijos sekretorius; *S. of State* a) ministras *(D. Britanijoje);* b) valstybės sekretorius, užsienio reikalų ministras *(JAV); S. of State for Foreign Affairs, the Foreign S.* užsienio reikalų ministras *(D. Britanijoje); S. of State for Home Affairs, Home S.* vidaus reikalų ministras *(D. Britanijoje); the First S. at the British Embassy* pirmasis D. Britanijos ambasados sekretorius
secretary² *n amer.* = **secretaire**
secretary-bird ['sekrətrɪˌbə:d] *n zool.* sekretorius *(paukštis)*
secretary-general [ˌsekrətrɪ'dʒenᵊrəl] *n* generalinis sekretorius
secretaryship ['sekrətrɪʃɪp] *n* sekretorystė, sekretoriavimas
secrete [sɪ'kri:t] *v* **1** *fiziol.* išskirti **2** (pa)slėpti
secretion [sɪ'kri:ʃn] *n* **1** *fiziol.* sekrecija, išskyrimas; išskyros **2** slėpimas
secretive ['si:krətɪv, sɪ'kri:tɪv] *a* **1** slapus, uždaras; *to be ~* slapukauti **2** = **secretory**
secretly ['si:krɪtlɪ] *adv* slaptai, (pa)slapčia, (pa)slapčiom(is)
secretory [sɪ'kri:tərɪ] *a fiziol.* sekrecijos, išskiriamasis
sect [sekt] *n* sekta, atskala
sectarian [sek'tɛərɪən] *a* **1** sektų, sektantiškas; atskalūniškas **2** siaurų pažiūrų, ribotas
n **1** sektantas; fanatikas **2** *ist.* atskalūnas
sectarianism [sek'tɛərɪənɪzm] *n* sektantiškumas, sektantizmas
section ['sekʃn] *n* **1** sekcija, dalis, skyrius; *built in ~s* išardomas, surenkamas *(apie baldus ir pan.); the ~ of a machine* mašinos dalis; *~s of a store* parduotuvės sekcijos/skyriai; *wide ~s of a population* platieji gyventojų sluoksniai **2** *(knygos ir pan.)* skyrius, poskyris; paragrafas, skirsnis; *the sports ~* sporto skyrius/skyrelis *(laikraštyje)* **3** atkarpa; atpjova, nuopjova, segmentas; *~s of an orange* apelsino skiltys **4** *spec.* pjūvis; profilis; *conic ~ geom.* kūgio pjūvis **5** *med.* skrodimas, pjūvis **6** *amer. (miesto)* kvartalas, rajonas **7** *amer. (geležinkelio)* ruožas; *~ gang* ruožo darbininkų brigada **8** *amer. (miegamojo vagono)* kupė **9** *kar.* skyrius; būrys
v **1** dalyti, skirstyti į dalis **2** pateikti/parodyti pjūviu **3** *med.* išpjauti; skrosti, padaryti pjūvį ▢ *~ off* atskirti, padalyti *(plotą)*
sectional ['sekʃənl] *a* **1** sekcinis; *~ meetings* posėdžiai sekcijose; *~ furniture* sekciniai/surenkamieji baldai **2** vietinis; grupinis, dalinis; *~ interests* grupiniai/vietiniai interesai **3** pjūvio; *~ view* pjūvio vaizdas
sectionalism ['sekʃnəlɪzm] *n* grupiškumas; vietiškumas
section-mark ['sekʃnmɑ:k] *n* paragrafo ženklas (§)
sector ['sektə] *n* **1** *(įv. reikšm.)* sektorius; *~ of the circle geom.* skritulio sektorius/išpjova; *~ for throws sport.* metimų sektorius; *private ~ ekon.* privatusis sektorius **2** dalis, plotas, ruožas **3** *pl (gyventojų ir pan.)* sluoksniai **4** *tech.* kulisė
sectorial [sek'tɔ:rɪəl] *a* sektorinis, sektoriaus
secular ['sekjulə] *a* **1** šimtmetinis; įvykstantis kartą per 100 metų **2** pasaulietiškas, pasaulietinis; *~ art* pasaulietiškas menas; *the ~ power* pasaulietiškoji valdžia **3** *astr.* sekuliarinis
n **1** pasaulietis **2** dvasininkas nevienuolis
secularism ['sekjulərɪzm] *n* sekuliarizmas, kova už mokyklos atskyrimą nuo bažnyčios
secularist ['sekjulərɪst] *n* pasaulietiškos mokyklos šalininkas
secularization [ˌsekjulərɑɪ'zeɪʃn] *n* sekuliarizacija, supasaulietinimas
secularize ['sekjulərɑɪz] *v* sekuliarizuoti, supasaulietinti
secure [sɪ'kjuə] *a* **1** saugus, patikimas; nepavojingas; *~ hiding place* patikima slaptavietė; *the town is ~* miestui negresia pavojus **2** patikimai saugojamas; *they have*

securiform 813 **see²**

got him ~ jis nepaspruks **3** tvirtas; *~ stronghold* neįveikiama tvirtovė; *~ foundation* tvirtas pagrindas; *he made the boat* ~ jis tvirtai pririšo valtį **4** garantuotas, užtikrintas; *he has a ~ job* jis turi garantuotą darbą **5** ramus, be rūpesčių; *to feel ~ about the future* būti ramiam dėl ateities; *to live a ~ life* gyventi ramiai, be rūpesčių **6** tikras, įsitikinęs *(of); to be ~ of success* būti tikram, kad pasiseks
v **1** gauti, išsirūpinti; *to ~ tickets for a play* gauti bilietus į spektaklį **2** pasiekti *(tikslą ir pan.); to ~ one's object/ends* pasiekti savo tikslą; *to ~ victory* pasiekti pergalę **3** užtikrinti, garantuoti; apdrausti; *to ~ oneself against danger* apsidrausti nuo pavojaus **4** pasirūpinti apsauga, (ap)saugoti; sustiprinti *(miestą, vietovę ir pan.)* **5** uždaryti, užstumti; pritvirtinti; sutvirtinti, užtverti, užblokuoti *(įėjimą ir pan.); to ~ the windows (gerai, stipriai)* uždaryti langus **6** *med.* užspausti *(kraujagyslę, kad nekraujuotų)* **7** *ret.* suimti; *the thief was ~d* vagį suėmė **8** *kar.* užimti
securiform [sɪˈkjuərɪfɔːm] *a spec.* kirvio pavidalo
securitize [sɪˈkjuərɪtaɪz] *v fin.* paversti *(paskolą)* investicijomis
security [sɪˈkjuərətɪ] *n* **1** saugumas; *national ~* valstybės saugumas; *~ measures* saugos priemonės **2** patikimumas; įsitikinimas; *~ risk* nepatikimas asmuo **3** apsauga; *~ guard* a) *(vertingo krovinio ir pan.)* ginkluotas palydovas; b) *pl* ginkluotoji apsauga **4** užtikrinimas, garantija; garantas; įkaitas **5** laiduotojas **6** *pl* vertybiniai popieriai; *government securities* vyriausybės vertybiniai popieriai
sedan [sɪˈdæn] *n* **1** *amer., austral. aut.* sedanas **2** *ist.* portšezas; dengti neštuvai, palankinas *(t. p. ~ chair)*
sedate¹ [sɪˈdeɪt] *a* ramus; rimtas, orus, solidus
sedate² *v* (nu)raminti *(ligonį vaistais)*
sedation [sɪˈdeɪʃn] *n med.* (nu)raminimas
sedative [ˈsedətɪv] *a* **1** raminamasis, raminantis; malšinantis skausmą **2** migdomasis
n raminamieji/migdomieji vaistai, sedatyvas
sedentary [ˈsedntərɪ] *a* sėdimas; sėslus; *~ life* sėdimas/sėslus gyvenimo būdas; *~ job* sėdimas darbas; *~ birds* nemigruojantys/sėslūs paukščiai
sedge [sedʒ] *n bot.* viksva; *flat ~* viksvuolė
sedgy [ˈsedʒɪ] *a* **1** viksvinis, viksvų; panašus į viksvą **2** apaugęs viksvomis; *~ pond* apaugęs viksvomis tvenkinys
sedilia [sɪˈdɪlɪə] *n pl* vietos dvasiškiams sėdėti *(prie altoriaus)*
sediment [ˈsedɪmənt] *n* **1** nuosėdos, nuogrimzdos, sedimentai **2** *geol.* nuogulos, nuosėdinės uolienos
sedimentary [ˌsedɪˈmentərɪ] *a (ppr. geol.)* nuosėdinis, nuosėdų
sedimentation [ˌsedɪmənˈteɪʃn] *n geol., chem.* nusėdimas; nuosėdų kaupimasis, sedimentacija
sedition [sɪˈdɪʃn] *n* kurstymas maištauti; antivyriausybinė agitacija/veikla
seditious [sɪˈdɪʃəs] *a* maištingas; ardomasis *(apie darbą)*
seduce [sɪˈdjuːs] *v* **1** (su)vilioti, (su)gundyti; stengtis patraukti; *to ~ smb into a life of crime* įtraukti ką į nusikaltėlių pasaulį **2** suvedžioti *(moterį)*
seducer [sɪˈdjuːsə] *n (tik v.)* suviliotojas; suvedžiotojas
seduction [sɪˈdʌkʃn] *n* **1** (su)viliojimas, (su)gundymas; vilionė, pagunda **2** *(moters)* suvedžiojimas
seductive [sɪˈdʌktɪv] *a* viliojantis, gundantis
seductress [sɪˈdʌktrəs] *n* suviliotoja; suvedžiotoja
sedulity [sɪˈdjuːlətɪ] *n knyg.* uolumas, stropumas
sedulous [ˈsedjuləs] *a knyg.* uolus, stropus, rūpestingas
see¹ [siː] *v* (saw; seen) **1** (pa)matyti, regėti; *a forest could be ~n in the distance* tolumoje buvo matyti miškas; *let me ~ the picture* parodykite man paveikslą **2** apžiūrėti; *the doctor must ~ him* jį turi apžiūrėti gydytojas **3** suprasti; suvokti, permanyti; *I ~* suprantu; štai kaip; *don't you ~?* argi jums neaišku?; *you ~, it happened in this way* suprantate, tai atsitiko taip; *they cannot ~ the advantage* jie negali suprasti pranašumo; *as far as I can ~* kiek aš suprantu; *as I ~ it* kaip aš tai suprantu; *I ~ life differently* aš gyvenimą kitaip suprantu; *I don't ~ how to do it* nesuprantu, kaip tai padaryti **4** pagalvoti; *I will ~ about it* aš apie tai pagalvosiu, aš pažiūrėsiu; *let me ~* leiskite man pagalvoti; palaukite; *we must ~ what can be done* reikia pagalvoti, ką galima padaryti **5** įsivaizduoti; vaidentis; *I can ~ him doing it* aš galiu įsivaizduoti jį tai darant; *you must have been ~ing things* tau turbūt pasivaideno **6** aplankyti; *they went to ~ her* jie nuėjo jos aplankyti; *come to ~ us* ateikite mus aplankyti; aplankykite mus; *can I ~ you on business?* ar galiu pas jus užeiti su reikalais? **7** susitikti, pasimatyti; *we have not ~n you for ages* mes seniai su jumis nesimatėme, mes seniai nebuvome susitikę; *to ~ much, a lot, of smb* dažnai susitikti ką; *I'll be ~ing you next week* aš pas jus užeisiu kitą savaitę; susitiksime kitą savaitę; *~ you later/soon/again!, ~ you!* iki greito pasimatymo!; *~ you (on) Sunday!* iki sekmadienio! **8** sužinoti, pažiūrėti, išsiaiškinti; *I don't know but I'll ~* aš nežinau, bet aš pažiūrėsiu/išsiaiškinsiu; *~ what they want* sužinokite, ko jie nori; *~ for yourself* pažiūrėkite/įsitikinkite pats **9** tartis, konsultuotis; *to ~ a doctor* pasitarti su gydytoju **10** priimti *(lankytojus); I'll ~ no one today* aš šiandien nieko nepriimsiu **11** (pa)lydėti; *he will ~ you home* jis jus palydės namo **12** pasirūpinti, pažiūrėti, prižiūrėti; *to ~ the work done* pasirūpinti, kad darbas būtų atliktas; *to ~ about dinner* pasirūpinti pietumis; *~ to the tickets* pažiūrėkite bilietų, pasirūpinkite bilietais; *who will ~ after the house when you are gone?* kas prižiūrės namą, kai išvažiuosite? **13** patirti, išgyventi; *to ~ life* pamatyti daug pasaulio; pažinti gyvenimą; *these shoes have ~n better days* šie batai visko matė; šie batai sudėvėti/nuplyšę **14** *(džn. imp)* žiūrėti; *to ~ the play* žiūrėti pjesę; *~ page 5* žr. (= žiūrėk) penktą puslapį **15** manyti, laikyti; *not to ~ that it matters* nemanyti, kad tai svarbu; *to ~ fit/proper/right (+ inf)* laikyti tinkama/reikalinga *(ką padaryti)* **16** (iš)nagrinėti; įsigilinti *(into)* □ *~ around = ~ round; ~ in* sutikti *(svečius);* palydėti į vietą, parodyti kelią; *~ off* a) išlydėti, palydėti; *they will ~ her off to the station* jie ją palydės į stotį; b) išvaryti, išvyti; c) sumušti, nugalėti; *~ out* a) išleisti *(pro duris);* palydėti *(iki durų);* b) išgyventi; c) išsėdėti iki galo *(spektaklyje ir pan.);* d) baigti; *~ over/round* apžiūrėti *(patalpas, parodą);* *~ through* a) būti/dalyvauti iki galo; *to ~ the operation through* išbūti iki operacijos galo; b) užbaigti; c) padėti iki galo *(bėdoje); I was sure he would ~ me through* buvau tikras, kad jis manęs nepaliks bėdoje, kad jis mane išgelbės iš bėdos; d) matyti kiaurai, permatyti ◊ *he ~s double* jam akyse dvejinasi; *~ here! amer.* klausyk(it)!; *he will never ~ thirty [forty, etc.] again* jam jau daugiau negu trisdešimt [keturiasdešimt *ir pan.*] metų; *to ~ red/scarlet* įtūžti, įniršti; supykti; *I'll ~ you damned/blowed first šnek.* dar ko, nė nelauk, nė nesitikėk; *to ~ smth coming* numatyti *(sunkumus ir pan.); to ~ smb coming* leistis lengvai apgaunamam
see² *n bažn.* **1** vyskupystė; vyskupija **2** vyskupo sostas; *the Holy S.* popiežiaus sostas; popiežiaus rezidencija

seed [si:d] *n* **1** sėkla; grūdas; *kuop.* sėklos; *to keep for* ~ laikyti sėklai; *to go/run to* ~ a) brandinti sėklą; b) *prk.* apsileisti, nusmukti, sudribti *ir pan.* **2** *prk.* sėkla, daigas, pradžia; *the ~s of discontent* nepasitenkinimo sėkla; *to sow the ~s of doubt in smb's mind* pasėti abejones kieno galvoje **3** *sport.* atrinktas pagal pajėgumą tenisininkas **4** *bibl.* palikuonys; *to raise up* ~ turėti palikuonių **5** *attr* sėklų; sėklinis; *~ grower* sėklų augintojas, sėklininkas; *~ growing/farming* sėklininkystė; *~ plant* sėklinis augalas
v **1** duoti sėklą **2** (pa)sėti *(sėklas);* apsėti *(lauką)* **3** barstyti sėklas *(apie augalus)* **4** išimti sėklas; *to ~ raisins* pašalinti sėklas iš razinų **5** *(ppr. pass) sport.* atsijoti, atrinkti *(tenisininkus); to ~ the draw* išskirstyti stipriausius žaidėjus burtais

seedage ['si:dɪdʒ] *n ž. ū.* augalų dauginimas sėklomis *ar* sporomis

seedbed ['si:dbed] *n* **1** daigynas, šiltlysvė **2** *prk.* terpė, židinys

seedcake ['si:dkeɪk] *n* pyragas/bandelė su kmynais

seedcase ['si:dkeɪs] *n bot.* dėžutė *(vaisius)*

seed-coat ['si:dkəut] *n bot.* luobelė

seed-corn ['si:dkɔ:n] *n* **1** sėkla; sėkliniai grūdai **2** rizikos kapitalas

seed-drill ['si:ddrɪl] *n ž. ū.* eilinė sėjamoji

seeder ['si:də] *n* **1** sėjėjas, sėjikas **2** sėjamoji **3** mašina/ prietaisas sėkloms iš vaisių/uogų pašalinti **4** sėklinis augalas **5** = **seed-fish**

seed-fish ['si:dfɪʃ] *n* ikrius, ikringa žuvis

seedily ['si:dɪlɪ] *adv* vargingai, skurdžiai *(gyventi, rengtis)*

seeding-machine ['si:dɪŋməˌʃi:n] *n* sėjamoji *(mašina)*

seed-leaf ['si:dli:f] *n (pl -leaves* [-li:vz]) *bot.* sėklaskiltė

seedless ['si:dləs] *a bot.* besėklis *(apie vynuoges, medvilnę ir pan.)*

seedling ['si:dlɪŋ] *n* **1** sėjinukas; sodinukas, sodinys, daigas **2** sėklinukas

seedlip ['si:dlɪp] *n* sėtuvė

seed-lobe ['si:dləub] *n bot.* sėklaskiltė

seed-oil ['si:dɔɪl] *n* augalinis aliejus

seed-pearl ['si:dpə:l] *n* smulkus perlas

seed-plot ['si:dplɔt] *n* **1** daigynas, sėklynas, sėklinis sklypas **2** *prk.* židinys

seed-potatoes ['si:dpəˌteɪtəuz] *n pl* sėklinės bulvės

seedsman ['si:dzmən] *n (pl* -men [-mən]) prekiautojas sėklomis, sėklininkas

seedtime ['si:dtaɪm] *n* sėjos metas

seed-vessel ['si:dˌvesl] *n bot.* dėžutė *(vaisius);* apyvaisis

seedy ['si:dɪ] *a* **1** sėklingas, pilnas sėklų **2** ikringas **3** aptriušęs, apskuręs, apsileidęs; apleistas; *~ character* niekingas tipas **4** *šnek.* nesveikas; *to feel ~* prastai jaustis; *to look ~* prastai atrodyti

seeing ['si:ɪŋ] *n* matymas, regėjimas; *~ is believing* ≡ nepatikėsiu, kol nepamatysiu
conj (ppr. ~ that/as) atsižvelgiant į tai, kad; turint omenyje, kad; kadangi; *~ that/as it is late, we shall not wait any longer* kadangi jau vėlu, mes ilgiau nelauksime

seek [si:k] *v* (sought) **1** ieškoti; *it is yet to ~* tai dar nerasta; to dar reikia (pa)ieškoti; *to ~ a quarrel* ieškoti priekabių; *to ~ safety* ieškoti prieglobsčio; *to ~ (for) employment* ieškoti darbo **2** stengtis; siekti, reikalauti; vaikytis *(after); to ~ to make peace* stengtis sutaikyti; *to ~ fame [peace, reelection]* siekti garbės [taikos, perrinkimo]; *to ~ after profit(s)* vaikytis pelno **3** prašyti, kreiptis *(patarimo ir pan.)* ☐ *~ out* suieškoti ◊ *to ~ smb's life* kėsintis į kieno gyvybę; *~ dead! medž.* ieškok!; *nothing ~ nothing find* neieškosi – nerasi; ≡ vilkas bėga, vilkas tunka, vilką kojos peni; *to be much sought after* a) turėti didelę paklausą, būti graibstomam; b) būti populiariam

seeker ['si:kə] *n* ieškotojas *(after, for – ko)*

seel [si:l] *v psn.* **1** užrišti akis *(sakalui)* **2** apakinti; užmerkti akis

seem [si:m] *v* rodytis, atrodyti; *it ~s to me that...* man rodosi, kad...; *it ~s as if/though...* atrodo, tarsi...; *she ~s tired* ji atrodo pavargusi; *he ~s young* jis jaunai atrodo; *what ~s easy to the teacher often ~s difficult to his pupils* kas atrodo lengva mokytojui, tas dažnai atrodo sunku jo mokiniams; *I ~ed to hear smb singing* man pasirodė/ pasigirdo, kad kažkas dainuoja; *he ~s to be ill* jis, atrodo, serga

seeming ['si:mɪŋ] *a* tariamas, netikras, menamas; *~ friendship* tariama draugystė; *~ sincerity* tariamas nuoširdumas

seemingly ['si:mɪŋlɪ] *adv* **1** tariamai **2** *mod* regis; matyt, tikriausiai; *they ~ don't have any problems* regis, jie neturi jokių problemų

seemly ['si:mlɪ] *a knyg.* tinkamas, prideramas; padorus

seen [si:n] *pII žr.* **see**[1]

seep [si:p] *v* sunktis, varvėti, tekėti; smelktis, skverbtis *(into, through)* ☐ *~ away* ištekėti, išbėgti; *~ out* prasiskverbti

seepage ['si:pɪdʒ] *n* **1** sunkimasis; nutekėjimas; protėkis **2** infiltracija **3** *geol. (naftos)* išeiga

seer ['si:ə, sɪə] *n knyg.* pranašas, aiškiaregys

seersucker ['sɪəˌsʌkə] *n tekst.* indiškas medvilninis dryžuotas audinys

seesaw ['si:sɔ:] <*n, a, v, adv*> *n* **1** supimosi lenta **2** supimasis ant lentos; *to play (at) ~* suptis ant lentos **3** svyravimas, supimasis
a **1** judantis į priekį ir atgal *ar* aukštyn ir žemyn **2** svyruojantis; *~ policy* svyruojanti/permaininga politika
v **1** suptis ant lentos **2** judėti į priekį ir atgal *ar* aukštyn ir žemyn **3** svyruoti, būti permainingam/nepastoviam
adv **1** aukštyn ir žemyn, į priekį ir atgal **2** permainingai, nepastoviai; *to go ~* svyruoti

seethe [si:ð] *v* (sod; sodden) virti, kunkuliuoti *(t. p. prk.); to ~ with anger* virti/kunkuliuoti pykčiu

seething ['si:ðɪŋ] *a* **1** verdantis pykčiu, nepaprastai įniršęs **2** knibždėte knibždantis, gausus

see-through ['si:θru:] *a* permatomas *(apie drabužį)*

segment *n* ['segmənt] **1** dalis; *a large ~ of the public* didelė visuomenės dalis **2** *(apelsino ir pan.)* skiltis **3** *spec.* segmentas **4** *geom.* nuopjova; *(linijos)* atkarpa **5** *el.* kolektoriaus plokštelė **6** *tech.* sektorius
v [səg'ment] dalyti(s) į segmentus/dalis/atkarpas *ir pan.*

segmentation [ˌsegmən'teɪʃn] *n* segmentacija, skaidymas; dalijimasis į segmentus

segregate ['segrɪgeɪt] *v* **1** at(si)skirti, iš(si)skirti, izoliuoti(s); segreguoti **2** *spec.* zeigeruoti, likvuoti **3** *geol.* susikaupti, susitelkti

segregated ['segrɪgeɪtɪd] *a* atskirtas, atskiras *(skirtingoms rasėms/lytims/religijoms);* segreguotas

segregation [ˌsegrɪ'geɪʃn] *n* **1** at(si)skyrimas, iš(si)skyrimas, izoliavimas(is); segregacija; *racial ~ polit.* rasinė segregacija **2** *spec.* likvacija, zeigeravimas **3** *stat. (betono ir pan.)* sluoksniavimasis

segregative ['segrɪgeɪtɪv] *a* padedantis išskirti/izoliuoti; segregacinis

seiche [seɪʃ] *n geogr.* seišos, stovinčiosios bangos

seif [seɪf, si:f] *arab. n* barchanas, žemyninė kopa *(dykumose; t. p. ~ dune)*

seigneur [se'njɔ:] *n* = **seignior**
seignior ['seɪnjə] *n ist.* feodalas, dvarininkas, ponas; senjoras ◊ *grand ~* svarbi asmenybė
seigniorage ['seɪnjərɪdʒ] *n ist.* **1** feodalo/senjoro teisė **2** mokestis už teisę kalti pinigus
seigniory ['seɪnjərɪ] *n ist.* **1** feodalinės valdos **2** senjoro valdžia
seine [seɪn] *n* didelis gaubiamasis tinklas *(t. p. ~ net)* *v* žvejoti gaubiamuoju tinklu
Seine [seɪn] *n* Sena *(upė)*
seiner ['seɪnə] *n* seineris *(nedidelis jūrų žvejybos laivas)*
seise [si:z] *v* = **seize** 7
seisin ['si:zɪn] *n* = **seizin**
seism ['saɪzm] *n* žemės drebėjimas
seismic ['saɪzmɪk] *a* seisminis
seismo- ['saɪzmə-] *(sudurt. žodžiuose)* seismo- *(žymint sąsają su Žemės plutos svyravimais); **seismoscope*** seismoskopas
seismograph ['saɪzməgrɑ:f] *n* seismografas
seismology [saɪz'mɒlədʒɪ] *n* seismologija
seize [si:z] *v* **1** (pa)griebti, (pa)čiupti; *to ~ smb's hand* sučiupti ką už rankos **2** užgrobti, užimti; *to ~ power* užgrobti valdžią; *to ~ a fortress* užimti tvirtovę **3** nusitverti, pasinaudoti; *to ~ an opportunity* pasinaudoti proga; *to ~ a suggestion* nusitverti pasiūlymo **4** suprasti, suvokti; *I can't quite ~ your meaning* aš ne visai suprantu jūsų minti **5** *pass* apimti *(apie baimę, paniką ir pan.)*; *he was ~d with terror* jį pagavo baimė **6** *pass* suimti, pagrobti **7** *teis.* konfiskuoti, uždėti areštą, areštuoti **8** *teis.* patvirtinti teisę valdyti; *to be/stand ~d of smth* valdyti ką □ *~ up* a) užsikirsti *(apie variklį)*; įstrigti; b) per(si)tempti *(apie raumenį, kūno dalį)*
seizin ['si:zɪn] *n teis.* žemėvalda *(be apribojimų)*
seizing ['si:zɪŋ] *n* **1** *jūr.* benzelis **2** *tech.* (į)strigimas
seizure ['si:ʒə] *n* **1** *(širdies ir pan.)* smūgis, priepuolis **2** (pa)grobimas, užgrobimas, užėmimas **3** *teis.* konfiskavimas, arešto uždėjimas; poėmis; *~ note* prekių konfiskavimo aktas
sejant ['si:dʒənt] *a her.* tupintis *(apie žvėrį)*
selachian [sɪ'leɪkɪən] *n zool.* kremzlinė žuvis
seldom ['seldəm] *adv* retai, nedažnai
select [sɪ'lekt] *a* **1** rinktinis; atrinktas; *~ society* rinktinė publika **2** išrankus **3** *(prieinamas)* tik išrinktiesiems; *~ part of the city* miesto dalis, kurioje gyvena aukštuomenė/turtingieji **4** *parl.* specialusis *(apie komitetą)* *v* **1** rinkti(s), atrinkti, išrinkti, parinkti **2** *ž. ū.* selekcionuoti □ *~ out* atleisti *(darbuotoją)*; nušalinti *(kandidatūrą)*
selected [sɪ'lektɪd] *a* parinktas, atrinktas; rinktinis; *~ works* rinktiniai raštai, rinktinė; *~ plants* elitiniai augalai
selectee [ˌsɪlek'ti:] *n amer.* pašauktasis į karinę tarnybą, šaukiamasis
selection [sɪ'lekʃn] *n* **1** atrinkimas, parinkimas, išrinkimas; pasirinkimas; *to make one's ~* pasirinkti, išsirinkti **2** rinkinys **3** atrinkti kūriniai, rinktinė **4** *spec.* atranka, selekcija; *natural [artificial] ~ biol.* natūralioji [dirbtinė] atranka **5** *attr* atrankinis, atrankos; selekcinis; *~ cutting* atrankinis kirtimas *(miško)*
selective [sɪ'lektɪv] *a* **1** rinktinis; atrankinis **2** atrankus, išrankus **3** *rad.* atrankus, selektyvus
selectively [sɪ'lektɪvlɪ] *adv* atrankos būdu, atrenkant
selectivity [sɪˌlek'tɪvətɪ] *n spec.* atrankumas, selektyvumas
selector [sɪ'lektə] *n* **1** atrinkėjas **2** smulkus fermeris *(Australijoje)* **3** *tech.* selektorius, rinkiklis
selenite ['selɪnaɪt] *n min.* selenitas, pluoštinis gipsas
selenium [sɪ'li:nɪəm] *n chem.* selenas
seleno- [sɪ'li:nəᵘ-] *(sudurt. terminuose)* seleno- *(žymint sąsają su Mėnuliu);* ***selenocentric*** selenocentrinis
selenography [ˌselɪ'nɒgrəfɪ] *n* selenografija, Mėnulio paviršiaus aprašymas
self [self] *n (pl* selves*)* **1** *(aš)* pats, *(mano)* asmenybė, savasis aš *(t. p. my own/very ~); the study of the ~* savianalizė; *a room for ~ and wife* kambarys man ir žmonai; *to have no thought of ~* negalvoti apie save; *one's better ~* geriausios kieno savybės; *one's former ~* tai, kuo asmuo buvo anksčiau; *one's second ~* artimiausias draugas, dešinioji ranka **2** *kom.*: *your good selves* Jūs *(komerciniuose laiškuose)*; *pay to ~* apmokama tik pateikėjui, pasirašiusiam čekį *(užrašas ant čekio)* ◊ *~ comes first, ~ before all* ≅ savi marškiniai arčiau kūno *a* **1** vienodas *(apie spalvą)* **2** vien(a)spalvis *(apie žiedą, gėlę)*
self- [self-] *pref* **1** savi-, sava-; *self-violence* savižudybė; *self-will* savavaliavimas; *self-confidence* pasitikėjimas savimi; *self-control* savikontrolė; *self-governing* savavaldis **2** *(ypač tech. terminuose)* automatinis, savaiminis; *self-braking* automatinis stabdymas; *self-ignition* savaiminis užsidegimas
self-abandonment [ˌselfə'bændənmənt] *n knyg.* savimarša, pasiaukojimas, negalvojimas apie save
self-abasement [ˌselfə'beɪsmənt] *n knyg.* savinieka, žeminimasis
self-abhorrence [ˌselfəb'hɒrəns] *n knyg.* neapkentimas savęs, bjaurėjimasis savimi
self-abnegation [ˌselfæbnɪ'geɪʃn] *n knyg.* pasiaukojimas, atsidavimas
self-absorbed [ˌselfəb'zɔ:bd] *a* egocentriškas
self-absorption [ˌselfəb'zɔ:bʃn] *n* **1** egocentrizmas **2** *fiz.* autoabsorbcija
self-acting [ˌself'æktɪŋ] *a* automatinis, savaiminio veikimo
self-action [ˌself'ækʃn] *n* automatiškas/savaiminis veiksmas; *fiz.* saviveika
self-actualize [ˌself'æktʃuəlaɪz] *v* pažinti save; parodyti savo sugebėjimus, pasireikšti
self-addressed [ˌselfə'drest] *a* adresuotas pačiam sau *(apie voką, įdėtą į siunčiamą)*
self-adhesive [ˌselfəd'hi:sɪv] *a* lipnus, limpamas *(nesudrėkinus; apie etiketę ir pan.)*
self-adjusting [ˌselfə'dʒʌstɪŋ] *a* automatinio reguliavimo *(apie prietaisą, įrenginį)*; savaime susireguliuojantis/nusistatantis
self-analysis [ˌselfə'nælɪsɪs] *n psich.* autoanalizė
self-appointed [ˌselfə'pɔɪntɪd] *a* apsišaukęs *(kuo); a ~ guardian of morality* apsišaukęs moralės sergėtojas
self-assembly [ˌselfə'semblɪ] *n* paties surenkamas *(iš dalimis pirktų baldų ir pan.)*
self-assertion [ˌselfə'sə:ʃn] *n* atkaklus savo teisių/reikalavimų/nuomonės gynimas
self-assertive [ˌselfə'sə:tɪv] *a* (pernelyg) pasitikintis savimi; atkaklus
self-assumption [ˌselfə'sʌmpʃn] *n* išdidumas, išpuikimas, pasipūtimas
self-assurance [ˌselfə'ʃuərəns] *n* savikliova, (perdėtas) pasitikėjimas/pasikliovimas savimi
self-assured [ˌselfə'ʃuəd] *a* pasikliaunantis savimi, kupinas pasitikėjimo
self-awareness [ˌselfə'wɛənɪs] *n* savimonė
self-balanced [ˌself'bælənst] *a tech.* automatiškai išlyginantis pusiausvyrą
self-binder [ˌself'baɪndə] *n* **1** *ž. ū.* pėdarišė, rišamoji *(mašina)* **2** segtuvas, aplankas *(popieriams susegti)*

self-catering [ˌself'keɪtᵊrɪŋ] *a* suteikiantis galimybę atostogaujančiam pačiam gamintis maistą
self-centred [ˌself'sentəd] *a* egocentriškas; egoistiškas
self-closing [ˌself'kləuzɪŋ] *a* automatiškai užsidarantis
self-cocker [ˌself'kɔkə] *n* automatiškai užsitaisantis pistoletas
self-collected [ˌselfkə'lektɪd] *a* santūrus, susivaldantis; susikaupęs
self-coloured [ˌself'kʌləd] *a* **1** vieno tono *(apie spalvą)*, vien(a)spalvis **2** natūralios spalvos; nedažytas
self-command [ˌselfkə'mɑ:nd] *n* savitvarda, santvarda, mokėjimas susivaldyti
self-communion [ˌselfkə'mju:nɪən] *n knyg.* savianalizė
self-complacency [ˌselfkəm'pleɪsnsɪ] *n* pasitenkinimas savimi
self-complacent [ˌselfkəm'pleɪsnt] *a* patenkintas savimi
self-conceit [ˌselfkən'si:t] *n* savimana, išpuikimas; arogancija
self-condemnation [ˌselfˌkɔndem'neɪʃn] *n* savęs pasmerkimas
self-confessed [ˌselfkən'fest] *a attr* prisipažįstantis, prisipažinęs *(turįs blogą įprotį ir pan.)*
self-confidence [ˌself'kɔnfɪdᵊns] *n* pasitikėjimas/pasikliovimas savimi; **lack of ~** nepasitikėjimas savimi
self-confident [ˌself'kɔnfɪdᵊnt] *a* (perdėtai) pasitikintis savimi, išpuikęs
self-congratulation [ˌselfkənˌgrætʃu'leɪʃn] *n* savigyra, savimana
self-conscious [ˌself'kɔnʃəs] *a* **1** drovus, susidrovėjęs; **to be ~ about one's weight** drovėtis dėl savo svorio **2** turintis savimonę
self-consciousness [ˌself'kɔnʃəsnɪs] *n* **1** drovumas **2** savimonė
self-contained [ˌselfkən'teɪnd] *a* **1** savarankiškas **2** atskiras *(apie butą ir pan.)* **3** uždaras, užsidaręs; susitvardantis **4** *tech.* savaiminis
self-contradiction [ˌselfˌkɔntrə'dɪkʃn] *n* **1** vidinis prieštaravimas **2** prieštaravimas sau
self-contradictory [ˌselfˌkɔntrə'dɪktᵊrɪ] *a* prieštaringas; prieštaraujantis *(pats sau)*
self-control [ˌselfkən'trəul] *n* savitvarda, susivaldymas; savikontrolė; **to lose one's ~** ne(be)susivaldyti; **to practice ~** ugdyti savitvardą
self-cooling [ˌself'ku:lɪŋ] *a tech.* orinio aušinimo, aušinamas oru
self-critical [ˌself'krɪtɪkl] *a* savikritiškas
self-criticism [ˌself'krɪtɪsɪzm] *n* savikritika
self-deceit, self-deception [ˌselfdɪ'si:t, ˌselfdɪ'sepʃn] *n* savęs apgaudinėjimas/apgavimas
self-defeating [ˌselfdɪ'fi:tɪŋ] *a* pasmerktas žlugti/nepasisekti *(dėl vidinių trūkumų)*
self-defence [ˌselfdɪ'fens] *n* savigyna, savisauga; *teis.* būtinoji gintis
self-denial [ˌselfdɪ'naɪəl] *n* pasiaukojimas, atsidavimas, savimarša; **to practise ~** daug ko atsisakyti
self-dependent [ˌselfdɪ'pendənt] *a* savarankiškas
self-deprecating [ˌself'deprɪkeɪtɪŋ] *a* menkinantis save
self-destruct [ˌselfdɪ'strʌkt] *a* susinaikinantis *(apie mechanizmą)*
v susinaikinti
self-destruction [ˌselfdɪ'strʌkʃn] *n* savęs naikinimas, susinaikinimas; savižudybė
self-destructive [ˌselfdɪ'strʌktɪv] *a* susinaikinantis; savižudiškas, pražūtingas; **~ person** pats sau priešas
self-determination [ˌselfdɪˌtə:mɪ'neɪʃn] *n* apsisprendimas; apsisprendimo teisė; **~ of nations** tautų apsisprendimo teisė

self-determined [ˌselfdɪ'tə:mɪnd] *a* apsisprendęs, veikiantis savo nuožiūra, nepriklausomas
self-devotion [ˌselfdɪ'vəuʃn] *n* **1** atsidavimas **2** saviauka, aukojimasis, pasiaukojimas
self-discipline [ˌself'dɪsɪplɪn] *n* savidrausmė, organizuotumas
self-doubt [ˌself'daut] *n* nepasitikėjimas savimi
self-drive [ˌself'draɪv] *a:* **~ car** (iš)nuomojama mašina *(pačiam vairuoti)*
self-dumping [ˌself'dʌmpɪŋ] *a* savivartis, savikrovis
self-educated [ˌself'edʒukeɪtɪd] *a* savamokslis, savamoksliškas
self-education [ˌselfˌedʒu'keɪʃn] *n* savimoka, savišvieta; saviaukla, saviugda
self-effacement [ˌselfɪ'feɪsmənt] *n* savęs menkinimas; noras pasitraukti *ar* būti nepastebimam; laikymasis nuošalyje
self-employed [ˌselfɪm'plɔɪd] *a* **1** besiverčiantis privačia praktika; dirbantis savo paties kontoroje/įmonėje *ir pan.* **2** turintis laisvą profesiją *(apie rašytoją, dailininką ir pan.)*
self-esteem [ˌselfɪ'sti:m] *n* savigarba
self-evident [ˌself'evɪdᵊnt] *a* akivaizdus
self-examination [ˌselfɪgˌzæmɪ'neɪʃn] *n* **1** savityra, savianalizė **2** savo paties organizmo tikrinimas
self-executing [ˌself'eksɪkju:tɪŋ] *a* tiesiogiai vykdomas; nedelsiant/automatiškai įsigaliojantis *(apie įstatymą ir pan.)*
self-explanatory [ˌselfɪk'splænətᵊrɪ] *a* nereikalaujantis paaiškinimų, savaime aiškus
self-expression [ˌselfɪk'spreʃn] *n* saviraiška
self-feeder [ˌself'fi:də] *n* **1** *tech.* automatinis tiektuvas/maitintuvas **2** *ž. ū.* šertuvė
self-fertilization [ˌselfˌfə:tɪlaɪ'zeɪʃn] *n spec.* savivaisa; savidulka
self-firer [ˌself'faɪərə] *n* automatinis ginklas
self-flagellation [ˌselfˌflædʒə'leɪʃn] *n* savęs pliekimas; *(prk. t. p.)* saviplaka
self-governing [ˌself'gʌvᵊnɪŋ] *a* savavaldis
self-government [ˌself'gʌvnmənt] *n* savivalda
self-heal [ˌself'hi:l] *n bot.* paprastoji juodgalvė
self-healing [ˌself'hi:lɪŋ] *n* savaiminis užgijimas
self-help [ˌself'help] *n* pagalba sau; saviugda, saviaukla
selfhood ['selfhud] *n knyg.* **1** asmenybė; individualybė **2** egoizmas
self-humiliation [ˌselfhjuːˌmɪlɪ'eɪʃn] *n* nusižeminimas
self-hypnosis [ˌselfhɪp'nəusɪs] *n* autohipnozė, savitaiga
self-ignition [ˌselfɪg'nɪʃn] *n spec.* savaiminis užsidegimas, įsiliepsnojimas
self-image [ˌself'ɪmɪdʒ] *n* savo asmens/paties įvaizdis
self-immolation [ˌselfˌɪmə'leɪʃn] *n* **1** susideginimas **2** pasiaukojimas
self-importance [ˌselfɪm'pɔ:tᵊns] *n* išpuikimas; savimana
self-important [ˌselfɪm'pɔ:tᵊnt] *a* išpuikęs, pasipūtęs
self-imposed [ˌselfɪm'pəuzd] *a* paties pasiskirtas/nusistatytas
self-induction [ˌselfɪn'dʌkʃn] *n el.* saviindukcija
self-indulgence [ˌselfɪn'dʌldʒᵊns] *n* nuolaidžiavimas savo silpnybėms/norams
self-indulgent [ˌselfɪn'dʌldʒᵊnt] *a* nuolaidžiaujantis savo silpnybėms/norams
self-infection [ˌselfɪn'fekʃn] *n med.* autoinfekcija
self-inflicted [ˌselfɪn'flɪktɪd] *a* padarytas/suduotas *ir pan.* sau pačiam; **~ wound** (tyčinis) susižalojimas
self-interest [ˌself'ɪntrɪst] *n* savanaudiškumas; egoizmas
self-interested [ˌself'ɪntrɪstɪd] *a* savanaudiškas; egoistiškas

self-invited [ˌselfɪn'vaɪtɪd] *a* neprašytas, nekviestas, įsipiršęs
selfish ['selfɪʃ] *a* savanaudiškas, savanaudis; egoistiškas
selfishness ['selfɪʃnɪs] *n* savanaudiškumas; egoizmas
self-justification [ˌselfˌdʒʌstɪfɪ'keɪʃn] *n* savęs pateisinimas
self-knowledge [ˌself'nɔlɪdʒ] *n* savęs pažinimas, savižina
selfless ['selfləs] *a* pasiaukojantis, pasiaukojamas, savimaršiškas, nesavanaudiškas
self-lighting [ˌself'laɪtɪŋ] *a* savaime užsidegantis/įsiliepsnojantis
self-loading [ˌself'ləudɪŋ] *a (ypač kar.)* automatiškai užsitaisantis; savikrovis; ~ **truck** savikrovis sunkvežimis
self-locking [ˌself'lɔkɪŋ] *a tech.* automatinio blokavimo
self-love [ˌself'lʌv] *n* savimeilė, egoizmas
self-lubricating [ˌself'lu:brɪkeɪtɪŋ] *a tech.* automatiškai pasitepantis, savitepis
self-luminous [ˌself'lu:mɪnəs] *a* savaime ap(si)šviečiantis
self-made [ˌself'meɪd] *a* **1** savo pastangomis pasiekęs *(ką)*, iškilęs savo jėgomis **2** savo paties pasidarytas
self-mastery [ˌself'mɑ:stəri] *n* savitvarda, susivaldymas; sugebėjimas susitvardyti
self-motion [ˌself'məuʃn] *n* spontaniškas/savaiminis judesys
self-murder [ˌself'mə:də] *n teis.* savižudybė, nusižudymas
self-murderer [ˌself'mə:dərə] *n teis.* savižudis, nusižudėlis
self-neglect [ˌselfnɪ'glekt] *n* **1** apsileidimas, nevalyvumas **2** nesavanaudiškumas
self-offence [ˌselfə'fens] *n* **1** savo interesų nepaisymas **2** savęs neįvertinimas
self-oiling [ˌself'ɔɪlɪŋ] *n spec.* automatinis tepimas
self-opinion [ˌselfə'pɪnjən] *n ret.* gera nuomonė apie save, savimana
self-opinionated [ˌselfə'pɪnjəneɪtɪd] *a* manantis esąs teisuolis, įsitikinęs savo teisumu
self-perpetuating [ˌselfpə'petʃueɪtɪŋ] *a* **1** nekeičiamas, atkakliai įsikibęs posto/valdžios *ir pan.* **2** galintis tęstis be galo
self-pity [ˌself'pɪti] *n* savigaila, *(perdėtas)* savęs gailėjimas
self-pollination [ˌselfˌpɔlɪ'neɪʃn] *n bot.* savidulka
self-portrait [ˌself'pɔ:trɪt] *n* autoportretas
self-possessed [ˌselfpə'zest] *a* susitvardantis, susivaldantis; ramus, šaltakraujiškas
self-possession [ˌselfpə'zeʃn] *n* savitvarda, susivaldymas; šaltakraujiškumas, ramumas
self-praise [ˌself'preɪz] *n* gyrimasis, savigyra
self-preservation [ˌselfˌprezə'veɪʃn] *n* savisauga
self-pronouncing [ˌselfprə'naunsɪŋ] *a* nurodantis tarimą; ~ **dictionary** žodynas su fonetine transkripcija
self-propelled, self-propelling [ˌselfprə'peld, -prə'pelɪŋ] *a* savaeigis
self-protection [ˌselfprə'tekʃn] *n* savigyna
self-questioning [ˌself'kwestʃənɪŋ] *n* savianalizė
self-realization [ˌselfˌrɪəlaɪ'zeɪʃn] *n* savo sugebėjimų išugdymas/įgyvendinimas
self-recording [ˌselfrɪ'kɔ:dɪŋ] *a spec.* savirašis, automatiškai užrašantis/registruojantis
self-regard [ˌselfrɪ'gɑ:d] *n* **1** savimeilė, egoizmas **2** = **self-respect**
self-regulating [ˌself'regjuleɪtɪŋ] *a* susireguliuojantis
self-reliance [ˌselfrɪ'laɪəns] *n* pasitikėjimas savimi, savo jėgomis/sugebėjimais
self-reliant [ˌselfrɪ'laɪənt] *a* pasitikintis savo jėgomis
self-renunciation [ˌselfrɪˌnʌnsɪ'eɪʃn] *n knyg.* pasiaukojimas, atsisakymas savo interesų/norų *ir pan.*
self-respect [ˌselfrɪ'spekt] *n* savigarba

self-respecting [ˌselfrɪ'spektɪŋ] *a attr* **1** savigarbus **2** *juok.* save gerbiantis, tikras *(apie mokytoją, žurnalistą ir pan.)*
self-restraint [ˌselfrɪ'streɪnt] *n* savivarža; santūrumas
self-righteous [ˌself'raɪtʃəs] *a* **1** teisuoliškas; įsitikinęs savo teisumu **2** veidmainiškas
self-righting [ˌself'raɪtɪŋ] *a jūr.* stovus *(apie laivą)*
self-rigorous [ˌself'rɪgərəs] *a* reiklus sau
self-rule [ˌself'ru:l] *n* savivalda
self-sacrifice [ˌself'sækrɪfaɪs] *n* pasiaukojimas, saviauka, atsidavimas
selfsame ['selfseɪm] *a attr knyg.* (lygiai) tas pats
self-satisfaction [ˌselfsætɪs'fækʃn] *n* pasitenkinimas savimi
self-satisfied [ˌself'sætɪsfaɪd] *a* patenkintas savimi
self-seeker [ˌself'si:kə] *n* savanaudis; karjeristas
self-seeking [ˌself'si:kɪŋ] *n* savanaudiškumas; karjerizmas *a* savanaudiškas
self-service [ˌself'sə:vɪs] *n* savitarna, apsitarnavimas *a* savitarnos *(apie parduotuvę ir pan.)*
self-serving [ˌself'sə:vɪŋ] = **self-seeking** *a*
self-sow [ˌself'səun] *n* nesėtas, savaime išaugęs
self-starter [ˌself'stɑ:tə] *n* **1** *tech.* automatinis starteris/paleidimas **2** iniciatyvus žmogus; žmogus, sugebantis savarankiškai dirbti/veikti
self-study [ˌself'stʌdɪ] *n:* ~ **book** knyga mokytis savarankiškai
self-styled [ˌself'staɪld] *a attr* apsišaukęs, netikras; ~ **professor** žmogus, tituluojantis save profesoriumi; ~ **genius** žmogus, įsivaizduojantis esąs genijus
self-sufficiency [ˌselfsə'fɪʃnsɪ] *n* **1** savarankiškumas **2** *ekon.* ekonominė nepriklausomybė; autarkija **3** *psn.* savęs pervertinimas; (perdėtas) pasitikėjimas savimi
self-sufficient [ˌselfsə'fɪʃnt] *a* **1** savarankiškas **2** apsirūpinantis *(be išorinės pagalbos)*, ekonomiškai nepriklausomas **3** *psn.* (pernelyg) pasitikintis savimi
self-sufficing [ˌselfsə'faɪsɪŋ] *a* = **self-sufficient**
self-suggestion [ˌselfsə'dʒestʃən] *n* savitaiga, autosugestija
self-support [ˌselfsə'pɔ:t] *n* nepriklausomumas, savarankiškumas
self-supporting [ˌselfsə'pɔ:tɪŋ] *a (finansiškai)* nepriklausomas, savarankiškas
self-sustaining [ˌselfsə'steɪnɪŋ] *a* savarankiškas
self-taught [ˌself'tɔ:t] *a* savamokslis
self-treatment [ˌself'tri:tmənt] *n* savigyda
self-will [ˌself'wɪl] *n* užsispyrimas; įnoris
self-willed [ˌself'wɪld] *a* savavalis; užsispyręs; įnoringas
self-winding [ˌself'waɪndɪŋ] *a* prisisukantis *(apie laikrodį ir pan.)*
sell [sel] *v* (sold) **1** parduoti; realizuoti; *the house is to ~* namas parduodamas; *this book ~s well* šią knygą labai perka **2** pardavinėti, prekiauti; *to ~ wholesale* pardavinėti/prekiauti didmenomis **3** reklamuoti, populiarinti; *the radio ~s many goods* daug prekių parduodama radijo reklamos dėka **4** *prk.* par(si)duoti, išduoti *(t. p. ~ out); to ~ out to the enemy* parsiduoti priešui **5** *refl* sudaryti palankų įspūdį, gražiai prisistatyti **6** *šnek.* apgauti, apmulkinti **7** *šnek.* įkalbėti, įsiūlyti *(on); couldn't I ~ you on one more coffee?* nejaugi jūs neišgersite dar puodelio kavos? ◻ ~ *off* išparduoti *(ppr. pigiai);* ~ *out* a) išparduoti; *we are sold out of small sizes* mes išpardavėme visus mažus numerius; b) išduoti *(savo principus ir pan.)* ~ *up* išparduoti, parduoti viską ◊ *to ~ short* a) spekuliuoti *(biržoje);* b) apgauti; išduoti; c) *refl* pakenkti *(savo prestižui ir pan.);* d) neįvertinti *(ko); I'm not sold on this* aš tuo visiškai nesižaviu; aš prieš tai

n **1** *šnek.* apgaulė, gudrybė; nusivylimas *(kuo);* ***what a ~!*** kaip pikta!, kaip gaila! **2** *kom.* mokėjimas pardavinėti/prekiauti; ***hard ~*** smarkus reklamavimas *(prekių);* ***soft ~*** neįkyrus reklamavimas/populiarinimas *(prekių)*
sell-by ['selbaɪ] *a:* **~ date** vartojimo terminas *(ypač apie maisto produktus)*
seller ['selə] *n* **1** pardavėjas, prekiautojas **2** paklausi, didelę paklausą turinti prekė *(t. p.* ***good ~***); labai perkama knyga; ***bad ~*** nepaklausi, neturinti paklausos prekė
selling ['selɪŋ] *n* pardavimas; prekiavimas; **~ price** pardavimo kaina
sell-off ['selɔf] *n* privatizavimas *(pramonės šakos)*
Sellotape ['seləteɪp] *n* lipnioji juostelė *(firminis pavadinimas)*
sell-out ['selaut] *n* **1** renginys, į kurį visi bilietai parduoti; anšlagas **2** išdavystė **3** *amer.* iš(si)pardavimas
seltzer ['seltsə] *n* selteris *(t. p.* **~ water**)
selvage, selvedge ['selvɪdʒ] *n* **1** *(audeklo ir pan.)* kraštas, valas, valinys; *(burės)* likis, kraštas **2** *geol.* zalbandas
selves [selvz] *pl žr.* **self** *n*
semanteme [sɪ'mænti:m] *n kalb.* semantema
semantic [sɪ'mæntɪk] *a kalb.* semantinis, semantikos
semantics [sɪ'mæntɪks] *n kalb.* semantika
semaphore ['seməfɔ:] *n* **1** *glžk., jūr.* semaforas **2** *kar.* dviejų vėliavėlių signalizacijos sistema
v signalizuoti
semasiology [sɪˌmeɪsɪ'ɔlədʒɪ] *n kalb.* semasiologija
semblance ['sembləns] *n* **1** išvaizda, išorė **2** pavidalas, panašumas; **in the ~ of a serpent** gyvatės pavidalu **3** atrodymas; apgaulinga išorė; **under the ~ (of)** apsimesdamas *(kuo);* **to put on a ~ (of)** dėtis, apsimesti *(kuo)*
seme [si:m] *n kalb.* sema
sememe ['semi:m] *n kalb.* semema
semen ['si:mən] *n biol.* sėkla, sperma
semester [sɪ'mestə] *n* semestras
semestr(i)al [sɪ'mestr(ɪ)əl] *a* semestrinis, semestro
semi ['semɪ] *n* **1** (semidetached house *sutr.*) *šnek.* vienbutis namas, turintis bendrą sieną su gretimu namu **2** *šnek.* pusfinalis **3** *amer.* didelis krovininis automobilis
semi- ['semɪ-] *pref* pus-, pusiau; ***semiaxis*** *fiz.* pusašis; ***semipermeable*** pusiau pralaidus
semiannual [ˌsemɪ'ænjuəl] *a* pusmetinis
semiautomatic [ˌsemɪˌɔ:tə'mætɪk] *a* pusiau automatinis
n kar. pusiau automatinis ginklas
semibreve ['semɪbri:v] *n muz.* sveikoji nata
semicentennial [ˌsemɪsen'tenɪəl] *knyg. a* įvykstantis kas penkiasdešimt metų
n penkiasdešimtosios metinės, penkiasdešimties metų jubiliejus
semicircle ['semɪˌsə:kl] *n* pusapskritimis, pusskritulis; pusratis; **to sit in a ~** sėdėti pusračiu
semicircular [ˌsemɪ'sə:kjulə] *a* pusapskritis, pusapvalis; **~ canals** *anat.* pusratiniai kanalai
semicolon [ˌsemɪ'kəulən] *n* kabliataškis
semiconductor [ˌsemɪkən'dʌktə] *n fiz.* puslaidininkis; **~ ignition** tranzistorinis uždegimas
semiconscious [ˌsemɪ'kɔnʃəs] *a* pusiau be sąmonės
semidetached [ˌsemɪdɪ'tætʃt] *a* turintis bendrą sieną *(su kitu pastatu)*
semidiurnal [ˌsemɪdaɪ'ə:nl] *a astr.* įvykstantis du kartus per parą
semifinal [ˌsemɪ'faɪnl] *n sport.* pusfinalis, pusfinalio varžybos/rungtynės
a pusfinalio
semifinalist [ˌsemɪ'faɪnlɪst] *n sport.* pusfinalininkas
semifluid [ˌsemɪ'flu:ɪd] *a* pusskystis, tąsus

semiformal [ˌsemɪ'fɔ:ml] *a* pusiau oficialus
Semigallia [ˌsemɪ'gælɪə] *n* Žiemgala
semiliterate [ˌsemɪ'lɪtərət] *a* pusraštis, pusiau raštingas
semilunar [ˌsemɪ'lu:nə] *a spec.* pusmėnulinis, pusmėnulio pavidalo
semimanufactures [ˌsemɪmænju'fæktʃəz] *n pl* pusgaminiai, pusfabrikačiai
semimetal [ˌsemɪ'metl] *n spec. psn.* pusmetalis
semimonthly [ˌsemɪ'mʌnθlɪ] <*a, n, adv*> *a* vykstantis/išeinantis du kartus per mėnesį
n dvisavaitinis leidinys
adv du kartus per mėnesį
seminal ['semɪnl] *a* **1** *biol.* sėklos, sėklinis; gemalinis/embrioninis, užuomazginis; **~ fluid** *fiziol.* sėkla; **~ leaf** *bot.* skilčialapis; **in the ~ state** embrioninėje būklėje, užuomazgoje **2** vaisingas; originalus, konstruktyvus
seminar ['semɪnɑ:] *n* seminaras
seminarian, seminarist [ˌsemɪ'nɛərɪən, 'semɪnərɪst] *n* seminaristas
seminary ['semɪnərɪ] *n* **1** *(dvasinė)* seminarija **2** *prk.* daigynas, židinys **3** *psn.* privati vidurinė mokykla, seminarija *(mergaitėms)*
semination [ˌsemɪ'neɪʃn] *n biol.* (ap)sėklinimas
seminiferous [ˌsemɪ'nɪfərəs] *a biol.* sėklingas, sėklinis; gaminantis/nešantis sėklą
semioccasionally [ˌsemɪə'keɪʒnəlɪ] *adv amer. šnek.* retkarčiais, kartais
semiofficial [ˌsemɪə'fɪʃl] *a* pusiau oficialus; **~ newspaper** oficiozas
semiology [ˌsemɪ'ɔlədʒɪ] *n kalb.* semiologija
semiotics [ˌsemɪ'ɔtɪks] *n kalb.* semiotika
semiprecious [ˌsemɪ'preʃəs] *a* pusbrangis *(apie brangakmenius);* **~ stone** pusbrangis akmuo
semiquaver ['semɪˌkweɪvə] *n muz.* šešioliktinė (nata)
semirigid [ˌsemɪ'rɪdʒɪd] *a spec.* puskietis, pusstandis
semiskilled [ˌsemɪ'skɪld] *a* neaukštos kvalifikacijos *(apie darbininką);* nelabai sudėtingas *(apie darbą)*
Semite ['si:maɪt] *n* semitas
Semitic [sɪ'mɪtɪk] *a* **1** semitiškas, semitų; **the ~ languages** semitų kalbos **2** = **Jewish**
semitone ['semɪtəun] *n muz.* pustonis
semitrailer ['semɪˌtreɪlə] *n aut.* puspriekabė; **self-loading ~** savikrovė puspriekabė
semitransparent [ˌsemɪtræns'pɛərənt] *a* beveik permatomas/peršviečiamas; pusskaidris
semitropical [ˌsemɪ'trɔpɪkl] *a* subtropinis
semivowel ['semɪˌvauəl] *n fon.* pusbalsis
semiweekly [ˌsemɪ'wi:klɪ] <*a, n, adv*> *a* vykstantis/išeinantis du kartus per savaitę
n leidinys, išeinantis du kartus per savaitę
adv du kartus per savaitę
semolina [ˌsemə'li:nə] *n* manų kruopos; manų košė
sempiternal [ˌsempɪ'tə:nl] *a poet.* amžinas
sempstress ['sempstrɪs] *n psn.* = **seamstress**
sen [sen] *n* senas *(Japonijos, Indonezijos, Kambodžos piniginis vienetas)*
senary ['si:nərɪ] *a* šešeto, šešių; šešeriopas
senate ['senɪt] *n* **1** senatas **2** taryba, senatas *(universitetuose)*
senator ['senətə] *n* senatorius
senatorial [ˌsenə'tɔ:rɪəl] *a* senatoriaus, senatoriškas; senato
send[1] [send] *v* (sent) **1** (pa)siųsti, išsiųsti, atsiųsti; **to ~ a letter [one's regards]** (pa)siųsti laišką [linkėjimus]; **to ~ for a doctor** pasiųsti/nusiųsti gydytojo, pakviesti gydytoją **2** mesti, sviesti, spirti *(kamuolį ir pan.)* **3** skleisti, leisti *(šviesą, kvapą ir pan.)* **4** sukelti tam tikrą būseną;

send²   819   **sensitive**

to ~ smb out of their mind išvaryti ką iš proto; *to ~ smb to sleep* užmigdyti ką **5** *šnek.* jaudinti, žavėti **6** *rad.* perduoti ▫ *~ away* a) nusiųsti; b) išvaryti, išvyti; atleisti; *~ back* grąžinti, siųsti atgal; *~ down* a) *(ppr. pass)* pašalinti *(iš universiteto);* b) sumažinti, numušti *(kainas, temperatūrą ir pan.);* c) *šnek.* patupdyti *(į kalėjimą; for); ~ forth knyg.* skleisti, (iš)leisti; *~ in* a) pasiųsti; paduoti *(prašymą);* pateikti *(eksponatą); to ~ in one's name* a) užsirašyti dalyvauti *(konkurse, diskusijoje ir pan.);* b) pasiųsti *(policiją);* įvesti *(kariuomenę); ~ off* a) išsiųsti *(laišką, prekes ir pan.);* b) užsakyti *(kad atsiųstų; for)* c) išlydėti, surengti išleistuves; d) *sport.* išvaryti, pašalinti; *~ on* a) persiųsti *(laišką nauju adresu);* b) pasiųsti iš anksto *(bagažą keliaujant); ~ out* a) skleisti, (iš)spinduliuoti; išleisti; *the trees ~ out new leaves in spring* medžiai pavasarį išleidžia naujus lapus; b) išsiųsti; išsiuntinėti *(pakvietimus ir pan.);* c) pasiųsti, išleisti *(ko atnešti); ~ round* išsiuntinėti; išsiųsti; *~ up* a) pakelti *(kainas, temperatūrą ir pan.);* b) sunaikinti, susprogdinti; c) *šnek.* išjuokti; parodijuoti; d) *amer. šnek.* patupdyti *(į kalėjimą);* e) *to ~ up a case* perduoti bylą *(aukštesnės instancijos teismui)* ◊ *to ~ smb packing šnek.* išvaryti ką, priversti ką išsinešdinti

send² *n jūr.* bangų mūša; bangos smūgis; *(laivo)* pasinėrimas
v pakilti ant bangos keteros *(apie laivą);* supti *(laivą)*

sender ['sendə] *n* **1** siuntėjas **2** *kom.* ekspeditorius **3** *rad.* siųstuvas

sending-off ['sendɪŋˌɔf] *n sport.* pašalinimas iš aikštės

send-off ['sendɔf] *n* **1** išleistuvės **2** (pa)linkėjimas sėkmės *(naujame darbe, kelionėje ir pan.);* giriamoji recenzija

send-up ['sendʌp] *n šnek.* išjuokimas; parodija

senega ['senɪɡə] *n bot.* putokšlė senega

Senegal [ˌsenɪ'ɡɔːl] *n* Senegalas *(Afrikos valstybė)*

Senegalese [ˌsenɪɡə'liːz] *n* senegalietis
a senegaliečių; Senegalo

senescence [sɪ'nesns] *n knyg.* senėjimas; senatvė

senescent [sɪ'nesnt] *a knyg.* senstantis, senėjantis

seneschal ['senɪʃl] *n ist.* senešalas

senile ['siːnaɪl] *a* senatvinis, senatviškas; iškaršęs; *~ dementia med.* senatvinė silpnaprotystė

senility [sɪ'nɪlətɪ] *n* senatvė; iškaršimas

senior ['siːnɪə] *a* **1** vyresnis *(amžiumi); he is two years ~ to me* jis už mane dvejais metais vyresnis; *~ citizen euf.* pagyvenęs žmogus **2** vyresnis, aukštesnis, viršesnis *(pareigomis ir pan.); ~ pupils* vyresniųjų klasių mokiniai; *~ student* aukštesniojo kurso studentas; *~ partner (firmos, bendrijos)* vyresnysis, galva; *~ officer* aukštesnysis karininkas; *~ league sport.* aukštesnioji lyga **3** *amer.* paskutinis, baigiamasis *(apie kursą, semestrą, klasę ir pan.)*
n **1** vyresnysis; pagyvenęs/vyresnis žmogus; *to have respect for one's ~s* gerbti vyresniuosius; *he is my ~* jis vyresnis už mane **2** aukštesniojo kurso studentas **3** *amer.* absolventas; abiturientas

seniority [ˌsiːnɪ'ɔrətɪ] *n* **1** vyresnumas, vyresniškumas; pirmenybė *(dėl darbo stažo); in order of ~* pagal vyresnumą; pagal amžių **2** darbo stažas; *in ~, of ~* pagal darbo stažą

senna ['senə] *n* **1** *bot.* kasija **2** *farm.* senos lapeliai

sennight ['senaɪt] *n psn.* savaitė; *today ~* a) po savaitės; b) prieš savaitę

sennit ['senɪt] *n ist. (šiaudų ir pan.)* pynė, pynelė

señor [se'njɔː] *isp. n (pl -res [-reɪz])* senjoras

señora [se'njɔːrə] *isp. n* senjora

señorita [ˌsenjə'riːtə] *isp. n* senjorita

sensation [sen'seɪʃn] *n* **1** pojūtis, jutimas, pajautimas; *~ of pain* skausmo jutimas; *visual ~* regėjimo pojūtis **2** sensacija; *to create/cause a ~* sukelti sensaciją

sensational [sen'seɪʃnəl] *a* **1** sensacingas **2** pritrenkiantis, stulbinantis **3** *filos.* sensualus

sensationalism [sen'seɪʃnəlɪzm] *n* **1** sensacijų vaikymasis **2** *filos.* sensualizmas

sensationalize [sen'seɪʃnəlaɪz] *v* pateikti kaip sensaciją, paversti sensacija

sensation-monger [sen'seɪʃnˌmʌŋɡə] *n* sensacingų gandų skleidėjas

sense [sens] *n* **1** jutimas; pojūtis; *the five ~s* jutimo organai, juslės; *sixth ~* šeštasis pojūtis, intuicija; *to have quick/keen ~s* būti jusliam, greitai susivokti **2** jausmas; *a ~ of duty* pareigos jausmas; *to have a ~ of humour* turėti humoro jausmą **3** išmintis, protingumas; sveikas protas *(t. p. common/good ~); he is a man of ~* jis išmintingas žmogus; *they talk ~* jie protingai kalba **4** *pl* sąmonė, protas; *in one's ~s* viso proto; *to come to one's ~s* a) atgauti sąmonę, atsipeikėti, atsigauti; b) ateiti į protą; *to bring smb to his ~s* a) atgaivinti ką; b) suprotinti ką; duoti kam suprasti; *are you out, ar have you taken leave, of your ~s?* ar iš proto išėjai?; *bring him to his ~s* ≅ atvesk jį į protą **5** prasmė; *to find no ~* nematyti prasmės; *to give a ~ (to)* įprasminti; *it makes no ~* (čia) nėra jokios prasmės; (tai) nesąmonė; *in a good ~* gerąja prasme; *in a ~* tam tikra prasme; *in all ~s* bet kuria prasme, visais atvejais; *in no ~* jokia prasme; *~ of occasion* įvykio reikšmės supratimas **6** *kalb. (žodžio, posakio ir pan.)* prasmė, reikšmė; *in what ~ do you use the word?* kokia prasme jūs vartojate šį žodį?; *in the full ~ of the word* tikrąja to žodžio prasme; *covert/implied ~* potekstė **7** nuotaika, nusiteikimas; *to take the ~ of a meeting* išsiaiškinti/nustatyti susirinkimo nuotaiką ◊ *to make ~ (out) of smth* suprasti, susigaudyti; *to assist in the French ~ iron.* pasyviai dalyvauti; *not to have enough ~ to come in from, ar out of, the rain šnek.* ≅ būti kvailam per visą pilvą; *to frighten smb out of his ~s* išgąsdinti ką mirtinai
v **1** (pa)justi; jausti; *he ~d the danger* jis pajuto pavojų **2** surasti, fiksuoti, registruoti *(apie įrenginį)* **3** *amer. šnek.* suprasti, suvokti

senseless ['senslǝs] *a* **1** beprasmis, beprasmiškas; neprotingas **2** be sąmonės; *to fall ~* kristi be sąmonės

sense-organ ['sensˌɔːɡən] *n* jutimo organas

sensibility [ˌsensə'bɪlətɪ] *n* **1** jautrumas; jautris **2** *(ppr. pl)* jausmai; *to wound/offend smb's sensibilities* įžeisti kieno jausmus **3** supratimas, atjautimas; *delicate literary ~* subtilus literatūrinis skonis

sensible ['sensəbl] *a* **1** protingas, sveiko proto, nuovokus **2** *knyg.* suprantantis, jaučiantis *(of); to be ~ of one's peril* suprasti gresiantį pavojų **3** žymus, juntamas; *a ~ difference in temperature* žymus temperatūros skirtumas **4** praktiškas, patogus *(apie drabužius, batus)*

sensitive ['sensɪtɪv] *a* **1** jautrus, juslus, juslingas; *~ ear* jautri klausa; *~ plant bot.* jautrioji mimoza; *~ market ekon.* nepastovioji/jautrioji rinka; *~ paper fot.* šviesai jautrus popierius; *~ to cold* jautrus šalčiui **2** jausmingas; švelnus; jaudrus; *~ about/over smth* greitai/jautriai reaguojantis į ką; *~ skin* jautri, švelni oda **3** įžeidus, greitai įsižeidžiantis; delikatus; sunkus; *~ issue* delikatus klausimas **4** įslaptintas, slaptas *(apie dokumentus ir pan.)* **5** *tech.* preciziškai jautrus, tikslus **6** *psich.* sensityvus

sensitiveness, sensitivity ['sensɪtɪvnɪs, ˌsensɪ'tɪvətɪ] *n* **1** jautrumas; jautris; juslumas **2** jausmingumas; jaudrumas

sensitize ['sensɪtaɪz] *v* **1** jautrinti, didinti jautrumą **2** daryti jautrų šviesai/lytėjimui *(popierių ir pan.)*

sensor ['sensə] *n tech.* jutiklis; jautrusis/priėmimo elementas

sensory ['sensərɪ] *a spec.* sensorinis, jutimo, juntamasis; *the ~ nerves fiziol.* juntamieji/jutimo nervai

sensual ['senʃuəl] *a* **1** jausminis, juslinis **2** kūniškas; geismingas, gašlus, geidulingas; *~ pleasures* kūniški malonumai **3** *filos.* sensualistinis

sensualism ['senʃuəlɪzm] *n* **1** = **sensuality 2** *filos.* sensualizmas

sensualist ['senʃuəlɪst] *n* **1** gašlus žmogus **2** *filos.* sensualistas

sensuality [ˌsenʃu'ælətɪ] *n* gašlumas, geidulingumas

sensuous ['senʃuəs] *a* jausminis *(t. p. filos.)*; jausmingas

sent [sent] *past ir pII žr.* **send**[1]

sentence ['sentəns] *n* **1** nuosprendis; *to pass ~* priimti nuosprendį **2** bausmė; *he received a heavy ~* jis gavo didelę bausmę, jį smarkiai nubaudė; *life ~* bausmė iki gyvos galvos; *under ~ of death* nubaustas mirties bausme; *to serve one's ~* atlikti bausmę **3** *gram.* sakinys; *~ adverb* modalinis prieveiksmis/žodis **4** *psn.* sentencija, posakis *v* **1** nuteisti; priimti nuosprendį; *to ~ to imprisonment/ jail* nuteisti kalėti **2** *(ppr. pass)* pasmerkti *(to – kam)*

sentential [sen'tenʃl] *a gram.* sakinio

sententious [sen'tenʃəs] *a* **1** sentencinis; pamokomas **2** *ret.* glaustas, trumpas *(apie stilių)*; *~ sayings* aforizmai

sentience ['senʃəns] *n knyg.* jautrumas

sentient ['senʃnt] *a knyg.* juslus, jautrus; juntantis *(of)*

sentiment ['sentɪmənt] *n* **1** jausmas; sentimentas; *the ~ of pity* gailestis **2** *(džn. pl)* nuotaika; nuomonė; požiūris, nusistatymas; *public ~s* visuomenės nuotaika; viešoji nuomonė; *these are my ~s* štai mano nuomonė **3** tostas, linkėjimai

sentimental [ˌsentɪ'mentl] *a* sentimentalus, jausmingas; jautrus ◊ *~ value* brangus prisiminimas

sentimentalism [ˌsentɪ'mentəlɪzm] *n* sentimentalizmas

sentimentalist [ˌsentɪ'mentəlɪst] *n* **1** sentimentalus žmogus **2** *lit.* sentimentalistas

sentimentality [ˌsentɪmen'tælətɪ] *n* sentimentalumas, jausmingumas, jautrumas

sentimentalize [ˌsentɪ'mentəlaɪz] *v* būti sentimentaliam/ jausmingam; (su)sentimentalinti

sentinel ['sentɪnl] *n* sargybinis; sergėtojas, sargas; *to stand ~ over smth* saugoti, sergėti ką
v saugoti, sergėti

sentry ['sentrɪ] *n kar.* **1** sargybinis **2** sargyba; *to keep/ stand ~* stovėti sargyboje, eiti sargybą

sentry-box ['sentrɪbɔks] *n kar.* sargybinė; sargybinio būdelė

sentry-go ['sentrɪɡəu] *n kar.* budėjimas poste; *to be on ~* budėti poste, būti sargyboje

sentry-line ['sentrɪlaɪn] *n kar.* sargybos postų linija

sentry-unit ['sentrɪˌjuːnɪt] *n kar.* sargybos būrys

Seoul [səul] *n* Seulas *(P. Korėjos sostinė)*

sepal ['sepl] *n bot.* taurėlapis

separability [ˌsepərə'bɪlətɪ] *n* atskiriamumas; skaidumas

separable ['sepərəbl] *a* atskiriamas, išskiriamas

separate <*a, adv, n, v*> *a* ['sepərət] **1** atskiras, paskiras; *cut it into three ~ parts* supjaustykite jį į tris atskiras dalis; *~ education* mokymas atskirai *(berniukų ir mergaičių)* **2** skirtingas, individualus; savarankiškas; *these are two ~ questions* tai du skirtingi klausimai; *they have ~ rooms* kiekvienas jų turi savo kambarį **3** izoliuotas, atskirtas *(from)* **4** separatinis; *~ peace treaty* separatinė taikos sutartis
adv atskirai; *keep the knives ~ from the forks* laikykite peilius atskirai nuo šakučių
n ['sepərət] **1** *(straipsnio)* atspaudas *(iš žurnalo, rinkinio)* **2** *pl* sijonas, palaidinukė *ir pan. (ne kostiumo dalys)*
v ['sepəreɪt] **1** skirti; at(si)skirti, iš(si)skirti, per(si)skirti; *an old fence ~d us from the neighbours* sena tvora skyrė mus nuo kaimynų; *my wife and I are ~d* aš su žmona išsiskyręs, negyvenam kartu **2** rūšiuoti, atrinkti *(t. p. ~ out); to ~ out pupils according to age* atrinkti/ suskirstyti mokinius pagal amžių **3** (su)skaidyti; *spec.* separuoti **4** *kar.* demobilizuoti

separatee [ˌsepərə'tiː] *n* demobilizuotasis

separation [ˌsepə'reɪʃn] *n* **1** at(si)skyrimas, per(si)skyrimas; *~ of Church and State* bažnyčios atskyrimas nuo valstybės **2** išsiskyrimas; *(ypač teis.)* sutuoktinių gyvenimas atskirai **3** (su)skaidymas; *spec.* separacija **4** *kas.* sodrinimas **5** *kar.* demobilizavimas **6** *attr: ~ allowance* pašalpa kareivio/jūrininko žmonai *(karo metu)*

separatism ['sepərətɪzm] *n polit.* separatizmas

separatist ['sepərətɪst] *n polit.* separatistas

separator ['sepəreɪtə] *n* **1** skirtuvas, separatorius **2** rėtis, sietas **3** *ž. ū.* trijeris, grūdų skirtuvas, grūdų valomoji rūšiuoklė *(t. p. grain ~)* **4** *tech.* tarpiklis; skyriklis

sepia ['siːpɪə] *n zool.* sepija *(t. p. rudi dažai)*
a tamsiai rusvas

sepoy ['siːpɔɪ] *n ist.* sipajas

sepsis ['sepsɪs] *n med.* kraujo užkrėtimas, sepsis

septa ['septə] *pl žr.* **septum**

septal ['septl] *a biol.* pertvaros

septate ['septeɪt] *a biol.* atskirtas pertvara

September [sep'tembə] *n* rugsėjis

septenary ['septɪnərɪ] *a* septyneriopas; septyngubas, septynlinkas
n septynetas

septennate [sep'teneɪt] *n knyg.* = **septennium**

septennia [sep'tenɪə] *pl žr.* **septennium**

septennial [sep'tenɪəl] *a knyg.* **1** septynmetis **2** vykstantis kas septynerius metus

septennium [sep'tenɪəm] *n (pl ~s, -nia) knyg.* septyneri metai *(laiko tarpas)*

septentrional [sep'tentrɪənəl] *a ret.* šiaurinis, šiaurės

septet(te) [sep'tet] *n muz.* septetas

septi- ['septɪ-] *(sudurt. žodžiuose)* septyn(ia)-, septynių; *septivalent* septynvalentis; *septipartite* padalytas į septynias dalis

septic ['septɪk] *a med.* septinis, sepsinis; *~ sore throat* streptokokinė angina

septic(a)emia [ˌseptɪ'siːmɪə] *n med.* kraujo užkrėtimas

septilateral [ˌseptɪ'lætərəl] *a* septynšonis

septillion [sep'tɪlɪən] *n mat.* septilijonas (10^{24})

septuagenarian [ˌseptʃuədʒɪ'nɛərɪən] *knyg. a (einantis)* aštuntą dešimtį; 70–79 m. amžiaus
n 70–79 m. amžiaus žmogus

Septuagesima [ˌseptʃuə'dʒesɪmə] *n bažn.* trečias sekmadienis prieš didįjį pasninką *(t. p. ~ Sunday)*

septum ['septəm] *n (pl -ta) biol.* pertvara

septuple ['septjupl] <*a, n, v*> *knyg. a* septyneriopas, septyngubas
n septyngubas kiekis
v septyneriopinti; padidinti septynis kartus

sepulcher ['sepəlkə] *n amer.* = **sepulchre**
sepulchral [sɪ'pʌlkrəl] *a knyg.* **1** kapinis, kapų; laidotuvių; **~ mound** kapo kauburys **2** gūdus, niūrus; **~ voice** gūdus balsas, balsas kaip iš po žemių
sepulchre ['sepəlkə] *knyg. n* kapas; laidojimo rūsys/niša ◊ *whited/painted ~* a) *bibl.* pabaltintas, išgražintas karstas; b) veidmainys, apsimetėlis
v laidoti
sepulture ['sepəltʃə] *n knyg.* laidojimas, laidotuvės
sequacious [sɪ'kweɪʃəs] *a* **1** nuoseklus **2** *psn.* paklusnus, nuolankus
sequel ['si:kwəl] *n* **1** *(knygos ir pan.)* tęsinys; **the ~ to a film** antroji filmo serija **2** pasekmė, padarinys *(to);* **the ~ of events** tolesnė įvykių eiga ◊ *in the ~* vėliau, po to
sequela [sɪ'kwi:lə] *lot. n (pl* -lae [-li:]) *(ppr. pl) med. (ligos)* pasekmė
sequence ['si:kwəns] *n* **1** seka, eilės tvarka; nuoseklumas; **the ~ of events** įvykių seka; **~ of tenses** *gram.* laikų derinimas/seka; **in ~** vienas po kito **2** pasekmė, rezultatas **3** *muz.* sekvencija **4** *kin.* epizodas
sequencing ['si:kwənsɪŋ] *n* sekos/eilės nustatymas
sequent ['si:kwənt] *a* **1** tolesnis, paskesnis, einantis po **2** esantis *(ko)* pasekmė
sequential [sɪ'kwenʃl] *a* **1** išplaukiantis, esantis *(ko)* pasekmė **2** nuoseklus; **~ access** *komp.* nuoseklioji kreiptis
sequester [sɪ'kwestə] *v* **1** *ret.* izoliuoti, atskirti **2** = **sequestrate**
sequestered [sɪ'kwestəd] *a* izoliuotas, atskirtas; nuošalus; **to lead a ~ life** gyventi nuošaliai/atsiskyrus; **~ spot** nuošali vieta
sequestra [sɪ'kwestrə] *pl žr.* **sequestrum**
sequestrable [sɪ'kwestrəbl] *a teis.* sekvestruotinas
sequestrate [sɪ'kwestreɪt, 'si:kwestreɪt] *v teis.* apriboti naudojimąsi turtu, neleisti naudotis, sekvestruoti; laikinai areštuoti *(turtą)*
sequestration [ˌsi:kwɪ'streɪʃn] *n* **1** atskyrimas, izoliavimas **2** *teis.* sekvestras; sekvestravimas; laikinas *(turto)* areštas **3** *med.* sekvestracija; izoliavimas
sequestrum [sɪ'kwestrəm] *n (pl* -ra) *med.* sekvestras, mirusi kaulo dalis
sequin ['si:kwɪn] *n* **1** žvyno pavidalo blizgutis *(prisiuvamas drabužiui papuošti)* **2** *ist.* cechinas *(Venecijos auksinė moneta)*
sequin(n)ed ['si:kwɪnd] *a* nusagstytas blizgučiais
sequoia [sɪ'kwɔɪə] *n bot.* sekvoja
sera ['sɪərə] *pl žr.* **serum**
seraglio [sɪ'rɑ:lɪəu] *n (pl ~s* [-z]) seralis
serai [sə'raɪ] *n* užvažiuojamasis kiemas *(Azijoje)*, karavankiemis
seraph ['serəf] *n (pl* -phim, ~s) *bibl.* serafimas *(angelas)*
seraphic [sə'ræfɪk] *a poet.* angeliškas, nežemiškas
seraphim ['serəfɪm] *pl žr.* **seraph**
Serb [sə:b] *n* serbas
a = **Serbian** *a*
Serbia ['sə:bɪə] *n* Serbija *(Jugoslavijos dalis)*
Serbian ['sə:bɪən] *a* serbiškas, serbų; Serbijos
n **1** serbas **2** serbų kalba
Serbo-Croat(ian) [ˌsə:bəu'krəuæt, -krəu'eɪʃn] *n* serbų ir kroatų kalba
sere [sɪə] = **sear**[1] *a*
serein [sə'reɪn] *pr. n meteor.* dulksna, smulkus lietus *(iš giedro dangaus saulei nusileidus; tropikų kraštuose)*
serenade [ˌserə'neɪd] *n* serenada
v dainuoti serenadą
serendipity [ˌserən'dɪpətɪ] *n knyg.* įžvalgumas; mokėjimas atskleisti ką naujo/įdomaus

serene [sɪ'ri:n] *a* **1** romus, tylus **2** giedras, blaivus **3:** *His S. Highness* jo šviesybė *(titulas)* ◊ *all ~ šnek.* viskas gerai
n poet. **1** giedruma, giedras dangus; rami jūra **2** romybė
serenity [sɪ'renətɪ] *n* **1** romybė, ramybė **2** giedrumas, giedra **3** *(S.)* šviesybė *(titulas)*
serf [sə:f] *n ist.* **1** baudžiauninkas **2** vergas
serfage, serfdom, serfhood ['sə:fɪdʒ, -dəm, -hud] *n* **1** baudžiava **2** vergovė, vergija
serge [sə:dʒ] *n tekst.* **1** seržas **2** seržo kostiumas
sergeant ['sɑ:dʒənt] *n* **1** *kar.* seržantas, puskarininkis; *flight ~* aviacijos seržantas/puskarininkis; *staff ~* a) viršila; b) *amer.* vyresnysis puskarininkis; **~ major** *amer.* viršila **2** aukštesniojo rango policininkas, policijos seržantas/puskarininkis
sergeant-at-arms [ˌsɑ:dʒəntət'ɑ:mz] *n* pareigūnas, palaikantis tvarką teisme/parlamente *ir pan.*
serial ['sɪərɪəl] *a attr* **1** serijinis; einantis paeiliui, nuoseklus; **~ number** serijos/eilės numeris **2** išeinantis atskirais sąsiuviniais/dalimis; **~ rights** teisė spausdinti *(knygą ir pan.)* dalimis **3** to paties braižo, vienodai atlikti/padaryti *(apie nužudymus)*
n **1** romanas *ir pan.*, spausdinamas dalimis *(laikraštyje, žurnale)* **2** serijinis filmas/leidinys; serialas; *TV ~* televizijos serialas
serialize ['sɪərɪəlaɪz] *v* **1** spausdinti/leisti atskiromis dalimis/serijomis **2** išdėstyti serijomis, eilės tvarka
seriate, seriated ['sɪərɪət, 'sɪərɪeɪtɪd] *a* (leidžiamas) serijomis, dalimis; išdėstytas serijomis, eilės tvarka
seriatim [ˌsɪərɪ'eɪtɪm] *lot. adv knyg.* papunkčiui, vienas po kito; *to discuss ~* svarstyti papunkčiui
sericeous [sɪ'rɪʃəs] *a bot., zool.* šilkaplaukis
sericulture ['serɪˌkʌltʃə] *n* šilkininkystė
series ['sɪəri:z] *n (pl ~)* **1** serija; *a ~ of stamps* pašto ženklų serija **2** eilė, eilutė *(t. p. mat., fiz.);* **in ~** nuosekliai, iš eilės; serijomis; *connection in ~, ~ connection el.* nuoseklusis jungimas **3** *kin., tel.* daugiaserijinis filmas, kurio kiekviena serija — užbaigtas epizodas; serialas
serigraphy [se'rɪgrəfɪ] *n* šilkografija
serin ['serɪn] *n zool.* svilikėlis
serine ['sɪəri:n] *n chem.* serinas
seringa [sɪ'rɪŋgə] *n bot.* brazilinis kaučiukmedis
seriocomic(al) [ˌsɪərɪəu'kɔmɪk(l)] *a* komiškai rimtas, tragikomiškas
serious ['sɪərɪəs] *a* **1** *(įv. reikšm.)* rimtas; **~ person** rimtas žmogus; **~ matter** rimtas reikalas/klausimas; **~ illness** sunki/pavojinga/rimta liga; **~ promise** rimtas pasižadėjimas; *and now to be ~* o dabar juokus į šalį **2** sunkus *(apie ligą, nusikaltimą ir pan.)* **3** *šnek.* didžiulis *(apie kiekį);* **to spend ~ money** išleisti daug pinigų **4** *attr šnek.* puikus
seriousness ['sɪərɪəsnɪs] *n* rimtumas; *in all ~* labai rimtai
serjeant ['sɑ:dʒənt] *n psn.* = **sergeant**
serjeant-at-arms [ˌsɑ:dʒəntət'ɑ:mz] *n psn.* = **sergeant-at-arms**
sermon ['sə:mən] *n* **1** *bažn.* pamokslas; *to preach a ~* sakyti pamokslą **2** *prk.* pamokslas, pamokymas
sermonize ['sə:mənaɪz] *v* **1** sakyti pamokslą **2** pamokslauti, duoti pamokymus
seropositive [ˌsɪərəu'pɔzɪtɪv] *a med.* serologiškai teigiamas *(apie tyrimą)*
serotinous [sɪ'rɔtɪnəs] *a bot.* vėlyvasis
serous ['sɪərəs] *a fiziol.* serumo, serozinis
serpent ['sə:pənt] *n* **1** *knyg.* gyvatė **2** klastingas žmogus, apgavikas, išdavikas **3** *(S.) bibl.* žaltys gundytojas, šėtonas *(t. p. the old S.)* **4** *muz. ist.* serpentas

serpent-charmer ['sə:pəntˌtʃɑ:mə] *n* gyvačių kerėtojas
serpentine ['sə:pəntaɪn] <*a, n, v*> *a knyg.* **1** gyvatiškas **2** vingiuojantis, išsiraitęs **3** gudrus, klastingas, išdavikiškas
n **1** serpantinas *(dailiojo čiuožimo figūra)* **2** *spec.* gyvatukas **3** *min.* serpentinas
v knyg. rangytis, raitytis, vingiuoti
serradilla [ˌserə'dɪlə] *n bot.* sėjamoji seradėlė
serrate, serrated ['sereɪt, sɪ'reɪtɪd] *a* dantytas, pjūkliškas *(t. p. anat., bot.)*
serration [se'reɪʃn] *n* **1** dantytumas **2** *(įrankių, lapų ir pan.)* dantis
serried ['serɪd] *a knyg.* glaudus; suspaustas, kompaktiškas; **in ~ ranks** glaudžiomis gretomis
serrulate, serrulated ['serjuleɪt, -tɪd] *a anat., bot.* smulkiai dantytas
serum ['sɪərəm] *n (pl* ~s, sera*) fiziol.* serumas
serval ['sə:vəl] *n zool.* servalas *(plėšrusis Afrikos žinduolis)*
servant ['sə:vənt] *n* **1** tarnas, tarnaitė; patarnautojas; **domestic ~** namų darbininkė **2** darbuotojas, tarnautojas; **public ~** pareigūnas **3** atsidavęs sekėjas; **your obedient/ humble ~** *ret.* jūsų nuolankus tarnas, jums atsidavęs *(laiško pabaigoje)*
servant-maid ['sə:vəntmeɪd] *n* tarnaitė
serve [sə:v] *v* **1** tarnauti; **to ~ in the army** tarnauti kariuomenėje; **he ~d his country** jis tarnavo tėvynei; **to ~ smb's interests** tarnauti kieno interesams **2** dirbti, eiti pareigas *(as);* **to ~ as a secretary [a waiter]** dirbti sekretoriumi [padavėju]; **to ~ on a committee** būti komiteto nariu **3** tikti; atstoti; patenkinti; būti naudingam/ reikalingam; **the box ~s him for/as a chair** dėžė jam atstoja kėdę; **it will ~** a) būtent tai, ko reikia; b) šito pakaks; **as occasion ~s** kai bus tinkama proga; **to ~ no purpose** niekam netikti, būti nereikalingam **4** aptarnauti *(restorane, valgykloje ir pan.);* **are you being ~d?** ar jus aptarnauja? **5** patiekti *(į stalą; t. p.* **~ up***); dinner is* **~d!** pietūs ant stalo! **6** tiekti, aprūpinti *(with);* aptarnauti; **this hospital ~s a large district** ši ligoninė aptarnauja didelį rajoną **7** valdyti *(mašiną ir pan.);* **to ~ a gun** šaudyti iš pabūklo **8** atbūti, atlikti *(bausmę ir pan.; t. p.* **~ time***)* **9** *šnek.* elgtis; **he ~d me shamefully** jis su manim bjauriai pasielgė **10** *bažn.* patarnauti per pamaldas **11** *teis.* įteikti *(šaukimą ir pan.);* **to ~ notice** oficialiai įspėti/pranešti **12** *sport.* paduoti *(kamuolį)* **13** *ž. ū.* (su)kergti □ **~ out** a) ištarnauti, atitarnauti; b) išdėlioti, įdėti/įpilti į lėkštę; išdalyti *(patiekalus);* c) *šnek.* atsikeršyti, atsimokėti; **~ round** apnešioti aplink *(patiekalą);* vaišinti svečius; ◊ **it ~s him right!** *šnek.* taip jam ir reikia!; **to ~ two masters** ≡ būti dviejų ponų tarnu
n sport. (kamuolio) padavimas; **it's my ~** mano padavimas
server ['sə:və] *n* **1** šaukštas/įrankis valgiams į(si)dėti į lėkštutę **2** porcijų sudėliotojas į indus **3** *sport.* paduodantysis **4** *komp.* aptarnaujantis procesorius, serveris, valdytuvas **5** *bažn.* patarnautojas *(per komuniją)*
servery ['sə:vərɪ] *n* valgių išdavimo vieta/patalpa
service[1] ['sə:vɪs] *n* **1** tarnyba; prievolė; tarnavimas; **to take into one's ~** priimti į tarnybą, (pa)samdyti; **to be in ~** a) būti naudojamam, tarnauti; b) dirbti namų darbininke; **~ to/of the people** tarnavimas žmonėms; **civil ~** a) valstybinė (civilinė) tarnyba; b) *kuop.* valstybės tarnautojai; **national ~** karo prievolė; **selective ~** *amer.* karo prievolė *(tam tikram šaukimųjų kontingentui);* **secret ~** slaptoji tarnyba, žvalgyba; **weather ~** meteorologijos tarnyba **2** aptarnavimas, paslaugų teikimas; servisas; **~ of cars** automobilių techninė priežiūra; **maid ~** apskalbimas; komunalinės paslaugos; **~ to readers** skaitytojų aptarnavimas *(bibliotekose)* **3** *(ppr. pl)* paslaugų/aptarnavimo sfera *(transportas, švietimas, gydymas, bankai ir pan.; džn.* **public ~s***);* **banking ~s** banko paslaugos **4** paslauga; **at your ~** jūsų paslaugoms; **to be of ~** būti naudingam, pasitarnauti; **for smb's past ~** už praeities nuopelnus **5** *kar.* kariuomenės rūšis; **in the ~s** kariuomenėje; **the senior ~** Anglijos karo laivynas; **the (fighting) ~s** kariuomenė, karinė aviacija ir karinis laivynas **6** servizas; **dinner [tea] ~** pietų [arbatos] servizas **7** *teis. (šaukimo ir pan.)* įteikimas; teismo pranešimas **8** *sport.* padavimas **9** *(transporto)* judėjimas; susisiekimas; **through ~** tiesioginis susisiekimas **10** *bažn.* pamaldos *(t. p.* **sacred/divine ~***);* apeigos; **christening ~** krikšto apeigos; **to say a ~** laikyti pamaldas **11** *ž. ū.* (su)kergimas **12** *attr* tarnybinis; **~ elevator** tarnybinis liftas; **~ entrance** tarnybinis įėjimas; **~ space** tarnybinės patalpos **13** *attr* aptarnaujantis; **~ workers** paslaugų sferos darbuotojai; **~ industry** paslaugų pramonė **14** *attr* kariškas; **~ cap** kariška kepurė; **~ dress** kariški drabužiai, uniforma ◊ **to see ~** būti ilgai vartojamam; nusidėvėti
v **1** aptarnauti **2** atlikti techninę priežiūrą, atlikti smulkų *(mašinos ir pan.)* remontą **3** *ž. ū.* kergti **4** *fin.* mokėti palūkanas *(už paskolą)*
service[2] *n bot.* šermukšnis *(t. p.* **~ tree***)*
serviceable ['sə:vɪsəbl] *a* **1** naudingas; praktiškas, tinkamas *(vartoti)* **2** patvarus, tvirtas **3** *psn.* paslaugus
service-book ['sə:vɪsbuk] *n bažn.* maldaknygė; liturginė knyga
serviceman ['sə:vɪsmən] *n (pl* -men [-mən]*)* **1** *(tik v.)* kariškis **2** meistras, atliekantis smulkų remontą
service-pipe ['sə:vɪspaɪp] *n* vandentiekio/dujotiekio vamzdis *(nutiestas į namą iš pagrindinio vamzdžio)*
servicewoman ['sə:vɪsˌwumən] *n (pl* -women [-ˌwɪmɪn]*)* kariškė
servicing ['sə:vɪsɪŋ] *n aut.* techninė apžiūra
serviette [ˌsə:vɪ'et] *pr. n* servetėlė
servile ['sə:vaɪl] *a* **1** vergiškas; vergiškai nuolankus; **~ obedience** vergiškas paklusnumas **2** vergo, vergų; vergijos
servility [sə:'vɪlətɪ] *n* vergiškumas; vergiškas nuolankumas; keliaklupsčiavimas
serving ['sə:vɪŋ] *n* **1** porcija, gabalas **2** *sport.* padavimas
servitor ['sə:vɪtə] *n* **1** *psn.* kamerdineris, tarnas **2** *ist.* studentas, patarnaujantis kilmingiems studentams už koledžo skiriamą atlyginimą *(Oksforde)*
servitude ['sə:vɪtju:d] *n* **1** *knyg.* vergovė, vergija **2** *teis.* katorgos darbai, katorga *(t. p.* **penal ~***)* **3** *teis.* servitutas
servo ['sə:vəu] <*n, a, v*> *n sutr.* **1** *aut.* stiprintuvas **2** = **servo-mechanism 3** = **servo-motor**
a pagalbinis
v spec. valdyti iš tolo
servo-mechanism ['sə:vəuˌmekənɪzm] *n tech.* servomechanizmas, valdymo mechanizmas
servo-motor ['sə:vəuˌməutə] *n tech.* valdymo variklis, servovariklis; servopavara
sesame ['sesəmɪ] *n bot.* (rytinis) sezamas ◊ **open ~** atsivėręs sezamas *(atviras kelias į sėkmę ir pan.)*
sesqui- [ˌseskwɪ-] *(sudurt. žodžiuose)* pusantro; **sesquicentennial** pusantro šimto metų *(jubiliejus)*
sesquipedalian [ˌseskwɪpɪ'deɪlɪən] *a knyg.* **1** pusantros pėdos *(ilgio)* **2** labai ilgas, daugiaskiemenis *(apie žodį);* daugiažodis, išpūstas *(apie stilių)*

sessile ['sesaıl] *a* **1** *bot.* bekotis *(apie lapą)* **2** *zool.* nejudrus

session ['seʃn] *n* **1** posėdis; ***to be in*** ~ posėdžiauti **2** *(parlamento, teismo ir pan.)* sesija **3** laikas, skirtas kuriai nors veiklai; ***training*** ~ treniruotė; ***bull*** ~ spontaniškas pokalbis, šnekos vyrų kompanijoje **4** mokslo metai, semestras, trimestras *(ypač Škotijos/Amerikos universitetuose);* ***summer*** ~ vasaros kursai universitete **6** *amer.* užsiėmimai, mokymo laikas; ***six and eight week*** ~**s** šešių ir aštuonių savaičių mokymo kursas **7** *pl* teismas

sessional ['seʃnəl] *a* sesijinis; posėdžių

sesterce ['sestə:s] *n ist.* sestercijus *(Romos moneta)*

sestertius [se'stə:ʃəs] *n* (*pl* -tii [-ıaı]) = **sesterce**

sestet [ses'tet] *n* **1** *muz.* sekstetas **2** *lit. (soneto)* paskutinės šešios eilutės

set¹ [set] *n* **1** komplektas, rinkinys; servizas; ***chess*** ~ šachmatų komplektas; ~ *of false teeth* dirbtiniai dantys; dantų protezas; *a* ~ *of furniture* baldų komplektas/garnitūras; ~ *of drawing instruments* braižiklinė **2** eilė, serija; ~ *of lectures* paskaitų ciklas **3** grupė, kompanija; *(visuomenės)* sluoksnis; ***to be in the top*** ~ ***for maths mok.*** priklausyti geriausiai mokantiems matematiką; *a fine* ~ *of players* geri žaidėjai, gera komanda; ***the literary*** ~ literatūriniai sluoksniai **4** *spec.* aparatas, prietaisas, įrengimas, agregatas **5** radijo aparatas/imtuvas *(t. p. receiving* ~*);* televizorius *(t. p.* ***television*** ~*)* **6** *teatr., kin.* dekoracija; filmavimo aikštelė **7** *sport.* setas **8** *mat.* aibė; ~ ***theory*** aibių teorija

set² <*n, a, v*> *n* **1** *(galvos)* laikysena; *(pečių)* forma; ***the*** ~ ***of his back [shoulders]*** jo nugaros [pečių] linija **2** konfigūracija; kontūras **3** *(tėkmės, vėjo ir pan.)* kryptis **4** nukrypimas, poslinkis; polinkis; *a* ~ *of public feeling* viešosios nuomonės polinkis **5** *(drabužio)* sukirpimas **6** šukuosena, sušukavimas **7** sukietėjimas, sustingimas, sutenėjimas **8** *poet.* saulės nusileidimas, saulėlydis; ***at*** ~ ***of sun*** saulei leidžiantis **9** sodinukas; daigas; atžala **10** *bot.* mezginė **11** *(šuns)* nutilkimas, tilktis **12** *(barsuko)* ola, urvas **13** *poligr. (literos)* storis **14** *kas.* sutvirtinimo stakta **15** *tech. (pjūklo dantų)* klaipymas, praskėtimas **16** *stat. (pastatų)* nusėdimas **17** *tech.* liekamoji deformacija **18** *tech.* apspaudas, laikiklis **19** *tekst.* vora ◊ ***to make a dead*** ~ *(at)* a) smarkiai užsipulti; b) stengtis palenkti į savo pusę, stengtis užkariauti, įgyti *(kieno)* meilę/palankumą *ir pan.;* ≅ kartis ant kaklo *(ypač apie moterį)*

a **1** nejudrus, sustingęs *(apie žvilgsnį, šypseną ir pan.);* ***he came in, his face*** ~ jis įėjo suakmenėjusiu veidu **2** apgalvotas *(apie ketinimą);* iš anksto parengtas *(apie kalbą)* **3** pasiruošęs; ***all*** ~ *juok.* visiškai pasiruošęs **4** nustatytas, duotas; paskirtas; ***to pay a*** ~ ***amount*** mokėti nustatytą kiekį; ~ ***books*** privalomoji literatūra *(studentams)* **5** tvirtas, pastovus; nusistovėjęs *(apie orą ir pan.);* ~ ***price*** tvirta kaina; ***to be*** ~ ***in one's ways [ideas]*** niekada nekeisti savo įpročių [pažiūrų] **6** nusistatęs; ryžtingas; atkaklus; ***he is*** ~ ***on going*** jis nusistatęs vykti **7** *predic šnek.* pasirengęs, degantis noru *(ką daryti; t. p.* **all** ~*)* **8** įstatytas; pastatytas; išsidėstęs; *a town* ~ *on a hill* miestas išsidėstęs ant kalno **9** sutrauktas *(apie pieną)* **10** sukietėjęs, sustingęs, sutenėjęs **11** nusileidęs *(apie saulę)* **12** kompleksinis *(apie pietus)*

v (set) **1** (pa)statyti, sustatyti, dėti, dėlioti, išdėstyti; ***to*** ~ ***the chair at/by the table*** pastatyti kėdę prie stalo; ***to*** ~ *a snare* statyti kilpas; ***to*** ~ ***the book on the table*** padėti knygą ant stalo; ***to*** ~ ***foot upon smth*** užminti ką **2** sukelti tam tikrą būseną/veiksmą; ***to*** ~ ***in order*** sutvarkyti; ***to*** ~ ***smb at his ease*** padrąsinti, nuraminti ką; ***to*** ~ ***loose*** paleisti, atrišti; ***to*** ~ ***smth straight*** pataisyti, ištiesinti ką; ***to*** ~ ***laughing*** prajuokinti; ***to*** ~ ***smb thinking*** priversti ką pagalvoti; ***to*** ~ ***a machine going*** paleisti mašiną **3** nustatyti, paskirti; ***to*** ~ ***a date [a price]*** nustatyti datą [kainą]; ***to*** ~ ***the hands of a clock*** nustatyti laikrodžio rodykles; ***to*** ~ ***a term*** paskirti terminą **4** įtaisyti, įdėti *(into);* pritvirtinti, pritaisyti; ***to*** ~ ***smth in the ground*** įvaryti/įkalti *(baslį ir pan.)* į žemę; ***to*** ~ ***in a frame*** įrėminti; ***the crown is*** ~ ***with diamonds*** karūna papuošta deimantais **5** *med.* uždėti įtvarą, imobilizuoti; sustatyti *(kaulą);* atsistatyti **6** (pa)ruošti; ***to*** ~ ***a piano*** suderinti pianiną; ~*! sport.* dėmesio!, pasiruošk! **7** judėti tam tikra kryptimi; turėti polinkį; ***the tide has*** ~ ***in his favour*** jo akcijos kyla **8** leistis *(apie saulę, mėnulį; t. p. prk.);* ***his star has*** ~ *prk.* jo žvaigždė nusileido **9** pasukti, (pa)kreipti, nukreipti; ***to*** ~ ***one's face towards the light*** pasisukti veidu į šviesą **10** priartinti; pridėti; ***to*** ~ ***a glass to one's lips*** pridėti stiklinę prie lūpų **11** uždėti *(antspaudą ir pan.; on, to);* ***to*** ~ ***one's name to a document*** pasirašyti dokumentą **12** padaryti šukuoseną **13** sukąsti, suspausti *(dantis, lūpas ir pan.);* ***her face*** ~ jos veidas sustingo **14** galąsti *(peilį, skustuvą ir pan.);* klaipyti *(pjūklą)* **15** (pa)tupdyti *(perekšlę)* **16** sodinti; ***to*** ~ ***a child in a highchair*** sodinti vaiką į kėdutę; ***to*** ~ ***smb on horseback*** užsodinti ką ant arklio **17** užduoti *(darbą, užduotį ir pan.);* sudaryti *(klausimus egzaminui);* ***to*** ~ ***smb to work*** statyti/pasodinti ką prie darbo **18** duoti *(pavyzdį, toną);* įvesti *(madą)* **19** *ret.* gulėti *(apie drabužį)* **20** sukurti muziką *(libretui, eilėraščiui),* parašyti žodžius muzikai *(t. p.* ~ ***to music)*** **21** (su)kietėti, (su)stingti, sutenėti; (su)kietinti, (su)stingdinti **22** tirštėti; tirštinti; su(si)traukti *(apie pieną);* ***to*** ~ ***milk for cheese*** traukinti/raugsinti pieną sūriui **23** susiformuoti, nusistovėti *(apie charakterį, figūrą ir pan.)* **24** (užsi)megzti *(apie vaisių);* sukrauti *(žiedus, pumpurus)* **25** nutilkti *(apie šunį)* **26** *jūr.* pelenguoti **27** *jūr.* traukti *(takelažą)* **28** *poligr.* rinkti **29** *stat.* mūryti, kloti **30** *teatr., kin., tel.* vykti; ***the scene is*** ~ ***in Venice*** veiksmas vyksta Venecijoje **31** *(ppr. refl)* ryžtis, imtis, suskasti *(ką daryti; about);* ***to*** ~ ***oneself the task of doing smth*** užsibrėžti tikslą padaryti ką **32** užpulti *(on, about);* (už)pjudyti, (už)siundyti *(on, at);* ***to*** ~ ***dogs*** pjudyti šunimis **33** *mok.* skirstyti *(mokinius)* į grupes pagal lygį/gabumus **34** skirti *(daug dėmesio ir pan.; on);* ***to*** ~ ***much, or a great deal, on/by smth*** skirti kam daug dėmesio; labai vertinti ką **35** *(against)* nuteikti priešiškai, sukiršinti; *refl* nusistatyti, nusiteikti *(prieš)* □ ~ ***apart*** a) atidėti *(pinigus),* pataupyti; b) skirti, palikti *(for – kam);* c) atskirti; išskirti *(from);* ~ ***aside*** a) atidėti į šalį; b) (su)taupyti, palikti *(pinigų, laiko ir pan.);* c) atmesti; nekreipti dėmesio; d) *teis.* anuliuoti; ~ ***back*** a) atsukti atgal *(laikrodžio rodykles);* atitraukti *(from — nuo);* b) sutrukdyti, užgaišinti *(kurį laiką);* (su)stabdyti *(raidą ir pan.);* c) *šnek.* kainuoti, atsieiti; ~ ***by*** atidėti, taupyti; ~ ***down*** a) padėti, pastatyti *(ant žemės ir pan.);* b) išlaipinti *(keleivį);* c) nutupdyti *(lėktuvą);* d) už(si)rašyti; išdėstyti raštu; e) nustatyti *(taisykles, režimą ir pan.);* f): ~ ***down as settled*** laikyti nutarta/sutarta; g) priskirti *(to);* h) *teis.* (pa)skirti *(laiką bylai svarstyti);* ~ ***forth*** a) išdėstyti, išaiškinti, pateikti;

b) išvykti *(on);* c) išstatyti *(viešai apžiūrai);* **~ forward** a) pa(si)stūmėti į priekį; b) pateikti *(pasiūlymą);* c) išvykti; **~ in** prasidėti, užeiti; ateiti, nusistovėti; įsigalėti; **good weather ~ in** nusistovėjo geras oras; **~ off** a) išvykti; išsiruošti/leistis į kelionę *(on);* b) išsprogdinti; c) balansuoti, sudaryti pusiausvyrą; atsverti; d) išryškinti, pabrėžti *(sugretinus);* e) sugretinti, supriešinti *(against);* f) įžiebti, sukelti; paskatinti *(kam);* **to ~ off laughing** prajuokinti; g) (pa)leisti *(raketą, palydovą ir pan.);* **~ out** a) susiruošti, mėginti, imti *(ką daryti);* įrengti; b) išstatyti *(viešai);* išdėlioti; c) išdėstyti; aprašyti, paskelbti; d) išvykti, iškeliauti, išskristi; e) sodinti *(augalus);* f) papuošti; **~ to** a) susiimti, pasistengti; b) susiimti, susiginčyti; **~ up** a) pastatyti *(paminklą ir pan.);* įrengti, b) įkurti, įsteigti; sudaryti; c) iškilti aukščiau *(over – ko);* d) tiekti, aprūpinti *(with, for);* e) sukelti *(skausmą ir pan.);* f) pakelti, sukelti *(triukšmą);* g) iškelti *(teoriją);* h) atgauti jėgas, sustiprinti; i) *(as)* pradėti *(verslą),* imtis *(amato);* atidaryti *(krautuvę, dirbtuvę ir pan.);* j) *(as)* sakytis esant *(kuo);* dėtis, apsimesti *(kuo);* **he ~s up as an artist** jis dedasi dailininku; k) *sport.* pasiekti *(rekordą);* l) *poligr.* surinkti ◊ **to ~ up home/house** įsigyti savo namus *(apsigyvenant atskirai nuo tėvų);* **to ~ foot** *(in, on)* kelti koją *(kur);* **not to ~ foot in smb's house** nekelti kojos į kieno namus
seta ['si:tə] *n (pl* -tae) **1** *bot.* akuotas; šerelis **2** *zool.* plaukas; šerys
setaceous [sɪ'teɪʃəs] *a* **1** *bot.* šeriškas, akuotuotas **2** *zool.* šeriškas; šeriuotas; plaukuotas; plauko pavidalo
setae ['si:ti:] *pl žr.* **seta**
setback ['setbæk] *n* **1** (su)trukdymas; kliūtis **2** nesėkmė; pralaimėjimas **3** *(ligos)* atkrytis **4** *ekon.* nuosmukis, regresas
setdown ['setdaʊn] *n* **1** atkirtis; griežtas atsisakymas **2** priekaištas; suniekinimas, papeikimas
set-in ['setɪn] *a* įdedamas, įstatomas; **~ sleeves** įdurtinės rankovės
setoff ['setɔf] *n* **1** kontrastas; išryškinimas **2** atsvara; kompensacija **3** papuošimas, papuošalas **4** *stat.* berma; iškyša, pakopa **5** *teis.* atsakovo priešpriešinis reikalavimas ieškovui
setose ['si:təʊs] *a* = **setaceous**
setout ['setaʊt] *n* **1** išstatymas, išdėstymas, išdėliojimas **2** reikmenys **3** pradžia; **at the first ~** iš pat pradžios **4** švediškas stalas
setscrew ['setskru:] *n tech.* nustatymo sraigtas
setsquare ['setskwɛə] *n tech.* kampainis
sett [set] *n* **1** tašytas grindinio akmuo **2** *(barsuko)* urvas
settee [se'ti:] *n (nedidelė)* sofa; minkštasuolis; **~ bed** sofa lova, miegamoji sofa
setter ['setə] *n* **1** seteris *(šuo);* **Irish ~** airių seteris **2** nustatymo prietaisas; *(pjūklo dantų)* kleiptukas **3** asmuo, kuris nustato/pastato/įdeda *ir pan.;* nustatytojas **4** *sport.* nuotolio žymėtojas
setterwort ['setəwə:t] *n bot.* čėras
setting ['setɪŋ] *n* **1** aptaisas; įtvaras; rėmai **2** aplinka; situacija, fonas **3** *(knygos, filmo veiksmo)* vyksmo vieta ir laikas **4** *teatr.* dekoracijos ir kostiumai; *(spektaklio)* meninis apipavidalinimas **5** muzika *(eilėraščio)* žodžiams **6** saulėlydis *(ppr.* **the ~ of the sun)** **7** serviruotės komplektas **8** *(mašinos darbo režimo)* nustatymas, reguliavimas; **~ in motion** paleidimas *(mašinos ir pan.)* **9** (su)kietėjimas, (su)stingimas; (su)tirštėjimas **10** *(tinklų ir pan.)* pastatymas, užmetimas **11** *stat.* mūrijimas **12** *stat. (pamatų)* nusėdimas **13** *mok. (mokinių)* skirstymas į grupes/klases pagal gabumus

setting-lotion [ˌsetɪŋ'ləʊʃən] *n* losjonas plaukams suvilgyti prieš darant šukuoseną
setting-rule ['setɪŋru:l] *n poligr.* spaustuvės linija
setting-stick ['setɪŋstɪk] *n poligr.* rinktuvas
setting-up ['setɪŋˌʌp] *n* **1** *(komisijos, programos, schemos ir pan.)* sudarymas; *(verslo)* pradėjimas **2** *tech.* surinkimas, montažas
settle[1] ['setl] *n* ilgas medinis suolas su aukšta atrama *(ppr.* su stalčiais)
settle[2] *v* **1** patogiai/gerai padėti; pasodinti; *refl* atsisėsti, įsitaisyti; **to ~ the cup on the saucer** padėti puoduką ant lėkštutės; **to ~ an invalid among the pillows** pasodinti ligonį tarp pagalvių; **to get one's guests ~d** susodinti svečius **2** su(si)tvarkyti; su(si)formuoti; nusistovėti; **to ~ one's affairs** a) sutvarkyti savo reikalus; b) sudaryti testamentą; **things will soon ~ into shape** padėtis netrukus paaiškės/nusistovės **3** nuraminti; **to ~ one's mind** nusiraminti; **these pills will ~ your stomach** šios tabletės nuramins/numalšins jums skausmą viduriuose **4** susitarti, išspręsti, sureguliuoti, baigti *(nesutarimus ir pan.);* **to ~ out of court** susitarti be teismo; **to ~ doubts** išsklaidyti abejones; **that ~s the question** tai išsprendžia problemą **5** nutarti, nuspręsti; prieiti išvadą; nustatyti; **to ~ the day [the price]** nustatyti datą [kainą] **6** įsikurti, apsigyventi **7** apgyvendinti, įkurdinti; kolonizuoti **8** nusileisti, sutikti, pasitenkinti *(for);* **~ for second best** pasitenkinti ne pačiu geriausiu sprendimu, padaryti nuolaidų **9** nutūpti *(apie paukščius, vabzdžius ir pan.; on)* **10** nusistoti, (nu)sėsti *(apie skystį, dulkes ir pan.);* suslūgti; nusėdinti **11** skęsti, grimzti **12** ap(si)mokėti, atsiskaityti; atsiteisti; **to ~ a bill** apmokėti sąskaitą; **to ~ old scores** *prk.* atsiteisti už senas skriaudas **13** apimti *(apie jausmus; on);* apgaubti, įsivyrauti *(apie tylą ir pan.; over)* **14** įsmigti, būti įsmeigtam, sustoti *(apie žvilgsnį, akis ir pan.; on)* **15** susikaupti *(to)* **16** *teis.* palikti; **to ~ one's property on one's son** palikti turtą sūnui **17** *amer.* apvaisinti *(gyvulį)* ☐ **~ down** a) ap(si)gyventi, įsikurti, įsitaisyti; įkurdinti; b) nu(si)raminti; nurimti; c) vesti ir surimtėti; d) apsiprasti; e) imtis *(to – ko);* **the boy couldn't ~ down to his homework** mokinys niekaip negalėjo prisėsti prie pamokų; **~ in** a) įsitaisyti; b) prisitaikyti, apsiprasti; **~ up** atsiskaityti *(su padavėju ir pan.; with)*
settled ['setld] *a* **1** nuolatinis; **~ melancholy** nuolatinis liūdesys **2** nusistovėjęs; **~ weather** nusistovėjęs oras **3** tvirtas, apibrėžtas, nustatytas **4** sėslus **5** apgyven(din)tas *(apie kraštą, žemę ir pan.)* **6** ramus, išlaikantis pusiausvyrą **7** *teis.* turto paskyrimas/padalijimas *(paveldėtojams)*
settlement ['setlmənt] *n* **1** susitarimas; (su)reguliavimas; išsprendimas; **to reach a ~** pasiekti susitarimą **2** sutikimas, nusileidimas, dovanojimo aktas **3** apsigyvenimas; įsikūrimas; apgyvendinimas **4** nausėdija, kolonija; gyvenvietė **5** atsiskaitymas, mokėjimas; **~ day** mokėjimo/ atsiskaitymų diena **6** *(grunto)* slūgimas, nusėdimas; *(drumzlių ir pan.)* nusistojimas **7** *teis.* turto paskyrimas/ padalijimas *(paveldėtojams)*
settler ['setlə] *n* **1** naujakurys, kolonistas, nausėdys **2** *(ginčo ir pan.)* sprendėjas **3** *tech.* nusodintuvas; separatorius
settling ['setlɪŋ] *n* **1** apsigyvenimas, įsikūrimas **2** nusėdimas; suslūgimas **3** *(ppr. pl)* nuosėdos **4** stabilizacija **5** *teis. (ginčo, konflikto)* sureguliavimas; sutaikinimas **6**: **~ day** atsiskaitymų diena *(biržoje)*
settlor ['setlə] *n teis.* asmuo, disponuojantis savo turtu *(skiriantis kam pensiją, rentą ir pan.)*
set-to ['settu:] *n (pl ~s* [-z]) *šnek.* susiėmimas, susikibimas, muštynės; susiginčijimas, karštas ginčas

set-up ['setʌp] *n* **1** laikysena; stotas **2** struktūra, organizacija **3** *šnek.* varžybos, kurių rezultatas aiškus *(viena pusė žymiai silpnesnė)* **4** *šnek.* žabangos, gudrybė, kėslas **5** *(įrankių ir pan.)* paruošimas darbui **6** *amer.* nealkoholinis gėrimas atskiesti degtinei
a **1** sudėtas *(apie žmogų);* **well ~ figure** liekna figūra, gražiai sudėtas žmogus **2** linksmas; įsilinksminęs

setwall ['setwɔ:l] *n bot.* valerijonas

seven ['sevn] *num card* septyni, septyneri; **Room ~** septintas kambarys; **she will come at ~** ji ateis septintą (valandą); **a girl of ~** septynerių metų mergaitė; **the ~ o'clock train** septintinis traukinys
n **1** septynetas, septynetukas; septynakė **2** *pl* septinto numerio pirštinės/batai *ir pan.*

sevenfold ['sevnfəuld] *a* septyneriopas, septyngubas
adv septyneriopai, septyngubai, septynis kartus *(daugiau, didesnis)*

seven-league ['sevn'li:g] *a* septynmylis; **~ strides [boots]** septynmyliai žingsniai [batai]

seventeen ['sevn'ti:n] *num card* septyniolika; **chapter ~** septynioliktas skyrius; **she is ~** jai septyniolika (metų)

seventeenth ['sevn'ti:nθ] *num ord* septynioliktas
n **1** septynioliktoji dalis **2** *(the ~)* septynioliktoji diena; **on the ~ of March** kovo septynioliktąją

seventh [sevnθ] *num ord* septintas; **he is in his ~ year** jam septinti metai
n **1** septintoji dalis; **two ~s** dvi septintosios **2** *(the ~)* septintoji diena **3** *muz.* septima

seventies ['sevntɪz] *n pl* **1** *(the ~)* (šimtmečio) aštuntasis dešimtmetis **2** aštunta dešimtis *(70–79 m. amžius)*

seventieth ['sevntɪəθ] *num ord* septyniasdešimtas
n septyniasdešimtoji dalis

seventy ['sevntɪ] *num card* septyniasdešimt; **he is over ~** jam daugiau kaip septyniasdešimt metų

sever ['sevə] *v* **1** atskirti, atpjauti, atkirsti, atskelti *ir pan.; refl* atsiskirti *(from – nuo)* **2** per(si)skirti; perpjauti; nutrūkti; **to ~ a rope with a knife** perpjauti virvę peiliu **3** nutraukti *(ryšius);* **to ~ a friendship** nutraukti draugystę

severable ['sevrəbl] *a* **1** atskiriamas **2** *teis.* fakultatyvus, nebūtinas

several ['sevrəl] *pron indef* keli, keletas; **~ people** keli žmonės, keletas žmonių; **~ times** kelis kartus, keletą kartų; **~ of you** keletas (iš) jūsų
a attr atskiras, pavienis, skirtingas; savas; **the ~ members of the board** kai kurie valdybos nariai; **they went their ~ ways** jie nuėjo kiekvienas savo keliu; **collective and ~ responsibility** kolektyvinė ir asmeninė atsakomybė

severally ['sevrəlɪ] *adv knyg.* atskirai, skyrium; pavieniui

severalty ['sevrəltɪ] *n* **1** atskirumas **2** *(ypač teis.)* privatus žemės sklypas

severance ['sevərəns] *n* **1** *knyg.* at(si)skyrimas **2** *knyg. (ryšių)* nutraukimas **3** *teis. (turto)* pasidalijimas

severe [sɪ'vɪə] *a* **1** sunkus, skaudus *(apie ligą, nuostolius ir pan.);* aštrus, žiaurus; **~ test** sunkus išbandymas; **~ competition** aštri konkurencija; **there was ~ fighting** ėjo įnirtingos kautynės **2** griežtas, rūstus; **~ critisim [punishment]** griežta/rūsti kritika [bausmė]; **to be ~** *(with)* griežtai elgtis *(su);* **to be ~** *(upon)* kritikuoti, barti *(ką)* **3** atšiaurus, žvarbus; smarkus; **~ climate** atšiaurus klimatas; **~ wind** žvarbus vėjas; **~ storm** smarki audra **4** paprastas, griežtas, neišdailintas *(apie stilių, manieras ir pan.)* **5** kandus, sarkastiškas

severely [sɪ'vɪəlɪ] *adv* **1** sunkiai; **to be ~ ill** sunkiai sirgti **2** griežtai, rūsčiai **3** smarkiai; labai; **~ damaged building** smarkiai apgadintas pastatas **4** paprastai, neišdailintai; **~ dressed** paprastai apsirengęs

severity [sɪ'verətɪ] *n* **1** *(ligos ir pan.)* sunkumas **2** griežtumas **3** atšiaurumas; smarkumas **4** aštrumas; kandumas **5** *(drabužio, stiliaus ir pan.)* paprastumas

Severn ['sevən] *n* Severnas *(Anglijos upė)*

Sèvres ['seɪvrə] *pr. n* Sevro porcelianas *(t. p.* **~ china)**

sew[1] [səu] *v* (sewed; sewed, sewn) siūti, susiūti, prisiūti, užsiūti ☐ **~ down** prisiūti; **~ in** įsiūti; **to ~ in a patch** įsiūti lopinį, užlopyti; **~ on** = **~ down**; **~ together** susiūti; **~ up** a) užsiūti; b) *šnek.* užsitikrinti sėkmę *(derybose, rinkimuose ir pan.);* c) *šnek.* sėkmingai užbaigti *(biznį ir pan.)*

sew[2] [sju:] *v dial.* nuleisti, išleisti *(vandenį)* ☐ **~ up pass** *jūr.* užplaukti/stovėti ant seklumos

sewage ['sju:ɪdʒ, 'su:ɪdʒ] *n* nešvarus nutekamasis vanduo, srutos, tekalai, nešvarumai; **~ pipe** nutekamasis vamzdis; **~ farm/works** nutekamųjų vandenų valymo stotis

sewer[1] ['səuə] *n* siuvėjas

sewer[2] ['su:ə, 'sju:ə] *n* kolektorius, rinktuvas, kanalizacijos/nutekamasis vamzdis
v kanalizuoti

sewerage ['su:ərɪdʒ, 'sju:ərɪdʒ] *n* kanalizacija; kanalizacijos sistema

sewing ['səuɪŋ] *n* **1** siuvimas **2** siuvinys **3** *attr* siuvamasis; **~ needle** siuvamoji adata; **~ silk [cotton]** sukti šilkiniai [medvilniniai] siūlai; **~ kit** siuvimo reikmenys, siuvimo reikmenų paketas

sewing-machine ['səuɪŋməʃi:n] *n* siuvamoji mašina

sewn [səun] *pII žr.* **sew**[1]

sex [seks] *n biol.* **1** lytis; **the ~** *juok.* moterys; **the softer/weaker ~** silpnoji lytis, moterys; **the stronger/sterner ~** stiprioji lytis, vyrai **2** lytinis gyvenimas, seksas; **to have ~** *(with)* turėti lytinių santykių **3** *attr* lytinis, lytiškas; **~ education [instinct]** lytinis švietimas [instinktas]; **~ abuse** seksualinė prievarta; **~ intergrade** hermafroditas; **~ appeal** fizinis patrauklumas ◊ **~ kitten** *šnek.* jauna viliotoja/gundytoja
v nustatyti *(gyvulio, paukščio)* lytį ☐ **~ up** *šnek.* sukelti lytinį potraukį/geidulį

sex- [seks-] *(t. p.* **sexi-)** *(sudurt. žodžiuose)* šešia-; **sexangular** šešiakampis

sexadecimal [seksə'desɪml] *a* šešioliktainis *(apie skaičiavimo sistemą ir pan.)*

sexagenarian [ˌseksədʒɪ'nɛərɪən] *knyg. a* šešiasdešimtmetis *(60–69 m. amžiaus), (einantis)* septintą dešimtį
n 60–69 m. amžiaus žmogus

sexagenary [sek'sædʒɪnərɪ] *a* šešiasdešimties, sudarantis šešiasdešimt; **~ cycle** šešiasdešimties metų/dienų ciklas
n ret. = **sexagenarian** *n*

Sexagesima [ˌseksə'dʒesɪmə] *n bažn.* antras sekmadienis prieš didįjį pasninką *(t. p.* **~ Sunday)**

sexagesimal [ˌseksə'dʒesɪml] *a* šešiasdešimtinis; šešiasdešimteriopas
n šešiasdešimtoji dalis

sexed [sekst] *a* **1** seksualus **2** turintis lytį *(apie augalus/gyvūnus)*

sexennial [sek'senɪəl] *a* šešiametis; pasikartojantis kas šešeri metai

sexi- ['seksɪ] = **sex-**

sexiness ['seksɪnɪs] *n* seksualumas

sexism ['seksɪzm] *n* moterų diskriminacija/niekinimas

sexist ['seksɪst] *n* moterų diskriminacijos šalininkas, moterų niekintojas
a diskriminuojantis moteris; moterų diskriminavimo

sexless ['seksləs] *a* **1** šaltas seksualiniu požiūriu, neseksualus; fiziškai nepatrauklus **2** belytis *(t. p. bot.)*
sex-linked ['sekslɪŋkt] *a med.* lytiškai determinuotas
sexology [sek'sɔlədʒɪ] *n* seksologija
sexploitation [ˌseksplɔɪ'teɪʃn] *n šnek.* sekso panaudojimas pasipelnymo tikslais
sexpot ['sekspɔt] *n šnek.* ugninga moteris
sex-starved ['seksˌstɑːvd] *a šnek.* negaunantis seksualinio pasitenkinimo
sextain ['seksteɪn] *n lit.* šešių eilučių posmas
sextant ['sekstənt] *n* **1** sekstantas **2** *geom.* šeštoji apskritimo dalis
sextet(te) [seks'tet] *n muz.* sekstetas
sexton ['sekstən] *n* bažnyčios sargas; varpininkas; zakristijonas; duobkasys
sextuple ['sekstjupl] *a* šešialypis, šešgubas; šešis kartus *(didesnis)*
sextuplet ['sekstjuplɪt, sek'stjuːplɪt] *n* šešetas; šešetukas *(apie kartu gimusius vaikus)*
sexual ['seksʃuəl] *a* lytinis, seksualinis; ~ **organs** lyties organai; ~ **differencies [equality]** lyčių skirtumai [lygybė]
sexuality [ˌsekʃu'ælətɪ] *n* seksualumas; erotizmas
sexually ['sekʃuəlɪ] *adv* lytiškai; pagal lytį; ~ **transmitted disease** lytiškai plintanti liga
sexy ['seksɪ] *a* **1** (pernelyg) seksualus; fiziškai patrauklus; erotiškas **2** lytinis **3** *šnek.* įdomus, jaudinantis; patrauklus, malonus
Seychelles [seɪ'ʃelz] *n: the* ~ Seišelių salos
sez [sez] *sl.: ~ you!* pasakei!, niekų kalba! *(reiškiant netikėjimą)*
sgraffito [sgræ'fiːtəu] *it. n archit.* sgrafitas
sh [ʃ] *int* ša! *(tildant)*
shabby ['ʃæbɪ] *a* **1** nudriskęs, nuskuręs, apdriskęs, apšepęs; padėvėtas, nudėvėtas **2** apleistas, aptriušęs *(apie namą ir pan.)* **3** menkas; skurdus; apgailėtinas **4** žemas, niekšiškas; ~ **trick** niekšybė **5** šykštus, smulkmeniškas
shabby-genteel ['ʃæbɪdʒenˌtiːl] *a* besistengiantis paslėpti skurdą
shabby-looking ['ʃæbɪˌlukɪŋ] *a* = **shabby** 1, 2
shabrack, shabraque ['ʃæbræk] *n ist.* mitukas
shack[1] [ʃæk] *n* **1** trobelė, lūšna **2** būdelė
shack[2] *v* gyventi *(kur)* □ ~ **up** *šnek.* gyventi susidėjus/susimetus *(be santuokos; with)*
shackle ['ʃækl] *n* **1** *(ppr. pl)* pančiai, grandinės *(t. p. prk.);* **the ~s of convention** sąlygiškumai; **the ~ of love** meilės saitai **2** *tech.* apkabėlė, apkaba; jungė
v **1** surakinti, supančioti; sukaustyti grandinėmis **2** trukdyti, varžyti **3** *tech.* sukabinti, sujungti, sutvirtinti apkaba
shad [ʃæd] *n zool.* alsė *(žuvis);* **twaite ~** perpelė
shadberry ['ʃædbərɪ] *n amer.* **1** medlievos vaisius **2** = **shadbush**
shadbush ['ʃædbuʃ] *n bot. amer.* medlieva
shaddock ['ʃædək] *n bot.* greipfrutas
shade [ʃeɪd] *n* **1** pavėsis, paunksmė, šešėlis *(t. p. prk.);* **in the ~ of a tree** medžio pavėsyje; **to rest in the ~** pavėsiuoti; **to be in the ~** *prk.* būti šešėlyje; **there is not a ~ of doubt** nėra nė šešėlio abejonės **2** atspalvis, niuansas *(t. p. prk.);* **~s of meaning** reikšmės atspalviai; **people of all ~s of opinion** įvairiausių įsitikinimų žmonės **3** truputis; **he is a ~ better** jam trupučiuką geriau **4** gaubtas; ekranas, skydas **5** *(optinio prietaiso)* gaubtelis, apsauginis stiklas **6** *pl šnek.* akiniai *(nuo saulės)* **7** *amer.* naktinė užuolaida *(t. p. window ~)* **8** *men.* šešėliai; brūkšniavimas; **light and ~** šviesa ir šešėliai/tamsa, šešėliuotumas **9** *poet., knyg.* dvasia; vaiduoklis, šmėkla; **among the ~s** dvasių karalystėje ◊ **to put/throw/cast into the ~** nustelbti, užtemdyti, užgožti *(savo pasiekimais/padėtimi);* **to have it made in the ~** *amer. šnek.* būti dideliu turtuoliu
v **1** ap(si)saugoti, pri(si)dengti *(nuo šviesos, saulės);* (už)pavėsinti; (už)temdyti; **to ~ one's eyes** prisidengti akis *(ranka)* **2** užstoti šviesą, užtamsinti; aptemdyti, apniaukti *(veidą, akis)* **3** *men.* šešėliuoti, (už)tušuoti, brūkšniuoti *(t. p. ~ in)* **4** nepastebimai pereiti *(į kitą spalvą ir pan.; into)* **5** niuansuoti, sušvelninti *(ppr. ~ down/away)* **6** *amer.* šiek tiek sumažinti *(kainą ir pan.)*
□ ~ **away/off** nepastebimai išnykti
shadiness ['ʃeɪdɪnɪs] *n* **1** ūksmingumas **2** įtartinumas
shading ['ʃeɪdɪŋ] *n* **1** *men.* šešėliavimas, (už)tušavimas **2** *(ppr. pl)* niuansai, atspalviai
shadoof [ʃə'duːf] *arab. n (šulinio)* svirtis
shadow ['ʃædəu] <*n, a, v*> *n* **1** šešėlis *(t. p. prk.);* **to cast a ~** mesti šešėlį *(t. p. prk.; on, over);* **to be afraid of one's own ~, to fight with one's own ~** ≡ bijoti savo šešėlio; **to live in the ~** likti šešėlyje, gyventi niekieno nepastebėtam; **the ~s of evening** vakaro šešėliai **2** prieblanda, sutemos; **to sit in the ~** sėdėti prieblandoje, nedegti šviesos **3** kas sekioja neatsitraukdamas *(t. p. seklys, detektyvas ir pan.);* **he is his mother's ~** jis kaip šešėlis sekioja paskui motiną **4** šmėkla, pamėklė; **a ~ of death** mirties šmėkla; **he is a mere ~ of his former self** iš jo šešėlis teliko **5** truputis, šešėlis; **there is not a ~ of doubt** nėra nė šešėlio abejonės **6** *ret.* prieglobstis, priedanga ◊ **worn to a ~** *šnek.* išsikamavęs/nusialinęs, kaip šešėlis; **to catch at ~s** vaikytis iliuzijų, svajoti apie neįvykdomus dalykus
a šešėlinis; ~ **cabinet** *polit.* šešėlinė vyriausybė; ~ **pantomime/play** *teatr.* šešėlių teatro vaidinimas
v **1** mesti šešėlį, šešėliuoti; užtamsinti **2** sekioti, vaikščioti įkandin; slapta sekti **3** (miglotai) dėstyti, alegoriškai vaizduoti; pranašauti *(ppr. ~ forth)*
shadowbox ['ʃædəubɔks] *v* **1** *sport.* boksuotis su įsivaizduojamu varžovu *(treniruojantis)* **2** vengti atsakyti/spręsti *ir pan.;* vilkinti
shadowgraph ['ʃædəugrɑːf] *n* **1** rentgeno nuotrauka **2** šešėlių teatras
shadowy ['ʃædəuɪ] *a* **1** šešėliuotas; tamsus **2** neaiškus, miglotas; ~ **past** miglota praeitis **3** tariamas, iliuzinis
shady ['ʃeɪdɪ] *a* **1** pavėsingas, ūksmingas; šešėliuotas **2** abejotinas, įtartinas, neaiškus; ~ **affair** neaiškus/tamsus reikalas
shaft [ʃɑːft] *n* **1** *(ieties, strėlės, plaktuko, kirvio ir pan.)* kotas **2** strėlė *(t. p. prk.);* **~s of satire** satyros strėlės **3** *(šviesos)* spindulys; *(žaibo)* tvykstelėjimas **4** *(medžio)* stiebas, kamienas **5** *archit.* kolona; stulpas **6** *(bokšto)* strėlė **7** *(vežimo)* grąžulas, rodiklis **8** *(ppr. pl)* iena **9** *tech.* velenas; ašis; **driving ~** varantysis/pavaros velenas **10** šachta, šachtos vamzdis; **lift ~** lifto šachta; ~ **furnace** šachtinė krosnis **11** dūmtraukis ◊ **to get the ~** *amer. sl.* būti apgautam/apmautam; nepelnytai nukentėti; **to give smb the ~** *amer. sl.* apmauti ką, pasielgti su kuo neteisingai
v **1** pritaisyti *(kotą)* **2** *amer. sl.* apmauti, apsukti
shaft-horse ['ʃɑːfthɔːs] *n* ieninis/vidurinis arklys
shafting ['ʃɑːftɪŋ] *n tech.* transmisija; transmisinis perdavimas
shag[1] [ʃæg] *n* **1** gaurai **2** pigus tabakas, machorka
shag[2] *n zool.* kuoduotasis kormoranas

shag³ v sl. dulkintis
shagged [ʃægd] a ret. **1** gauruotas **2** šiauštinis *(apie audinį)* **3** sl. nusikamavęs, išvargęs
shaggy ['ʃægɪ] a **1** gauruotas **2** šeriuotas; plaukuotas; susivėlęs **3** šiauštas, pūkuotas *(apie audinį)*
shaggy-dog ['ʃægɪdɔg] a: ~ *story* ilgas neįdomus anekdotas
shagreen [ʃæ'gri:n] n šagrenė *(oda)*
shah [ʃɑ:] n ist. *(Irano)* šachas
shaikh [ʃeɪk] n = **sheikh**
shake [ʃeɪk] n **1** sukrėtimas, supurtymas, pakratymas; *to give smth a good* ~ gerai krėstelėti/sukrėsti ką **2** sukrėtimas, šokas **3** *(galvos)* kratymas, purtymas; *with a* ~ *of the head* papurtęs galvą **4** *(rankos)* paspaudimas **5** drebėjimas; virpėjimas; *all of a* ~ visas drebėdamas **6** *(the ~s) šnek.* drugys, šiurpulys, baimė; *to give smb the ~s* įvaryti kam baimės **7** plyšys, įskilimas *(medyje, žemėje); spec.* šalčioplaiša **8** pieno kokteilis **9** muz. trelė **10** šeikas *(šokis)* ◊ *in a couple of ~s, in two ~s, in (half) a ~ šnek.* labai greitai, tučtuojau; *no great ~s* neypatingas, šiaip sau, ne kažin koks; *a fair ~ šnek.* a) galimybė laimėti; b) *amer.* nešališkumas, tiesumas
v (shook; shaken) **1** kratyti(s); purtyti, krėsti; *to ~ smb by the shoulder* papurtyti ką už peties; *to ~ oneself free from smth* nusikratyti ką; *to ~ a pillow* supurtyti pagalvį; *to ~ one's head* kratyti/purtyti galvą *(nesutinkant, neigiant; at, over); to ~ one's sides* kratytis iš juoko; *to ~ one's finger (at)* pagrasinti pirštu *(kam); he shook from a bag a heap of dried leaves* jis iškratė iš maišo krūvą sausų lapų; *the wind shook the trees* vėjas lingavo medžius **2** drebėti; virpėti; drebinti; *to ~ with anger [fear]* drebėti iš pykčio [baimės]; *the blast shook windows three kilometres away* sprogimas sudrebino langus už trijų kilometrų **3** sukrėsti, sujaudinti; *he was ~n by the news* jį ta žinia sukrėtė **4** paspausti *(ranką); to ~ hands* paspausti rankas, pasisveikinti *(with); to ~ smb by the hand* paspausti kam ranką **5** priversti suabejoti, susilpninti; pakirsti; *to ~ smb's courage* pakirsti kieno drąsą **6** *šnek.* atsikratyti *(džn. ~ off)* **7** muz. treliuoti □ *~ down* a) nukratyti; su(si)kratyti; b) (nu)krėsti, nupurtyti *(vaisius);* c) nugriauti *(namą);* d) pakloti *(vietą atsigulti ne lovoje),* pa(si)tiesti gulti; e) su(si)tvarkyti, su(si)reguliuoti; f) apsiprasti; susigyventi; g) *šnek.* iškrėsti, apieškoti; h) *amer. šnek.* išvilioti *(pinigus),* priversti pakratyti/papurtyti kišenę; i) išbandyti *(naują laivą, lėktuvą); ~ off* a) nu(si)kratyti *(dulkes ir pan.);* b) atsikratyti; *~ out* a) išpurtyti, iškratyti, iškrėsti; *to ~ the sand out of one's shoes* iškratyti smėlį iš batų; b) išmesti; *to ~ smth out of one's head* išmesti ką iš galvos; nusikratyti nemalonių minčių apie ką; c) išvynioti, išskleisti *(burę, skėtį, vėliavą); ~ up* a) papurtyti, sukratyti, sukrėsti; suplakti *(vaistus);* b) *prk.* išjudinti; pertvarkyti; c) *šnek.* sujaudinti, sukrėsti; d): *~ it up! šnek.* greičiau!, paskubėk! ◊ *to ~ like a leaf/jelly šnek.* ≡ drebėti kaip epušės lapui; *to ~ (hands) on it* ≡ sukirsti rankas *(sutarus, susitaikius)*
shakedown ['ʃeɪkdaun] n **1** *(laikinas)* guolis *(džn. ant grindų)* **2** *šnek.* iškratymas, apieškojimas **3** *amer. šnek. (pinigų)* išviliojimas **4** jūr., av. išbandymas; *~ cruise* pirmasis reisas, bandomasis plaukiojimas/reisas
shaken ['ʃeɪkən] pII žr. **shake** v
shake-out ['ʃeɪkaut] n **1** *(pramonės ir pan.)* reorganizavimas, pertvarkymas **2** kompanijų, neišlaikiusių konkurencijos, bankrutavimas; smulkių firmų išstūmimas **3** staigus biržos konjunktūros pakitimas
shaker ['ʃeɪkə] n **1** bertuvėlė, indelis druskai *ir pan.* barstyti *(pro dangtelio skylutes)* **2** kokteilių plaktuvė *(t. p. coctail ~)* **3** *(S.)* šekeris *(JAV religinės sektos narys)* **4** tech. vibracinis kretilas/stendas **5** pl *šnek.* įtakingi žmonės *(ppr. movers and ~s)*
Shakespeare ['ʃeɪkspɪə] n: *William ~* Viljamas Šekspyras
Shakespearean [ʃeɪk'spɪərɪən] a Šekspyro; šekspyriškas
shake-up ['ʃeɪkʌp] n **1** sukrėtimas **2** *(personalo)* pakeitimas; *(valstybės aparato ir pan.)* pertvarkymas, „valymas", restruktūrizacija
shakily ['ʃeɪkɪlɪ] adv **1** netvirtai **2** drebant, virpant; *to speak ~* kalbėti virpančiu balsu; *to write ~* rašyti drebančia ranka
shako ['ʃeɪkəu] n *(pl ~ (e)s [-z]) kar.* kiveris
shaky ['ʃeɪkɪ] a **1** išklibęs, netvirtas; svyruojantis, svirus; *to feel ~* blogai/netvirtai jaustis; *to be ~ on one's feet/pins* netvirtai vaikščioti *ar* laikytis ant kojų **2** drebantis; virpantis, vibruojantis **3** kratantis, kratus *(apie vežimą)* **4** abejotinas, nepatikimas, prastas **5** (į)skilęs *(apie rąstą)*
shale [ʃeɪl] n min. skalūnas
shale-oil ['ʃeɪlɔɪl] n min. skalūno degutas
shall [ʃəl; kirčiuota forma ʃæl] v (should) **1** aux vart. būsimojo l. vns. ir dgs. pirmajam asm. sudaryti: *I ~ go* (aš) eisiu **2** mod su vns. ir dgs. antruoju ir trečiuoju asm. reiškia tikrumą, pažadą, įsakymą, grasinimą ir pan.: *you ~ not catch me again* tu daugiau manęs nepagausi; *he ~ be told about it* jam bus apie tai pranešta; *you ~ do it* jūs tai padarysite *(privalote padaryti); they ~ come tomorrow* jie rytoj ateis *(privalo ateiti)* **3** mod klaus. sakiniuose reiškia reikalingą/pageidaujamą veiksmą: *~ I read?* ar man skaityti?, ar aš privalau skaityti?
shalloon [ʃə'lu:n] n tekst. lengvas šukuotinių vilnų audinys
shallop ['ʃæləp] n poet. laivelis, eldija
shallot [ʃə'lɔt] n bot. **1** askaloninis česnakas **2** svogūnėlis
shallow ['ʃæləu] <a, n, v> a **1** seklus, negilus **2** paviršutiniškas; lėkštas, tuščias; *~ mind* lėkštas protas
n *(džn. pl)* sekluma
v eiti seklyn, seklėti
shalt [ʃəlt; kirčiuota forma ʃælt] psn. vksm. **shall** esam. l. vns. antrasis asm.
sham [ʃæm] <n, a, v> n **1** apsimetimas; *his pain is no ~* jam iš tikrųjų skauda **2** apgaulė **3** klastotė; padirbinys; imitacija **4** apsimetėlis, simuliantas; apgavikas
a attr **1** apsimestinis, apsimetamas **2** netikras, dirbtinis; padirbtas, suklastotas; *~ diamond* dirbtinis deimantas, deimanto imitacija; *~ marriage* fiktyvi santuoka **3** butaforinis; *~ battle* parodomosios/mokomosios kautynės
v apsimesti, dėtis; simuliuoti; *to ~ illness* apsimesti sergančiu
shaman [ʃeɪmən, 'ʃɑ:mən] n šamanas
shamanism ['ʃeɪmənɪzm, 'ʃɑ:mənɪzm] n šamanizmas
shamateur ['ʃæmətə, 'ʃæmətʃuə] n sport. pseudomėgėjas
shamble ['ʃæmbl] n kerėpliška/nerangi eisena
v kerėplinti, kėblinti, vilktis
shambles ['ʃæmblz] n *šnek.* netvarka, jovalas, jovalynė; *his flat is a complete ~* jo bute baisi netvarka/jovalynė
shambolic [ʃæm'bɔlɪk] a *šnek.* netvarkingas, chaotiškas
shame [ʃeɪm] n **1** gėda; *to one's ~* savo gėdai; *to flush with ~* parausti iš gėdos; *~!, for ~!, fie, for ~!* gėda!, gėdykis!; *~ on you!* kaip jums ne gėda!; *to think ~ to do smth* gėdintis ką padaryti; *to bring ~ to/on smb* užtraukti kam gėdą; *to put to ~* sugėdyti; (pa)daryti gėdą;

shamefaced *dead to* ~ begėdis; neturintis gėdos; *he has no (sense of)* ~ jis nieko nesigėdi **2** apmaudas; *what a* ~ *you can't do it* kaip apmaudu, kad jūs negalite to padaryti; *it is a* ~ *that they were cheated* apmaudu, kad juos apgavo *v* **1** (su)gėdinti; (pri)versti susigėsti; *it ~s me to say it, but I told a lie* man gėda prisipažinti/pasakyti, bet aš sumelavau **2** užtraukti gėdą

shamefaced ['ʃeɪm'feɪst] *a* **1** susigėdęs **2** drovus, nedrąsus

shameful ['ʃeɪmfəl] *a* gėdingas; skandalingas; *it is* ~ *that...* gėda, kad...

shameless ['ʃeɪmləs] *a* **1** begėdis; begėdiškas; *to be quite* ~ *(about)* visai nesigėdyti *(ko)* **2** nepadorus, ciniškas

shammer ['ʃæmə] *n* apsimetėlis, simuliantas

shammy ['ʃæmɪ] *n* zomša *(t. p.* ~ *leather)*

shampoo [ʃæm'puː] *n* **1** šampūnas **2** galvos plovimas *v* **1** plauti/trinkti galvą *(šampūnu)* **2** valyti, plauti *(su šampūnu; kilimus, baldus, apmušalus)*

shamrock ['ʃæmrɔk] *n* **1** *bot.* kiškiakopūstis; trilapis dobilas **2** trilapis *(Airijos nacionalinė emblema)*

shamus ['ʃeɪməs] *n amer. sl.* seklys, detektyvas; policininkas

shandrydan ['ʃændrɪdæn] *n juok.* sukiužęs vežimas; senovinė karieta

shandy(gaff) ['ʃændɪ(gæf)] *n* paprasto ir imbierinio alaus *ar* limonado mišinys

shanghai[1] [ʃæŋ'haɪ] *v* **1** *šnek.* pasiekti *(ką)* apgaule/prievarta, priversti *(ką padaryti)* **2** *psn.* apgaule užverbuoti į jūreivius *(nugirdžius ir pan.)*

shanghai[2] *n austral.* timpa, laidynė *(vaikų žaislas)*

Shanghai [ʃæŋ'haɪ] *n* Šanchajus *(Kinijos miestas)*

Shangri-La [ʃæŋgrɪ'lɑː] *n* **1** rojaus kampelis, rojus *(žemėje)* **2** *amer.* slapta karo aviacijos bazė; įslaptintas rajonas

shank [ʃæŋk] *n* **1** kotas, strypas; stiebas; vamzdelis; *(koto)* jungiamasis galas **2** *šnek.* likusioji dalis, likutis; *the* ~ *of a journey* kelionės galas **3** *(bato)* pado siauruma **4** *(gyvulio)* koja *(t. p. kul.)* **5** blauzda; blauzdikaulis ◊ *the* ~ *of the evening* vakaro pradžia, prietema; *to go on ~s's pony/mare juok.* vykti pėsčiomis *v:* ~ *off* nuvysti, nukristi nuo koto

shan't [ʃɑːnt] *sutr. šnek.* = **shall not**

shantung [ʃæn'tʌŋ] *n tekst.* šantungas *(čėsučios rūšis)*

shanty[1] ['ʃæntɪ] *n* **1** lūšna, trobelė **2** *austral.* aludė **3** *attr* vargingas, nešvarus

shanty[2] *n ist.* jūreivių darbo daina *(t. p.* **sea** ~*)*

shantytown ['ʃæntɪtaun] *n* lūšnų/barakų rajonas *(mieste)*

shape [ʃeɪp] *n* **1** forma; pavidalas; *strange in* ~ keisto pavidalo, keistos formos; *a devil in human* ~ velnias žmogaus pavidalu; *an enemy in the* ~ *of a friend* priešas, kuris dedasi draugu; *in any* ~ *(or form)* a) bet kokiu pavidalu; b) bet kuriuo atveju; bet koks; *in no* ~ *(or form)* a) jokiu pavidalu; b) jokiu būdu; c) joks; *to lick/put into* ~ a) suteikti *(tinkamą)* formą; b) sutvarkyti; paruošti; *to take* ~ įgauti tam tikrą formą; įsikūnyti; *to get/put one's ideas into* ~ surikiuoti savo mintis, apgalvoti **2** kontūrai; figūra; *a* ~ *loomed up out of the mist* iš rūko išlindo kažkokie neaiškūs kontūrai **3** *šnek.* būklė, būsena, padėtis; *(sportinė)* forma; *in bad/poor* ~ prastos būklės; prastos formos; *to be out of* ~ būti prastos formos **4** modelis, pavyzdys, forma **5** forma *(indas)* **6** *(forminis)* tortas, želė *ir pan.* ◊ *to be bent out of* ~ *amer. šnek.* širsti, siusti

v **1** suteikti pavidalą/formą; (su)formuoti, pavidalinti, modeliuoti; *to* ~ *into a ball* suteikti rutulio formą; *to* ~ *one's course* nusistatyti kursą *ar* veikimo kryptį **2** įgauti formą/pavidalą *(t. p.* ~ *up); to* ~ *well* klostytis sėkmingai **3** (su)kurti, (pa)daryti *(from, out of – iš); to* ~ *a song [a poem]* sudėti dainą [eilėraštį] **4** pritaikyti, priderinti *(to)* □ ~ *up* a) sėkmingai klostytis/susiklostyti; sektis; b) *(pradėti)* elgtis tinkamai, nurimti; c) įgyti formą, ruoštis; treniruotis ◊ ~ *up or ship out amer. šnek.* arba pasitaisai, arba išeini

shaped [ʃeɪpt] *a (t. p. sudurt. žodžiuose)* turintis tam tikrą pavidalą/formą; ~ *like a pear* kriaušės pavidalo; *egg-shaped* kiaušinio pavidalo, kiaušiniškas

shapeless ['ʃeɪpləs] *a* beformis; asimetriškas

shapely ['ʃeɪplɪ] *a* **1** gražiai sudėtas, elegantiškas, dailus **2** simetriškas

shaper ['ʃeɪpə] *n* **1** modeliuotojas **2** frezavimo staklės **3** = **shaping-machine**

shaping ['ʃeɪpɪŋ] *n* **1** formos suteikimas; apipavidalinimas **2** *tech.* plastinis apdirbimas; drožimas

shaping-machine ['ʃeɪpɪŋməˌʃiːn] *n tech.* skersinio drožimo/obliavimo staklės

shard [ʃɑːd] *n* **1** *(vabzdžio)* antsparnis **2** *ret.* šukė **3** = **potsherd**

shard-beetle ['ʃɑːdˌbiːtl] *n zool.* mėšlavabalis

share[1] [ʃɛə] *n* **1** dalis; *to go ~s in smth with smb* dalytis kuo lygiomis su kuo; *everybody did his* ~ *of work* visi padarė savo darbo dalį; *he does more than his (fair)* ~ jis daro daugiau, negu jam priklauso **2** gyvenimas viename bute/name *(ppr. flat/house ~)* **3** dalyvavimas; *to have/take a/one's* ~ *(in)* dalyvauti *(kame)* **4** *fin.* akcija; pajus; *preference ~s* privilegijuotosios akcijos; *nonvoting* ~ akcijos be balso teisės; ~ *capital* akcinis kapitalas ◊ *~s!* šiukštu, po lygiai! *v* **1** dalyti(s); *to* ~ *one's bread with smb* pasidalyti su kuo duona; *to* ~ *a room with smb* gyventi viename kambaryje su kuo **2** dalyvauti, dalytis; būti pajininku; *to* ~ *(in) profits* dalyvauti paskirstant pelną **3** patirti/išgyventi kartu; dalytis *(džiaugsmais ir pan.); to* ~ *one's worries* dalytis rūpesčiais; *to* ~ *smb's opinion* būti vienos nuomonės su kuo, pritarti kieno nuomonei; *to* ~ *smb's lot* būti kieno likimo draugu; *he ~d the same fate* jį ištiko toks pat likimas □ ~ *out* iš(si)dalyti ◊ *to* ~ *and* ~ *alike* dalytis po lygiai

share[2] *n ž. ū.* noragas

sharecropper ['ʃɛəˌkrɔpə] *n (ypač amer.) ž. ū.* pusininkas

sharecropping ['ʃɛəˌkrɔpɪŋ] *n (ypač amer.) ž. ū.* nuomojimas iš pusės

shareholder ['ʃɛəˌhəuldə] *n* akcininkas, akcijų turėtojas; pajininkas

share-list ['ʃɛəlɪst] *n* **1** biržos kursų biuletenis **2** akcijų sąrašas

share-out ['ʃɛəraut] *n (dividendų ir pan.)* iš(si)dalijimas

sharepusher ['ʃɛəˌpuʃə] *n šnek.* makleris, platinantis pašlijusias akcijas

sharer ['ʃɛərə] *n* **1** išdalytojas **2** dalyvis; dalininkas

shareware ['ʃɛəwɛə] *n komp.* viešoji programa

sharia [ʃə'riːə] *arab. n* šariatas *(musulmonų religinių normų visuma)*

shark[1] [ʃɑːk] *n* **1** *zool.* ryklys *(t. p. prk.)*

shark[2] *n* **1** *šnek.* apgavikas, sukčius **2** *amer. sl. (kurios nors srities)* didelis mokovas/žinovas *v* **1** sukčiauti, apgaudinėti **2** gyventi svetimo sąskaita; parazituoti

shark-infested ['ʃɑːkɪn'festɪd] *a* užplūstas ryklių

shark-oil ['ʃɑ:kɔɪl] *n* žuvų taukai *(iš ryklio kepenų)*

sharkskin ['ʃɑ:kskɪn] *n* **1** ryklio oda **2** *tekst.* lygus blizgantis dirbtinio šilko audinys

sharp [ʃɑ:p] <*a, n, adv, v*> *a* **1** aštrus; smailus, nusmailintas; **~ knife** aštrus peilis; **~ pencil** nusmailintas pieštukas **2** ryškus, aiškus *(apie skirtumą, kontūrus ir pan.)*; **~ features** ryškūs/kampuoti veido bruožai **3** staigus, status *(apie posūkį, šlaitą ir pan.)* **4** aštrus, aitrus, rūgštus *(apie skonį)* **5** smarkus, didelis, veriamas *(apie garsą, skausmą, šaltį ir pan.)*; **a ~ sense of disappoinment** skaudus nusivylimo jausmas; **~ wind** šaižus vėjas **6** dygus, kandus, sąmojingas *(apie žodžius, pastabas ir pan.)*; **to have ~ words with smb** aštriai/griežtai (pa)kalbėti su kuo **7** irzlus *(apie būdą)* **8** nuožmus, žiaurus *(apie kovą)* **9** pastabus, įžvalgus; jautrus *(apie klausą)*; **as ~ as a needle/tack** *šnek.* labai protingas/įžvalgus **10** gudrus, suktas; **he was too ~ for me** jis mane apsuko/apmovė; **~ practice** sukčiavimas **11** greitas, energingas; **a ~ intake of breath** staigus kvapo sulaikymas **12** *šnek.* dailus, elegantiškas; **to look ~** atrodyti dailiai **13** *muz.* paaukštintas pustoniu *(su diezu)* ◊ **~'s the word!** greičiau!
n **1** *muz.* diezas; **~s and flats** diezai ir bemoliai; *(rojalio ir pan.)* juodieji klavišai **2** ilga plona adata **3** *šnek.* sukčius **4** *juok.* žinovas, mokovas **5** *pl ž. ū.* išsijos, sėlenos
adv **1** tiksliai, lygiai; **at five ~** lygiai penktą valandą **2** staigiai; **to turn ~ left** pasukti staigiai į kairę **3** *muz.* per aukštai ◊ **look ~!** a) greičiau!, gyviau!; b) dėmesio!, atidžiau!, nežiopsok!
v **1** sukčiauti **2** *muz.* dėti diezo ženklą

sharp-cut [ʃɑ:p'kʌt] *a* **1** aštrus, nusmailintas **2** griežtas, aiškus, išdailintas *(apie formuluotę, stilių ir pan.)*

sharp-eared ['ʃɑ:p'ɪəd] *a* ausylas, gerai girdintis

sharpen ['ʃɑ:pən] *v* **1** aštrinti, drožti, smailinti, galąsti **2** *prk.* didinti; paryškinti; didėti; **to ~ smb's appetite** (su)žadinti kieno apetitą *(t. p. prk.)*; **to ~ one's wits** a) miklinti protą; b) (su)stiprinti/įtempti dėmesį ☐ **~ up** a) patobulinti, pagerinti; b) *refl* ruoštis *(for)*

sharpener ['ʃɑ:pənə] *n* droštukas *(t. p. pencil~)*; galąstuvas

sharper ['ʃɑ:pə] *n* sukčius, makleris, apgavikas

sharp-eyed ['ʃɑ:p'aɪd] *a* **1** aštriaakis, aštriaregis, turintis gerą regėjimą **2** pastabus, akylas, įžvalgus

sharp-featured ['ʃɑ:p'fi:tʃəd] *a* kampuotų/ryškių bruožų *(apie žmogų)*

sharpie ['ʃɑ:pɪ] *n* **1** sukčius, makleris **2** apsukrus/sumanus vyrukas; gudragalvis **3** *sl.* dabita, stileiva

sharpish ['ʃɑ:pɪʃ] *adv šnek.* tuoj pat, nedelsiant

sharply ['ʃɑ:plɪ] *adv* **1** aštriai *(t. p. prk.)*; ryškiai **2** staigiai, staiga **3** smarkiai; griežtai

sharpness ['ʃɑ:pnɪs] *n* aštrumas *ir pan., žr.* **sharp**

sharp-set ['ʃɑ:p'set] *a* **1** labai išalkęs *(t. p. prk.)* **2** pastatytas smailiuoju kampu/kraštu

sharpshooter ['ʃɑ:pʃu:tə] *n* snaiperis; taiklus šaulys

sharp-sighted ['ʃɑ:p'saɪtɪd] *a* akylas, gerų akių

sharp-tongued ['ʃɑ:p'tʌŋgd] *a* aštrialiežuvis

sharp-witted ['ʃɑ:p'wɪtɪd] *a* **1** aštriaprotis, nuovokus **2** sąmojingas

shat [ʃæt] *past ir pII žr.* **shit** *v*

shatter ['ʃætə] *v* **1** (su)dužti/subyrėti/(su)daužyti į šipulius; (su)trupinti, (su)skaldyti, sutriuškinti **2** (su)ardyti *(sveikatą, nervus)*; sugriauti *(viltis, svajones, planus)*; **to ~ confidence** pakirsti pasitikėjimą **3** *pass* sutrikdyti, sukrėsti, sujaudinti **4** *šnek.* nukamuoti, nuvaryti nuo kojų
n (ppr. pl) skeveldra, šukė; **to be in ~s** būti sudaužytam į šipulius

shattering ['ʃætərɪŋ] *a* **1** sukrečiantis, pritrenkiantis **2** *šnek.* (iš)varginantis, nukamuojantis

shatterproof ['ʃætəpru:f] *a* grūdintas, beskeveldris *(apie stiklą)*

shave [ʃeɪv] *n* **1** skutimas(is); **to have a ~** nusiskusti; **to have a close ~** švariai nusiskusti **2** skutenos; drožlė(s) **3** *tech.* skutiklis, grandiklis; drožtuvas; oblius ◊ **close/near/narrow ~** *šnek.* šiaip ne taip išvengtas pavojus; **we won by a ~** mes vos nepralaimėjome; **he missed the ball by a close ~** jis vos neįmetė *(nepataikė)* kamuolio
v (shaved; shaved, shaven) **1** skusti(s) **2** (nu)drožti; (nu)obliuoti **3** (nu)pjauti; nugrandyti, nuimti *(sluoksneliais)* **4** *šnek.* vos neužkliudyti/nepaliesti; **the car ~d the pole** mašina vos neužkliudė stulpo; **we managed to ~ past** mums pasisekė prasmukti neužkliudžius **5** *šnek.* nuplėšti, nulupti **6** *amer.* nuleisti, sumažinti *(kainą)* ☐ **~ off** a) nu(si)skusti; b) nugrandyti; nudrožti, nuobliuoti; c) nežymiai sumažinti

shavegrass ['ʃeɪvgrɑ:s] *n bot.* šiurkštusis asiūklis

shaveling ['ʃeɪvlɪŋ] *n psn.* **1** jaunuolis, vaikas, pienburnis **2** kunigas, vienuolis

shaven ['ʃeɪvn] *pII žr.* **shave** *v*

shaver ['ʃeɪvə] *n* **1** skustuvas; **electric ~** elektrinis skustuvas **2** skutėjas; barzdaskutys **3** *juok. ret.* jaunuolis, vaikėzas *(t. p. young ~)*

shavetail ['ʃeɪvteɪl] *n* **1** neprajodytas mulas **2** *amer. kar. sl.* neseniai paskirtas *(jaunesnysis)* leitenantas *(t. p. ~ lieutenant)*

Shavian ['ʃeɪvɪən] *n* Bernardo Šo gerbėjas/sekėjas
a B. Šo stiliaus; susijęs su B. Šo kūryba/gyvenimu

shaving ['ʃeɪvɪŋ] *n* **1** skutimas(is) **2** *pl* drožlės **3** *tech.* *(krumplių)* skutimas, ševingavimas; *(šerpetų)* apipjaustymas

shaving-brush ['ʃeɪvɪŋbrʌʃ] *n* skutimosi šepetėlis

shaving-cream ['ʃeɪvɪŋkri:m] *n* skutimosi kremas

shaw [ʃɔ:] *n* **1** bulvienojai; *(grieždžių, ropių)* lapai **2** *dial.* brūzgynas, krantynas, giraitė

Shaw [ʃɔ:] *n:* **George Bernard ~** Džordžas Bernardas Šo *(airių kilmės anglų rašytojas)*

shawl [ʃɔ:l] *n* šalikas, skara
v ap(si)siausti skara/šaliku; (su)vynioti į skarą/šaliką

she [ʃɪ; *kirčiuota forma* ʃi:] *pron pers* ji *(objektinis linksnis* her); **~ who...** ta, kuri...; **~ of the golden hair** *poet.* toji auksaplaukė
n **1** moteris, mergaitė, moteriškosios lyties asmuo; **the not impossible ~** būsimoji, išrinktoji; **it's a ~** *šnek.* a) tai mergytė *(apie kūdikį)*; b) tai patelė **2** patelė *(t. p. sudurt. žodžiuose — gyvūnų pavadinimuose)*; **~ goat** ožka; **~ cat** katė

shea [ʃi:, 'ʃi:ə] *n bot.* taukmedis *(t. p. ~ tree)*

sheaf [ʃi:f] *n (pl* sheaves) **1** *(popierių)* ryšulys, pluoštas *(of)* **2** pėdas
v rišti pėdus

sheaf-binder ['ʃi:fˌbaɪndə] *n* pėdrišė, pėdų rišamoji *(mašina)*

shear [ʃɪə] *n* **1** kirpimas **2** *pl* didelės žirklės; sekatorius **3** *pl* avikirpės **4** *tech.* šlytis, kirpimas; kerpamoji jėga; **~ centre** poslinkio centras **5** *pl* = **shear-legs** **1**
v (sheared; sheared, shorn) **1** kirpti *(ppr. avis)* **2** (nu)pjauti **3** kirsti, skrosti; **the plane ~ed through the clouds** lėktuvas perskrodė debesis **4** *(ppr. pass)* atimti *(valdžią, teises ir pan.; of)* ☐ **~ off** (su)lūžti *(apie varžtą ir pan.)*

-shear [-ʃɪə] *(sudurt. žodžiuose)* kirptas *(tiek ir tiek kartų)*; **a two-shear ram** dvimetis avinas *(kirptas du kartus)*

shearer ['ʃɪərə] *n* avikirpis *(t. p.* **sheep** ~*)*
shear-legs ['ʃɪəlegz] *n pl* **1** *jūr.* keliamoji strėlė **2** trikojis
shearling ['ʃɪəlɪŋ] *n* pirmo kirpimo ėriukas/avis; pirmo kirpimo vilnos
shearwater ['ʃɪəˌwɔ:tə] *n zool.* audrapaukštis
sheatfish ['ʃi:tfɪʃ] *n zool.* šamas
sheath [ʃi:θ; *pl* ʃi:ðz] *n* **1** *(įv. reikšm.)* makštis **2** dėklas, įmova; futliaras **3** siaura aptempta suknelė *(t. p.* ~ *dress)* **4** prezervatyvas **5** *spec.* apdanga, apvalkalas **6** *zool.* antsparnis
sheathe [ʃi:ð] *v* **1** įdėti į makštį/dėklą/futliarą; *to ~ the sword* a) įkišti kardą į makštis; b) *prk.* (už)baigti karą **2** įsmeigti *(kardą, iltis ir pan.)* **3** įtraukti *(nagus)* **4** *(ppr. pass)* apsaugoti, apdengti, apvilkti **5** *(ppr. pass) tech.* aptraukti, apsiūti, apkalti *(with, in)*
sheathing ['ʃi:ðɪŋ] *n (pastato, laivo ir pan.)* apkala, apdanga
sheave[1] [ʃi:v] *n* **1** *tech.* skriemulys, skridinys, ritinėlis **2** *tekst.* ritė
sheave[2] = **sheaf** *v*
sheaves [ʃi:vz] *pl žr.* **sheaf** *n*
shebang [ʃɪ'bæŋ] *n (ypač amer.) šnek.* **1** reikalas, biznis; *the whole ~ fell apart when the chairman quit* visas reikalas/biznis iširo, kai pirmininkas išėjo **2** *ret.* pirkelė, trobelė
shebeen [ʃɪ'bi:n] *air. n* smuklė, kurioje nelegaliai prekiaujama svaigalais *(ypač Airijoje, Škotijoje, P. Afrikoje)*
shed[1] [ʃed] *v* (shed) **1** mesti *(plaukus, dantis, vilną, lapus ir pan.);* šertis **2** nusimesti *(drabužius ir pan.);* atsikratyti *(ko);* **I'd like to ~ some kilograms** aš norėčiau numesti keletą kilogramų **3** pamesti, išmesti *(krovinį)* **4** (pra)lieti *(ašaras, kraują ir pan.)* **5** skleisti *(šviesą, šilumą ir pan.)* **6** nepraleisti *(apie skėtį, lietpaltį);* **an umbrella ~s rain** skėtis nepraleidžia vandens
shed[2] *n* **1** pašiūrė; daržinė, (pa)stoginė **2** garažas; angaras; depas
she'd [ʃɪd; *kirčiuota forma* ʃi:d] *sutr. šnek.* **1** = **she would 2** = **she had**
she-devil ['ʃi:devl] *n* ragana *(apie piktą moterį)*
sheen [ʃi:n] *n* **1** blizgesys, spindesys, žvilgesys **2** blizgantis/žvilgantis rūbas
sheeny[1] ['ʃi:nɪ] *a* blizgantis, žvilgantis, žibantis, spindintis
sheeny[2] *n sl. niek.* žydas
sheep [ʃi:p] *n (pl ~)* **1** avis, avelė *(t. p. prk.); lost ~ prk.* paklydusi avelė; *~ fat* avinis lajus, avitaukiai **2** *(ppr. pl) bažn.* avelės, parapijiečiai **3** ševro *(išdirbta avies oda)* ◊ *the black ~ (of a family)* (šeimos) gėda; nevykėlis; *to count ~* skaičiuoti *(norint užmigti);* **to cast/make ~'s eyes at smb** žvilgčioti į ką įsimylėjėlio žvilgsniu; *to separate/tell the ~ from the goats* atskirti gerus/gabius *ir pan.* nuo blogų/negabių *ir pan.;* **Neptune's ~** bangų putos, putotos bangos; *to follow like ~* aklai/negalvojant sekti paskui; *one scabbed ~ infects the whole flock ~* ≅ nususėlė avis visą bandą užkrečia; *as well be hanged for a ~ as a lamb* ≅ septynissyk nusidėsi – vieną sykį atkentėsi
sheepdip ['ʃi:pdɪp] *n* **1** dezinfekuojamasis skystis *(avims plauti)* **2** lovys avims plauti
sheepdog ['ʃi:pdɔg] *n* aviganis, bandšunis
sheepfaced ['ʃi:p'feɪst] *a* nedrąsus, drovus
sheepfold ['ʃi:pfəuld] *n* avidė, avininkas, avių gardas
sheepherder ['ʃi:pˌhə:də] *n amer.* avių piemuo, aviganis
sheephook ['ʃi:phuk] *n ret.* piemens lazda
sheepish ['ʃi:pɪʃ] *a* **1** suglumęs, susidrovėjęs, susigėdęs **2** kvailokas, apykvailis
sheeplike ['ʃi:plaɪk] *a* aviškas

sheepman ['ʃi:pmən] *n (pl* sheepmen ['ʃi:pmən]) *amer.* avių augintojas
sheep-pen ['ʃi:ppen] *n* avių gardas
sheeprun ['ʃi:prʌn] *n* avių ganykla *(ypač Australijoje)*
sheepshank ['ʃi:pʃæŋk] *n jūr.* mazgas virvei sutrumpinti
sheepshearer ['ʃi:pʃɪərə] *n* **1** avikirpis *(žmogus)* **2** mašinėlė avims kirpti
sheepskin ['ʃi:pskɪn] *n* **1** avikailis **2** avikailių (pus)kailiniai/skranda/skrandutė *(t. p. ~ coat)* **3** pergamentas **4** *amer. šnek.* diplomas
sheepwalk ['ʃi:pwɔ:k] *n* avių ganykla
sheer[1] [ʃɪə] *a* **1** grynas; visiškas, absoliutus; *by ~ accident* visai atsitiktinai; *out of ~ pity* grynai iš pasigailėjimo; *by ~ force* vien tik jėga; *~ waste of time* vien tik laiko gaišinimas; *~ exhaustion* visiškas išsekimas **2** grynas, neatskiestas; nesumaišytas **3** status *(apie šlaitą, uolą)* **4** permatomas, plonas *(apie audinį, kojines)* *adv* **1** grynai; visiškai, absoliučiai **2** stačiai, statmenai
sheer[2] *n jūr.* **1** nukrypimas nuo kurso **2** borto kreivumas/išlinkis; balniškumas
v **1** *jūr.* nukrypti nuo kurso **2** pakeisti kryptį □ *~ away/off* a) pasukti, nusukti; b) nusisukti *(from – nuo ko nors pavojingo, nemalonaus)*
sheerlegs ['ʃɪəlegz] *n* = **shear-legs** 1
sheet[1] [ʃi:t] *n* **1** paklodė; marška, drobulė; *waterproof ~* nepermašlampa paklodė; *between the ~s šnek.* lovoje; *(as) white as a ~* baltas/išblyškęs kaip drobė **2** *(popieriaus, metalo, stiklo ir pan.)* lapas, lakštas; *~ music* natos *(neįrištos)* **3** *(ledo, vandens, sniego ir pan.)* plonas sluoksnis, paviršius, plėvelė; *~ of mist* miglos skraistė **4** žiniaraštis, lentelė; *measure ~* matavimų lentelė **5** *menk.* laikraštpalaikis **6** *poligr.* spaudos lankas *(t. p.* **printer's ~**) **7** *poet.* burė **8** *geol.* (vulkaninių uolienų) sluoksnis, klodas **9** *el.* kolektoriaus plokštelė **10** *attr* lakštinis; *~ iron* lakštinė geležis ◊ *clean ~* nepriekaištinga praeitis/reputacija; *blank ~* nesugadinta prigimtis; *to stand in a white ~* viešai atgailauti; *the rain is coming down in ~s* ≅ lyja kaip iš kibiro
v **1** (ap)dengti, uždengti, užkloti *(paklode, sniegu ir pan.)* **2** supti *(į paklodę/maršką)* □ *~ down* pilti, pliaupti *(apie lietų)*
sheet[2] *n jūr.* šotas ◊ *three ~s in/to the wind šnek.* girtutėlis; *a ~ in the wind šnek.* išgėręs
sheet-anchor ['ʃi:tˌæŋkə] *n* **1** *jūr.* atsarginis inkaras **2** vienintelis išsigelbėjimas; vienintelė/paskutinė viltis
sheet-bend ['ʃi:tbend] *n jūr.* šoto/bramšotinis mazgas
sheeted ['ʃi:tɪd] *a* **1** apdengtas paklode *ir pan.* **2** pliaupiantis *(apie lietų)*
sheeting ['ʃi:tɪŋ] *n* **1** lakštinė danga/apkala **2** paklodžių drobė
sheet-lightning ['ʃi:tˌlaɪtnɪŋ] *n* amalas, žaibas be griaustinio
Sheffield ['ʃefi:ld] *n* Šefildas *(Anglijos miestas)*
sheik(h) [ʃeɪk] *arab. n* šeichas
sheikhdom ['ʃeɪkdəm] *n* šeicho valdoma teritorija
sheila ['ʃi:lə] *n austral. sl.* mergiotė, mergina
Sheila ['ʃi:lə] *n* Šeila *(vardas)*
shekel ['ʃekl] *n* **1** šekelis *(Izraelio piniginis vienetas)* **2** *ist.* sikelis *(senovės žydų svorio ir piniginis vienetas)* **3** *pl šnek.* pinigai
sheldrake ['ʃeldreɪk] *n zool.* urvinės anties patinas
shelduck ['ʃeldʌk] *n zool.* urvinė antis
shelf [ʃelf] *n (pl* shelves) **1** lentyna **2** pakopa, iškyšulys **3** rifas; šelfas **4** *geol.* uolienos klodas **5** *jūr.* vidinė švartavimosi sija *(t. p. ~ piece)* ◊ *on the ~* a) atidėtas;

shelfful

nenaudojamas; b) atleistas, be tarnybos *(ppr. dėl amžiaus);* c) *(likusi)* netekėjusi
shelfful ['ʃelfful] *n* pilna lentyna *(of – ko)*
shelf-life ['ʃelflaɪf] *n (produkto)* laikymo terminas *(parduotuvėje, namie)*
shell [ʃel] *n* **1** kiautas, lukštas, kevalas **2** *(moliuskų)* kiaukutas, kriauklė; *(vėžlio)* šarvas **3** *(pastato ir pan.)* griaučiai, karkasas **4** *kar.* tūta, tūtelė; *(raketos)* vamzdis **5** *kar. (artilerijos)* sviedinys; **blind** ~ nesprogęs/neužtaisytas sviedinys; **star** ~ šviečiamasis sviedinys **6** karstas **7** ilga moteriška palaidinukė be rankovių ir be apykaklės **8** lengva lenktyninė valtis **9** *amer.* aštuoniukė *(figūra)* **10** *tech.* apvalkalas; apkala; *(mašinos)* gaubtas; *(guolio)* įdėklas; **body** ~ *aut.* kėbulas, karoserija **11** *fiz.* sluoksnis **12** *attr* lukštuotas, turintis lukštą/kiautą; ~ **egg** kiaušinis *(ne kiaušinio milteliai)* ◊ **to come/crawl out of one's** ~ ≡ išlįsti iš savo kiauto; tapti drąsesniam/atviresniam, nebesidrovėti; **to retire/crawl into one's** ~ ≡ užsidaryti savo kiaute
v **1** lukštenti(s), iš(si)lukštenti, gliaudyti, aižyti, kiautinėti; lupti *(kiaušinį)* **2** apšaudyti artilerijos sviediniais ☐ ~ **off** luptis; ~ **out** a) *kar.* išmušti artilerijos ugnimi *(iš užimamų pozicijų);* b) *šnek.* išsileisti, suploti *(didelę pinigų sumą)*
she'll [ʃɪl; *kirčiuota forma* ʃi:l] *sutr. šnek.* = **she will**
shellac [ʃə'læk] *n* šelakas *(gamtinė derva)*
v **1** padengti šelaku **2** *amer. šnek.* supliekti, sumušti; primušti
shellacking [ʃə'lækɪŋ] *n amer. šnek.* visiškas pralaimėjimas, sutriuškinimas; **to get a** ~ būti sutriuškintam
shellback ['ʃelbæk] *n šnek.* senas jūreivis, jūrų vilkas
shellboard ['ʃelbɔ:d] *n ž. ū. (plūgo)* verstuvė
shell-body ['ʃel͵bɔdɪ] *n kar.* sviedinio korpusas
shellburst ['ʃelbə:st] *n kar.* sviedinio sprogimas
shellcrater ['ʃel͵kreɪtə] *n* sviedinio išrausta duobė
shelled [ʃeld] *a* **1** kiautuotas, lukštuotas, kiaukutuotas **2** išlukštentas, išgliaudytas
Shelley ['ʃelɪ] *n: Percy Bysshe* ~ Persis Bišis Šelis *(anglų poetas)*
shellfire ['ʃelfaɪə] *n* artilerijos ugnis
shellfish ['ʃelfɪʃ] *n (pl* ~) kiautuotasis vėžiagyvis *(austrė, krabas ir pan.); kuop.* kiaukutiniai
shell-gun ['ʃelɡʌn] *n kar.* automatinė mažo kalibro patranka
shell-hit ['ʃelhɪt] *n kar.* sviedinio pataikymas
shell-hole ['ʃelhəul] *n* sviedinio pramušta skylė; sviedinio išrausta duobė
shelling ['ʃelɪŋ] *n* **1** = **shellfire 2** lukštenimas(is), gliaudymas, lupimas **3** *(ppr. pl)* lukštai, nuolupos
shell-jacket ['ʃel͵dʒækɪt] *n kar.* frenčius
shell-pit ['ʃelpɪt] *n* = **shellcrater**
shell-plate ['ʃelpleɪt] *n* apkalos lakštas
shellproof ['ʃelpru:f] *a* apsaugotas nuo artilerijos ugnies; šarvuotas
shell-shock ['ʃelʃɔk] *n* kontuzija; psichinė trauma *(gauta karo metu)*
shell-shocked ['ʃelʃɔkt] *a* **1** kontuzytas **2** pritrenktas, šokiruotas
shell-suit ['ʃelsu:t] *n* nailoninis kostiumas *(treningo fasono)*
shellwork ['ʃelwə:k] *n* papuošalas iš kiaukutų; daiktas, papuoštas kiaukutais
shelly ['ʃelɪ] *a* **1** kiaukutingas, pilnas kiaukutų; ~ **ground** *geol.* kriauklainis **2** kiautuotas; kiaukutinis; panašus į kiaukutą
shelter ['ʃeltə] *n* **1** pastogė, prieglauda, prieglobstis; būstas; **to find/take** ~ rasti pastogę/prieglobstį; prisi-

shieling

glausti **2** priedanga; **under the** ~ **of smoke** dūmų priedangoje **3** slėptuvė; **air-raid** ~ *kar.* priešlėktuvinė slėptuvė
v **1** suteikti/duoti prieglobstį/pastogę; priglausti, priglobti **2** ap(si)saugoti *(from)* **3** slėptis, pa(si)slėpti *(behind, under, beneath)*
shelter-deck ['ʃeltədek] *n jūr.* kabamasis/pavėsinis denis
sheltered ['ʃeltəd] *a* **1** apsaugotas **2** *attr:* ~ **life** gyvenimas be rūpesčių ir pavojų; ~ **industry** *ekon.* globojama/skatinama pramonės šaka; ~ **accomodation/housing** globos namai, prieglauda
shelter-tent ['ʃeltətent] *n kar.* maža palapinė *(dviem)*
shelve[1] [ʃelv] *v* **1** dėti ant lentynos **2** įtaisyti lentynas **3** atidėti *(kuriam laikui)* **4** atleisti iš darbo
shelve[2] *v* leistis nuožulniai/nuotakiai *(t. p.* ~ **down/off)**
shelves [ʃelvz] *n pl žr.* **shelf**
shelving ['ʃelvɪŋ] *n* stelažas
shemozzle [ʃɪ'mɔzl] *n šnek.* skandalas, triukšmas
shenanigans [ʃɪ'nænɪɡənz] *n pl šnek.* **1** gudravimas, gudrybės **2** kvailiojimas, šėlimas
shepherd ['ʃepəd] *n* **1** piemuo, aviganis; **German** ~ vokiečių aviganis *(šunų veislė)* **2** *bažn.* ganytojas, piemuo ◊ ~**'s check/plaid** vilnonis audinys smulkiais juodais ir baltais langeliais
v **1** piemenauti; ganyti **2** vedžioti, varinėti *(žmones)* **3** prižiūrėti; palydėti, sekti
shepherd-dog ['ʃepəddɔɡ] *n* = **sheepdog**
shepherdess ['ʃepədɪs, ʃepə'des] *n* piemenė, piemenaitė
shepherd's-purse ['ʃepədz'pə:s] *n bot.* trikertė žvaginė
Sheraton ['ʃerətn] *n* šeratonas *(XVIII a. baldų stilius)*
sherbet ['ʃə:bət] *n* **1** šerbetas *(gėrimas; saldumynas)* **2** *amer.* = **sorbet**
sherd [ʃə:d] *n* = **shard**
sheria [ʃə'ri:ə] *n* = **sharia**
Sheridan ['ʃerɪdn] *n: Richard Brinsley* ~ Ričardas Brinslis Šeridanas *(airių kilmės anglų dramaturgas)*
sheriff ['ʃerɪf] *n* **1** šerifas **2** *škot.* vyriausiasis teisėjas; ~**('s) court** pirmos instancijos teismas
Sherlock ['ʃə:lɔk] *n:* ~ *Holmes* Šerlokas Holmsas *(lit. personažas)*
sherry ['ʃerɪ] *n* cheresas *(ispaniškas vynas)*
sherry-cobbler ['ʃerɪ͵kɔblə] *n* kokteilis iš chereso, citrinos ir cukraus
Sherwood ['ʃə:wud] *n* Šervudas *(miškas Anglijoje)*
she's [ʃɪz; *kirčiuota forma* ʃi:z] *sutr. šnek.* **1** = **she is 2** = **she has**
Shetland ['ʃetlənd] *n:* ~ *Islands* Šetlendo salos; ~ **wool** Šetlendo avių vilna
shew [ʃəu] *v* (shewed; shewn [-n]) *psn.* = **show**
shh [ʃ] *int* ša!
Shia(h) ['ʃi:ə] *arab. n* šiitas; **the** ~ *kuop.* šiitai
shibboleth ['ʃɪbəleθ] *n* **1** pasenęs prietaras/lozungas **2** *knyg.* atpažinimo/priklausymo *(organizacijai, sektai)* žymė **3** *knyg.* slaptažodis **4** *amer.* tarimo/rengimosi maniera; įpročiai, būdingi tam tikrai žmonių grupei
shield [ʃi:ld] *n* **1** skydas **2** apsauga *(nuo)* **3** *amer. (policininko, seklio, šerifo)* ženkliukas **4** *tech.* ekranas; skydelis, skydas; apsauginis gaubtas/antdėklas ◊ **the other side of the** ~ kita klausimo pusė
v **1** uždengti, pridengti **2** apsaugoti *(from)* **3** *tech.* ekranuoti
shield-fern ['ʃi:ldfə:n] *n bot.* pelkinis papartis
shieling ['ʃi:lɪŋ] *n škot.* **1** ganykla **2** *(piemens)* trobelė; pastogė

shift [ʃɪft] *n* **1** pakeitimas, perkėlimas; perėjimas *(from... to – nuo... prie);* ~ *of fire kar.* ugnies perkėlimas **2** pasikeitimas, permaina; kaitaliojimas; ~ *of wind* vėjo pasikeitimas; ~ *of crops* sėjomaina; *the ~s and changes of life* gyvenimo permainos/staigmenos **3** pamaina; *eight hour* ~ aštuonių valandų darbo diena; *swing* ~ *amer. šnek.* antroji pamaina *(ppr. nuo 16 val. iki 24 val.); in two ~s* dviem pamainomis; ~ *work* pamaininis darbas **4** vienos pamainos darbininkai **5** būdas, priemonė; *one's last* ~ paskutinė/kraštutinė priemonė **6** gudrybė, išsisukinėjimas; *to make one's way by ~s* išsisukinėti; *to make (a)* ~ a) išsigudrinti; b) šiaip taip verstis, tenkintis *(with – kuo);* c) apsieiti *(without – be);* d) pasistengti, dėti visas pastangas **7** laisva tiesaus kirpimo suknelė **8** didžiųjų raidžių klavišas **9** *kalb.* kaita **10** *fiz.* poslinkis **11** *geol.* slinkis **12** *psn. (moteriški)* marškiniai **13** *amer. aut.* = **gear-lever**
v **1** perkelti; perstumti, perstatyti, perdėti *(į kitą ranką); to ~ from one foot to another* mindžikuoti; *to ~ the fire kar.* perkelti ugnį **2** keisti(s), pa(si)keisti; *to ~ one's lodging* pakeisti gyvenamąją vietą; *to ~ the scene teatr.* keisti dekoracijas; *the wind ~ed* vėjas pasikeitė **3** (nu)kreipti, pakreipti *(to, towards – į);* (pa)krypti *(to – į)* **4** (pa)šalinti *(dėmę, žymę)* **5** suversti *(kaltę ir pan.); to ~ the responsibility onto smb* užkrauti kam atsakomybę **6** gudrauti, išsisukinėti; *to ~ for oneself* išsiversti be pašalinės pagalbos **7** pakeisti *(rašomosios mašinėlės)* registrą **8** *amer. aut.* perjungti *(pavarą)* **9** *kalb.* kisti ▢ ~ *off* vengti, kratytis; atsikratyti *(atsakomybės ir pan.)*

shifting ['ʃɪftɪŋ] *a* **1** nepastovus, kintantis; atsinaujinantis **2** judamas, judantis; ~ *sands* lakusis smėlis; ~ *centre jūr.* metacentras

shift-key ['ʃɪftkiː] *n (rašomosios mašinėlės, spausdintuvo)* klavišas registrui keisti

shiftless ['ʃɪftləs] *a* **1** neapsukrus; nemokantis gudrauti/išsisukinėti **2** vangus, tingus

shifty ['ʃɪftɪ] *a* **1** apsukrus; gudrus, mokantis išsisukti **2** nepastovus, įtartinas, nepatikimas

shiite ['ʃiːaɪt] *arab. n (t. p. S.)* šiitas

shikar [ʃɪˈkɑː] *ind. n* medžioklė
v medžioti

shikaree, shikari [ʃɪˈkærɪ] *ind. n* medžiotojas čiabuvis

shiksa ['ʃɪksə] *n niek.* nežydė *(vart. žydų)*

shill [ʃɪl] *n amer.* priviliotojas *(pirkėjų, žiūrovų ir pan.)*

shillelagh [ʃɪˈleɪlə] *air. n* vėzdas, kuoka *(ppr. ąžuolinis)*

shilling ['ʃɪlɪŋ] *n* **1** šilingas; *every* ~ iki paskutinio šilingo **2** *attr:* ~ *shocker* pigus bulvarinis romanas ◊ *long ~s* geras uždarbis; *to cut off with a* ~ netekti paveldėjimo; atimti paveldėjimo teisę; *to take the King's/Queen's* ~ *ist.* išeiti į kariuomenę; *to come back like a bad* ~ ≡ vėl užgriūti *(kam)* ant galvos

shilly-shally ['ʃɪlɪˌʃælɪ] <*n, a, adv, v*> *n* neryžtingumas, dvejojimas
a neryžtingas
adv neryžtingai
v šnek. **1** nesiryžti, dvejoti **2** tuščiai leisti laiką

shim [ʃɪm] *tech. n* pleištas; tarpiklis
v pleištuoti, pleišyti

shimmer ['ʃɪmə] *n* tviskėjimas, mirguliavimas, mirgėjimas, blykčiojimas
v tviskėti, mirguliuoti, mirguoti, mirgėti; mirkčioti, blykčioti

shimmy ['ʃɪmɪ] *n* **1** *aut. (priekinių ratų)* vibravimas, virpėjimas **2** *šnek. psn. (moteriški)* marškiniai **3** šimis *(šokis)*
v **1** *aut.* virpėti, vibruoti **2** šokti šimį

shin [ʃɪn] *n* **1** blauzda; blauzdikaulis **2** *kul. (galvijienos)* kulninė
v **1** suduoti/spirti į blauzdą **2** *šnek.* bėgti, lėkti, bėgioti ▢ ~ *down* nusliuogti; ~ *up* užsliuogti

shinbone ['ʃɪnbəʊn] *n anat.* blauzdikaulis

shindig ['ʃɪndɪg] *n šnek.* šokiai, pasilinksminimas; triukšmingas susibūrimas

shindy ['ʃɪndɪ] *n šnek.* **1** triukšmas, triukšmingos peštynės/muštynės; riaušės; *to kick up a* ~ sukelti skandalą/riaušes **2** *amer.* šokiai, pasilinksminimas

shine [ʃaɪn] *n* **1** *(saulės, mėnulio, ugnies ir pan.)* šviesa, švytėjimas; ~ *or dark* šviesoje ar patamsyje **2** spindesys, spindėjimas; blizgesys; *give your shoes a* ~ nusiblizginkite batus; *to take the* ~ *(out of)* a) padaryti nebespindinti/nebenaują/nebežvalų; b) *prk.* užtemdyti **3** prašmatnumas, puikumas, blizgesys; ~ *of wit* sąmojo/proto ryškumas ◊ *to take a* ~ *to smb šnek.* pamėgti ką, patikti kam
v (shone) **1** šviesti, spindėti, švytėti, blizgėti *(t. p. prk.); to ~ with happiness* švytėti iš laimės; *I want you to clean the kitchen until it ~s* noriu, kad išvalytumėte virtuvę taip, kad ji blizgėtų **2** pasižymėti, turėti pasisekimą *(kompanijoje, pokalbyje ir pan.; in, at)* **3** nukreipti šviesą, pašviesti **4** (shined) šveisti, blizginti, žvilginti, valyti *(batus, metalą ir pan.)* ▢ ~ *out* a) nušvisti; b) *prk.* pasižymėti, išsiskirti; ~ *through* a) prasiskverbti *(apie šviesą ir pan.);* b) *prk.* matytis kiaurai/ryškiai; ~ *up amer. šnek.* stengtis įsiteikti *(to — kam)*

shiner ['ʃaɪnə] *n* **1** blizgantis daiktas; šviesulys, žvaigždė *(t. p. apie žmogų)* **2** *šnek.* mėlynė paakyje *(nuo sumušimo)* **3** *(ppr. pl) sl.* briliantas; *psn.* pinigai

shingle[1] ['ʃɪŋgl] *n* **1** malksna, skiedra **2** *psn.* trumpa moteriška šukuosena **3** *amer. šnek. (advokato/gydytojo, besiverčiančio privačia praktika)* iškaba; *to hang up/out one's* ~ užsiimti privačia praktika
v **1** dengti malksnomis/skiedromis **2** *psn.* trumpai ap(si)kirpti plaukus

shingle[2] *n kuop.* gargždas, apvalainukai, paplokštainiai, žvirgždas **2** gargžduotas krantas

shingles ['ʃɪŋglz] *n med.* juostinė pūslelinė

shingly ['ʃɪŋglɪ] *a* gargžduotas, žvirgždėtas

shining ['ʃaɪnɪŋ] *a* **1** spindintis, spindus, šviečiantis; blizgantis **2** ryškus, puikus; ~ *example (of)* puikus *(ko)* pavyzdys

shinleaf ['ʃɪnliːf] *n bot.* kriaušlapė

shinny ['ʃɪnɪ] *v amer. šnek.* = **shin** *down/up*

shinto ['ʃɪntəʊ] *n* sintoizmas *(japonų religija)*

shinty ['ʃɪntɪ] *n sport.* ledo ritulys *(pagal supaprastintas taisykles)*

shiny ['ʃaɪnɪ] *a* **1** saulėtas **2** šviesus, spindus; blizgus, žvilgus **3** apsinešiojęs, nublizgintas *(apie drabužius)*

ship [ʃɪp] *n* **1** laivas; *capital* ~ didelis linijinis laivas/kreiseris; *group of ~s* laivų vilkstinė/karavanas; *to take* ~ sėsti į laivą, išplaukti; *on board (the)* ~ laive; ~'s *husband* laivybos kompanijos agentas *(tvarkantis laivo reikalus sausumoje);* ~'s *papers* laivo dokumentai **2** laivo įgula *(t. p.* ~'s *company)* **3** lėktuvas; erdvėlaivis **4** *šnek. (lenktynių)* valtis ◊ *old* ~ draugužį *(kreipiantis į seną jūreivį);* ~ *of the dessert* kupranugaris; *when one's* ~ *comes in/home šnek.* ≡ kai nusišypsos laimė; kai pratursi *(in);* ~*s that pass in the night* atsitiktiniai susitikimai
v **1** (į)laipinti/(pa)krauti/sėsti į laivą **2** vežti/gabenti laivu **3** (per)siųsti *(bet kurios rūšies transportu);* pristatyti *(prekes)* **4** samdyti jūreivius; parsisamdyti jū-

reiviu 5 *jūr.* pastatyti, pakelti *(stiebą ir pan.);* įkabinti į irklatrinkę *(irklus)* 6 *jūr.* prisisemti vandens *(apie valtį, laivą);* būti užlietam bangos *(t. p.* **to ~ a sea**) ☐ **~ off** išsiųsti, pasiųsti *(nebūtinai laivu);* **~ out** *jūr.* a) išsiųsti; išgabenti *(krovinį);* b) išplaukti *(apie jūreivius);* **~ over** *jūr. šnek.* likti tarnauti

-ship [-ʃɪp] *suff* -ystė, -ybė *(žymint būseną, padėtį, profesiją);* -umas *(žymint ypatybę);* **friendship** draugystė; draugiškumas; **citizenship** pilietybė; **seamanship** jūreivystė

shipboard ['ʃɪpbɔːd] *n:* **on ~** laive; **to go on ~** lipti/sėsti į laivą

shipbroker ['ʃɪpˌbrəʊkə] *a* laivybos kompanijos brokeris/makleris

shipbuilder ['ʃɪpˌbɪldə] *n* laivų statytojas

shipbuilding ['ʃɪpˌbɪldɪŋ] *n* laivų statyba

ship-canal ['ʃɪpkəˌnæl] *n* laivybos kanalas

ship-chandler ['ʃɪpˌtʃɑːndlə] *n* laivo tiekėjas

ship-fever ['ʃɪpˌfiːvə] *n* šiltinė

shiplap ['ʃɪplæp] *n stat.* ketvirtinis/užleistinis sujungimas

shipload ['ʃɪpləʊd] *n* **1** laivo krovinys/vežta **2** laivo talpa

shipmaster ['ʃɪpˌmɑːstə] *n (prekinio laivo)* kapitonas

shipmate ['ʃɪpmeɪt] *n* plaukiojimo draugas *(apie jūreivius)*

shipment ['ʃɪpmənt] *n* **1** pakrovimas *(į laivus); (krovinių)* vežimas, (iš)gabenimas, (pa)siuntimas; **~ in bulk** *kom.* pakrovimas neįpakavus **2** krovinys, vežta; siunta

shipowner ['ʃɪpˌəʊnə] *n* laivo savininkas

shipper ['ʃɪpə] *n* **1** *(krovinio)* siuntėjas; ekspeditorius **2** krovinys *(tinkamas transportuoti jūra)*

shipping ['ʃɪpɪŋ] *n* **1** laivai, *(prekybos)* laivynas **2** *(krovinio)* pakrovimas; gabenimas, vežimas **3** laivininkystė; **~ agreement** laivybos sutartis; **~ way** laivybos magistralė

shipping-agent ['ʃɪpɪŋˌeɪdʒənt] *n (krovinių)* pakrovimo ir išsiuntimo agentas; *(uosto)* ekspeditorius

shipping-articles ['ʃɪpɪŋˌɑːtɪklz] *n pl* samdos sutartis *(tarp kapitono ir jūreivių)*

shipping-master ['ʃɪpɪŋˌmɑːstə] *n (prekybos laivyno)* jūreivių samdos ir atleidimo inspektorius

shipshape ['ʃɪpʃeɪp] *a predic* tvarkingas; **everything is ~** viskas gerai

ship-to-shore ['ʃɪptəˈʃɔː] *a* iš laivo į krantą *(apie radijo/telefono ryšį)*

shipway ['ʃɪpweɪ] *n* **1** stapelis **2** laivybos kanalas

shipwreck ['ʃɪprek] *n* **1** laivo sudužimas/žuvimas/avarija **2** sudužęs laivas **3** *prk. (planų, vilčių ir pan.)* (su)žlugimas, sudužimas
v (ppr. pass) **1** sudužti *(apie laivą);* paskandinti; *pass* patirti laivo sudužimą **2** *prk.* (su)žlugti; sužlugdyti *(viltis, planus)*

shipwright ['ʃɪpraɪt] *n* **1** laivo dailidė **2** laivų statytojas

shipyard ['ʃɪpjɑːd] *n* laivų statykla

shire [-ʃaɪə] *n* **1** *psn.* grafystė; **the Shires** centrinės Anglijos grafystės **2** = **shire-horse**

-shire [-ʃə] *(sudurt. žodžiuose)* grafystė: **Dorset(shire)** Dorset(šyr)as *(daugelis grafysčių pavadinimų vartojami sutrumpinta forma, t.y. be* **-shire** *– žodyne apskliausta)*

shire-horse ['ʃaɪəhɔːs] *n* šairas *(sunkiųjų arklių veislė)*

shirk [ʃəːk] *v* **1** vengti, išsisukinėti; sabotuoti; **to ~ responsibility** vengti atsakomybės **2** *amer.* suversti *(atsakomybę ir pan.; t. p.* **~ off**)
n išsisukinėtojas, vangus žmogus, slunkius

shirker ['ʃəːkə] = **shirk** *n*

shirr [ʃəː] *n* klostė
v klostyti *(medžiagą)*

shirt [ʃəːt] *n* **1** *(vyriški)* marškiniai; palaidinė; **boiled ~** *šnek.* krakmolyti marškiniai; **in one's ~** vienmarškinis **2** *(moteriška)* palaidinukė *(t. p.* **~ blouse**) ◊ **stuffed ~** *šnek.* pasipūtėlis, menkysta; **to have not a ~ to one's back** ≡ neturėti nė skatiko; **to have the ~ off smb's back** ≡ nuvilkti paskutinius marškinius; **to lose one's ~** *šnek.* prarasti visą turtą; ≡ likti be marškinių; **to get one's ~ out** *šnek.* netekti savitvardos; **to keep one's ~ on** *šnek.* nesijaudinti, nesikarščiuoti; **to lay one's ~ (on)** ≡ duoti galvą kirsti; eiti lažybų; **to put one's ~ (on)** rizikuoti viskuo, visu turtu *(ypač lažinantis);* **to give smb a wet ~** priversti ką dirbti iki devinto prakaito; **to take smb's ~** sutramdyti ką; **to wave the bloody ~** *amer.* siundyti, pjudyti, kurstyti aistras; **near is my ~ but nearer is my skin** ≡ savi marškiniai arčiau kūno;
v ap(si)vilkti marškiniais

shirtband ['ʃəːtbænd] *n* marškinių apykaklė

shirtdress ['ʃəːtdres] *n amer.* = **shirtwaister**

shirtfront ['ʃəːtfrʌnt] *n* krakmolyta marškinių krūtinė, antkrūtinis

shirting ['ʃəːtɪŋ] *n* marškinių audeklas

shirt-sleeve ['ʃəːtsliːv] *n (ppr. pl)* marškinių rankovė; **in one's ~s** be švarko *(tik su marškiniais/liemene);* **to roll up one's ~s** atsiraityti rankoves
a **1** vienmarškinis **2** paprastas, neišmoningas; neformalus

shirttail ['ʃəːtteɪl] *n* marškinių apačia *(sukišama į kelnes)*

shirtwaist ['ʃəːtweɪst] *n (ypač amer.)* = **shirtwaister**

shirtwaister ['ʃəːtˌweɪstə] *n* sportiška suknelė, palaidinukė

shirty ['ʃəːtɪ] *a šnek.* įpykęs, piktas, susierzinęs; **to get ~** supykti, užsidegti

shit [ʃɪt] *<n, v, int>* *vulg. n* **1** šūdas; šlamštas **2** šikimas **3** šiknius **4 (the ~s)** viduriavimas, palaidi viduriai ◊ **to feel like ~** velniškai blogai jaustis
v (shit, shat) **1** šikti; prišikti *(kelnes)* **2** *refl* prikrauti kelnes, triesti *(iš baimės)*
int po šimts velnių!, velniai griebtų! *(t. p.* **oh ~**)

shite [ʃaɪt] = **shit** *n, int*

shitless ['ʃɪtləs] *a vulg.:* **to be scared ~** prikrauti kelnes *(iš baimės)*

shitty ['ʃɪtɪ] *a vulg.* **1** šlykštus, bjaurus **2** apsikakojęs, apsišikęs

shiv [ʃɪv] *šnek. n amer. (suomiškas)* peilis
v papjauti

shivaree [ˌʃɪvəˈriː] *n amer.* = **charivari**

shive [ʃaɪv] *n (lino, kanapės)* spalis

shiver[1] ['ʃɪvə] *n (džn. pl)* drebulys, šiurpulys; **to send ~s (up and) down smb's back/spine** šiurpuliams nueiti/pereiti per nugarą, šiurpinti; **to give a (little) ~** sudrebėti, krūptelėti; **it gives me the ~s** man kūnas pašiurpsta, tai man sukelia šiurpulį
v **1** drebėti, krūpčioti, virpėti *(ypač iš šalčio, baimės)* **2** plaikstytis *(apie burę)*

shiver[2] *ret. n (džn. pl)* **1** šukė, skeveldra, nuolauža; **to break/smash to ~s** sudaužyti/sudužti į šukes/šipulius **2** *min.* skalūnas
v sudaužyti/sudužti į šipulius

shivery[1] ['ʃɪvərɪ] *a* **1** drebantis, virpantis *(ypač iš šalčio, baimės)* **2** šiurpus, bjaurus *(apie orą)*

shivery[2] *a* trapus, dužus

shoal[1] [ʃəʊl] *<n, a, v>* *n* **1** sekluma **2** banka, rėva **3** *(ppr. pl)* nematomas pavojus; kliūtys
a seklus, negilus
v **1** seklėti, eiti seklyn; seklinti **2** plaukti į seklesnę vietą *(apie laivą ir pan.)*

shoal[2] *n* **1** *(žuvų)* guotas **2** daugybė; minia
v **1** plaukti guotais *(apie žuvis)* **2** būriuotis

shoat [ʃəut] *n amer.* paršelis *(ypač neseniai nujunkytas)*

shock[1] [ʃɔk] <*n, v, a*> *n* **1** smūgis; **electric ~** elektros smūgis; **heat/thermal ~** *fiz.* šilumos smūgis; **~s of earthquake** požeminiai smūgiai *(esant žemės drebėjimui)* **2** sukrėtimas; **the news came upon him with a ~** žinia jį sukrėtė **3** *med.* šokas, psichinė trauma; **in ~** šoko būsenoje **4** *šnek.* = **shock-absorber 5** *attr* smogiamasis; smūginis; **~ troops** *kar.* smogiamieji daliniai; **~ wave** *fiz.* smūginė banga **6** *attr med.* šoko; **~ therapy/treatment** šoko terapija
v **1** sukrėsti, pritrenkti; **it ~ed me to think how close we had come to being killed** mane sukrėtė pagalvojus, kaip lengvai mus galėjo užmušti **2** (su)kelti pasipiktinimą, šokiruoti **3** *(ppr. pass)* nutrenkti *(apie elektrą)*
a attr stulbinantis

shock[2] *ž. ū. n* guba, rikė; kupeta
v krauti į gubas; kupetuoti

shock[3] *n* kupeta plaukų; gaurai, susivėlę/sutaršyti plaukai
a gauruotas; sutaršytas, susivėlęs

shock-absorber ['ʃɔkəbˌsɔ:bə] *n tech.* amortizatorius

shocked [ʃɔkt] *a* pritrenktas, sukrėstas; **~ silence** bežadė tyla

shocker ['ʃɔkə] *n šnek.* **1** tai, kas šokiruoja *(žmogus, daiktas, pigus bulvarinis romanas, filmas ir pan.)* **2** labai blogas *(ko)* pavyzdys; **that mistake was a ~** tokia klaida – tikra gėda

shock-headed ['ʃɔk'hedɪd] *a* susivėlusiais/sutaršytais plaukais

shocking ['ʃɔkɪŋ] *a* **1** sukrečiantis, šokiruojantis; baisus **2** *šnek.* siaubingas, skandalingas

shockproof ['ʃɔkpru:f] *a* atsparus sutrenkimams/sukrėtimams, amortizuotasis

shod [ʃɔd] *past ir pII žr.* **shoe** *v*

shoddy ['ʃɔdɪ] *n* **1** menkavertis pretenzingas daiktas/kūrinys; šlamštas **2** pretenzingumas **3** *tekst.* antrinės vilnos, šodė
a **1** prastas, menkavertis **2** niekingas, žemas; **~ trick** niekingas pokštas **3** dirbtinis, netikras

shoe [ʃu:] *n* **1** batas; *(pl t. p.)* apavas, avalynė; **court ~s** baliniai bateliai; **high ~s** *amer.* auliniai batai; **low ~s** *amer.* pusbačiai; **~ size** batų dydis *(numeris)* **2** pasaga **3** pavaža **4** *tech. (stabdžių ir pan.)* trinkelė; šliūžė; **pole ~** *el.* poliaus antgalis ◊ **in smb's ~s** kieno vietoje; **I would have done it sooner in his ~s** aš būčiau tai greičiau padaręs jo vietoje; **to know where the ~ pinches** žinoti sunkumus; **to put the ~ on the right foot** apkaltinti teisingai, apkaltinti tą, ką reikia; **to shake/shiver in one's ~s** drebėti, bijoti; **that's another pair of ~s** tai visai kas kita; **to wait for dead man's ~s** a) tikėtis palikimo po kieno mirties; b) tikėtis užimti kieno vietą po jo mirties; **to fill smb's ~s, to step into smb's ~s** pakeisti ką, užimti kieno vietą *(ir būti ne blogesniam)*; **to step into smb's ~s** užimti kieno vietą; **the ~ is on the other foot** a) padėtis pasikeitė; b) atsakomybė tenka kitam asmeniui, atsakingas kitas asmuo; **old ~** šlamštas, seni daiktai; **if the ~ fits (, wear it)** *šnek.* jei tai teisinga, prisiimk *(sau)*
v (shod) **1** apauti, apmauti; **shod with slippers** apsiavęs šlepetėmis **2** kaustyti **3** pakalti *(kuo)*

shoeblack ['ʃu:blæk] *n* batų valytojas

shoe-buckle ['ʃu:bʌkl] *n* bato sagtis

shoehorn ['ʃu:hɔ:n] *n* šaukštas *(batui įauti)*

shoelace ['ʃu:leɪs] *n* batų raištelis; **to tie one's ~s** susirišti batų raištelius

shoeleather ['ʃu:leðə] *n* **1** batų oda **2** *šnek.* batai ◊ **as good a man as ever trod ~** puikiausias žmogus

shoeless ['ʃu:ləs] *a* **1** be batų, neapsiavęs **2** neturintis batų/avalynės

shoemaker ['ʃu:meɪkə] *n* batsiuvys

shoer ['ʃu:ə] *n* kaustytojas, kalvis

shoeshine ['ʃu:ʃaɪn] *n* **1** batų blizginimas/valymas **2** batų blizgesys

shoestring ['ʃu:strɪŋ] *n* **1** *amer.* batų raištelis **2** *attr* ilgas ir plonas; *prk.* skurdus; **~ budget** *šnek.* skurdus biudžetas ◊ **on a ~** *šnek.* su nedideliais ištekliais; iš nedidelių lėšų; **to walk on a ~** patekti į skurdą

shoethread ['ʃu:θred] *n* dervasiūlis

shoetree ['ʃu:tri:] *n (avalynės laikymo)* kurpalis

shogun ['ʃəugun] *jap. n ist.* siogūnas

shone [ʃɔn] *past ir pII žr.* **shine** *v*

shoo [ʃu:] *int* eik šalin!; štiš!, škac! *(baidant paukščius, gyvulius)*
v varyti šalin/lauk; (nu)baidyti *(t. p.* **~ away)**

shoo-in ['ʃu:ɪn] *n amer. šnek. (rinkimų/varžybų)* garantuotas/neabejotinas laimėtojas

shook[1] [ʃuk] *n amer.* lentelių komplektas *(vienai dėžei)*; šulai *(vienai statinei)*

shook[2] *n ž. ū.* guba, rikė

shook[3] *past žr.* **shake** *v*

shoot [ʃu:t] <*n, v, int*> *n* **1** medžioklė **2** medžioklės plotai **3** šaudymo varžybos; šaudymas **4** *(raketos, erdvėlaivio)* paleidimas **5** filmavimas; fotografavimas **6** atžala, atauga, auglys, ūglis; daigas, diegas; **leading ~** pagrindinis ūglis; **nourishing ~** vilkaūglis **7** sraujymė, sraunuma **8** latakas, lovelis
v (shot) **1** šauti, šaudyti; nušauti; *refl* nusišauti; **to ~ a rifle** šaudyti iš šautuvo; **to ~ in a leg** pataikyti/sužeisti į koją; **to ~ dead** nušauti; **to ~ smb for spying** sušaudyti ką už šnipinėjimą; **to ~ on sight** šauti iš karto, neprisitaikius **2** medžioti; **to ~ wolves** medžioti/šaudyti vilkus **3** (pra)lėkti, (pra)šauti, (pra)dumti, (pra)nerti *(t. p.* **~ along/forth/past)**; **to ~ the lights** perlėkti degant raudonai šviesai; **to ~ the rapids** perplaukti slenksčius **4** suskausti, nudiegti **5** suversti, išmesti, išpilti *(šiukšles ir pan.)* **6** mesti *(žvilgsnį, repliką ir pan.)*; berti *(klausimus)*; **to ~ a glance** dirstelėti **7** *sport.* sviesti, spirti, smūgiuoti *(kamuolį)*; mesti, mėtyti *(į krepšį)* **8** (pa)leisti *(raketą, strėlę ir pan.)* **9** leisti *(ūglius, atžalas ir pan.)*; greitai augti **10** užšauti, atšauti *(skląstį)* **11** fotografuoti **12** sukti filmą, filmuoti **13** (nu)spįsti; **the searchlight shot a long ray across the sky** ilgas prožektoriaus spindulys perskrodė dangų **14** išmarginti ruožais; **a blue sky shot with white clouds** mėlynas dangus su retais baltais debesėliais **15** siekti *(at, for – ko)* **16** *amer. šnek.* žaisti *(biliardą ir pan.)*; **to ~ dice** mesti kauliukus, žaisti kauliukais **17** *šnek.* įleisti, įšvirkšti *(narkotikų)* **18** *spec.* (iš)matuoti *(šviesulio)* aukštį ▫ **~ away** a) tebešaudyti; b) iššaudyti *(šovinius ir pan.)*; **~ down** a) nušauti, sušaudyti; b) numušti *(lėktuvą)*; c) *šnek.* nuginčyti, laimėti ginčą; d) *šnek.* sužlugdyti; sudirbti; **~ forth** a) šmėstelti, prabėgti; b) sprogti, leisti *(pumpurus ir pan.)*; **~ in** a) įsišaudyti; prisišaudyti; b) *kar.* pridengti ugnimi *(puolančius pėstininkus)*; **~ off** a) šaudyti į orą; b) išlėkti; **~ out** a) iš(si)šauti, iš(si)kišti; **to ~ out one's lips** paniekinamai iškreipti/papūsti/atkišti lūpas; b) leisti atžalas, želti; c) *šnek.* išmesti, išvyti; d) išbėgti, iššokti *(apie šunį, kiškį)*; išnirti *(apie automobilį)*; **to ~ a way out** ištrūkti, išsiveržti *(iš apsupties ir pan.)* **~ through** a) peršauti; b) *austral. šnek.* (pa)sprukti; **~ up**

a) gerokai ūgtelėti; b) pašokti, pakilti *(apie liepsną, kainas ir pan.);* c) sušaudyti; d) *amer. šnek.* terorizuoti šaudant; e) *kar.* išblaškyti ugnimi; f) *sl.* įsišvirkšti *(narkotikų)* ◊ ***I'll be shot if ...*** kad aš prasmegčiau kiaurai žemę, jeigu...; ***to ~ oneself clear*** *av. sl.* katapultuotis *int amer.* **1** pilk!, rėžk!, varyk! *(raginant kalbėti)* **2** po perkūnais!, po šimts kelmų!

shoot'em-up ['ʃu:təm‚ʌp] *n amer. šnek.* smurto filmas

shooter ['ʃu:tə] *n* **1** šaulys **2** *šnek.* šaunamasis ginklas, ypač revolveris ◊ ***square ~*** *šnek.* doras/teisingas žmogus

-shooter [-ʃu:tə] *(sudurt. žodžiuose):* **six-shooter** šešių šovinių pistoletas

shooting ['ʃu:tɪŋ] *n* **1** šaudymas **2** medžioklė **3** medžioklės teisė **4** staigus skausmas, dieglys **5** *kin.* filmavimas; ***~ script*** darbinis scenarijus **6** *sport.* smūgiai, metimai *(į krepšį, vartus)*

shooting-box ['ʃu:tɪŋbɔks] *n* medžiotojų namelis

shooting-gallery ['ʃu:tɪŋ‚gælərɪ] *n* = **shooting-range**

shooting-iron ['ʃu:tɪŋ‚aɪən] *n amer. šnek.* šaunamasis ginklas

shooting-match ['ʃu:tɪŋmætʃ] *n* šaudymo varžybos ◊ ***the whole ~*** *šnek.* viskas be išimties, viskas iki mažiausių smulkmenų

shooting-range ['ʃu:tɪŋreɪndʒ] *n* šaudykla, tiras

shooting-stick ['ʃu:tɪŋstɪk] *n* sėdimoji lazda, lazda-kėdutė

shoot-out ['ʃu:taut] *n šnek.* susišaudymas

shop [ʃɔp] *n* **1** parduotuvė, krautuvė; ***baker's ~*** duonos parduotuvė; ***grocer's ~*** bakalėjos krautuvė; ***general ~*** universalinė parduotuvė **2** dirbtuvė, cechas; ***joiner's ~*** staliaus dirbtuvė; ***machine ~*** mechanikos cechas; ***repair ~*** remonto dirbtuvė, taisykla; ***~ committee*** cecho komitetas **3** *šnek.* įstaiga, įmonė; verslas; ***barber's ~*** kirpykla; ***closed ~*** *amer.* įmonė, į kurią priimami tik profsąjungos nariai; ***to set up ~*** imtis verslo; įsitaisyti **4** *šnek.* apsipirkimas; ***to do the weekly ~*** apsipirkti savaitei **5** *amer. (parduotuvės)* skyrius **6** *amer.* medžio/metalo darbai *(mokomasis dalykas)* ◊ ***all over the ~*** *šnek.* visur; visur išmėtyta, netvarkinga; ***to come to the wrong ~*** *šnek.* kreiptis ne tuo adresu *(ne į ką reikiant);* ***to talk ~*** kalbėtis apie profesinius reikalus *(ypač kompanijoje);* ***to serve the ~*** aptarnauti pirkėjus; ***to sink the ~*** *a)* vengti kalbėti apie profesinius reikalus; *b)* (nu)slėpti savo profesiją; ***to shut up ~*** baigti darbą, nebedirbti; uždaryti *(įmonę ir pan.);* ***to get a ~*** *teatr.* gauti angažementą *v* **1** *(eiti)* apsipirkti; ieškoti, dairytis *(prekės; for)* **2** *amer.* vaikščioti po parduotuves/krautuves *(ypač pirktis drabužių)* **3** *šnek.* įduoti, įskųsti *(policijai)* **4** *amer. tech.* atiduoti remontuoti *(mašiną)* ▫ ***~ around*** apsižvalgyti, apsižiūr(in)ėti *(prieš perkant; t. p. prk.)*

shopaholic [ʃɔpə'hɔlɪk] *n šnek.* pirkėjas, negalintis susilaikyti nepirkęs

shop-assistant ['ʃɔpə‚sɪstənt] *n* pardavėjas

shop-bought ['ʃɔpbɔ:t] *a* pirktinis *(ne namų darbo)*

shopboy ['ʃɔpbɔɪ] *n (tik v.)* pardavėjas

shopfitting ['ʃɔp‚fɪtɪŋ] *n* parduotuvių įranga/įrengimas

shopfloor ['ʃɔp'flɔ:] *n* **1** cechas *(gamykloje)* **2** darbininkai *(ne administracija);* eiliniai profsąjungos nariai *a* **1** žemutinis *(apie profsąjungos organizaciją)* **2** darbininkų

shopfront ['ʃɔpfrʌnt] *n* parduotuvės fasadas

shopgirl ['ʃɔpgə:l] *n* pardavėja

shopkeeper ['ʃɔp‚ki:pə] *n* krautuvininkas

shoplift ['ʃɔplɪft] *v* vagiliauti parduotuvėse

shoplifter ['ʃɔp‚lɪftə] *n* vagis, apsimetantis pirkėju

shoplifting ['ʃɔp‚lɪftɪŋ] *n* vagiliavimas parduotuvėse

shopman ['ʃɔpmən] *n (pl* -men [-mən]) *(tik v.)* **1** pardavėjas **2** *ret.* krautuvininkas **3** *amer.* dirbtuvės/cecho darbininkas, remontininkas

shopper ['ʃɔpə] *n* **1** pirkėjas **2** supirkėjas, supirkinėtojas

shopping ['ʃɔpɪŋ] *n* **1** vaikščiojimas po krautuves *(apsipirkti);* apsipirkimas; ***to do one's ~*** apsipirkti; ***to go (out) ~*** (iš)eiti apsipirkti **2** pirkiniai

shoppy ['ʃɔpɪ] *a* **1** prekybinis, su daug parduotuvių *(apie miestą, rajoną)* **2** *šnek.* profesinis, *(per daug)* specialus *(apie pokalbį, interesus ir pan.)*

shop-soiled ['ʃɔpsɔɪld] *a* **1** *kom.* netekęs prekinės išvaizdos **2** susitepęs, susipurvinęs *(apie drabužius)* **3** nuvalkiotas, banalus

shop-steward [ʃɔp'stjuəd] *n* profesinės sąjungos atstovas *(tariantis su darbdaviu)*

shoptalk ['ʃɔptɔ:k] *n* **1** profesinis/dalykinis pokalbis *(ne darbo metu)* **2** profesinis žargonas

shopwalker ['ʃɔp‚wɔ:kə] *n* budintis parduotuvės administratorius

shopwindow ['ʃɔp‚wɪndəu] *n* parduotuvės vitrina ◊ ***to have all one's goods in the ~*** būti paviršutiniškam/ribotam; ***to open one's ~*** pradėti verstis prekyba; ***to shut one's ~*** mesti prekybą

shopworn ['ʃɔpwɔ:n] *a amer.* = **shop-soiled**

shore[1] [ʃɔ:] *n* **1** *(jūros, ežero)* krantas; ***on ~*** krante *(ne laive);* ***in ~*** prie kranto; ***~ patrol*** *amer.* kranto patrulis/sargyba **2** *(ppr. pl)* šalis *(prie jūros)*

shore[2] *n* ramstis, atrama; sutvirtinimas
v (pa)remti, (pa)ramstyti, sutvirtinti *(ppr. ~ up; t. p. prk.)*

shore-based ['ʃɔ:beɪst] *a jūr.* dirbantis pagal kranto informaciją, kranto

shore-leave ['ʃɔ:li:v] *n jūr.* leidimas išeiti į krantą

shoreless ['ʃɔ:ləs] *a poet.* beribis, bekraštis

shoreline ['ʃɔ:laɪn] *n* kranto linija

shoreman ['ʃɔ:mən] *n (pl* -men [-mən]) **1** pakrantės gyventojas, pamariškis **2** pakrančių žvejys **3** valtininkas **4** uosto krovikas

shoresman ['ʃɔ:zmən] *n (pl* -men [-mən]) = **shoreman** 2

shoreward ['ʃɔ:wəd] *a* judantis/plaukiantis kranto link
adv kranto link

shorewards ['ʃɔ:wədz] = **shoreward** *adv*

shorn [ʃɔ:n] *pII žr.* **shear** *v*

short [ʃɔ:t] *<a, adv, n, prep, v>* *a* **1** trumpas; striukas; ***~ way off*** netoli; ***~ article*** trumpas straipsnis; ***~ film*** trumpametražis filmas; ***my coat was ~ in the sleeves*** palto rankovės man buvo trumpos/striukos; ***~ waves*** *rad.* trumposios bangos **2** trumpas, trumpalaikis; ***a ~ time ago*** neseniai; ***time is ~*** laikas nelaukia; ***~ memory*** trumpa atmintis **3** žemas *(apie žmogų, medį, bokštą ir pan.);* mažo/žemo ūgio; ***~ grass*** žema žolė **4** nepilnas, nepakankamas, stokojantis; ***~ weight*** nepilnas svoris, svorio trūkumas; ***~ measure*** nepilnas saikas/matas; ***in ~ supply*** trūkstamas, deficitinis; ***he is a nice fellow but ~ on brains*** jis puikus vaikinas, bet ne kažin kokio proto; ***~ breath/wind*** dusulys; ***~ of breath*** užduses; dusulingas; ***to keep smb ~*** nepakankamai aprūpinti ką; ***he is ~ of cash/money*** jam trūksta/stinga pinigų; ***her time was only 2 seconds ~ of the world record*** iki pasaulio rekordo jai pritrūko tik 2 sekundžių **5** šiurkštus; trumpas ir atžarus *(apie atsakymą);* ***he was very ~ with me*** jis man buvo labai šiurkštus/nemandagus; jis su manimi kalbėjo labai šiurkščiai/nemandagiai; ***~ word*** keiksmažodis **6** *kul.* trapus, trupus; ***biscuit eats ~*** sausainis tirpsta burnoje **7** *šnek.* stiprus *(apie gėrimą)* **8** *fin.* trumpalaikis; ***~ loan*** trumpalaikė paskola ◊ ***nothing ~ of*** tie-

siog; ne kas kita, kaip *(pabrėžiant)*; **this is nothing ~ of swindle** tai tiesiog apgaulė/suktybė; **~ for smth** sutrumpinta ko forma/pavadinimas, ko santrumpa; **~ and sweet** ≅ trumpai drūtai; trumpas ir aiškus; **to run ~** *(of)* baigtis, išsibaigti, pasibaigti; **to fall/come ~** *(of)* a) (iš)baigti *(ką)*, nepritekti, nepakakti *(ko)*; b) nepasiekti kokio lygio, neprilygti; nepasiekti tikslo; **to come/fall ~ of smb's hopes** apvilti, nepateisinti kieno vilčių
adv **1** trumpai **2** staiga; greitai; **to stop ~** staiga sustoti; nutraukti *(savo)* kalbą; **to bring/pull up smb ~** staiga sustabdyti/nutraukti ką ◊ **to be taken/caught ~** *šnek. euf.* a) užsinorėti savo reikalo, būti prispirtam *(stadione, koncerte ir pan.)*; b) atsidurti keblioje padėtyje; **to stop ~ of doing smth** neperžengti ribų ką darant *(mušant, kaltinant ir pan.)*; **to stop ~ at doing smth** apsiriboti kuo
n **1** trumpumas **2** trumpasis skiemuo/balsis **3** trumpumo ženklas **4** stiprus gėrimas; taurelė svaigalų **5** *kin.* trumpametražis filmas **6** *el. šnek.* trumpas sujungimas ◊ **for ~** sutrumpintai; trumpumo dėlei; **in ~** ≅ vienu žodžiu, trumpai tariant
prep **(~ of)** **1** nepasiekus, neprivažiavus; **you must stop ~ of London** jūs turite sustoti neprivažiavę Londono **2** netoli, beveik, apie; **a little ~ of £1,000** netoli/beveik 1000 svarų sterlingų; **that's nothing ~ of blackmail** tai grynas šantažas **3** nebent, jeigu ne
v šnek. = **short-circuit 1**
shortage ['ʃɔːtɪdʒ] *n* stoka, trūkumas, stygius, nepriteklius *(of – ko)*
shortbread ['ʃɔːtbred] *n* trapios tešlos kepiniai
shortcake ['ʃɔːtkeɪk] *n* **1** = **shortbread 2** smėlinis pyragaitis; trapus pyragas su vaisių įdaru
short-change [ˌʃɔːt'tʃeɪndʒ] *v* **1** duoti ne visą grąžą, nusukti grąžą **2** apsukti, apgauti
short-circuit [ˌʃɔːt'səːkɪt] *v* **1** *el.* padaryti trumpąjį jungimą **2** *prk.* apeiti, sutrumpinti, supaprastinti *(nesilaikant formalumų, elgesio normų ir pan.)* **3** (su)trukdyti, (pa)kenkti
shortcoming ['ʃɔːtˌkʌmɪŋ] *n* **1** *(ppr. pl)* yda, trūkumas, defektas; stygius **2** nusižengimas
shortcrust ['ʃɔːtkrʌst] *a* trapus *(apie pyragaičius)*
shortcut *n* ['ʃɔːtkʌt] **1** trumpiausias kelias *(t. p. prk.)*; **to take/make a ~** eiti trumpiausiu keliu **2** *(nuotolio, laiko)* sutrumpinimas **3** *spec.* trumpas šaukinys ◊ **to take ~s** daryti bet kaip
a ['ʃɔːt'kʌt] **1** sutrumpintas, aptrumpintas **2** smulkiai supjaustytas, smulkus *(apie tabaką)*
short-dated ['ʃɔːt'deɪtɪd] *a* trumpalaikis *(apie vekselį, sąskaitą ir pan.)*
shorten ['ʃɔːtn] *v* **1** (su)trumpinti, striukinti; (su)trumpėti **2** (pa)daryti tešlą trapią *(įdedant riebalų)* **3** sutrumpinti bures, „rišti rifus"
shortening ['ʃɔːtnɪŋ] *n* **1** (su)trumpinimas; (su)trumpėjimas **2** *kul.* riebalai, dedami į tešlą dėl trapumo **3** *kalb.* santrumpa
shortfall ['ʃɔːtfɔːl] *n* trūkumas; deficitas, stygius; **there is a ~ of 10.000 litas in our budget** mūsų biudžete trūksta 10 000 litų
short-haired ['ʃɔːt'hɛəd] *a* trumpaplaukis
shorthand ['ʃɔːthænd] *n* **1** stenografija; **~ typist** stenografistas **2** sutrumpinimas
shorthanded ['ʃɔːt'hændɪd] *a* **1** stokojantis darbo jėgos **2** trumparankis
short-haul ['ʃɔːthɔːl] *a av.* artimasis *(apie skrydį, maršrutą ir pan.)*

shorthorn ['ʃɔːthɔːn] *n* trumparagiai galvijai, šorthornai *(veislė)*
shortie ['ʃɔːtɪ] *n* = **shorty**
shortish ['ʃɔːtɪʃ] *a* trumpokas
shortlist ['ʃɔːtlɪst] *n* galutinis sąrašas *(atsijojus mažiau tinkamas kandidatūras)*
v (ppr. pass) įtraukti į galutinį sąrašą *(atsijojus kitas kandidatūras)*
short-lived ['ʃɔːt'lɪvd] *a* neilgaamžis, trumpalaikis; **~ commodities** greitai gendantys produktai
shortly ['ʃɔːtlɪ] *adv* **1** greitai, netrukus **2** trumpai **3** šiurkščiai, atžariai
short-order ['ʃɔːtˌɔːdə] *a attr amer.* skubiai paruošiantis neporcijinius patiekalus *(apie virėją)*
short-paid ['ʃɔːt'peɪd] *a* primokamas(is) *(apie pašto siuntas)*
short-range ['ʃɔːt'reɪndʒ] *a spec.* artimasis, mažo veikimo spindulio/siekio; **~ forecast** trumpalaikė prognozė
shorts [ʃɔːts] *n pl* **1** šortai, trumpikės; glaudės; **boxer ~** vyriškos trumpikės **2** smulkios atliekos; miltų atsijos, sėlenos **3** deficitinės prekės/medžiagos
short-sheet ['ʃɔːtʃiːt] *n amer.* = **apple-pie bed**, *žr.* **apple-pie** *a*
shortsighted ['ʃɔːt'saɪtɪd] *a* **1** trumparegis **2** *prk.* trumparegiškas, neįžvalgus
short-sleeved ['ʃɔːt'sliːvd] *a* trumparankovis
short-spoken ['ʃɔːt'spəʊkən] *a* trumpas, lakoniškas
short-staffed ['ʃɔːt'stɑːft] *a* nesukomplektuotas; **we are ~** mums trūksta žmonių/darbuotojų
short-tempered ['ʃɔːt'tempəd] *a* staigus, ūmus, greitai supykstantis
short-term ['ʃɔːttəːm] *a* **1** artimiausios ateities, artimiausias; **the ~ weather forecast** artimiausių dienų orų prognozė **2** *spec.* trumpalaikis; **~ agreement** trumpalaikis susitarimas
short-termism [ˌʃɔːt'təːmɪzm] *n* orientavimasis į trumpalaikius projektus, trumpalaikiškumas
short-time ['ʃɔːttaɪm] *a* sutrumpintas *(apie darbo dieną/savaitę)*
short-wave ['ʃɔːtweɪv] *a rad.* trumpabangis; **~ set** trumpųjų bangų imtuvas
short-weight ['ʃɔːtweɪt] *v* apsverti
short-winded ['ʃɔːt'wɪndɪd] *a* **1** dusulingas **2** *prk.* trumpas, glaustas
short-wooled ['ʃɔːt'wuld] *a ž. ū.* trumpavilnis
shorty ['ʃɔːtɪ] *n šnek.* **1** neūžauga **2** trumpas drabužis
shot[1] [ʃɔt] *n* **1** šūvis; **dead ~** taiklus šūvis/šaulys; **he fired 3 ~s** jis paleido tris šūvius **2** šaulys **3** *(momentinė)* nuotrauka **4** *kin., tel.* kadras **5** bandymas; **to have/take/make a ~** *(at)* (pa)bandyti *(ką padaryti)*; **to make a good ~** pataikyti; nesuklysti, atspėti **6** smūgis, metimas *(džn. sport.)*; **to have/take a ~ at goal** smūgiuoti į vartus; **hook ~** metimas kabliu *(krepšinyje)* **7** *sport.* rutulys; **to put the ~** stumti rutulį **8** kandi/kritiška pastaba; **parting ~** kandūs/pikti išsiskyrimo žodžiai *(džn. apie susigincijusius)* **9** *(raketos, erdvėlaivio ir pan.)* paleidimas **10** įleidimas, injekcija; nedidelė dozė **11** *šnek.* gurkšnelis, burnelė, taurelė *(alkoholio)* **12** *(pl ~)* kar. šratai; kulkos; *ist.* sviedinys **13** *spec.* užtaisas; sprogimas ◊ **like a ~** a) žaibiškai, skubiai; staigiai; b) noriai; **a long ~** abejotina sėkmė; rizikingas žingsnis; **not by a long ~** visiškai ne, ≅ toli gražu ne; **a ~ in the blue** ≅ prašovimas pro šalį; apsirikimas, klaida; **a ~ in the dark** *(aklas)* spėjimas; **~ in the arm** stimulas, paskatinimas; **not a ~ in the locker** *šnek.* ≅ nė skatiko kišenėje; **big ~** *šnek.* didelis viršininkas, tūzas; **a ~ in**

the eye šnek. ≅ meškos paslauga; *to call the ~s šnek.* komanduoti, įsakinėti; tvarkyti *(reikalus)*; *to take a long ~* planuoti tolimą ateitį; *to fire one's last ~* išnaudoti paskutinę galimybę
v užtaisyti *(šautuvą)*

shot² *past ir pII žr.* **shoot** *v*
a **1** mainantis spalvas; išmargintas; *~ with silver* turintis sidabrinį atspalvį **2** persmelktas; užlietas, nutvieкstas **3** nudėvėtas, susidėvėjęs **4** *šnek.* išsekęs; sužlugęs; pakrikęs *(apie nervus)* **5** *sl.* girtas ◊ *~ through with* persmelktas; *to be/get ~ (of) šnek.* atsikratyti *(ko)*

shot³ *n šnek.* sąskaita; *to pay one's ~* apmokėti sąskaitą, atsiskaityti *(restorane ir pan.)*; *to stand ~* apmokėti sąskaitą už visus

shotgun ['ʃɔtgʌn] *n* šratinis šautuvas ◊ *~ marriage/wedding* priverstinės vedybos *(dėl nėštumo)*; *to ride ~ šnek.* būti budriam

shot-put ['ʃɔtput] *n sport.* rutulio stūmimas
shot-putter ['ʃɔtˌputə] *n sport.* rutulio stūmikas
shotten ['ʃɔtn] *a* išsineršęs *(ypač apie silkes)*
shot-up ['ʃɔtʌp] *a kar.* sumuštas, sutriuškintas; numuštas, pašautas *(apie lėktuvą, tanką)*

should [ʃəd; *kirčiuota forma* ʃud] *v* **1** *aux vart. Future-in-the-past laiko vns. ir dgs. pirmajam asm. sudaryti; verčiama būsimuoju l.*: *I said I ~ be at home* aš pasakiau, kad būsiu namie **2** *aux vart. sudaryti* a) *sąlyginės (conditional) nuosakos vns. ir dgs. pirmajam asm.; verčiama tariamąja nuosaka*: *I ~ be glad to be here if I could* aš mielai čia būčiau, jeigu galėčiau; b) *tariamajai nuosakai; verčiama tariamąja nuosaka*: *it is necessary that he ~ go home* reikia, kad jis eitų namo **3** *mod* turėčiau, turėtum *ir t. t. (reiškiant privalėjimą, patarimą)*; *(+ perfect inf)* turėjau, turėjai *ir t. t. (reiškiant neatliktą veiksmą)*; *you ~ be punctual* jūs turėtumėte būti punktualus; *he ~ have gone* jis turėjo išeiti *(bet neišėjo)* **4** *mod* turbūt; *he ~ be at home* jis turbūt namie **5** *reiškiant nustebimą, pasipiktinimą ir pan., verčiama tiesiogine nuosaka*: *it is strange that he ~ have said it* labai keista, kad jis taip pasakė; *why ~ he behave like that?* ir kodėl gi jis taip elgiasi?

shoulder ['ʃəuldə] *n* **1** petys; *~ to ~* petys į petį; *on one's ~s* ant savo pečių *(t. p. prk.)* **2** *(ppr. pl) (drabužių)* peteliai, pakabas **3** *kul.* mentė; *~ of mutton* avies mentė **4** *amer.* kelkraštis; *hard ~* asfaltuotas kelkraštis **5** *tech.* briaunelė; juostelė ◊ *straight from the ~* a) ≅ iš peties, smarkiai; b) tiesiai, atvirai; *to give smb the cold ~* šaltai sutikti/priimti ką; *a ~ to cry on* guodėjas, užjautėjas, ramintojas; *to put/set one's ~ to the wheel* įsikinkyti, energingai imtis sunkaus darbo; *to rub ~s (with)* bičiuliauti, bendrauti *(su)*
v **1** stumti(s)/stumdyti(s) pečiais; spraustis; *he ~ed his way through the crowd* jis spraudėsi per minią **2** paimti/užsidėti/užsikrauti ant pečių; *to ~ arms* dėti ant peties *(šautuvą)* **3** už(si)krauti, prisiimti *(atsakomybę, kaltę ir pan.)*

shoulder-bag ['ʃəuldəbæg] *n* rankinukas su ilgu dirželiu, permetamu per petį
shoulder-belt ['ʃəuldəbelt] *n* perpetė, perpetinis diržas *(ypač kar.)*
shoulder-blade ['ʃəuldəbleɪd] *a anat.* mentė, mentikaulis
shoulder-high [ˌʃəuldəˈhaɪ] *a* iki peties *(apie javus ir pan.)*
shoulder-length ['ʃəuldəˌleŋθ] *a* iki pečių *(apie plaukus)*
shoulder-loop ['ʃəuldəluːp] *n amer.* = **shoulder-strap** 1, 3

shoulder-mark ['ʃəuldəmɑːk] *n jūr.* laipsnio ženklas, siuvamas prie antpečio *(JAV laivyne)*
shoulder-strap ['ʃəuldəstræp] *n* **1** petelis, petnešėlė **2** *(rankinuko)* ilgas dirželis **3** *aut.* perpetinė juosta **4** *kar.* antpetis
shouldn't ['ʃudnt] *sutr. šnek.* = **should not**
shout [ʃaut] *n* **1** šauksmas, rėksmas; *give me a ~ when you are ready to go* šūktelėk, kai būsi pasiruošęs eiti **2** *(ypač austral.) šnek. (gėrimo)* užsakymas; *(it's) my ~* mano eilė užsakyti, aš vaišinu
v **1** šaukti; rėkti; *to ~ at the children* šaukti ant vaikų; *to ~ in pain* rėkti iš skausmo; *to ~ with laughter* kvatotis **2** *austral.* užsakyti, vaišinti *(gėrimu)* □ *~ down* perrėkti; priversti nutilti *(šauksmais)*; *~ out* šaukti, sušukti ◊ *it's nothing to ~ about* tai nieko ypatinga
shouting ['ʃautɪŋ] *n* šauksmai; *(pritarimo, sveikinimo)* šūksniai; *within ~ distance* galima prisišaukti, netoli ◊ *it is all over but/bar the ~* viskas aišku, visi sunkumai nugalėti *(belieka tik džiūgauti)*
shouting-match ['ʃautɪŋmætʃ] *n šnek.* barimasis, pliūdimasis
shove [ʃʌv] *n* stūmis, stūmimas; *to give a ~* smarkiai pastumti/stumtelėti
v **1** stumti; stumdyti(s) **2** *šnek.* kišti; įkišti, įstumti, įbrukti *(into – į, onto – kam)* □ *~ around šnek.* stumdyti, komanduoti; *~ off* a) atsistumti *(nuo kranto ir pan.)*; b): *~ off! šnek.* dink!, išnyk!, pasitrauk!; *~ over/up šnek.* pasislinkti *(duodant vietos kitam atsisėsti)*
shovel ['ʃʌvl] *n* semtuvas; *(semtuvinis)* kastuvas; *mechanic/scoop ~* žemkasė, kaušinis ekskavatorius
v *(-ll-)* **1** pilti/valyti semtuvu/kastuvu **2** žerti, graibstyti □ *~ in/up* sugraibstyti, sužerti, sužarstyti; *to ~ up food šnek.* godžiai ryti, kimšti *(into, onto)*
shovelful ['ʃʌvlful] *n* pilnas semtuvas/kastuvas
shovel(l)er ['ʃʌvlə] *n zool.* šaukštasnapė antis
show [ʃəu] <*n, a, v*> *n* **1** (pa)rodymas; *a ~ of strength/force* jėgos demonstravimas **2** paroda; *to be on ~* būti išstatytam/demonstruojamam parodoje **3** estradinis koncertas/vaidinimas; spektaklis, vaidinimas, šventė, vakaras **4** *tel., rad. (pramoginė)* laida; *(kino)* seansas; *chat ~* interviu/pokalbis su garsenybe, žymiu veikėju **5** reginys, vaizdas **6** regimybė; apgaulinga išorė; apsimetimas; *for ~* dėl akių, apgaulei, dėmesiui patraukti; *he made a great ~ of zeal* jis apsimetė labai besistengiąs **7** apgaulingas prašmatnumas; paradiškumas **8** *šnek.* pasirodymas *(t. p. sport.)*; renginys; *the party was a dull ~* vakaras buvo baisi nuobodybė; *to put up a good ~* neblogai/gerai pasirodyti **9** *šnek.* galimybė *(atskleisti sugebėjimus ir pan.)*; patogi proga; *give him a fair ~* duokite jam progą parodyti, ką jis gali ◊ *good ~!* puikiai *(padaryta)!*, puiku!; *to run/boss the (whole) ~* (viskam) vadovauti, šeimininkauti; *to be the whole ~ amer.* ≅ groti pirmuoju smuiku; *to steal the ~* būti dėmesio centre, būti labai giriamam *(džn. vietoj kito)*; *to get the ~ on the road šnek.* a) imtis darbo, pradėti įgyvendinti *(planus ir pan.)*; b) leistis į kelionę; *to vote by ~ of hands* balsuoti pakeliant rankas
a attr **1** parodomasis, pavyzdinis; *~ house/home* parodomasis namas *(rodomas pirkėjui)* **2** pramogų, pramoginis
v (showed, showed, shown) **1** *(iv. reikšm.)* (pa)rodyti; *to ~ a ticket* parodyti bilietą; *to ~ much interest in smb's work* rodyti didelį susidomėjimą kieno darbu; *to ~ the way* a) (pa)rodyti kelią; b) *prk.* užvesti ant kelio; *the explosion was ~n on the evening news* sprogimą parodė vakaro žiniose; *I'll ~ you [him]!* aš tau [jam] parody-

siu! **2** *refl* rodytis, pasirodyti *(viešai)* **3** išstatyti, demonstruoti **4** įrodyti; ***to ~ cause*** pateikti motyvus, paaiškinti; ***it all goes to ~ that...*** visa tai įrodo, kad... **5** rodytis, atrodyti; ***to ~ strong*** atrodyti stipriam; ***to ~ white*** baltuoti **6** pasirodyti, rodytis, būti matomam, matytis; ***the stain will not ~*** dėmės nesimatys **7** įvesti, palydėti *(into, to);* išvesti *(out of);* ***to ~ smb to the door*** palydėti ką iki durų **8** pasiekti *(for);* ***to have nothing to ~ for it*** nepasiekti jokių rezultatų **9** *refl* pasireikšti; būti akivaizdžiam; ***his radicalism ~ed itself*** *(in)* jo radikalizmas pasireiškė *(kuo)* □ **~ around** aprodyti; **~ down** atversti kortas *(žaidžiant pokerį);* **~ forth** išdėstyti; skelbti; **~ in** įvesti, palydėti *(vidun);* **~ off** a) stengtis gerai pasirodyti; b) visiems (pa)rodyti *(didžiuojantis kuo);* c) paryškinti *(ko gerąsias savybes);* **~ out** išvesti, palydėti *(iki durų);* **~ over/round** aprodyti, (ap)vedžioti; **~ through** a) būti permatomam; b) išryškėti *(apie drąsą ir pan.);* **~ up** a) išryškinti, išaiškinti; b) atskleisti *(trūkumus ir pan.);* c) išryškėti *(ko fone);* išsiskirti *(iš kitų);* d) *šnek.* atvykti, (nelauktai) pasirodyti; e) versti raudonuoti

show-bill ['ʃəubɪl] *n (teatro, kino)* afiša

showbiz ['ʃəubɪz] *n šnek.* = **show-business**

showboat ['ʃəubəut] *n amer.* plaukiojantis teatras

show-business ['ʃəuˌbɪznɪs] *n* pramogų verslas *(įskaitant kiną, radiją, televiziją ir pan.)*

showcard ['ʃəukɑ:d] *n* **1** reklama, reklaminis skelbimas **2** prekių pavyzdžių lentelė

showcase ['ʃəukeɪs] *n* **1** vitrina **2** demonstravimas *(ko/kieno gerų savybių);* tramplinas *(naujiems artistams ir pan.; for)*
v (pa)demonstruoti; būti tramplinu *(muzikantui ir pan.)*

showdown ['ʃəudaun] *n* **1** *(ginčo ir pan.)* užbaigimas, sureguliavimas **2** kortų atvertimas **3** *(savo planų ir pan.)* atskleidimas; žaidimas atviromis kortomis

shower[1] ['ʃəuə] *n* rodytojas

shower[2] ['ʃauə] *n* **1** dušas; ***to take a ~*** nusiprausti po dušu **2** liūtis; **~ of hail** kruša, ledai; ***scattered ~*** vietomis trumpi lietūs **3** *(klausimų, kulkų ir pan.)* kruša; gausybė **4** *fiz.* liūtis **5** *(ypač amer.)* dovanų įteikimas, dovanos *(ppr. vestuvinės)* **6** *šnek.* šutvė
v **1** praustis po dušu **2** lyti *(smarkiai);* lietis, kristi *(gausiai)* **3** lieti, drėkinti **4** apipilti; apmėtyti; ***he was ~ed with questions*** jį apipylė/apibėrė klausimais; ***to ~ stones (up) on smb*** apmėtyti ką akmenimis **5** apipilti *(dovanomis ir pan.);* dosniai duoti/dovanoti

shower-bath ['ʃauəbɑ:θ] *n* dušas; dušinė

shower-party ['ʃauəˌpɑ:tɪ] *n amer.* pokylis, kurio metu teikiamos dovanos *(būsimajai nuotakai, motinai)*

showerproof ['ʃauəpru:f] *a* nepermampamas *(per neilgą lietų)*

showery ['ʃauərɪ] *a* **1** lietingas **2** liūtinis, liūties

showgirl ['ʃəugə:l] *n (estrados ir pan.)* dainininkė, šokėja

showground ['ʃəugraund] *n* **1** *teatr.* vaidinimo aikštelė **2** *sport.* varžybų aikštelė

showing ['ʃəuɪŋ] *n* **1** (pa)rodymas, demonstravimas; *(kino)* seansas *(ypač uždaras)* **2** pasirodymas; *sport.* žaidimo lygis **3** parodymai, duomenys; ***on his own ~*** pagal jo paties parodymus, kaip pats prisipažįsta **4** įspūdis; ***to make a good [bad] ~*** padaryti gerą [blogą] įspūdį **5** paroda

showjumping ['ʃəuˌdʒʌmpɪŋ] *n sport.* kliūtinis jojimas

showman ['ʃəumən] *n (pl* **-men** [-mən]**) 1** renginių/vaidinimų/pasilinksminimų rengėjas/organizatorius **2** cirko/atrakciono *ir pan.* direktorius/savininkas **3** žmogus, mokantis juokauti; *šnek.* cirkininkas

showmanship ['ʃəumənʃɪp] *n* mokėjimas organizuoti renginius *ir pan.;* mokėjimas patraukti dėmesį, juokauti

shown [ʃəun] *pII žr.* **show** *v*

show-off ['ʃəuɔf] *n* **1** stengimasis pasirodyti; maivymasis **2** *šnek.* pamaiva

showpiece ['ʃəupi:s] *n* **1** *(parodos)* eksponatas **2** pasigėrėjimo/apžiūrėjimo vertas dalykas

showplace ['ʃəupleɪs] *n* **1** vaidinimų/parodų *ir pan.* vieta **2** įžymi/graži vieta *(kur vedami turistai ir pan.)*

showroom ['ʃəurum] *n* parodų salė/salonas; *(prekių pavyzdžių)* demonstravimo salė; **art ~** dailės salonas

showstopping ['ʃəuˌstɔpɪŋ] *a šnek.* įspūdingas *(apie spektaklį ir pan.)*

showup ['ʃəuʌp] *n* atskleidimas; demaskavimas *(trūkumų ir pan.)*

show-window ['ʃəuˌwɪndəu] *n* parduotuvės langas/vitrina

showy ['ʃəuɪ] *a* **1** įspūdingas, ryškus, krintantis į akis **2** neskoningas, rėžiantis akį

shrank [ʃræŋk] *past žr.* **shrink** *v*

shrapnel ['ʃræpnl] *n kar.* šrapnelis

shred [ʃred] *n* **1** skiautė, skutas, gabaliukas; ***to tear to ~s*** sudraskyti į gabaliukus/skutus; ***of ~s and patches*** a) nuplyšęs, vieni skutai; b) nevertingas, kompiliacinis **2** *(abejonės, tiesos ir pan.)* truputis, dalelė; ***not a ~ (of)*** nė trupučio, nė kiek ◊ ***to tear an argument to ~*** visiškai sugriauti argumentą
v **1** (su)plėšyti, (su)draskyti; (su)pjaustyti *(maistą)* **2** išskisti, išbrigzti **3** sunaikinti dokumentą *(specialia pjaustymo mašina)*

shredded ['ʃredɪd] *a* susmulkintas, sutrupintas, suskaidytas; **~ wheat** kvietiniai dribsniai

shredder ['ʃredə] *n* **1** tarka, trintuvė **2** *tech.* trupintuvas, šrederis **3** kanceliarinė popieriaus pjaustymo mašina *(dokumentams naikinti)*

shrew [ʃru:] *n* **1** *zool.* kirstukas **2** ragana, pikčiurna, furija *(apie vaidingą moterį)*

shrewd [ʃru:d] *a* **1** įžvalgus; apgalvotas, blaivus; ***to make a ~ guess*** atspėti teisingai **2** gudrus, apsukrus

shrewish ['ʃru:ɪʃ] *a* vaidingas, barningas *(apie moterį)*

shrew-mole ['ʃru:məul] *n zool.* amerikinis kurmis

shrew-mouse ['ʃru:maus] *n* = **shrew** 1

shriek [ʃri:k] *n* klyksmas, riksmas, spiegimas; ***to utter a ~*** suspigti
v klykti, spiegti, rėkti; ***to ~ with laughter*** isteriškai juoktis/kvatotis

shrift [ʃrɪft] *n psn.* išpažintis ◊ **short ~** trumpas laiko tarpas tarp mirties nuosprendžio ir jo įvykdymo; ***to give short ~ (to)*** šiurkščiai/neatidėliojant susitvarkyti/susidoroti *(su),* nesiceremonyti *(su);* ignoruoti

shrike [ʃraɪk] *n zool.* medšarkė; **brown [red-backed] ~** sibirinė [paprastoji] medšarkė

shrill [ʃrɪl] *a* **1** spiegiamas, rėksmingas, veriamas **2** aštrus, įkyrus, (į)grisus *(apie protestą, kritiką)*
v **1** (su)spiegti, veriamai šaukti/rėkti **2** (nu)skambėti *(apie telefoną)*

shrimp [ʃrɪmp] *n* **1** *zool.* krevetė **2** *šnek.* neūžauga, mažius
v gaudyti krevetes

shrine [ʃraɪn] *n* **1** šventykla; šventovė *(t. p. prk.);* **~ of art** meno šventovė **2** relikvinė *(skrynia/urna su šventųjų palaikais)* **3** šventojo kapas
v **1** *ret.* įdėti į relikvinę, į relikvijų skrynią **2** *poet. (šventai, pagarbiai)* saugoti, ≡ kaip relikviją nešioti *(širdyje)*

shrink [ʃrɪŋk] *v* (shrank; shrunk) **1** trauktis, susitraukti *(nuo karščio, šalčio, drėgmės);* sudžiūti *(susitraukti perdžiūvus)* **2** sumažėti *(dydžiu, kiekiu, verte)* **3** susigūžti;

shrinkable

to ~ with cold [in horror] susigūžti nuo šalčio [iš siaubo] **4** atsitraukti, pasitraukti *(t. p. ~ away/back)* **5** vengti; *I ~ from going there* aš vengiu ten eiti ☐ *~ on tech.* uždėti įkaitintą bandažą/ratlankį; *~ out tekst.* dekatiruoti ◊ *to ~ into oneself* užsisklęsti, užsidaryti savyje *n šnek.* psichiatras; psichoanalitikas

shrinkable ['ʃrɪŋkəbl] *a* traukus

shrinkage ['ʃrɪŋkɪdʒ] *n* **1** susitraukimas **2** sumažėjimas **3** *spec.* nuodžiūvis

shrink-wrapped ['ʃrɪŋkræpt] *a* įpakuotas/įdėtas į polietileninį apvalkalą

shrive [ʃraɪv] *v* (shrived, shrove; shrived, shriven) *psn.* išklausyti išpažintį ir duoti išrišimą

shrivel ['ʃrɪvl] *v (-ll-)* **1** su(si)raukšlėti, susitraukti, sudžiūti, susiriesti *(t. p. ~ up)* **2** tapti bejėgiam/nenaudingam *(t. p. ~ up)*

shriven ['ʃrɪvn] *pII žr.* **shrive**

Shropshire ['ʃrɔpʃə] *n* Šropšyras *(Anglijos grafystė)*

shroud [ʃraʊd] *n* **1** įkapės **2** *prk.* (už)danga; šydas, skraistė *~ of mist* rūko danga/skraistė; *wrapped in a ~ of mystery* apgaubtas paslaptingumo skraiste, paslaptingas **3** *pl jūr.* vantai *(virvės stiebams sutvirtinti)* **4** *tech.* gaubtas *v* **1** įvynioti į drobulę/maršką, aprengti įkapėmis **2** *(ppr. pass)* (ap)dengti, (ap)gaubti; (pa)slėpti; *~ed in fog [in mystery]* apgaubtas rūko [paslapties]

shrove [ʃrəʊv] *past žr.* **shrive**

Shrovetide ['ʃrəʊvtaɪd] *n bažn.* Užgavėnės

shrub[1] [ʃrʌb] *n* krūmas, krūmokšnis

shrub[2] *n* punšas *(iš vaisių sulčių ir džn. romo)*

shrubbery ['ʃrʌbərɪ] *n* krūmai, krūmynas, krūmokšnynas

shrubby ['ʃrʌbɪ] *a* **1** apaugęs krūmais/krūmokšniais, krūmuotas **2** panašus į krūmą, krūmiškas; krūminis

shrug [ʃrʌg] *n* patraukimas/gūžtelėjimas pečiais *v* patraukti/gūžtelėti/trūkčioti pečiais ☐ *~ off* nekreipti dėmesio, numoti ranka

shrunk [ʃrʌŋk] *pII žr.* **shrink** *v*

shrunken ['ʃrʌŋkən] *a* susiraukšlėjęs; susitraukęs; sumažėjęs

shuck [ʃʌk] *(ypač amer.) n* **1** lukštas, kevalas; ankštis **2** geldelė ◊ *not worth ~s šnek.* niekam vertas; *no great ~s šnek.* ne kažin kas, ne per puikiausias *v* aižyti, lukštenti, nulupti ☐ *~ off* nusitraukti, nusimesti *(drabužį)*

shucks [ʃʌks] *int amer. šnek.* velniai griebtų!, bet!, neduok Dieve! *(reiškiant nusivylimą, bjaurėjimąsi ir pan.)*

shudder ['ʃʌdə] *n* drebulys, šiurpulys, šiurpas; *it gave me the ~s* šiurpas nuėjo man per kūną; *the building gave a sudden ~* pastatas staiga sudrebėjo *v* **1** drebėti, šiurpti, šiurpinti; *I ~ to think of it* mane šiurpulys/drebulys ima, apie tai pagalvojus **2** trūkčioti, vibruoti *(apie mašiną ir pan.)*

shuffle ['ʃʌfl] *n* **1** *(kojų)* vilkimas, šliurinimas; krypuojanti eisena **2** *(kortų)* maišymas, pašymas **3** triukas, gudrybė **4** *(vietų)* pa(si)keitimas; *a ~ of the Cabinet* portfelių per(si)skirstymas ministrų kabinete *v* **1** vilkti *(kojas),* šliurinti, šlepsėti **2** ruzgintis, nenustygti vietoje **3** pakeisti vietą, perstatyti *(baldus ir pan.)* **4** maišyti, pašyti *(kortas)* **5** (su)maišyti, versti *(daiktus)* **6** nerūpestingai/prastai atlikti *(ppr. ~ through)* **7** kratytis, gudrauti, išsisukinėti *(t. p. ~ out)* ☐ *~ around* vartalioti *(popierius ir pan.);* *~ off* a) nusimesti *(drabužius, batus);* b) užkrauti, suversti *(atsakomybę, kaltę; onto – kam);* c) atsikratyti, aplenkti *(klausimą);* *~ on* užsimesti *(drabužius, batus)*

shuffler ['ʃʌflə] *n* **1** *(kortų)* maišytojas **2** išsisukinėtojas, gudruolis

shufti ['ʃʊftɪ] *arab. n: to have a ~* žvilgtelėti, dirstelėti

shun [ʃʌn] *v* **1** vengti; saugotis **2** atmesti *(pasiūlymą ir pan.)*

'shun [ʃən] *int* (attention *sutr.) kar. šnek.* ramiai!

shunt [ʃʌnt] *n* **1** *glžk.* pervarymas į atsarginį kelią; manevravimas **2** *glžk.* iešmas **3** *el.* gretšakė; šuntas *(t. p. med.)* *v* **1** *glžk.* pervaryti į kitą kelią; manevruoti **2** *el.* šuntuoti **3** perkelti į kitą darbą; siųsti, atsikratyti; *we were ~ed from one official to the next* mus siuntinėjo nuo vieno valdininko pas kitą **4** perkraustyti, nustumti *(kitur)* **5** atidėti; (už)delsti

shunter ['ʃʌntə] *n glžk.* **1** iešmininkas; sukabinėtojas **2** manevrinis garvežys

shunting ['ʃʌntɪŋ] *n* **1** *glžk.* manevravimas; *~ yard* manevrinė stotis; skirstymo stotis **2** *spec.* šuntavimas

shush [ʃʊʃ, ʃʌʃ] *v* nutildyti, neleisti kalbėti *int* nutilk!, ša!

shut [ʃʌt] *v* (shut) **1** už(si)daryti, už(si)verti; užversti *(knygą);* užskłęsti; *to ~ a passage* uždaryti/užtverti perėją/ kelią; *to ~ the lid* užvožti dangtį; *to ~ one's eyes* užsimerkti **2** už(si)daryti *(baigti darbą); the shops are ~* krautuvės uždarytos **3** suglausti; *to ~ an umbrella* suglausti skėtį **4** priverti *(duryse ir pan.)* ☐ *~ away* a) užkišti, užslėpti; b) *refl* užsidaryti *(vienam);* *~ down* a) uždaryti, užtrenkti; b) už(si)daryti, nutraukti darbą *(apie įmonę);* c) nusileisti *(apie rūką, prietemą);* *~ in* a) užrakinti, uždaryti *(viduje);* *refl* užsidaryti *(viduje);* b) užgožti; c) apsupti; *~ off* a) užsukti, išjungti *(vandenį, srovę ir pan.);* b) išsijungti *(apie aparatą ir pan.);* c) atskirti, izoliuoti *(from);* d) = *~ out* c); *~ out* a) neįleisti; nepraleisti; b) *prk.* užkirsti kelią, neleisti *(nė pamanyti ir pan.);* c) užtemdyti, užstoti; d) = *~ off* c); *~ up* a) *(aklinai)* uždaryti; užkalti; b) uždaryti *(krautuvę, įmonę);* c) įkalinti; d) *šnek.* nutildyti, priversti nutilti; *~ up! vulg.* užsičiaupk!, prikąsk/priturėk liežuvį! ◊ *to be/get ~ of smth, to ~ one's hands of smth* atsikratyti ko; *~ it!, ~ your face/mouth!* užsičiaupk! *a* uždarytas, užrakintas ◊ *with one's eyes ~* lengvai, be pastangų

shutdown ['ʃʌtdaʊn] *n* **1** *(fabriko, įmonės)* uždarymas **2** *(reaktoriaus)* sustabdymas **3** iš(si)jungimas; sutrikimas

shuteye ['ʃʌtaɪ] *n šnek.* miegas

shut-in ['ʃʌtɪn] *n amer.* sergantis žmogus, gulintis ligonis; invalidas *a* **1** sergantis, neišeinantis iš namų **2** užsidaręs, nekalbus

shut-off ['ʃʌtɔf] *n: ~ valve* automatinio stabdymo įrenginys/mechanizmas

shutout ['ʃʌtaʊt] *n* **1** lokautas **2** *amer. sport.* neleidimas priešininkui pasiekti rezultato; žaidimas sausu rezultatu

shutter ['ʃʌtə] *n* **1** langinė **2** *tech., fot.* užraktas ◊ *to put up the ~s šnek.* uždaryti parduotuvę/įmonę *(darbo dienai pasibaigus ar visam laikui);* uždaryti „kromelį" *v* **1** uždaryti langines **2** parūpinti/pakabinti langines

shutterbug ['ʃʌtəbʌg] *n amer. šnek.* fotografas entuziastas

shuttle ['ʃʌtl] *n* **1** maršrutinis autobusas/traukinys/lėktuvas **2** daugkartinis kosminis skraidymo aparatas; *space ~* kosminis keltas **3** šaudyklė; *~ service* šaudyklinis maršrutas *(kai transportas reguliariai važinėja tarp dviejų netolimų punktų);* *~ diplomacy polit.* šaudyklinė diplomatija **4** *(šliuzo)* uždoris **5** = **shuttlecock** *v* **1** judėti/keliauti/važinėti pirmyn ir atgal; nukeliauti, sukarti **2** (nu)gabenti, (nu)vežti, vežioti **3** kursuoti; lakstyti, siūti

shuttlecock ['ʃʌtlkɔk] *n (badmintono)* kamuoliukas, plunksninukas

shuttle-train ['ʃʌtltreɪn] *n* priemiestinis traukinys

shy¹ [ʃaɪ] <a, n, v> a **1** drovus, drovingas; *to go all ~* labai susidrovėti **2** baikštus; bailus **3** neryžtingas, atsargus; *to be ~ of smth* a) vengti ko; nesiryžti ką atlikti; b) *amer.* nepakakti; stokoti, stigti; *he's two years ~ of 50* po dvejų metų jam bus 50 **4** skurdus, negausus; *that tree is a ~ bearer* tas medis negausiai veda
n (arklio ir pan.) baidymasis
v **1** baidytis; mestis į šalį (ypač apie arklį) **2** atsisakyti; vengti (t. p. *~ away/off; from*)
shy² *šnek.* n **1** metimas **2** mėginimas, bandymas; *to have a ~ at smth* pamėginti ką pasiekti **3** kandi/ironiška pastaba, išpuolis
v mesti, sviesti (akmenį, kamuolį ir pan.)
shyer ['ʃaɪə] n baikštus arklys
Shylock ['ʃaɪlɔk] n Šailokas (lit. personažas)
shyster ['ʃaɪstə] n amer. šnek. nesąžiningas teisininkas/politikas
si [siː] n muz. si
Siam [ˌsaɪˈæm] n ist. Siamas (dabar Tailandas)
Siamese [ˌsaɪəˈmiːz] a Siamo; siamiečių; *~ cat* Siamo katė; *~ twins* Siamo dvyniai
n siamietis (senasis Tailando gyventojų pavadinimas); *the ~* kuop. siamiečiai
Siberia [saɪˈbɪərɪə] n Sibiras
Siberian [saɪˈbɪərɪən] a Sibiro, sibirinis; sibirietiškas, sibiriečių
n sibirietis
sibilant ['sɪbɪlənt] a šnypščiantis, švilpiantis, žvarbus (t. p. *fon.*)
n fon. švilpiamasis/šnypščiamasis/sargusis priebalsis, sibiliantas
sibilate ['sɪbɪleɪt] v šnypšti; (iš)tarti švilpiamai
sibling ['sɪblɪŋ] n spec. (vienų tėvų, tikras) brolis, sesuo; *~ rivalry* vaikų konkurencija/pavyduliavimas dėl tėvų meilės
sibyl ['sɪbɪl] n **1 (S.)** Sibilė (vardas) **2** sibilė; pranašautoja, burtininkė
sibylline ['sɪbəlaɪn, sɪˈbɪlaɪn] a sibilinis; pranašiškas, pranašingas; *~ books* sibilių knygos
sic¹ [sɪk] lot. adv taip! (nurodant, kad taip parašyta originale)
sic² v amer. šnek. = **sick²**
siccative ['sɪkətɪv] chem. a džiovinimo, džiovinamasis
n džioviklis, sikatyvas
sice [saɪs] n šeši taškai (lošiant kauliukais)
Sicillian [sɪˈsɪlɪən] a Sicilijos; siciliškas
n sicilietis
Sicily ['sɪsɪlɪ] n Sicilija (sala)
sick¹ [sɪk] a **1** sergantis, nesveikas; *to be off ~* nebūti (darbe, mokykloje) dėl ligos; *to fall/amer. get ~* susirgti; *to go/report ~* pranešti apie savo ligą, atsiprašyti dėl ligos; *to call in ~* telefonu pranešti apie savo ligą **2** liguistas, ligotas; *~ condition* liguista būklė **3** predic jaučiantis šleikštulį; verčiantis vemti; *to feel ~* jausti šleikštulį, bloguoti, norėti vemti; *to be as ~ as a dog/cat* jausti šleikštulį, (versti) vemti **4** predic šnek. persisotinęs, pavargęs, atsibodęs (of); *to be ~ and tired* (of) labai įkyrėti/įgristi; *I am ~ of waiting* man atsibodo laukti **5** predic besiilgintis (for); *to be ~ at heart* širdį mausti, ilgėtis; *to be ~ for the hills* ilgėtis kalnų **6** predic šnek. supykęs, išširdęs, pasibjaurėjęs; *it makes me ~ to think of it* man darosi bjauru, (vien) pagalvojus apie tai **7** blyškus (apie spalvą, šviesą ir pan.) **8** žiaurus, klaikus, baisus (apie pasakojimą, humorą ir pan.)
n **1 (the ~)** kuop. ligoniai **2** šnek. vėmalai

sick² v medž. siundyti, pjudyti; *~ him!* griebk jį!, paimk! (pjudant šunimi)
sickbay ['sɪkbeɪ] n **1** jūr. (laivo) ligoninė **2** patalpa ligoniams
sickbed ['sɪkbed] n ligonio lova, ligos patalas
sick-benefit ['sɪkˌbenɪfɪt] n pašalpa dėl ligos
sick-call ['sɪkkɔːl] n **1** (gydytojo) vizitas **2** kar. sergančiųjų kvietimas (pas gydytoją)
sicken ['sɪkən] v **1** šleikštuoti, jausti šleikštulį/pasibjaurėjimą, norėti vemti; *he ~s at the sight of blood* jam darosi bloga matant kraują **2** sukelti šleikštulį/pasibjaurėjimą, versti vemti **3** susirgti; turėti kokios ligos simptomų (for) **4** persisotinti, atsibosti (of) **5** kamuotis, nykti (iš ilgesio ir pan.)
sickener ['sɪkənə] n **1** šnek. šlykštus daiktas/dalykas **2** mok. sl. įkyruolis, atsibodėlis
sickening ['sɪkənɪŋ] a **1** keliantis pasibjaurėjimą, bjaurus; *it is ~ to see* šleikštu žiūrėti **2** šnek. keliantis pavydą; *how ~!* ima pavydas!
sick-flag ['sɪkflæg] n jūr. karantino vėliavėlė
sick-headache [ˌsɪkˈhedeɪk] n migrena
sickie ['sɪkɪ] n austral. šnek. simuliavimo diena, simuliavimas (nėjimas į darbą apsimetus sergančiu)
sickish ['sɪkɪʃ] a **1** negaluojantis **2** keliantis šleikštulį
sickle ['sɪkl] n pjautuvas
sick-leave ['sɪkliːv] n nedarbingumo atostogos, atostogos dėl ligos; *to be on ~* nedalyvauti dėl ligos, turėti ligos lapelį
sick-list ['sɪklɪst] n **1** ligonių sąrašas **2** nedarbingumo lapelis
sickly ['sɪklɪ] a **1** liguistas **2** sunykęs, nusilpęs, silpnas **3** nesveikas, kenksmingas (apie klimatą, vietovę ir pan.) **4** šleikštus **5** blyškus, blankus (apie veidą)
sick-making ['sɪkmeɪkɪŋ] a šnek. keliantis pasibjaurėjimą, šlykštus
sickness ['sɪknɪs] n **1** liga (t. p. prk.) **2** šleikštulys, šleikštumas; vėmimas; *she suffers from travel ~* jai darosi bloga automobilyje/lėktuve/laive
sicko ['sɪkəu] n (pl ~s [-z]) sl. iškrypėlis
sick-pay ['sɪkpeɪ] n pašalpa dėl ligos; mokėjimas pagal ligos lapelį
sickroom ['sɪkrum] n ligonio kambarys
side [saɪd] n **1** pusė, šalis; *on this ~ (of)* šiapus; *~ by ~* šalia, greta; *from/on all ~s, from every ~* iš visų pusių, iš visur; *blind ~* a) (vairuotojui) prastai matoma pusė; b) prk. (kieno) silpnoji savybė, silpnybė; *the right ~* a) dešinioji pusė; b) (audinio) geroji pusė; c) (monetos) priešakinė pusė; *relatives on the maternal ~* giminės iš motinos pusės; *to take smb to one ~* pasivesti ką į šalį (pasikalbėti) **2** šonas, kraštas; *the ~s of a box* dėžės šonai; *to comb one's hair to the ~* šukuotis plaukus į šoną; *to sit on the ~ of the road* sėdėti ant kelio krašto **3** (kūno, skerdienos ir pan.) šonas; šoninė **4** šalis, pusė (ginče, sporte ir pan.); *to see both ~s* suprasti abi puses; *to take ~s* palaikyti vieną kurią pusę; prisidėti prie kurios partijos/grupuotės ir pan. **5** požiūris; (klausimo) aspektas; *a ~ of his character* jo būdo bruožas; *try to see it from my ~* pabandykite suprasti mano požiūrį **6** (kalno) šlaitas; *the south ~ of the mountain* pietinis kalno šlaitas **7** geom. šoninė, kraštinė **8** jūr. bortas; *~ discharge/unloading* iškrovimas per bortą **9** sport. komanda **10** šnek. pasipūtimas, išdidumas; *to put on ~* puikauti, riesti nosį **11** tel. šnek. kanalas **12** attr šoninis; *~ wind* a) šoninis vėjas; b) prk. netiesioginis kelias **13** attr šalutinis; *~ street* šalutinė

gatvelė ◊ *this ~ of* prieš *(nurodytą laiką); to put on/to one ~* ignoruoti, palikti nuošalyje; atidėti; *on the wrong/ shady ~ of forty [fifty, etc.]* per keturiasdešimt [penkiasdešimt *ir pan.*] metų (amžiaus); *on the right/sunny ~ of thirty* nepilnų trisdešimt metų (amžiaus); *to get on the right [wrong] ~ of smb* palenkti ką savo pusėn, pelnyti kieno palankumą [smukti kieno akyse, prarasti kieno palankumą]; *on the large ~* kiek per didelis, didokas; *the weather is on the cool ~* oras gana vėsus; *on the ~ (ypač amer.)* a) papildomai; iš šalies *(užsidirbti);* b) slapta; *to speak out of the ~ of one's mouth* pasakyti kaip paslaptį; *to be on the heavy ~* būti perkrautam; *to be on the ~ of the angels* laikytis teisingų/įprastinių pažiūrų; *to be on the other ~ of the fence* laikytis priešingų pažiūrų; *to be on the safe ~* dėl visa ko, vis dėlto, kad būtų visiškai tikras; *to pass smb by on the other ~* neužjausti, nepalaikyti ko, nepadėti kam; *to brush to one ~* nekreipti dėmesio; *to put/leave/set smth to one ~* atidėti *(klausimą, pinigų); to burst/hold/split one's ~s* trūkti/plyšti juoku; *to laugh on the other/wrong ~ of one's mouth/face* po linksmybių nuliūsti, nuo juokų pereiti prie ašarų; *to let the ~ down* daryti gėdą, apvilti *(draugus ir pan.); to look on the bright/sunny ~* būti optimistu, žiūrėti iš gerosios pusės *(į padėtį); to stand by smb's ~* moraliai palaikyti ką; *to turn the best ~ outward* stengtis pasirodyti iš geriausios pusės
v prisijungti *(with – prie),* palaikyti *(kieno)* pusę; *to ~ against smb* nepalaikyti kieno pusės
sidearms ['saɪdɑːmz] *n pl kar.* ginklai, nešiojami prie perpetės diržo *(kardas, kalavijas, revolveris, pistoletas ir pan.)*
sideboard ['saɪdbɔːd] *n* 1 bufetas, indauja 2 *(vežimo ir pan.)* šoninė lenta
sideboards ['saɪdbɔːdz] *n pl* žandenukės, žandenos
sideburns ['saɪdbəːnz] *n pl amer.* = **sideboards**
sidecar ['saɪdkɑː] *n* 1 *(motociklo)* priekaba 2 kokteilis iš apelsinų likerio, konjako ir citrinų sulčių
-sided [-'saɪdɪd] *(sudurt. žodžiuose)* -šonis, -pusis, -šalis; **double-sided** dvišonis, dvipusis; **six-sided** šešiašalis
side-dish ['saɪdɪʃ] *n kul.* salotos *ir pan. (patiekiama atskirai prie mėsos/žuvies)*
side-door ['saɪddɔː] *n* 1 šoninės durys 2 *jūr.* borto durys; lacportas
side-effect ['saɪdɪˌfekt] *n (vaistų ir pan.)* pašalinis veikimas/poveikis; *to have beneficial ~s for the whole economy* daryti palankų poveikį visai ekonomikai
sidehill ['saɪdhɪl] *n amer.* kalvos šlaitas
side-issue ['saɪdˌɪsjuː] *n* šalutinis/antraeilis klausimas/rezultatas; *to ride off on a ~* pradėti kalbėti apie antraeilius dalykus norint išvengti pagrindinio klausimo
sidekick ['saɪdkɪk] *n šnek.* 1 pagalbininkas, talkininkas; bendras 2 bičiulis, draugužis
sidelight ['saɪdlaɪt] *n* 1 *aut.* šoninis žibintas; šoninė šviesa 2 neesminė/atsitiktinė informacija 3 *jūr.* šoninė skiriamoji šviesa; borto iliuminatorius
sideline ['saɪdlaɪn] *n* 1 pašalinis darbas/užsiėmimas 2 šalutinės prekės *(parduotuvėje)* 3 *glžk.* šalutinis kelias 4 *sport. (žaidimo aikštelės)* šoninė linija ◊ *to be on the ~s* a) nuošaliai laikytis/stovėti; b) pasiryžti *(kame dalyvauti); to put smb on the ~s* ≅ išvesti iš rikiuotės *(žaidėją ir pan.)*
v pass negalėti dalyvauti; negalėti žaisti *(dėl traumos)*
sideling ['saɪdlɪŋ] *a* 1 nuožulnus; įžambus 2 netiesus *(t. p. prk.)*

sidelong ['saɪdlɒŋ] *a* 1 šoninis, nukreiptas į šoną; įžambus, įkypas, kreivas; *~ glance* skersas/įkypas žvilgsnis 2 aplinkinis, netiesioginis
adv įkypai, įstrižai; į šoną, šonu
sideman ['saɪdmən] *n (pl* -men [-mən]) *muz.* instrumentininkas
side-on ['saɪdɒn] *a* į šoną, iš šono; šoninis
side-planking ['saɪdˌplæŋkɪŋ] *n jūr.* borto apkala
sidereal [saɪ'dɪərɪəl] *a astr.* žvaigždžių, žvaigždinis
siderite ['saɪdəraɪt] *n min., astr.* sideritas
siderography [ˌsɪdə'rɒɡrəfɪ] *n* plieno graviravimas/raižyba
sidesaddle ['saɪdˌsædl] *n* moteriškas balnas
sideshow ['saɪdʃəu] *n* 1 intermedija *(cirke, mugėje)* 2 antraeilis įvykis/dalykas
sideslip ['saɪdslɪp] *aut., av. n* šoninis slydimas
v slysti į šoną, šonu
sidesman ['saɪdzmən] *n (pl* -men [-mən]) *bažn. (anglikonų)* bažnyčios seniūno pavaduotojas
sidesplitting ['saɪdˌsplɪtɪŋ] *a* nesulaikomas *(apie juoką);* labai juokingas
sidestep ['saɪdstep] *n* 1 žingsnis į šoną 2 *sport.* kopimas laipteliais *(slidinėjant)*
v 1 pasitraukti/žengti į šalį, duoti kelią 2 (iš)vengti, išsisuk(inė)ti 3 stengtis aplenkti *(klausimą ir pan.);* atidėlioti *(sprendimą)*
sidestroke ['saɪdstrəuk] *n* plaukimas šonu
sideswipe ['saɪdswaɪp] *n* smūgis iš šono; *to take a ~ (at)* kritikuoti netiesiogiai; netikėtai užsipulti
v suduoti/kliudyti šonu
side-thrust ['saɪdθrʌst] *n tech.* šoninė atrama
sidetrack ['saɪdtræk] *n glžk.* atsarginis kelias; pralanka
v 1 *glžk.* pervaryti/važiuoti į atsarginį kelią 2 *prk.* nukreipti į šalį, atitraukti *(nuo tikslo ir pan.); pass* nukrypti; *to ~ attention* atitraukti dėmesį
side-view ['saɪdvjuː] *n* profilis; vaizdas iš šono
sidewalk ['saɪdwɔːk] *n amer.* šaligatvis; *~ artist* gatvės dailininkas
sideward(s) ['saɪdwəd(z)] = **sideways** *adv*
sideway ['saɪdweɪ] *n* šalitakis, šalutinis kelias
sideways ['saɪdweɪz] *adv* į šoną, šonu; įkypai, įstrižai ◊ *to knock/throw ~ šnek.* priblokšti
a = **sidelong** 1
side-wheeler ['saɪdˌwiːlə] *n amer.* ratinis garlaivis
side-whiskers ['saɪdˌwɪskəz] *n pl* žandenos
side-wind ['saɪdwɪnd] *n* 1 šoninis vėjas; *jūr.* halfvindas 2 *prk.* aplinkinis kelias
sidewinder[1] ['saɪdˌwɪndə] *n amer.* šoninis smūgis
sidewinder[2] ['saɪdwaɪndə] *n zool. amer. (smėlynų)* barškuolė *(judanti šonu)*
siding ['saɪdɪŋ] *n* 1 *glžk.* atšaka, pralanka, atsarginis kelias 2 *amer. (pastato)* dailioji apkala
sidle ['saɪdl] *v* (pri)eiti šonu/nedrąsiai, prisigretinti, prisėlinti *(up to)*
Sidney ['sɪdnɪ] *n* Sidnis; Sidnė, Sidni *(vardas)*
sidy ['saɪdɪ] *a šnek.* besipuikaujantis, riečiantis nosį
siege [siːdʒ] *n* 1 apgula, apgulimas, apsiaustis; *to lay ~ (to)* apgulti, apsiausti; *to be under ~* a) būti apgultam; b) būti nuolat puolamam/kritikuojamam; *to raise the ~* nutraukti apgulą; *to stand a ~* ištverti apsiaustį 2 lėtai/ nemaloniai slenkantis laikas, sunkus metas ◊ *to have a ~ mentality* būti visada pasiruošusiam gintis *(nuo įsivaizduojamų priešų)*
v apsiausti, apgulti
siemens ['siːmənz] *n el.* simensas *(laidumo vienetas)*
sienna [sɪ'enə] *n* siena, ochra *(pigmentas)*

sierra ['sıerə] *isp. n* kalnų grandinė, kalnagūbris
Sierra Leone [sɪˌerəlɪ'əun] Siera Leonė *(Afrikos šalis)*
Sierra Nevada [siːˌerəne'vædə] Siera Nevada *(kalnagūbris JAV)*
siesta [sı'estə] *isp. n* siesta, vidudienio poilsis *(pietų šalyse)*
sieve [sıv] *n* **1** rėtis, sietas; *a head/memory like a ~ šnek.* ≡ galva kaip rėtis *(nieko neatsimena)* **2** plepys **3** *tech.* (tinklinis) filtras
v sijoti □ *~ out* išsijoti
sift [sıft] *v* **1** (iš)sijoti, atsijoti *(t. p. prk.; t. p. ~ out)* **2** pabarstyti, užbarstyti, apibarstyti *(cukrumi ir pan.)* **3** kruopščiai patikrinti/peržiūrėti *(through);* (iš)analizuoti *(parodymus, faktus ir pan.)*
siftings ['sıftıŋz] *n pl* išsijos, atsijos
sigh [saı] *n* atodūsis; dūsavimas; *to fetch a ~* atsidusti; *to heave a ~* sunkiai atsidusti, atsidūsėti
v **1** atsidusti; dūsauti, dūsuoti **2** šlamenti, ošti *(apie vėją, medį)* **3** ilgėtis, liūdėti *(for)*
sight [saıt] *n* **1** regėjimas; *long ~* tol(ia)regystė *(t. p. prk.); short/near ~* trumparegystė *(t. p. prk.); loss of ~* regėjimo netekimas, apakimas; *second ~* aiškiaregystė, numatymas **2** regėjimo laukas, matomumas; *in ~* a) regimas, matomas; b) arti; *to come in ~* pasirodyti; *out of ~* a) nebematomas; b) *šnek.* didelis; c) *sl.* fantastiškas; *to put out of ~* (pa)slėpti; *to lose ~ (of)* a) pamesti iš akių, nebematyti; b) užmiršti; *out of my ~!* šalin iš mano akių! **3** matymas; žvilgsnis; *at first ~* iš pirmo žvilgsnio; *to know by ~* pažinti/pažinoti iš matymo; *at/on ~* tuoj pat pamačius, matant; *payable at ~* apmokėtina pateikus; *to catch/gain/get ~ (of)* pamatyti, pastebėti; pažvelgti **4** reginys, vaizdas; *a sad ~* liūdnas vaizdas; *I hate the ~ of him* aš jo negaliu pakęsti akyse; *it was a ~ to see* tai buvo puikus reginys, buvo verta pažiūrėti; *you look a perfect ~* tu baisiai atrodai; *a ~ for sore eyes šnek.* a) malonus reginys/siurprizas; b) laukiamas svečias **5** *pl* įdomybės, įžymybės; *to see the ~s* apžiūrėti įžymybes **6** požiūris, nuomonė; *do what is right in your own ~* darykite tai, kas, jūsų nuomone, reikalinga **7** *šnek.* didelis kiekis, daug; *it costs a ~ of money* tai kainuoja daugybę pinigų; *a (long) ~ better* daug geriau **8** *kar.* taikiklis, vizyras; *telescopic ~* optinis taikiklis; *to take a careful ~* atidžiai nusitaikyti **9** *pl šnek.* akiniai **10** *kas.* markšeiderinis ženklas ◊ *out of ~ out of mind* ≡ iš akių – iš atminties; *not by a long ~* visiškai ne; *to buy ~ unseen* ≡ pirkti katę maiše; *to have/get in one's ~* nusižiūrėti; *to set one's ~s (on)* kelti sau tikslą, siekti
v **1** pamatyti, pastebėti **2** stebėti **3** *kar.* taikyti
sighted ['saıtıd] *a* regintis; *partially ~* silpnaregis
sighting ['saıtıŋ] *n* pamatymas, pastebėjimas
sightless ['saıtləs] *a poet.* nematantis, neregintis; nematomas
sightly ['saıtlı] *a* gražus, malonus pažiūrėti
sight-read ['saıtriːd] *v* (sight-read ['saıtred]) groti/dainuoti iš natų, groti/dainuoti nepasiruošus
sightseeing ['saıtˌsiːıŋ] *n* įžymybių apžiūr(in)ėjimas; *to go ~* apžiūr(in)ėti įžymybes
a ekskursinis, turistinis
sightseer ['saıtˌsiːə] *n* turistas, apžiūrinėjantis įžymybes
sightworthy ['saıtwəːðı] *a* vertas pažiūrėti, įdomus
Sigismund ['sıgısmənd] *n* Zigmantas, Sigismundas *(vardas)*
sigma ['sıgmə] *n* sigma *(18-oji graikų abėcėlės raidė)*
sign [saın] *n* **1** ženklas; simbolis; *in ~ of smth* kaip ko ženklą; *road [traffic] ~s* kelio [eismo] ženklai; *to give/make a ~* duoti ženklą; *to make a ~ of the cross* persižegnoti; *~ and countersign* slaptažodis ir (jo) atsakas; *multiplication/times ~* daugybos ženklas; *a ~ of the times* laikmečio ženklas, laikotarpiui būdingas reiškinys **2** žymė, požymis; *every ~ (of) (ko)* aiškus/neabejotinas požymis; *to make no ~* a) nerodyti gyvybės žymių; b) nepriešrauti; *the face bore ~s of suffering* veide buvo matyti kančių žymės **3** iškaba **4** *med.* simptomas **5** Zodiako ženklas *(astrologijoje; t. p. star ~)* **6** gestas; *(kurčnebylių)* gestų kalba **7** *(ypač bibl.)* stebuklas **8** *amer. (laukinio gyvūno)* pėdsakas
v **1** pasirašyti; *to ~ a cheque [a contract, a treaty]* pasirašyti čekį [kontraktą, sutartį]; *to make smb ~* duoti kam pasirašyti; atiduoti kam pasirašytinai **2** duoti ženklą *(to, for)* **3** (pa)žymėti, (pa)ženklinti **4** bendrauti gestų kalba; (iš)versti į gestų kalbą □ *~ away* pasirašyti atsisakymo *(nuo teisių, nuosavybės ir pan.)* raštą; užrašyti, perduoti *(teisę, nuosavybę); ~ in* už(si)rašyti, už(si)registruoti *(atvykus); ~ off* a) (už)baigti laišką, pasirašyti laiško pabaigoje; b) *rad., tel.* baigti transliaciją/programą; c) *šnek.* nustoti kalbėti, nutilti; *~ on* a) pasirašyti *(darbo sutartį ir pan.);* parsisamdyti *(sudarant sutartį);* b) *rad., tel.* pradėti transliaciją/programą; c) registruotis *(norint gauti bedarbio pašalpą); ~ out* a) iš(si)rašyti, iš(si)registruoti *(išvykstant, išeinant iš darbo);* b) pasirašyti *(imant, skolinantis ką); ~ over* užrašyti, perduoti *(teisę, turtą); ~ up* a) užsirašyti *(lankyti kursą, stoti į klubą);* b) pasirašyti *(kontraktą)*
signal ['sıgnl] *<n, a, v> n* **1** signalas, ženklas; *distress ~* nelaimės signalas/ženklas; *to give/set/blow a ~* duoti signalą/ženklą, signalizuoti **2** *glžk.* signalizacija *(prietaisas);* semaforas; *~ failure* signalizacijos (su)gedimas **3** *pl kar.* ryšiai; ryšių daliniai; *~ service* ryšių tarnyba **4** *rad., el. (gaunamas, siunčiamas)* impulsas
a attr **1** signalinis; *~ shot* signalinis šūvis **2** *knyg.* žymus, svarbus; *~ victory [failure]* žymi pergalė [nesėkmė]
v (-ll-) **1** signalizuoti *(t. p. prk.);* duoti ženklą/signalą **2** būti *(ko)* ženklu; žymėti **3** parodyti *(ryžtą, (ne)pritarimą ir pan.)*
signal-book ['sıgnlbuk] *n spec.* kodas, signalų rinkinys/knyga
signal-box ['sıgnlbɔks] *n glžk.* blokavimo postas
signalize ['sıgnəlaız] *v* **1** pažymėti; išgarsinti **2** signalizuoti
signaller ['sıgnələ] *n* **1** signalizatorius; signalininkas, signalizuotojas **2** *kar.* ryšininkas
signally ['sıgnəlı] *adv knyg.* žymiai, ženkliai
signalman ['sıgnlmən] *n (pl -men [-mən])* **1** signalizuotojas, signalininkas *(t. p. glžk.)* **2** *kar.* ryšininkas
signal-tower ['sıgnlˌtauə] *n amer.* = **signal-box**
signatory ['sıgnətərı] *teis. n* viena iš pasirašiusiųjų šalių; pasirašantysis, signataras
a pasirašęs, pasirašantis *(sutartį ir pan.)*
signature ['sıgnətʃə] *n* **1** parašas; pasirašymas; *to put/affix one's ~ (to)* padėti savo parašą, pasirašyti; *to bear the ~ of smb* būti kieno pasirašytam; *over the ~ of smb* su kieno parašu **2** pėdsakas, žymė **3** *poligr.* signatūra **4** *muz.* rakto ženklas *(t. p. key ~)* **5** *rad., tel. (laidos)* muzikinė pradžia/pabaiga; melodija, kuria prasideda/baigiasi laida *(t. p. ~ tune)* **5** *amer. farm.* signatūra
signboard ['saınbɔːd] *n* iškaba
signer ['saınə] *n* **1** pasirašantis/pasirašęs asmuo, pasirašančioji šalis **2** asmuo, verčiantis į kurčnebylių kalbą
signet ['sıgnət] *n* signetė; antspaudas; žiedas su antspaudėliu *(t. p. ~ ring)*

significance [sɪg'nɪfɪkəns] *n* **1** reikšmė; prasmė; svarba; *to attach ~ to smth* teikti kam reikšmę **2** reikšmingumas; *to be of great ~* būti labai reikšmingam

significant [sɪg'nɪfɪkənt] *a* **1** reikšmingas, prasmingas; svarbus **2** žymus, pastebimas; *a ~ number of drivers fail to keep to speed limits* daug vairuotojų nesilaiko greičio apribojimų **3** *kalb.* reikšminis *(apie priesagą ir pan.)*; *n kalb.* žymiklis

signification [ˌsɪgnɪfɪ'keɪʃn] *n* **1** reikšmė, prasmė **2** pažymėjimas; nurodymas **3** *kalb.* signifikacija

significative [sɪg'nɪfɪkətɪv] *a knyg.* **1** nurodantis, žymintis, liudijantis *(of — ką)* **2** reikšmingas

signified ['sɪgnɪfaɪd] *n kalb.* žyminys

signifier ['sɪgnɪfaɪə] *n kalb.* žymiklis

signify ['sɪgnɪfaɪ] *v* **1** reikšti, (pa)žymėti; *what does this mark ~?* ką reiškia/žymi šis ženklas? **2** turėti reikšmę/svarbą; *it doesn't ~* tai nesvarbu, tai neturi reikšmės **3** pareikšti, pranešti; *to ~ one's consent* pareikšti sutikimą **4** (pa)rodyti, būti *(ko)* ženklu ◊ *please ~* prašau balsuoti, pakelti ranką, kalbėti *ir pan.*

sign-in ['saɪnˌɪn] *n* parašų rinkimas

signing ['saɪnɪŋ] *n* **1** pasirašymas *(sutarties ir pan.)* **2** žaidėjas, ką tik pasirašęs kontraktą, komandos naujokas

sign-manual ['saɪnˌmænjuəl] *n ist.* parašas savo ranka *(ypač karaliaus)*

signor [siː'njɔː] *it. n (pl -ri)* sinjoras

signora [siː'njɔːrə] *it. n* sinjora

signori [siː'njɔːriː] *pl žr.* **signor**

signorina [ˌsiːnjə'riːnə] *it. n* sinjorina

sign-painter ['saɪnˌpeɪntə] *n* iškabų piešėjas/tapytojas

signpost ['saɪnpəʊst] *n* kelrodis *(t. p. prk.)*, kelio ženklo stulpas

v būti kelrodžiu, rodyti *(kelią; for – kam)*

signwriter ['saɪnˌraɪtə] *n* = **sign-painter**

Sikh [siːk] *n* sikas, sikizmo išpažinėjas *(Indijoje)*

Sikhism ['siːkɪzm] *n* sikizmas *(Indijos religija)*

silage ['saɪlɪdʒ] *ž. ū. n* silosas; *~ crop* silosinės kultūros

v silosuoti

Silas ['saɪləs] *n* Sailas(as) *(vardas)*

silence ['saɪləns] *n* **1** tyla, tyluma; tylėjimas; *to keep ~* laikytis tylos, tylėti; *to break [to disturb] ~* nutraukti [sudrumsti] tylą; *to put/reduce smb to ~* nutildyti ką, priversti ką nutilti/tylėti; *dead ~* mirtina tyla; *a one-minute ~* tylos minutė *(pagerbiant mirusįjį)*; *in ~* tyloje; tyliai, be triukšmo; tylint, tylėdamas; *~ please!* prašom tylos!; *~ gives consent* tylėjimas reiškia sutikimą **2** užmarštis; nežinia; *to pass into ~* būti užmirštam, nugrimzti į užmarštį

v **1** (nu)tildyti, priversti nutilti; nuraminti **2** nuslopinti *(garsą)*

silencer ['saɪlənsə] *n* **1** nutildytojas **2** *tech.* slopintuvas, duslintuvas

silent ['saɪlənt] *a* **1** tylus, betriukšmis, begarsis; *~ film* begarsis filmas; *~ street* tyli/betriukšmė gatvė **2** nekalbus, nešnekus, tylus; *to fall ~* nutilti; *to keep/be ~* tylėti; nutylėti; *~ majority* tylinčioji dauguma **3** nebylus; neišreikštas *(garsiai)*; *~ longing* nebylus ilgesys; *~ as the grave* nebylus kaip kapas; *the report was ~ on that point* pranešime apie tai nieko nebuvo pasakyta **4** netariamas *(apie raidę)* **5** be kvapo *(apie spiritą)*; *~ spirit* valytas spiritas

n (ppr. pl) begarsis filmas

Silesia [saɪ'liːʒə] *n* Silezija *(Lenkijos sritis)*

silex ['saɪleks] *n* = **silica**

silhouette [ˌsɪlu'et] *pr. n* siluetas

silhouetted [ˌsɪlu'etɪd] *pr. a* pavaizduotas kaip siluetas; išryškėjęs *(ko fone; against)*

silica ['sɪlɪkə] *n* **1** *min.* kvarcas, titnagžemis **2** *chem.* silicio dioksidas; *~ gel* silikagelis

silicate ['sɪlɪkət] *n min.* silikatas

siliceous [sɪ'lɪʃəs] *a geol., chem.* turintis silicio, silicingas; silicinis

silicic [sɪ'lɪsɪk] *a chem.* silicio, silicinis

silicify [sɪ'lɪsɪfaɪ] *v spec.* silikatinti

silicon ['sɪlɪkən] *n chem.* silicis

silicone ['sɪlɪkəʊn] *n chem.* siloksanas; silikonas

silicosis [ˌsɪlɪ'kəʊsɪs] *n med.* silikozė

silique [sɪ'liːk] *n bot.* ankštara

silk [sɪlk] *n* **1** šilkas; *as soft as ~* švelnus kaip šilkas **2** *pl* šilkiniai siūlai, šilkas **3** *(džn. pl)* šilko rūbai; *~(s) and satins* šilkai, puošnūs rūbai **4** *pl* žokėjaus marškiniai **5** *teis.* karališkasis advokatas; *to take ~* tapti karališkuoju advokatu ◊ *to hit the ~ šnek.* šokti su parašiutu

a šilkinis; kaip šilkas; *~ stocking* šilkinė kojinė

silk-cotton ['sɪlkˌkɒtn] *n bot.* kapokmedis *(ppr. ~ tree)*

silken ['sɪlkən] *a* **1** šilkinis *(džn. prk.)*; *(švelnus)* kaip šilkas, panašus į šilką; *~ hair* šilkiniai plaukai; *~ voice* švelnus balsas **2** apsirengęs šilkais, šilkuotas **3** elegantiškas, prašmatnus **4** meilikaujamas; *~ words* lipšnūs žodžiai

silkman ['sɪlkmən] *n (pl* -men [-mən]*)* šilkininkas

silk-screen ['sɪlkskriːn] *n* šilkografija *(t. p. ~ printing)*

silk-stocking [ˌsɪlk'stɒkɪŋ] *amer. n* prabangiai dėvintis, turtingas žmogus, aristokratas

a **1** prašmatnus, elegantiškas **2** prabangus, aristokratiškas; *~ section* prabangūs miesto kvartalai

silkweed ['sɪlkwiːd] *n bot.* klemalis

silkworm ['sɪlkwɜːm] *n zool.* šilkaverpių vikšras; *~ moth* šilkaverpis

silky ['sɪlkɪ] *a* **1** šilkinis, panašus į šilką; *(švelnus)* kaip šilkas **2** meilikaujamas, lipšnus

sill [sɪl] *n* **1** palangė **2** slenkstis **3** *stat.* gulekšnis **4** *aut.* kėbulo apačia **5** *geol.* anglies klodo padas

sillabub ['sɪləbʌb] *n* plakta grietinėlė su vynu ir cukrumi, pieniškas punšas

sillimanite ['sɪlɪmənaɪt] *n min.* silimanitas

silliness ['sɪlɪnɪs] *n* kvailybė; kvailumas

sillograph ['sɪləɡrɑːf] *n knyg.* satyrikas

silly ['sɪlɪ] *a* **1** paikas, kvailas, kvailokas, nerimtas; neprotingas; *a ~ thing* paikystė, kvailystė **2** *šnek.* apkvaišęs, apdujęs *(nuo smūgio ir pan.)*; *to drink oneself ~* nusigerti iki apdujimo **3** *ret.* silpnaprotis ◊ *the ~ season* tylus laikas spaudoje *(parlamento atostogos rugpjūtį ir rugsėjį, kada laikraščiuose nėra svarbių žinių)*

n šnek. paikius, kvailutis, kvailiukas *(t. p. ~ billy)*

silo ['saɪləʊ] *n (pl ~s* [-z]*)* **1** siloso duobė/bokštas, silosinė **2** *kar. (raketų)* šachta

v silosuoti

silt [sɪlt] *n* dumblas; sąnašos, nuosėdos, nešmenys; *~ soil* dumblė, dumblažemis

v dumbluoti; (už)dumblėti; už(si)teršti/už(si)tvenkti dumblu/sąnašomis *(ppr. ~ up)* □ *~ through* prasisunkti

silty ['sɪltɪ] *a* dumbluotas, dumblinas

Silurian [saɪ'ljʊərɪən] *geol. a* silūro

n silūras

silvan ['sɪlvən] *a* = **sylvan**

silver ['sɪlvə] <*n, a, v*> *n* **1** sidabras **2** sidabro indai/dirbiniai; *table ~* stalo sidabras; *German ~* melchioras, melchioro dirbiniai **3** sidabriniai pinigai **4** sidabro spalva **5** *šnek.* sidabro medalis *(t. p. ~ medal)*

a **1** sidabrinis **2** sidabriškas, sidabraspalvis, žibantis kaip sidabras; *~ hair* sidabraspalviai plaukai; *~ sand* smul-

kus baltas smėlis **3** žilas *(apie plaukus)* **4** sidabrinis, skambus *(apie balsą)*
v **1** sidabrinti, sidabruoti **2** amalgamuoti *(veidrodį)* **3** žibėti sidabru; įgauti sidabro spalvą **4** žilti *(apie plaukus)*
silver-gilt ['sɪlvə'gɪlt] *n* paauksuotas sidabras
silver-grey [,sɪlvə'greɪ] *a* sidabriškai pilkas
silvern ['sɪlvən] *a psn. poet.* sidabrinis
silver-paper ['sɪlvə'peɪpə] *n* **1** plonas popierius *(sidabro dirbiniams vynioti)* **2** alavo folija, staniolis
silver-plate ['sɪlvə'pleɪt] *n* **1** sidabriniai indai **2** pasidabruotas metalas
v sidabrinti, sidabruoti, (ap)traukti sidabru
silverside ['sɪlvəsaɪd] *n kul.* jautienos kumpio viršutinė dalis
silversmith ['sɪlvəsmɪθ] *n* sidabrakalys, sidabrininkas
silver-tongued ['sɪlvə'tʌŋd] *a* iškalbingas, gražiakalbis, gražbylingas
silverware ['sɪlvəwɛə] *n* sidabro dirbiniai; stalo sidabras
silverweed ['sɪlvəwi:d] *n bot.* žąsinė/tikroji sidabražolė
silvery ['sɪlvᵊrɪ] *a* **1** sidabriškas, sidabruotas, sidabrinis; sidabraspalvis **2** sidabrinis, skambus; aiškus *(apie balsą ir pan.)*
Silvester [sɪl'vestə] *n* Silvestras *(vardas)*
Silvia ['sɪlvɪə] *n* Silvija, Silva *(vardas)*
silviculture ['sɪlvɪ,kʌltʃə] *n* miškininkystė
Sim [sɪm] *n* Simas *(vardas)*
Simeon ['sɪmɪən] *n* Simeonas *(vardas)*
simian ['sɪmɪən] *a* **1** *zool.* beždžionių **2** beždžioniškas
n zool. beždžionė
similar ['sɪmɪlə] *a* panašus *(to)*; *we have ~ tastes* mūsų panašūs skoniai; *~ triangles geom.* panašieji trikampiai; *my problems are very ~ to Tom's* mano problemos labai panašios į Tomo
similarity [,sɪmɪ'lærətɪ] *n* panašumas
similarly ['sɪmɪləlɪ] *adv* panašiai; taip pat; *and ~* taip pat ir...
simile ['sɪmɪlɪ] *n lit.* palyginimas *(stiliaus figūra)*
similitude [sɪ'mɪlɪtju:d] *n* **1** panašumas **2** pavidalas, išvaizda; kopija; *to assume the ~ (of)* įgauti *(kieno, ko)* išvaizdą/pavidalą **3** *ret.* palyginimas
simious ['sɪmɪəs] = **simian** *a*
simitar ['sɪmɪtə] *n* = **scimitar**
simmer ['sɪmə] *n* užvirimas; lėtas virimas/virinimas
v **1** užvirti; virti/virinti ant lėtos/lengvos ugnies **2** nesitverti *(pykčiu, juoku ir pan.),* virti ☐ *~ down* a) nustoti virti; atvėsti; b) *šnek.* nusiraminti
simnel ['sɪmnl] *a: ~ cake* velykinis pyragas
Simon ['saɪmən] *n* Simonas, Saimonas *(vardas)* ◊ *the real ~ Pure* kas nors tikras/nedirbtinis; *simple ~* neišmanėlis; kaimo Jurgis
simon-pure [,saɪmən'pjuə] *a* tikras, autentiškas
simony ['saɪmənɪ] *n ist.* bažnytinių pareigų pardavinėjimas, simonija
simoom, simoon [sɪ'mu:m, sɪ'mu:n] *n* samumas *(karštas dykumų vėjas, nešantis smėlio debesis)*
simp [sɪmp] *n* (simpleton *sutr.*) *amer. šnek.* neišmanėlis, mulkis
simpatico [sɪm'pætɪkəʊ] *it. a* **1** simpatiškas, malonus **2** sutariantis
simper ['sɪmpə] *n* nenatūrali/drovi/kvaila šypsena
v nenatūraliai/droviai/kvailai šypsotis, maivytis
simple ['sɪmpl] *a* **1** paprastas, nesudėtingas, nesunkus; *~ work* paprastas darbas; *it's very ~* tai labai paprasta; *~ problem* nesudėtinga problema **2** vientisas, nesudėtinis, neskaidomas; *~ equation mat.* pirmojo laipsnio lygtis; *~ fraction mat.* paprastoji trupmena; *~ sentence gram.* vientisinis sakinys **3** naivus; atviraširdis, nuoširdus; *he is not so ~ as you suppose* jis ne toks naivus, kaip jūs manote **4** kvailas, kvailokas **5** natūralus, paprastas, kuklus; *~ life* natūralus/paprastas gyvenimo būdas; *~ food* paprastas/kuklus maistas **6** nekilmingas, eilinis, prasčiokiškas; *~ people* paprasti/eiliniai žmonės; *~ folk* prasčiokai **7** grynas, tikras; *it is a ~ lie* tai grynas melas
n psn. **1** naivuolis, mulkis; prastuolis **2** vaistažolė
simple-hearted ['sɪmpl'hɑ:tɪd] *a* atviraširdis; naivus, patiklus
simple-minded ['sɪmpl'maɪndɪd] *a* naivus; kvailas, kvailokas
simpleton ['sɪmpltən] *n* neišmanėlis, mulkis
simplex ['sɪmpleks] *a* **1** *knyg.* paprastas, nesudėtinis **2** *komp.* vienpusis *(apie ryšį)*
simplicity [sɪm'plɪsətɪ] *n* **1** paprastumas; *it is ~ itself šnek.* lengviau ir būti negali **2** atviraširdiškumas, naivumas
simplification [,sɪmplɪfɪ'keɪʃn] *n* supaprastinimas
simplify ['sɪmplɪfaɪ] *v* (su)paprastinti
simplistic [sɪm'plɪstɪk] *a* pernelyg supaprastintas
simply ['sɪmplɪ] *adv* **1** paprastai; nesunkiai; nesudėtingai; *to put it ~* paprastai tariant **2** tiesiog; visiškai; *I ~ don't believe it* aš tiesiog netikiu tuo **3** tik; *we ~ mustn't be late!* kad tik nepavėluotume! **4** *mod* tikrai **5** atviraširdiškai; naiviai **6** kvailai **7** kukliai *(gyventi ir pan.)*
simulacrum [,sɪmju'leɪkrəm] *lot. n* (*pl* -ra [-rə]) *(of)* **1** *(ko)* šešėlis, panašumas; regimybė **2** *(ko)* (at)vaizdas
simulate ['sɪmjuleɪt] *v* **1** apsimesti, simuliuoti; *to ~ indifference* apsimesti abejingam; *to ~ illness* simuliuoti sergantį **2** imituoti, vaizduoti; prisitaikyti; *chameleon ~s its surroundings* chameleonas prisitaiko prie aplinkos **3** panėšėti *(į); the insect ~d a leaf* vabzdys atrodė kaip lapas **4** *spec.* modeliuoti; atkurti *(tikrąsias sąlygas; eksperimentui)*
simulated ['sɪmjuleɪtɪd] *a* **1** netikras, dirbtinis; imituojantis **2** apsimestinis, apsimetamas
simulation [,sɪmju'leɪʃn] *n* **1** apsimetimas; simuliavimas; simuliacija **2** imitavimas, vaizdavimas; imitacija **3** *spec.* modeliavimas; atkūrimas *(tikrųjų sąlygų)*
simulator ['sɪmjuleɪtə] *n* **1** simuliantas, apsimetėlis **2** *spec.* modeliavimo įrenginys; treniruoklis; imituoklis
simulcast ['sɪməlkɑ:st] *n spec.* laida, transliuojama vienu metu per radiją ir televiziją
v transliuoti vienu metu per radiją ir televiziją
simultaneity [,sɪmᵊltə'ni:ətɪ] *n* vienalaikiškumas
simultaneous [,sɪmᵊl'teɪnɪəs] *a* vienalaikis, vykstantis/egzistuojantis tuo pat metu; *~ translation* sinchroninis vertimas
simultaneously [,sɪmᵊl'teɪnɪəslɪ] *adv* vienu laiku, tuo pačiu laiku, tuo pat metu
sin [sɪn] *n* **1** nuodėmė; nusidėjimas; *deadly/mortal ~* mirtina nuodėmė; *it's a ~ to steal* vogti – nuodėmė **2** yda; *one's besetting ~ (kieno)* pagrindinė/svarbiausia yda ◊ *in ~* faktinėje santuokoje; *as/like ~ šnek.* baisiai, labai; *for my ~ juok.* mano/savo nelaimei
v nusidėti *(against)* ◊ *to be more ~ned against than ~ning* patirti daugiau blogio, negu *(žmogus)* nusipelnė
Sinai ['saɪnaɪ] *n* Sinajus *(pusiasalis, kalnas)*
Sinaitic [,saɪneɪ'ɪtɪk] *a* Sinajaus *(pusiasalio/kalno)*
sinapism ['sɪnəpɪzm] *n med.* garstyčių trauklapis
sin-bin ['sɪnbɪn] *n sport. (ledo ritulininko)* pašalinimas iš aikštės
since [sɪns] *<adv, prep, conj>* *adv* **1** nuo to laiko, nuo tada; *I haven't seen him ~* nuo to laiko aš jo nemačiau;

she has been healthy ever ~ nuo to laiko ji (buvo ir) yra sveika **2** prieš *(kiek laiko);* **he died many years** ~ jis mirė prieš daugelį metų; *we met her not long* ~ mes ją neseniai sutikome
prep nuo; *they have been here* ~ *nine* jie čia nuo 9 val.; ~ *seeing you I have found out many things* nuo to laiko, kai tave mačiau, aš daug ką sužinojau
conj **1** nuo to laiko, kai; *many years have passed* ~ *I saw him last* daug metų praėjo nuo to laiko, kai aš jį mačiau paskutinį kartą **2** kadangi; ~ *you are busy, I'll go alone* kadangi tu užsiėmęs, aš eisiu vienas
sincere [sɪn'sɪə] *a* **1** nuoširdus, tikras **2** tiesus, sąžiningas
sincerity [sɪn'serətɪ] *n* **1** nuoširdumas; *in all* ~ visiškai nuoširdžiai, ranką prie širdies pridėjus **2** tiesumas
sinciput ['sɪnsɪpʌt] *n anat.* viršutinė priekinė galvos dalis
Sinclair ['sɪŋklɛə] *n: Upton* ~ Aptonas Sinkleris *(amerikiečių rašytojas)*
sine¹ [saɪn] *n geom.* sinusas; ~ *curve* sinusoidė
sine² ['saɪnɪ] *lot. prep* be; ~ *die* [,saɪnɪ'daɪi:] be paskirtos datos, neapibrėžtam laikui; ~ *qua non* [,sɪnɪkwɑ:'nəun] būtina sąlyga
sinecure ['saɪnɪkjuə, 'sɪn-] *n* gerai mokama ir nereikalaujanti darbo tarnyba, sinekūra
sinew ['sɪnju:] *n* **1** sausgyslė **2** *(ppr. pl)* raumenys, raumenynas; fizinė jėga **3** *(ppr. pl)* varomoji jėga, pagrindas ◊ *the* ~*s of war* pinigai ir ištekliai *(reikalingi kariauti) v poet.* sutvirtinti, sustiprinti
sinewy ['sɪnju:ɪ] *a* **1** raumeningas **2** stiprus, tvirtas **3** gyslotas *(apie mėsą ir pan.);* ~ *hands* gyslotos rankos **4** gyvas, raiškus *(apie stilių)*
sinfonietta [,sɪnfəunɪ'etə] *it. n muz.* simfonijetė
sinful ['sɪnfəl] *a* **1** nuodėmingas; nusidėjęs; *a* ~ *man [woman]* nusidėjėlis [nusidėjėlė] **2** *šnek.* blogas, gėdingas, smerktinas
sing [sɪŋ] *v* (sang, sung) **1** dainuoti; giedoti; *to* ~ *flat/ sharp* klaidingai dainuoti; *to* ~ *smb to sleep* užliūliuoti ką (daina) **2** apdainuoti *(of); poet.* (iš)garbinti *(dainomis, eilėmis); to* ~ *smb's praises* giedoti kam ditirambus **3** čiulbėti, giedoti *(apie paukščius)* **4** džiūgauti **5** švilpti, kaukti *(apie vėją, kulką ir pan.)* **6** spengti, ūžti *(ausyse, galvoje)* **7** *sl.* prisipažinti, išduoti *(savus; apie nusikaltėlį)* □ ~ *along* dainuoti kartu; ~ *out* sušukti; šūkauti; ~ *up* garsiau/smarkiau dainuoti ◊ *to* ~ *small* sušvelninti toną, nurimti
n **1** dainavimas; giedojimas **2** *(kulkos, vėjo ir pan.)* švilpesys, švilpimas; spengimas, ūžimas *(galvoje, ausyse)*
singalong ['sɪŋələŋ] *n amer.* = **singsong** *n*
Singapore [,sɪŋgə'pɔ:] *n* Singapūras *(valstybė ir jos sostinė)*
singe [sɪndʒ] *n* nusvilimas, apdegimas
v (ap)svilinti, nusvilinti *(plaukus, kiaulę, žąsį);* nusvilti, apdegti; *to* ~ *the shirt with a hot iron* prideginti/sudeginti marškinius karšta laidyne
singer ['sɪŋə] *n* **1** dainininkas **2** paukštis giesmininkas **3** dainius, poetas
Singhalese ['sɪŋgə'li:z] = **Sinhalese** *a, n*
singing ['sɪŋɪŋ] *n* **1** dainavimas **2** *(paukščių)* giedojimas, čiulbėjimas **3** *(vėjo ir pan.)* kaukimas, švilpimas, ūžimas
singing-master ['sɪŋɪŋ,mɑ:stə] *n* dainavimo mokytojas
single ['sɪŋgl] <*a, n, v*> *a* **1** vienas, vienintelis; pavienis; ~ *purpose* vienintelis tikslas; *made of a* ~ *piece* padarytas iš vieno gabalo; *there is not a* ~ *one left* nė vieno neliko; *articles sold* ~ daiktai, parduodami pavieniui; *by instalments or in a* ~ *sum* išsimokėtinai ar visą sumą iš karto **2** skirtas vienam asmeniui, atskiras; vienvietis; ~ *bed* viengulė lova; ~ *room* = *n* **2 3** bendras; ~ *tax* bendras žemės mokestis; ~ *will* bendra valia **4** į vieną pusę *(apie bilietą)* **5** vienlinkas, viengubas; ~ *door* vienvėrės durys **6** vienišas; nevedęs, netekėjusi; ~ *mother* vieniša motina **7** *ret.* nuoširdus, atviraširdis; ~ *heart/ mind* nuoširdumas, tiesumas **8** *bot.* tuščiaviduris; ~ *tulip* tuščiavidurė tulpė
n **1** bilietas į vieną pusę **2** *šnek.* atskiras, vienam asmeniui skirtas kambarys **3** viengungis; neištekėjusi; ~*s bar amer.* baras viengungiams/neištekėjusioms **4** *pl sport.* vienetų žaidimas *(tenise, golfe)* **5** *amer. šnek.* vienas doleris *(banknotas)*
v išskirti, atrinkti, išrinkti *(t. p.* ~ *out)*
single-acting ['sɪŋgl'æktɪŋ] *a tech.* vien(a)pusio veikimo
single-board ['sɪŋglbɔ:d] *a:* ~ *computer* vienos plokštės kompiuteris
single-breasted ['sɪŋgl'brestɪd] *a* vienaeilis *(apie švarką)*
single-celled ['sɪŋgl'seld] *a biol.* vienaląstis
single-cut ['sɪŋglkʌt] *a* **1** *ž. ū.* vienažolis **2** *tech.* vienpradis
single-decker ['sɪŋgl,dekə] *n* vienaaukštis autobusas/tramvajus *ir pan.*
single-engined ['sɪŋgl'endʒɪnd] *a* vieno variklio
single-entry ['sɪŋglentrɪ] *a buh.* viengubo įrašo *(apie apskaitą)*
single-eyed ['sɪŋgl'aɪd] *a* **1** vienaakis **2** doras, sąžiningas, tiesus **3** siekiantis vieno tikslo
single-gauge ['sɪŋgl'geɪdʒ] *a* = **single-track**
single-handed ['sɪŋgl'hændɪd] *a* **1** vienarankis *(apie įrankį ir pan.)* **2** atliekamas/atliktas be pašalinės pagalbos
adv be pašalinės pagalbos; vien savo rankomis
single-hearted ['sɪŋgl'hɑ:tɪd] *a* **1** nuoširdus, atviraširdis, tiesiaširdis, doras **2** = **single-minded**
single-minded ['sɪŋgl'maɪndɪd] *a* atsidavęs vienam reikalui/tikslui; kryptingas
singleness ['sɪŋglnɪs] *n* **1** vienišumas, vienatvė **2** nuoširdumas; atsidavimas *(t. p.* ~ *of mind)* **3** kryptingumas; ~ *of purpose* vieno tikslo siekimas
single-party [,sɪŋgl'pɑ:tɪ] *a* vienpartinis
single-phase ['sɪŋglfeɪz] *a el.* vienfazis
single-seater ['sɪŋgl,si:tə] *n* vienvietis automobilis/lėktuvas
single-sex ['sɪŋglseks] *a* ne mišrus *(apie mokyklą ir pan.)*
single-sided ['sɪŋgl'saɪdɪd] *a* vienpusis *(apie plokštelę ir pan.)*
single-space ['sɪŋglspeɪs] *v* spausdinti per vieną intervalą
single-stage ['sɪŋglsteɪdʒ] *a tech.* vienos pakopos, vienpakopis
singlestick ['sɪŋglstɪk] *n ist.* **1** lazdelė su rankena *(fechtavimosi treniruotėms)* **2** fechtavimasis *(treniruotė)*
single-sticker ['sɪŋgl,stɪkə] *n jūr. šnek.* vien(a)stiebis sargybos laivas
singlet ['sɪŋglɪt] *n* **1** sportinukai, marškinėliai **2** *fiz.* singuletas
singleton ['sɪŋgltən] *n* **1** vienintelė tos spalvos korta **2** pavienis daiktas **3** vienintelis/vienturtis vaikas
single-track ['sɪŋgltræk] *a glžk.* vien(a)vėžis ◊ ~ *mind prk.* ribotas protas, siauras akiratis
singletree ['sɪŋgltri:] *n amer.* branktas
single-winged ['sɪŋgl'wɪŋd] *a* vienvėris *(apie duris, vartus ir pan.)*
singly ['sɪŋglɪ] *adv* **1** pavieniui; atskirai **2** be pašalinės pagalbos
singsong ['sɪŋsɔŋ] <*n, a, v*> *n* **1** monotoniškas skaitymas, dainavimas; monotoniškumas **2** padainavimas *(susirinkus kompanijai)*
a monotoniškas *(apie balsą)*
v monotoniškai kalbėti/deklamuoti/dainuoti
singular ['sɪŋgjulə] *n gram.* **1** vienaskaita **2** vienaskaitos forma

a **1** nepaprastas, ypatingas **2** keistas, savotiškas **3** *gram.* vienaskaitos, vienaskaitinis

singularity [ˌsɪŋgju'lærətɪ] *n* **1** ypat(ing)umas, nepaprastumas, savitumas **2** keistybė; keistumas, savotiškumas **3** *astr.* juodoji skylė, kolapsaras **4** *gram.* vienaskaitiškumas

Sinhalese [ˌsɪnhə'liːz] *a* sinhalų; Šri Lankos
n **1** sinhalas **2** sinhalų kalba

sinister ['sɪnɪstə] *a* **1** bloga lemiantis; grėsmingas **2** blogas, nelemtas; piktas **3** *her.* esantis skydo dešinėje *(žiūrėtojui)*

sink [sɪŋk] *n* **1** *(vandentiekio)* kriauklė **2** praustuvas, prausyklė **3** *prk.* kloaka; **~ of iniquity** lindynė, landynė **4** įduba, loma **5** *ret.* nuotakas, nutekamasis vamzdis **6** = **sinkhole** 3
v (sank; sunk) **1** (nu)skęsti; (nu)grimzti *(t. p. prk.);* **the ship [the swimmer] sank** laivas [plaukikas] nuskendo; **to ~ into despair** grimzti į neviltį **2** leistis, nu(si)leisti, (nu)smukti, kristi *(t. p. prk. apie vertę, kainą ir pan.);* **to ~ into a chair** susmukti į kėdę; **to ~ in smb's estimation** *prk.* smukti kieno akyse; **the sun ~s in the west** saulė leidžiasi vakaruose; **to ~ one's eyes** nuleisti/nudelbti akis **3** (pa)skandinti *(laivą);* panardinti **4** apsemti, užlieti **5** (su)mažėti *(apie skaičių, jėgą ir pan.)* **6** (nu)sekti, seklėti; seklinti; **the lake ~s** ežeras senka; **to ~ a lake** seklinti ežerą **7** (į)dubti; susmukti, suslūgti, nusėsti *(apie pamatus ir pan.); (nuožulniai)* leistis, žemėti; **the land ~s gradually to the river's edge** sausuma palaipsniui žemėja iki upės kranto **8** su(si)gerti, į(si)siurbti *(apie vandenį, dažus ir pan.; t. p. ~ in)* **9** silpti, silpnėti *(t. p. prk.);* **he is ~ing** jis merdi, jis eina vis silpnyn; **to ~ into a faint** apalpti; **the storm [the wind] is beginning to ~** audra [vėjas] ima silpnėti/rimti; **their voices were ~ing in the distance** jų balsai tilo tolumoje **10** sužlugdyti *(planus)* **11** (su)smeigti, suleisti *(dantis, nagus ir pan.; into)* **12** įsmigti *(į širdį, atmintį, t. p. ~ in);* **to ~ into the mind** įsmigti/įstrigti į galvą **13** (į)klimpti *(į purvą; t. p. prk.);* įkristi, įpulti; **the cheeks have sunk** skruostai/žandai įdubo/įkrito; **to ~ into poverty** įkristi/patekti į skurdą **14** *šnek.* (iš)maukti, (iš)plempti **15** *pass šnek.* pražūti, prapulti; **if she hears about it, I am sunk** jei ji sužinos apie tai, aš pražuvęs/prapuolęs **16** nekreipti dėmesio, užmiršti; (nu)slėpti; **let's ~ our differences** nekalbėkime apie savo nesutarimus, neminėkime savo nesutarimų; **to ~ the shop** slėpti savo profesiją/užsiėmimą; **to ~ a feud** užmiršti nesutarimus, susitaikyti; **to ~ one's own interests, to ~ oneself** negalvoti apie savo interesus **17** įdėti *(kapitalą);* nepelningai investuoti; sukišti *(pinigus)* **18** padengti *(skolą)* **19** kasti *(šulinį);* tiesti, kloti *(vamzdžius);* ☐ **~ in** a) įsisunkti, įsiskverbti; b) pamažu imti suprasti ◊ **~ or swim** ≡ arba laimėti, arba bedugnėn nugarmėti; kaip bus, taip bus!; **my heart sank** paradavau viltį, nusiminiau

sinker ['sɪŋkə] *n* **1** pasvaras, svarlys; gramzdiklis, grimzdas **2** *amer. šnek.* spurga *(bandelė)* **3** *kas.* kasikas, kirtikas

sinkhole ['sɪŋkhəul] *n* **1** kanalizacijos šulinys; išmatų duobė **2** *metal.* subėgimo tuštuma **3** *geol.* karstinė dauba/dubė

sinking ['sɪŋkɪŋ] *n* **1** (nu)skendimas, (nu)grimzdimas *ir kt., žr.* **sink** *v* **2** staigus silpnumas

sinking-fund ['sɪŋkɪŋfʌnd] *n ekon. (įsiskolinimų)* padengimo fondas, išpirkimo fondas

sinless ['sɪnləs] *a* nenuodėmingas, nenusidėjęs; tyras

sinner ['sɪnə] *n* nusidėjėlis *(t. p. bažn.)*

Sinn Fein [ʃɪn'feɪn] *n ist.* šinfeinerių judėjimas *(Airijoje)*

Sino- ['saɪnəu-] *(sudurt. žodžiuose)* sino-, kinų (ir), Kinijos (ir); **sinologue** sinologas; **Sino-Japanese** Kinijos ir Japonijos

sin-offering ['sɪnˌɔfərɪŋ] *n rel.* išperkamoji/atperkamoji auka

sinologist [sɪ'nɔlədʒɪst] *n* sinologas, sinologijos specialistas

sinology [sɪ'nɔlədʒɪ] *n* sinologija *(kinų istorijos, kultūros, kalbos, literatūros mokslas)*

sinter ['sɪntə] *n* **1** *metal.* šlakas, nuodegos; aglomeratas **2** *geol.* tufas

sinuosity [ˌsɪnju'ɔsətɪ] *n* **1** vingis, lankstas; išsilankstymas **2** vingiuotumas, ranguotumas

sinuous ['sɪnjuəs] *a* vingiuotas, gyvatiškas; ranguotas; netiesus

sinus ['saɪnəs] *n* **1** *anat.* antis, sinusas **2** *med.* fistulė

sinusitis [ˌsaɪnə'saɪtɪs] *n med.* sinusitas

sinusoid ['saɪnəsɔɪd] *n geom.* sinusoidė

-sion [-ʃn] = **-ion**

sip [sɪp] *n* gurkšnelis; **to take a ~** gurkštelėti *(of – ko)*
v gurkšnoti, siurbčioti; gerti gurkšneliais

siphon ['saɪfən] *n* sifonas
v **1** perpilti/pumpuoti sifonu **2** tekėti per sifoną ☐ **~ off** a) išpumpuoti, perpumpuoti; b) ištraukti *(lėšas ir pan.)*

sippet ['sɪpɪt] *n* **1** gabaliukas duonos, pamirkytas padaže/piene *ir pan.* **2** skrebutis *(prie sriubos)*

sir [sə, səː] *n (tik v.)* seras, ponas *(vart. kaip kreipinys; prieš vardus reiškia titulus* knight, baronet); **dear ~** gerbiamasis pone *(laiško pradžioje)* ◊ **no ~!** *amer. šnek.* jokiu būdu
v vadinti seru

sircar ['səːkɑː] *n* = **sirkar**

Sirdar ['səːdɑː] *n* **1** aukštas karininkas, vadas *(Rytuose)* **2** *ist.* vyriausiasis kariuomenės vadas *(Egipte, Turkijoje)*

sire ['saɪə] *n (tik v.)* **1** *ž. ū.* veislinis patinas, reproduktorius **2** *psn.* tėvas; pirmtakas **3** *psn.* jūsų didenybe *(kreipiantis į karalių)*
v ž. ū. būti reproduktoriumi

siren ['saɪərən] *n* **1** pavojaus signalas, sirena **2** *mit.* sirena **3** *prk.* suviliotoja, graži beširdė moteris; kerinti dainininkė; **~ song** kerinti daina **4** *zool.* sirena

sirkar ['səːkɑː] *ind. n* **1** vyriausybė **2** *(vyriausybės, šeimos)* galva

sirloin ['səːlɔɪn] *n* jautienos filė/nugarinė

sirocco [sɪ'rɔkəu] *n (pl* ~s [-z]) sirokas *(karštas vėjas Viduržemio jūros šalyse)*

sirrah ['sɪrə] *n psn. niek.* ei, tu (pone)!

sirup ['sɪrəp] *n amer.* = **syrup**

sis [sɪs] *n šnek.* sesė, sesutė, seserėlė

sisal ['saɪsl] *n bot., tekst.* sizalis

siskin ['sɪskɪn] *n zool.* alksninukas, alksninis dagilėlis

sissy ['sɪsɪ] *šnek. n* išlepęs berniukas/vyras, lepūnėlis; bailys
a išlepintas; kaip mergaitė, moteriškas *(apie berniuką)*

sister ['sɪstə] *n* **1** sesuo; *šnek.* suvestinė sesuo; **full ~** tikra sesuo; **big [little] ~** vyresnioji [jaunesnioji] sesuo **2** *(vyresnioji)* medicinos sesuo **3** *amer. šnek.* sesė *(kreipiantis į mergaitę, moterį)* **4** *bažn.* sesuo; vienuolė **5** *attr* giminingas, susijęs, susietas; **~ ships** vienatipiai laivai; **~ company** gimininga bendrovė/kompanija ◊ **weak ~** *amer. sl.* silpnuolis, baikštuolis

sisterhood ['sɪstəhud] *n* **1** seserystė **2** *bažn.* seserija

sister-in-law ['sɪstərɪnlɔː] *n (pl* sisters-in-law) brolienė; svainė; moša

sisterly ['sɪstəlɪ] *a* seseriškas

Sisyphean [ˌsɪsɪ'fiːən] *a mit.* Sizifo, sunkus ir bergždžias *(apie darbą)*

sit [sɪt] *v* (sat) **1** sėdėti; sėstis, atsisėsti; *I sat through the whole meeting* aš išsėdėjau iki susirinkimo pabaigos; *a strange woman came and sat beside me* atėjo keista moteris ir atsisėdo šalia manęs; *the table ~s six people* prie stalo susėda šeši žmonės **2** (pa)sodinti; *he sat her in a chair* jis pasodino ją ant kėdės **3** tupėti *(apie gyvulius, paukščius);* tupdyti; perėti **4** pozuoti; *to ~ for one's portrait* pozuoti portretistui **5** būti *(kur),* stovėti; *the car ~s in the garage* automobilis stovi garaže **6** gulėti *(apie drabužį); to ~ ill [well]* prastai [gražiai] gulėti *(on)* **7** *prk.* slėgti, varžyti *(on); his principles ~ loosely on him* principai jo nevaržo; *this care ~s on his mind* šis rūpestis jį slegia **8** posėdžiauti, svarstyti, nagrinėti *(apie parlamentą, komitetą ir pan.)* **9** būti nariu *(komisijos ir pan.; on, in);* turėti postą *(įstaigoje);* atstovauti *(rinkimų apygardai parlamente; for)* **10** prižiūrėti vaiką *(tėvams išvykus; for)* **11** laikyti *(egzaminą; for)* **12** laikytis *(jojant),* sėdėti *(ant arklio; dailiai, tvirtai)* **13** *šnek.* sutramdyti, nusodinti, duoti atkirtį, nutildyti *(on)* **14** *šnek.* vilkinti, marinuoti *(on)* **15** slėpti, įslaptinti *(on)* **16** *psn., poet.* būti tam tikros krypties *(apie vėją); in what quarter ~s the wind?* iš kur pučia vėjas? ☐ *~ about/around* dykinėti, sėdėti be darbo; *~ back* a) sėdėti atsilošus; įsitaisyti patogiai; b) ilsėtis; nieko neveikti; *~ by* nesikišti; *~ down* a) atsisėsti, susėsti, sėstis; sėdėti; b) pasodinti; (su)sodinti *(svečius ir pan.);* c) *šnek.* nutūpti, nusileisti *(apie lėktuvą);* d) pakęsti, nukęsti *(įžeidimą ir pan.; under); ~ in* a) prižiūrėti vaiką *(kai nėra tėvų);* b) pavaduoti *(as, for);* c) sėdėti, būti *(posėdyje ir pan.; on);* d) dalyvauti sėdimajame/itališkajame streike; *~ out* a) išsėdėti *(iki galo);* b) išsėdėti ilgiau *(už),* persėdėti *(kitą);* c) prasėdėti, praleisti *(šokį sėdint su partneriu);* d) nedalyvauti; *~ up* a) sėsti, atsisėsti *(lovoje);* b) *(tiesiai)* sėdėti, išsitiesti; c) sodinti *(lovoje);* padėti atsisėsti; d) užsisėdėti, neiti gulti; *to ~ up at night* sėdėti naktimis; e) tarnauti *(apie šunis)* ◊ *to be ~ting pretty šnek.* klestėti, gerai gyvuoti/laikytis; *to ~ tight* a) nejudėti iš vietos, nesijudinti; b) tvirtai laikytis *(savo nuomonės, pozicijos); to ~ down hard on smth* ryžtingai kam priešintis; *to make smb ~ up (and take notice)* sužadinti susidomėjimą, nustebinti ką

sitar [sɪ'tɑː] *ind. n* sitaras *(styginis muzikos instrumentas)*

sitcom ['sɪtkɔm] *n* (situation comedy *sutr.*) situacijų komedija *(tel. serialas)*

sit-down ['sɪtdaʊn] *n* pasėdėjimas *(ilsintis) a attr* **1** valgomas sėdint prie stalo *(apie pietus, vakarienę ir pan.)* **2:** *~ strike* sėdimasis/itališkasis streikas

site [saɪt] *n* **1** sklypas *(sodui, namui ir pan.); (statybos)* aikštelė; *~ preparation* statybvietės paruošimas; paruošiamieji statybos darbai; **2** vieta; *the ~ of a battle* mūšio vieta/laukas
v **1** *(ppr. pass)* iš(si)dėstyti, dislokuoti **2** išrinkti vietą *(statyboms ir pan.)*

sit-in ['sɪtɪn] *n* **1** streikas, kai protestuojantieji pasilieka darbovietėje/auditorijose **2** *amer.* demonstracija prieš rasinę diskriminaciją *(užimant vietas kavinėje ir pan.)*

sitter ['sɪtə] *n* **1** pozuotojas, modelis **2** perėklė **3** = **sitter-in 4** *šnek.* lengvas darbas/grobis

sitter-in [ˌsɪtər'ɪn] *n* ateinanti auklė

sitting ['sɪtɪŋ] *n* **1** sėdėjimas; *at/in one ~* vienu prisėdimu **2** *(pusryčių ir pan.)* pamaina *(mokykloje ir pan.)* **3** posėdis **4** *(pozavimo ir pan.)* seansas **5** perėjimas **6** perėti padėti kiaušiniai **7** *pl teis.* keturios posėdžių sesijos per metus
a **1** sėdintis **2** sėdimas; *~ accomodation* sėdima vieta; *in ~ posture/position* sėdomis **3** esantis *(kuo),* dabartinis; *~ president* dabartinis prezidentas **4** tupintis; *~ hen* perinti višta ◊ *~ duck/target* lengva auka; *(kritikos ir pan.)* objektas

sitting-room ['sɪtɪŋrʊm] *n* svetainė, svečių kambarys

situate ['sɪtʃʊeɪt] *v* išdėstyti; skirti vietą

situated ['sɪtʃʊeɪtɪd] *a* esantis *(tam tikromis sąlygomis, tam tikroje padėtyje, vietovėje);* išsidėstęs; *to be awkwardly ~* būti sunkioje/kebliojė padėtyje

situation [ˌsɪtʃʊ'eɪʃn] *n* **1** padėtis, situacija; sąlygos, aplinkybės; *international ~* tarptautinė padėtis; *damage ~* avarinė situacija; *to do with the ~* rasti išeitį iš padėties, nesutrikti; *to wake up to the ~* suprasti padėties rimtumą **2** vietovė, vieta; išsidėstymas **3** darbas, vieta; *to find a ~* rasti darbą; *~s vacant* „Siūlo darbą" *(laikraščio skyrelis)* **4** *lit. (dramos, romano)* scena, epizodas, situacija

situational [ˌsɪtʃʊ'eɪʃnəl] *a spec.* situacinis

sit-up ['sɪtʌp] *n* atsisėdimas iš gulimos padėties *(pratimas)*

sitz-bath ['sɪtsbɑːθ] *n* sėdimoji vonia

six [sɪks] *num card* šeši, šešeri; *chapter ~* šeštas skyrius
n **1** šešetas, šešetukas **2** šešakė **3** *pl* šešto numerio batai/pirštinės *ir pan.* ◊ *to be at ~es and sevens šnek.* a) būti sujauktam/suverstam; b) nesutarti; pasimesti, su(si)painioti; *it's ~ of one and half a dozen of the other* tai tas pats; ≡ ar ratai, ar rogės – tas pats velnias; *to hit/knock for ~ šnek.* sutriuškinti; sužlugdyti *(planą ir pan.)*

sixain ['sɪkseɪn] *n lit.* šešių eilučių posmas

sixer ['sɪksə] *n šnek.* šeši taškai

sixfold ['sɪksfəʊld] *a* šešeriopas; šešgubas
adv šešeriopai; šešis kartus daugiau

six-footer [ˌsɪks'fʊtə] *n šnek.* šešiapėdis žmogus *(apie 1,83 m)*

six-pack ['sɪkspæk] *n* šešių skardinių/butelių komplektas *(ppr. alaus),* šešių vienetų pakuotė

sixpence ['sɪkspəns] *n ist.* šeši pensai, šešių pensų moneta ◊ *it doesn't matter a ~* nesvarbu, nekreipkite dėmesio; *not a ~ to scratch with* ≡ nė cento; *the same old ~ šnek.* visiškai nepasikeitęs, toks pat

six-shooter ['sɪksˌʃuːtə] *n* šešių šūvių revolveris

sixteen ['sɪk'stiːn] *num card, n* šešiolika; *at ~* šešiolikos metų; *in ~s* po šešiolika *(kiekviename); Room ~* šešioliktas kambarys ◊ *she's sweet ~ (and never been kissed)* ji skaisti šešioliktė

sixteenth ['sɪks'tiːnθ] *num ord* šešioliktas; *~ note amer. muz.* šešioliktinė *(nata)*
n **1** šešioliktoji dalis **2** *(the ~) (mėnesio)* šešioliktoji diena

sixth [sɪksθ] *num ord* šeštas; *~ form* šeštoji klasė *(baigiamoji D. Britanijos vidurinėse mokyklose)*
n **1** šeštoji dalis, šeštadalis **2** *(the ~)* šeštoji diena; *on the ~ of May* gegužės šeštąją

sixthly ['sɪksθlɪ] *adv* šešta

sixties ['sɪkstɪz] *n pl* **1** *(the ~) (šimtmečio)* septintasis dešimtmetis **2** septinta dešimtis *(60–69 m. amžius)*

sixtieth ['sɪkstɪəθ] *num ord* šešiasdešimtas
n šešiasdešimtoji dalis

sixty ['sɪkstɪ] *num card* šešiasdešimt; *he is over ~* jam daugiau kaip šešiasdešimt; *page ~* šešiasdešimtas puslapis ◊ *like ~ amer. šnek.* žaibiškai, smarkiai, veržliai

sixty-four ['sɪkstɪ'fɔ:] *num card* šešiasdešimt keturi ◊ ~ **(thousand) dollar question** *šnek.* svarbiausias/lemiamas klausimas

sizable ['saɪzəbl] *a* = **sizeable**

sizar ['saɪzə] *n* studentas, gaunantis stipendiją *(Kembridžo universitete ir Dublino šv. Trejybės koledže)*

size[1] [saɪz] *n* **1** dydis, didumas, apimtis; tūris; *there were rats the ~ of cats* buvo žiurkių didumo sulig kate; *of a ~* to paties dydžio; *he's about your ~* jis didumo sulig tavimi **2** formatas; kalibras **3** *(batų, pirštinių ir pan.)* dydis, numeris; *these shoes are one ~ too big* šie batai vienu numeriu per dideli; *to try smth for ~* matuotis *(ypač gatavą drabužį); what ~ are you?, what ~ do you take?* kokį numerį tu dėvi? **4** *poligr.* kegelis *(šrifto dydis)* ◊ *that's about the ~ of it šnek.* taip ir yra, tai, atrodo, teisybė; *to cut smb down to ~ šnek.* ≡ aplaužyti kam ragus; pastatyti ką į vietą, nusodinti ką
v sustatyti/(su)dėstyti/rūšiuoti pagal dydį/apimtį ▫ *~ up* a) nustatyti dydį/apimtį; b) *šnek.* susidaryti nuomonę *(apie asmenį ir pan.);* įvertinti *(situaciją)*

size[2] *spec. n* klijai, glitas
v klijuoti, glituoti

sizeable ['saɪzəbl] *a* didokas, didelis, gerokas; *to have a ~ majority* turėti pakankamai didelę daugumą

sizer ['saɪzə] *n* **1** *tech.* klasifikatorius **2** *ž. ū.* rūšiavimo mašina, rūšiuotuvas, rūšiuoklė

sizzle ['sɪzl] *n* **1** čirškėjimas; spirgėjimas, spragėjimas **2** spirginantis/deginantis karštis
v **1** čirškėti; spirgėti, spragėti **2** kepinti, kaitinti, spirginti, spraginti *(apie karštį)*

sizzler ['sɪzlə] *n šnek.* kaitri diena

sizzling ['sɪzlɪŋ] *a* **1** deginantis *(t. p. prk.);* kepinantis, spirginantis; *~ hot* smarkiai įkaitęs, labai karštas; *~ look prk.* deginantis žvilgsnis **2** spirgantis, čirškantis, spragantis

sjambok ['ʃæmbək] *n* bizūnas, rimbas *(P. Afrikoje)*
v plietki bizūnu/rimbu

skag [skæg] *n sl.* heroinas

Skagerrak ['skægəræk] *n* Skagerakas *(sąsiauris)*

skald [skɔ:ld] *n ist.* skaldas, dainius, poetas

skat [skɑ:t] *n* skatas *(kortų žaidimas)*

skate[1] [skeɪt] *n zool.* raja *(žuvis)*

skate[2] *n* **1** pačiūža **2** čiuožimas **3** = **roller-skate** ◊ *to get/put one's ~s on šnek.* ≡ pasipustyti padus, paskubėti
v **1** čiuožti, čiužinėti **2** tik prabėgomis užsiminti, vos paliesti *(over, around)*

skate[3] *n amer. šnek.* **1** nevidonas, nenaudėlis **2** vyrukas; *good ~* geras vyrukas/žmogus

skateboard ['skeɪtbɔ:d] *n* riedlentė

skateboarder ['skeɪtbɔ:də] *n* riedlentininkas

skater ['skeɪtə] *n* čiuožėjas; pačiūžininkas; riedutininkas

skating-rink ['skeɪtɪŋrɪŋk] *n* čiuožykla; riedykla

skedaddle [skɪ'dædl] *v šnek.* skuosti, mauti, sprukti; (nu)rūkti, (nu)kurti

skeet [ski:t] *n sport.* šaudymas į skraidančius taikinius *(t. p. ~ shooting)*

skeeter[1] ['ski:tə] *n amer., austral.* mašalas

skeeter[2] *v* = **skitter**

skeg [skeg] *n jūr.* skegas, standusis aptvaras; *(kilio)* kulnas

skein [skeɪn] *n* **1** *(siūlų, verpalų)* sruoga, posmas; *tangled ~ prk.* raizginys; painiava **2** *(skrendančių)* laukinių žąsų būrys

skeletal ['skelɪtl] *a* **1** *anat.* griaučių, skeleto **2** panašus į griaučius/skeletą, skeletiškas

skeleton ['skelɪtn] *n* **1** *anat.* griaučiai, skeletas *(t. p. prk.); a living ~ prk.* gyvas skeletas; *he is reduced to a ~* iš jo teliko tik griaučiai **2** karkasas **3** metmenys, apmatai, planas ◊ *~ at the feast* asmuo/įvykis, kuris gadina visiems nuotaiką; *~ in the cupboard*/*amer.* **closet** *(stropiai slepiama nuo pašalinių)* šeimos paslaptis
a **1** *anat.* griaučių, skeleto **2** minimalus *(būtinas, kad įmonė ir pan. dirbtų);* sudarantis pagrindą/branduolį; *~ crew* įgulos branduolys

skeletonize ['skelɪtənaɪz] *v* **1** preparuoti griaučius/skeletą **2** paversti/pavirsti griaučiais/skeletu **3** apmesti planą, padaryti metmenis **4** (su)mažinti *(tarnautojų, karių ir pan.)* skaičių

skep [skep] *n* **1** pintinė, krepšys **2** (šiaudinis) bičių avilys

skeptic ['skeptɪk] *n amer.* = **sceptic**

skeptical ['skeptɪkl] *a amer.* = **sceptical**

skerry ['skerɪ] *n škot.* šcheras, rifas

sketch [sketʃ] *n* **1** eskizas, škicas; metmenys, apmatai; *area ~ spec.* kroki *(vietovės planas)* **2** trumpa apžvalga, apybraiža; etiudas, vaizdelis **3** *teatr.* skečas
v **1** škicuoti; piešti/daryti eskizus **2** nupiešti, aprašyti, apmesti *(planą ir pan.; t. p. ~ out)* ▫ *~ in* papildyti, papildomai pateikti *(informacijos)*

sketchbook ['sketʃbuk] *n* **1** piešimo sąsiuvinis, eskizų albumas **2** *(rašytojo)* užrašų knygutė, bloknotas **3** apybraižos, užrašai *(knygų pavadinimuose)*

sketching ['sketʃɪŋ] *n* **1** eskizų piešimas **2** *spec.* scheminė nuotrauka

sketch-map ['sketʃmæp] *n spec.* scheminis žemėlapis

sketchpad ['sketʃpæd] *n* = **sketchbook** 1

sketchy ['sketʃɪ] *a* **1** schemiškas, apytikris, netobulas **2** padrikas, paviršutiniškas

skew [skju:] <*n, a, v*> *n* **1** nuožulnumas; šlaitas; *on the ~* kreivai, įžambiai **2** asimetriškumas *(statistikoje)*
a **1** kreivas, įžambus, įstrižas **2** žvairas **3** asimetriškas
v **1** nukrypti *(į šoną)* **2** kreivai/įstrižai pastatyti, sukreivinti **3** žvairuoti *(at, upon)* **4** *(ppr. pass)* iškreipti *(duomenis ir pan.)*

skewback ['skju:bæk] *n archit.* arkos pėda

skewbald ['skju:bɔ:ld] *a* keršas

skewer ['skju:ə] *n* **1** iešmas **2** *juok.* špaga **3** *tekst.* nejudamasis verpstas
v **1** užmauti ant iešmo; persmeigti iešmu **2** (per)durti

skew-eyed ['skju:'aɪd] *a* žvairakis, žvairas

skew-nail ['skju:neɪl] *v* kalti įstrižai

skew-whiff [,skju:'wɪf] *šnek. a* kreivas
adv kreivai, ant šono

ski [ski:] *n* slidė; *to hire ~s* išsinuomoti slides; *~ boots* slidžių batai; *~ pole/stick* slidžių lazda
v slidinėti *(ppr. to go ~ing)*

skiagram, skiagraph ['skaɪəgræm, -grɑ:f] *n* = **sciagram, sciagraph**

skibob ['ski:bɔb] *n* slidrogės *(slidės su dviračio tipo rėmais ir vairu)*
v važiuoti slidrogėmis

skiborne ['ski:bɔ:n] *a kar.* slidininkų

skid [skɪd] *n* **1** šliužė, pavažėlė; *(stabdžio)* trinkelė **2** kreipiamasis bėgis; lenta kroviniams nuridenti **3** *(ratų)* šliaužimas, slydimas, buksavimas ◊ *to put the ~s* a) įveikti, sužlugdyti *(under);* b) paskubinti, paraginti skubėti *(on); to be on the ~s, amer.* **to hit the ~s** *šnek.* riedėti/smukti žemyn; *~ row amer. šnek.* landynių rajonas; *to be on ~ row šnek.* nusmukti, tapti valkata
v **1** stabdyti **2** šliaužti, slysti *(į šoną, vietoje),* buksuoti

skid(d)oo [skɪ'du:] *v amer. šnek.* (iš)sprukti, (iš)mauti, (iš)rūkti

skidlid ['skɪdlɪd] *n šnek. (motociklininko)* šalmas

skidpan ['skɪdpæn] *n* slidi aikštelė *(vairuotojams treniruotis)*

skidproof ['skɪdpru:f] *a aut.* nebuksuojamas, neslystamas

skier ['ski:ə] *n* slidininkas

skiff [skɪf] *n* luotas, eldija *(t. p. sport.)*

skiing ['ski:ɪŋ] *n* slidinėjimas; slidinėjimo sportas; **~ lodge** slidinėjimo bazė; **~ suit** slidinėjimo/slidininko kostiumas

ski-joring ['ski:ˌdʒɔ:rɪŋ] *n sport.* slidžių traukinys

ski-jumping ['ski:ˌdʒʌmpɪŋ] *n* šuoliai nuo tramplino *(su slidėmis)*

skilful ['skɪlfəl] *a* meistriškas; sumanus, nagingas; įgudęs

skill [skɪl] *n* **1** meistriškumas, menas; nagingumas, sugebėjimas **2** mokėjimas; įgūdis, įgudimas

skilled [skɪld] *a* kvalifikuotas; įgudęs, prityręs

skillet[1] ['skɪlɪt] *n* **1** nedidelė troškintuvė su rankena **2** *amer.* keptuvė

skillet[2] *n* vienasluoksnė fanera

skillful ['skɪlfəl] *a amer.* = **skilful**

skilly ['skɪlɪ] *n* skysta sriuba/košė

skim [skɪm] <*n, v, a*> *n* **1** *(putų ir pan.)* nugriebimas **2** slydimas paviršiumi **3** plonas sluoksnis, grienė, plėvelė *(skysčio paviršiuje)*
v **1** nugriebti, nugraib(st)yti *(grietinę, putas ir pan.; t. p. ~ off);* **to ~ milk** nugriebti pieną; **to ~ the cream off** nugriebti grietinę *(t. p. prk.)* **2** slysti paviršiumi, vos liesti; glisuoti; **the plane ~med above/over the trees** lėktuvas skrido beveik liesdamas medžių viršūnes **3** svaidyti *(akmenėlius ir pan.),* kad atšoktų nuo vandens paviršiaus **4** paviršutiniškai perskaityti, perversti *(through)* **5** apsitraukti plonu sluoksniu **6** *amer. šnek.* (nu)slėpti pajamas *(vengiant mokėti mokesčius),* nedeklaruoti visų pajamų
a nugriebtas; **~ milk** nugriebtas pienas

skimble-scamble ['skɪmblˌskæmbl] *a* be sąryšio, padrikas, miglotas

skimmer ['skɪmə] *n* **1** *(putų ir pan.)* griebtukas, graibštas **2** (šiaudinė) plokščia plačiais kraštais skrybėlaitė **3** separatorius **4** *šnek.* gliseris

skimming-dish ['skɪmɪŋdɪʃ] *n šnek.* plokščiadugnė lenktyninė valtis **2** = **skimmer** 1

skimp [skɪmp] *v* šykštauti, taupyti *(on);* (nu)mažinti

skimpy ['skɪmpɪ] *a* **1** per trumpas/mažas/siauras *ir pan. (apie drabužį)* **2** menkas, nepakankamas **3** šykštus

skin [skɪn] *n* **1** oda; **outer ~** *anat.* antodis, epidermis **2** kailis; **tiger ~** tigro kailis **3** žievelė, odelė; **banana ~s** banano žievės; **baked potatoes in their ~s** keptos neluptos bulvės **4** plutelė, plėvelė *(ant skysčio)* **5** *(laivo ir pan.)* apkala, apvalkalas **6** kailiamaišis, vynmaišis *(iš ištiso kailio)* **7** *sl.* cigaretinis popierius **8** *sl.* = **skinhead** **9** *metal.* pluta *(valcuojant)* ◊ **(mere/only) ~ and bone(s)** ≡ oda ir kaulai, vieni kaulai; **to be in smb's ~** ≡ būti kieno kailyje; **to the ~** ≡ iki siūlo galo, kiaurai; **in/with a whole ~** gyvas ir sveikas; **to get off with the whole ~** ≡ išnešti sveiką kailį; **by the ~ of one's teeth** *šnek.* vos ne vos, per plauką *(išsigelbėti, suspėti ir pan.);* **to get under smb's ~** *šnek.* a) erzinti, nervinti ką; įsipykti kam; b) labai sudominti; giliai sujaudinti ką; **to jump/leap out of one's ~** *šnek.* pašokti *(iš džiaugsmo, nuostabos, išgąsčio ir pan.);* ≡ nesitverti savo kailyje; **to change one's ~** neatpažįstamai pasikeisti; ≡ išversti kailį; **to have a thick ~** būti nejautriam; ≡ kietą kailį turėti; **to keep a whole ~, to save/protect one's ~** ≡ (iš)saugoti savo kailį; **it/that is no ~ off my nose/back** *šnek.* tai ne mano reikalas

v **1** užsitraukti oda, surandėti *(ppr. ~ over)* **2** (nu)lupti kailį/odą/žievę; (nu)dirti **3** nubrozdinti, nubruožti *(kelį ir pan.)* **4** *šnek.* ≡ paskutinius marškinius plėšti, viską atimti; apmauti, apgauti ◊ **to ~ smb alive** *juok.* ≡ kam gyvam kailį nudirti; **to keep one's eyes ~ned** *šnek.* būti akylam/budriam

skincare ['skɪnkɛə] *n* odos priežiūra *(kosmetikos priemonėmis)*

skin-deep ['skɪn'di:p] *a* paviršutiniškas, negilus
adv negiliai, paviršutiniškai

skin-diver ['skɪnˌdaɪvə] *n* **1** akvalangininkas *(be naro kostiumo)* **2** perlų ieškotojas

skin-diving ['skɪnˌdaɪvɪŋ] *n* **1** nardymas su akvalangu **2** perlų ieškojimas

skin-flick ['skɪnflɪk] *n amer. šnek.* pornografinis filmas

skinflint ['skɪnflɪnt] *n šnek.* šykštuolis, titnagas

skin-food ['skɪnfu:d] *n* odos priežiūros priemonės

skinful ['skɪnful] *n* **1** pilnas vynmaišis **2** *šnek.* didelis kiekis *(svaigalų);* **to have a ~** pasigerti

skin-game ['skɪngeɪm] *n amer. šnek.* apgavystė, suktybė; sukčiavimas

skin-graft ['skɪngrɑ:ft] *n med.* **1** odos persodinimas **2** persodinta oda

skinhead ['skɪnhed] *n* skustagalvis *(vaikinas trumpai kirptais plaukais)*

skinless ['skɪnləs] *a* be odos *(apie mėsą)*

skinner ['skɪnə] *n* **1** kailialupys **2** kailiadirbys; kailininkas **3** *amer. šnek. (nešulinių gyvulių)* varovas

skinny ['skɪnɪ] *a* **1** *menk.* liesas, sudžiuvęs **2** šykštus

skinny-dipping ['skɪnɪˌdɪpɪŋ] *n šnek.* maudymasis nusirengus nuogai

skint [skɪnt] *a predic šnek.* be skatiko kišenėje

skintight ['skɪn'taɪt] *a* aptemptas, glaudžiai prigludęs prie kūno *(apie drabužį)*

skip[1] [skɪp] *n* **1** šuolis, pašokimas; liuoktelėjimas **2** praleidimas *(skaitant ir pan.)*
v **1** šokuoti, šokinėti; strakalioti, liuoksėti, liuokčioti **2** peršokti; **to ~ over a brook** peršokti per upelį; **to ~ a grade/year** peršokti klasę *(mokykloje);* **to ~ from one subject to another** šokinėti nuo vienos temos prie kitos **3** praleisti; **to ~ a meeting** praleisti susirinkimą; **he ~s as he reads** jis ne viską skaito; jis kai ką praleidžia **4** *amer.* šokinėti per šokyklę *(t. p. ~ rope)* **5** *šnek.* suvažinėti, nuvažiuoti *(ten ir atgal)* **6** *šnek.* sprukti, pabėgti *(iš šalies, miesto; t. p. ~ off/out);* **to ~ the bail** pabėgti nuo teismo ◊ **~ it!** *šnek.* nesvarbu!, tiek to!, geriau apie tai nekalbėti!

skip[2] *n* **1** *stat. (atliekų)* dėžė; konteineris **2** *kas.* vagonėlis

skipjack ['skɪpdʒæk] *n* **1** *zool.* pelamidė, tuniukas *(žuvis; t. p. ~ tuna)* **2** *zool.* šoklys, kalvis, kirtikas *(vabalas)*

ski-plane ['ski:pleɪn] *n* lėktuvas su slidėmis *(vietoj ratų)*

skipper[1] ['skɪpə] *šnek. n* **1** *(prekinio, žvejybinio laivo)* kapitonas, škiperis **2** laivavedys; *amer.* lėktuvo vadas **3** *(komandos)* kapitonas; *(amer. t. p.)* vadovas ◊ **~'s daughters** aukštos bangos su putotomis keteromis
v vesti; vadovauti *(komandai ir pan.);* būti *(komandos ir pan.)* kapitonu

skipper[2] *n* **1** šokinėtojas **2** *zool.* šoklys *(vabalas)*

skipping-rope ['skɪpɪŋrəʊp] *n* šokyklė, šokdynė

skirl [skə:l] *n* **1** dūdmaišio garsas **2** spiegiamas/šaižus garsas, klyksmas
v klykti *(apie žuvėdras ir pan.)*

skirmish ['skə:mɪʃ] *n* **1** susišaudymas **2** susirėmimas, susigrūmimas; susiginčijimas
v **1** susišaudyti; kariauti nedidelėmis grupėmis **2** susiremti, susigrumti; susiginčyti

skirt [skə:t] *n* **1** sijonas; *divided ~s* plačkelnės **2** skvernas; padurkas; apatinė drabužio dalis *(nuo juosmens)* **3** *(ppr. pl)* kraštas, pakraštys; *on the ~s of the wood [town]* pamiškėje [miesto pakraštyje] **4** *tech.* apsauginis gaubtas; *tapered ~* kūginis gaubtas **5** *šnek.* patraukli mergaitė/moteris *(t. p. bit/piece of ~)*; *to chase ~s* lakstyti paskui sijonus
v **1** būti pakraštyje; ribotis **2** eiti pakrašču; (ap)juosti *(apie mišką, kelią ir pan.)* **3** aplenkti *(klausimą, sunkumą ir pan.)*
skirting(-board) ['skə:tɪŋ(bɔ:d)] *n stat.* grindjuostė
ski-run ['ski:rʌn] *n* slidžių vėžės/takas
ski-running ['ski:ˌrʌnɪŋ] *n* slidinėjimas
skit[1] [skɪt] *n* parodija, komiška scena; skečas
skit[2] *n šnek.* daugybė, minia
skitter ['skɪtə] *v* (nu)skuosti, (nu)liuoksėti *(t. p. ~ off)*; bidzenti
skittish ['skɪtɪʃ] *a* **1** žaismingas, koketiškas; nerimtas, lengvabūdis **2** baikštus, nirtus *(apie arklį)*
skittle ['skɪtl] *n* kėglis; kėgliai *(žaidimas)*; *to play at ~s* žaisti kėgliais ◊ *~s! šnek.* nesąmonė!, niekai!; *not all beer and ~s* ne vien tik pasilinksminimai ir pramogos
v: *to ~ away šnek.* išmėtyti, išleisti, paleisti vėjais
skittle-alley ['skɪtlˌælɪ] *n sport.* kėglių takas
skittle-ground ['skɪtlgraund] *n* = **skittle-alley**
skive [skaɪv] *v* **1** (su)pjaustyti, raižyti, nuskusti *(odą, kailį ir pan.)* **2** *šnek.* šalintis, vengti *(darbo; t. p. ~ off)*; praleidinėti *(pamokas)*
skiver ['skaɪvə] *n* **1** odos pjaustymo peilis **2** odos pjaustytojas **3** plona oda *(knygoms įrišti)* **4** *šnek.* tinginys, dykūnas
skivvies ['skɪvɪz] *n pl amer.* vyriškas apatinis kombinezono tipo drabužis
skivvy ['skɪvɪ] *šnek. n menk., juok.* tarnaitė
v būti tarnaite
skiwear ['ski:wɛə] *n* slidininkų apranga
skoal, skol [skəul] *int* į jūsų sveikatą!
skua ['skju:ə] *n zool.* plėšikas *(paukštis)*; *arctic [pomarine] ~* smailiauodegis [bukauodegis] plėšikas
skulduggery [ˌskʌl'dʌgərɪ] *n* machinacijos; akių dūmimas
skulk [skʌlk] *v* **1** slėptis, lindėti; vengti *(atsakomybės, darbo ir pan.)* **2** sėlinti, tykoti ▢ *~ in* įsėlinti
skull [skʌl] *n* **1** kaukolė; *~ and crossbones* kaukolė ir du sukryžiuoti kaulai *(mirties emblema)* **2** *šnek.* smegeninė, makaulė; *to have a thick ~* turėti menką makaulę, būti kvailam; *he can't get it into his (thick) ~ that...* jis negali įsikalti į savo (kvailą) makaulę, kad...
skullcap ['skʌlkæp] *n* šlikė; *(aukštųjų dvasininkų)* kepuraitė
skullduggery [ˌskʌl'dʌgərɪ] *n* = **skulduggery**
skunk [skʌŋk] *n* **1** *zool.* skunkas **2** skunko kailiukas **3** *šnek.* niekšas, bjaurybė
v amer. šnek. sutriuškinti, nugalėti; aplošti
sky [skaɪ] *n* **1** dangus; padangė; *under the open ~* po atviru dangumi, atvirame ore **2** *(ppr. pl)* klimatas, orai; *the sunny ~s of Italy* saulėtas Italijos klimatas ◊ *to praise/laud/extoll to the skies* labai (iš)girti, ≡ (iš)kelti į padanges; *out of a clear ~* visai nelaukta; nei iš šio, nei iš to; *the ~ is the limit šnek.* neribotos galimybės *(uždirbti, laimėti ir pan.)*; *if the skies fall, we shall catch larks šnek.* jei būtų tai, ko nėra; jei nebūtų žodelio „jei"
v **1** aukštai išmesti *(kamuolį ir pan.)* **2** kabinti *(paveikslą)* aukštai prie lubų
sky-blue ['skaɪ'blu:] *a* žydras

skycap ['skaɪkæp] *n amer.* nešikas *(oro uoste)*
sky-clad ['skaɪklæd] *a juok.* nuogas
skydive ['skaɪdaɪv] *v sport.* šokti su uždelstiniu parašiuto išskleidimu
skydiving ['skaɪˌdaɪvɪŋ] *n sport.* šuoliai su uždelstiniu parašiuto išskleidimu
skyey ['skaɪɪ] *a (ypač poet.)* **1** dangaus, dangiškas; žydras **2** kilnus, aukštas
sky-high ['skaɪ'haɪ] *a* labai aukštas, iki debesų
adv **1** labai aukštai, iki debesų **2** visiškai
skyjack ['skaɪdʒæk] *v šnek.* pagrobti *(lėktuvą)*; piratauti ore
skyjacker ['skaɪdʒækə] *n* oro piratas
Skylab ['skaɪlæb] *n* Skailabas *(JAV orbitinė kosminė laboratorija)*
skylark ['skaɪlɑ:k] *n zool.* dirvinis vieversys
v šnek. krėsti pokštus, linksmintis, dūkti, siausti
skylight ['skaɪlaɪt] *n* **1** *stat.* viršutinė šviesa; stoglangis, stiklinis stogas **2** *jūr.* liukas, šviesos anga
skyline ['skaɪlaɪn] *n* **1** horizontas, horizonto linija **2** *(pastatų)* kontūrai *(dangaus fone)*
sky-pilot ['skaɪˌpaɪlət] *n sl.* dvasininkas; *kar.* kapelionas
skyrocket ['skaɪˌrɔkɪt] *n* raketa *(pirotechnikoje)*
v **1** kilti į viršų *(kaip raketa)* **2** staigiai (pa)didėti *(apie kainas, gamybą ir pan.)*; staigiai iškilti/išgarsėti
skyscape ['skaɪskeɪp] *n* paveikslas, vaizduojantis dangų; dangaus vaizdas
skyscraper ['skaɪˌskreɪpə] *n* dangoraižis, aukštybinis pastatas
sky-sign ['skaɪsaɪn] *n* šviesos reklama *(ant stogo)*
skytrooper ['skaɪtru:pə] *n kar. šnek.* desantininkas parašiutininkas
skytroops ['skaɪtru:ps] *n pl* oro desanto kariuomenė
skyward(s) ['skaɪwəd(z)] *adv* į dangų, į padanges
skyway ['skaɪweɪ] *n* **1** oro kelias/trasa, aviatrasa **2** *amer.* estakada
skywriter ['skaɪˌraɪtə] *n* oro reklamos lėktuvas
skywriting ['skaɪˌraɪtɪŋ] *n* oro reklama *(žodžiai, kuriuos lėktuvas išrašo dūmais)*
slab [slæb] *n* **1** plokštė; *stone ~* akmens plokštė, plokščias akmens luitas **2** *(sūrio, torto ir pan.)* gabalas; *(šokolado)* plytelė; stora riekė **3** pusrąstis; gaubtinė, papentis **4** *metal.* sliabas, plokščiasis ruošinys **5** *šnek.* operacinis/skrodimo stalas ◊ *on the ~* gulintis negyvas *(ligoninėje, lavoninėje)*
v **1** pjaustyti/pjauti papenčiais/pusrąsčiais **2** grįsti/padengti plokštėmis, grįsti plokščiais akmenimis **3** *metal.* valcuoti sliabus
slab-sided ['slæb'saɪdɪd] *a šnek.* **1** plokščiašonis; perkares, pertrūkęs *(apie arklį ir pan.)* **2** išstypęs, aukštas ir liesas/plonas
slack[1] [slæk] *n* anglių dulkės, smulkios anglys
slack[2] <*a, n, v*> *a* **1** silpnas; suglebęs, ištižęs; *to feel ~* būti išglebusiam/sukiužusiam **2** neįtemptas, palaidas, atsileidęs *(apie virvę, vadžias ir pan.)*; suglebęs, atpalaiduotas *(apie raumenis)* **3** vangus, lėtas, negyvas *(apie prekybą ir pan.)*; *~ season* sąstingio/stagnacijos metas **4** lėtas; *at a ~ pace* lėtu žingsniu; *~ water* a) stovintis vanduo; b) laikotarpis tarp potvynio ir atoslūgio **5** tingus, nerūpestingas; atsainus; *~ in duty* neuolus, nestropus; *~ parents* negriežti tėvai **6** neiškepęs, žalias *(apie duoną)* **7** glebinantis, keliantis tingulį *(apie orą)* **8** laisvas, negriežtas *(apie drausmę, elgesį ir pan.)*

slack-baked

n 1 *(virvės ir pan.)* laisvumas, atsileidusi/neįtempta dalis; *to take up the ~ in the rope* įtempti virvę 2 *(prekybos ir pan.)* sustingimas; *to take up the ~* pagyvinti, padidinti *(gamybą)* 3 neveiklumas; neveikimas, tinginiavimas; *to have a good ~* nieko neveikti 4 stovintis vanduo 5 *pl* ilgos laisvos kelnės
v 1 aptingti; tinginiauti, dykinėti *(darbe)* 2 silpti, mažėti; atsileisti 3 silpninti, atleisti 4 (su)lėtinti; lėtėti 5 gesinti *(kalkes)* ☐ *~ away* jūr. atleisti *(lyną); ~ off* a) atpalaiduoti, atleisti; sumažinti uolumą/įtempimą *ir pan.;* b) atlyžti, atsileisti *(apie šaltį ir pan.);* c) = *~ away; ~ up* sulėtinti žingsnį, sumažinti greitį

slack-baked ['slæk'beɪkt] *a* 1 neiškepęs, žalias 2 neišsivystęs

slacken ['slækən] *v (t. p. ~ off)* 1 (su)silpninti; (su)silpnėti 2 (su)lėtinti; (su)lėtėti 3 atleisti *(diržą, vadeles ir pan.)*

slacker ['slækə] *n* 1 tinginys, dykinėtojas, dykūnas 2 *amer.* asmuo, vengiantis karo tarnybos

slack-jawed ['slækdʒɔːd] *a* išsižiojęs *(iš nustebimo ir pan.)*

slack-water ['slækˌwɔːtə] *n* 1 *jūr.* rami jūra *(tarp potvynio ir atoslūgio)* 2 stovintis vanduo

slag [slæg] *n* 1 *metal.* šlakas, gargažė, nuodegos; *basic ~* tomamilčiai *(trąša)* 2 *vulg.* kekšė
v metal. šlakuoti *(t. p. ~ out)* ☐ *~ off šnek.* pliekti, užsipulti, kritikuoti

slaggy ['slægɪ] *a spec.* šlakinis, šlako

slain [sleɪn] *pII žr.* **slay**[1]
n (the ~) kuop. žuvusieji mūšio lauke; mirusieji

slake [sleɪk] *v* 1 (nu)malšinti *(troškulį);* patenkinti *(kerštą troškimą ir pan.)* 2 sumažinti *(liepsną ir pan.)* 3 gesinti *(kalkes)*

slaker ['sleɪkə] *n (kalkių)* gesintuvas

slalom ['slɑːləm] *n sport.* slalomas

slam [slæm] *n* 1 *(durų)* (už)trenkimas, trankymas 2 *šnek.* smarki/griežta kritika 3 *amer. sl.* = **slammer**
v 1 (už)trenkti, trankyti *(duris, langą ir pan.)* 2 tėkšti, trenkti *(t. p. ~ down);* pastumti; suduoti; *he ~med the money on the table* jis tėškė/bloškė pinigus ant stalo; *the car ~med into a lamppost* automobilis trenkėsi į žibinto stulpą; *to ~ on the brakes šnek.* staiga stabdyti, nuspausti stabdžius 3 griežtai/smarkiai (su)kritikuoti ☐ *~ down* atsitrenkti *(onto – į)*

slam-bang [ˌslæm'bæŋ] *šnek. adv* 1 su trenksmu, trankiai, triukšmingai 2 skubotai, bet kaip
a amer. 1 triukšmingas 2 didžiausias, maksimalus *(apie pastangas)*

slamdunk ['slæmdʌŋk] *sport. n* dėjimas iš viršaus *(krepšinyje)*
v dėti iš viršaus

slammer ['slæmə] *n šnek.* cypė, kalėjimas

slander ['slɑːndə] *n* šmeižtas, šmeižimas; liežuvavimas; apkalb(in)ėjimas; *teis.* įžeidimas žodžiu
v (ap)šmeižti; apkalbėti, liežuvauti; *teis.* įžeisti žodžiu

slanderer ['slɑːndərə] *n* šmeižikas

slanderous ['slɑːndərəs] *a* šmeižikiškas; apkalbus

slang [slæŋ] *<n, a, v>* *n* žargonas, slengas, argo
a žargoninis, neliteratūrinis
v 1 vartoti slengą/žargoną/argo, kalbėti slengu 2 *šnek.* (iš)plūsti, (iš)keikti, piktžodžiauti

slanging ['slæŋɪŋ] *n:* *~ match* plūdimasis

slangy ['slæŋɪ] *a* 1 žargoniškas, vulgarus 2 vartojantis slengą/žargoną

slant [slɑːnt] *<n, a, v>* *n* 1 nuožulnumas; šlaitas, nuokalnė; *at/on a ~* kreivai, nuožulniai; nuožulnioje padėtyje 2 požiūris, traktavimas; tendencija 3 *amer.* žvilgsnis; *to take a ~* dirstelėti
a poet. = **slanting**
v 1 eiti/kreipti nuožulniai 2 iškreipti, tendencingai pateikti

slanted ['slɑːntɪd] *a* 1 pateiktas tendencingai, šališkas 2 pakrypęs, kreivokas

slanting ['slɑːntɪŋ] *a* įžambus, įstrižas, įkypas, nuožulnus, įžulnus; *~ wind* įšonus vėjas; *~ handwriting* gulstinė rašysena

slantwise ['slɑːntwaɪz] *adv* įžambiai, įstrižai, nuožulniai, kreivomis

slap [slæp] *<n, v, adv>* *n* pliaukštelėjimas ◊ *a ~ in the face* antausis; akibrokštas; *a ~ on the wrist* sudraudimas, įspėjimas; *~ and tickle šnek.* bruzdesys; kirkinimasis
v pliauškštelėti, pliaukšėti; tekštelėti, tėkšti, tekšlenti; *to ~ smb on the back* patapšnoti kam per petį; *to ~ smb across/in the face* rėžti/skelti kam antausį ☐ *~ down* a) tėkšti *(ant stalo ir pan.);* b) *šnek.* negailestingai sukritikuoti, suniekinti; *~ on* a) paskubomis užddrėbti/užmaukti; b) staiga paskirti/užkrauti *(naujus mokesčius ir pan.);* užkelti *(kainą)*
adv šnek. 1 staiga 2 tiesiai, tiesiog; *to run ~ into smb* užšokti/užlėkti tiesiai ant ko

slap-bang [ˌslæp'bæŋ] *adv šnek.* 1 smarkiai, iš visų jėgų; galvotrūkčiais 2 tiesiai, tiesiog

slapdash ['slæpdæʃ] *<n, a, adv>* *n* 1 nerūpestingai atliktas darbas 2 nerūpestingumas
a skubotas, neapgalvotas
adv skubotai; neapgalvotai, bet kaip

slaphappy ['slæpˌhæpɪ] *a* 1 pritrenktas, apsvaigęs *(nuo smūgių į galvą)* 2 pakvaišęs iš džiaugsmo, trenktas; nerūpestingas

slaphead ['slæphed] *n sl.* plikis

slapjack ['slæpdʒæk] *n amer.* blynas

slapper ['slæpə] *n sl.* kekšė

slapping ['slæpɪŋ] *a šnek.* 1 pritrenkiantis; svaiginamas 2 didžiulis; stiprus

slapstick ['slæpstɪk] *n* 1 *(juokdario)* pliauškynė, papliauška 2 farsas *(t. p. ~ comedy)*

slap-up ['slæpʌp] *a šnek.* puikus, prabangus *(ypač apie valgį);* prašmatnus

slash [slæʃ] *n* 1 kirtis, smūgis 2 gilus įpjovimas/pjūvis; *(kirstinė)* žaizda 3 *(drabužio)* skeltukas, praskiepas, prarėžas 4 *amer.* kirtimas *(miške);* vėjalaužos, išvartos 5 *(kainų ir pan.)* sumažinimas 6 įžambus brūkšnys /*(t. p. ~ mark; trupmenose ir pan.)* 7 *vulg.* myžimas; *to have/take a ~* (nusi)myžti, (nusi)telžti
v 1 prarėžti; prakirsti, prapjauti; *to ~ one's wrists* persipjauti riešus *(norint nusižudyti)* 2 kirsti, kapoti, mosikuoti *(kardu ir pan.);* rėžti, raižyti *(peiliu)* 3 čaižyti; pliekti 4 smarkiai kritikuoti 5 žymiai sumažinti *(kainas, mokesčius ir pan.)* 6 pilti, telžti *(apie lietų)* 7 *amer.* iškirsti *(medžius, krūmus)* ☐ *~ down* a) nupjauti *(žolę);* b) pargriauti, partrenkti *(priešininką)*

slasher ['slæʃə] *n* 1 kertukas, peštukas 2 kardas; špaga; kapoklė 3 siaubo/smurto filmas *(t. p. ~ film/movie)*

slashing ['slæʃɪŋ] *n* 1 kirtimas *(kardu ir pan.);* kirtynės/kautynės kardais 2 kirtimas; nukirsti medžiai
a 1 veržlus, smarkus; *~ rain* smarkus lietus, liūtis 2 triuškinantis, negailestingas, naikinantis; *~ criticism* negailestinga kritika 3 *šnek.* didžiulis; puikus, pritrenkiantis

slat[1] [slæt] *n* 1 lentjuostė; skersinis 2 *av.* priešsparnis

slat[2] *v* plaktis *(apie bures, šlapius drabužius ir pan.)*

slate[1] [sleɪt] *n* 1 skalūnas 2 šiferis 3 pilkai melsva spalva

(t. p. ~ blue/grey) **4** *amer.* kandidatų sąrašas *(ypač rinkimuose)* **5** *ist.* grifelinė lentelė ◊ ***clean*** **~** nepriekaištinga reputacija; ***to have a ~ loose*** ≅ vieno šulo trūksta; ***to clean the ~, to wipe the ~ clean*** užmiršti senas klaidas, skriaudas/ginčus *ir pan.* ir pradėti gyvenimą iš naujo; atsižadėti senų įsipareigojimų; ***on the ~*** skolon, skolintinai
v **1** dengti šiferiu **2** *amer.* įtraukti į *(kandidatų)* sąrašą; iškelti kandidatu **3** *(ppr. pass) amer.* numatyti, (už)planuoti
slate² *v (ppr. pass) šnek.* (iš)plūsti, (iš)peikti; sutaršyti
slate-coloured ['sleɪt'kʌləd] *a* pilkšvas, tamsiai pilkas
slate-pencil ['sleɪtpensl] *n ist.* grifelis
slater¹ ['sleɪtə] *n* **1** stogdengys **2** kaištuvas *(įrankis kailiams kaišti)* **3** *zool.* medžio utėlė
slater² *n* griežtas kritikas
slather ['slæðə] *amer. n (ppr. pl)* daugybė, masė
v **1** storai (už)tepti **2** leisti/naudoti dideliais kiekiais
slating¹ ['sleɪtɪŋ] *n* **1** dengimas šiferiu **2** šiferio danga, šiferis
slating² *n* išpeikimas, sutaršymas; griežtas papeikimas
slattern ['slætən] *n* apsileidėlė, apskretėlė, suskretėlė, nevala
slatternly ['slætənlɪ] *a* apsileidęs, apskretęs, suskretęs, nevalyvas; ***~ appearance*** *(moters)* netvarkinga/nevalyva išvaizda
slaty ['sleɪtɪ] *a* **1** skalūninis **2** tamsiai pilkas **3** sluoksniuotas
slaughter ['slɔ:tə] *n* **1** skerdynės, žudynės; žudymas **2** skerdimas **3** *sport. šnek.* sumušimas, sutriuškinimas
v **1** žudyti **2** skersti **3** *šnek.* sumušti, sutriuškinti *(varžybose)*
slaughterhouse ['slɔ:təhaus] *n* skerdykla
slaughterous ['slɔ:tərəs] *a* **1** kruvinas, pražūtingas *(apie mūšį ir pan.)* **2** kraugeriškas
Slav [slɑ:v] *n* slavas
a slavų, slaviškas
slave [sleɪv] *n* **1** vergas *(t. p. prk.)*; ***~ of fashion*** mados vergas **2** *spec.* manipuliatoriaus vykdomasis mechanizmas **3** *attr* vergiškas; ***~ labour*** vergiškas/vergų darbas
v vergiškai/sunkiai dirbti, plūktis, vergauti *(t. p. ~ away)* ◊ ***to work like a ~*** ≅ dirbti kaip jaučiui
slave-born ['sleɪvbɔ:n] *a* gimęs vergu
slave-driver ['sleɪv‚draɪvə] *n* **1** *ist.* vergų prižiūrėtojas **2** *prk. šnek.* kietas/griežtas mokytojas/viršininkas *ir pan.*
slaveholder ['sleɪv‚həuldə] *n* vergvaldys, vergų savininkas
slaveholding ['sleɪv‚həuldɪŋ] *a* vergovinis, vergvaldinis
slaver¹ ['sleɪvə] *n ist.* **1** vergų pirklys **2** vergų laivas *(laivas, vežantis vergus)*
slaver² ['slævə] *n* **1** seilės **2** *prk.* šleikštus meilikavimas; kvailos/niekingos kalbos
v **1** seilėti(s); seilinti, apseilėti **2** meilikauti; ***he was ~ing over her*** jis seilę varvino žiūrėdamas į ją **3** *šnek.* zurzėti, zyzti, inkšti, ingzti *(over)*
slaverer ['slævərə] *n* seilius, seiliūgas
slavery ['sleɪvərɪ] *n* **1** vergovė, vergija; vergystė **2** sunkus/vergiškas darbas; vergavimas *(to – kam)*
slave-ship ['sleɪvʃɪp] *n ist.* = **slaver¹** 2
slave-trade ['sleɪvtreɪd] *n ist.* vergų prekyba
slavey ['sleɪvɪ] *n šnek.* tarnaitė
Slavic ['slɑ:vɪk] = **Slavonic** *a, n*
slavish ['sleɪvɪʃ] *a* vergų, vergiškas *(t. p. prk.)*; vergiškai nuolankus; ***~ imitation*** vergiškas/aklas sekimas; ***~ translation*** vergiškas/pažodinis vertimas
slavism ['slævɪzm] *n kalb.* slavybė, slavizmas

Slavonian [slə'vəʊnɪən] *a* slovėnų, slovėniškas
n slovėnas
Slavonic [slə'vɒnɪk] *a* slavų, slaviškas; ***~ studies*** slavistika
n kalb. slavų kalbos
Slavophil(e) ['slævəfɪl] *n* slavofilas
Slavophobe ['slævəfəub] *n* slavofobas
slaw [slɔ:] *n amer.* kopūstų salotos
slay¹ [sleɪ] *v* (slew, slayed; slain) **1** *knyg.* užmušti, nužudyti, pakirsti; ***slain by disease [by a bullet]*** ligos [kulkos] pakirstas **2** *šnek.* (su)žavėti, prajuokinti *(žiūrovus ir pan.)*
slay² *n tekst.* muštuvai
slayer ['sleɪə] *n* žudikas
sleaze [sli:z] *n* **1** nedorumas; nesąžiningumas; pornografija **2** *šnek.* pasileidėlis, ištvirkėlis
sleazebag ['sli:zbæg] *n (ypač amer.) sl.* = **sleaze** 2
sleazy ['sli:zɪ] *a* **1** prastas, pigus **2** apleistas; nevalyvas, nešvarus **3** plonas, nestiprus *(apie audinį)*
sled [sled] *amer.* = **sledge¹** *n, v*
sledding ['sledɪŋ] *n* **1** važiavimas rogėmis/rogutėmis **2** rogių kelias **3** *amer. (laimėjimų)* pasiekimas; (iš)kilimas *(tarnyboje)* ◊ ***hard/tough ~*** sunkumai, kebli padėtis; ***smooth ~*** ≅ eina kaip sviestu patepta
sledge¹ [sledʒ] *n* rogės; rogutės
v važiuoti/vežti rogėmis; važinėtis/vežti rogutėmis
sledge² *n* = **sledgehammer**
sledge-car ['sledʒkɑ:] *n* motorinės rogės
sledgehammer ['sledʒ‚hæmə] *n (kalvio)* kūjis ◊ ***to take a ~ to crack a nut*** ≅ šaudyti iš patrankų į žvirblius
a triuškinantis; galingas; ***~ blow [argument]*** triuškinantis smūgis [argumentas]; ***~ attack*** galingas/smarkus puolimas
sleek [sli:k] *a* **1** glotnus, blizgantis, žvilgantis *(apie plaukus ir pan.)* **2** aptakus, geros išvaizdos; elegantiškas, išpuoselėtas **3** *(džn. menk.)* susilaižęs
v **1** glotninti, priglostyti, suglostyti, glotniai sušukuoti **2** *prk.* užglostyti, uždailinti *(over)*
sleeken ['sli:kn] = **sleek** *v*
sleekness ['sli:knɪs] *n* **1** *(plaukų ir pan.)* žvilgesys, glotnumas **2** *(linijų)* aptakumas
sleeky ['sli:kɪ] *a* **1** lygus, glotnus **2** *(ypač škot.)* meilikaujamas; gudrus, vylingas
sleep [sli:p] *n* **1** miegas; ***winter ~*** *(žvėrių)* žiemos miegas; ***to go to ~*** užmigti; ***to go back to ~*** vėl užmigti; ***to get a ~*** numigti; ***in one's ~*** (be)miegant, per miegus; ***to send smb to ~*** užmigdyti ką; ***to put to ~*** a) *šnek.* užmigdyti *(narkotikais, pvz., prieš operaciją)*; b) *euf.* pribaigti *(besikankinantį gyvulį)*; ***to get to ~*** (prisiversti) užmigti; ***the last/long/big ~*** amžinas miegas, mirtis; ***deep/profound ~*** gilus miegas; ***sound/dead [light] ~*** kietas [jautrus] miegas; ***not to get enough ~*** neišsimiegoti, mažai miegoti; ***to walk in one's ~*** būti lunatiku; ***to sleep the ~ of the just*** *juok.* miegoti teisuolio miegu, miegoti kaip užmuštam **2** nutirpimas, apmirimas; ***his leg has gone to ~*** jam koja nutirpo **3** *šnek.* traiškanos *(nuo miego)* ◊ ***not to lose ~ over/about smth*** nesigraužti, nesijaudinti dėl ko
v (slept) **1** miegoti *(t. p. prk.)*; užmigti; ***to ~ with one eye open*** jautriai/budriai miegoti; ***to ~ like a log/top*** miegoti kaip užmuštam; ***to ~ late*** ilgai miegoti *(rytą)*; ***to ~ the clock round*** išmiegoti dvylika valandų **2** ilsėtis, miegoti *(apie mirusį)* **3** nakvoti *(at, in)* **4** apnakvinti; ***the hotel can ~ 500 persons*** viešbutyje gali apsinakvoti 500 žmonių **5** (nu)tirpti, apmirti *(apie galūnes)* **6** atidėti iki rytdienos *(on, over)*; ***to ~ on a question*** atidėti

klausimo sprendimą iki rytojaus **7** *šnek.* gyventi/gulėti kartu *(nesusituokus; with; t. p.* **~ together)** ▢ **~ around** *šnek.* ištvirkauti, gulėti su visais; **~ away** a) išmiegoti, pramiegoti *(kurį laiką);* b) praeiti, atsikratyti; *he **~s** away his vexation* pamiegojus jam praeina susierzinimas; **~ in** a) miegoti/gyventi darbovietėje; b) ilgai miegoti *(rytą);* **~ off** a) išsimiegoti, atsimiegoti; b) praeiti, atsikratyti; *I always* **~** *off my headache* pamiegojus man visuomet praeina galvos skausmas; **~ out** a) miegoti ne darbo vietoje *(apie ateinančią auklę ir pan.);* b) miegoti po atviru dangumi; **~ over** pernakvoti *(pas ką);* **~ through** išmiegoti *(till – iki)*

sleeper ['sli:pə] *n* **1** miegantysis; *heavy [light]* **~** žmogus, kuris kietai [jautriai] miega; *good [bad]* **~** žmogus, kuris miega gerai [prastai] **2** miegalius **3** miegamoji vieta *(vagone);* miegamasis vagonas **4** auskaras *(žiedo pavidalo)* **5** *amer.* kas nors, netikėtai susilaukęs plataus pripažinimo *(pvz., žirgas, atbėgęs netikėtai pirmas lenktynėse, daug triukšmo sukėlusi knyga ir pan.);* netikėtas rinkimų nugalėtojas; *the play was a* **~** *of the season* pjesė netikėtai tapo sezono įžymybe **6** *glžk.* pabėgis **7** *stat.* gulekšnis

sleep-in ['sli:pɪn] *a* gyvenantis/miegantis darbo vietoje *(apie tarnaitę)*

sleeping-bag ['sli:pɪŋbæg] *n* miegmaišis

sleeping-car ['sli:pɪŋkɑ:] *n* miegamasis vagonas

sleeping-draught ['sli:pɪŋdrɑ:ft] *n (geriami)* migdomieji vaistai

sleeping-pill ['sli:pɪŋpɪl] *n* migdomoji tabletė

sleeping-sickness ['sli:pɪŋˌsɪknɪs] *n med.* miegligė

sleepless ['sli:pləs] *a* **1** be miego, nemiegojęs; bemiegis, nemiegotas; neramus; **~** *night* nemigos naktis **2** nerimstantis; nesiliaujamas; **~** *activity* nenuilstama veikla

sleeplessness ['sli:pləsnɪs] *n* nemiga

sleepover ['sli:pəʊvə] *n* pernakvojimas *(ne namie)*

sleepwalk ['sli:pwɔ:k] *v* vaikščioti per miegus, būti lunatiku/somnambulu

sleepwalker ['sli:pˌwɔ:kə] *n* lunatikas, nakviša, miegeivis

sleepwalking ['sli:pˌwɔ:kɪŋ] *n* lunatizmas, somnambulizmas

sleepy ['sli:pɪ] *a* **1** mieguistas; tingus; *she is* **~** jai norisi miego **2** apsnūdęs; **~** *little town* apsnūdęs miestelis; **~** *sickness med.* letarginis encefalitas **3** susileidęs, sutrešęs, papuvęs *(ypač apie kriaušes)* **4** *ret.* migdantis

sleepyhead ['sli:pɪhed] *n šnek.* miegalius, miegpuvys

sleet [sli:t] *n* šlapdriba, šlapdraba, sniegdraba
v drėbti, šlapdraboti; *it* **~s** krinta šlapdraba, drebia

sleety ['sli:tɪ] *a* su šlapdriba *(apie lietų);* susimaišęs su lietumi/sniegu; darganotas

sleeve [sli:v] *n* **1** rankovė; **~** *stripes* rankovių antsiuvai; *to turn/roll up one's* **~s** a) pasiraityti rankoves; b) *prk.* imtis darbo, pasiruošti kovai **2** *(gramofono plokštelės)* vokas; *(kompaktinių diskų)* dėžutė **3** *tech.* įvorė, mova; tuščiaviduris velenas ◊ *to have/keep smth up one's* **~** kai ką slėpti, kai ko nepasakyti, laikyti ką atsargoje; *to laugh in/up one's* **~** sau nusijuokti; patylomis/slapčia juoktis; *to hang on to smb's* **~** visiškai priklausyti nuo ko

sleeveless ['sli:vləs] *a* **1** berankovis **2** *ret.* bergždžias, tuščias

sleeve-link ['sli:vlɪŋk] *n* rankogalių sąsaga/segutis

sleeve-nut ['sli:vnʌt] *n tech.* sraigtinė mova

sleeveprotector ['sli:vprəˌtektə] *n* = **sleevelet**

sleevelet ['sli:vlɪt] *n* antrankovis *(užmova)*

sleigh [sleɪ] = **sledge**[1] *n*

sleigh-bell ['sleɪbel] *n (rogių)* varpelis, žvangutis

sleight [slaɪt] *n* **1** vikrumas, mitrumas; apsukrumas **2** išdaiga

sleight-of-hand [ˌslaɪtəv'hænd] *n* **1** rankų miklumas **2** manipuliavimas, žongliravimas

slender ['slendə] *a* **1** lieknas, laibas, liaunas, plonas; grakštus **2** menkas, mažas, nežymus, negausus; **~** *means* menki ištekliai; **~** *income* mažas/negausus pelnas/pajamos; **~** *hope* maža vilties; *to win by a* **~** *majority* laimėti nežymia dauguma **3** *fon.:* **~** *vowel* siaurasis balsis

slenderize ['slendəraɪz] *v* **1** (su)plonėti, (su)lieknėti, (su)lysti **2** (su)ploninti

slenderness ['slendənɪs] *n* lieknumas, laibumas *ir pan., žr.* **slender**

slept [slept] *past ir pII žr.* **sleep** *v*

sleuth [slu:θ] *n* **1** šuo pėdsekys **2** *šnek.* seklys
v sekti

sleuth-hound ['slu:θ'haʊnd] = **sleuth** *n*

slew[1] [slu:] *n* pasisukimas; apsisukimas
v pa(si)sukti *(ypač paslydus);* ap(si)sukti *(ppr.* **~** *(a)round)*

slew[2] *past žr.* **slay**[1]

slew[3] *n amer.* klampynė; pelkė, bala

slew[4] *n (ypač amer.) šnek.* daugybė

slewed [slu:d] *a šnek.* įsigėręs, įtraukęs

slice [slaɪs] *n* **1** riekė; griežinys, griežinėlis **2** dalis; **~** *of territory* teritorijos dalis; **~** *of the profits* pelno dalis **3** *kul.* mentelė; platus peilis **4** *poligr.* rakelis **5** *sport.* suktinis/suktas smūgis *(golfe, tenise)*
v **1** riekti, raikyti; pjaustyti griežinėliais; atpjauti, nupjauti *(t. p.* **~ off)** **2** į(si)pjauti *(into)* **3** skrosti *(vandenį, orą)* **4** (pa)dalyti **5** *sport.* pjauti, paduoti suktą kamuolį *(golfe, tenise)* ◊ *any way you* **~** *it amer. šnek.* iš kurios pusės bežiūrėsi/beimsi

slice-of-life [ˌslaɪsəv'lɪfe] *a kin., teatr.* tikroviškas, realistinis *(apie gyvenimo vaizdavimą)*

slick [slɪk] <*a, v, n*> *a šnek.* **1** lygus, glotnus; sklandus **2** slidus **3** vikrus, greitas **4** gražiakalbis; gudrus; **~** *salesman* apsukrus pardavėjas **5** *amer.* lengvas, paprastas, lėkštas; **~** *book* skaitalas **6** *amer.* puikus; malonus
v **1** (su)glostyti, (nu)blizginti *(t. p.* **~** *down)* **2** *amer. šnek.* sutvarkyti *(ppr.* **~** *up)*
n **1** sliduma; *(naftos, riebalų)* dėmė, plėvelė *(vandens paviršiuje)* **2** *amer. šnek.* populiarus iliustruotas žurnalas *(spausdinamas kreidiniame popieriuje; t. p.* **~** *paper)*

slicker ['slɪkə] *n* **1** *šnek.* vikrus/įtaigus apgavikas; *city* **~** grynas/tikras miestietis **2** *amer.* nepermšlampamas apsiaustas

slide [slaɪd] *n* **1** slydimas; čiuožimas; *to go into a* **~** nuslysti **2** šliaužynė; čiuožykla, šliuožykla **3** nuožulni plokštuma; išleidimo lovys **4** *(kainų ir pan.)* smukimas, kritimas **5** diapozityvas; skaidrė; **~** *lecture* paskaita, kurioje demonstruojamos skaidrės **6** *(plaukų)* segtukas **7** *(mikroskopo)* objektinis stikliukas **8** *tech.* šliaužiklis, slankiojanti mechanizmo dalis; pavažos **9** *amer.* slinkis; nuošliauža, nuoslanka **10** *sport.* slaidas *(lenktynininėje valtyje)*
v (slid [slɪd]) **1** slidinėti, čiaužti, čiuožti, šliuožti **2** (pa)slysti, išslysti **3** nepastebimai (pra)eiti/(pra)slinkti *(t. p.* **~** *past/by); the years* **~** *past/by* nepastebimai slenka metai; *to* **~** *over a question* aplenkti klausimą **4** nepastebimai pereiti *(iš vieno būvio į kitą)* **5** vykti sklandžiai, rutuliotis natūraliai; *to let smth* **~** *šnek.* leisti *(įvykiams ir pan.)* laisvai rutuliotis, nekreipti į ką dėmesio **6** įkišti, įstumti; *to* **~** *one's hand into one's pocket* įsikišti ranką į kišenę *(nepastebimai); to* **~** *the drawer*

slide-block 854 **slipknot**

įstumti stalčių 7 smukti, kristi, mažėti *(apie kainas ir pan.)* ☐ **~ away** išslysti, išnirti; **~ in** įslysti vidun; **~ out** a) išslysti; b) išsitraukti, slankioti *(apie stalčių ir pan.)*
slide-block ['slaɪdblɔk] *n tech.* šliaužiklis; slankiklis
slide-fastener ['slaɪdˌfɑːsnə] *n amer.* užtrauktukas, užtraukas
slider ['slaɪdə] *n* 1 slidinėtojas, čiuožėjas 2 = **slide-block**
slide-rule ['slaɪdruːl] *n* logaritminė liniuotė
slide-valve ['slaɪdvælv] *n* 1 *tech.* sklandis 2 *jūr.* pleištinis čiaupas, klinketas
sliding ['slaɪdɪŋ] *a* slankus; slystamas; **~ door** stumiamosios/stumdomosios durys; **~ scale** *ekon.* slankioji skalė; **~ fit** *tech.* slystamasis suleidimas; **~ seat** = **slide** *n* 10
sliding-sleeve ['slaɪdɪŋsliːv] *n tech.* judrioji apkaba
slight [slaɪt] <*n, a, v*> *n* niekinimas, nepagarba; ignoravimas; **to put a ~ on smb** ignoruoti ką, nerodyti kam pagarbos/dėmesio
a 1 nežymus, menkas, lengvas; silpnas; **a ~ cold** nedidelis/lengvas peršalimas; **not in the ~est** nė kiek 2 plonas; silpnas; gležnas; lieknas 3 paviršutiniškas, lėkštas *(apie filmą, straipsnį ir pan.)*
v nepaisyti, nekreipti dėmesio; ignoruoti, (pa)niekinti; **to ~ one's work** nerimtai žiūrėti į savo darbą
slighting ['slaɪtɪŋ] *a* nepagarbus, niekinamas
slightly ['slaɪtlɪ] *adv* 1 šiek tiek, nedaug, truputį; **he is ~ tired** jis truputį pavargęs 2 lengvai; silpnai; **she is ~ built** ji gležno sudėjimo
slim [slɪm] *a* 1 lieknas, grakštus, plonas, laibas 2 menkas; mažas, nežymus; **~ chance** maža galimybė 3 gudrus, suktas
v (su)plonėti, (su)lysti, numesti svorio ☐ **~ down** sumažinti *(kiekį, dydį)*
slime [slaɪm] *n* 1 dumblas, *(lipnus)* purvas 2 glitėsiai, gleivės
v 1 padengti/apnešti dumblu 2 gleivėti, gliaumėti, glisti 3 *amer.* nuvalyti gleives/dumblą 4 *kas.* susmulkinti į šlamą
slimline ['slɪmlaɪn] *a* 1 mažesnių/sumažintų matmenų *(apie prietaisus ir pan.)* 2 turintis nedaug kalorijų, dietinis *(apie gėrimą)*
slimmer ['slɪmə] *n* žmogus, kuris nori suliesėti *ar* laikosi dietos
slimy ['slaɪmɪ] *a* 1 gleivėtas, glitus; slidus 2 dumbluotas, dumblingas; klampus 3 *šnek.* šlykštus, bjaurus; pasibjaurėtinas 4 *šnek.* pataikaujantis; pataikus
sling[1] [slɪŋ] *n* 1 laidyklė, svaidyklė, mėtyklė; kobinys 2 metimas, sviedimas 3 diržai, virvės *(kam prilaikyti, kelti)* 4 perpetės raištis, paraištė; **he had his arm in a ~** jo ranka buvo parišta 5 *jūr.* stropas, lyno/virvės kilpa ◊ **~s and arrows** *knyg.* negandos
v (slung) 1 sviesti, mesti, blokšti; įmesti *(into)* 2 mėtyti/laidyti iš laidyklės 3 laisvai kabėti; pakabinti *(hamaką ir pan.)* 4 per(si)mesti *(per petį ir pan.; over)* 5 (pa)kelti stropu/lynu *(krovinį)*, stropuoti ☐ **~ away/off** *šnek.* išmesti, atsikratyti
sling[2] *n* alkoholinis gėrimas su citrinų sultimis
slingback ['slɪŋbæk] *n* basutė
slinger ['slɪŋə] *n jūr.* stropuotojas
slingshot ['slɪŋʃɔt] *n amer.* timpa, laidynė
slink[1] [slɪŋk] *v* (slunk) sėlinti, slinkti ☐ **~ away/off** išsėlinti, išslinkti
slink[2] *n (gyvulio)* nelaikšis
v išsimesti, išsibarstyti *(apie gyvulius)*
slinky ['slɪŋkɪ] *a* 1 aptemptas, priglūdęs prie kūno *(apie moteriškus drabužius)* 2 lieknas, grakštus *(ypač apie moterį)*

slip[1] [slɪp] *n* 1 (pa)slydimas 2 poslinkis; slinktis 3 *(kainų ir pan.)* kritimas, mažėjimas 4 klaida, apsirikimas; **~ of the tongue [the pen]** apsirikimas kalbant [rašant] 5 apatinukas, apatinis sijonas 6 *(vaikiška)* prijuostė 7 užvalkalas, apmautas 8 *pl (maudymosi)* kelnaitės, trikampis 9 auginys, gyvašakė, ūglis 10 maža daili būtybė; **a ~ of a girl** liesa/liekna mergina; **a ~ of a boy** liesas/plonas berniukas 11 *(ko)* ilga siaura juostelė; balana, skiedra; **~ of paper** popieriaus juostelė; **sales ~** *amer. (parduotuvėje pirktų prekių)* kvitelis 12 lapelis, blankas; *(registracijos ir pan.)* kortelė; **compliment ~** dovanojimo raštelis, etiketė „nemokamai" *(knygoje ir pan.);* **rejection ~** neigiamas raštiškas atsakymas *(autoriui);* **to get the pink ~** *šnek.* gauti pranešimą apie atleidimą iš darbo 13 *(ppr. pl)* saitas *(medžiokliniams šunims)* 14 *amer.* klauptas 15 *pl teatr.* kulisai 16 *poligr.* skiltis 17 *jūr.* slipas, elingas; stapelis 18 *tech.* apsisukimų skaičiaus (su)mažėjimas; *(sraigto)* slydimas; buksavimas ◊ **there is many a ~ 'twixt the cup and the lip** ≡ neperšokęs per tvorą, nesakyk „op"; **to give smb the ~** *šnek.* pasprukti nuo ko
v 1 (pa)slysti; **my foot ~ped** man paslydo koja, aš paslydau 2 praslysti; nuslysti, išslysti, išsprūsti *(t. p. prk.);* **to ~ from one's hands** išslysti iš rankų; **to ~ a stitch** paleisti akį mezgant; **to let it ~ that...** *(kam)* netyčia išsprūsti (kad)...; **the knot ~ped** mazgas iširo/atsirišo; **the dog ~ped the chain** šuo nutrūko nuo grandinės; **the mouse ~ped into its hole** pelė šmurkštelėjo į urvą; **to ~ through a net** prasprukti *(nepaisant organizuoto gaudymo);* **it ~ped my memory/mind** aš tai visiškai užmiršau, man tai visiškai iškrito iš galvos 3 (pra)eiti, (pra)skrieti, (pra)slinkti *(apie laiką; t. p.* **~ away/past***); the days ~ped past* dienos prabėgo 4 nepastebimai pereiti *(iš vienos būsenos į kitą)* 5 (į)kišti, (į)dėti; **she ~ped the letter into her pocket** ji įsikišo laišką į kišenę 6 apsirikti, suklysti *(t. p.* **~ up***)* 7 (pa)blogėti, (nu)silpti; (nu)smukti, (nu)kristi, sumažėti *(apie kainas ir pan.)* 8 buksuoti, slysti *(apie ratus)* 9 paleisti; nutrūkti; **to ~ greyhounds** paleisti šunis 10 iššauti, paleisti *(strėlę ir pan.)* 11 išnirti, iš(si)narinti; **to ~ a disc** iš(si)narinti nugaros slankstelį 12 išsimesti, išsibarstyti *(apie gyvulius)* 13 užsimesti, greitomis apsivilkti *(into);* nusimesti *(drabužį ir pan.; out of)* 14 išvengti *(smūgio)* 15 *tech.* išjungti *(sankabą)* 16 *jūr.* atleisti, nukirsti *(inkaro grandinę)* ☐ **~ along** *šnek.* lėkti, dumti; **~ away** a) išsmukti/pasprukti nepastebėtam; b) išeiti neatsisveikinus; c) *euf.* pamažu užgesti *(mirti);* d) praslinkti, praeiti, praskrieti, prabėgti; **~ by** bėgti, slinkti *(apie laiką);* **~ down** nuslysti *(žemyn);* **~ in** a) įsibrauti, įsigauti *(apie klaidą);* b) nepastebimai įeiti/įsmukti; c) lengvai slankioti, užsidaryti *(apie stalčių);* **~ off** a) nuslysti; b) išsmukti; c) nusimesti *(drabužį);* **~ on** užsimesti, užsivilkti; **~ out** a) išslysti; b) pasprukti, nepastebimai išeiti; c) netyčia ištrūkti, išsprūsti *(apie žodį);* d) lengvai išsitraukti; **~ past** prasmukti pro šalį; **~ through** prasprūsti; **~ up** *šnek.* suklysti, netaktiškai pasielgti ◊ **to ~ smth over on smb** *amer. šnek.* pergudrauti ką, iškrėsti kam pokštą
slip[2] *n* molio suspensija *(molio dirbiniams glazūruoti)*
slip-carriage ['slɪpˌkærɪdʒ] *n glžk.* vagonas, atkabinamas nesustabdžius traukinio
slipcase ['slɪpkeɪs] *n (knygos)* futliaras *(su atvira nugarėle)*
slipcover ['slɪpˌkʌvə] *n* 1 *(baldų)* apmautas, aptraukalas, antvalkalas, užvalkalas 2 *(knygos)* aplankas
slipknot ['slɪpnɔt] *n* slankiojamoji kilpa, slankiojamasis mazgas

slip-on ['slɪpɔn] *n* lengvas apsivilkti/nusivilkti drabužis; laisvas/dukslus drabužis *(ypač megztinis)*
a **1** greitai/lengvai apsivelkamas; dukslus, laisvas **2** lengvai įaunamas *(apie batus be raištelių)*

slipover ['slɪpˌəuvə] *n* **1** makštis, futliaras **2** = **slip-on**
a = **slip-on** 1

slippage ['slɪpɪdʒ] *n* **1** atsilikimas, vėlavimas *(gamyboje ir pan.)* **2** nesutapimas, atitrūkimas **3** *aut.* *(ratų)* slydimas, buksavimas **4** *tech.* energijos nuostoliai

slipper ['slɪpə] *n* **1** šlepetė, kambarinė šliurė **2** *pl* laivutės *(moteriškas apavas)* **3** *tech.* šliaužiklis; slankiklis; kryžgalvė **4** *tech.* stabdžio trinkelė, stabdys *(t. p. ~ brake)* ◊ **to walk in golden/silver ~s** ≅ maudytis turtuose, prabangiai gyventi
v **1** *šnek.* mušti šlepete **2** šlepenti, šlepetuoti

slipper-socks ['slɪpəˌsɔks] *n* vilnonės kojinės šlepetės

slippery ['slɪpəri] *a* **1** slidus *(t. p. prk.)*; **(as) ~ as an eel** ≅ slidus kaip ungurys/vėgėlė **2** suktas, gudrus; nepatikimas; **~ customer** *šnek.* nepatikimas tipas

slippy ['slɪpɪ] *a šnek.* **1** slidus **2** gyvas, judrus ◊ **look ~!, be ~ about it!** greičiau!, paskubėk!

slipshod ['slɪpʃɔd] *a* **1** skubotas; aplaidus, nerūpestingas *(about, in)* **2** netvarkingai apsirengęs, netvarkingas **3** iškleiptas, nukleiptas; apsiavęs iškleiptais/nukleiptais batais

slipslop ['slɪpslɔp] *šnek.* *n* **1** tuščias/sentimentalus pokalbis; tauškalai **2** *psn.* gėralas, srėbalas; buza
a tuščias, kvailas; sentimentalus *(apie knygą)*

slipsole ['slɪpsəul] *n* vidpadis, įklotė

slipstream ['slɪpstriːm] *n aut., av.* sūkuriuotas srautas *(paskui greitai važiuojantį automobilį ar skrendantį lėktuvą)*

slip-up ['slɪpʌp] *n šnek.* klaida, apsirikimas; neapsižiūrėjimas

slipware ['slɪpwɛə] *n* glazūruoti moliniai indai; glazūruota keramika

slipway ['slɪpweɪ] *n jūr.* slipas, elingas; **~ cradle** laivo nuleidimo vežimėlis

slit [slɪt] *n* **1** prapjova, ilgas pjūvis; prarėžas, praskiepas **2** plyšys
v (slit) **1** prapjauti, prarėžti; (su)rėžyti siauromis juostomis; **to ~ smb's [one's own] throat** perpjauti [persipjauti] gerklę **2** plyšti; plėsti *(išilgai)* **3** suknežinti *(galvą ir pan.)* **4** primerkti *(akis)*

slither ['slɪðə] *v* **1** slysti, slidinėti **2** šliaužti, slinkti, vinguriuoti *(apie gyvatę ir pan.)* □ **~ about (on)** vargais negalais išsilaikyti *(ant ledo ir pan.)*

slithery ['slɪðəri] *a* slidus, vinguriuojantis

sliver ['slɪvə] *n* **1** (at)skala, atplaiša; atplėša; šipulys, rakštis, skiedra **2** *(stiklo)* šukė **3** *(vilnų, linų ir pan.)* sruoga, gija
v **1** (su)skaldyti; (su)plėšyti *(išilgai)* **2** suskilti; atplyšti

slob [slɔb] *n* **1** *air.* purvas; dargana, šlapdriba **2** *niek.* tinginys; suskretėlis, apsileidėlis
v: **to ~ around** *sl.* dykinėti, dykauti

slobber ['slɔbə] *n* **1** seilės **2** perdėtas sentimentalumas *(kalbant ir pan.)*
v **1** (ap)seilėti; seilėtis **2** perdėtai sentimentaliai kalbėti *(over)* **3** prastai dirbti/atlikti

slobbery ['slɔbəri] *a* seilėtas

sloe [sləu] *n bot.* (laukinė) kryklė, dygioji slyva *(t. p. ~ plum)*

sloe-gin ['sləudʒɪn] *n* slyvinė *(degtinė)*

slog [slɔg] *šnek.* *n* **1** sunkus/varginantis darbas **2** sunki kelionė *(ypač pėsčiomis)* **3** stiprus smūgis *(ypač žaidžiant kriketą)*
v **1** plušti, atkakliai dirbti *(t. p. ~ away/on)*; **to ~ at one's work** kibti į darbą **2** slinkti, vilktis, liumpinti **3** stipriai smogti/smūgiuoti ◊ **to ~ it out** muštis/kautis/peštis iki galo

slogan ['sləugən] *n* **1** šūkis; devizas **2** *ist.* *(škotų kalniečių)* karo šūkis

slogger ['slɔgə] *n šnek.* **1** žaidėjas, pasižymintis stipriu smūgiu *(ypač žaidžiant kriketą)* **2** didžiadarbis

sloop [sluːp] *n* **1** vienstiebis burlaivis, šliupas **2** sargybos laivas

slop[1] [slɔp] *n* **1** *(netyčia)* išlietas skystis, klanas **2** makalynė, skysta purvynė **3** *pl* pamazgos *(t. p. prk.)*, paplavos; **to empty the ~s** išnešti/išpilti pamazgas **4** *pl* buza, pliurza; skystas maistas *(ligoniams ir pan.)* **5** sentimentalybės, sentimentai
v **1** iš(si)pilti, iš(si)lieti, iš(si)laistyti **2** aplaistyti, apipilti *(paplavomis ir pan.; over)* **3** šerti pamazgomis/buza **4** klampoti, maknoti □ **~ about** teškentis *(purvynėje)*, pliurzintis; **~ out** išnešti/išpilti naktipuodžius *(apie kalinius)*; **~ over** a) išlieti jausmus; b) išsilieti, pasklisti *(už ribų)*

slop[2] *n (ppr. pl)* **1** laisvas/dukslus drabužis; specialieji/darbiniai drabužiai **2** pigūs gatavi drabužiai **3** patalynė *(jūrininkams)*

slop-basin ['slɔpˌbeɪsn] *n* plautuvė *(puodukams/stiklinėms plauti)*

slope [sləup] *n* **1** šlaitas, atšlaitė, nuokalnė; **~ of a roof** stogo šlaitas **2** nuožulnumas, nuotakumas, nuolaidumas, nuolydis, polinkis; **~ of a river** upės nuotakumas **3** *kas.* nuožulnus kasinys **4** *kar.* padėtis su šautuvu ant peties ◊ **to be on the slippery ~** *šnek.* ≅ eiti slidžiu keliu, ristis į pakalnę
v **1** svirti, linkti, būti pasvirusiam **2** nuožulniai kilti *(ppr. ~ up)*; nuožulniai leistis *(ppr. ~ down)* **3** statyti nuožulniai, nusklembti *(duobės kraštą ir pan.)* **4**: **~ arms!** *kar.* šautuvą ant peties! □ **~ about** bastytis, slampinėti; **~ off** *šnek.* išsmukti, išnykti *(norint išsisukti nuo darbo)*

sloping ['sləupɪŋ] *a* nuožulnus, nuolaidus, nuotakus, nuokalnus; pakrypas, pasviras

slop-pail ['slɔppeɪl] *n* pamazgų kibiras

sloppy ['slɔpɪ] *a* **1** aplaistytas, aptaškytas **2** purvinas, pilnas klanų, šlapias *(apie kelią ir pan.)* **3** skystas, prastas *(apie maistą)*; **~ jelly** nesutenkėję drebučiai **4** apdribęs, palaidas, netvarkingas *(apie drabužius)* **5** nerūpestingai atliktas; prastas; **to be a ~ worker** prastas/netvarkingas darbininkas **6** per daug jausmingas, sentimentalus

slopshop ['slɔpʃɔp] *n* pigių drabužių parduotuvė

slopwork ['slɔpwəːk] *n* **1** pigių drabužių gamyba **2** skubotai/neatidžiai atliktas darbas

slosh [slɔʃ] *n šnek.* **1** = **slush 2** atskiestas gėrimas, „vandenėlis"
v **1** šlepsėti, šlepenti *(per žolę, purvą)* **2** taškyti **3** *šnek.* mušti, trenkti, pliekti **4** *amer.* bastytis, slankioti □ **~ about/around** a) teliūskuoti(s); b) teškentis

sloshed [slɔʃt] *a predic šnek.* girtas, prisigėręs; **totally ~** visai nusigėręs, mirtinai nusitašęs

slot[1] [slɔt] *n* **1** plyšys, skylė, anga; prapjova **2** *šnek.* *(nustatytas)* laikas, vieta; **a ~ on the broadcasting schedule** pastovus laikas radijo laidų programoje **3** *tech.* griovelis, išdroža; *(sklandžio)* anga **4** *teatr.* liukas
v **1** įdėti, įkišti *(into)* **2** įmesti monetą į automatą **3** prapjauti/pramušti/prakalti pailgą skylę □ **~ in** rasti vietos/laiko *(kokiai nors veiklai/programai)*; **~ together** sudėti, sustatyti *(baldą)*

slot² *n (žvėries)* pėdsakas
sloth [sləʊθ] *n* **1** tingėjimas, tingumas; vangumas **2** *zool.* tinginys
sloth-bear ['sləʊθbɛə] *n zool.* juodasis Indijos lokys
slothful ['sləʊθfəl] *a* tingus; vangus
slot-machine ['slɔtməʃi:n] *n* **1** *(bilietų, degtukų, vokų ir pan. pardavimo)* automatas **2** *amer.* lošimo automatas
slouch [slautʃ] *n* **1** nerangi eisena; sudribusi laikysena; pakumpimas; *to walk with a ~* vaikščioti susikūprinus **2** *(skrybėlės)* nuleista atbraila **3** suglebėlis, sudribėlis; tinginys; *he is no ~* jis šaunuolis, jis gerai sukasi, netingi *v* **1** kūprinti, kumpinti, gūrinti **2** sudribti, suglebti; pakumpti, susikūprinti **3** už(si)maukti *(skrybėlę);* nuleisti *(atbrailas)* ☐ *~ about* bastytis
slough¹ [slau] *n* **1** klampynė; liūnas, pelkė, bala **2** moralinis smukimas **3** *knyg.* depresija, beviltiškumas, neviltis *(t. p. the ~ of despair/despondency)*
slough² [slʌf] *n* **1** išnara *(ppr. gyvatės)* **2** šašas **3** užmirštas/pamestas įprotis
v (ppr. ~ off) **1** numesti odą, išsinerti **2** nusilupti **3** nukristi, nubyrėti *(apie vaisius, žiedus)* **4** apšašti **5** atsikratyti, atsisakyti *(įpročio ir pan.)*
sloughy¹ ['slauɪ] *a* klampus, pelkėtas
sloughy² ['slʌfɪ] *a* šašuotas
Slovak ['sləʊvæk] *a* slovakų, slovakiškas; Slovakijos *n* **1** slovakas **2** slovakų kalba
Slovakia [slə'vækɪə] *n* Slovakija
sloven ['slʌvn] *n* nevaleika, apsileidėlis
Slovene ['sləʊviːn] *n* slovėnas; *the ~ kuop.* slovėnai
Slovenia [slə'viːnɪə] *n* Slovėnija
Slovenian [sləʊ'viːnɪən] *a* slovėnų, slovėniškas; Slovėnijos *n* slovėnų kalba
slovenliness ['slʌvnlɪnɪs] *n* apsileidimas, netvarkingumas
slovenly ['slʌvnlɪ] *a* apsileidęs, netvarkingas; nevalyvas
slovenry ['slʌvnrɪ] *n ret.* nevalyvumas, apsileidimas
slow [sləʊ] <*a, adv, v*> *a* **1** lėtas; lėtai veikiantis, laipsniškas; *~ poison* lėtai veikiantys nuodai **2** neskubus, negreitas; *~ train* lėtasis traukinys; *~ speed* mažas greitis **3** delsus, neskubantis; *he is ~ in keeping his promise* jis delsia ištesėti pažadą; *he is a ~ reader* jis lėtai/ilgai skaito **4** *(ppr. predic)* vėluojantis, atsiliekantis; *he was ~ in arriving* jis pavėlavo; *my watch is four minutes ~* mano laikrodis vėluoja/atsilieka keturias minutes ar keturiomis minutėmis **5** nenuovokus, negabus, bukaprotis *(t. p. ~ of wit)* **6** nuobodus, neįdomus; ilgas; *~ party* nuobodus pobūvis **7** vangus, negyvas, menkas *(apie prekybą)* **8** nelygus, apsunkinantis judėjimą *(apie paviršių, kelią ir pan.)* ◊ *~ and steady wins the race* ≡ lėčiau važiuosi, toliau nuvažiuosi, palengva jodamas toliau nujosi
adv lėtai, pamažu; *~ and sure* lėtai, bet patikimai ◊ *to go ~* būti apdairiam
v pristabdyti, (su)mažinti *(greitį),* (su)lėtinti, (su)lėtėti *(ppr. ~ down/up)*
slowcoach ['sləʊkəʊtʃ] *n šnek.* lėtabūdis, lėtūnas, delsuonis; krapštūnas, krapštukas
slowdown ['sləʊdaun] *n* **1** sulėtinimas; sulėtėjimas; *business ~* ekonominės veiklos susilpnėjimas **2** *amer.* darbo tempo sulėtinimas *(streiko forma)*
slow-grass ['sləʊgrɑːs] *n bot.* bekmanija
slow-match ['sləʊmætʃ] *n tech.* padegamoji virvutė
slow-motion [,sləʊ'məʊʃn] *a kin., tech.* sulėtintas *(apie kadrą ir pan.)*
slowpoke ['sləʊpəʊk] *n amer.* = **slowcoach**
slowup ['sləʊʌp] *n (proceso ir pan.)* sulėtėjimas; sulėtinimas

slow-witted ['sləʊ'wɪtɪd] *a* nenuovokus, bukaprotis
slowworm ['sləʊwəːm] *n zool.* gluodenas
slub [slʌb] *n tekst.* **1** pusverpalis **2** buklė
sludge [slʌdʒ] *n* **1** purvas, dumblas, maurai **2** *(tirštas)* ižas **3** *tech.* nuosėdos
sludger ['slʌdʒə] *n tech.* purvo siurblys; semtuvas
sludgy ['slʌdʒɪ] *a* purvinas, dumblinas, mauruotas
slue [sluː] *amer.* = **slew¹** *n, v*
slug¹ [slʌg] *n zool.* **1** šliužas **2** *amer. (pjūklelio)* lerva
slug² *n* **1** *šnek. (svaigalų)* gurkšnis **2** *amer. (automato)* žetonas **3** *amer. šnek.* kulka **4** metalo luitas **5** *poligr.* linotipu surinkta eilutė *(t. p. type ~)* **6** *poligr.* interlinija *v amer.* **1** *šnek.* žiebti, smogti, trenkti **2** sunkiai stumtis į priekį ◊ *to ~ it out* kautis, muštis *(iki galo)*
slugabed ['slʌgəbed] *n psn.* miegalius, tinginys
sluggard ['slʌgəd] *n* tinginys, dykinėtojas
slugger ['slʌgə] *n amer.* = **slogger** 1
sluggish ['slʌgɪʃ] *a* **1** tingus, vangus **2** lėtas, nerangus, inertiškas
sluice [sluːs] *n* **1** šliuzas; šliuzo uždoris **2** vandentakis; pralaida **3** plovimas **4** *kas.* rūdos plovimo lovys
v **1** įtaisyti šliuzus, šliuzuoti **2** reguliuoti vandens lygį šliuzu **3** *amer.* plukdyti *(sielius)* ☐ *~ down* apipilti, užpilti, užlieti; *~ in* smelktis, pamažu sklisti *(apie informaciją ir pan.); ~ out* a) (iš)plauti/nuplauti vandens srove; b) paplūsti *(apie vandenį); ~ over* = *~ out* b)
sluice-gate ['sluːsgeɪt] *n* šliuzo uždoris/vartai
sluiceway ['sluːsweɪ] *n* **1** šliuzo kanalas **2** vandentakis; pralaida
slum [slʌm] *n (džn. pl)* lūšna, landynė, lindynė; lindynių kvartalas
v šnek. **1** linksmintis/sėdėti lindynėje **2** lankyti lindynes *(ppr. to go ~ming)*
slumber ['slʌmbə] *poet. n* miegas; snaudulys
v miegoti; snausti ☐ *~ away* pramiegoti, prasnausti
slumberer ['slʌmbərə] *n* snaudalius, užsnūdėlis
slumberland ['slʌmbəlænd] *n* miego/sapnų karalystė
slumberous ['slʌmbərəs] *a* **1** snaudulingas, migdantis **2** mieguistas
slumber-suit ['slʌmbəsuːt] *n* pižama
slumberwear ['slʌmbəwɛə] *n* naktiniai drabužiai
slumgullion [slʌm'gʌlɪən] *n amer. šnek.* troškinys
slumlord ['slʌmlɔːd] *n amer. niek.* landynių savininkas
slummy ['slʌmɪ] *a* lindynių, lūšnų *(apie rajoną);* aplūžęs *(apie namus)*
slump [slʌmp] *n* **1** *(kainų, paklausos ir pan.)* kritimas, smukimas; *(ekonominio aktyvumo)* sumažėjimas; nuosmukis, krizė **2** *geol.* nuošliauža
v **1** *(staigiai, smarkiai)* kristi; smukti, sumažėti; pablogėti **2** įsmukti *(po sniego pluta, ledu);* susmukti, sudribti *(į kėdę, ant žemės)*
slung [slʌŋ] *past ir pII žr.* **sling¹** *v*
slunk [slʌŋk] *past ir pII žr.* **slink¹**
slur [sləː] *n* **1** dėmė *(ppr. prk.); to put a ~ (upon)* apjuodinti **2** užgauli užuomina, šmeižikiška pastaba **3** *(garsų, žodžių)* suliejimas, neaiškus ištarimas **4** *poligr.* murzlas **5** *muz.* legato; liga
v **1** neaiškiai tarti, nukąsti *(žodžius);* susilieti *(apie žodžius)* **2** neaiškiai rašyti **3** praleisti, nutylėti, prabėgomis paminėti *(over)* **4** juodinti, teršti **5** *muz.* atlikti legato, jungti gaidas
slurp [sləːp] *v* sriaubti, šliurpti, pliurpti
slurry ['slʌrɪ] *n* **1** srutos **2** *stat.* suspensija; skystas molis
slush [slʌʃ] *n* **1** purvynė, tižė, pliurza **2** patižęs sniegas; ižas *(t. p. ~ ice)* **3** riebalų atliekos *(ypač laive)* **4** *šnek.*

perdėtas jausmingumas, sentimentalybės **5** *tech.* švino baltalo ir kalkių mišinys **6** *tech.* antikorozinis tepalas ◊ **~ fund** *amer.* pinigai, vartojami papirkimui/kyšiams *ir pan.*, „tepimo" pinigai
v **1** (pa)tepti **2** aptėkšti, aptaškyti *(over);* purvinti **3** (nu)plauti vandens srove **4** *tech.* (pa)tepti antikoroziniu tepalu **5** *stat.* (už)glaistyti

slushy ['slʌʃɪ] *a* **1** pažliugęs **2** *šnek.* perdėtai jausmingas

slut [slʌt] *n* **1** apskretėlė, apsileidėlė, nevala **2** šliundra, ištvirkėlė **3** *juok.* mergiūkštė; **saucy ~** įžūli mergiūkštė

sluttish ['slʌtɪʃ] *a* **1** nevalyvas, apsileidęs **2** ištvirkęs, pasileidęs *(apie moterį)*

sly [slaɪ] *a* **1** gudrus, suktas; klastingas, apgaulus; **~ smile** vylinga šypsena; **~ dog** gudruolis, suktas žmogus; slapūnas **2** žaismingas, šelmiškas, ironiškas; **~ humour** ironija **3** slaptas; **by ~ degrees** palengva, pamažu **4** *(ypač austral.)* draudžiamas, nelegalus
n: **on the ~** *šnek.* slapčia

slyboots ['slaɪbuːts] *n šnek.* šelmis; gudruolis, sukčius

slype [slaɪp] *n archit.* dengta arkada

smack[1] [smæk] *n* **1** skonis, prieskonis; kvapas, priekvapis **2** truputis; kruopelė; lašelis, gurkšnis; **to add a ~ of pepper to a dish** įberti truputį pipirų į valgį
v turėti prieskonį/priekvapį; kvepėti *(t. p. prk.)*, nežymiai atsiduoti *(of – kuo); it ~s of ignorance prk.* tai kvepia neišmanymu

smack[2] *<n, v, adv>* n **1** pliaukš(tel)ėjimas, tėkštelėjimas *(delnu, ranka);* pliauškėjimas **2** pakštelėjimas; garsus pabučiavimas *(t. p. ~ on the lips)* **3** čepsėjimas **4** *šnek.* bandymas; **to have a ~ at smth** pabandyti ką daryti, imtis ko ◊ **~ in the eye/face** antausis; netikėtas nusivylimas; **to have a ~ at smb** a) skelti kam antausį; b) įgelti kam, užsipulti ką
v **1** pliaukš(tel)ėti, pliauškėti; tėkš(tel)ėti, garsiai suduoti **2** skambiai pabučiuoti, pakštelėti **3** čepsėti *(t. p. ~ one's lips)*
adv šnek. **1** tiesiai; tiesiog, stačia galva; **~ in the middle** tiesiai per vidurį, kaip tik viduryje **2** smarkiai

smack[3] *n jūr.* mažas vienstiebis žvejų laivas

smack[4] *n šnek.* heroinas

smack-dab [,smæk'dæb] *(ypač amer.)* = **smack**[2] *adv* 1

smacker ['smækə] *n šnek.* **1** garsus pabučiavimas; pliaukštelėjimas **2** *(ko)* stambus egzempliorius **3** svaras sterlingų; *amer.* doleris

smackeroo [,smækə'ruː] *n* = **smacker** 1

small [smɔːl] *<a, n, adv>* a **1** mažas; nedidelis; **~ boy** mažas berniukas, mažylis; **~ audience** negausi auditorija; **~ craft** laiveliai, valtys; **~ town** nedidelis miestas, miestelis; **~ tools** įrankiai; **~ capital** *poligr.* kapitelis *(mažųjų dydžio didžiosios raidės)* **2** smulkus; **~ farmer** smulkus ūkininkas/fermeris; **~ business** smulki/nedidelė įmonė; **~ coal** anglių smulkmės; **~ rock** skalda **3** nežymus, menkas; **he has ~ Latin** jis menkai/prastai moka lotynų kalbą; **~ whiskey** gurkšnelis viskio; **on the ~ side** labai nežymus **4** apgailėtinas, menkas; **to feel ~** jaustis menkam; nejaukiai jaustis; **to look ~** būti kvailos išvaizdos, kvailai atrodyti; atsidurti nepatogioje padėtyje **5** plonas; **~ waist** plonas liemuo **6** silpnas; **~ wind** silpnas vėjelis; **~ cold** nedidelis/lengvas peršalimas; **~ voice** silpnas balsas **7** smulkmeniškas, žemas; **it is ~ of you** labai žema iš jūsų pusės **8** kuklus, paprastas; neaukštos kilmės; **in a ~ way** kukliai, nedideliu mastu **9** neilgas; **of ~ duration** neilgai trunkantis, trumpas **10** nerūpestingas, atsainus; **~ hand** neįskaitomas/nerūpestingas braižas ◊ **~ talk** lengvas pokalbis; (tuščias) šnekalas

n **1** mažas daiktas/gabalas; smulkmė **2** plonuma *(of – ko); the ~ of the back* kryžmuo **3** *pl* anglių smulkmės **4** *pl šnek.* = **smallclothes** 1 ◊ **in ~** a) nedideliais kiekiais; b) *men.* miniatiūros formos; **~ and early** *šnek.* negausus, anksti užsibaigiantis pobūvis
adv **1** smulkiai; mažais gabaliukais **2** tyliai *(apie kalbėjimo manierą)* **3** nedideliu mastu

small-bore ['smɔːlbɔː] *a kar.* mažo kalibro, mažakalibris

smallclothes ['smɔːlkləuðz] *n pl* **1** smulkūs drabužėliai/skalbiniai **2** *ist.* trumpos aptemptos kelnės

smallholder ['smɔːl,həuldə] *n* smulkus *(žemės)* savininkas/nuomininkas

smallholding ['smɔːl,həuldɪŋ] *n* smulkus *(žemės)* ūkis

smallish ['smɔːlɪʃ] *a* mažokas; žemoko ūgio

small-minded ['smɔːl'maɪndɪd] *a* **1** smulkus, smulkmeniškas **2** nedidelio/riboto proto

smallness ['smɔːlnɪs] *n* **1** mažumas **2** nedidelis kiekis, mažuma

smallpox ['smɔːlpɔks] *n med.* raupai

small-scale ['smɔːl'skeɪl] *a* nedidelis, ribotas; **~ enterprise** nedidelė įmonė

smallsword ['smɔːlsɔːd] *n* rapyra, špaga

small-time ['smɔːltaɪm] *a attr šnek.* smulkus, nežymus

small-town ['smɔːltaun] *a attr* **1** mažo miestelio **2** provincialus

smalt [smɔːlt] *n* smalta

smarm [smaːm] *v šnek.* **1** suglostyti, prilaižyti *(džn. ~ down)* **2** pataikauti, gerintis, meilikauti *(over – kam)*

smarmy ['smaːmɪ] *a šnek.* pataikaujamas, meilikaujamas; pataikaujantis, meilikaujantis

smart [smaːt] *<n, a, adv, v>* n **1** aštrus/deginantis/veriamas skausmas **2** nuoskauda, gėla **3** *pl amer. šnek.* protas, nuovoka; **street ~s** sugebėjimas orientuotis dideliame mieste ◊ **right ~ of smth** ko daugybė
a **1** puošnus, dabitiškas; dailus; madingas; **the ~ set** prašmatni draugija **2** vikrus, greitas, apsukrus; **you'd better be ~ about it** jums derėtų suktis/paskubėti; **to make a ~ job** *(of)* greitai ir gerai atlikti **3** *(ypač amer.)* sumanus, išradingas; **he is a ~ chap/guy** jis galvotas vaikinas **4** stiprus, smarkus *(apie smūgį ir pan.)*; aštrus, veriamas *(apie skausmą)* **5** griežtas *(apie bausmę ir pan.)* ◊ **a ~ few/sprinkle** gana daug
adv dabitiškai, dailiai, prašmatniai ◊ **to play it ~** elgtis protingai
v **1** smarkiai skaudėti; jausti veriamą skausmą **2** teikti skausmą, skaudinti; **the insult ~s yet** dar tebeskaudina įžeidimas **3** kęsti, kentėti *(under, over); to ~ for smth* atkentėti už ką

smart-alecky ['smaːt,ælɪkɪ] *a šnek.* įžulus, pasipūtęs, visažinis

smart-arse ['smaːtaːs] *n sl.* pasipūtėlis

smart-ass ['smaːtæs] *n amer. sl.* = **smart-arse**

smarten ['smaːtn] *v* **1** gražinti(s), puošti(s) *(ppr. ~ up); to ~ up for dinner* pasidabinti pietums **2** (pa)spartinti *(žingsnius ir pan.)*

smart-money ['smaːt,mʌnɪ] *n* **1** kompensacija *(už sužalojimą, suluošinimą);* bauda **2** *teis.* atsimestiniai pinigai

smarty ['smaːtɪ] *n šnek.* **1** visažinis; teisuolis **2** dabišius

smarty-pants ['smaːtɪpænts] *n* = **smarty** 1

smash [smæʃ] *<n, v, adv>* n **1** sudaužymas; sudužimas; **to go to ~** sudužti *(t. p. prk.)* **2** staigus kritimas; trenkimas; trenksmas, bildesys **3** susidūrimas *(kelyje);* katastrofa **4** sutriuškinimas; triuškinamas smūgis **5** *fin.* bankrotas; krachas; **to go to ~** subankrutuoti **6** smūgis iš viršaus *(į aukštai lekiantį teniso kamuoliuką)* **7** *šnek.*

smash-and-grab

(filmo, spektaklio ir pan.) didžiulis pasisekimas *(t. p. ~ hit)* **8** *attr šnek.* didžiulis, nepaprastas; greit išpopuliarėjęs; *~ song* madinga dainelė
v **1** (su)dužti, (su)lūžti; (su)daužyti; *to ~ the window* išdaužti langą **2** įsirėžti *(into);* atsitrenkti, susidurti *(against)* **3** įsilaužti, įsiveržti *(into);* prasiveržti *(through)* **4** (su)triuškinti, sunaikinti; sumušti **5** sugriauti *(karjerą, santvarką)* **6** trenkti, vožti, suduoti iš visų jėgų **7** pažaboti, sustabdyti *(infliaciją)* **8** *fin.* subankrutuoti **9** smūgiuoti iš viršaus *(tenise, badmintone)* ☐ *~ down* a) nugriauti, išgriauti; išlaužti *(duris);* b) trenkti *(on – į); ~ in* į(si)laužti; įsiveržti jėga; *to ~ in a door* išlaužti duris; *to ~ smb's head in šnek.* suknežinti kam galvą; *~ up* sukrušti, sudaužyti; sugriauti
adv visu smarkumu; į šipulius; *to go/come ~* a) įsirėžti visu smarkumu; b) būti visiškai sutriuškintam; bankrutuoti

smash-and-grab [ˌsmæʃənˈgræb] *a:* *~ raid* parduotuvės apiplėšimas išdaužus langą

smashed [smæʃt] *a* **1** sudaužytas, sulaužytas **2** *predic šnek.* girtas; apdujęs nuo narkotikų

smasher [ˈsmæʃə] *n šnek.* **1** kas nors patraukiantis/priblokštantis/neregėtas; nepaprastas gražuolis **2** pritrenkiantis/triuškinamas smūgis; įtikinantis argumentas; triuškinama recenzija

smashing [ˈsmæʃɪŋ] *a* **1** triuškinamas **2** *šnek.* puikus, nepaprastai geras, nuostabus

smash-up [ˈsmæʃʌp] *n šnek.* **1** sutriuškinimas; sugriovimas; žlugimas **2** avarija, katastrofa

smatter [ˈsmætə] *n* = **smattering** 1
v **1** paviršutiniškai išmanyti/mokėti *(of)* **2** būti diletantu, paviršutiniškai domėtis *(at, in)*

smatterer [ˈsmætərə] *n* diletantas; *iron.* visažinis

smattering [ˈsmætərɪŋ] *n* **1** paviršutiniškas išmanymas/mokėjimas; diletantiškumas **2** *šnek.* nedidelis kiekis, šiek tiek *(of)*

smear [smɪə] *n* **1** dėmė *(t. p. prk.)* **2** lipni/klampi medžiaga **3** šmeižtas, garbės nuplėšimas; *~ campaign* šmeižto kampanija **4** *med.* tepinėlis
v **1** (iš)tepti, sutepti, (su)teršti *(t. p. prk.)* **2** (ap)šmeižti, nuplėšti garbę **3** iš(si)trinti *(apie raides);* nusitrinti *(apie dažus)* **4** *amer. šnek.* nugalėti, sutriuškinti

smear-sheet [ˈsmɪəʃiːt] *n amer.* laikraštpalaikis

smeary [ˈsmɪəri] *a* **1** nešvarus, dėmėtas **2** lipnus

smell [smel] *n* **1** kvapas; *bad/nasty ~* dvokimas, dvokas, smarvė, dvokulys; *oily ~* naftos tvaikas **2** uoslė; uostymas; *to take a ~ (at)* a) pauostyti; b) ištirti; iššniukštinėti
v (smelt, smelled [-d]) **1** kvepėti; atsiduoti, smirdėti, dvokti *(of); to ~ of racism prk.* kvepėti rasizmu **2** (už)uosti; *prk.* užuosti, jausti *(pavojų ir pan.)* **3** uostyti, kvėpinti *(at); to ~ powder prk.* pauostyti parako, gauti kovos krikštą **4** *šnek.* atrodyti *(susirūpinusiam ir pan.); his description of events didn't ~ right to me* jo įvykių aprašymas man neatrodė teisingas ☐ *~ about* uostinėti, šniukštinėti; *~ out* a) suuosti, užuosti, suuostyti, susekti; b) prismardinti, užsmardinti *(kambarį ir pan.)* ◊ *to ~ of the lamp/candle* būti sukurtam per vargą *(apie literatūros kūrinį, pranešimą ir pan.)*

smeller [ˈsmelə] *n* **1** uostytojas; uostinėtojas **2** kvepiantis/dvokiantis daiktas/žmogus; smirdalas; smirdžius **3** *sl.* žmogus, kuris kišasi į svetimus reikalus **4** *sl.* nosis **5** *sl.* smūgis į nosį

smelling-bottle [ˈsmelɪŋˌbɒtl] *n* buteliukas su uostomąja druska

smelling-salts [ˈsmelɪŋsɔːlts] *n pl* uostomoji druska

smelly [ˈsmeli] *a* dvokiantis, smirdantis; dvokus, smardus

smelt[1] [smelt] *metal. n* lydymas; išlydytas metalas, metalo lydalas
v (iš)lydyti

smelt[2] *n zool.* stinta; *silver ~* sidabražuvė, sidabrinukė

smelt[3] *past ir pII žr.* **smell** *v*

smelter [ˈsmeltə] *n* **1** lydykla **2** *psn.* lydytojas

smeltery [ˈsmeltəri] *n* lydykla

smew [smjuː] *n zool.* mažasis dančiasnapis

smidgen, smidgin [ˈsmɪdʒɪn] *n šnek.* truputis, lašelis

smilax [ˈsmaɪlæks] *n bot.* **1** sarsaparylius **2** smidras, šparagas

smile [smaɪl] *n* **1** šypsena, šypsulys, šypsnys; *to give smb a ~* nusišypsoti kam; *to be all ~s* atrodyti labai patenkintam **2** palankumas; *the ~s of fortune* likimo šypsena, sėkmė
v **1** šypsotis; *to ~ to oneself* nusišypsoti sau; *keep smiling!* nenusimink(ite)! **2** šypsena išreikšti *(pritarimą, sutikimą ir pan.); to ~ a greeting* pasveikinti su šypsena; *to ~ farewell* nusišypsoti atsisveikinant **3** *prk.* šypsotis, rodyti palankumą, būti palankiam *(on, upon); fortune has always ~d upon him* jam visada šypsojosi laimė, likimas jam visada buvo palankus

smiling [ˈsmaɪlɪŋ] *a* (besi)šypsantis, su šypsena

smirch [smɜːtʃ] *n* dėmė *(t. p. prk.)*
v **1** tepti, dėmėti, purvinti **2** *prk.* (su)tepti, (su)teršti

smirk [smɜːk] *n* pasitenkinimo/kvaila šypsena
v kvailai šypsotis, šaipytis

smite [smaɪt] *v* (smote; smitten) *knyg.* **1** smogti, trenkti, kirsti **2** (su)triuškinti, (su)mušti; *~ hip and thigh* negailestingai sutriuškinti/sumušti; *to ~ dead* užmušti **3** apimti; kankinti; *an idea smote her* jai dingtelėjo mintis; *his conscience smote him* jį apėmė/kankino sąžinės graužimas; *he was smitten by the French* jį sužavėjo/pakerėjo prancūzai
n **1** stiprus smūgis **2** mėginimas

smith [smɪθ] *n* **1** *(S.)* Smitas *(pavardė)* **2** kalvis **3** šaltkalvis; metalininkas
v kalti; kalviauti

smithereens [ˌsmɪðəˈriːnz] *n pl* šipuliai, skeveldros, šukės; *to smash to/into ~* sudaužyti į šipulius

smithery [ˈsmɪθəri] *n* **1** kalvystė **2** kalvė

smithy [ˈsmɪði] *n* **1** kalvė **2** *amer.* kalvis

smitten [ˈsmɪtn] *pII žr.* **smite** *v*
a **1** pakirstas *(smūgio, nelaimės ir pan.)* **2** apimtas; *~ with fear* apimtas baimės **3** įsimylėjęs (iki ausų) *(with)*

smock [smɒk] *n* **1** *(pardavėjų, gydytojų ir pan.)* palaidinis, chalatas **2** palaidas drabužis *(džn. dėvimas nėščių moterų)* **3** = **smock-frock**
v **1** apsivilkti palaidinį **2** puošti raukčiais

smock-frock [ˌsmɒkˈfrɒk] *n ist.* drobinis palaidinis, trinyčiai

smocking [ˈsmɒkɪŋ] *n* raukčiai, raukiniai *(drabužio papuošimas)*

smog [smɒg] *n* smogas *(rūko ir dūmų bei suodžių mišinys)*

smoggy [ˈsmɒgi] *a* pilnas smogo

smoke [sməʊk] *n* **1** dūmai; suodžiai **2** rūkymas; *to have a ~* parūkyti, užrūkyti **3** *šnek.* cigaretė, cigaras, papirosas; dūmas **4** garas ◊ *to go up in ~* a) sudegti, nueiti dūmais; b) pasibaigti be rezultatų, nieko neišeiti; *like ~* a) greitai; b) lengvai, be kliūčių; *there is no ~ without fire, where there's ~ there's fire* ≡ nėra dūmų be ugnies; *to sell ~* apgaudinėti, sukčiauti; *the (big) S. šnek.* didelis miestas; Londonas

v **1** (su)rūkyti, išrūkyti; dūmyti **2** (ap)rūkti; dūmuoti; *the stove ~s badly* krosnis smarkiai rūksta **3** rūkyti *(mėsą, žuvį)* □ *~ out* a) išrūkyti *(išvaryti su dūmais);* išsmilkyti *(bites);* b) susekti, demaskuoti *(nusikaltėlį ir pan.)*
smoke-ball ['sməukbɔ:l] *n* **1** *bot.* kukurdvelkis **2** *kar.* dūminis sviedinys; dūminė bomba
smoke-black ['sməukblæk] *n* suodžiai
smoke-bomb ['sməukbɔm] *n* dūminė bomba
smoke-cloud ['sməukklaud] *n* dūmų debesis/užtvara
smoke-consumer ['sməukkənˌsju:mə] *n tech.* dūmsiurbis
smoked [sməukt] *a* **1** dulsvas, dūminis **2** aprūkęs **3** (iš)rūkytas
smoke-dried ['sməukdraɪd] *a* (iš)rūkytas; šaltai rūkytas *(apie žuvį)*
smoke-dry ['sməukdraɪ] *v* rūkyti *(mėsą, žuvį ir pan.)*
smoke-filled ['sməukfɪld] *a* prirūkytas *(apie kambarį)*
smoke-free ['sməuk'fri:] *a:* ~ *area/zone* vieta, kurioje draudžiama rūkyti
smokehouse ['sməukhaus] *n* rūkykla
smokeless ['sməukləs] *a* be dūmų, bedūmis; *~ zone* bedūmė miesto zona *(kur draudžiama dūmyti)*
smokeproof ['sməukpru:f] *a* nepraleidžiantis dūmų
smoker ['sməukə] *n* **1** rūkalius, rūkytojas; *heavy ~* didelis rūkalius, daug rūkantis žmogus **2** *(mėsos, žuvies ir pan.)* rūkytojas **3** rūkomasis vagonas **4** rūkstantis daiktas; *that chimney is a bad ~* tas kaminas baisiai rūksta **5** *(ypač amer.)* rūkančių vyrų kompanija **6** rūklys, rūkiklis, dūlys *(bitėms rūkyti)*
smokescreen ['sməukskri:n] *n* **1** *kar.* dūmų uždanga **2** *prk.* priedanga
smokestack ['sməukstæk] *n (laivo, fabriko ir pan.)* kaminas
smoke-stone ['sməukstəun] *n min.* dulsvasis topazas
smoke-tube ['sməuktju:b] *n tech.* dūmavamzdis
smoking ['sməukɪŋ] *n* **1** rūkymas; *no ~* rūkyti draudžiama *(užrašas)* **2** *attr* rūkomasis; *~ stand* aukšta ant grindų statoma peleninė
smoking-car ['sməukɪŋkɑ:] *n* rūkomasis vagonas
smoking-carriage ['sməukɪŋˌkærɪdʒ] *n* = **smoking-car**
smoking-room ['sməukɪŋrum] *n* rūkomasis *(kambarys)* ◊ *~ talk* vyriškas pokalbis
smoko ['sməukəu] *n (pl ~s [-z]) austral. šnek.* pertraukėlė, atokvėpis *(parūkyti)*
smoky ['sməukɪ] *a* **1** dūmingas, dūmuotas; *~ atmosphere* dūmuotas oras; *how ~ it is here!* kaip čia prirūkyta! **2** aprūkęs **3** rūkstantis; turintis dūmų kvapą **4** dulsvas; dūminis; *~ grey* dulsvai pilkas
smolder ['sməuldə] *amer.* = **smoulder** *n, v*
Smollett ['smɔlɪt] *n: Tobias George ~* Tobijas Džordžas Smoletas *(škotų rašytojas)*
smolt [sməult] *n* jauniklė lašiša
smooch [smu:tʃ] *v šnek.* myluotis, glamonėtis
smoochy ['smu:tʃɪ] *a šnek.* ilgesingas
smooth [smu:ð] <*a, adv, n ,v*> *a* **1** lygus, plynas, glotnus; *~ thread* lygus protektorius **2** vienodas; vienalytis, vienodai tirštas; *~ paste* tešla be gumulėlių **3** sklandus, be kliūčių; ramus; *to make things ~* pašalinti kliūtis; *the way is ~* nėra kliūčių; *~ voyage* rami kelionė *(neaudringa)* **4** ramus, išlaikantis pusiausvyrą **5** švelnus, neaitrus *(apie vyną ir pan.)* **6** meilikaujantis, meilikaujamas; *to have a ~ tongue* meilikauti, saldžialiežuvauti **7** *šnek.* labai malonus, dailus
adv **1** lygiai, glotniai **2** sklandžiai
n **1** (su)lyginimas, glotninimas **2** lygus paviršius

v **1** (su)lyginti, (pri)glodinti, (su)glostyti *(t. p. ~ down);* išlyginti *(t. p. ~ out)* **2** įtrinti *(into, over)* **3** nu(si)raminti *(ppr. ~ down)* **4** (iš)dailinti **5** *spec.* poliruoti, šlifuoti □ *~ away/out* pašalinti *(raukšles, nesklandumus, kliūtis);* ~ *over* (su)švelninti, užglostyti, uždailinti
smoothbore ['smu:ðbɔ:] *n kar.* lygiavamzdis šautuvas
smooth-chinned ['smu:ðtʃɪnd] *a* bebarzdis
smooth-faced ['smu:ðfeɪst] *a* **1** švariai apsiskutęs; nuskustas *(apie veidą)* **2** turintis lygų paviršių; neraukšlėtas **3** meilikaujantis, pataikūniškas
smoothie ['smu:ðɪ] *n* = **smoothy**
smoothing-iron ['smu:ðɪŋˌaɪən] *n* laidynė, lygintuvas
smooth-running ['smu:ðˌrʌnɪŋ] *a* sklandžiai dirbantis/veikiantis
smooth-spoken ['smu:ðˌspəukən] *a* sklandžiakalbis; saldžiakalbis
smooth-tongued ['smu:ðtʌŋd] *a* saldžiakalbis, saldžialiežuvis, meilikaujantis
smoothy ['smu:ðɪ] *n šnek.* pernelyg galantiškas kavalierius, meilikautojas
smorgasbord ['smɔ:gəsbɔ:d] *n kul.* švediškas stalas
smote [sməut] *past žr.* **smite** *v*
smother ['smʌðə] *v* **1** (už)dusinti, (už)troškinti **2** (už)dusti, (už)trokšti **3** (nu)slopinti, užslopinti *(ugnį);* (nu)stelbti **4** (nu)slopinti, užgniaužti *(pyktį ir pan.);* sulaikyti *(žiovulį); to ~ one's jealousy* užgniaužti pavydą **5** užtušuoti, nuslėpti, neleisti iškilti aikštėn **6** storai/tirštai padengti/užpilti; *a cake ~ed in cream* pyragaitis su storu kremo sluoksniu **7** *kul.* troškinti *(mėsą ir pan.)*
n **1** tirštas dūmų/dulkių debesis **2** rusenančios anglys **3** gausybė; chaosas
smothery ['smʌðərɪ] *a* slopus, tvankus; dusinantis
smoulder ['sməuldə] *n* **1** rusenanti ugnis **2** tiršti dūmai
v **1** smilkti, rusenti *(t. p. prk.)* **2** degti *(pykčiu, pavydu ir pan.; with)*
smouldering ['sməuldərɪŋ] *a* **1** rusenantis, smilkstantis *(t. p. prk.);* ~ *hatred* rusenanti/užslėpta neapykanta; ~ *discontent* užslėptas nepasitenkinimas **2** deginantis, karštas *(apie akis, žvilgsnį)*
smudge[1] [smʌdʒ] *n* **1** dėmė, purvas **2** kas nors neaiškaus/ neapibrėžto *(pavidalo)*
v **1** tepti(s), dėmėti(s), iš(si)tepti **2** *prk.* sutepti, suteršti
smudge[2] *amer. n* dūmai, laužas *(apsisaugoti nuo vabzdžių, šalnos)*
v **1** ap(si)saugoti dūmais *(nuo vabzdžių, šalnos);* (ap)dūmyti, (ap)rūkyti **2** rusenti, smilkti
smudgy ['smʌdʒɪ] *a* **1** nešvarus, suteptas **2** neaiškus, susiliejęs *(apie kontūrus ir pan.)*
smug [smʌg] *a* **1** patenkintas savimi, pasipūtęs **2** manieringas **3** *psn.* glotnus; geros išvaizdos, puošnus
smuggle ['smʌgl] *v* **1** verstis kontrabanda **2** gabenti kontrabanda/slapta □ *~ away* paslėpti; *~ in* įvežti kontrabanda; *~ out* išvežti kontrabanda
smuggler ['smʌglə] *n* **1** kontrabandininkas **2** kontrabandos laivas
smuggling ['smʌglɪŋ] *n* kontrabanda; *drug ~* narkotikų kontrabanda
smut [smʌt] *n* **1** suodžiai, paišai **2** *(suodžių)* dėmės; nešvarumai **3** akmens anglių dulkės **4** nepadorybė(s), nešvankybė(s) **5** *bot.* kūlės
v **1** suodinti(s), paišinti(s), tepti(s) suodžiais/paišais **2** *bot.* už(si)krėsti kūlėmis
smutch [smʌtʃ] = **smudge**[1] *n, v*
smutty ['smʌtɪ] *a* **1** suodinas, paišinas; purvinas, juodas **2** nepadorus, nešvankus **3** *bot.* kūlėtas

snack [snæk] *n* **1** lengvas užkandis; *to have a ~* užkąsti **2** dalis; *to go ~s* dalytis *(su)*; *~s!* šiukštu, po lygiai!
v užkandžiauti, užkąsti

snack-bar ['snækbɑ:] *n* užkandinė, bufetas

snaffle[1] ['snæfl] *n* žabokliai, žąslai; *~ reins* kamanos su žąslais ◊ *to ride smb on the ~* negriežtai/švelniai ką valdyti

snaffle[2] *v šnek.* **1** pavogti, nudžiauti **2** pagauti, pagriebti

snaffle-bit ['snæflbɪt] *n* = **snaffle**[1]

snafu [snæ'fu:] <*n, a, v*> *amer. sl. n* maišatis, painiava, netvarka
a susimaišęs, susipainiojęs; netvarkingas, chaotiškas
v su(si)painioti

snag [snæg] *n* **1** (netikėta) kliūtis, sunkumas; *to strike a ~* susidurti su kliūtimi; *that's the ~* štai kur visas sunkumas **2** kerplėša, šiekštas *(upės dugne)*; šakotas kelmas, šakos nuolauža **3** danties nuolauža **4** nubėgusi akis *(kojinėje ir pan.)*
v **1** užkliūti, užsikabinti *(apie drabuži)* **2** užplaukti ant kelmo/kerplėšos; užsikabinti už šiekšto/šakos **3** pašalinti kerplėšas/šakas/kelmus *(iš upės ir pan.)* **4** *amer. šnek.* pa(si)gauti, sučiupti; perimti *(perdavimą)*; *to ~ a taxi* pagauti taksi

snaggy ['snægɪ] *a* **1** šakotas; gumbuotas **2** pilnas šiekštų/kerplėšų/kelmų; kerplėšėtas

snail [sneɪl] *n* **1** *zool.* sraigė **2** *šnek.* lėtas žmogus, lėtūnas **3** *tech.* spiralė ◊ *at a ~'s pace* ≡ vėžlio žingsniu

snailfish ['sneɪlfɪʃ] *n zool.* gleivys *(žuvis)*

snake [sneɪk] *n* **1** gyvatė **2** *prk.* gyvatė, bjaurybė, klastūnas ◊ *~ in the grass (ppr. juok.)* niekšas *(apsimetęs draugu)*; slaptas/nematomas priešas; *~ in one's bosom* nedėkingas žmogus; *to raise/wake ~s* sukelti triukšmą/skandalą; *great ~s!* negali būti!, še tau! *(reiškiant nustebimą)*; *to see ~s šnek.* visiškai nusigerti
v rangytis, ving(ur)iuoti, ringuoti, šliaužti

snakebite ['sneɪkbaɪt] *n* **1** (nuodingos) gyvatės įkandimas **2** alkoholinis gėrimas *(alaus ir sidro mišinys)*

snake-charmer ['sneɪkˌtʃɑ:mə] *n* gyvačių kerėtojas

snake-fence ['sneɪkfens] *n* zigzaginė tvora

snakelike ['sneɪklaɪk] *a* gyvatiškas

snaky ['sneɪkɪ] *a* **1** gyvatės; gyvatiškas **2** knibždantis gyvačių **3** vingiuotas, besiraitantis *(kaip gyvatė)* **4** klastingas

snap [snæp] <*n, v, a, adv, int*> *n* **1** trakštelėjimas, spragtelėjimas; užšovimas *(su garsu)*; staigus skardus garsas **2** *amer.* *(pirštinių, suknelių ir pan.)* spragtukas, spaustukas, spaustelis, spraustukas **3** grybštelėjimas, krimstelėjimas, staigus įkandimas **4** sausas trapus pyragaitis **5** nemandagus atsakymas, atšovimas; kapotinė kalba **6** staigus oro atšalimas *(ppr. cold ~)* **7** *šnek.* smarkumas; energija; *a man with plenty of ~* smarkus/energingas žmogus **8** *šnek. (stiliaus)* gyvumas, (iš)raiškumas **9** *šnek.* mėgėjų (foto)nuotrauka **10** *teatr. sl.* trumpas angažementas **11** vaikiškas kortų lošimas **12** *amer. šnek.* lengvas darbas, lengva užduotis; *soft ~* pelningas darbelis; šilta vietelė **13** *šiaur.* užkandis *(darbo metu)* **14** *tech.* apspaudas **15** *attr amer.* lengvas, paprastas ◊ *not a ~* nė trupučio, nė kiek; *not worth a ~* ≡ niekam vertas/tikęs
v **1** traškėti, trakštelėti, spragsėti, spragtelėti, pykštelėti; *to ~ one's fingers* spragsėti/spragtelėti pirštais; *to ~ a whip* pliaukštelėti botagu; *the pistol ~ped* pistoletas užsikirto **2** už(si)sklęsti, už(si)šauti *(su garsu; to)* **3** atžariai/piktai kalbėti/atkirsti, atšauti *(at)* **4** čiuptelėti, grybštelėti, griebti(s), stvertis, kaptelėti *(dantimis; at)* **5** (nu)laužti, (nu)traukti; triokštelėti, (nu)lūžti, (nu)trūkti, plyšti *(su staigiu trumpu garsu)* **6** pratrūkti *(apie jausmus)* **7** veikti greitai; daryti skubotai **8** *šnek.* (nu)traukti, daryti momentinę fotonuotrauką ☐ *~ off* a) nulaužti; nulūžti; b) atkąsti; c) išjungti *(šviesą)*; *~ on* įjungti *(šviesą)*; *~ out* išdrožti, išrėžti; atrėžti, atšauti; *~ up* a) pačiupti, pagriebti; išgraibstyti, greit nupirkti; b) staigiai/grubiai pertraukti/įsiterpti ◊ *~ into it!, amer. ~ it up! šnek.* greitai!, paskubėk!; *to ~ out of it šnek.* atsisakyti, nusikratyti *(blogos nuotaikos ir pan.)*
a skubotas, staigus, neapgalvotas *(apie sprendimą ir pan.)*
adv staigiai, greitai; triukšmingai
int o! *(reiškiant nustebimą dėl kokių nors dviejų dalykų panašumo)*

snap-bolt ['snæpbəʊlt] *n* = **snap-lock**

snap-beans ['snæpbi:nz] *n pl amer.* šparaginės pupelės

snapdragon ['snæpˌdrægən] *n* **1** *bot.* didysis žioveinis **2** kalėdinis žaidimas *(iš degančio spirito traukiamos razinos)*

snap-fastener ['snæpˌfɑ:snə] *n* = **snap** *n* 2

snap-hook ['snæphʊk] *n* karabininis kablys

snap-lock ['snæplɔk] *n* spyna su spragtuku

snap-on ['snæpɔn] *a attr* prisegamas/įsegamas spraustukais *(apie gobtuvą, šiltą pamušalą ir pan.)*

snap-pawl ['snæppɔ:l] *n tech.* strektė

snapper ['snæpə] *n zool.* lynas; rifų ešerys

snappish ['snæpɪʃ] *a* **1** irzlus, piktas; priekabus **2** atžarus *(apie atsakymą)* **3** kandantis; kandus

snappy ['snæpɪ] *a* **1** gyvas, šmaikštus, sąmojingas **2** ūmus, greit supykstantis **3** gaivus *(apie orą)* **4** *šnek.* madingas ◊ *make it ~!, look ~! šnek.* paskubėk!, greičiau!

snap-roll ['snæprəʊl] *n av.* statinė *(akrobatinis skrydis)*

snapshot ['snæpʃɔt] *n* **1** *(mėgėjų)* momentinė (foto)nuotrauka **2** šūvis neprisitaikius
v padaryti momentinę (foto)nuotrauką

snare [snɛə] *n* **1** spąstai, žabangos *(t. p. prk.)*; raizgai, kilpos **2** *muz.* būgnelis su stygomis *(t. p. ~ drum)*
v **1** pagauti/gaudyti spąstais/žabangomis **2** įtraukti į žabangas

snarl[1] [snɑ:l] *n* **1** urzgimas; urzgesys; niurnėjimas **2** šiurkštus atsakymas; pikta pastaba
v **1** urzgėti, urgzti, niurzgėti, niurnėti **2** atkirsti, atšauti; suniurzgėti, suniurnėti *(t. p. ~ out)*

snarl[2] *n* **1** raizgalai; suvelti plaukai; raizginys **2** painiava, netvarka **3** *(medžio)* gumbas
v su(si)raizgyti, su(si)painioti, su(si)velti ☐ *~ up (ppr. pass)* sutrikti *(apie eismą, sistemą ir pan.)*

snarl-up ['snɑ:lʌp] *n* painiava; *(eismo)* sutrikimas, susigrūdimas

snatch [snætʃ] *n* **1** griebimas, čiupimas; *to make a ~ at smth* bandyti ką sugriebti/pačiupti/išplėšti **2** (iš)plėšimas, vogimas **3** *(pašnekesio ir pan.)* nuotrupa, fragmentas **4** *(ppr. pl)* momentas, valandėlė, trumpas laiko tarpas; *to work in/by ~es* dirbti priešokiais, su pertrūkiais, nereguliariai **5** *sport.* rovimas
v **1** (pa)griebti, (pa)čiupti, (nu)tverti, pastverti *(t. p. ~ up)*; griebtis, stvertis *(at)* **2** nusitverti *(pasiūlymo, idėjos ir pan.; at)*; pasinaudoti *(kuo)* **3** ištraukti, išplėšti, atimti *(t. p. ~ away)*

snatch-block ['snætʃblɔk] *n jūr.* atidaromasis blokas

snatchy ['snætʃɪ] *a* nutrūkstamas, nereguliarus, fragmentinis

snath [snæθ] *n amer., dial.* dalgiakotis

snazzy ['snæzɪ] *a šnek.* patrauklus, malonus; ryškus, akį veriantis
sneak [sni:k] *n* **1** niekšas, veidmainys **2** *mok. šnek.* skundikas, skundeiva **3** *šnek.* nepastebėtas išėjimas **4** *kin. sl.* uždara peržiūra *(t. p. ~ preview)* **5** *pl šnek.* = **sneakers**
v (sneaked, snuck) **1** sėlinti, slinkti; *to ~ past the guard* prasmukti pro sargybą; *to ~ out of danger* išsisukti nuo pavojaus **2** daryti slapta/pasalomis; *to ~ a look* vogčiomis pažvelgti **3** *šnek.* nudžiauti, nukniaukti **4** *mok. šnek.* skųsti *(on)* ▢ *~ away* išsėlinti; *~ up* prisėlinti, prislinkti
sneakers ['sni:kəz] *n pl (ypač amer.)* krepšinio bateliai, sportbačiai, sportukai
sneaking ['sni:kɪŋ] *a* **1** niekšiškas; pasalūniškas **2** slaptas; neaiškus, nepaaiškinamas *(apie jausmą)*
sneak-thief ['sni:kθi:f] *n (pl* -thieves [-θi:vz]) vagilius
sneaky ['sni:kɪ] *a* **1** niekšiškas **2** pasalus, veikiantis patylomis
sneck [snek] *šiaur. n* skląstis, velkė; užšovas
v užsklęsti, užšauti
sneer [snɪə] *n* **1** pajuoka, pašaipa **2** šaipymasis, tyčiojimasis
v šaipytis, tyčiotis; pašiepti, pajuokti *(at)* ▢ *~ down* išjuokti, pasityčioti, suniekinti
sneering ['snɪərɪŋ] *n* patyčios, pašaipa
a pašaipus, niekinamas
sneeze [sni:z] *n* čiaudėjimas; čiaudulys
v čiaudėti ◊ *it is not to be ~d at šnek.* su tuo reikia skaitytis, į tai negalima nusispjauti
sneezing ['sni:zɪŋ] *a* čiaudulinis; *~ gas kar.* čiaudulinės dujos
snick [snɪk] *n* įpjova, įranta, įraiža
v įpjauti; įrėžti, padaryti įrantą
snicker ['snɪkə] *n* **1** *(tylus)* žvengimas, prunkštimas **2** *(ypač amer.)* prislopintas juokas, prunkštimas, kikenimas
v **1** *(tyliai)* žvengti, prunkšti **2** *(ypač amer.)* prunkšti, kikenti
snickersnee [ˌsnɪkə'sni:] *n juok.* ilgas peilis; durklas
snide [snaɪd] *n* netikra/dirbtinė brangenybė, padirbta moneta
a **1** kandus, pašaipus **2** netikras, dirbtinis, padirbtas **3** *amer.* nesąžiningas, klastingas
sniff [snɪf] *n* **1** šnarpštimas, šnirpštimas **2** *(paniekinamas)* prunkštelėjimas **3** uostymas, uodimas; įkvėpimas per nosį ◊ *not to get a ~ (of)* ≅ matyti kaip savo ausis
v **1** šnarpšti, šnirpšti **2** *(paniekinamai)* prunkštelėti **3** įtraukti oro *ar* įkvėpti per nosį **4** uostyti, uosti; *to ~ at a flower* uostyti gėlę; *the dog was ~ing (at) the post* šuo šniukštinėjo apie stulpą ▢ *~ out* suuosti; iššniukštinėti, suuostyti ◊ *it is not to be ~ed at šnek.* su tuo reikia skaitytis, į tai negalima nusispjauti
sniffer ['snɪfə] *n* uostytojas; *~ dog* policijos šuo *(užuodžiantis narkotikus ir sprogmenis)*
sniffle ['snɪfl] = **snuffle** *n, v*
sniffy ['snɪfɪ] *a* **1** *šnek.* (pa)niekinantis, pasipūtęs **2** atsiduodantis, dvokiantis
snifter ['snɪftə] *n* **1** sriubsnis/gurkšnelis svaigalų **2** *amer.* taurė *(siaurėjanti į viršų)* **3** *pl šnek.* sloga
snifting-valve ['snɪftɪŋvælv] *n tech.* įsiurbimo/išmetimo vožtuvas
snig[1] [snɪg] *v austral.* trūktelėti
snig[2] *v spec.* treliuoti *(medžius)*
snigger ['snɪgə] *n* kikenimas, prunkštimas, prislopintas juokas
v kikenti, prunkštauti, prunkšti
sniggle ['snɪgl] *v* gaudyti ungurius *(kabliuku su jauku)*

snip [snɪp] *n* **1** (į)kirpimas; įkarpa, įpjova **2** nuokarpa, atkarpa; gabaliukas **3** *šnek.* žmogėkas, mažas žmogelis **4** *šnek.* akiplėša; įžūli mergiotė **5** *šnek.* nuostabiai pigus/geras pirkinys *(už tą kainą)* **6** *ret.* šviesus lopas ant snukio/nosies *(ypač arklio)* **7** *pl* metalo žirklės
v kirpti, karpyti ▢ *~ off* nukirpti, nukarpyti
snipe [snaɪp] *n* **1** *(pl ~)* *zool.* perkūno oželis *(t. p. common ~); great/double ~* stulgys, pievinis tilvikas; *half ~* balų tilvikas; *Jack ~* oželis nykštukas **2** menkysta **3** šūvis iš už priedangos
v **1** šaudyti/medžioti perkūno oželius **2** šaudyti iš už priedangos **3** pulti, puldinėti; užsipulti; *to ~ each other* kivirčytis
snipe-fish ['snaɪpfɪʃ] *n zool.* jūrų oželis *(žuvis)*
sniper ['snaɪpə] *n* snaiperis, taiklus šaulys
snipper ['snɪpə] *n* **1** siuvėjas **2** *(metalo, vielų)* karpytojas
snippet ['snɪpɪt] *n* **1** nuokarpa; gabalėlis **2** *pl (pokalbio, žinių ir pan.)* nuotrupos, fragmentai; trumpos ištraukos
snippy ['snɪpɪ] *a* **1** fragmentinis, trumpas **2** *amer. šnek.* pasipūtęs; atžarus; ūmus
snip-snap ['snɪpsnæp] *šnek. n.* **1** *(žirklių)* čiksėjimas **2** sąmojingas atsikirtimas
v **1** čiksėti, čikšėti *(apie žirkles)* **2** atsikirsti sąmojingai
snit [snɪt] *n amer. šnek.* susierzinimas
snitch [snɪtʃ] *šnek. v* **1** (į)skundinėti *(on)* **2** vagiliauti, vaginėti
n **1** skundikas; šnipelis **2** *juok.* nosis
snivel ['snɪvl] *n* **1** žliumbimas, verkšlenimas **2** veidmainiškas verkšlenimas/apgailestavimas *ir pan.* **3** šniurkščiojimas **4** varvanti nosis, snarglys **5** *(the ~s)* sloga
v (-II-) **1** žliumbti, verkšlenti **2** veidmainiškai verkšlenti/apgailestauti *ir pan.* **3** šniurkščioti **4** varvėti iš nosies; snargliuoti
sniveller ['snɪvlə] *n* žliumba, verksnys
snob [snɔb] *n* snobas
snobbery ['snɔbərɪ] *n* snobizmas
snobbish, snobby ['snɔbɪʃ, 'snɔbɪ] *a* snobiškas
snog [snɔg] *šnek. n* glamonėjimasis, bučiavimasis
v bučiuotis ir glamonėtis; myluotis
snood [snu:d] *n* **1** tinklelis *(plaukams prilaikyti)* **2** *škot. ist.* kaspinas *(plaukams surišti)*
snook[1] [snu:k] *n šnek.* ilga nosis *(gestas kam sugėdyti); to cock/make/cut a ~ at smb* ≅ parodyti kam nosį
snook[2] *n zool.* snukas, jūrų lydeka
snooker[1] ['snu:kə] *n* snukeris *(angliškasis biliardas)*
snooker[2] *v* **1** *šnek.* sukliudyti; sugriauti *(planus)* **2** *amer.* apmauti, apgauti
snoop [snu:p] *šnek. n.* **1** žmogus, kuris kišasi ne į savo reikalus **2** šniukštinėtojas; šnipelis
v **1** kištis ne į savo reikalus **2** šniukštinėti, landžioti, šnipinėti *(t. p. ~ about/around)*
snooper ['snu:pə] = **snoop** *n*
snoopy ['snu:pɪ] *a šnek.* įkyrus, landus
snoot [snu:t] *n (ypač amer.) šnek.* **1** snukis, nosis **2** vypsnis, grimasa; *to make ~s (at)* daryti grimasas, vaipytis **3** snobas
snooty ['snu:tɪ] *a šnek.* išpuikęs, pasipūtęs; *she is very ~* ji baisus snobas
snooze [snu:z] *šnek. n.* snūstelėjimas, nusnūdimas
v snūstelėti, nusnūsti, snūduriuoti
snore [snɔ:] *n* knarkimas
v knarkti, parpti
snorkel ['snɔ:kl] *n* **1** kvėpavimo vamzdelis *(kvėpuoti plaukiant po vandeniu)* **2** *jūr.* šnorkelis
v (-II) plaukioti po vandeniu *(naudojantis kvėpavimo vamzdeliu)*

snort [snɔ:t] *n* **1** prunkštimas; šnarpštimas **2** purkštavimas **3** *šnek.* siurbsnis/gurkšnis svaigalų **4** *sl.* narkotikų šniūkis
v **1** prunkšti; šnarpšti, šnirpšti; šnerkšti **2** purkštauti, purkštelėti *(piktai, juoku)* **3** *sl.* šniaukti, šniaukšti *(narkotikus)* ☐ **~ out** sušnarpšti, sušvankšti
snorter ['snɔ:tə] *n* **1** prunkšlys; šnarpšlys **2** *šnek.* kas nors ypač triukšmingas, didžiulis *ir pan.* **3** *šnek.* smarkus vėjas, audra
snorting ['snɔ:tɪŋ] *a* nepaprastas, pritrenkiantis
snot [snɔt] *n šnek.* **1** snarglys **2** snarglius; akiplėša
snot-nosed ['snɔtnəuzd] *a amer.* = **snotty-nosed**
snot-rag ['snɔtræg] *n šnek.* nosinė
snotty ['snɔtɪ] *a šnek.* **1** snargliuotas, snarglinas **2** šlykštus, koktus **3** išpuikęs, pasipūtęs
snotty-nosed ['snɔtɪnəuzd] *a* snargliuotas
snout [snaut] *n* **1** snukis; šnipas, knyslė **2** *šnek.* skundikas *(išduodantis bendrininkus policijai)* **3** *sl.* nosis **4** *tech.* tūta; antgalis ◊ **to have one's ~ in the trough** būti prie lovio, dalyvauti pelningame biznyje
snout-beetle ['snaut‚bi:tl] *n zool.* straubliukas *(vabalas)*
snow [snəu] *n* **1** sniegas; **heavy ~** smarkus sniegas/snigimas; **crusted ~** sniego pluta; **powder ~** smulkus sniegas; **the ~s of Siberia** Sibiro sniegynai **2** pūga; **to be caught in the ~** pakliūti į pūgą **3** *poet.* baltuma; žili plaukai **4** *kul.* plakti baltymai su cukrumi ir vaisiais, sniegas **5** *tel.* mirgėjimas *(šviesios dėmės ekrane)* **6** *sl.* kokainas, heroinas *(milteliais)*
v **1** snigti; **it ~s, it is ~ing** sninga **2** kristi *(kaip sniegui)*; apsnigti **3** *amer. šnek.* padaryti didelį įspūdį; meilikavimu/lipšnumu paveikti/palenkti ☐ **~ in** užpustyti, užsnigti, užversti sniegu; **~ under** a) *pass* būti užverstam *(pakvietimais, darbu ir pan.; with);* b) *amer.* neišrinkti *(didele dauguma);* **~ up** = **~ in**
snowball ['snəubɔ:l] *n* **1** sniego gniužulas/gniūžtė/gumulas; **~ fight** mėtymasis sniego gniūžtėmis **2** pinigų rinkliava *(kai kiekvienas dalyvis įsipareigoja įtraukti dar keletą žmonių)* **3** *bot.* putinas *(t. p. ~ tree)* ◊ **a ~'s chance in hell** *šnek.* jokių šansų *(laimėti ir pan.)*
v **1** mėtytis sniegais, sniego gniūžtėmis **2** greitai augti/didėti
snowbank ['snəubæŋk] *n* pusnis
snowbird ['snəubə:d] *n* **1** *zool.* smilginis strazdas **2** *amer. šnek.* žmogus, persikeliantis gyventi žiemą į šiltesnes vietas
snow-blind ['snəublaɪnd] *a* apakintas tviskančio sniego
snowblower ['snəu‚bləuə] *n* sniego valytuvas *(nupučiantis sniegą nuo kelio)*
snowboard ['snəubɔ:d] *n sport.* snieglentė
snow-boots ['snəubu:ts] *n pl* (šilti) botai, sniegbačiai
snowbound ['snəubaund] *a* **1** užsnigtas, užpustytas **2** įstrigęs pusnyse, pusnių sulaikytas *(apie transportą, žmones)*
snowbreak ['snəubreɪk] *n* **1** atlydys **2** sniegtvorė **3** sniegvarta
snow-broth ['snəubrɔθ] *n* aptirpęs/patižęs sniegas
snow-bunting ['snəu‚bʌntɪŋ] *n zool.* sniegstartė
snow-capped ['snəukæpt] *a* apklotas sniegu, snieguotas *(apie kalno viršūnę ir pan.)*
Snowdon ['snəudən] *n* Snoudonas *(aukščiausias Velso kalnas)*
snowdrift ['snəudrɪft] *n* pusnis
snowdrop ['snəudrɔp] *n bot.* snieguolė
snowfall ['snəufɔ:l] *n* **1** snigimas **2** iškritusio sniego kiekis
snow-fence ['snəufens] *n* sniegtvorė
snowfield ['snəufi:ld] *n* sniegynas

snowflake ['snəufleɪk] *n* **1** snaigė, snieguolė; *pl* sniego dribsniai **2** *bot.* vienažiedė leukoja
snow-goggles ['snəu‚gɔglz] *n pl* slidininko/alpinisto akiniai
snowline ['snəulaɪn] *n* žemutinė amžinojo sniego riba *(kalnuose);* sniego riba/linija
snowmaking ['snəu‚meɪkɪŋ] *n* dirbtinio sniego gamyba *(slidžių trasoms)*
snowman ['snəumæn] *n (pl* -men [-men]) **1** senis besmegenis **2** sniego žmogus *(t. p. abominable ~)*
snowmobile ['snəuməbi:l] *n* sniegaeigis; propelerinės rogės
snowplough ['snəuplau] *n* plūginis sniego valytuvas
snowplow ['snəuplau] *n amer.* = **snowplough**
snowshoes ['snəuʃu:z] *n pl* sniegbačiai
snowslide, snowslip ['snəuslaɪd, -slɪp] *n* sniego griūtis
snowstorm ['snəustɔ:m] *n* pūga
snowsuit ['snəusu:t] *n* vaikiškas žieminis kombinezonas
snow-tire ['snəutaɪə] *n aut.* žieminė padanga
snow-white ['snəu'waɪt] *a* sniego baltumo, baltytėlaitis
snowy ['snəuɪ] *a* **1** snieguotas, apklotas sniegu, sniegingas **2** sniegiškas, sniego baltumo, baltutėlis
snub[1] [snʌb] *n* **1** (pa)niekinimas, ignoravimas **2** užgavimas, įžeidimas; užgauli pastaba
v **1** (pa)niekinti, (pa)žeminti, sunieskinti; ignoruoti **2** atkirsti; šiurkščiai pertraukti **3** *spec.* staigiai sustabdyti; sumažinti eigos inerciją
snub[2] *a:* **~ nose** trumpa riesta nosis
snubber ['snʌbə] *n tech.* vibracijos slopintuvas, antivibratorius
snub-nosed ['snʌb'nəuzd] *a* riestanosis
snuck [snʌk] *amer. past ir pII žr.* **sneak** *v*
snuff[1] [snʌf] *n* **1** uostomasis tabakas; **a pinch of ~** žiupsnelis uostomojo tabako, šniūkis **2** (pa)uostymas; **to take ~** (pa)uostyti tabaką **3** įkvėpimas per nosį ◊ **he is up to ~** *šnek.* a) jis gerai jaučiasi; b) jo lengvai neapgausi
v **1** įtraukti oro *ar* įkvėpti per nosį **2** uostyti tabaką, šniaukti **3** *ret.* uostyti, uosti
snuff[2] *n (žvakės)* nuodagas
v nugnybti nuodagą ☐ **~ out** a) užgesinti *(žvakę);* b) *šnek.* nuslopinti, užgniaužti ◊ **to ~ it** *šnek.* (nu)mirti, ≅ kojas pakratyti
snuffbox ['snʌfbɔks] *n* tabakinė
snuff-coloured ['snʌfkʌləd] *a* tabako spalvos, tabakinis
snuffer ['snʌfə] *n* tabako uostytojas
snuffers ['snʌfəz] *n pl* žnyplės *(nuodagui nugnybti)*
snuffle ['snʌfl] *n* **1** šnarpštimas **2** kalbėjimas pro nosį, šniaukrojimas **3** *(the ~s) pl* sloga
v **1** šnarpšti, šnerkšti, šnarpščioti, šniurkščioti **2** kalbėti pro nosį, šniaukroti
snuffy ['snʌfɪ] *a* **1** pageltęs *(nuo uostomojo tabako)* **2** uostantis tabaką **3** nemalonus, nepatrauklus, negražus **4** *šnek.* piktas; irzlus
snug [snʌg] *<n, a, v>* *n* **1** kambarėlis, vietelė *(smuklėje ir pan.)*
a **1** jaukus; patogus; šiltas; **a ~ little job** šilta vietelė **2** tvarkingas, švarus **3** pakankamas, neblogas; **~ income** pakankamos pajamos **4** gerai prigludęs, aptemptas **5** *(gerai)* paslėptas, pasislėpęs ◊ **to be as ~ as a bug in a rug** labai jaukiai įsitaisyti
v **1** sutvarkyti; suteikti jaukumo; jaukiai/patogiai į(si)taisyti **2** aptempti, gerai prigulti, būti prigludusiam *(apie drabužį)* **3** *jūr.* pririšti/surišti naitovu *(prieš audrą)*
snuggery ['snʌgərɪ] *n* jaukus kambarys; jauki/patogi vieta
snuggle ['snʌgl] *v* **1** patogiai į(si)taisyti **2** ap(si)muturiuoti, susivynioti, susiriesti *(t. p. ~ down);* **to ~ down in**

one's bed susiriesti į kamuoliuką lovoje **3** pri(si)glausti, priglusti *(t. p. ~ up; against, to – prie)*
so [səu] <*adv, conj, pron, int*> *adv* **1** taip; *you mustn't do ~* jūs neprivalote taip daryti; *if ~* jeigu taip; *don't go ~ fast* neik taip greitai; *is that ~?* nejaugi? **2** taigi; *~ you are back* taigi jūs grįžote **3** taip pat; *he is here and ~ am I* jis yra čia, ir aš taip pat **4** todėl; *I was busy and ~ I could not come* aš buvau užsiėmęs ir todėl negalėjau ateiti **5** toks, taip *(vart. pabrėžti); ~ difficult a task* toks sunkus uždavinys; *why are you ~ late?* kodėl jūs taip pavėlavote?; *to like smth ~ much that...* mėgti taip, kad...; *why ~?* kodėl gi? **6** tai; *~ much for...* tai tiek apie...; *~ what are the advantages of nuclear energy?* tai kokie atominės energijos pranašumai?; *how ~?* kaip tai? **7** apie, maždaug *(ppr. or ~); he must be forty or ~* jam apie keturiasdešimt metų **8**: *~ as (+to inf)* (tam), kad; *I am leaving early ~ as to collect the tickets* aš išeinu anksčiau, kad paimčiau bilietus ◊ *and ~ on/forth* ir panašiai, ir taip toliau; *~ to speak* taip sakant; *~ be it* tebūnie taip; *~ much for that* pakaks (kalbėti) apie tai; *~ much as (neig. sakiniuose)* net ne- *(neatsiprašyti ir pan.); ~ that's that šnek.* tai štai; *~ what?* (ir) kas iš to? *conj* **1** dėl to, todėl *(t. p. ~ that); I heard a noise ~ I turned the light on* aš užgirdau triukšmą (ir) todėl įjungiau šviesą; *some students failed the exam ~ that they had to come once again* keli studentai neišlaikė egzamino, todėl turėjo ateiti dar kartą **2** (tam), kad *(džn. ~ that); he died ~ that we might live* jis mirė (tam), kad mes gyventume
pron **1** tai, šitai; *I told you ~* aš šitai jums ir sakiau **2** toks; *to be good and stay ~* būti geram ir likti tokiam
int taip!, na jau!, nejaugi! *(reiškiant (ne)pritarimą, nustebimą ir pan.)*
soak [səuk] *n* **1** (pa)merkimas; (iš)mirkymas; permerkimas; *to give a ~* sumirkyti; *to have a ~* mirkti vonioje *(apie žmogų)* **2** susigėrimas, siurbimasis **3** skystis, tirpalas *(kam mirkyti)*, mirkalas **4** *šnek.* girtuoklis **5** *šnek.* girtavimas **6** *šnek.* įkeitimas, užstatymas; *to put in ~* įkeisti, užstatyti **7** *austral.* šlapia vieta; bala
v **1** (pa)merkti, įmerkti, (iš)mirkyti; (per)mirkyti, įmirkyti, permerkti, impregnuoti **2** gertis, įsigerti, įmirkti, su(si)gerti, siurbti(s), per(si)sunkti, įsisunkti *(t. p. ~ up); the rain has ~ed through the roof* lietus įsisunkė per stogą **3** *refl* pasinerti; *to ~ oneself in a subject* pasinerti į darbą **4** *refl šnek.* mirkti *(vonioje)* **5** *šnek.* girtauti **6** *šnek.* išsunkti/ištraukti pinigus *(keliant kainas, mokesčius ir pan.); to ~ tourists* nulupti turistus □ *~ in* įsisunkti; *~ off* atmirkyti; *~ up* suimti *(į save)*, įsisavinti *(žinias, mintis ir pan.)*
soakaway ['səukəweɪ] *n* sugeriamasis šulinys
soaker ['səukə] *n šnek.* **1** liūtis **2** girtuoklis
soaking ['səukɪŋ] *n* **1** = **soak** 1 2 *šnek.* pyla; *to get a ~* gauti pylos
a kiaurai permirkęs, šlapias nors gręžk *(t. p. ~ wet)*
Soames [səumz] *n* Somsas *(lit. personažas)*
so-and-so ['səuənsəu] *n (pl ~s [-z])* toks ir toks, toks *(vietoje vardo)*
adv taip ir taip
soap [səup] *n* **1** muilas; *bar/cake of ~* muilo gabaliukas; *soft ~* skystas muilas **2** *šnek.* meilikavimas; *soft ~* komplimentai **3** *šnek.* sentimentali pjesė, melodrama **4** *šnek.* = **soap-opera** ◊ *to wash one's hands in invisible ~* trinti rankas; *no ~ amer. šnek.* neišdegti, nieko neišeiti
v **1** muilinti(s), plauti(s) muilu **2** *šnek.* meilikauti □ *~ down* išsimuilinti

soapberry ['səup͵berɪ] *n* **1** *bot.* muilamedis **2** muilamedžio vaisiai
soap-boiler ['səup͵bɔɪlə] *n* muilininkas, muiladarys, muilius
soapbox ['səupbɔks] *n* **1** muilinė **2** muilo pakuotė/dėžė **3** improvizuota tribūna ◊ *to get on one's ~ šnek.* ≡ (už)giedoti savo giesmę
soapboxer ['səup͵bɔksə] *n* gatvės oratorius; kalbėtojas, kalbantis iš improvizuotos tribūnos
soap-bubble ['səup͵bʌbl] *n* muilo burbulas *(t. p. prk.)*
soapdish ['səupdɪʃ] *n* muilinė
soap-flakes ['səupfleɪks] *n pl* muilo drožlės
soap-opera ['səup͵ɔpərə] *n rad., tel.* muilo opera *(serialas buities temomis)*
soapstone ['səupstəun] *n min.* muilo akmuo
soapsuds ['səupsʌdz] *n pl* muilo putos; muilinas/muiluotas vanduo, pamuilės
soap-works ['səupwɜːks] *n (vart. kaip sg ir pl)* muilo fabrikas
soapwort ['səupwɜːt] *n bot.* vaistinis putoklis
soapy ['səupɪ] *a* **1** muilinas, muiluotas; muilingas **2** muilinis; *~ taste* muilo prieskonis **3** *šnek.* meilikaujamas **4** *šnek.* sentimentalus *(apie pjesę ir pan.)*
soar [sɔː] *v* **1** (staigiai) pakilti, pašokti *(apie kainas, akcijas ir pan.)* **2** (iš)kilti aukštai į orą; skraidyti aukštai ore **3** būti iškilusiam, styrėti *(apie kalnus, pastatus; t. p. ~ up)* **4** *av.* skrieti; sklęsti
soaring ['sɔːrɪŋ] *n av.* skriejimas; sklendimas *(t. p. ~ flight) a* **1** skrendantis aukštyn; sklandantis **2** labai aukštas; aukštesnis negu įprastinio lygio; *~ prices* greitai augančios kainos
sob [sɔb] *n* kūkčiojimas; raudojimas ◊ *~ story šnek.* pagraudenimas, graudenanti istorija
v kūkčioti, gokčioti; raudoti □ *~ out* ištarti/išpasakoti raudant; *~ one's heart out* gailiai raudoti
sober ['səubə] *a* **1** blaivus *(t. p. prk); don't drive until you're ~* nesėsk prie vairo, kol neišblaivėsi **2** saikingas, nuosaikus **3** rimtas; protingas **4** ramus *(apie spalvas)* ◊ *as ~ as a judge* a) visiškai blaivus; b) labai rimtas
v (pra)blaivinti; iš(si)blaivyti *(t. p. prk.; džn. ~ down)* □ *~ up* išsipagirioti; išblaivinti
sober-blooded ['səubə'blʌdɪd] *a* ramus, šaltakraujiškas
sobering ['səubərɪŋ] *a* blaivinantis, blaivus *(apie mintį ir pan.)*
sober-minded ['səubə'maɪndɪd] *a* nuosaikus, susivaldantis; sveiko proto
sobersides ['səubəsaɪdz] *n juok.* orus, rimtas žmogus
sobriety [sə'braɪətɪ] *n* **1** blaivumas **2** saikingumas, nuosaikumas **3** sveika nuovoka; rimtumas
sobriquet ['səubrɪkeɪ] *pr. n* pravardė
sob-sister ['sɔb͵sɪstə] *n amer. šnek.* sentimentalių/graudenančių apsakymų/straipsnių autorė
sob-stuff ['sɔbstʌf] *n šnek.* sentimentalūs romanai/apsakymai/filmai *ir pan.;* sentimentalios šnekos
so-called ['səu'kɔːld] *a* vadinamasis
soccer ['sɔkə] *n* futbolas; *~ player* futbolininkas
sociability [͵səuʃə'bɪlətɪ] *n* draugingumas, draugumas; visuomeniškumas, socialumas; *sense of ~* visuomeniškumo jausmas
sociable ['səuʃəbl] *a* mėgstantis kompaniją; draugingas, draugus, draugiškas; visuomeniškas, socialus; *I am not feeling ~ today* man šiandien nesinori su niekuo bendrauti
n **1** *ist.* atviras ekipažas su šoninėmis sėdynėmis viena priešais kitą **2** S formos dvivietė kušetė **3** triratis/lėktuvas su dviem sėdynėmis **4** *amer.* = **social**

social ['səuʃl] *a* **1** visuomeninis; socialinis; **~ studies** visuomenės mokslas *(mokymo disciplina, apimanti sociologiją, politiką ir ekonomiką)*; **~ science** socialiniai mokslai; **~ insurance** socialinis draudimas; **~ fund** paskolų ir pašalpų fondas *(D. Britanijoje)*; **~ security** socialinė apsauga/parama *(bedarbiams, ligoniams ir pan.)*; **~ work** globa, rūpyba; **~ welfare [status]** visuomeninė gerovė [padėtis]; **bad ~ conduct** antisocialus elgesys **2** draugingas, linkęs bendrauti, neužsidaręs, visuomeniškas; **~ skills** sugebėjimas bendrauti **3** draugijos, praleistas draugijoje; **~ evening** vakaras, pobūvis; **~ drinker** žmogus, išgeriantis tik kompanijoje **4** *biol.* bendruomeninis, gyvenantis/augantis bendruomenėmis/bendrijomis *n (klubo, organizacijos)* susirinkimas; pobūvis, vakaras
social-democratic [ˌsəuʃlˌdemə'krætɪk] *a* socialdemokratiškas; socialdemokratų
socialism ['səuʃəlɪzm] *n* socializmas
socialist ['səuʃəlɪst] *n* socialistas *a* socialistų; **~ party** socialistų partija; **~ principles** socializmo principai
socialistic [ˌsəuʃə'lɪstɪk] *a* socialistinis
socialite ['səuʃəlaɪt] *n* populiarus diduomenės žmogus *a* aukštuomenės, diduomenės
sociality [ˌsəuʃɪ'ælətɪ] *n* **1** visuomeniškumas; bendruomeniškumas; bendruomenės instinktas **2** draugingumas, draugumas
socialization [ˌsəuʃəlaɪ'zeɪʃn] *n spec.* **1** socializacija **2** suvisuomeninimas
socialize ['səuʃəlaɪz] *v* **1** bendrauti *(with)* **2** *(ppr. pass) spec.* socializuoti **3** *(ppr. pass) spec.* (su)visuomeninti
socially ['səuʃəlɪ] *adv* **1** visuomeniškai, socialiai; socialiniu požiūriu **2** viešuomenėje; viešai **3** neoficialiai, draugiškai
societal [sə'saɪətl] *a* **1** socialinis, visuomenės; **~ impact** įtaka visuomenei **2** sociologinis; **~ books** knygos sociologijos klausimais
society [sə'saɪətɪ] *n* **1** visuomenė; **capitalist ~** kapitalistinė visuomenė; **consumer ~** vartotojiška visuomenė **2** bendruomenė *(t. p. biol.)*; **primitive ~** pirmykštė bendruomenė **3** aukštuomenė *(t. p. high ~)*; **~ woman** aukštuomenės dama **4** draugija; bendrija, organizacija; **to avoid ~** vengti draugijos; **friendly ~** savišalpos draugija; **medical ~** medicinos draugija; **cooperative ~** kooperatyvas, kooperatyvų sąjunga
socio- ['səusɪəu-, 'səuʃɪəu-] *(sudurt. žodžiuose)* socialinis (ir), socio-; **sociolinguistics** sociolingvistika, socialinė lingvistika; **socioeconomic** socialinis ekonominis
sociological [ˌsəusɪə'lɔdʒɪkl] *a* sociologinis
sociologist [ˌsəusɪ'ɔlədʒɪst] *n* sociologas
sociology [ˌsəusɪ'ɔlədʒɪ] *n* sociologija
sociopath ['səusɪəpæθ] *n spec.* sociopatas *(antisocialus žmogus)*
sociopolitical [ˌsəusɪəupə'lɪtɪkl] *a* socialinis politinis
sock[1] [sɔk] *n* **1** puskojinė, kojinaitė; *(vyriška)* kojinė **2** įklotė *(t. p. ~ lining)* **3** *ist.* aktoriaus sandalai *(antikinėje komedijoje)* ◊ **to pull one's ~s up** *šnek.* pasistengti, pasitempti; **put a ~ in it!** *šnek.* nutilk!, užsičiaupk!, ≡ nustok liežuviu makalavęs!; **to knock/blow one's ~s off** pritrenkti, apstulbinti
sock[2] <*n, v, adv*> *šnek. n* smūgis; **to give smb/smth a ~** trenkti, suduoti kam, į ką □ **~ away** (su)taupyti, atidėti *(pinigus)*; **~ in** *av.* neleisti *(lėktuvui)* pakilti/nutūpti *(dėl blogo matomumo)*
v (su)duoti, skelti, drožti, smogti *(on, in)* ◊ **to ~ it to smb** duoti kam pylos; ≡ parodyti kam *(grasinant)*
adv iš visų jėgų, tiesiai

sock[3] *n sl.* kas nors stulbinantis/nepaprastas; **the show was a ~** spektaklis turėjo didžiulį pasisekimą
sockdolager [sɔk'dɔlədʒə] *n amer. sl.* = **sockeroo**
socked-in ['sɔktɪn] *a av. šnek.* nepriimantis lėktuvų *(dėl meteorologinių sąlygų; apie aerodromą)*
sockeroo [ˌsɔkə'ru:] *n amer. šnek.* kas nors milžiniškas/nepaprastas
socket ['sɔkɪt] *n* **1** įduba, įdubimas; **the hip ~** *anat.* gūžduobė; **eye ~** akiduobė **2** *el.* patronas; lizdas **3** *tech.* mova, prievamzdis, žiotys
sockeye ['sɔkaɪ] *n zool.* nerka *(t. p. ~ salmon)*
socle ['sɔkl] *n* **1** *archit.* cokolis, išlaidas; pjedestalas, papėdė **2** *stat.* grindjuostė
Socrates ['sɔkrəti:z] *n* Sokratas *(graikų filosofas)*
Socratic [sə'krætɪk] *a* Sokrato
sod[1] [sɔd] *n* velėna ◊ **under the ~** ≡ po velėna, kapuose; **the old ~** tėvynė, gimtinė
v iškloti/apdėti velėna, velėnuoti
sod[2] *n šnek.* **1** žmogėkas, mulkis; **poor ~** vargšas žmogelis **2** (tikra) kankynė ◊ **not to give/care a ~** visai nerūpėti, tik nusispjauti; **~ all** *sl.* ničnieko, nė velnio *(negauti ir pan.)*
v: **~ off** *sl.* išsinešdinti ◊ **~ it/that** po perkūnų!, velniai griebtų
sod[3] *past žr.* **seethe**
sod[4] *n vulg.* = **sodomite**
soda ['səudə] *n* **1** soda, natrio karbonatas **2** sodos vanduo; gazuotas vanduo; **ice-cream ~** gazuotas gėrimas su sirupu ir ledais
soda-ash ['səudəæʃ] *n chem.* kalcinuotoji soda
soda-biscuit ['səudəˌbɪskɪt] *n* sausainis *(pagamintas su kepimo milteliais ir rūgščiu pienu ar pasukomis)*
soda-fountain ['səudəˌfauntɪn] *n* **1** saturatorius *(įtaisas gaivinamiesiems gėrimams prisotinti angliarūgštės)* **2** *amer.* prekystalis, kur parduodama gazuotas vanduo, ledai, sviestainiai *ir kt.*
soda-jerk(er) ['səudədʒə:k(ə)] *n amer. šnek.* gazuoto vandens, ledų *ir kt.* pardavėjas
sodality [sə'dælətɪ] *n* brolija; bendruomenė; bendrija
soda-water ['səudəˌwɔ:tə] *n* gazuotas vanduo
sodden[1] ['sɔdn] *a* **1** peršlapęs, permirkęs **2** neiškepęs, žalias, suzmekęs **3** apdujęs, atbukęs *(nuo nuovargio, persigėrimo)*; **~ features** *amer.* papurtęs veidas **4** pervirtęs; suviręs *(apie daržoves)*
v mirkti; mirkyti, merkti
sodden[2] *pII žr.* **seethe**
sodding ['sɔdɪŋ] *a šnek.* prakeiktas
sodium ['səudɪəm] *n chem.* natris
sodomite ['sɔdəmaɪt] *n ret.* pederastas, homoseksualistas
sodomy ['sɔdəmɪ] *n* sodomija, pederastija
soever [səu'evə] *adv* **1** bet kokiu būdu **2** bebūtų *(pabrėžiant; su žodžiais* who, what, when, how*)*; **how great ~ it may be** koks jis didelis bebūtų; **in what place ~** kur bebūtų
sofa ['səufə] *n* sofa, kanapa
sofa-bed ['səufəbed] *n* miegamoji sofa
soffit ['sɔfɪt] *n archit.* sofitas
Sofia ['səufɪə] *n* Sofija *(miestas)*
soft [sɔft] <*a, n, adv, int*> *a* **1** minkštas *(t. p. prk.)*; **~ cheese** minkštas sūris; **~ palate** minkštasis gomurys; **~ water** minkštas vanduo; **~ goods** trikotažo/tekstilės prekės/dirbiniai; **to go/get ~** suminkštėti; **~ heart** *prk.* minkšta širdis **2** švelnus, lygus; **~ skin** švelni oda **3** tylus, romus, švelnus; malonus; **~ music** negarsi muzika; **~ breeze** švelnus vėjelis; **~ words/things** švelnūs

softback 865 **sole²**

žodžiai, švelnybės 4 *attr* neryškus, ramus *(apie šviesą, spalvą ir pan.)*; ~ *sleep* ramus miegas 5 negriežtas, nuolaidus, lengvai perkalbamas, pasiduodantis svetimai nuomonei/įtakai; *to be ~ on smth [smb]* būti negriežtam ko atžvilgiu [kam] 6 glebnas, suglebęs *(apie raumenis)* 7 silpnas, silpnos sveikatos 8 nekontrastingas *(apie nuotrauką)* 9 šiltas, minkštas; *dial.* drėgnas; ~ *winter* minkšta žiema; ~ *day* šilta lietinga diena 10 *šnek.* kvailokas, apykvailis; ~ *in the head* ne visai sveikas, kvaištelėjęs, minkštagalvis 11 *šnek.* nesunkus, lengvas; ~ *thing/snap amer.* lengvas darbas; ~ *job* šilta vietelė 12 *šnek.* humanitarinis, ne tikslusis *(apie mokslus)* 13 *šnek.* įsimylėjęs *(on)* 14 nealkoholinis 15 *fon.* palatalizuotas, minkštas *(apie priebalsių* c, g *tarimą* [s], [dʒ]) 16 *tech.* kalus, plastiškas
n 1 *(the ~)* minkštimas 2 minkštumas 3 *šnek.* mulkis, apykvailis silpnavalis žmogus
adv minkštai; švelniai; tyliai; *to lie* ~ minkštai gulėti
int psn. 1 tyliau! 2 lėčiau!, palauk!
softback ['sɔftbæk] *n* knyga minkštais viršeliais
soft-boiled ['sɔft'bɔɪld] *a* minkštai virtas *(apie kiaušinį)*
soften ['sɔfn] *v* (su)minkštinti *(t. p. prk.)*; (su)švelninti; (su)minkštėti *(t. p. prk.)*; (su)švelnėti; pritildyti *(garsą)*; *to ~ smb's heart prk.* suminkštinti kieno širdį □ *~ up* a) *šnek.* apdoroti *(žmogų);* b) susilpninti *(kieno)* priešinimąsi/gynybą
softener ['sɔfnə] *n* minkštiklis
softening ['sɔfnɪŋ] *n* (su)minkštinimas; (su)minkštėjimas *(t. p. spec.)*; *~ of the brain med.* smegenų suminkštėjimas
soft-footed ['sɔft'futɪd] *a* 1 tylus *(apie žingsnius ir pan.)* 2 *prk.* taktiškas, diplomatiškas
softhead ['sɔfthed] *n* kvaišelis, puskvailis, mulkis
soft-headed ['sɔft'hedɪd] *a* apykvailis; naivus
soft-hearted ['sɔft'hɑ:tɪd] *a* minkštaširdis; švelniasielis; geraširdis
softie ['sɔftɪ] *n* = **softy**
soft-land [ˌsɔft'lænd] *v* minkštai nusileisti *(apie erdvėlaivį)*
softly-softly [ˌsɔftlɪ'sɔftlɪ] *a attr* labai atsargus, delikatus
softly-spoken [ˌsɔftlɪ'spəukən] *a* = **soft-spoken**
soft-pedal [ˌsɔft'pedl] *(-ll-) v* 1 *muz.* paspausti kairįjį pedalą 2 *šnek.* (su)švelninti, (su)mažinti *(svarbą ir pan.); better ~ that statement* geriau sušvelninti tą formuluotę
soft-soap ['sɔftsəup] *v* 1 plauti skystu muilu 2 *šnek.* meilikauti, sakyti komplimentus; perkalbėti *(meilikaujant)*
soft-spoken ['sɔft'spəukən] *a* 1 švelniakalbis; saldžiakalbis 2 tyliai ištartas, tylus
soft-top ['sɔfttɔp] *n aut.* nemetalinis sulankstomas viršus
software ['sɔftwɛə] *n komp.* programinė įranga
softwood ['sɔftwud] *n* minkšta mediena; spygliuočių mediena
softy ['sɔftɪ] *n šnek.* 1 silpnadvasis/švelniasielis žmogus; naivuolis 2 bevalis žmogus, mazgotė
soggy ['sɔgɪ] *a* 1 šlapias, įmirkęs, tižus 2 suzmekęs 3 nuobodus, sunkus *(apie knygą, pokalbį ir pan.)*
soh [səu] *n* = **sol¹**
Soho ['səuhəu] *n* Soho *(Londono rajonas)*
soigné(e) ['swɑ:njeɪ] *pr. a* išpuoselėtas, gerai prižiūrimas; elegantiškas
soil¹ [sɔɪl] *n* 1 dirva, dirvožemis, gruntas, žemė; *rich [poor]* ~ derlinga [nederlinga] žemė; *red ~* raudonžemis; *alkali ~s pl* druskožemiai; *unbroken ~* dirvonas; *~ science* dirvotyra, dirvožemio mokslas 2 žemė, kraštas, šalis; *one's native ~ poet.* gimtinė, gimtoji žemė; *on American ~* Amerikos žemėje, Amerikoje 3 *(the ~) knyg.* ūkininkavimas

soil² *n* 1 sutepimas, dėmė *(t. p. prk.)* 2 purvas, nešvarumai 3 išmatos, mėšlas
v (susi)purvinti; (susi)tepti, (su)teršti *(t. p. prk.)*; *to ~ one's hands (with) prk.* su(si)teršti rankas *(kuo)*
soil³ *v ž. ū.* šerti šviežia žole, žaliuoju pašaru
soilage ['sɔɪlɪdʒ] *n ž. ū.* šviežios žolės pašaras; silosinė kultūra
soiled [sɔɪld] *a* 1 suteptas 2 *kom.* parduodamas su broku
soilless ['sɔɪlləs] *a* 1 nesuteptas, švarus 2 *ž. ū.* hidroponinis
soilpipe ['sɔɪlpaɪp] *n* kanalizacijos vamzdis
soiree ['swɑ:reɪ] *pr. n* vakaras, pobūvis, arbatėlė
sojourn ['sɔdʒə:n] *knyg. n* laikinas (apsi)gyvenimas, viešėjimas
v laikinai (apsi)gyventi, apsistoti, viešėti
Sol [sɔl] *n* 1 *mit.* Solis *(Saulės dievas)* 2 *juok.* saulė *(džn. old ~)*
sol¹ [sɔl] *n muz.* sol *(nata)*
sol² *n chem.* zolis
sol³ *n* solis *(Peru piniginis vienetas)*
solace ['sɔləs] *n* paguoda, nu(si)raminimas
v knyg. 1 (pa)guosti, (nu)raminti, pralinksminti 2 *refl* nusiraminti, rasti paguodą *(with)*
solanaceous [ˌsɔlə'neɪʃəs] *a bot.* bulvinių šeimos
solar ['səulə] *a* saulinis, saulės; *~ eclipse* saulės užtemimas; *~ year* sauliniai metai
solarium [səu'lɛərɪəm] *lot. n (pl ~s,* -ria [-rɪə]) soliariumas
solarize ['səuləraɪz] *v* 1 švitinti/apšviesti saulės spinduliais 2 *fot.* pereksponuoti, perlaikyti
solatium [səu'leɪʃɪəm] *lot. n (pl* -tia [-ʃɪə]) *teis.* kompensacija, atlyginimas
sold [səuld] *past ir pII žr.* **sell** *v*
solder ['sɔldə] *tech. n* lydmetalis
v (su)lituoti
soldering-iron ['sɔldərɪŋˌaɪən] *n tech.* lituoklis
soldi ['sɔldi:] *pl žr.* **soldo**
soldier ['səuldʒə] *n* 1 kareivis; eilinis; *to go for a ~ šnek.* stoti į kariuomenę; *to play at ~s* žaisti kareivėliais 2 kariškis; karys, kovotojas 3 karvedys 4 *sl.* rūkyta silkė 5 *stat.* vertikalioji plyta ◊ *~ of fortune knyg.* (kareivis) samdinys; kondotjeras; *to come/play the old ~* a) vaizduoti prityrusį, daug žinantį; b) simuliuoti, apsimesti sergančiu; ≡ dumti akis; *old ~s never die* ≡ senoji gvardija posto nepalieka
v 1 tarnauti kariuomenėje 2 *sl.* išsisukinėti nuo darbo, simuliuoti □ *~ on* a) toliau tarnauti kariuomenėje; b) (atkakliai) dirbti toliau
soldier-crab ['səuldʒəkræb] *n zool.* vėžys atsiskyrėlis
soldiering ['səuldʒərɪŋ] *n* karo tarnyba; kareivio gyvenimas
soldierlike ['səuldʒəlaɪk] *a* = **soldierly**
soldierly ['səuldʒəlɪ] *a* 1 kariškas; kareiviškas; *~ fellow* kariškos išvaizdos žmogus 2 karingas; drąsus, ryžtingas
soldiership ['səuldʒəʃɪp] *n* 1 kareivystė 2 karyba, karybos menas
soldiery ['səuldʒərɪ] *n kuop. knyg.* 1 kareiviai, kariškiai; kariuomenė 2 kariauna
soldo ['sɔldəu] *n (pl* -di) *ist.* soldas *(italų moneta)*
sold-out ['səuld'aut] *a* išparduotas *(apie bilietus į koncertą, spektaklį ir pan.)*
sole¹ [səul] *n* 1 *(kojos, bato)* padas; papadė 2 puspadis 3 apačia, dugnas 4 *spec.* pamatas, pėda, padas; *~ shoe ž. ū.* plūgo pavaža
v (ppr. pass) (pri)kalti puspadžius
sole² *n zool.* jūrų liežuvis *(žuvis)*

sole[3] *a* **1** vienintelis, vienas; *for the* ~ *purpose (of* + *ger)* vien tik tam, kad... **2** vienasmenis; išimtinis *(apie teisę ir pan.)* **3** *teis.* netekėjusi; *ret.* nevedęs ◊ ~ *weight* savas svoris

solecism ['sɔlɪsɪzm] *n* **1** *kalb.* solecizmas *(gramatinė/kalbos klaida)* **2** elgesio normų, etiketo pažeidimas; nusižengimas mandagumo taisyklėms; klaida

solely ['səʊllɪ] *adv* išimtinai; tiktai

solemn ['sɔləm] *a* **1** iškilmingas; didingas; *on* ~ *occasions* iškilmingomis progomis; *to take a* ~ *oath* iškilmingai prisiekti **2** rimtas, svarbus, atsakingas; ~ *face* rimtas veidas **3** oficialus, formalus **4** pompastiškas; pasipūtęs; ~ *fool* pasipūtęs/išpuikęs kvailys

solemnity [sə'lemnətɪ] *n* **1** iškilmingumas **2** rimtumas, svarbumas **3** *(ppr. pl)* iškilmės, iškilminga ceremonija **4** *teis.* formalumas

solemnization [ˌsɔləmnaɪ'zeɪʃn] *n knyg.* iškilmingas šventimas, iškilmės

solemnize ['sɔləmnaɪz] *v knyg.* **1** švęsti, iškilmingai paminėti **2** atlikti ceremonijas/apeigas; *to* ~ *marriage* sutuokti *(su visomis ceremonijomis)* **3** suteikti iškilmingumo/rimtumo

solenoid ['səʊlənɔɪd] *n el.* solenoidas

sol-fa [ˌsɔl'fɑ:] *muz. n* solfedžio
v solfedžiuoti

solfeggio [sɔl'fedʒɪəʊ] *it. n (pl* -gi [-dʒɪ]) solfedžio

soli ['səʊli:] *pl žr.* **solo** *n*

solicit [sə'lɪsɪt] *v* **1** prašyti, stengtis gauti; prašinėti **2** siūlytis, užkabinėti *(apie prostitutes)* **3** *amer.* prekiauti pagal užsakymus, per tarpininkus

solicitation [səˌlɪsɪ'teɪʃn] *n* **1** prašymas **2** kibimas *(prie vyrų)*, užkabinėjimas *(gatvėje)* **3** *amer.* prekyba per tarpininką

solicitor [sə'lɪsɪtə] *n* **1** *teis.* žemesnio rango advokatas *(D. Britanijoje)*, patikėtinis; įgaliotinis **2** *amer. (firmos)* agentas *(platinantis užsakymus, renkantis aukas ir pan.)* **3** *amer. (miesto ir pan.)* juriskonsultas **4** *ret.* prašytojas

Solicitor-General [səˌlɪsɪtə'dʒenərəl] *n* **1** generalinio prokuroro pavaduotojas **2** *amer.* teisingumo ministro pavaduotojas, ginantis valstybės interesus teismo procesuose **3** *amer. (kai kurių valstijų)* generalinis prokuroras

solicitous [sə'lɪsɪtəs] *a* **1** susirūpinęs *(for, about);* rūpestingas **2** siekiantis, trokštantis *(of);* ~ *to please smb* siekiantis kam įtikti

solicitude [sə'lɪsɪtju:d] *n* **1** susirūpinimas, rūpinimasis *(for);* rūpestingumas **2** *(džn. pl)* rūpestis, nerimas

solid ['sɔlɪd] <*a, n, adv*> *a* **1** kietas *(neskystas, nedujinis);* ~ *fuel* kietasis kuras; ~ *state* kietoji būsena; *to become/go* ~ sukietėti **2** vientisas, ištisinis, nepertraukiamas; ~ *tyre* bekamerė padanga; ~ *colour* lygi/vienoda spalva; ~ *line of defense* vientisa gynybos linija; *for a* ~ *hour* ištisą valandą be pertraukos **3** tankus, glaudus; masyvus; ~ *furniture* masyvūs baldai **4** tvirtas; stangrus, standus; *a man of* ~ *build* tvirto sudėjimo žmogus **5** svarus, patikimas, rimtas; solidus; ~ *argument* svarus argumentas; ~ *ground(s)* realus/tvirtas pagrindas; *man of* ~ *sense* blaiviai galvojantis žmogus **6** grynas, be priemaišų, neatskiestas; *of* ~ *gold* gryno aukso **7** vieningas; vienbalsis; ~ *party* vieninga partija; *by a* ~ *vote* vienbalsiai; *to be* ~ *(for)* vieningai stoti *(už)*, būti visa širdimi *(už)* **8** sotus; *to have a* ~ *meal* sočiai pavalgyti **9** rašomas kartu, be brūkšnelio **10** *šnek.* geras, puikus **11** *šnek.* turintis draugiškus santykius *(with – su)* **12** *spec.* trijų matmenų; ~ *angle* erdvinis kampas; ~ *measure* tūrio matas; ~ *metre* kubinis metras
n **1** *fiz.* kietasis kūnas **2** *geom.* kūnas; *regular* ~ taisyklingas kūnas **3** *aut.* bekamerė padanga **4** *pl* tirštas maistas **4** *kas.* uoliena, masyvas
adv **1** visiškai **2** vienbalsiai; *to vote* ~ balsuoti vienbalsiai, visais balsais

solidarity [ˌsɔlɪ'dærətɪ] *n* solidarumas; vieningumas, vienybė

solidary ['sɔlɪdərɪ] *a teis.* solidarus, solidariai atsakingas

solid-hoofed ['sɔlɪd'hu:ft] *a zool.* vienanagis

solidi ['sɔlɪdaɪ] *pl žr.* **solidus**

solidify [sə'lɪdɪfaɪ] *v* **1** kietinti; (su)kietėti; (su)tirštinti; tirštėti; stingti **2** (į)tvirtinti; vienyti(s); *to* ~ *one's knowledge* įtvirtinti žinias

solidity [sə'lɪdətɪ] *n* kietumas, vientisumas *ir pan.; žr.* **solid** *a*

solid-state [ˌsɔlɪd'steɪt] *a fiz.* kietojo kūno; ~ *electronics* kietojo kūno elektronika

solidus ['sɔlɪdəs] *n (pl* solidi) **1** įžambus brūkšnys **2** *ist.* solidas *(Romos imperijos auksinė moneta)*

soliloquize [sə'lɪləkwaɪz] *v knyg.* **1** sakyti monologą **2** kalbėtis *(pačiam)* su savimi

soliloquy [sə'lɪləkwɪ] *n knyg.* **1** monologas **2** kalbėjimasis paties su savimi

solipsism ['sɔlɪpsɪzm] *n filos.* solipsizmas

solitaire [ˌsɔlɪ'tɛə] *n* **1** soliteras *(atskirai įtaisytas stambus briliantas)* **2** *amer.* pasiansas

solitary ['sɔlɪtərɪ] *a* **1** atsiskyręs, vienišas; *to lead a* ~ *life* gyventi atsiskyrėliškai **2** nuošalus; ~ *village* nuošalus kaimas **3** atskiras, pavienis; ~ *instance* pavienis/atskiras atvejis; *to take a* ~ *walk* vaikščioti vienam; *without a* ~ *word* neištardamas nė žodžio
n **1** atsiskyrėlis **2** *šnek.* kalinimas vienutėje

soliton ['sɔlɪtɔn] *n fiz.* solitonas *(pavienė bėgančioji banga)*

solitude ['sɔlɪtju:d] *n* **1** vienuma, atskiruma, vienatvė; *to eat [to work]* ~ valgyti [dirbti] vienam **2** nuošalumas; nuošaluma, nuošali vieta

solmization [ˌsɔlmɪ'zeɪʃn] *n muz.* solmizacija, solfedžiavimas

solo ['səʊləʊ] <*n, a, adv, v*> *n (pl* ~s [-z], -li) **1** *muz.* solo, solinis numeris **2** *av.* savarankiškas skridimas
a **1** savarankiškas *(apie skridimą ir pan.)* **2** atliekamas solo, solinis
adv **1** savarankiškai; *to go* ~ veikti savarankiškai **2** solo
v šnek. **1** atlikti solo **2** *av.* skraidyti vienam/savarankiškai

soloist ['səʊləʊɪst] *n* **1** solistas **2** *av.* savarankiškai skraidantis lakūnas *(be instruktoriaus)*

Solomon ['sɔləmən] *n bibl.* Saliamonas; *(prk. t. p.)* išminčius; *the* ~ *Islands* Saliamono salos ◊ ~ *seal* šešiakampė žvaigždė *(iš dviejų trikampių)*

Solomon's-seal ['sɔləmənzˌsi:l] *n bot.* baltašaknė

solstice ['sɔlstɪs] *n astr.* saulėgrįža

solubility [ˌsɔlju'bɪlətɪ] *n chem.* tirpumas

soluble ['sɔljubl] *a* **1** tirpus **2** išsprendžiamas, išaiškinamas

solus ['səʊləs] *lot. a predic* (tik) vienas, vienas pats *(pjesės remarka)*

solute ['sɔlju:t] *n spec.* ištirpyta medžiaga, tirpinys

solution [sə'lu:ʃn] *n* **1** (iš)sprendimas; išaiškinimas; *his ideas are in* ~ jo pažiūros dar nenusistovėjusios/nesusiformavusios **2** sprendinys, atsakymas *(to)* **3** (iš)tirpdymas; (iš)tirpimas; iš(si)skaidymas **4** *chem.* tirpalas; skiedinys **5** *med.* ligos pabaiga/krizė

solvability [ˌsɔlvə'bɪlətɪ] *n* išsprendžiamumas
solvable ['sɔlvəbl] *a* išsprendžiamas
solve [sɔlv] *v* (iš)spręsti; išaiškinti; *to ~ a difficulty* rasti išeitį iš sunkios padėties; *to ~ the murder* išaiškinti žmogžudystę
solvency ['sɔlvənsɪ] *n ekon.* mokumas, mokamasis pajėgumas; *credit ~* kreditingumas
solvent ['sɔlvənt] *n* **1** *chem.* tirpiklis **2** lengvinantis veiksnys/faktorius
a **1** *chem.* tirpinantis **2** *ekon.* mokus, galintis sumokėti
Somali [sə'mɑːlɪ] *n* **1** somalis **2** somalių kalba
a Somalio; somalių
Somalia [sə'mɑːlɪə] *n* Somalis *(Afrikos valstybė)*
somatic [sə'mætɪk] *a spec.* somatinis, kūno
somber ['sɔmbə] *a amer.* = **sombre**
sombre ['sɔmbə] *a* **1** tamsus *(t. p. prk.)*; *~ grey* tamsiai pilkas; *~ clothes* tamsūs drabužiai; *~ sky* apsiniaukęs dangus **2** niūrus, liūdnas; *a man of ~ character* niūrus/niaurus žmogus
sombrero [sɔm'brɛərəu] *isp. n (pl ~s* [-z]) sombreras *(plačiakraštė skrybėlė)*
some [sʌm; *kirčiuota forma* sʌm] *pron indef* **1** kai kas, kai kuris, vienas kitas; *~ came early* kai kas atėjo anksti; *~ like it* kai kuriems tai patinka; *~ smoke and ~ not* vieni rūko, kiti ne; *~ of the boys come very early* kai kurie berniukai ateina labai anksti **2** kažkoks, vienas, tam tikras; koks/kuris nors; šioks toks; *I read it in ~ book* aš tai perskaičiau kažkokioje knygoje; *~ time (or other)* tam tikrą laiką, tam tikru laiku, kada nors; *for ~ time* kurį laiką; *~ people* kai kas, kurie ne kurie; *~ way out* kokia nors išeitis; *~ idea* šioks toks supratimas **3** kiek nors, truputis, šiek tiek; dalis; *džn. neverčiamas; I have ~ time to spare* aš turiu šiek tiek laisvo laiko; *~ of the paper is damaged* dalis popieriaus sugadinta; *I would like ~ apples* aš norėčiau obuolių; *give me ~ bread* paduok man duonos; *his suggestion was greeted with ~ indifference* jo pasiūlymą sutiko abejingai **4** keletas, keli; *we saw ~ people in the street* gatvėje mes (pa)matėme keletą žmonių; *it was ~ years ago* tai buvo prieš keletą metų **5** nemažai, ganėtinai; *you will need ~ courage* tau reikės nemažai drąsos; *I had ~ trouble over it* aš dėl to turėjau ganėtinai rūpesčių **6** *šnek.* šaunus, tai bent, na ir *(džn. iron.)*; *~ battle* smarkus mūšis; *~ scholar!* na ir mokslininkas!; *this is ~ picture!* tai bent paveikslas!; *she is ~ girl!* tai bent mergina! ◊ *and then ~ (ypač amer.) šnek.* ir dar daugiau; *~ of these days* netrukus
adv **1** apytikriai, apie; *we have ~ five miles more to go* mums dar liko eiti apie penkias mylias; *there were ~ 20 persons* buvo apie 20 žmonių **2** *amer. šnek.* gerokai; šiek tiek; *~ colder* truputį šalčiau
-some[1] [səm] *suff* -us, -ingas *(žymint savybę); dar verčiama esam. l. dalyviu; darksome* tamsus; *gladsome* džiaugsmingas; *burdensome* varginantis, sunkus
-some[2] *suff* -etas *(žymint nurodyto skaičiaus grupę); foursome* ketvertas
somebody ['sʌmbədɪ] *pron indef* kažkas, kas nors *(apie asmenis); or ~* ar kažkas panašus
n žymus asmuo
someday ['sʌmdeɪ] *adv* kada nors
somehow ['sʌmhau] *adv* **1** kaip nors; kažkaip, kažin kaip; *~ or other* šiaip ar taip **2** kažkodėl
someone ['sʌmwʌn] = **somebody** *pron*

someplace ['sʌmpleɪs] *adv amer. šnek.* kur nors
somersault ['sʌməsɔːlt] *n* salto, vertimasis *(per galvą);* kūl(ia)virstis; *to do/turn a ~* apsiversti
v atlikti salto; verstis *(per galvą);* virsti kūliais
Somerset ['sʌməset] *n* Somersetas *(Anglijos grafystė)*
something ['sʌmθɪŋ] *<pron, adv, n>* *pron indef* **1** kažkas, kas nors *(apie daiktus); ~ else* a) kažkas kita, kitkas; b) *šnek.* kažkas nepaprasta; *~ wrong* kažkas ne taip; *I must get ~ to eat* man reikia ko nors pavalgyti; *will you take ~?* ar neišgersite/neužvalgysite ko nors?; *there is a little ~ wanting* kažko trūksta; *it is ~ to be well again* malonu vėl gerai jaustis, būti sveikam; *there is ~ about it in the papers* apie tai kažkas užsimenama/rašoma laikraščiuose **2** *šnek.* šioks toks *(of);* šiek tiek, kiek; *he is ~ of a painter* jis šioks toks tapytojas; *~ too much of this* šito kiek per daug; *the train gets in at two ~* traukinys atvyksta antrą valandą su kažkiek; *there is ~ in/to what you say* jūsų žodžiuose yra (dalis) tiesos ◊ *to see ~ of smb* retkarčiais susitikti/pasimatyti su kuo; *~ tells me... šnek.* man rodos, kad...; *well, that's ~* tai jau šis tas, tai jau nemažai; *or ~* kažkas panašaus (į tai); *~ like* a) truputį panašus; b) *šnek.* apie, apytikriai; *it must be ~ like six o'clock* turėtų būti apie šešias (valandas); c): *that's ~ like!* puiku!, tai bent!; *~ like a dinner! šnek.* puikūs pietūs!, tai bent pietūs!
adv šnek. tiesiog; *the weather was ~ awful* oras buvo tiesiog baisus; *it was snowing ~ fierce yesterday* kaip vakar snigo, kažkas baisaus!
n **1** kokios nors pareigos *(kur nors); to be ~ (in)* eiti kokias nors pareigas *(kur nors)* **2** *šnek.* svarbus asmuo; *to think oneself ~, to think ~ of oneself* būti geros nuomonės apie save ◊ *a little ~ šnek.* maža dovanėlė
sometime ['sʌmtaɪm] *adv* kada nors; kažkada; *we'll have to do it ~* mums teks tai padaryti anksčiau ar vėliau, kada nors
a attr **1** buvęs; *the ~ chairman* buvęs pirmininkas **2** *amer.* atsitiktinis
sometimes ['sʌmtaɪmz] *adv* kartais, retkarčiais
someway ['sʌmweɪ] *adv amer. šnek.* = **somehow**
somewhat ['sʌmwɔt] *pron indef* kažkas panašaus; *he is ~ of a bore* jis nuobodokas
adv šiek tiek, kiek; iš dalies; *he answered ~ hastily* jis atsakė šiek tiek skubotai; *he was ~ surprised* jis buvo kiek nustebęs; *it is ~ difficult* tai sunkoka; *~ deaf* priekurtis ◊ *more than ~ šnek.* gerokai
somewhen ['sʌmwen] *adv šnek. ret.* kada nors
somewhere ['sʌmwɛə] *adv* **1** kur nors; kažkur; *or ~* ar kur kitur, ar panašioje vietoje; *~ else* kažkur kitur **2** maždaug, apytikriai; *~ about 1980* maždaug apie 1980 metus
somite ['səumaɪt] *n zool.* segmentas
somnambulism [sɔm'næmbjulɪzm] *n* somnambulizmas, nakvišumas
somnambulist [sɔm'næmbjulɪst] *n* somnambulas, lunatikas, nakviša
somnifacient [ˌsɔmnɪ'feɪʃənt] *med. a* migdomasis, sukeliantis miegą
n migdomasis vaistas
somniferous [sɔm'nɪfərəs] *a knyg.* migdomasis, migdantis
somnolence,-cy ['sɔmnələns, -sɪ] *n* mieguistumas; snaudulys, apsnūdimas
somnolent ['sɔmnələnt] *a knyg.* **1** mieguistas; snaudžiantis **2** migdantis
son [sʌn] *n (tik v.)* **1** sūnus *(t. p. prk.); my ~ and heir* mano vyriausias sūnus, mano įpėdinis; *~ of the soil*

žemės sūnus; žemdirbys; **~ of toil** darbo žmogus, darbininkas; **the ~s of men** žmonių giminė **2** sūnus, sūnelis *(kreipiantis į berniuką, į jaunesnį už save vyrą)*; **my ~** mano sūnau *(dvasininkų kreipinys)* ◊ **~ of a gun** *amer. šnek.* a) šunsnukis; b) draugužis
sonant ['səunənt] *fon. a* balsingasis
n balsingasis priebalsis, sonantas
sonar ['səuna:] *n jūr.* sonaras; hidrolokatorius
sonata [sə'na:tə] *n muz.* sonata
sonatina [ˌsɔnə'ti:nə] *n muz.* sonatina
sonde [sɔnd] *n meteor.* zondas
sone [səun] *n fiz.* sonas *(garso vienetas)*
song [sɔŋ] *n* **1** daina; giesmė; romansas; **to burst/break into ~** užtraukti/užplėšti dainą; **to give a ~** padainuoti; **to sing the ~ to death** dainuoti dainą tol, kol įgrysta; **S. of Songs** *bibl.* Giesmių giesmė **2** eilėraštis **3** *(paukščių)* giesmė, čiulbėjimas ◊ **to buy/get for a (mere) ~** *šnek.* pirkti pusvelčiui; **on ~** *šnek.* geros formos; puikiai; **not worth an old ~** nieko nevertas; **nothing to make a ~ about** nevertas dėmesio, niekai, smulkmena; **~ and dance** *(about) šnek.* a) nereikalingas triukšmas *(dėl)*; b) *amer.* (tuščios/ilgos) kalbos *(aiškinantis, teisinantis)*; **no ~ no supper** ≡ nedirbsi – nevalgysi
songbird ['sɔŋbə:d] *n* paukštis giesmininkas
songbook ['sɔŋbuk] *n* dainynas, dainų rinkinys
songfest ['sɔŋfest] *n amer.* dainavimas choru kompanijoje
songful ['sɔŋfəl] *a ret.* melodingas, dainingas, giesmingas
songsmith ['sɔŋsmɪθ] *n ret.* dainų kūrėjas
songster ['sɔŋstə] *n (tik v.) knyg.* **1** dainininkas **2** poetas dainų kūrėjas **3** = **songbird**
songstress ['sɔŋstrɪs] *n* **1** dainininkė **2** poetė dainų kūrėja
song-thrush ['sɔŋθrʌʃ] *n zool.* strazdas giesmininkas
songwriter ['sɔŋˌraɪtə] *n* dainų kūrėjas *(poetas, kompozitorius)*
sonic ['sɔnɪk] *a spec.* garso, garsinis; sklindantis garso greičiu; **~ barrier** *av.* garso barjeras; **~ bang/**amer. **boom** *av.* garso smūgis *(įveikiant garso barjerą)*; **~ mine** *kar.* akustinė mina
sonics ['sɔnɪks] *n* akustika
soniferous [sə'nɪfərəs] *a knyg.* perduodantis/sukeliantis garsą; laidus garsui
son-in-law ['sʌnɪnlɔ:] *n (pl* sons-in-law*)* žentas
sonnet ['sɔnɪt] *n* sonetas
sonneteer [ˌsɔnɪ'tɪə] *n* **1** poetas, rašantis sonetus **2** *menk.* eiliakalys
v rašyti sonetus
sonny ['sɔnɪ] *n (tik v.) šnek.* sūnelis, vaikelis *(kreipiantis; t. p.* **~ Jim/boy***)*
son-of-a-bitch [ˌsʌnəvə'bɪtʃ] *n sl.* **1** *vulg.* kalės vaikas, šunsnukis **2** *juok.* draugužis **3** velniškai sunkus darbas/dalykas
int po velnių!
son-of-a-gun [ˌsʌnəvə'gʌn] *amer. šnek.* = **son-of-a-bitch** *n* **1, 2**, *int*
sonometer [sə'nɔmɪtə] *n* sonometras *(prietaisas klausai tirti ar garso energijai matuoti)*
sonority [sə'nɔrətɪ] *n* skambumas, skardumas
sonorous ['sɔnərəs, sə'nɔ:rəs] *a* **1** skambus, skardus **2** pompastiškas, retoriškas *(apie stilių, kalbą ir pan.)*
sons-in-law ['sʌnzɪnlɔ:] *pl žr.* **son-in-law**
soon [su:n] *adv* **1** greit(ai), netrukus; **as ~ as possible** kiek galima greičiau; **as/so ~ as** kai tik; **no ~er than** vos tik, kai tik; **the ~er... the ~er...** juo greičiau..., tuo greičiau... **2** anksti; **we've arrived too ~** mes atvykome per anksti; **the ~er the better** kuo anksčiau, tuo geriau; **~er or later** anksčiau ar vėliau **3** geriau, verčiau *(ppr.* **would ~***)*; **I would ~er die than do it** aš verčiau mirčiau, negu tai padaryčiau ◊ **no ~er said than done** ≡ pasakyta – padaryta
soot [sut] *n* suodžiai, paišai
v suodinti, paišinti; aprūkyti, apnešti suodžiais *(t. p.* **~ up***)*
sooth [su:θ] *n psn.* tiesa, teisybė; **in (good) ~** iš tikrųjų; **~ to say** tiesą sakant
soothe [su:ð] *v* **1** (nu)raminti *(t. p.* **~ away***); **to ~ one's conscience** sąžinei nuraminti **2** (nu)malšinti, (su)švelninti *(skausmą, kančią)* **3** *psn.* pataikauti, gerintis; glostyti *(savimeilę)*
soother ['su:ðə] *n psn.* meilikautojas, pataikūnas
soothing ['su:ðɪŋ] *a* raminantis, raminamasis
soothsay ['su:θseɪ] *v ret.* (iš)pranašauti
soothsayer ['su:θˌseɪə] *n psn.* pranašautojas, pranašas, žynys
sooty ['sutɪ] *a* **1** suodinas, suodžiuotas, aprūkęs, apneštas suodžiais, paišinas **2** juodas kaip suodžiai; juosvas; **~ shearwater/petrel** *zool.* pilkasis audrašauklis
sop [sɔp] *n* **1** *(duonos ir pan.)* gabaliukas, pamirkytas padaže/piene/sriuboje *ir pan.*; **~ in the pan** pakepinta duona **2** duoklė, dovanėlė *(kam įsiteikti, ką nuraminti)*; **as a ~ to public opinion** kaip duoklė viešajai nuomonei; **to give/throw a ~ (to Cerberus)** duoti dovanėlę/kyšį **3** *šnek.* mazgotė, ištižėlis
v **1** mirkyti, dažyti *(duoną ir pan.)* **2** su(si)gerti; sunktis, persisunkti *(through)* **3** permirkti; **to ~ to the skin** permirkti kiaurai **4** *šnek.* duoti kyšį/dovanėlę, patepti □ **~ up** a) sugerti *(skystį)*, sausinti; b) išdažyti *(padažą)*
soph [sɔf] *n sutr. šnek.* = **sophomore**
Sophia [səʊ'faɪə] *n* Sofija *(vardas)*
sophism ['sɔfɪzm] *n* sofizmas
sophist ['sɔfɪst] *n* sofistas
sophistic(al) [sə'fɪstɪk(l)] *a* sofistinis; sofistiškas
sophisticate *n* [sə'fɪstɪkət] išmanantis/prityręs žmogus
v [sə'fɪstɪkeɪt] **1** išmokyti gudrybių, daryti nenuoširdų/rafinuotą/sofistišką **2** tobulinti, modernizuoti *(mašiną ir pan.)* **3** iškraipyti; falsifikuoti, padirbinėti **4** taikyti sofistikos metodus, remtis sofistika
sophisticated [sə'fɪstɪkeɪtɪd] *a* **1** praradęs paprastumą, rafinuotas; sofistiškas **2** išmanantis, išprusęs; prityręs **3** sudėtingas; įmantrus; modernus; **~ apparatus** sudėtinga aparatūra; **~ clothes** įmantrūs drabužiai **4** netikras, falsifikuotas; **~ food** erzacai, surogatai
sophistication [səˌfɪstɪ'keɪʃn] *n* **1** išprusimas, išmanymas; prityrimas **2** rafinuotumas **3** iškraipymas; falsifikacija **4** sofistikos metodų taikymas; sofistika
sophistry ['sɔfɪstrɪ] *n* sofistika
Sophocles ['sɔfəkli:z] *n* Sofoklis *(graikų rašytojas)*
sophomore ['sɔfəmɔ:] *n amer.* antro kurso studentas/moksleivis
sophomoric [ˌsɔfə'mɔrɪk] *a amer.* **1** antro kurso studentų/moksleivių **2** vaikiškas, nesubrendęs
Sophy ['səufɪ] *n* Sofė, Sofi *(vardas)*
-sophy [-səfɪ] *(sudurt. žodžiuose)* -sofija; **theosophy** teosofija
sopor ['səupə] *n med.* soporas, letarginis miegas
soporific [ˌsɔpə'rɪfɪk] **1** *a* migdomasis, narkotinis; migdantis **2** mieguistas
n med. migdomasis vaistas, narkotikas
sopped [sɔpt] *a amer.* = **sopping**

sopping ['sɔpɪŋ] *a* šlapias, (kiaurai) permirkęs, peršlapęs; *his clothes are ~ wet* jo rūbai permirkę iki siūlo galo

soppy ['sɔpɪ] *a* 1 šlapias; (kiaurai) permirkęs 2 *šnek.* sentimentalus; kvailokas; *to be ~ on smb* būti įsimylėjusiam ką

soprano [sə'prɑːnəu] *muz. n (pl ~s [-z])* sopranas *a* soprano; *~ aria* soprano arija

sorb [sɔːb] *n* 1 *bot.* šermukšnis 2 = **sorb-apple**

sorb-apple ['sɔːb͵æpl] *n* šermukšnio uoga

sorbent ['sɔːbənt] *n chem.* sorbentas

sorbet ['sɔːbəɪ] *pr. n* šerbetas *(skanėstas, panašus į vaisinius ledus)*

sorcerer ['sɔːsᵉrə] *n* burtininkas, kerėtojas, raganius

sorceress ['sɔːsᵉrɪs] *n* burtininkė, kerėtoja, ragana

sorcery ['sɔːsᵉrɪ] *n* burtai, kerai; raganystė, raganavimas

sordid ['sɔːdɪd] *a* 1 niekingas, žemas, niekšiškas; *~ desires* žemi polinkiai 2 savanaudiškas; *~ motives* savanaudiški tikslai 3 nešvarus; bjaurus, apsileidęs 4 skurdus

sordino [sɔː'diːnəu] *n (pl* -ni [-nɪ]) *muz.* dulsiklis, surdina

sore [sɔː] <*n, a, adv*> *n* skaudulys, skaudė; žaizda, opa *(t. p. prk.); an open ~* a) atvira žaizda; b) *prk. (gyvenimo)* negerovė; *to reopen old ~s* aitrinti senas žaizdas
a 1 skaudamas, nesveikas; skausmingas; *to be/feel ~ (all over)* skaudėti *(visur); ~ feet* nutrintos kojos; *I have a ~ throat* man skauda gerklę 2 skaudus; jautrus, opus, erzinantis; *~ news* skaudi žinia; *~ point/subject* opus/ jautrus/erzinantis klausimas 3 susikrimtęs; įžeistas; *to feel ~ about smth* krimstis dėl ko; *with a ~ heart* (su) skaudama širdimi 4 *predic (ypač amer.) šnek.* supykęs, susierzinęs *(at, about)* 5 *attr knyg.* nepaprastai sunkus/ rimtas *ir pan. (pabrėžiant); to be in ~ need (of)* nepaprastai reikėti *(ko)*
adv psn. skaudžiai; smarkiai; *~ afflicted* skaudžiai užgautas

sorehead ['sɔːhed] *amer. šnek. n* nepatenkintas/suirzęs/ gaižus žmogus
a nusivylęs ir suirzęs

sorely ['sɔːlɪ] *adv* 1 skaudžiai, sunkiai 2 smarkiai, labai; *I am ~ perplexed* aš visiškai nesuprantu; *I feel ~ tempted* man labai norisi

soreness ['sɔːnɪs] *n* 1 skaudumas; skausmingumas 2 nuoskaudos/įžeidimo jausmas; jautrumas

sorghum ['sɔːgəm] *n bot.* sorgas

sorgo ['sɔːgəu] *n (pl ~s* [-z]) *bot.* cukrinis sorgas

sori ['sɔurai] *pl žr.* **sorus**

sorites [sə'raɪtiːz] *n log.* soritas

sorority [sə'rɔrətɪ] *n amer.* studenčių draugija/klubas

sorption ['sɔːpʃn] *n chem.* sorbcija

sorrel[1] ['sɔrəl] *n bot., kul.* rūgštynė; *wood ~* kiškiakopūstis

sorrel[2] *n* 1 béris 2 rausvai ruda spalva
a béras

sorrow ['sɔrəu] *n* 1 liūdesys, sielvartas, širdgėla; *keen ~* didelis sielvartas; *more in ~ than in anger* greičiau iš širdgėlos negu iš pykčio 2 gailestis, apgailestavimas; graudulys; *to express ~ at/for smth* apgailestauti dėl ko; *to feel ~* gailėtis, liūdėti *(for – ko)*
v liūdėti, sielvartauti, sielotis; gedėti

sorrowful ['sɔrəᵘfəl] *a* 1 liūdnas, sielvartingas, susisielojęs 2 apgailestaujamas; gailus, graudus, skaudus

sorrowing ['sɔrəᵘɪŋ] *a* prislėgtas liūdesio/sielvarto

sorry ['sɔrɪ] *a* 1 *predic* apgailestaujantis; *to feel/be ~* a) (pa)gailėti, gailėtis *(for); b)* apgailestauti *(about – dėl); I am so ~ for him* man labai jo gaila; *I am ~ to say he is ill* labai gaila, bet jis serga; *(I'm) ~!, (I'm) so ~!* atsiprašau!; *say (you are) ~* atsiprašyk 2 *attr* apgailétinas, nelaimingas; liūdnas; nevykęs; *~ excuse* nevykęs pasiteisinimas; *~ sight* apgailėtinas reginys, liūdnas vaizdas

sort [sɔːt] *n* 1 rūšis, klasė, tipas; *of ~s* įvairių rūšių; *all ~s (of)* visokie; *I know his ~* aš žinau/pažįstu jo tipo žmones; *what ~ of a man is he?* kas jis per žmogus? 2 *šnek. (nurodytų savybių)* žmogus; *a good ~* puikus žmogus, šaunuolis; *the better ~* įžymūs žmonės; *he is not my ~* jis ne mano skonio 3 *komp.* duomenų rikiavimas 4 *pl poligr.* literos, raidės ◊ *after a ~* a) tam tikra prasme; b) panašiai; *~ of šnek.* a) lyg, tartum, tarsi; *he ~ of hinted* jis lyg ir užsiminė; b) iš dalies; *a ~ of, of a ~, šnek. of ~s* kažkas panašaus, šioks toks; *and that ~ of thing* ir panašūs; *some ~* kažkoks; *something of the ~* kažkas panašaus; *nothing of the ~* nieko panašaus; *to be/feel out of ~s* a) būti blogai nusiteikusiam; b) blogai jaustis; *it takes all ~s (to make a world)* ≅ visokių yra – visokių reikia *(apie žmones)*
v 1 rūšiuoti, atrinkti; klasifikuoti 2 peržiūrinėti *(through)* 3 *(ppr. pass) šnek.* taisyti, remontuoti 4 *šnek.* sutvarkyti, išspręsti *(problemą ir pan.)* ☐ *~ out* a) atrinkti, surūšiuoti; b) išsiaiškinti *(nesutarimus ir pan.);* sutvarkyti, sureguliuoti *(reikalą); things will ~ themselves out* viskas savaime susitvarkys; c) *šnek.* sutvarkyti *(pakrikusius darbuotojus, mokinius ir pan.),* su(si)doroti ◊ *to ~ ill (with) knyg.* neatitikti *(ko),* nesiderinti *(su)*

sorter ['sɔːtə] *n* 1 rūšiuotojas 2 rūšiavimo mašina, rūšiuoklė, rūšiuotuvas

sortie ['sɔːtɪ] *pr. n* 1 išvyka 2 *kar.* išpuolis *(t. p. prk.)* 3 *av.* išskridimas *(atakuoti, į ataką)*

sortilege ['sɔːtɪlɪdʒ] *n knyg. (ateities)* būrimas, spėjimas; pranašavimas

sortition [sɔː'tɪʃn] *n* burtų traukimas

sort-out ['sɔːtaut] *n šnek.* sutvarkymas; *to give smth a ~* sutvarkyti *(miegamąjį, spintą ir pan.)*

sorus ['sɔːrəs] *n (pl* -ri) *bot.* soras, sporangių krūvelė

SOS [͵esəu'es] *n* SOS, nelaimės signalas

so-so ['səusəu] *šnek. a predic* taip sau, vidutiniškas, pakenčiamas
adv taip/šiaip sau, vidutiniškai, pusėtinai, pakenčiamai

sot [sɔt] *n* amžinas/nepataisomas girtuoklis
v smarkiai gerti

Sothic ['sɔθɪk, 'səuθɪk] *a astr.* Sirijaus

sotted ['sɔtɪd] *a* prisilakęs, prisigėręs

sottish ['sɔtɪʃ] *a* atbukęs/apkvaišęs nuo girtavimo

sotto voce [͵sɔtəu'vəutʃɪ] *it.* pusbalsiu, tyliai, vos girdimai, vien sau

sou [suː] *pr. n ist.* sū *(moneta); he hasn't a ~ šnek.* jis neturi nė cento/skatiko

sou' [sau-] *(sudurt. žodžiuose)* piet-; *sou'east* pietryčiai; *sou'west* pietvakariai

soubrette [suː'bret] *pr. n teatr.* subretė *(sumanios, šelmiškos tarnaitės vaidmuo)*

soubriquet ['suːbrɪkeɪ] *n* = **sobriquet**

souchong [͵suː'tʃɔŋ] *n* sušongas *(juodosios arbatos rūšis, auginama Indijoje ir Šri Lankoje)*

sou'easter [͵sau'iːstə] *n jūr.* = **southeaster**

souffle[1] ['suːfl] *n med. (kvėpavimo)* ūžesys

soufflé[2] ['suːfleɪ] *pr. n kul.* suflė

sough [sau] *knyg. n* ošimas, šlamesys
v ošti, šlamėti

sought [sɔːt] *past ir pII žr.* **seek**

sought-after ['sɔːt͵ɑːftə] *a* 1 populiarus; geidžiamas 2 turintis didelę paklausą *(apie prekę)*

souk [suːk] *arab. n* turgus *(Rytų šalyse)*

soul [səul] *n* **1** siela, dvasia; *(rel. t. p.)* vėlė; *to sell one's ~ prk.* parduoti sielą, parsiduoti; *that man has no ~* jis beširdis žmogus; *All Soul's Day* Vėlinės **2** *prk.* dvasia, siela, esmė *(of – ko); brevity is the ~ of wit* trumpumas – sąmojaus esmė **3** žmogus, būtybė; *twin ~* gimininga siela, tų pačių įsitikinimų/polinkių žmogus; *not a ~* nė (gyvos) dvasios; *a ~ of discretion* taktiškas/apdairus žmogus; *he is a simple [an honest] ~* jis paprastas [doras] žmogus; *the poor little ~* vargšelis; *the ship sank with 200 ~s on board* laivas paskendo su 200 žmonių; *don't tell a ~* niekam nesakyk; *be a good ~* būk geras **4** į(si)kūnijimas, pavyzdys; *she is the ~ of kindness* ji gerumo įsikūnijimas **5** dvasingumas; *her performance was technically perfect, but it lacked ~* jos vaidyba buvo techniškai tobula, bet trūko dvasingumo **6** negrų muzika ◊ *to unbutton/bare one's ~* atverti širdį; *not to be able to call one's ~ one's own* būti visiškai priklausomam; *upon my ~! ret.* a) prisiekiu!, garbės žodis; b) nejaugi!, dievaži!, Viešpatie! *(reiškiant nustebimą); God rest his [her] ~* amžiną jam [jai] atilsį *(minint mirusiojo pavardę); it's good for the ~ juok.* (tai) sielos džiaugsmui
a amer. šnek. negrų; *~ music* negrų muzika; *~ food* negrų valgis/virtuvė
soul-destroying [ˈsəuldɪˌstrɔɪŋ] *a* dvasiškai alinantis, bukinantis *(apie darbą ir pan.)*
soulful [ˈsəulfəl] *a* jausmingas, melancholiškas; *~ look* ilgesingas žvilgsnis
soulless [ˈsəulləs] *a* besielis, beširdis
soulmate [ˈsəulmeɪt] *n* gimininga siela
soul-searching [ˈsəulˌsəːtʃɪŋ] *n* sąžinės perkratymas
sound[1] [saund] *n* **1** garsas; *the speed of ~* garso greitis **2** skambesys; užesys; bildesys; *the ~ of voices* balsų klegesys **3** *(ko išgirsto, perskaityto)* turinys, prasmė; *by the ~ of it/things* kiek esame girdėję **4** *pl (kasetės ir pan.)* muzika **5** *attr* garso, garsinis; *~ barrier* fiz. garso barjeras; *~ effects kin., rad., tel.* garso efektai; *~ engineer* garso operatorius; *~ card komp.* garso plokštė
v **1** skambėti, ūžti, gausti, aidėti; *it ~s like thunder* lyg griaudžia, panašu į perkūniją; *the trumpets ~* gaudžia trimitai **2** išgauti garsą; *to ~ the horn aut.* duoti signalą; *to ~ the alarm* aliarmuoti, skelbti pavojų; *to ~ the trumpet* trimituoti; *to ~ a bell* skambinti varpu **3** skambėti, turėti prasmę, reikšti; *the excuse ~s hollow* pasiteisinimas skamba neįtikinamai; *the plan ~s reasonable* planas atrodo protingas; *her voice ~s troubled* jos balse girdėti susijaudinimas **4** *(ppr. pass)* (iš)tarti; *the "h" in the "hour" is not ~ed h* žodyje *hour* netariama **5** belsti, bildėti, dunksenti *(apie vagono ratus ir pan.)* **6** *poet.* paskleisti, garsinti; *to ~ smb's praises* (iš)garsinti, (iš)garbinti ką **7** *med.* išklausyti, auskultuoti □ *~ off* a) *šnek.* (iš)trimituoti, garsiai/pagyrūniškai kalbėti; b) *kar.* trimituoti *(duodant signalą);* c) *amer.* atsiliepti *(apie kareivius patikrinimo metu)*
sound[2] *a* **1** sveikas, stiprus; *a ~ mind in a ~ body* sveikame kūne sveika siela **2** nesugedęs; tvirtas; *~ fruit* nesugedę/švieži vaisiai; *~ ship* tvirtas laivas **3** gilus, stiprus, kietas *(apie miegą)* **4** teisingas; logiškas, pagrįstas; protingas; *~ argument* pagrįstas argumentas; *~ scholar* rimtas/solidus mokslininkas; *let me give you some ~ advice* leiskite man jums duoti gerą patarimą **5** smarkus, gerokas; *~ flogging* smarki pyla **6** nuodugnus, išsamus *(apie tyrimus, analizę ir pan.)* **7** patikimas *(ypač finansiškai);* mokus; *~ investment* patikima investicija **8** *teis.* teisėtas; tikras; teisiškai pagrįstas; *~ title to land* teisiškai pagrįsta žemėvaldos teisė ◊ *~ as a bell* a) ≡ sveikas kaip ridikas; b) geros būklės, tinkamas vartoti; *~ in wind/life and limb* a) sveikas ir gyvas; b) *sport.* geros formos
adv ret. stipriai, kietai; *to be ~ asleep* kietai miegoti
sound[3] *n spec.* zondas; *radio ~* radijo zondas
v **1** *spec.* (iš)matuoti gylį *(lotu);* tirti *(upės, ežero ir pan.)* dugną **2** *med.* zonduoti **3** *prk.* zonduoti, bandyti sužinoti, atsargiai išklausti/išklausinėti *(on, as to, about; t. p. ~ out);* aiškintis *(požiūrį, nuomonę ir pan.)* **4** (iš)bandyti; (iš)tirti **5** nerti *(ypač apie banginį);* nusileisti į dugną
sound[4] *n geogr.* sąsiauris; *the S.* Zundas *(sąsiauris)*
sound[5] *n (žuvies)* plaukiojamoji pūslė
sound-absorbent [ˈsaundəbˌzɔːbənt] *a* garsą slopinantis
soundbite [ˈsaundbaɪt] *n (politiko kalbos įrašo)* trumpa ištrauka, skambi frazė
soundcheck [ˈsaundtʃek] *n* garso aparatūros patikrinimas *(prieš transliaciją, įrašymą)*
sounder[1] [ˈsaundə] *n* klopferis *(telegrafo aparatas Morzės abėcėlės signalams priimti)*
sounder[2] *n jūr.* mechaninis lotas
sound-film [ˈsaundfɪlm] *n* garsinis filmas
soundhole [ˈsaundhəul] *n (muz. styginio instrumento)* rezonavimo anga
sounding[1] [ˈsaundɪŋ] *n* **1** skambinimas **2** signalas
a **1** skambantis; skambus; garsus **2** tuščias; skambus *(apie idėjas ir pan.); ~ promises* tušti pažadai; *~ rhetoric* skambios frazės
sounding[2] *n* **1** *spec.* gylio (iš)matavimas *(lotu);* gylis *(išmatuotas lotu)* **2** *pl* vieta, kurios gylį galima išmatuoti lotu **3** *pl spec.* zondavimas; *(prk. t. p.)* (iš)klausinėjimas, išsiaiškinimas
sounding-balloon [ˈsaundɪŋbəˌluːn] *n meteor.* balioninis zondas
sounding-board [ˈsaundɪŋbɔːd] *n* **1** *muz.* deka; rezonatorius **2** *(naujų idėjų ir pan.)* skleidėjas, išbandytojas
sounding-line [ˈsaundɪŋlaɪn] *n jūr.* lotlynis
soundless [ˈsaundləs] *a* begarsis
sound-locator [ˈsaundləuˌkeɪtə] *n tech.* garsagaudis; garso/triukšmo pelengatorius
soundly [ˈsaundlɪ] *adv* **1** pagrįstai, rimtai; protingai, gerai **2** kietai *(miegoti)* **3** stipriai; tvirtai **4** smarkiai, visiškai
soundmeter [ˈsaundmiːtə] *n tech.* triukšmamatis
soundness [ˈsaundnɪs] *n* **1** tvirtumas, stiprumas; sveikata **2** *(sprendimo ir pan.)* teisingumas, protingumas
soundproof [ˈsaundpruːf] *a* nepralaidus garsui, garso nepraleidžiantis
v (pa)daryti nepralaidų garsui
soundtrack [ˈsaundtræk] *n kin.* garso takelis
soundwave [ˈsaundweɪv] *n fiz.* garso banga
soup[1] [suːp] *n* **1** sriuba; *clear ~* stiprus sultynys/buljonas **2** *šnek.* tirštas rūkas **3** *amer. sl.* nitroglicerinas ◊ *in the ~ šnek.* sunkioje/sunkioje padėtyje, bėdoje; *to land smb in the ~* įklampinti ką į bėdą; *from ~ to nuts amer. šnek.* visiškai, iki galo
soup[2] *amer. n sl.* galingumas
v: ~ up a) padidinti *(variklio, mašinos ir pan.)* galingumą/greitį; b) pagyvinti, pagražinti
soup-and-fish [ˌsuːpənˈfɪʃ] *n šnek. (vyriškas)* vakarinis kostiumas; frakas, smokingas
soup□on [ˈsuːpsɔn] *pr. n* truputėlis, žiupsnelis
souped-up [ˈsuːptʌp] *a aut.* padidinto galingumo, su galingesniu varikliu
soup-kitchen [ˈsuːpˌkɪtʃɪn] *n* nemokama valgykla *(bedarbiams, vargšams)*
soup-plate [ˈsuːppleɪt] *n* gili lėkštė
soupspoon [ˈsuːpspuːn] *n* valgomasis šaukštas

soup-stock ['su:pstɔk] = **stock** *n* 15
soup-ticket ['su:pˌtɪkɪt] *n* nemokamų pietų talonas
soupy ['su:pɪ] *a* **1** tirštas **2** *amer. šnek.* sentimentalus
sour ['sauə] <*a, n, v*> *a* **1** rūgštus *(t. p. prk.);* **~ cream** grietinė; **what a ~ face she has!** kokia rūgšti jos veido išraiška! **2** prarūgęs; surūgęs, sugižęs, gižus *(t. p. prk.);* **the milk's gone ~** pienas sugižo **3** blogas; apkartęs, nemalonus; **to turn/grow ~** sužlugti; blogėti, apkarsti *(on)* **4** rūgštus *(apie dirvą)* **5** sieringas *(apie naftos produktus)*
n **1** rūgštus tirpalas *(balinti ir pan.)* **2** *amer.* degtinė *ir pan.* su citrinų sultimis
v **1** (su)rūgti, (su)gižti; prarūgti; įrūgti **2** raugti, rauginti **3** *prk.* apkartinti; apkarsti; pykti, darytis irzliam **4** *chem.* oksiduoti
sourball ['sauəbɔ:l] *n* **1** rūgštus ledinukas **2** *šnek.* rukšna, surūgėlis
source [sɔ:s] *n* **1** ištaka, aukštupys **2** šaltinis, versmė **3** *prk.* ištaka, šaltinis; priežastis, pradžia; **reliable ~ of information** patikimas informacijos/žinių šaltinis; **current [heat] ~** *fiz.* srovės [šilumos] šaltinis; **~s of chauvinism** šovinizmo ištakos **4** *attr* pirminis *(apie dokumentą);* **~ information** pradinė informacija; **~ language** originalo kalba
v rasti šaltinį *(kam gauti);* apsirūpinti, išgauti *(iš kokio nors šaltinio)*
sourcebook ['sɔ:sbuk] *n* rašytinis pirminis šaltinis; rašytinių šaltinių/dokumentų rinkinys
sourdough ['sauədəu] *n amer.* **1** *(duonos)* raugas **2** senbuvis *(Aliaskoje)*
sourish ['sauərɪʃ] *a* rūgštokas *(t. p. prk.)*
sourpuss ['sauəpus] *n šnek.* = **sourball** 2
sousaphone ['su:zəfəun] *n* didelė dūda *(ypač žygio orkestro)*
souse[1] [saus] *n* **1** sūrymas; marinatas **2** marinuota/sūdyta mėsa/silkė; slėgtainis **3** pamerkimas į marinatą/sūrymą **4** įmerkimas; pa(si)nėrimas **5** *dial.* plovimas(is) **6** *šnek.* išgertuvės, pasigėrimas **7** *šnek.* girtuoklis
v **1** sūdyti; marinuoti **2** įmerkti, apipilti; sušlap(in)ti; pa(si)nerti; **to ~ to the skin** peršlapti iki kaulų **3** *šnek.* pasigerti; nugirdyti
souse[2] *av. n* pikiravimas, smigimas
v pikiruoti, smigti
soused [saust] *a* **1** sūdytas, marinuotas *(apie žuvį ir pan.)* **2** *šnek.* prisigėręs, prisilakęs
soutache [su:'tæʃ] *pr. n* apdailos virvelė, apvadas, sutažas
soutane [su:'tɑ:n] *pr. n* sutana
souteneur [su:tə'nɔ:] *pr. n* savadautojas; suteneris
south [sauθ] <*n, a, adv, v*> *n (džn.* **the S.)** **1** pietūs, pietų kryptis; **to the ~ of the little town** į pietus nuo miestelio **2 (the ~)** pietinė šalies dalis, pietūs; **(the S.)** *amer.* pietinės valstijos **3** pietys, pietvėjis
a attr pietinis, pietų; **~ window** langas, išeinantis į pietus
adv **1** į pietus, pietų link **2** iš pietų *(apie vėją);* **the wind blows ~** vėjas pučia iš pietų ◊ **to go ~** *amer. šnek.* nusmukti, pablogėti
v [t. p. sauð] **1** vykti/slinkti/sukti į pietus **2** *astr.* kirsti dienovidinį *(apie dangaus kūnus)*
southbound ['sauθbaund] *a* vykstantis į pietus; einantis į pietus *(apie kelią)*
southdown ['sauθdaun] *n* angliška trumpavilnių beragių avių veislė
southeast [ˌsauθ'i:st] <*n, a, adv*> *n (džn.* **the S.)** pietryčiai
a pietryčių, pietrytinis
adv **1** į pietryčius, pietryčių link **2** iš pietryčių *(apie vėją)*
southeaster [ˌsauθ'i:stə] *n* pietrytis, pietryčių vėjas
southeasterly [ˌsauθ'i:stəlɪ] *a* **1** pietryčių; esantis į pietryčius *(of – nuo)* **2** pučiantis iš pietryčių
adv **1** į pietryčius, pietryčių link **2** iš pietryčių *(apie vėją)*
southeastern [ˌsauθ'i:stən] *a* pietryčių
southeastward [ˌsauθ'i:stwəd] <*adv, a, n*> *adv* pietryčių link, į pietryčius
a pietryčių, pietrytinis
n pietryčiai
southeastwards [ˌsauθ'i:stwədz] = **southeastward** *adv*
souther ['sauθə] *n* (stiprus) pietys
southerly ['sʌðəlɪ] <*n, a, adv*> *n* pietvėjis, pietų vėjas
a pietų, pietinis
adv į pietus, pietų link
southern ['sʌðən] *a* pietų, pietinis; pietietiškas
n = **southerner**
southerner ['sʌðənə] *n* **1** pietietis, pietų gyventojas **2 (S.)** *ist.* JAV pietinių valstijų gyventojas
southernmost ['sʌðənməust] *a* piečiausias, esantis labiausiai į pietus
southernwood ['sʌðənwud] *n bot.* metėlė, pelynas
Southey ['sauðɪ, sʌðɪ] *n:* **Robert ~** Robertas Saudis *(anglų poetas)*
south-facing ['sauθfeɪsɪŋ] *a* nukreiptas/išeinantis į pietus
southing ['sauðɪŋ] *n* **1** *jūr.* plaukimas/nukrypimas pietų link **2** *astr.* dienovidinio kirtimas
southland ['sauθlənd] *n psn., poet.* pietų šalis/kraštas
southpaw ['sauθpɔ:] *n, a šnek.* kairiarankis, kairys *(ypač sporte)*
southward ['sauθwəd] <*adv, a, n*> *adv* į pietus, pietų link
a esantis į pietus *(of – nuo);* nukreiptas į pietus
n pietų kryptis, pietūs
southwardly ['sauθwədlɪ] *adv* į pietus, pietų link
southwards ['sauθwədz] = **southward** *adv*
southwest [ˌsauθ'west] <*n, a, adv*> *n (džn.* **the S.)** pietvakariai
a pietvakarių, pietvakarinis
adv **1** į pietvakarius, pietvakarių link **2** iš pietvakarių *(apie vėją)*
southwester [ˌsauθ'westə] *n* pietvakarių vėjas, pietvakaris
southwesterly [ˌsauθ'westəlɪ] *a* **1** pietvakarių; *(esantis)* į pietvakarius *(of – nuo)* **2** pučiantis iš pietvakarių *(apie vėją)*
adv **1** į pietvakarius, pietvakarių link **2** iš pietvakarių *(apie vėją)*
southwestern [ˌsauθ'westən] *a* pietvakarių
southwestward [ˌsauθ'westwəd] <*adv, a, n*> *adv* į pietvakarius, pietvakarių link
a pietvakarių, pietvakarinis
n pietvakariai, pietvakarių kryptis
southwestwards [ˌsauθ'westwədz] = **southwestward** *adv*
souvenir [ˌsu:və'nɪə] *pr. n* suvenyras, atminas, dovana atminimui
sou'wester [ˌsau'westə] *n jūr.* **1** = **southwester** **2** ziuidvestė *(skrybėlė nuo lietaus)*
sovereign ['sɔvrɪn] *n* **1** valdovas, monarchas, suverenas **2** *ist.* soverenas *(auksinė moneta)*
a **1** suverenus, nepriklausomas; **~ state** suvereni valstybė **2** aukščiausias; visavaldis; **~ power** aukščiausioji valdžia **3** didžiausias, beribis; **~ contempt** begalinė panieka **4** puikiausias; nuostabus; **~ remedy** puikiausias vaistas

sovereignty ['sɔvrəntɪ] *n* **1** suverenumas; suverenitetas **2** aukščiausioji valdžia **3** suvereni valstybė

Soviet ['səuvɪət] *rus. ist. n* **1** taryba *(Rusijos valstybinės valdžios organas)*; **the Supreme ~** Aukščiausioji Taryba; **local ~** vietinė taryba **2** *(the ~s)* Tarybų Sąjunga; sovietai
a tarybinis, tarybų; sovietinis, sovietų; **~ Union** Sovietų/Tarybų Sąjunga

sow¹ [səu] *v* (sowed; sown, sowed) **1** (pa)sėti, apsėti; **to ~ the field** užsėti/apsėti lauką *(with – kuo)* **2** *prk.* sėti, skleisti, platinti; **to ~ discord/dissension** sėti/skleisti nesantaiką □ **~ out** išsėti ◊ **as you ~ you shall mow** ≡ ką pasėsi, tą ir pjausi

sow² [sau] *n* **1** kiaulė, paršavedė **2** *metal.* ožys *(kanalas, kuriuo teka išlydytas metalas)*; ketaus luistas *(aukštakrosnėje)* ◊ **to take/get the wrong ~ by the ear** ≡ šauti pro šalį, ne tą užsipulti, kreiptis ne tuo adresu *(ne į ką reikiant)*; **the still ~ eats up all the draff** ≡ tyli kiaulė gilią šaknį knisa

sowar [sʌ'wɑː] *ind. n* raitininkas, kavaleristas

sowbelly ['sau‚belɪ] *n amer. šnek.* sūdyta kiauliena

sowbread ['saubred] *n bot.* laukinis ciklamenas

sow-bug ['saubʌg] *n zool.* vėdarėlis

sower ['səuə] *n* **1** sėjėjas **2** sėjamoji

sowing ['səuɪŋ] *n* sėja, sėjimas; **~ time** sėja, sėjos metas

sowing-machine ['səuɪŋməˌʃiːn] *n* sėjamoji

sown [səun] *pII žr.* **sow¹**

sowthistle ['sau‚θɪsl] *n bot.* pienė

sox [sɔks] *n pl (ypač amer.) kom.* puskojinės; *(vyriškos)* kojinės

soy [sɔɪ] *n* **1** *bot.* soja **2** sojų padažas *(t. p.* **~ sauce***)*

soya ['sɔɪə] *n* = **soy**

soy(a)bean ['sɔɪbiːn] *n* sojos pupelė; **~ oil** sojų aliejus

sozzled ['sɔzld] *a šnek.* nusilesęs, nusitašęs, ≡ (girtas) kaip pėdas

spa [spɑː] *n* **1** mineralinių vandenų kurortas **2** mineralinis šaltinis

space [speɪs] *n* **1** erdvė *(t. p. filos.)*; **sense/feeling of ~** erdvės jausmas; **to vanish into ~** išnykti erdvėje **2** vieta, plotas; **living ~** gyvenamasis plotas; **open ~** atvira vieta; **the wide open ~s** platybės; **for want of ~** dėl vietos stokos; **to make ~ (for)** padaryti vietos *(kam)* **3** nuotolis; atstumas; tarpas, intervalas; **for a ~ of a mile** (visą) mylią; **a wide ~ between the rows** platus tarpas tarp eilių; **to type single [double] ~** spausdinti per vieną intervalą [per du intervalus] **4** *(laiko)* tarpas; **after a short ~** netrukus; **within the ~ of an hour** per valandą; **in the ~ of an hour** po valandos; **let us rest a ~** pailsėkime kurį laiką **5** kosmosas, kosminė erdvė *(t. p.* **outer ~***)*; **~ exploration** kosmoso tyrinėjimai **6** *poligr.* špacija **7** *attr* kosminis; **~ rocket/missile** kosminė raketa; **~ travel** kosminės kelionės; **~ capsule** kosminio aparato kabina/kapsulė *(grįžtanti į žemę)* **8** *attr* už/pagal eilutes mokamas; **~ rate** honoraras už eilutes ◊ **to look/stare into ~** žiūrėti į vieną tašką *(užsimąsčius)*; **watch this ~!** *šnek.* sekite spaudą! *(apie tai bus rašoma daugiau)*
v **1** tarpuoti, palikti tarpus, išdėstyti tarpais **2** *poligr.* surinkti išretintai *(ppr.* **~ out***)*

space-age ['speɪseɪdʒ] *a attr* kosminio amžiaus; moderniausias, šiuolaikiškiausias

space-bar ['speɪsbɑː] *n (rašomosios mašinėlės, kompiuterio)* tarpo klavišas

spacecraft ['speɪskrɑːft] *n (pl ~)* = **spaceship**

spaced-out [‚speɪst'aut] *a šnek.* apsvaigęs, apdujęs *(nuo narkotikų)*

space-heater ['speɪs‚hiːtə] *n* elektrinis šildytuvas

spaceless ['speɪsləs] *a* **1** beribis, bekraštis **2** neužimantis erdvės

spaceman ['speɪsmən] *n (pl* -men [-mən]) *(tik v.)* kosmonautas, astronautas

spaceport ['speɪspɔːt] *n* kosmodromas

spacer ['speɪsə] *n* **1** *tech.* tarpiklis, poveržlė; skėtiklis **2** *(bibliotekos katalogo ir pan.)* skirtukas

space-saving ['speɪsseɪvɪŋ] *a* miniatiūrinis, užimantis mažai vietos

spaceship ['speɪsʃɪp] *n* tarpplanetinis/kosminis laivas, erdvėlaivis

spacesuit ['speɪssuːt] *n* kosmonauto kostiumas/skafandras

space-time [‚speɪs'taɪm] *n fiz.* įvykių erdvė; **~ continuum** *spec.* keturių matmenų visata

spacewalk ['speɪswɔːk] *n* išėjimas į atvirą kosmosą
v išeiti į atvirą kosmosą

spacewoman ['speɪs‚wumən] *n (pl* -women [-‚wɪmɪn]) kosmonautė, astronautė

space-writer ['speɪs‚raɪtə] *n amer.* žurnalistas, kuriam mokama už eilučių skaičių

spacey ['speɪsɪ] *a* **1** erdvus **2** *(ypač amer.) šnek.* keistokas, išsiblaškęs **3** *(ypač amer.) šnek.* = **spaced-out**

spacing ['speɪsɪŋ] *n* **1** intervalas, tarpas **2** išdėstymas tarpais *(t. p.* **~ out***)* **3** *poligr.* išretinimas; **in single ~** per vieną intervalą

spacious ['speɪʃəs] *a* **1** erdvus, talpus **2** *prk.* platus, viską aprėpiantis; **~ mind** platus akiratis

spacy ['speɪsɪ] *a* = **spacey**

spade¹ [speɪd] *n* kastuvas ◊ **to call a ~ a ~** vadinti daiktus jų tikraisiais vardais
v kasti kastuvu

spade² *n* **1** *(džn. pl) (kortų)* pikai, vynai **2** *niek.* juodis, negras ◊ **in ~s!** *šnek.* ≡ su kaupu!

spadeful ['speɪdful] *n* kastuvu paimamas kiekis, pilnas kastuvas *(of – ko)*

spadework ['speɪdwɜːk] *n* kruopštus paruošiamasis darbas

spadix ['speɪdɪks] *n (pl* -ices [-ɪsɪːz]) *bot.* burbuolė

spado ['speɪdəu] *lot. n (pl* -dones [-'dəuniːz]) **1** kastratas; iškastruotas gyvulys, išdaris **2** *teis.* impotentas

spaghetti [spə'getɪ] *it. n* spageti

Spain [speɪn] *n* Ispanija

spake [speɪk] *psn., bibl. past žr.* **speak**

spall [spɔːl] *n* skeveldra, nuolauža, atskala, atplaiša
v kas. **1** atskelti; (su)skaldyti; atskilti **2** smulkinti *(rūdą)*

spalpeen [spæl'piːn] *air. n* niekšas

spam¹ [spæm] *n šnek.* konservuota kiauliena

spam² *v spec.* išsiuntinėti informaciją *(tarptautiniu kompiuterių tinklu)*

span¹ [spæn] *past žr.* **spin** *v*

span² *n* **1** trukmė; **life ~** *(žmogaus)* gyvenimo trukmė; **time ~** laiko tarpas; **over a ~ of several years** per kelerių metų laikotarpį **2** *(dalyko, užduoties ir pan.)* apimtis; **the whole ~ of human history** visa žmonijos istorija **3** sprindis; **to measure by ~s** matuoti sprindžiais **4** *(upės ir pan.)* plotis; atstumas nuo vieno galo iki kito; *(tilto)* ilgis **5** *(tilto, arkos ir pan.)* tarpatramis **6** *av.* mojis *(lėktuvo sparnų plotis)* **7** *tech.* skėtra **8** *stat.* perdanga **9** *glžk.* tarpustotė **10** *mat.* styga
v **1** apimti, aprėpti *(džn. prk.)*; tęstis, nusitęsti; **a group ~ning the age range 10 to 14** grupė, apimanti 10–14 m. amžiaus vaikus **2** perdengti *(arką, skliautą ir pan.)*; nutiesti *(tiltą)*; jungti krantus *(apie tiltą)*; **the bridge ~s the river** tiltas jungia upės krantus **3** sprindžiuoti, (iš)matuoti sprindžiais **4** *muz.* (ap)imti oktavą

span³ *n* **1** *jūr.* štagas karnakas **2** *amer. (jaučių ir pan.)* jungas
v jūr. (pri)rišti, (pri)tvirtinti

spancel ['spænsəl] *n* virvė supančioti *(sujungiant arklio/karvės priekines kojas su viena užpakaline)*

spandrel ['spændrəl] *n* **1** *archit.* skliauto burė **2** *stat.* palangės sienelė

spang [spæŋ] *adv amer. šnek.* tiesiai; ***he ran ~ into the vehicle*** jis užbėgo tiesiai ant vežimo

spangle ['spæŋgl] *n* blizgutis, žibutis, blizgalas
v **1** puošti *(blizgučiais)*; ***the sky is ~d with stars*** dangus nusėtas žvaigždėmis **2** blizgėti, žibėti

Spaniard ['spænjəd] *n* ispanas

spaniel ['spænjəl] *n* **1** spanielis *(šunų veislė)* **2** pataikūnas; ***a tame ~*** meilikautojas

Spanish ['spænɪʃ] *a* ispaniškas, ispanų; Ispanijos
n **1** ispanų kalba **2** *(the ~)* ispanai

spank [spæŋk] *n* pliaukštelėjimas, sudavimas plaštaka
v **1** pliaukštelėti, suduoti/mušti plaštaka *(ypač per užpakalį)* **2** raginti, skubinti, varyti *(suduodant plaštaka, plokščiu daiktu)* **3** sparčiai judėti/plaukti *(t. p. ~ along)*; bėgti risčia *(apie arklį)*

spanker ['spæŋkə] *n* **1** geras bėgikas, ristūnas **2** *šnek.* išsiskiriantis iš kitų daiktas/asmuo **3** *jūr.* spenkeris, bizanburė

spanking ['spæŋkɪŋ] <*n, a, adv*> *n* pyla, mušimas *(ypač ranka per užpakalį)*
a **1** greitas, spartus, spėrus; ***~ trot*** sparti risčia **2** *šnek.* puikus, išsiskiriantis iš kitų; didžiulis
adv šnek. labai; visiškai; ***a ~ new car*** naujintelaitis automobilis

spanless ['spænləs] *a poet.* neaprėpiamas, neišmatuojamas

spanner ['spænə] *n* **1** veržliaraktis **2** *stat.* sujungimas; skersinė sija ◊ ***to throw/put a ~ in the works*** sukliudyti, (su)trukdyti *(darbą ir pan.)*; ≡ kišti pagalį į ratus

spanworm ['spænwə:m] *n zool.* žiemsprindžio vikšras

spar¹ [spɑ:] *n* **1** treniruojamojo pobūdžio bokso varžybos **2** puolimo/gynybos veiksmas *(bokse)* **3** gaidžių peštynės/kapotynės **4** ginčas
v **1** boksuotis *(bokso treniruotėje; with)*; smūgiuoti, daryti apgaulingą judesį *(at)* **2** peštis pentinais *(apie gaidžius)* **3** ginčytis; ***to ~ at each other*** vaidytis, kivirčytis

spar² *n* **1** skersinis, sija; gegninis **2** rąstas **3** *jūr.* rangautas **4** *av.* lonžeronas
v jūr. sutvirtinti skersiniais, įrengti stiebus *ir pan.*

spar³ *n min.* špatas

sparable ['spærəbl] *n* smulki batsiuvio vinutė *(be galvutės)*

spar-deck ['spɑ:dek] *n jūr.* spardekas

spare [spɛə] <*n, a, v*> *n* **1** *(mašinos)* atsarginė dalis **2** atsarginė padanga **3** *sport.* atsarginis žaidėjas **4** atsarga, rezervas; ***use my pen, I've got a ~*** paimk mano tušinuką, aš turiu kitą
a **1** atsarginis; ***~ parts*** atsarginės dalys/detalės **2** atliekamas, laisvas; ***~ time*** laisvas laikas; ***~ cash/money*** atliekami pinigai **3** negausus, kuklus, santūrus; ***~ diet*** griežta dieta, negausus maistas **4** *knyg.* aukštas ir liesas; ***~ frame*** liesas *(kūno)* sudėjimas ◊ ***to go ~*** *šnek.* labai supykti/susirūpinti; ***to feel like a ~ part*** jaustis nereikalingam
v **1** skirti *(kam)* laiko/dėmesio *ir pan.*; ***can you ~ me a cigarette?*** gal galite man duoti cigaretę?; ***I can ~ you some money*** aš galiu duoti jums šiek tiek pinigų; ***~ me five minutes*** skirkite man penketą minučių **2** gailėtis; pa(si)gailėti, tausoti; ***to ~ neither trouble nor expense*** nesigailėti nei jėgų, nei išlaidų; ***~ me*** pasigailėkite manęs; ***~ his feelings*** patausokite jo jausmus; ***to ~ oneself*** tausoti save; ***not to ~ oneself*** a) būti reikliam sau; b) nesigailėti jėgų; ***~ my life!*** neužmušk manęs! **3** apsieiti *(be)*; ***we could have ~d the explanation*** būtume apsiėję be pasiaiškinimo **4** būti atliekamam, atlikti *(laiko, pinigų)*; ***I have no time to ~*** aš neturiu laisvo/atliekamo laiko *(for – kam)* **5** *ret.* varžytis, nesiryžti; susilaikyti; ***you need not ~ to ask my help*** nesivaržykite prašyti mano pagalbos ◊ ***enough and to ~*** daugiau negu pakankamai, kiek tik gana; ***if we are ~d and well*** jeigu būsim gyvi ir sveiki

spareribs ['spɛəˌrɪbz] *n pl kul.* kiaulės šonkauliukai

spare-time [ˌspɛə'taɪm] *a attr* laisvalaikio

sparge [spɑ:dʒ] *v* (ap)taškyti, (ap)šlakstyti

sparger ['spɑ:dʒə] *n* šlakstyklė

sparing ['spɛərɪŋ] *a* **1** tausojantis, taupus; ***to be ~ of words*** šykštėti žodžių **2** negausus; ribotas **3** pasigailintis, negriežtas

spark¹ [spɑ:k] *n* **1** kibirkštis, kibirkštėlė *(t. p. prk.)*; žiežirba; ***the vital ~*** gyvybės kibirkštėlė, gyvybė **2** *(žaibo)* išlydis **3** blykstelėjimas, švystelėjimas; ***to strike ~s out of smb*** duoti progą kam sušvytėti/pasižymėti *(sąmoju, protu ir pan.)*; ***not a ~ of interest*** nė mažiausio susidomėjimo **4** *pl šnek.* elektrikas; radistas **5** *attr* kibirkštinis; ***~ counter*** *fiz.* kibirkštinis skaitiklis; ***~ advance*** *aut.* uždegimo ankstinimas/paskuba; ***~ guard*** *amer.* židinio grotelės ◊ ***~s fly*** ginčijasi, net žiežirbos laksto, kibirkštijasi; ***as the ~s fly upward*** ≡ kaip dukart du keturi; ***to have a ~ in one's throat*** *šnek.* nuolat norėti gerti, būti ištroškusiam
v **1** kibirkščiuoti, žiežirbuoti *(t. p. prk.)* **2** blyk(s)čioti, švystelėti, švytėti **3** uždegti kibirkštimi **4** *prk.* uždegti, įkvėpti **5** būti *(ko)* pradžia/priežastimi, sukelti *(ginčą, susidomėjimą ir pan.; džn. ~ off)*

spark² *n* dabita, gražeiva; ***young ~*** jaunas dabita; ***bright ~*** *šnek.* linksmuolis; *juok.* gudruolis ◊ ***to play the ~*** *(to)* merginti(s)
v šnek. pirštis, mergintis

spark-arrester ['spɑ:kəˌrestə] *n tech.* kibirkščių gesintuvas/gaudiklis

spark-coil ['spɑ:kkɔɪl] *n el.* indukcijos ritė

spark-gap ['spɑ:kgæp] *n el.* **1** kibirkštinis tarpas **2** kibirkštiklis

sparking-plug ['spɑ:kɪŋplʌg] *n aut.* uždegimo žvakė

sparkish ['spɑ:kɪʃ] *a* **1** linksmas **2** galantiškas; puošnus

sparkle ['spɑ:kl] *n* **1** kibirkštėlė **2** blykčiojimas, žėrėjimas, žaižaravimas **3** kibirkščiavimas **4** gyvumas, žvalumas; sąmojingumas
v **1** blykčioti, žaižaruoti, žėrėti, žiburiuoti **2** kibirkščiuoti, žiežirbuoti **3** būti linksmam/gyvam/energingam; ***to ~ with wit*** trykšti sąmoju; ***to ~ with happiness*** švytėti iš laimės **4** putoti *(apie vyną ir pan.)*

sparkler ['spɑ:klə] *n* **1** linksmas, sąmojingas žmogus **2** bengališkoji ugnis **3** *pl* žėrinčios/žibančios akys **4** *pl šnek.* briliantai

sparklet ['spɑ:klɪt] *n* kibirkštėlė

sparkling ['spɑ:klɪŋ] *a* **1** kibirkščiuojantis; blizgantis, žėrintis, žibantis; ***~ eyes*** žėrinčios/žvitrios akys **2** putojantis *(apie vyną)*
adv nepaprastai *(pabrėžiant)*; ***~ clean*** švarus net blizga

spark-plug ['spɑ:kplʌg] *n amer.* **1** = **sparking-plug** **2** *šnek.* žmogus, savo energija/gyvumu užkrečiantis kitus

sparky ['spɑ:kɪ] *a* gyvas, linksmas

sparling ['spɑ:lɪŋ] *n zool.* didstintė

sparring ['spɑːrɪŋ] *n* sparingas, boksininkų treniruojamojo pobūdžio kova
a mokomasis, treniruojamasis *(bokse);* ~ *bout* mokomoji kova; mokomosios varžybos; ~ *partner* treniruočių partneris; ~ *ring* mokomasis ringas; ~ *gloves* treniruočių pirštinės

sparrow ['spærəu] *n zool.* žvirblis; *house* ~ naminis žvirblis; *tree* ~ karklažvirblis

sparrowgrass ['spærəugrɑːs] *n šnek., dial.* smidras

sparrowhawk ['spærəuhɔːk] *n zool.* paukštvanagis

sparry ['spɑːrɪ] *a min.* špato, špatinis; ~ *iron* sideritas

sparse [spɑːs] *a* **1** retas, negausus; ~ *hair* reti plaukai; ~ *vegetation* skurdi augalija **2** išmėtytas, išsklaidytas *(apie duomenis, informaciją)*

Sparta ['spɑːtə] *n ist.* Sparta *(Graikijos miestas)*

Spartan ['spɑːtən] *a* **1** spartietiškas **2** *ist.* spartiečių; Spartos
n ist. spartietis

spasm ['spæzm] *n* **1** *med.* spazmas, mėšlungis, traukulys **2** priepuolis, protrūkis *(of);* **a** ~ *of coughing* kosulio priepuolis

spasmodic [spæz'mɔdɪk] *a* **1** *med.* spazminis, priepuolinis; spazmiškas, mėšlungiškas **2** vykstantis/daromas priepuoliais, besikaitaliojantis, nereguliarus, neritmingas

spastic ['spæstɪk] *a* **1** *med.* spazminis; sergantis spazminiu paralyžiumi **2** *sl.* žioplas
n sl. žioplys, žioplas daiktas

spat[1] [spæt] *n* **1** austrių ikrai **2** austrių jaunikliai; lervos
v neršti *(apie austres)*

spat[2] *n (ppr. pl) ist. (trumpi)* antkurpiai, getrai

spat[3] *šnek. n* **1** kivirčas, nedidelis ginčas/vaidas **2** teškėjimas; plekštelėjimas
v **1** kivirčytis; susikivirčyti, susiginčyti **2** teškėti; plekštelėti

spat[4] *past ir pII žr.* **spit**[2] *v*

spatchcock ['spætʃkɔk] *n* ką tik papjautas ir iškeptas paukštis
v **1** kepti ką tik papjautą paukštį **2** *šnek.* paskubomis įterpti/įrašyti *(žodžius į paruoštą tekstą)*

spate [speɪt] *n* **1** *(žodžių ir pan.)* srautas; *(jausmų)* išsiliejimas **2** *(upės)* išsiliejimas, potvynis; *the river is in* ~ upė pritvino **3** labai daug, daugybė *(of)*

spathic ['spæθɪk] *a min.* špato

spatial ['speɪʃl] *a* **1** erdvės, erdvinis; susiorientuojantis/susivokiantis erdvėje; ~ *awareness/intelligence* erdvės suvokimas **2** kosminis; ~ *objects* kosmoso objektai

spatio-temporal [ˌspeɪʃɪəu'tempərəl] *a fiz., filos.* erdvės ir laiko

spatter ['spætə] *n* **1** *(purvo, lietaus ir pan.)* tiškalai, purslai **2** taškymas, drabstymas; teškėjimas
v **1** (ap)taškyti, (ap)drabstyti **2** teškėti, tikšti *(apie lietaus lašus ir pan.)* **3** *prk.* juodinti, šmeižti; *to* ~ *a man's good name* apšmeižti žmogų

spatterdashes ['spætəˌdæʃɪz] *n pl ist. (ilgi)* antkurpiai, getrai

spatterdock ['spætədɔk] *n bot.* lūgnė; geltonoji vandens lelija

spatula ['spætʃulə] *n* **1** mentelė **2** *med.* liežuvio laikiklis

spavin ['spævɪn] *n vet.* špatas *(arklių liga)*

spavined ['spævɪnd] *a vet.* sergantis špatu

spawn [spɔːn] *n* **1** ikrai **2** *niek.* išpera **3** *prk.* šaltinis, židinys **4** *bot.* grybiena, micelis
v **1** neršti, leisti ikrus **2** veistis, daugintis *(t. p. niek. apie žmones)* **3** *prk.* (pa)gimdyti, sukelti

spawner ['spɔːnə] *n* žuvų patelė

spawning ['spɔːnɪŋ] *n* **1** nerštas; ~ *ground* neršykla **2** dauginimasis

spay [speɪ] *v* pašalinti kiaušides, sterilizuoti *(pateles)*

speak [spiːk] *v* (spoke, *psn.* spake; spoken) **1** kalbėti; kalbėtis, šnekėtis *(to, with — su); to* ~ *Lithuanian* kalbėti lietuviškai; *to* ~ *over the telephone* kalbėtis telefonu; *to* ~ *for smb* a) kalbėti kieno vardu; b) kalbėti kieno naudai *(džn. to* ~ *well for smb); to* ~ *for itself/themselves* kalbėti už save; ~ *for myself...* savo ruožtu aš...; *to* ~ *smb fair* mandagiai/maloniai su kuo kalbėtis; *to* ~ *like a book* kalbėti kaip iš rašto, sklandžiai; *English is spoken here* čia kalbama angliškai; *professor* ~*ing* profesorius prie telefono, profesorius kalba; *frankly* ~*ing* atvirai kalbant; *I'll* ~ *to her about it* aš pakalbėsiu su ja apie tai; *I know him to* ~ *to* aš pažįstu jį pakankamai gerai, kad galėčiau pakalbėti su juo; *generally/broadly* ~*ing* apskritai kalbant **2** pa(si)sakyti; sakyti *(kalbą),* kalbėti *(susirinkime, konferencijoje ir pan.); not to* ~ *a word* nepasakyti nė žodžio; *to* ~ *against smth* pasisakyti prieš ką; *to* ~*ill [well] of smb* blogai [gerai] atsiliepti apie ką; *I ask to* ~ prašau žodžio **3** sakyti, deklamuoti **4** (už)kalbinti, pakalbinti, (už)šnekinti *(to)* **5** byloti, kalbėti *(of — apie); the facts* ~ *for themselves* patys faktai byloja; *this* ~*s him kind* tai byloja apie jo gerumą **6** priekaištauti *(at)* **7** prabilti, sugriausti *(apie patrankas ir pan.);* (su)skambėti *(apie muzikos instrumentus)* **8** *pass* būti prižadėtam/užsakytam *(for)* **9** *jūr.* pasikeisti signalais, palaikyti ryšį *(apie laivus)* ☐ ~ *out* a) atvirai pasisakyti *(against – prieš);* b) aiškiai kalbėti; ~ *up* a) pasisakyti *(for – už);* b) garsiai/atvirai kalbėti; ~ *up!* kalbėkite garsiau! ◊ *nothing/not to* ~ *of* ≡ nieko rimta, nėra apie ką kalbėti; nereikšmingos smulkmenos

-speak [-spiːk] *(sudurt. žodžiuose)* (sunkiai suprantama) kalba, žargonas; *computer-speak* informatikos žargonas; *doublespeak* veidmainiškos kalbos, kalbėjimas dviprasmybėmis

speakeasy ['spiːkˌiːzɪ] *n amer. ist.* baras, kuriame nelegaliai prekiaujama alkoholiniais gėrimais

speaker ['spiːkə] *n* **1** kalbėtojas, oratorius; pranešėjas; *he is no* ~ jis blogas oratorius **2** kalbantysis; *he is an excellent* ~ *of German* jis puikiai kalba vokiškai **3** *(the S.) parl.* spikeris *(D. Britanijos Bendruomenių rūmų pirmininkas; JAV Atstovų rūmų pirmininkas); to catch the* ~*'s eye* gauti žodį Bendruomenių rūmuose **4** *rad.* diktorius **5** *rad.* garsiakalbis

speakership ['spiːkəʃɪp] *n parl.* spikerio pareigos

speaking ['spiːkɪŋ] *a* **1** kalbantis; bylojantis; ~ *acquaintance* oficiali pažintis **2** išraiškingas, iškalbingas; ~ *likeness* nepaprastas panašumas; ~ *look* išraiškingas žvilgsnis
n kalbėjimas; pasisakymas; pokalbis; *plain* ~ atviras pokalbis; *to have a* ~ *engagement* turėti pasakyti kalbą; ~ *course in public* oratorių kursai

speaking-trumpet ['spiːkɪŋˌtrʌmpɪt] *n* ruporas, megafonas

speaking-tube ['spiːkɪŋtjuːb] *n* kalbėjimo vamzdelis

spear [spɪə] *n* **1** ietis **2** žeberklas **3** harpūnas **3** daigas, diegas; atžala ◊ ~ *side* vyriškoji *(giminės)* linija
v **1** perverti, persmeigti *(ietimi ir pan.)* **2** *prk.* (per)skrosti **3** žeberkluoti, durti žeberklu *(žuvį)* **4** išleisti daigą/atžalą

spear-fish ['spɪəfɪʃ] *n zool.* buržuvė

spearhead ['spɪəhed] *n* **1** ietigalis, *(ieties)* smaigalys **2** iniciatorius, pradininkas **3** *kar.* priešakinis būrys; ~ *of the attack* puolimo smaigalys

spearman 875 **specular**

v būti iniciatoriumi/vadovu; būti priešakyje; *to be ~ed against smth* būti nukreiptam smaigaliu į ką
spearman ['spɪəmən] *n (pl* -men [-mən]) *psn.* ietininkas
spearmint ['spɪəmɪnt] *n* **1** mėtinis saldainis **2** *bot.* šaltmėtė
spec [spek] *n šnek.* **1** (specification *sutr.*) specifikacija, instrukcija **2** (speculation *sutr.*) spekuliacija ◊ *on ~* a) bandant laimę, kaip pasiseks; b) tikintis naudos
special ['speʃl] *a* **1** specialus; ypatingas; *~ course of study* specialus *(dėstomasis)* dalykas; *~ correspondent* specialusis korespondentas; *~ edition* specialus leidimas, speciali laida; *~ hospital* specializuota ligoninė; *~ license* išimtinis leidimas tuoktis *(be užsakų)*; *~ offer* pasiūla laikinai sumažintomis kainomis; *~ train* specialus/papildomas traukinys; *for your ~ benefit* specialiai jums; *to be of ~ interest* ypač dominti; *to pay ~ attention (to)* kreipti ypatingą dėmesį *(į); to make a ~ study of German* specializuotis vokiečių kalboje **2** nepaprastasis *(apie atstovą ir pan.); ~ meeting* nepaprastasis posėdis **3** tam tikras; *~ activities* tam tikros veiklos rūšys **4** atskiras; individualus; *~ anatomy* atskirų organų anatomija; *~ order kar.* atskiras nurodymas; *~ feature* individualus bruožas; *my ~ chair* mano mėgstama kėdė
n **1** speciali laida **2** specialus traukinys **3** specialusis korespondentas **4** specialus patiekalas *(restorane ir pan.)* **5** *(ypač amer.) šnek.* smarkiai sumažinta kaina *(laikinai); on ~ (pardavinėjamas)* sumažintomis kainomis
specialism ['speʃəlɪzm] *n* **1** specializacija **2** specializacijos sritis
specialist ['speʃəlɪst] *n* **1** specialistas; *heart ~* širdies ligų specialistas, kardiologas **2** *amer. kar. (jaunesnysis)* specialistas; jaunesnysis puskarininkis
a attr specialus; *~ advice* specialisto konsultacija
speciality [,speʃɪ'ælətɪ] *n* **1** specialybė; *to make a ~ of smth* specializuotis kurioje srityje **2** specialus *(prekių)* asortimentas; firminis/specialus patiekalas *(t. p. ~ dish)* **3** būdingas bruožas, ypatybė **4** *pl* detalės, smulkmenos **5** *teis. (antspaudu patvirtintas)* dokumentas, sutartis
specialization [,speʃəlaɪ'zeɪʃn] *n* specializacija, specializavimasis
specialize ['speʃəlaɪz] *v* **1** specializuotis; *to ~ in history* specializuotis istorijos srityje **2** apriboti, susiaurinti; diferencijuoti **3** pri(si)taikyti, adaptuotis *(t. p. biol.)* **4** *amer.* tiksliai nurodyti/pavadinti
specially ['speʃəlɪ] *adv* **1** specialiai; *I made it ~ for you* aš padariau tai specialiai tau **2** ypatingai, ypač; *we ~ wanted to visit Vilnius* mes ypač norėjome aplankyti Vilnių
specialty ['speʃəltɪ] *n (ypač amer.)* = **speciality**
speciation [,spi:ʃɪ'eɪʃn] *n biol.* naujų rūšių formavimasis *(evoliucijos procese)*
specie ['spi:ʃɪ] *lot. n (tik sg) fin.* metaliniai pinigai; *in ~* monetomis, metaliniais pinigais
species ['spi:ʃi:z] *n (pl ~)* **1** *biol.* rūšis, atmaina *(t. p. prk.);* veislė; *the origin of ~* rūšių kilmė; *~ of cunning* savotiška gudrybė **2** giminė; *the/our ~* žmonių giminė
specific [spə'sɪfɪk] *a* **1** *attr* specifinis, ypatingas; *~ cause (ligos)* specifinė priežastis; *~ remedy* specifinis vaistas; *with no ~ aim* be jokio ypatingo tikslo **2** tikslus, aiškus, apibrėžtas; *~ orders* tikslūs įsakymai/nurodymai; *~ statement* tiksliai suformuluotas teiginys; *to be more ~* tiksliau sakant **3** būdingas, charakteringas *(to – kam); ~ feature* būdingas bruožas **4** konkretus; *~ case* konkretus atvejis **5** *biol.* rūšinis, rūšies; *~ difference [name]* rūšinis skirtumas [pavadinimas] **6** *fiz.* savitasis, specifinis; *~ heat* savitoji/specifinė šiluma

n **1** specifinis vaistas **2** specialus pranešimas **3** *pl (tikslios)* detalės
specifically [spə'sɪfɪklɪ] *adv* **1** ypač; specifiškai; ypatingai **2** tiksliai, aiškiai, konkrečiai **3** *mod* tiksliau sakant
specification [,spesɪfɪ'keɪʃn] *n* **1** patikslinimas; detalizavimas **2** reikalavimas, sąlyga **3** *(ppr. pl) (vartojimo ir pan.)* specifikacija, instrukcija; techninės sąlygos
specificity [,spesɪ'fɪsətɪ] *n* **1** *(ypač med.)* specifiškumas **2** tikslumas
specify ['spesɪfaɪ] *v* **1** tiksliai nusakyti/apibrėžti; smulkiai apibūdinti; patikslinti, specifikuoti; *to ~ reasons* nusakyti/nurodyti priežastis **2** reikalauti, specialiai pabrėžti *(apie sutartį, taisykles)* **3** suteikti ypatingą žymę/bruožą
specimen ['spesɪmən] *n* **1** bandinys, mėginys **2** *(prekių ir pan.)* pavyzdys; egzempliorius **3** *šnek. iron.* tipas, subjektas; keistuolis *(t. p. strange/queer ~); what a ~!* koks keistuolis! **4** *attr* bandomasis; pavyzdinis; *~ page* bandomasis puslapis; *~ copy* pavyzdinis knygos egzempliorius
speciology [,spesʃɪ'ɔlədʒɪ] *n* mokslas apie rūšių kilmę ir raidą
specious ['spi:ʃəs] *a* **1** *(džn. iron.)* patikimas; tinkamas; *~ excuse* tinkama/gera dingstis; *~ tale* įtikimas pasakojimas **2** apgaulingas, netikras, (tik) išorinis
speck [spek] *n* **1** taškelis, dėmelė; *~ of dust* dulkelė **2** *prk.* dalelė, kruopelė; *not a ~* nė trupučio/kruopelės
v taškuoti, dėmėti; (iš)marginti
speckle ['spekl] *n* taškelis, šlakelis, dėmelė
v = **speck** *v*
speckled ['spekld] *a* margintas, margas; kanapėtas, raibas; *~ hen* raiba/kanapėta višta
specs[1] [speks] *n pl šnek.* akiniai
specs[2] *n pl šnek.* = **specification** 3
spectacle ['spektəkl] *n* **1** reginys, vaizdas; *lamentable ~* apverktinas vaizdas; *moving ~* jaudinantis reginys/vaizdas; *she was a sad ~* liūdna/gaila buvo į ją žiūrėti **2** spektaklis, vaidinimas **3** *pl* akiniai *(t. p. a pair of ~s)* **4** *pl* spalvoti šviesoforo stiklai ◊ *to make a ~ of oneself* apsijuokti; atkreipti į save visų dėmesį
spectacled ['spektəkld] *a* akiniuotas; su akiniais
spectacular [spek'tækjulə] *a* įspūdingas, impozantiškas; efektingas; *~ success* didžiulis pasisekimas
n **1** impozantiškas/įspūdingas reginys **2** *tel.* teatralizuotas koncertas, efektingas spektaklis *(dalyvaujant žvaigždėms)*
spectate [spek'teɪt] *v* būti žiūrovu, žiūrėti *(sporto renginį)*
spectator [spek'teɪtə] *n* **1** žiūrovas **2** *(įvykio)* liudytojas
spectatress [spek'teɪtrɪs] *n ret.* žiūrovė
specter ['spektə] *n amer.* = **spectre**
spectra ['spektrə] *pl žr.* **spectrum**
spectral ['spektrəl] *a* **1** *knyg.* vaiduokliškas, šmėkliškas; šmėklų **2** *fiz.* spektro, spektrinis; *~ band* spektro juosta
spectre ['spektə] *n* vaiduoklis; šmėkla, pamėklė *(t. p. prk.); the ~ of war* karo šmėkla
spectro- ['spektrəu-] *(sudurt. terminuose)* spektro- *(žymint sąsają su spektru); spectrograph* spektrografas
spectrometer [spek'trɔmɪtə] *n* spektrometras
spectroscope ['spektrəskəup] *n* spektroskopas
spectroscopy [spek'trɔskəpɪ] *n* spektroskopija
spectrum ['spektrəm] *n (pl* -ra, *~s) fiz.* spektras *(t. p. prk.); the electromagnetic ~* elektromagnetinių bangų spektras; *wide ~ of opinions* platus pažiūrų spektras
specula ['spekjulə] *pl žr.* **speculum**
specular ['spekjulə] *a* **1** veidrodinis; atspindintis; *~ surface fiz.* veidrodinis paviršius **2** *fiz.* spektro, spektrinis

speculate ['spekjuleɪt] v **1** spėlioti, galvoti, mąstyti *(on, upon, about)* **2** *fin.* spekuliuoti; lošti biržoje; *to ~ in shares* spekuliuoti akcijomis ◊ *one must ~ to accumulate* nerizikuosi – neturėsi

speculation [ˌspekju'leɪʃn] n **1** spėlionė, spėliojimas; hipotezė; *pure ~* grynas spėliojimas, tik spėlionė **2** (ap)mąstymas **3** *fin.* spekuliacija; lošimas biržoje ◊ *on ~ = on spec* žr. **spec** ◊

speculative ['spekjulətɪv] a **1** spekuliatyvus; *~ philosophy* spekuliatyvioji filosofija; *~ powers* mąstymo galios **2** hipotetinis, spėjamas, teorinis **3** *fin.* spekuliacinis; *~ shares* spekuliacinės akcijos **4** rizikingas

speculator ['spekjuleɪtə] n **1** mąstytojas **2** *fin.* spekuliantas; biržos lošėjas

speculum ['spekjuləm] n *(pl* -la, ~s*)* **1** reflektorius **2** *med.* skėtiklis; veidrodis **3** *zool.* spalvotas taškelis *(ant paukščio sparno)*

sped [sped] *past ir pII* žr. **speed** v

speech [spiːtʃ] n **1** kalba, prakalba, žodis, pasisakymas; *to deliver/make/give a ~* (pa)sakyti kalbą; *set ~* iš anksto parengta kalba; *~ from the throne* karaliaus/karalienės kalba **2** žodis; *(ištarti)* žodžiai; *freedom of ~* žodžio laisvė; *sometimes gestures are more expressive than ~* kartais gestai išraiškingesni už žodžius **3** kalbėjimas; šneka; *~ was impossible with so much noise around* dėl triukšmo buvo neįmanoma susišnekėti **4** kalbėsena, kalbėjimo būdas, tarsena; *to be slow of ~* būti lėtakalbiam; *indistinct ~* neaiški tarsena/dikcija **5** *kalb.* kalba; šnekta; dialektas; *one's native ~* gimtoji kalba **6** *teatr.* monologas **7** *(muz. instrumento)* skambėjimas **8** *attr* kalbos, kalbinis; *~ habits* kalbos įgūdžiai; *~ situation* kalbos/kalbėjimo situacija; *~ therapy* logopedija

speech-day ['spiːtʃdeɪ] n *mok. (metinė)* prizų įteikimo diena

speechify ['spiːtʃɪfaɪ] v *juok., menk.* gražbyliauti, daugžodžiauti; sakyti pompastiškas prakalbas

speechless ['spiːtʃləs] a **1** bežadis; nebylus; *~ entreaty* nebylus prašymas **2** netekęs žado; *~ with rage* netekęs žado iš pykčio **3** neišreiškiamas, neapsakomas

speechmaking ['spiːtʃˌmeɪkɪŋ] n *iron.* gražbyliavimas, daugžodžiavimas

speech-writer ['spiːtʃˌraɪtə] n kalbų rengėjas *(politikui ir pan.)*

speed [spiːd] n **1** greitis; sparta, tempas; *driving/running ~* važiavimo greitis; *with (all) ~* greitomis, skubiai; *at full ~* visu tempu/greičiu; *at high/great [low] ~* dideliu [nedideliu] greičiu; *to gather, ar to pick up, ~* didinti/pasiekti greitį; *~ control* greičio reguliavimas **2** *šnek.* spidas *(stimuliuojantis narkotikas)* **3** *tech.* apsisukimų skaičius; pavara; *~ box* pavarų dėžė; *to put in the first ~* įjungti pirmąją pavarą **4** *fot. (objektyvo)* šviesingumas; *(fotosluoksnio)* jautrumas šviesai ◊ *to be up to ~* būti geros formos; *that's about my ~* *amer.* tai maždaug mano lygio
v (sped, speeded) **1** lėkti, skubėti; greitai eiti; *a car sped past* pralėkė mašina; *he sped down the road* jis greitai nuskubėjo keliu **2** (pa)greitinti, (pa)spartinti, (pa)didinti *(ppr. ~ up); to ~ one's step* paspartinti žingsnį; *to ~ up the industrial production* paspartinti/padidinti pramonės gamybą **3** skubiai (nu)gabenti **4** nustatyti greitį **5** viršyti leistiną greitį ◊ *to ~ smb on his/her way* palinkėti kam laimingos kelionės

-speed [-spiːd] *(sudurt. žodžiuose) (tiek ir tiek)* pavarų; *three-speed engine* trijų pavarų variklis

speedball ['spiːdbɔːl] n *sl.* kokaino ir heroino/morfino mišinys *(narkotikas)*

speedboat ['spiːdbəut] n greitaeigis kateris

speeder ['spiːdə] n **1** *tech.* greičio reguliatorius **2** *tekst.* pusverpalių mašina **3** *šnek.* = **speed-merchant**

speedily ['spiːdɪli] adv skubiai, greitai

speeding ['spiːdɪŋ] n *aut.* greičio viršijimas; važiavimas dideliu greičiu

speed-limit ['spiːdˌlɪmɪt] n leistinas greitis *(važiuojant)*

speed-merchant ['spiːdˌmɜːtʃənt] n *šnek.* nutrūktgalvis vairuotojas

speedo ['spiːdəu] n *(pl ~s* [-z]*) sutr. šnek.* = **speedometer**

speedometer [spɪ'dɔmɪtə, spi:-] n *aut.* spidometras

speed-reducer ['spiːdrɪˌdjuːsə] n *tech. (greičio)* reduktorius

speed-skating ['spiːdˌskeɪtɪŋ] n *sport.* greitasis čiuožimas

speedster ['spiːdstə] n *šnek.* **1** greitakojis *(apie žirgą, sportininką)* **2** *amer.* = **speed-merchant**

speed-up ['spiːdʌp] n **1** (pa)greitinimas **2** išdirbio normos padidinimas *(nepakeliant atlyginimo)*

speedway ['spiːdweɪ] n **1** *sport.* spidvėjus; motociklų lenktynių trekas **2** *amer.* greitkelis, autostrada

speedwell ['spiːdwel] n *bot.* veronika

speedy ['spiːdɪ] a **1** greitas, spartus **2** skubus, skubotas; *~ answer* skubus/nedelsiamas atsakymas

spelaean [spɪ'liːən] a **1** urvinis **2** speleologinis

speleologist [ˌspiːlɪ'ɔlədʒɪst] n speleologas

speleology [ˌspiːlɪ'ɔlədʒɪ] n speleologija

spell[1] [spel] n **1** burtažodis, užkeikimas **2** kerėjimas; kerai, apžavai; *under a ~* apkerėtas, užburtas; *to cast a ~ over smb, to put a ~ on smb* apžavėti, apkerėti, užkerėti ką
v (už)kerėti, apžavėti, užburti

spell[2] v (spelt, spelled) **1** (pa)rašyti/(pa)skaityti/(pa)sakyti *(žodį)* paraidžiui; *he can't ~* jis nemoka rašybos; *how do you ~ your name?* kaip rašomas jūsų vardas?; *to ~ backward* a) rašyti/sakyti atvirkštine tvarka *(žodžio raides);* b) iškreipti prasmę; neteisingai perteikti **2** sudaryti, sudėti *(žodį iš raidžių); c-a-t ~s cat* žodis „cat" susideda iš raidžių c-a-t **3** reikšti; *laziness ~s failure* tinginystė gimdo nesėkmes □ *~ out* a) *(aiškiai, išsamiai)* išdėstyti, išaiškinti; b) rašyti visą žodį *(nesutrumpintą);* iššifruoti

spell[3] n **1** *(trumpas)* laiko tarpas, laikotarpis; *a ~ of service* tarnybos laikas; *cold ~ in January* atšalimas sausio mėnesį; *for a ~* tuo tarpu, kuriam laikui **2** *(ligos ir pan.)* priepuolis **3** pamaina, pakeitimas *(budint, dirbant ir pan.); to take ~s at the wheel* vairuoti mašiną iš eilės, pasikeičiant **4** *austral.* atokvėpis, pertraukėlė
v **1** pakeisti **2** *amer., austral.* duoti atsikvėpti; pailsėti, atsipūsti

spellbind ['spelbaɪnd] v (spellbound) apkerėti, apžavėti

spellbinder ['spelbaɪndə] n **1** kalbėtojas, kuris pakeri auditoriją **2** kerintis kūrinys *(knyga, filmas)*

spellbinding ['spelbaɪndɪŋ] a kerintis, užburiantis

spellbound ['spelbaund] *past ir pII* žr. **spellbind**
a **1** apkerėtas, sužavėtas **2** apstulbintas

spell-checker ['spelˌtʃekə] n *komp.* rašybos kontrolės programa/blokas

spelldown ['speldaun] n *amer.* = **spelling-bee**

speller ['spelə] n **1:** *good ~* raštingas žmogus, žmogus, rašantis be klaidų: *bad ~* mažaraštis **2** *amer.* = **spelling-book**

spelling ['spelɪŋ] n **1** rašyba, ortografija; *variant ~ of a word* žodžio rašybos variantas **2** *(žodžio)* skaitymas/tarimas paraidžiui

spelling-bee ['spelɪŋbiː] n rašybos konkursas *(žaidimas)*

spelling-book ['spelɪŋbuk] *n* rašybos vadovėlis; rašybos pratimų rinkinys
spelt[1] [spelt] *n bot.* kvietys spelta
spelt[2] *past ir pII žr.* **spell**[2]
spelter ['speltə] *n* **1** *kom.* techninis cinkas **2** *tech.* kietasis lydmetalis *(su cinko priemaiša)*
spelunker [spɪ'lʌŋkə] *n amer.* speleologas
spelunking [spɪ'lʌŋkɪŋ] *n amer.* speleologija
spencer ['spensə] *n* trumpas vilnonis švarkelis
spend [spend] *v* (spent) **1** (iš)leisti, eikvoti, naudoti *(on – kam); to ~ money like water* tuščiai eikvoti/švaistyti pinigus; *how much do you ~ on food?* kiek tu išleidi maistui? **2** (pra)leisti *(laiką); to ~ a sleepless night* praleisti bemiegę naktį **3** *knyg.* (iš)sekti, atlėgti, nurimti; *the storm spent itself* audra nurimo; *his fury was spent* jo pyktis atslūgo **4** *jūr.* pamesti *(stiebą) n* **1** leidimas, eikvojimas *(pinigų)* **2** išlaidos
spender ['spendə] *n* eikvotojas, išlaidūnas, kleidėjas
spending ['spendɪŋ] *n* išlaidos; *~ money* kišenpinigiai; *~ power* perkamoji galia; *deficit ~ fin.* deficitinės išlaidos *(viršijant biudžeto įplaukas)*
spendthrift ['spendθrɪft] *n* eikvotojas, švaistytojas, išlaidūnas
a išlaidus
Spenser ['spensə] *n: Herbert ~* Herbertas Spenseris *(anglų filosofas)*
Spenserian [spen'sɪərɪən] *a: ~ stanza lit.* Spenserio eilutė
spent [spent] *past ir pII žr.* **spend**
a **1** panaudotas; išsibaigęs; *~ steam* panaudotas garas; *the night is far ~* naktis baigiasi; *well ~ life* gerai nugyventas gyvenimas **2** išsekęs, išsisėmęs; nuilsęs, pavargęs; *~ runner* pailsęs bėgikas; *~ fish* žuvis, nuilsusi po neršto; *~ storm* aprimusi audra **3** *teis.* netekęs galios
sperm[1] [spə:m] *n (pl ~, ~s)* **1** *fiziol.* sėkla, sperma **2** = **spermatozoon**
sperm[2] *n* = **sperm-whale**
spermaceti [ˌspə:mə'setɪ] *n spec.* spermacetas
spermatic [spə:'mætɪk] *a fiziol.* sėklinis, sperminis
spermato- ['spə:mətəu-, spə:'mætəu-] *(sudurt. terminuose)* spermato-; **spermatozoid** spermatozoidas
spermatorrhoea [ˌspə:mətə'ri:ə] *n med.* savaiminis sėklinio skysčio tekėjimas, spermatorėja
spermatozoon [ˌspə:mətə'zəuɒn] *n (pl* -zoa [-'zəuə]) *biol.* vyriškoji lytinė ląstelė, spermatozoidas
sperm-oil ['spə:mɔɪl] *n* kašaloto galvos taukai
sperm-whale ['spə:mweɪl] *n zool.* kašalotas
spew [spju:] *n sl.* vėmalai
v **1** išmesti, išspausti; trykšti, tekėti, išsilieti *(t. p. ~ out/forth)* **2** *šnek.* vemti, liaukoti *(t. p. ~ up)*
sphagnum ['sfægnəm] *n (pl* -na [-nə]) *bot.* kiminas, durpinės samanos, sfagnumas
sphenoid ['sfi:nɔɪd] *anat. a* pleištinis, pleištiškas
n pleištakaulis
spheral ['sfi:rəl] *a* **1** sferinis; rutulinis **2** simetriškas
sphere [sfɪə] *n* **1** sfera, rutulys *(t. p. geom.)* **2** gaublys; Žemės rutulys **3** dangaus šviesulys **4** *poet.* dangus, dangaus skliautas *(t. p. celestial ~)* **5** sfera; *(veiklos)* sritis; *~ of influence* įtakos sfera; *that is out of my ~* tai ne mano kompetencija **6** socialinė aplinka, sfera; *he moves in quite another ~* jis buvoja visai kitose sferose
v psn., knyg. **1** apsupti *(ratu)* **2** suteikti rutulio formą
-sphere [-sfɪə] *(sudurt. terminuose)* -sfera; *planisphere* planisfera
spheric ['sferɪk] *a* = **spherical**

spherical ['sferɪkl] *a* **1** rutuliškas, rutulio pavidalo; *~ valve tech.* rutulinis vožtuvas **2** *spec.* sferinis; *~ geometry* sferinė geometrija
sphericity [sfɪ'rɪsətɪ] *n* sferiškumas, rutuliškumas
spherics[1] ['sferɪks] *n* sferinė geometrija ir trigonometrija
spherics[2] *n pl rad.* atmosferiniai trukdžiai
sphero- ['sfɪərə-] *(sudurt. terminuose)* sfero-; **spherometer** sferometras
spheroid ['sfɪərɔɪd] *n geom.* sferoidas
spheroidal [ˌsfɪə'rɔɪdl] *a* sferoidinis, rutulio pavidalo
spherule ['sferju:l] *n* nedidelis rutulys, rutuliukas
sphincter ['sfɪŋktə] *n anat.* sutraukiamasis raumuo
sphinx [sfɪŋks] *n* **1** sfinksas *(t. p. prk.)* **2** nesuprantamas/paslaptingas žmogus **3** *zool.* sfinksas *(drugys)*
spic [spɪk] *n amer. sl. niek.* ispanas
spica ['spaɪkə] *n* **1** *bot.* varpa *(žiedyno forma)* **2** *med.* varpinis tvarstis
spice [spaɪs] *n* **1** prieskonis; *kuop.* prieskoniai **2** *prk.* prieskonis *(of)*; pikantiškumas; *to lack ~* stokoti pikantiškumo; *she said it with a ~ of envy* jos žodžiuose buvo juntamas pavydas, pavydo gaidelės **3** specifiškas skonis/kvapas ◊ *variety is the ~ of life* įvairovė yra gyvenimo druska
v **1** įdėti prieskonių, paskaninti *(prieskoniais; with)* **2** suteikti pikantiškumo, paįvairinti *(t. p. ~ up)*
spicery ['spaɪsərɪ] *n* **1** *kuop.* prieskoniai **2** *ist.* vieta, kur laikomi prieskoniai
spick [spɪk] *n* = **spic**
spick-and-span [ˌspɪkən'spæn] *a* **1** švarutėlis, tvarkingas **2** naujintelis, šviežias
spicule ['spɪkju:l] *n* **1** kas nors su smailiu galu **2** *bot.* varputė **3** *astr., zool.* spikulas
spicy ['spaɪsɪ] *a* **1** su prieskoniais; aromatinis, aromatingas **2** pikantiškas; kandus; *~ bits of scandal* pikantiškos smulkmenos; *~ criticism* kandi kritika
spider ['spaɪdə] *n* **1** *zool.* voras *(t. p. prk.); ~'s web* voratinklis **2** *amer.* keptuvė *(su rankena);* trikojis **3** lengvas vežimas su dideliais ratais *(t. p. ~ cart/wagon)* **4** *tech. (rato)* stebulė su stipinais **5** *tech. (kolektoriaus)* žvaigždė; *(inkaro)* kryžmė **6** *amer.* trikojis *(puodui)*
spider-crab ['spaɪdəkræb] *n zool.* jūrų krabas
spider-line ['spaɪdəlaɪn] *n opt.* voratinklio/voratinklinis siūlas
spiderman ['spaɪdəmæn] *n (pl* -men [-men]) *(tik v.)* aukštalipis darbininkas
spider-web ['spaɪdəweb] *n amer.* voratinklis
spiderwort ['spaɪdəwə:t] *n bot.* tradeskantė
spidery ['spaɪdərɪ] *a* **1** voro pavidalo, voriškas **2** voratinkliškas, voratinklinis **3** pilnas vorų
spiel [ʃpi:l, spi:l] *vok. šnek. n* **1** gražbyliavimas, postringavimas **2** reklamavimas, gyrimas *(ypač parduodamų daiktų)*
v gražbyliauti, pasakoti nebūtus dalykus; liežuviu malti
spier ['spaɪə] *n* šnipas
spiffing ['spɪfɪŋ] *a šnek. psn.* = **spiffy**
spiffy ['spɪfɪ] *a (ypač amer.) šnek.* prašmatnus; elegantiškas, puošnus
spigot ['spɪgət] *n* **1** volė, kaištis **2** *(čiaupo)* kamštis **3** *tech.* čiaupas
spike [spaɪk] *n* **1** smaigas; smaigalys, smailė **2** *(batų, startukų ir pan.)* kapliukas, vinis; *(padangos)* spyglys **3** *pl sport. šnek.* startukai **4** *tech.* smaigtis; bėgvinė; vinis **5** *tekst.* kuoliukas, įkaišas **6** *el.* smailė **7** *bot.* varpa **8** *zool.* jauniklė skumbrė

spiked

v **1** uždėti smaigalį; padaryti smailą **2** (pri)smeigti; prikalti vinimis; įkalti vinis **3** perverti, persmeigti kiaurai, perdurti **4** *prk.* sugriauti, suardyti; išvesti iš rikiuotės; ***to ~ smb's guns/plans*** išardyti kieno planus **5** *šnek.* atmesti *(straipsnį ir pan.);* ***to ~ a rumour*** paneigti gandą **6** *šnek.* įpilti alkoholio, pastiprinti *(gėrimą)*

spiked [spaɪkt] *a* **1** smailas **2** su vinimis/kapliukais; ***~ shoes*** *sport.* startukai

spikenard ['spaɪknɑːd] *n* **1** *bot.* nardas *(valerijonų šeimos kvapus augalas)* **2** *ist.* nardų aliejus **3** *bot.* aralija

spiky ['spaɪkɪ] *a* **1** smailas, dygus **2** *šnek.* užgaulus **3** nenuolaidus, nesitaikstantis *(religijos klausimais)*

spile [spaɪl] *n* **1** volė, kaištis **2** polis, kuolas **3** *amer.* latakėlis, lovelis *(sulai leisti)*

spill[1] [spɪl] *n* **1** iš(si)liejimas, išpylimas; tai, kas išlieta **2** *šnek.* puolimas, kritimas *(nuo arklio, dviračio ir pan.);* ***to have/take a ~*** iškristi, nukristi **3** = **spillway**
v (spilt, spilled) **1** iš(si)lieti, iš(si)pilti, iš(si)barstyti *(t. p. ~ out);* ***to ~ blood*** pralieti kraują; ***to ~ smb's blood*** užmušti ką **2** pasipilti *(from, out of – iš);* ***the crowd spilt from the church into the streets*** minia pasipylė iš bažnyčios į gatves **3** išmesti *(iš balno, ratų)* **4** *jūr.* nustatyti burę taip, kad ją nepūstų vėjas ☐ ***~ down*** lyti stambiais lašais; ***~ out*** išsakyti, išplepėti; ***~ over*** a) išsilieti; b) pasklisti *(po gatves, tarp žmonių ir pan.)*

spill[2] *n* **1** skala, balana; susuktas popierius *(uždegti žvakei/pypkei ir pan.)* **2** volė, kaištis **3** virbalas, smeigtukas

spillage ['spɪlɪdʒ] *n (naftos ir pan.)* iš(si)liejimas, nutekėjimas *(iš laivo)*

spillikins ['spɪlɪkɪnz] *n pl* žaidimas šiaudeliais/lazdelėmis

spillover ['spɪləʊvə] *n* **1** liejimasis/tekėjimas per kraštus; pasklidimas **2** *(gyventojų ir pan.)* perteklius

spill-stream ['spɪlstriːm] *n* **1** vandens nukreipimo kanalas **2** upės atšaka žiotyse

spillway ['spɪlweɪ] *n hidr. (užtvankos)* slenkstis; ***~ dam/weir*** slenkstinė užtvanka

spilt [spɪlt] *past ir pII žr.* **spill**[1] *v*

spin [spɪn] *n* **1** greitas sukimas(is)/ap(si)sukimas; ***to give smth a ~*** pasukti ką **2** *(skalbinių)* išgręžimas *(skalbimo mašina);* ***to give the washing a ~*** išgręžti skalbinius **3** *šnek.* trumpas pasivažinėjimas/pabėgiojimas; ***to go for a ~ round the house*** apibėgti/aplėkti namą; ***to go for a ~ in a car*** pasivažinėti automobiliu **4** *(ypač amer.) šnek. (informacijos)* pateikimas kam palankioje šviesoje **5** sukto kamuoliuko padavimas *(tenise, krikete)* **6** *av.* suktukas **7** *fiz.* sukinys, spinas ◊ ***in a (flat) ~*** *šnek.* sutrikęs, pasimetęs
v (spun) **1** sukti(s) *(greitai);* ***to ~ a coin*** sukti monetą *(buriant);* ***to ~ a top*** paleisti sukutį/vilkelį; ***to send smb ~ning*** nublokšti ką stipriu smūgiu; ***his head was ~ning from wine*** nuo vyno jam sukosi galva **2** (iš)gręžti *(skalbimo mašina)* **3** verpti *(siūlą ir pan.);* suktis *(apie siūlus ir pan.)* **4** verpti, megzti *(apie vorą, šilkaverpį);* ***spiders ~ webs*** vorai mezga tinklus; ***to ~ a cocoon*** susivynioti į kokoną *(apie šilkaverpį)* **5** *prk.* regzti, pasakoti *(nuotykį ir pan.)* **6** *šnek.* lėkti, dumti *(automobiliu, dviračiu; t. p. ~ along)* **7** žvejoti su blizge **8** *sport.* paduoti suktą kamuoliuką **9** *av.* kristi suktuku **10** *tech.* išduobti *(tekinimo staklėmis)* ☐ ***~ (a)round*** ap(si)sukti; ***~ off*** a) *tel.* sukurti *(filmo ir pan.)* naują seriją; b) *kom.* atsiskirti nuo pagrindinės kompanijos; ***~ out*** a) ištęsti, pratęsti; ***to ~ out a story*** ištęsti pasakojimą; b) taupyti, tausoti

spina bifida [ˌspaɪnəˈbɪfɪdə] *lot. med.* įskilas stuburas *(su įgimtu plyšiu)*

spinach ['spɪnɪdʒ, -ɪtʃ] *n bot., kul.* špinatas

spinal ['spaɪnl] *a anat.* stuburo, nugaros; nugarkaulio; ***~ column*** stuburas; ***~ cord*** stuburo smegenys; ***~ fluid*** stuburo smegenų skystis; ***~ anaesthesia*** *med.* spinalinė anestezija

spinar ['spɪnɑː] *n astr.* greitai besisukantis kosminis objektas *(pulsaras ir pan.)*

spindle ['spɪndl] *n* **1** verpstas **2** verpalų matas **3** *amer.* smaigas *(raštams/popieriams užsmeigti)* **4** *tech.* suklys, stūmiklis, ašis, velenas **5** *amer. stat.* turėklų statramstis ◊ ***~ side*** moteriškoji *(giminės)* linija
v **1** išsitęsti, ištįsti, pasidaryti ilgam ir plonam **2** *amer.* užsmeigti ant smaigo *(kortelę, popierių)*

spindle-legged ['spɪndllegd] *a* šeivakojis, ilgakojis; laibakojis

spindlelegs ['spɪndllegz] *n pl* **1** plonos kojos **2** *(vart. kaip sg) šnek.* šeivakojis, ilgakojis *(žmogus)*

spindle-shanked ['spɪndlʃæŋkt] *a* = **spindle-legged**

spindleshanks ['spɪndlʃæŋks] *n* = **spindlelegs**

spindle-shaped ['spɪndlʃeɪpt] *a* verpstiškas, verpsto pavidalo

spindle-tree ['spɪndltriː] *n bot.* europinis ožekšnis, skietmedis

spindling ['spɪndlɪŋ] *n* **1** ištįsėlis, ilgšis, išstypėlis **2** ilga plona atžala; aukštas laibas medis
a **1** ištįsęs, liesas ir aukštas *(apie žmogų)* **2** plonas ir aukštas *(apie augalą)*

spindly ['spɪndlɪ] *a* ištįsęs, išstypęs

spin-drier [ˌspɪnˈdraɪə] *n* = **spin-dryer**

spindrift ['spɪndrɪft] *n* **1** jūros putos/purslai **2** *attr:* ***~ clouds*** plunksniniai debesys

spin-dry [ˌspɪnˈdraɪ] *v* išgręžti/išdžiovinti *(skalbinius)* centrifuga

spin-dryer [ˌspɪnˈdraɪə] *n* centrifuga skalbiniams išgręžti

spine [spaɪn] *n* **1** *anat.* stuburas, nugarkaulis **2** *(knygos)* nugarėlė **3** *bot., zool.* spyglys; dyglys **4** *(kalno)* ketera

spine-chiller ['spaɪnˌtʃɪlə] *n* šiurpus filmas; šiurpi knyga

spine-chilling ['spaɪnˌtʃɪlɪŋ] *a* šiurpus, šiurpulingas *(džn. apie filmą, romaną)*

spinel [spɪˈnel] *n min.* įvairių spalvų mineralų grupė, špineliai

spineless ['spaɪnləs] *a* **1** *zool.* bestuburis **2** *prk.* minkštabūdis, silpnabūdis **3** *bot., zool.* be spyglių; be dyglių

spinet [spɪˈnet] *n muz.* spinetas *(klavikordo rūšis)*

spinnaker ['spɪnəkə] *n jūr.* trikampė burė, spinakeris

spinner ['spɪnə] *n* **1** verpėjas **2** verpimo mašina, verptuvas **3** *(šilkaverpio, voro)* verpimo organas **4** spiningo blizgė **5** *av.* oro sraigto aptakas **6** *šnek.* = **spin-dryer**

spinneret ['spɪnəret] *n* = **spinner** 3

spinnery ['spɪnərɪ] *n* verpimo fabrikas, verpykla

spinney ['spɪnɪ] *n* giraitė, atžalynas

spinning ['spɪnɪŋ] *n* **1** verpimas **2** spiningas
a verpimo

spinning-jenny ['spɪnɪŋˌdʒenɪ] *n ist.* verpimo mašina

spinning-machine ['spɪnɪŋməˌʃiːn] *n* verpimo mašina

spinning-wheel ['spɪnɪŋwiːl] *n* ratelis, verptuvas

spin-off ['spɪnɒf] *n* **1** papildoma nauda; papildomas pajamų šaltinis **2** šalutinis produktas/padarinys **3** *tel.* nauja daugiaserijinio filmo serija

spin-out ['spɪnaʊt] *n aut.* nuslydimas į kelkraštį

spinster ['spɪnstə] *n* **1** senmergė **2** *teis.* netekėjusi moteris

spinsterish ['spɪnstərɪʃ] *a menk.* senmergiškas

spinthariscope [spɪnˈθærɪskəʊp] *n fiz.* spintariskopas

spiny ['spaɪnɪ] *a* **1** dygliuotas; spygliuotas **2** sunkus, keblus

spiracle ['spaɪrəkl] *n* **1** orlaidė, skylutė; anga *(kvėpuoti)* **2** *zool. (vabzdžio)* kvėptukas, kvapinė, stigma; *(banginio)* kvėpuojamoji anga

spiraea [spaɪ'rɪə] *n bot.* lanksva, spirėja

spiral ['spaɪərəl] <*n, a, v*> *n* **1** spiralė *(t. p. mat.);* įvija **2** *ekon.* laipsniškas *(kainų, uždarbio ir pan.)* kilimas/kritimas; **price ~, ~ of prices** kylančių/krintančių kainų spiralė **3** *av.* žemėjimas įvija/spirale
a spiralinis, sraigtiškas; įvijas
v (*-ll-*) **1** judėti/suktis/kristi spirališkai/įvijai **2** *ekon.* laipsniškai kilti/kristi *(apie kainas ir pan.)*

spirant ['spaɪrənt] *n fon.* pučiamasis priebalsis, spirantas

spire[1] ['spaɪə] *n* **1** *(bokšto)* smailė, špilis **2** smaigalys, smailuma; **~s of flame** liepsnos liežuviai **3** *(medžio, kalno ir pan.)* smailė, smaili viršūnė

spire[2] *n* **1** spiralė **2** vija

spirea [spaɪ'rɪə] *n amer.* = **spiraea**

spirillum [spaɪ'rɪləm] *n (pl* -la [-lə]) spirilė *(bakterija)*

spirit ['spɪrɪt] *n* **1** dvasia, siela *(t. p. prk.);* **the life of the ~** dvasinis gyvenimas; **he was the leading ~ of the movement** jis buvo to judėjimo siela **2** šmėkla, dvasia; **evil ~s** piktosios dvasios **3** žmogus, būtybė, protas; **one of the greatest ~s of his day** vienas iš didžiausių to laikotarpio protų; **he was a courageous ~** jis buvo drąsus žmogus **4** prasmė; esmė; **to take smth in the wrong ~** neteisingai ką suprasti/aiškinti **5** charakteris; nusistatymas; **an unbending ~** nepalenkiamas/nepalaužiamas charakteris; **to show a kindly ~** palankiai žiūrėti **6** entuziazmas, dvasios pakilimas, narsumas; gyvumas; **to get/enter into the ~** *(of)* entuziastingai įsitraukti *(į veiklą);* **to go at smth with ~** entuziastingai/energingai ko imtis; **people of ~** narsūs žmonės; entuziastai; **to speak with ~** karštai, su užsidegimu kalbėti **7** bendroji kryptis, tendencija, dvasia; **the ~ of the age [law]** laiko [įstatymo] dvasia; **the ~ of progress** pažangos kryptis **8** ištikimybė; **school ~** ištikimybė mokyklos tradicijoms **9** *(džn. pl)* nuotaika, ūpas; **to keep up smb's ~s** palaikyti kieno nuotaiką; padrąsinti ką; **to be in high/good ~s** būti geros nuotaikos, būti gerai nusiteikusiam; **to be in low ~s, to be out of ~s** būti blogos nuotaikos, broken ~s nusiminimas, bloga nuotaika; **my ~s sank** mano nuotaika krito **10** *(ppr. pl)* spiritas; alkoholis, alkoholinis gėrimas; **surgical ~** denatūruotas spiritas; **~s of camphor** kamparo spiritas **11** *ret.* benzinas *(t. p. motor ~)* **12** *attr* spirito, spiritinis; **~ lamp** spiritinė lempa ◊ **to be with smb in ~** būti kartu su kuo mintimis/mintyse; **as/when the ~ moves you** pagal norą/nuotaiką; **that's the ~!** šaunuolis!, taip ir reikia!
v įkvėpti, padrąsinti *(džn. ~ up)* ☐ **~ away/off** iš(si)vesti, pagrobti; skubiai išgabenti/išnešti/išvesti

spirited ['spɪrɪtɪd] *a* narsus, energingas, karštas; atkaklus *(apie pasipriešinimą);* **~ reply** drąsus atsakymas, atkirtis; **~ speech** karšta kalba

-spirited [-ˌspɪrɪtɪd] *(sudurt. žodžiuose)* nusiteikęs *(kaip);* **low-spirited** blogai nusiteikęs

spiritless ['spɪrɪtləs] *a* **1** bedvasis; negyvas, neenergingas, nežvalus **2** prislėgtas; nedrąsus, vangus

spirit-level ['spɪrɪtˌlevl] *n stat.* gulstainis, gulsčiukas

spirit-rapping ['spɪrɪtˌræpɪŋ] *n* spiritizmas

spiritual ['spɪrɪtʃuəl] *a* **1** dvasiškas, dvasinis, dvasios **2** bekūnis **3** dvasingas; įkvėptas **4** religinis; bažnytinis; **~ court** bažnytinis teismas; **lords ~** vyskupai – parlamento nariai
n **1** *amer.* spiričiuelis, negrų religinė giesmė **2** *pl* dvasiniai reikalai

spiritualism ['spɪrɪtʃuəlɪzm] *n* **1** *filos.* spiritualizmas **2** spiritizmas

spiritualist ['spɪrɪtʃuəlɪst] *n* **1** *filos.* spiritualistas **2** spiritistas

spiritualistic [ˌspɪrɪtʃuə'lɪstɪk] *a* **1** *filos.* spiritualistinis **2** spiritistinis, spiritizmo

spirituality [ˌspɪrɪtʃu'ælətɪ] *n* **1** dvasiškumas **2** dvasingumas; įkvėptumas

spiritualize ['spɪrɪtʃuəlaɪz] *v* (į)dvasinti; sudvasinti

spirituel [ˌspɪrɪtju'el] *pr. a* rafinuotas; sąmojingas

spirituous ['spɪrɪtʃuəs] *a attr* spiritinis; alkoholinis

spiro- ['spaɪrəᵘ-] *(sudurt. terminuose)* spiro-; **spirometer** spirometras

spiroch(a)ete ['spaɪrəʊˌkiːt] *n biol.* spirocheta

spiroid ['spaɪrɔɪd] *a* spirališkas, spiralės pavidalo

spirt [spəːt] = **spurt** *n, v*

spit[1] [spɪt] *n* **1** iešmas *(mėsai kepti)* **2** *geogr.* ilga sekluma; nerija **3** žemės sluoksnis per vieną kastuvą, kasis
v užmauti ant iešmo; perdurti, perverti, persmeigti

spit[2] *n* **1** seilės *(ypač išspjautos)* **2** spjaudymas; spjūvis, nusispjovimas **3** nesmarkus lietus/sniegas ◊ **to be the dead/very ~** *(of)* būti nepaprastai panašiam *(į);* **he is the very ~ of his mother** jis – tikra motina; **~ and polish** kruopštus valymas/blizginimas; ideali švara
v (spat) **1** (nusi)spjauti *(t. p. prk.);* spjaudyti(s); **to ~ blood** spjaudyti kraujais **2** purkšti, purkštauti *(apie katę; t. p. prk.)* **3** spragėti, spraginėti, spragsėti *(apie žvakę, malkas ir pan.)* **4** purkšti, lynoti, dulkti *(apie lietų)* ☐ **~ out** a) išspjauti; b) (pa)sakyti, ištarti *(piktai, kandžiai);* iškošti *(žodžius);* **to ~ out an oath** nusikeikti; **~ it out!** *šnek.* greičiau sakyk!; **~ up** a) spjaudyti *(atsikosint),* atsikrenkšti; b) *euf.* vemti

spite [spaɪt] <*n, prep, v*> *n* pyktis, pagieža, piktumas; **to have a ~ against smb** turėti pyktį ant ko; ≡ griežti ant ko dantį; **from, ar out of ~** iš pykčio; *(kieno)* pykčiui, norint *(ką)* supykdyti
prep (**in ~ of**) nepaisant/nepaisydamas ko; **in ~ of everything/all** nepaisant nieko; **in ~ of the fact that...** nors ir...; **in ~ of oneself** nelauktai sau pačiam
v (į)pykinti, (į)erzinti

spiteful ['spaɪtfəl] *a* **1** piktas, pagiežingas **2** piktdžiugiškas, piktanoriškas **3** kandus

spitfire ['spɪtfaɪə] *n* ūmus/karštas žmogus, karštuolis; pikčiurna

spitroast ['spɪtrəust] *v* kepti ant iešmo

Spitsbergen ['spɪtsˌbəːgən] *n* Špicbergenas *(salynas)*

spittle ['spɪtl] *n* seilės; spjūvis

spittoon [spɪ'tuːn] *n* spjaudyklė

spitz [spɪts] *vok. n* špicas *(šunų veislė)*

spitz-dog ['spɪtsdɔg] *n* = **spitz**

spiv [spɪv] *n šnek.* spekuliantas, sukčius

spivvery ['spɪvərɪ] *n šnek.* spekuliacija, tamsūs darbeliai, sukčiavimas

spivvy ['spɪvɪ] *a šnek.* rėžiantis akį *(apie drabužius, išvaizdą)*

splanchnic ['splæŋknɪk] *a anat.* vidurių, vidaus organų

splash [splæʃ] <*n, v, int*> *n* **1** pliuškenimas, teškenimas; **to fall with a ~** pliaukštelėti, pūkštelėti *(krintant į vandenį, purvą)* **2** (ap)taškymas; *pl* tiškalai; **~ lubrication** *tech.* taškomasis tepimas **3** *(purvo, vandens)* dėmė **4** *prk. (gyvūno kailio)* lopas **5** truputis, šlakelis, lašelis *(of)* **6** pozavimas, demonstravimas ◊ **to make a ~** padaryti sensaciją, atkreipti visų dėmesį; **front-page ~** laikraštinė sensacija *(įdėta pirmajame puslapyje)*

splashback

v **1** pliuškenti(s), teškenti(s) *(t. p.* **~ about/around)**; pliumptelėti *(into)* **2** (ap)taškyti; taškytis, tekšėti; teškėti, tikšti; **to ~ with ink** aptaškyti/aptėkšti rašalu **3** klampoti; **to ~ one's way through the mud** klampoti per purvą **4** išmarginti lopais, nuspalvinti dėmėmis; **street ~ed with sunlight** gatvė kur ne kur nušviesta saulės **5** *šnek.* spausdinti didžiulėmis raidėmis, ryškiomis antraštėmis; skirti daug vietos *(laikraštyje)* □ **~ down** nusileisti ant vandens *(apie erdvėlaivį)*; **~ out** iš(si)leisti, ištaškyti *(pinigus; on – kam)*
int pūkšt!, pliumpt!; tekšt!

splashback ['splæʃbæk] *n* koklinė sienelė už čiaupo/kriauklės

splashboard ['splæʃbɔ:d] *n* **1** *(automobilio, ekipažo)* sparnas; apsauginis skydelis *(nuo aptaškymo)* **2** šliuzo skydas **3** *amer.* = **splashback**

splashdown ['splæʃdaun] *n (erdvėlaivio)* nusileidimas/nutūpimas ant vandens

splasher ['splæʃə] *n* = **splashboard** 1

splashy ['splæʃɪ] *a* **1** taškantis; tykštantis **2** dėmėtas **3** ryškus, krintantis į akis; sensacingas

splat [splæt] *n* teškenimas(is); taškymas
int = **splash**

splatter ['splætə] *v* **1** teškenti(s), taškyti(s); aptaškyti; išdrabstyti **2** murmėti, burbuliuoti, neaiškiai kalbėti

splay [spleɪ] <*n, a, v*> *n stat.* nuosklemba; nuožulnuma, nuolinkis
a **1** kreivas, iškrypęs; nusklembtas, nuožulnus; platėjantis **2** šleivas
v **1** nusklembti, nuožulniai/įkypai nupjauti **2** iškleipti *(batus)* **3** išnirti; išnarinti **4** (pra)platėti; pra(si)plėsti, iš(si)skėsti *(ppr.* **~ out)**

splayfooted ['spleɪˌfutɪd] *a* pilnapadis; šleivas, šleivapėdis

spleen [spli:n] *n* **1** *anat.* blužnis **2** pyktis, apmaudas; **in a fit of ~** pykčio priepuolyje; **to vent one's ~ (up)on smb** išgiežti apmaudą, išlieti tulžį/pyktį ant ko

spleenful ['spli:nfəl] *a* piktas, irzlus, pagiežingas

spleenwort ['spli:nwɔ:t] *n bot.* **1** kalnarūtė **2** blužniapapartis

splendent ['splendənt] *a knyg.* blizgantis, žėruojantis, spindintis

splendid ['splendɪd] *a* **1** puikus, nuostabus; **~ idea** puiki mintis **2** prabangus; didingas *(apie pastatą ir pan.)*

splendiferous [splen'dɪfərəs] *a juok., iron.* puikiausias, nuostabus

splendor ['splendə] *n amer.* = **splendour**

splendour ['splendə] *n* **1** puikumas; prabanga; puošnumas; didingumas **2** *(ko)* didybė, grožybė, puikybė *(of)*

splenectomy [splɪ'nektəmɪ] *n med.* blužnies pašalinimas, splenektomija

splenetic [splɪ'netɪk] *a* **1** blužninis **2** irzlus; piktas, tulžingas
n **1** sergantis blužnies liga **2** irzlus/piktas žmogus

splenic ['spli:nɪk] *a anat.* blužnies, blužninis

splenii ['spli:nɪaɪ] *pl žr.* **splenius**

splenitis [splɪ'naɪtɪs] *n med.* blužnies uždegimas

splenius ['spli:nɪəs] *n (pl* -nii*) anat. (galvos, kaklo)* diržinis raumuo

splice [splaɪs] *n* **1** *jūr.* rezginys **2** *stat.* (užleistinė) sandūra
v **1** sumegzti, suregzti *(lynų galus ir pan.);* sudurti, suklijuoti *(juostą)* **2** *stat.* sudurti užleistinai ◊ **to get ~d** *šnek.* susituokti; ≅ sumesti skarmalus

splicer ['splaɪsə] *n* **1** *(kino/magnetofono juostos)* sudūrimo spaustuvas/presas **2** *jūr.* smeigtas virvėms sudurti

spliff [splɪf] *n šnek.* marihuanos cigaretė

splint [splɪnt] *n* **1** lunkas, karna, atplėša, plaušas **2** *med.* įtvaras **3** = **splint-bone 4** *vet.* antkaulis **5** *tech.* kaištis, vielokaištis **6** *dial.* atplaiša, nuolauža, skeveldra
v med. įtverti

splint-bone ['splɪntbəun] *n anat.* šeivikaulis

splinter ['splɪntə] *n* **1** skeveldra; nuolauža, atlauža, atplaiša, šukė, šipulys **2** rakštis; **to run a ~** įsivaryti rakštį **3** skala, balana **4** *attr* atskilęs; **~ group** *polit.* frakcija *(atskilusi dėl nesutarimo)*
v **1** suskilti, subyrėti į šukes, sudužti; suskaldyti, sudaužyti **2** atskilti *(ppr.* **~ off)**

splinter-proof ['splɪntəpru:f] *a* **1** beskeveldris *(apie stiklą)* **2** *kar.* apsaugotas nuo skeveldrų

splintery ['splɪntərɪ] *a* **1** panašus į skeveldrą/nuolaužą/balaną **2** skeveldrėtas; rakščiuotas, pilnas rakščių **3** skalus; dužus

split [splɪt] <*n, a, v*> *n* **1** skėlimas, (su)skaldymas *(t. p. prk.)* **2** (at)skilimas *(t. p. prk.);* **a three-way ~ in the party executive** partijos vadovybės skilimas į tris grupes **3** plyšimas, įtrūkimas; plyšys, įtrūkis **4** atskala, atplaiša; karna, vytelė **5** *el.* šakojimasis **6** *pl sport.* špagatas, viržiukas **7** *šnek. (gazuoto vandens, alkoholinio gėrimo ir pan.)* pusbutelis, buteliukas **8** *kul.* saldus patiekalas *(iš vaisių, ledų, sirupo ir riešutų)* **9** *(ypač. amer.) (pelno ir pan.)* dalijimasis
a suskaldytas, (su)skilęs, įtrūkęs; sudužęs; **~ lip** praskelta lūpa; **~ bar** *komp.* perskyros juosta; **~ second** sekundės dalis, akimirka; **~ personality** asmenybės skilimas
v (split) **1** skelti, skaldyti(s) *(t. p. prk.);* plėšti; **to ~ a stick** perskelti pagalį; **to ~ one's head [one's lip] (open)** prasiskelti galvą [lūpą]; **to ~ one's forces** (su)skaldyti jėgas; **to ~ one's trousers** persiplėšti kelnes; **to ~ a finger** už(si)plėšti pirštą; **to ~ the block** pramušti užtvarą *(žaidžiant tinklinį)* **2** skilti *(t. p. prk.);* plyšti, trūkti; įžti; **the language has ~ into several dialects** kalba suskilo į keletą dialektų; **my head is ~ting** man smarkiai skauda galvą, man plyšta galva **3** pa(si)dalyti, dalytis *(with; between);* **to ~ the sum** pasidalyti sumą pinigų; **to ~ one's vote/ticket** balsuoti už skirtingų partijų kandidatus *(tuo pačiu metu);* **to ~ smth three ways** padalyti į tris lygias dalis; **shall we ~ a bottle of wine (between us)?** ar išgersime kartu butelį vyno? **4** supykdyti; susipykti *(with);* **don't let us ~ on a small point of detail** nesiginčykime dėl niekų **5** *šnek.* išduoti, įskųsti *(on)* **6** *sl.* pasprukti; išsinešdinti □ **~ away/off** a) atskelti; b) atskilti; at(si)skirti; **~ up** a) (su)skilti; (su)skaldyti, padalyti *(into);* b) išsiskirti *(apie sutuoktinius, draugus)*

split-level ['splɪt'levl] *a archit., stat.* (pastatytas) nevienodo aukščio plokštumose, dviejų lygių *(apie pastatą, kambarius, butą)*

split-off ['splɪtɔf] *n* **1** atskilimas; atsiskyrimas **2** atskilusi/atsiskyrusi dalis

split-screen ['splɪtskri:n] *n* **1** *kin., tel.* vienalaikis dviejų kadrų demonstravimas ekrane **2** *komp.* vienalaikis dviejų programų pateikimas ekrane

split-second ['splɪt'sekənd] *a* žaibiškas; sekundės tikslumu

split-site ['splɪtsaɪt] *a* įsikūręs ne viename pastate *(apie mokyklą, gamyklą)*

splitter ['splɪtə] *n* **1** skaldytojas; skaldytuvas **2** smulkmeniškas žmogus; pedantas **3** smarkus galvos skausmas

splitting ['splɪtɪŋ] *a* **1** skeliantis, smarkus *(apie galvos skausmą)* **2** svaiginantis *(apie greitį)* **3** griausmingas, kurtinantis *(apie kvatojimą);* juokingas, komiškas

splodge [splɔdʒ] *šnek. n (dažų, purvo, riebalų ir pan.)* dėmė *v* sutepti *(dažais)*, aptaškyti *(purvu)*

splodgy ['splɔdʒɪ] *a* suteptas, dėmėtas

splosh [splɔʃ] *v šnek.* pliumptelėti, pliaukštelėti

splotch [splɔtʃ] *amer. šnek.* = **splodge** *n, v*

splotchy ['splɔtʃɪ] *a amer.* = **splodgy**

splurge [splə:dʒ] *šnek. n* pasirodymas, puikavimasis *(ppr. švaistant pinigus);* švaistymasis *(pinigais)*
v puikuotis, pasirodyti *(turtingu esant);* švaistytis *(pinigais)*

splutter ['splʌtə] *v* **1** (su)burbuliuoti, kalbėti greitai ir neaiškiai *(iš susijaudinimo ir pan.)* **2** springsėti, springčioti, springti *(t. p. prk.); the engine ~ed to a stop* variklis užspringęs sustojo

spoffish, spoffy ['spɔfɪʃ, 'spɔfɪ] *a šnek.* bruzdus, blaškus

spoil [spɔɪl] *n* **1** *(ppr. pl)* grobis, laimikis; *the ~s of war* karo grobis, trofėjai **2** *(sunkiai įgytas)* meno kūrinys, reta knyga *ir pan.* **3** iškasos, iškasta žemė *(atliekant kasimo darbus);* bergždžioji uoliena; bergždas **4** *kom.* nauda, pelnas **5** *pl* valstybiniai postai, pajamingos pareigos *(kurias savo rėmėjams dalija laimėjusioji partija);* *~s system amer.* valstybinių postų suteikimas už politines paslaugas
v (spoiled, spoilt) **1** (su)gadinti; *to ~ a ballot paper* sugadinti rinkimų biuletenį; *to ~ smb's mood* sugadinti kam nuotaiką **2** (iš)paikinti, (iš)lepinti *(t. p. ~ rotten)* **3** gesti *(apie produktus);* švinkti **4** *refl* pasidaryti nedidelį malonumą **5** *psn., knyg.* grobti, (api)plėšti ◊ *to be ~ing for smth* siekti ko; *to be ~ing for a fight* trokšti susikauti; lįsti muštis

spoilage ['spɔɪlɪdʒ] *n* **1** gadinimas; gedimas **2** *kom.* sugedusios prekės; niekalas, brokas

spoiler ['spɔɪlə] *n* **1** (su)gadintojas **2** *sport.* netikėtas nugalėtojas *(sugadinęs favorito šansus)* **3** *av., aut.* spoileris

spoilsman ['spɔɪlzmən] *n (pl* -men [-mən]) *amer.* asmuo, gavęs tarnybą už politines paslaugas

spoilsport ['spɔɪlspɔ:t] *n šnek.* asmuo, kuris sugadina malonumą/nuotaiką, džiaugsmo drumstėjas

spoilt [spɔɪlt] *past ir pII žr.* **spoil** *v*
a **1** sugadintas **2** išpaikintas, išlepintas, išlepęs; *the ~ child of fortune* likimo numylėtinis

spoke[1] [spəuk] *n* **1** stipinas **2** *(kopėčių)* skersinis, laiptelis, pakopa **3** pagalys *(vart. ratų riedėjimui pristabdyti)* ◊ *to put a ~ in smb's wheel* ≡ kaišioti pagalius į kieno ratus, pakišti koją kam
v **1** sudėti stipinus **2** stabdyti *(ratus pagaliu)*

spoke[2] *past žr.* **speak**

spoke-bone ['spəukbəun] *n anat.* stipinkaulis

spoken ['spəukən] *pII žr.* **speak**
a **1** *attr* sakytinis, šnekamasis; *~ language* sakytinė/šnekamoji kalba **2** kalbantis; *quietly ~* tyliai kalbantis

-spoken *(sudurt. žodžiuose)* -kalbis; *soft-spoken* švelniakalbis

spokesman ['spəuksmən] *n (pl* -men [-mən]) *(tik v.)* delegatas, atstovas *(kalbantis grupės žmonių vardu)*

spokesperson ['spəuks,pə:sn] *n (vart. nenurodant asmens lyties)* = **spokesman**

spokeswoman ['spəuks,wumən] *n (pl* -women [-,wɪmɪn]) delegatė, atstovė

spoliation [,spəulɪ'eɪʃn] *n* **1** žalos darymas, niokojimas *(aplinkos ir pan.)* **2** grobimas, (api)plėšimas *(ypač neutralios šalies laivo karo metu)* **3** *teis.* tyčinis dokumento/įrodymų sunaikinimas/gadinimas

spondaic [spɔn'deɪk] *a lit.* spondėjinis *(apie eilėdarą)*

spondee ['spɔndi:] *n lit.* spondėjas

spondulics [spɔn'dju:lɪks] *n pl sl.* pinigai

spondyl(e) ['spɔndɪl] *n anat.* slankstelis

spondylitis [,spɔndɪ'laɪtɪs] *n med.* slankstelio uždegimas, spondilitas

sponge [spʌndʒ] *n* **1** *zool.* pintis; *fresh-water ~* gėliavandenė durlė **2** kempinė *(plauti, valyti);* apsitrynimas kempine; *to have a ~ down* apsitrinti kempine **3** tai, kas panašu į kempinę: iškilusi tešla, išplakti baltymai, pelkėta dirva *ir pan.* **4** imlus mokslui/žinioms žmogus **5** biskvitas *(t. p. ~ biscuit)* **6** = **sponger** 1 **7** *med. (marlės ir vatos)* tamponas ◊ *to throw in/up the ~ šnek.* prisipažinti nugalėtu; *to pass the ~ over smth psn.* užmiršti ką, ištrinti iš atminties
v **1** trinti/valyti/plauti/šluostyti kempine, drėgnu rankšluosčiu *ir pan.* **2** rinkti pintis **3** *šnek.* veltėdžiauti, būti išlaikytiniu *(on);* traukti *(pinigus),* melžti *(from)* □ *~ down* ap(si)trinti kempine *ir pan; ~ off* (nu)valyti/(nu)šluostyti kempine; *~ out* nutrinti kempine; *~ up* sugerti kempine

spongebag ['spʌndʒbæg] *n* **1** plastmasinis maišelis muilui, dantų šepetukui *ir pan.* **2** *pl* dryžuotos/languotos kelnės

sponge-cake ['spʌndʒkeɪk] *n* biskvitas, biskvitinis pyragaitis/tortas

sponge-down ['spʌndʒdaun] *n* apsitrynimas/valymas kempine; *to have a ~* greitosiomis apsiprausti/apsitvarkyti

sponge-iron ['spʌndʒ,aɪən] *n* purtni geležis

sponger ['spʌndʒə] *n* **1** veltėdis, parazitas **2** pinčių/kempinių rinkėjas

sponge-rubber ['spʌndʒ,rʌbə] *n* akytoji/koryta guma

spongy ['spʌndʒɪ] *a* **1** akytas, korytas, korėtas, purus **2** sugeriantis, absorbuojantis **3** klampus **4** purtnus *(apie metalą)*

sponsion ['spɔnʃn] *n teis.* laidavimas

sponsor ['spɔnsə] *n* **1** laiduotojas **2** *(finansinis)* rėmėjas, globėjas, šefas **3** krikšto tėvas/motina **4** radijo/televizijos reklamos užsakovas *(asmuo, firma ir pan.)* **5** organizatorius, rengėjas **6** *(įstatymo projekto ir pan.)* pateikėjas, autorius
v **1** laiduoti **2** organizuoti, rengti *(koncertus, mitingus ir pan.)* **3** remti; subsidijuoti, finansuoti, būti rėmėju **4** *ofic.* pateikti *(projektą)*

sponsorship ['spɔnsəʃɪp] *n* **1** laidavimas **2** rėmimas; subsidijavimas, finansavimas; *to seek ~ for smth* ieškoti kam rėmėjų

spontaneity [,spɔntə'ni:ətɪ, -'neɪətɪ] *n* **1** savaimingumas, spontaniškumas **2** stichiškumas

spontaneous [spɔn'teɪnɪəs] *a* **1** savaiminis, savaimingas; spontaninis, spontaniškas; *~ combustion [generation]* savaiminis užsidegimas [gyvybės atsiradimas] **2** savanoriškas; *he made a ~ offer of his services* jis savanoriškai pasiūlė savo paslaugas **3** nevalingas; stichiškas; *~ movement* a) nevalingas judesys; b) stichiškas judėjimas

spontoon [spɔn'tu:n] *n kar. ist.* alebarda

spoof [spu:f] *n* **1** parodija; *a ~ horror film* siaubo filmo parodija **2** pokštas, juokas
v **1** parodijuoti *(knygą, filmą)* **2** pajuokti, juoktis *(iš);* krėsti pokštus, pokštauti

spook [spu:k] *šnek. n* **1** šmėkla, vaiduoklis **2** *amer.* šnipas
v (ypač amer.) išgąsdinti; išsigąsti

spooky ['spu:kɪ] *a šnek.* vaiduokliškas; baisus, klaikus

spool [spu:l] *n (siūlų, juostelės ir pan.)* ritė *(t. p. tech.)*
v (su)vyti į ritę

spoon[1] [spu:n] *n* **1** šaukštas, šaukštelis **2** *(irklo)* platgalys **3** blizgė **4** *sport. (golfo)* riedmuša **5** *kas.* semtuvas; semtuvinis grąžtas ◊ **to be born with a silver ~ in one's mouth** ≡ gimti po laiminga žvaigžde, būti laimės kūdikiu; **to win/get the wooden ~** a) užimti paskutinę vietą *(varžybose);* b) *ist.* gauti mažiausią pažymį per matematikos egzaminą *(Kembridžo universitete);* **greasy ~** pigi užeiga *(kurioje patiekiami kepti patiekalai)* *v* **1** dėti/valgyti/(su)semti/maišyti šaukštu *(džn. ~ out/ up)* **2** skobti *(šaukštą ir pan.)* **3** *sport.* pamėtėti aukštyn *(smūgiuojant golfe, krokete, krikete)* **4** žvejoti su blizge

spoon² *v ret. juok.* myluotis, meilintis, burkuoti

spoon-bait ['spu:nbeɪt] *n* blizgė

spoonbill ['spu:nbɪl] *n zool.* girnovė *(paukštis)*

spoondrift ['spu:ndrɪft] *n* = **spindrift**

spoonerism ['spu:nərɪzm] *n* netyčinis žodžių pirmųjų raidžių sukeitimas *(pvz., **a blushing crow** vietoje **a crushing blow**)*

spooney ['spu:nɪ] = **spoony** *a, n*

spoon-fed ['spu:nfed] *past ir pII žr.* **spoon-feed** *a* **1** maitinamas šaukštu *(apie kūdikį, ligonį ir pan.)* **2** gatavai sukramtytas *(apie žinias, teikiamas mokiniams)* **3** gaunantis dotaciją *(apie firmą, pramonės šaką ir pan.);* globojamas **4** *amer.* išlepintas, lepinamas

spoon-feed ['spu:nfi:d] *v* (spoon-fed) **1** maitinti šaukštu **2** kimšti *(žinias ir pan.)*

spoonful ['spu:nful] *n* pilnas šaukštas *(of – ko);* **one ~ of honey** šaukštas medaus

spoon-meat ['spu:nmi:t] *n* skystas maistas *(vaikams, ligoniams)*

spoony ['spu:nɪ] *šnek. psn. a* **1** kvailas, kvailiokas **2** įsimylėjęs *(kvailai, sentimentaliai);* **to be ~ on smb** būti įsimylėjusiam ką *n* **1** neišmanėlis, mulkis **2** įsimylėjėlis

spoor [spuə] *n (žvėries)* pėdsakas *v* sekti pėdsakais

sporadic(al) [spə'rædɪk(l)] *a* sporadinis, sporadiškas; pavienis, atsitiktinis

sporadically [spə'rædɪkəlɪ] *adv* sporadiškai, nereguliariai, kartkartėmis; pavieniui

sporangium [spə'rændʒɪəm] *n (pl* -gia [-dʒɪə]) *bot.* sporinė, sporangė

spore [spɔ:] *n biol.* spora

sporran ['spɔrən] *n* odinis/kailinis krepšys *(škotų kalniečių kostiumo dalis)*

sport [spɔ:t] *n* **1** sportas; sportiniai žaidimai *(t. p. ~s and games);* **to go in for ~s** sportuoti; **athletic ~s** atletika; **team ~s** komandiniai žaidimai; **my favourite ~s are basketball and tennis** mano mėgstamos sporto šakos – krepšinis ir tenisas **2** medžioklė; žūklė; **to have good ~** gerai pamedžioti/pažvejoti **3** *pl* varžybos *(ypač lengvosios atletikos)* **4** pramoga, linksmybės; pokštas; **to become the ~ of fortune** būti likimo žaislu; **what ~!** kaip linksma/smagu! **5** *šnek.* sportininkas **6** *šnek.* geras žmogus, šaunuolis; **be a ~!** būk geras!, būk draugas!; **she is a good ~** ji geras/šaunus žmogus **7** *austral., amer. šnek.* drauguži *(kreipiantis)* **8** *biol.* mutacija; sportas **9** *attr (ppr. ~s)* sporto, sportinis, sportiškas; **~s equipment** sporto inventorius; **~s coat/jacket** sportinė striukė; **~s car** sportinis/lenktyninis automobilis ◊ **the ~ of kings** žirgų lenktynės; **in ~** juokais; **to make ~ (of)** išjuokti *v* **1** puikuoti(s), demonstruoti, demonstratyviai rodyti; **he is ~ing his new suit** jis demonstruoja savo naują kostiumą; **to ~ one's learning** puikuotis mokytumu **2** *knyg.* žaisti, linksmintis; laigyti **3** *biol.* nukrypti nuo normalaus tipo □ **~ away** išvaistyti, išleisti, išeikvoti

sportful ['spɔ:tfəl] *a* linksmas; žaismingas

sporting ['spɔ:tɪŋ] *a* **1** sportinis; medžioklinis; **~ goods** sporto prekės **2** sportiškas, derantis sportininkui; **~ gesture** kilnus poelgis ◊ **~ chance** vienodas/lygus šansas

sporting-house ['spɔ:tɪŋhaus] *n amer. šnek.* **1** viešnamis **2** lošimo namai

sportive ['spɔ:tɪv] *a knyg.* **1** linksmas, žaismingas, judrus **2** sportinis, sportiškas

sportscast ['spɔ:tskɑ:st] *n amer.* sporto laida; sporto žinios

sportscaster ['spɔ:ts͵kɑ:stə] *n amer.* sporto komentatorius

sportsman ['spɔ:tsmən] *n (pl* -men [-mən]) *(tik v.)* **1** sportininkas; medžiotojas; žvejys **2** doras/teisingas žmogus

sportsmanlike ['spɔ:tsmənlaɪk] *a* **1** sportiškas **2** doras, teisingas, kilnus, narsus

sportsmanship ['spɔ:tsmənʃɪp] *n* **1** sportiškumas, sportinis vikrumas/meistriškumas **2** teisingumas, dorumas, kilnumas

sportswear ['spɔ:tswɛə] *n* **1** sporto apranga **2** kasdieniai drabužiai

sportswoman ['spɔ:ts͵wumən] *n (pl* -women [-͵wɪmɪn]) sportininkė

sporty ['spɔ:tɪ] *a* **1** sportiškas **2** vikrus; greitas **3** dabitiškas, ryškus *(apie drabužius)*

spot [spɔt] *n* **1** dėmė, dėmelė; taškelis, šlakas; **~ of blood [of fat, of paint]** kraujo [riebalų, dažų] dėmė; **yellow ~** *anat. (akies)* geltonoji dėmė **2** gėda, dėmė; **without a ~ on his reputation** nesusteptos/švarios reputacijos **3** spuogelis; **face covered with ~s** spuoguotas/išbertas veidas **4** vieta; **retired ~** nuošali vieta; **hot ~** neramus/pavojingas rajonas; karo *ir pan.* židinys; **black ~** a) kelio ruožas, kuriame dažnos avarijos; b) nelaimės/nedarbo *ir pan.* rajonas; **tender ~** opi/skaudama vieta; **the people on the ~** vietiniai žmonės/darbuotojai **5** *(estrados)* numeris; *(trumpas)* pasirodymas *(ekrane)* **6** *šnek. (valgymo, gėrimo ir pan.)* truputis, šlakelis, lašelis; **a few ~s of rain** keli lietaus lašeliai; **won't you have a ~ of whisky?** gal išgersite lašelį degtinės? **7** *sport.* baudos smūgio mušimo vieta *(t. p. **penalty ~**)* **8** *šnek.* = **spotlight** **9** *attr* atrankinis; taškinis; **~ audit** atrankinis tikrinimas; **~ welding** *tech.* taškinis suvirinimas **10** *attr kom.* neatidėliotinas *(kai atsiskaitoma čia pat grynaisiais);* **~ cash** neatidėliotinas (ap)mokėjimas; **~ goods** esamos/turimos prekės; **~ price** kaina mokant grynaisiais, kaina tuoj atsiimant ir sumokant *(už prekę)* **11** *attr rad.* vietinis, vietos; **~ broadcasting** vietinė laida ◊ **in a ~** keblioje padėtyje; **on the ~** a) čia pat, vietoje; **run [hop] on the ~** bėgimas [šokinėjimas] vietoje; **to be on the ~** būti vietoje; būti *(įvykio)* liudytoju; b) nedelsiant, iš karto; **to act on the ~** veikti nedelsiant; c) keblioje padėtyje; **to put on the ~** pastatyti į sunkią/nemalonią padėtį; **to touch the ~** pataikyti į tikslą; **to have a soft ~ (in one's heart) for smb** būti neabejingam kam; **high ~** svarbiausias/kulminacinis taškas; **to hit the high ~s** a) praūžti naktį; b) apsistoti tik prie svarbiausiųjų dalyvių; **to change one's ~s** pakeisti savo charakterį, gyvenimo būdą; **to knock ~s off smb** *šnek.* lengvai ką įveikti; sutriuškinti, suraityti ką; **glued to the ~** ≡ kaip įbestas, kaip stabo ištiktas
v **1** dėmėti, tepti(s); **this silk ~s with water** nuo vandens ant šito šilko lieka dėmės **2** *prk.* teršti, juodinti **3** atpažinti; **you'll ~ him by his black beard** jūs atpažinsite jį iš juodos barzdos **4** pastebėti, pamatyti; **to ~ smb in the crowd** pastebėti ką minioje **5** numatyti *(iš anksto);* **to ~ the winner** numatyti nugalėtoją; **to ~ the cause of**

trouble numatyti sutrikimų/nemalonumų priežastį 6 nustatyti buvimo vietą; ***to ~ a ship*** nustatyti laivo koordinates 7 krapčioti, krapnoti *(apie lietų; with)* 8 *amer. sport.* duoti lengvatą *(silpnesniam žaidėjui)* 9 *kar.* koreguoti ugnį ☐ ***~ out/up*** *amer.* (iš)valyti dėmes

-spot *(sudurt. žodžiuose) amer. šnek.* banknotas; ***five-spot*** penkių dolerių banknotas

spot-advertizing [ˌspɔtˈædvətaɪzɪŋ] *n rad., tel.* teatralizuota reklaminė laida

spot-check [ˈspɔttʃek] *n* atrankinis patikrinimas; netikėta revizija
v (pa)tikrinti atrinktinai/pasirinktinai

spotless [ˈspɔtləs] *a* nedėmėtas, be dėmių; švarus, nesuteptas *(t. p. prk.)*

spotlight [ˈspɔtlaɪt] *n* 1 kilnojamasis žibintas 2 *kin., teatr.* prožektorius 3 dėmesio centras; ***to be in/under the ~*** būti dėmesio centre
v (spotlighted, spotlit [-lɪt]) 1 *kin., teatr.* nukreipti prožektorių, apšviesti 2 *prk.* išryškinti; atkreipti dėmesį

spot-on [ˌspɔtˈɔn] *šnek. a* kaip tik tas, tikslus, taiklus
adv kaip tik, tiksliai

spotted [ˈspɔtɪd] *a* 1 taškuotas; dėmėtas; ***~ fever*** *med.* a) dėmėtoji šiltinė; b) smegenų dangalų uždegimas 2 suteptas; išsitepęs

spotter [ˈspɔtə] *n* 1 dėmių valytojas *(valykloje)* 2 stebėtojas, sekėjas; ***bird ~*** paukščių stebėtojas 3 *amer. šnek.* seklys, šnipas, detektyvas 4 *kar.* koreguotojas 5 *glžk.* automatinis kelio valdiklis

spotty [ˈspɔtɪ] *a* 1 dėmėtas; margas 2 spuoguotas 3 *amer.* nelygus, nevienodo lygio; ***~ performance*** nelygus spektaklis

spot-welding [ˈspɔtweldɪŋ] *n tech.* taškinis suvirinimas

spouse [spauz] *n knyg., teis.* sutuoktinis *(vyras, žmona)*

spout [spaut] *n* 1 srovė, čiurkšlė; *(vandens ir pan.)* stulpas 2 *(indo)* snapelis, kaklelis 3 išleidžiamasis/nutekamasis latakas/vamzdis; stoglovis; išleidžiamoji anga 4 liftas *(lombarde)* 5 *zool. (banginio)* kvėpuojamoji anga ◊ ***up the ~*** a) įkeistas, užstatytas; ***to put up the ~*** įkeisti, užstatyti; b) *šnek.* visiškai klaidingas; c) *šnek.* žuvęs, baigtas; d) *šnek.* nėščia
v 1 tekėti srove, sruvėti, trykšti čiurkšle, čiurkšti 2 (iš)mesti, (iš)versti *(t. p. ~ out); **a volcano ~s lava*** ugnikalnis verčia lavą 3 *šnek.* gražbyliauti, postringauti *(t. p. ~ off); **to ~ poetry*** deklamuoti eiles

spraddle [ˈsprædl] *v (ypač amer.)* išsižergti; plačiai išžergti kojas; eiti išsižergus

sprain [spreɪn] *n* sausgyslių pa(si)tempimas
v pa(si)tempti sausgysles

sprang [spræŋ] *past žr.* **spring**[1] *v*

sprat [spræt] *n* 1 šprotas, kilkė; smulki žuvis; ***Baltic ~*** brėtlingis 2 *šnek.* vaikigalis; žmogelis, žmogysta ◊ ***to throw/risk a ~ to catch a mackerel/whale*** rizikuoti menkniekiu dėl didelio dalyko

sprat-day [ˈsprætdeɪ] *n* šprotų žvejojimo sezono pradžia *(lapkričio 9 d.)*

sprawl [sprɔːl] *n* 1 sudribusi poza; vangus judesys; ***he sat in ~*** jis sėdėjo išsidrėbęs 2 *(miesto)* išsidriekimas, pakrikas išsiplėtimas
v 1 tysoti; sudribti, išdribti *(t. p. ~ out); **to send smb ~ing*** partrenkti, patiesti ką 2 išsi(s)kėtoti, išsitiesti; išsiplėsti, išdrykti, išsidriekti *(apie rašyseną, augalą ir pan.)*

sprawling [ˈsprɔːlɪŋ] *a* išsidrėbęs, išsi(s)kėtojęs; išsidriekęs, pakrikas; ***~ handwriting*** išdrikusi/bėgšti rašysena

spray[1] [spreɪ] *n* 1 šakelė *(su žiedais ir lapais)* 2 puokštė; *(šakelės pavidalo)* ornamentas, papuošalas

spray[2] *n* 1 purslai 2 purškalas, purškiamas/pulverizuojamas skystis *(kvepalai ir pan.)* 3 pulverizatorius, purkštuvas
v 1 purkšti, pulverizuoti; ***to ~ fruit-trees*** (nu)purkšti vaismedžius 2 (ap)taškyti; apiberti *(with)*

sprayer [ˈspreɪə] *n* 1 purkštuvas, purškiklis, pulverizatorius; ***manual ~*** rankinis purkštuvas; ***street ~*** gatvių laistytuvas 2 purškėjas

spray-gun [ˈspreɪɡʌn] *n* pistoletinis dažų purkštuvas

spread [spred] *n* 1 (pa)plitimas, (pa)sklidimas; skleidimas; ***the ~ of learning*** mokslo žinių plitimas 2 erdvė, plotis, apimtis; ***wide ~ of the fields*** laukų platybė 3 aptiesalas, užtiesalas, lovatiesė 4 tai, ką galima užtepti ant duonos *(uogienė, paštetas, sviestas ir pan.)* 5 *šnek.* gausios vaišės; nukrautas stalas 6 *(laikraščio)* atverstinis, atlanka; skelbimas/straipsnis per visą puslapį *ar* per du gretimus puslapius 7 *(sparnų ir pan.)* išplėtimas, išskleidimas, išskėtimas 8 *av.* sparnų plotis/apimtis 9 *amer.* didelis ūkis, ranča 10 *kom.* pirklas, pirkimo ir pardavimo kursų skirtumas 11 *spec.* sklaida
v (spread) 1 (pa)tiesti, užtiesti; uždengti, apdengti; nusėti; ***to ~ a carpet*** patiesti kilimą; ***to ~ the table*** padengti stalą; ***a meadow ~ with flowers*** pieva nusėta gėlėmis 2 išskėsti, iš(si)skleisti, iš(si)tiesti *(t. p. ~ out); ~ **one's hands towards the fire*** ištiesti rankas link ugnies; ***to ~ a sail*** iškelti burę *(išskleidus); **the eagle ~ its wings*** erelis išskleidė sparnus; ***to ~ (out) a map*** ištiesti/išskleisti žemėlapį; ***to ~ (out) one's fingers*** (iš)skėsti pirštus; ***I ~ myself in front of the fire*** aš išsitiesiau priešais ugnį 3 (už)tepti, aptepti, patepti; ***to ~ butter on bread*** užtepti sviesto ant duonos; aptepti duoną sviestu; ***the child ~ jam all over his face*** vaikas išsitepė veidą uogiene 4 (pa)plisti, (pa)sklisti; driektis; ***to ~ from sea to sea*** driektis nuo jūros ligi jūros; ***the river ~s here*** upė čia praplatėja; ***the disease ~s*** liga plinta 5 platinti, skleisti; ***to ~ rumours*** skleisti gandus; ***to ~ disease*** platinti/nešioti ligą 6 iš(si)dėstyti, tęsti(s) *(laiko/erdvės atžvilgiu); **the course of lectures ~s over a year*** paskaitų kursas tęsiasi metus; ***the goods were ~ on the counter*** prekės buvo išdėstytos ant prekystalio 7 pa(si)skirstyti, pa(si)dalyti *(darbą ir pan.)* 8 barstyti *(tręšas ir pan.); **to ~ manure over a field*** iškratyti mėšlą lauke 9 *amer.* įrašyti, užrašyti 10 *refl* stengtis pasirodyti/prasikišti 11 *tech.* plėsti, platinti; (iš)tempti; suploti, išploti *(kalant)* ☐ ***~ out*** a) iš(si)kėsnoti, iš(si)kėtoti; iš(si)keroti; ***the branches ~ out like a fan*** šakos išsikerojo pusračiu; b) išsiplėsti; iš(si)sklaidyti, iš(si)skirstyti; c) kleisti *(pinigus),* išlaidauti

spread-eagle [ˈspredˌiːɡl] *a* 1 išsitiesęs; išsikėsnojęs 2 *amer. šnek.* pompastiškas, pagyrūniškas; ultrapatriotiškas
v 1 *(ppr. pass)* išsitiesti, gulėti išsitiesus/išsikėtojus 2 *ist.* pririšti ištiestomis rankomis ir kojomis *(bausmė)*

spread-eagleism [ˈspredˌiːɡlɪzm] *n šnek.* ultrapatriotizmas

spreader [ˈspredə] *n* 1 skleidėjas, platintojas 2 *tech.* skėtiklis; skirstytuvas 3 *ž. ū.* kratytuvas; barstytuvas; ***manure ~*** mėšlo kratytuvas 4 *jūr. (stiebo)* skerselė; utlegeris

spread-over [ˈspredˌəuvə] *n (darbo valandų)* slankusis grafikas

spreadsheet [ˈspredʃiːt] *n komp.* skaičiuoklė *(dialoginė duomenų apdorojimo sistema);* elektroninė sprendimo lentelė

spree [spriː] *n* linksmybė, smagybė; šėlsmas; ***a drinking ~*** išgertuvės, puota; ***to go/be on the ~*** linksmintis; (pa)ūžti; ***to go on a shopping ~*** švaistyti pinigus parduotu-

sprig

vėsė; *what a ~!* kaip linksma/smagu!; *crime ~* nusikaltimų serija *(padaryta tų pačių asmenų)*
v smagiai linksmintis, šėlti, ūžti
sprig [sprɪg] *n* **1** žalia šakelė **2** atžala *(t. p. prk.)* **3** smeigtukas, kaištelis; vinelė *(be galvutės)*
v **1** išraštuoti/papuošti šakelėmis *(audinį, keramikos gaminius ir pan.)* **2** prikalti *(begalvėmis)* vinutėmis **3** nuskabyti lapus
sprightly ['spraɪtlɪ] *a* žvitrus, vikrus
adv žvitriai, vikriai
spring[1] [sprɪŋ] *n* **1** šuolis; *to take/make a ~* šoktelėti, šokti; *to rise with a ~* pašokti **2** spyruoklė; lingė; *auxiliary/overload ~ aut.* papildomoji lingė; *~ mattress* spyruoklinis čiužinys/matracas **3** spyruokliškumas, elastingumas **4** energija, gyvumas; *his mind has lost its ~* jis prarado greitą nuovoką **5** šaltinis, versmė; *hot ~s* karštos versmės; *mineral ~s* mineraliniai šaltiniai **6** pradas; *the ~s of action* motyvai/paskatos ką daryti **7** plyšys, kiaurymė **8** *sport.* šoklumas
v (sprang, *amer.* sprung; sprung) **1** (pa)šokti *(t. p. ~ up)*; mestis, pulti; *to ~ at/upon smb* už(si)pulti ką; *to ~ to one's feet* pašokti iš vietos; *to ~ over a fence* peršokti per tvorą; *to ~ up into the air* pašokti aukštyn; *he sprung forward to help me* jis šoko man padėti **2** prasidėti; kilti *(t. p. ~ up)*; *a breeze sprang up* pakilo lengvas vėjelis; *his mistakes ~ from carelessness* jo klaidos – iš neatsargumo **3** pasirodyti, atsirasti *(t. p. ~ up)*; *many new houses have sprung (up) here* čia atsirado/iškilo daug naujų namų; *where have you sprung from? šnek.* iš kur tu čia atsiradai?; *weeds have sprung everywhere* visur pašoko/sužėlė piktžolės **4** iškilti, kyšoti; *the tower ~s above the town* bokštas iškyla virš miesto **5** staigiai pereiti į kitą būseną/būklę; *to ~ into fame* staigiai išgarsėti; *to ~ open* staiga atsidaryti **6** (iš)leisti ūg(l)ius/pumpurus, (iš)dygti; *the buds are ~ing* sprogsta pumpurai **7** (į)skilti; (į)skelti; *to ~ a leak* pratekėti **8** persimesti *(apie lentą)* **9** sprogti *(apie miną)* **10** *medž.* pakelti, išbaidyti *(paukštį, žvėrį)* **11** spyruokliuoti; atleisti *(duris ir pan. su spyruoklėmis)* **12** trykšti, plūsti *(from – iš)* **13** plūstelėti, siūbtelėti *(į galvą, veidą ir pan.; to)*; *tears sprang into her eyes* jos akys paplūdo ašaromis **14** netikėtai pranešti *(on – kam)*; *to ~ a surprise* pateikti netikėtumą, (pa)daryti staigmeną; *the news was sprung upon me* žinia mane užklupo netikėtai **15** *šnek.* paleisti, organizuoti pabėgimą *(iš kalėjimo ir pan.)* **16** *tech.* įtaisyti/įdėti spyruokles ☐ *~ back* atšokti; *~ out* staiga išlįsti/pasirodyti
spring[2] *n* pavasaris *(t. p. prk.)*; *the ~ of life* gyvenimo pavasaris, jaunystė; *~ chicken kul.* jaunas viščiukas; *~ break amer.* pavasario atostogos *(universitete)*; *~ is in the air* jaučiasi pavasaris; *~ has sprung* atėjo pavasaris ◊ *no ~ chicken juok.* toli gražu ne jaunas *(ypač apie moterį)*
spring-balance ['sprɪŋbæləns] *n* spyruoklinės svarstyklės
spring-bed ['sprɪŋbed] *n* spyruoklinis čiužinys/matracas; spyruoklinė lova
springboard ['sprɪŋbɔːd] *n* **1** tramplinas *(tiltelis, lenta)*; *~ dive sport.* šuolis nuo bokšto **2** *šnek.* pradinis taškas *(for, to)*
springbok ['sprɪŋbɔk] *n zool. (P. Afrikos)* gazelė
springbuck ['sprɪŋbʌk] *n* = **springbok**
spring-clean *n* ['sprɪŋkliːn] nuodugnus pavasarinis *(buto)* valymas
v [sprɪŋ'kliːn] valyti nuodugniai *(butą)*
springe [sprɪndʒ] *n medž.* spąstai, žabangos, kilpos, raizgai

sprung

springer[1] ['sprɪŋə] *n* **1** šokikas, šuolininkas **2** = **springbok** **3** spanielis *(šunų veislė; džn. ~ spaniel)* **4** *stat.* arkos pagrindas/pėda
springer[2] *n* pavasarinis viščiukas
springhalt ['sprɪŋhɔːlt] *n vet.* špatas *(arklių liga)*
springhead ['sprɪŋhed] *n (upės)* šaltinis, versmė *(t. p. prk.)*
springlet ['sprɪŋlɪt] *n* šaltinėlis, versmelė
spring-like ['sprɪŋlaɪk] *a* pavasariškas, pavasarinis
spring-loaded ['sprɪŋ'ləudɪd] *a* spyruoklinis, su spyruoklėmis/spyruokle
springtide ['sprɪŋtaɪd] *n* jūros potvynis *(per jauną mėnulį ir pilnatį)*
springtime ['sprɪŋtaɪm] *n* pavasaris, pavasario metas
springwater ['sprɪŋˌwɔːtə] *n* šaltinio vanduo
springwood ['sprɪŋwud] *n (medžio)* metinės rievės pavasarinė dalis
springy ['sprɪŋɪ] *a* **1** spyruokliškas, elastingas **2** šaltiniuotas
sprinkle ['sprɪŋkl] *n* **1** purkštimas, šlakstymas; barstymas **2** šlakas, žiupsnelis *(of)*; *~ of rain* purkšna, keletas lašų lietaus; *~ of snow* kelios kruopelės sniego, snyguriavimas
v **1** (api)purkšti, (ap)šlakstyti, (ap)taškyti; (pa)barstyti, apibarstyti *(with)* **2** *pass* iš(si)mėtyti, iš(si)barstyti *(on)* **3** *pass prk.* padailinti, išmarginti; *~d with quotations* prikaišiotas citatų **4** lynoti, šlaknoti, krapnoti
sprinkler ['sprɪŋklə] *n* **1** purkštuvas, šlakstyklė; sprinkleris **2** = **sprinkling-machine**; *street ~* gatvių laistymo mašina **3** laistytojas **4** *attr*: *~ system* laistytuvas; automatinė gesinimo sistema
sprinkling ['sprɪŋklɪŋ] = **sprinkle** *n*
sprinkling-machine ['sprɪŋklɪŋməˌʃiːn] *n* laistomasis įtaisas; laistymo mašina
sprint [sprɪnt] *n sport.* **1** trumpo nuotolio bėgimas/plaukimas, sprintas **2** spurtas, veržtas; *~ at finish* finišo spurtas
v bėgti/plaukti trumpą nuotolį; bėgti visu greičiu; spustelėti, mestis bėgti
sprinter ['sprɪntə] *n sport.* trumpų nuotolių bėgikas, sprinteris
sprit [sprɪt] *n jūr.* špritas
sprite [spraɪt] *n* **1** *flk.* elfas; fėja; kaukas; *water ~* vandenis **2** *komp.* spruklys
spritz [sprɪts] *vok. v amer.* purkšti, švirkšti
spritzer ['sprɪtsə] *vok. n* baltas vynas su gazuotu vandeniu
sprocket ['sprɔkɪt] *n tech.* **1** krumpliaratis, grandininis ratas **2** žvaigždutė
sprocket-wheel ['sprɔkɪtwiːl] *n* = **sprocket** 1
sprog [sprɔg] *n* **1** *šnek.* vaikutis; varlys **2** *kar. sl.* naujokas
sprout [spraut] *n* **1** daigas; atžala, atauga, ūglis **2** *šnek.* jaunuolis, atžala **3** *pl* briuseliniai kopūstai *(t. p. Brussels ~s)*
v **1** (su)želti; (su)dygti, leisti daigus/atžalas; imti augti, išaugti *(t. p. ~ up)* **2** želdinti, (su)daiginti; želdintis *(barzdą)* ☐ *~ up* pasirodyti; ≡ dygti kaip grybams po lietaus *(apie pastatus)*
spruce[1] [spruːs] *a* puošnus, elegantiškas, gražiai/dabitiškai apsirengęs, išsičiustijęs
v su(si)tvarkyti; pa(si)dabinti, pa(si)puošti *(ppr. ~ up)*
spruce[2] *n (pl ~)* (melsvoji) eglė; *white ~* baltoji eglė
sprue[1] [spruː] *n metal.* **1** vertikalusis lietis; liejimo kanalas **2** nuodegos
sprue[2] *n med.* spru *(lėtinė tropinė liga)*
spruit [spreɪt] *n* mažas upelis *(kuriame būna vandens tik po lietaus; P. Afrikoje)*
sprung [sprʌŋ] *past ir pII žr.* **spring**[1] *v*

spry 885 **square**

a **1** (į)skilęs, (į)trūkęs **2** spyruoklinis **3** *šnek.* įgėręs, įkaušęs
spry [spraɪ] *a* judrus, guvus, žvitrus; *look ~!* paskubėk!, gyviau!
spud [spʌd] *n* **1** kauptukas, kapstas, kapstys, kaplė **2** *šnek.* bulvė **3** *tech.* prispaudimo plokštelė
v kapliuoti, kaupti
spue [spju:] = **spew** *n, v*
spume [spju:m] *knyg. n (jūros)* putos
v putoti
spumous ['spju:məs] *a* putotas
spumy ['spju:mɪ] *a* = **spumous**
spun [spʌn] *past ir pII žr.* **spin** *v*
a: ~ *cotton* medvilniniai verpalai; ~ *gold* auksinė gija; ~ *casting metal.* išcentrinis liejimas
spunk [spʌŋk] *n* **1** *šnek.* drąsa; įkarštis, užsidegimas **2** *šnek.* pyktis, ūmumas **3** pūzras; pintis
spunky ['spʌŋkɪ] *a šnek.* **1** drąsus, karštas **2** piktas, ūmus
spur [spɜ:] *n* **1** pentinas; *to put/set ~s (to)* a) paspausti/kirsti pentinais; b) *prk.* paskubinti, paraginti **2** paskata, paakinimas, stimulas, akstinas; *to need the ~* reikėti paakinti/paraginti, būti lėtam/nepaslankiam **3** *(kalnyno, kalno)* atšaka **4** *(medžio)* atsikišusi šaka/šaknis **5** kabliai *(lipti į stulpus)* **6** *(gaidžio)* pentinas **7** aštri geležėlė *(pririšama gaidžiui prie kojos prieš kapotynes)* **8** *glžk.* aklakelis; atšaka *(t. p.* ~ *track)* **9** *kas. (gyslos)* atsišakojimas, atšaka **10** *bot.* skalsės *(t. p.* ~ *of rye)* ◊ *on the ~ of the moment* iš karto, nepagalvojus; nepasirengus; *to win/gain one's ~s* a) *ist.* būti pakeltam į riterius; b) *prk.* būti pripažintam, pagarsėti
v **1** spustelėti/kirsti pentinais **2** paryšti pentinus **3** (pa)skatinti, (pa)raginti *(t. p.* ~ *on/foward)* **4** (pa)skubinti, pagreitinti
spurge [spɜ:dʒ] *n bot.* karpažolė
spur-gear ['spɜ:gɪə] *n tech.* krumpliastiebinė pavara; cilindrinis krumpliaratis *(t. p.* ~ *wheel)*
spurious ['spjʊərɪəs] *a* **1** suklastotas, netikras, melagingas; ~ *coin* netikras pinigas; ~ *fruit* netikrasis vaisius; ~ *manuscript* suklastotas rankraštis *(ne originalas);* ~ *sentiment* netikras/apsimestinis jausmas; ~ *evidence teis.* melagingas parodymas **2** nesantuokinis, neteisėtas
spurn [spɜ:n] *v* **1** atstumti; atmesti su panieka, (pa)niekinti **2** *psn.* nuspirti
n **1** atstūmimas; (pa)niekinimas **2** spyris
spur-of-the-moment ['spɜ:rəvðə'məumənt] *a attr* daromas ekspromtu/nepasirengus; staigus
spurrier ['spɜ:rɪə] *n* pentinų dirbėjas
spurt [spɜ:t] *n* **1** čiurkšlė, srovė; *~s of flame* liepsnos pliūpsniai **2** staigus *(ko)* pasireiškimas/padidėjimas/pakilimas; protrūkis; ~ *of anger* pykčio protrūkis **3** tarpas, gūsis **4** *(ypač sport.)* spurtas ◊ *to put a ~ on* spustelėti, pa(si)spausti *(norint pasivyti); in ~s* priešokiais *(dirbti ir pan.)*
v **1** trykšti, čiurkšti, tekėti čiurkšle/srove; trykštelėti *(t. p.* ~ *out);* veržtis *(apie liepsną);* versti *(liepsną)* **2** staigiai pasireikšti/padidėti/pakilti, pratrūkti; išlieti *(jausmus, energiją ir pan.)* **3** *(ypač sport.)* padidinti spartą, paspausti, spurtuoti; pasileisti bėgti, nerti
spur-wheel ['spɜ:wi:l] *n* = **spur-gear**
sputa ['spju:tə] *pl žr.* **sputum**
sputnik ['sputnɪk] *rus. n* dirbtinis Žemės palydovas
sputter ['spʌtə] *n* **1** *(seilių)* purslai **2** sprag(s)ėjimas **3** burbėjimas, greitas/neaiškus kalbėjimas **4** sąmyšis, triukšmas
v **1** pursloti(s), spjaudyti/taškyti seilėmis **2** sprag(s)ėti **3** burbėti, burbuliuoti, greitai/neaiškiai kalbėti **4** spring-čioti, čiaudėti *(apie variklį)* ☐ ~ *out* užgesti *(suspragėjus, užspringus ir pan.)*
sputum ['spju:təm] *n (pl* -ta) **1** seilės **2** skrepliai
spy [spaɪ] *n* šnipas; slaptasis agentas
v **1** šnipinėti, sekti *(on, upon)* **2** pastebėti, pamatyti, įžiūrėti ☐ ~ *out* susekti, sušnipinėti, slapta sužinoti/(iš)tirti; *to ~ out the land* a) ištirti/apžiūrėti vietovę; b) *prk.* iš anksto ištirti situaciją
spyboat ['spaɪbəʊt] *n* patrulinis laivas
spyglass ['spaɪglɑ:s] *n jūr. ist.* žiūronas *(žiūrėti viena akimi)*
spyhole ['spaɪhəʊl] *n* skylutė, langelis *(sekti)*
spymaster ['spaɪmɑ:stə] *n* šnipų šefas/vadovas
squab [skwɒb] *n* **1** neapsiplunksnavęs balandis; ~ *pie* a) pyragas su balandienos įdaru; b) pyragas su avienos, svogūnų ir obuolių įdaru **2** *šnek.* žemaūgis storulis, drimba **3** minkšta pagalvėlė **4** kušetė **5** *aut.* sėdynės atlošas/atrama; *back* ~ nugarėlės kamšalas
a **1** žemas ir storas, kresnas **2** beplunksnis, neapsiplunksnavęs
squabble ['skwɒbl] *n* rietenos/kivirčas dėl menkniekio
v rietis/kivirčytis dėl menkniekio *(about, over)*
squabby ['skwɒbɪ] *a* žemas ir storas, kresnas
squab-chick ['skwɒbtʃɪk] *n* neapsiplunksnavęs paukščiukas
squad [skwɒd] *n* **1** *(ypač kar.)* skyrius, būrys; operatyvinė grupė; *awkward* ~ a) naujokų būrys; b) *prk.* naujokai, neprityrę žmonės; ~ *drill (naujokų)* rikiuotės mokymas; *flying* ~ a) greitojo reagavimo būrys; b) budintis policijos automobilis *(t. p.* ~ *car)* **2** *(darbininkų)* brigada **3** *sport.* komanda
v kar. paskirstyti į skyrius/būrius; priskirti prie būrio
squaddie, squaddy ['skwɒdɪ] *n šnek.* eilinis (kareivis); naujokas
squadron ['skwɒdrən] *n* **1** *kar.* eskadronas; divizionas **2** *jūr.* eskadra **3** *av.* eskadrilė **4** *attr* eskadrono; divizijos, eskadros, eskadrilės
v **1** *kar.* paskirstyti į eskadronus **2** *av.* paskirstyti į eskadriles
squadron-leader ['skwɒdrənˌli:də] *n* eskadrilės vadas; aviacijos majoras
squalid ['skwɒlɪd] *a* **1** purvinas, nešvarus, apleistas **2** skurdus, vargingas **3** niekingas, žemas
squall[1] [skwɔ:l] *n* spiegimas; klyksmas, riksmas
v spiegti, spygauti; klykti, rėkti
squall[2] *n* **1** škvalas, viesulas, staigi trumpa audra; *white* ~ staigus uraganas *(tropikuose)* **2** *šnek.* neramumai, sujudimas ◊ *to look out for ~s* būti atsargiam, saugotis pavojaus
squally ['skwɔ:lɪ] *a* audrotas, audringas, viesuliškas, škvalingas *(apie lietų, orą ir pan.)*
squalor ['skwɒlə] *n* **1** nešvarumas, purvas **2** skurdas, vargas
squama ['skweɪmə] *n (pl* -mae [-mi:]) *anat., bot.* žvynas
squamous ['skweɪməs] *a anat., bot., zool.* žvyninis; žvynuotas
squander ['skwɒndə] *n* (iš)eikvojimas, (iš)švaistymas
v (iš)eikvoti, (iš)švaistyti; *to ~ time* tuščiai leisti laiką
squanderer ['skwɒndᵊrə] *n* švaistūnas, švaistytojas, (iš)eikvotojas
square [skwɛə] <*n, a, adv, v*> *n* **1** *geom.* kvadratas, ketvirtainis **2** kvadrato formos daiktas; *a ~ of cloth (kvadratinis)* audeklo gabalas **3** aikštė, skveras **4** *(miesto)* kvartalas **5** *(popieriaus, žaidimų lentos)* langelis, laukelis **6** kampainis, kampamatis, kampų matavimo liniuotė **7** *kar.* karė, keturkampė rikiuotė **8** *mat. (skaičiaus)*

kvadratas; ***three ~ is nine*** trys kvadratu yra devyni 9 *stat.* paviršiaus/plokštumos matas *(=9,29 m²)* 10 *menk.* atsilikėlis, senamadis, miesčionis ◊ ***on the ~ šnek.*** sąžiningas, be apgaulės; ***~ one*** pati pradžia; ***to start from ~ one*** pradėti iš pradžių *a* 1 kvadratinis, ketvirtainis; ***~ root*** *mat.* kvadratinė šaknis; ***~ metre*** kvadratinis metras; ***the room is six meters ~*** kambarys – šešių kvadratinių metrų 2 keturkampis; kampuotas, kertėtas; ***~ face*** kampuotas/kertuotas veidas 3 tiesus, statmenas; lygus *(with);* ***~ sail*** tiesi burė; ***the picture is not ~ with the ceiling*** paveikslas kabo kreivai 4 taisyklingas, tikslus, teisingas; ***to get/make one's accounts ~*** subalansuoti sąskaitas; ***to get ~ with smb*** suvesti sąskaitas su kuo; ***to call it ~*** atsiskaityti; ***all ~*** a) atsiskaitęs; b) *sport.* lygus *(apie rezultatą)* 5 doras, tiesus, sąžiningas; ***~ deal*** doras sandėris; ***~ refusal*** kategoriškas atsisakymas 6 gausus, sotus; ***to have a ~ meal*** sočiai pavalgyti 7 *šnek.* atsilikęs, konservatyvus, senamadiškų pažiūrų *adv* 1 tiesiai; statmenai, stačiai; ***to stand ~*** stovėti tiesiai 2 dorai, sąžiningai 3 akis į akį; tiesiai 4 tvirtai, besąlygiškai *v* 1 suteikti kvadrato/stačiakampio formą; pažymėti kvadratus, dalyti į kvadratus *(t. p. ~ off)* 2 sulenkti *(kampu); to ~ one's elbows* sulenkti rankas *(per alkūnes),* atkišti alkūnes 3 ištiesti; ***to ~ one's shoulders*** atsitiesti, pasitempti, ištiesti pečius 4 išlyginti, (nu)tašyti *(stačiu kampu)* 5 *mat.* pakelti kvadratu; (ap)skaičiuoti/rasti plotą; ***to ~ the circle*** a) skaičiuoti apskritimo kvadratūrą; b) *prk.* siekti neįmanomo dalyko 6 atsiskaityti; apmokėti, sutvarkyti *(sąskaitas); refl* atsiteisti, atsikeršyti; ***to ~ one's creditors*** sumokėti kreditoriams; ***to ~ accounts*** (with) atsiskaityti; sutvarkyti sąskaitas 7 atitikti; suderinti, sulyginti; ***his doings do not ~ with his principles*** jo darbai neatitinka jo principų, jis viena sako, kita daro; ***~ these figures with our information*** sulyginkite šiuos skaičius su mūsų turima informacija 8 *sport.* išlyginti, sulyginti *(rezultatą)* 9 *šnek.* papirkti, susitarti; sureguliuoti *(reikalus)* □ ***~ away*** *amer. šnek.* a) pasiruošti; b) užbaigti; su(si)tvarkyti; ***~ off*** a) nulyginti *(kraštą, galą);* b) *amer.* = ***~ up*** a); ***~ up*** a) pasiruošti kovai *(to);* b) ryžtingai priešintis/sutikti *(to);* c) *šnek.* atsiskaityti, sutvarkyti *(sąskaitas);* d) *tech.* (iš)lyginti, (iš)tiesinti
square-bashing ['skwɛəˌbæʃɪŋ] *n kar. šnek.* muštras, mokymas maršuoti *(ypač prieš paradą)*
square-built ['skwɛə'bɪlt] *a* kresnas, plačiapetis
squared [skwɛəd] *a* languotas; ***~ paper*** languotas popierius
square-eyed ['skwɛər'aɪd] *a juok.* prisiekęs *(apie televizijos žiūrovą)*
squarely ['skwɛəlɪ] = **square** *adv*
square-rigged ['skwɛə'rɪgd] *a jūr.* su kvadratinėmis burėmis *(apie laivą)*
square-toed ['skwɛə'təud] *a* 1 plačiais bukais galais *(apie avalynę)* 2 senamadiškas; pedantiškas
square-toes ['skwɛətəuz] *n* 1 batai su bukais galais 2 senamadis žmogus; formalistas; pedantas
squarish ['skwɛərɪʃ] *a* beveik kvadrato/stačiakampio formos
squarrose ['skwærəus] *a biol.* žvynuotas
squash[1] [skwɔʃ] *n* 1 spūstis, kamšatis, grūstis 2 sumaigymas, sutraiškymas 3 sutrinta/sugrūsta/sutraiškyta masė, traiškalas, košė 4 vaisvandeniai; ***lemon ~*** limonadas; ***orange ~*** apelsinų gėrimas 5 skvošas *(žaidimas, panašus į tenisą; t. p. ~ rackets/tennis)*
v 1 (su)maigyti, (su)traiškyti, (su)trėkšti 2 grūsti(s), spausti(s), sprausti(s) *(into);* ***to ~ through the gate*** prasibrauti/prasigrūsti pro vartus 3 priversti nutilti, nutildyti 4 numalšinti, nuslopinti □ ***~ in*** įsisprausti
squash[2] *n (ypač amer.) bot.* moliūgas
squashy ['skwɔʃɪ] *a* 1 traiškus, minkštas, mėsingas 2 klampus, pažliugęs *(apie žemę)*
squat [skwɔt] <*n, v, a*> *n* 1 *(žmonių, gyvulių)* tupėjimas; pritūpimas 2 urvas, ola 3 neteisėtai apgyventas namas
v 1 tupėti, (pri)tūpti *(apie žmogų, gyvulį)* 2 neteisėtai (ap)si)gyventi/užimti *(patalpą, žemę)* 3 apsigyventi valstybinėje žemėje 4 *šnek.* sėdėti, sėstis □ ***~ down*** atsitūpti
a 1 mažas ir storas, žemas, drūtas 2 *(džn. predic)* tupintis; pritūpęs
squatter ['skwɔtə] *n* 1 tupintis žmogus 2 *(neteisėtai apsigyvenęs)* naujakurys 3 skvoteris, naujakurys *(apsigyvenęs valstybinėje žemėje siekdamas gauti titulą)* 4 *austral.* avių augintojas *(fermeris)*
squatty ['skwɔtɪ] = **squat** *a*
squaw [skwɔ:] *n* 1 *niek. (Š. Amerikos)* indėnė 2 *amer. psn.* pati, moteris
squawk [skwɔ:k] *n* 1 spiegiamas *(paukščio)* riksmas, klyksmas 2 skundimasis, protestas
v 1 klykti, rėkti 2 kudakuoti, kleketuoti 3 skųstis, protestuoti
squawk-box ['skwɔ:kbɔks] *n šnek.* garsiakalbis; vidaus telefonas
squaw-man ['skwɔ:mæn] *n (pl* -men [-men]) *(tik v.) menk.* amerikietis, vedęs indėnę
squeak [skwi:k] *n* 1 cypimas, cypsėjimas 2 girgždesys, girgždėjimas
v 1 cypti, cypsėti, cyptelėti; suspigti, spigtelėti 2 girgždėti, girgžtelėti □ ***~ by/through*** *šnek.* vos ne vos laimėti/išsigelbėti *ir pan.*
squeaker ['skwi:kə] *n* 1 cyplys 2 paukščiukas *(jauniklis)* 3 žaislas *(išduodantis garsą paspaudus)*
squeaky ['skwi:kɪ] *a* 1 cypiantis, cypus 2 girgždantis; girgždus *(apie balsą)*
squeaky-clean ['skwi:kɪ'kli:n] *a šnek.* švarutėlis
squeal [skwi:l] *n* klykimas, spiegimas; kvykimas, žviegimas
v 1 klykti, spiegti *(with, in – iš);* kvykti, žviegti; cypti 2 *šnek.* skųstis, protestuoti 3 *šnek.* įskųsti, išduoti *(on);* ***to make smb ~*** šantažuoti ką
squealer ['skwi:lə] *n menk.* skundikas
squeamish ['skwi:mɪʃ] *a* 1 jautrus, įžeidus 2 lepus, išrankus; skrupulingas 3 kurį greit pykina; ***I feel ~*** man bloga
squeegee ['skwi:dʒi:] *n* 1 medinis valytuvas su gumos sluoksniu *(valyti langų stiklams, šaligatviui, deniui ir pan.)* 2 *fot.* guminis velenėlis fotokopijoms vynioti
squeezability [ˌskwi:zə'bɪlətɪ] *n* suspaudžiamumas
squeezable ['skwi:zəbl] *a* 1 suspaudžiamas, suslegiamas 2 sukalbamas, nuolaidus; ***~ person*** nuolaidus/minkštas žmogus
squeeze [skwi:z] *n* 1 (su)spaudimas; (su)slėgimas; ***to give smb's hand a ~*** paspausti kam ranką 2 išspaustos sultys; išspaudos 3 *(ko)* lašelis, truputis *(of)* 4 kamšatis, spūstis *(t. p. tight ~)* 5 spaudimas, prievarta; ***to put the ~ on smb*** *šnek.* paspausti, prispirti ką 6 sunkumai, sunki/kebli padėtis 7 *(monetos ir pan.)* atspaudas 8 *fin.* *(kreditų)* apribojimas; didelės paskolų palūkanos ◊ ***one's main ~*** *amer. šnek.* kieno simpatija/draugužis
v 1 (su)spausti, (su)slėgti; prispausti *(durimis);* ***to ~ smb's hand*** paspausti kam ranką; ***to ~ clay*** minkyti molį 2 iš(si)spausti, iš(si)gręžti *(t. p. ~ out);* ***to ~ wet***

squeeze-box | 887 | **stack**

clothes išgręžti šlapius drabužius; *this sponge ~s well* ši kempinė gerai išsigręžia; *to ~ out a tear* „išspausti ašarą", apsimesti verkiančiu; *to ~ a lemon dry* išspausti citriną 3 išgauti prievarta, išspausti, išveržti; *to ~ a confession* išgauti/ištraukti prisipažinimą 4 vos ne vos pasisekti/laimėti *ir pan.* 5 *fin.* suvaržyti, apsunkinti *(verslą paviliojant klientus);* apkrauti *(mokesčiais ir pan.)* 6 daryti *(monetos ir pan.)* atspaudus ☐ *~ in* įterpti; į(si)sprausti; *can I ~ in?* ar aš dar galiu įsisprausti?; *~ through* prasispausti, prasibrauti; *to ~ one's way through the crowd* spraustis per minią; *~ up* susispausti, pasispausti

squeeze-box ['skwi:zbɔks] *n šnek.* armonika, akordeonas

squeezer ['skwi:zə] *n* 1 spaudėjas 2 sulčiaspaudė; spaudyklė 3 *tech.* užkaitavimo/lenkimo staklės; lenktuvas

squelch [skweltʃ] *n* 1 šliurkšėjimas, žliug(s)ėjimas, žlegsėjimas 2 *šnek.* triuškinantis/smarkus atkirtis
v 1 šliuksėti, šliukšėti, šliurkšėti, žliug(s)ėti, žlegsėti; žlegtelėti 2 sutrypti koja 3 (nu)malšinti, (nu)slopinti 4 nutildyti, nutraukti *(kalbą),* atkirsti

squelcher ['skweltʃə] = **squelch** *n* 2

squelchy ['skweltʃɪ] *a* žliugsintis *(apie žemę, purvyną)*

squib [skwɪb] *n* 1 petarda *(pirotechninis užtaisas)* 2 paskvilis; pamfletas; epigrama 3 *kar.* degtuvas ◊ *a damp ~ šnek.* žlugimas, visiškas nusivylimas
v 1 sprogti; sprogdinti/paleisti petardą 2 *psn.* rašyti pamfletus/paskvilius/epigramas

squid [skwɪd] *n (pl ~, ~s) zool.* galvakojis, galvakojai, kalmarai *(moliuskai)*

squidgy ['skwɪdʒɪ] *a šnek.* minkštas ir šlapias, tižus, ištežęs

squiffy ['skwɪfɪ] *a šnek.* išgėręs, įgėręs, įtraukęs

squiggle ['skwɪgl] *n* vingis, išraitymas *(rašte, žemėlapyje)*

squill [skwɪl] *n bot.* jūrų svogūnas; scilė

squinch [skwɪntʃ] *n stat. (perdangos)* atraminė iškyša

squint [skwɪnt] *<n, v, a> n* 1 žvairumas; *to have a bad ~* labai žvairuoti 2 šnairas žvilgsnis; šnairavimas; *let me have a ~ at it* leiskite man užmesti akį
v 1 žiūrėti prisimerkus; prisimerkti *(nuo šviesos ir pan.)* 2 žvairuoti; šnairuoti, skersakiuoti *(at)*
a 1 žvairas 2 šnairas

squint-eyed ['skwɪnt'aɪd] *a* 1 žvairas; šnairas 2 piktavališkas, piktas; *(neigiamai)* nusistatęs

squire ['skwaɪə] *n (tik v.)* 1 *ist.* dvarininkas, skvairas; *(the ~)* stambiausias kaimo/parapijos žemvaldys 2 *(the ~) amer.* vietinis teisėjas/advokatas, skvairas *(titulas)* 3 *ist.* ginklanešys 4 *juok.* galantiškas kavalierius 5 *šnek.* žmogus, ponas *(kreipiantis)*
v asistuoti *(damoms),* (pa)lydėti *(damą)*

squir(e)archy ['skwaɪərɑ:kɪ] *n ist.* 1 žemvaldžiai *(luomas)* 2 žemvaldžių/dvarininkų valdžia

squireen [ˌskwaɪə'ri:n] *n* smulkus dvarininkas *(ypač Airijoje)*

squirm [skwə:m] *n* rangymasis, raitymasis; *to give a ~* rangytis, raitytis
v 1 rangytis, raitytis 2 gūžtis, muistytis *(iš baimės, susijaudinimo);* jaustis nesmagiai

squirrel ['skwɪrəl] *n zool.* voverė; *ground ~* staras
v (-ll-) laikyti atsargai *(t. p. ~ away)*

squirrelly ['skwɪrəlɪ] *a* 1 kaip voverė 2 *amer.* nerimstantis

squirt [skwə:t] *n* 1 čiurkšlė, švirkšlė 2 švirkštas; švirkšlys *(ypač vaikiškas žaislas)* 3 *šnek.* išsišokėlis, įžūlėlis, akiplėša
v 1 čiurkšti, trykšti čiurkšle/srove 2 švirkšti, purkšti; aplieti vandeniu *(iš žarnos)* ☐ *~ out* ištrykšti

squirt-job ['skwə:tdʒɔb] *n sl.* reaktyvinis lėktuvas

squish [skwɪʃ] *v* 1 šliuksėti, čiurkšėti 2 *amer. šnek.* (su)spausti, susispausti, su(si)maigyti

squit [skwɪt] *n sl.* niekingas žmogus, išsišokėlis

Sri Lanka [ˌsri'læŋkə] Šri Lanka *(valstybė)*

Sri Lankan [ˌsri'læŋkən] 1 Šri Lankos gyventojas 2 Šri Lankos

ssh [ʃ] *int* tšš!, št!

stab [stæb] *n* 1 smūgis *(aštriu ginklu);* dūrimas, dūris; *~ in the back* smūgis į nugarą *(t. p. prk.);* klastingas užpuolimas 2 durtinė žaizda 3 staigus smarkus skausmas, dieglys; *a ~ of lumbago* strėnų gėlos priepuolis; *a ~ of joy* džiaugsmo antplūdis 4 *šnek.* bandymas, mėginimas; *to have/make a ~ (at)* pabandyti
v 1 (į)smeigti *(into);* durti, verti, smogti; sužeisti *(aštriu ginklu);* *refl* įsidurti; nusidurti; *to ~ to death* nudurti; *to ~ in the back* a) smeigti į nugarą; b) *šnek.* klastingai užpulti; išduoti 2 badyti, baksnoti, smūgiuoti *(at)* 3 kenkti, daryti žalą; *to ~ smb's reputation* pakenkti kieno reputacijai, apjuodinti ką 4 durti, diegti *(apie skausmą);* graužti *(apie sąžinę);* *his conscience ~bed him* jis juto sąžinės graužimą

stabbing ['stæbɪŋ] *n* užpuolimas; (nu)dūrimas
a aštrus, duriantis, veriantis *(apie skausmą ir pan.)*

stability [stə'bɪlətɪ] *n* 1 stabilumas, pastovumas 2 tvirtumas, patvarumas 3 *jūr.* stovumas

stabilization [ˌsteɪbɪlaɪ'zeɪʃn] *n* 1 stabilizacija, stabilizavimas 2 *kar.* stabilaus fronto sudarymas; perėjimas į pozicinį karą

stabilize ['steɪbɪlaɪz] *v* 1 stabilizuoti(s) 2 *av., jūr.* išlyginti *(lėktuvą, laivą)*

stabilized ['steɪbɪlaɪzd] *a* stabilus, pastovus; *~ warfare* pozicinis karas

stabilizer ['steɪbɪlaɪzə] *n spec.* stabilizatorius; stabilizavimo priemonė

stable[1] ['steɪbl] *a* 1 stabilus, (pa)stovus; *a politically ~ country* politiškai stabili šalis; *~ dinghy* stovi valtis 2 tvirtas, (pa)tvarus; *~ foundation* tvirtas pagrindas; *~ prices* tvirtos kainos 3 nepalenkiamas, tvirtas; santūrus 4 *chem.* sunkiai skaidomas

stable[2] *n* 1 arklidė, arklių tvartas; *amer.* tvartas 2 arklininkai 3 lenktynių žirgai *(priklausantys vienam savininkui)* 4 kolektyvas; organizacija su filialais ◊ *to lock the ~ door when the steed is stolen, ar has bolted* ≅ arklius išvogus, rakinti tvartą; susigriebti per vėlai
v uždaryti *(arklį)* į arklidę, laikyti *(arklius)* arklidėje/tvarte

stableboy ['steɪblbɔɪ] *n (tik v.)* arklininkas *(jaunuolis)*

stable-companion ['steɪblkəm'pænɪən] *n* 1 vienos arklidės arklys 2 *(mokyklos, klubo ir pan.)* draugas

stable-lad ['steɪblllæd] *n* = **stableboy**

stableman ['steɪblmən] *n (pl* -men [-mən]) arklininkas

stablemates ['steɪblmeɪts] *n* 1 *pl* vienos arklidės *ar* vieno savininko arkliai 2 *prk.* tos pačios organizacijos narys; tos pačios firmos gaminys

stabling ['steɪblɪŋ] *n* arklidė(s)

staccato [stə'kɑ:təu] *it. adv, n muz.* staccato

stack [stæk] *n* 1 kūgis, stirta, kupeta 2 krūva, rietuvė, šūsnis; *~ of wood* rietuvė/šūsnis malkų; *~ of papers* popierių krūva/šūsnis 3 *šnek.* daugybė *(of);* *~s of money* krūvos pinigų; *~s of work, a whole ~ of work* daugybė darbo 4 *kar.* šautuvai, sustatyti į gubas po tris; piramidė 5 *(ppr. pl)* stelažas; knygų saugykla 6 *komp.* dėklas; laikina informacijos saugykla 7 stekas *(anglių ir malkų matavimo vienetas = 3,05 m³)* 8 kaminas *(džn. garlaivio ir garvežio);* kaminų eilė *(ant stogo)* 9 *dial.* pakrantės uolos 10 *tech.* aušinimo bokštas ◊ *~ of bones amer.*

sl. sulysęs žmogus; ≅ tik oda ir kaulai, kaulų krūva; ***to blow one's ~s*** *šnek.* pasišiaušti, supykti
v **1** (su)krauti į krūvą/kūgį/stirtą/kupetą *(t. p. ~ up);* rieti, šūsniuoti **2** *(ppr. pass)* užkrauti *(with)* **3** *amer. šnek.* šališkai atrinkti *(komisiją ir pan.)* **4** *av.* skraidyti aplink aerodromą *(prieš nutupiant)* ☐ *~ up* a) sustoti, susigrūsti *(apie transportą);* b) *amer. šnek.* būti *(apie būseną, rezultatą);* c) *amer. šnek.* lygintis *(against)* ◊ ***to ~ the cards/odds*** a) *(sukčiaujant)* sumaišyti/sumakaluoti kortas; b) sužlugdyti *(viltis ir pan.; against)*
stacked [stækt] *a šnek.* krūtinga, su didelėmis krūtimis *(apie moterį)*
stacker ['stækə] *n* **1** krovėjas **2** krautuvas
stackyard ['stækjɑːd] *n* kluonas, klojimas
stadholder ['stædˌhəʊldə] *n* = **stadtholder**
stadial ['steɪdɪəl] *a* stadijinis; stadijų
stadium ['steɪdɪəm] *n* **1** stadionas **2** *med.* stadija **3** *(pl* -s, -dia [-dɪə]) stadionas *(ilgio matas sen. Graikijoje)*
stadtholder ['stætˌhəʊldə] *n ist.* štathalteris *(Olandijoje)*
staff[1] [stɑːf] *n* **1** *(pl* staves) lazda *(ppr. kaip valdžios simbolis)* **2** *(vėliavos)* kotas; stiebas **3** stulpas, atrama **4** *(pl* ~s, staves) *muz.* penklinė **5** *geod. (niveliavimo)* matuoklė **6** *stat.* skaidulinis skiedinys ◊ ***the ~ of life*** *poet.* kasdieninė duona
staff[2] <*n, a, v*> *n* **1** personalas; etatai, kadrai; ***to be on the ~*** būti etatiniu darbuotoju; ***reduction of ~*** etatų mažinimas; ***the ~ of a newspaper*** laikraščio bendradarbiai; ***editorial ~*** redakcinė kolegija; ***teaching ~*** mokomasis personalas; ***diplomatic ~*** diplomatiniai darbuotojai; ***train ~*** traukinio brigada **2** *kar.* štabas; ***joint [general] ~*** jungtinis [generalinis] štabas
a attr **1** etatinis; ***~ writer*** etatinis laikraščio bendradarbis **2** *kar.* štabo; ***~ officer*** štabo karininkas **3** personalo; ***~ room*** mokytojų/gydytojų *ir pan.* kambarys; kambarys, kuriame susirenka darbuotojai
v (ppr. pass) aprūpinti kadrais; (su)komplektuoti kadrus
Staffordshire ['stæfədʃə] *n* Stafordšyras *(Anglijos grafystė)*
stag [stæg] *n* **1** elnias *(nuo penkerių metų amžiaus);* ***Siberian ~*** maralas **2** patinas **3** kastruotas gyvulys **4** vertybinių popierių spekuliantas **5** viengungių vyrų sambūris **6** *šnek.* kavalierius/vyriškis be damos *(pasilinksminime, pobūvyje ir pan.)* **7** *attr (tinkamas)* tik vyrams; be moterų; ***~ films*** pornografiniai filmai
v **1** spekuliuoti biržoje **2** *šnek.* ateiti į pasilinksminimą vienam *(be damos)* **3** *šnek.* sekti, šnipinėti
stag-beetle ['stægˌbiːtl] *n zool.* elniaragis *(vabalas)*
stage [steɪdʒ] *n* **1** stadija, fazė, tarpsnis, etapas; pakopa *(t. p. spec.);* ***initial ~*** pradinė stadija; ***at this ~*** šiuo etapu/metu, šioje stadijoje; ***a 3-stage rocket*** trijų pakopų raketa **2** scena, pakyla, estrada **3** *(the ~)* teatras; dramos menas; aktoriaus profesija/pašaukimas; ***to be [to go] on the ~*** būti [tapti] aktoriumi; ***to quit the ~*** a) palikti sceną; b) *prk.* mirti **4** platforma, pastoliai; paklotas; ***hanging ~*** *(dažytojo)* lopšys **5** *(veikimo)* dirva, arena, sritis; veiksmo vieta; ***the European political ~*** Europos politinė arena/scena; ***to set the ~*** *(for)* paruošti dirvą *(kam)* **6** sustojimo vieta, stotis; tarpustotė; ***to travel by easy ~s*** keliauti neskubant, dažnai sustojant **7** = **stagecoach 8** *(mikroskopo)* objektinis staliukas **9** *geol.* aukštas **10** *attr* sceninis, sceniškas; teatro; ***~ direction*** a) scenos remarka; b) režisūros menas; ***~ effect*** sceninis efektas; ***~ director*** teatro režisierius; ***~ fever*** nenugalimas noras tapti aktoriumi ◊ ***to be at the centre of the ~, to take centre ~*** būti dėmesio centre, patraukti visų dėmesį

v **1** režisuoti, statyti *(spektaklį, pjesę);* inscenizuoti *(t. p. prk.)* **2** (su)rengti, (su)organizuoti, įvykdyti
stagecoach ['steɪdʒkəʊtʃ] *n ist.* pašto karieta, diližanas
stagecraft ['steɪdʒkrɑːft] *n* dramaturgo/režisieriaus meistriškumas
stage-door ['steɪdʒdɔː] *n* tarnybinis įėjimas *(į teatrą)*
stage-fright ['steɪdʒfraɪt] *n* scenos baimė, jaudinimasis prieš išeinant į sceną, prieš auditoriją
stagehand ['steɪdʒhænd] *n* scenos darbininkas
stage-manage ['steɪdʒˌmænɪdʒ] *v* **1** būti *(spektaklio)* režisieriumi **2** *prk.* surežisuoti; būti *(ko)* vadovu/organizatoriumi
stage-manager ['steɪdʒˌmænɪdʒə] *n* režisieriaus asistentas
stager ['steɪdʒə] *n* daug matęs/patyręs žmogus, veteranas *(ppr. old ~)*
stagestruck ['steɪdʒstrʌk] *a* susižavėjęs teatru, siekiantis tapti aktoriumi
stage-whisper [ˌsteɪdʒ'wɪspə] *n* aktoriaus kalbėjimas su savimi; garsus šnabždesys
stage-winner ['steɪdʒˌwɪnə] *n sport.* etapo nugalėtojas
stagey ['steɪdʒɪ] *a* = **stagy**
stagflation [stæg'fleɪʃn] *n ekon.* stagfliacija, nuosmukis/ sąstingis kartu su infliacija
stagger ['stægə] *n* **1** (su)svirduliavimas, svyravimas; kniūbčiojimas **2** išdėstymas, išskirstymas **3** *pl vet.* kaitulys, cenurozė *(t. p.* ***mad ~)***
v **1** (su)svirduliuoti, (su)svyruoti, kniūbčioti; nusvirduliuoti *(to);* išjudinti *(kad pradėtų svyruoti)* **2** suabejoti, susvyruoti; sukelti abejonių **3** *(ppr. pass)* sukrėsti, apstulbinti, nustebinti; sugluminti **4** *(ppr. pass)* išdėstyti *(zigzagais, šachmatų tvarka, pakopomis)* **5** išskirstyti, (su)reguliuoti *(įstaigų/įmonių darbo valandas, atostogų laiką, kad nebūtų vienu metu)*
staggerer ['stægərə] *n* **1** svirduliuojantysis, svyruojantysis **2** smarkus smūgis; sukrečianti/stulbinanti žinia/įvykis **3** sunkus klausimas
staggering ['stægərɪŋ] *a* stulbinantis, sukrečiantis; ***~ blow*** didžiulis smūgis *(to – kam)*
staghorn ['stæghɔːn] *n* **1** elnio ragai *(rankenoms, papuošimui)* **2** *bot.* raguotasis papartis *(t. p. ~ fern)*
staging ['steɪdʒɪŋ] *n* **1** *(pjesės)* režisavimas, pastatymas **2** *stat.* pastoliai **3** *kar.* kariuomenės sutelkimas *(prieš laipinant į laivus/lėktuvus)*
staging-post ['steɪdʒɪŋpəʊst] *n* sustojimo/poilsio vieta *(ilgoje kelionėje)*
stagnancy ['stægnənsɪ] *n* **1** sąstingis, stagnacija **2** inertiškumas
stagnant ['stægnənt] *a* **1** sustingęs; inertiškas, neveiklus **2** stovintis, užsistovėjęs *(apie vandenį)*
stagnate [stæg'neɪt] *v* **1** sustingti; būti sustingusiam/inertiškam; ***~ in ignorance*** skendėti/nugrimzti į tamsybę **2** užsistovėti, nenutekėti, stagnuoti *(apie vandenį ir pan.)*
stagnation [stæg'neɪʃn] *n* **1** sustingimas, sąstingis, stagnacija; ***~ in trade*** prekybos sustingimas **2** užsistovėjimas; *med.* kraujo sąstovis/stazė
stag-night ['stægnaɪt] *n* = **stag-party**
stag-party ['stægˌpɑːtɪ] *n* nevedusių vyrų pobūvis, vyrų subuvimas *(ypač vedybų išvakarėse)*
stagy ['steɪdʒɪ] *a* teatrališkas, nenatūralus
staid [steɪd] *a* rimtas, orus; senamadiškas, senamadis
stain [steɪn] *n* **1** dėmė; ***blood [wine] ~s*** kraujo [vyno] dėmės **2** gėda, dėmė; ***without a ~ on one's character*** nesuteptos reputacijos **3** dažai; beicas
v **1** dėmėti, tepti(s) **2** (su)tepti, (su)teršti *(reputaciją ir pan.)* **3** dažyti(s); beicuoti *(medį)* **4** *tekst.* marginti, raštuoti

stained [steɪnd] *a* **1** suteptas, suterštas, dėmėtas *(t. p. prk.)* **2** (nu)dažytas, padažytas; beicuotas; ~ *glass* spalvotasis stiklas; vitražas; ~ *oak* beicuotas ąžuolas

stainless ['steɪnləs] *a* **1** švarus, nesuteptas; doras **2** nerūdijantis; atsparus korozijai; ~ *steel* nerūdijantis plienas

stain-resistant ['steɪnrɪ'zɪstənt] *a* nesitepantis, netepus

stair [stɛə] *n* **1** laiptelis, pakopa **2** *(ppr. pl)* laiptai, laipteliai, trapas; *flight/pair of ~s* laiptatakis; *winding ~* sraigtiniai laiptai; *to run up the ~s* užbėgti laiptais aukštyn ◊ *below ~s* a) pusrūsyje; b) virtuvėje ir tarnų kambariuose

staircase ['stɛəkeɪs] *n* **1** laiptai; *corkscrew/spiral ~* sraigtiniai laiptai; *principal ~* paradiniai laiptai; *moving ~* eskalatorius **2** laiptinė **3** *pl jūr.* trapo šachta

stairhead ['stɛəhed] *n* viršutinė laiptų aikštelė

stair-rod ['stɛərɔd] *n* metalinis strypas kilimui prilaikyti *(ant laiptų)*

stair-step ['stɛəstep] *n* laiptas, pakopa

stairway ['stɛəweɪ] *n* laiptatakis; dideli laiptai

stairwell ['stɛəwel] *n* laiptinė

stair-work ['stɛəwə:k] *n šnek.* užkulisinės intrigos

stake [steɪk] *n* **1** baslys, kuolas, mietas, stulpas **2** gairė; *survey ~* geodezinė gairė **3** *ist.* gėdos stulpas *(ypač sudeginimui); (the ~)* mirtis ant laužo; *to suffer at the ~* mirti ant laužo; *to be sent to the ~* būti nuteistam mirti ant laužo **4** *(ppr. pl)* statymas, statoma suma *(lažybose, lošiant kortomis ir pan.); to play for high [low] ~s* lažintis/lošti iš didelių [nedidelių] pinigų sumų **5** *(pelno ir pan.)* dalis; *to have a ~ (in)* a) turėti dalį; b) būti gyvybiškai suinteresuotam **6** *pl (lenktynių ir pan.)* prizas **7** *pl* lenktynės prizui laimėti **8** kilnojamasis priekalas ◊ *to be at ~* ≡ būti pastatytam ant kortos; būti pavojuje; *to set on ~* ≡ statyti ant kortos; *to pull up ~s šnek.* išsikraustyti, persikraustyti, išsikelti *(kitur gyventi); to go to the ~ for/over smth* galvą dėti/guldyti *(ginant savo nuomonę ir pan.)*
v **1** pririšti/pritvirtinti prie baslio/kuolo; sutvirtinti/paremti basliu/mietu *(t. p. ~ up)* **2** (ap)tverti mietais *(t. p. ~ in/up)* **3** (pa)žymėti ribas gairėmis/kuoleliais/stulpeliais *(t. p. ~ off/out)* **4** *ist.* pamauti ant kuolo/baslio *(mirties bausmė)* **5** rizikuoti, statyti ant kortos; *to ~ one's life* rizikuoti gyvybe; dėti galvą **6** statyti *(lažinantis, lošiant kortomis; on)* **7** duoti pinigų, finansuoti *(to)* ☐ *~ out* a) nustatyti *(ribas);* b) slapta stebėti/sekti *(apie policiją)*

stakeholder ['steɪkˌhəʊldə] *n* **1** tarpininkas *(lažinantis ir pan.)* **2** *teis.* ginčijamo turto saugotojas

stake-out ['steɪkaʊt] *n* policijos priežiūra/stebėjimas

stalactite ['stælǝktaɪt] *n* stalaktitas

stalagmite ['stæləgmaɪt] *n* stalagmitas

stale[1] [steɪl] *a* **1** sužiedėjęs, senas *(apie duoną ir pan.);* nusikvėpęs, išsivadėjęs, nustilbęs *(apie gėrimą); to go ~* (su)žiedėti **2** tvankus, troškus *(apie orą)* **3** išsikvėpęs, pervargęs; persitreniravęs *(apie sportininką)* **4** nuvalkiotas, senas; *~ jokes* seni anekdotai; *~ news* pasenusios naujienos **5** *fin.* nebegaliojantis *(apie čekį)*
v **1** (su)žiedėti; nusikvėpti **2** netekti šviežumo/naujumo, pasenti; nu(si)valkioti

stale[2] *n (gyvulių)* šlapimas
v šlapintis *(apie gyvulius)*

stalemate ['steɪlmeɪt] *n* **1** *šach.* patas **2** padėtis be išeities, aklavietė
v **1** *šach.* (pa)daryti patą **2** pastatyti į beviltišką padėtį

stalk[1] [stɔ:k] *n* **1** stiebelis, kotelis *(ypač augalo);* lapkotis, žiedynkotis **2** *(taurelės ir pan.)* kojelė *(t. p. zool.)* **3** *(fabriko ir pan.)* aukštas kaminas ◊ *eyes out on ~s šnek.* pritrenktas, apstulbintas

stalk[2] *n* **1** sėlinimas **2** išdidi žengsena
v **1** sėlinti, tykinti, persekioti *(sėlinant)* **2** stypinti, išdidžiai žingsniuoti *(džn. ~ along)*

stalker ['stɔ:kə] *n* **1** sėlintojas **2** *(moters)* persekiotojas, prievartautojas

stalking-horse ['stɔ:kɪŋhɔ:s] *n* **1** *medž.* arklys, kuriuo prisidengus sėlinama prie grobio **2** *prk. (ypač polit.)* priedanga, dingstis, pretekstas

stalkless ['stɔkləs] *a* bestiebis

stalky ['stɔ:kɪ] *a* **1** ilgastiebis, stiebuotas **2** lieknas

stall[1] [stɔ:l] *n* **1** kioskas; prekystalis; *(prekybos)* būdelė, palapinė *(turguje ir pan.)* **2** vieta parteryje; *pl* parteris **3** perdarynė, gardas *(tvarte);* tvartas **4** pertvara, pertvarėlė *(kambaryje)* **5** *bažn.* vieta prie altoriaus *(dvasiškiams/choristams sėdėti)* **6** *aut.* stovėjimo vieta *(aikštelėje)* **7** antpirštis **8** *tech. (variklio)* užgesimas **9** *av.* srauto atskyrimas; greičio mažėjimas/netekimas **10** *kas.* kirtavietė
v **1** uždaryti/nuvesti į gardą/tvartą **2** daryti gardus, perdaryti, pertverti *(tvartą)* **3** įklimpti, įstrigti **4** *tech.* užgesti; užgesinti *(variklį)* **5** *av.* netekti greičio

stall[2] *v* **1** delsti; *to ~ for time* stengtis laimėti laiko **2** vilkinti *(derybas ir pan.); Dad's coming!; ~ him for a minute while I hide this* ateina tėtė; užlaikyk jį minutę, kol aš tai paslėpsiu

stallage ['stɔ:lɪdʒ] *n* **1** vieta kioskui/būdelei/palapinei pastatyti *(turguje ir pan.)* **2** mokestis už kiosko/būdelės/palapinės pastatymą **3** teisė pastatyti kioską/būdelę/palapinę

stall-feed ['stɔ:lfi:d] *v ž. ū.* uždaryti penėti

stallholder ['stɔ:lˌhəʊldə] *n* kiosko/būdelės prekiautojas, kioskininkas

stallion ['stælɪən] *n* eržilas

stalwart ['stɔ:lwət] *n* **1** tvirtos sveikatos žmogus, stipruolis **2** tvirtas/ištikimas partijos narys *(t. p. party ~)*
a **1** ištikimas, tvirtas, ryžtingas **2** *ret.* augalotas, augus, tvirtas

stamen ['steɪmən] *n bot.* kuokelis

stamina ['stæmɪnə] *n* ištvermė, ištvermingumas

stammer ['stæmə] *n* mikčiojimas
v **1** mikčioti, mikseti **2** užsikirsti *(kalbant; t. p. ~ out); to ~ out an excuse* išlementi/sumikčioti atsiprašymo žodžius, šiaip taip atsiprašyti

stammerer ['stæmərə] *n* mikčius, miknius

stamp [stæmp] *n* **1** pašto ženklas *(t. p. postage ~)* **2** antspaudas, spaudas **3** įspaudas, atspaudas **4** *(prekių)* ženklinimas; plomba; *trading ~* prekybinė kortelė **5** *tech.* štampas; spaudas **6** žyminis ženklas **7** *prk.* antspaudas, žymė, būdingas bruožas; *the ~ of suffering* kančios žymės; *the ~ of truth* panašu į tiesą **8** rūšis; *men of that ~* tos rūšies žmonės **9** trypimas
v **1** užklijuoti pašto ženklą **2** antspauduoti, uždėti antspaudą; štampuoti *(t. p. tech.)* **3** (į)spauduoti; įspausti; *~ed paper* herbinis popierius **4** ženklinti *(gaminius)* **5** įsmigti į atmintį; *the scene is ~ed in my memory* ta scena man įstrigo į atmintį **6** apibūdinti *(as); his actions ~ him as a wise man* jo poelgiai rodo jį esant protingą žmogų **7** palikti žymę, padaryti įtaką *(on, upon)* **8** užginiaužti; pažaboti *(infliaciją)* **9** trypti, trepsėti *(kojomis);* užminti *(on); to ~ the mud off one's boots* nu(si)trepsėti purvą nuo batų; *to ~ one's feet with anger* trypti iš pykčio; *to ~ on snow* suminti sniegą **10** žengti, veržtis *(kur; supykus)* **11** smulkinti *(rūdą*

ir pan.) ⬜ **~ around** tripinėti; **~ down** treptelėti, tryptelėti; sutrypti; **~ out** a) sutrypti, užgesinti *(nuorūką, ugnį)*; b) likviduoti *(ligą, terorizmą ir pan.)*; nuslopinti, numalšinti *(sukilimą, pasipriešinimą)*

stamp-collector ['stæmpkə‚lektə] *n* filatelistas, pašto ženklų kolekcininkas

stamp-duty ['stæmp‚dju:tɪ] *n* žyminis mokestis, žyminė rinkliava

stampede [stæm'pi:d] *n* **1** paniškas bėgimas **2** stichinis masinis judėjimas; veržimasis *(į tą pačią vietą; norint gauti tą patį daiktą)* **3** *amer.* = **rodeo** 2
v **1** paniškai bėgti; (su)kelti paniką **2** varyti, vyti, ginti *(bėgančius ir pan.)* **3** spausti; (pri)versti skubotai veikti *(into)*; *pass* pasiduoti spaudimui

stamping-ground ['stæmpɪŋgraund] *n* dažnai *(žmonių, gyvulių)* lankoma vieta

stamp-mill ['stæmpmɪl] *n kas. (rūdos)* smulkintuvas

stance [stɑ:ns, stæns] *n* **1** poza, padėtis **2** *sport.* stovėsena **3** *prk.* pozicija, nusistatymas *(on)*

stanch[1] [stæntʃ, stɑ:ntʃ] *a amer.* = **staunch**[1]

stanch[2] *v amer.* = **staunch**[2]

stanchion ['stɑ:ntʃən] *n* **1** ramstis, (pa)stovas; stulpas **2** *jūr.* stovas, pileris
v paremti

stand [stænd] *n* **1** sustojimas; **to come to a ~** sustoti; **to bring to a ~** sustabdyti **2** už(si)stojimas, gynimas *(for)*; pasipriešinimas *(against)*; **to make a ~** a) *(against)* pasipriešinti, priešintis; b) *(for)* už(si)stoti, ginti **3** vieta; pozicija *(t. p. prk.)*; **to take one's/a ~** atsistoti; už(si)imti poziciją *(t. p. prk.; on, upon)*; **I have made my ~ clear** aš išdėsčiau savo požiūrį **4** stovėjimas; stovėsena *(t. p. sport.)* **5** *(autobusų, taksi)* stovėjimo/sustojimo vieta **6** krautuvėlė, kioskas **7** stendas **8** pultas, pakyla, paaukštinimas; **conductor's ~** dirigento pultas **9** tribūna *(žiūrovams; t. p.* **viewing ~***)*; **the ~s** stadiono tribūnos **10** (pa)stovas; kabykla, gembinė; *(laikraščių, žurnalų)* staliukas; **umbrella ~** skėčių stovas; **flower ~** gėlių pastovas **11** *amer.* liudytojų vieta *(kalbėti teisme)* **12** *ž. ū.* derlius *(nepjautas)*; **good ~ of clover** vešlūs/tankūs dobilai **13** miško želdiniai, stačias miškas *(kaip prekė)* **14** *tech.* stovas ◊ **~ of arms** vieno kareivio ginklai; **~ of colours** pulko vėliavos; **one-night ~** a) vienkartinis spektaklis/koncertas *(kiekvienoje gastrolių vietoje)*; b) atsitiktinis, vienos nakties romanas/meilė
v (stood) **1** stovėti; **we stood waiting for an hour** mes išstovėjome valandą laukdami; **to ~ out of the path** pasitraukti iš kelio, duoti kelią **2** stovėti, būti *(kur)*; **the house ~s very well** namas stovi gražioje vietoje **3** atsistoti, stoti(s) *(ppr.* **~ up***)*; **to ~ on tiptoe** stiebtis, pasistiebti; **to ~ on end** atsistoti piestu, pasišiaušti *(apie plaukus)* **4** sustoti *(t. p.* **~ still***)*; prastovėti, nedirbti, neveikti *(t. p.* **~ idle***)*; **the works stood all last week** fabrikai prastovėjo visą praeitą savaitę **5** (pa)statyti; (pa)dėti; **to ~ a ladder against a wall** pastatyti kopėčias prie sienos **6** laikyti(s), būti tvirtam; **to ~ fast/firm** tvirtai laikytis; **to ~ to one's colours** laikytis savo principų, nepasiduoti; **the house stood hundreds of years** namas išsilaikė šimtmečius; **this colour will ~ wear** ši spalva nenubluks dėvint; **the coat has stood a good deal of bad weather** apsiaustas atlaikė daug darganų **7** (pa)kęsti, iškęsti, pakelti; išlaikyti, atlaikyti; **to ~ the test of time** išlaikyti laiko bandymą; **I can't ~ him** aš jo neapkenčiu; **I can't ~ good food going to waste** aš negaliu žiūrėti, kaip geras maistas nueina niekais; **to ~ fire** a) *kar.* atlaikyti *(priešo)* ugnį; b) *tech.* pakelti aukštą temperatūrą; c) išlaikyti bandymą/kritiką; **can you ~ pain?** ar jūs galite pakelti skausmą? **8** būti; **to ~ smb's friend** būti kieno draugu; **to ~ neutral [ready]** būti neutraliam [pasiruošusiam]; **to ~ accused [convicted]** būti kaltinamam [nuteistam]; **to ~ alone** a) būti vienišam; b) būti vieninteliam/nepakartojamam/ypatingam; **to ~ well** *(with)* gerai sugyventi; **the score ~s at 3:0** rezultatas yra 3:0; **as things ~, as it ~s** esant tokiai/dabartinei padėčiai **9** būti *(kokio)* aukščio; **he ~s six foot two** jis yra šešių pėdų ir dviejų colių aukščio **10** užimti *(tam tikrą)* vietą/padėtį; **he ~s first in his class** jis užima pirmą vietą klasėje **11** *prk.* laikytis *(tam tikros)* pozicijos *(on)*; stoti *(against – prieš, for – už)*, priešintis *(against)*, remti *(for)*; **where do you ~ on capital punishment?** kokia jūsų pozicija dėl mirties bausmės?; **here I ~** štai mano pažiūra **12** reikalauti; remtis *(on, upon)* **13** tikti, galioti *(t. p.* **~ good***)*; **the argument ~s** argumentas galioja; **the translation may ~** vertimas tinka, vertimo nereikia keisti **14** būti parašytam; **to copy a passage as it ~s** nurašyti ištrauką žodis į žodį **15** (pa)vaišinti; **to ~ drinks** užmokėti už gėrimus; **to ~ treat** apmokėti sąskaitą; **to ~ dinner** užmokėti už pietus **16** būti kandidatu; atstovauti *(for)*, balotiruotis **17** reikšti, simbolizuoti *(for)* **18** palaikyti, padėti, paremti *(by)* **19** laikytis, tesėti *(pažadą ir pan.; by)*; **to ~ by the decision** laikytis nutarimo **20** užminti, atsistoti *(on)* **21** *jūr.* plaukti laikantis kurso, plaukti *(link uosto)* **22** *medž.* nutilkti *(apie šunį)* ⬜ **~ about/around** stoviniuoti; **to ~ aside** a) pasitraukti į šalį; b) stovėti nuošaliai; **~ back** a) stovėti atokiai/nuošaliai; b) pasitraukti; atsitraukti; **~ behind** atsilikti; **~ by** a) stovėti/būti greta/šalia; b) būti pasyviu stebėtoju, nesikišti; c) būti pasiruošusiam padėti *ar* imtis reikalingų priemonių; d) *kar.* būti pasiruošusiam/budriam; e) *rad.* būti pasiruošusiam pradėti/priimti laidą; **~ down** a) užleisti vietą, atsiimti pareiškimą *(kito naudai)*; b) nulipti nuo liudytojų pakylos; c) *kar.* išformuoti, paleisti *(pulką ir pan.)*; paleisti *(iš budėjimo ir pan.)*; **~ in** a) gerai sugyventi; b) pavaduoti *(for)*; c) dalyvauti, padėti *(with)*; d) *kin.* būti dubleriu; e) *jūr.* plaukti artyn, artėti *(towards – prie kranto/uosto)*; **~ off** a) laikytis nuošaliai; pasitraukti; b) atleisti iš darbo *(ypač krizės metu)*; c) patekti į aklavietę; d) *jūr.* stovėti toli nuo kranto *(apie laivą)*; **~ on** *jūr.* plaukti tuo pačiu kursu; **~ out** a) išsikišti, prasikišti; b) būti gerai matomam; išsiskirti; **to ~ out against a background** išryškėti fone; c) nepasiduoti, tvirtai laikytis *(against, for)*; priešintis *(against)*; **to ~ out for better terms** stengtis išsikovoti geresnes sąlygas; d) *jūr.* nutolti nuo kranto *(ppr.* **~ out to sea***)*; **~ over** atidėti, palikti atvirą; likti atviram; **let the matter ~ over** atidėkime šį klausimą; **it can ~ over** tai gali palaukti; **~ to** *kar.* (įsakyti) būti parengtyje; **~ to!** į vietas!; **~ up** a) atsistoti, stotis; b) būti tvirtam/patvariam; išverti, išsilaikyti *(to)*; c) pasiteisinti, išlaikyti bandymą *(under)*; d) stoti *(už)*, ginti, palaikyti *(for)*; e) drąsiai pasipriešinti *(to)*; f) *šnek.* neateiti į pasimatymą/svečius *ir pan.*; apvilti *(lūkesčius)*; g) *teis.* įsiteisėti ◊ **to ~ clear** pasitraukti, atsitraukti *(of – nuo)*; **I ~ corrected** prisipažįstu klydęs; **to ~ tall** a) *kar.* būti visai susitvarkiusiam *(prieš inspektavimą)*; b) *amer.* būti pasiruošusiam bet kam; būti išdidžiam; **to know how/where one ~s** žinoti, kokie reikalai/santykiai *(with – su)*; **to ~ up and be counted** viešai paskelbti savo poziciją/pažiūras *(apie partiją ir pan.)*; **to ~ to lose** imtis beviltiško reikalo; **to ~ to win** imtis reikalo turint visas galimybes laimėti; **to ~ or fall** *(by, on)* visiškai priklausyti *(nuo)*; ≡

žūti arba būti; *how do matters ~?* kaip reikalai?, kaip sekasi?; *~ and deliver!* rankas aukštyn!, pinigai ar gyvybė!

stand-alone ['stændəloun] *a komp.* autonominis, savarankiškas

standard ['stændəd] *n* **1** lygis, norma, standartas; etalonas, matas; pavyzdys; *~ of culture* kultūros lygis; *the ~ of life, living ~s* (pra)gyvenimo lygis; *anti-pollution ~s* aplinkos apsaugos normos; *below ~* neatitinkantis reikalavimų/normos; *~ of height* ūgio norma; *~ of value* vertės matas; *~ of price ekon.* kainų mastas; *time ~* laiko etalonas; *double ~ (elgesio, reiškinio ir pan.)* dvigubas vertinimo matas; šališkumas; *~ of weight* svorio standartas; *to fall short of accepted ~s* neatitikti pripažintų reikalavimų/normų; *up to ~* atitinkantis reikalavimus/normas **2** vėliava; *to raise the ~ of revolt prk.* iškelti sukilimo vėliavą; *to march under the ~ (of) prk.* žygiuoti po *(kieno)* vėliava; būti *(kieno)* sekėju; *to join smb's ~* tapti kieno sekėju **3** pinigų sistema/standartas; *the gold ~* aukso standartas **4** praba **5** (pa)stovas *(t. p. tech.)* **6** stiebinis augalas **7** *bot.* burė **8** *muz.* (kurio nors žanro) populiari daina **9** *ist.* klasė *(pradinėje mokykloje)*
a **1** standartinis, tipinis; normalus; *~ shape* standartinė forma; *~ model [sample]* tipinis modelis [pavyzdys]; *~ gauge glžk.* normalioji vėžė; *~ time* juostinis laikas **2** pavyzdinis; norminis; *~ English* literatūrinė anglų kalba; *the ~ book on the subject* pavyzdinis/klasikinis veikalas šiuo klausimu **3** stiebinis *(apie augalą)*

standard-bearer ['stændəd‚bɛərə] *n* **1** vėliavininkas, vėliavnešys **2** *(partijos, sukilimo ir pan.)* lyderis, vadas

standard-issue ['stændəd'ɪʃu:] *a kar.* standartinio pavyzdžio

standardization [‚stændədaɪ'zeɪʃn] *n* standartizacija, standartizavimas; (su)norminimas

standardize ['stændədaɪz] *v* standartizuoti; (su)norminti

standby ['stændbaɪ] *n* **1** atsarga, atsargai laikomas daiktas **2** parengtis; *to be on ~* būti parengtyje *(apie kariuomenę ir pan.)* **3** atsarginis *(žaidėjas ir pan.)* **4** patikimas ramstis *(t. p. apie žmogų)*
a atsarginis, rezervinis; *~ equipment* avarinė įranga

standee [stæn'di:] *n amer. šnek.* stovintis žiūrovas/keleivis, stovintysis

standfast ['stændfɑ:st] *n* tvirta padėtis

stand-in ['stændɪn] *n* **1** *kin.* dubleris **2** pavaduotojas *(trumpam laikui)* **3** palanki/gera padėtis
a laikinas, laikinai pavaduojantis

standing ['stændɪŋ] *n* **1** padėtis, autoritetas, svoris *(visuomenėje);* reputacija; *social ~* visuomeninė padėtis; *a person of high ~* svarbus asmuo, aukštas pareigūnas; *in good ~* turintis gerą reputaciją **2** trukmė; *a habit of long ~* senas įprotis **3** stažas **4** stovėjimas **5** *amer. aut.* stovėjimo vieta; *no ~* stovėti draudžiama *(užrašas)*
a attr **1** stovintis, stačias; stovimas; *~ corn* nepjauti javai; *~ rigging jūr.* stovimasis takelažas; *~ wave fiz.* stovinčioji banga, seiša **2** nusistovėjęs, pastovus; nuolatinis; *~ committee parl.* nuolatinė komisija, nuolatinis komitetas; *~ invitation* visuomet galiojantis kvietimas; *~ menace* nuolatinė grėsmė **3** nejudamas, stacionarinis **4** neveikiantis, nedirbantis *(apie mašiną, variklį ir pan.)* **5** atliekamas stovint/stačiomis; *~ shot* šaudymas stovint; *~ jump sport.* šuolis iš vietos **6** stovintis, netekantis *(apie vandenį)* **7** su kojele *(apie taurę ir pan.)*

standing-room ['stændɪŋrum] *n* stovima vieta; *~ only* bilietai tik stovimoms vietoms *(skelbimas)*

standoff ['stændɔf] *n* **1** laikymasis nuošaliai, nusišalinimas; nuošalumas **2** *šnek. (santykių)* atšalimas **3** neutralizacija, atsvara **4** *sport.* lygiosios **5** *amer.* aklavietė, padėtis be išeities
a užsidaręs, santūrus, nuošalus

standoffish [‚stænd'ɔfɪʃ] *a* santūrus, oficialus, nedraugiškas

standout ['stændaut] *n* išsiskiriantis daiktas/žmogus
a išsiskiriantis, įžymus

standpipe ['stændpaɪp] *n tech. (vandens)* slėgimo vamzdis/bokštas

standpoint ['stændpɔɪnt] *n* požiūris, pažiūra

standstill ['stændstɪl] *n* sustojimas; neveikimas; *to come to a ~* a) sustoti; b) *prk.* patekti į aklavietę; *to be at a ~* stovėti, neveikti; nevykti, būti aklavietėje; *to bring to a ~* sustabdyti; sutrukdyti ◊ *to a ~* iki visiško jėgų išsekimo

stand-to ['stændtu:] *n kar.* parengtis

stand-up ['stændʌp] *a* **1** stačias; *~ collar* stačia apykaklė **2** atliekamas stovint; *~ meal* užkandimas/valgymas stačiomis; *~ buffet* bufetas, kuriame valgoma stovint **3** triukšmingas, smarkus *(apie peštynes ir pan.)* ◊ *~ comic/comedian* estrados komikas/skaitovas

stanhope ['stænəp] *n ist.* atviras vienvietis ekipažas

Stanislas, Stanislaus ['stænɪsləs, 'stænɪslɔ:s] *n* Stanislovas, Stanislas *(vardas)*

stank [stæŋk] *past žr.* **stink** *v*

stannary ['stænərɪ] *n* alavo rūdos kasykla

stannic ['stænɪk] *a chem.* alavo, alavinis

stannous ['stænəs] *a chem.* turintis alavo, alavinis

stanza ['stænzə] *n (eilėraščio)* posmas, strofa

stapes ['steɪpi:z] *n (pl ~, -pedes [-pi:di:z]) anat.* kilpa *(ausies kaulelis)*

staphylococcus [‚stæfɪlə'kɔkəs] *n (pl -cocci [-'kɔkˢaɪ]) biol.* stafilokokas

staple[1] ['steɪpl] *n (ypač tech.)* sankaba, sankabėlė; sąvara, įkaba, kabė, ąsa; alkūnė
v susegti/pritvirtinti sankabėlėmis

staple[2] *n* **1** *(kieno)* pagrindinis produktas/maistas; svarbiausia prekė **2** *(ko)* pagrindinis elementas; *the ~ of conversation* pagrindinė pokalbio tema **3** žaliava **4** *tekst.* pluoštas; pluošto/siūlų kokybė
a attr **1** pagrindinis, svarbiausias; *rice is their ~ diet* ryžiai — pagrindinis jų maisto produktas **2** nuolatinis, nuolat vartojamas

stapler ['steɪplə] *n* segiklis; vielasiūlė *(knygrišystėje)*

star [stɑ:] <*n, a, v*> *n* **1** žvaigždė; *(dangaus)* šviesulys; *fixed ~s* nejudančios žvaigždės; *multiple ~* keletinė žvaigždė; *shooting ~* krintanti žvaigždė, meteoras; *morning ~* aušrinė, Venera **2** *prk.* žvaigždė, įžymybė; *film ~* kino žvaigždė; *literary ~* literatūros žvaigždė, įžymus rašytojas **3** daiktas, turintis žvaigždės formą; žvaigždutė *(gyvulio kaktoje); a ~ on a shoulder-strap* antpečio žvaigždutė **4** likimas, lemtis, žvaigždė; *born under a lucky ~* gimęs po laiminga žvaigžde; *to thank/bless one's ~s* dėkoti likimui; *his ~ is in the ascendant* jo žvaigždė kyla **5** laimės kūdikis *(t. p. shining ~)* **6** *poligr.* žvaigždutė **7** *pl šnek.* horoskopas *(laikraštyje, žurnale)* ◊ *the Stars and Stripes* JAV valstybės vėliava; *I saw ~s ≡* man žiežirbos/žvaigždės pasipylė iš akių; *my ~s!* vaje! *(reiškiant nuostabą)*
a **1** žvaigždinis; žvaigždiškas; *~ connection el.* žvaigždinis jungimas **2** pagrindinis; *~ witness* pagrindinis liudytojas; *the ~ part (filmo, spektaklio)* pagrindinis vaidmuo **3** įžymus; *~ athlete* įžymus sportininkas **4** žvaigždžių; *~ system teatr.* trupė, kurioje yra vienas ar du garsūs aktoriai

v **1** (pa)puošti žvaigždėmis **2** pažymėti žvaigždute *(tekste)* **3** būti žvaigžde/įžymybe; atlikti pagrindinius vaidmenis; *to ~ in the provinces* gastroliuoti provincijoje atliekant pagrindinius vaidmenis; *to ~ an actress* duoti aktorei pagrindinį vaidmenį; *the film ~s Adomaitis* pagrindinį vaidmenį filme atlieka Adomaitis; *she will ~ in the new film* naujame filme ji atliks pagrindinį vaidmenį **4** blizgėti, žibėti *(kaip žvaigždė)*

starboard ['stɑ:bəd] <*n, a, v*> *av., jūr. n* dešinysis bortas; *to ~* dešinėn *a* esantis dešinėje, dešinysis, dešiniojo borto *v* pasukti *(vairą)* į dešinę

starch [stɑ:tʃ] *n* **1** krakmolas **2** *prk.* manieringumas, ceremoningumas **3** *amer. šnek.* energija, gyvumas, smarkumas **4** *tekst.* apretūra ◊ *to take the ~ out of smb* išvaryti kam puikybę, ≡ ragus kam aplaužyti *v* krakmolyti

star-chart ['stɑ:tʃɑ:t] *n* žvaigždėlapis

starch-reduced ['stɑ:tʃrɪ'dju:st] *a* mažesnio krakmolingumo *(apie dietinį produktą)*

starchy ['stɑ:tʃɪ] *a* **1** krakmolingas; krakmolinis **2** (iš)krakmolytas **3** manieringas, ceremonialus

star-crossed ['stɑ:krɔst] *a poet.* gimęs po nelaiminga žvaigžde; nelaimingas

stardom ['stɑ:dəm] *n kin., teatr.* **1** žvaigždžių lygis; buvimas žvaigžde; *to shoot/rise to ~* staiga tapti žvaigžde; *to attain ~* pasiekti žvaigždžių lygį, tapti žvaigžde **2** *kuop.* žvaigždės

stardust ['stɑ:dʌst] *n* **1** *astr.* meteorinės/kosminės dulkės **2** *knyg.* svajingumas; naivi romantika

stare [stɛə] *n* nustebęs/įdėmus žvilgsnis; spoksojimas; *glassy ~* stiklinis/negyvas žvilgsnis; *vacant ~* tuščias žvilgsnis *v* **1** įdėmiai *ar* su nuostaba/baime/smalsumu žiūrėti, spoksoti, (įsi)stebeilyti *(at, upon);* *to ~ smb in the face* a) žiūrėti į ką įdėmiai/įžūliai; b) būti akivaizdžiam; būti aiškiai matomam, kristi į akis; c) būti neišvengiamam, grėsti; *ruin ~s him in the face* jam gresia neišvengiama pražūtis; *to ~ smb out of countenance* sugluminti ką įdėmiu/įžuliu žvilgsniu; *to ~ straight before one* žiūrėti į vieną tašką; *to ~ with astonishment* išplėsti/išsproginti akis iš nuostabos; *to make people ~* nustebinti/sugluminti žmones **2** stovėti piestu, šiauštis *(apie plaukus ir pan.)* □ *~ down* /*amer. out* sugluminti spoksant

starfish ['stɑ:fɪʃ] *n zool.* jūrų žvaigždė

stargaze ['stɑ:geɪz] *v* **1** stebėti žvaigždes **2** *(ypač iron.)* svajoti

stargazer ['stɑ:ˌgeɪzə] *n* **1** *juok., menk.* astrologas; žvaigždininkas, astronomas **2** svajotojas; idealistas **3** *zool.* žvaigždžuvė

stargazing ['stɑ:ˌgeɪzɪŋ] *n* **1** žvaigždžių stebėjimas **2** *juok.* astronomija **3** svajingumas; svajojimas **4** išsiblaškymas

star-grass ['stɑ:grɑ:s] *n bot.* praujenė

staring ['stɛərɪŋ] *a* **1** plačiai atmerktas, išverstas, išsprogęs *(apie akis)* **2** įdėmus *(apie žvilgsnį)* **3** ryškus, akį rėžiantis, krintantis į akis

stark [stɑ:k] *a* **1** atšiaurus; tuščias, nuogas **2** akivaizdus, grynas *(apie faktus ir pan.)* **3** visiškas, absoliutus; *~ nonsense* visiška nesąmonė; *~ terror* absoliuti baimė **4** sustiręs, sustingęs; *~ dead* miręs *adv* visiškai; *~ raving/staring bonkers/mad šnek.* visiškai pamišęs

starkers ['stɑ:kəz] *a šnek.* **1** nuogut nuogutėlis, plikutėlis **2** pakvaišęs

stark-naked [stɑ:k'neɪkɪd] *a* visiškai nuogas/plikas

starless ['stɑ:ləs] *a* nežvaigždėtas, bežvaigždis

starlet ['stɑ:lɪt] *n* **1** žvaigždutė **2** *šnek.* jauna talentinga aktorė, būsimoji žvaigždė

starlight ['stɑ:laɪt] *n* žvaigždžių šviesa *a* žvaigždžių nušviestas, žvaigždėtas; *~ night* žvaigždėta naktis

starlike ['stɑ:laɪk] *a* žvaigždiškas

starling[1] ['stɑ:lɪŋ] *n zool.* varnėnas; šnekutis *šnek.*

starling[2] *n* bangolaužis; *(tilto)* lytlauža

starlit ['stɑ:lɪt] *a* žvaigždžių nušviestas, žvaigždėtas

star-map ['stɑ:mæp] *n* žvaigždėlapis

starred [stɑ:d] *a* **1** nusėtas/nusagstytas žvaigždėmis; žvaigždėtas **2** pasipuošęs žvaigždės ordinu; *~ officer* karininkas, nusisagstęs ordinais **3** *teatr.* atliekantis pagrindinius vaidmenis **4** *poligr.* pažymėtas žvaigždute

starry ['stɑ:rɪ] *a* **1** žvaigždėtas; žvaigždiškas **2** spindintis, žibantis, spinduliuojantis *(apie akis ir pan.)*

starry-eyed ['stɑ:rɪ'aɪd] *a* svajingas, romantiškas, atitrūkęs nuo gyvenimo

star-spangled ['stɑ:'spæŋgld] *a* nusėtas žvaigždėmis; *the ~ banner* a) JAV valstybės vėliava; b) JAV valstybės himnas

star-struck ['stɑ:strʌk] *a* pakerėtas/sužavėtas garsenybių/ žvaigždžių

star-studded ['stɑ:ˌstʌdɪd] *a* **1** nusėtas žvaigždėmis **2** *teatr. šnek.* pilnas žvaigždžių; žvaigždžių *(apie filmą, spektaklį ir pan.)*

start [stɑ:t] *n* **1** pradžia; išvykimas; *to make a ~* a) pradėti *(on);* b) išvykti; *to make an early ~* išvykti anksti; *to get off to a good/flying ~* gerai/sėkmingai pra(si)dėti/startuoti; *right from the ~* nuo pat pradžios; *from ~ to finish* nuo pradžios iki galo; *~ in life* karjeros pradžia; *to give smb a ~ in life prk.* padėti kam atsistoti ant kojų; *for a ~ we must ...* pradžioje reikia *(+ inf)* **2** pranašumas; *head ~* a) *sport.* handikapas; b) *prk.* gera pradžia, pranašumas *(nuo pat pradžios);* *to get the ~ of smb* pralenkti ką; turėti pranašumą prieš ką **3** paleidimas *(variklio ir pan.);* pajudėjimas *(iš vietos)* **4** *sport.* pradmė, startas; *standing ~* startas iš vietos *(dviračių sporte);* *false ~* klaidingas startas **5** *av.* (pa)kilimas **6** krūptelėjimas, pašokimas *(iš baimės, nustebus);* *to give a ~* krūptelėti, pašokti; *to give smb a ~* nustebinti, išgąsdinti ką
v **1** pradėti, imtis; *to ~ all over again* vėl viską pradėti iš naujo; *to ~ a quarrel* imti ginčytis; *to ~ a subject* pradėti pokalbį *(kokiu nors klausimu);* *to ~ a conversation* užmegzti kalbą; *to ~ working* imtis darbo; *to ~ school* pradėti lankyti mokyklą; *to ~ with smth* pradėti nuo ko **2** prasidėti; *school ~s on Monday* pamokos prasideda pirmadienį; *the fire ~ed in the kitchen* gaisras kilo virtuvėje **3** išvykti, pajudėti, leistis į kelionę *(t. p. ~ off);* *to ~ on a journey* išvykti į kelionę, iškeliauti; *the train ~s at five* traukinys išvyksta penktą valandą; *to ~ for Kaunas* išvykti į Kauną **4** įsteigti, atidaryti *(įmonę ir pan.; t. p. ~ up)* **5** sukelti; padėti *(kam)* pradėti *(kokį darbą, dalyką);* *his remark ~ed a discussion* jo pastaba sukėlė diskusiją; *to ~ a rumour* paleisti gandą **6** paleisti, užvesti *(automobilį; t. p. ~ up);* užsivesti **7** krūptelėti, krūpčioti; pašokti; mestis pirmyn *(t. p. ~ forward);* *to ~ from one's bed* pašokti iš lovos; *the horse ~ed suddenly aside* arklys staiga metėsi į šalį **8** išgąsdinti, pabaidyti; *to ~ a hare medž.* pakelti kiškį **9** pasirodyti; *tears ~ed from her eyes* jos akyse pasirodė ašaros **10** išklibti; išklibinti; *his tooth ~ed* jo dantis išklibo **11** persimesti, riestis *(apie medį, lentą)* **12** iširti *(apie siūlę)* **13** *sport.* duoti ženklą startuoti; startuoti

14 *av.* (pa)kilti **15** *jūr.* atleisti *(laivavirvę)* □ **~ back** atšokti atgal; **~ in** *šnek.* a) pradėti, imtis; b) imti koneveikti/plūsti; **~ off** a) leistis *(kur);* b) pradėti *(pasakant, nurodant; by);* prasidėti; c) imtis *(on – ko);* d) *šnek.* prajuokinti, supykdyti *(pasakius);* **~ on** imti skųstis/koneveikti *(at);* **~ out** a) šnek. ruoštis ką daryti; b) išsiruošti *(kur),* išvykti; c) *šnek.* pradėti; **~ over** *amer.* pradėti *(nuo pradžios);* **~ up** a) pašokti; b) atsirasti, kilti; **a new idea has ~ed up** kilo nauja mintis; c) paleisti; **to ~ up an engine** paleisti variklį ◊ **to ~ with** visų pirma; pradžioje; **to ~ something/anything** *šnek.* ≡ privirti košės; pridaryti bėdos

starter ['stɑːtə] *n* **1** pradėjėjas **2** startavęs varžybų/lenktynių dalyvis **3** *sport.* startininkas **4** *aut.* starteris *(t. p.* **~ motor)** **5** *šnek.* pradžia; pirmas žingsnis **6** *(pats)* pirmasis patiekalas; užkandis ◊ **for ~s** *šnek.* pirmiausia; pradžioje

starting-gate ['stɑːtɪŋgeɪt] *n* starto barjeras *(žirgų sportas)*
starting-handle ['stɑːtɪŋhændl] *n aut.* paleidimo rankena
starting-lever ['stɑːtɪŋˌliːvə] *n tech.* paleidimo svirtis
starting-point ['stɑːtɪŋpɔɪnt] *n* **1** pradinis/pradžios taškas **2** išvykimo punktas
starting-post ['stɑːtɪŋpəust] *n* starto stulpas *(žirgų lenktynėse)*
starting-price ['stɑːtɪŋpraɪs] *n* **1** pradinė statoma suma *(žirgų lenktynėse)* **2** pradinė kaina *(biržoje, varžytynėse ir pan.)*
startle ['stɑːtl] *n* išgąstis
v **1** išgąsdinti; (nu)stebinti, (ap)stulbinti; sujaudinti **2** krūptelėti, išsigąsti; *I was ~d to see Simas there* aš išsigandau pamatęs ten Simą
startler ['stɑːtlə] *n šnek.* sensacija
startling ['stɑːtlɪŋ] *a* stebinantis, stulbinantis, pritrenkiantis
start-up ['stɑːtʌp] *n* paleidimas *(mašinos ir pan.)*
a **1** pradinis *(apie lėšas ir pan.)* **2** pradedantis, ką tik įsteigtas *(apie firmą ir pan.)*
starvation [stɑːˈveɪʃn] *n* **1** badas; badavimas, išbadėjimas; **~ diet** bado dieta **2** bado mirtis
starve [stɑːv] *v* **1** badauti; alkti **2** marinti badu, alkinti; mirti badu *(t. p.* **~ to death);** priversti/įveikti badu *(into)* **3** *šnek.* mirti iš bado, badmiriauti, alkanauti, būti išalkusiam **4** *(ppr. pass) prk.* trokšti, alkti *(for);* trūkti, stokoti, jausti stoką *(of);* **the children were ~d of affection** vaikai buvo pasiilgę švelnumo □ **~ out** išvaryti, priversti išeiti neduodant valgyti
starveling ['stɑːvlɪŋ] *psn. n* badmirys, išdvasa, dvasna, išgaišėlis *(apie žmogų, gyvulį);* skursna, užskurdėlis, skurdeiva *(t. p. apie augalus)*
a **1** alkanas, išbadėjęs; išsekęs, išgaišęs **2** skurdus, skursnus, sunykęs
starwort ['stɑːwəːt] *n bot.* žliūgė; **water ~** praujenė
stash [stæʃ] *šnek. n* **1** slėpynė **2** tai, kas paslėpta *(pinigai, narkotikai ir pan.)*
v (pa)slėpti, užslėpti *(t. p.* **~ away)**
stasis ['stæsɪs] *n* **1** sąstingis **2** *med. (kraujo)* sąstovis
state[1] [steɪt] <*n, a, v*> *n* **1** būklė, būsena, padėtis; **~ of health** sveikatos būklė; **~ of mind** dvasinė/psichinė būsena; **~ of emergency** nepaprastoji padėtis; **~ of war** karo padėtis; **the house is in a good ~ of repair** namui nereikalingas remontas **2** struktūra, sandara **3** *(visuomeninė)* padėtis, rangas; **persons in every ~ of life** įvairių visuomenės sluoksnių žmonės **4** iškilmingumas, puikybė, prabanga; **in ~** iškilmingai, pompastiškai; **to lie in ~** būti pašarvotam *(apie karalių, karalienę ir pan.);* **to receive in ~** surengti iškilmingą priėmimą **5** *fiz.* būvis, būsena ◊ **in a ~** a) be tvarkos, suverstas; **things were in an untidy ~** viskas buvo suverstas; **what a ~ you are in!** kaip tu atrodai!; b) *šnek.* susijaudinęs, sunerimęs, susinervinęs; **to work oneself into a ~** susijaudinti, susinervinti; **not to be in a fit ~** nesugebėti *(ko daryti)*
a iškilmingas; pompastiškas; **~ call** *šnek.* oficialus vizitas; **the ~ coach** *(karaliaus)* paradinė karieta
v **1** konstatuoti; pareikšti, tvirtinti, teigti *(t. p. teis.);* **he ~s that he was not present there** jis tvirtina, kad jo ten nebuvo **2** išdėstyti, formuluoti; **he ~d his opinion [his position]** jis išdėstė savo nuomonę [savo poziciją]
state[2] *(t. p. S.)* **1** valstybė; **transit ~** tranzitinė valstybė; **the member ~s of the UN** valstybės JT narės; **~'s border** valstybės siena **2** valstija; **the S. of Texas** Teksaso valstija; **the States** *šnek.* Jungtinės Amerikos Valstijos, JAV **3** *šnek.* valstybės departamentas *(JAV)*
a **1** valstybinis, valstybės; **the S. Bank** valstybinis bankas; **S. frontiers** valstybės sienos; **~ business** valstybinės reikšmės reikalas; **~ prisoner** valstybinis nusikaltėlis; **~ trial** valstybinio nusikaltėlio teismo procesas **2** *amer.* valstijos, valstijų *(ne federalinis);* **S. rights** kai kurių JAV valstijų autonomija; **S. Board of Education** valstijos švietimo departamentas; **~ troopers** valstijos policija; **S. flower** valstijos emblema *(gėlė)*
state-aided ['steɪtˌeɪdɪd] *a* gaunantis finansinę valstybės paramą
statecraft ['steɪtkrɑːft] *n* valstybės valdymo menas
stated ['steɪtɪd] *a* **1** nustatytas; užfiksuotas; reguliarus; **at ~ intervals** nustatytais laiko tarpais; **~ office hours** nustatytos darbo valandos *(įstaigoje)* **2** suformuluotas; išdėstytas; pareikštas
state-funded ['steɪtˈfʌndɪd] *a* valstybės finansuojamas
statehood ['steɪthud] *n* **1** valstybingumas; valstybiškumas; nepriklausomos valstybės statusas **2** *amer.* valstijos statusas
statehouse ['steɪthaus] *n amer.* valstijos įstatymų leidybos organo pastatas
stateless ['steɪtləs] *a* neturintis pilietybės; nepriklausantis *(nė vienai)* valstybei
statelessness ['steɪtləsnɪs] *n teis.* bepilietybė, apatrizmas
stately ['steɪtlɪ] *a* iškilmingas; didingas, įspūdingas; **~ home** senoviniai dvaro rūmai *(turintys istorinės vertės)*
statement ['steɪtmənt] *n* **1** pareiškimas; **to make a ~** padaryti pareiškimą, pareikšti **2** tvirtinimas, konstatavimas **3** trumpas išdėstymas, formuluotė; *komp.* sakinys **4** oficiali ataskaita *(džn. fin.);* biuletenis, žiniaraštis; **income ~** pajamų suvestinė
state-of-the-art ['steɪtəvðɪˈɑːt] *a* šiuolaikinis, moderniausias
stateroom ['steɪtrum] *n* **1** iškilmių salė **2** *jūr.* atskira kajutė **3** *amer.* kupė
stateside ['steɪtsaɪd] *šnek. a* (iš) JAV; *(siunčiamas)* į JAV
adv Jungtinėse Amerikos Valstijose *(sakoma esant už šios valstybės ribų);* iš JAV; į JAV; **to go ~** grįžti į tėvynę *(apie amerikietį)*
statesman ['steɪtsmən] *n (pl* -men [-mən]) *(tik v.)* (išmintingas) valstybės veikėjas, valstybininkas; **elder ~** senyvo amžiaus patyręs valstybės veikėjas, politikas
statesmanlike ['steɪtsmənlaɪk] *a* valstybiškas
statesmanship ['steɪtsmənʃɪp] *n* = **statecraft**
statewide ['steɪtwaɪd] *a amer.* valstijos masto
static ['stætɪk] *n* **1** *rad.* atmosferiniai trukdžiai **2** statinė elektra
a **1** statinis, nejudamas, stacionarinis; **~ electricity [friction]** statinė elektra [trintis] **2** statiškas, nekintamas
statical ['stætɪkl] = **static** *a*
statics ['stætɪks] *n fiz.* statika
station ['steɪʃn] *n* **1** stotis, punktas; **fire ~** gaisrinė; **bus [lifesaving/rescue] ~** autobusų [gelbėjimo] stotis; **broad-**

casting/radio ~ radijo stotis; *medical* ~ medicinos pagalbos punktas; *police* ~ policijos skyrius/nuovada; *service* ~ *aut*. smulkaus remonto stotis; *petrol/amer. gas* ~ degalinė 2 geležinkelio stotis *(t. p. railway/train ~); ~ agent* mažos stotelės viršininkas 3 vieta; postas; *battle* ~ karinis postas; *they returned to their several ~s* jie sugrįžo į savo vietas; *he took up a convenient* ~ jis užėmė patogią poziciją/vietą 4 karinė jūrų bazė *(t. p. naval ~);* aviacijos bazė *(t. p. air ~)* 5 *amer*. pašto skyrius; *pay* ~ taksofonas 6 *glžk*. sustojimo vieta *(keleiviams persėsti, kroviniams perkrauti)* 7 visuomeninė padėtis, rangas 8 *austral. (avių, galvijų)* ferma 9 *geod*. vizavimo punktas 10 *biol*. arealas, stacija 11 *bažn*. stotis *(t. p. ~ of the Cross)*
v 1 (pa)statyti, (pa)dėti 2 *refl* atsistoti; įsitaisyti 3 *(ppr. pass) kar*. dislokuoti(s); *to* ~ *a guard* pastatyti sargybą

stationary ['steɪʃənərɪ] *a* 1 nejudamas, stovintis; stacionarus; ~ *troops* vietos kariuomenė; ~ *crane* stacionarus kranas; *the train is* ~ traukinys stovi 2 pastovus, nesikeičiantis; ~ *air* fiziol. *(plaučių)* liekamasis oras *(po iškvėpimo);* ~ *temperature* pastovi temperatūra; ~ *warfare* pozicinis karas

stationer ['steɪʃnə] *n* 1 prekiautojas raštinės reikmenimis 2 kanceliarinių prekių parduotuvė *(t. p. ~'s)*

stationery ['steɪʃnərɪ] *n* 1 raštinės reikmenys 2 *(rašymo, spausdinimo)* popierius

station-house ['steɪʃnhaus] *n amer*. 1 policijos skyrius/nuovada 2 gaisrinė

stationmaster ['steɪʃnˌmɑːstə] *n glžk*. stoties viršininkas

station-to-station ['steɪʃntə'steɪʃn] *a, adv* nenurodžius asmens, su kuriuo bus kalbama *(apie tarpmiestinius/tarptautinius pokalbius telefonu)*

station-wagon ['steɪʃnˌwægən] *n amer*. didelis automobilis, universalas *(su atlenkiamomis sėdynėmis ir bagažinėje);* mikroautobusas

statism ['steɪtɪzm] *n ekon*. steitizmas

statist[1] ['steɪtɪst] *n* = **statistician**

statist[2] ['steɪtɪst] *a ekon*. steitizmo

statistic [stə'tɪstɪk] *n* statistinis faktas
a = **statistical**

statistical [stə'tɪstɪkl] *a* statistinis, statistikos

statistician [ˌstætɪ'stɪʃn] *n* statistikas

statistics [stə'tɪstɪks] *n* 1 statistika 2 *pl* statistikos duomenys

stative ['steɪtɪv] *a kalb*. reiškiantis būseną *(apie žodį, ypač veiksmažodį)*

stator ['steɪtə] *n tech*. statorius; ~ *flap* oro sklendė

stats [stæts] *n pl šnek*. = **statistics** 2

statuary ['stætʃuərɪ] *n* 1 *kuop*. skulptūros 2 skulptūra *(meno rūšis)*
a skulptūrinis

statue ['stætʃuː] *n* statula, skulptūra

statuesque [ˌstætʃu'esk] *a* 1 panašus į statulą, kaip statula 2 didingas, monumentalus

statuette [ˌstætʃu'et] *n* statulėlė

stature ['stætʃə] *n* 1 ūgis, augumas, stotas; *to grow in* ~ augti; *above average* ~ aukštesnis negu vidutinio ūgio/augumo 2 *(protinis, moralinis ir pan.)* lygis; reikšmingumas; svarba

status ['steɪtəs] *n* 1 *(socialinė, visuomeninė ir pan.)* padėtis; prestižas, reputacija; *family* ~ šeimyninė padėtis; ~ *symbol* padėties visuomenėje simbolis; turtingumo rodiklis *(apie automobilį, jachtą ir pan.)* 2 *(reikalų ir pan.)* būsena, padėtis; ~ *bar komp*. būsenos eilutė 3 *teis., polit*. statusas; *diplomatic [international]* ~ diplomatinis [tarptautinis] statusas

status quo [ˌsteɪtəs'kwəu] *lot*. status kvo, faktinė padėtis

statute ['stætʃuːt] *n* 1 statutas; įstatai 2 įstatymas; ~ *of limitations teis*. ieškinio senaties įstatymas

statute-book ['stætʃuːtbuk] *n (įstatymų)* kodeksas, teisynas

statutory ['stætʃutərɪ] *a teis*. nustatytas įstatymo; įstatyminis; statutinis; ~ *offence* nusikaltimas pagal įstatymus; ~ *rape* išžaginimas kaip įstatymo nustatytas nusikaltimas

staunch[1] [stɔːntʃ] *a* 1 ištikimas, lojalus; ~ *ally* ištikimas sąjungininkas 2 tvirtas, nepalaužiamas, ištvermingas 3 ne(pra)laidus vandeniui

staunch[2] *v* 1 sustabdyti *(kraujo ir pan.)* tekėjimą, sulaikyti kraujavimą *(iš žaizdos)* 2 *prk*. sustabdyti *(nuosmukį)*

stave [steɪv] *n* 1 *(statinės)* šulas 2 *(kopėčių, kėdės ir pan.)* skersinis 3 *(ilga)* lazda 4 *(eilėraščio)* posmas, strofa 5 = **staff**[1] 4
v (staved, stove) 1 įlaužti, pramušti *(statinę, laivelį ir pan.; t. p. ~ in)* 2 deformuoti *(skrybėlę, dėžę ir pan.);* sudaužyti 3 išardyti statinę; sustatyti/pakeisti *(statinės)* šulus 4 prikalti skersinius □ ~ *off* atitolinti, nustumti *(alkį, nelaimę ir pan.); to ~ off danger* atitolinti pavojų

staves [steɪvz] *pl žr*. **staff**[1] 4

stay[1] [steɪ] *n* 1 buvimas; apsistojimas, viešnagė, viešėjimas; *his ~ did not last long* jis neilgai buvo/viešėjo; *to make a* ~ pabūti, paviešėti 2 sustojimas; *a ten-minute* ~ sustojimas dešimčiai minučių 3 ištvermė 4 parama, paspirtis; ramstis; *he is the only* ~ *in his family* jis vienintelis šeimos ramstis 5 *teis*. atidėjimas, *(laikinas)* sustabdymas *(nuosprendžio vykdymo ir pan.)* 6 *tech*. stovas; liunetas 7 *stat*. atotampa 8 *pl psn*. korsetas
v 1 (pasi)likti; *to ~ for/to supper* likti vakarienės; *to ~ late* užsibūti, neišeiti; *to ~ in bed* likti lovoje, nesikelti; *to ~ put* likti vietoje *(kur padėtas, kur sėdi ir pan.)*, nejudėti; ~ *where you are!* nejudėk!; *'~ tuned!'* „likite su mumis!" *(klausantis radijo); it has come to* ~ *šnek*. tai ilgam; *computers are here to* ~ kompiuteriai įsitvirtino ilgam 2 apsistoti, (apsi)gyventi *(at);* viešėti, pabūti *(with)* 3 būti, likti *(kokiam); to ~ calm/quiet* likti ramiam 4 *knyg*. sulaikyti, sustabdyti, atidėti; *to ~ the rise of prices* sustabdyti kainų kilimą; *to ~ judgement teis*. atidėti nuosprendžio vykdymą; *to ~ one's hand* susilaikyti *(nuo kokio veiksmo)* 5 išverti, pajėgti, išlaikyti; *he couldn't ~ the course* jis iki galo neištvėrė *(dirbdamas ką sunkaus)* 6 numalšinti *(alkį, troškulį, skausmą ir pan.); take an apple to ~ your hunger* suvalgyk obuolį alkiui numalšinti 7 paremti, prilaikyti; palaikyti 8 *(ypač imp)* (pa)laukti; *but ~! what's this?* palauk, kas čia? □ ~ *away* a) neatvykti, neateiti, nepasirodyti; b) likti nuošalyje, neprisiartinti, vengti *(from);* ~ *away from my sister!* atstok nuo mano sesers!; ~ *down* (iš)likti žemo lygio; ~ *in* neišeiti iš namų, būti namie; ~ *off* susilaikyti, nepiktnaudžiauti *(rūkymu, gėrimu ir pan.);* ~ *on* a) neišeiti, užsibūti, už(si)likti; b) pasilikti po pamokų *(bausmė);* c) (pasi)likti *(savo vietoje, darbe);* ~ *out* a) negrįžti į namus; užsibūti lauke; b) (pa)likti lauke *(automobilį, skalbinius ir pan.);* c) negrįžti į darbą, tebestreikuoti; ~ *up* a) likti aukštai/viršuje; b) išsilaikyti paviršiuje, negrimzti; c) neiti miegoti, negulti

stay[2] *jūr. n* štagas; vantai
v 1 sutvirtinti, sustiprinti *(štagu)* 2 pasukti *(burlaivį)* overštagu

stay-at-home ['steɪətˌhəum] *n šnek*. namisėda; *he is not the ~ sort* jis nemėgsta sėdėti namie

stay-bolt ['steɪbəult] *n tech*. inkarinis/skėčiamasis varžtas

stay-down ['steɪdaun] *a:* ~ *strike* sėdimasis streikas šachtoje

stayer ['steɪə] *n* **1** ištvermingas gyvulys/žmogus **2** *sport.* stajeris

stay-in ['steɪɪn] *n* itališkasis streikas *(t. p.* ~ *strike)*

staying ['steɪŋ] *a* **1** (apsi)gyvenantis; viešintis **2** su(si)laikantis **3** nuolatinis; nesilpstantis, nemažėjantis

staying-power ['steɪŋˌpauə] *n* ištvermė, ištvermingumas

staysail ['steɪsl] *n jūr.* stakselis, štagburė

stead [sted] *n: in smb's* ~ vietoje ko; *send her in your* ~ pasiųskite ją vietoj savęs ◊ *to stand smb in good* ~ būti naudingam, praversti, prireikti kam

steadfast ['stedfɑːst] *a* **1** tvirtas, nepajudinamas, nepalaužiamas; ~ *faith* nepajudinamas/tvirtas tikėjimas **2** patvarus, pastovus; ~ *gaze* įdėmus žvilgsnis

steading ['stedɪŋ] *n šiaur.* sodyba, ferma; viensėdija, vienkiemis

steady ['stedɪ] <*a, v, n, int*> *a* **1** nuolatinis, pastovus, nusistovėjęs; nenukrypstamas; ~ *progress* nuolatinė pažanga; ~ *wind* pastovus vėjas; ~ *rise in the productivity of labour* nenukrypstamas darbo našumo kilimas **2** lygus, vienodas, stabilus, nekintamas; *to ensure a* ~ *rhythm of work* užtikrinti ritmingą darbą; *we were driving at a* ~ *80 kph* mes važiavome vienodu 80 km/val. greičiu **3** tvirtas; patvarus; nesvyruojantis; ~ *foundation* patvarus/tvirtas pagrindas; ~ *hand* tvirta ranka *(t. p. prk.);* ~ *resolve* tvirtas sprendimas; ~ *as a rock* tvirtas kaip uola **4** rimtas, solidus; patikimas *(apie žmogų)* **5** ramus *(apie balsą, žvilgsnį ir pan.)* ◊ *keep her* ~*!,* ~ *as you go! jūr.* taip laikyk!; *to go* ~ *šnek.* reguliariai susitikinėti *(apie nesusituokusiųjų porą)*

v **1** tapti patvariu/tvirtu; nusistovėti; *the weather has steadied* oras nusistovėjo; *the boat steadied* laivas atgavo pusiausvyrą; *he tried to* ~ *himself by grabbing the tree* jis bandė išsilaikyti neparpuolęs griebdamasis už medžio **2** padaryti tvirtą/stabilų **3** surimtėti *(t. p.* ~ *down); he will* ~ *down* jis surimtės; *life will* ~ *him* jį gyvenimas padarys rimtesnį **4** *refl* nu(si)raminti; *to* ~ *one's nerves* nuraminti (savo) nervus, nusiraminti

n **1** atrama **2** *šnek.* nuolatinis draugas/partneris *(vaikinas/mergina, kurie nuolat susitikinėja)*

int: ~ *(on)!, be* ~*! šnek.* a) atsargiai!, žiūrėk (ką darai)!; b) valdykis!, raminkis!

steady-state ['stedɪsteɪt] *a attr spec.* stacionarinis, pastovus; ~ *theory astr.* stacionarinė visatos teorija

steak [steɪk] *n kul.* **1** mėsos/žuvies gabalas *(kepsniui)* **2** amerikietiškas kepsnys, didkepsnys

steal [stiːl] *v* (stole; stolen) **1** vogti; *I had my watch stolen* man pavogė laikrodį **2** nuvogti; *I stole a few hours' sleep* aš nuvogiau/ištaikiau keletą valandų miegui **3** slapta/vogčiomis *(ką)* (pa)daryti; *to* ~ *a glance/look* vogčiomis žvilgtelėti; *to* ~ *a ride* važiuoti zuikiu; *to* ~ *a marriage* slapta susituokti **4** sėlinti, slinkti; *to* ~ *out of the room (tyliai, nepastebimai)* išslinkti iš kambario **5** apimti, užvaldyti *(širdį, jausmus, protą);* įsigauti *(into); to* ~ *a way into smb's heart* įgyti kieno pasitikėjimą □ ~ *along* praslysti; ~ *away (slapta, nepastebimai)* išslinkti; ~ *by* prasmukti; ~ *in* įslinkti, įsėlinti, įsprukti; ~ *out* išeiti slapčiomis, išsprukti, išsmukti; ~ *up* prislinkti, prisėlinti

n šnek. **1** pigus pirkinys, ≡ pigiau grybų **2** *amer.* vagystė; voginys, (pa)vogtas daiktas

stealage ['stiːlɪdʒ] *n* = **stealing**

stealing ['stiːlɪŋ] *n* **1** vogimas, vagystė **2** *pl* (pa)vogti daiktai

stealth [stelθ] *n* slaptas veiksmas, slaptumas; *by* ~ vogčiomis, slapta

stealthily ['stelθɪlɪ] *adv* vogčiomis, slapta

stealthy ['stelθɪ] *a* slaptas; tylus; ~ *glance* žvilgsnis paslapčiomis/vogčiomis; ~ *whisper* tylus/atsargus šnabždesys; ~ *footsteps/tread* tylūs žingsniai

steam [stiːm] <*n, a, v*> *n* **1** garas; *live* ~ šviežiasis garas; *saturated [wet]* ~ sotusis [drėgnasis] garas; *to get up* ~ a) *tech.* (pa)didinti garo slėgį; b) didinti greitį; c) stiprėti, plisti; sukaupti jėgas/energiją; *to let/blow/work off* ~ a) išleisti garą; b) *prk.* iš(si)krauti, duoti valią jausmams; *to put on* ~ a) paduoti daugiau garo; b) paskubėti **2** garai, šutas; *windows covered with* ~ aprasoję langai ◊ *to run out of* ~ išsikvėpti; pavargti; *under one's own* ~ vien savo pastangomis; *full* ~ *ahead!* visu greičiu pirmyn!

a garinis, garo; ~ *engine* garo variklis/mašina; ~ *bath/room* garinė, vanotuvė; ~ *table* maisto šildytuvas, marmitas *(valgyklose, restoranuose)*

v **1** (pa)leisti/išleisti garą; garinti **2** garuoti *(t. p.* ~ *hot);* ~*ing coffee* garuojanti kava **3** būti varomam garu; plaukti, plaukioti *(apie garlaivį); the train* ~*ed into the station* traukinys įpūškėjo/įvažiavo į stotį **4** virti garuose, troškinti, šutinti; ~*ed carrots* troškintos morkos **5** šutintis *(pirtyje)* **6** (ap)rasoti *(t. p.* ~ *up);* (su)drėkti *(apie sieną)* **7** veikti garu; *to* ~ *open* atgarinti, atklijuoti garu/garais **8** lėkti/dumti visu greičiu; *he* ~*ed out of the room* jis išlėkė/išrūko iš kambario **9** *šnek.* išplėtoti veiklą, energingai veikti **10** *pass amer. šnek.* pykti, (į)širsti *(t. p.* ~ *up)* □ ~ *ahead* a) energingai judėti į priekį; b) *prk.* pilti, smarkiai darbuotis; ~ *away* a) išgaruoti; b) nuplaukti; ~ *in sl.* įsitraukti į peštynes/muštynes; ~ *off* atklijuoti garais, atgarinti

steamboat ['stiːmbəut] *n* garlaivis

steam-boiler ['stiːmˌbɔɪlə] *n* garo katilas

steam-coal ['stiːmkəul] *n spec.* kūryklų anglys

steam-dome ['stiːmdəum] *n tech.* garo rezervuaras, dundulė

steam-driven ['stiːmˌdrɪvn] *a* varomas garu

steamed-up [ˌstiːmd'ʌp] *a predic šnek.* įširdęs, supykęs; susijaudinęs

steamer ['stiːmə] *n* **1** garlaivis **2** šutintuvas; garapuodis, garaviris

steam-gauge ['stiːmgeɪdʒ] *n* garomatis

steam-hammer ['stiːmˌhæmə] *n* garo kūjis ◊ *to use a* ~ *to crack nuts* ≡ šaudyti žvirblius iš patrankų

steam-heat ['stiːmhiːt] *n* **1** šildymas garais **2** *fiz.* kondensacijos šiluma

v šildyti garais

steaming ['stiːmɪŋ] *n* **1** *fiz.* garavimas, garų susidarymas **2** *tech.* (iš)garinimas **3** grupinis apiplėšimas

steaming-plant ['stiːmɪŋplɑːnt] *n ž. ū.* pašarų šutintuvas

steam-iron ['stiːmˌaɪən] *n* garinė laidynė

steam-jacket ['stiːmˌdʒækɪt] *n tech.* garo ertmė

steam-launch ['stiːmlɔːntʃ] *n* garinis kateris

steam-power ['stiːmˌpauə] *n* garo varomoji jėga

steamroll ['stiːmrəul] *amer.* = **steamroller** *v*

steamroller ['stiːmˌrəulə] *n* **1** garinis volas **2** *prk.* viską triuškinanti, nenugalima jėga

v **1** sutriuškinti, sunaikinti **2** daryti spaudimą *(kam),* paspausti **3** prastumti, pratempti *(įstatymo projektą; through)*

steamship ['stiːmʃɪp] *n (jūrų)* garlaivis

steamshop ['stiːmʃɔp] *n* katilinė

steam-shovel ['stiːmˌʃʌvl] *n amer.* garinė žemsemė

steamtight ['stiːmtaɪt] *a* nelaidus garui

steam-turbine ['sti:m͵tə:bın] *n* garo turbina
steamy ['sti:mı] *a* **1** garo, garinis; garų pavidalo **2** prigaravęs, pilnas garų **3** garuojantis; garingas, garus **4** aprasojęs **5** *šnek.* erotinis, meilės
stearic ['stıərık, stı'ærık] *a* stearino, stearininis; ~ *acid chem.* stearino rūgštis
stearin ['stıərın] *n* stearinas
steatite ['stıətaıt] *n min.* steatitas *(talko atmaina)*
steed [sti:d] *n poet., psn.* eiklus/ristas žirgas *(t. p. gallant ~)*
steel [sti:l] <*n, a, v*> *n* **1** plienas; *mild [structural]* ~ *metal.* mažaanglis [konstrukcinis/statybinis] plienas **2** *(of ~) prk.* geležinis; *grip of* ~ geležinis gniaužtas/kumštis; *nerves of* ~ geležiniai nervai **3** plieno pramonė; plieno gamyba **4** plieno plokštelė **5** galąstuvas **6** *kas.* plieninis grąžtas ◊ *cold* ~ šaltasis ginklas; *an enemy worthy of one's* ~ lygus priešininkas; *true as* ~ visiškai atsidavęs, ištikimas
a **1** plieninis, plieno; ~ *wool* plieno drožlės *(indams/grindims ir pan. šveisti);* ~ *furnace* plieno lydymo krosnis **2** kietaširdis, nuožmus
v **1** padengti/apkalti plienu; uždėti plieninius antgalius **2** (už)grūdinti; padaryti nejautrų **3** *refl* pasiryžti, ryžtis; *to* ~ *oneself against pity* įveikti gailestį, nepažinti gailesčio
steel-blue ['sti:l'blu:] *n* plieno spalva *(melsvai pilka)*
a plieno spalvos
steel-clad ['sti:lklæd] *a* šarvuotas, su šarvais
steel-engraving ['sti:lın'greıvıŋ] *n* plieno graviūra
steel-facing ['sti:l'feısıŋ] *n tech.* aplydymas plienu
steel-grey ['sti:l'greı] *n* pilkai melsva spalva
a pilkai melsvas
steel-plated ['sti:l'pleıtıd] *a* šarvuotas; apkaltas plienu
steelwork ['sti:lwə:k] *n* **1** *kuop.* plieno dirbiniai **2** plieninė konstrukcija
steelworks ['sti:lwə:ks] *n* plieno liejykla
steely ['sti:lı] *a* **1** plieninis, plieno **2** kietas/tvirtas kaip plienas; nepalenkiamas, nuožmus
steelyard ['sti:lja:d] *n (sveriamoji)* buožė, *(rankinis)* svertuvas
steen [sti:n] *n šnek.* kuris nors skaičius; *to hear smth* ~ *thousand times* girdėti ką tūkstančius/daugybę kartų
steep[1] [sti:p] *n* status šlaitas, kriaušis, statuma
a **1** status, staigus; ~ *descent* staigus nusileidimas, stati nuokalnė **2** per aukštas/didelis *(apie kainas ir pan.)* **3** *šnek.* perdėtas; ~ *story* neįtikėtinas/perdėtas pasakojimas; *it is/seems a bit* ~ tai jau per daug
steep[2] *n* **1** įmerkimas, panardinimas *(į skystį);* (į)mirkymas; išmirkymas **2** skystis *(į kurį įmerkiamas daiktas)*
v (ppr. pass) **1** (į)merkti, panardinti *(į skystį);* (pa)mirkyti, išmirkyti, įmirkyti, (į)mirkti, permirkti **2** *prk.* nugrimzti, paskęsti; pasinerti; *to* ~ *in prejudice* paskęsti prietaruose; *to* ~ *in slumber* nugrimzti į miegą
steepen ['sti:pən] *v* statėti; daryti statesnį *(šlaitą, kriaušį ir pan.)*
steeple ['sti:pl] *n* **1** *(bokšto)* smailė, špilis; smailiaviršūnis bokštas **2** varpinė
steeplechase ['sti:pltʃeıs] *n sport.* kliūtinis bėgimas/jojimas
steeplechaser ['sti:pl͵tʃeısə] *n* **1** kliūtinio bėgimo/jojimo dalyvis **2** žirgas, dalyvaujantis kliūtiniame jojime
steeplejack ['sti:pldʒæk] *n* aukštybininkas, aukštalipis darbininkas *(statantis/taisantis bokštus/kaminus)*
steer[1] [stıə] *v* **1** vairuoti, valdyti *(laivą, automobilį ir pan.);* *this car* ~*s easily* šią mašiną lengva valdyti **2** vykti; pasukti; *to* ~ *one's way* eiti savo keliu; *we* ~*ed (our course) for the railway station* mes pasukome į stotį **3** nukreipti, vesti; vadovauti; *to* ~ *a conversation into a favourite subject* pakreipti kalbą mėgstama tema; *to* ~ *a country to peace and prosperity* vesti šalį į taiką ir gerovę; *he* ~*ed me to a table* jis nuvedė mane prie stalo **4** laikytis *(tam tikro kurso);* *to* ~ *a middle course* laikytis aukso vidurio, vengti kraštutinumų; *to* ~ *a steady course* nenukrypstamai laikytis pasirinkto kelio ◊ *to* ~ *clear (of)* (iš)vengti *(ko);* *to* ~ *smb clear* padėti kam išvengti nemalonumų/komplikacijos
n amer. šnek. patarimas; *bum* ~ blogas/klaidinantis patarimas
steer[2] *n (kastruotas)* jautukas, veršis
steerage ['stıərıdʒ] *n jūr.* **1** *(laivo)* vairavimas; vairinis valdymas **2** ketvirtosios klasės patalpa *(garlaivyje)*
steering ['stıərıŋ] *n* **1** vairavimas; valdymas **2** vairumas, valdumas
steering-column ['stıərıŋ͵koləm] *n spec.* vairo kolonėlė
steering-gear ['stıərıŋgıə] *n* **1** vairo mechanizmas/pavara **2** *jūr.* vairavimo įtaisas
steering-lever ['stıərıŋ͵levə] *n* vairo svirtis
steering-shaft ['stıərıŋʃa:ft] *n* vairo velenas
steering-wheel ['stıərıŋwi:l] *n av., jūr.* vairaratis, šturvalas
steersman ['stıəzmən] *n (pl* -men [-mən]) **1** vairininkas, šturmanas **2** vairuotojas
steeve [sti:v] *jūr.* *n (bušprito)* įstrižumo kampas
v būti per daug įstrižam *(apie bušpritą)*
stein [staın] *vok. n* bokalas
Steinbeck ['staınbek] *n: John* ~ Džonas Stainbekas (Steinbekas) *(amerikiečių rašytojas)*
stela ['sti:lə] *gr. n (pl* -lae [-li:]) *archeol.* stela *(paminklo rūšis);* antkapis
stele [sti:l] *n bot.* stelė
Stella ['stelə] *n* Stela *(vardas)*
stellar ['stelə] *a attr* **1** *spec.* žvaigždinis, žvaigždžių; žvaigždiškas **2** puikus **3** *amer.* pagrindinis, svarbiausias *(apie aktorių, vaidmenį ir pan.)*
stellate, stellated ['stelət, ste'leıtıd] *a* **1** *spec.* panašus į žvaigždę, žvaigždiškas; einantis iš centro spinduliais **2** *bot.* menturinis *(apie lapą)*
stellular ['steljulə] *a* **1** žvaigždiškas; žvaigždutės pavidalo **2** nusėtas/išmargintas žvaigždutėmis
stem[1] [stem] *n* **1** *bot.* stiebas, liemuo, kamienas **2** *bot.* kotas, kotelis; sudėtinis vaisius; *a* ~ *of bananas* bananų kekė **3** *(įrankio)* kotas, rankena **4** *(taurelės ir pan.)* kojelė; *(pypkės)* kandiklis **5** *(ypač bibl.) (žmonių)* kelmas, kiltis, giminė **6** *spec.* galvutė; *the* ~ *of a watch* laikrodžio galvutė **7** *kalb.* kamienas **8** *jūr.* forštevenis; *from* ~ *to stern* a) per visą laivo ilgį; b) nuodugniai, kruopščiai **9** *muz. (natos)* kojelė **10** *poligr. (raidės)* vertikalus brūkšnys
v **1** kilti *(from, out of)* **2** nuskabyti *(vaisių, tabako, uogų)* kotelius **3** pritaisyti kotelius *(dirbtinėms gėlėms)*
stem[2] *v* **1** užtvenkti; sulaikyti, (su)stabdyti *(tekėjimą, plitimą);* užtaisyti *(skylę ir pan.);* *to* ~ *the flow of illegal drugs* sustabdyti narkotikų srautą **2** *jūr.* plaukti prieš srovę **3** *prk.* priešintis, eiti prieš vėją, plaukti prieš srovę *ir pan.;* *to* ~ *the tide of public opinion* eiti prieš viešąją nuomonę; *to* ~ *difficulties* kovoti su sunkumais **3** *sport.* stabdyti slidėmis
n = **stem-turn**
stemmer ['stemə] *n* **1** darbininkas, nuskabantis *(tabako lapų)* kotelius **2** įtaisas *(vaisių)* koteliams nuskabyti
stem-plough ['stemplau] *n sport.* posūkis *(slidėmis)* plūgu
stem-turn ['stemtə:n] *n sport.* posūkis *(slidėmis)* remiantis lazdomis

stemware ['stemwɛə] *n kuop. amer.* taurės, taurelės

stench [stentʃ] *n* dvokimas, dvokas, tvaikas, smarvė; *the ~ of corruption hangs over this whole affair prk.* šis visas reikalas dvokia korupcija
v dvokti

stencil ['stensl] *n* **1** šablonas, trafaretas **2** šabloninis/trafaretinis piešinys/užrašas **3** vaškuotė *(rašomajai mašinėlei)*
v (-ll-) **1** piešti/rašyti pagal šabloną, trafaretu **2** spausdinti ant vaškuotės

stencil-plate ['stenslpleɪt] = **stencil** *n* 1

steno ['stenəu] *n (pl ~s* [-z]*) šnek.* **1** (stenographer *sutr.*) stenografistas, stenografininkas **2** (stenography *sutr.*) stenografija

stenograph ['stenəgrɑːf] *n* **1** stenografijos ženklas **2** stenograma
v stenografuoti

stenographer [stə'nɔgrəfə] *n amer.* stenografistas, stenografininkas

stenographic [ˌstenə'græfɪk] *a* stenografinis; stenografuotas

stenography [stə'nɔgrəfɪ] *n* stenografija

stenosis [stɪ'nəusɪs] *n (pl* -ses [-siːz]*) med.* susiaurėjimas, stenozė

stentor ['stentɔː] *n* **1** stentoras *(labai stipraus balso žmogus)* **2** *(S.) zool.* stentorius

stentorian [sten'tɔːrɪən] *a knyg.* labai garsus, griausmingas *(apie balsą ir pan.)*

step [step] *n* **1** *(įv. reikšm.)* žingsnis; ***smb's ~s were heard outside*** lauke pasigirdo kažkieno žingsniai; ***it's only a ~ to my house*** iki mano namo tik vienas žingsnis; ***false ~** prk.* klaidingas žingsnis/poelgis; ***a ~ forwards*** *prk.* žingsnis į priekį; ***a ~ in the right direction*** *prk.* žingsnis teisinga kryptimi; ***~ by ~*** žingsnis po žingsnio; palaipsniui, po truputį, pamažėle; ***at every ~*** kiekviename žingsnyje; ***the first ~ on the road to victory*** pirmasis žingsnis kelyje į pergalę; ***to turn one's ~s*** *(to)* žingsniuoti, patraukti *(kuria nors kryptimi);* ***to fall into ~*** pataikyti į *(kieno)* žingsnį **2** žengsena, eisena, ėjimas; ***light ~*** lengva eisena; ***to walk with quick ~s*** greitai žingsniuoti **3** pėdsakas; ***to follow smb's ~s*** sekti kieno pėdomis, būti ištikimu sekėju **4** *(šokio)* pa, žingsnis **5** *(skalės)* padala, laipsnis **6** (pa)žengimas į priekį; paaukštinimas; ***to get one's ~*** *kar.* gauti aukštesnį laipsnį, būti paaukštintam **7** laiptas, laiptelis; slenkstis; pamina, pakoja, pakopa, skersinis; ***flight/pair of ~s*** laiptai *(nuo vienos aikštelės iki kitos)* **8** *pl* lipynė, kopėčios *(t. p. a pair of ~s)* **9** *muz.* laipsnis, tonas; intervalas **10** *jūr. (stiebo)* lizdas, stepsas **11** *tech.* eiga ◊ ***in ~*** koja į koją, pakojui; ***to be/keep in ~*** *(with)* eiti koja į koją, sutarti, neatsilikti *(nuo mados ir pan.);* ***to be out of ~*** *(with)* neiti koja kojon, atsilikti; išsiskirti; ***to break ~*** sumaišyti koją *(žygiuojant);* ***to bring into ~*** suderinti, sureguliuoti *(laiko atžvilgiu);* sinchronizuoti; ***to guide smb's ~s*** vadovauti kam, nukreipti ką; ***to take ~s*** imtis žygių/ priemonių; ***to mind/watch one's ~s*** a) elgtis/veikti atsargiai/apdairiai; b) būti atsargiam; ***it is the first ~ that costs*** ≅ kiekviena pradžia sunki
v **1** žengti, eiti, žingsniuoti; ***to ~ high*** aukštai kelti kojas *(einant, bėgant);* ***to ~ short*** neapskaičiuoti žingsnio; suklupti; ***to ~ lightly*** eiti lengvai; ***to ~ over a puddle*** peržengti klaną **2** (už)minti, numinti *(on)* **3** *prk.* paminti po kojų, paniekinti **4** *šnek.* (iš)eiti *(t. p. ~ along);* ***I must be ~ing*** man laikas eiti **5** (iš)matuoti žingsniais *(t. p. ~ off/out)* **6** daryti šokio judesius, daryti pa **7** lengvai pasiekti *(into);* ***to ~ into a good job*** lengvai gauti gerą tarnybą; ***to ~ into a fortune*** netikėtai gauti palikimą **8** iškalti laiptus *(uoloje);* iškasti laiptus *(kalne)* **9** padaryti laiptelius; sukalti pakopas/skersinius *(kopėčioms)* **10** *jūr.* (į)statyti *(stiebą į lizdą)* □ ***~ aside*** a) pasitraukti į šalį, duoti kelią; b) užleisti vietą *(for – kam);* ***~ back*** atsitraukti; trauktis atgal; ***~ down*** a) nužengti *(žemyn);* b) išlipti *(iš vežimo);* c) pasitraukti, užleisti *(savo pareigas),* atsistatydinti; d) *el.* pažeminti įtampą; ***~ forth*** žengti (žingsnį) į priekį; ***~ forward*** išeiti į priekį, prisistatyti *(padėti ir pan.);* ***~ in*** a) įeiti, įžengti; b) įsikišti, įsiterpti; ***~ off*** a) nulipti, išlipti; b) *kar.* išžygiuoti; c) *amer.* suklysti; ***~ out*** a) *(trumpam)* išeiti; b) paspartinti žingsnį; greitai žingsniuoti; c) matuoti žingsniais; d) *šnek.* vaikščioti į pasilinksminimus; gerai/linksmai leisti laiką; ***~ over*** užminti liniją *(startuojant);* ***~ up*** a) prieiti, prisiartinti *(to);* b) (pa)didinti, (pa)spartinti, (pa)kelti; c) (pa)didėti, (pa)kilti; d) *el.* paaukštinti įtampą ◊ ***~ lively!*** greičiau!, vikriau!; ***~ on it!*** *šnek.* paskubėk!, paspausk! *(raginant greičiau važiuoti);* ***to ~ it*** a) šokti; b) eiti pėsčiomis

stepbrother ['stepbrʌðə] *n (tik v.)* įbrolis

step-by-step ['stepbaɪ'step] *a attr* laipsniškas; planingas

stepchild ['steptʃaɪld] *n (pl* -children [-tʃɪldrən]) povaikis; posūnis, podukra

step-dance ['stepdɑːns] *n* stepavimas

stepdaughter ['stepdɔːtə] *n* podukra

stepfather ['stepfɑːðə] *n (tik v.)* patėvis

Stephanie, Stephany ['stefənɪ] *n* Stefanija *(vardas)*

Stephen ['stiːvn] *n* Steponas, Stivenas *(vardas)*

step-ins ['stepɪnz] *n pl šnek.* **1** užsimaunamas per kojas moteriškas apatinis drabužis *(elastingas korsetas ir pan.)* **2** įsispiriamos basutės/šlepetės

stepladder ['stepˌlædə] *n* skečiamosios kopėčios

stepless ['stepləs] *a* **1** *tech.* bepakopis, belaipsnis **2** *jūr.* beredanis

stepmother ['stepmʌðə] *n* pamotė

stepmotherly ['stepˌmʌðəlɪ] *a* pamotiškas, nerūpestingas, neprielankus

stepmum ['stepmʌm] *n šnek.* = **stepmother**

stepparent ['stepˌpɛərənt] *n* patėvis; pamotė

steppe [step] *n* stepė

stepped [stept] *a* **1** *tech.* pakopinis **2** *jūr.* redaninis

stepped-up [ˌstept'ʌp] *a* pagreitintas; intensyvesnis; ***~ pace*** paspartintas žingsnis

stepping-stone ['stepɪŋstəun] *n* **1** brastos akmuo; akmuo, įmestas į upę/griovį/purvą *(kad būtų galima pereiti)* **2** *prk.* priemonė tikslui pasiekti, padėčiai pagerinti ir *pan.,* tramplinas

stepsister ['stepsɪstə] *n* įseserė

stepson ['stepsʌn] *n (tik v.)* posūnis

-ster [-stə] *suff* -ikas, -ojas, -uolis, -ėjas *(ir kt. priesagos, žyminčios asmenų savybes/interesus/užsiėmimą);* ***trickster*** apgavikas, gudruolis; ***gamester*** lošėjas, kortuotojas; ***gangster*** gangsteris

steradian [stə'reɪdɪən] *n geom.* steradianas

stereo ['sterɪəu] *sutr.* **1** = **stereophonic 2** = **stereoscope 3** = **stereoscopic**

stereo- ['sterɪəu-] *(sudurt. žodžiuose)* stereo- (**1** žymint sąsają su erdviniu išsidėstymu; ***stereophonics*** stereofonija **2** žymint sąsają su kietumu, tolydumu; ***stereotype*** stereotipas)

stereochemistry [ˌsterɪə'kemɪstrɪ] *n* stereochemija

stereogram ['sterɪəgræm] *n* stereograma

stereography [ˌsterɪ'ɔgrəfɪ] *n* stereografija

stereometry [ˌsterɪ'ɔmɪtrɪ] *n* stereometrija

stereophonic [ˌsterɪə'fɔnɪk] *a* stereofoninis
stereoscope ['sterɪəskəup] *n* stereoskopas
stereoscopic [ˌsterɪə'skɔpɪk] *a* stereoskopinis
stereotype ['sterɪətaɪp] <*n, a, v*> *n* stereotipas *(t. p. poligr.)*
 a stereotipinis *(t. p. poligr.);* šabloniškas, standartinis
 v **1** *poligr.* spausdinti stereotipu **2** *poligr.* pagaminti stereotipą **3** daryti šablonišką/standartinį; šabloninti
stereotyped ['sterɪətaɪpt] *a* stereotipinis, stereotipiškas; šabloniškas; ~ *expression* stereotipinis pasakymas, kalbos štampas
stereotypical [ˌsterɪəᵘ'tɪpɪkl] *a* = **stereotyped**
sterile ['steraɪl] *a* **1** nevaisingas, bergždžias, bevaisis, sterilus **2** *prk.* bevaisis, bergždžias, tuščias; ~ *debate* tušti debatai; ~ *lecture* neįdomi paskaita **3** nederlingas, bergždžias *(apie žemę)* **4** sterilus, sterilizuotas **5** *bot.* tuščiažiedis, besėklis
sterility [stə'rɪlətɪ] *n* **1** nevaisingumas, bevaisiškumas; bergždumas *(t. p. prk.)* **2** *(žemės)* nederlingumas **3** sterilumas
sterilization [ˌsterɪlaɪ'zeɪʃn] *n* sterilizacija, sterilizavimas
sterilize ['sterɪlaɪz] *v* **1** (pa)daryti nevaisingą/bergždžią/bevaisį **2** sterilizuoti
sterilizer ['sterɪlaɪzə] *n* sterilizatorius
sterlet ['stə:lɪt] *rus. n zool.* sterlė
sterling ['stə:lɪŋ] *n* **1** sterlingas *(D. Britanijos pinigas)* **2** nustatytos prabos sidabras
 a **1** sterlingų; *pound* ~ svaras sterlingų; ~ *area* sterlingo zona **2** pilnavertis, pilnasvoris *(apie D. Britanijos monetas);* nustatytos prabos *(apie auksą/sidabrą); in* ~ *coin of the realm* pilnaverčiais anglų pinigais **3** patikimas, tikras, doras; ~ *fellow* patikimas žmogus; *work of* ~ *merit* aukštos kokybės darbas, tikras meno kūrinys
stern[1] [stə:n] *a* griežtas, rūstus, nepalenkiamas; ~ *resolve* griežtas sprendimas, ryžtas; ~ *measures* griežtos priemonės; ~ *reality* rūsti tikrovė; ~ *look* rūstus žvilgsnis
stern[2] *n* **1** *jūr.* laivagalis; ~ *sea* lydimasis bangavimas **2** *šnek. (džn. juok.)* pasturgalis, užpakalis **3** *medž. (kurto ir pan.)* uodega
sterna ['stə:nə] *pl žr.* **sternum**
sternal ['stə:nl] *a anat.* krūtinkaulio
Sterne [stə:n] *n: Laurence* ~ Lorensas Sternas *(anglų rašytojas)*
sternpost ['stə:npəust] *n jūr.* laivagalio števenis, achterštevenis
sternum ['stə:nəm] *n (pl -na, ~s) anat.* krūtinkaulis
sternutation [ˌstə:nju'teɪʃn] *n med., juok.* čiaudėjimas, čiaudulys
sternutator ['stə:njuteɪtə] *n kar.* čiaudulinė medžiaga
sternutatory [stə:'nju:tətᵊrɪ] *a* sukeliantis čiaudulį, čiaudulinis
sternward ['stə:nwəd] *jūr. a* laivagalio
 adv į laivagalį
sternway ['stə:nweɪ] *n jūr. (laivo)* atbulinė eiga
steroid ['stɪərɔɪd, 'ste-] *n chem., farm.* steroidas
stertorous ['stə:tərəs] *a* **1** *med.* kriokiamasis, stertorinis *(apie kvėpavimą)* **2** *knyg., juok.* knarkiantis
stet [stet] *v poligr.* palikti, kaip buvo, netaisyti *(korektūros nuoroda)*
stethoscope ['steθəskəup] *med. n* stetoskopas
 v išklausyti/auskultuoti stetoskopu
stetson ['stetsn] *n (kaubojų)* plačiakraštė skrybėlė
Steve [sti:v] *n* Stivas *(vardas)*
stevedore ['sti:vədɔ:] *n (ypač amer.)* uosto krovikas
 v iškrauti/pakrauti laivą; dirbti kroviku uoste
Stevenson ['sti:vnsn] *n: Robert* ~ Robertas Stivensonas *(anglų rašytojas)*

stew[1] [stju:] *n kul.* troškinta mėsa/žuvis; *Irish* ~ troškinta aviena su svogūnais ir bulvėmis ◊ *to be in a* ~ nerimauti, būti susirūpinusiam; ≡ būti kaip ant adatų; *to get into a* ~ susijaudinti, sunerimti; ≡ įklimpti į bėdą
 v **1** troškinti(s) *(apie mėsą, žuvį, daržoves)*, šutinti, šusti **2** leipėti, kamuotis *(nuo karščio)* **3** *šnek.* prakaituoti, plūktis *(over)* **4** *šnek.* jaudintis, nervintis, rūpintis, nerimauti *(džn.* ~ *up)*
stew[2] *n* tvenkinys/rezervuaras žuvims/austrėms laikyti; skiaurė
steward ['stju:əd] *n* **1** *(dvaro, ūkio ir pan.)* prievaizdas, ekonomas, valdytojas **2** *(koledžo, klubo ir pan.)* ūkvedys, tiekėjas **3** *(laivo, lėktuvo)* stiuardas **4** *(lenktynių, priėmimų, šokių ir pan.)* tvarkdarys, tvarkytojas **5** *ist.* senešalas; *Lord High S. of England* a) lordas karūnavimo ceremonijos prižiūrėtojas; b) perų teismo pirmininkas
stewardess ['stju:ədɪs, ˌstju:ə'des] *n* **1** stiuardesė, palydovė **2** patarnautoja, padavėja *(laive, traukinyje)*
stewardship ['stju:ədʃɪp] *n* **1** prievaizdo/ekonomo/valdytojo pareigos **2** valdymas; valdymo laikotarpis
stewed [stju:d] *a* **1** troškintas; ~ *fruit* kompotas **2** (per) stiprus *(apie arbatą)* **3** *predic šnek.* girtas, pasigėręs
stewpan ['stju:pæn] *n* prikaistuvis maistui troškinti
stewpot ['stju:pɔt] *n* troškintuvas, puodas maistui troškinti
sthenic ['sθenɪk] *a* **1** *med.* stiprus; steninis *(apie ligą)* **2** *psich.* energingas ir agresyvus *(apie asmenybę)*
stick [stɪk] *n* **1** lazda, lazdelė; vėzdas; strypas; *cocktail* ~ kokteilio lazdelė; *to walk with a* ~ vaikščioti su lazda **2** pailgas gabalas, plytelė; ~ *of chocolate* šokolado plytelė; ~ *of chewing gum* kramtomosios gumos plytelė; ~ *of soap* muilo gabaliukas *(pailgas);* ~ *of chalk* gabaliukas kreidos **3** pagalys, pagaliukas, stagaras, šaka *(ppr. sausa); to find* ~s *for firewood* rasti pagalių laužui **4** *šnek.* apsileidėlis, stuobrys; žmogysta; *crooked* ~ nedorėlis; sunkiai sugyvenamas žmogus; *poor* ~ silpnavalis (žmogus), menkysta; *queer* ~ keistuolis; *he's a dry old* ~ jis neturi humoro jausmo **5** *šnek.* baldai *(ypač paprasti; ppr. a few* ~s *of furniture)* **6** *(the* ~s*) pl šnek.* provincija, užkampis; *(out) in the* ~s labai toli nuo miesto; ≡ pasaulio pakraštyje **7** *muz.* dirigento lazdelė **8** *tech.* rankena; ~ *shift amer. aut.* pavarų perjungimo svirtelė **9** *tekst.* brauktuvė **10** *poligr.* rinktuvas *(t. p. composing* ~*)* **11** *jūr. šnek.* stiebas **12** *av.* parašiutininkų grupelė *(atliekanti šuolį)* **13** *kar.* bombų serija **14** *sport.* ritmuša, riedmuša *(t. p. hockey* ~*)* **15** *(the* ~s*) pl sport.* kliūtys ◊ *in a cleft* ~ padėtyje be išeities; *he has us in a cleft* ~ ≡ jis surietė mus į ožio ragą; *any* ~ *to beat the dog* ≡ norėdamas šunį mušti, lazdą rasi; *the only* ~ *left in one's hedge* paskutinė priemonė; *to get on the* ~ imtis reikalo, pradėti veikti; *to give smb* ~ ≡ duoti kam lazdų; *he wants a* ~ jis nori gauti lazdų, į kailį; *to wield/carry a big* ~ *(over)* taikyti vėzdo politiką; *more (smb/smth pl) than you/one can shake a* ~ *at šnek.* daugybė *(ko),* nesuskaičiuojami *(kas); to cut one's* ~s *sl.* pasprukti: *to up* ~s *šnek.* išsikelti *(kitur gyventi)*
 v (stuck) **1** (į)smeigti, (į)besti *(in, into);* pasmeigti *(on);* persmeigti *(through);* badyti; smaig(st)yti; prismaigstyti; įsmigti; *the nail stuck in my foot* vinis įsmigo man į koją **2** (nu)durti; *to* ~ *pigs* a) skersti kiaules; b) medžioti šernus *(ietimi)* **3** *šnek.* (į)kišti; (pa)dėti; *he stuck his hands in his pockets* jis susikišo rankas į kišenes; *he stuck a pen behind his ear* jis užsikišo plunksną už au-

sies; *to ~ one's head out of the window* iškišti galvą pro langą; *~ the letter under the door* pakišk laišką po durimis; *~ it on the table* padėk ant stalo; *just ~ your jacket on that chair* užmesk savo švarką ant kėdės; *~ the chair in the corner* pastatyk kėdę į kampą **4** *šnek.* kyšoti, išlįsti *(t. p. ~ out); his head stuck in the window* jo galva kyšojo/išlindo lange; *careful – there's a nail ~ing of that board* atsargiai – iš tos lentos kyšo vinis **5** (pri)klijuoti, (pri)lipdyti; klijuotis; (pri)lipti *(t. p. prk.); the envelope won't ~* vokas neužsiklijuoja; *his shirt stuck to his back* jam marškiniai prilipo prie nugaros; *the nickname stuck* pravardė prigijo/prilipo; *to be stuck with smb* negalėti kuo/ko nusikratyti; *to ~ on a horse* šnek. tvirtai sėdėti ant arklio **6** tūnoti, kiūtoti, lindėti; *to ~ at home* tūnoti/lindėti/sėdėti namie **7** laikytis *(to – ko);* neapleisti *(to, with – ko);* likti ištikimam *(savo draugui/ žodžiui/pareigai); to ~ to the opinion [to the text]* laikytis nuomonės [teksto]; *to ~ to one's principles* laikytis savo principų; *you'd better ~ with me* tu verčiau laikykis manęs; *to ~ to one's friends in trouble* neapleisti draugų nelaimėje; *friends ~ together* draugai visada kartu; ≡ visi už vieną, vienas už visus; *to ~ to/by one's belief* likti ištikimam savo įsitikinimams; *to ~ by smb* nepalikti ko bėdoje; *to ~ to the point* nenukrypti nuo reikalo/temos **8** įstrigti, įklimpti *(t. p. prk.);* užkliūti; *to get stuck (on)* suklupti; *to ~ fast* a) gerokai/ilgam įklimpti; b) *tech.* įstrigti *(apie spyną, šautuvą); the door ~s* durys užsikerta; *the key has stuck in the lock* raktas įstrigo spynoje; *the car was stuck in the mud* automobilis įklimpo purve; *to ~ in smb's mind/memory* įstrigti kieno atmintyje **9** *šnek.* (pa)kęsti, ištverti; *he could not ~ his mother-in-law* jis negalėjo pakęsti savo uošvės **10** *šnek.* užsigulėti *(apie prekes)* **11** *šnek. (atkakliai, ryžtingai)* tęsti *(at, to); to ~ at the job* atkakliai tęsti darbą; *I hated practicing, but I stuck* aš nemėgau treniruotis, bet atkakliai tęsiau **12** *šnek.* suversti kaltę *(on – kam)* **13** *šnek.* įbrukti, įpiršti, įkišti *(netikrą monetą ir pan.; with)* **14** *šnek.* sugluminti **15** *poligr.* įstatyti į rinktuvą **16** *ž. ū.* paramstyti, priraišioti *(vynuogienojus, pomidorus ir pan.)* ▢ *~ about/around* šnek. lūkuriuoti, slankioti aplinkui; *~ around for a while!* neišeik!, luktelėk truputį!; *~ down* a) užklijuoti *(voką ir pan.);* b) *šnek.* pastatyti, padėti; c) *šnek.* užrašyti; *~ out* a) iš(si)kišti; kyšoti, styroti; *to ~ out one's chest* atstatyti krūtinę; b) (pa)kęsti; ištverti iki galo; c) *(toliau)* atkakliai siekti, primygtinai reikalauti *(for); ~ together* a) sulipti; b) *šnek.* likti kartu; būti solidariam; *~ up* a) priklijuoti, pritvirtinti; b) kyšoti, styroti *(aukštyn);* pastatyti; *his hair stuck up on end* jam plaukai piestu pasistojo; c) *šnek.* apiplėšti, įvykdyti ginkluotą apiplėšimą; *~ 'em up!* rankas aukštyn; d) (ap)ginti, užstoti *(for); to ~ up for one's rights* ginti savo teises; e) nepaklusti, pasipriešinti *(to)* ◊ *to ~ it on* šnek. už(si)prašyti, už(si)plėšti *(didelę kainą); to be stuck on smb [smth]* šnek. būti įsimylėjusiam ką [būti ko sužavėtam]; *to ~ at nothing* būti viskam pasiryžus, nieko nepaisyti

sticker ['stɪkə] *n* **1** skelbimas *(klijuojamas gatvėje)* **2** užklija, lipdukas; etiketė **3** *(skelbimų)* lipintojas, klijuotojas **4** atkaklus žmogus, darbštuolis **5** *šnek.* sunkus/gluminantis klausimas/uždavinys **6** skerdikas, skerdėjas

stickful ['stɪkful] *n poligr.* pilnas rinktuvas

sticking-knife ['stɪkɪŋnaɪf] *n* skerdiklis

sticking-plaster ['stɪkɪŋˌplɑːstə] *n* pleistras

sticking-point ['stɪkɪŋpɔɪnt] *n* kliūtis susitarti; nesutarimų/aklavietės priežastis

stick-in-the-mud ['stɪkɪnðəˌmʌd] *šnek. n* atsilikėlis, konservatorius
a atsilikęs, senamadis, konservatyvus

stickjaw ['stɪkdʒɔː] *n šnek.* tąsiukas *(saldainis)*

stickle ['stɪkl] *v ret.* **1** atkakliai ginčytis *(ypač dėl smulkmenų)* **2** prieštarauti *(ppr. be pagrindo)*

stickleback ['stɪklbæk] *n zool.* dyglė *(žuvelė)*

stickler ['stɪklə] *n* **1** karštas šalininkas/gynėjas *(for – ko); to be a ~ for smth* tvirtai ko laikytis **2** sunkus uždavinys/klausimas, galvosūkis

stick-on ['stɪkɔn] *a attr* lipnus, (pri)klijuojamas *(apie etiketę ir pan.)*

stickout ['stɪkaut] *šnek. n* išsiskiriantis žmogus/daiktas; žymi asmenybė
a išsiskiriantis, žymus

stickpin ['stɪkpɪn] *n amer.* kaklaraiščio segtukas

sticktight ['stɪktaɪt] *n bot.* lakišius

stick-to-it-ive [stɪk'tuːɪtɪv] *a amer. šnek.* atkaklus, ištvermingas

stick-to-it-iveness [stɪk'tuːɪtɪvnɪs] *n amer. šnek.* ištvermė

stick-up ['stɪkʌp] *n* **1** stati apykaklė **2** *šnek.* ginkluotas apiplėšimas

sticky ['stɪkɪ] *a* **1** lipus, lipnus, glitus; kibus; *~ with jam* lipnus nuo uogienės **2** (pri)klijuojamas; klijingas **2** nenorintis *(padėti, duoti ir pan.);* skrupulingas **3** tvankus, šutnus *(apie orą, klimatą); ~ day* šutni diena **4** *šnek.* blogas, labai nemalonus; *he will come to a ~ end* jam tai geruoju nesibaigs **5** *šnek.* keblus, sunkus; *~ situation* kebli padėtis

stiff [stɪf] <*a, adv, n, v*> *a* **1** standus, nelankstus; kietas; *~ collar* standi apykaklė; *a sheet of ~ cardboard* kieto kartono lapas **2** sustingęs, sustiręs, sugrubęs; apmiręs; *~ in death* sustingęs *(apie lavoną); ~ joints* sustingę sąnariai; *he has a ~ leg* jam nutirpo koja; *I have a ~ neck* man susuko spranda, man *(skersvėjis)* perpūtė kaklą; *she feels ~* jai maudžia visą kūną **3** *kul.* tirštas; *~ dough* tiršta/kieta tešla **4** nepalenkiamas, ryžtingas, tvirtas; *~ denial* ryžtingas paneigimas/atsisakymas; *~ battle* įnirtingos kautynės **5** šaltas, formalus, manieringas, natūralus; *~ smile* natūrali šypsena; *~ bow* šaltas nusilenkimas/pasisveikinimas **6** negracingas, nevikrus **7** sunkus; *~ task* nelengva užduotis; *~ examination* sunkus egzaminas **8** griežtas *(apie bausmę, sprendimą ir pan.)* **9** stiprus *(apie gėrimus, vaistus, vėją, žemę)* **10** *šnek.* neįvykdomas, pernelyg didelis *(apie reikalavimus, sąlygas ir pan.)* **11** aukštas, tvirtas, pastovus *(apie kainas ir pan.)* **12** *sl.* gausiai aprūpintas *(with – kuo)* **13** *kalb.* sustabarėjęs **14** *jūr.* stovus *(apie laivą)* ◊ *that's a bit ~!* to jau per daug!, tai netiesa!
adv visiškai, mirtinai; *they bored me ~* vos nemiriau iš nuobodulio; *I was scared ~* vos nemiriau iš baimės
n šnek. **1** *amer.* lavonas **2** valkata **3** džiaugsmo drumstėjas; beviltiškas/nepataisomas žmogus *(t. p. big ~)* **4** *amer.* dirbantysis, darbininkas *(ppr. working ~)* **5** padirbtas banknotas
v amer. šnek. neatsilyginti; neduoti arbatpinigių

stiffen ['stɪfn] *v* **1** standėti, stangrėti, kietėti; kietinti, stangrinti, standinti; *to ~ linen with starch* krakmolyti skalbinius **2** (su)stingdyti, (su)stinginti; (su)stingti *(t. p. prk.)* **3** įsitempti, staiga atšalti/supykti **4** stiprėti, tvirtėti; tvirtinti, stiprinti; *his resolution ~ed* jo pasiryžimas sutvirtėjo **5** griežtinti; griežtėti *(apie reikalavimus, sąlygas ir pan.)*

stiffener ['stɪfnə] *n* **1** *stat.* kietas įdėklas/įklotas; standumo briauna **2** *šnek. (degtinės, vyno)* gurkšnelis, taurelė **3** *(apykaklės ir pan.)* standiklis

stiff-necked ['stɪf'nekt] *a* **1** užsispyręs, kietasprandis **2** įsitempęs; pasipūtęs, išdidus

stifle[1] ['staɪfl] *v* **1** smaugti, dusinti **2** dusti, troškuoti **3** gesinti *(ugnį)* **4** *prk.* užtušuoti; *to ~ a scandal* užtušuoti skandalą **5** (nu)slopinti, užgniaužti, sulaikyti; *to ~ a yawn* sulaikyti žiovulį; *to ~ initiative* slopinti iniciatyvą

stifle[2] *n (arklio, šuns)* kelio girnelė/sąnarys

stifle-joint ['staɪfldʒɔɪnt] *n* = **stifle**[2]

stifling ['staɪflɪŋ] *a* tvankus, troškus; slopus, slogus *(t. p. prk.)*

stigma ['stɪgmə] *n* **1** gėda, dėmė; *the ~ of alcoholism* gėda dėl alkoholizmo *(reputacijai)* **2** randas, rumbas **3** *med.* stigma, žymė **4** *zool.* kvapinė, kvėptukas **5** *bot.* purka

stigmata [stɪg'mɑːtə, 'stɪgmətə] *n pl rel.* stigmos

stigmatic [stɪg'mætɪk] *n rel.* stigmatas
a gėdos; pasmerktas gėdai

stigmatize ['stɪgmətaɪz] *v (ppr. pass)* vainoti, niekinti, plėšti garbę; pasmerkti gėdai

stilb [stɪlb] *n fiz.* stilbas *(skaisčio vienetas)*

stile[1] [staɪl] *n* **1** lipynė, perlipa, kopynė *(lipti per tvorą/sieną)* **2** turniketas

stile[2] *n stat. (durų, langų rėmų)* šoniniai tašeliai

stiletto [stɪ'letəu] *it. n (pl ~(e)s [-z])* **1** stiletas **2** smailus kulniukas *(t. p. ~ heel); (ppr. pl)* bateliai smailiais kulniukais

still[1] [stɪl] *<a, adv, n, v>* *a* **1** tylus; ramus; *~ evening [voice]* tylus vakaras [balsas]; *to keep ~* netriukšmauti, tylėti **2** nejudantis, nejudamas; *to keep/stand ~* stovėti nejudant, nejudėti; *~ rain* lietus be vėjo **3** neputojantis *(apie vyną ir pan.)*
adv tyliai; ramiai; *sit ~!* sėdėk ramiai!
n **1** *poet.* tyla; ramybė, rimtis; *in the ~ of the night* nakties tyloje **2** *kin.* reklaminis kadras, fotoreklama
v **1** tildyti; raminti; *to ~ a child* raminti/liūliuoti kūdikį; *to ~ doubts* išsklaidyti abejones **2** malšinti; *to ~ hunger* malšinti alkį **3** *ret.* nurimti, nusiraminti; *when the tempest ~s* kai nurims audra

still[2] *adv* **1** iki šiol, dar, vis dar; *we're ~ waiting for a reply* mes vis dar laukiame atsakymo; *do you ~ play tennis?* ar tu dar žaidi tenisą? **2** vis tiek, vis dėlto; *his mother was Canadian: Irish-Canadian but ~ Canadian* jo motina buvo kanadietė; Kanados airė, bet vis dėlto kanadietė **3** dar *(ypač lyginant); ~ better* dar geresnis; *~ further* dar toliau/daugiau ◊ *~ and all* nepaisant viso to, kaip bebūtų
conj tačiau, bet; *the pain was bad, ~ he did not complain* skausmas buvo didelis, tačiau jis nesiskundė

still[3] *n* **1** distiliatorius, distiliavimo indas **2** spirito varykla
v distiliuoti, varyti

stillbirth ['stɪlbəːθ] *n* negyvo kūdikio gimimas; negyvagimis

stillborn ['stɪlbɔːn] *a* **1** gimęs negyvas **2** neveiksmingas, nesėkmingas *(apie sumanymą ir pan.)*

still-life [ˌstɪl'laɪf] *n (pl ~s) men.* natiurmortas

stillness ['stɪlnɪs] *n* tylumas; ramumas

stillroom ['stɪlrum] *n* **1** distiliavimo patalpa **2** sandėliukas, podėlis

stilly ['stɪlɪ] *adv* tyliai, be triukšmo
a poet. tylus, ramus

stilt [stɪlt] *n* **1** *(ppr. pl)* kojokai, stypynės; *on ~s* a) su kojokais/stypynėmis; b) išpuikęs, pasipūtęs **2** *pl* ilgos kojos **3** *stat.* statramstis; aukšta atrama **4** *zool.* stibynuočių būrio paukštis

stiltbird ['stɪltbəːd] *n* = **stilt** 4

stilted ['stɪltɪd] *a* nenatūralus, pompastiškas, išpūstas *(apie stilių ir pan.)*

Stilton ['stɪltn] *n* stiltonas *(sūrio rūšis; t. p. ~ cheese)*

stilt-plover ['stɪltˌplʌvə] *n* = **stilt** 4

stimulant ['stɪmjulənt] *n* **1** stimuliatorius, stimuliuojantis veiksnys, skatinamoji priemonė **2** alkoholinis gėrimas; *to take ~s* vartoti alkoholinius gėrimus **3** akstinas, stimulas, paskata
a skatinamasis, stimuliuojamasis; žadinamasis

stimulate ['stɪmjuleɪt] *v* **1** (pa)skatinti, akstinti **2** (su)žadinti; stimuliuoti; *to ~ the action of the heart* stimuliuoti/žadinti širdies veikimą **3** *fiziol., med.* jaud(r)inti, dirginti

stimulating ['stɪmjuleɪtɪŋ] *a* **1** skatinantis, stimuliuojantis **2** įkvepiantis, jaudinantis **3** žvalinantis, sveikas *(apie kalnų orą ir pan.)*

stimulation [ˌstɪmju'leɪʃn] *n* **1** sužadinimas; stimuliavimas **2** (pa)skatinimas; *young children need ~* mažus vaikus reikia paskatinti **3** *fiziol., med.* jaud(r)inimas, dirginimas

stimulus ['stɪmjuləs] *n (pl -li [-laɪ])* **1** akstinas, skatulys, stimulas, paskata; *(skatinanti)* įtaka **2** *fiziol.* jaudiklis, dirgiklis

sting [stɪŋ] *n* **1** gylys, geluonis **2** *bot.* dilginamasis plaukelis **3** įgėlimas, įkandimas; (nu)dilginimas; *wasp ~* vapsvos įgėlimas **4** aštrus skausmas, dilgsėjimas, gėlimas; kančia; *the ~s of hunger* alkio skausmai; *~s of remorse* sąžinės graužimas **5** kandumas; *to take the ~ (out of)* pašalinti *(žodžių ir pan.)* kandumą **6** jėga, aštrumas; *his service has no ~ in it* jo padavimas silpnas *(tenise)* **7** *amer.* stambi apgavystė/suktybė; policijos paspęstos pinklės *(nusikaltėliams sugauti)* ◊ *~ in the tail* pats nemaloniausias dalykas – *(pasakojimo ir pan.)* pabaigoje
v (stung) **1** (į)gelti, (į)kąsti; kandžioti(s) *(apie vabzdžius);* (nu)dilginti **2** sukelti/jausti aštrų skausmą; deginti; *iodine ~s* jodas degina **3** graužti *(apie dūmus; t. p. prk.); his conscience stung him sharply* jį smarkiai graužė sąžinė **4** paskatinti; *her words stung him into action* jos žodžiai jį paskatino veikti **5** *šnek.* nulupti, apsukti; *he was stung for £5* jį apsuko 5 svarais **6** *šnek.* pasiskolinti *(for – kiek)*

stinger ['stɪŋə] *n* **1** *amer.* gylys, geluonis **2** geliantis/kandantis vabzdys/šliužas **3** dilgus augalas **4** *šnek.* smarkus smūgis **5** *šnek.* kandi replika **6** *šnek.* degtinės ir mėtų likerio kokteilis; degtinė su gazuotu vandeniu

stinging ['stɪŋɪŋ] *a* **1** geliantis; dilginantis, dilgus **2** aštrus; kandus; *~ pain* aštrus skausmas; *~ words* kandūs žodžiai **3** turintis geluonį

stingy[1] ['stɪndʒɪ] *a* **1** šykštus **2** menkas, negausus; *~ crop* menkas/mažas derlius

stingy[2] ['stɪŋɪ] *a* geliantis; dilgus

stink [stɪŋk] *n* **1** dvokas, dvokimas, smarvė **2** *šnek.* nemaloni sensacija, skandalas; *to make/raise/create a ~* pakelti skandalą, skųstis ◊ *like ~ šnek.* labai smarkiai *(ką daryti)*
v (stank, stunk; stunk) **1** dvokti, smirdėti *(of – kuo)* **2** *prk. šnek.* smirdėti, būti nemaloniam/nekenčiamam; *this book ~s* tai šlykšti/sumauta knygpalaikė ☐ *~ out šnek.* prismardinti; *~ up amer.* = *~ out* ◊ *to ~ of money šnek.* būti labai turtingam

stink-bomb ['stɪŋkbɔm] *n* bomba, pripildyta dvokiančių dujų

stinkbug ['stɪŋkbʌg] *n amer.* blakė, smirdėlė

stinker ['stɪŋkə] *n šnek.* **1** smirdžius, susmirdėlis, smirdėlius; smirdalas **2** pašlemėkas, bjaurybė, šlykštuolis **3** šlamštas *(apie filmą, romaną ir pan.)* **4** kankynė, bėda

stinkhorn ['stɪŋkhɔːn] *n bot.* smirdeklis, paprastoji paniabudė

stinking ['stɪŋkɪŋ] *a* **1** dvokiantis, smirdintis **2** *šnek.* bjaurus, šlykštus; ***I've got a ~ cold*** aš turiu šlykščią slogą ◊ ***to be ~ rich*** *šnek.* turėti pinigų kaip mėšlo

stinko ['stɪŋkəu] *a sl.* girtas

stinkstone ['stɪŋkstəun] *n min.* dvokiančioji klintis

stinkweed ['stɪŋkwi:d] *n* dvokus augalas

stinkwood ['stɪŋkwud] *n* medis su dvokiančia mediena

stinky ['stɪŋkɪ] *a* smardus, dvokus, dvokiantis

stint [stɪnt] *n* **1** užduotis; nustatyta *(darbo)* norma; ***one's daily ~*** dienos užduotis **2** tarnybos/darbo laikas **3** apribojimas, riba; ***to labour without ~*** darbuotis negailint jėgų
v **1** šykštauti, šykštėti; taupyti *(kito sąskaita);* ***he does not ~ his praise*** jis nešykšti pagyrimų **2** apriboti; (pa)skirti užduotį **3** *refl* atsisakyti *(of – ko)*

stipe [staɪp] *n bot. (paparčio ir pan.)* stiebas; *(grybo)* kotas

stipend ['staɪpend] *n* **1** alga, atlyginimas *(ypač dvasininko)* **2** *ret.* stipendija

stipendiary [staɪ'pendɪərɪ] *a* **1** gaunantis algą **2** mokamas
n magistratas/dvasiškis, gaunantis valstybinę algą

stipes ['staɪpi:z] *n (pl* stipites ['stɪpɪti:z]) = **stipe**

stipple ['stɪpl] *n* **1** piešimas/graviravimas punktyru/taškuote **2** darbas, atliktas punktyru/taškuote **3** teptukas piešti punktyru/taškuote
v piešti/graviruoti punktyru/taškuote

stipulate[1] ['stɪpjuleɪt] *v* **1** kelti sąlygą; sąlygoti *(by)* **2** nustatyti *(sutartyje);* išlygti *(for);* ***to ~ a price*** sulygti dėl kainos

stipulate[2] ['stɪpjulət] *a bot.* turintis prielapius

stipulation [ˌstɪpju'leɪʃn] *n* **1** sąlygojimas; išlyga; ***the only ~ is...*** vienintelė sąlyga ta... **2** sulygimas, susitarimas

stipule ['stɪpju:l] *n bot.* prielapis

stir[1] [stə:] *n* **1** judėjimas, krutėjimas; ***not a ~*** niekas nė krust **2** maišymas; ***to give smth a ~*** pamaišyti ką **3** sąmyšis, sujudimas; ***to cause/create a ~*** sukelti sąmyšį/sensaciją; ***to make a great ~*** sukelti visuotinį susidomėjimą
v **1** (su)judėti, (su)krutėti; (su)judinti, (su)krutinti; ***something ~red in the grass*** kažkas sukrutėjo žolėje; ***to ~ out of this house*** *šnek.* pajudėti iš namų; išeiti **2** maišyti, plakti **3** išjudinti, sukelti *(t. p. ~ up);* ***to ~ up the dust*** sukelti dulkes; ***to ~ the blood*** išjudinti kraują, sukelti entuziazmą; ***to ~ to action*** sukelti į kovą; ***to ~ to the depths*** sujaudinti iki sielos gelmių **4** kilti, pabusti *(apie jausmus, mintį)* **5** *refl* sukrusti ▢ ***~ in*** įmaišyti, iplakti *(miltų, kiaušinį ir pan.);* ***~ up*** a) gerai išmaišyti; suplakti; drumsti; b) sukelti, pažadinti *(smalsumą ir pan.);* sukurstyti *(ginčą, pyktį ir pan.);* ***to ~ up hatred*** sukurstyti neapykantą ◊ ***not to ~ an eyelid*** nė nemirktelėti, nenustebti; nesumišti; ***to ~ abroad*** išeiti iš namų, į gatvę; ***he's always ~ring it*** *šnek.* jis visada sukursto/suerzina/supykdo

stir[2] *n sl.* kalėjimas

stirabout ['stə:rəˌbaut] *n* **1** košė **2** sąmyšis, sujudimas

stir-crazy ['stə:'kreɪzɪ] *a šnek.* trenktas, beveik išprotėjęs *(ypač dėl ilgo įkalinimo)*

stir-fry ['stə:fraɪ] *v* pakepinti riebaluose *(pamaišant)*
a pakepintas, paskrudintas *(apie mėsą, daržoves)*

stirps [stə:ps] *n (pl* stirpes ['stə:pi:z]) *teis.* giminė, šeimos protėvis; genealoginė linija

stirrer ['stə:rə] *n* **1** maišiklis; maišyklė, maišytuvas **2** maišytojas **3** *šnek.* sukėlėjas; kurstytojas; ***a ~ of trouble*** ramybės drumstėjas, nesantaikos sėjėjas

stirring ['stə:rɪŋ] *n* **1** maišymas, plakimas **2** *pl (jausmų ir pan.)* kilimas, pabudimas; ***the first ~s of revolt*** pirmieji maišto pasireiškimai
a **1** jaudinantis; ***~ music*** jaudinanti muzika; ***~ times*** laikotarpis, pilnas įvykių **2** veiklus, aktyvus; judrus

stirrup ['stɪrəp] *n* **1** balnakilpė **2** *anat. (ausies)* kilpa **3** *tech.* ąselė; apkaba, sąvara; pavalkas **4** *jūr.* bugelis

stirrup-cup ['stɪrəpkʌp] *n* atsisveikinimo taurė *(išvykstant į kelionę)*

stirrup-leather ['stɪrəpˌleðə] *n* kilpsaitis

stirrup-strap ['stɪrəpstræp] *n* = **stirrup-leather**

stitch [stɪtʃ] *n* **1** dygsnis; peltakys; ***to make large ~es*** siūti dideliais dygsniais **2** siuvimas; siūlė; ***to put in ~es*** *med.* susiūti; ***to take out the ~es*** *med.* išimti siūlus **3** *(mezginio)* akis; mezgimo raštas; ***to drop [to take up] a ~*** nuleisti [pagauti] akį **4** dieglys; ***I have a ~ in my side*** man dieglys įsimetė į šoną, man diegia/varsto šoną **5** *šnek.* truputis, nedaug; ***he has not done a ~ of work*** jis ničnieko nepadarė ◊ ***he has not a dry ~ on*** jis permirko iki paskutinio siūlelio; ***without a ~ of clothing, not a ~ on*** nuogutėlaitis, visiškai nuogas; ***not to have a ~ to one's back*** ≅ būti plikam kaip tilvikui, neturėti kuo apsirengti; ***a ~ in time saves nine*** ≅ tinginys du kartus dirba, šykštus du kartus moka; ***to be in ~es*** *šnek.* plyšti juokais
v **1** dygsniuoti; peltakiuoti; siūti; siuvinėti **2** *med.* susiūti *(žaizdą)* ▢ ***~ down*** pridygsniuoti; ***~ up*** a) susiūti *(t. p. med.);* b) sutvarkyti *(reikalą ir pan.);* c) *šnek.* neteisingai apkaltinti; d) *poligr.* brošiūruoti

stitcher ['stɪtʃə] *n* **1** dygsniuotojas **2** peltakiavimo/dygsniavimo mašina **3** brošiūruotojas

stitchwort ['stɪtʃwə:t] *n bot.* (krūmokšninė) žliūgė

stithy ['stɪðɪ] *n psn., poet.* **1** priekalas **2** kalvė

stiver ['staɪvə] *n ist.* smulkiausia moneta *(Olandijoje)* ◊ ***not worth a ~*** nevertas nė skatiko; ***without a ~*** be skatiko; ***not to care a ~*** nė kiek nevertinti; nusispjauti

stoa ['stəuə] *gr. n* **1** *archit.* stoja (dengta kolonada) **2** (**the S.**) stoikų filosofijos mokykla

stoat [stəut] *n zool.* šermonėlis *(vasaros kailiu)*

stochactic [stə'kæstɪk] *a spec.* stochastinis, atsitiktinis, tikimybinis

stock [stɔk] <*n, v, a*> *n* **1** atsarga, ištekliai; *(turimas, esamas)* kiekis; ***word ~*** žodžių atsarga; ***~s of flour and sugar*** miltų ir cukraus atsargos; ***~ of plays*** repertuaras; ***to take ~*** a) daryti *(prekių)* apskaitą; b) kruopščiai apžiūrėti; kritiškai įvertinti *(padėtį ir pan.);* ***in ~*** esamas, turimas *(apie prekes ir pan.);* ***~s on hand*** turimos atsargos; ***out of ~*** išparduota, pasibaigę **2** *(prekių)* asortimentas **3** *ž. ū.* inventorius; ***live ~*** gyvasis inventorius, gyvuliai; ***dead ~*** negyvasis inventorius **4** *(transporto priemonių)* parkas **5** žaliava; ***paper ~*** popieriaus žaliava **6** stiprus sultinys *(sriubai)* **7** *ekon.* (pagrindinis) kapitalas; fondai; ***the ~s*** valstybinė skola **8** *fin.* akcija, akcijos; vertybiniai popieriai; ***watered ~*** „praskiestosios" akcijos; ***to take ~ in*** a) pirkti akcijas; tapti dalininku; b) *šnek.* tikėti; teikti reikšmės; ***the government's ~ was high [low]*** *prk.* vyriausybės akcijos kilo [smuko] **9** *amer.* akcinė bendrovė *(t. p. ~ company)* **10** *teatr.* nuolatinė trupė *(t. p. ~ company);* ***summer ~*** vasaros gastrolės/repertuaras **11** *(medžio)* pagrindinis kamienas/liemuo **12** *(įrankio ir pan.)* atrama, ramstis, pagrindas **13** *(šautuvo)* buožė, apsodas **14** *(botago, meškerės ir pan.)* kotas **15** *menk.* stuobrys, kelmas; ***to stand like a ~*** stovėti kaip stuobriui/kelmui **16** protėvis; giminė, šeimyninė kilmė; ***he comes of good ~*** jis (kilęs) iš geros šeimos **17** padermė; rūšis, veislė **18** rasė **19** giminiškų kalbų grupė **20** *(kortų)* malka; neišdalintoji kortų dalis **21** *pl ist.* trinka *(bausmės įrenginys)* **22** platus kaklaraištis, kaklaskarė, kaklajuostė *(ypač dvasiškio)* **23** *bot.* poskiepis **24** *bot.* leukonija **25** *tech. (rato)*

stebulė **26** *tech. (staklių)* galvutė **27** *tech.* užleidimas **28** *jūr. (inkaro)* štokas **29** *jūr.* stapelis **30** *metal.* įkrova, šichta ◊ *on the* **~s** ruošiamas, rengiamas *(apie literatūros kūrinį);* **~ and block** visas turtas; **~s and stones** a) negyvi daiktai; b) nejautrūs/bejausmiai žmonės; *to put* **~** *(in)* vertinti *(ką)*
v **1** aprūpinti, tiekti; *to* **~** *a farm* aprūpinti ūkį reikalingais įrengimais **2** turėti *(parduotuvėje);* **the shop ~s only cheap goods** krautuvėje yra (parduodamos) tik pigios prekės **3** laikyti; saugoti, prikrauti *(sandėlyje, spintoje ir pan.)* **4** pritaisyti rankenas *ir kt.* smulkias dalis **5** leisti naujus ūglius **6** *(ppr. pass)* prileisti žuvų *(į ežerą, upę)* □ **~ up** apsirūpinti; (su)kaupti *(atsargas; on)*
a **1** esamas, turimas *(parduotuvėje)* **2** įprastinis, šabloniškas; **~ size** standartinis dydis **3** veislinis; **~ farm** gyvulininkystės ūkis/ferma **4** *fin.* akcinis; biržos; **~ capital** akcinis/pagrindinis kapitalas; **~ exchange** fondų birža **5** *teatr.* repertuarinis
stock-account ['stɔkə'kaunt] *n ekon.* **1** kapitalo sąskaita **2** vertybinių popierių sąskaita **3** prekių (atsargų) sąskaita
stockade [stɔ'keɪd] *n* **1** *(gynybos)* užtvara **2** statinių tvora **3** *amer.* kariškių kalėjimas
v aptverti statinių tvora
stockbreeder ['stɔkˌbriːdə] *n* gyvulių augintojas, gyvulininkas
stockbreeding ['stɔkˌbriːdɪŋ] *n* gyvulių auginimas, gyvulininkystė
stockbroker ['stɔkˌbrəukə] *n* biržos makleris
stockcar ['stɔkkɑː] *n* **1** standartinis automobilis *(pritaikytas lenktynėms)* **2** *amer.* gyvulinis vagonas
stockdove ['stɔkdʌv] *n zool.* karvelis uldukas
stocker ['stɔkə] *n ž. ū.* penimis jautukas/veršis
stock-farmer ['stɔkˌfɑːmə] *n* = **stockbreeder**
stockfish ['stɔkfɪʃ] *n (ore, saulėje)* džiovinta menkė
stockholder ['stɔkˌhəuldə] *n (ypač amer.)* akcininkas
Stockholm ['stɔkhəum] *n* Stokholmas
stockinet(te) [ˌstɔkɪ'net] *n* trikotažas *(medžiaga)*
stocking ['stɔkɪŋ] *n* **1** kojinė; *Christmas* **~** kojinė vaikų Kalėdų dovanoms; *in one's* **~** *feet* vienomis kojinėmis **2** kojų danga *(plunksnos, plaukai);* **horse with one white ~** arklys su viena balta koja
stocking-cap ['stɔkɪŋkæp] *n* megztinė kepuraitė su bumbulu
stockinged ['stɔkɪŋd] *a* su kojinėmis *(apsiavęs kojinėmis, bet be batų)*
stocking-filler ['stɔkɪŋfɪlə] *n* Kalėdų dovanėlė *(dedama į kojinę)*
stock-in-trade [ˌstɔkɪn'treɪd] *n* **1** prekių atsarga/ištekliai **2** prekybos reikmenys/įrengimai **3** *(kieno)* įprastinė priemonė; savitas bruožas
stockist ['stɔkɪst] *n* prekybininkas *ar* firma, prekiaujantys tam tikro asortimento prekėmis
stockjobber ['stɔkˌdʒɔbə] *n menk.* biržos makleris/spekuliantas
stockjobbery, stockjobbing ['stɔkˌdʒɔbərɪ, -ˌdʒɔbɪŋ] *n menk.* spekuliaciniai biržos sandoriai
stocklist ['stɔklɪst] *n* biržos biuletenis *(skelbiantis prekių asortimentą);* akcijų kurso lentelė
stockman ['stɔkmən] *n (pl* -men [-mən]*)* **1** gyvulininkystės fermos darbininkas **2** *amer.* sandėlininkas **3** *austral., amer.* = **stockbreeder**
stock-market ['stɔkˌmɑːkɪt] *n* **1** fondų birža **2** fondų biržos operacijos; *to play the* **~** užsiiminėti smulkiomis biržos operacijomis

stockout ['stɔkaut] *n* pageidaujamos prekės nebuvimas *(parduotuvėje)*
stockpile ['stɔkpaɪl] *n* **1** *(sukaupta)* atsarga, rezervas **2** krūva, rietuvė
v **1** kaupti/daryti atsargas; sudaryti atsargos fondą **2** krauti į rietuves
stockpiling ['stɔkˌpaɪlɪŋ] *n* atsargos fondo sudarymas; sankaupos
stockpot ['stɔkpɔt] *n* puodas stipriam sultiniui virti ir laikyti
stock-raising ['stɔkˌreɪzɪŋ] *n* gyvulininkystė
a gyvulininkystės
stockrider ['stɔkˌraɪdə] *n austral.* raitas piemuo, kaubojus
stockroom ['stɔkrum] *n (prekių)* sandėlis, saugykla
stock-saddle ['stɔkˌsædl] *n amer.* kaubojiškas balnas
stock-still *a* ['stɔk'stɪl] nejudamas
adv [ˌstɔk'stɪl] nejudėdamas, kaip stulpas; *to stand* **~** nejudėti, stovėti kaip įbestam; suakmenėti
stocktaking ['stɔkˌteɪkɪŋ] *n* **1** *(prekių)* inventorizacija, apskaita; inventoriaus patikrinimas **2** *(padėties, rezultatų ir pan.)* apžvalga, kritiškas peržiūrėjimas
stocky ['stɔkɪ] *a* kresnas
stockyard ['stɔkjɑːd] *n* aptvaras, žardis, diendaržis
stodge [stɔdʒ] *menk. n* **1** sunkus/sotus valgis **2** sunkybė; nuobodus skaitalas **3** nuoboda *(žmogus)*
v **1** godžiai valgyti; (pri)ryti, prikimšti **2** kėblinti, maknoti
stodgy ['stɔdʒɪ] *a menk.* **1** sunkus, sotus *(apie maistą)* **2** nuobodus, neįdomus **3** perkrautas *(detalių),* sunkus *(apie stilių, knygą)*
stoep [stuːp] *n* veranda priešais namą *(P. Afrikoje)*
stogie, stogy ['stəudʒɪ] *n amer.* **1** sunkus *(aulinis)* batas **2** pigus cigaras
stoic ['stəuɪk] *n* stoikas *(t. p. prk.)*
a stoiškas *(t. p. prk.)*
stoical ['stəuɪkl] *a* = **stoic** *a*
stoichiometry [ˌstɔɪkɪ'ɔmɪtrɪ] *n chem.* stechiometrija
stoicism ['stəuɪsɪzm] *n* stoicizmas
stoke [stəuk] *v (džn.* **~** *up)* pridėti, pripilti *(kuro);* pakrauti *(krosnį);* kūrenti; (pa)kurstyti *(t. p. prk.);* **to ~ smb's anger** kurstyti kieno pyktį □ **~ up** *šnek.* pri(si)kimšti, pri(si)valgyti; prisipirkti *(on)*
stokehold ['stəukhəuld] *n jūr.* katilinė
stokehole ['stəukhəul] *n* **1** kūryklos ertmė/anga *(katilinėje)* **2** = **stokehold**
stoker ['stəukə] *n* **1** krosniakurys, kūrikas **2** mechaninė kūrykla; *glžk.* stokeris
stokes [stəuks] *n (pl* **~**) *fiz.* stoksas *(kinematinės klampos vienetas)*
stole[1] [stəul] *n* **1** (kailinė) moteriška šerpė, boa **2** *bažn.* stula
stole[2] *past žr.* **steal** *v*
stolen ['stəulən] *pII žr.* **steal** *v*
stolid ['stɔlɪd] *a* flegmatiškas, bejausmis, beaistris; santūrus
stolidity [stə'lɪdətɪ] *n* flegmatiškumas, bejausmiškumas, beaistriškumas
stolon ['stəulən] *n bot., zool.* stolonas; *(bot. t. p.)* palaipa
stoma ['stəumə] *n (pl* **~**s, **~**ta) *bot., zool.* žiotelė, žiotelės
stomach ['stʌmək] *n* **1** skrandis; *disordered* **~** skrandžio sutrikimas; *on an empty* **~** nevalgius **2** pilvas; *to lie on one's* **~** gulėti ant pilvo **3** apetitas *(for)* ◊ *proud/high* **~** išdidumas, išpuikimas; *to turn smb's* **~** a) pykinti, versti ką vemti; b) (su)kelti kam pasibjaurėjimą; *to have no* **~** *(for)* neturėti jokio noro, būti nelinkusiam *(ką daryti);* **to have a strong ~** nesidygėti; būti nelabai jautriam
v **1** galėti (su)valgyti/suvirškinti **2** *prk.* pakelti, pakęsti, iškęsti; *to* **~** *an insult* nukęsti įžeidimą

stomachache ['stʌməkeɪk] *n* pilvo/skrandžio skausmas
stomach-churning ['stʌmək,tʃə:nɪŋ] *a* bjaurus, verčiantis vemti
stomacher ['stʌməkə] *n ist.* žemyn siaurėjantis korsažo priekis, korsažas
stomachful ['stʌməkful] *n šnek. (ko)* pakankamas kiekis, ≅ iki kaklo; *I've had my ~ of his bad behaviour* jo blogas elgesys man įgriso iki gyvo kaulo
stomachic [stə'mækɪk] *a* 1 skrandžio 2 skatinantis virškinimą
n vaistai nuo skrandžio; virškinimą skatinantys vaistai
stomach-pump ['stʌməkpʌmp] *n med.* skrandžio zondas
stomach-tooth ['stʌməktu:θ] *n* apatinis *(pieninis)* iltinis dantis
stomata ['stəumətə] *pl žr.* **stoma**
stomatitis [,stəumə'taɪtɪs] *n med.* stomatitas
stomatologist [,stəumə'tɔlədʒɪst] *n* stomatologas
stomatology [,stəumə'tɔlədʒɪ] *n* stomatologija
stomp [stɔmp] *n amer.* stompas *(ritmingas šokis),* tryptinis
v trepenti, trepsėti; trypsėti, trypti *(šokti)*
stone [stəun] <*n, a, v, adv*> *n* 1 akmuo *(t. p. statybinė medžiaga);* **head ~** kertinis akmuo; **meteoric ~** aerolitas, akmeninis meteoritas; **to break ~s** a) skaldyti akmenis; b) *prk.* sunkiai dirbti; sunkiu darbu užsidirbti duoną; **to build of ~** statyti iš akmens; **paving ~** grindinio akmuo; **heart of ~** *prk.* akmeninė širdis 2 paminklinis akmuo, antkapis 3 brangakmenis *(t. p.* **gem/precious ~)** 4 *(slyvos, vyšnios, abrikoso ir pan.)* kauliukas; *(apelsino, citrinos ir kt. vaisiaus)* sėkla, grūdelis 5 *(žaidžiamasis)* kauliukas 6 *(krušos)* kruopa 7 galąstuvas, tekėlas 8 girnakmenis, girnapusė 9 *med.* akmuo; akmenligė 10 *(pl ~, ~s)* stonas *(svorio matas D. Britanijoje;* = *6,35 kg)* ◊ *to mark with a white ~* pažymėti kaip džiugią/laimingą dieną; *a ~'s throw away, within a ~'s throw (of)* netoli, arti *(ko);* **to cast/throw a ~** *(at)* ≅ akmeniu mesti *(į);* kaltinti, užsipulti; *to leave no ~ unturned* padaryti visa, kas įmanoma, dėti visas pastangas; *not a ~ was left standing* ≅ neliko akmens ant akmens
a 1 akmeninis; mūrinis; *~ implements* akmeniniai įrankiai; *the S. Age* akmens amžius 2 keraminis, molinis; *~ mug* molinis puodukas
v 1 grįsti/aptaisyti/apdailinti akmeniu 2 mėtyti akmenimis; užmėtyti/užmušti akmenimis *(džn. ~ to death)* 3 išimti kauliukus *(iš vaisių)* 4 galąsti *(galąstuvu ar į akmenį)*
adv visiškai; *~ insane* visiškai išprotėjęs/pakvaišęs
stone-blind ['stəun'blaɪnd] *a* visiškai aklas
stonebreaker ['stəun,breɪkə] *n* 1 akmenskaldys 2 akmenskaldė *(mašina)*
stone-broke ['stəun'brəuk] *a šnek.* visiškai nusigyvenęs
stone-cast ['stəunkɑ:st] *n* nedidelis nuotolis
stonechat ['stəuntʃæt] *n zool.* juodagalvė kiauliukė *(paukštis)*
stone-coal ['stəunkəul] *n* antracitas
stone-cold ['stəun'kəuld] *a* šaltas kaip ledas, visiškai šaltas ◊ *~ sober šnek.* visiškai blaivus
stone-colour ['stəun,kʌlə] *n* pilka spalva
a pilkas
stonecrop ['stəunkrɔp] *n bot.* aitrusis šilokas
stone-crusher ['stəun,krʌʃə] *n* akmentrupė *(mašina)*
stone-curlew ['stəun,kə:lju:] *n zool.* storkulnis
stonecutter ['stəun,kʌtə] *n* 1 akmentašys 2 akmenpjūklis
stoned [stəund] *a* 1 išimtais kauliukais *(apie vaisius)* 2 *predic šnek.* girtutėlis, negyvai nusigėręs 3 *predic šnek.* apdujęs/apsvaigęs nuo narkotikų

stone-dead ['stəun'ded] *a* miręs, negyvas
stone-deaf ['stəun'def] *a* visiškai kurčias
stone-fruit ['stəunfru:t] *n bot.* kaulavaisis
stoneground ['stəungraund] *a* (su)maltas girnomis *(apie miltus)*
stoneless ['stəunləs] *a* be kauliukų, išimtais kauliukais *(apie vaisius)*
stone-marten ['stəun,mɑ:tɪn] *n zool.* akmeninė/naminė kiaunė
stonemason ['stəun,meɪsn] *n* mūrininkas
stone-pine ['stəunpaɪn] *n bot.* pinija, italinė pušis
stone-pit ['stəunpɪt] *n* akmenų skaldykla/kirtykla/karjeras
stone-still ['stəun'stɪl] *a* kaip įbestas
stonewall [,stəun'wɔ:l] *v* 1 (pa)daryti obstrukciją; daryti kliūtis, trukdyti, sabotuoti 2 žaisti tik gynyboje, atsargiai žaisti *(kriketą)*
stonewalling [,stəun'wɔ:lɪŋ] *n* obstrukcija; kliūčių darymas; priešinimasis, pasipriešinimas
stoneware ['stəunwɛə] *n kuop.* moliniai indai, keramikos dirbiniai, keramika
stonewashed ['stəunwɔʃt] *a* skalbtas su abrazyvais *(apie džinsus)*
stonework ['stəunwə:k] *n* 1 mūrijimas; mūro/akmens darbai 2 mūrinys, mūras
stonewort ['stəunwə:t] *n bot.* žaliadumbliai
stonkered ['stɔŋkəd] *a austral. šnek.* nusikamavęs
stonking ['stɔŋkɪŋ] *a šnek.* nuostabus, puikus
stony ['stəunɪ] *a* 1 akmenuotas, akmeningas 2 akmeninis, kietas 3 *prk.* akmeninis, negailestingas; *~ heart* akmeninė širdis; *~ stare* sustingęs/pastėręs žvilgsnis 4 su kauliukais *(apie vaisių)* 5 = **stony-broke**
stony-broke [,stəunɪ'brəuk] *a šnek.* visiškai nusigyvenęs
stony-faced ['stəunɪ'feɪst] *a* akmeniniu veidu, bejausmis, abejingas
stony-hearted ['stəunɪ'hɑ:tɪd] *a* akmenširdis, kietaširdis, negailestingas
stood [stud] *past ir pII žr.* **stand** *v*
stooge [stu:dʒ] *n* 1 *teatr.* komiko partneris; pajuokiamas aktorius *(komedijoje)* 2 *šnek.* statytinis; marionetė *(kieno rankose); (kieno)* pastumdėlis
v 1 *teatr.* būti komiko partneriu 2 *šnek.* būti statytiniu/marionete *(for)* □ *~ about/around šnek.* trintis aplink, valkiotis
stook [stuk] *n* kupeta, guba
v krauti į kupetas/gubas
stool [stu:l] *n* 1 taburetė, sėdynė; suolelis kojoms, pakoja 2 *prk.* kėdė, sostas *(valdžios simbolis)* 3 *bažn.* klauptas; *~ of repentance* a) *ist.* gėdos suolas *(Škotijos bažnyčioje);* b) *prk.* viešas pažeminimas 4 *amer.* tualeto sėdynė, naktipuodis; tualetas 5 *pl med.* išmatos 6 šaknis, kelmas, stuobrys *(leidžiantis atžalas)* 7 atžalos, atlankos; atžala, atlanka 8 *amer.* paukštis, pritvirtintas prie karties, paukščio iškamša *(jaukas)* 9 *amer., psn.* palangė ◊ *to fall between two ~s* ≅ norėti vienu šūviu du zuikius nušauti *(ir nepataikyti nė į vieną)*
v leisti atžalas *(iš šaknų, kelmo; t. p. ~ out/forth)*
stool-ball ['stu:lbɔ:l] *n* žaidimas, panašus į kriketą
stoolie ['stu:lɪ] *n amer. šnek.* = **stoolpigeon** 2
stoolpigeon ['stu:l,pɪdʒɪn] *n* 1 balandis *(jaukas)* 2 *šnek.* provokatorius, įskundėjas
stoop[1] [stu:p] *n* 1 susikūprinimas, susilenkimas; pakumpimas 2 nusižeminimas 3 *(sakalo, erelio ir pan.)* staigus kritimas
v 1 kūprinti(s); susikūprinti, pakumpti 2 pa(si)lenkti, nu(si)lenkti *(t. p. ~ down)* 3 nusižeminti, nusileisti,

stoop² nusmukti *(to – iki);* **he ~ed to stealing** jis nusmuko iki to, kad pradėjo vogti **4** greitai kristi žemyn *(apie paukštį; t. p.* **~ down)**
stoop² *n amer.* atviras prieangis
stooping ['stu:pɪŋ] *a* pasikumpinęs, pakumpęs
stop [stɔp] *n* **1** sustojimas; (su)stabdymas, sulaikymas; **without ~** be sustojimo; **to come to a ~** sustoti; **to come to a full ~** a) visiškai sustoti; pasibaigti; b) *prk.* patekti į aklavietę; **to bring smth to a ~** sustabdyti ką **2** pertrauka, pauzė; **to have/make a ten-minute ~ for coffee** padaryti 10 minučių pertrauką atsigerti kavos **3** apsistojimas, trumpas sustojimas *(at);* **to make a ~ in Vilnius** apsistoti trumpam Vilniuje **4** stotelė, sustojimo vieta; **to miss one's ~** pravažiuoti savo stotelę **5** sustojimo ženklas **6** skyrybos ženklas; **full ~** taškas **7** užkimšimas, užkišimas, užtaisymas **8** = **stopper** 1 **9** *muz.* vožtuvas, ventilis; *(vargonų)* registras **10** *fon.* sprogstamasis priebalsis *(t. p.* **~ consonant)** **11** = **stop-order** 2 **12** *tech.* stabdiklis, ribotuvas, užkirtiklis; atmušas **13** *fot.* diafragma ◊ **to pull out all the ~s** *šnek.* a) stengtis iš visų jėgų; siekti tikslo *(bet kokiomis priemonėmis);* b) reikšti jausmus nesivaržant; **to put a ~ to smth** nutraukti ką, padaryti kam galą; **to bring smb to a (dead) ~** priversti ką nutilti
v **1** sustoti; (su)stabdyti; (su)laikyti; **to ~ dead** staigiai sustoti; **my watch has ~ped** mano laikrodis sustojo/stovi; **to ~ the car [the bleeding]** sustabdyti automobilį [kraujavimą]; **someone ~ped me in the street and asked the way** kažkas mane sustabdė gatvėje ir paklausė kelio; **to ~ some minutes** sustoti/stovėti keletą minučių; **do not ~** tęskite; **~ thief!** laikykit vagį!; **~ a moment!** palaukite! **2** liautis, nutraukti, baigti; **~ grumbling!** liaukis murmėjęs!; **to ~ payment** a) liautis mokėjus mokesčius; b) subankrutuoti; **to ~ the war** nutraukti karą; **we ~ped work at six** mes baigėme darbą šeštą valandą **3** nustoti, baigtis, nutrūkti; **they were waiting for the rain to ~** jie laukė, kol baigsis/nustos lietus; **the road ~s at the forest** kelias baigiasi prie miško **4** sulaikyti, sukliudyti *(from);* **they could not ~ us from doing it** jis negalėjo mums sukliudyti tai padaryti **5** užkirsti *(kelią),* užblokuoti *(t. p.* **~ up);** **this must be ~ped** tam reikia užkirsti kelią; **to ~ the way** pastoti kelią **6** užkišti, užkimšti, užtaisyti *(t. p.* **~ up);** **to ~ the bottle** užkimšti butelį; **to ~ one's ears** užsikimšti ausis; **to ~ a hole** užtaisyti skylę; **to ~ a hole with clay** užglaistyti/užlipdyti skylę moliu; **to ~ a tooth** užplombuoti dantį; **to ~ smb's mouth** *prk.* užkišti/užčiaupti/užkimšti kam burną **7** atskaityti, išskaityti *(from);* **the sum must be ~ped from his salary** suma privalo būti išskaityta iš jo atlyginimo **8** *refl* susilaikyti; **he tried to ~ himself (from) telling her** jis stengėsi jai nieko nesakyti **9** *šnek.* apsistoti; pabūti, pasilikti; **to ~ with friends** apsistoti/viešėti pas draugus; **to ~ at home** likti namie; **I won't sit down – I'm not ~ping** aš nesisėsiu – aš trumpam **10** dėti skyrybos ženklus **11** atmušti, atremti *(smūgį; bokse)* **12** *muz.* paspausti, nuspausti *(vožtuvą, ventilį;* prispausti *(stygą)* **13** *jūr.* fiksuoti, (pri)tvirtinti *(lyną ir pan.)* ☐ **~ away** nebūti, nedalyvauti *(from);* **~ back** *amer.* (su)grįžti, vėl ateiti; **~ behind** pasilikti *(po susirinkimo ir pan.);* **~ by** *šnek.* užeiti, užsukti; **~ down** *fot.* užtemdyti lęšį diafragma; **~ in** *šnek.* a) likti namie; b) = **~ by;** c) pasilikti po pamokų *(bausmė);* **~ off** *šnek.* sustoti, trumpam sustoti *(kelyje, kelionėje);* **~ on** pasilikti ilgiau *(mokykloje, koledže);* **~ out** a) užsibūti lauke/svetur; b) negrįžti į darbą, tęsti streiką; c) *amer.* laikinai nutraukti studijas; imti akademines atostogas; **~ over = ~ off; ~ up** a) užkišti, užlieti, užlipdyti, užtaisyti; b) *šnek.* neiti miegoti, užsisėdėti ◊ **to ~ a bullet/shell** *sl.* būti sužeistam/ nukautam; **to ~ at nothing** nepaisyti jokių kliūčių
stopbank ['stɔpbæŋk] *n austral.* apsauginė krantinė
stopcock ['stɔpkɔk] *n tech.* čiaupas
stopgap ['stɔpgæp] *n* **1** laikina priemonė *(t. p.* **~ measure)** **2** laikinas pavaduotojas *a* laikinas
stop-go ['stɔp'gəu] *a attr* pakaitomis stimuliuojantis ir sulaikantis ekonomikos augimą *(apie politiką ir pan.)*
stoplight ['stɔplaɪt] *n* **1** raudona šviesoforo šviesa; *amer.* šviesoforas **2** *aut.* stabdymo signalas; **~ switch** stabdymo signalo jungiklis
stopoff ['stɔpɔf] *n* = **stopover**
stop-order ['stɔp,ɔ:də] *n fin.* **1** nurodymas biržos makleriui parduoti/pirkti akcijas atsižvelgiant į kurso svyravimą **2** nurodymas bankui neapmokėti *(čekio, vekselio)*
stopover ['stɔp,əuvə] *n* **1** trumpas sustojimas *(kelyje)* **2** sustojimas *(ppr. skrendant su tranzitiniu bilietu);* **~ ticket** tranzitinis bilietas
stoppage ['stɔpɪdʒ] *n* **1** sustojimas; sustabdymas, sulaikymas **2** *(darbo, gamybos)* nutraukimas; streikas **3** *(ppr. pl) fin.* išskaitymas **4** užsikimšimas, užsikišimas; užakimas
stopper ['stɔpə] *n* **1** kamštis, užkamšalas, kaištis **2** *šnek.* tai, kas patraukia dėmesį; gražumėlis **3** *tech.* stabdiklis, užkirtiklis; **screw ~** ribotuvas, sraigtinis fiksatorius ◊ **to put a ~ on smth** *šnek.* nutraukti ką, padaryti kam galą
v užkišti, užkimšti
stopping ['stɔpɪŋ] *n* **1** sustojimas, (su)stabdymas *ir kt. žr.* **stop** *v;* **"no ~"** „sustoti draudžiama" **2** *(danties)* plomba
stopple ['stɔpl] *ret. n* kaištis, kamštis
v užkišti, užkimšti
stop-press ['stɔp'pres] *n* nepaprastas, specialus pranešimas, „paskutinę valandą" *(laikraštyje);* paskutinės/naujausios žinios *(t. p.* **~ news)**
stopwatch ['stɔpwɔtʃ] *n* laikmatis, chronometras
storage ['stɔ:rɪdʒ] *n* **1** laikymas, saugojimas *(sandėlyje ir pan.);* sandėliavimas; **to put smth in ~** atiduoti ką saugoti **2** sandėlis, saugykla; **cold ~** a) šaldykla, šaldytuvai; b) laikymas šaldykloje **3** užmokestis už laikymą sandėlyje/šaldykloje **4** *spec. (energijos)* (su)kaupimas, akumuliavimas; **atomic energy ~** atominė baterija **5** *komp.* atminties įrenginys; atmintis; **~ cell** atminties ląstelė ◊ **to put in cold ~** atidėti *(ko įgyvendinimą)*
storax ['stɔ:ræks] *n bot.* stiraksas
store [stɔ:] *n* **1** atsarga; **in ~** atsargoje, atsargai; paruoštas; **to lay in ~ for the winter** sukaupti/paruošti atsargas žiemai; **I have a surprise in ~ for you** aš turiu paruošęs jums netikėtumą; **what does the future hold in ~ for us?** ką mums žada ateitis?, kas laukia mūsų ateityje? **2** *pl (specialios paskirties)* atsargos; **military ~s** karinės atsargos **3** sandėlis, saugykla; **to deposit smth in a ~** atiduoti ką į sandėlį *(saugoti)* **4** *(ypač amer.)* parduotuvė, krautuvė; **variety ~** galanterijos parduotuvė; **department/general ~** universalinė parduotuvė **5** gausybė, daugybė *(of);* **a ~ of impressions** daugybė įspūdžių **6** *attr* atsarginis, paliktas vėlesniam naudojimui **7** *attr (ypač amer.)* gatavas; pirktas krautuvėje *(ne naminis; t. p.* **~ bought);** **~ clothes** gatavi drabužiai ◊ **to set (great) ~ (by, on)** laikyti (itin) vertingu/ svarbiu; skirti (ypatingą) reikšmę; (labai) vertinti

store-card

v **1** aprūpinti, tiekti; papildyti; *his mind is well ~d with knowledge* jis daug išmano/žino **2** (su)daryti atsargas, apsirūpinti, (su)kaupti *(t. p. ~ away/up); facts ~d away in the memory* faktai, sukaupti atmintyje; *the harvest has been ~d up* derlius nuimtas **3** sandėliuoti; atiduoti į apsaugą, laikyti sandėlyje *ir pan.* **4** *komp.* laikyti *(duomenis, informaciją);* įrašyti į atmintį ▢ *~ up* pri(si)daryti *(rūpesčių ir pan.; for)*

store-card ['stɔːkɑːd] *n* parduotuvės kreditinė kortelė

store-cattle ['stɔːˌkætl] *n ž. ū.* penimi gyvuliai, penimiai

storefront ['stɔːfrʌnt] *n (ypač amer.)* parduotuvės fasadas

storehouse ['stɔːhaus] *n* **1** sandėlis *(pastatas);* saugykla **2** *prk.* lobynas; *~ of knowledge* žinių/mokslo lobynas

storekeeper ['stɔːˌkiːpə] *n* **1** sandėlininkas **2** *(ypač amer.)* krautuvininkas

storeman ['stɔːmən] *n (pl* -men [-mən]) sandėlininkas

storeroom ['stɔːrum] *n* sandėlis *(patalpa)*

storey ['stɔːrɪ] *n (namo)* aūkštas; *on the third ~* ketvirtame aukšte; *to add a ~ to a house* pristatyti papildomą aukštą ◊ *weak/wrong in the top/upper ~* ≡ kvailas kaip aulas, ne viso proto; *he is weak/touched in the upper ~* ≡ jam vieno šulo trūksta

-storey(ed) [-'stɔːrɪ(d)] *(sudurt. žodžiuose)* -aukštis; *many-storeyed* daugiaaukštis; *two-storey* dviaukštis

storied ['stɔːrɪd] *a knyg.* **1** legendinis; žinomas iš legendų/padavimų **2** papuoštas piešiniais, vaizduojančiais legendas *ar* istorinius įvykius

-storied [-'stɔːrɪd] = **-storey(ed)**

storiette [ˌstɔːrɪ'et] *n ret.* trumpas apsakymas; literatūrinė miniatiūra

stork [stɔːk] *n zool.* gandras

stork's-bill ['stɔːksbɪl] *n bot.* pelargonija

storm [stɔːm] *n* **1** audra *(t. p. prk.);* vėtra, uraganas; *jūr.* štormas; *auroral/magnetic ~* magnetinė audra; *~ of applause* plojimų audra, audringi plojimai/aplodismentai; *~ of shells kar.* sviedinių kruša **2** sambrūzdis, neramumai, sąmyšis; smarkus susijaudinimas; *to stir up a ~* sukelti sąmyšį/neramumus **3** *kar.* šturmas; *to take by ~* a) užimti šturmu; b) *prk.* greitai užkariauti ◊ *a ~ in a teacup* ≡ daug triukšmo dėl nieko; *to bring a ~ down about one's ears* užsitraukti smarkią kritiką

v **1** audroti; siautėti, siausti, šėlti **2** šaukti, rėkti, karščiuotis *(at)* **3** dumti, lėkti; įbėgti, įsiveržti *(supykus; into)* **4** *kar.* šturmuoti ▢ *~ off* nubėgti, nulėkti *(supykus)*

storm-beaten ['stɔːmˌbiːtn] *a* **1** audrų aplamdytas/aplaužytas/apdaužytas; vėjo nugairintas **2** vėtytas ir mėtytas, matęs gyvenimo

storm-belt ['stɔːmbelt] *n meteor.* audrų juosta

stormbird ['stɔːmbɜːd] *n* = **storm-petrel**

storm-boat ['stɔːmbəut] *n jūr.* desantinis kateris

stormbound ['stɔːmbaund] *a* audros sulaikytas; *we were ~ for two days* dėl štormo mes negalėjome išplaukti dvi dienas

storm-centre ['stɔːmˌsentə] *n* **1** *meteor.* ciklono centras **2** *(ginčų, neramumų, bruzdėjimų, nemalonumų ir pan.)* centras, židinys

storm-cloud ['stɔːmklaud] *n* **1** audros/audrotas debesis **2** *(ppr. pl)* nelaimės/pavojaus ženklas; *~s gathered over Europe* karo debesys rinkosi virš Europos

storm-cone ['stɔːmkəun] *n* = **storm-signal**

storm-door ['stɔːmdɔː] *n* antros durys *(ppr. įstatomos žiemą)*

storm-drum ['stɔːmdrʌm] *n jūr. (audros signalo)* cilindras

storm-finch ['stɔːmfɪntʃ] *n* = **storm-petrel**

stout

storm-ladder ['stɔːmˌlædə] *n jūr.* audrinės kopėčios

storm-lantern ['stɔːmˌlæntən] *n* kilnojamasis žibalinis žibintas

storm-petrel ['stɔːmˌpetrəl] *n zool.* audrapaukštis

stormproof ['stɔːmpruːf] *a* galintis atlaikyti audrą; nepersakantis, neperšlampamas

storm-sail ['stɔːmseɪl] *n jūr.* audrinė burė

storm-signal ['stɔːmˌsɪgnl] *n* audros signalas

storm-tossed ['stɔːmtɔst] *a* štormo/uragano nešamas/blaškomas

stormtrooper ['stɔːmˌtruːpə] *n* **1** šturmuotojas **2** *ist.* smogikas *(nacistinėje Vokietijoje)*

storm-troops ['stɔːmtruːps] *n pl* šturmuotojų būriai; smogiamieji daliniai

storm-warning ['stɔːmˌwɔːnɪŋ] *n* **1** audros signalas **2** perspėjimas apie artėjantį cikloną/tornadą *ir pan.* **3** *prk.* pavojaus signalas

storm-window ['stɔːmˌwɪndəu] *n* antras *(išorinis)* langas

stormy ['stɔːmɪ] *a* **1** audringas, vėtringas, audrotas; štorminis; siautingas, siautulingas; *the sea is ~* jūroje siaučia štormas **2** *prk.* audringas, įnirtingas; *~ quarrel* audringas/įnirtingas ginčas **3** pranašaujantis audrą *(t. p. prk.); ~ sunset* audrą pranašaujantis saulėlydis

stort(h)ing ['stɔːtɪŋ] *n* stortingas *(Norvegijos parlamentas)*

story[1] ['stɔːrɪ] *n* **1** apysaka; apsakymas; *short ~* novelė, apsakymas; *love [ghost] ~* meilės [vaiduoklių] romanas/apysaka/apsakymas **2** pasakojimas, istorija; sakmė, padavimas; pasaka *(t. p. fairy ~); good/funny ~* anekdotas; *a dirty ~* nepadorus anekdotas; *smb's life ~ (kieno)* gyvenimo istorija; *his is an eventful ~* jo biografija pilna įvykių; *according to his ~* jo žodžiais; *tell me a ~!* pasek pasaką!; *these scars tell their own ~* tie randai kalba patys už save, turi savo istoriją **3** siužetas, fabula **4** girdas, kalbos; *the ~ goes that...* kalbama, kad ... **5** *šnek.* nebūtas dalykas, prasimanymas, išsigalvojimas *(t. p. fish ~); don't tell stories* neišsigalvokite **6** medžiaga straipsniui, straipsnis *(laikraštyje, žurnale);* '*Respublika' runs a big ~ about the scandal* „Respublika" spausdina/pateikia didelį straipsnį apie tą skandalą; *he is covering the ~ of the space flight* jis rašo reportažus apie kosminį skrydį ◊ *that is (quite) another ~* tai visiškai kitas dalykas, apie tai dabar nekalbėsim; *it is quite another ~ now* dabar padėtis iš pagrindų pasikeitė; *to cut/make a long ~ short* trumpai tariant, vienu žodžiu; *this is not the whole ~* tai dar ne viskas; *it's a long ~* ≡ tai ilga kalba; *they tell the same ~* jie visi sako tą patį

story[2] *n amer.* = **storey**

storyboard ['stɔːrɪbɔːd] *n (filmo ir pan.)* parengiamasis maketas

storybook ['stɔːrɪbuk] *n* **1** pasakų knyga/rinkinys **2** *attr* pasakiškas, laimingas; *~ ending* laiminga pabaiga *(kaip pasakose)*

storyline ['stɔːrɪlaɪn] *n* pagrindinė siužeto linija

storyteller ['stɔːrɪˌtelə] *n* **1** pasakotojas; (pasakų) sekėjas, pasakininkas **2** apsakymų rašytojas **3** *šnek.* prasimanėlis, melagis

stoup [stuːp] *n* **1** *bažn.* šventinto vandens indas *(prie įėjimo į bažnyčią)* **2** *ist. (gėrimo)* indas

stout [staut] *a* **1** apkūnus, storas, stambus **2** stiprus; tvirtas, patvarus; *of ~ build* tvirto sudėjimo **3** ryžtingas, atkaklus; narsus; *~ heart* drąsa; *~ resistance* atkaklus pasipriešinimas

n **1** apkūnus žmogus, storulis **2** drabužis apkūniam žmogui; didelis numeris **3** stiprus porteris

stout-hearted ['staut'hɑ:tɪd] *a knyg.* ištvermingas, drąsus

stoutness ['stautnɪs] *n* 1 apkūnumas, stambumas 2 stiprumas, tvirtumas 3 narsa; atkaklumas

stove[1] [stəuv] *n* 1 krosnis; viryklė; ~ *heating* šildymas krosnimis 2 šiltnamis 3 oro šildytuvas 4 džiovykla
v kepti, virti

stove[2] *past ir pII žr.* **stave** *v*

stovepipe ['stəuvpaɪp] *n* 1 *(metalinis)* dūmtraukis 2 *amer. ist.* cilindras *(skrybėlė; t. p.* ~ *hat)*

stover ['stəuvə] *n (stambusis)* pašaras

stow [stəu] *v* 1 sudėti; (su)krauti *(krovinį)* 2 (pa)talpinti; tilpti 3 pripildyti, prikimšti, prikrauti *(with); to* ~ *a ship* (pa)krauti laivą 4 *(ppr. imp) šnek.* baigti; ~ *that nonsense* baikite tuos niekus ▢ ~ *away* a) slėpti, užkišti *(kur);* b) slapta plaukti/skristi be bilieto ◊ ~ *it! šnek.* nutilk!, nustok plepėjęs!

stowage ['stəuɪdʒ] *n* 1 (su)dėjimas, (su)krovimas 2 sukrovimo vieta; sankrova; ~ *capacity* sandėlio talpa 3 sukrautos prekės/medžiagos *ir pan.* 4 mokestis už sukrovimą/saugojimą triume/sandėlyje; sankrovos mokestis

stowaway ['stəuəweɪ] *n (laivo, lėktuvo)* keleivis be bilieto

Stowe [stəu] *n: Harriet Beecher* ~ Harieta Bičer Stou *(amerikiečių rašytoja)*

strabismus [strə'bɪzməs] *n med.* žvairumas, strabizmas

straddle ['strædl] *n* 1 stovėjimas/sėdėjimas/vaikščiojimas išsižergus 2 *amer. šnek.* dviveidiška politika 3 *fin.* dvigubas/dvišalis opcionas *(biržos sandoris)*
v 1 išsižergti; apžergti 2 žirglinti; žirgsoti, sėdėti/stovėti išsižergus 3 būti išsidėsčiusiam abiejose *(kelio, upės ir pan.)* pusėse *(apie miestą ir pan.)* 4 *amer. šnek.* vykdyti dviveidišką politiką

strafe [streɪf, strɑ:f] *n kar. av.* apšaudymas, ugnis, puolimas *(skrendant skutamuoju skridimu)*
v 1 *kar. av.* apšaudyti, pulti, bombarduoti 2 *šnek.* duoti pylos

straggle ['strægl] *n* pakrikas *(žmonių)* būrys; išmėtyti daiktai, išsimėtę pastatai
v 1 driektis; (pa)krikti, pakrikai/netvarkingai judėti; *the village ~s along the river* kaimas driekiasi pagal upę 2 nuklysti; atsilikti

straggler ['stræglə] *n* atsilikėlis; *wait for the ~s to catch up* palaukite, kol atsilikėliai pasivys

straggling ['stræglɪŋ] *a* pakrikas, išdrikęs, išmėtytas; ~ *village* netvarkingai išsimėčiusios sodybos

straggly ['stræglɪ] *a* = **straggling**

straight [streɪt] <*a, adv, n*> *a* 1 tiesus; nesulinkęs, neišlenktas; ~ *course* tiesusis kursas; ~ *as an arrow* tiesus kaip strėlė 2 lygus, negarbanotas *(apie plaukus)* 3 tinkamas, kaip reikiant; tikslus; ~ *eye* tiksli akis; *to put/ set smth* ~ pa(si)taisyti ką; *to put a room* ~ sutvarkyti kambarį 4 tiesus, doras, sąžiningas; atviras; ~ *question* tiesus klausimas; ~ *dealing* sąžiningumas; *to keep* ~ gyventi dorai; *to be* ~ *with smb* būti atviram su kuo; ~ *talk* atviras pokalbis; ~ *speaking* tiesumas, atvirumas; ~ *fight* a) garbinga kova; b) dviejų kandidatų/partijų tarpusavio kova 5 aiškus, suprantamas; *to put/set smb* ~ *about smth* paaiškinti kam ką; *have you got that ~?* ar aišku/supratai? 6 *šnek.* patikimas, tikras; ~ *tip* a) patikimas patarimas, už kurį žirgą statyti; b) žinios iš patikimų šaltinių 7 grynas, neatmieštas; ~ *whisky* neatmieštas viskis 8 ištisas, nenutrūkstamas; *we finished the season with five* ~ *wins* mes baigėme sezoną penkiomis pergalėmis iš eilės 9 *teatr.* grynojo žanro; tradicinis; natūralus *(apie vaidybą);* ~ *play* gryna drama *(be muzikos)* 10 objektyvus *(apie laikraščių pranešimus)* 11 *šnek.* normalus, sveikas; ~ *and gay people* normalūs žmonės ir homoseksualistai 12 nesijuokiantis, rimtas *(apie veidą)* 13 *amer. polit.* atsidavęs savo partijai, nenukrypstamai vykdantis savo partijos politiką; *to vote the* ~ *ticket* balsuoti už savo partijos kandidatus 14 *amer. šnek.* vienetinis *(apie prekes); cigars ten cents* ~ cigarai po dešimt centų *(kiekvienas)* ◊ ~ *as a poker/ ramrod* ≡ it mietą prarijęs; *to get it/this* ~ *šnek.* išsiaiškinti teisybę; *we are* ~ mes atsiskaitę *(neskolingi vienas kitam)*
adv 1 tiesiai, tiesiog, stačiai; ~ *above our heads* tiesiai virš mūsų galvų; *to ride* ~ joti tiesiai; *to stand* ~ stovėti tiesiai; *to go* ~ *to London* vykti tiesiai į Londoną; *to drink* ~ *from the bottle* gerti tiesiai iš butelio; *come* ~ *to the point* eikite tiesiai prie reikalo; *the book is* ~ *in front of you* knyga – tiesiai priešais tave 2 tiksliai, taikliai; *to shoot* ~ taikliai šaudyti 3 atvirai, tiesiai, sąžiningai, dorai; *tell me* ~ *šnek.* (pa)sakyk man tiesiai; *to live* ~ gyventi dorai 4 objektyviai *(apie laikraščių pranešimus)* 5 aiškiai; *he thinks* ~ jis aiškiai mąsto 6 nenutrūkstamai, paeiliui; *he has been without sleep now for three days* ~ jis be miego jau tris paras paeiliui 7 tuojau pat, iš karto, nedelsiant *(t. p.* ~ *away/off); we can meet* ~ *after breakfast* mes galime susitikti iš karto po pusryčių 8 *teatr.* tradiciškai, klasikiniu stiliumi *(vaidinti, statyti)* ▢ ~ *out* tiesiai ir atvirai; ~ *up šnek.* tikrai, tikra teisybė
n 1 *(the ~)* tiesuma 2 tiesė, tiesioji linija 3 *sport. (finišo)* tiesė 4 *šnek.* normalus žmogus *(ne homoseksualistas, ne narkomanas)* ◊ *to keep to the* ~ *and narrow* eiti tiesiu keliu, dorai gyventi; *to stray from the* ~ *and narrow* išklysti iš tiesaus kelio

straight-arrow [,streɪt'ærəu] *a amer. šnek.* doras; besilaikantis tradicinių elgesio normų

straightaway <*n, a, adv*> *n* ['streɪtəweɪ] *(ypač amer.) sport.* tiesus bėgimo takas *(be viražų)*
a 1 *(ypač amer.)* tiesus 2 aiškus 3 greitas, nedelsiamas *(apie atsakymą)*
adv [,streɪtə'weɪ] nedelsiant, tuojau pat

straight-cut ['streɪt'kʌt] *a* išilgai perpjautas *(apie tabako lapą)*

straight-edge ['streɪtedʒ] *n* tiesyklė

straight-eight ['streɪt'eɪt] *a aut.* aštuonių cilindrų *(apie variklį)*

straighten ['streɪtn] *v* 1 (iš)tiesinti, (iš)tiesti *(t. p.* ~ *out);* atities(in)ti; *to* ~ *one's back* išsitiesti, atsitiesti 2 sutvarkyti *(t. p.* ~ *up)* 3 pasitaisyti; *he ~ed his tie [glasses]* jis pasitaisė kaklaraištį [akinius] ▢ ~ *out* a) išpainioti; su(si)tvarkyti; b) pasitaisyti, imti dorai gyventi; ~ *up* išsitiesti, atsitiesti

straightener ['streɪtənə] *n tech.* lyginimo įtaisas

straight-faced ['streɪt'feɪst] *a* rimto veido, nesijuokiantis

straightforward [,streɪt'fɔ:wəd] *a* 1 paprastas, nesudėtingas; ~ *style* paprastas stilius 2 tiesus, tiesmukas, sąžiningas, atviras 3 tiesus, einantis/vedantis tiesiai į priekį

straightjacket ['streɪt,dʒækɪt] *n* = **straitjacket**

straightlaced ['streɪt'leɪst] *a* = **straitlaced**

straight-line ['streɪtlaɪn] *a* 1 tiesinis; ~ *cut* tiesinis pjūvis 2: ~ *engine tech.* variklis su vieneiliu cilindrų išdėstymu

straight-out ['streɪtaut] *(ypač amer.) n* 1 balsuojantis už visą savo partijos kandidatų sąrašą 2 atsidavęs/ištikimas savo partijos narys
a 1 tiesus, atviras 2 bekompromisis, visiškas 3 atsidavęs, ištikimas

straightway ['streɪtweɪ] *knyg. psn.* = **straightaway** *adv*

strain[1] [streɪn] *n* **1** į(si)tempimas, ištempimas; *to take the ~* ištempti *(virvę ir pan.); the rope broke under the ~* virvė trūko betempiant **2** *prk.* įtempimas, įtampa; *without ~* be įtampos, lengvai; *to put a ~ (on)* a) sukelti įtampą; b) sukelti sunkumų *(kam); to bear/stand the ~* pakelti įtampą **3** apkrova, krūvis; *it was a ~ on his heart* tai apkrauna jam širdį **4** *med. (sausgyslės)* patempimas, per(si)tempimas **5** *tech., fiz.* deformacija; įtempimas

v **1** į(si)tempti *(t. p. prk.);* ištempti; *to ~ under a load* įsitempti po našta **2** pertempti, patempti; nuvarginti; *to ~ a tendon* pa(si)tempti sausgyslę; *to ~ one's eyes* įtempti akis; labai stengtis įžiūrėti; nuvarginti akis *(skaitant prie silpnos šviesos); to ~ one's voice* užkimti *(berėkiant)* **3** stengtis iš visų jėgų; veržtis *(after); to ~ after an effect* siekti efekto, stengtis padaryti įspūdį; *to ~ to see [to hear]* stengtis pamatyti [išgirsti]; *to ~ to be in action* veržtis į mūšį; *we ~ed at the oars* mes irklavome iš visų jėgų **4** *refl* persitempti, persistengti; *don't ~ yourself!* nepersitempk! **5** *prk.* pritempti, iškreipti; piktnaudžiauti; *to ~ the truth* melą pateikti kaip gryną tiesą; *to ~ smb's patience* piktnaudžiauti kieno kantrybe; *to ~ the law* tendencingai aiškinti įstatymą **6** apkabinti, suspausti, pri(si)spausti; *to ~ to one's heart knyg.* prispausti prie širdies **7** košti, filtruoti; (nu)sunkti *(t. p. ~ off);* sunktis, prasisunkti **8** *tech.* deformuoti

strain[2] *n* **1** atmaina, veislė; giminė, kilmė **2** *(charakterio)* bruožas; polinkis; paveldėtas bruožas; *a ~ of insanity in the family* paveldėta psichikos liga šeimoje **3** *biol.* štamas, padermė **4** *(kalbėjimo ir pan.)* būdas, maniera; stilius, tonas; *to speak in a cheerful ~* linksmai/džiaugsmingai kalbėti; *in the same ~* tuo pačiu tonu/stiliumi **5** *(ppr. pl)* melodija; eilės; *the ~s of the harp* arfos garsai; *the ~s of ancient poets* senovės poetų eilės

strained [streɪnd] *a* **1** įtemptas; nenatūralus, dirbtinis, priverstinis; *~ relations* įtempti santykiai; *~ cordiality* dirbtinis nuoširdumas; *~ smile* nenatūrali/priverstinė šypsena **2** įsitempęs; išvargęs **3** iškreiptas; *~ interpretation* iškreiptas aiškinimas **4** iškoštas, nusunktas, pertrintas *(apie kūdikių maistą, sriubą ir pan.)* **5** *tech.* deformuotas

strainer ['streɪnə] *n* **1** koštuvas, filtras; *kul.* kiaurasamtis **2** *tech.* tempiklis; sąvarža

strait [streɪt] *n* **1** *pl* sunki padėtis, sunkumai; vargas, skurdas; *in desperate/dire ~s* labai sunkioje padėtyje; skurde **2** *(ppr. pl) geogr.* sąsiauris **3** *ret.* sąsmauka

a **1** *bibl.* siauras, ankštas **2** *psn.* griežtas

straiten ['streɪtn] *v* **1** (su)varžyti, (ap)riboti **2** *psn.* siaurinti, ankštinti

straitened ['streɪtnd] *a: in ~ circumstances* sunkioje materialinėje padėtyje; nepritekliuje, skurde

straitjacket ['streɪtˌdʒækɪt] *n* **1** tramdomieji marškiniai **2** *prk.* suvaržymas, varžtai; *the ~ of censorship* cenzūros varžtai

straitlaced ['streɪt'leɪst] *a* griežtas moralės klausimais, puritoniškas

strait-waistcoat ['streɪtˌweɪskəut] *n* = **straitjacket**

strake [streɪk] *n jūr. (apkalos, dangos)* juosta

stramonium [strə'məunɪəm] *n* **1** *bot.* durnaropė **2** *farm.* stramonis *(narkotikas, gaunamas iš durnaropės)*

strand[1] [strænd] *n knyg.* pakrantė, pajūris, paežerė, paupys

v **1** *jūr.* užplaukti ant seklumos **2** *jūr.* išmesti į krantą; *pass* įstrigti pakrantėje **3** *prk.* patekti/pastatyti į keblią padėtį; palikti likimo valiai

strand[2] *n* **1** *tech., tekst. (lyno, kabelio)* (į)vija, pavija; pluoštas; *(plaukų)* sruoga **2** *(karolių ir pan.)* vėrinys **3** *prk.* gija

v **1** (su)vyti, (su)sukti **2** nutraukti *(paviją ir pan.)*

stranded[1] ['strændɪd] *a* **1** užplaukęs ant seklumos **2** išmestas į krantą **3** *prk.* esantis/atsidūręs sunkioje būklėje, be išteklių; įstrigęs *(kur)*

stranded[2] *a* suvytas, susuktas

strange [streɪndʒ] *a* **1** keistas; nepaprastas, nuostabus; *~ behaviour* keistas elgesys; *it's ~ you should come today* (kaip) keista, kad jūs atėjote šiandien; *~ to say* kaip bebūtų keista; keista, bet...; *~ as that might seem...* kad ir kaip keistai beatrodytų... **2** nepažįstamas, nežinomas; svetimas; *~ country* nepažįstama/svetima šalis; *~ face* nematytas/nepažįstamas veidas; *into ~ hands* į svetimas rankas; *this handwriting is ~ to me* ši rašysena man nepažįstama **3** *predic* neįprastas, nesuprantamas; *to feel ~* a) jaustis neįprastai/nesmagiai; b) nesveikuoti; *to feel ~ in a company* varžytis draugijoje, jaustis svetimam; *he is ~ to the job* jis nemoka šio darbo **4** santūrus, šaltas

adv (ypač amer.) keistai

strangely ['streɪndʒlɪ] *adv* keistai; *~ shaped* keistos formos; *~ enough,...* keistas dalykas, ...

strangeness ['streɪndʒnɪs] *n* **1** keistumas *(t. p. fiz.);* keistybė **2** neįprastumas; nepažįstamumas

stranger ['streɪndʒə] *n* **1** nepažįstamasis; svetimas žmogus; pašalinis (asmuo), pašalietis; *a perfect/complete/total ~* visiškai nepažįstamas žmogus; *~ in blood* nesusijęs kraujo ryšiais, svetimas žmogus; *to spy/see ~s parl.* reikalauti pašalinti pašalinius *(iš Bendruomenių rūmų); he is a ~ to me* aš jo nepažįstu **2** ateivis, atvykėlis; svetimšalis; *you are quite a ~ here* jūs čia retai buvojate **3** žmogus, nepažįstantis/nepatyręs baimės/vargo *ir pan. (to); he is a ~ to fear* jis nepažįsta baimės; jam svetimas baimės jausmas; *he is no ~ to hard times* jis matė vargo ◊ *the little ~ juok.* naujagimis; *hello, ~! juok.* sveikas, seniai matytas!

strangle ['stræŋgl] *v* **1** pasmaugti, uždusinti; uždusti **2** smaugti, veržti *(apie apykaklę)* **3** (nu)slopinti, užgniaužti **4** *tech.* droseliuoti

strangled ['stræŋgld] *a* duslus, prislopintas; *in a ~ voice* dusliu/silpnu balsu

stranglehold ['stræŋglhəuld] *n* **1** (už)dusinimas, (pa)smaugimas; užgniaužimas *(ppr. prk.); to put a ~ (on)* pasmaugti; (nu)slopinti, (su)varžyti *(augimą, infliaciją ir pan.)* **2** (įsi)viešpatavimas; *to have a ~ (on)* viešpatauti

strangler ['stræŋglə] *n* smaugėjas, žmogžudys

strangles ['stræŋglz] *n vet.* pažandės, geležuonys

strangulate ['stræŋgjuleɪt] *v* **1** *med.* užveržti, užspausti *(žarną, veną ir pan.)* **2** *ret.* smaugti

strangulation [ˌstræŋgju'leɪʃn] *n* **1** (pa)smaugimas **2** *med.* užveržimas, užspaudimas, stranguliacija

strangury ['stræŋgjurɪ] *n med.* spazminis šlapinimasis, strangurija

strap [stræp] *n* **1** diržas, dirželis; *leather watch ~* odinis laikrodžio dirželis **2** *(metalo, medžiagos)* juosta; *~ brake tech.* juostinis stabdys **3** surišimas, sąriša, raištis; petnešėlė **4** pustas *(diržas skustuvui pustyti)* **5** *(the ~)* pyla, pėrimas *(diržu)* **6** *kar.* antpetis **7** *tech.* sąvarža, antdėklas, apkaba; ąsa **8** *jūr., av.* stropas

v **1** (su)veržti/(su)rišti diržu *(t. p. ~ down/up)* **2** galąsti, pustyti *(skustuvą)* **3** aprišti, sutvarstyti, subintuoti *(t. p. ~ up)* **4** lupti, perti *(diržu)* □ *~ in* pririšti; *~ on* užsidėti *(akinius ir pan.)*

strap-drive ['stræpdraɪv] *n tech.* pavaros juosta
straphanger ['stræpˌhæŋə] *n šnek.* stovintis keleivis, kuris laikosi už diržo *(autobuse ir pan.)*
strapless ['stræpləs] *a* **1** be diržo **2** be petnešėlių *(apie suknelę ir pan.)*
strappado [strə'peɪdəu] *n (pl* ~(e)s [-z]) *ist.* kankinimas *(pakeliant į viršų už suristų rankų ir leidžiant kristi žemyn)*
strapped [stræpt] *a šnek.* bepinigis, ≡ dyka kišenė *(ppr. ~ for cash)*
strapper ['stræpə] *n* žaliūkas, stipruolis, tvirtas augalotas žmogus
strapping ['stræpɪŋ] *n* **1** *kuop.* diržai **2** pririšimas/pritvirtinimas/suriš imas diržais **3** *med. (juostinis)* pleistras; aprišimas pleistru, sutvarstymas **4** pėrimas, pyla *(diržu) a* augalotas, stiprus; **~ fellow** žaliūkas
strapwork ['stræpwɜːk] *n archit.* raizginys *(ornamentas)*
Strasbourg ['stræzbɜːg] *n* Strasbūras *(Prancūzijos miestas)*
strata ['strɑːtə] *pl žr.* **stratum**
stratagem ['strætədʒəm] *n* (karinė) gudrybė; apgaulė; **he devised a ~** jis sugalvojo gudrybę
strategic(al) [strə'tiːdʒɪk(l)] *a* strateginis; operatyvinis; **~ retreat** strateginis atsitraukimas; **~ map** strateginis/operatyvinis žemėlapis; **~ raw material** strateginė žaliava; **~ position** (strategiškai) patogi pozicija
strategics [strə'tiːdʒɪks] *n* strategija *(mokslas)*
strategist ['strætədʒɪst] *n* strategas
strategy ['strætədʒɪ] *n* strategija *(t. p. prk.)*
Stratford-on-Avon [ˌstrætfədɔn'eɪvn] *n* Stratfordas prie Eivono *(Anglijos miestas)*
strath [stræθ] *n škot.* platus upės slėnis
Strathclyde [stræθ'klaɪd] *n* Stratklaidas *(Škotijos rajonas)*
strathspey [ˌstræθ'speɪ] *n* škotų šokis *(lėtesnis už rilą)*
strati ['streɪtaɪ] *pl žr.* **stratus**
stratification [ˌstrætɪfɪ'keɪʃn] *n* **1** sluoksniavimas(is), susisluoksniavimas, stratifikacija **2** *geol.* stratifikacija; slūgsojimas
stratify ['strætɪfaɪ] *v* sluoksniuoti(s), su(si)sluoksniuoti, stratifikuoti; *(geol. t. p.)* slūgsoti; **stratified society** visuomenė, susiskaidžiusi į sluoksnius/klases/kastas *ir pan.*
stratigraphy [strə'tɪgrəfɪ] *n* stratigrafija *(geologijos skyrius)*
stratocracy [strə'tɔkrəsɪ] *n* karinė diktatūra
stratocumulus [ˌstrætəu'kjuːmjuləs] *n meteor.* sluoksniniai kamuoliniai debesys
stratosphere ['strætəsfɪə] *n* stratosfera
stratospheric [ˌstrætə'sferɪk] *a* stratosferos, stratosferinis
stratum ['strɑːtəm] *n (pl* -ta) **1** *geol.* sluoksnis, klodas **2** *(ppr. pl) (visuomenės)* sluoksnis
stratus ['streɪtəs] *n (pl* -ti) *meteor.* sluoksniniai debesys
straw [strɔː] *n* **1** šiaudas; *kuop.* šiaudai **2** šiaudelis; **to drink through a ~** gerti per šiaudelį **3** šiaudinė skrybėlė ◊ **not worth a ~** nieko nevertas; **not to care a ~** visiškai nevertinti, nekreipti jokio dėmesio; **~ man, a man of ~** šiaudadvasis, silpnavalis žmogus; **to catch/clutch at a ~** ≡ griebtis už šiaudo; **the last ~, the ~ that broke the camel's back** paskutinis (kantrybės) lašas; lašas, perpildęs kantrybės taurę; **a ~ in the wind** ženklas, *(ateinančių įvykių)* užuomina; **a ~ shows which way the wind blows** šiaudas parodo, iš kur vėjas pučia; **to draw ~s** a) merktis, lipti *(apie akis);* b) traukti burtus; **to draw/get the short ~** ištraukti blogą burtą, tekti *(kam)* nemaloni pareiga; **to thrash over old ~** ≡ pilstyti iš tuščio į kiaurą; **to throw ~s against the wind** beprasmiškai priešintis/stengtis
a **1** šiaudinis, šiaudų **2** šiaudų spalvos, gelsvas **3** nepatikimas, abejotinas; **~ bail** šiaudinė/nepatikima garantija **4** bevertis, bereikšmis ◊ **~ poll/vote** neoficialus viešosios nuomonės tyrimas/apklausa
strawberry ['strɔːbərɪ] *n* žemuogė; braškė; **wild ~** miško žemuogė; **crushed ~** sutrintos žemuogės spalva *(dulksvai raudona);* **~ leaf** a) žemuogės lapas; b) hercogo titulas *(pagal karūnos emblemą)*
strawberry-mark ['strɔːbərɪmɑːk] *n* rausvas apgamas
strawberry-tree ['strɔːbərɪtriː] *n bot.* žemuoginis medis
strawboard ['strɔːbɔːd] *n tech.* šiaudinis kartonas *(pakavimui ir pan.)*
straw-colour ['strɔːˌkʌlə] *n* šiaudų/gelsva spalva
straw-coloured ['strɔːˌkʌləd] *a* šiaudų spalvos, gelsvas
strawy ['strɔːɪ] *a* šiaudinis; panašus į šiaudus, šiaudiškas
stray [streɪ] <*n, a, v*> *n* **1** paklydęs *ar* atsiskyręs nuo bandos gyvulys; benamis šuo/katė **2** paklydėlis; benamis žmogus; benamis/beglobis vaikas **3** atsitiktinis, ne savo vietoje atsidūręs daiktas **4** *pl rad.* trukdžiai; trikdžiai
a attr **1** paklydęs, nuklydęs, atsiskyręs **2** benamis, beglobis **3** atsitiktinis; **~ thoughts** nerišlios mintys; **~ bullet** atsitiktinė kulka; **a few ~ instances** keletas pavienių pavyzdžių/atvejų
v **1** paklysti, nuklysti, atsiskirti; **don't ~ from the road** neišklyskite iš kelio; **the sheep has ~ed from the flock** avis atsiskyrė/atsiliko nuo bandos **2** nukrypti, nuklysti *(apie mintis, pokalbį ir pan.);* **to ~ from the subject/point** nukrypti nuo temos; **to ~ from the path of righteousness** išklysti iš doros kelio **3** *poet.* klaidžioti, klajoti, bastytis
strayed [streɪd] *a* paklydęs
streak [striːk] *n* **1** ruoželis, dryželis; tarpsluoksnis, sluoksnelis; **~ of light** šviesos ruožas; **~ of lightning** žaibo blyksnis/blykstelėjimas **2** *(charakterio)* bruožas; **children have a ~ of cruelty** vaikai turi žiaurumo **3** laikotarpis, periodas; **he had a ~ of good luck, he hit a winning ~** kurį laiką jam sekėsi ◊ **blue ~** *šnek.* greitai judantis daiktas; **to talk a blue ~** kalbėti be paliovos, nesustojant; **like a ~ of lightning** žaibo greitumu
v **1** dryžuoti, ruožuoti **2** blykstelėti, švystelėti *(apie žaibą)* **3** (pra)dumti, (pra)lėkti *(t. p. ~ past)* **4** perbėgti nuogam *(per viešą vietą)*
streaked [striːkt] *a* dryžuotas, ruožuotas; **~ with mud** išteptas purvu, purvinas; **to get one's hair ~** nu(si)dažyti plaukų sruogas
streaker ['striːkə] *n* nuogas bėgikas *(protesto prieš formalumus forma)*
streaky ['striːkɪ] *a* **1** dryžuotas, ruožuotas **2** sluoksniuotas; **~ bacon** kiaulienos šoninė su raumenų sluoksneliais **3** *šnek.* nevienodas, nepastovus
stream [striːm] *n* **1** upelis **2** srovė, tėkmė *(t. p. prk.);* **the Gulf S.** Golfo srovė; **in a ~** srovė; **~ of blood** kraujo srovė; **the ~ of time** laiko tėkmė; **to go with the ~** eiti/plaukti pasroviui *(t. p. prk.);* **to go against the ~** eiti/plaukti prieš srovę *(t. p. prk.)* **3** srautas *(t. p. prk.);* **~ of tears [of cars, of people]** ašarų [automobilių, žmonių] srautas; **in ~s** srautais; **~ of consciousness** *lit.* sąmonės srautas **4** *mok.* lygiagrečios klasės, sudarytos atsižvelgiant į mokinių gabumus/pažangumą *(D. Britanijoje);* **remedial ~** klasės atsiliekantiems ◊ **shallow ~s make most din** ≡ tuščias puodas garsiai skamba; **to come on ~** ≡ stoti į rikiuotę, pradėti veikti *(apie gamyklą ir pan.)*
v **1** sruvėti, srūti, tekėti; **his eyes ~ed tears** jam iš akių sruvo ašaros; **he was ~ing with perspiration** prakaitas sruvo/žliaugė nuo jo; **his face ~ed blood** veidu jam tekėjo kraujas **2** lietis, piltis; **light ~ed through the win-**

dow pro langą liejosi šviesa; ***people ~ed out of the building*** *iš pastato pasipylė žmonės* **3** plaikstyti(s) *(vėjyje);* plevėsuoti **4** *mok.* (su)skirstyti į klases pagal gabumus/pažangumą *ir pan.*

streamer ['stri:mə] *n* **1** vimpelas **2** ilgas siauras *(plevėsuojantis)* kaspinas *(papuošimui)* **3** transparantas **4** straipsnio pavadinimas per visą puslapį **5** *pl astr.* šiaurės pašvaistės stulpas

stream-gold ['stri:mgəuld] *n* kasyklinis auksas

streaming ['stri:mɪŋ] *a* sruvantis *ir kt., žr.* **stream** *v;* **~ eyes** ašarojančios akys; **~ wound** kraujuojanti žaizda; **~ cold** didelė sloga *n mok.* (su)skirstymas į lygiagrečias klases, atsižvelgiant į gabumus/pažangumą *ir pan. (D. Britanijoje)*

streamlet ['stri:mlɪt] *n* upelis, upeliukas

streamline ['stri:mlaɪn] <*n, a, v*> *n* **1** *meteor.* *(oro srovių)* kryptis; tėkmės kryptis; srovės linija **2** *(automobilio, lėktuvo ir pan.)* aptakumas, aptaki forma *a* aptakus *v* **1** suteikti aptakią formą **2** (su)paprastinti; modernizuoti, racionalizuoti *(gamybos procesus ir pan.)*

streamlined ['stri:mlaɪnd] *a* **1** aptakus **2** supaprastintas; modernizuotas; gerai organizuotas, sklandus *(apie gamybą, procedūras ir pan.)*

streamliner ['stri:m‚laɪnə] *n* aptakus traukinys/lėktuvas/automobilis

streamway ['stri:mweɪ] *n* upės vaga

streamy ['stri:mɪ] *a* **1** su daug upelių/srovių **2** srovus, srovingas, tėkmingas, tekus

street [stri:t] *n* **1** gatvė; ***back [high/main]*** **~** šalutinė [pagrindinė] gatvė; ***in the* ~** a) gatvėje; b) atliekamas po darbo laiko *(apie fondų biržos operacijas);* ***to live in the* ~** retai būti namie, visą laisvalaikį praleisti gatvėje **2 *(the S.)*** *amer.* biržos verteivos, finansiniai sluoksniai; komercijos/finansų centras *(ppr.* Volstritas) **3** *attr* gatvės; **~ *fighting*** gatvių kautynės/mūšiai; **~ *cries*** gatvės pardavėjų/išnešiotojų šūkavimai ◊ ***to be on the ~s, to walk the ~s*** a) atsidurti gatvėje; būti benamiu; b) užsiimti prostitucija; ***to go on the ~s*** tapti prostitute; ***~s ahead*** *(of)* nepalyginti geresnis, pranokstantis; ***to be ~s ahead of smb in smth*** smarkiai pranokti ką kuo; ***to be in the same* ~** *(with)* būti vienodoje padėtyje; ***not in the same* ~** *(as)* nepalyginti žemesnis/silpnesnis/blogesnis, nė iš tolo neprilygstantis; ***~s on easy* ~** pertekęs, turtingai; be rūpesčių; ***to be in Queer S.*** *šnek.* a) prasiskolinti; b) vargti, ≈ vargą bristi; ***that's right/just up his* ~** tai kaip tik jo sritis, jis kaip tik tuo domisi

streetcar ['stri:tkɑ:] *n amer.* tramvajus; **~ *yard*** tramvajų parkas

street-cred ['stri:tkred] *n šnek.* nerašytos elgimosi gatvėje taisyklės *(paauglių supratimu)*

street-door ['stri:tdɔ:] *n* paradinės durys

streetlamp ['stri:tlæmp] *n =* **streetlight**

street-level ['stri:tlevl] *a* gatvės/žemės lygio

streetlight ['stri:tlaɪt] *n* gatvės žibintas

street-railway ['stri:t‚reɪlweɪ] *n amer.* tramvajų linija; autobusų maršrutas

street-singer ['stri:t‚sɪŋə] *n* gatvės dainininkas

street-sweeper ['stri:t‚swi:pə] *n* **1** gatvės šlavėjas **2** gatvių valymo mašina

streetwalker ['stri:t‚wɔ:kə] *n* prostitutė

streetway ['stri:tweɪ] *n* važiuojamoji gatvės dalis

streetwise ['stri:twaɪz] *a šnek.* sugebantis orientuotis dideliame mieste

strength [streŋθ] *n* **1** jėga; ***to recover/regain one's* ~** atgauti jėgas; ***a show of* ~** karinės jėgos demonstravimas; **~ *of mind*** proto/dvasios stiprybė/jėga; ***with all one's* ~** iš visų jėgų; ***that is beyond my* ~** tai ne mano jėgoms **2** tvirtumas; tvirtis, stiprumas; ***current* ~** *el.* srovės stipris/stiprumas; **~ *joint*** *tech.* stiprusis sujungimas **3** *(garso, kvapo, spalvos ir pan.)* intensyvumas; *(skiedinio)* koncentracija **4** ryžtas, pasiryžimas **5** *tech.* atsparumas; **~ *of materials*** medžiagų atsparumas **6** neįveikiamumas **7** kiekis, gausumas *(t. p.* ***numerical* ~)**; sudėtis; ***the alcoholic* ~ *of a drink*** gėrimo alkoholio kiekis/procentas; ***in* ~** gausiai; ***at full* ~, *up to full* ~** visos sudėties; ***on the* ~** *(kariuomenės, organizacijos ir pan.)* sudėtyje; ***what is your ~?*** kiek jūsų yra? **8** *fin.* vertė, *(kurso)* stabilumas; ***the pound has lost in* ~** svaro vertė krito ◊ ***on the* ~ *of*** remiantis, pagal, dėl; ***to go from* ~ *to* ~** nuolat stiprėti/gerėti/augti *ir pan.*; ***give me ~!*** *šnek.* daugiau nebegaliu! *(supykus)*

strengthen ['streŋθn] *v* **1** (su)stiprinti, (su)tvirtinti; (su)stiprėti; ***to* ~ *defences [the economy]*** stiprinti gynybą [ekonomiką] **2** paremti *(argumentais ir pan.)* **3** *fin.* tvirtėti, kilti, darytis didesnės vertės *(kitų šalių valiutos atžvilgiu)*

strenuous ['strenjuəs] *a* **1** veiklus, energingas; uolus; **~ *life*** veiklus gyvenimas; ***to put up* ~ *opposition to smth*** energingai priešintis kam **2** įtemptas, sunkus; reikalaujantis daug jėgų; **~ *profession*** sunki profesija; **~ *efforts*** atkaklios pastangos

strep [strep] *n* (streptococcus *sutr.*) *šnek.* streptokokas; **~ *throat*** streptokokinė angina

streptococcal [‚streptə'kɔkl] *a med.* streptokokų sukeltas, streptokokinis

streptococcus [‚streptə'kɔkəs] *n* (*pl* -ci [-kaɪ]) streptokokas

streptomycin [‚streptə'maɪsɪn] *n farm.* streptomicinas

stress [stres] *n* **1** svarba, reikšmingumas, reikšmė; ***to lay/put* ~ *(on)*** pabrėžti, akcentuoti; teikti didelę reikšmę **2** kirtis; akcentas *(t. p. muz.);* **~ *mark*** kirčio ženklas **3** spaudimas, slėgimas; ***under the* ~ *of poverty*** slegiamas skurdo; ***under the* ~ *of weather*** veikiamas/dėl blogo oro **4** įtempimas; sunkumai; įtampa *(t. p. fiz.);* ***times of* ~** įtemptas laikotarpis, sunkūs laikai **5** *tech.* įtempimas; įrąža; **~ *distribution*** įtempimų pasiskirstymas **6** *psich.* stresas

v **1** pabrėžti, pažymėti; akcentuoti *(t. p. muz.)* **2** (su)kirčiuoti **3** *tech.* spausti, slėgti; įtempti

-stress [-strɪs] *suff* -ėja, -ikė, -ininkė *(ir kt. priesagos, žyminčios moteriškosios giminės asmenis);* **seamstress** siuvėja; **songstress** dainininkė

stressed [strest] *a* **1** įsitempęs *(t. p.* **~ *out*)** **2** kirčiuotas **3** *tech.* įtemptas

stressful ['stresfəl] *a* **1** įtemptas *(apie padėtį ir pan.)* **2** (su)keliantis stresą, streso

stressor ['stresə] *n spec.* stresorius, stresą sukeliantis faktorius

stress-related ['stresrɪ‚leɪtɪd] *a* sukeltas įtampos/streso *(apie ligą)*

stretch [stretʃ] <*n, a, v*> *n* **1** nutįsimas, tįsojimas, tįsa; platybė, plotas; ***a* ~ *of hilly country*** kalnuota vietovė; ***long* ~ *of beach*** ilga pakrantė; ***grassy ~es*** pievų plotai **2** tempimas; pailginimas, paplatinimas *(tempiant)* **3** rąžymasis, iš(si)tempimas; ***the cat woke and gave a* ~** katė atsibudo ir pasiraivė; ***he stood up with a* ~** jis atsistojo rąžydamasis **4** įtempimas; ***to be at full* ~** būti įtemptam, įsitempti iki galo *(apie virvę ir pan.);* ***on the* ~**

protinio įtempimo būklėje; *nerves on the* ~ įtempti nervai **5** laiko tarpas; *I did a twenty-month* ~ *in Klaipėda* aš išdirbau 20 mėnesių Klaipėdoje **6** perdėjimas; ribų peržengimas; ~ *of authority* kompetencijos ribų peržengimas, valdžios viršijimas; ~ *of imagination* vaizduotės polėkis; *not by any* ~ *of imagination* net ir turint lakią vaizduotę; ~ *of a rule* nusižengimas taisyklei **7** pasivaikščiojimas, prasimankštinimas **8** *(kelio, upės ir pan.)* ruožas; *sport.* *(lenktynių tako)* tiesė; *the final/ home* ~ paskutinis etapas **9** *šnek.* įkalinimo laikas **10** *jūr.* halsas beidevindo kursu ◊ *at a* ~ a) be pertraukos, nenutrūkstamai, vienu kartu; b) daugių daugiausiai; *at full* ~ įtempus visas jėgas, iš visų jėgų *a* tampus; elastingas; ~ *socks* elastingos puskojinės; ~ *limo/limousine* pailgintas limuzinas

v **1** tęstis; tįsėti, tįsoti, plytėti; *these forests* ~ *for miles and miles* šie miškai tęsiasi mylių mylias **2** tempti(s), tiesti(s), tampyti(s); ištempti, ištiesti; (pa)ilginti; (pa)ilgėti; *material that* ~*es* medžiaga, kuri tempiasi **3** *refl* išsitempti, išsitiesti, ražytis; *to* ~ *one's neck* ištempti/ ištiesti kaklą **4** įtempti; *to* ~ *the reins [the strings]* įtempti vadžias [stygas] **5** užtempti, užtraukti *(on)* **6** *prk.* peržengti *(ribas);* nusižengti *(taisyklėms);* perdėti *(t. p.* ~ *the truth); to* ~ *the law* neteisingai *(savo naudai)* aiškinti įstatymą; *that is* ~*ing things too far!* to jau per daug!, tai peržengia visas ribas! **7** verstis, išsiversti; (vos) pakakti; *the money won't* ~ *to a new TV* tų pinigų nepakaks naujam televizoriui **8** *šnek.* partiestis, parmušti ▢ ~ *out* a) ištiesti *(ranką, koją);* išsitiesti *(ppr. norint pailsėti);* b) ištekti *(pinigų, maisto)*

stretchable ['stretʃəbl] *a* tampus
stretcher ['stretʃə] *n* **1** neštuvai **2** tempimo prietaisas *(rėmas, kurpalis, galvutė ir pan.); (skėčio)* geležinis virbas **3** *tech.* tempiklis; temptuvas **4** *šnek.* perdėjimas, pertempimas **5** *(valties)* pakojos atramėlė, spyrys **6** *stat.* ilgainis *(plyta, įmūryta išilgai)* **7** *men.* porėmis
v (iš)nešti su neštuvais *(t. p.* ~ *off)*
stretcher-bearer ['stretʃəˌbɛərə] *n* sanitaras *(nešantis sužeistuosius/ligonius)*
stretch-out ['stretʃaut] *n amer. šnek.* sistema, kai padidinamas darbo krūvis (beveik) nekeliant atlyginimo
stretchy ['stretʃɪ] *a* elastiškas; tampus; tamprus
strew [stru:] *v* (strewed; strewed, strewn [-n]) **1** *(ppr. pass)* išmėtyti, išsklaidyti; išbarstyti, pribarstyti; *his clothes were* ~*n all over the room* jo drabužiai buvo išmėtyti po visą kambarį **2** (pa)barstyti *(smėliu, pelenais ir pan.);* (api)berti *(gėlėmis ir pan., with)* **3** užžerti, nukloti *(taką ir pan.)*
strewth [stru:θ] *int sl.* po šimts pypkių/kelmų!
stria ['straɪə] *n (pl -*ae [-i:]) **1** *spec.* ruožas, ruoželis, dryžis; vagutė, griovelis **2** *archit.* kaneliūra
striate(d) [straɪ'eɪt(ɪd)] *a spec.* ruožuotas, dryžuotas; vagotas
striation [straɪ'eɪʃn] *n spec.* ruožuotumas, dryžuotumas; vagotumas
stricken ['strɪkən] *a* **1** palaužtas; *(nelaimės ir pan.)* ištiktas; ~ *with paralysis* paralyžiuotas **2** nubrauktas, sulig viršum, be kaupo, lygmalas *(apie biralų matus)* **3** *amer. teis.* išbrauktas *(from)*
-stricken [-'strɪkən] *(sudurt. žodžiuose)* apimtas, ištiktas; *awe-stricken* apimtas baimės; *famine-stricken* bado ištiktas; *thunderstricken* apstulbintas
strickle ['strɪkl] *n* **1** brauktuvas *(biralų kaupui nubraukti)* **2** pustyklė, galąstuvas **3** drožtuvas
strict [strɪkt] *a* **1** griežtas, reiklus; ~ *teacher* griežtas/ reiklus mokytojas; *he was given* ~ *orders* jam buvo griežtai įsakyta **2** griežtas, tikslus; ~ *rules* griežtos taisyklės; *in the* ~*est confidence* visiškai konfidencialiai; *in* ~ *secrecy* visiškai slaptai; *in the* ~*est sense (of the word)* tiksliausia (žodžio) prasme; *the* ~ *truth* šventa teisybė
strictly ['strɪktlɪ] *adv* **1** griežtai; ~ *for members* tik nariams **2** tiksliai; ~ *speaking* tiksliau sakant; kalbant iš esmės; *that isn't* ~ *true* tai ne visai teisybė
stricture ['strɪktʃə] *n* **1** *(džn. pl)* griežta kritika, pasmerkimas **2** suvaržymas, apribojimas *(on, against)* **3** *med.* susiaurėjimas, striktūra
stride [straɪd] *n* **1** *(didelis, ilgas)* žingsnis **2** eisena; bėgsena **3** *(gyvūno)* šuolis **4** *pl* pasiekimai, laimėjimai; *to make great/rapid* ~*s* greitai progresuoti, daug pasiekti **5** *pl austral. šnek.* kelnės ◊ *to get into one's* ~, *amer. to hit one's* ~ įeiti į reikalingą ritmą; rimtai imtis darbo; *to take smth in one's* ~ a) lengvai atlikti/įveikti ką; b) ramiai žiūrėti į ką; ramiai sutikti *(žinią ir pan.); to put smb off one's* ~ ≡ išmušti ką iš vėžių; *to match smb* ~ *for* ~ ≡ atitikti kirviui kotą, neužsileisti niekur
v (strode; stridden ['strɪdn]) **1** žengti, žingsniuoti *(dideliais žingsniais);* žirgčioti, žirglioti **2** peržengti *(across, over)* **3** *ret.* žirgsoti; sėdėti apžargomis ▢ ~ *away/ off* nutolti dideliais žingsniais; ~ *out/on* nužingsniuoti toliau
stridency ['straɪdənsɪ] *n* **1** *(balso)* šaižumas **2** *(protesto ir pan.)* smarkumas, garsumas
strident ['straɪdənt] *a* **1** gergždžiantis, girgždus; šaižus, aštrus, rėžiantis; ~ *voice* šaižus/raižus balsas; ~ *colour* rėžianti spalva **2** turintis šaižų balsą; rėksmingas, labai garsus
stridulate ['strɪdjuleɪt] *v* čirkšti, svirpti
strife [straɪf] *n* **1** kova; konkurencija **2** nesantaika; vaidai, kivirčai; *to sow (the seeds of)* ~ sėti nesantaiką
strife-ridden, -torn ['straɪfˌrɪdn, -tɔ:n] *a* nesantaikos apimtas/draskomas
strike[1] [straɪk] *v* (struck) **1** mušti, (su)duoti, kirsti, smogti; *to* ~ *blows* smūgiuoti; *to* ~ *the first blow* kirsti pirmą smūgį; pirmam pradėti *(muštis ir pan.); to* ~ *smb on the head [in the face]* suduoti kam per galvą [per veidą]; *to* ~ *one's hand on the table* trenkti/(su)duoti kumščiu į stalą; *the lightning struck smth* žaibas trenkė į ką **2** su(si)mušti, trenktis, atsimušti, atsitrenkti *(against); to* ~ *one's foot against a stone* susimušti koją į akmenį; *the ship struck a rock* laivas trenkėsi į uolą, užplaukė ant uolos **3** suduoti *(per klavišus),* paliesti *(stygas);* išgauti garsą *(on)* **4** mušti *(apie laikrodį); this clock* ~*s every quarter* šis laikrodis muša kas ketvirtį valandos; *the hour has struck* išmušė valanda, atėjo laikas *(imtis ko); his hour has struck* išmušė jo mirties valanda **5** įskelti *(ugnį);* už(si)degti; *to* ~ *a match* brūkštelėti/užžiebti degtuką; *the match won't* ~ degtukas neužsidega **6** kalti; *to* ~ *medals* kalti medalius **7** *(atsitiktinai)* surasti, užtikti, aptikti; *to* ~ *oil* rasti naftos; *to* ~ *a happy medium* surasti aukso vidurį; *to* ~ *the right path (atsitiktinai)* išeiti į reikiamą kelią **8** ištikti *(apie audrą, ligą, nelaimę ir pan.);* apimti *(apie jausmus ir pan.); the plague struck Europe* maras apėmė Europą **9** dingtelėti; sugalvoti *(planą; on); an idea struck me* man atėjo į galvą mintis; *it struck me that he was not telling the truth* man dingtelėjo, kad jis sako netiesą; *at last I've struck on the plan that might work* pagaliau aš sugalvojau planą, kuris galėtų tikti **10** atrodyti, daryti įspūdį; *how does it* ~ *you?* kaip jums tai atrodo?, kokia jūsų nuomonė?; *the story* ~*s me as unbelievable* pasakojimas

strike²   911   **string**

man atrodo neįtikėtinas; *what ~s your eye at once is...* pirmiausia krenta į akis tai, kad...; *how does his playing ~ you?* kaip jums patinka jo grojimas/atlikimas? **11** įkvėpti, sukelti *(jausmą);* (ap)stulbinti; *to ~ fear/terror into smb's heart* (į)bauginti ką; *to ~ devotion* įkvėpti atsidavimą; *I was struck by her patience* mane apstulbino jos kantrybė **12** nuleisti, suskleisti *(vėliavą, bures, palapinę ir pan.); to ~ camp, to ~ one's tent* išvykti iš stovyklos **13** susumuoti; suvesti *(balansą);* sudaryti *(sutartį, sandorį ir pan.; t. p. ~ up); to ~ hands* sudaužti/sumušti rankas *(perkant, parduodant);* sulygti, susitarti **14** atsistoti/atsisėsti tam tikra poza *(ypač norint padaryti įspūdį)* **15** leisti *(šaknis);* sodinti **16** suleisti dantis, įkąsti, įkirsti *(apie tigrą, gyvatę ir pan.)* **17** skverbtis, smelktis *(apie šaltį, vėją, šviesą); the cold struck through my clothes* šaltis skverbėsi per drabužius **18** (už)pulti *(at); kar.* smogti, atakuoti **19** pasileisti *(into); the horse struck into a gallop* arklys pasileido šuoliais **20** pasukti; *~ to the left* sukite į kairę **21** pasiekti; *we struck Minsk before darkness* pasiekėme Minską prieš sutemstant **22** nubraukti *(biralų kaupą)* **23** išbraukti, išleisti *(iš teksto ir pan.; from)* **24** užkirsti *(meškeriojant);* kibti *(apie žuvį)* **25** *sl.* šantažuoti; prašyti *(protekcijos, pinigų); he struck his friend for a job* jis paprašė draugą paieškoti jam darbo ☐ *~ aside* atmušti smūgį; *~ back* kirsti/(su)duoti atsakomąjį smūgį; *~ down* a) parblokšti; b) *(ppr. pass)* pakirsti *(apie ligą ir pan.);* c) *amer. teis.* panaikinti, anuliuoti; *~ in* įsikišti, įsiterpti *(į pokalbį); ~ off* a) nukirsti, atkirsti; *to ~ off smb's head* nukirsti kam galvą; b) išbraukti *(iš sąrašo);* atimti *(advokatui, gydytojui)* teisę praktikuoti; c) išskaityti, išskaičiuoti *(iš sąskaitos);* d) ekspromtu/greitomis sukurti/padaryti, improvizuoti; e) atspausdinti; *to ~ off 1000 copies of the book* atspausdinti 1000 knygos egzempliorių; *~ out* a) išbraukti; b) sugalvoti, išrasti; *to ~ out a new idea* sugalvoti naują planą; c) leistis, pasileisti *(kur);* d) pasukti *(plaukiant),* smarkiai plaukti *(kuria kryptimi); to ~ out for the shore* pasukti/plaukti į krantą; e) smarkiai kirsti/duoti; už(si)pulti; *~ through* perbraukti, užbraukti; *~ up* pradėti; *to ~ up an acquaintance (greitai)* užmegzti pažintį; *the band struck up* orkestras pradėjo groti, užgrojo ◊ *to ~ it rich (staiga)* (pra)turtėti, pralobti; (at)rasti (aukso) gyslą; *to ~ out a new line for oneself* nusistatyti savitą/naują elgseną/teoriją *ir pan.;* pradėti naują gyvenimą; *to ~ out on one's own* tapti savarankiškam; *to ~ at the root/foundation (of)* pakirsti iš pašaknų; visiškai sunaikinti; *~ me pink šnek.* nejaugi! *(reiškiant nustebimą/netikėjimą); to be struck on smb šnek.* būti (beprotiškai) ką įsimylėjusiam; *to be struck on smth šnek.* susižavėti, būti susižavėjusiam kuo *n* **1** smūgis *(t. p. kar.)* **2** *(laikrodžio)* mušimas **3** užkirtimas *(meškeriojant); (žuvų)* kibimas **4** *(naftos, rūdos ir pan.)* telkinių (at)radimas **5** netikėta sėkmė *(t. p. lucky ~)* **6** vieno kalimo monetos/medaliai *ir pan.* **7** *(ypač av.)* puolimas, ataka; *~ weapon* puolamasis ginklas **8** *geol. (gyslos, klodo)* tįsa ◊ *to have two ~s against one* būti nepalankioje padėtyje

strike² *n* **1** streikas; *general ~* visuotinis streikas; *hunger [symphathy/sympathetic] ~* bado [solidarumo] streikas; *to be on ~* streikuoti; *to go on ~* paskelbti streiką, sustreikuoti; *to break a ~* sužlugdyti streiką; *to stage a ~* surengti streiką; *outlaw ~* streikas, nesuderintas su profsąjunga **2** boikotas; *buyer's ~* tam tikrų prekių/parduotuvių boikotavimas
v streikuoti; *to ~ work* nutraukti darbą, sustreikuoti

strike-benefit ['straɪkˌbenɪfɪt] *n* = **strike-pay**
strikebound ['straɪkbaʊnd] *a* apimtas streiko *(apie gamyklą ir pan.)*
strikebreaker ['straɪkˌbreɪkə] *n* streiklaužys
strikebreaking ['straɪkˌbreɪkɪŋ] *n* **1** streiko (nu)malšinimas **2** streiklaužystė
strike-committee ['straɪkkəˌmɪtɪ] *n* streiko komitetas
strike-fighter ['straɪkˌfaɪtə] *n av.* smogiamasis lėktuvas
strike-pay ['straɪkpeɪ] *n* pašalpa streikuojantiems *(iš profsąjungų fondų)*
striker¹ ['straɪkə] *n* **1** kūjininkas, kalėjas **2** harpūnininkas **3** *sport.* puolėjas **4** laiką mušantis laikrodis **5** *kar. tech.* daužiklis, skiltuvas **6** *amer. kar.* pasiuntinys, ordonansas
striker² *n* streikininkas, streikuotojas
striking ['straɪkɪŋ] *a* **1** nuostabus, stulbinantis, nepaprastas, ryškus, įspūdingas; *~ contrast [example]* ryškus kontrastas [pavyzdys] **2** smogiamasis; *~ power* smogiamoji jėga; *~ force kar.* smogiamoji grupė
Strine [straɪn] *šnek. n* australiškasis anglų kalbos variantas *a* australiškas
string [strɪŋ] *n* **1** *(plona)* virvė, virvelė; špagatas; varstis, raištis **2** vėrinys, virtinė; *(svogūnų)* pynė, kasa; *~ of light bulbs* elektros lempučių girlianda **3** plaušelis, skaidula, gyslelė **4** *(mašinų, faktų, pavyzdžių ir pan.)* virtinė, serija; *~ of people [of soldiers]* žmonių [kareivių] vora; *~ of bursts* kulkosvaidžio šūvių serija **5** sportininkai, sugrupuoti pagal pajėgumą; *first ~* a) *(komandos)* geriausias žaidėjas; pirmoji sudėtis; b) *prk.* pagrindinė priemonė/išeitis; *the second ~ will play today* šiandien žais dubleriai, antroji komanda **6** *(lenktynių)* žirgai, priklausantys vienam savininkui **7** *tech. (izoliatorių)* grandinė; *(vienu metu apdirbamų detalių)* partija **8** *muz.* styga; *to touch the ~s* groti styginiu instrumentu **9** *(the ~s) pl muz. (orkestro)* styginiai *(instrumentai);* stygininkai **10** *(pupelių)* ankštis **11** *(lanko)* templė **12** *stat.* templė; laiptasijė **13** *(ppr. pl) (ypač amer.)* sąlyga, išlyga *(priimant dovaną, sutinkant ir pan.); his acceptance has a ~ tied to it* jis sutiko, bet su sąlyga/išlyga; *without ~s attached* be išankstinių sąlygų **14** *komp. (simbolių, duomenų, įrašų)* seka, eilutė **15** *attr* styginis; *~ band/orchestra* styginių (instrumentų) orkestras ◊ *to harp on the same ~* ≅ traukti/giedoti tą pačią giesmę, nuolat kalbėti apie tą patį, nuolat tvirtinti tą patį; *to touch a ~* paliesti skaudamą/jautrią vietą, paliesti opų klausimą; *on a ~* visiškai priklausomas; ≅ po padu; *another, or a second, ~ to one's bow* papildoma/atsarginė galimybė, dar viena išeitis; *to have two ~s to one's bow* rinktis iš dviejų galimybių; *to have more than one ~ to one's bow* turėti atsargoje dar vieną galimybę/išeitį; *to have a ~ on smb amer.* turėti kozirį prieš ką
v (strung) **1** užrišti, surišti, pririšti *(virvele)* **2** uždėti, įtaisyti, įtempti *(stygas),* (su)styguoti **3** įtempti *(t. p. prk.); highly strung nerves* labai įtempti nervai **4** (su)verti; (su)varstyti; *beads swung on a silver chain* karoliai, suverti ant sidabrinės grandinėlės **5** sustatyti, surikiuoti, sustoti *(eilute, vora)* **6** (pa)kabinti *(girliandą ir pan.)* **7** aižyti, lukštenti *(pupas, žirnius ir pan.)* **8** plaušoti(s) **9** *šnek.* apgaudinėti, mulkinti, vedžioti už nosies *(džn. ~ along)* ☐ *~ along (with)* a) sekti *(kuo);* laikytis *(vienodų pažiūrų su kuo),* pasitikėti *(kuo);* b) *šnek.* pavažiuoti *(su kuo pakeliui);* c) *šnek.* prisidėti *(prie); ~ out* a) *(ppr. pass)* iš(si)dėstyti, iš(si)driekti *(eile, virtine);* b) *šnek.* nu(si)tęsti *(laike); ~ together* sujungti, suregzti *(žodžius, sakinius);* sudėti *(eilėraštį); ~ up* a) įtempti *(nervus ir pan.);* b) pakabinti aukštai; c) *šnek.* pakarti

string-bag ['strɪŋbæg] *n* tinklelis, regztukas
stringboard ['strɪŋbɔ:d] = **string** *n* 12
stringcourse ['strɪŋkɔ:s] *n archit.* juostelė, nedidelė atbraila
stringed [strɪŋd] *a* styginis; ~ *instrument* styginis instrumentas
stringency ['strɪndʒənsɪ] *n* **1** griežtumas **2** *ekon. (pinigų)* trūkumas, stoka **3** svarumas, įtikinamumas
stringent ['strɪndʒənt] *a* **1** griežtas, privalomas, būtinas; ~ *regulations* privalomieji nutarimai **2** *ekon.* suvaržytas *(dėl pinigų stokos)* **3** svarus, įtikinamas
stringer ['strɪŋə] *n* **1** *stat.* laiptasijė; templė; išilginė sija, ilginis **2** *jūr., av.* stringeris **3** *(laikraščio)* neetatinis korespondentas
stringhalt ['strɪŋhɔ:lt] *n vet.* špatas *(arklių liga)*
string-pulling ['strɪŋˌpulɪŋ] *n* **1** naudojimasis ryšiais/protekcijomis **2** užkulisinės machinacijos
stringy ['strɪŋɪ] *a* **1** plaušingas, skaidulingas; gyslotas *(apie mėsą, rankas)* **2** plonas, šiurkštus *(apie plaukus, barzdą)*
strip [strɪp] *n* **1** *(ilgas siauras)* rėžis, ruožas, atraiža, juosta, juostelė; ~ *of board* lentjuostė; ~ *of land* žemės rėžis; ~ *steel* juostinis plienas **2** *(komiškų)* piešinių serija *(laikraštyje, žurnale; t. p.* ~ *cartoon)* **3** striptizas; *to do a* ~ atlikti striptizą **4** *sport. (komandos)* uniforma **5** *sport. (fechtavimo)* takelis **6** *av.* starto/nusileidimo aikštelė *(t. p. landing* ~*)* **7** *amer.* kelias/gatvė su daug parduotuvių/restoranų *ir pan.* ◊ *to tear smb off a* ~, *to tear a* ~ *off smb šnek.* išplūsti/išbarti ką
v **1** nuplėšti, nu(si)lupti, nudraskyti, nutraukti *(t. p.* ~ *off);* apnuoginti; *the wind* ~*ped the trees* vėjas apnuogino medžius **2** nu(si)rengti, nu(si)vilkti *(t. p.* ~ *down/off);* to ~ *to the waist* nusirengti iki juosmens; *to* ~ *to the skin* nusirengti nuogai **3** šokti striptizą **4** atimti *(of; t. p.* ~ *away); to* ~ *smb of titles* atimti kam titulus **5** apiplėšti, išplėšti, apkraustyti; nusiaubti; *the locusts* ~*ped the fields* skėriai nusiaubė laukus **6** išardyti, išmontuoti *(t. p.* ~ *down)* **7** *tech.* persukti *(sriegį, pavarą)* **8** *ž. ū.* išmelžti **9** *ž. ū.* brukti *(linus)* ▫ ~ *away/off* a) nuplėšti, nulupti; b) *prk.* nuplėšti *(kaukę ir pan.)*, nusimesti, atsikratyti
strip-club ['strɪpklʌb] *n* klubas, kuriame rodomas striptizas
stripe [straɪp] *n* **1** juosta, dryžis, ruožas; *a shirt with black and white* ~*s* marškiniai juodais ir baltais ruoželiais **2** dryžuota medžiaga, dryžainis; *to wear the* ~*s* vilkėti kalinio rūbus; sėdėti kalėjime **3** *kar.* ševronas, antsiuvas, juostelė; *to get [to lose] one's* ~*s* būti pakeltam/paaukštintam [būti pažemintam] **4** rėžis, kirtis, smūgis *(botagu, lazda); pl* pyla **5** *amer.* tipas, rūšis *(apie žmogaus būdą, nuomonę ir pan.)* **6** *pl šnek.* tigras ◊ *to earn one's* ~*s šnek.* nusipelnyti laipsnio/pareigų *ir pan.*
v dryžuoti, ruoželiuoti
striped [straɪpt] *a* dryžuotas, juostuotas, ruožuotas
-striper [-'straɪpə] *(sudurt. žodžiuose) amer. sl.* turintis *(tiek)* antsiuvų *(ypač apie jūrų kariniką); four-striper* antrojo rango kapitonas
strip-joint ['strɪpdʒɔɪnt] *n šnek.* = **strip-club**
strip-lighting ['strɪpˌlaɪtɪŋ] *n* apšvietimas dienos šviesos lempomis
stripling ['strɪplɪŋ] *n (tik v.) knyg.* paauglys, jaunuolis
stripper ['strɪpə] *n* **1** striptizo šokėja **2** *tech.* striperis, luistastūmis
strip-search ['strɪpsɜ:tʃ] *n* nuogai išrengto žmogaus apieškojimas *(ypač ieškant paslėptų narkotikų)*
v apieškoti nuogai išrengtą žmogų
striptease ['strɪpti:z, ˌstrɪp'ti:z] *n* striptizas

stripteaser ['strɪpˌti:zə] *n* = **stripper** 1
stripy ['straɪpɪ] *a* dryžas, dryžuotas
strive [straɪv] *v* (strove; striven ['strɪvn]) **1** stengtis, dėti pastangas, siekti; *to* ~ *to win* stengtis laimėti; *to* ~ *for victory* siekti pergalės **2** *ret.* kovoti *(against, with)*
striving ['straɪvɪŋ] *n* siekimas, siekis
strobe [strəub] *n* **1** *sutr. šnek.* stroboskopas **2** šviesos blyksniai *(džn. šokių salėje; t. p.* ~ *light)*
stroboscope ['strəubəskəup] *n opt.* stroboskopas
strode [strəud] *past žr.* **stride** *v*
stroke [strəuk] *n* **1** smūgis, kirtis *(t. p. žaidžiant tenisą, golfą);* dūžis; *hammer* ~*s* kūjo dūžiai; *at a/one* ~ a) vienu smūgiu; b) iš karto; *the finishing* ~ a) lemiamas smūgis; b) svariausias argumentas **2** *med.* smūgis, priepuolis; insultas *(t. p. paralytic* ~*); apoplectic* ~ apopleksinis smūgis, apopleksija **3** brūkštelėjimas; *with one* ~ *of pen* vienu plunksnos brūkštelėjimu; ~ *of the brush* potėpis **4** įžambus brūkšnys *(reiškiantis „arba/ir")* **5** glostymas; *to give smb/smth a* ~ paglostyti ką **6** *(laikrodžio)* dūžis, mušimas **7** mojis, mostas, už(si)mojimas; *the* ~ *of a whip* užsimojimas (kirsti) botagu **8** *sport.* yris; yrininkas *(t. p.* ~ *oar); to row/pull the* ~ diktuoti greitį/ritmą *(irkluojant)* **9** *sport.* plaukimo būdas **10** požymis; žingsnis, veiksmas; *bold* ~ drąsus žingsnis; *it was a* ~ *of genius* tai buvo genialu; *a* ~ *of luck* netikėta sėkmė **11** *tech.* taktas; *(stūmoklio)* eiga ◊ *on/at the* ~ punktualiai; *to put smb off their* ~ ≡ išmušti ką iš vėžių; *they have not done a* ~ *of work* ≡ jie nė piršto nepajudino; *the first* ~ *is half the battle* ≡ gera pradžia – pusė darbo; *little* ~*s fell great oaks* ≡ lašas po lašo ir akmenį pratašo
v **1** glostyti, glamonėti; *he* ~*ed her hair tenderly* jis švelniai paglostė jos plaukus **2** perbraukti **3** diktuoti ritmą *(irkluotojams);* būti yrininku **4** *šnek.* užsiimti *(kuo);* susidoroti *(su kokiu darbu)* ▫ ~ *down* nuraminti
stroll [strəul] *n* pasivaikščiojimas; *to take a* ~, *to go for a* ~ (eiti) pasivaikščioti
v **1** vaikščioti, klaidžioti, bastytis *(t. p.* ~ *about/around)* **2** klajoti *(apie artistus, muzikantus)* **3** *šnek.* lengvai laimėti *(t. p.* ~ *home)*
stroller ['strəulə] *n* **1** vaikštinėtojas **2** valkata, bastūnas **3** klajojantis artistas **4** *amer.* vaikiška sulankstoma kėdutė su rateliais
strolling ['strəulɪŋ] *a attr* klajojantis; ~ *musicians* klajojantys muzikantai
stroma ['strəumə] *n (pl* -mata [-mətə]) *anat., biol. (organo, ląstelės)* griaučiai, stroma
strong [strɔŋ] <*a, n, adv*> *a* **1** stiprus, smarkus, tvirtas *(t. p. prk.);* ~ *cloth* stiprus/tvirtas audeklas; ~ *walls* stiprios/tvirtos sienos; ~ *wind* stiprus/smarkus vėjas; ~ *arm* tvirta ranka *(t. p. prk.);* ~ *will* stipri/tvirta valia; ~ *nerves* stiprūs nervai **2** energingas, ryžtingas; griežtas; ~ *measures* griežtos priemonės; *to give a* ~ *support (to)* ryžtingai palaikyti *(ką)* **3** tvirtas; ~ *opinion* tvirta nuomonė; ~ *beliefs* tvirti įsitikinimai; ~ *partisan* tvirtas/aistringas šalininkas **4** svarus, stiprus, didelis; ~ *disappointment* didelis nusivylimas; ~ *reason* svari priežastis **5** aiškus, ryškus, didelis; *a* ~ *German accent* ryškus vokiškas akcentas; ~ *resemblance* ryškus/didelis panašumas; *the temptation is very* ~ pagunda – labai didelė **6** išraiškingas; ~ *literary style* išraiškingas stilius **7** galingas; turintis jėgą/valdžią/galimybių/šansų; ~ *candidate* kandidatas, turintis daugiausiai galimybių *(laimėti); to be* ~ *at sea* būti galingam jūroje; turėti galingą laivyną **8** sveikas, stiprus; ~ *heart* sveika/stipri širdis;

are you quite ~ again? ar jūs jau pakankamai sustiprėjote?, ar jūs jau sveikas? **9** stiprus, nusimanantis *(on, in); to be ~ (in)* gerai išmanyti *(kurią sritį)* **10** stiprus, neatskiestas; *~ coffee* stipri kava; *~ drinks* alkoholiniai gėrimai, svaigalai **11** aštrus, gailus; aitrus, nemalonus; *~ smell* stiprus/aštrus kvapas; *~ cheese* aštrus sūris; *~ smoke* aitrūs dūmai; *~ breath* nemalonus burnos kvapas; *~ butter* apgedęs/apkartęs sviestas **12** garsus *(apie balsą)* **13** *(po skaitvardžių)* turintis tam tikrą skaičių: *battalions a thousand ~* batalionai po 1000 žmonių; *how many ~ are you?* kiek (čia) jūsų yra? **14** *kom.* kylantis; stabiliai aukštas *(apie kainas);* tvirtas *(apie valiutą)* **15** *gram.* stiprusis **16** *fon.* kirčiuotas ◊ *by the ~ arm/hand* jėga; *~ meat* ≡ kietas riešutas; *to be a bit ~ šnek.* (truputį) perdėti, būti per daug
n (the ~) kuop. **1** stiprieji; sveikieji **2** turintieji valdžią *(savo rankose)*
adv šnek. **1** stipriai; *to be still going ~* būti dar pajėgiam/stipriam **2** ryžtingai, smarkiai, griežtai; *to go it (rather) ~* a) veikti ryžtingai/energingai; b) elgtis neprotingai; *to come it ~* a) smarkiai perdėti; b) per daug sau leisti; per toli nueiti
strong-arm ['strɔŋɑ:m] *a attr* vartojantis jėgą; *~ methods* smurto/prievartos metodai
v vartoti jėgą
strongback ['strɔŋbæk] *n jūr. (valčių, keltuvų)* stiprinimo skersinis
strongbox ['strɔŋbɔks] *n* seifas
stronghold ['strɔŋhəuld] *n* **1** tvirtovė, citadelė; *the area is a Republican ~* tas rajonas – respublikonų tvirtovė **2** *kar.* atramos punktas, fortas
strongly ['strɔŋlɪ] *adv* **1** stipriai; smarkiai; *he smelt ~ of garlic* nuo jo smarkiai atsidavė svogūnais **2** ryžtingai, griežtai; *he feels very ~ about it* jis turi tvirtą nuomonę dėl to, jis griežtai nusistatęs prieš tai; *he is ~ against her coming* jis ryžtingai nusistatęs prieš jos atvykimą
strongman ['strɔŋmæn] *n (pl* -men [-men]) *(tik v.)* **1** stipruolis *(cirke ir pan.)* **2** *polit.* valdingas/diktatoriškas vadovas, ≡ tvirta ranka
strong-minded ['strɔŋ'maɪndɪd] *a* tvirtavalis, tvirto nusistatymo; ryžtingas
strongroom ['strɔŋrum] *n* saugykla, seifas *(banko patalpa)*
strong-willed ['strɔŋ'wɪld] *a* **1** stiprios valios, valingas; ryžtingas **2** užsispyręs, atkaklus
strontium ['strɔntɪəm] *n chem.* stroncis
strop [strɔp] *n* **1** pustas, diržas *(skustuvams galąsti; t. p. razor ~)* **2** *jūr.* stropas ◊ *to be in a ~ šnek.* būti susierzinusiam/supykusiam
v galąsti *(skustuvą)*
strophanthin [strə^u'fænθɪn] *n farm.* strofantinas
strophe ['strəufɪ] *n lit.* posmas, strofa
strophic ['strəufɪk] *a lit.* strofinis
stropper ['strɔpə] *n* prietaisas skutimosi peiliukams galąsti
stroppy ['strɔpɪ] *a šnek.* smarkaujantis; nesukalbamas; *to be ~* spyriotis
strove [strəuv] *past žr.* **strive**
struck [strʌk] *past ir pII žr.* **strike**[1] *v*
structural ['strʌktʃərəl] *a* **1** struktūrinis; *~ analysis* struktūrinė analizė; *~ formula chem.* struktūrinė formulė; *~ linguistics* struktūrinė kalbotyra/lingvistika **2** statybinis, konstrukcinis; *~ steel* konstrukcinis/statybinis plienas; *~ features* konstrukcinės detalės; *~ mechanics* statybinė mechanika
structuralism ['strʌktʃərəlɪzm] *n kalb.* struktūralizmas

structuralist ['strʌktʃərəlɪst] *n kalb.* struktūralistas
structure ['strʌktʃə] *n* **1** struktūra, sandara; *the ~ of a language* kalbos sandara/struktūra; *the ~ of a sentence* sakinio struktūra; *the ~ of the atom* atomo sandara; *nutty ~ (dirvožemio)* riešutiškoji struktūra; *social ~* socialinė santvarka **2** statinys, pastatas, konstrukcija
v sudaryti, suformuoti; (su)sisteminti
structured ['strʌktʃəd] *a* struktūrinis, struktūriškai apibrėžtas; *~ programming* struktūrinis programavimas
struggle ['strʌgl] *n* **1** kova; grumtynės; *power ~* kova dėl valdžios; *the ~ for existence/life* kova dėl būvio/egzistencijos; *the ~ against injustice* kova prieš neteisybę; *a life-and-death ~* žūtbūtinė kova **2** pastangos; priešinimasis; *to give in without a ~* pasiduoti be pasipriešinimo **3** sunkumas, vargas *(ką daryti; for)*
v **1** kovoti; grumtis, *to ~ against difficulties* grumtis su sunkumais; *to ~ for one's living* kovoti dėl duonos kąsnio **2** gintis, priešintis, spurdėti; *he ~d with the policeman* jis priešinosi policininkui **3** dėti pastangas, stengtis iš visų jėgų; kamuotis; *to ~ to one's feet* vos atsistoti ant kojų; *he ~d to make himself heard* jis iš visų jėgų stengėsi, kad jį išgirstų; *to ~ with a mathematical problem* kamuotis/vargti sprendžiant uždavinį; *he ~d into his jeans* jis vargais negalais užsimovė džinsus **4** skverbtis, brautis *(through); to ~ through the crowd* brautis per minią □ *~ along* sunkiai žengti į priekį; *~ on* toliau grumtis/kovoti, tęsti kovą
strum [strʌm] *n* čirpinimas *(styginiais/klavišiniais instrumentais),* dar *žr. v*
v čirpinti, čyruoti, čirškinti, birzginti, zirzinti, brązginti; barškinti, kliunkinti *(pianiną)*
strumpet ['strʌmpɪt] *n psn.* prostitutė
strung [strʌŋ] *past ir pII žr.* **string** *v*
strung-out [,strʌŋ'aut] *a šnek.* **1** apdujęs, apsvaigęs *(on – nuo)* **2** išsikamavęs
strung-up [,strʌŋ'ʌp] *a šnek.* įsitempęs, nervingas
strut[1] [strʌt] *n* išdidi/nenatūrali eisena
v eiti išdidžiai/nenatūraliai, vaikščioti pasipūtus
strut[2] *n stat.* spyrys, statramstis, paramstis
v paspirti, paremti, ramstyti
strutter ['strʌtə] *n šnek.* pasipūtėlis
strychnine ['strɪkni:n] *n farm.* strichninas
Stuart ['stjuət] *n* Stiuartas *(vardas, pavardė)*
stub [stʌb] *n* **1** *(trumpas bukas)* galas, galiukas; *~ of pencil* pieštuko galiukas; *~ of a tail* bigė, nukirsta uodega **2** nuorūka **3** *(čekių, kvitų knygelės ir pan.)* šaknelė **4** kelmas **5** nuolauža, lūžgalys **6** *el.* šleifas, kilpa
v su(si)mušti koją/pirštą *(on, against)* □ *~ out* užgesinti nuorūką; *~ up* rauti kelmus; (iš)rauti su šaknimis *(piktžoles ir pan.)*
stubble ['stʌbl] *n* **1** ražiena; *rye ~* rugiena, rugienojai **2** blogai nuskusta barzda, seniai skusta barzda; trumpai nukirpti plaukai, šeriai
stubbly ['stʌblɪ] *a* **1** ražieninis, ražienų **2** dygus, šeriuotas, neskustas *(apie barzdą ir pan.)*
stubborn ['stʌbən] *a* **1** užsispyręs, nenuolaidus; *to be ~* užsispirti, spyriotis **2** atkaklus; sunkiai įveikiamas/veikiantis *ir pan.; ~ opposition/resistance* atkaklus pasipriešinimas; *~ illness* sunkiai pagydoma liga; *~ stains* sunkiai pašalinamos dėmės
stubbornness ['stʌbənɪs] *n* **1** užsispyrimas **2** atkaklumas
stubby ['stʌbɪ] *a* **1** kelmuotas **2** kresnas; trumpas ir storas; *~ figure* kresna figūra; *~ fingers* trumpi stori pirštai **3** šeriuotas, duriantis, dygus *(apie barzdą);* pasišiaušęs

stucco ['stʌkəu] n (pl ~es [-z]) **1** išorinis tinkas, tinkavimo gipsas **2** tinkavimo/lipdymo darbai v tinkuoti

stuccowork ['stʌkəuwə:k] n lipdytiniai pagražinimai

stuck [stʌk] *past ir pII žr.* **stick** v n: *to be in ~ šnek.* būti bėdoje

stuck-up [ˌstʌk'ʌp] a *šnek.* pasipūtęs, patenkintas savimi, išdidus, užrietęs nosį

stud[1] [stʌd] n **1** vinis (su didele galvute); smeigė **2** (rankogalių, apykaklės ir pan.) sąsaga, segutis; spraustukas, spaustukas, spaustelis **3** *tech.* kaištis, varžtas, smeigtukas; kakliukas **4** *stat.* (sienos) rėmas; statramstis; stakta v **1** išmušti/apkalti vinimis (puošiant, sutvirtinant) **2** nusagstyti, nusėti (žvaigždėmis ir pan.); *to ~ the dress with pearls* nusagstyti suknelę perlais

stud[2] n **1** veislinis žirgas, eržilas; žirgynas (t. p. *~ farm*) **2** *kuop.* žirgai, priklausantys vienam savininkui **3** *vulg.* eržilas (apie vyrą)

studbook ['stʌdbuk] n žirgų kilmės knyga

studding-sail ['stʌdɪŋseɪl, *jūr.* 'stʌnsl] n *jūr.* liselis, pagalbinė burė

student ['stju:dənt] n **1** studentas, studijuojantysis; besimokantysis, moksleivis; kursantas, klausytojas; *law ~* teisės fakulteto studentas; *~ body amer.* studentija; *~ teaching amer.* pedagoginė studentų praktika **2** studijuojantys (ką), tyrinėtojas; specialistas

studentship ['stju:dəntʃɪp] n **1** studentavimas, studijų metai **2** stipendija

studhorse ['stʌdhɔ:s] n veislinis žirgas, eržilas

studied ['stʌdɪd] a **1** (iš anksto) apgalvotas, tyčinis; *~ insult* tyčinis įžeidimas **2** dirbtinis, nenatūralus; *~ politeness* dirbtinis/nenatūralus mandagumas **3** *psn.* apsiskaitęs, nusimanantis

studio ['stju:dɪəu] n (pl ~s [-z]) **1** (dailininko ir pan.) studija, ateljė, dirbtuvė **2** *rad., tel., kin.* studija; *TV ~* televizijos studija **3** vieno kambario butas (džn. *~ flat*; *amer. ~ apartment*)

studious ['stju:dɪəs] a **1** atsidėjęs studijoms, uoliai studijuojantis, stropus; darbštus **2** rūpestingas, kruopštus; apgalvotas

study ['stʌdɪ] n **1** (ppr. pl) mokslas, mokymasis, studijavimas; studijos; *~ plan* mokymo planas; *to begin one's studies* pradėti mokytis; *to continue one's studies abroad* tęsti studijas užsienyje **2** mokslas; mokslo sritis; pl mokomieji dalykai; *humane studies* humanitariniai mokslai **3** (mokslinis) tyrinėjimas; mokslinis darbas; *to make a ~ (of)* kruopščiai, iš pagrindų (iš)tyrinėti; *much given to ~* besidomintis moksliniais tyrinėjimais, moksliniu darbu **4** (tik sg) tiriamasis objektas; *man is their ~* žmogus – jų tyrinėjimų objektas **5** tyrinėjimų rezultatas; monografija, mokslo veikalas/darbas **6** gilus susimąstymas; *in a brown ~* giliai susimąstęs **7** darbo kambarys/kabinetas **8** apybraiža **9** *men.* eskizas, etiudas, škicas **10** *muz.* etiudas, pratimas **11** *teatr.* aktorius, besimokantis vaidmenį mintinai; *he is a quick ~* jis greitai išmoksta vaidmenį **12** *psn.* pastangos; užsibrėžtas tikslas; *his constant ~ is to do the job well* jis nuolatos stengiasi atlikti darbą gerai ◊ *his face was a ~* vertėjo stebėti jo veidą, vertėjo pasižiūrėti į jį
v **1** mokytis, studijuoti; *to ~ history* mokytis/studijuoti istoriją **2** rengtis (egzaminui, profesijai ir pan.; for); *he is ~ing for the medical profession [for the bar]* jis rengiasi gydytojo profesijai [advokato karjerai] **3** tirti, tyrinėti, nagrinėti; stebėti; *he is ~ing effects of radiation on plants* jis tiria radiacijos poveikį augalams **4** stengtis, siekti; rūpintis; *to ~ to wrong no man* stengtis nieko neįžeisti; *he ~s only his own interests* jis rūpinasi tik savo interesais **5** mokytis mintinai (vaidmenį – apie aktorius) **6** *psn.* mąstyti ❑ *~ out* išaiškinti; *~ up* rengtis egzaminams

study-bedroom ['stʌdɪ'bedrum] n miegamasis ir darbo kambarys kartu (ypač studentų bendrabutyje)

stuff [stʌf] n **1** medžiaga; *to collect the ~ for a book* rinkti medžiagą knygai; *green/garden ~* daržovės, žalėsiai; *sweet ~* saldumynai, saldėsiai **2** daiktas, daikčiukas; *this wine is good ~* tai geras vynas; *this book is poor ~* ši knyga niekam tikusi **3** daiktai; turtas; *I still haven't packed my ~* aš dar nesusidėjau/nesusipakavau savo daiktų **4** šlamštas, niekai; *~ and nonsense! šnek.* niekai!, nesąmonės!; *do you call this ~ butter?* nejaugi jūs šį šlamštą vadinate sviestu? **5** (pagrindinė) savybė; esmė; *he is made of sterner ~ than his brother* jo charakteris tvirtesnis negu jo brolio; *a man with plenty of good ~ in him* labai gerbtinas žmogus; žmogus, turintis daug gerų savybių; *such conflicts are the very ~ of drama* tokie konfliktai yra pati dramos esmė **6** *šnek.* vaistai, mikstūra (t. p. *doctor's ~*); *a drop of the hard ~* truputis viskio **7** *šnek.* elgimasis, elgesys; *rough ~* a) akiplėšiškas elgesys, chuliganizmas; b) *sport.* neleistinas veiksmas; *this is the sort of ~ to give them* su jais tik taip ir reikia elgtis; jie nieko geresnio nenusipelnė **8** *amer. šnek.* marihuana, heroinas **9** *psn.* vilnonė medžiaga **10** *tech.* kamšalas, užpildas ◊ *to know one's ~ šnek.* išmanyti/mokėti savo darbą; *to do/strut one's ~ šnek.* (pa)daryti savo darbą (kas geriausiai sugeba), demonstruoti/parodyti, ką sugeba; *that's the ~! šnek.* ≡ čia tai bent!; kaip tik tai, ko reikia!; šaunu!; *small ~* gyvenimo smulkmenos, menkniekiai; *hot ~ šnek.* a) kas nors labai įdomus/patrauklus/jaudinantis; b) puikus darbuotojas/žaidėjas/atlikėjas ir pan.; *and ~* ir visa kita
v **1** įkišti, įbrukti; įsprausti (into); *to ~ one's clothes into a suitcase* susikimšti drabužius į lagaminą **2** (pri)kimšti (maišą, pagalvę ir pan.; t. p. prk.); *to ~ one's head with silly ideas* prikimšti galvą kvailų minčių **3** padaryti iškamšą, iškimšti; *~ed bird [animal]* paukščio [gyvūno] iškamša **4** *kul.* įdaryti, prikimšti, farširuoti **5** užkimšti, užkišti (ausis, skylę ir pan.; t. p. *~ up*); *he ~ed his fingers into his ears* jis užsikišo pirštais ausis; *my nose is ~ed up* man nosis užgulta **6** penėti; kišti, kimšti, versti valgyti; *to ~ a child with sweets šnek.* kimšti vaikui saldumynus **7** *refl šnek.* prisikimšti, prisiryti **8** (už)plombuoti (dantį) **9** *šnek.* apgaudinėti, mulkinti **10** *amer.* prikišti į urnas suklastotų biuletenių **11** *sl.* sutriuškinti (žaidžiant) ◊ *~ you!, get ~ed! sl.* eik velniop!, įsikišk sau į užpakalį!

stuffed [stʌft] a prisivalgęs, prisikimšęs

stuffed-up [ˌstʌft'ʌp] a: *I'm ~ today* man nosis šiandien užgulta

stuffing ['stʌfɪŋ] n **1** kamšalas, kamša, įkamša (šiaudai, plunksnos, drožlės ir pan.) **2** *kul.* įdaras, faršas, kamšalas **3** kimšimas **4** *amer.* prikišimas į urną suklastotų biuletenių ◊ *to knock the ~ out of smb šnek.* a) ≡ aplaužyti kam ragus; b) primušti, prikulti ką; c) nuvarginti ką; iškamuoti/iškankinti ką (apie ligą ir pan.)

stuffing-box ['stʌfɪŋbɔks] n *tech.* riebokšlis

stuffy ['stʌfɪ] a **1** tvankus, troškus **2** užgultas (apie nosį ir pan.) **3** neįdomus, nuobodus **4** pasipūtęs, išdidus **5** *šnek.* griežtas, puritoniškas; atsilikęs, konservatyvus; *she is a ~ old thing* ji tokia manieringa **6** *šnek.* piktas ir užsispyręs, paniuręs

stultification [ˌstʌltɪfɪˈkeɪʃn] *n* **1** pavertimas niekais **2** apkvailinimas, apjuokimas

stultify [ˈstʌltɪfaɪ] *v* **1** paversti niekais *(darbo rezultatus ir pan.)* **2** atbukinti *(protą ir pan.)* **3** apkvailinti, apjuokti **4** *teis.* įrodinėti/įrodyti nepakaltinamumą

stultifying [ˈstʌltɪfaɪɪŋ] *a* bukinantis, labai nuobodus

stum [stʌm] *n* **1** vynuogių misa **2** atšviežintas vynas
v **1** sustabdyti rūgimą, apsaugoti nuo rūgimo **2** atšviežinti vyną

stumble [ˈstʌmbl] *n* **1** suklupimas, užkliuvimas **2** klaidingas žingsnis, suklydimas
v **1** (su)klupti, užkliūti; *to ~ on/over a stone* suklupti ant akmens **2** *prk.* suklupti, apsirikti, suklysti; *he ~d through the poem* jis suklupo deklamuodamas, jis (pa)deklamavo eilėraštį užsikirsdamas/klupdamas **3** eiti klupinėjant, klupinėti, klupiniuoti *(t. p. ~ along)* **4** atsitiktinai surasti/aptikti; netikėtai susitikti/susidurti *(on, upon, across)* **5** (su)abejoti, svyruoti *(at)*

stumblebum [ˈstʌmblbʌm] *n amer. šnek.* stuobrys; nemokša

stumbling-block [ˈstʌmblɪŋblɔk] *n* **1** kliūtis, kliuvinys **2** *(nesisekimo, rūpesčių ir pan.)* priežastis; ≡ pažaidos akmuo

stumbling-stone [ˈstʌmblɪŋstəun] *n ret.* = **stumbling-block**

stumer [ˈstjuːmə] *n sl.* **1** suklastotas pinigas/čekis **2** klastotė, apgavystė **3** nesėkmė

stump [stʌmp] *n* **1** kelmas **2** strampgalys, rąstgalys **3** strampas, bigė *(amputuotos kojos/rankos liekana);* galūnės protezas **4** *(pieštuko ir pan.)* liekana, galas, galiukas; *~ of a candle* žvakigalis; *cabbage ~* kopūstkotis **5** nuorūka **6** *(danties)* nuolauža **7** improvizuota tribūna **8** *(the ~) amer.* kampanija *(ypač rinkimų);* agitacinė kelionė po šalį; *~ speech* agitacinė/demagogiška kalba; *to be/go on the ~* agituoti **9** *pl juok.* kojos **10** *(luošo/šlubo žmogaus)* sunkus žingsnis **11** *amer.* iššūkis, kvietimas varžytis **12** *sport. (kriketo)* vartelių kuolelis; *to draw ~s* baigti žaidimą *(krikete)* **13** *men.* tušuoklis, tušavimo lazdelė **14** *kas.* grynuolis ◊ *to be up a ~* būti pasimetusiam; būti padėtyje be išeities; *to stir one's ~s šnek.* paskubėti, skusti, subruzti
v **1** nukirsti *(medį);* nukapoti *(šakas)* **2** (iš)rauti kelmus **3** klupinėti, klibikščiuoti, sunkiai eiti *(džn. ~ across/along)* **4** *šnek.* (su)gluminti *(sunkiu klausimu);* **I am ~ed for an answer** aš nežinau, ką atsakyti **5** *amer.* atlikti agitacinę kelionę; *to ~ the country* važinėti po šalį su agitacinėmis kalbomis **6** tušuoti **7** *amer.* kviesti varžytis **8** *sport.* pašalinti *(mušėją)* iš žaidimo *(krikete)* □ *~ up šnek.* (su)mokėti *(nenoromis),* pakloti

stumpage [ˈstʌmpɪdʒ] *n amer.* **1** stačias *(nekirstas)* miškas **2** stačio miško vertė/kaina

stumper [ˈstʌmpə] *n* **1** sunkus/gluminantis klausimas; sunkus uždavinys/darbas **2** *šnek. (kriketo)* vartininkas

stumpy [ˈstʌmpɪ] *a* **1** trumpas ir storas; žemas, kresnas; *~ fingers* trumpi stori pirštai **2** *amer.* kelmuotas

stun [stʌn] *v* (ap)stulbinti, sugluminti; apkurtinti, apsvaiginti, priblokšti, pritrenkti *(smūgiu ir pan.);* **the news ~ned us** ši žinia mus priblokškė

stung [stʌŋ] *past ir pII žr.* **sting** *v*

stunk [stʌŋk] *past ir pII žr.* **stink** *v*

stunned [stʌnd] *a* apstulbintas; pritrenktas, priblokštas; *~ silence* bežadė tyla

stunner [ˈstʌnə] *n šnek.* **1** nuostabus dalykas/žmogus; gražuolis *(džn. apie moterį)* **2** stulbinantis/jaudinantis reginys

stunning [ˈstʌnɪŋ] *a* **1** stulbinantis, gluminantis; pritrenkiantis, priblokšķiantis; *~ blow* baisus smūgis *(t. p. prk.)* **2** *šnek.* nuostabus, puikus

stunsail, stuns'l [ˈstʌnsl] *n* = **studding-sail**

stunt[1] [stʌnt] *n* **1** augimo sustabdymas **2** neūžauga *(gyvulys, medis)*
v sustabdyti augimą

stunt[2] *šnek.* *n* **1** efektingas pasirodymas/reginys; *(jėgos, sumanumo ir pan.)* demonstravimas **2** kaskada, triukas *(ypač pavojingas; t. p. kin.);* *to pull a ~* iškrėsti pokštą **3** *av.* akrobatinis skrydis
v **1** rodyti/demonstruoti jėgą/drąsą/vikrumą **2** rodyti triukus **3** *av.* atlikti akrobatinius skrydžius

stunted [ˈstʌntɪd] *a* žemas, žemaūgis; sunykęs, skurdus

stuntman [ˈstʌntmæn] *n (pl -men* [-men]) *(tik. v.)* **1** *kin.* kaskadininkas **2** *av.* lakūnas, atliekantis akrobatinius skrydžius

stuntwoman [ˈstʌntˌwumən] *n (pl -women* [-ˌwɪmɪn]) *kin.* kaskadininkė

stupe[1] [stjuːp] *n* karštas kompresas
v dėti karštus kompresus

stupe[2] *n sl.* kvailys

stupefaction [ˌstjuːpɪˈfækʃn] *n* nustėrimas, apstulbimas; suglumimas

stupefied [ˈstjuːpɪfaɪd] *a* nustėręs, apstulbęs; apglumęs, apdujęs, apkvaitęs

stupefy [ˈstjuːpɪfaɪ] *v (džn. pass)* **1** (ap)stulbinti; (su)gluminti; nustėrti **2** atbukinti *(protą, jausmus)*

stupefying [ˈstjuːpɪfaɪɪŋ] *a* stulbinantis, pritrenkiantis *(apie žinią ir pan.)*

stupendous [stjuːˈpendəs] *a* **1** stulbinantis, stebuklingas; *~ achievement* stulbinantis laimėjimas **2** didžiulis, milžiniškas; *~ sums of money* didžiulės pinigų sumos

stupid [ˈstjuːpɪd] *a* **1** kvailas, neprotingas; bukas, bukaprotis, bukagalvis; *to do a ~ thing* padaryti kvailystę **2** neįdomus, lėkštas **3** apdujęs, atbukęs, apglumęs; *~ with sleep* apglumęs nuo miego
n šnek. kvailutis, kvaišelis

stupidity [stjuːˈpɪdətɪ] *n* **1** kvailumas; bukagalviškumas, bukumas **2** kvailas poelgis; kvailystė

stupor [ˈstjuːpə] *n* **1** sustingimas, sustirimas, nustėrimas, apstulbimas; stingulys; *he drunk himself into a ~* jis pasigėrė iki sąmonės netekimo **2** *med.* stuporas

sturdy[1] [ˈstəːdɪ] *a* **1** tvirtas, stiprus; sveikas **2** nusistovėjęs, tvirtas; ryžtingas; *~ common sense* tvirta (viešoji) nuomonė

sturdy[2] *n vet.* kaitulys, kvaitulys *(avių liga)*

sturgeon [ˈstəːdʒən] *n zool.* sturys; eršketas; *green ~* Sachalino sturys

stutter [ˈstʌtə] *n* mikčiojimas, mikséjimas; *to speak with a slight ~* truputį mikčioti
v mikčioti, mikséti, užsikirsti *(kalbant);* *to ~ an apology* pralementi atsiprašymo žodžius

stutterer [ˈstʌtərə] *n* mikčius, miknius, stenéklis

St Vincent and the Grenadines [səntˌvɪnsntəndəˈgrenədiːnz] Sent Vinsentas ir Grenadinai *(valstybė)*

sty[1] [staɪ] *n* kiaulidė, kiauliatvartis, kiaulininkas *(t. p. prk.)*

sty[2] *n med.* miežis

stye [staɪ] *n* = **sty**[2]

Stygian [ˈstɪdʒɪən] *a* **1** *mit.* Stikso upės **2** *knyg.* niūrus, tamsus; pragariškas **3** *(s.) knyg.* nesulaužomas *(apie priesaiką)*

style[1] [staɪl] *n* **1** *(įv. reikšm.)* stilius; *~s of architecture* architektūros stiliai; *~ of leadership* vadovavimo sti-

lius; *error of* ~ stiliaus klaida; *old* ~ senasis stilius *(Julijaus kalendorius)*; *new* ~ naujasis stilius *(Grigaliaus kalendorius)* 2 maniera; *I don't like his* ~ *of talking* man nepatinka jo kalbėjimo maniera 3 mada, fasonas, modelis; *(drabužių)* sukirpimas; *the latest* ~*s in hats* naujausios mados kepuraitės 4 skonis, elegancija; prašmatnumas, prabangumas; *in* ~ a) skoningai; b) prašmatniai, prabangiai; įspūdingai; *to live in* ~ prabangiai/ ištaigiai gyventi; *out of* ~ neskoningas; nemadingas; *she has* ~ ji turi skonį, ji elegantiška 5 rūšis, tipas; *that* ~ *of thing* toks daiktas, tos rūšies daiktas; *something in that* ~ kažkas tokio/panašaus 6 *(saulės laikrodžio)* gnomonas 7 *ret.* titulas; *give him his full* ~ kreipkitės į jį visu titulu 8 *(sen. graikų ir romėnų)* rašomoji lazdelė 9 *poet.* plunksna, pieštukas 10 patefono adata 11 graviravimo adata 12 *med.* adata 13 *bot.* liemenėlis 14 *poligr.* *(spaustuvės, redakcijos)* instrukcija, *(skyrybos ir pan.)* taisyklių rinkinys, stilių lentelė *(t. p.* ~ *guide/ manual/sheet)* ◊ *to cramp smb's* ~ neleisti/trukdyti kam pasireikšti *(kompanijoje)*; *to set the* ~ duoti toną
v 1 (su)konstruoti/(su)projektuoti/(su)kirpti pagal fasoną; *to* ~ *smb's hair* padaryti kam madingą šukuoseną 2 tvarkyti/taisyti *(rankraščio ir pan.)* stilių 3 *refl* vadintis, tituluotis
stylebook ['staɪlbuk] *n* 1 madų albumas 2 = style *n* 14
stylet ['staɪlɪt] *n* 1 stiletas 2 *med.* zondas; vielinis kaištis
styli ['staɪlaɪ] *pl žr.* **stylus**
stylish ['staɪlɪʃ] *a* 1 stilingas; įmantraus fasono 2 elegantiškas, madingas
stylist ['staɪlɪst] *n* 1 stilistas; stiliaus meistras 2 *(plaukų)* šukuotojas 3 interjero specialistas
stylistic [staɪ'lɪstɪk] *a* stilistinis; stiliaus
stylistics [staɪ'lɪstɪks] *n* stilistika
stylize ['staɪlaɪz] *v men.* stilizuoti
stylo ['staɪləu] *n (pl* ~s [-z]) *sutr. šnek.* = **stylograph**
stylobate ['staɪləbeɪt] *n archit.* stilobatas
stylograph ['staɪləgrɑ:f] *n* stilografas; automatinis plunksnakotis
stylus ['staɪləs] *n (pl* -li, ~es) = **style** *n* 8 *ir* 10
stymie ['staɪmɪ] *v (ppr. pass) šnek.* (su)trukdyti, priešintis; (su)ardyti *(sumanymus, planus)*
styptic ['stɪptɪk] *med. a* stabdantis kraujavimą; sutraukiantis
n kraujavimą stabdantis, sutraukiantis vaistas
styrax ['staɪræks] *n bot.* stiraksas
styrofoam ['staɪərəfəum] *n amer.* polistirolas
Styx [stɪks] *n mit.* Stiksas *(upė)* ◊ *to cross the* ~ mirti
suability [ˌsjuə'bɪlətɪ, ˌsu:ə'bɪlətɪ] *n teis.* teisnumas
suable ['su:əbl, 'sju:əbl] *a teis.* teisnus
suasion ['sweɪʒn] *n ret.* įkalbinėjimas; *moral* ~ patarinėjimas, pamokymas
suave [swɑ:v] *a* labai mandagus, išauklėtas; meilus, lipšnus, meilikaujantis; *he is a really* ~ *type* jis toks meilikautojas
suavity ['swɑ:vətɪ] *n* mandagumas, išsiauklėjimas; meilumas, lipšnumas
sub [sʌb] *sutr. šnek. n* 1 avansas 2 *pl* nario mokestis 3 atsarginis žaidėjas *(futbole ir pan.)* 4 prenumerata 5 = submarine *n* 1 6 = subordinate *n* 7 = subway 8 = subaltern 9 = subeditor; *dar žr.* sutrumpinimų sąrašą p. 1128
v 1 gauti avansą 2 = **substitute** *v* 1 3 = **subedit**
sub- [sʌb-] *pref* 1 po- *(žymint buvimą žemiau ko ar po kuo)*; *subfluvial* povandeninis; *subzero* žemesnis už nu-

lį; *subsoil* podirvis 2 po-, pa- *(žymint smulkesnį dalijimą)*; *subsystem* posistemis; *subcommittee* pakomitetis 3 padėjėjas; jaunesnysis; *subcommissioner* komisaro padėjėjas; *subaltern* jaunesnysis karininkas 4 sub- *(žymint mažesnį laipsnį, nedidelį kiekį)*; vos, beveik; *suboxide* suboksidas; *subarctic* subarktinis; *subparallel* beveik paralelus; *subaudible* vos girdimas 5 sub- *(žymint perdavimą kitam asmeniui)*; *sublease* subnuoma
subacid [sʌb'æsɪd] *a chem.* silpnai rūgštus
subacute [ˌsʌbə'kju:t] *a med.* apyūmis
subalpine [sʌb'ælpaɪn] *a* subalpinis
subaltern ['sʌbəltən] *knyg. n* jaunesnysis karininkas; subalternas, pavaldinys
a pavaldus
sub-aqua [sʌb'ækwə] *a attr sport.* povandeninis
subaqueous [sʌb'eɪkwɪəs] *a knyg.* povandeninis
subarctic [sʌb'ɑ:ktɪk] *a* subarktinis
subassembly [ˌsʌbə'semblɪ] *n tech.* mazginis surinkimas
subatomic [ˌsʌbə'tɔmɪk] *a fiz.* subatominis
subaudition [ˌsʌbɔ:'dɪʃn] *n knyg.* 1 numanymas *(to, kas praleista)*; potekstė 2 supratimas be žodžių, minčių skaitymas
subchaser ['sʌbˌtʃeɪsə] *n amer. kar.* povandeninių laivų persekiotojas *(laivas)*
subchloride [sʌb'klɔ:raɪd] *n chem.* chloro suboksidas
subclass ['sʌbklɑ:s] *n biol.* poklasis
subcommittee ['sʌbkəmɪtɪ] *n* pakomitetis, pakomisis
subcompact [sʌb'kɔmpækt] *n aut.* mažagabaritis dvejų durų automobilis *(t. p.* ~ *car)*
subconscious [sʌb'kɔnʃəs] *a* pasąmonės, nesąmoningas *n (the* ~*)* pasąmonė
subconsciousness [sʌb'kɔnʃəsnɪs] *n* pasąmonė
subcontinent [ˌsʌb'kɔntɪnənt] *n* subkontinentas
subcontract *n* [sʌb'kɔntrækt] sutartis su subrangovu/subtiekėju, subrangos sutartis
v [ˌsʌbkən'trækt] sudaryti sutartį su subrangovu/subtiekėju
subcontractor [ˌsʌbkən'træktə] *n* subrangovas
subcutaneous [ˌsʌbkju:'teɪnɪəs] *a spec.* poodinis
subdialect [sʌbˌdaɪəlekt] *n kalb.* patarmė, šnekta
subdirectory [ˌsʌbdɪ'rektərɪ] *n* pakatalogis
subdivide [ˌsʌbdɪ'vaɪd] *v (ppr. pass)* dalyti(s), padalyti, skirstyti(s) *(toliau)*
subdivisable [ˌsʌbdɪ'vɪzəbl] *a* dalijamas į smulkesnes dalis
subdivision [ˌsʌbdɪ'vɪʒn] *n* pa(si)dalijimas *(į mažesnius vienetus)*; poskyris, padalinys
subdominant [sʌb'dɔmɪnənt] *n muz.* subdominantė
subdrainage ['sʌbˌdreɪnɪdʒ] *n spec.* uždarasis drenažas
subdual [səb'dju:əl] *n* pajungimas, pavergimas
subdue [səb'dju:] *v* 1 pajungti, pavergti; numalšinti; *to* ~ *the rebels* numalšinti sukilėlius 2 (pri)slopinti, sutvardyti *(jausmus)* 3 sušvelninti, susilpninti, prislopinti *(garsą, šviesą ir pan.)* 4 (ap)dirbti žemę
subdued [səb'dju:d] *a* 1 pajungtas, pavergtas; ~ *spirits* pablogėjusi nuotaika; *she was a bit* ~ ji buvo truputį prislėgta 2 susilpnintas, prislopintas, sušvelnintas; ~ *light* susilpninta šviesa; ~ *voices* prislopinti balsai
subedit [ˌsʌb'edɪt] *v* 1 redaguoti *(laikraščio, žurnalo)* skyrių 2 ruošti rankraštį rinkti
subeditor [ˌsʌb'edɪtə] *n* 1 redaktoriaus padėjėjas 2 *(laikraščio ir pan.)* skyriaus redaktorius
subemployment ['sʌbɪmˌplɔɪmənt] *n ekon.* nevisiškas užimtumas
subfamily ['sʌbˌfæmɪlɪ] *n biol.* pošeimis
subfloor ['sʌbflɔ:] *n* juodgrindės

subframe ['sʌbfreɪm] *n aut.* porėmis
subfusc, subfuscous ['sʌbfʌsk, sʌb'fʌskəs] *a* **1** *knyg.* tamsus, tamsokas **2** *prk. šnek.* pilkas
subgenus ['sʌbdʒi:nəs] *n (pl* -nera [-nərə]) *biol.* pogentis
subgrade ['sʌbgreɪd] *n stat.* sankasa; posluoksnis
subgroup ['sʌbgru:p] *n* pogrupis
subhead ['sʌbhed] *n* **1** = **subheading 2** *(temos)* poskyris
subheading ['sʌbˌhedɪŋ] *n* paantraštė
subhuman [sʌb'hju:mən] *a* **1** nežmoniškas *(apie elgesį)* **2** nepasiekęs žmogaus lygio *(apie sąmonę);* neprotingas *(apie gyvą būtybę)* **3** žmoginis, panašus į žmogų *(apie beždžionę ir pan.)*
subjacent [səb'dʒeɪsᵊnt] *a* papėdės; esantis apačioje, išsidėstęs žemiau
subject <*n, a, prep, v*> *n* ['sʌbdʒɪkt] **1** *(kalbos, pokalbio, diskusijos ir pan.)* tema; klausimas; *to dwell on a sore ~* apsistoti prie opios temos; *to change the ~* pakeisti *(pokalbio)* temą; *to be on the ~ (of)* aptar(inė)ti *(kokį)* klausimą; *delicate/thorny/tender ~* keblus klausimas, opi tema; *to keep to the ~* laikytis temos, nenukrypti nuo temos; *speak to the ~!* kalbėkite į temą!, nenukrypkite nuo temos!; *to choose a ~ for a dissertation* parinkti disertacijos temą **2** dalykas, objektas *(of);* **the ~ of research** tyrimo dalykas; *to be a ~ of/for discussion* būti diskusijų objektu **3** *(dėstomasis)* dalykas, disciplina; *mathematics is my favourite ~* matematika – mano mėgstamiausia disciplina **4** *men.* siužetas; *tragic ~* tragiškas siužetas **5** dingstis *(for);* *~ for ridicule* dingstis pajuokti **6** pilietis, valdinys **7** žmogus, subjektas; *a hysterical ~* isteriškas žmogus; *a good hypnotic ~* lengvai užhipnotizuojamas žmogus **8** *gram.* veiksnys; subjektas **9** *filos., teis.* subjektas **10** *muz.* pagrindinė tema **11** *med.* lavonas *(kaip tyrimo objektas)* **12** *attr* teminis; *~ programme* teminis planas ◊ *on the ~ of* o dėl
a ['sʌbdʒɪkt] **1** pavaldus, priklausomas; *~ nations* pavaldžios valstybės; *~ to the laws of nature* pavaldus gamtos dėsniams **2** linkęs *(to); he is ~ to colds* jis greitai persišaldo; *she is ~ to fits of depression* ją ištinka depresijos priepuoliai, ji linkusi į depresiją **3** priklausantis *(to); the plan is ~ to alterations/modifications* plane gali būti pakeitimų; *to be ~ to market fluctuations ekon.* priklausyti nuo rinkos svyravimų; *~ to appeal* apskundžiamas apeliacine tvarka
prep (~ to) priklausomai nuo; jei; *this can be done ~ to your consent* tai gali būti padaryta tik su jūsų leidimu; *you'll get your visa quickly ~ to producing the necessary papers* jūs greit gausite vizą, jei pristatysite reikalingus dokumentus
v [səb'dʒekt] **1** pajungti, palenkti *(to)* **2** priversti išgyventi/patirti *(to); to be ~ed to torture* būti kankinamam; *to ~ oneself to ridicule* tapti pajuokos objektu; *to ~ smb to criticism* (su)kritikuoti ką **3** pateikti; *to ~ a plan for approval* pateikti planą tvirtinti **4** pavergti; *to ~ tribes* pavergti gentis
subject-heading ['sʌbdʒɪktˌhedɪŋ] *n* dalykinė rodyklė, indeksas; dalykinė rubrika
subjection [səb'dʒekʃn] *n* **1** pajungimas **2** priklausomybė; *to be in complete financial ~ to one's husband* finansiškai visiškai priklausyti nuo vyro **3** pavergimas
subjective [səb'dʒektɪv] *a* **1** subjektyvus **2** įsivaizduojamas **3** *gram.* veiksnio; *~ case* vardininko linksnis
subjectivism [səb'dʒektɪvɪzm] *n filos.* subjektyvizmas
subjectivity [ˌsʌbdʒek'tɪvəti] *n* subjektyvumas
subject-matter ['sʌbdʒɪktˌmætə] *n* **1** *(knygos, pokalbio ir pan.)* turinys, tema **2** *(tyrimo, mokslo)* dalykas, objektas

subjoin [sʌb'dʒɔɪn] *v knyg.* pridėti, pridurti; prirašyti, padaryti prierašą
sub judice [ˌsʌb'dʒu:dɪsɪ] *lot. teis.* dar nagrinėjama *(apie bylą),* kol vyksta tyrimas
subjugate ['sʌbdʒugeɪt] *v (ppr. pass)* pavergti; pajungti *(to);* **a ~d people** pavergta tauta
subjugation [ˌsʌbdʒu'geɪʃn] *n* pavergimas; pajungimas
subjugator ['sʌbdʒugeɪtə] *n* pavergėjas; pajungėjas
subjunctive [səb'dʒʌŋktɪv] *gram. n* tariamoji nuosaka
a tariamosios nuosakos *(apie formą, laiką)*
sublanguage ['sʌbˌlæŋgwɪdʒ] *n* socialinis dialektas, tam tikrōs socialinės/etninės grupės kalba
sublease *teis. n* ['sʌbli:s] subnuoma, pernuoma
v [sʌb'li:s] pernuomoti; sudaryti subnuomos sutartį
sublessee [ˌsʌble'si:] *n teis.* subnuomininkas
sublessor [ˌsʌble'sɔ:] *n teis.* pernuomotojas, pernuomininkas
sublet [ˌsʌb'let] *v* (sublet) *teis.* **1** pernuomoti, išnuomoti subnuomininkui *(kambarį, butą)* **2** pavesti/perduoti subrangovui
sublibrarian [ˌsʌblaɪ'brɛərɪən] *n* bibliotekininko padėjėjas
sublieutenant [ˌsʌblə'tenənt] *n jūr.* jaunesnysis leitenantas
sublimate *n* ['sʌblɪmət] *chem.* sublimatas; sublimavimo produktas; *corrosive ~* gyvsidabrio dichloridas
v ['sʌblɪmeɪt] **1** *knyg.* (su)taurinti, kilninti; (su)taurėti, kilnėti **2** *chem.* sublimuoti
sublimation [ˌsʌblɪ'meɪʃn] *n* **1** *knyg.* taurinimas **2** *chem.* sublimacija, sublimavimas **3** *psich.* sublimacija
sublime [sə'blaɪm] <*a, n, v*> *a* **1** taurus, kilnus, aukštas, didingas, didis **2** stulbinantis, didžiausias **3** *poet.* išdidus, arogantiškas; *~ indifference* arogantiškas abejingumas
n (the ~) knyg. taurumas, kilnumas, didingumas; *from the ~ to the ridiculous there is but one step* nuo to, kas didinga, iki to, kas juokinga, – tik vienas žingsnis
v = **sublimate** *v*
subliminal [sə'blɪmɪnl] *a psich.* nesuvokiamas, pasąmonės; veikiantis pasąmonę; *~ mind* pasąmonė; *~ advertising* reklama, veikianti pasąmonę
sublimity [sə'blɪməti] *n knyg.* **1** kilnumas, didingumas; didybė **2** *prk.* viršūnė, zenitas
sublingual [sʌb'lɪŋgwəl] *a anat.* poliežuvinis
sublunar [sʌb'lu:nə] *a ret.* = **sublunary**
sublunary [sʌb'lu:nərɪ] *a knyg.* esantis po mėnuliu; žemės, žemiškas
submachine-gun [ˌsʌbmə'ʃi:ngʌn] *n kar.* automatas
subman ['sʌbmæn] *n (pl* -men [-men]) *(tik v.) menk.* pusžmogis; žmogėnas
submarine ['sʌbməri:n] <*n, a, v*> *n* **1** povandeninis laivas **2** povandeninis gyvūnas/augalas
a povandeninis; *~ force* povandeninių laivų laivynas; *~ speed* povandeninis greitis; *~ box* povandeninių laivų bazė; *~ chaser kar.* povandeninių laivų persekiotojas *(laivas)*
v užpulti/paskandinti povandeniniu laivu
submariner [sʌb'mærɪnə] *n* povandeninio laivo įgulos narys, povandenininkas
submaxillary [ˌsʌbmæk'sɪləri] *a anat.* pažandinis
submental [sʌb'mentl] *a anat.* pasmakrinis
submerge [səb'mɜ:dʒ] *v* **1** užtvindyti, apsemti; nugramzdinti, panardinti **2** nugrimzti, panirti, pasinerti *(t. p. prk.);* *to ~ oneself in work* pasinerti į darbą
submerged [səb'mɜ:dʒd] *a* **1** užtvindytas; panardintas; nugramzdintas; nugrimzdęs, paniręs; *~ depth* panirimo gylis **2** paskendęs skurde/skolose *ir pan.;* *I am*

completely ~ by papers aš tiesiog paskendęs popieriuose **3** povandeninis
submergence [səb'mə:dʒəns] *n* **1** panardinimas, nugramzdinimas **2** apsėmimas, užtvindymas
submerse [səb'mə:s] *v* = **submerge**
submersed [səb'mə:st] *a bot.* augantis po vandeniu, povandeninis
submersible [səb'mə:səbl] *a* panardinamas; galintis veikti po vandeniu *ar* vandenyje, povandeninis
n ret. povandeninis laivas *(galintis veikti po vandeniu neilgai)*
submersion [səb'mə:ʃn] *n* = **submergence**
submission [səb'mɪʃn] *n* **1** pasidavimas, nusileidimas, nusilenkimas; paklusimas; ***to frighten smb into ~*** bauginimais priversti ką nusileisti **2** paklusnumas, nuolankumas; ***with all due ~*** su didžia pagarba ir nusižeminimu **3** pateikimas *(dokumentų, skundo ir pan.)* **4** *teis.* atidavimas svarstyti; sutikimas atiduoti ginčą į arbitražą; pareiškimas ◊ ***in my ~*** mano manymu
submissive [səb'mɪsɪv] *a* paklusnus, nuolankus
submit [səb'mɪt] *v* **1** pasiduoti, nusileisti, nusilenkti, paklusti; ***to ~ to smb's authority*** paklusti/nusilenkti kieno autoritetui; ***I will not ~ to such treatment*** aš nepakęsiu tokio elgesio **2** priversti paklusti; ***to ~ smb to a strict diet*** nustatyti/skirti kam griežtą dietą **3** pateikti, atiduoti *(svarstyti);* ***to ~ a question*** pateikti klausimą raštu **4** *ofic.* siūlyti, tvirtinti, (pagarbiai) pareikšti; ***I ~ that...*** drįstu pareikšti, kad...
submontane [,sʌb'mɔnteɪn] *a* esantis kalno papėdėje
submucous [,sʌb'mju:kəs] *a anat.* pogleivinis, submukozinis
subnormal [,sʌb'nɔ:ml] *a spec.* mažesnis už normalų, nenormalus; ***~ in intelligence*** protiškai atsilikęs
n **1** *(the ~)* silpnapročiai, protiškai atsilikę žmonės **2** *mat.* subnormalė
suborbital [sʌb'ɔ:bɪtl] *a* **1** *anat.* poakiduobinis, poakinis **2** *spec.* neapskriejęs visos Žemės orbitos *(apie erdvėlaivį)*
suborder ['sʌbɔ:də] *n biol.* pobūris; *bot.* poeilis
subordinate <*a, n, v*> *a* [sə'bɔ:dɪnət] **1** pavaldus, pajungtas, priklausomas *(to)* **2** antraeilis, ne toks svarbus **3** *gram.* šalutinis; prijungiamasis; ***~ clause*** šalutinis sakinys; ***~ conjunctions*** prijungiamieji jungtukai
n [sə'bɔ:dɪnət] valdinys, pavaldinys
v [sə'bɔ:dɪneɪt] **1** pajungti, subordinuoti; ***to ~ one's own interests to the public good*** pajungti asmeninius interesus visuomeniniams **2** *gram.* prijungti
subordination [sə,bɔ:dɪ'neɪʃn] *n* **1** pavaldumas, priklausomumas, priklausomybė; subordinacija; pajungimas **2** *gram.* prijungimas
suborn [sə'bɔ:n] *v* **1** papirkti **2** *teis.* (su)kurstyti melagingai liudyti *ar* pažeisti įstatymus
subornation [,sʌbɔ:'neɪʃn] *n* **1** papirkimas **2** *teis.* kurstymas melagingai liudyti *ar* pažeisti įstatymus
suborner [sə'bɔ:nə] *n teis.* papirkėjas, kyšio davėjas; kurstytojas *(ypač liudyti melagingai)*
suboxide [səb'ɔksaɪd] *n chem.* suboksidas
subplot ['sʌbplɔt] *n lit.* šalutinė siužeto linija
subpoena [səbˈpi:nə] *teis. n* teismo šaukimas *(liudyti)*
v šaukti į teismą
subpolar [sʌb'pəulə] *a* subpoliarinis
subreption [səb'repʃn] *n spec.* subrepcija; faktų nuslėpimas/iškraipymas, neteisingas *(faktų)* aiškinimas
subrogation [,sʌbrə'geɪʃn] *n teis.* subrogacija; draudėjo teisių perėjimas draudimo organizacijai

sub rosa [,sʌb'rəuzə] *lot. knyg.* konfidencialiai, slapta
subroutine [,sʌbru:'ti:n] *n komp.* paprogramis
subscribe [səb'skraɪb] *v* **1** (už)prenumeruoti, už(si)sakyti *(laikraštį ir pan.; to, for)* **2** užsisakyti, abonuoti *(ložę);* įsirašyti *(į biblioteką ir pan.)* **3** prisijungti, prisidėti, sutikti, pritarti *(nuomonei) (to)* **4** aukoti pinigus; mokėti nario mokestį **5** pasirašyti *(paskolą ir pan.);* ***to ~ for an amount*** *(of)* pasirašyti *(kokiai)* sumai **6** *ret.* pasirašyti *(dokumentą)*
subscriber [səb'skraɪbə] *n* **1** prenumeratorius **2** abonentas; ***~'s pay*** abonentinis mokestis **3** aukotojas **4** *(paskolos ir pan.)* pasirašytojas **5** žmogus, pasirašęs dokumentą
subscription [səb'skrɪpʃn] *n* **1** aukojimas; ***to take/make up a ~*** rinkti pinigus; ***~ list*** aukų/rinkliavos lapas; ***~ concert*** labdaros koncertas **2** prenumerata, prenumeravimas; ***~ edition/publication*** prenumeruojamasis leidinys **3** abonementas; abonentinis mokestis; ***~ TV*** abonentinė televizija **4** įmoka; *(nario)* mokestis **5** *(paskolos ir pan.)* pasirašymas **6** pritarimas; patvirtinimas *(parašu)* **7** *(dokumento ir pan.)* pasirašymas **8** *ret.* parašas
subsection ['sʌbsekʃn] *n* **1** *(dokumento, teksto)* punktas, paragrafas **2** poskyris, posekcijis
subsequence ['sʌbsɪkwəns] *n* pasekmė; tolesnis įvykis
subsequent ['sʌbsɪkwənt] *a* einantis po, paskesnis, tolesnis, vėlesnis; ***~ events*** vėlesni/tolesni įvykiai; ***~ to his death*** po jo mirties; ***~ upon smth*** kaip ko pasekmė; ***~ reinforcement*** *kar.* pastiprinimas iš užnugario
subsequently ['sʌbsɪkwəntlɪ] *adv* vėliau, paskui
subserve [səb'sə:v] *v* padėti, prisidėti; ***to ~ a useful purpose*** tarnauti naudingam tikslui
subservience, -cy [səb'sə:vɪəns, -sɪ] *n* **1** pataikavimas, keliaklupsčiavimas, padlaižiavimas **2** naudingumas, tarnavimas *(kuriam tikslui)*
subservient [səb'sə:vɪənt] *a* **1** pataikūniškas, pataikaujantis, keliaklupsčiaujantis **2** naudingas, tarnaujantis *(kuriam tikslui; to)* **3** ne toks svarbus, pajungtas *(to)*
subset ['sʌbset] *n mat.* poaibis
subshrub ['sʌbʃrʌb] *n bot.* puskrūmis
subside [səb'saɪd] *v* **1** (nu)kristi, (su)mažėti, (nu)slūgti; ***the fever has ~d*** temperatūra nukrito **2** nurimti, nuščiūti *(apie audrą, vėją ir pan.; t. p. prk.);* ***the excitement ~d*** jaudinimasis atlyžo **3** (nu)sėsti, (su)smukti, smegti *(apie žemę, pastatą ir pan.)* **4** *šnek.* lėtai/pamažu atsisėsti; ***he ~d into a chair*** jis susmuko į kėdę
subsidence [səb'saɪdəns] *n* **1** *(žemės)* nusėdimas **2** (nu)slūgimas, nukritimas **3** nurimimas
subsidiary [səb'sɪdɪərɪ] *a* **1** pagalbinis, šalutinis, papildomas **2** *teis.* subsidiarinis
n **1** pagalbininkas **2** dukterinė bendrovė/kompanija *(t. p. ~ company);* filialas
subsidize ['sʌbsɪdaɪz] *v* **1** subsidijuoti, dotuoti **2** *euf.* papirkti
subsidy ['sʌbsɪdɪ] *n* subsidija, dotacija; asignavimas
subsist [səb'sɪst] *v* **1** egzistuoti; (iš)likti gyvam **2** (pra)gyventi, prasimaitinti, maitintis *(on);* ***to ~ by begging*** gyventi iš išmaldos/elgetavimo **3** *ret.* pramaitinti, išlaikyti **4** slypėti, būti priskiriamam *(in)*
subsistence [səb'sɪstəns] *n* **1** (pra)gyvenimas, prasimaitinimas; ***~ level*** pragyvenimo minimumas **2** pragyvenimo lėšos *(t. p.* ***means of ~****)* **3** egzistavimas **4** *filos.* būtis
subsistent [səb'sɪstənt] *a* **1** egzistuojantis; gyvenantis **2** būdingas
subsoil ['sʌbsɔɪl] *n ž. ū.* podirvis

subsonic [ˌsʌb'sɔnɪk] *a spec.* ikigarsinis *(apie skridimo greitį)*
subspecies ['sʌbˌspiːʃiːz] *n (pl ~) bot., zool.* porūšis
substance ['sʌbstəns] *n* **1** medžiaga; *radioactive ~s* radioaktyviosios medžiagos **2** *filos.* substancija, materija, medžiaga **3** esmė; turinys; *in ~* iš esmės; *form and ~* forma ir turinys; *to come to the ~ of the matter* pereiti prie klausimo esmės **4** pagrindas; svarba, tikroji vertė; *to have no ~* neturėti pagrindo; *to lend ~ (to)* pagrįsti *(kaltinimus, pretenzijas ir pan.)*; *matters of ~* svarbūs dalykai; *an argument of little ~* nelabai svarus argumentas **5** tirštumas, tankumas; tvirtumas; *soup without much ~* skysta sriuba **6** *ret.* turtas, nuosavybė; *man of ~* turtingas vyras/žmogus ◊ *to sacrifice the ~ for the shadow* ≡ pamesti kelią dėl takelio
substandard [ˌsʌb'stændəd] *a* **1** nestandartinis, neatitinkantis standarto, neprilygstantis nustatytam standartui **2** *kalb.* nenorminis, neatitinkantis kalbos normų
substantial [səb'stænʃl] *a* **1** esminis, svarbus; žymus; *~ contribution* svarus/didelis įnašas; *we are in ~ agreement* mes sutariame esminiais klausimais **2** tvirtas, stiprus; *~ buildings* tvirti/masyvūs pastatai **3** sotus, maistingas; *to have a ~ meal* sočiai pavalgyti **4** pasiturintis, turtingas; *~ farmer* pasiturintis ūkininkas/fermeris **5** realus, materialus
substantiality [səbˌstænʃɪ'ælətɪ] *n* esmingumas *ir kt., žr.* **substantial**
substantially [səb'stænʃəlɪ] *adv* **1** iš esmės, iš pagrindų **2** žymiai, gerokai **3** tvirtai, stipriai; sočiai
substantiate [səb'stænʃɪeɪt] *v* **1** įrodyti, pateikti neginčijamų įrodymų, pagrįsti, pamatuoti; *to ~ one's proposal* pagrįsti savo pasiūlymą; *this view is ~d* šis požiūris įrodytas/pamatuotas **2** suteikti konkrečią formą, materializuoti, (su)daiktinti
substantiation [səbˌstænʃɪ'eɪʃn] *n* **1** įrodinėjimas, pagrindimas, pamatavimas **2** įrodymas
substantival [ˌsʌbstən'taɪvl] *a gram.* substantyvinis; daiktavardinis, daiktavardiškas
substantive ['sʌbstəntɪv] *n gram.* substantyvas; daiktavardis
a knyg. **1** savarankiškas, nepriklausomas **2** [səb'stæntɪv] *attr* realus, tikras; *~ rank kar.* tikrasis laipsnis *(ne laikinas, ne garbės)* **3** esminis; *~ discussions* diskusijos esminiais klausimais **4** *gram.* substantyvinis; *~ verb* buvimo veiksmažodis (to be *ir pan.*)
substation ['sʌbsteɪʃn] *n el.* pastotė
substitute ['sʌbstɪtjuːt] *n* **1** pavaduotojas, užvadas; *~ teacher* mokytojas, pavaduojantis susirgusį mokytoją **2** pavadavimas; *temporary ~* laikinas pavadavimas **3** pakaitalas, pakaitas; substitutas; surogatas; *~ for leather* odos pakaitalas; *~ goods* prekių pakaitalai; *there is no ~ for smth* niekuo negalima pakeisti ko **4** *kalb., teis.* substitutas
v **1** pavaduoti; *he ~d for the worker who was ill* jis pavadavo sergantį darbuotoją **2** pakeisti; *to ~ plastics for metals* pakeisti metalą plastmase
substitution [ˌsʌbstɪ'tjuːʃn] *n* **1** pavadavimas **2** (pa)keitimas; *sport. (žaidėjų)* keitimas; *~ of a new book for a lost one* pamestos knygos pakeitimas nauja **3** pakaitalas **4** *kalb., teis.* substitucija; *~ tables* substitucijos lentelės **5** *mat.* (su)keitimas, *(reikšmių)* įrašymas; keitinys
substrata [ˌsʌb'strɑːtə] *pl žr.* **substratum**
substrate ['sʌbstreɪt] *n* = **substratum**
substratosphere [sʌb'strætəsfɪə] *n* substratosfera

substratum [ˌsʌb'strɑːtəm] *n (pl* -ta) **1** pasluoksnis **2** pagrindas, pamatas; *there is a ~ of truth in it* iš esmės tai teisinga **3** *geol., ž. ū.* podirvis, substratas **4** *spec.* substratas
substructure ['sʌbˌstrʌktʃə] *n stat.* pamatas, pagrindas
subsume [səb'sjuːm] *v (ppr. pass) knyg.* priskirti, įtraukti *(į kokią kategoriją, grupę ir pan.)*
subsurface ['sʌbsəːfɪs] *a* esantis po viršutiniu sluoksniu, popaviršinis
subsystem ['sʌbsɪstəm] *n* posistemis
subteens ['sʌbtiːnz] *n pl amer.* 10-12 metų amžiaus vaikai
subtenancy [ˌsʌb'tenənsɪ] *n teis.* subnuoma
subtenant [ˌsʌb'tenənt] *n* subnuomininkas
subtend [səb'tend] *v geom.* būti priešais, būti priešiniam
subterfuge ['sʌbtəfjuːdʒ] *n* gudravimas, gudragalviavimas; gudragalvystė, gudrybė; *to resort to ~* griebtis gudrybių
subterranean [ˌsʌbtə'reɪnɪən] *a* **1** požeminis **2** slaptas
subterraneous [ˌsʌbtə'reɪnɪəs] *a* = **subterranean**
subtext ['sʌbtekst] *n* potekstė
subtilize ['sʌtɪlaɪz] *v* **1** kilninti, taurinti **2** daryti įmantresnį/rafinuotesnį, rafinuoti, įmantrinti **3** aštrinti *(protą, jutimus ir pan.)* **4** gudrauti, leistis į subtilybes *(upon)*
subtitle ['sʌbˌtaɪtl] *n* **1** paantraštė **2** *pl kin.* subtitrai
subtle ['sʌtl] *a* **1** subtilus, vos pastebimas/apčiuopiamas **2** rafinuotas *(t. p. prk.)*; įmantrus **3** švelnus *(apie jausmą)* **4** aštrus *(apie protą ir pan.)*; *~ senses* paaštrėję jutimai **5** sumanus; sumaniai padarytas; mitrus; *~ fingers* mitrūs pirštai; *~ device* sumaniai padarytas prietaisas **6** gudrus, klastingas
subtlety ['sʌtltɪ] *n* **1** subtilumas; *pl* subtilybės **2** rafinuotumas **3** švelnumas **4** *(proto ir pan.)* aštrumas **5** nežymus skirtumas **6** sumanumas; mitrumas **7** gudrumas, klastingumas
subtopia [sʌb'təʊpɪə] *n* **1** *menk.* standartiniais namais užstatytas, niūrus priemiestis **2** miesčioniškumas
subtorrid [sʌb'tɔrɪd] *a knyg.* subtropinis
subtract [səb'trækt] *v* atimti *(ypač mat.)*
subtraction [səb'trækʃn] *n* **1** *mat.* atimtis **2** *knyg.* atėmimas *(teisės ir pan.)*
subtrahend ['sʌbtrəhend] *n mat.* atėminys
subtropical [ˌsʌb'trɔpɪkl] *a* subtropinis
subtropics [ˌsʌb'trɔpɪks] *n pl* subtropikai
subtype ['sʌbtaɪp] *n* potipis
subulate ['sjuːbjuleɪt] *a bot., zool.* yliškas, ylos pavidalo
suburb ['sʌbəːb] *n* **1** priemiestis **2** **(the ~s)** *pl (miesto)* pakraščiai, apylinkės
suburban [sə'bəːbən] *a* **1** priemiestinis, priemiesčio **2** *menk.* ribotas, provincialus; miesčioniškas
suburbanite [sə'bəːbənaɪt] *n* priemiesčio gyventojas
suburbanize [sə'bəːbənaɪz] *v* paversti priemiesčiu
suburbia [sə'bəːbɪə] *n menk.* **1** *kuop.* priemiesčiai, priemiesčių gyventojai **2** miesčioniškumas
subvene [səb'viːn] *v amer.* pagelbėti, padėti *(atsitiktinai atsidūrus netoliese)*
subvention [səb'venʃn] *n* subvencija, subsidija, dotacija, pašalpa
subversion [səb'vəːʃn] *n* **1** ardomoji veikla **2** nuvertimas, nugriovimas
subversive [səb'vəːsɪv] *a* **1** griaunamasis, naikinamasis; *to be ~ of discipline* griauti drausmę **2** ardomasis; *~ activities* ardomoji veikla
n žmogus, užsiimantis ardomąja veikla
subvert [səb'vəːt] *v* **1** *(ypač polit.)* nuversti, pakirsti, (su)griauti, ardyti **2** *ret.* demoralizuoti

subway ['sʌbweɪ] *n* **1** tunelis; požeminė perėja **2** *amer.* metro, metropolitenas

sub-zero [,sʌb'zɪərəu] *a* **1** neigiamas, žemesnis už nulį *(apie temperatūrą)* **2** skirtas dirbti šaltyje *(apie drabužius ir pan.)*

succade(s) [sʌ'keɪd(z)] *n* cukrintiniai, cukatos

succeed [sək'siːd] *v* **1** pasisekti, pavykti; būti sėkmingam, pasiekti tikslą *(in); he ~ed in getting a job* jam pasisekė gauti darbą; *you have only ~ed in upsetting your mother* tu tik suerzinai savo motiną; *to ~ in life* padaryti karjerą, iškilti **2** eiti *(po);* pakeisti; *year ~ed year, but there was no change* metai ėjo, bet jokių permainų nebuvo; *the generation that ~s us* būsimoji karta **3** būti įpėdiniu, paveldėti *(to); a right to ~* teisė būti įpėdiniu, paveldėti; *he was ~ed by his son* jį pakeitė jo sūnus **4** vešėti, tarpti

succeeding [sək'siːdɪŋ] *a* einantis po, paskesnis, tolesnis; *with each ~ year* su kiekvienais metais, metai po metų

success [sək'ses] *n* **1** pasisekimas; sėkmė, klotis; *to meet with ~* sėkmingai baigti(s); *giddy ~* svaiginantis pasisekimas; *ill ~* nesėkmė; *to score a great ~* turėti didelį pasisekimą **2** žmogus/daiktas, turintis pasisekimą/pripažinimą; *to be a ~* turėti pasisekimą; pasisekti, nusisekti, pavykti; *the experiment is a ~* bandymas pavyko; *the singer was a ~* dainininkas turėjo pasisekimą; *I count this book among my ~es* manau, kad ši knyga – didelis mano pasisekimas; *~ story* sėkmės pavyzdys; sėkmingas dalykas ◊ *nothing succeeds like ~* ≡ sėkmė sėkmę veda; *~ is never blamed* *pat.* ≡ nugalėtojai neteisiami

successful [sək'sesfəl] *a* **1** sėkmingas, dalingas, klotingas; nusisekęs, vykęs; *to be ~* pasisekti, pavykti *(in); the business was ~* reikalai klojosi gerai; *the film was less ~* filmas buvo mažiau nusisekęs **2** klestintis; pasiturintis

succession [sək'seʃn] *n* **1** eilė, eiliškumas; seka; *in ~* iš eilės; *in close/quick ~* greitai vienas po kito; *~ of victories* pergalių eilė **2** *(pareigų, valdžios ir pan.)* perėmimas, tęsiamumas, tęstinumas **3** paveldėjimas; *law of ~* įpėdinystės/paveldėjimo teisė **3** *kuop.* įpėdiniai, tęsėjai

successive [sək'sesɪv] *a* **1** einantis vienas po kito, sekantis vienas paskui kitą *(iš eilės);* nuoseklus; *our team has won three ~ games* mūsų komanda laimėjo trejas rungtynes iš eilės **2** paskesnis, tolesnis, vėlyvesnis **3** perimamas

successively [sək'sesɪvlɪ] *adv* iš eilės; vienas paskui kitą *(be pertraukos)*

successor [sək'sesə] *n* **1** tęsėjas, perėmėjas, paveldėtojas, įpėdinis *(to, of); his ~ as chairman takes in a week* kitas asmuo perima iš jo pirmininkavimą po savaitės **2** tai, kas eina po ko, pakeičia ką *(apie tobulesnį aparatą, sistemą ir pan.); it is a possible ~ to silicon* tai galėtų pakeisti siliconą

succinct [sək'sɪŋkt] *a* **1** trumpas, glaustas **2** *psn.* apjuostas; glaudžiai aptempiantis, prigulantis *(apie drabužį)*

succinic [sʌk'sɪnɪk] *a:* **~ acid** *chem.* gintaro rūgštis

succor ['sʌkə] *amer.* = **succour** *n, v*

succory ['sʌkərɪ] *n bot.* trūkažolė, cikorija

succotash ['sʌkətæʃ] *n amer.* kukurūzų ir pupelių patiekalas

succour ['sʌkə] *knyg. n* pagalba *(nelaimėje)* *v* padėti, pagelbėti *(nelaimėje)*

succubus ['sʌkjubəs] *n (pl* -bi [-baɪ]) *knyg.* **1** sukubas, piktoji dvasia *(moters pavidalu)* **2** prostitutė

succulence ['sʌkjuləns] *n* sultingumas; mėsingumas

succulent ['sʌkjulənt] *a* **1** sultingas; *(bot. t. p.)* mėsingas; *~ fodder* sultingasis pašaras **2** *prk.* duodantis peno *n bot.* sukulentas, sultingasis augalas

succumb [sə'kʌm] *v* **1** pasiduoti, nusileisti; neiš(si)laikyti, būti įveiktam *(to); to ~ to temptation* pasiduoti pagundai **2** mirti *(to – nuo); to ~ to cancer* mirti nuo vėžio

succuss [sə'kʌs] *v knyg.* (pa)kratyti, (su)krėsti, (su)plakti

succussion [sə'kʌʃn] *n (ypač med.)* kratymas, sukrėtimas

such [sʌtʃ] *a* **1** toks; *don't be in ~ a hurry* neskubėk taip; *never say ~ things* niekados nesakyk tokių dalykų; *he was ~ a kind man* jis buvo toks geras žmogus; *~ long speeches* tokios ilgos kalbos; *~ as* a) pavyzdžiui, kaip antai; b) toks, koks/kaip; *~ as it is* toks, koks yra; koks bebūtų; *her conduct was ~ as might be expected* ji elgėsi taip, kaip iš jos ir buvo galima tikėtis; c) tas, kuris; *he will have no books but ~ as I'll let him* jis negaus jokių knygų, išskyrus tas, kurias aš jam leisiu paimti; d) *(+ inf)* toks, kad; *his illness is not ~ as to cause anxiety* jo liga ne tokia sunki, kad keltų susirūpinimą **2** toks ir toks *(konkrečiai nepasakant); allow ~ an amount for food, ~ an amount for rent and the rest for other things* skirkite tiek ir tiek pinigų maistui, tiek ir tiek butui, o likusius – kitoms išlaidoms ◊ *~ master ~ servant* ≡ koks ponas, toks ir tarnas; *and ~ things* ir panašiai *pron* toks; *~ was the agreement* toks buvo susitarimas, taip buvo susitarta; *all ~* tokie žmonės; *I haven't heard of any ~* aš apie tokį (žmogų) negirdėjau; *a name as ~ means nothing* vardas savaime nieko nereiškia; *as ~* kaip toks; iš esmės; *if you act like a child you must be treated as ~* jeigu išgiesi kaip vaikas, su tavimi irgi reikės atitinkamai *ar* kaip su vaiku elgtis; *~ being the case...* tokiu atveju...; *and ~ šnek.* ir panašūs

such-and-such ['sʌtʃən,sʌtʃ] *a šnek.* toks ir toks *(konkrečiai nepasakant)*

suchlike ['sʌtʃlaɪk] *šnek. a attr* toks, panašus; *tennis and football and ~ summer sports* tenisas, futbolas ir panašios sporto šakos *pron: and ~* ir panašūs

suck [sʌk] *n* **1** čiulpimas; žindimas; *to take a ~* pačiulpti, pažįsti; *to give ~ (to) psn.* duoti pažįsti; žindyti **2** (į)siurbimas, (į)traukimas **3** *(vandens)* sūkurys **4** gurkšnelis **5** *sl.* ryšiai; globėjas; *to have ~* turėti užnugarį **6** *mok. sl.* nemalonumas; nesėkmė; *what a ~!, what ~s!* įkliuvai!

v **1** čiulpti; žįsti; *to ~ (at) one's pipe* čiulpti pypkę **2** (į)siurbti, (į)traukti; *to ~ through a straw* traukti per šiaudelį **3** *(ppr. pass)* į(si)traukti *(į ginčą ir pan.; into)* **4** išsiurbti, iščiulpti, išspausti *(t. p. ~ out); to ~ dry* iščiulpti/išspausti iki lašo; *to ~ advantage out of smb prk.* išspausti naudos iš ko □ *~ down = ~ in* a); *~ in* a) įtraukti, įsukti, įsiurbti *(apie sūkurį ir pan.);* b) semti *(žinias, mokslą);* c) *sl.* apmauti, apsukti, apgauti; *~ up* a) įsiurbti, įtraukti; sugerti; b) *šnek.* gerintis, įsiteikti *(to)* ◊ *it ~s amer. sl.* tai tikras šlamštas

sucked [sʌkt] *a* iščiulptas, išspaustas

sucker ['sʌkə] *n* **1** žinduklis **2** siurbtukas, čiulptuvas **3** prisisiurbiantis gyvis *(sraigė, dėlė ir pan.)* **4** *šnek.* mulkis; *to play for a ~* mulkinti **5** žmogus, neatsispiriantis įkalbinėjimams *ir pan. (for); he is ~ for flattery* jis mėgsta, kai jam pataikauja **6** *amer. šnek.* ledinukas, čiulpinukas **7** *bot.* atžala *(ppr. iš šaknies ar požeminės stiebo dalies)* **8** *tech.* siurblio stūmoklis **9** *tech.* siurbiamasis atvamzdis *v* **1** pašalinti atžalas **2** leisti atžalas **3** *(ypač amer.) šnek.* apmulkinti; privilioti, įvilioti *(into)*

sucking ['sʌkɪŋ] *a* **1** žindomas **2** neapsiplunksnavęs *(apie paukščių jauniklį)* **3** pradedantis, neprityręs **4** *tech.* siurbiamasis

sucking-pig ['sʌkɪŋpɪg] *n* žinduklis paršiukas

suckle ['sʌkl] *v* **1** žindyti; žįsti **2** ugdyti, puoselėti *(talentą ir pan.)*

suckling ['sʌklɪŋ] *n* **1** žinduklis, žindomas vaikas/gyvulys **2** žindymas

sucrose ['suːkrəuz] *n chem.* sacharozė

suction ['sʌkʃn] *n* **1** čiulpimas **2** (į)siurbimas, įtraukimas; prisisiurbimas **3** *attr* siurbiamasis; **~ dredge** *hidr.* žemsiurbė; **~ pressure** *tech.* įsiurbimo slėgis

suction-pump ['sʌkʃnpʌmp] *n tech.* įsiurbimo siurblys

suctorial [sʌk'tɔːrɪəl] *a zool.* (prisi)siurbiantis, pritaikytas siurbti

Sudan [suː'dɑːn] *n: the ~* Sudanas *(Afrikos valstybė)*

Sudanese [ˌsuːdə'niːz] *a* Sudano; sudaniečių *n* sudanietis; *the ~ kuop.* sudaniečiai

Sudani [suː'dɑːnɪ] *n* arabų kalbos Sudano dialektas

sudatorium [ˌsjuːdə'tɔːrɪəm] *lot. n (pl* -ria [-rɪə]*)* garinė, vanotuvė *(pirtyje)*

sudatory ['sjuːdətərɪ] *a* prakaitinamasis, sukeliantis prakaitavimą; prakaito; **~ bath** *med.* prakaitinamoji vonia

sudden ['sʌdn] *a* **1** staigus; netikėtas, nelauktas; ūmus; *it was all very ~* tai atsitiko labai staigiai/netikėtai **2** greitas, skubotas *n: (all) of a ~* staiga, netikėtai

suddenly ['sʌdnlɪ] *adv* staiga, netikėtai, nelauktai

sudoriferous [ˌsjuːdə'rɪfərəs] *a anat.* prakaito; išskiriantis prakaitą; **~ glands** prakaito liaukos

sudorific [ˌsjuːdə'rɪfɪk] *med. a* prakaitą varantis, prakaitinamasis *(apie vaistus) n* prakaitinamasis vaistas

Sudovia [suː'dəuvɪə] *n* Sūduva

suds [sʌdz] *n pl* **1** muilo putos; pamuilės; muilinas vanduo **2** *amer. šnek.* alus

sudsy ['sʌdzɪ] *a* muilinas; putotas; *to wash in ~ water* skalbti muilo putose

sue [suː, sjuː] *v* **1** pareikšti ieškinį, iškelti bylą; *to ~ smb for libel* iškelti kam bylą už šmeižtą **2** *knyg.* prašyti, maldauti, reikalauti *(for); to ~ for mercy* maldauti pasigailėjimo □ *~ out* išsirūpinti, išreikalauti *(per teismą)*

Sue [sjuː] *n* Siu *(vardas)*

suede [sweɪd] *pr. n* zomša

suet ['suːɪt, 'sjuːɪt] *n (gyvulio vidurių)* taukai, lajus

Suez ['suːɪz] *n* Suecas; *the ~ Canal* Sueco kanalas

suffer ['sʌfə] *v* **1** (iš)kęsti, (iš)kentėti; *she ~ed a great deal of pain* ji daug prisikentėjo; *he ~s from headaches* jį kankina/kamuoja galvos skausmai; *he died suddenly and didn't ~* jis mirė staiga ir nesikankino **2** patirti *(pralaimėjimą, skausmą ir pan.);* nukentėti *(for – už, per; from – nuo); to ~ losses* patirti nuostolių; *to ~ an insult* patirti įžeidimą; *the child ~ed for his impudence* vaikas nukentėjo per savo įžūlumą **3** *(neig. sakiniuose)* pakęsti; nenoriai leisti; *I cannot ~ him* aš jo negaliu pakęsti; *not to ~ fools gladly* nepakęsti/netoleruoti kvailių/kvailumo

sufferable ['sʌfərəbl] *a* pakenčiamas, iškenčiamas

sufferance [ˌsʌfərəns] *n* **1** pakentimas, kantrumas; *it is beyond my ~* aš to negaliu pakęsti **2** *ret.* tylus sutikimas, nuolaidžiavimas; *he is here on ~* jį čia tik toleruoja *(vos pakenčia)*

sufferer ['sʌfərə] *n* **1** kentėtojas, kankinys **2** nukentėjėlis

suffering ['sʌfərɪŋ] *n* kančia, kentėjimas; *protracted ~s* ilgos kančios *a* kenčiantis

suffice [sə'faɪs] *v* pakakti, užtekti; patenkinti; *~ (it) to say that...* pakanka pasakyti, kad...; *your word will ~* jūsų žodžio užteks; *does it ~ you?* ar tai jus patenkina?

sufficiency [sə'fɪʃənsɪ] *n* pakankamumas; pakankamas kiekis *(of);* **~ in law** pakankamas teisinis pagrįstumas

sufficient [sə'fɪʃənt] *a* pakankamas, užtenkamas; **~ time [books]** pakankamai laiko [knygų]; *this sum is ~ for the journey* šios sumos pakaks kelionei

suffix ['sʌfɪks] *gram. n* priesaga, sufiksas *v* pridėti priesagą/sufiksą

suffixal ['sʌfɪksl] *a gram.* priesaginis, priesagos, sufikso

suffixation [ˌsʌfɪk'seɪʃn] *n gram.* sufiksacija, priesaginė (žodžių) daryba

suffocate ['sʌfəkeɪt] *v* **1** (už)troškinti, (už)dusinti **2** (už)trokšti, (už)dusti, slopti; *to ~ with rage prk.* dusti iš pykčio

suffocating ['sʌfəkeɪtɪŋ] *a* troškinantis, troškus, dusinantis, dusnus, slopus; *it is ~ here* čia galima užtrokšti

suffocation [ˌsʌfə'keɪʃn] *n* **1** užtroškinimas, uždusinimas **2** uždusimas; dusimas, dusulys

Suffolk ['sʌfək] *n* Safolkas *(Anglijos grafystė)*

suffragan ['sʌfrəgən] *n bažn.* generalinis vikaras, sufraganas *(t. p. ~ bishop)*

suffrage ['sʌfrɪdʒ] *n* **1** rinkimų/balsavimo teisė; *universal ~* visuotinė rinkimų teisė; *female/woman ~* rinkimų teisė moterims **2** balsas, balsavimas **3** *(ypač pl) bažn.* malda *(prašant užtarimo)*

suffragette [ˌsʌfrə'dʒet] *n ist.* sufražistė *(kovotoja už teisę balsuoti moterims)*

suffragist ['sʌfrədʒɪst] *n (ypač ist.)* moterų lygiateisiškumo šalininkas

suffruticose [sə'fruːtɪkəus] *a bot.* puskrūminis, puskrūmio

suffuse [sə'fjuːz] *v (ppr. pass)* užlieti, pasrūti; *~d with light* nupliekstas/nutvieкstas šviesos; *~d with tears* pasruvęs/apsipylęs ašaromis; *the light of the setting sun ~d the clouds* besileidžianti saulė nudažė debesis

suffusion [sə'fjuːʒn] *n* **1** užliejimas, pasruvimas **2** *(raudonio)* nutvieskimas, paraudimas **3** *med.* sufuzija, išplitusi kraujosruva

sugar ['ʃugə] *n <n, v, int>* **1** cukrus; *cane ~* cukranendrių cukrus; *beet ~* cukrinių runkelių cukrus; *granulated ~* smulkusis cukrus; *how many ~s do you want in your tea?* kiek cukraus dedate į arbatą? **2** meilikavimas, saldliežuvavimas **3** *šnek.* mielasis, -oji, širdelė *(kreipiantis)* **4** *sl.* narkotikas *(lašinamas ant cukraus gabaliuko)* **5** *chem.* sacharozė **6** *attr* cukrinis; *~ plants* cukriniai/cukringieji augalai *v* **1** cukruoti(s); cukrinti, (pa)saldinti *(t. p. prk.)* **2** meilikauti, saldliežuvauti *(ppr. ~ one's words) int šnek.* po perkūnais! *(t. p. oh ~)*

sugar-basin ['ʃugəˌbeɪsn] *n* cukrinė

sugar-beet ['ʃugəbiːt] *n bot.* cukrinis runkelis, cukriniai runkeliai

sugar-bowl ['ʃugəbəul] *n = sugar-basin*

sugar-candy ['ʃugəˌkændɪ] *n* ledinukas

sugarcane ['ʃugəkeɪn] *n bot.* cukranendrė

sugarcoated ['ʃugə'kəutɪd] *a* **1** apteptas glajumi, apibarstytas/glaistytas cukrumi; cukruotas **2** *prk.* pasaldintas, saldus

sugar-daddy ['ʃugəˌdædɪ] *n šnek.* pagyvenęs turtingas jaunų moterų garbintojas/gerbėjas

sugared ['ʃugəd] *a* **1** cukruotas, cukrinas **2** pasaldintas *(t. p. prk.)*
sugar-free ['ʃugəfri:] *a* be cukraus
sugarhouse ['ʃugəhaus] *n* cukraus fabrikas
sugarless ['ʃugələs] *a* be cukraus; nesaldus
sugarloaf ['ʃugələuf] *n* **1** cukraus galva **2** kūgio pavidalo kalva/kalnas
sugar-lump ['ʃugəlʌmp] *n* cukraus gabaliukas
sugar-maple ['ʃugəˌmeɪpl] *n bot.* cukrinis klevas
sugar-pea ['ʃugəpi:] *n bot.* cukriniai žirniai
sugar-pine ['ʃugəpaɪn] *n bot.* Vakarų Amerikos pušis
sugarplum ['ʃugəplʌm] *n psn.* **1** cukrinukas, smulkus apvalus ledinukas **2** komplimentas, meilūs žodžiai
sugar-refinery ['ʃugərɪˌfaɪnərɪ] *n* cukraus rafinavimo fabrikas, rafinado gamykla
sugar-tongs ['ʃugətɒŋz] *n pl* cukraus žnyplės
sugary ['ʃugərɪ] *a* **1** cukringas; saldintas **2** *prk.* saldus, saldutėlis; ~ *smile* saldi šypsena
suggest [sə'dʒest] *v* **1** (pa)siūlyti; patarti; *to ~ smb for president* pasiūlyti ką į prezidentus; *he ~ed her going there, ar that she should go there* jis (pa)siūlė jai eiti ten; *can you ~ where to stay in Vilnius?* ar galite patarti, kur apsistoti Vilniuje? **2** įteigti, duoti *(mintį ir pan.),* (su)kelti *(asociaciją ir pan.);* daryti užuominą, užsiminti; *an idea ~ed itself to me* man atėjo į galvą mintis **3** rodyti, sakyti, reikšti; *his white face ~s bad health* jo išblyškęs veidas rodo silpną sveikatą; *I'm not ~ing that...* aš nenoriu pasakyti, kad...; *does this name ~ anything to you?* ar jums ta pavardė ką nors sako? **4** *teis.* iškelti kaip prielaidą
suggestibility [səˌdʒestə'bɪlətɪ] *n* įtaigumas; pasidavimas įtaigai
suggestible [sə'dʒestəbl] *a* **1** pasiduodantis įtaigai, paveikiamas **2** įtaigus
suggestion [sə'dʒestʃn] *n* **1** pasiūlymas; patarimas; *to make a ~* a) iškelti mintį, pasiūlyti; b) pateikti pasiūlymą; *at smb's ~* kieno patarimu/pasiūlymu; *open to ~s* pasiruošęs išklausyti pasiūlymus; *my ~ is that...* aš siūlau... **2** *(šypsenos, liūdesio ir pan.)* šešėlis, žymė, pėdsakas *(of);* *there was a ~ of boredom in her voice* jos balse buvo juntamas nuobodulys; *there was a ~ of truth in his story* jo pasakojime buvo šiek tiek tiesos; *full of ~* reikšmingas, verčiantis susimąstyti **3** užuomina *(of; that)* **4** įtaiga; įteigimas; įtaigavimas; *to treat by ~* gydyti įtaiga **5** *psich.* sugestija **6** *teis.* galima aplinkybė; prielaida
suggestive [sə'dʒestɪv] *a* **1** darantis užuominą; dviprasmiškas **2** (su)keliantis mintis, verčiantis galvoti **3** įtaigus, įtaigingas; sugestyvus
suicidal [ˌsjuː'saɪdl] *a* **1** savižudiškas; linkęs į savižudybę **2** pražūtingas, pragaištingas
suicide ['sjuːɪsaɪd] *n* **1** savižudybė, nusižudymas; *attempted ~* bandymas nusižudyti; *cluster ~* grupinis nusižudymas; *~ pact* susitarimas nusižudyti kartu *(ypač įsimylėjėlių poros);* *to commit ~* nusižudyti, baigti gyvenimą savižudybe **2** savižudis, nusižudėlis **3** planų/vilčių žlugimas *(dėl paties kaltės);* *political ~* politinės karjeros sužlugdymas, politinė savižudybė
v nusižudyti *(t. p. refl)*
suit [suːt] *n* **1** kostiumas, eilutė *(t. p. ~ of clothes);* *slack ~* laisvas sportinis kostiumas; *dress ~* frakas; *a ~ of dittos* to paties audinio trijų dalių kostiumas; *a twopiece ~* moteriškas kostiumas *(švarkas ir sijonas);* *bathing ~* maudymosi kostiumėlis; *tank ~* maudymosi kostiumėlis su petnešėlėmis **2** rinkinys, komplektas; *~ of armour/mail* šarvai **3** darna, sutarimas; *in ~ with* išvien, sutartinai; *of a ~ with smth* derantis prie ko, su kuo **4** viena iš keturių kortų grupių/rūšių; *to follow the ~* a) mesti atitinkamos rūšies kortą; b) sekti pavyzdžiu; *long [short] ~* daug [nedaug] tos pačios rūšies kortų **5** prašymas; *at smb's ~, at the ~ of smb* kieno prašymu, kieno prašomas; *~ for pardon* malonės prašymas; *to grant a ~* patenkinti prašymą; *to make ~ (to)* nuolankiai prašyti **6** piršimasis, merginimas(is); *to press/plead one's ~ (with)* psn. merginti(s) **7** *teis.* byla, procesas; ieškinys; *to bring/file a ~ against smb* pareikšti kam ieškinį; *to be at ~* teistis, bylinėtis ◊ *smb's strong ~* kieno stiprioji savybė; *politeness is not his strong ~* jis nepasižymi mandagumu
v **1** atitikti, patenkinti *(reikalavimus, poreikius ir pan.),* būti patogiam; *to ~ smb's taste* atitikti kieno skonį; *will that time ~ you?* ar jums patogus tas laikas? **2** *refl (ppr. imp)* daryti kaip nori; *~ yourself!* daryk, kaip žinai/patinka! **3** derėti, tikti; *red does not ~ her* jai netinka raudona spalva; *he is not ~ed for a teacher* jis netinka į mokytojus; *to ~ smb as a saddle ~s a sow* ≡ tikti kaip karvei balnas **4** priderinti, pritaikyti *(to – prie);* *to ~ the action to the word* žodžius patvirtinti darbu
suitability [ˌsjuːtə'bɪlətɪ] *n* tinkamumas, tikimas *(for)*
suitable ['sjuːtəbl] *a* tinkamas, tikęs, tinkantis; atitinkamas; *to be ~ to/for smth* tikti, būti tinkamam kam
suitably ['sjuːtəblɪ] *adv* **1** tinkamai **2** deramai, pakankamai, gana
suitcase ['sjuːtkeɪs] *n* nedidelis lagaminas ◊ *to live out of ~* būti komivojažieriumi; daug keliauti
suite [swiːt] *n* **1** rinkinys, komplektas; *~ of furniture* baldų komplektas; *~ of rooms* a) kambarių anfilada, apartamentai; b) liukso kambariai *(viešbučio numeris)* **2** *ret.* svita, palyda, palydovai **3** *muz.* siuita **4** *geol.* svita
suited ['sjuːtɪd] *a* tinkamas, tinkantis; *not ~ to be a teacher* netinkamas būti mokytoju; *the climate there was more ~ to her health* klimatas ten labiau tiko jos sveikatai
suiting ['sjuːtɪŋ] *n* kostiuminis audinys
suitor ['sjuːtə] *n* **1** gerbėjas, mergintojas, asmuo, siekiantis moters rankos **2** prašytojas **3** *teis.* ieškovas
sulfa, sulfanilamide, sulfate *etc.* ['sʌlfə, ˌsʌlfə'nɪləmaɪd, 'sʌlfeɪt] *amer.* = **sulpha, sulphanilamide, sulphate** *ir pan.*
sulk [sʌlk] *n (ppr. the ~s)* bloga nuotaika *(t. p. a fit of the ~s);* *to take the ~s* būti piktam, šiauštis; *I am in the ~s ar in a ~* aš blogos nuotaikos, aš blogai nusiteikęs
v pykti, būti nepatenkintam/paniurusiam, raukytis, purkšti
sulkiness ['sʌlkɪnɪs] *n* **1** niūrumas, paniurimas **2** prasta nuotaika
sulky[1] ['sʌlkɪ] *a* **1** paniuręs, susiraukęs, suirzęs **2** niūrus *(apie orą ir pan.);* *~ day* niūri diena
sulky[2] *n ist.* vienvietis dviratis vežimas, bėda
sullage ['sʌlɪdʒ] *n* **1** nešvarumai, srutos, purvas **2** dumblas, nuosėdos **3** *metal.* šlakas, nuodegos
sullen ['sʌlən] *a* **1** paniuręs, suniuręs, piktas; užsidaręs **2** niūrus; apsiniaukęs; *~ clouds* niūrūs debesys **3** *poet.* lėtas, lėtai tekantis *(apie upelį ir pan.)*
sullenly ['sʌlənlɪ] *adv* (pa)niūromis; niūriai; *to obey ~* nenoromis paklusti
sully ['sʌlɪ] *v knyg.* (su)tepti, (su)teršti *(ypač prk.)*
sulpha ['sʌlfə] *farm. a* sulfanilamidinis
n sulfanilamidas, sulfanilamidinis preparatas *(t. p. ~ drug)*

sulphanilamide [ˌsʌlfə'nıləmaıd] = **sulpha** n
sulphate ['sʌlfeıt] n chem. sulfatas, sieros rūgšties druska; *copper* ~ vario sulfatas
sulphide ['sʌlfaıd] n chem. sulfidas
sulphite ['sʌlfaıt] n chem. sulfitas
sulphur ['sʌlfə] <n, a, v> n **1** chem. siera **2** žalsvai geltona spalva **3** zool. gelsvys *(kopūstinių baltukų šeimos drugys; t. p.* ~ *butterfly)*
a žalsvai geltonas
v apdoroti/aprūkyti siera
sulphurate ['sʌlfjureıt] v **1** impregnuoti siera **2** (ap)rūkyti siera
sulphureous [sʌl'fjuərıəs] a **1** chem. sieros; sieringas, sieruotas **2** sieros spalvos *(žalsvai geltonas)*
sulphuretted [ˌsʌlfju'retıd] a chem. sulfonintas; ~ *hydrogen* sieros vandenilis
sulphuric [sʌl'fjuərık] a chem. sieros, sierinis; ~ *acid* sieros rūgštis
sulphurize ['sʌlfəraız] v = **sulphurate**
sulphurous ['sʌlfərəs] a **1** = **sulphureous 2** pragariškas, pragaro; velniškas **3** prk. ugningas, karštas, aistringas; ~ *speech* ugninga kalba
sulphur-spring ['sʌlfəsprıŋ] n sieros šaltinis
sulphury ['sʌlfərı] a panašus į sierą; sieros, sierinis, sieringas
sultan ['sʌltən] n **1** *(turkų)* sultonas **2** *(turkiškų)* baltų vištų rūšis
sultana [sʌl'tɑːnə] n **1** sultono žmona/duktė/sesuo/motina **2** *(valdovo)* meilužė, favoritė **3** smulki besėklė razina *(t. p.* ~ *grape/raisin)*
sultanate ['sʌltəneıt] n sultonatas; sultono valdžia/valdymas
sultriness ['sʌltrınıs] n **1** šutnumas, tvankumas, kaitrumas, kaitra **2** *(moters)* aistringumas
sultry ['sʌltrı] a **1** šutnus, tvankus, kaitrus **2** aistringas, karštas, temperamentingas; ~ *beauty* aistringa gražuolė **3** geidulingas; nepadorus
sum [sʌm] n **1** suma *(t. p. mat.);* ~ *total* a) bendroji suma; b) visuma, viskas *(of); tiny* ~ apvali suma, nemaži pinigai **2** *(ypač pl)* aritmetika, skaičiavimas; aritmetikos uždavinys; *to do* ~*s* spręsti aritmetikos uždavinius, skaičiuoti; *he is good at* ~*s* jis gerai skaičiuoja; jis moka aritmetiką **3** susumavimas; rezultatas; *the* ~ *of our experience* visa mūsų patirtis, mūsų patirties rezultatas ◊ ~ *and substance (of) (ko)* pati esmė; *in* ~ apskritai imant; iš esmės; trumpai tariant; *to do one's* ~*s* šnek. pasiskaičiuoti pinigus, pasiskaičiuoti, ar užteks pinigų
v **1** (su)sumuoti, sudėti *(ppr.* ~ *up)* **2** prk. susumuoti, apibendrinti, reziumuoti *(ppr.* ~ *up; t. p. teis.)* **3** siekti *(to, into)* □ ~ *up* įvertinti; *to* ~ *up the situation* įvertinti situaciją
sumac(h) [ʃuːmæk, 'suːmæk] n bot. žagrenis
Sumatra [suˈmɑːtrə] n Sumatra *(sala)*
Sumerian [suˈmıərıən] n **1** šumeras **2** šumerų kalba
a šumerų
summa cum laude [ˌsʌməkʌm'laudeı] lot. amer. diplomas su pagyrimu
summarily ['sʌmərılı] adv be ilgų svarstymų, be ceremonijų, iš karto
summarize ['sʌməraız] v (su)sumuoti, apibendrinti, reziumuoti
summary ['sʌmərı] n trumpas išdėstymas, santrauka, reziumė, konspektas, suvestinė; *news* ~ naujienų suvestinė ◊ *in* ~ apibendrinant (reikia pasakyti)
a attr **1** trumpas, (su)glaustas; suvestinis; ~ *account* trumpa ataskaita; ~ *table* suvestinė lentelė **2** neatidėliotinas; ~ *punishment* a) neatidėliotina bausmė; susidorojimas; b) kar. drausminė nuobauda; *to treat smb with* ~ *dispatch* nesiceremonyti, susidoroti su kuo **3** teis. skubus, supaprastintas, sumarinis
summat ['sʌmət] dial. = **something** pron
summation [sə'meıʃn] n **1** (su)sumavimas; apibendrinimas **2** suma, visuma
summer[1] ['sʌmə] n **1** vasara; *high* ~ vidurvasaris; *Indian/St. Martin's/St.Luke's* ~ bobų vasara **2** *(the* ~*)* klestėjimo laikotarpis *(of)* **3** *(ppr. pl)* poet. metai; *a girl of eighteen* ~*s* aštuoniolikos pavasarių mergina **4** attr vasaros, vasarinis; ~ *cottage* vasarbutis, vasarnamis; ~ *time* vasaros laikas *(kai laikrodis pasukamas viena valanda į priekį)* ◊ ~ *and winter* ≡ žiemą vasarą, ištisus metus, nuolat
v ret. **1** praleisti vasarą, vasaroti **2** amer. ganyti(s) per vasarą
summer[2] n stat. sija; skersinis
summerhouse ['sʌməhaus] n vasarnamis; pavėsinė, altana, lapinė
summerlike ['sʌməlaık] a vasariškas
summerly ['sʌməlı] a vasaros, vasarinis, vasariškas
summersault ['sʌməsɔːlt] = **somersault** n, v
summertime ['sʌmətaım] n vasaros metas, vasarmetis
summertree ['sʌmətriː] n = **summer**[2]
summery ['sʌmərı] a vasarinis, vasariškas
summing-up [ˌsʌmıŋ'ʌp] n **1** susumavimas, apibendrinimas **2** *(padėties ir pan.)* įvertinimas **3** teis. apibendrinamoji teisėjo kalba *(prisiekusiesiems)*
summit ['sʌmıt] n **1** viršūnė *(t. p. geom.)* **2** prk. viršūnė, aukščiausias taškas/laipsnis, apogėjus **3** polit., dipl. aukščiausias lygis; aukštieji sluoksniai; aukščiausio lygio susitikimas *(t. p.* ~ *meeting)* **4** attr polit., dipl. aukščiausio lygio; ~ *talks* valstybės vadovų derybos; ~ *conference* aukščiausio lygio konferencija/pasitarimas
summiteer [ˌsʌmı'tıə] n polit. aukščiausio lygio susitikimo dalyvis
summon ['sʌmən] v **1** pakviesti, pašaukti; *he* ~*ed his secretary* jis pakvietė savo sekretorę **2** sušaukti, sukviesti *(susirinkimą ir pan.)* **3** *(ppr. pass)* šaukti *(į teismą)* **4** reikalauti *(ką įvykdyti ir pan.);* *we* ~*ed the enemy to surrender* mes pareikalavome, kad priešas pasiduotų **5** sukaupti, sutelkti *(džn.* ~ *up); to* ~ *up courage* sutelkti drąsą, įsidrąsinti; *to* ~ *(up) all one's strength* sukaupti visas jėgas □ ~ *up* sukelti, sužadinti *(prisiminimus ir pan.)*
summons ['sʌmənz] n *(pl* ~es) **1** kvietimas, šaukimas **2** teis. šaukimas; *to serve a witness with a* ~ įteikti liudytojui teismo šaukimą **3** kar. reikalavimas pasiduoti *(t. p.* ~ *to surrender)*
v *(džn. pass)* įteikti teismo šaukimą
sump [sʌmp] n **1** surenkamasis/nutekamasis šulinys, atmatų/srutų duobė **2** tech. alyvos/purvo rinktuvė; karterio dugninė **3** kas. (nu)sodintuvas, zumpfas
sumpter(-horse) ['sʌmptə(hɔːs)] n psn. nešulinis arklys
sumption ['sʌmpʃn] n log. didžioji premisa
sumptuary ['sʌmptʃuərı] a teis. reguliuojantis išlaidas, išlaidų *(apie įstatymą ir pan.)*
sumptuous ['sʌmptʃuəs] a prabangus, ištaigingas; brangus; ~ *clothes* prabangūs drabužiai
sun [sʌn] n **1** saulė; *to take/shoot the* ~ jūr. (iš)matuoti saulės aukštį sekstantu **2** saulės šviesa/spinduliai/šiluma; *in the* ~ saulėje, prieš saulę; *to catch/amer. get the* ~ a) nudegti/įdegti saulėje; b) išeiti langais į saulės pusę; *to take the* ~ kaitintis/degintis saulėje; *to rise with*

the ~ keltis su saule; *from ~ to* ~ nuo saulėtekio ligi saulėlydžio **3** *astr.* dangaus šviesulys *(ppr. žvaigždė, esanti pasaulių sistemos centru)* **4** *psn.* diena; metai ◊ *against* **[with]** *the* ~ prieš [pagal] laikrodžio rodyklę; *under the* ~ a) ≅ po saule, (šioje) žemėje, pasaulyje; b) gi *(vart. pabrėžti); where under the ~ did he go?* kurgi jis nuėjo?; *to hail/adore the rising* ~ pataikauti naujai valdžiai; *his ~ is rising* ≅ jo žvaigždė kyla; *his ~ is set* ≅ jo žvaigždė nusileido; *a place in the* ~ ≅ šilta vietelė; pelninga/naudinga padėtis; *to see the* ~ ≅ saulės spindulius išvysti, (už)gimti; *let not the ~ go down upon your wrath juok.* nepykite ilgiau kaip ligi vakaro, vieną dieną; *the morning ~ never lasts a day* ≅ pasaulyje nėra nieko amžina; *to make the ~ shine through* a) padaryti skylę; b) peršauti; nušauti; *to think the ~ shines out of smb's bum šnek.* manyti, kad iš jo saulė šviečia *(apie žmogų, kuris nepelnytai gerbiamas/mylimas ir pan.)*
v **1** *(džn. refl)* šildyti(s)/kaitinti(s) saulėje/saulėkaitoje **2** padėti/padžiauti/blukinti saulėje
sun-and-planet [ˌsʌnənd'plænɪt] *a:* ~ *gear tech.* planetinis mechanizmas
sunback ['sʌnbæk] *a* su gilia iškirpte nugaroje *(apie drabužį)*
sun-baked ['sʌnbeɪkt] *a* saulės iškeptas/išdegintas/išdžiovintas
sunbath ['sʌnbɑːθ] *n* saulės vonia
sunbathe ['sʌnbeɪð] *v* degintis saulėje/saulėkaitoje
sunbeam ['sʌnbiːm] *n* saulės spindulys
sunbed ['sʌnbed] *n* gulimoji kėdė *(kaitintis, švitintis)*
sunbelt ['sʌnbelt] *n amer.* pietų/pietvakarių valstijos
sunblind ['sʌnblaɪnd] *n* markizė, išorinė lango užuolaida nuo saulės; tentas
sunblock ['sʌnblɒk] *n* (kosmetinis) preparatas nuo saulės nudegimo
sunbonnet ['sʌnˌbɒnɪt] *n (moteriška, vaikiška)* skrybėlaitė *(apsaugojanti galvą ir kaklą nuo saulės);* pliažinė skrybėlaitė
sunburn ['sʌnbəːn] *n* įdegimas *(saulėje);* nudegimas *(nuo saulės)*
sunburnt ['sʌnbəːnt] *a* įdegęs, nudegęs *(saulėje); to get* ~ įdegti/nudegti saulėje
sunburst ['sʌnbəːst] *n* **1** prošvaistė, skaistūs saulės spinduliai iš po debesų **2** spinduliuojančios saulės pavidalo juvelyrinis dirbinys
sun-cult ['sʌnkʌlt] *n* saulės kultas
sun-cured ['sʌnkjʊəd] *a* džiovintas/vytintas saulėje *(apie produktus)*
sundae ['sʌndeɪ] *n* grietininiai ledai, užpilti sirupu, vaisiais, riešutais *ir pan.*
Sunday ['sʌndɪ] *n* sekmadienis; *on* ~ sekmadienį ◊ *~ best šnek.* šventadienis/išeiginis drabužis; *to look two ways to find* ~ *šnek.* žvairuoti; *when two ~s come together* ≅ kai gaidžiai kiaušinius dės; kai sausa lazda sužaliuos; ~ *saint* žmogus, kuris tik sekmadienį prisimena esąs religingas; ~ *driver* menkas vairuotojas *(lėtai/nereguliariai važinėjantis)*
Sunday-go-to-meeting ['sʌndɪgəʊtə'miːtɪŋ] *a amer. šnek.* šventadienis, išeiginis
Sunday-school ['sʌndɪskuːl] *n* tikybos pamokos sekmadieniais
sundeck ['sʌndek] *n* **1** viršutinis denis **2** atvira veranda į saulės pusę *(viešbutyje ir pan.)*
sunder ['sʌndə] *poet. v* **1** išskirti, atskirti; suardyti, sugriauti **2** atsiskirti
n: in ~ atskirai, skyrium
sundew ['sʌndjuː] *n bot.* saulašarė

sundial ['sʌndaɪəl] *n* saulės laikrodis
sundog ['sʌndɒg] *n astr.* netikroji Saulė
sundown ['sʌndaʊn] *n (ypač amer.)* **1** saulėlydis **2** moteriška plačiakraštė skrybėlė
sundowner ['sʌnˌdaʊnə] *n* **1** *šnek.* taurelė svaigalų, geriama po saulėlydžio **2** *amer.* valstybinės įstaigos darbuotojas, užsiimantis privačia praktika po darbo valandų *(apie juristą ir pan.)* **3** *austral.* dykinėtojas, valkata *(kuris dažnai prašosi nakvynės)*
sundrenched ['sʌndrentʃt] *a* saulės kepinamas; saulėtas
sundress ['sʌndres] *n* paplūdimio suknelė, sarafanas
sun-dried ['sʌndraɪd] *a* **1** saulės iškepintas/išdegintas **2** džiovintas saulėje *(džn. apie produktus)*
sundry ['sʌndrɪ] *a attr* įvairus; *to talk of* ~ *matters* kalbėti apie įvairius dalykus
n pl įvairenybės, smulkmenos, mažmožiai, įvairios išlaidos ◊ *all and* ~ visi be išimties
sunfast ['sʌnfɑːst] *a* neblunkantis nuo saulės
sun-filled ['sʌnfɪld] *a* saulės nutviekstas
sunfish ['sʌnfɪʃ] *n zool.* mėnulžuvė
sunflower ['sʌnˌflaʊə] *n bot.* saulėgrąža; ~ *seeds* saulėgrąžų sėklos; *to nibble ~s* krimsti/gliaudyti saulėgrąžas
sung [sʌŋ] *pII žr.* **sing** *v*
sunglasses ['sʌnˌglɑːsɪz] *n pl* saulės akiniai
sun-god ['sʌngɒd] *n* saulės dievas
sunhat ['sʌnhæt] *n* plačiakraštė skrybėlė nuo saulės
sun-helmet ['sʌnˌhelmɪt] *n* skrybėlė/šalmas nuo saulės *(atogrąžų kraštuose)*
sunk [sʌŋk] *pII žr.* **sink** *v*
a **1** nusekęs; nugramzdintas, paskandintas **2** *šnek.* sunkioje/keblioje padėtyje; *I'm* ~ įkliuvau
sunken ['sʌŋkən] *a* **1** paskendęs; nugrimzdęs; ~ *rock* povandeninė uola **2** nusėdęs; nuslūgęs, nusekęs; pažemintas; ~ *battery kar.* apsikasusi baterija **3** įdubęs; ~ *eyes* įdubusios akys
sunlamp ['sʌnlæmp] *n* saulės šviesos lempa; ultravioletinių spindulių lempa *(vart. gydyti)*
sunless ['sʌnləs] *a* **1** besaulis, tamsus **2** niūrus, suniuręs
sunlight ['sʌnlaɪt] *n* saulės šviesa
sunlit ['sʌnlɪt] *a* apšviestas saulės, saulėtas
sun-lounge ['sʌnlaʊndʒ] *n* saulėtas kambarys *(ypač sanatorijoje, viešbutyje);* kambarys su stiklo sienomis
sunlounger ['sʌn'laʊndʒə] *n* ilgas sulankstomas krėslas, šezlongas *(degintis saulėje)*
sunn [sʌn] *n bot.* indiškoji krotaliarija/kanapė *(t. p.* ~ *hemp)*
Sunna ['sʊnə, 'sʌnə] *arab. n rel.* suna
Sunni ['sʊnɪ, 'sʌnɪ] *arab. n rel.* **1** sunitas **2** sunizmas
sunny ['sʌnɪ] *a* **1** saulėtas, saulės nušviestas **2** linksmas, džiugus; ~ *smile* džiugi šypsena
sunny-side ['sʌnɪsaɪd] *a:* ~ *up amer.* leistinė, neplakta *(apie kiaušinienę)*
sun-parlor ['sʌnˌpɑːlə] *n amer.* = **sun-porch**
sun-porch ['sʌnpɔːtʃ] *n amer.* **1** veranda su stiklo sienomis, kambarys su daugeliu langų *(iš saulėtos pusės);* soliariumas **2** įstiklinta terasa
sunproof ['sʌnpruːf] *a* **1** nepralaidus saulės spinduliams **2** neblunkantis nuo saulės
sunrise ['sʌnraɪz] *n* **1** saulėtekis; *at* ~ saulei tekant **2** ryto aušra/žara
sunroof ['sʌnruːf] *n* **1** plokščias stogas *(degintis saulėje)* **2** *(automobilio)* sustumiamas/atidaromas stogas
sunrose ['sʌnrəʊz] *n bot.* saulenis, saularožė
sunscreen ['sʌnskriːn] *n* = **sunblock**

sunseeker ['sʌnˌsi:kə] *n* mėgėjas kaitintis saulėje *(apie kurortininką ir pan.)*
sunset ['sʌnset] *n* **1** saulėlydis; *at* ~ saulei leidžiantis **2** *prk.* saulėlydis, galas, pabaiga **3** vakaro žara
sunshade ['sʌnʃeɪd] *n* **1** skėtis *(nuo saulės)* **2** tentas **3** *pl* saulės akiniai
sunshield ['sʌnʃi:ld] *n* *aut.* skydelis nuo saulės
sunshine ['sʌnʃaɪn] *n* **1** saulės šviesa; saulėkaita, atokaita; *in the* ~ saulėje; saulėkaitoje **2** gražus saulėtas oras, giedra **3** gera nuotaika; džiaugsmas, laimė; *a ray of* ~ a) džiaugsmo/laimės spindulėlis/spindulys; b) *šnek.* linksmuolis
sunspecs ['sʌnspeks] *n pl šnek.* = **sunglasses**
sunspot ['sʌnspɔt] *n astr.* Saulės dėmė
sunstone ['sʌnstəun] *n min.* lauko špatas
sunstroke ['sʌnstrəuk] *n med.* saulės smūgis
sunsuit ['sʌnsu:t] *n (moteriškas)* paplūdimio kostiumas
suntan ['sʌntæn] *n* **1** įdegimas *(nuo saulės); to get a* ~ įdegti; *to have a good/nice* ~ būti gražiai įdegusiam **2** *pl kar. šnek.* vasaros apranga
suntanned ['sʌntænd] *a (gražiai)* įdegęs
suntrap ['sʌntræp] *n* saulėkaita, saulės atokaita/įkaita; *the verandah is a positive* ~ verandoje galima persikaitinti
sunup ['sʌnʌp] *n (ypač amer.)* saulėtekis
sunward ['sʌnwəd] *a* atsuktas/atsisukęs į saulę, judantis saulės link
adv saulės link, į saulę
sunwards ['sʌnwədz] = **sunward** *adv*
sunwise ['sʌnwaɪz] *adv* saulės judėjimo kryptimi, pagal laikrodžio rodyklę
sun-worship ['sʌnˌwə:ʃɪp] *n* **1** *rel.* saulės garbinimas **2** *šnek.* pamėgimas degintis *(saulėje)*
sun-worshipper ['sʌnˌwə:ʃɪpə] *n* **1** *rel.* saulės garbintojas **2** *šnek.* = **sunseeker**
Suomi [suˈəmɪ] *n* **1** suomių kalba **2** *kuop.* suomiai
sup [sʌp] *n šiaur.* gurkšnis, gurkšnelis *(of)*
v **1** srėbti; siurbčioti, gurkšnoti **2** vakarieniauti; vaišinti vakariene; *I ~ped on cheese and fruit* vakarienės aš suvalgiau sūrio ir vaisių ◊ *he that ~s with devil needs, ar must have a long spoon* ≡ neik su velniu obuoliauti, liksi be kraitelės ir be obuolių
supe [sju:p] *šnek.* = **super** *n* 1
super ['su:pə] *n* **1** (supernumerary *sutr.*) *teatr.* statistas **2** *šnek.* atliekamas/nereikalingas žmogus; nesvarbus asmuo **3** (superintendent *sutr.*) *šnek.* policijos vyresnysis inspektorius; direktorius, valdytojas **4** magazinas *(avilyje)* **5** *kom.* aukščiausios rūšies, geros kokybės prekė
a **1** aukščiausios rūšies, geriausios kokybės; aukščiausio laipsnio; ~ *secrecy* visiškas slaptumas **2** *šnek.* puikus, nuostabus; *what a ~ idea!* (kokia) nuostabi mintis!
super- ['su:pə-, 'sju:pə-] *pref* **1** *(t. p.* **supra-***)*, ant- *(žymint padėtį virš ko);* **supermarine** antvandeninis; *suprarenal* antinkstinis **2** per-, super-, virš- *(žymint normos/saiko viršijimą);* **superheating** perkaitinimas; *superconductor* superlaidininkas; *supertanker* supertanklaivis; *supersonic* viršgarsinis **3** viršaus, papildomas, papildomai; *superadd* pridėti viršaus; *superinduce* papildomai įtraukti/pridėti
superable ['su:pərəbl] *a* įveikiamas
superabundance [ˌsu:pərəˈbʌndəns] *n* didelis perteklius, gausybė, apstas
superabundant [ˌsu:pərəˈbʌndənt] *a* pernelyg gausus, gausingas, apstus
superannuate [ˌsu:pərˈænjueɪt] *v* **1** atleisti dėl senatvės; išleisti į pensiją **2** pašalinti iš mokyklos, kaip išaugusį iš mokyklinio amžiaus **3** laikyti pasenusiu, „nurašyti"; pasenti
superannuated [ˌsu:pərˈænjueɪtɪd] *a* **1** persenęs; pasenęs **2** peraugęs *(amžiumi)*
superannuation [ˌsu:pərænjuˈeɪʃn] *n* **1** senatvės pensija; ~ *contribution* reguliarios įmokos senatvės pensijai gauti **2** atleidimas dėl senatvės; išleidimas/išėjimas į pensiją
superb [su:ˈpə:b] *a* **1** puikus, nuostabus **2** didžiulis, grandiozinis
supercargo ['su:pəˌka:gəu] *n (pl* ~(e)s [-z]) *jūr.* asmuo, atsakingas už krovinį prekiniame laive, superkargas
supercharge ['su:pətʃa:dʒ] *v tech.* perkrauti; pripūsti
supercharger ['su:pəˌtʃa:dʒə] *n tech.* pūstuvas, pripūtimo kompresorius; *av.* slėgtuvas
superciliary [ˌsu:pəˈsɪlɪərɪ] *a anat.* antakinis
supercilious [ˌsu:pəˈsɪlɪəs] *a* išdidus, išpuikęs, arogantiškas
superconductivity [ˌsu:pəkɔndəkˈtɪvətɪ] *n fiz.* superlaidumas
superconductor [ˌsu:pəkənˈdʌktə] *n fiz.* superlaidininkas
supercool [ˌsu:pəˈku:l] *v* peršaldyti; per daug atšalti
superduper [ˌsu:pəˈdu:pə] *a šnek.* nuostabus, grandiozinis
superego [ˌsu:pərˈi:gəu, -ˈegəu] *n (pl* ~s [-z]) *psich.* sąžinė
superelevation [ˌsu:pərˌelɪˈveɪʃn] *n* (viražo, išorinio bėgio) pakyla *(kelio kreivėje)*
supereminent [ˌsu:pərˈemɪnənt] *a* **1** išsiskiriantis laipsniu/rangu/privalumais *ir pan.* **2** įžymus, puikus
supererogation [ˌsu:pərˌerəˈgeɪʃn] *n* perviršinis darbas, padarymas daugiau, negu reikia; bereikalingas darbas
supererogatory [ˌsu:pərɪˈrɔgətərɪ] *a* viršijantis nustatytą normą; nereikalingas, papildomas
superfatted [ˌsu:pəˈfætɪd] *a* per riebus, perriebintas *(apie muilą ir pan.)*
superficial [ˌsu:pəˈfɪʃl] *a* **1** paviršutinis, negilus *(t. p. prk.);* paviršutiniškas; ~ *wound* negili žaizda; ~ *knowledge* paviršutiniškos žinios; ~ *layer* paviršinis sluoksnis **2** išorinis, tariamas; nežymus; ~ *resemblance* išorinis panašumas; ~ *reconciliation* tariamas susitaikinimas, susitaikinimas tik dėl akių **3** *spec.* kvadratinis *(apie matą)* **4** *geol.* sąnašinis
superficiality [ˌsu:pəfɪʃɪˈælətɪ] *n* paviršutiniškumas
superficies [ˌsu:pəˈfɪʃi:z] *n (pl* ~) **1** paviršius *(t. p. geom.)* **2** išorė
superfilm ['su:pəfɪlm] *n* didelį pasisekimą turintis filmas
superfine ['su:pəfaɪn] *a* **1** *kom.* aukščiausios rūšies/kokybės **2** per daug subtilus/rafinuotas/trapus
superfinish [ˌsu:pəˈfɪnɪʃ] *n tech. (metalų)* superfinišavimas
superfluidity [ˌsu:pəflu:ˈɪdətɪ] *n fiz.* supertakumas
superfluity [ˌsu:pəˈflu:ətɪ] *n* **1** gausumas, gausybė **2** perteklius, perviršis **3** *(ppr. pl)* nesaikingumas; atliekamas/nereikalingas daiktas
superfluous [su:ˈpə:fluəs] *a* **1** atliekamas, nereikalingas **2** pernelyg gausus; besaikis
supergalaxy ['su:pəˌgæləksɪ] *n astr.* supergalaktika
supergiant ['su:pəˌdʒaɪənt] *n astr.* supermilžinė *(t. p.* ~ *star)*
supergrass ['su:pəgra:s] *n šnek.* nusikaltėlis, išduodantis savo bendrus
superheat *tech.* *n* ['su:pəhi:t] perkaitinimas
v [ˌsu:pəˈhi:t] perkaitinti
superheater ['su:pəˌhi:tə] *n tech. (garo ir pan.)* perkaitintuvas
superheavy [ˌsu:pəˈhevɪ] *a fiz.* supersunkusis
superhighway ['su:pəˌhaɪweɪ] *n amer.* aukščiausios klasės autostrada

superhuman [ˌsuːpəˈhjuːmən] *a* antžmogiškas, nežmoniškas; **~ effort** antžmogiškos pastangos
superimpose [ˌsuːpərɪmˈpəuz] *v* **1** uždėti *(vieną daiktą ant kito; on, upon)*; užrašyti, nubrėžti *(ant viršaus)* **2** perkelti *(ko bruožus ir pan.)* į kitą situaciją *(on)*
superincumbent [ˌsuːpərɪnˈkʌmbənt] *a* **1** esantis, gulintis *(ant)* **2** išsikišęs, kabantis *(virš)*
superinduce [ˌsuːpərɪnˈdjuːs] *v* papildomai įtraukti/pridėti
superintend [ˌsuːpərɪnˈtend] *v* vadovauti; prižiūrėti, tvarkyti
superintendence [ˌsuːpərɪnˈtendəns] *n* vadovavimas; priežiūra
superintendent [ˌsuːpərɪnˈtendənt] *n* **1** vadovas, direktorius, valdytojas **2** policijos vyresnysis inspektorius *(t. p.* **police ~)** **3** prižiūrėtojas, tvarkytojas; *amer. (pastato)* komendantas **4** *amer.* mokyklų inspektorius *(t. p.* **~ of schools)**
superior [suːˈpɪərɪə] *a* **1** geresnis, aukštesnės kokybės; **made of ~ cloth** pasiūtas iš aukštos kokybės medžiagos; **~ wine** aukščiausios rūšies vynas *(ypač reklamoje)*; **this machine is ~ to that one** ši mašina geresnė už aną; **he is my ~ in doing sums** jis geriau skaičiuoja negu aš; **a very ~ person** neeilinis žmogus **2** aukštesnis, viršesnis, vyresnis *(padėtimi, laipsniu ir pan.)*; **~ court** aukštesnysis teismas **3** pranašus, pranašesnis; **~ forces** pranašesnės jėgos **4** *(to)* nepasiekiamas, nenusileidžiantis *(iki)*; **to be ~ to prejudice** nekreipti dėmesio į prietarus; **he is ~ to bribery** jo nepapirksi **5** išdidus; pasipūtėliškas **6** *biol.* esantis aukščiau, viršutinis; esantis virš kito organo; **~ wings** antsparniai **7** *astr.* esantis toliau nuo Saulės negu Žemė **8** *poligr.* esantis virš eilutės
n **1** vyresnysis, viršininkas; **smb's immediate ~** kieno tiesioginis viršininkas **2** *(kuo)* pranašesnis asmuo; pranašuolis; **he has no ~ in wit** jo niekas nepranoksta sąmoju; **they have no ~s in courage** jų niekas nepralenkė drąsa **3** *(vienuolyno)* vyresnysis, viršininkas; igumenas; **Father S.** vienuolyno viršininkas; **Mother S.** vienuolyno viršininkė; igumenė **4** *poligr.* ženklas, esantis virš *(teksto)* eilutės
Superior [suːˈpɪərɪə] *n:* **Lake ~** Aukštutinis ežeras *(JAV)*
superioress [suːˈpɪərɪərɪs] *n ret. (vienuolyno)* viršininkė; igumenė
superiority [suːˌpɪərɪˈɔrətɪ] *n* **1** vyresniškumas, viršenybė **2** pranašumas; **air ~ kar.** pranašumas ore; **~ complex** *psich.* pranašumo kompleksas
superiorly [suːˈpɪərɪəlɪ] *adv* **1** geriau **2** aukščiau; aukštyn **3** iš aukšto
superjacent [ˌsuːpəˈdʒeɪsənt] *a* gulintis, esantis *(ant)*
superjet [ˈsuːpədʒet] *n* viršgarsinis reaktyvinis lėktuvas
superlative [suːˈpəːlətɪv] *a* **1** geriausias, aukščiausias; **~ wisdom** didžiausia išmintis **2** puikus; **~ beauty** neprilygstamas grožis **3** *gram.* aukščiausiasis *(apie laipsnį)*
n **1** viršūnė, kulminacinis taškas **2** *gram.* aukščiausiasis laipsnis; superl(i)atyvas *(t. p. prk.)*; aukščiausiojo laipsnio būdvardis/prieveiksmis; **to speak in ~s** perdėti, kalbėti superl(i)atyvais, hiperbolizuoti
superlatively [suːˈpəːlətɪvlɪ] *adv* nepaprastai, be galo
superlunary [ˌsuːpəˈluːnərɪ] *a* **1** *astr.* esantis virš/už Mėnulio **2** nežemiškas, dangaus
superman [ˈsuːpəmæn] *n (pl* -men [-men]) *(tik v.)* **1** *(ypač filos.)* antžmogis **2** supermenas
supermarket [ˈsuːpəˌmɑːkɪt] *n* didelė savitarnos parduotuvė, prekybos centras

supermundane [ˌsuːpəˈmʌndeɪn] *a* nežemiškas
supernaculum [ˌsuːpəˈnækjuːləm] *lot. adv:* **to drink ~** išgerti iki paskutinio lašo, iki dugno
supernal [suːˈpəːnl] *a poet.* **1** dieviškas, nuostabus; kilnus **2** dangaus, dangiškas; esantis aukštai danguje
supernatant [ˌsuːpəˈneɪtənt] *a spec.* plaukiojantis paviršiuje, plūduriuojantis
supernational [ˌsuːpəˈnæʃnl] *a* **1** antnacionalinis **2** kraštutiniškai nacionalistinis
supernatural [ˌsuːpəˈnætʃrəl] *a* antgamtinis, antgamtiškas *n* **(the ~)** antgamtinės jėgos/būtybės; antgamtiniai reiškiniai
supernature [ˈsjuːpəˌneɪtʃə] *n filos.* antgamtis
supernormal [ˌsuːpəˈnɔːml] *a* viršijantis normalų lygį; aukštesnio negu vidutinio lygio; **~ pupil** talentingas/gabus mokinys
supernova [ˌsuːpəˈnəuvə] *n (pl* -ae[-iː], ~s) *astr.* supernova
supernumerary [ˌsuːpəˈnjuːmərərɪ] *n* **1** neetatinis darbuotojas; laikinas pavaduotojas **2** *teatr.* statistas
a neetatinis; atliekamas; papildomas
superorder [ˈsuːpərˌɔːdə] *n biol.* antbūris
superordinate [ˌsuːpərˈɔːdɪnət] *n* **1** vyresnysis *(laipsniu, pareigomis)* **2** *kalb.* hiperonimas
a pranašesnis *(to)*
superphosphate [ˌsuːpəˈfɔsfeɪt] *n chem.* superfosfatas
superphysical [ˌsuːpəˈfɪzɪkl] *a* nepaaiškinamas fizikos dėsniais; antgamtiškas
superpose [ˌsuːpəˈpəuz] *v* **1** uždėti *(vieną daiktą ant kito)* **2** *geom.* sutapdinti
superposition [ˌsuːpəpəˈzɪʃn] *n* **1** *spec.* sutapdinimas, uždėjimas; superpozicija **2** *geol.* slūgsojimas klodais
superpower [ˈsuːpəˌpauə] *n* **1** supervalstybė **2** neprilygstama jėga
superprofit [ˈsuːpəˌprɔfɪt] *n ekon.* antpelnis
superrational [ˌsuːpəˈræʃnəl] *a* nesuvokiamas protu; intuityvus
supersaturate [ˌsuːpəˈsætʃureɪt] *v chem.* persotinti *(skiedinį)*
superscribe [ˌsuːpəˈskraɪb] *v* užrašyti *(viršuje, ant)*; adresuoti
superscript [ˈsuːpəskrɪpt] *a* užrašytas virš *(parašyto žodžio, parašytos eilutės; ypač mat.)*
superscription [ˌsuːpəˈskrɪpʃn] *n* užrašas, antrašas; adresas
supersede [ˌsuːpəˈsiːd] *v* **1** išstumti, daryti ne(be)reikalingą; užimti *(ko)* vietą **2** *teis.* pakeisti, anuliuoti
supersensible [ˌsuːpəˈsensəbl] *a* antjutiminis
supersensitive [ˌsuːpəˈsensɪtɪv] *a* superjautrus, pernelyg jautrus
supersensory [ˌsuːpəˈsensərɪ] *a* **1** nesuvokiamas jutimo organais **2** *filos.* antjutiminis, transcendentalus
superserver [ˈsuːpəˌsəːvə] *n* galingas kompiuteris, valdantis kitus kompiuterius
superserviceable [ˌsuːpəˈsəːvɪsəbl] *a* įkyriai paslaugus
supersonic [ˌsuːpəˈsɔnɪk] *a* viršgarsinis; *fiz.* ultragarsinis; **~ aircraft** viršgarsinis lėktuvas
supersonics [ˌsuːpəˈsɔnɪks] *n fiz.* ultraakustika
superstar [ˈsuːpəstɑː] *n* **1** superžvaigždė *(apie aktorių, muzikantą ir pan.)*; **to achieve ~ status** tapti superžvaigžde/įžymybe **2** *astr.* kvazaras
superstate [ˈsuːpəsteɪt] *n* supervalstybė; galinga centralizuota valstybė *(ypač federacija)*
superstition [ˌsuːpəˈstɪʃn] *n* prietaras; prietaringumas
superstitious [ˌsuːpəˈstɪʃəs] *a* prietaringas; **~ beliefs** prietarai
superstore [ˈsuːpəstɔː] *n* universalinė parduotuvė

superstratum [ˌsuːpəˈstreɪtəm] *n* (*pl* -ta [-tə]) **1** *geol.* antsluoksnis **2** *kalb.* superstratas

superstructural [ˈsuːpəˌstrʌktʃərəl] *a filos.* antstatinis, antstato

superstructure [ˈsuːpəˌstrʌktʃə] *n* (*pastato ir pan.*) antžeminė dalis; antstatas (*t. p. filos.*); **deck ~** denio antstatas

supertanker [ˈsuːpəˌtæŋkə] *n* supertanklaivis

supertax [ˈsuːpətæks] *n* antmokestis, antpelnio mokestis

supervene [ˌsuːpəˈviːn] *v* ištikti; iškilti, išplaukti (*iš*); (at)eiti (*po*)

supervenient [ˌsuːpəˈviːnɪənt] *a* išplaukiantis (*iš*); iškilęs papildomai; (at)einantis (*po*)

supervention [ˌsuːpəˈvenʃn] *n* nelauktas rezultatas, iškilimas; (at)ėjimas (*ko nors nenumatyto*); veiksmas *ir pan.* kaip (*ko*) rezultatas

supervise [ˈsuːpəvaɪz] *v* prižiūrėti, stebėti; vadovauti

supervising [ˈsuːpəvaɪzɪŋ] *a* prižiūrintis, stebintis; vadovaujantis; **~ instructor** klasės vadovas

supervision [ˌsuːpəˈvɪʒn] *n* priežiūra, prižiūrėjimas, stebėjimas; vadovavimas; **under the ~ of smb** kieno priežiūroje; **to work under smb's ~** dirbti kieno vadovaujamam/kontroliuojamam

supervisor [ˈsuːpəvaɪzə] *n* **1** prižiūrėtojas; **factory ~** meistras **2** vadovas, konsultantas (*universitete*) **3** *mok.* inspektorius, metodininkas

supervisory [ˌsuːpəˈvaɪzərɪ] *a* priežiūros, stebėjimo, stebimasis; prižiūrintis, kontroliuojantis; (*teis. t. p.*) priežiūrinis; **~ body** kontrolės organas

supinator [ˈsuːpɪneɪtə] *n anat.* atgręžiamasis raumuo, supinatorius

supine¹ [ˈsuːpaɪn] *a* **1** aukštielninkas; atverstas delnu aukštyn (*apie ranką*); atloštas, atmestas aukštyn (*apie kūno dalį*) **2** tingus, nerangus **3** abejingas, inertiškas, vangus

supine² *n gram.* supinas, siekinys

supper [ˈsʌpə] *n* vakarienė; **at/over ~** vakarieniaujant, per vakarienę; **to have/eat ~** vakarieniauti ◊ **the Last S.** *rel.* Paskutinė vakarienė; **to sing for ~** pačiam užsidirbti (*pragyvenimui, duoną*)

supperless [ˈsʌpələs] *a* nevakarieniavęs, be vakarienės

supplant [səˈplɑːnt] *v* išstumti, pakeisti; užimti (*kieno*) vietą (*gudrumu, jėga ir pan.*); išgyvendinti

supple [ˈsʌpl] *a* **1** lankstus, miklus, elastingas (*t. p. prk.*); **~ mind** lankstus protas **2** nuolaidus, sukalbamas; prisitaikėliškas
v išsimiklinti, pasidaryti lanksčiam/mikliam *ir kt.*; (iš)miklinti, (pa)daryti lankstų/miklų *ir kt.*, *žr.* a

supplejack [ˈsʌpldʒæk] *n* **1** lianų rūšis (*su tvirtu lanksčiu kamienu*) **2** lazda (*iš lianų kamieno*)

supplement *n* [ˈsʌplɪmənt] **1** priedas; papildymas; **the Sunday ~** (*laikraščio*) sekmadieninis priedas **2** papildomas mokestis **3** *geom.* papildomasis kampas
v [ˈsʌplɪment] papildyti, pridėti (*by, with*); **he ~ed his story with new details** jis papildė pasakojimą naujomis smulkmenomis

supplemental [ˌsʌplɪˈmentl] *a* = **supplementary**

supplementary [ˌsʌplɪˈmentərɪ] *a* papildomas, pridėtinis; **~ fertilizer** *ž. ū.* papildomas(is) tręšimas; **~ angles** *geom.* papildomieji kampai

suppletion [səˈpliːʃn] *n gram.* supletyvizmas

suppletive [səˈpliːtɪv] *a gram.* supletyvinis

suppletory [ˈsʌplɪtərɪ] *a knyg.* papildantis (*tai, ko trūksta*)

suppliant [ˈsʌplɪənt] *poet. a* prašomasis; prašantis, maldaujantis
n prašytojas, maldautojas

supplicant [ˈsʌplɪkənt] = **suppliant** *n*

supplicate [ˈsʌplɪkeɪt] *v knyg.* nuolankiai/nusižeminus prašyti, maldauti, melsti

supplication [ˌsʌplɪˈkeɪʃn] *n knyg.* nuolankus prašymas, maldavimas, meldimas

supplicatory [ˈsʌplɪkətərɪ] = **suppliant** *a*

supplier [səˈplaɪə] *n* tiekėjas, pristatytojas

supply¹ [səˈplaɪ] *n* **1** aprūpinimas, tiekimas; pristatymas; **a regular ~ of fresh vegetables** reguliarus aprūpinimas šviežiomis daržovėmis; **to get in a ~ of smth** apsirūpinti kuo; **to cut off a gas ~** nutraukti dujų tiekimą **2** atsarga; kiekis; **sufficient ~** pakankamas kiekis; **goods are in short ~** prekių atsargos senka/baigiasi **3** (*ppr. pl*) (*maisto, ginklų, medikamentų ir pan.*) ištekliai, resursai (*ypač kariuomenės*) **4** *ekon.* pasiūla; **~ and demand** pasiūla ir paklausa **5** *pl* (*piniginis*) išlaikymas; **his father cut off his ~s** tėvas nustojo jį remti pinigais **6** *pl* parlamento patvirtinti asignavimai (*valstybės aparatui ir ginkluotosioms pajėgoms*) **7** (*mokytojo, dvasiškio*) laikinas pavaduotojas; **~ teacher** laikinas mokytojas (*pavaduojantis sergantį ir pan.*) **8** *tech.* tiekimas, maitinimas; **power ~** maitinimo tinklas/šaltinis; **~ canal [ship]** tiekimo kanalas [laivas]; **~ pressure** *el.* tinklo įtampa; **~ unit** *el.* maitinimo blokas
v **1** aprūpinti, tiekti (*with*) **2** pristatyti; patiekti **3** (pa)tenkinti (*poreikį*); atlyginti, kompensuoti **4** laikinai pavaduoti **5** *tech.* tiekti, maitinti (*srove ir pan.*)

supply² [ˈsʌplɪ] *adv* lankščiai, mikliai *ir kt., žr.* **supple** *a*

supply-side [səˈplaɪsaɪd] *a:* **~ economics** mokesčių mažinimo ekonominė strategija

support [səˈpɔːt] *n* **1** palaikymas, parėmimas, parama (*t. p. prk.*); **to speak in ~** (*of*) palaikyti, paremti; ginti; **to lend/give ~** (*to*) teikti paramą, palaikyti **2** paspirtis, atrama; (*šeimos*) ramstis, maitintojas; **the ~** rėmėjai **3** pragyvenimo lėšos (*t. p.* **means of ~**) **4** *tech.* stovas, (pa)ramstis, atraminė gembė, atrama; suportas
v **1** (pa)laikyti, (pa)remti (*t. p. prk.*); **to ~ a motion** paremti pasiūlymą **2** padėti, šelpti; išlaikyti (*šeimą ir pan.*); **the museum is ~ed by public funds** muziejų remia/subsidijuoja valstybė **3** sustiprinti, sutvirtinti; **your approval ~ed him** jūsų pritarimas suteikė/davė jam jėgų **4** patvirtinti (*nuomonę, teoriją ir pan.*) **5** pakęsti, pakelti; **he ~s fatigue well** ji gerai pakelia nuovargį, negreit nuvargsta **6** *teatr.* būti (*pagrindinio aktoriaus*) partneriu

supportable [səˈpɔːtəbl] *a* pakenčiamas

supporter [səˈpɔːtə] *n* **1** rėmėjas, palaikytojas; šalininkas **2** *sport.* sirgalius **3** *med.* pakeltinė, suspenzorijus **4** *her.* žmogaus/paukščio/gyvulio figūra, laikanti herbo skydą

supporting [səˈpɔːtɪŋ] *a* **1** paremiantis; atraminis; **~ bearing** *tech.* atraminis guolis **2** *teatr., kin.* pagalbinis; **~ part** antraeilis vaidmuo; **~ programme** kino filmai, papildomai rodomi prie pagrindinio **3** *teis.* patvirtinamasis, pateisinamasis

supportive [səˈpɔːtɪv] *a* paremiantis, palaikantis (*ypač atsidūrusį bėdoje*)

suppose [səˈpəʊz] *v* **1** manyti, spėti; **you don't ~ he'll get lost there?** ar tu manai, kad jis gali ten pasiklysti?; **I ~ so** aš manau; tikriausiai; **what do you ~ this means?** kaip jūs manote, ką tai reiškia?; **it's ~d to be a good hotel** atrodo, kad tai geras viešbutis **2** numatyti, daryti prielaidą, suponuoti; **the company's plan ~s steady increase in orders** kompanijos planas numato nuolatinį užsakymų gausėjimą; **this work ~s great skill** šiam darbui atlikti reikia didelio meistriškumo **3** *imp* sakykime, tarkime; **let us ~ that this is true** sakykime, kad tai

tiesa; **~ you lose it** tarkime, kad jūs jį pametate; **~ we go for a walk?** ar neišėjus mums pasivaikščioti? **4** *(pass + to do smth)* privalėti *(ką daryti);* **you are ~d to know it** jūs tai privalote žinoti; **you are not ~d to smoke in here** čia nepridera rūkyti
conj = **supposing**

supposed [səˈpəuzd] *a* tariamas, įsivaizduojamas; spėjamas, numatomas

supposedly [səˈpəuzɪdlɪ] *adv* (kaip) manoma, spėjama, galbūt; **~, she's a rich woman** daugelio manymu, ji turtinga moteris

supposing [səˈpəuzɪŋ] *conj* jeigu *(t. p.* **~ that);** **~ it were true** jeigu tai būtų tiesa; **but ~ it rains?** o jeigu lis?

supposition [ˌsʌpəˈzɪʃn] *n* **1** manymas, spėliojimas; **on the ~ that...** manant, kad...; **will he come? – That's the ~** ar jis ateis? – Manoma, kad taip **2** prielaida

suppositional [ˌsʌpəˈzɪʃnəl] *a* spėjamas, numanomas, numatomas; hipotetinis

supposititious [ˌsʌpəˈzɪʃəs] *a* = **suppositional**

supposititious [səˌpɒzɪˈtɪʃəs] *a* suklastotas, netikras; sukeistas

suppository [səˈpɒzɪtərɪ] *n med.* žvakutė

suppress [səˈpres] *v* **1** (nu)malšinti, (nu)slopinti *(sukilimą, judėjimą ir pan.)* **2** sulaikyti, suvaldyti, užgniaužti; **to ~ a yawn** sulaikyti žiovulį; **to ~ a laugh** sulaikyti/užgniaužti juoką; **to ~ anger** suvaldyti pyktį **3** uždrausti *(laikraštį ir pan.);* konfiskuoti *(knygą ir pan.)* **4** sustabdyti *(augimą ir pan.);* silpninti *(imuninę sistemą);* **to ~ hemorrage** *med.* sustabdyti kraujavimą **5** nuslėpti, nutylėti; **to ~ the truth** nuslėpti tiesą

suppressant [səˈpresənt] *n* **1** *med. (apetito ir pan.)* slopinamasis preparatas; supresantas **2** *tech.* lėtiklis, inhibitorius

suppression [səˈpreʃn] *n* **1** (nu)malšinimas, (nu)slopinimas *ir kt., žr.* **suppress 2** *teis.:* **~ of civic rights** pilietinių teisių atėmimas

suppressive [səˈpresɪv] *a* malšinantis, slopinantis *ir kt., žr.* **suppress**

suppurate [ˈsʌpjureɪt] *v med.* pūliuoti

suppuration [ˌsʌpjuˈreɪʃn] *n med.* pūliavimas

suppurative [ˈsʌpjurətɪv] *a* pūlinis, pūlingas; sukeliantis pūliavimą

supra [ˈsuːprə] *lot. adv* aukščiau, anksčiau *(tekste)*

supra- [ˈsuːprə-, ˈsjuːprə-] = **super-** 1

supranational [ˌsuːprəˈnæʃnəl] *a* antnacionalinis

suprarenal [ˌsuːprəˈriːnəl] *a anat.* antinkstinis

supremacist [səˈpreməsɪst, suː-] *n (kurios nors grupės, rasės)* pranašumo/dominavimo šalininkas

supremacy [səˈpreməsɪ, suː-] *n* **1** viršenybė; aukščiausioji valdžia **2** vyravimas, pranašumas *(over, in);* **world ~** pasaulinis viešpatavimas

suprematism [suˈpremətɪzm] *n men.* suprematizmas

supreme [suːˈpriːm, sə-] *a* **1** aukščiausias; vyriausias; **the S. Court** Aukščiausiasis teismas; **the ~ command** *kar.* vyriausioji vadovybė **2** didžiausias; žymiausias, svarbiausias; **~ happiness** didžiausia laimė **3** paskutinis, galutinis; kraštutinis; **at the ~ moment** kritišku momentu

supremely [suːˈpriːmlɪ, sə-] *adv* nepaprastai, be galo

supremo [suːˈpriːməu] *isp. n (pl* ~s [-z]) *(aukščiausias)* viršininkas, vadas; diktatorius

sura [ˈsuərə] *arab. n* sura *(Korano skyrius)*

surcease [səːˈsiːs] *psn., knyg. n* nustojimas; atvanga, perstojis
v nustoti, liautis

surcharge [ˈsəːtʃɑːdʒ] *n* **1** priemoka, papildoma rinkliava; **import ~** importo priemoka; papildomasis muitas **2** perkainojimo spaudas *(ant pašto ženklo)* **3** *fin.* papildomas apmokestinimas; papildomos/viršsąmatinės išlaidos **4** bauda **5** *spec.* papildomoji apkrova, priekrova
v **1** imti papildomą rinkliavą/užmokestį; papildomai apmokestinti **2** išieškoti *(išlaidas, pereikvotą sumą ir pan.)* **3** perkainoti *(pašto ženklą)* **4** perkrauti; perpildyti

surcingle [ˈsəːsɪŋgl] *n (pakinktų)* pavarža, paspręstė, pakeltinė

surcoat [ˈsəːkəut] *n ist.* apsiaustas *(dėvimas ant šarvų);* brangios medžiagos apsiaustas

surd [səːd] *n* **1** *mat.* iracionalusis skaičius **2** *fon. ret.* duslusis priebalsis
a **1** *mat.* iracionalusis **2** *fon. ret.* duslusis

sure [ʃɔː, ʃuə] <*a, adv, int*> *a* **1** tikras, patikimas; tvirtas; **~ method** patikimas metodas; **~ shot** taiklus šaulys; **the ~st route to success** tikriausias kelias į sėkmę; **it's a ~ thing** tai tikras dalykas; **with a ~ step** tvirtu žingsniu **2** *predic* įsitikinęs, tikras; **I am ~ of that** aš tuo įsitikinęs/tikras; **I am not ~ why he left** man neaišku, kodėl jis išvažiavo; **~ of oneself** pasitikintis savimi; **are you ~?** ar jūs esate įsitikinęs/tikras? **3** *predic* (+*inf*) neabejotinas; **he is ~ to come** jis neabejotinai/būtinai ateis; **be ~ to/ and do this [tell me]** būtinai padarykite tai [pasakykite man]; nepamirškite tai padaryti [man pasakyti] ◊ **~ thing!** *šnek.* a) būtinai!, tikriausiai!, be abejonės!; b) *(ypač amer.)* tikrai taip *(atsakant į klausimą);* **to be ~!** žinoma!; **well, to be ~!** še tau kad nori!, žiūrėkit!
adv **1** žinoma, be abejo, tikrai, tikriausiai; **~ enough** *šnek.* kaip ir tikėtasi/manyta; žinoma, tikrai **2** *šnek.* tikrai *(pabrėžiant);* **I ~ am sorry** man tikrai gaila; **it ~ was cold** buvo tikrai šalta ◊ **for ~** būtinai, tikrai; **(and) that's for ~** nėra abejonės, tikras dalykas; **as ~ as fate/ hell/shooting** tikrų tikriausiai
int be abejo!

sure-enough [ˈʃuərɪnʌf] *a amer. šnek.* tikras

surefire [ˈʃɔːfaɪə] *a attr šnek.* tikras, garantuotas, neabejotinas *(apie sėkmę ir pan.)*

surefooted [ˈʃɔːˈfutɪd] *a* tvirtas, tvirtai stovintis, nepaslystantis, nesuklumpantis *(t. p. prk.)*

surely [ˈʃɔːlɪ, ˈʃuəlɪ] *adv* **1** *mod* be abejo, tikriausiai; **~ there is some mistake** be abejonės, čia yra kažkokia klaida; **~ not** negali būti **2** tikrai; **to know full ~** tikrai žinoti **3** saugiai, patikimai; **slowly but ~** lėtai, bet patikimai **4** *mod amer. šnek.* žinoma, taip *(atsakant į klausimą)*

sureness [ˈʃɔːnɪs, ˈʃuənɪs] *n* tikrumas; tikslumas, patikimumas

surety [ˈʃɔːrətɪ, ˈʃuərətɪ] *n* **1** *teis.* laidas, užstatas **2** *teis.* laiduotojas; **to stand ~ for smb** laiduoti už ką **2** *psn.* tikrumas; **of a ~** be abejo, tikrai

surf [səːf] *n* bangų mūša; goža
v sport. užsiiminėti banglenčių sportu

surface [ˈsəːfɪs] <*n, a, v*> *n* **1** paviršius *(t. p. geom., tech.);* **to come [to rise] to the ~** išeiti/išlįsti [iškilti] į paviršių *(t. p. prk.);* **smooth [rough] ~** lygus [šiurkštus] paviršius; **to keep on the ~** laikytis paviršiaus; **cooling ~** *tech.* aušinimo paviršius; **~ area** *geom.* paviršiaus plotas **2** išorė; **on the ~** iš išorės; iš pirmo žvilgsnio
a **1** paviršinis; išorinis *(t. p. prk.);* **~ crack** paviršinis plyšys; **~ politeness** išorinis mandagumas **2** sausumos, jūrų *(ne oro; apie transportą, paštą)* **3** *kar.* antvandeninis; **~ ship/vessel** antvandeninis laivas

surface-craft 929 **surrender**

v **1** išnirti, išnerti, išplaukti *(į paviršių)* **2** staiga pasirodyti; (iš)kilti *(apie įtampą, skandalą ir pan.)* **3** *šnek.* atsikelti *(iš lovos)* **4** *spec.* (pa)dengti/apdailinti *(kelio, žemės ir pan.)* paviršių **5** *kas.* dirbti negilioje šachtoje
surface-craft ['sə:fɪskrɑ:ft] *n* antvandeninis laivynas
surface-mail ['sə:fɪsmeɪl] *n* sausumos ir jūrų paštas *(ne oro)*
surface-man ['sə:fɪsmən] *n (pl* -men [-mən]) **1** *glžk.* kelio prižiūrėtojas, apeivis **2** *kas.* darbininkas, dirbantis žemės paviršiuje
surface-tension ['sə:fɪsˌtenʃn] *n fiz.* paviršiaus įtempimas
surface-to-air [ˌsə:fɪstu'ɛə] *a* žemė-oras *(apie raketą ir pan.)*
surface-to-surface [ˌsə:fɪstə'sə:fɪs] *a* žemė-žemė *(apie raketą ir pan.)*
surface-water ['sə:fɪsˌwɔ:tə] *n geol.* paviršinis vanduo
surfboard ['sə:fbɔ:d] *sport. n* banglentė
v užsiiminėti banglenčių sportu
surfeit ['sə:fɪt] *n* **1** nesaikingumas, nenuosaikumas *(valgant, geriant)*, persivalgymas, persigėrimas **2** per(si)sotinimas **3** gausumas, perteklius; *a ~ of advice* per daug patarimų
v **1** persivalgyti, persigerti **2** per(si)sotinti *(with)*; permaitinti
surfer ['sə:fə] *n* banglentininkas
surfing ['sə:fɪŋ] *n sport.* banglenčių sportas
surfrider ['sə:fˌraɪdə] *n* = **surfer**
surfriding ['sə:fˌraɪdɪŋ] *n* = **surfing**
surge [sə:dʒ] *n* **1** didelė banga; volas; bangavimas, bangos; *~ tide* štorminis potvynis **2** *prk.* banga, antplūdis; *~ of anger* pykčio banga/antplūdis; *fresh ~ of energy* energijos antplūdis; *~ of people* žmonių antplūdis **3** *(kainų, nedarbo ir pan.)* kilimas, augimas **4** *el.* viršįtampis
v **1** banguoti; kilti, kil(n)otis **2** (už)plūsti *(apie minią, jausmus; t. p. ~ up)* **3** išaugti, padidėti ▢ *~ forward* pulti/mestis į priekį
surgeon ['sə:dʒən] *n* **1** chirurgas; *dental/oral ~* chirurgas stomatologas **2** karo/laivo gydytojas; karo medicinos karininkas
surgeoncy ['sə:dʒənsɪ] *n* karo gydytojo laipsnis/pareigos
surgery ['sə:dʒərɪ] *n* **1** chirurgija; *spare-part ~ šnek.* transplantacinė chirurgija, organų persodinimas **2** operavimas; *open chest ~* operacija atveriant krūtinės ląstą; *cold ~* planinės operacijos **3** *(gydytojo)* kabinetas, priėmimo kambarys; *~ hours* priėmimo valandos **4** *amer.* operacinė **5** *parl. (deputato)* priėmimo laikas
surgical ['sə:dʒɪkl] *a* **1** chirurginis; *~ treatment* chirurginis/operacinis gydymas; *~ bag* sanitarinis krepšys; *~ fever* pooperacinis karščiavimas **2** medicininis *(apie kojines ir pan.)*; *~ boots* ortopedinė avalynė
Suriname ['suərɪnɑ:m] *n* Surinamas *(P. Amerikos valstybė)*
surly ['sə:lɪ] *a* paniurę, niūrus, atšiaurus, šiurkštus, nemandagus; *~ beggar* paniurę/šiurkštus žmogus, paniurėlis
surmisable [sə'maɪzəbl] *a* spėjamas, įtariamas
surmise [sə'maɪz] *n* spėliojimas, spėjimas, įtarimas; *to be right in one's ~s* nesuklysti spėjant
v spėlioti, spėti, įtarti
surmount [sə'maunt] *v* **1** įveikti, nugalėti; *to ~ difficulties* nugalėti sunkumus; *to ~ an obstacle* įveikti kliūtį **2** *(ppr. pass)* būti/stovėti viršuje, (ap)vainikuoti; *peaks ~ed with snow* snieguotos kalnų viršūnės
surmountable [sə'mauntəbl] *a* nugalimas, įveikiamas
surmullet [sə:'mʌlɪt] *n zool.* barzduotė *(žuvis)*
surname ['sə:neɪm] *n* **1** pavardė **2** *psn.* pravardė

v duoti pavardę/pravardę; praminti; *George ~d (the) Boaster* Džordžas, pravarde Pagyrūnas
surpass [sə'pɑ:s] *v* pralenkti, pranokti, prašokti, viršyti; *to overtake and ~* pavyti ir pralenkti; *to ~ in intelligence* pralenkti/prašokti sumanumu/protu; *to ~ all expectations* pranokti visus lūkesčius
surpassing [sə'pɑ:sɪŋ] *a attr* nepralenkiamas, nepranokstamas; nepaprastas
surplice ['sə:plɪs] *n bažn.* kamža
surpliced ['sə:plɪst] *a* apsirengęs/dėvintis kamžą
surplice-fee ['sə:pləsfi:] *n* užmokestis dvasininkui už *(krikšto, sutuoktuvių ir pan.)* apeigas
surplus ['sə:pləs] *n* **1** perteklius; *a ~ of teachers* mokytojų perteklius **2** *fin.* aktyvusis saldo; perteklius, perviršis **3** *tech.* užlaida
a **1** atliekamas, perteklinis; pridėtinis; *~ commodities* prekių perteklius/likutis; *this is ~ to our requirements/ needs* tai viršija mūsų poreikius **2** *ekon.* pridedamasis; *~ value* pridėtoji/pridedamoji vertė
surplusage ['sə:pləsɪdʒ] *n* **1** perteklius, perviršinis likutis **2** *knyg.* daugiažodžiavimas, daugiažodiškumas
surprise [sə'praɪz] *n* **1** nustebimas, nuostaba; *much to my ~, to my great ~* mano didžiam nustebimui; *to cause ~* (nu)stebinti; *to show ~* rodyti nustebimą; *to express ~ at smth* išreikšti nusistebėjimą kuo **2** netikėtumas, staigmena, siurprizas; *to come as a ~ (to)* būti *(kam)* staigmena/siurprizu; *what a lovely/pleasant ~!* kokia maloni staigmena!; *by ~* staiga, netikėtai **3** staigus (už)puolimas; *to take by ~* staiga/netikėtai užpulti/užklupti **4** *attr* netikėtas, staigus; *~ visit* netikėtas/nelauktas ap(si)lankymas; *~ attack* netikėtas/staigus puolimas
v **1** (nu)stebinti; nustebti; *it ~d us to see Irene up so early* mes nustebome matydami, kad Irena taip anksti atsikėlė; *I am ~d at you* jūs mane stebinate; *I should/ would not be ~d if it rained* nenustebčiau, jeigu lytų; *it is nothing to be ~d at* čia nėra kuo stebėtis **2** užklupti, staiga užpulti; *I ~d him in the act* aš jį užklupau nusikaltimo vietoje **3** priversti *(into)*; *to ~ smb into confession* priversti ką prisipažinti *(netikėtai užklupus)*
surprising [sə'praɪzɪŋ] *a* stebinantis, nuostabus; nelauktas; *it is ~ that [how]...* stebina tai, kad [kaip]...; *it's hardly/scarcely ~ that...* nenuostabu, kad..., neturėtų stebinti tai, kad...
surprisingly [sə'praɪzɪŋlɪ] *adv* stebėtinai, nuostabiai, nepaprastai; nelauktai
surra ['suərə] *n vet.* tripanosomozė
surreal [sə'rɪəl] *a* **1** keistas, tolimas nuo realybės **2** siurrealistiškas, siurrealistinis
surrealism [sə'rɪəlɪzm] *n men.* siurrealizmas
surrealist [sə'rɪəlɪst] *n* siurrealistas
a siurrealistinis; siurrealizmo
surrealistic [səˌrɪə'lɪstɪk] = **surrealist** *a*
surrebutter [ˌsʌrɪ'bʌtə] *n teis.* ieškovo atsakymas į trečiąjį raštišką atsakovo prieštaravimą
surrejoinder [ˌsʌrɪ'dʒɔɪndə] *n teis.* ieškovo atsakymas į antrąjį raštišką atsakovo prieštaravimą
surrender [sə'rendə] *n* **1** pasidavimas; kapituliacija; *no ~!* nepasiduokime! **2** nusileidimas, neatsispyrimas; *a ~ to the forces of evil* neatsispyrimas blogio jėgoms **3** atsisakymas *(of – nuo)*; nuolaida; *~ of property* nuosavybės perdavimas **4** *attr:* *~ value* suma, grąžinama apdraustajam *(jam atsisakius draudimo poliso)*
v **1** pasiduoti; kapituliuoti; atiduoti *(priešui ir pan.)*; *to ~ at discretion* pasiduoti nugalėtojo malonei; *to ~ the fortress to an enemy* atiduoti tvirtovę priešui **2** nusileis-

ti, neatsispirti, paklusti; ***to ~ to temptation*** neatsispirti pagundai **3** *(ppr. refl)* pasiduoti; pulti *(į paniką, neviltį ir pan.)*; ***to ~ oneself to smb's influence*** pasiduoti kieno įtakai; ***to ~ oneself to grief*** pasiduoti sielvartui **4** atsisakyti; ***to ~a right to smb*** atsisakyti nuo teisės kieno naudai; perleisti kam teisę; ***to ~ hope*** palaidoti viltį **5** įteikti, pateikti *(dokumentą ir pan.)*
surreptitious [ˌsʌrəp'tɪʃəs] *a* slaptas; padarytas slapčiomis/vogčia; ***~ look/glance*** vogčiomis mestas žvilgsnis; ***by ~ methods*** vogčiomis
surreptitiously [ˌsʌrəp'tɪʃəslɪ] *adv* slapta; vogčia, vogčiomis
surrey ['sʌrɪ] *n amer. ist.* lengva dvivietė karieta
Surrey[1] ['sʌrɪ] *n* Saris *(Anglijos grafystė)*
Surrey[2] *n:* ***Henry Howard ~*** Henris Hovardas Saris *(anglų poetas)*
surrogate <*n, a, v*> *n* ['sʌrəgət] **1** surogatas, pakaitalas **2** *(vyskupo ir pan.)* pavaduotojas **3** *amer.* globos ir palikimo bylų teisėjas
a ['sʌrəgət] *attr* **1** surogatinis; pavaduojamasis; ***Uncle John became a sort of ~ father to them*** dėdė Džonas tapo jiems tarsi tėvas **2** *teis.* pakaitinis; ***~ guardian*** pakaitinis globėjas
v ['sʌrəgeɪt] **1** pavaduoti **2** pakeisti
surround [sə'raund] *n* **1** apsupimas **2** apvadas, apsiuvas
v (ppr. pass) **1** (ap)supti, (ap)siausti *(t. p. kar.)*; (ap)juosti **2** apspisti, apstoti **3** *prk.* gaubti; supti; ***the affair is ~ed in mystery*** tą reikalą gaubia paslaptingumas; ***he loved to ~ himself with young people*** jam patiko, kai jį supo jaunimas
surrounding [sə'raundɪŋ] *a attr* supantis, aplinkinis; ***the ~ country/area*** apylinkės
surroundings [sə'raundɪŋz] *n pl* **1** apylinkės **2** aplinka; ***to get used to one's new ~*** priprasti prie naujos aplinkos
surtax *n* ['sɜːtæks] antpelnio mokestis, antmokestis, papildomas pajamų mokestis
v [sɜː'tæks] apdėti antpelnio mokesčiu
surtout ['sɜːtuː] *pr. n ist.* surdutas, durtinys
surveillance [sə'veɪləns] *n* sekimas, priežiūra *(ypač įtariamųjų)*; ***under ~*** *(ppr. policijos)* priežiūroje, sekamas
survey *n* ['sɜːveɪ] **1** apžiūra, apžiūrėjimas **2** apžvalga; ***~ of today's newspapers*** šios dienos laikraščių apžvalga **3** apklausa, (iš)tyrimas; ***they are carrying out a public opinion ~*** jie atlieka viešosios nuomonės apklausą **4** inspektavimas; (pa)tikrinimas; (pa)tikrinimo ataskaita **5** *(vietovės)* nuotrauka, *(žemės)* topografinis matavimas **6** topografijos tarnyba **7** išmatuoto ploto planas/aprašymas **8** *attr* apžvalginis; ***~ course in history*** apžvalginės istorijos paskaitos; ***~ ship*** hidrografinis laivas
v [sə'veɪ] **1** apžiūrėti *(parduodamą namą ir pan.)* **2** apžvelgti; ***to ~ the situation*** susipažinti/supažindinti su padėtimi **3** apklausti, (iš)tirti **4** inspektuoti, tikrinti **5** *geol.* (iš)tirti, žvalgyti **6** *geod.* matuoti vietovę, daryti vietovės nuotraukas
surveyor [sə'veɪə] *n* **1** matininkas; topografas; geodezininkas; *kas.* markšeideris **2** ekspertas, apžiūrėtojas *(parduodamų namų ir pan.)* **3** prižiūrėtojas **4** inspektorius, kontrolierius **5** *amer. ist.* muitininkas
survival [sə'vaɪvl] *n* **1** išlikimas; ***the ~ of the fittest*** *biol.* natūralioji atranka **2** liekana, atgyvena
survive [sə'vaɪv] *v* **1** išlikti, išlikti gyvam; gyvuoti; ***only six people ~d the crash*** tik šeši žmonės išliko gyvi po šios avarijos; ***the custom still ~s*** paprotys dar tebegyvuoja **2** gyventi ilgiau *(negu)*, pragyventi, pergyventi *(bendraamžius, priešus ir pan.)*; ***he ~d his wife by two years*** jis išgyveno dvejais metais ilgiau už žmoną **3** išgyventi, patirti, ištverti; ***the refugees may not ~ the winter*** pabėgėliai gali neišgyventi žiemos **4** pragyventi, prasimaitinti *(on)*

survivor [sə'vaɪvə] *n* **1** žmogus/daiktas, išlikęs (gyvas) *ar* pergyvenęs *(kitą, kitus)*; ***sole/lone ~*** vienintelis išlikęs gyvas **2** *teis.* vienintelis paveldėtojas *(turintis teisę į visą turtą kitam paveldėtojui mirus)*
Susan ['suːzn] *n* Zuzana, Suzana *(vardas)*
Susanna [suː'zænə] *n =* **Susan**
susceptibility [səˌseptə'bɪlətɪ] *n* **1** imlumas *(įspūdžiams, ligoms ir pan.)*; ***~ to corrosion*** polinkis į koroziją **2** jautrumas; įžeidumas **3** *pl (giliausi)* jausmai, opi vieta
susceptible [sə'septəbl] *a* **1** linkęs; imlus *(įspūdžiams, ligoms ir pan.)*; ***~ to colds*** greit persišaldantis **2** jautrus; įžeidus *(to)* **3** *predic* leidžiantis, pasiduodantis *(to)*; ***~ to feminine charms*** lengvai pasiduodantis moterų žavesiui; ***facts not ~ of proof*** faktai, kurių negalima įrodyti
susceptive [sə'septɪv] *a* imlus; jautrus
suslik ['sʌslɪk] *rus. n zool.* staras
suspect <*n, a, v*> *n* ['sʌspekt] įtariamas/įtartinas asmuo; ***two ~s were arrested*** du įtariamieji buvo suimti
a predic ['sʌspekt] įtariamas; įtartinas
v [sə'spekt] **1** įtarti *(of – kuo)* **2** abejoti *(tikrumu)*; nepasitikėti; ***she ~ed her husband's honesty*** ji nepasitikėjo savo vyro sąžiningumu **3** manyti, atrodyti; ***you, I ~, don't care*** jums, aš manau, vis tiek; ***I ~ you once thought otherwise*** man regis, jūs kadaise manėte priešingai
suspend [sə'spend] *v* **1** pristabdyti, sustabdyti, sulaikyti, nutraukti; atidėti; ***to ~ payment*** laikinai nutraukti mokėjimą; ***to ~ judgement*** atidėti nuosprendį; ***to ~ one's judgement*** nedaryti (galutinės) išvados, susilaikyti nuo sprendimo **2** *(ppr. pass)* laikinai atleisti/nušalinti *(from – nuo)*, suspenduoti; laikinai atimti *(privilegijas)*; ***to ~ a teacher*** nušalinti mokytoją *(nuo pareigų)*; ***he will have his licence ~ed*** jam laikinai atims vairuotojo teises **3** *(ppr. pass)* (pa)kabinti; pakibti, kyboti, plaukti *(ore)*
suspended [sə'spendɪd] *a* **1** pakabintas, kybantis, kabantis **2** kabamasis, pakabinamas(is) **3** sulaikytas, nutrauktas; atidėtas; ***~ sentence*** *teis.* lygtinė bausmė **4** nušalintas, suspenduotas **5** *chem.* suspenduotas, pakibęs; ***~ matter*** skenda
suspender [sə'spendə] *n* **1** guma *(kojinėms prilaikyti)*; keliaraištis **2** *pl amer.* petnešos
suspense [sə'spens] *n* **1** nežinomybė, nežinia, netikrumas; lūkestis; ***the question is still in ~*** klausimas dar neišspręstas; ***to keep smb in ~*** laikyti ką nežinioje **2** *teis.* laikinas nutraukimas, sulaikymas **3** *lit.* retardacija
suspenseful [sə'spensfəl] *a* **1** pilnas įtampos, nerimastingas **2** pagaunantis, įdomus *(apie filmą, knygą ir pan.)*
suspension [sə'spenʃn] *n* **1** sustabdymas, sulaikymas; *(laikinas)* nutraukimas; atidėjimas; ***~ of sentence*** nuosprendžio vykdymo atidėjimas; ***~ of arms*** *kar.* trumpos paliaubos **2** *ekon.* mokėjimo nutraukimas *(t. p. ~ of payments)* **3** atleidimas, nušalinimas *(nuo pareigų)*; suspendavimas **4** *tech.* pakaba; pakabinimas; ***~ adjuster/damper*** pakabos korektorius **5** *chem.* suspensija **6** *attr* kabantis; ***~ bridge*** kabamasis/kabantis tiltas; ***~ points*** daugtaškis
suspensive [sə'spensɪv] *a* **1** sulaikantis, sustabdantis **2** nušalinantis **3** neryžtingas
suspensory [sə'spensərɪ] *med. n* pakeltinė, suspenzorijus
a prilaikomasis, pakabinamasis
suspicion [sə'spɪʃn] *n* **1** įtarimas; įtartis; ***above/beyond ~*** neįtariamas; ***under ~*** įtariamas; ***with ~*** su įtarimu, įtariai; ***he was arrested on ~ of killing his girlfriend*** jį su-

ėmė įtarus draugės nužudymu **2** nujautimas, nuojauta; *I had a ~ she might be hurt* jaučiau, kad ji gali būti įsižeidusi **3** *(a ~)* truputis, šešėlis, prieskonis; *there was a ~ of sadness in his voice* jo balse truputį jautėsi nuovargis; *a ~ of garlic* česnako prieskonis

suspicious [sə'spɪʃəs] *a* **1** įtarus, įtaringas; *I'm ~ of Tom's intentions* man įtarimą kelia Tomo ketinimai **2** įtartinas, įtariamas; *he looks ~* jis atrodo įtartinai

suspiciousness [sə'spɪʃəsnɪs] *n* įtartinumas; įtartis, nepasitikėjimas *(of)*

suspiration [ˌsʌspɪ'reɪʃn] *n poet.* atodūsis

suspire [sə'spaɪə] *v poet.* dūsauti

suss [sʌs] *v šnek. (gerai, aiškiai)* suprasti ▫ *~ out* sužinoti

sussed [sʌst] *a šnek.* viską suprantantis, gudrus

Sussex ['sʌsɪks] *n* **1**: *East [West] ~* Rytų [Vakarų] Sasekas *(Anglijos grafystės)* **2** saseksai *(vištų veislė)*

sustain [sə'steɪn] *v* **1** (iš)laikyti, paremti; *the beams ~ the ceiling* sijos laiko lubas **2** (su)stiprinti, palaikyti; *to ~ public interest* palaikyti viešuomenės domėjimąsi; *to ~ life* palaikyti gyvybę **3** patirti; iškentėti, atlaikyti; *to ~ injuries* patirti sužalojimą, būti sužalotam; *to ~ heavy losses* patirti didelių nuostolių; *to ~ a siege* atlaikyti apgulą **4** pritarti, palaikyti; patvirtinti; *the court ~ed his claim* teismas išsprendė *(bylą)* ieškovo naudai; *to ~ a theory* palaikyti/paremti/patvirtinti teoriją **5** išlaikyti *(charakterį, principą ir pan.);* nuosekliai perteikti/atlikti *(vaidmenį ir pan.); he couldn't ~ the pretense* jis negalėjo ilgai apsimetinėti

sustained [sə'steɪnd] *a* nepertraukiamas, ilgalaikis, ilgas; *~ effort* ilgalaikės pastangos; *~ fire kar.* nepertraukiama ugnis; *~ defence kar.* ilgalaikė/pastovi gynyba; *~ applause* ilgi plojimai

sustaining [sə'steɪnɪŋ] *a* **1** palaikantis, išlaikantis, remiantis *(t. p. prk.); ~ power* ištvermė; *~ program rad., tel.* pačios kompanijos finansuojama programa *(ne komercinė)* **2** patvirtinantis **3** maistingas, kaloringas *(apie maistą)*

sustenance ['sʌstənəns] *n* **1** išlaikymas; pragyvenimas, pramaitinimas **2** maistas; maistingumas; *the slaughter of animals for ~* gyvulių skerdimas maistui; *there is not much ~ in soft fruit* uogos nėra labai kaloringos

sustentation [ˌsʌstən'teɪʃn] *n knyg.* **1** *(gyvybės ir pan.)* palaikymas **2** parama; išlaikymas; pramaitinimas

sustention [sə'stenʃn] *n (tos pačios būklės ir pan.)* išlaikymas

sustentive [sə'stentɪv] *a ret.* palaikantis; stiprinantis

susurration [ˌsu:sə'reɪʃn] *n ret.* **1** šnabždesys; murmesys **2** šlamesys

sutler ['sʌtlə] *n ist.* markitantas

Sutra ['su:trə] *ind. n* sutros; aforizmų rinkinys *(sanskrito literatūroje)*

suttee ['sʌti:] *ind. n ist.* **1** suti, našlės susideginimas su vyro lavonu **2** suti, susideginusi našlė

suture ['su:tʃə] *med. n* **1** siūlė *(t. p. anat., bot., zool.);* susiuvimas **2** siūlas žaizdai susiūti
v susiūti *(žaizdą)*

suzerain ['su:zəreɪn] *n* **1** *ist.* feodalas, siuzerenas, senjoras **2** siuzereninė valstybė *(t. p. ~ state)*
a siuzereninis; siuzereno; aukščiausiasis

suzerainty ['su:zəreɪntɪ] *n* **1** siuzereno valdžia **2** siuzerenitetas

svelte [svelt] *pr. a* **1** lieknas, lankstus, gracingas *(ypač apie moterį)* **2** gerų manierų; rafinuotas

swab [swɒb] *n* **1** *med.* tamponas **2** *med.* tepinėlis; *to take a ~* paimti tepinėlį **3** plaušinė šluota *(deniui, grindims plauti);* plaušinė **4** *kar.* šepetys, pabūklo valiklis **5** *sl.* mulkis, stuobrys
v **1** *med.* valyti tamponu *(t. p. ~ out)* **2** plauti plaušine *(t. p. ~ down);* trinti plaušine *(t. p. ~ up)*

swabber ['swɒbə] *n* **1** valytojas, plovėjas **2** = **swab** *n* 5

swaddie ['swɒdɪ] *n sl.* kareivis, *ypač* naujokas

swaddle ['swɒdl] *n* = **swaddling-clothes**
v (su)vystyti *(kūdikį)*

swaddling-bands ['swɒdlɪŋbændz] *n* = **swaddling-clothes**

swaddling-clothes ['swɒdlɪŋkləʊðz] *n pl* **1** vystyklai **2** *prk.* varžtai, apribojimai **3** *prk.* kūdikystė, pradinė stadija; *still in ~, hardly/just out of ~* ≡ dar pienas nuo lūpų nenudžiūvo

swaddy ['swɒdɪ] *n* = **swaddie**

swag [swæg] *n* **1** *(užuolaidos)* klostė **2** *sl.* grobis, prisigrobtos gėrybės **3** *austral. šnek.* nešiojama manta, nešulys
v klostyti *(užuolaidą)*

swage [sweɪdʒ] *tech. n* **1** štampavimo kūjis; kalimo štampas; matrica **2** apspaudas
v štampuoti

swagger ['swægə] <*n, v, a*> *n* **1** pasipūtėliška/išdidi eisena/laikysena; išdidybė, pasipūtimas **2** gyrimasis, pasigyrimas
v **1** išdidžiai eiti/elgtis *(t. p. ~ about/in/out);* puikuoti(s), puikauti(s) **2** didžiuotis, girtis *(about)*
a šnek. prašmatnus, išsipuošęs, elegantiškas; madingas; *~ society* prašmatni draugija

swagger-cane ['swægəkeɪn] *n* lazdelė *(nešiojama kariškių)*

swaggerer ['swægərə] *n* **1** pagyrūnas **2** puikuolis, prašmatnuolis; puošeiva

swagger-stick ['swægəstɪk] *n* = **swagger-cane**

swagman ['swægmæn] *n (pl* -men [-men]) *(tik v.) austral. šnek.* bastūnas *(su visa manta ant pečių)*

swain [sweɪn] *n* **1** *psn.* kaimo berniokas, kaimietis **2** *poet., juok.* kavalierius, gerbėjas

swale [sweɪl] *n (ypač amer.)* pelkėta žemuma; liūnas

swallow[1] ['swɒləʊ] *n* **1** (nu)rijimas; prarijimas **2** gurkšnis; *at a ~* vienu gurkšniu/mauku **3** ryklė
v **1** (nu)ryti, (nu)gurkti *(t. p. ~ down);* praryti; *to ~ words* nukąsti žodžius **2** nutylėti, nuleisti negirdomis; nukęsti; sutramdyti; *to ~ an insult* nukęsti įžeidimą; *to ~ one's anger* sutramdyti pyktį **3** *šnek.* patikėti; *to ~ a story* patikėti išgalvota istorija; *he will ~ anything* jis bet kuo patikės ▫ *~ up (ppr. prk.)* praryti, suryti; *the sea ~ed them up* juos prarijo jūra; *expenses ~ed up the earnings* išlaidos surijo visą uždarbį

swallow[2] *n zool.* (šelmeninė) kregždė; *red-rumped ~* daurinė kregždė ◊ *one ~ does not make a summer* ≡ viena kregždė dar ne pavasaris

swallow-dive ['swɒləʊdaɪv] *n sport.* šuolis į vandenį kregždute

swallowtail ['swɒləʊteɪl] *n* **1** dvišaka uodega **2** drugelis/paukštis su dvišaka uodega **3** *(džn. pl) šnek.* frakas **4** plunksnota strėlė

swallowtailed ['swɒləʊteɪld] *a* su dvišaka uodega; *~ coat* frakas

swallowwort ['swɒləʊwə:t] *n bot.* kregždūnė

swam [swæm] *past žr.* **swim** *v*

swamp [swɒmp] *n* **1** pelkė, klampynė, bala **2** *attr* pelkių, balų; *~ fever med.* maliarija, drugys; *~ ore min.* limonitas, pelkių rūda
v **1** užlieti, užtvindyti, užpilti, užversti *(t. p. prk.);* skęsti užliejus bangai; *a big wave ~ed the boat* didelė banga

užliejo valtį; *they ~ed him with questions* jie apipylė/užvertė jį klausimais; *I am ~ed with work* aš esu apsivertęs darbais **2** nugramzdinti **3** įtraukti, įklampinti; įklimpti; *soon heavy debts ~ed them* netrukus jie įklimpo į stambias skolas

swamper ['swɔmpə] *n amer.* **1** pelkininkas **2** pagalbinis darbininkas

swampland ['swɔmplænd] *n* pelkynas

swampy ['swɔmpɪ] *a* pelkėtas, klampus, balotas

swan [swɔn] *n* **1** gulbė; *black ~* a) juodoji gulbė; b) *prk.* retas/keistas reiškinys, ≡ balta varna; *mute ~* gulbė nebylė; *whooping ~* gulbė giesmininkė **2** *(S.) astr.* Gulbė *(žvaigždynas)* **3** *poet.* dainius, poetas; *the S. of Avon* Šekspyras
v šnek. šlaistytis *(t. p. ~ around)*

swan-dive ['swɔndaɪv] *n amer.* = **swallow-dive**

swank [swæŋk] <*n, a, v*> *šnek. n* **1** prašmatnumas **2** puikavimasis; gyrimasis **3** puikuolis
a prašmatnus, elegantiškas, madingas
v **1** puikuoti(s), puikauti(s) **2** girtis

swanky ['swæŋkɪ] *a šnek.* **1** = **swank** *a* **2** pasipūtęs; pagyrus

swannery ['swɔnərɪ] *n* užtvara gulbėms laikyti

swansdown ['swɔnzdaun] *n* **1** gulbių pūkai **2** minkštas pusvilnonis audinys **3** pūkuotas medvilninis audinys

swan-shot ['swɔnʃɔt] *n* stambus šratas

swanskin ['swɔnskɪn] *n* **1** gulbės oda su plunksnomis **2** vilnonė/medvilninė flanelė

swansong ['swɔnsɔŋ] *n* gulbės giesmė

swap [swɔp] *n* (apsi)keitimas, pasikeitimas; mainai; *currency ~s (spekuliaciniai)* valiutos mainai; *let's do a ~* apsikeiskime
v keisti(s), mainyti(s); ap(si)keisti *(t. p. ~ round)*; *I ~ped my watch for a tennis racket* aš išmainiau laikrodį į teniso raketę; *will you ~ places?* ar nepasikeistumėte vietomis? ▫ *~ in komp.* įkrauti *(įrašyti į pagrindinę atmintį)*; *~ out komp.* iškrauti *(perkelti iš pagrindinės atminties į išorinę)*

Swaraj [swəˈrɑːdʒ] *n ist.* svaradžas *(judėjimas už Indijos nepriklausomybę)*

sward [swɔːd] *knyg. n* veja, *(dekoratyvinis)* žolynas; velėna
v apželdinti/apželti žole, velėnuoti

swardy ['swɔːdɪ] *a spec.* velėnuotas, apželdintas žole

swarf [swɔːf] *n (metalo ir pan.)* smulkios drožlės

swarm[1] [swɔːm] *n* **1** būrys, pulkas, minia **2** spiečius **3** *(džn. pl)* masė, daugybė; *~s of dust* dulkių debesys/kamuoliai
v **1** burtis, spiestis; plūsti *(into, out of)*; *to ~ over the position* kar. prasiveržti *(sutelkus kariuomenę)* **2** spiesti *(apie bites)* **3** knibždėti *(with)*

swarm[2] *v ret.* lipti, ropoti, repečkoti(s) *(t. p. ~ up)*

swart [swɔːt] *a psn.* = **swarthy**

swarthy ['swɔːðɪ] *a* tamsus, tamsiaveidis, juodbruvas, tamsaus gymio

swash [swɔʃ] *n* **1** pliuškenimas, teškenimas **2** bangų mūša; smarki srovė **3** sekluma *(upės priekrantėje)*
v **1** teškenti(s), pliuškenti(s); teliūskuotis; skalauti *(krantą, prieplauką ir pan.)* **2** *psn.* puikuotis, girtis **3** *psn.* stipriai smogti, tėkšti

swashbuckler ['swɔʃˌbʌklə] *n* **1** pagyrūnas *(džn. apie kareivius)* **2** nutrūktgalvis, padauža, narsuolis, narseiva *(ypač filmuose, romanuose)*

swashbuckling ['swɔʃˌbʌklɪŋ] *a* nutrūktgalviškas, padaužiškas; padūkęs, narsus

swasher ['swɔʃə] *n* = **swashbuckler**

swashplate ['swɔʃpleɪt] *n tech.* svyruojantysis diskas

swastika ['swɔstɪkə] *n* svastika

swat [swɔt] *n* **1** smarkus smūgis *(plokščiu daiktu, delnu)* **2** = **swatter**
v smarkiai smogti, tėkšti *(plokščiu daiktu, delnu)*, ploti; trėkšti, mušti *(musę ir pan.)*

swatch [swɔtʃ] *n (medžiagos)* pavyzdys, atkarpa

swath [swɔːθ] *n* **1** pradalgė; nupjautas žolės/javų ruožas *(per vieną dalgio plotį)* **2** *(žemės ir pan.)* ruožas, juosta **3** *ret.* dalgio mostas ◊ *to cut a (wide) ~* a) sugriauti, sunaikinti, praūžti *(apie audrą ir pan.; through)*; b) sukelti šurmulį, sujudinti

swathe [sweɪð] *n* **1** tvarstis, vyturas; raištis **2** = **swath**
v **1** (su)tvarstyti, apvyturiuoti, apmuturiuoti, (ap)rišti **2** *(ppr. pass)* ap(si)gobti, į(si)siausti *(t. p. prk.; in)*

swatter ['swɔtə] *n* tauškutis *(musėms mušti)*

sway [sweɪ] *n* **1** supimas(is), siūbavimas, svyravimas, lingavimas **2** *knyg.* įtaka; valdžia, valdymas; *under the ~ (of) (ko)* veikiamas, valdomas; *to hold ~* turėti įtakos, vyrauti; *to hold ~ over smb* kontroliuoti, valdyti ką
v **1** supti(s), siūbuoti, svyruoti, linguoti; *he didn't fall, but ~ed a little* jis nepargriuvo, tik truputį susvyravo; *wind ~s trees* vėjas siūbuoja/linguoja medžius **2** nusverti, nusvirti *(į vieną pusę)* **3** *(ppr. pass)* turėti įtakos, palenkti, (pa)veikti; *he is not to be ~ed by argument or entreaty* jo neveikia nei argumentai, nei prašymai **4** *psn.* valdyti; *to ~ the sceptre* karaliauti **5** *tech.* (pa)kreipti; pasukti *(gulsčiai)*

swayback ['sweɪbæk] *n* nenormaliai įlinka nugara *(ypač arklio)*

sway-beam ['sweɪbiːm] *n tech.* balansyras

Swaziland ['swɑːzɪlænd] *n* Svazilandas *(Afrikos valstybė)*

swear [swɛə] *n* **1** priesaika; dievagojimasis **2** = **swearword**
v (swore; sworn) **1** keikti *(at)*; keiktis, piktžodžiauti **2** prisiekti; iškilmingai pareikšti/pa(si)žadėti; *to ~ allegiance* prisiekti ištikimybę; *I think it was George I saw, but I wouldn't ~ to it* man atrodo, kad mačiau Džordžą, bet negalėčiau kategoriškai tvirtinti **3** *(ppr. pass)* prisaikdinti *(to; t. p. ~ in)*; *to ~ smb to secrecy* prisaikdinti ką laikyti paslaptį; *to ~ (in) a witness* prisaikdinti liudytoją **4** *teis.* liudyti/tvirtinti prisiekus; *to ~ a charge against smb* prisiekus patvirtinti kaltinimą kam **5** *šnek.* dievažytis, dievagotis; *to ~ by all gods* prisiekti visais šventaisiais **6** *(by) šnek.* be galo tikėti *(kuo)*; nuolat vartoti (ir rekomenduoti) *(ką)*; *to ~ by quinine for malaria* (rekomenduoti) vartoti chininą nuo drugio **7** *(off) šnek.* atsižadėti; *to ~ off drink* atsižadėti gerti ◊ *it is enough to make smb ~* pakanka, kad būtų galima išvesti ką iš kantrybės/pusiausvyros; *(not) enough to ~ by* ≡ vienos ašaros, labai mažai

swearing-in [ˌswɛərɪŋˈɪn] *n* prisaikdinimas *(pradedant eiti pareigas)*

swear-word ['swɛəwəːd] *n* keiksmažodis, keiksmas

sweat [swet] *n* **1** prakaitas *(t. p. prk.)*; *in a ~* a) išpiltas prakaito; b) susijaudinęs; *he broke into a ~* jį išpylė/išmušė prakaitas; *in a cold ~* išpiltas šalto prakaito, persigandęs; *all of a ~* a) visas prakaituotas, prakaitu apsipylęs; b) susirūpinęs, išsigandęs **2** (su)prakaitavimas; išprakaitavimas; *running/dripping/wet with ~* varvantis prakaitu, šlapias nuo prakaito; *a good ~ cures a cold* smarkus išprakaitavimas išgydo peršalimą **3** *šnek.* sunkus darbas; prakaitinė; *I can't stand the ~ of it* aš negaliu pakęsti to sunkaus/katorginio darbo; *in/by the ~ of one's brow/face* kruvinu prakaitu, per prakaitą

4 aprasojimas; šlapiavimas; ***the drink was so cold that there immediately appeared ~ on the glass*** gėrimas buvo toks šaltas, kad taurelė tuoj pat aprasojo 5 *pl amer. šnek.* treningas; treningo kelnės ◊ ***no ~!*** *šnek.* gerai! tai nesunku *(sutinkant ką daryti);* ***old ~*** *šnek.* daug matęs kareivis
v 1 (su)prakaituoti; ***to ~ like a pig*** *šnek.* smarkiai prakaituoti; ***to ~ with fear*** apsipilti (šaltu) prakaitu iš baimės 2 prakaitinti, priversti išprakaituoti *(t. p.* ***~ out);* to ~ a horse*** a) (pa)mankštinti žirgą *(prieš lenktynes);* b) nualsinti/nuvaryti/užvaryti žirgą 3 *prk.* prakaitą lieti, prakaituoti, plūktis *(over);* ***to ~ over a problem*** prakaituoti prie uždavinio; ***to ~ blood*** *šnek.* a) kruviną prakaitą lieti; b) baisiai jaudintis 4 išnaudoti, eksploatuoti 5 (ap)rasoti; šlapiuoti, (su)drėkti; ***the cheese is ~ing*** sūris rasoja/prakaituoja 6 *šnek.* jaudintis, rūpintis; ***I told him not to ~ a thing*** aš pasakiau, kad jam nėra ko rūpintis 7 *amer. šnek.* išpešti, ištraukti *(out of smb – iš ko)* 8 *psn.* (at)kentėti, gailėtis; ***he shall ~ for it*** jis dar už tai atkentės, jis šito dar pasigailės 9 *tech.* prilituoti, privirinti *(in, on)* □ ***~ off*** numesti svorio *(išprakaitavus);* ***~ out*** a) išprakaituoti *(sergant);* ***to ~ out a cold*** išsigydyti peršalimą išprakaituojant; b) *šnek.* iškęsti, išlaikyti, išlaukti *(iki galo)* ◊ ***to ~ it out*** *šnek.* plėšytis, plūkti(s) iš paskutiniųjų

sweatband ['swetbænd] *n* 1 *(skrybėlės)* vidinė juostelė 2 juostelė prakaitui sulaikyti *(ant kaktos, riešo)*

sweatbox ['swetbɔks] *n* 1 dėžė vaisiams/tabakui/odoms fermentuoti(s) 2 *sl.* karceris

sweat-cloth ['swetklɔθ] *n* pabalnė

sweated ['swetɪd] *a* 1 prakaito prisigėręs, prakaituotas 2 prakaitą varantis; ***~ goods*** prekės, pagamintos už mažą atlyginimą; ***~ industry*** pramonės šaka, kurioje taikoma prakaito spaudimo sistema; ***~ labour*** eksploatuojami darbininkai

sweater[1] ['swetə] *n* megztinis, nertinis; ***~ girl*** *šnek.* krūtininga mergina, dėvinti aptemptą megztinį

sweater[2] *n* 1 prakaituotojas 2 išnaudotojas

sweat-gland ['swetglænd] *n anat.* prakaito liauka

sweating ['swetɪŋ] *n* prakaitavimas; ***~ system*** prakaito spaudimo *(darbo)* sistema

sweatpants ['swetpænts] *n pl* treningo kelnės

sweatshirt ['swetʃə:t] *n* medvilninis sportinis nertinis

sweatshop ['swetʃɔp] *n menk.* įmonė, kurioje taikoma prakaito spaudimo sistema

sweatsuit ['swetsu:t] *n* treningas, treniruotės kostiumas

sweaty ['swetɪ] *a* 1 prakaituotas, suprakaitavęs; prakaitingas, prakaito; ***~ work*** prakaitingas darbas; ***~ odour*** prakaito kvapas 2 karštas, nemalonus *(apie orą ir pan.)*

Swede [swi:d] *n* švedas

swede [swi:d] *n bot. (švediškas)* griežtis, sėtinys; pašarinė ropė, turnepsas *(t. p.* ***~ turnip)***

Sweden ['swi:dn] *n* Švedija

Swedish ['swi:dɪʃ] *a* švediškas, švedų; Švedijos *n* 1 švedų kalba 2 ***(the ~)*** *kuop.* švedai

sweeny ['swi:nɪ] *n amer. vet. (arklio mentės)* raumenų atrofija

sweep [swi:p] *n* 1 šlavimas, valymas; ***to give a ~*** (iš)šluoti, (iš)valyti 2 kaminkrėtys; ***a regular little ~*** murziukas, tikras kaminkrėtys *(apie išsipurvinusį vaiką);* ***as black as a ~*** juodas kaip kaminkrėtys 3 *pl* šiukšlės, sąšlavos 4 tekėjimas; nuolatinis judėjimas; ***the ~ of the tides*** potvyniai ir atoslūgiai 5 mostelėjimas, mostas, užsimojimas, mojis; siūtis, smūgis; ***at a ~*** vienu užsimojimu/siūčiu/smūgiu; ***with a ~ of one's arm*** vienu rankos mostelėjimu 6 apimtis, ribos; akiratis; ***within the ~ of the eye*** kiek akys užmato; ***the broad ~ of left-wing opinion*** platus kairiojo sparno nuomonių diapazonas; ***it is beyond the ~ of human intelligence*** tai peržengia žmogaus proto ribas 7 didelis plotas; ***the ~ of meadows*** pievų platybės 8 vingis; lankstas; ***here the river makes a great ~ to the left*** čia upė daro didelį vingį į kairę 9 puolimas *(ypač veržlus)* 10 ilgas irklas 11 *(šulinio)* svirtis 12 *(vėjinio malūno)* sparnas 13 *šnek.* = **sweepstake** 14 *fiz.* skleidimas; skleistinė 15 *tech.* lekalas; šablonas ◊ ***to make a clean ~** (of)* a) visiškai atsikratyti *(ko);* b) laimėti *(visus susitikimus ir pan.)*
v (swept) 1 šluoti, valyti; ***to ~ the litter into the corner*** sušluoti šiukšles į kampą; ***to ~ the carpet*** valyti kilimą *(dulkių siurbliu);* ***to ~ a room*** šluoti kambarį; ***to ~ a chimney*** valyti kaminą; ***to ~ the seas*** a) *kar.* išvalyti jūrą *(nuo priešo laivų);* b) išraižyti jūras skersai ir išilgai 2 *prk.* nušluoti, sunaikinti *(t. p.* ***~ away/off/down); to ~ out of existence*** nušluoti nuo žemės paviršiaus; ***the storm swept the country*** audra nusiaubė šalį; ***to ~ away slavery*** sulaužyti/panaikinti vergiją; ***the plague swept off thousands*** maras nusinešė tūkstančius gyvybių 3 *prk.* pakerėti *(t. p.* ***~ along/away); he swept his audience along with him*** jis pakerėjo publiką 4 nubraukti, numesti *(nuo stalo ir pan.);* sužerti *(pinigus ir pan.)* 5 (prisi)liesti, liestelėti; ***to ~ one's hand across one's face*** perbraukti ranka per veidą; ***her dress swept the ground*** jos suknelė siekė/šlavė grindis 6 moti, mostelėti 7 lėkti, dumti, rūkti *(t. p.* ***~ along); the wind ~s along*** vėjas švilpia; ***a storm swept over a country*** audra praūžė per šalį; ***the cavalry swept down the valley*** raitininkai nurūko slėniu; ***the crowd swept through the gates of the stadium*** minia pasipylė pro stadiono vartus 8 apimti, užvaldyti; ***a deadly fear swept over him*** jį apėmė mirtina baimė; ***a wave of nationalism swept the country*** nacionalizmo banga užliejo šalį 9 apžvelgti; permesti akimis; ***he swept the valley*** jis apžvelgė slėnį 10 tęstis, tįsoti; nusitiesti *(t. p.* ***~ away/down); the plain ~s away/down to the sea*** lyguma nusitęsia ligi jūros 11 išdidžiai eiti; ***she swept out of the room*** ji išdidžiai/oriai išėjo iš kambario 12 daryti vingį/lankstą 13 *(grakščiai)* nusilenkti, linktelėti 14 pasiekti įspūdingą/visišką pergalę *(t. p. sport.)* 15 *jūr.* traluoti; ***to ~ for mines*** traluoti minas 16 *kar.* apšaudyti □ ***~ aside*** atstumti, atmesti, ignoruoti *(prieštaravimus ir pan.);* ***~ away*** a) nušluoti; b) nunešti *(apie srautą, potvynį ir pan.);* c) *pass* būti pakerėtam *(by);* ***~ by*** pralėkti, pradumti; ***~ out*** iššluoti; ***~ up*** a) iššluoti, sušluoti; b) sugriebti ◊ ***to ~ smb off his/her feet*** a) parmušti, pargriauti ką *(apie bangą, vėją ir pan.);* b) pavergti, pakerėti, sužavėti ką; ***to ~ all before one*** nuolat turėti pasisekimą; ***to ~ under the carpet/*** *amer.* ***rug*** nuslėpti, nutylėti *(ką nors nemalonaus, gėdingo),* neprisipažinti *(ką nors bloga padarius)*

sweepback ['swi:pbæk] *n av. (sparnų)* strėliškumas

sweeper ['swi:pə] *n* šlavėjas; ***road ~*** a) gatvių šlavėjas; b) šluojamoji mašina

sweeper-collector ['swi:pəkəˌlektə] *n* gatvių valymo mašina

sweeping ['swi:pɪŋ] *n* 1 šlavimas, valymas 2 *pl* sąšlavos, šiukšlės
a 1 platus, didelės apimties, daug apimantis; ***~ gesture*** platus mostas; ***~ changes*** radikalūs pakitimai 2 taikomas visiems be išimties; pernelyg bendras; ***~ accusation*** kaltinimas visiems be išimties 3 didžiulis, smarkus; veržlus

sweep-net ['swi:pnet] *n* **1** *(didelis)* tinklas **2** graibštas *(drugeliams gaudyti)*
sweepstake ['swi:psteɪk] *n* lažybos žirgų lenktynėse, totalizatorius
sweet [swi:t] *n* **1** saldainis, saldumynas, ledinukas; *to like ~s* mėgti saldumynus **2** saldusis patiekalas, desertas **3** saldumas, saldus skonis; *(ppr. pl)* saldus/malonus kvapas **4** *pl* džiaugsmai, malonumai; *to taste the ~s of success* pajusti sėkmės džiaugsmą; *the ~(s) and the bitter(s) of life* gyvenimo malonumai ir rūpesčiai **5** mylimasis *(ypač kreipiantis; ppr. my ~)*
a **1** saldus *(t. p. prk.)*; *(as) ~ as honey/sugar* saldus kaip medus; *~ sleep* saldus miegas **2** malonus, švelnus; melodingas; *~* malonus balsas; *~ face* malonus pažiūrėti veidas; *~ disposition* švelnus būdas; *~ words* malonūs žodžiai **3** mylimas, mielas, meilus, lipšnus; *~ baby* meilus kūdikis; *~ one* mielasis *(kreipiantis)* **4** kvapus; *~ scent* geras/gardus kvapas **5** šviežias, nesugedęs; *~ butter* šviežias nesūdytas sviestas; *~ milk* šviežias pienas; *~ water* gėlas vanduo; *to keep the room ~* gerai vėdinti kambarį **6** desertinis, saldus *(apie vyną)* **7** sentimentalus, saldokas **8** *šnek.* įsimylėjęs *(on, upon)* **9** derlingas, nerūgštus *(apie dirvą)* ◊ *to keep smb ~ šnek.* taikytis prie ko, gerintis kam
sweet-and-sour ['swi:tənd'sauə] *a attr kul.* saldžiarūgštis *(apie padažą ir pan.)*
sweetbread ['swi:tbred] *n (veršio, ėriuko)* kasa, užkrūčio liauka *(kaip maistas)*
sweetbriar ['swi:tbraɪə] *n* = **sweetbrier**
sweetbrier ['swi:tbraɪə] *n bot.* (rūdėtasis) erškėtis
sweetcorn ['swi:tkɔ:n] *n* saldusis kukurūzas *(augalas; grūdai)*
sweeten ['swi:tn] *v* **1** (pa)saldinti; (pa)saldėti **2** prikvėpinti, pri(si)pildyti aromato **3** (su)švelninti; daryti malonesnį/mielesnį; *to ~ life* pasaldinti/pamaloninti gyvenimą **4** (iš)vėdinti; dezodoruoti **5** sumažinti *(dirvos, skrandžio)* rūgštingumą; neutralizuoti rūgštį **6** *šnek.* pamaloninti, patepti *(t. p. ~ up)* **7** *šnek.* papildyti *(taurelę)* **8** *sl.* padidinti statomą sumą *(lošiant pokerį)*
sweetener ['swi:tənə] *n* **1** saldiklis, saldinamoji medžiaga **2** *šnek.* pamaloninimas, „atsidėkojimas", kyšis
sweetening ['swi:tᵊnɪŋ] *n* **1** (pa)saldinimas **2** saldimas, saldumas
sweetgrass ['swi:tgrɑ:s] *n bot.* vandeninė monažolė; *southern ~* pietinė stumbražolė
sweetheart ['swi:thɑ:t] *n* mylimasis, mielasis, brangusis *(t. p. kreipiantis)*; *childhood ~* vaikystės meilė
sweetie ['swi:tɪ] *n šnek.* **1** = **sweetheart** **2** *vaik.* saldainiukas
sweetie-pie ['swi:tɪpaɪ] *n amer. šnek.* = **sweetheart**
sweeting ['swi:tɪŋ] *n* saldinis/saldūninis obuolys
sweetish ['swi:tɪʃ] *a* saldokas, apysaldis, salsvas
sweetmeat ['swi:tmi:t] *n* **1** saldainis **2** *pl* saldėsiai; cukatos, cukrintiniai
sweetness ['swi:tnɪs] *n* **1** saldumas, saldybė **2** švelnumas ◊ *all ~ and light (džn. iron.)* ≡ nors prie žaizdos dėk; vienas žavumėlis/gerumėlis; geros dienos
sweetpea ['swi:tpi:] *n bot.* kvapusis pelėžirnis
sweet-scented ['swi:t'sentɪd] *a* saldžiakvapis, gardžiakvapis, kvapus; *~ grass bot.* kvapioji stumbražolė
sweetshop ['swi:tʃɔp] *n* konditerijos krautuvėlė; kioskas
sweet-smelling ['swi:t'smelɪŋ] *a* = **sweet-scented**
sweet-talk ['swi:ttɔ:k] *v šnek.* saldžialiežuvauti, meilikauti; *to ~ smb into smth* įkalbėti/įtikinti ką meilikavimu/švelnumu *(ką daryti)*
sweet-tempered ['swi:t'tempəd] *a* švelnaus būdo, malonus

sweet-william [ˌswi:t'wɪlɪəm] *n bot.* gvazdikas šiurpis
swell [swel] <*n, a, v*> *n* **1** pakilimas, iškiluma(s); *the ~ of the ground* kalvelė **2** *(krūtinės, pilvo ir pan.)* (iš)brinkimas, pabrinkimas, papurtimas, iš(si)pūtimas **3** patinimas; auglys **4** *(jūros)* bangavimas; *ground ~* a) jūros bangavimas *(dėl audros, žemės drebėjimo);* b) *prk.* artėjančios audros, žymių pasikeitimų *ir pan.* požymiai **5** *muz.* laipsniškas stiprėjimas ir silpnėjimas **6** *ret.* (pa)didėjimas, augimas **7** *šnek. ret.* dabita, puošeiva; žymi persona, didelis žmogus
a šnek. **1** *amer.* puikus, pirmos rūšies; *~ fellows* puikūs vaikinai; *~ society* aukštoji visuomenė **2** *psn.* prašmatnus; dabitiškas, madingas
v (swelled; swollen, swelled) **1** (pa)tinti, (pa)pursti, (iš)pursti, (iš)brinkti, tvinkti *(t. p. ~ out/up); wood ~s in water* medis vandenyje brinksta; *his face began to ~ out* jo veidas ėmė tinti **2** (pa)tvinti; *the river has swollen* upė patvino **3** pūstis, iš(si)pūsti, pasipūsti *(t. p. ~ up); (prk. t. p.)* didžiuotis, puikauti(s); *the wind ~ed the sails* vėjas išpūtė bures; *to ~ like a turkey-cock* pasipūsti kaip kalakutui **4** augti, didėti; didinti; *the ranks of the unemployed are daily ~ing* bedarbių gretos kasdien gausėja **5** stiprėti *(apie garsą)* **6** būti apimtam *(jausmo); my heart ~s with pride* mano širdis pilna pasididžiavimo; *to ~ with indignation* vos nesprogti iš pasipiktinimo
swell-box ['swelbɔks] *n* vargonų pedalas
swell-headed ['sweľhedɪd] *a amer. šnek.* įsivaizduojantis, esantis geros nuomonės apie save
swelling ['swelɪŋ] *n* **1** patinimas; pabrinkimas **2** išsipūtimas; (pa)didėjimas **3** *med.* auglys
a **1** kylantis, augantis **2** išpūstas; tinstantis, brinkstantis; *the ~ bubble* išpūstas burbulas **3** *prk.* pasipūtęs, išpūstas; *~ oratory* išpūsta gražbylystė, pompastiška kalba
swellish ['swelɪʃ] *a šnek.* dabitiškas, madingas
swelter ['sweltə] *n* **1** kaitra, karštis, tvankumas **2** alpimas, leipimas, nusilpimas *(nuo kaitros, tvankumo)*
v leipėti, leipti, alpti *(nuo kaitros, tvankumo)*
sweltering ['sweltərɪŋ] *a* **1** leipstantis, alpstantis *(nuo kaitros, tvankumo)* **2** alpus, tvankus
swept [swept] *past ir pII žr.* **sweep** *v*
sweptback ['swept'bæk] *a* **1** sušukuoti aukštyn *(apie plaukus)* **2** *av.* strėlinis *(apie sparną)*
swerve [swɔ:v] *n* nukrypimas; pa(si)sukimas *(į šalį)*
v **1** staiga pasukti, mestis *(į šalį);* atsitrenkti *(into); to ~ the ball sport.* smūgiuoti kamuolį užkirstu smūgiu **2** *prk.* nukrypti; *to ~ from one's course* nukrypti nuo kurso
swift [swɪft] *a* **1** greitas, skubus; *~ reply* skubus atsakymas; *~ anger* greit praeinantis pyktis; *~ to anger* ūmus, greitas užpykti; *~ to take offence* greitas įsižeisti, įžeidus **2** sraunus ◊ *be ~ to hear, slow to speak* ≡ daugiau klausyk, mažiau kalbėk
n **1** *zool.* čiurlys **2** *tekst.* lanktis
swift-footed ['swɪft'futɪd] *a* greitakojis
swift-handed ['swɪft'hændɪd] *a* greitas, miklus
swift-sailing ['swɪftˌseɪlɪŋ] *a* greitaeigis *(apie laivą)*
swift-winged ['swɪft'wɪŋd] *a* greitasparnis
swig [swɪg] *šnek. n (svaigalų)* gurkšnis, siurbsnis, maukas; *to take a ~ (at)* išgerti, išmaukti
v maukti, siurbti, traukti *(alų ir pan.)* □ *~ down* išgerti vienu mauku, išmaukti
swill [swɪl] *n* **1** skalavimas, plovimas **2** jovalas; pamazgos, ėdalas *(t. p. apie prastos kokybės gėrimą/maistą)* **3** *(svaigalų)* gurkšnis
v **1** (iš)skalauti, (iš)plauti *(t. p. ~ down/out)* **2** *šnek.* lakti, kliaukti, maukti

swim [swɪm] *n* **1** plaukimas *(t. p. sport.)* **2** plaukiojimas, plaukymas; maudymasis; ***to go for a ~*** eiti paplaukioti/maudytis; ***to have/take a ~*** paplaukioti, maudytis **3** *(galvos)* svaigimas **4** duburys, sietuva *(kur yra daug žuvų)* ◊ ***to be in the ~*** būti *(įvykių ir pan.)* centre, žinoti viską, kas vyksta aplink; sekti naujoves; ***to put smb in the ~*** supažindinti ką su dalykų padėtimi
v (swam; swum) **1** plaukti *(t. p. sport.);* perplaukti *(t. p.* **~** *across);* nuplaukti *(t. p.* **~** *away/off);* plukdyti; ***to ~ on one's back*** plaukti nugara; ***to ~ like a stone*** juok. nemokėti plaukti; ≅ plaukti kaip (apatiniam girnų) akmeniui; ***to ~ a horse across the river*** perplukdyti arklį per upę; ***to ~ a race*** dalyvauti plaukimo varžybose; ***to ~ a hundred metres*** plaukti šimto metrų nuotolį **2** plaukioti; maudytis *(ežere, jūroje)* **3** *prk.* plaukioti, plaukti, skendėti, skęsti *(in, with);* ***the meat is ~ming in gravy*** mėsa plaūko padaže; ***to ~ in luxury*** skendėti prabangoje **4** svaigti, suktis; ***my head ~s*** man svaigsta/sukasi galva; ***everything began to ~ before his eyes*** jam ėmė viskas tavaruoti/mirgėti akyse **5** būti paplūdusiam/pasruvusiam; ***the floor swam with blood*** grindys buvo paplūdusios kraujais
swim-bladder ['swɪmˌblædə] *n (žuvų)* plaukiamoji pūslė
swimmer ['swɪmə] *n* **1** plaukikas **2** plaukmuo
swimming ['swɪmɪŋ] *n* **1** plaukimas; maudymasis; ***~ hole*** giluma, gylė *(upėje, upelyje);* maudymosi vieta, maudykla **2** *(galvos)* svaigimas
a **1** plaukiantis **2** plaukiojamasis, plaukimo **3** paplūdęs, pasruvęs; ***eyes ~ with tears*** ašaromis paplūdusios akys **4** svaigstantis
swimming-bath ['swɪmɪŋbɑːθ] *n* = **swimming-pool**
swimming-bladder ['swɪmɪŋˌblædə] *n* = **swim-bladder**
swimming-costume ['swɪmɪŋˌkɔstjuːm] *n* = **swimsuit**
swimmingly ['swɪmɪŋlɪ] *adv* sklandžiai, sėkmingai; ***everything is going ~*** ≅ viskas eina kaip sviestu patepta
swimming-pool ['swɪmɪŋpuːl] *n* plaukimo baseinas, plaukykla
swimming-trunks ['swɪmɪŋtrʌŋks] *n* trikampis *(vyriškos maudymosi kelnaitės)*
swimsuit ['swɪmsuːt] *n* maudymosi kostiumas *(ypač moteriškas)*
Swinburne ['swɪnbəːn] *n*: ***Algernon Charles ~*** Aldžernonas Čarlsas Svinbernas *(anglų poetas)*
swindle ['swɪndl] *n* suktybė, sukčiavimas; apgavystė
v sukčiauti, apgaudinėti; apgauti; ***to ~ smb out of his money*** išvilioti pinigus iš ko
swindler ['swɪndlə] *n* sukčius, apgavikas
swine [swaɪn] *n (pl ~)* ret., amer. kiaulė *(t. p. prk.);* kuop. kiaulės
swine-breeder ['swaɪnˌbriːdə] *n* kiaulininkas
swine-breeding ['swaɪnˌbriːdɪŋ] *n* kiaulininkystė
swine-fever ['swaɪnˌfiːvə] *n vet.* kiaulių maras
swineherd ['swaɪnhəːd] *n psn.* kiauliaganys
swinery ['swaɪnərɪ] *n* **1** kiaulidė **2** kiaulystė
swing [swɪŋ] *n* **1** supimas(is); siūbavimas, svyravimas **2** sūpuoklės, sūpynės **3** užsimojimas; mostas, mojis; ***arm ~*** mostas ranka **4** užmojis, smarkumas; *(gyvenimo, darbo)* ritmas, tempas; ***to get into the ~ of the work*** šnek. priprasti prie darbo; įsitraukti į darbo ritmą; ***let it have its ~*** tegul (pats) išsisemia/išsikvepia **5** *(veikimo)* laisvė; ***to give free ~ to one's temper*** duoti valią pykčiui; ***he gave us a full ~ in the matter*** tuo reikalu jis leido mums veikti visiškai savarankiškai **6** lygus/ritmingas žingsnis; ***to walk with a ~*** eiti ritmingu žingsniu **7** pasukimas; ***the car started up at the first ~*** automobilis užsivedė iš pirmo pasukimo **8** *(pažiūrų ir pan.)* staigus/radikalus pasikeitimas *(to, towards – į)* **9** *amer.* apkeliavimas, turnė **10** *muz.* svingas *(t. p. ~ music)* **11** *fiz.* svyravimo amplitudė **12** *tech.* maksimalus *(prietaiso)* rodyklės nukrypimas ◊ ***in full ~*** pačiame įkarštyje; ***to go with a ~*** šnek. puikiai eiti/vykti, ≅ eiti kaip iš pypkės; ***what you lose on the ~s you gain on the roundabouts*** ≅ vienur prarandi, kitur laimi
v (swung) **1** supti(s), linguoti; siūbuoti, svyruoti; ***to ~ a bell*** siūbuoti varpą; ***to ~ out of the room*** išsvyruoti iš kambario **2** mosikuoti, mataruoti; švytuoti *(kardu ir pan.);* ***to ~ one's legs*** mosikuoti/tabaluoti kojomis; ***to ~ one's arms*** mosikuoti/skerečioti/mostaguoti rankomis **3** nukarti, (pa)kabinti *(kad galėtų siūbuoti/svyruoti);* karoti, kaboti **4** *šnek.* pakarti; būti pakartam; ***he shall ~ for it*** jį už tai pakars **5** sukti(s); pa(si)sukti; ***the car swung round the corner*** automobilis pasuko už kampo; ***to ~ into line*** *jūr.* išsirikiuoti į eilę; ***to ~ a ship*** pasukti laivą; ***to ~ open*** at(s)idaryti, at(si)verti *(apie langą, duris ir pan.);* ***to ~ shut*** už(si)daryti, už(si)verti, už(si)trenkti *(apie langą, duris ir pan.)* **6** užsimoti, (norėti) trenkti iš peties *(at)* **7** eiti lygiu ritmingu žingsniu; švytruoti **8** *šnek.* palenkti/patraukti į savo pusę; paveikti *(norima kryptimi)* **9** *šnek.* staiga (pa)keisti *(nuomonę ir pan.);* nukreipti į kitą pusę *(dėmesį, susidomėjimą);* staiga pasikeisti, persimesti **10** *šnek.* gyventi tikrą gyvenimą; džiaugtis/mėgautis gyvenimu; būti veikliam/žvaliam **11** *amer.* sėkmingai atlikti; ***to ~ an election*** laimėti rinkimus **12** *amer. šnek.* užeiti, užsukti *(by)* **13** *muz.* svinguoti; atlikti džiazo muziką svingo ritmu
□ ***~ (a)round*** staiga pasisukti/apsisukti
swingbin ['swɪŋbɪn] *n* šiukšlių dėžė su atsiveriančiu dangčiu
swingboat ['swɪŋbəʊt] *n* laivelio formos sūpynės
swing-bridge ['swɪŋbrɪdʒ] *n* praskiriamasis tiltas
swing-caliper ['swɪŋkælɪpə] *n tech.* svyruojančioji apkaba
swing-door [ˌswɪŋ'dɔː] *n* dvivėrės/sukamosios durys
swinge [swɪndʒ] *v psn.* mušti, perti, lupti
swingeing ['swɪndʒɪŋ] *a* didžiulis *(apie sunkumus ir pan.);* ***~ majority*** didžioji dauguma
swinger ['swɪŋə] *n šnek.* **1** neatsiliekantis nuo gyvenimo, ultramodernus žmogus **2** palaidūnas, pasileidėlis
swinging ['swɪŋɪŋ] *n* **1** supimas(is); svyravimas **2** mosikavimas, mojavimas **3** *jūr.* posūkis *(ant inkaro)*
a **1** besisupantis, svyruojantis **2** ritmiškas; švitrus *(apie eiseną)* **3** *šnek.* mylintis gyvenimą, besidžiaugiantis gyvenimu; linksmas, prašmatnus **4** *šnek.* palaidas, pasileidęs **5** *spec.* pasukamasis, radialinis; kabamasis
swingle ['swɪŋgl] *ž. ū. n* bruktuvė, brauktuvė
v brukti *(linus)*
swingletree ['swɪŋgltriː] *n* branktas
swingover ['swɪŋəʊvə] *n (nuomonės ir pan.)* staigus pa(si)keitimas
swing-plough ['swɪŋplaʊ] *n ž. ū.* sūpuoklinis plūgas
swinish ['swaɪnɪʃ] *a* kiauliškas; kiaulės
swipe [swaɪp] *n* **1** stiprus smūgis; užsipuolimas *(žodžiais);* ***to take a ~ (at)*** a) trenkti *(kam);* b) užsipulti **2** *tech.* suktuvas; svirtis
v **1** (smarkiai) (su)duoti, trenkti **2** *šnek.* nudžiauti, (pa)vogti
swirl [swəːl] *n* **1** sūkuriavimas, sukimasis **2** verpetas, sūkurys *(t. p. prk.)* **3** *amer. (plaukų)* garbana, garbinys
v **1** sukiotis/suktis verpetais/sūkuriais, sūkuriuoti **2** sukelti sūkurį **3** apvynioti, apsukti **4** svaigti, jausti svaigulį
swish[1] [swɪʃ] *n* **1** šmaikštavimas, šmaukštelėjimas; pliaukšėjimas *(botagu, rimbu ir pan.),* pliaukštelėjimas; mostagavimas *(uodega ir pan.);* švytavimas *(dalgiu, lazda ir pan.)* **2** *(šilko ir pan.)* šnarėjimas, šnaresys, čiužėjimas, šnabždėjimas

swish² v **1** šmaikštuoti, šmaukšėti, pliaukšėti, pliauškinti, šmaukštelėti, pliaukštelėti *(botagu, rykšte ir pan.)*; mostaguoti *(uodega, lazda)*; švytuoti *(dalgiu)* **2** šnarėti, čiužėti, šnabždėti *(apie šilkinius drabužius ir pan.)* ☐ ~ **off** nušvaistyti, nukapoti *(dalgiu, lazda ir pan.)*

swish² *a šnek.* prašmatnus; elegantiškas

swishy ['swɪʃɪ] *a* = **swish²**

Swiss [swɪs] *n* šveicaras; *the* ~ *kuop.* šveicarai
a šveicariškas, šveicarų; Šveicarijos; ~ *roll* šveicariškas pyragas *(vyniotinis, perteptas uogiene)*

switch [swɪtʃ] *n* **1** žabas, virbas, rykštė, šmaikštis, vytelė **2** čaižymas, pliekimas **3** netikra *(plaukų)* kasa; šinjonas **4** *(karvės, liūto)* uodegos galas **5** plaktuvėlis, plakiklis *(baltymams, grietinei ir pan. plakti)* **6** perėjimas; *(pokalbio temos ir pan.)* pakeitimas; *the* ~ *to a free market economy will not be easy* perėjimas į laisvos rinkos ekonomiką nebus lengvas **7** *el.* jungiklis; perjungiklis; *the off [on]* ~ išjungiklis [įjungiklis]; *knife/chop* ~ kirtiklis **8** *glžk.* iešmas **9** *komp.* modifikatorius; jungtukas ◊ *to make the* ~ slapta sukeisti; *that's a* ~! *amer.* tai kažkas nepaprasta
v **1** pliekti, čaižyti *(rykšte, žabu, virbu ir pan.)* **2** šmaikštuoti, mosikuoti; *to* ~ *smth out of smb's hand* ištraukti/griebti ką kam iš rankų **3** plakti *(grietinę, baltymus ir pan.)* **4** slapta sukeisti; pasikeisti, susikeisti *(with)* **5** nukreipti *(mintis, dėmesį ir pan.)*, pasukti *(kalbą)* kita kryptimi *(t. p.* ~ *off)* **6** pereiti *(to – prie)*; *he* ~ed easily from Lithuanian to English jis lengvai perėjo iš lietuvių kalbos į anglų **7** įjungti, išjungti, perjungti *(srovę, šviesą)* **8** *glžk.* pervaryti *(traukinį)* į kitus bėgius ☐ ~ *off* a) išjungti *(šviesą, srovę, radiją)*; b) atjungti *(abonentus)*; nutraukti *(telefono pokalbį)*; c) *prk. šnek.* išsijungti, pasidaryti abejingam; padaryti neįdomų; ~ *on* a) įjungti *(srovę, šviesą ir pan.)*; b) sujungti *(abonentus)*; c) *šnek.* vaikytis madų, domėtis viskuo, kas madinga; d) *(ppr. pass) šnek.* užsidegti, išsijudinti; ~ *over* a) per(si)jungti *(t. p. rad., tel.)*; b) visiškai pakeisti *(savo nuomonę, poziciją ir pan.)*; persimesti; ~ *round* sukeisti *(vietas, tvarką ir pan.)*; perstatinėti *(baldus ir pan.)*

switchback ['swɪtʃbæk] *n* kelias/geležinkelis su staigiais posūkiais *(ypač kaip atrakcionas)*

switchblade ['swɪtʃbleɪd] *n amer.* = **flick-knife**

switchboard ['swɪtʃbɔ:d] *n* **1** *el.* komutatorius **2** skirstomasis skydas

switch-box ['swɪtʃbɒks] *n el.* skirstomoji dėžė

switched-on [ˌswɪtʃt'ɒn] *a* **1** *šnek.* šiuolaikiškas, ultramodernus; besivaikantis madų **2** *sl.* apkvaišęs nuo narkotikų

switch-engine ['swɪtʃˌendʒɪn] *n* manevrinis garvežys

switchgear ['swɪtʃgɪə] *n el.* skirstomasis įrenginys

switch-grass ['swɪtʃgrɑ:s] *n bot.* sora

switch-lever ['swɪtʃˌlevə] *n glžk.* iešmo perjungimo svirtis

switchman ['swɪtʃmən] *n (pl -men [-mən])* iešmininkas

switchover ['swɪtʃˌəuvə] *n* **1** perėjimas *(to – prie)*; *(temos, nuomonės ir pan.)* pakeitimas **2** sukeitimas **3** *rad., tel.* perjungimas

switch-plug ['swɪtʃplʌg] *n el.* kištukas

switch-tender ['swɪtʃˌtendə] *n amer.* = **switchman**

switch-tower ['swɪtʃˌtauə] *n amer.* iešmininko būdelė

switchyard ['swɪtʃjɑ:d] *n amer. glžk.* manevrinė/skirstymo stotis

Switzerland ['swɪtsələnd] *n* Šveicarija

swivel ['swɪvl] *n tech.* sukutis, šarnyrinis/lankstinis sujungimas; ~ *clamp* šarnyrinis/lankstinis veržtuvas; ~ *axle* pasukamasis kakliukas
v (-ll-) **1** ap(si)sukti *(t. p.* ~ *round)* **2** nukreipti *(žvilgsnį)*; pakreipti *(galvą)* **3** *tech.* sukinėti(s)/sukti(s) ant šarnyrų/lankstų; pritvirtinti/sujungti šarnyrais/lankstais

swivel-chair ['swɪvltʃɛə] *n* sukamoji kėdė

swivel-eyed ['swɪvlaɪd] *a šnek.* žvairas

swiz(z) [swɪz] *n šnek.* nuvylimas; apgaulė; *what a* ~! kaip apmaudu!

swizzle¹ ['swɪzl] *šnek. n* kokteilis *(iš romo, cukraus, citrinų sulčių ir ledo)*
v **1** nugirdyti; *to get* ~*d* nusigerti, pasigerti **2** maišyti lazdele *(gėrimą)*

swizzle² *n šnek.* = **swiz(z)**

swizzle-stick ['swɪzlstɪk] *n* lazdelė kokteiliui maišyti

swob [swɒb] = **swab** *n, v*

swollen ['swəulən] *pII žr.* **swell** *v*
a **1** išsipūtęs, išpūstas *(t. p. prk.)* **2** išbrinkęs, patinęs, ištinęs **3** ištvinęs

swollen-headed ['swəulən'hedɪd] *a menk.* pasipūtęs *(apie žmogų)*

swoon [swu:n] *n knyg.* (ap)alpimas, nualpimas, alpulys; *in* ~ apalpęs, nualpęs
v (ap)alpti, nualpti, leipti *(džn. prk.)*; *the young girls* ~ed when they saw their favourite actor mergaitės leipo, pamačiusios savo mylimą aktorių

swoop [swu:p] *n* **1** staigus kritimas, smigimas; nėrimas žemyn **2** *(staigus)* (už)puolimas *(t. p. prk.)*; *influenza came down upon me with a* ~ staiga mane užpuolė gripas ◊ *at/in one fell* ~ iš karto, vienu pradėjimu
v **1** smigti, pulti/kristi žemyn *(ppr.* ~ *down)*; užpulti, mestis *(on, upon)* **2** surengti reidą *(t. p.* ~ *in; on)* ☐ ~ *away/off/up* pagriebti, nusinešti

swoosh [swuʃ] *n* šnarėjimas, šiugždesys
v šnarėti, šiugždėti

swop [swɒp] = **swap** *n, v*

sword [sɔ:d] *n* **1** kalavijas; kardas *(t. p. cavalry* ~*)*; špaga *(t. p. court* ~*); duelling* ~ rapyra; *the* ~ *of justice prk.* teisingumo kalavijas; *to cross/measure* ~*s* sukryžiuoti kardus/špagas; susikauti, stoti į kovą; *to draw/unsheathe the* ~ a) ištraukti/apnuoginti kalaviją/kardą; b) *prk.* pradėti karą; *to sheathe the* ~ a) įdėti kardą į makštį; b) *prk.* nutraukti karą/nesantaiką **2** *(the* ~*)* ginklai; karas; *at* ~ *point, at the point of the* ~ ginklu; grasinant atimti gyvybę; *to put to the* ~ *psn.* užmušti *(kare)*; sunaikinti; *to throw one's* ~ *into scale* reikalauti su ginklu rankoje

sword-bayonet ['sɔ:dˌbeɪənɪt] *n ist.* durtuvas

sword-bearer ['sɔ:dˌbɛərə] *n* ginklanešys, kardnešys

sword-belt ['sɔ:dbelt] *n* kardasaitis

swordbill ['sɔ:dbɪl] *n zool.* kardasnapis

sword-blade ['sɔ:dbleɪd] *n* kardo geležtė/ašmenys

sword-cane ['sɔ:dkeɪn] *n* lazda su įtaisyta špaga

swordcraft ['sɔ:dkrɑ:ft] *n* **1** = **swordsmanship 2** karo menas; karinė galia

sword-cut ['sɔ:dkʌt] *n* žaizda/randas nuo kardo

sword-dance ['sɔ:ddɑ:ns] *n* šokis su kardais

swordfish ['sɔ:dfɪʃ] *n zool.* kardžuvė

sword-guard ['sɔ:dgɑ:d] *n* špagos skydelis

sword-hand ['sɔ:dhænd] *n* dešinė ranka

sword-hilt ['sɔ:dhɪlt] *n* kardo rankena

sword-knot ['sɔ:dnɒt] *n* kardo/špagos dirželis su spurgu

sword-law ['sɔ:dlɔ:] *n* stipriojo teisė

sword-lily ['sɔ:dˌlɪlɪ] *n bot.* kardelis, gladiolė

swordplay ['sɔ:dpleɪ] *n* **1** fechtavimas(is) **2** *prk.* svaidymasis sąmojais

swordsman ['sɔ:dzmən] *n (pl -men [-mən]) (tik v.)* fechtuotojas

swordsmanship ['sɔ:dzmənʃɪp] *n* fechtavimo menas

sword-stick ['sɔːdstɪk] *n* = **sword-cane**
swore [swɔː] *past žr.* **swear** *v*
sworn [swɔːn] *pII žr.* **swear** *v*
 a prisiekęs *(t. p. prk.);* **~ friends** prisiekę draugai; **~ enemies** nesutaikomi/amžini priešai; **~ witness** prisaikdintas liudytojas; **~ evidence** parodymai, duodami prisiektinai; **to be ~ of the peace** būti prisaikdintam taikos teisėju
swot [swɔt] *mok. šnek. n* **1** kalimas **2** kalikas
 v (iš)kalti *(t. p.* **~ up);** *he is ~ting up his maths* jis kala matematiką
swum [swʌm] *pII žr.* **swim** *v*
swung [swʌŋ] *past ir pII žr.* **swing** *v*
sybarite ['sɪbəraɪt] *n* sibaritas
sybaritic(al) [ˌsɪbə'rɪtɪk(l)] *a* sibaritiškas; išlepęs
sycamine ['sɪkəmaɪn] *n bibl.* figmedis, šilkmedis
sycamore ['sɪkəmɔː] *n bot.* **1** platanalapis/plataninis klevas, jovaras *(t. p.* **~ maple)* **2** *amer.* rytinis platanas **3** sikomoras
syce [saɪs] *ind. n* arklininkas
sycomore ['sɪkəmɔː] *n* = **sycamore** 3
sycophancy ['sɪkəfænsɪ] *n* pataikavimas, šunuodeg(i)avimas, meilikavimas
sycophant ['sɪkəfənt, -ænt] *n* pataikūnas, palaižūnas, šunuodeg(i)autojas, meilikautojas; sikofantas
sycophantic [ˌsɪkə'fæntɪk] *a* pataikaujantis, įtaikus; pataikaujamas
sycosis [saɪ'kəusɪs] *n med.* sikozė
Sydney ['sɪdnɪ] *n* Sidnis, Sidnėjus *(Australijos miestas)*
syenite ['saɪənaɪt] *n min.* sienitas
Sykes [saɪks] *n* Saiksas *(lit. personažas)*
syllabary ['sɪləbərɪ] *n kalb.* skiemenų abėcėlė/rinkinys
syllabi ['sɪləbaɪ] *pl žr.* **syllabus**
syllabic [sɪ'læbɪk] *a* skiemeninis, skiemenų; silabinis
syllabicate [sɪ'læbɪkeɪt] *v* = **syllabify**
syllabication [sɪˌlæbɪ'keɪʃn] *n* = **syllabification**
syllabification [sɪˌlæbɪfɪ'keɪʃn] *n* (su)skaidymas skiemenimis
syllabify [sɪ'læbɪfaɪ] *v* (su)skaidyti/(iš)tarti skiemenimis
syllabize ['sɪləbaɪz] *v* **1** = **syllabify** **2** skiemenuoti
syllable ['sɪləbl] *n* **1** skiemuo **2** *prk.* žodis, garsas; *not a ~!* nė garso!, tylėkite!; *I want to have a ~ with you* noriu persimesti keletu žodelių su jumis; *he never uttered a ~* jis neištarė nė žodžio ◊ *in words of one ~* ≅ trumpai drūtai
 v (iš)tarti skiemenimis, skiemenuoti
-syllabled [-'sɪləbld] *(sudurt. žodžiuose)* -skiemenis; **onesyllabled** vienskiemenis; **two-syllabled** dviskiemenis
syllabub ['sɪləbʌb] *n* = **sillabub**
syllabus ['sɪləbəs] *n (pl* -es, -bi) **1** *(mokomojo dalyko, kurso ir pan.)* programa; *the exam ~* egzamino programa/medžiaga **2** *(paskaitos)* planas, konspektas **3** tvarkaraštis, grafikas
syllogism ['sɪləʤɪzm] *n* **1** *log.* silogizmas; dedukcinis samprotavimas **2** subtilus/gudrus argumentas
syllogistic [ˌsɪlə'ʤɪstɪk] *a log.* silogistinis, silogizmo
syllogize ['sɪləʤaɪz] *v* kalbėti/samprotauti silogizmais
sylph [sɪlf] *n* **1** grakšti moteris **2** *mit.* oro dvasia, silfidė
sylphlike ['sɪlflaɪk] *a* grakštus, lieknas *(apie moterį)*
sylvan ['sɪlvən] *a poet.* miškinis, miško; miškingas
Sylvester [sɪl'vestə] *n* = **Silvester**
Sylvia ['sɪlvɪə] *n* = **Silvia**
sylviculture ['sɪlvɪkʌltʃə] *n* = **silviculture**
sym- [sɪm-] *(prieš b, m, p)* = **syn-**
symbiosis [ˌsɪmbaɪ'əusɪs, ˌsɪmbɪ'əusɪs] *n (pl* -ses [-siːz]) simbiozė *(t. p. biol.)*
symbiotic [ˌsɪmbaɪ'ɔtɪk] *a* simbiozinis
symbol ['sɪmbl] *n* simbolis *(t. p. chem.),* ženklas, emblema; *a ~ of peace* taikos simbolis; *0 is the ~ for zero* 0 – nulio ženklas

symbolic(al) [sɪm'bɔlɪk(l)] *a* simbolinis, simboliškas; *the snake is ~ of evil* gyvatė simbolizuoja blogį
symbolism ['sɪmbəlɪzm] *n* **1** simbolizmas **2** simbolika **3** simboliškumas
symbolist ['sɪmbəlɪst] *n* simbolistas
symbolize ['sɪmbəlaɪz] *v* simbolizuoti; reikšti/vaizduoti simboliais
symmetric(al) [sɪ'metrɪk(l)] *a* simetrinis, simetriškas
symmetrize ['sɪmɪtraɪz] *v* simetrinti; simetriškai išdėstyti
symmetry ['sɪmɪtrɪ] *n* **1** simetrija **2** simetriškumas; darnumas
sympathetic [ˌsɪmpə'θetɪk] *a* **1** užjaučiantis; užjaučiamas, kupinas užuojautos; **~ glance** užjaučiamas žvilgsnis **2** prijaučiantis, pritariantis; palankus *(to);* **~ audience [environment]** palanki auditorija [aplinka] **3** *fiziol., med.* simpatinis **4** *fiz.* atsakomasis
sympathetically [ˌsɪmpə'θetɪklɪ] *adv* **1** užjaučiamai, su užuojauta **2** prijaučiamai; palankiai
sympathize ['sɪmpəθaɪz] *v* **1** užjausti, pareikšti užuojautą *(with)* **2** prijausti, pritarti *(with)*
sympathizer ['sɪmpəθaɪzə] *n* **1** užjautėjas, užuojautos reiškėjas **2** prijaučiantysis; šalininkas
sympathy ['sɪmpəθɪ] *n* **1** užuojauta *(with);* gailestis *(for, with);* *a man of ready ~* jautrus/užjaučiantis žmogus; *you have my deepest ~* reiškiu jums nuoširdžiausią užuojautą *(laiške)* **2** prijautimas, pritarimas; simpatija; *to be out of ~* neprijausti *(with - kam);* *to come out in ~* (su)streikuoti reiškiant solidarumą; *I am in ~ with you* aš solidarizuojuosi su jumis, aš jums visiškai pritariu; *his sympathies lie with our political opponents* jo simpatijos – mūsų politinių priešų pusėje **3** *(būdo, skonio ir pan.)* panašumas, artimumas
sympetalous [sɪm'petələs] *a bot.* jungtavainikis
symphonic [sɪm'fɔnɪk] *a* simfoninis; **~ poem** simfoninė poema
symphonist ['sɪmfənɪst] *n* simfonistas, simfonijų kūrėjas
symphony ['sɪmfənɪ] *n* simfonija; **~ orchestra** simfoninis orkestras
sympodium [sɪm'pəudɪəm] *n (pl* -dia [-dɪə]) *bot.* simpodis
symposium [sɪm'pəuzɪəm] *n (pl* ~s, -sia [-zɪə]) **1** simpoziumas, pasitarimas **2** įvairių autorių straipsnių rinkinys viena tema **3** *ist.* puota, pokylis
symptom ['sɪmptəm] *n* simptomas *(t. p. med.);* požymis; žymė
symptomatic [ˌsɪmptə'mætɪk] *a* simptominis *(t. p. med.),* simptomiškas
syn- [sɪn-] *(sudurt. žodžiuose)* *(t. p.* sym-) sin-, sim- *(reiškiant vienalaikiškumą, panašumą ir pan.);* **syngenetic** singenetinis; **syngamy** singamija; **sympodium** simpodis
synagogue ['sɪnəgɔg] *n* sinagoga
sync [sɪŋk] *šnek. n* **1** *kin., tel. (garso ir vaizdo)* sinchronizacija **2** sutartinumas, darna; *to be out of ~* nesutapti, skirtis *(with);* *to bring into ~* suderinti; *our watches are out of ~* mūsų laikrodžiai rodo nevienodą laiką
 v kin., tel. sinchronizuoti
syncarp ['sɪŋkɑːp] *n bot.* sudėtinis vaisius
synch [sɪŋk] = **sync** *n, v*
synchrocyclotron [ˌsɪŋkrəu'saɪklətrɔn] *n fiz.* sinchrociklotronas
synchromesh ['sɪŋkrəumeʃ] *n tech.* sinchronizavimo įrenginys; *aut.* sinchronizatorius
synchronic(al) [sɪŋ'krɔnɪk(l)] *a kalb.* sinchroninis
synchronicity [ˌsɪŋkrə'nɪsətɪ] *n* sinchroniškumas; vienalaikiškumas
synchronism ['sɪŋkrəunɪzm] *n* sinchronizmas, vienalaikiškumas

synchronization [ˌsɪŋkrənaɪ'zeɪʃn] = **sync** *n*
synchronize ['sɪŋkrənaɪz] *v* **1** sinchronizuoti *(t. p. kin., tel.)*; sutapti, vykti vienu laiku; *~d swimming* sinchroninis plaukimas **2** suderinti laiko požiūriu; nustatyti įvykių vienalaikiškumą **3** rodyti vienodą laiką *(apie laikrodžius)* **4** pasitikrinti, sutikrinti *(laikrodžius)*
synchronizer ['sɪŋkrənaɪzə] *n* sinchronizatorius
synchro(no)scope ['sɪŋkrə(nə)skəup] *n tech.* sinchronoskopas
synchronous ['sɪŋkrənəs] *a* sinchroninis, vienalaikis
synchrony ['sɪŋkrənɪ] *n* sinchronija; vienalaikiškumas
synchrophasotron [ˌsɪŋkrəᵘ'feɪzətrɔn] *n fiz.* sinchrofazotronas
synchrotron ['sɪŋkrəᵘtrɔn] *n fiz.* sinchrotronas
syncopate ['sɪŋkəpeɪt] *v* **1** *kalb.* (su)trumpinti žodį *(išleidžiant garsą/skiemenį žodžio viduryje)* **2** *muz.* sinkopuoti
syncopation [ˌsɪŋkə'peɪʃn] *n* **1** *muz.* sinkopė **2** *lit.* sinkopis
syncope ['sɪŋkəpɪ] *n* **1** *kalb.* sinkopė **2** *med.* apalpimas
syncretic [sɪŋ'kretɪk] *a spec.* sinkretinis
syncretism ['sɪŋkrətɪzm] *n spec.* sinkretizmas
syndetic [sɪn'detɪk] *a gram.* jungtukinis; jungiamasis; *~ word* jungiamasis žodis
syndic ['sɪndɪk] *n spec.* **1** sindikas; magistrato narys **2** *(įstaigos, firmos ir pan.)* įgaliotinis
syndicalism ['sɪndɪkəlɪzm] *n ist.* sindikalizmas
syndicalist ['sɪndɪkəlɪst] *n ist.* sindikalistas
syndicate *n* ['sɪndɪkət] **1** sindikatas; *(bankų, bendrovių)* konsorciumas **2** spaudos agentūra, superkanti straipsnius/informaciją *ir pan.* ir parduodanti laikraščiams spausdinti vienu metu
v ['sɪndɪkeɪt] **1** sindikuoti, (su)jungti į sindikatą **2** *(ppr. pass)* supirkti ir parduoti straipsnius, informaciją *ir pan. (apie spaudos agentūrą)*
syndrome ['sɪndrəum] *n* **1** *med.* sindromas, simptomų kompleksas **2** *(įvykių ir pan.)* sąraizga
syne [saɪn] *škot.* = **since** *adv, prep, conj*
synecdoche [sɪ'nekdəkɪ] *n lit.* sinekdocha
synecology [ˌsɪnɪ'kɔlədʒɪ] *n biol.* sinekologija
syneresis [sɪ'nɪərəsɪs] *n chem.* sinerezė
synergetic [ˌsɪnə'dʒetɪk] *a* sinergetinis, sąveikaujantis
synergy ['sɪnədʒɪ] *n* sinergija; sinergizmas
Synge [sɪŋ] *n: John Millington* ~ Džonas Milingtonas Singas *(airių dramaturgas)*
syngenesis [sɪn'dʒenɪsɪs] *n* **1** *biol.* singenezė, lytinis dauginimasis **2** *geol.* singenezė
synod ['sɪnəd] *n bažn.* **1** sinodas, dvasiškių susirinkimas **2** *(dvasiškių)* taryba
synodic(al) [sɪ'nɔdɪk(l)] *a astr., bažn.* sinodinis; *~ period astr.* sinodinis periodas
synonym ['sɪnənɪm] *n* sinonimas
synonymic [ˌsɪnə'nɪmɪk] *a* = **synonymous**
synonymous [sɪ'nɔnɪməs] *a* sinoniminis, sinonimiškas
synonymy [sɪ'nɔnɪmɪ] *n* **1** sinonimiškumas, sinonimija **2** sinonimika
synopsis [sɪ'nɔpsɪs] *n (pl* -ses [-si:z]) konspektas, trumpa apžvalga; *~ of a thesis* disertacijos santrauka
synoptic(al) [sɪ'nɔptɪk(l)] *a* sinoptinis, apžvalginis; konspektyvus; *~ chart [map]* sinoptinis jūrlapis [žemėlapis]
synostosis [ˌsɪnɔ'stəusɪs] *n (pl* -ses [-si:z]) *anat.* sinostozė, kaulinė jungtis
synovia [saɪ'nəuvɪə] *n fiziol.* sinovija, sąnarinis tepalas
synovial [saɪ'nəuvɪəl] *a fiziol.* sinovinis; *~ membrane* tepalinė plėvė
syntactic(al) [sɪn'tæktɪk(l)] *a kalb.* sintaksinis, sintaksės
syntagma [sɪn'tægmə] *n (pl* ~ta [-tə], ~s) *kalb.* sintagma

syntagmatic [ˌsɪntæg'mætɪk] *a kalb.* sintagminis
syntax ['sɪntæks] *n kalb.* sintaksė
synth [sɪnθ] *n šnek.* = **synthesizer**
synthesis ['sɪnθɪsɪs] *n (pl* -ses [-si:z]) sintezė
synthesize ['sɪnθɪsaɪz] *v* (su)sintetinti *(t. p. chem.)*
synthesizer ['sɪnθɪsaɪzə] *n muz., tech.* sintezatorius
synthetic(al) [sɪn'θetɪk(l)] *a* **1** *kalb., chem.* sintetinis **2** dirbtinis; nenuoširdus
synthetics [sɪn'θetɪks] *n* sintetinės medžiagos, sintetika
syntonic [sɪn'tɔnɪk] *a rad.* suderinto rezonanso/tono, sintoninis
syntonize ['sɪntənaɪz] *v rad.* derinti *(toną, bangą)*
syphilis ['sɪfɪlɪs] *n* sifilis
syphilitic [ˌsɪfɪ'lɪtɪk] *a* sifilio, sifilinis
n asmuo, sergantis sifiliu, sifilitikas
syphon ['saɪfən] = **siphon** *n, v*
Syracuse ['saɪərkju:s] *n* Sirakūzai *(uostas Sicilijoje)*
syren ['saɪərən] *n* = **siren**
Syria ['sɪrɪə] *n* Sirija *(Azijos valstybė)*
Syriac ['sɪrɪæk] *a ist.* sirų *(apie kalbą)*
n senoji sirų kalba
Syrian ['sɪrɪən] *n* siras
a sirų, siriškas; Sirijos
syringa [sɪ'rɪŋgə] *n bot.* **1** paprastoji alyva **2** jazminas
syringe [sɪ'rɪndʒ] *n* **1** švirkštas **2** *(gaisrininkų)* švirkšlys
v (į)švirkšti; plauti švirkštu
syringes [sɪ'rɪndʒi:z] *pl žr.* **syrinx**
syringomyelia [sɪˌrɪŋgəu'maɪəlɪə] *n med.* siringomielija
syrinx ['sɪrɪŋks] *n (pl* -es, -inges) **1** *(Pano)* dūdelė, birbynė; fleita **2** *(paukščių giesmininkų)* rėklė **3** *anat.* Eustachijaus vamzdis **4** *med.* fistulė
syrup ['sɪrəp] *n* sirupas
syrupy ['sɪrəpɪ] *a* **1** sirupo, panašus į sirupą **2** *prk.* saldus, pernelyg meilus, sentimentalus
systaltic [sɪs'tæltɪk] *a fiziol.* periodiškai išsiplečiantis ir susitraukiantis; pulsuojantis
system ['sɪstəm] *n* **1** *(įv. reikšm.)* sistema; *life-support ~* gyvybės užtikrinimo sistema *(erdvėlaivyje)*; *control ~ tech.* valdymo sistema; *~ of axes mat.* koordinačių sistema; *a fault in the ~* gedimas *(kompiuterių)* sistemoje; *grammatical ~ of a language* gramatinė kalbos sistema; *digestive ~* virškinimo sistema; *to work without ~* dirbti be sistemos; *what ~ do you use in your investigation?* pagal kokią metodiką jūs atliekate savo tyrimus? **2** santvarka; *political ~, ~ of government* valstybinė santvarka **3** *(kelių, įstaigų ir pan.)* tinklas; *water ~* a) vandentiekio tinklas; b) upė ir jos intakai; *railway ~* geležinkelių tinklas **4** organizmas; *to get smth out of one's ~* a) pašalinti *(nuodus ir pan.)* iš organizmo; b) atsikratyti *(kokio jausmo, įkyrios minties ir pan.)* **5** pasaulis, visata; *solar ~* saulės sistema **6** *tech. (garso atgaminimo ir pan.)* agregatas, įrenginys; *braking ~* stabdymo mechanizmas **7** *geol.* formacija, sistema **8** *attr* sisteminis, sistemos; *~ software komp.* sisteminė programinė įranga ◊ *all ~s go! šnek.* viskas paruošta!, pradėkime!
systematic [ˌsɪstə'mætɪk] *a* **1** sistemingas; metodiškas; sisteminis; sistematinis; *to be ~* turėti sistemą; dirbti sistemingai **2** tikras; *~ liar* tikras/amžinas melagis
systematically [ˌsɪstə'mætɪklɪ] *adv* sistemingai; metodiškai
systematics [ˌsɪstə'mætɪks] *n* sistematika
systematize ['sɪstəmətaɪz] *v* (su)sisteminti, sistematizuoti
systemic [sɪ'stemɪk, sɪ'sti:mɪk] *a spec.* sisteminis, sistemos; *(fiziol. t. p.)* somatinis; viso organizmo
systole ['sɪstəlɪ] *n fiziol.* sistolė, *(širdies)* susitraukimas
syzygy ['sɪzɪdʒɪ] *n astr.* sizigija

T

T, t [ti:] *n* (*pl* Ts, T's [ti:z]) dvidešimtoji anglų kalbos abėcėlės raidė ◊ **to mark with a T** *ist.* išdeginti vagiui raidę T (*pagal pirmąją žodžio* thief *raidę*); **to a T** idealiai, tobulai; taškas į tašką; tiksliai

T- [ti:-] (*sudurt. žodžiuose*) raidės T formos; **T-beam, T-girder** *stat.* tėjinė sija; **T-joint** tėjinis sujungimas; trišakis; **T-square** reišina; kampaininė liniuotė

't [t] *sutr. psn., poet.* = **it; 'tis** = **it is; 'twas** = **it was; on't** = **on it**

ta [tɑ:] *int šnek.* ačiū; **~ ever so** labai ačiū

tab[1] [tæb] *n* 1 etiketė; kortelė (*su užrašu*) 2 sąskaita; čekis; **to keep ~s** (*on*) a) tvarkyti sąskaitas; b) *šnek.* stebėti, sekti; kontroliuoti; **to pick up the ~** a) apmokėti sąskaitą (*už kitus; restorane ir pan.*); b) prisiimti išlaidas 3 pakaba, kilpelė, ąselė 4 (*batų*) ausis, auselė; (*batraiščio*) antgalis 5 (*ausinės kepurės*) ausis 6 *kar.* (*uniformos apykaklės*) antsiuvas; **red ~** štabo karininkas 7 *av.* povairis, trimeris 8 *spec.* stulpelis; pozicija *v* 1 prisiūti pakabą/kilpelę *ir pan.* 2 pažymėti, prisegti etiketę

tab[2] *n sutr. šnek.* = **tabulator**

tab[3] *n* (tablet *sutr.*) *sl.* (*narkotikų*) tabletė

tabanid ['tæbənɪd] *n zool.* sparva, aklys, gylys

tabard ['tæbəd] *n ist.* 1 riterio apsiaustas, dėvimas ant šarvų 2 heroldo kostiumas

Tabasco [tə'bæskəʊ] *n* aštrus pipirų padažas (*t. p.* **~ sauce**)

tabby ['tæbɪ] *n* 1 raina katė (*t. p.* **~ cat**) 2 *ret.* liežuvininkė; liežuvinga senmergė 3 *tekst.* muaras 4 *stat.* gruntbetonis
a 1 rainas 2 *tekst.* muaro, muarinis (*apie suknelę*)

tabernacle ['tæbənækl] *n* 1 bažnyčia; (*kilnojama*) maldykla 2 *bažn.* tabernakulis 3 *rel.* žmogus (*kaip sielos buveinė*) 4 *ist.* laikina pastogė; palapinė

tabes ['teɪbɪːz] *n med.* nugaros smegenų džiūtis, tabesas

tabescence [tə'besns] *n knyg.* išsekimas, sulysimas

tabetic [tə'betɪk] *med. n* žmogus, sergantis tabesu, tabetikas
a sergantis tabesu; tabinis, džiūtinis

table ['teɪbl] *n* 1 stalas; **top ~** stalas garbingiausiems svečiams; **high ~** (*koledžo dėstytojų*) valgomasis stalas (*ant pakylos*); **to be/sit at ~** sėdėti prie stalo, valgyti, pietauti *ir pan.*; **to lay/spread/set the ~** padengti stalą 2 maistas; **to keep a good ~** gerai maitinti; **unfit for ~** nevalgomas 3 užstalė, draugija, sėdinti prie stalo; **to keep the ~ amused** užimti svečius prie stalo 4 lentelė; lenta (*t. p. stalo žaidimų*); **to be at the top [bottom] of the ~** *sport.* būti lentelės viršuje [apačioje]; **there are many ~s in the book** knygoje daug lentelių 5 plokštė; užrašas ant plokštės/lentelės; lenta su šventais rašmenimis; **the ten ~s** *bibl.* dešimt Dievo įsakymų 6 daugybos lentelė 7 tabelis, sąrašas; tvarkaraštis; **train ~** traukinių tvarkaraštis; **~ of contents** (*knygos ir pan.*) turinys; **~ of ranks** *ist.* rangų tabelis 8 plokštuma, plokščias paviršius 9 plokščiakalnis 10 *archit.* karnizas 11 *tech.* (*mašinos*) stalas; tekinimo skydas; ritininis konvejeris ◊ **on the ~** a) svarstomas (*komisijoje ir pan.*); b) *amer.* atidėtas vėliau svarstyti; **to lay/put on the ~** *parl.* a) įtraukti į darbotvarkę (*įstatymo projektą*); b) *amer.* atidėti (*įstatymo projekto*) svarstymą; atsiimti pasiūlymą; **to lie on the ~** *parl.* nebūti svarstomam (*apie įstatymo projektą*); **to turn the ~s on smb** mušti (*priešininką*) jo paties ginklu; atsimokėti tuo pačiu; **under the ~** *šnek.* a) girtas; b) (*duotas*) kaip kyšis, duotas papirkti (*apie pinigus*); **to drink smb under the ~** apgerti/pergerti ką; nugirdyti ką
v 1 (pa)dėti ant stalo 2 sudaryti lentelę/tvarkaraštį; suvesti į lentelę 3 siūlyti, pateikti (*pasiūlymą*) 4 (*ypač amer.*) atidėti (*vėliau svarstyti*)

tableau ['tæbləʊ] *pr. n* (*pl* ~s, ~x [-z]) 1 puikus/gražus vaizdas; vaizdingas paveikslas 2 gyvasis paveikslas (*t. p.* **~ vivant**) 3 netikėta scena/situacija 4 *attr:* **~ curtains** *teatr.* praskleidžiamoji uždanga

table-beer ['teɪblbɪə] *n* stalo alus

table-book ['teɪblbʊk] *n* 1 gražiai išleista iliustruota knyga (*laikoma ant stalo*) 2 lentelių *ir pan.* rinkinys

tablecloth ['teɪblklɒθ] *n* staltiesė, staldengtė (*ppr. balta*)

table-cover ['teɪbl͵kʌvə] *n* puošni staltiesė

table d'hôte [͵tɑ:bl'dəʊt] *pr. n* 1 tabldotas, bendras pietų stalas (*viešbučiuose, pensionuose, restoranuose*) 2 kompleksiniai pietūs (*t. p.* **~ dinner/lunch**)

table-flap ['teɪblflæp] *n* (*sulankstomojo*) stalo atlenkiamoji dalis

tableful ['teɪblfʊl] *n* 1 pilnas stalas (*valgių*) 2 pilna užstalė (*svečių*)

table-hop ['teɪblhɒp] *v amer. šnek.* sėdinėti prie įvairių staliukų (*restorane ir pan.*)

table-knife ['teɪblnaɪf] *n* (*pl* -knives [-naɪvz]) valgomasis peilis

table-lamp ['teɪbl͵læmp] *n* stalinė lempa

tableland ['teɪblænd] *n geogr.* plokščiakalnis, stalkalnis

table-leaf ['teɪblliːf] *n* (*pl* -leaves [-liːvz]) 1 (*sustumiamojo*) stalo ištraukiamoji dalis 2 = **table-flap**

table-linen ['teɪbl͵lɪnɪn] *n* stalo aptiesalai

tablemat ['teɪblmæt] *n* (*termoizoliacinis*) padėklas (*puodui, virduliui ir pan.*)

table-money ['teɪbl͵mʌnɪ] *n kar.* papildomos lėšos (*maistui, reprezentacijai*)

table-napkin ['teɪbl͵næpkɪn] *n* servetėlė

tablespoon ['teɪblspuːn] *n* valgomasis šaukštas

tablespoonful ['teɪblspuːnfʊl] *n* pilnas šaukštas (*of – ko*)

table-stone ['teɪblstəʊn] *n archeol.* dolmenas (*laidojimo statinys*)

tablet ['tæblɪt] *n* 1 tabletė 2 lentelė (*su užrašu, rašyti*) 3 paminklinė lenta 4 (*muilo ir pan.*) gabalėlis 5 *amer.* bloknotas

table-talk ['teɪbltɔːk] *n* užstalės pašnekesys/pasišnekučiavimas

table-tennis ['teɪblˌtenɪs] *n* stalo tenisas; ~ *player* stalo tenisininkas

tableware ['teɪblwɛə] *n* valgomieji reikmenys *(lėkštės, peiliai, šakutės ir pan.)*

table-water ['teɪblˌwɔːtə] *n* geriamasis vanduo *(buteliuose)*

table-work ['teɪblwəːk] *n poligr.* lentelinis rinkimas

tabloid ['tæblɔɪd] *n* nedidelio formato laikraštis *(ppr. gausiai iliustruotas, bulvarinio turinio)*
a **1** glaustas, kondensuotas; *in* ~ *form* a) glaustai; b) tabletėmis **2** bulvarinis

taboo [tə'buː] <*n, a, v*> *n* (*pl* ~s [-z]) **1** tabu **2** (už)draudimas
a **1** uždraustas, draudžiamas **2** šventas *(kurio negalima liesti/minėti)* **3** nepadorus, necenzūrinis *(apie žodį)*
v **1** paskelbti *(ką)* tabu **2** (už)drausti

tabor ['teɪbə] *ist. n* būgnelis *(akompanuoti dūdelei/fleitai)*, tambūras
v mušti būgnelį, būgnyti

taboret ['tæbərət] *n amer.* = **tabouret**

tabouret ['tæbərət] *pr. n* **1** taburetė **2** siuvinėjimo rėmelis/lankelis

tabu [tə'buː] = **taboo** *n, a, v*

tabular ['tæbjulə] *a* **1** lentelinis; lentelės (formos); ~ *data* lentelės duomenys **2** plokščias **3** *spec.* plokštelinis, sluoksninis

tabula rasa [ˌtæbjulə'rɑːzə] *lot.* tabula rasa *(švari lenta; prk. švari siela, švarus protas)*

tabulate *v* ['tæbjuleɪt] **1** išdėstyti lentelių/diagramų forma; sutraukti į lentelę/diagramą; tabuliuoti **2** (pa)daryti plokščią
a ['tæbjulət] = **tabular**

tabulation [ˌtæbju'leɪʃn] *n* **1** lentelių sudarymas; sutraukimas į lenteles **2** *spec.* tabuliavimas; tabuliagrama

tabulator ['tæbjuleɪtə] *n* **1** lentelių sudarinėtojas **2** tabuliatorius

tache [tæʃ, tɑːʃ] *n šnek.* ūsai

tacheometer [ˌtækɪ'ɔmɪtə] *n* = **tachymeter**

tachograph ['tækəgrɑːf] *n tech.* tachografas *(savirašis tachometras)*

tachometer [tæ'kɔmɪtə] *n tech.* tachometras

tachycardia [ˌtækɪ'kɑːdɪə] *n med.* tachikardija

tachymeter [tə'kɪmɪtə] *n geod.* tacheometras

tacit ['tæsɪt] *a* **1** neišreikštas žodžiais; ~ *understanding* supratimas vienas kito be žodžių **2** tylus, nebylus; numanomas; ~ *consent* tylus sutikimas

taciturn ['tæsɪtəːn] *a* tylus, nekalbus

taciturnity [ˌtæsɪ'təːnətɪ] *n* tylumas, nekalbumas

Tacitus ['tæsɪtəs] *n: Publius Cornelius* ~ Publijus Kornelijus Tacitas *(romėnų istorikas)*

tack[1] [tæk] *n* **1** vinelė su plačia galvute; ~ *rivet* laikinoji kniedė **2** *amer.* smeigtukas **3** daigstymas, dygsniavimas; daigstas **4** pigios neskoningos puošmenos **5** elgsena, taktika; kursas, *(politikos)* linija; *to change* ~ keisti taktiką; *to take a wrong* ~ eiti klaidingu keliu **6** *jūr.* halsas *(burlaivio kursas; virvės, skrysčiai);* overštagas; *sail* ~ burės halsas; *on the starboard [on the port]* ~ dešiniuoju [kairiuoju] halsu
v **1** prikalti/pritvirtinti vinutėmis, prismeigti *(džn.* ~ *down)* **2** (su)daigstyti, (su)dygsniuoti *(t. p.* ~ *together);* pridaigstyti, pridygsniuoti *(to)* **3** pakeisti elgesį/nuomonę; (pa)keisti *(politikos ir pan.)* kursą **4** *jūr.* (pa)keisti halsą *(laivo kryptį vėjo atžvilgiu);* laviruoti *(t. p. prk.)* ⬜
~ *about jūr.* pasukti laivą nuo vieno halso į kitą, pasukti overštagu; ~ *on* pridėti, prikergti; ~ *up* prismeigti *(afišą)*

tack[2] *n jūr.* maistas, valgis; *hard* ~ sausainis; *soft* ~ duona

tackle ['tækl] *n* **1** reikmenys, rykai; įrengimai; *fishing* ~ žvejybos reikmenys **2** *jūr.* takelažas; laivavirvės; talė **3** *tech.* skrysčiai **4** *sport. (priešininko)* sugriebimas, sustabdymas *(futbole, regbyje)* **5** *sport. (futbolo)* puolėjas
v **1** *(drąsiai, ryžtingai)* imtis, griebtis, užsiimti; (iš)spręsti, susidoroti; *we ~d the cold beef* mes puolėme prie šaltos jautienos; *to* ~ *a problem* imtis problemos, (iš)spręsti problemą **2** (su)griebti, užpulti; stengtis nugalėti; *to* ~ *a criminal [an intruder]* sugriebti nusikaltėlį [įsibrovėlį] **3** stengtis įtikinti **4** (pri)tvirtinti, (pri)veržti **5** pakinkyti *(arklį)* **6** *sport.* sustabdyti, pargriauti; atkovoti/perimti kamuolį *(futbole, regbyje)*

tacky[1] ['tækɪ] *a* lipnus, tąsus

tacky[2] *a šnek.* **1** neskoningas, negražus, prastas **2** nemadingas, pasenęs

taco ['tɑːkəu] *n (pl* ~s [-z]) kukurūzų paplotėlis su įdaru *(meksikiečių valgis)*

tact [tækt] *n* taktas, taktiškumas; *with* ~ taktiškai

tactful ['tæktfəl] *a* taktiškas, taktingas; *his* ~ *words* jo žodžių taktiškumas

tactic ['tæktɪk] *n ret.* = **tactics**

tactical ['tæktɪkl] *a* **1** *kar.* taktinis *(t. p. prk.);* kovinis, kovos; ~ *efficiency* a) kovingumas; b) taktiniai duomenys/sugebėjimai **2** gudrus, apdairus

tactician [tæk'tɪʃn] *n kar.* taktikas *(t. p. prk.)*

tactics ['tæktɪks] *n (vart. kaip sg ir pl) kar.* taktika *(t. p. prk.);* delaying ~ vilkinimo taktika; *I cannot approve these* ~ aš nepritariu šiems veiksmams

tactile ['tæktaɪl] *a* **1** apčiuopiamas, juntamas **2** *biol.* lytėjimo; ~ *organ [sensation]* lytėjimo organas [pojūtis]

tactless ['tæktləs] *a* netaktiškas

tactual ['tæktʃuəl] *a* **1** = **tactile** 2 **2** sukeliamas lytėjimo

tad [tæd] *n amer. šnek.* **1** vaikas, kūdikis **2** lašelis, truputis

Tadjik ['tɑːdʒɪk] *n* **1** tadžikas **2** tadžikų kalba
a tadžikų, tadžikiškas; Tadžikistano

tadpole ['tædpəul] *n zool.* buožgalvis

Tadzhik ['tɑːdʒɪk] = **Tadjik** *n, a*

Tadzhikistan [tɑːˌdʒɪkɪ'stɑːn] *n* Tadžikistanas

taenia ['tiːnɪə] *n (pl* -ae [-iː], ~s]) **1** *spec.* tenija; juosta, juostelė **2** *zool.* kaspinuotis

taffeta ['tæfɪtə] *n tekst.* tafta

taffrail ['tæfreɪl] *n jūr.* hakabortas; laivagalio turėklas/lejeris

Taffy ['tæfɪ] *n šnek.* Velso gyventojas, velsietis

taffy ['tæfɪ] *n amer.* **1** = **toffee 2** *šnek.* meilikavimas

tafia ['tæfɪə] *n* tafja *(pigaus romo rūšis)*

tag [tæg] *n* **1** etiketė *(t. p. prk.);* žymelė, žyminė lentelė, žymena, kortelė *(su užrašu)* **2** *(batraiščio ir pan.)* antgalis **3** kilpelė, ąselė, pakaba **4** nukaręs/maskatuojantis/kadaruojantis galas **5** pabaiga, galas *(t. p.* ~ *end); gram.* klausiamojo sakinio priduriamoji dalis *(pvz., isn't it?; t. p. question* ~*)* **6** refrenas, priedainis **7** nuvalkiota frazė, visiems žinomas posakis; *Latin* ~ lotyniškas posakis **8** liestynės *(vaikų žaidimas, kai vienas vejasi kitus ir stengiasi kurį nors paliesti)* **9** *šnek.* sekėjas/sekiotojas iš paskos **10** *teatr. (monologo, pjesės)* baigiamieji žodžiai; paskutinė replika *(atskleidžianti pjesės pamokomąjį turinį); (pasakėčios)* moralas **11** *(plaukų, vilnų)* kuokštas **12** spalvotos plunksnos *ir pan.* prie blizgės/jauko **13** *attr:* ~ *day amer.* aukų rinkimo diena *(aukotojams prisegama žymelė)*

tagetes 941 **take**

v **1** pritvirtinti/prisiūti ąselę/pakabą/kilpelę; priklijuoti/ pritvirtinti etiketę/žymelę *ir kt., žr. n* **1 2** *prk.* prisegti/ prilipinti etiketę **3** (į)žymėti *(nusikaltėlį)* **4** sekti/sekioti iš paskos *(t. p.* ~ *along; after)* **5** paliesti, pagauti *(žaidžiant liestynes)* **6** *pass* laikyti *(nevykėliu, kvailiu ir pan.; as)* ☐ ~ *on* a) eiti kartu, prisijungti; b) pridurti *(kalbos pabaigoje ir pan.)*
tagetes [tə'dʒi:ti:z] *n bot.* serentis
tagged [tægd] *a* **1** turintis etiketę/žymelę, su etikete/žymele *ir kt., žr.* **tag** *n* **1 2** *spec.* žymėtasis
tagger ['tægə] *n* **1** vejantysis, gaudantysis *(žaidžiant liestynes)* **2** *pl metal.* ploni geležies lakštai; alavuotoji skarda
tagliatelle [ˌtæljə'telɪ] *it. n* juostiniai makaronai, lakštiniai
Tahiti [tə'hi:tɪ] *n* Taitis *(sala)*
taiga ['taɪgə] *rus. n* taiga
tail¹ [teɪl] *n* **1** uodega; *with one's* ~ *between one's legs* pabrukęs/paspraudęs uodegą *(t. p. prk.);* ~ *of a comet* kometos uodega **2** kaselė, kasytė *(t. p.* ~ *of hair)* **3** užpakalinė dalis; kraštas; ~ *of a cart* vežimo užpakalis; *the* ~ *of an eye (išorinis)* akies kamputis/kraštelis; *out of, ar with, the* ~ *of one's eye* akies kampučiu, slapčia **4** galas, pabaiga; ~ *of a conversation [of a storm]* pokalbio [audros] galas **5** skvernas; *(ilgos suknelės)* valktis, šleifas; *pl* frakas; *to go into* ~*s* pradėti dėvėti vyriškus drabužius *(apie berniukus)* **6** palyda, svita **7** vora, virtinė, eilė **8** *(raidės, gaidos)* uodegėlė, uodegytė **9** *šnek.* užpakalis, subinė **10** *šnek.* seklys; *to put a* ~ *on smb* liepti sekioti paskui ką, liepti sekti ką **11** *pl (monetos)* atvirkštinė pusė **12** ne tokia įtakinga *(partijos)* dalis; silpnesnioji *(komandos)* dalis **13** *av. (lėktuvo)* uodega **14** *poligr. (puslapio)* apatinė briauna **15** *attr* uodeginis; užpakalinis, galinis ◊ *at the* ~ *of smb, close on smb's* ~ kam iš paskos, įkandin ko; *to be/sit on smb's* ~ *šnek.* važiuoti įkandin *(kito automobilio); with the* ~ *up,* ~*s up šnek.* ≡ užrietęs uodegą; linksmas, geros nuotaikos; *to turn* ~ *(and run)* apsisukti ir sprukti *(iš baimės); to twist smb's* ~ ≡ užlaužti/prispausti kam uodegą, nervinti ką, kelti apmaudą kam; *to twist a lion's* ~ už(si)pulti Angliją; *to tread on one's own* ~ ≡ kasant kitam duobę, pačiam įpulti; *the* ~ *is wagging the dog šnek.* ≡ kiaušinis vištą moko
v **1** pritaisyti/pridėti uodegą **2** pakirpti/apkarpyti uodegą **3** *šnek.* nukarpyti *(vaisių, uogų)* kotelius, žiedų liekanas **4** *šnek.* sekioti/sekti įkandin **5** tęstis/nusitęsti ilga vora *(apie eitynes ir pan.);* eiti *(eitynių ir pan.)* uodegoje **6** *(palaipsniui, pamažu)* silpnėti; mažėti **7** pritvirtinti, pririšti *(prie uodegos, galo);* suristi ☐ ~ *away* a) atsilikti; išsitęsti *(apie eitynes ir pan.);* b) (su)silpnėti, išnykti *(apie balsą, žodžius);* c) (su)mažėti *(apie gamybą, paklausą ir pan.);* ~ *back* susidaryti *(automobilių)* eilei *(dėl spūsties);* nusitęsti *(apie automobilių eilę; to);* ~ *off* = ~ *away;* ~ *out* = ~ *away* a)
tail² *teis. n* riboto paveldėjimo turtas; ~ *male [female]* turtas, paveldimas tik vyriškosios [moteriškosios] giminės linijos
a apribotas *(apie paveldėjimą)*
tailback ['teɪlbæk] *n* automobilių vora *(susidariusi dėl kliūties kelyje)*
tailboard ['teɪlbɔ:d] *n (sunkvežimio, atviro vagono)* nuleidžiamas užpakalinis bortas; *(vežimo)* išimama užpakalinė lenta
tailbone ['teɪlbəʊn] *n anat.* stuburgalis
tailcoat [ˌteɪl'kəʊt] *n* frakas
tail-end [ˌteɪl'end] *n* **1** *(eitynių)* uodega, galas **2** *prk.* galas, pabaiga *(of)*

tailgate ['teɪlgeɪt] *n* **1** *amer.* = **tailboard 2** *hidr.* išleidžiamasis šliuzas, žemutiniai vartai **3** *amer.* improvizuotas piknikas automobilių stovėjimo aikštelėje *(prieš futbolo rungtynes; t. p.* ~ *party)*
v (ypač amer.) aut. važiuoti įkandin *(kito automobilio)*
tail-heavy ['teɪlˌhevɪ] *a av.* centruotas *(lėktuvo)* uodegoje
tailings ['teɪlɪŋz] *n pl* **1** liekanos, atliekos; atmatos **2** *metal.* atliekos, likučiai **3** *ž. ū.* pasturlakai, atvėtos
tail-lamp ['teɪlˌlæmp] *n* = **taillight**
tailless ['teɪlləs] *a* beuodegis
taillight ['teɪllaɪt] *n* **1** *aut.* užpakalinis žibintas **2** *glžk.* buferinis žibintas
tail-lock ['teɪllɔk] *n hidr.* žemutinis šliuzas
tail-off ['teɪlɔf] *n (pelno ir pan.)* (su)mažėjimas
tailor ['teɪlə] *n* siuvėjas ◊ *the* ~ *makes the man* ≡ drabužis žmogų puošia; *Tom T. kuop.* siuvėjai
v **1** siuvėjauti **2** (pa)siūti *(pagal užsakymą)* **3** *prk.* pritaikyti, specialiai paruošti; *to* ~ *smth to smb's needs/ requirements* pritaikyti ką kieno poreikiams
tailorbird ['teɪləbɔ:d] *n zool.* siuvėjas *(paukštis)*
tailored ['teɪləd] *a* pasiūtas *(pagal užsakymą); well* ~ *man* nepriekaištingai apsirengęs žmogus
tailoring ['teɪlərɪŋ] *n* siuvėjavimas
tailor-made ['teɪləˌmeɪd] *a* **1** pasiūtas pagal užsakymą **2** atliktas pagal užsakymą; kaip tik tinkamas *(for); a score* ~ *for radio* muzika, parašyta pagal radijo užsakymą **3** fabrikinės gamybos *(apie cigaretes, papirosus)*
n (ppr. pl) drabužiai, pasiūti pagal užsakymą
tailpiece ['teɪlpi:s] *n* **1** užbaiga, baigiamoji dalis **2** *muz.* postygis **3** *poligr.* užsklanda
tailpipe ['teɪlpaɪp] *n* **1** *aut., av.* išmetimo vamzdis **2** *tech. (siurblio)* (į)siurbimo vamzdis
tailplane ['teɪlpleɪn] *n av.* stabilizatorius
tailrace ['teɪlreɪs] *n (užtvankos ir pan.)* nutekamasis kanalas
tailshaft ['teɪlʃɑ:ft] *n tech.* išėjimo velenas
tailspin ['teɪlspɪn] *n* **1** *av. (nevaldomas)* suktukas **2** *prk.* staigus kritimas; chaosas
tailwind ['teɪlwɪnd] *n aut., av.* pavėjis
tain [teɪn] *n* alavo amalgama
taint [teɪnt] *n* **1** *(ko nors blogo, žalingo)* žymė, pėdsakas, dėmė; yda **2** infekcija; gedimas
v **1** (su)gadinti, užkrėsti; (už)teršti *(orą, vandenį);* gesti, švinkti **2** *prk.* (su)teršti, (su)tepti
tainted ['teɪntɪd] *a* **1** sugedęs, sušvinkęs; sugadintas; užterštas **2** *prk.* suterštas, suteptas, nešvarus
taintless ['teɪntləs] *a* **1** be priekaištų, nepriekaištingas **2** nesusitepęs, tyras, nesugadintas
Taiwan [taɪ'wɑ:n] *n* Taivanas *(sala)*
Tajik ['tɑ:dʒɪk] = **Tadjik** *n, a*
Tajikistan [tɑ:ˌdʒɪkɪ'stɑ:n] *n* = **Tadzhikistan**
take [teɪk] *v* (took; taken) **1** (pa)imti, griebti; *to* ~ *smb's hand* (pa)imti ką už rankos; *to* ~ *smb by the throat* imti/ čiupti/griebti už gerklės; *don't forget to* ~ *your bag with you* neužmirškite pasiimti portfelio **2** užimti, nugalėti; *to* ~ *a town* paimti/užimti miestą **3** gaudyti; sugauti; *to* ~ *smth in a trap* sugauti spąstais *(žvėrelį); to* ~ *fish* gaudyti žuvis; *to* ~ *in the act (of)* sugauti nusikaltimo vietoje **4** laimėti, išlošti; užimti; *to* ~ *a prize* laimėti prizą; *to* ~ *second place* užimti antrą vietą **5** prisiimti *(atsakomybę, pareigas, vadovavimą ir pan.); to* ~ *the blame upon oneself* prisiimti kaltę **6** priimti, sutikti *(atlikti ką); to* ~ *an offer* priimti pasiūlymą; *I will not* ~ *such treatment* aš nepakęsiu tokio elgesio **7** vartoti *(maistą, vaistus),* valgyti, gerti; *to* ~ *an early breakfast*

[dinner] anksti papusryčiauti [papietauti]; ***to ~ wine*** gerti vyną; ***to ~ too much*** per daug (iš)gerti, piktnaudžiauti svaigalais; ***to ~ medicine*** gerti vaistus; ***to be ~n*** vidiniai *(užrašas vaistų etiketėje)*; ***not to be ~n*** išviršiniai *(užrašas)* **8** užimti, atimti *(vietos, laiko; t. p. ~ up)*; ***the new stadium can ~ about ten thousand people*** naujajame stadione gali tilpti apie 10000 žmonių; ***it ~s time*** tai užima laiko; ***this will ~ two hours*** tai truks dvi valandas; ***~ your time*** neskubėkite **9** (pa)reikalauti *(dėmesio, kantrybės ir pan.)*; ***it took all his courage*** tai pareikalavo iš jo daug drąsos **10** naudotis *(transportu)*; vykti; ***to ~ a train*** vykti traukiniu; (į)sėsti į traukinį; ***to ~ a taxi*** važiuoti taksi **11** vykti *(to – kur; ypač slepiantis nuo priešo)*; ***to ~ to the forests*** pabėgti/pasprukti į miškus **12** vesti(s); nu(si)vesti, pasiimti *(t. p. ~ along)*; nugabenti, pristatyti; ***~ him to the station*** nugabenkite jį į stotį; ***I'll ~ her to the theatre*** aš ją nusivesiu į teatrą; ***to ~ a letter to the post*** nunešti laišką į paštą **13** pasirinkti; ***to ~ the shortest way*** pasirinkti trumpiausią kelią **14** iš(si)nuomoti *(butą, vasarnamį ir pan.)*; samdyti *(tarnaitę)* **15** manyti, laikyti; suprasti; ***I ~ her to be about thirty*** aš manau, jai apie trisdešimt metų; ***I took him for an Englishman*** aš palaikiau jį anglu; ***do you ~ me for a fool?*** nejaugi jūs laikote mane kvailiu?; ***how do you ~ me?*** kaip jūs mane suprantate? **16** reaguoti, žiūrėti, vertinti; ***to ~ smth seriously*** žiūrėti į ką rimtai; ***to ~ cooly*** šaltai reaguoti; ***how did he ~ it?*** kaip jis į tai reagavo?; ***don't ~ it to heart*** neimkite į širdį, nesijaudinkite **17** apimti *(apie jausmus)*; imti, užeiti *(apie juoką, kosulį)*; ***an intense despair took him*** jį apėmė visiška neviltis **18** pamėgti, įprasti *(to)*; ***not to ~ kindly (to)*** nemėgti *(ko)*; ***to ~ to drink*** įprasti/pamėgti gerti **19** turėti pasisekimą; patikti; ***the play did not ~*** pjesė neturėjo pasisekimo; ***he has really ~n to his new job*** jam tikrai patiko naujasis darbas **20** duotis *(apdirbamam, apdorojamam ir pan.)*; turėti polinkį *(į ligą)*; ***wool ~s the dye well*** vilna gerai dažosi; ***I ~ cold easily*** aš greitai peršalu **21** pirkti; ***to ~ tickets*** pirkti bilietus; ***I shall ~ it for $3*** aš paimsiu tai už 3 dolerius **22** *(reguliariai)* imti, gauti *(t. p. ~ in)*; ***to ~ lessons*** imti pamokas; ***I ~ a newspaper and several magazines*** aš gaunu laikraštį ir keletą žurnalų **23** (į)gauti, įgyti; ***to ~ the shape (of)*** įgauti *(ko)* pavidalą; ***to ~ a degree*** įgyti mokslo laipsnį **24** mokyti(s); laikyti *(egzaminą)*; ***she took them for geography*** ji mokė juos geografijos; ***did you ~ Latin at school?*** ar jūs mokėtės lotynų kalbos mokykloje? **25** griebtis, imtis *(darbo ir pan.; to)*; ***to ~ to literature*** imtis literatūros; ***to ~ steps*** imtis žygių **26** atimti, išskaityti *(from, off)*; ***~ five from sixteen and what do you get?*** atimk 5 iš 11, kiek gausi?; ***that hairstyle ~s 10 years off you*** ta šukuosena jaunina tave 10 metų **27** pavogti, pasigrobti, pasigriebti **28** įveikti *(kliūtį ir pan.)*; ***to ~ a fence*** peršokti per tvorą **29** fotografuoti; ***to ~ a photograph/picture (of)*** nufotografuoti; ***he liked to ~ animals*** jis mėgo fotografuoti gyvūnus **30** atrodyti *(fotografijoje)*; ***he does not ~ well*** jis nekaip išeina fotografijoje, jis nefotogeniškas **31** (iš)matuoti; ***to ~ one's temperature*** matuoti temperatūrą; ***to ~ measurements*** išmatuoti; ***to ~ smb's measurements*** imti kieno matą *(drabužiams)* **32** jausti, patirti; pakęsti *(kritiką, skausmą ir pan.)*; ***to ~ pride in one's work*** didžiuotis savo darbu; ***to ~ an interest (in)*** domėtis *(kuo)* **33** pasitarti; apsvarstyti **34** už(si)rašyti *(t. p. ~ down)* **35** kibti, imti(s) *(apie žuvis)* **36** prisiimti; ***the vaccination did not ~*** skiepai neprisiėmė **37** išgauti, iškasti; ***to ~ coal*** kasti akmens anglis **38** *tech.* kietėti, stingti *(apie cementą ir pan.)* **39** *(after)* būti panašiam/pasekusiam *(į)*, sekti *(kuo)*; ***the son ~s after his father*** sūnus seka tėvu **40** patikėti *(paslaptį ir pan.; into)* **41** *pass* būti sužavėtam *(with, by – kuo)*; ***I am quite ~n by the idea (of)*** mane sužavėjo, ar man visai patiko, mintis... **42** *su daugeliu daiktavardžių sudaro glaudžius veiksmažodinius junginius, savo reikšme ppr. atitinkančius junginio daiktavardį*: ***to ~ account*** atsižvelgti *(of – į)*; ***to ~ a dislike (to)*** *(imti)* nekęsti, nemėgti, pajusti antipatiją; ***to ~ fright*** išsigąsti; ***to ~ a holiday*** pailsėti; ***to ~ a punch/poke*** šnek. suduoti, trenkti *(at – kam)*; ***to ~ a step*** žengti; ***to ~ a walk*** *(eiti)* pasivaikščioti; *tokie junginiai ppr. pateikiami prie daiktavardžių* ☐ ***~ aback*** *(ppr. pass)* apstulbinti, nustebinti; netikėtai užklupti; ***~ across*** perkelti; pervesti *(per gatvę)*; ***~ apart*** a) išardyti, išmontuoti; b) *šnek.* sutriuškinti; sukritikuoti; ***~ away*** a) paimti; nuimti, nunešti; pašalinti; b) atimti; c) sumažinti *(nuopelnus, sėkmę ir pan.; from)*; d) nugabenti *(į psichiatrijos ligoninę)*; pasodinti *(į kalėjimą)*; ***~ back*** a) atsiimti *(žodžius ir pan.)*; b) grąžinti; c) priminti *(praeitį)*; ***~ down*** a) nuimti, nukelti *(žemyn)*; ***to ~ down a picture*** nukabinti paveikslą nuo sienos; b) nugriauti, nuversti; c) demontuoti, išardyti; d) užrašyti; e) praryti; f) sumažinti *(kainą)*; nu(si)leisti; g) *šnek.* išvaryti puikybę; h) *poligr.* (iš)barstyti *(rinkinį)*; ***~ in*** a) priimti *(svečią)*, priglausti; apgyvendinti *(už mokestį)*; b) imti *(darbą į namus; pvz., siūti, skalbti)*; c) imti, reguliariai gauti; d) apimti; aprėpti *(teritoriją)*; e) aprėpti *(žvilgsniu)*; pamatyti, pastebėti; f) suprasti; suvokti esmę; g) patikėti *(melu; pass)* būti apgautam; h) ap(si)lankyti, pabuvoti, apžiūrėti *(muziejų ir pan,; kur lankantis)*; i) įimti; susiaurinti; j) sumažinti, nuleisti *(bures)*; ***~ off*** a) nuimti; ***to ~ the kettle off the stove*** nukelti virtuvą nuo viryklės; ***to ~ off one's hat*** nusiimti skrybėlę b) nu(si)rengti; c) nunešti, nuvesti, nuvežti; d) (su)mažinti; (su)mažėti; numesti *(svorį)*, palengvėti; e) nuleisti *(kainą)*; f) panaikinti; išimti *(iš apyvartos)*; g) išpopuliarėti; suklestėti *(apie biznį)*; h) *šnek.* pamėgdžioti; i) pra(si)dėti; j) *šnek.* staiga išeiti, išslinkti; k) imti atostogų, poilsio dieną; l) *av.* pakilti; m) atsispirti; ***~ on*** a) (pri)imti *(į darbą ir pan.)*; b) imtis, stoti į darbą; ***to ~ on extra work*** imtis papildomo darbo; c) *av., jūr.* paimti *(kuro, keleivių ir pan.)*; d) (į)gauti *(spalvą, savybę, naują reikšmę ir pan.)*; e) susiremti, susitikti *(t. p. sport.)*; f) tapti populiariam; turėti pasisekimą; g) tukti, storėti; h) *šnek.* smarkiai jaudintis/pykti; sielotis; i) *kar.* paleisti ugnį; ***~ out*** a) išimti; ištraukti; ***to have a tooth ~n out*** ištraukti dantį; b) išimti *(dėmę)*; c) išnešti, išvesti, išvežti; d) iš(si)vesti, pakviesti *(pasivaikščioti, į teatrą ir pan.; to, for)*; e) išrinkti, iš(si)rašyti *(citatas, posakius ir pan.)*; f) į(si)gyti *(teises ir pan.)*; ***to ~ out a patent*** gauti patentą; g) išvesti *(iš rikiuotės)*; h) *šnek.* likviduoti, užmušti; sunaikinti, sugriauti; i) išlieti, išgiežti *(apmaudą, pyktį; on – ant)*; ***~ over*** a) perimti *(pareigas, valdžią ir pan.)*; pakeisti; pavaduoti; b) užvaldyti, užgrobti; c) pervežti; perkelti *(per upę)*; d) susilieti *(su kita kompanija/bendrove)*; ***~ up*** a) pakelti; b) užimti *(vietą, poziciją)*; užpildyti; c) atimti *(laiko, vietos ir pan.)*; d) užsiimti *(laisvalaikiu)*; susidomėti; e) imtis *(darbo)*; f) įsodinti, priimti *(keleivį)*; g) pagloboti; h) sugerti, įsigerti; i) tęsti *(pradėtą pasakojimą/diskusiją ir pan.)*; j) aptarti *(with)*; k) pertraukti *(prieštaraujant, kritikuojant; džn. ~ sharply/short)*; l) suimti; m) priimti *(siūlymą ir pan.; on)*; n) imti pritarti, įsitraukti *(į dainą)*;

o) *pass* būti užimtam/užpildytam *(with – kuo);* p) *šnek.* susibičiuliauti, susidėti *(with);* r) *šnek.* priversti įrodyti/patvirtinti *(tai, kas pasakyta, ir pan.; on)* ◊ **~ it or leave it** kaip sau norite *(siūlant ką);* **taking one with another** turint viską omenyje; **to ~ it** a) suprasti; b) manyti; c) ≡ gauti pylos; būti sumuštam; **to take it, ar a lot, out of smb** *šnek.* išsekinti, išvarginti ką; **to ~ smb out of himself** *šnek.* padėti užsimiršti; **you can ~ it from me that...** *šnek.* galite neabejoti (mano žodžiais), kad..., galite patikėti manimi, kad...; **to have what it ~s** *šnek.* turėti tai, ko reikia, turėti reikalingas savybes; **all things ~n together** apskritai imant
n **1** (pa)ėmimas **2** *(žuvies)* sugavimas; *(medžioklės, žūklės ir pan.)* laimikis **3** *(ypač amer.) šnek.* įplaukos, pelnas; *(pelno)* dalis **4** *kin.* dublis, *(nufilmuotas)* kadras ◊ **on the ~** *šnek.* paperkamas, savanaudis; **to do a double ~** gerokai pagalvoti/įsižiūrėti *ir pan.;* **smb's ~ on smth** *amer. šnek.* kieno nuomonė apie ką

takeaway ['teɪkəweɪ] *a* parduodamas išsineštinai *(apie gatavus patiekalus)*
n **1** konditerijos parduotuvė, parduodanti gatavus patiekalus **2** karštas patiekalas, parduodamas išsineštinai

takedown ['teɪkdaun] *n* **1** išardymas, išmontavimas **2** *šnek.* pažeminimas
a išardomas

take-home ['teɪkhəum] *a:* **~ pay** į rankas gaunamas atlyginimas *(atskaičius mokesčius)*

take-in ['teɪkɪn] *n šnek.* apgaulė

taken ['teɪkən] *pII žr.* **take** *v*

take-off ['teɪkɔf] *n* **1** pamėgdžiojimas; karikatūra; **to do a brilliant ~ of the headmaster** nuostabiai pamėgdžioti direktorių **2** *sport.* atsispyrimas; atsispyrimo vieta **3** starto aikštelė; startas **4** *av.* kilimas; kilimo laikas **5** *ekon., kom.* pakilimas

take-out ['teɪkaut] *n* **1** *šnek.* gėrimas, parduodamas išsineštinai *(bare)* **2** *amer.* = **takeaway**
a amer. = **takeaway**

takeover ['teɪkˌəuvə] *n* **1** *(valdymo, valdžios ir pan.)* perėmimas; *(valstybės)* perversmas **2** *ekon.* bendrovių susiliejimas; *(kitos kompanijos)* kontrolinio akcijų paketo įsigijimas **3** *sport.* estafetės lazdelės priėmimas

taker ['teɪkə] *n* **1** ėmėjas, imantysis **2** asmuo, priimantis lažybų pasiūlymą **3** pirkėjas

take-up ['teɪkʌp] *n* **1** priėmimas *(siūlymo);* susidomėjimas **2** *tech.* įtempimo įtaisas

taking ['teɪkɪŋ] *n* **1** užėmimas, paėmimas **2** suėmimas **3** *(žuvies)* sugavimas **4** *pl (parduotuvės, teatro ir pan.)* įplaukos, pajamos **5** *psn.* neramumas, susijaudinimas
a šnek. patrauklus, viliojantis, žavingas

talc [tælk] *n* **1** *min.* talkas, steatitas **2** *šnek.* = **talcum 2**
v (pa)barstyti/(pa)veikti talku

talcum ['tælkəm] *n* **1** = **talc** *n* **1 2** talko milteliai *(t. p.* **~ powder)**

tale [teɪl] *n* **1** pasakojimas; apsakymas; **to tell smb the ~ of one's adventures** papasakoti kam apie savo nuotykius **2** pasaka; **twice-told ~** ≡ sena pasaka **3** *(džn. pl)* paskala, prasimanymas, pramanas; **to tell ~s** skleisti paskalas; meluoti; liežuvauti **4** *psn., knyg.* skaičius, kiekis; suma; **the ~ of the dead** mirusiųjų/žuvusiųjų skaičius; **the ~ is complete** susirinko visi ◊ **to tell ~s out of school** a) ≡ teršti savo lizdą; b) (į)skųsti; **(and) thereby hangs a ~** apie tai yra ko papasakoti; **to tell its own ~** aiškiai byloti/liudyti; **to live/survive to tell the ~** išlikti gyvam (ir galėti papasakoti apie tai)

talebearer ['teɪlˌbɛərə] *n* **1** apkalbėtojas, liežuvautojas, liežuvininkas **2** skundeiva, skundikas

talent ['tælənt] *n* **1** talentas, gabumai; talentingumas; **a work [a man] of great ~** talentingas kūrinys [žmogus] **2** *kuop.* talentingi žmonės, talentai; **local ~s** vietos talentai **3** *kuop. šnek.* žavios būtybės **4** *ist.* talentas *(svorio ir pinigų vienetas)*

talented ['tæləntɪd] *a* talentingas, gabus

talentless ['tæləntləs] *a* netalentingas, negabus

talent-scout ['tæləntskaut] *n* talentų ieškotojas

tales ['teɪliːz] *lot. n teis.* **1** *pl* atsarginiai prisiekusieji **2** *(atsarginių prisiekusiųjų)* kvietimas/šaukimas į teismo posėdį

talesman ['teɪliːzmən] *n (pl* -men [-mən]) *teis.* atsarginis prisiekusysis

taleteller ['teɪlˌtelə] *n* **1** pasakotojas; pasakininkas **2** = **talebearer 1**

tali ['teɪlaɪ] *pl žr.* **talus**[1]

taliped ['tælɪped] *a med.* šleivas; šleivakojis

talipes ['tælɪpiːz] *n med.* kulninė pėda; šleivakojystė

talipot ['tælɪpɔt] *n bot.* vėduoklinė palmė *(t. p.* **~ palm)**

talisman ['tælɪzmən] *n* talismanas

talismanic [ˌtælɪz'mænɪk] *a* kaip talismanas

talk [tɔːk] *n* **1** pasikalbėjimas, pašnekesys, šneka; **to have a ~** pasikalbėti, pasišnekėti *(with – su, about – apie);* **to give a ~ to smb about smth** kalbėtis su kuo apie ką **2** pokalbis; paskaita; **he gave a ~ on his trip to England** jis papasakojo apie savo kelionę į Angliją; **a heart-to-heart ~** atviras/nuoširdus pokalbis; **a series of ~s about ecology** paskaitų apie ekologiją ciklas **3** kalbos, gandas, paskala *(t. p.* **common ~);** **to fall into ~** įsileisti į kalbas, įsikalbėti; **it will end in ~** tai kalbomis/šnekomis ir baigsis; **there is a ~ of a new invention** sklinda/eina kalbos apie naują išradimą **4** kalbėjimas, šnekėjimas; kalbėsena; šneka; **lisping ~** šveplavimas **5** *pl* derybos; **peace ~s** taikos derybos ◊ **sweet ~** *šnek.* meilikavimas; **that's the ~** *šnek.* čia kita kalba!, puiku!, šaunu!; **to be all ~** vien tik šnekėti *(nieko nedarant);* **he is [they are] the ~ of the town/company/department,** *etc.* apie jį [juos] visi kalba
v **1** kalbėti(s), šnekėti(s), pa(si)kalbėti, pa(si)šnekėti *(about, of – apie; to, with – su);* šnekučiuoti; **to ~ English** kalbėti angliškai; **to ~ on a subject** kalbėti kokia tema; **to ~ to a solicitor** pasikalbėti su advokatu; **to ~ to the point** kalbėti į temą; **to ~ politics** kalbėti apie politiką; **to ~ dirty** nešvankiai kalbėti, blevyzgoti; **to ~ at smb** kalbėti su žmogumi, lyg jo šalia nebūtų **2** pasakyti, pranešti *(svarbią/slaptą informaciją),* prasitarti; **to get oneself ~ed about** priversti prabilti apie save; **someone must have ~ed** turbūt kažkas prasitarė **3** skleisti gandus, paskalas; plepėti; **to ~ rubbish** kalbėti nesąmones, plepėti niekus; **people will ~** žmonės pradės kalbėti, ≡ žmonėms burnų neužkiši **4** *(to)* iškalbinėti *(kam),* pabarti, išbarti *(ką)* **5** *(to)* (už)šnekinti *(ką),* kreiptis *(į)* **6** derėtis, vesti derybas **7** įkalbėti *(into);* atkalbėti *(out of);* **to ~ sense into smb** įkalbėti ką elgtis protingai ▫ **~ away** užšnekėti; užsiplepėti; **~ back** atsikirsti; nemandagiai atsakinėti *(to);* **~ down** a) perrėkti; perkalbėti, perginčyti; b) kalbėti iš aukšto *(to);* c) nuvertinti *(laimėjimus ir pan.);* d) *av.* duoti nurodymus, kaip nutupdyti lėktuvą, nukreipti lėktuvą tūpti *(per radiją);* **~ out** a) išgvildenti, išspręsti *(klausimą ir pan.);* b) išsiaiškinti *(pokalbio metu);* c) *parl.* užtęsti debatus, kad neliktų laiko balsavimui; **~ over** pasitarti, aptarti, apsvarstyti; **to ~ things over** pasikalbėti apie reikalus;

~ round a) išgvildenti *(temą)*; b) perkalbėti; c) sukti/kalbėti užuolankomis *(vengiant svarbiausio klausimo)*; **~ through** apsvarstyti/aptarti iki galo; **~ up** a) kalbėti drąsiai/tiesiai; b) girti; palankiai aptarinėti *(skatinant susidomėjimą)* ◊ **to ~ big/large/tall** *šnek.* girtis; **~ing of it** beje, kalbant apie...; **how you ~!** pasakok/meluok sveikas!; **now you are ~ing!** *šnek.* čia kita kalba!, čia kitas reikalas!; **look who's ~ing!, you can't ~** *šnek.* kam kalbėti, o tau tylėti; ne tau kalbėti

talkathon ['tɔːkəθɒn] *n amer.* nepaprastai ilga diskusija/kalba

talkative ['tɔːkətɪv] *a* kalbus, šnekus; plepus

talkdown ['tɔːkdaun] *n av.* nurodymai lakūnui per radiją, kaip nutupdyti lėktuvą

talked-about ['tɔːktəbaut] *a (daug)* svarstomas, aptarinėjamas

talkee-talkee [ˌtɔːkɪ'tɔːkɪ] *n* **1** *niek. (nesibaigiantys)* plepalai, tauškalai **2** darkyta *(anglų)* kalba

talker ['tɔːkə] *n* **1** kalbėtojas; pokalbininkas, pašnekovas; **good ~** įdomus pašnekovas **2** kalbovas, šnekovas, plepys; **fast ~** gražbylys; **great ~** mėgėjas paplepėti **3** oratorius ◊ **good ~s are little doers** ≅ kas daug kalba, mažai daro

talkie ['tɔːkɪ] *n šnek. ret.* garsinis filmas/kinas

talking ['tɔːkɪŋ] *n* kalbėjimas, kalbos
a **1** kalbantis; **~ doll** kalbanti lėlė; **~ film/picture** garsinis filmas; **~ book** knygos įrašas/kasetė *(akliesiems)* **2** kalbus, šnekus; plepus **3** išraiškingas, raiškus; **~ eyes** išraiškingos akys

talking-point ['tɔːkɪŋpɔɪnt] *n* svarstymo/pokalbio tema; aktualus klausimas

talking-to ['tɔːkɪŋtuː] *n šnek.* papeikimas, pabarimas; **he gave her a good ~** jis gerokai ją išbarė

tall [tɔːl] *a* **1** aukštas; **a man six feet ~** šešių pėdų ūgio vyras **2** *amer.* atskiestas, nestiprus *(apie gėrimą, patiekiamą aukštoje taurėje)* ◊ **~ story**/*amer.* **tale** neįtikėtina istorija, pasakos; **~ order** sunki užduotis; perdėtas reikalavimas; **~ talk** gyrimasis; perdėjimas
adv šnek. pagyrūniškai; išdidžiai; **to walk ~** eiti išdidžiai; didžiuotis

tallage ['tælɪdʒ] *n ist.* mokesčiai, rinkliava

tallboy ['tɔːlbɔɪ] *n* **1** aukšta komoda **2** kaminas *(antstoginė dalis)* **3** *dial.* taurelė su aukšta kojele

Tallinn ['tɑːlɪn] *n* Talinas

tallow ['tæləu] *n* **1** taukai; lajus *(žvakėms, muilui ir pan.)* **2** ratų tepalas **3** *attr* lajinis, lajaus; taukinis; **~ candle** lajinė/taukinė žvakė
v **1** lajuoti, tepti *(taukais, lajumi)* **2** penėti *(gyvulius taukams/lajui)*

tallow-face ['tæləufeɪs] *n ret.* žmogus su išblyškusiu papurtusiu veidu

tallowy ['tæləʊɪ] *a* **1** lajinis, lajaus; taukinis **2** riebus

tally ['tælɪ] *n* **1** skaičiavimo vienetas *(dešimtis, tuzinas, šimtas, kapa ir pan.)*; **to buy goods by the ~** pirkti prekes pagal skaičių **2** *(žaidimo)* rezultatas **3** etiketė, žymelė, lentelė *(su įrašomais rezultatais)*; **horticultural tallies** lentelės su augalo aprašymu *(pritvirtintos prie augalo)* **4** kopija, dublikatas; atitikmuo **5** *ist.* rantytas/ženklintas pagaliukas; rantlazdė, rantytinė *(t. p.* **~ stick)** **6** *attr:* **~ trade/system** prekyba/prekiavimas išsimokėtinai *(surašant sąskaitas lentelėse ir pan.)*
v **1** (su)skaičiuoti, apskaičiuoti *(džn.* **~ up)** **2** atitikti, sutapti *(with)*; suderinti **3** žymėti/užrašyti žymelėje/etiketėje **4** prikliuoti/pritvirtinti žymelę/etiketę

tallyho [ˌtælɪ'həu] <*int, v, n*> *medž. int* usi!, (pa)imk!
v pjudyti, siundyti *(šunis);* rėkti „usi usi"
n (pl ~s [-z]) šauksmas „usi"

tallyman ['tælɪmən] *n (pl* -men [-mən]) **1** krautuvininkas, parduodantis prekes išsimokėtinai **2** apskaitininkas; kontrolierius

tally-shop ['tælɪʃɒp] *n* krautuvė, parduodanti prekes išsimokėtinai

Talmud ['tælmud] *n bažn.* Talmudas

Talmudic(al) [tæl'mudɪk(l)] *a* Talmudo, talmudiškas; talmudistinis

talon ['tælən] *n* **1** *(ppr. pl)* nagas *(ypač plėšriojo paukščio)* **2** likusios neišdalytos kortos

taluk ['tɑːluk] *ind. n* **1** paveldimas dvaras **2** mokesčių rinkimo rajonas

talus[1] ['teɪləs] *n (pl* -li) *anat.* šokikaulis

talus[2] *n* **1** šlaitas, atkalnė; dauba **2** *geol.* purios nuogulos kalnų šlaituose, deliuvis **3** *stat.* nuožulnus statinys *(sienai sustiprinti)*

tam [tæm] *n sutr.* = **tam-o'-shanter**

tamable ['teɪməbl] *a* prijaukinamas; sutramdomas; numalšinamas

tamale [tə'mɑːlɪ] *n* vyniotiniai su kukurūzų lapais *(aštrus meksikiečių valgis)*

tamanoir ['tæmənwɑː] *n zool.* didžioji skruzdėda

tamarack ['tæməræk] *n bot.* amerikinis maumedis

tamarin ['tæmərɪn] *n zool.* tamarinas, voverinė beždžionė

tamarind ['tæmərɪnd] *n bot.* tamarindas

tamarisk ['tæmərɪsk] *n bot.* eglūnas, tamariksas

tambour ['tæmbuə] *n* **1** siuvinėjimo lankelis **2** (iš)siuvinėjimas grandinėle **3** *archit.* tambūras **4** *muz. psn.* būgnas
v siuvinėti su lankeliu

tambourine [ˌtæmbə'riːn] *n muz.* būgnelis su žvangučiais, tambūrinas

tame [teɪm] *a* **1** prijaukintas, nebijantis žmonių; sutramdytas **2** paklusnus; ramus, lėtas, vangus **3** nuobodus, neįdomus; banalus **4** *amer. ž. ū.* kultūrinis, kultivuojamas
v **1** (pri)jaukinti; (su)tramdyti, (su)ramdyti; dresuoti **2** *prk.* sutramdyti, numalšinti; **to ~ the urge to take revenge** sutramdyti potraukį keršyti **3** (su)silpninti, (su)švelninti; (pa)daryti neįdomų **4** *amer. ž. ū.* kultivuoti, sukultūrinti

tameable ['teɪməbl] *a* = **tamable**

tameless ['teɪmləs] *a* **1** laukinis, neprijaukintas **2** nesutramdomas, nesuvaldomas

tamer ['teɪmə] *n* jaukintojas, tramdytojas; dresuotojas

Tamil ['tæmɪl] *n* **1** tamilas **2** tamilų kalba
a tamilų

tamis ['tæmɪ] *pr. n* = **tammy**[2]

Tammany ['tæmənɪ] *amer. n* demokratų partijos savarankiška organizacija Niujorke *(t. p.* **~ Society)**; **~ Hall** demokratų partijos štabas Niujorke
a polit. korumpuotas

tammy[1] ['tæmɪ] *n* = **tam-o'-shanter**

tammy[2] *n (medžiaginis)* koštuvas

tam-o'-shanter [ˌtæmə'ʃæntə] *n* škotiška beretė

tamp [tæmp] *v* **1** (pri)kimšti, (pri)grūsti, sugrūsti *(t. p.* **~ down)**; plūkti **2** užtaisyti, užkišti *(išgrąžą)*

tampan ['tæmpæn] *n zool.* nuodinga P. Afrikos erkė

tamper[1] ['tæmpə] *v (with)* **1** liesti, gadinti; kišti pirštus/nagus *(kur nereikia);* **somebody has ~ed with the lock** kažkas bandė atrakinti užraktą **2** (su)klastoti, padirbinėti *(ką dokumente)* **3** papirkinėti; slapta daryti spaudimą **4** užsiiminėti *(kuo)* nerimtai/skubotai

tamper[2] *n* plūktuvas, grūstuvas

tamper-evident ['tæmpərˌevɪdənt] *a* lengvai nustatomas *(apie pakuotės sugadinimą)*

tamper-proof ['tæmpəpru:f] *a* apsaugotas nuo sugadinimo/suklastojimo *ir pan.*
tamper-resistant ['tæmpərɪˌzɪstənt] *a amer.* = **tamper-evident**
tampion ['tæmpɪən] *n kar. (vamzdžio)* kamštis, užkamštis
tampon ['tæmpɔn] *med. n* tamponas
v įdėti tamponą, tamponuoti
tamponade [ˌtæmpə'neɪd] *n med.* širdies tamponada *(t. p. cardiac ~)*
tamtam ['tæmtæm] *n* = **tomtom**
tan[1] [tæn] <*n, a, v*> *n* **1** nudegimas, įdegimas *(saulėje)* **2** gelsvai ruda spalva **3** grūsta ąžuolo žievė *(vart. odai išdirbti)* **4** *(the ~) šnek.* cirkas
a gelsvai rudas
v **1** degintis, nudegti, įdegti *(saulėje);* nudeginti *(apie saulę)* **2** rauginti, šikšninti *(odas)* ◊ **to ~ smb's hide** ≡ duoti kam į kailį, iškaršti kam kailį
tan[2] *n sutr.* = **tangent** 1
tanager ['tænədʒə] *n zool.* tanagra *(paukštis)*
tandem ['tændəm] <*n, a, adv*> *n* **1** tandemas *(dvivietis dviratis; t. p. tech.)* **2** du darbininkai, atliekantys operacijas vienas paskui kitą **3** išsidėstymas vorele/žąsele **4** *psn.* dviratis vežimas, traukiamas pratęgiui sukinkytų arklių ◊ *in* ~ kartu, sykiu *(with - su)*
a tandeminis, pratęginis; ~ *engine* tandeminė/pratęginė mašina; ~ *tractor* sudvejintasis traktorius
adv žąsele, vorele; vienas paskui kitą; pratęgiui
tandoor ['tænduə] *ind. n* molinė krosnis
tandoori [tæn'duərɪ] *ind. n* maisto gaminimas *ar* maistas, pagamintas molinėje krosnyje
tang[1] [tæŋ] *n* **1** aštrus prieskonis; aštrus/specifinis kvapas/skonis **2** būdingas/išskirtinis bruožas **3** *(peilio, dildės ir pan.)* dalis, įtvirtinama į kriaunas
tang[2] *n* skambėjimas; žvangėjimas, žvangesys
v skambėti, žvangėti; skambinti, žvanginti
Tanganyika [ˌtæŋgə'nji:kə] *n* Tanganika *(ežeras)*
tangelo ['tændʒələʊ] *n (pl* ~s [-z]) mandarino ir greipfruto hibridas
tangent ['tændʒənt] *n* **1** *geom.* liestinė **2** *geom.* tangentas **3** *glžk.* tiesus *(kelio)* ruožas, tiesė ◊ **to fly/go off at a ~** nelauktai/netikėtai nukrypti *(nuo temos ir pan.)*
a geom. liestinis; liečiamasis
tangential [tæn'dʒenʃl] *a* **1** *spec.* tangentinis, liestinis, liečiamasis; ~ *stress* tangentinis/liestinis įtempimas **2** tiesiogiai nesusijęs, mažai susijęs **3** išsiskiriantis *(apie linijas);* išsišakojantis *(apie kelius ir pan.)*
tangerine [ˌtændʒə'ri:n] *n* **1** mandarinas *(vaisius)* **2** oranžinė spalva
a oranžinis
tangibility [ˌtændʒə'bɪlətɪ] *n* **1** apčiuopiamumas **2** realumas
tangible ['tændʒəbl] *a* **1** apčiuopiamas; juntamas, akivaizdus; ~ *benefit* apčiuopiama nauda **2** realus, materialus; ~ *assets (firmos, bendrovės)* materialieji aktyvai; ~ *property* daiktinė/medžiaginė nuosavybė
n pl materialinės vertybės
tangle ['tæŋgl] *n* **1** susipainiojęs kamuolys; raizginys, sąraizga, susipynimas, sampyna *(t. p. prk.);* ~ *of branches* šakų raizgynas **2** painiava; *in a* ~ supainiotas **3** susirėmimas, nedidelis konfliktas; vaidas **4** *jūr.* draga *(įtaisas augalams/gyvūnams iš dugno iškelti)* **5** *bot.* pirštuotoji laminarija
v **1** (su)painioti, (su)narplioti, (su)raizgyti, (su)velti; susinarplioti, susipainioti, susiraizgyti *(t. p. prk.; džn.* ~ *up)* **2** susikivirčyti, susivaidyti, susiremti *(with)*
tangled ['tæŋgld] *a* sunarpliotas, supainiotas; susivėlęs;

pinklus; raizgus; ~ *hair* susidraikę/susivėlę plaukai; ~ *affair* supainiotas/painus reikalas
tanglefoot ['tæŋglfut] *n amer. šnek.* pigus viskis, alkoholiniai gėrimai
tangly ['tæŋglɪ] *a* = **tangled**
tango ['tæŋgəʊ] *n (pl* ~s [-z]) tango
v šokti tango ◊ *it takes two to* ~ vienas visiškai teisus nebūna *(dviem ginčijantis)*
tangy ['tæŋɪ] *a* aštrus; ~ *brine* aštrus sūrymas, marinatas
tank[1] [tæŋk] *n* **1** bakas, cisterna, rezervuaras; *petrol/amer. gas* ~ benzino bakas; ~ *truck* autocisterna; *grain* ~ *ž. ū. (kombaino)* grūdų bunkeris **2** = **tankful** **3** *dial.* baseinas, vandens talpykla *(ypač Indijoje, Pakistane)* **4** *fot.* ryškinimo vonelė **5** *rad.* virpesių kontūras
v **1** (su)pilti į baką **2** laikyti bake □ ~ *up aut.* pri(si)pildyti degalų
tank[2] *n kar.* tankas; ~ *destroyer* savaeigis prieštankinis pabūklas
v šnek. veržte veržtis, brautis *(kaip tankui)*
tanka ['tæŋkə] *jap. n* tanka *(penkių eilučių eilėraštis)*
tankage ['tæŋkɪdʒ] *n* **1** *(cisternos, bako ir pan.)* talpa **2** laikymas *(cisternose, bakuose ir pan.)* **3** mokestis *(už laikymą bakuose, cisternose ir pan.)* **4** nuosėdos *(cisternose ir pan.)* **5** *ž. ū.* skerdyklų atliekos *(naudojamos trąšoms)*
tankard ['tæŋkəd] *n* alaus bokalas *(džn. su dangteliu)* ◊ *cold/cool* ~ gaivusis gėrimas
tank-borne ['tæŋkbɔ:n] *a kar.:* ~ *infantry* tankų desantas
tank-car ['tæŋkka:] *n* **1** *glžk.* cisterna **2** autocisterna
tanked [tæŋkt] *a šnek.* girtas, nusigėręs *(t. p.* ~ *up);* **to get** ~ *up* nusigerti
tank-engine ['tæŋkˌendʒɪn] *n glžk.* garvežys be tenderio
tanker[1] ['tæŋkə] *n* **1** tanklaivis **2** cisterna; autocisterna **3** *av.* degalų lėktuvas
tanker[2] *n amer. kar.* tankistas
tank-farming ['tæŋkˌfa:mɪŋ] *n ž. ū.* hidroponika
tankful ['tæŋkful] *n* pilnas bakas *(kiekis)*
tankman ['tæŋkmən] *n (pl* -men [-mən]) tankistas
tank-wagon ['tæŋkˌwægən] *n glžk.* cisterna
tanner[1] ['tænə] *n* kailiadirbys, odadirbys
tanner[2] *n ist. sl.* šešių pensų moneta
tannery ['tænərɪ] *n* odų raugykla/gamykla
tannic ['tænɪk] *a* ~ *acid chem.* tanino rūgštis, taninas
tannin ['tænɪn] *n chem.* taninas
tanning ['tænɪŋ] *n* **1** deginimasis *(saulėje);* gairinimas *(vėjuje)* **2** *(odų)* rauginimas, šikšninimas **3** *šnek.* pyla, pėrimas
tannoy ['tænɔɪ] *n* garsiakalbių sistema *(stadione ir pan.); over the* ~ per garsiakalbius
tanrec ['tænrek] *n* = **tenrec**
tansy ['tænzɪ] *n bot.* paprastoji bitkrėslė
tantalic [tæn'tælɪk] *a chem.* tantalo
tantalite ['tæntəlaɪt] *n min.* tantalitas
tantalize ['tæntəlaɪz] *v* kankinti, erzinti, žadinti neįgyvendinamas viltis; kentėti Tantalo kančias
tantalizing ['tæntəlaɪzɪŋ] *a* gundantis, viliojantis; erzinantis
tantalum ['tæntələm] *n chem.* tantalas
tantalus ['tæntələs] *n* **1** *(T.) mit.* Tantalas **2** užrakinta stiklinė spintelė su gėrimais
tantamount ['tæntəmaunt] *a predic* tolygus, lygiavertis, prilygstantis *(to); it is* ~ *to a catastrophy* tai tolygu katastrofai
tantivy [tæn'tɪvɪ] <*n, a, adv, int*> *psn. n* greitas šuoliavimas
a greitas, smarkus; lekiantis šuoliais
adv šuoliais
int medž. na!, nuo!, opt! oplia! *(raginant žirgą)*

tantrum ['tæntrəm] *n* susierzinimo priepuolis; staigus įniršis/pyktis; ***to fly into a ~*** įniršti, supykti, susierzinti *(džn. be aiškios priežasties)*
Tanzania [ˌtænzə'nɪə] *n* Tanzanija *(Afrikos valstybė)*
Taoiseach ['ti:ʃəh] *air. n* Airijos ministras pirmininkas
Taoism ['tauɪzm] *n* daosizmas *(kinų religija)*
tap[1] [tæp] *n* **1** *(vandentiekio, dujotiekio ir pan.)* čiaupas; ***the cold [hot] ~*** šalto [karšto] vandens čiaupas; ***to turn the ~ off [on]*** užsukti [atsukti] čiaupą; ***don't leave the ~ running*** nepalikite čiaupo atsukto **2** kaištis, volė **3** *(vyno, alaus)* rūšis, markė; ***wine of the first ~*** aukščiausios rūšies vynas **4** = **taproom 5** *(pokalbių telefonu)* slaptas klausymasis **6** *tech.* sriegiklis **7** *el.* atšaka, išvadas ◊ ***on ~*** a) pilstomas, iš statinės *(apie alų)* b) *šnek.* paruoštas greitai vartoti; *(turimas)* po ranka
v **1** įtaisyti čiaupą **2** prijungti *(vandenį, dujas ir pan.)* **3** pradėti statinę *(vyno, alaus);* leisti, (iš)pilti *(iš statinės)* **4** ištraukti *(kaištį, volę)* **5** *prk. šnek.* ištraukti, išgauti *(pinigų ir pan.; for);* ***to ~ smb for information*** mėginti ištraukti iš ko *(reikalingą)* informaciją **6** perimti *(informaciją ir pan.);* ***to ~ smb's phone*** prisijungti kieno telefoną slapta pasiklausyti; ***to ~ the line*** slapta klausytis pokalbių telefonu **7** (pa)naudoti *(resursus ir pan.)* **8** pragręžti *(medį),* padaryti įpjovą *(sulai tekėti);* sakinti **9** *med.* pradurti, prapjauti, ištraukti *(skystį)* **10** *metal.* pradurti, pramušti *(laką, angą);* išleisti išlydytą metalą *(iš krosnies)* **11** *tech.* daryti vidinius sriegius, įsriegti ☐ **~ in** a) įvesti duomenis *(į kompiuterį ir pan.)* nuspaudžiant mygtuką/klavišą; b) suleisti *(nagus)*
tap[2] *n* **1** barškinimas, barbenimas; tapšnojimas; taukštelėjimas; barkštelėjimas **2** *(bato)* antkulnis; pakala **3** *pl amer. kar.* *(būgno, trimito)* signalas *(eiti gulti, gesinti šviesą; laidojant)* **4** = **tap-dance**
v **1** barbenti, barškinti, bildenti, taukšenti, taukšėti; dunksčioti, dunksnoti; tapšnoti, tekšenti, ploti; ***to ~ at the door*** (pa)barbenti į duris; ***to ~ on the shoulder*** (pa)tapšnoti/paploti per petį **2** prikalti pakalą/antkulnį **3** = **tap-dance**
tap-dance ['tæpdɑ:ns] *n* čečiotka *(šokis)*
v šokti čečiotką
tape [teɪp] *n* **1** kasetė; magnetofono juosta **2** magnetofono įrašas; ***on ~*** įrašytas juostoje **3** telegrafo juosta **4** siauras kaspinas, kaspinėlis, juostelė **5** finišo juostelė; ***to breast the ~*** finišuoti **6** lipnioji juostelė *(t. p. adhesive/sticky ~)* **7** = **tape-measure**
v **1** įrašyti į magnetofono juostą **2** surišti/aprišti juostele/kaspinu *(t. p. ~ up)* **3** (pri)klijuoti lipniąja juostele **4** (iš)matuoti tiesle/rulete ◊ ***to have/get smb/smth ~d*** *šnek.* perprasti ką
tape-edit ['teɪpˌedɪt] *n* įrašo montažas
tapeline ['teɪplaɪn] *n* = **tape-measure**
tape-machine ['teɪpməˌʃi:n] *n* **1** raidžių spausdinimo telegrafo aparatas **2** = **tape-recorder**
tape-measure ['teɪpˌmeʒə] *n* ruletė, tieslė, matavimo juosta; centimetrinė matuoklė
taper ['teɪpə] <*n, a, v*> *n* **1** smailėjimas; kūgio forma **2** plona žvakė **3** degtuvas *(žvakėms uždegti)* **4** silpna šviesa **5** silpnėjimas, mažėjimas; nuosmukis *(t. p. ekon.)*
a **1** smailėjantis *(kaip kūgis),* nusmailintas; kūgiškas **2** ilgas ir plonas *(apie rankų pirštus)*
v smailinti; smailėti, siaurėti į galą *(džn. ~ off)* ☐ **~ off** palaipsniui silpnėti/mažėti/mažinti
tape-record ['teɪprɪˌkɔ:d] *v* įrašyti į magnetofono juostą
tape-recorder ['teɪprɪˌkɔ:də] *n* magnetofonas
tapered ['teɪpəd] *n* kūgiškas; nusmailintas

tapering ['teɪpərɪŋ] = **taper** *a*
tapestry ['tæpɪstrɪ] *n* **1** gobelenas **2** apmušalai, gobeleno imitacija; dekoratyvinis audinys *(t. p. ~ material)* **3** *attr:* **~ work** siuvinėjimas kryžiukais
v **1** apmušti gobelenu **2** papuošti gobelenais
tapetum [tə'pi:təm] *n* *(pl* -ta [-tə]*)* **1** *anat.* danga, dangalas **2** *bot.* kiliminis sluoksnis, tapetas
tapeworm ['teɪpwə:m] *n* *zool.* kaspinuotis, soliteris
taphole ['tæphəul] *n* *metal.* laka, anga *(išlydytam metalui, šlakui iš krosnies išleisti)*
taphouse ['tæphaus] *n* = **taproom**
tapioca [ˌtæpɪ'əukə] *n* tapijoka *(maisto produktas iš krakmolo)*
tapir ['teɪpə] *n* *zool.* tapyras
tapis ['tæpi:] *pr. n:* ***to be/come on/upon the ~*** būti svarstomam *(apie klausimą ir pan.)*
tapper ['tæpə] *n* **1** telegrafo raktas **2** *tech.* sriegiklis
tappet ['tæpɪt] *n* *tech.* *(vožtuvo)* stūmiklis; kumštelis
taproom ['tæprum] *n* alinė, baras *(kur alus pardavinėjamas iš statinės)*
taproot ['tæpru:t] *n* *bot.* liemeninė/stuburinė šaknis
tapster ['tæpstə] *n* *(baro, alinės)* padavėjas, bufetininkas
tar[1] [tɑ:] *n* degutas; derva; gudronas ◊ ***to beat the ~ out of smb*** smarkiai ką primušti/apkulti
v degutuoti, (iš)dervuoti; (iš)tepti degutu/derva; gudronuoti ◊ ***to ~ and feather smb*** ištepti ką derva ir išvolioti plunksnose *(vienas iš susidorojimo būdų);* ***~red with the same brush/stick*** ≡ iš to paties molio, siūti ant vieno kurpalio
tar[2] *n psn. šnek.* jūrininkas; ***old ~*** „jūrų vilkas", patyręs jūrininkas
taradiddle ['tærədɪdl] *n šnek.* melas
tarantella [ˌtærən'telə] *n* tarantela *(italų liaudies šokis)*
tarantula [tə'ræntʃulə] *n zool.* tarantulas *(nuodingas voras)*
taraxacum [tə'ræksəkəm] *n* **1** *bot.* *(mažoji/paprastoji)* kiaulpienė **2** *med.* vaistai, pagaminti iš kiaulpienės
tarboosh [tɑ:'bu:ʃ] *arab. n* fesas *(vyriška kepurė)*
tar-brush ['tɑ:brʌʃ] *n* teptukas *(dervai, degutui tepti)* ◊ ***to have a touch of the ~*** turėti negrų kraujo
tardigrade ['tɑ:dɪgreɪd] *a zool.* lėtai judantis
tardy ['tɑ:dɪ] *a* **1** pavėluotas; vėlus, vėlyvas; ***to make a ~ appearance*** pavėluoti **2** lėtas; vangus, nerangus
tare[1] [tɛə] *n* **1** *bot.* vikis **2** *pl bibl.* *(javų)* piktžolės
tare[2] *n* **1** tara; taros/pakuotės svoris *(t. p. ~ weight)* **2** taros nuolaida
v taruoti; nustatyti/atmesti taros/pakuotės svorį
targe [tɑ:dʒ] *n ist.* nedidelis apskritas skydas
target ['tɑ:gɪt] *n* **1** taikinys; ***moving ~*** *kar.* judantis taikinys; ***off the ~*** pro šalį *(nepataikyti)* **2** *(kritikos, pajuokų ir pan.)* objektas **3** *(planinė)* užduotis; planinis rodiklis; ***to beat the ~*** viršyti užduotį; ***to be on ~ for 3% inflation by 2000*** planuoti 3% infliaciją iki 2000 metų; ***~ export*** ~ eksporto kontroliniai skaičiai **4** *komp. (duomenų, atminties)* adresatas **5** *kul.* ėriuko kaklas ir krūtinė **6** *glžk.* signalinis diskas **7** = **targe 8** *attr* planinis; planuojamas; **~ figure** planinė užduotis; **~ computer** tikslinis kompiuteris **9** *attr kar.:* **~ hit** pataikymas į taikinį; **~ practice** šaudymas į taikinį
v **1** nukreipti į taikinį; nutaikyti *(on, at – į)* **2** nukreipti; ***to ~ one's efforts where needed*** nukreipti pastangas ten, kur reikia
Tarheel ['tɑ:hi:l] *n amer. šnek.* degutininkas, degučius *(Š. Karolinos valstijos gyventojų pravardė)*
tariff ['tærɪf] *n* **1** *ekon.* tarifas; ***reduced ~*** lengvatinis tarifas **2** *kom.* įkainis; kainynas; ***appraisal ~*** įkainojimas

v **1** sudaryti tarifų lentelę; įrašyti į tarifų lentelę **2** įkainoti; tarifikuoti; *to ~ goods* nustatyti prekių gabenimo tarifą

tariff-wall ['tærɪfwɔːl] *n ekon.* tarifų/muitų barjeras

tarlatan ['tɑːlətən] *n tekst.* plonas krakmolytas muslinas

tarmac ['tɑːmæk] (tarmacadan *sutr.*) *n* **1** gudronuota skaldos danga, degutbetonis **2** gudronuotas plentas
v gudronuoti *(kelią)*

tarmacadam [ˌtɑːməˈkædəm] = **tarmac** *n*

tarn [tɑːn] *n geol.* nedidelis kalnų ežeras *(ypač karstinės kilmės)*

tarnation [tɑːˈneɪʃn] *n amer. euf.* prakeikimas; *in ~* po perkūnų

tarnish ['tɑːnɪʃ] *n* **1** netekimas blizgesio, (pa)juodimas; tamsėjimas; dulsvumas, blausumas **2** *prk.* dėmė
v **1** netekti blizgesio, juosti, tamsėti *(apie metalus);* dulsvėti; (nu)blukti; (nu)blukinti **2** *prk.* (ap)juodinti, (su)tepti

tarot ['tærəu] *pr. n* būrimo kortos

tarp [tɑːp] *n sutr. amer., austral. šnek.* = **tarpaulin**

tar-paper ['tɑːˌpeɪpə] *n stat.* tolis

tarpaulin [tɑːˈpɔːlɪn] *n* **1** dervuota drobė, brezentas **2** *(neperšlampama)* jūrininko kepurė/striukė

tarpon ['tɑːpɔn] *n zool.* tarpūnas *(didelė silkių šeimos žuvis)*

tarradiddle ['tærədɪdl] *n* = **taradiddle**

tarragon ['tærəgən] *n bot.* peletrūnas

tarry[1] ['tærɪ] *v knyg., psn.* **1** apsistoti, pasilikti *(at, in)* **2** delsti, gaišti, vilkinti **3** lūkuriuoti, laukti *(for)*

tarry[2] ['tɑːrɪ] *a* **1** deguto, dervos; degutiškas **2** degutuotas; dervuotas

tarsal ['tɑːsl] *anat. n* čiurnikaulis
a čiurninis

tarsi ['tɑːsaɪ] *pl žr.* **tarsus**

tarsia ['tɑːsɪə] *it. n (poliruota)* medžio inkrustacija, intarsija

tarsier ['tɑːsɪə] *n zool.* ilgakulnis *(pusbeždžionė su ilga uodega ir didelėmis akimis)*

tarsus ['tɑːsəs] *n (pl* -si) **1** *anat.* čiurna **2** *anat. (voko)* kremzlė **3** *zool. (paukščio kojos)* staibis **4** *zool. (vabzdžio kojos)* letenėlė

tart[1] [tɑːt] *a* **1** aitrus, aštrus; rūgštus **2** kandus, aštrus, šiurkštus *(apie atsakymą ir pan.)*

tart[2] *n* **1** vaisinis pyragas; naminis tortas **2** vaisinis pyragaitis

tart[3] *n sl.* kekšė, paleistuvė; prostitutė
v šnek. (neskoningai) iš(si)puošti, iš(si)gražinti *(ppr. ~ up)*

tartan ['tɑːtən] *n* **1** škotiškasis audinys, languotas vilnonis audeklas **2** škotiškas pledas *(t. p. ~ plaid)* **3** Škotijos kalnietis
a škotiškas, languotas *(apie audinį ir pan.)*

Tartar ['tɑːtə] *n* **1** totorius **2** totorių kalba **3** *(t.)* pašėlėlis; piktas/ūmus žmogus; furija, ragana *(apie piktą/vaidingą moterį);* **young t.** kaprizingas vaikas ◊ *to catch a ~* susidurti su stipresniu priešininku; gauti atkirtį
a totoriškas, totorių; Totorijos

tartar ['tɑːtə] *n* **1** *med.* dantų akmuo **2** *chem.* vynakmenis, kalio hidrotartratas; *~ emetic* vimdomoji druska

Tartarean [tɑːˈtɛərɪən] *a* pragariškas, pragaro

Tartarian [tɑːˈtɛərɪən] *a* totoriškas, totorių

tartaric [tɑːˈtærɪk] *a: ~ acid chem.* vyno rūgštis

Tartarus ['tɑːtərəs] *n mit.* Tartaras, požemio karalystė; pragaras, pragaro gelmės

Tartary ['tɑːtərɪ] *n* Totorija

tartlet ['tɑːtlɪt] *n* nedidelis vaisinis pyragas

tartly ['tɑːtlɪ] *adv* kandžiai, šiurkščiai *(sakyti)*

Tartu ['tɑːtuː] *n* Tartu *(Estijos miestas)*

tarty ['tɑːtɪ] *a šnek.* išsipuošusi/apsirengusi kaip prostitutė, vulgari

Tashkent [tæʃˈkent] *n* Taškentas

task [tɑːsk] *n* **1** užduotis, uždavinys; darbas; *to set a ~* už(si)brėžti uždavinį/tikslą; iškelti užduotį *(before); ~ in hand* a) pradėtas darbas; b) artimiausia užduotis **2** *amer. (darbo)* norma, užduotis ◊ *to take/call smb to ~* (iš)barti, (iš)kritikuoti ką
v **1** skirti užduotį/darbą **2** apsunkinti, apkrauti, perkrauti; *it ~s my power* tai ne mano jėgoms, man tai per sunku, neįveikiama

task-force ['tɑːskfɔːs] *n* **1** *kar.* ypatingos/specialios paskirties būrys **2** = **task-group**

task-group ['tɑːskgruːp] *n (komiteto ir pan.)* laikina darbo grupė

taskmaster ['tɑːskˌmɑːstə] *n* **1** brigadininkas, dešimtininkas **2** kietas/reiklus viršininkas/mokytojas *ir pan.; to be a hard ~* būti labai reikliam

taskwork ['tɑːskwəːk] *n* **1** norminis darbas **2** vienetinis darbas

Tasmania [tæzˈmeɪnɪə] *n* Tasmanija *(Australijos valstija ir sala)*

tass [tæs] *n škot.* **1** taurelė **2** gurkšnelis *(degtinės ir pan.)*

tassel ['tæsl] *n* **1** kutas, spurgas **2** *(į knygą įdėta)* juostelė, žymelė

taste [teɪst] *n* **1** skonis; skonio pojūtis; *the apple has a sweet ~* tas obuolys saldus; *to ~* pagal skonį; *it is bitter to the ~* jis kartus, kartaus skonio; *tc leave a bad/nasty ~ in the/smb's mouth* a) palikti burnoje nemalonų skonį; b) *prk.* palikti širdyje nemalonių nuosėdų, padaryti nemalonų įspūdį **2** *(estetinis)* skonis; *an advanced ~* įgytas skonis; *a man of ~* žmogus, turintis skonį; *in bad ~* a) neskoningas; neskoningai; b) netaktiškas; netaktiškai; *in good ~* a) skoningas; skoningai; b) taktiškas; taktiškai **3** pomėgis, polinkis *(for, in); to have a ~ (for)* turėti polinkį *(į ką); what are your ~s in music?* kokia muzika jums patinka? **4** ragavimas; kas ragaujama; *may I have a ~?* ar galima paragauti? **5** truputis *(of); to add a ~ of salt* pridėti truputį druskos **6** patyrimas, susipažinimas; *he got a ~ of her anger* jis yra patyręs jos pyktį **7** stilius, maniera; *the Baroque ~* baroko stilius
v **1** (pa)ragauti; *would you like to ~ the wine?* gal norėtumėte paragauti vyno? **2** *prk.* paragauti, patirti, pajusti; *to ~ freedom [power]* pajusti laisvės [valdžios] skonį; *to ~ of danger* patirti pavojų **3** jausti skonį; *I can't ~ anything when I have a cold* kai sergu sloga, visiškai nejaučiu maisto skonio **4** turėti skonį; *to ~ bitter* turėti kartų skonį; *it ~s good* tai labai skanu; *the soup ~s of onions* sriuboje juntamas svogūnų skonis; prieskonis **5** gerti, valgyti *(truputį); he hasn't ~d a thing* jis nieko nevalgė/ne(pa)ragavo **6** degustuoti; *to ~ wines* degustuoti vynus

taste-bud ['teɪstbʌd] *n anat. (liežuvio)* skonio svogūnėlis

tasteful ['teɪstfəl] *a* **1** skoningas **2** *ret.* skanus

tasteless ['teɪstləs] *a* **1** neturintis (jokio) skonio, neskanus **2** neskoningas, beskonis, be skonio; *~ ornaments* neskoningi papuošalai **3** netaktiškas

taster ['teɪstə] *n* **1** degustatorius **2** degustavimo taurė **3** *(of) (ko)* pavyzdys ragauti; *prk. (ko)* mažas pavyzdėlis/kiekis **4** *šnek.* leidyklos recenzentas **5** *ist.* ragautojas *(tikrinantis, ar nėra nuodų valgyje/gėrime)*

tasting ['teɪstɪŋ] *n* degustacija

tasty ['teɪstɪ] *a* **1** skanus **2** *šnek.* įdomus, pikantiškas
tat[1] [tæt] *v* nerti nėrinius
tat[2] *n šnek.* **1** šlamštas **2** driskius **3** pompastiškumas, prašmatnumas **4** reklaminis bumas, išgyrimas
ta-ta [tæ'tɑː] *int šnek.* ate, iki *(atsisveikinant)*
tatami [tə'tɑːmɪ] *n* tatamis *(dziudo imtynių kilimas; t. p. ~ mat)*
Tatar ['tɑːtə] = **Tartar** *n* 1, 2, *a*
tater ['teɪtə] *n šnek.* bulvė
tatter ['tætə] *n* **1** *(ppr. pl)* skarmalai, skutai, skudurai; *in ~s* a) suplyšęs, sudriskęs *(apie drabužius);* b) žlugęs *(apie planą ir pan.);* *to tear to ~s* a) suplėšyti/sudraskyti į skutus; b) *prk.* sutriuškinti **2** skudurų supirkėjas, skudurininkas
v suplyšti, sudriksti, virsti skudurais; (su)plėšyti/(su)draskyti į skutus
tatterdemalion [ˌtætədə'meɪlɪən] *n* driskius, skarmalius, nuplyšėlis
tattered ['tætəd] *a* **1** sudriskęs, suplyšęs; nuplyšęs, nudriskęs, apiplyšęs, skarmaluotas **2** žlugęs, suardytas, sugriautas *(apie viltį ir pan.)*
tattersall ['tætəsɔːl] *n* languotas spalvotas audinys
tattie ['tætɪ] *n šnek.* bulvė, roputė
tatting ['tætɪŋ] *n* **1** nėrimas **2** rankų darbo nėriniai, pinikai
tattle ['tætl] *n* **1** plepalai, tuščios kalbos **2** liežuviai, paskalos
v **1** plepėti, taukšti niekus; *to ~ a secret* išplepėti paslaptį **2** liežuvauti; skųsti *(apie vaiką)*
tattler ['tætlə] *n* **1** plepys **2** liežuvininkas, liežuvautojas; skundikas
tattletale ['tætlteɪl] *n amer. šnek.* skundikas, skundeiva *(apie vaiką)*
tattoo[1] [tə'tuː] *n* tatuiruotė
v tatuiruoti
tattoo[2] *n* **1** *kar.* vakarinis trimitavimas/būgnijimas, gulimo signalas; *to beat the ~* trimituoti/būgnyti gulimo signalą **2** būgnijimas, beldimas; *to beat the devil's ~* barbenti pirštais *(iš susijaudinimo, nekantrumo ir pan.);* *the rain beat a ~ on the roof* lietus barbeno į stogą **3** *kar.* parodomosios pratybos; demonstracija
v **1** *kar.* būgnyti, trimituoti *(duodant vakarinį signalą)* **2** būgnyti, barbenti; mušti koja taktą
tattooist [tə'tuːɪst] *n* tatuiruotojas
tatty[1] ['tætɪ] *a menk.* **1** nuskaręs, apdriskęs **2** pigus, prastas
tatty[2] *a šnek.* = **tattie**
taught [tɔːt] *past ir pII žr.* **teach**
taunt[1] [tɔːnt] *n (džn. pl)* pajuoka, patyčia; kandi pašaipa/replika
v **1** pajuokti, tyčiotis *(about, over);* erzinti, stengtis įgelti **2** (iš)provokuoti *(into)*
taunt[2] *a jūr.* labai aukštas *(apie stiebą)*
taunting ['tɔːntɪŋ] *n* pašaipos, patyčios
a pašaipus
taupe [təup] *pr. a* rusvas, rausvai pilkas
tauromachy [tɔː'rɔməkɪ] *n knyg., psn.* bulių kova, tauromachija
Taurus ['tɔːrəs] *n* Tauras *(žvaigždynas ir Zodiako ženklas)*
taut [tɔːt] *a* **1** įtemptas *(t. p. prk.);* *~ nerves* įtempti/sudirgę nervai **2** tvarkingas; geros būklės, nesugedęs
tauten ['tɔːtən] *v* į(si)tempti
tautologic(al) [ˌtɔːtə'lɔdʒɪk(l)] *a lit.* tautologinis
tautologize [tɔː'tɔlədʒaɪz] *v* pasikartoti; vartoti tautologiją
tautology [tɔː'tɔlədʒɪ] *n lit., log.* tautologija
tautomerism [tɔː'tɔmərɪzm] *n chem.* tautomerija
tavern ['tævən] *n* smuklė, taverna *(psn., išskyrus pavadinimus)*

taw[1] [tɔː] *n* **1** rutuliukai *(vaikų žaidimas)* **2** linija, nuo kurios metami rutuliukai *(t. p. ~ line)*
taw[2] *v* išdirbti žaliaminę odą, apdirbti kailį *(be rauginimo)*
tawdry ['tɔːdrɪ] *a* neskoningas, rėžiantis (akį); menkavertis; *~ colours* rėžiančios spalvos
n neskoningi papuošalai; pigus puošnumas
tawny ['tɔːnɪ] *a* gelsvai rudas, rusvas
n gelsvai ruda spalva
tawpie ['tɔːpɪ] *n škot.* nenuovoka; griova
tawse [tɔːz] *n škot. ist.* **1** odinis diržas *(lupti)* **2** lupimas, pėrimas *(diržu)*
tax [tæks] *n* **1** *(valstybinis)* mokestis; *after ~* atskaičius mokesčius *(iš pajamų ir pan.);* *before ~* iki atskaitant mokesčius, prieš apmokestinant; *heavy ~es* dideli mokesčiai; *nuisance ~es amer.* smulkūs mokesčiai, išmokami dalimis **2** našta, apsunkinimas; išmėginimas, išbandymas *(on);* *a ~ on smb's patience* kantrybės išmėginimas/išbandymas; *it was a ~ on my time* tai atėmė man daug laiko **3** *attr:* *~ evasion* vengimas mokėti mokesčius; *~ files* apmokestinimo tarifai/normos; *~ shelter* būdas išvengti mokesčių *ar* sumažinti juos
v **1** apmokestinti, apdėti mokesčiais; *luxury goods are heavily ~ed* prabangos prekės yra smarkiai apmokestinamos **2** (už)mokėti metinį mokestį *(už transporto priemonę)* **3** apsunkinti; išmėginti, išbandyti *(kantrybę ir pan.);* *I cannot ~ my memory* aš negaliu prisiminti; *to ~ one's powers to the utmost* reikalauti maksimalaus jėgų įtempimo **4** (ap)kaltinti *(with – kuo)* **5** *teis.* nustatyti nuostolių/baudos dydį; nustatyti teismo išlaidų dydį
taxa ['tæksə] *pl žr.* **taxon**
taxability [ˌtæksə'bɪlətɪ] *n* apmokestinamumas
taxable ['tæksəbl] *a* apmokestinamas; *~ income* apmokestinamos pajamos
n (ppr. pl) **1** mokesčių mokėtojai **2** apmokestinamos prekės
taxation [tæk'seɪʃn] *n* **1** apmokestinimas **2** mokesčio dydis; *~ of costs* teismo išlaidų nustatymas
tax-collector ['tæksəˌlektə] *n* mokesčių rinkėjas
tax-deductible ['tæksdɪ'dʌktəbl] *a* išskiriamas iš sumos, apmokestinamos pajamų mokesčiu
tax-dodger ['tæksˌdɔdʒə] *n šnek.* vengėjas mokėti mokesčius, mokesčių nemokėtojas
tax-exempt ['tæksɪg'zempt] *a spec.* neapmokestinamas
tax-free ['tæks'friː] *a* neapmokestinamas, atleistas nuo mokesčių
taxi ['tæksɪ] *n* taksi
v **1** važiuoti/vežti taksi **2** *av.* vairuoti žeme *(lėktuvą);* riedėti *(apie lėktuvą)*
taxicab ['tæksɪkæb] *n* = **taxi**
taxi-dancer ['tæksɪˌdɑːnsə] *n amer.* samdoma šokėja *(šokti su svečiais šokių salėje ir pan.)*
taxidermist ['tæksɪdəːmɪst] *n knyg.* iškamšų darytojas, iškamšininkas
taxidermy ['tæksɪdəːmɪ] *n knyg.* iškamšų darymas, taksidermija
taxi-driver ['tæksɪˌdraɪvə] *n* taksi vairuotojas, taksistas
taximan ['tæksɪmən] *n (pl* -men [-mən]) *šnek.* = **taxi-driver**
taximeter ['tæksɪˌmiːtə] *n* taksometras
taxing ['tæksɪŋ] *n* apmokestinimas, apdėjimas mokesčiais
a **1** mokesčių, mokestinis **2** sunkus, reikalaujantis daug pastangų
taxing-master ['tæksɪŋˌmɑːstə] *n teis.* valdininkas, nustatantis teismo išlaidas
taxi-rank ['tæksɪræŋk] *n* taksi stovėjimo vieta

taxis ['tæksɪs] *n* **1** *biol.* taksis **2** *med.* išnirimų/iškrypimų atitaisymas spaudžiant **3** *zool.* klasifikacija **4** *ist.* dalinys sen. Graikijos armijoje

taxi-stand ['tæksɪstænd] *n amer.* = **taxi-rank**

taxman ['tæksmæn] *n (pl* -men [-mən]) **1** mokesčių rinkėjas/inspektorius **2** *(the ~)* mokesčių inspekcija

taxon ['tæksɔn] *n (pl* taxa) *biol.* taksonas

taxonomy [tæk'sɔnəmɪ] *n (augalų, gyvūnų)* sistematika, taksonomija

taxpayer ['tæks‚peɪə] *n* mokesčių mokėtojas

Tbilisi [tbɪ'lɪsɪ] *n* Tbilisis *(Gruzijos sostinė)*

te [tiː] *n muz.* si *(nata)*

tea [tiː] *n* **1** *bot.* arbata; arbatžolės; *to make (the)* ~ užplikyti/užpilti arbatžolių; *tile* ~ plytinė/presuota arbata; *broken* ~ silpna arbata; *Russian* ~ arbata su citrina *(patiekiama stiklinėse)* **2** arbatos gėrimas; arbatėlė; *cream* ~ popiečio arbatėlė su grietinėle; *high* ~ arbatėlė su užkandžiais *(pavakaryje); to ask to* ~ pakviesti išgerti puodelį arbatos, pakviesti arbatėlės **3** nuoviras; *herb* ~ vaistažolių nuoviras/arbata **4** *bot.* arbatmedis *(t. p. ~ plant)* **5** *amer. šnek.* marihuana ◊ *for all the ~ in China šnek.* nė už ką pasaulyje, jokiu būdu; *to give smb ~ and sympathy* paguosti, nuraminti ką
v **1** gerti arbatą **2** duoti arbatos

teabag ['tiːbæg] *n* arbatžolių maišelis *(dedamas į puodelį)*

tea-biscuit ['tiː‚bɪskɪt] *n* arbatinis sausainis

tea-board ['tiːbɔːd] *n dial.* = **tea-tray**

tea-bread ['tiːbred] *n* arbatinė bandelė

tea-break ['tiːbreɪk] *n* nedidelė pertraukėlė *(darbo metu; arbatai išgerti)*

tea-caddy ['tiː‚kædɪ] *n* sandari arbatžolių dėžutė

teacake ['tiːkeɪk] *n* arbatinis keksas/bandelė su razinomis

teacart ['tiːkɑːt] *n amer.* = **tea-trolley**

teach [tiːtʃ] *v* (taught) **1** mokyti; dėstyti; mokytojauti; *to ~ smb English, to ~ English to smb* mokyti ką anglų kalbos; *to ~ school amer.* mokyti mokykloje, mokytojauti **2** (į)pratinti; *to ~ a child to obey* jis įpratino vaiką paklusti, jis išmokė vaiką paklusnumo **3** *šnek.* nubausti, pamokyti; *I will ~ him a lesson* aš jį pamokysiu; *that'll ~ you!* tegu tai būna tau pamoka!

teachable ['tiːtʃəbl] *a* **1** gabus, supratingas; stropus moksle **2** mokytinas, lengvas išmokti *(apie dalyką)*

teacher ['tiːtʃə] *n* mokytojas; dėstytojas; *Lithuanian* ~ lietuvių kalbos mokytojas; *~'s pet šnek.* mokytojo numylėtinis; *~s college* mokytojų koledžas; *like ~ like pupil* ≅ koks mokytojas, toks ir mokinys

teach-in ['tiːtʃɪn] *n* diskusija/disputas aktualiu klausimu; susirinkimas aktualiems klausimams aptarti *(ypač universitete)*

teaching ['tiːtʃɪŋ] *n* **1** mokymas; *to take up ~* tapti mokytoju/dėstytoju; *~ load* mokomasis krūvis; *~ practice, amer. student* ~ mokyklinė praktika **2** *(džn. pl)* mokslas, doktrina

teaching-machine ['tiːtʃɪŋməˌʃiːn] *n* mokymo mašina

tea-clipper ['tiː‚klɪpə] *n jūr. ist.* kliperis, gabenantis arbatą

teacloth ['tiːklɔθ] *n* **1** arbatinė staltiesė/servetėlė **2** pašluostė arbatos puodeliams šluostyti

tea-cosy ['tiː‚kəʊzɪ] *n* arbatinuko apdangalas *(šilumai išlaikyti)*

tea-cozy ['tiː‚kəʊzɪ] *n amer.* = **tea-cosy**

teacup ['tiːkʌp] *n* arbatos puodelis

tea-dance ['tiːdɑːns] *n* arbatėlė su šokiais

tea-equipage ['tiː‚ekwɪpɪdʒ] *n* arbatos gėrimo reikmenys

tea-fight ['tiːfaɪt] *n šnek.* = **tea-party** 1

teagarden ['tiː‚gɑːdn] *n* **1** arbatinė/restoranas atvirame ore **2** arbatmedžių plantacija

teahouse ['tiːhaus] *n* arbatinė *(Kinijoje ir Japonijoje)*

teak [tiːk] *n (pl ~)* **1** *bot.* tikmedis **2** tikmedžio mediena

teakettle ['tiː‚ketl] *n* virdulys, virtuvas *(arbatai)*

teal [tiːl] *n* **1** *zool.* kryklė **2** žalsvai mėlyna spalva

tealeaf ['tiːliːf] *n (pl* -leaves [-liːvz]) **1** arbatlapis **2** *pl* arbatos tirščiai **3** *sl.* vagis

team [tiːm] *n* **1** brigada; būrys, grupė; *research* ~ tyrinėtojų grupė **2** *sport.* komanda; *away* ~ svečių komanda; *home* ~ aikštelės šeimininkai; *our ~ are winning* mūsų komanda laimi **3** kinkinys *(su dviem ar daugiau arklių/jaučių);* jungas **4** *attr* komandinis; *~ events* komandinės varžybos/rungtys; *~ spirit* kolektyviškumo dvasia; kolektyviškumas
v **1** su(si)jungti/su(si)burti į brigadą/komandą *ir pan. (ppr. ~ up; with); I ~ed up with them on the excursion* aš prisidėjau prie jų ekskursijoje **2** derėti, derintis *(apie drabužius; ppr. ~ up; with)* **3** būti varovu/vežėju **4** sukinkyti

teammate ['tiːmmeɪt] *n* komandos draugas; tos pačios brigados narys

tea-meeting ['tiː‚miːtɪŋ] *n* arbatėlė, susitikimas prie puodelio arbatos *(susirinkimo forma)*

teamster ['tiːmstə] *n* **1** varovas; vežėjas **2** *amer. (sunkvežimio)* vairuotojas

teamwise ['tiːmwaɪz] *adv* **1** bendromis jėgomis, kartu **2** brigadomis

teamwork ['tiːmwəːk] *n* **1** brigadinis/konvejerinis darbas **2** suderintas/bendras darbas; bendros pastangos **3** *sport.* susižaidimas

tea-party ['tiː‚pɑːtɪ] *n* **1** kviestinė arbatėlė **2** į arbatėlę pakviesti svečiai

tea-planter ['tiː‚plɑːntə] *n* **1** arbatmedžių augintojas **2** arbatmedžių plantacijos savininkas

teapot ['tiːpɔt] *n* arbatinukas

teapoy ['tiːpɔɪ] *ind. n* trikojis arbatos staliukas

tear[1] [tɛə] *n* **1** įplėša, įplėšimas, įplyšimas; skylė, plyšys **2** *(veržlus, smarkus)* lėkimas, metimasis; skubėjimas; *full ~* galvotrūkčiais **3** siautėjimas, dūkimas **4** *amer. sl.* išgertuvės, ūžavimas
v (tore; torn) **1** plėšti, plėšyti, draskyti; plyšti; *to ~ to pieces* a) (su)plėšyti/(su)draskyti į skutelius; b) *prk.* sutriuškinti, sutaršyti, sukritikuoti; *to ~ in two* perplėšti į dvi dalis; *to ~ loose* a) išplėšti, nuplėšti; b) ištrūkti, išsiveržti **2** *prk.* plyšti; plėšti, draskyti; *a heart torn by grief* iš skausmo plyštanti širdis; *unhappy children torn from their parents* nelaimingi vaikai, atplėšti nuo tėvų **3** išplėšti; atimti *(t. p. ~ out); to ~ several pages out of the book* išplėšti iš knygos keletą puslapių **4** su(si)žeisti, į(si)drėksti **5** (iš)traukti, (iš)rauti *(t. p. ~ up); to ~ up the roots* (iš)rauti su šaknimis *(t. p. prk.); to ~ one's hair* rautis plaukus *(t. p. prk.)* **6** *pass* persiplėšti; būti draskomam, blaškytis *(tarp dviejų galimybių ir pan.; between)* **7** nu(si)dėvėti, suplyšti *(apie drabužius)* **8** *šnek.* lėkti, dumti, rūkti *(t. p. ~ along/down); to ~ around the garden on one's bike* lakstyti po sodą (su) dviračiu; *he tore into the room* jis įlėkė į kambarį **9** *šnek.* už(si)pulti *(into)* □ *~ about* bėgioti, bėginėti; *~ across* perplėšti; *~ apart* a) suplėšyti; perplėšti; b) *prk.* perskirti; skaldyti; c) *prk.* draskyti *(širdį); ~ away* a) atplėšti, nuplėšti; b) *(ppr. refl)* atsiplėšti, atsitraukti; *I could not ~ myself away* aš negalėjau atsitraukti; *~ down* a) nugriauti, nuversti; b) nuplėšti; *~ off* a) atplėšti, nuplėšti; atplyšti, nuplyšti; b) mestis *(kur); he tore off* jis pašoko iš vietos;

c) nusimesti *(drabužį);* d) *šnek.* brūkštelėti, pabrėžti *(laišką ir pan.);* **~ out** ištraukti, išplėšti, atimti; **~ up** a) sudraskyti, suplėšyti; b) sugriauti, suniokoti, nusiaubti; c) brūkštelėti, parašyti *(greitomis, skubotai)* ◊ *that's torn it šnek.* (dabar) viskas baigta/žuvo

tear[2] [tɪə] *n* **1** ašara; *in* **~s** paplūdęs ašaromis; ašarodamas; ***scalding/bitter/poignant*** **~s** gailios/karčios ašaros; ***to break/burst into*** **~s** pravirkti; ***to bring*** **~s** ***to smb's eyes*** pravirkdyti; ***to shed*** **~s** lieti ašaras, verkti; ***to mingle*** **~s** verkti drauge; ***to squeeze out a*** **~** apsimesti verkiančiu, išspausti ašarą; ***to move to*** **~s** sujaudinti iki ašarų; ***to give smb a*** **~** *amer.* bandyti ką sugraudinti **2** *(rasos, vyno ir pan.)* lašas **3** *pl* liūdesys, sielvartas ◊ *bored to* **~s** *šnek.* ≡ įkyrėjęs iki gyvo kaulo; ***to end in*** **~s** baigtis liūdnai/nesėkmingai

tearaway ['tɛərəweɪ] *n šnek.* nutrūkt(a)galvis, padauža
teardrop ['tɪədrɔp] *n* ašara, ašarėlė
tear-duct ['tɪədʌkt] *n anat.* ašarų latakas
tearful ['tɪəfəl] *a* **1** pilnas ašarų; ašaringas, ašarotas; verkiantis **2** graudus, liūdnas
tearfully ['tɪəfəlɪ] *adv* **1** gailiai, graudžiai **2** pro ašaras, su ašaromis
tear-gas ['tɪəgæs] *n* ašarinės dujos
v (pa)vartoti ašarines dujas
tearing ['tɛərɪŋ] *a* **1** plėšiantis; veriamas *(apie skausmą)* **2** padūkęs, pašėlęs; ***to be in a*** **~** ***hurry*** pašėlusiai skubėti **3** *šnek.* puikus, nuostabus
tearjerker ['tɪəˌdʒɜːkə] *n šnek.* ašaringa/sentimentali knyga/laida *ir pan.*
tearless ['tɪələs] *a* **1** be ašarų **2** neliejantis ašarų; nejautrus
tear-off ['tɛərɔf] *a* nuplėšiamasis; ***~ calendar*** nuplėšiamasis kalendorius
tearoom ['tiːrum] *n* arbatinė
tea-rose ['tiːrəuz] *n bot.* arbatinė rožė
tear-sheet ['tɛəʃiːt] *n* reklaminis kuponas laikraštyje/žurnale *(išplėšus siunčiamas kaip užsakymas ar kaip įrodymas, kad reklama išspausdinta)*
tear-shell ['tɪəʃel] *n* sviedinys su ašarinėmis dujomis
tear-stained ['tɪəsteɪnd] *a poet.* užverktas, ašarotas
teary ['tɪərɪ] *a šnek.* = **tearful**
tease [tiːz] *v* **1** erzinti; juoktis *(iš)* **2** įkyriai prikibti/prisikabinti; kibinti, kirkinti **3** išgauti *(informaciją; out of)* **4** šukuoti *(linus);* karšti *(vilnas)* **5** *tekst.* šiaušti **6** *amer.* velti, šiaušti *(darant šukuoseną)* □ **~ out** iššukuoti *(plaukus)*
n **1** = **teaser** 1 **2** (pa)erzinimas; erzinamas pokštas
teasel ['tiːzl] *n* **1** *bot.* karšulis **2** *tekst.* šiaušimo kankorėžis; augalinis šiaušiklis
v tekst. karšti, šukuoti, šiaušti
teaseler ['tiːzlə] *n tekst.* karšėjas, šukuotojas, šiaušėjas
teaser ['tiːzə] *n* **1** erzintojas, mėgėjas (pa)erzinti; kirkintojas **2** *šnek.* sunkus uždavinys, galvosūkis **3** *(ypač amer.)* trumpas skelbimas, anonsas **4** = **teaseler**
tea-service ['tiːˌsəːvɪs] *n* arbatos servizas
teaset ['tiːset] *n* = **tea-service**
tea-shop ['tiːʃɔp] *n* **1** arbatinė **2** arbatos parduotuvė
teaspoon ['tiːspuːn] *n* arbatinis šaukštelis
teaspoonful ['tiːspuːnful] *n* arbatinis šaukštelis *(kiekis)*
tea-strainer ['tiːˌstreɪnə] *n* arbatos sietelis
teat [tiːt] *n* **1** spenys, spenelis **2** čiulptukas *(ant buteliuko)* **3** *tech.* prielaja, (iš)kyšulys
tea-table ['tiːˌteɪbl] *n* **1** arbatos staliukas **2** svečiai, geriantys arbatą; **~ *talk*** pokalbis prie arbatėlės
tea-things ['tiːθɪŋz] *n pl* arbatos gėrimo reikmenys
teatime ['tiːtaɪm] *n* arbatos gėrimo metas *(vakare)*

tea-towel ['tiːˌtauəl] *n (indų)* pašluostė
tea-tray ['tiːtreɪ] *n* arbatos padėklas
tea-trolley ['tiːˌtrɔlɪ] *n* arbatos serviravimo staliukas su ratukais
tea-urn ['tiːəːn] *n (arbatos)* virtuvas, virintuvas, titanas
tea-wagon ['tiːˌwægən] *n amer.* = **tea-trolley**
teazel, teazle ['tiːzl] = **teasel** *n, v*
tec [tek] *n (detective sutr.) šnek.* šnipas
tech [tek] *n* (technical college *sutr.*) *šnek.* technikos koledžas; aukštoji technikos mokykla
techie ['tekɪ] *n sutr. šnek.* = **technician** 1, 2
technetium [tek'niːʃɪəm] *n chem.* technecis
technical ['teknɪkl] *a* **1** techninis, technikos; techniškas; pramonės, pramoninis; **~ *education*** techninis išsilavinimas **2** specialus *(apie terminą ir pan.);* **~ *terms of law*** teisės terminologija **3** procedūrinis, formalus *(ypač teisiškai);* **~ *difficulty*** techninis/formalus sunkumas
n **1** *pl* specialieji terminai **2** *pl* techninės smulkmenos **3** technika; technologija
technicality [ˌteknɪ'kælətɪ] *n (džn. pl)* **1** techninis aspektas; techninė smulkmena/detalė **2** formalumas; smulkmena, detalė; ***legal*** **~** teisinis formalumas; ***on a*** **~** dėl formalios smulkmenos **3** specialus posakis; *pl* specialioji terminologija
technically ['teknɪkəlɪ] *n* **1** techniškai; **~ *possible*** techniškai galimas **2** formaliai; specialia prasme ◊ **~ *speaking*** tiksliau sakant
technician [tek'nɪʃn] *n* **1** technikas **2** specialistas **3** laborantas *(klinikoje, medicinos laboratorijoje ir pan.)*
Technicolor ['teknɪkʌlə] *n* **1** spalvotasis kinas; **~ *film*** spalvotas filmas *(pagamintas sinchronizuojant vienspalves kino juostas)* **2** spalvingas reginys; dirbtinis ryškumas/spindesys
technicolo(u)r ['teknɪkʌlə] *a attr šnek.* spalvingas, ryškus
technique [tek'niːk] *n* **1** technika, meistriškumas **2** *(specialus)* būdas, metodas; metodika
techno ['teknəu] *n muz.* elektroninė šokių muzika
technocracy [tek'nɔkrəsɪ] *n* technokratija
technocrat ['teknəkræt] *n* technokratas
technologic(al) [ˌteknə'lɔdʒɪk(l)] *a* technologijos, technologinis
technologist [tek'nɔlədʒɪst] *n* **1** technologas **2** inžinerijos ir technikos darbuotojas
technology [tek'nɔlədʒɪ] *n* **1** technika; technikos ir taikomieji mokslai **2** technologija **3** specialioji terminologija
technophobe ['teknəfəub] *n* technofobas
techy[1] ['tetʃɪ] *a* = **tetchy**
techy[2] *n* = **techie**
tectonic [tek'tɔnɪk] *a* **1** architektūrinis; struktūrinis **2** *geol.* tektoninis
tectonics [tek'tɔnɪks] *n spec.* tektonika
tectorial [tek'tɔːrɪəl] *a anat.* dangtinis, dengiantis
ted [ted] *v* daužyti, vartyti *(šieną)*
Ted [ted] *n* **1** Tėdas *(vardas)* **2** *šnek.* = **Teddy-boy**
tedder ['tedə] *n ž. ū.* šieno vartytuvas, šienavartė
teddy ['tedɪ] *n* **1** *vaik.* meškiukas *(žaislas; t. p.* **~ *bear***) **2** *(T.)* Tedis *(vardas)*
Teddy-boy ['tedɪˌbɔɪ] *n šnek.* stileiva *(apie XX a. 6-ojo dešimtmečio jaunuolius, dėvėjusius pagal amžiaus pradžios madą)*
tedious ['tiːdɪəs] *a* nuobodus, varginantis; ***to have a*** **~ *time*** nuobodžiauti
tedium ['tiːdɪəm] *n* nuobodulys, nuobodybė, nuobodumas; ***the*** **~** ***of life in a small village*** gyvenimo mažame kaimelyje nuoboda

tee¹ [ti:] *n* **1** T raidė **2** T formos daiktas; trišakis *a tech.* tėjinis; T formos
tee² *sport. n* taikinys *(žaidimuose);* vieta, iš kurios mušamas golfo kamuoliukas ◊ *to a ~* tiksliai, kaip tik *v* padėti kamuoliuką į vietą pirmajam smūgiui *(t. p. ~ up)* ▢ *~ off* a) smogti pirmą smūgį *(žaidžiant golfą);* b) *amer. šnek.* (su)pykdyti; pykti *(on); ~ up šnek.* suruošti, suorganizuoti
tee-hee [ˌtiːˈhiː] = **tehee** *n, v, int*
teem¹ [tiːm] *v* **1** knibždėte knibždėti *(with); the forests ~ with snakes* miškuose knibždėte knibžda gyvačių; *the town was ~ing with life* mieste virė gyvenimas **2** *impers.* pilte pilti, pliaupti *(apie lietų; t. p. ~ down)*
teem² *v metal.* (iš)lieti *(luitus)*
teeming [ˈtiːmɪŋ] *a* **1** knibždėte knibždantis, pilnas, perpildytas **2** pilantis *(apie lietų)*
teen [tiːn] *amer. šnek. n* = **teenager** *a attr* paauglių; *the ~ years* paauglystė
teenage [ˈtiːneɪdʒ] *a attr (esantis)* paauglio metų *(13–19 m.);* paaugliškas, jaunuoliškas; *she has two ~ daughters* ji turi 2 dukteris paaugles
teenager [ˈtiːneɪdʒə] *n* paauglys *(13–19 m.)*
teener [ˈtiːnə] *n* = **teenager**
teens [tiːnz] *n pl* paauglystė *(13–19 m. amžius); to be in one's ~* būti paaugliu, neturėti 20 metų; *out of one's ~* išaugęs iš paauglystės, jau turintis 20 metų
teensy [ˈtiːnzɪ] *a* = **teeny**
teeny [ˈtiːnɪ] *a šnek.* mažytis, smulkutis
teeny-bopper [ˈtiːnɪˌbɒpə] *n šnek.* supermadinga mergaitė, ekstravagantiška paauglė *(apie 9–14 m.)*
teeny-weeny [ˈtiːnɪˈwiːnɪ] *a* = **teeny**
teepee [ˈtiːpiː] *n* = **tepee**
teeter [ˈtiːtə] *n* **1** svyravimas **2** *(ypač amer.)* vaikiškos sūpuoklės, supimosi lenta *v* **1** (su)svyruoti, (su)sverdėti **2** *(ypač amer.)* suptis ant lentos ◊ *to ~ on the brink/edge (of)* stovėti ant/prie *(pražūties ir pan.)* slenksčio
teeter-totter [ˈtiːtəˌtɒtə] = **teeter** *n* 2
teeth [tiːθ] *pl žr.* **tooth**
teethe [tiːð] *v* **1** kaltis *(apie dantis)* **2** prasidėti, būti numatomam
teething [ˈtiːðɪŋ] *n (dantų)* kalimasis ◊ *~ troubles* ≡ pradžia galvą laužo; augimo/kūrimosi *ir pan.* sunkumai
teethridge [ˈtiːθrɪdʒ] *n* viršutinių dantų duobelės/alveolės
teetotal [tiːˈtəʊtl] *a* **1** blaivus, negeriantis, palaikantis blaivybę; *~ meeting* blaivininkų susirinkimas **2** *šnek.* visiškas
teetotalism [tiːˈtəʊtᵊlɪzm] *n* blaivybė
teetotal(l)er [tiːˈtəʊtᵊlə] *n* blaivininkas
teetotum [tiːˈtəʊtəm] *n* sukutis, vilkelis *(su raidėmis šonuose; žaislas, žaidimas)*
Teflon [ˈteflɒn] *n kom.* teflonas
teg [teg] *n* antrametė avis
tegular [ˈtegjulə] *a spec.* čerpiškas; čerpinis
tegument [ˈtegjumənt] *n biol.* apvalkalas, apdangalas, danga
tehee [ˌtiːˈhiː] *<n, v, int>* *n* kikenimas *v* kikenti *int* chi chi chi, cha cha cha
Tehran [teˈrɑːn] *n* Teheranas *(Irano sostinė)*
tektite [ˈtektaɪt] *n geol.* tektitas
tel- [tel-] = **tele-**
telaesthesia [ˌtelɪsˈθiːzɪə] *n psich.* telestezija, aiškiaregystė
telamon [ˈteləmən] *n (pl ~es)* [ˌteləˈməʊniːz] *archit.* atlantas

Tel Aviv [ˌteləˈviːv] *n* Tel Avivas
telco [ˈtelkəʊ] *n (pl ~s [-z])* (telecommunications company *sutr.) amer.* telekomunikacijų/ryšių kompanija
tele- [ˈtelɪ-] *(t. p.* tel-*) (sudurt. žodžiuose)* **1** tele- *(žymint veikimą/vykdymą per atstumą);* distancinis; *telegony* telegonija; *teleprocessing* distancinis duomenų apdorojimas **2** televizijos; *telefilm* televizijos filmas
tele-ad [ˈtelɪæd] *n* skelbimas, užsakytas telefonu
telecamera [ˈtelɪkæmᵊrə] *n* televizijos kamera
telecast [ˈtelɪkɑːst] *n* televizijos laida/transliacija *v ret.* transliuoti per televiziją
telecommunications [ˌtelɪkəmjuːnɪˈkeɪʃnz] *n pl* telekomunikacijos, ryšiai; distancinis/tolimasis ryšys; *~ satellite* ryšių palydovas
telecommute [ˌtelɪkəˈmjuːt] *v* dirbti namie *(naudojantis ryšių priemonėmis)*
telecommuter [ˌtelɪkəˈmjuːtə] *n* dirbantis namie kompanijos darbuotojas *(palaikantis ryšį kompiuteriu)*
telecoms [ˈtelɪkɒmz] *n sutr.* = **telecommunications**
telecontrol [ˈtelɪkənˌtrəʊl] *n spec.* televaldymas, telekontrolė, distancinis valdymas
telecourse [ˈtelɪkɔːs] *n* televizijos mokymo kursas
telecruiser [ˈtelɪˌkruːzə] *n* kilnojamoji televizijos stotis
teledish [ˈtelɪdɪʃ] *n* palydovinė antena
teledu [ˈtelɪduː] *n zool.* Javos skunkas
telefax [ˈtelɪfæks] *n* telefaksas; telefaksimilė; *by ~* faksu
telefilm [ˈtelɪfɪlm] *n* **1** televizijos filmas **2** filmas, transliuojamas per televiziją
telegenic [ˌtelɪˈdʒenɪk] *a* telegeniškas, tinkamas filmuotis televizijoje
telegram [ˈtelɪgræm] *n* telegrama
telegraph [ˈtelɪgrɑːf] *n* **1** telegrafas; *~ office* telegrafas *(įstaiga)* **2** *sport.* švieslentė *(t. p. ~ board)* *v* **1** perduoti telegrafu, telegrafuoti; pasiųsti telegramą **2** duoti signalus/ženklus **3** aiškiai parodyti *(ką ruošiamasi daryti)*
telegrapher [tɪˈlegrəfə] *n* = **telegraphist**
telegraphese [ˌtelɪgrəˈfiːz] *n* telegramų/lakoniškas stilius
telegraphic [ˌtelɪˈgræfɪk] *a* **1** telegrafo; telegramų **2** lakoniškas
telegraphist [tɪˈlegrəfɪst] *n* telegrafininkas, telegrafistas
telegraph-line [ˈtelɪgrɑːflaɪn] *n* telegrafo linija
telegraph-pole [ˈtelɪgrɑːfpəʊl] *n* telegrafo stulpas
telegraph-post [ˈtelɪgrɑːfpəʊst] *n* = **telegraph-pole**
telegraph-wire [ˈtelɪgrɑːfˌwaɪə] *n* telegrafo laidas
telegraphy [tɪˈlegrəfɪ] *n* telegrafija; telegrafavimas
telekinesis [ˌtelɪkaɪˈniːsɪs] *n psich.* telekinezė, psichokinezė
telemark [ˈtelmɑːk] *n sport.* posūkis *(slidėmis)* įtūpstu
telemechanics [ˌtelɪmɪˈkænɪks] *n* telemechanika
telemessage [ˈtelɪmesɪdʒ] *n* telegrama, perduota telefonu/teleksu
telemeter [tɪˈlemɪtə] *n fiz.* tolimatis
telemetric [ˌtelɪˈmetrɪk] *a* telemetrinis
telemetry [tɪˈlemɪtrɪ] *n* telemetrija, telematavimas
teleological [ˌtelɪəˈlɒdʒɪkl] *a* teleologinis, teleologijos
teleology [ˌtelɪˈɒlədʒɪ] *n* teleologija
teleoperator [ˈtelɪˌɒpəreɪtə] *n tech.* robotas; distancinis manipuliatorius
telepath [ˈtelɪpæθ] *n* telepatas *(žmogus)*
telepathic [ˌtelɪˈpæθɪk] *a* telepatinis, telepatijos
telepathy [tɪˈlepəθɪ] *n* telepatija
telephone [ˈtelɪfəʊn] *n* **1** telefonas *(aparatas t. p. ~ set); by ~* telefonu; *public ~* taksofonas; *~ exchange* telefono stotis; *to make a ~ call* paskambinti telefonu; *he is on the ~* a) jis turi telefoną; b) jis kalba telefonu; *get*

Mr Smith on the ~, would you prašom pakviesti p. Smitą prie telefono **2** telefono ragelis
v skambinti/pranešti/perduoti telefonu; telefonuoti
telephone-pole ['telɪfəunpəul] *n amer.* = **telegraph-pole**
telephonic [ˌtelɪ'fɔnɪk] *a* telefoninis, telefono
telephonist [tɪ'lefənɪst] *n* telefonininkas, telefonistas
telephony [tɪ'lefənɪ] *n* telefonija; telefonavimas
telephoto ['telɪfəutəu] *n (pl* ~s [-z]) teleobjektyvas *(t. p.* ~ *lens)*
telephotography [ˌtelɪfə'tɔgrəfɪ] *n* telefotografija; telefotografavimas
teleplay ['telɪpleɪ] *n* televizijos spektaklis; televizijos pjesė
teleprint ['telɪprɪnt] *v* perduoti teletaipu
teleprinter ['telɪˌprɪntə] *n* teletaipas
teleprompter ['telɪˌprɔmptə] *n* televizijos sufleris, telesufleris *(įtaisas tekstui skaityti žiūrovams nematant)*
telerecording ['telɪrɪkɔːdɪŋ] *n* įrašyta televizijos laida
telesales ['telɪseɪlz] *n* skambinimas telefonu norint ką parduoti
telescope ['telɪskəup] *n* **1** teleskopas; *reflecting [refracting]* ~ veidrodinis [lęšinis] teleskopas **2** jūrinis žiūronas
v **1** glaustai išdėstyti, sutrumpinti **2** su(si)stumti, su(si)dėti *(kaip teleskopas)* **3** susidurti *(apie traukinius)*
telescopic [ˌtelɪ'skɔpɪk] *a* **1** teleskopinis, teleskopo; ~ *picture of the moon* teleskopinis mėnulio vaizdas **2** sustumiamas; ~ *tumblers* sumaunamos/sustumiamos stiklinaitės
telescreen ['telɪskriːn] *n* televizoriaus ekranas
teleshopping ['telɪʃɔpɪŋ] *n* prekių užsakymas telefonu/kompiuteriu
teleshow ['telɪʃəu] *n amer.* televizijos programa/laida
telethon ['telɪθɔn] *n* televizijos maratonas, daug valandų trunkanti televizijos programa *(labdaros ir pan. kampanijos dalis)*
teletype ['telɪtaɪp] *n* teletaipas
v perduoti teletaipu
teletypewriter [ˌtelɪ'taɪpraɪtə] *n amer.* teletaipas
teleview ['telɪvjuː] *v* žiūrėti televizijos laidas
televiewer ['telɪvjuə] *n* televizijos žiūrovas
televise ['telɪvaɪz] *v* transliuoti per televiziją
television ['telɪˌvɪʒn] *n* **1** televizija; *breakfast* ~ rytinė televizijos programa; ~ *broadcasting* televizijos laidų transliacija **2** televizorius *(t. p.* ~ *receiver/set); to watch* ~ žiūrėti televizorių; *on* ~ per televizorių; ~ *screen* televizoriaus ekranas
televisional [ˌtelɪ'vɪʒnəl] *a* televizinis, televizijos
televisor ['telɪvaɪzə] *n* televizorius
televisual [ˌtelɪ'vɪʒuəl] *a* = **televisional**
telework ['telɪwəːk] *v* = **telecommute**
teleworker ['telɪwəːkə] *n* = **telecommuter**
telex ['teleks] *n* teleksas, abonentinis telegrafas
v pranešti teleksu
tell [tel] *v* (told) **1** (pa)sakyti, kalbėti; *to keep ~ing oneself* nuolat sau sakyti/kartoti; *it's hard to* ~ *how long the job will take* sunku pasakyti, kiek tas darbas užtruks; *I told him my name* aš pasisakiau jam savo vardą; *don't* ~ *me šnek.* nekalbėk niekų; neišsigalvok; *I am told that...* man sakė, kad... **2** byloti; *that ~s a tale* tai daug pasako; *it ~s somewhat against him* tai kalba ne jo naudai **3** (pa)pasakoti; *my aunt wrote and told me all about it* teta parašė ir papasakojo viską apie tai; *I told her the news* aš papasakojau/pasakiau jai tą naujieną; ~ *me a tale* pasek man pasaką **4** (nu)rodyti; paaiškinti; *to* ~ *the time* rodyti laiką *(apie laikrodį)* **5** užtikrinti; patikinti; *I* ~ *you, let me* ~ *you* aš užtikrinu jus **6** liepti, įsakyti; *do as I* ~ *you* darykite, kaip aš liepiu **7** išduoti *(paslaptį)*, išplepėti; pranešti **8** (at)skirti *(from);* pažinti; *to* ~ *the difference (between)* atskirti; *to* ~ *one thing from another* atskirti vieną daiktą nuo kito; *he can be told by his dress* jį galima atskirti/pažinti iš drabužių; *you can* ~ *at once he is a teacher* iš karto matyti, kad jis mokytojas **9** išsiskirti; būti ryškiam/pastebimam; *her voice ~s* jos balsas išsiskiria **10** įspėti, perspėti; *I told you so* aš jus įspėjau **11** atsiliepti *(on); this hard work is ~ing on my health* šis sunkus darbas atsiliepia mano sveikatai; *every blow ~s* kiekvienas *(gyvenime patirtas)* smūgis atsiliepia **12** būti kliūtimi, trukdyti *(against smb – kam)* **13** *šnek.* įskųsti *(on)* **14** *ret.* skaičiuoti *(balsus ir pan.)* ▫ ~ *apart* atskirti; ~ *off* a) *šnek.* apibarti, ≡ ištrinkti galvą; b) *kar.* atrinkti, (pa)skirti *(vykdyti kokią užduotį);* c) *kar. psn.* išsiskaičiuoti ◊ *all told* iš viso, susumavus; įskaitant visus/viską; *you never can* ~, *there is no ~ing* ką gali žinoti, kas žino; visaip būna/atsitinka; *you're ~ing me! šnek.* pats žinau!; *to* ~ *it like it is* (pa)sakyti tiesiai/stačiai; *to* ~ *smb where to get off šnek.* sudrausti ką, piktai kam atkirsti; nesileisti į kalbas; *time (alone) will* ~ ≡ (tik) laikas parodys; ~ *me another! šnek.* meluok sveikas!; *do ~! amer.* štai tau!, negali būti!, nejaugi!; *I'll* ~ *you what šnek.* žinai ką, štai ką aš tau pasakysiu

tellable ['teləbl] *a* kurį galima/verta (pa)pasakoti; pasakotinas
teller ['telə] *n* **1** pasakotojas **2** *(banko)* kasininkas **3** *parl.* balsų skaičiuotojas
telling ['telɪŋ] *n* pasakojimas; *in the* ~ *(at)* pasakojant ◊ *that would be* ~ *šnek.* nenoriu išduoti paslapties, nenoriu pasakoti
a **1** efektingas, įspūdingas, ryškus; stiprus, smarkus; ~ *blow* stiprus smūgis **2** bylojantis, liudijantis, iškalbingas; *these are* ~ *figures* šie skaičiai daug ką pasako
telling-off [ˌtelɪŋ'ɔf] *n šnek.* (iš)barimas, pyla; *to give smb a* ~ subarti, išbarti ką, duoti kam pylos
telltale ['telteɪl] *n* **1** *šnek.* skundikas, skundeiva **2** *šnek.* liežuvautojas; plepys **3** *tech.* signalinis/kontrolinis/registravimo įrenginys/įtaisas; automatinis skaitiklis
a **1** bylojantis, išduodantis, demaskuojantis, parodantis **2** *tech.* kontrolinis, signalinis
tellurian [te'ljuərɪən] *n* Žemės gyventojas
a = **telluric**
telluric [te'ljuərɪk] *a astr.* Žemės; telūrinis
tellurion [te'ljuərɪən] *n astr.* telūris
tellurium [te'ljuərɪəm] *n chem.* telūras
telly ['telɪ] *n šnek.* televizorius
telophase ['tiːləfeɪz, 'teləfeɪz] *n biol.* telofazė
telpher ['telfə] *n tech.* telferis, elektrinė talė
v gabenti/vežti kabamuoju keliu
telpherage ['telfərɪdʒ] *n* **1** gabenimas/vežimas kabamuoju keliu **2** elektrinis kabamasis kelias
Telstar ['telstɑː] *n* Telstaras *(JAV ryšių palydovas)*
temblor ['temblə] *n amer.* žemės drebėjimas
temerarious [ˌtemə'rɛərɪəs] *a knyg.* beatodairiškas; beatodairiškai narsus; nutrūktsprandiškas
temerity [tɪ'merətɪ] *n knyg.* beatodairiškumas, beatodairiškas narsumas; beprotiškumas; nutrūktsprandiškumas
temp [temp] *šnek. n* (temporary *sutr.*) laikinas darbuotojas *(ypač apie sekretorę)*
v dirbti/pavaduoti laikinai
temper ['tempə] *n* **1** būdas, charakteris; *sweet* ~ malonus būdas; *quick/short* ~ ūmumas, karštas/ūmus būdas **2** nuo-

taika; *in a bad [good]* ~ blogos [geros] nuotaikos **3** susivaldymas, savitvarda; *to keep/control one's* ~ valdytis, tvardytis; *to lose one's* ~ netekti kantrybės, nesusivaldyti; *to recover/regain one's* ~ susitvardyti, nusiraminti; *to put smb out of* ~ supykinti ką; *to be out of* ~ *(with)* būti supykusiam *(ant)* **4** susierzinimas, pyktis; *to show* ~ susierzinti; *in a fit of* ~ apimtas pykčio; *to get/fly into a* ~ įniršti, supykti **5** *chem.* mišinys, mišinio sudėtis **6** *metal.* grūdinimas; grūdinimo laipsnis; anglies kiekis *(pliene)* *v* **1** (su)tramdyti, (su)švelninti; reguliuoti **2** daryti mišinį, maišyti; minkyti *(molį ir pan.)* **3** atskiesti, atmiešti *(t. p. prk.)* **4** *muz.* temperuoti **5** *metal.* atleisti; grūdinti(s) *(t. p. prk.);* *~ed steel* grūdintas plienas; *~ed in battles* užgrūdintas kovose
tempera ['tempərə] *n men.* tempera; tempera nutapytas kūrinys
temperament ['tempᵊrəmənt] *n* temperamentas; *calm by* ~ ramaus temperamento; *he has an excitable* ~ jis greit susijaudina, jis labai jaudrus
temperamental [,tempᵊrə'mentl] *a* **1** temperamentingas **2** temperamento; priklausantis nuo temperamento **3** kaprizingas, nesutramdomas *(apie automobilį, aparatą ir pan.)*
temperance ['tempᵊrəns] *n* **1** nuosaikumas, saikingumas; santūrumas **2** blaivybė; ~ *movement* blaivybės sąjūdis; ~ *hotel* viešbutis, kuriame neprekiaujama svaigalais; ~ *society* blaivybės draugija
temperate ['tempᵊrət] *a* **1** nuosaikus, saikingas; santūrus; ~ *in eating* saikingai valgantis **2** vidutinis *(apie klimatą ir pan.)*
temperature ['temprətʃə] *n* **1** temperatūra; *air [water, body]* ~ oro [vandens, kūno] temperatūra; *to take smb's* ~ matuoti kam temperatūrą; *to have/run a* ~ turėti temperatūros, karščiuoti; ~ *curve* temperatūros kreivė; *the* ~ *is minus 2 today* šiandien du laipsniai šalčio **2** *prk.* atmosfera; *(žmonių)* nusiteikimas, nuotaikos
tempest ['tempɪst] *n knyg.* audra *(t. p. prk.);* ~ *in a teapot* ≡ audra vandens stiklinėje; daug triukšmo dėl nieko *v ret.* siausti, šėlti
tempestuous [tem'pestʃuəs] *a* audringas *(t. p. prk.),* audrotas, šėlstantis, siaučiantis; ~ *debate* audringi ginčai
tempi ['tempi:] *pl žr.* **tempo**
Templar ['templə] *n* **1** *(T.) ist.* tamplierius *(ordino narys; t. p.* **Knight** *~)* **2** teisininkas *(gyvenantis Templyje, teisininkų draugijos pastate)* **3**: *Good ~s* blaivybės draugijos nariai **4** *amer.* masonų ložės narys
template ['templɪt] *n tech.* šablonas; modelis; lekalas
temple¹ ['templ] *n* **1** šventykla, šventovė **2** *(the T.)* Templis *(Londono teisininkų draugija ir jos pastatas)* **3** *amer.* sinagoga
temple² *n* **1** smilkinys **2** *amer.* akinių lankelis
temple³ *n* **1** *tekst.* plėstukai **2** *tech.* prispaudžiamoji plokštelė
templet ['templɪt] *n* = **template**
tempo ['tempəu] *n (pl ~s [-z], -pɪ)* tempas *(t. p. muz.)*
temporal¹ ['tempᵊrəl] *a* **1** laikinas; neamžinas, praeinantis **2** pasaulietinis, pasaulietiškas; žemiškas; ~ *power (bažnyčios)* pasaulietiška galia/valdžia **3** *gram.* laiko
temporal² *anat. n* smilkinio kaulas
a smilkininis, smilkinio
temporality [,tempə'rælətɪ] *n* **1** laikinumas, laikinas pobūdis **2** *pl* bažnyčios valdos ir pajamos **3** *filos.* laiko santykių suvokimas, laiko sąvoka **4** *kalb.* laikiškumas
temporary ['tempᵊrərɪ] *n* laikinas darbuotojas/darbininkas
a laikinas, nenuolatinis

temporize ['tempəraɪz] *v* **1** vilkinti, delsti; *to* ~ *over answering* vilkinti atsakymą, delsti atsakyti **2** taikytis/prisitaikyti prie laiko ir sąlygų **3** eiti į kompromisą, susitarti *(with)*
tempt [tempt] *v* **1** (į)gundyti, (su)vilioti, patraukti; *to* ~ *smb with promises* sugundyti/suvilioti pažadais **2** *pass* imti pagundai; *I am ~ed to doubt it* man norisi tuo suabejoti ◊ *to* ~ *fate/providence* bandyti likimą, bereikalingai rizikuoti
temptation [temp'teɪʃn] *n* **1** gundymas, viliojimas, vilionė **2** pagunda; *to give in to* ~ pasiduoti pagundai
tempter ['temptə] *n* gundytojas, viliotojas, viliokas
tempting ['temptɪŋ] *a* viliojantis, viliojamas, gundantis, magus
temptress ['temptrɪs] *n* gundytoja, viliotoja, viliokė
ten [ten] *num card* dešimt; ~ *times* dešimt kartų; *room* ~ dešimtas kambarys ◊ ~ *to one* veikiausiai, tikriausiai *n* **1** dešimtis; *in ~s* po dešimt; dešimtimis; *a girl of* ~ dešimties metų mergaitė; *you get* ~ *out of* ~ *for effort, Tom mok.* tu, Tomai, gauni dešimtuką už pastangas **2** *pl (pirštinių ir pan.)* dešimtas numeris **3** *(kortų)* dešimtakė **4** *šnek.* dešimt svarų/dolerių *(banknotas)* ◊ *the upper* ~ *(thousand)* aristokratija, viršūnės; *take* ~ *šnek.* pailsėk truputį
tenable ['tenəbl] *a* **1** logiškas, protingas **2** išlaikomas, turimas; *the post is* ~ *for three years* šis postas skiriamas/ teikiamas trejiems metams **3** apginamas, tvirtas
tenacious [tɪ'neɪʃəs] *a* **1** kibus; *(prk. t. p.)* tvirtas; ~ *memory* gera atmintis **2** atsilaikantis, atkaklus; ~ *courage* nepalaužiama drąsa; ~ *of life* gajus; ~ *wood* diržingas medis *(kurį sunku suskaldyti);* ~ *metal* kietas metalas **3** klampus, lipnus
tenacity [tɪ'næsətɪ] *n* **1** kibumas, tvirtumas *(prk. t. p.)* **2** atkaklumas, valios jėga **3** klampumas, lipnumas
tenaculum [tɪ'nækjuləm] *n (pl* -la [-lə]) *med.* laikiklis *(chirurginis įrankis)*
tenancy ['tenənsɪ] *n teis.* **1** nuomojimas, nuoma **2** nuomos terminas **3** nuomojama nuosavybė *(žemė, namas)* **4** valdymas *(ypač nekilnojamojo turto)*
tenant ['tenənt] *n* **1** nuomininkas, nuomotojas *(kas išsinuomoja);* laikinas valdytojas; ~ *at will* nuomininkas, nesudaręs sutarties su valdytoju *(bet kada gali būti iškeldintas);* ~ *farmer* fermeris/ūkininkas nuomininkas **2** gyventojas; subnuomininkas **3** *teis. (nekilnojamojo turto)* valdytojas, savininkas
v (ppr. pass) nuomoti
tenantry ['tenəntrɪ] *n (the ~)* kuop. nuomininkai
tench [tentʃ] *n zool.* lynas *(žuvis)*
tend¹ [tend] *v* **1** linkti; turėti tendenciją/polinkį; *to* ~ *to the same conclusion* linkti prie tos pačios išvados; *prices are ~ing upwards* kainos turi tendenciją kilti; *he ~s to exaggerate* jis linkęs perdėti; *she ~s to agree with everything he says* ji paprastai sutinka su viskuo, ką jis sako **2** krypti; *the road ~s south* kelias krypsta į pietus
tend² *v* **1** prižiūrėti, rūpintis *(kuo);* slaugyti **2** apdirbti *(žemę)* **3** prižiūrėti, aptarnauti *(stakles ir pan.)*
tendance ['tendəns] *n* **1** prižiūrėjimas, priežiūra, rūpinimasis; slaugymas **2** *kuop. psn.* svita, palyda
tendencious [ten'denʃəs] *a* = **tendentious**
tendency ['tendənsɪ] *n* **1** tendencija; polinkis, palinkimas; *a* ~ *to corpulance, a* ~ *to be fat* palinkimas tukti **2** kryptis; politinė grupuotė *(partijoje, sąjūdyje)* **3** *(kūrinio)* tendencingumas
tendentious [ten'denʃəs] *a* tendencingas

tender¹ ['tendə] *n* **1** *(oficialus)* pasiūlymas **2** paraiška; deklaracija *(apie prekių pateikimą);* ***contract by*** ~ sutartis pagal paraišką **3** suma, įmokama už skolą **4** atsiskaitymo priemonė; ***legal*** ~ *teis.* teisėta mokėjimo priemonė; ***this coin is not legal*** ~ ši moneta išimta iš apyvartos
v **1** (pa)siūlyti; pateikti; ***to*** ~ ***one's services*** (pa)siūlyti savo paslaugas; ***to*** ~ ***one's resignation*** atsistatydinti; ***to*** ~ ***one's thanks*** pareikšti padėką; ***to*** ~ ***an apology*** atsiprašyti **2** įmokėti *(pinigus)* **3** paduoti/įteikti paraišką

tender² *n* **1** slaugytojas; prižiūrintis asmuo; aptarnautojas; ***baby*** ~ auklė; ***invalid*** ~ slaugė **2** *glžk.* tenderis **3** *jūr.* tenderis *(uoste);* plaukiojančioji bazė

tender³ *a* **1** švelnus; ~ ***touch*** švelnus/lengvas prisilietimas; ~ ***age/years*** jaunystė, gležnas amžius **2** mylintis, meilus, meilingas; ~ ***passion/sentiment*** švelnus jausmas, meilė; ~ ***heart*** mylinti/švelni/jautri širdis **3** trapus, gležnas *(apie sveikatą, augalus)* **4** skaudamas, jautrus; ~ ***place*** skaudama vieta; ~ ***skin*** jautri oda **5** opus, skaudus; keblus; ~ ***question*** keblus/opus klausimas **6** rūpestingas, jautrus; ***he was*** ~ ***of hurting my feelings*** jis stengėsi neįžeisti mano jausmų **7** minkštas, švelnus *(apie toną, spalvą ir pan.)* **8** minkštas *(apie mėsą)*

tender-eyed ['tendər'aɪd] *a* **1** švelniaakis; švelnaus žvilgsnio **2** silpnaregis

tenderfoot ['tendəfut] *n šnek. (nepatyręs)* naujokas; gležnas padaras

tender-hearted ['tendə'hɑːtɪd] *a* minkštaširdis, švelniasielis; jautrus, švelnus

tenderize ['tendəraɪz] *v kul.* minkštinti, išmušti, žlėgti *(mėsą);* (pa)marinuoti *(šašliką ir pan.)*

tenderling ['tendəlɪŋ] *n ret.* **1** lepūnėlis **2** kūdikis

tenderloin ['tendəloɪn] *n* **1** *kul.* nugarinė; filė **2** *(T.) amer. šnek.* blogos reputacijos rajonas *(mieste)*

tenderness ['tendənɪs] *n* švelnumas *ir kt., žr.* **tender³**

tendinous ['tendɪnəs] *a* sausgyslių, sausgyslinis; sausgyslingas, gyslotas

tendon ['tendən] *n anat.* sausgyslė

tendril ['tendrɪl] *n* **1** *bot.* ūselis **2** *(plaukų)* garbana

tenebrous ['tenɪbrəs] *a knyg.* tamsus; niūrus, gūdus

tenement ['tenəmənt] *n* **1** nuomojamos gyvenamosios patalpos *(namas, butas, kambarys);* daugiabutis namas *(t. p.* ~ ***house)*** **2** išnuomota žemė; išnuomotas/valdomas nekilnojamasis turtas **3** *poet.* buveinė, būstas

tenemental, tenementary [ˌtenə'mentl, ˌtenə'mentərɪ] *a* nuomojamas *(apie namą)*

tenesmus [tɪ'nezməs] *n med.* tenezmas

tenet ['tenɪt, 'tiːnet] *n* principas; dogma; doktrina

tenfold ['tenfəuld] *a* dešimteriopas, dešimtkartis *adv* dešimteriopai, dešimt kartų

ten-gallon ['tengælən] *a:* ~ ***hat*** *(kaubojų)* plačiakraštė skrybėlė

tenia ['tiːnɪə] *n amer.* = **taenia**

tenner ['tenə] *n šnek.* dešimt svarų/dolerių *(banknotas)*

Tennessee [ˌtenə'siː] *n* Tenesis *(JAV valstija ir upė)*

tennis ['tenɪs] *n sport.* tenisas; ***lawn*** ~ lauko tenisas

tennis-ball ['tenɪsbɔːl] *n* teniso kamuoliukas

tennis-court ['tenɪskɔːt] *n* teniso aikštelė

Tennyson ['tenɪsn] *n:* ***Alfred*** ~ Alfredas Tenisonas *(anglų poetas)*

tenon ['tenən] *n* **1** *stat.* dygis **2** *tech.* smeigė; liežuvėlis, mentelė
v sujungti dygiais

tenor¹ ['tenə] *n* **1** tėkmė, kryptis; ***the even*** ~ ***of life*** ramigyvenimo tėkmė **2** *(kalbos, straipsnio ir pan.)* bendroji mintis, turinys **3** *teis.* tiksli kopija; *(dokumento)* tekstas, turinys, bendra prasmė **4** *fin.* pradinis terminas

tenor² *n muz.* **1** tenoras; tenoro partija **2** *attr* tenoro, tenorinis; ~ ***violin*** altas *(instrumentas)*

tenotomy [tɪ'nɔtəmɪ] *n med.* sausgyslės perpjovimas, tenotomija

tenpin ['tenpɪn] *n* kėglis; ~ ***bowling/***amer. ~**s** kėgliai *(žaidimas)*

tenrec ['tenrek] *n zool.* tenrekas

tense¹ [tens] *n gram.* laikas

tense² *a* įtemptas, įsitempęs *(t. p. prk.);* įtampus; ~ ***with fear*** baimės sukaustytas
v į(si)tempti *(t. p.* ~ ***up); why are you so*** ~**d up?** kodėl tu toks įsitempęs?

tensely ['tenslɪ] *adv* įtemptai, įsitempus

tensile ['tensaɪl] *a spec.* tampus; tąsus; ~ ***strength*** *tech.* tempimo stiprumo riba; ~ ***stress/strain*** *fiz.* tempimo įtempimas

tensility [ten'sɪlətɪ] *n spec.* tampumas; tąsumas

tensimeter [ten'sɪmɪtə] *n tech.* tenzimetras

tension ['tenʃn] *n* **1** įtempimas, įtampa *(t. p. prk.);* ***international*** ~ tarptautinis įtempimas; ***to ease/relax/reduce/slacken*** ~ sumažinti įtempimą/įtampą **2** ištempimas, patempimas **3** *(ppr. pl)* įtempti santykiai; ~**s in the family** nesantaika šeimoje; ***racial*** ~**s** rasiniai nesutarimai/prieštaravimai **4** *el.* įtampa; *fiz.* įtempimas; ***high* [*low*]** ~ aukštoji [žemoji] įtampa **5** *tech.* tamprumas, elastiškumas **6** *tech.* temptuvas; įtempiklis

tensioner ['tenʃənə] *n* = **tension** 6

tensity ['tensətɪ] *n* įtempimas, įtempta padėtis; įtampumas

tensive ['tensɪv] *a* įtampos; įtempiantis, (su)keliantis įtempimą

tensometer [ten'zɔmɪtə] *n tech.* tenzometras

tensor ['tensə] *n* **1** *mat.* tenzorius **2** *anat.* tempiamasis raumuo

ten-spot ['tenspɔt] *n amer. šnek.* **1** *(kortų)* dešimtakė **2** dešimt dolerių *(banknotas)*

ten-strike ['tenstraɪk] *n amer.* **1** smūgis, kuriuo nuverčiami visi dešimt kėglių **2** *šnek.* didžiulis pasisekimas, didelė sėkmė

tent¹ [tent] *n* palapinė; ***four-man*** ~ keturvietė palapinė
v pastatyti palapinę; gyventi palapinėje

tent² *n med.* tamponas

tent³ *n* tamsiai raudonas ispaniškas vynas *(t. p.* ~ ***wine)***

tentacle ['tentəkl] *n* **1** *zool.* čiuptuvėlis, čiuptuvas *(t. p. prk.),* čiupiklis **2** *bot.* jutimo plaukelis/ūselis

tentacled ['tentəkld] *a* **1** *zool.* su čiuptuvėliais **2** *bot.* su jutimo plaukeliais/ūseliais

tentacular [ten'tækjulə] *a* čiuptuvėlių; čiuptuvėlio formos

tentaculate [ten'tækjulət] *a* = **tentacled**

tentage ['tentɪdʒ] *n* palapinių reikmenys; *kuop.* palapinės

tentative ['tentətɪv] *a* **1** bandomasis, eksperimentinis **2** parengtinis, negalutinis, preliminarus; ~ ***definition*** pirminis apibrėžimas **3** nedrąsus; ~ ***smile*** nedrąsi šypsena

tentatively ['tentətɪvlɪ] *adv* **1** preliminariai; pabandyti **2** nedrąsiai

tent-bed ['tentbed] *n* **1** žygio/lauko lovelė **2** lova su baldakimu

tent-cloth ['tentklɔθ] *n (palapinių)* brezentas

tenter ['tentə] *n tekst.* rėmai *(audekliui džiovinti/plėsti)*

tenterhook ['tentəhuk] *n tekst. (džiovinimo, plėtimo)* rėmų kabliukas ◊ ***to be on*** ~**s** ≡ sėdėti kaip ant adatų; būti kankinamam nežinomybės, nerimauti; ***to keep smb on*** ~**s** (pri)versti ką kankintis nežinioje, (pri)versti ką rūpintis/nerimauti

tenth [tenθ] *num ord* dešimtas
n **1** dešimtadalis, dešimtoji dalis **2** *(the ~) (mėnesio)* dešimtoji diena
tenth-rate ['tenθreɪt] *a* prastos kokybės, prastas
tent-peg ['tentpeg] *n* palapinės kuoliukas
tenuis ['tenjuɪs] *n fon.* duslusis uždarumos priebalsis
tenuity [tɪ'njuːətɪ] *n* **1** *(balso, garso, šviesos)* silpnumas, susilpnėjimas **2** *(stiliaus ir pan.)* skurdumas; nereikšmingumas **3** *(plaukų ir pan.)* plonumas **4** *(oro)* praretėjimas, retumas; *(skysčio)* skystumas
tenuous ['tenjuəs] *a* **1** silpnas, menkas; nežymus, nereikšmingas; **~ link/connection** silpnas ryšys; **~ argument** menkas argumentas **2** plonas, plonytis **3** išretėjęs, praretėjęs, atskiestas *(apie dujas ir pan.)*
tenure ['tenjuə] *n* **1** *(turto)* valdymas; valda; valdymo teisė/sąlygos; valdymo laikas/terminas **2** *(tarnybos)* kadencija; pareigų ėjimo laikas **3** etatinė tarnyba; etatinės pareigos *(ypač dėstytojo);* **to have ~** turėti teisę užimti etatines pareigas; **to get ~** būti priimtam į etatinę tarnybą
tenurial [ten'juərɪəl] *a teis.* žemėvaldos
tepee ['tiːpiː] *n amer.* vigvamas
tepefy ['tepɪfaɪ] *v knyg.* pašildyti; apšilti
tepid ['tepɪd] *a* **1** drungnas, šiltokas, apyšiltis **2** *prk.* šaltokas, šaltas
tepidity [tɪ'pɪdətɪ], **tepidness** ['tepɪdnɪs] *n* **1** drungnumas **2** *prk.* šaltumas
tera- ['terə-] *(sudurt. žodžiuose)* tera- *(žymint trilijoną);* **terahertz** terahercas, trilijonas hercų
terai [tə'raɪ] *ind. n* plačiakraštė fetrinė skrybėlė su dvigubu vidumi
teratology [ˌterə'tɔlədʒɪ] *n* teratologija *(mokslas apie apsigimėlius/apsigimimus)*
teratoma [ˌterə'təumə] *n med.* teratoma *(navikas)*
terbium ['təːbɪəm] *n chem.* terbis
tercel ['təːsl] *n* sakalas *(patinas)*
tercentenary [ˌtəːsen'tiːnərɪ] *n* trišimtmetis, trys šimtai metų; trijų šimtų metų sukaktis/jubiliejus
a trijų šimtų metų *(senumo)*
tercentennial [ˌtəːsen'tenɪəl] *n* = **tercentenary**
a **1** vykstantis kas tris šimtus metų **2** trunkantis tris šimtus metų
tercet ['təːsɪt] *n* **1** *lit.* trieilis, tercetas; tercina **2** *muz.* tercetas
terebinth ['terəbɪnθ] *n bot.* kvapioji pistacija
terebinthine [ˌterə'bɪnθaɪn] *a* terpentininis
teredo [tə'riːdəu] *n (pl ~s [-z]) zool.* laivagraužis
Teresa [tə'riːzə] *n* = **Theresa**
terete [tə'riːt] *a biol.* cilindrinis, cilindriškas
tergal ['təːgəl] *a zool., anat.* nugarinis, dorsalinis
tergiversate ['təːdʒɪvəseɪt] *v knyg.* **1** atsimesti, būti atsimetėliu/renegatu; išsižadėti **2** vangstytis, išsisukinėti
tergiversation [ˌtəːdʒɪvə'seɪʃn] *n knyg.* **1** atsimetimas, išdavimas, išsižadėjimas; renegatystė **2** vangstymasis, išsisukinėjimas; vingrybė
term [təːm] *n* **1** nustatytas laikas, trukmė; **~ of study** mokymosi laikas; **for ~ of life** iki gyvos galvos; **~ of office** *(prezidento, senatoriaus ir pan.)* kadencija; pareigų ėjimo laikas; **to serve one's ~** atkalėti nustatytą laiką **2** nustatyta data, terminas; **to set/put a ~ to smth** nustatyti kam terminą; **when the ~ expires** terminui pasibaigus **3** semestras; ketvirtis, trimestras *(t. p. school ~);* **autumn [spring] ~** rudens/pirmas [pavasario/antras] semestras; **to be out of ~** nedirbti atostogų metu **4** *(teismo ir pan.)* sesija **5** terminas; **legal ~s** teisės terminai **6** *pl* kalba, posakiai; **in ~s of figures** skaičių kalba; **in set ~s** aiškiai, konkrečiai; **to speak in ~s** aiškiai išdėstyti; **in the simplest ~s** labai suprantamai/paprastai; **in the strongest possible ~s** pačiais šiurkščiausiais žodžiais **7** *pl* išraiška, išreiškimas; požiūris; **A expressed in ~s of B** A, išreikšta kaip B funkcija; **in smb's ~s** kieno požiūriu; **in ~s of money** piniginė išraiška; **he sees everything in ~s of money** jis į viską žiūri komerciniu požiūriu **8** *pl (sandorio, mokėjimo sutarties ir pan.)* sąlygos; **credit ~** kreditavimo sąlygos; **~s of delivery [of payment]** pristatymo [mokėjimo] sąlygos; **~s of trade** eksporto ir importo kainų santykis; **to make ~s** kelti sąlygas; **to bring smb to ~s** priversti ką sutikti su sąlygomis; **to stand upon one's ~s** primygtinai reikalauti įvykdyti sąlygas **9** *pl (asmeniniai)* santykiai; **to be on good ~s** gerai sutarti/sugyventi; **to be on nodding ~s (with)** šiek tiek pažinoti, būti tik oficialiai pažįstamam *(su);* **to be not on speaking ~s** nesutarti, nedraugauti, nesikalbėti; **to keep ~s (with)** palaikyti draugiškus santykius *(su);* **to be not on borrowing ~s** nelabai artimai draugauti **10** *teis.* terminuotoji nuoma **11** *fiz.* termas **12** *mat., log.* narys **13** *med.* gimdymo laikas ◊ **to come to ~s (with)** a) susitarti *(su);* b) susitaikyti *(su nemalonia situacija ir pan.); (it will pay off)* **in the long ~, but in the short ~** ... ateityje (tai apsimokės), bet šiuo metu...; **in no uncertain ~s** ≃ tiesiai šviesiai, nedviprasmiškai
v (ppr. pass) (pa)vadinti, apibūdinti
termagent ['təːməgənt] *n* ragana, vaidinga moteris; pikčiurna
a vaidingas, piktas
termer ['təːmə] *n* atliekantis bausmę nusikaltėlis *(ppr. sudurt. žodžiuose);* **first-termer** pirmą kartą atliekantis bausmę
terminable ['təːmɪnəbl] *a knyg.* terminuojamas; terminuotas; **~ ten years from now** galiosiantis dešimt metų nuo šio momento
terminal ['təːmɪnl] *n* **1** galinė riba; galas **2** paskutinė/galinė stotis; galinis punktas; **bus ~** *(galinė)* autobusų stotis; **air ~** aerostotis **3** *pl* mokestis už pakrovimą galinėje stotyje **4** *komp.* terminalas **5** *el.* gnybtas; išvadas, įvadas
a **1** galinis; galutinis, paskutinis; baigiamasis; **~ station** a) *glžk.* galinė stotis; b) *spec.* terminalas **2** terminuotas **3** pasienio **4** semestro, semestrinis; sesijinis **5** pragaištingas; **~ boredom** *šnek.* begalinis/mirtinas nuobodulys; **in a ~ decline** nuolat smunkantis/nykstantis **6** *med.* paskutinis, mirtinas; **~ cancer** paskutinė vėžio stadija; **~ disease** mirtina liga **7** *bot.* viršūninis; **~ bud** viršūninis pumpuras
terminate ['təːmɪneɪt] *v* **1** (už)baigti; nutraukti *(sutartį, diskusiją ir pan.)* **2** baigtis, pasibaigti *(apie susirinkimą, terminą ir pan.);* **words that ~ in a vowel** žodžiai, kurie baigiasi balse **3** nustatyti ribas, ap(si)riboti
termination [ˌtəːmɪ'neɪʃn] *n* **1** *(santuokos, nėštumo ir pan.)* nutraukimas; **~ of hostilities** karo veiksmų nutraukimas **2** užbaigimas; baigtis, pabaiga; **to bring to a ~** užbaigti **3** riba; padarinys **4** *gram.* galūnė
terminative ['təːmɪnətɪv] *a* **1** pasibaigiantis; baigiamasis **2** *gram.* baigtinis, veiksmo galo, terminatyvinis
termini ['təːmɪnaɪ] *pl žr.* **terminus**
terminological [ˌtəːmɪnə'lɔdʒɪkl] *a* terminologinis, terminologijos
terminology [ˌtəːmɪ'nɔlədʒɪ] *n* terminologija; terminija
terminus ['təːmɪnəs] *lot. n (pl ~es, -ni)* **1** galinė/paskutinė stotis/stotelė **2** *ret.* galinis/pradinis taškas; tikslas
termitary ['təːmɪtərɪ] *n* termitų lizdas, termitynas

termite ['tə:maɪt] *n zool.* termitas
termless ['tə:mləs] *a* **1** neribotas; beribis *(t. p. prk.)* **2** neterminuotas **3** neapribotas sąlygomis; besąlyginis, besąlygiškas
termly ['tə:mlɪ] *a* trimestrinis
term-time ['tə:mtaɪm] *n* **1** studijų laikotarpis **2** *(teismo ir pan.)* sesija
tern[1] [tə:n] *n zool.* žuvėdra; *common* ~ upinė žuvėdra; *sandwich* ~ margasnapė žuvėdra
tern[2] *n* **1** trys daiktai/skaičiai *ir pan.*, trejetas **2** trys numeriai loterijoje, kuriuos ištraukus gaunamas didelis laimėjimas
ternary ['tə:nərɪ] *a* **1** trejopas; trigubas **2** trečias **3** *mat.* trejetainis **4** *chem., metal.* susidedantis iš trijų sudedamųjų dalių
terpenes ['tə:pi:nz] *n pl chem.* terpenai
Terpsichorean [,tə:psɪkə'ri:ən] *a knyg.* šokių; choreografijos, choreografinis
terra ['terə] *lot. n* žemė; ~ *alba* gipsas, kaolinas, baltasis molis; ~ *firma* sausuma; ~ *incognita* a) nežinoma/neištirta šalis; b) nežinoma/neištirta *(mokslo ir pan.)* sritis
terrace ['terəs] *n* **1** terasa, pakopa; žemės pylimas **2** terasa, veranda **3** sujungtų namų eilė **4** plokščias stogas **5** *(the ~s) pl* stadiono tribūnos
v terasuoti, (pa)daryti terasas; statyti/apželdinti terasomis
terrace-house ['terəshaus] *n* vienabutis namas *(vienas iš sujungtų namų eilės)*
terracotta [,terə'kɒtə] *n* **1** terakota *(degtas grynas molis)*; terakotos dirbinys **2** terakotinė *(rausvai ruda)* spalva
a terakotos spalvos, terakotinis
terrain [te'reɪn] *n* **1** vietovė, teritorija **2** = **terrane**
terrane [te'reɪn] *n geol.* sluoksnis; autochtonas
terraneous [te'reɪnɪəs] *a bot.* antžeminis
terrapin ['terəpɪn] *n* **1** *zool.* balų/vandeninis vėžlys **2** surenkamas pastatas
terraqueous [te'reɪkwɪəs] *a* **1** susidedantis iš žemės ir vandens **2** sausumos ir jūrų *(apie kelionę)* **3** *zool., bot.* amfibinis
terrarium [tə'rɛərɪəm] *n (pl ~s, -ria [-rɪə])* terariumas
terrene [te'ri:n] *a* **1** žemės; sausumos **2** pasaulietiškas, žemiškas
n **1** Žemės paviršius, žemė **2** vietovė
terrestrial [tɪ'restrɪəl] *a* **1** Žemės; ~ *magnetism* Žemės magnetizmas **2** sausumos, sausuminis *(t. p. bot., zool.)* **3** pasaulietiškas, žemiškas
n Žemės gyventojas
terret ['terɪt] *n* kilpa, žiedas *(per kurį perveriamos vadelės)*
terrible ['terəbl] *a* **1** šiurpus, pasibaisėtinas; ~ *misfortune* šiurpi nelaimė **2** baisus, siaubingas *(t. p. šnek.)*; *to be* ~ *at driving [writing]* labai prastai, siaubingai vairuoti [rašyti]; *to be a ~ fool* būti paskutiniam/baisiam kvailiui; ~ *play šnek.* siaubingas spektaklis; *how ~!* koks siaubas!
terribly ['terəblɪ] *adv* labai; baisiai, siaubingai; *I'm ~ sorry* man labai gaila/nemalonu
terricolous [te'rɪkələs] *a bot., zool.* sausumos, sausuminis
terrier[1] ['terɪə] *n* **1** terjeras *(šunų veislė)* **2** *(T.) šnek.* = **territorial** *n*
terrier[2] *n ist.* žemės knyga
terrific [tə'rɪfɪk] *a šnek.* **1** nuostabus, puikus; ~ *play* nuostabus/nepaprastas spektaklis; *to feel* ~ jaustis puikiai **2** siaubingas, baisus; didžiulis; *to make a ~ noise* sukelti siaubingą/didžiulį triukšmą
terrifically [tə'rɪfɪklɪ] *adv* **1** nepaprastai; ~ *expensive [hot]* nepaprastai/baisiai brangus [karštas] **2** *šnek.* nuostabiai, puikiai
terrify ['terɪfaɪ] *v* **1** įvaryti siaubą; (į)baiminti, (į)bauginti **2** *pass* labai bijoti *(of – ko)*
territ ['terɪt] *n* = **terret**
territorial [,terɪ'tɔ:rɪəl] *a* **1** žemės **2** teritorinis; vietinis; *T. Army/Force* teritorinė kariuomenė *(iš atsarginių)*; ~ *department amer.* karinė apygarda
n (ppr. pl) teritorinės kariuomenės kareivis
territory ['terɪtərɪ] *n* **1** teritorija, žemė; plotas; *disputed ~* ginčijama teritorija **2** *(T.)* teritorija *(administracinis vienetas JAV, Kanadoje, Australijoje)* **3** *(veiklos, mokslo ir pan.)* sfera, sritis; *I'm on familiar ~* tai man pažįstama sritis ◊ *to go with the ~* būti *(kieno darbo ir pan.)* (neišvengiama) dalimi
terror ['terə] *n* **1** siaubas, baimė; *in ~* apimtas siaubo; *to go/live in ~* labai bijoti *(of – ko)* **2** asmuo/daiktas, keliantis siaubą; *death held no ~s for me* mirtis manęs nebaugino **3** *šnek.* nenuorama; įkyruolis; *a real/holy ~* baisus nenuorama/įkyruolis **4** teroras
terror-haunted ['terə,hɔ:ntɪd] *a* kankinamas baimės/siaubo
terrorism ['terərɪzm] *n* terorizmas, teroras
terrorist ['terərɪst] *n* teroristas
a attr teroristinis, teroristų
terrorize ['terəraɪz] *v* **1** terorizuoti **2** (į)bauginti, (su)kelti siaubą
terror-stricken, terror-struck ['terə,strɪkən, -strʌk] *a* apimtas/pagautas siaubo
terry ['terɪ] *n* = **terrycloth**
terrycloth ['terɪklɒθ] *n tekst.* frotinis/kilpinis audinys; ~ *robe* maudymosi chalatas
terse [tə:s] *a* trumpas, glaustas *(apie kalbą, stilių ir pan.)*; trumpas ir atžarus *(apie atsakymą ir pan.)*
tertian ['tə:ʃn] *med. n* drugys, kurio priepuoliai kartojasi kas trečią dieną
a trečiadieniais
tertiary ['tə:ʃərɪ] *n (T.) geol.* terciaras
a **1** *knyg.* tretinis, trečiasis; trečiosios pakopos/stadijos; ~ *education* aukštasis mokslas **2** *geol.* terciaro
Terylene ['terəli:n] *n tekst.* terilenas
terza rima [,tə:tsə'ri:mə] *it. lit.* tercina
terzetto [tə:t'setəu] *n (pl ~s [-z], -ti [-tɪ]) muz.* tercetas
tesla ['teslə] *n fiz.* tesla *(magnetinės indukcijos vienetas)*
Tess [tes] *n* Tesė *(vardas)*
tessellated ['tesəleɪtɪd] *a* **1** mozaikinis; išklotas mozaika **2** *bot., zool.* languotas
tessellation [,tesə'leɪʃn] *n* **1** mozaikos kūrimas/klojimas; mozaikinis darbas **2** *(šachmatinė)* mozaika
tessera ['tesərə] *n (pl -rae [-ri:])* *(mozaikos)* plytelė
tessitura [,tesɪ'tuərə] *n muz.* tesitūra
test[1] [test] *n* **1** bandymas, mėginimas; išbandymas; *a ~ of character* charakterio išbandymas; *to put to the ~* išbandyti, išmėginti; *to stand/bear the ~* išlaikyti bandymą **2** patikrinimas; *to run a ~ (on)* patikrinti; *eye ~* akių patikrinimas; *driving ~* vairavimo įgūdžių patikrinimas *(vairuotojo pažymėjimui gauti); leakage ~* sandarumo patikrinimas **3** matas; kriterijus **4** testas *(t. p. psich.)*; egzaminas *(džn. raštu)*; *English ~* anglų kalbos kontrolinis darbas **5** *spec.* tyrimas, analizė; nustatymas; *field ~* nelaboratorinis/lauko tyrimas; *double-blind ~* dvigubai aklas tyrimas *(kada nei tiriantieji, nei tiriamieji nežino, kuri grupė tiriama; vengiant neobjektyvumo)* **6** *chem.* reagentas **7** *sport.* tarptautinės kriketo/regbio rungtynės *(t. p. ~ match)* **8** *attr* bandomasis, bandymo; patikrinamasis; ~ *flight av.* bandomasis skrydis; ~ *ban* branduolinio ginklo bandymų uždrau-

dimas; ~ *card tel.* užsklanda; ~ *case teis.* parodomoji byla *(turinti principinės reikšmės sprendžiant analogiškas bylas)*; ~ *facility tech.* bandymų prietaisas; bandymo stendas
v 1 (iš)bandyti, išmėginti; daryti bandymus; *the drug was ~ed on animals* vaistai buvo išbandyti su gyvūnais; *her patience was severely ~ed* jai tai buvo sunkus kantrybės išmėginimas 2 (pa)tikrinti, nustatyti; *to ~ smb's knowledge of computers* patikrinti kieno išmanymą apie kompiuterius; *to ~ ore for gold* nustatyti rūdos auksingumą 3 *chem.* veikti reagentais
test² *n* 1 *zool. (bestuburių)* kiautas, kiaukutas, šarvas 2 = **testa**
testa ['testə] *n (pl* -ae) *bot.* sėklos luobelė
testaceous [te'steɪʃəs] *a* 1 *zool.* kiautuotas 2 *bot., zool.* rausvai rudos spalvos
testae ['testi:] *pl žr.* **testa**
testament ['testəmənt] *n* 1 *teis.* testamentas 2 *(T.) rel.* Testamentas 3 *knyg.* (pa)liudijimas, (į)rodymas *(to – ko)*
testamentary [ˌtestə'mentᵊrɪ] *a teis.* testamento, testamentinis; testamentu paliktas/paskirtas
testamur [te'steɪmə] *lot. n (universiteto)* egzamino išlaikymo pažymėjimas
testate ['testeɪt] *teis. a* palikęs testamentą; *to die ~* mirti palikus testamentą
n velionis, palikęs testamentą
testator [te'steɪtə] *n teis.* testatorius
testatrix [te'steɪtrɪks] *n (pl* -rices [-rɪsi:z]) *teis.* testatorė
test-bed ['testbed] *n tech.* bandymo stendas
test-drive ['testdraɪv] *v aut.* atlikti bandomąjį važiavimą, išbandyti *(prieš perkant automobilį)*
testee [te'sti:] *n* bandomasis; testo objektas
tester¹ ['testə] *n* 1 bandytojas, tyrinėtojas; laborantas 2 tikriklis, tikrintuvas 3 *(prekių, ypač kosmetikos)* bandiklis
tester² *n* baldakimas *(virš lovos, altoriaus ir pan.)*
testes ['testi:z] *pl žr.* **testis**
test-fly ['testflaɪ] *v av.* išbandyti ore/skrendant
testicle ['testɪkl] *n anat.* sėklidė
testification [ˌtestɪfɪ'keɪʃn] *n* parodymų davimas, liudijimas
testify ['testɪfaɪ] *v* 1 duoti parodymus, liudyti; *to ~ for smb, to ~ on behalf of smb* liudyti kieno naudai; *to ~ against smb* liudyti prieš ką; *to ~ to having seen the criminal* liudyti mačius nusikaltėlį 2 viešai/iškilmingai pareikšti; patvirtinti 3 byloti, (pa)rodyti; reikšti; *to ~ to smb's desire* byloti apie kieno norą; *her tears ~ her grief* ašaros rodo jos skausmą
testily ['testɪlɪ] *adv* ūmai; irzliai, susierzinus
testimonial [ˌtestɪ'məʊnɪəl] *n* 1 *(asmens)* charakteristika, rekomendacija; rekomendacinis laiškas 2 sveikinamasis raštas, adresas 3 *(viešai įteikiama)* dovana
a dėkojamasis, padėkos; sveikinamasis
testimony ['testɪmənɪ] *n* 1 *teis.* parodymas; *to give/bear ~* duoti parodymus; liudyti 2 liudijimas; (į)rodymas; *her smile was a ~ of her disbelief* jos šypsena liudijo nepasitikėjimą 3 tvirtinimas; viešas/iškilmingas pareiškimas 4 *pl bibl.* Dievo įsakymai
testing ['testɪŋ] *n* 1 (iš)bandymas 2 *chem., farm., med.* tyrimas 3 *(ypač mok., psich.)* testai, testavimas
a bandomasis; (iš)bandymo; sunkus
testing-bench ['testɪŋbentʃ] *n tech.* bandymo stendas
testis ['testɪs] *n (pl* -tes) = **testicle**
test-mixer ['testˌmɪksə] *n* menzūra
testosterone [te'stɒstərəʊn] *n fiziol.* testosteronas *(hormonas)*

test-paper ['testˌpeɪpə] *n* 1 *chem.* lakmuso popierius 2 *mok. (egzaminų)* rašomasis darbas; rašomojo darbo užduotis
test-pilot ['testˌpaɪlət] *n* lakūnas bandytojas
test-tube ['testtju:b] *n* mėgintuvėlis; ~ *baby* „mėgintuvėlio" kūdikis *(gimęs dirbtinai apvaisinus)*
test-type ['testtaɪp] *n* lentelė regumui nustatyti
testy ['testɪ] *a* ūmus, greit supykstantis; irzlus
tetanic [tɪ'tænɪk] *a med.* tetanuso; stabligės, stabo
tetanus ['tetənəs] *n med.* tetanusas; stabas, stabligė
tetched [tetʃt] *a amer.* kuoktelėjęs, kvaištelėjęs
tetchy ['tetʃɪ] *a* įžeidus; irzlus; ~ *situation* kebli padėtis
tête-à-tête [ˌteɪtɑ:'teɪt] *pr.* <*n, a, adv*> *n* 1 intymus pokalbis *(vienu du, akis į akį)* 2 S formos sofa dviem asmenims
a intymus, konfidencialus; ~ *conversation* pokalbis akis į akį
adv konfidencialiai, akis į akį
tether ['teðə] *n* 1 saitas, virvė, grandinė *(ypač gyvuliui pririšti ganykloje)* 2 *prk.* riba ◊ *to come to the end of one's ~* išsekti; išsisemti; ≡ prieiti liepto galą
v 1 pririšti *(gyvulį ganykloje, prie tvoros ir pan.)* 2 *prk.* apriboti, (su)varžyti
tetr(a)- ['tetr(ə)-] *(sudurt. žodžiuose)* tetra-, ketur-; *tetrachord* tetrachordas; *tetracyclic* keturciklis; *tetratomic* keturatomis
tetrad ['tetræd] *n* ketvertas; keturių grupė
tetragon ['tetrəgən] *n geom.* keturkampis, tetragonas; *regular ~* kvadratas
tetragonal [te'trægənəl] *a geom.* keturkampis
tetrahedral [ˌtetrə'hedrəl] *a geom.* kertursiėnis, tetraedrinis
tetrahedron [ˌtetrə'hedrən] *n geom.* ketūrsienis, tetraedras
tetralogy [tɪ'trælədʒɪ] *n lit.* tetralogija *(keturi literatūros kūriniai, sujungti temos ir kompozicijos požiūriu)*
tetrameter [tɪ'træmɪtə] *n lit.* keturpėdis metras, tetrametras
tetrapod ['tetrəpɒd] *n* keturkojis *(t. p. zool.)*
tetrapterous [tɪ'træptᵊrəs] *a zool.* ketursparnis *(apie vabzdžius)*
tetrastich ['tetrəstɪk] *n lit.* ketureilis
tetrasyllable ['tetrəˌsɪləbl] *n* keturskiemenis žodis
tetryl ['tetrɪl] *n chem.* tetrilas *(sprogstamoji medžiaga)*
tetter ['tetə] *n psn., dial.* dedervinė; egzema
Teuton ['tju:tən] *n* 1 *ist.* germanas; teutonas 2 *šnek.* vokietis
Teutonic [tju:'tɒnɪk] *a* 1 senovės germanų, germaniškas; teutonų; ~ *Order* teutonų/kryžiuočių ordinas 2 vokiškas, vokiečių
n senoji germanų kalba
tex [teks] *n fiz.* teksas *(linijinio tankio vienetas)*
Texas ['teksəs] *n* Teksasas *(JAV valstija)*
text [tekst] *n* 1 tekstas 2 *(kalbos, pamokslo, diskusijos ir pan.)* tema; *to stick to one's ~* nenukrypti nuo temos 3 *poligr.* tekstas *(be iliustracijų, pastabų ir pan.; šriftas); German ~* gotiškas šriftas 4 *bažn.* ištrauka/citata iš Biblijos; evangelija 5 *sutr.* = **textbook**
textbook ['tekstbuk] *n* 1 vadovėlis; *German ~* vokiečių kalbos vadovėlis 2 teisinių komentarų knyga
a attr 1 vadovėlinis; ~ *knowledge* vadovėlinės žinios 2 pavyzdingas; ~ *example* puikus pavyzdys
text-hand ['teksthænd] *n* stambi apvali rašysena
textile ['tekstaɪl] *n* 1 tekstilė, tekstilės dirbinys; audinys, audeklas 2 *pl* tekstilės pramonė *(t. p. ~ industry)*
a 1 tekstilės; audeklinis, audinių, audimo; ~ *worker* tekstilininkas 2 austinis

textual ['tekstʃuəl] *a* **1** teksto; *~ analysis* teksto analizė; *~ criticism* tekstologija **2** pažodinis

textualism ['tekstʃuəlɪzm] *n* **1** tekstologija **2** pažodiškumas

textually ['tekstʃuəlɪ] *adv* teksto lygmeniu

texture ['tekstʃə] *n* **1** audinio kokybė/tankis, audimas; audinio faktūra; audinys *(t. p. prk.); coarse ~* storas audinys; *fine ~* plonas audinys; *~ of verse prk.* poetinis audinys **2** *spec.* tekstūra, sandara, struktūra **3** *biol.* audinys

-th [-θ] *(t. p. -eth) suff* **1** *-tas (kelintiniams skaitvardžiams, pradedant nuo 4, sudaryti); fourth* ketvirtas; *twentieth* dvidešimtas **2** = **-eth** 1

Thackeray ['θækərɪ] *n: William ~* Viljamas Tekerėjus *(anglų rašytojas)*

Thai [taɪ] *a* tailandiečių; Tailando
n **1** Tailando gyventojas, tailandietis **2** tajų kalba

Thailand ['taɪlænd] *n* Tailandas *(Azijos valstybė)*

thalamus ['θæləməs] *n (pl* -mi [-maɪ]) **1** *anat. (tarpinių smegenų)* gumburas **2** *bot.* žiedsostis

thalassemia [ˌθælə'siːmɪə] *n med.* talasemija, jūrinė mažakraujystė

thalassic [θə'læsɪk] *a knyg.* jūros, jūrų

thaler ['tɑːlə] *n ist.* taleris *(moneta)*

thalli ['θælaɪ] *pl žr.* **thallus**

thallium ['θælɪəm] *n chem.* talis

thallus ['θæləs] *n (pl* -lɪ, ~es) *bot.* gniužulas

Thames [temz] *n* Temzė ◊ *to set the ~ on fire* padaryti ką nors stulbinančio

than [ðən; *kirčiuota forma* ðæn] *conj* **1** negu, kaip, už *(palyginimuose); you know her better ~ I do* jūs ją geriau pažįstate negu aš; *more ~ twenty* daugiau kaip dvidešimt; *I would rather play football ~ go swimming* aš geriau pažaisiu futbolą, negu eisiu plaukioti; *she was older ~ I was* ji buvo vyresnė už mane **2** kad; *you should know better ~ to say that* tau reikėtų suprasti, kad to sakyti nereikia **3** kai; *hardly, ar no sooner, had he left ~ the phone rang* jis buvo ką tik išėjęs, kai suskambo telefonas **4** *šnek.* kaip tik, išskyrus; *they left me with no option ~ to agree* man neliko kito pasirinkimo, kaip tik sutikti
prep **1** už *(palyginimuose); she is taller ~ me* ji aukštesnė už mane **2** *amer.* nuo; *to be different ~ smth* skirtis nuo ko

thane [θeɪn] *n ist.* **1** tanas *(titulas)* **2** *škot.* klano vadas

thank [θæŋk] *v* dėkoti; būti dėkingam; *~ you* ačiū, dėkoju (jums); *~ God!, ~ goodness/heavens!* ačiū Dievui; *~ you ever so much šnek.* be galo (Jums) dėkingas; *~ you for nothing iron.* ačiū ir už tai; *he only has himself to ~ for it* tik jis pats dėl viso to kaltas; *~ing you in anticipation* iš anksto dėkoju; *I will ~ you to leave my affairs alone* prašyčiau nesikišti į mano reikalus

thankee ['θæŋkɪ] (thank you *sutr.*) *šnek. žr.* **thank**

thankful ['θæŋkfəl] *a* dėkingas

thankfully ['θæŋkfəlɪ] *adv* **1** dėkingai **2** *mod* laimei

thankless ['θæŋkləs] *a* nedėkingas *(t. p. prk.); it is a ~ task* tai nedėkingas uždavinys

thank-offering ['θæŋkˌɔfərɪŋ] *n* padėkos auka

thanks [θæŋks] <*n, int, prep*> *n pl* padėka, dėkingumas; *letter of ~* padėkos laiškas; *many ~* labai ačiū/dėkui; *to give ~* dėkoti; *to return ~* a) (atsi)dėkoti; b) pasimelsti, sukalbėti maldą *(prieš valgį ar po valgio); I got small ~ for it* man už tai niekas nė ačiū nepasakė; *that's all the ~ I get!* štai ir visa padėka
int ačiū!, dėkui!; *~ a lot šnek.* labai ačiū/dėkui!; *no ~* ačiū, ne
prep (~ to) dėka; *~ to your help* jūsų pagalbos dėka; *no ~ to you* visai ne jūsų dėka

thanksgiving ['θæŋksˌgɪvɪŋ] *n* **1** dėkojimas **2** *bažn.* dėkojamosios pamaldos **3** *(T.) amer.* Padėkos diena, pirmųjų kolonistų atminimo šventė *(paskutinį lapkričio ketvirtadienį; t. p. T. Day)*

thankworthy ['θæŋkwəːðɪ] *a* vertas/nusipelnęs padėkos

thank-you ['θæŋkjuː] *n* padėka
a padėkos, dėkojamasis *(apie laišką ir pan.)*

that <*pron, adv, conj*> *pron (pl* those) **1** [ðæt] *demonstr* tas, anas; tai; *~ day* ta diena; *give me ~ one* duok man aną; *we talked of this and ~* mes kalbėjome apie šį bei tą; *in ~ case* tuo atveju; *~ is true* tai tiesa; *those were difficult years* tai buvo sunkūs metai **2** [ðæt] *vart. vietoj dktv. vengiant jo pakartojimo: the climate here is like ~ of Italy* čionykštis klimatas panašus į Italijos **3** [ðət] *rel* (tas) kuris, kas; *the members ~ were present* (tie) nariai, kurie dalyvavo; *the house ~ they live in* namas, kuriame jie gyvena; *the reason ~ I phoned* priežastis, dėl kurios aš skambinu **4** [ðæt, ðət] štai *(ypač pradedant pagrindinį sakinį); ~'s what he wanted* štai ko jis norėjo; *~'s how he lives* štai kaip jis gyvena; *those are the books I wanted* štai knygos, kurių aš norėjau ◊ *and (all) ~* ir panašiai, ir kita; *at ~* a) be to; b) *šnek.* iš tikrųjų *(sutinkant); by ~* kartu; *with ~* tuoj pat po to, tada; *~'s ~ (štai)* ir viskas, viskas baigta; *~'s it!* a) štai ir viskas!; b) būtent taip!; gerai!; *~ is (to say)* tai yra, būtent *(patikslinant); and ~'s all (there is to it)* ir tiek; *~'ll be the day! šnek.* netikiu!, negali būti!
adv [ðæt] *šnek.* taip; *~ far* taip toli; *~ much* tiek; *not ~ tall* ne toks aukštas; *he was ~ angry he couldn't say a word* jis buvo taip supykęs, kad žodžio negalėjo ištarti
conj [ðət] **1** kad; tam, kad; *I know ~ it was so* aš žinau, kad taip buvo; *it is necessary ~ he should do it* reikia, kad jis tai padarytų; *we eat ~ we may live* mes valgome, kad gyventume; *oh, ~ I knew the truth!* o, kad aš žinočiau tiesą! **2** *vart. pabrėžiamiesiems šalutiniams sakiniams prijungti; it was here ~ I first met her* būtent čia aš ją sutikau pirmą kartą

thatch [θætʃ] *n* **1** šiaudinis/nendrių stogas, palmių lapų stogas **2** šiaudai, nendrės, palmių lapai *(stogui)* **3** *juok.* plaukų kupeta, tankūs/pasišiaušę plaukai
v dengti stogą *(šiaudais ir pan.)*

thatcher ['θætʃə] *n* stogdengys

thaumaturge ['θɔːmətəːdʒ] *n knyg.* stebukladaris

thaumaturgic [ˌθɔːmə'təːdʒɪk] *a knyg.* stebukladariškas; stebukladario

thaw [θɔː] *n* **1** atlydys, atodrėkis **2** *polit. (santykių)* pagerėjimas
v **1** tirpti, leisti(s); ištirpti; atšilti; *it is ~ing* leidžia, tirpsta; *the bread ~ed before the fire* duona atšilo prieš ugnį **2** (iš)tirpdyti, atšildyti *(t. p. ~ out)* **3** *prk.* sušilti; sušvelnėti, atlyžti *(t. p. ~ out)*

the [ðə; *prieš balsius* ðɪ] *žymimasis artikelis* **1** *į lietuvių kalbą džn. neverčiamas; ~ book you read* knyga, kurią jūs skaitėte; *~ horse is a useful animal* arklys — naudingas gyvulys; *~ sun* saulė **2** tas, šis; *I'll speak to ~ little woman* aš (pats) pasikalbėsiu su ta maža moterėle; *I dislike ~ man* aš nemėgstu to žmogaus; *do you like ~ cake?* ar jums patinka šis tortas? **3** *vart. prieš substantyvuotus bdv. kuopinei/abstrakčia reikšme: ~ poor* vargšai, vargingieji; *~ impossible* tai, kas neįmanoma
adv tuo; *~...~* juo/kuo... tuo, juo... juo; *(so much) ~ ~*

worse for him tuo blogiau jam; *~ more ~ merrier* juo daugiau, tuo linksmiau; *~ less said ~ better* kuo mažiau pasakyta, tuo geriau

the- [θɪ-] = **theo-**

theater ['θɪətə] *n amer.* = **theatre**

theatre ['θɪətə] *n* **1** *(įv. reikšm.)* teatras; *variety ~* estrados teatras; *the ~ of the absurd* absurdo teatras; *she works in ~* ji dirba teatre; *she is interested in literature and ~* ji domisi literatūra ir teatru; *the ~ of operations/war* karo veiksmų teatras/laukas **2** *amer., austral.* kino teatras *(t. p. picture/movie ~)* **3** amfiteatrinė auditorija *(t. p. lecture ~)* **4** *kuop.* dramos veikalai, pjesės **5** *šnek.* operacinė *(t. p. operating ~)*

theatregoer ['θɪətəˌgəuə] *n* teatro mėgėjas/lankytojas

theatre-in-the-round [ˌθɪətəɪnðə'raund] *n* teatras su scena žiūrovų salės viduryje

theatrical [θɪ'ætrɪkl] *a* **1** teatro; teatriškas; sceniškas; *~ column* teatro naujienos *(skiltis laikraštyje)* **2** teatrališkas, nenatūralus; *~ gesture* teatrališkas mostas *n pl* **1** spektakliai, vaidinimai *(ppr. mėgėjų)* **2** teatralai, aktoriai profesionalai **3** *šnek.* teatrališkumas

theatricality [θɪˌætrɪ'kælətɪ] *n* teatrališkumas, nenatūralumas

theatricalize [θɪ'ætrɪkəlaɪz] *v* **1** teatralizuoti, inscenizuoti **2** *menk.* vaidinti, nenatūraliai elgtis, maivytis

theatrics [θɪ'ætrɪks] *n* **1** scenos menas **2** *pl* nenatūralus elgimasis, maivymasis

thé dansant [teɪdɔŋ'sɔŋ] *pr. n* arbatėlė *(vakare)* su šokiais

thee [ðiː] *pron pers (objektinis linksnis, žr.* **thou)** *psn., poet.* tau; tave

theft [θeft] *n* vagystė; vogimas

thegn [θeɪn] *n* = **thane**

their [ðεə] *pron poss (vart. pažyminiu prieš dktv.; plg.* **theirs)** **1** jų; *~ opinion* jų nuomonė **2** savo; -si *(ypač kalbant apie kūno dalis); they looked after ~ old parents* jie prižiūrėjo savo senus tėvus; *they washed ~ faces* jie nusiprausė veidus

theirs [ðεəz] *pron poss (nevart. pažyminiu prieš dktv.)* jų; savo; *that dog is ~* tai jų šuo

theism ['θiːɪzm] *n rel.* teizmas

theist ['θiːɪst] *n rel.* teistas

them [ðəm; *kirčiuota forma* ðem] *pron pers (objektinis linksnis, žr.* **they**) **1** juos, jas; jiems, joms; *I gave ~ the keys* aš daviau jiems raktus; *neither of ~* nė vienas iš jų **2** sau, save, savimi; *they took her with ~* jie paėmė ją su savimi

thematic [θɪ'mætɪk] *a* **1** teminis **2** *gram.* tematinis; kamieno, kamiengalio *(apie raidę, garsą)*

theme [θiːm] *n* **1** tema; *(pokalbio, diskusijos ir pan.)* objektas **2** *amer. mok.* rašinys duota tema **3** *muz.* tema; *~ song/tune kin., tel.* pasikartojanti tema/melodija **4** *gram.* kamienas **5** *kalb.* tema

Themis ['θiːmɪs] *n gr. mit.* Tėmidė *(teisingumo deivė; prk. teisingumas)*

themselves [ðəm'selvz] *pron* **1** *refl* -si-; save; sau; *(all) to ~* (vien) sau; *they have hurt ~* jie susižeidė **2** *emph* patys, pačios; *they built the house ~* jie patys pasistatė namą ◊ *(all) by ~* (jie patys) vieni; be niekieno pagalbos; *in ~* atskirai paėmus, patys savaime; *to come to ~* atsigauti; *they are not ~ today* šiandien jie kaip nesavi

then [ðen] <*adv, n, a*> *adv* **1** tada, tuomet; *she was a student ~* ji tuomet buvo studentė **2** po to, paskui; *and what ~?* o kas paskui/toliau? **3** tokiu atveju, tada; *are you tired? – Have a rest ~* pavargote? – Tada pailsėkite **4** be to; antra vertus; *but ~ I'm not an expert* be to, aš ir ne specialistas **5** vadinasi, taigi; *you're not coming ~?* vadinasi, tu neateisi? **6** *vart. sutikimui pabrėžti: all right ~, do as you like* na gerai, elki(tė)s kaip nori(te) *n* tas laikas; *by ~* iki to laiko, iki tol; *since ~* nuo to laiko, nuo tol; *till ~* ligi to laiko, ligi tol *a* tuolaikinis, tuometinis; *the ~ government* tuometinė vyriausybė

thenar ['θiːnɑ] *n anat. (rankos)* nykščio pakyla

thence [ðens] *adv knyg.* **1** iš ten **2** iš to; *it follows ~ that...* iš to išplaukia, kad... **3** *ret.* nuo to laiko, nuo tada

thenceforth [ðens'fɔːθ] *adv knyg.* nuo to laiko

thenceforward [ðens'fɔːwəd] *adv* = **thenceforth**

theo- [θɪə-, θɪ'ɔ-] *(t. p.* the-) *(sudurt. žodžiuose)* teo-; *theocrat* teokratas; *thearchy* teokratija

theocracy [θɪ'ɔkrəsɪ] *n* teokratija

theocratic [θɪə'krætɪk] *a* teokratinis, teokratijos; teokratiškas

theodolite [θɪ'ɔdəlaɪt] *n geod.* teodolitas

Theodora [θɪə'dɔːrə] *n* Teodora *(vardas)*

Theodore ['θɪədɔː] *n* Teodoras *(vardas)*

theologian [θɪə'ləudʒən] *n* teologas

theological [θɪə'lɔdʒɪkl] *a* teologinis, teologijos; *~ college*/*amer. seminary* kunigų seminarija

theology [θɪ'ɔlədʒɪ] *n* teologija

theorbo [θɪ'ɔːbəu] *n (pl ~s* [-z]) teorba *(XVI-XVIII a. styginis muz. instrumentas)*

theorem ['θɪərəm] *n (ypač mat.)* teorema

theoretic(al) [θɪə'retɪk(l)] *a* teorinis; teoriškas

theoretician [ˌθɪərə'tɪʃn] *n* teoretikas

theoretics [θɪə'retɪks] *n (gryna)* teorija *(priešingai negu praktika)*

theorist ['θɪərɪst] *n* teoretikas

theorize ['θɪəraɪz] *v* teorizuoti, kurti/plėtoti teoriją

theory ['θɪərɪ] *n* **1** teorija; *big bang ~* „didysis sprogimas" *(visatos atsiradimo teorija)*; *in ~* teoriškai; *probability ~ mat.* tikimybių teorija **2** manymas, spėjimas; *to have a ~ that...* manyti, kad...

theosophical [θɪə'sɔfɪkl] *a* teosofijos, teosofinis

theosophy [θɪ'ɔsəfɪ] *n* teosofija

therapeutic(al) [ˌθerə'pjuːtɪk(l)] *a* **1** terapinis, terapijos; gydomasis **2** raminamasis

therapeutics [ˌθerə'pjuːtɪks] *n* terapija

therapeutist [ˌθerə'pjuːtɪst] *n* terapeutas

therapist ['θerəpɪst] *n* gydytojas, *ypač* neuropatologas, psichiatras; fizioterapeutas

therapy ['θerəpɪ] *n* **1** = **therapeutics** **2** psichoterapija

there[1] [ðεə] <*adv, n, int*> *adv* **1** ten; *look ~* žiūrėk ten; *to get ~* a) atvykti ten; b) pasiekti savo; *~ and back* ten ir atgal **2** čia, šioje vietoje; *~ you are wrong* čia jūs neteisus; *put it ~* padėk jį čion; *he came to the fifth chapter and ~ he stopped* jis priėjo penktą skyrių ir prie jo sustojo **3** štai, antai *(vart. sakinio pradžioje pabrėžiant)*; *~ it is* a) štai kur jis; b) štai/šit kaip; *~ he comes* štai/antai jis ateina; *~ goes my hat* štai kur mano skrybėlę vėjas nupūtė; *~ goes the bell* štai ir skambutis; *~ I disagree with you* štai kur aš su jumis nesutinku ◊ *~ and then, then and ~* tuojau pat, iš karto; ten pat, vietoje; *are you ~?* ar jūs mane girdite *(telefonu)?*; *~ you are!* a) štai kur jūs!; b) štai ir jūs!; c) štai jums *(paduodant ką)*, imkite!; d) ≅ ką (pa)darysi, matai, štai kas išeina *(t. p. ~ you go)*; *~ goes smth šnek.* žlunga *(apie viltis, svajones, planus)*; *~ again* antra vertus; *~ you go again šnek.* ir vėl tu pradedi, ir vėl tu savo *(kalbi)*; *so ~!* ir baigta!, viskas! *(pasiryžus nekeisti savo* *nuomonės); not quite/all ~ šnek.* ≡ ne visi namie, ne visai sveikas; *over ~* a) štai ten; b) kitoje šalyje, Europoje, už Atlanto; *~ or thereabouts* apytikriai, apytiksliai; maždaug; *to be ~ for smb* būti pasiruošusiam kam padėti, užjausti ką; *to have been ~ before amer. sl.* pačiam žinoti, būti pergyvenusiam visa tai *n* ta vieta; *from ~* iš ten; *up to ~* iki tos vietos, iki ten; *near ~* netoli tos vietos, netoliese *int* 1 štai, štai tau; *~! I have put my foot in it!* štai aš ir įklimpau! 2 na *(raminant, raginant); ~, ~, don't cry!* na, na, neverk!; *~'s a fine fellow!* na ir šaunuolis!; *you ~!* ei, jūs ten!

there² [ðɛə, ðɛəʳ] *part vart.* sakinio pradžioje prieš vksm. be, appear, seem, live, exist, come, fall, pass *ir kai kuriuos kitus; į lietuvių kalbą neverčiama; there is/are* yra; *~ was no one in the room* kambaryje nieko nebuvo; *~ comes a time* ateina laikas; *~ can be no doubt about it* dėl to negali būti jokios abejonės

thereabout(s) [ˌðɛərə'baut(s)] *adv* 1 netoliese 2 apytikriai, maždaug; *thirty guests came or ~* atėjo 30 svečių ar apie tiek

thereafter [ðɛərˈɑːftə] *adv knyg.* nuo to laiko, po to

thereat [ðɛərˈæt] *adv psn., knyg.* 1 ten, toje vietoje 2 po to 3 dėl to

thereby [ðɛə'baɪ, 'ðɛəbaɪ] *adv* tuo būdu, taigi; kartu

there'd [ðɛəd] 1 = there had 2 = there would

therefor [ðɛə'fɔː] *adv psn.* už tai; *I am grateful ~* dėkoju už tai

therefore ['ðɛəfɔː] *adv* dėl to, todėl; taigi

therefrom [ðɛə'frɔm] *adv psn.* iš to

therein [ðɛərˈɪn] *adv knyg., ofic.* tame, jame; čia, ten; *the earth and all ~* Žemės rutulys ir visa, kas jame egzistuoja; *~ lies* čia/ten slypi, iš to išplaukia

thereinafter [ˌðɛərɪnˈɑːftə] *adv teis.* toliau, vėliau *(šiame dokumente ir pan.)*

thereinbefore [ˌðɛərɪnbɪˈfɔː] *adv teis.* anksčiau *(šiame dokumente ir pan.)*

there'll [ðɛəl] = there will

thereof [ðɛərˈɔv] *adv knyg.* 1 iš to 2 to, šio

thereon [ðɛərˈɔn] *adv psn.* tuoj po to

thereout [ðɛərˈaut] *adv psn.* iš to; iš ten

there's [ðəz, ðɛəz] 1 = there is 2 = there has

Theresa [təˈriːzə] *n* Teresa, Teresė *(vardas)*

thereto [ðɛəˈtuː] *adv knyg.* prie to, tam; ten

theretofore [ˌðɛətuˈfɔː] *adv knyg.* iki to laiko, iki tol, prieš tai

thereunder [ðɛərˈʌndə] *adv* 1 *knyg.* po tuo/juo 2 *ofic.* žemiau *(minimas ir pan.);* sutinkamai su tuo

thereupon [ˌðɛərəˈpɔn] *adv* 1 *knyg.* tuoj po to 2 *ofic.* dėl to

therewith [ðɛəˈwɪð] *adv psn., ofic.* 1 su tuo, šiuo 2 (tuoj) po to 3 be to

therewithal [ˌðɛəwɪˈðɔːl] *adv psn.* = therewith 3

therm [θəːm] *n fiz.* termas *(šilumos vienetas)*

thermae ['θəːmiː] *lot. n pl* termos *(sen. romėnų ir graikų viešosios pirtys)*

thermal ['θəːml] *a attr* 1 šiluminis, šilumos, terminis; kaloringas; *~ capacity* šiluminė talpa; *~ conductivity* šilumos laidumas; *~ efficiency* šilumos našumas; *~ unit* šilumos kiekio vienetas, kalorija 2 terminis, karštas *(apie vandenis, versmes)* 3 šiltas *(apie drabužius) n* 1 kylanti šilto oro srovė 2 *pl* šilti (apatiniai) drabužiai

thermic ['θəːmɪk] *a* šiluminis, šilumos, terminis

thermion [θəːˈmɪɔn] *n fiz.* termijonas, šiluminis elektronas

thermister [θəːˈmɪstə] *n el.* termistorius, šiluminis varžas

thermit ['θəːmɪt] *n tech.* termitas

thermo- ['θəːməu-] *(sudurt. žodžiuose)* termo-, šiluminis, šilumos; *thermobarometer* termobarometras, šiluminis barometras; *thermocurrent* terminė srovė; *thermotherapy* gydymas šiluma, termoterapija

thermoanaesthesia [ˌθəːməuænɪsˈθiːzɪə] *n med.* termoanestezija, šilumos jutimo netekimas

thermochemistry [ˌθəːməuˈkemɪstrɪ] *n* termochemija

thermocouple ['θəːməuˌkʌpl] *n el.* termoelementas, šiluminis elementas

thermodynamic [ˌθəːməudaɪˈnæmɪk] *a fiz.* termodinamis, termodinamikos

thermodynamics [ˌθəːməudaɪˈnæmɪks] *n fiz.* termodinamika

thermoelectric [ˌθəːməuɪˈlektrɪk] *a* termoelektrinis, termoelektros

thermoelectricity [ˌθəːməuɪlekˈtrɪsətɪ] *n* termoelektra, šiluminė elektra

thermograph ['θəːməugrɑːf] *n* termografas

thermography [θəːˈmɔgrəfɪ] *n med.* termografija

thermoluminescence [ˌθəːməuluːmɪˈnesns] *n fiz.* šiluminė liuminescencija, termoliuminescencija

thermolysis [θəˈmɔlɪsɪs] *n chem.* termolizė, terminis skaidymas(is)

thermomagnetic [ˌθəːməumægˈnetɪk] *a el.* termomagnetinis; termomagnetizmo

thermometer [θəˈmɔmɪtə] *n* termometras

thermonuclear [ˌθəːməuˈnjuːklɪə] *a* termobranduolinis; *~ weapon* termobranduolinis ginklas; *~ bomb* vandenilinė bomba

thermophysics [ˌθəːməuˈfɪzɪks] *n* šiluminė fizika

thermopile ['θəːməupaɪl] *n* termobaterija

thermoplastic [ˌθəːməuˈplæstɪk] *n* termoplastikas *(medžiaga) a* termoplastinis, termoplastiko

thermos ['θəːmɔs] *n* termosas *(t. p. ~ bottle/flask/jug); ~ van* automobilinis šaldytuvas

thermosetting ['θəːməuˌsetɪŋ] *a* termoreaktyvusis; sukietėjantis *(apie plastiką)*

thermosiphon [ˌθəːməuˈsaɪfən] *n tech.* termosifonas

thermosphere ['θəːməsfɪə] *n* termosfera

thermostable [ˌθəːməuˈsteɪbl] *a chem.* šilumai atsparus

thermostat ['θəːməstæt] *n* termostatas

thermostatic [ˌθəːməuˈstætɪk] *a* termostatinis, termostato

thermoswitch [ˌθəːməuˈswɪtʃ] *n tech.* termojungiklis

thermotropism [θəːˈmɔtrəpɪzm] *n bot.* termotropizmas, reagavimas į šilumos šaltinį

thesaurus [θɪˈsɔːrəs] *n (pl ~es, -ri* [-raɪ]*)* 1 tezauras, žodynas; enciklopedija 2 lobynas, žinių/mokslo šaltinis

these [ðiːz] *pl žr.* this *pron*

Theseus ['θiːsjuːs, 'θiːsjəs] *n mit.* Tesėjas

thesis ['θiːsɪs] *n (pl -ses* [-siːz]*)* 1 tezė 2 disertacija; *to maintain/defend a ~ for a degree* (ap)ginti disertaciją 3 *(rašinio, straipsnio ir pan.)* tema 4 *lit.* tezis

thespian ['θespɪən] *knyg., juok. n (dramos, tragedijos)* aktorius; tragikas *a* dramos, draminis; tragedijos, tragedinis

theurgy ['θiːəːdʒɪ] *n* 1 burtai, kerai 2 stebukladarystė; stebuklas

thews [θjuːz] *n pl knyg.* 1 raumenys; fizinė jėga 2 proto jėga; moralinės savybės

they [ðeɪ] *pron pers (objektinis linksnis* them*)* 1 jie, jos; *~ alone can help us* tik jie gali mums padėti 2 *asmeniniuose neapibrėžtuosiuose sakiniuose: ~ say* sakoma, (žmonės) kalba

they'd [ðeɪd] 1 = they had 2 = they would
they'll [ðeɪl] = they will
they're [ðeə] = they are
they've [ðeɪv] = they have
thiamin(e) ['θaɪəmiːn, -mɪn] *n chem.* tiaminas
thick [θɪk] <*a, adv, n*> *a* **1** storas, drūtas; ~ *slice of bread* stora duonos riekė; ~ *gloves* storos pirštinės; *a meter* ~ metro storio/storumo; ~ *with dust* apneštas storu dulkių sluoksniu **2** riebus, storas *(apie šriftą, liniją ir pan.)* **3** tankus; ~ *hair* tankūs plaukai; ~ *forest* tankus miškas **4** tirštas; ~ *soup* tiršta sriuba; ~ *mist* tirštas rūkas; ~ *oil* klampioji alyva **5** pilnas, gausus; pripildytas; *the room is* ~ *with smoke* kambarys pilnas dūmų; *the ground was* ~ *with aunts* ant žemės skruzdėlių knibždėte knibždėjo **6** dažnai pasikartojantis, tankus; ~ *shower of blows* smūgių kruša; ~ *as hail* tankus kaip kruša/ledai **7** blausus, apsiniaukęs *(apie dangų, orą ir pan.)* **8** neaiškus *(apie tartį, kalbą)*; žymus, stiprus *(apie akcentą)* **9** kimus, prislopintas, užkimęs **10** skaudantis, skaudamas; *my head feels a bit* ~ man truputį galvą skauda **11** *šnek.* kvailas, bukas; *I'm not that* ~ aš ne toks kvailas **12** *šnek.* artimas, neatskiriamas; *to be* ~ *with smb* artimai draugauti su kuo, nesiskirti su kuo, būti sulipusiam su kuo **13** *šnek.* persūdytas; *that is a bit (too)* ~ to jau per daug; tik to betrūko; tai nepakenčiama ◊ ~ *as blackberries* ≡ nors tvorą tverk, devynios galybės
adv **1** tirštai; gausiai **2** tankiai **3** storai; *to spread butter* ~ storai užtepti sviesto **4** kimiai; neaiškiai ◊ ~ *and fast* greitai, vienas po kito
n **1** tankmė **2** tirščiai, tirštimai **3** tirštymė; *(kovos ir pan.)* įkarštis; *in the* ~ *of the crowd* minios tirštymėje; *in the* ~ *of it/things* pačioje tirštymėje; pačiame įkarštyje **4** storuma, stormena ◊ *through* ~ *and thin* per vargus ir džiaugsmus, ištikimai; nepaisant sunkumų/kliūčių
thick-and-thin [ˌθɪkənd'θɪn] *a* atsidavęs, ištikimas, nesvyruojantis
thicken ['θɪkən] *v* **1** storinti; storėti **2** tirštinti; tirštėti **3** tankinti; tankėti **4** drumstis; blėsti, blankti **5** augti, didėti, gausėti ◊ *the plot* ~*s* a) intriga darosi sudėtingesnė; b) *juok.* reikalai komplikuojasi
thickener ['θɪkənə] *n* tirštiklis, tai, kas suteikia tirštumo; tirštintuvas *(t. p. tech.)*
thickening ['θɪkənɪŋ] *n* **1** storėjimas; tirštėjimas **2** *kul.* tirštiklis **3** storuma, storymė
thicket ['θɪkɪt] *n* tankmė, tankumynas
thickhead ['θɪkhed] *n* bukagalvis
thick-headed ['θɪk'hedɪd] *a* kvailas, bukagalvis
thickie ['θɪkɪ] *n šnek.* idiotas, kvailys
thick-knee ['θɪkniː] *n zool.* storkulnis *(paukštis)*
thickly ['θɪklɪ] = thick *adv*
thickness ['θɪknɪs] *n* **1** storumas, storis *ir kt., žr.* thick *a* **2** sluoksnis
thicko ['θɪkəu] *n (pl* ~s [-z]) *šnek.* kvėša, vėpla
thickset ['θɪk'set] *n* tankumynas, tankynė
a **1** tankiai apaugęs/apsodintas **2** kresnas
thick-skinned ['θɪk'skɪnd] *a* storaodis; *(prk. t. p.)* nejautrus
thick-skulled ['θɪk'skʌld] *a* kvailas, bukagalvis
thick-witted ['θɪk'wɪtɪd] *a* = thick-skulled
thicky ['θɪkɪ] *n šnek.* = thickie
thief [θiːf] *n (pl* thieves) vagis; *petty* ~ vagišius; *stop* ~! laikykite vagį! ◊ *all are not thieves that dogs bark at* ne visi vagys, kuriuos šunys loja; *to be (as) thick as thieves* būti neatskiriamais/artimais draugais
thieve [θiːv] *v* (pa)vogti

thievery ['θiːvərɪ] *n* vagystė; vogimas
thieves [θiːvz] *pl žr.* thief
thieving ['θiːvɪŋ] *n* vogimas, vagiliavimas
a vagiantis, vagiliaujantis; vagies
thievish ['θiːvɪʃ] *a knyg.* vagiškas, vagies; suktas; ~ *magpie* šarka vagilė
thievishly ['θiːvɪʃlɪ] *adv knyg.* vagiškai, kaip vagis; suktai
thigh [θaɪ] *n* šlaunis
thigh-bone ['θaɪbəun] *n anat.* šlauniakaulis
thill [θɪl] *n* iena; ~ *horse* ieninis arklys
thimble ['θɪmbl] *n* **1** antpirštis, pirščiukas **2** *tech.* antgalis; mova, įvorė **3** *jūr.* ąsa; žiedas
thimbleberry ['θɪmbl‚berɪ] *n amer. bot.* (juodoji) gervuogė
thimbleful ['θɪmblful] *n šnek.* labai mažas kiekis, gurkšnelis, lašelis, žiupsnelis *(of – ko)*
thimblerig ['θɪmblrɪg] *n* sukčiaujamas žaidimas *(kai vienas slepia žirnį ir pan. po vienu iš trijų puodelių, o kiti stengiasi atspėti)*
v sukčiauti, sukti
thimblerigger ['θɪmblrɪgə] *n* sukčiautojas, sukčius, apgavikas
thin [θɪn] <*a, adv, v*> *a* **1** plonas; laibas; ~ *rope* plona virvė; ~ *paper [layer]* plonas popierius [sluoksnis]; ~ *voice* laibas/plonas balsas **2** liesas; ~*as lath/rail/rake/stick* liesas/sudžiūvęs kaip šakalys; *to get* ~ (su)liesėti **3** retas, išretėjęs *(apie plaukus, mišką ir pan.)*; *he's getting* ~ *on top* jo plaukai retėja; jis plinka **4** negausus *(apie žiūrovus ir pan.)* **5** pustuštis, apytuštis; ~ *house* apytuštis teatras **6** smulkus *(apie lietų)* **7** skystas, lengvas *(apie rūką, orą ir pan.)*; ~ *mist* skysta migla; *the mist is getting* ~*ner* migla sklaidosi **8** skystas, netirštas *(apie sriubą ir pan.)*; silpnas *(apie kavą, arbatą, alų ir pan.)*; atskiestas; ~ *paint* skysti dažai **9** skystas; suskystintas *(apie dujas)* **10** neįtikinamas, netvirtas; skystas *(apie argumentus)*; ~ *story* neįtikinamas pasakojimas; ~ *excuse* nevykęs pasiteisinimas; *that is too* ~ tai skystas argumentas, tai neįtikina; *my patience is wearing* ~ aš imu netekti kantrybės **11** menkas, skurdus *(apie dietą, valgį ir pan.)* **12** blankus, blausus; ~ *market ekon.* blankioji/neaktyvioji rinka **13** *fot.* nekontrastiškas *(apie negatyvą)* ◊ *to have a* ~ *time (of it)* išgyventi nemalonias minutes, patirti nemalonumų/sunkumų
adv = thinly
v **1** (su)plonėti; (su)ploninti **2** retėti, mažėti; sklaidytis, skirstytis *(apie minią, rūką; t. p.* ~ *out)* **3** retinti; *to* ~ *smb's hair* iškarpyti kam plaukus; *the difficult years* ~*ned our ranks* sunkūs metai praretino mūsų gretas **4** tuštėti; *the town* ~*ned* miestas ištuštėjo **5** (su)liesėti, (su)blogti *(t. p.* ~ *down)* **6** (at)skiesti *(t. p.* ~ *down)* □ ~ *out* a) (iš)retėti; b) (iš)retinti *(t. p. ž. ū.)*; *to* ~ *out the carrots* išretinti morkas
thin-blooded ['θɪn'blʌdɪd] *a* silpnas, liguistas
thine [ðaɪn] *pron poss psn.* **1** *(nevart. pažyminiu prieš dktv.)* tavo **2** = thy
thing [θɪŋ] *n* **1** daiktas; *any old* ~ *will do* bet koks senas daiktas bus gerai; *what's the* ~ *in your hand?* ką turi rankoje?; ~ *in itself filos.* daiktas savyje **2** dalykas; *the* ~ *is...* dalykas tas...; *the real/very* ~ *šnek.* puikus dalykas; *a horrible* ~ *happened yesterday* vakar atsitiko baisus dalykas **3** *(ppr. pl)* reikalas, aplinkybė, padėtis; *it's a strange* ~ tai keistas reikalas/dalykas; *he has a lot of* ~*s to do* jis turi daug reikalų; *how are* ~*s? šnek.* kaip reikalai?; *other* ~*s being equal* esant vienodoms aplinkybėms; *the way* ~*s are/stand, as* ~*s go* tokiomis aplinkybėmis; ~*s are improving* reikalai/padėtis gerėja; *that*

thingamabob, thingamajig

makes ~s worse tai blogina padėtį **4** smulkmena, detalė; *to worry over/every little ~* nerimauti dėl kiekvieno menkniekio **5** *pl* manta, daiktai; *to pack one's ~s* susipakuoti daiktus **6** *pl* drabužiai; tualeto reikmenys; *take off your ~s* nusirenkite, nusivilkite; *swimming ~s* maudymosi reikmenys **7** *pl* apyvokos reikmenys, rykai; *dinner ~* pietų rykai/indai **8** *(literatūros, meno, muzikos ir pan.)* kūrinys; *he wrote popular ~s for jazz-bands* jis rašė populiarius kūrinius džiazo orkestrui **9** *(džn. niek., užjaučiamai)* padaras; žmogėkas; *he is a mean ~* jis bjaurus padaras; *poor ~* vargšelis; *dumb ~* bežadis padaras *(gyvulys); sweet ~* mielas padarėlis; *old foolish ~* senas kvailys; *there wasn't a living ~ to be seen* nebuvo nė gyvos dvasios **10** *šnek.* keistybė, silpnybė; nusistatymas; *he's got a ~ about planes* lėktuvai – jo silpnybė **11** *šnek.* naujausia mada *(t. p. the latest ~); she was wearing the latest ~ in hats* ji dėvėjo naujausios mados skrybėlaite **12** kas nors, bet kas; *not a ~* niekas; *not to see a ~* nieko nematyti; *it is just the ~ (we need)* tai kaip tik tai, ko reikia; *it amounts to the same ~* tai tas pat; *no such ~* nieko panašaus *(nėra); the best ~* visų geriausia; *the next best ~* geriausias iš likusiųjų, geriausias iš to, kas lieka *(pagal kokybę);* **(the) first [the next] ~** *he did was to undress* pirmiausia [po to] jis nusirengė; *that's the last ~ we want* to mums mažiausiai norisi; *he always says the wrong ~* jis visada pasako ne tai, ką reikia **13** *pl teis.* nuosavybė, turtas ◊ *among other ~s* tarp kitko; *and ~s* ir taip toliau; ir kita; *near/close ~* a) pavojus, kurio vos pasisekė išvengti; b) *šnek.* finišavimas beveik kartu; *good ~s* skanėstai; *for one ~ (... and) for another...* pirma... antra... *(nurodant priežastį); to have a ~ (about) šnek.* beprotiškai mėgti/nemėgti; *to make a (big) ~ of it šnek.* kreipti per daug dėmesio, išpūsti; *to make a good ~ (of)* pasipelnyti, turėti naudos *(iš); to make a regular ~ (of)* reguliariai užsiiminėti *(kuo); to be hearing ~s* vaidentis *(apie garsus); to be seeing ~s* matyti haliucinacijas, rodytis; *to know a ~ or two šnek.* puikiai nusimanyti/susigaudyti; *not to know the first ~ about smth* nieko nenusimanyti apie ką; *first ~ (in the morning)* visų pirma, pirmiausia; *first ~s first* pirmiausia tai, kas svarbiausia; *of all ~s* įsivaizduoji, tik pamanyk, tai gražiausia *(reiškiant pasipiktinimą/nuostabą); an understood ~* dalykas, dėl kurio susitarta anksčiau; *it's not the done ~* taip nedaroma, taip netinka daryti; *it's the ~ to do* taip įprasta; *it's not quite the ~ to do* taip nederėtų elgtis; *that's a nice ~ šnek.* labai gražu!, kaip ne gėda!; *it's one of those ~s* ≡ gyvenime visko būna/pasitaiko; nieko nepadarysi; *never too much of a good ~* gero daikto niekada nebūna per daug, ≡ sviestu košės nepagadinsi; *too much of a good ~* ≡ gero po truputį; *I'm not quite the ~ today* šiandien aš negaluoju; *to do one's (own) ~ šnek.* daryti tai, kas patinka, elgtis laisvai, pagal savo norus, interesus *ir pan.; to be all ~s to all men* (stengtis) visiems įtikti; *it's one (damned/just) ~ after another!* nemalonumai/bėdos nesibaigia!

thingamabob, thingamajig ['θɪŋəməbɒb, 'θɪŋəmədʒɪɡ] *n* = **thingummy**

T-hinge ['tiːˈhɪndʒ] *n* tėjinis vyris

thingummy, thingy ['θɪŋəmɪ, θɪŋɪ] *n šnek.* kaip jis (čia vadinasi), vienas toks *(vart. vietoj užmiršto žodžio/vardo)*

think [θɪŋk] *v* (thought) **1** manyti *(about, of); what do you ~ about him?* ką tu apie jį manai?; *we ~ him an honest man* mes manome, kad jis sąžiningas žmogus; *I thought as much* aš taip ir maniau **2** galvoti, mąstyti; *to ~ aloud* galvoti garsiai; *without ~ing twice* ilgai negalvodamas; *to ~ again* pergalvoti; *first ~ then speak* prieš sakydamas pagalvok/pamąstyk; ≡ žodis ne žvirblis, išskris – nepagausi **3** būti *(kokios)* nuomonės; vertinti; *to ~ with smb* būti vienodos nuomonės su kuo; *to ~ much/well/highly (of)* būti geros nuomonės *(apie); to ~ badly (of)* būti blogos nuomonės *(apie); to ~ little/nothing of smth* nė kiek nevertinti ko; *what do you ~ of his speech?* kaip vertinate jo kalbą?; *I didn't ~ much of the play* pjesė man nelabai patiko **4** prisiminti *(of); I can't ~ of her name* negaliu prisiminti jos vardo; *I'm trying to ~ what his address is* stengiuosi prisiminti jo adresą; *I cannot ~ of the right word* aš negaliu sugalvoti tinkamo žodžio **5** įsivaizduoti, suprasti, suvokti *(džn. vart. po* cannot, could not*); I can't ~ why you did it* aš negaliu suprasti, kodėl tu tai padarei; *I cannot ~ what he means* aš negaliu suvokti, ką jis nori pasakyti; *a million of pounds, ~ of that!* milijonas svarų sterlingų, įsivaizduoji! **6** turėti omenyje, ketinti; *to ~ no harm* neturėti kėslų; *he ~s to deceive us* jis ketina/nori mus apgauti **7** svajoti, būti įsikalus į galvą; *to ~ airplanes* galvoti/svajoti vien apie lėktuvus ▫ *~ ahead* numatyti *(to); ~ back* grįžti mintimis atgal, prisiminti *(to); ~ out* apgalvoti; *~ over/through* apmąstyti, apgalvoti, apsvarstyti *(prieš nusprendžiant); ~ up* sugalvoti, sukurti; *to ~ up a plan [an excuse]* sugalvoti planą [pasiteisinimą] ◊ *to ~ nothing (of)* nieko nereikšti *(ką padaryti); ~ nothing of it! šnek.* a) viskas gerai! *(atsakant į atsiprašymą ir pan.);* b) nėra už ką! *(atsakant į padėką); to ~ better (of)* a) apsigalvoti, pakeisti savo sprendimą; b) būti geresnės nuomonės; *he ~s he is it sl.* jis labai geros nuomonės apie save; *I don't ~ iron.* nėra ką sakyti, ką ir besakyti; *you are a pattern of tact, I don't ~* tu esi taktiškumo pavyzdys, ką ir besakyti

n šnek. galvojimas; *to have a ~* pagalvoti ◊ *to have another ~ coming šnek.* skaudžiai apsigauti/nusivilti; *if you think I'm going to lend you a pound you've got another ~ coming* jei tu manai, kad aš tau paskolinsiu svarą sterlingų, tau teks nusivilti, *ar* tau teks pakeisti nuomonę

thinkable ['θɪŋkəbl] *a* įmanomas; galimas

thinker ['θɪŋkə] *n* mąstytojas; galvotojas

thinking ['θɪŋkɪŋ] *n* **1** mąstymas, galvojimas; *long-range ~* a) toliaregystė, įžvalgumas; b) išankstinis apgalvojimas **2** nuomonė; *to my ~, to my way of ~* mano nuomone ◊ *that's wishful ~* gerai, kad taip būtų; tai tik graži svajonė

a attr mąstantis; protingas, išmintingas

thinking-cap ['θɪŋkɪŋˌkæp] *n: to put on one's ~ šnek.* rimtai pagalvoti/susimąstyti

think-tank ['θɪŋktæŋk] *n šnek.* specialistų/mokslininkų kolektyvas/komisija, mokslinis institutas *ir pan. (tam tikrai problemai tirti)*

thin-lipped ['θɪnˈlɪpt] *a* sučiauptomis lūpomis

thinly ['θɪnlɪ] *adv* **1** plonai; *~ spread* plonai užteptas **2** retai; *sow the seeds ~* sėkite sėklas retai **3** blogai, prastai; *with ~ disguised contempt* su vos slepiama panieka

thinner ['θɪnə] *n* **1** skiediklis **2** *ž. ū.* retintuvas

thinness ['θɪnnɪs] *n* plonumas, laibumas *ir kt., žr.* **thin** *a*

thinning ['θɪnɪŋ] *n ž. ū.* pasėlių retinimas

thin-skinned ['θɪnˈskɪnd] *a* **1** plonaodis **2** jautrus, įžeidus; irzlus

third [θəːd] *num ord* trečias; *the ~ largest town* trečias pagal dydį miestas; *~ person gram.* trečiasis asmuo;

~ party teis. trečioji šalis, liudytojas; **~ rail** glžk. trečiasis/kontaktinis bėgis; **Th. World** polit. trečiasis pasaulis (neprisijungusios šalys)
n **1** trečdalis **2** (the ~) (mėnesio) trečioji diena; **on the ~ of May** gegužės trečiąją **3** trejetas (pažymys) **4** muz. tercija **5** aut. trečioji pavara (t. p. **~ gear**) **4** = **third-class** 1

third-class ['θəːdˈklɑːs] n **1**: **~ degree** trečiosios kategorijos diplomas (D. Britanijos universitetuose) **2** amer. trečiosios klasės paštas
a, adv trečiosios klasės (apie kajutę, vagoną); **to travel ~** keliauti trečiąja klase

thirdhand ['θəːdˈhænd] a **1** (vartojamas, turimas) trečių rankų, nenaujas **2** netiesioginis
adv **1** iš trečių rankų **2** netiesiogiai

thirdly ['θəːdlɪ] adv trečia

third-rate ['θəːdˈreɪt] a **1** trečiarūšis; trečiaeilis **2** prastas, blogas

thirst [θəːst] n **1** troškulys; **raging ~** nepaprastas troškulys **2** prk. troškimas; **~ for knowledge** žinių troškimas
v trokšti (džn. prk.; for, after)

thirsty ['θəːstɪ] a **1** ištroškęs; **I am ~** man norisi gerti; **to make ~** kelti troškulį **2** prk. trokštantis (for); **~ for power** trokštantis valdžios **3** šnek. troškinantis; **tennis is a ~ game** žaidžiant tenisą troškina gerti **4** išdžiūvęs (apie dirvą)

thirteen ['θəːˈtiːn] num card trylika; **number ~** tryliktas numeris; **at ~** (būdamas) trylikos metų; **there were ~ of them** jų buvo trylika

thirteenth ['θəːˈtiːnθ] num ord tryliktas; **he is in his ~ year** jam trylikti metai, jis eina tryliktus metus
n **1** tryliktoji dalis **2** (the ~) (mėnesio) tryliktoji diena

thirties ['θəːtɪz] n pl **1** (the ~) (šimtmečio) ketvirtasis dešimtmetis **2** ketvirta dešimtis (30–39 m. amžius); **she is just out of her ~** jai ką tik sukako 40 metų

thirtieth ['θəːtɪɪθ] num ord trisdešimtas
n **1** trisdešimtoji dalis **2** (the ~) (mėnesio) trisdešimtoji diena

thirty ['θəːtɪ] num card trisdešimt; **he is over ~** jam per trisdešimt metų; **page ~** trisdešimtas puslapis

thirtysomething ['θəːtɪˌsʌmθɪŋ] n, a šnek. trisdešimtmetis (pasiturintis, išsilavinęs) žmogus (30–39 m. amžiaus)

this [ðɪs] pron demonstr (pl these) ši(ta)s, ši(ta); tai; **~ and/or that** šis bei tas; **~ evening** šįvakar, šiandien vakare; **~ day** ši diena; šiandien; **one of these days** šiomis dienomis (apie ateitį); **~ week** šią savaitę; **~ day week** lygiai po savaitės; **~ day last week** lygiai prieš savaitę; **~ year** šiemet; **~ time** šįkart, šįsyk, šiuokart; **~ country** šalis, kurioje gyvename/esame (ppr. verčiama šalies pavadinimu); **long before ~** gerokai prieš tai; **to ~** į tai; **do it like ~** darykite taip/šitaip; **~ is what I think** štai kaip, ar šit ką, aš manau; **~ will never do** tai netinka/nedera; **~ side of (midnight, etc.)** prieš (pusiaunaktį ir pan.) ◊ **~, that and the other** ≡ šis bei tas, įvairūs dalykai
adv šnek. taip; **~ much** tiek; **~ long** taip/tiek ilgai; **~ big** (va) tokio didumo; **~ much is certain...** viena aišku...; **~ is it** a) taip ir bus; tikrai taip (sutinkant); b) štai kaip

thistle ['θɪsl] n bot. dagys; usnis (t. p. Škotijos emblema)

thistledown ['θɪsldaun] n dagio/usnies pūkelis; **as light as ~** lengvas kaip pūkas

thistle-finch ['θɪslfɪntʃ] n zool. dagilis

thistly ['θɪslɪ] a **1** usnėtas, apaugęs usnimis/dagiais **2** dygus

thither ['ðɪðə] adv psn., knyg. ten, į tą pusę

thitherto [ˌðɪðəˈtuː] adv psn. iki tol, iki to laiko

tho' [ðəu] = **though** conj, adv

thole [θəul] n dilė (kuolelis irklui)

thole-pin ['θəulpɪn] n = **thole**

tholos ['θɔlɔs] n (pl -loi [-lɔɪ]) archit. tolas

Thomas ['tɔməs] n Tomas (vardas) ◊ **doubting ~** juok. sunkiai patikintis, netikėlis, skeptikas; ≡ neviernas Tamošius

Thomism ['təumɪzm] n filos. tomizmas, Tomo Akviniečio doktrina/mokslas

thong [θɔŋ] n **1** (odinis, plastmasinis) diržas, dirželis; odinės vadžios **2** pl amer., austral. šliurės
v pliekti diržu/botagu

thoraces ['θɔːrəsiːz] pl žr. **thorax**

thoracic [θɔːˈræsɪk] a anat. krūtinės (ląstos), krūtininis; torakalinis

thorax ['θɔːræks] n (pl -es, -races) anat. krūtinės ląsta

thorite ['θɔːraɪt] n min. toritas

thorium ['θɔːrɪəm] n chem. toris

thorn [θɔːn] n **1** dyglys, spyglys, akstinas; **there is no rose without a ~** nėra rožių be spyglių **2** erškėtis, gudobelė; dygliuotas augalas ◊ **to be/sit on ~s** ≡ sėdėti kaip ant žarijų/dyglių; **a ~ in one's side/flesh** nuolatinė susierzinimo priežastis, ≡ dieglys šone, krislas akyje

thorn-apple ['θɔːnˌæpl] n bot. durnaropė

thornback ['θɔːnbæk] n zool. (dygioji) raja (žuvis)

thornless ['θɔːnləs] a be dyglių, be spyglių

thorny ['θɔːnɪ] a **1** dygliuotas, spygliuotas; dygus, erškėčiuotas **2** prk. erškėčiuotas; sunkus, keblus; **~ subject** kebli tema

thorough ['θʌrə] a **1** kruopštus; nuodugnus; visapusiškas, išsamus **2** visiškas, tikras; **a ~ scoundrel** tikras niekšas; **a ~ nuisance** tikra kankynė

thorough-bass ['θʌrəbeɪs] n muz. **1** generalbasas **2** harmonija

thoroughbred ['θʌrəbred] a **1** grynakraujis, grynaveislis **2** gerai išauklėtas
n **1** grynakraujis gyvulys **2** išauklėtas/išsiauklėjęs žmogus

thoroughfare ['θʌrəfɛə] n **1** pagrindinė gatvė; magistralė (t. p. **the main ~**) **2**: **no ~** važiuoti/įeiti draudžiama (užrašas)

thoroughgoing ['θʌrəˌgəuɪŋ] a **1** = **thorough** **2** radikalus

thoroughly ['θʌrəlɪ] adv **1** kruopščiai, nuodugniai; iš pagrindų, pagrindinai **2** visiškai; **~ spoiled** visai sugadintas

thoroughness ['θʌrənɪs] n **1** kruopštumas, nuodugnumas; visapusiškumas **2** radikalumas

thoroughpaced ['θʌrəˈpeɪst] a **1** gerai išjodytas/prajodinėtas (apie arklį) **2** visiškas, tikras

thorp [θɔːp] n psn. kaimas (vart. vietovardžiuose)

those [ðəuz] pl žr. **that** pron

thou [ðau] pron pers (objektinis linksnis thee) psn. tu
v tujinti

though [ðəu] conj **1** nors (ir), kad ir; **the classes are small, ~ not unsuitable** klasės mažos, nors ir nėra netinkamos; **strange ~ it may seem** kad ir kaip atrodytų keista **2** net jeigu, netgi jei (t. p. **even ~**); **it is worth attempting ~ we fail** verta pamėginti, netgi jei mums ir nepasisektų
adv tačiau, bet, vis dėlto; **it's not easy ~** tačiau tai nelengva; **he did his work ~** jis vis dėlto padarė savo darbą

thought[1] [θɔːt] n **1** mintis; idėja; **dark ~s** tamsios/liūdnos mintys; **to collect/compose one's ~s** sutelkti savo mintis, susikaupti; **to read smb's ~s** skaityti/suprasti kieno mintis; **the stream of ~** minčių srautas; **that's a ~!** gera mintis! **2** mąstymas, galvojimas; *lost in* ~ susimąstęs; *after much* ~ gerai apgalvojęs/pagalvojęs **3** dėmesys, rūpinimasis; *to show/spare* ~ *(for)* pagalvoti *(apie)*, pasirūpinti *(kuo)*; *he takes no* ~ *for the future* jis nesirūpina ateitimi, negalvoja apie ateitį; *it's the* ~ *that counts* svarbu dėmesys; *thank you for your kind* ~ *of me* ačiū už man parodytą dėmesį **4** ketinimas *(of)*; *I had a* ~ *of asking him to dinner* aš ketinau/norėjau pakviesti jį pietų **5** *(džn. pl)* nuomonė; *let me have your ~s on the subject* pasakykite man savo nuomonę tuo klausimu **6** *(a ~)* truputis; *a* ~ *too dark* truputį per tamsus ◊ *(as) quick as* ~ greitas kaip strėlė/žaibas; *on second ~s* nuodugniai apsvarsčius, gerai pagalvojus; *second ~s are best* geriausios mintys ateina vėliau

thought² *past ir pII žr.* **think** 1

thoughtful ['θɔːtfəl] *a* **1** susimąstęs, užsigalvojęs; *to look* ~ atrodyti susimąsčiusiam **2** mąslus; mąstantis; ~ *look* mąslus žvilgsnis **3** turiningas, gilus *(apie knygą, straipsnį ir pan.)* **4** atidus, dėmesingas; rūpestingas *(of)*

thoughtless ['θɔːtləs] *a* **1** negalvojantis **2** neapgalvotas, beatodairiškas **3** neatidus, nedėmesingas; nerūpestingas *(of)*

thought-out [ˌθɔːt'aut] *a* apgalvotas

thought-provoking [ˌθɔːtprə'vəukɪŋ] *a* keliantis minčių, verčiantis galvoti

thought-read ['θɔːtˌriːd] *v* (-read [-red]) skaityti mintis

thought-reader ['θɔːtˌriːdə] *n* asmuo, mokantis skaityti kitų mintis

thought-transference [ˌθɔːt'trænsfərəns] *n* minčių perdavimas per nuotolį, telepatija

thousand ['θauzənd] *num card* tūkstantis; *a* ~ *and one (two, etc.)* tūkstantis vienas (du *ir t. t.*); *six* ~ šeši tūkstančiai; *an annual income of twenty* ~ *dollars* metinės 25 000 dolerių pajamos
n **1** tūkstantis; *one in a* ~ vienas iš tūkstančio; nepaprastas, labai geras **2** *(ppr. pl)* daugybė; *many ~s of times* tūkstančius kartų; *I have a* ~ *and one things to do* aš turiu tūkstantį/daugybę darbų

thousandfold ['θauzəndfəuld] *a* tūkstanteriopas, tūkstantį kartų didesnis
adv tūkstanteriopai, tūkstantį kartų daugiau

thousandth ['θauzənθ] *num ord* tūkstantas(is)
n tūkstantoji dalis *(of)*

Thrace [θreɪs] *n* Trakija *(pietrytinė Balkanų pusiasalio dalis)*

thraldom ['θrɔːldəm] *n ist.* vergija, vergovė

thrall [θrɔːl] *ist., knyg. n* **1** vergas **2** = **thraldom** ◊ *in* ~ pavergtas, pakerėtas
v (pa)vergti

thralldom ['θrɔːldəm] *n amer.* = **thraldom**

thrash [θræʃ] *v* **1** mušti, perti, kulti, daužyti, (pri)lupti, įkrėsti **2** sumušti, sutriuškinti *(varžybose, kovoje)* **3** = **thresh** 1 □ ~ *about/around* blaškytis, daužytis *(apie ligonį, žuvis tinkle ir pan.)*; ~ *out* nuodugniai apsvarstyti, išgvildenti
n **1** mušimas kojomis *(plaukiant)* **2** triukšmingas pobūvis **3** trešas *(roko muzikos stilius)*

thrasher ['θræʃə] *n* **1** mušantysis **2** = **thresher**

thrashing ['θræʃɪŋ] *n* **1** pyla, pėrimas, lupimas; *to give a (sound)* ~ duoti pylos, nupliekti, apkulti, gerai įkrėsti **2** sumušimas **3** kūlimas

thrashing-floor ['θræʃɪŋflɔː] *n* = **threshing-floor**

thrashing-machine ['θræʃɪŋməʃiːn] *n* = **threshing-machine**

thread [θred] *n* **1** siūlas, gija *(t. p. prk.)*; *to hang by a* ~ *prk.* kabėti ant siūlo; *to lose the* ~ *(of)* pamesti *(minties, kalbos ir pan.)* siūlą/giją; *the fatal* ~ *(of life)* gyvenimo siūlas, gyvybės gija; *the* ~ *of the story* pagrindinė pasakojimo mintis; *grey ~s of hair* sidabrinės plaukų gijos **2** *tech.* sriegis; *(sraigto)* žingsnis; ~ *joint* srieginis sujungimas **3** *el. (laido)* gysla **4** *geol.* gysla; tarpsluoksnis **5** *(ypač amer.) sl.* drabužiai ◊ ~ *and thrum* viskas drauge *(ir gera, ir bloga)*; *worn to the* ~ sudėvėtas, nuplyšęs; *to resume the* ~*, to pick up the* ~ *(of)* atnaujinti *(pažintį ir pan.)*; toliau tęsti *(pokalbį, pasakojimą ir pan. po pertraukos)*
v **1** verti siūlą; *to* ~ *a needle* a) (į)verti siūlą į adatą, įverti adatą; b) *prk.* įvykdyti sunkų uždavinį **2** (su)verti ant siūlo *(t. p.* ~ *together)* **3** skverbtis, prasigauti; *to* ~ *one's way* (atsargiai) prasigauti **4** *kin.* įdėti *(juostą)* į projekcinį aparatą **5** *tech.* (į)sriegti

threadbare ['θredbɛə] *a* **1** nudėvėtas, susidėvėjęs, apsitrynęs **2** nuvalkiotas *(apie posakį, argumentą ir pan.)*

threaded ['θredɪd] *a tech.* sriegiuotas, įsriegtas

threader ['θredə] *n tech.* sriegimo staklės

threadlike ['θredlaɪk] *a* siūliškas, siūlinis; ~ *worms zool.* siūlinės kirmėlės

thread-mark ['θredmɑːk] *n* vandenženklis *(ant banknotų, vertybinių popierių)*

threadworm ['θredwəːm] *n med.* nematodas, apvalioji kirmėlė

thready ['θredɪ] *a* **1** siūlinis; siūliškas; ~ *pulse med.* siūlinis pulsas **2** pluoštinis **3** plonas, spigus *(apie balsą)* **4** tąsus, tįslus *(apie skystį)*

threat [θret] *n* **1** grasinimas; *to make/issue a* ~ *(against)* grasinti kam **2** grėsmė; *the* ~ *of war* karo grėsmė; *under* ~ *(of) (kam)* gresiant; *there is a* ~ *of a storm* artėja audra

threaten ['θretn] *v* **1** grasinti; *to* ~ *punishment* grasinti bausme **2** grėsti; *a new war ~ed* iškilo naujo karo grėsmė/pavojus

threatening ['θretnɪŋ] *a* **1** grasinantis, grasinamas, grasus **2** gresiantis, grėsmingas

threatful ['θretfəl] *a* grėsmingas, rūstus

three [θriː] *num card* trys; ~ *times* ~ a) triskart trys; b) triskart po tris „valio"; *a number* ~ *bus* trečiasis autobusas *(numeris)*
n **1** trejetas; *in ~s* po tris **2** trečias numeris **3** triakė *(korta)*; triakis *(žaidžiamasis kaulelis ir pan.)*

three-colour ['θriːˌkʌlə] *a* trispalvis

three-cornered ['θriːˈkɔːnəd] *a* **1** trikampis **2** trijų partijų/dalyvių/varžovų *ir pan.*

three-D, 3-D [ˌθriːˈdiː] *a šnek.* = **three-dimensional**

three-day ['θriːdeɪ] *a:* ~ *event/eventing sport.* tridienės jojimo varžybos

three-decker [ˌθriːˈdekə] *n* **1** daiktas, susidedantis iš trijų sluoksnių/eilių; trisluoksnis sumuštinis **2** tritomis, trilogija **3** *ist.* trijų denių laivas

three-dimensional [ˌθriːdɪˈmenʃnəl] *a* trimatis, trijų matmenų; ~ *film* stereofilmas

three-field [ˌθriːˈfiːld] *a ž. ū.* trilaukis; ~ *system* trilaukė sistema

threefold ['θriːfəuld] *a* trigubas, trilinkas
adv trigubai, trilinkai

three-halfpence [ˌθriːˈheɪpəns] *n ist.* pusantro penso *(moneta)*

three-handed [ˌθriːˈhændɪd] *a* trejeto, trims žaidėjams *(apie lošimą)*

three-lane ['θriːleɪn] *a* trijų eilių/juostų *(apie kelią, gatvę)*

three-legged ['θri:'legd] *a* trikojis; **~ race** porinės lenktynės *(vieno bėgiko koja surišta su kito koja)*
three-master [,θri:'mɑ:stə] *n* tristiebis laivas
threepence ['θrepəns] *n ist.* trys pensai; trijų pensų moneta
threepenny ['θrepəni] *a:* **~ bit** *ist.* trijų pensų moneta
three-per-cents [,θri:pə'sents] *n pl ist.* trijų procentų obligacijos *(D. Britanijoje)*
three-phase ['θri:feiz] *a el.* trifazis, trijų fazių
three-piece ['θri:pi:s] *a* (susidedantis iš) trijų dalių; **~ suit** trijų dalių kostiumas; **~ suite** dviejų kėdžių ir sofos komplektas
three-ply ['θri:plai] *n* trisluoksnė fanera
a trisluoksnis *(apie fanerą);* trijų vijų *(apie siūlą, virvę ir pan.)*
three-point ['θri:pɔint] *a:* **~ landing** *av.* nusileidimas/tūpimas ant trijų taškų
three-quarter [,θri:'kwɔ:tə] *a attr* trijų ketvirčių *(apie dydį, ilgį ir pan.)*
three-quarters [,θri:'kwɔ:təz] *n* trys ketvirčiai
adv trimis ketvirčiais *(užpildytas, atliktas ir pan.)*
threescore [,θri:'skɔ:] *n psn.* kapa; šešiasdešimt *(apie amžių);* **~ and ten** septyniasdešimt metų
three-sided ['θri:'saidid] *a* trišalis, trišonis, tripusis
threesome ['θri:səm] *n* **1** trys asmenys, trejetas **2** *sport.* žaidimas trims asmenims
a **1** trijų; trigubas **2** trims asmenims *(apie žaidimą)*
three-stage ['θri:steidʒ] *a* trijų pakopų *(apie raketą)*
three-star ['θri:stɑ:] *a attr* trijų žvaigždučių *(apie restoraną, viešbutį ir pan.)*
three-way ['θri:wei] *a* **1** *tech.* trieigis, trišakis **2** *glžk.* trikėlis
three-wheeler [,θri:'wi:lə] *n* **1** triratis automobilis/dviratis **2** motociklas su priekaba
three-year-old [,θri:jiər'əuld] *n* trejų metų vaikas
thremmatology [,θremə'tɔlədʒi] *n biol.* trematologija *(gyvulininkystės ir augalininkystės mokslas)*
threnody ['θrenədi] *n* laidotuvių giesmė/kalba, rauda
thresh [θreʃ] *v* **1** *ž. ū.* kulti **2 = thrash** 1, 2
thresher ['θreʃə] *n* **1** kūlėjas, kūlikas **2** kuliamoji *(mašina)*
threshing ['θreʃiŋ] *n* **= thrashing**
threshing-floor ['θreʃiŋflɔ:] *n* grendymas, laitas, klojimas, plūktas
threshing-machine ['θreʃiŋməʃi:n] *n* kuliamoji *(mašina)*
threshold ['θreʃhəuld] *n* **1** slenkstis *(t. p. spec.);* **pain ~** *psich.* skausmo slenkstis; **~ price** *fin.* slenkščio/ribinė kaina **2** pradžia; išvakarės; **to stumble on/at the ~** suklupti iš pat pradžių, netikusiai pradėti; **on the ~** išvakarėse
threw [θru:] *past žr.* **throw** *v*
thrice [θrais] *adv psn., knyg.* **1** triskart **2** labai; **~ happy** labai laimingas
thrice- [θrais-] *(sudurt. žodžiuose)* labai, nepaprastai; **thrice-told** daug kartų pasakotas; **thrice-noble** nepaprastai kilnus/taurus
thrift [θrift] *n* **1** taupumas; taupymas **2** *ret.* vešlus augimas, tarpimas, tarpa **3** *bot.* gvaizdė
thriftless ['θriftləs] *a* išlaidus, netaupus
thriftshop ['θriftʃɔp] *n (ypač amer.)* padėvėtų drabužių ir kitų vartotų daiktų parduotuvė *(kurios pajamos skiriamos labdarai)*
thrifty ['θrifti] *a* **1** taupus, ūkiškas **2** vešliai augantis; klestintis *(t. p. prk.)*
thrill [θril] *n* **1** jaudinimasis, jaudulys; **to get a ~** *(out of)* patirti jaudulį *(dėl);* **it was a ~ to meet her** buvo labai malonu sutikti ją **2** virpulys; **~ of joy** džiaugsmo virpulys **3** *šnek.* sensacija; sensacinga knyga ◊ **~s and spills** *(veiklos)* sėkmės ir nesėkmės
v **1** jaudinti(s) **2** (su)virpėti; (su)virpinti; **to ~ with joy** (su)virpėti iš džiaugsmo
thrilled [θrild] *a predic* **1** sujaudintas, susijaudinęs **2** sudomintas; apimtas, pagautas *(džiaugsmo ir pan.)*
thriller ['θrilə] *n šnek.* sensacinga knyga/pjesė/filmas *ir pan.;* trileris
thrilling ['θriliŋ] *a* **1** jaudinantis; įdomus; **~ news** jaudinanti/sukrečianti naujiena **2** virpantis
thrips [θrips] *n zool.* tripsas; **onion ~** tabakinis tripsas
thrive [θraiv] *v* (thrived, throve; thriven [-n], thrived) **1** klestėti, tarpti, vešėti *(t. p. prk.)* **2** mėgti, patikti *(on);* **he ~s on hard work** sunkus darbas jam prie širdies
thro, thro' [θru:] **= through** *prep, adv*
throat [θrəut] *n* **1** gerklė, ryklė; **sore ~** skaudama gerklė, gerklės uždegimas; **at the top of one's ~** iš visos gerklės; **to cut smb's ~** papjauti ką; **to take/seize smb by the ~** griebti už gerklės, smaugti ką; **to clear one's ~** kostelėti, sukosėti; **to stick in one's ~** įstrigti gerklėje *(t. p. prk.);* ≡ skersai gerklę atsistoti **2** kaklas *(priekinė dalis);* **full to the ~** *prk.* sotus iki kaklo **3** *knyg.* balsas; **a ~ of brass** garsus/šiurkštus balsas **4** *(upės, vazos, ugnikalnio ir pan.)* susiaurėjimas, siaurumа **5** *tech.* žiotys, anga **6** *metal. (šachtinės krosnies)* viršus, piltuvė ◊ **to be at each other's** *ar* **one another's ~** ėstis, pjautis, rietis; **to give smb the lie in his ~** pagauti/apkaltinti ką akiplėšiškai meluojant; **to cut/slit one's (own) ~** pražudyti/sužlugdyti save; **to jump down smb's ~** *šnek.* nutraukti ką, neduoti kam nė žodžio pasakyti; prieštarauti kam; **to force/ram/thrust smth down smb's ~** *šnek.* (brukte) kam brukti, primesti kam *(savo nuomonę, mintis ir pan.);* ≡ kalti kam į galvą; **my belly/stomach thinks my ~ is cut** *šnek.* būti labai išalkusiam
v **1** murmėti **2** dainuoti kimiu balsu
throaty ['θrəuti] *a* **1** gerklinis **2** kimus, prikimęs
throb [θrɔb] *n* **1** tvinkčiojimas, mušimas, plakimas **2** virpėjimas; jaudinimasis **3** ritmingas gaudesys/dundesys; ritmas
v **1** tvinkčioti, mušti, plakti, pulsuoti; **my head is ~bing** man smilksi galvą **2** virpėti; jaudintis **3** ritmingai gausti/dundėti
throes [θrəuz] *n pl* **1** spazmai; smarkūs skausmai; **death ~** merdėjimas **2** *(kūrybos ir pan.)* kančios; **in the ~** *(of)* kančiose; **I'm in the ~ of exams** *šnek.* aš karštligiškai ruošiuosi egzaminams **3** gimdymo skausmai
thrombi ['θrɔmbai] *pl žr.* **thrombus**
thrombin ['θrɔmbin] *n* trombinas
thrombocyte ['θrɔmbəsait] *n* trombocitas
thrombosis [θrɔm'bəusis] *n (pl* -ses [-si:z]) *med.* trombozė; **a coronary ~** infarktas
thrombus ['θrɔmbəs] *n (pl* -bi) *med.* trombas
throne [θrəun] *n* **1** sostas **2** *(karaliaus ir pan.)* valdžia; **to ascend the ~, to come to the ~** ateiti į valdžią; įžengti/atsisėsti į sostą, tapti karaliumi/karaliene
v ret. pasodinti/sėsti į sostą
throng [θrɔŋ] *n knyg.* minia, spūstis; daugybė
v **1** pulkuotis, sueiti; grūstis, garmėti *(apie minią)* **2** (už)plūsti; užpildyti *(patalpą, gatvę)*
throstle ['θrɔsl] *n* **1** *poet.* strazdas **2** *tekst. ist.* adatinis verptuvas
throttle ['θrɔtl] *n* **1** *tech.* droselis, droselinė sklendė **2** *ret.* gerklė, ryklė ◊ **at full ~** *šnek.* visu greičiu; **give her a bit more ~** *šnek.* paspausk, padidink greitį

throttle-valve   966   **thrown**

v **1** smaugti *(t. p. prk.)*; *to ~ freedom* smaugti laisvę **2** (už)dusti ☐ *~ back tech.* droseliuoti; *~ down tech.* (su)mažinti greitį

throttle-valve ['θrɔtlvælv] *n tech.* droselinė sklendė, droselinis vožtuvas

through [θru:] <*prep, adv, part, a*> *prep* **1** per; pro; kiaurai *(džn. all ~)*; *to walk ~ the forest* eiti per mišką; *~ the window* pro langą; *~ the night* kiaurą naktį; *all ~ the day* kiaurą dieną; *to flash ~ one's mind* šmėkštelėti galvoje, ateiti į galvą; *to go ~ many trials* daug iškentėti **2** po; *to wander ~ the streets* bastytis gatvėmis **3** dėl, per; dėka; *it happened ~ no fault of mine* tai atsitiko ne dėl mano kaltės **4** per *(žymint tarpininką)*; *~ interpreter* per vertėją **5** *amer.* imtinai; *from May 10 to ~ June 15* nuo gegužės 10 d. iki birželio 15 d. imtinai **6** per-; *to look/search ~ the papers* peržiūrėti laikraščius; *the nail went right ~ the wall* vinis pervėrė sieną

adv **1** kiaurai, perdėm; *I am wet ~* aš kiaurai peršlapau; *he slept the whole night ~* jis išmiegojo kiaurą naktį **2** iki galo; *the next train goes ~ to B* kitas traukinys eina tiesiai iki B. ◊ *~ and ~* visiškai; tikras; *he is evil ~ and ~* jis – įsikūnijęs blogis

part per- *(žymint baigtą, iki galo atliekamą veiksmą)*; pra- *(žymint veiksmo kryptį kiaurai)*; *to look smth ~* peržiūrėti ką; *to rot ~* perpūti; *to bite ~* perkąsti, prakąsti; *to carry ~* įvykdyti iki galo; *this jumper is ~ at the elbows* šio megztinio alkūnės prakiuro

a **1** tiesioginis, be persėdimų, tranzitinis; *~ ticket* tranzitinis bilietas; *~ train* tiesioginis traukinys; *~ call* tiesioginis ryšys *(telefonu)* **2** laisvas, netrukdomas; *~ passage* laisvas įėjimas/kelias **3** baigęs *(with)*; *I'm nearly ~ with the book* aš beveik baigiau knygą; *I'm ~ with that fellow šnek.* aš nutraukiau ryšius su tuo vaikinu **4**: *you're ~* kalbėkite *(telefonu); are you ~?* a) ar jus sujungė?; b) *amer.* ar baigėte? *(pokalbį telefonu)*

throughout [θru:'aut] *adv* **1** visais atžvilgiais/būdais, visiškai **2** visur, ištisai **3** visą laiką; *the weather was good ~* oras buvo geras visą laiką

prep **1** per (visą); *~ the 19th century* per visą XIX amžių **2** po (visą); *~ the country* po visą šalį; *scattered ~ the house* išmėtytas po visą namą

throughput ['θru:put] *n spec.* pralaidumas; *(įrenginio)* našumas

throughway ['θru:weɪ] *n* = **thruway**

throve [θrəuv] *past žr.* **thrive**

throw [θrəu] *n* **1** metimas; mėtymas; *free ~ sport.* baudos metimas **2** *(metimo)* nuotolis, atstumas; *a stone's ~* a) akmens mėtis, nuotolis, per kurį galima numesti akmenį; b) nedidelis nuotolis **3** rizikingas žingsnis, rizika **4** *amer.* užtiesalas, lovatiesė **5** *amer.* šalikas, šerpė **6** *šnek.* vienetas; *£5 a ~* penki svarai sterlingų už vieną, pavienečiui **7** *sport.* metimas *(imtynių veiksmas)* **8** žiestuvas, žiedžiamasis ratas **9** *geol.* nuosprūdžio aukštis **10** *tech.* (stūmoklio, švaistiklio) eiga; ekscentricitetas

v (threw; thrown) **1** mesti, sviesti; mėtyti, svaidyti; *someone threw a stone at the car* kažkas metė akmenį į automobilį; *to ~ (the ball) for goal, to ~ the ball into the basket* mesti/mėtyti kamuolį į krepšį *(krepšinyje)*; *to ~ skin* mesti/keisti odą; *to ~ a glance* mesti žvilgsnį; *to ~ suspicion on smb* mesti įtarimą ant ko; *to ~ money at a project* išmesti pinigus projektui **2** *refl* mestis, pulti *(at – prie, on – ant)*; griebtis, imtis *(into – ko)*; *to ~ oneself into one's work* mestis/kibti į darbą; *to ~ oneself at the head (of) šnek.* kartis ant kaklo; *she threw herself into his arms* ji puolė jam į glėbį **3** išmesti *(kokį skaičių; žaidimuose)* **4** numesti *(raitelį)*, išmesti iš balno *(apie arklį)* **5** staigiai sukelti/pakeisti *(būseną, būklę; into, on)*; *to ~ into confusion* sugluminti, priversti sumišti; sukelti paniką; *no question will ~ him* joks klausimas jo nesutrikdys/nesuglumins; *to ~ the enemy on the defensive kar.* priversti priešininką pereiti į gynybą **6** *šnek.* surengti *(šokius, pobūvį ir pan.)* **7** vesti vaikus, vaikuotis *(apie gyvulius, paukščius)* **8** pastatyti, nutiesti *(tiltą)* **9** (su)sukti *(siūlus)* **10** žiesti, lipdyti *(puodus)* **11** trenkti *(smūgį)*; parmesti, partrenkti **12** *sport.* atlikti metimą, paguldyti ant menčių *(imtynėse)* **13** *amer. sport.* pralošti *(tyčia)* **14** *tech.* išjungti, įjungti **15** *kar.* permesti/perkelti kariuomenę ☐ *~ about/around* a) (iš)mėtyti; b) švaistyti *(pinigus)*; *~ aside* atmesti, atstumti; *~ away* a) išmesti, numesti; b) eikvoti veltui; c) prarasti, netekti; *~ back* a) atmesti, atlošti; b) prikišti, prikaišioti *(at – kam)*; c) *pass* būti priverstam pasikliauti *(savo paties jėgomis/žiniomis ir pan.; on)*; d) *kar.* atblokšti, atmušti; *~ down* a) (nu)mesti *(žemyn)*; b) *refl* kristi *(ant žemės, lovos ir pan.)*; c) nugriauti *(pastatą)*; d) nuversti; e) *amer.* atmesti *(pasiūlymą ir pan.)*; *to ~ down one's brief teis.* atsisakyti toliau vesti bylą *(apie advokatą)*; *~ in* a) įmesti; *to ~ the ball in sport.* įmesti kamuolį iš užribio, grąžinti kamuolį į žaidimą; b) pridėti, duoti priedo *(parduodant)*; c) į(si)terpti; d) dalytis *(with)*; e) *tech.* įjungti; *~ off* a) nu(si)mesti *(švarką ir pan.)*; b) nuversti; c) atsikratyti; *to ~ off an illness* atsikratyti ligos, išgyti; d) leisti, versti *(apie ugnikalnį, kaminą ir pan.)*; e) greitomis parašyti/sukurti *(epigramą ir pan.)*; f) *medž.* paleisti *(skalikus); prk.* pradėti; *~ on* a) už(si)mesti *(paltą ir pan.)*; b) pridėti; *to ~ on coals* užmesti anglių; *~ out* a) išmesti; b) išmesti, atleisti *(iš darbo ir pan.)*; c) atmesti *(pasiūlymą ir pan.)*; d) prabėgomis pasakyti; (pa)siūlyti; e) sutrikdyti, sumaišyti; f) skleisti *(šilumą, šviesą ir pan.)*; leisti *(atžalas)*; g) pristatyti *(šalia)*; *to ~ out a new wing* pristatyti priestatą; h) *tech.* išjungti; *~ over* a) pamesti, palikti *(merginą, draugą ir pan.)*; b) užmesti, atsisakyti *(sumanymo ir pan.)*; c) *tech.* perjungti; *~ together* a) suvesti *(žmones)*; b) greitomis surinkti; greitomis paruošti *(valgį)*; *~ up* a) (iš)mesti, mėtyti *(aukštyn)*; sukelti *(dulkes)*; b) pakelti *(rankas, akis)*; c) (už)mesti, palikti *(darbą ir pan.)*; d) greitai pastatyti/suręsti; e) pagimdyti *(įžymius žmones)*; iškelti *(naujų minčių ir pan.)*; f) *šnek.* (iš)vemti; g) *amer.* (ap)kaltinti, priekaištauti, barti *(to)* ◊ *to ~ a chest* atstatyti krūtinę; *to ~ oneself away on smb* pražudyti savo gyvenimą su kuo; *to ~ good money after bad, to ~ the handle after the blade* rizikuoti iš paskutiniųjų; beviltiškai priešintis; *to ~ smb to the lions/wolves* ≡ palikti ką likimo valiai

throwaway ['θrəuəweɪ] *n* **1** *(siunčiami, dalijami)* reklaminiai skelbimai **2** *(parduotuvės, parodos ir pan.)* planas, vadovas *(duodamas nemokamai)*

a **1** išmetamas *(pavartojus)*; išmestinis **2** pasakytas lyg tarp kitko *(apie pastabą, sąmojį ir pan.)*

throwback ['θrəubæk] *n* **1** atmetimas, at(si)lošimas **2** regresas; grįžimas atgal *(to)* **3** atavizmas **4** *sport.* metimas per save *(imtynėse)*

thrower ['θrəuə] *n* **1** metikas; *discus ~* disko metikas **2** puodžius **3** = **throwster**

throw-in ['θrəuɪn] *n (kamuolio)* įmetimas iš užribio *(futbole)*

thrown [θrəun] *pII žr.* **throw** *v*
a suktas *(apie siūlą)*

throw-off ['θrəuɔf] *n (medžioklės, žirgų lenktynių ir pan.)* pradžia

throw-out ['θrəuaut] *n* **1** išmetimas **2** *pl* išmetami daiktai, atmatos

throwster ['θrəustə] *n tekst. (šilko ir pan.)* sukėjas

thru [θru:] *amer. šnek.* = **through** *prep, adv, part, a*

thrum¹ [θrʌm] *n (ppr. pl) tekst.* **1** apmatų/metmenų galai *(likę staklėse)* **2** siūlo galas; atsileidęs siūlas, kutas

thrum² *n* **1** brązginimas, čirpinimas **2** barškinimas, barbenimas **3** *(variklio)* burzgimas, burzgesys
v **1** brązginti *(stygas);* čirpinti **2** barškinti, barbenti *(pirštais)* **3** burgzti *(apie automobilį)*

thrush¹ [θrʌʃ] *n zool.* strazdas; **mistle/missel [grey-backed]** ~ amalinis [palšasis] strazdas; **whistling** ~ mėlyngurklė

thrush² *n* **1** *med.* pienligė, šerpės **2** *vet. (arklio)* pėdos uždegimas

thrust [θrʌst] *n* **1** stūmimas, brukimas, kišimas **2** dūris, smūgis; **the** ~ **went home** a) smūgis buvo taiklus; b) *prk.* pastaba buvo taikli **3** (varomoji) jėga; *(prk. t. p.)* esmė *(t. p.* **the main/general** ~*)* **4** *sport.* įtūpstas **5** *kar.* puolimas, veržimasis **6** *tech.* atrama; ~ **bearing** atraminis guolis **7** *tech.* ašinė apkrova; trauka **8** *archit. (arkos, skliauto)* skėtimas **9** *geol.* horizontalus/šoninis slėgis; antstūmis
v (thrust) **1** stumti, brukti, kišti, sprausti **2** durti, perverti *(at)* **3** *refl* veržtis, brautis; prasiveržti, prasibrauti *(t. p.* **to** ~ **one's way);** **to** ~ **oneself forward** a) veržtis į priekį; b) *prk.* (stengtis) patraukti (į save) dėmesį; **to** ~ **oneself into a conversation** įsiterpti į pokalbį **4** *(smarkiai)* mesti, sviesti **5** primesti, į(si)piršti *(on);* **to** ~ **one's opinion on smb** primesti kam savo nuomonę ▫ ~ **aside/back** a) atstumti; b) atmesti; ~ **forth** išstumti/pastumti į priekį; ~ **in** įkišti, įgrūsti, į(si)sprausti; **to** ~ **in a word** įterpti žodį; ~ **on** apsisiausti, užsimesti; už(si)mauti; ~ **out** išmesti, išvyti; iškeldinti; ~ **through** a) perverti, perdurti; b) prasiveržti, prasibrauti; ~ **together** suspausti; ~ **up** atsikišti, išsikišti, išsišauti

thruster ['θrʌstə] *n* **1** stūmikas **2** karjeristas **3** *tech.* varytuvas, važiuoklė

thrusting ['θrʌstɪŋ] *a* veržlus, atkaklus

thruway ['θru:weɪ] *n amer.* greitkelis, autostrada

thud [θʌd] *n* dunkstelėjimas, bumbtelėjimas
v **1** dunkstelėti, bumbtelėti, pumptelėti **2** tuksėti, dunksėti *(apie širdį)*

thug [θʌg] *n* banditas, galvažudys, žudikas

thuggery ['θʌgərɪ] *n* banditizmas; smurtas

thuja ['θjuːjə] *n bot.* tuja

thulium ['θjuːlɪəm] *n chem.* tulis

thumb [θʌm] *n* nykštys ◊ **under smb's** ~ *šnek.* kieno rankose/valdžioje; ≡ po padu; **to be all** ~**s** būti negrabiam/nemitriam; **to twiddle one's** ~**s** ≡ sėdėti rankas sudėjus, dykinėti, tinginiauti; ~**s up!** puiku!, neblogai!; **to give smth the** ~**s up** priimti *(projektą ir pan.);* **to stick out like a sore** ~ *šnek.* būti ne (savo) vietoje, išsiskirti; **to bite one's** ~**s** irzti, pykti
v **1** nučiupinėti, sutepti **2** vartyti, sklaidyti, perversti, peržiūrėti *(knygą, žurnalą; through)* **3** negrabiai/nemikliai atlikti; čirpinti **4** *šnek.* (su)stabdyti mašiną *(pakeliant nykštį; t. p.* ~ **a lift**/*amer.* **ride);** **he was trying to** ~ **a lift** jis „balsavo" kelyje ◊ **to** ~ **one's nose** *(at)* padaryti nosį *(kam sugėdinti)*

thumb-index ['θʌmˌɪndeks] *n* raidinė rodyklė *(išpjauta žodyno ir pan. krašte)*

thumb-mark ['θʌmmɑːk] *n* **1** nykščio žymė *(knygoje ir pan.)* **2** = **thumb-print**

thumbnail ['θʌmneɪl] *n* **1** nykščio nagas **2** *attr* labai glaustas/trumpas/mažas

thumb-print ['θʌmprɪnt] *n* nykščio atspaudas

thumbscrew ['θʌmskruː] *n* **1** *ist.* žnyplės nykščiams suspausti *(kankinimo įrankis)* **2** *tech.* sparnuotoji veržlė

thumbs-down [ˌθʌmz'daun] *n šnek.* nepritarimo ženklas *(nuleistas nykštys);* nepritarimas; **to give the** ~ išreikšti nepritarimą, nepritarti

thumbsucker ['θʌmˌsʌkə] *n* vaikas, turintis įprotį žįsti nykštį

thumbs-up [ˌθʌmz'ʌp] *n* pritarimo ženklas *(iškeltas nykštys);* pritarimas

thumbtack ['θʌmtæk] *amer. n* smeigtukas
v prismeigti smeigtuku

thump [θʌmp] *n* **1** smarkus smūgis; **to give smb a** ~ stūktelėti kam *(in – į)* **2** duslus *(smūgio)* garsas; tuksenimas
v **1** smogti smarkų smūgį, stūktelėti, tvoti; kumščiuoti, daužyti **2** tuksnoti, tuksenti, tuksėti; **to** ~ **the table** stuksenti į stalą; **his heart** ~**ed** jo širdis (s)tuksėjo/tuksnojo ▫ ~ **out** išstuksenti *(melodiją pianinu)*

thumper ['θʌmpə] *n šnek.* **1** didžiulis daiktas **2** aiškus/įžūlus melas

thumping ['θʌmpɪŋ] *šnek. a* didžiulis, milžiniškas; ~ **majority** didžiulė dauguma
adv labai, ypač; ~ **good play** velniškai gera pjesė; ~ **big lie** siaubingas melas

thunder ['θʌndə] *n* **1** griaustinis, griausmas, perkūnas **2** griaudimas; *(patrankų ir pan.)* dundėjimas, trenksmas; ~**s of applause** griausmingi plojimai **3** *pl* grasinimas, pasmerkimas ◊ **to steal smb's** ~ sumažinti įspūdį *(padarant/pasakant pirmiau);* **a face like** ~ ≡ niūrus kaip debesis
v **1** griausti, griaudėti; **it is** ~**ing** griaudžia **2** dundėti **3** *prk.* (su)griaudėti; perkūnuoti, keikti *(against, at);* **to** ~ **threats** grasinti *(šaukiant)*

thunderbolt ['θʌndəbəult] *n* **1** žaibo blykstelėjimas ir perkūno trenksmas **2** *prk.* visiškas netikėtumas, ≡ perkūnas iš giedro dangaus; **to come like a** ~, **to be a** ~ trenkti kaip perkūnui iš giedro dangaus, pritrenkti, apstulbinti **3** kaukaspenis, belemnitas

thunderclap ['θʌndəklæp] *n* **1** perkūno/griaustinio trenksmas **2** *prk.* nelauktas įvykis; baisi žinia

thundercloud ['θʌndəklaud] *n* audros debesis

thunderer ['θʌndərə] *n* (**the T.**) *mit.* Perkūnas; perkūnsvaidis, griausmavaldis *(Jupiterio, Toro epitetas)*

thunderhead ['θʌndəhed] *n meteor.* juodas audros debesis

thundering ['θʌndərɪŋ] *a* **1** perkūninis, perkūniškas **2** griausmingas, kurtinantis **3** *šnek.* didžiulis; ~ **ass** baisus kvailys
adv šnek. labai, perkūniškai, velniškai

thunderous ['θʌndərəs] *a* **1** perkūniškas; labai smarkus; ~ **kick** smarkus spyris; ~ **crash** perkūniškas trenksmas **2** griausmingas, trenksmingas; ~ **applause** griausmingi/audringi plojimai

thunderpeal ['θʌndəpiːl] *n* = **thunderclap**

thundersquall ['θʌndəskwɔːl] *n* škvalas su perkūnija

thunderstorm ['θʌndəstɔːm] *n* perkūnija, audra

thunderstricken ['θʌndəˌstrɪkən] *a* = **thunderstruck**

thunderstroke ['θʌndəstrəuk] *n* perkūno nutrenkimas

thunderstruck ['θʌndəstrʌk] *a* **1** perkūno (nu)trenktas **2** apstulbintas, pritrenktas *(žinios ir pan.)*

thundery ['θʌndərɪ] *a* perkūningas; audrotas, audringas

thunk [θʌŋk] *šnek.* = **thud** *n, v*

thurible ['θjuərɪbl] *n bažn.* smilkytuvas, smilkyklė

thurify ['θjuərɪfaɪ] *v bažn.* smilkyti

Thursday ['θɜːzdɪ] *n* ketvirtadienis; **on** ~ ketvirtadienį

thus [ðʌs] *adv* **1** taip, tuo/tokiu būdu; ~ *and* ~, *amer.* ~ *and so* taip ir taip **2** taigi, vadinasi; ~ *I was unable to attend* taigi aš negalėjau ten dalyvauti **3** iki *(tam tikro laipsnio, ribos)*; ~ *far* iki šiol, kol kas; ~ *much* tiek

thuya ['θjuːjə] *n* = **thuja**

thwack [θwæk] *n (smarkus)* smūgis
v **1** tvieksti, pliekti, sudrožti **2** tėkštis, pargriūti

thwart [θwɔːt] <*n, a, v*> *n (irklininko)* suolelis, sėdynėlė *(valtyje)*
a **1** skersinis **2** nepalankus
v **1** (su)trukdyti, (su)kliudyti; (su)ardyti *(planus ir pan.)* **2** *ret.* prieštarauti

thy [ðaɪ] *pron poss psn., poet. (vart. pažyminiu prieš dktv.)* tavo

thyme [taɪm] *n bot.* čiobrelis

thymus ['θaɪməs] *n (pl* ~es, -mi [-maɪ]) *anat.* užkrūčio liauka *(t. p.* ~ *gland)*

thyristor [θaɪ'rɪstə] *n el.* tiristorius

thyroid ['θaɪrɔɪd] *n* **1** *anat.* skydliaukė **2** *med.* tireoidinas, skydliaukės preparatas
a anat. skydinis; skydliaukės, tiroidinis; ~ *cartilage* skydinė kremzlė; ~ *gland* skydinė liauka

thyroxin [θaɪ'rɔksɪn] *n* tiroksinas *(skydliaukės hormonas)*

thyrsus ['θəːsəs] *n (pl* -si [-saɪ]) *gr. mit.* tirsas, Bakcho lazda

thyself [ðaɪ'self] *pron psn.* **1** *refl* save, -si; *defend* ~ ginkis **2** *emph* (tu) pats

ti [tiː] *n muz.* si *(nata)*

tiara [tɪ'ɑːrə] *n* **1** *ist.* tiara **2** diadema *(moterų galvos papuošalas)*

Tiber ['taɪbə] *n* Tibras *(upė)*

Tibet [tɪ'bet] *n* Tibetas

Tibetan [tɪ'betən] *n* Tibeto gyventojas; tibetietis
a Tibeto; tibetiečių

tibia ['tɪbɪə] *lot. n* (pl -iae [-iːː]) *anat.* blauzdikaulis

tic [tɪk] *n med.* tikas, raumenų trūkčiojimas

tick[1] [tɪk] *n* **1** varnelė, paukščiukas *(žymėjimo ženklas)* **2** tiksėjimas **3** *šnek.* akimirka; *in a* ~ beregint, tučtuojau; *to/on the* ~ tiksliai, punktualiai
v **1** (pa)žymėti, (pa)dėti varnelę/paukščiuką *(t. p.* ~ *off)* **2** tiksėti *(t. p.* ~ *away)* ☐ ~ *away/by* eiti, slinkti *(apie minutes ir pan.)*; ~ *off šnek.* išbarti; ~ *out* ištuksenti, ištauškinti *(telegrafo aparatu)*; ~ *over* a) tūpčioti vietoje, neiti į priekį *(apie darbą ir pan.)*; b) *aut.* dirbti tuščiąja eiga ◊ *what makes him* ~? *šnek.* kuo jis gyvena/kvėpuoja?

tick[2] *šnek. n* **1** kreditas; *to buy on* ~ pirkti į kreditą **2** sąskaita; *to pay one's* ~ mokėti pagal sąskaitą
v imti/duoti skolon; lįsti į skolas

tick[3] *n* **1** impilas; užvalkalas, antvalkalas, apmautas **2** tikas *(medžiaga)*

tick[4] *n zool.* erkė

ticker ['tɪkə] *n* **1** telegrafo aparatas, teleksas **2** švytuoklė **3** *šnek.* laikrodis **5** *el.* zirzeklis, zumeris

ticker-tape ['tɪkəteɪp] *n fin.* kursų telegrafo/telekso juostelė ◊ ~ *reception* iškilmingas sutikimas *(apmėtant serpantinais)*

ticket ['tɪkɪt] *n* **1** bilietas; *railway* ~ geležinkelio bilietas; *commutation* ~ *(ypač amer.)* terminuotas bilietas *(tam tikram traukinio/autobuso maršrutui)*; *theatre* ~ teatro bilietas; *open-date* ~ nekomposteruotas bilietas; *omnibus* ~ bilietas keletui asmenų; ~ *scalper/skinner* bilietų spekuliantas; ~ *window amer. (transporto priemonių)* bilietų kasa **2** etiketė, kortelė *(su užrašu)*; *price* ~ etiketė su kaina **3** talonas; numeriukas *(drabužinėje ir pan.)*; kvitas; *meal* ~ a) maitinimosi talonas; b) *šnek.* šefas, šelpėjas, rėmėjas; *luggage* ~ bagažo kvitas; *to get a* ~ gauti žymą talone *(už eismo taisyklių pažeidimą)*; ~ *of leave ist.* kalinio paleidimas prieš laiką *(policijos priežiūroje)* **4** skelbimas *(apie išnuomojimą)* **5** *(ypač amer.)* partijos kandidatų sąrašas *(rinkimų metu)*; *prk.* partijos principai/programa; *straight* ~ biuletenis su vienos partijos kandidatų pavardėmis; *mixed/split* ~ biuletenis su įvairių partijų kandidatų pavardėmis; *scratch* ~ biuletenis, kuriame išbraukta viena ar kelios pavardės; *to carry a* ~ išrinkti savo kandidatus; *to be ahead of one's* ~ gauti daugiausia balsų iš visų savo partijos kandidatų **6** *(ypač amer.) (pasisekimo ir pan.)* laidas *(to)*; *for him, football was a* ~ *to a better life* futbolas jam buvo geresnio gyvenimo laidas **7** planas; *what's the* ~? na, kokie jūsų planai? **8** *amer. šnek.* demobilizacijos liudijimas; *to get one's* ~ gauti leidžiamąjį raštelį; būti demobilizuotam; *to work one's* ~ a) stengtis gauti leidžiamąjį raštelį; b) *psn.* simuliuoti, stengtis išvengti darbo ◊ *hot* ~ *amer.* populiariausias žmogus; *that's (just) the* ~ kaip tik tai, ko reikia; *not quite the* ~ ne visai taip, negerai
v **1** priklijuoti kortelę/etiketę **2** *pass* skirti *(for – kam)* **3** *amer.* aprūpinti bilietais **4** *amer.* išrašyti kvitą *(už automobilio statymą ne vietoje)*

ticket-collector ['tɪkɪtkəˌlektə] *n* bilietų kontrolierius/tikrintojas

ticket-holder ['tɪkɪtˌhəʊldə] *n* asmuo, turintis bilietą *(į koncertą, rungtynes ir pan.)*

ticket-of-leave [ˌtɪkɪtəv'liːv] *a:* ~ *man ist.* prieš laiką paleistas kalinys *(esantis policijos priežiūroje)*

tickety-boo [ˌtɪkətɪ'buː] *a: everything is* ~ *šnek.* viskas gerai

ticking ['tɪkɪŋ] *n* = **tick**[3] 2

ticking-off [ˌtɪkɪŋ'ɔf] *n: to give smb a* ~ *šnek.* ≡ duoti kam pipirų

tickle ['tɪkl] *n* kutenimas; *to give smb a* ~ (pa)kutenti ką; *I've a* ~ *in my throat* man kutena/knieti gerklėje
v **1** kutenti *(t. p. prk.)*; *my nose* ~s man kutena/knieti nosį; *it* ~*d his vanity* tai kuteno jo savimeilę **2** linksminti; (su)teikti malonumą **3** gaudyti rankomis *(upėtakius)* ◊ *to* ~ *to death* a) prijuokinti iki ašarų; nepaprastai nudžiuginti; b) labai įsiteikti; *to be* ~*ed pink šnek.* būti nepaprastai patenkintam, labai džiaugtis

tickler ['tɪklə] *n* **1** kutentojas **2** keblumas, sunkumas; kebli padėtis, sunkus uždavinys **3** užrašai, padedantys prisiminti

ticklish ['tɪklɪʃ] *a* **1** bijantis kutenimo **2** keblus, sunkus, delikatus **3** jautrus, įžeidus

tick-tack [ˌtɪk'tæk] *n* **1** tiksėjimas **2**: ~ *man* bukmekerio padėjėjas

tick-tack-toe [ˌtɪktæk'təʊ] *n amer.* kryžiukai *(žaidimas)*

ticktock [ˌtɪk'tɔk] *n* = **tick-tack** 1

ticky-tack(y) ['tɪkɪˌtæk(ɪ)] *n amer. šnek.* pigi ir prasta medžiaga, *ypač* statybinė

tidal ['taɪdl] *a* potvynio (ir atoslūgio); ~ *boat* tik potvynio metu išplaukiantis laivas; ~ *waters* potvynio vandenys; ~ *wave (žemės drebėjimo, audros ir pan. sukelta)* didžiulė banga *(t. p. prk.)*; ~ *breath fiziol.* įkvepiamo ir iškvepiamo oro kiekis

tidbit ['tɪdbɪt] *n amer.* = **titbit**

tiddledywinks ['tɪdldɪwɪŋks] *n amer.* = **tiddlywinks**

tiddler ['tɪdlə] *n šnek.* **1** žuvelė, žuvytė **2** mažutėlis, vaikiukas

tiddly ['tɪdlɪ] *a šnek.* **1** įkaušęs, kauštelėjęs **2** mažytis

tiddlywinks ['tɪdlɪwɪŋks] *n* šokinėjantys skridinėliai *(vaikų žaislas)*

tide [taɪd] *n* **1** *(jūros)* potvynis ir atoslūgis; *high [low] ~* aukščiausias [žemiausias] vandens lygis potvynio metu; *spring ~ jūr.* siziginis potvynis; *the ~ is coming in [is going out]* dabar potvynis [atoslūgis] **2** *prk.* srovė, kryptis; *to go/swim with the ~* plaukti pasroviui; *to turn the ~* pakeisti įvykių kryptį; *the ~ of public opinion seems to be turning against the president* viešoji nuomonė, atrodo, krypsta prieš prezidentą **3** *prk.* banga; *the ~ of public discontent* liaudies nepasitenkinimo banga **4** *(pabėgėlių, laiškų ir pan.)* srautas, antplūdis **5** *poet.* srautas, srovė; jūra ◊ *double ~s* labai įtemptai; *to work double ~s* dirbti dieną naktį; *to roar double ~s* baisiai staugti
v plaukti/nešti pasroviui □ *~ over* padėti įveikti *(sunkumą ir pan.);* padėti išsiversti *(tam tikrą laiką)*

tide-gauge ['taɪdgeɪdʒ] *n hidr.* limnigrafas, mareografas

tideland [taɪdlænd] *n* žemė, užtvindoma jūros potvynio metu

tideline ['taɪdlaɪn] *n* = **tidemark** 1

tidemark ['taɪdmɑːk] *n* **1** vandens lygio potvynio metu žyma **2** nešvarumų ruožas *(likęs, išleidus iš vonios vandenį)*

tide-rip(s) ['taɪdrɪp(s)] *n spec.* potvynio grūstis/verpetas

tidewaiter ['taɪd‚weɪtə] *n ist.* uosto muitininkas

tidewater ['taɪd‚wɔːtə] *n* **1** potvynio vandenys **2** *amer.* pajūris, jūros pakrantė

tideway ['taɪdweɪ] *n jūr.* potvynio srovės kryptis; farvateris, kuriame vyksta potvyniai ir atoslūgiai

tidiness ['taɪdɪnɪs] *n* tvarkingumas; švarumas, valyvumas

tidings ['taɪdɪŋz] *n pl (džn. vart. kaip sg) knyg.* naujienos, žinios

tidy ['taɪdɪ] <*a, n, v*> *a* **1** tvarkingas; švarus, valyvas **2** *šnek.* gerokas, didokas, gana didelis; *a ~ sum* geroka/nemaža/apvali sumelė
n **1** smulkmenų dėžutė **2** *(ypač amer.) (krėslo atlošo ir pan.)* servetėlė, užtiesalas, aptiesalas
v (su)tvarkyti *(t. p. ~ up); to ~ up one's room* su(si)tvarkyti kambarį □ *~ away* nutvarkyti, padėti *(kur, kad nesipainiotų); ~ out* sutvarkyti, perkraustyti *(išmetant nereikalingus daiktus)*

tie [taɪ] *n* **1** kaklaraištis **2** virvė, ryšys, raištis; mazgas **3** *pl prk.* ryšiai, saitai; *~s of blood* kraujo ryšiai; *~s of friendship* draugystės ryšiai/saitai **4** *prk.* našta, sunkenybė; *the children are a great ~ on her* vaikai jai didelė našta **5** lygiosios, lygus rezultatas; lygus balsų skaičius; *to end in a ~* baigtis lygiosiomis **6** *amer.* pusbatis **7** *amer.* pabėgis, žuolis; *to count/hit the ~s šnek.* eiti pabėgiais **8** *stat.* spyrys; styga **9** *tech.* sujungimas, tvarslė **10** *muz.* liga, ligatūra
v (pI tying) **1** (su)rišti; pririšti *(to); to ~ a kerchief round smb's head* užrišti skarelę kam ant galvos; *to ~ in a knot* surišti mazgu; *to ~ a knot* užmegzti mazgą; *to ~ smb's hands* surišti kam rankas; *a housewife ~d to the kitchen all day prk.* šeimininkė, pririšta virtuvėje visą dieną **2** jungti; (su)sieti *(to)* **3** *refl* prisirišti *(t. p. prk.; to)* **4** apriboti *(sąlygomis);* (su)saistyti; *~d by rules* saistomas taisyklių **5** *(ypač sport.)* pasiekti lygų rezultatą; išlyginti rezultatą; *I ~d with him for second place* mes su juo pasidalijome antrąja vieta; *the teams ~d* komandos sužaidė lygiomis; *the two candidates ~d polit.* abu kandidatai gavo po lygiai balsų **6** *muz.* sujungti ligatūra □ *~ down* a) pririšti; b) *prk.* pririšti *(prie darbo, namų ir pan.);* apriboti *(veikimo laisvę ir pan.); ~ in* sieti(s), derinti(s), suderinti, susieti *(with); ~ on* pririšti, surišti; *~ up* a) surišti, užrišti, pririšti, aprišti; suveržti; b) (su)varžyti; sustabdyti; *pass* susigrūsti *(apie eismą);* c) *fin.* įšaldyti; d) užbaigti, sutvarkyti *(reikalus ir pan.);* išspręsti *(problemą);* e) užimti *(laiko); pass* būti užimtam; f) *pass* būti susijusiam *(with);* g) *jūr.* švartuoti(s) ◊ *smb's hands are ~d* ≡ kieno rankos surištos *(ką daryti, veikti)*

tie-back ['taɪbæk] *n* dekoratyvinė juostelė užuolaidoms prilaikyti

tie-beam ['taɪbiːm] *n stat.* inkarinė sija

tiebreak(er) ['taɪbreɪk(ə)] *n* **1** *(viktorinos ir pan.)* papildomas klausimas **2** *sport.* papildomas setas *(esant lygiam rezultatui)*

tied [taɪd] *a: ~ agent* draudimo agentas; koncesininkas; *~ cottage* ūkininko namas, išnuomojamas dirbančiam nuomininkui; *~ house* alinė, pardavinėjanti vienos alaus daryklos alų

tie-in ['taɪɪn] *n* **1** sąryšis, sąsaja **2** privalomas priedas *(ypač perkant)*

Tien Shan [‚tjenˈʃɑːn] *n* Tian Šanis *(kalnynas)*

tie-on ['taɪɔn] *a* pririšamasis *(apie etiketę, lentelę ir pan.)*

tiepin ['taɪpɪn] *n* kaklaraiščio segtukas

tie-plate ['taɪpleɪt] *n tech.* pamatų/inkarinė plokštė

tier[1] ['taɪə] *n* **1** rišantysis, rišėjas; sujungėjas **2** *amer. dial.* vaikiška prijuostėlė, seilinukas

tier[2] [tɪə] *n* **1** *(kylanti)* eilė, aukštas *(teatre, stadione ir pan.); a wedding cake with three ~s* trijų aukštų vestuvinis tortas **2** *(organizacijos, sistemos)* pakopa
v **1** išdėstyti eilėmis/aukštais **2** sudaryti/sukurti pakopomis *(sistemą, organizaciją)*

tierce [tɪəs] *n* **1** *muz.* tercija **2** *sport.* trečioji padėtis *(fechtavimasis)* **3** *psn.* statinė *(apie 200 litrų talpos)*

tiercel ['tɪəsl] *n* = **tercel**

Tierra del Fuego [tɪ‚erədelˈfweɪgəu] *n* Ugnies Žemė *(sala)*

tie-up ['taɪʌp] *n* **1** ryšys, ryšiai *(between)* **2** *kom.* susitarimas bendradarbiauti; dalyvavimas *(kame)* **3** *amer. (eismo, gamybos ir pan.)* sustabdymas, sustojimas *(dėl avarijos, streiko ir pan.)* **4** *amer. šnek.* švartavimosi/priplaukimo vieta

tiff[1] [tɪf] *n šnek.* kivirčas, nesusipratimas, su(si)pykimas; *a lover's ~* įsimylėjėlių kivirčas
v susikivirčyti *(with);* pasišiaušti, supykti *(at)*

tiff[2] = **tiffin** *n, v*

tiff[3] *n min.* kalcitas

tiffany ['tɪfənɪ] *n tekst.* pusiau permatomas šilkinis/medvilninis audinys, gazas

tiffin ['tɪfɪn] *ind. n* priešpiečiai, užkandis
v priešpiečiauti, užkąsti

tig [tɪg] *n* **1** (pa)lietimas **2** = **tag** *n* 8
v paliesti *(žaidžiant liestynes)*

tiger ['taɪgə] *n* **1** *zool.* tigras; leopardas *(P. Afrikoje); American ~* jaguaras; *red ~* puma **2** *šnek.* smarkus/drąsus/klastingas/žiaurus *ir pan.* žmogus *(kaip tigras)* **3** *sport. šnek.* stiprus/pavojingas varžovas **4** *amer. šnek.* pritarimo šūksnis *(sušukus tris kartus „valio")* ◊ *to ride the ~* būti arti pražūties; *to fight like a ~* kovoti kaip liūtui

tiger-cat ['taɪgəkæt] *n zool.* **1** ocelotas, servalas **2** sterblinė kiaunė

tiger-eye ['taɪgəraɪ] *n* = **tiger's-eye**

tigerish ['taɪgərɪʃ] *a* tigriškas, kaip tigro; žiaurus, kraugeriškas, plėšrus

tiger-lily ['taɪgə‚lɪlɪ] *n bot.* tigrinė lelija

tiger-moth ['taɪgəmɔθ] *n zool.* lokiukas *(drugys)*

tiger's-eye ['taɪgəzaɪ] *n* tigro akis *(brangakmenis)*

tight [taɪt] *a* **1** ankštas, aptemptas, siauras *(apie drabužius, avalynę)*; *these shoes are ~* tie batai spaudžia; *the hat is ~* skrybėlė maža **2** glaudus; standus, suspaustas; tvirtas; *~ federation* glaudi federacija; *to keep a ~ hold (on)* laikytis tvirtai *(už)* **3** sandarus, nepralaidus; *~ joint* sandarusis sujungimas; *is the dinghy ~?* ar valtis nepraleidžia? **4** įtemptas *(t. p. prk.)*; kietas; *~ knot* kietas mazgas; *~ string* įtempta virvelė; *I have a ~ schedule* mano darbo režimas įtemptas **5** skurdus, menkas, nepakankamas *(apie pajamas, išteklius ir pan.)*; sunkiai gaunamas/įgyjamas **6** glaustas; sukaustytas, sausas *(apie stilių, kalbą ir pan.)* **7** griežtas; *~ restrictions* griežti apribojimai; *to exercise ~ control over smth/smb* griežtai ką kontroliuoti **8** staigus *(apie posūkį)* **9** *šnek.* šykštus **10** *šnek.* girtas; *~ as a drum/brick* ≡ girtas kaip pėdas **11** *sport. šnek.* beveik lygus *(apie rungtynes, galimybes ir pan.)* **12** *dial.* tvarkingas ◊ *in a ~ corner/spot* sunkioje/pavojingoje padėtyje; ≡ įvarytas į kampą, užspeistas kampe
adv **1** tvirtai; standžiai; *hold ~!* laikykitės tvirtai/stipriai! **2** ankštai **3** kietai

tighten ['taɪtn] *v* **1** su(si)spausti; su(si)veržti; užveržti; *to ~ one's belt* su(si)veržti diržą *(t. p. prk.)* **2** sugriežtinti; (su)griežtėti; *to ~ restrictions* labiau suvaržyti **3** į(si)tempti; ap(si)tempti; *the rope ~d* virvė įsitempė **4** čiauptis, susičiaupti; susitraukti *(apie raumenis)* □ *~ up* a) priveržti; b) (su)griežtinti *(drausmę ir pan.; on)*

tight-fisted ['taɪt,fɪstɪd] *a* šykštus
tight-fitting ['taɪt,fɪtɪŋ] *a* labai aptemptas; labai sandarus
tight-knit ['taɪt'nɪt] *a attr* **1** glaudus, glaudžiai susijęs **2** *amer.* kruopščiai parengtas *(apie planą)*
tight-lipped ['taɪt'lɪpt] *a* **1** tylus, nekalbus **2** susičiaupęs *(ypač supykus)*
tightly ['taɪtlɪ] = **tight** *adv*
tightness ['taɪtnɪs] *n* **1** ankštumas *ir kt., žr.* **tight** *a* **2** įtampa; *~ in the air* įtempta atmosfera **3** *ekon.* trūkumas; *~ of money* a) pinigų trūkumas; b) ribotas kreditas **4** *tech.* įvarža
tightrope ['taɪtrəup] *n* įtempta virvė/lynas *(cirke)*; *~ walker* lyno akrobatas ◊ *to be on a ~, to walk a ~* stovėti/balansuoti ant bedugnės krašto
tights [taɪts] *n pl* triko *(aptemptos kelnės)*; glaudinės
tightwad ['taɪtwɔd] *n (ypač amer.) šnek.* šykštuolis
tigress ['taɪgrɪs] *n* **1** tigrė **2** žiauri/beširdė moteris
Tigris ['taɪgrɪs] *n* Tigras *(upė)*
tigrish ['taɪgrɪʃ] *a* = **tigerish**
tike [taɪk] *n* = **tyke**
til [tɪl] *n bot.* sezamas
tilbury ['tɪlbərɪ] *n ist.* atvira dviratė karieta
tilde ['tɪldə] *n poligr.* tildė
tile [taɪl] *n* **1** koklis; plytelė; tuščiavidurė plyta **2** čerpė **3** drenažo vamzdis, drena; *~ drainage* vamzdinis drenažas **4** *šnek.* cilindras *(skrybėlė)* **5** *komp.* išklotinė ◊ *to have a ~ loose šnek.* būti kuoktelėjusiam; ≡ trūkti šulo; *to go (out) on the ~s šnek.* (pa)ūžti, (pa)siausti
v **1** dengti čerpėmis; iškloti kokliais/plytelėmis **2** drenuoti
tiler ['taɪlə] *n* stogdengys *(čerpėmis); (plytelių)* klojėjas
tilery ['taɪlərɪ] *n* čerpių gamykla/degykla
tiling ['taɪlɪŋ] *n* **1** dengimas čerpėmis **2** *kuop.* čerpės **3** čerpių/čerpinis stogas
till¹ [tɪl] *prep* iki, lig(i) *(žymint laiko ribą)*; *~ now* iki/lig šiol; *~ last week* iki praėjusios savaitės
conj kol; *wait ~ I come* palauk(ite), kol aš ateisiu

till² *n* pinigų stalčius *(prekystalyje)*, kasa *(parduotuvėje, banke)*; *~ receipt* kasos kvitas ◊ *to be caught with one's fingers in the ~* būti sugautam vagiant pinigus *(savo darbovietėje)*
till³ *v* (į)dirbti, apdirbti *(žemę)*; arti
till⁴ *n geol.* moreninis priemolis
tillable ['tɪləbl] *a ž. ū.* ariamas, dirbamas
tillage ['tɪlɪdʒ] *n ž. ū.* **1** *(žemės)* (į)dirbimas; arimas **2** dirbamoji/ariamoji žemė
tiller¹ ['tɪlə] *n knyg.* žemdirbys
tiller² *n* **1** *jūr.* vairalazdė, rumpelis **2** *tech.* rankena
tiller³ *bot. n* atžala, atauga
v leisti atžalas/ataugas *(t. p. ~ out)*
tiller-rope ['tɪlərəup] *n jūr.* šturtrosas, vairo trosas
tilt¹ [tɪlt] *n* **1** pakrypimas, pokrypis, posvyris; pakreipimas; *to give a ~* pakreipti **2** užsipuolimas; ginčas, susikirtimas; *to make a ~ (at)* už(si)pulti **3** dūris, smūgis *(ietimi ir pan.)* **4** *ist.* kova ietimis ◊ *(at) full ~* visu greičiu, tiesiai
v **1** pakrypti, pasvirti **2** pakreipti, palenkti *(t. p. prk.)*; *to ~ one's head* pakreipti galvą; *to ~ the balance of opinion in smb's favour* nusverti nuomonę kieno naudai **3** ginčytis; už(si)pulti *(at)* **4** kalti *(geležį ir pan.)* **5** *ist.* kautis ietimis; dalyvauti turnyre
tilt² *n (vežimo ir pan.)* kiltinis apdangalas; tentas
v apdengti, uždengti *(vežimą ir pan.)*
tilth [tɪlθ] *n ž. u.* **1** = **tillage** **2** dirvos struktūra; (į)arimo gylis
tilt-hammer ['tɪlt,hæmə] *n tech.* svirtinis kūjis
tiltyard ['tɪltjɑːd] *n ist.* turnyrų vieta
Tim [tɪm] *n* Timas *(vardas)*
timber ['tɪmbə] <*n, v, int*> *n* **1** *(statybinė)* mediena; *sawn ~* pjautinė mediena **2** sienojas, rąstas, sija **3** *(statybinis)* miškas, miško medžiaga; *standing ~* stačias miškas **4** užtvaros ir vartai *(lapių medžioklėje)* **5** asmens/individualios savybės; *a man of the right sort of ~* žmogus, pasižymintis puikiomis asmeninėmis savybėmis; *presidential ~ amer.* žmogus, turintis šansus/duomenis tapti prezidentu **6** *jūr.* medinis špantas **7** *kas.* atsparos, ramsčiai ◊ *shiver my ~s! šnek.* velniai griebtų!
v **1** apmušti/apkalti medžiu **2** *kas.* paremti, ramstyti
int atsargiai! *(įspėjant apie pjaunamo medžio virtimą)*
timbered ['tɪmbəd] *a* **1** medinis; sienojų, sienojinis, rąstų, rąstinis **2** miškingas
timberhead ['tɪmbəhed] *n jūr.* viršutinis španto galas
timber-hitch ['tɪmbəhɪtʃ] *n* kilpmazgis
timbering ['tɪmbərɪŋ] *n* **1** *(statybinė)* mediena, miško medžiaga **2** *stat.* medinė konstrukcija; klojinys **3** *kas.* ramsčiai, mediniai sutvirtinimai
timberland ['tɪmbəlænd] *n amer.* rąstinis/statybinis miškas
timberline ['tɪmbəlaɪn] *n* medžių augimo riba *(kalnuose ir ašigaliuose)*
timberman ['tɪmbəmæn] *n (pl* -men [-men]) ramstytojas, sutvirtintojas *(t. p. kas.)*
timber-toe(s) ['tɪmbətəu(z)] *n šnek.* **1** medinė koja **2** žmogus su medine koja **3** sunkios eisenos žmogus
timberwork ['tɪmbəwəːk] *n* **1** rąstų statinys **2** medžio detalės
timber-yard ['tɪmbəjɑːd] *n* miško medžiagos sandėlis
timbre ['tæmbə, 'tɪmbə] *pr. n muz.* tembras
timbrel ['tɪmbrəl] *n* tambūrinas, būgnelis su žvangučiais
time [taɪm] *n* **1** laikas; tikslus laikas, valanda; *~ will show who is right* laikas parodys, kas teisus; *what ~ is it?* kiek valandų/laiko?, kelinta valanda? *have you got the ~, amer. do you have the ~?* ar žinai, kiek valandų/laiko?;

on* ~** laiku, punktualiai; ***in* ~** a) laiku; ***to be in* ~** ateiti laiku, suspėti; b) laikui bėgant, ilgainiui; ***at the same* ~** a) tuo pat laiku/metu; b) tačiau; nepaisant to; ***for a* ~** kurį laiką; laikinai; ***for a long* ~** ilgą laiką; ilgam; ***for a short* ~** neilgam, trumpam; ***in a short* ~** laiku, greitai; ***in a few minutes* ~** po kelių minučių; ***what* ~ *did you get up? kada tu atsikėlei?; ***before* ~** prieš laiką, per anksti; ***this* ~ *tomorow*** rytoj šituo laiku; ***to keep (good)* ~** tiksliai eiti *(apie laikrodį)*; ***to be hard pressed for* ~** turėti labai mažai laiko; ***to have* ~ *on one's hands*** turėti (daug) laisvo laiko; ***there is no* ~ *to lose*** negalima delsti nė minutės; ***lost* ~ *is never found again*** prarasto laiko nesugrąžinsi; **~ *is money*** laikas – pinigai **2** laikas, metas; laiko tarpas; ***it is* ~ *to go*** metas eiti; ***(it is) high* ~** seniai/pats laikas; **~ *is up*** laikas baigėsi; ***it's about* ~ *you had your hair cut*** tau seniai laikas apsikirpti; ***by expiry of the* ~** *(for)* nustatytam laikui, terminui pasibaigus; ***during my* ~ *in Kaunas*** man būnant Kaune; **~*!*** laikas!, laikas baigėsi! **3** *(džn. pl)* laikai, laikotarpis, laikmetis, epocha; ***hard* ~*s*** sunkūs laikai; ***at all* ~*s*** visais laikais, visada; ***prehistoric* ~*s*** priešistoriniai laikai; ***before smb's* ~** prieš kam gimstant, iki ko; ***ahead of one's* ~** aplenkiantis savo epochą, pažangus; ***behind the* ~*s*** atsilikusių pažiūrų, atsilikęs; ***as* ~*s go*** pagal dabartinius laikus **4** darbo laikas; *(valandinis, dienos)* uždarbis; ***to work full* ~, *to be on full* ~** dirbti visą darbo dieną/savaitę; ***to work part* ~, *to be on part* ~** dirbti ne visą darbo dieną/savaitę; ***double* ~** viršvalandžiai; ***to pay* ~ *and a half*** mokėti papildomai 50% už viršvalandžius; ***to work against* ~** stengtis užbaigti nustatytu laiku **5** *(traukinio ir pan.)* atvykimo/išvykimo laikas; ***did you find out the* ~*s of the trains?*** ar sužinojai traukinių tvarkaraštį? **6** amžius, gyvenimas; ***it will last my* ~** mano amžiui užteks; ***at my* ~ *of life*** mano metuose/amžiuje; ***to have the* ~ *of one's life*** nugyventi gražiausius savo gyvenimo metus; ***to march/move with the* ~*s*** žengti koja į koją su gyvenimu; ***his* ~ *has come*** išmušė jo valanda, atėjo jo gyvenimo pabaiga **7** kartas, sykis; ***this [next]* ~** šį [kitą] kartą; ***at* ~*s*** kartais; ***many a* ~** daug kartų, dažnai; **~ *and again*** ne sykį/kartą, dažnai; ***one at a* ~** ne visi iš karto, po vieną; ***six* ~*s six*** šešiskart šeši; ***ten* ~*s as large*** dešimt kartų didesnis; **~ *after* ~** pakartotinai, kiek kartų *(ypač supykus)*; ***from* ~ *to* ~** kartkartėmis, retkarčiais; **~*s out of,*** *ar* ***without, number*** nesuskaičiuojamą daugybę kartų; ***for the last* ~** paskutinį kartą; ***I have told you a dozen* ~*s*** aš tau dešimtį kartų sakiau **8** proga; ***to bide/watch one's* ~** laukti geros progos; ***there's always (a) next* ~** (dar) bus kita proga **9** *fiz.* trukmė, laikas; ***dead* ~** neveikos trukmė **10** *muz.* taktas; tempas; ***to beat* ~** mušti taktą; ***to keep* ~** a) mušti taktą; b) laikytis takto; ***to be out of* ~** išklysti iš takto, pamesti taktą **11** *sport.* laikas; kėlinys; **~ *trouble*** *šach.* ceitnotas **12** *attr* laiko; **~ *hire*** laikina samda ◊ ***big* ~** *(karjeros ir pan.)* viršūnė; sėkmė; ***in good* ~** a) kaip tik laiku; b) iš anksto; ***all in good* ~** *šnek.* viskam savas laikas; ***in one's own (good)* ~** patogiu/laisvu laiku, neskubėdamas; ***in no* ~** labai greitai, tučtuojau; akimirksniu; ***at one* ~** vienu metu, kadaise *(praeityje)*; ***at any* ~** bet kada; ***at no* ~** niekados; ***at this* ~ *of the day*** a) taip vėlai; b) šiuo metu; ***to have no* ~** *(for)* a) nepaisyti; b) nešvaistyti laiko *(kam)*; ***over* ~** laikui bėgant; ***to make* ~** a) skubėti *(stengtis kompensuoti prarastą laiką)*; b) (su)rasti laiko; ***to make good* ~** sparčiai eiti/judėti į priekį; ***to make* ~ *out*** *amer.* nuskubėti, nulėkti; ***to give smb the* ~ *of day, to pass the* ~ *of day with smb***

pasisveikinti su kuo; persimesti keliais *(nereikšmingais)* žodžiais; ***to do/serve* ~** sėdėti kalėjime; ***to take one's* ~** neskubėti; ***to mark* ~** a) žengti/žygiuoti vietoje; b) lūkuriuoti *(geresnės progos ir pan.)*; ***every* ~ *one turns (a)bout šnek.*** nuolat, visada; kur buvęs, kur nebuvęs; ***half the* ~** *šnek.* dažnai, dažnokai; ***so that's the* ~ *of day!*** štai kokie dalykai!; ***she is near her* ~** ji greitai gimdys *v* **1** *(gerai)* apskaičiuoti/pa(si)rinkti laiką; nutaikyti momentą *(smūgiui ir pan.)*; ***to* ~ *to the minute*** apskaičiuoti minutės tikslumu; ***the remark was well* ~*d*** pastaba buvo padaryta labai laiku **2** nustatyti/paskirti laiką; ***the train is* ~*d to arrive at 6 o'clock*** traukinys turi atvykti šeštą valandą **3** *sport.* (už)fiksuoti laiką **4** daryti į taktą; ***to* ~ *one's steps to the music*** šokti į muzikos taktą

time-and-motion [ˌtaɪmənd'məuʃn] *a:* **~ *study*** *(darbo operacijų)* chronometražas

time-bargain ['taɪmˌbɑ:gɪn] *n* terminuotas sandoris *(biržoje)*

time-bill ['taɪmbɪl] = **timetable** *n*

time-board ['taɪmbɔ:d] *n* tabelis *(apskaitos lentelė)*

time-bomb ['taɪmbɒm] *n kar.* delstinė bomba *(t. p. prk.)*

time-card ['taɪmkɑ:d] *n* tabelis, chronometražo lapas/kortelė

time-clock ['taɪmklɒk] *n* kontrolinis laikrodis *(atėjimui į darbą ir išėjimui iš darbo fiksuoti)* **2** laikrodis automatas *(įrenginyje)*

time-consuming ['taɪmkənˌsju:mɪŋ] *a* reikalaujantis/atimantis daug laiko

time-expired ['taɪmɪksˌpaɪəd] *a kar.* atitarnavęs

time-exposure ['taɪmɪksˌpəuʒə] *n fot.* išlaikymas

time-fire ['taɪmˌfaɪə] *n kar.* distancinis šaudymas

time-fuse ['taɪmfju:z] *n kar.* delstinis sprogdiklis

time-honoured ['taɪmˌɒnəd] *a* gerbiamas nuo seno; **~ *custom*** senovinis paprotys

timekeeper ['taɪmˌki:pə] *n* **1** *sport.* laikininkas; chronometražistas; chronometruotojas **2** tabelininkas **3** laikrodis; ***a good [poor]* ~** a) tikslus [netikslus] laikrodis; b) itin [ne itin] punktualus darbuotojas

timekeeping ['taɪmˌki:pɪŋ] *n* **1** punktualumas **2** *sport.* chronometražas

time-lag ['taɪmlæg] *n* laiko intervalas/skirtumas *(tarp dviejų reiškinių/įvykių ir pan.)*

timeless ['taɪmləs] *a* **1** nesibaigiantis, begalinis; amžinas **2** nepriklausantis nuo laiko, nesenstantis

time-limit ['taɪmˌlɪmɪt] *n* galutinis terminas; skirtas laikas, reglamentas; ***to set/give the speaker a* ~** riboti kalbėtojo laiką; ***to fix a* ~** nustatyti reglamentą

timeliness ['taɪmlɪnɪs] *n* savalaikiškumas

timely ['taɪmlɪ] *a* savalaikis, *(atliekamas ir pan.)* laiku

timeous ['taɪməs] *a škot.* = **timely**

time-out [ˌtaɪm'aut] *n* pertrauka, pertraukėlė *(sportiniuose žaidimuose, darbe ir pan.)*

timepiece ['taɪmpi:s] *n ret.* laikrodis; chronometras

timer ['taɪmə] *n* **1** chronometruotojas; laikininkas **2** laikmatis, laikrodis, chronometras **3** *tech.* laiko žymeklis

-timer [-ˌtaɪmə] *(sudurt. žodžiuose)* dirbantis *(tiek ir tiek laiko)*; ***full-timer*** darbininkas, dirbantis visą darbo savaitę

time-saver ['taɪmˌseɪvə] *n* taupantis laiką įrenginys/mašina

time-saving ['taɪmˌseɪvɪŋ] *a* taupantis laiką, pagreitinantis

timescale ['taɪmskeɪl] *n* trukmė

timeserver ['taɪmˌsə:və] *n* **1** prisitaikėlis, oportunistas **2** nestropus darbuotojas *(laukiantis išėjimo į pensiją)*

timeserving ['taɪmˌsə:vɪŋ] *n* prisitaikėliškumas, oportunizmas
a prisitaikėliškas, oportunistinis

time-sharing [ˈtaɪmˌʃɛərɪŋ] *n* **1** naudojimasis bendra nuosavybe *(ypač poilsiaviete)* pakaitomis **2** naudojimasis kompiuterių sistema skirtingoms operacijoms atlikti vienu metu

time-sheet [ˈtaɪmʃiːt] *n* **1** = **time-card 2** *jūr.* taimšitas *(dokumentas, fiksuojantis laivo krovimo laiką)*

time-signal [ˈtaɪmˌsɪgnl] *n (tikslaus)* laiko signalas *(ypač per radiją)*

time-signature [ˈtaɪmˌsɪgnətʃə] *n muz.* takto metras

time-span [ˈtaɪmspæn] *n* trukmė, laikas *(kurį kas trunka)*

time-switch [ˈtaɪmswɪtʃ] *n tech.* automatinis jungiklis *(suveikiantis nustatytu laiku)*

timetable [ˈtaɪmˌteɪbl] *n* **1** tvarkaraštis **2** *(darbo ir pan.)* grafikas; (kalendorinis) planas
v nustatyti/sudaryti tvarkaraštį/grafiką; **the meeting has been ~d for six o'clock** susirinkimas buvo numatytas/suplanuotas šeštai valandai; **the bus is ~d to leave at 11.30 am** autobusas turi išvykti 11 val. 30 min.

time-warp [ˈtaɪmwɔːp] *n* laiko deformacija *(praeitis/ateitis tampa dabartimi; mokslinėje fantastikoje)* ◊ **to be (caught/struck) in a ~** įstrigti *(kuriame nors praeities periode)* ir nesikeisti

time-waster [ˈtaɪmˌweɪstə] *n* **1** gaištis, gaišatis **2** gaišuolis, gaišlys

timework [ˈtaɪmwəːk] *n* laikinis, *ar* palaikiui atliekamas ir apmokamas, darbas *(padienis, valandinis)*

timeworker [ˈtaɪmˌwəːkə] *n* padienis/valandinis darbininkas, laikininkas, padienininkas, valandininkas

timeworn [ˈtaɪmwɔːn] *a* **1** padėvėtas, apnešiotas **2** nuvalkiotas; pasenęs, senas

timid [ˈtɪmɪd] *a* **1** bailus, baikštus **2** nedrąsus; drovus

timidity [tɪˈmɪdətɪ] *n* **1** bailumas, baikštumas **2** nedrąsumas; drovumas

timing [ˈtaɪmɪŋ] *n* **1** laiko pa(si)rinkimas/(ap)skaičiavimas/paskyrimas; **the ~ of the announcement was unfortunate** paskelbimui buvo pasirinktas netinkamas laikas **2** chronometražas **3** sutartinumas, sutartiniai veiksmai; sinchronizavimas *(t. p. tech.)* **4** *aut.* uždegimo laiko reguliavimas **5** *teatr., kin.* reikiamo ritmo nustatymas

timocracy [tɪˈmɒkrəsɪ] *n ist.* timokratija *(valdymo sistema, pagrįsta turto privilegija)*

timorous [ˈtɪmərəs] *a knyg.* baugštus, baugus, baikštus, nedrąsus

timothy [ˈtɪməθɪ] *n bot.* motiejukas *(t. p. ~ grass)*

Timothy [ˈtɪməθɪ] *n* Timotis *(vardas)*

timpani [ˈtɪmpənɪ] *it. n muz.* timpanas, litaurai

tin [tɪn] *n* **1** alavas **2** skarda; **baking ~** kepamoji skarda, keptuvas **3** skardinė; *(metalinė)* dėžutė; **sardine ~, ~ of sardines** sardinių konservai *(skardinė)*; **~ of fruit** skardinė konservuotų vaisių **4** taupyklė *(aukoms rinkti)* ◊ **straight from the ~** iš pirmų rankų, šviežutėlaitis
a **1** alavinis; skardinis; **~ can** skardinė; **~ soldiers** alaviniai kareivėliai *(žaislas)* **2** netikras, dirbtinis ◊ **~ wedding** dešimtosios vedybų metinės; **~ hat** *(kareivio, darbininko)* apsauginis šalmas; **~ lizzie** *amer. šnek.* pigus automobilis; **~ fish** *jūr. sl.* torpeda
v **1** alavuoti **2** konservuoti

tinamou [ˈtɪnəmuː] *n zool.* tinamas *(P. Amerikos paukštis)*

tinct [tɪŋkt] *n poet.* atspalvis, spalva

tinctorial [tɪŋkˈtɔːrɪəl] *a* dažomasis, dažymo

tincture [ˈtɪŋktʃə] *n* **1** atspalvis **2** prieskonis; priemaiša **3** *farm.* tinktūra
v **1** (nu)spalvinti, (nu)dažyti **2** suteikti skonį/kvapą

tinder [ˈtɪndə] *n* **1** pintis **2** lengvai užsideganti medžiaga, pūzras

tinderbox [ˈtɪndəbɒks] *n* **1** *ist.* dėžutė, kurioje laikomi titnagas ir pintis *(ugniai įskelti)* **2** *prk.* pavojingas židinys

tindery [ˈtɪndərɪ] *a* lengvai užsidegantis *(t. p. prk.)*

tine [taɪn] *n* **1** *(įrankio, padargo)* dantis, virbalas; akėtvirbalis **2** *(elnio ragų)* šaka

tinea [ˈtɪnɪə] *n med.* dermatomikozė *(grybelinė odos liga)*

tinfoil [ˈtɪnfɔɪl] *n* alavo folija, staniolis
v padengti stanioliu; įvynioti į foliją

ting [tɪŋ] *n* skimbtelėjimas; cingtelėjimas
v skimbtelėti, skambtelėti *(skambučiu)*; cingtelėti

tingaling [ˌtɪŋəˈlɪŋ] *n (varpelio)* skambesys, tilindžiavimas
int din din, din dilin, tilin

tinge [tɪndʒ] *n* **1** *(švelnus)* atspalvis *(t. p. prk.)*; **this gives her manners a charming ~** tai suteikia jos manieroms nepakartojamą žavesį **2** silpnas prieskonis/priekvapis
v **1** suteikti atspalvį, nuspalvinti *(t. p. prk.)*; **his voice was ~d with envy** jo balse buvo girdėti pavydo gaidelės **2** suteikti prieskonį/priekvapį

tingle [ˈtɪŋgl] *n* **1** dilgčiojimas, peršėjimas **2** spengimas *(ausyse)* **3** virpulys; susijaudinimas
v **1** dilgčioti, dygsėti, peršėti; žnaibyti, daigyti *(apie šaltį)*; **his cheeks ~d with the cold** šaltis gnaibė jam veidą **2** spengti *(ausyse)*; **the words ~d in her ears** ausyse jai tebeskambėjo žodžiai **3** virpėti; degti *(iš gėdos, pasipiktinimo ir pan.; with)*; **to ~ with excitement** virpėti iš susijaudinimo

tinhorn [ˈtɪnhɔːn] *amer. sl. n* pagyrų maišas/puodas
a menkas, nedidelis; pigus *(apie pokštą ir pan.)*; **~ gambler** menkas lošėjas

tinker [ˈtɪŋkə] *n* **1** *(keliaujantis)* skardininkas, skardžius, alavuotojas *(džn. čigonas)* **2** prastas darbininkas; grabaila, teplius **3** smulkus remontas; prastas taisymas/darbas **4** *šnek.* išdykėlis, neklaužada *(apie vaiką)* **5** *amer.* visų galų meistras ◊ **I don't care a ~'s damn/curse** ≡ man (į tai) nusispjauti; **not worth a ~'s damn** ≡ nė sudilusio skatiko nevertas
v **1** alavuoti **2** prastai taisyti/remontuoti; krapštyti(s), čiupinėti(s) *(with)*

tinkle [ˈtɪŋkl] *n* **1** skambėjimas, žvangėjimas; skambinimas, žvanginimas; **I'll give you a ~ tomorow** *šnek.* aš jums rytoj skambtelėsiu **2** *šnek. euf.* nusišlapinimas; **to have a ~** nu(si)čiurinti, čiurškinti
v **1** skambėti, žvangėti; skambinti, žvanginti; skambtelėti **2** tarškinti *(pianinu, fortepijonu)*

tinkler [ˈtɪŋklə] *n dial.* = **tinker** 1

tinkly [ˈtɪŋklɪ] *a* skambantis, žvangantis

tinman [ˈtɪnmən] *n (pl* -men [-mən]) = **tinsmith**

tinned [tɪnd] *a* **1** konservuotas; **~ goods** konservai; **~ fish** žuvų konservai **2** alavuotas, padengtas alavu

tinner [ˈtɪnə] *n* **1** alavo kasyklų darbininkas **2** = **tinsmith**

tinnitus [tɪˈnaɪtəs] *n med.* spengimas, ūžesys *(ausyse)*

tinny [ˈtɪnɪ] *a* **1** alavingas; alavinis **2** turintis metalo prieskonį *(apie konservus)* **3** metalinis *(apie garsą, balsą ir pan.)* **4** nepatvarus; bevertis, prastas *(apie metalinį daiktą)*

tin-opener [ˈtɪnˌəupnə] *n* konservų peilis

tin-pan [ˈtɪnpæn] *a* metalinis *(apie garsą)*; trankus *(apie muziką)* ◊ **~ alley** *šnek.* popmuzikos kūrėjai ir leidėjai

tin-plate [ˈtɪnpleɪt] *n* alavuotoji skarda; alavuotas metalas
v alavuoti

tinpot [ˈtɪnpɒt] *a attr* menkas, nežymus; prastas

tinsel [ˈtɪnsl] <*n, a, v*> *n* **1** blizgučiai, žibučiai **2** išorinis blizgesys
a **1** papuoštas blizgučiais **2** apgaulingai blizgantis; netikras, išorinis
v **1** puošti blizgučiais **2** suteikti išorinį/apgaulingą blizgesį

tinsmith ['tɪnsmɪθ] *n* skardininkas; alavuotojas
tinsnips ['tɪnsnɪps] *n pl* žirklės metalui kirpti
tinstone ['tɪnstəun] *n min.* alavo akmuo, kasiteritas
tint [tɪnt] *n* **1** atspalvis; spalva **2** *(plaukų)* dažai
v **1** suteikti *(reikiamą)* atspalvį, paspalvinti **2** padažyti *(plaukus)*
tintack ['tɪntæk] *n* trumpa alavuota vinis
tinted ['tɪntɪd] *a* nuspalvintas, turintis atspalvį; padažytas; **~ glasses** tamsūs/spalvoti akiniai
tintinnabulation [ˌtɪntɪnæbju'leɪʃn] *n knyg.* varpų skambesys/gaudesys
tintometer [tɪn'tɔmɪtə] *n tech.* kolorimetras
tintype ['tɪntaɪp] *n fot.* ferotipija
tinware ['tɪnwɛə] *n* skardos dirbiniai, skardiniai indai
tiny ['taɪnɪ] *a* mažytis, smulkutis *(džn.* **~ little)**
-tion [-ʃn] = **-ion**
tip[1] [tɪp] *n* **1** galas, galiukas; *I have it on the* **~** *of my tongue* ≡ man stovi/sukasi ant liežuvio galo; *to walk on the* **~s** *of one's toes* vaikščioti ant pirštų galų **2** antgalis, smaigalys; *(papiroso)* tūtelė, filtras; **~** *of a stick* lazdos antgalis **3** *(kalno ir pan.)* viršūnė ◊ *from* **~** *to toe* nuo galvos iki kojų; *that's only/just the* **~** *of the iceberg* ≡ tai tik ledkalnio viršūnė, tai tik pradžia
v **1** pridėti/uždėti galiuką/antgalį **2** nupjauti *(medžio, krūmo)* viršūnę
tip[2] *n* **1** pasvirimas; pavertimas **2** pri(si)lietimas, stumtelėjimas **3** sąšlavynas, sąvartynas; *your room is a real* **~!** *šnek.* tavo kambarys — tikras šiukšlynas
v **1** pakreipti, (pa)versti; išversti *(out of);* pasvirti; pakrypti **2** išpilti *(out of);* (su)pilti *(into)* **3** persverti; viršyti; *to* **~** *the balance/scales* a) sverti; b) *prk.* nusverti, būti lemiamu veiksniu **4** lengvai paliesti/pri(si)liesti, stumtelėti **5** *šnek.* pilti *(apie lietų; t. p.* **~** *down)* □ **~ off** a) pilstyti, pilti *(iš indo);* b) išmesti kamuolį centre *(pradedant žaisti krepšinį);* **~ out** iš(si)versti, išvirsti; **~ over/up** a) ap(si)versti, apvirsti; b) atversti
tip[3] *n* **1** arbatpinigiai; *to give a* **~** duoti arbatpinigių, žr. *t. p.* 2 **2** užuomina, patarimas; *to give a* **~** duoti patarimą, padaryti užuominą, žr. *t. p.* 1; *take my* **~** paklausyk mano patarimo **3** spėjimas, neoficiali informacija *(biržoje, žirgų lenktynėse ir pan.);* **to miss one's** **~** nepasisekti *(biržoje);* nepasiekti tikslo; *to have a hot* **~** *for smth* turėti slaptų žinių apie ką
v **1** duoti arbatpinigių **2** neoficialiai praneš(inė)ti; *pass* būti laikomam *(favoritu ir pan.);* **this horse is ~ped to win** šis žirgas laikomas favoritu *(lenktynėse)* □ **~ off** *šnek.* pranešti, įspėti, perspėti
tip-and-run [ˌtɪpənd'rʌn] *n* žaibiška ataka *(skubiai pasišalinant/atsitraukiant; t. p.* **~ raid)*
tipcart ['tɪpkɑ:t] *n* savivartis vežimėlis
tipcat ['tɪpkæt] *n* čyžas *(žaidimas)*
tip-off ['tɪpɔf] *n* **1** įspėjimas, pranešimas *(ypač policijai);* **to give a** **~** (laiku) įspėti **2** kamuolio išmetimas centre *(pradedant žaisti krepšinį)*
tipped [tɪpt] *a* su antgaliu; **~ cigarettes** cigaretės su filtru
tipper ['tɪpə] *n* savivartis; verstuvas; **~ lorry**/*amer.* **truck** savivartis sunkvežimis
Tipperary [ˌtɪpə'rɛərɪ] *n* Tipereris *(Airijos miestas)*
tippet ['tɪpɪt] *n ret.* **1** kailinė/vilnonė šerpė **2** gaubtuvas, gobtuvas **3** *bažn.* stula
tipple[1] ['tɪpl] *šnek. n* svaigalas, svaigusis gėrimas
v išgerti, išgėrinėti, girtauti
tipple[2] *n* **1** *tech.* verstuvas **2** *(savivarčių)* iškrovimo aikštelė
tippler ['tɪplə] *n šnek.* gėrėjas, girtuoklis

tippy ['tɪpɪ] *a šnek.* greitai (ap)virstantis, netvirtas
tipstaff ['tɪpstɑ:f] *n (pl* **~s, -staves** [-steɪvz]) **1** šerifo padėjėjas **2** *psn.* lazda *(valdžios simbolis)*
tipster ['tɪpstə] *n* asmuo, kuris už pinigus teikia neoficialią informaciją apie būsimus lenktynių favoritus *(profesionalas)*
tipsy ['tɪpsɪ] *a* išgėręs, įkaušęs; **~ lurch** *(išgėrusiojo)* netvirta eisena
tipsy-cake ['tɪpsɪkeɪk] *n* biskvitinis tortas, sulaistytas romu/vynu
tiptoe ['tɪptəu] <*n, v, adv*> *n (kojų)* pirštų galai; **on ~** a) ant pirštų galų, pasistiebus; b) slapčiomis, tyliai; c) nekantriai; *to be on* **~** *with curiosity* nekantrauti, degti/ne(si)tverti smalsumu
v pasistiebti; eiti ant galų pirštų, pasistiebus; stypsenti
adv **1** pasistiebus **2** nekantriai
tiptop ['tɪp'tɔp] <*n, a, adv*> *n* **1** (pati) viršūnė **2** *šnek.* aukščiausias taškas; tai, kas geriausia/puikiausia
a šnek. pirmos rūšies, puikus
adv šnek. puikiai
tip-up ['tɪpʌp] *a* atverčiamas; apverčiamas; **~ seat** atverčiamoji kėdė *(teatre ir pan.);* **~ lorry** savivartis (sunkvežimis)
tirade [taɪ'reɪd] *n* tirada
tirailleur [ˌtɪraɪ'ə:] *pr. n* taiklus šaulys, snaiperis
Tirana [tɪ'rɑ:nə] *n* Tirana *(Albanijos sostinė)*
tire[1] ['taɪə] *v* **1** (nu)varginti; nuvargti, pavargti **2** atsibosti, įgristi, įkyrėti *(of);* *she never* **~s** *of telling everyone how wonderful her new house is* jai neatsibosta visiems pasakoti, koks nuostabus jos naujasis namas □ **~ out** *(džn. pass)* išvarginti, išvargti
tire[2] *amer.* = **tyre** *n, v*
tired ['taɪəd] *a* **1** nuvargęs, pavargęs; *I'm* **~** aš pavargau **2** atsibodęs, pabodęs *(of);* *I'm* **~** *of waiting* man atsibodo laukti; *you make me* **~!** kaip tu man įgrisai/atsibodai! **3** senokas, ilgai vartotas; banalus; **~ phrase** nuvalkiota frazė; **~ old dress** senamadiška/atsibodusi suknelė
tiredness ['taɪədnɪs] *n* nuovargis
tireless ['taɪələs] *a* nenuilstamas; nenuilstantis
tiresome ['taɪəsəm] *a* **1** nuobodus; įkyrus; **~ child** įkyrus vaikas **2** varginantis, varginamas
tiring ['taɪərɪŋ] *a* varginantis
tiro ['taɪərəu] *lot. n (pl* **~s** [-z]) naujokas, pradedantysis
Tirol ['tɪrəl] *n* = **Tyrol**
tirralirra [ˌtɪrə'lɪrə] *n* čirenimas, čiruliavimas
int čyru vyru
'tis [tɪz] *psn., poet.* = **it is**
tisane [tɪ'zæn] *n* maistingas nuoviras *(ypač miežių);* vaistažolių arbata
tissue ['tɪʃu:, 'tɪsju:] *n* **1** popierinė servetėlė/nosinė *ir pan.* **2** *tekst. (plonas)* audeklas, audinys **3** *biol.* audinys **4** *prk.* audinys, pinklės, raizginys; **~ of lies** melo pinklės **5** = **tissue-paper**
v nutrinti/nuvalyti kosmetine servetėle
tissue-paper ['tɪʃu:ˌpeɪpə] *n* šilkinis/rūkomasis/vyniojamasis popierius
tit[1] [tɪt] *n* **1** *zool.* zylė; **marsh [great] ~** pilkoji [didžioji] zylė; **penduline ~** remeza **2** *šnek.* bukagalvis
tit[2] *n* **1** *šnek.* spenys, spenelis **2** *pl vulg.* papai, „cickos" ◊ *to get on smb's* **~s** *sl.* siutinti, dūkinti ką
tit[3] *n:* **~** *for tat* akis už akį; dantis už dantį
Titan ['taɪtən] *n* **1** *mit.* Titanas **2** *(t.) prk.* titanas, milžinas
titanate ['taɪtəneɪt] *n chem.* titanatas
titanic[1] [taɪ'tænɪk] *a* titaniškas, milžiniškas, didžiulis
titanic[2] *a chem.* titano, titaninis

titanite ['taɪtənaɪt] *n min.* titanitas, sfenas
titanium [taɪ'teɪnɪəm] *n chem.* titanas
titbit ['tɪtbɪt] *n* **1** skanėstas, skanus kąsnelis **2** pikantiška/sensacinga naujiena
titch [tɪtʃ] *n menk., iron.* kežas, neūžauga, spirgutis *(apie žemą žmogų)*
titchy ['tɪtʃɪ] *a šnek.* mažytis, smulkutis
titer ['taɪtə, 'tiːtə] *n amer.* = **titre**
titfer ['tɪtfə] *n sl.* skrybėlė, kepurė
tithe [taɪð] *n* **1** dešimtoji dalis *(of)* **2** truputis, trupinėlis **3** *(ppr. pl) ist. bažn.* dešimtinė
v ist. bažn. uždėti/(su)mokėti dešimtinę
titian ['tɪʃn] *a knyg.* rusvai geltonas, auksinis *(apie plaukus)*
titillate ['tɪtɪleɪt] *v* kutenti *(t. p. prk.)*
titillation [ˌtɪtɪ'leɪʃn] *n* kutenimas *(t. p. prk.)*
titivate ['tɪtɪveɪt] *v šnek.* dabinti(s), gražinti(s)
titlark ['tɪtlɑːk] *n zool.* pievinis kalviukas *(paukštis)*
title ['taɪtl] *n* **1** pavadinimas; antraštė; **running ~** *poligr.* puslapinė antraštė, kolontitulas **2** titulas; vardas *(rodantis profesiją, rangą ir pan.);* **a man with a ~** tituluotas žmogus **3** *teis.* (nuosavybės) teisė; nuosavybės teisės dokumentas; **~ to land** žemėvaldos teisė **4** *kin., tel.* titras **5** *sport.* čempiono/nugalėtojo vardas/titulas **6** = **title-page**
v **1** duoti/užrašyti antraštę/pavadinimą **2** tituluoti; suteikti titulą **3** *kin., tel.* pridėti titrus
titled ['taɪtld] *a* tituluotas; turintis titulą
title-deed ['taɪtldiːd] *n teis.* nuosavybės teisės dokumentas
titleholder ['taɪtlˌhəʊldə] *n sport.* nugalėtojas, čempionas
title-page ['taɪtlpeɪdʒ] *n poligr.* antraštinis puslapis
title-role ['taɪtlrəʊl] *n* antraštinis vaidmuo *(vaidmuo veikėjo, kurio vardu pavadinta pjesė)*
titlist ['taɪtlɪst] *n* = **titleholder**
titmouse ['tɪtmaʊs] *n (pl* -mice [-maɪs]) = **tit¹**
titrate ['taɪtreɪt] *v chem.* titruoti
titre ['tiːtə] *n chem.* titras
titter ['tɪtə] *n* kikenimas, krizenimas
v kikenti, krizenti, rizenti
tittivate ['tɪtɪveɪt] *v* = **titivate**
tittle ['tɪtl] *n* **1** dalelytė, trupučiukas **2** *poligr.* taškas, brūkšnelis; diakritinis ženklas ◊ **to a ~** tiksliai, lygiai; **to change smth not one jot or ~** nė kiek nepakeisti ko
tittlebat ['tɪtlbæt] *n dial.* dyglė *(žuvelė)*
tittle-tattle ['tɪtlˌtætl] *n* plepalai, paskalos, gandai
v leisti paskalas, liežuvauti *(about)*
tittup ['tɪtʌp] *n* **1** šokinėjimas, bėginėjimas *(iš linksmumo)* **2** ristelė; bidzenimas, kicenimas risčia
v **1** linksmai šokinėti, bėgti/eiti pašokinėjant **2** risnoti; bidzenti, kicenti
titty ['tɪtɪ] *n* = **tit²**
titubation [ˌtɪtju'beɪʃn] *n med.* svirduliuojanti eisena
titular ['tɪtjʊlə] *a* **1** nominalus; **~ head of State** nominalus valstybės vadovas **2** titulinis; susijęs su titulu *ar* einamomis pareigomis
n asmuo, nominaliai turintis titulą
titulary ['tɪtjʊlərɪ] *ret.* = **titular** *a, n*
tizz(y) ['tɪz(ɪ)] *n šnek.* susijaudinimas, jaudinimasis, nerimas *(džn. dėl menkniekių);* **to get in(to) a ~** susijaudinti, sunerimti, sutrikti
T-junction ['tiːˌdʒʌŋkʃn] *n* T formos sankryža
tmesis ['tmiːsɪs] *gr. n (pl* -ses [-siːz]) *kalb.* tmezis *(sudurtinio/išvestinio žodžio perskyrimas, įterpiant kitą žodį, pvz.,* **to us ward = toward us***)*
to [tə, tu; *kirčiuota forma* tuː] <*prep, part, adv*> *prep* **1** į, pas, prie *(žymint kryptį);* **the road to London** kelias į Londoną; **to the right** į dešinę; **to go to work** eiti į darbą; **to go to smb** eiti pas ką; **go to the river** eikite prie upės **2** iki, ligi *(žymint laiką, ribą, nuotolį);* **from Saturday to Monday** nuo šeštadienio ligi pirmadienio; **five minutes to seven** be penkių minučių septynios; **he must be somewhere from 40 to 50** jis maždaug 40–50 metų amžiaus; **from beginning to end** nuo pradžios iki galo; **to the end** iki pabaigos/galo; **to cut down to a minimum** sumažinti iki minimumo; **it is far to the station** iki stoties toli **3** *žymint adresatą, veiksmo objektą, emocinę reakciją, verčiama naudininku:* **to explain smth to smb** paaiškinti ką kam; **clear to smb** aiškus kam; **to one's shame** savo gėdai; **to my surprise** mano nuostabai; **I said to him** aš jam sakiau; **it seems to me** man atrodo **4** *žymint įvairius santykius, verčiama kilmininku:* **to listen to smb/smth** klausyti ko; **a key to the door** durų raktas; **assistant to the professor** profesoriaus asistentas; **she acted as interpreter to a group of Lithuanian experts** ji dirbo lietuvių ekspertų grupės vertėja **5** palyginti, prieš; **this is nothing to what it might be** tai niekis, palyginti su tuo, kas galėtų būti; **by a majority of 40 to 30** balsų dauguma 40 prieš 30; **the score is 3 to 2** *sport.* rezultatas 3:2 **6** į *(žymint veiksmo būdą, būsenos pakitimą ir pan,; džn.* pastoviuose junginiuose); **to fall to pieces** sudužti į gabaliukus; **face to face** akis į akį; **to drink to smb's health** gerti į kieno sveikatą; **to death** mirtinai, negyvai; **to turn to dust** paversti/virsti dulkėmis **7** pagal; **to the address** pagal adresą; **to dance to music** šokti pagal muziką; **to work to a schedule** dirbti pagal tvarkaraštį **8** prie *(žymint pridėjimą);* **add twenty to fifty** pridėkite 20 prie 50; **put it to what you already have** pridėkite tai prie to, ką jūs jau turite **9** su; **to introduce to a girl** supažindinti su mergaite
part **1** už-, pa- *(žymint veiksmo atlikimą);* **push the door to** užtrenkite duris; **put the horses to** pakinkykite arklius **2** *vart. prieš bendratį:* **to be or not to be** būti ar nebūti; **he was the first to do it** jis pirmas tai padarė; **I want you to tell him** noriu, kad jūs jam pasakytumėte; **we parted never to meet again** mes išsiskyrėme ir daugiau nesusitikome **3** *vart. vietoj numanomos bendraties:* **he meant to call but forgot to** jis ketino užeiti, bet pamiršo
adv: **to and fro** pirmyn ir atgal, šen ir ten
toad [təʊd] *n* **1** *zool.* rupūžė **2** *niek.* bjaurybė, rupūžė ◊ **to eat smb's ~s** būti kieno išlaikytiniu; **~ under a harrow** nuolatos persekiojamas/ujamas žmogus
toadeater ['təʊdˌiːtə] *psn.* = **toady** *n*
toadeating ['təʊdˌiːtɪŋ] *n* pataikavimas, šunuodeg(i)avimas
toadflax ['təʊdflæks] *n bot.* linažolė
toad-in-the-hole [ˌtəʊdɪnðə'həʊl] *n* mėsa, kepta tešloje
toadstool ['təʊdstuːl] *n* šungrybis
toady ['təʊdɪ] *n* pataikūnas, pataikautojas, batlaižys, šunuodegis, pakalikas
v pataikauti, šunuodeg(i)auti *(to)*
toadyism ['təʊdɪɪzm] *n* **1** vergiškas pataikavimas **2** gyvenimas kitų sąskaita, parazitavimas
toast¹ [təʊst] *n* skrudintos/pakepintos duonos riekelė; skrebučiai ◊ **(as) warm as a ~** sušilęs, šiltutėlis; **to have smb on ~** *sl.* turėti/laikyti ką savo rankose
v **1** (pa)skrudinti, (pa)kepinti, (pa)spraginti; skrusti **2** šildyti(s), džiovinti(s) *(prie ugnies)*
toast² [təʊst] *n* **1** tostas; **to drink a ~ to smb** išgerti į kieno sveikatą **2** *(the ~)* asmuo, kurio garbei geriama; visų mylimas/gerbiamas žmogus, numylėtinis
v (pa)siūlyti/(pa)skelbti tostą; **to ~ smb** gerti kieno garbei, gerti į kieno sveikatą

toaster¹ ['təustə] *n* skrudintuvas
toaster² *n* asmuo, skelbiantis/siūlantis tostą, tostų skelbėjas
toastie ['təustɪ] *n* pakepinta dešrelė
toasting-fork ['təustɪŋfɔːk] *n* ilgos šakutės duonai skrudinti
toastmaster ['təust͵maːstə] *n* asmuo, skelbiantis tostus *ar* pristatantis kalbėtojus *(oficialiuose priėmimuose);* tamada
toasty ['təustɪ] *a amer.* **1** maloniai šiltas, šiltutėlis **2** panašus į skrudintą duoną, skrudintos duonos
tobacco [tə'bækəu] *n (pl* ~s [-z]) tabakas *(t. p. bot.)*
tobacco-box [tə'bækəuboks] *n* tabakinė
tobacconist [tə'bækənɪst] *n* tabako parduotuvės savininkas; prekiautojas tabako gaminiais; *at the ~'s* tabako parduotuvėje
tobacco-pipe [tə'bækəupaɪp] *n* pypkė
tobacco-plant [tə'bækəuplɑːnt] *n bot.* tabakas
tobacco-pouch [tə'bækəupautʃ] *n* tabako kapšiukas/kapšas
Tobago [təᵘ'beɪgəu] *n* Tobagas *(sala)*
to-be [tə'biː] *n* ateitis
  a ateities, būsimas; *the bride ~* būsimoji nuotaka
toboggan [tə'bɔgən] *n* rogutės; toboganas
  v **1** leistis/važinėtis rogutėmis **2** staiga kristi *(apie kainas ir pan.)*
toboggan-chute [tə'bɔgəntʃuːt] *n =* **toboggan-slide**
toboggan-slide [tə'bɔgənslaɪd] *n sport.* ledo lovys leistis rogutėmis
toby ['təubɪ] *n* **1** *(T.)* Tobis *(vardas)* **2** alaus puodelis *(storulio su trikampe XVIII a. kepure pavidalo; t. p. ~ jug)* **3** *(T.)* dresuotas šuo *(lėlių teatre)* **4** *attr: ~ collar* gofruota apykaklė
toccata [tə'kɑːtə] *n muz.* tokata
tocher ['tɔkə] *n šiaur.* kraitis
tocology [tə'kɔlədʒɪ] *n ret.* akušerija
tocsin ['tɔksɪn] *n knyg.* **1** aliarminis skambinimas varpais; pavojaus/nelaimės signalas **2** aliarminis varpas
tod¹ [tɔd] *n: on one's ~ šnek.* vienas pats
tod² *n psn.* **1** krūmas *(ppr. gebenės)* **2** todas *(vilnos svorio matas, 28 svarai)*
today [tə'deɪ] *adv* **1** šiandien **2** mūsų dienomis/laikais, nūdien, dabar ◊ *here ~ (and) gone tomorow* ≅ šiandien čia, rytoj kitur; perėjūnas *(apie darbuotoją ir pan.)*
  n šiandiena, nūdiena; *~'s, of ~* šiandien(in)is, nūdienis; *have you read ~'s paper yet?* ar jau skaitei šios dienos laikraštį?
toddle ['tɔdl] *n* **1** krapinėjimas **2** *šnek.* (pasi)vaikštinėjimas
  v **1** tapinėti, krapinėti *(apie mažą vaiką, seną žmogų; t. p. ~ about/around)* **2** *šnek.* vaikštinėti □ *~ off šnek.* trauktis, (iš)eiti *(namo ir pan.)*
toddler ['tɔdlə] *n* pradedantis vaikščioti kūdikis
toddy ['tɔdɪ] *n* **1** punšas **2** fermentuotos palmių sultys
to-do [tə'duː] *n (pl* ~s [-z]) *šnek.* triukšmas; suirutė, sąmyšis; *to make a great ~* pakelti didelį triukšmą *(about, over – dėl)*
toe [təu] *n* **1** kojos pirštas; *big ~ (kojos)* didysis pirštas **2** *(kojinės, bato ir pan.)* galas, nosis **3** kanopos priekis **4** *(ko)* apatinė dalis, apačia **5** *tech.* pėda, kulnas ◊ *on one's ~s šnek.* a) pasiruošęs, budrus; b) energingas, džiugus; *to step/amer. tread on smb's ~s* užkliudyti ką, ≅ užminti kam ant liežuvio; *to turn up one's ~s šnek.* ≅ užversti/nukratyti/užriesti kojas/kanopas
  v **1** liesti *(kojos pirštais)*, spirti *(bato galu)* **2** užadyti/primegzti kojinės galą □ *~ in* suglausti pėdas; *~ out* išskėsti pėdas ◊ *to ~ the line/mark/scratch* a) *sport.* sto-
vėti prie starto linijos; b) *prk.* tiksliai laikytis taisyklių/reikalavimų *ir pan.*
toecap ['təukæp] *n (bato)* nosis, galas
toe-dance ['təudɑːns] *v* šokti ant pirštų galų, šokti ant puantų *(balete)*
toehold ['təuhəuld] *n* **1** atrama kojoms *(kopiant į kalną ir pan.)* **2** *prk.* atramos taškas, įsikabinimas *(pradedant naują veiklą)*
toe-in ['təuɪn] *n aut.* ratų suvedimas *(teigiamas)*
toenail ['təuneɪl] *n* **1** kojos piršto nagas **2** kreivai/įstrižai įkalta vinis
toe-out ['təuaut] *n aut.* ratų suvedimas *(neigiamas)*
toerag ['təuræg] *n šnek. niek.* šunsnukis
toff [tɔf] *n sl.* dabita, frantas; ponas
toffee, toffy ['tɔfɪ] *n* irisas, tąsiukas ◊ *not for ~ šnek.* visai ne; nieku gyvu, jokiu būdu; *he can't shoot [sing, etc.] for ~* jis visai nemoka šaudyti [dainuoti *ir pan.*], jis niekam tikęs šaulys [dainininkas *ir pan.*]
toffee-nosed ['tɔfɪnəuzd] *a šnek.* poniškas, išpuikęs
toft [tɔft] *n dial.* sodyba
tog¹ [tɔg] *šnek. n (ppr. pl)* drabužiai, apranga, kostiumas
  v: ~ out/up ap(si)rengti *(darbui, sportui ir pan.); refl* puošniai apsirengti, išsičiustyti
tog² *n spec.* togas *(drabužių, antklodžių šiltumo vienetas)*
toga ['təugə] *n* **1** *ist.* toga **2** *(teisėjo ir pan.)* toga, mantija
toga'd, togaed ['təugəd] *a* **1** apsisiautęs toga **2** didingas, iškilmingas
together [tə'geðə] <*adv, part, a*> *adv* **1** drauge, sykiu, kartu; bendrai, išvien; *~ with* drauge/kartu su; *put ~* kartu paėmus **2** vienu metu, drauge; *to come/happen ~* atsitikti vienu metu **3** vienas su kitu, vienas kitą; *the enemies rushed ~* priešai puolė vienas kitą; *compared ~* palyginus vieną su kitu **4** iš eilės, ištisai; *for weeks ~* keletą savaičių iš eilės; *for hours ~* ištisas valandas ◊ *to get it ~ šnek.* susitvarkyti; pradėti gyventi iš naujo *part* su- *(žymint veiksmo kryptį į vieną vietą); to join ~* su(si)jungti; *to call ~* sukviesti, sušaukti; *to tie smb's hands ~* surišti kam rankas
  a šnek. susitelkęs, žinantis, ko nori; nuosaikus, santūrus
togetherness [tə'geðənɪs] *n* **1** ėjimas išvien, vieningumas *(ypač šeimoje)* **2** dvasinis bendrumas
toggery ['tɔgərɪ] *n šnek.* drabužiai, apranga; *an actor's ~* teatrinis kostiumas; *a general's ~* generolo uniforma
toggle ['tɔgl] <*n, v, a*> *n* **1** sprunklis, brūzgulis **2** *tech.* alkūnė; alkūninė svirtis **3** *el., komp.* jungiklis *(t. p. ~ switch)*
  v **1** užveržti *(sprunkliu, brūzguliu)* **2** *komp.* perjungti
  a tech. alkūninis
Togo ['təugəu] *n* Togas *(Afrikos valstybė)*
toil ['tɔɪl] *n* sunkus darbas, triūsas; *intellectual ~* įtemptas protinis darbas
  v **1** plušti, plušėti, sunkiai dirbti *(t. p. ~ away; at, on, over)* **2** sunkiai eiti, plūšinti, plūkti(s) *(along, up)* ◊ *~ and moil* dirbti sunkų darbą, plušėti
toiler ['tɔɪlə] *n* sunkiai dirbantis, triūslus žmogus, triūslys
toilet ['tɔɪlɪt] *n* **1** tualetas, išvietė; unitazas *(t. p. ~ bowl)* **2** tualeto/vonios kambarys **3** tualetas; *morning ~* rytinis tualetas; *~ soap* tualetinis muilas **4** drabužiai, apdaras, tualetas; *summer ~s* vasariniai drabužiai, vasarinis tualetas
toilet-bag ['tɔɪlɪtbæg] *n* tualeto reikmeninė
toilet-paper ['tɔɪlɪt͵peɪpə] *n* tualetinis popierius
toiletries ['tɔɪlɪtrɪz] *n pl* tualeto reikmenys; kosmetika, parfumerija
toilet-roll ['tɔɪlɪtrəul] *n* tualetinio popieriaus ritinys

toilet-set ['tɔɪlɪtset] *n* tualeto reikmenų komplektas
toilette [twɑː'let] *pr. n psn.* = **toilet** 3, 4
toilet-training ['tɔɪlɪtˌtreɪnɪŋ] *n (vaiko)* mokymas naudotis tualetu
toilful ['tɔɪlfəl] *a* = **toilsome**
toils [tɔɪlz] *n pl knyg.* **1** tinklai **2** *prk.* pinklės, žabangai; **caught/taken in the ~ of smth** a) įkliuvęs/patekęs į ko pinkles/žabangus; b) ko valdžioje, ko užvaldytas
toilsome ['tɔɪlsəm] *a knyg.* vargus, varginantis; triūslus, triūsingas
toil-worn ['tɔɪlwɔːn] *a* darbo nukamuotas/išsekintas
toing ['tuːɪŋ] *n*: **~ and froing** a) siuvimas, zujimas *(ten ir atgal);* b) (tuščias) ginčas
tokamak ['təʊkəmæk] *n fiz.* tokamakas
Tokay [təʊ'keɪ] *n* tokajus *(vynas)*
token ['təʊkən] *n* **1** žetonas; talonas *(iškeičiamas į prekes);* **~ coin** keičiamoji moneta *(automatams)* **2** ženklas; simbolis; **in ~ of friendship** kaip draugystės ženklą; **~ money** biloniniai pinigai; piniginis ženklas **3** žymė, požymis; atpažinimo ženklas **4** atminimo dovana **5** *komp.* leksema *(prasminis programavimo kalbos elementas)* ◊ **by the same ~** tuo labiau kad; be to, kartu *(patvirtinant tai, kas pasakyta)*
a attr simboliškas; tik regimas; **~ smile** kažkas panašu į šypseną; **they put up a ~ resistance** jie sudarė tik pasipriešinimo regimybę, jie priešinosi tik dėl akių; **~ payment** simboliškas mokestis; rankpinigiai, užstatas
tokenism ['təʊkənɪzm] *n* simboliška priemonė; tik dėl akių vykdoma priemonė
tokenistic [ˌtəʊkə'nɪstɪk] *a* grynai simboliškas; neturintis realios reikšmės; formalus *(apie suteiktą teisę ir pan.)*
Tokyo ['təʊkɪəʊ] *n* Tokijas *(Japonijos sostinė)*
tola ['təʊlə] *n* svorio matas Indijoje *(= 180 granų)*
tolbooth ['tɔlbuːθ] *n* = **tollbooth**
told [təʊld] *past ir pII žr.* **tell**
tolerable ['tɔlərəbl] *a* **1** pakenčiamas; **the pain was severe but ~** skausmas buvo smarkus, bet pakenčiamas **2** pakankamas, ganėtinas; neblogas, gana geras **3** *predic šnek.* ganėtinai sveikas
tolerance ['tɔlərəns] *n* **1** pakanta, pakantumas, tolerancija; **~ towards religious minorities** pakanta/tolerancija religinėms mažumoms **2** *med.* toleravimas, pakeliamumas, ištveriamumas *(of, to);* **~ to a drug** pripratimas prie vaisto **3** *tech.* tolerancija, užlaida **4** *spec.* leistinasis nuokrypis **5** *fin.* leistinas nukrypimas nuo monetos dydžio ir svorio standartų
tolerant ['tɔlərənt] *a* **1** apkantus, pakant(r)us, tolerantiškas, tolerantingas **2** *spec.* toleruojantis, ištveriantis, pakeliantis
tolerate ['tɔləreɪt] *v* **1** pakęsti, toleruoti **2** leisti; **not to ~ interference in one's affairs** neleisti kištis į savo reikalus **3** ištverti, būti atspariam *(šalčiams; apie augalus)* **4** *med.* toleruoti, ištverti, pakelti *(skausmą ir pan.)*
toleration [ˌtɔlə'reɪʃn] *n* toleravimas; pakantumas
toll[1] [təʊl] *n* **1** skambinimas varpais *(ypač laidotuvėms, pamaldoms)* **2** varpo gaudimas/gausmas
v **1** *(lėtai/ritmingai)* skambinti *(varpais);* **the bell ~ed** varpas (su)skambėjo; **to ~ a funeral knell** skambinti laidotuvių varpais **2** mušti valandas
toll[2] *n* **1** muitas **2** rinkliava, (papildomas) mokestis *(už vietą turguje, važiavimą keliu/tiltu, tarpmiestinį pasikalbėjimu telefonu ir pan.)* **3** nuostolis, žala; *(aukų, nelaimių ir pan.)* bendra suma *(per tam tikrą laiką);* **heavy ~** dideli nuostoliai; **the death ~ on our roads is heavy** pas mus daug eismo nelaimių aukų; **to take a ~** *(on)* a) nusiaubti, padaryti (daug) žalos *(kam);* b) *prk.* atsiliepti *(sveikatai, santykiams ir pan.)* **4** *ist.* biralinė rinkliava *(už sumalimą);* duoklė **5** *ist.* teisė imti muitą/rinkliavą/mokestį
v ret. rinkti/mokėti/uždėti muitą/rinkliavą/mokestį
tollable ['təʊləbl] *a* apmuitintinas, apmokestintinas
tollage ['təʊlɪdʒ] *n* **1** muito/mokesčių/rinkliavų rinkimas/mokėjimas **2** muito/rinkliavos suma
toll-bar ['təʊlbɑː] *n* rinkliavų užtvaras/užkardas
tollbooth ['təʊlbuːθ] *n* **1** rinkliavų būdelė *(prie kelio, tilto)* **2** *škot. psn.* miesto kalėjimas
toll-bridge ['təʊlbrɪdʒ] *n* mokamo važiavimo tiltas
toll-call ['təʊlkɔːl] *n amer.* papildomai mokamas tarpmiestinis pasikalbėjimas telefonu *(už kurį imamas didesnis mokestis negu už vietinius pasikalbėjimus)*
toller[1] ['təʊlə] *n* **1** varpininkas **2** varpas
toller[2] *n ret.* mokesčių rinkėjas, rinkliavininkas, muitininkas
toll-free ['təʊl'friː] *amer.* nemokamas
adv nemokamai *(skambinti telefonu)*
tollgate ['təʊlgeɪt] *n* = **toll-bar**
tollhouse ['təʊlhaʊs] *n* kelių rinkliavos rinkimo postas
tollkeeper ['təʊlˌkiːpə] *n (kelių, tiltų)* rinkliavos rinkėjas
tollman ['təʊlmən] *n (pl* -men [-mən]) = **tollkeeper**
tol-lol [ˌtɔl'lɔl] *a šnek.* šiaip sau, pakenčiamas, vidutiniškas
tollroad, tollway ['təʊlrəʊd, 'təʊlweɪ] *n (ypač amer.)* mokamas kelias; mokama magistralė
toluene ['tɔljuiːn] *n chem.* toluolas
tolu-tree [təʊ'luːtriː] *n bot.* balzaminis medis *(P. Amerikoje)*
Tom [tɔm] *n* **1** Tomas *(vardas)* **2** svaigiųjų gėrimų pavadinimuose: **Old ~** kadagių degtinė, džinas; **~ and Jerry** *amer.* karštas punšas su prieskoniais **3** *(t.)* patinas *(ypač katinas);* **t. turkey** kalakutas ◊ **Long ~** a) *ist.* „ilgasis Tomas" *(toliašaudis pabūklas);* b) *šnek.* ilgas cigaras; **every ~, Dick, and Harry** a) bet kuris, kiekvienas; b) paprasti žmonės; **~ Thumb** nykštukas *(pasakose); a* **peeping ~** *(geidulingas)* smalsuolis, sekiotojas
tom [tɔm] *sl. n* kekšė
v kekšauti, paleistuvauti
tom- [tɔm-] *(gyvulių ir paukščių pavadinimuose)* patinas; **tomcat** katinas
tomahawk ['tɔməhɔːk] *n* tomahaukas *(indėnų kirvis)* ◊ **to burry the ~** sudaryti taiką; **to raise the ~, to take/dig up the ~** pradėti/paskelbti karą
v (už)mušti/suduoti tomahauku
toman [təʊ'mɑːn] *n ist.* tumanas *(Persijos auksinė moneta)*
tomato [tə'mɑːtəʊ] *n (pl ~*es [-z]) **1** pomidoras; **husk ~** *bot.* dumplainis **2** *sl.* uogelė *(apie merginą, moterį)*
tomb [tuːm] *n* **1** kapas; antkapis; **the ~ of the Unknown Soldier** Nežinomojo kareivio kapas **2** *(kapų)* rūsys; mauzoliejus
v ret. laidoti
tombac, tombak ['tɔmbæk] *n metal.* tombakas *(žalvario rūšis)*
tombola [tɔm'bəʊlə] *it. n* daiktinė loterija *(kurioje bilietai traukiami)*
tomboy ['tɔmbɔɪ] *n* padauža *(mergaitė),* nutrūktgalvė, pajodžarga
tomboyish ['tɔmbɔɪɪʃ] *a* berniokiška, nutrūktgalviška
tombstone ['tuːmstəʊn] *n* antkapis
tomcat ['tɔmkæt] *n* katinas
tome [təʊm] *n knyg.* didelė knyga, foliantas, tomas
tomentose, tomentous [tə'mentəʊs, 'təʊmentəs] *a bot.* pūkuotas
tomentum [tə'mentəm] *n (pl* -ta [-tə]) *bot.* veltinys *(ant augalo paviršiaus)*
tomfool [ˌtɔm'fuːl] <*n, a, v*> *n* **1** kvailys **2** juokdarys

tomfoolery 977 **tonometer**

a kvailas, absurdiškas
v kvailioti, krėsti juokus, kvailai pokštauti
tomfoolery [tɔmˈfuːlərɪ] *n* **1** kvailiojimas, kvailas elgesys **2** *(ppr. pl)* kvailystės, nesąmonės
tommy [ˈtɔmɪ] *n* **1** *(T.)* Tomis *(vardas)* **2** tomis, eilinis *(anglų kareivio pravardė; t. p. T., T. Atkins)* **3** *šnek.* duona, maistas **4** *tech.* veržliaraktis; *(suktuvo)* rankenėlė
tommy-bar [ˈtɔmɪbɑː] *n tech.* sukiklis
tommy-gun [ˈtɔmɪɡʌn] *n kar. šnek.* automatas
tommyrot [ˈtɔmɪrɔt] *n šnek.* nesąmonės, niekai, kvailystės
tomnoddy [ˌtɔmˈnɔdɪ] *n* mulkis, kvaišelis, neišmanėlis
tomography [təˈmɔɡrəfɪ] *n med.* tomografija
tomorrow [təˈmɔrəu] *adv* rytoj; *a week ~, ~ week* po aštuonių dienų; *see you ~* iki rytdienos *(atsisveikinant)* *n* rytdiena, rytojus *(t. p. prk.);* ~ *morning* rytoj rytą ◊ ~ *is another day* suspėsim ir rytoj, bus ir rytdiena; ~ *never comes* ≅ kai akmuo prakalbės; *like there's no ~ šnek.* tarsi nebūtų rytdienos, nesirūpinant rytdiena *(švaistyti pinigus ir pan.)*
tompion [ˈtɔmpɪən] *n* = **tampion**
tomtit [ˈtɔmtɪt] *n dial.* zylė
tomtom [ˈtɔmtɔm] *n muz.* tamtamas; gongas
-tomy [-təmɪ] *(sudurt. žodžiuose)* -tomija *(žymint sąsają su prapjovimu/perkirtimu); phlebotomy* flebotomija, venos prapjovimas
ton[1] [tɔn] *n (pl* ~, ~s) **1** tona; *long/gross ~* didžioji tona *(= 1016 kg); metric ~* metrinė tona *(= 1000 kg); short/net ~* mažoji tona *(= 907,2 kg); freight ~ jūr.* frachto tona *(= 1,12 m³); register ~ jūr.* registrinė tona *(= 2,83 m³)* **2** *(džn. pl) šnek.* daugybė; *~s of people* daugybė/minia žmonių; *~s of money* krūva pinigų; *the piano weighs a ~* pianinas labai sunkus ◊ *to do a ~ šnek.* važiuoti 100 mylių per valandą *(ypač motociklu)*
ton[2] [tɔŋ] *pr. n ret.* mada, stilius
tonal [ˈtəunl] *a muz., men.* tonalus; toninis
tonality [təuˈnælətɪ] *n muz., men.* tonalumas; tonacija
tondo [ˈtɔndəu] *n (pl* -di [-dɪ]) *men.* tondas
tone [təun] *n* **1** tonas *(t. p. fiz., muz.);* balsas; *deep/low ~* žemas tonas; *high/thin ~* aukštas tonas; *to speak in an angry ~* kalbėti piktu tonu/balsu; *heart ~s med.* širdies tonai; *a ~ higher [lower] muz.* tonu aukščiau [žemiau]; *dialling/amer. dial ~* signalas „linija laisva" *(pakėlus telefono ragelį)* **2** pobūdis, stilius, tonas; *to give/lend the ~ (to)* suteikti pobūdį/stilių; *to set/give the ~* ≅ duoti toną **3** aplinka, atmosfera, nuotaika, dvasia; *the ~ of the nation* tautos dvasia/nuotaika **4** *fiziol.* tonusas; *to give ~* pakelti tonusą **5** *fon.* intonacija; *(balso)* moduliacija; muzikinis kirtis, akcentas **6** *men.* tonas, atspalvis
v **1** suteikti toną *(garsui, spalvai ir pan.)* **2** tonizuoti **3** derinti *(muz. instrumentą)* **4** derinti, derėti *(ypač apie spalvas; t. p. ~ in; with)* □ *~ down* sušvelninti, susilpninti *(toną, kritiką, pyktį ir pan.);* sušvelnėti, silpnėti; *~ up* pakelti *(tonusą),* sustiprinti; sustiprėti
tone-arm [ˌtəunˈɑːm] *n (gramofono)* garso ėmiklis, adapteris
tone-deaf [ˈtəunˈdef] *a* neskiriantis tonų; *he is ~* jis neturi muzikinės klausos
toneless [ˈtəunləs] *a* neišraiškingas, monotoniškas; nespalvingas, neryškus
tonepad [ˈtəunpæd] *n* ryšio su kompiuteriu priemonė *(naudojantis telefono linija)*
tone-poem [ˈtəunˌpəuɪm] *n muz.* simfoninė poema
toner [ˈtəunə] *n* **1** dažiklis, tušas *(spausdintuvams, kopijavimo aparatams ir pan.)* **2** kosmetinis skystis/tepalas *(veidui)*

tonga [ˈtɔŋɡə] *n ind.* lengvas dviratis vežimas
Tonga [ˈtɔŋɡə] *n* Tonga *(valstybė)*
tongs [tɔŋz] *n pl* žnyplės; replės *(džn. a pair of ~)* ◊ *I wouldn't touch him with a pair of ~* aš už jokius pinigus nenorėčiau turėti su juo jokių reikalų
tongue [tʌŋ] *n* **1** liežuvis *(t. p. prk.); furred/dirty/foul/coated ~ med.* apsinešęs liežuvis; *to put/stick one's ~ out* iškišti/parodyti liežuvį *(at – kam); the ~s of fire* ugnies liežuviai **2** *(muz. instrumento ir pan.)* liežuvėlis; *~ of a bell* skambučio liežuvėlis **3** kalba; tarmė; *the German ~* vokiečių kalba **4** kalbėsena, iškalba, liežuvis; *glib ~* gera iškalba, geras liežuvis; *ready ~* šmaikštus liežuvis; *he has a fluent ~* jis sklandžiai kalba; *he has a sharp ~* jo aštrus liežuvis, jis turi sąmojo; *he has a long ~* ≅ jo ilgas liežuvis; jis daug kalba **5** žadas; *to lose one's ~* netekti žado; *to find one's ~* atgauti žadą; *his ~ failed him* jam atėmė žadą **6** *kul.* liežuvis; *jellied ~* liežuvis drebučiuose **7** *(bato)* liežuvis **8** *geogr.* nerija **9** *(svarstyklių)* rodyklė **10** *(vežimo)* rodiklis, grąžulas **11** *tech.* įlaidas; *(mašinos)* ketera **12** *glžk. (iešmo)* smailė ◊ *on everyone's ~, on the ~s of men* ≅ visiems ant liežuvio; *to bite one's ~* ≅ prikąsti liežuvį; *not to get one's ~ round* ≅ liežuvį laužyti, neištarti, sunkiai ištarti *(pavadinimą, žodį); to have too much ~* ≅ kas galvoje, tas ant liežuvio; *to have, ar to speak with, one's ~ in one's cheek* nenuoširdžiai/nerimtai/juokais kalbėti; ironizuoti; *to oil one's ~* meilikauti, saldžialiežuvauti; *to set ~s wagging* sukelti (ap)kalbas; *to loosen smb's ~* ≅ atrišti kam liežuvį; *to tie smb's ~* ≅ liežuvį kam užrišti; *to keep a still/quiet ~ (in one's head)* ≅ liežuvį valdyti/prilaikyti, tylėti; *to keep a civil ~ (in one's head)* kalbėti mandagiai, būti mandagiam; *his ~ is too long for his teeth* ≅ jis nelaiko liežuvio už dantų, jo ilgas liežuvis; *would rather bite off one's ~ than... šnek.* geriau liežuvį nusikąsti, negu...
tongue-and-groove [ˌtʌŋəndˈɡruːv] *stat. n* įlaidas ir išdrožа; įlaidavimas
v įlaiduoti
tongue-in-cheek [ˌtʌŋɪnˈtʃiːk] *a* **1** nenuoširdus, apsimestinis; *~ candour* apsimestinis atvirumas **2** ironiškas, pajuokiamas *(apie pastabą)*
adv ironiškai, juokais; nenuoširdžiai
tongue-lash [ˈtʌŋlæʃ] *v* (iš)koneveikti, (iš)plūsti
tongue-tied [ˈtʌŋtaɪd] *a* **1** netekęs žado, negalintis kalbėti *(iš drovumo, baimės)* **2** prisegtaliežuvis; šveplas
tongue-twister [ˈtʌŋˌtwɪstə] *n* sunkiai ištariamas žodis/frazė; ≅ liežuvį gali nusilaužti
tonic [ˈtɔnɪk] *n* **1** tonizuojantis gėrimas *(t. p. ~ water);* tonizuojanti priemonė **2** *med.* tonizuojantis preparatas **3** *muz.* tonika
a **1** tonizuojantis, stiprinantis; toninis *(apie vaistus)* **2** *muz.* tonikos; toninis *(t. p. fon.; apie kirtį)*
tonicity [təuˈnɪsətɪ] *n med.* tonusas
tonight [təˈnaɪt] *adv* šįvakar; šįnakt
n šis vakaras; ši naktis; *on ~'s radio news* šio vakaro radijo žiniose
toning [ˈtəunɪŋ] *a* **1** derantis, suderintas **2** tonizuojantis
tonkin [ˈtɔnkɪn] *n* tvirtas bambukas *(vart. slidžių lazdoms, meškerykočiams gaminti)*
ton-mileage [ˈtɔnˌmaɪlɪdʒ] *n* krovinio vežimas tonmylėmis
tonnage [ˈtʌnɪdʒ] *n* **1** *(laivo)* tonažas; krovumas, talpa **2** krovinių mokestis/muitas
tonne [tʌn] *n (pl* ~s, ~) metrinė tona *(= 1000 kg)*
tonometer [təuˈnɔmɪtə] *n* **1** *muz.* kamertonas **2** *med.* tonometras *(prietaisas kraujospūdžiui/akispūdžiui matuoti)*

tons [tʌnz] *adv šnek.* daug, žymiai; *I feel ~ better after a rest* pailsėjęs aš jaučiuosi šimtą kartų geriau

tonsil ['tɔnsl] *n anat.* tonzilė, migdolas; *I had my ~s out* man pašalino migdolus/glandas

tonsillectomy [ˌtɔnsɪ'lektəmɪ] *n med.* tonzilektomija, migdolų pašalinimas

tonsillitis [ˌtɔnsɪ'laɪtɪs] *n med.* tonzilitas, migdolų uždegimas

tonsorial [tɔn'sɔːrɪəl] *a (džn. juok.)* kirpėjų, kirpėjo

tonsure ['tɔnʃə] *n* tonzūra
v išskusti/iškirpti tonzūrą

tontine [tɔn'tiːn] *it. n fin.* kasmetinės išmokos *(pasirašiusiems rentines paskolas)*

ton-up ['tʌn'ʌp] *a šnek.* lekiantis daugiau kaip 100 mylių per valandą *(apie motociklininką)*

tony ['təʊnɪ] *a amer. šnek.* prašmatnus, rafinuotas; aristokratiškas *(džn. iron.)*

Tony ['təʊnɪ] *n* **1** Tonis, Tonė *(vardas)* **2** *teatr.* Tonės premija

too [tuː] *adv* **1** per, per daug, pernelyg; *~ little* per mažai; *~ good to be true* neįtikima; per daug gerai, kad galima būtų patikėti; *none ~ good* ne itin geras; *this is really ~ much* to iš tikrųjų per daug **2** labai; *~ bad* labai gaila; *I am only ~ glad* aš labai labai džiaugiuosi **3** taip pat, irgi; *I went there ~* aš taip pat nuėjau ten; *it was a pretty play, and very sad ~* tai buvo gražus spektaklis, bet ir labai liūdnas **4** tikrai; beje; *~ true/right! šnek.* tikrai taip!; *they say he is clever. And he is ~* sako, kad jis protingas. Ir tikrai; *I remember that quite well. It was a Tuesday ~* aš atsimenu tai gana gerai. Beje, tai buvo antradienis; *they sacked him and quite right ~!* jie jį atleido – ir gerai padarė!

took [tuk] *past žr.* **take** *v*

tool [tuːl] *n* **1** įrankis, įnagis **2** *prk.* įrankis, įnagis; priemonė; *he is just their ~* jis tik įrankis jų rankose **3** staklės **4** rėžtuvas **5** *sl.* kalikas *(apie studentą)* **6** *vulg.* penis ◊ *to sharpen one's ~s* ruoštis; *to play with edged ~s* ≡ žaisti su ugnimi; *to down ~s šnek.* mesti dirbus, sustreikuoti
v **1** (ap)dirbti *(įrankiu)* **2** tašyti *(akmenį)*; rėžti *(metalą)* **3** įrengti *(fabriką, cechą ir pan.; t. p. ~ up)* **4** įspausti/įspauduoti piešinį/raides *(odoje, viršelyje ir pan.)* **5** *šnek.* važinėtis, važiuoti; (pa)vežti ☐ *~ up* a) aprūpinti, įrengti; b) *sl.* apsiginkluoti

tooled [tuːld] *a tech.* **1** apdirbtas mechaniniu būdu **2** įrengtas **3** suderintas *(apie stakles)* **4** (į)spaustinis *(apie viršelį)*

tooling ['tuːlɪŋ] *n* **1** mechaninis apdirbimas **2** *(akmens)* tašymas **3** *(knygos viršelio)* įspaudimas

toolkit [tuːlkɪt] *n* įrankių komplektas

toolmaker ['tuːlˌmeɪkə] *n* įrankininkas

toolroom ['tuːlrum] *n* įrankių cechas

toolshed [tuːlʃed] *n (sodo, ūkio ir pan.)* įrankių sandėliukas

toon [tuːn] *n bot.* indiškasis raudonmedis

toot [tuːt] *n* **1** tūtavimas **2** *(trimito, rago)* garsas; *(garvežio, garlaivio)* švilpukas **3** *amer. šnek.* kokaino uostymas **4** *amer. šnek.* išgertuvės
v **1** tūtuoti; pūsti *(pučiamąjį instrumentą);* švilpti *(apie garvežį, garlaivį)* **2** *amer. šnek.* uostyti kokainą ◊ *to ~ one's (own) horn amer.* girtis, reklamuotis

tooth [tuːθ] *n (pl* teeth) **1** dantis; *false [loose] ~* dirbtinis [klibantis] dantis; *calf's/colt's ~* pieninis dantis; *second ~* pastovusis dantis; *the root of the ~* danties šaknis; *crown [neck] of the ~* danties vainikėlis [kaklelis]; *to cut one's teeth* a) (iš)dygti dantimis; b) *prk.* pasimokyti *(on);* *to set/clench one's teeth* sukąsti dantis; *to pull a ~ out* ištraukti dantį; *he had a ~ out* jam ištraukė dantį; *his teeth are chattering* jis kalena dantimis, jo dantys barška/tauška **2** *spec.* krumplys, dantis, virbalas **3** veiksmingumas, galia; *to have teeth* turėti galią *(apie įstatymą ir pan.)* ◊ *long in the ~* senas, nusenęs; *in the teeth of* a) nepaisant; b) prieš; *to cast/fling/throw in smb's teeth* priekaištauti, prikaišioti kam; *to fight ~ and nail* stengtis iš visų jėgų, kovoti įnirtingai; *to get one's teeth into smth šnek.* įsitraukti į ką, energingai ko imtis/griebtis; *to kick smb in the teeth* atsakyti kam parama *ir pan.;* *to show one's teeth* ≡ dantis statyti/rodyti; (su)pykti; *to set smb's teeth on edge* (su)erzinti ką, (su)kelti kam pasipiktinimą; *to lie through one's teeth* ≡ per akis meluoti; *to have a sweet ~* būti smaližiumi/smaguriu; *to one's teeth* į akis, tiesiai; *armed to the teeth (džn. juok.)* apsiginklavęs iki dantų; *I am fed up to the back teeth šnek.* ≡ atkandau dantis, man įkyrėjo iki gyvo kaulo
v **1** (iš)dantyti, įdantyti **2** įsikabinti, į(si)kibti *(dantimis)*

toothache ['tuːθeɪk] *n* dantų skausmas

toothbrush ['tuːθbrʌʃ] *n* dantų šepetėlis; *a ~ moustache* ūsų šepečiai

toothcomb ['tuːθkəum] *n* tankiosios šukos

toothed [tuːθt] *a* dantytas; krumpliuotas, krumplinis; *~ wheel* krumpliaratis; reketas

toothful ['tuːθful] *n (svaigalų)* gurkšnelis; ≡ (nė) ant danties

toothing ['tuːθɪŋ] *n* **1** (iš)dantijimas **2** *tech.* krumplių įpjovimas; krumpliaračių kabinimasis

toothless ['tuːθləs] *a* **1** bedantis **2** bejėgis, neveiksnus *(apie organizaciją ir pan.)*

toothpaste ['tuːθpeɪst] *n* dantų pasta

toothpick ['tuːθpɪk] *n* dantų krapštukas/krapštiklis

toothpowder ['tuːθˌpaudə] *n* dantų milteliai

toothsome ['tuːθsəm] *a juok.* **1** malonaus skonio, skanus **2** gražutis *(kaip paveiksliukas) (apie žmogų)*

toothwheel ['tuːθwiːl] *n tech.* krumpliaratis

toothwort ['tuːθwəːt] *n bot.* **1** dantažolė **2** žvynšaknė

toothy ['tuːθɪ] *a* kapliadantis; dantingas; *~ smile* plati šypsena

tootle ['tuːtl] *n (pučiamųjų instrumentų)* garsas; tūtavimas
v šnek. **1** (tyliai) groti *(fleita),* pūsti *(trimitą ir pan.);* tūtuoti **2** kakti, vykti, keliauti

tootoo [ˌtuː'tuː] *šnek. a* pretenzingas; sentimentalus
adv per daug

toots [tuts] *n (ypač amer.) šnek.* mieloji, pupyte *(kreipiantis)*

tootsie, tootsy ['tutsɪ] *n šnek.* **1** *(ppr. pl)* *vaik.* koja, kojytė **2** = **toots**

top[1] [tɔp] <*n, a, v*> *n* **1** viršūnė; viršus; *from ~ to bottom* a) nuo viršaus iki apačios; b) *prk.* visiškai, iš pagrindų; *at/on the ~ (of)* ant *(ko)* viršaus, *(ko)* viršuje, viršūnėje; *the fifth line from the ~* penkta eilutė iš viršaus; *the ~ of a hill/mountain* viršukalnė; *the ~ of the head* viršugalvis **2** *(stalo, vandens ir pan.)* (viršutinis) paviršius; *~ of milk* nusistojusi grietinė; *(virinto)* pieno grienė/plėvelė; *to come/rise to the ~* a) išplaukti į paviršių; b) *prk.* pasižymėti **3** *(ekipažo ir pan.)* viršus, dangtis; *the ~ of a pot* puodo dangtis **4** aukščiausias laipsnis, zenitas; aukščiausia/garbingiausia vieta; *the ~ of his dreams* jo svajonių viršūnė; *the ~ of the ladder/tree* garbingiausias (vadovaujamas) postas; *to be (at the) ~ of the list* būti sąrašo pradžioje; *he is at the ~ of the class* jis geriausias mokinys klasėje; *he shouted at the ~ of his voice* jis šauké visu balsu; *to take the ~ of the table* sėdėti krikštasuolėje **5** *(gatvės, lauko ir pan.)* galas **6** *(bokšto)* smailė, kupolas; *big ~ šnek.* cirko kupolas/palapinė **7** moteriškų drabužių viršutinė dalis *(palaidinukė, švarkas);* *tank ~* berankovė trikotažinė palaidinukė **8** *aut. šnek.* aukščiausioji pavara *(t. p. ~ gear)* **9** *pl (aulinių batų)* atvartai; ilgi auliniai su atvartais **10** *(džn. pl) bot. (šakniavaisių)* lapai; *(svogūnų)* laiškai; *carrot ~s* morklapiai **11** *kas. (kasinio)* kraigas **12** *metal.* šachtinės krosnies viršus **13** *jūr.* topas; marsas ◊ *off the ~ of one's head* iš anksto neapgalvojęs, nepasiruošęs; *on ~* įveikęs, nugalėjęs, laimėjęs; *to come out on ~* laimėti, būti pirmam; pasisekti; *to get on ~ (of) šnek.* įveikti, priveikti; susidoroti; *on ~ of all that* be viso to, be to; *to be/sit on ~ of the world* ≅ būti (kaip) devintame danguje; *to go over the ~ šnek.* a) perlenkti, persistengti; b) neprotingai rizikuoti; *to be at the ~ of the agenda* būti prioritetiniam; *to blow one's ~ šnek.* a) sprogti iš pykčio; b) išprotėti; *not to have much up ~ šnek.* ≅ turėti mažai košės galvoje; *from ~ to toe* ≅ nuo galvos iki kojų; *to take it from the ~* pradėti nuo pradžios *(atliekant kūrinį, skaitant ir pan.); to the ~ of one's bent* a) smarkiai; iš visų jėgų, iš paskutiniųjų *(dirbti ir pan.);* b) ligi valios; *to get, ar make it, to the ~* pasisekti *a attr* **1** viršutinis; *the ~ shelf* viršutinė lentyna; *~ right [left] (laikraščio/žurnalo puslapio)* viršutiniame dešiniajame [kairiajame] kampe *(apie paveikslą, nuotrauką)* **2** aukščiausias, didžiausias, geriausias; *the ~ price* aukščiausia/maksimali kaina; *~ speed* didžiausias/maksimalus greitis; *our ~ footballers* geriausi mūsų futbolininkai **3** įtakingiausias, žymiausias; *~ men/people* įtakingiausi/vadovaujantys asmenys; valdantys sluoksniai; *~ dog šnek.* svarbiausias žmogus *(įstaigoje ir pan.);* padėties šeimininkas **4** galinis, tolimiausias *(apie lauką, namą ir pan.)* *v* **1** padengti, uždengti; uždėti *(ant viršaus); the mountain was ~ped with snow* kalno viršūnę dengė sniegas **2** pasiekti viršūnę, įkopti į viršūnę; perkopti, perlipti, pereiti *(per kalną);* peršokti **3** būti iškilusiam, kylėti, kilti; *a church ~s a hill* kalvos viršūnėje stovi bažnyčia **4** pirmauti; vadovauti; *to ~ the list* būti pirmam sąraše **5** pralenkti, pranešti, viršyti *(svoriu, ūgiu ir pan.); the fish ~ped three kilograms* žuvis svėrė daugiau kaip tris kilogramus; *he ~s his father by a head* jis visa galva aukštesnis už tėvą **6** gražiai/sėkmingai užbaigti, apvainikuoti *(t. p. ~ off);* *to ~ one's part* tobulai suvaidinti/atlikti vaidmenį **7** (nu)karpyti/(nu)pjauti viršūnę *(t. p. ~ up); to ~ turnips* nupjauti ropių lapus **8** *šnek.* užmušti, nužudyti; *refl* nusižudyti ☐ *~ out* a) pasiekti maksimalų/aukščiausią tašką *(apie kainą ir pan.)* b) iškelti pabaigtuvių vainiką, švęsti *(statybos)* pabaigtuves; *~ up* a) papildyti, pripildyti *(stikliuką ir pan.);* b) prisipilti *(degalų ir pan.; with)* ◊ *to ~ it all šnek.* prie viso to *(prisidėjo dar kiti nemalonūs dalykai)*

top² *n* sukutis, vilkutis, ūžlė *(žaislas); the ~ sleeps ar is asleep* sukutis sukasi taip greitai, kad jo nematyti ◊ *old ~* draugužis, bičiulis

top- [tɔp-] = **topo-**

top-and-tail [ˌtɔpənˈteɪl] *v* (nu)pešioti *(agrastus ir pan.)*

topaz [ˈtəʊpæz] *n min.* topazas

top-boot [ˈtɔpbuːt] *n* aulinis batas su atvartais *(ppr. kitos spalvos)*

top-class [ˈtɔpˈklɑːs] *a* aukščiausios klasės

topcoat [ˈtɔpkəʊt] *n* **1** *(dažų)* viršutinis sluoksnis **2** apsiaustas, paltas

top-down [ˈtɔpˈdaʊn] *a attr spec.* **1** einantis nuo viršaus žemyn; einantis nuo bendrų dalykų prie atskirų **2** hierarchinis; direktyvinis *(apie vadovavimą)*

top-drawer [ˈtɔpˈdrɔːə] *a šnek.* aukštuomenės; aukščiausias, pirmarūšis

top-dress [ˌtɔpˈdres] *v* **1** *ž. ū.* patręšti *(dirvos paviršių)* **2** užpilti, užbarstyti, berti *(ant viršaus)*

tope¹ [təʊp] *n zool.* pilkasis ryklys

tope² *v psn.* girtauti

tope³ *ind. n* stupa

tope⁴ *ind. n (mangamedžių)* miškelis

topee [ˈtəʊpiː] *n* = **topi**

toper [ˈtəʊpə] *n ret.* girtuoklis

top-flight [ˌtɔpˈflaɪt] *a šnek.* aukščiausias, geriausias, pirmarūšis

topfull [ˈtɔpˈfʊl] *a ret.* pilnas, sklidinas

topgallant [tɔpˈgælənt, təˈgælənt] *n jūr.* bramselis *(t. p. ~ sail);* *~ mast* bramstenga; *~ yard* bramrėja

tophamper [ˈtɔpˌhæmpə] *n jūr.* rangautas ir takelažas *(virš viršutinio denio)*

top-hat *n* [ˌtɔpˈhæt] cilindras *(skrybėlė)* *a* [ˈtɔpˈhæt] *šnek.* aukštuomenės, aristokratijos; *~ budget* biudžetas, palankus turtuoliams

top-heavy [ˌtɔpˈhevi] *a* **1** su viršūne, sunkesne už pagrindą; nestabilus **2** su vyraujančiais senyvais kadrais *(apie įmonę, organizaciją)* **3** *fin.* turintis per aukštai įkainotą kapitalą

tophi [ˈtəʊfaɪ] *pl žr.* **tophus**

top-hole [ˌtɔpˈhəʊl] *a šnek.* puikus, pirmos rūšies

tophus [ˈtəʊfəs] *n (pl -phi) med.* **1** natrio urato kristalų susikaupimas sąnarių kremzlėse *ir kt.* audiniuose; podagrinis mazgelis **2** dantų akmenys

topi [ˈtəʊpiː] *ind. n* skrybėlė/šalmas nuo saulės *(atogrąžų kraštuose)*

topiary [ˈtəʊpɪərɪ] *n* **1** figūrinio medžių karpymo menas *(t. p. ~ art)* **2** sodas su dekoratyviai apkarpytais medžiais *(t. p. ~ garden)*

topic [ˈtɔpɪk] *n* **1** tema, dalykas, klausimas; *~ of conversation* pokalbio tema **2** *pl* tematika, problematika, klausimai **3** *kalb. (sakinio)* tema

topical [ˈtɔpɪkl] *a* **1** aktualus; *to deal with ~ issues* nagrinėti aktualius klausimus **2** teminis, tematikos **3** vietinis, lokalus; vietinės/laikinos reikšmės **4** *med.* topinis, vietinis

topicality [ˌtɔpɪˈkælətɪ] *n* **1** aktualumas **2** *(ppr. pl)* aktualija

topknot [ˈtɔpnɔt] *n (plunksnų, plaukų ir pan.)* kuokštas; kuodas

topless [ˈtɔpləs] *a* **1** be viršutinės dalies *(apie suknelę, maudymosi kostiumą)* **2** apsinuoginusi iki pusės, pusnuogė **3** aptarnaujamas pusnuogių padavėjų *(apie barą);* pusnuogių šokėjų *(apie naktinį klubą)* **4** labai aukštas, aukščiausias *(apie kalną ir pan.)*

top-level [ˈtɔpˈlevl] *a attr* aukščiausiojo lygio; *~ negotiations* aukščiausiojo lygio pasitarimas

top-light [ˈtɔplaɪt] *n jūr.* signalinis/flagmano žibintas

top-line [ˈtɔplaɪn] *a* **1** pirmarūšis **2** populiarus; *~ actress (kino, teatro)* žvaigždė **3** sensacingas *(apie naujieną ir pan.)*

toplofty [ˌtɔpˈlɔftɪ] *a amer. šnek.* pasipūtęs, išdidus

topmast [ˈtɔpmɑːst] *n jūr.* stenga; *~ shrouds* stenvantai

topmost [ˈtɔpməʊst] *a* **1** (pats) aukščiausias/viršutinis **2** (pats) svarbiausias; *of ~ importance* nepaprastai svarbus

top-notch ['tɔp'nɔtʃ] *a šnek.* geriausias, puikus, pirmos rūšies
topo- ['tɔpəᵘ-] (*t. p.* top-) (*sudurt. terminuose*) topo-; **topology** topologija; **topographic(al)** topografinis
topographer [tə'pɔgrəfə] *n* topografas
topographic(al) [,tɔpə'græfɪk(l)] *a* topografinis
topography [tə'pɔgrəfɪ] *n* topografija (*t. p. anat.*)
topology [tə'pɔlədʒɪ] *n geom.* topologija
toponymy [tə'pɔnɪmɪ] *n kalb.* toponimika; toponimija
topper ['tɔpə] *n šnek.* **1** cilindras (*skrybėlė*) **2** tai, kas guli viršuje (*ypač apie vaisius*) **3** puikus daiktas/dalykas/žmogus; **chart** ~ pirmas populiariausių įrašų sąraše **4** (*moteriškas*) laisvas neilgas apsiaustas
topping ['tɔpɪŋ] *n* **1** viršūnių karpymas **2** (*patiekalo*) papuošimas, garnyras (*pilamas ant viršaus*) **3** dengimas; dangos paviršius
a **1** kylantis, iškilęs **2** vadovaujantis, pirmaujantis **3** *šnek. psn.* puikus, nuostabus
topple ['tɔpl] *v* **1** (nu)virsti, (nu)pulti, (nu)kristi **2** (pa)virsti, (pa)svirti, pašlyti (*džn.* ~ **over**) **3** nuversti (*vyriausybę ir pan.; t. p.* ~ **down**)
top-ranking ['tɔp'ræŋkɪŋ] *a* aukščiausio rango, vadovaujantis (*apie žmones*)
top-rated ['tɔp'reɪtɪd] *a šnek.* labai populiarus, turintis aukštą reitingą
tops [tɔps] *šnek. n pl* **1** grietinėlė, aukštuomenė **2** (*po skaičiaus*) daugių daugiausia
a (pats) geriausias, puikus
topsail ['tɔpsl] *n jūr.* topselis; marselis (*burė*)
top-sawyer [,tɔp'sɔ:jə] *n* viršutinis pjovėjas (*pjūklu*)
top-scorer ['tɔp'skɔ:rə] *n sport.* komanda/žaidėjas, surinkęs daugiausiai taškų
top-secret ['tɔp'si:krɪt] *a* visiškai slaptas
topside ['tɔpsaɪd] *n* **1** aukščiausios rūšies mėsa (*ypač jautiena*) **2** *jūr.* viršvandeninis bortas
adv ant denio, denyje
topsoil ['tɔpsɔɪl] *n ž. ū.* viršutinis/dirbamasis dirvos sluoksnis
topspin ['tɔpspɪn] *n sport.* labai suktas kamuoliukas/smūgis, topspinas
topstitch ['tɔpstɪtʃ] *v* puošti (*drabužį*) dekoratyvine siūle
topsyturviness [,tɔpsɪ'tə:vɪnɪs] = **topsyturvy** *n*
topsyturvy [,tɔpsɪ'tə:vɪ] <*n, a, adv, v*> *n* netvarka, sumaištis
a apverstas aukštyn kojomis; suverstas, sujauktas
adv aukštyn kojomis, atvirkščiai
v apversti aukštyn kojomis; suversti, sujaukti
top-up ['tɔpʌp] *n* (*stikliuko ir pan.*) papildymas iki viršaus; **who's ready for a ~?** kam papildyti?
toque [təuk] *pr. n* **1** skrybėlaitė (*be atbrailų*) **2** *zool.* Pietryčių Azijos makaka (*t. p.* ~ **macaque/monkey**)
tor [tɔ:] *n* (*kalno*) uolota viršukalnė, uolos viršūnė
torch [tɔ:tʃ] *n* **1** deglas, fakelas **2** žibintas, žibintuvas; **pocket/electric** ~ kišeninis žibintuvėlis **3** *prk.* švyturys, skleidėjas; **the ~ of learning** mokslo skleidėjas; **the ~ of liberty** laisvės fakelas **4** *amer. tech.* litavimo lempa; degiklis; (*dujinis*) pjoviklis ◊ **to hand/pass on the ~** perduoti tradicijas/žinias; **to put to the ~** sudeginti; **to carry the/a ~ (for)** būti įsimylėjusiam, kankintis dėl nelaimingos meilės
v (*ypač amer.*) *šnek.* padegti
torchbearer ['tɔ:tʃ,bɛərə] *n* **1** deglo nešėjas **2** švietėjas, skleidėjas
torchère [tɔ:'tʃɛə] *pr. n* toršeras, šviestuvas
torch-fishing ['tɔ:tʃ,fɪʃɪŋ] *n* žuvavimas su deglais/žibintais

torchlight ['tɔ:tʃlaɪt] *n* fakelo/deglo/žibinto šviesa; ~ **procession** eitynės su deglais
torchon ['tɔ:ʃn] *pr. n* **1** toršonas (*nėrinių rūšis; t. p.* ~ **lace**) **2** toršonas (*popierius; t. p.* ~ **paper**)
torch-song ['tɔ:tʃsɔŋ] *n* dainelė apie nelaimingą meilę
torchy ['tɔ:tʃɪ] *a amer.* liūdnas, sentimentalus (*apie dainą*)
tore[1] [tɔ:] *past žr.* **tear**[1] *v*
tore[2] *n* = **torus** 1 *ir* 3
toreador ['tɔrɪədɔ:] *isp. n* toreadoras
torero [tɔ'rɛərəu] *n* (*pl* ~s [-z]) = **toreador**
toreutic [tə'ru:tɪk] *a* kalstytas, raižytas (*apie metalo dirbinį*)
tori ['tɔ:raɪ] *pl žr.* **torus**
torment *n* ['tɔ:ment] **1** kankinimas(is); kančios, kančia; **to be in ~** kankintis; **to suffer ~(s)** kentėti (kančias) **2** kankynė (*džn. juok.*); **this child is a positive ~** šitas vaikas tikra kankynė
v [tɔ:'ment] **1** kamuoti, kankinti (*t. p. prk.*); *refl* kankintis; **he was ~ed by doubts** jį kankino abejonės **2** erzinti; įkyrėti
tormentil ['tɔ:məntɪl] *n bot.* sidabražolė, degsnis
tormentor [tɔ:'mentə] *n* **1** kankintojas **2** *teatr.* pirmieji kulisai
tormentress [tɔ:'mentrɪs] *n* kankintoja
tormina ['tɔ:mɪnə] *n pl med.* žarnų diegliai
torn [tɔ:n] *pII žr.* **tear**[1] *v*
tornado [tɔ:'neɪdəu] *isp. n* (*pl* ~(e)s [-z]) **1** tornadas; uraganas, viesulas **2** *prk.* audra; ~ **of applause** plojimų audra **3** *sport.* „Tornado" klasės jachta
Toronto [tə'rɔntəu] *n* Torontas (*Kanados miestas*)
torose [tɔ'rəus] *a bot., zool.* gumbuotas, gumburiuotas
torpedo [tɔ:'pi:dəu] *n* (*pl* ~es [-z]) **1** torpeda **2** *amer. sl.* žudikas profesionalas **3** *glžk.* signalinė petarda **4** *zool.* elektrinė raja (*t. p.* ~ **fish**)
v torpeduoti (*t. p. prk.*); **to ~ the talks** torpeduoti derybas
torpedo-boat [tɔ:'pi:dəubəut] *n* minininkas (*laivas*); torpedinis kateris; ~ **destroyer** *ist.* eskadrinis minininkas
torpedo-net(ting) [tɔ:'pi:dəu,net(ɪŋ)] *n* priešmininis tinklas, priešmininė užtvara
torpedo-plane [tɔ:'pi:dəupleɪn] *n* torpedinis lėktuvas
torpedo-tube [tɔ:'pi:dəutju:b] *n* torpedinis vamzdis
torpid ['tɔ:pɪd] *a* **1** neveiklus, apsnūdęs, apatiškas; vangus **2** sustingęs, apmiręs, nutirpęs, torpidinis **3** *zool.* miegantis žiemos miegu
torpidity [tɔ:'pɪdətɪ] *n* neveiklumas, apsnūdimas *ir kt., žr.* **torpid**
torpor ['tɔ:pə] *n* **1** sustingimas, stingulys **2** abejingumas, apatija; apsnūdimas **3** bukumas, kvailumas **4** *zool.* (*žiemos*) miegas
torque [tɔ:k] *n* **1** *fiz.* sąsūkos momentas (*t. p.* **torsion ~**); ~ **vibration** sąsukamieji virpesiai **2** *aut.* sukimo momentas; ~ **tube** reaktyvinis vamzdis **3** *archeol.* sukto metalo vėrinys/apyrankė
v spec. sukti
torr [tɔ:] *n* (*pl* ~) *fiz.* toras (*slėgio vienetas*)
torrefy ['tɔrɪfaɪ] *v* **1** džiovinti, kaitinti (*ant ugnies ir pan.*) **2** (ap)deginti, (iš)degti
torrent ['tɔrənt] *n* **1** srautas (*t. p. prk.*); srovė; **a ~ of questions** klausimų srautas **2** *pl* liūtis; **the rain falls in ~s** lietus pilte pila, lyja kaip iš kibiro
torrential [tə'renʃl] *a* **1** srautingas, sraunus, srovingas **2** smarkus, liūtinis (*apie lietų*)
torrid ['tɔrɪd] *a* **1** kaitrus, karštas, deginantis; (*saulės*) išdegintas; ~ **zone** atogrąžos, tropinė juosta, tropikai **2** aistringas, karštas

torse [tɔːs] *n her.* girlianda
torsion ['tɔːʃn] *n* **1** sukimas, su(si)sukimas *(t. p. tech.)*; užsukimas *(ypač med.)*; **~ bar** *tech.* torsionas **2** *fiz.* sąsūka
torsion-balance ['tɔːʃnˌbæləns] *n tech.* sukamosios svarstyklės
torso ['tɔːsəu] *it. n (pl ~s [-z])* **1** liemuo, torsas *(t. p. men.)* **2** *(kūrinio)* fragmentas; nebaigtas kūrinys
tort [tɔːt] *n teis.* civilinės teisės pažeidimas, dėl kurio galima pareikšti ieškinį, deliktas
tortfeasor ['tɔːtˌfiːzə] *n teis.* civilinės teisės pažeidėjas
torticollis [ˌtɔːtɪ'kɔlɪs] *n med.* kreivakaklystė, tortikolis
tortile ['tɔːtɪl] *a ret.* susuktas, suvytas
tortilla [tɔː'tiːjə] *isp. n* tortilja *(kukurūzų paplotėlis, paplitęs Meksikoje)*
tortious ['tɔːʃəs] *a teis.* žalą sukeliantis; deliktinis
tortoise ['tɔːtəs] *n zool. (sausumos)* vėžlys; **~ beetle** vėžliukas *(kenkėjas)*
tortoiseshell ['tɔːtəsʃel] *n* **1** vėžlio kiautas **2** vėžlena; **~ comb** vėžleninės šukos **3** raina katė *(t. p. ~ cat) a* vėžliškas
tortrix ['tɔːtrɪks] *n (pl -ices [-aɪsiːz] zool.* lapsukis *(t. p. ~ moth)*
tortuosity [ˌtɔːtʃu'ɔsətɪ] *n* **1** vingiuotumas; vingrumas; vingis **2** suktumas, nenuoširdumas
tortuous ['tɔːtʃuəs] *a* **1** vingiuotas; vingrus **2** nenuoširdus, suktas
torture ['tɔːtʃə] *n* **1** kankinimas; **to put to (the) ~** kankinti; **instruments of ~** kankinimo įrankiai **2** kančia; kankynė; **to be waiting again was absolute ~** vėl laukti buvo tikra kankynė
v **1** kankinti *(t. p. prk.)*; **she is ~d with headaches** ją kankina galvos skausmai **2** iškraipyti, iškreipti *(prasmę ir pan.)*
torturer ['tɔːtʃərə] *n* kankintojas, budelis
torus ['tɔːrəs] *n (pl -ri)* **1** *archit., geom.* toras **2** *bot.* žiedsostis **3** *anat.* velenas
Tory ['tɔːrɪ] *n* toris, konservatorius; **high ~** kraštutinis konservatorius
Toryism ['tɔːrɪɪzm] *n* konservatizmas
tosh [tɔʃ] *n šnek.* niekai, nesąmonė
toss [tɔs] *n* **1** metimas; mėtymas; **the ~ of a coin** monetos metimas *(sprendžiant ką burtais)*; **to win the ~** laimėti burtus *(metant monetą)* **2** *(raitelio)* numetimas; **to take a ~** (nu)kristi *(nuo arklio)* **3** *(galvos)* krestelėjimas, atmetimas; **she left the room with a contemptuous ~ of the head** ji išėjo iš kambario, paniekinamai atmetusi galvą **4** blaškymasis ◊ **to argue the ~** ginčytis po laiko, ginčytis tuščiai; **you [I] don't give a ~** tau [man] visai nesvarbu
v **1** mesti, pamėtėti; (pa)mėtyti, mėčioti; **to ~ a bone to a dog** sviesti kaulą šuniui; **to ~ a ball** mėtyti kamuolį; **to ~ a coin, to ~** *(for)* mesti monetą/burtus; **~ me the newspaper** pamėtėk man laikraštį **2** numesti *(raitelį)* **3** apversti ore *(ypač blyną)* **4** krestelėti, atmesti *(galvą)*; užmesti ant ragų *(apie jautį)* **5** sumaišyti, paruošti *(salotas ir pan.)* **6** kilsuoti, supti(s) *(apie laivą)* **7** blaškyti(s) *(t. p. ~ about)*; **to ~ and turn** vartytis *(lovoje nemiegant)* **8** *kas.* plauti, valyti plaunant *(rūdą)* □ **~ away** a) išmesti *(šlamštą)*; b) praleisti *(progą)*; **~ off** a) išmaukti; b) greitomis sukurti/parašyti *ir pan.*; c) *vulg.* masturbuotis; **~ up** išmesti aukštyn *(monetą)*; mesti burtus
tosspot ['tɔspɔt] *n sl.* girtuoklis
toss-up ['tɔsʌp] *n* **1** monetos išmetimas *(buriant)* **2** *šnek.* lygūs šansai; *(situacijos)* neaiškumas, netikrumas; **who will win? – it is a ~** kas laimės? – tai dar neaišku, tai dar

klausimas; **it was a ~ between a pizza and a sandwich** reikėjo rinktis arba picą, arba sumuštinį
tossy ['tɔsɪ] *a šnek.* įžūlus, akiplėšiškas
tot¹ [tɔt] *n* **1** *šnek.* vaikutis, vaikelis, mažylis *(ypač tiny ~)* **2** *(svaigalų)* gurkšnelis **3** lašelis, truputis
tot² *n* suma, skaičius
v susumuoti, suskaičiuoti *(ppr. ~ up)*; **I'll ~ it up** aš susumuosiu rezultatus; **it ~s up to 20 dollars** tai sudaro 20 dolerių □ **~ up** *(to)* siekti *(kiek)*
tot³ *v sl.* rankioti iš sąvartyno *(ką galima parduoti)*
total ['təutl] <*n, a, v*> *n (visa)* suma; **the grand ~** bendroji suma; **in ~** iš viso, susumavus
a **1** visas, suminis; bendras; **the ~ population** bendras gyventojų skaičius **2** visiškas, absoliutus; **~ stranger** visiškai nepažįstamas žmogus; **~ eclipse** *astr.* visiškas užtemimas; **~ failure [silence]** visiška nesėkmė [tyla] **3** totalinis; **~ war** totalinis karas
v (-ll-) **1** suskaičiuoti, (su)sumuoti *(t. p. ~ up)* **2** sudaryti, siekti *(apie sumą, skaičių)*; **the delegates ~led 100** delegatų (iš viso) buvo 100 **3** *amer. šnek.* visiškai sudaužyti *(automobilį ir pan.)*
totalitarian [ˌtəutælɪ'tɛərɪən] *a* totalitarinis
totalitarianism [ˌtəutælɪ'tɛərɪənɪzm] *n* totalitarizmas
totality [təu'tælətɪ] *n* **1** visuma, visetas, visybė; totalumas; **in its ~** visas, iš viso **2** *astr.* visiško užtemimo laikas
totalizator ['təutəlaɪzeɪtə] *n* totalizatorius
totalize ['təutəlaɪz] *v* (su)sumuoti, suskaičiuoti
totalizer ['təutəlaɪzə] *n* **1** sumavimo įrenginys, sumatorius **2 = totalizator**
totally ['təutəlɪ] *adv* visiškai, visai, absoliučiai
tote¹ [təut] *n šnek.* **1** totalizatorius **2** loterija
tote² *(ypač amer.) šnek. n* **1** krovinys, nešulys, našta **2** gabenimas, vežimas
v **1** nešti; nešioti *(ginklą)* **2** gabenti, vežti □ **~ around** tampyti, nešioti
tote-bag ['təutbæg] *n amer.* didelis krepšys *(pirkiniams ir pan.)*
totem ['təutəm] *n* totemas
totemic [təu'temɪk] *a* toteminis
totem-pole ['teutəmˌpəul] *n (Š. Amerikos indėnų)* toteminis stulpas
tother, t'other ['tʌðə] *dial.* = **the other**
toto ['təutəu]: **in ~** *lot.* iš viso, visas
totter ['tɔtə] *v* **1** svirduliuoti, svyrinėti **2** (su)sverdėti, (su)svyruoti *(t. p. prk., apie sostą ir pan.)*
tottering, tottery ['tɔtərɪŋ, -rɪ] *a* svirduliuojantis; svyruojantis, netvirtas
toucan ['tuːkən] *n zool.* tukanas *(atogrąžų miškų paukštis)*
touch [tʌtʃ] *n* **1** (pa)lytėjimas; (prisi)lietimas, palietimas; **~ is the fifth of our senses** lyta – mūsų penktasis pojūtis; **soft to the ~** minkštas palytėti/pačiupinėti; **I felt a ~ on my shoulder** pajutau, kad kažkas man palietė petį **2** ryšys, sąlytis; **to be [to keep] in ~ (with)** turėti [palaikyti] ryšį; **to get in ~ (with)** užmegzti ryšį, susisiekti; **to lose ~ (with)** netekti ryšio, prarasti ryšį; atitrūkti *(nuo)*; **to put smb in ~ with smb** suvesti ką su kuo, padėti kam užmegzti ryšį su kuo **3** paskutinė smulkmena, brūkštelėjimas *(užbaigiant ką)*; **to put the finishing/final ~es** *(to)* galutinai pabaigti, išdailinti **4** bruožas; **personal ~** *(žmogaus)* būdingi bruožai; **to have a ~ of madness (in one's composition)** būti kvaištelėjusiam **5** *(dailininko ir pan.)* braižas, maniera; **here we can see the ~ of a great master** čia matome didelio meistro ranką **6** truputis; atspalvis, šešėlis; **add a ~ of salt** pridėkite truputį druskos; **a ~ of irony** ironijos gaidelė; **a ~ of bitterness** kartė-

lio šešėlis; *a ~ slow* lėtokas **7** nedidelis priepuolis/su(si)žalojimas *ir pan.*; *a ~ of the sun* persikaitinimas saulėje **8** liestynės *(vaikų žaidymas; t. p. ~ and run)* **9** *šnek.* iškaulijimas, išviliojimas *(pinigų);* iškaulyti/išvilioti pinigai **10** *psn.* išmėginimas, išbandymas; *to put/bring to the ~* (iš)bandyti **11** *muz.* tušė **12** *sport.* užribis *(futbole);* **in** = užribyje ◊ *to lose one's ~* netekti formos *(ypač sport.); the common ~* mokėjimas bendrauti su paprastais žmonėmis; *the human ~* žmoniškumas; *in/within ~* a) arti; čia pat, po ranka; b) pasiekiama; *near ~* pavojus, kurio vos pavyko išvengti; *a soft ~* *šnek.* lengvai apmulkinamas žmogus, mulkis; *at the ~ of a button* labai lengvai/paprastai
v **1** liesti(s), pri(si)liesti, paliesti, (pa)lytėti, čiupinėti; *to ~ one's hat* sveikinantis kilstelėti skrybėlę; *the leaves of the plants are not ~ing* augalų lapai nesusiliečia; *please, do not ~!* rankomis neliesti!; *I never ~ed him!* aš prie jo net neprisiliečiau!, aš jam nieko nepadariau! **2** (pa)ragauti, valgyti, gerti; *not to ~ the stuff* nevartoti svaigalų; *he hasn't ~ed food for two days* jis nevalgė, *ar* neprisilietė prie valgio, dvi dienas; *I couldn't ~ anything* aš negalėjau nieko valgyti **3** (pa)siekti; *to ~ the shore* pasiekti krantą; *the thermometer ~ed 35° yesterday* termometras vakar rodė 35°; *can you ~ the top shelf?* ar tu gali pasiekti viršutinę lentyną? **4** (pa)liesti *(temą ir pan.);* užsiminti *(on, upon); to ~ on/upon a question/subject* paliesti klausimą **5** *(džn. pass)* pakenkti, pažeisti; *the fire didn't ~ the pictures* ugnis nepalietė/nekliudė paveikslų; *the flowers are ~ed with frost* gėles pakando šalna **6** (pa)veikti; *nothing will ~ these stains* šių dėmių nepašalinsi **7** jaudinti; *it ~ed me to the heart* tai mane sujaudino iki širdies gelmių; *these words ~ed him home/to the quick* šie žodžiai jį sujaudino, pataikė jam į pačią širdį **8** turėti ryšį; *a serious matter that ~es your future* rimtas reikalas, susijęs su jūsų ateitimi; *how does it ~ me?* kaip tai siejasi su manimi? **9** prilygti; *no one can ~ him as a violinist* kaip smuikininkui jam niekas negali prilygti; *there is nothing to ~ mountain air* niekas neprilygsta kalnų orui **10** brūkštelėti *(pieštuku, teptuku, degtuku)* **11** suteikti atspalvį, padažyti *(t. p. ~ up);* *hair ~ed with gray* žilstelėję plaukai **12** uždirbti, gauti; *he ~es £ 2 a week* jis uždirba du svarus per savaitę **13** *šnek.* išprašyti, (iš)kaulyti, išvilioti *(pinigus; for); he ~ed me for a large sum of money* jis iš manęs iškaulijo didelę sumą pinigų **14** *geom.* liesti **15** *jūr.* užplaukti *(į uostą; at)* □ *~ down* av. nusileisti, nutūpti; *~ in* galutinai baigti, pridėti *(detalę paveiksle ir pan.);* *~ off* a) (iš)sprogdinti, iššauti; sukelti sprogimą; b) sukelti *(riaušes, krizę ir pan.);* c) greitomis apmesti, škicuoti; *~ up* a) pataisyti, patobulinti *(paveikslą, straipsnį ir pan.);* b) *fot.* retušuoti; c) paraginti *(arklį);* d) *šnek.* kibinti, kirkinti
touchable ['tʌtʃəbl] *a* apčiuopiamas, juntamas
touch-and-go [,tʌtʃən'gəu] *n* neaiški/pavojinga padėtis, rizikingas/pavojingas dalykas; *it was ~ with the sick man* ligonis buvo per plauką nuo mirties
a netikras, neaiškus; rizikingas, pavojingas
touchdown ['tʌtʃdaun] *n* **1** *av.* nusileidimas, nutūpimas; *to make a ~* nusileisti, nutūpti **2** *sport.* įvartis *(regbyje)*
touché ['tu:ʃeɪ, tu:'ʃeɪ] *pr. int* visiškai teisingai!, tikrai taip!, taškas tavo naudai! *(pripažįstant argumento/pastabos teisingumą ir pan.)*
touched [tʌtʃt] *a predic* **1** sujaudintas **2** *šnek.* kuoktelėjęs, paiktelėjęs; *he is ~ (in the head)* jis ne visai sveiko proto, ≡ jam vieno šulo trūksta

toucher ['tʌtʃə] *n* liečiantysis ◊ *near ~* pavojus, kurio vos pavyko išvengti; *as near as a ~* vos, per plauką *(nuo);* *to a ~* tiksliai
touchiness ['tʌtʃɪnɪs] *n* **1** įžeidumas **2** (padidėjęs) jautrumas
touching ['tʌtʃɪŋ] *a* jaudinantis, graudus
prep knyg. ryšium su, dėl *(t. p. as ~)*
touchline ['tʌtʃlaɪn] *n sport.* užribio linija *(futbole, regbyje)*
touch-me-not [,tʌtʃmɪ'nɔt] *n* **1** išdidus/įžeidus/atšiaurus žmogus *(ypač moteris)* **2** *bot.* (paprastoji) sprigė
touch-needle ['tʌtʃˌniːdl] *n spec.* prabavimo adata
touchpaper ['tʌtʃˌpeɪpə] *n* popieriaus žiuželis *(uždegti fejerverkams ir pan.)*
touchstone ['tʌtʃstəun] *n* **1** prabavimo akmuo; galąstuvas **2** vertinimo pagrindas, kriterijus
touch-tone ['tʌtʃtəun] *a:* *~ phone* mygtukinis telefono aparatas
touch-type ['tʌtʃtaɪp] *v* spausdinti *(mašinėle)* akluoju metodu
touch-typist ['tʌtʃˌtaɪpɪst] *n* mašininkė, spausdinanti akluoju metodu
touchwood ['tʌtʃwud] *n* pūzras
touchy ['tʌtʃɪ] *a* **1** greitai įsižeidžiantis, įžeidus **2** pernelyg jautrus **3** keblus; rizikingas, pavojingas **4** degus, lengvai užsidegantis
tough [tʌf] <*a, n, v*> *a* **1** kietas, diržingas; tamprus, tąsus; *(as) ~ as leather* kietas kaip šikšna *(ppr. apie kepsnį); (as) ~ as old boots* a) labai kietas; b) labai stiprus/ištvermingas **2** tvirtas, patvarus; ištvermingas; *~ soldier* ištvermingas karys **3** ryžtingas, atkaklus, griežtas; *it's time to get ~ on crime* laikas griežčiau kovoti su nusikalstamumu; *~ resistance* atkaklus pasipriešinimas **4** sunkus; *~ task* sunki užduotis; *she is having a ~ time* ji išgyvena sunkų laikotarpį **5** užkietėjęs; užsispyręs, nesukalbamas; *~ criminal* užkietėjęs nusikaltėlis; *~ customer* nesukalbamas/sunkus žmogus **6** *šnek.* nesėkmingas; *~ luck!* velniškai nesiseka!, kokia nesėkmė!; *that's your ~ luck* čia tavo bėda/problema **7** *šnek.* nusikaltėlių, chuliganų *(apie rajoną ir pan.);* chuliganiškas **8** *amer. šnek.* genialus
n šnek. chuliganas, banditas
v: ~ it out ištverti, iškęsti
toughen ['tʌfn] *v* **1** kietėti, diržti; kietinti **2** už(si)grūdinti *(t. p. prk.; t. p. ~ up)* **3** sugriežtinti *(t. p. ~ up)*
toughie ['tʌfɪ] *n šnek.* **1** užsispyręs, sunkiai sukalbamas žmogus, kietakaktis **2** sunkus klausimas, sunki problema
toughness ['tʌfnɪs] *n* kietumas, diržingumas *ir kt., žr.* **tough** *a*
toupée, toupet ['tu:peɪ] *pr. n* tupetas; mažas perukas *(dedamas ant plikos vietos)*
tour [tuə] *n* **1** kelionė; turnė; *to make a ~ of the world* keliauti po pasaulį; *a foreign ~* kelionė po užsienį; *the grand ~ ist.* kelionė po Prancūziją, Italiją *ir kt.* šalis baigti mokslo **2** ekskursija, išvyka *(t. p. conducted/guided ~); a sightseeing ~ of the town* ekskursija po miestą **3** *teatr.* gastrolės, turnė; *to be on ~* gastroliuoti **4** ratas, turas; aplankymas, apėjimas; *~ of inspection* inspekcinis (apsi)lankymas; *~ of duty* a) stažuotė *(in);* b) *kar.* tarnybos laikas **5** pamaina *(fabrike ir pan.); they work three ~s day* jie dirba trimis pamainomis ◊ *~ de force* meistriškumo/jėgos rodymas/demonstravimas
v **1** keliauti *(through, round); to ~ (through) a country* keliauti po šalį **2** apvažiuoti, apeiti **3** *teatr.* gastroliuoti; *they ~ed 'King Lear'* jie gastrolėse rodė „Karalių Lyrą"

touraco ['tuərəkəu] *n* = **turaco**
tourer ['tuərə] *n* **1** = **touring-car 2** turistinis dviratis
touring ['tuərɪŋ] *n* turizmas
  a turistinis
touring-car ['tuərɪŋkɑ:] *n* atviras turistinis automobilis
tourism ['tuərɪzm] *n* turizmas
tourist ['tuərɪst] *n* **1** turistas; keliautojas **2** *sport.* svečių komanda **3** *attr* turistinis; **~ agency** kelionių biuras; **~ class** žemiausia klasė *(garlaivyje, lėktuve);* **~ ticket** grįžtamasis bilietas be datos *(galiojantis ilgesnį laiką);* **~ attraction** turistų lankoma vieta
touristy ['tuərɪstɪ] *a menk.* turistų išvaikščiotas/nuniokotas
tourmalin, -line ['tuəməlɪn, -li:n] *n min.* turmalinas
tournament ['tuənəmənt, 'tɔ:nəmənt] *n sport.* turnyras *(t. p. ist.)*
tournedos ['tuənədəu] *pr. n* (*pl* ~ [-z]) *kul.* jautienos filė riekutės *(apvyniotos lašinukais)*
tourney ['tuənɪ] *n* turnyras *(ypač ist.)*
  v kautis turnyre
tourniquet ['tuənɪkeɪ] *pr. n med.* turniketas
tousle ['tauzl] *v* taršyti, šiaušti, velti
tousled ['tauzld] *a* sutaršytas, sušiauštas, suveltas *(apie plaukus);* susišiaušęs, susivėlęs *(apie žmogų)*
tousy ['tauzɪ] *a dial.* = **tousled**
tout [taut] *n* **1** spekuliantas *(bilietais; t. p.* **ticket** ~*)* **2** komivojažierius; asmuo, įkyriai peršantis savo prekes/paslaugas **3** asmuo, renkantis ir parduodantis žinias apie žirgus prieš lenktynes
  v **1** smarkiai girti, reklamuoti **2** spekuliuoti *(bilietais)* **3** atkakliai ieškoti *(klientų ir pan.),* įkyriai piršti prekes/paslaugas *(for)* **4** surinkti ir parduoti žinias apie žirgus prieš lenktynes **5** *šnek.* sekti, šnipinėti
tow[1] [təu] *n* **1** vilkimas, buksyravimas; **to take smth in ~** pririšti traukimo lyną *(prie laivo, automobilio);* **to have/take smth on ~** vilkti, buksyruoti ką; **to take a ~** būti velkamam **2** velkamas/buksyruojamas laivas/plaustas *ir pan.* **3** vilkikas **4** buksyras, vilktis ◊ **in ~** iš paskos, įkandin; **to have smb in ~** būti *(ko)* lydimam; globoti ką
  v vilkti, buksyruoti, traukti, tempti □ **~ away** nutempti automobilį *(ypač apie policiją)*
tow[2] *n* **1** kuodelis **2** pakulos
towage ['təuɪdʒ] *n jūr.* **1** vilkimas, buksyravimas **2** mokestis už vilkimą/buksyravimą
toward[1] ['təuəd] *a predic psn.* **1** vykstantis; būsimas, ateinantis **2** palankus
toward[2] [tə'wɔ:d] *prep* = **towards**
towardly ['təuədlɪ] *a psn.* **1** palankus, tinkamas **2** paklusnus, sukalbamas **3** mokslus, supratingas
towards [tə'wɔ:dz] *prep* **1** link; į; **~ the door** durų link; **his back was turned ~ me** jis stovėjo nugara į mane; **the windows look ~ the sea** langai išeina į jūrą; **tendency ~ inflation** polinkis į infliaciją; **his attitude ~ art is rather strange** jo požiūris į meną gana keistas **2** apie, į *(žymint laiką);* **~ noon** apie pusiaudienį; **~ the end of our journey** į mūsų kelionės pabaigą **3** *žymint tikslą, verčiama naudininku/bendratimi:* **save money ~ your education** taupyk pinigus mokslui; **to make effort ~ a reconciliation** stengtis susitaikyti **4** *žymint santykį, verčiama naudininku:* **what are his feelings ~ us?** ką jis jaučia mums?; **they were all hostile ~ me** jie visi buvo man priešiški
towaway ['təuəweɪ] *n:* **~ zone** *amer.* zona, kurioje automobiliams stovėti draudžiama *(iš jos jie gali būti policijos nutempiami)*
tow-bar ['təubɑ:] *n aut. (vilkiko)* grąžulas

towboat ['təubəut] *n* vilkikas *(laivas),* buksyras
towel ['tauəl] *n* rankšluostis; **Turkish ~** pūkuotas/frotinis rankšluostis ◊ **to throw/chuck in the ~** *šnek.* pasiduoti
  v (-ll-) (džn. refl) šluostyti(s) *(rankšluosčiu; t. p.* **~ down***)*
towelette [ˌtauə'let] *n* higieninė servetėlė *(rankoms/veidui nusivalyti)*
towel-horse ['tauəlhɔ:s] *n* rankšluoščių kabykla, rankšluostinė
towelling ['tauəlɪŋ] *n* **1** rankšluoščių audeklas **2**: **to give smb a good ~** gerai nušluostyti ką rankšluosčiu
towel-rack, -rail ['tauəlræk, -reɪl] *n* = **towel-horse**
tower ['tauə] *n* **1** bokštas **2**: **the T. (of London)** Taueris *(ist. karališkasis kalėjimas, dabar muziejus)* **4** *archit.* pilonas ◊ **he was a ~ of strength to me** jis buvo man patikimas ramstis
  v **1** (iš)kilti, būti iškilusiam *(above, over – virš)* **2** būti (žymiai) aukštesniam *(t. p. prk.; above, over – už)*
towering ['tauərɪŋ] *a attr* **1** kylantis, aukštas, aukštai iškilęs *(virš)* **2** didėjantis, augantis **3** baisus, nesuvaldomas; **in a ~ rage** baisiai supykęs, įniršęs
towhead ['təuhed] *n* **1** šviesūs plaukai **2** šviesiaplaukis **3** *ret.* kuodas, sušiauštai plaukai
towing-line ['təuɪŋlaɪn] *n* = **towline**
towing-path ['təuɪŋpɑ:θ] *n* = **towpath**
towing-rope ['təuɪŋrəup] *n* = **towline**
towline ['təulaɪn] *n* vilktis, buksyras, buksyrinis lynas
town [taun] *n* **1** miestas; miestelis; **~ councillor** miesto tarybos narys; **out of ~** a) užmiestyje; b) išvykęs *(iš miesto);* **I'm from out of ~** aš negyvenu šiame mieste **2** *kuop.* miesto/miestelio gyventojai; **the whole ~ knows about it** apie tai žino visas miestas **3** *(rajono ir pan.)* administracinis centras; artimiausias didesnis miestas **4** miesto komercijos/prekybos centras *(t. p.* **~ centre***)* ◊ **(out) on the ~** a) miesto linksmybių sūkuryje; b) *amer.* gaunantis bedarbio pašalpą; **to go/be out on the ~** linksmintis, ūžauti, lėbauti; **to go to ~** *šnek.* įsismarkauti, įsismaginti *(ppr. išleidžiant daug pinigų; on);* iššvaistyti *(on);* **to paint the ~ red** *šnek.* triukšmingai linksmintis, siautėti
town-dweller ['taunˌdwelə] *n* miestietis, miestelėnas
townee [tau'ni:] *n* = **townie**
townie ['taunɪ] *n (džn. menk.)* (grynas) miestietis, miesčionis
townish ['taunɪʃ] *a* miesto, miestietiškas
town-planning ['taunˌplænɪŋ] *n* miestų planavimas; miestų statyba
townscape ['taunskeɪp] *n* **1** miesto peizažas; urbanistinis landšaftas **2** *archit.* estetinis miestų statybos aspektas
townsfolk ['taunzfəuk] *n* = **townspeople**
township ['taunʃɪp] *n* **1** *amer.* miesčiukas; 36 kvadratinių mylių plotas *(teritorinis vienetas);* apygardos dalis *(Kanadoje)* **2** *austral.* miestelis, gyvenvietė **3** spalvotųjų/nebaltųjų miestelis *(P. Afrikoje)* **4** *ist.* didelės parapijos dalis *(miestelis, bažnytkaimis, kaimas);* parapijiečiai
townsman ['taunzmən] *n (pl* -men [-mən]) *(tik v.)* **1** miestietis **2** to paties miesto gyventojas
townspeople ['taunzˌpi:pl] *n pl* miestiečiai, miestelėnai
townswoman ['taunzˌwumən] *n (pl* -women [-ˌwɪmən]) **1** miestietė **2** to paties miesto gyventoja
towpath ['təupɑ:θ] *n* **1** pakrantės takas **2** *jūr.* laivavilkių takas
towrope ['təurəup] *n* = **towline**
tow-row ['təurəu] *n šnek.* triukšmas; barnis, skandalas
towtruck ['təutrʌk] *n amer.* avarinė mašina; sunkvežimis vilkikas

towy ['təʊɪ] *a* pakulotas
tox(a)emia [tɔk'si:mɪə] *n med.* toksemija, toksinai kraujuje
toxic ['tɔksɪk] *n* nuodai
  a nuodingas, toksinis, toksiškas
toxicant ['tɔksɪkənt] = **toxic** *n*
toxicity [tɔk'sɪsətɪ] *n* nuodingumas, toksiškumas
toxicology [ˌtɔksɪ'kɔlədʒɪ] *n med.* toksikologija
toxicosis [ˌtɔksɪ'kəʊsɪs] *n med.* ap(si)nuodijimas, toksikozė
toxin ['tɔksɪn] *n spec.* toksinas
toxoplasmosis [ˌtɔksəʊplæz'məʊsɪs] *n med.* toksoplasmozė *(liga)*
toy [tɔɪ] <*n, a, v*> *n* **1** žaislas, žaisliukas *(t. p. prk.);* **to make a ~** *(of)* žaisti *(kuo),* pramogauti; **he was a mere ~ in her hands** jis buvo tik žaisliukas jos rankose **2** niekutis; mažmožis **3** mažas daiktelis/gyvuliukas; **a ~ of a house** namelis; **a ~ of a dog** šunelis **4** *sl.* laikrod(ėl)is; **~ and tackle** laikrod(ėl)is su grandinėle
  a attr **1** žaislinis; **~ car** žaislinis automobilis **2** mažutis, miniatiūrinis; **~ dog** mažutis kambarinis šuniukas
  v **1** žaisti *(t. p. prk.);* **to ~ with one's food** nenoromis valgyti, kąsnoti, knėbčioti; **I am ~ing with the idea of going to Norway** aš vis pagalvoju, ar man nenuvažiavus į Norvegiją **2** sukinėti rankose **3** flirtuoti
toy-box ['tɔɪbɔks] *n* žaislų dėžė/dėžutė
toy-boy ['tɔɪbɔɪ] *n šnek. (pagyvenusios moters)* jaunas meilužis
toymaker ['tɔɪmeɪkə] *n* = **toyman** 2
toyman ['tɔɪmæn] *n (pl* -men [-men]) **1** žaislų pardavėjas **2** žaislininkas, žaislų dirbėjas
toyshop ['tɔɪʃɔp] *n* žaislų parduotuvė
trace[1] [treɪs] *n* **1** pėdsakas *(t. p. prk.);* žymė, ženklas; **~s of a vehicle** mašinos žymės/vėžės; **~s of tears** ašarų pėdsakai; **without (a) ~** be pėdsakų; **hot on the ~s of smb** karštomis kieno pėdomis; **to keep ~** *(of)* sekti/eiti pėdomis **2** truputis, pėdsakas, šešėlis; **the ~ of a smile** šypsenos pėdsakas; **not to show a ~ of fear** neparodyti nė šešėlio baimės; **it contains a ~ of soda** jame yra truputis/pėdsakai sodos **3** brūkšnys; brėžinys per kalkę/skaidrę **4** *(savirašio)* užrašas, įrašas **5** *amer.* takelis, takas, kelelis **6** *spec.* trasa; trasavimas **7** *amer. kar.* lygiavimas nugaron **8** *attr:* **~ elements** *min.* mikroelementai
  v **1** (su)sekti, atsekti **2** siekti, paeiti iš *(t. p.* **~ back;** *to);* **this custom has been ~d to the twelfth century** šis paprotys siekia dvyliktąjį šimtmetį **3** (iš)tirti; (su)rasti; **I cannot ~ any connection to the event** aš nerandu jokio ryšio su tuo įvykiu **4** kopijuoti per kalkę/skaidrę **5** braižyti, (nu)brėžti *(liniją ir pan.);* apmesti *(planą ir pan.)* **6** rūpestingai rašyti, vedžioti *(raides ir pan.; t. p.* **~ out)** **7** atkurti *(senovės statinių matmenis/išsidėstymą ir pan. iš likusių griuvėsių)* **8** *(ppr. pII)* (pa)puošti raižiniais **9** fiksuoti, užrašyti *(apie aparatus);* **to ~ a call** (už)fiksuoti, kas skambina *(telefonu)* **10** *spec.* trasuoti, (nu)žymėti trasą
trace[2] *n* **1** *(ppr. pl)* viržis *(pakinktų dalis)* **2** *stat.* paspara, spyrys ◊ **to kick over the ~s** *šnek.* nusimesti pančius; maištauti, nebeklausyti; **in the ~s** įsikinkęs į darbą, prie kasdieninio darbo
traceable ['treɪsəbl] *a* atsekamas, susekamas, surandamas; **a barely ~ inscription** vos įžiūrimas užrašas
traceless ['treɪsləs] *a* be pėdsakų; nepalikęs/nepaliekantis pėdsakų
tracer[1] ['treɪsə] *n* **1** *(pamestų daiktų, dingusių asmenų)* ieškojimo agentas **2** paklausimas *(apie pamestus daiktus)* **3** braižytojas, kopijuotojas **4** tyrėjas **5** žymėtasis atomas *(t. p.* **~ element)** **6** gedimų ieškiklis **7** *kar.* trasuojantis sviedinys, trasuojanti kulka *(t. p.* **~ bullet)**

tracer[2] *n* dvailinis arklys
tracery ['treɪsərɪ] *n* **1** ornamentas, piešinys **2** *archit.* raižinys; ažūrinis dirbinys, ažūras
trachea [trə'ki:ə] *n (pl* -cheae [-'ki:i:], -s) *anat.* trachėja
tracheotomy [ˌtrækɪ'ɔtəmɪ] *n med.* tracheotomija
trachoma [trə'kəʊmə] *n med.* trachoma
trachyte ['treɪkaɪt] *n geol.* trachitas
tracing ['treɪsɪŋ] *n* **1** (su)sekimas **2** kopijavimas, braižymas *(kalkėje, skaidrėje)* **3** nukopijuotas brėžinys/piešinys **4** *(aparato)* užrašas **5** *spec.* trasavimas **6** *teis.* suradimas ir išreikalavimas
  a trasuojantis
tracing-paper ['treɪsɪŋˌpeɪpə] *n* vaškuotė, kalkė
track[1] [træk] *n* **1** kelias, takas *(t. p. prk.);* **mountain ~** kalnų takas; **the beaten ~** a) *(važiuojamas)* kelias; b) *prk.* žinomas/išbandytas kelias, rutina; **off the beaten ~** a) atokiai/nuošaliai nuo kelio; b) mažai žinomas; **off the ~** išklydęs iš *(tikrojo)* kelio, nuėjęs šunkeliais, *dar žr.* 2; **to be on the right [wrong] ~** eiti teisingu [klaidingu] keliu; **their ~s crossed** jų keliai susikirto/susikryžiavo **2** *glžk.* bėgių kelias; **passing ~** prasilenkiamasis/aplankos kelias; **to leave the ~s** nušokti nuo bėgių; **off the ~** a) nušokęs nuo bėgių; b) nukrypęs nuo temos, *žr. dar* 1 **3** *sport.* takas; trekas; **inside ~** vidinis *(bėgimo ir pan.)* takas **4** *amer. sport.* bėgimas; lengvoji atletika; **~ events** bėgimo rungtys **5** *(planetos, raketos ir pan.)* trasa; maršrutas; **canal ~** kanalo trasa **6** pėdsakas *(t. p. prk.);* *(ratų, pavažų, slidžių)* vėžė; **to be on the ~** *(of)* a) sekti, persekioti; b) surasti/aptikti pėdsaką; **to be in the ~ of smb** eiti kieno pėdomis, sekti kieno pavyzdžiu; **to cover/hide one's ~s** nuslėpti pėdsakus; **to lose ~** *(of)* a) pamesti pėdsaką; b) *prk.* pamesti *(ko)* giją **7** eiga; **to keep the ~ of events** sekti įvykių eigą/raidą **8** *tech. (traktoriaus, tanko)* vikšras **9** *(magnetinės juostos)* takelis; *(plokštelės)* griovelis; fonograma, įrašas **10** *aut.* atstumas tarp ratų, tarpvėžė, tarpuvėžis ◊ **three years down the ~** po trejų metų; **in one's ~s** *šnek.* vietoje, čia pat *(sustoti);* **to make ~s** *šnek.* (iš)skubėti, sprukti; žingsniuoti, traukti *(namo);* (pa)sukti *(for – link);* **~ record** profesinė patirtis; *(sportiniai ir pan.)* laimėjimai; **to have a good ~ record in administration** pasižymėti administraciniame darbe
  v **1** (pa)sekti *(to – iki);* **to ~ the wolf to its liar** atsekti vilką iki jo guolio **2** stebėti, sekti *(radaru, filmavimo kamera)* **3** praskinti kelią; nužymėti trasą, maršrutą **4** *amer.* (pri)pėduoti, priminti *(grindis ir pan.; t. p.* **~ up)** **5** *amer. mok.* suskirstyti į klases pagal gabumus **6** riedėti bėgiais/vėže **7** tiesti/kloti bėgius **8** *aut.* turėti tam tikrą tarpvėžę □ **~ down** susekti, aptikti
track[2] *v jūr.* traukti, vilkti, buksyruoti *(t. p.* **~ up)**
trackage ['trækɪdʒ] *n amer.* **1** geležinkelių tinklas **2** vienos geležinkelių kompanijos teisė naudotis kitos kompanijos geležinkeliu **3** mokestis už teisę naudotis geležinkeliu *(t. p.* **~ charge)**
track-and-field [ˌtrækənd'fi:ld] *n sport.* lengvoji atletika *(t. p.* **~ athletics)**
trackball ['trækbɔ:l] *n komp.* rodomasis rutuliukas
trackbed ['trækbed] *n* geležinkelio sankasa
tracker[1] ['trækə] *n* **1** *(policijos)* seklys, pėdsekys; **~ dog** pėdsekys, tarnybinis šuo **2** medžiotojas
tracker[2] *n jūr.* **1** laivavilkys **2** buksyras, vilkikas
tracklayer ['trækˌleɪə] *n* **1** *amer.* bėgių klojėjas/tiesėjas **2** *tech.* bėgių klotuvas
trackless ['trækləs] *a* **1** be kelio/tako; neįžengiamas *(apie mišką)* **2** *prk.* nepramintas, nežinomas **3** be pėdsakų **4** *tech.* bebėgis, nebėginis

trackman ['trækmən] *n* (*pl* -men [-mən]) **1** = **trackwalker 2** = **tracklayer 3** *sport.* bėgikas, lenktynininkas
track-racer ['træk‚reɪsə] *n sport.* trekininkas
track-racing ['træk‚reɪsɪŋ] *n sport.* dviračių treko lenktynės
track-shoe ['trækʃu:] *n* **1** (*bėgiko*) batas su kapliukais/vinimis **2** *spec.* vikšro grandis
tracksuit ['træksu:t] *n sport.* šiltas treningas
trackwalker ['træk‚wɔ:kə] *n amer. glžk.* kelio apeivis/prižiūrėtojas
trackway ['trækweɪ] *n* **1** takelis, kelelis **2** bėgių kelias
tract[1] [trækt] *n* traktatas, pamfletas (*ppr. politikos/religijos klausimais*)
tract[2] *n* **1** (*žemės, vandens, miško*) ruožas, plotas **2** *anat.* traktas; *the digestive ~* virškinimo traktas **3** *psn.* laiko tarpas
tractable ['træktəbl] *a* **1** paklusnus, sukalbamas **2** lengvai apdorojamas/apdirbamas (*kalus, tirpus ir pan.*)
tractate ['trækteɪt] *n* traktatas
tractile ['træktaɪl] *a ret.* tampus, tąsus (*į ilgį*)
traction ['trækʃn] *n* **1** traukimas; vilkimas **2** trauka; *electric [steam] ~* elektrinė [garo] trauka **3** sukibimo jėga **4** *med.* traukimas, tempimas, trakcija
traction-engine ['trækʃn‚endʒɪn] *n* **1** vilkikas (*traktorius*) **2** traukos variklis
tractive ['træktɪv] *a spec.* traukiamasis; *~ force* traukiamoji jėga
tractor ['træktə] *n* **1** traktorius; *tracked ~* vikšrinis traktorius; *truck ~* traktorius vilkikas **2** *av.* lėktuvas su traukiamuoju oro sraigtu (*t. p. ~ airplane*)
tractor-drawn ['træktədrɔ:n] *a* traukiamas traktoriaus
tractor-driver ['træktə‚draɪvə] *n* traktorininkas
tractor-operator ['træktə‚ɔpəreɪtə] *n* = **tractor-driver**
tractor-trailer ['træktə'treɪlə] *n* traktorius su priekaba; *~ unit* sukabinamasis autotraukinys
trad [træd] *šnek. n* tradicinis džiazas (*stilius, būdingas pietinėms JAV valstijoms*)
a tradicinis
trade [treɪd] *n* **1** amatas, verslas, profesija, užsiėmimas; *shoemaking is a useful ~* batsiuvystė – naudingas amatas; *by ~* iš profesijos; *what is your ~?* kokia jūsų profesija?, kuo jūs verčiatės? **2** prekyba; *foreign [overseas] ~* užsienio [užjūrinė] prekyba; *domestic/home ~* vidaus prekyba; *fair ~* a) abipusiškai naudinga prekyba; b) *sl.* kontrabanda **3** prekybos/pramonės šaka; gamyba; *paper ~* popieriaus pramonė/prekyba; *building ~* statybos pramonė; *the furniture ~* baldų prekyba; baldų pramonė/gamyba; *service ~s* paslaugų šakos **4** (*the ~*) *kuop.* (*kurios nors šakos*) prekybininkai, verslininkai; specialistai; *the tea ~* prekiautojai arbata; *they sell only to the ~* jie parduoda tik prekiautojams/pirkliams **5** mažmeninė prekyba; parduotuvė, krautuvė; *to be in ~* turėti krautuvę/parduotuvę, prekiauti **6** sandoris; (*prekių*) mainai; *to do/amer. make a ~ with smb* apsimainyti su kuo **7** klientūra, pirkėjai; *passing ~* atsitiktiniai pirkėjai **8** *pl* = **trade-wind 9** *attr* prekybos, prekybinis; ekonominis; *~ balance* prekybos balansas; *~ mission* prekybos atstovybė; *~ deal/agreement* prekybinis sandoris; *~ journal/paper* prekybos žurnalas; *~ sanctions* ekonominės sankcijos **10** *attr* profesinis; profsąjungos; *~ secret* profesinė paslaptis; *~(s) committee* profsąjungos komitetas
v **1** prekiauti (*in – kuo, with – su*) **2** pasinaudoti (*on, upon*); *to ~ on smb's credulity* pasinaudoti kieno pasitikėjimu; apgauti ką **3** (ap)mainyti, (iš)keisti (*for*); apsikeisti (*with – su*); *the boy ~d his knife for a ball* berniukas iškeitė peilį į sviedinį **4** *šnek.* apsikeisti (*smūgiais, įžeidimais ir pan.*) □ *~ down* parduoti (*pvz., automobilį*) norint nusipirkti pigesnį; *~ in* atiduoti seną daiktą (*automobilį ir pan.*) perkamo daikto sąskaita; *~ off* (*against*) a) apmainyti, apkeisti; b) iškišti, įpiršti; *~ up* sėkmingai iškeisti (*pvz., automobilį*) į geresnį
trade-in ['treɪdɪn] *n* seno daikto (*ypač automobilio*) atidavimas perkamo daikto sąskaita
trademark ['treɪdmɑ:k] *n* **1** prekyženklis; firmos ženklas **2** skiriamasis ženklas
trade-name ['treɪdneɪm] *n* **1** prekės pavadinimas **2** prekybos firmos pavadinimas
trade-off ['treɪdɔf] *n polit., ekon.* kompromisas; suderinimas, abipusė nuolaida
trader ['treɪdə] *n* **1** prekybininkas, prekiautojas; pirklys **2** prekybos laivas **3** biržos verteiva (*nesinaudojantis maklerio paslaugomis*)
trade-route ['treɪdru:t] *n* (*laivų, karavanų ir pan.*) prekybos kelias
tradescantia [‚trædɪ'skæntɪə] *n bot.* tradeskantė
tradesfolk ['treɪdzfəuk] *n* = **tradespeople**
tradesman ['treɪdzmən] *n* (*pl* -men [-mən]) (*tik v.*) **1** prekybininkas, pirklys; krautuvininkas **2** *dial.* amatininkas
tradespeople ['treɪdz‚pi:pl] *n pl* **1** pirkliai, prekybininkai; krautuvininkai; pirklių luomas **2** amatininkai
tradeswoman ['treɪdz‚wumən] *n* (*pl* -women [-‚wɪmɪn]) **1** prekybininkė; krautuvininkė **2** amatininkė
trades-union [‚treɪdz'ju:nɪən] = **trade-union** *n, a*
trade-union [‚treɪd'ju:nɪən] *n* tredjunionas; profesinė sąjunga, profsąjunga
a tredjunionų; profsąjungos
trade-unionism [‚treɪd'ju:nɪənɪzm] *n* tredjunionizmas
trade-unionist [‚treɪd'ju:nɪənɪst] *n* **1** tredjunionistas **2** profsąjungos narys
a tredjunionistinis
trade-wind ['treɪdwɪnd] *n* (*ppr. pl*) *meteor.* pasatas (*vėjas*)
trading ['treɪdɪŋ] *n* **1** prekyba, prekiavimas **2** birža; biržos sandoriai
a prekybos, prekybinis; *~ company* prekybos bendrovė; *~ day* sandorių diena; *~ post* prekybos postas, faktorija; *~ stamp* premijinis kuponas pirkėjui; *~ estate* pramonės įmonių zona/kompleksas
tradition [trə'dɪʃn] *n* **1** tradicija; senas paprotys; *Christmas ~s* Kalėdų papročiai; *by ~* iš tradicijos; *to break with family ~* sulaužyti šeimos tradiciją **2** (*papročių, nuomonių ir pan.*) perdavimas (*iš kartos į kartą*)
traditional [trə'dɪʃnəl] *a* tradicinis, tradiciškas; įprastinis; *~ cycle race* tradicinės dviračių lenktynės
traditionalism [trə'dɪʃnəlɪzm] *n* tradicionalizmas; tradicijų laikymasis
traditionalist [trə'dɪʃnəlɪst] *n* tradicijų šalininkas
a tradicinis, konservatyvus
traditionally [trə'dɪʃnəlɪ] *adv* pagal tradiciją, iš tradicijos, tradiciškai
traditionary [trə'dɪʃnərɪ] *a* = **traditional**
traduce [trə'dju:s] *v* (ap)šmeižti, apjuodinti, apkalbėti
Trafalgar [trə'fælgə] *n: Cape ~* Trafalgaro kyšulys
traffic ['træfɪk] *n* **1** eismas, judėjimas; *heavy ~* didelis eismas/judėjimas; *to direct the ~* reguliuoti eismą; *~ prohibited* eismas draudžiamas **2** transportas; *inland ~* vidaus transportas; *be careful of the ~!* saugokis transporto! **3** gabenimas, vežimas; vežtų keleivių skaičius (*per tam tikrą laiką*); krovinių apyvarta **4** prekyba (*ypač nelegali; in*); *to carry on ~* prekiauti; *the drug ~* narkotikų prekyba; *~ in votes* prekiavimas balsais (*rinkimų*

trafficator   **tram¹**

metu) **5** apsikeitimas *(mintimis)* **6** informacijos srautas *(duomenų perdavimo tinkle)* **7** *attr* eismo, kelio; transporto; **~ accident** eismo nelaimė; **~ jam** eismo spūstis/grūstis; **~ controller** eismo reguliuotojas, dispečeris; **~ cop** *šnek.* policininkas reguliuotojas; kelių policininkas; **~ circle** *amer.* kelio žiedas; **~ police** kelių policija; **~ sign** kelio ženklas
v (past ir pII trafficked; *pI* trafficking) prekiauti *(ypač nelegaliai; in)*
trafficator ['træfɪkeɪtə] *n aut.* posūkio rodyklė
trafficker ['træfɪkə] *n* prekiautojas *(ypač kontrabandinėmis prekėmis),* pirklys; **~ in slaves** vergų pirklys
traffic-light ['træfɪkˌlaɪt] *n (ppr. pl)* šviesoforas
tragacanth ['trægəkænθ] *n* **1** *bot.* kulkšnė, tragakantas **2** kulkšnės lipai
tragedian [trə'dʒiːdɪən] *n* **1** *(tik v.)* tragikas *(aktorius)* **2** tragedijų autorius/rašytojas, tragikas
tragedienne [trəˌdʒiːdɪ'en] *pr. n* tragikė *(aktorė)*
tragedy ['trædʒɪdɪ] *n* **1** tragedija *(t. p. prk.)* **2** tragizmas; tragiškumas; **the ~ of the situation** situacijos tragizmas
tragic(al) ['trædʒɪk(l)] *a* **1** tragedinis, tragedijos; **~ hero** tragedijos herojus **2** tragiškas, katastrofiškas; liūdnas; **~ event** tragiškas įvykis
tragicomedy [ˌtrædʒɪ'kɒmədɪ] *n* tragikomedija *(t. p. prk.)*
tragicomic(al) [ˌtrædʒɪ'kɒmɪk(l)] *a* tragikomiškas
trail [treɪl] *n* **1** takas, kelelis; kelias **2** pėdsakas *(t. p. prk.);* **to be on smb's ~** sekti/eiti kieno pėdsakais/pėdomis; **to foul the ~** (su)mėtyti pėdas; **to get on [to get off] the ~** aptikti [pamesti] pėdsaką; **hot on the ~** karštomis pėdomis; **while the ~ is still hot** kol pėdos neatšalo/neatvėso **3** *(dulkių ir pan.)* debesis, juosta *(nusidriekęs pravažiavus mašinai ir pan.);* uodega; **a ~ of smoke** dūmų juosta/uodega; **the ~ of a comet** kometos uodega **4** *(suknelės ir pan.)* šleifas **5** *bot.* gulsčiasis ūglis **6** *kar.* lafeto atrama
v **1** sekti pėdomis **2** vilkti(s), traukti(s) *(iš paskos, užpakalyje);* **her long train ~ed in the mud** jos ilgas šleifas vilkosi per purvą; **the tractor was ~ing a bulldozer** traktorius tempė/traukė iš paskos buldozerį **3** vilktis/slinkti/eiti iš paskos *(apie žmogų; t. p. ~ along)* **4** *(Continuous)* atsilikinėti, turėti mažiau taškų, pralošinėti *(varžybose, rinkimuose)* **5** palikti *(dulkių, dūmų ir pan.)* debesį/juostą **6** praminti taką/kelelį **7** driektis, vytis, vyniotis *(apie augalus)* **8** *spec.* vilkti, treliuoti *(medžius)* **9** *kar.* laikyti šautuvą atstatytą ☐ **~ away/off** (nu)tilti *(apie balsą, žodžius)*
trailblazer ['treɪlˌbleɪzə] *n* pionierius, novatorius
trailblazing ['treɪlˌbleɪzɪŋ] *a* novatoriškas
trailer ['treɪlə] *n* **1** priekaba; treileris **2** *amer.* gyvenamoji automobilio priekaba *(t. p. house ~)* **3** vijoklinis/besidriekiantis augalas **4** *kin., tel., rad.* anonsas
trailing ['treɪlɪŋ] *a* **1** besidriekiantis, vijoklinis **2** *tech.* prikabinamas; užpakalinis; **~ arm** išilginė pakabos svirtis
trail-net ['treɪlnet] *n jūr.* tralas *(tinklas)*
train¹ [treɪn] *n* **1** traukinys, sąstatas; **by ~** traukiniu; **fast [goods] ~** greitasis [prekinis] traukinys; **mixed ~** prekinis keleivinis traukinys; **troop ~** karinis ešelonas; **long-distance ~** tolimasis traukinys; **wild ~** traukinys, einantis ne pagal tvarkaraštį; **to lose/miss one's ~** pavėluoti į traukinį; **to make/catch/nick one's ~** (su)spėti į traukinį; **the ~ is off** traukinys jau išėjo **2** palyda, svita; kortežas; **funeral ~** laidotuvių kortežas/procesija **3** vilkstinė, vora, karavanas; *kar.* gurguolė **4** *(įvykių, minčių ir pan.)* virtinė, eilė; eiga; **the ~ of thought** minčių eiga; **preparations are in ~** pasiruošimas vyksta/vykdomas **5** pasek-

mė, rezultatas, padarinys; **in the ~ of** dėl to; **the war brought famine and disease in its ~** karas atnešė badą ir ligas **6** *(suknelės)* šleifas; *(povo)* uodega **7** degtuvas, Bikfordo virvutė *ir pan.* **8** *tech.* krumplinė pavara; **~ of gears** krumpliaračių sistema **9** *metal.* valcavimo staklynas ◊ **the gravy ~** *šnek.* lengvo pasipelnymo šaltinis
v šnek. vykti traukiniu
train² *v* **1** mokyti, lavinti, ugdyti **2** įpratinti, išmokyti; **to ~ a child to obey** įpratinti vaiką paklusti; **these men are ~ed to kill** šie vyrai yra išmokyti žudyti **3** treniruoti(s); **to ~ for a boat-race** treniruotis prieš valčių lenktynes **4** rengti(s), mokyti(s); **to ~ personnel** rengti kadrus; **he is ~ing as a teacher** jis rengiasi tapti pedagogu **5** dresuoti; prajodyti, pravažinėti *(arklį);* **he ~ed the dog to beg** jis išmokė šunį tarnauti **6** versti *(augalą)* augti norima kryptimi, formuoti *(krūmą)* **7** nukreipti, nutaikyti *(ginklą, teleskopą ir pan.; on, upon)* **8** *amer. šnek.* draugauti *(with)* ☐ **~ down** numesti svorį treniruojantis; **~ up** išmokyti, pamokyti *(iki tam tikro lygio; to)*
trainband ['treɪnbænd] *n ist.* miestiečiai, apmokyti vartoti ginklus, pašauktiniai *(XVI-XVIII a. Anglijoje)*
train-bearer ['treɪnˌbɛərə] *n* pažas, šleifo nešėjas
trained [treɪnd] *a* **1** išmokytas, parengtas; kvalifikuotas; **highly ~** labai kvalifikuotas; **~ nurse** medicinos sesuo **2** treniruotas **3** dresuotas
trainee [treɪ'niː] *n* (ap)mokomas asmuo *(t. p. kar.);* praktikantas, stažuotojas
traineeship [treɪ'niːʃɪp] *n* stažuotė; praktikos atlikimas
trainer ['treɪnə] *n* **1** treneris; instruktorius **2** dresuotojas **3** *pl* krepšinio bateliai, sportbačiai **4** *amer. av.* treniruoklis **5** *ist.* pašauktinis, *dar žr.* **trainband**
train-ferry ['treɪnˌferɪ] *n* geležinkelio keltas
training ['treɪnɪŋ] *n* **1** mokymas, lavinimas, ugdymas; apmokymas; **practical ~** pratybos; **under ~** mokomas **2** *(mokytojų ir pan.)* rengimas **3** treniravimas, treniruotė; **to be out of ~** nesitreniruoti, būti blogos sportinės formos; **to go into ~** treniruotis, rengtis *(varžyboms)* **4** dresavimas
a attr **1** treniruočių, treniravimo **2** mokomasis, mokymo; **~ camp** *kar.* mokomoji stovykla; **~ requirements** kvalifikaciniai reikalavimai
training-college ['treɪnɪŋˌkɒlɪdʒ] *n* **1** pedagogikos/mokytojų koledžas *(t. p. teacher ~)* **2** specialioji mokykla
training-school ['treɪnɪŋskuːl] *n* **1** specialioji mokykla; **medical ~** medicinos mokykla **2** nepilnamečių nusikaltėlių kolonija
training-ship ['treɪnɪŋʃɪp] *n jūr.* mokomasis laivas
trainman ['treɪnmən] *n (pl* -men [-mən]) *amer. glžk.* stabdžių konduktorius; palydovas
trainmaster ['treɪnˌmɑːstə] *n amer.* geležinkelio viršininkas
train-oil ['treɪnɔɪl] *n (jūros gyvūnų)* taukai, varvelis
trainsick ['treɪnsɪk] *a* negalintis važiuoti traukiniu, bloguojantis traukinyje
traipse [treɪps] *šnek. n* varginantis ėjimas/vaikščiojimas
v maklinėti, bastytis; vilktis *(kur toli ar nenorint);* **~ about town** tąsytis po miestą
trait [treɪt] *pr. n* bruožas, savybė
traitor ['treɪtə] *n* išdavikas *(to);* **to turn ~** tapti išdaviku
traitorous ['treɪtərəs] *a* išdavikiškas, klastingas
traitress ['treɪtrɪs] *n* išdavikė
trajectory [trə'dʒektərɪ] *n* trajektorija *(t. p. geom.)*
tra-la [trɑː'lɑː] *int* tralialia
tram¹ [træm] *n* **1** tramvajus; tramvajaus vagonas; **to take the ~** lipti/sėsti į tramvajų **2** *kas.* vagonėlis
v **1** važiuoti tramvajumi **2** *kas.* vežti vagonėliais

tram² *n tekst.* suktas ataudų šilkas *(t. p.* ~ *silk);* sukti šilkiniai ataudai
tram³ = **trammel** *n* 4
tramcar ['træmkɑ:] *n* tramvajaus vagonas
tramdriver ['træm‚draɪvə] *n* tramvajaus vairuotojas
tramlines ['træmlaɪnz] *n pl* 1 tramvajaus linijos/bėgiai 2 *šnek.* *(badmintono, teniso)* aikštelės linijos dvejeto varžybose
trammel ['træməl] *n* 1 *pl* varžtai, kliuviniai 2 tinklas; tralas 3 *amer.* kablys *(pakabinti puodui virš ugnies)* 4 *spec.* elipsografas; slankmatis
v (-ll-) 1 *pass* varžyti, trukdyti 2 gaudyti tinklu
tramontana [‚træmɔn'tɑ:nə] *it. n* tramontana *(šiaurės vėjas Italijoje, ypač nuo Alpių)*
tramontane [træ'mɔnteɪn] *a* 1 užalpinis *(nuo Italijos pusės)* 2 užsieninis, svetimas; barbariškas *(ypač italų požiūriu)*
n užsienietis, svetimšalis; barbaras
tramp [træmp] *n* 1 valkata; *to live as a* ~ valkatauti 2 *(ypač amer.) vulg.* kekšė, paleistuvė 3 ilga ir varginanti kelionė pėsčiomis; vaikščiojimas, žygis 4 trepenimas, trepsėjimas; trypsėjimas 5 kastuvo užlankas *(ant kurio dedama koja kasant);* metalinė plokštelė ant puspadžio *(kad batas nenusidėvėtų kasant kastuvu)* 6 *jūr.* trampas, krovininis laivas, neturintis nustatyto maršruto *(t. p.* ~ *steamer)*
v 1 sunkiai žengti, vilktis 2 vaikščioti; slankioti, klajoti *(po miestą, mišką ir pan.)* 3 trepenti, trypsėti, trepsėti; užminti *(on, upon* – *ant)* 4 valkatauti
trample ['træmpl] *n* 1 trypimas, mindžiojimas 2 *prk.* pamynimas, sutrypimas
v 1 trypti, mindyti, mindžioti, trepūkoti, traiškyti; *to* ~ *underfoot* sumindyti, suminti *(po kojomis); to* ~ *to death* užtrypti, sutrypti negyvai 2 *prk.* paminti, sutrypti, paniekinti *(on, upon)* 3 sunkiai žingsniuoti □ ~ *down* išmindyti, suminti *(žolę ir pan.);* ~ *out* užtrypti *(ugnį)*
trampoline ['træmpəliːn] *sport. n* batutas
v šokinėti ant batuto
tramroad ['træmrəʊd] *n kas. ist.* bėgių kelias *(vagonėliams)*
tramway ['træmweɪ] *n* 1 = **tramlines** 1 2 kabamasis kelias
trance [trɑːns] *n* 1 *psich., med.* transas; *to fall into a* ~ patekti į transą 2 ekstazė
tranche [trɑːnʃ] *pr. n fin.* *(akcijų paketo, kredito ir pan.)* išmokėjimo dalis
trannie, tranny ['trænɪ] *n šnek.* tranzistorius
tranquil ['træŋkwɪl] *a* ramus; tylus; ~ *life [face]* ramus gyvenimas [veidas]
tranquil(l)ity [træŋ'kwɪlətɪ] *n* ramybė, ramumas; tyla
tranquil(l)ize ['træŋkwɪlaɪz] *v* nu(si)raminti
tranquil(l)izer ['træŋkwɪlaɪzə] *n* 1 ramintojas 2 *farm.* trankviliantas, raminamasis vaistas
trans- [træns-, trænz-] *pref* 1 trans-, už- *(žymint buvimą už ko, judėjimą per ką); transarctic* užarktinis; *transatlantic* transatlantinis, užatlantinis 2 per-, trans- *(žymint būklės/formos ir pan. pakitimą); transplant* transplantuoti, persodinti; *transshape* performuoti, suteikti kitą formą 3 per- *(žymint viršijimą); transcend* peržengti ribas, viršyti
transact [træn'zækt] *v* 1 atlikti, sutvarkyti *(reikalus)* 2 sudaryti sandorį, susitarti
transaction [træn'zækʃn] *n* 1 sandoris, susitarimas; transakcija; *(prekybos)* operacija; *banking* ~ banko sandoris 2 *(reikalo)* atlikimas, sutvarkymas 3 *pl (mokslo draugijos)* protokolai, darbai 4 *teis.* ginčo sureguliavimas kompromiso būdu, transakcija

transalpine [trænz'ælpaɪn] *a* transalpinis, užalpinis
transatlantic [‚trænzət'læntɪk] *a* 1 transatlantinis; ~ *line* transatlantinių laivų kelias/linija 2 užatlantinis; esantis/gyvenantis anapus Atlanto vandenyno
n transatlantinis laivas
transcalent [træn'skeɪlənt] *a fiz.* laidus šilumai
Transcaucasia [‚trænskɔː'keɪʒə] *n* Užkaukazė
transceiver [træn'siːvə] *n* (transmitter-receiver *sutr.*) *rad.* siųstuvas-imtuvas
transcend [træn'send] *v* 1 peržengti ribas 2 viršyti, pralenkti
transcendence [træn'sendəns] *n* transcendencija; viršijimas
transcendent [træn'sendənt] *a* 1 viršijantis 2 nepaprastas 3 = **transcendental** 1
transcendental [‚trænsen'dentl] *a* 1 *filos.* transcendentalus, transcendentinis 2 *mat.* transcendentus, transcendentinis 3 abstraktus; neaiškus 4 = **transcendent** 1, 2
transcendentalism [‚trænsen'dentəlɪzm] *n filos.* transcendentalizmas
transcontinental [‚trænzkɔntɪ'nentl] *a* transkontinentinis, kertantis žemyną
transcribe [træn'skraɪb] *v* 1 perrašyti, nurašyti; tiksliai užrašyti 2 iššifruoti *(stenogramą)* 3 įrašyti *(į juostelę)* 4 *kalb.* transkribuoti 5 *muz.* transponuoti 6 *rad.* daryti *(transliacijos)* įrašą; perduoti *(koncerto ir pan.)* įrašą per radiją
transcript ['trænskrɪpt] *n* 1 kopija, nuorašas 2 iššifruota stenograma 3 *rad. (transliacijos)* įrašas
transcription [træn'skrɪpʃn] *n* 1 perrašymas, nurašymas 2 kopija, nuorašas 3 *fon.* transkripcija; transkribavimas 4 *muz.* transponavimas 5 = **transcript** 3
transduce [trænz'djuːs] *v el.* pakeisti *(signalą)*
transducer [trænz'djuːsə] *n el.* keitiklis; daviklis
transearth [træn'zɜːθ] *a* (judantis) trajektorija nuo dangaus kūno į Žemę
transect [træn'sekt] *v* daryti skersinį pjūvį, pjauti skersai
transept ['trænsept] *n archit.* skersinė nava, transeptas
transexual [træn'sekʃʊəl] *n* = **transsexual**
transfer *n* ['trænsfɜː] 1 per(si)kėlimas *(į kitą vietą/postą ir pan.)* 2 *(turto, teisės ir pan.)* perdavimas, perleidimas; pervedimas; perdavimo/pervedimo dokumentas, transferas; ~ *of authority* įgaliojimų/teisių perdavimas; *mail* ~ pervedimas paštu; ~ *deed* perleidimo aktas 3 *(piešinio ir pan.)* nukopijavimas, atspaudimas 4 *pl* lipdukai, spaudukai 5 *poligr.* veidrodinis atspaudas 6 persėdimas *(į kitą traukinį/autobusą ir pan.)* 7 *(ypač amer.)* persėdimo/tranzitinis bilietas 8 *attr:* ~ *box/amer. case aut.* skirstymo dėžė
v [træns'fɜː] 1 per(si)kelti; perkrauti, pernešti *ir pan.* *(iš vienos vietos į kitą); to* ~ *child to another school* perkelti vaiką į kitą mokyklą; *he is* ~*ing to another team* jis pereina į kitą komandą 2 perduoti, perleisti *(teisę, nuosavybę ir pan.);* pervesti *(lėšas); to* ~ *power [responsibility]* perduoti valdžią [atsakomybę] 3 nukopijuoti, atspausti *(piešinį ir pan.)* 4 persėsti *(į kitą traukinį/lėktuvą ir pan.)*
transferable [træns'fɜːrəbl] *a* 1 perkeliamas, kilnojamas 2 perduodamas; pakeičiamas; ~ *vote* balsas, kurį galima perduoti kitam kandidatui *(pažymėtam biuletenyje); not* ~ be teisės perduoti
transferal [træns'fɜːrəl] *n* perkėlimas
transferee [‚trænsfɜː'riː] *n* 1 perkeliamas asmuo 2 *teis.* asmuo, kuriam kas perduodama/perleidžiama *(teisė, turtas ir pan.);* cesionarijus

transference [ˈtrænsfərəns] *n* **1** perkėlimas; pervedimas **2** *teis.* perdavimas; cesija, pervedimas; ~ *of the trust* perįgaliojimas

transfer-ink [trænsˈfəːrɪŋk] *n* spaustuviniai dažai

transferor [trænsˈfɔːrə] *n teis. (turto, teisių ir pan.)* perdavėjas; cedentas

transfiguration [ˌtrænsfɪgəˈreɪʃn] *n* **1** *knyg. (formos, išvaizdos)* pa(si)keitimas, transfigūracija **2** *(T.) bažn.* Kristaus Atsimainymas *(švenčiama rugpjūčio 6 d.)*

transfigure [trænsˈfɪgə] *v (ppr. pass) knyg.* pa(si)keisti *(apie formą, išvaizdą ir pan.)*

transfix [trænsˈfɪks] *v* **1** perdurti, persmeigti, perverti **2** *(ppr. pass) prk.* sukaustyti *(iš nuostabos ir pan.); he was ~ed with horror* jį sukaustė baimė

transform [trænsˈfɔːm] *v* **1** (neatpažįstamai) pa(si)keisti, pertvarkyti; paversti *(into); pass* pavirsti *(into)* **2** *spec.* transformuoti

transformable [ˈtrænsˈfɔːməbl] *a* pakeičiamas, kaitus; transformuojamas

transformation [ˌtrænsfəˈmeɪʃn] *n* **1** pa(si)keitimas **2** *spec.* transformacija; *(fiz. t. p.)* virsmas **3** moteriškas perukas

transformational [ˌtrænsfəˈmeɪʃnəl] *a* transformacinis; ~ *grammar kalb.* transformacinė gramatika

transformer [trænsˈfɔːmə] *n* **1** pakeitėjas, pertvarkytojas **2** *el.* transformatorius; *step-down [step-up]* ~ žeminimo [aukštinimo] transformatorius

transfuse [trænsˈfjuːz] *v* **1** perpilti *(kraują)* **2** *prk.* perduoti, įdiegti; *to ~ a love of literature to students* įdiegti studentams meilę literatūrai **3** *knyg.* persunkti, persmelkti

transfusion [trænsˈfjuːʒn] *n (kraujo)* perpylimas, transfuzija

transgress [trænzˈgres] *v* **1** peržengti *(padorumo ir pan.)* ribas **2** pažeisti *(įstatymą ir pan.);* nusižengti **3** nusidėti, suklysti

transgression [trænzˈgreʃn] *n* **1** *(įstatymo)* pažeidimas; nusižengimas, prasižengimas **2** nusidėjimas **3** *geol.* transgresija

transgressor [trænzˈgresə] *n* **1** *(įstatymo ir pan.)* pažeidėjas; nusižengėlis **2** nusidėjėlis

tranship [trænˈʃɪp] *v* = **transship**

transhumance [trænzˈhjuːməns] *n* sezoninis galvijų pervarymas į naujas ganyklas

transience, -cy [ˈtrænzɪəns, -sɪ] *n* trumpalaikiškumas, praeinamumas; laikinumas

transient [ˈtrænzɪənt] *a* **1** trumpalaikis, praeinamas, praeinantis; laikinas; ~ *happiness* greit praeinanti laimė **2** laikinas *(apie viešbučio gyventoją);* pravažiuojantis *(apie turistus)* **3** *spec.* nerezidentinis *(apie kompiuterio programą)* ◊ *n (ypač amer.)* laikinas gyventojas *(viešbutyje, pensione)*

transilient [trænˈsɪlɪənt] *a ret.* peršokantis, staiga pereinantis *(iš vienos būsenos į kitą ar nuo vieno dalyko ir pan. prie kito)*

transire [trænˈzaɪə] *n* muitinės leidimas įvežti/išvežti krovinius

transistor [trænˈzɪstə, trænˈsɪstə] *n spec.* tranzistorius; ~ *radio* tranzistorius *(radijo imtuvas)*

transistorize [trænˈzɪstəraɪz, trænˈsɪstəraɪz] *v spec.* įtaisyti tranzistorius

transit [ˈtrænsɪt, -zɪt] *n* **1** tranzitas, pervežimas; *by* ~ tranzitu; *in* ~ pervežant, kelyje; *I am in* ~ aš pravažiuojantis **2** pervažiavimas, perėjimas **3** perėjimas *(į kitą būseną)* **4** *fiz.* lėkis **5** *astr.* kulminacija, perėjimas *(per dienovidinį)* **6** teodolitas **7** *attr* trumpalaikis, praeinamas **8** *attr* tranzitinis; ~ *goods* tranzitinės prekės; ~ *lounge* laukiamasis tranzitiniams keleiviams *(oro uoste)* ◊ *v* **1** pervažiuoti, pereiti **2** *astr.* pereiti *(per dienovidinį)*

transit-duty [ˈtrænsɪtˌdjuːtɪ] *n* tranzito muitas

transition [trænˈzɪʃn, trænˈsɪʃn] *n* **1** perėjimas, pereiga; ~ *from quantity to quality* kiekybės perėjimas į kokybę **2** pereinamasis laikotarpis *(t. p.* ~ *period)* **3** *muz.* moduliacija **4** *attr* pereinamasis

transitional [trænˈzɪʃnəl, trænˈsɪʃnəl] *a* pereinamasis; tarpinis

transitive [ˈtrænzɪtɪv] *a* **1** *gram.* galininkinis, tranzityvinis **2** *ret.* pereinantis, pereinamas

transitivity [ˌtrænzɪˈtɪvətɪ] *n gram.* tranzityvumas

transitory [ˈtrænzɪtərɪ] *a* praeinamas, laikinas, trumpalaikis ◊ ~ *action teis.* byla, kurią galima iškelti neatsižvelgiant į nusikaltimo padarymo vietą

translatable [trænsˈleɪtəbl, trænzˈleɪtəbl] *a* išverčiamas, kurį galima išversti

translate [trænsˈleɪt, trænzˈleɪt] *v* **1** (iš)versti; *poetry does not ~ easily* poeziją nelengva (iš)versti **2** paversti, perskaičiuoti *(into – kuo)* **3** suprasti, aiškinti, interpretuoti, komentuoti; *this I ~d as a protest* aš tai supratau kaip protestą **4** įgyvendinti; *to ~ ideas into actions* įgyvendinti idėjas **5** perkelti **6** *sl.* persiūti, (iš)versti **7** *spec.* transliuoti **8** *bibl.* paimti į dangų

translation [trænsˈleɪʃn, trænzˈleɪʃn] *n* **1** vertimas; ~ *from Lithuanian into English* vertimas iš lietuvių kalbos į anglų kalbą; *loose* ~ laisvas vertimas; *close/near* ~ tikslus vertimas; *in* ~ a) verstinis, išverstas; b) verčiant **2** pavertimas *(kuo),* perskaičiavimas *(kitais vienetais)* **3** interpretavimas, aiškinimas **4** įgyvendinimas **5** perkėlimas **6** *spec.* transliavimas **7** *fiz.* slenkamasis/transliacinis judėjimas *(t. p.* ~ *motion)*

translative [trænsˈleɪtɪv, trænzˈleɪtɪv] *a* **1** *teis.* perduodamasis, perleidžiamasis **2** vertimo; verčiamasis **3** *fiz.* transliacinis

translator [trænsˈleɪtə, trænzˈleɪtə] *n* **1** vertėjas **2** *spec.* transliatorius

transliterate [trænzˈlɪtəreɪt] *v* transliteruoti

transliteration [ˌtrænzlɪtəˈreɪʃn] *n kalb.* transliteracija

translocate [ˈtrænsləᵘkeɪt] *v* **1** perkelti **2** *biol.* translokuoti

translucence [trænzˈluːsns] *n* peršviečiamumas, permatomumas

translucent [trænzˈluːsnt] *a* (beveik) permatomas, peršviečiamas, persišviečiantis; pusskaidris

translunar [trænzˈluːnə] *a astr.* **1** esantis už Mėnulio **2** judantis nuo dangaus kūno Mėnulio link

transmarine [ˌtrænzməˈriːn] *a* užjūrio, užjūrinis

transmigrant [trænzˈmaɪgrənt] *n* važiuojantis per kitą šalį emigrantas

transmigrate [ˌtrænzmaɪˈgreɪt] *v* per(si)kelti; emigruoti

transmigration [ˌtrænzmaɪˈgreɪʃn] *n* per(si)kėlimas; ~ *of souls rel.* reinkarnacija, metempsichozė

transmissible [trænzˈmɪsəbl] *a* **1** perduodamas, persiduodantis **2** užkrečiamas

transmission [trænzˈmɪʃn] *n* **1** perdavimas; transliacija; siuntimas; *radio* ~ radijo transliacija; *picture* ~ *tel.* vaizdo perdavimas **2** *tech.* transmisija; pavara; *amer.* pavarų dėžė **3** *med.* transmisija, užkrato pernešimas; *the* ~ *of disease* ligos perdavimas

transmit [trænzˈmɪt] *v* **1** perduoti; transliuoti; siųsti; *the report was ~ted by satellite throughout the world* pranešimas buvo transliuojamas per palydovą po visą pasau-

lį **2** perduoti paveldėjimo būdu **3** *med.* pernešti *(užkratą)* **4** *fiz.* praleisti *(šviesą, šilumą ir pan.);* **wires ~ electric current** elektros srovė eina laidais
transmitter [trænz'mɪtə] *n* **1** perdavėjas; siuntėjas **2** *rad., tel.* siųstuvas **3** *spec.* transmiteris
transmogrification [ˌtrænzmɔgrɪfɪ'keɪʃn] *n knyg., juok. (stebėtinas)* pasikeitimas, metamorfozė
transmogrify [trænz'mɔgrɪfaɪ] *v knyg., juok. (neatpažįstamai, stebėtinai)* pa(si)keisti
transmutable [trænz'mju:təbl] *a* pakeičiamas, paverčiamas
transmutation [ˌtrænzmju:'teɪʃn] *n* **1** pa(si)keitimas, pavertimas; pavirtimas; **~s of fortune** likimo staigmenos/ išdaigos **2** *biol.* transmutacija **3** *fiz.* virsmas
transmute [trænz'mju:t] *v* pavirsti; paversti, pakeisti; **to ~ coal into diamonds** paversti akmens anglį deimantais
transnational [trænz'næʃnəl] *a* transnacionalinis, daugiašalis
transoceanic [ˌtrænzəʊʃɪ'ænɪk] *a* **1** užokeaninis, esantis anapus vandenyno **2** transokeaninis, kertantis vandenyną
transom ['trænsəm] *n* **1** *stat. (durų, lango)* skersinis; rėmsijė, vainikinis tašas **2** *amer. stat.* viršulangis *(t. p. ~ window)* **3** *jūr.* trancas
transom-bar ['trænsəmbɑ:] *n stat.* skersstaktis
transonic [træn'sɔnɪk] *a fiz.* artimas garso greičiui
transparency [træn'spærənsɪ] *n* **1** permatomumas, vaiskumas, skaidrumas **2** permatomas daiktas/paveikslas *ir pan.;* skaidrė **3** aiškumas, suprantamumas
transparent [træns'pærənt] *a* **1** permatomas, vaiskus, skaidrus; **~ interface** *komp.* vaiskioji sąsaja **2** aiškus, suprantamas; **~ lie** aiškus/akivaizdus melas; **~ hint** aiški užuomina **3** *prk.* atviras
transpicuos [træn'spɪkjuəs] *a* = **transparent** 1, 2
transpierce [træns'pɪəs] *v knyg. (kiaurai)* perverti; persmelkti
transpiration [ˌtrænspɪ'reɪʃn] *n* **1** išgaravimas **2** prakaitavimas **3** *bot.* transpiracija
transpire [træn'spaɪə] *v* **1** paaiškėti, pasirodyti **2** (iš)garuoti; prasisunkti **3** *šnek.* atsitikti **4** *ret.* prakaituoti; išmušti, išpilti *(apie prakaitą ir pan.)*
transplant *n* ['trænsplɑ:nt] *med.* **1** persodinimas, transplantacija; **heart ~ surgery** širdies persodinimo chirurgija **2** transplantantas
v [træns'plɑ:nt] **1** perkelti *(žmones)* **2** persodinti *(augalus)* **3** *med.* persodinti *(audinius, organus)*
transplantation [ˌtrænsplɑ:n'teɪʃn] *n* **1** *(žmonių)* perkėlimas **2** *(augalų)* persodinimas **3** *med.* persodinimas, transplantavimas, transplantacija
transponder [træn'spɔndə] *n rad.* atsakiklis
transpontine [trænz'pɔntaɪn] *a* **1** esantis už tilto **2** *psn.* esantis anapus Londono tiltų *(į pietus nuo Temzės)*
transport *n* ['trænspɔ:t] **1** transportavimas, vežimas, transportas **2** transportas *(vežimo/gabenimo sistema/ priemonės);* **motor ~** autotransportas; **I haven't got any ~ at the moment** šiuo metu neturiu jokios transporto priemonės **3** transportinis lėktuvas/laivas **4** *(džn. pl) knyg.* stiprus jausmo pasireiškimas, protrūkis, įkarštis; **in the ~s of joy** pagautas džiaugsmo; **in a ~ of rage** pykčio protrūkyje **5** *fiz. (energijos, masės ir pan.)* pernešimas **6** *ist.* katorgininkas **7** *attr* transportinis; **~ cafe** pakelės valgykla *(ypač tolimųjų reisų vairuotojams)*
v [træn'spɔ:t] **1** vežti, gabenti; transportuoti, vežioti **2** sugrįžti *(mintimis),* sugrąžinti *(to, into; t. p. ~ back)* **3** *(ppr. pass) knyg.* sukelti džiaugsmą/entuziazmą *ir pan.,* uždegti; **~ed with joy** pamišęs iš džiaugsmo, nesitveriantis džiaugsmu **4** *(ppr. pass) ist.* išsiųsti į katorgą, ištremti
transportable [træn'spɔ:təbl] *a* kilnojamas; transportabilus
transportation [ˌtrænspɔ:'teɪʃn] *n* **1** *(ypač amer.)* = **transport** 1, 2 **2** *(ypač amer.)* vežimo išlaidos; kelionės kaina **3** *ist.* ištrėmimas, tremtis; **~ for life** ištrėmimas/tremtis iki gyvos galvos
transporter [træn'spɔ:tə] *n* **1** vežėjas **2** *tech.* transporteris; **~ crane** transporterinis krautuvas
transpose [træn'spəʊz] *v* **1** perkelti; perstatyti, sukeisti **2** *muz., mat.* transponuoti
transposition [ˌtrænspə'zɪʃn] *n* **1** perkėlimas; perstatymas, sukeitimas **2** *spec.* transponavimas; transpozicija
transputer [træns'pju:tə, trænz'pju:tə] *n spec.* transpiuteris
transracial [trænz'reɪʃl] *a* tarprasinis
transsexual [trænsˢ'sekʃuəl, trænz'sekʃuəl] *n* transseksualas, asmuo, siekiantis pakeisti savo lytį *(chirurgiškai ir pan.)*
transship [træns'ʃɪp] *v jūr., glžk.* **1** perkrauti *(iš vieno laivo/vagono į kitą)* **2** persėsti; persodinti
transshipment [træns'ʃɪpmənt] *n jūr., glžk.* **1** perkrovimas *(į kitą laivą/vagoną ir pan.)* **2** persėdimas; persodinimas
Trans-Siberian [ˌtrænsaɪ'bɪərɪən] *a* esantis už Sibiro, kertantis Sibirą
trans-sonic [trænz'sɔnɪk] *a* = **transonic**
transubstantiate [ˌtrænsəb'stænʃɪeɪt] *v* paversti *(vieną medžiagą kita)*
transubstantiation [ˌtrænsəbstænʃɪ'eɪʃn] *n* **1** pavertimas *(vienos medžiagos kita)* **2** *bažn.* duonos ir vyno pavertimas Kristaus kūnu ir krauju
transude [træn'sju:d] *v spec.* prasisunkti
transuranic [ˌtrænsju'rænɪk] *a chem.* transuraninis *(apie elementą)*
Transvaal ['trænzvɑ:l] *n* Transvalis *(P. Afrikos Respublikos provincija);* **~ daisy** *bot.* gerbera
transvalue [træns'vælju:] *v* pervertinti, perkainoti *(iš naujo)*
transversal [trænz'və:sl] *spec. a* skersinis; transversalus *n* kirstinė, transversalė
transverse ['trænzvə:s] *a spec.* skersinis; **~ section** skersinis pjūvis; **~ wave** *fiz.* skersinė banga; **~ arm/link** *tech.* skersinė svirtis
transversely ['trænzvə:slɪ] *adv* skersai
transvestism [trænz'vestɪzm] *n med.* transvestizmas, potraukis dėvėti priešingos lyties drabužius
transvestite [trænz'vestaɪt] *n* transvestitas *(apie vyrą, dėvintį moteriškus drabužius)*
Transylvania [ˌtrænsɪl'veɪnɪə] *n ist.* Transilvanija
trap¹ [træp] *n* **1** spąstai, pinklės, žabangai *(t. p. prk.);* **to set a ~** paspęsti spąstus; **to bait a ~** a) įdėti jauką į spąstus; b) *prk.* įvilioti į spąstus; **to fall/walk into a ~** patekti/įkliūti į spąstus/pinkles **2** = **trapdoor** 1 **3** dviratis vežimas, bėda **4** vartai, pro kuriuos išleidžiami kurtai lenktynėms **5** *pl amer. (orkestro)* mušamieji instrumentai **6** *tech.* S *ar* U pavidalo vamzdis; spąstai, gaudyklė; pagavimo vieta/centras; trapas **7** = **trapshooting** ◊ **keep your ~ shut!** *sl.* neprasižiok!, neprasitark!, **shut your ~!** *vulg.* užsičiaupk!, uždaryk srėbtuvus!
v **1** spęsti spąstus *(t. p. prk.);* pagauti/gaudyti spąstais **2** *prk.* įvilioti į spąstus; apgaule įvilioti *(into)* **3** priver-

ti, prispausti *(tarp durų ir pan.)*; *pass* įstrigti; **they were ~ped in the lift** jie įstrigo lifte **4** *tech.* kaupti, akumuliuoti *(šilumą, drėgmę ir pan.)*
trap² *šnek. n (ppr. pl)* asmeniniai daiktai, manta, bagažas
v (pa)puošti
trap³ *n geol.* **1** trapas **2** monoklina
trap⁴ *n škot.* kilnojami laiptai, kopėčios
trapdoor ['træpdɔ:] *n* **1** nuleidžiamosios durys; liukas **2** *kas.* ventiliacinės durys
trapes [treɪps] = **traipse** *n, v*
trapeze [trəˈpiːz] *n sport.* trapecija
trapezium [trəˈpiːzɪəm] *n (pl* ~s, -zia [-zɪə]) *geom.* **1** trapecija **2** *amer.* = **trapezoid** 1
trapezoid ['træpɪzɔɪd] *n geom.* **1** trapezoidas **2** *amer.* = **trapezium** 1
trap-line ['træplaɪn] *n medž.* spąstų išdėstymo sistema
trapper ['træpə] *n* kailinių žvėrelių medžiotojas, traperis
trappings ['træpɪŋz] *n pl* **1** *(pareigūno dėvimi)* atributai; paradinė apranga; **~ of power** valdžios simboliai **2** papuošimai **3** puošni gūnia
Trappist ['træpɪst] *n* trapistas *(katalikų vienuolių ordino narys; t. p. ~ monk)*
trappy ['træpɪ] *a šnek.* pavojingas, klastingas
trap-rock ['træprɔk] *n* = **trap³**
trapshooting ['træpˌʃuːtɪŋ] *n* šaudymas į judančius daiktus
trash [træʃ] *n* **1** *(ypač amer.)* atmatos, atliekos; šiukšlės **2** *prk. šnek.* šlamštas; nesąmonės; **this novel is mere ~** šis romanas tikras šlamštas; **he talks a lot of ~** jis tokius niekus pliauškia **3** *šnek.* pašlemėkas; *kuop.* padugnės, atmatos *(apie žmones)*; **white ~** *amer. niek.* vargingi pietinių valstijų baltieji gyventojai **4** *(cukranendrių)* išspaudos
v **1** nugenėti *(cukranendrių)* lapus; nugenėti, apgenėti *(medžius)* **2** *šnek.* griauti, daužyti *(ypač protestuojant)*; (su)darkyti, (pa)daryti netvarką; **to ~ the environment** subjauroti aplinką
trashcan ['træʃkæn] *n amer.* šiukšlių dėžė/kibiras
trashed [træʃt] *a amer. šnek.* **1** nusigėręs, prisisiurbęs **2** sudarkytas, sudėvėtas
trash-ice ['træʃaɪs] *n (ledo)* lytys, ižas *(ledonešio metu)*
trashy ['træʃɪ] *a šnek.* niekam vertas, netikęs, prastas
trass [træs] *n min.* trasas
trattoria [ˌtrætəˈriːə] *it. n* restoranėlis, tratorija
trauma ['trɔːmə] *n (pl* ~ta [-tə], ~s) *med., psich.* trauma; **the hospital's ~ unit** ligoninės traumatologijos skyrius
traumatic [trɔːˈmætɪk] *a med., psich.* trauminis; sukeliantis traumą
traumatize ['trɔːmətaɪz] *v med., psich.* traumuoti
travail ['træveɪl] *knyg., psn. n* **1** gimdymo kančios **2** sunkus darbas **3** fizinė/dvasinė kančia
v **1** kentėti gimdymo skausmus **2** sunkiai dirbti, triūsti
travel ['trævl] *n* **1** kelionė, kelias; keliavimas; **foreign ~** keliavimas po užsienį; **~ is dangerous in those parts** keliauti šiomis vietomis pavojinga **2** *pl* kelionių aprašymas **3** *amer.* judėjimas, eismas **4** *tech.* eiga; **~ of piston** stūmoklio eiga
v (-ll-) **1** keliauti; važiuoti, vykti; **to ~ by bus [by car]** keliauti autobusu [automobiliu]; **he ~s widely** jis daug keliauja; **he ~led the country from top to bottom** jis apkeliavo/išvažinėjo visą šalį skersai ir išilgai **2** judėti, slinkti; **the goods ~ along the conveyor** prekės juda konvejeriu; **the train was ~ling at 100 kmph** traukinys važiavo 100 km/val. greičiu **3** sklisti; **light ~s faster than sound** šviesa sklinda greičiau negu garsas; **news ~s fast** naujienos greit sklinda **4** (per)žvelgti; **his mind ~led**

over recent events jis mintimis peržvelgė netolimus įvykius; **his eye ~led over the picture** jis akimis perbėgo paveikslą **5** būti komivojažieriumi; **he ~s in carpets** jis kilimų firmos komivojažierius, jis prekiauja kilimais **6** *sport.* sužingsniuoti *(žaidžiant krepšinį/netbolą)* **7** *šnek.* dumti, lėkti, skusti *(ypač apie transporto priemonę)* **8**: **to ~ well [badly]** laikytis [nesilaikyti], negesti [gesti] *(apie produktus kelionėje)*
travelator ['trævəleɪtə] *n* = **travolator**
travel-bureau ['trævlˌbjuərəu] *n* kelionių biuras
travel-film ['trævlfɪlm] *n* kelionių filmas
travelled ['trævld] *a* **1** daug keliavęs, matęs pasaulio *(t. p.* **widely ~**) **2** važiuojamasis *(apie kelią)*; daugelio lankomas
traveller ['trævlə] *n* **1** keliautojas; **~'s cheque**, *amer.* **traveler's check** turistinis/kelionės čekis **2** komivojažierius *(t. p.* **commercial ~**) **3** čigonas **4** *tech.* skriejikas **5** *tech.* tiltinis kranas ◊ **~'s tales** neįtikimos istorijos
traveller's-joy ['trævləzˈdʒɔɪ] *n bot.* raganė
travelling ['trævlɪŋ] *n* **1** keliavimas; kelionė **2** *sport.* žingsniai *(žaidžiant krepšinį)*
a attr **1** keliaujantis; kelioninis; **~ circus** keliaujantis cirkas; **~ expenses** kelionės išlaidos; **~ fellowship** stipendija vykstančiam tobulintis užsienyje; **~ speed** judėjimo greitis **2** kilnojamas, judamas; **~ kitchen** lauko virtuvė; **~ library** kilnojamoji biblioteka; **~ crane** *tech.* tiltinis kranas
travelling-bag ['trævlɪŋbæg] *n* kelioninė reikmeninė
travelling-dress ['trævlɪŋdres] *n* kelioninis kostiumas
travelog ['trævəlɔg] *n amer.* = **travelogue**
travelogue ['trævəlɔg] *n* **1** paskaita apie keliones *(su skaidrėmis/filmu)* **2** = **travel-film**
travel-sick ['trævlsɪk] *a* negalintis keliauti, bloguojantis *(automobilyje, lėktuve, laive)*
traversable ['trævəsəbl] *a teis.* užginčijamas
traverse ['trævəːs] *<n, v, a>* *n* **1** kirtimas; (per)ėjimas skersai; traversas *(alpinizme)* **2** kliūtis **3** *tech.* skersinis, skerssijė **4** *teis.* (pa)neigimas, užginčijimas, prieštaravimas **5** *kar.* traversas; horizontaliojo taikymo kampas **6** *av., jūr.* traversas
v **1** kirsti; skersai pereiti/pervažiuoti *ir pan.* **2** (iš)raižyti skersai išilgai; išvaikščioti; **ships ~ the oceans** laivai raižo vandenynus **3** (rūpestingai) peržiūrėti, išanalizuoti; **to ~ a subject** išgvildenti klausimą **4** prieštarauti, užginčyti, neigti *(t. p. teis.)* **5** *kar.* sukiotis, suktis *(apie vertikalią ašį)* **6** *kar.* taikyti horizontaliai
a ret. skersinis
traverser ['trævəsə] *n glžk.* kilnojamoji platforma *(vagonams perkelti iš vieno kelio į kitą)*
travertin(e) ['trævəstɪn] *n min.* travertinas, klintinis tufas
travesty ['trævəstɪ] *n* parodija, farsas *(ppr. prk.)*
v parodijuoti
travois [trəˈvɔɪ] *n amer. ist. (indėnų)* vežimas
travolator ['trævəleɪtə] *n* slenkantis takas, *ypač* oro uoste
trawl [trɔːl] *n* **1** tralas, tinklas **2** paieška
v **1** traluoti, gaudyti žuvį tralu; traukti dugnu *(tinklą)* **2** ieškoti *(geriausio, tinkamiausio; for)*; išnaršyti, perversti *(ieškant ko)*
trawler ['trɔːlə] *n* traleris, žvejybos laivas
trawlerman ['trɔːləmən] *n (pl* -men [-mən]) tralerio žvejys
trawl-net ['trɔːlnet] = **trawl** *n* 1
tray [treɪ] *n* **1** padėklas; **baking ~** kepamoji/kepimo skarda **2** *(dokumentų ir pan.)* dėklas **3** *tech.* lovelis, latakas; dugninė

traycloth ['treɪklɒθ] *n* padėklo staltiesėlė
treacherous ['tretʃərəs] *a* **1** klastingas, apgaulingas, nepatikimas **2** išdavikiškas
treachery ['tretʃərɪ] *n* **1** klastingumas, klasta **2** išdavimas; išdavystė
treacle ['tri:kl] *n* **1** sirupas; melasa **2** saldliežuvystė, saldžialiežuvavimas
v **1** tepti sirupu **2** pasaldinti sirupu *(vaistus ir pan.)*
treacly ['tri:klɪ] *a* **1** sirupo **2** tirštas, lipnus **3** *prk.* saldus, lipšnus
tread [tred] *n* **1** eisena; žingsnis **2** *(kojos, bato)* padas **3** *(paukščių)* poravimasis **4** pakopa, laiptas **5** *spec.* važiuoklės plotis; tarpvėžė **6** *tech. (padangos)* atraminis paviršius; protektorius; *(vikšro)* grandis
v (trod; trodden) **1** (už)minti, (už)lipti, numinti *(on, upon)*; **don't ~ on my feet/toe** neužmink man ant kojos; **to ~ on the heels** *(of)* minti ant kulnų *(kam)*, sekti įkandin **2** mindyti, trypti; **to ~ mud all over the floor** priminti visur purvo ant grindų; **to ~ underfoot** sumindžioti, suminti, sutrypti *(t. p. prk.)* **3** praminti *(taką)*; **the beasts have trodden a path** žvėrys pramynė/numynė taką **4** žengti, eiti; **to ~ heavily [softly]** žengti sunkiai [lengvai] **5** elgtis, veikti; **we must ~ warily in this matter** šiuo reikalu mes turime veikti apdairiai **6** poruotis, susiporuoti *(apie paukščius)* **7** uždėti protektorių □ **~ down** a) (su)mindyti, (su)trypti; priminti; b) (nu)slopinti, (nu)malšinti; **~ in** įminti; **~ out** a) (iš)spausti, (su)trėkšti minant *(uogas, vaisius)*; b) užtrypti *(ugnį)*; c) (nu)slopinti, (nu)malšinti ◊ **to ~ on smb's corns/toes** paliesti kieno opią vietą; užgauti kieno jausmus; **to ~ the boards/stage** būti aktoriumi; **to ~ water** a) plaukti stačiomis, išsilaikyti vandenyje stačiomis; b) rimtai nedirbti, lūkuriuoti
treadle ['tredl] *n (dviračio ir pan.)* pedalas, pamina; kojinė pavara; **~ sewing machine** kojinė siuvamoji mašina
v minti pedalą/paminą
treadmill ['tredmɪl] *n* **1** *sport.* bėgtakis *(treniruoklis)* **2** monotoniškas mechaniškai atliekamas darbas, rutina
treason ['tri:zn] *n* išdavystė, išdavimas; **high ~** valstybinės paslapties išdavimas; tėvynės išdavimas
treasonable ['tri:znəbl] *a* išdavikiškas
treasonous ['tri:znəs] *a* = **treasonable**
treasure ['treʒə] *n* **1** lobis *(t. p. prk.)*; brangenybė(s); **art ~s** meno lobiai **2** turtas, pinigai **3** *šnek.* auksinis/aukso žmogus; ≡ tikras lobis
v **1** branginti; didžiai/labai vertinti **2** krauti, kaupti *(turtą/pinigus)*; *prk.* kaupti, tausoti *(prisiminimus ir pan.; t. p.* **~ up)**; **I shall always ~ the memory of today** aš amžinai išlaikysiu atmintyje šią dieną
treasured ['treʒəd] *a* brangus, labai branginamas
treasure-house ['treʒəhaus] *n* **1** lobynas **2** iždinė, iždas
treasurer ['treʒərə] *n* **1** iždininkas; **Lord High T.** *ist.* valstybės iždo saugotojas **2** *(vertybių ir pan.)* saugotojas
treasure-trove ['treʒətrəuv] *n teis.* rastas lobis *(kurio savininkas nežinomas)*
treasury ['treʒərɪ] *n* **1** iždas; iždinė **2** *(the T.)* valstybės iždas; finansų ministerija **3** lobynas **4** saugykla **5** *attr* iždo; **T. Department** *amer.* finansų ministerija; **~ bill** trumpalaikis iždo vekselis; **~ note** *amer.* iždo kupiūra, ilgalaikis iždo vekselis
treat [tri:t] <*n, adv, v*> *n* **1** malonumas, smagumas; **it is a ~ to listen to him** klausytis jo – vienas malonumas **2** vaišinimas; **it's my ~ today** šiandien aš vaišinu; **Dutch ~** vaišės, kuriose kiekvienas moka už save; **he stood us a ~ in the restaurant** jis pavaišino mus restorane **3** *mok.* išvyka, piknikas
adv **(a ~)** *šnek.* puikiai, ≡ kaip iš pypkės; ◊ **to look a ~** ≡ glostyti akį; atrodyti puikiai; **the present went down a ~ with the children** vaikus sužavėjo dovana
v **1** elgtis *(smb – su kuo)*; **they ~ed him badly** jie blogai su juo elgėsi/pasielgė; **we were ~ed as if...** su mumis elgėsi, tartum... **2** traktuoti, laikyti; žiūrėti *(smth – į)*; **to ~ smth seriously** traktuoti ką rimtai; **please ~ this information as completely/strictly private/confidential** prašom laikyti šią informaciją visiškai konfidencialia **3** nagrinėti, svarstyti *(klausimą ir pan.)*; **the article ~s** *(of)* straipsnyje nagrinėjama/gvildenama... **4** vaišinti; pakviesti; **he ~ed us to ice-creams all round** jis mus visus pavaišino ledais; **he ~ed me to a play** jis mane pakvietė į teatrą **5** gydyti; **to ~ smb for cancer** gydyti ką nuo vėžio **6** veikti *(with – kuo)*; **to ~ with acid** apdoroti rūgštimi **7** vesti derybas, tartis; **to ~ for peace with the enemy** vesti taikos derybas su priešininku **8** *kas.* sodrinti
treatable ['tri:təbl] *a* išgydomas, pagydomas
treating ['tri:tɪŋ] *n* (pa)vaišinimas
treatise ['tri:tɪz] *n* traktatas, mokslo veikalas; mokslinis straipsnis *(on)*
treatment ['tri:tmənt] *n* **1** elgimasis, elgesys *(su)*; **preferential ~** ypatingas/išskirtinis elgesys/elgimasis; **her husband's ~ of her was cruel** jos vyras elgėsi su ja negailestingai **2** *(klausimo ir pan.)* traktavimas; **the question gets ar is given a more extended ~ in...** klausimas plačiau nagrinėjamas... *(kur)* **3** gydymas; procedūros; priežiūra; **to undergo ~ for asthma** gydytis nuo astmos; **to take ~s** atlikti gydymo kursą; **manipulation ~** gydomosios procedūros **4** apdirbimas, apdorojimas; impregnavimas; veikimas *(with – kuo)*; **~ of waste** atliekų apdorojimas **5** *teis.* režimas, nustatyta tvarka **6** *kas.* sodrinimas
treaty ['tri:tɪ] *n* **1** sutartis; susitarimas; **under ~** pagal sutartį **2**: **to be in ~ with smb** *(for smth)* vesti derybas su kuo *(dėl ko)* **3** *attr:* **~ port** *ist.* uostas, atviras užsienio prekybai *(pagal tarptautinį susitarimą)*
treble ['trebl] <*a, n, v*> *a* **1** trigubas, tris kartus (didesnis/daugiau) **2** *muz.* diskanto
n **1** trigubas kiekis **2** *muz.* diskantas *(balsas; vaikas dainininkas)*
v **1** (pa)trigubinti; trejinti; (pa)trigubėti, sutrigubėti **2** *muz.* dainuoti diskantu
trecentist [treɪ'tʃentɪst] *it. n* XIV a. italų rašytojas/menininkas
trecento [treɪ'tʃentəu] *it.* trečentas *(XIV amžiaus italų menas ir literatūra)*
tree [tri:] *n* **1** medis; **the ~ of knowledge** *bibl.* pažinimo medis; **~ surgery** senų medžių atjauninimas **2** genealogijos medis *(t. p. family ~)* **3** *spec. (loginių ir pan. operacijų)* medis; **~ diagram** medžio pavidalo schema **4** kurpalis **5** *stat.* statramstis **6** *tech.* velenas; ašis **7** *psn., poet.* kartuvės ◊ **up a ~** *šnek.* beviltiškoje padėtyje; **like ~, like fruit, as the ~ so the fruit** ≡ obuolys nuo obelies toli nesirita; **the whole ~ or not a cherry on it** ≡ arba viskas, arba nieko; **to bark up the wrong ~** *šnek.* užsipulti ne tą, ką reikia; apsirikti; **out of one's ~** *šnek.* ≡ kaip iš medžio iškritęs; **to be up a ~** *amer. šnek.* būti sunkioje/keblioje padėtyje; **you cannot judge a ~ by its bark** išorė (dažnai) apgaulinga; **it doesn't grow on ~s** *šnek.* ≡ ant medžių neauga *(apie pinigus)*
v **1** įvyti į medį **2** pastatyti į keblią/beviltišką padėtį **3** ištempti ant kurpalio
tree-covered ['tri:ˌkʌvəd] *a* apaugęs medžiais

tree-creeper ['tri:ˌkri:pə] *n zool.* (miškinis) liputis, slukutis
tree-fern ['tri:fə:n] *n bot.* papartmedis
tree-frog ['tri:frɔg] *n zool.* medvarlė
treehouse ['tri:haus] *n* namelis medyje *(vaikams žaisti)*
treeless ['tri:ləs] *a* bemedis, bemiškis, plikas
treelike ['tri:laɪk] *a* **1** mediškas, medžio pavidalo **2** *spec.* dendritinis
tree-lined ['tri:laɪnd] *a* apsodintas medžiais *(apie kelią ir pan.)*
treenail ['tri:neɪl] *n jūr.* užkalas, medinis kaištis
tree-toad ['tri:təud] *n* = **tree-frog**
treetop ['tri:tɔp] *n (ppr. pl)* medžio viršūnė
tree-trunk ['tri:trʌŋk] *n* medžio kamienas
trefoil ['trefɔɪl] *n* **1** *bot.* trilapis dobilas **2** *archit.* trilapis ornamentas
a trilapis
trek [trek] *n* **1** *(varginanti)* kelionė; *the long ~ to the Pole* ilga kelionė į ašigalį **2** *šnek.* ilgas kelias *(pėsčiomis)*; žygis; *it's a bit of a ~* tai geras kelio gabalas; *to go on the ~* eiti į žygį **3** *ist.* būrų persikėlimas *(džn. mulų traukiamu furgonu; P. Afrikoje)*
v **1** keliauti ilgą nuotolį *(per dykumą, kalnus ir pan.)* **2** *šnek.* keliauti/eiti pėsčiomis *(į parduotuvę, įstaigą ir pan.)* **3** traukti, tempti *(furgoną; P. Afrikoje)* **4** *ist.* persikelti, vykti *(mulų traukiamu furgonu)*
trellis ['trelɪs] *n* **1** grotelės, pinučiai **2** špaleriai, treliažas *(vijokliniams augalams, medžių šakoms)*
v **1** padaryti/pastatyti groteles/pinučius **2** špaleriuoti
trellis-work ['trelɪswə:k] *n* = **trellis** 2
tremble ['trembl] *n* drebėjimas, drebulys, virpėjimas; jaudinimasis; *all of a ~ šnek.* visas drebėdamas/virpėdamas
v **1** drebėti, virpėti, tirtėti; *the whole house ~d as the train went by* visas namas drebėjo traukiniui pravažiuojant **2** bijoti, šiurpuliuoti, drebėti; jaudintis; *to ~ with anger [fear]* drebėti iš pykčio [baimės]; *to ~ for one's life* bijoti dėl savo gyvybės; *to ~ at the thought (of)* drebėti vien pagalvojus *(apie); his voice ~d as he spoke* jo balsas drebėjo **3** plevėsuoti, virpėti, judėti *(apie vėliavą, lapus ir pan.)*
trembler ['tremblə] *n el.* pertraukiklis
trembly ['tremblɪ] *a šnek.* **1** drebantis, nelygus *(apie rašyseną ir pan.)* **2** drovus, nedrąsus
tremendous [trɪ'mendəs] *a* **1** didžiulis, milžiniškas; *a ~ amount of smth* didžiulis ko kiekis **2** nuostabus **3** *šnek.* baisus, siaubingas; *she's a ~ talker* ji baisiai daug kalba
tremie ['tremɪ] *n stat.* povandeninis betontiekis
tremolo ['tremələu] *n* (pl ~s [-z]) *muz.* tremolo
tremor ['tremə] *n* **1** = **tremble** **2** *(susijaudinimo)* virpulys; *(nedidelis)* sukrėtimas **3** *(nestiprus)* požeminis smūgis **4** *med.* tremoras, drebulys
tremulant ['tremjulənt] *a* = **tremulous**
tremulous ['tremjuləs] *a* **1** drebantis, virpantis; nelygus *(apie liniją, rašyseną); in a ~ voice* drebančiu balsu **2** baikštus, drovus
trenail ['tri:neɪl] *n* = **treenail**
trench [trentʃ] *n* **1** griovys, tranšėja; vaga; *to dig a ~* kasti griovį/tranšėją **2** *kar.* apkasas, tranšėja; *to open ~es* kasti apkasus; *~ warfare* a) pozicinis/apkasų karas; b) *šach.* pozicinė kova **3** *geogr.* įduba *(vandenyno dugne)*
v **1** kasti griovius/tranšėjas/apkasus; rausti **2** raižyti, įrėžti, (iš)vagoti **3** būti panašiam/artimam *(on, upon); it ~es (up)on insolence* tai beveik akiplėšiškumas **4** kėsintis, brautis; *visitors ~ed upon my spare time* svečiai atėmė man laisvalaikį □ *~ about/around* apsikasti

trenchant ['trentʃənt] *a* **1** kandus, aštrus; *~ comments* kandžios pastabos; *~ speech* aštri kalba **2** smarkus, energingas
trench-coat ['trentʃkəut] *n (kariško kirpimo)* nepermampamas apsiaustas; impregnuota milinė
trencher[1] ['trentʃə] *n* **1** kareivis, kuris kasa apkasus/tranšėjas **2** *tech.* grioviakasė
trencher[2] *n (anglų profesorių ir studentų)* kepurė su plokščiu kvadratiniu viršumi *(t. p. ~ cap)*
trencherman ['trentʃəmən] *n* (pl -men [-mən]) **1** valgytojas; *poor ~* menkas valgytojas **2** *psn.* parazitas, veltėdis
trench-plough ['trentʃplau] *ž. ū. n* gilaus arimo plūgas, plantažinis plūgas
v giliai arti, arti plantažiniu plūgu
trend [trend] *n* **1** kryptis; srovė, tendencija; *~s in art* meno srovės; *social ~ of the novel* socialinis romano kryptingumas; *if the present ~ continues* jei dabartinė tendencija tęsis **2** mada **3** *(kelio ir pan.)* kryptis, linkmė
v **1** turėti tendenciją, linkti **2** (nu)krypti; *the road ~s to the North* kelias krypsta/eina šiaurės link
trendiness ['trendɪnɪs] *n (ypač iron.)* ultramodernumas; naujausios tendencijos/kryptys/pažiūros *ir pan.*
trend-setter ['trendˌsetə] *n* naujos mados/krypties nustatytojas; naujos mados etalonas
trend-setting ['trendˌsetɪŋ] *a* nustatantis madą/kryptį; naujoviškas, novatoriškas
trendy ['trendɪ] *šnek. (džn. menk.) n* madų žinovas/vaikytojas, stileiva
a labai modernus, ultramadingas
trepan[1] [trɪ'pæn] *med. n* trepanas *(kaukolės grąžtas)*
v trepanuoti
trepan[2] *psn. n* spąstai, žabangai
v **1** (į)vilioti **2** apgauti
trepang [trɪ'pæŋ] *n zool.* trepangas
trephine [trɪ'fi:n] *med. n* trefina *(kaukolės grąžtelis)*
v trepanuoti
trepidation [ˌtrepɪ'deɪʃn] *n* **1** baimė, nerimas, jaudinimasis **2** drebėjimas; virpėjimas, drebulys **3** *med.* trepidacija
trespass ['trespəs] *n* **1** *(žemės valdos ribų, teisių ir pan.)* peržengimas, pažeidimas; *(teis. t. p.)* žalos padarymas, nusižengimas **2** piktnaudžiavimas *(on, upon)* **3** *rel., psn.* nusidėjimas, nuodėmė
v **1** peržengti, pažeisti *(žemės valdos ribas, teises ir pan.; on);* padaryti žalą, nusižengti **2** piktnaudžiauti, pasinaudoti *(on); to ~ on smb's hospitality* piktnaudžiauti kieno vaišingumu **3** *rel., psn.* nusidėti *(against)*
trespasser ['trespəsə] *n (teisių ir pan.)* peržengėjas, pažeidėjas; įsibrovėlis
tress [tres] *n knyg.* **1** (ilgas) garbinys, garbana; kasa **2** *pl (moterų)* palaidi plaukai, garbanos
tressed [trest] *a* **1** su kasomis **2** supintas
trestle ['tresl] *n* **1** stalyna, pastolis **2** ožys *(malkoms pjauti)* **3** estakada
trestle-work ['treslwə:k] *n stat.* estakada; pastoliai; tilto atramos
tret [tret] *n ist.* refakcija *(nuolaida dėl prekės apgadinimo, svorio sumažėjimo ir pan.)*
trews [tru:z] *n pl* languotos kelnės
trey [treɪ] *n (kortų, žaidžiamųjų kauliukų ir pan.)* trys akys
tri- [traɪ-] *(sudurt. žodžiuose)* tri-, trijų; *tribasic chem.* tribazis; *triaxial* triašis; *triatomic* triatomis
triable ['traɪəbl] *a teis.* teistinas; teismingas
triad ['traɪæd] *n* **1** triada, trijų asmenų/dalių/daiktų grupė **2** *muz.* triada

triage ['traııdʒ] *n* **1** rūšiavimas **2** pagalbos *(sužeistiesiems ir pan.)* skubumo nustatymas

trial ['traıəl] *n* **1** teismas, teismo procesas; bylos nagrinėjimas; *to bring to ~, to put on ~* patraukti į teismą; *to be on ~, to stand (one's)* ~ būti teisiamam; *to give a fair ~* teisti pagal įstatymus; *~ by jury* bylos svarstymas prisiekusiųjų teisme **2** bandymas; *to give a ~* a) išbandyti *(mašiną, prietaisą ir pan.)*; b) priimti *(darbuotoją)* bandomajam laikui; *on ~* bandomas; išbandyti *(reiškiant tikslą); by ~ and error* bandymų ir klaidų metodu; ≡ iš klaidų mokaisi **3** *(sunkus)* išgyvenimas, išbandymas, išmėginimas; bėda; *that child is a real ~ to me* tas berniūkštis man gyva bėda; *~s and tribulations* bėdos ir vargai **4** *sport.* bandymas, mėginimas; *pl* varžybos *(varžovų jėgoms išbandyti)* **5** *geol.* žvalgymas **6** *attr* bandomasis; *~ flight* bandomasis skrydis; *~ trip/run* bandomasis reisas; *~ period* bandomasis laikas/laikotarpis *v (-ll-)* išbandyti *(metodą, sistemą ir pan.)*

triangle ['traıæŋgl] *n* **1** trikampis *(t. p. geom., fiz., muz.); force ~ fiz.* jėgų trikampis; *Bermudian ~* Bermudų trikampis **2** *amer.* kampainis

triangular [traı'æŋgjulə] *a* **1** trikampis; *~ pyramid geom.* trikampė piramidė **2** trišalis; *~ agreement* trišalis susitarimas

triangulate [traı'æŋgjuleıt] *v* **1** dalyti į trikampius **2** *geod.* atlikti trianguliaciją

triangulation [traı,æŋgju'leıʃn] *n geod.* trianguliacija

triarchy ['traıɑ:kı] *gr. n ist.* triumviratas; triarchija

Triassic [traı'æsık] *geol. n* triasas *(periodas) a* triaso

triathlon [traı'æθlən] *n sport.* trikovė

triatomic [,traıə'tɔmık] *a chem.* triatomis

tribadism ['trıbədızm] *n* tribadija, lesbianizmas

tribal ['traıbl] *a* gentinis, gimininis, padermės

tribalism ['traıbəlızm] *n* **1** gentinė santvarka **2** tribalizmas

tribe [traıb] *n* **1** gentis, giminė, padermė; *Baltic ~s* baltų gentys **2** grupė, būrys; *menk.* šutvė, kompanija; *the scribbling ~* rašeivos **3** *juok.* šeimyna, šeimynėlė **4** *biol.* triba

tribesman ['traıbzmən] *n (pl* -men [-mən]) *(tik v.)* giminės/genties narys, gentainis

tribeswoman ['traıbz,wumən] *n* (pl -women [-,wımın]) giminės/genties narė, gentainė

triboelectricity [,traıbəuılek'trısətı, ,trı-] *n el.* trynimo elektra, triboelektra

triboluminescence [,traıbəulu:mı'nesns, ,trı-] *n spec.* triboliuminescencija

tribrach ['trıbræk] *n lit.* tribrachis

tribulation [,trıbju'leıʃn] *n* bėda, vargas, sielvartas; sunkus išmėginimas

tribunal [traı'bju:nl] *n* **1** tribunolas; specialios jurisdikcijos teismas **2** teisėjo kėdė/vieta

tribunate ['trıbjunıt] *n ist.* tribūno pareigos, tribūnatas

tribune[1] ['trıbju:n] *n ist.* tribūnas *(t. p. prk.)*

tribune[2] *n* tribūna

tributary ['trıbjutərı] *n* **1** intakas **2** *ist.* duoklininkas; valstybė, mokanti duoklę
a **1** intakinis, įtekantis *(apie upelį)*; šalutinis *(apie kelią)* **2** *ist.* mokantis duoklę; priklausomas

tribute ['trıbju:t] *n* **1** duoklė *(t. p. prk.); to lay under ~* uždėti duoklę; *to pay (a) ~ (to)* a) mokėti duoklę; b) *prk.* atiduoti duoklę, pagerbti **2** dovana *(ypač viešai įteikiama); floral ~s* gėlės, gėlių puokštė/vainikas *(tam tikra proga, ypač laidotuvių)*

tricar ['traıkɑ:] *n* tiratis automobilis

trice[1] [traıs] *n* akimirka, akimirksnis, valandėlė; *in a ~* beregint, akimirksniu

trice[2] *v jūr.* pakelti ir pritvirtinti/pririšti *(bures ir pan.; ppr. ~ up)*

tricentenary [,traısen'ti:nərı] = **tercentenary** *n, a*

tricentennial [,traısen'ti:nıəl] *amer.* = **tercentenary** *n, a*

triceps ['traıseps] *n anat.* trigalvis raumuo, tricepsas

-trices [-trı'si:z] *pl žr.* **-trix**

trichina [trı'kınə, trı'kaınə] *n (pl* -nae [-ni:]) *zool., med.* trichinelė

trichinize ['trıkınaız] *v med., vet.* apkrėsti trichinelėmis

trichinosis [,trıkı'nəusıs] *n med.* trichineliozė

trichloride [traı'klɔ:raıd] *n chem.* trichloridas

trichogenous [trı'kɔdʒınəs] *a med.* trichogeninis, skatinantis plaukų augimą

trichology [trı'kɔlədʒı] *n med.* trichologija, plaukų ir jų ligų mokslas

trichotomy [trı'kɔtəmı] *n* (pa)dalijimas į tris (sudedamąsias) dalis, trichotomija

trichromatic [,traıkrə'mætık] *a* trispalvis

trick [trık] <*n, a, v*> *n* **1** pokštas, išdaiga, juokas; *to play/serve smb a ~, to play a ~ on smb* iškrėsti pokštą kam; *~s of fortune* likimo pokštai; *dirty/rotten/mean ~* bjaurus/negražus pokštas; *the children are up to their ~s again* vaikai vėl ima pokštauti/išdykauti; *none of your ~s!* *šnek.* tik be jokių pokštų!, tai tau nepavyks! **2** gudrybė; apgaulė; *by ~* apgaule, gudrumu; *all the ~s and turns* visi būdai ir gudrybės; *~s of the trade* profesinės gudrybės; *~ of senses* jausmų/jutimų apgaulė; *you shall not serve that ~ twice* antrą kartą manęs neapgausi **3** triukas, fokusas; *conjuring ~s* iliuzionisto triukai; *hat ~* a) fokusas su skrybėle *(ištraukimas triušio/puokštės ir pan.);* b) *sport.* vieno žaidėjo įmušti **3** įvarčiai **4** įgudimas; *(darymo)* būdas; *I don't know the ~ of it* aš nežinau, kaip tai daroma; *I know a ~ worth two of that* aš žinau daug geresnį būdą; *to get the ~ of it* įgusti atlikti/daryti ką **5** *(elgesio)* ypatybė, maniera; įprotis *(džn. blogas); (kalbos)* vingrybės, įmantrybės; *he has a ~ of repeating the last two words* jis turi įprotį pakartoti du paskutinius žodžius **6** kirtis *(lošiant kortomis); the odd ~* lemiamas kirtis; *to take a ~* imti kirtį **7** *amer.* niekutis, žaisliukas **8** *amer. šnek.* vaikutis, mergytė *(džn. little/pretty ~)* **9** *sl.* (prostitutės) klientas **10** *jūr.* budėjimas, pamaina *(stovėti prie vairo ir pan.); to have/take/stand one's ~* atbudėti *(prie vairo)* ◊ *to do the ~ šnek.* padaryti savo, padaryti, kas priklauso, pasiekti savo/tikslą, pavykti padaryti; *never to miss a ~* visada žinoti *(kas vyksta),* niekad nepraleisti progos *(pasinaudoti kuo); to try every ~ in the book* viską išbandyti; *how's ~s?* *šnek.* kaip reikaliukai?, kaip einasi?
a attr **1** skirtas triukams/fokusams rodyti **2** gudrus, suktas *(apie klausimą ir pan.);* sudėtingas; *~ lock* šifrinė spyna
v **1** apgauti, apsukti; apgaule priversti *(ką padaryti; into);* išvilioti *(out of)* **2** pokštauti; iškrėsti pokštą ☐ *~ out/up (ppr. pass)* įmantriai/gražiai išpuošti/papuošti

trickery ['trıkərı] *n* **1** apgaulė; gudrybė **2** apgaudinėjimas

trickish ['trıkıʃ] *a* = **tricky**

trickle ['trıkl] *n* **1** lašėjimas, varvėjimas; sruvenimas **2** srovelė **3** *(ko)* mažas kiekis/skaičius
v **1** lašėti, varvėti; lašinti, varvinti; *water only ~d from the tap* vanduo vos lašėjo iš čiaupo **2** sruventi; *a stream ~d between the rocks* upelis sruveno tarp akmenų; *tears ~d down her cheeks* jai per skruostus sruveno/riedėjo

ašaros ☐ ~ *away* a) išvarvėti, pamažu ištekėti; b) pamažu išsisklaidyti/išsiskirstyti *(apie žmones);* ~ *in* a) prasigauti *(į vidų);* b) būti gaunamam *(apie dovanas, žinias ir pan.);* ~ *out* a) sunktis *(į išorę);* b) pasklisti; *the news ~d out* žinia prasiskverbė/pasklido

trickster ['trɪkstə] *n* sukčius, apgavikas; gudruolis

tricksy ['trɪksɪ] *a* 1 pilnas pokštų, žaismingas, išdykęs 2 *psn.* suktas, apgaulingas 3 *psn.* puošnus

tricky ['trɪkɪ] *a* 1 sudėtingas, sunkus, keblus; įmantrus; *in a* ~ *situation* keblioje padėtyje 2 gudrus, suktas; apgaulingas

triclinium [traɪ'klɪnɪəm] *n (pl* -nia [-nɪə]) *ist.* trikliniumas; kvadratinis pietų stalas *(sen. Romoje)*

tricolor ['traɪkʌlə] *amer.* = **tricolour** *n, a*

tricolour ['trɪkələ] *n* trispalvė *(vėliava) a* trispalvis

tricorn(e) ['traɪkɔːn] *a* triragis: ~ *hat* triragė/trikampė skrybėlė

tricot ['trɪkəu, 'triːkəu] *pr. n* 1 triko(tažas) *(medžiaga)* 2 trikotažo gaminys

tricycle ['traɪsɪkl] *n* triratis *(dviratis, motociklas);* triratukas *v* važiuoti triračiu

trident ['traɪdənt] *n* trišakis, tridantis

tridimentional [ˌtraɪdɪ'menʃuəl] *a* trijų matmenų, trimatis

tried [traɪd] *a* išbandytas, patikrintas, patikimas *(t. p.* ~ *and tested/trusted)*

triennia [traɪ'enɪə] *pl žr.* **triennium**

triennial [traɪ'enɪəl] *a* trimetis; trunkantis trejus metus; pasikartojantis kas treji metai
n 1 trimetis, treji metai *(laikotarpis)* 2 tai, kas tęsiasi trejus metus *ar* kartojasi kas treji metai 3 *bot.* trimetis augalas

triennium [traɪ'enɪəm] *n (pl* ~s, -nia) = **triennial** 1

trier ['traɪə] *n* 1 žmogus, kuris stengiasi iš visų jėgų, nenuleidžia rankų 2 ragautojas

trifle ['traɪfl] *n* 1 (niek)niekis, mažmožis, smulkmena; *to take offence at a mere* ~ įsižeisti dėl (gryno) nieko; *he wastes time on ~s* jis leidžia laiką niekams, jis niekniekiauja; *that is a* ~ tai smulkmena 2 *(a ~)* truputis; nedidelis kiekis *(ppr. pinigų); it cost a* ~ tai nedaug kainavo; *a* ~ *too heavy* truputį per sunkus 3 kukli/menka dovanėlė, mažmožis 4 *kul.* saldus patiekalas *(biskvitas, sulaistytas vynu ir užpiltas plakta grietinėle su šokoladu/riešutais/vaisiais)* 5 alavo lydinys; *pl* alaviniai indai
v 1 juokauti; *he is not a man to* ~ *with* su juo menki juokai 2 lengvabūdiškai elgtis; užsiimti niekais, niekniekiauti 3 žaisti *(t. p. prk.); don't* ~ *with his affections* nežaisk jo jausmais ☐ ~ *away* švaistyti, eikvoti; *to* ~ *away one's time and money* švaistyti laiką ir pinigus

trifling ['traɪflɪŋ] *n* 1 juokavimas; lengvabūdiškas pokalbis 2 tuščias laiko eikvojimas
a 1 mažavertis, menkavertis; nereikšmingas; nedidelis; ~ *error* nedidelė klaida 2 neįdomus, lėkštas

trifoliate [traɪ'fəulɪət] *a* 1 *bot.* trilapis 2 *archit.* papuoštas trilapiu ornamentu

triforium [traɪ'fɔːrɪəm] *n (pl* -ia [-ɪə]) *archit.* triforijus

triform ['traɪfɔːm] *a* turintis tris dalis/formas

trifurcate *v* ['traɪfəkeɪt] šakotis į tris šakas
a [traɪ'fɔːkət] turintis tris šakas, trišakis

trig[1] [trɪg] *dial., psn. a* 1 tvarkingas, geras 2 puošnus, dabitiškas 3 sveikas, tvirtas
v 1 tvarkingai laikyti, sutvarkyti *(džn.* ~ *up)* 2 (iš)puošti, puošniai aprengti *(džn.* ~ *out)* 3 prigrūsti, prikišti

trig[2] *dial. n* stabdiklis; šliūžė
v stabdyti, pakišti akmenį/šliūžę *(po ratu)*

trig[3] *n sutr. šnek.* = **trigonometry**

trigamous ['trɪgəməs] *a* trečią kartą vedęs/ištekėjusi; turinti(s) tris vyrus/žmonas

trigeminal [traɪ'dʒemɪnl] *a anat.* trišakis *(apie nervą)*

trigger ['trɪgə] *n* 1 *tech.* spragtukas; strektė 2 *kar.* gaidukas; *to pull the* ~ a) paspausti gaiduką; b) paleisti 3 *rad.* trigeris 4 *prk.* kibirkštis; priežastis *(for – ko)*
◊ *quick on the* ~ greitai reaguojantis; impulsyvus
v 1 sukelti, būti priežastimi *(t. p.* ~ *off)* 2 *kar.* iššauti, paleisti *(paspaudus gaiduką ir pan.)*

trigger-happy ['trɪgəˌhæpɪ] *a šnek.* 1 pasiruošęs šauti be atodairos; karingai nusiteikęs, karingas 2 beatodairiškas, nutrūktgalviškas *(apie politiką ir pan.)*

triglyph ['traɪglɪf] *n archit.* triglifas

trigonal ['trɪgənəl] *a spec.* trikampis, trikampiškas

trigonometric(al) [ˌtrɪgənə'metrɪk(l)] *a* trigonometrinis, trigonometrijos

trigonometry [ˌtrɪgə'nɒmɪtrɪ] *n* trigonometrija; *plane* ~ plokštumos trigonometrija

trihedral [traɪ'hiːdrəl] *a geom.* tribriaūnis

trihedron [traɪ'hiːdrən] *n geom.* tribriaunis, triedras

trijet ['traɪdʒet] *n* trijų variklių reaktyvinis lėktuvas

trike [traɪk] *n šnek.* triratukas

trilateral [ˌtraɪ'lætərəl] *a* trišonis; trišalis

trilby ['trɪlbɪ] *n* minkšta fetrinė skrybėlė su įspaustu viršumi *(t. p.* ~ *hat)*

trilinear [traɪ'lɪnɪə] *a geom.* tritiesis

trilingual [ˌtraɪ'lɪŋgwəl] *a* 1 trikalbis 2 kalbantis trimis kalbomis

trilith ['traɪlɪθ] *n archeol.* trilitas

trill [trɪl] *n* 1 *muz.* trelė; treliavimas 2 *fon.* vibrantas; vibruojamas garsas r 3 *(paukščių)* suokimas, čiruliavimas
v 1 *muz.* treliuoti 2 *fon.* vibruojamai tarti garsą r 3 suokti, tirilliuoti, čiruliuoti *(apie paukščius)*

trillion ['trɪljən] *num card, n* 1 trilijonas *(10^{12}); psn.* kvintilijonas *(10^{18}) pl šnek.* milijonai, daugybė

trilobate [traɪ'ləubɪt] *a bot.* triskiautis

trilobite ['traɪləbaɪt] *n* trilobitas *(iškastinis nariuotakojis gyvūnas)*

trilogy ['trɪlədʒɪ] *n* trilogija

trim [trɪm] <*n, a, v*> *n* 1 (pavyzdinga) tvarka; parengtis; *in fighting* ~ kovinėje parengtyje; *in good* ~ a) tvarkingas; b) *sport.* geros formos; *in flying* ~ *av.* pasirengęs/parengtas skristi; *to get the garden in* ~ sutvarkyti sodą 2 pakirpimas, palyginimas *(plaukų);* apkarpymas *(gyvatvorės)* 3 papuošimas; puošnus apdaras; apdaila *(t. p. aut.)* 4 *amer. stat.* architravas; bagetas; įrėminimas 5 *amer.* vitrinos papuošimas 6 *jūr. (krovinio, balasto ir pan.)* proporcingas išdėstymas 7 *jūr., av.* diferentas
a 1 tvarkingas, gerai prižiūrimas; ~ *hedge* apkarpyta gyvatvorė 2 gerai išsilaikęs, sveikas, tvirtas 3 puošnus; dailus, lieknas 4 gerai sukirptas/sukonstruotas *ir pan.*
v 1 (su)tvarkyti *(t. p.* ~ *up); to* ~ *oneself up* susitvarkyti, pasigražinti 2 (pa)kirpti, palyginti; (nu)genėti, apipjau(sty)ti, apkarpyti, (ap)tašyti *(t. p.* ~ *off/away); to have one's hair ~med* pasikirpti plaukus; *to* ~ *a hedge* apkarpyti/nugenėti gyvatvorę 3 (pa)puošti *(papuošalais);* (ap)dailinti, apsiuvinėti *(t. p.* ~ *up)* 4 *kul.* paruošti *(mėsą, žuvį ir pan.)* 5 sumažinti, apkarpyti *(išlaidas, planą ir pan.)* 6 taikstytis, prisitaikyti; laviruoti, balansuoti *(tarp partijų)* 7 *šnek.* (pa)barti; (iš)perti 8 *šnek. (ypač sport.)* sumušti, sutriuškinti 9 *jūr.* proporcingai išdėstyti krovinį/balastą *ir pan.; to* ~ *the sails (before the wind)* a) nustatyti geriausią burės padėtį (vėjo at-

žvilgiu); b) *prk.* ≡ žiūrėti, iš kur vėjai pučia; atsižvelgti į esamą padėtį **10** *tech.* nuimti/pašalinti šerpetas/ištrupas **11** *tech.* profiliuoti ☐ **~ down** a) sumažinti *(biudžetą ir pan.);* b) suploninti *(figūrą, liemenį)*
trimaran ['traɪmərǽn] *n jūr.* trimaranas, trikorpusis laivas
trimerous ['traɪmərəs] *a bot., zool.* susidedantis iš trijų dalių
trimester [traɪ'mestə] *n* **1** trys mėnesiai *(laikotarpis)* **2** *amer.* trimestras
trimeter ['trɪmɪtə] *n lit.* trimetras
trimmer ['trɪmə] *n* **1** tvarkytojas *ir kt., žr.* **trim** *v* **2** prisitaikėlis, oportunistas **3** kūrikas **4** mašinėlė *(gazonams, plaukams ir pan.)* apkarpyti/apkirpti **5** *tech.* profiliavimo staklės **6** *tech., av.* povairis, trimeris **7** *jūr.* krovinio dėliotuvas
trimming ['trɪmɪŋ] *n* **1** tvarkymas, (nu)karpymas, lyginimas; (pa)puošimas, dailinimas **2** *(ppr. pl)* papuošalai, papuošimai; apsiuvai **3** *pl* pagražinimai *(t. p. prk.);* **tell me the truth without any ~s** pasakyk man tiesą be jokių pagražinimų **4** *kul. pl* tradiciniai priedai *(prie pagrindinio patiekalo)* **5** *pl* nuokarpos, nuopjovos **6** *šnek.* pyla; (pa)barimas **7** *šnek.* sutriuškinimas, sumušimas **8** *tech.* šerpetų/ištrupų nulyginimas/pašalinimas
trinary ['traɪnərɪ] *a* sudarytas iš trijų dalių
trine [traɪn] *a* trigubas
Trinidad ['trɪnɪdǽd] *n* Trinidadas *(sala);* **~ and Tobago** Trinidadas ir Tobagas *(valstybė)*
Trinitarian [ˌtrɪnɪ'tɛərɪən] *n, a rel.* (žmogus) tikintis Trejybe
trinitrotoluene [traɪˌnaɪtrəᵘ'tɔljuiːn] *n* = **trinitrotoluol**
trinitrotoluol [traɪˌnaɪtrəᵘ'tɔljuɔl] *n* trinitrotoluolas *(sprogstamoji medžiaga)*
trinity ['trɪnətɪ] *n* **1** *knyg.* trejybė **2** *(T.) bažn.* Trejybė **3** *attr:* **T. Sunday** Trejybės šventė; **T. law sittings** vasaros teismo sesija; **T. term** trečiasis/vasaros semestras; **T. House** Anglijos locmanų asociacija; **T. Brethren** locmanų asociacijos nariai
trinket ['trɪŋkɪt] *n* pigus papuošalas, pakabutis, karulys; niekutis
trinomial [traɪ'nəumɪəl] *a* **1** *mat.* trinãris **2** *biol.* žymintis gentį, rūšį ir porūšį *(apie klasifikacijos terminą)* *n mat.* trìnaris
trio ['triːəu] *n (pl* ~s [-z]) **1** trys, trejetas **2** *muz.* trio
triode ['traɪəud] *n rad.* triodas
triolet ['triːəulet, 'triːəlɪt] *n lit.* trioletas
trioxide [traɪ'ɔksaɪd] *n chem.* trideginis
trip [trɪp] *n* **1** kelionė; išvyka, ekskursija; reisas; **round ~** kelionė ten ir atgal; **business ~** kelionė su reikalais, komandiruotė; **to be away on a ~** būti išvykusiam į kelionę; **to take a ~** (pa)daryti išvyką, nuvykti; **to make ~s** daryti reisus, kursuoti **2** suklupimas, pargriuvimas *(užkliuvus už ko)* **3** suklydimas, apsirikimas, klaida **4** *(ypač sport.)* kojos pakišimas **5** lengvas žingsnis, lengva eisena **6** *šnek.* haliucinacijos būsena *(pavartojus narkotikų)* **7** *tech.* atskyriklis; *(išjungimo, paleidimo)* spragtukas **8** *kas. (vagonėlių)* sąstatas ◊ **to lay/put a guilt ~ on smb** *amer. šnek.* priversti ką pasijusti kaltą
v **1** suklupti, parpulti, apvirsti *(užkliuvus už ko; over; t. p.* **~ up)** **2** pargriauti, pakišti koją *(ypač sport.; t. p.* **~ up)** **3** (su)klysti, apsirikti; suklaidinti *(t. p.* **~ up);** **he ~ped up in his evidence** jis susipainiojo duodamas parodymus **4** sugauti meluojant/klystant *(džn.* **~ up);** **to catch smb ~ping** sugauti ką nusikaltimo vietoje **5** striksėti, bėgti/eiti pasišokinėjant **6** *šnek.* haliucinuoti, būti apsvaigusiam *(nuo narkotikų; t. p.* **~ out)** **7** *tech.* suka-

binti, atkabinti, (į)jungti, išjungti *(atleidus sankabą, strektę ir pan.)* **8** *jūr.* ištraukti *(inkarą)*
tripartite [traɪ'pɑːtaɪt] *a* **1** tridalis, susidedantis iš trijų dalių **2** trišalis, tripusis; **~ conference** trišalė konferencija **3** *bot.* triskiltis *(apie lapą)*
tripe [traɪp] *n* **1** žarnokai *(valgis)* **2** *šnek.* šlamštas, niekai
tripersonal [traɪ'pəːsnəl] *a rel.* vienas trijuose asmenyse, triasmenis
trip-hammer ['trɪpˌhæmə] *n tech.* mechaninis kūjis
triphase ['traɪfeɪz] *a el.* trifazis
triphibious [traɪ'fɪbɪəs] *a kar.* vykstantis sausumoje, ore ir vandenyse *(apie karo veiksmus)*
triphthong ['trɪfθɔŋ] *n fon.* tribalsis, triftongas
triplane ['traɪpleɪn] *n* triplanas, trisparnis lėktuvas
triple ['trɪpl] <*n, a, v*> trigubas kiekis; *(degtinės ir pan.)* triguba porcija
a trigubas; trilypis; **~ jump** *sport.* trišuolis; **~ time** *muz.* trijų dalių metras; **T. Alliance** *ist.* Trilypė sąjunga; **~ murder** trijų žmonių nužudymas
v (pa)trigubinti; (pa)trigubėti; **to ~ one's efforts** patrigubinti pastangas; **to ~ in height [in width]** pasidaryti tris kartus aukštesniam [platesniam]
triplet ['trɪplɪt] *n* **1** trynukas; *pl* trynukai, tryniai **2** trejetas, trijulė **3** *spec.* tripletas **4** *muz.* triolė **5** *lit.* trieilis, tercetas
triplex ['trɪpleks] *n* **1** tripleksas, beskeveldris stiklas **2** *amer.* butas, išdėstytas per tris aukštus
a trigubas *(t. p. tech.)*
triplicate <*n, a, v*> *n* ['trɪplɪkət] vienas iš trijų egzempliorių; **in ~** trimis egzemplioriais
a ['trɪplɪkət] trigubas
v ['trɪplɪkeɪt] **1** sudaryti/surašyti trimis egzemplioriais **2** (pa)trigubinti
triplication [ˌtrɪplɪ'keɪʃn] *n* (pa)trigubinimas
triplicity [trɪ'plɪsətɪ] *n knyg.* **1** trigubumas; trilypumas **2** trejetas, trijų daiktų grupė
triploid ['trɪplɔɪd] *n biol.* triploidas
tripmeter ['trɪpmiːtə] *n aut.* kilometrų skaičiuoklis
tripod ['traɪpɔd] *n* **1** *(fotoaparato ir pan.)* trikojis **2** trikõjis staliukas/kėdė *ir pan.*
a trikõjis
tripoli ['trɪpəlɪ] *n min.* trepelis
tripos ['traɪpɔs] *n* egzaminai humanitarinių mokslų bakalauro laipsniui gauti *(Kembridžo universitete)*
tripper ['trɪpə] *n* **1** *(džn. menk.)* turistas, ekskursantas **2** *šnek.* narkomanas haliucinacijos būsenoje **3** = **trip** *n* 7
tripping ['trɪpɪŋ] *n* **1** lengva eisena; striksėjimas **2** *tech.* išjungimas **3** *tech. (vagonėlio)* apvertimas
a **1** greitakojis; lengvas *(apie judesį ir pan.)* **2** *tech.* išjungiamasis, išjungimo
trippingly ['trɪpɪŋlɪ] *adv* **1** greitai, lengvai, vikriai **2** sklandžiai
trippy ['trɪpɪ] *a šnek.* sukeliantis haliucinacijas/svaigulį
triptych ['trɪptɪk] *n men.* triptichas
triptyque [trɪp'tiːk] *n* muitinės leidimas automobiliui pervažiuoti
tripwire ['trɪpwaɪə] *n* laidas, kurį palietus suveikia spąstai/sprogdiklis
triquetrous [traɪ'kwetrəs] *a* **1** *spec.* trikámpis **2** *bot.* tribriaunis *(apie stiebą)*
trireme ['traɪriːm] *n jūr. ist.* trirema *(karo laivas su trimis irklų eilėmis)*
trisect [traɪ'sekt] *v geom.* padalyti į tris (lygias) dalis
trishaw ['traɪʃɔː] *n* triratė rikša, minama pedalais

trismus ['trɪzməs] *n med.* trizmas, mėšlungiškas žandikaulių sukandimas
Tristan ['trɪstən] *n* Tristanas *(vardas)*
tristate ['traɪsteɪt] *a amer. geogr.* trijų valstijų
tristich ['trɪstɪk] *n lit.* tristichas
trisyllabic [ˌtraɪsɪ'læbɪk] *a* triskiemenis
trisyllable [traɪ'sɪləbl] *n* triskiemenis žodis
trite [traɪt] *a* nuvalkiotas, banalus; *~ phrase* nuvalkiotas posakis
triticale [ˌtrɪtɪ'keɪlɪ] *n ž. ū.* kvietrugis *(rugių ir kviečių hibridas)*
tritium ['trɪtɪəm] *n chem.* tritis
triton ['traɪtn] *n* **1** *(T.) mit.* Tritonas *(graikų jūrų dievas)* **2** *zool.* tritonas
triturate ['trɪtjʊreɪt] *v spec.* susmulkinti/sumalti/sutrinti į miltelius
trituration [ˌtrɪtjʊ'reɪʃn] *n* **1** *spec.* susmulkinimas, sutrynimas **2** *farm.* smulkūs milteliai
triumph ['traɪəmf] *n* **1** triumfas; pergalė **2** džiūgavimas, džiugesys
v **1** triumfuoti, nugalėti *(over)*; *to ~ over evil* įveikti blogį **2** švęsti pergalę; džiūgauti
triumphal [traɪ'ʌmfl] *a attr* triumfinis, triumfo; *~ arch [procession]* triumfo arka [eitynės]
triumphalism [traɪ'ʌmfəlɪzm] *n* triumfavimas, džiūgavimas
triumphant [traɪ'ʌmfənt] *a* **1** triumfuojantis; pergalingas **2** džiūgaujantis, švenčiantis *(pergalę ir pan.)*
triumvir [traɪ'ʌmvə] *n (pl ~s, -ri) ist.* triumviras *(triumvirato narys)*
triumvirate [traɪ'ʌmvɪrət] *n ist.* triumviratas *(t. p. prk.)*
triumviri [traɪ'ʌmvɪraɪ] *pl žr.* **triumvir**
triune ['traɪjuːn] *a* trivienas, triasmenis
trivet ['trɪvɪt] *n* **1** trikojis *(virti)* **2** trikojis padėklas *(karštam indui pastatyti)* **3** *attr* trikojis; *~ table* trikojis stalas ◊ *as right as a ~* visiškai sveikas
trivia ['trɪvɪə] *lot. n pl* smulkmenos, niekai
trivial ['trɪvɪəl] *a* **1** nežymus, smulkus, nereikšmingas; *~ matters* smulkmenos; *~ loss* nedidelis/mažas nuostolis **2** trivialus; lėkštas **3** kasdien(in)is, įprastas; *the ~ round* rutina, kasdienybė **4** liaudiškas, nemokšliškas *(apie gyvūnų, augalų pavadinimus)* **5** *bot., zool.* rūšies, rūšinis
triviality [ˌtrɪvɪ'ælətɪ] *n* **1** nereikšmingumas; smulkmena; *to waste time on trivialities* užsiimti niekniekiais, gaišti laiką dėl niekniekių **2** trivialumas; *to speak in trivialities* kalbėti bendromis frazėmis
trivialization [ˌtrɪvɪəlaɪ'zeɪʃn] *n* sumenkinimas, subanalinimas
trivialize ['trɪvɪəlaɪz] *v* padaryti trivialų/nereikšmingą; sumenkinti, subanalinti
triweekly [traɪ'wiːklɪ] *<n, a, adv>* *n* trisavaitinis leidinys; leidinys, išeinantis tris kartus per savaitę
a trisavaitinis; vykstantis triskart per savaitę
adv triskart per savaitę; kas trečią savaitę
-trix [-trɪks] *suff (pl -trices)* -ė, -a *(žymint moteriškosios giminės asmenis);* **administratrix** administratorė
trocar ['trəʊkɑː] *n med.* troakaras
trochaic [trəʊ'keɪɪk] *lit. a* trochėjinis, chorėjinis
n trochėjas, chorėjas
trochanter [trə'kæntə] *n anat. (šlaunikaulio)* gūbrys
troche [trəʊʃ] *n* tabletė
trochee ['trəʊkiː] *n lit.* trochėjas, chorėjas
trod [trɒd] *past žr.* **tread** *v*
trodden ['trɒdn] *pII žr.* **tread** *v*
troglodyte ['trɒglədaɪt] *n* **1** urvinis gyventojas, trogloditas **2** *ret.* atsiskyrėlis

troika ['trɔɪkə] *rus. n* **1** trikinkė **2** *ret.* trejetas
Trojan ['trəʊdʒən] *a* Trojos; *~ horse mit.* Trojos arklys
n **1** Trojos gyventojas, trojietis **2** narsus/ištvermingas žmogus; *to work like a ~* atkakliai/įtemptai dirbti
troll[1] [trəʊl] *n* **1** paeiliui dainuojami kupletai **2** blizgė, jaukas; blizgiavimas
v **1** dainuoti paeiliui **2** blizgiauti *(iš plaukiančios valties)* **3** ridenti; riedėti □ *~ along šnek.* bidzenti
troll[2] *n mit.* trolis
trolley ['trɒlɪ] *n* **1** vežimėlis *(parduotuvėje ir pan.)* **2** stalelis su ratukais *(valgiams ir gėrimams privežti)* **3** vagonėlis; drezina **4** *amer.* tramvajus **5** *šnek.* troleibusas **6** *el.* kontaktinis ritinėlis; trolėjus ◊ *off one's ~ juok.* kuoktelėjęs, ≅ iš mėnulio nukritęs
trolleybus ['trɒlɪbʌs] *n* troleibusas; *articulated ~* sujungtasis troleibusas
trolley-car ['trɒlɪkɑː] *n amer.* tramvajus
trolley-pole ['trɒlɪpəʊl] *n el.* trolėjaus strypas
trolley-wheel ['trɒlɪwiːl] *n el.* kontaktinis ritinėlis
trollop ['trɒləp] *n vulg.* **1** nevala, apsileidėlė **2** kekšė, šliundra
trombone [trɒm'bəʊn] *n muz.* trombonas
trombonist [trɒm'bəʊnɪst] *n muz.* trombonistas
trommel ['trɒməl] *n kas.* (tinklinis) būgnas
tromometer [trə'mɒmɪtə] *n* mikroseismometras
troop [truːp] *n* **1** *pl* karinės pajėgos, kariuomenė, kareiviai **2** *kar.* raitelių/kavalerijos būrys; *amer.* eskadronas **3** *(žmonių, laukinių gyvūnų)* būrys, pulkas **4** skautų būrys **5** *(ppr. pl)* daugybė, minia **6** *pl amer.* eiliniai partijos aktyvistai *(ypač rinkimų kampanijos metu)*
v **1** būriuotis, susiburti *(džn. ~ up/together)* **2** žygiuoti/eiti būriu *(t. p. ~ along/in/out); people came ~ing out of the theatre* žmonių minia pasipylė iš teatro **3** (pra)žygiuoti rikiuote/išsirikiavus; *to ~ the colour(s)* iškilmingai nešti vėliavą *(per karinį paradą)* □ *~ away/off* a) *šnek.* išeiti būriu; b) *kar.* skubiai (iš)žygiuoti; *~ round* apsupti
troop-carrier ['truːpˌkærɪə] *n kar.* **1** transportinis desanto lėktuvas/laivas **2** *amer.* transporteris
trooper ['truːpə] *n* **1** *(kavalerijos/tankų dalinio)* kareivis, eilinis **2** *amer.* raitasis/motorizuotasis policininkas **3** = **troop-horse 4** = **troopship** ◊ *to swear like a ~ šnek.* ≅ keiktis kaip vežikui
troop-horse ['truːphɔːs] *n* kavalerijos arklys
trooping ['truːpɪŋ] *n: the T. of the Colour* karinis paradas
troopship ['truːpʃɪp] *n jūr.* karinis transportas; transportinis laivas
trope [trəʊp] *n lit.* tropas
trophic ['trɒfɪk] *a fiziol.* mitybos, trofinis
trophied ['trəʊfɪd] *a* papuoštas trofėjais
trophy ['trəʊfɪ] *n* **1** *(įv. reikšm.)* trofėjus **2** *(ypač sport.)* prizas
tropic ['trɒpɪk] *geogr., astr. n* atograža; *the ~s* atogrąžos, tropikai; *the ~ of Cancer [Capricorn]* Vėžio [Ožiaragio] atograža
a atogrąžinis, atogrąžų, tropinis
tropical[1] ['trɒpɪkl] *a* **1** atogrąžinis, tropinis; *~ year astr.* tropiniai metai **2** karštas; aistringas
tropical[2] *a lit.* tropinis, tropų
tropicalise ['trɒpɪkəlaɪz] *v spec.* aklimatizuoti(s) atogrąžų sąlygoms; pri(si)taikyti prie atogrąžų sąlygų
tropism ['trɒpɪzm] *n biol.* tropizmas
tropopause ['trɒpəpɔːz] *n meteor.* tropopauzė
troposphere ['trɒpəsfɪə] *n* troposfera
trot [trɒt] *n* **1** risčia; *at a ~* risčia; *to break into a ~* pasileisti risčia **2** greitas žingsnis/ėjimas; *to go for a ~* eiti

pabėgioti; **to have a ~ round the shops** aplakstyti parduotuves **3** besimokantis vaikščioti kūdikis **4** *(the ~s) pl šnek.* suviduriavimas **5** *amer. mok. šnek.* pažodinis vertimas, „špargalka" ◊ *on the ~ šnek.* iš eilės, paeiliui; **to keep smb on the ~** *šnek.* neduoti kam atsipūsti/ramybės; **to be on the ~** *šnek.* ≡ būti ant kojų, triūsti, lakstyti
v **1** bėgti/joti risčia; **to ~ a horse** paleisti arklį risčia **2** risnoti, bidzenti **3** (nu)skubėti, (nu)bėgti *(t. p.* **~ along/away/off)**; *I must* **~ away/off/along** man reikia/laikas bėgti ▫ **~ about** *(be tikslo)* lakstyti, mėtytis, blaškytis; **~ out** a) joti risčia; b) *šnek.* kaišioti *(senus argumentus ir pan.);* (pa)demonstruoti, (pa)rodyti; c) *šnek.* puikautis; **~ round** vedžioti, rodyti
troth [trəuθ] *n knyg., psn.* **1** ištikimybė; pažadas, žodis; **by my ~** garbės žodis; **to plight one's ~** duoti žodį *(džn. pasižadėti vesti)* **2** tiesa, teisybė; *in* **~** iš tikrųjų
trotter ['trɔtə] *n* **1** ristūnas, ristas žirgas **2** *pl (kiaulių, avių)* kojos, kojelės *(valgis)* **3** *pl juok.* kojos
trotting-race ['trɔtɪŋreɪs] *n* ristūnų lenktynės
trotyl ['trəutɪl] *n chem.* trotilas
troubadour ['tru:bədɔ:, 'tru:bəduə] *pr. n ist.* trubadūras
trouble ['trʌbl] *n* **1** rūpestis, susirūpinimas; nepatogumas; **to give smb ~, to put smb to ~** sukelti kam rūpesčių/nepatogumų; **did it give you much ~?** ar tai sudarė jums daug nepatogumų? **2** sunkumas; pastanga; **with much ~** vargais negalais; **to take (the) ~** pasistengti, pasirūpinti; **he takes much ~** jis labai stengiasi; **take the ~ to come** pasistenk ateiti; **no ~ at all** *(tai)* nesunku, *(tai)* vieni niekai *(atsakant į prašymą);* **it's not worth the ~** neverta stengtis/trukdytis; **will it be much ~ to you?** ar jus tai labai apsunkins? **3** nemalonumas; vargas, bėda; **to be in ~** turėti bėdoje; turėti bėdą; **to get into ~** patekti į bėdą; užsikrauti vargą; **to look for ~** prisišaukti bėdą; ieškoti bėdos; **to make ~ for smb** užkrauti kam bėdą, užtraukti kam nemalonumų; **life is full of ~s** gyvenimas pilnas vargų/rūpesčių; **there's ~ brewing** artinasi bėda, bręsta nemalonumai; **the ~ is...** bėda ta, kad... **4** neramumai; **labour ~(s)** darbininkų neramumai **5** liga, negalavimas, susirgimas; **heart ~** širdies liga; **mental ~** psichikos susirgimas **6** vaidai, nesantaika; **he has family ~s** jo šeimoje nesantaika **7** *tech.* sutrikimas, (su)gedimas; avarija; **~ shooting/tracing** gedimo paieška; **~ crew** avarinė brigada; **he has got engine ~** jo automobilio variklis sutriko ◊ *in* **~** *euf.* nėščia *(neištekėjusi);* **to get a girl into ~** prigauti/suvedžioti merginą; **what's the ~?** kas atsitiko?; **to stir up ~** ≡ drumsti vandenį
v **1** būti susirūpinusiam; kelti nerimą; **he was deeply ~d by what he heard** jis buvo labai susirūpinęs dėl to, ką išgirdo; **what's troubling you?** kas jums kelia nerimą? **2** trukdyti; varginti(s); **sorry to ~ you, but...** atsiprašau už trukdymą, bet...; **may I ~ you?** ar galiu jus sutrukdyti? *(džn. iron.);* **may I ~ you for the salt?** maloniai paduoti man druską; **don't ~ to explain** *iron.* nesivarginkite, nereikia aiškintis; **don't ~, thanks** ačiū, nesivarginkite **3** kankinti, kamuoti; **his conscience ~d him** jį kamavo sąžinė; **he is ~d with a cough** jį kamuoja kosulys **4** stengtis *(ppr. neig. sakiniuose);* **he never even ~d to answer** jis net nepasistengė atsakyti **5** sunkiai sektis/eitis; **literature ~s me** man sunkiai sekasi literatūra **6** *ret.* drumsti *(vandenį)* **7** *tech.* (su)gadinti ◊ **don't ~ ~ until ~ ~s you** ≡ nesišauk nelaimės, pati ateis; **I'll ~ you** *(+inf)* teikitės *(įsakmiai raginant, primenant)*

troubled ['trʌbld] *a* **1** susirūpinęs, nerimastingas; **~ look [face]** nerimastingas/susirūpinęs žvilgsnis [veidas] **2** neramus, audringas; *in these* **~ times** šiais sunkiais/neramiais laikais **3** drumstas
trouble-free ['trʌbl'fri:] *a* **1** *spec.* be gedimų, nesutrinkantis; **~ operation** eksploatacija be avarijų **2** be sunkumų; **the school has been ~ since...** mokykla neturėjo daugiau sunkumų nuo...
troublemaker ['trʌbl͵meɪkə] *n (rūpesčių, nesantaikos ir pan.)* (su)kėlėjas; *(ramybės, tvarkos)* drumstėjas
troubler ['trʌblə] *n* = **troublemaker**
troubleshoot ['trʌblʃu:t] *v* **1** įsikišti į konfliktų sureguliavimą **1** *tech.* lokalizuoti gedimą
troubleshooter ['trʌbl͵ʃu:tə] *n* **1** *(avarijų, gedimų)* monteris **2** specialus įgaliotinis konfliktams sureguliuoti
troublesome ['trʌblsəm] *a* **1** varginantis; kankinantis, kamuojantis; **he has a ~ cough** jį kankina/kamuoja kosulys **2** neramus; keliantis nerimą; sunkus; **~ child** sunkus/neramus vaikas, nenuorama
trouble-spot ['trʌblspɔt] *n* neramus rajonas; *(neramumų, pavojų ir pan.)* židinys
troublous ['trʌbləs] *a knyg., psn.* neramus; keliantis nerimą; **~ times** neramūs laikai
trough [trɔf] *n* **1** lovys; lesalinė; penėtuvė **2** lovelis, latakas *(vandeniui nutekėti)* **3** gelda; duonkubilis **4** įduba *(tarp dviejų bangų)* **5** duburys, loma **6** *ekon. (kainų, vartojimo ir pan.)* žemiausias kritimo taškas; sąstingis; **~ loan** nuostolingoji paskola **7** *geol.* sinklina **8** *meteor.* ištįsusi žemo slėgio sritis/zona
trounce [trauns] *v* **1** mušti, perti; bausti **2** smarkiai barti **3** nugalėti, sutriuškinti
troupe [tru:p] *pr. n* trupė
trouper ['tru:pə] *n* trupės narys, aktorius ◊ **a good ~** atsidavęs ir uolus darbuotojas
trousered ['trauzəd] *a* kelnėtas, su kelnėmis
trousering ['trauzərɪŋ] *n* kelnių medžiaga
trouser-leg ['trauzəleg] *n (kelnių)* kiška, klešnė
trouser-press ['trauzəpres] *n* kelnių presas
trousers ['trauzəz] *n pl* kelnės *(t. p.* **a pair of ~)** ◊ **to catch smb with their ~ down** nučiupti ką nusikaltimo vietoje
trouser-stretcher ['trauzə͵stretʃə] *n* kelnių laikiklis
trouser-suit ['trauzəsu:t] *n (moteriškas)* kostiumas (su kelnėmis)
trousseau ['tru:səu] *pr. n (pl ~s, ~x [-z])* kraitis, dalis
trout [traut] *n (pl ~)* *zool.* upėtakis; **brown/river ~** margasis upėtakis ◊ **old ~** *niek.* kvaila ragana/senė
trouvaille ['tru:vaɪl] *pr. n* radinys, nelaukta sėkmė
trove [trəuv] *n* = **treasure-trove**
trover ['trəuvə] *n teis.* neteisėtas *(svetimos nuosavybės, radinio)* pasisavinimas; **action of ~** savininko ieškinys dėl kilnojamojo turto susigrąžinimo
trow [trəu] *v psn.* manyti; tikėti
trowel ['trauəl] *n* **1** *(mūrininko)* mentė **2** *(sodininko)* kastuvėlis, mentė **3** *tech.* trintuvas; *(kampų)* brauktuvė ◊ **to lay (it) on with a ~** *šnek.* smarkiai perdėti; akivaizdžiai pataikauti
v krėsti/glaistyti/užtrinti mente
troy [trɔɪ] *n ist.* trojos svorių sistema *(auksui, sidabrui, brangakmeniams; t. p.* **~ weight)**
Troy [trɔɪ] *n ist.* Troja
truancy ['tru:ənsɪ] *n (savavališkas)* neatėjimas *(į pamokas, tarnybą);* praleidinėjimas; pravaikšta
truant ['tru:ənt] *<n, a, v> n* **1** mokinys, praleidinėjantis pamokas; **to play ~** neiti į pamokas; praleidinėti pamokas **2** pravaikštininkas; dykinėtojas

a **1** *mok.* praleidžiantis, (pra)dykinėjantis **2** aplaidus, nepareigingas
v neiti į pamokas; praleidinėti pamokas

truce [tru:s] *n* **1** paliaubos; *to call a ~* paskelbti paliaubas; *~ of God ist.* priešiškų veiksmų nutraukimas bažnyčios nustatytomis dienomis **2** galas; pertrauka, atokvėpis, atodvastis; *~ to jesting!* gana juokauti!

truck[1] [trʌk] *n* **1** *(prekių)* mainai **2** smulkios prekės **3** *šnek.* nereikalingi daiktai, šlamštas *(t. p. prk.);* nesąmonė; *I shall stand no ~* aš nepakęsiu nesąmonių **4** *amer.* daržovės *(parduoti);* *~ farm* daržininkystės ūkis **5** *ist.* mokėjimas už darbą prekėmis/natūra; *~ system* darbo užmokesčio prekėmis/natūra sistema ◊ *to have no ~ (with)* neturėti reikalų *(su),* vengti *(ko)*
v **1** *amer.* užsiimti daržininkyste **2** *psn.* mainyti, mainikauti; prekiauti išnešiotinai **3** *ist.* mokėti prekėmis/natūra

truck[2] *n* **1** *(ypač amer.)* sunkvežimis; *dumper/amer. dump ~* savivartis *(sunkvežimis)* **2** vežimas *(kroviniams vežioti); hand ~* rankinis vežimėlis **3** *glžk. (atvira)* platforma; vagonėlis **4** *tech. (vagono ir pan.)* važiuoklė, ratai *(ant vienos ašies)*
v **1** *(ypač amer.)* vežti/gabenti sunkvežimiu, transportuoti sunkvežimiais **2** krauti į platformą/sunkvežimį **3** *(ypač amer.)* vairuoti sunkvežimį **4** *šnek.* eiti savomis kojomis *(t. p. ~ along/down)* ◊ *to get ~ing amer. šnek.* išeiti; *keep on ~ing! amer. šnek.* laikykis! *(drąsinant)*

truckage ['trʌkɪdʒ] *n* **1** transportavimas sunkvežimiais **2** mokestis už gabenimą/vežimą sunkvežimiais

truck-crane ['trʌkkreɪn] *n amer.* automobilinis kranas

truckdriver ['trʌkdraɪvə] *n amer.* = **trucker**[2]

trucker[1] ['trʌkə] *n amer.* fermeris daržininkas

trucker[2] *n (ypač amer.)* **1** sunkvežimio vairuotojas **2** *(krovinių)* vežėjas

trucking[1] ['trʌkɪŋ] *n amer.* daržininkystė

trucking[2] = *n* **truckage** 1

truckle ['trʌkl] *n* = **truckle-bed**
v lankstytis, pataikauti *(to)*

truckle-bed ['trʌklbed] *n* žema lovelė su ratukais *(dieną pastumiama po kita lova)*

truckler ['trʌklə] *n* pataikūnas

truckload ['trʌkləud] *n* **1** pilnas sunkvežimis *(krovinių, žmonių)* **2** *šnek.* daugybė

truckman ['trʌkmən] *n (pl* -men [-mən]) = **trucker**[2]

truck-mounted ['trʌk'mauntɪd] *a* **1** įtaisytas ant sunkvežimio važiuoklės **2** motorizuotas **3** gabenamas autotransportu **4** kilnojamas *(apie įrenginį ir pan.)* **5** savaeigis

truck-stop ['trʌkstɒp] *n amer.* pigi pakelės užkandinė *(ypač sunkvežimių vairuotojams)*

truck-tractor ['trʌk‚træktə] *n* puspriekabių vilkikas

truck-trailer ['trʌk‚treɪlə] *n* sunkvežimis su priekaba; sunkvežimio priekaba

truckulence ['trʌkjuləns] *n* **1** žiaurumas **2** puolumas, agresyvumas; šiurkštumas

truculent ['trʌkjulənt] *a* **1** nuožmus, žiaurus **2** puolus, agresyvus; šiurkštus, paniuręs, piktas

trudge [trʌdʒ] *n* ilga varginanti kelionė; *it's quite a ~ to my house* iki mano namo – geras kelio galas
v sunkiai eiti, vilktis, plumpuoti, klumpinti; *to ~ through the snow* plumpuoti per sniegą

true [tru:] *<n, a, v, adv>* *n* **1** *(the ~)* tiesa **2**: *out of ~* ne visai tiesus/lygus; blogai pritaisytas/pritaikytas; *the door is out of ~* durys persimetusios

a **1** tikras, teisingas; *~ story* tikra istorija, tikras įvykis; *~ value* tikroji vertė; *it is ~* tai tiesa; *it is ~ to say that...* galima sakyti, kad...; *is the news ~?* ar žinia tikra/teisinga?; *is it ~ that you are leaving?* ar teisybė, kad jūs išvykstate?; *it can't be ~!* to negali būti!; *~ as I stand here šnek.* tikra teisybė, ≡ kaip mane gyvą matai **2** ištikimas, atsidavęs *(to);* *~ friend* tikras/ištikimas draugas; *~ to oneself* ištikimas sau; *~ as flint/steel* visiškai atsidavęs, ≡ atsidavęs kūnu ir siela; *she was always ~ to her word/promise* ji visada laikėsi žodžio **3** nuoširdus, neapsimestinis; *~ love* tikra meilė **4** tikslus *(apie vaizdavimą ir pan.); ~ to life* tikroviškas, gyvenimiškas **5** galiojantis *(of, for);* autentiškas; *~ copy* nuorašas tikras; *this holds ~ for most cases* tai tinka daugeliui atvejų **6** *predic stat.* tiesiai/gerai įstatytas, gerai pritaikytas; *the window-frame is not ~* lango rėmas įstatytas kreivai **7** *biol.* tipiškas *(t. p. ~ to the type)* ◊ *to come ~* išsipildyti; *~ to form* kaip įprasta, kaip ir galima tikėtis *(ypač neig.* apibūdinant kieno elgesį)
v tech. pritaikyti; sutikrinti, (su)reguliuoti *(t. p. ~ up)*
adv **1** tiksliai; *to aim ~* taikyti(s) tiksliai **2** ištikimai **3** teisingai; *his words ring ~* jo žodžiuose esama tiesos **4** *mod* tiesa *(reiškiant nuolaidą); ~, he is rarely here* tiesa, jis čia retai būna

true-blue ['tru:'blu:] *a* **1** nuoseklus; atsidavęs, tikras *(džn. apie anglų konservatorių)* **2** *amer.* ištikimas

true-born ['tru:'bɔ:n] *a attr* grynakraujis; *a ~ Englishman* tikras anglas

true-bred ['tru:'bred] *a attr* **1** gerai išauklėtas **2** grynakraujis

true-hearted ['tru:'hɑ:tɪd] *a* atsidavęs, ištikimas; nuoširdus

true-life ['tru:'laɪf] *a attr* tikroviškas, gyvenimiškas

truelove ['tru:lʌv] *n poet.* mylimasis ◊ *~ knot* dvigubas mazgas *(ištikimybės ir meilės simbolis)*

truffle ['trʌfl] *n* **1** triufelis *(saldainis)* **2** *bot.* valgomasis trumas *(grybas)*

truffled ['trʌfld] *a (paruoštas)* su trumais

trug [trʌg] *n (sodininko)* pintinė

truism ['tru:ɪzm] *n* truizmas; nuvalkiota tiesa

trull [trʌl] *n psn.* prostitutė

truly ['tru:lɪ] *adv* **1** tikrai, iš tikrųjų; *a ~ beautiful view* tikrai gražus vaizdas **2** nuoširdžiai; *~ grateful* nuoširdžiai dėkingas **3** tiksliai ◊ *yours ~* a) Jus gerbiantis, Jūsų *(laiško gale);* b) *šnek.* aš (pats), Jūsų nuolankus tarnas

trump[1] [trʌmp] *n* **1** švietalas, koziris *(t. p. prk.); what's ~s?* kas koziris?; *to lead ~s* eiti koziriu; *to play a ~* kirsti/mušti koziriu/švietalu, koziriuoti; *to put smb to his ~s* a) priversti ką koziriuoti; b) *prk.* priversti ką imtis kraštutinių priemonių; *to have/hold all the ~s in one's hand* a) turėti visus švietalus rankoje; b) *prk.* būti padėties šeimininku; *~ card* a) kozirių korta, švietalas; b) *prk.* stipriausias koziris *(ginčijantis ir pan.; ppr. one's ~ card)* **2** *šnek.* puikus/šaunus žmogus, šaunuolis ◊ *to turn/come up ~s šnek. (kam)* nelauktai gerai baigtis; nelauktai pasisekti
v **1** kirsti/mušti švietalu, koziriuoti **2** pralenkti, imti viršų *(geriau pasakant/padarant už kitą)* □ *~ up* sufabrikuoti *(kaltinimą, bylą ir pan.)*

trump[2] *n psn., poet.* trimito garsas; *the last ~, the ~ of doom rel.* Paskutinio teismo dienos trimitų garsai

trumped-up [‚trʌmpt'ʌp] *a* suklastotas *(apie kaltinimus ir pan.)*

trumpery ['trʌmpərɪ] *ret. n* **1** niekniekiai, blizgučiai **2** *prk.* šlamštas *a* **1** tik išorinis, netikras *(apie prabangą)* **2** pigus, tuščias, niekam vertas; **~ argument** tuščias argumentas

trumpet ['trʌmpɪt] *n* **1** trimitas; trimito garsas **2** klausymo vamzdelis *(apykurtiems)* **3** *(vamzdžio)* žiotys **4** ruporas, garsintuvas **5** trimitininkas **6** *(dramblio)* riaumojimas *v* **1** trimituoti **2** *prk.* (iš)trimituoti, pranešti, (ap)skelbti, pagarsinti **3** riaumoti *(apie dramblį)*

trumpet-call ['trʌmpɪtkɔ:l] *n* **1** trimito garsas **2** šaukimas/signalas veikti

trumpeter ['trʌmpɪtə] *n* trimitininkas, trimituotojas ◊ **to be one's own ~** girtis

trumpet-major ['trʌmpɪtˌmeɪdʒə] *n kar.* vyresnysis trimitininkas

truncal ['trʌŋkl] *a* liemens, liemeninis

truncate [trʌŋ'keɪt] *v* **1** nupjauti, nukirsti, nukapoti *(viršūnę, galą)* **2** (su)trumpinti *(kalbą, straipsnį ir pan.)*

truncated [trʌŋ'keɪtɪd] *a* **1** nupjautas, nukirstas **2** sutrumpintas **3** *geom.* nupjautinis *(apie kūgį)*

truncheon ['trʌntʃən] *n* **1** lazda *(valdžios simbolis)* **2** policininko lazda

trundle ['trʌndl] *n* tekinėlis, ratukas *v* **1** risti, ridenti; riedėti **2** stumti *(vienratį vežimėlį ir pan.)* **3** sunkiai važiuoti, kastis; (nu)kinkuoti *(t. p. ~ along/off)*

trundle-bed ['trʌndlbed] *n amer.* = **truckle-bed**

trunk [trʌŋk] *n* **1** *(medžio)* kamienas, liemuo **2** *(žmogaus)* liemuo **3** lagaminas **4** *(dramblio)* straublys **5** *pl* glaudės, *(vyriškos)* sporto kelnaitės; **bathing ~s** maudymosi kelnaitės, trikampis **6** *amer. aut.* bagažinė **7** magistralė **8** *jūr.* *(ventiliacijos)* vamzdis **9** *attr* pagrindinis, magistralinis; **~ circuit** pagrindinė/magistralinė ryšių linija ◊ **to live in one's ~s** gyventi pakėlus sparnus

trunk-call ['trʌŋkkɔ:l] *n* tarpmiestinis telefoninis kvietimas; tarpmiestinis pokalbis

trunk-line ['trʌŋklaɪn] *n* **1** *(ryšių)* magistralė *(t. p. ~ circuit)* **2** *glžk.* magistralė

trunk-nail ['trʌŋkneɪl] *n* vinis su didele puošnia galvute *(lagaminui, karstui ir pan.)*

trunk-road ['trʌŋkrəud] *n* magistralinis/pagrindinis kelias, magistralė

trunnion ['trʌnɪən] *n tech.* kakliukas

truss [trʌs] *n* **1** *bot.* kekė, žiedynas **2** *med.* išvaržos tvarstis **3** *stat.* santvara, ferma; statramstis **4** *(šieno, šiaudų)* kuokštas, glėbys *v* **1** surišti *(rankas, kojas)*, užlaužti rankas *(t. p. ~ up)* **2** (su)rišti į glėbius *(t. p. ~ up)* **3** surišti *(paukščio)* sparnus ir kojas *(prieš kepant)* **4** *stat.* (su)rišti, (su)veržti, (su)tvirtinti

trust [trʌst] <*n, a, v*> *n* **1** pa(si)tikėjimas, tikėjimas; **to have/put/repose ~ (in)** pa(si)tikėti *(kuo)*; **to take on ~** tikėti žodžiais, patikėti be įrodymų, aklai patikėti; **breach of ~** piktnaudžiavimas pasitikėjimu **2** atsakomybė; atsakingas postas; **he has a position of great ~** jis turi labai atsakingą postą **3** viltis; **he puts ~ in the future** jis deda viltis į ateitį; **he is our sole ~** jis mūsų vienintelė viltis **4** *kom.* kreditas; **on ~** į kreditą, patykin **5** *teis.* globa, priežiūra; patika, patikėtoji nuosavybė *(t. p. ~ fund)*; **to have smth in ~** globoti ką; **the property is held in ~** turtas valdomas pagal įgaliojimą **6** *ekon.* trestas, koncernas; **investment ~** investavimo trestas *a* **1** patikėtas **2** valdomas pagal įgaliojimą; **~ territory** globojamoji teritorija; **~ deposit** įgaliojamasis indėlis *v* **1** tikėti; pasitikėti, pasikliauti; **to ~ in God** tikėti Dievą; **to ~ to luck [fate]** tikėti laime [likimui]; **not to ~ smb an inch** nepasitikėti kuo nė per nago juodymą; **a man**

not to be ~ed asmuo, kuriuo negalima pasikliauti; nepatikimas asmuo; **you ~ to your memory too much** jūs per daug pasikliaujate savo atmintimi **2** pavesti, patikėti; **I ~ my affairs to an experienced lawyer** aš pavedu savo reikalus prityrusiam advokatui; **I wouldn't ~ him with my car** aš nepatikėčiau jam savo mašinos **3** viltis, tikėtis; **I ~ you will be better soon** tikiuosi, kad jūs greitai pasveiksite; **I ~ not [so]** tikiuosi, kad ne [kad taip] **4** duoti į kreditą **5** *šnek.* būti tikram *(džn. iron.)*; **~ him to spoil things!** gali būti tikras, jis viską sugadins

trust-deed ['trʌstdi:d] *n teis.* nuosavybės įgaliojamasis aktas

trusted ['trʌstɪd] *a* patikimas

trustee [trʌs'ti:] *n teis.* **1** *(turto)* globėjas, patikėtinis; patikos valdytojas **2** *(organizacijos, koledžo ir pan.)* kontrolės grupės narys *v* atiduoti į globą

trusteeship [trʌs'ti:ʃɪp] *n teis.* **1** globa; **international ~** tarptautinė *(teritorijos)* globa **2** globojamoji teritorija

trustful ['trʌstfəl] *a* patiklus

trustify ['trʌstɪfaɪ] *v ekon.* jungti(s) į trestus

trustiness ['trʌstɪnɪs] *n* patikimumas; ištikimybė

trusting ['trʌstɪŋ] *a* patiklus

trustless ['trʌstləs] *a* **1** nepatikimas **2** nepatiklus

trustworthy ['trʌstˌwɜ:ðɪ] *a* vertas pasitikėjimo; patikimas, tikras, pasikliaujamas

trusty ['trʌstɪ] *a attr ret.* patikimas; *juok.* ištikimas *(apie žirgą, automobilį ir pan.)* *n* **1** patikimas asmuo **2** kalinys, gaunantis lengvatų už pavyzdingą elgesį

truth [tru:θ] *n (pl* -ths [-ðz, -θs]) **1** tiesa, teisybė; **to question the ~** abejoti, ar tai tiesa; **to doubt smb's ~** abejoti kieno teisumu; **to tell the ~** a) sakyti tiesą/teisybę, nemeluoti; b) tiesą sakant; **the ~s of science** mokslo tiesos; **the naked/simple ~** gryna tiesa/teisybė; **~ table** *log.* teisingumo lentelė; **in ~** iš tikrųjų, tikrai; **the ~ is that...** dalykas tas/toks, kad...; tiesą sakant... **2** nuoširdumas **3** tikslumas, atitikimas; **~ to nature** vaizdavimo tikslumas; realizmas **4** *tech.* bendraašiškumas; *(pritaisymo, sumontavimo)* tikslumas ◊ **~ will out** ≡ ylos maiše nepaslėpsi

truthful ['tru:θfəl] *a* **1** teisingas; **are you being quite ~?** ar tu teisybę sakai? **2** tikras, tikroviškas

truthless ['tru:θləs] *a* **1** nepatikimas **2** melagingas

try [traɪ] *n* **1** mėginimas, bandymas; **to have/take a ~ (at)** pamėginti; **to give smth a ~** išbandyti ką; **to give smb a ~** duoti kam progą pasireikšti; **it's worth a ~** verta pabandyti **2** *sport.* trijų/keturių taškų laimėjimas *(regbio žaidėjui pasiekus su kamuoliu priešininko vartų liniją)* *v* **1** stengtis; **to ~ one's best/hardest** stengtis iš visų jėgų; **she did it without even ~ing** ji tai padarė be didelių pastangų; **~ and/to come** pasistenk ateiti; **~ as he might/would...** kad ir kaip jis besistengtų... **2** siekti *(for)*; **to ~ for a position** siekti posto; **to ~ for university** (bandyti) stoti į universitetą **3** (iš)bandyti, (iš)mėginti *(t. p. ~ out)*; **to ~ one's luck/fortune** išbandyti laimę; **he tried to do it** jis pabandė/pamėgino tai padaryti **4** (pa)ragauti, (pa)mėginti; **do ~ my cake** paragauk mano pyrago **5** teirautis, pažiūrėti *(ieškant informacijos ir pan.)*; **to ~ the encyclopedia** pažiūrėti į enciklopediją; **we tried all the shops** mes žiūrėjome/teiravomės visose parduotuvėse **6** daryti bandymą/eksperimentą **7** varginti; kamuoti; bandyti *(kieno kantrybę, jėgas ir pan.)*; **don't ~ his patience** nebandyk jo kantrybės; **small print tries the eyes** smulkus šriftas vargina akis **8** *(ppr. pass)* teisti;

trying   1000   **tufa**

nagrinėti *(bylą)*; **he was tried for murder** jį teisė už žmogžudystę **9** gryninti *(metalą; t. p.* **~ out)***;* lydyti *(riebalus; t. p.* **~ out)** **10** (nu)obliuoti *(t. p.* **~ up)** □ **~ back** a) grįžti *(apie šunis, pametusius pėdsaką)*; b) *prk.* pradėti iš naujo *(pastebėjus klaidą)*; **~ on** pri(si)matuoti ◊ **to ~ it on** *šnek.* gudrauti, išdaigauti *(mėginant apgauti)*; **you can't ~ that on with me** manęs neapmulkinsi, nieko neišeis

trying ['traɪɪŋ] *a* **1** sunkus; varginantis; **~ day** sunki diena **2** erzinantis, įkyrus; **you are being very ~ today** tu šiandien nepakenčiamas **3** kenksmingas; **~ to the health** kenksmingas sveikatai

trying-plane ['traɪɪŋpleɪn] *n* oblius

try-on ['traɪɔn] *n* **1** matavimas(is), pri(si)matavimas **2** *šnek.* mėginimas apgauti

try-out ['traɪaut] *n* **1** išmėginimas, išbandymas; repeticija **2** *sport.* treniruotės pobūdžio rungtynės **3** *amer. teatr.* perklausa; peržiūra

trypanosomiasis [ˌtrɪpənəsə'maɪəsɪs] *n vet.* tripanosomozė

trypsin ['trɪpsɪn] *n fiziol.* tripsinas

trysail ['traɪsl] *n jūr.* triselis *(burė)*

try-square ['traɪˌskwɛə] *n (dailidės)* kampainis

tryst [trɪst] *psn., juok. n* **1** *(slaptas)* pasimatymas, sutartas susitikimas; **to keep the ~** ateiti į pasimatymą; **to break the ~** neateiti į pasimatymą **2** *(slapta)* pasimatymo vieta *v* pasimatyti, susitikti *(with)*

tsar [zɑ:] *rus. n ist.* caras

tsarina [zɑ:'ri:nə] *rus. n ist.* carė; carienė

tsarism ['zɑ:rɪzm] *rus. n ist.* carizmas

tsarist ['zɑ:rɪst] *rus. a ist.* carinis

tsetse ['t(s)etsɪ] *n zool.* (musė) cėcė *(t. p.* **~ fly)**

T-shaped ['ti:ʃeɪpt] *a* T formos

T-shirt ['ti:ʃə:t] *n (vyriški)* trumparankoviai apatiniai marškiniai be apykaklės, tenisinukai, teniso marškinėliai

T-square ['ti:skwɛə] *n* kampaininė liniuotė, reišina

tsunami [tsu:'nɑ:mɪ] *jap. n* cunamis

Tsushima ['tsu:ʃɪmə] *n:* **~ Islands** Cusimos salos

T-time ['ti:taɪm] *n* raketos paleidimo momentas; raketos lėkimo trukmė

tub [tʌb] *n* **1** kubilas, puskubilis, gelda, niekotė; statinaitė *(t. p. tūrio matas – 4 galonai)*; puodas *(gėlėms auginti)* **2** *šnek.* vonia; maudymasis vonioje **3** *šnek. menk.* gelda, gremėzdiška valtis, gremėzdiškas laivas **4** mokomoji/treniruočių valtis **5** *amer. šnek.* storulis **6** *kas.* vagonėlis, kibiras *(rūdai)* ◊ **let every ~ stand on its own bottom** tegul kiekvienas pasirūpina savimi; ≡ ne mano kiaulės, ne mano pupos
v **1** skalbti puskubilyje/geldoje **2** dėti į kubilą/statinaitę *(sviestą, medų ir pan.)*; sodinti *(augalus)* į puodą **3** *šnek.* maudyti(s) vonioje **4** *šnek.* treniruoti(s) *(apie irkluotojus)* **5** *kas.* sutvirtinti tiubingais

tuba ['tju:bə] *n muz.* tūba *(žemiausio tono pučiamasis instrumentas)*

tubal ['tju:bl] *a anat.* tūbinis, vamzdelinis

tubby ['tʌbɪ] *a* **1** kubilo/statinaitės formos **2** *šnek.* mažas ir storas *(apie žmogų)* **3** žemo tono *(apie muz. instrumentą)*

tube [tju:b] *n* **1** vamzdis, vamzdelis *(t. p. anat.)* **2** tūba, tūbelė; **~ of toothpaste** dantų pastos tūbelė **3** *(Londono)* metro, metropolitenas *(t. p.* **~ railway)** **4** *(padangos)* kamera *(t. p.* **inner ~)** **5** **(the ~)** *amer. šnek.* televizorius *(t. p.* **boob ~)** **6** *fiz.* vamzdis; lempa; **cathode (-ray) ~** elektroninis vamzdis; **electron ~** elektroninė lempa ◊ **to go down the ~s** *šnek.* ≡ nueiti niekais, pražūti

v **1** suleisti/uždaryti į vamzdį **2** suteikti vamzdžio formą **3** *šnek.* važiuoti metro

tubeless ['tju:bləs] *a* bekameris *(apie padangą)*

tuber ['tju:bə] *n* **1** *bot.* gumbas; šakniagumbis; stiebagumbis; **~ crops** šakniavaisiai, gumbavaisiai **2** *anat.* gumburas, gumburys

tubercle ['tju:bəkl] *n* **1** *bot.* gumbelis **2** *anat.* gumburėlis; tuberkulas

tubercular [tju:'bə:kjulə] *n* tuberkuliozininkas
a **1** tuberkuliozės, tuberkuliozinis; sergantis/užsikrėtęs tuberkulioze **2** *anat.* tuberkulinis; gumburėlinis

tuberculin [tju:'bə:kjulɪn] *n med.* tuberkulinas

tuberculosis [tju:ˌbə:kju'ləusɪs] *n med.* tuberkuliozė, džiova

tuberculous [tju:'bə:kjuləs] = **tubercular** *a*

tuberose ['tju:bərəuz] *n bot.* tuberoza

tuberous ['tju:bərəs] *a* **1** *bot.* gumbinis, gumbo, stiebagumbio **2** *anat.* gumburiuotas, gumbuotas; gumburinis

tubing ['tju:bɪŋ] *n* **1** *kuop.* vamzdžiai; vamzdeliai; vamzdynas **2** vamzdžių tiesimas/montavimas **3** *spec.* tiubingas

tub-thumper ['tʌbˌθʌmpə] *n šnek.* smarkiai gestikuliuojantis oratorius; kalbėtojas, vartojantis pompastiškus posakius

tub-thumping ['tʌbˌθʌmpɪŋ] *n* pompastiškos kalbos; postringavimas
a attr pompastiškas; mėgstantis *(sakyti)* pompastiškas kalbas

tubular ['tju:bjulə] *a* vamzdinis, vamzdelinis; **~ crossmember** *tech.* vamzdinis skersinis; **~ railway** požeminis geležinkelis; **~ calyx** *bot.* vamzdiškoji taurelė

tubulate ['tju:bjuleɪt] *v* **1** suteikti vamzdžio formą **2** įtaisyti vamzdelį/vamzdį

tubule ['tjubju:l] *n zool., bot.* vamzdelis, kanalėlis

tubulous ['tju:bjuləs] *a* = **tubular**

tuck [tʌk] *n* **1** klostė; palanka **2** *mok. sl.* maistas, ypač saldumynai
v **1** pakišti *(under)*; sukišti, įkišti *(t. p.* **~ in)**; **to ~ one's shirt into one's trousers** susikišti marškinius į kelnes; **to sit with one's legs ~ed under one** sėdėti parietus kojas **2** palenkti, atraitoti *(t. p.* **~ up)**; **to ~ up one's shirt sleeves** pa(si)raitoti rankoves **3** (su)klostyti **4** ap(si)klostyti, ap(si)kamšyti *(t. p.* **~ in/up)** **5** *šnek.* kirsti, kimšti, šveisti *(t. p.* **~ in)**; **they were ~ing into the Christmas turkey** jie šveitė kalėdinį kalakutą □ **~ away** a) užkišti, užslėpti, paslėpti; b) *šnek.* sušlemšti, sukirsti, sutašyti

tucker[1] ['tʌkə] *n* **1** kykas **2** *ist.* liemenėlės nėrinių įsiuvas, antkrūtinis *(XVII–XVIII a.)* **3** *(ypač austral.) šnek.* maistas, valgis, saldumynai

tucker[2] *amer. šnek. n* visiškas nuovargis/nuvargimas
v nuvarginti, išvarginti *(ppr.* **~ out)**; **everybody was ~ed out after the hike** visi buvo išvargę po žygio

tuckerbag ['tʌkəbæg] *n austral.* krepšys maistui nešiotis

tucket ['tʌkɪt] *n psn.* fanfara *(grojama trimitu)*

tuck-in ['tʌkɪn] *n šnek.* sotus užkandis, užkirtimas; tašymas

tuck-net ['tʌknet] *n* tinklas sugautoms žuvims perpilti iš didesnio tinklo

tuck-out ['tʌkaut] *n* = **tuck-in**

tuck-shop ['tʌkʃɔp] *n šnek.* cukrainė, saldumynų bufetas *(ypač mokykloje)*

-tude [-tju:d] *suff* -umas, -ybė *(žymint būseną, savybę)*; **exactitude** tikslumas; **platitude** banalumas, banalybė

Tudor ['tju:də] *a ist.* Tiudorų epochos/dinastijos; **~ architecture** Tiudorų epochos architektūra

Tuesday ['tju:zdɪ] *n* antradienis; **on ~** antradienį; **Shrove ~** *bažn.* Užgavėnės

tufa ['tju:fə] *n geol.* klintinis tufas

tuff [tʌf] *n geol.* vulkaninis tufas
tuft [tʌft] *n* **1** kuokštas, pluoštas; kuodas; *a ~ of grass [of hair]* žolės [plaukų] kuokštas **2** *bot.* barzdelė, šepetėlis **3** *ist.* kutas *(prie tituluoto studento kepuraitės)* *v* **1** augti kuokštais, kuokštuotis **2** dygsniuoti *(antklodę, čiužinį)*
tufted ['tʌftɪd] *a* **1** kuoduotas **2** kuokštuotas; augantis kuokštais; tankiakeris
tufty ['tʌftɪ] *a* kuokštuotas; augantis pluoštais/kuokštais
tug [tʌg] *n* **1** trūktelėjimas; vilkimas, traukimas; *to give a ~ (at)* trūktelėti **2** *prk.* pastanga; *she had a great ~ to persuade him* jai reikėjo nemažai pastangų jį įkalbėti; *parting was a ~* išsiskyrimas buvo sunkus **3** *prk.* *(širdies)* suspurdėjimas **4** = **tugboat 5** virvė, grandinė, vilktis; pakanktė **6** *(kibiro)* lankelis, lankas **7** varžymasis, tampymasis, atkakli kova; *~ of love* ginčas dėl vaikų *(tarp tėvų ir įtėvių ir pan.)*
v **1** traukti, vilkti, tempti **2** tampyti, traukyti *(at, on)* **3** buksyruoti
tugboat ['tʌgbəʊt] *n* vilkikas, buksyras *(laivas)*
tug-of-war [ˌtʌgəv'wɔː] *n* **1** *sport.* virvės traukimas **2** *(lygių varžovų)* kova; varžymasis
tugrik ['tuːgriːk] *n* tugrikas *(Mongolijos piniginis vienetas)*
tuition [tjuˈɪʃn] *n* **1** mokymas *(mažos grupės ar vieno asmens)* **2** mokestis už mokslą *(t. p. ~ fees)*
tular(a)emia [ˌtjuːləˈriːmɪə] *n med.* tuliaremija
tulip ['tjuːlɪp] *n bot.* tulpė
tulip-tree ['tjuːlɪptriː] *n bot.* tulpmedis
tulipwood ['tjuːlɪpwʊd] *n* tulpmedžio mediena
tulle [tjuːl] *n tekst.* tiulis
tulwar ['tʌlwɑː] *n (lenktas)* indiškas kardas
tum [tʌm] *n* (tummy *sutr.*) *vaik.* pilviukas
tumble ['tʌmbl] *n* **1** virtimas, griuvimas, puolimas **2** vartymasis, virtimas kūlio; kūliavirstis; *they had a ~ in the hay* jie vartėsi šiene **3** netvarka, sumaištis; *things were all in a ~* daiktai buvo suversti; *I am all in a ~* aš visai sutrikęs ◊ *to give smb a ~* atkreipti į ką dėmesį, susidomėti kuo; *to take a ~ amer. sl.* suprasti, numanyti
v **1** (nu)pulti, (nu)virsti, (nu)kristi, (nu)griūti *(t. p. ~ down);* pargriūti, parvirsti *(užkliuvus; over, off);* *curls ~d about her shoulders* garbanos krito jai ant pečių **2** vartytis/virsti kūliais **3** volioti(s), vartyti(s) *(t. p. ~ about);* blaškytis *(lovoje)* **4** (ap)versti; nuversti **5** suversti, suvelti **6** (griūte) įgriūti, (į)virsti, mestis *(t. p. ~ in);* (iš)virsti, (iš)pulti *(t. p. ~ out);* *to ~ into bed* (į)virsti į lovą; *to ~ out of bed* išvirsti iš lovos; *the boys ~d out of the classroom* vaikai išvirto iš klasės **7** smarkiai kristi/sumažėti *(apie kainas)* **8** *šnek.* perprasti, perkąsti *(to)* **9** džiovinti *(skalbinius)* elektriniu džiovintuvu
tumbled ['tʌmbld] *a* netvarkingas, suverstas
tumbledown ['tʌmbldaʊn] *a attr* apgriuvęs *(apie namą)*
tumble-drier, tumble-dryer ['tʌmblˌdraɪə] *n* elektrinis *(skalbinių)* džiovintuvas
tumbler ['tʌmblə] *n* **1** bokalas, stiklinė **2** akrobatas **3** *zool.* kūlvartas, vartiklis *(balandis; t. p. ~ pigeon)* **4** stovukas *(žaislas, kuris apverstas vėl atsistoja)* **5** = **tumble-dryer 6** *tech.* reversinis mechanizmas; vartytuvas **7** *el.* perjungiklis *(t. p. ~ switch)* **8** *metal.* liejinių valymo būgnas
tumblerful ['tʌmbləful] *n* pilnas bokalas, pilna stiklinė
tumbleweed ['tʌmblwiːd] *n amer. bot.* vėjarėčiai augalai, ypač muilinė guboja
tumbling ['tʌmblɪŋ] *n* vartymasis kūliais; akrobatika
a virstantis kūliais

tumbrel, tumbril ['tʌmbrəl, -brɪl] *n* **1** savivartis vežimėlis **2** *ist.* vežimas pasmerktiesiems nuvežti į giljotiną
tumefaction [ˌtjuːmɪˈfækʃn] *n med.* (pa)tinimas, (pa)brinkimas
tumefy ['tjuːmɪfaɪ] *v med.* **1** tinti, brinkti **2** sukelti tinimą
tumescence [tjuːˈmesəns] *n med.* patinimas, pabrinkimas; palinkimas tinti
tumescent [tjuːˈmesənt] *a* = **tumid** 1
tumid ['tjuːmɪd] *a* **1** *med.* sutinęs, patinęs, pabrinkęs, išpurtęs **2** *prk.* išpūstas, pompastiškas
tummy ['tʌmɪ] *n vaik.* pilviukas, pilvas
tumor ['tuːmə] *n amer.* = **tumour**
tumorigenic [ˌtjuːmərɪˈdʒenɪk] *a biol.* tumorigeninis, sukeliantis navikų augimą
tumorous ['tjuːmərəs] *a med.* **1** navikinis, tumorinis **2** naviko pažeistas
tumour ['tjuːmə] *n med.* auglys, navikas; *malignant ~* piktybinis auglys; *secondary ~* metastazė
tumuli ['tjuːmjʊlaɪ] *pl žr.* **tumulus**
tumult ['tjuːmʌlt] *n* **1** triukšmas; sujudimas **2** sumišimas; smarkus susijaudinimas; *his mind was in ~* jis jautėsi visiškai sumišęs
tumultuary [tjuːˈmʌltʃʊərɪ] *a* **1** = **tumultuous 2** netvarkingas, chaotiškas; atsitiktinis **3** nedrausmingas *(apie kariuomenę)*
tumultuous [tjuːˈmʌltʃʊəs] *a* **1** triukšmingas; *~ crowd* triukšminga **2** audringas, neramus
tumulus ['tjuːmjʊləs] *n (pl* -li) *archeol.* milžinkapis, pilkapis
tun [tʌn] *n* didelė statinė *(t. p. tūrio matas – 252 galonai)* *v* (su)pilti į statinę; laikyti statinėje
tuna ['tjuːnə] *n (pl ~)* *zool.* tunas *(žuvis)*
tunable ['tjuːnəbl] *a psn.* **1** melodingas **2** suderintas, suderinamas
tundra ['tʌndrə] *n geogr.* tundra
tune [tjuːn] *n* **1** melodija, gaida, motyvas **2** tonas; *to sing in ~* dainuoti į toną **3** darna, dermė; sutarimas, harmonija; *the piano is on [out of] ~* pianinas suderintas [išsiderinęs]; *to be out of ~ (with) prk.* nesiderinti, nesutikti, nesutarti *(su);* priešaštarauti *(kam); to be out of ~ (for)* nebūti nusiteikusiam *(ką daryti)* ◊ *to the ~ (of) (kuriam)* skaičiui, *(nurodytai)* sumai *(ppr. didesnei, negu manyta); to dance to smb's ~* pataikauti kam, ≡ šokti pagal kieno dūdą; *to call the ~* ≡ duoti toną; *to change one's ~, to sing a different ~* sušvelninti toną, ≡ kitaip užgiedoti
v **1** (su)derinti *(muz. instrumentą; t. p. ~ up)* **2** pri(si)taikyti, pri(si)derinti *(to)* **3** skambėti; dainuoti, groti **4** *aut.* sureguliuoti *(variklį; t. p. ~ up)* □ *~ in a) rad.* nustatyti *(to, on);* b) *rad., tel.* į(si)jungti *(stotį, programą);* c) *šnek.* įsijausti, suprasti *(kieno jausmus ir pan.; to);* *~ out a) rad.* nustatyti *(išvengiant trukdymų);* b) *rad., tel.* iš(si)jungti; c) *(ypač amer.) šnek.* nebeklausyti, ne(be)kreipti dėmesio
tuneful ['tjuːnfəl] *a* **1** melodingas **2** darnus, harmoningas
tuneless ['tjuːnləs] *a* **1** nemelodingas; neskambus **2** negrojamas *(apie muz. instrumentą)*
tuner ['tjuːnə] *n* **1** *muz.* derintojas **2** *rad.* stoties nustatymo įtaisas; *tel.* kanalų perjungiklis
tune-up ['tjuːnʌp] *n tech.* (su)derinimas; (su)reguliavimas
tung-oil ['tʌŋɔɪl] *n tech.* tungų aliejus
tungsten ['tʌŋstən] *n chem.* volframas
tung-tree ['tʌŋtriː] *n bot.* tungas, tungamedis
Tungus ['tʊŋʊs, tʊŋˈuːs] *n (pl ~)* tungūzas; tungūzai

tunic ['tju:nɪk] *n* **1** žaketas, palaidinukė *(ppr. sujuosiama); (sportinio fasono)* sarafanas **2** munduras; kitelis **3** *biol.* tunika, danga, dangalas, apvalkalas **4** *ist.* tunika
tunica ['tju:nɪkə] *n (pl* -ae [-i:]) = **tunic** 3
tunicate ['tju:nɪkᵉɪt] *n zool.* gaubtagyviai, tunikatai
 a apgaubtas dangalu; gaubtinis
tuning ['tju:nɪŋ] *n* **1** *muz.* (su)derinimas **2** *rad.* nustatymas **3** *aut. (variklio)* (su)reguliavimas
tuning-peg ['tju:nɪŋpeg] *n (smuiko, gitaros ir pan.)* kaištelis, kuolelis
Tunis ['tju:nɪs] *n* Tunisas *(miestas)*
Tunisia [tju:'nɪʒə] *n* Tunisas *(valstybė)*
Tunisian [tju:'nɪzɪən] *n* tunisietis
 a Tuniso; tunisiečių
tunnel ['tʌnl] *n* **1** tunelis **2** urvas, ola **3** *kas.* nuožulni galerija, štolnė **4** *kar.* minų galerija
 v (-ll-) **1** kasti tunelį **2** rausti(s)
tunny ['tʌnɪ] *n zool.* tunas *(žuvis)*
tuny ['tju:nɪ] *a* lengvai įsimenamas *(apie melodiją);* melodingas
tup [tʌp] *n* **1** *ž. ū.* avinas **2** *tech. (poliakalės, kūjo)* tvoklė, meška
 v ž. ū. kergti *(avis)*
Tupman ['tʌpmən] *n* Tapmenas *(Dikenso kūrinio personažas)*
tuppence ['tʌpəns] *n šnek.* = **twopence**
tuppeny ['tʌpnɪ] *a šnek.* = **twopenny**
tuque [tu:k] *n* kanadietiška megzta vilnonė kepuraitė
turaco ['tuərəkəu] *n (pl* ~s [-z]) *zool.* turakas *(Afrikos paukštis)*
Turanian [tju'reɪnɪən] *kalb. n kuop.* Uralo-Altajaus kalbos
 a Uralo-Altajaus
turban ['tə:bən] *n* **1** turbanas **2** *(moteriška)* kepuraitė be atbrailų
turbaned ['tə:bənd] *a* dėvintis turbaną, su turbanu
turbary ['tə:bərɪ] *n* durpynas
turbellarian [ˌtə:bɪ'lɛərɪən] *n zool.* turbeliarija, blakstienotoji kirmėlė
turbid ['tə:bɪd] *a knyg.* **1** drumstas, drumzlinas, drumzlus **2** tirštas, tamsus *(apie dūmus, debesis ir pan.)* **3** miglotas, neaiškus
turbidity [tə:'bɪdətɪ] *n* drumstumas *ir kt., žr.* **turbid**
turbine ['tə:bɪn] *n tech.* turbina
turbo ['tə:bəu] *n (pl* ~s [-z]) **1** = **turbocharger 2** automobilis su turbokompresoriumi
turbo- ['tə:bəu-] *(sudurt. terminuose)* turbo-, turbininis; ***turbocompressor*** turbokompresorius; ***turbopump*** turbininis siurblys
turboblower ['tə:bəuˌbləuə] *n tech.* turboventiliatorius, turbininė or(a)pūtė
turbocharger ['tə:bəuˌtʃɑ:dʒə] *n tech.* turbokompresorius
turbodrill ['tə:bəudrɪl] *n kas.* turbininis grąžtas
turbofan ['tə:bəufæn] *n* turboventiliatorius
turbogenerator ['tə:bəuˌdʒenəreɪtə] *n el.* turbogeneratorius
turbojet ['tə:bəudʒet] *n* turboreaktyvinis variklis/lėktuvas
turboprop ['tə:bəuprɔp] *n* turbosraigtinis variklis/lėktuvas
turbot ['tə:bət] *n zool.* otas *(žuvis)*
turbulence ['tə:bjuləns] *n* **1** audringumas **2** neramumas **3** *spec.* sūkuriavimas; turbulencija
turbulent ['tə:bjulənt] *a* **1** šėlstantis, siautingas, audringas **2** neramus; vaidingas, maištingas **3** *spec.* sūkuringas, sūkurinis; turbulentinis; **~ flow** *hidr.* turbulentinis srautas
Turco- ['tə:kəu-] *(sudurt. žodžiuose)* turkų (ir); ***Turco-Bulgarian*** turkų ir bulgarų
turd [tə:d] *n vulg.* **1** šūdas **2** šūdžius

tureen [tə'ri:n, tju-] *n* sriubos dubuo, sriubinė *(su dangčiu)*
turf [tə:f] *n (pl* turves, ~s) **1** velėna **2** durpės **3 *(the* ~*)*** bėgimo takas *(hipodrome);* žirgų lenktynės; **to be on the ~** lošti žirgų lenktynėse
 v (iš)kloti velėnomis, velėnuoti ▫ **~ out** *šnek.* išmesti, išgrūsti, išvaryti
turfen ['tə:fn] *a* **1** išklotas velėnomis, velėnuotas **2** durpinis, durpių
turfman ['tə:fmən] *n (pl* -men [-mən]) žirgų lenktynių entuziastas/mėgėjas
turfy ['tə:fɪ] *a* **1** velėnuotas; velėninis **2** durpėtas; durpingas **3** žirgų lenktynių
turgescent [tə:'dʒesnt] *a spec.* brinkstantis, burkstantis
turgid ['tə:dʒɪd] *a* **1** pabrinkęs, paburkęs; išsipūtęs **2** išpūstas, pompastiškas *(apie stilių, kalbą)* **3** dumblinas *(apie vandenį)*
turgidity [tə:'dʒɪdətɪ] *n* **1** pabrinkimas, išsipūtimas **2** *(stiliaus)* pompastiškumas
turgor ['tə:gə] *n bot.* turgoras
turion ['tuərɪən] *n bot.* lapaūglis
Turk [tə:k] *n* **1** turkas **2** *ret. šnek.* žiaurus žmogus, tironas; **to turn ~** pasidaryti agresyviam/išdidžiam/žiauriam
turkey ['tə:kɪ] *n* **1** *zool., kul.* kalakutas; **roast ~** keptas kalakutas **2** *amer. šnek.* kvailys, apuokas **3** *amer. šnek. (pjesės ir pan.)* nesėkmė ◊ **to say/talk ~** *(ypač amer.) šnek.* a) dalykiškai kalbėti(s); b) kalbėti/sakyti tiesiai/atvirai; **cold ~** *šnek.* liguista būsena *(staiga nustojus vartoti narkotikus)*
Turkey ['tə:kɪ] *n* Turkija
turkeycock ['tə:kɪkɔk] *n* **1** *(tik v.)* kalakutas **2** *prk.* pasipūtėlis *(apie jaunuolį)*
turkey-hen ['tə:kɪhen] *n* kalakutė
turkey-poult ['tə:kɪpəult] *n* kalakučiukas
Turkic ['tə:kɪk] *kalb. n* tiurkų kalbos
 a tiurkų
Turkish ['tə:kɪʃ] *n* turkų kalba
 a turkiškas, turkų; Turkijos; **~ bath** turkiška pirtis; **~ delight** rachatlukumas *(rytietiškas skanėstas)*
Turkman ['tə:kmən] *n (pl* -men [-mən]) turkmėnas
Turkmen ['tə:kmən] *n* turkmėnų kalba
 a turkmėnų
Turkmenian [tə:k'mi:nɪən] *a* turkmėniškas, turkmėnų; Turkmėnistano, Turkmėnijos
Turkmenistan [ˌtə:kmenɪ'stɑ:n] *n* Turkmėnistanas
Turko- ['tə:kəu-] = **Turco-**
Turkoman ['tə:kəumən] *n (pl* ~s [-z]) **1** tiurkas **2** turkmėnas **3** turkmėnų kalba
Turk's-cap ['tə:kskæp] *n bot.* miškinė lelija *(t. p.* **~ lily***)*
turmeric ['tə:mərɪk] *n bot.* ilgoji ciberžolė; kurkuma *(t. p. prieskonis)*
turmeric-paper ['tə:mərɪkˌpeɪpə] *n chem.* popierius, vartojamas kaip šarmų reagentas
turmoil ['tə:mɔɪl] *n* maištis, sąmyšis, neramumas; suirutė
turn [tə:n] *n* **1** pa(si)sukimas; apsisukimas; **to give smth a ~** pasukti ką; **at each ~** kiekvieno apsisukimo metu **2** sukinys; **right ~!** *kar.* dešinėn!; **about ~!** *kar.* aplink! **3** posūkis; **~ signal** *amer.* posūkio signalas; **"No left ~"** „Sukti į kairę draudžiama" **4** vingis; kilpa; **a ~ in the road** kelio vingis **5** pakitimas, pasikeitimas, permaina; **a ~ for the better [worse]** pasikeitimas į gerąją [blogąją] pusę; **the ~ of the tide** žymus pasikeitimas į gerąją pusę, posūkis gyvenime; **~ of events** įvykių posūkis; **my affairs have taken a bad ~** mano reikalai pakrypo į blogąją pusę, blogai susiklostė **6** *(pakitimo)* momentas *(pradžia ar pabaiga);* **~ of the century** amžiaus pradžia/

pabaiga; ***the milk is on the*** ~ pienas aprūgęs/apgižęs; ***the tide is on the*** ~ potvynis kaip tik prasideda/baigiasi **7** eilė; ***in*** ~ a) iš eilės, paeiliui; b) savo ruožtu; ***by ~s, ~ and ~ about*** = ***in*** ~ a); ***to take ~s*** keistis/daryti paeiliui; kaitytis; ***out of*** ~ a) ne pagal įprastą tvarką; be eilės, ne iš eilės; b) ne laiku, ne vietoje; ***to wait one's*** ~ laukti savo eilės; ***it's your*** ~ ***to throw*** tavo eilė mesti; ***they were laughing and crying by ~s*** jie tai juokėsi, tai verkė **8** trumpas *(veiklos)* laikotarpis; ***to go for a ~ in the car*** pasivažinėti; ***to take a ~ in the park*** pasivaikščioti po parką; ***to take a ~ at the oars*** pairkluoti; ***to take a ~ of work*** padirbėti **9** (darbo) pamaina; ***lodging ~*** *glžk.* naktinė pamaina, naktinis budėjimas **10** (eilinis) programos numeris; ***star ~*** svarbiausias programos numeris **11** būdingas bruožas, polinkis; gabumai; ***he is of a domestic ~ of mind*** jis mėgsta šeimyninį gyvenimą; ***he has a ~ for music*** jis gabus muzikai; ***she is of a humorous ~*** ji linkusi į humorą, ji turi humoro jausmą **12** maniera, stilius; ***~ of speech*** kalbos maniera, kalbėsena; ***~ of mind*** mąstysena; ***I do not like the ~ of the sentence*** man nepatinka sakinio konstrukcija/stilius **13** forma; ***the ~ of an ankle*** kulkšnies forma **14** *(vielos, sriegio ir pan.)* vija **15** poreikis; tikslas; ***this will serve my ~*** tai man pravers **16** *šnek.* sukrėtimas, nervinis šokas; netikėtumas; ***a ~ of anger*** pykčio priepuolis; ***giddy/dizzy ~*** svaigulys; ***the news gave me quite a ~*** žinia mane sukrėtė/išgąsdino **17** *pl* mėnesinės, menstruacijos **18** *polig.* murzlas **19** *aut., av.* viražas; ***three-point ~*** aštuonetas ◊ ***at every ~*** kiekviename žingsnyje, nuolatos; ***to a ~*** kaip reikiant, puikiai *(iškeptas ir pan.)*; ***to do smb a good ~*** padaryti kam gerą paslaugą; padėti kam; ***to do smb a bad/ill ~*** padaryti kam blogą paslaugą; ***one good ~ deserves another*** *pat.* paslauga už paslaugą
v **1** sukti(s); pa(si)sukti; ***to ~ (to the) right*** (pa)sukti į dešinę; ***to ~ a screw*** sukti sraigtą; ***to ~ one's head*** pasukti galvą; ***I ~ed towards home*** aš pasukau namų link; ***there's no room for the bus to ~*** nėra vietos autobusui apsisukti; ***as soon as my back was ~ed*** vos tik aš nusigręžiau; ***the Earth ~s on its axis*** Žemė sukasi apie savo ašį **2** kreipti(s), (nu)krypti, pakrypti *(to)*; ***to ~ the hose on the fire*** nukreipti srovę į ugnį; ***to ~ one's attention (to)*** atkreipti dėmesį *(į)*; ***to ~ one's thoughts (to)*** nukreipti mintis *(į)*; ***he ~ed to me for help*** jis kreipėsi į mane pagalbos; ***nothing will ever ~ him from his purpose*** niekas jo nenukreips nuo tikslo; ***he ~ed the conversation*** jis pakreipė pokalbį kita tema **3** apeiti, apsukti; ***to ~ an enemy's flank*** a) *kar.* apeiti priešą iš sparno; b) apgauti, pergudrauti **4** *(sudurt. tarinio jungtis)* darytis, tapti; *džn. verčiama priešdėlėtais veiksmažodžiais;* ***to ~ red*** parausti; ***to ~ grey*** pražilti; ***to ~ traitor*** tapti išdaviku; ***the weather is ~ing cold*** oras darosi vėsus, vėsta **5** (iš)versti *(į kitą pusę; t. p. prk.)*; ***to ~ inside out*** a) išversti išvirkščią; b) *prk.* išversti *(ieškant)*; ***to ~ a coat*** a) išversti/persiūti apsiaustą; b) *prk.* išversti kailį **6** keisti(s); (pa)versti; (pa)virsti; ***to ~ to stone*** paversti akmeniu; ***the weather has ~ed*** oras pasikeitė; ***the milk has ~ed*** pienas sugižo/surūgo; ***the water ~ed into ice*** vanduo virto ledu; ***the tides ~*** a) potvynius pakeičia atoslūgiai; b) įvykių eiga keičiasi; ***weeks ~ed into months, and still there was no letter from Emma*** savaitės virto mėnesiais, o laiško iš Emos vis nebuvo **7** versti *(į kitą kalbą; into)*; ***can you ~ this article into English?*** ar jūs galite išversti šį straipsnį į anglų kalbą? **8** verstis kūliais; ***to ~ upside down*** a) apversti *(aukštyn kojomis,*

dugnu į viršų); b) suversti, (iš)naršyti **9** versti; ***to ~ a page*** (per)versti lapą **10** (su)arti *(t. p. ~ up)* **11** kelti pasišlykštėjimą, žadinti šleikštulį; ***to ~ one's stomach*** versti vemti; ***his stomach ~s at the sight of blood*** jį verčia vemti pamačius kraują **12** sukakti; ***he has not yet ~ed forty*** jis dar neturi *ar* jam dar nesuėjo keturiasdešimt **13** imti(s) *(daryti; to)* ***he can ~ his hand to almost anything*** jis gali imtis bet kokio darbo; ***to ~ to drink*** imti gerti **14** dailinti; ***well ~ed phrase*** išdailintas/dailus posakis; ***he can ~ a compliment*** jis gali pasakyti gražų komplimentą **15** (iš)tekinti; ***to ~ wood*** (ap)tekinti medieną **16** įtikinti *(to)* **17** *(against)* nuteikti, būti nusiteikusiam *(prieš)*; ***to ~ smb to one's own views*** įtikinti ką savo pažiūrų teisingumu **18** (užsi)pulti *(on, upon)* **19** priklausyti *(apie išeitį; on − nuo)*; ***the negotiations ~ed on getting the Latvian delegation to agree*** derybos priklausė nuo to, ar pavyks įtikinti Latvijos delegaciją **20** suktis *(on − apie); **the conversation ~s upon the same subject*** pokalbis sukasi (vis) apie tą patį dalyką **21** išsisukti *(koją)* **22** (iš)varyti; ***he never ~ed a beggar from his door*** jis niekuomet nenuvarė elgetos nuo savo durų □ ***~ about*** a) sukioti, sukinėti; b) *kar.* apsisukti aplink *(180°);* ***~ around*** = ***~ round;*** ***~ aside*** nukrypti/nukreipti į šalį; at(si)traukti; ***~ away*** a) nu(si)gręžti, nu(si)sukti; b) atsisakyti *(padėti ir pan.)*; c) atstumti; išvaryti, išvyti; ***~ back*** a) grįžti; grąžinti; b) atsigręžti, atsigrįžti; c) atsukti atgal *(laikrodį)*; d) užlenkti *(lapą ir pan.)*; ***~ down*** a) atmesti *(prašymą ir pan.)*; duoti neigiamą atsakymą, atsakyti; b) susilpninti, sumažinti *(garsą, šviesą, dujų degimą ir pan.)*; c) atversti, atlenkti; ***to ~ down one's collar*** atsiversti apykaklę; d) nulenkti *(skrybėlės kraštą ir pan.)*; užlenkti *(lapą)*; e) *ekon.* kristi, smukti; ***~ in*** a) grąžinti, atiduoti *(kas pamesta/pasiskolinta/nebereikalinga ir pan.)*; b) įduoti, atiduoti *(policijai ir pan.)*; c) *(ypač amer.)* pateikti, įteikti; d) krypti/pa(si)sukti į vidų; e) pasiekti *(geriausią rezultatą ir pan.)*; f) *šnek.* mesti, nustoti; g) *šnek.* eiti gulti; ***~ off*** a) užsukti, išjungti; b) atleisti *(iš darbo)*; c) nukreipti dėmesį; d) iššukti, pasukti *(į kitą kelią)*; e) sukti į šalį *(apie kelią)*; f) *šnek.* nebejaudinti; padaryti neįdomų, nebesidomėti; g) *šnek.* atgrasinti; atsibodėti; ***~ on*** a) atsukti, įjungti; ***he left the tap ~ed on*** jis paliko čiaupą atsuktą; b) *šnek.* (su)jaudinti, (su)dominti *(to − kuo)*; ***~ out*** a) išjungti, užsukti; b) pasisekti, pavykti, išeiti, baigtis; ***all ~ed out well*** viskas išėjo/baigėsi gerai; c) pasirodyti, paaiškėti; ***he ~ed out to live in Kaunas*** pasirodė, kad jis gyvena Kaune; ***as it ~ed out later*** kaip pasirodė vėliau; d) išversti *(kišenę, pirštinę)*; iškraustyti *(stalčių ir pan.)*; e) išleisti; (pa)gaminti; ***the college ~s out good teachers*** tas koledžas išleidžia gerus mokytojus; f) *pass* (iš)puošti; g) atvykti; susirinkti, dalyvauti *(susirinkime ir pan.)*; ***the fire-brigade ~ed out as soon as the fire broke out*** gaisrininkų komanda atvyko vos tik kilus gaisrui; h) išvaryti; pašalinti; i) išginti, išvaryti *(gyvulius)*; j) *šnek.* atsikelti *(iš lovos)*; ***~ over*** a) per(si)versti, ap(si)versti, apvirsti; b) versti *(lapą)*; c) perduoti *(to − kam)*; d) perjungti *(tel. kanalą)*; e) pakeisti *(gamybos)* profilį; f) *kom.* daryti apyvartą; g) (ap)galvoti, apsvarstyti *(džn.* ***~ over in one's mind)*;** h) organizuotai apiplėšti/apgrobti *(parduotuvę ir pan.)*; ***~ round*** a) ap(si)sukti, ap(si)gręžti; b) pakeisti *(savo nuomonę, pažiūras, elgesį)*; c) *kom. (staiga)* pa(si)keisti, ap(si)versti; ***~ to*** imtis darbo; ***~ up*** a) kelti/kiltį į viršų; iškelti, pakelti; b) užraitoti, už(si)lenkti, atlenkti *(į viršų)*; c) atkasti; d) (su)rasti;

atsirasti *(apie dingusį daiktą ir pan.)*; e) *(staiga)* atsirasti, pasirodyti; atvykti; f) atsitikti; pasitaikyti *(apie progą ir pan.)*; **something will ~ up** kas nors atsitiks; g) sustiprinti, padidinti *(garsą, dujų degimą ir pan.)*; **~ up the radio!** pagarsink radiją!; h) atversti *(kortą)*; i) *šnek.* versti vemti ◊ **~ it/that up** *šnek.* liaukis!, baik!
turnabout ['tə:nəbaut] *n* **1** posūkis *(t. p. prk.)* **2** *(nuomonės ir pan.)* radikalus pa(si)keitimas ◊ **~ is fair play** *amer.* ir aš sugebėčiau tai padaryti
turnaround ['tə:nəraund] *n* **1** = **turnabout** **2** *(laivo, lėktuvo ir pan.)* apsisukimo vieta **3** *ekon.* apyvartumas
turnback ['tə:nbæk] *n* **1** šiaudadvasis **2** kas nors užlenkta/atlenkta; *(ko)* atlenktoji dalis
turn-buckle ['tə:n͵bʌkl] *n* **1** *tech.* suveržiamoji mova *jūr.* vantų sąvarža, talrepas
turncoat ['tə:nkəut] *n niek.* persimetėlis; renegatas
turncock ['tə:nkɔk] *n ist.* asmuo, atsakingas už vandens paskirstymą vandentiekio magistralėms
turndown ['tə:ndaun] *n* **1** atlenkiama apykaklė **2** atmetimas; at(si)sakymas
a atlenkiamas *(apie apykaklę)*
turned [tə:nd] *a* **1** mašininės gamybos; ištekintas **2** (iš)verstas, persiūtas **3** sugižęs, surūgęs **4**: **a man ~ fifty** žmogus per penkiasdešimt metų **5** *poligr.* apverstas; **~ comma** apverstas kablelis
turned-on [͵tə:nd'ɔn] *a sl.* **1** susijaudinęs, įsijaudinęs; įjaudintas *(ypač narkotikų)* **2** modernus
turned-out [͵tə:nd'aut] *a* išsipuošęs, išsidabinęs; **a beautifully ~ woman** gražiai išsipuošusi moteris
turned-up [͵tə:nd'ʌp] *a* užsirietęs, atlenktas į viršų *(apie apykaklę)*; užriestas *(apie nosį)*
turner[1] ['tə:nə] *n* **1** tekintojas **2** mentė *(kam apversti)*; vartytuvas
turner[2] *n amer.* gimnastas
turnery ['tə:nərɪ] *n* **1** tekinimas; tekintojo amatas **2** tekinimo dirbtuvė **3** *kuop.* tekintiniai dirbiniai
turning ['tə:nɪŋ] *n* **1** sukimas(is), pa(si)sukimas **2** posūkis; vingis; sankryža **3** tekintojo darbas; (ap)tekinimas **4** *(eilėraščių ir pan.)* dailinimas, šlifavimas **5** pasikeitimas **6** arimas **7** *pl (tekinimo)* droželės
a **1** tekinamasis, tekinimo; tekintojo; **~ lathe** tekinimo staklės **2** (pa)sukamasis, besisukantis
turning-point ['tə:nɪŋpɔɪnt] *n* persilaužimas, lūžis, posūkis; krizė
turnip ['tə:nɪp] *n bot.* ropė, rapsukas, turnepsas; **French ~** griežtis, sėtinys
turnip-tops ['tə:nɪptɔps] *n (valgomi)* jauni ropių lapai
turnkey[1] ['tə:nki:] *n ret.* kalėjimo prižiūrėtojas
turnkey[2] *a attr* visiškai užbaigtas *(apie projektą, statybos objektą ir pan.)*
turn-off ['tə:nɔf] *n* **1** šalutinis kelias **2** posūkis, posūkio vieta; **he took the wrong ~** jis ne ten pasuko **3** *šnek.* atsibodėjimas, atsibodęs dalykas
turn-on ['tə:nɔn] *n šnek.* įdomus/jaudinantis dalykas
turnout ['tə:naut] *n* **1** dalyvavimas, atėjimas, susirinkimas; **high ~** gausus dalyvavimas rinkimuose; **there was a poor [good] ~ at the match** į varžybas atvyko mažai [daug] žmonių **2** streikas **3** streikininkas **4** išvalymas *(išmetant nereikalingus daiktus)*; (iš)kraustymas *(kambario ir pan., prieš valant)* **5** atsikėlimas *(iš lovos)* **6** iškvietimas *(gydytojo ir pan. ne darbo metu)* **7** drabužiai ir priedai *(pirštinės, skrybėlaitė ir pan.)* **8** apranga, pasipuošimas **9** prasilenkimo/apsilenkimo vieta; *glžk.* pralanka **10** *glžk.* iešmas **11** *ekon. (produkcijos)* išleidimas

turnover ['tə:n͵əuvə] *n* **1** ap(si)vertimas **2** straipsnis, kurio dalis kitame puslapyje **3** bandelė su džemo/uogienės įdaru **4** *ekon.* apyvarta; apyvartumas; **annual ~** metinė apyvarta; **working capital ~** apyvartinių lėšų apyvartumas; **~ tax** apyvartos mokestis **5** *(darbuotojų)* kaita **6** *sport.* persivertimas *(gimnastika)*; apvertimas *(imtynės)* **7** *amer. sport.* kamuolio praradimas
turnpike ['tə:npaɪk] *n* **1** *amer.* greitkelis *(ypač mokamas; t. p.* **~ road)** **2** *ist.* užtvaras, užkardas *(kur renkama kelio rinkliava)*
turnplate ['tə:npleɪt] *n glžk.* grįžratis
turn-round ['tə:nraund] *n* **1** staigus pasikeitimas *(į gerąją pusę)* **2** radikalus posūkis **3** *ekon. (laivo, vagonų)* apyvartumas
turn-screw ['tə:nskru:] *n* atsuktuvas
turnsole ['tə:nsəul] *n* **1** *bot.* dažinė chrozofora **2** *chem.* lakmusas
turnspit ['tə:nspɪt] *n* **1** sukamas/vartomas iešmas **2** tas, kuris varto iešmą su kepsniu
turnstile ['tə:nstaɪl] *n* sukamoji kryžminė užtvara, turniketas
turnstone ['tə:nstəun] *n zool.* akmenė *(paukštis)*
turntable ['tə:n͵teɪbl] *n* **1** *(patefono)* diskas **2** *glžk.* grįžratis
turn-up ['tə:nʌp] *n* **1** *(kelnių)* atraitas, atvartas **2** *šnek.* triukšmas, peštynės **3** *šnek.* grąžinimas *(dingusio)* **4** atversta korta *(kaip koziris)* ◊ **a ~ for the book(s)** netikėtumas; nelaukta sėkmė
a **1** atverčiamas, atraitomas **2** nelauktas
turpentine ['tə:pəntaɪn] *n* terpentinas; **oil/spirit of ~** valytasis terpentinas
v **1** (į)trinti terpentinu **2** *amer.* išgauti terpentiną
turpeth ['tə:pɪθ] *n bot.* indiškosios ipomėjos šaknis *(t. p.* **~ root)**
turpitude ['tə:pɪtju:d] *n knyg.* nedora; niekšiškumas; niekšybė
turps [tə:ps] *n šnek.* terpentinas
turquoise ['tə:kwɔɪz] *n* **1** turkis *(brangakmenis)* **2** žalsvai melsva spalva
a žalsvai melsvas
turret ['tʌrɪt] *n* **1** bokštelis **2** *kar. (patrankos)* bokštelis; turelė **3** *tech.* revolverinė galvutė
turreted ['tʌrɪtɪd] *a* **1** turintis bokštelį/bokštelius, su bokšteliu/bokšteliais **2** bokštelio pavidalo, panašus į bokštelį
turret-lathe ['tʌrɪtleɪð] *n tech.* revolverinės staklės
turtle[1] ['tə:tl] *n* **1** *zool.* vėžlys **2** vėžlių sriuba *(t. p.* **~ soup)** ◊ **to turn ~** apvirsti *(apie laivą, automobilį)*
turtle[2] *n psn.* = **turtledove 1**
turtledove ['tə:tldʌv] *n* **1** *zool.* paprastasis purplelis *(karvelių rūšis)* **2** *prk.* balandėlis
turtleneck ['tə:tlnek] *n (ypač amer.)* megztinis aukšta atlenkiama apykakle *(t. p.* **~ sweater)**
turtle-shell ['tə:tlʃel] *n* = **tortoiseshell** *n, a*
turves [tə:vz] *pl žr.* **turf**
Tuscan ['tʌskən] *n* **1** Toskanos gyventojas **2** Toskanos dialektas
a toskaniškas; Toskanos
Tuscany ['tʌskənɪ] *n* Toskana *(Italijos sritis)*
tush[1] [tʌʃ] *n (arklio)* iltinis dantis
tush[2] *ret. int* na, na! tfiu!, fui! *(reiškiant panieką/nekantrumą)*
v (iš)reikšti panieką/nekantrumą
tush[3] *n amer. šnek.* užpakalis, sėdynė
tusk [tʌsk] *n* iltis
v **1** sužeisti iltimis **2** kasti/rausti iltimis
tusker ['tʌskə] *n* dramblys/šernas su didelėmis iltimis

tusky ['tʌskɪ] *a* ilčiuotas, iltingas
tussah ['tʌsə] *n amer.* = **tussore**
tussive ['tʌsɪv] *a med.* kosulinis, kosulio
tussle ['tʌsl] *n* grumtynės, peštynės, imtynės
 v grumtis, peštis, stumdytis, imtis
tussock ['tʌsək] *n* kuokštas; žolė, auganti kupstais/kuokštais; žolės kupstas
tussock-grass ['tʌsəkgrɑːs] *n bot.* kupstinė šluotsmilgė
tussore ['tʌsə, 'tʌsɔː] *n* 1 *zool.* laukinis šilkaverpis 2 *(laukinių šilkaverpių)* šilkas
tut [tʌt] *int* ak tu!, et!, tfu!, to betrūko! *(reiškiant nekantrumą/nepasitenkinimą ir pan.)*
 v (iš)reikšti *(jaustukais „ak tu!, et!")* nepasitenkinimą/ nekantrumą *ir pan.*
tutee [tjuːˈtiː] *n* 1 studentas, turintis konsultantą/vadovą 2 mokinys, imantis privačias pamokas
tutelage ['tjuːtɪlɪdʒ] *n* 1 globa; globojimas 2 mokymas
tutelar(y) ['tjuːtɪlə(rɪ)] *a* 1 globos 2 globojantis
tutor ['tjuːtə] *n* 1 repetitorius; *(namų, privatus)* mokytojas 2 *mok.* kuratorius, mokytojas ir auklėtojas; **form ~** klasės auklėtojas/vadovas 3 *(studentų grupės)* vadovas, dėstytojas, konsultantas *(D. Britanijos universitete)* 4 *amer.* jaunesnysis dėstytojas, asistentas 5 *teis.* globėjas, globotojas
 v 1 repetuoti, duoti privačias pamokas; mokyti 2 vadovauti, auklėti 3 globoti 4 *amer.* mokytis privačiai 5 valdyti, tramdyti; *refl* susivaldyti, tramdytis
tutorage ['tjuːtərɪdʒ] *n* 1 mokytojo ir auklėtojo darbas; kuratoriaus pareigos 2 mokestis už mokymą *(repetitoriui)* 3 globa
tutoress ['tjuːtərɪs] *n* 1 kuratorė, mokytoja ir auklėtoja 2 globėja
tutorial [tjuːˈtɔːrɪəl] *a* 1 auklėjimo ir mokymo; **~ system** studentų priskyrimo prie vadovų/konsultantų sistema *(D. Britanijos universitetuose)* 2 globėjo
 n 1 konsultacija, susitikimas su konsultantu/vadovu; seminaras 2 mokymo priemonė/programa *(mokantis su kompiuteriu)*
tutorship ['tjuːtəʃɪp] *n* 1 auklėtojo/mokytojo pareigos 2 globėjo pareigos
tutsan ['tʌtsən] *n bot.* jonažolė
tutti ['tutɪ] *n muz.* tutti *(visų atlikėjų dainavimas ir grojimas kartu)*
tutti-frutti [ˌtuːtɪˈfruːtɪ] *n* ledai su vaisiais
tut-tut [ˌtʌtˈtʌt] = **tut** *int, v*
tutu ['tuːtuː] *pr. n (balerinos)* klostytinis sijonėlis
Tuvalu [ˌtuːvəˈluː] *n* Tuvalu *(valstybė ir salos)*
tu-whit to-whoo [təˌwɪt təˈwuː] pelėdos ūkavimas; pelėdos ūkavimo pamėgdžiojimas
tux [tʌks] *n sutr. šnek.* = **tuxedo**
tuxedo [tʌkˈsiːdəu] *n (pl* ~s [-z]) *(ypač amer.)* smokingas
tuyère [twiːˈjɛə, tuːˈjɛə] *pr. n metal.* pūstuvas
TV [ˈtiːˈviː] (television *sutr.*) *n* 1 televizija; **to watch a film on ~** žiūrėti filmą per televiziją 2 televizorius *(t. p.* **~ set);** **~ repairs** televizorių taisykla; **~ table** sudedamasis staliukas valgyti prieš televizorių ◊ **~ dinner** pietūs iš šaldytų pusfabrikačių *(kuriuos reikia tik pašildyti)*
twaddle ['twɒdl] *n* plepalai, tuščiažodžiavimas; paistalas
 v plepėti, tuščiažodžiauti; paistyti
twaddler ['twɒdlə] *n* plepys, tuščiažodžiautojas; paistininkas
twain [tweɪn] *psn., poet. n* dvejetas; pora; **in ~** pusiau, į dvi dalis ◊ **never the ~ shall meet** ≡ skiriasi kaip dangus nuo žemės
 num card du

Twain [tweɪn] *n:* **Mark ~** Markas Tvenas *(amerikiečių rašytojas)*
twang [twæŋ] *n* 1 *(įtemptos stygos ir pan.)* skambesys, brunzgimas 2 kalbėjimas pro nosį, šniaukrojimas
 v 1 (su)skambėti *(apie įtemptą stygą);* brungzti 2 brunzginti *(stygas);* birzginti *(smuiku ir pan.)* 3 kalbėti pro nosį, šniaukroti
'twas [twɒz, twəz] *sutr. psn., poet.* = **it was**
twat [twɒt] *n vulg.* 1 šliundra, bjaurybė *(ypač apie moterį)* 2 išoriniai moters lyties organai
tweak [twiːk] *n* žnybimas, žnybis, žnaibymas, gnybimas, gnaibymas
 v 1 žnybti, žnibtelėti, žnaibyti, gnaibyti, gnybti *(nosį, ausį);* **to ~ a child's ears** nusukti vaikui ausis 2 nežymiai patobulinti/pagerinti *(mašiną, sistemą ir pan.)*
twee [twiː] *a šnek.* manieringas, prašmatnus; prasto skonio, pretenzingas *(apie namą, vaizdelį ir pan.)*
tweed [twiːd] *n* 1 tvidas *(vilnonė medžiaga)* 2 *pl* tvido kostiumas
tweedle ['twiːdl] *v* čyruoti, čirenti
tweedledum [ˌtwiːdlˈdʌm] *n:* **~ and tweedledee** ≡ meška su lokiu – abudu tokiu *(apie du vienodus daiktus, kurie skiriasi tik pavadinimu);* du vienodi/panašūs daiktai/asmenys
tweedy ['twiːdɪ] *a* 1 tvido; dėvintis tvido kostiumu 2 būdingas kaimo diduomenei, dvarininkams
'tween [twiːn] *sutr. poet.* = **between** *prep*
tween-deck ['twiːndek] *n jūr.* tvindekas *(laivo patalpos tarp denių)*
tweet [twiːt] *n (paukščių)* čirenimas, čiulbėjimas
 v čirenti, čiulbėti
tweeter ['twiːtə] *n rad.* aukštų dažnių siųstuvas/garsiakalbis
tweezer ['twiːzə] *v* pešti/pešioti pincetu/žnyplelėmis
tweezers ['twiːzəz] *n pl* pincetas, gnybtukas, žnyplelės *(dažn.* **a pair of ~)**
twelfth [twelfθ] *num ord* dvyliktas
 n 1 dvyliktoji dalis 2 **(the ~)** dvyliktoji diena; **the glorious ~** *medž.* rugpjūčio dvyliktoji (diena)
Twelfth-day ['twelfθdeɪ] *n bažn.* Trys Karaliai *(šventė)*
Twelfth-night ['twelfθnaɪt] *n bažn.* Trijų Karalių *(šventės)* išvakarės
twelve [twelv] *num card* dvylika; **chapter ~** dvyliktas skyrius; **he is ~** jam dvylika metų
 n 1 dvylika; dvylikta (valanda); **she will come at ~** ji ateis dvyliktą valandą 2 **(the T.)** *bažn.* dvylika apaštalų ◊ **to strike ~ all at once** iš karto parodyti savo sugebėjimus
twelvefold ['twelvfəuld] *a* dvylika kartų didesnis, dvylikeriopas
 adv dvylika kartų daugiau
twelvemonth ['twelvmʌnθ] *n psn.* metai
twencenter ['twenˌsentə] *n šnek.* dvidešimtojo amžiaus žmogus
twenties ['twentɪz] *n pl* 1 **(the ~)** *(šimtmečio)* trečiasis dešimtmetis 2 trečia dešimtis *(amžius nuo 20 iki 30 m.)*
twentieth ['twentɪɪθ] *num ord* dvidešimtas
 n 1 dvidešimtoji dalis; **three ~s** trys dvidešimtosios 2 **(the ~)** dvidešimtoji *(mėnesio)* diena
twenty ['twentɪ] *num card* dvidešimt; **a (number) ~ bus** dvidešimtasis autobusas
twenty-first ['twentɪˈfəːst] *num ord* dvidešimt pirmas
 n gimtadienis sulaukus pilnametystės *(21 m.)*
twenty-one ['twentɪˈwʌn] *num card* dvidešimt vienas
 n amer. dvidešimt viena akis *(kortų lošimas)*
twenty-twenty ['twentɪˌtwentɪ] *a* geras *(apie regėjimą)*

'twere [twəː, twə] *sutr. psn., poet.* = **it were**

twerp [twəːp] *n šnek. menk.* pašlemėkas; storžievis, chamas

twice [twaɪs] *adv* **1** dukart; ~ *a week,* ~ *weekly* du kartus per savaitę; *he is* ~ *her age* jis dukart vyresnis už ją; ~ *two is/makes four* dukart du – keturi **2** dvigubai, dveja tiek; gerokai; ~ *as good* dvigubai geriau; ~ *as much/many* dvigubai daugiau; *he is* ~ *the man he was* jis gerokai pasitaisęs/žvalesnis; *she's* ~ *the woman you are* ji dveja tiek geresnė/gražesnė už tave ◊ *to think* ~ *(before doing smth)* gerai pagalvoti, padvejoti (prieš darant ką); *not to think* ~ *about smth* a) daugiau negalvoti apie ką; b) nedvejojant/nesvyruojant atlikti ką

twice-laid [ˌtwaɪsˈleɪd] *a* pagamintas iš atliekų/atraižų/atkarpų

twice-told [ˌtwaɪsˈtəʊld] *a* **1** dukart papasakotas/pasakytas **2** (visiems) žinomas, nuvalkiotas

twiddle [ˈtwɪdl] *n* **1** sukinėjimas **2** *(rašto)* užsukimas, užraitas
v **1** sukinėti, sukioti *(be tikslo)*; žaisti, vartyti *(rankoje; with)* **2** užsiiminėti niekniekiais; dykinėti

twiddler [ˈtwɪdlə] *n* dykinėtojas

twig[1] [twɪɡ] *n* šakelė, virbas, vytelė

twig[2] *v šnek.* **1** suprasti, nutuokti **2** (pa)stebėti

twiggy [ˈtwɪɡɪ] *a* **1** laibas, liaunas **2** šakotas

twilight [ˈtwaɪlaɪt] *n* **1** prietema, sutema, prieblanda **2** saulėlydis *(t. p. prk.)*; *the* ~ *of the Roman Empire* Romos imperijos saulėlydis **3** aušra, apyaušris, prieblanda **4** *(padėties ir pan.)* neaiškumas

twilit [ˈtwaɪlɪt] *a poet.* sutemų gaubiamas, sutemų, prieblandos; dumsus

twill [twɪl] *tekst. n* tvilas, sarža; ~ *trousers* saržos kelnės
v austi tvilą/saržą

'twill [twɪl] *sutr. psn., poet.* = **it will**

twin [twɪn] <*n, a, v*> *n* **1** *(ppr. pl)* dvyniai, dvynukai; *identical* ~*s* absoliučiai panašūs, tikrieji dvyniai **2** gyva kopija, gyvavaizdis **3** porinis daiktas **4** dviejų lovų kambarys **5 (the Twins)** Dvyniai *(žvaigždynas ir Zodiako ženklas)*
a **1** dvynas; ~ *sisters* seserys dvynės **2** porinis; sudvejintas, susidedantis iš dviejų vienodų dalių; ~ *bearing tech.* sudvejintasis guolis; ~ *beds* dvi viengulės lovos; ~ *tub* skalbimo mašina su grężtuvu **3** du vienodi/susiję; *the* ~ *problems of poverty and unemployment* dvi tarpusavy susijusios nedarbo ir skurdo problemos; ~ *towns* susigiminiavusieji miestai
v **1** (pa)gimdyti dvynukus **2** su(si)poruoti **3** *pass* būti susigiminiavusiam *(apie miestus; with)*

twin-bedded [ˌtwɪnˈbedɪd] *a* dviejų *(viengulių)* lovų *(apie kambarį viešbutyje ir pan.)*

twin-birth [ˈtwɪnbɜːθ] *n* dvynukų gimimas/gimdymas

twine [twaɪn] *n* **1** virvelė, špagatas, viržėlis **2** su(si)sukimas; susivijimas, su(si)pynimas **3** *pl (gyvatės)* žiedai
v **1** sukti; pinti **2** vynioti(s); ap(si)vyti, ap(si)vynioti, apvyturiuoti *(round, about)*

twin-engine(d) [ˌtwɪnˈendʒɪn(d)] *a* dviejų variklių *(apie lėktuvą)*

twiner [ˈtwaɪnə] *n* **1** vijoklinis augalas **2** *tekst.* periodinė sukimo mašina

twinge [twɪndʒ] *n (staigus aštrus)* skausmas; dieglys, dygulys; *a* ~ *of fear* staigus baimės jausmas; ~*s of conscience* sąžinės graužimas
v skaudėti, diegti, dilgsėti

twinkle [ˈtwɪŋkl] *n* **1** *(šviesos, žvaigždžių ir pan.)* mirgėjimas, žibėjimas, tviksėjimas; mirkčiojimas, mirksėjimas **2** šmėžavimas, švysčiojimas **3** žiburiukas, liepsnelė *(akyse)* **4** akimirka ◊ *when you were just a* ~ *in your father's eye* dar prieš tau išvystant pasaulį, dar tavęs pasaulyje nebuvo
v **1** mirgėti, žibėti, tviksėti, bliksėti, blikčioti; mirkčioti, mirksėti **2** šmėžuoti, švysčioti **3** žiburiuoti, žėrėti, spindėti *(apie akis)*

twinkling [ˈtwɪŋklɪŋ] *n* **1** mirgėjimas, tviksėjimas **2** akimirka; *in a* ~, *in the* ~ *of an eye* akimirksniu, vienu akies mirksniu

twin-screw [ˈtwɪnskruː] *a jūr.* dvisraigtis

twinset [ˈtwɪnset] *n (vienodos/suderintos spalvos)* megztos palaidinukės ir megztinio komplektas

twirl [twɜːl] *n* **1** sukimas(is), apsisukimas; sukinėjimas **2** *(rašto)* užsukimas, užraitas
v sukti(s) *(t. p.* ~ *round)*; sukinėti; *to* ~ *one's moustache* sukti ūsus; *he* ~*ed his cane* jis sukinėjo savo lazdelę

twirly [ˈtwɜːlɪ] *a* besisukinėjantis; sūkurinis; spiralinis

twirp [twɜːp] *n* = **twerp**

twist [twɪst] *n* **1** su(si)sukimas, už(si)sukimas; *to give smth a* ~ užsukti ką **2** susuktas/suvyniotas daiktas; ~ *of lemon* susukta citrinos žievė *(gėrimui paskaninti)* **3** *(virvės, siūlų ir pan.)* sukimas; sukrumas **4** virvė, siūlas, raištis; sukti siūlai **5** pintas pyragas; pynutė **6** išlinkimas, vingis; posūkis *(t. p. prk.)*; *a* ~ *in a road* kelio vingis; *a* ~ *of fate/fortune* likimo posūkis **7** (iš)kraipymas *(t. p. prk.)* **8** iš(si)sukimas, iš(si)narinimas; išnirimas **9** *(charakterio, proto ir pan.)* savybė; tendencija **10** *šnek.* suktybė **11** tvistas *(šokis)* **12** *sl.* alkoholinių gėrimų mišinys; sumaišytas gėrimas **13** *vulg.* merga **14** *sport.* suktas kamuolys **15** *tech.* sąsūka ◊ ~*s and turns* a) smulkmenos, detalės; b) *prk.* vingiai, posūkiai; ~ *in the tail* nenumatyta atomazga; ~ *of the wrist* miklumas, vikrumas; įgudimas; *round the* ~ *šnek.* pakvaišęs, išprotėjęs; *to drive smb round the* ~ ≅ varyti iš proto, siutinti
v **1** sukti(s); (su)sukti, (su)vyti *(virvę ir pan.)*; *he* ~*ed his head to have a look* jis pasuko galvą pasižiūrėti **2** gręžti *(skalbinius)* **3** užsukti, užlaužti *(ranką)* **4** iš(si)sukti, iš(si)narinti; išnirti **5** iškreipti *(t. p. prk.)*; persikreipti; *to* ~ *the sense [the facts]* iškreipti prasmę [faktus]; *his lips* ~*ed* jo lūpos persikreipė **6** vyniotis, pintis; ap(si)vynioti *(šaliku ir pan.)*; *the floating weeds* ~*ed around his legs* plūduriuojančios žolės pynėsi jam apie kojas **7** vinguoti *(apie kelią, upę)* **8** kraipyti(s), raityti(s) **9** šokti tvistą **10** *šnek.* apgauti, apsukti □ ~ *off* nusukti, nutraukti, nulaužti; ~ *up* a) suraityti, susukti *(spiralę)*; b) *prk.* iškreipti *(veidą ir pan.)*; patempti *(lūpas)* ◊ ~ *and turn* a) vingiuoti; b) vartytis, blaškytis *(lovoje)*

twisted [ˈtwɪstɪd] *a* **1** susukiotas, sulankstytas **2** iškreiptas, iškrypęs *(t. p. prk.)*

twister [ˈtwɪstə] *n* **1** sukėjas, vijikas, vijėjas **2** sukimo mašina **3** *šnek.* apgavikas, sukčius, melagis **4** *šnek.* sunkus uždavinys, sunki problema *ir pan.* **5** *amer. šnek.* viesulas **6** *spec. (jojiko)* blauzda

twist-off [ˈtwɪstɒf] *a* atsukamas *(apie dangtelį ir pan.)*

twisty [ˈtwɪstɪ] *a* vingiuotas

twit [twɪt] *n* **1** prikaišiojimas; priekaištas **2** patyčios, pajuokimas **3** *šnek.* kvailys, idiotas
v **1** prikaišioti, priekaištauti *(with)* **2** tyčiotis, pajuokti

twitch[1] [twɪtʃ] *n* **1** trukčiojimas, tikas; traukulys; *I have a* ~ *in the corner of my eye* man akį trukčioja **2** timptelėjimas
v **1** *(nerviškai)* trukčioti, traukyti; *his face* ~*ed with terror* jam veidas trukčiojo iš siaubo; *he is* ~*ing all over* jį visą trauko; *a horse* ~*s his ears* arklys karpo

ausis **2** timptelėti, tampyti *(at)* **3** (iš)traukti *(from, out of)*; nutraukti *(staltiesę ir pan.; off)*

twitch[2] *n bot.* varputis *(t. p.* **~ grass***)*

twitcher ['twɪtʃə] *n šnek.* **1** nervingas žmogus; nenuorama **2** paukščių stebėtojas

twitchy ['twɪtʃɪ] *a* **1** nervingas; susirūpinęs, susijaudinęs **2** trukčiojantis, krutantis

twite [twaɪt] *n zool.* geltonsnapis čivylis

twitter ['twɪtə] *n* **1** čiulbėjimas, čirškimas; čiulbesys **2** čiauškimas; čiauškesys ◊ *to be in a ~, to be all of a ~* virpėti iš susijaudinimo, būti susinervinusiam
v **1** čiulbėti, čirkšti **2** čiauškėti □ *~ on menk.* čiaukšti, taukšti

twittery ['twɪtərɪ] *a šnek.* susijaudinęs

'twixt [twɪkst] *sutr. psn., poet.* = **betwixt** *prep*

two [tu:] *num card* du, dveji; *we have ~ sledges* mes turime dvejas rogutes/roges
n **1** dvejetas **2** *pl* antras numeris **3** du, pora; *~ and ~, ~ by ~, by ~s* poromis, po du; *in ~'s and three's* grupelėmis po du ar tris; *~ of a trade* du konkurentai; *to walk in ~s* vaikščioti poromis **4** dveji metai *(apie amžių)*; dvi valandos *(t. p. ~ o'clock); it is after ~* jau trečia (valanda) **5** *(kortų)* dviakė ◊ *in ~* a) per pusę, į dvi dalis; b) skyrium, atskirai; *in ~s šnek.* tuojau pat, tučtuojau, akimirksniu; *to put ~ and ~ together* su(si)vokti, sumesti, susigaudyti; *they are ~ of a kind* ≡ jie vieno galo, abu labu tokiu; *~ can play at that game* ≡ aš taip pat ne iš kelmo spirtas, pažiūrėsime, kieno bus viršus *(grasinant); that makes ~ of us šnek.* aš irgi; *~ and ~ make four* ≡ aišku, kaip dukart du keturi; *a thing or ~* keletas dalykų

two-bit ['tu:bɪt] *a amer. šnek.* **1** 25 centų vertės **2** prastas, ≡ nė surūdijusio skatiko nevertas *(apie žmogų)*

two-by-four ['tu:baɪ'fɔ:] *n* **1** *spec.* 2×4 colių storio tašas **2** *amer.* mažas/ankštas butas/kambarys
a amer. šnek. **1** ankštas, mažas **2** menkas, menkavertis

two-chamber ['tu:tʃæmbə] *a: ~ system polit.* dviejų rūmų sistema

twocker ['twɒkə] *n šnek.* automobilių vagis

two-cycle ['tu:'saɪkl] *a* dvitaktis *(apie variklį)*

two-decker ['tu:dekə] *n* **1** dvidenis laivas **2** dviaukštis autobusas/troleibusas

two-dimentional [,tu:dɪ'menʃnəl] *a* **1** dvimatis, dviejų matmenų **2** supaprastintas, netikroviškas *(apie lit. personažą)*

two-edged ['tu:'edʒd] *a* **1** dviašmenis **2** galintis duoti du priešingus rezultatus; dviprasmiškas *(apie komplimentą ir pan.)*

two-faced ['tu:'feɪst] *a* **1** dviveidis **2** *prk.* dviveidiškas, veidmainingas

two-fisted ['tu:'fɪstɪd] *a amer. šnek.* stiprus, energingas, vyriškas

twofold ['tu:fəʊld] *a* **1** dvigubas; dvejopas **2** dvilypis; dvilinkas
adv dvigubai; dvejopai

two-footed ['tu:'fʊtɪd] *a* dvikojis

two-handed ['tu:'hændɪd] *a* **1** dvirankis, dvirankinis; *~ saw* dvirankis pjūklas **2** dvejeto, porinis *(t. p. sport.)* **3** vienodai gerai valdantis abi rankas

two-man ['tu:mæn] *a* skirtas dviem žmonėms, dvivietis

two-master ['tu:,ma:stə] *n jūr.* dvistiebis laivas

two-monthly ['tu:,mʌnθlɪ] *a* vykstantis kartą per du mėnesius

twoness ['tju:nɪs] *n* dvejybė, dvejumas; dvejopumas; poriškumas

two-part ['tu:pa:t] *a* dvidalis, (iš) dviejų dalių; *~ form* dvibalsė daina

two-party ['tu:,pa:tɪ] *a: ~ system polit.* dvipartinė sistema

twopence ['tʌpəns] *n* du pensai; dviejų pensų moneta *(t. p. ~ piece)* ◊ *he wants a ~ in the shilling* ≡ jam ne visi namie, jam vieno šulo trūksta

twopenny ['tʌpnɪ] *a* **1** dviejų pensų (vertės) **2** niekam vertas, prastos kokybės, prastas, pigus

twopenny-halfpenny [,tʌpnɪ'heɪpnɪ] = **twopenny** *a* 2

two-piece ['tu:'pi:s] *a attr* dviejų dalių; *~ bathing suit* dviejų dalių maudymosi kostiumas *(liemenėlė ir kelnaitės)*

two-pin ['tu:pɪn] *a: ~ plug el.* dviejų kontaktų šakutė

two-ply ['tu:plaɪ] *a* dvigubas, dvilinkas; dvisluoksnis

two-seater ['tu:'si:tə] *n* dvivietis automobilis/lėktuvas; *~ boat* dvivietė valtis

two-sided ['tu:'saɪdɪd] *a* **1** dvipusis, dvišalis, dvišonis, dvisienis **2** ginčijamas *(apie argumentą)*

twosome ['tu:səm] *n* **1** pora, porelė **2** porinis žaidimas/šokis
a **1** porinis, dvejeto *(apie žaidimą ir pan.)*

two-star ['tu:sta:] *a attr* dviejų žvaigždučių *(apie restoraną, viešbutį ir pan.)*

two-step ['tu:step] *n* tustepas *(šokis)*

two-storey, two-storied ['tu:,stɔ:rɪ, 'tu:,stɔ:rɪd] *a* dviaukštis

two-stroke ['tu:strəʊk] *a* dvitaktis *(apie variklį)*

two-time ['tu:taɪm] *v šnek.* būti neištikimam; apgau(dinė)ti

two-timer ['tu:,taɪmə] *n šnek.* neištikimas žmogus, išdavikas

two-tone ['tu:təʊn] *a* dviejų spalvų/atspalvių

'twould [twʊd] *sutr. psn., poet.* = **it would**

two-way [,tu:'weɪ] *a* **1** dvipusis; abipusis; *~ deal* dvišalis susitarimas/sandoris; *~ market* dviguboji rinka; dvigubas kotiravimas; *~ trade* abipusė prekyba; *~ traffic* dvikryptis eismas **2** *tech.* dveigis; *~ radio* siųstuvas-imtuvas

two-wheeler ['tu:,wi:lə] *n šnek.* dviratė transporto priemonė: dviratis, vežimas *ir pan.*

-ty[1] [-tɪ] *(t. p. -ity) suff* -umas, -ybė *(žymint būseną, padėtį, savybę); cruelty* žiaurumas, žiaurybė

-ty[2] *suff* -dešimt; *twenty* dvidešimt; *sixty* šešiasdešimt

Tybalt ['tɪbəlt] *n* Tibaltas *(Šekspyro kūrinio personažas)*

tycoon [taɪ'ku:n] *n (finansų, pramonės)* magnatas

tying ['taɪɪŋ] *pl žr.* **tie** *v*

tyke [taɪk] *n šnek.* **1** išdykėlis *(apie vaiką)* **2** *amer.* vaikutis, vaikas **3** *(ypač šiaur.)* netašytas/neišauklėtas žmogus, chamas **4** *(prastos veislės)* šuo, šunėkas **5** Jorkšyro gyventojas *(t. p. Yorkshire ~)*

tympan ['tɪmpən] *n* **1** *poligr.* dekelis **2** = **tympanum** 2

tympana ['tɪmpənə] *pl žr.* **tympanum**

tympani ['tɪmpənɪ] *n pl* = **timpani**

tympanic [tɪm'pænɪk] *a: ~ membrane anat.* ausies būgnelis

tympanites [,tɪmpə'naɪti:z] *n med.* meteorizmas, timpanitas *(pilvo išsipūtimas nuo dujų)*

tympanitis [,tɪmpə'naɪtɪs] *n med.* ausies būgnelio uždegimas

tympanum ['tɪmpənəm] *n (pl ~s, -na)* **1** *anat.* būgnelis; būgninė ertmė *(vidinė ausis)* **2** *archit.* timpanas

Tyne and Wear [,taɪnən'wɪə] Tainas ir Viras *(Anglijos grafystė)*

type [taɪp] *n* **1** *(įv. reikšm.)* tipas; *true to the ~* tipiškas; būdingas; *I don't like his ~* tokio tipo žmonių (kaip jis) aš nemėgstu **2** rūšis, klasė, grupė; *other problems of this ~* kitos šios rūšies problemos; *blood ~* kraujo grupė **3** pavyzdys, modelis; simbolis **4** atvaizdas *(medalyje,*

monetoje) **5** *poligr.* raidė, litera; spaudmuo, šriftas; ***black/bold/fat*** **~** juodas šriftas; ***large*** **~** stambus šriftas; **~ *page*** rinkinio puslapis
v **1** rašyti/spausdinti mašinėle; rinkti klaviatūra **2** tipizuoti *(as);* simbolizuoti **3** nustatyti *(ko)* tipą; klasifikuoti pagal tipus **4** *med.* nustatyti *(kraujo)* grupę ☐ **~ *in*** įterpti *(į tekstą);* **~ *out*** išspausdinti mašinėle; **~ *up*** perspausdinti/perrašyti mašinėle

typecast ['taɪpkɑːst] *v* (typecast) *teatr.* skirti *(aktoriui)* vienatipius vaidmenis; skirstyti vaidmenis pagal tipažą
typeface ['taɪpfeɪs] = **type** *n* **5**
type-form ['taɪpfɔːm] *n poligr.* forma
type-founder ['taɪpˌfaʊndə] *n poligr.* šrifto/spaudmenų liejikas, raidžialiejys
type-foundry ['taɪpˌfaʊndrɪ] *n poligr.* šrifto/spaudmenų/ raidžių liejykla
type-metal ['taɪpˌmetl] *n poligr.* kiečius
typescript ['taɪpskrɪpt] *n* rankraštis *(rašytas mašinėle)*, mašinraštis *(tekstas)*
typeset ['taɪpset] *v* (typeset) *poligr.* rinkti
typesetter ['taɪpˌsetə] *n poligr.* **1** rinkėjas **2** rinkimo mašina, linotipas
typesetting ['taɪpˌsetɪŋ] *n poligr.* rinkimas; **~ *machine*** rinkimo mašina, linotipas; **~ *office*** rinkykla
typewrite ['taɪpraɪt] *v* rašyti mašinėle
typewriter ['taɪpˌraɪtə] *n* **1** rašomoji mašinėlė **2** *ret.* = **typist**
typewriting ['taɪpˌraɪtɪŋ] *n* **1** rašymas mašinėle **2** mašinraštis
typewritten ['taɪpˌrɪtn] *a* mašinraščio, spausdintas/parašytas mašinėle
typhlitis [tɪˈflaɪtɪs] *n med.* aklosios žarnos uždegimas, tiflitas
typhoid ['taɪfɔɪd] *med. n* vidurių šiltinė
a vidurių šiltinės, tifinis, tifoidinis; **~ *fever*** vidurių šiltinė
typhonic [taɪˈfɒnɪk] *a* uraganinis, viesulinis
typhoon [taɪˈfuːn] *n* taifūnas
typhous ['taɪfəs] *a med.* tifinis, šiltinės, šiltininis
typhus ['taɪfəs] *n med.* tifas, šiltinė; dėmėtoji šiltinė *(t. p.* **~ *fever)***
typical ['tɪpɪkl] *a* **1** tipiškas; tipingas, būdingas, charakteringas *(of);* ***this painting is ~ of his early work*** šis paveikslas būdingas jo ankstyvajai kūrybai **2** simboliškas *int šnek.* kaip paprastai/visada! *(reiškiant nepasitenkinimą)*
typically ['tɪpɪkəlɪ] *adv* **1** tipiškai; **~ *English*** tipiškai angliškas **2** kaip tipiška, kaip paprastai būna *(kam, tokiais atvejais);* ***they assumed, ~, that...*** kaip paprastai, jie manė, kad...

typify ['tɪpɪfaɪ] *v* **1** būti tipišku atstovu/pavyzdžiu; charakterizuoti **2** įkūnyti, simbolizuoti
typing ['taɪpɪŋ] *n* (per)rašymas/spausdinimas mašinėle; rinkimas *(klaviatūra);* **~ *classes*** mašinraščio kursai; **~ *error*** spaudos klaida *(rašant mašinėle)*
typist ['taɪpɪst] *n* mašininkė; asmuo, rašantis/spausdinantis mašinėle
typo ['taɪpəʊ] *n (pl* ~s [-z]) *šnek.* **1** spaudos/spaustuvės klaida **2** = **typographer**
typo- ['taɪpəʊ-] *(sudurt. žodžiuose)* tipo-; ***typology*** tipologija; ***typomorphic*** tipomorfinis
typographer [taɪˈpɒgrəfə] *n* spaustuvininkas, tipografas
typographic(al) [ˌtaɪpəˈgræfɪk(l)] *a* tipografinis; spausdinimo, spaustuvinis
typography [taɪˈpɒgrəfɪ] *n* **1** spausdinimas **2** *(spaudinių)* apipavidalinimas; ***the ~ was admirable*** atspausdinta buvo puikiai
typology [taɪˈpɒlədʒɪ] *n* tipologija
tyrannical [tɪˈrænɪkl] *a* tironiškas; despotiškas; valdingas
tyrannicide [tɪˈrænɪsaɪd] *n* **1** tirono nužudymas **2** tirono žudikas
tyrannize ['tɪrənaɪz] *v* **1** būti despotiškam **2** tironizuoti, despotiškai valdyti *(over)*
tyrannosaurus [tɪˌrænəˈsɔːrəs] *n* tiranozauras
tyrannous ['tɪrənəs] *a* = **tyrannical**
tyranny ['tɪrənɪ] *n* **1** tironija, despotizmas *(t. p. prk.);* ***to escape from the ~ of one's aunt*** pabėgti nuo savo tetos despotizmo **2** žiaurumas, tironiškumas
tyrant ['taɪərənt] *n* tironas *(t. p. prk.);* despotas
tyre ['taɪə] *n* **1** padanga; ***flat*** ~ nuleista padanga; ***studded*** ~ spygliuotoji padanga; **~ *life*** padangos naudojimo laikas; **~ *pressure*** slėgis padangoje **2** ratlankis
v uždėti/užmauti padangą/ratlankį
tyre-gauge ['taɪəgeɪdʒ] *n tech.* manometras *(padangoms)*
tyro ['taɪərəʊ] *n* = **tiro**
Tyrol ['tɪrəl, tɪˈrəʊl] *n* Tirolis *(Austrijos sritis)*
Tyrolean [ˌtɪrəˈliːən, tɪˈrəʊlɪən] *n (pl* ~) tirolietis
a tirolietiškas, tiroliečių; Tirolio
Tyrolese [ˌtɪrəˈliːz] = **Tyrolean** *n, a*
Tyrone [tɪˈrəʊn] *n* Tironas *(Š. Airijos sritis)*
tyrosine ['taɪərəsiːn] *n chem.* tirozinas
Tyrrhenian [tɪˈriːnɪən] *n psn., poet.* etruskas
a etruskų; ***the ~ Sea*** Tirėnų jūra
tzar [zɑː] *n* = **tsar**
tzarina [zɑːˈriːnə] *n* = **tsarina**
tzarism ['zɑːrɪzm] *n* = **tsarism**
tzarist ['zɑːrɪst] *a* = **tsarist**
tzetze ['t(s)etsɪ] *n* = **tsetse**
tzigane [tsɪˈgɑːn] *n* čigonas *(ypač Vengrijos)*
a čigoniškas, čigonų

U

U, u [juː] *n* (*pl* Us, U's [juːz]) **1** dvidešimt pirmoji anglų kalbos abėcėlės raidė **2** (universal *sutr.*) filmo, į kurį leidžiami visokio amžiaus vaikai, ženklas **3** *mok.* nepatenkinamas pažymys ◇ *a šnek.* būdingas aukštuomenei; aristokratiškas; kultūringas (*apie elgesį, tartį ir pan.*)
U- [juː-] (*sudurt. žodžiuose*) U formos daiktas; ***U-clip*** *tech.* U formos ąsa
-ual [-juəl] = **-al¹**
U-bend ['juːbend] *n tech.* dvigubasis lenkimas; dviguboji atšaka
ubiety [juːˈbaɪətɪ] *n knyg.* buvimo vieta
ubiquitarian [juːˌbɪkwɪˈtɛərɪən] *n rel.* ubikvitarijas
ubiquitous [juːˈbɪkwɪtəs] *a* (*džn. iron.*) visur esantis
ubiquity [juːˈbɪkwətɪ] *n knyg.* buvimas visur (*tuo pačiu metu*)
U-boat ['juːbəut] *n ist.* (*vokiečių*) povandeninis laivas
udder [ˈʌdə] *n* tešmuo
udometer [juːˈdɔmɪtə] *n meteor.* lietmatis
ufologist [juːˈfɔlədʒɪst] *n* neatpažintų skraidančių objektų stebėtojas, ufologas
ufology [juːˈfɔlədʒɪ] *n* neatpažintų skraidančių objektų tyrimas, ufologija
Uganda [juˈgændə] *n* Uganda (*valstybė*)
ugh [ʌx, ʌg, uh] *int* tfiu!, ui!, ach! (*reiškiant nepasitenkinimą ir pan.*); **~, it's cold** ui, kaip šalta; utiti, šalta
uglify [ˈʌglɪfaɪ] *v* bjaurinti, bjauroti, darkyti, gadinti
ugliness [ˈʌglɪnɪs] *n* **1** bjaurumas, negražumas **2** šlykštybė, šlykštynė
ugly [ˈʌglɪ] *a* **1** bjaurus, negražus; **~ weather** bjaurus oras; **(as) ~ as sin** labai bjaurus, bjaurus kaip velnias; **~ duckling** *prk.* bjaurusis ančiukas **2** nemalonus, atstumiantis, šlykštus; **~ task** nemalonus uždavinys; **~ news** nemalonios/blogos naujienos; **he's an ~ customer** jis nemalonus/šlykštus/grasus tipas **3** pavojingas, grėsmingas; **~ look** grėsminga išvaizda, grėsmingas žvilgsnis; **~ tongue** piktas/aštrus liežuvis; **~ wound** pavojinga žaizda
Ugrian [ˈuːgrɪən] = **Ugric** *n*, *a*
Ugric [ˈuːgrɪk] *n* **1** ugras **2** ugrų kalba ◇ *a* ugrų, ugriškas
Ugro-Finnic [ˌuːgrəuˈfɪnɪk] *a kalb.* finougrų
uh-huh [ˌʌˈhʌ, uˈhu] *int* aha! (*reiškiant sutikimą*)
uhlan [ˈulɑːn] *n ist.* ulonas
uh-uh [ˈʌʌ] *int* ne!
Uigur [ˈwiːgə] *n* **1** uigūras **2** uigūrų kalba ◇ *a* uigūrų, uigūriškas
Uitlander [ˈeɪtlændə] *n ist.* uitlenderis (*ppr. apie anglų ateivius P. Afrikoje*)
uke [juːk] *n šnek.* = **ukulele**
ukelele [juːkəˈleɪlɪ] *n* = **ukulele**
Ukraine [juːˈkreɪn] *n* (*the ~*) Ukraina

Ukrainian [juːˈkreɪnɪən] *n* **1** ukrainietis, ukrainas **2** ukrainiečių/ukrainų kalba ◇ *a* ukrainiečių, ukrainų, ukrainietiškas; Ukrainos
ukulele [juːkəˈleɪlɪ] *n* Havajų gitara
Ulan Bator [ˌuːlɑːnˈbɑːtɔː] Ulan Batoras (*Mongolijos sostinė*)
ulcer [ˈʌlsə] *n* opa, piktžaizdė (*t. p. prk.*); ***stomach/gastric* ~** skrandžio opa; ***rodent* ~** šliaužiančioji opa
ulcerate [ˈʌlsəreɪt] *v* **1** *med.* opėti **2** *prk.* gadinti, nuodyti, griauti
ulcerative [ˈʌlsərətɪv] *a med.* opos
ulcered, ulcerous [ˈʌlsəd, ˈʌlsərəs] *a* opėtas, išopėjęs, žaizdotas
uliginose, uliginous [juːˈlɪdʒɪnəus, -nəs] *a bot.* pelkių, augantis pelkėse
ullage [ˈʌlɪdʒ] *n* **1** (*butelio, statinaitės ir pan.*) neužpildytas tūris; trūkstamas (*skysčio, biralų*) kiekis (*inde, maiše*) **2** nuotėkis
ulna [ˈʌlnə] *n* (*pl* -nae [-niː], ~s) *anat.* alkūnkaulis
Ulster [ˈʌlstə] *n* **1** Olsteris (*Airijos sritis*) **2** (*u.*) ilgas platus apsiaustas (*ppr. su diržu*)
ulterior [ʌlˈtɪərɪə] *a* **1** slaptas, užslėptas; **~ *plan*** slaptas planas; **without ~ *motives*** be slaptų užmačių, be savanaudiškų motyvų **2** tolesnis, paskesnis, vėlesnis; **~ *steps*** paskesni/tolesni žingsniai/veiksmai **3** anapusinis; esantis toliau
ultima [ˈʌltɪmə] *lot. n kalb.* paskutinis/galinis skiemuo ◇ *a*: **~ *ratio*** paskutinis/lemiamas argumentas
ultimata [ˌʌltɪˈmeɪtə] *pl žr.* **ultimatum**
ultimate [ˈʌltɪmət] *a attr* **1** paskutinis, galutinis; **~ *result*** galutinis rezultatas; **~ *responsibility*** galutinė atsakomybė **2** didžiausias; maksimalus; kraštutinis; **~ *goal in life*** didžiausias gyvenimo tikslas; **~ *output*** maksimalus pajėgumas; **the ~ *sports car*** pats geriausias sportinis automobilis **3** pirminis; pagrindinis; **~ *cause*** pirminė priežastis; pagrindas; **~ *principle* [*question*]** pagrindinis principas [klausimas] ◇ *n* (**the ~**) aukščiausioji riba; **the ~ *in technology*** paskutinis technikos žodis, naujausia technologija
ultimately [ˈʌltɪmətlɪ] *adv* pagaliau, galų gale; galiausiai
ultimatum [ˌʌltɪˈmeɪtəm] *n* (*pl* ~s, -ta) **1** ultimatumas; **to *deliver an* ~** įteikti ultimatumą **2** galutinis tikslas
ultimo [ˈʌltɪməu] *adv kom.* praėjusį mėnesį; **the 10th ~** praėjusio mėnesio dešimtą dieną
ultimogeniture [ˌʌltɪməuˈdʒenɪtʃə] *n teis.* jauniausiojo sūnaus teisė (*paveldėti turtą*)
ultra [ˈʌltrə] *a* kraštutinis (*apie pažiūras, principus*) ◇ *n* ultrakraštutinių pažiūrų žmogus, ekstremistas
ultra- [ˈʌltrə-] *pref* **1** ultra-, virš- (*žymint kraštutinumą, peviršį*); ***ultracentrifuge*** ultracentrifuga; ***ultrasonic*** ultragarsinis, viršgarsinis **2** už- (*žymint buvimą anapus*); ***ultramundane*** užplanetinis, nežemiškas; užribinis
ultraconservative [ˌʌltrəkənˈsəːvətɪv] *a* ultrakonservatyvus

ultrahigh [ˌʌltrə'haɪ] *a* ultraaukštas; ~ *frequencies* rad. ultraaukštieji dažniai

ultraism ['ʌltrəɪzm] *n knyg.* kraštutiniškumas, kraštutinybė; kraštutinės pažiūros

ultra-left [ˌʌltrə'left] *n (the ~) polit.* kraštutinis kairysis

ultramarine[1] [ˌʌltrəmə'ri:n] *a* užjūrio

ultramarine[2] *n* ultramarinas *(pigmentas)*
a ultramarino; ryškiai mėlynas *(ppr. apie dažus)*

ultramodern [ˌʌltrə'mɔdən] *a* ultramoderniškas, ultramodernus

ultramontane [ˌʌltrə'mɔnteɪn] *n* **1** užalpinis gyventojas *(į pietus nuo Alpių)* **2** popiežiaus absoliutizmo šalininkas
a **1** esantis į pietus nuo Alpių; Italijos **2** remiantis popiežiaus absoliutizmą

ultramontanist [ˌʌltrə'mɔntənɪst] = **ultramontane** *n* 2

ultra-right [ˌʌltrə'raɪt] *n (the ~) polit.* kraštutinis dešinysis

ultrashort [ˌʌltrə'ʃɔ:t] *a* ultratrumpas

ultrasonic [ˌʌltrə'sɔnɪk] *a* ultragarso, ultragarsinis, viršgarsinis

ultrasonography [ˌʌltrəsəu'nɔgrəfɪ] *n med.* organizmo zondavimas ultragarsu, ultrasonografija

ultrasound ['ʌltrəsaund] *n* ultragarsas; ~ *therapy* gydymas ultragarsu

ultraviolet [ˌʌltrə'vaɪələt] *a* ultravioletinis

ultra vires [ˌʌltrə'vaɪri:z] *lot. teis.* viršijant kompetenciją; *to act* ~ viršyti kompetenciją

ululate ['ju:ljuleɪt] *v* staugti, kaukti; ūkti

Ulysses [ju:'lɪsi:z] *lot. n* Ulisas; Odisėjas *(vardas; t. p. mit.)*

um [əm] *int* hm, e *(reiškiant dvejojimą)*
v: ~ *and aah šnek.* mykti *(nežinant, ką sakyti)*

umbel ['ʌmbəl] *n bot.* skėtis

umbellate ['ʌmbəleɪt] *a bot.* skėtinis

umbellifer [ʌm'belɪfə] *n bot.* skėtiniai *(augalų šeima)*

umbelliferous [ˌʌmbə'lɪfərəs] *a bot.* skėtinis; skėtiškas

umber ['ʌmbə] <*n, a, v*> *n* umbra *(pigmentas)*
a tamsiai rudas
v dažyti umbra

umbilical [ʌm'bɪlɪkl, ˌʌmbɪ'lɪkl] *a anat.* bambos, bambinis; ~ *cord* bambos virkštelė

umbilicate [ʌm'bɪlɪkət] *a anat.* **1** bambiškas **2** turintis bambą

umbilicus [ʌm'bɪlɪkəs] *n (pl* -ci [-saɪ], ~es) *anat.* bamba

umbo ['ʌmbəu] *n (pl* ~s [-z], umbones [ʌm'bəuni:z]) **1** *(skydo)* umbas **2** *bot., zool. (paviršiaus)* iškilimas **3** *anat. (būgnelio)* bamba

umbra ['ʌmbrə] *n (pl* ~s, -ae [-i:]) *astr.* visiškas šešėlis

umbrage ['ʌmbrɪdʒ] *n* **1** į(si)žeidimas; *to give* ~ *to smb* įžeisti ką; *to take* ~ *at smth* įsižeisti dėl ko, jaustis ko įžeistam **2** *psn., poet.* šešėlis, pauksnė

umbrageous [ʌm'breɪdʒəs] *a ret.* **1** ūksmingas, pavėsingas **2** įžeidus, įtarus

umbrella [ʌm'brelə] *n* **1** skėtis; *to put up [to take down] an* ~ išskleisti [suskleisti] skėtį **2** *kar.* aviacijos dengimas; baražas *(t. p.* ~ *barrage)* **3** *prk. (ypač polit.)* priedanga, globa, apsauga
a **1** skėtinis, skėčio; skėtiškas; ~ *antenna* rad. skėtinė antena **2** *spec.* visa apimantis, plačiausias; ~ *word* plačiausios reikšmės žodis *(apimantis siauresnių reikšmių žodžius)*

umbrella-stand [ʌm'brelərstænd] *n* skėčių stovas

umbrella-tree [ʌm'brelətri:] *n bot.* trilapė magnolija

umiak ['u:mɪæk] *n* umijakas *(eskimų valtelė)*

umlaut ['umlaut] *vok. n kalb.* umliautas

ump [ʌmp] *sutr. amer. šnek.* = **umpire** *n* 2

umpire ['ʌmpaɪə] *n* **1** trečiųjų teismo teisėjas, arbitras, tarpininkas **2** *sport.* teisėjas, arbitras; *to act as* ~ teisėjauti
v **1** būti trečiųjų teismo teisėju, būti arbitru **2** *sport.* teisėjauti

umpteen [ˌʌmp'ti:n] *a šnek.* be skaičiaus, nesuskaičiuojamas; *I've told you ~ times* aš tau sakiau šimtą kartų

umpteenth [ˌʌmp'ti:nθ] *a šnek.: for the ~ time* šimtąjį kartą

'un [ən] *sutr. šnek.* = **one** *pron* 2; *young* ~ jaunuolis, paauglys

un- [ʌn-] *pref* **1** ne-, be *(žymint ypatybę, priešingą reiškiamai pamatiniu žodžiu);* *unpractical* nepraktiškas; *unclouded* nedebesuotas, be debesų; *unwillingly* nenoromis, nenoriai; *unbeliever* netikintysis **2** at-, nu- *(žymint veiksmą, priešingą reiškiamam pamatiniu veiksmažodžiu);* *unlock* atrakinti; *unarm* nu(si)ginkluoti **3** iš-, nu- *(žymint išėmimą, pašalinimą, išlaisvinimą);* *unearth* iškasti; *unplug* ištraukti kaištį/kištuką; išjungti; *unchain* nuimti grandines; paleisti nuo grandinės; išlaisvinti; *unhorse* numesti nuo arklio

unabashed [ˌʌnə'bæʃt] *a* **1** nesumišęs, nesusidrovėjęs **2** nepabūgęs, drąsus

unabated [ˌʌnə'beɪtɪd] *a* nemažėjantis, nesilpnėjantis, nesilpstantis, neslūgstantis; *the storm continued* ~ audra nesilpnėjo/neatslūgo

unabiding [ˌʌnə'baɪdɪŋ] *a* trumpalaikis, greitai praeinantis

unable [ʌn'eɪbl] *a predic* negalintis, nesugebantis; *he is still ~ to read* jis dar negali/nemoka skaityti

unabridged [ˌʌnə'brɪdʒd] *a* nesutrumpintas, visas

unabsorbed [ˌʌnəb'sɔ:bd] *a* nesugeriamas, neabsorbuojamas; nesusigėręs

unaccented [ˌʌnək'sentɪd] *a* nekirčiuotas

unacceptable [ˌʌnək'septəbl] *a* **1** nepriimtinas **2** nepageidautinas, nemalonus

unaccommodating [ˌʌnə'kɔmədeɪtɪŋ] *a* **1** nenuolaidus, nesukalbamas **2** nepaslaugus

unaccompanied [ˌʌnə'kʌmpənɪd] *a* **1** nelydimas, be palydos *(by, with);* ~ *luggage* bagažas, siunčiamas atskirai **2** *muz.* be akompanimento; *a piece for ~ violin* solo smuikui

unaccomplished [ˌʌnə'kʌmplɪʃt] *a* **1** neužbaigtas, neatliktas **2** nemokantis, neįgudęs, neturintis kvalifikacijos **3** neišauklėtas, nekultūringas

unaccountable [ˌʌnə'kauntəbl] *a* **1** nepaaiškinamas, nesuprantamas, keistas **2** neatsakingas, nejaučiantis atsakomybės *(to – kam)*

unaccountably [ˌʌnə'kauntəblɪ] *adv* dėl nesuprantamos priežasties; *mod* keista

unaccounted [ˌʌnə'kauntɪd] *a* nesurandamas, neišaiškinamas; dingęs be žinios *(for)*

unaccustomed [ˌʌnə'kʌstəmd] *a* **1** *attr* neįprastas, keistas **2** *predic* neįpratęs, nepripratęs *(to); I am ~ to being spoken to like that* aš nepripratęs, kad su manimi taip kalbėtų

unachievable [ˌʌnə'tʃi:vəbl] *a* nepasiekiamas

unachieved [ˌʌnə'tʃi:vd] *a* nepasiektas; neatliktas

unacknowledged [ˌʌnək'nɔlɪdʒd] *a* **1** nepripažintas; ignoruojamas; *the ~ authority* nepripažintas autoritetas **2** likęs be atsako, neatsakytas *(apie laišką ir pan.)*

unacquainted [ˌʌnə'kweɪntɪd] *a predic* **1** nepažįstamas *(with)* **2** nesusipažinęs, nežinantis, nemokantis; *he is ~ with French* jis nemoka prancūzų kalbos

unactable [ʌn'æktəbl] *a teatr.* nesceniškas, netinkamas scenai *(apie veikalą, pjesę)*

unacted [ʌn'æktɪd] *a* **1** neįvykdytas, neatliktas **2** *teatr.* nestatytas

unadaptable [ˌʌnə'dæptəbl] *a* nepritaikomas
unadapted [ˌʌnə'dæptɪd] *a* neadaptuotas
unaddressed [ˌʌnə'drest] *a* neadresuotas, be adreso
unadmitted [ˌʌnəd'mɪtɪd] *a* nepripažintas
unadopted [ˌʌnə'dɔptɪd] *a* **1** neįvaikintas **2** ne vietinės valdžios prižiūrimas *(apie kelią/gatvę, prižiūrimą pačių savininkų)*
unadorned [ˌʌnə'dɔːnd] *a* nepagražintas, nepadailintas
unadulterated [ˌʌnə'dʌltəreɪtɪd] *a* **1** neatskiestas, nemaišytas, grynas **2** tikras, nefalsifikuotas; ~ *joy* nuoširdus džiaugsmas **3** grynas, tikras; ~ *nonsense* gryna nesąmonė
unadventurous [ˌʌnəd'ventʃərəs] *a* **1** nenuotykingas **2** neišradingas, neoriginalus
unadvertised [ʌn'ædvətaɪzd] *a* nepaskelbtas, neviešas
unadvisable [ˌʌnəd'vaɪzəbl] *a* **1** neprotingas, neapgalvotas **2** nepatartinas, nerekomenduojamas
unadvised [ˌʌnəd'vaɪzd] *a* **1** neprotingas; neapgalvotas, skubotas **2** negavęs patarimo, neinformuotas
unadvisedly [ˌʌnəd'vaɪzɪdlɪ] *adv* neprotingai; neapgalvotai, neapdairiai
unaffable [ʌn'æfəbl] *a* nedraugiškas, nedraugingas, nemielas; santūrus
unaffected [ˌʌnə'fektɪd] *a* **1** paprastas, nuoširdus; neafektuotas, nemanieringas **2** nepaveiktas, nepaliestas *(by)*; nepasikeitęs; *the western part was ~ by the drought* vakarinės dalies nepaveikė sausra
unaffiliated [ˌʌnə'fɪlɪeɪtɪd] *a* **1** nepriimtas *(į draugiją ir pan.)* **2** neprisijungęs, savarankiškas
unafraid [ˌʌnə'freɪd] *a* nebijantis *(of)*; *he is quite ~* jis visai/nieko nebijo
unaided [ʌn'eɪdɪd] *a* be pagalbos; nepadedamas; *it's his own ~ work* tai jo savarankiškas darbas
unaired [ʌn'ɛəd] *a* **1** ne(iš)vėdintas **2** neaptartas; *to remain ~* likti nutylėtam *(apie protestus ir pan.)*
unalive [ˌʌnə'laɪv] *a* **1** negyvas, nejudrus **2** nejautrus; aiškiai nesuprantantis *(to)*; *he is quite ~ to the possibilities* jis aiškiai neįsivaizduoja visų galimybių
unalleviated [ˌʌnə'liːvɪeɪtɪd] *a* nesumažėjęs, nepalengvėjęs *(apie skausmą ir pan.)*
unallowable [ˌʌnə'lauəbl] *a* neleistinas
unallowed [ˌʌnə'laud] *a* uždraustas, draudžiamas
unalloyed [ˌʌnə'lɔɪd] *a* **1** *metal.* grynas, be priemaišų **2** *prk.* tyras, giedras, neaptemdytas
unalterable [ʌn'ɔːltərəbl] *a* nekeičiamas, nekintamas; pastovus; ~ *law* neperžengiamas įstatymas
unaltered [ʌn'ɔːltəd] *a* nepakeistas; nepakitęs
unambiguous [ˌʌnæm'bɪɡjuəs] *a* **1** nedviprasmiškas **2** *kalb.* vienareikšmis; nehomoniminis
unambitious [ˌʌnæm'bɪʃəs] *a* neambicingas; nepretenzingas, paprastas
unamenable [ˌʌnə'miːnəbl] *a* **1** nepaklusnus; nesukalbamas **2** nelankstus, nepasiduodantis *(to)*
un-American [ˌʌnə'merɪkən] *a* **1** neamerikietiškas **2** antiamerikinis; ~ *activities* *polit.* antiamerikinė veikla
unamused [ˌʌnə'mjuːzd] *a* nepralinksmėjęs, abejingas, šaltas
unanimity [ˌjuːnə'nɪmətɪ] *n* vieningumas; vienbalsiškumas
unanimous [juː'nænɪməs] *a* vieningas; vienbalsiškas; *by a ~ vote* vienbalsiai, visais balsais
unannounced [ˌʌnə'naunst] *a* nepraneštas, nepaskelbtas *adv* nepranešus, neįspėjus *(įeiti ir pan.)*
unanswerable [ʌn'ɑːnsərəbl] *a* **1** toks, į kurį neįmanoma atsakyti, neatsakomas *(apie klausimą ir pan.)* **2** nenuginčijamas

unanswered [ʌn'ɑːnsəd] *a* **1** neatsakytas; *my letter is still ~* į mano laišką vis dar nėra atsakymo **2** nepaneigtas
unanticipated [ˌʌnæn'tɪsɪpeɪtɪd] *a* nenumatytas, nelauktas
unappealable [ˌʌnə'piːləbl] *a* *teis.* neapskundžiamas apeliacine tvarka, neapeliuojamas, galutinis
unappealing [ˌʌnə'piːlɪŋ] *a* nemalonus, nepatrauklus
unappeasable [ˌʌnə'piːzəbl] *a* **1** nesutaikomas **2** nenumalšinamas, nenuramdomas
unappetizing [ʌn'æpɪtaɪzɪŋ] *a* **1** neapetitiškas, neskanus **2** nepatrauklus, atstumiantis; neįdomus
unapplied [ˌʌnə'plaɪd] *a* nepritaikomas; ~ *funds* *ekon.* nenaudojamasis kapitalas
unappreciated [ˌʌnə'priːʃɪeɪtɪd] *a* nesuprastas, neįvertintas; ~ *poet* nepripažintas poetas; *to feel ~* jaustis neįvertintam
unapprehensive [ˌʌnæprɪ'hensɪv] *a* **1** nenuovokus, nesupratingas **2** bebaimis, drąsus
unapproachable [ˌʌnə'prəutʃəbl] *a* **1** neprieinamas, nepasiekiamas **2** nesuprantamas, nesuvokiamas **3** nebendraujantis, santūrus **4** neprilygstamas
unappropriated [ˌʌnə'prəuprɪeɪtɪd] *a* nerezervuotas, laisvas, neskirtas *(kuriam tikslui)*; ~ *balance* *kom.* nepaskirstytas pelnas
unapproving [ˌʌnə'pruːvɪŋ] *a* nepritariantis; smerkiantis
unapt [ʌn'æpt] *a* **1** netinkamas *(for)* **2** negabus, nesugebantis, nenuovokus **3** nelinkęs, neturintis polinkio
unarguable [ʌn'ɑːɡjuəbl] *a* neginčytinas, tikras
unarm [ʌn'ɑːm] *v* nu(si)ginkluoti
unarmed [ʌn'ɑːmd] *a* **1** beginklis, neginkluotas **2** *bot., zool.* nedygus
unartful [ʌn'ɑːtfəl] *a* **1** nedirbtinis, natūralus, paprastas **2** nenagingas, neįgudęs
unarticulated [ˌʌnɑː'tɪkjuleɪtɪd] *a* neaiškus, neartikuliuotas, neaiškiai tariamas
unary ['juːnərɪ] *a* *spec.* susidedantis iš vieno elemento, elementarus, neskaidomas
unashamed [ˌʌnə'ʃeɪmd] *a* **1** begėdis; begėdiškas; nejaučiantis gėdos; nesidrovintis; *he was quite ~* jis visai nesigėdijo **2** nuoširdus, tikras *(apie džiaugsmą ir pan.)*
unasked [ʌn'ɑːskt] *a* **1** neprašytas *(for)*; nekviestas **2** neišreikštas, nebylus *(apie klausimą)*
unassailable [ˌʌnə'seɪləbl] *a* **1** neginčijamas, nesugriaunamas; ~ *argument* nesugriaunamas/nepaneigiamas įrodymas; *to have an ~ lead* turėti lemiamą pranašumą **2** neįveikiamas, neprieinamas *(apie tvirtovę)*
unassisted [ˌʌnə'sɪstɪd] *a* be pašalinės pagalbos, niekieno nepadedamas; *he did it ~* jis padarė tai pats vienas
unassuming [ˌʌnə'sjuːmɪŋ] *a* kuklus, nepretenzingas, nesididžiuojantis
unassured [ˌʌnə'ʃuəd] *a* **1** neįsitikinęs, netikras **2** abejotinas; nepatikimas **3** neapdraustas
unatonable [ˌʌnə'təunəbl] *a* neatitaisomas; neatperkamas *(apie kaltę)*
unattached [ˌʌnə'tætʃt] *a* **1** nepririštas; nepritvirtintas; neprisitvirtinęs; nesusijęs **2** nevedęs, netekėjusi; nesusižadėjęs **3** nepriklausantis jokiam koledžui *(apie universiteto studentą)* **4** *kar.* nepriskirtas
unattainable [ˌʌnə'teɪnəbl] *a* nepasiekiamas; ~ *goal* nepasiekiamas tikslas
unattended [ˌʌnə'tendɪd] *a* **1** neprižiūrimas, be priežiūros; *to leave one's children [luggage] ~* palikti vaikus [bagažą] be priežiūros; ~ *wound* nesutvarstyta žaizda **3** nelankomas
unattractive [ˌʌnə'træktɪv] *a* nepatrauklus, negražus; nemalonus

unauthenticated [ˌʌnɔːˈθentɪkeɪtɪd] *a* nepatvirtintas, nepaliudytas *(apie parašą, dokumentą ir pan.)*

unauthorized [ʌnˈɔːθəraɪzd] *a* **1** be leidimo, neleistas, nesankcionuotas; **~ version** neoficiali versija; *"~ persons not admitted"* „pašaliniams įeiti draudžiama" **2** neįgaliotas, neteisėtas

unavailable [ˌʌnəˈveɪləbl] *a* **1** negaunamas; nesamas; **he is ~ at the moment** šiuo momentu jo (čia) nėra; jis dabar užsiėmęs **2** negaliojantis **3** = **unavailing**

unavailing [ˌʌnəˈveɪlɪŋ] *a* bevaisis, bergždžias, tuščias

unavoidable [ˌʌnəˈvɔɪdəbl] *a* neišvengiamas

unawakened [ˌʌnəˈweɪkənd] *a* nepažadintas, nepabudęs *(t. p. prk.)*

unaware [ˌʌnəˈwɛə] *a predic* nenujaučiantis, nežinantis, neįtariantis *(of);* **they were ~ of the danger** jie nenujautė pavojaus; **to be ~ that**... nežinoti/nejausti, kad...

unawares [ˌʌnəˈwɛəz] *adv* **1** nelauktai, netikėtai, staiga; **to catch/take ~** netikėtai užklupti **2** netyčia, iš netyčių *n:* **at ~** iš netyčių

unbacked [ʌnˈbækt] *a* **1** neturintis šalininkų, (niekieno) nepalaikomas **2** už kurį nestatoma lažybų metu *(apie žirgą ir pan.)* **3** neprajodinėtas *(apie arklį)* **4** be atkaltės/atlošo *(apie kėdę ir pan.)* **5** *fin.* neapmokėtas *(apie sąskaitą)*

unbaked [ʌnˈbeɪkt] *a* **1** neiškeptas **2** neišdegtas *(apie plytą)* **3** *psn.* nesubrendęs, žalias

unbalance [ʌnˈbæləns] *n* **1** pusiausvyros nebuvimas *(t. p. prk.)* **2** *tech.* disbalansas
v išjudinti/išmušti iš pusiausvyros, sutrikdyti

unbalanced [ʌnˈbælənst] *a* **1** išmuštas iš pusiausvyros; sutrikęs **2** nesubalansuotas

unballast [ʌnˈbæləst] *v jūr.* iškrauti/išmesti balastą

unballasted [ʌnˈbæləstɪd] *a* **1** be balasto *(apie laivą ir pan.)* **2** *glžk.* nebalastuotas

unbandage [ʌnˈbændɪdʒ] *v* nurišti, nuvynioti *(tvarstį)*

unbanked [ʌnˈbæŋkt] *a* nepadėtas į banką *(apie pinigus)*

unbaptized [ˌʌnbæpˈtaɪzd] *a* nekrikštytas

unbar [ʌnˈbɑː] *v* atsklęsti, atšauti; atidaryti *(t. p. prk.);* **to ~ the way to knowledge** atverti/atidaryti kelią į mokslą

unbearable [ʌnˈbɛərəbl] *a* nepakenčiamas, nepakeliamas; **~ conditions** nepakeliamos sąlygos

unbearded [ʌnˈbɪədɪd] *a* **1** bebarzdis **2** *bot.* beakuotis

unbeatable [ʌnˈbiːtəbl] *a* **1** nesumušamas, nenugalimas **2** puikiausias; **this car is ~ value** *šnek.* už tokius pinigus geresnės mašinos negausi/nerasi

unbeaten [ʌnˈbiːtn] *a* **1** nesumuštas *(t. p. prk.);* nenugalėtas, nepralenktas **2** nepramintas *(apie taką ir pan.; t. p. prk.)* **3** negrūstas

unbecoming [ˌʌnbɪˈkʌmɪŋ] *a* **1** netinkantis, nederantis *(apie drabužius, spalvas ir pan.)* **2** ne(pri)tinkantis *(to);* nepadorus; **~ conduct** nederamas/nepadorus elgesys

unbefitting [ˌʌnbɪˈfɪtɪŋ] *a* netinkamas

unbefriended [ˌʌnbɪˈfrendɪd] *a* vienišas, be draugų, su niekuo nedraugaujantis

unbegun [ˌʌnbɪˈgʌn] *a* **1** nepradėtas **2** be pradžios, amžinas

unbeknown [ˌʌnbɪˈnəʊn] *a* nežinomas; **he did it ~ to me** jis tai padarė man nežinant

unbeknownst [ˌʌnbɪˈnəʊnst] *a* = **unbeknown**

unbelief [ˌʌnbɪˈliːf] *n (ypač rel.)* netikėjimas

unbelievable [ˌʌnbɪˈliːvəbl] *a* neįtikėtinas, neįtikimas; **it is ~ that**... tiesiog neįtikėtina, kad...

unbeliever [ˌʌnbɪˈliːvə] *n* **1** netikintysis **2** skeptikas

unbelieving [ˌʌnbɪˈliːvɪŋ] *a* netikintis

unbelt [ʌnˈbelt] *v* nu(si)juosti/at(si)segti diržą

unbend [ʌnˈbend] *v* (unbent) **1** iš(si)tiesti, atsitiesti, at(si)lenkti; ištiesinti **2** nusileisti **3** *(džn. refl)* at(si)palaiduoti; pasijusti laisviau, tapti nuoširdžiam/paprastam; **to ~ one's mind** pailsinti galvą **4** *jūr.* atrišti, atleisti *(bures)* **5** *tech.* tiesinti, lyginti

unbending [ʌnˈbendɪŋ] *a* **1** nesilankstantis, standus **2** nepalenkiamas, tvirtas; **~ character** nepalenkiamas charakteris **3** nelankstus *(apie žmogų)*

unbent [ʌnˈbent] *past ir pII žr.* **unbend**

unbeseeming [ˌʌnbɪˈsiːmɪŋ] *a* netinkamas, nederantis

unbetterable [ʌnˈbetərəbl] *a* **1** neprilygstamas, nepranokstamas **2** nepataisomas

unbias(s)ed [ʌnˈbaɪəst] *a* nešališkas, objektyvus

unbidden [ʌnˈbɪdn] *a knyg.* **1** nekviestas, neprašytas **2** spontaniškas; neįsakytas, savanoriškas

unbind [ʌnˈbaɪnd] *v* (unbound) **1** atrišti; atleisti, atpalaiduoti, paleisti; **to ~ hair** paleisti plaukus **2** išlaisvinti, paleisti; **to ~ a prisoner** paleisti kalinį

unbitted [ʌnˈbɪtɪd] *a* nežabotas *(t. p. prk.)*

unblamable [ʌnˈbleɪməbl] *a* nepriekaištingas

unbleached [ʌnˈbliːtʃt] *a* nešviesintas *(apie tamsius plaukus);* nebalintas, nebaltintas *(apie drobę)*

unblemished [ʌnˈblemɪʃt] *a* **1** nesuterštas, švarus, nepriekaištingas **2** nepažeistas

unblended [ʌnˈblendɪd] *a* nemaišytas, grynas

unblessed, unblest [ʌnˈblest] *a* **1** nepalaimintas **2** nelaimingas, nelemtas

unblinking [ʌnˈblɪŋkɪŋ] *a* nemirksintis, nemirkčiojantis; įdėmus *(apie žvilgsnį)*

unblock [ʌnˈblɒk] *v* pašalinti kliūtis, atidaryti; **to ~ a pipe [a sink]** pravalyti pypkę [kriauklę]

unblocking [ʌnˈblɒkɪŋ] *n tech.* deblokavimas

unblooded [ʌnˈblʌdɪd] *a* negrynakraujis, negrynaveislis

unbloody [ʌnˈblʌdɪ] *a* **1** nekraujuotas, nekruvinas **2** bekraujis; be kraujo praliejimo **3** nekraugeriškas

unblown[1] [ʌnˈbləʊn] *a* **1** dar ne(su)skambėjęs *(apie pučiamąjį instrumentą)* **2** neužduses

unblown[2] *a psn.* neprasiskleidęs, nepražydęs

unblushing [ʌnˈblʌʃɪŋ] *a* begėdiškas, įžūlus; neraustantis iš gėdos; **he tells the most ~ lies** jis begėdiškai meluoja

unbodied [ʌnˈbɒdɪd] *a* **1** bekūnis **2** beformis

unboiled [ʌnˈbɔɪld] *a* nevirintas; ne(už)viręs

unbolt [ʌnˈbəʊlt] *v* atšauti, atsklęsti, atidaryti

unbooked [ʌnˈbʊkt] *a* **1** neįrašytas į knygą, neužregistruotas **2** iš anksto neužsakytas **3** mažaraštis; beraštis

unbookish [ʌnˈbʊkɪʃ] *a* **1** nemėgstantis skaityti; neapsiskaitęs **2** neknygiškas, neknyginis

unbooks [ʌnˈbʊks] *n pl* knygos, skirtos ne skaityti *(pvz., dovanoti)*

unborn [ʌnˈbɔːn] *a* **1** negimęs *(t. p. prk.)* **2** būsimas, ateities; **generations yet ~** būsimosios/ateities kartos

unbosom [ʌnˈbʊzəm] *v refl knyg.* atverti širdį, išsipasakoti *(to – kam)*

unbound [ʌnˈbaʊnd] *past ir pII žr.* **unbind**
a **1** nesaistomas, neįsipareigojęs; laisvas **2** neįrištas *(apie knygas);* nesurištas; paleisti *(apie plaukus)*

unbounded [ʌnˈbaʊndɪd] *a* **1** neribotas, beribis, begalinis **2** nesuvaldomas

unbowed [ʌnˈbaʊd] *a* **1** nesulenktas, nepalenktas **2** nenugalėtas, nepavergtas, nepajungtas

unbrace [ʌnˈbreɪs] *v* **1** at(si)segti petnešas **2** at(si)leisti, at(si)palaiduoti

unbranded [ʌnˈbrændɪd] *a* **1** be fabriko ženklo/etiketės *(apie gaminį)* **2** be įdago/žymės *(apie gyvulius)*

unbreakable [ʌnˈbreɪkəbl] *a* nedūžtamas, nesulaužomas

unbreathable [ʌn'briːðəbl] *a* netinkamas kvėpuoti
unbred [ʌn'bred] *a* **1** neišmokytas; blogai išauklėtas **2** nesukergtas
unbridle [ʌn'braɪdl] *v* **1** iškinkyti; nubalnoti **2** *prk.* duoti valią, ne(si)valdyti
unbridled [ʌn'braɪdld] *a* ne(pa)žabotas, ne(su)valdomas *(džn. prk.);* ~ *imagination* nežabota vaizduotė
unbroken [ʌn'brəʊkən] *a* **1** nesudaužytas, nesulaužytas, sveikas **2** nepalaužtas, nenugalėtas; *his spirit is* ~ jo dvasia nepalūžo **3** nepertraukiamas, nenutrūkstamas; vientisas; *of ~ granite* iš vientiso granito **4** ištesėtas, išlaikytas **5** neprajodinėtas *(apie arklį)* **6** neišartas, neįdirbtas **7** *sport.* neviršytas; ~ *record* neviršytas rekordas
unbuckle [ʌn'bʌkl] *v* atsegti sagtį/sagą
unbuild [ʌn'bɪld] *v* (unbuilt) nugriauti, sunaikinti
unbuilt [ʌn'bɪlt] *past ir pII žr.* **unbuild**
  a **1** (dar) nepastatytas **2** neužstatytas *(on)*
unbundle [ʌn'bʌndl] *v* **1** išrišti/išimti iš ryšulio **2** (su)skaldyti *(bendrovę ir pan.)*
unburden [ʌn'bəːdn] *v* **1** palengvinti; nu(si)mesti naštą *(t. p. prk.)* **2** *refl* atverti širdį, išsipasakoti *(to);* *to* ~ *one's heart/mind* išlieti viską, kas susikaupę širdyje
unburnt [ʌn'bəːnt] *a* **1** nesudegęs, nesudegintas **2** nedegtas *(apie plytas ir pan.)*
unbusinesslike [ʌn'bɪznɪslaɪk] *a* nedalykiškas, nepraktiškas
unbutton [ʌn'bʌtn] *v* at(si)segti, atsisegioti
unbuttoned [ʌn'bʌtnd] *a* **1** atsegtas, atsisegiojęs; *to come* ~ atsisegti *(apie sagas)* **2** be sagų, nesusagstomas **3** *ret.* atsipalaidavęs, laisvas, nesuvaržytas, nevaržomas
uncage [ʌn'keɪdʒ] *v* išleisti iš narvo
uncalled-for [ʌn'kɔːldfɔː] *a* **1** nepateisinamas, nieko nesukeltas **2** netinkamas, ne vietoje *(apie pastabą ir pan.)*
uncanny [ʌn'kænɪ] *a* **1** labai keistas, nesuprantamas; slėpiningas **2** šiurpus, kraupus, šiurpulingas; ~ *sort of fear* šiurpas, šiurpulinga baimė
uncap [ʌn'kæp] *v* **1** nu(si)imti kepurę **2** nudengti dangtį; atkimšti, atidaryti **3** atskleisti, iškelti į viešumą
uncapped [ʌn'kæpt] *a sport.* nežaidęs šalies rinktinėje
uncared-for [ʌn'kɛədfɔː] *a* neprižiūrimas, *(paliktas)* be priežiūros, apleistas
uncaring [ʌn'kɛərɪŋ] *a* beširdis, žiaurus
uncarpeted [ʌn'kɑːpɪtɪd] *a* neišklotas kilimais
uncart [ʌn'kɑːt] *v* iškrauti ratus/vežimą
uncase [ʌn'keɪs] *v* **1** išimti iš makšties/dėklo/dėžės **2** išpakuoti **3** = **uncap** 3
uncaused [ʌn'kɔːzd] *a* **1** be priežasties **2** amžinas
unceasing [ʌn'siːsɪŋ] *a* nepaliaujamas, nuolatinis, nenutrūkstamas; nesiliaujantis
uncelebrated [ʌn'selɪbreɪtɪd] *a* **1** nežinomas, nežymus **2** nešvenčiamas, nepažymimas; neatšvęstas, nepažymėtas
uncensored [ʌn'sensəd] *a* **1** necenzūruotas **2** nesureda-guotas, nepatikrintas
unceremonious [ˌʌnserɪ'məʊnɪəs] *a* **1** neoficialus, paprastas **2** neceremoningas, nesivaržantis, familiarus
uncertain [ʌn'səːtn] *a* **1** netikras *(of – kuo);* nežinantis, abejojantis; *it is* ~ *whether he will come* nežinia, ar jis ateis **2** neaiškus, abejotinas, neapibrėžtas; *of ~ age euf.* neaiškaus/neapibrėžto amžiaus **3** nepastovus, nepatikimas
uncertainty [ʌn'səːtntɪ] *n* **1** netikrumas, abejonė, nežinia, nežinomybė; *to be in a state of* ~ būti nežinioje, abejoti **2** neaiškumas, neapibrėžtumas; *there is some* ~ *about the date (of)* kol kas neaišku, kada... **3** nepastovumas

unchain [ʌn'tʃeɪn] *v* **1** paleisti nuo grandinės **2** nuimti grandines/pančius; išlaisvinti
unchallengeable [ʌn'tʃælɪndʒəbl] *a* ne(už)ginčijamas
unchallenged [ʌn'tʃæləndʒd] *a* **1** nekeliantis abejonių, neginčijamas **2** nesukeliantis prieštaravimų; neginčytas *(apie įrodymus);* *I can't let that remark go* ~ aš negaliu nereaguoti į tą pastabą
unchancy [ʌn'tʃɑːnsɪ] *a škot.* **1** nelaimę lemiantis, nelaimingas **2** pavojingas
unchangeable [ʌn'tʃeɪndʒəbl] *a* nekintamas, pastovus
unchanged [ʌn'tʃeɪndʒd] *a* nepakitęs, nepasikeitęs
unchanging [ʌn'tʃeɪndʒɪŋ] *a* nesikeičiantis, pastovus
uncharitable [ʌn'tʃærɪtəbl] *a* **1** negailestingas; nemalonus; ~ *remark* užgauli pastaba **2** nedosnus, šykštus
uncharted [ʌn'tʃɑːtɪd] *a* nepažymėtas jūrlapyje ◊ ~ *waters/sea/territory* nežinoma/neištirta sritis
unchaste [ʌn'tʃeɪst] *a* neskaistus; nedoras
unchecked [ʌn'tʃekt] *a* **1** nesulaikomas, nesustabdomas, nesuvaldomas **2** nepatikrintas; ~ *facts* nepatikrinti faktai
unchristian [ʌn'krɪstʃən] *a* **1** nekrikščioniškas **2** nedosnus, nepaslaugus **3** *šnek.* netinkamas; nežmoniškas
unchurch [ʌn'tʃəːtʃ] *v* atskirti nuo bažnyčios
uncinate ['ʌnsɪnət, 'ʌnsɪneɪt] *a biol.* kablinis, kabliuotas; kabliškas
uncircumcised [ʌn'səːkəmsaɪzd] *a rel.* neapipjaustytas
uncivil [ʌn'sɪvl] *a* **1** nemandagus, šiurkštus **2** *ret.* = **uncivilized** 1
uncivilized [ʌn'sɪvɪlaɪzd] *a* **1** necivilizuotas, barbariškas **2** neišauklėtas, šiurkštus ◊ *at ~ hour šnek.* nežmoniškai anksti
unclad [ʌn'klæd] *a* neapsirengęs, nuogas
unclaimed [ʌn'kleɪmd] *a (adresato)* neatsiimtas, nepareikalautas
unclasp [ʌn'klɑːsp] *v* **1** atsegti *(sagtį)* **2** paleisti *(iš glėbio);* atgniaužti *(kumštį)*
uncle ['ʌŋkl] *n* **1** dėdė **2** pagyvenęs žmogus, dėdė, dėdulė **3** *sl.* lombardininkas; *my ~'s* lombardas ◊ *U. Sam* dėdė Semas *(iron. apie Jungtines Amerikos Valstijas);* *U. Tom* dėdė Tomas *(apie negrą, pataikaujantį baltiesiems);* *Dutch* ~ žmogus, mėgstantis apibarti/mokyti kitus; *Welsh* ~ tėvo/motinos pusbrolis; *to cry* ~ *amer.* prašyti malonės; *to say* ~ *amer. šnek.* pasiduoti; *I'll be a monkey's* ~ vaje vaje!, sakyk tu man! *(reiškiant nustebimą)*
unclean [ʌn'kliːn] *a* **1** nešvarus, netvarkingas **2** bjaurus; nedoras, amoralus **3** *bibl.* ritualiniu požiūriu nešvarus *(ypač apie kai kurių gyvulių mėsą)*
unclear [ʌn'klɪə] *a* **1** neaiškus; nesuprantamas; *it is ~ how he managed to escape* neaišku, kaip jam pasisekė pabėgti; *I'm still very ~ about what he has actually done* man vis dar neaišku/nesuprantama, ką jis iš tikrųjų padarė **2** abejojantis
uncleared [ʌn'klɪəd] *a* **1** nenuvalytas; nesutvarkytas **2** neišaiškintas; nepateisintas **3** *fin.* neatsiskaitytas *(apie čekį);* neperėjęs muitinės *(apie prekes)*
unclench [ʌn'klentʃ] *v* atgniaužti; paleisti *(kas buvo suspausta/sugniaužta)*
unclimbed [ʌn'klaɪmd] *a* neįveiktas *(apie kalną)*
uncloak [ʌn'kləʊk] *v* **1** nu(si)siausti apsiaustą **2** demaskuoti, atskleisti
unclog [ʌn'klɒg] *v* pašalinti kliūtis, išlaisvinti; pravalyti
unclose [ʌn'kləʊz] *v* at(s)idaryti, at(si)verti; at(si)skleisti
unclosed [ʌn'kləʊzd] *a* **1** atvertas, atidarytas; atskleistas **2** nebaigtas, atviras
unclothe [ʌn'kləʊð] *v* **1** nurengti **2** nudengti, atverti *(t. p. prk.)*
unclothed [ʌn'kləʊðd] *a* nuogas

unclouded [ʌn'klaudɪd] *a* **1** nedebesuotas, be debesų **2** *prk.* neaptemdytas, giedras, tyras

unco ['ʌŋkəu] *škot.* <*a, adv, n*> *a* **1** keistas, nepaprastas; nematytas **2** didžiulis, žymus
adv nepaprastai, labai
n (*pl* ~s [-z]) **1** nepažįstamasis; nematytas daiktas **2** *pl* naujienos

uncoil [ʌn'kɔɪl] *v* iš(si)vynioti, iš(si)tiesti, at(si)leisti *(apie spyruoklę ir pan.)*

uncoined [ʌn'kɔɪnd] *a* **1** nekaltinis **2** neapsimestinis, nedirbtinis

uncoloured [ʌn'kʌləd] *a* **1** nedažytas, nenuspalvintas; nespalvotas **2** nepagražintas *(apie ataskaitą ir pan.)*

uncombed [ʌn'kəumd] *a* nešukuotas, suveltas; nesusišukavęs, susivėlęs

uncome-at-able [ˌʌnkʌm'ætəbl] *a šnek.* neprieinamas, nepagaunamas

uncomely [ʌn'kʌmlɪ] *a psn.* negražus, nepatrauklus

uncomfortable [ʌn'kʌmfətəbl] *a* **1** nepatogus; nejaukus; ~ *chairs* nepatogios kėdės; ~ *silence* nejauki tyla; *the bed feels* ~ ta lova nepatogi **2** suvaržytas, besijaučiantis nesmagiai/nepatogiai/nejaukiai; *he feels* ~ jis jaučiasi nesmagiai **3** nemalonus; *the* ~ *truth* nemaloni tiesa

uncommitted [ˌʌnkə'mɪtɪd] *a* **1** neįsipareigojęs, nesusaistytas; neutralus **2** *parl.* neperduotas į komisiją *(apie įstatymo projektą)*

uncommon [ʌn'kɔmən] *a* **1** retas; neeilinis; ~ *bird* retas paukštis **2** nepaprastas, nuostabus
adv psn. nuostabiai, puikiai

uncommunicative [ˌʌnkə'mju:nɪkətɪv] *a* nešnekus, tylus, nevisuomeniškas, užsidaręs

uncompanionable [ˌʌnkəm'pænɪənəbl] *a* nedraugingas, nevisuomeniškas

uncomplaining [ˌʌnkəm'pleɪnɪŋ] *a* nesiskundžiantis, nuolankus, kantrus

uncompleted [ˌʌnkəm'pli:tɪd] *a* ne(už)baigtas

uncomplimentary [ˌʌnkɔmplɪ'mentərɪ] *a* nepalankus, neigiamas *(apie atsiliepimą ir pan.)*

uncomprehending [ˌʌnkɔmprɪ'hendɪŋ] *a* nesuprantantis, nesuvokiantis

uncompromising [ʌn'kɔmprəmaɪzɪŋ] *a* **1** nenuolaidus, nepalenkiamas, tvirtas **2** bekompromisis, be kompromisų

unconcealed [ˌʌnkən'si:ld] *a* neslepiamas, atviras; ~ *curiosity* neslepiamas smalsumas

unconceived [ˌʌnkən'si:vd] *a* **1** nemanytas, neįsivaizduotas **2** nepradėtas *(apie kūdikį)*

unconcern [ˌʌnkən'sə:n] *n* **1** nesirūpinimas, nerūpestingumas **2** abejingumas

unconcerned [ˌʌnkən'sə:nd] *a* **1** nesirūpinantis, nerūpestingas *(about)*; *to be* ~ *about the future* nesirūpinti ateitimi **2** abejingas, nesusidomėjęs, nesidomintis *(with)*; *totally* ~ visiškai abejingas; ~ *with making a profit* nesuinteresuotas gauti naudos **3** nesusijęs *(with)*; neįsitraukęs, neprisidėjęs *(in)*

unconditional [ˌʌnkən'dɪʃnəl] *a* besąlyginis, besąlygiškas; absoliutus; ~ *surrender* besąlyginė kapituliacija

unconditioned [ˌʌnkən'dɪʃnd] *a* **1** nesąlygojamas **2** absoliutus **3** nesąlyginis; ~ *reflex* nesąlyginis refleksas

unconfined [ˌʌnkən'faɪnd] *a* beribis; ~ *joy* beribis džiaugsmas

unconfirmed [ˌʌnkən'fə:md] *a* nepatvirtintas *(apie pranešimą, gandus ir pan.)*

unconformable [ˌʌnkən'fɔ:məbl] *a* **1** neatitinkantis *(reikalavimų ir pan.; to)* **2** *ist.* nesilaikantis anglikonų bažnyčios dogmų

unconformity [ˌʌnkən'fɔ:mətɪ] *n* **1** neatitikimas **2** *geol.* sluoksnių neparalelumas

uncongenial [ˌʌnkən'dʒi:nɪəl] *a* **1** nekongenialus, svetimas *(savo dvasia ir pan.)* **2** nepalankus, netinkamas; nemalonus

unconnected [ˌʌnkə'nektɪd] *a* **1** nesusijęs, nesusietas **2** be sąryšio, nerišlus **3** neturintis giminių/artimųjų

unconquerable [ʌn'kɔŋkərəbl] *a* neįveikiamas, nenugalimas

unconscionable [ʌn'kɔnʃnəbl] *a* **1** besąžinis, nesąžiningas; ~ *bargain teis.* neteisėtas sandoris **2** nesaikingas; didžiulis; *to take an* ~ *time doing smth* pernelyg ilgai ką daryti

unconscious [ʌn'kɔnʃəs] *n* (*the ~*) *psich.* pasąmonė
a **1** be sąmonės, apalpęs; neturintis sąmonės **2** nesąmoningas, netyčinis **3** nesuvokiantis, nežinantis *(of)*; *to be* ~ *(of)* nesuvokti, nesuprasti; ne(pa)manyti

unconsciousness [ʌn'kɔnʃəsnɪs] *n* buvimas be sąmonės

unconsidered [ˌʌnkən'sɪdəd] *a* **1** neapgalvotas **2** nepastebėtas, ignoruotas; ~ *trifles* nereikšmingos smulkmenos

unconstitutional [ˌʌnkɔnstɪ'tju:ʃnəl] *a* nekonstitucinis; antikonstitucinis

unconstitutionality [ˌʌnkɔnstɪtju:ʃə'nælətɪ] *n* nekonstituciškumas; prieštaravimas konstitucijai

unconstrained [ˌʌnkən'streɪnd] *a* **1** nepriverstinis, savanoriškas **2** nesuvaržytas, laisvas

uncontaminated [ˌʌnkən'tæmɪneɪtɪd] *a* neužterštas; neužkrėstas

uncontemplated [ʌn'kɔntempleɪtɪd] *a* nelauktas, netikėtas; nenumatytas

uncontested [ˌʌnkən'testɪd] *a* neginčytinas, neginčytas

uncontrollable [ˌʌnkən'trəuləbl] *a* **1** nesulaikomas, nesuvaldomas; ~ *laughter* nesulaikomas juokas **2** ne(su)kontroliuojamas

uncontrolled [ˌʌnkən'trəuld] *a* nevaldomas; nekontroliuojamas; ~ *flow* nereguliuojamas srautas

unconventional [ˌʌnkən'venʃnəl] *a* nesuvaržytas/nesilaikantis *(etiketo)* taisyklių; nešabloniškas; neįprastas; *it is* ~ *to go to an official function in jeans* nepritinka eiti į oficialų priėmimą apsirengus džinsais

unconventionality [ˌʌnkənˌvenʃə'nælətɪ] *n* originalumas; netradiciškumas

unconverted [ˌʌnkən'və:tɪd] *a* **1** nepakeistas; nepasikeitęs **2** *rel.* neatverstas, neatsivertęs

unconvinced [ˌʌnkən'vɪnst] *a* neįtikintas; *I remain* ~ *by your arguments* jūsų argumentai manęs neįtikino

unconvincing [ˌʌnkən'vɪnsɪŋ] *a* neįtikinamas

uncooked [ʌn'kukt] *a* ne(iš)virtas, neparuoštas; žalias

uncool [ʌn'ku:l] *a šnek.* nemodernus, nemadingas; nemokantis elgtis

uncooperative [ˌʌnkəu'ɔpərətɪv] *a* nepadedantis, nebendradarbiaujantis

uncoordinated [ˌʌnkəu'ɔ:dɪneɪtɪd] *a* **1** nekoordinuotas *(apie judesius, žmogų)* **2** nesuderintas, nedarnus

uncord [ʌn'kɔ:d] *v* atrišti

uncork [ʌn'kɔ:k] *v* **1** atkimšti **2** *šnek.* duoti valią *(jausmams ir pan.)*

uncorrected [ˌʌnkə'rektɪd] *a* ne(iš)taisytas; nekoreguotas

uncorroborated [ˌʌnkə'rɔbəreɪtɪd] *a* nepatvirtintas

uncorrupted [ˌʌnkə'rʌptɪd] *a* **1** nesugedęs; nesupuvęs **2** nepaperkamas

uncostly [ʌn'kɔstlɪ] *a* nebrangus, pigus

uncountable [ʌn'kauntəbl] *a* **1** nesuskaičiuojamas, nesuskaitomas; ~ *noun gram.* nekaitomas skaičiais daiktavardis **2** begalinis

uncounted [ʌn'kaʊntɪd] *a* nesuskaičiuotas, nesuskaičiuojamas; nepriskaičiuotas, neįskaičiuotas

uncouple [ʌn'kʌpl] *v* **1** atkabinti, atjungti **2** *medž.* paleisti *(šunis)*

uncouth [ʌn'ku:θ] *a knyg.* **1** šiurkštus, neišauklėtas; nerafinuotas *(apie manieras)* **2** keistas, nepažįstamas, nežinomas **3** nerangus, nevikrus

uncover [ʌn'kʌvə] *v* **1** atvožti, atidengti, nudengti, nuvožti **2** *(dažn. refl)* nu(si)imti *(kepurę, skrybėlę)*, nu(si)rišti *(skarą)*; ap(si)nuoginti *(galvą ir pan.)* **3** susekti, atskleisti

uncovered [ʌn'kʌvəd] *a* **1** neuždengtas, nepridengtas, atviras **2** vienplaukis; *to stand* ~ stovėti vienplaukiam **3** *fin.* nepadengtas, negarantuotas

uncreated [ˌʌnkri:'eɪtɪd] *a* **1** egzistuojantis amžinai **2** (dar) nesukurtas

uncritical [ʌn'krɪtɪkl] *a* nekritiškas; nekritiškai žiūrintis

uncropped [ʌn'krɒpt] *a* **1** nenukirptas, neapkirptas **2** nenuėstas *(apie žolę ir pan.)*; nenupjautas; nenuimtas *(apie derlių)* **3** neapsėtas

uncrossed [ʌn'krɒst] *a* **1** neperbrauktas; neperkirstas; nesukryžiuotas **2** be kliūčių **3** *fin.*: ~ *cheque* nekrosuotasis čekis

uncrowded [ʌn'kraʊdɪd] *a* neperpildytas

uncrown [ʌn'kraʊn] *v* **1** nuversti nuo sosto **2** *prk.* nuvainikuoti

uncrowned [ʌn'kraʊnd] *a* nevainikuotas, nekarūnuotas *(t. p. prk.)*

uncrushable [ʌn'krʌʃəbl] *a* **1** neglamžus, nesiglamžantis *(apie medžiagą)* **2** *prk.* nepalaužiamas, patvarus

unction ['ʌŋkʃn] *n* **1** (pa)tepimas; *extreme* ~ *bažn.* Paskutinis patepimas **2** tepalas, aliejus *(ypač apeiginis)* **3** perdėtas pamaldumas/uolumas **4** *(kalbos ir pan.)* saldumas, lipšnumas *(dažn. perdėtas)*

unctuous ['ʌŋktʃʊəs] *a* **1** aliejuotas, tepaluotas **2** riebus ir lipnus *(apie žemę)* **3** *prk. knyg.* saldus, salsvas, pataikaujamas

uncultivated [ʌn'kʌltɪveɪtɪd] *a* **1** neįdirbtas, nedirbamas *(apie žemę)* **2** nekultivuojamas, laukinis *(apie augalus)* **3** nemandagus, neišauklėtas **4** neišugdytas, neišlavintas *(apie gabumus ir pan.)*

uncultured [ʌn'kʌltʃəd] *a* nekultūringas, neišauklėtas; nerafinuotas *(apie manieras)*

uncurb [ʌn'kɜ:b] *v* **1** išžaboti *(arklį)* **2** duoti valią *(jausmams, aistroms)*

uncured [ʌn'kjʊəd] *a* **1** neišgydytas; ~ *wound* neužgijusi žaizda **2** nerūkytas, nekonservuotas, nesūdytas

uncurl [ʌn'kɜ:l] *v* iš(si)leisti, iš(si)skleisti *(apie plaukus ir pan.)*; išsivynioti, išsitiesti *(apie gyvatę ir pan.)*

uncurtain [ʌn'kɜ:tn] *v* **1** atskleisti/praskleisti užuolaidas **2** susekti, atskleisti

uncurtained [ʌn'kɜ:tnd] *a* **1** be užuolaidų **2** su atskleistomis/atitrauktomis užuolaidomis

uncustomed [ʌn'kʌstəmd] *a* neapmuitinamas; neapmuitintas

uncut [ʌn'kʌt] *a* **1** nenupjautas; ne(per)pjautas, ne(su)pjaustytas **2** su neapipjaustytais kraštais, neišpjaustytas *(apie knygą)* **3** nesutrumpintas, neiškarpytas *(apie tekstą, filmą ir pan.)* **4** nešlifuotas, neapdirbtas *(apie brangakmenį)*

undamaged [ʌn'dæmɪdʒd] *a* nesugadintas, nepažeistas, nepaliestas

undamped [ʌn'dæmpt] *a* **1** nesušlapintas, nesudrėkintas **2** nepraradęs entuziazmo/drąsos *ir pan.;* neprislėgtas **3** *rad.* neslopinamasis

undated [ʌn'deɪtɪd] *a* be datos, nedatuotas

undaunted [ʌn'dɔ:ntɪd] *a* neišgąsdintas; drąsus, nesumišęs

undeceive [ˌʌndɪ'si:v] *v* atverti akis *(klystančiam, suklaidintam);* padėti suprasti *(klaidą, apgaulę ir pan.)*

undecided [ˌʌndɪ'saɪdɪd] *a* **1** neišspręstas; nenuspręstas **2** neryžtingas **3** neapsisprendęs; *I'm* ~ *whether to go or not* neapsisprendžiu/nežinau, ar man eiti, ar ne **4** nenusisto(vė)jęs *(apie orą)*

undecipherable [ˌʌndɪ'saɪfərəbl] *a* neiššifruojamas; neįskaitomas

undecisive [ˌʌndɪ'saɪsɪv] *a* nelemiamas, negalutinis

undecked [ʌn'dekt] *a* **1** nepapuoštas, be papuošimų **2** bedenis, be denio

undeclared [ˌʌndɪ'kleəd] *a* **1** nepareikštas, nepaskelbtas **2** nepateiktas muitinei *(apmuitinti);* nedeklaruotas

undeclinable [ˌʌndɪ'klaɪnəbl] *a* **1** neatmetamas *(apie pasiūlymą ir pan.)* **2** *gram.* nelinksniuojamasis

undefeated [ˌʌndɪ'fi:tɪd] *a* nenugalėtas; nesužlugdytas, nesužlugęs *(apie planus, viltis)*

undefended [ˌʌndɪ'fendɪd] *a* **1** neginamas, neapsaugotas **2** neargumentuotas, neparemtas įrodymais **3** *teis.* be gynėjo, neginamas

undefiled [ˌʌndɪ'faɪld] *a* nesuterštas, švarus

undefined [ˌʌndɪ'faɪnd] *a* neapibrėžtas; neaiškus

undelivered [ˌʌndɪ'lɪvəd] *a* **1** nepristatytas **2** nepasakytas **3** nepaleistas, neišvaduotas **4** *med.* nepagimdžiusi

undemanding [ˌʌndɪ'mɑ:ndɪŋ] *a* (nieko) nereikalaujantis, nesunkus; nereiklus

undemocratic [ˌʌndemə'krætɪk] *a* nedemokratiškas, antidemokratinis, antidemokratiškas

undemonstrative [ˌʌndɪ'mɒnstrətɪv] *a* santūrus

undeniable [ˌʌndɪ'naɪəbl] *a* **1** nepaneigiamas, neginčijamas, neabejotinas **2** neabejotinai geras

undenominational [ˌʌndɪnɒmɪ'neɪʃnəl] *a spec.* nekonfesinis, netikybinis

under ['ʌndə] <*prep, adv, a, n*> *prep* **1** po *(žymint vietą žemiau/apačioje);* ~ *one's feet* po kojomis; *from* ~ *the sofa* iš po sofos; *see* ~ *"Whales"* žiūrėk skyriuje „Banginiai" **2** prie *(žymint epochą, valdymą ir pan.);* ~ *Peter the First* prie Petro Pirmojo; ~ *the Romans* valdant romėnams **3** pagal; ~ *the agreement* pagal susitarimą; *to act/operate* ~ *a principle* veikti pagal principą **4** *žymint priskyrimą/įtraukimą, verčiama naudininku:* **this rule goes** ~ *point two* ši taisyklė pateikta/yra antrajame paragrafe **5** mažiau, žemiau; *children* ~ *six* vaikai, jaunesni nei šešerių metų; *to sell* ~ *cost* parduoti kaina, mažesne už savikainą; ~ *two hundred people* mažiau kaip du šimtai žmonių **6** *žymint procesą/būklę/aplinkybes/sąlygas, dažn. verčiama įnagininku/dalyviu/padalyviu:* ~ *sail* plaukiantis; ~ *the necessity* esant reikalui; priverstas, verčiamas; ~ *the vow of secrecy* prisiekęs išlaikyti paslaptį; ~ *an assumed name* prisidengęs svetima pavarde; *to work* ~ *a professor* dirbti profesoriaus vadovaujamam; *he broke down* ~ *the burden of sorrow* jis palūžo prislėgtas naštos; *she disappeared* ~ *mysterious circumstances* ji dingo paslaptingomis aplinkybėmis *adv* **1** žemyn, į apačią; *he went* ~ *and we feared he was drowned* jis išnyko po vandeniu, ir mes būgštavome, kad jis nuskendo **2** apačioje, žemiau; *see* ~ *for details* smulkiau žiūrėk apačioje **3** mažiau; *ten dollars or* ~ dešimt dolerių ar (dar) mažiau **4** *žymint būseną/procesą, verčiama veiksmažodžiu:* **to keep smb** ~ engti; *to put smb* ~ užmigdyti *(narkoze)*
a **1** apatinis **2** pavaldus, žemesnis **3** mažesnis už nustatytą *(apie dydį/svorį ir pan.)* **4** *šnek.* apsvaigęs, be sąmonės *(nuo narkotikų, narkozės)*
n kar. neprielėkis

under- ['ʌndə-] *pref* **1** po-, apatinis, žemutinis; ***underwater*** povandeninis; po vandeniu; ***underclothes*** apatiniai drabužiai **2** žemesnis, pavaldus; ***undersheriff*** šerifo pavaduotojas; ***underteacher*** jaunesnysis mokytojas **3** ne- *(žymint nebaigtumą/nepakankamumą)*; ***underripe*** neprinokęs; ***underdone*** neiškepęs; ***underinflated*** nepakankamai pripūstas; **to *underpay*** nepakankamai/mažai (ap)mokėti

underachieve [ˌʌndərə'tʃi:v] *v* mokytis/dirbti prasčiau, negu leidžia gabumai, negu tikėtasi

underachiever [ˌʌndərə'tʃi:və] *n* žmogus, neatskleidžiantis visų savo galimybių/sugebėjimų *(ypač apie mokinį/studentą)*

underact [ˌʌndər'ækt] *v teatr.* vaidinti be ekspresijos/išraiškingumo

underaction [ˌʌndər'ækʃn] *n* **1** šalutinis epizodas **2** neenergingi veiksmai

under-age[1] [ˌʌndər'eɪdʒ] *a attr* nepilnametis

underage[2] ['ʌndərɪdʒ] *n* nepriteklius, trūkumas

underarm ['ʌndərɑ:m] *a euf.* pažasties; **~ *deodorant*** pažastų dezodorantas
adv sport. iš apačios

underbelly ['ʌndəˌbelɪ] *n* **1** *(gyvūno)* papilvė **2** *prk.* silpnoji vieta

underbid *n* ['ʌndəbɪd] *kom.* žemesnės kainos siūlymas, kainos numušimas
v [ˌʌndə'bɪd] (underbid) *kom.* numušti kainą

underbody ['ʌndəˌbɒdɪ] *n* **1** *(laivo, lėktuvo ir pan.)* apačia, dugnas **2** = **underbelly** 1

underbought [ˌʌndə'bɔ:t] *past ir pII žr.* **underbuy**

underbred [ˌʌndə'bred] *a* **1** blogai išauklėtas; vulgarus **2** negrynakraujis

underbrush ['ʌndəbrʌʃ] *n amer.* pomiškis, trakas

underbuy [ˌʌndə'baɪ] *v* (underbought) *kom.* **1** pirkti žemesne kaina; pirkti pigiau *(negu kitas)* **2** per mažai nupirkti

undercapitalized [ˌʌndə'kæpɪtəlaɪzd] *a fin.* turintis nepakankamai apyvartinių lėšų

undercarriage ['ʌndəˌkærɪdʒ] *n tech. (ypač lėktuvo)* važiuoklė

undercart ['ʌndəkɑ:t] *n šnek.* = **undercarriage**

undercharge *n* ['ʌndətʃɑ:dʒ] **1** per maža kaina **2** *spec.* nevisiškas įkrovimas; nepriekrova **3** *kar.* sumažintasis užtaisas
v [ˌʌndə'tʃɑ:dʒ] **1** per pigiai parduoti, parduoti žemesne kaina *spec.* nevisiškai pakrauti **3** *kar.* įdėti sumažintąjį užtaisą

underclass ['ʌndəklɑ:s] *n* vargingųjų klasė, varguomenė

underclassman ['ʌndəˌklɑ:smən] *n (pl* -men [-mən]) *amer.* pirmo/antro kurso studentas/moksleivis

underclothes ['ʌndəkləʊðz] *n pl* apatiniai drabužiai/baltiniai

underclothing ['ʌndəˌkləʊðɪŋ] *n* = **underclothes**

undercoat ['ʌndəkəʊt] *n* **1** *(dažų)* gruntas; **to *put on an ~*** gruntuoti **2** pasivelkamas drabužis **3** *zool.* pavilnė

underconsumption [ˌʌndəkən'sʌmpʃn] *n ekon.* nepakankamas vartojimas

undercook [ˌʌndə'kʊk] *v* ne visai išvirti

undercooling ['ʌndəˌku:lɪŋ] *n* **1** nepakankamas atšaldymas **2** *fiz.* peršaldymas

undercover [ˌʌndə'kʌvə] *a attr* slaptas
adv slaptai

undercroft ['ʌndəkrɒft] *n* **1** požeminė skliautuota galerija **2** *bažn.* kripta

undercrossing [ˌʌndə'krɒsɪŋ] *n* požeminė perėja

undercurrent ['ʌndəˌkʌrənt] *n* **1** požeminė/povandeninė srovė **2** slapta tendencija, slaptos nuotaikos *ir pan.;* potekstė; **I *sensed an ~ of hostility*** aš jaučiau užslėptą priešiškumą

undercut *n* ['ʌndəkʌt] **1** *kul.* apatinės filė dalies išpjova **2** *sport.* pakirtimas iš apačios **3** *tech.* įpjovimas **4** *kas.* apatinė įkarta
v [ˌʌndə'kʌt] (undercut) **1** pakirpti, (į)pjauti *(iš apačios);* pakirsti *(t. p. prk.)* **2** paplauti *(krantą)* **3** *kom.* numušti kainas, pardavinėti žemesnėmis kainomis *(negu konkurentas)* **4** *sport.* smogti/kirsti iš apačios

underdeck [ˌʌndə'dek] *a jūr.* podeninis

underdeveloped [ˌʌndədɪ'veləpt] *a* **1** neišsivystęs *(apie šalį, rajoną, vaiką)* **2** *fot.* blogai išryškintas

underdog ['ʌndədɒg] *n* **1** nugalėtoji/silpnesnioji pusė *(ginče, varžybose ir pan.)* **2** nelaimėlis, bedalis, vargšas; neteisybės auka

underdone [ˌʌndə'dʌn] *a* **1** ne visai išvirtas/iškeptas **2** neužbaigtas, nepadarytas iki galo

underdose ['ʌndədəʊs] *n* ne visa, mažesnė dozė
v duoti ne visą, mažesnę dozę

underdrainage ['ʌndəˌdreɪnɪdʒ] *n ž. ū.* gilusis drenažas

underdrawers ['ʌndədrɔ:z] *n pl amer.* apatinės kelnės

underdressed [ˌʌndə'drest] *a* netinkamai apsirengęs; per lengvai apsirengęs

underemphasize [ˌʌndər'emfəsaɪz] *v* neteikti daug reikšmės *(kam)*

underemployed [ˌʌndərɪm'plɔɪd] *a* **1** dirbantis ne visu pajėgumu; **he *is ~ now*** jis dabar turi mažai darbo **2** nepakankamai panaudojamas *(apie atsargas ir pan.)*

underestimate *n* [ˌʌndər'estɪmət] nepakankamas (į)vertinimas
v [ˌʌndər'estɪmeɪt] nepakankamai (į)vertinti, neįvertinti

underexpose [ˌʌndərɪk'spəʊz] *v fot.* nepakankamai *ar* per trumpai išlaikyti

underexposure [ˌʌndərɪk'spəʊʒə] *n fot.* neišlaikymas, nepakankamas išlaikymas

underfeed [ˌʌndə'fi:d] *v* (underfed [-'fed]) **1** nepakankamai maitinti/valgyti; misti pusbadžiu, badauti **2** *tech.* tiekti kurą iš apačios
n tech. apatinis tiekimas

underfeeding [ˌʌndə'fi:dɪŋ] *n* maisto nepakankamumas

underfelt ['ʌndəfelt] *n* po kilimu tiesiamas veltinys

underfinanced [ˌʌndə'faɪnænst] *a* nepakankamai finansuojamas

underfives [ˌʌndə'faɪvz] *n pl* ikimokyklinio amžiaus vaikai

underfloor ['ʌndəflɔ:] *a* įrengtas po grindimis *(apie šildymą ir pan.)*

underflow ['ʌndəfləʊ] *n* = **undercurrent** 1

underfoot [ˌʌndə'fʊt] *adv* po kojomis, ant žemės; **the *children are always getting ~*** vaikai visada maišosi po kojų
a **1** esantis po kojomis **2** pajungtas; **to *keep smb ~*** ≡ laikyti ką po padu, griežtai su kuo elgtis

underframe ['ʌndəfreɪm] *n tech.* šasi; rėmas, porėmis

underfunded [ˌʌndə'fʌndɪd] *a* nepakankamai finansuojamas

underfur ['ʌndəfɜ:] *n* pavilnė

undergarment ['ʌndəˌgɑ:mənt] *n* apatinis drabužis; *pl* apatiniai baltiniai

undergo [ˌʌndə'gəʊ] *v* (underwent; undergone [-'gɒn]) patirti, pergyventi, iškęsti; **to *~ an operation*** būti operuojamam/išoperuotam; **to *~ a change*** pasikeisti

undergrad [ˌʌndə'græd] *n šnek.* = **undergraduate**

undergraduate [ˌʌndə'grædʒuət] *n* paskutinio kurso studentas *(siekiantis įgyti pirmą mokslo laipsnį)*

underground <n, a, adv> n [ˈʌndəgraund] **1** *(the U.)* metro, metropolitenas *(ypač Londone)* **2** *(the ~)* pogrindis, pogrindinė organizacija **3** podirvis **4** *men., muz., teatr.* avangardistinė bohema; žmonės, neigiantys tradicines vertybes
a [ˈʌndəgraund] **1** požeminis, požemio **2** *attr* pogrindinis, nelegalus, slaptas; **~ activities** pogrindžio veikla **3** *attr* avangardinis, avangardistinis; einantis prieš tradicines vertybes/pažiūras
adv [ˌʌndəˈgraund] **1** po žeme **2** slaptai, pogrindyje, nelegaliai; **to go ~** pasitraukti į pogrindį

undergrowth [ˈʌndəgrəuθ] *n* pomiškis, atžalynas, trakas

underhand *a* [ˈʌndəhænd] slaptas, užkulisinis; gudrus; **~ dealings/methods** užkulisiniai būdai, machinacijos
adv [ˌʌndəˈhænd] **1** slaptai **2** *amer.* iš apačios *(ypač sport.)*

underhanded [ˌʌndəˈhændɪd] *amer.* = **underhand** *a*

underhung [ˈʌndəˈhʌŋ] *a* **1** atsikišęs *(apie apatinį žandikaulį)* **2** turintis atsikišusį žandikaulį **3** sustumiamas *(apie duris, vartus)*

underinflation [ˌʌndərɪnˈfleɪʃn] *n aut.* nepakankamas slėgis padangoje

underinvest [ˌʌndərɪnˈvest] *v* nepakankamai investuoti *(in)*

underinvoicing [ˈʌndərɪnˌvɔɪsɪŋ] *n ekon.* sąskaitų faktūravimas sumažintomis kainomis

underlaid [ˌʌndəˈleɪd] *past ir pII žr.* **underlay**²

underlain [ˌʌndəˈleɪn] *pII žr.* **underlie**

underlay¹ [ˈʌndəleɪ] *n* **1** patiesalas *(po kilimu)* **2** *poligr.* pritaisymas

underlay² [ˌʌndəˈleɪ] *v* (underlaid) **1** (pa)tiesti *(po apačia)* **2** pakišti, paremti *(iš apačios)*

underlay³ [ˌʌndəˈleɪ] *past žr.* **underlie**

underlet [ˌʌndəˈlet] *v* (underlet) **1** pernuomoti **2** išnuomoti už mažesnę kainą

underlie [ˌʌndəˈlaɪ] *v* (underlay; underlain; *pI* underlying) **1** gulėti *(po kuo)* **2** sudaryti *(ko)* pagrindą; būti priežastimi, sukelti; **the principles which ~ our policy** principai, kuriais grindžiama mūsų politika

underline *n* [ˈʌndəlaɪn] **1** pabraukimas, brūkšnys *(po žodžiu)* **2** užrašas, parašas *(po paveikslu, brėžiniu ir pan.)* **3** *pl* transparantas *(rašyti)*
v [ˌʌndəˈlaɪn] **1** pabraukti **2** pabrėžti, akcentuoti

underling [ˈʌndəlɪŋ] *n menk.* valdininkėlis, smulkus valdininkas; mažas žmogelis
a **1** pavaldus, žemesnis **2** nedidelis, silpnas, neišsivystęs

underlip [ˈʌndəlɪp] *n* apatinė lūpa

underload [ˌʌndəˈləud] *v* ne visai pakrauti

underlying [ˌʌndəˈlaɪɪŋ] *a* **1** nekrintantis į akis, neryškus, reikalaujantis gilios analizės; **~ meaning** užslėpta prasmė, potekstė **2** pagrindinis, esminis; prioritetinis **3** esantis, gulintis *(po kuo)* **4** *gram.* pamatinis

undermanager [ˌʌndəˈmænɪdʒə] *n* direktoriaus pavaduotojas

undermanned [ˌʌndəˈmænd] *a* **1** nesukomplektuotas, nevisiškai sukomplektuotas *(apie personalą)* **2** neturintis pakankamai darbo jėgos

undermentioned [ˌʌndəˈmenʃnd] *a* žemiau minimas
n (the ~) žemiau minimi asmenys/daiktai

undermine [ˌʌndəˈmaɪn] *v* **1** kastis, pasikasti *(po kuo)* **2** paplauti, pagraužti *(krantus ir pan.)* **3** (pa)kenkti, pakirsti; **to ~ one's health** kenkti sveikatai; **the rumours ~ his authority** paskalos kenkia jo autoritetui

undermost [ˈʌndəməust] *a* **1** žemiausias *(padėtimi ir pan.)* **2** paskutinis *(apie sluoksnį)*

undermouth [ˈʌndəmauθ] *n zool.* skerssnukis

underneath [ˌʌndəˈniːθ] <n, a, adv, prep> *n* apatinė dalis, apačia, dugnas
a apatinis; **the apartment ~** apatinis kambarys
adv **1** apačioje; žemiau; žemyn **2** *(širdies ir pan.)* gilumoje, viduje
prep po; **put the date ~ the address** po adresu parašykite datą; **a swimsuit ~ one's dress** maudymosi kostiumas po suknele

undernourished [ˌʌndəˈnʌrɪʃt] *a* nepakankamai/blogai maitinamas, pusbadis

underoccupied [ˌʌndərˈɔkjupaɪd] *a* **1** turintis per didelį gyvenamąjį plotą žmogui *(apie namą)* **2** neturintis daug darbo, nelabai užsiėmęs

underpaid [ˌʌndəˈpeɪd] *past ir pII žr.* **underpay**
a nepakankamai/mažai mokamas

underpan [ˈʌndəpæn] *n aut.* dugninė

underpants [ˈʌndəpænts] *n pl* apatinės kelnaitės *(ypač vyriškos)*

underpart [ˈʌndəpɑːt] *n* **1** apačia, apatinė dalis **2** *teatr.* antraeilis vaidmuo

underpass [ˈʌndəpɑːs] *n* tunelis *(po geležinkeliu, plentu)*; požeminė perėja

underpay [ˌʌndəˈpeɪ] *v* (underpaid) nepakankamai/mažai (ap)mokėti

underpin [ˌʌndəˈpɪn] *v* **1** paremti, paramstyti *(sieną ir pan.)*; sustiprinti pamatą *(po)* **2** *prk.* palaikyti, paremti; **to ~ the market** *kom. (dirbtinai)* palaikyti kainas/paklausą rinkoje

underpinning [ˌʌndəˈpɪnɪŋ] *n* **1** pamatas, pagrindas *(t. p. prk.)*; pamatų stiprinimas **2** *pl* moteriški apatiniai drabužiai *(korsetai, liemenėlės ir pan.)* **3** *pl šnek. (moters)* kojos, kojytės

underplay [ˌʌndəˈpleɪ] *v* **1** nepervertinti **2** vaidinti santūriai/nepersistengiant **3** sąmoningai neimti kirčių *(lošiant kortomis)*

underplot [ˈʌndəplɔt] *n* **1** *(pjesės, romano)* šalutinė linija/intriga **2** slaptas sumanymas

underpopulated [ˌʌndəˈpɔpjuleɪtɪd] *a* mažai/retai apgyventas

underpopulation [ˌʌndəˌpɔpjuˈleɪʃn] *n* mažas gyventojų tankumas; negausūs gyventojai

underpowered [ˌʌndəˈpauəd] *a tech.* mažesnės/nepakankamos galios

underpressure [ˈʌndəˌpreʃə] *n fiz.* neigiamasis manometrinis slėgis; sumažintasis slėgis

underprice [ˌʌndəˈpraɪs] *v* nustatyti per žemą kainą

underprivileged [ˌʌndəˈprɪvɪlɪdʒd] *a* **1** be privilegijų; tutintis mažiau teisių, nevisateisis **2** beturtis, neturtingas
n (the ~) pl neprivilegijuotieji

underproduce [ˌʌndəprəˈdjuːs] *v ekon.* gaminti nepakankamą prekių kiekį, nepagaminti reikiamo prekių kiekio

underproduction [ˌʌndəprəˈdʌkʃn] *n ekon.* nepakankama gamyba

underproof [ˈʌndəpruːf] *a* turintis mažiau laipsnių, negu nustatyta *(apie spiritą)*

underprop [ˌʌndəˈprɔp] *v* **1** paremti, paramstyti *(iš apačios)* **2** *prk.* palaikyti, paremti

underquote [ˌʌndəˈkwəut] *v kom.* siūlyti *(prekes)* žemesne kaina, numušti kainą

underrate [ˌʌndəˈreɪt] *v* nepakankamai (į)vertinti, nevertinti

underreact [ˌʌndərˈækt] *v* menkai/ramiai reaguoti; indiferentiškai žiūrėti *(į)*

underread [ˌʌndəˈriːd] *v* (underread [ˌʌndəˈred]) rodyti mažiau, duoti mažesnius rodmenis *(apie prietaisą)*

underresourced [ˌʌndərɪ'zɔ:st] *a* nepakankamai aprūpinamas/aprūpintas
underripe [ˌʌndə'raɪp] *a* neprinokęs, neprisirpęs
underscore [ˌʌndə'skɔ:] *v* **1** pabraukti **2** pabrėžti, akcentuoti
undersea *a* ['ʌndəsi:] povandeninis
adv [ˌʌndə'si:] po vandeniu
underseal [ˌʌndə'si:l] *v* (iš)tepti *(automobilio apačią)* antikoroziniais dažais
undersecretary [ˌʌndə'sekrətᵊrɪ] *n* ministro pavaduotojas/padėjėjas; *Parliamentary ~* ministro pavaduotojas, viceministras *(kabineto narys); permanent ~* nuolatinis ministro padėjėjas
undersell [ˌʌndə'sel] *v* (undersold) **1** pardavinėti sumažintomis kainomis, parduoti pigiau *(nei kiti)* **2** blogai reklamuoti, neišreklamuoti **3** *refl* nepakankamai, per mažai vertinti *(savo nuopelnus ir pan.)*
underset *n* ['ʌndəset] **1** apatinių baltinių komplektas **2** *jūr.* povandeninė priešsrovė **3** *geol.* apatinė gysla
v [ˌʌndə'set] (underset) paremti
undersexed [ˌʌndə'sekst] *a* seksualiai šaltas
undershirt ['ʌndəʃə:t] *n amer. (vyriški)* apatiniai marškiniai
undershoot [ˌʌndə'ʃu:t] *v* (undershot) *av.* nutūpti/nutupdyti prieš tūpimo taką
undershorts ['ʌndəʃɔ:ts] *n pl (ypač amer.) (vyriškos)* apatinės kelnaitės/trumpikės
undershot ['ʌndəʃɔt] *past ir pII žr.* **undershoot**
a **1** apatinės vandens mūšos *(apie malūno ratą)* **2** = **underhung** 1
underside ['ʌndəsaɪd] *n* apatinė pusė, apačia
undersign [ˌʌndə'saɪn] *v* pasirašyti, (pa)dėti parašą *(dokumente, laiško gale)*
undersigned [ˌʌndə'saɪnd] *a* žemiau pasirašęs
n (the ~) žemiau pasirašiusysis/pasirašiusieji; *we, the ~ ...* mes, žemiau pasirašiusieji ...
undersize(d) ['ʌndə'saɪz(d)] *a* **1** mažų matmenų; sumažintas **2** žemaūgis
underskirt ['ʌndəskə:t] *n* apatinis sijonas, pavilkinys
underslung [ˌʌndə'slʌŋ] *a tech.* kabamasis, pakabinamasis *(apie važiuoklę)*
undersoil ['ʌndəsɔɪl] *n ž. ū.* podirvis
undersold [ˌʌndə'səuld] *past ir pII žr.* **undersell**
undersong ['ʌndəsɔŋ] *n* šalutinė/pritariamoji melodija
undersow [ˌʌndə'səu] *v* (undersowed; undersown [ˌʌndə'səun], undersowed) *ž. ū.* įsėti *(į pasėlį)*
understaffed [ˌʌndə'sta:ft] *a* turintis per mažai personalo, nevisiškai sukomplektuotas
understand [ˌʌndə'stænd] *v* (understood) **1** suprasti; *to give smb to ~* duoti kam suprasti; *to ~ one another* suprasti/užjausti vienam kitą; susitarti; *as I ~* kiek aš suprantu; *I understood you to say that...* kaip aš suprantu, jūs pasakėte... **2** turėti omenyje; numanyti; *what do you ~ by this?* ką jūs tuo norite pasakyti?; *the object "me" is understood* papildinys „me" numanomas **3** spėti, manyti; *he is understood to have refused* manoma, kad jis atsisakė **4** mokėti, nusimanyti; *to ~ finance* nusimanyti apie finansus, išmanyti finansus **5** išgirsti, sužinoti; *I ~ that you are leaving* girdėjau, kad jūs išvykstate **6** susitarti; *it was understood that...* buvo susitarta, kad... **7** (pa)daryti išvadą; *no one could ~ that from my words* niekas negalėjo padaryti tokios išvados iš mano žodžių ◊ *to make oneself understood* susikalbėti; mokėti paaiškinti
understandable [ˌʌndə'stændəbl] *a* suprantamas; *it is ~ that...* suprantama, kad...

understanding [ˌʌndə'stændɪŋ] *n* **1** supratimas; nusimanymas; *mutual ~* abipusis/savitarpio supratimas; *to have a limiting ~ of economics* turėti menką supratimą apie ekonomiką, menkai išmanyti ekonomiką; *to get an ~ (of)* suprasti **2** protas; *a person of ~* protingas/galvotas žmogus **3** susitarimas; *to come to an ~* susitarti, rasti bendrą kalbą ◊ *on the ~ that...* tuo atveju, jei...; *on this ~* tokiu atveju, esamomis sąlygomis
a **1** suprantantis, supratingas, protingas **2** užjaučiantis, jautrus
understate [ˌʌndə'steɪt] *v* **1** sumažinti, sumenkinti *(pavojų, reikšmę ir pan.)* **2** pasakyti/pavaizduoti santūriai/švelniai
understatement [ˌʌndə'steɪtmənt] *n* **1** sumažinimas, sumenkinimas **2** labai santūrus/švelnus pasakymas *(t. p. the ~ of the year)*
understeer ['ʌndəstɪə] *n aut. (vairo)* nepakankamas pasukamumas
understock[1] [ˌʌndə'stɔk] *n ž. ū.* (į)skiepytas augalas
understock[2] *v* nepakankamai aprūpinti inventoriumi/prekėmis *ir pan.*
understood [ˌʌndə'stud] *past ir pII žr.* **understand**
understrapper ['ʌndəˌstræpə] = **underling** *n*
understratum [ˌʌndə'stra:təm] *n (pl* -ta [-tə]) *geol.* apatinis sluoksnis, posluoksnis
understudy ['ʌndəˌstʌdɪ] *teatr. n* dubleris
v dubliuoti, būti *(kieno)* dubleriu
undersubscribed [ˌʌndəsəb'skraɪbd] *a* mažai *(kieno)* pageidaujamas, nepopuliarus
undertake [ˌʌndə'teɪk] *v* (undertook, undertaken [-'teɪkən]) **1** imtis, pradėti; *to ~ a task* imtis uždavinio **2** įsipareigoti, apsiimti; pasižadėti; *to ~ too much* per daug užsimoti; *he undertook not to do it again* jis pasižadėjo daugiau to nedaryti **3** laiduoti, garantuoti **4** ['ʌndəteɪk] laikyti laidojimo biurą *(būti savininku)*
undertaker *n* **1** [ˌʌndə'teɪkə] *(verslo ir pan.)* iniciatorius, organizatorius; verslovininkas **2** ['ʌndəteɪkə] laidojimo biuro agentas/savininkas
undertaking [ˌʌndə'teɪkɪŋ] *n* **1** sumanymas, reikalas, žingsnis; *risky ~* rizikingas žingsnis **2** įsipareigojimas; pasižadėjimas, pažadas; *to apply the ~s* vykdyti įsipareigojimus **3** įmonė; verslas **4** ['ʌndəteɪkɪŋ] laidojimo biuras
undertax [ˌʌndə'tæks] *v fin.* apdėti per mažais mokesčiais
undertenant ['ʌndətenənt] *n* subnuomininkas
under-the-counter [ˌʌndəðə'kauntə] *a attr* parduodamas/perkamas slaptai; nelegalus, neteisėtas
under-the-table [ˌʌndəðə'teɪbl] *a attr* slaptas; neteisėtas *(apie sandorį ir pan.)*
underthings ['ʌndəθɪŋz] *n pl šnek. (moteriški)* apatiniai drabužiai
undertint ['ʌndətɪnt] *n men.* pustonis
undertone ['ʌndətəun] *n* **1** pustonis; *to speak/talk in ~s* kalbėti(s) pusbalsiu **2** atspalvis *(t. p. prk.); there was an ~ of hostility in all he said* jo žodžiuose jautėsi priešiškumas
undertook [ˌʌndə'tuk] *past žr.* **undertake**
undertow ['ʌndətəu] *n* **1** grįžtamoji banga **2** = **underset** 2
underused [ˌʌndə'ju:zd] *a* nepakankamai panaudojamas/vartojamas
underutilized [ˌʌndə'ju:tɪlaɪzd] *a* = **underused**
undervalue [ˌʌndə'vælju:] *v* nepakankamai (į)vertinti *(t. p. fin.)*
undervest ['ʌndəvest] *n* apatiniai marškiniai
underwater <*a, adv, n*> *a* [ˌʌndə'wɔ:tə] povandeninis; *~ distress* nelaimė po vandeniu

adv [ˌʌndə'wɔːtə] po vandeniu
n ['ʌndəˌwɔːtə] požeminis vanduo
underway [ˌʌndə'weɪ] *a predic* **1** vykdomas; *preparations for the trial were* ~ vyko pasiruošimas teismui **2** kelyje, kelionėje; plaukiantis *(apie laivą)*; *to get* ~ a) išvykti į kelionę *(apie transporto priemonę)*; b) prasidėti
underwear ['ʌndəwɛə] *n kuop.* apatiniai drabužiai/baltiniai
underweight *n* ['ʌndəweɪt] svorio trūkumas, nuosvoris
a [ˌʌndə'weɪt] nepakankamo/mažo svorio; *he is* ~ jis sveria mažiau negu reikėtų, jo svoris mažesnis už normą
underwent [ˌʌndə'went] *past žr.* **undergo**
underwhelm [ˌʌndə'welm] *v šnek.* nenustebinti, nepradžiuginti
underwing ['ʌndəwɪŋ] *n zool. (vabzdžio)* posparnis; apatinis/užpakalinis sparnas
underwood ['ʌndəwud] *n* pomiškis, atžalynas
underwork *n* ['ʌndəwəːk] mažiau kvalifikuotas *ar* prastesnis darbas
v [ˌʌndə'wəːk] **1** dirbti nepakankamai **2** dirbti už mažesnį atlyginimą **3** nepakankamai apkrauti/panaudoti; *to* ~ *a machine* eksploatuoti mašiną ne visu pajėgumu
underworld ['ʌndəwəːld] *n* **1** nusikaltėlių pasaulis *(t. p. the criminal* ~) **2** *mit.* požemio karalystė **3** *poet.* antipodai
underwrite [ˌʌndə'raɪt] *v* (underwrote; underwritten) **1** pasirašyti **2** raštiškai/parašu patvirtinti **3** *kom.* apdrausti *(laivus, krovinį)* **4** įsipareigoti *(finansiškai paremti)*; garantuoti *(vertybinių popierių, paskolos paskirstymą)*
underwriter ['ʌndəˌraɪtə] *n* **1** draudimo agentas, draudėjas **2** *(paskolos paskirstymo)* garantas; ~ *bank* investicijų bankas
underwritten [ˌʌndə'rɪtn] *pII žr.* **underwrite**
a **1** žemiau pasirašęs **2** žemiau išdėstytas
underwrote [ˌʌndə'rəut] *past žr.* **underwrite**
undeserved [ˌʌndɪ'zəːvd] *a* neužtarnautas, nepelnytas
undeserving [ˌʌndɪ'zəːvɪŋ] *a* nevertas, nenusipelnęs; ~ *of respect* nevertas pagarbos
undesignedly [ˌʌndɪ'zaɪnɪdlɪ] *adv* netyčia, nesąmoningai
undesirable [ˌʌndɪ'zaɪərəbl] *a* **1** nepageidaujamas; ~ *alien teis.* nepageidaujamas pašalinis (žmogus); *it is* ~ *that he should know* nepageidautina, kad jis žinotų **2** netinkamas, nepatogus
n nepageidaujamas asmuo; įtartinas tipas; *the* ~*s pl* padugnės
undetected [ˌʌndɪ'tektɪd] *a* nesurastas, nesusektas, neatskleistas
undeterminable [ˌʌndɪ'təːmɪnəbl] *a* = **indeterminable**
undetermined [ˌʌndɪ'təːmɪnd] *a* **1** neišspręstas, nenustatytas; neaiškus **2** neryžtingas
undeterred [ˌʌndɪ'təːd] *a* neatbaidytas, neatgrasintas; nesuglumintas
undeveloped [ˌʌndɪ'veləpt] *a* **1** neišsivystęs; neišvystytas; ~ *muscle* atrofavęsis raumuo **2** neįdirbtas *(apie žemę)*; neįsisavintas *(apie rajoną)* **3** neužstatytas *(apie žemės plotą)*
undeviating [ʌn'diːvɪeɪtɪŋ] *a* nenukrypstantis; nenukrypstamas, nuolatinis
undid [ʌn'dɪd] *past žr.* **undo**
undies ['ʌndɪz] *n pl šnek. (moteriški, vaikiški)* apatiniai baltiniai
undigested [ˌʌndɪ'dʒestɪd] *a* **1** nesuvirškintas **2** neįsisavintas **3** nesusistemintas, nesuklasifikuotas, chaotiškas
undignified [ʌn'dɪɡnɪfaɪd] *a* negarbingas, nekilnus, neorus *(apie poelgį ir pan.)*; *his behaviour was* ~ jis elgėsi negarbingai

undiluted [ˌʌndaɪ'luːtɪd] *a* **1** neatskiestas, nepraskiestas, neatmieštas **2** grynas, tyras, tikras
undimmed [ʌn'dɪmd] *a* nenublankęs, neišblukęs
undine ['ʌndiːn] *n* undinė
undiplomatic [ˌʌndɪplə'mætɪk] *a* nediplomatiškas; *it was* ~ *of you to say that* buvo nediplomatiška jums tai sakyti
undipped [ʌn'dɪpt] *a* **1** nekrikštytas **2**: *on/with* ~ *headlights aut.* neperjungtomis į artimąsias šviesomis
undirected [ˌʌndɪ'rektɪd] *a* **1** nenukreiptas, be vadovavimo; nekryptingas **2** neadresuotas, be adreso
undischarged [ˌʌndɪs'tʃɑːdʒd] *a* **1** neatliktas, neįvykdytas *(apie pareigą ir pan.)* **2** neišmokėtas, nepadengtas *(apie skolas)* **3** neiškrautas *(iš laivo) (apie krovinį)* **4** *kar.* užtaisytas, neiššautas
undisciplined [ʌn'dɪsɪplɪnd] *a* **1** nedisciplinuotas, nedrausmingas **2** neišmokytas, neįpratintas
undisclosed [ˌʌndɪs'kləuzd] *a* neatskleistas, nežinomas, nepagarsintas
undiscovered [ˌʌndɪs'kʌvəd] *a* neatrastas, nesurastas; neišaiškintas, neatskleistas
undiscriminated [ˌʌndɪs'krɪmɪneɪtɪd] *a* **1** lygiais pagrindais; neišskirtas **2** iš eilės, be atrankos
undiscriminating [ˌʌndɪs'krɪmɪneɪtɪŋ] *a* neskiriantis
undisguised [ˌʌndɪs'ɡaɪzd] *a* **1** neslepiamas, atviras; ~ *contempt* neslepiama panieka **2** neužmaskuotas
undismayed [ˌʌndɪs'meɪd] *a* neišgąsdintas, neprislėgtas, nepriblokštas
undisposed [ˌʌndɪ'spəuzd] *a* **1** nelinkęs; ~ *to do smth* nelinkęs ką daryti **2** nepadalytas *(apie turtą)*
undisputed [ˌʌndɪ'spjuːtɪd] *a* ne(nu)ginčijamas, neabejotinas; *the claim went* ~ pretenzija nebuvo užginčyta
undistinguished [ˌʌndɪ'stɪŋɡwɪʃt] *a* **1** *(niekuo)* neišsiskiriantis, nepasižymintis; *he was an* ~ *headmaster* kaip mokyklos direktorius, jis niekuo nepasižymėjo **2** nepastebimas, neįžiūrimas, nežymus
undisturbed [ˌʌndɪ'stəːbd] *a* **1** netrikdomas, netrukdomas; ramus; *he likes to be left* ~ jis nemėgsta, kada jam trukdo **2** nesuardytas *(apie tvarką)*; neliestas; *his papers were* ~ jo popieriai buvo neliesti
undiverted [ˌʌndɪ'vəːtɪd] *a* sutelktas *(apie dėmesį)*
undivided [ˌʌndɪ'vaɪdɪd] *a* **1** nepadalytas, nepasidalinęs, nesusiskirstęs, nedalomas, vieningas **2** visiškas, visas; ~ *attention* visas/sutelktas dėmesys
undo [ʌn'duː] *v* (undid; undone) **1** at(si)rišti, at(si)segti, atidaryti; *to* ~ *a knot* atmegzti mazgą **2** panaikinti, anuliuoti *(kas buvo padaryta)*; *to* ~ *a treaty* nutraukti sutartį **3** (su)ardyti, (su)žlugdyti, sugriauti **4** išardyti, demontuoti *(mašiną)* ◊ *what is done cannot be undone* kas padaryta, tai padaryta
undock [ʌn'dɒk] *v* **1** atskirti vieną erdvėlaivį nuo kito *(kosmose)* **2** *jūr.* išvesti *(laivą)* iš doko; išplaukti iš doko *(apie laivą)*
undoing [ʌn'duːɪŋ] *n* **1** atrišimas, atsegimas; atidarymas **2** pražūtis; *that was his* ~ tai buvo jo pražūtis **3** anuliavimas, sunaikinimas
undomesticated [ˌʌndə'mestɪkeɪtɪd] *a* **1** neprijaukintas *(apie gyvūną)* **2** nešeimininkiškas, nelinkęs šeimininkauti; *she is quite* ~ ji prasta šeimininkė
undone [ʌn'dʌn] *pII žr.* **undo**
a predic **1** atsirišęs, atsisegęs; *to come* ~ atsisegti, atsirišti **2** nepadarytas, neatliktas; neužbaigtas **3** *psn.* (pra)žuvęs; *we are* ~ mes žuvę
undoubted [ʌn'dautɪd] *a* neabejotinas, neginčijamas
undoubtedly [ʌn'dautɪdlɪ] *adv* be abejo, neabejotinai
undramatic [ˌʌndrə'mætɪk] *a* **1** nedramatiškas **2** ramus, nejaudinantis; niekuo neišsiskiriantis, nekrintantis į akis

undraw [ʌn'drɔ:] v (undrew; undrawn [-'drɔ:n]) atitraukti, atskleisti *(ypač užuolaidą)*

undreamed-of, undreamt-of [ʌn'dri:mdəv, ʌn'dremtəv] a nė nesapnuotas, nesvajotas; neįsivaizduojamas

undress [ʌn'dres] n 1 laisvas kambarinis drabužis 2 nuogumas; *in a state of* ~ *(džn. juok.)* beveik nuogas, vien apatiniais drabužiais 3 *kar.* neparadinė/kasdieninė uniforma *(t. p.* ~ *uniform)*
v 1 nu(si)rengti 2 nuimti tvarstį, nutvarstyti

undressed [ʌn'drest] a 1 neapsirengęs, nuogas, neaprengtas; nurengtas; apsirengęs kambariniais drabužiais; *to get* ~ nusirengti 2 ne visai išdirbtas/apdorotas; ~ *leather* neišdirbta oda; ~ *logs* netašyti rąstai; ~ *wound* neaprišta/nesutvarstyta žaizda 3 nesutvarkytas *(apie vitriną)* 4 *kul.* neparuoštas; be užkulo/uždaro

undrew [ʌn'dru:] *past žr.* **undraw**

undrinkable [ʌn'drɪŋkəbl] a negeriamas

undue [ˌʌn'dju:] *a attr* 1 pernelyg didelis, perdėtas; *don't pay* ~ *attention to his criticism* nekreipkite per daug dėmesio į jo kritiką 2 netinkamas; ne laiku 3 ne(ap)mokėtinas pagal terminą *(apie skolą, vekselį)*

undulate a ['ʌndjulət] banguotas; vilnytas
v ['ʌndjuleɪt] 1 banguoti(s); vingiuoti; vilnyti 2 būti kalvotam

undulated [ˌʌndju'leɪtɪd] = **undulate** *a*

undulation [ˌʌndju'leɪʃn] n 1 bangavimas, vilnijimas; *spec.* bangiškas judėjimas 2 banguotumas 3 kalvotumas

undulatory ['ʌndjulətərɪ] a banguotas, banginis, bangų pavidalo; ~ *theory (of light)* fiz. banginė (šviesos) teorija

unduly [ʌn'dju:lɪ] *adv* 1 per daug, pernelyg 2 neteisingai; netinkamai

undying [ʌn'daɪɪŋ] *a attr* nemirtingas, amžinas; begalinis; ~ *love* amžina meilė

unearned [ʌn'ə:nd] a neuž(si)dirbtas; neuž(si)tarnautas; nepelnytas; ~ *income* ne darbo pajamos

unearth [ʌn'ə:θ] v 1 iškasti, atkasti 2 *prk.* išknisti, iškelti aikštėn, atskleisti; *where did you* ~ *that old suit? juok.* iš kur ištraukei tokį seną kostiumą?

unearthly [ʌn'ə:θlɪ] a 1 nežemiškas, antgamtiškas; paslaptingas 2 keistas, absurdiškas; siaubingas; *at an* ~ *hour šnek.* itin nepatogiu laiku, siaubingai anksti/vėlai

unease [ʌn'i:z] n 1 nerimas, nuogąstavimas 2 įtampa

uneasiness [ʌn'i:zɪnɪs] n 1 nerimas, nerimavimas 2 varžymasis, sumišimas; nesmagumas

uneasy [ʌn'i:zɪ] a 1 neramus; nerimastingas, sunerimęs, susirūpinęs *(about);* *to pass an* ~ *night* praleisti neramią naktį; *I am* ~ aš nerimauju 2 suvaržytas, nesmagus; *to feel* ~ jaustis suvaržytam/nesmagiai

uneatable [ʌn'i:təbl] a nevalgomas

uneaten [ʌn'i:tn] a ne(su)valgytas

uneconomic(al) [ˌʌni:kə'nɒmɪk(l)] a neekonomiškas; netaupus

unedited [ʌn'edɪtɪd] a 1 neišleistas, neišspausdintas 2 nesuredaguotas

uneducated [ʌn'edʒukeɪtɪd] a nemokytas, neišsilavinęs, neišsimokslinęs

unembarrassed [ˌʌnɪm'bærəst] a 1 nesidrovintis, nesutrikęs 2 nevaržomas, laisvas

unemotional [ˌʌnɪməu'ʃnəl] a neemocingas, neemocionalus; bejausmis

unemployable [ˌʌnɪm'plɔɪəbl] a netinkamas darbui/įdarbinti, nepriimtinas į darbą

unemployed [ˌʌnɪm'plɔɪd] a 1 bedarbis; *to register oneself* ~ įsiregistruoti bedarbiu 2 nepanaudotas, ne(pa)naudojamas
n *(the* ~) *kuop.* bedarbiai

unemployment [ˌʌnɪm'plɔɪmənt] n nedarbas; ~ *benefit/relief/amer. compensation* bedarbio pašalpa

unencumbered [ˌʌnɪn'kʌmbəd] a *knyg.* 1 neapsunkintas, neapkrautas; ~ *widow* bevaikė našlė 2 neįkeistas, neužstatytas *(apie nekilnojamąjį turtą)*

unending [ʌn'endɪŋ] a begalinis, nepabaigiamas, nenutrūkstamas

unendorsed [ˌʌnɪn'dɔ:st] a neindosuotas *(apie čekį)*

unendurable [ˌʌnɪn'djuərəbl] a nepakenčiamas, nepakeliamas

unenforceable [ˌʌnɪn'fɔ:səbl] a *teis.* neturintis ieškininės galios, negalintis būti ieškinio pagrindu; neginamas teismine tvarka

unenforced [ˌʌnɪn'fɔ:st] a 1 nepriverstinis, savanoriškas 2 neturintis įstatymo galios, neįsiteisėjęs

un-English [ʌn'ɪŋglɪʃ] a neangliškas, netipiškas anglams

unenlightened [ˌʌnɪn'laɪtnd] a 1 neapsišvietęs 2 nesupažindintas; *in his* ~ *state he ...* nieko nežinodamas jis...

unenlivened [ˌʌnɪn'laɪvnd] a nepagyvintas, nepaįvairintas, vienodas

unenterprising [ʌn'entəpraɪzɪŋ] a pasyvus; neiniciatyvus, be iniciatyvos

unenthusiastic [ˌʌnɪnθju:zɪ'æstɪk] a neentuziastingas; santūrus, šaltas *(apie sutikimą ir pan.)*

unenthusiastically [ˌʌnɪnθju:zɪ'æstɪklɪ] adv be entuziazmo, neentuziastingai

unenviable [ʌn'envɪəbl] a nepavydėtinas

unequable [ʌn'ekwəbl] a nepastovus; be pusiausvyros

unequal [ʌn'i:kwəl] a 1 nelygus, nelygiavertis; nevienodas; ~ *match* nelygi santuoka; *of* ~ *length [weight]* nevienodo ilgio [svorio] 2 ne(ati)tinkantis, nekompetentingas, nesugebantis *(to);* *she proved* ~ *to the job* pasirodė, kad ji šiam darbui netinka 3 įvairuojantis, kintamas

unequalled [ʌn'i:kwəld] a neprilygstamas; nepralenkiamas

unequipped [ˌʌnɪ'kwɪpt] a 1 neparengtas; nepritaikytas 2 neaprūpintas

unequivocal [ˌʌnɪ'kwɪvəkl] a 1 nedviprasmiškas, aiškus; *to give* ~ *expression* aiškiai pareikšti 2 neabejojamas, neabejotinas; tvirtas *(apie atsakymą, pažadą)*

unerring [ʌn'ə:rɪŋ] a 1 neklystamas, neklystantis, neklaidingas 2 tikslus

unescorted [ˌʌnɪ'skɔ:tɪd] a nelydimas, be palydos

unessential [ˌʌnɪ'senʃl] a neesminis; nesvarbus, nereikšmingas

unethical [ʌn'eθɪkl] a neetiškas, nemoralus

uneven [ʌn'i:vn] a 1 nelygus, grublėtas, gruoblėtas 2 nelygus, netolygus, nevienodas, nevienodo lygio 3 nepastovus, nepusiausviras 4 *mat.* nelyginis

uneventful [ˌʌnɪ'ventfəl] a be įvykių/nuotykių; ramus; nuobodus

unexampled [ˌʌnɪg'zɑ:mpld] a neturintis pavyzdžio, beprecedentis, neprilygstamas

unexcelled [ˌʌnɪk'seld] a neprilygstamas, nepranokstamas

unexceptionable [ˌʌnɪk'sepʃnəbl] a tobulas, be priekaištų

unexceptional [ˌʌnɪk'sepʃnəl] a 1 neišskirtinis, įprastinis, paprastas 2 neturintis išimčių, be išimčių

unexciting [ˌʌnɪk'saɪtɪŋ] a nejaudinantis; neįdomus

unexecuted [ʌn'eksɪkju:tɪd] a 1 neįvykdytas, neatliktas 2 neįformintas *(apie dokumentą)*

unexpanded [ˌʌnɪk'spændɪd] a 1 neišplėstas, neišplėstinis *(t. p. gram.)* 2 *bot.* neišsiskleidęs

unexpected [ˌʌnɪks'pektɪd] a nelauktas, netikėtas, nenumatytas; staigus
n *(the* ~) tai, kas netikėta/nelaukta, netikėtumas

unexpendable [ˌʌnɪk'spendəbl] *a* **1** būtinas; esminis **2** neišeikvojamas **3** neeikvotinas
unexperienced [ˌʌnɪk'spɪərɪənst] *a* nepatyręs
unexpired [ˌʌnɪk'spaɪəd] *a* nepasibaigęs, nesuėjęs *(apie terminą)*
unexplained [ˌʌnɪk'spleɪnd] *a* nepaaiškintas, neišaiškintas
unexploded [ˌʌnɪk'spləʊdɪd] *a* nesprogęs *(apie bombą ir pan.)*
unexploited [ˌʌnɪk'splɔɪtɪd] *a* neeksploatuojamas, nenaudojamas, nenaudotas *(apie gamtos išteklius ir pan.)*
unexplored [ˌʌnɪks'plɔːd] *a* neištirtas
unexpurgated [ʌn'ekspəgeɪtɪd] *a* (išleistas) be kupiūrų, nekupiūruotas; **~ edition** pilnas leidimas
unfabled [ʌn'feɪbld] *a* tikras, neišgalvotas
unfading [ʌn'feɪdɪŋ] *a* **1** negęstantis, neblėstantis, nevystantis *(t. p. prk.)* **2** neblunkantis
unfailing [ʌn'feɪlɪŋ] *a* **1** neišsenkamas, neišsemiamas *(apie atsargas, šaltinį);* nuolatinis *(apie pastangas)* **2** ištikimas, tikras
unfair [ʌn'fɛə] *a* **1** neteisingas; neobjektyvus, šališkas; **~ dismissal** *teis.* neteisėtas atleidimas *(iš darbo)* **2** nesąžiningas, nedoras; **by ~ means** nesąžiningai, nedorais būdais
unfaithful [ʌn'feɪθfəl] *a* **1** neištikimas **2** neatitinkantis tikrovės; netikslus **3** *ret.* nepatikimas; nedoras
unfaltering [ʌn'fɔːltərɪŋ] *a* ryžtingas, tvirtas, neabejojamas; **with ~ steps** tvirtu žingsniu; **~ determination** tvirtas/nepalenkiamas nusistatymas
unfamiliar [ˌʌnfə'mɪlɪə] *a* **1** nepažįstamas, nežinomas *(to – kam)* **2** keistas, neįprastas **3** nesusipažinęs *(with);* **I am ~ with their methods** aš nesu susipažinęs su jų metodais
unfancied [ʌn'fænsɪd] *a* **1** neįsivaizduojamas **2** ne favoritas *(ypač sport.)*
unfashionable [ʌn'fæʃ(ə)nəbl] *a* nemadingas
unfasten [ʌn'fɑːsn] *v* **1** at(si)rišti, at(si)segti; **to come ~ed** atsileisti **2** atsklęsti, atstumti *(skląstį),* atidaryti
unfathered [ʌn'fɑːðəd] *a knyg.* **1** nesantuokinis; be tėvo **2** nežinomos kilmės; nežinomo autoriaus
unfathomable [ʌn'fæðəməbl] *a knyg.* **1** neišmatuojamas; beribis **2** nesuprantamas, nesuvokiamas, neišaiškinamas
unfathomed [ʌn'fæðəmd] *a* **1** neišmatuotas *(apie gylį)* **2** = **unfathomable**
unfavourable [ʌn'feɪv(ə)rəbl] *a* **1** nepalankus; **~ balance** *fin.* nepalankusis balansas **2** neigiamas *(apie nuomonę, atsiliepimą, įspūdį)*
unfavoured [ʌn'feɪvəd] *a* nejaučiantis *(kitų)* palankumo, negaunantis paramos; neprivilegijuotas
unfazed [ʌn'feɪzd] *a šnek.* nesusirūpinęs, ramus
unfed [ʌn'fed] *a* nepamaitintas, nepašertas
unfeed [ʌn'fiːd] *a* neatlygintas; negavęs honoraro
unfeeling [ʌn'fiːlɪŋ] *a* bejausmis, beširdis, beširdiškas, žiaurus
unfeigned [ʌn'feɪnd] *a* neapsimestinis, nuoširdus, tikras, neveidmainiškas
unfeminine [ʌn'femɪnɪn] *a* nemoteriškas
unfenced [ʌn'fenst] *a* **1** neaptvertas **2** neapsaugotas
unfetter [ʌn'fetə] *v* **1** nuimti pančius/grandines; atpančioti **2** išlaisvinti
unfettered [ʌn'fetəd] *a* **1** paleistas nuo grandinių; nesupančiotas **2** *prk.* nesuvaržytas, be kliūčių; **~ trade** nevaržoma prekyba
unfilial [ʌn'fɪlɪəl] *a* nederamas sūnui/dukrai
unfinished [ʌn'fɪnɪʃt] *a* **1** ne(pa)baigtas, neužbaigtas **2** iki galo neapdorotas; neapdailintas *(apie stilių ir pan.)*

unfit [ʌn'fɪt] *a* **1** netinkamas *(for)* **2** negalintis, nesugebantis; **he is ~ to drive** jis negali vairuoti mašinos *(dėl sveikatos būklės)* **3** *teis.* neveiksnus
v padaryti netinkamą *(for);* pripažinti netinkamu *(for)*
unfitted [ʌn'fɪtɪd] *a* **1** nepritaikytas **2** netinkamas **3** nesumontuotas; be priedų, be fitingų
unfix [ʌn'fɪks] *v* **1** atpalaiduoti, atleisti, nuimti **2** išmušti iš vėžių/pusiausvyros
unflagging [ʌn'flægɪŋ] *a* nesilpnėjantis, nemažėjantis, nesilpstamas, nepavargstamas; **~ energy** nesilpstanti energija
unflappable [ʌn'flæpəbl] *a (džn. juok.)* nesujaudinamas, šaltakraujiškas
unflattering [ʌn'flætərɪŋ] *a* nepagražinantis; nepagražintas, nepadailintas; **the hairstyle is ~ to her** ta šukuosena jos nepagražino
unfledged [ʌn'fledʒd] *a* **1** neapsiplunksnavęs **2** nesubrendęs; neprityręs, jaunas
unfleshed [ʌn'fleʃt] *a* **1** numėsinėtas **2** neragavęs/nematęs kraujo; neįnirtęs *(apie šunį);* **~ sword** *poet.* neapšlakstytas krauju kardas **3** *knyg.* nepatyręs
unflinching [ʌn'flɪntʃɪŋ] *a* bebaimis; nepalaužiamas, tvirtas; **~ courage** nepalaužiama drąsa
unflyable [ʌn'flaɪəbl] *a av.* netinkamas/neleidžiamas skristi
unfocus(s)ed [ʌn'fəʊkəst] *a* **1** nukrypęs nuo temos, nekryptingas **2** nenukreiptas į nieką *(apie akis)*
unfold [ʌn'fəʊld] *v* **1** skleisti, at(si)skleisti, iš(si)vynioti; **to ~ a map** išskleisti žemėlapį **2** atskleisti *(paslaptį, planą ir pan.)* **3** skleistis, išsiskleisti *(apie pumpurus)* **4** rutulioti(s), plėtoti(s)
unforced [ʌn'fɔːst] *a* **1** nepriverstinis **2** nevaržomas, natūralus, spontaniškas
unforeseen [ˌʌnfɔː'siːn, ˌʌnfə'siːn] *a* nenumatytas
unforgettable [ˌʌnfə'getəbl] *a* neužmirštamas, nepamirštamas
unforgivable [ˌʌnfə'gɪvəbl] *a* nedovanotinas, neatleistinas
unforgiving [ˌʌnfə'gɪvɪŋ] *a* nedovanojantis, neatleidžiantis; **he is ~ to his enemies** jis nedovanoja priešams
unformed [ʌn'fɔːmd] *a* **1** nesusiformavęs, neišsivystęs **2** nesukurtas, nesuformuotas **3** beformis
unfortunate [ʌn'fɔːtʃ(ə)nət] *a* **1** nelaimingas; **~ accident** nelaimingas atsitikimas **2** nesėkmingas; **he was just ~** jam tiesiog nesisekė **3** apgailėtinas; nevykęs, netinkamas; **how ~!** kaip gaila!
n **1** nelaimėlis, vargšas, bėdžius **2** nevykėlis
unfortunately [ʌn'fɔːtʃ(ə)nətlɪ] *mod* nelaimei, deja; **~, I can't come today** deja, šiandien aš negaliu ateiti
unfounded [ʌn'faʊndɪd] *a* nepagrįstas, be pagrindo
unframed [ʌn'freɪmd] *a* neįrėmintas, be rėmų
unfreeze [ʌn'friːz] *v* (unfroze; unfrozen) **1** atitirpdyti, atšildyti; (ati)tirpti **2** *fin.* panaikinti *(lėšų)* įšaldymą **3** panaikinti gamybos/pardavimo kontrolę
unfrequented [ˌʌnfrɪ'kwentɪd] *a* retai/mažai lankomas
unfriended [ʌn'frendɪd] *a* neturintis draugų
unfriendly [ʌn'frendlɪ] *a* **1** nedraugiškas **2** nepalankus; priešiškas *(towards)*
unfrock [ʌn'frɒk] *v* pašalinti iš dvasininkų luomo, atimti dvasiškio vardą
unfroze [ʌn'frəʊz] *past žr.* **unfreeze**
unfrozen [ʌn'frəʊzn] *pII žr.* **unfreeze**
unfruitful [ʌn'fruːtfəl] *a* nevaisingas
unfulfilled [ˌʌnful'fɪld] *a* **1** neįvykdytas, neįgyvendintas, netesėtas; neišsipildęs **2** nepatenkintas tuo, ką pasiekė *(gyvenime, darbe)*

unfulfilling [ˌʌnful'filiŋ] *a* nedėkingas
unfurl [ʌn'fɜːl] *v* išvynioti, išskleisti *(vėliavą, burę ir pan.)*; išsiskleisti
unfurnished [ʌn'fɜːnɪʃt] *a* **1** neapstatytas *(baldais)* **2** neaprūpintas
ungainly [ʌn'geɪnlɪ] *a* nerangus, nevikrus; nedailus
ungear [ʌn'gɪə] *v tech.* išjungti
ungenerous [ʌn'dʒenərəs] *a* **1** nekilnus, savanaudis **2** nedosnus **3** neteisingas
unget-at-able [ˌʌnget'ætəbl] *a* nepasiekiamas, neprieinamas
unglazed [ʌn'gleɪzd] *a* **1** neįstiklintas **2** neglazūruotas
ungloved [ʌn'glʌvd] *a* be pirštinių, nepirštinėtas
unglued [ʌn'gluːd] *a* **1** atsiklijavęs; *to come* ~ atsiklijuoti, *dar žr.* 2 **2** *amer. šnek.* įniršęs, įsiutęs; pamišęs; *to come* ~ a) įsiusti, įniršti; b) žlugti *(apie planus)*
ungodly [ʌn'gɔdlɪ] *a* **1** nedievobaimingas, nereligingas **2** nuodėmingas **3** *šnek.* velniškas, siaubingas; *I had to get up at an* ~ *hour* man teko keltis siaubingai anksti
ungovernable [ʌn'gʌvənəbl] *a* ne(su)valdomas; nežabotas, nesulaikomas; ~ *temper* nesuvaldomas būdas; *stiff and* ~ *hair* šiurkštūs ir nepaklusnūs plaukai
ungraceful [ʌn'greɪsfəl] *a* negrakštus, negracingas; nedailus, nerangus
ungracious [ʌn'greɪʃəs] *a* **1** nemandagus, šiurkštus **2** neatlaidus; nemalonus
ungrammatical [ˌʌngrə'mætɪkl] *a* gramatiškai netaisyklingas; negramatiškas
ungrateful [ʌn'greɪtfəl] *a* **1** nedėkingas *(apie žmogų)* **2** nemalonus, nedėkingas *(apie darbą ir pan.)*
ungreen [ʌn'griːn] *a* **1** nesirūpinantis gamtosauga **2** kenksmingas aplinkai *(apie gaminį)*
ungrounded [ʌn'graundɪd] *a* nepagrįstas, be pagrindo
ungrudging [ʌn'grʌdʒɪŋ] *a* nešykštus, dosnus; negailimas, iš visos širdies
ungual ['ʌŋgwəl] *a anat.* naginis; naguotas
unguarded [ʌn'gɑːdɪd] *a* **1** nesaugojamas; neapsaugotas **2** neapdairus; neatsargus; *in an* ~ *moment he let out the secret* užsimiršęs jis neatsargiai prasitarė
unguent ['ʌŋgwənt] *n med.* tepalas
ungulate ['ʌŋgjuleɪt, -lət] *zool. a* kanopinis *n* kanopinis gyvūnas
unhackneyed [ʌn'hæknɪd] *a* nenuvalkiotas, originalus, naujas
unhallowed [ʌn'hæləud] *a* **1** *bažn.* nepašventintas **2** *knyg.* nuodėmingas, nedoras
unhampered [ʌn'hæmpəd] *a* netrukdomas, nevaržomas; *I like to travel* ~ *by heavy luggage* aš mėgstu keliauti neapsikrovęs bagažu
unhand [ʌn'hænd] *v psn., juok.* atitraukti rankas; paleisti *(iš rankų)*
unhandsome [ʌn'hænsəm] *a* **1** negražus; bjaurus **2** nemandagus, šiurkštus; nemalonus **3** nekilnus, negeraširdiškas
unhandy [ʌn'hændɪ] *a* **1** nepatogus; neparankus **2** nemitrus, negrabus
unhang [ʌn'hæŋ] *v* (unhung) nukabinti
unhappily [ʌn'hæpɪlɪ] *adv* **1** nelaimingai, liūdnai **2** *mod* deja, gaila (bet)
unhappiness [ʌn'hæpɪnɪs] *n* **1** nelaimingumas, liūdnumas **2** nepasitenkinimas *(about, with)*
unhappy [ʌn'hæpɪ] *a* **1** nelaimingas; liūdnas; *to look* ~ atrodyti nelaimingam/liūdnam **2** susirūpinęs, nepatenkintas; ~ *with one's results* nepatenkintas (savo) rezultatais **3** ne(pa)vykęs, netinkamas; ~ *translation* ne(pa)vykęs vertimas
unharmed [ʌn'hɑːmd] *a predic* nenukentėjęs, sveikas; nepažeistas, nepaliestas; *he will be* ~ jam nieko bloga neatsitiks
unharness [ʌn'hɑːnɪs] *v* **1** iškinkyti, nukinkyti **2** *ist.* nu(si)vilkti šarvus
unhealthy [ʌn'helθɪ] *a* **1** nesveikas, liguistas *(t. p. prk.)*; ~ *economy* nesveika ekonomika **2** nesveikas, kenksmingas, žalingas, pavojingas *(sveikatai)*; ~ *climate* nesveikas klimatas
unheard [ʌn'hɜːd] *a* **1** neišgirstas; neišklausytas **2** negirdimas
unheard-of [ʌn'hɜːdɔv] *a* **1** negirdėtas, nepaprastas; *but that's* ~*!* tai negirdėtas dalykas! **2** negirdėtas, nežinomas; ~ *author* negirdėtas autorius
unhedged [ʌn'hedʒd] *a* neaptvertas, be tvoros; neapsaugotas
unheeded [ʌn'hiːdɪd] *a knyg.* neatsižvelgtas, *(kurio)* nepaisyta; *my advice went* ~ mano patarimo nepaklausė
unheeding [ʌn'hiːdɪŋ] *a* neatidus, nerūpestingas; abejingas
unhelpful [ʌn'helpfəl] *a* nepadedantis; nenaudingas; *her advice was not* ~ jos patarimas buvo pravartus
unheralded [ʌn'herəldɪd] *a* **1** nepaskelbtas, nepraneštas **2** netikėtas
unhesitating [ʌn'hezɪteɪtɪŋ] *a* nesvyruojantis, neabejojantis, ryžtingas, tvirtas
unhesitatingly [ʌn'hezɪteɪtɪŋlɪ] *adv* nesvyruojant, ryžtingai, tvirtai
unhewn [ʌn'hjuːn] *a* netašytas *(t. p. prk.)*
unhindered [ʌn'hɪndəd] *a* netrukdomas, nekliudomas, laisvas
unhinge [ʌn'hɪndʒ] *v* **1** nukabinti nuo vyrių **2** (su)trikdyti; išmušti iš vėžių
unhinged [ʌn'hɪndʒd] *a* sutrikęs; *his mind is* ~ jis pamišęs
unhip [ʌn'hɪp] *a sl.* nemadingas
unholy [ʌn'həulɪ] *a* **1** nešventas, nešventintas **2** bedieviškas; nuodėmingas, nedoras; ~ *alliance* nedora sąjunga **3** *attr šnek.* velniškas, baisus, siaubingas; ~ *noise [row]* baisus triukšmas [skandalas]
unhook [ʌn'huk] *v* **1** at(si)segti kabliukus; atkabinti kabliuką **2** nukabinti nuo kablio
unhoped-for [ʌn'həuptfɔː] *a* netikėtas, nelauktas
unhopeful [ʌn'həupfəl] *a* **1** neteikiantis vilčių, nedrąsinantis **2** pesimistiškas
unhorse [ʌn'hɔːs] *v* **1** numesti nuo arklio; išmesti iš balno **2** pašalinti *(iš tarnybos)*
unhoused [ʌn'hauzd] *a* benamis
unhung [ʌn'hʌŋ] *past ir pII žr.* **unhang**
unhurried [ʌn'hʌrɪd] *a* neskubus, lėtas
unhurt [ʌn'hɜːt] *a predic* gyvas ir sveikas, nenukentėjęs, nesužalotas
unhusk [ʌn'hʌsk] *v ž. ū.* lukštenti, gliaudyti
unhygienic [ˌʌnhaɪ'dʒiːnɪk] *a* nehigieniškas; nesveikas
unhyphenated [ʌn'haɪfəneɪtɪd] *a* rašomas be brūkšnelio
uni ['juːnɪ] *n sutr. šnek. (ypač austral.)* universitetas
uni- ['juːnɪ-] *(sudurt. žodžiuose)* vien(a)-; *uniaxial* vien(a)ašis; *unicolor* vienspalvis
uniate ['juːnɪeɪt] *n bažn.* unitas
unicameral [ˌjuːnɪ'kæmərəl] *a polit.* vienerių rūmų
unicellular [ˌjuːnɪ'seljulə] *a biol.* vienaląstis
unicorn ['juːnɪkɔːn] *n mit.* vien(a)ragis
unicorn-fish ['juːnɪkɔːnfɪʃ] *n zool.* vien(a)ragis, narvalas
unicycle ['juːnɪˌsaɪkl] *n* vienratis *(cirko važiuoklė)*

unidentified [ˌʌnaɪ'dentɪfaɪd] *a* neatpažintas, neidentifikuotas, nenustatytas; ~ *flying object* neatpažintas skraidantis objektas

unidirectional [ˌjuːnɪdɪ'rekʃnəl] *a spec.* vienakryptis

unification [ˌjuːnɪfɪ'keɪʃn] *n* **1** su(si)vienijimas, vienijimas(is) **2** unifikacija, (su)vienodinimas

uniflow ['juːnɪfləu] *a tech.* tiesiasrovis *(apie kompresorių ir pan.)*

uniform ['juːnɪfɔːm] <*n*, *a*, *v*> *n* uniforma; *out of* ~ neuniformuotas; *he wasn't in* ~ jis buvo be uniformos *a* **1** pastovus, nesikeičiantis; nekintamas **2** vienodas; vienarūšis; ~ *cargo* vienarūšis krovinys **3** vienodas; ~ *prices* vienodosios kainos **4** uniforminis **5** *fiz., tech.* tolyginis, tolygusis
v **1** aprengti uniforma **2** (su)vienodinti

uniformed ['juːnɪfɔːmd] *a* uniformuotas

uniformity [ˌjuːnɪ'fɔːmətɪ] *n* vienodumas, vienarūšiškumas

unify ['juːnɪfaɪ] *v* **1** (su)vienyti, (su)jungti **2** unifikuoti, (su)vienodinti

unilateral [ˌjuːnɪ'lætərəl] *a* **1** vienašališkas, vienašalis, vienapusis; ~ *disarmament* vienašalis nusiginklavimas; ~ *parking* tik vienoje gatvės pusėje leidžiamas automobilių stovėjimas **2** vienašonis

unilateralism [ˌjuːnɪ'lætərəlɪzm] *n* vienašalio nusiginklavimo politika

unilingual [ˌjuːnɪ'lɪŋgwəl] *a* vien(a)kalbis

unimaginable [ˌʌnɪ'mædʒɪnəbl] *a* neįsivaizduojamas

unimaginative [ˌʌnɪ'mædʒɪnətɪv] *a* **1** neturintis vaizduotės **2** paprastas, kasdieniškas

unimpaired [ˌʌnɪm'pɛəd] *a* nesusilpnėjęs; nepažeistas, nenukentėjęs

unimpeachable [ˌʌnɪm'piːtʃəbl] *a* nepriekaištingas; *on* ~ *authority* iš visiškai patikimo šaltinio *(apie informaciją)*

unimpeded [ˌʌnɪm'piːdɪd] *a* be kliūčių, nekliudomas, nenutraukiamas

unimportant [ˌʌnɪm'pɔːtənt] *a* nesvarbus; nežymus

unimpressed [ˌʌnɪm'prest] *a* nepaveiktas, nesusijaudintas

unimpressive [ˌʌnɪm'presɪv] *a* neįspūdingas, vidutinis

unimprovable [ˌʌnɪm'pruːvəbl] *a* **1** nepataisomas **2** nepriekaištingas, tobulas

unimproved [ˌʌnɪm'pruːvd] *a* **1** ne(pa)taisytas, nepagerintas; nepasitaisęs, nepagerėjęs **2** nenaudojamas, neapdirbtas *(apie žemę)* **3** nepanaudotas; ~ *opportunities* nepanaudotos galimybės, praleistos progos

unincorporated [ˌʌnɪn'kɔːpəreɪtɪd] *a* neturintis juridinio asmens statuso, neinkorporuotas

uninfluenced [ʌn'ɪnfluənst] *a* iš anksto (šališkai) nenusistatęs/nepaveiktas

uninformed [ˌʌnɪn'fɔːmd] *a* **1** neinformuotas, nežinantis, nesusipažinęs **2** neišmanantis, nemokytas

uninhabitable [ˌʌnɪn'hæbɪtəbl] *a* netinkamas gyventi, negyvenamas

uninhabited [ˌʌnɪn'hæbɪtɪd] *a* negyvenamas, neapgyventas

uninhibited [ˌʌnɪn'hɪbɪtɪd] *a* **1** nevaržomas, laisvas *(apie elgesį ir pan.)* **2** *psich.* neprislopintas, nenuslopintas

uninitiated [ˌʌnɪ'nɪʃɪeɪtɪd] *a* nesusipažinęs; neįpratęs
n (the ~) nesusipažinusieji, nenusimanantieji, profanai

uninjured [ʌn'ɪndʒəd] *a* **1** nesužeistas, nesužalotas, nenukentėjęs **2** neįžeistas

uninspired [ˌʌnɪn'spaɪəd] *a* **1** neįkvėptas; *his writing is* ~ jis rašo be įkvėpimo **2** nekeliantis susidomėjimo/entuziazmo

uninspiring [ˌʌnɪn'spaɪərɪŋ] *a* neįkvepiantis; neįdomus

uninstructed [ˌʌnɪn'strʌktɪd] *a* **1** neinformuotas, nežinantis **2** negavęs instrukcijų

uninsured [ˌʌnɪn'ʃuəd, ˌʌnɪn'ʃɔːd] *a* neapdraustas

unintelligent [ˌʌnɪn'telɪdʒənt] *a* **1** neprotingas, neišmintingas, nesumanus **2** nemokšiškas

unintelligible [ˌʌnɪn'telɪdʒəbl] *a* nesuprantamas, neįskaitomas *(apie rašyseną ir pan.)*

unintended [ˌʌnɪn'tendɪd] *a* nenumatytas; netyčinis

uninterested [ʌn'ɪntrɪstɪd] *a* **1** nesuinteresuotas, nesidomintis *(in)* **2** abejingas

uninterrupted [ˌʌnɪntə'rʌptɪd] *a* **1** nepertraukiamas; nepertrauktas **2** nenutrūkstamas; ~ *growth of production* nenutrūkstamas gamybos augimas

uninvited [ˌʌnɪn'vaɪtɪd] *a* nekviestas, neprašytas

uninviting [ˌʌnɪn'vaɪtɪŋ] *a* nepatraulus, neviliojantis; neapetitiškas

union ['juːnɪən] *n* **1** *(valstybių, organizacijų)* sąjunga; *the U.* a) *amer.* Jungtinės Valstijos; b) Jungtinė Karalystė; *customs* ~ muitų sąjunga **2** profesinė sąjunga *(amer. t. p. labour ~); closed* ~ profsąjunga, kurios narių skaičius ribojamas; *to join the* ~ įstoti į profsąjungą; *vertical [industrial]* ~ *amer.* vertikalioji [gamybinė] profesinė sąjunga *(apimanti vienos pramonės šakos darbuotojus)* **3** *(studentų)* klubas, draugija **4** susivienijimas, unija; *the U. (of England and Scotland) ist.* Anglijos ir Škotijos unija **5** sutarimas, santaika, santarvė **6** santuoka; ~ *of hearts* santuoka iš meilės **7** *ist. (kelių parapijų išlaikoma)* vargšų prieglauda; *to go into the* ~ eiti *(gyventi)* į prieglaudą **8** *tech.* įmova, nipelis; atvamzdis, štuceris **9** *attr. U. Jack/Flag* Jungtinės Karalystės valstybės vėliava; ~ *card* profsąjungos nario bilietas; ~ *shop amer.* įmonė, kurioje gali dirbti tik profsąjungos nariai; ~ *cloth* pusvilnonis audinys; ~ *suit amer. (vyriškas)* apatinis kombinezonas ◊ *in* ~ *there is strength pat.* vienybė – galybė

unionism ['juːnɪənɪzm] *n* **1** tredjunionizmas **2** *(U.) ist.* unionizmas

unionist ['juːnɪənɪst] *n* **1** profesinės sąjungos narys **2** *(U.) ist.* unionistas *(savivaldos suteikimo Airijai priešininkas; amer. federacijos šalininkas pilietinio karo metu)*

unionize ['juːnɪənaɪz] *v* **1** sujungti, suvienyti **2** su(si)burti į profesines sąjungas

union-made ['juːnɪən'meɪd] *a* pagamintas darbininkų – profesinės sąjungos narių

uniparous [juː'nɪpərəs] *a* vedantis tik po vieną palikuonį

unipolar [juː'nɪpəulə] *a spec.* vienpolis; unipolinis

unique [juː'niːk] *a* **1** unikalus; vienintelis **2** nepaprastas; nepakartojamas, neprilygstamas **3** specifinis *(to)*
n unikumas

unisex ['juːnɪseks] *a (skirtas, tinkamas)* abiejų lyčių asmenims *(ypač apie drabužius)*

unisexual [ˌjuː'nɪsekʃuəl] *a biol.* vienalytis

unison ['juːnɪsn, 'juːnɪzn] *n* **1** *muz.* unisonas; *to sing in* ~ dainuoti unisonu **2** sutarimas, santarvė; *in* ~ a) sutartinai, santarvėje; b) kartu, vienu metu

unisonous [juː'nɪsənəs] *a* **1** *muz.* vienbalsis **2** *prk.* darnus

unit ['juːnɪt] *n* **1** vienetas *(t. p. mat., med.)*; visuma; ~ *vector* vienetinis vektorius **2** *(matų)* vienetas; *currency/monetary* ~ piniginis vienetas; *volume* ~ tūrio vienetas; *a* ~ *of length* ilgio vienetas **3** skyrius, grupė; *control* ~ griežtojo režimo sektorius *(kalėjime)* **4** sekcija; *assembly* ~ surinkimo cechas; *kitchen* ~ virtuvės sekcija; ~ *furniture* sekciniai baldai **5** *amer.* bendras išdirbtų klasėje valandų skaičius, reikalingas įskaitai gauti *(universitete)* **6** *spec.* agregatas; sekcija; elementas; mazgas, blokas **7** *kar.* dalis, dalinys ◊ ~ *rule amer.* nuostatas, pagal kurį visi valstijos delegatai balsuoja už daugumos kandidatą

unitary ['ju:nɪtᵊrɪ] *a* **1** vienetinis **2** *spec.* unitarinis; suvienytas; ~ *state* unitarinė valstybė

unite [ju:'naɪt] *v* **1** jungti(s), su(si)jungti; vienyti(s), su(si)vienyti; *to ~ two parties* sujungti dvi partijas; *we must ~ to fight against rascism* mes turime vienytis kovai su rasizmu **2** su(si)tuokti

united [ju:'naɪtɪd] *a* **1** jungtinis; sujungtas; suvienytas; *U. Kingdom* Jungtinė Karalystė; *U. Nations* Jungtinės Tautos; *U. States of America* Jungtinės Amerikos Valstijos; *U. Arab Emirates* Jungtiniai Arabų Emyratai **2** vieningas; ~ *family* vieninga šeima **3** bendras; ~ *effort* bendros pastangos ◊ ~ *we stand, divided we fall pat.* vienybė – galybė

unity ['ju:nətɪ] *n* **1** vienybė, vieningumas; *national ~* tautos vienybė **2** sutarimas, santarvė; *to live in ~* gyventi santarvėje **3** vienumas; vienovė; *the dramatic unities* laiko, vietos ir veiksmo vienumas *(klasikinėje dramoje);* ~ *of form and content* turinio ir formos vienovė **4** *mat.* vienetas ◊ ~ *is strength pat.* vienybė – galybė

univalve ['ju:nɪvælv] *zool. n* viengeldis moliuskas *a* viengeldis

universal [ju:nɪ'vɜ:sl] *a* **1** visuotinis; pasaulinis; ~ *primary education* visuotinis pradinis mokslas **2** universalus, visapusiškas, įvairiapusiškas; ~ *joint tech.* universalusis lankstas
n spec. universalija

universality [ju:nɪvɜ:'sælətɪ] *n* universalumas; visuotinumas

universalize [ju:nɪ'vɜ:səlaɪz] *v* **1** taikyti universaliai **2** daryti universalų/visuotinį

universally [ju:nɪ'vɜ:səlɪ] *adv* **1** universaliai; visuotinai; *this principle is ~ applicable* tai universalus principas; ~ *accepted* visuotinai pripažintas **2** visur; *tips are now almost ~ inclued in bills* arbatpinigiai dabar beveik visur įtraukiami į sąskaitą

universe ['ju:nɪvɜ:s] *n* pasaulis, visata; kosmosas

university [ju:nɪ'vɜ:sətɪ] *n* **1** universitetas; *Open U.* neakivaizdinio mokymo universitetas; ~ *education* universitetinis/aukštasis išsilavinimas; *U. Extension* a) universiteto organizuojami kursai; b) vakarinis fakultetas **2** *kuop.* universiteto studentai ir dėstytojai **3** universiteto *(sporto)* komanda

unjammable [ʌn'dʒæməbl] *a rad., tel.* atsparus trukdymams

unjoin [ʌn'dʒɔɪn] *v* išskirti

unjust [ʌn'dʒʌst] *a* neteisingas; neteisus

unjustifiable [ʌn'dʒʌstɪfaɪəbl] *a* nepateisinamas, nedovanotinas

unjustified [ʌn'dʒʌstɪfaɪd] *a* nepateisintas, nepagrįstas

unkempt [ʌn'kempt] *a* **1** ne(su)šukuotas, susivėlęs **2** netvarkingas **3** nenušlifuotas *(apie stilių)*

unkennel [ʌn'kenl] *v* **1** *spec.* išvyti iš urvo; paleisti iš būdos **2** *knyg.* demaskuoti, atskleisti

unkept [ʌn'kept] *a* **1** neprižiūrėtas, apleistas **2** nevykdomas, ignoruojamas

unkind [ʌn'kaɪnd] *a* negeras, negeranoriškas; be gailesčio; žiaurus

unkindly [ʌn'kaɪndlɪ] *adv* **1** nemaloniai, piktai **2** įžeidžiamai; *don't take it ~ if I say that...* neįsižeisk, jei aš pasakysiu, kad...

unking [ʌn'kɪŋ] *v ret.* nuversti nuo sosto

unknit [ʌn'nɪt] *v* išardyti *(mezginį)*

unknot [ʌn'nɔt] *v* atmegzti, atrišti *(mazgą)*

unknowable [ʌn'nəuəbl] *a* nepažinus; nesuvokiamas, nesuprantamas

unknowingly [ʌn'nəuɪŋlɪ] *adv* nežiniomis

unknown [ʌn'nəun] *a* nežinomas; nepažįstamas ◊ ~ *to me* man nežinant, be mano žinios
n **1** *(the ~)* nežinomybė **2** mažai žinomas, negarsus žmogus; nepažįstamasis **3** *mat.* nežinomasis

unlabelled [ʌn'leɪbld] *a* be etiketės/kortelės

unlace [ʌn'leɪs] *v* at(si)varstyti, at(si)raišioti

unlade [ʌn'leɪd] *v* (unladed; unladed, unladen) iškrauti; nuimti naštą

unladen [ʌn'leɪdn] *pII žr.* **unlade**
a neapsunkintas; neapsisunkinęs, neapsikrovęs *(t. p. prk.);* ~ *weight* svoris be krovinio

unladylike [ʌn'leɪdɪlaɪk] *a* **1** nemoteriškas **2** prastų manierų; nepadorus

unlaid [ʌn'leɪd] *past ir pII žr.* **unlay**

unlamented [,ʌnlə'mentɪd] *a* neapverktas, neapraudotas

unlatch [ʌn'lætʃ] *v* atstumti/atsklęsti velkę

unlawful [ʌn'lɔ:fəl] *a* **1** neteisėtas, neįstatymiškas **2** nesantuokinis *(apie vaiką)*

unlay [ʌn'leɪ] *v* (unlaid) išsukti/išvyti/išpinti virvę/lyną

unleaded [ʌn'ledɪd] *a* neetiliuotas *(apie benziną)*

unlearn [ʌn'lɜ:n] *v* (unlearnt, unlearned) pamiršti tai, kas mokėta/žinota; atprasti

unlearned *a* **1** [ʌn'lɜ:nɪd] nemokytas, neišsilavinęs; bemokslis **2** [ʌn'lɜ:nt] neišmoktas

unlearnt [ʌn'lɜ:nt] *past ir pII žr.* **unlearn**

unleash [ʌn'li:ʃ] *v* **1** paleisti nuo saito **2** *prk.* sukelti; išlieti *(jausmus; on); the article ~ed a storm of protest* straipsnis sukėlė protestų audrą

unleavened [ʌn'levnd] *a* **1** neraugintas *(apie duoną)* **2** nepagyvintas, nepaįvairintas *(by, with)*

unless [ən'les, ʌn'les] *conj* **1** jei ne; nebent; ~ *and until* kol ne; tik tada, kai; ~ *I am mistaken* jei aš neklystu; *she can't take a job ~ she finds a nanny* ji negali pradėti dirbti, nebent rastų auklę **2** išskyrus (kai); *we eat out on Saturdays ~ one of us is working late* šeštadieniais mes valgome restorane, išskyrus kai vienas iš mūsų dirba vėlai

unlettered [ʌn'letəd] *a* **1** neišsilavinęs, neišprusęs **2** beraštis

unlicensed [ʌn'laɪsᵊnst] *a* be licencijos, neturintis licencijos/leidimo

unlike [ʌn'laɪk] *a* nepanašus, nevienodas, skirtingas; ~ *charges fiz.* įvairiarūšiai krūviai; ~ *signs mat.* skirtingi *(pliuso ir minuso)* ženklai
prep skirtingai nuo, ne taip kaip, ne toks (kaip); ~ *his friends, he...* skirtingai nuo savo draugų, jis...; *it is ~ him to refuse* jam nebūdinga atsisakinėti, jis ne toks žmogus, kad atsisakytų

unlikelihood [ʌn'laɪklɪhud] *n* neįtikimumas

unlikely [ʌn'laɪklɪ] *a* **1** *predic* nepanašu (į tiesą); *it is ~...* vargu ar, vargiai...; *they are ~ to marry* nepanašu, kad jie susituoktų, jie tikriausiai nesusituoks; *it is not ~ that...* visai įmanoma, kad... **2** neįtikėtinas, neįtikimas **3** nieko gera nežadantis, nemalonus; nepatrauklus

unlimited [ʌn'lɪmɪtɪd] *a* beribis, neribotas; neapibrėžtas; ~ *credit* neribotas kreditas

unlined[1] [ʌn'laɪnd] *a* **1** neliniuotas, be linijų **2** be raukšlių, neraukšlėtas

unlined[2] *a* be pamušalo; nepamuštas

unlink [ʌn'lɪŋk] *v* atkabinti; atjungti

unlisted [ʌn'lɪstɪd] *a* **1** neįtrauktas į sąrašą *(ypač telefono abonentų)* **2** *fin.* neregistruotas, nekotiruotas

unlit [ʌn'lɪt] *a* **1** neuždegtas, neužžiebtas **2** neapšviestas, tamsus

unlive [ʌn'lɪv] v pakeisti gyvenimo būdą, gyventi kitaip; stengtis užmiršti/užtrinti *(praeitį)*

unload [ʌn'ləud] v 1 iškrauti; *to ~ a lorry* iškrauti sunkvežimį; *the ship is ~ing at the dock right now* laivas kaip tik dabar iškraunamas doke 2 nuimti/nukrauti naštą 3 atsikratyti; *hundreds of cheap videos were ~ed on the British market* šimtai pigių vaizdajuosčių buvo išmesti į Anglijos rinką 4 užkrauti *(savo problemas ir pan.; on – kam)* 5 išlieti *(pyktį ir pan.)* 6 *kar.* ištaisyti; išimti šovinius

unlock [ʌn'lɔk] v 1 atrakinti; atidaryti, atverti *(t. p. prk.); to ~ one's heart* atverti širdį 2 *tech.* išjungti

unlooked-for [ʌn'luktfɔ:] a nelauktas, nenumatytas, netikėtas

unloose, unloosen [ʌn'lu:s, ʌn'lu:sn] v 1 atleisti, atrišti 2 paleisti

unlovable [ʌn'lʌvəbl] a 1 nevertas meilės 2 nepatrauklus, nemielas

unloved [ʌn'lʌvd] a nemylimas; nemėgstamas

unlovely [ʌn'lʌvlɪ] a neišvaizdus; nepatrauklus, atstumiantis

unluckily [ʌn'lʌkɪlɪ] adv mod nelaimei

unlucky [ʌn'lʌkɪ] a nelaimingas; nesėkmingas; *how ~!* kokia nelaimė!; *it was ~ for John that...* Džonui nepasisekė, kad...; *he is ~ in love* jam nesiseka meilė

unmade [ʌn'meɪd] *past ir pII žr.* **unmake** *a* nepaklotas *(apie lovą)*

unmake [ʌn'meɪk] v (unmade) 1 sunaikinti, suardyti *(kas buvo padaryta);* anuliuoti 2 perdaryti, perdirbti 3 pažeminti *(kieno pareigas, laipsnį);* atleisti *(iš pareigų);* nuversti *(nuo sosto)*

unman [ʌn'mæn] v 1 atimti/palaužti vyriškumą/drąsą/narsą/ištvermę 2 (iš)kastruoti

unmanageable [ʌn'mænɪdʒəbl] a 1 sunkiai suvaldomas/apdorojamas; *these boxes are ~* šių dėžių iš vietos nepajudinsi 2 sunkiai auklėjamas, sunkus, nepaklusnus *(apie vaiką)*

unmanly [ʌn'mænlɪ] a nevyriškas; bailus; silpnas; *it is ~ to weep* vyrai neverkia

unmanned [ʌn'mænd] a 1 nesukomplektuotas; be žmonių 2 *av.* nepilotuojamas; automatiškai valdomas

unmannerly [ʌn'mænəlɪ] a neišauklėtas, prastų manierų; šiurkštus, storžieviškas

unmapped [ʌn'mæpt] a nepažymėtas žemėlapyje

unmarked [ʌn'mɑ:kt] a 1 ne(pa)žymėtas 2 ne(iš)taisytas 3 be žymių; be dėmių *(apie odą)*

unmarketable [ʌn'mɑ:kɪtəbl] a *kom.* netinkamas rinkai/parduoti

unmarried [ʌn'mærɪd] a nevedęs; netekėjusi; *~ mother* vieniša motina

unmarrigeable [ʌn'mærɪdʒəbl] a nesulaukęs vedybinio amžiaus, negalintis tuoktis

unmask [ʌn'mɑ:sk] v 1 nuplėšti/nu(si)imti kaukę 2 demaskuoti, išaiškinti; at(si)skleisti 3 *kar.* susekti, pastebėti; demaskuoti

unmatched [ʌn'mætʃt] a neturintis sau lygių, neprilygstamas

unmeaning [ʌn'mi:nɪŋ] a 1 beprasmis, beprasmiškas 2 neišraiškingas *(apie veidą)*

unmeant [ʌn'ment] a netyčinis, nesąmoningas

unmeasured [ʌn'meʒəd] a 1 neišmatuotas 2 neišmatuojamas, beribis

unmentionable [ʌn'menʃnəbl] a 1 neminėtinas 2 neapsakomas *(apie kančias ir pan.)* n pl psn. euf. kelnės; juok. apatiniai drabužiai

unmerchantable [ʌn'mə:tʃəntəbl] a = **unmarketable**

unmerciful [ʌn'mə:sɪfəl] a negailestingas, kietaširdis

unmercifully [ʌn'mə:sɪfəlɪ] adv be gailesčio, negailestingai

unmerited [ʌn'merɪtɪd] a nepelnytas, neužtarnautas

unmet [ʌn'met] a nepatenkintas, neįvykdytas *(apie reikalavimus ir pan.)*

unmindful [ʌn'maɪndfəl] a nekreipiantis dėmesio, nedėmesingas, neatidus; užmaršus *(of)*

unmistakable [ˌʌnmɪ'steɪkəbl] a neabejotinas, aiškus, akivaizdus, tikras

unmitigated [ʌn'mɪtɪgeɪtɪd] a 1 absoliutus, visiškas, tikras; *~ scoundrel* tikras/bjauriausias niekšas 2 nesumažėjęs, nesusilpnėjęs; nesumažintas *(by)*

unmixed [ʌn'mɪkst] a be priemaišų, grynas

unmolested [ˌʌnmə'lestɪd] a be kliūčių, netrukdomas

unmoor [ʌn'muə] v *jūr.* atsišvartuoti

unmoral [ʌn'mɔrəl] a nedorovingas, amoralus, nemoralus

unmortgaged [ʌn'mɔ:gɪdʒd] a neįkeistas, neužstatytas *(apie turtą)*

unmounted [ʌn'mauntɪd] a 1 neaptaisytas *(apie brangakmenį)* 2 neapkraštuotas *(apie fotografiją);* neįrėmintas *(apie paveikslą)* 3 pėsčias, neraitas

unmourned [ʌn'mɔ:nd] a neapraudotas, neapverktas

unmoved [ʌn'mu:vd] a 1 nesujaudintas, ramus; abejingas 2 nepajudintas; nejudamas

unmuffle [ʌn'mʌfl] v 1 nuimti šaliką 2 *tech.* nuimti duslintuvą

unmurmuring [ʌn'mə:mərɪŋ] a nemurmantis, nesiskundžiantis; nuolankus

unmusical [ʌn'mju:zɪkl] a 1 nemuzikalus 2 nemelodingas; nedarnus *(apie garsus)*

unmuzzle [ʌn'mʌzl] v 1 numauti antsnukį 2 leisti laisvai kalbėti, nevaržyti

unnameable [ʌn'neɪməbl] a neįvardijamas, nenusakomas *(ypač apie ydas)*

unnamed [ʌn'neɪmd] a 1 bevardis, be vardo 2 nepaminėtas; nežinomas

unnatural [ʌn'nætʃrəl] a 1 nenatūralus; dirbtinis 2 nenormalus 3 nežmoniškas; beširdis; *~ crimes* siaubingi nusikaltimai 4 nepaprastas, keistas; *~ silence* nepaprasta/keista tyla

unnaturally [ʌn'nætʃrəlɪ] adv 1 nenatūraliai 2 nenormaliai ◊ *not ~ mod* ne be pagrindo, suprantama

unnecessary [ʌn'nesəsərɪ] a nereikalingas, bereikalingas; *~ luxury* pernelyg didelė prabanga

unnerve [ʌn'nə:v] v 1 atimti pasitikėjimą/drąsą; pakirsti jėgas 2 nervinti, erzinti

unnerving [ʌn'nə:vɪŋ] a nervinantis; bauginantis

unnoted [ʌn'nəutɪd] a nepastebėtas; nepažymėtas

unnoticed [ʌn'nəutɪst] a nepastebėtas, nepamatytas

unnumbered [ʌn'nʌmbəd] a 1 nenumeruotas, nepažymėtas numeriu 2 ne(su)skaičiuotas 3 *knyg.* be skaičiaus, nesuskaitomas, nesuskaičiuojamas

unnurtured [ʌn'nə:tʃəd] a neišauklėtas; neišugdytas

unobjectionable [ˌʌnəb'dʒekʃnəbl] a 1 ne(su)keliantis prieštaravimų; priimtinas 2 neatstumiantis; neįžeidžiamas

unobservant [ˌʌnəb'zə:vənt] a nepastabus, neatidus

unobserved [ˌʌnəb'zə:vd] a nepastebėtas

unobstructed [ˌʌnəb'strʌktɪd] a be kliūčių, laisvas *(apie kelią ir pan.);* neužstotas *(apie vaizdą)*

unobtainable [ˌʌnəb'teɪnəbl] a nepasiekiamas; negaunamas

unobtrusive [ˌʌnəb'tru:sɪv] a 1 neįkyrus, nelandus, netrukdantis 2 nekrintantis į akis

unoccupied [ʌn'ɔkjupaɪd] a 1 neužimtas, laisvas 2 negyvenamas, tuščias 3 dykinėjantis, dykas 4 *kar.* neokupuotas

unoffending [ˌʌnəˈfendɪŋ] *a* nekaltas, neįžeidžiamas
unofficial [ˌʌnəˈfɪʃl] *a* **1** neoficialus **2** nepatvirtintas, ne visai tikras
unopened [ʌnˈəupənd] *a* **1** neatidarytas **2** neatplėštas *(apie voką ir pan.)*
unopposed [ˌʌnəˈpəuzd] *a* nesutinkantis pasipriešinimo; nesukėlęs ginčo/nepritarimo; *he was returned ~* jis buvo išrinktas kaip vienintelis kandidatas
unorganized [ʌnˈɔːgənaɪzd] *a* **1** neorganizuotas, blogai organizuotas **2** nepriklausantis organizacijai/profsąjungai *ir pan.*
unoriginal [ˌʌnəˈrɪdʒənl] *a* **1** neoriginalus **2** skolintas, paimtas *(iš ko)*
unorthodox [ʌnˈɔːθədɔks] *a* neortodoksinis, neatitinkantis normų, ne visuotinai pripažintas; neortodoksalus
unostentatious [ˌʌnɔstenˈteɪʃəs] *a* nekrintantis į akis, skoningas, kuklus
unowned [ʌnˈəund] *a* **1** be šeimininko, be savininko **2** nepri(si)pažintas
unpack [ʌnˈpæk] *v* **1** išpakuoti, iškrauti; *I'll ~ my dresses* aš išsiimsiu drabužius *(iš lagamino ir pan.)* **2** *spec.* dešifruoti *(informaciją ir pan.);* atskleisti *(prasmę)*
unpaged [ʌnˈpeɪdʒd] *a* ne(su)numeruotais puslapiais
unpaid [ˌʌnˈpeɪd] *a* **1** ne(ap)mokamas; *~ work* neapmokamas darbas **2** neužmokėtas, neapmokėtas; *~ for* paimtas į kreditą
unpaired [ʌnˈpɛəd] *a* be poros, neporinis
unpalatable [ʌnˈpælətəbl] *a* **1** neskanus **2** nemalonus *(apie tiesą ir pan.)*
unparalleled [ʌnˈpærəleld] *a* **1** neprilygstamas, neturintis sau lygaus **2** neturintis pavyzdžio, beprecedentis
unpardonable [ʌnˈpɑːdnəbl] *a* nedovanotinas
unparental [ˌʌnpəˈrentl] *a* nebūdingas tėvams
unparliamentary [ˌʌnpɑːləˈmentᵊrɪ] *a* neparlamentiškas, nederamas parlamente
unpatented [ʌnˈpeɪtəntɪd, ʌnˈpætəntɪd] *a* nepatentuotas
unpaved [ʌnˈpeɪvd] *a* negrįstas
unpeg [ʌnˈpeg] *v* **1** ištraukti kaištį, medines vinis; atleisti, atidaryti **2** *fin.* dirbtinai nebepalaikyti, leisti kilti *(kainoms, biržos kursui)*
unpensioned [ʌnˈpenʃnd] *a* negaunantis pensijos; neturintis teisės gauti pensiją
unpeople *n* [ˈʌnpiːpl] *menk.* žmogiūkščiai, ne žmonės; ≅ argi tai žmonės?
v [ʌnˈpiːpl] palikti be žmonių/gyventojų
unperceived [ˌʌnpəˈsiːvd] *a* nepajustas, nepastebėtas
unperformed [ˌʌnpəˈfɔːmd] *a* neatliktas, neįvykdytas
unperson [ˈʌnpəːsn] *n* buvusi persona *(veikėjas, netekęs savo padėties)*
unpersuadable [ˌʌnpəˈsweɪdəbl] *a* neįkalbamas, neperkalbamas
unperturbed [ˌʌnpəˈtəːbd] *a* nesujaudintas, nesutrikęs, ramus
unpick [ʌnˈpɪk] *v* **1** (iš)ardyti *(siūlę ir pan.)* **2** atskirti *(tiesą, faktus; from – nuo)*
unpicked [ʌnˈpɪkt] *a* **1** išardytas **2** neatrinktas; ne(su)rūšiuotas **3** ne(nu)skintas; ne(su)rinktas *(apie vaisius)*
unpin [ʌnˈpɪn] *v* ištraukti smeigtukus/smeigtuką; atsegti
unplaced [ʌnˈpleɪst] *a* **1** be vietos; esantis ne savo vietoje **2** be tarnybos, neįdarbintas **3** neužėmęs vienos iš trijų pirmų vietų *(lenktynėse)*
unplanned [ʌnˈplænd] *a* neplaninis; neplanuotas
unpleasant [ʌnˈpleznt] *a* nemalonus, nesmagus, atstumiantis

unpleasantness [ʌnˈplezntnɪs] *n* **1** nemalonumas, nesmagumas **2** nesusipratimas, kivirčas ◊ *the late ~ juok.* JAV pilietinis karas
unplug [ʌnˈplʌg] *v* **1** ištraukti šakutę/kištuką *(iš lizdo); to ~ the TV* išjungti televizorių **2** atkimšti, atkišti; ištraukti volę
unplumbed [ʌnˈplʌmd] *a* **1** neišmatuotas *(apie jūros gylį)* **2** nesuprastas/neištirtas iki galo
unpointed [ʌnˈpɔɪntɪd] *a* **1** nenusmailintas, nenudrožtas **2** lėkštas, nesąmojingas, nešmaikštus **3** be skyrybos ženklų
unpolished [ʌnˈpɔlɪʃt] *a* **1** nenušlifuotas *(t. p. prk.);* nepoliruotas, negludintas; nevaškuotas *(apie grindis)* **2** neblizgantis, nevalytas *(apie avalynę)*
unpolitical [ˌʌnpəˈlɪtɪkl] *a* **1** nepolitinis, neturintis nieko bendra su politika **2** apolitiškas
unpolled [ʌnˈpəuld] *a* **1** nebalsavęs, nedalyvavęs rinkimuose **2** neapklaustas, nedalyvavęs apklausoje
unpolluted [ˌʌnpəˈluːtɪd] *a* neužterštas
unpopular [ʌnˈpɔpjulə] *a* nepopuliarus; nemėgstamas *(with); he made himself ~ among his colleagues* jis susigadino santykius su kolegomis
unpopulated [ʌnˈpɔpjuleɪtɪd] *a* neapgyventas, neapgyvendintas
unpossessed [ˌʌnpəˈzest] *a* **1** neturintis nuosavybės, nevaldantis turto *(of)* **2** be savininko, neturintis savininko
unposted [ʌnˈpəustɪd] *a* **1** nepasiųstas paštu; neįmestas į pašto dėžutę **2** neinformuotas
unpractical [ʌnˈpræktɪkl] *a* nepraktiškas **2** nerealus *(apie planą)*
unpractised [ʌnˈpræktɪst] *a* **1** nepatyręs, neįgudęs **2** nevartojamas; nevartotas
unprecedented [ʌnˈpresɪdentɪd] *a* neturintis precedento, beprecedentis, negirdėtas
unpredictable [ˌʌnprɪˈdɪktəbl] *a* neišpranašaujamas, nenumatomas, nenuspėjamas; *the weather in England is ~* orą Anglijoje sunku prognozuoti
unprefaced [ˌʌnˈprefɪst] *a* be įžangos; be pratarmės
unprejudiced [ʌnˈpredʒudɪst] *a* be išankstinio nusistatymo; nešališkas, objektyvus
unpremeditated [ˌʌnprɪˈmedɪteɪtɪd] *a* **1** neapgalvotas iš anksto **2** *teis.* netyčinis
unprepared [ˌʌnprɪˈpɛəd] *a* be pasiruošimo, nepasiruošęs; neparuoštas; *I was not ~ for it* aš buvau tam pasiruošęs, to laukiau
unprepossessing [ˌʌnpriːpəˈzesɪŋ] *a* nesimpatingas, nepatrauklus, neišvaizdus
unpresentable [ˌʌnprɪˈzentəbl] *a* **1** nesolidus, neorus, neišvaizdus **2** blogos reputacijos
unpresuming [ˌʌnprɪˈzjuːmɪŋ] *a* savęs nepervertinantis, neišpuikęs, kuklus
unpretending [ˌʌnprɪˈtendɪŋ] *a* = **unpretentious**
unpretentious [ˌʌnprɪˈtenʃəs] *a* nepretenzingas, be pretenzijų, paprastas
unpriced [ʌnˈpraɪst] *a* **1** neįkainotas, neturintis nustatytos kainos, be etiketės **2** neįkainojamas
unprincipled [ʌnˈprɪnsəpld] *a* beprincipis; neprincipingas
unprintable [ʌnˈprɪntəbl] *a* nespausdintinas, netinkamas spausdinti, necenzūrinis
unprivileged [ʌnˈprɪvɪlɪdʒd] *a* **1** neprivilegijuotas **2** *teis.* nekonfidencialus
unprocessed [ʌnˈprəusest] *a* neapdorotas *(apie žaliavą);* neperdirbtas *(apie maisto gaminius)*
unprocurable [ˌʌnprəˈkjuərəbl] *a* kurio negalima gauti, neįgyjamas

unproductive [ˌʌnprə'dʌktɪv] *a* **1** neproduktyvus; nenašus **2** bergždžias, nevaisingas

unprofessional [ˌʌnprə'feʃnəl] *a* **1** neprofesionalus; neprofesinis **2** neatitinkantis profesinės etikos; *a physician's ~ conduct* gydytojo etikos pažeidimas **3** *sport.* ne profesionalų

unprofitable [ʌn'prɒfɪtəbl] *a* **1** nepelningas, nerentabilus **2** nekonstruktyvus, tuščias, nenaudingas

unpromising [ʌn'prɒmɪsɪŋ] *a* neteikiantis vilčių; nieko gera nežadantis

unprompted [ʌn'prɒmptɪd] *a* neįteigtas, kilęs savaime *(apie mintį ir pan.)*; spontaniškas, padarytas savo nuožiūra

unpronounceable [ˌʌnprə'naʊnsəbl] *a* neištariamas, sunkiai ištariamas

unprop [ʌn'prɒp] *v* nuimti atramą/ramstį

unprotected [ˌʌnprə'tektɪd] *a* **1** nesaugomas; neapsaugotas **2** atviras *(apie vietovę)*

unprovided [ˌʌnprə'vaɪdɪd] *a* neaprūpintas *(with)*

unprovided-for [ˌʌnprə'vaɪdɪdfɔ:] *a* **1** be lėšų; *to be left ~* likti be lėšų **2** nenumatytas

unprovoked [ˌʌnprə'vəʊkt] *a* neišprovokuotas, nesukurstytas, nesukeltas

unpublished [ʌn'pʌblɪʃt] *a* **1** neišspausdintas, neišleistas **2** nepaskelbtas

unpunctual [ʌn'pʌŋktʃʊəl] *a* nepunktualus, netikslus; *the trains are ~* traukiniai važinėja ne pagal tvarkaraštį

unpunctuated [ʌn'pʌŋktʃʊeɪtɪd] *a* be skyrybos ženklų

unpunishable [ʌn'pʌnɪʃəbl] *a* nebaudžiamas

unpunished [ʌn'pʌnɪʃt] *a* nenubaustas

unputdownable [ˌʌnpʊt'daʊnəbl] *a* šnek. nuo kurios negalima atsitraukti *(apie skaitomą knygą)*

unpuzzle [ʌn'pʌzl] *v* atspėti, išspręsti

unqualified [ʌn'kwɒlɪfaɪd] *a* **1** nekvalifikuotas, be kvalifikacijos; netinkamas **2** neturintis teisės, nekompetentingas; *I feel ~ to advise you* aš nesu kompetentingas jums patarti **3** besąlygiškas; kategoriškas **4** didelis, akivaizdus; *the play was an ~ success* pjesė turėjo didžiulį pasisekimą

unquantifiable [ʌn'kwɒntɪfaɪəbl] *a* nesuskaitomas, kiekybiškai neapibrėžiamas/neišmatuojamas

unquenchable [ʌn'kwentʃəbl] *a* **1** nenumalšinamas, nenuslopinamas **2** neužgesinamas

unquestionable [ʌn'kwestʃənəbl] *a* **1** neabejotinas, neginčijamas, tikras **2** nepriekaištingas

unquestioned [ʌn'kwestʃənd] *a* **1** neabejotinas, neginčytinas; visų pripažintas **2** neapklaustas, netardytas

unquestioning [ʌn'kwestʃənɪŋ] *a* **1** visiškas, neabejojamas; *~ obedience* visiškas/nepriešteraujamas paklusnumas **2** neklausi(nėj)antis

unquiet [ʌn'kwaɪət] *knyg. n* neramumas *a* **1** neramus; *~ days* neramios dienos **2** sujaudintas, susijaudinęs

unquotable [ʌn'kwəʊtəbl] *a* necenzūriškas, nepadorus

unquote [ʌn'kwəʊt] *v* dėti kabutes *(citatos pabaigoje);* **then he referred to the, quote, "inequality of our circumstances", ~** po to jis paminėjo, cituoju, „mūsų sąlygų nevienodumą", citatos pabaiga

unquoted [ʌn'kwəʊtɪd] *a* nepaminėtas; necituotas

unravel [ʌn'rævl] *v (-ll-)* **1** išnarplioti, išpainioti *(t. p. prk.);* at(si)raizgyti, (at)irti **2** atskleisti; *to ~ a mystery* atskleisti paslaptį

unread [ʌn'red] *a* **1** ne(per)skaitytas; *she returned the book ~* ji grąžino knygą neskaičiusi **2** neapsiskaitęs; neišsilavinęs

unreadable [ʌn'ri:dəbl] *a* **1** neįdomus/nuobodus/netinkamas skaityti **2** neįskaitomas

unready [ʌn'redɪ] *a* **1** nepasiruošęs; neparuoštas *(for)* **2** nesusigaudantis *(ką atsakyti ir pan.)*, nenuovokus **3** nelinkęs, nenorintis *(ką daryti)*

unreal [ʌn'rɪəl] *a* **1** nerealus, įsivaizduojamas **2** netikras, dirbtinis **3** *šnek.* fantastiškas, nuostabus

unrealistic [ˌʌnrɪə'lɪstɪk] *a* nerealistiškas; nerealus, neįvykdomas

unreality [ˌʌnrɪ'ælətɪ] *n* **1** nerealumas; nerealybė **2** atitrūkimas nuo gyvenimo, nerealistiškumas, netikroviškumas

unrealizable [ʌn'rɪəlaɪzəbl] *a* **1** neįgyvendinamas, neįvykdomas **2** nesuvokiamas **3** *kom.* nerealizuojamas

unrealized [ʌn'rɪəlaɪzd] *a* **1** neįgyvendintas, neįvykdytas **2** nepastebėtas, nepasireiškęs *(apie talentą)*

unreason [ʌn'ri:zn] *n* neprotingumas; beprotybė, absurdas

unreasonable [ʌn'ri:znəbl] *a* **1** neprotingas, neišmintingas; neracionalus **2** nenuosaikus, nesaikingas; pernelyg didelis; *~ demand* nepagrįstas reikalavimas; *~ price* pernelyg didelė kaina

unreasoned [ʌn'ri:znd] *a* **1** neapgalvotas; neargumentuotas **2** iracionalus

unreasoning [ʌn'ri:znɪŋ] *a* neprotingas, beprotiškas

unreciprocated [ˌʌnrɪ'sɪprəkeɪtɪd] *a* neabipusis; likęs be atsako

unreclaimed [ˌʌnrɪ'kleɪmd] *a* **1** nepataisytas; nepasitaisęs **2** nepareikalautas **3** neįdirbtas, nemelioruotas *(apie žemę);* nenusausintas *(apie pelkę)*

unrecognizable [ʌn'rekəgnaɪzəbl] *a* neatpažįstamas

unrecognized [ʌn'rekəgnaɪzd] *a* **1** neatpažintas **2** nepripažintas; *~ regime [talent]* nepripažintas režimas [talentas]

unreconstructed [ˌʌnri:kən'strʌktɪd] *a* **1** neperstatytas, nerekonstruotas **2** nesikeičiantis, atkakliai besilaikantis savo pažiūrų *ir pan.*

unrecorded [ˌʌnrɪ'kɔ:dɪd] *a* neužrašytas, neužregistruotas, neužfiksuotas; neužprotokoluotas

unrectified [ʌn'rektɪfaɪd] *a* **1** neištaisytas **2** *chem.* nerektifikuotas **3** *el.* neišlygintas *(apie srovę)*

unredeemed [ˌʌnrɪ'di:md] *a* **1** neįvykdytas, netesėtas *(apie pažadą)* **2** neatsiimtas, neišpirktas *(apie užstatą);* neapmokėtas, neišpirktas *(apie vekselį);* nesumokėtas *(apie mokestį)* **3** *prk.* neišpirktas, neatpirktas *(t. p. rel.)*

unreel [ʌn'ri:l] *v* iš(si)vynioti *(iš ritės)*

unrefined [ˌʌnrɪ'faɪnd] *a* **1** nevalytas, nerafinuotas **2** *prk.* nerafinuotas, šiurkštus; *~ manners* nerafinuotos manieros

unreflecting [ˌʌnrɪ'flektɪŋ] *a* **1** *fiz.* neatspindintis **2** negalvojantis, nesusimąstantis; lengvabūdis, lengvabūdiškas

unregarded [ˌʌnrɪ'gɑ:dɪd] *a* nepaisomas, negerbiamas

unregenerate [ˌʌnrɪ'dʒenərət] *a* **1** dvasiškai neatsinaujinęs; neatgailaujantis **2** užkietėjęs, nepataisomas *(apie melagį ir pan.)*

unrehearsed [ˌʌnrɪ'hɜ:st] *a* **1** nelauktas, nenumatytas; iš anksto neparuoštas **2** *teatr., muz.* ne(su)repetuotas; *~ play* pjesė, suvaidinta be repeticijų

unrein [ʌn'reɪn] *v* **1** atleisti pavadį/vadeles **2** duoti valią

unrelated [ˌʌnrɪ'leɪtɪd] *a* **1** nesusijęs, nesusietas *(to)* **2** negiminingas *(to); they are ~* jie ne giminaičiai

unrelenting [ˌʌnrɪ'lentɪŋ] *a* **1** negailestingas, nepermaldaujamas **2** nemažėjantis, nesilpnėjantis; nesiliaujamas; *two days of ~ rain* dvi dienos nepaliaujamo lietaus

unreliable [ˌʌnrɪ'laɪəbl] *a* nepatikimas

unrelieved [ˌʌnrɪ'li:vd] *a* **1** nepalengvintas; be paguodos; *~ misery* begalinis vargas **2** nepagyvintas, vienodas, mo-

notoniškas; ~ *boredom* nežmoniškas nuobodulys **3** neatleistas *(nuo pareigų, įsipareigojimų)* **4** nepakeistas *(apie sargybinį ir pan.)*
unremarkable [ˌʌnrɪˈmɑːkəbl] *a* niekuo neišsiskiriantis, paprastas, neįdomus
unremarked [ˌʌnrɪˈmɑːkt] *a* (likęs) nepastebėtas
unremembered [ˌʌnrɪˈmembəd] *a* neišlikęs atmintyje, užmirštas
unremitting [ˌʌnrɪˈmɪtɪŋ] *a* nesilpnėjantis; nesiliaujantis, nuolatinis; atkaklus
unrepaid [ˌʌnrɪˈpeɪd] *a* nesumokėtas, negrąžintas *(apie skolą ir pan.)*
unrepeatable [ˌʌnrɪˈpiːtəbl] *a* **1** nepakartojamas **2** necenzūriškas, nepadorus
unrepentent [ˌʌnrɪˈpentənt] *a* **1** nesigailintis; neatgailaujantis, nesigėdintis **2** užsispyręs
unreported [ˌʌnrɪˈpɔːtɪd] *a* nepraneštas *(ypač policijai)*
unrepresentative [ˌʌnreprɪˈzentətɪv] *a* **1** nebūdingas, netipiškas *(of)* **2** *polit.* neatstovaujamasis
unrepresented [ˌʌnreprɪˈzentɪd] *a* neatstovaujamas
unrequited [ˌʌnrɪˈkwaɪtɪd] *a* **1** neatlygintas, neatmokėtas *(t. p. prk.)*; ~ *love* meilė be atsako **2** neatkeršytas
unreserve [ˌʌnrɪˈzəːv] *n* **1** atvirumas **2** nesantūrumas
unreserved [ˌʌnrɪˈzəːvd] *a* **1** be išlygų, visiškas; ne(ap)ribotas **2** atviras, nuoširdus **3** nesantūrus, nesivaldantis **4** iš anksto neužsakytas, nerezervuotas
unreservedly [ˌʌnrɪˈzəːvɪdlɪ] *adv* **1** besąlygiškai, visiškai **2** atvirai, nuoširdžiai, laisvai
unresisted [ˌʌnrɪˈzɪstɪd] *a* nesutikęs pasipriešinimo, be pasipriešinimo
unresisting [ˌʌnrɪˈzɪstɪŋ] *a* nesipriešinantis; nuolaidus
unresolved [ˌʌnrɪˈzɔlvd] *a* **1** neišspręstas; *my doubts are still* ~ mano abejonės dar neišsisklaidė **2** neryžtingas; nepasiryžęs, neapsisprendęs
unresponsive [ˌʌnrɪˈspɔnsɪv] *a* **1** nereaguojantis, neatsiliepiantis *(to – į)* **2** nejautrus, abejingas
unrest [ʌnˈrest] *n* **1** neramumas, nepasitenkinimas **2** bruzdėjimas, neramumai, riaušės
unrestful [ʌnˈrestfəl] *a* neramus, nerimstantis
unresting [ʌnˈrestɪŋ] *a* nenuilstantis; nenuilstamas
unrestrained [ˌʌnrɪˈstreɪnd] *a* **1** nesulaikomas, nesuvaldomas, nežabotas; ~ *delight [laughter]* nesulaikomas džiugesys [juokas] **2** nesantūrus; nesuvaržytas, laisvas
unrestraint [ˌʌnrɪˈstreɪnt] *n* **1** nesusilaikymas, nesivaldymas **2** nesantūrumas; laisvė
unrestricted [ˌʌnrɪˈstrɪktɪd] *a* ne(ap)ribotas, nevaržomas
unrevealed [ˌʌnrɪˈviːld] *a* **1** neatskleistas **2** slepiamas, nežinomas
unrewarded [ˌʌnrɪˈwɔːdɪd] *a* be atpildo, nesėkmingas
unrewarding [ˌʌnrɪˈwɔːdɪŋ] *a* neapsimokantis; nedėkingas; ~ *task* nedėkinga užduotis
unriddle [ʌnˈrɪdl] *v* įspėti, įminti; išaiškinti
unrighteous [ʌnˈraɪtʃəs] *a* **1** nuodėmingas; nelabas, nedoras **2** neteisingas, nepelnytas
n (the ~*) kuop.* nuodėmingieji, nedorėliai
unrip [ʌnˈrɪp] *v* **1** (iš)ardyti; (per)plėšti, atplėšti **2** atskleisti
unripe [ʌnˈraɪp] *a* **1** neprinokęs, neprisirpęs; nepribrendęs, nesubrendęs *(t. p. prk.)* **2** pirmalaikis
unrivalled [ʌnˈraɪvld] *a* nepralenkiamas, nepralenktas, neprilygstamas, neturintis sau lygių; be konkurencijos
unrivet [ʌnˈrɪvɪt] *v* **1** atkniedyti **2** atpalaiduoti, atrišti
unrobe [ʌnˈrəub] *v* nu(si)vilkti drabužius, nu(si)siausti mantiją
unroll [ʌnˈrəul] *v* **1** iš(si)vynioti, išvyturiuoti **2** at(si)skleisti *(apie vaizdą ir pan.)*; vykti

unroof [ʌnˈruːf] *v* nuplėšti/nukelti stogą, nukelti dangtį
unroot [ʌnˈruːt] *v* išrauti iš šaknų *ar* su šaknimis *(t. p. prk.)*
unrope [ʌnˈrəup] *v* atrišti *(virvę)*; atsipalaiduoti *(apie alpinistą)*
unround [ʌnˈraund] *v fon.* delabializuoti
unroyal [ʌnˈrɔɪəl] *a* nekarališkas
unruffled [ʌnˈrʌfld] *a* **1** lygus, ramus, nebanguotas *(apie jūros, ežero ir pan. paviršių)*; nesuraukšlėtas, nesusiraukšlėjęs **2** nesujaudintas, ramus
unruled [ʌnˈruːld] *a* **1** nevaldomas, nekontroliuojamas **2** neliniuotas, be linijų
unruly [ʌnˈruːlɪ] *a* ne(pa)klusnus, nesuvaldomas; maištingas; ~ *children [hair]* ne(pa)klusnūs vaikai [plaukai]
unsaddle [ʌnˈsædl] *v* **1** nubalnoti **2** išmesti iš balno
unsafe [ʌnˈseɪf] *a* **1** nesaugus; pavojingas **2** *teis.* nepatikimas, abejotinas *(apie nuosprendį ir pan.)*
unsaid [ʌnˈsed] *past ir pII žr.* **unsay**
a nepasakytas, neištartas; *you had better have left it* ~ verčiau būtumėte to nesakęs
unsal(e)able [ʌnˈseɪləbl] *a* sunkiai parduodamas; neturintis paklausos, nepaklausus
unsanitary [ʌnˈsænɪtərɪ] *a* nehigieniškas; antisanitarinis
unsatisfactorily [ˌʌnsætɪsˈfæktərɪlɪ] *adv* nepatenkinamai
unsatisfactory [ˌʌnsætɪsˈfæktərɪ] *a* nepatenkinamas; nepakankamas, netinkamas; *this is* ~ *work* šis darbas atliktas prastai
unsatisfied [ʌnˈsætɪsfaɪd] *a* nepatenkintas
unsatisfying [ʌnˈsætɪsfaɪɪŋ] *a* nepatenkinantis; neteikiantis pasitenkinimo; nepasotinantis, nesotus
unsavoury [ʌnˈseɪvərɪ] *a* **1** neskanus, beskonis; turintis nemalonų skonį/kvapą **2** nemalonus, bjaurus; ~ *reputation* nekokia reputacija
unsay [ʌnˈseɪ] *v* (unsaid) išsiginti *(savo žodžių)*; atsiimti *(žodžius)*
unscalable [ʌnˈskeɪləbl] *a* neįkopiamas, neįlipamas, neperlipamas
unscathed [ʌnˈskeɪðd] *a predic* nenukentėjęs, nesužalotas, gyvas ir sveikas
unscheduled [ʌnˈʃedjuːld] *a* neplanuotas, nenumatytas
unschooled [ʌnˈskuːld] *a* **1** ne(ap)mokytas; neįpratęs, nepatyręs *(in)* **2** įgimtas; ~ *talent* įgimtas talentas
unscientific [ˌʌnsaɪənˈtɪfɪk] *a* nemoksliškas; antimoksliškas
unscramble [ʌnˈskræmbl] *v* **1** sutvarkyti; padaryti suprantamą **2** *spec.* iššifruoti *(koduotą pranešimą)*
unscreened [ʌnˈskriːnd] *a* **1** nepridengtas *(širma, grotelėmis; t. p. prk.)* **2** nepersijotas **3** *(politiškai, mediciniškai)* nepatikrintas, neišbandytas **4** neparodytas ekrane
unscrew [ʌnˈskruː] *v* **1** išsukti, atsukti *(sraigtą, varžtą)* **2** atsukti *(butelį ir pan.)*; *to get* ~*ed* atsisukti
unscripted [ʌnˈskrɪptɪd] *a rad., tel.* be iš anksto parengto teksto; be scenarijaus
unscriptural [ʌnˈskrɪptʃərəl] *a* nebiblinis; ne pagal Šventąjį Raštą
unscrupulous [ʌnˈskruːpjuləs] *a* **1** nesąžiningas, beprincipis **2** neskrupulingas
unseal [ʌnˈsiːl] *v* **1** nuplėšti antspaudą, atplėšti, atidaryti **2** nebevaržyti *(kieno veiksmų, kalbos)*; duoti laisvę
unseam [ʌnˈsiːm] *v* (iš)ardyti *(siūlę ir pan.)*
unsearchable [ʌnˈsəːtʃəbl] *a* neištiriamas; nepaaiškinamas, nesuprantamas, paslaptingas
unseasonable [ʌnˈsiːznəbl] *a* **1** ne pagal metų laiką **2** daromas/vykstantis ne laiku, netinkamas, ne vietoje
unseasoned [ʌnˈsiːznd] *a* **1** be prieskonių, nepaskanintas **2** neišlaikytas, neišsistovėjęs; ~ *wood* neišdžiovinta/žalia mediena **3** neįpratintas, neįpratęs; nepatyręs

unseat [ʌn'si:t] v **1** išmesti iš balno; nustumti nuo kėdės *ir pan.* **2** pašalinti iš posto; atimti mandatą/titulą

unseaworthy [ʌn'si:wə:ði] a netinkamas plaukioti, neturintis navigacinių savybių *(apie laivą)*

unseconded [ʌn'sekəndɪd] a nepalaikomas; neparemtas

unsecured [ˌʌnsɪ'kjuəd] a **1** neapdraustas; negarantuotas **2** gerai neuždarytas *(apie duris ir pan.)*

unseeing [ʌn'si:ɪŋ] a (nieko) nematantis, neregintis; aklas; **with ~ eyes** nieko nematančiomis akimis, klaidžiojančiu žvilgsniu

unseemly [ʌn'si:mlɪ] a neprideramas, netinkamas, nemandagus

unseen [ʌn'si:n] a **1** nematytas; nematomas **2** neskaitytas; **~ translation** vertimas nepasiruošus
n **1** vertimas nepasiruošus; tekstas versti nepasiruošus **2** *(the ~)* dvasinis/vidinis pasaulis

unselfconscious [ˌʌnself'kɔnʃəs] a nesuvaržytas, nedrovus, laisvai besijaučiantis; natūralus

unselfish [ʌn'selfɪʃ] a nesavanaudis; nesavanaudiškas, neegoistiškas

unserviceable [ʌn'sə:vɪsəbl] a nenaudojamas, netinkamas naudoti; sugedęs

unsettle [ʌn'setl] v **1** kelti nerimą; sutrikdyti, išmušti iš vėžių **2** (su)griauti, (su)ardyti *(ankstesnes pažiūras ir pan.)* **3** sutrikdyti *(virškinimą)*

unsettled [ʌn'setld] a **1** nenusisto(vė)jęs, permainingas **2** nenusiraminęs; sutrikdytas, neramus **3** neapgyventas, negyvenamas **4** nuolat keičiantis gyvenamąją vietą, be nuolatinės gyvenamosios vietos **5** nenustatytas, neišspręstas, nenutartas; neaiškus **6** neapmokėtas *(apie sąskaitą)* **7** sutrikęs *(apie virškinimą)* **8** *chem.* nenusėdęs, nenusistojęs, drumstas

unsettling [ʌn'setlɪŋ] a keliantis nerimą, neramus

unsex [ʌn'seks] v **1** panaikinti lyties požymius, daryti belyti; atimti moteriškumą/vyriškumą **2** kastruoti

unshackle [ʌn'ʃækl] v **1** nuimti pančius/grandines **2** ne(be)varžyti, duoti laisvę; išlaisvinti

unshaded [ʌn'ʃeɪdɪd] a **1** nepavėsingas, be paunksnės **2** be šešėlių, kontūrinis *(apie piešinį)* **3** be gaubto *(apie lempą)* **4** *amer.* be (naktinių) užuolaidų

unshadowed [ʌn'ʃædəud] a giedras; neaptemdytas *(t. p. prk.)*

unshak(e)able [ʌn'ʃeɪkəbl] a nepalaužiamas, tvirtas *(apie įsitikinimą, tikėjimą)*

unshaken [ʌn'ʃeɪkən] a nepalaužtas, nepakirstas, tvirtas; **~ resolution** tvirtas sprendimas

unshapely [ʌn'ʃeɪplɪ] a negražaus sudėjimo; nedailus; neproporcingas

unshared [ʌn'ʃɛəd] a neabipusis *(apie jausmą ir pan.)*

unshaven [ʌn'ʃeɪvn] a nesiskutęs, neskustas

unsheathe [ʌn'ʃi:ð] v ištraukti iš makšties/dėklo; apnuoginti *(kardą ir pan.)*

unshed [ʌn'ʃed] a nepralietas; **~ tears** neišverktos ašaros

unsheltered [ʌn'ʃeltəd] a **1** nepridengtas, neapsaugotas **2** be pastogės **3** *kom.:* **~ industries** neproteguojamos pramonės šakos

unshielded [ʌn'ʃi:ldɪd] a neapsaugotas

unship [ʌn'ʃɪp] v **1** iškrauti iš laivo **2** išlaipinti į krantą **3** nuimti *(irklus, vairą ir pan.)*

unshockable [ʌn'ʃɔkəbl] a nešokiruojamas; liberalus

unshod [ʌn'ʃɔd] a **1** basas, neapsiavęs, be batų; neapautas **2** nekaustytas; nepakaltas

unshorn [ʌn'ʃɔ:n] a ne(nu)kirptas, neapkarpytas

unshrinkable [ʌn'ʃrɪŋkəbl] a *tekst.* ne(su)sitraukiantis, netraukus

unshrinking [ʌn'ʃrɪŋkɪŋ] a neatsitraukiantis, nepabūgstantis, tvirtas

unshutter [ʌn'ʃʌtə] v atidaryti langines

unsighted [ʌn'saɪtɪd] a **1** nepamatytas, nepastebėtas; nematomas **2** be taikiklio **3** *sport.* be nusitaikymo, nenusitaikius

unsightly [ʌn'saɪtlɪ] a nemalonus pažiūrėti, negražus, bjaurus

unsigned [ʌn'saɪnd] a nepasirašytas; anoniminis

unsinkable [ʌn'sɪŋkəbl] a neskęstantis, nepaskandinamas

unsized[1] [ʌn'saɪzd] a nerūšiuotas pagal dydį

unsized[2] a neklijuotas, neglituotas

unskilful [ʌn'skɪlfəl] a **1** neįgudęs, nenagingas, nepatyręs **2** nevykęs; nevikrus

unskilled [ʌn'skɪld] a nekvalifikuotas; **~ labour** a) nekvalifikuotas/juodas darbas; b) *kuop.* nekvalifikuoti darbininkai, juodadarbiai; **~ work = ~ labour** a)

unskimmed [ʌn'skɪmd] a nenugrie(b)tas *(apie pieną)*

unsleeping [ʌn'sli:pɪŋ] a nemiegantis, nesnaudžiantis, budrus

unsliced [ʌn'slaɪst] a neraikytas

unslumbering [ʌn'slʌmbərɪŋ] a = **unsleeping**

unsmiling [ʌn'smaɪlɪŋ] a nesišypsantis, rimtas, griežtas

unsnarl [ʌn'snɑ:l] v išnarplioti, išpainioti *(t. p. prk.)*

unsociable [ʌn'səuʃəbl] a nedraugingas, nevisuomeniškas, nemėgstantis draugijos; užsidaręs; **to lead an ~ life** gyventi uždarai

unsocial [ʌn'səuʃl] a **1** užsidaręs, nemėgstantis bendrauti, nedraugingas **2** antivisuomeninis

unsold [ʌn'səuld] a ne(iš)parduotas, užsigulėjęs

unsolder [ʌn'sɔldə] v atlituoti

unsolicited [ˌʌnsə'lɪsɪtɪd] a neprašytas *(apie patarimą ir pan.);* **he gave me an ~ testimonial** jis davė man rekomendaciją, nors aš ir neprašiau

unsolvable [ʌn'sɔlvəbl] a neišsprendžiamas

unsolved [ʌn'sɔlvd] a neišspręstas; neišaiškintas *(apie nusikaltimą)*

unsophisticated [ˌʌnsə'fɪstɪkeɪtɪd] a **1** paprastas, nerafinuotas; neįmantrus, nesudėtingas **2** nepatyręs, naivus **3** neatmieštas, grynas

unsought [ʌn'sɔ:t] a **1** neieškotas **2** neprašytas, nekviestas

unsound [ʌn'saund] a **1** klaidingas, nepagrįstas; **~ arguments** nepagrįsti argumentai **2** nesveikas; liguistas; **~ lungs** nesveiki plaučiai; **of ~ mind** psichiškai nesveikas; silpnaprotis; *teis.* nepakaltinamas **3** netvirtas *(apie pastatus ir pan.)* **4** sugedęs, supuvęs **5** *(finansiškai)* nepatikimas **6** *ret.* negilus *(apie miegą)* **7** *tech.* defektinis

unsounded[1] [ʌn'saundɪd] a neišmatuotas *(apie gylį)*

unsounded[2] a neištartas; netariamas *(apie raidę)*

unsown [ʌn'səun] a ne(pa)sėtas; neužsėtas

unsparing [ʌn'spɛərɪŋ] a **1** nešykštus, dosnus *(of, in)* **2** nesigailintis jėgų, uolus; **he is ~ in his efforts** jis deda visas pastangas **3** negailestingas *(of)*

unspeakable [ʌn'spi:kəbl] a **1** neapsakomas, neišpasakytas, neišreiškiamas **2** neapsakomai blogas, baisus; **~ noise** baisus triukšmas

unspecified [ʌn'spesɪfaɪd] a tiksliai neapibrėžtas/nenustatytas

unspectacular [ˌʌnspek'tækjulə] a neimpozantiškas, nežymus; paprastas

unspent [ʌn'spent] a **1** neišleistas; neiššvaistytas **2** neišeikvotas, nesunaudotas **3** nenuilsęs, neišsekęs

unspoiled, unspoilt [ʌn'spɔɪld, -t] a **1** nesugadintas; neišlepintas, nelepinamas **2** nepažeistas, nepaliestas; nepasikeitęs

unspoken [ʌn'spəukən] *a* neištartas, nepasakytas; neišreikštas žodžiais, tylus *(apie susitarimą ir pan.)*
unsporting [ʌn'spɔ:tɪŋ] *a šnek.* = **unsportsmanlike**
unsportsmanlike [ʌn'spɔ:tsmənlaɪk] *a* **1** nesportiškas **2** nekilnus, netaurus, žemas
unspotted [ʌn'spɒtɪd] *a* nesuteptas, tyras, be priekaištų
unsprung [ʌn'sprʌŋ] *a* be spyruoklių, bespyruoklis
unstable [ʌn'steɪbl] *a* **1** netvirtas, nepastovus; nestabilus, svyruojantis *(t. p. prk.)*; nenusisto(vė)jęs; ~ *equilibrium fiz.* nestabilioji pusiausvyra **2** *chem.* nepatvarus
unstained [ʌn'steɪnd] *a* nesuteptas *(t. p. prk.)*
unstamped [ʌn'stæmpt] *a* **1** be pašto ženklo **2** neantspauduotas, be antspaudo
unstarched [ʌn'stɑ:tʃt] *a* **1** nekrakmolytas **2** nesuvaržytas, laisvas; nemanieringas
unstated [ʌn'steɪtɪd] *a* nepareikštas, nepasakytas, neišreikštas žodžiais
unstatesmanlike [ʌn'steɪtsmənlaɪk] *a* valstybės veikėjui nederamas
unstatutable [ʌn'stætʃutəbl] *a* ne pagal statutą; pažeidžiantis statutą/įstatymą
unsteady [ʌn'stedɪ] *a* **1** nepatvarus, netvirtas; svyruojantis *(t. p. prk.)* **2** nepastovus, nelygus *(apie greitį, ritmą ir pan.)* **3** drebantis *(apie ranką)*
unstick [ʌn'stɪk] *v* (unstuck) **1** atklijuoti, atplėšti **2** *av. šnek.* atsiplėšti nuo žemės
unstinted [ʌn'stɪntɪd] *a* beribis, begalinis *(apie dosnumą ir pan.)*
unstinting [ʌn'stɪntɪŋ] *a* nešykštus, dosnus; gausus; **to be ~ in one's efforts to do smth** negailėti pastangų kam padaryti
unstirred [ʌn'stɜ:d] *a* **1** nesusijaudinęs, ramus, šaltakraujiškas **2** nepajudintas iš vietos **3** neišmaišytas
unstitch [ʌn'stɪtʃ] *v* išardyti *(siūles)*; **to come ~ed** iširti
unstop [ʌn'stɒp] *v* **1** atkišti, atkimšti **2** pašalinti kliūtis, atidaryti
unstoppable [ʌn'stɒpəbl] *a* nesustabdomas; nesulaikomas, nesutrukdomas
unstrained [ʌn'streɪnd] *a* **1** neįtemptas, palaidas *(apie virvę ir pan.)* **2** neįsitempęs, nesuvaržytas **3** neiškoštas
unstrap [ʌn'stræp] *v* atsegti, atrišti, atleisti *(diržą ir pan.)*
unstressed [ʌn'strest] *a* **1** nekirčiuotas **2** nepabrėžtas, neakcentuotas
unstrikable [ʌn'straɪkəbl] *a* neturintis teisės streikuoti
unstring [ʌn'strɪŋ] *v* (unstrung) **1** atleisti/nuimti stygas **2** nutrūkti; nutraukti *(vėrinį)* **3** pakrikti, pairti *(apie nervus)*; pakrikdyti *(nervus)*
unstructured [ʌn'strʌktʃəd] *a* **1** nestruktūrinis, nestruktūrintas **2** nerišlus, nenuoseklus *(apie kalbą ir pan.)*
unstrung [ʌn'strʌŋ] *past ir pII žr.* **unstring**
a **1** be stygų, su atleistomis stygomis **2** pakrikęs, pairęs *(apie nervus)*
unstuck [ʌn'stʌk] *past ir pII žr.* **unstick**
a atsiklijavęs; **to come ~** a) atsiklijuoti; b) *šnek.* žlugti, iširti *(apie planus)*; patekti į bėdą
unstudied [ʌn'stʌdɪd] *a* **1** natūralus, laisvas **2** nemokytas, nesimokęs; **he is ~ in Latin** jis nemoka lotynų kalbos **3** nestudijuotas, nenagrinėtas
unstuffy [ʌn'stʌfɪ] *a* **1** neoficialus, paprastas **2** netvankus
unsubdued [ˌʌnsəb'dju:d] *a* nepavergtas, nepajungtas
unsubmissive [ˌʌnsəb'mɪsɪv] *a* ne(pa)klusnus, nenuolankus
unsubstantial [ˌʌnsəb'stænʃl] *a* **1** neesminis **2** bekūnis, nematerialus **3** nerealus; ~ *hopes* nerealios viltys **4** netvirtas; ~ *building* netvirtas pastatas **5** nesotus, lengvas, nemaistingas *(apie valgį)*

unsubstantiated [ˌʌnsəb'stænʃɪeɪtɪd] *a* nepatvirtintas, nepagrįstas *(apie gandus, pretenzijas ir pan.)*
unsuccessful [ˌʌnsək'sesfəl] *a* nesėkmingas; ne(pa)vykęs; ~ *actor* aktorius nevykėlis; *the play was* ~ pjesė neturėjo pasisekimo
unsuitable [ʌn'su:təbl] *a* netinkamas, nederamas *(for)*
unsuited [ʌn'su:tɪd] *a* nepritaikytas; *they are* ~ *to each other* jie netinka vienas kitam
unsullied [ʌn'sʌlɪd] *a knyg.* nesuteptas, nesuterštas; ~ *reputation* nesutepta reputacija
unsung [ʌn'sʌŋ] *a* **1** ne(su)dainuotas **2** neapdainuotas, neiššlovintas
unsunned [ʌn'sʌnd] *a* **1** saulės neapšviestas/nesušildytas **2** neįdegęs *(saulėje)*
unsupervised [ʌn'su:pəvaɪzd] *a* be vadovavimo *(apie veiklą)*; neprižiūrėtas *(apie vaiką ir pan.)*
unsupportable [ˌʌnsə'pɔ:təbl] *a* nepakeliamas, nepakenčiamas
unsupported [ˌʌnsə'pɔ:tɪd] *a* **1** neatremtas, neatsirėmęs; be atramos *(t. p. prk.)*; vienišas **2** nepatvirtintas, nepagrįstas
unsure [ʌn'ʃuə, ʌn'ʃɔ:] *a* **1** netikras; nepatikimas **2** neįsitikinęs, abejojantis *(of)*; ~ *of oneself* nepasitikintis savimi **3** neapibrėžtas
unsurfaced [ʌn'sɜ:fɪst] *a:* ~ *road* gruntkelis
unsurmountable [ˌʌnsə'mauntəbl] *a* nenugalimas, neįveikiamas
unsurpassable [ˌʌnsə'pɑ:səbl] *a* nepralenkiamas, nepranokstamas; neprilygstamas
unsurpassed [ˌʌnsə'pɑ:st] *a* nepralenktas, nepranoktas; neprilygstamas
unsusceptible [ˌʌnsə'septəbl] *a* neimlus, nejautrus *(to)*
unsuspected [ˌʌnsə'spektɪd] *a* **1** neįtartas; neįtariamas **2** nelauktas, netikėtas, nenumatytas; *he proved to have an* ~ *talent for acting* netikėtai atsiskleidė jo aktoriaus talentas
unsuspecting [ˌʌnsə'spektɪŋ] *a* neįtariantis *(of)*; *the* ~ *girl believed every word* mergaitė naiviai tikėjo kiekvienu žodžiu
unsuspicious [ˌʌnsə'spɪʃəs] *a* **1** neįtarus, neįtariantis **2** neįtariamas, neįtartinas
unsustained [ˌʌnsə'steɪnd] *a* **1** nepalaikytas, neparemtas *(apie pastangas ir pan.)* **2** neišlaikytas viename lygyje; ~ *interest* mažėjantis susidomėjimas
unswathe [ʌn'sweɪð] *v* išvynioti, išvyturiuoti, atrišti
unswayed [ʌn'sweɪd] *a* nepaveikiamas, nepasiduodantis įtakai
unsweetened [ʌn'swi:tnd] *a* nepasaldintas, be cukraus
unswept [ʌn'swept] *a* ne(iš)šluotas; nenušluotas *(t. p. prk.)*
unswerving [ʌn'swɜ:vɪŋ] *a* nenukrypstamas, nenukrypstantis; nesilpnėjantis; ~ *loyalty* tvirta/nepalaužiama ištikimybė
unsworn [ʌn'swɔ:n] *a* **1** neprisiekęs; neprisaikdintas **2** nesusaistytas priesaikos; priesaika nepatvirtintas
unsympathetic [ˌʌnsɪmpə'θetɪk] *a* **1** neužjaučiantis; nejautrus **2** nesimpatingas, antipatiškas **3** neprijaučiantis, nepritariantis; *I am not* ~ *but...* aš viską suprantu, bet...
unsympathetically [ˌʌnsɪmpə'θetɪklɪ] *adv* be užuojautos
untack [ʌn'tæk] *v* atkabinti, atjungti; atskirti
untam(e)able [ʌn'teɪməbl] *a* **1** neprijaukinamas **2** nesutramdomas, nenuramdomas; nesaistomas *(by – ko)*
untamed [ʌn'teɪmd] *a* **1** neprijaukintas **2** nesutramdytas **3** nedirbamas, neplėštas *(apie žemę)*
untangle [ʌn'tæŋgl] *v* atpainioti, atnarplioti; išnarplioti *(t. p. prk.)*; *refl* išsipainioti

untapped [ʌn'tæpt] *a* **1** ne(pa)naudotas; **~ resources** nepanaudoti ištekliai/resursai **2** nepradėtas *(apie statinę)*

untarnished [ʌn'tɑ:nɪʃt] *a* nesuteptas, nesuterštas *(t. p. prk.);* **~ reputation** nesušteršta reputacija

untasted [ʌn'teɪstɪd] *a* neparagautas

untaught [ʌn'tɔ:t] *past ir pII žr.* **unteach**
a **1** nemokytas **2** įgimtas, natūralus

untaxed [ʌn'tækst] *a* **1** neapmokestintas **2** nesumokėtas *(apie metinį mokestį už transporto priemonę)*

unteach [ʌn'ti:tʃ] *v* (untaught) **1** permokyti, kitaip (iš)mokyti **2** priversti užmiršti tai, kas išmokta

untempered [ʌn'tempəd] *a* **1** nenuosaikus; nesantūrus **2** neužgrūdintas *(apie plieną)*

untenable [ʌn'tenəbl] *a* **1** nepagrįstas *(apie argumentą, pretenziją ir pan.)* **2** netinkamas (gyventi), negyvenamas **3** *kar.* neapginamas

untended [ʌn'tendɪd] *a* neprižiūrėtas, apleistas

untested [ʌn'testɪd] *a* **1** neišbandytas **2** nepatikrintas *(apie teoriją ir pan.)* **3** *psich.* netestuotas

unthankful [ʌn'θæŋkfəl] *a* nedėkingas

unthink [ʌn'θɪŋk] *v* (unthought) nustoti galvojus *(apie ką),* išmesti iš galvos; apsigalvoti

unthinkable [ʌn'θɪŋkəbl] *a* neįmanomas, neįsivaizduojamas
n (the ~) neitikimas/neįtikėtinas dalykas

unthinking [ʌn'θɪŋkɪŋ] *a* **1** negalvojantis, nemąstantis **2** be minties, tuščias *(apie žvilgsnį ir pan.)* **3** neatidus; neapgalvotas, lengvabūdiškas

unthought [ʌn'θɔ:t] *past ir pII žr.* **unthink**

unthought-of [ʌn'θɔ:tɔv] *a* neįsivaizduojamas; neįtikimas

unthread [ʌn'θred] *v* **1** išverti siūlą *(iš adatos)* **2** išsigauti *(iš miško ir pan.)* **3** išnarplioti, išaiškinti

unthrifty [ʌn'θrɪftɪ] *a* netaupus, išlaidus

unthrone [ʌn'θrəun] *v* nuversti nuo sosto

untidy [ʌn'taɪdɪ] *a* **1** netvarkingas; nesutvarkytas; nevalyvas; **the room is ~** kambaryje netvarka

untie [ʌn'taɪ] *v (pI* untying) **1** atrišti, nurišti **2** paleisti

untied [ʌn'taɪd] *a* **1** nesurištas, atrištas, atsirišęs; **to come ~** atsirišti **2** paleistas **3** nesusaistytas, neapribotas

until [ən'tɪl, ʌn'tɪl] = **till**[1] *prep, conj*

untile [ʌn'taɪl] *v* nuimti čerpes; nuplėšti *(čerpių stogą)*

untilled [ʌn'tɪld] *a* ne(su)artas, neapdirbtas, nedirbamas *(apie žemę)*

untimely [ʌn'taɪmlɪ] *a* **1** belaikis, įvykęs prieš laiką, priešlaikinis; **~ death** pirmalaikė/belaikė mirtis **2** netinkamas *(laiko požiūriu)*
adv psn. **1** ne laiku, per anksti **2** netinkamai

untiring [ʌn'taɪərɪŋ] *a* nenuilstamas, nepavargstantis

unto ['ʌntu] *prep psn.* **1** žymint adresatą, verčiama ppr. naudininku: **and I say ~ you** ir aš jums sakau **2** iki *(žymint laiką)*

untold [ʌn'təuld] *a* **1** nepapasakotas, nepasakytas; neišsakytas **2** neišpasakytas, neapsakomas; nesuskaičiuotas, nesuskaičiuojamas; **~ wealth** neapsakomi turtai

untouchable [ʌn'tʌtʃəbl] *a* **1** ne(pa)liečiamas; šventas **2** neapčiuopiamas; bjaurus/šlykštus palytėti **3** nepasiekiamas
n ind. asmuo iš neliečiamųjų kastos; **the ~s** neliečiamųjų kasta

untouched [ʌn'tʌtʃt] *a* **1** ne(pa)liestas; **he left his supper ~** jis neprisilietė prie vakarienės **2** neaplanktyas, neištirtas *(apie kraštą ir pan.)* **3** nepaveiktas; nesujaudintas, abejingas **4** nepaminėtas, neaprašytas

untoward [ˌʌntə'wɔ:d] *a* **1** nepalankus; nepageidaujamas **2** nesėkmingas; nelaimingas; **I hope nothing ~ has happened** tikiuosi, nieko blogo/nemalonaus neatsitiko **3** neprideramas *(apie elgesį ir pan.)*

untraceable [ʌn'treɪsəbl] *a* neatsekamas, nesurandamas

untrained [ʌn'treɪnd] *a* **1** ne(ap)mokytas, neišlavintas, nekvalifikuotas; neįgudęs; **~ eye** neįgudusi akis **2** nelavintas *(apie balsą ir pan.)*

untrammelled [ʌn'træməld] *a* nevaržomas, nekliudomas; be kliūčių; **~ right** neginčijama teisė

untransferable [ˌʌntræns'fə:rəbl] *a* neperduodamas, be teisės perduoti

untranslatable [ˌʌntræns'leɪtəbl] *a* ne(iš)verčiamas

untravelled [ʌn'trævld] *a* **1** nekeliavęs, nevažinėjęs **2** keliautojų nelankytas/nelankomas, neištirtas *(apie kraštą ir pan.)*

untreatable [ʌn'tri:təbl] *a* nepagydomas *(apie ligą ir pan.)*

untreated [ʌn'tri:tɪd] *a* **1** negydomas; negydytas *(apie ligą ir pan.)* **2** neapdorotas; neišvalytas **3** nepadarytas nekenksmingas *(apie chemikalus ir pan.)*

untried [ʌn'traɪd] *a* **1** nepatikrintas, neišbandytas **2** neturintis patirties, nepatyręs **3** nenagrinėtas teisme *(apie bylą);* neteistas *(apie kalinį)*

untrimmed [ʌn'trɪmd] *a* **1** neapkarpytas *(apie medį ir pan.);* nepakirptas **2** neapdailintas, be apdailos; nepapuoštas *(apie drabužį)*

untrodden [ʌn'trɔdn] *a* nepramintas, ne(iš)vaikščiotas; nevaikščiojamas; apleistas

untroubled [ʌn'trʌbld] *a* **1** nevarginamas, nekamuojamas **2** ramus

untrue [ʌn'tru:] *a* **1** netikras, neteisingas, melagingas **2** neatitinkantis *(to)* **3** *psn.* neištikimas *(to)*

untrustworthy [ʌn'trʌstwə:ðɪ] *a* nepatikimas

untruth [ʌn'tru:θ] *n* **1** netiesa, neteisybė, melas; **to tell an ~** sumeluoti **2** *psn.* neištikimybė

untruthful [ʌn'tru:θfəl] *a* neteisingas, melagingas; netiesą sakantis

untuck [ʌn'tʌk] *v* **1** išleisti klostes **2** nuraitoti, nuraityti *(rankovę, drabužio kraštą ir pan.)*

untune [ʌn'tju:n] *v muz.* iš(si)derinti

unturned [ʌn'tə:nd] *a* neapverstas

untutored [ʌn'tju:təd] *a* **1** neįgudęs, neišlavintas; nemokytas **2** naivus, atviraširdis **3** natūralus, įgimtas

untwine [ʌn'twaɪn] *v* **1** atpainioti, atraizgyti, at(si)narplioti; iš(si)vyti, iš(si)pinti *(apie siūlus, virvę ir pan.)* **2** at(si)skirti; nutraukti *(ryšius)*

untwist [ʌn'twɪst] *v* **1** išpinti, išvyti, atnarplioti *(virvę ir pan.)* **2** atsukti *(dangtį)*

unusable [ʌn'ju:zəbl] *a* netinkamas naudoti, nenaudojamas

unused *a* **1** [ʌn'ju:st] ne(pri)pratęs, neįpratęs *(to)* **2** [ʌn'ju:zd] ne(pa)naudotas; ne(pa)vartotas; nenaudojamas, nevartojamas

unusual [ʌn'ju:ʒuəl] *a* **1** nepaprastas, neįprastas, keistas, retas; **of ~ beauty** reto grožio; **it is ~ for him to be late** paprastai jis nevėluoja **2** nuostabus, nepaprastas

unusually [ʌn'ju:ʒuəlɪ] *adv* **1** nepaprastai; **~ difficult** nepaprastai sunkus **2** neįprastai; **~ for her, she made several mistakes** ji padarė keletą klaidų, o tai jai nebūdinga

unutilized [ʌn'ju:tɪlaɪzd] *a* ne(pa)naudotas, neutilizuotas

unutterable [ʌn'ʌtərəbl] *a* **1** neištariamas **2** neapsakomas, neišpasakytas

unvalued [ʌn'vælju:d] *a* **1** nevertinamas **2** neįvertintas, neįkainotas

unvanquishable [ʌn'væŋkwɪʃəbl] *a* nenugalimas

unvaried [ʌn'vɛərɪd] *a* **1** neįvairus, vienodas; **~ diet** neįvairi dieta **2** nesikeičiantis, pastovus

unvarnished [ʌn'vɑːnɪʃt] *a* **1** nepoliruotas, nesvidintas **2** nepridengtas, nepagražintas, nepadailintas; ~ *truth* nepagražinta tiesa

unvarying [ʌn'vɛərɪŋ] *a* nesikeičiantis, nekintamas, pastovus

unveil [ʌn'veɪl] *v* **1** nuimti šydą/apdangalą **2** atidengti *(paminklą)* **3** atskleisti *(paslaptį, planus ir pan.)*

unveiling [ʌn'veɪlɪŋ] *n* **1** *(paminklo)* atidengimas; *(muziejaus ir pan.)* atidarymas **2** *kin., teatr.* pirmoji peržiūra; premjera **3** *(programos ir pan.)* paskelbimas

unventilated [ʌn'ventɪleɪtɪd] *a* **1** neventiliuojamas; be ventiliatoriaus **2** nesvarstomas, negvildenamas

unversed [ʌn'vəːst] *a knyg.* nežinantis, nesusipažinęs, neprityręs *(in)*

unvoice [ʌn'vɔɪs] *v fon.* (su)duslinti

unvoiced [ʌn'vɔɪst] *a* **1** neištartas, nepasakytas, neišreikštas žodžiais **2** *fon.* duslus, suduslėjęs

unvote [ʌn'vəut] *v* perbalsuoti, anuliuoti perbalsuojant

unwaged [ʌn'weɪdʒd] *a* negaunantis darbo užmokesčio, neturintis mokamo darbo

unwanted [ʌn'wɒntɪd] *a* nepageidaujamas, nereikalingas; ~ *advice* neprašytas patarimas; *the child was* ~ jie nenorėjo to kūdikio

unwarned [ʌn'wɔːnd] *a* neįspėtas

unwarped [ʌn'wɔːpt] *a* **1** nepersimetęs, nedeformuotas **2** neiškreiptas; nešališkas

unwarrantable [ʌn'wɒrəntəbl] *a* neleistinas, nepateisinamas

unwarranted [ʌn'wɒrəntɪd] *a* **1** neteisėtas, nepateisintas, bereikalingas **2** neužtikrintas, negarantuotas

unwary [ʌn'wɛərɪ] *a* neatsargus, neapdairus

unwashed [ʌn'wɒʃt] *a* ne(nu)plautas; nepraustas; neskalbtas ◊ *the great* ~ *niek., juok.* minia, prastuomenė, prasčiokai

unwatched [ʌn'wɒtʃt] *a* **1** nestebimas; nesaugomas **2** *tech.* automatinis

unwatered [ʌn'wɔːtəd] *a* **1** neaprūpinamas vandeniu; nedrėkinamas **2** neatskiestas vandeniu

unwavering [ʌn'weɪvərɪŋ] *a* tvirtas, nesvyruojantis; ~ *gaze* įdėmus žvilgsnis

unweaned [ʌn'wiːnd] *a* nenujunkytas

unwearied [ʌn'wɪərɪd] *a* nenuvargęs, nepailsęs **2** nenuilstamas

unwearying [ʌn'wɪərɪɪŋ] *a* **1** nenuilstamas; atkaklus **2** nevarginantis

unweave [ʌn'wiːv] *v* (unwove; unwoven) išardyti *(audeklą)*; atraizgyti

unwed [ʌn'wed] *a ret.* netekėjusi; nevedęs

unweighed [ʌn'weɪd] *a* **1** nepasvertas **2** neapgalvotas, skubotas

unweighted [ʌn'weɪtɪd] *a* **1** neapkrautas, neapsunkintas **2** nelaikomas svarbiu/esminiu *(apie nuomonę ir pan.)*

unwelcome [ʌn'welkəm] *a* nepageidaujamas; nemielas; *that is* ~ *news* tai nemaloni žinia

unwelcoming [ʌn'welkəmɪŋ] *a* nepalankus, nedraugiškas; nemielas

unwell [ʌn'wel] *a predic* nesveikas, negaluojantis; *I feel/am* ~ aš negaluoju, man negera

unwept [ʌn'wept] *a poet.* **1** neapraudotas, neapverktas **2** neišverktas *(apie ašaras)*

unwholesome [ʌn'həulsəm] *a* nesveikas; kenksmingas, žalingas

unwieldy [ʌn'wiːldɪ] *a* **1** griozdiškas, gremėzdiškas; nedailus *(apie figūrą)* **2** sunkiai valdomas, sunkus *(apie įrankį, ginklą)*

unwilled [ʌn'wɪld] *a* netyčinis; nevalingas

unwilling [ʌn'wɪlɪŋ] *a* nenorintis, nenoringas; nelinkęs; daromas nenoromis

unwillingly [ʌn'wɪlɪŋlɪ] *adv* nenoromis, nenoriai, prieš norą

unwind [ʌn'waɪnd] *v* (unwound) **1** atsipalaiduoti, nusiraminti **2** iš(si)vyti, iš(si)sukti, iš(si)vynioti; iš(si)narplioti **3** rutuliotis *(apie siužetą)*

unwinking [ʌn'wɪŋkɪŋ] *a* **1** nemirkčiojantis **2** budrus

unwisdom [ʌn'wɪzdəm] *n* neišmintingumas, neprotingumas, kvailystė

unwise [ʌn'waɪz] *a* neišmintingas, neprotingas, kvailas

unwished [ʌn'wɪʃt] *a* nepageidaujamas, nepageidautas, nenorimas *(for)*

unwitnessed [ʌn'wɪtnɪst] *a* **1** nepastebėtas, be liudininkų **2** nepatvirtintas liudininkų

unwitting [ʌn'wɪtɪŋ] *a* **1** nesąmoningas; netyčinis, atsitiktinis **2** nežinantis *(ko)*

unwonted [ʌn'wəuntɪd] *a attr* neįprastas, nepaprastas; retas

unworkable [ʌn'wəːkəbl] *a* **1** netinkamas *(darbui)* **2** nepraktiškas

unworkmanlike [ʌn'wəːkmənlaɪk] *a* diletantiškas; nemokšiškai/nekvalifikuotai padarytas

unworldly [ʌn'wəːldlɪ] *a* **1** nežemiškas; ne šio pasaulio; nesiekiantis žemiškų dalykų, nesiekiantis praturtėti **2** nepasaulietinis, nepasaulietiškas, dvasiškas **3** naivus

unworn [ʌn'wɔːn] *a* nedėvėtas, naujas

unworthy [ʌn'wəːðɪ] *a* **1** nevertas *(of)* **2** ne(pri)deramas; *these remarks are* ~ *of you* jums nedera taip sakyti **3** nedarantis garbės, negarbingas, žemas *(apie elgesį ir pan.)*; negirtinas

unwound [ʌn'waund] *past ir pII žr.* **unwind**

unwove [ʌn'wəuv] *past žr.* **unweave**

unwoven [ʌn'wəuvən] *pII žr.* **unweave**

unwrap [ʌn'ræp] *v* iš(si)vynioti

unwrinkle [ʌn'rɪŋkl] *v* išlyginti raukšles

unwrinkled [ʌn'rɪŋkld] *a* nesusiraukšlėjęs, neraukšlėtas

unwritten [ʌn'rɪtn] *a* **1** nerašytas, neraštinis; ~ *law* a) nerašytas įstatymas; b) *teis.* paprotinė teisė **2** neparašytas, neužrašytas; neprirašytas *(apie popieriaus lapą)*

unyielding [ʌn'jiːldɪŋ] *a* **1** nenuolaidus, nepasiduodantis, tvirtas, nepalenkiamas **2** nesulenkiamas, nelankstus

unyoke [ʌn'jəuk] *v* **1** nuimti jungą; iškinkyti **2** *prk.* išvaduoti iš jungo

unyoked [ʌn'jəukt] *a* neįkinkytas į jungą, nepajungtas

unzip [ʌn'zɪp] *v* atitraukti *(užtrauktuką)*

up [ʌp] <*adv, part, prep, a, n, v*> *adv* **1** aukštyn; viršuje, į viršų; *he lives three floors* ~ *from me* jis gyvena trimis aukštais aukščiau negu aš; *high* ~ *in the air* aukštai ore; *what are you doing* ~ *there?* ką tu ten darai viršuje?; *this side* ~ čia viršus *(užrašas ant dėžės)*; *the sun is* ~ saulė jau patekėjusi; ~ *and down* a) aukštyn ir žemyn; *to look* ~ *and down* nužvelgti nuo galvos iki kojų; b) pirmyn/ten ir atgal; c) visaip; tai gerai, tai blogai; *lift your head* ~! pakelk galvą!, galvą aukštyn! **2** žymint judėjimą iš periferijos į centrą, iš pietų į šiaurę, upės aukštupio link: *to go* ~ *to town* vykti į miestą/centrą; *to go* ~ *North* vykti į šiaurę; *the voyage* ~ *the Nile* kelionė Nilo aukštupio link **3** *nurodant perėjimą iš horizontalios padėties į vertikalią ar iš pasyvios būsenos į aktyvią veiklą*: *he was* ~ *all night* jis visą naktį buvo ant kojų, jis nemiegojo visą naktį; *he is* ~ jis atsikėlęs; *he is* ~ *and down* jis atsikėlęs ir nulipęs žemyn; ~ *with you!* kelkis!; *you must be* ~ *and doing* tu privalai dirbti/

užsiimti *(kuo);* **what have you been ~ to all day?** ką tu visą dieną veikei? **4** *nurodant veiksmo/laiko baigimą(si):* **our time is ~** mūsų laikas baigėsi; **Parliament is ~** parlamento sesija pasibaigė; **it is all ~ with him** jam viskas baigta **5** *daugiau;* **age 12 ~** nuo dvylikos metų **6** *sport.* priekyje; **he is two points ~** jis dviem taškais pirmauja **7** *teis.*: **he is ~ for trial** jis greit stos į teismą; **his case comes ~ on Tuesday** jo byla bus svarstoma antradienį ◊ **something is ~** kažkas darosi/vyksta *(ppr. negera);* **what's ~?** *šnek.* kas atsitiko?; **~ to it** galintis *(ką padaryti, susidoroti);* **to be ~ to something** sumanyti/ruoštis ką daryti *(bloga, slapta);* **to be ~ and about/around** būti vėl ant kojų, pasveikti; **to be ~ to no good** numatyti/ruošti ką bloga; **to be (well) ~ in/on smth** *šnek.* nusimanyti apie ką, gerai žinoti ką; **it is ~ to you** tai pareina nuo jūsų, tai jūsų reikalas; **~ with..!** tegyvuoja..!
part žymint **1** *veiksmo kryptį aukštyn* už-, at-; **to carry ~** užnešti; **to sit ~** atsisėsti *(iš gulimos padėties)* **2** *prisiartinimą* pri-; **to walk ~** prieiti **3** *veiksmo užbaigimą* su-, pa-, už-, iš-; **to eat ~** suvalgyti; **to save ~** sutaupyti; **to burn ~** sudeginti; **to divide ~** padalyti; **to grow ~** užaugti; **to dry ~** išdžiūti
prep **1** aukštyn; **~ a hill** į kalną; **~ the steps** laiptais į viršų; **to climb ~ a tree** (į)lipti į medį **2** tolyn, gilyn; **~ the country** į šalies gilumą; **to walk ~ the street** eiti gatve tolyn **3** prieš; **~ the stream** prieš srovę; **~ the wind** prieš vėją **4** *(~ to)* iki, ligi *(pat);* **~ to this place** iki šios vietos; **~ to 20 people** iki 20 žmonių; **he is ~ to his father** jis prilygsta tėvui
a **1** kylantis, pakilęs; aukštėjantis; **inflation is ~ by 3%** infliacija pakilo 3%; **numbers of students are ~** studentų skaičius didėja; **eggs are ~ this week** kiaušiniai šią savaitę pabrango **2** einantis į centrą *ar* į šiaurę; **~ train** traukinys, einantis į Londoną, didelį miestą *ar* į šiaurę **3** paruoštas *(apie valgį, gėrimą);* **dinner's ~!** pietūs paruošti! **4** pasiruošęs *(kovai; kur dalyvauti; for);* sukilęs *(apie šalį)* **5** tinkamas *(to);* **he is not ~ to this job** jis šiam darbui netinka; **the film isn't ~ to much** *šnek.* tas filmas ne kažin koks **6** *predic* įjungtas *(apie kompiuterį ir pan.)* **7** *predic* skirtas, numatomas *(for);* **this subject is ~ for discussion at the next meeting** šį klausimą numatoma svarstyti kitame posėdyje **8** *predic* taisomas, remontuojamas *(apie kelią)* **9** *predic šnek.* pakilios nuotaikos, linksmas
n **1** *(kainų ir pan.)* kilimas; pabrangimas **2** transporto priemonė, vykstanti į Londoną, didelį miestą *ar* į šiaurę **3** *(the ~) sport.* (atšokusio kamuolio) kilimas ◊ **to be on an ~** *šnek.* pralinksmėti, pradžiugti; **to be on the ~ and ~** vis labiau sektis, vis gerėti; **~s and downs** sėkmės ir nesėkmės
v šnek. **1** kelti, didinti *(kainą ir pan.)* **2**: **~ and...** (pa)šokti ir... *(pabrėžiant veiksmo staigumą);* **he ~ped and left** jis pašoko ir išėjo; **she ~ped and married someone else** ji ėmė ir ištekėjo (staiga) už kito
up- [ʌp-] *pref* **1** į viršų, aukštyn; viršuje; **upland** kalnuose esantis, kalnų; **upstairs** į viršų *(laiptais),* viršuje **2** pa-, iš-, ap- *ir kt.* priešdėliai *(žymint veiksmo baigtumą);* **upgrade** pakelti; **uproot** išrauti su šaknimis; **upturn** apversti
up-and-coming [ˌʌpənd'kʌmɪŋ] *a attr* daug žadantis, perspektyvus
up-and-doing [ˌʌpənd'duːɪŋ] *a* energingas, veiklus; verslus; **to be ~** ≅ nesnausti

up-and-down [ˌʌpən'daun] *a* **1** kalvotas **2** judantis/einantis į priekį ir atgal, aukštyn ir žemyn **3** *amer.* atviras, tiesus **4** status, beveik statmenas
up-and-downer [ˌʌpən'daunə] *n šnek.* peštynės, muštynės
Upanishads [uː'pænɪʃædz] *n pl* upanišados *(senovės indų filosofijos traktatai)*
upas ['juːpəs] *n* **1** *bot.* ančiaras *(t. p.* **~ tree)** **2** žalinga įtaka
upbear [ʌp'bɛə] *v* (upbore; upborne) *ret.* palaikyti *(t. p. prk.)*
upbeat[1] ['ʌpbiːt] *n muz.* beakcentė takto dalis
upbeat[2] *a* linksmas, žvalus, optimistiškas; **a film with an ~ ending** filmas su laiminga pabaiga
upbore [ʌp'bɔː] *past žr.* **upbear**
upborne [ʌp'bɔːn] *pII žr.* **upbear**
upbound ['ʌpbaund] *a* vykstantis į šiaurę
upbraid [ˌʌp'breɪd] *v* priekaištauti, prikaišioti *(with, for)*
upbringing ['ʌpˌbrɪŋɪŋ] *n* (iš)auklėjimas, ugdymas
upbuild [ʌp'bɪld] *v* (upbuilt) (pa)statyti
upbuilding [ʌp'bɪldɪŋ] *n* pastatymas
upbuilt [ʌp'bɪlt] *past ir pII žr.* **upbuild**
upcast *n* ['ʌpkɑːst] **1** išmetimas/iškėlimas į viršų **2** *kas.* vėdinimo šachta
a [ˌʌp'kɑːst] iškeltas/išmestas į viršų
upchuck ['ʌptʃʌk] *v amer. šnek.* vemti
upcoming ['ʌpˌkʌmɪŋ] *a attr* ateinantis, būsimas
up-country <*n, a, adv*> *n* ['ʌpkʌntrɪ] šalies giluma
a [ˌʌp'kʌntrɪ] **1** esantis šalies gilumoje **2** paprastas, naivus, ≅ iš vidurio kaimo
adv [ˌʌp'kʌntrɪ] šalies gilumoje; į šalies gilumą, toliau į šiaurę, toliau
update *n* ['ʌpdeɪt] **1** naujausios žinios *(on; t. p.* **news ~)** **2** (su)modernininimas; atnaujinimas
v [ˌʌp'deɪt] **1** (su)moderninti, modernizuoti **2** atnaujinti; **the telephone directory is being ~d** telefono abonentų knyga peržiūrima ir papildoma **3** informuoti *(on – apie)*
updo ['ʌpduː] *n* aukšta šukuosena
updraft ['ʌpdræft] *n amer.* = **updraught**
updraught ['ʌpdrɑːft] *n* kylančio oro srovė
upend [ʌp'end] *v* **1** ap(si)versti *(dugnu/kojomis aukštyn)* **2** nugalėti, įveikti
up-front [ˌʌp'frʌnt] *šnek. a* **1** atviras, tiesus, nuoširdus **2** išankstinis *(apie mokėjimą)* **3** (gerai) matomas
adv **1** atvirai, tiesiai **2** iš anksto *(mokėti)*
upgrade <*n, v, adv*> *n* ['ʌpgreɪd] **1** pakilimas, šlaitas **2** pakėlimas, padidinimas; paaukštinimas *(tarnyboje);* **on the ~** a) progresuojantis, kylantis; b) gerėjantis, sveikstantis
v [ˌʌp'greɪd] **1** paaukštinti, pakelti *(pareigas)* **2** pakelti, padidinti *(atlyginimą, kainas ir pan.)* **3** pagerinti, patobulinti *(aparatą, mašiną ir pan.);* (su)moderninti **4** duoti geresnę vietą *(negu nurodyta lėktuvo biliete)*
adv [ˌʌp'greɪd] *amer.* = **uphill**
upgrowth ['ʌpgrəuθ] *n* **1** augimas; plėtotė **2** aukštyn augantis augalas *ir pan.*
upheaval [ʌp'hiːvl] *n* **1** poslinkis; neramumai, suirutė, perversmas; **social [political] ~** socialiniai [politiniai] poslinkiai **2** *geol.* klodų antsprūdis
upheave [ʌp'hiːv] *v* **1** pa(si)kelti, iš(si)judinti **2** išmesti/versti į viršų *(lavą ir pan.)*
upheld [ʌp'held] *past ir pII žr.* **uphold**
uphill <*n, a, adv*> *n* ['ʌphɪl] įkalnė
a ['ʌphɪl] **1** einantis/kylantis į kalną, įkalnus **2** *prk.* sunkus, varginantis
adv [ʌp'hɪl] į kalną, įkalnin, įkalniui

uphold [ʌp'həuld] v (upheld) **1** paremti, palaikyti **2** puoselėti, išsaugoti; laikytis; *to ~ the view* laikytis požiūrio; *to ~ traditional family values* išsaugoti tradicines šeimos vertybes **3** *teis.* patvirtinti *(nuosprendį)* **4** *šiaur.* tvirtinti, teigti

upholder [ʌp'həuldə] n šalininkas, rėmėjas

upholster [ʌp'həulstə] v **1** įrengti, apstatyti *(kambarį);* pakabinti užuolaidas, patiesti kilimus **2** apmušti, aptraukti *(baldus)*

upholstered [ʌp'həulstəd] a **1** apmuštas *(medžiaga; in, with);* *~ carriage* minkštasis vagonas **2** storas *(apie žmogų; t. p. well ~)*

upholsterer [ʌp'həulstᵊrə] n **1** *(kambario, buto)* įrengėjas, dekoruotojas **2** *(baldų)* apmušėjas

upholstery [ʌp'həulstᵊrɪ] n **1** apmušimas; baldų apmušėjo *ar* kambarių įrengėjo/dekoruotojo amatas **2** *(baldų)* apmušalai; kilimai ir užuolaidos

upkeep ['ʌpki:p] n **1** išlaikymas, priežiūra; remontas **2** išlaikymo/remonto išlaidos

upland ['ʌplənd] n *(ppr. pl)* aukštumos, kalnuota vietovė; kalnuota krašto dalis *(toli nuo jūros)*
a attr **1** kalnuotas; kalnų; *~ moor/bog* aukštapelkė **2** esantis šalies gilumoje

uplift <n, a, v> n ['ʌplɪft] **1** iškėlimas, pakėlimas **2** *(dvasinis)* pakilimas **3** suknelės įsiuvas *(krūtims prilaikyti)* **4** *geol.* antsprūdis **5** *tech.* priešslėgis
a ['ʌplɪft] **1** iškeliamas, pakeliamas **2** *prk.* pakilus
v [ʌp'lɪft] **1** iškelti, pakelti **2** pakelti dvasią, paskatinti

uplifted [ʌp'lɪftɪd] a **1** pakilus, pakilios nuotaikos **2** *knyg.* iškeltas, pakeltas aukštyn

uplifting [ʌp'lɪftɪŋ] a pakeliantis dvasią, sutvirtinantis, pamokomas

upmarket ['ʌp'mɑ:kɪt] a pasiturinčiųjų; *~ shops* prabangių prekių parduotuvės

upmost ['ʌpməust] = **uppermost** *a*

upon [ə'pɒn] = **on** *prep*

upper ['ʌpə] *a attr* **1** viršutinis, aukštutinis; aukščiausias; *the ~ limit* aukščiausioji riba *(on – ko);* *~ clothes* viršutiniai drabužiai; *the ~ crust* a) viršutinė pluta; b) *šnek.* aukštuomenė, aristokratija; c) *sl.* galva; kepurė, skrybėlė; *the ~ storey* a) viršutinis aukštas; b) *šnek. (džn. juok.)* smegeninė, protas; *~ works* a) antvandeninė laivo dalis; b) *sl.* galva **2** aukštupio; *the ~ reaches (of the Nemunas)* (Nemuno) aukštupys **3** aukštesnis, vyresnis, svarbesnis; *the ~ strata of society* aukštesnieji visuomenės sluoksniai
n **1** *(bato)* priekis **2** viršutinė lentyna *(vagone)* **3** *(ppr. pl)* viršutinis dantis **4** *pl* getrai **5** *pl šnek.* stimuliuojantys narkotikai ◊ *to be (down) on one's ~s šnek.* a) vaikščioti suplyšusiais/numintais batais; b) neturėti nė skatiko, skursti

upper-case ['ʌpə'keɪs] *poligr.* n didžiųjų raidžių registras
a didysis *(apie raidę, šriftą)*

upper-class ['ʌpə'klɑ:s] a aukštuomenės; aristokratiškas

upperclassman [ˌʌpə'klɑ:smən] n *(pl* -men [-mən]) *amer.* vyresniųjų kursų studentas; vyresniųjų klasių mokinys

uppercrust ['ʌpə'krʌst] *a šnek.* = **upper-class**

uppercut ['ʌpəkʌt] n smūgis iš apačios *(ypač bokse)*

uppermost ['ʌpəməust] *a* **1** aukščiausias; viršutinis **2** pagrindinis, pirmiausias, svarbiausias; *these thoughts are ~ in his mind* jis pirmučiausiai galvoja apie tai
adv **1** viršuje; į viršų **2** pirmiausiai

uppish ['ʌpɪʃ] *a* = **uppity**

uppity ['ʌpətɪ] *a šnek.* išpuikęs, pasipūtęs; įžulus

upraise [ʌp'reɪz] v **1** (pa)kelti, iškelti **2** pakelti nuotaiką, pralinksminti

uprate [ʌp'reɪt] v **1** padidinti *(pensiją ir pan.)* **2** geriau atlikti

upright <n, a, adv> n ['ʌpraɪt] **1** (stat)ramstis; kolona **2** pianinas *(t. p. ~ piano)* **3** *(ppr. pl) sport.* vartų virpstas
a ['ʌpraɪt] **1** status, stačias, tiesus; *~ frame* stovas; *two ~ poles* du stati stulpai **2** doras, tiesus, sąžiningas
adv [ˌʌp'raɪt] **1** stačiai, tiesiai, vertikaliai **2** dorai, sąžiningai

uprise *knyg.* n ['ʌpraɪz] **1** (pa)kilimas *(į kalną, į viršų)* **2** iškilimas, atsiradimas **3** = **uprising** 1
v [ʌp'raɪz] (uprose; uprisen [ʌp'rɪzn]) **1** (pa)kilti **2** sukilti **3** pasirodyti, iškilti

uprising ['ʌpraɪzɪŋ] n **1** sukilimas, maištas **2** = **uprise** n 1

upriver *adv* [ʌp'rɪvə] upe aukštyn, aukštupio link
a ['ʌprɪvə] (esantis) aukštupio link

uproar ['ʌprɔ:] n **1** triukšmas, klegesys, šurmulys; sujudimas; *the meeting ended in ~* susirinkimas baigėsi skandalu **2** didelis pasipiktinimas

uproarious [ʌp'rɔ:rɪəs] *a* **1** triukšmingas, siautulingas **2** be galo juokingas

uproot [ʌp'ru:t] v **1** (iš)rauti su šaknimis *(t. p. prk.)* **2** iškeldinti, atplėšti *(nuo namų, gimtinės ir pan.)*

uprose [ʌp'rəuz] *past žr.* **uprise** *v*

ups-a-daisy [ˌʌpsəˈdeɪzɪ] *int* = **upsy-daisy**

upscale ['ʌpskeɪl] *a* **1** aukštesnis negu vidutinio lygio *(apie išsilavinimą, pajamas ir pan.)* **2** *amer.* = **upmarket**

upset <v, n, a> v [ʌp'set] (upset) **1** nuliūdinti, prislėgti, sujaudinti; *refl* sielotis, kankintis; *to ~ smb's mood* sugadinti kam nuotaiką; *don't ~ yourself* nesisielok **2** *prk.* sugriauti, suardyti; *he ~ my plans* jis suardė mano planus **3** *(nelauktai)* nugalėti, pralaimėti **4** ap(si)versti, iš(si)versti; iš(si)pilti, iš(si)barstyti **5** sugadinti *(skrandį)*, sutrikdyti *(virškinimą)* **6** *metal.* susodinti
n ['ʌpset] **1** *(planų ir pan.)* suardymas **2** *(nelauktas)* nugalėjimas, pralaimėjimas **3** ap(si)vertimas **4** netvarka; suvertimas, sujaukimas **5** susierzinimas, susirūpinimas **6** *šnek.* ginčas, skandalas **7** *(skrandžio)* sutrikimas **8** *metal.* susodinimas
a ['ʌp'set] **1** nuliūdęs, prislėgtas, susirūpinęs **2** sutrikęs, sugadintas *(apie skrandį)* **3**: *~ price amer.* mažiausia pradinė kaina *(varžytynėse)*

upshift ['ʌpʃɪft] v *aut.* pereiti į aukštesnę pavarą

upshot ['ʌpʃɒt] n **1** išdava, rezultatas; atomazga, galas; *the ~ of it was that...* baigėsi tuo, kad... **2** esmė; išvada

upside ['ʌpsaɪd] *amer.* n viršutinė pusė/dalis; *(ko)* geroji pusė
prep šnek. ant *(galvos ir pan.)* šono

upside-down [ˌʌpsaɪd'daun] *a* **1** apverstas (aukštyn kojomis); *the box is ~* dėžė apversta aukštyn dugnu **2** suverstas, sujauktas, netvarkingas; *because of him all our plans are ~* dėl jo visi mūsų planai žlugo
adv **1** aukštyn kojomis, apverstai **2** netvarkingai; *to turn the room ~* sujaukti viską kambaryje; *to turn smb's life ~* sujaukti kieno gyvenimą

upsides [ʌp'saɪdz] *adv šnek.* atkeršijant *(with – kam)*

upspring [ʌp'sprɪŋ] v (upsprang [ʌp'spræŋ], upsprung [ʌp'sprʌŋ]; upsprung) **1** pašokti **2** kilti, atsirasti, pasirodyti

upstage [ˌʌp'steɪdʒ] <a, adv, v> *a* **1** esantis scenos gilumoje **2** *šnek.* išpuikęs, išdidus ◊ *~ and county* mėgstantis pasirodyti priklausantis aukštuomenei, snobiškas
adv scenos gilumoje
v **1** užtemdyti, užgožti *(kitą aktorių ir pan.);* atkreipti *(publikos)* dėmesį į save **2** niekinamai/išdidžiai elgtis *(su kuo)*

upstairs <*adv, n, a*> *adv* [ʌp'stɛəz] **1** laiptais į viršų, viršun, aukštyn; *to go ~* užlipti į viršų **2** viršutiniame aukšte, viršuje ◊ *she doesn't have much ~, she is a little weak ~ šnek.* ji truputį kvaištelėjusi
n [ʌp'stɛəz] **1** *(pastato)* viršutinė dalis, viršutinis aukštas **2** žmogus, gyvenantis viršuje; šeimininkai ◊ *the man ~ šnek.* Dievas
a ['ʌpstɛəz] (esantis/gyvenantis) viršuje, viršutiniame aukšte
upstanding [ˌʌp'stændɪŋ] *a* **1** stačias; tiesus; tvirtas **2** doras, garbingas
upstart <*n, a, v*> *n* ['ʌpstɑ:t] *menk.* iškilėlis, prasisiekėlis; išsišokėlis
a ['ʌpstɑ:t] išsišokėliškas; išsišokėlio
v [ʌp'stɑ:t] **1** pašokti **2** išgąsdinti, priversti pašokti **3** pasirodyti, atsirasti
upstate *amer. n* ['ʌpsteɪt] *(valstijos)* šiaurinė/kaimiškoji dalis
a ['ʌp'steɪt] (esantis) į šiaurę, tolyn nuo miesto; *~ New York* šiaurinė Niujorko valstijos dalis
upstream [ˌʌp'stri:m] *adv* prieš srovę, upe aukštyn
a ['ʌpstri:m] plaukiantis prieš srovę; esantis aukštupio link
upstretched [ʌp'stretʃt] *a* ištiestas aukštyn *(apie rankas)*
upstroke ['ʌpstrəʊk] *n* **1** brūkšnis/potėpis į viršų *(rankraštyje, piešinyje)* **2** *tech. (stūmoklio)* eiga aukštyn
upsurge *n* ['ʌpsə:dʒ] (pa)kilimas, išaugimas; *(jausmų, minčių)* antplūdis
v [ʌp'sə:dʒ] kilti, (iš)augti; užplūsti
upsweep ['ʌpswi:p] *n* = **updo**
v (upswept ['ʌpswept]) sušukuoti/sušiaušti plaukus į viršų
upswing ['ʌpswɪŋ] *n* pakilimas, pagerėjimas *(in);* padidėjimas *(in)*
upsy-daisy [ˌʌpsɪ'deɪzɪ] *int* opapa *(keliant vaiką, raginant vaiką keltis)*
uptake ['ʌpteɪk] *n* **1** *fiziol., biol. (deguonies, vandens ir pan.)* sunaudojimas, sugėrimas **2** *ret.* pakėlimas **3** *tech.* vertikalus ištraukiamasis vamzdis; dūmtraukis ◊ *to be quick [slow] on the ~ šnek.* greitai [lėtai] suvokti
uptempo [ˌʌp'tempəʊ] *a muz.* greitu/greitesniu tempu
upthrow ['ʌpθrəʊ] *n* **1** metimas į viršų **2** = **upheaval** 2
uptick ['ʌptɪk] *n amer.* padidėjimas *(t. p. fin.)*
uptight ['ʌp'taɪt] *a šnek.* sunerimęs, susierzinęs; įsitempęs
up-to-date [ˌʌptə'deɪt] *a* **1** šiuolaikinis, modernus **2** naujausias; *to bring smth ~* papildyti *(ką)* aktualia medžiaga; įtraukti naujausius duomenis; (su)aktualinti *(ką); I'm not ~ on the latest happenings* aš nesusipažinęs su paskiausiais įvykiais
up-to-the-minute [ˌʌptəðə'mɪnɪt] *a* **1** pats naujausias, ką tik gautas/įvykęs **2** moderniausias, naujausios mados
uptown <*adv, a, n*> *amer. adv* [ʌp'taʊn] miesto (šiauriniame) pakraštyje *(kur išsidėstę daugiausia gyvenamieji kvartalai);* iš/nuo miesto centro
a ['ʌptaʊn] esantis toli nuo miesto centro; vykstantis į miesto pakraštį *(apie traukinį ir pan.)*
n ['ʌptaʊn] gyvenamieji kvartalai *(miesto pakraštyje)*
uptrend ['ʌptrend] *n (ekonomikos)* kilimo/augimo tendencija
upturn *n* ['ʌptə:n] **1** *(ekonomikos)* (pa)kilimas, *(paklausos ir pan.)* augimas; *(sąlygų ir pan.)* gerėjimas **2** *šnek.* chaosas, sąmyšis
v [ˌʌp'tə:n] apversti
upturned ['ʌp'tə:nd] *a* **1** užriestas *(apie nosį ir pan.)* **2** apverstas

upvalue [ʌp'vælju:] *v* pakelti vertę/kainą; pakelti *(pinigų)* kursą
upward ['ʌpwəd] *a attr* kylantis/nukreiptas į viršų; *~ glance* aukštyn nukreiptas žvilgsnis
adv amer. = **upwards**
upwardly ['ʌpwədlɪ] *adv* aukštyn, viršun; *~ mobile* norintis/gebantis iškilti *(apie žmogų)*
upwards ['ʌpwədz] *adv* **1** į viršų, aukštyn; *to follow the river ~* eiti paupiu prieš srovę **2** daugiau, aukščiau; vėliau *(ateityje); from one's youth ~* nuo jaunumės; *~ of 500 coins* daugiau negu 500 monetų
upwave [ˌʌp'weɪv] *adv* prieš bangas
upwind [ʌp'wɪnd] *adv* prieš vėją
uraemia [juˈriːmɪə] *n med.* uremija
Ural-Altaic [ˌjʊərəlæl'teɪɪk] *a* Uralo-Altajaus
n Uralo-Altajaus kalbų grupė
Urals ['jʊərəlz] *n (the ~)* Uralas
uranic[1] [ju'rænɪk] *a* astronominis
uranic[2] *a chem.* uraninis, urano
uranium [ju'reɪnɪəm] *n chem.* uranas
Uranus ['jʊərənəs, ju'reɪnəs] *n mit., astr.* Uranas
urban ['ə:bən] *a attr* miesto, miestiškas; *~ population* miesto gyventojai; *~ complex* didelis miestas su priemiesčiais
urbane [ə:'beɪn] *a* gerų manierų, rafinuotas; mandagus
urbanism ['ə:bənɪzm] *n* **1** miestiečių gyvenimo būdas **2** *archit.* urbanizmas; miestų statyba
urbanist ['ə:bənɪst] *n amer.* miestų planuotojas
urbanite ['ə:bənaɪt] *n amer.* miestietis
urbanity [ə:'bænətɪ] *n* geros manieros, rafinuotumas; mandagumas
urbanize ['ə:bənaɪz] *v (ppr. pass)* urbanizuoti, paversti miestu *(kaimo vietovę);* priartinti prie miesto sąlygų
urchin ['ə:tʃɪn] *n* **1** benamis berniukštis; padauža **2** *zool.* jūrų ežys *(t. p. sea ~)* **3** *psn.* ežys
Urdu ['ʊədu:] *n* urdu *(kalba)*
-ure [-ə] *suff* **1** -imas, -ymas *(žymint veiksmą, jo rezultatą); pressure* spaudimas; *closure* uždarymas **2** -ūra *(žymint valstybines įstaigas); prefecture* prefektūra
urea ['jʊərɪə] *n chem.* šlapalas, karbamidas
uremia [juˈriːmɪə] *n amer.* = **uraemia**
ureter [ju'ri:tə] *n anat.* šlapimtakis
urethra [juˈriːθrə] *n (pl* -ae [-i:], *~s) anat.* šlaplė, uretra
urge [ə:dʒ] *n* potraukis, reikmė; akstinas
v **1** primygtinai siūlyti/reikalauti; įtikinėti; *to ~ that smth (should) be done* reikalauti, kad kas būtų padaryta **2** (pa)raginti, (pa)akstinti *(džn. ~ on); they needed no urging* jų nereikėjo raginti **3** (pa)varyti, (pa)raginti *(arkli; džn. ~ on)* **4** *tech.* forsuoti, spartinti
urgency ['ə:dʒənsɪ] *n* **1** skuba, skubumas; *a matter of great ~* neatidėliotinas/skubus reikalas **2** primygtinumas; būtinumas
urgent ['ə:dʒənt] *a* **1** neatidė(lio)tinas, skubus; *~ measures* skubios priemonės **2** primygtinis; būtinas; *to be in ~ need (of)* būtinai reikėti *(ko)* **3** atkaklus, įkyrus *(apie toną, prašymą ir pan.)*
Uriah [ju'raɪə] *n* Jurajus *(vardas)*
uric ['jʊərɪk] *a:* ~ *acid chem.* šlapimo rūgštis
urinal ['jʊərɪnl, ju'raɪnl] *n* **1** pisuaras **2** indas šlapintis *(ligoniui),* antelė
urinalysis [ˌjʊərɪ'næləsɪs] *n (pl* -ses [-si:z]) šlapimo tyrimas
urinary ['jʊərɪnərɪ] *a anat., med.* šlapimo, šlapiminis; *~ disease* šlapimtakių uždegimas
urinate ['jʊərɪneɪt] *v* šlapintis, nusišlapinti
urination [ˌjʊərɪ'neɪʃn] *n* šlapinimasis
urine ['jʊərɪn] *n* šlapimas

urn [ə:n] *n* **1** elektrinis virtuvas *(t. p.* ***tea/coffe*** *~)* **2** *(laidojimo)* urna
urogenital [ˌjuərəu'dʒenɪtl] *a anat.* šlapimo ir lyties (organų)
urologic [ˌjuərə'lɔdʒɪk] *a* urologinis
urologist [juə'rɔlədʒɪst] *n* urologas
urology [juə'rɔlədʒɪ] *n* urologija
Ursa ['ə:sə] *n:* ~ ***Major [Minor]*** *astr.* Didieji [Mažieji] Grįžulo Ratai
ursine ['ə:saɪn] *a* lokio, lokiškas; meškiškas *(t. p. prk.)*
Ursula ['ə:sjulə] *n* Uršulė, Ursula *(vardas)*
urticaria [ˌɔ:tɪ'kɛərɪə] *n med.* urtikarija
Uruguay ['juərəgwaɪ] *n* Urugvajus *(valstybė)*
Uruguayan [ˌjuərə'gwaɪən] *a* Urugvajaus; urugvajiškas, urugvajiečių
  n Urugvajaus gyventojas, urugvajietis
us [əs, ʌs] *pron pers* (*objektinis linksnis, žr.* **we**) **1** mus, mums, mūsų; ***he advised*** ~ jis patarė mums; ***don't forget*** ~ neužmirškite mūsų; ***he came with*** ~ jis atėjo su mumis; ***all of*** ~ mes visi; ***it's*** ~*! šnek.* tai mes! **2** save, savimi; ***we took him with*** ~ mes paėmėme jį su savimi
usable ['ju:zəbl] *a* **1** vartojamas, naudojamas, galimas/ tinkamas vartoti/naudoti **2** patogus, praktiškas
usage ['ju:sɪdʒ, 'juzɪdʒ] *n* **1** vartosena, vartojimas; naudojimas(is) **2** elgimasis, elgesys **3** įprasta praktika; paprotys, įprotis **4** *kalb.* vartosena, uzusas
usance ['ju:zns] *n fin.* užsienio vekselių išpirkimo terminas
use *n* [ju:s] **1** vartojimas; (pri)taikymas; ***in*** ~ vartojamas; ***to be/fall/go/pass out of*** ~ būti nebevartojamam, išeiti iš apyvartos; ***to put knowledge to*** ~ taikyti žinias praktikoje **2** naudojimas(is), pa(si)naudojimas; teisė naudotis; ***to give a friend the*** ~ ***of one's library*** leisti draugui pasinaudoti biblioteka; ***to have the*** ~ *(of)* (galėti) naudotis *(kuo);* ***to make*** ~ *(of),* ***to put to*** ~ pa(si)naudoti; ***to lose the*** ~ *(of)* netekti galimybės naudotis *(kuo);* ***he lost the*** ~ ***of his eyes*** jis apako **3** nauda; ***to be (of) no*** ~ būti nenaudingam; ***that will be of great*** ~ tai duos daug naudos; ***it's no*** ~ ***arguing with you*** beprasmiška su jumis ginčytis; ***what's the*** ~*?* kokia iš to nauda?; ***is there any*** ~*?* ar verta?, ar apsimoka? **4** reikmė, reikalingumas; ***to have no*** ~ *(for)* a) nereikėti, būti nereikalingam; b) nevertinti, nepakęsti, niekinti **5** įpratimas, įprotis **6** *bažn.* ritualas **7** *teis.* turto valdymas pagal įgaliojimą; pajamos iš turto valdymo pagal įgaliojimą
  v [ju:z] **1** (pa)vartoti; (pa)naudoti; pritaikyti; ***to*** ~ ***drugs*** vartoti narkotikus; ***to*** ~ ***old stocks as dusters*** naudoti senas kojines dulkėms šluostyti; ***the expression is not*** ~***d in polite conversation*** tas posakis nevartojamas mandagiame pokalbyje **2** naudotis, pasinaudoti; remtis; ***can I*** ~ ***your name?*** ar galiu remtis jumis, jūsų pavarde?; ***I could*** ~ ***a cup of coffee!*** *šnek.* aš mielai išgerčiau puoduką kavos! **3** sunaudoti, išeikvoti *(t. p.* ~ ***up); he had*** ~***d up all his strength*** jis išeikvojo visas jėgas; ***I feel*** ~***d up*** aš jaučiuosi visiškai išsekintas/išvargęs; ***how much coal did we*** ~*?* kiek mes sunaudojome anglių? **4** elgtis *(su);* ***to*** ~ ***smb like a dog*** su kuo blogai/niekinamai elgtis; ***he thinks himself ill*** ~***d*** jis mano, kad su juo blogai elgiamasi **5** išnaudoti *(žmogų)* **6** *(tik past)* [ju:st] *žymint praeityje pasikartojusį veiksmą/būseną, ppr. verčiama būtuoju dažniniu laiku;* ***I*** ~***d to walk there*** aš ten vaikštinėdavau; ***it*** ~***d to be said*** būdavo sakoma; ***there*** ~***d to be a house here*** anksčiau čia stovėjo namas
useable ['ju:zəbl] *a* = **usable**

used *a* **1** [ju:zd] (pa)naudotas, (pa)vartotas; (pa)dėvėtas, senas **2** [ju:st] *predic* įpratęs, pripratęs; ***to be*** ~ *(to)* būti įpratusiam/pripratusiam; ***to get*** ~ *(to)* įprasti, priprasti; ***he is*** ~ ***to getting up early*** jis įpratęs anksti keltis
useful ['ju:sfəl] *a* **1** naudingas; ***to come in*** ~ praversti; ***to make oneself*** ~ būti naudingam *(kuo),* padėti; ~ ***effect*** *tech.* elektyvumas, naudingasis veikimas **2** sugebantis; ***he is*** ~ ***with a gun*** jis moka elgtis su šautuvu **3** *šnek.* rezultatyvus, sėkmingas
useless ['ju:sləs] *a* **1** nenaudingas, be naudos; ***it is*** ~ ***to shout*** nėra prasmės šaukti **2** nesėkmingas, nevaisingas **3** *šnek.* nesugebantis, niekam tikęs; niekam vertas
user ['ju:zə] *n* **1** vartotojas; naudotojas; ***library*** ~***s*** bibliotekos skaitytojai **2** narkomanas *(t. p.* ***drug*** ~*)* **3** *teis.* naudojimo(si) teisė
user-friendliness [ju:zə'frendlɪnɪs] *n* patogumas vartotojui; kompiuterinis palankumas
user-friendly [ju:zə'frendlɪ] *a* patogus vartotojui; sukurtas kompiuterio ir vartotojo bendravimui palengvinti
U-shaped ['ju:ʃeɪpt] *a* U pavidalo
usher ['ʌʃə] *n* **1** tvarkos prižiūrėtojas *(kine, teatre, teisme, bažnyčioje ir pan.);* pabrolys **2** bilietų kontrolierius; durininkas **3** *psn., juok.* jaunesnysis mokytojas
  v **1** įvesti, nuvesti, nulydėti, pasodinti į vietą *(in, to)* **2** pranešti, (pa)skelbti, apreikšti *(t. p.* ~ ***in)***
usherette [ˌʌʃə'ret] *n* bilietų kontrolierė *(teatre, kine, koncertų salėje ir pan.);* kapeldinerė
usual ['ju:ʒuəl, 'ju:ʒl] *a* įprastas, įprastinis, paprastas; ***as*** ~ kaip paprastai; ***the*** ~ ***thing*** įprastas atvejis/dalykas; ***that is in the*** ~ ***run of things*** tai paprastas reiškinys; ***they left earlier than was*** ~ ***for them*** jie išvyko anksčiau negu paprastai
  n tas pats, įprastas dalykas; ***your*** ~*, sir?* kaip paprastai, pone? *(klausiant bare, ką gers)*
usually ['ju:ʒʊəlɪ] *adv* paprastai; ***more than*** ~ ***slow*** lėtesnis negu paprastai
usufruct ['ju:zjufrʌkt] *teis.* uzufruktas *(teisė naudotis svetimu turtu ir pajamomis iš jo)*
usurer ['ju:ʒərə] *n* palūkininkas; lupikautojas
usurious [ju:'ʒuərɪəs, ju:'zjuərɪəs] *a* lupikiškas; lupikautojo
usurp [ju:'zə:p] *v* uzurpuoti, užgrobti, pa(si)glemžti
usurpation [ju:zə:'peɪʃn] *n* uzurpacija, užgrobimas, pa(si)glemžimas
usurper [ju:'zə:pə] *n* uzurpatorius
usurping [ju:'zə:pɪŋ] *a* uzurpatoriškas
usury ['ju:ʒərɪ] *n* **1** palūkanavimas, lupikavimas **2** lupikiškas palūkanų procentas, didelės palūkanos ◊ ***with*** ~ *knyg., poet.* su kaupu
Utah ['ju:tɑ:, 'ju:tɔ:] *n* Juta *(JAV valstija)*
utensil [ju:'tensl] *n* rakandas, rykas, indas; reikmuo; ***kitchen*** ~***s*** virtuvės rykai/indai; ***writing*** ~***s*** rašymo reikmenys, rašikliai
uteri ['ju:təraɪ] *pl žr.* **uterus**
uterine ['ju:təraɪn] *a* **1** vienamotis; ~ ***sisters*** vienamotės seserys **2** *anat.* gimdos
uterus ['ju:tərəs] *n (pl* ~***es,*** -**ri***) anat.* gimda
utilitarian [ju:ˌtɪlɪ'tɛərɪən] *a* **1** utilitarinis; utilitarus, praktiškas; taikomasis **2** *filos.* utilitarizmo
  n (U.) utilitaristas
utilitarianism [ju:ˌtɪlɪ'tɛərɪənɪzm] *n filos.* utilitarizmas
utility [ju:'tɪlətɪ] *n* **1** naudingumas, nauda; ***of no*** ~ nenaudingas **2** naudingas daiktas **3** *pl* komunalinės paslaugos; komunalinės įstaigos/įmonės *(t. p.* ***public utilities).*** **4** *pl* komunalinių įstaigų/įmonių akcijos/obligacijos

a **1** praktiškas; universalus; ~ *vehicle* universali transporto priemonė **2** pagalbinis, parankinis; ~ *room* pagalbinė patalpa; ~ *program* *komp.* paslaugų programa; ~ *pole* *amer.* elektros/telegrafo stulpas **3** ekonomiškai naudingas, pelningas ◊ ~ *man* a) *teatr.* aktorius mažiausiems vaidmenims, statistas; b) ≡ visų galų meistras
utilizable [ˌjuːtɪˈlaɪzəbl] *a* panaudojamas; utilizuojamas
utilization [ˌjuːtɪlaɪˈzeɪʃn] *n* panaudojimas; utilizavimas, utilizacija
utilize [ˈjuːtɪlaɪz] *v* panaudoti; utilizuoti
utmost [ˈʌtməust] *a* **1** didžiausias; ~ *secrecy* didžiausia paslaptis; *with the* ~ *pleasure* su didžiausiu malonumu; *in the* ~ *danger* didžiausiame pavojuje; *it is of* ~ *importance that she should come* nepaprastai svarbu, kad ji ateitų **2** tolimiausias; *the* ~ *ends of the earth* tolimiausi žemės kampeliai
n visa, kas (tik) įmanoma/galima; kraštutinė riba, aukščiausias laipsnis; *to the* ~ kiek tik galima, iki galo; be galo; *to do one's* ~ padaryti viską (, kas įmanoma); *that is the* ~ *what I can do* tai viskas, ką aš galiu padaryti
Utopia [juːˈtəupɪə] *n* utopija
Utopian [juːˈtəupɪən] *a* utopinis; utopiškas
n utopistas
utricle [ˈjuːtrɪkl] *n* **1** *bot., zool.* maišelis **2** *anat.* (ausies) pailgasis maišelis
utter¹ [ˈʌtə] *v* **1** (iš)tarti; pratarti, prabilti; *to* ~ *a cry/scream* sušukti, surikti **2** išreikšti *(žodžiais)*, pasakyti; *to* ~ *a lie* sumeluoti **3** *teis.* (pa)leisti į apyvartą; *to* ~ *false coin* (pa)leisti į apyvartą netikrus pinigus
utter² *a* **1** visiškas, absoliutus; ~ *denial* visiškas (pa)neigimas; ~ *refusal* kategoriškas atsisakymas; *to my* ~ *amazement* mano didžiam nustebimui **2** užkietėjęs, visiškas; ~ *scoundrel* užkietėjęs niekšas
utterance [ˈʌtərəns] *n* **1** išreiškimas *(žodžiais); to give* ~ *to one's feelings* išreikšti savo jausmus *(ppr. barningai); he gave* ~ *to his rage* jis išliejo savo pyktį *(žodžiais)* **2** tarsena, kalbėsena, dikcija; iškalba **3** kalba, pareiškimas; *public* ~ vieša kalba **4** *kalb.* pasakymas
utterly [ˈʌtəlɪ] *adv* visiškai, visai, absoliučiai; ~ *impossible* visiškai neįmanomas
uttermost [ˈʌtəməust] *knyg.* = **utmost** *a, n*
U-turn [ˈjuːtəːn] *n* **1** *aut.* apsigręžimas **2** *prk. šnek.* apsivertimas, radikalus pa(si)keitimas
uvea [ˈjuːvɪə] *n anat. (akies obuolio)* kraujagyslinis dangalas
uviol [ˈjuːvɪəl] *n* uviolinis stiklas *(t. p.* ~ *glass)*
uvula [ˈjuːvjulə] *n (pl* -lae [-liː]) *anat.* liežuvėlis
uvular [ˈjuːvjulə] *a* **1** *anat.* liežuvėlinis **2** *fon.* uvuliarinis, liežuvėlinis
uxorious [ʌkˈsɔːrɪəs] *a juok., menk.* nepaprastai mylintis žmoną; nepaprastai paklusnus žmonai
Uzbek [ˈuzbek] *a* uzbekiškas, uzbekų; Uzbekistano, Uzbekijos
n **1** uzbekas **2** uzbekų kalba
Uzbekistan [ˌuzbekɪˈstɑːn] *n* Uzbekistanas

V, v [vi:] *n* (*pl* Vs, V's [vi:z]) **1** dvidešimt antroji anglų kalbos abėcėlės raidė **2** V pavidalo daiktas **3** romėniškas skaitmuo 5 **4** *amer. šnek.* penkių dolerių banknotas
V- [vi:-] (*sudurt. žodžiuose*) **1** susijęs su pergale, pergalės; ***V-Day*** Pergalės diena **2** raidės V pavidalo; ***V-neck*** V formos iškirptė **3** *tech.* pleišto formos
vac[1] [væk] *sutr. šnek.* = **vacation** *n*
vac[2] *sutr. šnek.* = **vacuum-cleaner** *n*
vacancy ['veɪkənsɪ] *n* **1** laisva/vakuojanti vieta; vakansija; *"No vacancies"* „laisvų vietų nėra" **2** namais neužstatytas plotas; laisva/neužimta vieta **3** išnuomojama patalpa **4** tuštuma; išsiblaškymas, bemintiškumas, beprasmiškumas **5** spraga; *a ~ in one's knowledge* spraga kieno žiniose
vacant ['veɪkənt] *a* **1** laisvas, neužimtas; *~ seat* laisva vieta *(teatre ir pan.)* **2** vakuojantis; *~ position* vakansija **3** tuščias, išsiblaškęs, abejingas *(apie žvilgsnį ir pan.);* beprasmiškas, bemintis **4** neturintis *(darbo ir pan.; of);* laisvas; *~ hours* laisvalaikis **5** *tech.* tuščiaeigis; tuščiasis *(apie eigą, ridą ir pan.)*
vacantly ['veɪkəntlɪ] *adv* tuščiai, beprasmiškai; abejingai, išsiblaškius
vacate [və'keɪt] *v* **1** apleisti, palikti, atlaisvinti, atituštinti *(butą ir pan.)* **2** pasitraukti *(iš pareigų)* **3** *teis.* anuliuoti, panaikinti **4** *kar.* evakuoti
vacation [və'keɪʃn] *n* **1** atostogos; *long/amer. summer ~* vasaros atostogos; *he is on ~ amer.* jis atostogauja; *~ course* vasaros kursai; *~ pay* atostoginiai pinigai; atostogpinigiai; *did you have a good ~?* ar gerai atostogavai? **2** atlaisvinimas, atituštinimas, apleidimas
v amer. atostogauti
vacationer, vacationist [veɪ'keɪʃnə, veɪ'keɪʃnɪst] *n amer.* atostogautojas
vaccinal ['væksɪnl] *a med.* skiepinis, vakcinalinis
vaccinate ['væksɪneɪt] *v med.* **1** skiepyti, vakcinuoti **2** skiepyti nuo raupų (*t. p. ~ against smallpox*)
vaccination [ˌvæksɪ'neɪʃn] *n med.* skiepijimas, vakcinavimas, vakcinacija; *to have a ~* pasiskiepyti
vaccine ['væksi:n] *n farm.* vakcina; skiepai nuo raupų
vaccinia [væk'sɪnɪə] *n vet.* karvių raupai
vacillate ['væsɪleɪt] *v* svyruoti *(džn. prk.)*
vacillating ['væsɪleɪtɪŋ] *a* svyruojantis; neryžtingas
vacillation [ˌvæsɪ'leɪʃn] *n* svyravimas *(džn. prk.);* nepastovumas
vacua ['vækjuə] *pl žr.* **vacuum**
vacuity [və'kju:ətɪ] *n knyg.* **1** tuštumas; beprasmiškumas; bleprasmybė **2** tuštuma
vacuous ['vækjuəs] *a* **1** tuščias *(džn. prk.);* beprasmiškas, beprasmis; *~ stare* tuščias žvilgsnis **2** betikslis, neprasmingas *(apie gyvenimą)*
vacuum ['vækjuəm] *n* (*pl* -s, -cua) **1** *fiz.* vakuumas, tuštuma *(t. p. prk.);* beorė erdvė; *political ~* politinis vakuumas **2** dulkių siurblys **3** *attr* vakuuminis; *~ brake [valve]* vakuuminis stabdys [vožtuvas]; *~ coffee maker* elektrinė kavavirė
v valyti dulkių siurbliu
vacuum-cleaner ['vækjuəmˌkli:nə] *n* vakuuminis/dulkių siurblys
vacuum-flask ['vækjuəmˌflɑ:sk] *n* termosas
vacuum-packed ['vækjuəmˌpækt] *a* įpakuotas vakuuminiu būdu *(apie maistą)*
vade-mecum [ˌvɑ:dɪ'meɪkəm, ˌveɪdɪ'mi:kəm] *lot. n* vademekumas, kišeninis vadovas; kišeninis žinynas
vagabond ['vægəbɒnd] <*n, a, v*> *n* **1** bastūnas; valkata, perėjūnas **2** *šnek.* nenaudėlis, nelemtas padaras
a **1** bastūniškas, klajokliškas; valkataujantis; valkatiškas **2** niekam tikęs, nelemtas
v bastytis; valkatauti
vagabondage ['vægəbɒndɪdʒ] *n* **1** valkatavimas **2** *kuop.* valkatos
vagabondism ['vægəbɒndɪzm] *n* valkatavimas
vagal ['veɪgl] *a anat.* nervo klajoklio
vagarious [və'gɛərɪəs] *a* **1** užgaidus, įnoringas, kaprizingas **2** klaidžiojantis; klajokliškas
vagary ['veɪgərɪ] *n (ppr. pl)* užgaida, įnoris, kaprizas; *vagaries of the mind* minčių klajonės/klaidžiojimas
V-agent ['vi:ˌeɪdʒ³nt] *n* nervus paralyžiuojančios dujos
vagi ['veɪdʒaɪ] *pl žr.* **vagus**
vagina [və'dʒaɪnə] *n* (*pl* -nae [-ni:], -s) **1** *anat.* makštis, vagina **2** *bot.* lapamakštė, vagina
vaginal [və'dʒaɪnl] *a anat.* makšties, makštinis; *~ discharge med.* baltosios
vagrancy ['veɪgrᵊnsɪ] *n* **1** *teis.* valkatavimas **2** klajonė, klaidžiojimas
vagrant ['veɪgrᵊnt] *n (ypač teis.)* valkata; bastūnas
a **1** valkataujantis; klajojantis; klajokliškas **2** nepastovus; atsitiktinis; klaidžiojantis *(apie žvilgsnį ir pan.)*
vague [veɪg] *a* **1** neaiškus, miglotas, neapibrėžtas; *~ hopes* miglotos viltys; *he was ~ about the date of the meeting* jis aiškiai nepasakė susirinkimo datos **2** išsiblaškęs, tuščias *(apie žvilgsnį); to look ~* atrodyti išsiblaškiusiam **3** *(džn. superl)* mažiausias; *I haven't the ~st idea of what the physics is about* aš neturiu nė mažiausio supratimo apie fiziką
vaguely ['veɪglɪ] *adv* **1** neaiškiai **2** šiek tiek; *~ irritated* šiek tiek susierzinęs **3** tuščiai
vagus ['veɪgəs] *n* (*pl* -gi) *anat.* nervas klajoklis *(t. p. ~ nerve)*
vail [veɪl] *v psn.* **1** nusiimti *(kepurę)*, nulenkti *(galvą)*, nuleisti *(akis ir pan.) (rodant paklusnumą/pagarbą)* **2** nusileisti, pasiduoti, nusilenkti *(to)*
vain [veɪn] *a* **1** bergždias, tuščias, bevaisis, nevaisingas; *~ attempt* bergždias mėginimas **2** tuščias, niekingas, bevertis; *~ boasts [hopes]* tuščios pagyros [viltys]; *under a ~ pretext* išgalvota/pramanyta dingstimi **3** išdidus, pasipūtęs; *to be ~ (of)* didžiuotis, puikuotis ◊ *in ~*

bergždžiai, veltui; *to take smb's name in* ~ nepagarbiai atsiliepti apie ką; *to take the Lord's name in* ~ minėti Dievo vardą be reikalo

vaingloriuos [veɪn'glɔːrɪəs] *a knyg.* tuščiagarbis; pagyrūniškas, pasipūtėliškas

vainglory [veɪn'glɔːrɪ] *n knyg.* tuštybė, tuščia garbė; pasipūtimas, pagyrūniškumas

vainly ['veɪnlɪ] *adv* **1** veltui, tuščiai, bergždžiai **2** tuščiagarbiškai

vakeel, vakil [və'kiːl] *ind. n* **1** advokatas **2** atstovas

valance ['væləns] *n* **1** kabantis *(baldų užtiesalų)* apsiuvas **2** *amer.* trumpa užuolaidėlė *(lango viršuje)*

vale[1] [veɪl] *n poet.* slėnis; *this ~ of tears/woe/misery* ašarų pakalnė, žemiškas gyvenimas

vale[2] ['vɑːleɪ] *lot. knyg. n* atsisveikinimas; *to say/take one's* ~ atsisveikinti
int lik sveikas!, sudie!

valediction [ˌvælɪ'dɪkʃn] *n knyg.* **1** atsisveikinimas **2** atsisveikinimo kalba/žodis; linkėjimai atsisveikinant

valedictorian [ˌvælɪdɪk'tɔːrɪən] *n amer.* absolventas, sakantis atsisveikinimo kalbą

valedictory [ˌvælɪ'dɪktərɪ] *knyg. n* atsisveikinimo kalba *(ypač mokykloje; t. p. ~ speech)*
a atsisveikinamasis, atsisveikinimo

valence[1] ['væləns] *n =* **valance**

valence[2] ['veɪləns] *n amer.* = **valency**

Valencia [və'lenʃɪə] *n* Valensija *(Ispanijos sritis ir miestas; Venesuelos miestas)*

Valenciennes [vəˌlensɪ'en] *pr. n* Valensijos nėriniai *(t. p. ~ lace)*

valency ['veɪlənsɪ] *n* **1** *chem.* valentingumas; *~ link* valentinis ryšys **2** *kalb.* junglumas, valentingumas

-valent [-'veɪlənt] *(sudurt. žodžiuose)* -valentis; *bivalent* dvivalentis

valentine ['væləntaɪn] *n* **1** *(V.)* Valentinas *(vardas)* **2** mylimasis, širdies draugas *(ppr. pasirinktas juokais Šv. Valentino dieną – vasario 14 d.)* **3** meilės laiškelis/eilėraštis/atvirukas *(siunčiami Šv. Valentino dieną, džn. anonimiškai)*

Valeria [və'lɪərɪə] *n* Valerija *(vardas)*

valerian [və'lɪərɪən] *n* **1** *bot.* valerijonas **2** *farm.* valerijonų lašai

valerianic [vəˌlɪərɪ'ænɪk] *a =* **valeric**

valeric [və'lɪərɪk] *a* valerijonų; *~ acid chem.* valerijonų rūgštis

valet ['vælɪt, 'væleɪ] *n* **1** kamerdineris **2** *(viešbučio ir pan.)* patarnautojas *(valantis ir laidantis drabužius)* **3** stovimoji kabykla
v **1** tarnauti kamerdineriu **2** tvarkyti drabužius *(ypač viešbučio gyventojų)* **3** valyti automobilius

valetudinarian [ˌvælɪtjuːdɪ'nɛərɪən] *knyg. n* **1** liguistas/nesveikas žmogus; ligonis **2** nuolatos savo sveikata susirūpinęs žmogus
a **1** liguistas, nesveikas, paliegęs **2** nuolatos susirūpinęs savo sveikata

valgus ['vælgəs] *a med.* šleivas į šoną

Valhalla [væl'hælə] *n* **1** *mit.* Valhala **2** panteonas

valiancy ['vælɪənsɪ] *n* karžygiškumas, narsa

valiant ['vælɪənt] *a* narsus, šaunus; karžygiškas
n narsuolis, drąsuolis

valid ['vælɪd] *a* **1** pagrįstas, svarus; *without ~ excuse* be pateisinamos priežasties **2** *(ypač teis.)* galiojantis, turintis galią; įteisintas; *the ticket is ~ for a month* bilietas galioja mėnesį **3** veiksmingas, efektyvus **4** *sport.* įskaitinis; *~ trial* įskaitinis bandymas

validate ['vælɪdeɪt] *v (ypač teis.)* **1** patvirtinti, ratifikuoti; pagrįsti **2** pripažinti/paskelbti galiojančiu, įteisinti

validation [ˌvælɪ'deɪʃn] *n (ypač teis.)* **1** patvirtinimas, ratifikavimas **2** įteisinimas, pripažinimas galiojančiu

validity [və'lɪdətɪ] *n* **1** pagrįstumas; svarumas **2** *teis.* galiojimas, galia; teisėtumas

valise [və'liːz] *n ret.* **1** sakvojažas; lagaminėlis **2** *(diplomatinė)* valiza

Valkyrie [væl'kɪərɪ] *n mit.* valkirija

vallecula [væ'lekjulə] *n anat.* įduba

valley ['vælɪ] *n* **1** slėnis, klonis **2** *stat.* tarplatakis, stoglatakis **3** *tech.* lovys, latakas

valor ['vælə] *n amer.* = **valour**

valorize ['væləraɪz] *v ekon.* nustatyti ir reguliuoti kainas valstybinėmis priemonėmis

valorous ['vælərəs] *a poet.* narsus, drąsus

valour ['vælə] *n poet.* narsa, drąsa; karžygiškumas, šaunumas

valse [vɑːls, vɔːls] *pr. n* valsas

valuable ['væljuəbl] *a* **1** vertingas; brangus **2** vertingas, naudingas; *~ information* vertingos žinios

valuables ['væljuəblz] *n pl* vertybės; vertingi/brangūs daiktai; brangenybės

valuation [ˌvælju'eɪʃn] *n* **1** vertės nustatymas, įvertinimas *(t. p. prk.); (turto t. p.)* įkainojimas **2** įkainis, vertė

valuator ['væljueɪtə] *n =* **valuer**

value ['væljuː] *n* **1** vertingumas, vertė; *of no ~* bevertis, nevertingas; *to put much ~ upon smth* labai vertinti ką; *the thieves took nothing of ~* vagys nepaėmė nieko vertinga **2** kaina, vertė; *street ~* nelegaliai parduodamų narkotikų kaina; *to get good ~ for one's money* už savo pinigus gauti su kaupu; nebrangiai pirkti **3** *ekon.* vertė; *exchange [relative] ~* mainomoji [santykinė] vertė; *face ~* nominalioji vertė **4** *pl (dvasinės, socialinės)* vertybės; *cultural ~s* kultūros vertybės; *he has a good sense of ~s* jis žino, kas gyvenime tikrai svarbu **5** (į)vertinimas; *~ judgement* subjektyvus vertinimas, subjektyvi nuomonė **6** *(žodžio)* reikšmė **7** *mat.* dydis; *continuous ~* tolydusis dydis **8** *muz. (gaidos)* ilgumas **9** *men.* valeras, tonų santykis *(paveiksle)* **10** *attr: ~ system* vertybių sistema; *~ letter* įvertintasis laiškas ◊ *to accept/take smth at face ~* ≡ priimti ką už gryną pinigą
v **1** įvertinti, įkainoti; *the house ~d at over $ 5,000* namas įvertintas daugiau kaip 5000 dolerių **2** branginti, vertinti; *I do not ~ that a brass farthing* man atrodo, kad tai neverta (nė) sudilusio skatiko

value-added [ˌvæljuː'ædɪd] *a: ~ tax ekon.* pridėtosios vertės mokestis

valued ['væljuːd] *a* **1** vertingas, brangus; branginamas **2** *fin.* įkainotas

value-for-money [ˌvæljufə'mʌnɪ] *a attr* su kaupu vertas sumokėtų pinigų

value-free ['væljufriː] *a* objektyvus

valueless ['væljuləs] *a* bevertis; *to be quite ~* neturėti jokios vertės

valuer ['væljuə] *n* įvertintojas; įkainotojas

valuta [və'luːtə] *n ret.* valiuta

valve [vælv] *n* **1** *tech.* vožtuvas *(t. p. anat.);* ventilis; *intake/inlet [exhaust] ~ tech.* įleidimo [išleidimo] vožtuvas; *mitral ~ (širdies)* mitralinis vožtuvas; *~ gear tech.* vožtuvų pavara/skirstymas; *~ cap aut.* ventilio gaubtuvėlis **2** *tech.* sklandis; sklendė; *piston ~* cilindrinis sklandis **3** *rad. (elektroninė)* lempa **4** *muz.* pistonas **5** *zool. (kiaukuto)* geldutė **6** *bot.* valva

valved [vælvd] *a spec.* su vožtuvais
valve-in-head [ˌvælvɪn'hed] *n tech.:* ~ *engine* variklis su vožtuvu viršuje
valvular ['vælvjulə] *a* vožtuvo; ~ *insufficiency med.* vožtuvo nepakankamumas
valvule ['vælvju:l] *n* vožtuvėlis
vamoose, vamose [və'mu:s, və'məus] *v imp amer. sl.* nešdinkis!, mauk iš čia!
vamp[1] [væmp] *n* **1** *(bato)* priekis, viršus; jungtis **2** *(bato)* lopas **3** kas nors greitomis sulopyta/pataisyta **4** *muz.* improvizuotas akompanimentas
v **1** (už)lopyti batus; prisiūti naują batviršį **2** (su)taisyti, (su)lopyti *(ppr. ~ up)* **3** *muz.* improvizuoti akompanimentą ▯ ~ *up (greitomis)* padaryti, sugalvoti, sudurstyti; sukompiliuoti *(apsakymą ir pan.)*
vamp[2] *menk. n* (su)viliotoja, suvedžiotoja; avantiūristė
v (su)vilioti, suvedžioti *(vyrą)*
vampire ['væmpaɪə] *n* **1** vampyras *(t. p. prk.)* **2** *zool.* vampyras *(P. Amerikos šikšnosparnis; t. p. ~ bat)* **3** = **vamp**[2] *n*
van[1] [væn] *n (vanguard sutr.) kar.* avangardas *(t. p. prk.);* **to be in the** ~ *(of)* būti priekyje/avangarde
van[2] *n (caravan sutr.)* **1** furgonas; dengtas vežimas; **motor** ~ autofurgonas; ~ **line** *amer.* transporto kompanija *(vežanti baldus ir pan. autofurgonais)* **2** *(prekinis, bagažo)* vagonas; **guard's** ~ tarnybinis vagonas *(traukinio gale)*
v vežti furgonu, prekiniu vagonu *ir pan.*
van[3] *n (advantage sutr.) šnek.* = **vantage** 1
van[4] *n psn., poet.* sparnas
vanadium [və'neɪdɪəm] *n chem.* vanadis
Vancouver [væn'ku:və] *n* Vankuveris *(Kanados miestas ir sala)*
vandal ['vændl] *n* vandalas *(t. p. ist.);* **young ~s** chuliganai
a vandališkas, barbariškas
vandalism ['vændəlɪzm] *n* vandalizmas, barbariškumas
vandalize ['vændəlaɪz] *v* vandališkai/barbariškai elgtis *(su visuomenine nuosavybe, meno kūriniais ir pan.)*
Vandyke [væn'daɪk] *n* **1** Van Deikas *(flamandų dailininkas)* **2** smaila barzdelė *(t. p. ~ beard)* **3** nėrinių apykaklė *(t. p. ~ collar)*
vane [veɪn] *n* **1** vėjarodis **2** *(malūno, ventiliatoriaus)* sparnas; *(sraigto, turbinos ir pan.)* mentė **3** *(niveliavimo matuoklės)* šliaužiklis, kryžiokas; dioptras **4** *kar. (aviabombos)* stabilizatorius
Vanessa [və'nesə] *n* Vanesa *(vardas)*
vang [væŋ] *n jūr.* strėlės atotampa
vanguard ['væŋgɑ:d] *n kar.* avangardas *(t. p. prk.)*
vanilla [və'nɪlə] *n bot., kul.* vanilė
a **1** vanilinis; ~ *sugar* vanilinis cukrus **2** lėkštas, neįdomus
vanillin [və'nɪlɪn] *n chem., kul.* vanilinas
vanish ['vænɪʃ] *v* **1** dingti, (iš)nykti, pranykti; **to ~ from sight** dingti iš akių **2** *mat.* artėti prie nulio
vanishing ['vænɪʃɪŋ] *a* **1** (iš)nykstantis; ~ *species* nykstanti rūšis; **to do a ~ act** *šnek.* staiga dingti **2** *mat.* artėjantis prie nulio, nykstamasis
vanishing-line ['vænɪʃɪŋlaɪn] *n (lygiagrečių plokštumų)* susilietimo linija
vanishing-point ['vænɪʃɪŋpɔɪnt] *n* **1** *(lygiagrečių)* susilietimo taškas *(perspektyvoje)* **2** *prk.* išnykimo taškas, visiškas išnykimas
vanity ['vænətɪ] *n* **1** tuštybė **2** tuštumas, niekingumas; savimeilė, tuščias didžiavimasis; **injured** ~ užgauta savimeilė **3** *attr* ~ **bag/case** rankinukas; ~ **press** leidykla, leidžianti knygas autoriaus lėšomis; ~ **table** *amer.* = **dressing-table**
vanman ['vænmæn] *n (pl* -men [-men]) *(tik v.)* autofurgono vairuotojas; autofurgono krovikas
vanner ['vænə] *n* sunkusis arklys
vanquish ['væŋkwɪʃ] *v knyg.* **1** nugalėti, nukariauti **2** nuslopinti, įveikti *(baimę ir pan.)*
vanquisher ['væŋkwɪʃə] *n knyg.* nugalėtojas, nukariautojas
vantage ['vɑ:ntɪdʒ] *n* **1** pranašumas; **to have/hold/take smb at a/the** ~ turėti/įgyti pranašumą prieš ką *(džn. žaidžiant tenisą);* ~ **in [out]** *(paduodančiojo)* daugiau [mažiau] **2** = **vantage-ground**
vantage-ground ['vɑ:ntɪdʒgraund] *n* patogi padėtis/pozicija
vantage-point ['vɑ:ntɪdʒpɔɪnt] *n* **1** = **vantage-ground** **2** požiūris, pozicija
Vanuatu [ˌvɑ:nu'ɑ:tu] *n* Vanuatu *(valstybė)*
vapid ['væpɪd] *a* lėkštas, neturiningas; nuobodus, vangus; ~ *conversation* neturiningas/tuščias pokalbis
vapidity [və'pɪdətɪ] *n* **1** lėkštumas, neturiningumas **2** *pl* lėkšti posakiai
vapor ['veɪpə] *amer.* = **vapour** *n, v*
vaporescence [ˌveɪpə'resns] *n* garų susidarymas
vaporific [ˌveɪpə'rɪfɪk] *a* **1** sukeliantis garavimą; garavimo **2** garų, garinis
vaporization [ˌveɪpəraɪ'zeɪʃn] *n* (iš)garavimas; garų susidarymas; (iš)garinimas
vaporize ['veɪpəraɪz] *v* (iš)garuoti; (iš)garinti
vaporizer ['veɪpəraɪzə] *n* garintuvas
vaporous ['veɪpərəs] *a* **1** garų pavidalo **2** pilnas garų, garingas **3** ūkanotas, miglotas *(t. p. prk.)* **4** *ret.* nerealus, fantastiškas
vapour ['veɪpə] *n* **1** garas; garai; ~ *pressure fiz.* garų slėgis **2** migla, rūkas **3** *(the ~s) pl psn.* hipochondrija; melancholija
v **1** (iš)garuoti *(t. p. ~ away/forth/out/up)* **2** tuščiai kalbėti, malti liežuviu; girtis
vapour-bath ['veɪpəbɑ:θ] *n* garo vonia/pirtis
vapourish ['veɪpərɪʃ] *a* garų; miglotas *(t. p. prk.)*
vapour-trail ['veɪpətreɪl] *n (aukštai skrendančio lėktuvo)* garų pėdsakas
vapoury ['veɪpərɪ] *a* **1** garingas; miglotas, ūkanotas **2** plonytis, permatomas *(apie audinį)*
varactor [və'ræktə] *n fiz.* kintamosios talpos diodas, varaktorius
Varangian [və'rændʒɪən] *ist. a* variagų
n variagas
variability [ˌvɛərɪə'bɪlətɪ] *n* **1** kintamumas, nepastovumas **2** *kalb.* variantiškumas
variable ['vɛərɪəbl] *a* **1** kintamas, nepastovus, permainingas **2** keičiamas, kaitomas, reguliuojamas
n **1** *(ypač mat.)* kintamasis (dydis); **undefined** ~ neapibrėžtasis kintamasis **2** *meteor.* nepastovios krypties vėjas **3** *pl jūr.* vandenynų vietos, kuriose nėra pastovios krypties vėjų
variance ['vɛərɪəns] *n* **1** nesutarimas, nuomonių skirtingumas; neatitikimas *(džn. teis.);* **to be at** ~ a) turėti skirtingas nuomones, nesutarti; b) neatitikti, nesutapti; **to be at** ~ **with facts** prieštarauti faktams; **cost** ~ kainų sklaida **2** kivirčas, barnis; **at** ~ susikivirčijus, susibarus; **to set at** ~ sukiršinti, supykdyti, suvaidyti **3** pakitimas, permaina **4** *biol.* nukrypimas nuo rūšies/tipo **5** *spec.* variantiškumas; laisvumo laipsnis
variant ['vɛərɪənt] *n* **1** variantas **2** *biol.* aberantas

a **1** skirtingas, kitoks *(from)* **2** įvairus; **~ spellings of a word** žodžio rašybos variantai; **~ reading** *(to paties)* teksto variantas

variation [ˌvɛərɪ'eɪʃn] *n* **1** (pa)kitimas, permaina; pakeitimas **2** variantas **3** nukrypimas; **permissible ~** leistinas nuokrypis **4** svyravimas, pokytis *(džn. spec.);* **repeated ~s of temperature** nuolatiniai temperatūros svyravimai **5** *muz., kalb.* variacija; **~s on a theme by Haydn** variacijos Haidno tema **6** *jūr.* magnetinės rodyklės nukrypimas *(t. p.* **magnetic ~)** **7** *biol.* genetinis pakitimas, aberacija

variator ['vɛərɪeɪtə] *n tech.* variatorius, reguliatorius

varicella [ˌværɪ'selə] *n med.* vėjaraupiai

varices ['værɪsiːz] *pl žr.* **varix**

varicoloured ['vɛərɪˌkʌləd] *a* įvairiaspalvis, margas *(t. p. prk.)*

varicose ['værɪkəus] *a med.* mazguotas; išsiplėtęs *(apie veną)*

varied ['vɛərɪd] *a* **1** įvairus; **~ in form** įvairiõs formos, įvairiaformis **2** kintamas; pakitęs, pasikeitęs **3** įvairiaspalvis, margas

variegate ['vɛərɪgeɪt] *v* **1** marginti, dažyti įvairiomis spalvomis **2** įvairinti

variegated ['vɛərɪgeɪtɪd] *a* **1** įvairiaspalvis, margas, raibas; **~ leaves** *bot.* įvairiaspalviai lapai **2** įvairus; nevienalytis

variegation [ˌvɛərɪ'geɪʃn] *n* **1** spalvų įvairumas; margumas **2** marginimas **3** *bot., zool.* margos dėmės/juostelės

varietal [və'raɪətl] *a* **1** *biol.* rūšinis **2** *ž. ū.* veislinis **3** pagamintas iš vienos veislės vynuogių *(apie vyną)*

variety [və'raɪətɪ] *n* **1** įvairumas, įvairovė; **to add ~** *(to)* paįvairinti **2** daugybė *(of);* **for a ~ of reasons** dėl daugelio priežasčių **3** įvairiapusiškumas; visapusiškumas **4** rūšis; **rare varieties of Jubilee stamps** reti jubiliejiniai pašto ženklai **5** *biol.* atmaina, rūšis **6** *teatr.* varjetė; estradinis koncertas *(t. p.* **~ show)** **7** *attr:* **~ meat** subproduktai *(kepenys, liežuvis ir pan.);* **~ store** *amer.* įvairių prekių *(ypač galanterijos)* parduotuvė

variform ['vɛərɪfɔːm] *a knyg.* įvairiaformis, įvairialytis

variola [və'raɪələ] *n med.* raupai

variolar, variolous [və'raɪələ, və'raɪələs] *a med.* raupų, raupinis; raupuotas

variometer [ˌvɛərɪ'ɒmɪtə] *n el., av.* variometras

variorum [ˌvɛərɪ'ɔːrəm] *n* leidinys su įvairių komentatorių pastabomis *ar* su įvairiais to paties teksto variantais *(t. p.* **~ edition)**

various ['vɛərɪəs] *a* **1** įvairus; skirtingas **2** įvairiapusiškas; daugeriopas **3** *(su dgs. dktv.)* daugelis, įvairūs; **there are ~ reasons** yra daug priežasčių

varistor [və'rɪstə] *n el.* varistorius

varix ['værɪks] *n (pl* varices) *med.* veninis mazgas; išsiplėtusi vena

varlet ['vɑːlɪt] *n* **1** *ist.* ginklanešys, tarnas **2** *psn.* niekšas, sukčius

varmint ['vɑːmɪnt] *n* **1** *šnek. juok.* nelemtas padaras, padykėlis; paplavūnas **2** *dial.* = **vermin**

varnish ['vɑːnɪʃ] *n* **1** lakas **2** *(the ~)* blizgesys **3** apgaulinga išorė, išorinis blizgesys; **to take the ~ off** parodyti tikrąjį veidą, demaskuoti **4** *tech.* glazūra **5** *tech.* apnaša *v* **1** (nu)lakuoti *(t. p.* **~ over)** **2** suteikti blizgesį **3** pagražinti, užtušuoti *(trūkumus),* lakuoti *(tikrovę) (t. p.* **~ over)**

varnishing-day ['vɑːnɪʃɪŋdeɪ] *n* parodos atidarymo išvakarės *(kai dailininkai gali padailinti eksponuojamus paveikslus);* parodos atidarymo diena

varnish-tree ['vɑːnɪʃtriː] *n bot.* lakinis žagrenis

varsity ['vɑːsətɪ] *n* (university *sutr.*) **1** *šnek.* universitetas **2** *amer. (studentų, mokyklos)* komanda *(džn. sport.)*

vary ['vɛərɪ] *v* **1** keisti(s), kisti, varijuoti; **his mood varies from day to day** jo nuotaika keičiasi diena iš dienos **2** įvairuoti; skirtis *(from);* nesutapti; **to ~ from the norm** nukrypti nuo normos; **opinions ~ on this point** šiuo klausimu nuomonės nesutampa **3** (pa)įvairinti; **to ~ one's methods [diet]** įvairinti metodus [dietą] **4** *muz.* atlikti variacijas

varying ['vɛərɪɪŋ] *a* **1** įvairus, įvairuojantis; **~ circumstances** įvairios aplinkybės **2** kintamas, permainingas; **with ~ (degrees of) success** daugiau ar mažiau sėkmingai

vas [væs] *n (pl* vasa ['veɪsə]) **1** *anat.* gysla **2** *bot.* indas; trachėja

vascular ['væskjulə] *a* **1** *anat.* gyslinis, gyslų, kraujagyslių **2** *bot.* indų; trachėjų

vase [vɑːz] *n* vaza

vasectomy [və'sektəmɪ] *n med.* vazektomija

Vaseline ['væsɪliːn] *n* vazelinas

vaso- ['veɪzəu-] *(sudurt. žodžiuose)* vazo-, gyslų; **vasomotor** vazomotorinis; **vasodilation** gyslų plėtimas, vazodilatacija

vasoconstrictor [ˌveɪzəukən'strɪktə] *n med., anat.* vazokonstriktorius

vassal ['væsl] *n* **1** *ist.* vasalas *(t. p. prk.)* **2** tarnas; vergas *a ist.* vasalinis; **~ states** vasalinės šalys

vassalage ['væsəlɪdʒ] *n* **1** *ist.* vasalinė priklausomybė, vasalitetas **2** *prk.* priklausomybė **3** *ist. kuop.* vasalai

vast [vɑːst] *a* **1** neaprėpiamas; didžiulis, milžiniškas; **~ plains** neaprėpiamos lygumos; **~ difference** didžiulis skirtumas; **~ possibilities** milžiniškos galimybės **2** platus, didelis, gausus; **~ interests** platūs interesai; **the ~ majority** *(of)* didžioji dauguma *n poet.* platybė

vastitude [ˌvɑːstɪtjuːd] *n* **1** didumas **2** platybė

vastly ['vɑːstlɪ] *adv* labai, žymiai; **~ inferior equipment** žymiai blogesni įrengimai; **the two things are ~ different** tie du dalykai labai skiriasi

vat [væt] *n* **1** kubilas, puskubilis, statinė; **beer [wine] ~** alaus [vyno] statinė **2** bakas, katilas, cisterna **3** *attr* kubinis; **~ colours/dye** kubiniai dažai

vatic ['vætɪk] *a poet.* pranašo; pranašiškas, pranašingas

Vatican ['vætɪkən] *n* **1** Vatikanas; **~ City** Vatikanas, Vatikano Miesto Valstybė **2** popiežiaus valdžia

vaticinal [və'tɪsɪnl] *a knyg.* pranašiškas

vaticinate [væ'tɪsɪneɪt] *v* **1** *knyg.* (iš)pranašauti **2** *iron.* iškilmingai kalbėti, byloti, skelbti

vaticination [ˌvætɪsɪ'neɪʃn] *n knyg.* pranašavimas

VATman ['vætmən] *n (pl* -men [-mən]) pridėtosios vertės mokesčių inspektorius

vaudeville ['vɔːdəvɪl, 'vəudəvɪl] *n* **1** vodevilis **2** *(ypač amer.)* varjetė, estrada

vaudevillian [ˌvɔː'dəvɪlɪən] *n* estrados artistas

vault[1] [vɔːlt] *n* **1** saugykla *(banke ir pan.)* **2** požemis, rūsys; **wine ~** vyno rūsys; **family ~** šeimos rūsys *(laidoti);* kripta **3** skliautas; **the ~ of heaven** *poet.* dangaus skliautas **4**: **cranal ~** *anat.* kaukolės skliautas *v* skliautuoti, skliausti, (pa)daryti skliautą; uždengti skliautu

vault[2] *n* šuolis *(t. p. sport.);* **pole ~** *sport.* šuoliai su kartimi *v* **1** (per)šokti; **to ~ into the saddle** įšokti į balną; **to ~ (over) a fence** peršokti per tvorą **2** *sport.* voltižiruoti

vaulted ['vɔːltɪd] *a* skliautuotas; skliautinis

vaulter ['vɔːltə] *n sport.* šuolininkas su kartimi

vaulting¹ ['vɔːltɪŋ] *n* **1** skliauto padarymas, skliautavimas **2** skliautas, skliautai

vaulting² *n* **1** šuoliai **2** *sport.* voltižiravimas
a **1** šokantis; peršokantis *(over);* ~ *pole sport.* kartis *(šuolininko įrankis)* **2** pernelyg didelis; ~ *ambition* nežabota ambicija

vaulting-horse ['vɔːltɪŋhɔːs] *n sport.* arklys *(gimnastikos prietaisas)*

vaunt [vɔːnt] *knyg. n* gyrimas(is), liaupsinimas
v girti(s), liaupsinti *(of, about)*

vaunted ['vɔːntɪd] *a* išliaupsintas *(džn. much ~)*

vaunting ['vɔːntɪŋ] *a* **1** mėgstantis girtis, pagyrus **2** kupinas puikybės

vavasour ['vævəsuə] *n ist.* vasalo pavaldinys, vavasoras

V-Day ['viːdeɪ] *n* Pergalės diena *(Antrajame pasauliniame kare)*

V-E [ˌviːˈiː] *n sutr.* ~ **day** pergalės prieš fašistinę Vokietiją diena *(1945 gegužės 8 d.)*

've [v] *v sutr. šnek.* = **have; we've finished** mes baigėme

veal [viːl] *n* veršiena; ~ *cutlets* veršienos muštiniai/žlėgtainiai

vector ['vektə] *n* **1** *mat.* vektorius; ~ *equation* vektorinė lygtis **2** *biol.* užkrato pernešėjas **3** *kar. (lėktuvo ir pan.)* kursas, kryptis
v nukreipti

vectorial [vekˈtɔːrɪəl] *a mat.* vektoriaus, vektorinis

Veda ['veɪdə] *n:* **the ~**(s) vedos *(seniausi indų raštijos rinkiniai)*

vedette [vɪˈdet] *n kar. ist.* **1** raitas sargybinis **2** sargybos laivas, torpedų kateris *(t. p.* ~ *boat)*

vee [viː] *n* **1** raidės V forma **2** V formos daiktas

veep [viːp] *n amer. šnek.* viceprezidentas

veer¹ [vɪə] *n* **1** krypties pakitimas, pasisukimas **2** *prk.* nukrypimas
v **1** keisti kryptį, pa(si)sukti *(t. p. jūr.)* **2** nukrypti *(t. p.* ~ *away);* pakrypti *(apie pokalbio temą ir pan.; džn.* ~ *round);* **to** ~ *left* sukairėti; **to** ~ *towards nationalism* (nu)krypti į nacionalizmą

veer² *v jūr.* atleisti *(lyną, virvę, inkarą ir pan.; t. p.* ~ *away/out)*

veering ['vɪərɪŋ] *n* posūkis/pasisukimas į dešinę

veg [vedʒ] *n* (vegetables *sutr.*) *šnek.* daržovės

vegan ['viːgən] *n* vegetaras *(nevalgantis mėsos ir pieno produktų)*
a vegetariškas

veganism ['viːgənɪzm] *n* vegetarizmas

vegeburger ['vedʒɪbəːgə] *n* daržovių maltinis *(vegetarams)*

vegetable ['vedʒɪtəbl] *n* **1** daržovė; *green* ~s žalumynai, daržovės; *leaf* ~s lapinės daržovės **2** augalas **3** *šnek.* kretinas, nevis(i)aprotis *(ypač dėl smegenų traumos)* ◊ **to become a mere** ~ vegetuoti
a **1** daržovių; ~ *food [dish]* daržovių valgiai [patiekalas] **2** augalinis, augalų; ~ *physiology* augalų fiziologija; ~ *oil* augalinis aliejus; ~ *life* a) augalų gyvenimas; vegetavimas *(t. p. prk.);* b) *kuop.* augalai

vegetable-growing ['vedʒɪtəbl,grəʊɪŋ] *n* daržininkystė, daržovininkystė

vegetal ['vedʒɪtl] *a* **1** *knyg.* augalų, augalinis **2** *biol.* vegetacinis, vegetacijos

vegetarian [ˌvedʒɪˈtɛərɪən] *n* vegetaras *(nevalgantis mėsos ir žuvies)*
a vegetariškas, vegetarinis

vegetarianism [ˌvedʒɪˈtɛərɪənɪzm] *n* vegetarizmas

vegetate ['vedʒɪteɪt] *v* **1** (iš)augti **2** *prk.* vegetuoti, gyvalioti

vegetation [ˌvedʒɪˈteɪʃn] *n* **1** augalija, augmenija **2** vegetacija, augimas; ~ *period* vegetacijos laikotarpis **3** *prk.* vegetavimas, gyvaliojimas

vegetative ['vedʒɪtətɪv] *a* **1** augalinis; augalų **2** *biol.* vegetacinis, vegetacijos **3** *bot.* vegetatyvinis; ~ *propagation/reproduction* vegetatyvinis dauginimasis **4** *prk.* vegetuojantis, gyvaliojantis

veg(g)ie ['vedʒɪ] *n sutr. šnek.* **1** vegetaras **2** *(ypač amer.)* daržovė; ~ *burger* = **vegeburger**

vehemence ['viːəməns] *n* **1** *(kalbos, veiksmo)* aistra, karštumas **2** smarkumas, stiprumas

vehement ['viːəmənt] *a* **1** aistringas, karštas; ~ *protest* karštas protestas **2** smarkus, stiprus, įnirtingas; ~ *wind* smarkus vėjas

vehicle ['viːɪkl] *n* **1** transporto priemonė *(vežimas, sunkvežimis, vagonas ir pan.);* **municipal** ~ komunalinio ūkio transportas; *motor* ~ automašina, automobilis; *terrain* ~ visureigis; *cross-country/amer. off-highway* ~ pravažusis automobilis **2** skraidomasis aparatas; raketa; *space* ~ kosminis laivas, erdvėlaivis **3** priemonė, įrankis *(mintims išreikšti ir pan.);* perteikėjas *(ko);* **to use the press as a** ~ **for one's propaganda** naudotis spauda kaip savo idėjų propagavimo priemone **4** *teatr., kin.* kūrinys tam tikram atlikėjui **5** *chem.* tirpiklis; rišamoji medžiaga

vehicular [vɪˈhɪkjulə] *a* vežimo, vežamasis; automobilių, auto-; ~ *transport* automobilių ir kinkomasis transportas

veil [veɪl] *n* **1** šydas *(t. p. prk.),* vualis; **to draw/cast/throw a** ~ *(over)* a) pridengti šydu *(ką);* b) nutylėti *(ką),* neatskleisti *(ko)* **2** *prk.* skraistė, priedanga; **a** ~ **of secrecy/mystery** paslapties skraistė; **under the** ~ *(of)* prisidengus ◊ **behind/beyond the** ~ aname pasaulyje, po mirties; **to pass beyond the** ~ (nu)mirti; **to take the** ~ įstoti į vienuolyną
v **1** uždengti/pridengti šydu; *refl* slėpti veidą po čadra *(apie musulmones)* **2** pridengti, nuslėpti, užmaskuoti

veiled [veɪld] *a* **1** uždengtas/pridengtas šydu **2** užslėptas, užmaskuotas; *thinly* ~ *threats of retaliation* menkai pridengti grasinimai atkeršyti

veiling ['veɪlɪŋ] *n* **1** uždengimas **2** nuslėpimas, nutylėjimas; (už)maskavimas **3** *tekst.* šydų medžiaga, vualis; šydas

vein [veɪn] *n* **1** *anat.* vena; kraujagyslė, *varicose* ~s išsiplėtusios venos, mazginis venų išsiplėtimas **2** *bot., zool.* gysla, gyslelė; ~s *in a leaf* lapo gyslelės **3** *prk.* gyslelė, polinkis; **a** ~ *of humour* humoro gyslelė **4** nusiteikimas; tonas, stilius; *I am not in the* ~ *for it* aš tam nenusiteikęs; *other comments in the same* ~ kitos pastabos maždaug tokios pat; **to speak in a serious** ~ kalbėti rimtu tonu **5** *min.* gysla; *(uolienos)* tarpgyslė

veined [veɪnd] *a* gyslotas; gyslų išvagotas

veinstone ['veɪnstəʊn] *n geol.* gyslinė uoliena

veinule ['veɪnjuːl] *n* gyslelė

veiny ['veɪnɪ] *a* gyslotas, gyslingas

vela ['viːlə] *pl žr.* **velum**

velar ['viːlə] *fon. a* veliarinis, gomurinis
n veliarinis/gomurinis garsas

velarium [vɪˈlɛərɪəm] *n* (*pl* -ria [-rɪə]) *ist.* velariumas, stoginė *(sen. Romos teatre)*

veld(t) [velt] *n* stepė *(Afrikos pietuose)*

velleity [veˈliːətɪ] *n knyg. (nepatvirtintas darbais)* noras; *pl* geri norai

vellum ['veləm] *n* **1** velenas *(plonas pergamentas)* **2** veleninis popierius *(t. p.* ~ *paper)* **3** kalkė, vaškinis popierius

velocipede [vɪˈlɔsɪpiːd] *n* **1** senovinės formos dviratis; *juok.* dviratis **2** *amer.* vaikiškas triratis **3** *glžk.* drezina

velocity [vɪˈlɔsətɪ] *n* greitumas; greitis *(t. p. fiz., tech.);* **at the ~ of sound** garso greičiu; **angular ~** *tech.* kampinis greitis; **~ of circulation** *amer. fin. (pinigų)* cirkuliacijos greitis; **burning ~** *tech.* degimo sparta; **escape ~** antrasis kosminis greitis; **~ gauge** greitmatis

velodrome [ˈvelədrəum] *n* velodromas

velour(s) [vəˈluə] *pr. n* **1** *tekst.* veliūras; veliūrinis drapas **2** veliūro skrybėlė *(t. p. ~ hat)*

velum [ˈviːləm] *n (pl* -la) **1** *anat.* minkštasis gomurys **2** *biol.* burė, užuolaida

velvet [ˈvelvɪt] *n* **1** aksomas *(t. p. silk ~);* **cotton ~** velvetas, medvilninis aksomas **2** *šnek.* pelnas, lengvas pasipelnymas; įplaukos; laimėjimas, išlošimas; **to the ~** a) kieno naudai; b) išlošęs, laimėjęs ◊ **to be on ~** tarpti, klestėti *(ypač finansiškai)*
a **1** aksomo, aksominis **2** *prk.* aksominis, aksomiškas, švelnus; **~ revolution** *polit.* aksominė revoliucija

velveteen [ˌvelvɪˈtiːn] *n* **1** velvetas **2** *pl* velveto kelnės

velvet-grass [ˈvelvɪtgrɑːs] *n bot.* (pūkuotoji) vilnūnė

velveting [ˈvelvɪtɪŋ] *n kuop.* aksomo dirbiniai

velvety [ˈvelvɪtɪ] *a* aksominis, švelnus

vena [ˈviːnə] *n (pl* -nae [-niː]) *anat.* vena; **~ cava** tuščioji vena

venal [ˈviːnl] *a* paperkamas, parsiduodavęliškas; savanaudiškas; **~ practices** parsidavinėjimas

venality [viːˈnælətɪ] *n* paperkamumas, parsiduodavęliškumas; parsidavimas

venally [ˈviːnəlɪ] *adv* savanaudiškai, iš savanaudiškų paskatų; už kyšį

venation [viːˈneɪʃn] *n bot., zool.* gyslotumas, nervatūra

vend [vend] *v* **1** *(ypač teis.)* pardavinėti, prekiauti; būti parduodamam **2** skelbti, platinti *(savo pažiūras ir pan.)*

vendace [ˈvendɪs] *n zool.* seliava *(žuvis)*

vendee [venˈdiː] *n teis.* pirkėjas

vender [ˈvendə] *n* = **vendor**

vendetta [venˈdetə] *it. n* vendeta, kraujo kerštas

vendible [ˈvendəbl] *a* **1** tinkamas parduoti **2** = **venal**
n pl prekės, skirtos parduoti

vending-machine [ˈvendɪŋməˌʃiːn] *n* smulkių prekių automatas

vendor [ˈvendə] *n* **1** prekiautojas **2** *teis.* pardavėjas

vendue [venˈdjuː] *n amer.* aukcionas

veneer [vəˈnɪə] *n* **1** išorinis blizgesys, apgaulinga išorė; **a ~ of selfconfidence** pasitikėjimo savimi regimybė **2** lukštas, *(vienasluoksnė)* fanera **3** *stat.* apdaras; viršutinis sluoksnis
v **1** pridengti, užmaskuoti; suteikti išorinį blizgesį, padailinti; **paganism ~ed with Christianity** pagonybė, prisidengusi krikščionybės skraiste **2** faneruoti, apklijuoti plonu faneros sluoksniu **3** *stat.* apdaryti, aptaisyti, plonai padengti

venepuncture [ˈvenɪˌpʌŋktʃə] *n med.* venos punkcija/pradūrimas, venepunkcija

venerable [ˈvenərəbl] *a* **1** garbus, garbingas; gerbtinas, nusipelnęs pagarbos; gerbiamas; **~ age** garbus amžius **2** *(the V.) bažn.* garbusis; palaimintasis *(titulas)*

venerate [ˈvenəreɪt] *v* didžiai gerbti, pagarbiai žiūrėti; garbinti

veneration [ˌvenəˈreɪʃn] *n* didi pagarba, gerbimas; garbinimas

venerator [ˈvenəreɪtə] *n* gerbėjas, garbintojas

venereal [vəˈnɪərɪəl] *a* **1** *med.* venerinis; venerinių ligų; **~ disease** venerinė liga **2** *ret.* lytinis; gašlus, geidulingas

venereological [vəˌnɪərɪəˈlɔdʒɪkl] *a med.* venerologijos, venerologinis

venereologist [vəˌnɪərɪˈɔlədʒɪst] *n* venerologas

venereology [vəˌnɪərɪˈɔlədʒɪ] *n* venerologija

venesection [ˌvenɪˈsekʃn] *n med.* venos atvėrimas, venesekcija, flebotomija

Venetian [vəˈniːʃn] *a* Venecijos; venecijiečių; **~ blind** pakeliamosios žaliuzės; **~ pearl** dirbtinis perlas; **~ glass** Venecijos stiklo dirbiniai; **~ window** Venecijos langas
n Venecijos gyventojas

Venezuela [ˌvenɪˈzweɪlə] *n* Venesuela *(P. Amerikos valstybė)*

Venezuelan [ˌvenɪˈzweɪlən] *a* Venesuelos
n Venesuelos gyventojas

vengeance [ˈvendʒəns] *n* kerštas, keršijimas; **to take/inflict ~ on smb** (at)keršyti kam ◊ **with a ~** a) smarkiai; iš visų jėgų; b) su kaupu; dar labiau

vengeful [ˈvendʒfəl] *a knyg.* kerštingas; keršto

venial [ˈviːnɪəl] *a* atleistinas, dovanotinas; **~ error** dovanotina klaida

veniality [ˌviːnɪˈælətɪ] *n* dovanotinumas

Venice [ˈvenɪs] *n* Venecija *(Italijos miestas)*

venipuncture [ˈviːnɪˌpʌŋktʃə] *n (ypač amer.)* = **venepuncture**

venison [ˈvenɪzn, ˈvenɪsn] *n* elniena; stirniena

venom [ˈvenəm] *n* **1** nuodai *(ppr. gyvatės)* **2** pagieža, įtūžis

venomous [ˈvenəməs] *a* **1** nuodingas *(apie gyvatę, vorą, skorpioną)* **2** pagiežingas, tulžingas; kandus, įgilus

venose [ˈviːnəus] *a bot.* gyslotas

venous [ˈviːnəs] *a* **1** *anat.* venos, veninis **2** *bot.* gyslotas

vent[1] [vent] *n* **1** anga; ventiliacijos anga; orlaidė *(t. p. air ~);* **roof ~** *aut.* stogo liukas **2** *(jausmų)* išreiškimas, išliejimas; pasireiškimas; **to give ~ to one's feelings** duoti valią jausmams; išlieti jausmus; **he found (a) ~ for his anger in smashing the crockery** jis išliejo pyktį sudaužydamas visus indus **3** *(pučiamojo instrumento)* vožtuvas **4** *kar.* uždegimo anga **5** *zool.* išeinamoji anga
v **1** padaryti angą **2** išleisti *(dūmus ir pan.)* **3** išlieti, išgiežti *(jausmus; on – ant)*

vent[2] *n (švarko ir pan.)* skeltukas

ventage [ˈventɪdʒ] *n* **1** anga **2** *muz.* vožtuvas

venter [ˈventə] *n* **1** *anat., zool.* pilvas **2** *teis.* įsčios; **by one ~** vienamotis, tos pačios motinos

vent-hole [ˈventhəul] = **vent**[1] *n*

ventiduct [ˈventɪdʌkt] *n* ventiliacijos vamzdis

ventil [ˈventɪl] *n muz. (pučiamojo instrumento)* ventilis

ventilate [ˈventɪleɪt] *v* **1** vėdinti, ventiliuoti **2** *(viešai)* svarstyti, gvildenti *(klausimą);* (iš)kelti į viešumą; pareikšti

ventilating [ˈventɪleɪtɪŋ] *a tech.* ventiliacijos

ventilation [ˌventɪˈleɪʃn] *n* **1** vėdinimas, ventiliavimas, ventiliacija **2** *(viešas)* svarstymas, gvildenimas; iškėlimas į viešumą, išsakymas

ventilator [ˈventɪleɪtə] *n* **1** ventiliatorius, vėdintuvas **2** *med.* respiratorius

vent-peg [ˈventpeg] *n tech.* įvorė

vent-pipe [ˈventpaɪp] *n* ištraukimo vamzdis

ventral [ˈventrəl] *a anat., zool.* pilvo, pilvinis; **~ fin** *zool.* pilvo pelekas

ventricle [ˈventrɪkl] *n anat., zool.* skilvelis

ventriloquism [venˈtrɪləkwɪzm] *n* pilvakalbystė

ventriloquist [venˈtrɪləkwɪst] *n* pilvakalbys

ventriloquize [venˈtrɪləkwaɪz] *v* kalbėti lyg iš pilvo

ventriloquy [venˈtrɪləkwɪ] *n* = **ventriloquism**

venture [ˈventʃə] *n* **1** rizikingas žingsnis/sumanymas; avantiūra, pavojinga užmačia; **to run the ~** rizikuoti **2** *kom.*

rizikingas biznis; įmonė; **~ capital** rizikos kapitalas; **joint ~** bendra įmonė **3** *(literatūrinis, mokslinis ir pan.)* bandymas **4** rizikuojama/statoma suma ◊ **at a ~** spėjamai, iš akies, kaip pavyks
v **1** rizikuoti; **to ~ one's life** rizikuoti gyvybe **2** (iš)drįsti *(on, upon)*; **to ~ an opinion** išdrįsti pareikšti nuomonę; **I shall ~ (upon) a remark** aš drįsiu padaryti pastabą; **I ~ to disagree** aš leisiu sau nesutikti; **she did not ~ further than the gate** ji nedrįso eiti už vartų **3** *kom.* imtis naujos veiklos *(into)*
venturer ['ventʃərə] *n* **1** asmuo, rizikuojantis turtu/pinigais **2** avantiūristas
venturesome ['ventʃəsəm] *a* **1** rizikuojantis, azartiškas; drąsus **2** rizikingas, pavojingas **3** avantiūristinis
venturi [ven'tjuərɪ] *n tech.* difuzorius
venturous ['ventʃərəs] *a* = **venturesome**
venue ['venju:] *n* **1** *knyg.* susirinkimo/susitikimo vieta **2** *teis. (bylos)* nagrinėjimo vieta; **to change the ~** pakeisti *(bylos)* nagrinėjimo vietą **3** *sport.* varžybų vieta
Venus ['vi:nəs] *n mit., astr.* Venera
Venusian [vɪ'nju:zɪən] *a astr.* Veneros
veracious [və'reɪʃəs] *a* **1** teisingas **2** tikras, tikėtinas
veracity [və'ræsətɪ] *n* **1** teisingumas **2** tikrumas, tikėtinumas **3** tiesa; **I cannot doubt his ~** aš neabejoju, kad jis sako tiesą
veranda(h) [və'rændə] *n* veranda
verb [və:b] *n gram.* veiksmažodis
verbal ['və:bl] *a* **1** žodinis; sakytinis; **~ contract/agreement** žodinis susitarimas; **good ~ memory** gera žodinė atmintis **2** pažodinis **3** *kalb.* veiksmažodinis **4** *dipl.* verbalinis; **~ note** verbalinė nota
n **1** *gram.* neasmenuojamoji veiksmažodžio forma **2** *teis. šnek.* žodinis prisipažinimas/pareiškimas *(ypač policijai)*
verbalism ['və:bəlɪzm] *n* **1** pedantiškumas **2** tuščiažodžiavimas, tušti žodžiai **3** daugiažodiškumas
verbalist ['və:bəlɪst] *n* **1** pedantas **2** žodžio meistras; leksikos mokovas
verbalization [,və:bəlaɪ'zeɪʃn] *n* **1** = **verbalism 2 2** *kalb.* veiksmažodėjimas, verbalizacija
verbalize ['və:bəlaɪz] *v* **1** (iš)reikšti žodžiais **2** daug/tuščiai kalbėti **3** *kalb.* veiksmažodėti, verbalizuoti
verbally ['və:bəlɪ] *adv* žodžiu *(ne raštu)*
verbatim [və:'beɪtɪm] *a* pažodinis; **~ report** pažodinė ataskaita
adv pažodžiui, žodis į žodį
verbena [və:'bi:nə] *n bot.* verbena
verbiage ['və:bɪɪdʒ] *n menk.* daugiažodiškumas; žodžių gausybė/tvanas
verbid ['və:bɪd] = **verbal** *n* 1
verbify ['və:bɪfaɪ] *v* = **verbalize** 3
verbless ['və:bləs] *a* be veiksmažodžio
verbose [və:'bəus] *a* daugiažodis, daugiakalbis
verbosity [və:'bɒsətɪ] *n* daugiažodiškumas, daugiakalbiškumas
verdancy ['və:dənsɪ] *n* **1** žaluma; žalumas **2** nesubrendimas, neprityrimas, nepatyrimas
verdant ['və:dənt] *a* **1** žaliuojantis, žalias **2** *prk.* žalias, nesubrendęs, nepatyręs
verdict ['və:dɪkt] *n* **1** *(prisiekusiųjų teismo)* sprendimas, nuosprendis, verdiktas; **to return a ~ of guilty** pripažinti kaltu **2** nuomonė; **I do not dispute your ~** aš neginčiju jūsų nuomonės
verdigris ['və:dɪgri:s] *n spec.* vario žalis/žaliasis *(pigmentas)*
verdure ['və:dʒə] *n knyg.* **1** žalumynai, žolynai **2** žaluma; žalis, žalumas **3** *prk.* šviežumas, jaunatviškumas

verdurous ['və:dʒərəs] *a* apaugęs žalumynais/žolynais, žaliuojantis; sulapojęs
verge [və:dʒ] *n* **1** kraštas *(t. p. prk.)*; riba; **on the ~ of ruin** ant pražūties slenksčio, ant bedugnės krašto; **on the ~ of tears** arti ašarų **2** velėnuotas gėlių lysvės kraštas *(palei kelią)*; bordiūras **3** *archit. (stogo)* kraštas, briauna **4** *bažn.* lazda
v **1** ribotis; šlietis, šlyti **2** *prk.* (pri)artėti *(to, towards)*; būti arti *(pamišimo, chaoso ir pan.)*, beveik prilygti *(on)*; **such views ~ on fanaticism** tokios pažiūros beveik prilygsta fanatizmui
verger ['və:dʒə] *n* **1** *bažn.* lazdos nešėjas *(procesijoje)* **2** bažnyčios tvarkdarys/prižiūrėtojas, zakristijonas
veridical [vɪ'rɪdɪkl] *a knyg.* **1** teisingas **2** *psich.* atitinkantis tikrovę, tikras
veriest ['verɪɪst] *a* **1** *knyg.* visiškas, tikriausias; **the ~ stupidity** kvailumo viršūnė **2** *šnek.* labai labai
verifiable ['verɪfaɪəbl] *a* patikrinamas, įrodomas; toks, kurį galima patikrinti/įrodyti
verification [,verɪfɪ'keɪʃn] *n* **1** (pa)tikrinimas **2** pasitvirtinimas, išsipildymas **3** *teis.* patvirtinimas **4** *spec.* verifikavimas
verify ['verɪfaɪ] *v* **1** (pa)tikrinti **2** patvirtinti, paliudyti *(t. p. teis.)* **3** įvykdyti *(pažadą)* **4** *spec.* verifikuoti
verily ['verɪlɪ] *adv psn., bibl.* tikrai, iš tiesų, iš tikrųjų
verisimilar [,verɪ'sɪmɪlə] *a ret.* tikroviškas; galimas, įtikimas
verisimilitude [,verɪsɪ'mɪlɪtju:d] *n* **1** tikroviškumas, panašumas į tiesą; įtikimumas **2** pramanas, išmonė
verism ['verɪzm] *n lit., men.* verizmas
veritable ['verɪtəbl] *a* tikras *(pabrėžiant)*; **he is a ~ tyrant** jis tikras tironas
verity ['verətɪ] *n knyg.* **1** *(ppr. pl)* tiesa; **the eternal ~s** amžinosios tiesos; **in all ~** iš tikrųjų **2** *ret.* tikrumas
verjuice ['və:dʒu:s] *n* **1** *(neprinokusių vaisių)* rūgščios sultys **2** *prk.* surūgimas; **a look of ~** rūškana veido išraiška, rūgšti mina
vermeil ['və:meɪl] *n* **1** *poet.* = **vermilion** *n* **2** paauksuotas metalas *(sidabras, varis, bronza)*
a poet. = **vermilion** *a*
vermian ['və:mɪən] *a* kirmėlių; kirmėliškas
vermicelli [,və:mɪ'selɪ, ,və:mɪ'tʃelɪ] *it. n* ploni makaronai, vermišeliai
vermicide ['və:mɪsaɪd] *n farm.* vermicidas *(kirmėles žudantis vaistas)*
vermicular [və:'mɪkjulə] *a* = **vermiform**
vermiculite [və:'mɪkjulaɪt] *n min.* vermikulitas
vermiform ['və:mɪfɔ:m] *a* kirmėliškas, kirmino formos; **~ appendix** *anat. (aklosios žarnos)* kirmėlinė atauga
vermifugal [,və:mɪ'fju:gl] *a farm.* kirmėles varantis
vermifuge ['və:mɪfju:dʒ] *n farm.* antihelmintinis vaistas *(kirmėlėms varyti)*
vermilion [və'mɪlɪən] <*n, a, v*> *n* **1** cinoberis **2** skaisčiai/ryškiai raudona spalva
a skaisčiai/ryškiai raudonas
v **1** dažyti cinoberiu **2** dažyti skaisčiai/ryškiai raudonai
vermin ['və:mɪn] *n kuop.* **1** parazitai, kirmėlės **2** *ž. ū.* kenkėjai **3** plėšrūnai **4** *prk.* padugnės, veltėdžiai
verminous ['və:mɪnəs] *a* **1** knibždantis parazitų/kenkėjų; kirmėlėtas; **that cat is ~** ta katė pilna blusų **2** sukeliamas parazitų **3** kenksmingas; bjaurus
vermivorous [və:'mɪvərəs] *a* mintantis kirmėlėmis *(apie paukščius)*
Vermont [və:'mɒnt] *n* Vermontas *(JAV valstija)*
vermouth ['və:məθ] *n* vermutas

vernacular [vəˈnækjulə] *a* **1** gimtasis *(apie kalbą);* vietinis *(apie dialektą);* ~ *poet* tarmiškai rašantis poetas **2** parašytas gimtąja kalba *ar* dialektu **3** būdingas tam tikrai vietovei *(apie ligą, verslus ir pan.)* **4** liaudiškas *(nemokslinis – apie augalo/gyvūno pavadinimą)*
n **1** gimtoji kalba; vietinis dialektas; prastakalbė; profesinė kalba **2** *(augalo, gyvūno)* liaudiškas pavadinimas **3** architektūros stilius, pasižymintis paprastumu ir vietinių statybinių medžiagų panaudojimu
vernacularism [vəˈnækjulərɪzm] *n* **1** tarmiškas žodis/posakis; tarmybė **2** kalbėjimas/rašymas prastakalbe
vernal [ˈvəːnl] *a* **1** *poet., spec.* pavasario, pavasarinis **2** *prk.* skaistus, jaunas
vernalization [ˌvəːnəlaɪˈzeɪʃn] *n ž. ū.* jarovizavimas, vernalizacija
vernation [vəːˈneɪʃn] *n bot.* lapų išsidėstymas pumpure
vernier [ˈvəːnɪə] *n tech.* nonijus, vernjeras; ~ *rocket (erdvėlaivio)* pagalbinis/koreguojantysis variklis
vernissage [ˌvəːnɪˈsɑːʒ] *n men.* vernisažas
Verona [vɪˈrəunə] *n* Verona *(Italijos miestas)*
veronal [ˈverənl] *n farm.* veronalis
Veronese [ˌverəˈniːz] *a* Veronos; veronietiškas
n Veronos gyventojas
veronica [vəˈrɒnɪkə] *n* **1** *(V.)* Veronika *(vardas)* **2** *bot.* veronika
verruca [vəˈruːkə] *n med.* karpa
versa [ˈvəːsə] *žr.* **vice versa**
Versailles [veəˈsaɪ] *n* Versalis *(Prancūzijos miestas)*
versatile [ˈvəːsətaɪl] *a* **1** įvairiapusis, visapusiškas; lankstus; ~ *mind* lankstus protas **2** *(ypač spec.)* universalus; ~ *gadget* universalusis prietaisas; ~ *aircraft av.* universalusis orlaivis **3** *bot., zool.* judrus, lankstus; ~ *anther bot.* svyruojančioji dulkinė **4** *psn.* nepastovus, kintamas; ~ *loyalty* nepastovi ištikimybė
versatility [ˌvəːsəˈtɪlətɪ] *n* **1** įvairiapusiškumas; visapusiškumas; lankstumas **2** universalumas
verse [vəːs] *n lit.* **1** eilėraštis; poezija; *prose and* ~ proza ir poezija; *lyrical* ~ lyrinė poezija; *blank* ~ baltosios eilės; *novel written in* ~ eiliuotinis romanas **2** *(eilėraščio)* eilutė **3** posmas
v **1** išreikšti eilėmis **2** *ret.* rašyti eiles, eiliuoti
versed [vəːst] *a* nusimanantis, išmanantis, patyręs *(in)*
versicle [ˈvəːsɪkl] *n bažn.* antifona
versicolour(ed) [ˈvəːsɪˌkʌlə(d)] *a* įvairiaspalvis, mirgantis įvairiomis spalvomis
versification [ˌvəːsɪfɪˈkeɪʃn] *n* **1** eilėdara; versifikacija **2** (su)eiliavimas
versifier [ˈvəːsɪfaɪə] *n* eiliuotojas; eiliakalys
versify [ˈvəːsɪfaɪ] *v* **1** kurti eilėraščius **2** (su)eiliuoti
version [ˈvəːʃn] *n* **1** versija; variantas **2** vertimas; teksto variantas; *the Russian* ~ *of the treaty* rusiškas sutarties tekstas; *the film* ~ *of the play* pjesės ekranizacija **3** *med. (vaisiaus)* apgręžimas
vers libre [veəˈliːbr] *pr. lit.* laisvosios eilės; verlibras
verso [ˈvəːsəu] *lot. n (pl* ~s [-z]) **1** *(atverstos knygos)* kairysis puslapis **2** *(monetos, medalio)* antroji pusė
versus [ˈvəːsəs] *lot. prep (ppr. sutr.* v., vs.) **1** *teis., sport.* prieš; *"Žalgiris"* ~ *"Statyba"* „Žalgiris" – „Statyba" **2** palyginti su
vert [vəːt] *n* **1** *teis.* žalias miškas, lapija; teisė kirsti žalią mišką; *nether* ~ pomiškis, krūmai **2** *her.* žalia spalva
vertebra [ˈvəːtɪbrə] *n (pl* -rae [-riː], -reɪ], ~s) **1** *anat., zool. (stuburo)* slankstelis **2** *pl anat.* stuburas
vertebral [ˈvəːtɪbrəl] *a anat.* slankstelinis, slankstelio; stuburinis, stuburo

vertebrate [ˈvəːtɪbrət] *zool. n* stuburinis *(gyvūnas)*
a stuburinis, stuburo
vertex [ˈvəːteks] *n (pl* -tices) **1** viršūnė; ~ *of an angle geom.* kampo viršūnė **2** *anat., zool.* viršugalvis **3** *astr.* verteksas **4** *stat. (arkos, skliauto)* sąvara
vertical [ˈvəːtɪkl] *a* **1** vertikalus, status, stačias; ~ *takeoff aircraft* vertikaliojo kilimo orlaivis **2** *anat.* viršugalvinis **3** *bot.* menturinis *(apie lapą)*
n **1** *geom.* vertikalė; statmuo **2** *astr.* vertikalas
vertices [ˈvəːtɪsiːz] *pl žr.* **vertex**
verticil [ˈvəːtɪsɪl] *n bot.* menturinis išsidėstymas, menturis
vertiginous [vəːˈtɪdʒɪnəs] *a* **1** svaiginamas, svaiginantis; sukeliantis svaigulį **2** svaigstantis; *to feel* ~ svaigti **3** besisukantis; ~ *current* vandens sūkurys
vertigo [ˈvəːtɪɡəu] *n (pl* ~(e)s [-z]) galvos svaigimas, svaigulys
vertiport [ˈvəːtɪpɔːt] *n* aerodromas vertikaliojo kilimo ir tūpimo orlaiviams
vertu [vəːˈtuː] *n* = **virtu**
vervain [ˈvəːveɪn] *n bot.* verbena
verve [vəːv] *n* **1** entuziazmas, pakilimas **2** *(aprašymo)* gyvumas, raiškumas; *(išraiškos)* jėga
vervet [ˈvəːvɪt] *n* maža Afrikos beždžionė
very [ˈverɪ] *a* **1** kaip tik tas; tas pats; *the* ~ *man I need/ want* kaip tik tas asmuo, kurio man reikia; *that* ~ *day* tą pačią dieną **2** pats; *on the* ~ *top* ant pačios viršūnės; *from the* ~ *beginning* nuo pat pradžios **3** netgi, net; *the* ~ *rafters shook* net sijos sudrebėjo **4** tikras; *in* ~ *truth* iš tiesų, tikrai; *the* ~ *truth* tikra tiesa; *the veriest coward* tikras/paskutinis bailys
adv **1** labai; ~ *well* labai gerai, puikiai; ~ *much* a) labai; b) žymiai, daug *(prieš aukštesniojo laipsnio bdv.);* ~ *good* a) labai geras; b) gerai! *(sutinkant)* **2** pats *(vart. sustiprinti; džn. prieš aukščiausiojo laipsnio bdv.); the* ~ *lowest price* pati žemiausia kaina; *the* ~ *best thing* pats geriausias daiktas/dalykas; *on the* ~ *next day* jau kitą dieną **3** kaip tik; taip pat; visiškai; *he said the* ~ *same words* jis pasakė kaip tik tuos pačius žodžius; *you did the* ~ *opposite to what I expected* jūs pasielgėte priešingai, negu aš tikėjausi; ~ *much the other way* visiškai priešingai **4** tikrai *(pabrėžiant ppr. nelaipsniuojamą bdv.);* ~ *pregnant* tikrai nėščia ◊ *one's* ~ *own* a) nuosavas, savas; b) pats artimiausias/brangiausias
Very [ˈvɪərɪ] *n:* ~ *light jūr.* Verio signalinė raketa; ~ *pistol jūr.* Verio signalinis pistoletas
vesicant [ˈvesɪkənt] *a spec.* sukeliantis pūsleles/pūsles
vesicate [ˈvesɪkeɪt] *v* sukelti pūsleles/pūsles
vesicle [ˈvesɪkl] *n anat., biol.* pūslelė, vezikulė
vesicular [vɪˈsɪkjulə] *a med.* pūslelinis, vezikulinis; ~ *disease* pūslinė, pemfigas
vesper [ˈvespə] *n* **1** *(V.) poet.* vakarė žvaigždė **2** *poet.* vakaras **3** *pl bažn.* mišparai, vakarinės pamaldos **4** = **vesper-bell**
vesper-bell [ˈvespəbel] *n* vakariniai varpai
vespertine [ˈvespətaɪn] *a* **1** vakarinis, vakaro **2** *bot.* išsiskleidžiantis vakare **3** *zool.* naktinis *(apie paukščius)*
vespiary [ˈvespɪərɪ] *n* širšių/vapsvų lizdas
vespine [ˈvespaɪn] *a* širšių, vapsvų, širšės, vapsvos
vessel [ˈvesl] *n* **1** indas *(t. p. bot.);* bakas **2** *anat.* kraujagyslė *(t. p. blood* ~) **3** laivas; hidroplanas ◊ *leaky* ~ plepys; *weak* ~ nepatikimas žmogus; *empty* ~*s make the greatest sound* ≡ tušti puodai garsiai skamba
vest [vest] *n* **1** berankoviai apatiniai marškiniai **2** *amer.* liemenė; *life* ~ gelbėjimo liemenė **3** antkrūtinis; suknelės krūtinė, korsažas

v **1** suteikti *(valdžią, teises ir pan.; with, in)* **2** pereiti *(apie palikimą, turtą ir pan.; in)* **3** *bažn., poet.* ap(si)vilkti; ap(si)gaubti
Vesta ['vestə] *n mit.* Vesta
vesta ['vestə] *n ist.* vaškuotas degtukas *(t. p. **wax ~**); **fusee** ~* degtukas, negęstantis vėjuje, neužpučiamasis degtukas
vestal ['vestl] *n* **1** *ist.* vestalė *(vaidilutė; t. p. **~ virgin**)* **2** nekalta/skaisti mergina; *iron.* senmergė **3** vienuolė *a knyg.* skaistus, nekaltas; *iron.* senmergiškas
vested ['vestɪd] *a* **1** teisėtas, nustatytas; priklausantis *(in)*; *~ **rights*** teisėtai suteiktos teisės; *~ **interest(s)*** a) įstatyminės turtinės teisės; asmeninis suinteresuotumas; b) stambūs įmonininkai; visuomenės viršūnės **2** *(ypač bažn.)* apsirengęs; apsisiautęs, apsigaubęs
vestee [ve'sti:] = **vest** *n* 3
vestibular [ve'stɪbjulə] *a anat.* vestibuliarinis
vestibule ['vestɪbju:l] *n* **1** vestibiulis; prieangis *(t. p. anat.)* **2** priebažnytis **3** *amer. glžk.* uždara vagono aikštelė, uždaras tambūras
vestige ['vestɪdʒ] *n* **1** ženklas, pėdsakas, žymė; *~s **of civilization*** civilizacijos pėdsakai/žymės **2** likutis, liekana; krislas *(džn. prk.); **not a ~ of truth*** nė krislo tiesos **3** *biol.* rudimentas
vestigia [ve'stɪdʒɪə] *pl žr.* **vestigium**
vestigial [ve'stɪdʒɪəl] *a* **1** nykstantis, išlikęs **2** *biol.* rudimentinis, liktinis
vestigium [ve'stɪdʒɪəm] *n (pl -gia) ret.* = **vestige** 3
vestment ['vestmənt] *n (bažnytinis, ceremonijų)* drabužis
vest-pocket ['vestpɔkɪt] *amer. n* liemenės kišenėlė *a attr* **1** kišeninis, mažo formato **2** miniatiūrinis
vestry ['vestrɪ] *n bažn.* **1** zakristija **2** *ist. (religinių ir kt.)* susirinkimų patalpa *(nonkonformistų bažnyčioje)* **3** parapijos mokesčių mokėtojų susirinkimas *(t. p. **common/general/ordinary ~**); **select ~*** parapijos valdybos posėdis
vestry-clerk ['vestrɪklɑ:k] *n bažn.* parapijos iždininkas/raštininkas
vestryman ['vestrɪmən] *n (pl -men [-mən])* parapijos valdybos narys
vesture ['vestʃə] *poet., psn. n* **1** rūbai **2** apgaubas; danga
v apgaubti, apsiausti; pridengti
vestured ['vestʃəd] *a poet., psn.* **1** apgaubtas; apsigaubęs, apsisiautęs **2** pridengtas; prisidengęs
Vesuvius [vɪ'su:vɪəs] *n* Vezuvijus *(ugnikalnis Italijoje)*
vet[1] [vet] *sutr. šnek. n* veterinaras
v **1** (pa)tikrinti, apžiūrėti; *to ~ **smb's work*** patikrinti kieno darbą **2** tikrinti tinkamumą/lojalumą **3** veterinariškai apžiūrėti; gydyti *(gyvūnus)*
vet[2] *n (ppr. pl) amer. šnek.* veteranas
vetch [vetʃ] *n bot.* vikis; ***tufted ~*** mėlynžiedis vikis
vetchling ['vetʃlɪŋ] *n bot.* pelėžirnis
veteran ['vetərən] *n* **1** veteranas; senas karys; senas prityręs darbuotojas **2** *amer.* frontininkas, karo dalyvis; demobilizuotasis **3** *attr* veteranų; prityręs, daug matęs; *~ **teacher*** mokytojas veteranas; *~ **car*** senovinis automobilis *(pagamintas prieš 1905 m.)*
veterinarian [ˌvetərɪ'nɛərɪən] *n amer.* veterinaras, veterinarijos gydytojas
veterinary ['vetərɪnərɪ] *a attr* veterinarijos, veterinarinis; *~ **medicine/science*** veterinarija; *~ **surgeon*** veterinarijos gydytojas
veto ['vi:təu] *n (pl ~es [-z])* **1** veto; uždraudimas; ***to put/set a ~ (on)*** vetuoti, uždrausti **2** veto teisė *(t. p. **right of ~**); **to use/exercise one's ~*** pasinaudoti veto teise
v vetuoti; (už)drausti

vex [veks] *v* **1** pykinti, erzinti; kelti apmaudą; ***this would ~ a saint*** tai supykintų ir šventąjį; ***how ~ing!*** kaip apmaudu! **2** *pass* pykti, apmaudauti *(at, with)* **3** jaudinti, kelti nerimą **4** *(džn. pass)* neduoti ramybės *(apie vabzdžius ir pan.)* **5** vesti ilgus debatus, ilgai svarstyti
vexation [vek'seɪʃn] *n* **1** apmaudas, susierzinimas **2** *(džn. pl)* dalykas, keliantis apmaudą; nemalonumas
vexatious [vek'seɪʃəs] *a* **1** apmaudus, keliantis apmaudą; susijęs su nemalonumais **2** neramus, įkyrus **3** *teis.* pradėtas nepagrįstai, be reikiamų įrodymų *(apie bylinėjimąsi)*
vexed [vekst] *a* **1** susierzinęs *(at, with)* **2** sunkus, keliantis nerimą/ginčus; *~ **question/point*** klausimas, sukeliantis daug ginčų, ginčijamas klausimas
vexing ['veksɪŋ] *a* apmaudus, erzinantis; ***it's most ~, we can't come*** apmaudžiausia, kad mes negalėsime ateiti
V-formation ['vi:fɔ:ˌmeɪʃn] *n* V forma *(apie paukščių/lėktuvų skrydį)*
via ['vaɪə] *lot. prep* per; ***we came ~ Vilnius*** mes atvažiavome per Vilnių; ***I sent a message to Irene ~ her sister*** aš pasiunčiau žinią Irenai per jos seserį; ***I've read this French play ~ an English translation*** aš perskaičiau šią prancūzišką pjesę naudodamasis anglišku vertimu
viability [ˌvaɪə'bɪlətɪ] *n* **1** gyvybingumas *(t. p. biol.); (projekto ir pan.)* įgyvendinamumas **2** *ž. ū.* daigumas
viable ['vaɪəbl] *a* **1** gyvybingas *(t. p. biol.);* įgyvendinamas; perspektyvus **2** *ž. ū.* daigus
viaduct ['vaɪədʌkt] *n* viadukas, pralaida; daugiaangis tiltas per slėnį
vial ['vaɪəl] *n* ampulė, buteliukas ◊ ***to pour out the ~s of wrath on smb*** išlieti pyktį ant ko
viands ['vaɪəndz] *n pl knyg., psn.* (rinktiniai) valgiai, patiekalai; maistas
viaticum [vaɪ'ætɪkəm] *n (pl -ca [-kə])* **1** *bažn.* Paskutinis/Ligonių patepimas **2** *psn.* maistas/pinigai, duodami kelionei
viator [vaɪ'eɪtə] *n poet.* keleivis, keliautojas
vibes[1] [vaɪbz] *n pl muz. šnek.* vibrafonas
vibes[2] *n pl šnek.* **1** *(jausmų)* virpuliai; fluidai **2** *(vietos)* atmosfera; terpė
vibrancy ['vaɪbrənsɪ] *n* **1** *(energijos, jausmų ir pan.)* kunkuliavimas; virpėjimas **2** *(spalvų ir pan.)* gyvumas
vibrant ['vaɪbrənt] *a* **1** virpantis, drebantis; kunkuliuojantis, energingas *(with); ~ **with enthusiasm*** virpantis iš entuziazmo **2** gyvas *(apie spalvas);* ryškus *(apie šviesą)* **3** rezonuojantis **4** vibruojantis **5** *fon.* virpamasis
vibraphone ['vaɪbrəfəun] *n muz.* vibrafonas
vibrate [vaɪ'breɪt] *v* **1** virpėti, drebėti *(t. p. prk.; at, with); to ~ **with joy*** (su)virpėti iš džiaugsmo **2** svyruoti, švytuoti *(apie švytuoklę)* **3** *prk.* svyruoti, neapsispręsti, abejoti **4** vibruoti **5** *poet.* skambėti *(atmintyje, ausyse)*
vibration [vaɪ'breɪʃn] *n* **1** virpėjimas, drebėjimas; virpesys, virpulys *(t. p. prk.)* **2** *(švytuoklės)* švytavimas, svyravimas; *~ **damper*** *tech.* švytavimų slopintuvas **3** vibravimas, vibracija **4** *pl šnek.* fluidai; *(vietos)* atmosfera
vibration-proof [vaɪ'breɪʃnpru:f] *a tech.* atsparus vibracijai, antivibracinis
vibrato [vɪ'brɑ:təu] *n (pl ~s [-z]) muz.* vibrato
vibrator [vaɪ'breɪtə] *n* **1** virpiklis, virpintuvas **2** *tech.* vibratorius
vibratory ['vaɪbrətərɪ, vaɪ'breɪtərɪ] *a* **1** virpantis, drebantis; svyruojantis **2** vibruojantis; sukeliantis vibraciją; vibracinis
vibrio ['vɪbrɪəu] *n (pl ~s [-z]) biol.* vibrionas
vibro- ['vaɪbrəu-] *(sudurt. terminuose)* vibro-, vibracinis; ***vibrograph*** vibrografas; ***vibropack*** vibracinis keitiklis; ***vibrospade*** vibracinis kastuvas

viburnum [vaɪ'bɜːnəm] *n bot.* putinas
vicar ['vɪkə] *n bažn.* **1** vikaras; *(protestantų)* pastorius **2** vietininkas; pavaduotojas; *God's ~ on earth* Dievo vietininkas žemėje ◊ *~ of Bray* beprincipis žmogus, renegatas
vicarage ['vɪkərɪdʒ] *n bažn.* vikariatas
vicarious [vɪ'kɛərɪəs] *a* **1** vietininkaujantis; pavaduojantis **2** atliekamas už kitą; netiesioginis, svetimas; *~ atonement* svetimos kaltės atpirkimas; *to feel ~ pleasure* džiaugtis kieno sėkme *ir pan.* **3** *fiziol.* vikarinis
vice[1] [vaɪs] *n* **1** yda; blogis; *to be free from ~* neturėti ydų; *~ squad* dorovės policijos būrys **2** *(charakterio, stiliaus ir pan.)* trūkumas, silpnybė; *constitutional ~* fizinis trūkumas; *smoking is my only ~* rūkymas – mano vienintelė silpnybė **3** nusikalstamas/amoralus elgesys **4** *(arklio)* nartas **5** *(the V.)* Blogis *(groteskinis senovinių pjesių personažas, vaizduojantis ydą/ydas)*
vice[2] *n tech.* spaustuvai, gniaužtuvas, griebtuvas; *bench ~* šaltkalvio spaustuvai
v (su)spausti, (su)veržti *(t. p. prk.)*
vice[3] ['vaɪsɪ] *lot. prep* vietoj(e)
vice[4] [vaɪs] *n sutr. šnek.* **1** = **vice-president 2** = **vice-admiral**
vice- [vaɪs-] *pref* vice-, pavaduotojas; *vice-dean* dekano pavaduotojas
vice-admiral [,vaɪs'ædmərəl] *n* viceadmirolas
vice-chairman [,vaɪs'tʃɛəmən] *n (pl* -men [-mən]) pirmininko pavaduotojas
vice-chairperson [,vaɪs'tʃɛəpəːsn] *n* pirmininko pavaduotojas *(vart. nenurodant asmens lyties)*
vice-chancellor [,vaɪs'tʃɑːnsələ] *n* **1** vicekancleris **2** rektorius *(faktiškasis, ne garbės);* prorektorius
vice-chief [,vaɪs'tʃiːf] *n* viršininko pavaduotojas
vice-consul [,vaɪs'kɒnsl] *n* vicekonsulas
vicegerent [,vaɪs'dʒerənt] *n* vietininkas
vice-governor [,vaɪs'gʌvənə] *n* vicegubernatorius
viceless [,vaɪsləs] *a* beydis, tobulas
vicelike ['vaɪslaɪk] *a* kietas, suspaustas
vice-minister [,vaɪs'mɪnɪstə] *n* viceministras
vicennial [vaɪ'senɪəl] *a knyg.* **1** dvidešimties metų *(apie laiko tarpą)* **2** vykstantis kas dvidešimt metų
vice-president [,vaɪs'prezɪdənt] *n* viceprezidentas
vice-presidential [,vaɪsprezɪ'denʃl] *a* viceprezidento; *~ candidate* kandidatas į viceprezidento postą
viceregal [,vaɪs'riːgl] *a* vicekaraliaus
vicereine ['vaɪsreɪn] *n* vicekaraliaus žmona
viceroy ['vaɪsrɔɪ] *n* vicekaralius, karaliaus vietininkas
vice versa [,vaɪsə'vɜːsə] *lot. adv* atvirkščiai; *I avoid him and ~* aš jo vengiu, ir jis manęs taip pat
Vichy ['vɪʃiː] *n* Viši *(Prancūzijos miestas); ~ water* Viši mineralinis vanduo
vicinage ['vɪsɪnɪdʒ] *n knyg.* **1** kaimynystė **2** apylinkės **3** artuma
vicinal ['vɪsɪnəl] *a* **1** kaimyninis, netolimas **2** vietinis; *~ way/road* lauko/vietinis kelias
vicinity [vɪ'sɪnətɪ] *n* **1** apylinkė; vietovė **2** kaimynystė, artimumas; *in close ~ (to)* kaimynystėje, netoliese; *in the ~ (of)* arti, netoli; apie
vicious ['vɪʃəs] *a* **1** (labai) piktas, pagiežingas; *~ rumour* pikti/piktavališki gandai **2** ydingas, kliaudingas; ištvirkęs; *~ habits* blogi įpročiai **3** nartus, nirtus **4** žiaurus, baisus; *~ revenge* žiaurus kerštas; *~ headache* baisus galvos skausmas ◊ *~ circle* užburtas ratas
vicissitude [vɪ'sɪsɪtjuːd] *n* **1** kaita, kaitaliojimasis; keitimasis **2** *pl* netikėtumai, staigmenos; *the ~s of fate* likimo staigmenos/vingiai

victim ['vɪktɪm] *n* auka; nukentėjėlis; *to fall a ~ (to)* tapti *(ko, kieno)* auka; *~ of circumstances* aplinkybių auka; *the ~s of the crash* avarijos aukos
victimization [,vɪktɪmaɪ'zeɪʃn] *n* **1** persekiojimas, represijos, atleidimas iš darbo *(už dalyvavimą demonstracijose ir pan.)* **2** apgaudinėjimas
victimize ['vɪktɪmaɪz] *v* **1** persekioti, terorizuoti, atleisti iš darbo *(už dalyvavimą demonstracijose ir pan.)* **2** apgau(dinė)ti
victimless ['vɪktɪmləs] *a*: *~ crimes* nusikaltimai be aukų *(narkomanija, alkoholizmas, azartiniai lošimai)*
victor ['vɪktə] *n* **1** *(V.)* Viktoras *(vardas)* **2** *knyg.* nugalėtojas
victoria [vɪk'tɔːrɪə] *n* **1** *(V.)* Viktorija *(vardas)* **2** *(V.)* Viktorija *(Australijos valstija)* **3** *ist.* dvivietis ekipažas; automobilis su atverčiamu viršumi **4** viktorija *(slyvų rūšis; t. p. ~ plum)* **5** *bot.* viktorija *(vandens lelijų rūšis; t. p. ~ lily)*
Victorian [vɪk'tɔːrɪən] *a* **1** karalienės Viktorijos laikų *(D. Britanijoje 1837–1901 m.)* **2** senamadiškas, konservatyvus *(ppr. early ~)*
n Viktorijos epochos veikėjas, *džn.* rašytojas
Victoriana [vɪk,tɔːrɪ'ɑːnə] *n* Viktorijos epochos daiktai *(ypač papuošalai, dailės dirbiniai)*
victorious [vɪk'tɔːrɪəs] *a* pergalingas; *the ~ team* nugalėtojų komanda; *to be/emerge ~* pasiekti pergalę
victory ['vɪktərɪ] *n* pergalė; *narrow ~* sunkiai iškovota pergalė; *to claim the ~* siekti pergalės; *to gain/win a ~ (over)* nugalėti
victress ['vɪktrɪs] *n* nugalėtoja
victrix ['vɪktrɪks] *n (pl* -ices [-ɪsiːz]) nugalėtoja
victual ['vɪtl] *v (-ll-)* **1** *spec.* ap(si)rūpinti maisto produktais; tiekti maistą/produktus **2** *psn.* maitinti(s)
victualler ['vɪtlə] *n* **1** produktų tiekėjas; *licensed ~* krautuvininkas/smuklininkas, turintis teisę pardavinėti alkoholinius gėrimus **2** *jūr.* transportas, gabenantis produktus
victualling-yard ['vɪtlɪŋjɑːd] *n jūr.* maisto produktų sandėlis *(doke)*
victuals ['vɪtlz] *n pl ret.* maisto produktai; pavilga, valgis
vicuña [vɪ'kjuːnə] *isp. n* **1** *zool.* vikunija **2** vikunijos vilnos; vikunijos vilnų audinys, vigonė
vid [vɪd] *amer. šnek.* = **video** *n*
vide ['vaɪdɪ] *lot. v imp* žiūrėk; *~ supra [infra]* žiūrėk aukščiau [žemiau] *(vart. išnašose, nuorodose)*
videlicet [vɪ'deliset] *lot. adv (sutr.* viz.; *ppr.* skaitoma namely) tai yra
video ['vɪdɪəu] <*n, a, v*> *n* **1** video, videoprograma **2** videomagnetofonas, vaizdo magnetofonas *(t. p. ~ recorder)* **3** *amer.* televizija
a attr video-, vaizdo; videomagnetofono; *~ film* videofilmas; *~ recording* videomagnetofono/vaizdo įrašas
v įrašyti į vaizdajuostę
videodisc ['vɪdɪəudɪsk] *n* videodiskas
videophone ['vɪdɪəufəun] *n* videotelefonas
videotape ['vɪdɪəuteɪp] *n* videomagnetofono juosta/įrašas, vaizdajuostė
v daryti vaizdo įrašą
vidimus ['vaɪdɪməs] *n teis. (dokumentų ir pan.)* oficialus patikrinimas **2** patvirtinta kopija
vie [vaɪ] *v (pI* vying) lenktyniauti, varžytis *(with –* su; *for – dėl)*
Vienna [vɪ'enə] *n* Viena *(Austrijos sostinė)*
Viennese [vɪə'niːz] *a* Vienos
n (pl ~) Vienos gyventojas
Vientiane [vjen'tjɑːn] *n* Vientianas *(Laoso sostinė)*

Vietnam [vjet'nɑ:m] *n* Vietnamas *(Azijos šalis)*
Vietnamese [ˌvɪetnə'mi:z] *a* Vietnamo; vietnamiečių
n vietnamietis; *the ~ kuop.* vietnamiečiai
view [vju:] *n* **1** vaizdas, reginys; *a glorious ~* didingas reginys; *to spoil the ~* gadinti vaizdą; *ten ~s of Vilnius (atviruko, paveikslo)* dešimt Vilniaus vaizdelių **2** akiratis, regėjimo laukas; *to pass from ~* išnykti iš akiračio; *to come in ~* a) pamatyti; b) pasirodyti, pasimatyti, būti matomam; *to be in ~* a) būti matomam; b) būti numatomam; *to burst into ~* staigiai pasirodyti, išnirti prieš akis; *in full ~ of everybody* visų akivaizdoje; *there wasn't a single house within ~* nebuvo matyti nė vieno namo **3** nuomonė *(on, about);* ***in my ~*** mano nuomonė; *to form a clear ~* susidaryti aiškią nuomonę; *to take the ~ that...* laikytis nuomonės, manyti, kad... **4** pažiūra, nusistatymas, požiūris *(of – į); **to take a rose-coloured ~** (of)* pernelyg optimistiškai žiūrėti *(į)* **5** ketinimas; *to have ~s on smth* turėti ketinimų ko atžvilgiu; *I fall in with his ~* mano ir jo ketinimai sutampa; *will this meet your ~s?* ar tai neprieštarauja jūsų ketinimams? **6** peržiūra; apžiūra; *private ~* uždara peržiūra; *to have a ~ (of)* apžiūrėti; *on ~* pateiktas apžiūrai/peržiūrai; *on the ~* peržiūros metu; apžiūrint; *to the ~* viešai **7** (bendra) apžvalga **8** *men.* peizažas, paveikslas ◊ *in ~ of* turint omenyje, atsižvelgiant; *to have/keep in ~* a) neišleisti iš akių; b) turėti omenyje; *with the ~ of, with a ~ to* siekiant, turint omenyje; *short ~s* netoliaregiškumas, neįžvalgumas; neturėjimas perspektyvos; *to take the long ~* žiūrėti tolesnės perspektyvos, žvelgti į priekį
v **1** apžiūrėti, peržiūrėti, apžvelgti; *to ~ a house* apžiūrėti namą *(ketinant pirkti)* **2** *prk.* apžvelgti; (pa)žiūrėti; *he ~s the matter in a different light* jis į tai žiūri kitaip; *~ed from a financial standpoint* finansiniu požiūriu; *she ~ed him as an enemy* ji žiūrėjo į jį kaip į priešą **3** žiūrėti *(televizorių, filmą)* **4** *poet.* matyti, regėti
viewable ['vju:əbl] *a* **1** matomas; regimas **2** pakenčiamas, ≅ žiūrėti galima
viewer ['vju:ə] *n* **1** žiūrovas; televizijos žiūrovas **2** *(parodos ir pan.)* apžiūrėtojas **3** diaprojektorius
viewership ['vju:əʃɪp] *n* televizijos žiūrovų auditorija/skaičius
viewfinder ['vju:ˌfaɪndə] *n fot.* (vaizdo) ieškiklis; vizyras
viewing ['vju:ɪŋ] *n* **1** *tel., kin.* žiūrėjimas; *the ~ public* televizijos žiūrovai **2** *(parodos, namo ir pan.)* apžiūrėjimas; *kom.* pristatymas, prezentacija
viewless ['vju:ləs] *a* **1** *amer.* neturintis nuomonės/nusistatymo **2** *poet.* nematomas
viewphone ['vjufəun] *n* videotelefonas
viewpoint ['vju:pɔɪnt] *n* **1** požiūris; *from an ecological ~* ekologiniu požiūriu **2** gera vieta stebėti
viewport ['vju:pɔ:t] *n komp.* peržiūros sritis
viewy ['vju:ɪ] *a* **1** *menk.* keistas, fantastiškas **2** *sl.* prašmatnus; krintantis į akis, ryškus
vigesimal [vɪ'dʒesɪməl] *a* padalintas į dvidešimt dalių; susidedantis iš dvidešimties dalių
vigil ['vɪdʒɪl] *n* **1** budėjimas, nemiegojimas; *to keep (a) ~* nemiegoti, budėti **2** piketavimas, tyli protesto demonstracija *(ppr. prie atstovybės, ministerijos ir pan.)* **3** *bažn.* vigilija; pasninkas prieš šventes
vigilance ['vɪdʒɪləns] *n* **1** budrumas, akylumas; *to exercise ~* būti budriam; *~ committee (ypač amer.)* „budrumo komitetas" *(linčiuotojų organizacija)* **2** *med.* nemiga **3** *psich.* vigilumas, budrumas

vigilant ['vɪdʒɪlənt] *a* budrus, akylas
vigilante [ˌvɪdʒɪ'læntɪ] *n (ypač amer.)* „budrumo komiteto" narys, linčiuotojas
vigneron ['vi:njərɔn] *pr. n* vynuogių augintojas, vynuogininkas
vignette [vɪ'njet] *pr. n* **1** vinjetė **2** literatūrinė miniatiūra; literatūrinis portretas
v piešti vinjetes
vigogne [vɪ'gəun] *n tekst.* vigonė, vigoniniai verpalai
vigor ['vɪgə] *n amer.* = **vigour**
vigorous ['vɪgᵊrəs] *a* energingas, smarkus, stiprus, galingas; *~ denial* kategoriškas paneigimas
vigour ['vɪgə] *n* **1** energija, smarkumas; stiprumas, jėga **2** galia, galiojimas; *the law is still in ~* įstatymas dar tebegalioja
Viking ['vaɪkɪŋ] *ist. n* vikingas
a vikingų
vile [vaɪl] *a* **1** žemas, niekšiškas, begėdiškas **2** *šnek.* bjaurus, šlykštus
vilification [ˌvɪlɪfɪ'keɪʃn] *n* (ap)juodinimas, (ap)šmeižimas
vilify ['vɪlɪfaɪ] *v* (ap)juodinti, (ap)šmeižti
vilipend ['vɪlɪpend] *v psn.* **1** niekinamai elgtis, niekinti; menkinti *(reikšmę)* **2** niekinamai atsiliepti, šmeižti
villa ['vɪlə] *n* **1** vila **2** atskiras namas *(ppr. priemiestyje)*
village ['vɪlɪdʒ] *n* **1** kaimas *(administracinis vienetas);* gyvenvietė, bažnytkaimis; sodžius **2** *kuop.* kaimo gyventojai; *the whole ~ came to the wedding* visas kaimas atėjo į vestuves
villager ['vɪlɪdʒə] *n* kaimo gyventojas, kaimietis
villain ['vɪlən] *n* **1** piktadarys; niekšas **2** *(filmo, pjesės, romano)* pagrindinis neigiamas veikėjas *(t. p. the ~ of the piece);* piktadario vaidmuo **3** *(džn. juok.)* šelmis, nenaudėlis **4** = **villein**
villainage ['vɪlɪnɪdʒ] *n* = **villeinage**
villainous ['vɪlənəs] *a* **1** *knyg.* piktadariškas; žemas, niekšiškas **2** *šnek.* šlykštus, bjaurus
villainy ['vɪlənɪ] *n* **1** piktadarybė, piktadarystė; niekšybė **2** piktadariškumas; niekšiškumas
villanelle [ˌvɪlə'nel] *it. n* vilanela *(daugiabalsė daina)*
villein ['vɪlɪn] *n ist.* feodalinis valstietis, vilanas; baudžiauninkas *(Anglijoje)*
villeinage ['vɪlɪnɪdʒ] *n ist.* baudžiavinė priklausomybė; baudžiaviškumas
villus ['vɪləs] *n (pl* villi ['vɪlaɪ]) **1** *anat.* gaurelis **2** *(ppr. pl) bot.* gaurai
Vilnius ['vɪlnɪus] *n* Vilnius
vim [vɪm] *n* energija, jėga; *put some ~ into it!* energingiau!, gyviau!
vinaceous [vaɪ'neɪʃəs] *a spec.* vyno/bordo spalvos, tamsiai raudonas
vinaigrette [ˌvɪnə'gret] *n* **1** buteliukas su uostomąja druska, aromatiniu actu *ir pan.* **2** *kul.* aštrus padažas *(prie šaltų užkandžių; t. p. ~ sauce/dressing)*
vinca ['vɪŋkə] *n bot.* žiemė *(gėlė)*
Vincent ['vɪnsᵊnt] *n* Vincentas *(vardas)*
vincible ['vɪnsəbl] *a ret.* nugalimas, įveikiamas
vindaloo [ˌvɪndə'lu:] *n (mėsos, žuvies)* guliašas su aštriu padažu *(t. p. ~ curry)*
vindicate ['vɪndɪkeɪt] *v* **1** (ap)ginti *(teisę, reikalą ir pan.);* įrodyti *(savo drąsą, kaltinimų nepagrįstumą ir pan.)* **2** pateisinti; reabilituoti; *his opinion was ~d* jo nuomonė pasitvirtino
vindication [ˌvɪndɪ'keɪʃn] *n* **1** apgynimas; įrodymas; *in ~ of his right...* kad įrodytų savo teisę, (jis)... **2** pateisinimas; reabilitacija

vindicative ['vɪndɪkətɪv] *a* = **vindicatory** 1
vindicator ['vɪndɪkeɪtə] *n* gynėjas
vindicatory ['vɪndɪkeɪtərɪ] *a* **1** ginamasis; pateisinamasis, reabilituojamasis **2** baudžiamasis
vindictive [vɪn'dɪktɪv] *a* **1** kerštingas **2** *ret.* baudžiamasis; ~ *damages teis.* piniginė atsakovo nuobauda
vine [vaɪn] *n* **1** *bot.* vynmedis **2** vijoklinis/šliaužiantis augalas; virkščia; ***strawberry*** ~ braškės ūsas ◊ ***a clinging*** ~ silpna/nesavarankiška būtybė *(ypač apie moterį)*
vinedresser ['vaɪnˌdresə] *n* vynuogių augintojas, vynuogininkas
vinegar ['vɪnɪɡə] *n* **1** actas **2** vynuogienojas **3** sunkus būdas; aštri/kandi replika *ir pan.* **4** *attr* acto; *prk.* rūgštus, surūgęs
vinegary ['vɪnɪɡərɪ] *a* **1** acto; ***the wine's gone*** ~ vynas surūgo **2** *prk.* surūgęs, nemalonus, kandus, pilnas nepasitenkinimo
vine-louse ['vaɪnlaus] *n zool.* filoksera *(vabzdys – vynuogių kenkėjas)*
vine-prop ['vaɪnprɒp] *n* lazda vynuogienojui pririšti
vinery ['vaɪnərɪ] *n* vynuogių šiltnamis
vineyard ['vɪnjəd] *n* vynuogynas
viniculture ['vɪnɪkʌltʃə] *n* = **viticulture**
vino ['viːnəu] *n šnek.* pigus vynas, vynelis
vinous ['vaɪnəs] *a* **1** vyno, vyninis **2** vyno sukeltas; ~ *mirth* vyno sukeltas linksmumas; ~ *state* girtumo būsena **3** vyno/bordo spalvos
vintage ['vɪntɪdʒ] *n* **1** vynuogių rinkimas/derlius **2** *(vieno derliaus)* vynuogių vynas; aukščiausios markės vynas *(t. p.* ~ *wine)* **3** pagaminimo/išleidimo data *(ypač sena); **a term of Edwardian** ~ dar karaliaus Edvardo laikų terminas
a **1** aukščiausios markės, markinis, išlaikytas *(apie vyną ir pan.)* **2** aukštos kokybės, geriausias **3** senoviškas; ~ *cars* senų markių automobiliai *(pagaminti 1917–30 m.)* ◊ ***the*** ~ ***years*** *euf.* senatvė
vintager ['vɪntɪdʒə] *n* vynuogių rinkėjas
vintner ['vɪntnə] *n* vyno pirklys, vynininkas
vinyl ['vaɪnəl] *n* **1** *chem.* vinilas **2** viniplastas *(plastikas)* **3** *(gramofono)* plokštelė
viol ['vaɪəl] *n muz. ist.* viola
viola[1] [vɪ'əulə] *n* altas *(muz. instrumentas)*
viola[2] ['vaɪələ] *n* **1** *(V.)* Viola *(vardas)* **2** *bot.* našlaitė
violaceous [ˌvaɪə'leɪʃəs] *a* **1** *bot.* našlaitinių šeimos **2** violetinis
violate ['vaɪəleɪt] *v* **1** *(šiurkščiai)* pažeisti, peržengti; (su)laužyti; ***to*** ~ ***discipline*** pažeisti drausmę; ***to*** ~ ***a treaty [an oath]*** sulaužyti sutartį [priesaiką] **2** sutrikdyti, sudrumsti *(ramybę ir pan.)* **3** įvykdyti šventvagystę, išniekinti *(kapą ir pan.)* **4** išprievartauti
violation [ˌvaɪə'leɪʃn] *n* pažeidimas *ir kt., žr.* **violate**
violator ['vaɪəleɪtə] *n* **1** pažeidėjas **2** prievartautojas; smurtininkas
violence ['vaɪələns] *n* **1** smurtas; prievartavimas; ***by*** ~ smurtu, prievarta; ***to commit acts of*** ~ smurtauti; ***to do*** ~ ***(to)*** a) prievartauti; eiti *(prieš savo įsitikinimus ir pan.);* b) (su)gadinti, (pa)kenkti; c) iškreipti *(tekstą, faktus)* **2** smarkumas, jėga; siautėjimas, šėlimas; ***the*** ~ ***of the storm*** audros šėlsmas **3** įtūžis; ***to speak with*** ~ kalbėti su įtūžiu
violent ['vaɪələnt] *a* **1** smurtinis; smurtingas; prievartus; ~ *death* smurtinė mirtis; ***to resort to*** ~ ***means*** imtis smurto; ***to lay*** ~ ***hands*** *(on)* paimti/užgrobti jėga/smurtu **2** įsiutęs, įtūžęs, šėlstantis; įnirtingas; ~ *wind* šėlstantis vėjas; ~ *battle* įnirtingas mūšis; ***he was in a*** ~ ***temper*** jis buvo įtūžęs; ***the drunken man got*** ~ girtas vyras įsisiautėjo **3** smarkus, intensyvus; ~ *blow* stiprus smūgis; ~ *pain* smarkus skausmas; ~ *heat* baisus karštis; ~ *mental exertion* didelė proto įtampa; ~ *contrast* ryškus kontrastas **4** aistringas, karštas, audringas; ~ *speech* aistringa/karšta kalba; ~ *language* keiksmai, piktžodžiavimas; ***she has a*** ~ ***temper*** ji ūmaus būdo **5** iškraipytas; ~ *interpretation* neteisinga interpretacija
violently ['vaɪələntlɪ] *adv* labai, smarkiai; ***to run*** ~ bėgti galvotrūkčiais; ***they fell*** ~ ***in love*** jie aistringai pamilo vienas kitą
violet ['vaɪələt] *n* **1** *(V.)* Violeta *(vardas)* **2** *bot.* žibuoklė, žibutė **3** violetinė spalva ◊ ***shrinking/modest*** ~ *(džn. juok.)* kukluolis, kuklumo įsikūnijimas
a violetinis
violet-wood ['vaɪələtwud] *n bot.* amarantmedis; Australijos akacija
violin [ˌvaɪə'lɪn] *n* **1** smuikas **2** *(ppr. pl) (orkestro)* smuikininkas ◊ ***to play first*** ~ ≡ griežti pirmuoju smuiku
violinist ['vaɪəlɪnɪst] *n* smuikininkas
violoncellist [ˌvaɪələn'tʃelɪst] *n* violončelistas, violončelininkas
violoncello [ˌvaɪələn'tʃeləu] *n (pl* ~s [-z]) violončelė
VIP [ˌviːaɪ'piː] *(very important person sutr.) n* didelis viršininkas, aukštas pareigūnas
a skirtas įžymiems žmonėms; ***to give smb (the)*** ~ ***treatment*** priimti ką kaip aukštą svečią
viper ['vaɪpə] *n zool.* angis, gyvatė ◊ ***to cherish/nurse a*** ~ ***in one's bosom*** *knyg.* sušildyti gyvatę užantyje
viperish ['vaɪpərɪʃ] *a* = **viperous**
viperous ['vaɪpərəs] *a* **1** gyvačių, gyvatės; nuodingas **2** kandus, piktas
virago [vɪ'rɑːɡəu] *n (pl* ~s [-z]) barninga moteris, rėksnė
viral ['vaɪərəl] *a med.* virusinis
virgin ['vəːdʒɪn] *n* **1** (skaisti) mergaitė, mergelė; skaistuolis; ***the V.*** *rel.* Mergelė Marija **2** *(V.)* = **Virgo 3**: ~**'s bower** *bot.* raganė
a **1** skaistus, nekaltas; ~ *birth rel.* nekaltasis prasidėjimas **2** mergaitės, mergiškas **3** gamtinis, grynas *(apie metalą ir pan.)* **4** neplėštas, ne(pa)liestas; ~ *soil/land* dirvonas; ~ *forest* neliestas miškas **5** pirmas; ~ *voyage* pirma kelionė **6** *kas.* neeksploatuotas *(apie telkinį)* ◊ ***the V. Queen*** karalienė Elžbieta I
virginal ['vəːdʒɪnl] *a* **1** skaistus, nekaltas; ne(pa)liestas **2** mergiškas, mergaitės
virginals ['vəːdʒɪnlz] *n pl muz. ist.* virginalas, spinetas *(t. p. **a pair of** ~**s**)*
Virginia [və'dʒɪnɪə] *n* **1** Virginija, Virdžinija *(vardas)* **2** Virdžinija *(JAV valstija);* ***West*** ~ Vakarų Virdžinija **3** Virdžinijos tabakas *(t. p.* ~ *tobacco)* **4**: ~ *creeper bot.* laukinė vynuogė
virginity [və'dʒɪnətɪ] *n* **1** skaistybė, nekaltybė **2** mergystė
Virgo ['vəːɡəu] *n (pl* ~s [-z]) **1** *astr.* Mergelė *(žvaigždynas ir Zodiako ženklas)* **2** žmogus, gimęs po Mergelės ženklu
Virgoan [vəː'ɡəuən] *n* = **Virgo 2**
virgule ['vəːɡjuːl] *n poligr.* įžambus brūkšnys
viridescent [ˌvɪrɪ'desnt] *a knyg.* žalsvas, žalsvėjantis, pažaliuojantis
viridity [vɪ'rɪdətɪ] *n ret.* **1** žaluma **2** *prk.* nebrandumas; šviežumas
virile ['vɪraɪl] *a* **1** vyro, vyriškas; šiurkštus **2** stiprus; gyvybingas; energingas, aktyvus; ~ *mind* žvalus/vyriškas protas **3** subrendęs *(apie vyrą)*
virility [vɪ'rɪlətɪ] *n* **1** vyriškumas **2** suvyriškėjimas; (lytinis) subrendimas **3** energija; gyvybingumas; *(vyriška)* jėga

virology [ˌvaɪəˈrɔlədʒɪ] *n* virusologija

virtu [vəːˈtuː] *it. n: objects/articles of* ~ meno retenybės/senienos; dailės dirbiniai

virtual [ˈvəːtʃuəl] *a* **1** beveik visiškas; *the ~ dissapearance of this custom* beveik visiškas šio papročio išnykimas **2** faktinis, tikrasis; *the ~ manager of a business* faktinis įmonės/firmos vadovas **3** *(ypač spec.)* tariamasis, virtualus, galimas; *~ deformation* fiz. galimoji deformacija; *~ memory/storage* komp. tariamoji atmintis

virtually [ˈvəːtʃuəlɪ] *adv* faktiškai; iš esmės; *it is ~ impossible* tai beveik neįmanoma

virtue [ˈvəːtʃuː] *n* **1** dorybė; *a man of ~* dor(yb)ingas žmogus; *a woman of easy ~* laisvo elgesio moteris; *to follow ~* gyventi dorai **2** gera ypatybė/savybė; privalumas; *free trade has a number of ~s* laisvoji prekyba turi keletą privalumų **3** veiksmingumas; *a remedy of great ~* labai veiksmingas vaistas **4** skaistybė ◊ *by/in ~ of smth* ko dėka, remiantis kuo; *to make a ~ of necessity* laikyti ką savo nuopelnu *(nors praktiškai nebuvo kitos išeities)*

virtuosi [ˌvəːtʃuˈəuziː] *pl žr.* **virtuoso**

virtuosity [ˌvəːtʃuˈɔsətɪ] *n* **1** virtuoziškumas **2** subtilus meno supratimas; subtilus meninis skonis

virtuoso [ˌvəːtʃuˈəuzəu, ˌvəːtjuˈəusəu] *it. n (pl ~s [-z], -si)* **1** virtuozas **2** meno retenybių žinovas/mėgėjas/kolekcionierius **3** *attr* virtuoziškas

virtuous [ˈvəːtʃuəs] *a* **1** doras, dor(yb)ingas **2** skaistus, nekaltas **3** *menk.* teisuoliškas, doruoliškas; *in ~ indignation* neva/apsimestinai pasipiktinęs

virucide [ˈvaɪərəsaɪd] *n farm.* priešvirusinis preparatas

virulence [ˈvɪruləns] *n* **1** pyktis, piktumas, tulžingumas **2** nuodingumas, nuodų stiprumas **3** *med.* virulentiškumas, užkrečiamumas

virulent [ˈvɪrulənt] *a* **1** piktas, tulžingas, kandus **2** nuodingas; pavojingas, mirtinas *(apie nuodus, ligą)* **3** rėžiantis *(apie spalvą)* **4** *med.* virulentinis, užkrečiamas

virus [ˈvaɪərəs] *lot. n* **1** *med., komp.* virusas; *filterable ~* filtruojamasis virusas; *computer/electronic ~* kompiuterinis virusas **2** *attr* virusinis

visa [ˈviːzə] *n* viza; *entry [exit] ~* įvažiavimo [išvažiavimo/išvykimo] viza
v duoti vizą; vizuoti

visage [ˈvɪzɪdʒ] *n knyg.* veidas; veido išraiška

-visaged [-ˈvɪzɪdʒd] *(sudurt. žodžiuose)* -veidis; *dark-visaged* tamsiaveidis; *round-visaged* apskritaveidis

vis-a-vis [ˌviːzɑːˈviː] *pr.* <*n, adv, prep*> *n* **1** vizavi **2** žmogus, turintis tolygias pareigas
adv vienas priešais kitą, priešpriešiais
prep **1** palyginti su, *(ko)* atžvilgiu **2** prieš, priešais

viscacha [vɪˈskætʃə] *n zool.* viskaša *(P. Amerikos graužikas)*

viscera [ˈvɪsərə] *lot. n pl* **1** *anat.* vidaus organai *(ypač pilvo)* **2** *šnek.* viduriai

visceral [ˈvɪsərəl] *a* **1** *anat.* visceralinis; vidurių **2** *knyg.* intuityvus; instinktyvus; *his suspicions were ~* jis jautė širdimi kažką negera

viscid [ˈvɪsɪd] *a* = **viscous**

viscidity [vɪˈsɪdətɪ] *n* = **viscosity**

viscometer [vɪˈskɔmɪtə] *n* = **viscosimeter**

viscose [ˈvɪskəus] *n tekst.* viskozė; *~ silk* viskozinis šilkas

viscosimeter [ˌvɪskəuˈsɪmɪtə] *n tech.* klampomatis, viskozimetras

viscosity [vɪˈskɔsətɪ] *n* **1** lipnumas, tąsumas **2** *fiz.* klampa, klampumas

viscount [ˈvaɪkaunt] *n* vikontas

viscountcy [ˈvaɪkauntsɪ] *n* vikonto titulas

viscountess [ˈvaɪkauntɪs] *n* **1** vikonto žmona **2** vikontė

viscounty [ˈvaɪkauntɪ] *n* = **viscountcy**

viscous [ˈvɪskəs] *a* lipnus, tąsus; klampus; tirštas; *~ coupling* tech. klampioji mova

vise [vaɪs] *amer.* = **vice**² *n, v*

visé [ˈviːzeɪ] *pr.* = **visa** *n, v*

vise-like [ˈvaɪslaɪk] *a amer.* = **vicelike**

Vishnu [ˈvɪʃnuː] *n* Višnus *(induizmo dievas)*

visibility [ˌvɪzəˈbɪlətɪ] *n* matomumas, regimumas

visible [ˈvɪzəbl] *a* **1** matomas, regimas; įžiūrimas; *an island was ~ in the distance* tolumoje buvo matyti sala **2** aiškus, akivaizdus; *without any ~ cause* be jokios akivaizdžios/aiškios priežasties; *with ~ embarrassment* pastebimai sumišęs **3** dažnai matomas/rodomas *(per televiziją, spaudoje ir pan.; apie politikus ir pan.)*

visibly [ˈvɪzəblɪ] *adv* aiškiai, akivaizdžiai, pastebimai, regimai

Visigoth [ˈvɪzɪgɔθ] *n ist.* vestgotas

vision [ˈvɪʒn] *n* **1** vaizduotė; įsivaizdavimas; svaja; *I had ~s (of)* aš įsivaizdavau... **2** vizija; haliucinacija; *to have ~s* haliucinuoti; *her ~ of Europe in the 21st century* jos 21 a. Europos vizija **3** regėjimas; *field of ~* regėjimo laukas; *tunnel ~* a) *med.* smarkiai susiaurėjęs regėjimo laukas; b) *prk.* siauras akiratis, pažiūrų siaurumas **4** įžvalgumas; *a man of ~* įžvalgus žmogus **5** vaizdas *(t. p. televizoriuje)*; reginys; *sound and ~ tel.* garsas ir vaizdas; *I had only a momentary ~ of the sea* aš tik akimirką išvydau jūrą
v amer. įsivaizduoti

visional [ˈvɪʒnəl] *a* **1** įsivaizduojamas **2** regėjimo, vizijos

visionary [ˈvɪʒnərɪ] *a* **1** įsivaizduojamas, nerealus, fantastiškas **2** aiškiai įsivaizduojantis, turintis aiškią ateities viziją **3** nepraktiškas; neįgyvendinamas **4** haliucinuojantis **5** svajingas
n **1** svajotojas, fantazuotojas **2** *menk.* fantastas, nepraktiškas žmogus **3** aiškiaregys; mistikas

visit [ˈvɪzɪt] *n* **1** ap(si)lankymas; lankymasis; viešėjimas; *to be on a ~* svečiuotis, viešėti; *to pay/make a ~* aplankyti; eiti į svečius; *to come on a ~* atvykti į svečius; *this is my first ~ to Norway* aš pirmą sykį lankausi Norvegijoje **2** vizitas; *good will ~ dipl.* geros valios vizitas; *to repay a ~* padaryti atsakomąjį vizitą; *home ~* (gydytojo) vizitas į namus **3** *amer. šnek.* pokalbis **4** *teis.* *(neutralios šalies laivo)* vizitavimas, inspektavimas
v **1** lankyti(s), ap(si)lankyti; *to ~ a doctor* apsilankyti/nueiti pas gydytoją **2** viešėti, svečiuotis; *come and ~ us for a few days* atvykite pas mus paviešėti keletą dienų **3** vizituoti, inspektuoti **4** *(džn. pass)* ištikti *(apie nelaimę, ligą ir pan.)* **5** *(ypač bibl.)* bausti, keršyti *(upon); to ~ one's crimes [sins] on smb* suversti kam kaltę už savo nusikaltimus [nuodėmes] **6** *amer.* apsistoti *(at);* pakalbėti, paplepėti *(with)*

visitable [ˈvɪzɪtəbl] *a* **1** atviras lankytojams **2** (pa)traukiantis lankytojus

visitant [ˈvɪzɪtənt] *n* **1** *poet.* (aukštas) svečias; dvasia, ateivis *(džn. iš kito pasaulio)* **2** paukštis keliauninkas
a psn., poet. lankantis; viešintis

visitation [ˌvɪzɪˈteɪʃn] *n* **1** vizitacija, inspektavimas **2** *knyg.* (Dievo) apsireiškimas; bausmė, rykštė **3** *juok.* netikėtas apsilankymas, ilgas viešėjimas

visitatorial [ˌvɪzɪtəˈtɔːrɪəl] *a* **1** lankymo, vizitavimo **2** vizitatoriaus; inspekcinis

visiting [ˈvɪzɪtɪŋ] *n* lankymas; *~ hours* lankymo valandos *(ligoninėje ir pan.); to be on ~ terms with smb* lankytis vienam pas kitą

a lankantis, ateinantis; ~ *nurse* ateinanti *(į namus)* medicinos sesuo; ~ *lecturer* kviestinis lektorius *(ne etatinis dėstytojas)*
visiting-book ['vɪzɪtɪŋbuk] *n* lankytojų/lankymo knyga
visiting-card ['vɪzɪtɪŋkɑːd] *n* vizitinė kortelė
visiting-day ['vɪzɪtɪŋdeɪ] *n (svečių)* priėmimo diena; lankymo diena
visiting-round ['vɪzɪtɪŋraund] *n* vizitacija, apžiūra *(ligonių, sargybos)*
visitor ['vɪzɪtə] *n* 1 lankytojas; svečias; *the ~s' book* lankytojų knyga; *they were frequent ~s to our house* jie dažnai pas mus lankydavosi 2 vizitatorius; inspektorius 3 paukštis keliauninkas
visor ['vaɪzə] *n* 1 *(kepurės)* priekaktis, snapelis 2 *(šalmo)* antveidis 3 *aut.* saulės skydelis *(t. p. sun ~)*
vista ['vɪstə] *n* 1 perspektyva, *(perspektyvinis)* vaizdas 2 *prk.* perspektyva, galimybės, ateities planai 3 *(prisiminimų ir pan.)* seka, virtinė
Vistula ['vɪstjulə] *n* Visla *(upė)*
visual ['vɪʒuəl] *a* 1 regimasis, regėjimo; vizualus 2 aiškiai matomas, akivaizdus 3 vaizdinis; vaizdus; ~ *aids* vaizdinės (mokymo) priemonės 4 optinis; ~ *angle* opt. regėjimo kampas
n 1 žmogus, turintis vyraujančią regimąją atmintį 2 *pl kin., tel.* vaizdas 3 *pl mok.* = **visual aids**
visualization [ˌvɪʒuəlaɪ'zeɪʃn] *n* vizualizacija; ryškus regimasis vaizdas
visualize ['vɪʒuəlaɪz] *v* 1 įsivaizduoti 2 vizualizuoti, padaryti regimą; tapti regimam
visually ['vɪʒuəlɪ] *adv* 1 vizualiai, iš pažiūros; ~ *the chair is pleasing* pažiūrėti kėdė graži 2 vaizdžiai
vita ['vaɪtə] *n* stiklas, praleidžiantis ultravioletinius spindulius *(ppr. ~ glass)*
vital ['vaɪtl] *a* 1 gyvybinis; *(biol. t. p.)* vitalinis; ~ *force/principle* gyvybinė jėga, gyvybingumas; ~ *functions* gyvybinės funkcijos; ~ *necessity* gyvybinis reikalas 2 gyvybiškai svarbus, esminis; ~ *industries* svarbiausios pramonės šakos; *question of ~ importance* gyvybiškai/nepaprastai svarbus klausimas; *it is ~ to act at once* svarbu/būtina veikti nedelsiant 3 energingas, gyvybingas; vitališkas, gajus 4 pražūtingas, lemtingas; ~ *wound* mirtina žaizda; ~ *error* fatališka klaida ◊ ~ *statistics* a) demografinė statistika *(gimimų, mirimų ir vedybų statistika);* b) *šnek. (moters krūtinės, liemens ir klubų)* apimtis; ~ *signs* pagrindiniai organizmo būklės rodikliai *(pulsas, kvėpavimas, temperatūra, kartais kraujospūdis)*
vitalism ['vaɪtəlɪzm] *n biol.* vitalizmas
vitality [vaɪ'tælətɪ] *n* 1 gyvybingumas, gyvybiškumas; gyvybinė jėga 2 gyvastingumas, gajumas 3 energija, energingumas; gyvumas; *lacking ~* neenergingas, vangus; *style devoid of ~* negyvas stilius, neįvairiai kalba
vitalize ['vaɪtəlaɪz] *v* įkvėpti gyvybę, pagyvinti, atgaivinti
vitally ['vaɪtlɪ] *adv* gyvybiškai; nepaprastai
vitals ['vaɪtlz] *n psn., juok.* 1 gyvybiškai svarbūs organai *(širdis, plaučiai ir pan.)* 2 svarbiausioji/pagrindinė dalis, centras; *to tear the ~ out of a subject* prisigauti/prieiti prie dalyko esmės
vitamin ['vɪtəmɪn, *amer.* 'vaɪtəmɪn] *n* vitaminas; *with added ~s, ~ enriched* vitaminizuotas; ~ *deficiency med.* vitaminų stoka/trūkumas, avitaminozė
vitiate ['vɪʃɪeɪt] *v (ppr. pass)* 1 (su)gadinti, niekais paversti; iškraipyti; užteršti 2 *teis.* (pa)daryti negaliojantį, paversti niekiniu *(sutartį, testamentą ir pan.)*
vitiation [ˌvɪʃɪ'eɪʃn] *n* 1 (su)gadinimas; iškraipymas; užteršimas 2 *teis.* pripažinimas negaliojančiu

viticulture ['vɪtɪkʌltʃə] *n* vynuogių auginimas; vynuogininkystė
vitiligo [ˌvɪtᵊ'laɪɡəu] *n med.* baltmė, vitiligas
vitreous ['vɪtrɪəs] *a spec.* 1 stiklo, stiklinis 2 stiklo pavidalo, stikliškas; ~ *humour/body* anat. stiklakūnis
vitrics ['vɪtrɪks] *n* 1 stiklo gamybos technika 2 stiklo gaminiai
vitrifaction [ˌvɪtrɪ'fækʃn] *n* = **vitrification**
vitrification [ˌvɪtrɪfɪ'keɪʃn] *n spec.* (su)stiklėjimas
vitriform ['vɪtrɪfɔːm] *a* stikliškas, stiklo pavidalo
vitrify ['vɪtrɪfaɪ] *v spec.* (su)stiklėti; paversti stiklu
vitriol ['vɪtrɪəl] *n* 1 kandumas, pagieža; sarkazmas 2 *chem. (metalo)* sulfatas, vitriolis; *blue/copper ~* vario sulfatas, mėlynasis akmenėlis; *green ~* geležies sulfatas, žaliasis akmenėlis 3 *chem. (koncentruota)* sieros rūgštis *(t. p. ~ oil)*
vitriolic [ˌvɪtrɪ'ɔlɪk] *a* 1 kandus, tulžingas, sarkastiškas 2 *chem.* sulfato, sulfatinis
vituperate [vɪ'tjuːpəreɪt] *v* plūsti, koneveikti, keikti, vainoti
vituperation [vɪˌtjuːpə'reɪʃn] *n* 1 plūdimas, koneveikimas, keikimas, vainojimas 2 plūstamieji žodžiai, keiksmažodžiai
vituperative [vɪ'tjuːpᵊrətɪv] *a* 1 plūstamas, keikiamas 2 keiksnus, keiksmingas
viva[1] ['viːvə] *it. int* tegyvuoja!
v 1 sveikinimo šūksnis 2 *pl* sveikinimai
viva[2] ['vaɪvə] *šnek.* (viva voce *sutr.*) *n* egzaminas žodžiu
v egzaminuoti žodžiu
vivace [vɪ'vɑːtʃɪ] *adv, a muz.* vivace
vivacious [vɪ'veɪʃəs] *a* gyvas, linksmas, nuotaikingas
vivacity [vɪ'væsətɪ] *n* gyvumas, linksmumas, pakili nuotaika
vivarium [vaɪ'vɛərɪəm] *n (pl ~s, -ria [-rɪə]) spec.* vivariumas
viva voce [ˌvaɪvə'vəutʃɪ, -'vəusɪ] *lot.* <*n, a, adv*> *n* = **viva**[2] *n*
a žodinis
adv žodžiu
viverra [vɪ'verə] *n zool.* vivera *(plėšrūnas)*
vivid ['vɪvɪd] *a* 1 ryškus; aiškus; ~ *colours* ryškios spalvos 2 gyvas; vaizdingas; ~ *imagination* laki/gyva vaizduotė; ~ *description* gyvas/vaizdingas aprašymas
vivify ['vɪvɪfaɪ] *v knyg.* 1 pagyvinti 2 atgaivinti
viviparous [vɪ'vɪpᵊrəs] *a zool., bot.* gyvavedis
vivisect [ˌvɪvɪ'sekt] *v* daryti vivisekciją
vivisection [ˌvɪvɪ'sekʃn] *n med.* vivisekcija
vixen ['vɪksn] *n* 1 lapė *(patelė)* 2 pikta/vaidinga moteris, ragana
vixenish ['vɪksᵊnɪʃ] *a* barninga, pikta, vaidinga; raganiška, kaip ragana
vizcacha [vɪ'zkætʃə] *n* = **viscacha**
vizi(e)r [vɪ'zɪə] *n ist.* viziris
vizor ['vaɪzə] *n* = **visor**
VJ [ˌviː'dʒeɪ] *sutr.* pergalė prieš Japoniją; ~ *day* pergalės prieš Japoniją *(Antrajame pasauliniame kare)* diena
Vlach [vlæk] *n* = **Wallach**
vlei [fleɪ, vlaɪ] *n* užtvindoma loma/dauba *(P. Afrikoje)*
V-neck ['viːnek] *n (drabužio)* V formos iškirptė
V-necked ['viːnekt] *a* su V formos iškirpte *(apie megztinį ir pan.)*
vocab ['vəukæb] *n sutr. šnek.* = **vocabulary** 3
vocable ['vəukəbl] *knyg. n* žodis; *kalb.* vokabula
a (iš)tariamas
vocabulary [və'kæbjulərɪ] *n* 1 *(žmogaus)* žodžių atsarga; *(autoriaus, kūrinio ir pan.)* žodynas 2 *(kalbos)* žodžių

visuma; leksika; *everyday* ~ buitinė leksika **3** žodynas, žodynėlis *(vadovėlio gale ir pan.)* **4** kodų rinkinys *(sąrašas)*
vocal ['vəukl] *a* **1** balsinis, balso; ~ *c(h)ords anat.* balso stygos **2** vokalinis **3** balsingas, skambantis, skambus **4** žodinis; ~ *criticism* žodinė kritika **5** iškalbingas; (iš)kalbus; *he's pretty* ~ *after a drink or two* išgėrus jam atsiriša liežuvis **6** *fon.* vokalizuotas
n **1** *fon.* balsis **2** *(ppr. pl) muz. (kūrinio, programos)* vokalinė dalis; vokalas; *who did the ~s?* kas atliko vokalo partiją?
vocalic [və'kælɪk] *a* su daugeliu balsių *(apie kalbą, žodį);* balsinis, balsio
vocalism ['vəukəlɪzm] *n kalb.* vokalizmas, balsynas
vocalist ['vəukəlɪst] *n* dainininkas, vokalistas
vocalization [,vəukəlaɪ'zeɪʃn] *n* **1** artikuliavimas **2** *kalb.* vokalizacija
vocalize ['vəukəlaɪz] *v* **1** artikuliuoti **2** (iš)reikšti žodžiais, (pa)sakyti **3** *kalb.* vokalizuoti **4** *muz.* dainuoti vokalizę
vocally ['vəukəlɪ] *adv* **1** žodžiu **2** balsu, balsiai, garsiai, balsingai **3** vokališkai, vokalo atžvilgiu
vocation [vəu'keɪʃn] *n* **1** pašaukimas; palinkimas, polinkis *(for);* *to find one's* ~ rasti savo pašaukimą **2** profesija; *to mistake one's* ~ apsirikti pasirenkant profesiją
vocational [vəu'keɪʃnəl] *a* profesinis; ~ *training* profesinis mokymas/lavinimas; ~ *guidance* profesinis orientavimas
vocative ['vɔkətɪv] *gram. a* šaukiamasis; šauksmininko; ~ *sentence* šaukiamasis sakinys
n šauksmininkas, vokatyvas
voces ['vəusi:z] *pl žr.* **vox**
vociferate [vəu'sɪfəreɪt] *v* šaukti, rėkti; šūkauti, rėkauti
vociferation [vəu,sɪfə'reɪʃn] *n (garsus, piktas)* šaukimas; šūkavimas, rėkavimas
vociferous [vəu'sɪfərəs] *a* **1** rėksmingas; triukšmingas **2** garsus; didžiabalsis
vodka ['vɔdkə] *rus. n* degtinė
vogue [vəug] *n* **1** mada; *in* ~ madinga(s); *out of* ~ išėjęs iš mados, nemadingas; *all the* ~ *šnek.* naujausia mada, labai madinga; *to come into* ~ įeiti į madą, tapti madingam; *to give* ~ *(to)* padaryti madingą; ~ *words* madingi žodžiai **2** populiarumas; *to acquire* ~ tapti populiariam
voice [vɔɪs] *n* **1** balsas *(t. p. prk.);* *the* ~ *of reason prk.* proto balsas; *still small* ~ *prk.* vidinis/sąžinės balsas; *to be in good* ~ gerai dainuoti; skambiai/skardžiai kalbėti; *to teach* ~ mokyti taisyklingai dainuoti, formuoti balsą; *to raise one's* ~ (pa)kelti balsą; *to lift up one's* ~ *knyg.* prakalbėti, prabilti; *in a low* ~ tyliai; *he recognized me by my* ~ jis pažino mane iš balso **2** žadas; *to find one's* ~ atgauti žadą **3** nuomonė, balsas; *to give* ~ *(to)* išreikšti; *they gave* ~ *to their indignation* jie išreiškė savo pasipiktinimą; *to give one's* ~ *(for)* pasisakyti *(už)*, palaikyti *(ką);* *to have no* ~ *in the matter/affair* neturėti balso tuo klausimu; *with one* ~ visais balsais, sutartinai, vienu balsu **4** garsas; užėsys; *the* ~ *of the cuckoo* kukavimas; *the* ~ *of the stream* upelio čiurlenimas **5** *gram.* rūšis
v **1** (iš)reikšti *(žodžiais);* *to* ~ *one's protest* pareikšti protestą **2** *fon.* (su)skardinti, (iš)tarti skardžiai
voiced [vɔɪst] *a fon.* skardus(is)
-voiced [-vɔɪst] *(sudurt. žodžiuose)* -balsis; *loud-voiced* skardžiabalsis; *sweet-voiced* saldžiabalsis
voiceful ['vɔɪsfəl] *a poet.* **1** balsingas, didžiabalsis **2** balsinis, balso

voiceless ['vɔɪsləs] *a* **1** be balso, bebalsis *(t. p. prk.);* ~ *minority* bebalsė mažuma **2** begarsis, nebylus **3** *fon.* duslus(is)
voice-over ['vɔɪs,əuvə] *n tel., kin.* balsas už kadro
adv už kadro
voiceprint ['vɔɪsprɪnt] *n (ypač teis.)* balso/kalbos spektrograma *(asmenybei nustatyti)*
void [vɔɪd] <*n, a, v*> *n* tuštuma *(t. p. prk.);* vakuumas; *her death left a* ~ *in his life* jos mirtis paliko tuštumą jo širdyje
a **1** tuščias, laisvas, neužimtas **2** neturintis *(of);* *he is* ~ *of common sense* jam stinga sveiko proto **3** nenaudingas, neefektyvus, tuščias **4** *teis.* negaliojantis, niekinis
v **1** *fiziol.* tuštintis; šlapintis **2** *teis.* padaryti negaliojantį, anuliuoti, panaikinti **3** *ret.* atituštinti, atlaisvinti *(vietą)*
voidable ['vɔɪdəbl] *a teis.* ginčijamas; anuliuojamas, panaikinamas; ~ *contract* ginčijamoji, galima nutraukti sutartis
voile [vɔɪl] *n tekst.* muslinas; vualis
volant ['vəulənt] *a* **1** *zool.* skraidantysis **2** *her.* išskėstais sparnais **3** *knyg.* mitrus, lakus, judrus
volar ['vəulə] *a anat.* delninis, delno; pado, padinis
volatile ['vɔlətaɪl] *a* **1** kintamas, nepastovus, besikeičiantis, kaitus; ~ *memory komp.* trinioji atmintis **2** įnoringas, kaprizingas **3** *chem.* lakus, greit išgaruojantis
volatility [,vɔlə'tɪlətɪ] *n* **1** kintamumas, nepastovumas; kaitumas **2** *chem.* lakumas; garu(ojamu)mas
volatilization [vɔ,lætɪlaɪ'zeɪʃn] *n* (iš)garinimas; (iš)garavimas
volatilize [vɔ'lætɪlaɪz] *v* (iš)garinti; (iš)garuoti
vol-au-vent ['vɔləuvɔŋ] *pr. n kul.* sluoksniuotas pyragėlis su įdaru
volcanic [vɔl'kænɪk] *a* **1** vulkaninis, ugnikalnio; ~ *eruption* ugnikalnio išsiveržimas; ~ *rock* vulkaninė uoliena **2** *prk.* audringas, nesuvaldomas *(apie aistras ir pan.)*
volcanism ['vɔlkənɪzm] *n geol.* vulkanizmas
volcano [vɔl'keɪnəu] *n (pl* ~(e)s [-z]) vulkanas, ugnikalnis; *active [extinct]* ~ veikiantis [užgesęs] ugnikalnis; *dormant* ~ nurimęs ugnikalnis
volcanogenic [vɔl,keɪnəu'dʒenɪk] *a* vulkaninės kilmės, vulkaninis
volcanology [,vɔlkə'nɔlədʒɪ] *n* vulkanologija
vole[1] [vəul] *n zool.* pelėnas; *bank* ~ rudasis pelėnas
vole[2] *n* visų kirčių paėmimas *(lošiant kortomis);* *to win the* ~ paimti visus kirčius ◊ *to go the* ~ = a) viskuo rizikuoti dėl didelio laimėjimo/laimikio; b) viską išbandyti, visko patirti
volet ['vɔleɪ] *pr. n men. (tripticho)* šoninė dalis
Volga ['vɔlgə] *n* Volga *(upė)*
volition [və'lɪʃn] *n* valia, valios aktas; norėjimas, noras; *of/by one's own* ~ savo noru/valia
volitional [və'lɪʃnəl] *a* valios; valingas
volley ['vɔlɪ] *n* **1** salvė, papliūpa **2** *prk.* kruša; *a* ~ *of stones [of oaths]* akmenų [keiksmų] kruša **3** *sport.* lekiančio kamuolio atmušimas; ~ *pass* perdavimas nestabdant kamuolio *(futbole)*
v **1** šaudyti salvėmis **2** *prk.* kristi kaip kruša, lietis srove *(džn.* ~ *forth/off/out)* **3** *sport.* (at)mušti lekiantį kamuolį
volleyball ['vɔlɪbɔ:l] *n sport.* tinklinis; ~ *player* tinklininkas
volplane ['vɔlpleɪn] *av. n* sklendimas, sklandomasis skridimas
v sklandyti
Volpone [vɔl'pəunɪ] *n* Volponė *(lit. personažas)*
volt[1] [vɔlt] *n sport.* volta

volt² [vəult] *n el.* voltas
Volta ['vɔltə] *n* Volta *(upė);* **Upper** ~ Aukštutinė Volta
voltage ['vəultɪdʒ] *n el.* įtampa; ~ *drop* įtampos kritimas
voltaic [vɔl'teɪɪk] *a el.* galvaninis; ~ *arc* elektros/Voltos lankas; ~ *cell* galvaninis elementas
Voltairian [vɔl'tɛərɪən] *a* volteriškas; Voltero *n* Voltero sekėjas, volterininkas
voltameter [vɔl'tæmɪtə] *n* voltametras *(elektrochemijoje)*
volte-face [ˌvɔlt'fɑːs] *pr. n (pl* ~) **1** *kar.* sukinys aplink **2** staigus posūkis, visiškas pakeitimas *(pažiūrų, politikos ir pan.),* voltfasas
voltmeter ['vəultˌmiːtə] *n el.* voltmetras
volubility [ˌvɔlju'bɪlətɪ] *n* **1** šnekumas; plepumas **2** *(kalbos ir pan.)* sklandumas
voluble ['vɔljubl] *a* **1** kalbus, šnekus; žodingas; daugiažodis **2** *bot.* vijoklinis
volume ['vɔljuːm] *n* **1** tomas, knyga; *a dictionary in two* ~*s* dviejų tomų žodynas **2** *(žurnalo)* komplektas **3** *ist. (pergamento)* ritinys **4** apimtis; tūris; masė; ~ *of trade* prekybos apimtis; *atomic* ~ *fiz.* atominis tūris; ~ *unit* tūrio vienetas **5** *(ppr. pl)* didelis kiekis; ~*s of smoke* dūmų kamuoliai **6** talpumas, talpa **7** *(ypač rad., tel.) (garso)* intensyvumas, stiprumas; garsis; *turn up the* ~ pagarsink; ~ *control* garsumo reguliavimas; ~ *range* garso diapazonas; ~ *identifier/label* vidinis disko identifikatorius ◊ *to speak/tell* ~*s* daug ką pasakyti/(iš)reikšti; iškalbingai byloti *(for – apie)*
volumenometer [vəˌljumɪ'nɔmɪtə] *n* = **volumeter**
volumeter [və'ljuːmɪtə] *n* tūriamatis, voliumetras
volumetric [ˌvɔlju'metrɪk] *a spec.* tūrinis, tūrio; kubinis; ~ *flask* matavimo kolba; ~ *capacity* tūrinė talpa
voluminous [və'ljuːmɪnəs] *a* **1** laisvas, platus *(apie drabužį, uždangą ir pan.)* **2** didelės apimties, apimlus; platus; ~ *correspondence* platus susirašinėjimas **3** tūringas, talpus **4** daugiatomis **5** daugiažodis; produktyvus *(apie rašytoją)*
voluntarily ['vɔləntᵊrɪlɪ] *adv* **1** savanoriškai; savo noru, savo valia **2** tyčia, tyčiomis, sąmoningai
voluntarism ['vɔləntᵊrɪzm] *n filos.* voliuntarizmas **2** = **voluntaryism**
voluntary ['vɔləntᵊrɪ] *a* **1** savanoriškas; nepriverstinis, laisvas; ~ *army* savanorių kariuomenė; ~ *attendance* laisvas dalyvavimas *(at – kame);* **on a** ~ *basis* savanoriškumo pagrindais, savanoriškai **2** nemokamas, neatlyginamas, savanoriškas, visuomeninis *(apie darbą, organizaciją ir pan.)* **3** išlaikomas iš savanoriškų įmokų **4** *teis.* sąmoningas, tyčinis **5** *fiziol.* valinis, valingas
n **1** savanoriškas darbas/veiksmas **2** vargonų solo *(bažnyčioje prieš/po pamaldų)* **3** muzikos kūrinys, pasirinktas atlikėjo *(konkurse)*
voluntaryism ['vɔləntᵊrɪɪzm] *n* savanoriškumo principas *(doktrina, kad valstybė neprivalo išlaikyti bažnyčios ir mokyklos)*
volunteer [ˌvɔlən'tɪə] *n* **1** savanoris *(t. p. kar.);* ~ *work* savanoriškas nemokamas darbas **2** *ž. ū.* savaime įsisėjantis augalas *(t. p.* ~ *plant)*
v **1** siūlyti(s), pa(si)siūlyti; *to* ~ *one's services* siūlyti savo paslaugas **2** pačiam pa(si)sakyti *(neprašomam)* **3** išeiti savanoriu *(į kariuomenę)*
voluptuary [və'lʌptʃuərɪ] *n knyg.* geidulingas/gašlus žmogus, sibaritas
voluptuous [və'lʌptʃuəs] *a* **1** geidulingas, geidus, geismingas; gašlus **2** putlus, apkūnus, patrauklus *(apie moterį)* **3** malonus; ištaigus
volute [və'luːt] *n archit.* voliuta
voluted [və'luːtɪd] *a* spirališkas, susuktas, užraitytas
volution [və'luːʃn] *n* **1** sukimasis **2** vija; užraitas
volvulus ['vɔlvjuləs] *n med.* žarnų užsisukimas
vomer ['vəumə] *n anat. (nosies)* noragas
vomit ['vɔmɪt] *n* **1** vėmimas, vėmulys **2** vėmalai **3** *psn.* vimdomasis vaistas
v **1** (iš)vemti **2** išmesti, (iš)versti *(t. p.* ~ *out/forth); to* ~ *smoke* versti dūmų kamuolius **3** *prk.* svaidyti; *to* ~ *curses* svaidyti prakeiksmus, keiktis
vomitive ['vɔmɪtɪv] = **vomitory** *n, a*
vomitory ['vɔmɪtᵊrɪ] *n* vimdomasis vaistas
a **1** vimdomasis **2** vėmimo
voodoo ['vuːduː] *n* **1** burtai; tikėjimas burtais *(Vest Indijoje)* **2** šamanas, burtininkas *(t. p.* ~ *doctor/priest)*
v užburti, užkerėti
voracious [və'reɪʃəs] *a* rajus, ėdrus; valgus; godus, nepasotinamas *(t. p. prk.);* ~ *appetite* žvėriškas apetitas; ~ *reader* nepasotinamas skaitytojas
voracity [və'ræsətɪ] *n* rajumas, ėdrumas; valgumas; nepasotinamumas *(t. p. prk.)*
-vorous [-vərəs] *(sudurt. žodžiuose)* -ėdis; *herbivorous* žolėdis
vortex ['vɔːteks] *n (pl* -tices, ~es) **1** sūkurys, verpetas *(t. p. prk.);* *giddy* ~ pasaulietiškų malonumų sūkurys/verpetas **2** *attr* sūkurinis, sūkurio; ~ *motion fiz.* sūkurinis judesys
vortical ['vɔːtɪkl] *a knyg.* sūkurinis
vortices ['vɔːtəsiːz] *pl žr.* **vortex**
vorticose ['vɔːtɪkəus] *a* = **vortical**
votaress ['vəutərɪs] *n* **1** gerbėja, garbintoja; šalininkė **2** vienuolė
votary ['vəutərɪ] *n* **1** gerbėjas, garbintojas, šalininkas **2** *rel.* vienuolis; išpažinėjas, žynys *(t. p. prk.)*
vote [vəut] *n* **1** *(rinkimų)* balsas; *to count the* ~*s* (su)skaičiuoti balsus; *the popular* ~ rinkėjų balsai; *casting* ~ lemiamasis balsas *(esant lygiam skaičiui „už" ir „prieš")* **2** balsavimas; *open [secret]* ~ atviras [slaptas] balsavimas; *to cast one's* ~ balsuoti; *to put smth to the* ~ pateikti ką balsuoti; *to take a* ~ spręsti balsuojant, nubalsuoti **3** balsavimo teisė; *to have the* ~ turėti teisę balsuoti **4** *kuop.* balsai; balsavusiųjų skaičius; *to carry/gain all* ~ gauti visus balsus; *an increase in the Labour* ~ balsavusiųjų už leiboristus skaičiaus augimas **5** votumas; ~ *of confidence [of no confidence]* pasitikėjimo [nepasitikėjimo] votumas **6** balsavimo biuletenis **7** *fin.* asignavimai, kreditai *(priimti įstatymų leidžiamojo organo); educational* ~ asignavimai švietimui ◊ *to propose a* ~ *of thanks* tarti padėkos žodį
v **1** (nu)balsuoti *(for – už; against – prieš)* **2** nutarti balsų dauguma; *to* ~ *smb into a committee* išrinkti ką komiteto nariu **3** *(džn. pass)* pripažinti, laikyti; *the film was* ~*d a success* visi pripažino, kad filmas vykęs **4** *šnek.* siūlyti; *I* ~ *we all go* siūlau eiti visiems **5** *fin.* asignuoti *(for, to)* □ ~ *down* atmesti, nepritarti *(balsuojant);* ~ *in* išrinkti *(balsuojant);* ~ *out* neišrinkti *(balsuojant);* ~ *through* priimti, pritarti *(balsuojant)*
vote-catching ['vəutˌkætʃɪŋ] *a* populiarus tarp balsuotojų, laimintis balsus
voteless ['vəutləs] *a* neturintis balsavimo teisės
voter ['vəutə] *n* balsuotojas; ~ *registration amer.* įtraukimas į balsuotojų sąrašus
voting ['vəutɪŋ] *n* balsavimas; ~ *booth* balsavimo kabina
voting-machine ['vəutɪŋməˌʃiːn] *n* **1** mašina balsams skaičiuoti **2** *prk.* balsavimo mašina
voting-paper ['vəutɪŋˌpeɪpə] *n* balsavimo biuletenis

votive ['vəutɪv] *a rel.* apžadinis; atliktas pagal įžadą
vouch [vautʃ] *v* **1** laiduoti, garantuoti, užtikrinti *(for); I can ~ for my son* galiu garantuoti už (savo) sūnų **2** patvirtinti; pateisinti *(ypač dokumentais)*
voucher ['vautʃə] *n* **1** *fin.* investicinis čekis; kvitas; *receipt [expenditure] ~* pajamų [išlaidų] orderis; *credit ~ amer.* kredito aviza **2** *fin.* pateisinamasis dokumentas *(t. p. covering ~)* **3** talonas; *luncheon ~* pietų talonas **4** laidavimas **5** laiduotojas
vouchsafe [vautʃ'seɪf] *v knyg.* **1** teiktis, malonėti; *to ~ a reply* teiktis atsakyti; *he ~d me a visit* jis teikėsi mane aplankyti; *we have been ~d a glimpse* mus pamalonino žvilgsniu **2** užtikrinti, garantuoti; *to ~ peace* užtikrinti/garantuoti ramybę/taiką
voussoir ['vu:swɑ:] *pr. n archit. (arkos, skliauto)* pleištinis akmuo
vow [vau] *n* apžadai, įžadas; priesaika; *the ~ of chastity* skaistybės įžadai; *to be under a ~* būti saistomam priesaikos/įžado; *to make/take a ~* padaryti apžadus, duoti įžadą; prisiekti; *to take ~s* stoti į vienuolyną
 v **1** pasižadėti, duoti įžadą; prisiekti **2** pa(si)švęsti *(to)* **3** *psn., amer.* pareikšti
vowel ['vauəl] *n kalb.* balsis; balsė *(t. p. ~ letter)*
vox [vɔks] *lot. n (pl voces)* balsas; *~ populi* liaudies/tautos balsas, viešoji nuomonė; *~ pop tel., rad.* gatvės interviu, žmonių nuomonės apklausa *(gatvėje)*
voyage ['vɔɪɪdʒ] *n* kelionė *(jūra, lėktuvu); (laivo, lėktuvo)* reisas; *to make a ~* keliauti jūra; *maiden ~ (laivo)* pirmasis reisas/plaukiojimas; *~ time* reiso laikas
 v knyg. keliauti *(jūra, lėktuvu);* plaukti; skristi
voyager ['vɔɪədʒə] *n* keliautojas *(jūra, ore, kosmose); (laivo, lėktuvo)* keleivis
voyeur [vwɑ:'jə:, vɔɪ'jə:] *pr. n* vujaristas *(žmogus, patiriantis malonumą žiūrėdamas erotines scenas)*
voyeurism [vwɑ:'jə:rɪzm, vɔɪ'ə:rɪzm] *pr. n* vujarizmas
vroom [vru:m] *n amer.* lenktyninio automobilio/motociklo variklio burzgimas
V-shaped ['vi:ʃeɪpt] *a* (raidės) V pavidalo/formos
V-sign ['vi:saɪn] *n* raidės V ženklas *(iškelti į viršų 2 pirštai;* **1** nurodant pergalę **2** nurodant pyktį, neapykantą – *D. Britanijoje)*

Vulcan ['vʌlkən] *n mit.* Vulkanas
vulcanic [vʌl'kænɪk] *a =* **volcanic**
vulcanite ['vʌlkənaɪt] *n* ebonitas, vulkanizuotoji guma
vulcanization [ˌvʌlkənaɪ'zeɪʃn] *n* vulkanizacija; vulkanizavimas
vulcanize ['vʌlkənaɪz] *v* vulkanizuoti
vulcanology [ˌvʌlkə'nɔlədʒɪ] *n* vulkanologija
vulgar ['vʌlgə] *a* **1** vulgarus, šiurkštus; nepadorus **2** neskoningas, prasto skonio *(apie baldus, drabužius ir pan.)* **3** prasčiokiškas; liaudiškas, liaudies *(apie kalbą)* **4** plačiai paplitęs, bendras *(apie klaidą ir pan.)* **5** *mat.* paprastasis *(apie trupmeną)*
 n (the ~) psn. prastuoliai, prastuomenė
vulgarian [vʌl'gɛərɪən] *n* **1** vulgarus/neišauklėtas žmogus **2** iškilėlis, pragurbėlis, parveniu
vulgarism ['vʌlgərɪzm] *n kalb.* vulgarizmas, vulgarybė
vulgarity [vʌl'gærətɪ] *n* **1** vulgarumas **2** vulgarybė **3** *(baldų, drabužių ir pan.)* neskoningumas
vulgarization [ˌvʌlgəraɪ'zeɪʃn] *n* **1** vulgarinimas, vulgarizacija **2** subanalinimas; supaprastinimas
vulgarize ['vʌlgəraɪz] *v* **1** vulgarinti, vulgarizuoti **2** subanalinti; supaprastinti
Vulgate ['vʌlgeɪt] *n* **1** *ist.* vulgata *(lotyniškasis Biblijos vertimas IV a.)* **2** *(v.)* visuotinai pripažintas *(teksto)* variantas
vulnerability [ˌvʌlnərə'bɪlətɪ] *n* **1** sužeidžiamumas **2** *prk.* pažeidžiamumas; silpna vieta **3** įžeid(žiam)umas
vulnerable ['vʌlnərəbl] *a* **1** sužeidžiamas **2** *prk.* pažeidžiamas; *(menkai, prastai)* apsaugotas; turintis silpnų vietų, silpnas; *~ spot* pažeidžiama/silpna vieta; *~ to air attacks* neapsaugotas nuo aviacijos antskrydžių **3** įžeidus, *(lengvai)* įžeidžiamas; *he is ~ to criticism* jis jautrus kritikai
vulnerary ['vʌlnərərɪ] *a knyg.* (skirtas/vartojamas) žaizdoms gydyti; gydomasis; *~ plants* gydomieji augalai
vulpine ['vʌlpaɪn] *a* **1** lapės, lapiškas *(t. p. prk.)* **2** suktas, klastingas, gudrus
vulture ['vʌltʃə] *n* **1** *zool.* grifas *(paukštis); king ~* karališkasis grifas; *Egyptian ~* maitvanagis **2** *prk.* grobuonis
vulturous ['vʌltʃərəs] *a* grobuoniškas, plėšrus
vulva ['vʌlvə] *n anat.* moters išoriniai lyties organai, vulva
vying ['vaɪɪŋ] *pI žr.* **vie**

W, w ['dʌblju:] *n* (*pl* Ws, W's ['dʌblju:z]) dvidešimt trečioji anglų kalbos abėcėlės raidė
wabble ['wɔbl] = **wobble** *n*, *v*
wabbly ['wɔblɪ] *a* = **wobbly**
wack, wacko [wæk, 'wækəu] *a amer.* = **wacky**
wacky ['wækɪ] *a šnek.* kuoktelėjęs, trenktas, paikas; juokingas, ekscentriškas
wad [wɔd] *n* **1** (*vilnos, vatos, šieno ir pan.*) kuokštelis, gumulėlis, gniužulėlis; tamponas; *a ~ of chewing tobacco* kramtomojo tabako žiupsnis, tabako kramtinys **2** (*dokumentų, banknotų ir pan.*) ryšulėlis, pluoštas; *he has ~s of money!* jis turi krūvą pinigų! **3** (*šautuvo*) užkamšalas, kamštis
 v **1** gumuliuoti, sugniaužti į kuokštelį/pluoštelį (*t. p.* ~ *up*) **2** užkišti, užkimšti **3** pamušti, iškloti (*vata*)
wadable ['weɪdəbl] *a* perbrendamas (*apie brastą*)
wadded ['wɔdɪd] *a* vatinis, pamuštas vata/vatalinu/porolonu
wadding ['wɔdɪŋ] *n* kamšalas, kamša (*vata, vilna, popierius ir pan.*); vatalinas (*t. p. sheet ~); to line with ~* pamušti vata
waddle ['wɔdl] *n* krypuojanti eisena, krypavimas
 v krypuoti (*einant*) □ *~ in* įkrypuoti; *~ out* iškrypuoti
wade [weɪd] *n* **1** perbridimas **2** brasta
 v **1** braidžioti, braidyti, bristi, eiti (*per vandenį, sniegą, purvą, žolę ir pan.*); perbristi; *to ~ in/through mud* klampoti per purvyną; *to ~ into the water* (į)bristi į vandenį **2** *prk. šnek.* (*nelengvai*) įveikti, priveikti (*knygą ir pan.; through*) **3** *šnek.* (*into*) pulti, mestis; ryžtingai imtis □ *~ in* a) įbristi; b) *šnek.* pulti, kibti; ryžtingai imtis; c) *šnek.* kištis, pertraukinėti
wadeable ['weɪdəbl] *a* = **wadable**
wader ['weɪdə] *n* **1** bridėjas, braidžiotojas **2** ilgakojis pelkių/balų paukštis **3** *pl* pelkių batai
wadi ['wɔdɪ] *n geogr.* sezoniškai išdžiūstančios upės vaga (*Š. Afrikoje*)
wading-pool ['weɪdɪŋpu:l] *n amer.* = **paddling-pool**
wafer ['weɪfə] *n* **1** vaflis **2** lako antspaudas; lipdė (*laiškams užlipdyti, dokumentams žymėti*) **3** *bažn.* ostija **4** *farm.* kapsulė
 v (su)klijuoti lipde
wafer-thin [ˌweɪfə'θɪn] *a* plonytis
wafery ['weɪfərɪ] *a* panašus į vaflį; vaflinis
waff [wɔf] *n šiaur.* **1** pūstelėjimas, gūsis **2** greitai išnykęs reginys; greitomis mestas žvilgsnis
waffle¹ ['wɔfl] *n* sausblynis; vaflis
waffle² *šnek. n* vanduo, skystalas, pliurpalas (*apie straipsnį ir pan.*)
 v **1** tauzyti; tuščiažodžiauti (*t. p. ~ on*) **2** *amer.* dvejoti (*over*)
waffle-iron ['wɔflˌaɪən] *n* sausblynių keptuvė; vaflinė
waffler ['wɔflə] *n šnek.* tauzytojas, skystalas
waffling ['wɔflɪŋ] *a šnek.* dvejojantis, neryžtingas; nekandus, neaštrus

waffly ['wɔflɪ] *a šnek.* plepus
waft [wɔft, wɑ:ft] *n* **1** atsklidęs/atplaukęs kvapas/garsas **2** trumpalaikis pojūtis **3** (*vėjo*) dvelkimas, pūstelėjimas, gūsis
 v **1** skrieti, plaukti (*ore*); sklisti (*apie kvapą, garsą ir pan.*) **2** lengvai nešti (*t. p. ~ along); the leaves were ~ed along by the wind* vėjas nešiojo/gainiojo lapus
wag¹ [wæg] *n* **1** mostelėjimas; *with a ~ of the tail* mostelėjęs/vikstelėjęs uodega **2** linktelėjimas
 v **1** mosuoti, mojuoti; kraipyti (*galvą*); vizginti; vizgėti **2** duoti ženklą, linktelėti **3** pagrasinti (*pirštu; at*) ◊ *to set tongues/chins/jaws/beards ~ging šnek.* duoti pagrindą apkalboms; *tongues ~ šnek.* eina kalbos
wag² *šnek. n* **1** aštrialiežuvis, juokdarys **2** dykinėtojas, tinginys; *to play (the) ~* dykinėti (*neiti į darbą/mokyklą ir pan.*)
 v praleisti (*pamokas*); dykinėti
wage¹ [weɪdʒ] *n* (*ppr. pl*) darbo užmokestis, uždarbis; atlyginimas; *starvation ~s* elgetiškas darbo užmokestis; *a living ~* darbo užmokestis, užtikrinantis pragyvenimo minimumą; *real ~s* realusis darbo užmokestis; *piece ~s* vienetinis atlyginimas; *to cut/dock ~s* sumažinti atlyginimą; *to freeze ~s ekon.* įšaldyti darbo užmokestį; *~ cut [increase]* darbo užmokesčio sumažinimas [padidinimas] ◊ *the ~s of sin is death bibl.* nuodėmės atpildas – mirtis
wage² *v* vesti, vykdyti (*kampaniją*); *to ~ war* kariauti (*against – prieš*)
waged [weɪdʒd] *a* gaunantis nuolatinį atlyginimą
wage-earner ['weɪdʒˌə:nə] *n* **1** (*šeimos*) maitintojas **2** samdomasis darbininkas
wage-freeze ['weɪdʒfri:z] *n ekon.* darbo užmokesčio įšaldymas
wage-fund ['weɪdʒfʌnd] *n* = **wages-fund**
wage-packet ['weɪdʒˌpækɪt] *n* vokas su atlyginimu
wager ['weɪdʒə] *n* lažybos; pastatyta suma; *to lay a ~* kirsti lažybų
 v lažintis, eiti lažybų; statyti (*sumą; on – už*); *I'll ~ that...* galiu lažintis, kad...
wage-rate ['weɪdʒreɪt] *n ekon.* darbo užmokesčio tarifas; *~ book* klasifikacinė tarifų knyga
wages-fund ['weɪdʒɪzfʌnd] *n ekon.* darbo užmokesčio fondas
wage-work ['weɪdʒwə:k] *n* samdomasis darbas
wageworker ['weɪdʒˌwə:kə] *n amer.* = **wage-earner** 2
waggery ['wægərɪ] *n* **1** išdaiga, pokštas **2** juokavimas
waggish ['wægɪʃ] *a* **1** išdykęs, mėgstantis pajuokauti; linksmas **2** juokingas, komiškas
waggle ['wægl] *n* mojavimas; linkčiojimas; kraipymas(is)
 v mojuoti, mataruoti, linkčioti; kraipyti(s), vizginti; *to ~ one's eyebrows* kilsčioti antakius
waggly ['wæglɪ] *a* krypuojantis; vingiuotas
wag(g)on ['wægən] *n* **1** vežimas, vežėčios; furgonas **2** ratukai, vežimėlis (*žaislas*) **3** *amer.* policijos mašina **4** *glžk.* platforminis vagonas; prekinis vagonas (*t. p.*

goods ~) **5** *kas.* vagonėlis **6** = **station-waggon** ◊ *to be/go on the (water)* ~ *šnek.* nustoti gerti; *to fall off the* ~ *šnek.* vėl imti gerti; *to hitch one's* ~ *to a star* turėti aukštus siekius; *the* ~ *must go whither the horses draw it* ≅ kur arkliai, ten ir vežimas; *to fix smb's* ~ *amer. šnek.* stengtis atsikeršyti
v vežti krovinius *(vežimu, platforma ir pan.)*
wag(g)oner ['wægənə] *n* vežikas, vežėjas
wag(g)onette [ˌwægə'net] *n ist.* ilga dengta karieta, brika
wagon-lit [ˌwægən'liː] *pr. n* miegamasis vagonas
wagonload ['wægənləud] *n* **1** vežimas *(kiekis; of – ko)* **2** *glžk.* vagonas *(of – ko)*
wagon-train ['wægənˌtreɪn] *n amer. ist.* gurguolė
wagtail ['wægteɪl] *n zool.* kielė; *grey* ~ kalnų kielė
wahine [wɑː'hiːniː] *n* banglentininkė
wahoo [wɑː'huː] *n bot. amer.* ožekšnis *(t. p.* ~ *elm)*
waif [weɪf] *n* **1** benamis; beglobis vaikas; *~s and strays* a) beglobiai/benamiai vaikai/gyvuliai; b) visokie daiktai, atliekos **2** nuklydęs naminis gyvulys **3** niekieno daiktas; radinys
waif-like ['weɪflaɪk] *a* badaujantis, pusbadis
wail [weɪl] *n* **1** aimana, dejonė; klyksmas **2** *(vėjo, sirenos ir pan.)* kaukimas, staugimas **3** rauda
v **1** aimanuoti, dejuoti; klykti **2** kaukti, staugti *(apie vėją)* **3** (ap)raudoti *(over)*
wailful ['weɪlfəl] *a poet.* liūdnas, sielvartingas
wain [weɪn] *n psn.* **1** *dial.* vežimas, ratai **2** *(the W.) astr.* Didieji Grįžulo Ratai *(t. p. Charles's/Arthur's W.)*
wainscot ['weɪnskət] *n stat. (medinis)* sienų panelis; plokštinis apkalas
v paneliuoti, apkalti medžiu *(sienas)*
wainscot(t)ing ['weɪnskətɪŋ] *n* **1** *(sienų)* paneliavimas, apkalimas plokštėmis **2** *(sienų)* paneliavimo medžiaga
waist [weɪst] *n* **1** talija, juosmuo, liemuo, pusiaujas **2** apjuostis, korsažas **3** *amer.* palaidinukė **4** *(smuiko ir pan.)* siauruma **5** *jūr.* škafutas
waistband ['weɪstbænd] *n (kelnių, sijono ir pan.)* juosmuo, juosmenėlis, apjuostis
waist-belt ['weɪstbelt] *n* diržas *(juosmeniui suveržti)*
waistcoat ['weɪskəut, weskət] *n* liemenė
waist-deep [ˌweɪst'diːp] *a, adv* iki juosmens
waisted ['weɪstɪd] *a* įimtas/įsmaugtas per juosmenį *(apie drabužį)*
waist-high [ˌweɪst'haɪ] *a, adv* iki juosmens
waistline ['weɪstlaɪn] *n* juosmens/liemens linija
wait [weɪt] *n* **1** laukimas; *to have a long* ~ *for the train* ilgai laukti traukinio **2** tykojimas; *to lie in* ~ *for smb* tykoti ko; *to lay* ~ *for smb prk.* paspęsti kam spąstus **3** *(the ~) pl psn.* giesmininkai, lankantys namus Kalėdų metu
v **1** laukti *(for); to* ~ *till the doctor comes* sulaukti daktaro; *are you ~ing to use the phone?* ar jūs laukiate skambinti (telefonu)?; *what are you ~ing for?* ko lauki? *(raginant ką daryti); don't keep me ~ing* neverskite manęs laukti; ~ *a bit/jiffy/minute/moment/second* luktelėkite truputį, palauk, tuojau, minutėlę **2** patarnauti, aptarnauti *(on, upon);* būti padavėju; *to* ~ *on tables, to* ~ *at table, amer. to* ~ *table(s)* patarnauti prie stalo **3** *šnek.* atidėti *(pietus, vakarienę);* **we shall** ~ *for you* mes nevalgysime pietų be jūsų **4** *knyg.* lydėti; būti padariniu *(on);* **may success** ~ *upon you!* telydi jus sėkmė! **5** *ret.* aplankyti *(on, upon)* ▫ ~ *about/around* pralaukti; lūkuriuoti; ~ *behind* užsilikti *(kitiems išėjus);* ~ *off sport.* taupyti jėgas finišui; ~ *out* išlaukti *(iki galo);* ~ *up* neiti gulti, laukti *(ko grįžtant namo)* ◊ *we shall* ~ *and see* ≅ pagyvensim – pamatysim; *I can't* ~! aš netveriu nekantrumu!; ~ *for it! šnek.* (ir) ką tu manai? *(prieš pasakant ką įdomaus/nelaukta)*
wait-a-bit ['weɪtəbɪt] *n* augalas su kibiais vaisiais; dygus krūmas
wait-and-see [ˌweɪtən'siː] *a* laukimo *(apie politiką ir pan.)*
waiter ['weɪtə] *n* **1** padavėjas, kelneris **2** interesantas **3** padėklas
waiting ['weɪtɪŋ] *n* **1** laukimas; ~ *game* laukimo taktika; *"No W." aut.* „Stovėti draudžiama" **2** aptarnavimas *(upon – ko)*
waiting-list ['weɪtɪŋlɪst] *n* kandidatų sąrašas *(tarnybai/butui ir pan. gauti); they put him on a* ~ jį įrašė į eilę
waiting-room ['weɪtɪŋrum] *n* **1** laukiamasis **2** *glžk.* laukiamoji salė
waitlist ['weɪtlɪst] *v* įrašyti į laukiančiųjų eilės sąrašą
waitress ['weɪtrɪs] *n* padavėja
waive [weɪv] *v* **1** *(ypač teis.)* atsisakyti *(reikalavimo, teisės, privilegijos ir pan.);* nereikalauti **2** atidėti, nukelti
waiver ['weɪvə] *n teis.* **1** *(reikalavimo, teisės ir pan.)* atsisakymas **2** atsisakymo dokumentas
wake[1] [weɪk] *v* (woke, waked; woken, waked) **1** (pa)busti *(t. p. prk.; t. p.* ~ *up);* ~ *up prk.* pabusk!, nesnausk! **2** (pa)žadinti, (pa)budinti *(t. p.* ~ *up)* **3** sužadinti, sukelti *(įtarimą, norą ir pan.); to* ~ *memories* sukelti prisiminimus **4** budėti, būdrauti, nemiegoti **5** suvokti *(t. p.* ~ *up); to* ~ *to danger* suvokti pavojų **6** *air.* budėti naktį prie pašarvotojo
n **1** budynės *(budėjimas prie pašarvotojo)* **2** *poet.* budėjimas **3** *(ppr. pl) bažn.* atlaidai
wake[2] *n jūr.* kilvateris; *(laivo ir pan. sukeltas)* srautas, bangavimas; *in the* ~ kilvateriu ◊ *in smb's/smth's* ~ iš paskos; įkandin; *in the* ~ *of* po; dėl
wakeful ['weɪkfəl] *a* **1** budintis, nemiegantis; bemiegis **2** budrus
wakeless ['weɪkləs] *a* kietas *(apie miegą)*
waken ['weɪkən] *v (ypač poet.)* **1** pabusti *(t. p.* ~ *up)* **2** (pa)žadinti *(t. p.* ~ *up)* **3** *prk.* sukelti, sukurstyti
waker ['weɪkə] *n:* *to be an early [late]* ~ (pa)busti anksti [vėlai]
wakey-wakey [ˌweɪkɪ'weɪkɪ] *int juok.* pabusk!
waking ['weɪkɪŋ] *a* **1** būdraujantis, budintis, nemiegantis **2** budrus
Walachia [wɔ'leɪkɪə] *n* = **Wallachia**
wale [weɪl] *n* **1** rumbas, randas *(nuo sukirtimo botagu/ rykšte ir pan.)* **2** *tekst.* rumbelis **3** *jūr.* velsas
v **1** randuoti, rumbuoti; rantyti **2** *tekst.* austi/megzti/ pinti rumbeliais
Wales [weɪlz] *n* Velsas
walk [wɔːk] *n* **1** ėjimas, vaikščiojimas; *on the* ~ *home* einant namo **2** nueinamas kelias; *the shops are a ten-minute* ~ *away* iki parduotuvių 10 minučių kelio *(pėsčiomis)* **3** žingsnis, žinginė; *to go at a* ~ eiti žingsniu; važiuoti žingine **4** eisena, vaikščiosena; *I knew him by his* ~ aš pažinau jį iš eisenos **5** pasivaikščiojimas; *to go for a* ~ eiti pasivaikščioti; *to take a* ~ pasivaikščioti, pasivaikštinėti **6** takas, alėja, (mėgstama) pasivaikščiojimo vieta **7** *(paštininko, prekininko ir pan.)* maršrutas **8** *sport.* ėjimas, ėjimo varžybos **9** *psn.* aptvaras *(ganykla)* ◊ ~ *of life* visuomeninė padėtis, profesija; *from all ~s of life* iš visų visuomenės sluoksnių, visų profesijų *(apie žmones); that was a* ~! *amer. šnek.* ≅ buvo aišku kaip dieną! *take a* ~! *(ypač amer.) sl.* a) nešdinkis!; b) užsičiaupk!
v **1** vaikščioti, eiti; *to* ~ *with a stick* vaikščioti su lazda; *she ~ed across the room* ji perėjo per kambarį; *we*

must have ~ed ten kilometres today šiandien mes nuėjome turbūt 10 kilometrų **2** žingsniuoti; eiti žingsniu, važiuoti žingine; ***don't run***, ~ nebėkite, eikite žingsniu **3** vesti/vedžioti (pasi)vaikščioti, vedinėti; ***to ~ a baby*** mokyti vaiką vaikščioti **4** apeiti, apvaikščioti *(apie sargą, apeivį ir pan.)* **5** palydėti pėsčiomis; ***I shall ~ you to the station*** aš jus palydėsiu į stotį **6** rodyti, pasirodyti *(apie šmėklas)* **7** lengvai gauti *(darbą; into)* **8** įkliūti *(into)* **9** *šnek.* nesiskaityti, engti *(over)* **10** *šnek.* lengvai laimėti, sutriuškinti *(over)* □ **~ about/around** vaikštinėti, pasivaikščioti; **~ away** a) išeiti; pasitraukti *(from – nuo);* b) išvengti, išsisukti; išsigelbėti *(from);* c) išvesti; d) *šnek.* lengvai laimėti/nugalėti/įveikti *(from, with);* e) = **~ off** c); **~ back** a) grįžti pėsčiomis, žingsniuoti atgal; b) *šnek.* atsisakyti *(žodžio, principų ir pan.);* **~ in** a) įeiti, įžengti; b) užklupti *(on);* **~ off** a) nueiti, išeiti, pasišalinti *(ppr. nepranešus);* b) prasiblaškyti, numesti *(svorio ir pan.)* vaikščiojant; c) *šnek.* nunešti, pavogti *(with);* d) = **~ away** d); **~ on** a) eiti į priekį; b) eiti toliau; tebevaikščioti; c) *teatr.* turėti mažą vaidmenį *(ppr. be žodžių);* **~ out** a) išeiti; pasišalinti; b) *šnek.* palikti, mesti *(šeimą ir pan.; on);* c) streikuoti; d) *psn.* merginti(s), draugauti *(with);* **~ over** prieiti *(to);* **~ through** *teatr.* a) mokyti mizanscenų *(aktorių);* b) prastai vaidinti; **~ up** a) prieiti *(to);* b) *(ppr. imp) teatr.* užeikite! *(kviečiant į cirką ir pan.)* ◊ **to ~ free** išteisinti, paleisti iš teismo salės; **to ~ heavy** a) turėti svorį visuomenėje, būti įtakingam; b) pūstis, didžiuotis, **to ~ it** a) eiti pėsčiomis; b) lengvai laimėti; **to ~ on eggs/eggshells** elgtis apdairiai *(nenorint ko supykdyti);* ***you must ~ before you can run*** viską reikia daryti palaipsniui

walkable ['wɔ:kəbl] *a* **1** įveikiamas; nueinamas *(apie nuotolį)* **2** patogus *(apie avalynę)*

walkabout ['wɔ:kəbaut] *n* **1** ėjimas per minią; ***to go on a ~*** pereiti per minią šnekučiuojantis su žmonėmis *(apie įžymų asmenį)* **2** *austral. (aborigenų)* periodiškas klajojimas; ***to go ~*** a) klajoti *(po šalį);* b) *juok.* dingti, nuklysti

walkathon ['wɔ:kəθɔn] *n* ėjimo maratonas

walkaway ['wɔ:kəweɪ] *n amer. šnek.* lengva pergalė, „tik pasivaikščiojimas"

walker ['wɔ:kə] *n* **1** ėjikas *(t. p. sport.);* ***I am not much of a ~*** iš manęs nekoks ėjikas **2** vaikštynė *(vaikams, neįgaliesiems)*

walkies ['wɔ:kɪz] *n pl šnek. juok.* pasivaikščiojimas; **~!** eime pasivaikščioti! *(sakoma šuniui)*

walkie-talkie [ˌwɔ:kɪ'tɔ:kɪ] *n* portatyvi radijo stotelė

walk-in ['wɔ:kɪn] *n amer.* atsitiktinis klientas
a attr **1** įeinamas, didelis *(apie patalpą, spintą ir pan.)* **2** lengvas *(apie pergalę)*

walking ['wɔ:kɪŋ] *n* **1** ėjimas *(t. p. sport.);* (pasi)vaikščiojimas **2** eisena
a **1** einantis, vaikščiojantis; ***it's within ~ distance*** ten galima nueiti pėsčiomis **2** pėsčiųjų; skirtas pėstiesiems/ vaikščioti; **~ pace** normalus pėsčiojo tempas **3** *tech.* žingsniuojantis; **~ crane** žingsniuojantysis kranas ◊ **~ corpse** gyvas lavonas; **~ dictionary/library/encyclopedia** vaikščiojanti enciklopedija; **~ gentleman [lady]** *teatr.* statistas [statistė]

walking-papers ['wɔ:kɪŋˌpeɪpəz] *n pl amer. šnek.* atleidimas iš darbo; ***to get the ~*** gauti atleidimo dokumentą, būti atleistam iš darbo; ***to give smb the ~*** atleisti iš darbo

walking-race ['wɔ:kɪŋreɪs] *n* sportinio ėjimo varžybos

walking-stick ['wɔ:kɪŋstɪk] *n* lazdelė, lazda *(pasiramsčiuoti vaikščiojant)*

walking-tour ['wɔ:kɪŋtuə] *n* ekskursija pėsčiomis, pėsčiųjų/turistinis žygis

walk-on ['wɔ:kɔn] *n teatr.* **1** vaidmuo be žodžių *(t. p. ~ part)* **2** statistas

walkout ['wɔ:kaut] *n* **1** streikas **2** išėjimas *(iš susirinkimo ir pan. protestuojant)*

walkover ['wɔ:kˌəuvə] *n* = **walkaway**

walk-up ['wɔ:kʌp] *n amer.* daugiaaukštis namas, kuriame nėra lifto; butas/įstaiga name be lifto

walkway ['wɔ:kweɪ] *n (ypač amer.)* pėsčiųjų takas; alėja

Walkyrie [wæl'kɪərɪ] *n* = **Valkyrie**

wall [wɔ:l] *n* **1** siena; **dead/blank ~** aklina siena **2** *spec.* sienelė; ***the ~s of the heart*** *anat.* širdies sienelės; **dividing ~** *fiz.* pertvara **3** *prk.* siena, pertvara; **~ of partition** siena, bedugnė *(tarp žmonių);* **~ of incomprehension** nesupratimo siena **4** pylimas; *(kar. t. p.)* įtvirtinimas ◊ ***W. Street*** Volstritas *(Amerikos finansinis kapitalas; finansinė oligarchija);* ***to give smb the ~*** praleisti ką, pasitraukti; ***to take the ~*** *(of)* nepraleisti, nepasitraukti; ***to go up the ~*** ≡ lipti ant sienų *(iš pykčio);* ***to go to the ~*** žlugti, patirti nesėkmę; ***the weakest go to the ~*** silpnuosius muša; silpnieji žūsta; ***to see through/into the (brick) ~*** permatyti kiaurai, būti nepaprastai įžvalgiam; ***to push/drive/thrust smb to the ~*** a) ≡ priremti ką prie sienos; b) (su)pykdyti; ***to drive/send smb up the ~*** *šnek.* ≡ varyti ką iš proto/galvos; ***within four ~s*** konfidencialiai; ***to hang by the ~*** būti nenaudojamam; **~s have ears** *šnek.* ≡ ir sienos turi ausis; ***to be climbing/crawling up the ~*** *šnek.* ≡ sienomis lipti
v **1** aptverti/apsupti siena *(t. p. ~ in)* **2** įtvirtinti **3** pertverti siena □ **~ off** atitverti siena; **~ up** užmūryti; užtaisyti *(skylę, duris ir pan.)*

walla ['wɔlə] *n* = **wallah**

wallaby ['wɔləbɪ] *n zool.* maža Australijos kengūra ◊ **on the ~ (track)** *austral.* bedarbis; bastūnas

Wallach ['wɔlək] *n* valakas

Wallachia [wɔ'leɪkɪə] *n ist.* Valakija *(dabar Rumunijos sritis)*

Wallachian [wɔ'leɪkɪən] *a* valakiškas, valakų; Valakijos
n valakas

wallah ['wɔlə] *ind. n* **1** žmogus, vaikinas **2** *šnek. (kurios nors srities)* darbuotojas, specialistas

wallaroo [ˌwɔlə'ru:] *n zool.* didelė Australijos kengūra

wall-bars ['wɔ:lba:z] *n pl sport.* gimnastikos sienelė

wallboard ['wɔ:lbɔ:d] *n (ypač amer.) stat.* sieninė plokštė

wallchart ['wɔ:ltʃa:t] *n* sieninė schema/lentelė/afiša *ir pan.*

wall-creeper ['wɔ:lˌkri:pə] *n zool.* liputis, slukutis *(paukštis)*

wall-cress ['wɔ:lkres] *n bot.* vaistutis

walled [wɔ:ld] *a attr* apsuptas siena

wallet ['wɔlɪt] *n* **1** *(sulenkiama)* piniginė **2** mažas lagaminėlis; dėklas **3** *psn.* kelionmaišis

wall-eye ['wɔ:laɪ] *n med.* **1** *(akies)* ragenos drumstis; valkius **2** akis, aptraukta valkiumi

wall-eyed ['wɔ:l'aɪd] *a* **1** aptrauktas valkiumi **2** žvainas, žvainakis **3** nirtulingas, tūžmingas *(apie žvilgsnį)* **4** *amer.* išverstakis, išsprogtakis *(apie žuvį)*

wallflower ['wɔ:lˌflauə] *n* **1** *bot.* smalka **2** *juok.* mergina, kurios niekas nekviečia šokti

wall-mounted ['wɔ:lˌmauntɪd] *a* įtaisytas sienoje *(apie televizorių ir pan.)*

Walloon [wɔ'lu:n] *n* **1** valonas **2** valonų kalba
a valonų, valoniškas

wallop ['wɔləp] *šnek. n* **1** smarkus smūgis; ***to land/strike a ~*** smarkiai smogti **2** greitis **3** *šnek.* alus

walloper 1058 **wanton**

v **1** pliekti, lupti, mušti; kirsti **2** sutriuškinti, įtikinamai nugalėti *(at)* **3** kunkuliuoti

walloper ['wɔləpə] *n šnek.* kas nors milžiniškas/didžiulis/galingas

walloping ['wɔləpɪŋ] *šnek. a attr* didžiulis, milžiniškas *n* **1** pliekimas, pyla, mušimas; *to give smb a ~* (pri)lupti ką **2** visiškas pralaimėjimas

wallow ['wɔləu] *n* **1** valka/bala, kurioje voliojasi gyvuliai **2** voliojimasis **3** mėgavimasis
v **1** vartytis, volioti (*ypač apie gyvulius*) **2** *prk.* maudytis, skendėti, skęsti; *to ~ in money [in vice]* skęsti piniguose [ydose] **3** mėgautis, smagintis **4** būti mėtomam (*bangų; apie laivą*)

wall-painting ['wɔːlˌpeɪntɪŋ] *n* sienų tapyba; freska

wallpaper ['wɔːlˌpeɪpə] *n* sienų apmušalai, sienpopieriai, tapetai
v tapetuoti

wall-plate ['wɔːlpleɪt] *n stat.* gegninis, sparinis; sieninė sija

wall-rue ['wɔːlruː] *n bot.* mūrinė kalnarūtė

wall-to-wall ['wɔːltəˈwɔːl] *a* **1** uždengiantis visą grindų plotą (*apie kilimą*) **2** *prk.* visiškas, absoliutus

wally ['wɔlɪ] *n šnek.* mulkis, kvailys

wallydrag ['wɔlɪdræg] *n škot.* išdvasa, dvasna

walnut ['wɔːlnʌt] *n* **1** graikinis riešutas **2** riešutmedis (*t. p.* *~ tree*) **3** riešutmedžio mediena; *~ furniture* riešutmedžio baldai ◊ *over the ~s and the wine juok.* prie deserto, popietinio pokalbio metu

Walpurgis [væl'puəgɪs] *n: W. night* Valpurgijos naktis

walrus ['wɔːlrəs] *n* **1** *zool.* jūrų vėplys **2** *attr:* *~ moustache* nukarę ūsai

Walter ['wɔːltə] *n* Valteris, Volteris (*vardas*)

waltz [wɔːls] *n* **1** valsas **2** *sl.* vieni juokai, labai paprasta
v **1** šokti valsą **2** *šnek.* šokti/šokinėti iš džiaugsmo (*t. p.* *~ round*) **3** *šnek.* lengvai išlaikyti (*egzaminą ir pan.; through*) **4** *šnek.* laisvai įeiti/įžygiuoti (*into*) □ *~ off šnek.* a) nudžiauti, nušvilpti; išdrožti (*paėmus ką; with*) b) lengvai laimėti; *~ up* (*nerūpestingai*) prieiti (*to*)

wamble ['wɒmbl] *v dial.* svirduliuoti, svirdikuliuoti

wampum ['wɔmpəm] *n* **1** *ist.* vampumas, kriauklelių vėrinys (*indėnų vart. kaip papuošalas ir vietoje pinigų*) **2** *amer. šnek. juok.* pinigai

wamus ['wɔməs] *n amer.* švarkas (*megztas ar iš šiurkštaus vilnonio audinio*)

wan [wɔn] *a poet.* **1** išblyškęs, bekraujis; išsekęs; liguistas **2** blankus, blausus; *~ look* blausus žvilgsnis
v psn. **1** išsekinti; išsekti; išblyškinti; išblykšti **2** daryti blankų/blausų; tapti blankiam/blausiam

wand [wɔnd] *n* **1** burtų/burtininko lazdelė **2** batuta **3** rykštelė, vytelė, lazdelė **4** lazda (*valdžios simbolis*)

wander ['wɔndə] *v* **1** klajoti, klaidžioti, keliauti, bastytis (*t. p. ~ about/around*); *to ~ the streets* bastytis po gatves **2** klajoti, nuklysti (*apie mintis, žvilgsnį ir pan.*) **3** paklysti; *to ~ out of one's way* pamesti kelią **4** nukrypti; *don't ~ off/from the point/subject* nenukrypk nuo temos **5** būti išsiblaškiusiam **6** kliedėti, klejoti (*t. p. ~ in one's mind*); *his mind is ~ing* jis kliedi **7** vingiuoti (*apie kelią, upę ir pan.*) □ *~ away* nuklysti, nutolti (*from – nuo*)
n klajonė, keliavimas; *to take a ~* paklajoti, paklaidžioti, pavaikštinėti; *to have a ~ round the shops* apvaikščioti parduotuves

wanderer ['wɔndərə] *n* klajūnas; keliautojas

wandering ['wɔndərɪŋ] *n* **1** klajojimas, klajonė, klaidžiojimas; keliavimas **2** (*ppr. pl*) kliedesys; kliedėjimas, klejonė

a **1** keliaujantis, klajojantis, klaidžiojantis **2** klajokliškas; *~ tribes* klajoklių gentys **3** vingiuotas ◊ *~ Jew flk.* amžinas žydas

wanderlust ['wɔndəlʌst] *n* kelionių aistra

wane [weɪn] *n* **1** mažėjimas, nykimas; dilimas (*t. p. mėnulio*); *to be on the ~* a) mažėti, nykti; b) dilti (*apie mėnulį*); *the ~ of life* gyvenimo saulėlydis **2** delčia
v **1** mažėti, nykti, silpnėti (*apie entuziazmą, populiarumą ir pan.*) **2** dilti (*apie mėnulį*)

waney ['weɪnɪ] *a* mažėjantis, nykstantis

wangle ['wæŋgl] *šnek. n* machinacija, kombinacija, gudrybė; *he got the job by a ~* jis gavo darbą per pažintį
v gauti per pažintį, gudrumu; (su)kombinuoti, įsigudrinti

wank [wæŋk] *vulg. n* masturbacija
v masturbuotis

wanker ['wæŋkə] *n sl.* **1** šunsnukis, bjaurybė **2** onanistas

wanly ['wɒnlɪ] *adv* **1** blausiai **2** silpnai, pavargusiai

wanna ['wɔnə] *sutr. šnek.* **1** = *want to* **2** = *want a*

want [wɔnt] *n* **1** būtinumas, reikalingumas; *I am in ~ of a good dictionary* man reikalingas geras žodynas **2** stoka, stygius; *to be in ~ (of)* stokoti; *for ~ (of)* a) trūkstant, dėl (*ko*) stygiaus; b) neturėdamas; *for ~ of smth to do* iš dyko buvimo **3** skurdas, vargas; *to live in ~* gyventi skurde **4** (*ppr. pl*) reikmė(s); poreikiai; *to meet/satisfy a ~* patenkinti poreikį; *my ~s are few* man mažai ko reikia
v **1** norėti, trokšti; *I didn't ~ him to go* aš nenorėjau, kad jis eitų; *to be (very much) ~ed* būti (labai) trokštamam/mylimam (*apie kūdikį*) **2** būti reikalingam, reikėti; *she will ~ this book today* ta knyga jai bus reikalinga šiandien; *these clothes ~ washing* šiuos drabužius reikia išskalbti **3** privalėti; *you ~ to see a doctor* jūs privalote nueiti pas gydytoją **4** reikalauti atvykti, kviesti; *the director ~s to see you* direktorius jus kviečia pas save; *you're ~ed on the phone* jus kviečia prie telefono; *he is ~ed by the police* jo ieško policija **5** stokoti, trūkti, stigti; *to ~ for nothing* nieko netrūkti; *it ~s ten minutes to two* be dešimties minučių dvi (valandos); *he never ~s for friends* jam niekados netrūksta draugų **6** kęsti skurdą, skursti □ *~ out šnek.* prarasti norą (*kur dalyvauti*)

want-ad ['wɔntæd] *n amer.* skelbimas „Reikalinga" (*laikraštyje*)

wantage ['wɔntɪdʒ] *n* stoka, trūkumas; trūkstamas kiekis

wanted ['wɔntɪd] *a* **1** ieškomas policijos; *"~ for armed robbery"* „ieškomas dėl ginkluoto apiplėšimo"; *~ list* įtariamųjų sąrašas **2** reikalingas; *"typist ~ed"* „reikalinga mašininkė"

wanting ['wɔntɪŋ] *a* **1** trūkstamas, nepakankamas; *to be found ~* būti laikomam nepakankamu (*siekiant ko; in*); būti nepakankamo lygio **2** stokojantis, neturintis; *~ in patience* stokojantis kantrybės
prep be; *a month ~ two days* be dviejų dienų mėnuo

wanton ['wɔntən] <*a, n, v*> *a* **1** be priežasties, beprasmiškas; nepelnytas; *~ insult* nepelnytas įžeidimas **2** neatsakingas, savavališkas **3** nepastovus, besikeičiantis (*apie vėją, nuotaiką ir pan.*) **4** nesuvaldomas, audringas, vešlus (*apie augimą ir pan.*) **5** ekstravagantiškas, prašmatnus **6** pasileidęs, ištvirkęs (*džn. apie moterį*) **7** *poet.* išdykęs; žaismingas, linksmas
n ištvirkėlė, paleistuvė
v knyg. **1** šėlioti, dūkti **2** tarpti, vešliai augti **3** ištvirkauti (*with*) **4** *ret.* (iš)švaistyti (*t. p. ~ away*)

wantonly ['wɔntənlɪ] *adv* **1** beprasmiškai; be pagrindo, nepelnytai **2** nesuvaldomai *(piktas ir pan.)* **3** *poet.* žaismingai **4** begėdiškai; provokuojamai

wapiti ['wɔpɪtɪ] *n zool. amer.* vapitis *(elnias)*

war [wɔː] *n* **1** karas; *civil ~* pilietinis karas; *nuclear ~* branduolinis karas; *shooting ~* karo veiksmai *(skirtingai nuo šaltojo karo); to be at ~ (with)* kariauti *(su); to lose ~* pralaimėti karą; *to make/wage/levy ~ (on, against)* kariauti *(su); to go to ~ (against, with)* pradėti karą; *to go off to the ~* išeiti į karą; *to unleash a ~* sukelti/sukurstyti karą; *to declare ~ on/upon a country* paskelbti šaliai karą; *in the ~* a) kare; b) karo metu; *to carry the ~ into the enemy's country/camp* a) perkelti karo veiksmus į priešo teritoriją; b) *prk.* į kaltinimą atsakyti kaltinimu, pulti; *art of ~* karo menas; *World W. II* Antrasis pasaulinis karas **2** kova; *the State's ~ against drug traffickers* valstybės kova su narkotikų kontrabandininkais; *~ of the elements* gamtos jėgų kova; *~ of words* žodžiavimasis **3** *attr* karo, karinis; *W. Office* karo ministerija *(D. Britanijoje); W. Department* karo ministerija *(JAV); ~ memorial* paminklas žuvusiems kare; *~ effort* visuotinės pastangos organizuoti šalies gynybą; *~ loan* karinė paskola; *on a ~ footing* stiprus, pasiruošęs karui; *~ deaths* karo aukos ◊ *(having) been in the ~s* šnek. na ir kliuvo *(kam),* ≡ kaip iš karo grįžęs; *this means ~!* juok. pakovosim!, kausimės!
v **1** kariauti **2** kovoti *(with, against)* □ *~ down* užkariauti, pavergti

warble ['wɔːbl] *n* **1** čiulbėjimas **2** trelė
v **1** čiulbėti, čirenti, giedoti **2** *juok., menk.* dainuoti, treleliuoti

warbler ['wɔːblə] *n* **1** paukštis giesmininkas; *reed ~* mažoji krakšlė; *acquatic [marsh, sedge, bush] ~* meldinė [karklinė, ežerinė, trumpasparnė] nendrinukė; *barred [garden] ~* raiboji [sodinė] devynbalsė; *greenish ~* šiaurinė krosnilanda; *river ~* upinis žiogelis **2** *juok., menk.* prastas dainininkas

war-cloud ['wɔːklaud] *n (ppr. pl)* karo debesys/atmosfera

war-cry ['wɔːkraɪ] *n* **1** karo šūkis **2** lozungas

ward [wɔːd] *n* **1** palata; *probationary ~* izoliatorius **2** *(kalėjimo)* kamera **3** *(miesto)* rinkimų apylinkė; administracinis rajonas **4** *teis.* globotinis, rūpintinis *(t. p. ~ of court);* **she is his ~** ji yra jo globotinė, jis jos globėjas **5** globa, globojimas; *a child in ~* globojamas vaikas **6** *ret.* apsauga; *to keep watch and ~ over smb* saugoti ką **7** *(rakto, spynos)* įranta, įpjova
v psn. saugoti, ginti □ *~ off* atremti *(puolimą ir pan.);* apsisaugoti; *to ~ off a blow* atremti smūgį

-ward [-wəd] *suff* **1** einantis/vykstantis link; *homeward* einantis namų link **2** = **-wards**

warden ['wɔːdn] *n* **1** prižiūrėtojas, saugotojas; *traffic ~* eismo inspektorius *(kontroliuojantis, kaip laikomasi automobilių stovėjimo taisyklių)* **2** *(viešbučio ir pan.)* komendantas **3** viršininkas; direktorius, rektorius *(titulas)* **4** *amer.* kalėjimo viršininkas **5** *ist.* gubernatorius; aukštas valdininkas **6** bažnyčios seniūnas

warder ['wɔːdə] *n* **1** kalėjimo prižiūrėtojas **2** *ist.* lazda *(valdžios simbolis)* **3** *psn.* sargybinis, sargas

war-dog ['wɔːdɔg] *n* **1** *kar.* tarnybinis šuo **2** *prk.* prityręs kareivis, kariauninkas, kareiva **3** *amer.* militaristas

wardress ['wɔːdrɪs] *n* kalėjimo prižiūrėtoja

wardrobe ['wɔːdrəub] *n* **1** drabužių spinta; *~ trunk* drabužių lagaminas **2** drabužiai, garderobas; *~ mistress* teatr. drabužių prižiūrėtoja

wardroom ['wɔːdrum] *n* **1** *jūr. (karininkų)* kajutkompanija **2** *(the ~) kuop.* laivo karininkai

-wards [-wədz] *suff* link, į; *homewards* namų link; *skywards* į dangų, į padangę

wardship ['wɔːdʃɪp] *n* globa, rūpyba; *under his ~* jo globojamas

ware¹ [wɛə] *(ypač sudurt. žodžiuose)* **1** gaminiai, dirbiniai; *ironware* geležies dirbiniai/prekės; *wooden ~* medžio dirbiniai **2** rykai, indai; *kitchenware* virtuvės rykai **3** *pl* prekės; *soft ~s* tekstilė; *to sell one's ~s* pardavinėti savo prekes

ware² *a predic psn., poet.* atsargus, budrus

ware³ *v (ppr. imp)* saugotis; *~ wire! medž.* saugokis, spygliuota viela!

warehouse *n* ['wɛəhaus] **1** *(prekių)* sandėlis **2** didelė parduotuvė
v ['wɛəhauz] sukrauti/laikyti sandėlyje; sandėliuoti

warehouseman ['wɛəhausmən] *n (pl* -men [-mən]) **1** sandėlio savininkas/darbuotojas **2** didmenininkas

warfare ['wɔːfɛə] *n* **1** karas; kariavimas; *guerilla ~* partizaninis karas; *nuclear ~* branduolinis karas; *the art of ~* karo menas **2** kova

war-game ['wɔːgeɪm] *n* **1** karinės pratybos **2** karinis žaidimas
v rengti karines pratybas; *to ~ an invasion* tobulinti/ šlifuoti įsiveržimo manevrą

warhead ['wɔːhed] *n (raketos)* kovinė galvutė; užtaisas

warhorse ['wɔːhɔːs] *n* **1** *ist.* kovos žirgas **2** *šnek.* aktyvus veteranas; prityręs karys/veikėjas *ir pan.*

warily ['wɛərəlɪ] *adv* atsargiai, apdairiai

wariness ['wɛərɪnɪs] *n* atsargumas, apdairumas

warlike ['wɔːlaɪk] *a* **1** kariškas, karinis, karo; *~ preparations* pasirengimas karui **2** karingas; *~ people/nation* karinga tauta

warlock ['wɔːlɔk] *n (tik v.) ret.* burtininkas, magas, žynys

warlord ['wɔːlɔːd] *n (tik v.) (ppr. menk.)* karo/kariuomenės vadas; aršus militaristas

warm [wɔːm] *<a, n, v>* **a 1** šiltas; *~ coat [water, weather]* šiltas apsiaustas [vanduo, oras]; *to keep smth ~* (iš)laikyti ką šiltą; *I am ~* man šilta; *to get ~* sušilti; *you are getting ~* šilčiau *(vaikų žaidime); ~ corner* a) šiltas kampelis; b) karšta vieta *(kur vyksta mūšis ir pan.)* **2** *prk.* šiltas, nuoširdus; *~ heart* gera širdis; *~ welcome* šiltas sutikimas; *~est regards* nuoširdžiausi linkėjimai **3** sušildytas; sušilęs, įkaitęs; *to get ~* sušil(dy)ti; įkaisti; *~ with wine* įkaitęs nuo vyno **4** įsikarščiavęs, karštas, aistringas; *~ argument* karštas ginčas; *in ~ blood* iš įkarščio; įsikarščiavęs, supykęs **5** šviežias *(apie pėdsaką)* **6** *šnek.* pasiturintis; gerai įsitaisęs **7** *men.* šiltas *(apie spalvas)* ◊ *~ work* įtemptas/pavojingas darbas; *to make (it/things, etc.) ~ for smb* šnek. išėsti, išuiti ką; ≡ užkurti kam pirtį; *to keep a place ~ for smb* palaikyti kam vietą *(laikinai ją užėmus)*
n šnek. šiluma; sušildymas; *to have a ~* pasišildyti; *to give a ~* pašildyti; *to sit in the ~* sėdėti šilumoje
v **1** šildyti(s); šilti, šiltėti; *~ yourself by the fire* pasišildyk prie ugnies **2** *prk.* įkaitinti, įaudrinti; įsitraukti, pajusti simpatiją/susidomėjimą *(to, towards); he is ~ing to his work* jam darbas pradėjo patikti, jis įsitraukė į savo darbą; *his heart ~ed to her* jis pajuto jai švelnumą/prielankumą □ *~ over (ypač amer.)* šnek. = *~ up* b); *~ up* a) sušilti; sušildyti; b) pašildyti *(maistą);* c) pagyvinti; pagyvėti; įsismaginti; d) apšilti, daryti apšilimą/pramankštą; e) išildyti *(variklį ir pan.)*

warm-blooded ['wɔːm'blʌdɪd] *a* **1** *zool.* šiltakraujis **2** karštas *(apie būdą)*

warmed-over ['wɔ:md'əuvə] *a (ypač amer.)* **1** pašildytas **2** vartotas, senas *(apie argumentus)*
warmed-up ['wɔ:md'ʌp] *a* pašildytas
warmer ['wɔ:mə] *n* **1** šildyklė; šildytuvas **2** šildytojas
warm-hearted ['wɔ:m'hɑ:tɪd] *a* širdingas, nuoširdus; geraširdis
warm-house ['wɔ:mhaus] *n* šiltnamis, oranžerija
warming ['wɔ:mɪŋ] *n* **1** (pa)šildymas, sušildymas; *global* ~ globalinis atšilimas **2** *šnek.* pyla, pėrimas
a sušildantis
warming-pan ['wɔ:mɪŋpæn] *n* **1** *ist. (patalynės)* metalinė šildyklė *(su žarijomis)* **2** *šnek.* laikinas pavaduotojas
warming-up ['wɔ:mɪŋˌʌp] *n* **1** *(ypač sport.)* apšilimas, pramankšta **2** *tech. (variklio ir pan.)* pašildymas, įšildymas
warmish ['wɔ:mɪʃ] *a* šiltokas, apyšiltis
warmly ['wɔ:mlɪ] *adv* **1** šiltai *(t. p. prk.);* **to dress** ~ apsirengti šiltai **2** karštai **3** *amer.* įsikarščiavus, supykus
warmonger ['wɔ:ˌmʌŋgə] *n* karo kurstytojas
warmongering ['wɔ:ˌmʌŋgərɪŋ] *n* karo kurstymas
warmth [wɔ:mθ] *n* **1** šiluma; šiltumas **2** nuoširdumas, širdingumas **3** karštumas; įkarštis **4** *men.* šiltas koloritas
warm-up ['wɔ:mʌp] *n* = **warming-up** 1
warn [wɔ:n] *v* įspėti, perspėti *(about, of, against);* **to** ~ **of/against a danger** įspėti/perspėti apie pavojų; **you have been ~ed against smoking here** jus įspėjo, kad čia rūkyti negalima; **I ~ed her not to walk home alone** aš perspėjau ją, kad neitų namo viena □ ~ **away/off** uždrausti, atkalbėti *(perspėjant, grasinant)*
warning ['wɔ:nɪŋ] *n* **1** įspėjimas, perspėjimas; *flood* ~, ~ *of floods* įspėjimas apie potvynį; **to give a** ~ perspėti, įspėti; **to take** ~ saugotis, vengti **2** *(ko nors būsimo)* ženklas **3** įspėjimas apie išėjimą/atleidimą iš darbo; **to give a month's** ~ įspėti apie išėjimą/atleidimą iš darbo prieš mėnesį
a **1** perspėjamasis, įspėjamasis **2** grasinamas, grasus *(apie balsą, žvilgsnį ir pan.)* **3** *kar., tech.* signalinis
warp [wɔ:p] *n* **1** *(lentų ir pan.)* persimetimas, rietimasis **2** trūkumas, defektas **3** iškrypimas; iškreipimas; deformacija **4** *tekst. (audeklo)* apmatai, metmenys **5** *geol.* sąnašinis dumblas **6** *jūr.* lynas *(tinkui traukti)*
v **1** riestis, mestis, persimesti, persisukti; *the door has been ~ed* durys persimetė **2** iškrypti; iškreipti; deformuotis; **to** ~ **one's whole life** su(si)gadinti sau gyvenimą **3** tręšti dumblu **4** *tekst.* (ap)mesti *(audeklą)* **5** *jūr.* traukti lynu
warpaint ['wɔ:peɪnt] *n* **1** *ist. (indėnų)* karo spalvos **2** *šnek.* paradinis drabužis **3** *juok.* kosmetika, kosmetikos priemonės
warpath ['wɔ:pɑ:θ] *n* *ist. (indėnų)* karo takas ◊ **to be/go on the** ~ *šnek.* kovoti, kariauti; būti karingam/barningam
warped [wɔ:pt] *a* iškreiptas, iškrypęs *(t. p. prk.)*
warper ['wɔ:pə] *n* *tekst.* **1** metėjas **2** mestuvai
warplane ['wɔ:pleɪn] *n* karo lėktuvas
warrant ['wɔrənt] *n* **1** *teis.* orderis; rašytinis nurodymas; įgaliojimas; **search** ~ kratos orderis; **to issue a** ~ **for smb's arrest** išduoti orderį ką suimti **2** pagrindas, pateisinimas; teisė; **there is no** ~ **for such behaviour** toks elgesys visai nepateisinamas **3** *kom. (sandėlio)* pažymėjimas, pažyma, varantas; garantija **4** *fin. (obligacijos, akcijos)* kuponas; *dividend* ~ dividendo gavimo kuponas
v **1** reikalauti *(pastangų, tyrimų ir pan.)* **2** pateisinti; duoti pagrindą; *nothing can* ~ *such insolence* niekuo negalima pateisinti tokio įžūlumo **3** laiduoti, garantuoti; užtikrinti; *I'll* ~ aš laiduoju; *I'll* ~ *him an honest man* aš užtikrinu, kad jis doras žmogus **4** *(ypač teis.)* įgalioti; leisti
warrantable ['wɔrəntəbl] *a* teisėtas, leistinas, leidžiamas
warrantee [ˌwɔrən'ti:] *n* *teis.* asmuo, gaunantis garantiją
warranter ['wɔrəntə] *n* = **warrantor**
warrant-officer ['wɔrəntˌɔfɪsə] *n* **1** *kar.* viršila **2** *jūr.* mičmanas
warrantor ['wɔrəntɔ:] *n* *teis.* laiduotojas, garantas *(asmuo, duodantis garantiją)*
warranty ['wɔrəntɪ] *n* **1** pateisinimas **2** *kom.* garantija; *a 12-month* ~ 12 mėnesių garantija **3** *teis.* išlyga, sąlyga **4** *tech.* priėmimo techninis bandymas *(t. p.* ~ *test)*
warren ['wɔrən] *n* **1** plotas, kuriame veisiasi laukiniai triušiai, kiškiai; triušidė, aptvaras, gardelis **2** *(ppr. menk.)* tirštai gyvenamas kvartalas/namas; *(gatvių ir pan.)* labirintas
warring ['wɔ:rɪŋ] *a attr* **1** prieštaraujantis, prieštaringas, nesutaikomas **2** kariaujantis, kovojantis, konfliktuojantis
warrior ['wɔrɪə] *n poet.* karys, kariautojas; *the Unknown W.* Nežinomasis kareivis
Warsaw ['wɔ:sɔ:] *n* Varšuva
warship ['wɔ:ʃɪp] *n* karo laivas
wart [wɔ:t] *n* **1** karpa **2** *(medžio)* išauga, antauga, gumbas ◊ **to paint smb with his ~s** (at)vaizduoti ką be pagražinimų; **~s and all** neslepiant trūkumų, su visomis ydomis
warthog ['wɔ:θɔg] *n zool.* Afrikos tapyras
wartime ['wɔ:taɪm] *n* karo laikas/metas; *in (the)* ~ karo metu
war-torn ['wɔ:tɔ:n] *a* karo nusiaubtas
warty ['wɔ:tɪ] *a* karpotas; ~ *potatoes* karpotos bulvės
war-weary ['wɔ:ˌwɪərɪ] *a* karo nualintas *(ypač apie gyventojus)*
war-whoop ['wɔ:hu:p] *n (indėnų)* karo šūkis
Warwickshire ['wɔrɪkʃə] *n* Vorikšyras *(Anglijos grafystė)*
war-worn ['wɔ:wɔ:n] *a* karo nualintas
wary ['wɛərɪ] *a* **1** atsargus, apdairus; *I'm a bit* ~ *of driving in the fog* aš prisibijau važiuoti per rūką; *be* ~ *of strangers* saugokis nepažįstamų **2** budrus; nepatiklus *(apie žmogų, gyvulį, žvilgsnį ir pan.);* **to keep a** ~ **eye** (*on*) budriai žiūrėti/saugoti
was [wəz, wɔz] *past sing žr.* **be**
wash [wɔʃ] *n* **1** plovimas, mazgojimas; prausimas(is); **to have a** ~ nusiprausti; **to give a** ~ nuplauti, nuprausti **2** skalbimas; *in the* ~ a) skalbiamas, *(atrinktas)* skalbti *(apie drabužį);* b) skalbiant; **to send clothes to the** ~ atiduoti drabužius skalbti **3** *(ypač amer.)* skalbiniai, žlugtas; *wet* ~ skalbiniai, paimami iš skalbyklos šlapi/nelyginti; *hang out the* ~ išdžiaustyk skalbinius **4** *(bangų)* mūša **5** kilvateris; bangos *(nuo laivo)* **6** paplovos, pamazgos *(t. p. prk.);* pliurza **7** pavilgas; losjonas, tualetinis vanduo **8** *(metalo, dažų)* plonas sluoksnis **9** sąnašos, samplovos *(smėlis, dumblas ir pan.)* **10** auksingas smėlis **11** *amer. (upės)* senvagė **12** bala; pelkė **13** griova, raguva **14** *šnek.* plepalai **15** *attr* neblunkantis, nesitraukiantis *(skalbiant);* ~ *goods* neblunkantys/nesitraukiantys audiniai ◊ *it'll all come out in the* ~ *šnek.* ilgainiui viskas susitvarkys
v **1** plauti(s), mazgoti(s); prausti(s); **to** ~ **one's hands** nusiplauti rankas *(t. p. prk.; of)* **2** skalbti; **to** ~ *everything by hand* [*in the machine*] skalbti viską rankomis [mašina] **3** neblukti, nesitraukti *(skalbiant);* **this material ~es well** ta medžiaga gerai skalbiasi **4** skalauti, mušti *(apie bangas);* **the waves ~ed against/over the shore** bangos paplovė krantą **5** nešti *(apie srovę, vandenį);* **to** ~ **ashore** išplauti/išmesti į krantą; **to** ~

overboard nuplauti/nunešti už borto **6** (su)drėkinti, užlieti; *the waves were ~ing the deck* bangos užliejo denį **7** dengti *(laku, metalu ir pan.; with);* gruntuoti **8** *chem., min., kas.* gryninti *(plaunant);* plauti auksingą smėlį **9** *šnek.* likti/praeiti nepastebėtam, ne(pa)veikti *(apie triukšmą, kritiką ir pan.; over);* atlaikyti kritiką; *all his charm just doesn't ~ with me* jo žavesys visai manęs neveikia; *his explanation won't ~ with the electorate* jo paaiškinimas nepatenkins rinkėjų; *this theory won't ~* ši teorija neįtikinama □ *~ away* nuplauti *(t. p. prk.);* nunešti, paplauti; *~ down* a) nuplauti *(mašiną, sienas ir pan.);* b) užgerti, nuplauti *(gėrimu; with); ~ off = ~ out* a); *~ out* a) iš(si)plauti, nu(si)plauti; b) (iš)blukti *(skalbiant);* c) *šnek.* sužlugti; sužlugdyti *(t. p. sport.); heavy rain ~ed out the match* smarkus lietus sužlugdė varžybas; *~ up* a) su(si)plauti indus; b) *amer.* nusiprausti; c) *(ppr. pass)* išplauti į krantą

washable ['wɔʃəbl] *a* **1** skalbiamas, plaunamas; neblunkantis, nesitraukiantis *(skalbiant)* **2** išplaunamas *(apie dažus, dėmes)*
wash-and-wear ['wɔʃən'wɛə] *a* greitai išdžiūstantis ir nereikalaujantis lyginimo *(apie audinį, drabužį, džn. sintetinį)*
washbasin ['wɔʃˌbeɪsn] *n* praustuvė, prausyklė
wash-basket ['wɔʃˌbɑːskɪt] *n* skalbinių pintinė
washboard ['wɔʃbɔːd] *n* **1** skalbimo lenta **2** *jūr.* planšyras **3** *stat.* grindjuostė
washboiler ['wɔʃˌbɔɪlə] *n* skalbinių virinimo katilas
washbowl ['wɔʃbəʊl] *n amer.* = **washbasin**
washcloth ['wɔʃklɔθ] *n amer.* frotinis audinys *(vart. kaip plaušinė prausiantis)*
washday ['wɔʃdeɪ] *n* skalbimo diena
wash-drawing ['wɔʃˌdrɔːɪŋ] *n* akvarelė *(paveikslas)*
washed-out [ˌwɔʃt'aʊt] *a* **1** nublukęs, išblukęs **2** *šnek.* pavargęs, išsekęs; *to be [to look] ~* būti [atrodyti] išsekusiam/išvargusiam
washed-up [ˌwɔʃt'ʌp] *a (ypač amer.) šnek.* žlugęs, baigtas, nebereikalingas *(ypač apie žmogų)*
washer ['wɔʃə] *n* **1** plovėjas **2** plautuvas, plovimo aparatas **3** skalbimo mašina **4** *tech.* poveržlė, tarpiklis; *aut.* apliejiklis
washer-drier, -dryer [ˌwɔʃə'draɪə] *n* skalbimo mašina su džiovintuvu
washer-up ['wɔʃər'ʌp] *n (indų ir pan.)* plovėjas
washerwoman ['wɔʃəˌwʊmən] *n (pl* -women [-ˌwɪmɪn]) skalbėja
washeteria [ˌwɔʃə'tɪərɪə] *n* **1** savitarnos skalbykla **2** *(savitarnos)* automobilių plovykla
wash-hand ['wɔʃhænd] *a* prausiamasis, prausimosi; *~ basin* prausyklė
washhouse ['wɔʃhaʊs] *n* skalbykla *(patalpa)*
washiness ['wɔʃɪnɪs] *n* **1** skystumas, vandeningumas **2** silpnumas
washing ['wɔʃɪŋ] *n* **1** plovimas; skalbimas; **2** skalbiniai; *dirty ~* nešvarūs skalbiniai **3** = **wash** 8 **4** auksas/rūda *ir pan.,* išgauti plovimo būdu
a **1** neblunkantis, nesitraukiantis *(skalbiant),* plaunamas **2** skalbimo; *~ powder* skalbimo milteliai
washing-day ['wɔʃɪŋdeɪ] *n* = **washday**
washing-house ['wɔʃɪŋhaʊs] *n* = **washhouse**
washing-machine ['wɔʃɪŋməˌʃiːn] *n* skalbimo mašina
washing-stand ['wɔʃɪŋstænd] *n* = **washstand**
Washington ['wɔʃɪŋtən] *n* Vašingtonas *(JAV sostinė ir valstija)*
washing-up [ˌwɔʃɪŋ'ʌp] *n* **1** indų (su)plovimas **2** *kuop.* plaunami indai
washland ['wɔʃlænd] *n (upės)* užtvindoma žemė, užlaja
wash-leather ['wɔʃˌleðə] *n* zomša *(plauti langams ir pan.)*
washout ['wɔʃaʊt] *n* **1** išgrauža, išplova **2** *šnek.* nesėkmė; žlugimas **3** *šnek.* žlugęs žmogus, menkysta; nevykėlis
washrag ['wɔʃræg] *n amer.* = **washcloth**
washroom ['wɔʃrʊm] *n amer.* prausykla, tualetas *(viešbutyje ir pan.)*
washstand ['wɔʃstænd] *n ist.* prausyklė
washtub ['wɔʃtʌb] *n ist.* gelda, niekotė, niekočia *(skalbti)*
wash-up ['wɔʃʌp] *n* **1** = **washing-up** 1 **2** išmestas į krantą daiktas
wash-wipe ['wɔʃwaɪp] *n aut.* priekinio stiklo apliejiklis
washwoman ['wɔʃˌwʊmən] *n* = **washerwoman**
washy ['wɔʃɪ] *a ret.* **1** skystas, vandeningas, *(per daug)* atskiestas **2** blyškus, blankus **3** silpnas
wasn't ['wɔznt] *sutr.* = **was not**
wasp [wɔsp] *n zool.* vapsva
Wasp, WASP [wɔsp] *n* (White Anglo-Saxon Protestant *sutr.*) *(ypač amer.)* britų kilmės amerikietis protestantas
waspish ['wɔspɪʃ] *a* kandus, dygus, piktas; irzlus
wasplike ['wɔsplaɪk] *a* plonas, laibas *(apie liemenį);* persismaugusi *(diržu ir pan.)*
wasp-waisted ['wɔsp'weɪstɪd] *a* laibas, laibaliemenis *(apie žmogų)*
wassail ['wɔseɪl] *ist. n* **1** puota, išgertuvės *(ypač per Naujuosius metus, Kalėdas)* **2** sveikinimo šūkis/tostas į kieno sveikatą
v **1** puotauti, ūžauti **2** gerti į kieno sveikatą; skelbti tostą
wast [wəst, wɔst] *psn. vksm.* to be būtojo l. vns. antrojo asm. forma
wastage ['weɪstɪdʒ] *n* **1** *(darbuotojų, studentų)* nubyrėjimas; *natural ~* natūralus nubyrėjimas *(nepriimant naujų darbuotojų į išėjusių vietą)* **2** *spec.* nuostoliai; nuodžiūvis; nusidėvėjimas
waste [weɪst] *<n, a, v>* *n* **1** eikvojimas, švaistymas; *to run/go to ~* būti veltui eikvojamam; veltui eikvoti; *~ of time* gaištis, gaišimas; *what a ~ of energy!* koks bereikalingas energijos eikvojimas!; *there is too much ~ in this house* šiuose namuose per daug švaistoma **2** niokojimas, (nu)siaubimas **3** atliekos, likučiai, niekalas; atmatos; *nuclear ~ (atominio reaktoriaus)* radioaktyviosios atliekos **4** nuostoliai; *heat ~* šilumos nuostoliai; *to bring in the harvest without ~* nuimti derlių be nuostolių **5** nu(si)dėvėjimas; išsekimas, alinimas(is) **6** dykvietė, dykynė; *pl* tyrlaukiai, tyrai; *the frozen ~s of the Arctic* lediniai Arkties plotai **7** nepa(si)naudojimas; *~ of opportunity* nepasinaudojimas proga ◊ *a ~ of space* ≅ tuščia vieta *(apie žmogų)*
a **1** atliekamas, nereikalingas; *~ products (degimo, gamybos)* atliekos; *~ disposal* a) atliekų smulkinimo įrenginys *(t. p. ~ disposal unit);* b) atliekų pašalinimas **2** netinkamas, išbrokuotas **3** tuščias, dykas; negyvenamas, nedirbamas; *~ ground* dykvietė, tuščia žemė; *to lie ~* dykuoti, dirvonuoti *(apie žemę)* **4** nuniokotas; *to lay ~* nuniokoti, nusiaubti **5** *tech.* (pa)naudotas; *~ steam* naudotasis garas
v **1** eikvoti, švaistyti; *to ~ one's time* gaišinti laiką, gaišti, gaišuoti, veltui leisti laiką; *to ~ words* ≅ švaistytis žodžiais, (veltui) aušinti burną; *he ~d his youth* jis pragyveno/pra švilpė jaunystę **2** praleisti, nepasinaudoti; *you have ~d a good opportunity* jūs praleidote gerą progą **3** veltui stengtis *(on);* būti veltui; *my irony was ~d upon him* jis

waste-basket   1062   **water**

nesuprato mano ironijos; ***all our efforts were ~d*** visos mūsų pastangos nuėjo veltui **4** alinti, sekinti; ***he was ~d by disease*** jį išsekino liga **5** džiūti, vysti, sekti *(t. p. ~ away); his resources were rapidly wasting* jo atsargos greitai seko **6** niokoti; (su)gadinti; nugriauti *(pastatą); to ~ paper* gadinti/teplioti popierių; ***to be entirely ~d*** būti visiškai nebetinkamam vartoti **7** *amer. sl.* užmušti ◊ ***~ not, want not*** *pat.* ≡ taupumas – ne yda

waste-basket ['weɪstˌbɑːskɪt] *n (ypač amer.)* = **waste-paper basket** *žr.* **waste-paper**

wasted ['weɪstɪd] *a* **1** nereikalingas, tuščias; ***a ~ journey*** bereikalinga kelionė; ***another ~ opportunity*** dar viena prarasta proga **2** išsekęs *(džn. dėl ligos)* **3** *sl.* apkvaitęs *(nuo narkotikų);* ≡ girtas kaip dūmas

wasteful ['weɪstfəl] *a* **1** eikvus, švaistus, išlaidus; ***~ of time*** reikalaujantis/atimantis daug laiko, gaišlus **2** *ret.* niokojamas *(apie karą ir pan.)*

wasteland ['weɪstlænd] *n* **1** dykynė, dykvietė **2** *(moralinis ir pan.)* sąstingis; *(egzistavimo ir pan.)* tuštumas

waste-paper [ˌweɪstˈpeɪpə] *n* nereikalingi popieriai, šiukšlės, makulatūra; ***~ basket*** popierdėžė, šiukšliadėžė; ***fit for the ~ basket*** niekam tikęs/nereikalingas *(apie romaną ir pan.)*

waste-pipe ['weɪstpaɪp] *n (nešvaraus vandens)* nutekamasis vamzdis

waster ['weɪstə] *n* **1** eikvotojas, švaistytojas; švaistūnas **2** niekalas, brokas

wasting ['weɪstɪŋ] *a* **1** niokojamas, nusiaubiantis; ***~ fund*** nykstantis fondas **2** alinantis, sekinantis *(apie ligą ir pan.)*

wastrel ['weɪstrəl] *n* **1** *knyg.* švaistūnas, švaistas; gaišuolis; niekam tikęs žmogus **2** *psn.* benamis vaikas **3** = **waster** 2

watch[1] [wɒtʃ] *n (kišeninis, rankinis)* laikrodis; ***by my ~*** pagal mano laikrodį; ***to set the ~*** nustatyti laikrodį; ***my ~ is fast [slow]*** mano laikrodis skuba [vėluoja]

watch[2] *n* **1** stebėjimas, sekimas; ***to keep a close ~ (on)*** atidžiai stebėti/sekti **2** budrumas; ***to be on the ~*** a) saugotis *(for, against);* b) lūkuriuoti, tykoti *(for)* **3** budėjimas *(t. p. jūr.);* budėjimo laikas; *kar.* sargyba; ***to be on ~*** *jūr.* budėti; ***night ~*** a) naktinis budėjimas; b) naktinė sargyba; ***middle ~*** budėjimas nuo 24 val. iki 4 val.; ***to keep ~*** būti sargyboje, eiti sargybą; budėti; ***she keeps ~ over the patient day and night*** ji budi prie ligonio dieną ir naktį ◊ ***to pass as a ~ in the night*** praeiti nepastebėtam *ar* nepalikus pėdsako; ***the ~es of the night*** *poet.* nakties nemigo valandos

v **1** stebėti; sekti; ***to ~ developments*** stebėti įvykių raidą; ***I'm being ~ed*** mane seka **2** žiūrėti *(ppr. sėdint, stovint);* ***to ~ television*** žiūrėti televizorių; ***is there anything worthy ~ing on television?*** ar yra kas nors verta žiūrėti per televizorių?; ***I ~ed how it was done*** aš žiūrėjau, kaip tai daroma **3** būti atsargiam *(t. p. refl);* ***~ that sharp knife*** atsargiai su tuo peiliu; ***~ where you're going!*** žiūrėk, kur eini! **4** budėti **5** (pa)saugoti, (pa)sergėti; ***~ my case while I make a phone call*** pasaugokite mano lagaminėlį, kol aš paskambinsiu; ***God ~es over us*** Dievas mus sergi **6** laukti, tykoti *(for)* **7** *refl* valdytis, tvardytis □ ***~ in*** sutikti Naujuosius metus; ***~ out*** a) *(ppr. imp)* būti atsargiam, saugotis; b) *(for)* lūkuriuoti; atidžiai stebėti/sekti ◊ ***to ~ it*** *šnek.* būti budriam/apdairiam

watchable ['wɒtʃəbl] *a* žiūrimas, galimas žiūrėti *(apie filmą, programą ir pan.)*

watchband ['wɒtʃbænd] *n amer.* laikrodžio apyrankė

watch-box ['wɒtʃbɒks] *n* sargybinė; sarginė

watchcase ['wɒtʃkeɪs] *n* laikrodžio korpusas

watch-chain ['wɒtʃtʃeɪn] *n* kišeninio laikrodžio grandinėlė

watchdog ['wɒtʃdɒg] *n* **1** sarginis šuo **2** sergėtojas, saugotojas; kontrolierius; ***~ committee*** stebėjimo ir kontrolės komitetas; kontrolės/revizijos komisija

watcher ['wɒtʃə] *n* **1** sargas; budėtojas **2** stebėtojas; ***television ~*** televizijos žiūrovas

watchfire ['wɒtʃˌfaɪə] *n* signalinis laužas

watchful ['wɒtʃfəl] *a* budrus, sargus; akylas

watch-glass ['wɒtʃglɑːs] *n* laikrodžio stiklas

watchhouse ['wɒtʃhaus] *n kar.* sargybinė, sargybos būstinė

watchless ['wɒtʃləs] *a* **1** nesaugomas; neprižiūrimas **2** nebudrus

watchmaker ['wɒtʃˌmeɪkə] *n* laikrodininkas

watchmaking ['wɒtʃˌmeɪkɪŋ] *n* laikrodininkystė

watchman ['wɒtʃmən] *n (pl* -men [-mən]) **1** naktinis/budintis sargas, panaktinis *(t. p.* ***night ~)*** **2** *ist.* sargybinis

watch-night ['wɒtʃnaɪt] *n* **1** Naujųjų metų naktis **2** *bažn.* pamaldos Naujųjų metų naktį *(t. p.* ***~ service)***

watchout ['wɒtʃaut] *n* sekimas, stebėjimas *(for)*

watch-pocket ['wɒtʃˌpɒkɪt] *n* kišenėlė laikrodžiui

watch-spring ['wɒtʃsprɪŋ] *n* laikrodžio spyruoklė

watchstrap ['wɒtʃstræp] *n* laikrodžio apyrankė

watchtower ['wɒtʃˌtauə] *n* sargybos/stebėjimo bokštas

watchword ['wɒtʃwɜːd] *n* **1** slaptažodis **2** lozungas; šūkis

water ['wɔːtə] <*n, a, v*> *n* **1** vanduo; ***fresh ~*** gėlas vanduo; ***ground ~*** podirvio/gruntinis vanduo; ***heavy ~*** *chem.* sunkusis vanduo; ***tap ~*** vanduo iš čiaupo, nevirintas vanduo; ***by ~*** vandens keliu; ***to threaten to turn off the ~*** grasinti išjungti vandenį; ***to let in ~*** praleisti vandenį *(apie batus, valtį ir pan.);* ***~ bewitched*** *juok.* vandenėlis *(silpna kava/arbata, skysta sriuba ir pan.; t. p. prk.)* **2** *(ypač dial.)* vandens telkinys; ***an ornamental ~*** dirbtinis ežeras, tvenkinys **3** *(džn. pl)* vandenys; jūra; ***the dark ~s of the Thames*** tamsūs Temzės vandenys; ***territorial ~s*** *teis.* teritoriniai vandenys; ***broken ~*** nerami jūra; ***blue ~*** atvira jūra **4** *(džn. pl)* mineralinis vanduo; gydykla; ***mineral/table ~*** geriamasis mineralinis vanduo; ***to take/drink the ~s*** gerti gydomąjį vandenį *(kurorte)* **5** potvynis ir atoslūgis; ***high ~*** poplūdis, aukščiausias vandens pakilimas potvynio metu; ***low ~*** atoslūgis *(t. p. prk.)* **6** organizmo išskyros: seilės, prakaitas, šlapimas, ašaros; ***to pass/make ~*** *euf.* šlapintis; ***red ~*** šlapimas su krauju; ***~ on the brain*** galvos smegenų vandenė; ***~s break*** *(vaisiaus)* vandenys nubėga *(prieš gimdymą)* **7** *(brangakmenio; t. p. prk.)* grynumas, tyrumas; ***diamond of the first ~*** tyriausias deimantas; ***blunder [liar] of the first ~*** didžiausia/gryniausia klaida (didžiausias melagis) **8** *men.* = **watercolour** ◊ ***dead in the ~*** a) *jūr.* sugedęs, nebeplaukiojamas *(apie laivą);* b) keblioje padėtyje; ***in low ~*** turintis piniginių sunkumų, kritiškoje *(finansinėje)* būklėje; ***in smooth ~*** įveikęs kliūtis, klestintis; ***to be in deep ~(s)*** turėti sunkumų; būti sunkioje padėtyje; ***to get into hot ~*** *šnek.* patekti į bėdą, turėti nemalonumų; ***to throw/pour cold ~ (on, over)*** atvėsinti, atšaldyti *(įkarštį, entuziazmą),* blaivinamai veikti; ***not to hold ~*** būti neįtikinamam; neatlaikyti kritikos *(apie teoriją ir pan.);* ***written in ~*** neamžinas, trumpalaikis *(apie garbę ir pan.);* ***the ~s of forgetfulness*** užmarštis, mirtis; ***to draw ~ in a sieve*** ≡ semti/nešti vandenį rėčiu; ***to shed blood like ~*** pralieti jūras kraujo; ***to spend money like ~*** švaistyti pinigus; ***to test the ~(s)*** bandyti iš anksto sužinoti *(kieno)* nuomonę; ***to get/wring ~ from a flint*** daryti stebuklus; ***I can't***

walk on ~! aš negaliu daryti stebuklų!; ***(all) ~ under the bridge*** ≅ kas buvo, tas pražuvo; ***like ~ off a duck's back šnek.*** ≅ kaip nuo žąsies vanduo; ***at the ~'s edge*** *amer.* prie JAV sienų; ***still ~s run deep*** ≅ tyli kiaulė gilią šaknį knisa; ***a lot of ~ has flowed/passed/gone under/beneath the bridge (since then)*** ≅ daug vandens nutekėjo (nuo to laiko); ***stolen ~s are sweet*** ≅ uždraustas vaisius saldus; ***too much ~ drowned the miller*** ≅ gero po truputį; ***to make ~*** prakiurti *(apie laivą)* *a attr* vandeninis, vandens; ***~ pump*** vandens siurblys; ***~ plants*** vandens augalai; ***~ turbine*** *tech.* hidraulinė turbina; ***~ area*** akvatorija *v* **1** (pa)laistyti, palieti **2** drėkinti **3** (at)skiesti *(t. p. ~ down); the milk has been ~ed (down)* pienas atskiestas vandeniu **4** sušvelninti, susilpninti, padaryti ne tokį ryškų *(t. p. ~ down); to ~ down one's remarks* sušvelninti savo pastabas **5** girdyti *(gyvulius);* eiti į girdyklą, gerti **6** paimti vandens atsargas *(apie laivą)* **7** ašaroti; prakaituoti; seilėti; prisipildyti skysčio; išskirti skystį; ***it makes my mouth ~*** man seilė varva/tįsta/teka *(labai ko norint)* **8** *tekst.* muaruoti

waterage ['wɔ:tərɪdʒ] *n* **1** krovinių vežimas vandens keliu **2** mokestis už naudojimąsi vandens keliu

water-anchor ['wɔ:tə͵æŋkə] *n jūr.* plūdrusis inkaras

Water-bearer ['wɔ:tə͵bɛərə] *n* = **Water-carrier**

waterbed ['wɔ:təbed] *n* hidrostatinis čiužinys, vandens pripildomas guminis čiužinys *(ligoniams)*

waterbird ['wɔ:təbə:d] *n* vandens paukštis

water-blister ['wɔ:tə͵blɪstə] *n med.* vandeninga pūslė

waterborne ['wɔ:təbɔ:n] *a* **1** gabenamas/vežamas vandeniu/jūra; ***~ transport*** vandens transportas **2** *med.* vandeniu platinamas/perduodamas *(apie infekciją, ligas)*

water-bottle ['wɔ:tə͵bɒtl] *n* **1** grafinas, ropinė *(vandeniui)* **2** plokščias butelys, gertuvė *(kelionėje)* **3** termoforas, šildyklė *(su karštu vandeniu)*

water-brain ['wɔ:təbreɪn] *n vet.* kaitulys, kvaitulys *(avių liga)*

waterbrash ['wɔ:təbræʃ] *n med.* rėmuo

water-buffalo ['wɔ:tə͵bʌfələu] *n zool.* naminis buivolas *(Indijoje)*

water-bug ['wɔ:təbʌg] *n amer.* vandens blakė

water-butt ['wɔ:təbʌt] *n* lietaus vandens statinė

water-cannon ['wɔ:tə͵kænən] *n* hidropultas, brandspoitas *(ypač demonstracijoms išvaikyti)*

water-carriage ['wɔ:tə͵kærɪdʒ] *n* vandens transportas

Water-carrier ['wɔ:tə͵kærɪə] *n* **1** Vandenis *(žvaigždynas ir Zodiako ženklas)* **2 (w.)** vandens nešėjas

water-cart ['wɔ:təkɑ:t] *n* **1** gatvių laistymo cisterna **2** vandenvežio vežimas

water-closet ['wɔ:tə͵klɔzɪt] *n* klozetas, tualetas

watercolour ['wɔ:tə͵kʌlə] *n (įv. reikšm.)* akvarelė

watercolourist ['wɔ:tə͵kʌlərɪst] *n* akvarelininkas

water-cooled ['wɔ:təku:ld] *a tech.* aušinamas vandeniu

water-cooler ['wɔ:tə͵ku:lə] *n* **1** šalto vandens termosas; ataušinto vandens bakelis *(įstaigose, traukiniuose ir pan.)* **2** *tech.* vandens aušintuvas

watercourse ['wɔ:təkɔ:s] *n* **1** upė, upelis; vandentakis, kanalas **2** *(upės)* vaga

watercraft ['wɔ:təkrɑ:ft] *n* **1** mokėjimas irkluoti/plaukti/ nardyti **2** laivas; *kuop.* laivynas

watercress ['wɔ:təkres] *n bot.* rėžiukas *(vart. salotoms)*

water-cure ['wɔ:təkjuə] *n* gydymas vandeniu, hidroterapija

water-diviner ['wɔ:tədɪ͵vaɪnə] *n* podirvio vandens ieškotojas *(su ievos šakele)*

water-dog ['wɔ:tədɔg] *n* šuo naras *(ypač medž.)*

water-drinker ['wɔ:tə͵drɪŋkə] *n juok.* blaivininkas

water-drop ['wɔ:tədrɔp] *n* **1** vandens/lietaus lašas **2** ašara

watered ['wɔ:təd] *a* **1** *tekst.* muaruotas; ***~ silk*** muaras **2** *fin.* praskiestasis *(apie kapitalą ir pan.)*

watered-down ['wɔ:təd'daun] *a* **1** atskiestas vandeniu **2** *prk.* sušvelnintas, susilpnintas

water-engine ['wɔ:tər͵endʒɪn] *n* vandens keltuvas/siurblinė

waterfall ['wɔ:təfɔ:l] *n* **1** krioklys, vandenkritis; kaskada **2** *prk.* srautas

waterfast ['wɔ:təfɑ:st] *a tekst.* neblunkantis, atsparus drėgmei/vandeniui

water-finder ['wɔ:tə͵faɪndə] *n* vandens ieškotojas/žvalgytojas

waterfowl ['wɔ:təfaul] *n (pl ~; ppr. kuop.)* vandens paukščiai/paukštis

waterfowler ['wɔ:tə͵faulə] *n* vandens paukščių medžiotojas

waterfree ['wɔ:təfri:] *a* bevandenis; sausas

waterfront ['wɔ:təfrʌnt] *n* **1** uosto rajonas, uostas; miesto rajonas ant upės/jūros kranto **2** krantas

water-gas ['wɔ:təgæs] *n chem.* vandens dujos

watergate ['wɔ:təgeɪt] *n* **1** *(šliuzo)* uždoris **2 (W.)** *polit.* Votergeitas

water-gauge ['wɔ:tə͵geɪdʒ] *n* vandenmatis; vandens lygio matuoklė; ***~ column*** vandens matavimo kolonėlė

water-glass ['wɔ:təglɑ:s] *n* **1** stiklinė **2** vandenmačio stiklas **3** *chem.* natrio silikatas

water-gruel ['wɔ:tə͵gruəl] *n* vandenyje virta košė *(be riebalų, pieno ir pan.)*

water-hammer ['wɔ:tə͵hæmə] *n tech.* hidraulinis smūgis

water-heater ['wɔ:tə͵hi:tə] *n* vandens šildytuvas, virintuvas

water-hen ['wɔ:təhen] *n zool.* **1** nendrinė vištelė **2** amerikinis laukys

waterhole ['wɔ:təhəul] *n* **1** vandens duobė; duburys **2** šaltinis *(dykumoje); (laukinių gyvūnų)* girdykla **3** eketė

water-ice ['wɔ:təraɪs] *n* vaisiniai ledai *(sušaldytas vaisių sulčių ir vandens mišinys)*

watering ['wɔ:tərɪŋ] *n* **1** (pa)laistymas, (pa)liejimas **2** drėkinimas; drėkintuvas **3** atskiedimas vandeniu

watering-can ['wɔ:tərɪŋkæn] *n* laistytuvas

watering-cart ['wɔ:tərɪŋkɑ:t] *n* = **water-cart** 1

watering-hole ['wɔ:tərɪŋhəul] *n* girdykla *(t. p. juok. apie barą, alinę)*

watering-place ['wɔ:tərɪŋpleɪs] *n* **1** vandenvietė; girdykla **2** gydomieji vandenys; mineralinio vandens kurortas

watering-pot ['wɔ:tərɪŋpɔt] *n amer.* = **watering-can**

waterish ['wɔ:tərɪʃ] *a* **1** pavandenijęs **2** skystas, skystokas *(t. p. prk.)* **3** drėgnas, šlapias *(apie orą)*

water-jacket ['wɔ:tə͵dʒækɪt] *n tech., aut.* aušinimo ertmė

water-jump ['wɔ:tədʒʌmp] *n sport.* vandens kliūtis

waterless ['wɔ:tələs] *a* bevandenis, sausas, nevandeningas; ***~ cooker*** greitpuodis

water-level ['wɔ:tə͵levl] *n* **1** vandens lygis; gruntinio vandens lygis **2** *jūr.* vaterlinija; *(laivo)* vandens linija

waterlily ['wɔ:tə͵lɪlɪ] *n bot.* vandens lelija

waterline ['wɔ:tələɪn] *n* = **water-level** 2

waterlocked ['wɔ:tələkt] *a* iš visų pusių apsuptas vandens

waterlogged ['wɔ:tələgd] *a* **1** užlietas; užpelkėjęs **2** pusiau paskendęs/nugrimzdęs *(apie laivą)* **3** permerktas/ persunktas vandens; įmirkęs

Waterloo [͵wɔ:tə'lu:] *n* **1** *ist.* Vaterlo mūšis *(t. p.* ***battle of ~)*** **2** *prk.* lemiamas mūšis ◊ ***to meet one's ~*** būti visiškai sutriuškintam

water-main ['wɔ:təmeɪn] *n* vandentiekio magistralė

waterman ['wɔ:təmən] *n (pl* -men [-mən]) **1** valtininkas **2** irklininkas, irkluotojas

watermanship ['wɔːtəmənʃɪp] *n* **1** valtininko amatas **2** mokėjimas irkluoti, irklavimo menas
watermark ['wɔːtəmɑːk] *n* **1** *spec.* vandenženklis, filigranas **2** *hidr.* vandens lygio altitudė
v daryti vandenženklius *(popieriuje)*
water-meadow ['wɔːtə‚medəu] *n* užlaja, užliejamoji pieva
watermelon ['wɔːtə‚melən] *n bot.* arbūzas ◊ *to swallow a ~ seed amer. šnek.* tapti nėščiai
water-meter ['wɔːtə‚miːtə] *n tech.* vandens skaitiklis, vandenmatis
watermill ['wɔːtəmɪl] *n* vandens malūnas
water-nymph ['wɔːtənɪmf] *n mit.* najadė; nereidė; *flk.* undinė, nėrovė
water-oak ['wɔːtərəuk] *n bot.* juodasis ąžuolas
water-parting ['wɔːtə‚pɑːtɪŋ] *n* takoskyra
water-pipe ['wɔːtəpaɪp] *n* **1** vandentiekio vamzdis **2** kaljanas *(rūkymo prietaisas)*
water-pistol ['wɔːtə‚pɪstl] *n* žaislinis šautuvas *(šaudantis vandens srove)*
water-plane ['wɔːtəpleɪn] *n* **1** hidroplanas **2** *jūr.* vaterlinijos plokštuma
water-plantain ['wɔːtə‚plæntɪn] *n bot.* dumblialaiškis
water-polo ['wɔːtə‚pəuləu] *n sport.* vandensvydis
water-power ['wɔːtə‚pauə] *n* hidroenergija; *~ plant* hidroelektrinė
waterproof ['wɔːtəpruːf] <*a, n, v*> *a* ne(pra)laidus vandeniui, nepraleidžiantis vandens, neperšlampamas
n neperšlampamas apsiaustas, lietpaltis
v padaryti neperšlampamą; tapti neperšlampamam
waterproofer ['wɔːtə‚pruːfə] *n stat.* hidrofobinis priedas
water-ram ['wɔːtəræm] *n tech.* hidraulinis taranas
water-rat ['wɔːtəræt] *n zool.* **1** vandeninė žiurkė **2** *amer.* ondatra
water-rate ['wɔːtəreɪt] *n* mokestis už vandenį
water-repellent ['wɔːtərɪ‚pelənt] *a* nedrėkstantis vandenyje, hidrofobinis *(apie audinį ir pan.)*
water-resistant ['wɔːtərɪ‚zɪstənt] *a* atsparus/nelaidus vandeniui
waterscape ['wɔːtəskeɪp] *n* **1** jūros peizažas/vaizdas **2** *men.* marina
water-scorpion ['wɔːtə‚skɔːpɪən] *n zool.* skorpionblakė
water-seal ['wɔːtəsiːl] *n tech.* hidraulinis uždoris
watershed ['wɔːtəʃed] *n geogr.* **1** vandenskyra; takoskyra *(t. p. prk.);* *the treaty will be one of history's ~s* ta sutartis atvers naują istorijos puslapį **2** *(upės, ežero)* baseinas; baseino plotas ◊ *the (9 o'clock) ~* vakaro metas, kada pradedama rodyti televizijos programa suaugusiems
water-shoot ['wɔːtəʃuːt] *n* vandens nutekamasis vamzdis/griovys, vandentraukis
water-sick ['wɔːtəsɪk] *a ž. ū.* supelkėjęs, nederlingas dėl drėgmės gausumo
waterside ['wɔːtəsaɪd] *n (ežero, upės)* krantas; *~ restaurant* pakrantės restoranas
water-ski ['wɔːtəskiː] *sport.* *n* vandenslidės
v slidinėti vandenslidėmis
water-skier ['wɔːtə‚skiːə] *n* vandenslidininkas
water-skiing ['wɔːtə‚skiːɪŋ] *n* vandenslidžių sportas
water-skin ['wɔːtəskɪn] *n* odinis vandens maišas, vandenmaišis
water-softener ['wɔːtə‚sɒfnə] *n* vandens minkštiklis
water-soluble ['wɔːtə‚sɒljubl] *a* tirpstantis vandenyje
waterspout ['wɔːtəspaut] *n* **1** nutekamasis vamzdis **2** *meteor.* vandens viesulas *(jūroje)*
water-sprite ['wɔːtəspraɪt] *n flk.* vandenis; undinė

water-supply ['wɔːtəsə‚plaɪ] *n* **1** vandens tiekimas, aprūpinimas vandeniu **2** vandentiekis
water-table ['wɔːtə‚teɪbl] *n* **1** gruntinio vandens lygis **2** vandens paviršius
water-tap ['wɔːtətæp] *n (vandentiekio)* čiaupas
watertight ['wɔːtətaɪt] *a* **1** nepraleidžiantis vandens; sandarus **2** visiškai pagrįstas, nesugriaunamas *(apie argumentą, planą, teoriją ir pan.)*
water-to-air ['wɔːtətuˌɛə] *a: ~ missile* raketa „laivas-oras"
water-tower ['wɔːtə‚tauə] *n* **1** vandentiekio bokštas **2** gesintuvas gaisrui gesinti dideliame aukštyje
water-trough ['wɔːtətrɒf] *n (gyvulių)* girdykla
water-vole ['wɔːtəvəul] *n zool.* vandeninė žiurkė
water-wag(g)on ['wɔːtə‚wægən] *n (ypač amer.)* = **watercart**
water-wave ['wɔːtəweɪv] *n* **1** vilnis, banga **2** šaltas plaukų garbanojimas
waterway ['wɔːtəweɪ] *n* **1** vandens kelias/arterija, vandentakis **2** laivybos vaga, laivakelis, farvateris **3** *jūr.* vaterveisas
waterweed ['wɔːtəwiːd] *n* vandens augalas
waterwheel ['wɔːtəwiːl] *n* vandens ratas, vandenratis
water-wings ['wɔːtəwɪŋz] *n pl* plaukiojamosios pūslės *(mokytis plaukti)*
waterworks ['wɔːtəwəːks] *n* **1** *pl* vandentiekio įrengimai/sistema **2** vandens valymo stotis **3** *pl šnek. euf.* šlapimo organų sistema ◊ *to turn on the ~ šnek.* pravirkti; lieti ašaras
water-worn ['wɔːtəwɔːn] *a* vandens išgrauztas/paplautas; vandens/bangų nuzulintas/nugludintas
watery ['wɔːtərɪ] *a* **1** vandeningas; vandeniuotas, pavandenijęs **2** pasruvęs ašaromis; ašarojantis *(apie akį)* **3** skystas *(t. p. prk.);* blankus, bespalvis; *~ soup* skysta sriuba; *a ~ sun* blanki saulė ◊ *~ grave/death* mirtis jūroje, nuskendimas
watt [wɒt] *n* **1** *James W.* Džeimsas Vatas *(škotų inžinierius)* **2** *el.* vatas
wattage ['wɒtɪdʒ] *n el.* galia vatais
watt-hour ['wɒtauə] *n el.* vatvalandė
wattle[1] ['wɒtl] *n (paukščių, šliaužikų)* pakarūklai, pakabučiai, karoliai
wattle[2] *n (dšn. pl)* pinučiai; žiogriai, pinučių tvora/siena; *~ and daub ist.* medžiaga drėbtinėms/krėstinėms troboms statyti
v pinti *(pinučių tvorą);* tverti *(žiogrius ir pan.);* drėbti *(iš molio)*
wattle[3] *n bot.* Australijos akacija
wattled ['wɒtld] *a* pintas
wattmeter ['wɒt‚miːtə] *n el.* vatmetras
Waugh [wɔː] *n: Evelyn ~* Ivlinas Vo *(anglų rašytojas)*
waul [wɔːl] *v* **1** kniaukti *(apie katę)* **2** spiegti, rėkti *(apie kūdikį)*
wave [weɪv] *n* **1** mojavimas, mojimas; *to give smb a ~* pamoti kam **2** banga *(t. p. prk.);* vilnis; *the ~s poet.* jūra; *oncoming/advancing ~* artėjanti banga; *heat ~* karščio banga; *tenth ~* ≡ devintoji/didžioji banga; *~ of indignation [of strikes]* pasipiktinimo [streikų] banga **3** *(plaukų)* garbana, banga; *electric ~* pusmetinė šukuosena; *natural ~* garbanoti/banguoti plaukai **4** *fiz.* banga; *radio ~s* radijo bangos **5** *kar.* puolimo grandis **6** *attr* banginis, bangų; bangavimo; *~ mechanics* bangų mechanika ◊ *to make ~s šnek.* ≡ drumsti vandenį; jaudinti *(visuomenę ir pan.)*
v **1** moti; mojuoti, mosikuoti, mosuoti *(t. p. ~ around/about);* *to ~ a flag* mosuoti/mosikuoti vėliava; *to ~ good-*

bye to smb pamojuoti kam atsisveikinant **2** banguoti, vilnyti, liūliuoti, liulėti *(apie javų lauką ir pan.)*; plevėsuoti, plazdėti *(apie vėliavą)* **3** garbanoti(s), sukti(s) *(apie plaukus)* ☐ **~ aside** numoti *(į)*, atmesti *(pasiūlymą ir pan.)*; **~ away** a) duoti ženklą *ar* liepti pasitraukti *(rankos mostu)*; b) atmesti, nesutikti, nepritarti; **~ down** sustabdyti *(transporto priemonę pamojant ranka)*; **~ off** atsisveikinti, išleisti *(pamojant ranka)*

waveband ['weɪvbænd] *n rad.* bangų *(dažnio)* juosta

waved [weɪvd] *a* garbanotas, banguotas; sugarbanotas *(apie plaukus)*

waveform ['weɪvfɔ:m] *n fiz.* bangos forma

waveguide ['weɪvgaɪd] *n rad.* bangolaidis

wavelength ['weɪvleŋθ] *n fiz.* bangos ilgis ◊ **to be on the same ~** *šnek.* ≡ rasti bendrą kalbą

wavelet ['weɪvlɪt] *n* bangelė

wavemeter ['weɪv‚mi:tə] *n rad.* bangomatis

waver ['weɪvə] *v* **1** svyruoti *(between)*; dvejoti, būti neryžtingam; **to ~ in one's convictions** būti netvirtų įsitikinimų **2** plazdėti, pleventi *(apie liepsną)* **3** silpnėti *(apie drąsą, meilę ir pan.)* **4** (su)drebėti, (su)virpėti *(apie balsą ir pan.)*

waverer ['weɪvərə] *n* svyruojantis/neapsisprendęs/neryžtingas žmogus

wavering ['weɪvərɪŋ] *a* **1** svyruojantis; dvejojantis; neryžtingas **2** virpantis *(apie balsą ir pan.)*

wave-sailing ['weɪv‚seɪlɪŋ] *n* banglenčių sportas

wavy ['weɪvɪ] *a* **1** banguotas, vilnėtas; banguojantis **2** garbanotas, banguotas **3** svyruojantis **4** *tech.* rifliuotas, rievėtas

wax¹ [wæks] *n* **1** vaškas; **mineral ~** kalnų vaškas, ozokeritas; **~ candle** vaško/vaškinė žvakė; **~ museum** vaško figūrų muziejus **2** ausų siera **3** *(slidžių, sodo)* tepalas **4** *(batsiuvio)* derva **5** pikis
v **1** vaškuoti *(grindis, siūlą ir pan.)* **2** tepti *(slides)*; blizginti *(automobilį)* **3** pikiuoti **4** dervuoti *(siūlą)*

wax² *v* **1** pilnėti, didėti *(apie mėnulį)* **2** tapti, darytis; **to ~ eloquent** darytis iškalbingam, labai mėgti kalbėti *(about, over)*; **to ~ fat** sustorėti; **to ~ angry** supykti; **to ~ merry** (pra)linksmėti ◊ **to ~ and wane** tai didėti/kilti, tai mažėti/kristi *(apie jausmus, populiarumą ir pan.)*

wax³ *n šnek. ret.* pykčio priepuolis, įniršis; **to get into a ~** įniršti; **to put smb in a ~** įsiutinti ką

waxcloth ['wækskləθ] *n* **1** klijuotė, vaškuotė **2** linoleumas

waxed [wækst] *a* vaškuotas; dervuotas *(apie siūlą)*; **~ floor** vaškuotos grindys; **~ jacket** neperšlampama striukė

waxen ['wæksən] *a* **1** vaškinis; (minkštas) kaip vaškas **2** *prk.* vaškinis, vaško spalvos, išgeltęs; **~ complexion** vaškinis veidas **3** vaškuotas

wax-end ['wæksend] *n* dervasiūlis

wax-light ['wækslaɪt] *n* vaškinė žvakė

wax-myrtle ['wæks‚mə:tl] *n bot.* sotvaras

wax-paper ['wæks‚peɪpə] *n* vaškuotas popierius, vaškuotė

waxwing ['wækswɪŋ] *n zool.* svirbelis *(paukštis)*

waxwork ['wækswə:k] *n* **1** vaško lipdinys/statula **2** lipdymas iš vaško **3** *pl* panoptikumas; vaško figūrų muziejus

waxy¹ ['wæksɪ] *a* **1** vaškinis *(t. p. prk.)*; vaškiškas, panašus į vašką **2** vaškuotas

waxy² *a šnek. ret.* įsiutęs, įniršęs; ūmus

way [weɪ] *n* **1** kelias; **back ~** aplinkinis kelias; **by the ~** a) pakeliui; b) *šnek.* beje, tarp kitko; **on the ~** kelyje, pakeliui; **changes are on the ~** artėja permainos; **out of the ~** a) ne pakeliui, iš kelio; b) nuošalyje; c) nepaprastas; **across/over the ~** kitoje kelio/gatvės pusėje; **to take one's ~** (iš)eiti; **to be on one's ~, to go one's ~** (iš)eiti, (iš)vykti; **to be in the ~** a) stovėti skersai kelio *(t. p. prk.)*; b) ≡ pintis po kojų; trukdyti; **to find one's ~** a) rasti kelią; b) patekti *(kur, į ką)*; **to go one's own ~** eiti savo keliu; **to make ~ (for)** duoti kelią, pasitraukti iš kelio *(t. p. prk.)*; užleisti vietą **2** kryptis; pusė, šonas; **he is going your ~** jis eina ta pačia kryptimi kaip ir jūs; **(step/walk) this ~, please** prašom (eiti) čia; **look this ~** pažiūrėkite čia; **I didn't know which ~ to look** aš nežinojau, kur dėtis; **which ~ is he looking?** į kurią pusę jis žiūri? **3** nuotolis, atstumas; **a little ~,** *amer. šnek.* **a little ~s** netoli; **a long ~** toli; **to have come a long ~** nueiti ilgą kelią *(t. p. prk.)*; **my birthday is still some ~ off** mano gimtadienis dar toli; **to live over the ~** gyventi priešais; **he lives somewhere London ~** jis gyvena kažkur Londono link **4** judėjimas pirmyn, į priekį; **to fight one's ~** jėga prasiskinti kelią, prasimušti; **to make one's ~** eiti *(pirmyn)*; skintis kelią, brautis, spraustis; **to make the best of one's ~** eiti/vykti kiek galima greičiau, skubėti; **to gather [to lose] ~** didinti [mažinti] greitį; **to go on one's ~** toliau keliauti; **to have ~ on** judėti į priekį *(apie laivą, automobilį ir pan.)* **5** būdas, metodas, kelias; **in no ~** jokiu būdu; **in the same ~** tokiu pat būdu; **~s and means** būdai ir priemonės/galimybės *(ką daryti)*; **one ~ or another** vienu ar kitu būdu, vienaip ar kitaip; **in more ~s than one** ne vienu būdu; **in the usual ~** įprastu būdu, įprastai; **~ of life/living** gyvenimo būdas; **I will find a ~ to do it** aš surasiu būdą tai atlikti; **he doesn't speak the ~ I do** jis nekalba taip kaip aš; **that's no ~ to speak to your father!** taip nedera kalbėti su tėvu!; **that can work both ~s** poveikis gali būti abejopas; tai gali padėti, bet gali ir pakenkti **6** paprotys, įprotis, bruožas, ypatybė; **the ~ of the Romans** romėnų papročiai; **to get into the ~ of doing smth** įprasti ką daryti; **to put smb up to the ~s of the place** supažindinti ką su vietos papročiais; **don't worry, that's just her ~** nesijaudinkite, tai toks jos įprotis; **it is not in his ~ to be lively** gyvumas jam nebūdinga; **to stand in the modern ~** ginti naujoves **7** mokėjimas, sugebėjimas; **to have a ~ (with)** mokėti bendrauti *(su)*; mokėti patraukti/įtikinti **8** atžvilgis; **in a ~** tam tikru atžvilgiu, tam tikra prasme; **in some ~s** kai kuriais atžvilgiais; **in every ~** visais atžvilgiais **9** padėtis, būklė; **things are in a bad ~** prasti reikalai/dalykai **10** *šnek.* jaudinimasis; **she was in a terrible ~** ji buvo labai susijaudinusi **11** *šnek.* sritis, sfera; **such matters never come/fall (in) my ~** man netenka/nepasitaiko užsiimti tokiais dalykais **12** įėjimas *(t. p. ~ in)*; išėjimas *(t. p. ~ out)* **13** *pl jūr.* stapelis **14** *tech. (staklių)* kreipiamoji ◊ **~ out/around** išeitis *(iš padėties)*; **by ~ of** a) per; **by ~ of London** per Londoną; b) dėl, siekiant; **he brought me by ~ of thanking me** jis man tai atnešė norėdamas atsidėkoti; c) vietoje, kaip; **by ~ of apology** kaip atsiprašymą, vietoj atsiprašymo; **by a long ~** kur kas, smarkiai; **in a big ~** labai, nepaprastai; **the other/wrong ~ round** atvirkščiai; **this ~ and that** a) ir šen, ir ten; b) ir šiaip, ir taip; **to my ~ of thinking** mano galva/nuomone; **no two ~s about it** a) kitos išeities nėra; b) dėl to negali būti dviejų nuomonių; **to cut both ~s** ≡ turėti du galus, dvi puses; **you can't have it both ~s** ≡ du zuikius vydamas, nė vieno nepagausi; arba, arba; **that's the ~!** gerai!, taip ir reikia *(ką daryti)*; **(that's/it's) always the ~!** taip visuomet būna/atsitinka!; **that's the ~ of the world** visur taip yra; **the longest round is the shortest ~ home** ≡ tiesiog arčiau, aplink greičiau; **to be with smb all the ~** visiškai kam pritarti, visiškai su kuo sutikti; **to come**

waybill — **wean¹**

smb's ~ pasitaikyti; *to fall for smb in a big* ~ *šnek.* įsimylėti ką iki ausų; *to get one's (own)* ~ daryti ką nori; pasiekti savo; *to get smth out of the* ~ užbaigti ką, atsikratyti ko; *to give* ~ a) atsitraukti, užleisti kelią; b) nusileisti, pasiduoti *(to);* duoti valią *(ašaroms ir pan.); don't give* ~ *to despair* nepulk į neviltį, nenusimink; c) trūkti *(apie virvę);* (į)lūžti, (su)griūti *(apie tiltą ir pan.);* d) kristi *(apie akcijas); to go all the* ~ *šnek.* a) visiškai sutikti; b) *euf.* mylėtis; *to go the* ~ *of all flesh* mirti; *to go out of one's* ~ stengtis/pasistengti iš visų jėgų *(ką padaryti, kam padėti); to go/take one's own* ~ elgtis savo nuožiūra, daryti taip, kaip patinka; *to have a* ~ (of + ger) atsitikti *(ypač apie ką nors nemalonų); to have one's own* ~ (pa)daryti savaip; *have it your own* ~*!* daryk kaip žinai!, tebūnie tavo viršus/teisybė!; *she has a baby on the* ~ *šnek.* ji laukiasi kūdikio; *to keep out of smb's* ~ vengti ko; *to know one's* ~ *about/around* ≡ žinoti, kas kur; mokėti *(elgtis ir pan.); not to know which* ~ *to turn šnek.* nežinoti, ką toliau daryti; nežinoti ko griebtis; *to lead the* ~ vesti paskui save, eiti priekyje, rodyti kelią *(ppr. prk.); to look the other* ~ apsimesti nematančiam; *to look one* ~ *and row another* slėpti savo planus/įsitikinimus *ir pan.; to look two* ~*s for Sunday* smarkiai žvairuoti; *to make one's* ~ *in life, ar in the world* sektis gyvenime, padaryti karjerą; *to pay one's* ~ susimokėti *(savo dalį);* visiškai atsiskaityti, neprasiskolinti; *to put smb in the* ~ *(of)* sudaryti kam progą/galimybę *(padaryti ką, užsidirbti); to put smb out of the* ~ nužudyti, pašalinti iš kelio; *to rub/stroke smb the wrong* ~ a) ≡ glostyti ką prieš plauką; b) (su)erzinti, (už)pykdyti ką *(netyčia); to see one's* ~ *(clear)* žinoti, ką daryti, galėti ką padaryti *(to); to take the easy* ~ *out* rasti lengvą *(bet ne geriausią)* išeitį; *it's the* ~ *of the world* taip jau yra pasaulyje, toks gyvenimas; *if I had my* ~ jei būtų mano valia; *no* ~*!* nieku gyvu! *adv šnek.* **1** toli; ~ *ahead [behind]* toli priekyje [užpakalyje]; ~ *back* seniai; ~ *back in May* dar gegužės mėnesį **2** *amer.* labai

waybill ['weɪbɪl] *n* **1** keleivių sąrašas **2** važtaraštis, transportuojamų prekių aprašas, *air* ~ oro transporto važtaraštis **3** *(turistinis ir pan.)* maršrutas

wayfarer ['weɪfɛərə] *n knyg.* pakeleivingas žmogus, keliautojas *(ypač pėsčiomis)*

wayfaring ['weɪfɛərɪŋ] *knyg. n* keliavimas, kelionė *a attr* keliaujantis

wayfaring-tree ['weɪfɛərɪŋtri:] *n bot.* sodinis putinas

waygoing ['weɪgəʊɪŋ] *šiaur. n* išsiskyrimas, išvykimas *a* išvykstantis

waylay [ˌweɪ'leɪ] *v* (waylaid [-d]) **1** tykoti *(apiplėšti/užmušti kelyje)* **2** užklupti, sulaikyti *(kelyje)*

way-leave ['weɪli:v] *n teis.* **1** teisė pereiti/pervažiuoti *(per svetimą teritoriją)* **2** teisė skristi per svetimos šalies oro erdvę

wayless ['weɪləs] *a* be kelio, be tako, neturintis kelių

way-out ['weɪ'aʊt] *a šnek.* **1** neįprastas, ekscentriškas **2** naujoviškas, modernus

way-passenger ['weɪˌpæsɪndʒə] *n amer.* keleivis, įlipantis/išlipantis tarpustotėje

-ways [-weɪz] *suff* reiškiant a) veiksmo būdą, verčiama prieveiksmiu su priesaga -ai; b) kryptį, į arba įnagininku; *sideways* įkypai, įstrižai; į šoną, šonu

wayside ['weɪsaɪd] *n* pakelė, šalikelė ◊ *to fall by the* ~ a) neišsilaikyti, neištverti; žlugti; b) netekti aktualumo, užsimiršti
a attr pakelės; ~ *trees* pakelės medžiai

way-station ['weɪˌsteɪʃn] *n amer.* **1** pusstotė, tarpustotė **2** *(veiklos ir pan.)* etapas, tarpsnis, momentas

way-train ['weɪtreɪn] *n amer.* traukinys, stojantis visose stotyse

wayward ['weɪwəd] *a* **1** aikštingas, užgaidus; savavalis, neklusnus **2** nepastovus; ~ *opinions* nuomonių/pažiūrų nepastovumas

waywardness ['weɪwədnɪs] *n* **1** aikštingumas, užgaidumas; užgaidos **2** nepastovumas **3** klaidos, suklydimai

wayworn ['weɪwɔːn] *a* kelionės išvargintas

wazoo [wə'zuː] *n amer. šnek. (žmogaus)* pasturgalis, užpakalis

wazzock ['wæzək] *n šnek.* mulkis

we [wiː] *pron pers (objektinis linksnis* us*)* mes; *where shall we go?* kur (mes) eisime?; *we are of the opinion that...* mes manome, kad..., mūsų nuomone; *we all make mistakes* visi darome klaidų

weak [wiːk] *a* **1** *(įv. reikšm.)* silpnas; ~ *bridge* silpnas tiltas; ~ *child* silpnas vaikas; ~ *tea* silpna arbata; ~ *point/spot* silpnybė, silpnoji vieta; ~ *heart [will]* silpna širdis [valia]; ~ *economy* silpna ekonomika; ~ *(eye)sight* silpnas regėjimas; ~ *in the head šnek.* silpnaprotis; *at/in a* ~ *moment* silpnumo valandėlę; *to be* ~ *in/at smth* silpnai mokėti ką; *to grow/become* ~*(er)* (su)silpnėti **2** neryžtingas, silpnavalis; ~ *man* neryžtingas/silpnavalis žmogus **3** neįtikinamas; ~ *argument* silpnas argumentas **4** *gram.* silpnasis; ~ *verb* silpnasis/taisyklingasis veiksmažodis **5** *fon.* silpnas, nekirčiuotas, redukuotas **6** *kom.* mažėjantis, krintantis *(apie kainas)*
n (the ~*) kuop.* silpnieji, silpnuoliai

weaken ['wiːkən] *v* **1** (su)silpninti; nusilpninti **2** (su)silpnėti; (nu)silpti **3** kristi, smukti *(apie pinigų vertę)* **4** nusileisti, pasiduoti *(prašymams ir pan.)* **5** atskiesti, praskiesti

weak-eyed ['wiːk'aɪd] *a* silpnaregis, neprimatantis

weak-handed ['wiːk'hændɪd] *a* **1** silpnarankis, silpnų rankų **2** stokojantis darbo rankų, nesukomplektuotas

weak-headed ['wiːk'hedɪd] *a* **1** silpnaprotis **2** silpnagalvis, greitai pasigeriantis

weak-kneed ['wiːk'niːd] *a* **1** silpnavalis; silpnadvasis, bailus, kinkadrebys **2** *ret.* silpnakojis, silpnų kojų

weakling ['wiːklɪŋ] *n* **1** silpnuolis; silpnas žmogus/gyvulys **2** silpnavalis žmogus

weakly ['wiːklɪ] *a* silpnas, liguistas, nusilpęs
adv silpnai

weak-minded ['wiːk'maɪndɪd] *a* silpnaprotis

weakness ['wiːknɪs] *n* **1** silpnumas **2** silpnybė *(for)* **3** trūkumas, silpnoji vieta; ~ *in scholarship* išsilavinimo trūkumas, menka erudicija **4** nepagrįstumas, neįtikinamumas

weak-spirited ['wiːk'spɪrɪtɪd] *a* silpnadvasis, bailus

weak-willed ['wiːk'wɪld] *a* silpnavalis, silpnos valios

weal¹ [wiːl] *n* randas *(nuo kirčio botagu, kardu ir pan.)*

weal² *n knyg., psn.* gerovė; *for the public/general* ~ visų gerovei; *in* ~ *and woe* laimėje ir nelaimėje

weald [wiːld] *n* laukai, dykvietė *(buvę miškai); the W.* Pietų Anglija

wealth [welθ] *n* **1** turtas, turtai; lobis *(t. p. prk.); intellectual/spiritual* ~ dvasiniai turtai; *a man of* ~ turtingas žmogus **2** gausumas; gausybė; ~ *of colour* spalvų gausumas; *a* ~ *of ideas* gausybė minčių **3** *psn.* gerovė

wealthy ['welθɪ] *a* turtingas; pasiturintis
n (the ~*) kuop.* turtuoliai, turtingieji, turčiai

wean¹ [wiːn] *v* **1** (at)junkyti, nujunkyti *(kūdikį, veršelį)* **2** atpratinti, nupratinti *(from, off; t. p.* ~ *away); refl* atprasti *(off);* įpratinti, pripratinti *(on, onto)*

wean² *n škot.* kūdikis, vaikas
weaner ['wi:nə] *n* neseniai nujunkytas jauniklis
weanling ['wi:nlɪŋ] *n* neseniai nujunkytas kūdikis/jauniklis
weapon ['wepən] *n* ginklas *(t. p. prk.);* ~ *of mass destruction* masinio naikinimo ginklas; *the strike as a political* ~ streikas kaip politinis ginklas
weaponless ['wepənləs] *a* beginklis
weaponry ['wepənrɪ] *n kar.* ginkluotė, kovos technika
wear¹ [wɛə] *n* **1** rūbai, drabužiai; *men's* ~ vyriški drabužiai; *working* ~ darbiniai drabužiai **2** dėvėjimas, nešiojimas; *in* ~ dėvimas; *out of* ~ nedėvimas; nemadingas; *clothes for summer* ~ vasariniai drabužiai; *a lot of* ~ *is left in smth* dar galima dėvėti ką **3** nusinešiojimas, su(si)dėvėjimas; *mechanical [thermal]* ~ *tech.* mechaninis [terminis] dilimas; ~ *and tear spec.* susidėvėjimas, nusidėvėjimas, amortizacija; *to show* ~ susidėvėti; *the worse for* ~ a) susidėvėjęs; b) išvargęs, išsekęs, nusikamavęs; *there is not much* ~ *in these shoes* šiuos batus jau neilgai dėvės
v (wore; worn) **1** nešioti(s), dėvėti(s); *to* ~ *glasses* nešioti akinius; *to* ~ *one's hair long* nešioti ilgus plaukus; *to* ~ *scent* kvėpintis, vartoti kvepalus; *to* ~ *well* gerai nešiotis/dėvėtis **2** su(si)dėvėti, nu(si)dėvėti, pra(si)trinti; *to* ~ *thin* nudilti, suplonėti *(dėvint);* nusidėvėti; *my patience is ~ing thin prk.* mano kantrybė baigiasi; *the tyres are worn smooth* padangos visai susidėvėjo/sudilo; *I have worn my shoes into holes* aš taip sudėvėjau batus – vienos skylės **3** atrodyti, rodytis; *he's worn well* jis dar gerai/jaunai atrodo; *to* ~ *a smile* šypsotis; *to* ~ *a troubled look* atrodyti susirūpinusiam; *to* ~ *a careless manner* rodytis nerūpestingam **4** graužti, plauti; praminti; *the water has worn a channel* vanduo išgraužė griovį; *to* ~ *a track* praminti taką **5** varginti, sekinti **6** slinkti, tęstis *(apie laiką; t. p.* ~ *away/on); the long winter wore away* praslinko ilga žiema **7** *(neig. sakiniuose) šnek.* nepakęsti, neleisti; *I don't think Father will* ~ *it* manau, kad tėvui tai nepatiks, tėvas to neleis **8** *jūr.: to* ~ *the ensign/flag* plaukti su vėliava □ ~ *away* nu(si)dėvėti, nu(si)nešioti, nu(si)trinti; ~ *down* a) nu(si)trinti, nudilti, nu(si)dėvėti; b) palaužti *(pasipriešinimą, tikėjimą ir pan.);* c) (nu)kamuoti, nuvarginti; ~ *off* a) = ~ *down* a); b) nublankti *(apie naujovę);* (su)silpnėti, praeiti *(apie skausmą ir pan.); it will* ~ *off in time* laikui bėgant tai praeis; ~ *out* a) su(si)dėvėti, nu(si)dėvėti; b) (iš)sekinti, (iš)varginti; nu(si)kamuoti; *I'm worn out with worry* aš nukamuotas/išsekintas rūpesčių; c) išsieikvoti *(apie baterijas ir pan.);* ~ *through* pra(si)trinti ◊ *to* ~ *the trousers/breeches/amer. pants šnek.* a) būti vyriško būdo *(apie moterį);* b) laikyti vyrą po padu *(apie žmoną)*
wear² *v* (wore) *jūr.* keisti kursą fordevindu
wearable ['wɛərəbl] *a* tinkamas/galimas nešioti/dėvėti, nešiotinas, dėvėtinas
wearer ['wɛərə] *n* dėvėtojas; *(drabužio)* savininkas
weariful ['wɪərɪfəl] *a* **1** nuobodus; varginantis **2** nuvargęs
weariless ['wɪərɪləs] *a* nenuilstamas, nenuilstantis
weariness ['wɪərɪnɪs] *n* **1** nuvargimas, nuovargis, pavargimas **2** nuobodis, nuobodumas
wearing ['wɛərɪŋ] *a* **1** skirtas dėvėti; susidėvėjimo; dilus; ~ *apparel* dėvimi drabužiai **2** varginantis, sekinantis *(apie darbą, kelionę, dieną ir pan.)*
wearisome ['wɪərɪsəm] *a* varginantis; nuobodus, įkyrus
wearproof ['wɛəpru:f] *a* atsparus susidėvėjimui/dilimui; ilgai nesusidėvintis

weary ['wɪərɪ] *a* **1** nuvargintas; nuvargęs, pavargęs *(of); I am* ~ *of it* man tai įkyrėjo **2** varginantis
v **1** (nu)varginti; nuvargti *(of); he soon wearied of living alone* jam greit nusibodo gyventi vienam **2** vargintis, kamuotis, ilgėtis *(for)*
weasel ['wi:zl] *n* **1** *zool.* žebenkštis **2** suktas žmogus, landūnas ◊ *to catch a* ~ *asleep* netikėtai užklupti atsargų žmogų
v (-ll-) (ypač amer.) šnek. išsisuk(inė)ti, vangstytis *(out of – nuo)*
weasel-worded ['wi:zl'wə:dɪd] *a* išreikštas/suformuluotas neaiškiai, nieko neįpareigojančiais žodžiais, dviprasmiškas, suktas
weather ['weðə] *n* **1** oras *(atmosferos sąlygos); fine [settled]* ~ geras [nusistovėjęs] oras; *fair* ~ giedra; *bad/foul/nasty* ~ bjaurus/blogas/darganotas oras; dargana; *in the* ~ lauke; *in all* ~s visokiu oru, bet kokiu oru; *to make good* ~ *jūr.* gerai atlaikyti audrą *(apie laivą)* **2** *šnek.* orų prognozė ◊ *under the* ~ *šnek.* a) nesveikuojantis, negaluojantis; b) blogos nuotaikos; pagiringas, pagiriotas; c) *amer.* išgėręs; *to have the* ~ *(of)* a) *jūr.* plaukti iš pavėjinės *(ko)* pusės; b) turėti pirmenybę/pranašumą; *to keep one's/a* ~ *eye open* atidžiai žiūrėti *(kad kas neatsitiktų; for); to make heavy* ~ *(of)* ap(si)sunkinti, sukomplikuoti
v **1** patirti orų poveikį; leisti atsistovėti/išdžiūti ore *(apie medieną)* **2** išlaikyti, atlaikyti *(audrą, sunkumus ir pan.; t. p.* ~ *out)* **3** *geol.* eroduoti, skeldėti, dūlėti; sukelti eroziją **4** *jūr.* aplenkti pavėjui *(t. p.* ~ *on)*
weatherbeaten ['weðəˌbi:tn] *a* **1** *(vėjo)* nugairintas, suskirdęs, suskerdėjęs; ~ *face* nugairintas veidas; ~ *rocks* suskeldėjusios uolos **2** darganų veikiamas, audrų plėšomas/niokojamas; eroduojamas
weatherboard ['weðəbɔ:d] *n* **1** *stat.* sienų apkala *(nuo lietaus)* **2** *jūr.* priešvėjinis bortas
weatherboarding ['weðəˌbɔ:dɪŋ] *n* = **weatherboard** 1
weather-bound ['weðəbaund] *a* sulaikytas/užlaikytas nepalankaus/prasto oro
weather-bureau ['weðəˌbjuərəu] *n amer.* = **weather-centre**
weather-centre ['weðəˌsentə] *n* orų biuras
weather-chart ['weðətʃɑ:t] *n* sinoptinis žemėlapis
weathercock ['weðəkɔk] *n* **1** vėjarodis, vėtrungė **2** *prk.* vėjavaikis, vėjapūta
weathered ['weðəd] *a* **1** paveiktas orų; atsistovėjęs, išdžiūvęs *(apie medieną)* **2** *(vėjo)* nugairintas; matęs visokio oro **3** *geol.* išdūlėjęs
weather-forecast ['weðəˌfɔ:kɑ:st] *n meteor.* orų prognozė
weathergirl ['weðəgə:l] *n* sinoptikė, meteorologė
weatherglass ['weðəglɑ:s] *n ret.* barometras
weathering ['weðərɪŋ] *n* **1** *stat.* nuolydis lietaus vandeniui nutekėti **2** *geol.* erozija
weatherman ['weðəmæn] *n (pl* -men [-men]) *(tik v.)* sinoptikas, meteorologas
weather-map ['weðəmæp] *n* = **weather-chart**
weatherperson ['weðəpəːsn] *n* sinoptikas, meteorologas
weatherproof ['weðəpru:f] *a* atsparus orų pokyčiams; ~ *jacket* neperpučiamoji striukė, vėjastriukė
v apsaugoti nuo blogo oro, nuo orų pokyčių; daryti neperpučiamą, neperšlampamą
weather-report ['weðərɪˌpɔ:t] *n* orų prognozės biuletenis, pranešimas apie orą
weather-service ['weðəˌsə:vɪs] *n* meteorologijos tarnyba
weather-side ['weðəsaɪd] *n jūr.* priešvėjinė pusė
weather-sign ['weðəsaɪn] *n* ženklas, rodantis būsimą orų pasikeitimą

weather-stained ['weðəsteɪnd] *a* išblukęs, nublukęs *(nuo saulės);* su *(lietaus)* patakomis
weather-station ['weðə‚steɪʃn] *n* meteorologijos stotis
weatherstrip ['weðəstrɪp] *n stat. (lango, durų)* apvadas; sandariklis *(nuo lietaus, vėjo)*
v sandarinti *(langus, duris)*
weathervane ['weðəveɪn] *n* = **weathercock** 1
weather-wise ['weðəwaɪz] *a* **1** mokantis nuspėti orą; nuspėjantis *(orą)* **2** *prk.* jaučiantis, iš kur vėjas pučia
weather-worn ['weðəwɔːn] *a* nukentėjęs nuo audros/lietų *ir pan.*
weave[1] [wiːv] *v* (wove; woven) **1** austi **2** (su)pinti, (su)regzti *(t. p. prk.);* įpinti *(into);* **to ~ a basket [a nest]** pinti pintinę [lizdą]; **to ~ a plot** regzti intrigą
n **1** *(audinio)* piešinys, raštas **2** *tekst.* pynimas; audimas
weave[2] *v* **1** rangytis, vingiuoti; **to ~ one's way through the crowd** prasibrauti pro minią; **to ~ in and out between the cars** laviruoti tarp automobilių **2** *(get weaving) šnek.* kibti *(į)*, smarkiai imtis *(ko); it's time you got weaving on your homework* laikas tau sėsti prie pamokų; **get weaving!** greičiau!, žvaliau!, rangykis!
weaver ['wiːvə] *n* audėjas
web [web] *n* **1** voratinklis *(t. p. spider's ~)* **2** *(kelių ir pan.)* tinklas **3** *(melo ir pan.)* raizginys, rezginys **4** audeklas, audinys, audimas **5** *zool. (paukščių kojų)* išliežis, plėvė **6** *zool. (plunksnos)* vėduoklė **7** *anat.* jungiamasis audinys **8** *poligr. (popieriaus)* ritinys, rulonas **9** *tech. (pjūklo)* geležtė; *(rato)* skridinys; *(sijos)* sienelė, briauna; *(skriejiko)* petys, žiauna
v apraizgyti *(t. p. prk.)*
webbed [webd] *a zool.* plėvinis, plėvėtas
webbing ['webɪŋ] *n* austinė juosta, brezentinis/austinis diržas *(minkštiems baldams ir pan.)*
weber ['veɪbə] *n fiz.* vėberis *(magnetinio srauto vienetas)*
web-footed ['web'futɪd] *a zool.* irklakojis
Webster ['webstə] *n: Noah ~* Nojas Vebsteris *(amerikiečių leksikografas)*
web-toed ['web'təud] *a* = **web-footed**
wed [wed] *v* (wedded, *ret.* wed) **1** (iš)tekėti, vesti; tuokti(s), su(si)tuokti **2** sujungti; susieti *(gyvenimą ir pan.; with)* **3** derintis; **a building that will ~ with the landscape** pastatas, kuris gerai derės su landšaftu
we'd [wɪd, wiːd] *sutr. šnek.* **1** = **we had 2** = **we should; we would**
wedded ['wedɪd] *a* **1** sutuoktinių; sutuoktinis; **smb's (lawful) ~ wife** kieno teisėta žmona **2** atsidavęs *(to); he is ~ to his opinions* jis tvirtai laikosi savo nuomonės **3** glaudžiai susijęs *(to)*
wedding ['wedɪŋ] *n* **1** jungtuvės, sutuoktuvės, vestuvės; **silver ~** sidabrinės vestuvės; **~ present** vestuvinė dovana; **~ eve** mergvakaris **2** su(si)jungimas; susiliejimas
wedding-breakfast ['wedɪŋ‚brekfəst] *n* vestuvių vaišės *(po vestuvių ceremonijos)*
wedding-cake ['wedɪŋkeɪk] *n* vestuvių pyragas
wedding-day ['wedɪŋdeɪ] *n* vestuvių diena; sutuoktuvių metinės
wedding-dress ['wedɪŋdres] *n* vestuvinė suknelė
wedding-finger ['wedɪŋ‚fɪŋgə] *n* bevardis kairės rankos pirštas
wedding-ring ['wedɪŋrɪŋ] *n* sutuoktuvių žiedas
wedge [wedʒ] *n* **1** pleištas, pakala; **to drive a ~** įvaryti pleištą *(t. p. prk.)* **2** kas nors pleišto pavidalo; **a ~ of cheese** smailas sūrio gabaliukas; **a ~ of cranes** skrendančių gervių pulkas **3** *(alpinistų)* vąšas ◊ **the thin end of the ~** pirmas žingsnis, kukli pradžia
v **1** į(si)sprausti *(t. p. ~ in); the book was ~d between the cupboard and the wall* knyga įstrigo tarp spintos ir sienos **2** pleišyti, pleištuoti *(t. p. ~ in/on/up)* **3** perskelti pleištu
wedge-shaped ['wedʒʃeɪpt] *a* pleištiškas, pleištinis
wedgies ['wedʒɪz] *n pl (moteriški)* storapadžiai bateliai
Wedgwood ['wedʒwud] *n* Vedžvudo keramika
wedlock ['wedlɔk] *n knyg.* santuoka ◊ **born in [out of] ~** santuokinis [nesantuokinis] *(apie vaiką)*
Wednesday ['wenzdɪ] *n* trečiadienis; **on the ~** šį trečiadienį
adv šnek. trečiadienį; trečiadieniais
wee[1] [wiː] *a (ypač škot.)* mažutis, mažytis; **a ~ bit** *šnek.* truputį; **the ~ hours** *juok.* pirmosios valandos po vidurnakčio *(iki 4 val.)*
wee[2] *v (ypač vaik.) šnek.* siusinti, šlapintis
weed[1] [wiːd] *n* **1** piktžolė **2** *bot.* dumbliai **3** *šnek.* (**the ~**) tabakas *(t. p. Indian ~);* cigaras **4** *šnek.* hašišas, marihuana **5** *šnek.* išstypėlis, nugeibėlis, pertįsa **6** *šnek.* kuinas ◊ **ill ~s grow apace** piktžolės pačios/nesėjamos auga
v ravėti; išravėti *(t. p. ~ out)* □ **~ out** atsikratyti, pašalinti
weed[2] *n psn.* **1** *pl* našlės gedulo rūbai *(t. p. widow's ~s)* **2** gedulo raištis/juostelė
weeder ['wiːdə] *n* **1** ravėtojas **2** *ž. ū.* ravėtuvas, purentuvas
weed-grown ['wiːdgrəun] *a* piktžolėmis užaugęs/užželęs, piktžolių priaugęs
weedkiller ['wiːd‚kɪlə] *n* herbicidas
weedy ['wiːdɪ] *a* **1** piktžolėtas, apaugęs/apželęs piktžolėmis **2** augantis kaip piktžolė **3** *šnek.* liesas ir silpnas, geibus
week [wiːk] *a* savaitė; darbo savaitė *(t. p. working ~);* **in a ~** po/už savaitės; **Monday ~** po savaitės pirmadienį; **once a ~** kartą per savaitę; **for ~s (on end)** ištisas savaites; **this day ~** a) lygiai prieš savaitę; b) lygiai po savaitės *(t. p. today ~);* **~ after ~, ~ in ~ out** savaitė po savaitės, be pertraukos; **~ by ~** kiekvieną savaitę ◊ **a ~ of Sundays** *šnek.* a) septynios savaitės; b) ilgas laikas, ≡ šimtas metų
weekday ['wiːkdeɪ] *n* šiokiadienis, šiokia diena; **~ bus services** autobusų reisai šiokiadieniais, darbo dienomis
weekend ['wiːk'end] *n* savaitgalis; savaitgalio poilsis; **~ visitors** žmonės, atvažiuojantys savaitgaliui *(į vilą, prie jūros ir pan.)*
v praleisti savaitgalį
weekender [‚wiːk'endə] *n* **1** savaitgalio poilsiautojas/svečias **2** *amer.* lagaminėlis **3** *austral. šnek.* poilsiautojų namelis
week-long ['wiːklɔŋ] *a* trunkantis savaitę, savaitinis; **~ holiday** savaitės atostogos
weekly ['wiːklɪ] <*n, a, adv*> *n* savaitraštis
a savaitinis
adv kas savaitę; (kartą) per savaitę
ween[1] [wiːn] *n amer. menk.* kalikas; darbštuolis
ween[2] *v psn.* manyti
weenie ['wiːnɪ] *n amer. šnek.* **1** parūkyta dešrelė **2** *(ypač vaik.)* bailiukas; kvailiukas
weeny ['wiːnɪ] *a šnek.* mažytis, smulkutis
weep [wiːp] *n* verkimas, verksmas; **to have a little ~** truputį paverkti
v (wept) **1** verkti; raudoti; **to ~ bitter tears** lieti gailias ašaras; **she wept herself to sleep** beverkdama ji užmigo **2** (ap)rasoti; pasidengti lašais; **cold pipes ~ in hot weather**

šalti vamzdžiai rasoja karštu oru **3** kraujuoti, šlapiuoti *(apie žaizdą);* ***the wall ~s*** siena šlapiuoja ☐ ***~ out*** išverkti; *refl* išsiverkti; ***to ~ one's eyes out*** praverkti akis
weeper ['wi:pə] *n* **1** verkėjas; verksnys **2** *ist.* raudotojas **3** *ist.* gedulo raištis; *(našlės)* šydas
weepie ['wi:pɪ] = **weepy** *n*
weeping ['wi:pɪŋ] *n* **1** verkimas, verksmas **2** rasojimas
a **1** verkiantis; ***~ willow*** gluosnis svyruoklis; ***~ birch*** beržas svyruoklis, skarotasis beržas **2** rasojantis; šlapiuojantis; ***~ eczema*** *med.* šlapiuojanti egzema
weepy ['wi:pɪ] *a* **1** verksmingas; verksnus **2** sentimentalus *(apie filmą, pjesę ir pan.)*
n šnek. sentimentalus filmas
weever ['wi:və] *n zool.* jūrų drakonas
weevill ['wi:vɪl] *n zool.* straubliukas
weevilled ['wi:vɪld] *a* = **weevilly**
weevilly ['wi:vɪlɪ] *a ž. ū.* apniktas/užpultas straubliukų *(apie grūdus ir pan.)*
wee-wee ['wi:wi:] *n vaik.* siusiukas
weft [weft] *n* **1** *tekst.* ataudai **2** audinys
weigh [weɪ] *v* **1** sverti(s), pasverti; ***have you ~ed yourself lately?*** ar tu neseniai svėreisi? **2** *prk.* pasverti, (ap)svarstyti, apgalvoti; ***to ~ one's words*** pasverti/apgalvoti/parinkti žodžius **3** slėgti *(apie atsakomybę, rūpesčius ir pan.; on, upon);* ***to ~ on smb's conscience*** slėgti kieno sąžinę **4** reikšti, turėti svorio/įtakos *(with, against);* nusverti; ***to ~ very little with smb*** reikšti kam labai mažai; ***to ~ in smb's favour*** nusverti/būti kieno naudai; ***this evidence will ~ against you*** tie parodymai bus ne tavo naudai **5** *jūr.* pakelti *(inkarą)* ☐ ***~ down*** a) nusverti, nulenkti, nusvarinti; ***the fruit ~ed the branches down*** vaisiai nusvėrė šakas; b) *(ppr. pass) prk.* (pri)slėgti *(with);* ***~ in*** a) pa(si)sverti prieš varžybas *(apie boksininką)* ar po lenktynių *(apie žokėjų);* b) prisidėti *(with);* ***to ~ in with an argument*** pateikti lemiamą argumentą; ***~ out*** a) atsverti; b) pa(si)sverti su balnu prieš lenktynes *(apie žokėjų);* ***~ up*** a) (pa)kelti *(svertu);* b) *prk.* pasverti; apsvarstyti ir nuspręsti; c) susidaryti nuomonę *(apie žmogų)*
weighbridge ['weɪbrɪdʒ] *n* tiltinės svarstyklės
weigher ['weɪə] *n* svėrėjas, svarstyklininkas
weigh-in ['weɪɪn] *n sport.* svėrimas(is) prieš varžybas/lenktynes
weighing ['weɪɪŋ] *n* svėrimas
weighing-machine ['weɪɪŋməˌʃi:n] *n* svarstyklės *(dideliems svoriams);* automatinės svarstyklės; svėrimo automatas
weight [weɪt] *n* **1** svoris; ***to be twice smb's ~*** sverti du kartus daugiau už ką; ***to lift heavy ~s*** pakelti didelius svorius; ***to put on ~*** a) storėti, riebėti; b) priaugti svorio, sunkėti; ***to give light ~*** apsverti, apgauti sveriant; ***short ~*** svorio trūkumas; ***over [under] ~*** per sunkus [lengvas] **2** svarstis; *(laikrodžio, svirties)* pasvaras; ***Weights and Measures Department*** matų ir svarsčių rūmai **3** sunkumas; sunkulys **4** *prk.* našta; ***the ~ of years*** metų našta; ***to carry the ~ of the world on one's shoulder*** nešti sunkiausią naštą ant savo pečių **5** svarba, reikšmė; įtaka; ***men of ~*** įtakingi asmenys; ***to carry ~*** būti įtakingam; turėti įtakos; ***to lay ~ (on),*** ***to attach/give ~ (to)*** teikti reikšmės **6** *sport.* svoris; svorio kategorija *(t. p.* ***~ category)*** **7** *sport.* štanga; svarmuo **8** *aut.* masė **9** pusiausvyros koeficientas *(statistikoje)* ◊ ***to chuck one's ~ about*** išdidžiai laikytis; ***to pull one's ~*** padaryti/atlikti savo *(darbo ir pan.)* dalį; ***to throw one's ~ about/around*** *šnek.* komanduoti, elgtis valdingai; ***to swing/throw one's ~ behind*** ryžtingai, visu savo autoritetu paremti ką; ***to take the ~ off one's feet*** *(džn. imp) šnek.* sėsti pailsėti
v **1** apkrauti, apsunkinti *(t. p. prk.)* **2** (dirbtinai) padidinti svorį; parišti pasvarus **3** (su)teikti reikšmės; sustiprinti ☐ ***~ down*** = **weigh down**
weighted ['weɪtɪd] *a* **1** (pa)sunkintas *(with);* sunkus; ***~ silk*** *tekst.* sunkintas šilkas **2** nulemiantis, nusveriantis; ***everything is ~ in their favour [against them]*** viskas klostosi jų naudai [jų nenaudai] **3** *spec.* svorinis *(statistikoje);* ***~ mean/average*** svorinis vidurkis
weightiness ['weɪtɪnɪs] *n* svarumas, svarba *(of – ko)*
weighting ['weɪtɪŋ] *n* **1** (pa)sunkinimas; apkrovimas **2** atlyginimo priedas ir kitos lengvatos *(atsižvelgiant į vietos sąlygas, pragyvenimo lygį)*
weightless ['weɪtləs] *a* **1** besvoris, nesvarus **2** *prk.* lengvas, lankstus *(apie judesį ir pan.)*
weightlessness ['weɪtləsnɪs] *n* **1** nesvarumas; ***state of ~*** nesvarumo būsena **2** *(šokėjo, šokio)* lengvumas, lankstumas
weightlifter ['weɪtˌlɪftə] *n sport.* sunkumų kilnotojas, sunkiaatletis
weightlifting ['weɪtˌlɪftɪŋ] *n sport.* sunkumų kilnojimas, sunkioji atletika
weightwatcher ['weɪtˌwɒtʃə] *n* žmogus, kuris rūpinasi savo svoriu, laikosi maitinimosi režimo
weighty ['weɪtɪ] *a* **1** sunkus, svarus; apsunkinantis **2** *prk.* svarus, reikšmingas; ***~ argument*** svarus argumentas
weir [wɪə] *n* užtvanka; vandens slenkstis
v užtvenkti
weird [wɪəd] *n psn., škot.* likimas, lemtis
a **1** antgamtiškas, paslaptingas; keistas **2** *šnek.* nesuprantamas, nenormalus **3** *psn.* fatališkas, lemties, likimo; ***the ~ sisters*** *mit.* likimo deivės, nornos ◊ ***~ and wonderful*** *šnek.* gudrus, bet keistokas
weirdie ['wɪədɪ] *n* = **weirdo**
weirdo ['wɪədəʊ] *n (pl* ***~s*** [-z]) *šnek.* keistuolis, ekscentrikas
Welch [welʃ] = **Welsh** *a, n*
welch [welʃ] *v* = **welsh**
welcome ['welkəm] <*n, a, v, int*> *n* **1** (pa)sveikinimas; ***to bid ~*** (pa)sveikinti **2** *(nuoširdus, svetingas)* priėmimas, sutikimas; vaišingumas; ***to give smb/smth a warm ~*** nuoširdžiai/šiltai ką priimti; ***to wear out one's ~*** piktnaudžiauti kieno svetingumu
a **1** laukiamas; ***~ guest*** laukiamas/pageidaujamas svečias; ***to make smb ~*** šiltai ką priimti/sutikti; ***a glass of beer would be very ~*** alaus bokalas dabar būtų labai gerai **2** malonus, mielas; ***~ news*** maloni/džiugi naujiena **3** *predic* mielai leidžiama *(to);* ***you are ~ to my library*** prašau naudotis mano biblioteka; ***you're ~ to try*** gali(te) pabandyti ◊ ***you are ~*** a) malonu jus matyti; sveiki atvykę; b) prašom, nėra už ką
v **1** (pa)sveikinti *(svečią); (su džiaugsmu, nuoširdžiai)* priimti, sutikti **2** sveikinti, pritarti; ***to ~ smb's initiative*** sveikinti kieno iniciatyvą ☐ ***~ back*** sveikinti (su)grįžusįjį
int sveiki atvykę!; ***~ back/home!*** sveiki sugrįžę/parvykę!
welcomer ['welkəmə] *n* sutinkantysis *(svečią oro uoste ir pan.)*
welcoming ['welkəmɪŋ] *a* **1** širdingas, malonus **2** sutinkantis, sveikinantis; ***~ party*** sutinkančiųjų grupė; ***~ ceremony*** sveikinimo ceremonija
weld [weld] *n tech.* **1** suvirinimas **2** suvirintoji siūlė; suvirintasis sujungimas
v **1** *tech.* su(si)virinti; privirinti *(t. p.* ***~ on; to)*** **2** suvienyti, sujungti *(t. p.* ***~ together)***

welder ['weldə] *n tech.* **1** suvirintojas **2** suvirintuvas, suvirinimo agregatas

welding ['weldıŋ] *n tech.* suvirinimas; *gas [fusion]* ~ dujinis [lydomasis] suvirinimas; *~ seam* suvirinimo siūlė

weldment ['weldmənt] *n* suvirintoji konstrukcija; suvirintasis dirbinys

welfare ['welfɛə] *n* **1** gerovė, labas; *for the ~ of the people* žmonių gerovei/labui; *~ work* gerovės kėlimas *(ypač beturčių)* **2** (socialinis) aprūpinimas *(t. p.* **public/social** *~); ~ state* valstybės socialinio aprūpinimo sistema **3** *amer. (nedarbingumo, invalidumo ir pan.)* pašalpa; *to live/be on ~* gyventi iš (valstybės) pašalpos

welkin ['welkın] *n poet.* dangus, dangaus skliautas

well[1] [wel] *n* **1** šulinys **2** šaltinis *(t. p. prk.)* **3** laiptų šachta *(t. p. stair ~)*; lifto šachta **4** vietos advokatams *(D. Britanijos teisme)* **5** naftos gręžinys *(t. p.* **oil** *~)* **6** *fiz.* duobė
v knyg. **1** siūbtelėti, išsiveržti *(džn. ~ out); blood ~ed (out) from the cut* kraujas siūbtelėjo iš žaizdos **2** trykšti; kauptis *(apie jausmus) (džn. ~ up); tears ~ed up in her eyes* ašaros tryško jai iš akių □ *~ over* lietis *(per kraštus; t. p. prk.)*

well[2] <*adv, a, n, int*> *adv* (better; best) **1** gerai; *very ~* labai gerai, puikiai; *to know full ~* puikiai žinoti; *to think ~ (of)* būti geros nuomonės *(apie); to come off ~, to go ~* gerai pasisekti/pavykti; *the girl speaks French ~ enough to act as our interpreter* mergaitė kalba prancūziškai pakankamai gerai, kad galėtų būti mūsų vertėja; *you are ~ out of that šnek.* gerai, kad tu su tuo nebeturi reikalų, kad tu išsisukai iš to **2** gerokai, kaip reikiant; *he ought to be ~ punished* jį reikia gerokai nubausti; *he must be ~ over fifty* jam turbūt gerokai per penkiasdešimt **3** gražiai, gerai; protingai, pagrįstai; *to treat smb ~* gražiai su kuo elgtis; *to behave ~* gerai elgtis; *you can't ~ refuse to help him* tu neturi pagrindo *ar* negali atsisakyti jam padėti **4** visiškai *(t. p. ~ and truly); he was ~ out of sight* jis visiškai išnyko iš akiračio **5** visai; smarkiai, žymiai; *it may ~ be true* visai galimas dalykas, kad tai tiesa; *the work is ~ on* darbas smarkiai pasistūmėjo; *I could not ~ refuse* aš niekaip negalėjau *ar* man buvo sunku atsisakyti ◊ *as ~ be to,* dar; ir, irgi; *as ~ as...* ir..., ir...; taip pat; *we might just as ~ have stayed at home* mes galėjome likti ir namie *(niekas nebūtų pasikeitę); just as ~* kodėl gi ne, vis tiek *(atsakymuose); ~ begun is half done* ≡ gera pradžia – pusė darbo; *it is all very ~ but...* atrodo, viskas labai gražu, bet...; *~ done/played!* bravo! šaunu!, šaunuolis!
a (better, best) *predic* **1** sveikas; *to get ~* pasveikti, pasitaisyti; *I am quite ~* aš visiškai sveikas **2** geras; *I hope all is ~ with you* tikiuosi, kad viskas tau einasi gerai ◊ *all is ~ that ends ~ pat.* viskas gerai, kas gerai baigiasi; *to be ~ in with smb šnek.* artimai bendrauti su kuo; *to be ~ out of smth* džiaugtis ištrūkus iš ko
n gėris; gera; *I wish you ~* aš linkiu jums gera; *why can't you leave ~ alone?* ≡ nuo gera niekas nebėga
int na! *(reiškiant nustebimą, sutikimą ir pan.); ~ and good!* na (ir) puiku!; *~ then!* na ir kas!; *~, to be sure!* na štai!; *~ what next?* na, ir kas toliau/paskui?; *~, who would have thought it?* na ir kas galėjo pagalvoti?; *~ as I was saying* na, kaip aš minėjau

well- [wel-] *(sudurt. žodžiuose)* gerai; gera-, geras; *well-paid* gerai mokamas; *well-natured* gerabūdis

we'll [wıl; *kirčiuota forma* wi:l] *sutr. šnek.* = **we shall, we will**

well-acquainted [ˌwelə'kweıntıd] *a* gerai susipažinęs/pažįstamas *(with – su)*

well-advised [ˌweləd'waızd] *a* protingas; apdairus

well-affected [ˌwelə'fektıd] *a* **1** prielankiai nusistatęs, prielankus, palankus **2** ištikimas

well-appointed [ˌwelə'pɔıntıd] *a* gerai/gražiai įrengtas/aprūpintas; *~ room* gerai apstatytas kambarys

well-armed [ˌwel'ɑ:md] *a* gerai ginkluotas

well-attended [ˌwelə'tendıd] *a* gausiai lankomas *(apie susirinkimą ir pan.)*

wellaway ['weləˌweı] *int psn.* kaip gaila!

well-balanced [ˌwel'bælənst] *a* **1** protingas, blaivus **2** subalansuotas, racionalus, apgalvotas *(apie dietą ir pan.)* **3** pusiausviras

well-behaved [ˌwelbı'heıvd] *a* **1** gero elgesio **2** gerai dresuotas *(apie gyvūną)*

wellbeing ['wel'bi:ıŋ] *n* gerovė; gera savijauta *(t. p.* **sense of** *~)*

well-beloved [ˌwelbı'lʌvd] *a* (karštai) mylimas; didžiai gerbiamas

well-boring ['welˌbɔ:rıŋ] *n kas.* gręžinių gręžimas

wellborn ['wel'bɔ:n] *a* aukštos kilmės; (iš) turtingos/geros šeimos

well-bred [ˌwel'bred] *a* **1** (gerai) išauklėtas, mandagus, taktiškas **2** grynakraujis, geros veislės *(apie gyvūną)*

well-built [ˌwel'bılt] *a* gražaus stoto, gero sudėjimo, stotingas, stuomeningas

well-chosen [ˌwel'tʃəuzn] *a* gerai parinktas, tinkamas; *at a ~ moment* pačiu tinkamiausiu momentu

well-conducted [ˌwelkən'dʌktıd] *a* išauklėtas, taktiškas, gero elgesio

well-connected [ˌwelkə'nektıd] *a* turintis įtakingų pažįstamų, turintis gerų ryšių, susijęs su įtakingomis/turtingomis šeimomis

well-cut [ˌwel'kʌt] *a* **1** gerai pasiūtas **2** gražiai apkirptas

well-defined [ˌweldı'faınd] *a* aiškiai/tiksliai nusakytas/nustatytas; apibrėžtas; ryškus

well-deserved [ˌweldı'zə:vd] *a* pelnytas; *~ rest* užtarnautas poilsis

well-directed [ˌweldı'rektıd] *a* taiklus *(apie šūvį ir pan.)*

well-disposed [ˌweldıs'pəuzd] *a* palankiai nusistatęs/nusiteikęs, palankus *(to, towards);* malonus

welldoing ['welˌdu:ıŋ] *n* doras/geras poelgis/elgesys

well-done [ˌwel'dʌn] *a* **1** gerai atliktas **2** gerai išvirtas/iškeptas *(apie mėsą)*

well-dressed [ˌwel'drest] *a* gražiai apsirengęs, elegantiškas

well-earned [ˌwel'ə:nd] *a* užtarnautas, pelnytas

well-educated [ˌwel'edʒukeıtıd] *a* išmokslintas, išsimokslinęs

well-established [ˌwelı'stæblıʃt] *a* **1** nusistovėjęs, įsigalėjęs **2** tvirtas, stabilus; *~ business firm* solidi firma

well-favoured [ˌwel'feıvəd] *a ret.* gražus, patrauklus

well-fed [ˌwel'fed] *a* nupenėtas; nusipenėjęs, įsiganęs

well-formed [ˌwel'fɔ:md] *a kalb., log.* taisyklingas

well-found [ˌwel'faund] *a* gerai aprūpintas/įrengtas *(ypač apie laivą)*

well-founded [ˌwel'faundıd] *a* pagrįstas, pamatuotas

well-groomed [ˌwel'gru:md] *a* **1** gerai prižiūrimas, išpuoselėtas **2** gražiai apsirengęs, tvarkingas

well-grounded [ˌwel'graundıd] *a* **1** = **well-founded** **2** gerai išmokytas/paruoštas/pasiruošęs; *to be ~ in mathematics* gerai pasiruošęs iš matematikos

wellhead ['welhed] *n* **1** šaltinis **2** šulinio stogelis

well-heeled [ˌwel'hi:ld] *a šnek.* **1** pasiturintis, piniguotas **2** apkūnus, drūtas **3** pagrįstas

well-hung [ˌwel'hʌŋ] *a vulg., juok.* turintis didelę varpą *(apie vyrą)*
wellie ['welɪ] *n* = **welly**
well-informed [ˌwelɪn'fɔ:md] *a* gerai informuotas; išmanantis
Wellington ['welɪŋtən] *n* **1**: *Arthur* ~ Artūras Velingtonas *(D. Britanijos valstybės veikėjas)* **2** Velingtonas *(N. Zelandijos sostinė)* **3** *(ppr. v.) (ppr. pl)* auliniai guminiai batai, botai *(t. p. ~ boots)*
well-intentioned [ˌwelɪn'tenʃnd] *a* pilnas geriausių norų
well-judged [ˌwel'dʒʌdʒd] *a* gerai apgalvotas/apskaičiuotas
well-kept [ˌwel'kept] *a* gerai prižiūrimas; *~ secret* stropiai saugoma paslaptis
well-knit [ˌwel'nɪt] *a* **1** tvirtas, tvirto sudėjimo **2** gerai suregztas/sukomponuotas; kompaktiškas
well-known [ˌwel'nəun] *a* **1** žinomas **2** įžymus, garsus
well-liked [ˌwel'laɪkt] *a* mėgstamas; populiarus
well-lined [ˌwel'laɪnd] *a šnek.* prikimštas *(apie piniginę, skrandį)*
well-made [ˌwel'meɪd] *a* **1** gražaus/tvirto sudėjimo, stotingas **2** gerai sukomponuotas/pagamintas
well-mannered [ˌwel'mænəd] *a* mandagus, gerų manierų
well-marked [ˌwel'mɑ:kt] *a* aiškus, ryškus
well-meaning [ˌwel'mi:nɪŋ] *a* pilnas gerų norų/ketinimų
well-meant [ˌwel'ment] *a* geranoriškas
wellness ['welnɪs] *n amer.* sveikatingumas; sveikumas
well-nigh ['welnaɪ] *adv knyg., amer.* beveik, bemaž; *~ impossible* beveik neįmanomas
well-off [ˌwel'ɔf] *a* (better-off; best-off) **1** pasiturintis; *people are better-off now than they were five years ago* žmonės dabar gyvena geriau negu prieš penkerius metus **2** gerai apsirūpinęs/aprūpintas *(for)* ◊ *you don't know when you are ~* savo laimės nežinai/nejauti
n (the ~) kuop. pasiturintieji
well-oiled [ˌwel'ɔɪld] *a* **1** gerai pateptas *(apie mašiną, variklį)* **2** gerai veikiantis/dirbantis *(apie organizaciją ir pan.)* **3** *šnek.* gerokai išgėręs
well-ordered [ˌwel'ɔ:dəd] *a* gerai sutvarkytas/organizuotas
well-padded [ˌwel'pædɪd] *a šnek.* kūningas
well-paid [ˌwel'peɪd] *a* gerai mokamas/atlyginamas
well-preserved [ˌwelprɪ'zɜ:vd] *a* gerai išsilaikęs *(ypač apie seną žmogų)*
well-proportioned [ˌwelprə'pɔ:ʃnd] *a* proporcingas, darnus
well-read [ˌwel'red] *a* apsiskaitęs *(in)*
well-regulated [ˌwel'regjuletɪd] *a* gerai sureguliuotas/sutvarkytas
well-respected [ˌwelrɪ'spektɪd] *a* labai gerbiamas
well-rounded [ˌwel'raundɪd] *a* **1** apvalus, apvalutis **2** visapusiškas, įvairiapusiškas *(apie patirtį, išsilavinimą ir pan.)*
well-run [ˌwel'rʌn] *a* gerai sutvarkytas/organizuotas, sklandus; gerai dirbantis *(apie įmonę, parduotuvę ir pan.)*
Wells [welz] *n*: *Herbert* ~ Herbertas Velsas *(anglų rašytojas)*
well-seeming [ˌwel'si:mɪŋ] *a* gerai atrodantis
well-set [ˌwel'set] *a* **1** tvirtas, tvirto sudėjimo **2** gerai priderintas/pritaikytas
well-set-up ['welset'ʌp] *a šnek.* gražaus sudėjimo, stuomeningas
well-sinking ['welˌsɪŋkɪŋ] *n* **1** šulinio kasimas **2** *(gręžinio)* gręžimas
well-spoken [ˌwel'spəukən] *a* **1** kalbantis taisyklingai/sklandžiai **2** gerai/tinkamai pasakytas
well-spoken-of [ˌwel'spəukənɔv] *a*: *he's very* ~ apie jį daug gera kalbama
wellspring ['welˌsprɪŋ] *n* neišsenkamas šaltinis *(of)*

well-stacked [ˌwel'stækt] *a šnek.* krūtininga, krūtinga, didžiakrūtė
well-stocked [ˌwel'stɔkt] *a* gausiai prikrautas, užkrautas, užpildytas
well-tailored [ˌwel'teɪləd] *a* **1** gerai apsirengęs **2** gerai pasiūtas
well-thought-of [ˌwel'θɔ:tɔv] *a* gerbiamas; turintis gerą reputaciją
well-thought-out [ˌwelθɔ:t'aut] *a* gerai apgalvotas; pagrįstas
well-thumbed [ˌwel'θʌmbd] *a* sutepliotas, nučiupinėtas *(apie knygą, žurnalą ir pan.)*
well-timed [ˌwel'taɪmd] *a* savalaikis, *(atliekamas ir pan.)* laiku
well-to-do [ˌweltə'du:] *a* pasiturintis, turtingas
n (the ~) kuop. pasiturintieji, turtingieji
well-tried [ˌwel'traɪd] *a* išbandytas, gerai patikrintas
well-trodden [ˌwel'trɔdn] *a* **1** pramintas; dažnai lankomas **2** *prk.* nuvalkiotas
well-turned [ˌwel'tɜ:nd] *a* **1** vykęs, vykusiai išreikštas **2** grakštus, dailus *(apie koją ir pan.)*
well-upholstered [ˌwelʌp'həulstəd] *a šnek.* = **well-padded**
well-versed [ˌwel'vɜ:st] *a* nusimanantis, išmanantis *(kurią nors sritį; in, on)*
well-water ['welˌwɔ:tə] *n* šulinio/šaltinio vanduo
well-wisher ['welˌwɪʃə] *n* geranoris, gera linkėtojas, sveikintojas
well-wishing ['welˌwɪʃɪŋ] *a* geranoriškas, linkintis gera
well-woman [ˌwel'wumən] *a attr* moterų, ginekologijos *(apie kliniką ir pan.)*
well-won [ˌwel'wʌn] *a* sąžiningu darbu įgytas; pelnytas
well-worn [ˌwel'wɔ:n] *a* **1** padėvėtas, nudėvėtas, sunešiotas **2** *prk.* nuvalkiotas; *~ phrases* nuvalkiotos frazės
welly ['welɪ] *n* (wellington *sutr.*) *šnek.* auliniai guminiai (batai) ◊ *give it some ~! šnek.* pasipausk!, pasistenk!
Welsh [welʃ] *a* valų; Velso
n **1** *(the ~) kuop.* valai **2** valų kalba
welsh [welʃ] *v šnek.* **1** vengti mokėti skolas; pasprukti nesumokėjus skolos **2** nevykdyti *(pažado, įsipareigojimų)*
Welshman ['welʃmən] *n (pl* -men [-mən]*)* valas, Velso gyventojas
Welshwoman ['welʃˌwumən] *n (pl* -women [-ˌwɪmɪn]*)* valė, Velso gyventoja
welt [welt] *n* **1** randas, rumbas *(nuo smūgio botagu/virbu)* **2** smūgis **3** *(bato)* rantas, užkraštis **4** *(drabužio)* kraštelis, įsiuvas **5** *tech.* užlankas; bordiūras
v **1** plietki, čaižyti, mušti **2** prisiūti rantą **3** apsiūti, apkraštuoti
Weltanshauung ['veltænʃauuŋ] *vok. n filos.* pasaulėžiūra
welter[1] ['weltə] *n* **1** maištis, chaosas **2** daugybė, šūsnis *(of – ko)* **3** *(jūros)* bangavimas
v **1** siūbuoti, banguoti **2** grimzdėti, skendėti; *to ~ in blood* būti paplūdusiam kraujais; *to ~ in sin* skendėti nuodėmėse **3** *ret.* voliotis *(apie gyvulius; t. p. ~ about)*
welter[2] ['weltə] *n* **1** = **welterweight** 2 **2** *šnek.* sunkus smūgis/daiktas *ir pan.*
welterweight ['weltəweɪt] *n* **1** papildomas krūvis *(žirgų lenktynėse)* **2** *sport.* pusvidutinis svoris, II pusvidutinio svorio boksininkas, pusvidutinio svorio imtynininkas
Wembley ['wemblɪ] *n* Vemblis *(Londono priemiestis; stadionas)*
wen [wen] *n* **1** *med.* riebalinis navikas, lipoma **2** didžiulis, tirštai gyvenamas miestas; *the great ~* Londonas
wench [wentʃ] *n* **1** *juok.* mergaitė, jauna moteris; kaimietė; tarnaitė **2** *psn.* gatvės merga
v psn. valkiotis pas mergas, paleistuvauti

wend [wend] *v:* **to ~ one's way** *poet.* keliauti, eiti, vykti
went [went] *past žr.* **go** *v*
wept [wept] *past ir pII žr.* **weep**
were [wə; *kirčiuota forma* wəː] *past pl žr.* **be**
we're [wɪə] *sutr. šnek.* = **we are**
weren't [wəːnt] *sutr. šnek.* = **were not**
wer(e)wolf ['wɪəwulf] *n (pl* -wolves [-wulvz]) *flk.* vilkatas, vilkolakis
wert [wəːt]: **thou ~** *psn.* tu buvai
Wesley ['wezlɪ] *n:* **John ~** Džonas Vezlis *(anglų dvasiškis, metodistų bažnyčios įkūrėjas)*
Wesleyan ['wezlɪən] *rel. n* metodistas
a metodistinis
west [west] <*n, a, adv*> *n* **1** vakarai; **from the ~** iš vakarų **2** vakaris vėjas; *jūr.* vestas **3** *(the W.)* Vakarai, Vakarų Europa ir JAV; *amer.* vakarų valstijos; **Wild W.** JAV vakarai *(džn. apie JAV filmus/romanus iš kaubojų/indėnų gyvenimo)*
a attr vakarinis, vakarų; **W. Africa** Vakarų Afrika ◊ **the W. Country** pietvakarių Anglija; **the W. End** Vestendas *(turtingųjų kvartalai Londono vakaruose)*
adv į vakarus, vakarų link ◊ **to go ~** a) *euf.* (nu)mirti, ≡ į aną pasaulį keliauti; b) *juok.* prapulti, žūti
westbound ['westbaund] *a* plaukiantis/keliaujantis/vykstantis į vakarus; vedantis/einantis į vakarus *(apie kelią)*
wester ['westə] *n* vakaris/vakarų vėjas; audra, ateinanti iš vakarų
v **1** judėti/slinkti į vakarus *(apie dangaus kūnus)* **2** *jūr.* keisti kryptį į vakarus *(apie vėją)*
westering ['westərɪŋ] *a* **1** slenkantis į vakarus, nusileidžiantis *(apie saulę)* **2** keičiantis kryptį į vakarus *(apie vėją)*
westerly ['westəlɪ] <*a, adv, n*> *a* vakarinis, vakarų; vakaris; **in a ~ direction** vakarų kryptimi
adv iš vakarų; į vakarus
n pl jūr. vakarų vėjai
western ['westən] *(džn. W.) a* vakarų; vakarietiškas; **the W. nations** Vakarų tautos
n **1** vakarietis **2** vesternas, kaubojiškas filmas/romanas ir pan.
westerner ['westənə] *n* vakarietis *(ypač JAV)*
westernize ['westənaɪz] *v* suvakarietinti, padaryti vakarietišką
westernmost ['westənməust] *a* vakariausias, esantis labiausiai į vakarus
west-facing ['westfeɪsɪŋ] *a* atsuktas/atsisukęs/išeinantis į vakarus *(apie langą ir pan.)*
westing ['westɪŋ] *n jūr.* kursas/plaukimas į vakarus
Westminster ['westmɪnstə] *n* Vestminsteris *(Londono rajonas);* **~ Abbey** Vestminsterio vienuolynas ◊ **to be elected to ~** būti išrinktam į *(D. Britanijos)* parlamentą
westward ['westwəd] <*a, adv, n*> *a* vakarų, nukreiptas į vakarus
adv į vakarus
n vakarai; vakarų kryptis
westwards ['westwədz] = **westward** *adv*
wet [wet] <*a, n, v*> *a* **1** šlapias; **dripping ~, ~ through** šlaputėlis, kiaurai permirkęs; **your coat is soaking/wringing ~** tavo paltas šlapias, nors gręžk; **he got his feet ~** jis sušlapo kojas **2** drėgnas, lietingas; **it's too ~ to go out** lyja – nėra kaip išeiti (pasivaikščioti) **3** skystas *(apie purvą ir pan.);* nesudžiūvęs *(apie dažus ir pan.);* nesukietėjęs *(apie cementą);* **to keep smth ~** neleisti kam sudžiūti/sukietėti **4** ašarotas, verksmingas; **~ smile** šypsena pro ašaras **5** šviežias *(apie parduodamą žuvį)*
6 *polit.* nuosaikus **7** *amer.* leidžiantis prekiauti alkoholiniais gėrimais **8** *šnek.* girtas, išgėręs; **~ night** išgertuvės **9** *šnek.* silpnadvasis, neryžtingas, vangus; prastas, netikęs *(apie darbą, poelgį ir pan.)* ◊ **to talk ~** kalbėti nesąmones, pliaukšti niekus; **~ behind the ears** *šnek.* ≡ dar paausiai šlapi, pienas nuo lūpų nenudžiūvo; **to be all ~** *amer. šnek.* smarkiai klysti
n **1** šlapuma, drėgnuma **2** drėgnas/lietingas oras; **don't stand out there in the ~** nestovėk lietuje **3** *šnek.* nuosaikusis *(ypač apie konservatorių)* **4** *šnek. menk.* lepšis, mazgotė **5** *šnek.* alkoholinis gėrimas; **to have a ~** išgerti **6** *amer.* laisvo prekiavimo alkoholiniais gėrimais šalininkas
v (wet, wetted) **1** šlap(in)ti, drėk(in)ti; mirk(y)ti; **don't ~ your feet** nesušlapk kojų **2** šlapintis *(apie šunis, vaikus);* apšlapinti; *refl* susišlapinti; **to ~ the bed** prišlapinti lovą **3** *šnek.* aplaistyti; **to ~ a bargain** aplaistyti pirkinį/sandorį □ **~ down** užlieti vandeniu *(žarijas ir pan.);* **~ out** a) sušlapinti; b) išplauti
wetback ['wetbæk] *n amer. šnek.* nelegaliai atvykęs į JAV meksikietis
wet-blanket [͵wet'blæŋkɪt] *v šnek.* aptemdyti džiaugsmą, sugadinti nuotaiką *ir pan.*
wether ['weðə] *n ž. ū.* kastruotas avinas
wetland ['wetlənd] *n (ppr. pl)* pelkė, pelkynas, bala
wet-look ['wetluk] *a attr* turintis blizgantį paviršių, blizgantis *(ypač apie drabužius)*
wetness ['wetnɪs] *n* drėgnumas, šlapumas
wet-nurse ['wetnəːs] *n* žindyvė, žindytoja
v **1** būti žindyve **2** *šnek.* ilgai globoti, popinti; ilgai/pamažu ruošti *(projektą ir pan.)*
wetsuit ['wetsuːt] *n* naro kostiumas
wettability [͵wetə'bɪlətɪ] *n spec.* šlampamumas, drėgmės sugeriamumas
wettish ['wetɪʃ] *a* šlapokas
we've [wɪv; *kirčiuota forma* wiːv] *sutr. šnek.* = **we have**
whack [wæk] <*n, v, int*> *šnek. n* **1** stiprus smūgis; trenksmas, smūgio garsas **2** *(priklausanti)* dalis; **to do [to get] one's ~** *(of)* padaryti [gauti] savo dalį; **to earn top ~** gauti labai didelį atlyginimą **3** mėginimas, bandymas; **to have/take a ~** *(at)* pabandyti ◊ **out of ~** *(ypač amer.) šnek.* a) sugedęs, sutrikęs; sužeistas; b) neatitinkantis, nesiderinantis *(with – su);* **at/in one ~** *amer.* per vieną kartą
v **1** tvieksti, tvoti, suduoti; kulti, pliekti **2** dalyti(s) *(t. p.* **~ up)**
int taukšt!, pykšt!
whacked [wækt] *a predic šnek.* išvargęs, išsikamavęs
whacked-out [͵wækt'aut] *a amer. šnek.* apkvaitęs, kuoktelėjęs *(nuo narkotikų/alkoholio)*
whacker ['wækə] *n šnek.* **1** kas nors didžiulis **2** akiplėšiškas melas
whacking ['wækɪŋ] *šnek. n* pliekimas, mušimas *(bausmė)*
a didžiulis, milžiniškas
whacko [wæk'əu] *int sl.* nuostabu!, puiku!
whacky ['wækɪ] *a* = **wacky**
whale[1] [weɪl] *n* **1** *zool.* banginis; **fin ~** finvalas, Antarkties banginis; **white ~** baltasis delfinas/banginis; **bull [cow] ~** banginių patinas [patelė]; **~ catcher** banginių medžioklės laivas **2** *šnek.* kas nors didelis/puikus/neprastas *(of);* **a ~ of a story** puikus apsakymas; **to have a ~ of a time** *šnek.* nuostabiai praleisti laiką ◊ **very like a ~ iron.** taip ir patikėsiu!
v gaudyti/medžioti banginius
whale[2] *v amer. šnek.* **1** mušti, perti, kulti, pliekti **2** užpulti *(into)*

whaleboat ['weɪlbəʊt] *n jūr.* **1** velbotas **2** *ist.* banginių medžioklės laivas

whalebone ['weɪlbəʊn] *n* **1** banginio ūsas **2** *psn.* banginių ūsų plokštelė/kauliukas *(korsetuose ir pan.)*

whale-calf ['weɪlkɑːf] *n (pl* -calves [-kɑːvz]) banginių jauniklis

whale-fishery ['weɪlˌfɪʃərɪ] *n* banginių medžioklė

whaleman ['weɪlmən] *n (pl* -men [-mən]) = **whaler** 1

whale-oil ['weɪlɔɪl] *n* banginio taukai

whaler ['weɪlə] *n* **1** banginių medžiotojas **2** banginių medžioklės laivas, bangikautas

whaling[1] ['weɪlɪŋ] *n* banginių medžioklė *a šnek.* milžiniškas, didžiulis

whaling[2] *n amer. šnek.* pyla, pėrimas

whaling-master ['weɪlɪŋˌmɑːstə] *n* banginių medžioklės laivo kapitonas

wham [wæm] <*n, int, v*> *n* trenksmas, dūžis; trinksnis, smūgio/sprogimo garsas
int **1** trinkt!, pykšt! **2** braukšt!, žybt *(žymint staigų veiksmą)*
v trenktis

whammy ['wæmɪ] *n (ypač amer.) šnek.* bloga/pikta akis, užkerėjimas; **to put the ~ on smb** užkeikti, užkerėti ◊ **double ~** *šnek.* dviguba našta/bėda, dvigubas sunkumas

whang [wæŋ] *šnek. n* garsus/skambus smūgis
v trenkti, rėžti

wharf [wɔːf] *n (pl* -ves, ~s [-s]) *(krovinių)* prieplauka; **~ post** priršamasis stulpelis
v **1** švartuoti(s) **2** iškrauti prieplaukoje **3** įrengti prieplauką

wharfage ['wɔːfɪdʒ] *n* **1** prieplaukos mokestis/rinkliava **2** krovinių laikymas prieplaukoje; naudojimasis prieplauka

wharfie ['wɔːfɪ] *n austral. šnek.* prieplaukos darbininkas

wharfinger ['wɔːfɪndʒə] *n* prieplaukos savininkas

wharf-rat ['wɔːfræt] *n sl.* uosto žiurkė *(apie valkatas, vagis ir pan.)*

Wharton ['wɔːtn] *n: Edith ~* Edita Vorton *(amerikiečių rašytoja)*

wharves [wɔːvz] *pl žr.* **wharf**

what [wɔt] *pron* **1** kas?; koks?; kaip?; kiek?; **~ is it?** kas tai?; **~'s all this?** kas čia yra/dedasi?; **~ are you doing?** ką tu darai?; **~ is he?** kas jis? *(iš profesijos);* **~'s his name?** kuo jis vardu?; **~ use is it?** kokia iš to nauda?; **~ do you think?** kaip jūs manote?; **~ for?** a) kam? *(reiškiant tikslą);* b) kodėl?; **~ next?** o kas toliau?; **~ did he pay for it?** kiek jis už tai užmokėjo? **2** (tai) kas, koks, kuris, (tiek) kiek *(šalutiniams sakiniams ar bendraties junginiams prijungti);* **~ he says is true** tai, ką jis sako – tiesa; **I know ~ he wants** aš žinau, ko jam reikia; **give me ~ money you have** duok man visus pinigus, kuriuos turi; **everyone should give ~ he can** kiekvienas turi duoti tiek, kiek jis gali; **we know ~ good heart she has** mes žinome, kokią ji turi gerą širdį; **I know ~ to do** aš žinau, ką daryti **3** kas per!, koks! *(šaukiamuosiuose sakiniuose);* **~ a day!** kas per diena!; **~ luck!** kokia laimė!; **~ a pity!** kaip gaila!; **~ a noise!** na ir triukšmas! ◊ **~'s ~** kas ir kaip, kaip yra iš tikrųjų; **to know ~'s ~** nusimanyti apie ką; **(and) ~ have you** *šnek.* ir ko/kas tik ne, ir panašiai; **so ~?, ~ of it?** *šnek.* na ir kas iš to?, na ir kas?; **~'s it to you?** *šnek.* koks tavo reikalas?; **~'s yours?** *šnek.* ką gersi?; **~ though...?** ir kas iš to, kad...?; **~ if...?** o kas, jeigu?; o jeigu...?; **~ with (one thing or another)** dėl (tos ar kitos priežasties); **~ with the rain and cold I decided not to go** dėl lietaus ir slogos aš nutariau neiti; **you ~?** a) ką sakai? *(pakartok);* b) ką tu sakai?, nejaugi?; **~ matter?** argi (tai) svarbu?, (tai) nesvarbu!; **~ gives!** ką aš matau!; nejaugi!

whatchammacallit ['wɔtʃəməˌkɔːlɪt] *n šnek.* kaip ji/jis ten? *(užmiršus ko pavadinimą)*

what-d'ye-call-em ['wɔtdjuˌkɔːləm] *n šnek.* kaip juos ten?

whate'er [wɔt'ɛə] *pron poet.* = **whatever**

whatever [wɔt'evə] *pron* **1** kas tik, bet kuris/katras, bet koks/kas; **I'll take ~ help I can get** aš priimsiu bet kokią pagalbą; **take ~ you like** imk ką tik nori; **2** joks *(neig. sakiniuose);* koks/kuris nors *(klaus. ir sąlygos sakiniuose);* **there is no doubt ~** nėra jokios abejonės; **he knew nothing ~ about it** jis visai nieko nežinojo apie tai; **is there any hope ~?** ar yra kokia nors viltis? **3** kas/koks bebūtų, kas beatsitiktų *ir pan.;* **~ he says is of no importance** kad ir ką jis sakytų, tai neturi reikšmės; **~ their arguments** kokie bebūtų jų argumentai; **~ happens I shall help you** kas beatsitiktų, aš tau padėsiu **4** kas gi?; **~... for?** kam gi?, kodėl gi?; **~ did you do that for?** kam/kodėl gi tu taip padarei? ◊ **or ~** *šnek.* ar panašiai, ar kažkas panašaus

what-for ['wɔtfɔː] *n šnek.* pyla, mūša

what'll ['wɔtl] *sutr. šnek.* = **what shall, what will**

whatman ['wɔtmən] *n* vatmanas *(popierius; t. p.* **~ paper***)*

whatnot ['wɔtnɔt] *n* **1** (visokie) niekniekiai, niekučiai **2** lentynėlės, etažerė *(niekučiams, knygoms)* ◊ **and [or] ~** *šnek.* ir [ar] panašiai

what's [wɔts] *sutr. šnek.* **1** = **what is 2** = **what has 3** = **what does**

whatsit ['wɔtsɪt] *n šnek.* kaip jis/ji ten vadinasi *(užmiršus kieno vardą/pavardę)*

whatsoe'er [ˌwɔtsəʊ'ɛə] *pron poet.* = **whatsoever**

whatsoever [ˌwɔtsəʊ'evə] *pron emph (neig. sakiniuose)* visiškai; joks

wheal [wiːl] *n* = **weal**[1]

wheat [wiːt] *n* kvietys; kviečiai; **winter ~** žieminiai kviečiai; **summer/spring ~** vasariniai kviečiai; **~ flour** kvietiniai miltai ◊ **to separate the ~ from the chaff** ≅ atskirti pelus nuo grūdų

wheatear ['wiːtɪə] *n zool.* kūltupis

wheaten ['wiːtn] *a* kvietinis, kviečių

wheatgerm ['wiːtdʒəːm] *n* kviečio grūdo gemalas

wheat-grass ['wiːtgrɑːs] *n bot.* varputis; **awned ~** šuninis varputis

wheatmeal ['wiːtmiːl] *n* rupiai malti kvietiniai miltai

whee [wiː] *int vaik.* valio!, tai bent!, o! *(reiškiant džiūgavimą ir pan.)*

wheedle ['wiːdl] *v* **1** išvilioti, išgauti meilikavimu *(out of);* palenkti/įtikinti meilikavimu *(into)* **2** prisigerinti, įsiteikti

wheedling ['wiːdlɪŋ] *a* įsiteikiamas, meilikaujamas

wheel [wiːl] *n* **1** ratas, tekinis; **big/ferris ~** apžvalgos ratas *(atrakcionas);* **~ alignment** *aut.* ratų reguliavimas **2** *(laikrodžio)* ratelis **3** *aut., jūr.* vairaratis, šturvalas; **at [behind] the ~** prie [už] vairo; **man at the ~** a) vairininkas, vairuotojas; b) *prk.* vairininkas, vadas **4** *pl prk.* vairas, mechanizmas; **the ~s of state** valstybės vairas **5** sukimasis, apsisukimas; ratas, ciklas **6** verptuvas, ratelis **7** žiestuvas, žiedžiamasis ratas *(t. p.* **potter's ~***)* **8** laimės ratas *(t. p.* **Fortune's ~***);* laimė **9** priedainis **10** *pl šnek.* dviratis; mašina, automobilis *(t. p.* **set of ~s***)* **11** *sl.* didelis viršininkas, svarbi figūra *(t. p.* **big ~***)* **12** *tech.* krumpliaratis; **~ and axle** suktuvas; **Geneva ~** Maltos kryžius **13** *kar.:* **left [right] ~!** suk kairėn [dešinėn]! ◊ **to break a butterfly/fly on the ~** ≅ iš patrankos

šaudyti į žvirblius; ***to go on ~s*** ≅ eiti kaip iš pypkės; ***to grease/oil the ~s*** duoti kyšį, patepti; ***fifth ~*** ≅ šuniui penkta koja; ***~s within ~s*** ≅ viskas susipynę; sudėtinga situacija; ***to reinvent the ~*** *šnek.* ≅ išradinėti dviratį
v **1** vežti, vežioti *(vežimėliu ir pan.);* ridenti **2** minti *(dviratį);* važiuoti, riedėti *(apie automobilį ir pan.)* **3** skrieti/sukti(s) ratu □ ***~ (a)round*** pa(si)sukti, apsisukti; ***~ out*** *šnek.* demonstruoti *(siekiant savo tikslų)* ◊ ***to ~ and deal*** kombinuoti, daryti machinacijas
wheelbarrow ['wi:ˌbærəu] *n* vienratis
wheelbase ['wi:lbeɪs] *n tech.* tarpuratis; važiuoklės bazė
wheelchair ['wi:ltʃɛə] *n* invalidų vežimėlis, kėdė su ratukais *(invalidams)*
wheeled [wi:ld] *a* ratinis, su ratais
wheeler ['wi:lə] *n* **1** vežiotojas **2** = **wheel-horse** 1 **3** = **wheelwright**
wheeler-dealer [ˌwi:lə'di:lə] *n menk.* kombinatorius, machinatorius
wheel-horse ['wi:lhɔ:s] *n* **1** ieninis arklys **2** *prk.* darbo jautis, patikimas darbininkas
wheelhouse ['wi:lhaus] *n jūr.* vairinė
wheelie ['wi:lɪ] *n*: ***to do a ~*** *šnek.* važiuoti *(dviračiu, motociklu)* ant užpakalinio rato *(triukas)*
wheeling ['wi:lɪŋ] *n* **1** važiavimas *(dviračiu ir pan.)* **2** posūkis; apsisukimas ◊ ***~ and dealing*** *menk.* machinacijos, kombinacijos
wheelman ['wi:lmən] *n (pl* -men [-mən]) **1** vairuotojas; vairininkas **2** *šnek.* dviratininkas
wheelsman ['wi:lzmən] *n (pl* -men [-mən]) *amer.* vairininkas
wheelwork ['wi:lwə:k] *n tech.* krumplinė pavara
wheelworn ['wi:lwɔ:n] *a* pravažinėtas *(apie kelią)*
wheelwright ['wi:lraɪt] *n* račius, ratininkas
wheeze [wi:z] *n* **1** dūsavimas, švokštimas, šniokštimas, gargimas, gergždimas **2** *šnek.* triukas, pokštas, sąmojis *(ppr. nuvalkiotas);* ***a good ~*** geniali mintis **3** *teatr.* nuosavė
v dūsauti, šniokšti, švokšti, gargti, gergžti □ ***~ out*** išsvokšti *(žodžius)*
wheezy ['wi:zɪ] *a* gargždus, gergždžiantis, gargiamas; dusulingas
whelk[1] [welk] *n zool.* jūrų sraigė
whelk[2] *n* spuogas
whelm [welm] *v poet.* **1** užlieti, užpilti **2** *prk.* apimti, užplūsti
whelp [welp] *n* **1** jauniklis; šuniukas, tigriukas, vilkiukas, liūtukas *ir pan.* **2** *šnek.* išpera
v šuniuotis, apsišuniuoti; vaikuotis *(apie žvėris)*
when [wen] <*adv, conj, n*> *adv* **1** kada?; ***since ~?*** nuo kada?; ***till ~?*** iki kol?; ***~ are we leaving?*** kada išvykstame? **2** kada, kai *(šalutiniams sakiniams ar bendraties junginiams prijungti);* ***during the time ~ you were absent*** tuo laiku, kai tavęs nebuvo; ***I don't know ~ I can do it*** aš nežinau, kada galėsiu tai padaryti; ***ask him ~ to open it*** paklausk jo, kada atidaryti
conj **1** kada, kai; ***~ necessary*** kai reikalinga; ***~ speaking*** kalbėdamas; ***I'll tell him ~ he comes*** aš jam pasakysiu, kai ateis; ***~ he saw her, he stood up*** pamatęs ją, jis atsistojo **2** nors; o tuo tarpu; ***he is playing ~ he might be reading a book*** jis žaidžia, o tuo tarpu galėtų skaityti knygą **3** jeigu; ***how can he buy it ~ he has no money?*** kaip jis gali tai nusipirkti, jeigu neturi pinigų? **4** nors ir, nepaisant to, kad; ***they kept digging ~ they must have known there was no hope*** jie tebekasė, nors ir turėjo žinoti, kad vilties nėra
n (įvykio) data, laikas; ***he told me the ~ and the why of it*** jis man pasakė, kada ir kodėl tai atsitiko; ***I do not remember the ~ of my first visit*** aš neatsimenu savo pirmo apsilankymo datos
whence [wens] *knyg., psn. adv* iš kur?; ***from ~ is he?*** iš kur jis?; ***~ comes it that...?*** kaip gali būti, kad...?
conj iš kur; ***go back ~ you came*** eik iš kur atėjęs
whene'er [wen'ɛə] *poet.* = **whenever** *adv*
whenever [wen'evə] *adv* **1** kada gi?; ***~ will you learn?*** kada gi tu išmoksi? **2** kada be-; ***whether they arrive tonight, tomorrow, or ~, they'll be welcome*** ar jie atvyks šiandien, ar rytoj, kada beatvyktų, jie bus nuoširdžiai sutikti **3** *šnek.* bet kada
conj kai, kada, kai tik; ***I'll be here ~ he arrives*** kada jis beatvažiuotų, aš būsiu čia; ***visit us ~ you can*** aplankykite mus, kai tik galėsite
whensoever [ˌwensəu'evə] *emph knyg.* = **whenever** *adv, conj*
where [wɛə] <*adv, conj, n*> *adv* **1** kur?, kame?; ***~ from?*** iš kur?; ***~ do you come from?*** iš kur jūs esate?; ***~ to?*** kur (link)?; ***~'s the harm?*** kur blogybė? **2** kur *(šalutiniams sakiniams ar bendraties junginiams prijungti);* ***I don't know ~ he lives*** aš nežinau, kur jis gyvena; ***the town ~ we live*** miestas, kuriame mes gyvename; ***how did you know ~ to find me*** kaip tu žinojai, kur mane rasti? ◊ ***~ do I come in?*** ką bendra tai turi su manimi?; ***~ it's (all) at*** *šnek.* populiariausia/geriausia vieta *(kur galima ką nuveikti, pasilinksminti ir pan.)*
conj (ten,) kur; ***send him ~ he will be safe*** pasiųsk jį ten, kur jis bus saugus
n (įvykio) vieta; ***the ~s and whens are important*** svarbu, kur ir kada tai atsitiko
whereabouts *n* ['wɛərəbauts] *(apytikrė)* vieta; ***her present ~ is unknown*** nežinia, kur ji yra šiuo metu
adv [ˌwɛərə'bauts] kur?, kame?, kurioje vietoje? *(nelaukiant tikslaus atsakymo);* ***~ do you think you put the scissors?*** kur tu galėjai padėti žirkles?
whereafter [wɛr'ɑ:ftə] *conj knyg., psn.* po to, kai
whereas [wɛr'æz] *conj* **1** tuo tarpu; o; ***in France they drink coffee, ~ in England it's always tea*** prancūzai mėgsta kavą, o anglai – arbatą **2** *teis.* kadangi, atsižvelgiant į tai, kad
whereat [wɛr'æt] *psn. adv rel* kuriame, kur; į kurį
conj knyg. (tuoj) po to, kai
whereby [wɛə'baɪ] *adv rel knyg.* kuriuo; pagal kurį; ***he devised a plan ~ he might escape*** jis sugalvojo planą, pagal kurį manė galėsiąs pabėgti
where'er [wɛr'ɛə] *poet.* = **wherever** *adv, conj*
wherefore ['wɛəfɔ:] *adv psn.* **1** dėl ko?; kodėl?, dėl kurios priežasties? **2** todėl
n knyg. priežastis, kodėl *(ppr. the whys and ~s)*
wherein [wɛr'ɪn] *adv knyg.* **1** kur?, kame? **2** kur, kuriame *(šalutiniams sakiniams prijungti);* ***the clay ovens ~ some farm wives still bake bread*** molinės krosnys, kuriose kaimo šeimininkės dar kepa duoną; ***she knew ~ her gross defects lay*** ji žinojo, kur glūdi jos didieji trūkumai
whereof [wɛr'ɔv] *adv rel knyg.* (iš) kurio, iš ko; apie kurį, apie ką; ***sixteen children, ten ~ had been baptized*** šešiolika vaikų, iš kurių dešimt buvo pakrikštyti
whereon [wɛr'ɔn] *adv psn.* **1** *rel* ant kurio **2** = **whereupon**
wheresoe'er [ˌwɛəsəu'ɛə] *adv poet.* = **wheresoever**
wheresoever [ˌwɛəsəu'evə] *adv emph knyg., psn.* kur tik, bet kur
whereto [wɛə'tu:] *adv knyg.* **1** kur?, kuria kryptimi? **2** kuriam tikslui?, kam?

whereupon [ˌwɛərə'pɒn] *adv knyg.* (tuoj) po to, tada; po ko
wherever [wɛər'evə] *adv* **1** kurgi?; ~ *have you been?* kurgi tu buvai? **2** bet kur, kur tik; ~ *possible* visur, kur tik įmanoma
conj kur be-; ~ *he goes...* kur jis beeitų...
wherewith [wɛə'wɪð] *adv knyg., psn.* kuo, su kuo
wherewithal ['wɛəwɪðɔ:l] *n (the ~)* lėšos, pinigai
wherry ['werɪ] *n* valtis, laivelis; baržа
v irkluoti; vežti/gabenti valtimi
whet [wet] *n* **1** *(apetito ir pan.)* žadiklis, stimuliatorius **2** *psn.* galandimas, pustymas
v **1** (su)žadinti *(apetitą, norą ir pan.; for – kam)* **2** *psn.* galąsti, pustyti
whether ['weðə] *conj* ar; *I wonder ~ she got my letter* įdomu, ar ji gavo mano laišką; ~ *he comes or not we shall leave* ateis jis ar ne, mes išvyksime ◊ ~ *or no* bet kuriuo atveju
whetstone ['wetstəun] *n* galąstuvas, budė, pustyklė
whew [hju:] *int* ak!, uk! *(reiškiant nuovargį, nustebimą, palengvėjimą)*
whey [weɪ] *n* išrūgos
whey-faced ['weɪfeɪst] *a* išblyškęs, pažalęs *(ppr. iš baimės)*
which [wɪtʃ] *pron* **1** kuris?, katras?, kas?, koks?; ~ *of you will do it?* kuris/kas iš jūsų tai padarys?; ~ *way shall we take?* kuriuo keliu eisime?; ~ *medals did he win?* kokius medalius jis laimėjo? **2** kuris, katras; kas; *the house in ~ he lives* namas, kuriame jis gyvena; *I don't know ~ way we must take* aš nežinau, kuriuo keliu mums reikia eiti; *the train was late, ~ annoyed everyone* traukinys vėlavo, ir tai visus erzino ◊ *I don't know ~ is ~* neatskiriu *(vieno nuo kito)*
whichever [wɪtʃ'evə] *pron* **1** kuris (tik), bet kuris; ~ *you want is yours* kurio tik nori, tas tavo **2** kuris be-, kaip be-; ~ *way you look at it, he's been lucky* kaip besakytum, jam pasisekė
whichsoever [ˌwɪtʃsəu'evə] *pron emph psn.* = **whichever**
whicker ['wɪkə] *v* (tyliai) žvengti, prunkšti *(t. p. prk.)*
whiff [wɪf] *n* **1** dvelkimas, dvelksmas, pūstelėjimas *(t. p. prk.)*; gūsis; *a ~ of freedom* laisvės dvelktelėjimas **2** kvapas *(ypač nemalonus)*; *a ~ of garlic* česnako kvapas **3** *(ppr. pl)* įkvėpimas, įkvėpis **4** užsitraukimas *(rūkant)*; dūmelis; *to take/have a ~ or two* porą kartų užsitraukti, užtraukti porą dūmų **5** *šnek.* nedidelis cigaras
v **1** (pa)dvelkti, pūstelėti **2** pūsti dūmų kamuolius; užsitraukti dūmą, rūkyti **3** *šnek.* dvokti
whiffet ['wɪfɪt] *n amer. šnek.* menkysta; pasipūtėlis
whiffle ['wɪfl] *v* **1** dvelkti, pūsti gūsiais **2** išsklaidyti, išpūsti **3** *amer.* išsisukinėti, svyruoti, nesiryžti
whiffler ['wɪflə] *n* nepastovus, svyruojantis žmogus; vėjapūta
whiffy ['wɪfɪ] *a šnek.* dvokiantis
Whig [wɪg] *n ist.* **1** vigas; liberalas **2** *amer.* karo prieš D. Britanijos valdžią šalininkas
while [waɪl] <*n, v, conj*> *n* laikas, laiko tarpas; *all the ~, the whole ~* visą laiką; *a long ~* ilgai; *a long ~ ago* seniai; *a short ~* neilgai; *quite a ~* gana ilgai; *after a ~* po kurio laiko, kiek vėliau; *for a ~* valandėlę, valandėlei; *in a little/short ~* greitai ◊ *to make it worth smb's ~ šnek.* dosniai atsimokėti/atsilyginti, nelikti skolingam kam *(už paslaugą)*
v leisti laiką *(ppr. ~ away)*; *to ~ away the time* (pra)leisti laiką *(smagiai, dykinėjant ir pan.)*
conj **1** kol; *let's go ~ it's still daylight* eime, kol dar šviesu; *they arrived ~ we were having dinner* jie atvyko mums pietaujant **2** tuo tarpu; o *(reiškiant gretinimą, priešpriešą)*; *he likes opera, ~ I like ballet* jis mėgsta operą, o aš (mėgstu) baletą **3** nors ir, nepaisant; ~ *he is respected, he is not loved* nors jį ir gerbia, bet nemyli
whiles [waɪlz] *psn.* = **while** *conj*
whilom ['waɪləm] *psn. a* buvęs
adv kadaise, kitados, seniau
whilst [waɪlst] = **while** *conj*
whim [wɪm] *n* užgaida, įnoris, įgeidis, kaprizas; *he satisfies her every ~* jis tenkina visus jos užgaidus/kaprizus; *I went to visit her on a ~* man staiga užėjo noras aplankyti ją
whimbrel ['wɪmbrəl] *n zool.* vidutinė kuolinga
whimper ['wɪmpə] *n* **1** žliumbimas, verkšlenimas **2** unkščiojimas
v **1** žliumbti, verkšlenti, knirkti, zirzti **2** unkščioti, inkščioti *(apie šunį)*
whimperer ['wɪmpərə] *n* verksnys, žliumbis, zirzlys
whimsey ['wɪmzɪ] *n* = **whimsy**
whimsical ['wɪmzɪkl] *a* **1** užgaidus, įnoringas, įgeidingas, aikštingas **2** keistas; mįslingas *(apie šypseną ir pan.)*
whimsicality [ˌwɪmzɪ'kælətɪ] *n* **1** aikštingumas, įnoringumas, užgaidumas **2** užgaida; keistybė
whimsy ['wɪmzɪ] *n* keista užgaida, įnoris; keistybė
whim-wham ['wɪmwæm] *n amer. šnek.* keistas dalykėlis, keistybė
whin[1] [wɪn] *n bot.* prožirnis
whin[2] *n* = **whinstone**
whinchat ['wɪntʃæt] *n zool.* kiauliukė *(paukštis)*
whine [waɪn] *n* **1** unkštimas, inkštimas; verkšlenimas **2** *(kulkų ir pan.)* švilpimas, zvimbimas
v **1** unkšti, inkšti, ingzti; verkšlenti **2** švilpti, zvimbti *(apie kulkas)*
whiner ['waɪnə] *n* = **whimperer**
whinge [wɪndʒ] *šnek.* = **whine** *n* 1, *v* 1
whinny ['wɪnɪ] *n* prunkštimas
v (su)prunkšti
whinstone ['wɪnstəun] *n geol.* tamsioji uoliena *(bazaltas ir pan.)*
whiny ['waɪnɪ] *a* (amžinai) verkšlenantis, zirziantis
whip [wɪp] *n* **1** botagas, bizūnas, rimbas, pliektuvas **2** vežėjas; *he is a poor ~* jis prastas vežėjas **3** *medž.* šunų varovas **4** *parl.* partinės frakcijos drausmintojas, partinės drausmės prižiūrėtojas *(t. p. party ~)*; partinės frakcijos drausmintojo nurodymas nariams dalyvauti balsuojant *(t. p. three-line ~)* **5** plakta grietinėlė *ar* plakti baltymai su vaisiais/šokoladu, putėsiai, musas **6** *(kilpų ir pan.)* apmėtymas **7** *tech.* suktuvas **8** *jūr.* kėlimo gordenis ◊ *to have the ~ hand over/of smb* ≡ laikyti rankose, valdyti ką
v **1** botaguoti, čaižyti, pliekti, plakti **2** *prk.* pliekti, griežtai kritikuoti; drožti **3** plakti *(grietinėlę, baltymus)* **4** plaikstyti(s), plaktis *(apie vėliavas ir pan.)* **5** staigiai čiupti/traukti; *he ~ped it into his pocket* jis įsikišo tai į kišenę **6** mestis; (į)lėkti; (į)pulti *(into)* **7** *šnek.* nušvilpti, nudžiauti; *she ~ped the newspaper from under his nose* ji nudžiovė laikraštį jam iš po nosies **8** *šnek.* greito(sio)mis užbaigti *(through)* **9** *amer. šnek.* sumušti, sutriuškinti **10** apvyti, apsukti **11** meškerioti mėtant meškerę *(t. p. ~ a stream)* **12** apmėtyti *(siūles ir pan.)* **13** *tech.* kelti *(krovinį)* suktuvu □ ~ *around* = ~ *round*; ~ *away* a) pagriebti, pačiupti, ištraukti; nutraukti; b) pabėgti; ~ *in medž.* suvaryti, suginti; ~ *off* a) nusimesti, nusiplėšti *(drabužį)*; b) nulėkti; *he was ~ped off to hospital* jį skubiai išvežė į ligoninę; c) išvyti su botagu; ~ *on* raginti *(arklius ir pan.)*; ~ *out* a) ištraukti;

whipcord

pačiupti; b) ištrūkti, išbėgti; c) išvaryti su botagu; d) išrėžti *(ką)*; ***to ~ out an oath*** smarkiai nusikeikti; ***to ~ out a reply*** atkirsti, griežtai atsakyti; e) atsistoti tiesiai, išsitempti; **~ over = ~ round** b); **~ round** a) greitai pa(si)sukti; b) *šnek.* nubėgti *(į parduotuvę ir pan.)*; **~ up** a) raginti, skubinti; b) išplakti *(grietinėlę, baltymus ir pan.)*; c) pakelti, sukelti *(dulkes, bangas ir pan.)*; d) sukurstyti, sukelti *(susidomėjimą ir pan.)*; ***to ~ up to a frenzy*** įsiutinti; e) *šnek.* greito(sio)mis paruošti, suorganizuoti *(ypač ką nors valgyti)*
whipcord ['wɪpkɔ:d] *n* **1** suktinė virvelė **2** *tekst.* rumbuotasis gabardinas
whip-crane ['wɪpkreɪn] *n tech.* krautuvas su svyruojamąja strėle
whip-handle ['wɪpˌhændl] *n* botkotis
whiplash ['wɪplæʃ] *n* **1** botago virvelė; rimbo dirželis **2** botago/rimbo kirtis **3** kaklo sužalojimas *(per avariją; t. p. ~ injury)* ◊ ***to work under the ~*** dirbti verčiamam
whipper-in [ˌwɪpər'ɪn] *n medž.* šunų varovas, šunininkas
whippersnapper ['wɪpəˌsnæpə] *n* išsišokėlis, pasipūtėlis *(apie jaunuolį)*
whippet ['wɪpɪt] *n* skalikas
whipping ['wɪpɪŋ] *n* **1** pliekimas, plakimas, pyla **2** *(siūlių ir pan.)* apmėtymas **3** špagatas, virželis; *kuop.* virvelės, virvės
whipping-boy ['wɪpɪŋbɔɪ] *n* atpirkimo ožys
whippletree ['wɪpltri:] *n (vežimo)* branktinė
whippoorwill ['wɪpəˌwɪl] *n zool.* lėlys *(Š. Amerikos)*
whippy ['wɪpɪ] *a* lankstus; elastingas
whip-round ['wɪpraʊnd] *n šnek.* pinigų susidėjimas/susimetimas; pinigų rinkliava *(labdarai)*
whipsaw ['wɪpsɔ:] *n* rėminis pjūklas
v **1** pjauti rėminiu pjūklu **2** *amer. šnek.* dukart apsukti; gauti kyšius iš abiejų konfliktuojančių pusių
whipsnake ['wɪpsneɪk] *n* žaltys
whipstitch ['wɪpstɪtʃ] = **whip** *v* 12
whipstock ['wɪpstɔk] *n* botkotis
whir [wə:] *amer.* = **whirr** *n, v*
whirl [wə:l] *n* **1** sukimasis; sūkuriavimas **2** sūkurys *(t. p. prk.)*; ***ring [translatory] ~*** *fiz.* žiedinis [slenkantysis] sūkurys; ***a ~ of dust*** dulkių sūkurys **3** sumaištis; sujudimas; ***my head/thoughts are in a ~*** man galvoje viskas susimaišė/susipainiojo ◊ ***to give smth a ~*** *šnek.* pamėginti/pabandyti ką
v **1** sukti(s), sukioti(s) **2** sūkuriuoti, viesuluoti; (su)kelti sūkurius **3** svaigti, maišytis □ **~ away/off** nudumti, nurūkti; ***the car ~ed them off to the wedding party*** automobilis nuskraidino juos į vestuves; **~ round** greitai sukti(s)/sukinėti(s)
whirlabout ['wə:ləbaʊt] *n* = **whirligig** 1, 3
whirligig ['wə:lɪɡɪɡ] *n* **1** sukutis, suktukas, vilkelis **2** karuselė **3** sukimasis **4** *prk.* sūkurys **5**: **~ beetle** *zool.* jautelis
whirling ['wə:lɪŋ] *a* **1** besisukantis **2** sūkurinis; viesulingas; **~ gust of snow** sniego sūkurys
whirlpool ['wə:lpu:l] *n* **1** vandens sūkurys/verpetas **2** *prk.* sūkurys
whirlwind ['wə:lwɪnd] *n (dulkių, vėjo ir pan.)* sūkurys, verpetas; viesulas, uraganas *(t. p. prk.)* ◊ ***to reap the ~*** = ***to sow the wind and reap the ~*** žr. **wind**[1] *n* ◊ *a attr* uraganiškas, uraganinis, nepaprastai greitas
whirly ['wə:lɪ] *n* antarktinis buranas
whirlybird ['wə:lɪbə:d] *n amer. šnek.* malūnsparnis
whirr [wə:] *n* dūzgimas, dūzgesys; *(paukščio sparnų)* švilpimas

whit

v **1** dūzgėti, dūzgenti, zvimbti; švilpti **2** kilti/suktis/skristi dūzgiant/švilpiant
whisht [wɪʃt] *int (ypač air./škot.)* šš!, ša!
whisk [wɪsk] *n* **1** plaktuvas *(grietinėlei ir pan. plakti)* **2** šluotelė *(t. p. ~ broom)* **3** brūkštelėjimas, nubraukimas *(šluotele, ranka ir pan.)* **4** *(žolės, šiaudų ir pan.)* kuokštelis *(nubraukti kam)*; lapinė *(musėms nubaidyti)* **5** mostelėjimas, vikstelėjimas
v **1** *kul.* (iš)plakti *(t. p. ~ up)* **2** nudulkinti, nubraukti *(dulkes ir pan.)* **3** nuvyti, nubaidyti *(džn.* **~ away)** **4** mostelėti, vikstelėti; ***the cow ~ed its tail*** karvė mostelėjo uodega **5** šmurkštelėti *(into; t. p. ~ out)* □ **~ away/off** skubiai pačiupti/pasiųsti/ištraukti *ir pan.*
whisker ['wɪskə] *n* **1** *(ppr. pl)* *(katės, žiurkės, tigro ir pan.)* ūsai **2** *pl* žandenos **3** *fiz.* siūlinis kristalas ◊ ***by a ~*** *šnek.* ≡ per plauką; ***to think one is the cat's ~s*** *šnek.* įsivaizduoti esant pačiam geriausiam
whiskered ['wɪskəd] *a* **1** su žandenomis **2** ūsuotas *(apie katę, žiurkę ir pan.)*
whiskery ['wɪskərɪ] *a* = **whiskered**
whiskey ['wɪskɪ] *n amer., air.* = **whisky**
whisky ['wɪskɪ] *n* viskis, degtinė
whisper ['wɪspə] *n* **1** šnabždesys, šnibždesys, kuždesys; šnibždėjimas; ***to speak in a ~*** kalbėti šnabždomis/pašnibždomis/pakuždomis **2** kalbos, girdas, gandas; ***to give the ~*** *šnek.* užsiminti; ***there is a ~ going round that...*** sklinda gandai, kad... **3** *(ypač vėjo)* šlamesys
v **1** šnabždėti(s) **2** pasakyti slapčia, (pa)kuždėti, šnipštelėti, pašnabždėti; ***it is ~ed that...*** eina kalbos, kad... **3** šlamėti
whisperer ['wɪspərə] *n* šnabždūnas; informatorius
whispering ['wɪspərɪŋ] *n* **1** šnabždėjimas(is); šnabždesys **2** kalbos, girdas, gandas ◊ **~ campaign** šmeižto kampanija, melagingų gandų skleidimas
whispery ['wɪspərɪ] *a* **1** panašus į šnabždesį **2** pilnas šnabždesių
whist[1] [wɪst] *n* vistas *(kortų lošimas)*
whist[2] *int* = **whisht**
whistle ['wɪsl] *n* **1** švilpimas, švilpesys; ***to give a ~ of surprise*** švilptelėti iš nustebimo **2** švilpukas; švilpynė; ***to blow the ~*** švilpti švilpyne ◊ ***to blow the ~ on smb*** įskųsti ką; ***to blow the ~ on smth*** atskleisti ką; ***to wet one's ~*** *juok.* praplauti gerklę, išgerti; ***to pay for one's ~*** brangiai mokėti už užgaidą
v **1** švilpauti *(t. p. apie paukštį)*; švilpčioti, švilpiniuoti; ***to ~ a tune*** švilpiniuoti melodiją **2** (su)švilpti *(švilpuku)* **3** zvimbti; ***the bullets ~d past our ears*** mums pro ausis švilpė/zvimbė kulkos **4** *šnek.* veltui ieškoti/siekti *(for)*; ***they can ~ for it*** ≡ tegu jie sau pašvilpia *(nieko negaus)* □ **~ up** sukrapštyti, suorganizuoti *(ką nors)* ◊ ***to let smb go ~*** nesiskaityti su kieno norais; ***to ~ in the dark*** dėtis drąsiu, slėpti savo baimę
whistle-blower ['wɪslˌbləʊə] *n* skundėjas, skundikas; demaskuotojas
whistler ['wɪslə] *n* **1** švilpautojas, švilpa, švilpikas **2** *zool.* švilpikas *(graužikas)*
whistle-stop ['wɪslstɔp] *n* **1** trumpas sustojimas *(miestelyje rinkimų kampanijos ir pan. metu)*; **~ tour** *(kandidato)* rinkimų turnė **2** *amer.* pusstotė *(kurioje traukinys stoja tik jei yra išlipančių/įlipančių keleivių)*
v keliauti po miestelius *(rinkimų kampanijos ir pan. metu)*
whit [wɪt] *n* truputis; ***he is not a ~ better*** jam nė trupučio ne geriau; ***there is not a ~ of truth*** nėra nė trupučio tiesos

Whit [wɪt] *sutr. bažn. n* = **Whitsuntide**
a attr Sekminių; ~ *Sunday* Sekminės
white [waɪt] <*a, n, v*> *a* **1** baltas; ~ *paint* balti dažai; ~ *bear* baltasis lokys; ~ *heat* a) *metal.* baltasis įkaiti(ni)mas; b) *prk.* įsikarščiavimas, įsiaudrinimas; ~ *meat* baltoji mėsa *(paukštiena, veršiena);* **to paint** ~ dažyti baltai, baltinti **2** išblyškęs, blyškus; **to turn** ~ pabalti, išblykšti **3** žilas; sidabrinis; ~ *hair* žili plaukai **4** permatomas, bespalvis **5** baltosios rasės *(apie žmogų);* baltųjų *(apie rajoną)* **6** nekaltas, skaistus; nekenksmingas; ~ *lie* nekaltas melas **7** *šnek.* doras, sąžiningas **8** *polit. ist.* reakcingas, baltasis; *W. Guard* baltagvardietis ◊ ~ *light* a) dienos šviesa; b) objektyvi nuomonė; ~ *night* bemiegė naktis; ~ *horses* putotos bangos; ~ *slave* baltoji vergė, prostitutė; *W. Book (D. Britanijos)* Aukščiausiojo teismo nuostatai
n **1** balta spalva; baltumas; *I like* ~ man patinka balta spalva **2** baltas drabužis/audinys; *pl* balti skalbiniai; *a woman dressed in* ~ moteris, apsirengusi baltais drabužiais **3** baltymas; ~ *of the eyes* akies baltymas; ~ *of the egg* kiaušinio baltymas **4** baltas vynas **5** baltaodis, baltasis **6** *ret.* skaistumas, nekaltybė **7** *(džn. W.) polit. ist.* baltasis **8** *poligr.* protarpis **9** *šach.* baltosios figūros; baltieji *(asmuo, žaidžiantis baltosiomis figūromis);* ~ *wins* baltieji laimi **10** *(biliardo)* baltas kamuoliukas **11** *bot.* balana **12** baltalas *(dažai)* **13** *pl med.* baltosios
v: **to** ~ **out** ištrinti *(užtepant balta spalva)*
whitebait ['waɪtbeɪt] *n* smulkios/mažos žuvytės; mailius
whitebeam ['waɪtbi:m] *n bot.* miltuotasis šermukšnis
whiteboard ['waɪtbɔ:d] *n* baltoji lenta *(klasėje)*
white-caps ['waɪtkæps] *n pl* putotos bangos
white-collar ['waɪt'kɒlə] *a* nedirbantis fizinio darbo, dirbantis įstaigoje; ~ *worker* tarnautojas; ~ *crime* tarnautojų nusikaltimai *(kyšininkavimas, finansinės machinacijos ir pan.)*
white-faced ['waɪt'feɪst] *a* **1** baltaveidis **2** baltakaktis *(apie arklį ir pan.)*
whitefish ['waɪtfɪʃ] *n* **1** baltamėsės žuvys **2** *zool.* sykas; *broad/round-nosed* ~ čyras
white-haired ['waɪt'hɛəd] *a* **1** žilaplaukis, žilas **2** šviesiaplaukis
Whitehall ['waɪthɔ:l] *n* **1** Vaitholas *(gatvė Londone, kurioje yra valstybinės įstaigos)* **2** *prk.* D. Britanijos vyriausybė
white-handed ['waɪt'hændɪd] *a* doras, sąžiningas
white-headed ['waɪt'hedɪd] *a* **1** žilagalvis, žilaplaukis; baltagalvis **2** šviesiaplaukis
white-herring [ˌwaɪt'herɪŋ] *n* šviežia silkė *(ne rūkyta, ne sūdyta)*
white-hot ['waɪt'hɒt] *a* **1** baltai įkaitintas *(apie metalą)* **2** *prk.* įaudrintas, įniršęs
white-knuckled ['waɪt'nʌkld] *a* sunerimęs, neramus
white-livered ['waɪt'lɪvəd] *a* **1** išblyškęs, liguistas **2** bailus, silpnadvasis
whiten ['waɪtn] *v* **1** baltinti; baltai dažyti/tepti; balinti **2** (pa)balti, išblykšti
whitener ['waɪtnə] *n* **1** baliklis, balinimo milteliai **2** milteliai baltai avalynei valyti **3** pieno pakaitalas *(kavai/arbatai balinti)*
whiteness ['waɪtnɪs] *n* **1** baltumas, baltis; balta spalva **2** blyškumas **3** skaistumas, nekaltumas
whitening ['waɪtnɪŋ] *n* **1** baltinimas; balinimas **2** kalkės, kreida *(baltinti)* **3** = **whitener** 1
white-out ['waɪtaʊt] *n meteor.* baltoji tamsa *(ypač poliarinėse srityse)*
whitesmith ['waɪtsmɪθ] *n* skardininkas; alavuotojas

white-tailed ['waɪt'teɪld] *a* baltauodegis
whitethorn ['waɪtθɔ:n] *n bot.* gudobelė
whitethroat ['waɪtθrəʊt] *n zool.* rudoji devynbalsė
white-tie ['waɪt'taɪ] *a attr* su frakais *(vyrams);* ~ *dinner* iškilmingi pietūs
whitewall ['waɪtwɔ:l] *n amer.* baltašonė padanga *(t. p.* ~ *tyre)*
whitewash ['waɪtwɒʃ] *n* **1** kalkės *(baltinti)* **2** baltinimas **3** (iš)teisinimas; reabilitacija **4** *sport. šnek.* „sausas" rezultatas **5** *šnek.* taurė šerio *(išgerta po kitų vynų)*
v **1** baltinti *(sienas, pastatus)* **2** bandyti (iš)teisinti, nuslėpti *(trūkumus ir pan.)* **3** *sport. šnek.* laimėti „sausu" rezultatu
whitewood ['waɪtwʊd] *n* baltoji mediena
whitey ['waɪtɪ] *n niek.* baltasis; *kuop.* baltieji *(ypač negrų kalboje)*
whither ['wɪðə] <*adv, conj, n*> *psn., knyg. adv* kur?, kur link?; ~ *modern architecture* kur (link) eina moderniojí architektūra?
conj (ten,) kur
n (paskirties, vykimo) vieta
whithersoever [ˌwɪðəsəʊ'evə] *adv psn.* kad ir kur
whiting[1] ['waɪtɪŋ] *n* kalkės, kreida *(baltinti)*
whiting[2] *n (pl* ~) *zool.* (plačiakrūtinis) merlangas
whitish ['waɪtɪʃ] *a* baltokas, balsvas, balkšvas, balzganas
whitlow ['wɪtləʊ] *n med.* landuonis, aptaka, rietena
Whitman ['wɪtmən] *n: Walt* ~ Voltas Vitmenas *(amerikiečių poetas)*
Whitsun ['wɪtsn] *n* = **Whitsuntide**
a = **Whit**
Whitsuntide ['wɪtsntaɪd] *n bažn.* Sekminių savaitė *(ypač trys pirmosios dienos)*
whittle ['wɪtl] *v* drožinėti, drožti *(peiliu)* □ ~ *away/down* a) nudrožti, sudrožti; b) *prk.* apkarpyti, sumažinti; išsekinti *(jėgas); they are trying to* ~ *down our salaries* jie bando sumažinti mums atlyginimus
whity- ['waɪtɪ-] *(sudurt. žodžiuose)* baltai, balsvai; *whity-brown* balsvai rudas
whiz [wɪz] *(ypač amer.)* = **whizz** *n, v*
whiz-kid ['wɪzkɪd] *n šnek.* vunderkindas, ≡ kylanti žvaigždė *(apie jaunuolį)*
whizz [wɪz] *n* **1** švilpimas, zvimbimas *(skrodžiant orą)* **2** *šnek.* meistras, žinovas; gudruolis, vikruolis; *he is a* ~ *at math* jis gerai pasikaustęs iš matematikos
v **1** švilpti, zvimbti, lėkti **2** *amer. sl.* nusišvilpti, nusišlapinti □ ~ *by/past* prašvilpti, pralėkti
who [hu:] *pron (objektinis linksnis* who(m)) **1** kas; ~ *is speaking?* kas kalba?; ~ *did you give it to?* kam tu tai atidavei?; ~ *did he invite?* ką jis pakvietė?; ~ *does he live with?* su kuo jis gyvena? **2** kuris, kas; *those* ~ ...tie, kurie...; *the man ~(m) we met yesterday* žmogus, kurį mes vakar sutikome; *ask him* ~ *found this* paklausk jį, kas tai rado ◊ *Who is Who* kas yra kas? *(t. p. biografinio žinyno pavadinimas);* ~ *are you* (+ *inf)* kaip tu drįsti (sakyti *ir pan.) (pats neturėdamas patirties ar turėdamas ydų)*
whoa [wəʊ] *int* tprū, tpru
who'd [hu:d] *sutr.* **1** = **who had 2** = **who would**
whodun(n)it [ˌhu:'dʌnɪt] *n šnek.* detektyvinis romanas/filmas *ir pan.*
whoe'er [hu:'ɛə] *pron poet.* = **whoever**
whoever [hu:'evə] *pron (objektinis linksnis* who(m)ever) **1** bet kas, kas tik; ~ *thinks that is mistaken* kas taip mano, klysta; *invite* ~ *you like* kviesk, ką tik nori **2** kad ir kas, kas be-; *I think you are right* ~ *may criticize you*

manau, kad tu teisus, kad ir kas tave bekritikuotų; *write to the minister or* ~ rašyk kad ir ministrui *(nesvarbu kam)* **3** kas? *(ypač reiškiant nustebimą);* ~ *do you mean?* ką tu turi omenyje?

whole [həul] <*n, a, adv*> *n* **1** visuma, visybė; *we must consider these matters as a* ~ mes turime svarstyti šiuos klausimus kaip visumą **2** viskas, visa *(of); the* ~ *of Europe* visa Europa; *I cannot tell you the* ~ *of it* aš negaliu jums visko papasakoti ◊ *on the* ~ apskritai (paėmus), iš viso
a **1** visas, ištisas, pilnas; *the* ~ *world* visas pasaulis; *the* ~ *country* visa šalis; *with one's* ~ *heart* iš visos širdies; *a* ~ *week* visą/ištisą savaitę; ~ *outfit* pilna apranga; ~ *number mat.* sveikas skaičius **2** nepaliestas, nenukentėjęs, sveikas; *not a glass was left* ~ neliko sveikos nė vienos stiklinės **3** tikras; *a* ~ *brother* tikras brolis **4** nenugriebtas *(apie pieną)* **5** nesijotas *(apie miltus)* ◊ *to swallow smth* ~ aklai kuo patikėti
adv visai *(pabrėžiant); a* ~ *new way of life* visai naujas gyvenimo būdas; *the snake can swallow a mouse* ~ gyvatė gali praryti pelę iš karto *(visą); he looks a* ~ *lot better* jis atrodo tikrai daug geriau

whole-coloured ['həul͵kʌləd] *a* vien(a)spalvis
wholefood ['həulfu:d] *n* „natūralus maistas"; nekonservuoti *ir pan.* produktai
wholegrain ['həulgreɪn] *a* rupių/nesijotų miltų *(apie duoną ir pan.)*
wholehearted ['həul'hɑ:tɪd] *a* visiškas, iš visos širdies; *you have my* ~ *support* aš jus visiškai palaikau
whole-hogger ['həul͵hɔgə] *n* **1** nuodugnus/nuoseklus žmogus **2** *polit.* įsitikinęs/tvirtas šalininkas
whole-hoofed ['həul'hu:ft] *a zool.* vienanagis
whole-length ['həul͵leŋθ] *n* portretas/statula visu ūgiu
a viso ūgio/ilgio; nesutrumpintas
wholemeal ['həulmi:l] *a* nesijotų/rupių miltų; ~ *bread* rupi duona, ragaišis
wholeness ['həulnɪs] *n knyg.* vientisumas, ištisumas
wholesale ['həulseɪl] <*n, a, adv, v*> *n* didmeninė prekyba; *by* ~ didmenomis, urmu
a **1** didmeninis; ~ *prices* didmeninės kainos; ~ *trade* didmenų/urmo prekyba **2** masinis, didelio masto; ~ *slaughter* masinės žudynės; ~ *criticism* visų ir visko kritikavimas
adv didmenomis, urmu; *he accused everyone* ~ *prk.* jis apkaltino visus urmu
v kom. prekiauti didmenomis; parduoti didmenine kaina *(at – už)*
wholesaler ['həul͵seɪlə] *n* didmenininkas, urmininkas
whole-skinned ['həul'skɪnd] *a* nepaliestas, nenukentėjęs
wholesome ['həulsəm] *a* **1** sveikas; ~ *climate [food]* sveikas klimatas [maistas]; ~ *appearance* sveika išvaizda **2** naudingas, pamokomas; ~ *advice* naudingas patarimas
whole-souled ['həul'səuld] *a* nuoširdus, iš visos širdies
wholewheat ['həulwi:t] *a amer.* nesijotų kvietinių miltų; ~ *bread* ragaišis
wholism ['həulɪzm] *n filos.* holizmas
who'll [hu:l] = **who will**
wholly ['həulɪ] *adv* visiškai, absoliučiai; *I do not* ~ *agree* aš nevisiškai sutinku
whom [hu:m] *pron (objektinis linksnis, žr.* **who***) (džn. su prielinksniu)* **1** ką?; ~ *(m) were you speaking to?, to* ~ *were you speaking?* su kuo tu kalbėjai?; *the article is by* ~? kieno *(parašytas)* tas straipsnis? **2** *rel* kurį; *the man* ~ *(m) we met yesterday* žmogus, kurį mes sutikome vakar; *the person to* ~ *I spoke* žmogus, su kuriuo aš kalbėjau
whomever [hu:m'evə] *pron (objektinis linksnis, žr.* **whoever***)* ką tik, bet ką; *she questioned* ~ *she met* ji klausinėjo, ką tik sutiko
whomp [wɔmp] *v amer. šnek.* **1** suduoti *(kumščiu)* **2** *sport.* sutriuškinti
whomping ['wɔmpɪŋ] *a amer. šnek.* didžiulis
whomsoever [͵hu:msəu'evə] *pron (objektinis linksnis) žr.* **whosoever**
whoop [wu:p, hu:p] *n* **1** šauksmas, šūksnis; *a* ~ *of joy* džiaugsmo šūksnis **2** kokliušinis kosulys ◊ *not worth a* ~ ≡ nė sudilusio skatiko nevertas; *I don't care a* ~ ≡ man nusispjauti
v **1** šūkauti, rėkauti *(ppr. iš džiaugsmo)* **2** sveikinti/raginti šauksmais **3** ūbauti, ūkauti, klykti *(apie pelėdą ir pan.)* **4** kosėti *(sergant kokliušu)* ◊ *to* ~ *it up šnek.* džiūgauti, šėlioti, linksmintis *(kompanijoje)*
whoop-de-do ['hu:pdɪ͵du:] *n šnek.* **1** triukšmavimas, šėlimas; išgertuvės **2** karšta diskusija, karštas ginčas **3** afišavimas
whoopee *šnek. n* ['wupi] šūkavimas, šūktelėjimas *(džiaugsmui/pasitenkinimui ir pan. išreikšti); to make* ~ a) triukšmingai linksmintis, šėlti, šūkauti; b) mylėtis
int [wu'pi:] valio!
whooper ['hu:pə] *n zool.* gulbė giesmininkė *(t. p.* ~ *swan)*
whooping-cough ['hu:pɪŋkɔf] *n med.* kokliušas
whoops [wups] *int* oi!, ai! *(reiškiant nustebimą, atsiprašant)*
whoops-a-daisy ['wupsə͵deɪzɪ] *int* = **whoops**
whoosh [wuʃ] <*n, v, int*> *šnek. n (lekiančio daikto)* švilpesys
v (pra)švilpti, (pra)lėkti; plūstelėti
int švilpt!
whop [wɔp] *(ypač amer.) šnek. n* smūgis
v **1** mušti, pliekti **2** sumušti, nugalėti
whopper ['wɔpə] *n šnek.* **1** *(begėdiškas)* melas **2** didžiulis/milžiniškas daiktas, milžinas
whopping ['wɔpɪŋ] *šnek. n* pyla; (su)mušimas
a didžiulis, milžiniškas
whore [hɔ:] *n* **1** *vulg.* kekšė, prostitutė **2** *bibl.* ištvirkėlė, palaidūnė
v **1** *vulg.* būti prostitute; vaikščioti pas prostitutes; ištvirkauti **2** *psn. niek.* vaikytis *(pasisekimo; after); to* ~ *after strange goods bibl.* garbinti svetimus dievus
who're ['hu:ə] *sutr. šnek.* = **who are**
whoredom ['hɔ:dəm] *n* **1** *knyg.* prostitucija; ištvirkavimas **2** *bibl.* stabmeldystė
whorehouse ['hɔ:haus] *n vulg.* kekšynas, viešieji namai
whoremonger ['hɔ:mʌŋgə] *n (tik v.) psn.* **1** viešųjų namų lankytojas **2** paleistuvis
whoreson ['hɔ:sn] *n psn.* šunsnukis, išpera
whorish ['hɔ:rɪʃ] *a* kekšės, kekšiškas; paleistuvaujanti
whorl [wə:l] *n* **1** *(spiralės)* vija; *(sraigės kiaukuto ir pan.)* užraitas **2** *bot.* menturis, lapų/žiedų vainikas *(aplink stiebą)* **3** *tekst.* verpsčių blokas
whortleberry ['wə:tl͵berɪ] *n bot.* mėlynė; *bog* ~ girtuoklė, vaivoras; *red* ~ bruknė
who's [hu:z] *sutr. šnek.* **1** = **who is 2** = **who has**
whose [hu:z] *pron* **1** kieno?; ~ *is this?* kieno tai?; *do you know* ~ *car was stolen?* ar žinai, kieno automobilį pavogė? **2** *rel* kurio; *the man in* ~ *pocket they found my wallet* žmogus, kurio kišenėje rado mano piniginę
whosesoever [͵hu:zsəu'evə] *pron* kad ir kieno, kieno *(bebūtų ir pan.)*

whoso ['hu:səu] *pron psn.* = **whoever** 1
whosoever [ˌhu:səu'evə] *pron (objektinis linksnis* whomsoever) kad ir kas; kas *(bebūtų ir pan.)*
who've [hu:v] *sutr. šnek.* = **who have**
whump [wʌmp, wump] *v* dunksėti; tvoti
whup [wʌp] *v* = **whomp** 2
why [waɪ] <*adv, int, n*> *adv* 1 kodėl?; ~ *not?* kodėl gi ne?; *but* ~? bet kodėl?; ~ *don't we go for the weekend?* kodėl mums neišvykus savaitgaliui? 2 kodėl, dėl ko; *that is* ~ *I left early* štai kodėl aš taip anksti išėjau; *I don't know* ~ *they are late* aš nežinau, kodėl jie vėluoja; *the reasons* ~ *he refused are obscure* priežastys, dėl ko jis atsisakė, neaiškios
int na!, na ką gi!, nagi! *(reiškiant nuostabą/neryžtingumą/prieštaravimą/nekantrumą);* ~, *of course!* na, žinoma!; ~, *it is he!* na, juk tai jis!; ~, *yes, I think so* kaip čia pasakius, manau, kad taip; ~, *it's quite easy* na, juk tai visai lengva!; *since we did not succeed*, ~, *we must try again* mums nepasisekė, na ką gi, reikia pabandyti dar kartą; ~, *what's wrong in that?* na ir kas čia bloga?
n priežastis; *to go into the ~s and the wherefores* įsigilinti į priežastis; *never mind the ~s and wherefores* neklausinėk, kam ir kodėl
wicca ['wɪkə] *n* burtai, kerai
wick[1] [wɪk] *n* 1 *(lempos, žvakės)* dagtis 2 *med.* tamponas ◊ *to get on smb's* ~ *šnek.* veikti kieno nervus, nervinti, erzinti ką
wick[2] *n psn.* miestelis, kaimas *(ppr. vietovių pavadinimuose); Warwick* Vorikas
wicked ['wɪkɪd] *a* 1 blogas, negeras; piktas; ~ *people* blogi/pikti žmonės 2 nedoras; nuodėmingas; *the* ~ *one* velnias, šėtonas 3 išdykęs, šelmiškas; *you* ~ *child!* ak tu išdykėli! 4 niršus, įniršęs *(apie gyvulį)* 5 pavojingas *(apie žaizdą, smūgį ir pan.)* 6 nemalonus, bjaurus *(apie kvapą)* 7 *šnek.* baisus; *the prices there are* ~ kainos ten baisios 8 *šnek.* nuostabus; *he plays a* ~ *game of chess* jis puikiai žaidžia šachmatais
n (the ~) *kuop.* bedieviai, nuodėmingieji
wickedness ['wɪkɪdnɪs] *n* 1 negerumas, piktumas 2 blogas poelgis 3 nedorumas
wicker ['wɪkə] *n* 1 *kuop.* karklai, vytelės *(pinti)* 2 pintas daiktas *(kraitelė ir pan.)*
a attr pintas, pintinis; ~ *chair* pinta kėdė; ~ *fence* pinučiai, pintinė tvora; ~ *jug* apipintas ąsotis
wickerwork ['wɪkəwə:k] *n* pinti dirbiniai
wicket ['wɪkɪt] *n* 1 varteliai, durelės *(t. p.* ~ *gate)* 2 *(kasos ir pan.)* langelis 3 turniketas 4 *sport.* (kriketo; *amer. t. p. kroketo)* varteliai 5 *prk.* žaidimas *(ypač politinis)* ◊ *to be on a sticky* ~ *šnek.* būti keblioje padėtyje
wicketkeeper ['wɪkɪtˌki:pə] *n (kriketo)* vartininkas
wickiup ['wɪkɪʌp] *n amer.* palapinė *(vigvamo rūšis);* lūšnelė
wide [waɪd] *a* 1 *(įv. reikšm.)* platus; ~ *road* platus kelias; ~ *shoulders* platūs pečiai; *the* ~ *world* platusis pasaulis; ~ *interests* platūs interesai; 3 *metres* ~ 3 metrų pločio; *they're making the street* ~*r* platina gatvę 2 plačiai atvertas *(t. p.* ~ *open)* 3 didelis, didžiulis; ~ *difference* didžiulis skirtumas 4 tolimas; ~ *of the truth* tolimas nuo tiesos 5 *sport.* labai netaiklus, pro šalį 6 *sl.* suktas, gudrus
adv 1 plačiai; *to open one's eyes* ~ plačiai atmerkti akis 2 toli; visur, skersai ir išilgai *(t. p. far and* ~); ~ *apart* toli vienas nuo kito 3 *sport.* ne į taikinį, (toli) pro šalį
wide-angle ['waɪdˌæŋgl] *a opt.* plačiakampis *(apie objektyvą)*

wide-awake *a* [ˌwaɪdə'weɪk] 1 nemiegantis, budintis; *he was* ~ *within seconds* miegas jam bematant praėjo 2 budrus, apdairus; gudrus
n ['waɪdəweɪk] plačiakraštė fetrinė skrybėlė
wide-eyed ['waɪd'aɪd] *a* 1 (su) plačiai atvertomis akimis *(iš nuostabos, baimės ir pan.)* 2 nepatyręs, naivus
widely ['waɪdlɪ] *adv* 1 plačiai; daugelio; ~ *known* plačiai žinomas 2 žymiai, smarkiai; labai daug; *to differ* ~ žymiai skirtis
widely-read [ˌwaɪdlɪ'red] *a* plačiai apsiskaitęs; daugelio skaitomas
wide-mouthed ['waɪd'mauðd] *a* 1 plačiaburnis, didžiaburnis; plačiai išsižiojęs 2 plačiakaklis *(apie butelį ir pan.)*
widen ['waɪdn] *v* 1 platėti; platinti *(kelią ir pan.)* 2 plėsti(s), iš(si)plėsti; *to* ~ *one's interests* plėsti interesų ratą
wide-open [ˌwaɪd'əupən] *a* 1 plačiai atvertas 2 visiems atviras *(apie varžybas ir pan.)* 3 *amer.* atviras azartiniams lošimams, prekybai alkoholiniais gėrimais *ir pan.*
wide-ranging [ˌwaɪd'reɪndʒɪŋ] *a* plačios apimties, platus; plataus diapazono
wide-row ['waɪd'rəu] *a ž. ū.* plačiaeilis *(apie sėją)*
wide-screen ['waɪdskri:n] *a attr* plačiaekranis
widespread ['waɪdspred] *a* plačiai paplitęs; plačiai nusidriekęs
widgeon ['wɪdʒən] *n zool.* cyplė
widget ['wɪdʒɪt] *n šnek.* nematytas/keistas daiktelis/dalykėlis
widish ['waɪdɪʃ] *a* platokas, apyplatis
widow ['wɪdəu] *n* 1 našlė; *grass* ~ gyvanašlė 2 pirkinys *(lošiant kortomis)* ◊ ~'s *mite* kuklus indėlis; *football [golf etc.]* ~ *juok.* futbolo [golfo *ir pan.*] sirgaliaus žmona
v knyg. 1 padaryti našle/našliu 2 *poet.* atimti, padaryti nelaimingą *(of)*
widowed ['wɪdəud] *a* likusi našle, likęs našliu; *to be* ~ našlauti
widower ['wɪdəuə] *n* našlys; *grass* ~ gyvanašlis
widowhood ['wɪdəuhud] *n (našlės)* našlystė
width [wɪdθ] *n* 1 plotis; *in* ~ į plotį, pločio 2 platumas; ~ *of views* pažiūrų platumas 3 *(audeklo)* pala 4 *tech.* tarpatramis; anga
widthways, widthwise ['wɪdθweɪz, 'wɪdθwaɪz] *adv* į plotį
wield [wi:ld] *v* valdyti, turėti rankose *(ginklą; džn. prk.); to* ~ *an axe* valdyti kirvį, mokėti dirbti kirviu; *to* ~ *immense power* turėti daug valdžios; *to* ~ *the pen* valdyti plunksną
wieldy ['wi:ldɪ] *a* lengvai valdomas; paklusnus
wiener ['wi:nə] *n amer.* 1 parūkyta dešrelė 2 *vaik.* pimpiliukas
wienie ['wi:nɪ] *n šnek.* = **wiener**
wife [waɪf] *n (pl* wives) 1 žmona; *teis.* sutuoktinė; *she will make him a good* ~ ji bus jam gera žmona; *to take smb as one's* ~ (pa)imti ką už žmoną, vesti ką 2 *psn.* moteris; *old* ~ boba, senė ◊ *an old wives' tale/story* ≡ bobų pasakos
wifeless ['waɪfləs] *a* 1 likęs našliu 2 nevedęs
wifelike ['waɪflaɪk] *a* = **wifely**
wifely ['waɪflɪ] *a* būdingas/priderams žmonai
wife-swapping ['waɪfˌswɔpɪŋ] *n* susikeitimas žmonomis
wig[1] [wɪg] *n* perukas
wig[2] *v šnek.* barti, vainoti, plūsti
wigeon ['wɪdʒən] *n* = **widgeon**
wigged [wɪgd] *a* su peruku
wigging ['wɪgɪŋ] *n šnek.* (iš)barimas, vainojimas; *to get a* ~ gauti barti
wiggle ['wɪgl] *n* 1 judinimas, krutinimas, kraipymas; krutėjimas, sukinėjimasis 2 vingiuota linija ◊ *get a* ~ *on!*

wiggle-waggle

amer. paskubėk!, greičiau judinkis!
v judinti, krutinti, kraipyti; judėti, krutėti, sukinėtis; raitytis
wiggle-waggle ['wɪgl͵wægl] = **wiggle** *n, v*
wiggly ['wɪglɪ] *a* **1** besiraitantis, besisukinėjantis **2** vingiuotas
wight [waɪt] *n psn.* padaras, būtybė
Wight [waɪt] *n* Vaitas *(sala)*
wiglet ['wɪglɪt] *n* uždėtinis šinjonas, uždėtiniai plaukai
wigwag ['wɪgwæg] *n kar., jūr.* **1** signalizacija vėliavėlėmis **2** vėliavėlėmis perduota žinia
v **1** *kar., jūr.* signalizuoti vėliavėlėmis **2** judėti pirmyn ir atgal
wigwam ['wɪgwæm] *n* **1** vigvamas **2** *amer.* patalpa politiniams susirinkimams
wilco ['wɪlkəu] (will comply *sutr.*) pranešimas priimtas, bus atlikta *(radijo atsakymas)*
wild [waɪld] <*a, adv, n*> *a* **1** laukinis; ~ *animals* laukiniai gyvūnai; ~ *flowers* laukinės gėlės; ~ *man* a) laukinis (žmogus); b) ekstremistas **2** *prk.* laukinis, klaikus; ~ *cry* laukinis riksmas **3** audringas; smarkus *(apie audrą ir pan.); it was a* ~ *night* buvo audrota/audringa naktis **4** *prk.* audringas, nežabotas, pasiutęs; ~ *with joy* nesitveriantis iš džiaugsmo; ~ *anger* nežabotas pyktis; *to be* ~ *with anger* siusti iš pykčio; *to go* ~ a) (įsi)siautėti; b) įsiusti, įniršti; *in* ~ *spirits* įsiaudrinęs, įniršęs **5** pamišęs *(about); to be* ~ *about smth* eiti iš proto dėl ko; *it drives me* ~ tai mane varo iš proto; *everyone is* ~ *about the play* visi eina iš proto dėl to spektaklio **6** neapgalvotas, neprotingas, beprotiškas; ~ *and whirling words* neapgalvoti žodžiai; ~ *scheme* beprotiškas planas; ~ *shot* aklas šūvis *(neprisitaikius);* ~ *look* paklaikęs žvilgsnis; ~ *guesses* nepagrįsti spėliojimai, prasimanymai **7** negyvenamas, tyras *(apie vietą)* **8** netvarkingas; ~ *hair* suvelti/sutaršyti plaukai **9** *šnek.* pasileidęs, palaidas **10** *šnek.* nuostabus **11**: ~ *card* a) korta, galinti turėti bet kokį akių skaičių; b) *komp.* universalusis simbolis; c) neaiškus tipas ◊ *to run* ~ a) keroti, laisvai augti; b) būti neprižiūrimam, turėti didelę laisvę; ~ *horses couldn't...* niekas negalėtų *(priversti daryti ką)*
adv **1** smarkiai; kaip laukinis, laukiniškai **2** kaip pakliuvo, neapgalvojus
n **1** (*the* ~) *(gyvūno)* natūrali aplinka, laisvė; *animals living in the* ~ gyvūnai, gyvenantys laisvėje **2** (*the* ~*s*) *pl* tyrai, tyrlaukiai; užkampis; *he enjoys living in the* ~*s* jam patinka gyventi užkampyje
wildcat ['waɪldkæt] <*n, a, v*> *n* **1** *zool.* laukinė katė **2** staigaus būdo, ūmus žmogus; purkšlys **3** rizikingas sandoris, avantiūra *(prekybos, finansų ir pan.)* **4** tiriamasis gręžinys
a **1** rizikingas, rizikuojantis; beprotiškas **2** neteisėtas, nesankcionuotas; ~ *strike* nesankcionuotas/stichinis streikas
v amer. ieškoti naftos *(netirtoje vietovėje)*
wildcatter ['waɪld͵kætə] *šnek. n* **1** spekuliantas; asmuo, dalyvaujantis rizikinguose sandoriuose **2** naftos ieškotojas
Wilde [waɪld] *n: Oscar* ~ Oskaras Vaildas *(airių rašytojas)*
wildebeest ['wɪldəbi:st] *n zool.* gnu *(antilopė)*
wilderness ['wɪldənɪs] *n* **1** tyrlaukis; dykuma **2** užželusi sodo/parko dalis, „džiunglės" **3** beribis vandenyno plotas **4** daugybė, masė *(žmonių, daiktų)* ◊ *a voice (crying) in the* ~ *prk.* balsas šaukiančiojo tyruose; *to go into the* ~ netekti savo posto *(pasikeitus vyriausybei ir pan.);* patekti į nemalonę

wild-eyed ['waɪld'aɪd] *a* klaikiomis akimis
wildfire ['waɪldfaɪə] *n* **1** amalas, žaibas be griaustinio; *to spread like* ~ plisti/sklisti žaibo greitumu **2** *kar. ist.* graikiškoji ugnis
wildfowl ['waɪldfaul] *n kuop.* laukiniai/medžiojamieji paukščiai
wildfowler ['waɪld͵faulə] *n* laukinių paukščių medžiotojas
wild-goose [͵waɪld'gu:s] *n* laukinė žąsis ◊ ~ *chase* paika/kvaila užmačia; (tuščias) vaikymasis
wilding ['waɪldɪŋ] *n* **1** laukinukas, laukinis medelis *(ypač obelis)* **2** laukinuko vaisius
wildlife ['waɪldlaɪf] *n kuop.* laukiniai gyvūnai; fauna ir flora, gyvūnija ir augalija
wildly ['waɪldlɪ] *adv* **1** audringai *(ploti)* **2** smarkiai; beprotiškai **3** labai
wildwater ['waɪld͵wɔ:tə] *n* srauni tėkmė
wildwood ['waɪldwud] *n poet.* pirmykštis/neliestas/tankus miškas
wile [waɪl] *n (ppr. pl)* gudrybės, vyliai, klastos; apgaulės
v **1** (pa)vilioti, masinti **2** gerai/linksmai praleisti *(laiką; t. p.* ~ *away)*
Wilfred, Wilfrid ['wɪlfrɪd] *n* Vilfredas, Vilfridas *(vardas)*
wilful ['wɪlfəl] *a* **1** apgalvotas, sąmoningas, tyčinis; ~ *damage* sąmoningas kenkimas **2** užsispyręs, savavalis, savavališkas
wiliness ['waɪlɪnɪs] *n* gudrumas, klastingumas; gudrybė, klasta
will[1] [wɪl] *n* **1** valia, valios jėga; *free [ill]* ~ laisva/gera [pikta] valia; *to impose one's* ~ *on others* primesti savo valią kitiems **2** noras, ketinimas; *to work one's* ~ elgtis pagal savo norą; daryti savaip; *I bear her no ill* ~ aš jai bloga nelinkiu; *of one's own free* ~ savo noru/valia; *against one's* ~ prieš savo norą/valią; *the* ~ *to live* noras gyventi; *with the best* ~ *in the world* kad ir kaip norėdamas **3** energija, entuziazmas; *with a* ~ energingai **4** testamentas; *to make, ar draw up, one's* ~ surašyti testamentą ◊ *at* ~ a) kaip patinka *(t. p. at one's own secret* ~ *šnek.);* b) kada tik panorėjus, bet kuriuo laiku; *to have one's* ~ pasiekti savo; *to take the* ~ *for the deed* tenkintis pažadais; *where there's a* ~, *there's a way* ≡ prie gerų norų nėra blogo oro; reikia tik panorėti, o galimybės atsiras
v (willed) **1** priversti *(valios jėga); to* ~ *oneself into contentment* prisiversti būti patenkintam; *can you* ~ *yourself to keep awake?* ar jūs galite prisiversti neužmigti/nemiegoti? **2** *knyg.* parodyti norą/valią; trokšti; *those who* ~ *success are likely to achieve it* tie, kurie trokšta pasisekimo, tikriausiai tai pasieks **3** *teis.* palikti *(testamentu)*
will[2] *v* (would) (*sutr.* 'll) **1** *aux vart.* sudaryti būsimojo l. vns. ir dgs. antrajam ir trečiajam asm., o džn. ir pirmajam, verčiama būsimuoju l.: *he* ~ (= *he'll) come* jis ateis; *they* ~ *do it* jie tai padarys; *I* ~ *come soon* aš tuojau ateisiu; *I* ~ *never betray you* aš niekados tavęs neišduosiu **2** reiškiant įprastinį veiksmą, verčiama esam. l.: *accidents* ~ *happen* visuomet būna nelaimingų atsitikimų; *boys* ~ *be boys* berniukai lieka berniukais; *he* ~ *sit in front of the TV for hours on end* jis valandų valandas prasėdi prie televizoriaus **3** *mod* būtinai *(reiškiant pasiryžimą);* tikriausiai *(reiškiant tikrumą); I* ~ *let you know* aš būtinai jums pranešiu; *this* ~ *be our train* tai tikriausiai mūsų traukinys; *he* ~ *be about 30 now* jam dabar turėtų būti apie 30 (metų) **4** *mod* norėti; maloneti *(ko prašant);* ~ *you have some tea?* ar nenorite arbatos?; ~ *you close the window, please* prašom

uždaryti langą; *do as you ~* darykite, kaip norite **5** *mod* galėti; *this car ~ hold five people comfortably* šiame automobilyje gali patogiai sėdėti 5 žmonės **6** *mod* niekaip ne- *(neig. sakiniuose); the door ~ not (= won't) open* durys niekaip neatsidaro ◊ *if you ~* jums leidus; *I ~* sutinku *(sakoma santuokos ceremonijoje)*
-willed [-wɪld] *(sudurt. žodžiuose)* -valis; *weak-willed* silpnavalis
willful ['wɪlfəl] *a amer.* = wilful
William ['wɪljəm] *n* Viljamas *(vardas)*
Williams ['wɪljəmz] *n: Tennessee ~* Tenesis Viljamsas *(amerikiečių rašytojas)*
willie ['wɪlɪ] *n* = willy
willies ['wɪlɪz] *n pl (the ~) šnek.: to get the ~* išsigąsti; *it gives me the ~* šiurpas mane ima, man kinkos dreba
willing ['wɪlɪŋ] *a* **1** pasiruošęs, norintis *(ką daryti);* noriai darantis, noringas; *he is ~ to do it* jis pasiruošęs tai atlikti; *are you ~?* ar jūs sutinkate? **2** norus; mielai teikiamas *(apie pagalbą ir pan.); he was a ~ participant in the campaign* jis noriai dalyvavo toje kampanijoje **3** savanoriškas ◊ *~ horse* stropuolis, darbštuolis; *to spur a ~ horse* raginti ir taip stropų darbuotoją
willingly ['wɪlɪŋlɪ] *adv* noriai, mielai; *did she ~, or did you have to call the police?* ar ji ėjo savo noru, ar teko kviesti policiją?
willingness ['wɪlɪŋnɪs] *n* **1** pasiruošimas, pasiryžimas *(ką atlikti)* **2** noras
will-o'-the-wisp [ˌwɪləðə'wɪsp] *n* **1** žaltvykslė **2** kas nors apgaulinga/nepasiekiama
willow ['wɪləʊ] *n* **1** *bot.* gluosnis; karklas; *white ~* baltasis gluosnis, žilvitis; *pussy ~s* karklo kačiukai **2** *šnek.* blokštas *(žaidžiant kriketą ir pan.)* **3** *tekst.* atliekų valytuvas; dulkintuvas ◊ *to wear the ~* dėvėti gedulą; gedėti/liūdėti netekus mylimojo
willowherb ['wɪləʊhɜːb] *n bot.* **1** siauralapė ožkarožė; *great ~* ožrožė **2** paprastasis raudoklis
willow-pattern ['wɪləʊˌpætən] *n* dekoratyvinis piešinys ant porceliano dirbinių *(vaizduojantis upę, gluosnius, pagodas ir pan.)*
willow-warbler ['wɪləʊˌwɔːblə] *n zool.* ankstyvoji krosnilanda
willowy ['wɪləʊɪ] *a* **1** lieknas ir lankstus **2** užželęs/apaugęs karklais
willpower ['wɪlˌpaʊə] *n* valios jėga/stiprybė, valia
willy ['wɪlɪ] *n šnek.* pimpalas, pimpiliukas
willy-nilly [ˌwɪlɪ'nɪlɪ] *adv* norom(is) nenorom(is), nori nenori
willy-willy ['wɪlɪˌwɪlɪ] *n austral.* uraganas, taifūnas; ciklonas
Wilma ['wɪlmə] *n* Vilma *(vardas)*
Wilson ['wɪlsn] *n: Harold ~* Haroldas Vilsonas *(anglų politikos veikėjas)*
wilt[1] [wɪlt] *n* **1** vytulys **2** silpnumas; išglebimas
v **1** vysti, skursti; vytinti **2** silpnėti, (iš)glebti **3** netekti pasitikėjimo, pasimesti
wilt[2] *v psn.* will[2] *esam. l. vns. antrasis asm.*
wilted ['wɪltɪd] *a* nuvytęs, suvytęs
Wilton ['wɪltən] *n tekst.* storas gauruotas kilimas *(t. p. ~ carpet)*
Wiltshire ['wɪltʃə] *n* Viltšyras *(Anglijos grafystė)*
wily ['waɪlɪ] *a* gudrus, suktas, vylingas, klastingas; *~ politician* gudrus/suktas politikas; *as ~ as a fox* gudrus/klastingas kaip lapė
wimble ['wɪmbl] *n* grąžtuvas; grąžtas
wimp [wɪmp] *šnek. n* ištižėlis, lepšis; suglebėlis
v: ~ out ištižti; suglebti

wimpish ['wɪmpɪʃ] *a šnek.* ištižęs; geibus, silpnas
wimple ['wɪmpl] *n* vienuolės galvos apdangalas
v **1** kristi klostėmis **2** raibuliuoti *(apie vandenį)*
wimpy ['wɪmpɪ] *a šnek.* = wimpish
win [wɪn] *n* **1** *(ypač sport.)* laimėjimas, pergalė; *to have a ~ over smth (in) sport., polit.* pasiekti pergalę, laimėti prieš ką **2** išlošiamosios lažybos
v (won) **1** laimėti; nugalėti, pasiekti pergalę *(t. p. to ~ a victory); to ~ the battle* laimėti mūšį; *to ~ the heart* užkariauti širdį; *to ~ by a head* vos vos laimėti *(žirgų lenktynėse); to ~ on points* laimėti taškais **2** išlošti; *to ~ in a lottery [at cards]* išlošti loterijoje [kortomis] **3* išgauti; už(si)tarnauti; *to ~ consent* išgauti sutikimą; *to ~ respect* užsitarnauti/pelnyti pagarbą **4** įtikinti, perkalbėti; *you have won me* jūs mane įtikinote **5** *knyg. (sunkiai)* pasiekti; *to ~ the summit* pasiekti viršūnę/viršukalnę; *to ~ one's way* prasiskinti kelią, prasimušti; *to ~ clear/free* vos vos išsikapstyti/išsikapanoti □ *~ back* atsilošti; atgauti; *~ out* pasiekti laimėjimų, pasisekti; *~ over/round* perkalbėti; palenkti *(savo pusėn); ~ through* pasiekti savo; nugalėti *(sunkumus); sport.* prasimušti *(į pusfinalį ir pan.)* ◊ *you ~!* ≡ tavo viršus *(ginče); you can't ~* kitos išeities nėra, kitaip nieko nebus; *you can't ~ them all šnek.* ≡ ne visada katinui Užgavėnės
wince [wɪns] *n* suvirpėjimas, susiraukimas; krūptelėjimas; susigūžimas
v raukytis, susiraukti, (su)virpėti *(iš skausmo ir pan.);* krūptelėti, susigūžti; *to ~ at the thought [memory] (of)* suvirpėti pagalvojus [prisiminus]...
wincey ['wɪnsɪ] *n tekst.* pusvilnonė flanelė
winceyette [ˌwɪnsɪ'et] *n tekst.* medvilninė flanelė
winch [wɪntʃ] *tech. n* suktuvas; gervė; *lift ~* kėlimo gervė
v kelti/traukti suktuvu/gerve
Winchester ['wɪntʃɪstə] *n* **1** Vinčesteris *(Anglijos miestas)* **2** *kar.* vinčesteris *(t. p. ~ rifle)* **3** *komp.* Vinčesterio diskas *(t. p. ~ disk)*
wind[1] [wɪnd] *n* **1** vėjas; *fair [high] ~* palankus [didelis] vėjas; *adverse/contrary/head ~* priešpriešinis vėjas; *hot ~* sausvėjis; *wet ~* vėjas su lietumi; *~ and weather* prastas oras; *the ~ of change prk.* permainų vėjas; *down/before the ~* pavėjui; *in the ~'s eye, in the teeth of the ~* tiesiai prieš vėją; *the ~ is up* vėjas pakilo **2** oro srovė *(pvz., vargonuose)* **3** *(the ~s) pl (orkestro)* pučiamieji (instrumentai) *(t. p. the ~ section)* **4** kvapas, kvėpavimas; *short/bad ~* dusulys; *he has a bad ~* jį kankina dusulys; *to get one's ~ (back)* atgauti kvapą, atsikvėpti; *to lose ~* uždusti; *touched in the ~* greit uždūstantis, sergantis astma **5** girdas, gandas, kalbos; *there is something in the ~* kažkas bręsta, sklinda kalbos; *to get ~ (of)* a) nugirsti, išgirsti *(kalbas);* b) užuosti, suuosti, sužinoti **6** *šnek.* plepalai, tuščiažodžiavimas; *that speaker is a load of ~* tas kalbėtojas – plepalų maišas; *to speak to the ~* tuščiai laidyti gerklę **7** *med.* dujos; *to break ~ euf.* (pa)gadinti orą **8** *tech.* pūtimas ◊ *gone with the ~* išnykęs be pėdsako; *to the (four) ~s* ≡ į visus keturis vėjus, į visas puses; *to fling/throw to the ~s* atmesti, ignoruoti *(sveiką protą, principus ir pan.); to scatter to the ~s* a) sutriuškinti; b) išblaškyti; *like the ~* greitai, kaip vėjas *(bėgti ir pan.); to sail close to, ar near, the ~* a) *jūr.* plaukti beidevindu; b) vos neperžengti *(padorumo)* ribų; bemaž pažeisti įstatymą; *to take the ~ out of smb's sails* išmušti kam pagrindą iš po kojų, pastatyti ką į padėtį be išeities, sutrukdyti kam; *to get one's second ~* pajusti naujų jėgų antplūdį *(sport.; t. p. prk.); to get/have the ~ up šnek.* išsigąsti; *to put the ~ up šnek.*

išgąsdinti; *to raise the* ~ *šnek.* gauti/prasimanyti pinigų; *between* ~ *and water* silpniausioje vietoje, labiausiai pažeidžiamoje vietoje; *to see, ar to find out, which way the* ~ *blows šnek.* ≡ pažiūrėti, iš kur vėjai pučia, (su)žinoti padėtį; *to catch the* ~ *in a net* ≡ rėčiu vandenį semti, ≡ pilstyti iš tuščio į kiaurą; *to hang in the* ~ svyruoti, būti netikram; *to whistle for the* ~ laukti patogios progos; *it's an ill* ~ *that blows nobody good* ≡ nėra to blogo, kas neišeitų į gera; *to sow the* ~ *and reap the whirlwind* ≡ pasėjus vėją, pjauti audrą; skaudžiai sumokėti už neatidumą/nerūpestingumą *ir pan.* *v* (winded) **1** (už)uosti; sekti pėdsakais **2** nualsinti, pridusinti; *the blow ~ed me* nuo smūgio man užėmė kvapą **3** leisti atsipūsti/atsidusti/atsikvėpti **4** džiovinti *(vėjuje);* vėdinti **5** [waɪnd] *(past ir pII t. p.* wound) pūsti *(ragą ir pan.)*
wind² [waɪnd] *n* **1** pasukimas; užsukimas *(laikrodžio); to give smth a* ~ pasukti ką **2** *tekst.* vyniojimas
v (wound) **1** vingiuoti, raitytis, rangytis *(t. p.* ~ *its/one's way; apie kelią, upę ir pan.)* **2** sukti(s), vyti(s), vynioti(s); *to* ~ *cotton on a reel* užvyti siūlus ant ritės; *she wound her arms around him* ji apkabino/apsivijo jį rankomis **3** užsukti, prisukti *(laikrodį)* **4** kelti suktuvu/gerve ▢ ~ *(a)round* ap(si)sukti, ap(si)vynioti; ~ *back* atsukti atgal *(kino juostą ir pan.);* ~ *down* a) nuleisti žemyn *(sukant rankenėlę);* b) išeiti *(apie laikrodžio spyruoklę);* c) išsekti, baigtis *(apie veiklą);* mažinti *(darbo apimtį);* d) atsipūsti, pailsėti; ~ *in* truktelėti meškerės valą *(sukant jį į ritę);* ~ *off* iš(si)vynioti; ~ *up* a) su(si)vyti, su(si)sukti; apvynioti; b) užsukti *(laikrodį; automobilio langą);* c) užbaigti *(kalbą, kampaniją, savo reikalus ir pan; susirinkimą ir pan.);* d) likviduoti *(įmonę);* e) į(si)jausti, į(si)audrinti; f) *šnek.* pasijusti; atsidurti *(ligoninėje, kalėjime ir pan.);* g) *šnek.* erzinti; apgaudinėti ◊ *to* ~ *oneself, ar one's way, into smb's affections/confidence* prisimeilinti, prisigerinti, įsigyti kieno malonę/pasitikėjimą *(gudrumu, meilikavimu)*
windage ['wɪndɪdʒ] *n* **1** oro pasipriešinimas **2** *kar. (sviedinio, raketos)* nukrypimas dėl vėjo **3** *jūr.* antvandeninė laivo dalis
windbag ['wɪndbæg] *n* **1** *šnek.* tauškalius, papliauška, zaunius, tuščiakalbis **2** *(dūdmaišio)* dumplės
windblast ['wɪndblɑːst] *n* oro srautas; oro srauto įtaka *(parašiutininkui ir pan.)*
wind-blown ['wɪndbləʊn] *a* **1** vėjo gainiojamas/nešiojamas **2** vėjo sutaršytas/taršomas *(apie plaukus)*
windborne ['wɪndbɔːn] *a* vėjo nešamas/nešiojamas
windbound ['wɪndbaʊnd] *a* vėjo sulaikytas *(apie laivą ir pan.)*
windbreak ['wɪndbreɪk] *n* skydas, tvora, medžių eilė *ir pan. (kaip apsauga nuo vėjo);* apsauginė miško juosta *(nuo vėjo)*
windbreaker ['wɪndˌbreɪkə] *n amer.* = **windcheater**
windburn ['wɪndbɜːn] *n* **1** *med.* eritema *(nuo vėjo)* **2** išdegimas *(augalų liga)*
wind-channel ['wɪndˌtʃænl] *n av.* aerodinaminis vamzdis
windcheater ['wɪndˌtʃiːtə] *n* neperpučiamoji striukė, vėjastriukė
wind-cone ['wɪndkəʊn] *n* = **windsock**
wind-down ['waɪndaʊn] *n šnek. (ko)* mažinimas, laipsniškas likvidavimas
winded ['wɪndɪd] *a* uždusęs, vos atgaunantis kvapą
wind-egg ['wɪndeg] *n* kliukis *(kiaušinis be gemalo)*
winder¹ ['waɪndə] *n* **1** vijoklinis augalas **2** prisukimo/užsukimo raktelis **3** *aut. (lango stiklo)* kėliklis, kėliklio ran-kenėlė **4** *(suktinių laiptų)* laiptelis, pakopa **5** *tekst.* pervijimo mašina; vytuvai
winder² *n muz.* pūtėjas *(trimitininkas, fleitininkas ir pan.)*
winder³ ['waɪndə] *n* stiprus smūgis; kvapą užimantis dalykas
windfall ['wɪndfɔːl] *n* **1** nelaukta/netikėta sėkmė; ~ *profit* netikėtai didelis pelnas **2** krituolis *(vėjo nupurtytas vaisius)* **3** vėtralauža, vėjavarta, išvarta
windflaw ['wɪndflɔː] *n* vėjo gūsis
windflower ['wɪndˌflaʊə] *n bot.* plukė
wind-gauge ['wɪndgeɪdʒ] *n* **1** *meteor.* vėjamatis **2** *kar.* taikiklio korektorius
windhover ['wɪndˌhɒvə] *n zool.* pelėsakalis
winding ['wɪndɪŋ] *n* **1** vingiavimas; vingis; išlanka, išlinkis **2** (ap)sukimas, (ap)vyniojimas, (ap)vijimas **3** *el.* apvija; ~ *insulation* apvijos izoliacija
a **1** vingiuotas **2** suktinis, įvijinis, spiralinis *(apie laiptus)*
winding-sheet ['waɪndɪŋʃiːt] *n ret.* įkapių drobulė, lavondengtė
winding-up [ˌwaɪndɪŋ'ʌp] *n (reikalų ir pan.)* (už)baigimas; *(įmonės ir pan.)* likvidavimas
wind-instrument ['wɪndˌɪnstrəmənt] *n muz.* pučiamasis instrumentas
windjammer ['wɪndˌdʒæmə] *n ist.* prekybos burlaivis
windlass ['wɪndləs] *n* **1** *tech.* suktuvas, gervė **2** *jūr.* braš-pilis
windless ['wɪndləs] *a* be vėjo, nevėjuotas
windmill ['wɪndmɪl] *n* **1** vėjo malūnas; *to charge/fight/tilt at ~s prk.* kovoti su vėjo malūnais **2** vėjo malūnėlis *(žaislas)*
window ['wɪndəʊ] *n* **1** langas; langelis; *blind/blank/dead/dummy/false* ~ aklinis langas; *French* ~ langas iki grindų *(kartu ir durys į sodą/balkoną); to look out of ar through the* ~ žiūrėti pro langą; *I'd like a seat by a* ~ norėčiau vietos prie lango **2** vitrina **3** *komp.* ekrano dalis, langas ◊ *to flow/go out of the* ~ *šnek.* visiškai išnykti, išgaruoti; ~ *of opportunity* reta proga/galimybė
window-box ['wɪndəʊbɒks] *n* dėžutė, pritvirtinta prie palangės iš lauko pusės *(augalams auginti)*
window-case ['wɪndəʊkeɪs] *n* vitrina
window-dresser ['wɪndəʊˌdresə] *n* vitrinos apipavidalintojas
window-dressing ['wɪndəʊˌdresɪŋ] *n* **1** vitrinų apipavidalinimas **2** *menk.* mokėjimas pa(si)rodyti iš gerosios pusės, paradiškumas; *it's all* ~ visa tai tik dėl akių
window-frame ['wɪndəʊfreɪm] *n* lango rėmai
windowpane ['wɪndəʊpeɪn] *n* lango stiklas *(rėme)*
window-sash ['wɪndəʊsæʃ] *n* lango rėmų rišinys
window-seat ['wɪndəʊsiːt] *n* **1** sofa prie lango **2** vieta prie lango *(autobuse, lėktuve, traukinyje)*
window-shade ['wɪndəʊʃeɪd] *n amer.* nuleidžiama aklina užuolaida
window-shop ['wɪndəʊʃɒp] *v* apžiūrinėti vitrinas
windowsill ['wɪndəʊsɪl] *n* palangė
window-winder ['wɪndəʊˌwaɪndə] *n aut.* lango stiklo kėliklis
windpipe ['wɪndpaɪp] *n anat.* kvėpuojamoji gerklė, trachėja
wind-power ['wɪndpaʊə] *n* vėjo jėga
wind-pressure ['wɪndˌpreʃə] *n* vėjo slėgis
windproof ['wɪndpruːf] *a* neperpučiamas, apsaugojantis nuo vėjo
windrose ['wɪndrəʊz] *n meteor.* vėjų rožė
windrow ['wɪndrəʊ] *n* pradalgė

windscreen ['wɪndskriːn] *n aut.* priekinis stiklas; **~ wiper** stiklo valytuvas
windshield ['wɪndʃiːld] *n* **1** *amer.* = **windscreen 2** *(motociklo ir pan.)* skydas nuo vėjo
wind-sleeve ['wɪndsliːv] *n* = **windsock**
windsock ['wɪndsɔk] *n meteor.* kūgiškasis vėjarodis
Windsor ['wɪnzə] *n* **1** Vindzoras *(Anglijos miestas);* **~ Castle** Vindzoro pilis **2** tualetinis muilas *(oro uoste ir pan.; t. p.* **~ soap)* **3** medinis krėslas su šoninėmis atramomis *(t. p.* **~ chair)* **4** *bot.* arkliapupė *(t. p.* **~ bean)*
windspeed ['wɪndspiːd] *n* vėjo greitis; **~ indicator** anemometras
windstorm ['wɪndstɔːm] *n* vėtra
windsurf ['wɪndsəːf] *v* užsiiminėti burlenčių sportu
windsurfing ['wɪndsəːfɪŋ] *n sport.* burlenčių sportas; **~ board** burlentė
windswept ['wɪndswept] *a* **1** neapsaugotas nuo vėjo, vėjo (už)pučiamas; vėjo pustomas **2** vėjo sutaršytas, susivėlęs *(apie plaukus)*
wind-tunnel ['wɪnd͵tʌnl] *n av.* aerodinaminis vamzdis
wind-up ['waɪndʌp] *n* **1** užbaigimas, užbaiga, pabaiga **2** *šnek.* suerzinimas, sunervinimas
a užsukamasis, prisukamasis; turintis laikrodžio mechanizmą
windward ['wɪndwəd] <*a, adv, n*> *a* priešvėjinis; **~ side** priešvėjinė pusė; priešvėjinis bortas
adv prieš vėją
n priešvėjinė pusė ◊ **to get to ~** *(of)* a) atsistoti prieš vėją *(vengiant blogo kvapo);* b) įgyti pranašumą *(prieš)*
windy ['wɪndɪ] *a* **1** vėjuotas, vėjingas **2** vėjo (už)pučiamas **3** tuščiakalbis, gražiakalbis, pompastiškas, tuščias **4** *šnek.* išsigandęs, susinervinęs ◊ **W. City** *amer.* Vėjų miestas *(apie Čikagą)*
wine [waɪn] *n* **1** vynas; **new ~** jaunas vynas; **Rhine ~** reinvynis; **straw ~** *(džiovintų vynuogių)* desertinis vynas; **in ~** girtas, įsigėręs **2** tamsiai raudona spalva *(ppr.* **~ red)* ◊ **to put new ~ in/into old bottles** kišti/brukti naują turinį į seną formą; **good ~ needs no (ivy) bush** ≡ gera prekė pati save giria
v **1** gerti vyną **2** girdyti/vaišinti vynu □ **~ up** *amer. šnek.* pasigerti ◊ **~ and dine** vaišinti(s) *(ypač restorane)*
wine-apple ['waɪn͵æpl] *n* vyninis obuolys
wine-bar ['waɪnbɑː] *n* vyninė, vyno baras
winebibber ['waɪn͵bɪbə] *n knyg., psn.* vyno mėgėjas, girtuoklis
wine-cellar ['waɪn͵selə] *n* **1** vyno rūsys, vyninė **2** vyno atsargos
wine-coloured ['waɪn͵kʌləd] *a* tamsiai raudonas; vyšninis
wine-cooler ['waɪn͵kuːlə] *n* **1** kibirėlis vynui atšaldyti **2** *amer.* nestiprus alkoholinis gėrimas
winecup ['waɪnkʌp] *n (vyno)* taurė
wineglass ['waɪnɡlɑːs] *n (vyno)* taurelė, taurė, stiklelis
wineglassful ['waɪnɡlɑːsful] *n* keturi šaukštai *(skysčio matas)*
wine-grower ['waɪn͵ɡrəuə] *n* vynuogių augintojas ir vyndarys
wine-list ['waɪnlɪst] *n* vynų sąrašas *(restorane)*
winepress ['waɪnpres] *n* vynuogių sulčių spaudimo presas
winery ['waɪnərɪ] *n* vyno fabrikas
wineshop ['waɪnʃɔp] *n* vyninė, vyno parduotuvė
wineskin ['waɪnskɪn] *n* vynmaišis
wine-taster ['waɪn͵teɪstə] *n* degustatorius
wine-vault ['waɪnvɔːlt] *n* **1** vyno rūsys **2** vyninė

winey ['waɪnɪ] *a* vyno skonio; vyniškas
wing [wɪŋ] *n* **1** *(įv. reikšm.)* sparnas; **~s of birds [of planes, of windmills]** paukščių [lėktuvų, malūnų] sparnai; **a ~ of a car** automobilio sparnas; **butterflies' ~s** drugelių sparneliai; **to eat a chicken ~** suvalgyti vištos sparnelį; **to spread one's ~s** a) išskleisti sparnus; b) *prk.* pakelti sparnus; **to be on the ~** a) skristi *(apie paukštį);* b) *šnek.* keliauti; kilnotis iš vienos vietos į kitą; **to give/lend ~s** *(to)* suteikti sparnus; paspartinti; **to take ~** a) nuskristi; b) dingti; c) *prk.* ≡ sparnai užaugo; **to singe one's ~s** nudegti sparnelius *(t. p. prk.);* **to clip smb's ~s** pakirpti kam sparnus *(t. p. prk.);* **under the ~** *(of)* po *(kieno)* sparnu/ sparneliu *(t. p. prk.);* **he's on the right ~ of the party** jis priklauso dešiniajam partijos sparnui **2** *amer. šnek.* ranka; **a touch in the ~** žaizda rankoje **3** flygelis, priestatas **4** *kar., sport.* sparnas, flangas; **queen's ~** *šach.* valdovės sparnas **5** *av.* aviacijos pulkas/brigada **6** *pl* sparnai *(lakūnų antsiuvai);* **to get one's ~s** *šnek.* įgyti *(piloto, šturmano ir pan.)* kvalifikaciją **7** *teatr. pl* užkulisiai **8** *sport.* krašto puolėjas **9** *bot.* papėdlapis; sparnavaisis ◊ **to wait in the ~s** laukti patogios progos, būti pasiruošusiam *(pakeisti darbuotoją ir pan.);* **on the ~s of the wind** vėjo sparnais, kaip ant sparnų, labai greitai; **time takes ~s** laikas lekia kaip ant sparnų
v **1** skristi, skraidyti *(t. p.* **to ~ one's way)* **2** suteikti sparnus; skraidinti **3** sužeisti į ranką/sparną **4** *teatr.* vaidinti, klausantis suflerio ◊ **to ~ it** *amer. šnek.* daryti ką ekspromtu
wing-beat ['wɪŋbiːt] *n* suplasnojimas, sparnų mostas
wing-case ['wɪŋkeɪs] *n zool.* antsparnis
wing-chair ['wɪŋtʃɛə] *n* krėslas su aukštu atlošu galvai
wing-commander ['wɪŋkə͵mɑːndə] *n* aviacijos pulkininkas leitenantas *(D. Britanijoje)*
wing-ding ['wɪŋdɪŋ] *n amer. šnek.* **1** triukšmas/šurmulys, išgertuvės **2** priepuolis
winged [wɪŋd] *a* **1** sparnuotas *(t. p. prk.);* **~ words** sparnuotieji žodžiai **2** greitas **3** sužeistas į sparną/ranką
winger ['wɪŋə] *n sport.* krašto puolėjas
wing-footed ['wɪŋ͵futɪd] *a poet.* greitakojis, greitas
wing-game ['wɪŋɡeɪm] *n* medžiojamieji paukščiai
wingless ['wɪŋləs] *a* besparnis
wing-mirror ['wɪŋ͵mɪrə] *n aut.* šoninis veidrodis
wing-nut ['wɪŋnʌt] *n tech.* sparnuotoji veržlė
wing-sheath ['wɪŋʃiːθ] *n* = **wing-case**
wingspan ['wɪŋspæn] *n* sparnų ilgis/mojis *(t. p. av.)*
wingspread ['wɪŋspred] *n* = **wingspan**
wing-stroke ['wɪŋstrəuk] *n* = **wing-beat**
wing-tip ['wɪŋtɪp] *n (paukščio, lėktuvo)* sparno galas
Winifred ['wɪnɪfrɪd] *n* Vinifreda *(vardas)*
wink [wɪŋk] *n* **1** mirkčiojimas, (susi)mirksėjimas; mirktelėjimas; **to give a ~** mirktelėti, pamerkti **2** akimirka, mirksnis; **in a ~** akies mirksniu, akimirksniu ◊ **not to sleep a ~, not to get a ~ of sleep** ≡ nė bluosto nesudėti, neužmigti nė minutei; **to tip smb the/a ~** *šnek.* slapčia duoti kam ženklą, perspėti ką; **he had forty ~s** *šnek.* jis truputėlį nusnūdo
v **1** mirksėti, mirkčioti *(t. p. prk.);* **to ~ at each other** susimirksėti, susimirkčioti **2** mirktelėti, pamerkti *(at)* **3** žiūrėti pro pirštus; apsimesti nematančiam/nepastebinčiam, toleruoti *(at)*
winker ['wɪŋkə] *n šnek.* **1** mirkslas, blakstiena, akis **2** *pl (arklio)* akidangčiai **3** *pl aut.* mirksiklis, mirkčiojantis signalas *(rodantis posūkį)*

winking ['wɪŋkɪŋ] *n* **1** mirkčiojimas, mirksėjimas **2** mirksnis; *like* ~ akies mirksniu **3** trumpas miegas, snaudulys ◊ *as easy as* ~ *šnek.* ≅ vieni juokai, labai lengva
a mirksintis *(apie šviesą)*
winkle ['wɪŋkl] *n zool.* krantinė sraigė
v: ~ *out* a) (sunkiai) ištraukti, išgauti *(informaciją)*; b) išstumti *(iš turimo posto ir pan.)*
Winkle ['wɪŋkl] *n* Vinklas *(lit. personažas)*
winkle-pickers ['wɪŋkl͵pɪkəz] *n pl* smailianosiai batai
winner ['wɪnə] *n* **1** nugalėtojas; laimėtojas **2** *(konkurso, premijos ir pan.)* laureatas ◊ *to be onto a* ~ ≅ rasti/atskleisti lobį
winning ['wɪnɪŋ] *n* **1** laimėjimas, pergalė; išlošimas **2** *pl* išlošta suma, išlošis
a attr **1** laimintysis, išlošiantysis; *the* ~ *team* komanda nugalėtoja; ~ *stroke* lemiamas smūgis; *to play a* ~ *game* a) lošti neabejojant laimėjimu; b) *prk.* užtikrintai veikti **2** patrauklus, žavus; ~ *smile* žavi/kerinti šypsena
winning-post ['wɪnɪŋpəust] *n sport. (lenktynių)* finišo stulpas
Winnipeg ['wɪnɪpeg] *n* Vinipegas *(Kanados ežeras ir miestas)*
winnow ['wɪnəu] *v* **1** *ž. ū.* vėtyti **2** *prk.* atskirti, atsijoti *(t. p.* ~ *out)*; *to* ~ *truth from falsehood* atskirti tiesą nuo melo **3** *poet.* mojuoti *(sparnais)*
winnower ['wɪnəuə] *n ž. ū.* arpas, vėtytuvas
wino ['waɪnəu] *n (pl* ~s [-z]) *šnek.* prasigėrėlis, prasilakėlis, alkoholikas
winsome ['wɪnsəm] *a knyg.* žavus, patrauklus; malonus
Winston ['wɪnstən] *n* Vinstonas *(vardas)*
winter ['wɪntə] *n* **1** žiema; *green* ~ besniegė žiema; *mild/open* ~ švelni/nešalta žiema; *cold/hard/severe* ~ šalta žiema; *heavy* ~ gili žiema **2** *poet.* metai; *a man of fifty* ~*s* penkiasdešimties metų žmogus **3** *attr* žieminis, žiemos; atsparus žiemos šalčiams; ~ *sports* žiemos sporto šakos; ~ *apples [wheat]* žieminiai obuoliai [kviečiai]; ~ *crop* žiemkenčiai; ~ *clothes* žiemiški/žieminiai drabužiai; ~ *quarters kar.* žiemos būstinė
v (per)žiemoti, išžiemoti; praleisti žiemą
winter-cress ['wɪntəkres] *n bot.* barborytė, svėrė, garšvė
winterer ['wɪntərə] *n* žiemotojas
wintergreen ['wɪntəgri:n] *n bot.* gaulterija; marenikė
winterhardy ['wɪntə͵hɑ:dɪ] *a* atsparus žiemos šalčiams *(apie augalą)*
wintering ['wɪntərɪŋ] *n* žiemojimas
winterize ['wɪntəraɪz] *v (ypač amer.)* paruošti *(namą, automobilį ir pan.)* žiemai; aklimatizuoti(s)
winterkill ['wɪntəkɪl] *v amer.* žūti žiemos sąlygomis; iššalti *(apie augalus)*
winter-tide ['wɪntətaɪd] *n poet.* žiema
wintertime ['wɪntətaɪm] *n* žiemos metas
wintery ['wɪntərɪ] *a* = **wintry**
wintry ['wɪntrɪ] *a* **1** žieminis, žiemiškas **2** atšiaurus *(t. p. prk.)*
winy ['waɪnɪ] *a* **1** vyno, turintis vyno skonį/spalvą/kvapą; panašus į vyną **2** išgėręs, apsvaigęs
winze [wɪnz] *n kas.* vertikalus požeminis kasinys, gezenkas
wipe [waɪp] *n* **1** šluostymas, valymas; *to give smth a* ~ nušluostyti/nuvalyti ką **2** tamponas; nosinė; *antiseptic* ~ *med.* antiseptinis tamponas **3** *šnek.* smarkus smūgis, smūgis iš peties
v **1** šluostyti, braukti, valyti; *to* ~ *dishes* šluostyti indus; *to* ~ *dry* sausai iššluostyti; *to* ~ *one's eyes* nusišluostyti akis/ašaras; *please* ~ *your feet* prašom valytis kojas *(užrašas)* **2** nutrinti, ištrinti *(iš vaizdo/magnetofono juostos, iš diskelio; t. p.* ~ *off/out)* **3** užmiršti *(ką nors nemalonaus; t. p. to* ~ *from one's mind)* **4** *šnek.* užsimoti; suduoti, smogti *(at)* □ ~ *away/off* nušluostyti, nubraukti; ~ *out* a) iššluostyti; b) išnaikinti/panaikinti *(skolą, skurdą, karus ir pan.)*; c) nušluoti *(nuo žemės paviršiaus)*, sunaikinti; d) *šnek.* iškamuoti; iššekinti; e) *amer.* parmušti; parblokšti, partrenkti *(apie transporto priemonę)*; f) *šnek.* užmušti, nugalabyti; ~ *up* pašluostyti, sušluostyti *(išpiltą kavą ir pan.; t. p. indus)* ◊ *to* ~ *the floor/ground with smb šnek.* visiškai ką sutriuškinti, ≅ sutrinti ką į miltus
wipe-clean ['waɪp'kli:n] *a* lengvas išvalyti, valus
wiped-out [͵waɪpt'aut] *a šnek.* **1** išsikamavęs **2** atsilikęs; surambėjęs **3** girtas
wipeout ['waɪpaut] *n* **1** visiškas sutriuškinimas **2** *sport.* kritimas *(nuo banglentės)*
wiper ['waɪpə] *n* **1** rankšluostis; pašluostė, šluostas; nosinė **2** *aut. (priekinio stiklo)* valytuvas, valiklis; šluostiklis; ~ *arm* valytuvo svirtis **3** *tech.* kumštelis
wire [waɪə] *n* **1** viela; *copper* ~ varinė viela **2** laidas; *dead* ~ atjungtas elektros laidas; *live* ~ a) elektros laidas *(kuriuo teka srovė)*; b) *šnek.* energingas/gyvas žmogus **3** *(ypač amer.)* telegrama; *let me know by* ~ telegrafuokite; *I'll reply by* ~ atsakysiu telegrama; *send me a* ~ praneškite man telegrama **4** *(the* ~*) amer.* telefonas; *there's someone on the* ~ *for you* kažkas nori su jumis kalbėti *(telefonu)* **5** *amer. (žirgų lenktynių)* finišo linija **6** *attr* vielinis; metalinis; ~ *netting* vielinis tinklas; ~ *bed/mattress* vielinis matracas; ~ *entanglement kar.* vielų užtvara; ~ *wool* metalinė plaušinė *(šveisti)* ◊ *to give smb a* ~ slapta įspėti ką; *to be on* ~*s* būti susijaudinusiam, ≅ kaip ant adatų; *under the* ~ *amer.* vos vos; *down to the* ~*s amer.* ligi pat paskutinio momento
v **1** surišti/pririšti viela **2** prijungti laidą *(t. p.* ~ *up)*; tiesti/montuoti laidus; instaliuoti **3** *(ypač amer.)* telegrafuoti, siųsti *(telegramą)* **4** *kar.* įrengti vielų užtvarą □ ~ *in šnek.* energingai dirbti, stengtis
wire-cloth ['waɪəklɒθ] *n* vielinis/metalinis tinklelis
wirecutters ['waɪə͵kʌtəz] *n pl* žirklės/žnyplės vielai kirpti
wired ['waɪəd] *a* **1** sutvirtintas viela/vieliukėmis **2** prijungtas prie signalizacijos sistemos **3** su įmontuotais slaptais magnetofonais *(apie patalpą)* **4** *amer. šnek.* įsitempęs, susinervinęs; susijaudinęs **5** *amer. šnek.* įsiaudrinęs *(nuo narkotikų)*
wiredancer ['waɪə͵dɑ:nsə] *n* lyno akrobatas
wiredrawn ['waɪədrɔ:n] *a (bereikalingai, pernelyg)* smulkus, subtilus
wire-gauge ['waɪəgeɪdʒ] *n* vielos kalibras
wire-grass ['waɪəgrɑ:s] *n bot.* knisažolė
wire-haired ['waɪə'hɛəd] *a* šiurkščiaplaukis *(apie šunį)*
wireless ['waɪələs] <*n, a, v*> *n* **1** radijas; radijo aparatas/imtuvas *(t. p.* ~ *set)*; *by* ~ per radiją **2** radiograma **3** bevielis telefonas/telegrafas; radiotelegrafas
a **1** bevielis **2** radijo; ~ *operator* radistas; ~ *call signals* radijo šaukiniai
v pranešti per radiją
wireman ['waɪəmən] *n (pl* -men [-mən]) **1** *(ypač amer.)* elektrikas; linijos monteris **2** telegramų agentūros žurnalistas
wirephoto ['waɪə͵fəutəu] *n (pl* ~s [-z]) **1** fototelegrafas **2** fototelegrama
wirepuller ['waɪə͵pulə] *n* politinis intrigantas; asmuo, pasinaudojantis savo įtaka
wiretap ['waɪətæp] *v (ypač amer.)* klausytis pasikalbėjimų telefonu; perimti telegrafo pranešimus
wire-tapping ['waɪə͵tæpɪŋ] *n* telefono pokalbių klausymas *(naudojant elektronines priemones)*

wireworm ['waɪəwəːm] *n zool.* spragšio lerva; spragšis

wire-wove ['waɪəwəuv] *a* veleninis *(apie popierių)*

wiring ['waɪərɪŋ] *n* **1** elektros laidų tiesimas; elektros laidų sistema, instaliacija; ~ *diagram el.* montavimo schema **2** *kar.* vielų užtvara

wiry ['waɪərɪ] *a* **1** vielinis, vielų **2** panašus į vielą; plonas **3** liesas, bet raumeningas **4** standus, šiurkštus *(ypač apie plaukus)*

Wisconsin [wɪz'kɔnsɪn] *n* Viskonsinas *(JAV valstija)*

wisdom ['wɪzdəm] *n* **1** išmintis; išmintingumas; *all the wits and ~ of the place* vietos išminčiai **2** protingumas; sveikas protas; *I doubt the ~ of confiding in him* aš abejoju, ar protinga pasikliauti juo ◊ *to pour forth ~ juok.* berti sentencijas; *no ~ like silence* ≡ tylėjimas – auksas

wisdom-tooth ['wɪzdəmtuːθ] *n* proto dantis ◊ *to cut one's wisdom-teeth* ateiti į protą; įgyti gyvenimo išminties

wise[1] [waɪz] *a* **1** išmintingas; ~ *policy* išmintinga politika **2** protingas, žinantis; *to be none the ~r* nieko nesuprasti *(po paaiškinimo)* ◊ *to get ~ (to) (ypač amer.) šnek.* susigaudyti, perprasti, perkąsti *(kieno pinkles ir pan.); to put smb ~ to smth šnek.* patarti kam ką, užvesti ką ant kelio, paaiškinti kam klaidą; *the three W. Men bibl.* trys išminčiai
v: ~ *up (ypač amer.) šnek.* susiprotėti, suprasti *(nemalonią tiesą);* paprotinti, pakišti mintį

wise[2] *n psn.* būdas; *in no ~* jokiu būdu

-wise [-ˌwaɪz] *suff* **1** -(i)ai, -iškai *(žymint veiksmo būdą); crosswise* kryžmiškai, kryžmais; *likewise* panašiai; *otherwise* kitaip, kitoniškai **2** *šnek.* atžvilgiu; *time-wise* laiko atžvilgiu

wiseacre ['waɪzeɪkə] *n (ypač amer.) iron.* gudročius, gudruolis, išminčius

wisecrack ['waɪzkræk] *n* taikli pastaba, sąmojis
v žarstyti sąmojus

wisent ['wiːzənt] *vok. n zool.* stumbras

wish [wɪʃ] *n* **1** noras, troškimas; pageidavimas; ~ *for freedom* laisvės troškimas; *to make a ~* panorėti, sugalvoti norą **2** linkėjimas; *with best ~es for the New Year* (sveikinu) su Naujaisiais metais!
v **1** norėti, trokšti, geisti; pageidauti; *long ~ed for* seniai laukiamas/geidžiamas; *(just) as you ~* (bus padaryta) taip, kaip jūs norite **2** linkėti; *I ~ you (good) luck [a pleasant journey]* aš linkiu jums sėkmės [geros kelionės]; *to ~ good morning* palinkėti labo ryto, pasakyti „labas rytas"; *to ~ smb well [ill]* linkėti kam gera/sėkmės [bloga] **3** *šnek.* užkarti, primesti *(on, onto); it's a job I wouldn't ~ on anyone* tai darbas, kurio aš niekam nelinkėčiau **4** *(su tariamosios nuosakos vksm. šalutiniame sakinyje): I ~ I were a bird* o kad aš būčiau paukštelis!; *I ~ I could help you* jeigu tik aš galėčiau jums padėti!; *I ~ you hadn't told me that* geriau būtum man to nesakęs ⬜ ~ *away* norėti/tikėtis, kad viskas susitvarkys savaime

wishbone ['wɪʃbəʊn] *n* **1** *(paukščio krūtinkaulio)* išsišakojimas, šakutė *(du žmonės plėšia į skirtingas puses, kuriam nulūžta ilgesnis galas, to norai išsipildys)* **2** *tech.* trikampis balansyras

-wisher [-ˌwɪʃə] *(sudurt. žodžiuose)* linkėtojas; *well-wisher* gera linkėtojas

wishful ['wɪʃfəl] *a* trokštantis, norintis

wish-fulfilment [ˌwɪʃfʊl'fɪlmənt] *n psich. (slaptų, pasąmonės)* norų išsipildymas *(ypač sapnuose)*

wishing-bone ['wɪʃɪŋbəʊn] *n* = wishbone

wishing-cap ['wɪʃɪŋkæp] *n* užburta kepuraitė *(kurią užsidėjus, išsipildo norai)*

wishing-well ['wɪʃɪŋwel] *n* laimės šulinys *(į kurį metamos monetos, kad išsipildytų norai)*

wish-wash ['wɪʃwɔʃ] *n šnek.* **1** pamazgos *(apie prastą arbatą/vyną ir pan.)* **2** plepalai

wishy-washy ['wɪʃɪˌwɔʃɪ] *a šnek.* **1** skystas, silpnas *(apie gėrimą)* **2** *prk. menk.* išskydęs; neapsisprendęs, be nuomonės, be entuziazmo **3** blankus *(apie spalvą)*

wisp [wɪsp] *n* **1** kuokštas; gniužulas; gniūžtė; *a ~ of hair* plaukų kuokštas; *a ~ of paper* popieriaus gniužulas *(ugniai įdegti)* **2** *(dūmų, debesų)* sruogelė, sruoga **3** smilga *(apie žmogų); a ~ of a girl* mergaitė kaip smilgelė **4** kas nors nežymaus; *a ~ of a smile* vos pastebima šypsena

wispy ['wɪspɪ] *a* kuokštuotas; plonas, smulkus; ~ *clouds* lengvi debesys

wist [wɪst] *past ir pII žr.* wit *v*

wistaria [wɪ'stɪərɪə] *n* = wisteria

wisteria [wɪ'stɪərɪə] *n bot.* kininė visterija, glicinija

wistful ['wɪstfəl] *a* **1** besiilgintis; ilgesingas **2** liūdnai susimąstęs

wistfulness ['wɪstfəlnɪs] *n* ilgesingumas, melancholija; nostalgija

wit [wɪt] *n* **1** sąmojis; *he has a delightful ~* jis taip žavingai šmaikštauja **2** sąmojingas žmogus; *he sets up for a ~* jis stengiasi būti sąmojingas **3** *(džn. pl)* protas; nuovoka; *he has quick ~s* jis sumanus/nuovokus; *he has slow ~s* jis nenuovokus/nesumanus ◊ *out of his ~s* paklaikęs, sutrikęs; ≡ ne savo kailyje; *to be at one's ~s' end* visai nežinoti ką daryti, būti sutrikusiam/suglumusiam; *to have/keep one's ~s about one* nepamesti galvos, nesutrikti; *to frighten the ~s out of smb, to scare/terrify smb out of their ~s* mirtinai ką išgąsdinti; *to live by/on one's ~s* verstis visokiomis gudrybėmis, šiaip taip manytis; *his ~s are woolgathering* jis skraido padebesiais; jis išsiblaškęs
v (present wot, *past ir pII* wist) *psn.* žinoti, mokėti ◊ *to ~* tai yra, būtent

witch [wɪtʃ] *n* **1** ragana, raganius; burtininkė; ~*es' broom bot.* raganos šluota **2** kerėtoja, žavėtoja **3** *šnek.* sena ragana *(apie moterį; t. p. old ~)*
v poet. (ap)kerėti, (ap)žavėti

witchcraft ['wɪtʃkrɑːft] *n* **1** kerėjimas, raganystė **2** kerai, burtai

witchdoctor ['wɪtʃˌdɔktə] *n* raganius, žynys *(ypač Afrikoje)*

witchery ['wɪtʃərɪ] *n* = witchcraft

witch-hazel ['wɪtʃˌheɪzl] *n bot.* hamamelis

witch-hunt ['wɪtʃhʌnt] *n* **1** *ist.* raganų medžioklė **2** *polit.* disidentų/kitamanių persekiojimas

witching ['wɪtʃɪŋ] *a* raganiškas; kerintis ◊ *the ~ hour poet.* pusiaunaktis, vidurnaktis

witchlike ['wɪtʃlaɪk] *a* raganos, raganiškas

with [wɪð] *prep* **1** su; kartu, drauge; *to mix ~ the crowd* susimaišyti su minia; ~ *a tip, the supper cost 20 litas* vakarienė su arbatpinigiais kainavo 20 litų; *Lithuania has a treaty ~ Russia* Lietuva turi sutartį su Rusija; *his greed increased ~ his wealth* jo godumas augo kartu su turtais; *he will go ~ me* jis eis su manimi; *I'm ~ you on this matter* aš čia su tavim sutinku; *those ~ tickets* tie, kurie turi bilietus **2** *žymint veiksmo įrankį, verčiama įnagininku:* ~ *a knife* peiliu; ~ *a pencil* pieštuku; *to adorn ~ flowers* puošti gėlėmis **3** su *(žymint būdingą bruožą; t. p. verčiama įnagininku/kilmininku); a man ~ white hair* vyras žilais plaukais; ~ *blue eyes* mėlynų akių; *it's a habit ~ me* mano toks įprotis **4** su, iš *(žymint veiksmo būdą, laiką, aplinkybes; t. p. verčiama prieveiksmiu, dalyviu);* ~ *all one's might* iš visų jėgų; ~ *a smile* su šypsena; *to get up ~ the sun* keltis su saule; ~ *care*

atsargiai; rūpestingai; ***to lie ~ with one's eyes closed*** gulėti užsimerkus; ***he sat ~ his head down*** jis sėdėjo nuleidęs galvą; ***~ unemployment in the country growing...*** augant šalyje nedarbui... **5** pas; prie; ***to be ~ smb*** būti pas ką; ***to live ~ one's parents*** gyventi pas tėvus, prie tėvų; ***to sleep ~ the window open*** miegoti prie atviro lango **6** iš, nuo *(žymint priežastį);* ***to tremble ~ fear*** drebėti iš baimės; ***to die ~ pneumonia*** mirti nuo plaučių uždegimo **7** *žymint sąlygą/atžvilgi,* verčiama naudininku: ***~ a good teacher that wouldn't happen*** geram mokytojui tai neatsitiktų; ***~ him, money is not important*** pinigai jam nesvarbu; ***it is holiday time ~ us*** mums dabar atostogos **8** nepaisant; ***~ all his faults I like him*** nepaisant jo ydų, jis man patinka ◊ ***~ it*** *šnek.* a) šiuolaikinis, madingas; b) be to; ***I'm not ~ it today*** *šnek.* aš šiandien prastos formos *ar* prastai nusiteikęs; ***are you still ~ me*** ar tu mane supranti?
withal [wɪ'ðɔ:l] *psn. adv* be to; kartu; vis dėlto *prep* su
withdraw [wɪð'drɔ:] *v* (withdrew; withdrawn) **1** ištraukti, atitraukti *(ranką ir pan.)* **2** at(si)imti; atsisakyti, atšaukti; **~!** atsiimk(ite) savo žodžius!; ***to ~ a boy from school*** atsiimti vaiką iš mokyklos **3** panaikinti, anuliuoti; ***to ~ funding*** nutraukti finansavimą; ***to ~ a privilege*** panaikinti privilegiją **4** išimti, paimti *(iš apyvartos, sąskaitos ir pan.);* ***to ~ money from the bank*** (pa)imti pinigus iš banko **5** išeiti; pasitraukti, pasišalinti; ***to ~ to one's room*** išeiti/pasišalinti į savo kambarį; ***to ~ from the European Union*** pasitraukti iš Europos Sąjungos **6** užsidaryti, užsisklęsti *(savyje; into)* **7** *kar.* at(s)itraukti **8** atprasti, nebevartoti *(narkotikų, alkoholio; from)*
withdrawal [wɪð'drɔ:əl] *n* **1** atitraukimas **2** atsiėmimas; atsisakymas, atšaukimas **3** išėmimas *(iš apyvartos ir pan.)* **4** panaikinimas, nutraukimas *(pagalbos ir pan.)* **5** išėjimas; pasitraukimas, pa(si)šalinimas **6** užsisklendimas, užsidarymas *(savyje)* **7** *kar.* at(s)itraukimas, išvedimas **8** nebevartojimas, atpratimas *(nuo narkotikų, alkoholio)*
withdrawn [wɪð'drɔ:n] *pII žr.* **withdraw**
a drovus, užsisklendęs/užsidaręs savyje
withdrew [wɪð'dru:] *past žr.* **withdraw**
withe [wɪθ] *n =* **withy**
wither ['wɪðə] *v* **1** (su)vysti, nuvysti, (su)džiūti *(t. p. ~ up);* vytinti, džiovinti **2** (su)silpnėti, (nu)nykti *(t. p. ~ away)* **3** sunaikinti; sužlugdyti; ***she ~ed him with a look*** ji nutvilkė jį žvilgsniu, jos žvilgsnis atėmė jam žadą
withered ['wɪðəd] *a* **1** nuvytęs, suvytęs, sudžiūvęs **2** susiraukšlėjęs **3** nesveikas, suplonėjęs, sudžiūvęs *(apie ranką, koją)*
withering ['wɪðərɪŋ] *a* naikinamas, pražūtingas; deginamas *(apie žvilgsnį ir pan.)*
withers ['wɪðəz] *n pl (arklio)* gogas, guga, kūbrys ◊ ***my ~ are unwrung*** tai taikoma ne man
withhold [wɪð'həʊld] *v* (withheld [wɪð'held]) **1** sulaikyti; neduoti; ***to ~ one's consent*** neduoti sutikimo; ***to ~ payment*** sulaikyti/užlaikyti mokėjimą/užmokestį **2** nuslėpti, nepranešti; ***some facts were withheld from him*** nuo jo nuslėpė keletą faktų
withholding [wɪð'həʊldɪŋ] *n amer.* pajamų mokestis, išskaitomas iš darbo užmokesčio *(t. p. ~ tax)*
within [wɪ'ðɪn] *<prep, adv, n> prep* **1** viduje; *t. p.* verčiama vietininku; ***~ the party*** partijos viduje; ***~ the family (circle)*** šeimoje; ***to be safe ~ walls*** būti saugiam viduje, tarp keturių sienų; ***hope sprang up ~ him*** jam gimė viltis **2** per *(žymint laiką);* neperžengiant ribų; ***he will do it ~ two hours*** jis tai padarys per dvi valandas; ***~ sight*** matomas; ***to keep ~ the law*** neperžengti įstatymo; ***it is true ~ limits*** tam tikra prasme tai teisinga **3** ne daugiau kaip *(apie nuotolį);* ***we were ~ fifty miles from Chicago*** mes buvome ne daugiau kaip penkiasdešimt mylių (atstumu) nuo Čikagos; ***to be ~ several metres of smth*** būti vos už keleto metrų nuo ko
adv viduje; ***to stay ~*** pasilikti namuose; ***the hatred he felt ~*** neapykanta, kurią jis jautė viduje/savyje
n vidaus pusė; ***the door opens from ~*** durys atsidaro iš vidaus
withindoors [wɪðɪn'dɔ:z] *adv psn.* viduje, patalpoje; į vidų
with-it ['wɪðɪt] *a attr* madingas; šiuolaikinis
without [wɪ'ðaʊt] *<prep, adv, conj> prep* **1** be; ***~ number*** be skaičiaus; ***~ doubt*** be abejonės; ***to be ~ money [friends]*** būti be pinigų [draugų]; ***can't do ~ food*** negalima apsieiti be maisto; ***to be ~ shame*** neturėti gėdos **2** *(+ ger)* ne-; ***to go ~ taking leave*** išeiti neatsisveikinus; ***they drove into town ~ talking to each other*** jie įvažiavo į miestą nesikalbėdami **3** *psn.* už; ***~ the gate*** už vartų
adv psn., knyg. lauke, iš oro; ***listen to the wind ~*** paklausyk, koks lauke vėjas; ***from ~*** iš lauko
conj psn., dial. jeigu ne
withoutdoors [wɪðaʊt'dɔ:z] *adv psn.* lauke, iš oro pusės
with-profits ['wɪð‚prɒfɪts] *a* suteikiantis teisę į pelno dalį
withstand [wɪð'stænd] *v* (withstood [wɪð'stʊd]) **1** at(si)laikyti, atsispirti; ***to ~ the test of time*** išlaikyti laiko bandymą **2** priešintis; ***to ~ an attack*** atremti puolimą
withy ['wɪðɪ] *n (karklo)* vytelė
witless ['wɪtləs] *a* neprotingas, nesupratingas, kvailas ◊ ***to scare smb ~*** mirtinai ką išgąsdinti
witling ['wɪtlɪŋ] *n psn. menk.* žmogus, įsivaizduojantis esąs sąmojingas
witness ['wɪtnəs] *n* **1** liudytojas, liudininkas; *(teis. t. p.)* kviestinis; ***to call to ~*** kviesti liudytoju; ***she was a ~ to the accident*** ji buvo to atsitikimo liudytoja **2** liudijimas *(t. p. teis.);* parodymas; ***to give/bear ~*** liudyti; ***to bear ~ (to)*** (pa)liudyti *(t. p. prk.),* patvirtinti, parodyti; ***in ~ of*** *teis., ofic.* kam patvirtinti
v **1** būti *(įvykio)* liudininku; matyti; ***Europe ~ed many wars*** Europa matė daug karų **2** liudyti, būti įrodymu; ***tears ~ed the shame he felt*** ašaros liudijo, kad jam gėda **3** *teis.* liudyti *(against, for)* **4** *teis.* (pa)liudyti, (pa)tvirtinti *(parašą ir pan.);* ***to ~ a document*** paliudyti dokumentą **5** *imp:* ***~ what happened last week*** imkime, pavyzdžiui, kas atsitiko praėjusią savaitę
witness-box ['wɪtnəsbɒks] *n* liudytojo vieta *(teismo salėje)*
witness-stand ['wɪtnəsstænd] *n amer. =* **witness-box**
-witted [-‚wɪtɪd] *(sudurt. žodžiuose)* -protis; galvojantis; ***half-witted*** pusprotis; ***slow-witted*** lėtai galvojantis
witter ['wɪtə] *v šnek.* paistyti *(about; t. p. ~ on)*
witticism ['wɪtɪsɪzm] *n* sąmojis, sąmojinga pastaba, sąmojingas pasakymas
wittily ['wɪtɪlɪ] *adv* sąmojingai
wittiness ['wɪtɪnɪs] *n* sąmojingumas
witting ['wɪtɪŋ] *a ret.* tyčinis; sąmoningas
wittingly ['wɪtɪŋlɪ] *adv ret.* sąmoningai; tyčia
witty ['wɪtɪ] *a* sąmojingas, liežuvingas
wivern ['waɪvə:n] *n =* **wyvern**
wives [waɪvz] *pl žr.* **wife**
wiz [wɪz] *šnek. =* **whizz** *n* 2
wizard ['wɪzəd] *n* burtininkas *(t. p. prk.);* kerėtojas, magas; ***financial ~*** finansus išmanantis žmogus, tikras finansų burtininkas
a **1** burtininko; burtų, kerėjimo **2** *psn. šnek.* stebuklingas, nuostabus

wizardly ['wɪzədlɪ] *a ret.* **1** burtininko **2** *šnek.* nepaprastas, nuostabus

wizardry ['wɪzədrɪ] *n* burtai *(t. p. prk.)*; kerai, kerėjimas

wizen(ed) [wɪzn(d)] *a* sudžiūvęs, suvytęs; susiraukšlėjęs, raukšlėtas; ~ *face* raukšlėtas veidas

wo [wəu] *int* tpru!

woad [wəud] *n* **1** *bot.* dažinė mėlžolė **2** dažai, gaunami iš mėlžolės

wobble ['wɔbl] *n* **1** virtavimas, svirduliavimas **2** *(ratų ir pan.)* klibėjimas, vinguriavimas
v **1** virtuoti, svirduliuoti; susverdėti **2** klibėti, vinguriuoti, krypčioti *(apie ratus ir pan.)*; klibinti **3** virpėti, drebėti, tirtėti **4** *amer.* svyruoti, abejoti

wobbler ['wɔblə] *n* nepastovus žmogus

wobbly ['wɔblɪ] *a* **1** svirduliuojantis; *I'm still a bit ~ after my illness* aš vis dar svirduliuoju po ligos **2** klibantis, išklibęs; ~ *handwriting* kreivojama rašysena, keverzojimas
n: *to throw a ~ šnek.* pulti į isteriją, pasiusti

wodge [wɔdʒ] *n šnek.* didelis gabalas; daugybė, krūva

woe [wəu] *n poet.* **1** sielvartas **2** *pl* bėdos, nelaimės ◊ ~ *is me! (džn. juok.)* vargas man!; *tale of ~* liūdna istorija *(paties išgyventa ir papasakota)*

woebegone ['wəubɪgɔn] *a* sielvarto prislėgtas, susisielojęs, nuliūdęs

woeful ['wəufəl] *a* **1** sielvartingas, liūdnas; slogus **2** apgailėtinas, nelaimingas

wog [wɔg] *n sl. niek.* nebaltasis, rytietis *(apie arabą, indą ir pan.)*

wok [wɔk] *n* katilėlis su išgaubtu dugnu *(kinų virtuvės patiekalams)*

woke [wəuk] *past žr.* **wake¹** *v*

woken ['wəukən] *pII žr.* **wake¹** *v*

wold [wəuld] *n (dyka, dirvonuojanti)* aukštuma; dykvietė

wolf [wulf] *n (pl* wolves) **1** *zool.* vilkas **2** rajūnas **3** žiaurus žmogus **4** *šnek.* bobius, mergišius ◊ *to cry ~ (per dažnai)* kelti bereikalingą paniką; *to keep the ~ from the door šnek.* ≡ nustumti alkį, atsiginti nuo bado, šiaip taip prasistumti; *to have the ~ in the stomach* būti alkanam kaip vilkui; *a lone ~* vienišius, ≡ vienas kaip vilkas; *the big bad ~* kas nors keliantis baimę, pabaisa; *a ~ in sheep's clothing* ≡ vilkas avies kailyje
v **1** vilkauti **2** *šnek.* godžiai suryti *(džn.* ~ *down)*

wolf-cub ['wulfkʌb] *n* **1** vilkiukas **2** skautas *(8–11 m.)*

wolf-dog ['wulfdɔg] *n* vilkšunis; aviganis *(šuo)*

wolffish ['wulffɪʃ] *n zool.* paprastoji vilkžuvė

wolfhound ['wulfhaund] *n* vilkinis šuo, vilkšunis

wolfish ['wulfɪʃ] *a* **1** vilko, vilkiškas **2** plėšrus

wolfman ['wulfmæn] *n (pl* -men [-men]) *flk.* vilkatas, vilktakas

wolfram ['wulfrəm] *n* **1** *chem.* volframas **2** = **wolframite**

wolframite ['wulfrəmaɪt] *n min.* volframitas

wolfsbane ['wulfsbeɪn] *n bot.* kurpelė

wolf's-claw ['wulfsklɔ:] *n bot.* pataisas

wolfskin ['wulfskɪn] *n* **1** vilko kailis, vilkena **2** drabužis iš vilkenos

wolf's-milk ['wulfsmɪlk] *n bot.* karpažolė

wolf-whistle ['wulf‚wɪsl] *n* švilptelėjimas sutikus gražią moterį *(reiškiant susižavėjimą)*
v švilptelėti/sušvilpti sutikus gražią moterį *(at)*

wolverene, wolverine ['wulvəri:n] *n* **1** *zool.* ernis **2** *(W.) amer.* Mičigano valstijos gyventojas

wolves [wulvz] *pl žr.* **wolf** *n*

woman ['wumən] *n (pl* women) **1** moteris; moteriškė; *vulg.* boba; *a ~'s work is never done* moters darbai namuose nepabaigiami **2** boba *(apie vyrą)*; *to play the ~* verkti/bijoti kaip bobai; *he's an old ~* jis kaip sena boba **3** tarnaitė, valytoja; *a ~ comes in to clean twice a week* namų darbininkė, valytoja ateina du kartus per savaitę **4** meilužė *(t. p. fancy ~)*; žmona, žmonelė *(t. p. the little ~)*; *his old ~ šnek.* jo žmona/motina **5** *kuop.* moteriškoji lytis, moterys **6** *attr žymint moteriškosios lyties asmenis:* ~ *doctor [driver]* gydytoja [vairuotoja]; *her women friends* jos draugės ◊ *to a ~* aliai viena; *to be one's own ~* būti savarankiškai

woman-chaser ['wumən‚tʃeɪsə] *n* = **womanizer**

woman-hater ['wumən‚heɪtə] *n* antifeministas

womanhood ['wumənhud] *n* **1** moteriškumas; moters subrendimas **2** *kuop.* moteriškoji lytis, moterys

womanish ['wumənɪʃ] *a menk.* moteriškas, bobiškas; ~ *man* bobiškas vyras

womanize ['wumənaɪz] *v* būti mergininku, merginėti, suktis apie moteris

womanizer ['wumənaɪzə] *n menk.* moterius, mergininkas, bobius

womankind ['wumənkaɪnd] *n* = **womanhood** 2

womanlike ['wumənlaɪk] *a* moteriškas *(džn. iron.);* švelnus

womanly ['wumənlɪ] *a* moteriškas, švelnus; būdingas/tinkamas moteriai; ~ *modesty* moteriškas kuklumas

womb [wu:m] *n* **1** *anat.* gimda **2** *psn., bibl.* įsčios ◊ *in the ~ of time poet.* nežinomybėje; nežinomoje ateityje

wombat ['wɔmbət] *n zool.* vombatas

women ['wɪmɪn] *pl žr.* **woman**

womenfolk ['wɪmɪnfəuk] *n kuop.* moterys; *one's ~* šeimos moterys

womenswear ['wɪmɪnzwɛə] *n* moteriški drabužiai

won [wʌn] *past ir pII žr.* **win** *v*

wonder ['wʌndə] <*n, v, a*> *n* **1** nuostaba, nustebimas; *(it's) no/little/small ~* nenuostabu, nieko nuostabaus; *I am full of ~* aš esu labai nustebintas; *it's a ~ to me why she helps him* mane stebina, kodėl ji jam padeda; *what ~?* kas čia nuostabaus?; *what a ~!* nuostabu!; *for a ~* (visų) nustebimui **2** stebuklas; *to work/do ~s* daryti stebuklus; *the seven ~s of the world* septyni pasaulio stebuklai ◊ *chinless ~* nevykėlis, nenusisekėlis *(iš aukštuomenės)*
v **1** domėtis, norėti žinoti; klausti savęs; *I ~ what he wants* įdomu, ko jis nori; *I ~ how [why]* aš klausiu savęs, kaip [kodėl]; *I ~ whether you can help me* ar jūs negalėtumėte man padėti? **2** stebėtis *(at); I don't ~ that she didn't come. – You didn't invite her* aš nesistebiu, kad ji neatėjo. – Tu jos nepakvietei
a attr nuostabus, stebuklingas; ~ *boy* vunderkindas, kylanti žvaigždė *(apie jaunuolį)*

wonderful ['wʌndəfəl] *a* stebuklingas, nuostabus, puikus; *you've got a ~ memory* jūsų nuostabi atmintis

wonderingly ['wʌndərɪŋlɪ] *adv* su nuostaba, nustebus

wonderland ['wʌndəlænd] *n* stebuklų šalis

wonderment ['wʌndəmənt] *n* **1** nustebimas, nuostaba **2** stebuklas

wonder-monger ['wʌndə‚mʌŋgə] *n* **1** stebukladarys **2** nebūtų dalykų pasakotojas

wonder-stricken ['wʌndə‚strɪkən] *a* = **wonder-struck**

wonder-struck ['wʌndəstrʌk] *a* nustebintas, apstulbęs iš nuostabos

wonderwork ['wʌndəwə:k] *n* stebuklas

wonder-worker ['wʌndə‚wə:kə] *n* stebukladarys

wondrous ['wʌndrəs] *poet. a* nuostabus, stebuklingas
adv (tik su bdv.) nuostabiai; ~ *kind* nuostabiai geras

wonga ['wɔngə] *n sl.* gražiai, pinigai

wonky ['wɒŋkɪ] *a šnek.* **1** iškleręs, išgveręs, netvirtas; *that table is ~ tas stalas iškleręs* **2** nepatikimas

wont [wəunt] <*n, a, v*> *n* papratimas, įprotis; *use and ~ nusisto(vė)jęs paprotys; as is their ~* kaip jie įpratę *a ret.* papratęs, įpratęs; *he was ~ to say* jis paprastai sakydavo
v (wont; wont, wonted [-ɪd]) *psn.* būti papratusiam, turėti įprotį

won't [wəunt] *sutr. šnek.* = **will not** ◊ **~ hear** *(of)* nenoriu nė girdėti *(apie)*

wonted ['wəuntɪd] *a attr ret.* įprastas, priprastas; įprastinis

woo [wu:] *v* **1** įkalbinėti, prašinėti; (bandyti) patraukti į savo pusę **2** pirštis; prašyti rankos **3** siekti; šauktis *(nelaimės ir pan.); to ~ fame* siekti garbės

wood [wud] *n* **1** miško medžiaga, mediena, medis; *to float ~* plukdyti medžius **2** malkos **3** *(džn. pl)* miškas, giraitė **4** *(the ~) kuop.* mediniai pučiamieji instrumentai **5** *(the ~) (vyno, alaus)* statinė; *wine from the ~* vynas iš statinės **6** *attr* miškinis, miško; medinis; *~ alcohol* metanolis, metilo alkoholis ◊ *not to see the ~ for the trees* ≡ pro medžius miško nematyti, nematyti esmės per smulkmenas; *to get/be out of the ~* išsipainioti iš sunkumų; *to go to the ~s* būti išvarytam iš visuomenės; *touch ~, amer. knock on ~* paliesk medį, pastuksenk į medį *(kad kas nors bloga neatsitiktų, kad neprasitartum)*
v **1** sodinti mišką **2** ap(si)rūpinti kuru/malkomis *(t. p. ~ up)*

woodbind ['wudbaɪnd] *n* = **woodbine**

woodbine ['wudbaɪn] *n bot.* **1** vijoklinis sausmedis **2** *amer.* laukinė vynuogė

woodblock ['wudblɒk] *n* **1** trinkelė; *~ floor* parketas **2** *poligr.* ksilografinė klišė

woodcarver ['wudkɑ:və] *n* **1** medžio raižytojas **2** medžio raižiklis

woodcarving ['wudkɑ:vɪŋ] *n* medžio raižinys/drožinys

woodchopper ['wudtʃɒpə] *n amer.* medkirtys; malkaskaldys

woodchuck ['wudtʃʌk] *n zool.* Š. Amerikos švilpikas

woodcock ['wudkɒk] *n zool.* slanka

woodcraft ['wudkrɑ:ft] *n* **1** miško pažinimas **2** mokėjimas dirbti daiktus iš medžio

woodcut ['wudkʌt] *n* **1** medžio raižinys **2** = **woodblock** 2

woodcutter ['wud₁kʌtə] *n* **1** medkirtys, miškakirtys *(ypač pasakose);* malkakirtys **2** medžio raižytojas

woodcutting ['wud₁kʌtɪŋ] *n* ksilografija, medžio raižyba

wooded ['wudɪd] *a* miškingas, miškuotas

wooden ['wudn] *a* **1** medinis **2** *prk.* medinis, sustingęs; negyvas; *~ stare* sustingęs žvilgsnis

wood-engraver ['wudɪn₁greɪvə] *n* = **woodcutter** 2

wooden-headed ['wudn'hedɪd] *a šnek.* bukagalvis, kietagalvis

woodenware ['wudnwɛə] *n* medžio dirbiniai

wood-fibre ['wud₁faɪbə] *n* medienos plaušai

wood-grouse ['wudgraus] *n zool.* kurtinys

woodland ['wudlənd] *n* **1** miškinga vietovė **2** *attr* miško

woodlark ['wudlɑ:k] *n zool.* ligutė *(paukštis)*

woodless ['wudləs] *a* bemiškis, nemiškingas

woodlouse ['wudlaus] *n (pl* -lice [-laɪs]) *zool.* vėdarėlis

woodman ['wudmən] *n (pl* -men [-mən]) **1** eigulys **2** miškinis, žmogus, gyvenantis tarp miškų **3** = **woodcutter** 1

woodnote ['wudnəut] *n (džn. pl)* paukščių čiulbėjimas, miško balsai

wood-nymph ['wudnɪmf] *n mit.* driadė

woodpecker ['wud₁pekə] *n zool.* genys; *spotted ~* margasis genys; *black [green] ~* juodoji [žalioji] meleta

wood-pigeon ['wud₁pɪdʒɪn] *n zool.* keršulis, keršinis karvelis

woodpile ['wudpaɪl] *n* malkų rietuvė/šūsnis

wood-pulp ['wudpʌlp] *n* medienos masė; *chemical ~* celiuliozė

woodruff ['wudrʌf] *n bot.* kvapioji krunė

woodrush ['wudrʌʃ] *n bot.* kiškiagrikis

woodscrew ['wudskru:] *n* varžtas

woodshed ['wudʃed] *n* malkinė ◊ *smth nasty in the ~* paslaptyje laikomas nemalonus dalykas

woodsman ['wudzmən] *n (pl* -men [-mən]) **1** miškų gyventojas, miškininkas **2** medžio drožėjas

woodsy ['wudzɪ] *a amer. šnek.* miškinis, miško

woodturner ['wud₁tə:nə] *n* medžio tekintojas

woodturning ['wud₁tə:nɪŋ] *n* medžio tekinimas

wood-warbler ['wud₁wɔ:blə] *n zool.* žalioji krosnilanda

woodward ['wudwəd] *n ret.* girininkas

woodwasp ['wudwɒsp] *n zool.* ragauodegis *(vabzdys)*

woodwax(en) ['wud₁wæks(ən)] *n bot.* dažinis prožirnis

woodwind ['wudwɪnd] *n kuop.* mediniai pučiamieji instrumentai

wood-wool ['wudwul] *n* medžio drožlės

woodwork ['wudwə:k] *n* **1** medinės *(pastato)* dalys **2** medžio dirbiniai; medinė plokštė **3** staliaus/dailidės darbai ◊ *to crawl out of the ~* a) lįsti iš plyšių *(apie blakes ir pan.);* b) *prk. menk.* staiga pasipilti/išlįsti *(kam nors atsitikus)*

woodworker ['wud₁wə:kə] *n* **1** dailidė; stalius **2** *tech.* medžio apdirbimo staklės

woodworm ['wudwə:m] *n* **1** *zool.* medgręžio lerva, medgręžis **2** kirmgrauža *(išgraužta skylutė medyje)*

woody ['wudɪ] *a* **1** sumedėjęs **2** miškingas

woodyard ['wudjɑ:d] *n* miško medžiagos *ar* malkų sandėlis

wooer ['wu:ə] *n (tik v.) psn.* garbintojas, įsimylėjėlis

woof[1] [wu:f] *n tekst.* ataudai

woof[2] [wuf] <*n, v, int*> *n* viauksėjimas, lojimas
v loti, viauksėti
int am!, au!, vau!, viaukt!

woofer ['wu:fə] *n rad.* žemų tonų siųstuvas/garsiakalbis

wool [wul] *n* **1** vilna, vilnos **2** vilnonis audinys, vilnonas **3** vilnoniai siūlai **4** *spec.* vata; *glass ~* stiklo vata **5** *juok.* plaukai ◊ *to keep one's ~ on šnek.* valdytis, nesupykti; *to lose one's ~ šnek.* supykti; *to pull the ~ over smb's eyes šnek.* ≡ dumti akis, pūsti miglą kam; *all ~ and a yard wide amer.* tikras, nuoširdus, geras

wool-bearing ['wul₁bɛərɪŋ] *a* vilninis *(apie avį, ožką)*

-wooled [-₁wuld] *(sudurt. žodžiuose)* -vilnis; *long-wooled* ilgavilnis

woolen ['wulən] *amer.* = **woollen** *a, n*

Woolf [wulf] *n: Virginia ~* Virdžinija Vulf *(anglų rašytoja)*

wool-fat ['wulfæt] *n spec.* vilnų riebalai, lanolinas

wool-fell ['wulfel] *n* avikailis

woolgathering ['wul₁gæðərɪŋ] *n* išsiblaškymas, tuščias svajojimas
a išsiblaškęs, užsisvajojęs

wool-grower ['wul₁grəuə] *n* vilninių avių augintojas

woollen ['wulən] *a attr* vilnonis
n (ppr. pl) vilnoniai drabužiai/audiniai

woolly ['wulɪ] *a* **1** vilnotas, apaugęs vilnomis; vilnonis **2** *menk.* miglotas, neaiškus *(apie mintis)*
n šnek. vilnonis drabužis; megztinis

woolly-bear ['wulɪbɛə] *n* plaukuotas vikšras

woolly-headed ['wulɪ'hedɪd] *a* = **woolly-minded**
woolly-minded ['wulɪ'maɪndɪd] *a* nenuovokus, susipainiojęs, susimaišęs *(mintyse)*
woolpack ['wulpæk] *n* **1** kamuolinis debesis **2** *ist.* vilnų gniutulas
woolsack ['wulsæk] *n* **1** vilnonis maišas/krepšys **2** *(W.)* vilnų prikimšta pagalvėlė, ant kurios sėdi lordas kancleris Lordų rūmuose; *to reach the ~* tapti lordu kancleriu; *to take seat on the ~* atidaryti Lordų rūmų posėdį
wool-skin ['wulskɪŋ] *n* = **wool-fell**
wool-work ['wulwə:k] *n* siuvinėjimas skaistgijomis; vilnoniais siūlais siuvinėtas rankdarbis
woops [wups] *int* = **whoops**
woozy ['wu:zɪ] *a šnek.* **1** apkvaišęs, apsvaigęs **2** įkaušęs
wop¹ [wɔp] *dial.* = **whop** *v*
wop² *n niek.* Pietų Europos *ypač* italų emigrantų pravardė
Worcester ['wustə] *n* Vusteris *(miestas), dar žr.* **Hereford**
word [wə:d] *n* **1** žodis; *barbed ~s* kandūs žodžiai; *those were his very ~s* tai jo paties žodžiai; *to have no ~s* stigti žodžių; *to put one's feelings into ~s* išreikšti savo jausmus žodžiais; *to put in, ar to say, a (good) ~ for smb* užtarti žodelį už ką; *to pick/choose [to weight] one's ~s* parinkti [pasverti] žodžius; *to take smb at his ~* patikėti kieno žodžiais *(ir padaryti); to take smb's ~ for it* pasikliauti kieno žodžiais *(nepatikrinus faktų tikrumo); not to hear [not to understand] a ~* negirdėti [nesuprasti] nė žodžio; *they went out without a ~* jie išėjo neištarę nė žodžio; *it's the last ~ in technology* tai paskutinis technikos žodis; *mark my ~s!* paminėsi mano žodį!; *not a ~ to anyone!* niekam nė žodžio! **2** *(džn. pl)* pokalbis, kalba; apsižodžiavimas, barniai; *to have a ~ (with)* trumpai pa(si)kalbėti; *to have ~s (with)* susiginčyti, susibarti; *to tell smth in one's own ~s* papasakoti ką savais žodžiais; *warm/hot ~s* karštas pokalbis; *fair ~s* komplimentai; *the spoken [written] ~* sakytinė [rašytinė] kalba; *high ~s were exchanged* jie persimetė stipriais žodeliais **3** pastaba, patarimas; *a ~ in season* patarimas laiku **4** pažadas, žodis; *to give/pledge/pawn one's ~* duoti žodį; *a man of his ~* žmogus, kuris laikosi žodžio; *upon my ~!* garbės žodis!; *to keep one's ~* laikytis žodžio; *to break one's ~* sulaužyti žodį; *to be false to one's ~* nesilaikyti žodžio; *to be as good as one's ~* laikytis žodžio; (iš)tesėti pažadą; *to be/do better than one's ~* padaryti daugiau, nei buvo žadėta **5** žinia, pranešimas; *to receive ~* gauti žinią, sužinoti; *to send ~* duoti žinią, pranešti; *he left ~ that I was to phone him* jis paprašė perduoti, kad aš jam paskambinčiau **6** įsakymas; *~ of command kar.* komanda, įsakymas; *to give the ~* duoti įsakymą; *to say/speak the ~* paliepti, tarti (tik) žodį, pareikšti norą/pageidavimą **7** slaptažodis; *to give the ~* pasakyti slaptažodį **8** šūkis, lozungas, devizas **9** *(the W.) rel.* Dievo žodis *(t. p. the ~ of God)* **10** *pl teatr.* tekstas; *muz. (dainos)* žodžiai; *to forget one's ~s* pamiršti žodžius **11** *attr.* *~ wrap komp.* automatinis eilučių laužymas ◊ *in a/one ~* trumpai tariant, (vienu) žodžiu; *~ for ~* pažodžiui; *in other ~s* kitaip tariant; *on/with the ~* su tuo žodžiu; *big ~s* gyrimasis; *a ~ in smb's ear* slapta, kam į ausį; *in as many ~s* tiesiai, nedviprasmiškai; *to eat/swallow one's ~* atsiprašyti, atsiimti savo žodžius; *to get a ~ in (edgeways)* įsiterpti į pokalbį; *(right) from the ~ go šnek.* iš pat pradžių; *hard ~s break no bones* ≡ šuns balsas dangun neina; *he hasn't a ~ to throw at a dog* iš jo neištrauksi nė žodžio; jis nenori nė kalbėti; *a ~ spoken is past recalling* ≡ žodis kaip paukštis, išskrido — nebesugausi;

a ~ to the wise protingam užtenka pusės žodžio; *the ~ is that..., the ~ has it that...* sako, kad..., kalbama, kad...
v išreikšti žodžiais; parinkti žodžius; formuluoti; *a well ~ed letter* gražiai parašytas laiškas; *I should ~ it differently* aš tai pasakyčiau kitaip
wordage ['wə:dɪdʒ] *n* **1** žodžiai; žodžių gausybė **2** žodžių parinkimas
word-blindness ['wə:d,blaɪndnɪs] *n med.* skaitymo sutrikimas, disleksija
wordbook ['wə:dbuk] *n* **1** žodynas; *frequency ~* dažnumų žodynas **2** libretas
word-formation ['wə:dfɔ:,meɪʃn] *n kalb.* žodžių daryba
word-for-word [,wə:dfə'wə:d] *a* pažodinis
wording ['wə:dɪŋ] *n* **1** žodžių parinkimas; suformulavimas **2** *(teksto)* redakcija, formuluotė; *first/original ~* pirmoji redakcija
wordless ['wə:dləs] *a* **1** bežodis, be žodžių **2** bežadis **3** neišreiškiamas žodžiais, neapsakomas
word-of-mouth [,wə:dəv'mauθ] *a* žodinis, sakytinis
word-painting ['wə:d,peɪntɪŋ] *n* vaizdingas pasakojimas
word-perfect [,wə:d'pə:fɪkt] *a* mokantis (at)mintinai *(vaidmenį, pamoką ir pan.);* išmoktas atmintinai
wordplay ['wə:dpleɪ] *n* žodžių žaismas; kalambūras
word-processing ['wə:d,prəusesɪŋ] *n komp.* teksto parengimas ir spausdinimas
word-processor ['wə:d,prəusesə] *n* nedidelis kompiuteris
word-splitting ['wə:d,splɪtɪŋ] *n* kibimas prie žodžių; sofistika
Wordsworth ['wə:dzwəθ] *n: William ~* Viljamas Vordsvortas *(anglų poetas)*
wordy ['wə:dɪ] *a* **1** *menk.* daugiažodis **2** žodinis, sakytinis
wore¹ [wɔ:] *past žr.* **wear¹** *v*
wore² *past ir pII žr.* **wear²**
work [wə:k] *n* **1** darbas, tarnyba; *place of ~* darbo vieta; *to be at ~* būti darbe; *to be in ~* turėti darbą; *to be out of ~* būti be darbo, neturėti darbo; *to look for ~* ieškoti darbo/tarnybos; *to be off ~* atostogauti; *to be off ~ with flu* nedirbti susirgus gripu; *to knock off ~* mesti/nutraukti darbą; *he left ~ at the usual time* jis išėjo iš darbo įprastu laiku **2** darbas, veikla; *painting ~* dažymo darbai; *at ~* dirbantis; veikiantis; *to be at ~ (upon)* dirbti, rengti; veikti *(ką); he is at ~ on his second novel* jis rašo savo antrąjį romaną; *to be hard at ~* įtemptai dirbti; *to watch smb at ~* stebėti ką dirbant; *to get (down) to ~, to set to ~* imtis darbo, pradėti dirbti; *to put/set smb to ~* priversti ką dirbti; *I know whose ~ this is prk.* aš žinau, kieno tai darbas **3** atliktas darbas; veikalas, kūrinys; *"good/nice" ~ mok.* „geras darbas" *(raštu);* gerai *(žodžiu); to mark students' ~* taisyti studentų darbus; *~ of art* meno kūrinys; *an exhibition of ~ by young artists* jaunųjų dailininkų darbų paroda; *complete ~s of Maironis* Maironio raštų pilnas rinkinys **4** poelgis; *wild ~* absurdiškas/beprasmiškas poelgis **5** užduotis *(t. p. piece of ~); to set smb a piece of ~* skirti kam užduotį **6** *psn.* darbeliai *(siuvinėjimas, mezgimas ir pan.);* rankdarbis **7** *(the ~s) pl (laikrodžio ir pan.)* mechanizmas **8** *pl* statiniai; statybos darbai, statybos; *public ~s* viešieji darbai **9** *pl kar.* įtvirtinimai **10** *fiz.* darbas; *current ~* srovės darbas; *unit of ~* darbo vienetas **11** *spec.* fermentavimasis, rūgimas **12** *attr* darbinis, darbo; *~ clothes* darbiniai drabužiai; *~ phone number* darbo telefono numeris; *~ experience* darbo stažas ◊ *it's all in the day's ~* tai įprastas dalykas, tai normalu/įprasta; *to go to ~* veikti *(apie vaistus ir pan.);*

to make short [light] ~ *(of)* greitai [lengvai] atlikti/ susidoroti; *to make hard* ~ *(of)* perdėti sunkumus; *the (whole/full)* ~*s šnek.* visa, viskas; *to give smb the* ~*s šnek.* a) (ap)skaldyti, (pri)mušti ką; b) duoti/padaryti visa, kas priklauso; *the barber gave him the* ~*s* kirpėjas padarė jam visa, kas priklauso; *to shoot the* ~*s šnek.* a) statyti visus pinigus *(lošiant);* b) atiduoti visas jėgas; *to have one's* ~ *cut out šnek.* sunkiai įveikti, vos susidoroti
v 1 dirbti; *to* ~ *as a builder* dirbti statybininku; *to* ~ *like a horse* dirbti kaip arkliui; *to* ~ *hard* a) sunkiai/ įtemptai dirbti; b) *(+ inf)* labai stengtis; *to* ~ *for peace and justice* dirbti taikos ir tiesos labui 2 dirbti, užsiim(inė)ti; rašyti *(at, on);* *to* ~ *on a thesis* rašyti disertaciją; *he is* ~*ing at Latin* jis mokosi lotynų kalbos, jis studijuoja lotynų kalbą 3 veikti *(apie kompiuterį, mašiną ir pan.);* *the bell is not* ~*ing* skambutis neveikia 4 (pa)veikti, būti veiksmingam/paveikiam; *it* ~*ed like a charm* tai paveikė kaip kerai; *the plan will not* ~ tas planas netinka; *flattery won't* ~ *with me* meilikavimais manęs nepaveiksi; *frankness* ~*s best* atvirumas geriausiai paveikia; *the medicine did not* ~ vaistai nepaveikė 5 neigiamai veikti/atsiliepti, būti nepalankiam *(against);* *to* ~ *against corruption* kovoti su korupcija 6 (pri)versti dirbti; ~*ed off one's feet* nusivaręs nuo kojų *(dirbdamas);* *to* ~ *smb to death* neduoti kam atsikvėpti, nukamuoti; *he* ~*ed them long hours* jis vertė juos dirbti labai ilgai 7 užsidirbti; atidirbti *(t. p.* ~ *off);* *to* ~ *one's way through university* užsidirbti studijoms universitete; *to* ~ *one's passage* atidirbti už kelionę *(laivu, lėktuvu)* 8 skverbtis, brautis, įsibrauti *(t. p.* ~ *in/out/through);* *to* ~ *one's way* prasiskverbti, prasimušti *(through);* *the rain* ~*ed through the roof* lietus prasisunkė pro stogą 9 at(si)palaiduoti; *to* ~ *free (pamažu)* išsilaisvinti, atsileisti; *the screw has* ~*ed loose (pamažu)* atsisuko/atsileido varžtas 10 valdyti *(įrankį, laivą ir pan.);* paleisti *(mašiną ir pan.);* *can you* ~ *this gadget?* ar tu moki dirbti su šiuo prietaisu?; *to* ~ *a farm* ūkininkauti 11 aptarnauti *(vietovę; ypač prekiaujant);* *beggars [prostitutes]* ~ *the streets around the station* elgetos [prostitutės] laikosi gatvėse aplink stotį 12 nusisekti *(apie filmą, kūrinį ir pan.)* 13 išspręsti, gauti rezultatą *(t. p.* ~ *out);* *to* ~ *a sum* išspręsti uždavinį 14 *(past ir pII t. p.* wrought) (pa)daryti, sukelti; *to* ~ *miracles* daryti stebuklus; *the changes that time has wrought knyg.* permainos, kurias padarė laikas 15 *(past ir pII t. p.* wrought) apdirbti, apdoroti, suteikti *(formą);* *to* ~ *the land/soil* įdirbti žemę; *to* ~ *clay* apdoroti/minkyti molį 16 užsiiminėti rankdarbiais *(siūti, megzti, siuvinėti);* *she* ~*ed her initials in red* ji išsiuvinėjo savo inicialus raudonais siūlais 17 įdėti, įmaišyti *(into)* 18 įtraukti, įterpti *(into)* 19 *refl* įsivaryti *(sau baimės ir pan.; into);* *he* ~*ed himself into a rage* jis įsiniršino, jis įsikarščiavo 20 judėti; judinti; *he* ~*ed his jaws* jis judino žandikaulius; *his face* ~*ed with emotion* jo veidas virpėjo iš susijaudinimo 21 padaryti, sutvarkyti; *how did you manage to* ~ *it?* kaip tau pavyko tai padaryti?; *I'll* ~ *it so that I get Friday off* aš susitvarkysiu taip, kad penktadienis man būtų laisvas 22 panaudoti savo tikslams; palenkti į savo pusę; ~ *your connections* pasinaudokite savo ryšiais 23 *šnek.* išvilioti, pasipelnyti *(apgaule)* 24 *spec.* fermentuoti(s), rūgti; rauginti; *the yeast began to* ~ mielės užrūgo 25 *spec.* eksploatuoti *(rūdos kasyklą, naftos gręžinį)* □ ~ *around* išreikšti; kreipti *(pokalbį; to – į, aplink);* ~ *away* dirbti įnikus;

~ *in* a) įsiskverbti, įsibrauti, prasiskinti kelią, b) įterpti, įdėti; pridurti; *he* ~*ed in a few jokes* jis įterpė keletą pokštų; c) atitikti, sutapti; *my plans did not* ~ *in with his* mano planai nesutapo su jo; d) prisitaikyti *(darbe prie kitų; with);* ~ *off* a) nuimti *(dangtelį ir pan.);* numauti *(žiedą);* b) nusikratyti, išsivaduoti; *I'm trying to* ~ *off some fat* aš bandau numesti svorį; c) išparduoti; d) *prk.* išlieti *(jausmus);* *to* ~ *off one's bad temper on smb* išlieti ant ko savo blogą nuotaiką; ~ *on* a) tęsti darbą; b) užsukti, užmauti *(ant ko);* ~ *out* a) apskaičiuoti, (iš)spręsti *(uždavinį ir pan.);* *the sum doesn't* ~ *out* uždavinys neišeina; b) sudaryti *(skaičių);* *the cost of the holiday* ~*ed out at £5 a head* atostogų išlaidos sudaro penkis svarus kiekvienam; c) sudaryti, parengti *(planą, dokumentą ir pan.);* suplanuoti, sugalvoti; d) suprasti; e) klostytis, vykti *(sėkmingai, nesėkmingai);* išsispręsti; *the plan* ~*ed out* planas pasirodė esąs realus; f) treniruotis, mankštintis; g) *kas.* baigti eksploatuoti; ~ *over* a) perdirbti; b) *šnek.* primušti; ~ *up* *(past ir pII t. p.* wrought) a) parengti, paruošti; b) sukurti, sudaryti; c) galutinai apdoroti, perdirbti *(patobulinant) (into);* d) *(t. p. refl)* su(si)nervinti, su(si)jaudinti; supykinti; supykti; e) sukelti *(entuziazmą ir pan.);* f) sužadinti *(apetitą, troškulį);* g) pamažu (pri)artėti/pasiekti *(to);* h) pamažu ryžtis, pagaliau pasiryžti *(to)* ◊ *to* ~ *to rule* griežtai laikytis visų taisyklių/normų ir tuo trukdyti darbą *(streiko forma);* *it won't* ~ iš to nieko neišeis; *to* ~ *it/things šnek.* a) sugalvoti, suplanuoti *(ką daryti);* b) pasiekti tikslą

workability [ˌwəːkəˈbɪlətɪ] *n spec.* tinkamumas *(apdirbti, apdoroti, pritaikyti);* technologiškumas

workable [ˈwəːkəbl] *a* 1 veikiantis *(apie mašiną)* 2 veiksmingas; įvykdomas 3 tinkamas *(apdoroti);* eksploatuojamas

workaday [ˈwəːkədeɪ] *a attr* 1 kasdieni(ni)s 2 kasdieniškas, šiokiadieniškas; proziškas

workaholic [ˌwəːkəˈhɒlɪk] *n šnek.* darbštuolis, triūslys; žmogus, apimtas darbo manijos

workbag [ˈwəːkbæg] *n (rankdarbių)* krepšelis

workbasket [ˈwəːkˌbɑːskɪt] *n (rankdarbių ar siuvimo reikmenų)* pintinėlė, kraitelė

workbench [ˈwəːkbentʃ] *n* darbastalis

workbook [ˈwəːkbʊk] *n* 1 pratimų rinkinys *(su metodiniais nurodymais)* 2 darbo knyga/knygelė *(planuojamo/ atlikto darbo registracijos sąsiuvinis)*

workbox [ˈwəːkbɒks] *n (siuvimo reikmenų ar rankdarbių)* dėžutė

workday [ˈwəːkdeɪ] *n* 1 darbo diena, darbadienis 2 *(ypač amer.)* šiokiadienis

workdesk [ˈwəːkdesk] *n* darbo stalas

worker [ˈwəːkə] *n* 1 darbininkas; *mental* ~ asmuo, dirbantis protinį darbą; *skilled* ~ kvalifikuotas darbininkas; *rescue* ~*s* gelbėtojai; *he is a fast* ~ jis veltui laiko negaišta *(apie darbininką)* 2 darbuotojas; *research* ~ mokslo darbuotojas; *office* ~ tarnautojas 3 *zool.* bitė darbininkė *(t. p.* ~ *bee);* skruzdėlė darbininkė *(t. p.* ~ *ant)*

workfare [ˈwəːkfɛə] *n* socialinio aprūpinimo sistema, skatinanti bedarbio pašalpą gaunantį įsidarbinti

workforce [ˈwəːkfɔːs] *n* 1 *(krašto ir pan.)* darbo jėga 2 *(kompanijos)* darbuotojų skaičius

workhorse [ˈwəːkhɔːs] *n* 1 darbinis arklys 2 *prk.* darbo jautis

workhouse [ˈwəːkhaʊs] *n* 1 *ist.* vargšų prieglauda 2 *amer.* pataisos namai

work-in ['wɔ:kɪn] *n* darbininkų atsisakymas palikti likviduojamą gamyklą *(streiko forma)*

working ['wɔ:kɪŋ] *n* **1** darbas; dirbimas **2** *pl* veikimas, funkcionavimas; *~s of the human mind* žmogaus proto veikla **3** apdirbimas, apdorojimas **4** *(gamtos turtų)* eksploatacija; *pl* kasiniai
a attr **1** dirbantis; *~ mother* dirbanti motina **2** darbinis, darbo; *~ group* darbo grupė; *~ drawing* darbo brėžinys; *~ efficiency [hours]* darbo našumas [valandos]; *~ capacity* darbingumas **3** veikiantis; veikimo; *to be in ~ order* gerai dirbti/veikti, būti nesugedusiam; *~ instructions* eksploatacijos taisyklės; *~ capital* ekon. apyvartinis kapitalas; *~ knowledge of a foreign language* praktinis svetimos kalbos mokėjimas **4** laikinas, negalutinis *(apie apibrėžimą ir pan.)*

working-class ['wɔ:kɪŋ'klɑ:s] *a* darbininkų klasės, darbininkiškas

working-day ['wɔ:kɪŋ'deɪ] *a* kasdieni(ni)s, šiokiadieni(ni)s

workingman ['wɔ:kɪŋmæn] *n (pl* -men [-men]) *(tik v.)* darbininkas

working-out [ˌwɔ:kɪŋ'aut] *n* **1** *(plano ir pan.)* detalus parengimas **2** apskaičiavimas

working-over [ˌwɔ:kɪŋ'əuvə] *n šnek.* apkūlimas, primušimas; *to give smb a ~* apkulti, primušti

workingwoman ['wɔ:kɪŋˌwumən] *n (pl* -women [-ˌwɪmɪn]) darbininkė

workless ['wɔ:kləs] *a* be darbo, neturintis darbo

workload ['wɔ:kləud] *n* **1** *(žmogaus)* darbo krūvis **2** *tech.* darbinė apkrova

workman ['wɔ:kmən] *n (pl* -men [-mən]) *(tik v.)* darbininkas *(ypač kvalifikuotas); good ~* savo darbo meistras/ mokovas ◊ *a bad ~ quarrels with, ar blames, his tools pat.* prastam darbininkui įrankiai kalti

workmanlike ['wɔ:kmənlaɪk] *a* meistriškas, gerai atliktas; sumanus

workmanship ['wɔ:kmənʃɪp] *n* meistriškumas, nagingumas, menas; *fine ~* dailus darbas; *faulty ~* prasta darbo kokybė

workmate ['wɔ:kmeɪt] *n šnek.* darbo draugas

workout ['wɔ:kaut] *n* pramankšta; *sport.* treniruotė

workpeople ['wɔ:kˌpi:pl] *n kuop.* darbo žmonės; darbininkai

workplace ['wɔ:kpleɪs] *n* darbo vieta; darbovietė

workroom ['wɔ:krum] *n* darbo kambarys; ateljė

works [wɔ:ks] *n* **1** *pl (vart. kaip sg ir pl)* fabrikas, gamykla; įmonė, dirbtuvė; *brick ~* plytinė; *the glass ~ is/are near the station* stiklo fabrikas yra netoli stoties **2** *sg šnek.* visa, kas įprasta, įprastiniai dalykai; *žr. dar* **work** *n* 7, 8, 9

work-sharing ['wɔ:kˌʃɛərɪŋ] *n* darbo pasidalijimas

worksheet ['wɔ:kʃi:t] *n* **1** mokomoji medžiaga, užduotys *(atskiruose lapuose)* **2** *spec.* elektroninė darbo lentelė

workshop ['wɔ:kʃɔp] *n* **1** cechas; dirbtuvė; *~ committee* cecho komitetas **2** pasitarimas/seminaras pasikeisti patyrimu **3** *teatr.* studija

work-shy ['wɔ:kʃaɪ] *a* tingus, vengiantis darbo

workspace ['wɔ:kspeɪs] *n* **1** darbo plotas/vieta; plotas, išnuomojamas komerciniais tikslais **2** *komp.* mikroprograminės įrangos dokumentų rinkinys

work-study ['wɔ:kˌstʌdɪ] *n ekon.* darbo operacijų trukmės tyrimas/chronometražas

work-table ['wɔ:kˌteɪbl] *n* darbo staliukas

worktop ['wɔ:ktɔp] *n (šaldytuvo, virtuvės spintelės)* viršus valgiui ruošti

work-to-rule [ˌwɔ:ktə'ru:l] *n* griežtas *(darbo sutarties/normų ir pan.)* laikymasis *(streiko forma)*

workwear ['wɔ:kwɛə] *n* darbiniai drabužiai

workweek ['wɔ:kwi:k] *n* darbo savaitė

workwoman ['wɔ:kˌwumən] *n (pl* -women [-ˌwɪmɪn]) darbininkė

work-worn ['wɔ:kˌwɔ:n] *a* darbo išvargintas/išsekintas

world [wɔ:ld] *n* **1** *(įv. reikšm.)* pasaulis; *the Old [the New] W.* Senasis [Naujasis] pasaulis; *a journey round the ~* kelionė aplink pasaulį; *strange creatures from another ~* keistos būtybės iš kito pasaulio; *from all parts of the ~* iš viso pasaulio; *the biggest in the ~* didžiausias pasaulyje; *in the eyes of the ~* pasaulio akyse; *all over the ~* po visą pasaulį; *the ~ over* viso pasaulio, visame pasaulyje; *the ~ of letters [of sport]* literatūros [sporto] pasaulis; *in the animal ~* gyvūnijos pasaulyje; *to live in a ~ of one's own* gyventi užsidarius savo pasaulėlyje **2** gyvenimas; *the next/other ~, the ~ to come* pomirtinis gyvenimas/pasaulis; *so goes/wags the ~* toks gyvenimas; tokie reikalai; *to begin the ~ anew* pradėti naują gyvenimą; *to know the ~* pažinti gyvenimą, turėti patyrimo **3** visuomenė; *the great ~* aukštoji visuomenė; *he lives out of the ~* jis vengia viešumos **4** daugybė; *he has a ~ of troubles* jis turi daugybę rūpesčių; *to have all the time in the ~* turėti marias laiko; *it will do you a ~ of good* tai jums atneš labai daug gera *ar* didžiulę naudą; *there's a ~ of difference (between)* yra didžiulis skirtumas *(tarp)* **5** gi, iš tikro *(reiškiant nustebimą, pabrėžiant); what in the ~ does he mean?* ką gi jis turi omenyje?; *a ~ too kind* per daug geras **5** *attr* pasaulio, pasaulinis; *~ champion* pasaulio čempionas; *~ market* pasaulinė rinka; *the W. Bank* Pasaulio bankas ◊ *the lower ~* a) žemė; b) pragaras; *not for the ~* nė už ką pasaulyje, nieku būdu/gyvu; *out of this ~ šnek.* nežemiškas, nuostabus; *~s apart* visiškai skirtingi; *to depart/leave this ~* ≡ apleisti pasaulį; *to set the ~ on fire* turėti didžiulį pasisekimą; *to think the ~ (of)* žavėtis, stebėtis *(kuo)* būti labai geros nuomonės *(apie); ~ without end* a) amžinai; b) *bažn.* per amžių amžius; *to bring into the ~ knyg.* pagimdyti; *to come into the ~ knyg.* išvysti pasaulio šviesą, gimti; *to come/go down [up] in the ~* apsileisti, nusmukti [klestėti]; *a man of the ~* žmogus, turintis didelę gyvenimo patirtį, visko matęs žmogus; *(smb) is all the ~ to smb* brangesnis/svarbesnis kam už viską pasaulyje; *for all the ~ like* panašus visais atžvilgiais; *for all the ~ as if...* visiškai taip, tarytum...; *all the ~ and his wife juok.* visi be išimties; visa ponija/aristokratija; *how goes/is the ~ with you?* kaip jūsų reikalai?; *all's right with the ~ šnek.* viskas gerai; *he would give the ~ (+ inf, for)* jis viską duotų *(kad tik); it's a small ~! šnek.* ≡ pasaulis mažas; *drunk to the ~* visiškai girtas; *dead to the ~* žuvęs šiam pasauliui *(kietai užmigęs, girtas ir pan.)*

world-beater ['wɔ:ldˌbi:tə] *n* neprilygstamas varžovas; kas nors neprilygstama

world-beating ['wɔ:ldˌbi:tɪŋ] *a* neprilygstamas

world-class ['wɔ:ld'klɑ:s] *a* pasaulinės klasės, pasaulinio lygio *(ypač apie sportininką)*

world-famous ['wɔ:ld'feɪməs] *a* pasaulinio garso

world-line ['wɔ:ldlaɪn] *n fiz.* pasaulinė linija

worldling ['wɔ:ldlɪŋ] *n* žmogus, susirūpinęs žemiškais reikalais, materialistas

worldly ['wɔ:ldlɪ] *a attr* **1** pasaulietinis, pasaulietiškas; materialinis, žemiškas; *smb's ~ goods* kieno visas turtas, žemiški turtai **2** atsidavęs žemiškiems dalykams/malonumams **3** patyręs gyvenime; praktinis; *~ wisdom* gyvenimo išmintis

worldly-minded ['wə:ldlı'maındıd] *a* = **worldly** 2
worldly-wise ['wə:ldlı'waız] *a* visko patyręs, gyvenimo išmokytas
world-old [ˌwə:ld'əuld] *a* senas kaip pasaulis, labai senas
world-power [ˌwə:ld'pauə] *n* didžioji valstybė
world-shaking ['wə:ldˌʃeıkıŋ] *a* sukrečiantis (visą) pasaulį
world-weary [ˌwə:ld'wıərı] *a* persisotinęs/nusivylęs gyvenimu
worldwide ['wə:ld'waıd] *a* pasaulinio masto, pasaulinis *adv* po visą pasaulį
world-view ['wə:ldvju:] *n* pasaulėžiūra
worm [wə:m] *n* **1** *zool., med.* kirmėlė, kirminas; *the child has ~s* vaikas turi kirmėlių **2** = **earthworm** **3** *prk.* kirminas (*apie jausmą*); *the ~ of envy* pavydo kirminas; *the ~ of conscience* sąžinės graužimas **4** menkysta; *a poor ~ like him* toks apgailėtinas padaras kaip jis **5** *tech.* sliekas, sliekinis sraigtas; *~ shaft* sliekinis velenas **6** *komp.* virusas ◊ *to have a ~ in one's tongue* niurnėti, bambėti; *I am a ~ today* aš šiandien blogai nusiteikęs; *even a ~ will turn* *knyg.* kiekvieno kantrybė gali išsekti; *the ~ has turned* padėtis visiškai pasikeitė; *the ~ in the bud/apple* ≡ šaukštas deguto medaus statinėje
v **1** (į)šliaužti, (į)ropoti **2** *refl* įsiskverbti, įsigauti *(t. p. ~ one's way)*; *he ~ed himself into my confidence* jis įsiteikė man, jis įsigijo mano pasitikėjimą (*džn. su blogais ketinimais*); *to ~ one's way through the crowd* prasiskverbti pro minią **3** išgauti, sužinoti *(out of)*; *to ~ a secret out of smb* išgauti/iškvosti paslaptį iš ko **4** *med., vet.* išvaryti kirminus, gydyti nuo kirminų
worm-eaten ['wə:mˌi:tn] *a* **1** kirmėlėtas, sukirmijęs; kirmėlių išvarpytas, kirmgraužų/kinivarpų išėstas **2** pasenęs
worm-fishing ['wə:mˌfıʃıŋ] *n* meškeriojimas su slieku
worm-gear ['wə:mgıə] *n tech.* sliekinė pavara; sliekratis
wormhole ['wə:mhəul] *n* kirminėlių/kinivarpų išėsta skylutė, kirmgrauža
wormseed ['wə:msi:d] *n bot.* (vaistinė) balanda, kirmytžolė (*vart. vidurių kirminams varyti*)
worm's-eye ['wə:mzˌaı] *a:* *~ view* tikra nuomonė (*pagrįsta nuodugniu ko žinojimu*)
worm-wheel ['wə:mwi:l] *n tech.* sliekratis
wormwood ['wə:mwud] *n* **1** *bot.* metėlė, pelynas, kartusis kietis *(pralaimėjimo ir pan.)* **2** kartėlis
wormy ['wə:mı] *a* **1** sukirmijęs; kirmėlėtas **2** pilnas sliekų **3** kirmėliškas **4** žemas, niekšiškas
worn [wɔ:n] *pII žr.* **wear¹** *v*
a **1** susidėvėjęs **2** išsekęs, išvargęs
worn-out [ˌwɔ:n'aut] *a* **1** visai nudėvėtas/sudėvėtas/susidėvėjęs **2** visiškai išsekęs/išsisėmęs
worried ['wʌrıəd] *a* neramus, nerimastingas, susirūpinęs; *~ look* nerimastingas žvilgsnis; *to become ~ about pollution* susirūpinti dėl užteršimo ◊ *I'm not ~* man vis tiek
worrier ['wʌrıə] *n* neramus/nerimastingas žmogus
worriment ['wʌrımənt] *n (ypač amer.)* susirūpinimas, rūpestis; rūpinimasis
worrisome ['wʌrısəm] *a* keliantis susirūpinimą; neramus
worrit ['wʌrıt] *dial. šnek.* = **worry** *n, v*
worry ['wʌrı] *n* **1** nerimas; nerimastavimas; *the missing child's parents were frantic with ~* dingusio vaiko tėvai buvo paklaikę iš nerimo **2** rūpestis; *financial worries* finansiniai rūpesčiai; *no worries* nesirūpink, bus gerai/padaryta; *that's the least of my worries* tai mažiausiai man rūpi
v **1** nerimauti, nerimastauti, jaudintis *(over)*; *he is worried that he might lose the job* jis nerimavo, kad gali prarasti darbą; *nothing to ~ about* nėra ko jau-
dintis **2** kelti nerimą; jaudinti; *it worries me that...* man neduoda ramybės tai, kad...; *he'll ~ himself to death* rūpesčiai nuvarys jį į kapus **3** erzinti; kamuoti(s); įtikinėti *(at)*; *noise worries the patient* triukšmas erzina ligonį; *to ~ smb with requests* neduoti kam ramybės prašymais **4** (ap)kandžioti, (ap)draskyti (*ppr. apie šunį*) **5** visapusiškai/kruopščiai nagrinėti (*klausimą; at*)
□ *~ along* *šnek.* žengti į priekį, išsisukti (*nepaisant sunkumų*); *~ out* įveikti (*sunkumus*), išspręsti (*problemą*) ◊ *not to ~ šnek.* nieko baisaus *(kam nors negerai nutikus)*
worrying ['wʌrııŋ] *a* **1** keliantis nerimą **2** neramus *(apie laiką)*
worrywart ['wʌrıwɔ:t] *n amer. šnek.* neramuolis
worse [wə:s] <*a, adv, n*> *a (comp žr.* **bad**) **1** blogesnis, prastesnis; *there's nothing ~ than...* nieko nėra blogiau už...; *to be none the ~ for smth* nė kiek nenukentėti dėl ko; *he is none the ~ for it* jam nuo to nė kiek ne blogiau; *he is ~ today* jam šiandien blogiau; *he is ~ off* jo padėtis blogesnė; *to make matters ~ (dar labiau)* pabloginti reikalus; *and to make matters ~... šnek.* ir kas blogiausia..., ir negana to...; *the film is ~ than the book* filmas prastesnis už knygą **2** smarkesnis; *the noise is getting ~* triukšmas smarkėja
adv (comp žr. **badly**) **1** blogiau; *none the ~* nė kiek ne blogiau; dar geriau **2** smarkiau, labiau; *I hate him ~ than before* aš jo dar labiau neapkenčiu
n kas nors blogesnis; *a change for the ~* pasikeitimas į blogąją pusę; *to go from bad to ~* vis blogėti ir blogėti; *~ cannot happen* negali atsitikti nieko blogiau ◊ *to have the ~* patirti pralaimėjimą; *to put to the ~* nugalėti
worsen ['wə:sən] *v* (pa)bloginti; (pa)blogėti
worship ['wə:ʃıp] *n* **1** garbinimas, gerbimas; dievinimas **2** *bažn.* pamaldos *(t. p. public/divine ~)*; *house/place of ~* šventykla, bažnyčia; *forms of ~* religinės apeigos **3**: *Your W.* Jūsų kilnybe/malonybe (*kreipiantis į merą, teisėją*) ◊ *freedom of ~* sąžinės laisvė
v (-pp-) **1** garbinti, gerbti; dievinti **2** melstis, dalyvauti pamaldose
worshipful ['wə:ʃıpfəl] *a* **1** pagarbus; gerbiamas(is) (*kreipiantis*) **2** *bažn.* garbinantis Dievą, besimeldžiantis
worshipper ['wə:ʃıpə] *n* **1** garbintojas, gerbėjas **2** *bažn.* Dievo garbintojas, maldininkas
worst [wə:st] <*a, adv, n, v*> *a (superl žr.* **bad**) blogiausias, prasčiausias; *the ~ book I've ever read* prasčiausia knyga, kokią esu skaitęs; *his ~ mistake* jo didžiausia klaida; *his ~ enemy* jo pikčiausias priešas
adv (superl žr. **badly**) **1** blogiausiai, prasčiausiai **2** labiausiai, smarkiausiai; *the ~ affected areas* labiausiai nukentėję rajonai ◊ *to come off ~* būti nugalėtam
n kas blogiausia, blogiausia padėtis; *the ~ of it is...* blogiausia tai, kad...; *you must be prepared for the ~* jūs turite būti pasiruošęs pačiam blogiausiam (*atvejui*); *if the ~ comes to the ~* pačiu blogiausiu atveju; *at (the) ~* blogiausiu atveju; *to be at one's ~* a) būti blogiausioje padėtyje; b) parodyti savo pačias blogiausias savybes; *to make the ~ (of)* imti blogiausią atvejį; *we're past the ~* tai, kas blogiausia, jau praėjo ◊ *let him do his ~* tegul jis daro ką nori, nors ir sprandą nusisuka; *to put to the ~* nugalėti; *to get/have the ~ of it* pralaimėti
v (ppr. pass) psn. nugalėti
worsted ['wustıd] *tekst. n* **1** šukuotinis; vilnonis (*suktų siūlų*) audinys **2** šukuotinių vilnų (sukti) siūlai
a šukuotinis; vilnonis (*suktų siūlų*)

wort¹ [wə:t] *n* misa

wort² *n* augalas; vaistinė žolė *(ppr. augalų sudurt. pavadinimuose)*; **St John's ~** jonažolė

worth¹ [wə:θ] *n* **1** vertė, kaina; **a jewel of great ~** didelės vertės brangakmenis; **thousands of pounds ~ of damage** tūkstančiai svarų sterlingų nuostolio; **give me a pound's ~ of apples** duokite man obuolių už svarą sterlingų; **there's about a week's ~ of work left** darbo liko dar maždaug savaitei **2** vertingumas, vertybė; gerosios savybės; **to be aware of one's ~** jausti/žinoti savo vertę; **true ~ often goes unrecognized** tikroji vertybė dažnai nepastebima **3** *psn.* turtas ◊ **to put in one's two cents ~** pasakyti savo nuomonę; ≡ įkišti savo dvylekį
a predic **1** vertas; **to be ~ nothing** būti niekam vertam; **what is it ~?** a) kiek tai kainuoja?; b) *juok.* kiek aš už tai gausiu? **2** nusipelnęs, vertas; **~ attention** vertas dėmesio; **to be ~ while** būti vertam, turėti prasmę; **it is ~ while/it** verta, apsimoka; **the book is ~ reading** knygą verta perskaityti; **it is not ~ taking the trouble** dėl to neverta vargintis **3** turintis *(turto, pelno)*; **he is ~ millions** jis turi milijonus, jis nepaprastai turtingas ◊ **one's weight in gold** labai naudingas/vertingas; **for all one is ~** iš visų jėgų; **for all it is worth** a) iki pat galo *(kol tai duoda naudą);* b) dėl visa ko; **that's my opinion for what it's ~** tai mano (asmeninė) nuomonė, nori tikėk, nori ne

worth² *v psn.:* **woe [well] ~ the day!** tebūnie prakeikta [palaiminta] ši diena!

worthily ['wə:ðɪlɪ] *adv* **1** pagal nuopelnus, (pri)deramai **2** garbingai

worthless ['wə:θləs] *a* **1** bevertis, niekam nevertas; **this painting is ~** šis paveikslas niekam vertas **2** niekam tikęs, netikęs *(apie žmogų)*

worthwhile ['wə:θ'waɪl] *a* **1** *attr* vertas; **~ job** apsimokantis darbas; **~ film** įdomus filmas **2** = **worth¹** *a* 2

worthy ['wə:ðɪ] *a* **1** vertas, nusipelnęs *(of, + inf);* (pri)deramas; **~ of praise, ~ to be praised** vertas pagyrimo; **he found a ~ opponent** jis rado vertą priešininką **2** *(džn. juok.)* gerbiamas, garbingas
n gerbtinas/garbingas žmogus; *(džn. juok.)* įžymybė

-worthy [-ˌwə:ðɪ] *(sudurt. žodžiuose)* vertas; **noteworthy** vertas dėmesio; **blameworthy** peiktinas

wot¹ [wɒt] *pron šnek.* = **what**

wot² *esam. l. vns. pirmasis ir trečiasis asm. žr.* **wit** *v*

would [wəd; *kirčiuota forma* wud] *v* **1** *aux vart.* Future-in-the-past *l. sudaryti; verčiama būsimuoju l.:* **he told us he ~ come** jis mums pasakė, kad ateis; **by then she ~ have finished her work** iki to laiko ji bus baigusi savo darbą **2** *vart. sąlyginei nuosakai sudaryti; verčiama tariamąja nuosaka:* **it ~ be better (if...)** būtų geriau (jei...); **I ~ have remembered sooner or later** anksčiau ar vėliau aš būčiau prisiminęs **3** *reiškiant pasikartojantį veiksmą praeityje, verčiama būtuoju dažniniu l.:* **he ~ watch children for hours** jis stebėdavo vaikus ištisas valandas **4** *mod* norėti; **come when you ~** ateikite, kai panorėsite; **I warned you, but you ~ not listen to me** aš jus įspėjau, bet jūs nenorėjote manęs klausyti, manęs nepaklausėte; **I ~ rather, I ~ just as soon** aš verčiau (norėčiau); **try as she ~ ...** kaip ji besistengtų... **5** būtent, kaip tik *(pabrėžiant);* (niekaip) ne- *(pabrėžiant ko nefunkcionavimą);* **she ~ be the one to answer the phone** būtent jai reikėjo pakelti ragelį; **the door ~n't close** durys niekaip neužsidaro; **the brakes ~n't work** stabdžiai neveikia **6** *mod* tikriausiai, turbūt; **that ~ be his house** tai tikriausiai jo namas **7** *(~ you)* prašom *(reiškiant mandagų prašymą);* **~ you close the door, close the door, ~ you?** prašom uždaryti duris; **~ you help me, please?** ar jūs negalėtumėte man padėti?

would-be ['wudbi:] *a attr* **1** būsimas, numatomas; **he's a ~ actor** jis nori/svajoja tapti aktoriumi; **the ~ thieves were arrested** vagys buvo sulaikyti prieš nusikalsdami **2** *menk.* tariamas, apsimestinis
adv tariamai, apsimestinai

wouldn't ['wudnt] *sutr. šnek.* = **would not**

wouldst [wudst] *psn.* would *vns. antrasis asm.*

would've ['wudəv] *sutr. šnek.* = **would have**

wound¹ [wu:nd] *n* **1** žaizda *(t. p. prk.);* sužeidimas; **to stop a ~** sustabdyti/sulaikyti kraujavimą iš žaizdos; **to open old ~s** *prk.* aitrinti senas žaizdas **2** nuoskrauda, nuoskauda ◊ **to lick one's ~s** išsilaižyti, pasitaisyti, atsigauti
v **1** sužeisti **2** įskaudinti, įžeisti; **to ~ smb [smb's feelings]** įskaudinti, įžeisti ką [kieno jausmus]

wound² [waund] *past ir pII žr.* **wind¹** *v* 5

wound³ *past ir pII žr.* **wind²** *v*

wounded ['wu:ndɪd] *a* **1** sužeistas; **~ in the arm** sužeistas į ranką **2** įžeistas
n **(the ~)** *kuop.* sužeistieji

wounding ['wu:ndɪŋ] *a* įžeidžiantis, užgaulus

wove [wəuv] *past žr.* **weave¹** *v*

woven ['wəuvən] *pII žr.* **weave¹** *v*

wow [wau] <*n, v, int*> *šnek. n* didžiulis pasisekimas
v sužavėti, pritrenkti, apstulbinti; **she ~ed both young and old** ja žavėjosi ir jauni, ir seni
int puiku!, oho! *(reiškiant nustebimą, susižavėjimą ir pan.)*

wowee [wau'wi:] = **wow** *int*

wowser, wowzer ['wauzə] *n austral.* griežtas puritonas

wrack¹ [ræk] *n* **1** *(išmesti į krantą)* jūros dumbliai **2** *psn.* sudužusio laivo skeveldros

wrack² *n* = **rack⁵**
v psn. nykti, irti, žlugti; naikinti

wrack³ *amer.* = **rack³** *v*

wraith [reɪθ] *n knyg.* dvasia, šmėkla; gyvavaizdis, pasirodantis žmogui prieš mirtį

wraithlike ['reɪθlaɪk] *a* šmėkliškas

wrangle ['ræŋgl] *n* vaidas, kivirčas, ginčas
v **1** vaidytis, kivirčytis *(over, about)* **2** įtikinti *(ginčijantis; into, out of);* **he ~d his wife into agreement** jis įtikino žmoną sutikti **3** *amer.* ganyti; auginti *(gyvulius)*

wrangler ['ræŋglə] *n* **1** vaidininkas, ginčininkas **2** ypatingai gabus matematikai studentas, perkeltas į gabiausiųjų grupę *(Kembridžo universitete)* **3** *amer. šnek.* kaubojus

wrap [ræp] *n* **1** apsiautalas, skara, šalis; (kailinė) pelerina **2** antklodė, pledas **3** *pl* viršutiniai drabužiai, apsiaustas **4** *amer.* įvynioklis, plėvelė *(maisto produktams uždengti/įvynioti)* ◊ **to keep smth under ~s** laikyti ką paslaptyje, slėpti ką; **the ~s came off** paslaptis išaiškėjo; **it's a ~!** *kin.* viskas! *(sakoma baigus dienos filmavimą)*
v **1** (su)sukti, (su)vynioti; įvynioti *(in);* **do you want it ~ped?** jums susukti/suvynioti? *(parduotuvėje)* **2** siausti(s), supti(s); ap(si)supti, ap(si)vynioti, ap(si)siausti *((a)round);* **to ~ smb in a blanket, to ~ a blanket round smb** suvynioti ką į antklodę **3** apgaubti; **the affair is ~ped in mystery** dalyką gaubia paslaptingumo skraistė **4** *spec.* automatiškai perkelti *(žodį)* į naują eilutę *(pasiekus kraštą; to)* □ **~ over** susisiausti *(skvernus);* **~ up** a) su(si)supti, su(si)sukti, ap(si)vynioti, į(si)vynioti *(in);* b) ap(si)siausti, ap(si)gaubti; šiltai apsirengti; c) užbaigti *(programą, sandorį ir pan.);* d) *imp* **~ up!** *šnek.*

užsičiaupk! ◊ **to be ~ped up** *(in)* būti paskendusiam/atsidavusiam; **she is ~ped up in her children** ji atsidavusi vaikams; **he is ~ped up in work** jis paskendęs darbe; **they're ~ped in each other** jie įsimylėję vienas kitą iki ausų

wraparound ['ræpə‚raund] *n (moteriškas)* susisiaučiamas chalatas *(su dirželiu);* sijonas su dideliu užmetimu priekyje
a **1** susisiaučiamas, su dideliu užmetimu, be sagų *(apie chalatą ir pan.)* **2** visa apimantis/apgaubiantis, platus

wrapover ['ræp‚əuvə] = **wraparound** *a* 1

wrappage ['ræpɪdʒ] *n* = **wrapping**

wrapper ['ræpə] *n* **1** *(knygos)* aplankas **2** banderolė *(t. p. postal ~)* **3** įvynioklis; vyniojamasis popierius/popierėlis **4** apsiaustas, chalatas **5** vyniotojas, pakuotojas

wrapping ['ræpɪŋ] *n (džn. pl)* (į)vyniojimas, įpakavimas; įpakavimo medžiaga, įvynioklis; **~ paper** vyniojamasis popierius *(dovanoms vynioti)*

wrap-up ['ræpʌp] *n amer. šnek. (naujausių žinių ir pan.)* suvestinė, santrauka

wrasse [ræs] *n zool.* lūpotis *(žuvis)*

wrath [rɒθ] *n knyg.* rūstybė; kerštas; **grapes of ~** rūstybės kekės; **to stir ~** sukelti rūstybę

wrathful ['rɒθfəl] *a knyg.* rūstingas, užsirūstinęs

wrathy ['rɒθɪ, 'rɔːθɪ] *a* = **wrathful**

wreak [riːk] *v* **1** pakenkti; **the hail ~ed havoc with the harvest** kruša sunaikino visą derlių **2** duoti valią, išlieti *(on);* **to ~ one's fury** išlieti pyktį; **to ~ vengeance upon one's enemy** atkeršyti priešui

wreath [riːθ] *n (pl ~s* [-ðz]) **1** *(gėlių, lapų)* vainikas; **funeral ~** laidotuvių vainikas; **rue ~** rūtų vainikas/vainikėlis **2** *(dūmų, debesų ir pan.)* kamuolys, kamuoliukas

wreathe [riːð] *v knyg.* **1** pinti vainiką; (ap)vainikuoti, puošti vainiku **2** raityti(s), rangyti(s), vynioti(s) *(apie augalus, gyvatę, dūmus ir pan.)* **3** ap(si)kabinti *(round)* **4** apgaubti, apsiausti; **mist ~d the hilltops** rūkas apsiautė kalnų viršūnes

wreathed [riːðd] *a knyg.* **1** (su)pintas *(apie vainiką ir pan.)* **2** apgaubtas, aptrauktas; **face ~ in wrinkles** raukšlių išvagotas veidas; **face ~ in smiles** šypsantis veidas

wreath-laying ['riːθ‚leɪɪŋ] *n* vainikų (pa)dėjimas *(t. p. ~ ceremony)*

wreck [rek] *n* **1** *(laivo)* žuvimas, sudužimas; avarija *(ypač jūroje);* **~ mark** ženklas, rodantis laivo paskendimo vietą **2** *prk.* sudužimas, žlugimas; **the ~ of one's hopes** vilčių sudužimas **3** *(sudužusio laivo/lėktuvo ir pan.)* nuolaužos, duženos, skeveldros; *(sudegusio automobilio)* griaučiai **4** griuvėsiai *(t. p. prk.);* **look at me – I'm a complete ~!** pažiūrėk į mane – kas iš manęs beliko; **he's a nervous ~** jo nervai visai pakrikę; **he drives an old ~ of a Ford** jis važinėja senu išklerusiu fordu
v **1** sugadinti *(t. p. prk.);* sudaužyti *(automobilį ir pan.)* **2** sukelti avariją; paskandinti *(laivą); pass* patirti avariją, žūti, sudužti, paskęsti *(apie laivą)* **3** sužlugti; sužlugdyti *(planus, viltis)* **4** suardyti, sugriauti *(pastatą, sveikatą ir pan.);* **to be completely ~ed by fire** būti gaisro nusiaubtam/sunaikintam

wreckage ['rekɪdʒ] *n* = **wreck** *n* 2, 3, 4

wrecked [rekt] *a* **1** sudužęs *(t. p. prk.);* **~ sailors** paskendusio laivo jūreiviai **2** *šnek.* girtas kaip maišas; apdujęs nuo narkotikų **3** *šnek.* išvargęs, išsekęs

wrecker ['rekə] *n* **1** gadintojas; *(planų ir pan.)* žlugdytojas **2** *(namų)* nugriovėjas **3** *amer.* avarinis automobilis; techninės pagalbos automobilis **4** *amer. jūr.* avarinės komandos narys; avarinis gelbėjimo laivas **5** *(ypač ist.)* sudužusių laivų plėšikas

wrecking ['rekɪŋ] *n* **1** sugriovimas **2** *(laivo)* paskandinimas **3** *amer.* avariniai gelbėjimo/remonto darbai

wren [ren] *n zool.* karetaitė, traškutis *(paukštis; t. p. jenny ~)*

wrench [rentʃ] *n* **1** trūktelėjimas, timptelėjimas; pasukimas **2** išnirimas; **he gave a ~ to his ankle** jis išsinarino kulkšnį **3** *prk.* skausmas, ilgesys; **parting was a great ~** išsiskyrimas sukėlė didelį skausmą **4** iškreipimas *(faktų, žodžių ir pan.)* **5** *tech.* veržliaraktis *(t. p. nut ~);* **socket ~** galinis raktas; **wheel ~** ratų raktas ◊ **to throw a ~** *(into)* ≡ suduoti smūgį *(ekonomikai ir pan.);* **to throw a ~ in the works** *amer.* sudaryti keblumų
v **1** trūktelėti; (iš)traukti, (iš)sukti, (iš)plėšti *(t. p. ~ off/away);* **to ~ open** išlaužti; **to ~ oneself free** ištrūkti *(iš ko, iš kieno rankų)* **2** išnirti, išsinarinti **3** iškreipti *(faktus, žodžius ir pan.)* ⧠ **~ away** nusukti šalin *(žvilgsnį; from);* nukreipti *(mintis; to – į)*

wrest [rest] *v* **1** išplėšti, ištraukti *(t. p. prk.);* ištraukti pasukant, išveržti; **to ~ the truth out of smb** ištraukti tiesą iš ko **2** neteisingai interpretuoti, iškreipti *(savo naudai)*

wrestle ['resl] *n* **1** *sport.* imtynės **2** *prk.* atkakli kova, grumtynės
v **1** *(džn. sport.)* imtis, eiti imtynių; **to ~ smb to the ground** parversti, pargriauti ką *(imantis)* **2** *prk.* kovoti, grumtis; **to ~ with a problem** sukti galvą *ar* plūktis sprendžiant klausimą

wrestler ['reslə] *n sport.* imtynininkas

wrestling ['reslɪŋ] *n sport.* imtynės; **free-style [Greco-Roman] ~** laisvosios [klasikinės] imtynės

wretch [retʃ] *n* **1** niekšas; *juok.* šelmis **2** vargšas; **poor ~** vargšelis

wretched ['retʃɪd] *a* **1** vargšas, nelaimingas, pasigailėtinas **2** niekam tikęs, blogas, prastas; bjaurus; **~ food [weather]** blogas/prastas maistas [oras]; **~ state of things** bjauri padėtis; **where's that ~ boy?** kur tas bjaurybė berniūkštis? **3** baisus; **~ toothache** baisus danties skaudėjimas

wrick [rɪk] *v* = **rick²**

wriggle ['rɪgl] *n* rangymasis, raitymasis
v **1** rangytis, raitytis *(t. p. refl)* **2** sukinėti(s), krutėti, krutinti; **to ~ one's toes/fingers** krutinti pirštus **3** išsisukinėti, išsisukti *(out of);* **he can ~ out of any difficulty** jis gali išsisukti iš bet kokių sunkumų **4** brautis, skverbtis, spraustis *(t. p. ~ along);* **to ~ one's way through a narrow opening** prasibrauti pro siaurą angą/plyšį ⧠ **~ about/around** a) rangytis, ringiuotis *(apie gyvatę ir pan.);* b) spurdėti *(apie žuvį);* c) išsisukinėti

wriggler ['rɪglə] *n* **1** išsisukinėjantis *(nuo darbo ir pan.)* žmogus **2** moskito lerva

wriggly ['rɪglɪ] *a* **1** krutantis, judrus **2** išsisukinėjantis, mokantis išsisukti

wright [raɪt] *n psn.* meistras

-wright [-raɪt] *(sudurt. žodžiuose verčiama priesagomis/galūnėmis, reiškiančiomis amatą/profesiją):* **shipwright** laivų statytojas; **wheelwright** račius; **playwright** dramaturgas

wring [rɪŋ] *n* **1** gręžimas **2** spaudimas; *(rankos)* paspaudimas; **to give a ~** paspausti **3** slėgtuvai *(sūriams slėgti);* sulčiaspaudė
v (wrung) **1** (iš)gręžti *(t. p. ~ out);* grąžyti; **to ~ (out) clothes** (iš)gręžti skalbinius; **to ~ one's hands** grąžyti/graižyti rankas **2** spausti *(t. p. prk.);* **to ~ smb's hand** paspausti kieno ranką; **it ~s my heart to hear it** tai girdint man suspaudžia širdį **3** *prk.* išspausti, išgauti, išpešti *(from smb, out of smb – iš ko);* **to ~ consent**

išgauti sutikimą 4 (nu)sukti; *to ~ a hen's neck* nusukti vištai sprandą

wringer ['rɪŋə] *n* 1 gręžtuvas, gręžimo mašina 2 gręžėjas ◊ *to put smb through the ~* šnek. ≅ spausti (paskutinius) syvus, traukti kruviną prakaitą iš ko; žiauriai elgtis su kuo, šantažuoti ką; *to go through the ~* amer. šnek. turėti sunkių išgyvenimų

wrinkle[1] ['rɪŋkl] *n (įv. reikšm.)* raukšlė; *~s on the face* raukšlės ant veido; *to iron out the ~s* a) išlyginti raukšles *(lygintuvu);* b) *prk.* sušvelninti *(nesutarimus ir pan.)* *v* raukšlėti(s) *(t. p. ~ up);* raukšlinti; *to ~ up one's brow/forehead* raukti kaktą

wrinkle[2] *n šnek.* gudrybė, gudri išmonė; *to know all the ~s* žinoti visas gudrybes

wrinkled ['rɪŋkld] *a* raukšlėtas, susiraukšlėjęs; *your stockings are ~* tavo kojinės susiraukšlėjusios

wrinkly ['rɪŋklɪ] *a* 1 raukšlėtas, susiraukšlėjęs 2 glamžus, lengvai susiraukšlėjantis *(apie audinį)*

wrist [rɪst] *n* 1 *(rankos, pirštinės)* riešas; *(drabužio)* rankogalis 2 *tech.* kakliukas

wristband ['rɪstbænd] *n* rankogalis

wrist-joint ['rɪstdʒɔɪnt] *n anat.* riešo sąnarys

wristlet ['rɪstlɪt] *n* 1 apyrankė 2 antriešis, riešinė

wrist-pin ['rɪstpɪn] *n tech.* 1 kakliukas 2 stūmoklio pirštas

wristwatch ['rɪstwɒtʃ] *n* rankinis laikrodis

wristy ['rɪstɪ] *a (džn. sport.)* turintis lankstų riešą, (žaidžiantis) iš riešo

writ [rɪt] *n* 1 *teis.* procesinis teismo dokumentas; raštiškas įsakymas; šaukimas; *(suėmimo ir pan.)* orderis; *to serve ~ (on)* pasiųsti šaukimą į teismą 2 *psn.* raštas; *the Holy/Sacred W.* Šventasis Raštas *(Biblija)* *v psn. past ir pII žr.* write ◊ *~ large knyg.* a) aiškiai išreikštas, aiškus; b) dar blogesnis

write [raɪt] *v* (wrote, *psn.* writ; written, *psn.* writ) 1 *(įv. reikšm.)* rašyti; *to ~ plain [small]* rašyti aiškiai [smulkiai]; *to ~ into an agreement* įrašyti į sutartį; *to ~ one's name* pasirašyti; *to ~ a cheque* išrašyti čekį; *to ~ an application [a letter]* parašyti prašymą [laišką]; *to learn to ~* mokytis rašyti; *to ~ in pencil* rašyti pieštuku; *to ~ in full* parašyti visą/viską; *to ~ a good hand* turėti gražią rašyseną; *to ~ for a newspaper* rašyti į laikraštį, bendradarbiauti laikraštyje; *to ~ a symphony* (pa)rašyti simfoniją; *to ~ for a living* užsidirbti pragyvenimą literatūriniu darbu, būti rašytoju; *to ~ for information* paklausti raštu; *we ~ to each other* mes susirašinėjame; *~ me when you get to London* kai nuvyksi į Londoną, parašyk man 2 išreikšti; *trouble was written on his face* jo veide buvo matyti susirūpinimas 3 *fin.* apdrausti □ *~ away* išsiųsti užsakymą; užsakyti paštu *(knygą, prekes ir pan.; for); ~ back* atrašyti *(į laišką); ~ down* a) už(si)rašyti *(adresą, datą ir pan.);* b) rašyti žemesnio išsilavinimo skaitytojams; c) aprašyti, (pa)vaizduoti *(neigiamai; as);* d) *kom.* nukainoti *(prekes); ~ in* a) įrašyti; b) kreiptis raštu *(to, for);* c) *amer.* įrašyti *(savo kandidatą)* į balsavimo biuletenį; *~ off* a) išsiųsti, nurašyti *(laišką);* b) *buh.* nurašyti, nubraukti *(skolas ir pan.);* c) *prk.* nurašyti *(sportininką ir pan.; as);* d) = *~ away; ~ out* a) perrašyti; *to ~ out fair* perrašyti švariai; b) iš(si)rašyti *(čekį, kvitą, receptą);* c) išdėstyti, surašyti *(visas detales);* d) *rad., tel.* išbraukti, pašalinti *(personažą iš nuolatinės laidos);* e) *refl* išsisemti *(apie rašytoją); ~ up* a) smulkiai surašyti/aprašyti; b) perrašyti; priraštyti (papildomai); c) išgirti spaudoje; *he wrote the film up for the paper* jis parašė

laikraščiui giriamąją to filmo recenziją; d) baigti rašyti, aprašyti viską iki šios dienos *(ataskaitoje, dienoraštyje)*

write-down ['raɪtdaun] *n kom. (prekių)* nukainojimas

write-in ['raɪtɪn] *n amer.* balsavimas įrašant į biuletenį savo kandidato pavardę; balsuotojo įrašytas kandidatas

write-off ['raɪtɔf] *n* 1 *buh.* nurašymas 2 *pl* nurašytos sumos/prekės *ir pan.* 3 netikęs/suiręs daiktas; *his car was a complete ~ after the accident* po avarijos iš jo automobilio liko tik laužas

writer ['raɪtə] *n* 1 rašytojas; autorius; *the present ~* rašantysis šias eilutes, šių eilučių autorius; *editorial ~ (laikraščio)* vedamųjų autorius; *feature ~* feljetonistas; *sports ~* sporto žurnalistas 2 raštininkas, raštvedys ◊ *~ to the signet* prisiekusysis advokatas *(Škotijoje)*

write-up ['raɪtʌp] *n* 1 atsiliepimas *(apie spektaklį, knygą ir pan.)* 2 prierašas *(plane)*

writhe [raɪð] *v* 1 raitytis, raičiotis, rangytis *(iš skausmo, nepatogumo)* 2 krimstis, sielotis, kankintis; *~ with shame* kankintis iš gėdos; *to ~ under/at an insult* susigūžti dėl įžeidimo

writing ['raɪtɪŋ] *n* 1 rašymas; raštas; *in ~* raštiškai, raštu; *to put smth to ~, to commit to ~* užrašyti ką; *at the present ~* dabar, kai rašomos šios eilutės; *~ down kom.* nurašymas; *syllabic ~ kalb.* skiemeninis raštas 2 raštas, dokumentas 3 *(džn. pl) (literatūros, mokslo ir pan.)* kūrinys; raštija 4 rašysena, raštas; *his ~ is good* jo rašysena gera 5 stilius; rašymo būdas/forma 6 rašytojas *(profesija); talent for ~* rašytojo talentas; *~ career* rašytojo karjera ◊ *~ the ~ on the wall* bloga lemiantis *ar* nelaimės ženklas; liūdna ateitis *a* rašymo; rašomasis; *~ materials* rašymo/rašomieji reikmenys

writing-case ['raɪtɪŋkeɪs] *n* rašymo reikmeninė

writing-desk ['raɪtɪŋdesk] *n* rašomasis stalas

writing-pad ['raɪtɪŋpæd] *n* laiškų bloknotas

writing-paper ['raɪtɪŋˌpeɪpə] *n* 1 laiškinis popierius 2 rašomasis popierius

writing-table ['raɪtɪŋˌteɪbl] *n* rašomasis stalas

written ['rɪtn] *pII žr.* write *a attr* 1 raštu *(apie egzaminą)* 2 raštiškas; rašytinis; *~ answer* raštiškas atsakymas

written-off ['rɪtnˈɔf] *a* 1 nurašytas *(apie turtą; t. p. prk.)* 2 sudužęs *(apie lėktuvą, laivą)*

Wroclaw ['vrɔtslɑ:f] *n* Vroclavas *(Lenkijos miestas)*

wrong [rɒŋ] <*n, a, adv, v*> *n* 1 neteisybė; klaidingumas, (su)klydimas; *to be in the ~* (su)klysti, būti neteisiam/kaltam; *to put smb in the ~* a) suklaidinti ką; b) suversti kam kaltę 2 skriauda, nuoskauda; *to do ~ to smb* (pa)daryti kam pikta/skriaudą, nuskausti; neteisingai/blogai apie ką pamanyti; *to suffer ~* kęsti skriaudą/nuoskaudą; *to right a ~* atitaisyti klaidą/skriaudą 3 blogis; *to know the difference between right and ~* žinoti skirtumą tarp gėrio ir blogio 4 *teis.* teisės pažeidimas; *private ~* žala, padaryta asmeniui, asmeninis deliktas ◊ *two ~s don't make a right pat.* nereikia piktu už pikta atmokėti *a* 1 negeras, blogas; *I hope there is nothing ~* tikiuosi, kad nieko (bloga) neatsitiko; *I hope nothing is ~ at home?* tikiuosi, kad namuose viskas gerai?; *something is ~ with my eyes* kažkas negerai mano akims; *there is something ~ with the engine* kažkas atsitiko varikliui; *what's ~ with it?* kas čia negerai?; kodėl (jums) tai nepatinka/netinka?; *what's ~?* kas yra/atsitiko?; *is something ~?* ar kas nors negerai? 2 neteisus; klaidingas, neteisingas; netaisyklingas; *to be ~* būti neteisiam;

wrongdoer

I can prove you ~ aš galiu įrodyti, kad jūs neteisus; *he had been given some ~ information* jam suteikė klaidingą/neteisingą informaciją; *I might be* ~ galbūt aš klystu; *my watch is* ~ mano laikrodis netiksliai eina **3** negražus, nedoras; *it is ~ to steal* negražu/nedora vogti; *it was ~ of you to do so* iš jūsų pusės buvo negražu taip daryti **4** netinkamas, ne tas *(kurio reikia); at the ~ time* netinkamu laiku; *to do smth in the ~ way* daryti ką ne taip; *to take the ~ street* pasukti ne į tą gatvę; *she was the ~ woman for him* ji nebuvo ta moteris, kurios jam reikėjo; *that was the ~ thing to say* nereikėjo to sakyti **5** išvirkštinis, blogas; *the ~ side of the cloth* blogoji/išvirkščioji audinio pusė; *~ side out* išvirkščias
adv **1** neteisingai, klaidingai; *to guess ~* neatspėti; *you told me ~* jūs man neteisingai pasakėte; *she got his name ~* ji gerai nenugirdo jo vardo; *don't get me ~* supraskite mane teisingai **2** blogai; *you did it ~ to lie to me* tu blogai padarei, kad pamelavai man ◊ *to go ~* a) suklysti; b) *prk.* išklysti iš (gero) kelio, nueiti šunkeliais; c) sugesti; d) ne(pa)sisekti; *everything goes ~ with me* viskas man nesiseka; *all our plans went ~* visi mūsų planai žlugo; *you can't go ~ with him* su juo neprapulsi
v **1** (nu)skriausti; įskaudinti, įžeisti **2** būti neteisiam, *(be pagrindo)* blogai (pa)manyti *(apie);* nusidėti
wrongdoer ['rɔŋˌduːə] *n* **1** skriaudėjas, skaudėjas, įžeidėjas; nusidėjėlis **2** *teis.* nusikaltėlis; įstatymo pažeidėjas
wrongdoing ['rɔŋˌduːɪŋ] *n* **1** nuodėmė; nuskriaudimas **2** *teis.* nusikaltimas; įstatymo pažeidimas
wrongfoot [ˌrɔŋ'fut] *v* užklupti nepasirengusį/netikėtai *(t. p. sport.)*
wrongful ['rɔŋfəl] *a teis.* neteisėtas; *~ dismissal* neteisėtas atleidimas iš darbo

wrong-headed ['rɔŋ'hedɪd] *a* **1** užsispyrusiai besilaikantis klaidingos nuomonės, klaidingų pažiūrų *ir pan.;* užsispyręs **2** klaidingas *(apie politiką, nutarimą ir pan.)*
wrongly ['rɔŋlɪ] *adv* **1** neteisingai, klaidingai; netaisyklingai; *to hold the racket ~* netaisyklingai laikyti raketę **2** per klaidą, per nesusipratimą **3** netinkamai
wrong'un ['rɔŋən] *n šnek.* nevidonas, šunsnukis, niekšas
wrote [rəut] *past žr.* **write**
wroth [rɔθ] *a predic psn., poet.* įpykęs, įtūžęs
wrought [rɔːt] *knyg. past ir pII žr.* **work** *v* 14, 15
a kaltinis *(apie metalo dirbinius)*
wrought-iron [ˌrɔːt'aɪən] *n* suvirinamasis/kalusis plienas
wrought-up [ˌrɔːt'ʌp] *a* sujaudintas, sunervintas; *don't get so ~* nesijaudink, nesinervink
wrung [rʌŋ] *past ir pII žr.* **wring** *v*
wry [raɪ] *a attr* **1** kreivas, perkreiptas; *~ smile* kreiva šypsena; *to pull a ~ face* išsivieipti; *he made a ~ face* jo veidas persikreipė **2** iškreiptas *(apie aiškinimą ir pan.);* ironiškas; *to have a ~ sense of humour* būti pašaipiam
wryneck ['raɪnek] *n* **1** *zool.* grąžiagalvė *(paukštis)* **2** *med.* kreivakaklystė
wunderkind ['wʌndəkɪnd, 'vundəkɪnt] *vok. n* vunderkindas
wurst [wəːst, vuəst] *vok. n* dešra
wuss [wʌs] *n amer. sl.* baikštuolis
Wyandotte ['waɪəndɔt] *n amer.* viandotai *(vištų veislė)*
wych-elm ['wɪtʃelm] *n bot.* guoba
wye [waɪ] *n* **1** raidė Y; kas nors raidės Y pavidalo **2** *el.* žvaigždutė **3** *gtžk.* grąžos trikampis
Wykehamist ['wɪkəmɪst] *a* Vinčesterio koledžo
n Vinčesterio koledžo auklėtinis
wynd [waɪnd] *n šiaur.* gatvelė
Wyoming [waɪ'əumɪŋ] *n* Vajomingas *(JAV valstija)*
wyvern ['waɪvən] *n her.* sparnuotas drakonas

X, x [eks] *n* (*pl* Xs, X's ['eksɪz]) **1** *dvidešimt ketvirtoji anglų kalbos abėcėlės raidė* **2** X pavidalo daiktas **3** kryželis; *the house is marked with an x on the map* namas pažymėtas plane kryželiu **4** bučkis *(laiško, telegramos ir pan. pabaigoje)* **5** *mat.* daugybos ženklas **6** *mat.* iksas, nežinomasis *(t. p. prk.)*; *he earns x dollars a month* jis uždirba tiek ir tiek dolerių per mėnesį **7** dešimtis *(romėniškas skaitmuo)* **v:** ~ ***out*** *amer.* pažymėti klaidą ženklu x; išbraukti

Xanthippe [zænˈθɪpɪ] *n* **1** *ist.* Ksantipė *(Sokrato žmonos vardas)* **2** *prk.* barninga/tulžinga moteris

xanthoma [zænˈθəumə] *n* (*pl* ~s, ~ta [-tə]) *med.* ksantoma *(liga)*; geltoni mazgeliai odoje

xanthous [ˈzænθəs] *a spec.* geltonas

Xantippe [zænˈtɪpɪ] *n* = **Xanthippe**

X-axis [ˈeksˌæksɪs] *n mat.* abscisių ašis

xebec [ˈziːbek] *n* mažas tristiebis Viduržemio jūros laivas

X-engine [ˈeksˌendʒɪn] *n tech.* variklis su kryžmai išdėstytais cilindrais

xenogamy [ziˈnɔgəmɪ] *n bot.* kryžmadulka, ksenogamija

xenogeneic [ˌzenəudʒəˈniːɪk] *a biol.* ksenogeninis, svetimkūnio sukeltas

xenolith [ˈzenəlɪθ] *n geol.* ksenolitas

xenon [ˈzenɔn, ˈziːnɔn] *n chem.* ksenonas

xenophobe [ˈzenəfəub] *n* ksenofobas, žmogus, neapkenčiantis svetimšalių

xenophobia [ˌzenəˈfəubɪə] *n knyg.* ksenofobija; nemėgimas visko, kas užsienietiška; neapykanta svetimšaliams

Xeres [ˈzerɪs, ˈzɪərɪz] *n* cheresas *(stiprus vynuogių vynas)*

xeroderma [ˌzɪərəˈdəːmə] *n med.* kseroderma, nenormalus odos sausumas

xerosis [zɪˈrəusɪs] *n med.* *(odos, gleivinių)* sausumas, sausmė, kserozė

xerox [ˈzɪərɔks] *n* **1** dauginimo aparatas „Kseroksas" **2** kserografijos būdu padaryta nuotrauka/kopija **v** padaryti kopiją/nuotrauką

xiphoid [ˈzɪfɔɪd] *a anat., zool.* kardinis, kardiškas

Xmas [ˈkrɪsməs, ˈeksməs] *n sutr. šnek.* Kalėdos

X-rated [ˈeksˌreɪtɪd] *a* **1** nepadorus, pornografinis **2** *ist.* skirtas suaugusiems *(nuo 18 m.; apie filmą)*

X-ray [ˈeksreɪ] *n* **1** (*ppr. pl*) rentgeno spinduliai **2** rentgenograma, rentgeno nuotrauka *(t. p. ~ **picture**)* **3** rentgenologinis tyrimas *(t. p. ~ **examination**)* **4** *attr* rentgeno; ~ ***therapy*** rentgenoterapija, gydymas rentgenu; ~ ***room*** rentgeno kabinetas; ~ ***tube*** rentgeno vamzdis **v** peršviesti/tirti rentgeno spinduliais, (pa)daryti rentgeno nuotrauką

xylem [ˈzaɪləm] *n bot.* ksilema

xylene [ˈzaɪliːn] *n chem.* ksilolas

xylograph [ˈzaɪləgrɑːf] *n* medžio raižinys

xylographer [zaɪˈlɔgrəfə] *n* medžio raižytojas

xylography [zaɪˈlɔgrəfɪ] *n* ksilografija

xylolite [ˈzaɪləlaɪt] *n spec.* ksilolitas

xylonite [ˈzaɪlənaɪt] *n* celiulioidas

xylophagous [zaɪˈlɔfəgəs] *a* graužiantis/ėdantis medį *(apie vabzdžius, moliuskus)*

xylophone [ˈzaɪləfəun] *n muz.* ksilofonas

xylophonist [ˈzaɪləfəunɪst, zaɪˈlɔfənɪst] *n* ksilofonistas

xyster [ˈzɪstə] *n med.* raspatorius, grandiklis

Y, y [waɪ] *n* (*pl* Ys, Y's [waɪz]) **1** dvidešimt penktoji anglų kalbos abėcėlės raidė **2** kas nors raidės Y pavidalo **3** *mat.* igrekas, antras nežinomasis

-y[1] [-ɪ] (*t. p.* -ey) *suff* **1** -ėtas, -uotas, -ingas, -inis (*žymint ypatybės turėjimą*); ***grassy*** žolėtas, žolingas, žolinis; ***stony*** akmenuotas, akmeningas, akmeninis; ***clayey*** molingas **2** -svas (*žymint ypatybės, ypač spalvos, kiekį*); ***greeny*** žalsvas; ***bluey*** melsvas **3** -uistas, -us (*žymint polinkį į ką*); *verčiama dar dalyviais*; ***drowsy*** mieguistas, snaudžiantis; ***touchy*** įžeidus, greitai įsižeidžiantis

-y[2] *suff* -ukas, -elis, -utis, -ytis; ***doggy*** šuniukas, šunytis; ***daddy*** tėvelis

yacht [jɔt] *n* jachta; **~ racing** buriavimo varžybos
 v plaukioti jachta

yacht-club ['jɔtklʌb] *n* buriuotojų klubas

yachtie ['jɔtɪ] *n šnek.* = **yachtsman, yachtswoman**

yachting ['jɔtɪŋ] *n* **1** plaukiojimas jachta **2** *sport.* buriavimas (*t. p.* **~ sport**)
 a buriavimo; jachtos, jachtų; **in ~ circles** tarp jachtininkų

yachtsman ['jɔtsmən] *n* (*pl* -men [-mən]) (*tik v.*) **1** jachtos savininkas **2** *sport.* jachtininkas; buriuotojas

yachtswoman ['jɔtswumən] *n* (*pl* -women [-wɪmɪn]) **1** jachtos savininkė **2** *sport.* jachtininkė; buriuotoja

yack [jæk] *šnek.* = **yak**[2] *n, v*

yackety-yak ['jækətɪ'jæk] = **yak**[2] *n, v*

yaffle ['jæfl] *n dial.* žaliasis genys

yah [jɑː] *int* et!, eik jau!, a jau!, he! (*reiškiant pajuoką/niekinimą*)

yahoo[1] [jə'huː] *n* **1** jehu (*žodis, sukurtas Svifto „Guliverio kelionėse"*) **2** *niek.* storžievis, bjaurus sutvėrimas, galvijas (*apie žmogų*); obskurantas

yahoo[2] [jɑ'huː, jə'huː] *int* valio!

Yahweh ['jɑːweɪ] *n* Jahvė (*judaizmo dievas*)

yak[1] [jæk] *n zool.* jakas

yak[2] *šnek. n* **1** tauzijimas, tarškėjimas **2** *amer.* kvatojimas
 v **1** tauzyti, tarškėti, tarškaliuoti **2** *amer.* kvatoti

Yakut [jæ'kut] *n* **1** jakutas **2** jakutų kalba

yale [jeɪl] *n* automatinis/„angliškas" užraktas (*ppr.* **~ lock**)

y'all [jɔːl] *pron amer. šnek.* jūs visi

yam [jæm] *n bot.* **1** dioskorėja **2** *amer.* batatas

yammer ['jæmə] *v šnek.* **1** skųstis, niurzgėti, verkšlenti **2** kaukti, staugti (*apie šunį*) **3** tarškėti, taukšti (*t. p.* **~ on**)

yang [jæŋ] *n* vyriškasis pradas (*kinų filosofijoje*)

Yangon [jæŋ'gɔn] *n* Jangonas (*Miangmos sostinė*)

Yangtze ['jæŋtsɪ] *n* Jangdzė (*Kinijos upė*)

Yank [jæŋk] *n* = **Yankee**

yank [jæŋk] *šnek. n* trūktelėjimas
 v trūktelėti □ **~ off** nutraukti; **~ out** ištraukti

Yankee ['jæŋkɪ] *n šnek.* **1** (*džn. niek.*) jankis, amerikietis **2** *amer.* jankis, šiaurinių/šiaurrytinių valstijų gyventojas

yankeefied ['jæŋkɪfaɪd] *a* suamerikonėjęs

Yaoundé [jɑː'undeɪ] *n* Jaundė (*Kamerūno sostinė*)

yap [jæp] *n* **1** kiauksėjimas, amsėjimas, viauksėjimas, vampsėjimas **2** *šnek.* kvailos kalbos, vambrijimas **3** *amer. sl.* vampla, snukis
 v **1** kiauksėti, amsėti, ambryti, vampsėti, viauksėti **2** *šnek.* vambryti, vamploti, taukšti

yapp [jæp] *n* minkštas odinis (*knygos*) viršelis

yard[1] [jɑːd] *n* **1** jardas (= *91,44 cm*) **2** *jūr.* rėja; **main ~** groto rėja ◊ **with a face a ~ long** *šnek.* (su) ištįsusiu veidu

yard[2] *n* **1** kiemas (*džn. aptvertas*) **2** aptvaras, užtvara **3** aikštelė (*prie namo*); **school ~** mokyklos aikštelė (*žaidimams*) **4** (**the Y.**) *šnek.* = **Scotland Yard**, *žr.* **Scotland** **5** *jūr.* laivų statykla; **~ repair** remontas laivų statykloje
 v suvaryti į aptvarą/užtvarą/kiemą; sukrauti kieme

yardage[1] ['jɑːdɪdʒ] *n* **1** naudojimasis sandėliu (*prie geležinkelio, uoste ir pan.*) **2** mokestis už naudojimąsi sandėliu

yardage[2] *n spec.* ilgis/plotis/kiekis jardais

yardarm ['jɑːdɑːm] *n jūr.* nokrėja, rėjos nokas

yardbird ['jɑːdbəːd] *n amer.* **1** *šnek.* katorgininkas, kalinys **2** *kar. sl.* naujokas

Yardie ['jɑːdɪ] *n šnek.* jamaikietis kontrabandininkas (*ypač narkotikų*)

yardman ['jɑːdmən] *n* (*pl* -men [-mən]) depo/sandėlio ir pan. darbuotojas

yard-master ['jɑːdˌmɑːstə] *n glžk.* depo viršininkas

yardstick ['jɑːdstɪk] *n* **1** jardo ilgio matavimo liniuotė **2** kriterijus, matas, standartas; **money is not the ~ of success** pinigai nėra sėkmės kriterijus/matas

yarmulke ['jɑːmulkə] *n* šašbauda, šlikas (*žydų kepurė*)

yarn [jɑːn] *n* **1** verpalai; siūlas, gija; skaidula **2** *šnek.* pasakojimas, istorija (*džn. neįtikėtina*); **to spin a ~** pasakoti nebūtus dalykus, taukšti
 v šnek. pasakoti nebūtus dalykus, taukšti

yarn-beam ['jɑːnbiːm] *n tekst.* riestuvas, metmenų velenas

yarn-dyed ['jɑːndaɪd] *a tekst.* nudažytas prieš audžiant/mezgant; išaustas iš dažytų verpalų

yarrow ['jærəu] *n bot.* paprastoji kraujažolė

yashmak ['jæʃmæk] *arab. n* čadra (*musulmonių veido apdangalas*)

yataghan ['jætəgæn] *n* jataganas (*lenktas rytietiškas kardas*)

yatter ['jætə] *v šnek.* pliaukšti, taukšti, ≈ liežuviu malti

yaw [jɔː] *jūr., av. n* nukrypimas nuo kurso, pokrypis; vingiavimas
 v nukrypti nuo kurso, vinguoti

yawl[1] [jɔːl] *n jūr.* **1** jolas (*dvistiebis burlaivis*) **2** žvejų valtis

yawl[2] *v dial.* staugti, kaukti

yawn [jɔːn] *n* **1** žiovulys; žiovavimas **2** *šnek.* nuobodybė; nuoboda **3** *tech.* tarpas, prošvaisa
 v **1** žiovauti; **to make smb ~** įvaryti kam žiovulį; **he ~ed good night** žiovaudamas jis palinkėjo labos nakties **2** žiojėti; **~ing gulf** žiojinti praraja

yaws [jɔːz] *n med.* frambezija (*atogrąžų kraštų liga*)

Y-axis ['waɪˌæksɪs] *n mat.* ordinačių ašis
yclept [ɪ'klept] *a psn., juok.* vadinamas, pavadintas, pramintas
ye[1] [jiː] *pron pers psn., poet.* jūs; **how d'ye do?** sveiki *(susipažįstant)*
ye[2] *psn.* artikelio the variantas, vart. parduotuvių/barų pavadinimuose ◊ **~ gods!** *šnek.* o Viešpatie! *(reiškiant nuostabą)*
yea [jeɪ] *n* **1** pritarimas, teigiamas atsakymas **2** *parl.* balsas „už"
adv psn. **1** taip; **you can answer ~ or nay** jūs galite atsakyti taip arba ne **2** netgi **3** tikrai, iš tikrųjų
yeah [jɛə] *part šnek.* taip ◊ **oh ~?** nejaugi? *(reiškiant netikėjimą; t. p. iron.)*
yean [jiːn] *v psn.* ėriuotis; ožiuotis
yeanling ['jiːnlɪŋ] *psn. n* ėriukas; ožiukas
a ką tik atvestas *(apie ėriukus, ožiukus)*
year [jɪə, jəː] *n* **1** metai; **three ~s ago** prieš trejus metus; **~ by ~** kiekvienais metais, kasmet; **in the ~ 2000** 2000-aisiais metais; **~ in, ~ out** metai po metų; **once a ~** kartą per metus; **this day ~** lygiai prieš metus; **all (the) ~ round** ištisus metus; **budget/fiscal ~** biudžetiniai metai; **common ~** nekeliamieji metai; **New Year's Eve** Naujųjų metų išvakarės; **to see the New Y. in** sutikti Naujuosius metus; **a Happy New Y.** su Naujaisiais metais, laimingų Naujųjų metų; **the ~ of grace** mūsų eros metai; **to earn £ 30,000 a ~** uždirbti 30000 svarų sterlingų per metus; **to get 15 ~s** gauti 15 metų kalėjimo; **I haven't seen him for ~s** aš jo daug metų nemačiau **2** mokslo metai *(t. p. school ~)*; **he is in his first ~** jis (mokosi) pirmame kurse; **I hate teaching 4th and 5th years** aš nemėgstu mokyti ketvirtakursių ir penktakursių **3** *pl* amžius, metai; **seven ~s old, seven ~s of age** septynerių metų amžiaus; **to look young for one's ~s** jaunai atrodyti pagal savo metus ◊ **to put ~s on smb** (pa)sendinti ką; **to take ~s off smb** (pa)jauninti ką; **in ~s** pagyvenęs; **full of ~s** senas; **small ~s** vaikystė; **never/not in a million ~s** *šnek.* niekada niekada!
yearbook ['jɪəbuk, 'jəːbuk] *n* **1** kasmetinis leidinys, metraštis **2** *amer. mok.* (pasibaigusių mokslo metų) klasės albumas
year-end ['jɪərənd] *n* finansinių metų pabaiga
yearling ['jɪəlɪŋ, 'jəːlɪŋ] *n* metinukas, vienergis, mitulys; vienerių metų augalas
a vienerių metų, vienmetis; **~ colt** mitulys/vienergis kumeliukas
yearlong ['jɪəlɔŋ, 'jəːlɔŋ] *a attr* trunkantis vienerius metus, vienerių metų, metinis
yearly ['jɪəlɪ, 'jəːlɪ] *a* **1** kasmetinis; **~ meeting** kasmetinis susirinkimas **2** metinis; **~ income** metinės pajamos
adv **1** kartą per metus; **thrice ~** tris kartus per metus **2** kiekvienais metais, kasmet
yearn [jəːn] *v* **1** ilgėtis, kankintis *(for, after)*; **to ~ for one's home** ilgėtis gimtųjų namų **2** trokšti, siekti *(for, to)*; **to ~ for freedom [peace, rest]** trokšti laisvės [taikos, ramybės]
yearning ['jəːnɪŋ] *n* **1** ilgesys *(for)* **2** didelis troškimas; **popular ~s** liaudies lūkesčiai
a **1** pasiilgęs; ilgesingas **2** trokštantis
year-round ['jɪəraund, 'jəːraund] *a (veikiantis, trunkantis, daromas)* ištisus metus
yeast [jiːst] *n* mielės; raugas
yeasty ['jiːstɪ] *a* **1** mielinis, mielių; mielėtas **2** rūgstantis, putotas, putojantis **3** tuščias, neturiningas *(apie žodžius ir pan.)*; **~ talk** tuščia kalba

yec(c)h [jʌk] *int amer.* = **yuck**
yec(c)hy ['jʌkɪ] *a amer.* = **yucky**
yegg [jeg] *n amer. sl.* įsilaužėlis; keliaujantis vagis/plėšikas *(t. p. ~ man)*
yelk [jelk] *n dial.* = **yolk**
yell [jel] *n* **1** šauksmas, klyksmas, riksmas **2** *amer.* pritarimo/skatinimo šūksnis *(varžybų koledžuose metu)*
v šaukti, klykti, rėkti, rykauti; **to ~ with fright** klykti/šaukti iš išgąsčio □ **~ out** šūktelėti, riktelėti; **to ~ out curses** svaidyti prakeiksmus
yellow ['jeləu] <*a, n, v*> *a* **1** geltonas; pageltęs; **to go/turn ~** pageltonuoti; **~ card** *sport.* geltona kortelė; **~ earth/soil** geltonžemis **2** geltonasis *(apie rasę, spaudą ir pan.)*; **the ~ press** geltonoji spauda; **~ line** *aut.* geltonoji linija *(prie šaligatvio krašto)*; **the Y. Sea** Geltonoji jūra **3** *šnek.* bailus; **to turn ~** pabūgti; **he has a ~ streak in him** jis bailokas
n **1** geltona spalva, geltonis **2** trynys **3** *šnek.* bailumas
v (pa)gelsti, (pa)geltonuoti; (pa)geltoninti, (pa)geltinti
yellowback ['jeləubæk] *n ist.* pigus bulvarinis romanas *(geltonais viršeliais)*
yellow-band ['jeləubænd] *a*: **~ street** gatvė, kurioje uždrausta stovėti automobiliams
yellow-bellied ['jeləuˌbelɪd] *a šnek.* baikštus, bailus
yellow-belly ['jeləuˌbelɪ] *n šnek.* bailys
yellow-dog ['jeləudɔg] *a amer.* nukreiptas prieš profsąjungas; **~ contract** kontraktas, kuriuo darbininkas įsipareigoja nestoti į profesinę sąjungą; **~ fund** fondas papirkimui/kyšiams ir pan.
yellow-flag ['jeləuflæg] *n (geltona)* karantino vėliava
yellowhammer ['jeləuˌhæmə] *n zool.* geltonoji starta
yellowish ['jeləuɪʃ] *a* gelsvas
yellowjacket ['jeləuˌdʒækɪt] *n amer.* **1** širšė; vapsva **2** *sl.* narkotikas *(geltonose kapsulėse)*
yellowness ['jeləunɪs] *n* geltonumas, geltė, geltonis
yellow-painted ['jeləuˌpeɪntɪd] *a* geltonai dažytas
yellow-skinned ['jeləu'skɪnd] *a* geltonodis
yellowy ['jeləuɪ] *a* gelsvas
yelp [jelp] *n* **1** viauktelėjimas, amtelėjimas; unkštimas **2** spiegimas
v **1** viauksėti, amčioti, skalyti; (su)unkšti **2** (su)spiegti *(iš skausmo ir pan.)*
Yemen ['jemən] *n* Jemenas *(Afrikos valstybė)*
Yemeni, Yemenite ['jemənɪ, 'jemənaɪt] *a* Jemeno
n Jemeno gyventojas
yen[1] [jen] *n (pl ~)* jena *(Japonijos piniginis vienetas)*
yen[2] *šnek. n* (nesuvaldomas) noras, troškimas; **I have a ~ to go swimming** man baisiai norisi išsimaudyti
v labai norėti
yenta ['jentə] *n amer. šnek.* liežuvautoja, liežuvininkė
yeoman ['jəumən] *n (pl* -men [-mən]) **1** *ist.* jomenas; smulkus žemvaldys **2** *amer. jūr.* raštininkas **3** *ist.* leibgvardietis **4** dvaro rūmų sargybinis *(t. p. ~ of the guard)* ◊ **to do ~ service** tarnauti, būti labai naudingam
yeomanry ['jəumənrɪ] *n kuop. ist.* jomenai (**1** valstiečiai **2** savanoriai raiteliai Anglijoje)
yep [jep] *part amer. šnek.* taip
yer [jə] *pron šnek.* = **your**
Yerevan [jerə'vɑːn] *n* Jerevanas *(Armėnijos sostinė)*
yes [jes] *part* **1** taip; **~ and no** ir taip, ir ne **2** ne *(paneigiant neig. prielaidą)*; **you don't love me.** – **Yes, I do** tu manęs nemyli. – Ne, myliu
n **1** (pa)tvirtinimas; sutikimas; **say ~!** sutikite! **2** balsas „už"

yeshiva(h) [jəˈʃiːvə] *n* ješibotas *(žydų dvasininkų seminarija)*

yes-man [ˈjesmæn] *n (pl* -men [-men]*) šnek.* pataikūnas, šunuodegautojas, asmuo, kuris visada pritaria

yester- [ˈjestə-] *(sudurt. žodžiuose) poet., psn.* praėjęs, praeitas *(apie laiką)*; **yesterweek** praeita/praėjusi savaitė; **yesteryear** pernykščiai metai

yesterday [ˈjestədɪ] *adv* vakar; ~ **morning** vakar rytą; **the day before** ~ užvakar; **of** ~ nesenas ◊ **I was not born** ~ aš ne vakar gimiau *(manęs lengvai neapgausi)* *n* vakarykštė diena; **~'s paper [incident]** vakarykštis laikraštis [atsitikimas]

yesterevening [ˈjestərɪːvnɪŋ] *psn. n* vakarykštis vakaras *adv* vakar vakare

yesternight [ˈjestənaɪt] *psn. n* vakarykštė naktis; vakarykštis vakaras *adv* vakar naktį/vakare

yes-vote [ˈjesvəʊt] *n* balsas „už"

yet [jet] *adv* **1** dar; vis dar *(džn. neig. sakiniuose)*; ~ **again** dar kartą; **not** ~ dar ne; **never** ~ dar niekuomet; ~ **more** dar daugiau; **he has not come** ~ jis dar neatėjo; **I can see him** ~ aš vis dar jį matau **2** jau *(klaus. sakiniuose)*; **is he dead** ~? ar jis jau mirė? **3** netgi; **this question is more important** ~ šis klausimas netgi svarbesnis **4** iki šiol, kol kas *(t. p. as ~)*; **this is his best** ~ tai geriausia, ką jis iki šiol yra padaręs; **just** ~ tuojau pat; kol kas *(neig. sakiniuose)*; **we have as** ~ **no name** kol kas mes neturime vardo; **don't start (just)** ~ nepradėk kol kas *conj* tačiau, bet, vis dėlto; *(it is)* **strange** ~ **true** keista, bet tai tiesa; **he was injured, (and)** ~ **he won** jis buvo sužeistas, bet vis dėlto laimėjo

yeti [ˈjetɪ] *n* jetis, sniego žmogus

yew [juː] *n bot.* kukmedis

yew-tree [ˈjuːtriː] *n* = **yew**

ye-ye [ˈjeˈje] *a šnek.* (auksinio) jaunimo; stileiviškas; avangardistinis

yid [jɪd] *n niek.* žydas

Yiddish [ˈjɪdɪʃ] *n* jidiš

Yiddisher [ˈjɪdɪʃə] *n* asmuo, kalbantis jidiš

yield [jiːld] *n* **1** derlius **2** *(išleidžiamos produkcijos)* kiekis; išeiga; *(vandens)* debitas; **milk** ~ primilžis **3** *ekon.* pelningumas; pajamos; **bond** ~ įplaukos/pajamos iš obligacijų **4** *spec. (metalo)* takumas; našumas *v* **1** nusileisti *(to – kam, in – kuo)*; **to** ~ **a point** nusileisti ginče; **to** ~ **to force** nusileisti jėgai; **to** ~ **to none in smth** niekam nenusileisti kuo; **to** ~ **to advice** priimti patarimą; **to** ~ **to temptation** neatsispirti pagundai **2** pasiduoti; **to** ~ **oneself prisoner** pasiduoti į nelaisvę; **the door ~ed** durys pasidavė/neatlaikė **3** užleisti vietą, atiduoti; **to** ~ **ground to the enemy** atiduoti pozicijas priešui **4** duoti *(derlių, pelną, rezultatą)*; **the cow ~s well (ta)** karvė duoda daug pieno; **this land ~s poorly** šioje žemėje prastai dera; **how much fruit does the orchard ~?** kokį vaisių derlių duoda sodas?; **talks ~ed no results** derybos nedavė rezultatų □ ~ **up** a) pasiduoti; b) duoti *(derlių)*; c) atskleisti *(paslaptį)*

yielding [ˈjiːldɪŋ] *a* **1** lengvai pasiduodantis, nuolaidus **2** minkštas, lankstus **3**: **high [low]** ~ labai [mažai] derlingas/našus, didelio [mažo] derlingumo/našumo; ~ **capacity** produktyvumas

yikes [jaɪks] *int amer. šnek.* oi! *(reiškiant nustebimą ir pan.)*

yin [jɪn] *n* moteriškasis pradas *(kinų filosofijoje)*

yip [jɪp] *amer.* = **yelp** *n, v*

yipe(s) [jaɪps] *int* = **yikes**

yippee [ˈjɪpiː, jɪˈpiː] *int šnek.* olialia!, valio! *(reiškiant džiūgavimą ir pan.)*

yo [jəʊ] *int* ei!; sveiks!

yob(bo) [ˈjɒb(əʊ)] *n (tik v.) šnek.* chuliganas, padauža

yock [jɒk] *n amer. šnek.* kvatojimas

yod [jɒd] *n* jota *(raidė)*

yodel [ˈjəʊdl] *n* tirolietiškas dainavimas; tirolietiška daina, jodleris
v (-ll-) dainuoti tirolietiškai

yoga [ˈjəʊgə] *ind. n* joga

yog(h)urt [ˈjɒgət] *n* jogurtas *(rūgusio pieno rūšis)*

yogi [ˈjəʊgɪ] *ind. n* jogas

yo-heave-ho [jəʊhiːvˈhəʊ] *int* = **yoho** 1

yoho [jəʊˈhəʊ] *int* **1** op! *(drauge ką keliant)* **2** ei! *(atkreipiant dėmesį)*

yoiks [jɔɪks] *int medž.* pui! *(siundant šunį)*

yoke [jəʊk] *n* **1** *(įv. reikšm.)* jungas; **a** ~ **of oxen** įkinkyta į jungą jaučių pora; **the colonial** ~ kolonijinis jungas; **to shake/throw off the** ~ *prk.* nusimesti jungą; nusikratyti priespaudos; **to endure the** ~ *prk.* kęsti/vilkti jungą **2** naščiai **3** *(suknelės ir pan.)* papetės, korsažas **4** *tech.* sankaba; pavalkas; apkaba; staktos rygelis **5** *av.* vairalazdė ◊ **to pass/come under the** ~ susitaikyti su pralaimėjimu; prisipažinti nugalėtam *v* **1** (pa)kinkyti į jungą *(t. p.* ~ **up**; *to – į)*; (pa)jungti **2** *prk.* su(si)jungti; susieti *(t. p.* ~ **together**)

yokefellow [ˈjəʊkˌfeləʊ] *n* **1** partneris, porininkas **2** *juok.* sutuoktinis

yokel [ˈjəʊkl] *n juok., menk.* kaimo jurgis/stuobrys *(t. p. country ~)*

yokemate [ˈjəʊkmeɪt] *n* = **yokefellow**

yolk [jəʊk] *n (kiaušinio)* trynys

yolk-bag [ˈjəʊkbæg] *n* = **yolk-sac**

yolk-sac [ˈjəʊksæk] *n biol.* trynio maišas

yon [jɒn] *psn., dial.* = **yonder** *pron, adv*

yonder [ˈjɒndə] *psn., dial. pron demonstr.* štai tas/anas, tolimesnis, ten matomas
adv štai ten, tenai

yonks [jɒŋks] *n šnek.* seni laikai; **for** ~ seniai

yoo-hoo [ˈjuːhuː, juːˈhuː] *int* ei! *(atkreipiant dėmesį)*

yore [jɔː] *n poet.*: **in days of** ~ senais laikais, senų senovėje; **of** ~ (iš) senų laikų

Yorkshire [ˈjɔːkʃə] *n* **1**: **North [West]** ~ Rytų [Vakarų] Jorkšyras *(Anglijos grafystės)* **2** Jorkšyro pudingas *(pyragas, kepamas su virš jo padėtu mėsos gabalu; t. p.* ~ **pudding**)

you [ju, jə; *kirčiuota forma* juː] *pron pers* **1** tu, jūs; tave, jus; tau, jums; **what do** ~ **think?** ką tu manai?, ką jūs manote?; **I can see** ~ aš tave/jus matau; **it's for** ~ tai tau/jums **2** *indef ppr.* neverčiamas; *vksm. vart. antruoju/trečiuoju asm. ar neveikiamąja forma:* ~ **never can tell** *šnek.* ką gali žinoti; ~ **have to be careful with people** ~ **don't know** reikia būti atsargiam su nepažįstamais žmonėmis; ~ **get used to it** prie to priprantama **3** savęs, sau *ir kt. (žymint tą patį asmenį, kurį reiškia sakinio veiksnys)*; **did you take my sister with** ~? ar jūs paėmėte mano seserį su savimi? **4** [juː] tu, jūs *(vart. sustiprinimui kreipiantis);* ~ **fool!** tu kvaily!

you-all [ˈjɔːl] *pron pers amer. dial.* jūs *(kreipiantis į du ir daugiau asmenų)*

you'd [jud, jəd; *kirčiuota forma* juːd] *sutr. šnek.* **1** = **you had 2** = **you would**

you-know-what [juːnəʊˈwɒt] *n* tu žinai, kas/ką *(vart. vietoj nepaminėto daikto)*

you'll [jul, jəl; *kirčiuota forma* ju:l] *sutr. šnek.* = **you will; you shall**

young [jʌŋ] *a* **1** jaunas; ~ *man* jaunuolis, jaunikaitis *(t. p. juok.)*; *my* ~ *man šnek.* mano mylimasis/vaikinas; ~ *ones* vaikai, jaunikliai; *in my ~er days I...* jaunystėje aš...; *he is* ~ *for his age* jis jaunai atrodo; *to make smb look* ~ jauninti ką **2** ankstyvas, tik prasidėjęs; *the night is* ~ dar nevėlu; *the year is* ~ dar tik metų pradžia **3** nepatyręs; ~ *in crime* nepatyręs nusikaltėlis **4** jaunesnysis *(ypač šeimoje; džn. ~er); the ~est son* jauniausias sūnus *n (the ~) kuop.* **1** jaunimas; ~ *and old* jaunimas ir senimas **2** jaunikliai; *with* ~ paršinga, veršinga *ir pan.*

youngish ['jʌŋɪʃ] *a* apyjaunis, jaunyvas

youngling ['jʌŋlɪŋ] *n psn., poet.* **1** vaikas, kūdikis; jauniklis **2** nepatyręs žmogus, naujokas

youngster ['jʌŋstə] *n* **1** paauglys, jaunuolis; berniukas **2** *amer. (karinės jūrų akademijos)* antro kurso studentas/kursantas

younker ['jʌŋkə] *n psn.* = **youngster** 1

your [jə; jɔ:] *pron poss (vart. pažyminiu prieš dktv.; plg.* yours) **1** jūsų, tavo; ~ *own business* tavo paties *ar* jūsų pačių reikalas **2** savo, -si-; *džn. neverčiama; you were telling me about* ~ *brother* tu man pasakojai apie savo brolį; *wash* ~ *hands!* nusiplauk rankas!; *you were with* ~ *sister* tu buvai su seserimi **3** *menk.* tas tavo/jūsų; ~ *expert in handwriting* tas jūsų (garsusis) rašysenos specialistas

you're [juə, jə; *kirčiuota forma* jɔ:] *sutr. šnek.* = **you are**

yours [jɔ:z] *pron poss (nevart. pažyminiu prieš dktv.; plg.* your) jūsų, tavo; *a friend of* ~ jūsų draugas; *the future is* ~ ateitis – jūsų; *you and* ~ *šnek.* jūs ir jūsų namiškiai; ~ *sincerely* su nuoširdžia pagarba, nuoširdžiai Jūsų *(laiško gale);* ~ *of the 15th* jūsų penkioliktosios dienos laiškas; *which house is ~?* kuris namas tavo? ◊ *up ~! sl.* eik velniop *(atkertant barančiajam, reiškiant paniekq); it's* ~ *for the asking [taking]* tereikia tik paprašyti [panorėti]

yourself [jə'self; *kirčiuota forma* jɔ:'self] *pron (pl* yourselves [jə'selvz, jɔ:'selvz]) **1** *refl* save, sau; -si-; *have you hurt ~?* ar jūs susitrenkėte/susimušėte?; *look at* ~ pasižiūrėk į save **2** *emph* pats, pati; *you said so* ~, *you* ~ *said so* jūs pats taip (pa)sakėte, tu pats taip (pa)sakei; *have you done it by yourselves?* ar jūs padarėte tai patys? ◊ *you were all by* ~ jūs buvote vienui viena(s); *you are not quite* ~ jūs atrodote nesavas; *you came to* ~ jūs atsigavote; *how's ~? šnek.* kaip gyvuoji?

youth [ju:θ] *n (pl* -ths [-ðz]) **1** jaunystė, jaunatvė; *she is past her first* ~ ji jau nebe pirmos jaunystės **2** *(tik v.)* jaunuolis, paauglys, vaikėzas **3** *kuop.* jaunimas; *gilded* ~ auksinis jaunimas

youthen ['ju:θən] *v* jauninti(s), pa(si)jauninti

youthful ['ju:θfəl] *a* **1** jaunatviškas, jaunas; jaunuoliškas; ~ *spirits* jaunatviška/žvali nuotaika **2** ankstyvas, naujas; *the* ~ *season of the year* metų pradžia

you've [juv; *kirčiuota forma* ju:v] *sutr. šnek.* = **you have**

yowl [jaul] *n* staugimas, kaukimas; klyksmas *v* staugti, kaukti; klykti

yo-yo ['jəujəu] *n (pl ~s* [-z]) **1** jojo, diabolas *(žaislas)* **2** *amer. šnek.* šlevendra; neturintis nusistatymo žmogus *v* **1** žaisti jojo **2** *prk. šnek.* svyruoti, keistis

yperite ['i:pəraɪt] *n chem.* ipritas

Y-shaped ['waɪʃeɪpt] *a* Y pavidalo

ytterbium [ɪ'tə:bɪəm] *n chem.* iterbis

yttrium ['ɪtrɪəm] *n chem.* itris

yuan [ju'ɑ:n] *n* juanis *(Kinijos piniginis vienetas)*

yucca ['jʌkə] *n bot.* juka

yuck [jʌk] *int šnek.* fui!, fu!, fe!, viau!

yucky ['jʌkɪ] *a šnek.* šlykštus, bjaurus

Yugoslav [ju:gəᵘ'slɑ:v] *n* jugoslavas; Jugoslavijos gyventojas *a* = **Yugoslavian**

Yugoslavia [ju:gəᵘ'slɑ:vɪə] *n* Jugoslavija

Yugoslavian ['ju:gəᵘ'slɑ:vɪən] *a* jugoslaviškas, jugoslavų; Jugoslavijos

yuk [jək, jʌk] *int* = **yuck**

yukky ['jʌkɪ] *a* = **yucky**

Yukon ['ju:kɒn] *n* Jūkonas *(upė; Kanados teritorija)*

Yule [ju:l] *n psn.* Kalėdos; Kalėdų savaitė

yule-log ['ju:llɒg] *n* didelė pliauska, deginama Kūčių vakarą

Yuletide ['ju:ltaɪd] *n poet.* = **Yule**

yummy ['jʌmɪ] *a šnek.* gardus, apetitiškas; malonus *int* = **yum-yum**

yum-yum [jʌm'jʌm] *int* mm... *(liežuvį galima nuryti)*

yup [jʌp] *part amer.* = **yep**

yuppie ['jʌpɪ] *n (džn. menk.)* jupis *(jaunas verslininkas/finansininkas ir pan., sėkmingai darantis karjerą)*

yurt [juət, jə:t] *n* jurta

Yvonne [ɪ'vɒn] *n* Ivona *(vardas)*

Z

Z,z [zed, *amer.* zi:] *n* (pl Zs, Z's [zedz, *amer.* zi:z]) **1** *paskutinė, dvidešimt šeštoji anglų kalbos abėcėlės raidė* **2** Z pavidalo daiktas **3** *mat.* zetas, trečiasis nežinomasis **4** *(Z's)* *amer. šnek.* miegas; **to catch/get some Z's** numigti

Zacharias [ˌzækəˈraɪəs] *n* Zacharijas *(vardas)*
Zagreb [ˈzɑːgreb] *n* Zagrebas *(Kroatijos sostinė)*
Zaire [zəˈiːr, zɑːˈɪə] *n ist.* Zairas *(Afrikos valstybė)*
Zambezi [zæmˈbiːzɪ] *n* Zambezė *(Afrikos upė)*
Zambia [ˈzæmbɪə] *n* Zambija *(Afrikos valstybė)*
zander [ˈzændə] *n zool.* sterkas
zany [ˈzeɪnɪ] *n* **1** *ist.* juokdarys; dzanis *(italų komedijos personažas)* **2** *ret.* kvailys; keistuolis
a juokingas; paikas; juokdariškas
Zanzibar [ˈzænzɪbɑː] *n* Zanzibaras *(Afrikos miestas ir sala)*
zap [zæp] <*n, v, int*> *šnek. n* kas nors pritrenkiantis, patraukiantis dėmesį, efektingas; gyvumas, efektas
v **1** pilti *(greitai ką daryti);* (pri)trenkti; *I'll just ~ into town* aš tik nupilsiu į miestą **2** nušauti, nupilti **3** *komp.* ištrinti, pakeisti *(rinkmeną ir pan.)* **4** *amer.* virti mikrobangų krosnelėje
int pykšt!, taukšt!
zapper [ˈzæpə] *n šnek.* distancinis valdymas
zappy [ˈzæpɪ] *a šnek.* patraukiantis dėmesį, krintantis į akis; gyvas, efektingas
zareba [zəˈriːbə] *n* = **zariba**
zariba [zəˈriːbə] *arab. n* dygių krūmų gyvatvorė
Z-bar [ˈzedbɑː] *n* **1** *metal.* Z pavidalo plienas **2** *stat.* Z profilio strypas
Z-bend [ˈzedbend] *n* zigzagas
zeal [ziːl] *n* uolumas, stropumas, atsidėjimas; užsidegimas, aistra; *~ for knowledge* veržimasis į mokslą
zealot [ˈzelət] *n* fanatikas; uolus/atsidavęs šalininkas
zealotry [ˈzelətrɪ] *n ret.* fanatizmas; uolumas
zealous [ˈzeləs] *a* uolus, stropus, atsidėjęs; aistringas, karštas
zebec(k) [ˈziːbek] *n* = **xebec**
zebra [ˈziːbrə, ˈzebrə] *n* **1** *zool.* zebras **2** *(gatvės)* perėja *(t. p. ~ crossing)*
zebu [ˈziːbuː] *n zool.* zebu
Zechariah [ˌzekəˈraɪə] *n bibl.* Zakarijas
zed [zed] *n* zetas *(raidės Z pavadinimas)*
zee [ziː] *n amer.* = **zed**
zeitgeist [ˈtsaɪtgaɪst] *vok. n* laiko dvasia
Zen [zen] *n rel.* dzenbudizmas *(t. p. ~ Buddhism)*
zenana [zɪˈnɑːnə] *ind. n* moterų gyvenamoji namo pusė *(Indijoje, Irane)*
Zend [zend] *n* pehlevi *(Avestos kalba)*
zenith [ˈzenɪθ] *n astr.* zenitas *(t. p. prk.);* **to be at the ~ of one's fame** būti šlovės zenite
zenithal [ˈzenɪθəl] *a astr.* zenito
zeolite [ˈziːəlaɪt] *n geol.* ceolitas
zephyr [ˈzefə] *n* **1** *poet.* švelnus šiltas vėjelis, zefyras **2** *tekst.* zefyras; *~ cloth* plonas vilnonis suknelių audinys **3** lengvas šalikas/apsiaustas
Zeppelin [ˈzepəlɪn] *n ist.* cepelinas, dirižablis
zero [ˈzɪərəʊ] <*n, a, v*> *n (pl ~*(e)s [-z]) **1** nulis; nulinis laipsnis/taškas *(t. p. mat., meteor.);* **below [above] ~** žemiau [virš] nulio *(apie temperatūrą)* **2** *prk.* nulis, niekas; *their hopes were reduced to ~* jų viltys žlugo
a nulinis; *~ ending kalb.* nulinė galūnė; *~ hour* a) *kar.* puolimo pradžios laikas; b) lemiamoji valanda; *~ visibility spec.* nulinis matomumas; *the kids showed ~ interest in what I was saying* vaikai nerodė nė mažiausio susidomėjimo tuo, ką aš sakau
v nustatyti ant nulio *(aparatą, instrumentą)* ▫ *~ in kar.* prisitaikyti; nu(si)taikyti *(t. p. prk.; on);* *to ~ in on an opportunity* nutaikyti progą
zero-rated [ˈzɪərəʊˌreɪtɪd] *a* atleistas nuo pridėtosios vertės mokesčio
zero-sum [ˌzɪərəʊˈsʌm] *a: ~ game* kiek vienas laimi, kitas pralaimi *(derybose ir pan.)*
zest [zest] *n* **1** susidomėjimas, užsidegimas, įkarštis **2** entuziazmas, gyvumas, energija **3** prieskonis; pikantiškumas **4** *(citrinos/apelsino žievelė*
v sukelti susidomėjimą; suteikti pikantiškumo
zestful [ˈzestfəl] *a* **1** pikantiškas *(t. p. prk.)* **2** užsidegęs, entuziastingas
zeugma [ˈzjuːgmə] *n kalb.* zeugma
Zeus [zjuːs] *n mit.* Dzeusas
zibet [ˈzɪbɪt] *n zool.* vivera, civeta, cibeta
ziggurat [ˈzɪgʊræt] *n archit.* zikuratas
zigzag [ˈzɪgzæg] <*n, a, adv, v*> *n* zigzagas; *there are ~s in the road* kelyje yra vingių
a zigzaginis, zigzago pavidalo; *~ course jūr.* zigzaginis kursas
adv zigzagais
v daryti zigzagus; eiti zigzagais ▫ *~ up* kilti zigzagais
zilch [zɪltʃ] *n šnek.* nulis; ničniekas; *he's a real ~* jis (visiškas) niekas
zillion [ˈzɪljən] *n šnek.* nesuskaitoma daugybė, begalė(s) *(of)*
Zimbabwe [zɪmˈbɑːbwɪ] *n* Zimbabvė *(Afrikos valstybė)*
zimmer [ˈzɪmə] *n* vaikštynė *(invalidams; t. p. ~ frame/aid)*
zinc [zɪŋk] *n* cinkas; *~ ointment farm.* cinko tepalas
v cinkuoti
zinciferous [zɪŋˈkɪfərəs] *a* turintis cinko
zincography [zɪŋˈkɒgrəfɪ] *n* cinkografija
zing [zɪŋ] *šnek. n* **1** zvimbimas, švilpesys **2** pikantiškumas; gyvumas, smarkumas
v **1** zvimbti, zvimbtelėti, švilpti *(apie kulką ir pan.)* **2** *amer.* skelti, suduoti; *prk.* sukritikuoti, sudirbti ▫ *~ along amer. šnek.* (nu)švilpti, (nu)lėkti kaip strėlei *(apie automobilį ir pan.)*
zingara [ˈzɪŋgərə] *it. n* čigonė
Zingaro [ˈzɪŋgərəʊ] *it. n (pl* -ri [-riː]) *(tik v.)* čigonas
zingy [ˈzɪŋɪ] *a šnek.* **1** smarkus **2** jaudinantis, pritrenkiantis

zinnia ['zɪnɪə] *n bot.* gvaizdūnė, cinija
Zion ['zaɪən] *n ist.* Sionas
Zionism ['zaɪənɪzm] *n* sionizmas
Zionist ['zaɪənɪst] *n* sionistas
a sionistinis; sionizmo
zip [zɪp] *n* **1** užtrauktukas, užtraukas; *your ~ is undone at the back* jums nugaroje užtrauktukas atsisegęs; *the ~ is stuck* užtrauktukas užsikirto **2** *(kulkos)* zvimbimas **3** *(plėšiamos medžiagos)* drykstelėjimas **4** *šnek.* energija, temperamentas; smarkumas, gyvumas; *put more ~ into it!* energingiau! **5** *amer.* pašto indeksas *(t. p. ~ code)* **6** *sport.* nulinis rezultatas **7** *amer. šnek.* nulis; ničniekas; *to know ~ about smth/smb* ničnieko nežinoti apie ką
v **1** užsegti užtrauktuku *(t. p. ~ up)* **2** (pra)zvimbti, (pra)švilpti *(t. p. ~ past)* **3** būti energingam/smarkiam ▢ *~ along* greitai lėkti; *my car may be old but it still ~s along* nors mano automobilis ir nenaujas, bet dar lekia kaip reikiant
zip-code ['zɪpkəʊd] *v amer.* (už)rašyti pašto indeksą
zip-fastener ['zɪpˌfɑːsnə] *n* = **zipper** 1
zipper ['zɪpə] *n (ypač amer.)* **1** užtrauktukas **2** *pl* batai/botai su užtrauktuku
zippered ['zɪpəd] *a* užsegamas užtrauktuku
zippo ['zɪpəʊ] = **zip** *n* 7
zippy ['zɪpɪ] *a šnek.* **1** energingas, smarkus, gyvas, žvalus **2** greitas
zip-up [ˌzɪp'ʌp] *a attr* užsegamas užtrauktuku
zircon ['zɜːkɒn] *n min.* cirkonas
zirconium [zɜː'kəʊnɪəm] *n chem.* cirkonis
zit [zɪt] *n (ypač amer.) šnek.* spuogas
zither ['zɪðə] *n muz.* citra
v groti citra
zizz [zɪz] *šnek. n* snustelėjimas, nusnūdimas
v snustelėti, nusnūsti
zloty ['zlɒtɪ] *n* zlotas *(Lenkijos piniginis vienetas)*
zodiac ['zəʊdɪæk] *n astr.* Zodiakas; *signs of the ~* Zodiako ženklai
zodiacal [zəʊ'daɪəkl] *a astr.* Zodiako
Zoe ['zəʊɪ] *n* Zoja *(vardas)*
zoic ['zəʊɪk] *a* **1** *geol.* kuriame yra suakmenėjusių gyvulių/augalų liekanų **2** *ret.* gyvūnų
zombi ['zɒmbɪ] *n* **1** *rel., flk.* gyvatės kultas, Pitonas *(Afrikoje ir kt.)* **2** = **zombie**
zombie ['zɒmbɪ] *n* **1** *rel.* zombis, antgamtiškos jėgos atgaivintas numirėlis *(Afrikoje, Vest Indijoje, JAV pietuose)* **2** gėrimas iš romo, vaisių sulčių ir gazuoto vandens **3** *šnek.* idiotas; stuobrys, liurbis
zonal ['zəʊnl] *a* zoninis, zonos
zone [zəʊn] *n* **1** zona, juosta; rajonas, sritis; *danger [neutral] ~* pavojinga [neutralioji] zona; *time ~* vienodo laiko juosta; *~ time* juostinis laikas; *frigid ~* šaltoji/poliarinė juosta; *~ defence sport.* aikštės gynyba **2** *amer.* ryšių skyriaus rajonas *(t. p. postal delivery ~)*
v **1** (pa)dalyti į zonas; planuoti *(miesto rajoną)* **2** (ap)juosti ▢ *~ off* atskirti į atskirą zoną *(mieste)*
zonk [zɒŋk] *v sl.* **1** skelti per makaulę, tvoti per guogę **2** užsnūsti, užmigti *(t. p. ~ out)*
zonked [zɒŋkt] *a predic šnek. (džn. ~ out)* išsekęs; apdujęs, apkvaišęs *(nuo alkoholio, narkotikų)*
zoo [zuː] *n* zoologijos sodas
zoographer [zəʊ'ɒɡrəfə] *n* zoografas
zookeeper ['zuːˌkiːpə] *n* zoologijos sodo prižiūrėtojas/savininkas
zoolatry [zəʊ'ɒlətri, zuː-] *n* zoolatrija, gyvūnų kultas
zoological [ˌzəʊə'lɒdʒɪkl, ˌzuː-] *a* zoologinis, zoologijos; *~ garden(s)* zoologijos sodas
zoologist [zəʊ'ɒlədʒɪst, ˌzuː-] *n* zoologas
zoology [zəʊ'ɒlədʒɪ, ˌzuː-] *n* zoologija
zoom [zuːm] *n* **1** zvimbimas **2** *av.* staigusis kilimas; žvakė **3** *komp.* vaizdo mastelio pokytis
v **1** *šnek.* (pra)švilpti, (pra)zvimbti **2** *av.* staigiai kilti **3** *prk. šnek.* pašokti *(apie kainas ir pan.)* **4** *komp.* keisti vaizdo mastelį ▢ *~ off* nušvilpti, nulėkti
zoomorphic [ˌzəʊə'mɔːfɪk, ˌzuː-] *a rel., men.* zoomorfinis; vaizduojantis gyvūnus
zoophyte ['zəʊəfaɪt, ˌzuː-] *n biol.* zoofitas
zooplankton ['zəʊəˌplæŋktən, 'zuː-] *n zool.* zooplanktonas
zoospore ['zəʊəspɔː, 'zuː-] *n bot.* zoospora
zootomy [zəʊ'ɒtəmɪ, zuː-] *n* zootomija
Zoroastrian [ˌzɒrəʊ'æstrɪən] *n* Zaratustros sekėjas
a Zaratustros; zoroastrizmo
zoster ['zɒstə] *n med.* juostinė pūslelinė
zouave [zuː'ɑːv] *n kar. ist.* zuavas
zounds [zaʊndz] *int psn.* (po) šimts pypkių!
Z-shaped ['zedʃeɪpt] *a* Z formos/pavidalo
zucchini [zu'kiːnɪ] *n (ypač amer.) bot.* cukinija
Zulu ['zuːluː] *n* **1** zulas, zulusas **2** zulų kalba
a zulų, zulusų
Zurich ['zʊərɪk] *n* Ciurichas *(Šveicarijos miestas); Lake ~* Ciuricho ežeras
zwieback ['zwiːbæk, 'tsviːbɑːk] *vok. n* džiūvėsis
zygoma [zaɪ'ɡəʊmə] *n (pl ~ta [-tə])* *anat.* skruostinis lankas
zygosis [zaɪ'ɡəʊsɪs] *n (pl -ses [-siːz]) biol.* gametų susiliejimas, konjugacija
zygote ['zaɪɡəʊt] *n biol.* zigota
zymase ['zaɪmeɪz] *n chem.* zimazė
zymosis [zɪ'məʊsɪs] *n (pl -ses [-siːz])* **1** užkrečiamoji/infekcinė liga, infekcija **2** *med. psn.* rūgimas, zimozė
zymotic [zaɪ'mɒtɪk] *a med. psn.* **1** zimozinis, rūgimo **2** užkrečiamasis, infekcinis; *~ diseases* užkrečiamosios/infekcinės ligos

DAŽNIAU VARTOJAMOS
ANGLŲ KALBOS SANTRUMPOS

A, A.	***academic*** akademinis; ***academician*** akademikas; ***academy*** akademija	**abn**	***airborne*** oro desantinis
	America Amerika, JAV; ***American*** Amerikos, JAV; amerikietiškas	**Abp.**	***archbishop*** arkivyskupas
		abr.	***abridged*** sutrumpintas; ***abridgement*** sutrumpinimas, santrumpa
	ampere amperas	**ABS**	***anti-lock braking system*** *aut.* blokavimo sistema, ABS; stabdžiai su ABS
	Australia Australija; ***Australian*** Australijos		
A., a	***answer*** atsakymas	**abs.**	***absent*** nesantysis, neatvykęs
	ante *lot.* prieš		***absolute*** absoliutus
A, Å	***Ångström*** *fiz.* angstremas	**ABTA**	***Association of British Travel Agents*** Britanijos kelionių agentūros asociacija
a	***accelaration*** *fiz.* pagreitis		
	are aras *(viena šimtoji hektaro)*	**AC**	***air-conditioning*** oro kondicionavimo sistema
a, a.	***about*** apie, maždaug		***aircraft carrier*** lėktuvnešis; ***aircraftman*** aviacijos eilinis
	afternoon po pietų; diena		
	age amžius		***ante Christum*** *lot.* prieš Kristaus gimimą
	annual (kas)metinis	**AC, ac**	***alternating current*** kintamoji srovė
	arrives atvyksta	**Ac**	***actinium*** aktinis
AA	***Alcoholics Anonymous*** anoniminiai alkoholikai *(kovos su alkoholizmu organizacija)*	**a/c**	***account (current)*** (einamoji) sąskaita
		Acad	***Academy*** akademija
	anti-aircraft zenitinis, priešlėktuvinis; ***anti-aircraft artillery*** priešlėktuvinė artilerija	**ACAS**	***Advisory Conciliation and Arbitration Service*** *(D. Britanijos)* Patariamoji sutaikinimo ir arbitražo tarnyba
	Associate of Arts *(JAV)* išklausęs dvimetį humanitarinių mokslų kursą	**acc**	***acceptance*** *fin.* akceptas
			account (current) (einamoji) sąskaita
	Australian Academy of Science Australijos mokslų akademija		***accumulator*** akumuliatorius
			accusative akuzatyvas, gallininkas
	Automobile Association Automobilistų asociacija	**acc(t)**	***account*** sąskaita; ***accountant*** buhalteris, finansininkas, apskaitininkas
AA, aa	***acute angle*** *mat.* smailusis kampas		
AAA	***Amateur Athletics Association*** *(D. Britanijos)* Sportininkų mėgėjų asociacija	**AC/DC**	***alternating current or direct current*** *el.* kintamoji ar nuolatinė srovė
AAAS	***American Association for the Advancement of Science*** JAV mokslo pažangos asociacija		***bisexual*** biseksualinis, dvilytis
		acft	***aircraft*** lėktuvas
AAM	***air-to-air missile*** „oras-oras" tipo raketa	**ack(n)**	***acknowledge(d)*** (pa)tvirtinu, kad gauta *(raštelis)*
AAS	***American Astronautical Society*** JAV astronautų draugija	**acpt**	***acceptance*** *fin.* akceptas
		ACS	***American Chemical Society*** JAV chemikų draugija
AAU	***Amateur Athletic Union*** *(JAV)* sportininkų mėgėjų sąjunga		
			automatic control system automatinio valdymo sistema
AAUP	***American Association of University Professors*** JAV universiteto profesorių asociacija		
		Act/.,	
AB	***able-bodied*** tinkamas (karo tarnybai)	**actg**	***acting*** einantis pareigas
	Bachelor of Arts *(JAV)* humanitarinių mokslų bakalauras	**ACW**	***aircraftwoman*** aviacijos eilinė
		A.D.	***anno Domini*** *lot.* po Kristaus gimimo, mūsų eros metais
	blood group (paplitusi) kraujo grupė		
Ab	***antibody*** antikūnas	**A/D**	***analogue-digital*** *komp.* analoginis ir skaitmeninis
ab.	***about*** apie, maždaug	**ad**	***addressed*** adresuotas
AB	***American Bar Association*** JAV teisininkų asociacija	**a.d.**	***ante diem*** *lot.* ligi šios dienos
		a.d., a/d	***after date*** nuo šios dienos/datos
abbr.,		**ADC**	***aide-de-camp*** asmeninis adjutantas
abbrev.	***abbreviated*** sutrumpinta(s); ***abbreviation*** sutrumpinimas		***analogue-digital converter*** *komp.* analoginis ir skaitmeninis konverteris
ABC	***atomic, biological and chemical (warfare)*** atominis, biologinis ir cheminis (karas)	**addl**	***additional*** papildomas, pridėtinis
	Australian Broadcasting Corporation Australijos televizijos transliacijos korporacija	**add(s)**	***address*** adresas
		ad fin.	***ad finem*** *lot.* gale, pabaigoje
ab init.	***ab initio*** *lot.* nuo pradžios, iš pradžios	**Adj.**	***adjutant*** adjutantas
ABM	***anti-ballistic missile*** *kar.* antiraketa		

Adm.	*Admiral* admirolas	**ALA**	*all letters answered* į visus laiškus atsakyta
adm	*administration* administracija, vyriausybė	**Ala.**	*Alabama* Alabama *(JAV valstija)*
adm,		**Alas.**	*Alaska* Aliaska *(JAV valstija)*
adrm	*aerodrome* aerodromas	**Ald.,**	
ADP	*automatic data processing* automatinis duomenų apdorojimas	**Aldm.**	*alderman* oldermenas *(municipaliteto tarybos narys)*
adsd	*addressed* adresuota, adresuojama	**alg**	*algebra* algebra
adse	*addressee* adresatas, gavėjas	**alt.**	*alternate* kintamas
adt	*advertisement* skelbimas, reklama		*altitude* aukštis, aukštumas
ad val.	*ad valorem lot.* pagal vertę	**Alta.**	*Alberta* Alberta *(Kanados provincija)*
advg	*advertising* reklamavimas	**AM**	*air mail* oro paštas
advt	*advertisement* skelbimas, reklama		*amplitude modulation* amplitudinė moduliacija
Ae	*aerial* antena		*Associate Member* narys korespondentas
ae	*at the age, aged (kokio)* amžiaus; *(kiek)* metų		*Master of Arts (JAV)* humanitarinių mokslų magistras
AEC	*Atomic Energy Commission* Atominės energijos komisija	**Am**	*americium chem.* americis
AF	*Air Force* karo aviacija	**Am.**	*American* Amerikos, JAV, amerikiečių
	audio frequency girdimasis dažnis	**am, a.m.**	*above mentioned* aukščiau paminėtas
A/F	*air freight* orlaiviais gabenamas krovinys		*ante meridiem lot.* priešpiet
a.f.	*as follows* kaip žemiau išdėstyta	**AMA**	*American Medical Association* JAV medikų asociacija
AFA	*Amateur Football Association (D. Britanijos)* futbolininkų mėgėjų klubų federacija	**Amb.**	*ambassador* ambasadorius
AFC	*Air Force Cross* „Karo aviacijos kryžius" *(ordinas)*	**amdt**	*amendment* pataisymas; pataisa
	Association Football Club (D. Britanijos) futbolininkų asociacijos klubas	**AmE**	*American English* Amerikos anglų kalba
		amm,	
afflt	*affluent (upės)* intakas	**ammn**	*ammunition* amunicija
AFL/CIO	*American Federation of Labour and Congress of Industrial Organizations* JAV darbo federacija ir Gamybinių profesinių sąjungų kongresas, ADF/GPK	**amt**	*amount* kiekis, skaičius
		amu	*atomic mass unit* atominės masės vienetas
		AMVETS	*American Veterans (of World War II)* (Antrojo pasaulinio karo) JAV veteranų sąjunga
AFM	*Air Force Medal* „Karo aviacijos medalis"	**an.**	*anno lot.* metais
	American Federation of Musicians JAV muzikų federacija	**an, a/n**	*above named* aukščiau nurodytas/minėtas
Afr	*Africa* Afrika; *African* Afrikos	**anal.**	*analysis* analizė; *analytical* analitinis
afsd	*aforesaid* aukščiau paminėtas	**ANC**	*African National Congress* Afrikos nacionalinis kongresas
A.F.T.	*American Federation of Teachers* JAV mokytojų federacija	**anc.**	*ancient* senovinis
		Angl.	*Anglican* anglikonų
AG	*Attorney General* generalinis atornėjus	**Ang.-Sax.**	*Anglo-Saxon* anglosaksų
Ag	*antigen* antigenas	**ann.**	*annual* metinis; *annuity* metinė išmoka
	argentum lot. chem. sidabras	**anon.**	*anonymous* anoniminis; *anonymous author* anonimas
	August rugpjūtis		
Agcy	*agency* agentūra; atstovybė	**ans.**	*answer* atsakymas
a.g.l.	*above ground level* virš žemės lygio	**ansd**	*answered* atsakyta
AGM	*air-to-ground missile* „oras-žemė" tipo raketa	**ANSI**	*American National Standard Institute* JAV valstybinis standartų institutas
	annual general meeting metinis visuotinis susirinkimas	**ant.**	*antonym* antonimas
agmt	*agreement* susitarimas, sutartis	**a. n. wt.**	*actual net weight* tikrasis neto svoris
agr.,		**ANZUS**	*Australia, New Zealand, United States* Australijos, N. Zelandijos ir JAV trišalis saugumo paktas
agric.	*agricultural* žemės ūkio; *agriculture* žemės ūkis		
Agt	*agent* agentas; atstovas	**a.o.**	*and others* ir kiti
agt	*agreement* susitarimas, sutartis		*account of (kieno)* sąskaita
Ah, ah	*ampere-hour fiz.* ampervalandė	**AOB,**	
AI	*Amnesty International* Tarptautinė amnestija *(organizacija)*	**a.o.b.**	*any other business* einamieji/kiti reikalai *(darbotvarkėje)*
	artificial intelligence dirbtinis intelektas	**a/or**	*and/or* ir/arba
	artificial insemination dirbtinis sėklinimas	**AP**	*airport* oro uostas
a.i.	*ad interim lot.* laikinas; laikinai		*American Patent* JAV patentas
AID	*Agency for International Development (JAV)* Tarptautinė plėtros agentūra		*Associated Press (JAV)* spaudos informacijos agentūra „Asošieited pres"
AK	*Alaska* Aliaska *(JAV valstija)*		*atomic power* atominė energija
a.k.a.	*also known as* vadinamas, žinomas *(išgalvota pavarde/vardu)*	**ap**	*airplane* lėktuvas
		ap.	*appendix* priedas
AL	*Alabama* Alabama *(JAV valstija)*	**APB**	*All Points Bulletin amer.* policijos ieškomo žmogaus žodinis portretas
Al	*aluminum chem.* aliuminis		
al.	*alia lot.* kita, kiti daiktai; *alii lot.* kiti asmenys	**apmt**	*appointment* paskyrimas; vieta, tarnyba

app.	*appendix* priedas	asst.	*assistant* asistentas, padėjėjas
	applied taikomasis	asstd	*assorted* surūšiuotas; suklasifikuotas
	appointed paskirtas(is)	AST	*Atlantic Standard Time* Atlanto/Niujorko juostinis laikas
	approved pritarta; patvirtinta		
	approximate apytikris	At	*astatine* chem. astatinas
approx.	*approximately* apytikriai	at	*airtight* hermetiškas
APR	*annual percentage rate* metinė procentų norma		*atomic* atominis
Apr.	*April* balandžio mėnuo	ATM	*automatic teller machine* banko kasos automatas *(ne banke)*
A.P.S.	*American Philatelic Society* JAV filatelistų draugija		
		atm	*fiz. atmosphere* atmosfera
	American Philosophical Society JAV filosofų draugija	at.no.	*atomic number* atominis skaičius
		attn.	*attention* dėmesys; dėmesio!
	American Physical Society JAV fizikų draugija	atty.	*attorney* advokatas, įgaliotinis
apt	*apartment* kambarys, butas	ATV	*all-terrain vehicle* visureigis
aptd	*appointed* paskirtas	at.wt.	*atomic weight* atominis svoris
a.q.	*any quantity* bet koks kiekis	Au	*aurum* lot. chem. auksas
AR	*acknowledgement receipt* (gavimo) pakvitavimas	AU, au	*astronomical unit* astronominis vienetas
			ångström unit angstremas
	annual return metinė ataskaita	Aug,	
	argon chem. argonas	Aug.	*August* rugpjūtis
	Arkansas Arkanzasas *(JAV valstija)*	AUT	*Association of University Teachers* (D. Britanijos) Universitetų dėstytojų asociacija
ar.	*arrival* atvykimas; *arrives* atvyksta		
ARC	*Aids-related complex* Aids antroji stadija	aut.	*automatic* automatinis, automatiškas
	American Red Cross JAV Raudonasis kryžius	auth	*authentic* tikras, autentiškas
Arch.	*archbishop* arkivyskupas		*author* autorius
arch.	*archaic* archajiškas, archajinis; *archaism* archaizmas		*authorized* leistas, sankcionuotas
		aux	*auxiliary* pagalbinis
	architect architektas; *architectural* architektūrinis; *architecture* architektūra	AV	*ad valorem* lot. pagal vertę, pagal įvertinimą
			audiovisual audiovizualinis
	archive(s) archyvas, archyvai		*Authorized Version* Biblijos vertimas į anglų kalbą
ARIBA	*Associate of the Royal Institute of British Architects* Britanijos architektų instituto narys	av	*average* vidutinis, vidutiniškai
			= **avdp**
arith.	*arithmetic* aritmetika; *arithmetical* aritmetinis	a.v.	*atomic volume* atominis tūris
Ariz.	*Arizona* Arizona *(JAV valstija)*	AVC	*American Veterans Committee* JAV karo veteranų komitetas
Ark.	*Arkansas* Arkanzasas *(JAV valstija)*		
arr.	*arranged (kieno)* aranžuota	avdp	*avoirdupois* (D. Britanijos, JAV) svorio matų sistema
	arrival atvykimas; *arrives* atvyksta		
art.	*article* straipsnis	Ave	*avenue* prospektas, alėja, gatvė, aveniu
	artificial dirbtinis	avg	*average* vidurkis; vidutiniškai
	artillery artilerija	av.l.	*average length* vidutinis ilgis
ARV	*American Revised Version* amerikietiškasis ištaisytas Biblijos leidimas	avn.	*aviation* aviacija
		av.w.	*average width* vidutinis plotis
AS	*Anglo-Saxon* anglosaksų	a.w.	*actual weight* tikrasis svoris
ASA	*Amateur Swimming Association* Plaukimo mėgėjų asociacija		*atomic weight* atominis svoris
		AWACS	*Airborne Warning and Control System* skraidančioji įspėjimo ir valdymo sistema
	American Standards Association JAV standartų asociacija		
		AWOL	*absent without leave* kar. savavališkai pasišalinęs/ išvykęs
asap,			
a.s.a.p.	*as soon as possible* kuo greičiau	AZ	*Arizona* Arizona *(JAV valstija)*
ASCII	*American Standard Code for Information Interchange* komp. JAV informacijos kodavimo standartas	az	*azimuth* azimutas
		B	*Bishop* vyskupas; *šach.* rikis
			boron chem. boras
ASEAN	*Association of South-East Asian Nations* Pietryčių Azijos valstybių asociacija		*British* britų, anglų; (Didžiosios) Britanijos
asf	*and so forth* ir taip toliau	b	*bar* fiz. baras
asgd	*assigned* paskirtas		*barn* fiz. barnas
asgmt	*assignment* paskyrimas; *teis.* cesija		*before* prieš, pirma
ASH	*Action on Smoking and Health* kovos su rūkymu komitetas	b, b.	*born* gimęs
			breadth plotis
ASPCA	*American Society for Prevention of Cruelty to Animals* JAV gyvūnų globos draugija	BA	*Bachelor of Arts* humanitarinių mokslų bakalauras
Aspt	*aspirant* kandidatas *(į pareigas)*		*British Academy* Britanijos akademija
Assn	*association* draugija, asociacija		*British Airways* Britanijos avialinijos
Assoc.	*associate* bendrininkas, sąjungininkas; *association* draugija, asociacija		*British Association (for the Advancement of Science)* Britanijos mokslo pažangos asociacija

ba	***barium*** *chem.* baris	biol.	***biological*** biologinis; ***biology*** biologija
BAA	***British Airports Authority*** Britanijos oro uostų administracija	BIOS	***Basic Input Output System*** *komp.* bazinė įvesties ir išvesties sistema
BAFTA	***British Association of Film and Television Arts*** Britanijos kinematografijos ir televizijos draugija	BK	***bacillus Kochii*** *lot.* Kocho lazdelė *(tuberkuliozės bacila)*
bal.	***balance*** *fin.* balansas, likutis	Bk	***bank*** bankas
Balt.	***Baltic*** Baltijos *(jūros)*		***berkelium*** *chem.* berklis
b&b	***bed and breakfast*** nakvynė ir pusryčiai *(skelbimuose)*	bk, bk.	***back*** atgal
			book knyga
B&W	***black and white*** nespalvotas *(apie filmą, televizorių)*	bkcy.	***bankruptcy*** bankrotas
		Bkg	***banking*** banko operacijos, bankininkystė
bar	***barometer*** barometras	bk(p)g	***bookkeeping*** buhalterija; buhalterinė apskaita
	barrel barelis *(biralų ir skysčių tūrio vienetas)*	bkt	***bracket*** skliaustas
bar(r).	***barrister*** advokatas	bkw(r)	***breakwater*** bangolaužis; molas
Bart.	***Baronet*** baronetas	BL.	***Bachelor of Law*** teisės (mokslų) bakalauras
BBC	***British Broadcasting Corporation*** Britanijos radijo ir televizijos transliacijos korporacija, BBC	BL, B/L	***bill of lading*** konosamentas, važtaraštis
		bl	***barrel*** barelis *(biralų ir skysčių tūrio vienetas)*
bbl.	***barrel*** bareliai *(biralų ir skysčių tūrio vienetas)*		***bilateral*** dvipusis
BC	***before Christ*** prieš Kristų, prieš Kristaus gimimą		***black*** juodas
	birth certificate gimimo liudijimas	bldg	***building*** pastatas
	British Columbia Britų Kolumbija *(Kanados provincija)*	blvd	***boulevard*** bulvaras
		BM	***Bachelor of Medicine*** medicinos bakalauras
	British Council Britų taryba		***bowel movement*** *amer. med.* tuštinimasis
B/C	***bill for collection*** inkasuotinas vekselis		***British Museum*** Britų muziejus
BCD	***binary-coded decimal*** *komp.* dvejetainis dešimtainis kodas	BMA	***British Medical Association*** Britanijos medicinos darbuotojų asociacija
BCE	***before common era*** *(ypač amer.)* prieš mūsų erą	BMD	***ballistic missile defence*** priešraketinė gynyba
B.C.N.	***British Commonwealth of Nations*** Britanijos Tautų Sandrauga	BMEWS	***Ballistic Missile Early Warning System*** *kar.* išankstinio perspėjimo sistema *(apie gynybą nuo balistinių raketų)*
BD	***Bachelor of Divinity*** teologijos bakalauras		
	bills discounted diskontuojami/diskontuoti vekseliai	B Mus	***Bachelor of Music*** muzikos bakalauras
bd	***board*** valdyba, ministerija	B.N.	***bank-note*** banknotas
	bond obligacija	Bn	***Battalion*** batalionas
	bound for... vykstantis į... *(apie laivą)*	bn	***billion*** bilijonas
bdcst	***broadcast*** radijo transliacija	BO	***body odour*** prakaito kvapas
Bde	***Brigade*** brigada		***Branch Office*** vietos skyrius, filialo kontora
bdg	***building*** pastatas		***buyer's option*** pirkėjo opcionas
bdl	***bundle*** ryšulys	bo	***back order*** atvirkštinė tvarka; atvirkštine tvarka
BE	***Bachelor of Education*** edukologijos bakalauras *(t. p.* **BEd**)	BO, b.o.	*amer. teatr.* ***box-office*** kasa
		B.O.A.	***British Olympic Association*** *sport.* D. Britanijos olimpinė asociacija
	Bachelor of Engineering technikos bakalauras, inžinieriaus diplomas *(t. p.* **BEng**)	BoA	***Bank of America*** Amerikos bankas
		BoE	***Bank of England*** Anglijos bankas
	bill of exchange pateiktinis vekselis	BOR	***British other ranks*** D. Britanijos kariuomenės eiliniai ir seržantai
	Board of Education švietimo ministerija		
	British Empire Britanijos imperija	bot	***botanical*** botanikos; ***botanist*** botanikas; ***botany*** botanika
Be	***beryllium*** *chem.* berilis		
Beds.	***Bedfordshire*** Bedfordšyras *(Anglijos grafystė)*		***bottle*** butelis
bef.	***before*** prieš, pirma		***bought*** (nu)pirkta
beg.	***beginning*** pradžia	BP	***barometric pressure*** barometro slėgio parodymai
Berks.	***Berkshire*** Barkšyras *(Anglijos grafystė)*		***blood pressure*** kraujospūdis
bet,			***British Patent*** D. Britanijos patentas
betn	***between*** tarp		***British Pharmacopoeia*** D. Britanijos farmakopėja
b.f.	***bloody fool*** *šnek.* prakeiktas kvailys	Bp	***Bishop*** vyskupas; *šach.* rikis
	boldface *poligr.* pusjuodis/juodasis šriftas	BP, B/P	***bills payable*** apmokėtini vekseliai
	bona fide *lot.* sąžiningai, gera valia; nuoširdžiai	BP, b.p.	***boiling point*** virimo taškas/temperatūra
b.f., B/F	***brought forward*** *buh.* perkelta į kitą puslapį	bp.	***baptized*** krikštytas
BFPO	***British Forces Post Office*** D. Britanijos karinis paštas *(siunčiant kariškiams, tarnaujantiems už D. Britanijos ribų)*		***birth place*** gimimo vieta
		B.Phil.	***Bachelor of Philosophy*** filosofijos bakalauras
		B.P.M.,	
BG	***background*** užpakalinis planas, fonas	b.p.m.	***blows per minute*** *(kiek)* smūgių per minutę
	British Government D. Britanijos vyriausybė	b.p.s.	***bits per second*** *komp.* bitų per sekundę
Bi	***bismuth*** *chem.* bismutas	BR	***bedroom*** miegamasis
b.i.d.	***bis in die*** *lot.* du kartus per dieną *(receptuose)*		***British railway*** Britanijos geležinkeliai *(organizacija)*
BIM	***British Institute of Management*** Britų vadybos institutas		

B.R.	*bank-rate* banko diskonto/palūkanų norma	**CA**	*California* Kalifornija *(JAV valstija)*
	bills receivable gautini vekseliai		*Central America* Centrinė Amerika
	book of reference vadovas, žinynas		*chartered accountant* kvalifikuotas finansininkas/apskaitininkas
B.R.,			
B/R	*bills receivable* gautini vekseliai	**C/A**	*fin. capital account* kapitalo sąskaita; *credit account* kreditų sąskaita; *current account* einamoji sąskaita
Br	*British* britų, anglų; Britanijos, Anglijos		
	bromine chem. brominas		
	brother brolis *(rel. draugijos narys)*	**Ca**	*calcium chem.* kalcis
br	*branch* šaka; skyrius	**ca**	*case* dėžė; *teis.* byla
BRCS	*British Red Cross Society* Britanijos Raudonojo kryžiaus draugija		*cathode* katodas
			circa lot. apie, maždaug *(vart. prieš metus datoje)*
Brig	*brigade* brigada; *brigadier* brigados vadas/generolas	**CAA**	*Civil Aviation Authority (D. Britanijos)* Civilinės aviacijos administracija
Brig-Gen.		**CAB**	*Citizens' Advice Bureau* Juridinė konsultacija *(D. Britanijos organizacija)*
	Brigadier-General (JAV) brigados generolas		
Brit.	*Britain* (Didžioji) Britanija; *British* britų, anglų; D. Britanijos, Anglijos		*Civil Aeronautics Board (JAV)* Civilinės aeronautikos valdyba
Bros.	*brothers kom.* broliai *(ypač firmų pavadinimuose)*	**CAD(CAM)**	*computer aided design (and computer aided manufacture)* kompiuterizuoto projektavimo (ir gamybos) sistema
BS	*Bachelor of Science (JAV)* tiksliųjų mokslų bakalauras		
	Bachelor of Surgery chirurgijos bakalauras	**CAE**	*computer-aided engineering* kompiuterių panaudojimas technikai
	British Standard kom. D. Britanijos standartas	**CAF**	*cost and freight* kaina ir frachtas
B.S.,		**CAI**	*computer assisted/aided instruction* kompiuterizuotas mokymas
B/S	*balance sheet buh.* balansas		
	bill of sale įkaito/užstato raštas		*cost and insurance* kaina ir draudimas
B.S.A.	*Boy Scouts of America* Amerikos boiskautų organizacija	**cal**	*calibre* kalibras
			calorie mažoji kalorija
BSc	*Bachelor of Science* tiksliųjų mokslų bakalauras	**Cal**	*calorie* didžioji kalorija
bsh	*bushel* bušelis *(biralų ir skysčių tūrio vienetas)*	**Cal.**	*California* Kalifornija *(JAV valstija)*
BST	*British Summer Time* D. Britanijos vasaros laikas	**CAL**	*computer-aided learning* kompiuterizuotas mokymasis
BT	*at bedtime* prieš miegą *(užrašas recepte)*	**CALL**	*computer-aided language learning* kompiuterizuotas kalbų mokymasis
	British Telecom D. Britanijos telekomas		
Bt.	*Baronet* baronetas	**CALT**	*computer-aided language teaching* kompiuterizuotas kalbų mokymas
btto	*brutto* bruto svoris		
Btu,		**Cambs.**	*Cambridgeshire* Kembridžyras *(Anglijos grafystė)*
BTU	*British thermal unit* D. Britanijos šilumos kiekio vienetas	**Can.**	*Canada* Kanada; *Canadian* Kanados; kanadiečių
bu.	*bureau* biuras, valdyba	**can.**	*canal* kanalas
	bushel bušelis *(biralų ir skysčių tūrio vienetas)*		*cancellation* panaikinimas; *cancelled* panaikintas, anuliuotas
Bucks.	*Buckinghamshire* Bakingamšyras *(Anglijos grafystė)*	**Cantab**	*Cantabrigiensis lot.* Kembridžo universiteto
bus.	*business* biznis	**CAP**	*common agricultural policy (Europos Sąjungos)* Bendroji žemės ūkio politika
bus(h).	*bushel* bušelis *(biralų ir skysčių tūrio vienetas)*		
b/w	*black and white* nespalvotas	**cap.**	*capacity* talpa
BWT	*British Winter Time* D. Britanijos žiemos laikas		*capital* kapitalas
BYOB	*bring your own bottle* atsineškite savo butelį		*capital letter* didžioji raidė
			chapter skyrius
C	*calorie* didžioji kalorija	**caps.**	*capital letters* didžiosios raidės
	captain kapitonas	**Capt.**	*captain* kapitonas
	carbon chem. anglis	**Card.**	*Cardinal* kardinolas
	Celsius, Centigrade (temperatūros) laipsniai pagal Celsijų	**CARE**	*Cooperative for American Relief Everywhere* JAV kooperatyvas pagalbai kitų šalių vargingiesiems teikti *(privati labdaros organizacija)*
	Conservative konservatorius		
	copyright autoriaus/autorinė teisė		
©	*copyright* autoriaus/autorinė teisė	**cat.**	*catalogue* katalogas
c	*calorie* mažoji kalorija	**Cath.**	*Cathedral* katedra
	cent centas		*Catholic* katalikų
	centimetre centimetras	**CATV**	*community antenna television* abonentinė televizija
	century amžius		
	chapter skyrius	**CB**	*Citizen's band* nedidelių nuotolių radijo ryšys *(ypač vairuotojų)*
	circa lot. apie, maždaug *(vart. prieš metus datoje)*		
	cubic kubinis		*Companion of the Bath* Pirties ordino kavalierius
c.	*carat* karatas *(= 200 miligramų)*		*confined to barracks kar.* neturint teisės išeiti iš kareivinių *(drausminė nuobauda)*
	cargo krovinys		
	curie fiz. kiuris *(radioaktyvumo vienetas)*		*construction battalion kar.* statybos batalionas

cb	*centibar* centibaras *(atmosferos slėgio vienetas)*	Ce	*cerium chem.* ceris
CBC	**Canadian Broadcasting Corporation** Kanados televizijos korporacija, CBC	CEA	**Council of Economic Advisers** *(JAV prezidento)* ekonomikos patarėjai; ekonomistų taryba
cbcm	*cubic centimetre* kubinis centimetras	CEC	**Central Executive Committee** centrinis vykdomasis komitetas
CBD	*cash before delivery kom.* išankstinis apmokėjimas grynaisiais	Celt.	*Celtic* keltų
CBE	**Commander of the Order of the British Empire** Britanijos Imperijos 2-ojo laipsnio ordino kavalierius	cemf	*counter electromotive force fiz.* atoveikio elektrovaros jėga
cbft	*cubic foot* kubinė pėda	C. Eng.	*chartered engineer* kvalifikuotas inžinierius
CBI	**Confederation of British Industry** D. Britanijos pramonininkų konfederacija	Cent	*centigrade (Celsijaus)* šimtalaipsnis termometras
		cent.	*century* amžius, šimtmetis
cbm	*cubic metre* kubinis metras	CEO	**Chief Executive Officer** *(kompanijos)* vadovaujantis darbuotojas/pareigūnas
CBS	**Columbia Broadcasting system** Amerikos televizijos korporacija, CBS	cert.	*certificate* pažymėjimas, liudijimas; *certified* patvirtintas; *amer.* kvalifikuotas
CBSS	**Council of Baltic Sea States** Baltijos jūros šalių taryba	CET	**Central European Time** Centrinės Europos laikas
CBW	**chemical and biological warfare** cheminis ir biologinis karas	CETI	**Communications with Extraterritorial Intelligence** *astr.* ryšys su nežemiškosiomis civilizacijomis
CC	**City Council** miesto taryba	CF	**Chaplain to the Forces** kariuomenės kapelionas
	credit card kreditinė kortelė	Cf	*californium chem.* kalifornis
	Cricket Club kriketo klubas	cf.	*confer lot.* palygink *(pastaba moksliniame darbe)*
C.C.	*cash credit (banko)* kreditas grynaisiais	c.f.	*centre forward sport.* centro puolėjas
	cashier's check banko čekis		*centrifugal force* išcentrinė jėga
	Chamber of Commerce prekybos rūmai	c.f., c/f	*carried forward buh.* perkeltas į kitą sąskaitą/balansą/puslapį
cc	*carbon copy (dokumento)* nuorašas, kopija *(per kalkę)*	CFC	*chlorofluorocarbon* chlorofluormetanas
		C.F.I.	*cost, freight and insurance* kaina, frachtas ir draudimas
	centuries amžiai		
	chapters skyriai	cfs	*cubic feet per second (kiek)* kubinių pėdų per sekundę
	cubic centimetre(s) kubinis centimetras, kubiniai centimetrai	CFSP	*common foreign and security policy (Europos Sąjungos)* bendroji užsienio ir saugumo politika
c.c.	*current cost* dabartinė kaina		
cca	*circa lot.* apie, maždaug *(vart. prieš metus datoje)*	cft.	*cubic foot* kubinė pėda
cckw	*counter-clockwise* prieš laikrodžio rodyklę	CG, C.G.	**Coast Guard** *(JAV)* jūrų pakrantės sargyba
ccm	*cubic centimetre* kubinis centimetras		*Consul-General* generalinis konsulas
CCP	*common commercial policy (Europos Sąjungos)* bendroji prekybos politika	cg	*centigram(me)* centigramas
		c.g.	*centre of gravity* svorio centras
CCT	*common customs tariff (Europos Sąjungos)* bendrasis muitų tarifas	CGS	**Chief of General Staff** generalinio štabo viršininkas
CCTV	*closed-circuit television* kabelinė televizija	CGS,	
CD	*Civil Defence* civilinė gynyba	cgs	*centimetre-gram(me)-second* sistema „centimetras-gramas-sekundė"
	compact disc kompaktinis diskas		
	confidential document slaptas dokumentas	CH	**China** Kinija; *Chinese* kinų; Kinijos
	Corps Diplomatique pr. diplomatinis korpusas		*Clearing House* atsiskaitymų rūmai
CD, C/D	*certificate of deposit amer.* taupomoji knygelė; indėlio pakvitavimas		*Custom House* muitinė
			Companion of Honour Garbės ordino kavalierius
Cd	*cadmium chem.* kadmis	ch.	*central heating* centrinis šildymas
cd	*candela fiz.* kandela		*chapter* skyrius
	canned konservuotas		*check šach.* šachas
	catalogued kataloguotas		*church* bažnyčia
c.d.	*cash discount* nuolaida atsiskaitant grynaisiais pinigais	chap.	*chapter* skyrius
		char.	*charter* chartija, raštas
cdm	*cubic decimetre* kubinis decimetras	ChB	*chirurgiae baccalaureus lot.* chirurgijos bakalauras, diplomuotas chirurgas
Cdr	*commander kar.* vadas; *jūr.* 3-iojo rango kapitonas		
CDT	**Central Daylight Time** centrinis vasaros laikas *(viena valanda į priekį)*	Ch.E.	**Chemical Engineer** inžinierius chemikas
			chief engineer vyriausiasis inžinierius; *jūr.* vyriausiasis mechanikas
	craft, design, and technology amatai, dizainas ir technika *(mokomasis dalykas)*	chem.	*chemical* cheminis; *chemist* chemikas; *chemistry* chemija
CDV	*compact video disc* kompaktinis videodiskas		
CE	**Chancellor of the Exchequer** valstybės iždo kancleris *(D. Britanijos finansų ministras)*	Ches.	*Cheshire* Česyras *(Anglijos grafystė)*
		Chm	*Chirurgiae magister lot.* chirurgijos magistras
	Christian Era krikščionybės era	chm	*checkmate* šachas ir matas
	Church of England Anglikonų bažnyčia	chm,	
	civil engineer statybos inžinierius	chmn	*chairman* pirmininkas
	Council of Europe Europos Taryba	chp	*championship* čempionatas; čempiono titulas

Chr.	*Christian* krikščionis; krikščionių	Co., co	*Company* kompanija, bendrovė
	Chronicles (Senojo testamento) kronikos		*county* grafystė; *(JAV)* apygarda
Ci	*curie* fiz. kiuris	c/o	*care of* perduoti *(kam; užrašas ant laiškų)*
C/I, c./i.	*certificate of insurance* draudimo pažymėjimas		*carried over* buh. perkelta
c.i.	*cubic inch* kubinis colis	COBOL	*common business oriented language* komp. KOBOL, COBOL *(prekybai skirta programavimo kalba)*
CIA	*cash in advance* apmokėjimas grynaisiais iš anksto		
	Central Intelligence Agency (JAV) Centrinė žvalgybos valdyba, ČŽV	COD	kom. *cash/amer. collect on delivery* sumokama pristačius/gavus
CID	*Criminal Investigation Department (D. Britanijos policijos)* Kriminalinis skyrius		*Concise Oxford Dictionary* Mažasis Oksfordo žodynas
CIF, c.i.f.	*cost, insurance, freight* kaina, draudimas ir frachtas	C of C	*Chamber of Commerce* prekybos rūmai
		C of E	*Church of England* Anglikonų bažnyčia
C-in-C	*Commander-in-Chief* vyriausiasis kariuomenės vadas	COI	*Central Office of Information (D. Britanijos)* Centrinė informacijos valdyba
CIO	*Congress of Industrial Organizations (JAV)* Pramonės darbuotojų profesinių sąjungų kongresas, PDPK; *dar žr.* **AFL/CIO**	Col.	*Colonel* pulkininkas
		col.	*colour* spalva
			column skiltis, stulpelis, grafa
cir.	*circa* lot. apie, maždaug *(vart. prieš datą)*	Coll, coll	*college* koledžas
CIS	*Commonwealth of Independent States* Nepriklausomų Valstybių Sąjunga, NVS	coll.	*collection* kolekcija; rinkimas; inkasavimas; *collective* kolektyvinis
cit.	*citation* citata; *cited* cituotas		*colloquial* šnekamosios kalbos
	citizen pilietis; *citizenship* pilietybė	Colo.	*Colorado* Koloradas *(JAV valstija)*
C.J.	*Chief Justice* vyriausiasis teisėjas	COM	*computer output on microfilm/microfish* kompiuterio informacijos pateikimas mikrofilme/mikrofišoje
ck	*check* amer. čekis		
ckw	*clockwise* laikrodžio rodyklės kryptimi		
CL	*centre of lift* keliamosios jėgos centras	Com.	*commander* vadas; 3-iojo rango kapitonas; *(2-ojo laipsnio)* ordino kavalierius
Cl	*chlorine* chem. chloras		
CL, cl	*civil law* civilinė teisė	com	*comedy* komedija
cl.	*carload* apmokėtas krovinio svoris		*commerce* prekyba, komercija
cl, cl.	*centilitre* centilitras		*committee* komitetas
	class klasė		*communication* ryšys; komunikacija
	clause (sutarties) straipsnis; paragrafas, punktas	Comdt.	*commandant* komendantas; vadas
	collection rinkinys, kolekcija; (su)rinkimas	comm	*commission* komisija; nuolaida
class.	*classification* klasifikacija; nomenklatūra; *classified* klasifikuotas		*Commonwealth* valstybė; valstybių federacija/sąjunga
Cllr	*Councillor* tarybos narys, tarėjas	comp.	*comparative* lyginamasis; *compare* palyginti; *comparison* palyginimas
clm.	*column* skiltis, stulpelis, grafa		
CM	*command module (erdvėlaivio)* vado sekcija		*compensation* kompensavimas
	court martial karo tribunolas	COMSAT,	
Cm	*curium* chem. kiuris	comsat	*Communication Satellite* ryšių palydovas
cm	*centimetre* centimetras	Con.	*Conservative* konservatorius
Cmdr	*Commander* kar. vadas, viršininkas; *jūr.* trečiojo rango kapitonas	Con,	con *consul* konsulas
		con.	*concerto* koncertas
CMG	*Companion (of the Order) of St Michael and St George* Šv. Mykolo ir šv. Jurgio 3-iojo laipsnio ordino kavalierius *(D. Britanijoje)*		*connection* ryšys
			continued bus daugiau
			contra lot. prieš
cml	*commercial* prekybos, prekybinis, komercinis	cond.	*condition* sąlyga; *conditional* sąlyginis
cmm	*cubic milimetre* kubinis milimetras	conf.	*confer* lot. palygink
cmps	*centimetre per second (kiek)* centimetrų per sekundę		*conference* konferencija, pasitarimas
			confidential konfidencialiai, slaptai
cmttee	*committee* komitetas	Cong.	*Congress (JAV)* Kongresas; *Congressional* kongreso
CN, C/N	*contract note* sutarties raštas; sutartis		
	credit note kredito aviza/nota	conj.	*conjugation* asmenavimas
CND	*Campaign for Nuclear Disarmament* „Žygis už branduolinį nusiginklavimą" *(D. Britanijos organizacija)*		*conjunction* jungtukas; *conjunctive* jungiamasis
		Conn.	*Connecticut* Konektikutas *(JAV valstija)*
		Cons.	*Conservative* konservatorių partija
CNN	*Cable News Network (JAV)* televizijos stočių sistema *(transliuojanti tas pačias žinių programas pasaulio šalims)*	Cons.,	
		cons.	*Constable* policininkas
			Constitution konstitucija
cnr.	*corner* kampas		*Consul* konsulas
CNS	*central nervous system* centrinė nervų sistema	constr.	*construction* konstrukcija; statyba
CO	*Colorado* Koloradas *(JAV valstija)*	cont.	*containing* turintis
	Commanding Officer dalies vadas		*contents* turinys
Co	*cobalt* chem. kobaltas		*continent* kontinentas; *continental* žemyninis, kontinentinis

	continue tęsti(s), trukti; *continued* = **contd.**
	contract sutartis, kontraktas
contd.	*continued* tęsinys kitame puslapyje/numeryje
contg.	*containing* turintis
contr.	*contract* sutartis, kontraktas; *contraction* sutrumpinimas; susitarimo sudarymas
	control kontrolė, valdymas
conv.	*convention* konvencija, susitarimas
cop.	*copyright* autoriaus teisė
cor.	*corpus* kodeksas
	corrected ištaisytas; *correction* pataisymas; pataisa
COREPER	
	Committee of Permanent Representatives (Europos Sąjungos) Nuolatinių atstovų komitetas
Corn.	*Cornwall* Kornvalis *(Anglijos grafystė)*
Corp,	
corp.	*corporal* kapralas
	corporation amer. akcinė bendrovė
corr.	*correspondence* korespondencija; *correspondent* korespondentas; *corresponding* atitinkamas
	corrigenda lot. pastebėtų klaidų atitaisymas *(knygoje)*
cos	*cosine* kosinusas
cos.	*companies* kompanijos; bendrovės
	counties grafystės; *(JAV)* apygardos
cosec	*cosecant* kosekantas
COSPAR	*Committee on Space Research* Kosminės erdvės tyrimo komitetas
cot	*cotangent* kotangentas
Coy	*company kar.* kuopa
CP	*Command Post kar.* vadovavimo punktas, vadavietė
	commercial paper prekybinis dokumentas
	Communist Party komunistų partija
cp.	*compare* palygink
cp, c.p.	*candlepower* šviesos stiprumas *(žvakėmis)*
CPA	*Certified Public Accountant (JAV)* kvalifikuotas apskaitininkas/buhalteris
cpd	*compound* aptverta teritorija; *chem.* junginys
CPI	*Consumer Price Index* plataus vartojimo prekių kainų indeksas
Cpl	*Corporal* kapralas
cps	*characters per second (kiek)* raidžių per sekundę
	cycles per second fiz. (kiek) hercų per sekundę
CPS	*Crown Prosecution Service (D. Britanijos)* Karališkoji prokuratūra
CPU	*central processing unit komp.* centrinis procesorius
Cr	*chromium chem.* chromas
cr	*fin. credit* kreditas; *creditor* kreditorius
Cres.	*Crescent* mėnulio jaunatis; delčia
cresc.	*crescendo muz.* crescendo
CRT	*cathode-ray tube rad.* elektroninis vamzdis
CS	*capital stock* pagrindinis kapitalas
	Civil Service valstybinė (civilinė) tarnyba
Cs	*caesium chem.* cezis
csc	*cosecant* kosekantas
CSE	*ist. Certificate of Secondary Education* brandos atestatas
CSM	*company sergeant major* kuopos viršila
CST	*Central Standard Time* centrinės juostos laikas *(90°–105° vakarų ilgumos)*
CT	*Connecticut* Konektikutas *(JAV valstija)*
ct	*carat* karatas
	cent amer. centas
	court teismas
CTC	*City Technology College (D. Britanijos)* technikos koledžas
ctn	*cotangent* kotangentas
CU	*Cambridge University* Kembridžo universitetas
Cu	*copper chem.* varis
Cu., cu.	*cumulus* kamuolinis debesis
cu.	*cubic* kubinis
cusec	*cubic foot per second (kiek)* kubinių pėdų *(skysčio)* per sekundę
CV	*curriculum vitae lot.* gyvenimo aprašymas, autobiografija
CVO	*Commander of the Royal Victorian Order* Karalienės Viktorijos 3-iojo laipsnio ordino kavalierius
CW	*chemical warfare* cheminis karas
	cold water šaltas vanduo
	commercial weight prekybinis svoris
	continuous wave rad. neslopstančioji banga
cw	*clockwise* laikrodžio rodyklės kryptimi
Cwlth.	*Commonwealth* valstybių sąjunga/federacija
CWO,	
c.w.o.	*cash with order* atsiskaitymas grynaisiais duodant užsakymą
cwt	*hundredweight* centneris *(masės vienetas; D. Britanijoje – 50,8 kg, JAV – 45,36 kg)*
cy.	*capacity* talpumas, talpa; pajėgumas, galingumas
	currency valiuta
CZ	*Canal Zone* Panamos kanalo zona
D	*deuterium chem.* deuteris
D.	*democrat* demokratas; *democratic* demokratinis, demokratų partijos
	Department skyrius; departamentas; valdyba; ministerija
	district sritis, apygarda, rajonas
	doctor daktaras *(mokslo vardo pavadinime)*
	Dutch olandų kalba; olandų
d, d.	*date* data
	daughter duktė
	day diena
	delivered pristatytas
	denarius lot. ist. pensas
	departs išvyksta
	diameter skersmuo, diametras
	died mirė
	dollar doleris
	dose med. dozė
DA	*District Attorney (JAV)* apygardos prokuroras
D/A	*days after acceptance (kiek)* dienų po akcepto
	deposit account indėlio sąskaita
	documents attached dokumentai pridėti
Da.	*Danish* Danijos; danų
da.	*date* data
	daughter duktė
dag.	*decagram(me)* dekagramas
D. Agr.	*Doctor of Agriculture* žemės ūkio mokslų daktaras
Dak.	*Dakota* Dakota *(JAV valstija)*
dal.	*decalitre* dekalitras
dam.	*decametre* dekametras
D&D	*deaf and dumb* kurčnebylys
d.&s.	*demand and supply ekon.* paklausa ir pasiūla
DAR	*Daughters of the American Revolution* „Amerikos revoliucijos moterys" *(organizacija)*

das	*decastere* dešimt kubinių metrų	DG	*director general* generalinis direktorius
DAT	*digital audio tape* skaitmeninė garso įrašymo juosta	dg	*decigram(me)* decigramas
dat.	*dative* naudininkas, datyvas	di., dia.	*diameter* skersmuo, diametras
DB	*date of birth* gimimo data	dia(g)	*diagram* diagrama
D.B.,		dict.	*dictionary* žodynas
d.b.	*day-book* dienynas, žurnalas	diff	*difference* skirtumas
dB	*fiz.* decibelas	diff., dift	*different* skirtingas
DBE	*Dame Commander of the Order of the British Empire* Britanijos imperijos 2-ojo laipsnio ordino kavalierius moteris	dim.	*diminuendo muz.* diminuendo *diminution* (su)mažinimas; *diminutive gram.* mažybinis
dbl	*double* dvigubas; sudvejintas	Dip	*Diploma* diplomas
DC, D.C.	*direct current el.* nuolatinė srovė *District of Columbia* Kolumbijos federacinė apygarda *(JAV)*	Dip H.E.	*Diploma of Higher Education* aukštojo mokslo diplomas
dct	*document* dokumentas	dipl.	*diplomat* diplomatas; *diplomatic* diplomatinis
DD	*Doctor of Divinity* teologijos (mokslų) daktaras	diss.	*dissertation* disertacija
DD, D/D	*days after date* po *(kiek)* dienų nuo šios dienos *demand draft* trata iki pareikalavimo	dist	*distance* atstumas *district* sritis, apygarda, rajonas
D/D, dd	*dated* datuotas	Div.	*Division* skyrius, padalinys; *mat.* dalyba; *sport.* lyga; *kar.* divizija; *divisor* daliklis
dd, d/d	*delivered* pristatytas	div.	*dividend* dividendas; pelnas
DDT	*dichloro-diphenyl-trichloroethane* DDT *(insekticidai)*	DIY	*do-it-yourself* pasidaryk pats
		DJ	*dinner jacket* smokingas
DE	*Delaware* Delaveras *(JAV valstija)* *Doctor of Engineering* technikos mokslų daktaras		*disc jockey* programos, sudarytos iš įrašų, vadovas
Dec	*December* gruodis		*district judge* rajono/srities teisėjas
dec.	*decimetre* decimetras *declension gram.* linksniavimas *decoration* ordinas	dk	*deck* denis
		dl	*dock* dokas
		DL, d/l	*decilitre* decilitras
dec(d).	*deceased* miręs		*demand loan* onkolinė skola, skola iki pareikalavimo
def.	*default* klaida	D. Lit.	*Doctor of Literature* literatūrologijos daktaras
	defence gynyba; *teis.* gynimas; *defendant* atsakovas, kaltinamasis	dm	*decimetre* decimetras
	deferred atidėtas	DM	*demographic model* demografijos modelis *Deutschemark* markė *(VFR piniginis vienetas)* *Doctor of Medicine* medicinos mokslų daktaras
	deficit deficitas		
	definition apibrėžimas		
deg.	*degree* laipsnis	DMZ	*demilitarized zone* demilitarizuotoji zona
Del.	*Delaware* Delaveras *(JAV valstija)*	DNA	*deoxyribonucleic acid* dezoksiribonukleino rūgštis, DNR
del.	*delegate* delegatas		
deld.,		D/O	*delivery order* išdavimo/pristatymo orderis
delv.	*delivered* pristatytas, įteiktas	do.	*ditto* tas pat, tas pats
dely	*delivery* pristatymas, įteikimas	d.o.b.	*date of birth* gimimo data
Dem.	*Democrat* demokratas; *Democratic* demokratinis	doc.	*document* dokumentas
Den.	*Denmark* Danija	DOD	*Department of Defence (JAV)* Gynybos ministerija
dep.	*departs* išvyksta; *departure* išvykimas		
	deposit indėlis	DOE	*Department of the Environment* aplinkos ministerija; *Department of Energy (JAV)* Energetikos ministerija
	deputy pavaduotojas		
dept	*department* skyrius; departamentas; valdyba; ministerija		
		DOH	*Department of Health* sveikatos ministerija
Derby.	*Derbyshire* Derbišyras *(Anglijos grafystė)*	dol.	*dollar* doleris
Det	*detective* seklys, detektyvas	dom.	*domestic* vidaus
det.	*detached* atskiras *(ypač apie parduodamą namą)*; *detachment kar.* būrys	DOT	*Department of Transportation (JAV)* Transporto ministerija
dev	*deviation* nukrypimas	doz	*dozen* tuzinas
DEW	*distant early warning kar. (JAV)* tolimasis išankstinis įspėjimas apie pavojų	DP	*data processing* duomenų apdorojimas *displaced person* perkeltasis asmuo
DF	*direction finder rad.* pelengatorius	DPhil	*Doctor of Philosophy* filosofijos mokslų daktaras
D. F.	*dean of the faculty* fakulteto dekanas	dpt.	*department* skyrius; departamentas; valdyba; ministerija
DFC	*Distinguished Flying Cross kar.* „Už nuopelnus aviacijai" *(ordinas)*		
DFE	*Department for Education (D. Britanijos)* Švietimo ministerija	Dr	*Doctor* daktaras *(mokslo laipsnis)* *Drive* kelias
DFM	*Distinguished Flying Medal kar.* „Už nuopelnus aviacijai" *(medalis)*	dr	*debtor* skolininkas *drachm* drachma *(piniginis vienetas)* *dram* drachma *(masės vienetas)*
dft	*defendant* atsakovas; kaltinamasis		
	draft eskizas, brėžinys; planas; *(dokumento)* projektas; vekselis, sąskaita	drg.	*drawing* brėžinys, piešinys
		DS	*disseminated sclerosis* išsėtinė sklerozė
		D.S.	*document signed* pasirašytas dokumentas

DSC	*Distinguished Service Cross* „Kryžius už kovos nuopelnus" *(ordinas)*	Ed.B.	*Bachelor of Education (JAV)* edukologijos bakalauras
DSc	*Doctor of Science* tikslųjų mokslų daktaras	EDD	*estimated date of delivery kom.* laukiama pristatymo data; *med.* numatoma gimdymo data
DSM	*Distinguished Service Medal kar.* „Už pasižymėjimą kare" *(medalis); (JAV)* „Už nuopelnus" *(medalis)*	E.D.D.	*English Dialect Dictionary* anglų kalbos tarmių žodynas
dsmt	*disarmament* nusiginklavimas	E.D.F.	*European Development Fund* Europos plėtros fondas
DSS	*Department of Social Security* socialinio aprūpinimo ministerija	EDP	*electronic data processing* elektroninis duomenų apdorojimas
DT	*daylight time* dienos metas	EDT	*Eastern daylight time amer.* rytų juostinis vasaros laikas
DTI	*Department of Trade and Industry* prekybos ir pramonės ministerija	educ.	*education* švietimas, mokymas
DTP	*desktop publishing* kompiuterių panaudojimas *(knygoms, laikraščiams ir pan.)* spausdinti	EE	*Envoy Extraordinary* nepaprastasis pasiuntinys
DT's	*delirium tremens lot.* baltoji karštligė	ee	*errors excepted* išskyrus klaidas
dup	*duplicate* nuorašas, dublikatas	EEC	*European Economic Community ist.* Europos Ekonominė Bendrija *(ankstesnis Europos Sąjungos pavadinimas)*
Dur.	*Durham* Daramas *(Anglijos grafystė)*		
DVM	*Doctor of Veterinary Medicine (JAV)* veterinarijos gydytojas	EEG	*electroencephalogram* elektroencefalograma
Dvr.	*Driver* vairuotojas	EET	*Eastern European Time* Rytų Europos laikas
DW, d.w.	*dead weight (laivo)* keliamoji galia	E.EX.	*emergency exit* atsarginis išėjimas
	dock warrant darbo garantinis raštas	eff.	*effect* veiksmas; padarinys; *effective* efektyvus
Dy	*dysprosium chem.* disprozis		*efficiency* našumas; naudingumo koeficientas
dz.	*dozen* tuzinas	EFL	*English as a Foreign Language* anglų kalba kaip svetimoji kalba
E	*earth* žemė; įžeminimas	EFT	*electronic funds transfer* elektroninis mokėjimų/ lėšų pervedimas
	East rytai; *eastern* rytinis, rytų	EFTA	*European Free Trade Association* Europos laisvosios prekybos asociacija
	energy fiz. energija		
	engineer inžinierius	EFTPOS	*electronic funds transfer at point of sale* elektroninis mokėjimų/lėšų pervedimas sandorio vietoje
	English anglų kalba		
E., e.	*efficiency* našumas; naudingumo koeficientas		
e	*eldest* vyriausias	eg.	*exempli gratia lot.* pavyzdžiui
	entrance įėjimas	EHF	*extremely high frequency* nepaprastai aukštas dažnumas
EA	*East Africa* Rytų Afrika		
	economic adviser ekonomikos patarėjas	EHP	*effective horsepower* naudingoji galia arklio jėgomis
	educational age mokyklinis amžius		
ea.	*each* kiekvienas	EIB	*European Investment Bank* Europos investicijų bankas
E.&O.E.	*errors and commissions excepted* išskyrus klaidas ir praleidimus		
E.A.O.N.,		EKG	*amer. electrocardiogram* elektrokardiograma; *electrocardiograph* elektrokardiografas
e.a.o.n.	*except as otherwise noted* išskyrus tuos atvejus, kai nurodyta kitaip		
E.B.	*Encyclopaedia Britannica lot.* „Britanijos enciklopedija"	EL	*east longitude geogr.* rytų ilguma
		el	*elevated railroad amer.* estakadinis geležinkelis
EBB	*extra best best kom.* pačios aukščiausios rūšies/ kokybės	el., elect.	*electric* elektrinis; *electricity* elektra
		elem.	*element* elementas
EBRD	*European Bank for Reconstruction and Development* Europos rekonstrukcijos ir plėtros bankas		*elementary* elementarus
		ELT	*English Language Teaching* anglų kalbos mokymas
EC	*European Community ist.* Europos Bendrija	EM	*electromagnetic* elektromagnetinis
	Executive Committee vykdomasis komitetas		*enlisted man (JAV kariuomenės)* eilinis
e.c.	*exempli causa lot.* pavyzdžiui		*expanded memory komp.* išplėstinė atmintis
ECG	*electrocardiogram* elektrokardiograma; *electrocardiograph* elektrokardiografas	emb.	*embargo* embargas
		EMF	*European Monetary Fund* Europos valiutos fondas
ecol	*ecological* ekologinis; *ecology* ekologija	emf	*electromotive force* elektrovaros jėga
econ	*economical* ekonominis; *economics* ekonomika	EMS	*emergency medical service* greitoji medicinos pagalba
ECOSOC	*Economic and Social Council (of the United Nations)* (JT) Ekonomikos ir socialinių reikalų taryba		
			European Monetary System Europos piniginė sistema
ECSC	*European Coal and Steel Community* Europos anglies ir plieno bendrija	EMT	*European Mean Time* Vidurio Europos laikas
		EMU	*Economic and Monetary Union (Europos Sąjungos)* Ekonominė ir valiutų sąjunga
E.D.	*election district* rinkimų apygarda		
ed.	*edited (by) (kieno)* redaguotas; redagavo; išleido *(nurodant kas); edition* leidimas; leidinys; *editor* redaktorius		*European Monetary Union* Europos valiutų sąjunga
		emu	*electromagnetic unit* elektromagnetinis vienetas
		enc.,	
	education švietimas, mokymas	encl.	*enclosed* įdėtas, pridėtas; *enclosure (siuntos)* įdėtis

Enc.,		**EURATOM**	
Ency,			*European Atomic Energy Community* „Euratomas", Europos atominės energijos bendrija
Encyc.	*Encyclopaedia* enciklopedija		
ENE	*east-north-east* rytų-šiaurės rytų	**eV**	*electronvolt* elektronvoltas
Eng.	*England* Anglija; *English* Anglijos, anglų	**ex.**	*examination* egzaminas
eng.	*engineer* inžinierius; *engineering* technika		*examined* patikrintas, apžiūrėtas
Eng Lit	*English Literature* anglų literatūra		*example* pavyzdys
ENT	*ear, nose, and throat* ausis, nosis ir gerklė	**ex, exch.**	*exchange* birža; pinigų keitimas
e.o.	*ex officio lot.* pagal pareigas	**Exc.**	*Excellency* ekscelencija
EOC	*Equal Opportunities Commission (D. Britanijos)* Lygių galimybių komisija	**exc**	*except* išskirti; išskyrus; *exception* išimtis
			excursion ekskursija
e.o.d.	*every other day* kas antrą dieną, kartą per dvi dienas	**excl.**	*excluding* neskaitant, išskyrus, be
		exp.	*export* eksportas; *exported* eksportuotas
E&OE	*errors and omissions excepted* išskyrus klaidas ir praleidimus		*express* skubus; specialus
		exp.,	
EOM,		**exps.**	*expenses* išlaidos
e.o.m.	*end of the month (mokestis)* mėnesio gale	**ext.**	*external* išorinis; užsienio
	every other month kas antrą mėnesį		*extinct* išnykęs
EP	*explosionproof* nesprogstantis		*extra* specialus, pridėtinis
	extended-play ilgai griežianti plokštelė	**ext.,**	
EPA	*Environment Protection Agency (JAV)* Aplinkos apsaugos valdyba	**extn.**	*extension number* papildomas *(telefono)* numeris
		exx	*examples* pavyzdžiai
EPT	*Excess Profits Tax* antpelnio mokestis	**F**	*Fahrenheit (kiek)* laipsnių *(temperatūros)* pagal Farenheitą
Eq	*equator* ekvatorius, pusiaujas		
eq.	*equal* lygus, vienodas		*farad fiz.* faradas
eq., eqn.	*equation mat.* lygtis		*female* moteris; moteriškosios lyties
eq.,			*fluorine chem.* fluoras
equiv.	*equivalent* ekvivalentas	**F.**	*February* vasaris
ER	*Elizabetha Regina lot.* karalienė Elžbieta		*Fellow (draugijos)* narys
Er	*erbium chem.* erbis		*finance* finansai; *financial* finansinis
ERA	*Equal Rights Amendment* lygių teisių pataisa *(JAV konstitucijoje)*		*French* prancūzų; Prancūzijos
		F, f	*father* tėvas
ERM	*exchange rate mechanism* valiutų keitimo kursų tvarka		*force fiz.* jėga
			franc frankas *(piniginis vienetas)*
Es.	*einsteinium chem.* einšteinis		*frequency fiz.* dažnis
ESE	*east-south-east* rytų-pietų rytų		*function mat.* funkcija
ESL	*English as a Second Language* anglų kalba kaip antroji *(ne gimtoji)* kalba	**f**	*fathom* jūros sieksnis *(= 182,5 cm)*
			feminine moteriškas; *gram.* moteriškosios giminės
ESOL	*English for Speakers of Other Languages* anglų kalba kalbantiems kitomis kalbomis		*following* kitas; tolesnis *(vart. po puslapio/eilutės numerio)*
ESP	*English for special purposes* anglų kalba nespecialistams *(mokslininkams, verslininkams ir pan.)*		*foot* pėda *(ilgio vienetas = 30,48 cm)*
		FA	*Football Association (D. Britanijos)* Futbolo asociacija
	extrasensory perception nejutiminis suvokimas	**FAC,**	
esp.	*especially* ypač	**f.a.c.**	*fast as can* kuo greičiau
Esq	*Esquire* eskvairas, ponas, gerbiamasis *(titulas)*	**fac**	*facsimile* faksimilė
ESRO	*European Space Research Organization* Europos kosmoso tyrimo organizacija		*factor* veiksnys, faktorius
			factory fabrikas; gamykla
EST	*Eastern Standard Time* rytų juostinis laikas	**FAI**	*Federation Aeronautique Internationale pr.* Tarptautinė aviacijos federacija
	electro-shock treatment gydymas elektros šoku		
est.	*established* nustatytas	**fam.**	*family* šeima
	estimate įvertinimas; sąmata	**FAO**	*Food and Agriculture Organization (JT)* Maisto ir žemės ūkio organizacija
	estuary upės žiotys, delta		
esu	*electrostatic unit* elektrostatinis vienetas	**fath.**	*fathom* jūros sieksnis *(ilgio vienetas = 182,5 cm)*
ET	*Eastern Time* rytų laikas	**fb**	*fullback sport.* gynėjas
ETA	*estimated time of arrival* numatomas atvykimo laikas	**FBA**	*Fellow of the British Academy* Britanijos akademijos narys
et al.	*et alii lot.* ir kiti	**FBI**	*Federal Bureau of Investigation* Federalinis tyrimų biuras *(JAV)*
etc	*et cetera lot.* ir taip toliau		
ETD	*estimated time of departure* numatomas išvykimo laikas	**FC**	*Football Club* futbolo klubas
		FCA	*Farm Credit Administration (JAV)* Ūkininkų kreditavimo administracija *(organas)*
ETV	*educational television amer.* mokomoji televizija		
EU	*European Union* Europos Sąjunga	**fcst**	*forecast* prognozė, spėjimas
Eur.	*European* Europos, europiečių	**Fd**	*fund* fondas

fd	*field* laukas	**fr.**	*fragment* fragmentas
FE	*Far East* Tolimieji Rytai		*franc* frankas *(piniginis vienetas)*
	further education aukštesnysis mokslas		*from* iš, nuo
Fe	*ferrum lot. chem.* geležis	**Fri**	*Friday* penktadienis
Feb	*February* vasaris	**FRS**	*Federal Reserve System (JAV)* Federalinė rezervų sistema
Fed.,			
fed.	*federal* federalinis; *federation* federacija		*Fellow of the Royal Society* Karališkosios draugijos narys
fem.	*feminine* moteriškas; *gram.* moteriškosios giminės	**frt.**	*freight* frachtas
FET	*Far East Time* Tolimųjų Rytų laikas	**FS**	*Flight Sergeant* aviacijos puskarininkis
F.E.T.	*Federal Excise Tax (JAV)* federalinė akcizo rinkliava	**FT**	*Financial Times* „Financial Times" *(tarptautinis dienraštis)*
ff	*fortissimo muz.* fortissimo	**F.T.**	*flight time* skridimo laikas *(nuo starto momento)*
ff.	*following (pages)* ir kiti, tolesni (puslapiai)	**ft**	*foot* pėda *(ilgio vienetas = 30,48 cm);* **feet** pėdos
fgn.	*foreign* užsieninis, užsienio	**fth**	*fathom* jūros sieksnis *(= 182,5 cm)*
FIBA	*Fédération Internationale de Basketball Amateur pr.* Tarptautinė krepšinio mėgėjų federacija, FIBA	**fur.**	*furlong* furlongas *(ilgio vienetas)*
			further toliau
FIDE	*Fédération Internationale des Echecs pr.* Tarptautinė šachmatų federacija, FIDE	**fut.**	*future gram.* būsimasis laikas
		f.v.	*folio verso lot.* kitoje *(lapo)* pusėje
FIFA	*Fédération Internationale de Football Association pr.* Tarptautinė futbolo asociacijų federacija, FIFA	**FW**	*fresh water* gėlas vanduo
		FWD	*front-wheel drive aut.* priekiniai varantieji ratai
		fwd	*forward* priešakinis; būsimas; terminuotas
FIFO	*first in first out* eilės tvarka	**fwdd**	*forwarded* išsiųstas
fig.	*figuratively* perkeltine reikšme/prasme	**FX**	*foreign exchange* užsienio valiutų operacijos/rinka/birža
	figure diagrama, piešinys, schema		
fin.	*finance* finansai; *financial* finansinis	**FY**	*fiscal year (JAV)* iždo/biudžetiniai metai
FL	*foreign language* užsienio/svetimoji kalba	**FYI**	*for your information* jūsų žiniai
fl.	*floor* grindys		
	fluid skystis	**G**	*gauss* gausas *(magnetinės indukcijos vienetas)*
FL, Fla.	*Florida* Florida *(JAV valstija)*		*giga-* *fiz.* giga-
fld	*field* laukas		*gravitational constant* gravitacijos konstanta
Flt. Lt.	*Flight Lieutenant* aviacijos leitenantas	**G.**	*German* vokiečių; Vokietijos
FM	*field marshal* feldmaršalas		*gulf* įlanka
	frequency modulation fiz. dažninė moduliacija	**g**	*gas* dujos
			gram gramas
Fm	*fermium chem.* fermis		*gravity* sunkio jėga, trauka; *acceleration of gravity fiz.* sunkio pagreitis
fm	*firm* firma		
	form blankas	**g.**	*gender gram.* giminė
	from iš, nuo		*gold* auksas
fm.	*fathom* jūros sieksnis *(= 182,5 cm)*		*grain* grūdai
fn	*footnote* išnaša, pastaba	**g, ga**	*gauge* kalibras; matas, mastas; *glžk.* vėžės plotis
FO	*Foreign Office (D. Britanijos)* Užsienio reikalų ministerija	**GA**	*General Asembly (JT)* Generalinė Asamblėja
		GA, Ga.	*Georgia* Džordžija *(JAV valstija)*
fo.	*folio* folio *(formatas)*	**Ga**	*gallium chem.* galis
FOB,		**gal.,**	
f.o.b.	*free on board kom.* franko laivo denis *(D. Britanijoje);* franko vagonas *(JAV)*	**gall.**	*gallon* galonas *(biralų ir skysčių tūrio vienetas)*
		G & T	*gin and tonic* alkoholinis gėrimas su citrina
FOC,		**GATT**	*General Agreement on Tariffs and Trade ist.* Visuotinis susitarimas dėl tarifų ir prekybos
f.o.c.	*free of charge* nemokamai, veltui		
fol.	*folio* folio *(formatas)*	**Gaz.**	*gazette* vyriausybės žinios *(periodinis organas)*
fol., foll.	*following* kitas, tolesnis	**GB**	*Great Britain* Didžioji Britanija
fols.	*follows* seka, eina po		*guidebook* vadovas *(knyga)*
FOR,		**Gb**	*gigabyte* gigabaitas
f.o.r.	*free on rail kom.* franko vagonas	**GBE**	*Knight [Dame] Grand Cross of the British Empire* Britanijos imperijos 1-ojo laipsnio ordino kavalierius [dama]
for.	*foreign* užsieninis		
	forester miškininkas; *forestry* miškininkystė		
f.o.t.	*free of tax* neapmokestinamas	**GBH**	*grievous bodily harm teis.* sunkus kūno sužalojimas
FP, fp	*freezing point* užšalimo taškas	**GC**	*George Cross* „Jurgio kryžius" *(ordinas)*
FP, f.p.	*fully paid* visiškai apmokėtas	**gcc**	*ground control centre* antžeminis skridimo valdymo centras
FPA	*Family Planning Association (D. Britanijos)* Šeimos planavimo asociacija		
		GCD	*greatest common divisor* bendras didžiausias daliklis
Fr	*Father* tėvas *(prieš kunigo/vienuolio pavardę)*		
	francium chem. francis	**GCSE**	*General Certificate of Secondary Education* brandos atestatas *(Anglijoje, Velse, Š. Airijoje)*
	French prancūzų; Prancūzijos		
	Friday penktadienis		

GCVO	*Knight [Dame] Grand Cross of the Royal Victorian Order* Karalienės Viktorijos pirmojo laipsnio ordino kavalierius [dama]	gps, g.p.s.	*gallons per second* (kiek) galonų per sekundę
Gd	*gadolinium* chem. gadolinis	Gr	*Greece* Graikija; *Greek* graikų; Graikijos
	grand didysis	gr	*grade* laipsnis; rūšis
gd	*good* geras		*grain* farm. granas (masės vienetas = 64.8 mg)
	ground žemė; įžeminimas		*gram* gramas
gdn, Gdn(s)	*Garden(s)* parkas; sodas (gatvių pavadinimuose; skelbimuose)		*grammar* gramatika; attr gramatinis
			grey pilkas
			gross grosas (= 12 tuzinų)
GDP	*gross domestic product* bendrasis vidaus produktas		*group* grupė
		grad	*graduate* diplomuotas specialistas
gds	*goods* prekės; gaminiai	gr.wt.	*gross weight* bruto svoris
Ge	*germanium* chem. germanis	GS	*general secretary* generalinis sekretorius
Gen.	*General* generolas		*general staff* generalinis štabas
gen.	*gender* gram. giminė		*government stock(s)* valstybiniai vertybiniai popieriai
	general bendras, visuotinis		
	genitive kilmininko linksnis, genityvas		*Gulf Stream* Golfo srovė
Ger.	*German* Vokietijos; vokiečių; *Germany* Vokietija	GSA	*Girl Scouts of America* Amerikos skaučių organizacija
ger.	*gerund* gerundijus		
GFR	*German Federal Republic* Vokietijos Federacinė Respublika, VFR	GSL	*Great Salt Lake* Didysis Druskos ežeras (JAV)
		GT	*gross ton* didžioji/angliškoji tona (= 1016 kg)
GG	*gamma globulin* gamaglobulinas	Gt, gt	*great* didelis; didysis
	Governor-General generalgubernatorius	GTC, g.t.c.	*good till cancelled* kom. galioja iki atšaukimo
GHQ	*General Headquarters* vyriausiosios vadovybės štabas		
		GTD, gtd.	*guaranteed* garantuotas
gi	*gill* gilis, ketvirtis pintos (D. Britanijoje = 0,142 l, JAV = 0,118 l)		
		GTM, g.t.m.	kom. *good this month* galiojantis šį mėnesį
Gk	*Greek* graikų kalba		
GL	*Great Lakes* Didieji ežerai (JAV)	GTW, g.t.w.	kom. *good this week* galiojantis šią savaitę
	ground level vietos (žemės) lygis		
GLC	*Greater London Council* Didžiojo Londono taryba (iki 1986 m.)	guar	*guarantee* garantija, laidas; *guaranteed* garantuotas
		GW	*gross weight* bruto svoris
Glos.	*Gloucestershire* Glosteršyras (Anglijos grafystė)	G.W.P.	*Government White Paper* Baltoji knyga (D. Britanijos vyriausybės oficialus leidinys)
gloss.	*glossary* žodynas		
GM	*General Manager* generalinis direktorius		
	George Medal „Jurgio medalis"	H	*henry* el. henris
	guided missile valdomoji raketa		*heroin* heroinas
gm	*gram* gramas		*hydrogen* vandenilis; vandenilinis (apie ginklą)
GMT	*Greenwich Mean Time* Grinvičo vidutinis laikas	h, h.	*harbour* uostas
gn	*green* žalias		*hard* kietas; *hardness* kietumas
GNI	*Gross National Income* bendrosios nacionalinės pajamos		*height* aukštis; *high* aukštas
			horse arklys
GNP	*Gross National Product* bendrasis nacionalinis produktas		*hospital* ligoninė
			hour valanda
GOP	*Grand Old Party* Didžioji senoji partija (neoficialus JAV respublikonų partijos pavadinimas)		*hundred* šimtas
			husband vyras
Goth	*Gothic* gotų kalba	ha	*hectare* hektaras
Gov.	*Government* vyriausybė	h.a.	*hoc anno* lot. šiais metais
	Governor gubernatorius; valdytojas	h&c	*hot and cold (water)* karštas ir šaltas (vanduo)
Gov.Gen.		Hants.	*Hampshire* Hampšyras (Anglijos grafystė)
	Governor-General generalgubernatorius	Haw.	*Hawaii* Havajai (salos ir JAV valstija)
Govt., govt.	*government* vyriausybė	Hb	*haemoglobin* hemoglobinas
		HB, h.b.	*halfback* sport. saugas
GP	*general practitioner* bendrosios praktikos gydytojas	HBM	*His [Her] Britannic Majesty* Jo [Jos] britiškoji didenybė (D. Britanijos karaliaus [karalienės] titulas)
	general purpose attr bendrosios paskirties		
	Grand Prix Didysis prizas	HC	*Holy Communion* Šventoji komunija
	Great Powers didžiosios valstybės		*House of Commons* (D. Britanijos) Bendruomenių rūmai
gp	*group* grupė		
gph, g.p.h.	*gallons per hour* (kiek) galonų per valandą	h.c.	*honoris causa* lot. garbės, už nuopelnus (mokslo laipsnis, suteiktas negynus disertacijos)
gpm, g.p.m.	*gallons per minute* (kiek) galonų per minutę	HCF	*highest common factor* bendras didžiausias daugiklis
GPO, G.P.O.	*General Post-Office* centrinis paštas	hd	*hand* ranka
			head galva

HE	*high efficiency* didelis našumas	**HSD**	*high speed data* labai skubūs duomenys
	high explosive sprogstamoji medžiaga	**HT**	*high tension el.* aukštoji įtampa
	His [Her] Excellency Jo [Jos] ekscelencija	**ht**	*heat* šiluma
He	*helium chem.* helis		*height* aukštis
h.e.	*hic est lot.* tai yra	**h.t.**	*hoc tempore lot.* šiuo metu
Herts.	*Hertfordshire* Hartfordšyras *(Anglijos grafystė)*	**HUD**	*Department of Housing and Urban Development (JAV)* Butų ir urbanistikos departamentas
HF	*high frequency* aukštasis dažnis		
	human factor žmogiškasis faktorius	**H.V.**	*high voltage el.* aukštoji įtampa
Hf	*hafnium chem.* hafnis		*highway* plentas
hf.	*half* pusė	**hwt**	*hundredweight* centneris *(masės vienetas; D. Britanijoje = 50,8 kg, JAV = 45,36 kg)*
Hg	*hydrargyrum chem.* gyvsidabris		
hg	*hectogram* hektogramas	**hyp**	*hypothesis* hipotezė; *hypothetical* hipotetinis
hgt.	*height* aukštis	**Hz**	*hertz* hercas
HGV	*heavy goods vehicle* sunkiasvoris transportas		
HH	*His [Her] Highness* Jo [Jos] didenybė	**I**	*iodine chem.* jodas
	His Holiness Jo šventenybė		*island, isle* sala
hhd	*hogshead* hogshedas *(skysčio tūrio vienetas; D. Britanijoje = 286,4 l; JAV = 238 l)*	**i.**	*inch* colis
			indicated nurodytas; *tech.* indikatorinis
HI	*Hawaii* Havajai *(JAV valstija)*; *Hawaiian Islands* Havajų salos		*intransitive gram.* negalininkinis
		I.A.	*infected area* užkrėstas rajonas
hist.	*historian* istorikas; *historical* istorinis; *history* istorija	**IA, Ia.**	*Iowa* Ajova *(JAV valstija)*
		IAA	*International Advertising Association* Tarptautinė reklamos asociacija
HIV	*human immunodeficiency virus* žmogaus imunodeficito virusas, ŽIV		
		IAAF	*International Amateur Athletic Federation* Tarptautinė mėgėjų lengvosios atletikos federacija
HL	*House of Lords (D. Britanijos)* Lordų rūmai		
hl	*hectolitre* hektolitras	**IAEA**	*International Atomic Energy Agency* Tarptautinė atominės energijos agentūra (TATENA)
h.l.	*hoc loco lot.* šioje vietoje		
HM	*headmaster* mokyklos direktorius; *headmistress* mokyklos direktorė	**IAF**	*International Aeronautical Federation* Tarptautinė aviacijos federacija
	heavy metal muz. sunkusis metalas	**IATA**	*International Air Transport Association* Tarptautinė oro transporto asociacija
	His [Her] Majesty's Jo [Jos] didenybė		
hm	*hectometre* hektometras	**ib, ibid**	*ibidem lot.* ten pat, toje pat vietoje
HMG	*His [Her] Majesty's Government* Jo [Jos] didenybės vyriausybė, Didžiosios Britanijos vyriausybė	**IBA**	*Independent Broadcasting Authority (D. Britanijos)* Radijo ir televizijos privačių stočių administracija
HMI	*His [Her] Majesty's Inspector (D. Britanijos)* mokyklų inspektorius [inspektorė]	**IBP**	*initial boiling point* pradinis virimo taškas
		IBRD	*International Bank for Reconstruction and Development* Tarptautinis rekonstrukcijos ir plėtros bankas
HMS	*His [Her] Majesty's Ship* D. Britanijos karo laivas		
HMSO	*His [Her] Majesty's Stationery Office* oficialių dokumentų leidybos valdyba *(D. Britanijoje)*	**IC**	*integrated circuit* integrinė schema
			Intergovernmental Conference (Europos Sąjungos narių) tarpvyriausybinė konferencija
HNC	*Higher National Certificate* aukštosios technikos mokyklos baigimo pažymėjimas		
		i/c	*in charge (of)* vyresnysis; atsakingas *(už)*
HND	*Higher National Diploma* aukštosios technikos mokyklos diplomas		*internal-combustion* vidaus degimo *(apie variklį)*
HO	*Home Office (D. Britanijos)* Vidaus reikalų ministerija	**ICAO**	*International Civil Aviation Organization* Tarptautinė civilinės aviacijos organizacija
Ho	*holmium chem.* holmis	**ICBM**	*intercontinental ballistic missile* tarpžemyninė balistinė raketa
ho	*house* namas		
Hon.	*Honorary* garbės *(apie narį ir pan.)*; *Honourable* gerbiamas(is)	**ICC**	*International Chamber of Commerce* Tarptautiniai prekybos rūmai
hor.	*horizon* horizontas; *horizontal* horizontalus		*Interstate Commerce Commission (JAV)* Valdyba, reguliuojanti prekybos ryšius tarp valstijų
hosp.	*hospital* ligoninė		
HP, hp	*high pressure* aukštas slėgis	**ICGM**	*intercontinental guided missile* tarpžemyninė valdomoji raketa
	hire purchase pirkimas išsimokėtinai		
	horsepower tech. arklio galia	**ICJ**	*International Court of Justice (JT)* Tarptautinis teismas
hp	*half pay* pusė atlyginimo		
HQ, hq	*headquarters* štabas, būstinė	**ICPO**	*International Criminal Police Organization* Tarptautinė kriminalinės policijos organizacija
HR	*House of Representatives (JAV)* Atstovų rūmai		
hr	*hour* valanda	**ID**	*identification, identity* tapatybė; atpažinimo dokumentas
HRH	*His [Her] Royal Highness* Jo [Jos] karališkoji didenybė		
		ID, Ida.	*Idaho* Aidahas *(JAV valstija)*
HS	*high school* vidurinė mokykla	**id.**	*idem lot.* tas pats
	Home Secretary (D. Britanijos) vidaus reikalų ministras	**i.d.**	*inner diameter* vidinis skersmuo, diametras
		IDA	*International Development Association* Tarptautinė plėtros asociacija
h.s.	*hoc sensu lot.* šia prasme		

IDD	*International Direct Dialling* tarptautiniai telefono pokalbiai	**Inst. P.**	*Institute of Physics* fizikos institutas
IDP	*integrated data processing* kompleksinis duomenų apdorojimas	**instr.**	*instruction* instrukcija; *instructor* instruktorius
			instrument instrumentas
	international driving permit tarptautinės vairuotojo teisės/pažymėjimas	**int.**	*interior, internal* vidaus, vidinis
			interjection jaustukas
I.E.	*Indo-European* indoeuropiečių		*international* tarptautinis
i.e.	*id est* lot. tai yra, t. y.		*intransitive* gram. negalininkinis
IF	*intermediate frequency* tarpinis dažnis	**inter.**	*intermediate* tarpinis; vidutinis
IFC	*International Finance Corporation* Tarptautinė finansų korporacija		*interrogation* klausimas; *interrogative* klausiamasis
		introd.	*introduction* įvadas
IGY	*International Geophysical Year* Tarptautiniai geofizikos metai	**inv.**	*invented* išrastas; *invention* išradimas; *inventor* išradėjas
IHP,			*investment* investicija
i.h.p.	*indicated horsepower* indikatorinė arklio galia		*invitation* pakvietimas
			invoice kom. sąskaita, faktūra
IHS	*Jesus* Jėzus	**I/O**	*input/output (signalo)* įeiga/išeiga; *(duomenų)* įvestis/išvestis
IL, Ill.	*Illinois* Ilinojus *(JAV valstija)*		
ill.	*illustrated* iliustruotas; *illustration* iliustracija	**Io**	*Iowa* Ajova *(JAV valstija)*
ILO	*International Labour Organization (JT)* Tarptautinė darbo organizacija	**IOC**	*International Olympic Committee* Tarptautinis olimpinis komitetas, TOK
IMF	*International Monetary Fund* Tarptautinis valiutos fondas	**IOM.**	*Isle of Man* Meno sala
		IOW	*Isle of Wight* Vaito sala *(Anglijos grafystė)*
imit.	*imitation* imitacija; *imitative* (pa)mėgdžiojamas; netikras	**I.P., i.p.**	*instalment paid* eilinė įmoka sumokėta
			intermediate pressure tarpinis slėgis
imm.	*immediately* skubiai, nedelsiant	**IPA**	*International Phonetic Alphabet* tarptautinė fonetinė abėcėlė; tarptautinė fonetinė transkripcija
Imp.	*Imperator* lot. imperatorius; *Imperatrix* lot. imperatorė		
imp.	*imperative (mood)* liepiamoji (nuosaka)		*International Publishers' Association* Tarptautinė leidėjų asociacija
	impersonal gram. beasmenis	**ipm,**	
	import importas; *imported* importuotas; *importer* importuotojas	**i.p.m.**	*inches per minute (kiek)* colių per minutę
		ips, i.p.s.	*inches per second (kiek)* colių per sekundę
	important svarbus	**IQ**	*intelligence quotient* protinio lavėjimo koeficientas
	imprimatur lot. cenzūros leista *(spausdinti)*		
	improved pagerintas; *improvement* pagerėjimas; patobulinimas	**i.q.**	*idem quod* lot. taip pat kaip
IN	*Indiana* Indiana *(JAV valstija)*	**IR**	*infra-red* infraraudonas
In	*indium* chem. indis	**Ir**	*iridium* chem. iridis
in.	*inch* colis	**IRA**	*Irish Republican Army* Airijos Respublikos kariuomenė
Inc	*incorporated* įregistruotas *(kaip bendrovė, korporacija; JAV)*		
		IRBM	*intermediate-range ballistic missile* vidutinio nuotolio balistinė raketa
inc.	*including, inclusive (of)* įskaitant		
	income pajamos	**irreg.**	*irregular* netaisyklingas; nereguliarus
ince	*insurance* draudimas	**Is., isl.**	*island(s), isle(s)* sala, salos
incl.	*including* įskaitant	**ISBN**	*International Standard Book Number* tarptautinis standartinis knygos numeris
incr.	*increase* padidėjimas, augimas; *increased* padidėjęs		
		ISO	*International Standards Organization* Tarptautinė standartų organizacija
Ind.	*India* Indija, *Indian* Indijos		
	Indiana Indiana *(JAV valstija)*	**ISSN**	*International Standard Serial Number* tarptautinis standartinis serijos numeris
ind.	*independent* nepriklausomas, savarankiškas		
	index indeksas	**isth.**	*isthmus* sąsmauka
	indicated nurodytas; *indicative* tiesioginė (nuosaka); *indicator* indikatorius	**It**	*Italian* italų kalba; italų; Italijos; *Italy* Italija
		ITA	*Initial Teaching Alphabet* mok. pradinė fonetinė abėcėlė
	indirect netiesioginis		
	industrial pramoninis, industrinis; *industry* pramonė	**ital.**	*italics* kursyvas *(šriftas)*
		ITC	*Independent Television Commission (D. Britanijos)* nevalstybinės televizijos stočių kontrolės komisija
indef.	*indefinite* gram. nežymimasis		
inf.	*infantry* pėstininkai		
	infinitive bendratis	**ITN**	*Independent Television News* nevalstybinės televizijos žinios
	information informacija, žinios		
	infra lot. žemiau, po	**ITO**	*International Trade Organization (JT)* Tarptautinė prekybos organizacija
ins.	*inches* coliai		
	inspector inspektorius	**ITU**	*International Telecommunication Union* Tarptautinė ryšių sąjunga
	insurance draudimas		
Inst.	*Institute* institutas; *Institution* įstaiga	**ITV**	*Independent Television* nevalstybinė *(komercinė)* televizija *(D. Britanijoje)*
inst.	*instant* šio mėnesio *(oficialiame laiške)*		
	instrumental instrumentinis		*instructional television* mokomoji televizija

IU	*international unit* tarptautinis vienetas	kHz	*kilohertz* kilohercas
IUD	*intrauterine device* intrauterinė priemonė *(išvengti nėštumo)*	KKK	*Ku-Klux-Klan* kukluksklanas
		kl	*kilolitre* kilolitras
IUR	*International Union of Railways* Tarptautinė geležinkelių sąjunga	km	*kilometre* kilometras
		kmh	*kilometres per hour (kiek)* kilometrų per valandą
IUS	*International Union of Students* Tarptautinė studentų sąjunga	km p.s.,	
		km/s	*kilometres per second (kiek)* kilometrų per sekundę
IV	*intravenous drip med.* lašinė, lašelinė		
IVF	*in vitro fertilization* dirbtinis apvaisinimas	kn	*knot jūr.* mazgas
IWW	*Industrial Workers of the World* Pasaulio pramonės darbuotojai *(profesinių sąjungų organizacija)*	KO	*kick-off sport.* kamuolio padavimas į žaidimą
			knockout sport. nokautas
		KP	*kitchen police amer. (kareivių, vaikų)* darbas virtuvėje *(ypač stovyklaujant)*
J	*jack (kortų)* berniukas, valetas	kph	*kilometres per hour (kiek)* kilometrų per valandą
	joule fiz. džaulis	Kr	*krypton chem.* kriptonas
	journal žurnalas	KS	*Kansas* Kanzasas *(JAV valstija)*
	Judge teisėjas	Kt	*knight šach.* žirgas
	Justice justicija	kt.	*karat* karatas
j.	*joint* jungtinis, bendras		*knot jūr.* mazgas
	junior jaunesnysis	kV, kv	*kilovolt* kilovoltas
J. A.	*Judge Advocate* karinis prokuroras	kVA	*kilovolt-ampere* kilovoltamperas
Ja, Jan	*January* sausis	kW, kw	*kilowatt* kilovatas
J.C.	*Jesus Christ* Jėzus Kristus	kWh,	
	Julius Caesar Julijus Cezaris	kwh	*kilowatt-hour* kilovatvalandė
	jurisconsult juriskonsultas	KY, Ky.	*Kentucky* Kentukis *(JAV valstija)*
JCS	*Joint Chiefs of Staffs (JAV)* Jungtinis štabų viršininkų komitetas		
		L	*Lady* ponia, ledi
jct	*junction* geležinkelio mazgas; kelių sankryža		*Latin* lotynų kalba
JD	*Jurum Doctor lot.* teisės mokslų daktaras		*learner driver* vairuotojas mokinys
	juvenile delinquent nepilnametis nusikaltėlis		*Liberal* liberalų partijos narys
Je	*June* birželis		*Lord* ponas, lordas
Jnr	*junior* jaunesnysis	L, l	*lake* ežeras
JP	*Justice of the Peace* taikos teisėjas		*large* didelis
Jr, Jr.	*junior* jaunesnysis		*league* lyga *(ilgio vienetas = 4,83 km; jūrų lyga = 5,56 km; ploto vienetas = 5760 akrų)*
jt.	*joint* jungtinis, bendras		
Ju	*June* birželis		*left* kairysis
Jul	*July* liepa		*lumen* liumenas *(šviesos srauto vienetas)*
Jun	*June* birželis	l	*length* ilgis
	junior jaunesnysis		*line* eilutė, linija
			liquid skystis
K	*kalium lot. chem.* kalis		*litre* litras
	King (šach., kortų) karalius	£	*libra lot.* svaras *(sterlingų)*
K, k	*kilo* tūkstantis	LA	*Library Assotiation* bibliotekų asociacija
	kilobyte komp. kilobaitas		*Los Angeles* Los Andželas
k, k.	*karat* karatas		*Louisiana* Luiziana *(JAV valstija)*
	knot jūr. mazgas	L.A.	*Latin America* Lotynų Amerika
Kan.,			*Legislative Assembly* įstatymų leidžiamasis susirinkimas
Kans.,			
Kas	*Kansas* Kanzasas *(JAV valstija)*		*Lloyd's agent* Loido agentas
KB	*kilobyte komp.* kilobaitas	L/A	*letter of authority* (raštiškas) įgaliojimas
KBE	*Knight Commander of the Order of the British Empire* Britanijos imperijos 2-ojo laipsnio ordino kavalierius	La	*lanthanum chem.* lantanas
		l.a.	*letter of advice* pranešimas, aviza
		La.	*lane* gatvė, skersgatvis
KC	*King's Councel* karališkasis advokatas		*Louisiana* Luiziana *(JAV valstija)*
kc	*kilocycle* kilociklas	Lab	*Labour (D. Britanijos)* Leiboristų partija
kcal	*kilocalorie* kilokalorija		*Labrador* Labradoras *(pusiasalis)*
KCB	*Knight Commander of the Order of the Bath* Pirties 2-ojo laipsnio ordino kavalierius	LAN	*local area network komp.* vietos tinklas
		Lancs.	*Lancashire* Lankašyras *(Anglijos grafystė)*
KG	*Knight of the Order of the Garter* Keliaraiščio ordino kavalierius	lang.	*language* kalba
		Lat.	*Latin* lotynų kalba
kg	*kilogram(s)* kilogramas, kilogramai	lat.	*latitude geogr.* platuma
kg p.h.	*kilograms per hour (kiek)* kilogramų per valandą	lb.	*libra lot.* svaras *(masės vienetas = 0,454 kg)*
kg p.m.	*kilograms per minute (kiek)* kilogramų per minutę	LBH	*length, breadth, height* ilgis, plotis, aukštis
		LBO	*leveraged buyout* supirkimas įgyjamo kapitalo/ akcijų užstatymo pagrindu
kg/s	*kilograms per second (kiek)* kilogramų per sekundę		

L.C.	*Law Court* teismas	LP	*long-playing record* ilgai griežianti plokštelė
	Library of Congress (*JAV*) Kongreso biblioteka		*low pressure* *fiz.* mažas slėgis
l.c.	*loco citato* *lot.* cituotoje vietoje	LPG	*liquefied petroleum gas* suskystintieji degalai
	lower case *poligr.* mažosios raidės	LR	*Lloyd's Register* Loido registras
L.C.,		Lr	*lawrencium* *chem.* laurencis
L/C	*letter of credit* akredityvas	LRBM	*long-range ballistic missile* tolimojo nuotolio balistinė raketa
LCD,			
l.c.d.	*lowest common denominator* bendras mažiausias vardiklis	L.S.	*locus sigilli* *lot.* antspaudo vieta
		l.s.	*left side* kairioji pusė
LCF,		LSD	*lysergic acid diethylamide* LSD (*narkotikas, sukeliantis haliucinacijas*)
l.c.f.	*lowest common factor* mažiausias bendras daugiklis		
		LSE	*London School of Economics* Londono ekonomikos mokykla (*Londono universiteto koledžas*)
LCM,			
l.c.m.	*lowest/least common multiple* mažiausias bendras kartotinis	LST	*local standard time* vietos juostinis laikas (*JAV*)
		Lt.	*lieutenant* leitenantas
LCP	*link control procedure* *komp.* ryšio protokolas		*light* šviesa; šviesos signalas; švyturys
LD	*lethal dose* mirtina dozė	l.t.	*local time* vietos laikas
Ld	*limited* ribotos atsakomybės (*apie akcinę bendrovę/kompaniją*)		*long ton* didžioji/ilgoji tona (= 1016 kg)
			low tension žemoji įtampa
Ld.	*Lord* ponas, lordas	Lt.Col	*Lieutenant Colonel* pulkininkas leitenantas
LDC	*less developed country* silpnos ekonomikos šalis	Ltd	*limited* ribotos atsakomybės (*apie akcinę bendrovę/kompaniją*)
Ldn	*London* Londonas		
LEA	*Local Education Authority* (*D. Britanijos*) vietinės švietimo įstaigos	Lt.Gen	*Lieutenant General* generolas leitenantas
		Lu	*lutetium* *chem.* lutecis
lect.	*lecture* paskaita; *lecturer* lektorius; dėstytojas	LV	*luncheon voucher* priešpiečių talonas
LED	*light emitting diode* šviesos diodas	Lv	*leave* (*traukinio, garlaivio*) išvykimas
Leics.	*Leicestershire* Lesteršyras (*Anglijos grafystė*)	lv	*leave of absence* atostogos
LF	*low frequency* *fiz.* žemasis dažnis	LW, l./w.	*long waves* *rad.* ilgosios bangos
lg.	*large* didelis	lw.	*light-weight* *sport.* lengvasvoris
	long ilgas	Lw	*low water* atoslūgis; žemas vandens lygis
lgth.	*length* ilgis	lwop	*leave without pay* nemokamos atostogos
lg.tn.	*long ton* didžioji/ilgoji tona (= 1016 kg)	lx	*lux* liuksas (*apšviestumo vienetas*)
l.h.	*left hand* kairysis		
l./hr.	*litre per hour* (*kiek*) litrų per valandą	M	*Mach number* *fiz.* Macho skaičius
l.hr.	*lumen-hour* liumenvalandė		*Majesty* didenybė (*titulas*)
Li	*lithium* *chem.* litis		*Medicine* medicina
Lib.	*Liberal* liberalas; liberalų partija		*Member* narys
lib.	*libra* *lot.* knyga		*Meridian* *geogr.* meridianas, dienovidinis
	librarian bibliotekininkas; *library* biblioteka		*Monsieur* *pr.* mesjė, ponas
Lieut	*lieutenant* leitenantas		*motorway* autostrada
LIFO	*last in first out* atvirkštinė eilės tvarka	m	*male* vyriškosios lyties, vyriškas; vyras
Lincs.	*Lincolnshire* Linkolnšyras (*Anglijos grafystė*)		*mark* markė (*piniginis vienetas*); žymuo, ženklas
liq.	*liquid* skystis; skystas; *liquor* skystis; tirpalas		*married* vedęs; ištekėjusi
lit.	*literally* tiesiogine prasme		*masculine* *gram.* vyriškosios giminės
	literary literatūrinis; *literature* literatūros		*mass* *fiz.* masė
Lith	*Lithuania* Lietuva; *Lithuanian* lietuvių kalba; lietuvių		*medium* priemonė, būdas; terpė
			metre metras
ll	*lines* eilutės		*mile* mylia
LL	*longitude and latitude* *geogr.* ilguma ir platuma		*million* milijonas
LLD	*legum doctor* *lot.* teisės mokslų daktaras		*minute* minutė
LLM	*legum magister* *lot.* teisės mokslų magistras		*morning* rytas
LLR	*line of least resistance* mažiausio pasipriešinimo linija	MA	*Master of Arts* humanitarinių mokslų magistras
			Massachusetts Masačūsetsas (*JAV valstija*)
LM	*lunar module* mėnulio modulis		*mental age* proto lygis pagal amžių
lm	*lumen* liumenas (*šviesos srauto vienetas*)	M.A.	*Middle Ages* viduriniai amžiai
LMT	*Local Mean Time* *amer.* vietos vidutinis laikas		*Military Academy* karo akademija
l.m.t.	*length-mass-time* ilgis-masė-laikas (*vienetų sistema*)	mA	*milliampere* miliamperas
		mach	*machine* mašina, mechanizmas
ln	*natural logarithm* natūrinis logaritmas	MAFF	*Ministry of Agriculture, Fisheries, and Food* (*D. Britanijos*) Žemės ūkio, žvejybos ir maisto ministerija
LNG	*liquefied natural gas* suskystintosios gamtinės dujos		
LO	*liaison officer* ryšių tarnybos karininkas	mag.	*magnetic* magnetinis; *magnetism* magnetizmas
L.O.A.	*length overall* *jūr.* visas/bendras ilgis		*magnitude* dydis, didumas
loc.cit.	*loco citato* *lot.* cituotoje vietoje	Maj.	*Major* majoras
long.	*longitude* *geogr.* ilguma	Maj.Gen.	*Major General* generolas majoras

Man.	**Manitoba** Manitoba *(Kanados provincija)*	MeV	**mega-electronvolt** megaelektronvoltas
man.	**management** vadovavimas; valdymas; vadyba; administracija; **manager** vadovas, valdytojas	Mex.	**Mexican** Meksikos; **Mexico** Meksika
		MF	**medium frequency** vidutinis dažnis
	manual rankinis	mf	**microfarad** mikrofaradas
	manufacture gamyba; **manufactured** pramoninės gamybos; **manufacturer** gamintojas	MFA	**Master of Fine Arts** *(JAV)* dailės magistras
		mfd	**manufactured** pramoninės gamybos
Mar	**March** kovas *(mėnuo)*	MFN	**most favoured nation** palankiausios šalies statusas
mar.	**married** vedęs; ištekėjusi	mfrs	**manufacturers** gamintojai
masc.	**masculine** *gram.* vyriškosios giminės	Mg	**magnesium** *chem.* magnis
Mass.	**Massachusetts** Masačūsetsas *(JAV valstija)*	mg	**milligram** miligramas
MAT	**Master of Arts in Teaching** pedagogikos mokslų magistras	mge	**message** pranešimas, žinia
			mileage atstumas myliomis
mat.	**matinée** dieninis spektaklis/koncertas	Mgr	**Manager** vadovas, valdytojas
	matrix matrica		**Monsignor** monsinjoras
	maturity *(mokėjimo)* terminas	mgt.	**management** valdymas, vadovavimas; direkcija; vadyba
math.	**mathematical** matematinis; **mathematics** matematika		
		mH, mh	**millihenry** *fiz.* milihenris
MATS	**Military Air Transport Service** karinė oro transporto tarnyba	MHR	**Member of the House of Representatives** *(JAV, Australijos)* atstovų rūmų narys
max	**maximum** maksimumas; maksimalus	MHz	**megahertz** megahercas
MB	**Bachelor of Medicine** medicinos mokslų bakalauras	MI	**Michigan** Mičiganas *(JAV valstija)*
			Military Inteligence *ist.* karinė žvalgyba
MB, mb	*komp.* **megabyte** megabaitas		**moment of inertia** inercijos momentas
Mb	**megabar** megabaras *(slėgio vienetas)*	mi	**mile** mylia
mb	**millibar** milibaras *(slėgio vienetas)*	MIA	**missing in action** *kar.* dingęs be žinios
MBA	**Master of Business Administration** verslo magistras	Mich.	**Michigan** Mičiganas *(JAV valstija)*
MBE	**Member of the Order of the British Empire** Britanijos imperijos 5-ojo laipsnio ordino kavalierius	mid	**middle** vidurys; vidurinis
		MIF	**Miner's International Federation** Tarptautinė šachtininkų *(profesinių sąjungų)* federacija
MBO	**management buyout** firma, nuperkama jos valdančiojo personalo		
		mil.	**military** karinis, karo
MC	**Master of Ceremonies** ceremonimeistras; konferansjė	min	**minimum** minimumas; minimalus, mažiausias
			minor jaunesnysis
	Member of Congress *(JAV)* Kongreso narys		**minute** minutė
	Military Cross „Karo kryžius" *(ordinas)*	Min.	**Minister** ministras; **Ministry** ministerija
Mc, mc	**megacycle** megahercas	Minn.	**Minnesota** Minesota *(JAV valstija)*
MD	**Doctor of Medicine** medicinos daktaras	MIRAS,	
	Managing Director menedžeris, valdytojas	Miras	**mortgage interest relief at source** užstato palūkanų nuolaida atmetus mokesčius
	mentally deficient protiškai atsilikęs		
MD, Md.	**Maryland** Merilandas *(JAV valstija)*	MIS	**Management Information System** valdymo informacijos sistema
M./D.,			
m.d.	**months after date** *(po kiek)* mėnesių nuo šios datos	misc.	**miscellaneous** įvairus
		Miss.	**Mississippi** Misisipė *(JAV valstija)*
Md	**mendelevium** *chem.* mendelevis	Mk	**mark** *(mašinos)* tipas, markė; markė *(piniginis vienetas)*
mdse	**merchandise** prekės		
ME	**Managing Editor** atsakingasis redaktorius	MKS,	
	Master of Education edukologijos magistras *(t. p.* **M Ed***)*	mks	**metre-kilogram-second** metras-kilogramas-sekundė *(vienetų sistema)*
	Mechanical Engineer inžinierius mechanikas	mkt	**market** rinka
	Middle East Viduriniai Rytai	ml	**mile** mylia
	Middle English vidurinė anglų kalba		**millilitre** mililitras
ME, Me.	**Maine** Meinas *(JAV valstija)*	m/l	**more or less** daugiau ar mažiau
M.Econ.	**Master of Economics** ekonomikos magistras	MLA	**Modern Language Association** Naujųjų kalbų draugija *(JAV)*
med.	**medical** medicinos, medicininis; **medicine** medicina		
		MLC	**Member of the Legislative Council** įstatymų leidžiamosios tarybos narys
	medium vidurys; vidurinis		
mem.	**member** narys	MLitt	**Magister Litterarum** *lot.* literatūros magistras
	memorandum memorandumas, memorialinis raštas	Mlle	**Mademoiselle** *pr.* panelė
		MLR	**minimum lending rate** mažiausia paskolų palūkanų norma
MEP	**Member of the European Parliament** Europos parlamento narys		
		MM	**Messieurs** mesjė, ponai
m.e.p.	**mean effective pressure** vidutinis efektinis slėgis		**Military Medal** karinis medalis
mer.	**meridian** *geogr.* meridianas, dienovidinis	mm	**millimetre** milimetras
Met	**Metropolitan Police** Londono policija	Mme	**Madame** *pr.* ponia
met.	**metaphor** metafora	m.m.f.	**magnetomotive force** magnetovaros jėga
	meteorological meteorologinis	MN	**Merchant Navy** prekybos laivynas
	metropolitan metropolijos, sostinės		**Minnesota** Minesota *(JAV valstija)*

Mn	*manganese* chem. manganas	MV	*megavolt* megavoltas
mngr.	*manager* vadovas, valdytojas	mV	*motor vessel* motorlaivis
MO	*mail order (prekių)* užsakymas paštu; *amer.* pašto perlaida		*millivolt* milivoltas
		MVP	*most valuable/valued player* sport. naudingiausias/geriausias žaidėjas
	Medical Officer medicinos tarnybos karininkas	MW	*medium waves* rad. vidutinės bangos
	modus operandi lot. darbo/veikimo būdas		*megawatt* megavatas
	money order piniginė perlaida	mW	*milliwatt* milivatas
MO, Mo.	*Missouri* Misūris *(JAV valstija)*	Mx	*maxvell* fiz. maksvelas
Mo	*molybdenum* chem. molibdenas	MY	*motor yacht* motorinė jachta
mo.	*amer. month* mėnuo		
MOD	*Ministry of Defence (D. Britanijos)* Gynybos ministerija	N	*knight* šach. žirgas
			newton fiz. niutonas
mod.	*moderate* vidutinis; nuosaikus		*nitrogen* chem. azotas
	modern dabartinis, šiuolaikinis		*North* šiaurė; *Northern* šiaurinis, šiaurės
MOF	*Ministry of Finance* finansų ministerija		*nuclear* branduolinis
mol	*molecular* molekulinis; *molecule* molekulė	N, n	*new* naujas
Mon	*Monday* pirmadienis		*noon* vidu(r)dienis
Mont.	*Montana* Montana *(JAV valstija)*		*normal* normalus
MOT	*Ministry of Transport (D. Britanijos)* Transporto ministerija		*number* numeris; skaičius
		n	*name* vardas, pavardė; pavadinimas
MP	*Member of Parliament* parlamento narys		*net* neto, grynas *(svoris)*
	military police karinė policija; *military policeman* karinis policininkas; *mounted police* raitoji policija		*neuter* gram. niekatroji/bevardė giminė
			neutron neutronas
			nominative vardininkas
m.p.	*melting point* lydymosi taškas		*note* pastaba
mpg	*miles per gallon (kiek)* mylių su *(degalų)* galonu		*noun* daiktavardis
mph.	*miles per hour (kiek)* mylių per valandą	NA	*North America* Šiaurės Amerika
MPhil	*Master of Philosophy* filosofijos magistras	N/A	*no account* nėra sąskaitos
M&R	*maintenance and repair* eksploatacija ir remontas	N/A., n/a	*not applicable* netaikoma, nebūtina atsakyti *(anketoje, blanke)*
MRBM	*medium range ballistic missile* vidutinio nuotolio balistinė raketa		*not available* neturima
		Na	*natrium* lot. chem. natris
MRC	*Medical Research Council* medicinos tyrimų taryba	NAACP	*National Association for the Advancement of Coloured People (JAV)* Negrų teisių gynimo asociacija
MS	*manuscript* rankraštis		
	Mississippi Misisipė *(JAV valstija)*	NAAFI,	
	multiple sclerosis dauginė/išsėtinė sklerozė	Naafi	*Navy, Army, and Air Force Institutes (D. Britanijos)* karinių jūrų, sausumos ir oro pajėgų prekybos tarnybos
M/S, m/s	*months after sight* kom. *(kiek)* mėnesių po pateikimo		
ms	*millisecond* milisekundė	NAC	*North Atlantic Council* Šiaurės Atlanto sąjungos taryba, NATO taryba
m/s	*metres per second (kiek)* metrų per sekundę		
MS,		NAM	*National Association of Manufacturers (JAV)* Nacionalinė pramonininkų asociacija
M.Sc.	*Master of Science* tiksliųjų mokslų magistras		
MS-DOS	*Microsoft disk operating system* komp. mikroprograminės įrangos diskų darbo sistema	NAS	*National Academy of Sciences (JAV)* Nacionalinė mokslų akademija
M.S.L.,		NASA	*National Aeronautics and Space Administration (JAV)* Nacionalinė aeronautikos ir kosminės erdvės tyrimo administracija, NASA
m.s.l.	*mean sea level* vidutinis jūros lygis		
MSS	*manuscripts* rankraščiai	Nat.,	
MT	*machine translation* mašininis vertimas	nat.	*natural* gamtinis, gamtos; *naturalist* gamtininkas
Mt	*mechanic transport* mašininis transportas	Nat.,	
	Montana Montana *(JAV valstija)*	natl.	*national* nacionalinis; valstybinis
	mountain kalnas	NATFHE	*National Association of Teachers in Further and Higher Education (D. Britanijos)* Nacionalinė aukštesniojo ir aukštojo mokslo dėstytojų asociacija
M.T.	*metric ton* metrinė tona *(= 1000 kg)*		
mtg.	*meeting* susirinkimas		
	mortage užstatas, hipoteka; įkaitinis raštas *(t. p. mtge.)*		
		NATO,	
mth	*month* mėnuo	Nato	*North Atlantic Treaty Organization* Šiaurės Atlanto sutarties organizacija, NATO
M.T.L.	*mass, time, length* masė–laikas–ilgis *(vienetų sistema)*		
		naut.	*nautical* jūros, jūrinis; laivybos
MTS	*metre-ton-second* metras–tona–sekundė *(vienetų sistema)*	nav.	*naval* karinis jūrų; karinio jūrų laivyno
			navigation jūrininkystė, navigacija; *navigational* navigacijos; *navigator* šturmanas
mun.	*municipal* municipalinis; *municipality* municipalitetas		
mus.	*museum* muziejus	NAV	*net asset value* grynoji aktyvų vertė
	music muzika; *musician* muzikantas		
mut.	*mutual* abipusis, savitarpio		

NB	*naval base* karinė jūrų bazė	**NM,**	
	New Brunswick Niu Bransvikas *(Kanados provincija)*	**N.Mex.**	*New Mexiko* Naujoji Meksika *(JAV valstija)*
		NNE	*north-north-east* šiaurės-šiaurės rytų *(kryptis)*
	North Britain Šiaurės Britanija, Škotija	**NNP**	*Net National Product* grynasis nacionalinis produktas
	nota bene lot. įsidėmėk!		
Nb	*niobium chem.* niobis	**NNW**	*north-north-west* šiaurės-šiaurės vakarų *(kryptis)*
NBA	*National Basketball [Boxing] Association (JAV)* Nacionalinė krepšinio [bokso] asociacija	**No**	*nobelium chem.* nobelis
		no	*no objection* prieštaravimų nėra
NBC	*National Broadcasting Company (JAV)* Radijo ir televizijos kompanija, NBC	**No., no**	*amer. North* šiaurė
			number numeris; skaičius
NC	*no charge kom.* nemokamai	**nom.**	*nominal* nominalus; *gram.* vardažodinis
	North Carolina Šiaurės Karolina *(JAV valstija)*		*nominative gram.* vardininkas
NCAA	*National Collegiate Athletic Association (JAV)* Nacionalinė studentų sporto asociacija	**N.O.P.,**	
		nop	*not otherwise provided for* tik nurodytiems tikslams; tik kaip numatyta
NCO	*non-commissioned officer* puskarininkis		
ND	*North Dakota* Šiaurės Dakota *(JAV valstija)*	**Nor.**	*Norway* Norvegija; *Norwegian* Norvegijos; norvegų
Nd	*neodymium chem.* neodimis		
n.d.	*no date* be datos	**Northants**	
N. Dak.	*North Dakota* Šiaurės Dakota *(JAV valstija)*		*Northamptonshire* Nortamptonšyras *(Anglijos grafystė)*
NE	*northeast* šiaurės rytai; *northeastern* šiaurės rytų		
		Northumb.	
	Nebraska Nebraska *(JAV valstija)*		*Northumberland* Nortamberlandas *(Anglijos grafystė)*
Ne	*neon chem.* neonas		
NEB	*National Enterprise Board (D. Britanijos)* Pramonės plėtros institutas	**NOS,**	
		n.o.s.	*not otherwise specified* tik kaip pažymėta/nurodyta
Nebr.	*Nebraska* Nebraska *(JAV valstija)*		
NEC	*National Executive Committee* Nacionalinis vykdomasis komitetas	**NOS.,**	
		nos.	*numbers* numeriai; skaičiai
	not elsewhere classified niekur kitur neklasifikuota	**Notts.**	*Nottinghamshire* Notingamšyras *(Anglijos grafystė)*
		Nov.	*November* lapkritis
neg.	*negative* neigiamas; *negatively* neigiamai	**NP**	*Notary Public* notaras
NEI	*not elsewhere indicated* niekur kitur nenurodyta/nepaminėta		*Noun Phrase* daiktavardinis žodžių junginys
		Np	*neptunium chem.* neptūnis
NES	*not elsewhere specified* niekur kitur nepatikslinta	**n.p.**	*new paragraph* nauja eilutė/pastraipa
Neth.	*Netherlands* Olandija		*no place of publication* išleidimo vieta nenurodyta
Nev.	*Nevada* Nevada *(JAV valstija)*		
NF	*National Front* nacionalinis frontas *(partija)*	**NPA**	*Newspaper Publishers' Association (D. Britanijos)* Laikraščių leidėjų asociacija
NF, n/f	*no funds* nepadengta *(sąskaitoje nėra lėšų)*		
Nfld.	*Newfoundland and Labrador* Niufaundlandas ir Labradoras *(Kanados provincija)*	**n.p. or d.**	*no place or date of publication* išleidimo vieta ir data nenurodyta
NFL	*National Football League (JAV)* Nacionalinė futbolo lyga	**n.p.t.**	*normal pressure and temperature* normalus slėgis ir temperatūra
NFU	*National Farmers' Union (D. Britanijos)* Nacionalinė fermerių sąjunga	**NPV**	*net present value fin.* grynoji dabartinė vertė
		nr	*near* arti, prie
NG	*National Guard (JAV)* Nacionalinė gvardija	**NS**	*National School* valstybinė pradžios mokykla *(Airijoje)*
n.g.	*no good* netinka; negerai		
NGO	*Non-Governmental Organization* nevalstybinė organizacija		*new series* nauja serija
			New Style (kalendoriaus) naujasis stilius
NH	*New Hampshire* Niuhampšyras *(JAV valstija)*		*Nova Scotia* Naujoji Škotija *(Kanados provincija)*
NHL	*National Hockey League (JAV)* Nacionalinė ledo ritulio lyga	**ns**	*nanosecond fiz.* nanosekundė
n.h.p.	*nominal horsepower* vardinė/nominalioji arklio galia		*nuclear ship* atominis laivas
			nuclear submarine atominis povandeninis laivas
NHS	*National Health Service (D. Britanijos)* Nacionalinė sveikatos apsaugos tarnyba	**n.s.**	*not signed* nepasirašyta
			not specified nepatikslinta
NI	*National Insurance* valstybinis draudimas *(D. Britanijoje)*	**NSB**	*National Savings Bank* nacionalinis taupomasis bankas
	Northern Ireland Šiaurės Airija	**NSC**	*National Security Council (JAV)* Nacionalinė saugumo taryba
Ni	*nickel chem.* nikelis		
NJ	*New Jersey* Niu Džersis *(JAV valstija)*	**NSF**	*National Science Foundation (JAV)* Nacionalinis mokslo fondas
n.l.	*non licet lot.* neleidžiama		
N.Lat.	*north latitude geogr.* šiaurės platuma		*not sufficient funds* nepadengta *(banko pažyma neapmokėtame čekyje/vekselyje)*
NLF	*National Liberation Front* nacionalinis išsivadavimo frontas		
		NSPCC	*National Society for the Prevention of Cruelty to Children (D. Britanijos)* Nacionalinė vaikų apsaugos draugija
NM	*National Museum (JAV)* Nacionalinis muziejus		
nm	*nanometre fiz.* nanometras		
	nautical mile jūrų mylia *(= 1,853 km)*		

NSU	*non-specific urethritis* med. nespecifinis uretritas	OC	*Officer Commanding* kar. vadas
NSW	*New South Wales* Naujasis Pietų Velsas *(Australijos valstija)*		*open charter* atvirasis čarteris
		Oc., oc.	*ocean* vandenynas
NT	*National Trust* (D. Britanijos) Nacionalinė istorinių paminklų ir vietų apsaugos komisija	oc.	*opere citato* lot. cituotame veikale
		occas.	*occasional* atsitiktinis; *occasionally* retkarčiais; nereguliariai
	New Testament Naujasis testamentas		
	Northern Territory (Australijos) Šiaurės teritorija	OCR	*optical character recognition* automatinis optinių/spausdintų ženklų skaitymas/atpažinimas
Nth.	*North* šiaurė		
nt.wt.	*net weight* neto/grynasis svoris	Oct	*October* spalis
nu	*name unknown (autoriaus)* pavardė nežinoma; pavadinimas nenustatytas	OD	*Officer of the Day* budintis karininkas
		OD, od	*outer diameter* išorinis skersmuo
NUJ	*National Union of Journalists* (D. Britanijos) Nacionalinė žurnalistų sąjunga	O/D, OD	*overdraft* kredito viršijimas
		OD, o/d	*on demand* pagal pareikalavimą
NUM	*National Union of Mineworkers* (D. Britanijos) Nacionalinė šachtininkų *(profesinių sąjungų)* sąjunga	OE	*Old English* senoji anglų kalba
		O.E., o.e.	*omissions excepted* kom. atmetus praleidimus
		OECD	*Organization for Economic Cooperation and Development* Ekonominio bendradarbiavimo ir plėtros organizacija
NUS	*National Union of Students* (D. Britanijos) Nacionalinė studentų sąjunga		
NUT	*National Union of Teachers (JAV)* Nacionalinė mokytojų sąjunga	OED	*Oxford English Dictionary* „Oksfordo anglų kalbos žodynas"
NV	*Nevada* Nevada *(JAV valstija)*	Off., off	*office* įstaiga, kanceliarija, kontora
N.V.	*nominal value* nominalioji kaina/vertė; nominalas		*officer* karininkas; pareigūnas
NV, nv	*nonvoting* nebalsuojantis		*official* oficialus
NVSD	*National Vital Statistics Division (JAV)* Civilinės būklės aktų statistikos skyrius	OH	*Ohio* Ohajas *(JAV valstija)*
		OHMS	*on Her [His] Majesty's Service* Jos [Jo] didenybės tarnyboje *(vyriausybiniuose laiškuose)*
NW	*northwest* šiaurės vakarai; *northwestern* šiaurės vakarų		
		OK, Okla.	*Oklahoma* Oklahoma *(JAV valstija)*
NWT	*Northwest Territories (Kanados)* Šiaurės vakarų teritorijos	OM	*Order of Merit* (D. Britanijos) ordinas „Už nuopelnus"
n.wt.	*net weight* neto/grynasis svoris		
NY	*New York* Niujorkas *(JAV valstija ir miestas)*	O.No.	*order number* užsakymo numeris
NYC	*New York City* Niujorkas *(miestas)*	o.n.o.	*or near offer* artima siūlomai kaina *(skelbimuose)*
NYSE	*New York Stock Exchange* Niujorko (kapitalo/fondų) birža	Ont.	*Ontario* Ontarijas *(Kanados provincija)*
		OP	*observation point* stebėjimo punktas
NZ	*New Zealand* Naujoji Zelandija		*Order of Preachers* dominikonų ordinas
		Op., op.	*opus* lot. muz. kūrinys, veikalas
O	*observer* stebėtojas	op.	*opera* opera
	ocean vandenynas		*operator* operatorius
	October spalis	o.p.	*out of print* parduota *(apie leidinį)*
	officer karininkas; valdininkas	op. cit.	*opere citato* lot. cituotame veikale
	oxygen chem. deguonis	OPEC	*Organization of Petroleum Exporting Countries* Naftą eksportuojančių šalių organizacija, OPEK
O, o	*old* senas		
	order įsakymas; užsakymas; tvarka; ordinas		
	organization organizacija	opp.	*opposite* priešingas; prieš(ais)
OA	*official account* oficiali ataskaita	OPruss	*Old Prussian* senovės prūsų
	on account sąskaitoje	opt.	*optical* optinis; *optician* optikas; *optics* optika
O/A	*open account* kreditas iš atidarytosios sąskaitos		*optional* neprivalomas, fakultatyvus
O. & M.	*organization and methods* organizavimas ir būdai	OR	*operational research* operaciniai tyrimai/apskaičiavimai
OAP	*old age pensioner* senatvės pensininkas		*Oregon* Oregonas *(JAV valstija)*
OAS	*on active service* karo tarnyboje	O.R., O/R	*owner's risk* savininko rizika
	Organization of American States Amerikos valstybių organizacija		
		O/R	*on request* pagal pageidavimą/užsakymą
OAU	*Organization of African Unity* Afrikos vienybės organizacija	orch.	*orchestra* orkestras
		ord.	*order* įsakymas; užsakymas
ob.	*obiit* lot. mirė		*ordinary* paprastas
OBE	*Officer of the Order of the British Empire* Britanijos imperijos 4-ojo laipsnio ordino kavalierius	Oreg.	*Oregon* Oregonas *(JAV valstija)*
		org.	*organic* organinis
obj.	*object* objektas; tikslas; *gram.* papildinys		*organized* organizuotas
	objection prieštaravimas	orig.	*origin* kilmė; pradžia; *original* originalus; pradinis
obl.	*obligation* įsipareigojimas; obligacija; *obligatory* privalomas	orth.	*orthodox* ortodoksinis
			orthography ortografija, rašyba
	oblique netiesioginis; įžambus	OS	*Old Saxon* senoji (anglo)saksų kalba
	oblong pailgas		*Old Style (kalendoriaus)* senasis stilius
obs.	*observatory* observatorija		*ordinary seaman* jaunesnysis jūrininkas
	obsolete pasenęs		*outsize* didelio numerio *(apie drabužį)*

O/S, o/s	***on sale*** parduodama	**part.**	***participle*** dalyvis
	out of stock nėra sandėlyje		***particular*** ypatingas
	outstanding *fin.* neapmokėtas	**Pass.,**	
Os	***osmium*** *chem.* osmis	**pass**	***passenger*** keleivis
OT, o/t	***old terms*** *(pardavimo, mokėjimo ir pan.)* ankstesnės sąlygos	**pat.**	***patent*** patentas; ***patented*** patentuotas
		PAU	***Pan-American Union*** Panamerikos sąjunga
	Old Testament Senasis testamentas	**PAYE**	***pay as you earn*** pajamų mokesčio atskaitymas iš gaunamo atlyginimo
OT, O/T	***overtime*** viršvalandžiai		
OTC	***Officers' Training Corps*** *(D. Britanijos)* karininkų mokykla	**Pb**	***plumbum*** *lot.* švinas
		PBR	***payment by results*** apmokėjimas pagal atliktą darbą
	over-the-counter akcijos, neskelbiamos biržoje ir parduodamos tiesiog investuotojui; be recepto		
		PC	***Police Constable*** policininkas
			Post Commander pašto viršininkas
OU	***Open University*** neakivaizdinio mokymo universitetas		***Privy Council*** *(D. Britanijos)* Slaptoji taryba
		PC, pc	***personal computer*** asmeninis kompiuteris
	Oxford University Oksfordo universitetas		***politically correct*** politiškai teisinga
OUP	***Oxford University Press*** Oksfordo universiteto leidykla	**P/C, p/c**	***petty cash*** kišenpinigiai
			price current kainoraštis; esamoji kaina
OW	***one-way*** vienkryptis, vienapusis	**pc**	***per cent*** procentas
Oxon	***Oxfordshire*** Oksfordšyras *(Anglijos grafystė)*		***postal card*** pašto atvirukas
		pcl	***parcel*** paketas, ryšulys; *(prekių)* partija
	of Oxford (University) Oksfordo (universiteto)	**pcm**	***per calendar month*** per mėnesį
oz	***ounce*** uncija *(= 28,35 g)*	**pct.**	*amer.* ***per cent*** procentas
P	***parking*** *aut.* stovėjimo vieta, parkingas	**PD**	***passeport diplomatique*** *pr.* diplomatinis pasas
	pastor pastorius, protestantų kunigas		***per diem*** *lot. (kiek)* dienai, per dieną
	pawn *šach.* pėstininkas		***Police Department*** *(JAV)* Policijos valdyba
	phosphorus *chem.* fosforas		***Public Defender*** valstybės apmokamas gynėjas/ advokatas
	poise *fiz.* puazas		
	post (office) paštas	**Pd**	***palladium*** *chem.* paladis
	power *fiz., komp.* geba	**pd.**	***paid*** apmokėta(s) *(užrašas sąskaitoje)*
	president prezidentas	**p.d.q.**	***pretty damn quick*** *šnek.* tuoj pat
	pressure *fiz.* slėgis	**PE**	***physical education*** fizinis lavinimas
p	***page*** puslapis		***probable error*** galima (pa)klaida *(statistikoje)*
	part dalis	**P/E, p/e**	***market price/earnings*** kainų ir uždarbio santykis
	participle dalyvis	**PEI**	***Prince Edward Island*** Princo Edvardo sala *(Kanados provincija)*
	past praėjęs, buvęs; *gram.* būtasis laikas		
	pence pensai; ***penny*** pensas	**PEN**	***International Association of Poets, Playwrights, Editors, Essayists, and Novelists*** Poetų, rašytojų ir redaktorių tarptautinė asociacija
	piano *it. muz.* piano, tyliai		
	pint pinta *(= 0,568 l D. Britanijoje; = 0,473 l JAV)*		
		Pen.,	
	population gyventojai	**pen.**	***peninsula*** pusiasalis
	post *lot.* po, vėliau	**Penn.,**	
PA	***personal assistant*** asmeninis sekretorius/padėjėjas	**Penna.**	***Pennsylvania*** Pensilvanija *(JAV valstija)*
		PEP	***Personal Equity Plan*** Vyriausybės skatinamos asmeninės akcijos ir investicijos *(teikiant mokesčių nuolaidas)*
	press agent spaudos ir reklamos agentas		
	Press Association *(D. Britanijos)* telegramų agentūra		
		per.	***period*** periodas
	public address viešos kalbos transliavimas *(įrengiant garsiakalbį, mikrofoną ir pan.; t. p.* ***PA System****)*		***person*** asmuo
		perf.	***perfect*** *gram.* perfektas
			perforated perforuotas
P.A.,P/A	***power of attorney*** įgaliojimas	**perh.**	***perhaps*** gal, galbūt
	private account asmeninė sąskaita	**pert.**	***pertaining*** *(to)* priklausantis; susijęs
PA, Pa.	***Pennsylvania*** Pensilvanija *(JAV valstija)*	**Pf, pf**	***phennig*** (p)fenigas
Pa	***protactinium*** *chem.* protaktinis	**pf., pfd.**	***preferred*** privilegijuotasis *(apie akcijas)*
p.a.	***per annum*** *lot.* kasmet	**PFU**	***prepared for use*** parengtas naudoti/vartoti
Pac.	***Pacific*** Ramiojo vandenyno; ***Pacific Ocean*** Ramusis vandenynas	**PG**	***Parental Guidance*** vaikams tik su tėvų sutikimu/ leidimu *(apie filmą)*
Pan.	***Panama*** Panama		
P.&L.	***profit and loss*** pelnas ir nuostolis		***paying guest*** nuomininkas
p&p	***postage and package*** pašto ir įpakavimo išlaidos		***postgraduate*** magistrantas, doktorantas
par	***paragraph*** paragrafas, skyrius; punktas	**pg.**	***page*** puslapis
		p.h.	***per hour*** per valandą
	parenthesis lenktiniai skliausteliai; *gram.* įterptinis žodis	**PH**	***public health*** sveikatos apsauga
			Purple Heart *amer.* „Purpurinė širdis" *(medalis, teikiamas sužeistiesiems kare)*
para	***paragraph*** paragrafas, skyrius; punktas		
Parl.	***Parliament*** parlamentas; ***Parliamentary*** parlamentinis	**Phar.**	***pharmacopoeia*** farmakopėja
			pharmacy farmacija

PhD	*Doctor of Philosophy* filosofijos daktaras	pot.	*potential* potencialas
Phil.	*Philharmonic* filharmonija	POW	*prisoner of war* karo belaisvis
	Philosophy filosofija	P.P.	*parish priest* klebonas
Phila.	*Philadelphia* Filadelfija		*postage paid* pašto išlaidos apmokėtos
phr.	*phrase* frazė		*purchase price* pirkimo kaina
PHS	*Public Health Service* sveikatos apsaugos tarnyba	pp	*pages* puslapiai
P.I.	*Philippine Islands* Filipinų salos		*parcel post* pašto siuntinys
PIF	*program information file komp.* programos informacijos rinkmena		*past participle gram.* būtojo laiko dalyvis
			per procurationem lot. (pasirašantis) pagal įgaliojimą *(laiško pabaigoje)*
PIN	*personal identification number* asmens tapatybės numeris *(kredito kortelėje)*		*pianissimo muz.* pianissimo
pk	*park* parkas	ppd.	*prepaid* iš anksto apmokėtas
	peak viršūnė	ppr.,	
	peck pekas *(biralų tūrio vienetas)*	p.pr.	*present participle gram.* esamojo laiko dalyvis
pkg.	*package* siuntinys; paketas; bagažo vieta	PPS	*additional postscript* antrasis/papildomas post scriptum
pkt	*packet* paketas, ryšulėlis		
P.L.	*Public Law* valstybinė teisė		*Parliamentary Private Secretary (D. Britanijos)* parlamento narys – ministro patarėjas
pl, pl.	*place* vieta; gyvenamoji vieta		
	plate lentelė, plokštelė	ppt.	*precipitate chem.* nuosėdos
	plural daugiskaita	PR	*proportional representation* proporcingas atstovavimas
plat.	*platoon kar.* būrys		
PLC	*public limited company* atviroji ribotos atsakomybės bendrovė		*public relations* visuomeninė informacija ir reklama
PLO	*Palestine Liberation Organization* Palestinos išsivadavimo organizacija		*Puerto Rico* Puerto Rikas
		Pr	*praseodymium chem.* prazeodimis
PLR	*Public Lending Right* autoriaus teisė gauti honorarą *(už paimtas skaityti jo knygas iš viešosios bibliotekos)*		*prince* princas
		Pr., pr.	*preferred* privilegijuotasis *(apie akcijas)*
			priest dvasininkas
PM	*Paymaster* kasininkas, iždininkas	pr.	*pair* pora
	Postmaster pašto viršininkas		*price* kaina
	post mortem lot. po mirties, pomirtinis		*pronoun* įvardis
	Prime Minister ministras pirmininkas	P.R.C.	*People's Republic of China* Kinijos Liaudies Respublika
	Provost Marshal karinės policijos viršininkas		
Pm	*promethium chem.* prometis	prec.	*preceding* pirmesnis, ankstesnis
pm.	*premium (draudimo)* įmoka	pred.	*predicate gram.* tarinys
p.m.	*per minute* per minutę	pref.	*preface* įžanga, įvadas
	post meridiem lot. (kurią valandą) po pusiaudienio		*preferred* privilegijuotasis *(apie akcijas)*
			prefix priešdėlis
PMG	*Paymaster General* vyriausiasis kasininkas	prem.	*premium (draudimo)* įmoka
	Postmaster General pašto ministras	prep	*preposition* prielinksnis
PMS,		Pres.	*President* prezidentas; pirmininkas
PMT	*premenstrual syndrome, premenstrual tension med.* priešmenstruacinis sindromas	pres	*present* dabartis; esamas, dalyvaujantis
		p.r.n.	*pro re nata lot.* pagal susidariusias aplinkybes, reikalui esant *(receptuose)*
P/N.	*promissory note* skolinis įsipareigojimas, paprastasis vekselis		
		PRO	*Public Records Office* valstybės archyvas
pnxt.	*pinxit lot.* (nu)piešė, (nu)tapė *(kas)*		*public relations officer* visuomenės informavimo ir reklamos atsakingas darbuotojas
PO	*Petty Officer* viršila *(laivyne)*		
	postal order pašto perlaida	prob	*problem* problema; uždavinys
	Post Office paštas, pašto skyrius	prob.	*probable* galimas, tikimas; *probably* turbūt, tikriausiai
Po	*polonium chem.* polonis		
POB	*Post-Office Box* abonentinė pašto dėžutė	proc.	*procedure* procedūra
POC	*port of call* įplaukimo uostas *(pagal tvarkaraštį)*		*proceedings (mokslinės draugijos)* darbai
POD	*port of debarkation/discharge* iškrovimo uostas		*process* procesas
P.O.D.	*paid on delivery* apmokama pristačius	Prof	*professor* profesorius
POE	*port of embarkation [entry]* pakrovimo [įplaukimo] uostas	PROM	*programmable read-only memory komp.* programuojamoji skaitomoji atmintis
Pol	*Polish* lenkų kalba	prom.	*promontory geogr.* kyšulys
Pol.	*Poland* Lenkija; *Polish* lenkų; Lenkijos	pron.	*pronoun* įvardis
pol.	*political* politinis; *politics* politika		*pronunciation* tarimas
pop.	*popular* populiarus	prop.	*properly* deramai, tinkamai
	population gyventojai		*proposition* teorema
pos.	*positive* teigiamas; *gram.* nelyginamasis laipsnis		*proprietor* savininkas
POS	*point of sale* faktinis pardavimo kainos lygis	Prot.	*Protestant* protestantas
poss	*possession* nuosavybė; valdymas; *possessive gram.* savybinis	prov	*province* provincija
			provisional laikinas
	possible galima(s)		

prox.	*proximo lot.* ateinančio (mėnesio)	Qld.	**Queensland** Kvinslandas *(Australijos valstija)*
PS	**permanent [private] secretary** nuolatinis [asmeninis] sekretorius	qlty	**quality** kokybė, rūšis
	Police Sergeant policijos puskarininkis	Qm	**Quartermaster** *kar.* ūkio dalies viršininkas
	post scriptum *lot.* post scriptum, prierašas *(laiško pabaigoje)*	Qn	**question** klausimas
		q.p.	**quantum placet** *lot.* kiek atrodys reikalinga/naudinga
	Privy Seal mažasis valstybinis antspaudas	qq	**guestions** klausimai
	Public School *(JAV)* nemokama valstybinė mokykla	qr.	**quarter** ketvirtis
		qt	**quiet** tyla; **on the qt** *šnek.* slaptai
ps.	**pieces** gabalai, vienetai	qt.	**quart** kvarta *(skysčių ir biralų mato vienetas = 1,136 l D. Britanijoje, 0,946 l JAV skysčių ir 1,101 l biralų)*
	pseudonym slapyvardis, pseudonimas; **pseudonymous** pasirašytas slapyvardžiu		
PSBR	**public sector borrowing requirement** *(D. Britanijos)* valstybinio sektoriaus lėšų poreikis	qty	**quantity** kiekis
		qu.	**question** klausimas
psi	**pounds per square inch** *(kiek)* svarų kvadratiniam metrui	Que.	**Quebec** Kvebekas *(Kanados provincija)*
		q.v.	**quod vide** *lot.* žiūrėk, žr.
PSV	**public service vehicle** visuomeninio transporto priemonė		
		R	**radical** *chem.* radikalas
PT	**physical training** fizinis lavinimas/rengimas		**Réaumur** *(kiek)* laipsnių pagal Reomiūrą
Pt	**platinum** *chem.* platina		**Republican** *(JAV)* respublikonas
pt	**part** dalis		**Regina** *lot.* karalienė; **Rex** *lot.* karalius *(vart. bylų pavadinimuose, kai viena iš bylos šalių yra valstybė)*
	past tense *gram.* būtasis laikas		
	payment mokestis; (ap)mokėjimas		
	pint pinta *(= 0,568 l D. Britanijoje, = 0,473 l JAV)*		**resistance** *el.* varža
			roentgen *fiz.* rentgenas
	point taškas, punktas		**rook** *šach.* bokštas
	port uostas		**Royal** karališkas; britų, Britanijos
p.t.	**pro tempore** *lot.* dabar, laikinai	R, r	**radius** *geom.* spindulys
PTA	**Parent-Teacher Association** Tėvų ir mokytojų asociacija		**railway** geležinkelis
			right dešinysis
	Passenger Transport Authority keleivinio transporto administracija		**river** upė
			road kelias
			rule taisyklė
Pte	**Private (soldier)** *(D. Britanijos)* eilinis (kareivis)	r.	**rare** retas
PTO	**please turn over** prašom versti *(užrašas puslapio gale)*		**received** *kom.* gauta
			rent nuoma; buto mokestis
PTV	**public television** valstybinė/nekomercinė televizija	RA	**rearadmiral** kontradmirolas
			regular army reguliarioji kariuomenė
Pu	**plutonium** *chem.* plutonis		**Royal Academy** *(D. Britanijos)* Karališkoji akademija
pub.	**public** visuomeninis; valstybinis		
	publication (iš)leidimas, leidinys		
publ.	**published** išleistas, išspausdintas; **publisher** leidėjas	Ra	**radium** *chem.* radis
		ra., r/a	**radioactive** radioaktyvus
Pvt.	**private** *kar.* eilinis	RAA	**Royal Academy of Arts** *(D. Britanijos)* Karališkoji dailės akademija
PW	**Policewoman** policininkė		
	prisoner of war karo belaisvis	RAAF	**Royal Australian Air Force** Australijos karo aviacija
	public works viešieji/visuomeniniai darbai		
pw	**per week** per savaitę	RAC	**Royal Automobile Club** automobilistų klubas/draugija *(D. Britanijoje)*
PWA	**person with Aids** žmogus, sergantis Aids		
pwt	**pennyweight** peniveitas *(sen. masės vienetas = 1,55 g)*	rad.	**radical** *mat.* šaknis
		rad	**radian** *geom.* radianas
PX	**post exchange** *amer. kar.* prekybos tarnyba *(krautuvė, kavinė ir pan.)*		**radiation absorbed dose** *fiz.* absorbuotoji radiacijos dozė, radas
		RADA	**Royal Academy of Dramatic Arts** *(D. Britanijos)* Karališkoji teatro meno akademija
Q	**Queen** karalienė; *šach.* valdovė, karalienė		
Q, q	**question** klausimas	RADHAZ	
	quintal kvintalas *(masės vienetas = 50,8 kg D. Britanijoje, 45,36 kg JAV)*		**radiation hazard** radiacijos pavojus
		RAF	**Royal Air Force** *(D. Britanijos)* Karališkasis oro laivynas
Qantas	**Queensland and Northern Territory Aerial Services** Australijos avialinijos		
		RAM	**random-access memory** *komp.* tiesioginės kreipties atmintis
QC	**Queen's Counsel** karališkasis advokatas		
QED	**quod erat demonstrandum** *lot.* tai ir reikėjo įrodyti		**Royal Academy of Music** *(D. Britanijos)* Karališkoji muzikos akademija
QEF	**quod erat faciendum** *lot.* tai ir reikėjo padaryti	RAMC	**Royal Army Medical Corps** *(D. Britanijos)* kariuomenės medicinos tarnyba
QEI	**quod erat inveniendum** *lot.* tai ir reikėjo rasti		
Q.F., q.f.	**quick-firing** *attr* greitašaudis	R&B	**rhythm and blues** džiazo ir bliuzo derinys

R&D	*research and development* tyrimas ir plėtra	**r.f.**	*radio frequency* radijo dažnis
RAUS	*Regular Army of the United States* JAV reguliarioji kariuomenė	**RFD**	*rural free delivery (JAV)* nemokamas korespondencijos pristatymas kaime
Rb	*rubidium chem.* rubidis	**RGS**	*Royal Geographical Society (D. Britanijos)* Karališkoji geografų draugija
RC	*Red Cross* Raudonasis kryžius		
	reinforced concrete gelžbetonis	**R.H.**	*Royal Highness* karališkoji didenybė
	Roman Catholic Romos katalikų	**Rh**	*rhesus (factor) med.* rezus faktorius
RCAF	*Royal Canadian Air Force* Kanados karo aviacija		*rhodium chem.* rodis
RCMP	*Royal Canadian Mounted Police* Kanados raitoji policija	**r.h.**	*right hand* dešinysis
		r.h.b.	*right halfback sport.* dešinysis saugas
rcpt	*receipt* kvitas	**RHS**	*Royal Historical Society (D. Britanijos)* Karališkoji istorikų draugija
rcts	*receipts* piniginės įplaukos, pajamos		
RD	*refer to drawer* kreipkitės į čekio išdavėją		*Royal Horticultural Society (D. Britanijos)* Karališkoji sodininkystės draugija
Rd, rd	*road* kelias *(džn. gatvių pavadinimuose)*		
RDA	*recommended daily allowance/amount* rekomenduojama dienos norma	**RI**	*religious instruction* tikyba *(mokomasis dalykas)*
			Rhode Island Rod Ailandas *(JAV valstija)*
RE	*real estate* nekilnojamasis turtas	**RIBA**	*Royal Institute of British Architects* Britanijos architektų institutas
	religious education religinis auklėjimas		
Re	*rhenium chem.* renis	**RIP**	*requiesca(n)t in pace lot.* tegu ilsisi ramybėje
re.	*regarding* dėl, ryšium su *(ofic. laiškuose)*	**RISC**	*reduced instruction set computer* kompiuteris, atliekantis tik tam tikras operacijas
rec.	*receipt* kvitas; pakvitavimas		
	record įrašas; plokštelė; protokolas; rekordas	**riv.**	*river* upė
recd	*kom. received* gauta, priimta	**rly.**	*railway* geležinkelis
recpt,		**RM**	*Royal Marines (D. Britanijos)* jūrų pėstininkai
rect.	*receipt* kvitas; pakvitavimas	**rm.**	*room* kambarys, patalpa
ref.	*reference kom.* referencija, pažyma	**RMA**	*Royal Military Academy (D. Britanijos)* karo akademija
	refunding perfinansavimas, refinansavimas		
reg.	*region* kraštas, sritis; rajonas, regionas	**RMT**	*National Union of Rail, Maritime, and Transport Workers* Nacionalinė transporto priemonių ir jūrininkystės darbuotojų profesinė sąjunga
	register registras, sąrašas; *registered* registruotas *(apie pašto siuntinį)*; *registration* registracija		
		RN	*registered nurse* diplomuota med. sesuo
	regular reguliarus; taisyklingas		*Royal Navy (D. Britanijos)* karo jūrų laivynas
	regulation taisyklė; nurodymas	**Rn**	*radon chem.* radonas
regd	*registered* registruotas; vardinis *(apie akcijas)*	**RNA**	*ribonucleic acid* ribonukleino rūgštis, RNR
regt	*regiment kar.* pulkas	**ROM**	*read-only memory komp.* skaitomoji atmintis *(pastoviosios atminties įrenginys)*
rel.	*relative* santykinis		
	religion religija; *religious* religinis	**RP**	*received pronunciation* norminis tarimas
REM	*rapid eye-movement* akies obuolio trūkčiojimas *(neramaus miego fazė)*		*retail price* mažmeninė kaina
		RPI	*retail price index* mažmeninių kainų indeksas
Rep	*Representative (JAV)* Atstovų rūmų narys	**RPM**	*resale price maintenance (prekių)* perpardavimas aukščiausiomis kainomis
	Republic respublika; *Republican (JAV)* respublikonas		
		rpm	*revolutions per minute (kiek)* apsisukimų per minutę
rep., rept.	*report* ataskaita; pranešimas		
		rps	*revolutions per second (kiek)* apsisukimų per sekundę
req.	*request* prašymas; paklausimas; *required* reikalingas, būtinas		
		RR	*railroad amer.* geležinkelis
reqmts	*requirements* reikalavimai; poreikiai	**RRP**	*recommended retail price* rekomenduojamoji mažmeninė kaina
res.	*reserve* atsarga, rezervas; *reserved* rezervuotas; atsarginis		
		RS	*Royal Society (D. Britanijos)* Karališkoji draugija
	residence gyvenamoji vieta	**r.s.**	*right side* dešinioji pusė, dešinė
	residue likutis; nuosėdos	**RSA**	*Royal Society of Arts (D. Britanijos)* Vaizduojamojo meno draugija
	resigned atsistatydinęs		
resp.	*respective* atitinkamas; *respectively* atitinkamai	**RSM**	*Regimental Sergeant Major* pulko viršila
	respondent atsakovas		*Royal Society of Music (D. Britanijos)* Karališkoji muzikos mokykla
ret., retd	*retired* atsistatydinęs, išėjęs į pensiją; atsargos		
		RSPB	*Royal Society for the Protection of Birds (D. Britanijos)* Paukščių globos draugija
	returned grąžintas; išrinktas *(į parlamentą)*		
retl	*retail* mažmeninė prekyba	**RSPCA**	*Royal Society for the Prevention of Cruelty to Animals (D. Britanijos)* Gyvūnų globos draugija
rev.	*revenue* pajamos		
	review apžvalga	**RSVP**	*réponder s'il vous plaît pr.* prašom atsakyti *(rašoma pakvietimuose)*
	revised patikrintas, ištaisytas		
Rev(d)	*Reverend* šventasis *(dvasininko titulas);* pastorius *(prieš pavardę)*	**RT**	*radiotelegraphy* radiotelegrafija
		rt.	*right* teisė
Rf	*rutherfordium chem.* raderfordis, rezerfordas, kurčiatovis	**Rt. Hon.**	*Right Honourable* didžiai gerbiamas *(kreipiantis į valstybės slaptosios tarybos narius ir teisėjus)*

Rt. Rev.	*Right Reverend* Jūsų eminencija *(kreipiantis į vyskupą)*		*science* mokslas; *scientific* mokslinis
r-t-w	*ready-to-wear* gatavas *(apie drabužius)*		*scilicet lot.* būtent, tai yra
Ru	*ruthenium chem.* rutenis		*scruple ist.* skrupulas *(masės vienetas = 1,3 g)*
RUC	*Royal Ulster Constabulary* Š. Airijos policija	s/c	*self-contained* autonominis; atskiras
Rum.	*Rumania* Rumunija; *Rumanian* rumunų; Rumunijos	sch.	*scholar* mokslininkas; *school* mokykla
			schooner škuna
Rum	*Rumanian* rumunų kalba	Sci.	*science* mokslas; *scientific* mokslinis
RV	*revised statutes* pakeisti ir papildyti įstatymai	SD, S/D	*sight draft* terminuotas pateiktinis vekselis
	Revised Version (of the Bible) pataisytas Biblijos leidimas	sd.	*sound* garsas
		s.d.	*sailing date* išplaukimo data/diena
Rx	*prescription* receptas *(JAV)*		*sine die lot.* be datos/termino; neapibrėžtam laikui
Ry.	*railway* geležinkelis		
			standard deviation standartinis nukrypimas *(statistikoje)*
S	*Saint* šventasis		
	Sea jūra	SD, S.Dak.	*South Dakota* Pietų Dakota *(JAV valstija)*
	Senate Senatas *(JAV)*	SDP	*Social Democratic Party ist.* *(D. Britanijos)* Socialdemokratų partija
	siemens el. simensas		
	society draugija	SDR	*special drawing rights* specialios skolinimo/kreditinės teisės *(iš Tarptautinio valiutos fondo)*
	South pietūs; *southern* pietinis; pietų		
	sulphur chem. siera	SE	*southeast* pietryčiai; *southeastern* pietryčių
s	*second* sekundė	Se	*selenium chem.* selenas
	section sekcija; skyrius, poskyris	SEATO	*Southeast Asia Treaty Organization ist.* Pietryčių Azijos šalių sutarties organizacija, SEATO
	series serija		
	signed pasirašytas	sec	*secant mat.* sekantas
	singular vienaskaita		*second* sekundė
	small mažas		*secondary* antrinis; antraeilis
	son sūnus		*secretary* sekretorius; ministras
$	*dollar* doleris		*sector* sektorius
SA	*Salvation Army* Gelbėjimo armija *(JAV ir Anglijos religinė labdaros organizacija)*	sect.	*section* sekcija, skyrius
		sel.	*selected* atrinktas, rinktinis; *selection* atranka; selekcija
	sex appeal fizinis patrauklumas		
	South Africa Pietų Afrika	Sen	*Senate* senatas; *Senator* senatorius
	South America Pietų Amerika		*senior* vyresnysis *(t. p.* **Senr.***)*
	South Australia Pietų Australija	sep.	*separate* atskiras
SACEUR	*Supreme Allied Commander, Europe* NATO jungtinių karo pajėgų Europoje vyriausiasis vadas	Sep., Sept.	*September* rugsėjis
sae	*stamped addressed envelope* į laišką įdėtas vokas su siuntėjo adresu ir ženklu	seq.	*sequel* tęsinys; *sequens lot.* kitas, tolesnis
		ser.	*serial* serialas, serijinis filmas; *series* serija
s.a.e.l.	*sine anno et loco lot.* metai ir vieta nepažymėta		*sermon* pamokslas
SALT	*Strategic Arms Limitation Talks* Strateginės ginkluotės apribojimo derybos	Sergt.	*Sergeant* puskarininkis
		SERPS	*state earnings-related pension scheme* paremta įnašais valstybinė pensijų sistema *(D. Britanijoje)*
SAM	*surface-to-air missile* raketa „žemė-oras"		
SAS	*Special Air Service kar.* *(D. Britanijos)* Specialioji oro tarnyba	SF	*science fiction* mokslinė fantastika
		SFC	*Space Flight Center* kosminių skridimų centras
SASE	*self-addressed stamped envelope amer.* į laišką įdėtas vokas su siuntėjo adresu ir ženklu	SFO	*Serious Fraud Office* sukčiavimo stambiu mastu tyrimo tarnyba
Sask.	*Saskatchewan* Saskačevanas *(Kanados provincija)*	sgd	*signed* pasirašytas
Sat	*Saturday* šeštadienis	S Glam	*South Glamorgan* Pietų Glamorganas *(Velso grafystė)*
	Scholastic Aptitude Test amer. stojamasis egzaminas *(į universitetą)*		
		Sgt	*Sergeant* puskarininkis
SAYE	*save-as-you-earn* taupyk, kai uždirbi *(atskaitymai iš uždarbio gyventojų santaupoms)*	sh.	*ist. shilling* šilingas
		SHAPE	*Supreme Headquarters Allied Powers Europe* NATO jungtinių karo pajėgų Europoje vyriausiasis štabas
S.B.	*Savings bank* taupomasis bankas		
Sb.	*stibium lot. chem.* stibis		
SBN	*Standard Book Number* standartinis knygos numeris	SHF	*superhigh frequency* superaukštasis dažnis
		shpt	*shipment* pakrovimas; *(laivo)* krūvis, važta
SC	*Security Council (of the United Nations)* (JT) Saugumo Taryba	shr.	*share ekon.* akcija, akcijos
		shtg	*shortage* stoka, trūkumas
	South Carolina Pietų Karolina *(JAV valstija)*	sh/w	*short wave rad.* trumpoji banga
	Supreme Court aukščiausiasis teismas	SI	*statutory instrument* įstatymo galią turintis dokumentas
Sc	*scandium chem.* skandis		
Sc.	*Scotland* Škotija; *Scottish* škotiškas; Škotijos		*Système International pr.* tarptautinė vienetų sistema
sc.	*scale* skalė		
	scene teatr. scena		

Si	*silicon* chem. silicis	sq.m.	*square meter* kvadratinis metras
SIB	*Securities and Investments Board* (*D. Britanijos*) Vertybinių popierių biržų priežiūros valdyba	sq.mi.	*square mile* kvadratinė mylia (= 2,59 km^2)
		sq.mm.	*square millimetre* kvadratinis milimetras
Sig., sig.	*signature* parašas	Sqn Ldr	*squadron leader* eskadrilės vadas
	Signor sinjoras	sq.yd.	*square yard* kvadratinis jardas (= 0,836 m^2)
sin	*sine* geom. sinusas	Sr	*Senior* vyresnysis
sing.	*singular* vienaskaita		*sister* med., rel. sesuo
SIS	*Secret Intelligence Service* (*D. Britanijos*) Slaptoji žvalgyba		*strontium* chem. stroncis
		sr	*steradian* steradianas
SI units	*International System units* spec. SI sistemos vienetai	SRBM	*short-range ballistic missile* artimo nuotolio balistinė raketa
SJ	*Society of Jesus* Jėzaus draugija	SRN	*State Registered Nurse* kvalifikuota medicinos sesuo
Skt	*Sanskrit* sanskritas		
s.l.	*sine loco* lot. (*leidinio*) vieta nepažymėta	SRO	*self-regulatory organization* fin. institucija, kuri pati prižiūri savo veiklą
S.Lat.	*south latitude* geogr. pietų platuma		
SM	*Master of Science* (gamtos) mokslų magistras		*standing room only* (*liko*) tik stovimos vietos
	Sergeant Major viršila	SS	*Saints* šventieji
	service module (*erdvėlaivio*) darbo sekcija		*steamship* garlaivis
	strategic missile strateginė raketa		*Sunday School* sekmadieninė mokykla
Sm	*samarium* chem. samaris	s.s.	*scilicet* lot. būtent
SME	*small and medium enterprise* maža ir vidutinė įmonė	SSE	*south-south-east* pietų–pietų rytų (*kryptis*)
		SST	*Supersonic Transport* viršgarsinis transportas; viršgarsinis reaktyvinis lėktuvas
s.n.	*sine nomine* lot. be vardo, nenurodant vardo/ pavadinimo		
Sn	*stannum* lot. chem. alavas	SSW	*south-south-west* pietų–pietų vakarų (*kryptis*)
SNOBOL		ST	*Standard Time* juostinis laikas
	string-oriented symbolic language komp. programavimo kalba tekstams apdoroti	St, st.	*Saint* šventas(is)
			Street gatvė
Snr	*Senior* vyresnysis	St., st.	*statute* statutas
So.	*South* pietūs; *southern* pietinis, pietų		*strait* sąsiauris
Soc.	*socialist* socialistas	st	*standard* standartas, norma; etalonas, pavyzdys
	society draugija		*stone* stonas (*masės vienetas* = 6,35 kg)
	sociology sociologija	s.t.	*short ton* mažoji/trumpoji tona
Sol.	*Solicitor* advokatas	Sta.	*Station* stotis; punktas; postas
sol.	*soluble* tirpus; *solution* tirpalas	Staffs.	*Staffordshire* Stafordšyras (*Anglijos grafystė*)
Som.	*Somerset* Somersetas (*Anglijos grafystė*)	START	*Strategic Arms Reduction Treaty* strateginės ginkluotės sumažinimo sutartis
sop.	*soprano* sopranas		
SOS	*suspend other service* kitos paslaugos apribotos (*bankų aptarnavimo praktikoje*)	STD	*sexually transmitted disease* lytiniu būdu plintanti liga
SP	*Shore Patrol* kranto patrulis		*subscriber trunk dialling* tiesioginis tarpmiestinis pokalbis (*be telefono stoties*)
	starting price pradinė kaina		
Sp	*Spanish* ispanų kalba	std	*standard* standartas; pavyzdys, etalonas
Sp.	*Spain* Ispanija; *Spanish* ispaniškas; Ispanijos	Ste.	*Saint* šventoji
s.p.	*selling price* pardavimo kaina	St. Ex.	*Stock Exchange* fondų birža
	special specialus, ypatingas	stg	*sterling* svaras sterlingų
	species rūšis; atmaina	Sth.	*South* pietūs
	specific specifinis	stk.	*stock* atsarga, fondas; *amer.* akcijos
	spelling rašyba	STOL	*short take off and landing* trumpesnio kilimo ir tūpimo kelio lėktuvas
SPCA	*Society for the Prevention of Cruelty to Animals* (*JAV*) Gyvulių globos draugija		
SPCC	*Society for the Prevention of Cruelty to Children* (*JAV*) Vaikų globos draugija	STP	*standard temperature and pressure* normali temperatūra ir slėgis
		STR	*strait* sąsiauris
spec.	*special* specialus, ypatingas	str	*steamer* garlaivis
sp.ht.	*specific heat* savitoji/specifinė šiluma		*street* gatvė
Spr.	*sapper* kar. pionierius (*D. Britanijoje*)		*stroke* yris
spt.	*seaport* jūrų uostas	sub	*substitute* pavaduotojas; pakaitalas
sp.vol.	*specific volume* savitasis/specifinis tūris		*suburb* priemiestis; *suburban* priemiestinis
Sq	*Squadron* eskadra; eskadrilė	suf.,	
	Square aikštė	suff.	*suffix* priesaga, sufiksas
sq.	*sequence* seka, eilės tvarka	Sun	*Sunday* sekmadienis
	square kvadratas; kvadratinis	sup.	*superior* aukštesnės kokybės; aukštesnis, pranašesnis
sq.cm.	*square centimetre* kvadratinis centimetras		
sq.ft.	*square foot* kvadratinė pėda (= 929,03 cm^2)		*superlative* gram. aukščiausiasis laipsnis
sq.in.	*square inch* kvadratinis colis (= 6,45 cm^2)		*supplement* priedas; *supplementary* papildomas
sq.km.	*square kilometre* kvadratinis kilometras		*supra* aukščiau, anksčiau (*tekste*)

Sup. Ct.	***Superior Court*** aukštesnysis teismas	**Te**	***tellurium*** *chem.* telūras
	Supreme Court *(JAV, Kanados)* Aukščiausiasis teismas	**tech.**	***technical*** techninis; specialus
			technological technologinis; ***technology*** technika, technologija
supp., suppl.	***supplement*** priedas, papildymas	**TEFL**	***teaching of English as a foreign language*** anglų kaip svetimos kalbos mokymas
Supt	***Superintendent*** policijos komisaras		
SV, S/V	***space vehicle*** erdvėlaivis, kosminis laivas	**tel**	***telephone*** telefonas; ***telephone number*** telefono numeris
SW	***short waves*** *rad.* trumposios bangos		
	Southwest pietų vakarai; ***southwestern*** pietų vakarų, pietvakarių	**temp.**	***temperature*** temperatūra
			tempore *lot. (kieno)* laikais
Sw.	***Sweden*** Švedija; ***Swedish*** švediškas; Švedijos	**Tenn.**	***Tennessee*** Tenesis *(JAV valstija)*
Sw	***Swedish*** švedų kalba	**Ter, ter.**	***terrace*** terasa
SWA	***Southwest Africa*** Pietvakarių Afrika		***territory*** teritorija
SWG	***standard wire gauge*** standartinis vielos kalibras	**TESL**	***teaching of English as a second language*** anglų kaip svetimos kalbos mokymas
Swit., Switz.	***Switzerland*** Šveicarija	**TESOL**	***teaching of English to speakers of other languages*** kitakalbių mokymas anglų kalbos
syll.	***syllable*** skiemuo		
	syllabus programa; planas	**TESSA**	***tax exempt special savings account*** neapmokestinamų terminuotųjų indėlių sąskaita
sym.	***symbol*** simbolis, ženklas		
	symmetric *chem.* simetrinis	**Tex.**	***Texas*** Teksasas *(JAV valstija)*
	symphony simfonija	**Th**	***thorium*** *chem.* toris
	symptom simptomas, požymis		***Thursday*** ketvirtadienis
syn.	***synonym*** sinonimas; ***synonymous*** sinoniminis, sinonimiškas	**ThB**	***Bachelor of Theology*** teologijos bakalauras
		ThD	***Doctor of Theology*** teologijos daktaras
		THI	***temperature-humidity index*** temperatūros ir drėgnumo indeksas
T	***temperature*** temperatūra		
	(surface) tension *fiz.* (paviršiaus) įtempimas	**Thur**	***Thursday*** ketvirtadienis
	territory teritorija	**TI**	***technical information*** techninė informacija; techniniai duomenys
	tesla *fiz.* tesla		
	top viršus	**Ti**	***titanium*** *chem.* titanas
	tritium *chem.* tritis	**TIR**	***international road transport*** tarptautinis kelių transportas
t, t.	***teaspoon*** arbatinis šaukštelis		
	tempo tempas	**tit.**	***title*** antraštė, titulas
	temporary laikinas	**TKO**	***technical knock-out*** *sport.* techniškas nokautas
	tenor tenoras	**TL**	***time loan*** terminuotoji paskola
	tense *gram.* laikas		***total loss*** visas/bendrasis nuostolis
	time laikas; terminas	**Tl**	***thallium*** *chem.* talis
	ton tona	**TM**	***technical manual*** techninis žinynas
	transitive *gram.* galininkinis		***ton-miles*** *(kiek)* tonmylių
	true tikras; galiojantis		***trademark*** prekyženklis
TA	***Territorial Army*** teritorinė kariuomenė		***transcendental meditation*** transcendentinė meditacija
Ta	***tantalum*** *chem.* tantalas		
tab.	***tablet*** tabletė	**Tm**	***thullium*** *chem.* tulis
	table lentelė	**TN**	***Tennessee*** Tenesis *(JAV valstija)*
tan	***tangent*** tangentas		***thermonuclear*** termobranduolinis
Tas.	***Tasmania*** Tasmanija *(Australijos valstija)*		***true North*** *geogr.* tikroji šiaurė
TB	***tubercle bacillus*** tuberkuliozės mikobakterija; ***tuberculosis*** tuberkuliozė	**tn**	***ton*** tona *(JAV)*
			town miestas
Tb	***terbium*** *chem.* terbis	**Tng.**	***training*** mokymas, lavinimas; treniravimas
t.b.a.	***to be announced*** skelbtinas	**TNT**	***trinitrotoluene*** trinitrotoluolas *(sprogstamoji medžiaga)*
TBM	***tactical ballistic missile*** taktinė balistinė raketa		
tbs, tbsp	***tablespoon*** valgomasis šaukštas	**t.o.**	***turn over*** versti *(užrašas puslapio gale)*
		TOA	***time of arrival*** atvykimo laikas
TC	***Trusteeship Council (of the United Nations)*** (JT) Globos taryba	**TP**	***turning point*** posūkio punktas
		tp.	***troop*** būrys
Tc	***technetium*** *chem.* technecis	**t.p.**	***title page*** antraštinis lapas
tc.	***tierce*** statinė *(biralų tūrio vienetas = 190,83 l)*	**T.P.H.**	***tons per hour*** *(kiek)* tonų per valandą
TCBM	***transcontinental ballistic missile*** tarpžemyninė balistinė raketa	**t.p.m.**	***tons per minute*** *(kiek)* tonų per minutę
		tr.	***train*** traukinys
TCC	***(United Nations) Transport and Communication Commission*** (JT) Transporto ir ryšių komisija		***transitive*** *gram.* galininkinis
			translated išversta; ***translation*** vertimas; ***translator*** vertėjas
tchr.	***teacher*** mokytojas		
TD	***telemetry data*** telemetrijos duomenys		***transport*** transportas
	time of departure išvykimo laikas		***trust*** trestas; pasitikėjimo teisė
	touchdown *amer. av.* nutūpimas, nusileidimas		***trustee*** *teis.* patikos valdytojas
	Treasury Department *(JAV)* Finansų ministerija	**treas**	***treasurer*** iždininkas; ***treasury*** iždas
TD, T/D	***time deposit*** terminuotasis indėlis		

TRH	*Their Royal Highnesses* jų karališkosios didenybės	**UN**	*United Nations* Jungtinės Tautos, JT
TRM	*trademark* prekyženklis	**UNA**	*United Nations Association* Asociacija Jungtinėms Tautoms remti
TS	*top secret* visiškai slaptai		
TS, ts	*tensile strength tech.* tempimo stiprumo riba	**UNCF**	*United Nations Children's Fund* JT Vaikų fondas
tsp	*teaspoonful* arbatinis šaukštelis *(kiekis)*	**UNDC**	*United Nations Disarmament Commission* JT Nusiginklavimo komisija
TT	*teetotal* blaivus; *teetotaller* blaivininkas		
	teletype teletaipas	**UNESCO**	*United Nations Educational, Scientific, and Cultural Organization* JT Švietimo, mokslo ir kultūros organizacija, UNESCO
TU	*trade union* tredjunionas; profesinė sąjunga		
T.U.	*thermal unit* šiluminis vienetas		
Tu	*Tuesday* antradienis	**UNGA**	*United Nations General Assembly* JT Generalinė Asamblėja
TUC	*Trades Union Congress* Tredjunionų kongresas		
Tue,		**ung.**	*unguentum lot.* tepalas *(recepte)*
Tues	*Tuesday* antradienis	**UNIC**	*United Nations Information Centre* JT Informacijos centras
TVP	*textured vegetable protein* sojų proteinas/baltymai		
T.W.	*total weight* visas/bendrasis svoris	**Univ**	*university* universitetas
TX	*Texas* Teksasas *(JAV valstija)*	**univ.**	*universal* visuotinis, universalus
Tx	*tax* mokestis; muitas	**UNO**	*United Nations Organization* Jungtinių Tautų Organizacija, JT(O)
Ty	*territory* teritorija		
typ.,		**UNRRA**	*United Nations Relief and Rehabilitation Administration* JT Pagalbos ir rekonstrukcijos administracija
typog.	*typographer* spaustuvininkas; *typographical* tipografinis; *typography* spausdinimas		
		UNSC	*United Nations Security Council* JT Saugumo Taryba
U	*union* sąjunga; profesinė sąjunga; *united* jungtinis; suvienytas		
		UP	*United Press (JAV)* informacijos agentūra „Junaited pres"
	university amer. universitetas		
	uranium chem. uranas	**up.**	*upper* viršutinis
U., u.	*uncle* dėdė	**UPI**	*United Press International (JAV)* informacijos agentūra „Junaited pres international"
	uniform uniforma; vienodas		
	unit vienetas; elementas; *kar.* dalinys	**UPU**	*Universal Postal Union* Pasaulinė pašto sąjunga
	upper viršutinis	**URI**	*upper respiratory infection* viršutinių kvėpavimo takų infekcija
UAE	*United Arab Emirates* Jungtiniai Arabų Emyratai		
UAW	*United Automobile Workers (JAV)* Automobilių pramonės darbininkų sąjunga	**u.s.**	*ut supra lot.* kaip aukščiau nurodyta
		US	*Undersecretary* ministro pavaduotojas
UBR	*uniform business rate* vienodas bendrovių nuosavybės mokestis *(Anglijoje ir Velse)*		*United States (of America)* Jungtinės (Amerikos) Valstijos, JAV
UC	*University College* universiteto koledžas		*unserviceable* nenaudojamas, sugedęs
u.c.	*upper case* didžiosios raidės	**USA**	*United States of America* Jungtinės Amerikos Valstijos, JAV
u/c	*under construction* statomas		
UCAS	*Universities and Colleges Admissions Service (D. Britanijos)* priėmimo į universitetus ir koledžus tarnyba		*United States Army* JAV *(sausumos)* kariuomenė
		USAF	*United States Air Force* JAV karo aviacija
		USBS	*United States Bureau of Standards* JAV standartų biuras
UCC	*Uniform Commercial Code (JAV)* bendrasis komercinis kodas		
		USCG	*United States Coast Guard* JAV pakrantės sargyba *(tarnyba)*
UDC	*Universal Decimal Classification* visuotinė dešimtainė klasifikacija		
		USDA	*United States Department of Agriculture* JAV žemės ūkio ministerija
UDI	*unilateral declaration of independence* vienašališkas nepriklausomybės paskelbimas		
		USES	*United States Employment Service* JAV federalinė darbo agentūra
UEFA	*Union of European Football Associations* Europos futbolo asociacijų sąjunga, UEFA		
		USIA	*United States Information Agency* JAV informacijos agentūra, USIA
UFO	*unidentified flying object* neatpažintas skraidantis objektas, NSO		
		USM	*United States Mint* JAV pinigų kalykla
UHF	*ultra-high frequency rad.* ultraaukštasis dažnis		*unlisted securities market* neskelbtųjų popierių rinka
UK	*United Kingdom (of Great Britain and Northern Ireland)* (Didžiosios Britanijos ir Šiaurės Airijos) Jungtinė Karalystė		
		USMC	*United States Marine Corps* JAV jūrų pėstininkai
		USN	*United States Navy* JAV karinis jūrų laivynas
UKAEA	*United Kingdom Atomic Energy Authority* Jungtinės Karalystės atominės energijos valdyba	**USNG**	*United States National Guard* JAV nacionalinė gvardija
ult.	*ultimate* galutinis; *ultimately* pagaliau	**USP**	*United States Patent* JAV patentas
	ultimo kom. praėjusio mėnesio		*United States Pharmacopoeia* JAV farmakopėja
u.m.	*undermentioned* žemiau minimas/paminėtas	**USPO**	*United States Post Office* JAV paštas
um.	*unmarried* nevedęs; netekėjusi	**USS**	*United States Senate [Senator]* JAV Senatas [senatorius]
UMBs	*upper memory blocks komp.* aukštesnieji atminties blokai		
			United States Ship JAV karo laivas
UMT	*universal military training* visuotinis karinis mokymas		*United States Standard* JAV standartas
		USSCt.	*United States Supreme Court* JAV Aukščiausiasis Teismas
UMW	*United Mine Workers* šachtininkų susivienijimas *(JAV profesinė sąjunga)*		
		usu	*usual* paprastas, įprastas; *usually* paprastai

USW	*ultrashort wave* rad. ultratrumposios bangos, UTB	vol.	*volcano* vulkanas, ugnikalnis; *volume* tūris; *(garso)* stiprumas; tomas; *volunteer* savanoris
u. t.	*usual terms* kom. įprastinės sąlygos		
UT	*Utah* Juta *(JAV valstija)*	VP	*Verb Phrase* veiksmažodinis žodžių junginys; *Vice-President* viceprezidentas
UV	*ultraviolet* ultravioletinis; ultravioletiniai spinduliai		
U/W, u/w	*underwriter* draudėjas; paskolos paskirstymo garantas	v.p.	*verb passive* neveikiamosios rūšies veiksmažodis
		VR	*variant reading* teksto variantas; *Victoria Regina* lot. karalienė Viktorija
V	*vanadium* chem. vanadis; *volt* el. voltas	v.r.	*verb reflexive* sangrąžinis veiksmažodis
		VS	*Veterinary Surgeon* veterinarijos gydytojas
V, v	*valve* vožtuvas; elektroninė lempa; *verb* veiksmažodis; *village* kaimas; *vocative* gram. šauksmininkas; *volume* tūris; *(garso)* stiprumas; tomas	vs	*versus* lot. prieš; *vide supra* lot. žiūrėk aukščiau
		VSOP	*Very Special Old Pale* išlaikytas 12–17 metų *(apie konjaką)*
		V.T.	*vacuum tube* vakuuminė elektroninė lempa
v, v.	*value* vertė; kaina; dydis; *velocity* greitis; *verse* eilėraštis; eilutė; *verso* lot. kairysis puslapis; antroji pusė; *versus* lot. prieš; *very* labai; *vide* lot. žiūrėk	VT, Vt.	*Vermont* Vermontas *(JAV valstija)*
		v.t.	*verb transitive* galininkinis veiksmažodis
		VTO	*vertical take-off* av. statmenasis pakilimas
		VTOL	*vertical take-off and landing* av. statmenasis pakilimas ir nusileidimas
VA	*Veteran's Administration (JAV)* Karo veteranų reikalų valdyba; *Vice Admiral* viceadmirolas	VTR	*videotape recorder* videomagnetofonas
		vu	*volume unit* tūrio vienetas
		vv	*verses* eilėraščiai; *volumes* tomai
VA, Va.	*Virginia* Virdžinija *(JAV valstija)*	v.v.	*vice versa* lot. priešingai
VA, va	*volt-ampere* voltamperas		
V.&A.	*Victoria and Albert (Museum) (Londono)* Dailės muziejus	W	*Wales* Velsas; *Welsh* Velso; *watt(s)* vatas, vatai; *West* vakarai; *western* vakarinis; *wolfram* chem. volframas; *women's (size)* moterų *(avalynės, drabužių)* numeris
var.	*variant* variantas; *variety* rūšis; atmaina; *various* įvairus		
VAR	*visual aural range* regėjimo ir girdėjimo laukas	W., w.	*warden* prižiūrėtojas; direktorius; rektorius; *work* fiz. darbas
VAT	*value-added tax* pridėtinės vertės mokestis, PVM	w, w.	*week* savaitė; *weight* svoris; *width* plotis; *wife* žmona
v.aux.	*auxiliary verb* pagalbinis veiksmažodis		
VC	*valuable cargo* vertingas krovinys		
VC, V.C.	*Vice-Chairman* pirmininko pavaduotojas; *Vice-Chancellor* vicekancleris; *Vice-Consul* vicekonsulas; *Victoria Cross* „Viktorijos kryžius" *(ordinas)*	w, w/	*with* su, kartu su
		WA	*Washington* Vašingtonas *(JAV valstija ir miestas)*; *West Africa* Vakarų Afrika; *Western Australia* Vakarų Australija
VCR	*video cassette recorder* kasetinis videomagnetofonas	WAC	*Women's Army Corps (JAV sausumos kariuomenės)* Moterų korpusas
VD	*venereal disease* venerinė liga	War	*Warwickshire* Vorikšyras *(Anglijos grafystė)*
v.d.	*various dates* įvairios datos	War.,	
Ven.	*Venerable* garbusis, šventasis *(arkidiakono titulas)*	war	*warrant* liudijimas, varantas; orderis; įgaliojimas
ver.	*verse* eilėraštis; eilutė; *version* versija	Wash.	*Washington* Vašingtonas *(JAV valstija ir miestas)*
vert.	*vertical* vertikalus, vertikalinis	WASP	*White-Anglo-Saxon Protestant (JAV)* anglosaksų kilmės baltasis protestantas
VG, vg	*very good* labai gerai		
VHF	*very high frequency* rad. labai aukštas dažnis	Wb	*weber* fiz. veberis
v.i.	*verb intransitive* negalininkinis veiksmažodis	W.B.,	
vil.	*village* kaimas	W/B, wb	*waybill* važtaraštis; kelionės lapas
v.imp.	*verb impersonal* beasmenis veiksmažodis	WC	*water-closet* tualetas
VIN	*vehicle identification number (transporto priemonės)* numerio ženklas	W.C.,	
		w/c	*without charge* neapmokant; be pridėtinių išlaidų
v. irr.	*verb irregular* netaisyklingasis veiksmažodis	WCC	*World Council of Churches* Pasaulinė bažnyčių taryba
Vis., Visc.	*Viscount* vikontas	WD	*War Department* karo ministerija; *wind direction* vėjo kryptis
viz	*videlicet* lot. tai yra, būtent		
VLF	*very low frequency* rad. labai žemas dažnis	w/d	*withdrawn* atšaukta
V.O.	*very old* labai senas; išlaikytas *(apie vyną, konjaką)*	WEA	*Worker's Educational Association (D. Britanijos)* Darbininkų švietimo asociacija
VOA	*Voice of America* „Amerikos balsas"; *Volunteers of America* Amerikos savanoriai *(rel. organizacija)*	WEC	*World Environment Centre* Pasaulinis gamtos apsaugos centras
vocab.	*vocabulary* žodynas, žodžių atsarga	Wed	*Wednesday* trečiadienis

w.e.f.	*with effect from...* galiojantis nuo *(nurodyto laiko)*	**WW I**	*World War I* Pirmasis pasaulinis karas
Westm.	*Westminster* Vestminsteris	**WW II**	*World War II* Antrasis pasaulinis karas
WF	*withdrawn failing* šalinti dėl nepažangumo *(dėstytojo rekomendacija)*	**WWW**	*World Weather Watch* Pasaulinė meteorologijos tarnyba
W/F	*weather forecast* oro prognozė	**WX**	*women's extra large size* moterų *(avalynės/drabužių)* labai didelis numeris
WFTU	*World Federation of Trade Unions* Pasaulinė profesinių sąjungų federacija, PPF	**WY,**	
w.g.	*weight guaranteed* garantuotas svoris	**Wyo.**	*Wyoming* Vajomingas *(JAV valstija)*
W Glam	*West Glamorgan* Vakarų Glamorganas *(Velso grafystė)*	**WYSIWYG**	*what you see is what you get* komp. tai, kas matyti ekrane, atitinka spausdintą tekstą
WH	*White House* Baltieji rūmai *(JAV prezidento rezidencija)*		
Wh, wh	*watt-hour* vatvalandė	**X**	*Christ* Kristus; *Christian* krikščionis; krikščionių
WHO	*World Health Organization (JT)* Pasaulinė sveikatos apsaugos organizacija		*reactance el.* reaktansas
whse.	*warehouse (prekių)* sandėlis	**x**	*ex fin.* be, išskyrus
whsle.	*wholesale* didmeninė prekyba		*experimental* eksperimentinis
WI	*West Indies* Vakarų Indija	**X.C.**	*ex coupon* be kupono *(dividendui gauti)*
	Wisconsin Viskonsinas *(JAV valstija)*	**xd, xdiv.**	*ex dividend* be dividendo *(apie parduodamą akciją)*
	Women's Institute Moterų institutas *(Anglijos ir Velso moterų organizacija)*	**Xe**	*xenon chem.* ksenonas
w.i.	*when issued* išėjus, išleidus *(apie vertybinius popierius)*	**X.h.**	*extra heavy* supersunkus; supergalingas
		X.I., x.i.	*ex interest* be palūkanų
Wilts.	*Wiltshire* Viltšyras *(Anglijos grafystė)*	**XL**	*extra large* nepaprastai didelis
w.i.m.c.	*whom it may concern* visiems, kuriuos tai liečia	**XMS**	*extended memory* ištęstinė atmintis
WIPO	*World Intellectual Property Organization* Pasaulinė intelektinės nuosavybės organizacija	**XMTR,**	
		Xmtr	*transmitter* siųstuvas
Wis.	*Wisconsin* Viskonsinas *(JAV valstija)*	**Xn**	*Christian* krikščionių, krikščioniškas
wk, wk.	*week* savaitė	**Xnty**	*Christianity* krikščionybė
	work darbas	**xr**	*ex rights* be teisių *(pirkti naujas akcijas)*
wkly.	*weekly* savaitinis (laikraštis), savaitraštis; kas savaitę	**Xrd**	*crossroads* sankryža
		Xt.	*Christ* Kristus
WL	*west longitude geogr.* vakarų ilguma	**Xtian**	*Christian* krikščioniškas
WL., w.l.	*water-line jūr.* vaterlinija	**xw**	*ex warrants kom.* be garantijų, be pateisinamųjų dokumentų
	wave length rad. bangos ilgis		
WLM	*Women's Liberation Movement* moterų išsivadavimo judėjimas	**Y**	*yacht* jachta
			yen jena *(Japonijos piniginis vienetas)*
W.M.	*weather map* meteorologinis/sinoptinis žemėlapis		*yttrium chem.* itris
WMO	*World Meteorological Organization* Pasaulinė meteorologijos organizacija	**y.**	*year* metai
		YB	*yearbook* metraštis
WNW	*west-north-west* vakarų–šiaurės vakarų *(kryptis)*	**Yb**	*ytterbium chem.* iterbis
WO	*warrant-officer* viršila; *jūr.* mičmanas	**yd**	*yard* jardas *(ilgio vienetas = 91,44 cm)*
w/o	*without* be	**YHA**	*Youth Hostels Association (D. Britanijos)* Jaunimo viešbučių asociacija
	written off nurašytas		
Worcs	*Worcestershire* Vusteršyras *(buvusi Anglijos grafystė)*	**YMCA**	*Young Men's Christian Association* Krikščioniškoji vyrų jaunimo sąjunga *(tarptautinė organizacija)*
WP	*word processing komp.* teksto apdorojimas		
w.p.	*weather permitting* jei bus palankus oras	**Y.O.**	*yearly output* metinė gamybos apimtis; metinis išdirbis
wpb,			
w.p.b.	*waste-paper-basket* į šiukšlių dėžę *(pažyma netinkamame rankraštyje)*	**y.o.**	*year old* vienerių metų, vienametis; *years old (kiek)* metų amžiaus
WPC	*Woman Police Constable* policininkė	**yr, yr.**	*year* metai
wpm	*words per minute (kiek)* žodžių per minutę		*younger* jaunesnysis
WR	*weather report* pranešimas apie orą		*your* jūsų, tavo
WS	*water-supply* vandens tiekimas	**YT**	*Yukon Territory* Jukonas *(Kanados teritorija)*
	wind speed vėjo greitis	**YWCA**	*Young Women's Christian Association* Krikščioniškoji moterų jaunimo sąjunga *(tarptautinė organizacija)*
	wireless station radijo stotis		
WSW	*west-south-west* vakarų–pietų vakarų *(kryptis)*		
WT	*watertight* nepraleidžiantis vandens	**Z**	*impedance el.* tariamoji varža
	withholding tax atskaitoma mokesčių suma		*zenith distance astr.* zenitinis atstumas
wt	*weight* svoris	**Z, z**	*zero* nulis
WTO	*World Trade Organization* Pasaulinė prekybos organizacija		*zone* zona, rajonas
		Zn	*zinc chem.* cinkas
WV,		**ZPG**	*zero population growth* nulinis gyventojų prieaugis
W.Va.	*West Virginia* Vakarų Virdžinija *(JAV valstija)*		
W/W,		**Zr**	*zirconium chem.* cirkonis
w/w	*warehouse warrant* sandėlio pakvitavimas *(apie prekių priėmimą)*	**ZST**	*Zone Standard Time* juostinis standartinis laikas
		ZT	*Zone Time* juostinis laikas

BRITISH-AMERICAN UNITS OF MEASUREMENT WITH METRIC EQUIVALENTS
D. BRITANIJOS IR JAV MATAVIMO VIENETŲ IŠRAIŠKA METRINIAIS VIENETAIS

UNITS OF LENGTH * ILGIO VIENETAI

1 league (nautical, sea) jūrų lyga = **3 nautical miles** = = 5,56 kilometro
1 league (land, statute) reglamentacinė lyga = **3 (land, statute) miles** = 4,83 kilometro
1 International nautical mile (INM) jūrmylė = **10 cable's lengths** = **6076 feet** = 1,852 kilometro
1 mile (land, statute) sausumos mylia = **8 furlongs** = = **1760 yards** = **5280 feet** = 1,609 kilometro
1 cable's length kabeltovas = **100 fathoms** = **600 feet** = = 183 metrai
1 cable's length *amer.* = **120 fathoms** = **720 feet** = 219,5 metro
1 furlong (fur) furlongas = **10 chains** = **40 rods** = = **660 feet** = **220 yards** = 201,17 metro
1 chain (ch) čeinas = **4 rods** = **66 feet** = **22 yards** = = 20,12 metro
1 rod (rd) (*t. p.* **pole, perch**) *ist.* rodas = **16.5 feet** = = **5.5 yards** = 5,03 metro
1 fathom (f) jūros sieksnis = **6 feet** = **2 yards** = **8 spans** = = 1,83 metro
1 yard (yd) jardas = **3 feet** = **16 nails** = 91,44 centimetro
1 foot (ft) pėda = **12 inches** = 30,48 centimetro
1 span sprindis = **4 nails** = **9 inches** = 22,86 centimetro
1 nail *ist.* neilas = **2¼ inches** = 5,7 centimetro
1 inch (in.) colis = **12 lines** = 2,54 centimetro
1 line linija = 2,1 milimetro
1 mil milis = **0.001 inch** = 0,025 milimetro

SQUARE MEASURE * PLOTO VIENETAI

1 township taunšipas *(JAV)* = **6 square miles** = **36 sections** = 93,24 kvadratinio kilometro
1 square mile (ml²) kvadratinė mylia = **640 acres** = = **259 hectares** = 2,59 kvadratinio kilometro
1 acre (a.) akras = **4 rods** = **43.6 square feet** = **4.8 square yards** = 0,405 hektaro
1 rood rūdas = **40 square rods** = **2.5 square chains** = = 0,101 hektaro
1 square chain kvadratinis čeinas = **16 square rods** = = 404,7 kvadratinio metro
1 are (a.) aras = **119.6 square yards** = 100 kvadratinių metrų
1 square fathom (f²) kvadratinis sieksnis = **4 square yards** = 3,34 kvadratinio metro
1 square rod (rd²) (*t. p.* **pole, perch**) kvadratinis rodas = = **30¼ square yards** = 25,29 kvadratinio metro
1 square yard (yd²) kvadratinis jardas = **9 square feet** = = 0,836 kvadratinio metro
1 square foot (ft²) kvadratinė pėda = **144 square inches** = = 929 kvadratiniai centimetrai
1 square inch (in²) kvadratinis colis = 6,45 kvadratinio centimetro
1 square line kvadratinė linija = 4,4 kvadratinio milimetro

CUBIC MEASURE * TŪRIO VIENETAI

1 rod rodas = **10 register ton(ne)** = **1000 cubic feet** = = 28,3 kubinio metro
1 register ton(ne) registrinė tona = **100 cubic feet** = = 2,83 kubinio metro
1 freight ton(ne) frachto tona = **40 cubic feet** = 1,13 kubinio metro
1 cord (gross) (didysis) kordas *(malkų)* = **128 cubic feet** = = 3,624 kubinio metro
1 cord (short) (mažasis) kordas *(rąstų)* = **126 cubic feet** = = 3,568 kubinio metro
1 stack stekas = **108 cubic feet** = **4 cubic yards** = = 3,04 kubinio metro
1 cubic yard (yd³) kubinis jardas = **27 cubic feet** = = 0,765 kubinio metro
1 cubic foot (ft³) kubinė pėda = **1728 cubic inches** = = 0,0283 kubinio metro
1 cubic inch (in³) kubinis colis = 16,39 kubinio centimetro

LIQUID MEASURE * SKYSČIŲ MATAVIMO VIENETAI

1 hogshead (hhd) hogshedas = **52.5 Imperial gallons** = = 238,67 litro
1 barrel (bbl) barelis = **31–42 gallons** = 140,6–190,9 litro
1 barrel (for liquids) skysčių barelis = **36 Imperial gallons** = 163,6 litro
1 barrel *(JAV)* barelis = **31.5 gallons** = 119,2 litro
1 barrel (for crude oil) (naftos) barelis = **34.97 gallons** = = 158,998 litro
1 barrel *(JAV)* barelis = **42.2 gallons** = 138,97 litro
1 kilderkin kilderkinas = **2 firkins** = **16–18 gallons** = = 72,7–81,8 litro
1 firkin firkinas = **8–9 gallons** = 36,3–40,9 litro
1 gallon (gal) galonas = **4 Imperial quarts** = **8 pints** = = 4,546 litro
1 gallon *(JAV)* galonas = **0.833 British gallon** = = 3,785 litro
1 quart (qt) kvarta, kvorta = **1/4 gallon** = **2 pints** = = 1,136 litro
1 quart *(JAV)* kvarta = **0.833 British quart** = 0,946 litro
1 pint (pt) pinta = **1/8 gallon** = **4 gills** = 0,568 litro
1 pint *(JAV)* pinta = **1/8** *(JAV)* **gallon** = 0,473 litro
1 gill gilis = **1/4 pint** = 0,142 litro
1 gill *(JAV)* gilis = 0,118 litro
1 fluid drachm, dram (fl dr) skysčių drachma = **1/8 liquid ounce** = 3,55 mililitro, *(JAV)* 2,96 mililitro
1 fluid ounce (fl oz) skysčių uncija = **8 fluid drams** = = 28,4 mililitro
1 fluid ounce *(JAV)* skysčių uncija = **1.041 British fluid ounce** = 29,57 mililitro
1 tablespoon valgomasis šaukštas = **3 teaspoons** = **4 fluid drams** = **1/2 fluid ounce** = 14,2 mililitro
1 teaspoon arbatinis šaukštelis = **1/3 tablespoon** = = **1.33 fluid drams** = 4,4 mililitro
1 minim minimas = **1/60 fluid dram** = 0,06 mililitro

DRY MEASURE * BIRALŲ MATAVIMO VIENETAI

1 quarter kvarteris = **8 bushels** = 291 litras
1 bushel (bu) bušelis = **4 pecks** = **8 gallons** = **1.032** *(JAV)* **bushels** = 36,35 litro
1 bushel *(JAV)* bušelis = **0.9689 British Imperial bushel** = 35,3 litro
1 peck (pk) pekas = **2 gallons** = **1.032** *(JAV)* **peck** = 9,092 litro
1 peck *(JAV)* pekas = **0.9689 British Imperial peck** = 8,81 litro
1 gallon (gal) galonas = **4 quarts** = 4,546 litro
1 gallon *(JAV)* galonas = **0.83267 British Imperial gallon** = 3,785 litro
1 quart (qt) kvarta = **2 pints** = **1.032** *(JAV)* **quart** = 1,136 litro
1 quart *(JAV)* kvarta = **2 pints** = 1,101 litro
1 pint pinta = 0,568 litro
1 pint *(JAV)* pinta = 0,550 litro
1 barrel (bbl) barelis = 163,6–181,7 litro
1 barrel *(JAV)* barelis = 117,3–158,98 litro

UNITS OF WEIGHT * SVORIO/MASĖS VIENETAI

AVOIRDUPOIS WEIGHT * VISŲ PREKIŲ, IŠSKYRUS TAURIUOSIUS METALUS, BRANGAKMENIUS IR VAISTUS, SVORIO/MASĖS MATAI

1 ton(ne) (tn) (gross, long) (didžioji) tona = **20 hundredweight (long)** = **2240 pounds** = 1016 kilogramų
1 ton(ne) (sh. tn) (net, short) (mažoji) tona = **20 hundredweight (short)** = **2000 pounds** = 907,18 kilogramo
1 ton(ne) (t) (metric) (metrinė) tona = **2204.6 pounds** = **0.984 gross ton(ne)** = 1000 kilogramų
1 quintal kvintalas = **112 pounds** = **1 hundredweight (long)** = 50,8 kilogramo
1 quintal *(JAV)* = **100 pounds** = **1 hundredweight (short)** = 45,36 kilogramo
1 hundredweight (cwt) (gross, long) (didysis) centneris = **112 pounds** = 50,8 kilogramo
1 hundredweight (cwt) (net, short) (mažasis) centneris = **100 pounds** = 45,36 kilogramo
1 cental centalas = **1 hundredweight (short)** = **100 pounds** = 45,36 kilogramo
1 quarter (gross) (ilgasis) kvarteris = **1/4 hundredweight** = **28 pounds** = **2 stones** = 12,7 kilogramo
1 quarter (short) (trumpasis) kvarteris = **25 pounds** = 11,34 kilogramo
1 stone (st) stonas = **14 pounds** = 6,35 kilogramo
1 pound (lb) svaras = **16 ounces** = **7000 grains** = 453,59 gramo
1 ounce (oz) uncija = **16 drams** = **437.5 grains** = 28,35 gramo
1 dram (dr) drachma = **27.344 grains** = 1,772 gramo
1 grain granas = 64,8 miligramo

TROY MEASURE * AUKSO, SIDABRO, BRANGAKMENIŲ SVORIO/MASĖS VIENETAI

1 pound (lb) svaras = **12 ounces** = **5760 grains** = 373,2 gramo
1 ounce (oz) uncija = **8 drams** = **480 grains** = 31,1 gramo
1 pennyweight (dwt) peniveitas = **24 grains** = 1,555 gramo
1 carat (ct) karatas = **3.086 grains** = 200 miligramų
1 grain granas = 64,8 miligramo

APOTHECARIES' MEASURE * VAISTŲ SVORIO/MASĖS VIENETAI

1 pound (lb) svaras = **12 ounces** = **5760 grains** = 373,2 gramo
1 ounce (oz) uncija = **8 drams** = **480 grains** = 31,1 gramo
1 drachm, dram (dr) drachma = **3 scruples** = 3,89 gramo
1 scruple (scr) *ist.* skrupulas = **20 grains** = 1,3 gramo
1 grain granas = 64,8 miligramo

SPEED * GREITIS

miles per hour mylios per valandą	20	30	40	50	60	70	80	90	100	(× 8/5)
kilometres per hour kilometrai per valandą	32	48	64	80	96	112	128	144	160	(× 5/8)